中華大典

歷史典

上海古籍出版社

中華人民共和國國務院批准的重大文化出版工程

國家文化發展綱要的重點出版工程項目

新聞出版總署列為「十一五」國家重大工程出版規劃之首

國家出版基金重點支持項目

《中華大典》工作委員會

主　任：柳斌傑

金人慶

副主任：李　彦　于永湛　鄔書林　張少春　李衛紅

周和平　陳金泉　李靜海

委　員：張小影　伍　傑　朱新均　吳尚之　孫　明

王家新　徐維凡　劉小琴　毛群安　遲　計

曹清堯　彭常新　王志勇　潘教峰　姜文明

王　正　石立英　安平秋　陳祖武　詹福瑞

戴龍基　宋煥起　孫　顒　陳　昕　魏同賢

王建輝　朱建綱　高紀言　莫世行　段志洪

李　維　何學惠　甄樹聲　馮俊科　譚　躍

羅小衛　王兆成

《中華大典》編纂委員會

《中華大典》前言

《中華大典》是運用我國歷代漢文古籍編纂的一部大型工具書。其目的是爲學術界及願意瞭解中國古代珍貴文化典籍的人士提供準確詳實、便於檢索的漢文古籍分類資料。

中國是世界文明古國之一，幾千年來纂寫和聚集的文化典籍浩如烟海。我國歷代都有編纂類書的優良傳統，具有代表性的《永樂大典》等大多已佚失，現存《古今圖書集成》編就距今也已數百年。爲了適應今天和以後研究和檢索的需要，一九八八年海内外三百多位專家學者和各古籍出版社同仁倡議，在已有類書的基礎上，用現代科學方法編纂一部新的類書《中華大典》。

國務院在關於編纂《中華大典》問題的批覆中指出，編纂《中華大典》「是我國建國以來最大的一項文化出版工程」。本書所收漢文古籍上起先秦，下迄清末，約三萬種，達七億多字，分爲二十四個典，近百個分典，内容廣博，規模宏大，前所未有。

《中華大典》的編纂工作堅持科學態度和百花齊放、百家爭鳴方針。儘量採用古精校精刻本，優先採用我國建國後文獻學和考古學的優秀成果。對傳統文化中重要的不同學派的資料，兼收并蓄。運用現代圖書分類的方法，對收集到的資料，精選、精編，力求便於檢索、準確可信。

這項工作從開始起就受到中共中央、國務院和有關部門的重視和支持。國家主席江澤民、國務院總理李鵬分别爲《中華大典》題詞。江澤民的題詞是：「同心同德群策群力認真編好中華大典爲建設有中國特色的社會主義服務」。李鵬的題詞是：「繼承和弘揚民族優秀傳統文化」。全國政協主席李瑞環、國務委員李鐵映也作了重要指示，要求抓緊辦理。一九九零年五月，國務院批准《中華大典》爲國家重點古籍

整理項目。一九九二年九月，正式成立了《中華大典》工作委員會和《中華大典》編纂委員會，召開了《中華大典》工作、編纂會議。自此，《中華大典》的編纂工作由試點轉入正式啓動，逐步鋪開。

編纂《中華大典》，學術性很强，工作量很大，工程十分艱巨，全賴廣大專家學者和全國各有關高等院校、科研院所、圖書館、出版單位的鼎力支持與積極參與。大家本着弘揚中華民族優秀文化的心願，發揚奉獻精神，克服各種困難，團結協作，給這部巨大類書的出版提供了根本保證。在此謹表示誠摯的謝意。

對本書的批評與建議，我們將十分歡迎。

《中華大典》編纂委員會

一九九七年四月

二〇〇六年十一月修訂

《中華大典》編纂通則

一、性質：《中華大典》（以下簡稱《大典》）是對漢文古籍（含已翻譯成漢文的少數民族古籍）進行全面的、系統的、科學的分類整理和匯編總結的新型類書，是在繼承歷代類書優良傳統、考慮漢文古籍固有特點的基礎上，借鑒和參照近代編纂百科全書的經驗和方法編纂而成。編纂《大典》的目的，是爲學術界及願意瞭解中國古代珍貴文化典籍的人士提供各種分門别類的，準確詳細的古代漢文專題資料。

二、規模和體例：《大典》所收古籍的時限，上自先秦，下迄辛亥革命。全書共收各類漢文古籍三萬餘種，七億多字。全書體例，着重汲取清代《古今圖書集成》所採用的經目和緯目相交織這一統一框架結構的模式，同時參照現代科學的學科、目録分類方法，并根據各類學科内容的實際情況，一般將每一大類學科輯爲一典，也有將幾個相關學科共輯爲一典的。對各典名稱，均以現代學科命名，對於所收入的各種古籍資料，亦儘可能納入現代科學分類體系之中。

三、經目：大典共分二十四個典，即哲學典、宗教典、政治典、軍事典、經濟典、法律典、教育典、語言文字典、文學典、藝術典、歷史典、歷史地理典、民俗典、數學典、物理化學典、天文典、地學典、生物學典、醫藥衛生典、農業典、林業典、工業典、交通運輸典、文獻目録典。典以下以分典、總部、部、分部分級，分部之下的標目根據各學科特點由各典自行擬定。

四、緯目：共設置九項緯目，用以包容各級經目的具體内容：

①題解：對有關學科的名稱、概念、涵義、特點等作總體介紹的資料。

②論説：有關理論部份的資料。

③綜述：有關學科或事物的系統性資料，凡有關學科或事物的性狀、制度、範疇、特點及學科地位、發展情況等具體内容均編入此緯目中。

④傳記：有關人物的傳記資料。

⑤紀事：有關學科或事物的具體活動或事例的資料。

⑥ 著録： 重要人物或文獻的有關著作資料，如專集介紹、序跋、藏書題記，以及有關著作的成書經過、版本源流等。

⑦ 藝文： 有關屬於文學欣賞性的散文或韵文。

⑧ 雜録： 凡未收入以上各緯目，而又有較高參考價值的資料，均入雜録。

⑨ 圖表： 根據有關經目的内容需要，圖與表附於相關專題之下，或集中匯總於某級經目之後。

《大典》以内容分類安排各級緯目，各級緯目的正文，一般以原書爲單位，按時代順序排列。每一條資料前標明出處，包括書名或作者名、篇名或卷次，以利讀者核對原書。

五、書目： 每分典後附有該分典所收書之書目，書目包括書名、作者、時(年)代、版本等内容。時代以成書時代爲準，成書時代不詳者，以作者主要活動時代爲準，并遵從歷史習慣。

六、版本： 《大典》在選用版本時儘量採用古人的精校精刻本，亦採用學術界通用的近、現代整理圈點本及現代學者校點整理本。

七、校點： 爲儘可能保存古籍原貌，《大典》衹對底本中明顯的脱、訛、衍、倒進行勘正。古本中的避諱字一般不作改動，衹對缺筆字補足筆畫。後人刻書時避當朝人諱而改動的字，據古本改回。《大典》採用新式標點法。

一九九六年八月

二〇〇六年十一月修訂

《中華大典·歷史典》編纂委員會

（以姓氏筆畫爲序）

主　編：熊月之

編　委：方詩銘　俞　鋼　莊輝明　許沛藻　葉　舟

虞萬里　熊月之　錢　杭　瞿林東　龔書鐸

《中華大典·歷史典》前言

中華文明歷史悠久，包括史實記述、史書編修、史官設置、史學研究在内的歷史學極爲發達，歷史文獻浩瀚無垠。誠如梁啟超所説，「中國於各種學問中，惟史學爲最發達；史學在世界各國中，惟中國爲最發達」。殷商時代，甲骨上的大量占卜文辭，是中國最早的反映族類記憶與國家記憶的歷史記録；卜辭與青銅器銘文中所述的遺史作册，是中國最早的重視歷史記録與保存文書的制度安排。西周時，周王朝的國史稱《周書》，諸侯國的國史或稱書，或稱乘，或稱春秋，或稱檮杌。孔子命子夏訪求周室史記，得百二十國寶書，墨子亦曾見百國春秋。這些都説明保存史料、編寫國史在周代已成通例。

春秋戰國時期，史學多元發展，繁盛一時。孔子以春秋各國史書爲基礎，參照所見、所聞、所傳聞的各種資料，以正名分、辨是非、克己復禮爲宗旨，删訂編修《春秋》，開私人修史之先河。《左傳》《竹書紀年》，是以年代爲序、以記事爲主的編年體史書。《國語》《戰國策》是以地區爲中心、以記言爲主的史書。至今不詳撰人的《世本》，則是按專題分載，注意記述地理環境、氏姓、工藝製作等社會經濟事項的特别史書，頗具文化史性質，被史家歸入别史一類。

秦漢以後，與大一統中央集權國家相適應，出現了司馬遷《史記》與班固《漢書》，鴻篇巨制，卓識美文，分别開創了紀傳體通史與紀傳體斷代史的體例，爲後來歷代王朝編纂國史提供了範本。東漢荀悦以《漢書》爲資料基礎，列其年月，比其時事，撮要舉凡，存其大體，編成《漢紀》，爲中國第一部編年體斷代史。

從三國、兩晉、南北朝到隋、唐，史書數量、種類都大爲增加。中國正史二十四史中的一半以上成書於這一時期，范曄的《後漢書》，陳壽的《三國志》，沈約的《宋書》，魏收的《魏書》，與唐初房玄齡、姚思廉、魏徵等人所修的《晉書》《梁書》《陳書》《隋書》等八部史書，或以史料豐贍、條貫清楚，或以敍事簡練、文風樸實，或以評論允當、見解過人，在史學史上各具特色。杜佑的《通典》，專記歷代經濟、政治、社會、文化等方面典章制度沿革，取材廣博，見解獨特，是中國第一部關於典章制

度的巨著。劉知幾的《史通》，綜合研究歷代史學實踐與成果，溯其源流，判其得失，融會貫通，自成體系，在中國史學史上樹起了一座豐碑。李吉甫的《元和郡縣志》爲中國現存最早的全國地理總志，記述各道鎮府州縣的户數、沿革、山川、道里、貢賦等，以地繫事，間有親歷資料，甚爲翔實，所創體例在中國地理史上有里程碑意義。

五代、宋、元時期，中國史學又有新的發展。司馬光的《資治通鑑》，上起戰國，下迄五代，遍閲舊史，旁采小説，抉擿幽隱，薈萃爲書，按年紀載，一氣銜接，其經緯規制，爲史學史上横空大作，後世典範。鄭樵的《通志》，上起三皇，下迄隋代，内容豐富，卓識多有，特别是其二十略，精心結撰，自出機杼，氏族、校讎、圖譜、六書、音韻、金石等略，均爲此前所無，豐富了歷史記載的範圍，成爲後代各種專門學問的先驅前導。馬端臨的《文獻通考》，專論歷代典章制度，上起上古，下迄南宋，敘事本於經史，參以歷代會要、各種傳記，旁采名流之燕談、稗官之記録，分門排列，有敍述，有考訂，有論斷，信者傳之，疑者棄之，爲此後同類史書所宗範。袁樞的《通鑑紀事本末》，李燾的《續資治通鑑長編》，徐夢莘的《三朝北盟會編》，李心傳的《建炎以來繫年要録》，劉昫的《舊唐書》，薛居正的《舊五代史》，歐陽脩的《新唐書》《新五代史》，王溥等人的《唐會要》《五代會要》，元人修的《宋史》《遼史》《金史》等，蔚爲大觀。樂史的《太平寰宇記》爲北宋初全國地理總志，體例與記述範圍較前人有所發展，注意記述風俗、姓氏、人物等人文地理内容，史籍之外，旁及詩賦，兼采仙佛雜記，保留了相當豐富的歷史資料。

明清時期，史學更爲繁榮。官修正史方面，宋濂等人修的《元史》，張廷玉等人修的《明史》，沿襲了歷代編修前朝歷史的傳統。《續通典》《續通志》《續文獻通考》《明會典》《清會典》《清通典》《清通志》《清文獻通考》，也繼承了此前同類史書的傳統。民間治史盛極一時，李贄的《藏書》《續藏書》，黄宗羲的《宋元學案》《明儒學案》，顧炎武的《天下郡國利病書》《日知録》，王夫之的《讀通鑑論》《宋論》，錢大昕的《廿二史考異》，王鳴盛的《十七史商榷》，趙翼的《廿二史劄記》，章學誠的《文史通義》，崔述的《考信録》，角度不同，風姿各異，均爲名著。歷史地理學、地方志、地方史空前發達。李賢等人編修的《大明一統志》，穆彰阿等人編修的《重修大清一統志》，顧祖禹的《讀史方輿紀要》，各省府州縣所修的難計其數的地方志，或繁或簡，或新創或續修，極大地豐富了歷史記述的内容。

中國究竟有多少歷史文獻，恐怕永遠也不會有確切統計。《漢書・藝文志》把史書放在「六藝略」内。《隋書・經籍志》開始把古代典籍分爲經、史、子、集四部，並在史部之下分正史、古史等十三類，著録史籍八百十七種，一萬三千二百六十四

卷。清代《四庫全書》，史部著録（包括存目在内）二千零五十三種，三萬九千零九卷。《四庫全書》未收史籍，據後人研究，有二千九百三十八種，四萬五千三百六十三卷。兩者相加，得四千九百九十一種，八萬四千三百七十二卷。這個數字，還不包括收在集部中、史部未録的大量傳記、碑銘、史論、史評。據不完全統計，至清朝末年尚存留的史部著述約六千種，方志約一萬種，另有大量敦煌卷子、金石碑志、古代文書。

在中國歷史上，有過多次類書的編纂，其中有大量的史籍。明代編成的《永樂大典》，清代編成的《古今圖書集成》，其中都有大量的歷史資料和豐富的史書内容。

今日所修之《中華大典》，是在我國已有類書的基礎上用現代科學方法編纂的新的類書，《歷史典》是《中華大典》重要組成部分。《歷史典》全書約四千萬字，力圖通過經緯交織的方法，展示中國歷史與歷史學的豐富内涵。《歷史典》内容，上不設限，下迄清朝統治結束。《歷史典》借鑑了中國傳統類書與傳統史書的編纂方法，分爲三個分典：《史學理論與史學史分典》匯編關於中國史學之理論遺産與歷史發展的文獻，《編年分典》《人物分典》分别以編年、人物爲主幹匯編能夠反映中國歷史發展的文獻。中國古代歷史文獻浩如煙海，將豐富的歷史資料按照史學理論遺産、歷史發展脈絡、重要歷史人物的分類進行編排，有助於今天的讀者檢索、使用。

《歷史典》的工作，得到了《中華大典》工委會、編委會的指導與支持。《歷史典》是來自北京、上海衆多高校、研究機構的歷史學者通力合作的成果，各位分典主編專攻的歷史時段，連接起來，涵蓋了從上古到清末的全部歷史。各位分典主編學養豐厚，都有參與古籍整理與研究的經歷，對於此項工作兢兢業業，精益求精，參與具體編纂工作的各位同仁也都盡心盡責，黽勉從事，大家都爲能夠參加整理、研究祖國文化典籍，爲弘揚中華優秀文化貢獻自己的力量而感到無上的榮光。

熊月之

二〇〇七年十月二十九日

二〇一五年十二月一日修訂

中華大典·歷史典

編年分典

《中華大典·歷史典·編年分典》編纂委員會

主　編：方詩銘　許沛藻

副主編：俞　鋼　金　圓

編委（以姓氏筆畫爲序）：

張劍光　程　郁　燕永成　儲玲玲

《中華大典·歷史典·編年分典》編纂説明

《中華大典·歷史典·編年分典》，是《中華大典·歷史典》的分典之一，是關於上起先秦、下迄清末的中國歷史編年的大型類書。

《編年分典》是《中華大典·歷史典》中的編年紀事部分，原則上主要收録編年體裁的史籍。編年體是我國史書的古老體裁，通過編年紀事來展現歷史進程中的因果關係和連貫性。在編纂體例上，本分典的指導思想是：既要適應編年紀事的特點，又應符合資料以類相聚的要求，故而經目、緯目的設置不宜過細，可依據資料内容的性質或其體裁的形式適當歸類。本分典依據學科特點，按歷史時期的劃分，下設《先秦總部》《秦漢總部》《魏晉南北朝總部》《隋唐五代總部》《宋遼夏金總部》《元總部》《明總部》《清總部》等八個總部，總部下視文獻豐儉存佚的實際狀況設部。各總部設置綜述、史表、雜録三項緯目，雜録項包含備録、備論兩部分。

緯目中的綜述，主要取歷代主要的編年史書和正史本紀的紀事，雜互采摭，歸并剪裁，以事相從，統一編年，以期達到編年繫事相對齊備，從而上下貫通，展現中國歷史進程基本脈絡的目的。史表收録正史或他書中的將相大臣、百官公卿、宰輔、紀事等表，概述歷朝將相大臣興廢拜罷之迹，以作提綱舉要之用。雜録的備録部分，主要收録一些史料價值較高、較爲罕見的編年史籍，包括後人的輯佚書，以及一些别史的帝紀和載記類、雜史類中用編年紀事的史籍，以起到保存文獻和拾遺補闕的作用。雜録的備論部分，則收録歷代對各相關朝代國勢興衰、諸帝功過以及重大事件、制度、政令所作的代表性評論。

本分典綜述部分的紀年方法，先秦時期周平王四十九年以前，依據考古成果和歷史文獻，以歷史傳説人物和三代諸王世系爲序；周平王四十九年起用諸王和皇帝紀年，漢武帝建元以降用年號紀年，皆附以干支、公元紀年；分裂時期，參考傳統編年通史做法，取一家爲主，分注其他政權相應紀年。

本分典的編纂方案，是在已故主編方詩銘先生主持下設計制定的，經過專家會議論證，並由《歷史典》編委會討論修訂，各位專家和編委提供了很有價值的指導性意見；在編纂過程中，我們始終得到《中華大典》工委會、編委會的勉勵和關懷，並一直得到上海古籍出版社的支持和配合，也得到上海師範大學人文學院和古籍整理研究所領導的支持，對此我們表示衷心的感謝。我們期待讀者給予指正。

《中華大典·歷史典·編年分典》編纂委員會

二〇〇八年五月一日

二〇一五年十二月一日修訂

《中華大典・歷史典・編年分典》凡例

一、《中華大典・歷史典・編年分典》係《中華大典・歷史典》的分典之一，其下按歷史時期設總部，各總部下視文獻資料狀況設部。

二、本分典設綜述、史表、雜録三項緯目，均在總部下展開，部下不設緯目。

三、本分典秦以後各部一般以皇帝即位時日爲斷，並摘取正史本紀或其他書中對該帝的介紹性文字置於部首； 先秦各部亦作相應處置。

四、本分典綜述部分的紀年方法，先秦時期周平王四十九年以前以歷史傳説人物和諸王世系爲序，周平王四十九年起以諸王和皇帝紀年。自漢武帝建元起以年號紀年，並用括弧注明干支和公元； 遇有並立政權，取一家爲主，附以其他政權紀年。在位皇帝於年中改元，歲首即用新年號； 新帝年中即位並改元，新部開始即用新年號。

五、本分典綜述部分一日内有多種引書，首部引書下保留干支，餘皆省略。

六、本分典綜述部分，遇有各史置閏不同，則據實際對應月日排序。所引各書四時、朔日記闕不一，皆仍其舊，未就一律。

七、本分典綜述部分所選文獻原文省略主語、姓氏、時間等，因摘録而致使語義歧異或不明者，用〔　〕補出。

八、本分典所録文獻若有節略，其節略部分一般以【略】注明。但綜述部分同一干支下若有多條紀事，而僅選取其中一或若干條，其未取諸條，則不用【略】標示。

九、本分典所録文獻，一般不作校勘。遇明顯錯訛，則以（　）括出，並將正確文字以〔　〕補入。

一〇、本分典中的卷次、繫年數字，均用一、二、三、四、五、六、七、八、九、〇標出，不用十、百、千、萬。

清總部

主　編：葉　舟

編纂人員：李志茗　何立民　劉海琴　徐鋒華

何方昱　徐　濤　張　生　馮志陽

蔣寶麟　沈　潔　唐巧天　王　健

戴海斌　袁家剛　池　楨

#《清總部》提要

本總部所涉及的中國歷史，起公元一六四四年，迄公元一九一一年，即爲清朝時期。現存記述這段歷史的編年類史籍，數量繁多，編纂中盡可能廣泛收録，並作了必要的甄别取捨。

本總部下依清代諸帝設十部，紀年依清帝年號，附以並立政權的紀年、干支及公元。

本總部下設綜述、雜録兩項緯目。因《大典》體例不得采用一九一一年以後出版諸書，故綜述項未采用《清史稿》，而以《清實録》及《東華》諸録作爲編年脈絡，略采各代相關史料如《小腆紀年》《國朝柔遠記》《國朝宫史》及《籌辦夷務始末》等補充，一體剪裁，連貫而成。宣統一朝由於特殊原因，相關資料大多出版於辛亥以後，且未有《實録》留存，故只能使用類似於《實録》之《宣統政紀》，希望稍補史料之闕。

雜録項分備録、備論兩部分。備録主要列《永憲録》等編年類史籍及雜史類中用編年紀事的史籍，明末此類書籍頗多，故擇要選取《隆武紀年》《永曆紀年》等書，以見當時史事之一斑。清末相關史籍更爲龐雜，然限於體例，僅謹慎擇取《戊戌履霜録》《崇陵傳信録》《庚子國變記》等相關史料，以作補充。備論略收歷代史家就清代重要史事所作的評論，以期對編年史事有所加詳。

目録

綜述

雜録

備録

備論

引用書目

綜述

清世祖部（起公元一六四四年，迄公元一六六二年）

《東華録》卷四　世祖章皇帝福臨，太宗文皇帝九子也。母昭聖慈壽恭簡安懿章慶敦惠温莊康和太皇太后，以崇德三年戊寅正月十三日甲午戌時生上於盛京。【略】生而神靈，志量非常，稍長，聰明英睿。六歲即嗜書史。

順治元年（甲申、一六四四）

《世祖實録》卷五　六月丁巳朔，令洪承疇仍以太子太保、兵部尚書兼都察院右副都御史，同内院官佐理機務。

《小腆紀年》卷六　明增淮、揚兵三萬。

《東華録》卷四　戊午，大學士馮銓、洪承疇言：「【略】以後用人行政要務，乞發内院擬票，奏請裁定。」攝政王從之。

《世祖實録》卷五　庚申，河南道御史曹溶啓陳六事：一定官制，一議國用，一戢兵丁，一散土寇，一廣收糴，一通煤運。

《明季南略》卷一　壬戌，謚大行皇帝曰思宗烈皇帝，皇后曰孝節皇后。

《世祖實録》卷五　甲子，故明宗室朱帥欽具啓投誠。

《東華録》卷四　給事中劉昌陳十事：立規模，儲廟算，推誠心，集羣策，施實惠，定經賦，審官制，頒俸禄，明等威，重守令。

《小腆紀年》卷六　獻賊陷明涪州。明起戌籍錢謙益爲禮部尚書，協理詹事府事。

《世祖實録》卷五　丙寅，攝政和碩睿親王諭京城内官民房屋被圈者皆免三年賦稅，其中有與被圈房屋之人同居者亦免一年。大兵經過之處，田地被傷者，免今年田賦之半，河北各府州縣免三分之一。

遣固山額真覺羅巴哈納、石廷柱率將士平定山東一路地方。

《東華録》卷四　丁卯，攝政王定議建都燕京，遣輔國公吞齊（哈）〔喀〕和託等齎奏迎駕。

庚午，遣固山額真葉臣等率將士平山西一路。

《小腆紀年》卷六　癸酉，明大理丞詹兆恒進《欽定逆案》，馬士英亦於是日進《三朝要典》。

明兵科給事中陳子龍疏請募練水師。

《東華録》卷四　甲戌，順天巡按柳寅東言：「【略】亟宜速定律令。」王報曰：「經綸方始，治理需人，歸順官員，既經擢用，不必苛求。此後官吏犯贓，審實立斬，問刑准依明律。」

《小腆紀年》卷六　丁丑，獻賊陷明重慶府，瑞王常浩、巡撫陳士奇等死之。

《東華録》卷四　庚辰，順天巡撫宋權獻治平三策：一請議崇禎廟號，一禁革加派弊政，一廣羅賢才。

《世祖實録》卷五　壬午，平定山西固山額真葉臣啓報饒陽一路土賊悉已平定。

《東華録》卷四　癸未，遣大學士馮銓祭故明太祖及諸帝。

《小腆紀年》卷六　癸未，我大清兵克德州，明前大學士謝陞、御史趙繼鼎、盧世淮迎降。

《世祖實録》卷五　甲申，以故明太祖神牌入歷代帝王廟。

《東華録》卷四　乙酉，錦衣衛百户危列宿言：「臣招撫至天津，諮訪流寓及在籍官員党崇雅等四十三員開報。」睿親王諭：「著吏部確覈才品，即予起用。仍行文各撫按，凡境内隱逸賢良，逐一起（拔）〔薦〕，但不許以貪官污吏及貲郎雜流充數。」

巴哈納、石廷柱啓報霸州、滄州、德州、臨清先後俱下。

《世祖實録》卷六　秋七月丙戌朔，睿親王諭：【略】作速行文各道府轉行所屬將地方有無土寇，曾否歸降，據實詳報。

《小腆紀年》卷七　明建寧知縣蔣芬自請勤王。

《世祖實録》卷六　丁亥，睿親王諭：【略】自明歲順治二年爲始，即用新曆，頒行天下。

《東華録》卷四　巴哈納等會葉臣等平山西。

《小腆紀年》卷七　庚寅，明以左懋第爲兵部右侍郎兼都察院右僉都御史，經理河北，聯絡關東軍務，奉使於我大清。

明命總兵金聲桓駐防揚州。

《明季南略》卷一　壬辰，惠、桂二王駐廣西。魯、潞、周、崇四王駐浙東。

《世祖實録》卷六　癸巳，上以中原平定，遷都於燕。

《東華録》卷四　甲午，天津總督駱養性請豁免明季加派錢糧，止征正額並火耗。睿王報曰：【略】正賦尚宜酌蠲，額外豈容多取。著嚴行禁革，如違即以犯贓論罪。

修(正)〔政〕曆法湯若望進所製渾天星球一床，地平日晷、窺遠鏡各一具，併輿地屏圖，並請所有應用諸曆永依西洋新法推算。從之。

《明季南略》卷一　甲午，發十萬米給山東撫鎮。

《世祖實録》卷六　丙申，吏部侍郎沈惟炳啓請徵聘逸賢以收人望。【略】從之。

《東華録》卷四　招撫山東、河南侍郎王鰲永啓報：「濟南、東昌、青州、臨清等州郡以次撫定。」并賫送故明德王朱由櫟降表。

《世祖實録》卷六　辛丑，上以中原平定，免盛京滿洲漢人額輸糧草布疋。

甲辰，招撫山東、河南侍郎王鰲永啓報，撫定青州郡縣并賫故明衡王降書以聞。

王鰲永又請蠲免山東錢糧，如河北例。從之。

《小腆紀年》卷七　乙巳，明在籍主事郭獻珂敗闖賊於桃園。

《世祖實録》卷六　壬子，攝政和碩睿親王令南來副將韓拱薇、參將陳萬春等賫書致史可法。【略】可法旋遣人報書，語多不屈。

甲寅，攝政和碩睿親王諭官民人等：【略】自今以後須嚴責舉主，所舉得人，必優加進賢之賞，所舉舛謬，必嚴行連坐之罰。至於薦舉本章，止許開具鄉貫履歷，其才品所宜，應聽朝廷定奪，不許指定某官坐名何地。無論貴賤遠近、隱顯升沉，果有灼見真知，悉許薦舉。

又諭都察院六科十三道曰：【略】自今以後，凡六部卿寺堂屬大小官員爾等宜從公舉劾，直言無諱。賢者即實稱其賢，内勿避親，外勿避仇；不肖者即實指其不肖，勿徇私情，勿畏權勢。

是月興乾清宫工。

《世祖實録》卷七　八月丙辰朔，日食。是日令大學士馮銓同湯若望攜窺遠鏡等儀器率局監官生齊赴觀象臺測驗。

丁巳，上以將遷都燕京，分命何洛會等統兵鎮守盛京等處。

《小腆紀年》卷七　明命光禄寺少卿沈廷揚饋吴三桂軍。廷揚疏止之，不許。

壬戌，明復東廠。

甲子，獻賊陷明成都，蜀王至澍、太平王至渌，巡撫龍文光、升巡撫前巡按劉之勃等死之。

《世祖實録》卷七　戊辰，免直隸被賊殘破景州、河間、阜城、青縣本年額賦。

《小腆紀年》卷七　明太后鄒氏至自河南。

《世祖實録》卷七　己巳，定在京文武官員支給俸禄柴直仍照故明舊例。

詹事府通事舍人王國佐條奏長蘆鹽法十四事。

甲戌，遣河南、山東、山西督撫道府等官赴任。

《小腆紀年》卷七　丙子，明贈吴三桂父勷遼國公，母祖氏遼國夫人。

《三藩紀事本末》卷一　庚辰，〔明〕予北京殉難諸臣謚。

《世祖實録》卷七　癸未，設故明十三陵司香官及陵户，給以香火地畝。

《東華録》卷五　自成僞總兵李過自新安糾賊三萬犯府谷，逼大同，大兵擊之，殲殪過半。

《小腆紀年》卷七　明封總兵鄭芝龍爲南安伯。

《東華録》卷五　〔九月〕庚寅，睿親王多爾衮遣甲喇章京顧納代等自燕迎駕。

《小腆紀年》卷八　辛卯，明修《思宗實録》。

《明季南略》卷二　癸巳，史可法請督餉萬元吉專駐揚州。

《東華録》卷五　甲午，上入山海關。

《小腆紀年》卷八　丁酉，明命黄得功移駐廬州，以防桐、皖，劉良佐進復黄、汝，高傑移駐徐州，進復開、歸。

《世祖實録》卷八　癸卯，上駐蹕通州。

《皇清開國方略》卷三二　世祖章皇帝至燕京。

《小腆紀年》卷八　明以左良玉子夢庚掛平賊將軍印。

《世祖實録》卷八　乙巳，平定山西固山額真葉臣等自軍中奏報，潞、澤所屬州縣俱已委員管理。

《小腆紀年》卷八　丙午，明督師大學士史可法視師清江浦，以圖中原。

《東華録》卷五　壬子，恭奉太祖武皇帝、孝慈武皇后、大行皇帝神主，安入太廟。

《世祖實録》卷九　冬十月乙卯朔，上以定鼎燕京，親詣南郊，告祭天地，即皇帝位。

《小腆紀年》卷八　明鑄「弘光通寶」錢。

《世祖實録》卷九　丙辰，吏部議覆山東巡撫方大猷疏請以孔子六十五代孫孔允植仍襲封衍聖公，照原階兼太子太傅。【略】從之。

《小腆紀年》卷八　明以鄭芝龍爲總兵官，鎮守福建。

《世祖實録》卷九　丁巳，以攝政王多爾衮功最高，命禮部尚書郎球、侍郎藍拜、啓心郎渥赫建碑紀績。

《小腆紀年》卷八　庚申，明太子太保文淵閣大學士高弘圖罷。

《世祖實録》卷九　癸亥，上御皇極門，頒即位詔於天下。以多爾衮功多，加封爲叔父攝政王。

天津總督駱養性違旨擅迎南來左懋第、陳洪範等，部議應革職爲民。得旨養性有迎降功，革總督任，仍留太子太保、左都督銜。

《世祖實録》卷一〇　丁卯，上御皇極門，加封和碩鄭親王濟爾哈朗爲信義輔政叔王，【略】多羅貝勒羅洛宏爲多羅衍禧郡王，【略】封碩塞爲多羅承澤郡王，賜平西王吴三桂册印、白金萬兩。

《東華録》卷五　葉臣奏報：「臣等出固關，進平三晉，所至迎降，僞伯陳永福據太原，我軍攻克之，五州二十縣皆降。」

癸酉，命英親王阿濟格爲靖遠大將軍，往征流寇。

《小腆紀年》卷八　明改丁魁楚總督兩廣軍務。

《世祖實録》卷一〇　丙子，諭平定山東、河南梅勒章京和託李率泰額孟格等曰：「爾等可嚴查流賊趙應元餘黨盡行正法，城中人有同謀者亦查明正法，但不得誤傷良善。〔戊寅〕以達賴隨征山東攻深州時首先登城，賜號巴圖魯，授爲牛彔章京。定攝政王冠服宫室之制。

《小腆紀年》卷八　明加左良玉太子太傅。

明定兵額。江北督撫四鎮各額兵三萬，楚撫額兵一萬，京營額兵萬五千，四鎮各本色米三十萬石，銀四十萬兩。

《東華録》卷五　己卯，命豫親王多鐸爲定國大將軍，征江南。

《世祖實録》卷一〇　甲申，定諸王、貝勒、貝子、公等冠服宫室之制。

《東華録》卷五　十一月乙酉朔，用祭酒李若琳言，滿、漢官員子弟有願讀清書者，俱送入國子監。設滿洲司業一員，助教二員，教習清書。

《世祖實録》卷一一　僞弘光使臣陳洪範南還，於途次具密啓請留同行左懋第、馬紹愉，自願率兵歸順，併招徠南中諸將。攝政王令學士詹霸等往諭，勉其加意籌畫，成功之日，以世爵酬之。遂留懋第、紹愉。

《小腆紀年》卷八　戊子，明桂王常瀛薨。

明命生員納銀入貢。

《東華録》卷五　少詹事兼翰林院侍讀學士掌院事胡世安、少詹事管國子監祭酒事李若琳以詹事府暫裁，請辭詹事銜。從之。

《世祖實録》卷一一　癸巳，定諸王、貝勒、貝子、公等下護衛員數。

《小腆紀年》卷八　甲午，我大清兵克明海州。

《世祖實録》卷一一　乙未，諭投誠朝鮮都總兵官林慶業，令率所部兵歸國，勿帶島内漢人。

《小腆紀年》卷八　〔丙申〕，明督師史可法遣兵復宿遷，進援邳州。

《東華録》卷五　〔戊戌〕，山西巡撫馬國柱言：我軍勦賊汾州，追至青龍、永寧，進至平陽，全省悉平。

《小腆紀年》卷八　庚子，獻賊僭稱帝於成都。【略】號大西，改元大順，以成都爲西京，汪兆麟爲左丞相，嚴錫命爲右丞相。

《世祖實録》卷一一　壬寅，定諸王貢獻例。

高密賊首張興僭稱總鎮大元帥，與其黨武印、徐振、管相周等及青州賊寇結連倡亂，膠州署總兵官柯永盛擒斬之。

己酉，【略】欽天監印信著湯若望掌管，所屬該監官員，嗣後一切進歷、占候、選擇等項，悉聽掌印官舉行。

《世祖實録》卷一一　庚戌，以中原平定，遣朝鮮國入質世子李溰歸國。

國子監祭酒李若琳條奏太學事宜。

《小腆紀年》卷八　〔庚戌〕，明命總兵許定國鎮守開封、宛、雒，掛鎮北將軍印。

明榷酒稅。酒一觔稅錢一文。

〔辛亥〕，明興平伯高傑疏薦舊臣黄道周等。

《世祖實録》卷一一　癸丑，山東沂州總兵夏成德解宿遷縣圍，殺賊兵六千餘人。

《小腆紀年》卷八　十二月乙卯朔，大將軍豫親王多鐸前鋒渡河，沿河寨(保)〔堡〕望風歸附，許定國、李際遇已潛遣人約降，而南中猶不知也。

《世祖實録》卷一二　庚申，保定巡撫王文奎疏言，各府州縣蹈明季舊習，優免太濫，致虧正額，取盈攤派，最爲厲民，宜嚴加禁革。從之。

《東華録》卷五　葉臣言：大軍自直隸至河南、山西，共平府九、州二十七、縣一百四十一。

辛酉，明命何騰蛟以兵部侍郎總督川、湖、雲、貴、廣西軍務，兼督糧餉，召楊鶚回部。

《世祖實録》卷一二　壬戌，定宫中喪制。

甲子，裁太僕寺衙門。以馬價本折錢糧已歸併户部也。

《小腆紀年》卷八　丙寅，我大清兵入河南府，明總兵李際遇降。

《世祖實録》卷一二　己巳，諭刑部都察院曰：【略】今特再行赦宥，凡僞官投誠歸順及明朝降賊官員併土寇爲亂，今能改過自新者，一併蠲除前罪，咸與赦免。如有才堪驅策，不妨因人器使。直隸、山東、山西、河南、陝西等處已順官民，自順治元年五月初二日以前罪犯無論大小悉赦除之。【略】南直、陝西、湖廣、四川、河南、浙江、江西、福建、廣東、廣西、雲南、貴州等處未經歸順人民，所犯罪惡一併赦免，儻投順以後，或犯罪惡，依律究治。

《小腆紀年》卷八　我大清縱明使臣陳洪範還。

《東華録》卷五　辛未，御史李發元請申飭在内外刑臣有以赦前事挾仇復告者，坐違旨罪。從之。

《小腆紀年》卷八　甲戌，明命史可法會兵援邳州。

戊寅，大清兵分道南下，令沂州、濟寧兵從廟灣南渡，薄邳、宿；彰德、衛輝兵從孟津東渡，逼歸、徐。史可法飛章告急。

《東華録》卷五　己卯，命都統阿山、馬喇希，副都統阿哈尼堪等，由蒲州濟河，協剿流寇。

《明季南略》卷二　壬午，瞿式耜巡撫廣西，馬乾巡撫四川。搜取寧波洹課七千兩。

順治二年（乙酉、一六四五）

《小腆紀年》卷九　春正月乙酉朔，日有食之。明福王在南京，免百官朝賀。

《東華録》卷五　己丑，總督河道楊方興言：「山東地土荒蕪，有一户止存一二人，十畝田止存一二畝者，倘不計口核實，一概徵收，名爲免三分之一，實一二畝地而納五六畝之稅，荒多丁少，以荒地累熟地，逃丁累見丁，是有蠲之名，無蠲之實。祈將現在熟地，或免一，或免半，其拋荒之地，不論有主無主，盡行蠲免，俾民受實惠，而後民志固，民生遂矣。」得旨：「各直省無主荒地，該地方官開具實數報部，以便裁酌，其熟地錢糧，照蠲免例如數開徵。」

《小腆紀年》卷九　庚寅，明以新殿推恩，加閣臣銜史可法，辭不受。

《明季南略》卷三　癸巳，監軍衛胤文奏已冒雪抵徐。吏侍郎陳盟奏川事潰裂。貴撫李若星奏川賊勢甚猖獗。贛撫李永茂奏寇擾汀州。

《世祖實録》卷一三　丁酉，命多羅饒餘郡王阿巴泰爲總統，固山額真準塔爲左翼，梅勒章京譚布爲右翼，率將士往山東，代和碩肅親王豪格。

山東膠州總兵官柯永盛勦靈山衛土石山賊，平之。

《小腆紀年》卷九　明許定國誘殺興平伯高傑，以叛降於我大清。

《世祖實録》卷一三　壬寅，以災荒免上林苑監額稅三之一。

《明季南略》卷三　左良玉請留撫臣何騰蛟。有旨：「五省總督之設，不惟恢復荆、襄，且以接應巴、蜀。騰蛟候高斗樞到任，方行移鎮。」

《小腆紀年》卷九　我大清兵取西安，闖賊走襄陽。

《東華録》卷五　乙巳，豪格奏報：「僞睢州總兵許定國遣子投誠。【略】」又報：「尚書〔車〕爾格等攻破滿家洞土寇十餘處，俘獲婦女牛馬。」

真定巡撫衛周允報：真定、大名、順德、廣平四府山寨賊寇悉平。

《世祖實録》卷一三　丁未，免山西本年田租之半。

國子監祭酒李若琳奏請更孔子神牌爲大成至聖文宣先師孔子。報可。

庚戌，户部議覆山東巡撫方大猷疏請開長清等處礦，每月彙報充餉。從之。

《小腆紀年》卷九　辛亥，明以衛允文總督高傑標下鎮將兵馬。

《世祖實録》卷一三　壬子，免額賦磁州、安陽、湯陰、新鄉、獲嘉、修武、河内、淇、汲八縣供應軍需，免額賦之半。

《東華録》卷五　二月乙卯，定國大將軍豫親王多鐸奏報：「大軍於元年十二月十五日，追流賊至陝州，前鋒參領索渾等敗賊於靈寶縣。二十二日，師距潼關，前鋒統領努山等敗賊僞汝侯。正月初四日，敗賊將劉方亮，李自成親率兵交戰，屢敗之。十一日，逼潼關口，自成遁走西安，賊守將馬世堯僞降。十三日，大軍入關，斬世堯。十八日，師至西安，自成竄商州。」以故明修撰陳名夏慕義遠來，擢吏部左侍郎兼翰林院侍讀學士。許定國疏報：「高傑已用計擒斬，請發大軍，以靖殘寇。」

《小腆紀年》卷九　乙卯，明命清蠹濫冒勳衛。

《世祖實録》卷一四　己未，以西安大捷，流寇李自成敗遁，三秦平定，上御武英殿，諸王貝勒文武大小羣臣行朝賀禮。

令户部傳諭各州縣有司：凡民間房産有爲滿洲圈占，兑换他處者，俱視其田産美惡，速行補給，務令均平。儻有瞻顧徇庇，不從公速撥，躭延時日，爾部察出，從重處分。

《小腆紀年》卷九　明以阮大鋮爲兵部尚書兼都察院左副都御史，仍巡江防。

《東華録》卷五　辛酉，諭豫親王：「初曾密諭爾等，往取南京，今既攻破流賊，已得西安，可將彼處事宜，交與靖遠大將軍英親王等，爾等即遵前命，趨往江南。流寇餘氛，責令英親王等追勦。」

壬戌，給事中向玉軒言：「民間墳墓有在滿洲圈占地内者，許其子孫歲時祭掃。」從之。

戊辰，巡視南城御史趙開心【略】請嗣後凡出痘之家，必俟痘疹已見，方令出城，有男女抛棄者，交該管官嚴加責治。其城外四十里東西南北各定一村，令彼聚處，庶不致有露宿流離之苦。得旨允行。

庚午，靖逆大將軍英親王阿濟格等奏：大軍入邊，八戰皆捷，秦屬州縣攻下者四城，降者三十八城，俱已安撫。

《明季南略》卷三　辛未，陳洪範報：「清於正月初六發兵往清口。又調登州、天津船沿海巡邏。平度州望高山有土賊作亂，燒萊州西關。清兵往剿，不服。清號許王者，兵數萬屯青州。」

《世祖實録》卷一四　甲戌，禮部議覆衍聖公孔允植疏奏孔族支派繁多，聚廬遥遠，恐有借聖府名色占據田産，應敕嚴禁。報可。

《小腆紀年》卷九　丁丑，明諭止滇、黔援兵。貴督李若星以兵勤王，諭止之。如已到常德，即留隸何騰蛟。

己卯，明鑄各衙門印，去南京字。

《世祖實録》卷一四　辛巳，定和碩親王、多羅郡王、多羅貝勒、固山貝子儀仗，郡王以上用五爪龍，貝勒以下不許用。

壬午，開大同、密雲二鎮鼓鑄。

《世祖實録》卷一五　三月甲申朔，陝西道監察御史趙開心奏言朝參之儀，【略】下所司議。

《小腆紀年》卷九　明北來太子至南京。

乙酉，明命羣臣審視北來太子真僞。

己丑，我大清兵取明鄜城，又取明西平。

闖賊逼明承天府，左良玉告急，命督臣何騰蛟禦之。

《世祖實録》卷一五　辛卯，免山東順治二年分荒地額賦。

《小腆紀年》卷九　我大清兵取明上蔡。

明命前大學士王應熊兼制雲貴、湖廣、廣西、鄖陽、偏沅各督撫，逮四川巡撫馬體乾。

《東華録》卷五　丙申，豫親王奏：「二月十四日大軍由西安府抵河南，招降僞平南伯劉忠。旋得平定江南之諭，即於三月初五率師南征。」

《世祖實録》卷一五　戊戌，諭内外大小各衙門曰：凡陳奏本章，照故明例殊覺遲誤，今後部院一切疏章可即速奏，候旨遵行。至於各衙門應屬某部者，有應奏事宜，即呈該部轉奏；至直省撫按總兵等官，凡有章奏與某部相涉者，亦必具文該部，部臣即請旨定奪。【略】其有與各部無涉，或條陳政事，或外國機密，或奇特謀畧，此等本章，俱赴内院轉奏。

庚子，故明文淵閣大學士李建泰來京陛見，慰諭之。

《小腆紀年》卷九　乙巳，我大清兵南下，明王之綱走宿州。遂取歸德。

《東華録》卷五　戊申，得旨：内三院照盛京爲二品衙門。

《小腆紀年》卷九　戊申，明左良玉舉兵反。

《明季南略》卷三　庚戌，清兵向徐州，總兵李成棟登舟南遁。

《東華録》卷五　壬子，豫親王疏報：「三月初七，臣統兵出虎牢關口，固山額真拜尹圖等出龍門關口，尚書韓岱等由南陽路，三路兵同趨歸德，所過州縣皆投順。」

《明季南略》卷三　清陷潁州、太和，劉良佐檄各路兵防壽州。

四月癸丑朔，頒各官新印。

《小腆紀年》卷一〇　明詔史可法督諸軍渡江入援。

《明季南略》卷三　己未，左夢庚陷明東流，南京戒嚴。

《世祖實録》卷一五　辛酉，諭民間喪葬毋出正陽門，著爲例。

《小腆紀年》卷一〇　我大清兵自歸德分道南下，明總兵李成棟遁，遂入徐州。

壬戌，明黄斌卿敗左夢庚於銅陵。

《明季南略》卷三　癸亥，馬士英奏順、清並急，請征皖餉。户部奏催各府兵練餉。

《世祖實録》卷一五　甲子，命葬故明殉難太監王承恩於故主陵傍，給香火地六十畝，仍建立碑額，以旌其忠。

《明季南略》卷三　户部請催徽、寧等府，預征來年之銀。

《小腆紀年》卷一〇　乙丑，左夢庚陷明安慶。是日，我大清兵取明泗州。

丙寅，渡淮。史可法退保揚州。

《世祖實録》卷一五　丁卯，頒恩詔於陝西等處。

《小腆紀年》卷一〇　辛未，我大清兵圍揚州，明史可法督衆拒守。

癸酉，明劉澤清大掠淮安，尋降於我大清。

丁丑，我大清兵克揚州，明督師太傅、兵部尚書、建極殿大學士史可法等死之。

戊寅，明福王召對羣臣。王問羣臣遷都計，錢謙益力言不可。

《世祖實録》卷一五　辛巳，諭吏部，近覽各官章奏本，以爵位爲榮，而故飾虚名，具疏控辭，有至再、至三者，此蹈故明舊習，甚無取焉。今後若再如此，即罷斥不用。

兵部請開武鄉試。報可。

《東華録》卷五　丙戌，輔政王濟爾哈朗等議：「以皇叔攝政王雖賞罰等於朝廷，而體統尚未崇隆，一切儀制亦應加禮啓聞。」王固辭曰：「予在上前，未敢違禮，他處如議行可也。」翌日，王入朝，滿洲諸臣皆跪，王遂回輿，因謂大學士曰：「今予乃入君之朝也，如此行禮，予心何安？」遂引輿而返。於是令曉諭諸漢臣。

《世祖實録》卷一六　丁亥，免山東高密縣元年分荒殘額賦。

己丑，妖民劉伯泗掘穴得石匣，内函天書，又石彈内有元帥印，遂自稱天罡星。宣府巡撫馮聖兆捕獲以聞，命斬之。

《明季南略》卷四　清兵駐瓜州，排列江岸，沿江窺渡。惟總兵官鄭鴻逵、鄭彩一旅帥水師禦之。

《世祖實録》卷一六　癸巳，免山東濟陽縣故明徵過元年分額賦。

改折泰安州額解綿布一年。

欽天監管監正事湯若望奏言：【略】今文德坊已火，即宜修建。從之。

丁酉，免山東平度州、莒州壽光、蒲臺、昌邑、范縣元年分荒殘額賦。

庚子，免山東章邱、濟陽二縣京班匠價，並令各省俱除匠籍爲民。

甲辰，禮部議定攝政王稱號及儀注，凡文移皆書皇叔父攝政王，一切大禮如圜獵、出師、操驗兵馬，諸王、貝勒、貝子、公等聚集之所，禮部具啓傳示聚集等候，其各官則視王所往列班跪送。候王回，令諸王退則退。貝勒以下送及王府門方退，其集候各官跪迎如前。

《東華録》卷五　令各衙門奏事俱繕本章，不許復用木籤。

《世祖實録》卷一六　乙巳，免皇店租及崇文門米麥税。

《小腆紀年》卷一〇　丙午，明叛將劉良佐挾福王由崧至南京。

《東華録》卷五　庚戌，宣平定江南捷音。

《世祖實録》卷一七　六月癸丑，免直隸興濟縣元年分荒殘額賦。

《明季南略》卷四　甲寅，下午，清兵三百餘騎自北而南，穿錫城中而走，秋毫無犯，觀者如市。

《東華録》卷五　辛酉，豫親王奏：「南京既克，福王潛遁太平。遂遣多羅貝勒尼堪等率兵追之。福王復走蕪湖，護軍統領圖賴據江口，截其去路，僞靖國公黄得功逆戰中流矢死。僞總兵田雄、馬得功縛福王及其妃來獻，並率十總兵部

屬來降。」

《世祖實録》卷一七　免山西平陽府永寧州石樓、寧鄉、臨縣元年分荒殘額賦。

《小腆紀年》卷一〇　降將金聲桓以我大清兵下江西，明巡撫鄺昭棄城走，遂取南昌、南康、九江。

《世祖實録》卷一七　乙丑，以福王就擒，遣侍衛綽克圖巴克善等齎勅往諭和碩豫親王多鐸等。

丙寅，諭禮部曰：「【略】自今布告之後，京城内外限旬日，直隸各省地方自部文到日，亦限旬日，盡令薙髮。【略】該地方文武各官皆當嚴行察驗。【略】欲將朕已定地方人民仍存明制，不隨本朝制度者，殺無赦。其衣帽裝束許從容更易，悉從本朝制度，不得違異。」

免直隸深、開二州，衡水、慶雲、成安、沙河、唐山等縣元年分荒殘額賦。

《東華録》卷五　丁卯，陝西總督孟喬芳奏：「妖賊胡守龍等假焚祝之名，聚衆數萬，自稱徐會公，僭號清光元年。【略】臣隨懸賞格擒斬守龍，妖黨悉平。」

《世祖實録》卷一七　辛未，遣内大臣何洛會統領官兵駐防西安。

己卯，以南京平定，頒赦河南、江北、江南等處。

故明總兵高進忠率部將黄中色等六十七人同都御史王燮、御史蘇京自海中雲臺山上表請降，得旨：「【略】特將前罪盡行赦免，亦差官齎詔招徠撫慰，若遵制薙髮，幡然來歸，許與新順將帥一體優敘。」

《世祖實録》卷一八　閏六月辛巳朔，兵部右侍郎金之俊條陳漕務八事。

《東華録》卷五　甲申，英親王奏報：「流賊李自成親率兵二十萬，聲言欲取南京，我兵水陸躡其後，追及於鄧州、承天、德安、武昌、富池口、桑家口、九江等七處，窮追至賊老營，大破八次，賊兵盡力窮竄入九宫山。隨於山中遍索自成不得，有降卒言自成携步卒二十人，爲村民所困，自縊死，屍朽莫辨。又有故明寧南侯左良玉子孟庚、守道李猶龍、巡撫黄澍率總兵十二員、兵十萬泊舟於九江東流縣揚子江中，俱降。」

《小腆紀年》卷一〇　丁亥，明福建巡撫張肯堂、巡按御史吴春枝、禮部尚書黄道周、南安伯鄭芝龍奉唐王聿鍵監國於福州。

《三藩紀事本末》卷二　閏六月八日〔戊子〕，我兵入吴淞。

《東華録》卷五　庚寅，以流寇蕩平，上諭英親王，令班師。

《小腆紀年》卷一〇　明松江在籍前兵部右侍郎沈猶龍、兵科給事中陳子龍、中書舍人李待問、羅源知縣章簡起兵拒守。

明會稽生員鄭遵謙起兵復紹興，明分巡寧紹台道于潁起兵復富陽。

〔辛卯〕，明鄞縣在籍前刑部員外郎錢肅樂起兵寧波，遣迎魯王以海於台州。

《世祖實録》卷一八　癸巳，命内院大學士、太子太保、兵部尚書兼都察院右副都御史洪承疇以原官總督軍務，招撫江南各省地方。

《東華録》卷五　乙未，除割脚筋之刑。

《小腆紀年》卷一〇　明崑山前總兵王佐才、參將陳宏勛、游擊孫志尹、知縣事楊永言、舉人周室瑜、貢生朱集璜、陳大任、諸生吴其沆、陶琙、歸莊、顧炎武等各起兵拒守。

己亥，明嘉定在籍前左通政侯峒曾、進士黄淳耀等起兵拒守。

明貴池副貢生吴應箕起兵復建德、東流。

庚子，明使臣左懋第猶在京師，諭降不屈，死之。

《世祖實録》卷一八　癸卯，命恭順侯吴惟華爲太子太保兼都察院右副都御史，總督軍務，招撫廣東。

陞禮部左侍郎孫之獬爲兵部尚書兼都察院右副都御史、翰林院侍讀學士，招撫江西。尚寶寺卿黄熙允爲兵部右侍郎兼都察院右僉都御史，招撫福建。原任大同巡撫江禹緒仍以兵部右侍郎兼都察院右僉都御史，提督軍務，招撫湖廣。刑部郎中丁之龍爲兵部右侍郎兼都察院右僉都御史，招撫雲貴。

《東華録》卷五　豫親王奏：「大軍已定南京，隨令貝勒博洛，固山額真拜尹圖、圖賴、阿山等率兵趨杭州兆勝勦擒之。」

乙巳，改南京爲江南省，應天府爲江寧府，設官事宜照各省例行。

《小腆紀年》卷一〇　丁未，明唐王即皇帝位於福州。

明進鄭芝龍、鴻逵爵爲侯，封芝豹澄濟伯，彩永勝伯，並賜號奉天翊運中興宣力定難守正功臣。

明以黄道周爲吏部尚書、武英殿大學士，蘇觀生爲吏部右侍郎兼東閣大學士。

明賜鄭芝龍之子森姓朱，名成功。

《世祖實録》卷一八　戊申，改應天府爲江寧府，府尹爲知府。

《小腆紀年》卷一〇　明魯王監國於紹興。【略】以張國維、朱大典、宋之溥

爲東閣大學士。

《東華録》卷五　秋七月壬子，命貝勒勒克德渾爲平南大將軍，同固山額真葉臣等，往江南代豫親王。

癸丑，進塔報：故明東平侯劉澤清率所部歸順，原任總兵馬登洪、林慶業皆投降。

《三藩紀事本末》卷二　七月初四日〔癸丑〕，屠嘉定縣，在籍通政使侯峒曾死。

明臨川在籍前吏部主事曾亨應、揭重熙起兵撫州。

明龍泉在籍工部右侍郎劉士楨起兵復泰和、廬陵。

《世祖實録》卷一九　乙卯，允吏部議和碩豫親王多鐸委署江南官職三百七十三員准其實授。

丙辰，浙江總督張存仁疏：【略】速遣提學開科取士。【略】得旨：開科以取士，薄斂以勸農，誠安民急務，歸順各省准照恩詔事例一體遵行。

《三藩紀事本末》卷二　屠崑山。

《東華録》卷五　戊辰，内大臣何洛會、河南巡撫羅繡錦等奏：「我軍進克西平縣，賊首劉洪起等伏誅，汝寧等處悉平。」

《小腆紀年》卷一一　辛未，明吏部尚書兼兵部尚書、武英殿大學士黄道周募兵江西，以圖恢復。

《世祖實録》卷一九　戊寅，各衙門一應事情著同漢官商確妥當奏聞，不許口啓。

是月，獻賊屠明成都、龍安兩府屬州縣。

《世祖實録》卷二〇　八月庚辰朔，禮科給事中梁維本奏請隆聖學以光典禮，御經筵以精學問。

辛巳，免直隸霸州、順義、香河、寶坻、新城、永清、東安、固安等縣本年水災額賦。

《三藩紀事本末》卷二　〔壬午〕，屠松江府。

《世祖實録》卷二〇　癸未，靖遠大將軍和碩英親王阿濟格師還至蘆溝橋，【略】各歸家。

乙酉，免河南彰德、衛輝、懷慶、河南四府本年荒殘額賦。

《小腆紀年》卷一一　明靖江王亨嘉僭號於桂林，執廣西巡撫瞿式耜幽之。

庚寅，明命肅虜伯黄斌卿鎮舟山。

《世祖實録》卷二〇　癸巳，免直隸真定、順德、廣平、大名四府本年分水災額賦。

《小腆紀年》卷一一　明行保甲法於天興府。

明監國魯王賜行人張煌言進士，加翰林院編修，典制誥。

我大清兵克峽江，明守將鄧武泰死之；進克袁州，同知攝府事李時興死之。

我大清兵取吉安，遂取萬安。明把總吴之蕃起兵謀復嘉定，不克，死之。

辛丑，我大清兵克江陰，明典史閻應元、陳明遇等死之。

明中書舍人盧象觀、葛麟，總兵毛重泰、陳坦公與大清兵戰於太湖，敗績，皆死之。

《東華録》卷五　丙申，給事中許作梅、莊憲祖、杜立德，御史王守履、桑芸、李森先、羅國士、鄧應槐、吴達等，交章劾奏弘文院大學士馮銓，【略】攝政王傳集大學士等及各官，逐一鞫問，所劾馮銓、孫之獬、李若琳各欵俱不實。

《世祖實録》卷二〇　乙巳，諭内外大小衙門曰：一應題奏本章非經奉旨下部，不許擅以揭帖先行發鈔。

《東華録》卷五　九月己酉朔，浙閩總督張存仁奏：「叛賊方國安、王之仁盤據富陽，遣師掩殺，擒國安子大衍等，斬之。」

《小腆紀年》卷一一　甲寅，我大清豫親王多鐸以明福王由崧歸於京師。

明總督何騰蛟、巡撫堵胤錫受闖賊餘黨降。

明楊廷麟、劉同升復萬安，遂復吉安、臨江，表請唐王移駐贛州。

我大清兵克涇縣，【略】克績溪，【略】克徽州，【略】明池州推官吴應箕兵敗被執，死之。

明徵諸生顧炎武爲職方司郎中，以母喪，辭不赴。

《世祖實録》卷二〇　己巳，諭户兵二部：近來土賊竊發，民不聊生，如直隸順德府、山東濟南府、德州、臨清州、江北徐州、山西潞安府、平陽府、蒲州八處，著滿洲統兵駐劄，務期勦撫得宜，以安百姓。以上八處駐劄滿兵，著給以無主房地。

《世祖實録》卷二〇　庚午，海寇田仰寇福山，江寧巡撫土國寶率副將曹虎等擊敗之。

丁丑，招撫江南大學士洪承疇奏報：江西南昌、南康、九江、瑞州、撫州、饒

州、臨江、吉安、廣信、建昌、袁州及江南徽、寧等府俱平。

《東華録》卷五　冬十月庚辰，遣八旗兵駐防順德、濟南、德州、臨清、徐州、潞安、平陽、蒲州八城，每一旗分駐一城。

《世祖實録》卷二一　庚寅，免直隸寶坻縣荒地額賦。

壬辰，免山西太原等處災荒額賦。

《明季南略》卷五　壬辰，清兵至，方國安嚴陣當之。

《東華録》卷五　丁酉，馬士英等兵渡錢塘江，至杭州城十里立營，我兵進勦，敵遁去，追殺五百餘級。

貝勒勒克德渾、梅勒章京朱瑪喇等敗僞總督馬士英於餘杭，和託等敗僞總兵方國安於富陽。

《世祖實録》卷二一　命恭順王孔有德、懷順王耿仲明還盛京，仍諭各厲兵秣馬以俟調遣。

戊申，原任陝西河西道孔聞謤【略】著革職，永不敘用。

十一月壬子，以京城出痘者衆，免行慶賀禮。

甲寅，命甲喇章京巴山爲左翼，梅勒章京康喀賴爲右翼，率官兵鎮守江寧。

丁卯，欽天監監正湯若望以修補新曆全書告成，恭進御覽。

《東華録》卷五　戊辰，遣固山額真巴顔、墨勒根蝦等率兵往陝西，會同駐防西安內大臣何洛會勦四川。

《小腆紀年》卷一一　（十二月）甲申，明唐王發福京。

命何洛會爲定西大將軍。

《臺灣鄭氏始末》卷一　隆武擇日親征，命芝龍、曾櫻留守；鴻逵御營左先鋒，出浙江；彩右先鋒，出江西。

《小腆紀年》卷一一　明監國魯王鑄「大明通寶」錢。

《世祖實録》卷二二　癸巳，以江南各省底定，遣官祭告福陵、昭陵。

允山東巡撫丁文盛請，命民間爭訟小事有司官即與斷理，毋得濫收監禁。

《東華録》卷五　丙午，禮部言：「內監仍故明例，每遇朝參行禮在文武諸臣之前，於體不合，嗣後概不許朝參，亦不必排班。」從之。

順治三年（丙戌、一六四六）

《小腆紀年》卷一二　春正月乙酉朔，明唐王在建寧，不受朝賀。王以三大罪自責，令百官戴罪從行。

明監國魯王在紹興。

癸亥，明加魯使臣柯夏卿兵部尚書，曹維才光禄寺少卿，遣僉都御史陸清源犒師浙東。

明何騰蛟會師湘陰，【略】諸鎮觀望不進，獨李赤心自湖北至，遇王師，三戰三北，諸鎮兵遂罷，騰蛟威望亦頓損。

《東華録》卷五　己巳，命肅親王豪格爲靖遠大將軍，同郡王羅洛宏、貝勒尼堪等統兵征四川，以張獻忠肆虐巴蜀也。

《世祖實録》卷二三　丁丑，萬壽聖節，以京城痘疹盛行，免朝賀。

《三藩紀事本末》卷一　（正）〔是〕月，王以鄭鴻逵爲大元帥，出浙東，鄭彩爲副元帥，出江西。既出關，不行，未幾，稱餉絶而還。

《世祖實録》卷二四　甲申，諭兵部：【略】嗣後投充滿洲者聽隨本主居住，未經投充不得留居旗下，如違，並其主家治罪。

《東華録》卷五　乙酉，定西大將軍何洛會奏：「副將王平敗王姓秀才賊兵於渭南縣界，中軍陳德、副將任珍破賊首劉文炳於蒲城，敗賊首李遥於同州。臣等領官兵追勦賊渠賀珍於武功濠泗河，大敗之。」

《世祖實録》卷二四　梅勒章京屯泰奏報：僞永勝伯鄭彩遣僞總兵劉福、副將林引等領衆來援江西，撫州副將王得仁等率兵馳入賊陣，擊敗之。

乙巳，開延綏鎮鼓鑄。

丙午，命多羅貝勒博洛爲征南大將軍，同固山額真公圖賴率師往征福建、浙江。

《三藩紀事本末》卷一　二月，王親征，駐建寧。楚撫何騰蛟、江右楊廷麟皆有疏來迎，王欲往江右，芝龍固請還師，乃駐劍津。

《明季南略》卷六　三月朔戊申，清兵驅舡開堰入江，張國維嚴敕各營守汛，命王之仁率水師從江心襲戰。

《世祖實録》卷二五　辛亥，翻譯明《洪武寶訓》書成。

開湖廣荆州鼓鑄。

《小腆紀年》卷一二　甲寅，明兵部尚書兼吏部尚書、武英殿大學士黄道周猶在江寧。諭降不屈，死之。

《東華録》卷五　乙卯，何洛會報：擒獲黑水峪賊首孫守法、胡向宸等。

《世祖實録》卷二五　丁巳，陝西總督孟喬芳奏報：定西大將軍何洛會追賊僞光山伯劉體純於山陽縣，敗之。

甲子，吏部右侍郎金之俊等奏言：【略】今開創之初，法宜變通。臣等擬二甲前五十名選部屬，後二十名選評博中行，三甲前十名選評博中行，十一名至二十名選知州，二十一名至七十名選推官，餘盡選知縣。【略】從之。

乙丑，賜殿試貢士傅以漸等四百名進士及第、出身有差。

己巳，昌平民王科等七人盜發明陵事覺，棄市。

山西逆僧劉光溥糾黨雷贊化、任沖雲聚衆謀叛，被獲伏誅。

《小腆紀年》卷一二　辛未，我大清兵克吉安，明職方主事郭錕死之，萬元吉退保贛州。

《世祖實録》卷二五　壬申，多羅饒餘郡王阿巴泰薨，年五十八。

《東華録》卷五　夏四月己卯，寧夏總兵劉芳名疏報：寧夏兵變，殺巡撫焦安民，隨經撫定，斬首惡楊成名、白友大。

《世祖實録》卷二五　壬午，浙閩總督張存仁疏報：擒獲逆賊陳萬良等。

癸未，諭江西、湖廣二省，督撫鎮臣，已經全設，地方漸寧，撤招撫部臣孫之獬、江禹緒回京。

丁亥，免河南睢州、祥符、陳留、柘城等縣水災本年額賦。

戊子，貫穿耳鼻之刑永行革除。

癸巳，革明季加增太平府姑溪橋米税、金柱山商税、安慶府鹽税。

戊戌，攝政王多爾衮諭内院：嗣後諸王大臣差遣在外，凡有奏啓，止令具本御前，予處啓本著永行停止。

己亥，罷織造太監。

壬寅，諭户部：【略】前朝宗姓已比齊民，舊日鄉紳豈容冒濫。【略】今諭示之後，將前代鄉官監生名色盡行革去，一應地丁錢糧雜泛差役與民一體均當，朦朧冒免者治以重罪，該管官徇私故縱者定行連坐。

又諭户部：【略】特遣大學士馮銓前往户部，與公英俄爾岱徹底察核在京各衙門錢糧款項數目。【略】擬定賦役全書，進朕親覽，頒行天下，務期積弊一清，民生永久。

乙巳，户部請定制錢七十文作銀一錢，不許多增，通行嚴禁。從之。

《小腆紀年》卷一二　本月，明鄭彩棄廣信，奔入杉關；我大清兵遂克撫州，永寧王慈炎死之。

《臺灣鄭氏始末》卷一　撫州破，永寧死；彩削爵，待罪江西。督師萬元吉自吉安退守張家渡，又退守皂口。監紀程亮以新威營援師二百人下守綿津灘。

《小腆紀年》卷一二　五月丙午朔，我大清兵進逼贛州，明江西巡撫劉廣胤戰敗被執，楊廷麟、萬元吉悉力固守。

《東華録》卷五　丁未，以蘇尼特部落騰機思等叛奔喀爾喀，命豫親王多鐸爲揚威大將軍，率大兵往征之。

《世祖實録》卷二六　攝政王多爾衮率諸王大臣出安定門送和碩德豫親王多鐸行。

《小腆紀年》卷一二　辛亥，琉球國入貢於明。

《世祖實録》卷二六　壬戌，京師紛傳故明諸王私匿印信，謀爲不軌。及行查，果獲魯王、荆王、衡王世子金玉銀印，魯王等十一人伏誅。

乙丑，諭户部：五爪龍、鳳凰及通身八補四團補一應上用袍服花樣，俱不許官民買賣，著嚴行禁止，違者依律治罪。

壬申，定鹵簿儀仗及諸王、貝勒、貝子、公等儀仗，引導之制。

《小腆紀年》卷一二　明江上兵潰，方國安劫監國魯王走紹興。

六月丙子朔，我大清兵渡錢塘江，明監國魯王航海，妃張氏死之。

《世祖實録》卷二六　丙戌，吏科給事中林起龍奏言：【略】伏乞速敕都察院、五城御史、巡捕衙門及在外撫按等官，如遇各色教門，即行嚴捕，處以重罪，以爲杜漸防微之計。從之。

己丑，禁假銀及行使低銀。

湖川總督羅繡錦疏報總兵官徐勇率兵攻破麻城各山賊寨，生擒僞副將梅增、僞總兵周文江、岳州署總兵官馬蛟麟等。

《東華録》卷五　乙未，浙閩總督張存仁疏報：副將張國勳進勦太湖逆賊，長興伯吳日生、主事倪曼青俱被獲，僞大學士馬士英潛遁新昌縣山内，都統漢岱追至台州，士英屬下總兵葉承恩等降，並報稱馬士英披剃爲僧，即至寺拘獲，並總兵趙體元，令斬之。

丁酉，博洛奏報：大軍五月抵杭州，適賊兵營於錢塘江東岸，我軍策馬徑渡，僞國公方國安遁歸紹興，携魯王朱彝垓走保台州，江東底定。

《世祖實録》卷二七　七月甲寅，平南大將軍多羅貝勒勒克德渾班師至京。

乙卯，招撫江南大學士洪承疇疏請回京。以江南尚未大定，不允。

《東華録》卷五　丁巳，多鐸師至營噶爾察克山，聞騰機思等屯於袞噶魯台，大軍乘之，騰機思等聞風遁。令外藩郡王滿朱習禮、梅勒章京明安達禮追及於歐(克特)〔特克〕山，大破之，斬其台吉毛害，迎下嫁格格還。我兵渡土喇河，復追之，斬騰機思於多爾濟，巴圖舍津，騰機思孫噶爾馬、特木德克博音圖，斬首無算，獲其家口輜重及牲畜十餘萬。

庚申，肅親王豪格【略】攻克張果老巖，【略】分遣貝子滿達等搜勦賊黨，降賊石國璽、高如礪、蔣登雷、王可臣等，遂攻克三台山，斬獲無算。

《世祖實録》卷二七　壬戌，以擊敗蘇尼特部落捷音榜諭外藩蒙古。

乙丑，革鑾儀衛緝訪人役，永著爲令。

《小腆紀年》卷一二　己巳，明焚羣臣迎降書於午門。

《世祖實録》卷二七　八月乙亥，諭户部：「【略】爾部移文内院督臣傳諭江寧、蘇、杭各處機房商賈，以後織造市賣紬緞等物，務要寬長合式，精密堪用，如仍前短窄鬆薄，查究治罪。」

《東華録》卷五　乙酉，多鐸奏：「我師自土勒河擊敗土謝圖汗兩子兵二萬於查濟布拉克。次日，復擊敗碩雷汗之四子本霸巴圖魯台吉兵三萬，皆斬獲無算，因馬疲班師。」

丁亥，博洛疏報：大兵克金華、衢州二府，斬僞蜀王朱盛濃、樂安王朱誼石等，全浙底定。

張存仁奏：「僞閣臣謝三保、閣部宋之普、兵部尚書阮大鋮、刑部尚書蘇壯等投誠。」

戊子，以恭順王孔有德爲平南大將軍，與懷順王耿仲明、續順公沈志祥等往征湖廣，次定江西贛南，由是入廣東。

《世祖實録》卷二七　免江南太湖、潛山二縣順治二、三年分荒逃額賦。

癸巳，命智順王尚可喜統所部官兵赴恭順王軍協征湖廣等處。

《明季南略》卷八　乙未，清兵至順昌，獲隆武之龍杠，搜之，得馬士英、阮大鋮、方國安父子及方逢年連名《請駕出關爲内應疏》，在已降後。大鋮方游山，聞信知不免，自投崖死，仍命戮尸。士英等四人駢斬延平城下，家眷百餘口悉給賜兵丁。

《臺灣鄭氏始末》卷一　庚子，隆武奔汀州，追騎及之，死。

《世祖實録》卷二八　九月己酉，招撫江南大學士洪承疇疏報：僞瑞昌王朱誼泐結連江寧、常鎮、平廣逆黨，謀犯省城，官兵進勦，擒誼泐並其黨。【略】命斬之。

《明季南略》卷八　辛亥，清兵入泉州，德化知縣陳光晉迎降。大學士蔣德璟絶食死。

丙午，清兵至汀州。

《世祖實録》卷二八　癸亥，賜中式武舉郭士衡等二百名進士及第、出身有差。

甲子，免湖廣彝陵州、歸州、石首、公安、松滋、遠安、興山、巴東、宜都、長陽、枝江、華容、平江等縣荒田額賦十分之七，荆門州巴陵、江陵、當陽等縣十分之五，興國、均州、廣濟、黄梅、監利、臨湘、鄖縣、鄖西、上津、保康、襄陽、宜城、光化、南漳、竹谿、穀城等縣十分之三。

十月丙子，湖川總督羅繡錦疏報：總兵官鄭四維等平定彝陵、枝江、宜都三州縣，擒斬賊衆無算。

《小腆紀年》卷一三　我大清兵克明忠誠府，督師大學士、兵部尚書楊廷麟、兵部侍郎、左副都御史江廣、總督萬元吉、吏部尚書郭維經等死之。

己卯，揚威大將軍和碩德豫親王多鐸等凱旋，上出安定門迎勞之，賜宴。

辛巳，江西提督金聲桓疏報：【略】鄱寇悉平。

《東華録》卷五　甲申，金聲桓奏：克贛州，斬僞閣部楊廷麟。

《世祖實録》卷二八　乙酉，諭：有爲薙髮、衣冠、圈地、投充、逃人牽連五事具疏者，一概治罪，本不許封進。

丁酉，上出獵，是日駐蹕盧溝橋。

禁民間私自買賣馬騾、甲冑、弓矢、刀鎗、火礮、鳥鎗等。

免江南望江、宿松、太湖、懷寧四縣本年分旱災額賦。

《小腆紀年》卷一三　壬辰，明湖廣督師何騰蛟、巡撫堵胤錫奉表桂王勸進。

壬寅，太和、中和等殿，體仁等閣，太和等門工成。

是日，上還宮。

《世祖實録》卷二九　十一月癸卯朔，征南大將軍多羅貝勒博洛既定全浙，隨分兵由衢州、廣信兩路進師福建，【略】福建悉平。

《小腆紀年》卷一三　明大學士丁魁楚、太監王坤以監國桂王奔梧州。

丁未，明前大學士蘇觀生立唐王聿𨮁於廣州。

《世祖實録》卷二九　癸丑，免直隸河間縣、任邱縣、山西大同縣本年冰雹水災額賦。

《小腆紀年》卷一三　丁巳，明鄭芝龍降於我大清。

庚申，明桂王即皇帝位於肇慶府。

丙寅，明鄭彩奉監國魯王次中左所，尋改次長垣。

《世祖實録》卷二九　戊辰，以浙東、全閩蕩平，遣官祭告天地、宗廟、社稷，免行慶賀。

《小腆紀年》卷一三　庚午，明李明忠敗廣州兵於三水。

《世祖實録》卷二九　十二月癸酉朔，蘇松提督吴勝兆疏報：故明遂平王朱紹鯤及僞職方楊模等擁衆太湖，勾連海寇，謀爲不軌，副將詹世勳等率兵撲勦，紹鯤等就擒。命斬之。

《小腆紀年》卷一三　明招討大將軍忠孝伯朱成功起兵海上，以圖恢復。

《世祖實録》卷二九　庚辰，山東膠州總兵官海時行疏報：賊首謝遷結連南山諸賊，攻陷高苑，官兵進勦，擒斬僞軍師趙來鄉等，諸寨悉平。

《東華録》卷五　甲申，肅親王奏：「我軍抵西充，逆賊張獻忠率衆來拒，護軍統領鰲拜等奮擊，大敗之，斬張獻忠於陣，復分兵破賊營一百三十餘處，四川悉平。」

《世祖實録》卷二九　乙酉，招撫江南大學士洪承疇疏報：僞高安王朱常淇同僞監軍道江於東等盤踞徽州婺源縣之小坑，擁衆抗命，提督張天禄等率兵進勦，常淇及妻子並其黨俱就擒。命斬之。

丙戌，免直隸薊州、豐潤、玉田、寶坻、武清等州縣本年分水災額賦。

《小腆紀年》卷一三　丁亥，降將李成棟以我大清兵取廣州，明唐王聿𨮁殂，大學士蘇觀生自殺，太僕寺卿霍子衡死之。

《世祖實録》卷二九　庚寅，定武進士初授職銜，一甲第一名授參將，一甲第二名授遊擊，一甲第三名授都司，二甲授守備，三甲授署守備，著爲令。

壬辰，頒賜諸王以下、甲喇章京理事官以上滿文金、遼、元三史併明《洪武寶訓》。

《小腆紀年》卷一三　丁酉，明桂王奔梧州，以朱治憪爲兩廣總督。

《世祖實録》卷二九　庚子，招撫江南大學士洪承疇疏報：故明僞金華王朱由榁據饒州境，擁兵煽亂安仁、萬年、餘干等縣，都司余龍進兵擣其巢穴，獲由榁。命斬之。

順治四年（丁亥、一六四七）

《明季南略》卷一〇　正月朔癸卯，上至梧州，蓋以臘月二十五日聞報李成棟親下肇慶，故避至此。

《小腆紀年》卷一四　監國魯王在長垣。

《世祖實録》卷三〇　乙巳，河南總兵官孔希貴奏報范縣土寇平。報聞。

丁未，諭文武各官：「嗣後凡隨征出差，不得受地方官員餽遺。」

戊申，命輔國公鞏阿岱、內大臣吴拜、何洛會等率將士征宣府地方。

辛亥，户部奏請：去年八旗圈地止圈一面，內薄地甚多，【略】應於近京府州縣內，不論有主無主地土，撥換去年所圈薄地，並給今年東來滿洲，其被圈之民，於滿洲未圈州縣內查屯衛等地撥補，仍照遷移遠近豁免錢糧，四百里者准免二年，三百里者准免一年，以後無復再圈民地，庶滿漢兩便。疏入，從之。

壬子，遣梅勒章京董阿賴統領將士更番駐防杭州。

《東華録》卷六　湖廣總督柯永盛奏：興國州等處砦寇悉平。

《世祖實録》卷三〇　戊午，定攝政王福金儀仗。

定諸王福金、公主、格格儀仗服色及公以下官民人等妻車服制度。

《小腆紀年》卷一四　我大清兵取肇慶，明兩廣總督朱治憪棄城走。

明大學士瞿式耜奉桂王奔平樂，丁魁楚走岑溪，王化澄走潯州，李永茂、晏日曙走博白。

明前都御史張家玉、舉人韓如璜起兵復東莞。

明兵科給事中陳邦彦起兵攻廣州，不克。

《世祖實録》卷三〇　己未，山東巡撫丁文盛奏報：范、滕、東阿等縣土寇平。

壬戌，禮部奏言：漢官亦應如滿官例照頂帶，用坐褥。從之。

洪承疇奏報：總兵官卜從善、黄鼎等擊安慶賊渠趙正，大破之。

癸亥，禮部議封世子例，【略】得旨：【略】世子儀仗照親王例製造。

《小腆紀年》卷一四　明桂王由平樂如桂林，加瞿式耜太子太保。

乙丑，我大清兵取高州、雷州、廉州。

《世祖實録》卷三〇　丁卯，允禮部請，命會試取中三百名，不必分南北中卷，同考官用十八員。

庚午，罰輔政和碩鄭親王濟爾哈朗銀二千兩，革刑部尚書吴達海、啓心郎額爾格圖世職，副理事官胡敏鞭五十折贖。

辛未，命給直省文武官員敕書及精微批兼書滿漢字。

《小腆紀年》卷一四　我大清兵取梧州，明廣西巡撫曹燁降，蒼梧縣丞巫如衡死之。

明監國魯王以熊汝霖爲東閣大學士，【略】以張煌言爲右僉都御史，【略】以前僉都御史劉中藻爲兵部尚書兼東閣大學士。

明潯州守將李明忠降於我大清。

我大清兵取平樂，明布政使耿獻忠降，守將陳邦傳走南寧。

二月壬申朔，明監國魯王圍海澄。

癸酉，明監國魯王攻漳州，不克，總兵陳國祚戰死。

甲戌，我大清兵救海澄，明監國魯王退入於海。

《世祖實録》卷三〇　乙亥，署兩廣總督事佟養甲奏報官兵平梧州。

《小腆紀年》卷一四　丙子，明福建人洪有楨起兵復漳浦縣城，尋陷，死之。

明□□賴天肖起兵潮州，殺降將文貴、陳虎、余成隆。

明□□陳順、簡信起兵韶州，□□蘇來起兵惠州，□□黄奇策起兵新會。

【略】以翰林學士方以智爲東閣大學士，【略】召周堪賡爲户部尚書，不至。【略】召郭都賢爲兵部尚書，不至。召劉遠生爲刑部尚書，【略】以舉人王夫之爲行人司行人。

《世祖實録》卷三〇　丁丑，户、工二部十九處關差漢官外增設滿洲官十九員，漢軍官十九員。

《小腆紀年》卷一四　己卯，明監國魯王遣兵攻福州，不克。

明監國魯王遣兵攻興化，不克。明劉承胤以兵入衛，駐全州。

《世祖實録》卷三〇　癸未，以浙東、福建平定，頒詔天下。

《小腆紀年》卷一四　丙戌，明桂王幸全州，瞿式耜疏止之，不聽。【略】以禮部右侍郎吴炳兼東閣大學士，入閣辦事。

《世祖實録》卷三〇　己丑，洪承疇奏報：故明宗姓朱議貴自稱瑞昌王，與湖賊趙正聚寇湾池，我兵進勦，議貴與正俱就擒。命斬之。

《小腆紀年》卷一四　癸巳，明監國魯王遣兵攻福清，不克。

《東華録》卷六　乙未，征南大將軍博洛奏報：【略】斬朱聿鐭並僞周王(肖象)〔肅泖〕、益王思(恢)〔炏〕等，廣郡悉平。

《小腆紀年》卷一四　丙申，我大清兵取長沙，明何騰蛟走衡州。我大清兵取湘陰，明守將王進才大掠而遁。

三月壬寅朔，明孫守法復寧州。

〔甲辰〕，我大清兵復取順德，明陳邦彦退據下江門。

乙卯，我大清兵攻桂林，明留守大學士瞿式耜率總兵焦璉禦卻之。

《世祖實録》卷三一　諭兵部：【略】茲特開自首之門，許以更新之路，務使盜賊革心，良民安業。自今以後，凡曾經爲盜之人，無論犯罪輕重，有能赴所在官司，或徑赴兵部，將真賊姓名及居住地方詳悉陳首者，除本身免罪外，仍將賊贓酌議給賞。

辛亥，山東巡撫丁文盛疏報，官兵追擊，陷河間土賊於鄒平，勦滅之。

戊午，賜殿試貢士呂宫等三百名進士及第、出身有差。

庚申，諭吏部：今當天下初定之時，在京三品以上及在外總督、巡撫、總兵等【略】各准送親子一人入朝侍衛，【略】如無親子，准送親弟或親兄弟之子，宗族遠支無得濫送。嗣後諸臣縱有過犯，經朕罷斥，其侍衛者如故。

壬戌，免江南崇明鹽課、馬役等銀兩。

甲子，賜第一甲第一名進士呂宫冠服。

《小腆紀年》卷一四　孫可旺陷明南寧，知縣陳六奇死之。

《世祖實録》卷三一　乙丑，《大清律》成，命頒行中外。

丙寅，高、雷、廉三府平定。

己巳，諭户部：【略】自今以後，投充一事，著永行停止。

庚午，諭户部：【略】自今以後，民間田屋不得復行圈撥，著永行禁止。

辛未，諭兵部：兵丁甲冑及一應器械，爾部於每年春秋二季各簡閲一次。

《小腆紀年》卷一四　夏四月壬申朔，明進張家玉兵部尚書兼副都御史，提督嶺東軍務，聯絡漳湖。

癸酉，我大清兵取明衡山縣。

乙亥，我大清兵取明瓊州。

《世祖實録》卷三一　調兵部尚書譚拜爲吏部尚書，陞禮部侍郎阿哈尼堪爲兵部尚書。

《小腆紀年》卷一四　辛巳，我大清命降將孔有德、耿仲明、尚可喜分道取湖廣。

《東華録》卷六　丁丑，故明漕撫田仰帶兵三千名投順。

癸未，我大清兵取衡州，殺黄朝宣。

甲申，我大清兵取永州，明盧鼎走道州。

《世祖實録》卷三一　乙酉，征南大將軍多羅貝勒博洛班師回京。

戊子，流通集決口工成。

辛卯，蘇松提督吴勝兆謀叛，【略】洪承疇研審確情，請旨發落。

甲午，户部酌議官員經費，【略】自督撫按藩臬守令以及佐貳教職，按官之崇卑，事之繁簡，以定經費，衙役之多寡，即明列條編册中，照數徵派，按季關支，此外毫有私增，即計贓論罪。從之。

官兵計取賊首孫守法。命傳首陝西。

丁酉，諭户、兵二部：【略】嗣後被害漢人遇彼不法之徒，須記其姓名，控告該地方官，即行申部。該部究其情之輕重，嚴行定罪，不得絲毫偏袒。至漢人亦不得因朕此旨，反肆妄誣。

山東土寇攻陷鄒平、禹城等十五州縣。

《小腆紀年》卷一四　己亥，明朱成功復海澄。

《世祖實録》卷三二　五月辛丑朔，開廣東鼓鑄。

乙巳，開河南鼓鑄。

丙午，多羅貝勒博洛招撫福建班師。

《東華録》卷六　己酉，故明廢紳侯峒曾等遣奸細潛通魯王，爲柘林遊擊陳可權所獲，中有僞勅一道，反間大學士洪承疇及巡撫土國寶，事聞乃覺其詐，降旨曉諭。

《世祖實録》卷三二　庚戌，免湖廣興國州、江夏、武昌、崇陽、通城、大冶、通山、蒲圻、咸寧、嘉魚等縣三年分旱災額賦。

癸丑，實授廣東委署各官，以總兵官佟養甲爲兵部尚書兼都察院右都御史，總督兩廣軍務，帶管鹽法，兼巡撫廣東。

《小腆紀年》卷一四　乙丑，我大清兵再攻桂林，明留守瞿式耜與總兵焦璉禦卻之。

《世祖實録》卷三二　丁卯，諭大學士剛林、祁充格曰：爾等纂修《明史》，其間是非得失，務宜據事直書，不必意爲增減，以致文過其實。

《小腆紀年》卷一四　戊辰，明論保桂林功，晉瞿式耜少師兼太子太師，封臨桂伯。式耜疏請返蹕全州。

六月庚午朔，明督師何騰蛟入朝，詔以趙印選、胡一青兵隸之，駐守白牙市。

《世祖實録》卷三二　壬申，禮部以平西王儀仗請旨，得旨：平西王儀仗著照三順王儀仗製。

免直隸成安、新樂、元氏、廣平、寧晉、邯鄲、饒陽三年分水蝗災傷額賦。

《東華録》卷六　丙子，大理寺卿王永吉以陞工部右侍郎，具疏控辭。得旨：「【略】著革職永不録用。」

《世祖實録》卷三二　己卯，遣户部副理事官繆尚義等赴廣東廉州等處珠池採珠。

庚辰，兩廣總督佟養甲奏報：招降故明趙王朱由棪、總兵李志璉。

丙戌，諭户部：【略】有仍前私販〔鹽〕者被獲，鞭八十，其鹽舶銀錢、牲口車輛等物入官。巡緝員役縱容不行緝拏者，事發，一體治罪。

戊子，免陝西綏德衛三年分雹災額賦。

《東華録》卷六　癸巳，湖廣撫高士俊奏：大兵攻拔衡山、安化等縣，常德、衡州二府，生擒僞總兵黄朝宣。

《世祖實録》卷三三　〔七月〕辛丑，上御太和殿，册封和碩德豫親王多鐸爲輔政叔德豫親王。

《東華録》卷六　壬寅，湖廣叛逆王光代盤據郧陽，妄用永歷年號，僭稱鎮武伯。

《世祖實録》卷三三　甲辰，免江南徐州三年分荒地額賦一年，漕米半年。

《小腆紀年》卷一四　明大學士陳子壯起兵九江邨，會給事中陳邦彦共攻廣州，敗績。

《東華録》卷六　乙巳，罷和碩鄭親王輔政。

《小腆紀年》卷一四　己酉，明前福建提學道毛協恭被執於建寧，不屈，死之。

《世祖實録》卷三三　戊午，陞宣大總督兵部右侍郎馬國柱爲兵部尚書兼都察院右都御史，總督江南、江西、河南等處。

甲子，以廣東初定，特頒恩詔。

《東華録》卷六　丁卯，[上]幸邊外行獵。

《小腆紀年》卷一四　八月己巳朔，明以户部侍郎嚴起恒爲東閣大學士。

《世祖實録》卷三三　庚午，江西提督金聲桓疏報擒獲故明宗姓僞麟伯王、靄伯王於瀘溪山。命斬之。

《東華録》卷六　乙酉，肅親王豪格奏：「分兵征勦遵義、夔州、茂州、榮昌、隆昌、富順、内江等處，川寇悉平。」

《世祖實録》卷三三　戊子，寧夏巡撫胡全才疏報：叛逆馬德糾衆倡亂，發兵進勦，【略】悉平。

《小腆紀年》卷一四　我大清兵克高明，明督師東閣大學士陳子壯、御史麥而炫、主事朱實蓮皆死之。

《世祖實録》卷三三　庚寅，開湖廣鼓鑄。

《小腆紀年》卷一四　辛卯，我大清兵進逼明奉天府，桂王出奔。

壬辰，劉承胤舉城降，大學士吴炳、兵部尚書傅作霖等死之。明王祥復遵義。

《世祖實録》卷三三　癸巳，以江西水旱，發倉米三千餘石減價糶賣，以濟饑荒。

丙申，上還宫。

《小腆紀年》卷一四　九月己亥朔，我大清兵克清遠。

《世祖實録》卷三四　辛亥，淮安土賊張華山等用僞隆武年號，嘯聚賊衆千餘，攻據廟灣。

《東華録》卷六　山東巡撫張儒秀奏：「土賊丁可澤勾引叛賊謝遷等陷淄川縣，原任招撫江西兵部尚書孫之獬被賊支解死。」

《小腆紀年》卷一四　庚申，明監國魯王遣兵復羅源，又復連江。

《世祖實録》卷三四　戊午，諭兵部：【略】朕思敵人既已殺死，不必割級，爾部即通行禁止。

辛酉，漕運總督楊聲遠疏報：官兵勦廟灣土賊，擒斬甚衆。

《小腆紀年》卷一四　冬十月戊辰朔，明桂王如柳州，大學士瞿式耜疏請還蹕桂林。

《世祖實録》卷三四　甲戌，定鑾儀衛官員品級。

丁丑，定親王座位制。

《小腆紀年》卷一四　明兵部尚書張家玉與大清兵戰於增城，敗績死之。我大清兵取全州。

明監國魯王以馬思理爲東閣大學士，林正亨爲户部尚書，沈宸荃爲工部尚書，余颺爲左都御史。

《世祖實録》卷三四　辛卯，開江西鼓鑄。

丙申，寧夏巡撫胡全才捕蝗有法，境内田禾獲全，因以捕法上聞，並請傳示各省，永絶蝗蝻。

《東華録》卷六　壬辰，兩廣督佟養甲言採珠不便於民。得旨：「差官着即撤回。」

《世祖實録》卷三五　十一月丁酉朔，江西巡撫章于天疏報：廣信弋陽、鉛山、崇仁逆寇悉平。

《小腆紀年》卷一四　明桂王在象州。

《世祖實録》卷三五　己亥，南贛總兵官柯永盛疏報：寧都逆寇悉平。

辛亥，免山西代、岢嵐、保德、永寧等州，静樂、定襄、五臺、石樓、沁源、武鄉、嵐、崞、興、寧鄉等縣，寧化、寧武、偏頭等所，神池、永興、老營等堡本年分蝗災額賦；山東德州、鄒平、新城、青城、齊東、長山、濟陽、齊河、長清、肥城、歷城、新泰、商河、德平、陵等縣本年分水災額賦。

裁山東明季添設牙雜二税。

壬子，江西巡撫章于天奏報：東安縣逆寇平，擒僞瑞昌王朱統鋈。得旨：朱統鋈著正法。

戊午，增設四川總督一員。

五鳳樓告成。

《東華録》卷六　平南大將軍孔有德以平湖南捷聞。

《世祖實録》卷三五　[十二月]戊辰，免直隸保定、河間、真定、順德等府本年分蝗災額賦。

癸未，陝西總督孟喬芳疏報：興安總兵官任珍勦殺賊首米國軫、李世英等，餘黨悉平。

《東華録》卷六　甲申，改世職昂邦章京爲精奇尼哈番，梅勒章京爲阿思哈尼哈哈番，甲喇章京爲阿達哈哈番，牛彔章京爲拜他喇布勒哈番，半個前程爲拖沙喇哈番。其在部院官員及直省駐防章京官銜仍照舊。

丙戌，孔有德奏：「臣等自岳州進兵長沙，【略】降貴州黎平府僞岷王朱埏峻，前後所獲永歷太子朱爾珠、驪山王朱埏皖等二十七人，招降僞安國公劉承蔭及總兵等四十七員，副參等二十餘員，兵六萬八千有奇。」

庚寅，福撫佟國鼐奏：「逆賊鄭彩圍攻省城，副將鄒必科等擊敗之，餘賊潰散。」

乙未，川湖總督羅繡錦奏：「提督孫定遼勦賊，至鄖屬安陽口戰殁。」

順治五年（戊子、一六四八）

《小腆紀年》卷一五　春正月丁酉朔，明桂王在桂林。明監國魯王在閩安鎮。

《世祖實録》卷三六　壬寅，諭大學士范文程、剛林、祁充格等曰：「文職銜門不可無領袖，但不可如故明時專擅耳。今將爾衙門品級特行改定，章服如之，爾三人可用珠頂玉帶，以示優崇。」

癸丑，免山西太原、平陽、潞安三府，澤、沁、遼三州蝗災田畝本年額賦。

《東華録》卷六　庚申，禁官員房柱用朱色，及民間用金貼梁。

癸亥，靖遠大將軍肅親王率師還京。

《小腆紀年》卷一五　明前大學士朱繼祚起兵，會魯同安伯楊耿復興化。

《世祖實録》卷三六　二月丙寅朔，固山額真公户部尚書英俄爾岱卒。

己巳，以平定浙東、福建、廣東，遣官祭告福陵、昭陵。

《東華録》卷六　土賊攻陷慶雲縣，知縣張必科死之，賊尋遁。命嚴加防勦。

甲戌，江西總兵金聲桓反，僞稱豫國公，王得仁僞稱建武侯，用僞隆武年號，攻陷郡邑。

《世祖實録》卷三六　丁丑，命梅勒章京羅璧往勦霸州一路土寇。

四川總兵惠應詔領三邊抽調兵入蜀，行次略陽，衆兵鼓噪，被劫餉銀。

辛巳，江南、江西、河南總督馬國柱疏報：官兵恢復無爲州，擒斬賊首馮洪圖等，并獲降賊州同李敦沅。得旨：李敦沅著正法。

原任浙閩總督張存仁疏報：官兵恢復連城、順昌、將樂三縣。

癸未，免山東濟南、兖州、青州、萊州四府屬州縣順治四年水災錢糧一年。

《小腆紀年》卷一五　金聲桓攻贛州。

《世祖實録》卷三六　甲申，湖川總督羅繡錦疏報：官兵攻破徐家寨等賊巢，擒斬逆渠邢志廉等。

《小腆紀年》卷一五　乙酉，我大清兵取全州，明中書舍人周震、守備孟泰死之。

《世祖實録》卷三六　丁亥，浙江巡按秦世禎疏報：武義縣賊何士禎等入城，殺官劫印，旋率兵勦平之。

《小腆紀年》卷一五　明郝永忠大掠桂林，桂王出奔。

《明季南略》卷一一　戊子，【略】夜三更，有霍允中者，河南歸德人，封永城伯，忽搶入大内，劫帝於寢被中，舁出城外。將文武百官捆吊勒索，盡逼所有，妻孥不保。瞿式耜劫掠如洗，一晝夜飽颺。帝雖裸體，幸無傷，隻身走平樂府。

《東華録》卷六　壬辰，偏沅巡撫線縉奏：僞貴溪王朱常彪、僞恢武伯向登位兩路寇沅州，官兵擒斬之。

甲午，山東土寇犯東平州，知州李芝桂戰殁。

《小腆紀年》卷一五　三月丙申朔，明瞿式耜、何騰蛟入桂林。

《東華録》卷六　己亥，固山貝子吞齊哈等訐告鄭親王，會議擬死。命革親王爵，降爲郡王，罰銀五千。

辛丑，肅親王有罪，衆議論死。得旨：「免死，幽繫之，奪所屬人員。」

庚戌，命固山額真譚泰爲征南大將軍，同固山額真何洛會領兵征金聲桓。

壬戌，定優免則例。

《小腆紀年》卷一五　丁巳，我大清兵攻桂林，明督師何騰蛟率諸軍禦卻之。

《世祖實録》卷三八　夏四月戊辰，免陝西渭源、金縣、蘭州衛本年雹災地畝額賦。

辛未，定殯殮發引安葬例。

壬申，浙閩總督陳錦疏報：克復建寧，擒斬僞鄖西王朱常湖、僞國師王祁、僞軍門總兵等。

《東華録》卷六　癸酉，遏必隆有罪，免死籍没。

《明季南略》卷一一　乙亥，清朝廣州統兵固山李成棟將所轄廣東、廣西兵

馬錢糧、户籍土地悉歸永曆，遣帳下投誠。

《東華録》卷六　庚辰，命固山額真庫魯克達爾漢阿賴、尚書宗室吴達海等統兵戍漢中。

《小腆紀年》卷一五　癸未，明荆江侯張先璧復靖州，遂復沅州。

《世祖實録》卷三八　丙戌，命固山額真劉之源、佟圖賴爲定南將軍，率左翼漢軍官兵駐防寶慶，固山額真墨爾根、侍衛李國翰爲定西將軍，率右翼漢軍官兵駐防漢中。

丁亥，平西王吴三桂自錦州移鎮漢中，陛見賜宴。

《東華録》卷六　辛卯，鳳陽撫陳之龍疏奏：擒僞總督黄毓祺並家人袁五，搜獲銅印一顆，反詩一本，供出江北窩黨薛繼周等，江南王覺生、錢謙益、許見元等，現在密咨拿緝。得旨：「黄毓祺著即正法，其薛繼周、王覺生等着嚴飭該管地方官訪拿，袁五一并究擬具奏。」

《世祖實録》卷三八　閏四月乙未朔，湖川總督羅繡錦奏報：興國逆賊劉大刀與僞總督鮑瑞玉合謀爲亂，遊擊張國忠等分兵進勦，陣斬瑞玉，擒僞副將彭守軌、推官錢居清、同知錢應統等十人，斬之。

《小腆紀年》卷一五　明遣吏部侍郎吴貞毓、祥符侯侯性勞李成棟軍，封成棟惠國公，佟養甲襄平伯，杜永和江寧伯，羅成耀寶豐伯，董方策宣平伯，郝尚久新泰伯，張月博興伯，閻可義武陟伯。

《世祖實録》卷三八　戊戌，復多羅郡王濟爾哈朗爵爲和碩鄭親王。

《東華録》卷六　陝督孟喬芳奏：涼州叛回結連蘭州回黨寇鞏昌，擊敗之。

《世祖實録》卷三八　丁未，諭户部：今後一切債負每銀一兩止許月息三分，不得多索及息上增息，并不許放債與赴任之官及外官放債與民。

禁止諸王府商人及旗下官員家人外省貿易。

戊午，復宗室顧爾瑪洪輔國公爵。

《東華録》卷六　癸亥，命固山貝子吞齊哈爲平西大將軍，同固山額真宗室韓岱統兵討陝西叛回。

〔五月〕戊辰，孟喬芳奏：官兵大破叛回於鞏昌、臨洮、蘭州等處，城邑俱復。

辛未，孟喬芳奏：逆回擁立僞延長王朱識鋅，遊擊張勇敗之，識鋅就擒。命斬之。

《世祖實録》卷三八　甲申，江南、江西、河南總督馬國柱疏報：官兵大破金逆，恢復九江、饒州等府。

《小腆紀年》卷一五　丙戌，我大清兵取明綿州。

《世祖實録》卷三八　丁亥，命浙江總督移駐衢州。

《小腆紀年》卷一五　辛卯，明督師何騰蛟復全州。

降將陳友龍以武岡州叛我大清，復歸於明。

《世祖實録》卷三九　六月甲午朔，免陝西西安、延安、平涼、臨洮、慶陽、漢中等府屬州縣順治四年雹災額賦。

《小腆紀年》卷一五　丙申，明瞿式耜勞師全州。

戊戌，明封金聲桓豫國公，王得仁建武侯。

《東華録》卷六　甲辰，孟喬芳奏：侍郎額塞等大破逆回於蘭州，其黨悉平。

《小腆紀年》卷一五　明桂王發南寧，封陳邦傅慶國公。

《明季南略》卷一一　永曆與三宫邕江登舟出南寧，歷横州、永淳，時以急流，兩日夜即抵潯州府，有舊總兵慶國公陳邦傅挽留訴功。

《世祖實録》卷三九　癸亥，太廟工成，奉安神位於正殿。

《小腆紀年》卷一五　秋七月甲子朔，明桂王次梧州，謁興陵。

《世祖實録》卷三九　乙丑，諭户部：嗣後宗室覺羅内凡有貧乏不能聊生者，不時奏聞。

壬申，開封府河工成。

丁丑，設六部漢尚書、都察院漢左都御史各一員，以陳名夏爲吏部尚書，謝啓光爲户部尚書，李若琳爲禮部尚書，劉餘祐爲兵部尚書，党崇雅爲刑部尚書，金之俊爲工部尚書，徐起元爲都察院左都御史。

《東華録》卷六　戊寅，命陳泰爲靖南將軍，與棟阿賴、李率泰等征福建叛賊。

《世祖實録》卷三九　丁亥，諭刑部：毆殺人命，據律應抵。或偶相互毆，誤傷殺死者，杖四十，賠一人；如素有讐怨，因而毆殺者，仍依本律確招，奏請定奪。永著爲例。

戊子，定諸王、貝勒、貝子、公、公主、和碩格格等應用金器數目。

《明季南略》卷一一　陳邦傅爲李成棟促請聖駕，辱詈不堪，不敢挽留，是日離潯州。二十九日壬辰，至肇慶城下。

《世祖實録》卷三九　庚寅，浙江巡撫蕭起元疏報：擒獲衢州賊魁趙之超

【略】，又招撫臨安縣賊渠高自生等千餘人。

《東華録》卷六　八月癸巳朔，南贛撫劉武元奏：金聲桓、王得仁擁衆圍贛州城三月，官兵敗之，圍解。

《小腆紀年》卷一五　明桂王還居肇慶，進李成棟翊明大將軍，以其養子元胤爲錦衣衛指揮使。召大學士瞿式耜於桂林，辭不至。

《明季南略》卷一一　辰刻，成棟率文武百官迎帝，手扶鑾輿入肇慶行宫。

《東華録》卷六　己亥，保定撫于清廉奏：東明土賊僞稱天正年號，糾衆數十萬，圍縣城，官兵勦散之，畿南寧謐。

《小腆紀年》卷一五　甲辰，明桂王命李成棟攻贛州。

《世祖實録》卷四〇　乙巳，命和碩英親王阿濟格同多羅承澤郡王碩塞、多羅貝勒尼堪、貝子尚善、公岳樂等統領官兵勦天津土寇。

丁未，諭兵部：【略】除任事文武官員及戰士外，若閒散官富民之家，概不許畜養馬匹，亦不許收藏銃礮、甲胄、鎗刀、弓矢器械。

《小腆紀年》卷一五　戊申，我大清兵克同安。

《世祖實録》卷四〇　辛亥，諭户部等衙門：「【略】除八旗投充漢人不令遷移外，凡漢官及商民人等盡徙南城居住，其原房或拆去另蓋，或貿賣取價，各從其便。朕重念遷徙累民，著户、工二部詳察房屋間數，每間給銀四兩，此銀不可發與該管官員人等給散，令各親身赴户部衙門當堂領取，務使遷徙之人得蒙實惠。」

壬子，諭禮部：「【略】自後滿漢官民有欲聯姻好者，聽之。」

乙卯，改各省都司印文曰「某省都司之印」，「某省行都司之印」，去都指揮使名色。

戊午，定諸王及官民婚姻聘禮。

《東華録》卷六　辛酉，天津撫李猶龍、户部侍郎王公弼坐假招撫爲名，赴賊營會飲，革職爲民。

《世祖實録》卷四〇　九月壬戌朔，江西巡撫王志佐疏報：僞巡撫吴江、僞兵部尚書余應桂等久聚南康、湖口，黨惡助逆，遣遊擊李文玉進勦，江等就擒。命斬之。

甲子，命和碩英親王阿濟格率官兵往勦曹縣土寇。

庚午，諭内三院：「今纂修《明史》，缺天啓四年、七年實録及崇禎元年以後事蹟，著在内六部都察院等衙門、在外督撫鎮按及都布按三司等衙門將所缺年分内一應上下文移有關政事者作速開送禮部，彙送内院，以備纂修。」

《東華録》卷六　壬申，命鄭親王濟爾哈朗爲定遠大將軍，統兵討湖廣賊李錦，即一隻虎。

《小腆紀年》卷一五　壬午，明何騰蛟復永州，遂復衡州。

《東華録》卷六　己丑，孔有德等班師還京。

《世祖實録》卷四〇　冬十月壬辰朔，革湖廣分守下湖南道夏揚名職，下撫按鞫問。

《小腆紀年》卷一五　明監軍御史余鯤起、職方主事李甲春復寶慶，明馬進忠復常德。

《東華録》卷六　壬寅，和碩禮親王代善薨。

《世祖實録》卷四〇　甲辰，偏沅巡撫線縉疏報：定南將軍固山額真佟圖賴恢復寶慶。

《東華録》卷六　乙卯，劉澤清勾連曹縣叛賊，謀不軌，伏誅。

《小腆紀年》卷一五　丁巳，李成棟之兵潰於贛州城下。明朱成功復雲霄。

《東華録》卷六　〔十一月〕戊辰，冬至，恭奉太祖配天，四祖入廟，遣官祭告天地、太廟、社稷，【略】覃恩大赦。加皇叔父攝政王爲皇父攝政王，凡進呈本章旨意，俱書皇父攝政王。

癸未，以喀爾喀部克楚虎爾行獵向我邊界，遣英親王等統兵駐大同。

《世祖實録》卷四一　十二月辛卯朔，調八旗遊牧蒙古官兵之半戍守阿爾齊土蘇門哈達地方。

《東華録》卷六　〔壬辰〕，大同總兵姜瓖閉城叛，英親王聞之，初四日〔甲午〕圍其城。

丙申，以直隸平山、隆平蝗災，清豐雹災，免本年額賦。

〔辛丑〕，攝政王獵至岔道，復遣梅勒章京阿羅塞臣等統八旗兵赴英親王軍前。

《世祖實録》卷四一　癸卯，免大同蝗災本年分額賦。

丁未，命固山額真巴顏等率官兵載紅衣礮赴和碩英親王軍前同討姜瓖。

壬子，江南、江西、河南總督馬國柱奏報：副將楊捷等恢復都昌縣城，生獲賊渠僞兵部尚書余應桂。命斬之。

《東華録》卷六　乙卯，諭内三院：「前户部奏在外大小文武衙門額設公費等項，冗濫累民，酌議裁減，已經允行。今思裁減未免用度不足，反致累民，著另議速奏。」

《世祖實録》卷四一　遣梅勒章京俄羅塞臣等統領八旗官兵赴和碩英親王軍前協勦叛賊姜瓖。革宣大總督耿焞職，下法司議罪。以姜瓖叛故也。

順治六年（戊子、一六四九）

《世祖實録》卷四二　春正月庚申朔，上避痘，免朝賀。

《小腆紀年》卷一六　明桂王在肇慶府。

明監國魯王次福寧之沙埕。

《世祖實録》卷四二　壬戌，浙閩總督陳錦疏報：福州總兵張應夢恢復羅源縣，右路總兵馬得功恢復永春、德化二縣，擒僞總師顔昌儒等，平三百餘寨。

《東華録》卷六　癸亥，命多羅敬謹郡王尼堪等帥兵往平太原。

《世祖實録》卷四二　丁卯，纂修《太宗文皇帝實録》。

《東華録》卷六　戊辰，諭兵部曰：「【略】今嚴飭各官，確議除弊興利長策，朕將次第酌行，即通行告示，曉諭天下之民。」

辛未，山西巡撫祝世昌奏：姜瓖叛黨姚舉等殺運糧冀寧道王昌齡於（平原）〔原平〕驛，又陷忻州，官兵破之石嶺關，恢復忻州。

乙亥，諭大同及山西官員軍民：以姜瓖造作訛言，傳欲殺官吏軍民人等，誘與俱叛故也。

《世祖實録》卷四二　丙子，定内三院官制：每院設學士一員，侍讀學士一員，侍講學士一員，侍讀一員，侍講一員，著爲例。

《小腆紀年》卷一六　戊寅，我大清兵克南昌，金聲桓、王得仁伏誅，明前大學士姜曰廣死之。

庚辰，我大清兵入湘潭，明督師定興侯武英殿大學士何騰蛟死之。

《明季南略》卷一二　丁亥，明定隨侯趙榮貴與我大清兵戰於龍安柏峪口，敗績死之。

我大清兵克舒城、潛山諸寨，明侯應龍等死之。

《東華録》卷六　癸未，英親王奏：「賊黨劉遷攻代州，據其外城，臣遣郡王博洛等往援，大破之，劉遷遁走，代州圍解。」

《小腆紀年》卷一六　（二月）甲午，我大清兵復取明撫州。

乙未，我大清兵復取明建昌。

《世祖實録》卷四二　癸卯，命攝政王多爾袞總統内外官兵征勦大同。

免直隸六年以前無主荒地四萬四千四百八十餘頃、有主荒地八千一百九十餘頃未完額賦。

《東華録》卷六　己酉，攝政王行次古兒班口，聞喀爾喀碩雷汗兵馬距我國十日程，因止大同之行，議出張家口，遣調外藩蒙古兵。

庚戌，孟喬芳奏：官兵平甘州叛回。

辛亥，吴三桂奏：「賊犯階州，臣等分兵擊破之，斬僞王朱森釜、僞侯趙榮貴。」

壬子，攝政王次察喜兒土察罕腦兒，以馬瘠罷征喀爾喀，轉趨大同。

《小腆紀年》卷一六　甲寅，我大清兵復取明長沙。

乙卯，明揭重熙、傅鼎銓與大清兵戰於程鄉，敗績。

《明季南略》卷一二　乙卯，李成棟出師南下。

《世祖實録》卷四三　三月庚申朔，攝政王多爾袞師次桑乾河。

癸亥，攝政王率師拔渾源州城。

《東華録》卷六　乙丑，尼堪報：我師屢勝，斬僞撫姜輝。

山西民訴喀喇沁部兵擅掠民間子女牲畜，攝政王令重治其罪，還其人畜。

土賊攻陷海州，知州張茂勳、州同李士鱗、推官胡崇禮、百總李奕蔭死之。

丙寅，賊攻破鉅鹿，署縣事周維翰死之。

《明季南略》卷一二　〔李〕成棟與何騰蛟凶信同時報至肇慶，君臣大懼，大雨中晝夜逃徙。

《小腆紀年》卷一六　明以杜永和爲兩廣總督，守廣州。

《世祖實録》卷四三　己巳，應州從賊參將張祖壽、山陰縣從賊知縣顔永錫各率軍民人等出城詣攝政王軍前投降。

吏部啓心郎寧古里以輔政德豫親王多鐸出痘，往啓攝政王，王即日旋師。

《東華録》卷六　辛未，遣人至大同，諭姜瓖降，當恩養如故。姜瓖啓王言：「兵民怨憤，矢志誓死，乞更降一諭，明指以全活之方。若不開恩，臣惟率衆以俟，無他望矣。」王覽啓，怒甚。

乙亥，孟喬芳報：「甘涼逆回米喇印、丁國棟乘調兵征川，倡謀作亂。巡撫張文衡，道員林維造、張鵬翼，總兵劉良臣，副將毛鑌、潘雲騰及遊擊黄得臣、黄金印，都司王之儁，守備胡大年、李廷試、李承澤、陳九功，俱被執殉難，參將翟大有戰殁。」

《世祖實録》卷四三 丁丑，輔政德豫親王多鐸薨，【略】年三十六。

《東華録》卷六 攝政王次居庸，聞訃馳入京臨喪。

甲申，諭兵部：「近聞民無兵器，賊反得利，朕思砲與甲冑非民宜有，仍照舊嚴禁。其三眼鎗、鳥鎗、弓箭、鎗刀、馬匹，悉聽民間存留，其先交官者給還。」

又諭兵部：向來申嚴隱匿逃人之法，斬。【略】今後隱匿者免死流徙，其左右隣責三十板，十家長責二十板，逃人自歸，其主或隱匿者，自行送出，一概免罪。有親戚願贖回者聽。

《世祖實録》卷四三 譚泰、何洛會等奏報：【略】江西悉平。

〔丙戌〕，輔國公博尼卒。

《東華録》卷六 〔四月〕癸巳，英親王奏恢復左衛。

《小腆紀年》卷一六 明堵胤錫與大清兵戰於衡州之草橋，敗績，走龍虎關，尋走梧州。

《世祖實録》卷四三 乙未，命固山貝子吴達海、鎮國公吞濟喀、輔國公巴布泰等帥師往大同更代和碩英親王阿濟格等兵馬勦逆賊姜瓖。

庚子，殿試天下貢士左敬祖等。

增設户部十四司漢主事各一員。

壬寅，開浙江、山東鼓鑄。

癸卯，福建巡按霍達奏報：官兵恢復平和、詔安、漳平、寧洋四縣。

甲辰，賜殿試貢士劉子壯等三百九十五名進士及第、出身有差。

〔乙巳〕申刻，孝端皇太后崩。

《小腆紀年》卷一六 癸丑，我大清兵克福安，明魯兵部尚書、東閣大學士劉中藻死之。

《東華録》卷六 靖南將軍陳泰奏：福建二府一州二十九縣，俱已恢復，全閩底定。

《世祖實録》卷四三 乙卯，寇陷山西汾州府，命端重親王博洛爲定西大將軍，由大同統官兵往討之，命敬謹親王尼堪由左衛往圍大同。

《東華録》卷六 攝政王諭姜瓖，略曰：「前親至大同，閲來奏，語多悖謬，故不復降旨。今英親王爲爾奏請，有悔過歸誠之意，復憫闔城生靈，故復降旨赦宥，宜速悔悟。」

《世祖實録》卷四三 丙辰，廷試直省恩拔歲副榜等貢生及就教舉人。

《世祖實録》卷四四 五月辛酉，遣屠賴率將士往太原益其軍。

癸亥，攝政王多爾袞以京城水苦，人多疾病，欲於京東神木廠創建新城移居，因估計浩繁，止之。

《東華録》卷六 壬申，諭兵部：「滿、漢俱屬吾民，原無二視之理。但邇來用兵亦出於不得已，豈可苦累良民？今後兵行不論多少，其糧料草束悉照部定數〔目〕支用，不得多取。其鍋篷、鍘刀、馬槽等件，餵完馬日，各固山章京親驗發還。有搶漢人一物者，即行處斬，家長及該管官一併治罪。有帶弓箭軍器夥衆劫奪者，不分首從皆斬。」

《世祖實録》卷四四 免山西太原、平陽、汾州三府，遼、澤二州本年水災額賦。

《東華録》卷六 丁丑，改封恭順王孔有德爲定南王，懷順王耿仲明爲靖南王，智順王尚可喜爲平南王。

命孔有德率兵勦廣西餘賊，挈家駐防。耿仲明、尚可喜率兵勦廣東餘賊，俱挈家駐防。

《世祖實録》卷四四 戊寅，免直隸寶坻、順義二縣五年分水災額賦。

庚辰，罷陝西額供羔羊、白狼等皮。

壬午，四川巡撫李國英疏報：龍安邊郡地方悉平。

《東華録》卷六 乙酉，博洛奏：官兵克復山西清源、交城、文水、徐溝、祁縣等處。

《小腆紀年》卷一六 〔五〕〔是〕月，明以兵部侍郎張同敞總督軍務。

《東華録》卷六 〔六月〕戊戌，博洛奏：山西平陽、汾州平。

《世祖實録》卷四四 丙午，江南、江西、河南總督馬國柱疏報：南贛餘孽擁故明宗室朱由植作亂，官兵討平之。

壬子，免直隸滄州清苑縣六年以前荒田額賦。

癸丑，封張真人五十二代孫應京爲正一嗣教。

庚子，朝鮮國王妃趙氏奏報國王倧薨，請册封世子淏襲爵。

《小腆紀年》卷一六　甲辰，明堵胤錫朝於肇慶，加文淵閣大學士，封光化伯，尋命督師梧州。

《世祖實録》卷四四　甲寅，諭凡僧道巫瞽之流止宜禮神推命，不許妄行法術，蠱惑愚衆。如有違犯，治以重罪，著禮部嚴行稽察。

乙卯，免江西全省四年分，南昌、新建五年分逋課，其餘被兵州縣重者免五年分租賦，輕者免五年分租賦之半。

丁巳，攝政王多爾袞率師征大同叛將姜瓖。

《世祖實録》卷四五　秋七月戊午朔，命攝政王多爾袞率師征大同。

己未，開江西鼓鑄。

《小腆紀年》卷一六　庚申，明堵胤錫承制封孫可望爲平遼王，可望不受。

《東華録》卷六　辛酉，户部議覆江寧撫土國寶疏，言華亭縣義米一項，始於義士顧正心憫里人差役之苦，宗族贍養之難，捐貲置田四萬八百餘畝，每歲租米四萬三千餘石，幫賠差役，優恤貧窮，原與有司無涉，應仍歸正心子孫收種，以成義舉。從之。

《小腆紀年》卷一六　壬戌，明監國魯王次健跳所。

《東華録》卷六　甲子，命纛章京敦拜統兵勦河間一路土寇。

乙丑，命親王滿達海同郡王瓦克達統兵征朔州、寧武等處。

《世祖實録》卷四五　丁卯，免河南開封等府水災額賦有差。

戊辰，命朱喇喀、石圖率兵援勦霸州土寇。

湖廣巡撫遲日益奏報：黄岡土賊平。

《東華録》卷六　辛未，攝政王至阿魯席巴爾台，罷大同之行獵而還。

《世祖實録》卷四五　壬申，命護軍統領伊爾德統領將士往勦保定一路土寇。

乙亥，署江西提督事劉光弼疏報：平復廣昌縣，收撫饒州、撫州。

《東華録》卷六　丁丑，以河間一路土寇竊發，命纛章京沙爾虎達統兵往會碩對酌量勦撫。

《世祖實録》卷四五　辛巳，江南、江西、河南總督馬國柱奏報：江南鳳陽、滁州、淮安、揚州、蘇州各屬州縣衛所及河南磁州、羅山縣冰雹傷稼，請敕撫按確勘以行蠲恤。得旨：著照所奏速行確勘蠲恤。嗣後直省地方如遇災傷，該督撫按即當詳察被災頃畝分數明確具奏，毋得先行泛報，所司即傳諭通行。

《東華録》卷六　壬午，博洛克復孝義縣。

《小腆紀年》卷一六　我大清兵圍健跳所，明魯蕩湖伯阮進救卻之。

《東華録》卷六　甲申，南贛撫劉武元奏：「廣東餘孽三路度嶺入犯，官軍連破之，擒斬僞軍門劉治國等。」

丙戌，吴三桂恢復延綏鎮城。

《世祖實録》卷四五　八月己丑，平西王吴三桂、固山額真墨爾根、侍衛李國翰等統兵攻勦蒲城、宜川、安塞、清澗等處逆賊。

癸巳，攝政王多爾袞還京。

《東華録》卷六　陝督孟喬芳報：「山西逆寇虞允等稱僞永歷年號，陷蒲州及臨晉、河津等縣，臣同侍郎額色往勦，諸縣皆平。又勦平興安賊渠王國賢。」

《世祖實録》卷四五　甲午，免直隸真、順、廣、大四府所屬州縣六年分水災額賦。

征西大將軍和碩親王滿達海等奏報：克復朔州、馬邑等處。

丁酉，達賴喇嘛遣使奉表，言於壬辰年夏月朝見。

丁未，遣禮部啓心郎渥赫等往祭故朝鮮國王李倧，賜謚莊穆。

庚戌，命定遠大將軍和碩鄭親王濟爾哈朗班師還京。

辛亥，以原任浙閩總督張存仁爲兵部尚書兼都察院右副都御史。

《東華録》卷六　壬子，遣英親王等統兵駐大同。

乙卯，僞總兵楊震威斬姜瓖并兄姜琳、弟有光首來獻。

《世祖實録》卷四五　丙辰，征西大將軍和碩親王滿達海等奏報：【略】静樂縣寧化等所一帶山寨悉平。

大軍入大同城。

《東華録》卷六　九月戊午，諭英親王：「楊震威等二十三員及家屬兵丁俱着留養，其餘官吏兵民盡行誅戮，將大同城垣撤去五尺。」

甲戌，征西大將軍滿達海、定西大將軍博洛等奏：「克汾州，斬僞巡撫姜建勳等。」

《小腆紀年》卷一六　乙酉，明魯定西侯張名振、蕩湖伯阮進、平西伯王朝先合兵討黄斌卿，誅之。

我大清兵克平陸山寨，明右僉都御史寧夏巡撫李虞夔及其子宏皆死之。

十月己丑，明馬進忠復取武岡，尋取寶慶、靖州。

明封皮熊爲匡國公，鎮守貴州；王祥爲忠國公，鎮守雲南。

《世祖實録》卷四六　辛卯，禁伐昌平故明陵寢樹木。

丙申，以恩詔加【略】洪承疇、【略】馮銓俱少傅兼太子太傅。

己亥，免山東東平、長山、長清、萊蕪、肥城、新泰、臨邑、陵縣、新城、齊河、商河、濟陽、禹城、歷城、鄒平、樂陵、聊城、棠邑等州縣五年分水災額賦。

免江西六年以前明季加增遼餉銀兩。

《東華録》卷六　辛丑，攝政王率師征喀爾喀部落二楚虎爾。

《小腆紀年》卷一六　乙巳，明監國魯王駐舟山。

《東華録》卷六　丙午，大兵恢復潞安。

丁未，官兵克榆林。

己酉，滿達海奏：「官兵克復平遥、太谷二縣，沁、遼二州，屯留、襄垣、榆林、武鄉等縣俱降。」

庚戌，命親王滿達海、輔國公薩弼分兵回京，留郡王瓦克達等勦撫山西。

《小腆紀年》卷一六　十一月丙辰朔，我大清兵克延平之將軍寨，明德化王慈熚死之。

明監國魯王遣使乞師於日本國。

《世祖實録》卷四六　丙寅，免直隸開州、元城、南樂、清豐、東明、長垣、滑縣逃丁荒地徭賦。

免陝西岷州本年分雹災租税。

辛未，淮揚巡按張濩奏報：徐州副將周維墉勦平沛縣湖陵土寇，斬獲甚多。

《小腆紀年》卷一六　明巡撫鄭愛與大清兵戰於燕子窩，敗績死之。

辛巳，明督師大學士堵胤錫卒於潯州。

《東華録》卷六　甲戌，攝政王自喀吞布喇克旋師。

《世祖實録》卷四六　免宣府蝗雹災傷地畝本年額賦。

壬午，靖南王耿仲明往征廣東，至江西吉安府，自盡。

十二月乙酉朔，山西巡撫祝世昌奏報：興縣、芮城、平陸三縣平。

《東華録》卷六　癸巳，回孽丁國棟、黑承印據肅州城，總兵張勇等夾攻，斬丁國棟、黑承印於軍，肅州平。

《小腆紀年》卷一六　丙申，明師敗績於永州。

《東華録》卷六　己亥，吴三桂等奏：勦賊屢戰克捷，僞將王進才殺其渠謝汝德降，官兵射死賊渠任一貴，擒斬賊渠劉登樓，榆林等處底定，招撫河東附近州縣，悉皆納欵。

《世祖實録》卷四六　甲辰，江西提督總兵官劉光弼奏報：【略】江右土寇悉平。

丁未，攝政王多爾袞率大軍還。

庚戌，浙江巡撫蕭起元奏報：寧波、紹興、台州等處土寇平。

順治七年（戊子、一六五〇）

《小腆紀年》卷一七　春正月乙卯朔，明桂王在肇慶府。

明監魯王在舟山。

《明季南略》卷一三　丁巳，克南雄府，而寶豐伯羅成耀棄韶州。

《東華録》卷六　庚申，山西撫奏：復永寧州、寧鄉縣二城。

《小腆紀年》卷一七　辛酉，明桂王出奔，南陽伯李元胤留守肇慶。

《世祖實録》卷四七　壬戌，南贛巡撫劉武元奏報：官兵恢復廣東南雄府。

《小腆紀年》卷一七　戊辰，我大清兵復取韶州，明總兵吴六奇降。

《世祖實録》卷四七　癸酉，更定滿洲王、貝勒以下官員支給俸米數目。

丁丑，定遠大將軍和碩鄭親王濟爾哈朗班師還京。

《東華録》卷六　己卯，攝政王納肅親王豪格妃福金博爾濟錦氏。

《世祖實録》卷四七　庚辰，諭户部：【略】嗣後踏看澇地永行停止，自王以下官員以上准給俸米一半，仍令勤修農務，秋則種麥耕地，春則運糞播穀，務俾以時從事。

《小腆紀年》卷一七　明朱成功取潮陽。

《世祖實録》卷四七　壬午，攝政王遣官選女子於朝鮮國。

《小腆紀年》卷一七　二月甲申朔，明命陳邦傅、高必正救廣州。

《東華録》卷六　甲午，瓦克達疏稱：「大兵平定潞安、平陽、澤州，廢官李建泰據太平，我兵圍之，勢迫出降。」命誅建泰并其兄弟子姪黨羽。

《世祖實録》卷四七　乙未，改江寧國子監爲江寧府學。

《小腆紀年》卷一七　戊戌，我大清兵復取武岡，明奉天總督劉禄、監軍御史毛養登死之，馬進忠退保靖州。

《世祖實録》卷四七　辛亥，攝政王傳諭各部事務有不須入奏者，付和碩巽親王、端重親王、敬謹親王辦理。

《世祖實録》卷四八　三月乙卯，陞刑部侍郎阿喇善爲本部尚書。

以平回賊功，加總督陝西三邊兵部左侍郎孟喬芳爲兵部尚書。

癸酉，調禮部尚書卓羅爲都察院左都御史，兵部尚書阿哈尼堪爲禮部尚書，陞兵部侍郎明安達禮爲本部尚書。

戊寅，諭禮部：【略】嗣後滿洲官民不得沉湎嬉戲、耽娛絲竹，違者即拏送法司治罪。

《東華録》卷六　己卯，瓦克達報：平定平陽府三十六州縣。

《世祖實録》卷四八　〔四月〕己亥，調吏部尚書覺羅郎球爲刑部尚書。

辛丑，繙譯《三國志》告成。

《東華録》卷六　孟喬芳奏：「甘州回賊米喇印授首於水泉，諸城次第俱復。」

《世祖實録》卷四八　甲辰，征西大將軍多羅謙郡王瓦克達班師還京。

庚戌，免福建四、五兩年東路逋欠鹽課。

《小腆紀年》卷一七　五月乙丑，明鄖國公高必正、興平侯党守素、南陽伯李元胤朝於梧州，詔嚴起恒入閣。

《東華録》卷六　癸酉，攝政王率諸王大臣親迎朝鮮國送來福金於連山，是日成婚。

《小腆紀年》卷一七　是月，明馬寶襲清遠以救廣州，不克。

《世祖實録》卷四九　六月乙酉，平西王吴三桂奏報：保德州民兵崔耀等擒斬僞定國公牛化麟，以城降。

癸卯，南贛巡撫劉武元奏報官兵【略】恢復寧都、石城二縣。

戊申，更定滿洲王、貝勒以下官員支給俸銀數目。

秋七月乙卯，攝政王諭：京城建都年久，地污水鹹。春秋冬三季猶可居止，至於夏月，溽暑難堪。【略】今擬止建小城一座，以便往來避暑，庶幾易於成工，不致苦民。【略】除每年舊額錢糧外，特爲造城新增錢糧加派於直隸、山西、浙江九省，【略】有官民人等好義急公，情願捐助者，聽其自便。

辛未，免陝西西寧各堡寨五年分雹災額賦。

《東華録》卷六　〔八月〕，上孝烈武皇后尊謚曰孝烈恭敏獻哲仁和贊天儷聖武皇后，祔享太廟，頒詔大赦。

《小腆紀年》卷一七　明朱成功襲殺鄭聯，取厦門，遂取金門。

《世祖實録》卷五〇　九月甲寅，福建巡撫張學聖疏報：逆渠鄭成功犯潮州，總兵官王邦俊率師大破賊衆，成功遁入海。

丙子，免湖廣蘄州、麻城、羅田、蘄水、黄梅、廣濟、黄岡等縣五、六二年分荒地額賦。

《小腆紀年》卷一七　本月，我大清兵克灌陽，明知縣李遇昇死之，曹志建奔恭城。

我大清兵復取全州，明趙印選、胡一青、王永祥入於桂林。

孫可望遣其將王自奇、劉文秀、白文選分道取四川。

明綦江伯王祥與劉文秀戰於烏江，敗績死之，遵義陷。

明監國魯王命周瑞、周鶴芝分屯温州之三盤。

我大清兵克四明山寨，明魯兵部右侍郎王翊以其衆入海，御史馮京第爲叛將王昇所殺。

我大清兵克大皎山寨，明魯御史張夢錫死之。

《世祖實録》卷五〇　十月己亥，免直隸霸州、順義、懷柔、寶坻、平谷、武清、保定、文安、大城、東安等縣六年分水災額賦。

《東華録》卷六　庚子，福建官兵勦邵武，擒僞伯洪國玉、僞總兵李安民、僞閣部揭重熙，命斬之。

《世祖實録》卷五〇　己酉，免江南桐城、潛山、太湖、宿松、休寧、句容等縣逃丁荒地額賦。

《小腆紀年》卷一七　本月，明朱成功取銅山、南澳、閩安諸島。

十一月辛亥，我大清兵克廣州，明杜永和走瓊州。

甲寅，【略】我大清兵入桂林，執明督師瞿式耜、總督張同敞。

《世祖實録》卷五一　免陝西、甘肅等處六年分蝗水雹災額賦。

官兵恢復永寧州寧鄉縣。

《東華録》卷六　乙卯，吴三桂奏：官兵恢復府谷縣。

《小腆紀年》卷一七　己未，明桂王出奔，陳邦傳叛王走南寧。

《世祖實録》卷五一　壬戌，攝政王以有疾不樂，率諸王、貝勒、貝子、公等及八旗固山額真官兵獵於邊外。

十二月戊子，攝政睿親王多爾袞薨於喀喇城，年三十九。

《東華録》卷六　丙申，〔攝政王〕柩至，上迎於東直門五里外，跪奠三爵，大慟。

《小腆紀年》卷一七　明督師大學士臨桂伯瞿式耜、江廣總督兵部尚書張同敞猶在桂林，諭降不屈，死之。

《世祖實録》卷五一　庚子，【略】取攝政王府所有信符收貯内庫，又命吏部侍郎索洪等取賞功册收進大内。

《東華録》卷六　甲辰，追尊攝政王爲懋德修道廣業定功安民立政誠敬義皇帝，廟號成宗。

丙午，川湖督羅繡錦奏：孔有德攻拔桂林府，西粵道通。

《小腆紀年》卷一七　本月，明大學士王化澄、户部尚書董天閲俱降於我大清。

明高必正、李來亨之衆走川東。

明封孫可望爲冀王，猶不受。

明朱成功率舟師南下，援粵東。

順治八年（己丑、一六五一）

《東華録》卷六　春正月甲寅，英親王阿濟格有罪鞫實，幽禁。

《世祖實録》卷五二　丙辰，漢中額貢柑子著永行停止。【略】其江南所進橘子、河南所進石榴亦著永行停止。

戊午，諭户部：【略】江寧、蘇州、杭州三處織造已有專設官員管理，又差滿洲官并烏林人役催督，不但往來縻費錢糧，抑且騷擾驛遞，嗣後著停止差催。【略】陝西【略】織造羢褐粧蟒殊屬無用，亦著停止，節省冗費，以完兵餉。至陝西買辦皮張之處，亦屬煩擾，著一併停止。

己未，臨清燒造城磚著永行停止，原差官撤回。

《東華録》卷六　庚申，上親政，御太和殿，赦天下。

孔有德奏：「攻克廣西省城，底定桂、平二府，擒斬僞靖江王并世子等。」

丁卯，升祔孝端正敬仁懿莊敏輔天協聖文皇后於太廟，以追尊攝政睿親王爲成宗義皇帝，妃爲義皇后，同祔於太廟。禮成，覃恩赦天下。詔語略云：「當朕躬嗣服之始，謙讓彌光；迨王師滅賊之時，勳猷茂著。闢輿圖爲一統，攝大政者七年。」

《世祖實録》卷五二　壬戌，江西進額造龍碗，【略】得旨：燒造龍碗自江西解京，動用人夫，苦累驛遞，造此何益？以後永行停止。

丁卯，移内三院衙署於紫禁城内。

《世祖實録》卷五三　二月己卯朔，禮部題上昭聖慈壽皇太后尊號儀注。

《小腆紀年》卷一七　明桂王在南寧。

明監國魯王在舟山。

《世祖實録》卷五三　庚辰，更定錢制，每錢百文准銀一錢，違者論罪。

辛巳，免朔州、渾源州、大同縣無主荒地一萬三千四百九十頃錢糧。

《東華録》卷六　戊子，上昭聖慈壽皇太后尊號，覃恩天下。

《世祖實録》卷五三　己丑，免汶上、壽張、寧陽、嶧縣六年分水災額賦，金鄉縣七年分水災額賦。

辛卯，諭户部：邊外築城避暑，甚屬無用，且加派錢糧，民尤苦累，此工程著即停止。

《東華録》卷六　癸巳，蘇克薩哈、詹岱、穆濟倫首告：睿王不令人知，備有八補黄袍、大東珠、素珠、黑狐（獨）〔裀〕子，又欲率兩固山駐永平，謀篡大位，出會獵未往。訊實，籍所屬家産人口，其養子多爾博、女東莪給信王。

《世祖實録》卷五三　甲午，免山西荒地一萬五千頃額糧。

己亥，追論睿王多爾袞罪狀，昭示中外。

《東華録》卷六　詔曰：【略】謹告天地宗廟社稷，將伊母子併妻罷追封，撤廟享，停其恩赦。

《世祖實録》卷五三　庚子，調吏部尚書韓岱爲刑部尚書，刑部尚書陳泰爲吏部尚書。

壬寅，移定南王孔有德官屬兵丁眷屬駐廣西桂林府。

乙巳，封和碩肅親王豪格子富壽爲和碩顯親王。

《東華録》卷六　丙午，諭户部：「朕聞各處圈佔民地以備畋獵，原爲講習武事。【略】爾部將前圈出土地，盡數退還，令乘時耕種。」

閏二月戊申朔，川湖督羅繡錦奏：「湖南賊首牛萬才率僞總兵以下官八十餘員，兵五千七百餘名投誠。」

庚戌，封鄭親王子富爾敦爲世子，濟度爲多羅簡郡王，勒度爲多羅敬郡王。

《世祖實録》卷五四　甲寅，調太子太保、刑部尚書党崇雅爲户部尚書，太子太保、工部尚書金之俊爲兵部尚書，太子太保、兵部尚書劉餘祐爲刑部尚書，太子太保、户部尚書謝啓光爲工部尚書。

免河南封邱、祥符、蘭陽、孟、儀封、温等縣七年分水災額賦。

《東華録》卷六　乙卯，孔有德遣兵克梧州、柳州二府。

《小腆紀年》卷一七　明魯張名振殺平西伯王朝先。

明朱成功師次平海衛，我大清兵襲破厦門，守將鄭芝莞遁，前東閣大學士曾纓死之。

孫可望遣兵至南寧，殺明大學士嚴起恒、尚書楊鼎和、給事中劉堯珍、吴霖、張載述，乃封可望爲秦王。

《世祖實録》卷五四　戊辰，以大學士洪承疇管都察院左都御史事，陞禮部右侍郎陳之遴爲本部尚書，吏部左侍郎張鳳翔爲工部尚書。

《東華録》卷六　庚午，命固山額真阿喇善等率兵勦山東賊寇。

丁丑，諭禮部：「國家生財自有大道，僧道納銀給牒，瑣屑非禮，以後永免納銀，有請給度牒者，州縣確查報司，申部給發。」

諭兵部：「【略】今後各直省有故明親王、郡王流落地方者，該督撫將伊家起送來京，分别蓄養。」

〔三月〕乙酉，諭：「朕覽巡鹽御史崔允宏章奏，因思及各處報鹽課中，常報有餘銀若干。細思課外餘銀，非多取諸商，則侵虧於民，大屬弊政。著通行鹽運官，止許征解額課。」

《世祖實録》卷五五　丙戌，免直隸武强縣七年分被災四百餘頃田地額賦。

己丑，以希福爲内弘文院大學士，陞吏部尚書陳泰爲内國史院大學士，調内秘書院大學士李率泰爲内弘文院大學士，内弘文院大學士寧完我爲内國史院大學士。

以朱瑪喇爲吏部尚書，雅賴爲户部尚書，譚布爲工部尚書。

條議學政六事。

《東華録》卷六　丙午，吏部言：「各旗子弟率多英才，可備循良之選，但學校與制科未行耳。【略】臣等酌議，滿洲、蒙古、漢軍各旗子弟有通文義者，提學御史考試，取入順天府學，鄉試作文一篇，會試作文二篇，優者准其中式，照甲第除授官職。則人知向學，進取有階矣。」報可。

《小腆紀年》卷一七　夏四月丁未朔，明朱成功復取厦門。

《世祖實録》卷五六　戊申，禮部奏言聖駕出都行幸，行在地方官例進御膳等物。得旨：進獻禮物出自民間，有司以此進奉，於理不合，今後永不許進。

壬子，設刑部獄司醫生一名，療治病囚。

乙卯，上出安定門行獵。

《小腆紀年》卷一七　戊午，明朱成功部將施琅降於我大清。

《世祖實録》卷五六　甲子，平西王吴三桂疏請入覲，許之。

《臺灣鄭氏始末》卷二　〔夏四〕〔是〕月，改厦門爲思明州，以鄭擎柱爲知州；出隆武所賜尚方劍斬芝鵬，貶引、登秩，而重賚施郎、陳壎等。鴻逵謝歸命。洪旭鎮思明，族兄泰鎮金門，芝豹、施天福鎮安平，張進鎮銅山，陳霸鎮南澳，距南洋許龍、碣石蘇利，而自屯金門後浦。

《世祖實録》卷五七　五月癸巳，上還宮。

《東華録》卷六　甲辰，外轉御史張煊訐告吏部尚書陳名夏結黨行私，銓選不公。部議：「諸欵多屬赦前，且不實。煊向官御史不言，今言於外轉之後，心懷妬忌，污衊大臣，擬死。」

《臺灣鄭氏始末》卷二　〔是月〕，成功帥九將軍之兵攻漳浦，道南溪登岸，副將王進迎戰不利，入城堅守，環攻之不下。六月，還思明。

尚可喜連克雷、廉、潮、惠諸府地。

《世祖實録》卷五七　六月丙午朔，陜西總督孟喬芳奏報：【略】擊破何柴山等賊於商州雒南縣。

《東華録》卷六　丁巳，阿喇善等攻克山東盈河山寨洞，斬賊首劉遜、張齊二十一人，餘賊斬殺無算。

《世祖實録》卷五七　壬戌，諭户部：太和山春秋二季貢符篆黄精等物實屬無用，且長途轉運，未免煩擾驛遞，以後著永免辦解，爾部傳諭知之。

庚午，諭内三院：【略】今復嚴諭，凡貪惡及不識字縱信衙役劣員作速指參，至於司道，乃有司綱領，尤宜察劾，若再遲違，定治重罪。

〔辛未〕，恢復廉州永安、和平、興寧、長樂、龍川、惠來、潮陽、遵化、揭陽、普寧、程鄉、澄海等縣。

江西巡撫夏一鶚奏報：副將康時昇等破張自盛賊衆於封禁山。

癸酉，平南王尚可喜彙報：收復雷、廉、潮、惠等府。

《世祖實録》卷五八　秋七月丙子朔，諭刑部等衙門：【略】自今傳諭之後，在京在外問刑各衙門務遵恩詔月日畫一奉行，如有再以赦前事告者，必以其罪反坐問官。有以赦前事議罪者，定以違旨論。

諭户部：【略】今後各該地方官如遇投充之人犯罪，與屬民一體從公究治。

諭刑部等衙門：【略】自今以後凡在京滿漢大小官員有犯或被人告發，該衙門先將犯事緣由具奏請旨，應革職提問者必奉旨革職，然後送刑部審問，毋得仍前徑行提審，永著爲令。

乙未，上幸南苑，率諸王大臣侍衛等較閱馳馬。

己亥，以太子太保、吏部尚書陳名夏爲内翰林弘文院大學士。

《小腆紀年》卷一七　本月，我大清兵克台州，明魯督餉御史沈履祥死之。明張名振奉監國魯王攻吴淞。

《世祖實録》卷五九　八月丙午朔，上自南苑還宫。

《小腆紀年》卷一七　明兵部右侍郎傅鼎銓猶在南昌獄，諭降不屈，死之。

《世祖實録》卷五九　丁未，科爾沁國卓禮克圖親王並王妃至，親王以下、尚書以上及親王、郡王妃等俱出朝陽門迎之。

《小腆紀年》卷一七　丙辰，明魯兵部右侍郎王翊招兵奉化，被執不屈，死之。

《世祖實録》卷五九　戊午，册立科爾沁國卓禮克圖親王吴克善女爲皇后。

壬戌，執固山額真吏部尚書譚泰，付部臣議罪。【略】得旨：譚泰著即正法，籍没家産，其子孫從寬免死。

《東華録》卷六　甲子，上昭聖慈壽恭簡皇太后徽號，恩詔三十三條。

《小腆紀年》卷一七　丙寅，明魯蕩湖伯阮進與我大清兵戰於定海之螺頭門，敗績。

《世祖實録》卷五九　江南蘇松巡按秦世禎以江南賦重差煩，徵解失宜，民不堪命，條上興除八事。

己巳，諭户部：今四川進貢扇柄，湖廣進貢魚鮓，道經水陸，去京甚遠，【略】以後永免，著爲令。

《小腆紀年》卷一七　九月丙子，舟山星隕如雨，是日城陷。明魯元妃張氏及大學士張肯堂、禮部尚書吴鍾巒、兵部尚書李向中、吏部侍郎朱永佑等皆死之，定西侯張名振遂奉監國魯王航於海。

《世祖實録》卷六〇　壬午，賜琉球國王勅諭。

賜平西王吴三桂金册、金印。【略】勅諭平西王吴三桂曰：四川逆賊盤聚，斯民陷於水火，兹特命爾統領大軍，入川征勦。

《東華録》卷六　浙閩督陳錦奏：官兵破僞魯王於舟山，魯王遁。

《世祖實録》卷六〇　丙戌，罷户部尚書雅賴、工部尚書兼梅勒章京譚布。以固山額真卓羅爲吏部尚書，固山額真藍拜爲工部尚書，固山額真俄羅塞臣爲都察院左都御史，陞都察院副都御史車克爲户部尚書，納都户爲都察院副都御史。

壬辰，改承天門爲天安門。

癸巳，上出都行獵。

辛丑，上還宫。

《小腆紀年》卷一七　壬寅，明桂王自南寧出奔。

《世祖實録》卷六〇　甲辰，户部請每年給平西、定南、靖南、平南四王軍前操賞銀各四千兩，續順公軍前三千兩。從之。

《世祖實録》卷六一　冬十月己酉，命和碩承澤親王碩塞、多羅謙郡王瓦克達爲議政王。

辛亥，免宣府屬衛所本年分雹災額賦。

丙辰，江南巡按秦世禎劾奏江寧撫臣土國寶徇庇貪污諸不法事，命革職嚴訊。

《東華録》卷六　〔庚申〕，諸王大臣議：「英王阿濟格口出妄語，燒燬監房監門，不可再留。」奉旨：令自盡。

〔辛酉〕，命固山額真墨勒根蝦統兵同吴三桂征四川賊。

《世祖實録》卷六一　乙丑，封肇祖原皇帝、興祖直皇帝陵山。

《小腆紀年》卷一七　〔本月〕，明于大海降於我大清。

《世祖實録》卷六一　十一月乙亥朔，皇第一子生。

《小腆紀年》卷一七　丙子，明兵部尚書兼右副都御史總督江西軍務揭重熙猶在建寧獄，諭降不屈，死之。

《世祖實録》卷六一　丙戌，平南王尚可喜奏報：官兵恢復雷州府。

乙未，免山西平陽、潞安二府，澤、遼、沁三州所屬州縣七年分雹災地畝

額賦。

庚子，免山西陽曲、五臺、浮山、榆社七年分蝗災額賦。

壬寅，免直隸寧晉縣荒地額賦。

十二月丙午，免江南潛山、太湖、桐城、宿松等縣荒田九千一百八十四頃七年分額賦。

丁巳，江寧巡撫土國寶聞革職嚴訊之旨，自縊。

《小腆紀年》卷一七　庚戌，我大清兵取南寧，明趙印選、胡一青敗走。

〔是月〕，明朱成功取漳浦，遣使通好於日本國。

順治九年（壬辰、一六五二）

《世祖實録》卷六二　春正月癸酉朔，上避痘南苑，免行慶賀禮。

《小腆紀年》卷一八　明桂王次龍英。

甲戌，明朱成功取海澄。

《世祖實録》卷六二　己卯，甘肅巡按何承都疏言：「屯田鹽法，從來表裏相濟，以實軍餉。【略】今宜敕部議，仍復各商給引開中之法，以裕軍儲，以紓民困。」下所司議。

〔壬午〕，諭内三院：【略】昨年五月内，張煊憤不顧身，列款參奏陳名夏、洪承疇，【略】今將名夏革任，其官品俸禄，仍舊發正黄旗漢軍下，同閒散官隨朝；洪承疇【略】姑赦其罪，仍留原任，以責後効。朕念張煊含寃受死，著厚加恤典，其子以父官官之，仍加二級恤典，敕該部議奏。【略】又思譚泰罪惡，滿洲官民皆知，而各處漢人未必盡曉。著將譚泰罪款併張煊啓狀，詳爲刊示，暴之天下，以明朕之無偏私也。

丙戌，禮部奏：各省人民疊遭盜賊、饑荒，暴骨遍野，請照《會典》所載，令天下各有司官收埋枯骨，以廣皇仁。從之。

《小腆紀年》卷一八　戊子，明桂王次廣南，孫可望遣兵迎扈。

《世祖實録》卷六二　己丑，敕封張洪任爲正一嗣教大真人。

壬辰，諭吏部：譚泰在吏部時，除三次恩詔陞過官員外，其餘伊所偏愛之人超授世職者，俱著革去。

《小腆紀年》卷一八　丁酉，明桂王發廣南。

是日，次章卜。

《世祖實録》卷六二　辛丑，命纂修《太宗文皇帝實録》，以大學士希福、范文程、額色黑、洪承疇、寧完我充總裁官。

壬寅，諭内三院：以後一應章奏，悉進朕覽，不必啓和碩鄭親王。其各省漢官敕書，俱著繙譯清字，啓奏記檔，敕上止用漢字給發。

大學士范文程等奏言：會試關係掄才大典，按明朝主試官，萬曆以前不拘大學士、學士，吏、禮二部尚書、侍郎，由翰林出身官員，皆得簡用，萬曆末年，方始專用閣臣。今自順治元年至今，已歷三科，未有定例，伏候睿裁。得旨：著照明朝萬曆以前例行。

皇第一子牛鈕薨，年二歲。

《小腆紀年》卷一八　〔明桂王〕次姪堂。

明魯定西侯張名振、大學士沈宸荃、兵部左侍郎張煌言等奉監國魯王次厦門。

《世祖實録》卷六三　〔二月丁未〕，以鑲紅旗多羅貝勒祜世布爲滿洲固山額真。

戊申，和碩巽親王滿達海薨，年三十一，追封和碩簡親王。

命大學士希福、額色黑，禮部尚書陳泰，學士劉清泰、胡統虞、成克鞏充會試主考官。

庚戌，頒行六諭臥碑文於八旗及直隸各省。

丁巳，諭外藩王、貝勒、貝子、公等曰：今聞地方多有盜賊，但各旗皆有王、貝勒、貝子、公、固山額真、梅勒章京、甲喇章京，若各旗悉心稽察，盜賊何由竊發？至編查壯丁，務將所屬丁數細加查點，毋得隱漏，儻有隱漏，後經發覺，從重治罪。

庚申，加封和碩鄭親王濟爾哈朗爲叔和碩鄭親王。

辛酉，以太子太保、禮部尚書陳之遴爲内翰林弘文院大學士。

《小腆紀年》卷一八　丁卯，降將吴三桂以我大清兵取嘉定，明川南巡撫范文光死之。

劉文秀還雲南，留白文選守嘉定，劉鎮國守雅州。我平西王吴三桂以王師南下，文選、鎮國不能支，挾曹勛走敍州。

降將孔有德以我大清兵出河池，向貴州。

我定南王孔有德聞孫可望將窺伺楚、粵，乃自以七百騎出河池州向黔，而疏請續順公沈永忠重兵扼沅州門户，總兵線國安、馬雄、全節分守南寧、慶遠、梧州。

我大清兵入欽州，明開國公趙印選棄城走。

明杜永和以瓊州降於我大清。

明朱成功攻長泰。

三月壬申朔，明建行在太廟。

《世祖實録》卷六三　戊寅，命滿漢册文誥敕兼書滿、漢字，外藩蒙古册文誥敕兼書滿洲、蒙古字。著爲令。

己卯，大學士范文程等參奏：會試中式第一名舉人程可則，文理荒謬，首篇尤悖戾經註，士子不服，通國駭異。請敕部議處。上命革退可則名，並治考試官胡統虞等罪。

湖廣巡按李敬進捕獲虎皮。上曰：地方虎患應除，不必具奏，皮張即充捕賞。

《小腆紀年》卷一八　明遣李定國進取桂林，劉文秀進取成都。

明李定國復取沅州及平遂衛、藍田縣。

我大清兵克佛圖關，遂取重慶。

《世祖實録》卷六三　庚辰，定官員封贈例。

辛巳，管都察院事固山貝子吴達海等奏：皇上慮民冤枉，准理詞狀。【略】祈敕刑部嚴禁，如有故違，依律治罪。上是其言，令刑部刊示曉諭。

甲申，諭刑部：【略】自今以後，將人販子名色永行禁止，如有故違，後被發覺，定行治以重罪。

《小腆紀年》卷一八　甲申，明朱成功與我大清兵戰於江東橋，我兵退守泉州，成功遂取長泰，進攻漳州。

《世祖實録》卷六三　丙戌，罷諸王、貝勒、貝子管理部務。

和碩鄭親王、和碩承澤親王、和碩敬謹親王會議，和碩信親王多尼之父、豫王多鐸，【略】應削和碩親王，降爲多羅郡王。從之。

丁亥，和碩端重親王博洛薨，年四十，追封和碩定親王。

己丑，少保兼太子太保、禮部尚書王鐸卒。

癸巳，諸王大臣等奉上諭：【略】朕思拜尹圖原係庸懦無能之人，其罪多被諸弟牽連，年已衰邁，姑免死，禁錮獄中。鞏阿岱、錫翰、席訥布庫、冷僧機等俱著正法，家産籍没。拜尹圖弟男子姪皆免死，革去宗室爲民。席訥布庫子姪亦革退侍衛爲民。巴顏官職併牛彔俱著革去，其母革去和碩格格，原領内庫財物追還。著刑部刊刻告示，布之天下，咸使聞知。

革内翰林祕書院檢討唐夢賚職。

丙申，策試滿洲、蒙古貢士麻勒吉等。

策試漢軍及漢貢士張呈瑞等。

己亥，賜滿洲、蒙古殿試貢士麻勒吉等五十人，漢軍及漢貢士鄒忠倚等三百九十七人進士及第、出身有差。

《世祖實録》卷六四　四月乙卯，調刑部尚書鎮國公韓岱爲吏部尚書，工部尚書藍拜爲刑部尚書。

准山西潞紬機户照明季例，十年一派，三年一解，以九年爲始，隨時估價。永著爲令。

丁巳，定誥封職掌。宗室覺羅等屬禮部，滿洲、蒙古、漢軍職兼文武屬吏部，平西、定南、平南、靖南四王，續順公下各武官不兼文職屬兵部。

己未，吏部奏言：朝覲計典，三年一行。舊例，府州縣正官入覲，勢必委署，但署官害民，反爲地方之累。今議，止令藩臬各一員、各府佐一員代覲。從之。

庚申，定諸王以下文武官民輿馬、服飾制。

乙丑，設立宗人府衙門。

《世祖實録》卷六五　五月丙子，上幸大光明殿。

辛卯，廷試歲貢生馮太初等八百五十名，副榜貢生何應仕等六百二十七名。

乙未，授滿洲一甲一名進士麻勒吉爲内翰林弘文院修撰，一甲二名進士折庫納爲内翰林國史院編修，一甲三名進士巴海爲内翰林祕書院編修。漢人一甲一名進士鄒忠倚爲内翰林祕書院修撰，一甲二名進士張永祺爲内翰林弘文院編修，一甲三名進士沈荃爲内翰林國史院編修。

丙申，定隱匿查解逃人功罪例。

庚子，上幸南苑。

定皇后、皇妃納采禮物。

《小腆紀年》卷一八　〔是月〕，明南陽侯李元胤、安肅伯李建捷被執至廣州，諭降不屈，死之。

明李定國復取靖州，進攻湖南。

我大清兵救漳州。

《世祖實録》卷六五　〔六月〕丙午，吏部議覆陝西總督孟喬芳疏言：直省各府推官，應俱用進士，不足乃以舉人間補。其從前貢生考定推官者，改選知縣。從之。

丁未，裁直隸鎮朔衛、營州衛歸併薊州衛，東勝右衛、寬河所歸併遵化衛，涿鹿左衛、中衛、興州中屯衛歸併涿鹿衛，撫寧衛歸併山海衛，盧龍衛、東勝左衛、興州右衛，歸併永平衛，密雲後衛歸併密雲中衛，營州後衛歸併興州後屯衛，通州右衛、神武中衛、定邊衛歸併通州左衛，天津左衛、右衛歸併天津衛，神武右衛、倒馬、平定二所、唐山屯歸併真定衛，保定中衛歸併保定左衛，保定前衛、後衛歸併保定右衛。裁營州左屯衛、渤海守禦所、白洋口後所、鎮羅關所、順德守禦所。

戊申，上還宫。

庚戌，命和碩敬謹親王尼堪掌宗人府事，多羅貝勒尚善爲左宗正，固山貝子吴達海爲右宗正，輔國公穆臣爲左宗人，輔國公拔都海爲右宗人。

丁巳，兵部奏請：於寅申年舉行軍政。從之。

辛酉，大學士范文程等疏奏：翰林詹事等官陞補畫一之法。修撰、編修、檢討，按科分先後資序陞轉，凡奉差及終養、丁憂、治喪依限到京者，仍照科分資序，違限者計所違月日，序於後；給假告病者，概序於後；降補别衙門復回者，俱照現補官品爲序。三品官服闋病痊者，由撫按具奏，臣衙門題補。四品以下官親身赴京，亦臣衙門題補。命永著爲例。

壬戌，更定品官驛遞夫馬額數。

丙寅，追謚功臣圖爾格爲忠義公，圖賴爲昭勳公，配享太廟，仍於墳前立碑。

《小腆紀年》卷一八　〔是月〕，明晉張先璧沅國公，馬進忠鄂國公。

我大清兵取石泉，明川北巡撫詹天顔死之。

秋七月庚午朔，明李定國復取寶慶。

《世祖實録》卷六六　辛未，定諸王、世子大朝、常朝，及京城内行走儀仗。

《小腆紀年》卷一八　明李定國復取全州。

《世祖實録》卷六六　癸酉，偏沅巡撫金廷獻奏報：逆賊孫可望陷廣西桂林府，定南王孔有德自縊。

《小腆紀年》卷一八　明李定國復取桂林。

《世祖實録》卷六六　甲戌，欽天監監正湯若望進渾天星毬、地平日晷等儀器。

丙子，浙閩總督陳錦，統領將士征海寇鄭成功，至漳州灌口，爲家丁刺死。

《小腆紀年》卷一八　庚辰，明兵復取永州。

《世祖實録》卷六六　癸未，命和碩巽親王滿達海子常阿岱襲爵。

諭内三院：内外題本、奏本，各有格式。【略】内院即傳諭禮部，嚴加申飭，務使在京滿漢大小各官，在外督撫按，下至府州縣衛所等衙門，俱畫一遵行。

甲申，命和碩敬謹親王尼堪爲定遠大將軍，統率大軍，往征湖南、貴州。

定喪制。

丙戌，兵、刑二部會議查解逃人例。

丁亥，以鑲紅旗多羅貝勒巴爾處渾爲滿洲固山額真。

命梅勒章京沙爾虎達、甲喇章京海塔尼噶禮統官兵駐防寧古塔。

免河南磁州、祥符、封邱、蘭陽、儀封、項城、沈邱、臨漳縣，懷慶衛八年分河決被災地畝額賦。

己丑，和碩敬謹親王尼堪率師出都，上親送至南苑。

免山東臨邑、安邱、夏津、陵縣荒地亡丁徭賦。

辛卯，天全六番、烏思藏、董卜、黎州、長河西、魚通、寧遠、泥溪、蠻彝、沈村、寧戎等土司，各繳前朝敕印以降。

戊戌，定賞賚達賴喇嘛使臣例。

《小腆紀年》卷一八　〔是月〕，孫可望殺明山東道御史李如月。

明劉文秀復取敘州。

明劉文秀復取重慶。

我大清命敬謹親王尼堪、貝勒屯齊進征楚、粵。

明封李定國爲西寧王，馮雙禮爲興國侯。

明封劉文秀爲南康王。

《世祖實録》卷六七　八月丙午，定常朝儀注。

多羅謙郡王瓦克達薨，年四十七。

丁巳，上以瓊南底定，命靖南王班師回省。

乙丑，更定婚娶之制。

己巳，命故和碩端重親王博洛子齊克新、多羅順承郡王勒克德渾子勒爾錦襲爵。

《小腆紀年》卷一八　〔是月〕，明兵復取夷陵。

明建極殿大學士朱天麟卒。

明朱成功兵猶在漳州。

《世祖實録》卷六八　九月庚午朔，以朱孔格、阿濟賴、伊拜爲議政大臣。

丙子，吏部議覆兵科給事中王楨疏，言部院等衙門理事官，【略】今後缺出，必選滿漢文義精熟者方授兹職。從之。

庚辰，諭達賴喇嘛曰：爾奏邊内多疾疫，邊外相見爲便，今朕至邊外代噶地方俟爾可也。

辛巳，更定祭葬禮。

癸未，命護軍統領阿爾津爲定南將軍，同固山額真馬喇希往征廣東未定州縣。

甲申，諭：隱匿逃人者，止令本犯家産給主，其分家父子兄弟等不知情者，不得株連。

辛卯，上幸太學，釋奠先師孔子。

甲午，賜殿試中式武舉王玉璽等進士及第、出身有差。

《小腆紀年》卷一八　〔是月〕，我大清兵復取梧州。

我大清兵敗明朱成功於九龍江，漳州圍解。

明川陝總督樊一蘅卒。

《世祖實録》卷六九　十月庚子，免江南沛縣六年至八年分水災逋賦。

壬寅，平南王尚可喜奏報：官兵克復梧州。

丙午，免陜西三水、華亭、洋縣六年分蟲霜冰雹被災額賦。

庚戌，命和碩承澤親王碩塞等往迎達賴喇嘛。

癸丑，免霸州、東安縣、文安縣逃亡丁糧。

甲寅，解刑部尚書藍拜任，以覺羅巴哈納爲刑部尚書。

戊午，命世子濟度多羅信郡王多尼、多羅安郡王岳樂、多羅敏郡王勒都、多羅貝勒尚善、杜爾祜、杜蘭議政。

辛酉，調征廣東護軍統領阿爾津爲安西將軍，同固山額真馬喇希鎮守漢中。

順天巡按陳棐疏薦隱居薊州故明進士李孔昭、容城縣故明舉人孫奇逢，下吏部考覈酌用。

戊辰，定諸王以下、公以上至御前及進午門隨後護衛員數。

《小腆紀年》卷一八　〔是月〕，明劉文秀進攻保寧，敗績，討虜將軍王復臣死之。

我大清兵敗明朱成功於古縣，成功退屯海澄。

《世祖實録》卷七〇　十一月庚午，命固山額真卓羅爲靖南將軍，同固山額真藍拜等統官兵，征廣東未定州縣。

戊寅，裁併直隸興州前衛於開平衛，興州左衛於薊州衛，營州前衛於涿鹿衛，武清衛於通州左衛，通州衛屯地於本州左衛。

《小腆紀年》卷一八　辛巳，明李定國復取衡州。

《世祖實録》卷七〇　甲申，定平西王、定南王、靖南王、平南王福金帽頂、儀仗、車、轎，俱照世子福金例。

乙酉，諭禮部：明末寇陷都城，君死社稷，當時文武諸臣中，豈無一二殉君死難者？幽忠難泯，大節可風，爾部會同各部院堂官，詳訪確察死節職名，併實蹟具奏，勿遺勿濫。

《小腆紀年》卷一八　丁亥，我大清兵至湘潭，明馬進忠走寶慶。

《世祖實録》卷七〇　庚寅，湖廣辰常總兵官左都督徐勇，與黔寇白文選戰，敗死之。

《小腆紀年》卷一八　辛卯，我大清兵復取衡州。

明桂王密敕西寧王李定國以兵入衛。

《世祖實録》卷七〇　乙未，免山西忻州、欒平等州縣本年分冰雹、水災額賦有差。

十二月庚子，兵部議：福建提標都司李淮赴任違限三月，應降一級調用。得旨：李淮著降一級，照舊管事。以後違限官員應降級者，俱照此例，不必調用。

辛丑，免山西太原府、平陽府、汾州府、遼州、沁州、澤州所屬絳州、太原等四十四州縣本年水災額賦有差。

丙午，以粵東漸定，錢糧不敷，徹靖南將軍固山額真卓羅等官兵回京。

己酉，兵部題：定一甲第三名武進士初授官職，以都司僉書管掌印都司事。

著爲例。

庚戌，上幸南苑。

癸丑，達賴喇嘛至，謁上於南苑。

戊午，上還宫。

發米九百石，銀四百餘兩，賑京城飢民。

己未，調安西將軍護軍統領阿爾津爲定南將軍，同固山額真馬喇希等統將士，往征湖廣辰常逆賊。

壬戌，諭刑部：【略】自今以後，凡大姦大盜，各衙門應緝捕者亟行緝捕，應參奏者指名參奏，勿得徇縱，以取罪戾。内外文武大小官員，除已往不究外，如再有與姦盜往來者，事發，定行連坐，決不姑貸。

甲子，免陝西長武縣本年分雹災額賦。

《小腆紀事》卷一八　我大清兵復取藤縣，明總兵羅超死之。

我大清兵復取平樂，明守將彭俊死之。

明封莫宗文爲安仁伯。

順治一〇年（癸巳、一六五三）

《世祖實録》卷七一　春正月己巳，上幸内院，遍問中書姓名。見所粘小羽子鮑通事等罪案，上曰：善人之名，固垂後世，似此惡人之名，亦垂後世。

癸酉，免陝西莊浪、紅城堡及洮州衛雹災額賦有差。

丁丑，調内翰林祕書院大學士洪承疇爲内翰林弘文院大學士，陳名夏爲内翰林祕書院大學士。

兵部議覆：【略】自今以後，凡拏獲賊盜，即追問窩家，既得窩家，即依律究治。如係莊頭及投充人等，該地方官即行擒拏解部，仍行保甲嚴加搜捕，務靖根株，則盜賊自息矣。從之。

己卯，諭刑部：李應試等以罪惡正法，其兄弟子孫親戚皆免拏問，令改惡遷善，務爲良民。爾部即行傳諭。

庚辰，命隨征多羅貝勒吞齊爲定遠大將軍，統征勦湖南大軍。

丙戌，以内翰林祕書院大學士陳名夏充纂修《太宗實録》總裁官。

以多羅額駙内鍔爲議政大臣。

戊子，上幸御馬廠，閱視馬匹。

癸巳，上幸南苑，閲吏部大計疏。

更定多羅貝勒以下及品官歲支俸禄。

乙未，諭禮部：聞滿洲、蒙古、漢軍、漢人及諸色人等，年當幼少，皆蹋石毬爲戲，本朝平素學習藝業，騎射之暇旁涉書史，各該旗牛彔及包衣牛彔，即行嚴禁。

丙申，上幸内院，閲《通鑑》。

《世祖實録》卷七二　二月戊戌，上幸内院，批閲各部奏章，悉覽諸項簿籍。

庚子，復設廣東開平縣。

丁未，上幸内院，覽《明史》、《通鑑》及諸奏章。

庚戌，大學士洪承疇等奏言：國家設立院部，各有專司。會推係九卿、科道事，内院向無會推之例，其各部亦無奏請内院會推之例。伏乞敕下各衙門，永爲遵守。上允之。

甲寅，命内院諸臣繙譯《五經》。

上以吏部職掌銓衡，關係最重，命大學士陳名夏、署吏部尚書陳之遴仍以太子太保調户部尚書，陞户部侍郎王永吉爲兵部尚書。

乙卯，命續順公沈永忠爲勦撫湖南將軍，鎮守西南地方。

丁巳，達賴喇嘛辭歸，命和碩承澤親王碩塞，偕固山貝子顧爾瑪洪、吴達海率八旗官兵，送至代噶地方。又命叔和碩鄭親王濟爾哈朗、禮部尚書覺羅郎球餞於清河。

庚申，以費揚古爲議政大臣。

甲子，浙閩總督劉清泰奏言：臣遵密諭，細察廈門一窟，素稱鄭逆老巢。撫臣張學聖、道臣黄澍、鎮臣馬得功，垂涎金穴，【略】按臣王應元徇隱不奏，【略】請交部議罪。得旨：張學聖、馬得功、黄澍、王應元俱革職，著刑部速差滿官拏解來京，嚴訊具擬。

丙寅，諭禮部：一代冠服，自有一代之制。本朝定制久已頒行，【略】以後務照滿式，不許異同，如仍有參差不合定式者，以違制定罪。

《小腆紀年》卷一八　是月，我大清兵復取永州，明李定國走龍虎關。

孫可望謀襲明李定國，定國走廣西。

我大清兵復取廉州，明守道王道光死之。

《世祖實録》卷七三　三月戊辰，上幸南臺，召内三院大學士、學士、翰林官、六部尚書、都察院左都御史從，賜宴。

己巳，封喀爾喀部落投誠貢塔爾爲和碩達爾漢親王，衮布爲卓禮克圖郡王，奔巴世希爲固山貝子。

甲戌，免山西五臺縣六、七兩年分未徵額賦及八年分額賦之半，以被賊蹂躪故也。

己卯，免江西省六年荒殘逋賦二十七萬八千七百九十五兩有奇。

丙戌，命解刑部尚書濟席哈任，調噶達渾爲兵部尚書。

上幸内院，閲部中奏疏及繙譯《五經》，諭曰：保舉之疏，俱著全譯，以便觀其人之品行。

甲午，詔原任弘文院大學士馮銓，仍以原官辦事。

《小腆紀年》卷一八　〔是月〕，明魯王自去監國號。

明楊國棟、莫宗文合兵攻常德，不克。

孫可望自將追明李定國，與大清兵遇於寶慶，大敗。

明魯定西侯張名振以朱成功之師入長江。

《世祖實録》卷七四　夏四月己亥，諭都察院副都御史宜巴漢等曰：自今以後，凡係機密及參劾本章，俱著實封進奏。

庚子，上御太和殿召見天下朝覲官員董天機等。

甲辰，免湖南寇荒六、七、八、九年逋糧，山西夏縣荒地九百四十餘頃額糧。

丙午，以福建布政使司右參政管左布政使事佟國器爲都察院右僉都御史，巡撫福建。

丁未，擢内翰林秘書院學士圖海爲内翰林弘文院大學士，仍充議政大臣。

庚戌，廷試直省貢生王都等五百六十一名。

辛亥，諭議政王、貝勒、大臣等：速議弭盜安民之策以聞。

乙卯，大學士范文程、額色黑奏言：大學士寧完我、洪承疇、陳名夏俱隸旗下，照滿洲官支給俸禄。其衙門職掌官銜品級，或照滿洲例，或照漢官例，相應請旨。得旨：寧完我仍照滿洲大學士例，洪承疇、陳名夏官品俸禄俱照漢官例。

丁巳，定優恤陣亡各官例。

遣禮部尚書覺羅郎球、理藩院侍郎席達禮等賫送封達賴喇嘛金册、金印於代噶地方。文用滿、漢及圖白忒國字。

己未，偏沅巡撫金廷獻奏報：查獲故明福清王嫡子朱由杞，并僞劉知府所遺文卷一箱，内載故明宗族廢紳往來書札。得旨：朱由杞著即就彼處正法，文書即行焚燬。

癸亥，免福建漳州、福州、延平、建寧、汀州、邵武六府九年以前荒殘田租三分之一。

《小腆紀年》卷一八　〔是月〕，降將郝尚久以潮州叛我大清，復歸於明。

《世祖實録》卷七五　五月丁卯，諭吏部：翰林官陞轉，舊例，論資俸兼論才品。朕思果有才品特出者，何必拘於舊例。右春坊右中允仍管内翰林祕書院修撰事吕宫，文章簡明，氣度閒雅，朕所親見。著遇學士員缺，即與推補，以示破格用人之意。

庚午，諭吏部：朕前有諭旨，國家官人，内外互用。在内者習知紀綱法度，在外者諳練土俗民情。内可外，外亦可内，内外敭歷，方見真才。【略】今京堂員缺甚多，在内堪陞補者作速陞補，其在外才品素著者照應陞職銜通融陞轉，著九卿、科道會同推舉，以憑擢用，務疏壅滯，俾内外鼓勵，以收得人之效。

壬申，都察院左都御史金之俊疏言：《大清律》開載，强盗無籍没之條。【略】自今以後，仍依律處斬，免其籍没，以省苦累。得旨：所司照律議奏。

甲戌，免河南祥符、封邱、河内、孟、温、修武、臨漳等縣九年分水災額賦。

乙亥，諭内三院：【略】著工部即將文華殿作速起造，以便講求古訓。即傳諭行。

封精奇尼哈番鄭芝龍爲同安侯，子成功爲海澄公，弟鴻逵爲奉化伯，芝豹爲左都督。

命駐防江寧府昂邦章京喀喀木爲靖南將軍，統領官兵往征廣東逆寇。

達賴喇嘛自代噶起程歸國，命固山貝子吴達海餞之。

以右春坊右中允吕宫爲内翰林祕書院學士。

免山東歷城、齊河、齊東、肥城等六十九州縣八、九兩年分水災額賦。

丁丑，諭吏部：内翰林弘文院修撰麻勒吉，【略】遇有侍讀學士員缺，即行推補。

定旌表宗室節孝貞烈例。

己卯，諭兵部：【略】自今順治十年五月二十五日以前，凡有嘯聚山林，劫掠道路，曾爲土賊者，無論人數多寡，罪犯大小，但能真心改悔，自首投誠，悉准照

曹四達子事例，盡赦前罪。仍著所在官司酌量安插，兵仍補伍，民即歸農，不願還鄉者聽其隨便居住，俱不許將吏有司及讐怨之家挾制嚇詐，告擾侵害。如有故違者，該督撫應參奏者參奏，應處治者處治。其受撫人衆，須痛改前非，革心安業，不許倚恃受撫名色，欺壓良民。倘或違犯，定行追論。國法森嚴，斷不再宥。

庚辰，命内外熱審於每年小滿後，三法司會審，見監人犯，笞罪釋放，徒流以下，減等發落，重囚可矜疑者奏請定奪。直隸各省歲一舉行，逃人三次處絞。

癸未，免三山煤税並裁造辦大炭主事一差，著爲令。

乙酉，追封太祖武皇帝伯額爾衮爲多羅郡王，謚慧哲。界堪爲多羅郡王，謚宣獻。弟雅爾哈齊爲多羅郡王，謚通達。

追封達爾漢巴圖魯貝勒舒爾哈齊視其子和碩鄭親王濟爾哈朗爵爲和碩親王，謚曰莊。

免湖廣武昌、漢陽、黄州、安陸、德安、荆州、岳州等府九年分旱災額賦。

庚寅，諭内三院：【略】朕遍察廷臣無如大學士洪承疇，著特陞太保兼太子太師、内翰林國史院大學士，兵部尚書兼都察院右副都御史，經畧湖廣、廣東、廣西、雲南、貴州等處地方，總督軍務，兼理糧餉，聽擇扼要處所駐劄，應巡歷者隨便巡歷。撫鎮以下聽其節制，兵馬糧餉聽其調發。一應撫勦事宜，不從中制，事後報聞。

壬辰，陞兵部左侍郎張秉貞爲刑部尚書。

甲午，免直隸霸州、保定、慶雲、東光等三十一州縣九年分水災額賦。

《小腆紀年》卷一八 〔是月〕，明封楊時清征定侯。

我大清兵攻海澄，明朱成功禦卻之。

《世祖實録》卷七六 六月乙未朔，追封塔察篇古爲多羅貝勒，謚恪恭。青巴圖魯貝勒穆爾哈齊爲多羅貝勒，謚勇壯。

丙申，洪承疇疏辭太保新銜，不允。

丁酉，内翰林弘文院大學士高爾儼引疾請假，温旨允之。

辛丑，裁山海道缺，歸併永平道轄理。

癸卯，復秋決朝審例。

乙巳，諭吏部：湖南、湖北疆境遼闊，軍務甚繁。著祖澤遠專督湖廣，其四川兵馬、錢糧，皆從陝西調發。壤地相連，著孟喬芳兼督四川，各換敕與之。廣東、廣西，應設總督一員，著速推堪任者具奏。

丙午，免浙江鄞、慈谿、奉化、定海、象山等縣八年分水災逋賦。

辛亥，禮部疏言：明末殉難忠臣大學士范景文、户部尚書倪元璐、左都御史李邦華、副都御史施邦耀、太常寺少卿吴麟徵、左庶子周鳳翔、檢討汪偉都、給事中吴甘來、御史王章、陳良謨、左中允劉理順、馬世奇、主事成德、金鉉、駙馬都尉鞏永固等十五員，應加旌恤。前太監王承恩死節，已經立碑賜地，春秋供祭。今景文等殉君盡節，亦應給謚賜祭，以慰忠魂。得旨：范景文等給謚賜祭，依議行。王承恩從君殉節可嘉，非可限以常例，雖已立碑旌表，賜地供祭，還與他謚。范景文等仍於各原籍照例賜地，春秋致祭。

户、兵、工三部遵諭改折各直省本色錢糧，歸於一條鞭法，總收分解，請永爲例。從之。

壬子，吏部議覆經畧大學士洪承疇保舉原任大學士李率泰堪任兩廣總督一疏。得旨：【略】特允所舉。

己未，復設江南、宣府、臨清、薊、密鼓鑄爐共三百四座。

庚申，以李率泰爲兵部尚書兼都察院右副都御史。

辛酉，諭内院：綸扉爲機密重地，事務殷繁，宜選賢能，以宏匡贊，每院應各設漢官大學士二員。著吏部詳察實行，確舉堪任者奏聞。爾内院即傳諭行。

《小腆紀年》卷一八 〔是月〕，明桂王復密敕趣西寧王李定國以兵入衛。

明封朱成功爲漳國公。

《世祖實録》卷七六 閏六月甲子朔，西納國師班著爾益錯奉貢請襲，賜名通慧浄覺國師，給之敕印。

丙寅，以吏部尚書成克鞏爲内翰林祕書院大學士，禮部左侍郎張端爲内翰林國史院大學士，吏部右侍郎劉正宗爲内翰林弘文院大學士。

乙亥，皇太后移居慈寧宫。

丙子，詔停止將材武舉，不准推用。

戊子，琉球國中山王世子尚質遣使表貢方物，兼繳故明敕印。

《世祖實録》卷七七 七月戊戌，和碩叔鄭親王傳集諸王、貝勒、貝子、内大臣、固山額真、内院大學士、六部、都察院堂官會議，以今年雨潦異常，奏請暫停宫殿工程，以錢糧賑濟軍民。上曰：王等所奏甚是。宫殿以及各項工程，俱令停止，以休養軍民。

丙午，諭内三院：朕奉聖母面諭：「【略】特發宮中節省銀八萬兩，賑濟滿漢兵民。」朕仰承慈旨，命爾等傳諭户、工二部，即將發去銀兩，查照被災輕重，酌量散給。

庚戌，皇第二子福全生。

乙卯，更定出征諸王及各官每月廩給。

户部會同九卿議奏疏通錢法。

辛酉，命多羅安郡王岳樂爲宣威大將軍，統領官兵，戍防歸化城。

《小腆紀年》卷一八 〔是月〕，明李定國復取化州、吴川、信宜、石城。

明李定國復取賀縣、樂平。

明李定國攻桂林，不克。

明趙文貴執道臣孫允乾以叛，降於我大清。

孫可望遣兵襲明李定國，不克。

《世祖實録》卷七七 八月壬午，以太宗皇帝第十四女和碩公主下嫁平西王吴三桂子應熊。

平南王尚可喜等奏報：官兵恢復化州及吴川縣。下所司知之。

甲申，更定武職品級。

丁亥，大學士馮銓、陳名夏、成克鞏、張端、劉正宗奏言：今日禮部諸臣，至内院恭傳上諭，察前代廢后事例具聞，臣等不勝悚懼。竊惟皇后母儀天下，關係甚重，前代如漢光武、宋仁宗、明宣宗皆稱賢主，俱以廢后一節終爲盛德之累。望皇上深思詳慮，慎重舉動，萬世瞻仰，將在今日。得旨：據奏，皇后母儀天下，關係至重，宜慎舉動。果如所言，皇后壼儀攸係，正位匪輕，故廢無能之人。爾等身爲大臣，反於無益處具奏沽名，甚屬不合，著嚴飭行。

己丑，諭禮部：朕惟自古帝王，必立后以資内助，然皆慎重遴選，使可母儀天下。今后乃睿王於朕幼沖時因親定婚，未經選擇，自册立之始，即與朕志意不協，宫闈參商，已歷三載，事上御下，淑善難期，不足仰承宗廟之重。謹於八月二十五日，奏聞皇太后，降爲静妃，改居側宫。

《世祖實録》卷七八 九月癸巳朔，遣官祭紅衣礮之神。

丁酉，叔和碩鄭親王濟爾哈朗等會議廢后事，奏言：所奉聖旨甚明，臣等亦以爲是，無庸更議。得旨：廢后之事，朕非樂爲，但容忍已久，實難終已，故有此舉。諸王大臣及會議各官，既共以爲是，著遵前旨行。

丙辰，靖南王耿繼茂、靖南將軍昂邦章京喀喀木克復潮州。捷聞，下部議敘。

丁巳，逆渠孫守金、僞宜川王朱敬鑼，蟠踞紫陽地方，糾連川湖諸孽，負固十年，總督孟喬芳遣總兵官趙光瑞等討平之。捷聞，下部議敘。

《小腆紀年》卷一八 〔是月〕，我大清兵克潮州，郝尚久伏誅，明朱成功遣兵救之不及。

《世祖實録》卷七八 冬十月癸亥，命浙江提督田雄移駐定海。

乙丑，户部奏請圈撥民間房地給移住永寧四海堡及關外看守山梨之壯丁。得旨：地准撥給，房令自造，不必圈占。其民地被圈者，該管官即照數撥補，勿令失業。以後仍遵前旨，永不許圈占民間房地。

丙寅，遣固山額真濟席哈等率官兵往剿山東土寇。

丙子，遣内大臣巴圖魯公鰲拜等至和碩敬謹親王第，報王訃，輟朝三日。

丁丑，遣内大臣達爾漢諾顔、俄齊爾及侍衛齎酪酒往迎和碩敬謹親王之喪。

己卯，河南巡撫吴景道疏報：開封等府共墾荒田一萬二千二百五十頃有奇。

庚辰，定遠大將軍和碩敬謹親王尼堪靈櫬自湖南回京，命和碩親王以下、二品官以上，出郭十里迎。既至，上欲親臨其喪，諸王大臣以彼地出痘，力諫，乃止。

命三法司凡審擬死罪議同者，合具看語，不同者各具看語，奏聞。永著爲例。

乙酉，命設粥廠，賑濟京師飢民。

免直隸通、密、永平、易州、井陘、昌平、霸州所屬州縣衛所本年分水災額賦。

丙戌，先是，叛民朱由極自稱爲故明泰昌帝第三子，逆黨楊得先等推以爲主，【略】至是爲宛平縣民甯忠弼等所首。【略】磔其爲首者七人，斬其附從者二十二人。

戊子，上以章奏繁多，若竟送内院，又恐易滋弊竇，【略】於太和門内擇一便室，【略】欽定大學士、學士名次爲二直，更番在内辦事。

遣禮部右侍郎高珩諭祭明末殉難諸臣范景文等十六人，各予謚。

《世祖實録》卷七九 十一月丙申，設遼陽府，附郭遼陽縣，改海州爲海城縣。

丁酉，户部奏言：皇太后頒發賑濟銀兩，除給散八旗被災兵丁，以及閒散人等外，餘銀二萬兩，請即分賑京城窮困漢兵民。報可。

戊戌，三法司議覆經畧洪承疇參奏，拜他喇布勒哈番張任先，隨營犯令，酗酒淫掠，請以軍法從事。張任先應即於軍前正法。從之。

敕諭靖海將軍海澄公鄭成功。

丁未，鑄給八旗滿洲、蒙古、漢軍固山額真虎鈕銀印。

辛亥，户部議覆科臣季開生請立限報災疏，言夏災限六月終，秋災限九月終，先將被災情形馳奏，隨於一月之内，查核輕重分數，題請蠲豁。其逾限一月内者，巡撫及道府州縣各罰俸，逾限一月外者，各降一級，如遲緩已甚者，革職。永著爲例。報可。

丙辰，户部奏言：江南各府屬旱災，除有漕糧州縣已經改折，其無漕糧州縣衛所，被災八分以上者，免十分之三；七分以下者，免十之二；四分，免十之一。從之。

戊午，工部議覆御史高爾位疏，言籍没官屋，每城撥八間增置棲流所，以處飢民。報可。

浙閩總督劉清泰、江西巡撫蔡士英、浙江巡撫蕭起元，各疏報：江浙會勦將領陳陞等，自均潭進攻九仙山賊寨，逆首楊文中礮死，賊弟楊富、賊將劉理順等勢窮乞降，餘黨悉平。下所司敘恤。

己未，户部議：江西省五十四州縣旱災，應照江南例，酌免無漕糧州縣錢糧。從之。

《小腆紀年》卷一八　十二月癸亥(朔)，明魯定西侯張名振與我大清兵戰於崇明之平陽沙。

《世祖實録》卷七九　丁卯，以吏部右侍郎兼内翰林祕書院學士吕宫爲内翰林弘文院大學士。

甲戌，免浙江金華府屬八縣九年分旱災額賦有差。

癸未，命和碩敬謹親王尼堪子尼思哈襲爵。

設兵部督捕滿漢侍郎各一員，增司官各六員。另設公署，專理緝逃捕寇事務。

以鑲紅旗滿洲阿達哈哈番鄂拜爲本旗蒙古梅勒章京，阿達哈哈番羅畢爲議政大臣。

甲申，免河南開封、彰德、衛輝、懷慶、汝寧府屬州縣九、十兩年分水災額賦。

丁亥，上自南苑還宫。

《小腆紀年》卷一八　〔是月〕，我大清兵復取郴州，明巡撫朱俊臣死之。

明桂王親行考選。

順治一一年(甲午、一六五四)

《世祖實録》卷八〇　春正月壬辰朔，總督陝西太子太保、兵部尚書兼都察院右副都御史孟喬芳卒。

《小腆紀年》卷一八　明桂王在安龍府，改雲南府爲雲興府，辰州爲沅興府，沅州爲黔興府。

《世祖實録》卷八〇　癸卯，諭禮部：嗣後每年元宵令節十四、十五、十六三日，不賽神，不還願，著爲例。

甲辰，以正黄旗漢軍祖澤潤爲本旗固山額真。

戊申，免江寧、安、徽、蕪、松、常、鎮、廬、鳳、淮、徐、滁等屬五十州縣，江寧等二十六衛所十年分旱澇租賦。

己酉，陞刑部啓心郎吴達禮爲兵部督捕左侍郎。

擢江南督糧道參議袁廓宇爲都察院右僉都御史，巡撫偏沅提督軍務。江西饒南九江道參議胡全才爲都察院右僉都御史，撫治鄖陽提督軍務。

甲寅，以固山額真金礪爲兵部尚書兼都察院右都御史，總督陝西三邊四川軍務。

陞大理寺少卿郝傑爲大理寺卿。

丁巳，免直隸順德、廣平、大名三府屬，天津、薊州二道屬州縣衛所十年分水災額賦。

定倉糧考成則例。

〔辛酉〕，定外藩王、貝勒、貝子、公等元旦來朝賞例。

《小腆紀年》卷一八　〔是月〕，明以劉文秀爲大招討都督諸軍東伐。

明魯定西侯張名振復以朱成功之師入長江，望祭孝陵。

明朱成功遣兵攻崇明，敗績，仁武伯平原將軍姚志倬、定南伯徐仁爵死之。

明前監國魯王移居南澳。

我大清兵克廣信之九仙山寨，明進士徐敬時等死之。

《世祖實録》卷八一　二月甲子，授和碩額駙吴應熊爲三等精奇尼哈番。

《東華録》卷七　耿繼茂移駐桂林。

《世祖實録》卷八一　庚午，甄别各直省督撫。加江南總督馬國柱太子太保；直隸總督馬光輝、湖廣總督祖澤遠俱太子少保；漕運總督沈文奎、操江巡撫李日芃、四川巡撫李國英俱兵部尚書。

以鑲白旗漢軍梅勒章京楊麒祥爲本旗固山額真。

戊寅，免江西缺丁銀四萬七千二百八十九兩有奇。

壬午，命固山額真楊麒祥駐防杭州。

甲申，諭户部等衙門：【略】户部等衙門凡有錢糧職掌者，即將現今貯庫銀兩實在數目，作速查明奏聞。

戊子，工部題報：寶源局十年分鼓鑄餘銀三萬二千六百兩有奇。

己丑，免河南祥符等州縣衛所十年分水災額賦。

庚寅，陞兵部右侍郎李蔭祖爲兵部尚書，兼都察院右副都御史，總督直隸、山東、河南等處軍務。

《小腆紀年》卷一八　〔是月〕，明開科取士。

明李定國取高州，降將張月叛我大清，復歸於明。

我大清遣使册封明朱成功爲海澄公，成功不受。

《東華録》卷七　三月〔辛卯朔〕，大學士甯完我劾大學士陳名夏結黨懷奸，情事叵測。

《世祖實録》卷八二　戊戌，免湖廣襄陽、黄州、常德、岳州、永州、荆州、德安七府屬州縣及辰、常、襄三衛，江南揚州、鳳陽、廬州、淮安等府，滁、徐二州所屬州縣十年分水旱災傷額賦。

免山東濟南、東昌府屬四十九州縣十年分水災額賦。

《東華録》卷七　〔辛丑〕，吏部等衙門會鞫俱實，着處〔陳名夏〕絞。

《世祖實録》卷八二　乙巳，命詹事、翰林等官陞補，俱歸吏部。

以兵部尚書王永吉爲都察院左都御史。

丙午，諭吏部：政務殷繁，内院需人，著將漢軍内外官員有才學品行者，作速選舉數員具奏。

戊申，聖祖仁皇帝生，上之第三子也。母曰佟氏。

以内翰林國史院學士蔣赫德爲國史院大學士。

《小腆紀年》卷一八　〔是月〕，孫可望殺明大學士吴貞毓等十八人。

《世祖實録》卷八三　〔四月〕癸亥，禮部議覆遼陽知府張尚賢奏，言遼陽應設儒學，令遼生寄籍永平者撥歸遼學肄業。從之。

甲子，諭禮部：【略】其皇后及王、貝勒福金，貝子、公夫人，隨侍命婦，俱著停止。其隨侍王、貝勒、貝子、公等母之命婦，各該王、貝勒列名具奏，候旨入侍，大朝日期大臣命婦照例上朝。

丙寅，户部奏言：《賦役全書》，關乎一代之制度，各省之利弊。【略】請敕臣部右侍郎將舊貯全書作速訂正，督率各司官，照所管省分，創造新書，【略】書成，進呈御覽，刊發内外衙門，頒行天下。凡徵收完納、解運支銷、考成蠲免諸法，悉據此書，用垂永久。報可。

己巳，〔陳名夏子〕著免死，決杖，遣戍盛京。

癸酉，免陝西洛南縣十年分水災額賦三分之一。

己卯，上幸南苑，鑾輿所過，郊外一路農民，耕耘不輟，上覽之大悦。【略】命内大臣巴哈、大學士額色黑、精奇尼哈番賴塔庫、學士白色純等以銀八十兩分賞農民一百八十餘人。

癸未，命内翰林弘文院編修李昌垣、兵科左給事中劉楗爲福建鄉試主考官。户部主事李宗孔、工部主事蔡瓊枝爲四川鄉試主考官。兵部郎中張夙抱、大理寺右評事顧贇爲廣東鄉試主考官。

乙酉，免湖廣保康、竹山、竹谿、房縣十年分寇荒額賦。

丁亥，定給諸王、世子、貝勒、貝子、公、侯、伯及内外大臣造墳立碑建亭銀兩則例。

以都察院左都御史王永吉爲内祕書院大學士。

擢大理寺寺丞秦世禎爲都察院右僉都御史，巡撫浙江，提督軍務。

戊子，江南海寇僞將徐可進、朱元等乞降。

《小腆紀年》卷一八　〔是月〕，明李定國復取羅定、新興、石城、電白、陽江、陽春等縣。

《世祖實録》卷八三　五月壬辰，上還宫。

山東觀城、館陶、范邱、武城、長清等三十州縣水。

甲午，端陽節。上召内大臣大學士等乘龍舸遊西苑。【略】上與諸臣歡宴，

至暮還宫。

甲辰，免陝西平涼衛十年分雹災額賦。

丙午，上以原任户部尚書党崇雅，清端老練，素所眷倚，召爲内翰林國史院大學士。

陞户部左侍郎龔鼎孳爲都察院左都御史。

丁未，遣刑部郎中劉玉佩往直隸，劉世傑往江南，蕭家芝往浙江，吴顥往四川，王度往湖廣，笪重光往陝西，霍炳往河南，劉芳聲往廣東，孫允裕往山西，楊兆魯往山東，大理寺左寺正桑芸往福建，右寺正甯承勳往江西恤刑。

庚戌，免陝西興安、漢陰、平利等州縣十年分水災額賦。

癸丑，内大臣伯索尼會同禮部定議皇后、妃嬪、和碩親王福金、固倫公主以下，輔國公夫人以上，頂珠服飾等制。

丙辰，以固山額真楊麒祥爲平南將軍，駐劄杭州，鎮守東南地方。

《東華録》卷七　〔丁巳〕，原任四川巡按郝浴飾詞冒功，免死流盛京。

《小腆紀年》卷一八　〔是月〕，明朱成功誅其督餉官黄愷。

《世祖實録》卷八四　六月己未朔，河決大王廟。

丙寅，陝西西安、延安、平涼、慶陽、鞏昌、漢中府屬地震，傾倒城垣樓堞、堤壩廬舍，壓死兵民三萬一千餘人及牛馬牲畜無算。

丁卯，諭宗人府：【略】前准宗人府、禮部所請，設立宗學，令宗室子弟讀書其内，因派員教習滿書，其願習漢書者，各聽其便。今思既習滿書，即可將繙譯各樣漢書觀玩。著永停其習漢字諸書，專習滿書。爾衙門傳示。

以固山額真朱瑪喇爲靖南將軍，同護軍統領敦拜，統官屬兵丁援勦廣東。

辛未，命内翰林弘文院編修熊伯龍、工科左給事中許作梅爲浙江鄉試主考官。内翰林祕書院侍講卓彝、吏科右給事中郭一鶚爲江西鄉試主考官。内翰林弘文院編修徐致覺、禮科左給事中趙進美爲湖廣鄉試主考官。

甲戌，册立科爾沁國鎮國公綽爾濟女博爾濟錦氏爲皇后。

丁丑，湖廣安陸、荆州府屬鍾祥、京山、天門、潛江、荆門、江陵等州縣大水。

戊寅，宣大總督馬鳴佩奏報：宣大等處，順治十年分共開墾荒地一千一百九十頃有奇。

己卯，加上昭聖慈壽恭簡皇太后徽號曰「昭聖慈壽恭簡安懿皇太后」。

庚辰，和碩鄭親王濟爾哈朗等遵旨會議：太師、太傅、太保、少師、少傅、少保及東宫三太、三少之職，歷代皆用，今我朝文武大臣，亦應照成例加銜。從之。

癸未，和碩鄭親王濟爾哈朗等議奏：同安侯鄭芝龍，以次子鄭世忠與成功誼切手足，【略】應從所請，令鄭世忠與使臣偕往可也。從之。

丁亥，命左春坊左贊善兼内翰林弘文院檢討姜元衡、内翰林弘文院編修馬葉曾爲江南鄉試主考官。

《世祖實録》卷八五　秋七月戊子朔，【略】封琉球國中山王世子尚質爲中山王。

《小腆紀年》卷一八　〔是月〕明李定國遣兵攻梧州，不克。

己丑，諭海澄公靖海將軍鄭成功。

壬辰，免陝西秦州朝邑、安定二縣本年分水災額賦。

丙申，命刑科給事中林雲京、禮部員外郎王天鑒爲山東鄉試主考官。光禄寺少卿程正揆、刑部員外郎黄自起爲山西鄉試主考官。吏部員外郎孫宗彝、禮部主事張苗爲河南鄉試主考官。

戊申，免陝西鎮原、廣寧本年分雹災額賦。

丙辰，陞吏部右侍郎屯泰爲兵部尚書，兼都察院右副都御史，總督浙閩等處軍務。

八月戊午朔，免陝西延安府荒地亡丁額賦。

辛酉，免陝西真寧縣十年分雹災額賦。

癸亥，命内翰林弘文院學士白色純、禮部右侍郎渥赫、内翰林國史院編修范周、吴正治爲順天鄉試主考官。

甲戌，陞太僕寺少卿張中元爲都察院右僉都御史，巡撫江寧等處，提督軍務。

諸王及滿洲漢軍部院大臣奏言：從前隱匿逃人之律，將窩主正法，後特減等充軍，後又將窩主併家口俱給本主爲奴，今復免其爲奴，仍充軍。方窩主正法家口爲奴之時，雖有逃人，尚多緝獲，自定充軍之例，一年間逃人幾及三萬，緝獲者不及十分之一。惟其立法從輕，故致窩逃愈衆，仰請再行酌定。得旨：著同漢九卿、詹事、科道會議具奏。

己卯，刑部議覆吏科都給事中魏象樞奏，各省按察使司守巡各道，應將一切刑名大案，已結未結，照布政司奏報錢糧例，歲終造册進覽，以便清釐，以免拖累。從之。

庚辰，以内翰林國史院學士傅以漸爲内翰林祕書院大學士。

壬午，故明樂安王朱議淛及僧人文秀、道士張應和等，謀逆事覺，伏誅。

甲申，諸王大臣議覆隱匿逃人例，奏入，得旨：王等議隱匿逃人之家給與逃主爲奴，【略】宜詳慎定議。其地方兩隣解子流徙之例，因一罪犯牽連衆人，蕩家廢産，遠徙他方，朕心不忍。且所議大小官員等罪，亦屬太過。著一併另議具奏。

《小腆紀年》卷一八 〔是月〕，我大清復遣使招明朱成功。

《世祖實録》卷八六 九月己丑，上幸内院，召諸王及九卿科道等漢官，賜茶畢，因語及巡撫宜永貴疏。

免陝西西安、平涼、鳳翔等府屬十年分雹災額賦。

壬辰，初，和碩鄭親王濟爾哈朗等議窩逃罪，即以窩逃之人給與窩主爲奴。上以立法太重，恐姦徒借端陷害無辜，命改議。會南贛巡撫宜永貴疏言，邇來滿洲家人逃者甚多，獲者甚少，乞仍照初定例。章下王等並議。至是王等議，隱匿逃人者正法，家産入官，【略】從之。

癸巳，免宣府萬全右衛所屬煖店堡、梁家、渠家、吴家、沙家等莊，岔兒窑、西紅廟本年分雹災額賦。

〔十月〕辛未，大學士甯完我進故明《洪武大誥》三册，命内院諸臣繙譯進覽。

免江南廬、鳳、淮、揚四府，徐、滁、和三州本年分水旱災傷額賦。

癸酉，經畧大學士洪承疇以廣西撫臣陳維新夙疾危篤，請令解任回旗。得旨：廣西要地，一日不可乏人，著速推堪任之員具奏。

丁丑，諭刑部：【略】人命至重，恐違上天好生之心。自今以後，三法司照常核擬進奏復批，議政王、貝勒、大臣詳確擬議，以憑定奪施行。爾部即行傳知。

己卯，諭禮部：内府事務殷繁，【略】著仍舊設立〔尚方司〕，共爲十四衙門。爾部即行通知。

命建定南武壯王孔有德祠，以二妃陪祀，俱設神主，春秋致祭。

復定奉差官員驛遞供應則例。

壬午，户部奏言：「畿輔水災，請煮粥拯恤，以廣皇仁。」報可。

免湖廣祁陽、東安、零陵、邵陽、酃縣、桂東、桂陽等縣荒殘地方十一年以前舊逋額賦。

《世祖實録》卷八七 十一月丁亥朔，以固山額真陳泰爲吏部尚書，梅勒章京胡沙爲工部侍郎。

以正藍旗滿洲護軍統領阿爾津爲本旗固山額真，鑲藍旗滿洲閒散章京覺羅瓦爾瑪爲本旗梅勒章京。

平南王尚可喜遣子之信入侍。

壬寅，上以地震屢聞，水旱疊告，憫念民生，省躬自責，特命嗣後章奏文移，無得稱聖，降詔大赦天下。

癸卯，上幸南苑。

甲辰，靖南王耿繼茂遣子精忠、昭忠入侍。

議政王、貝勒、大臣會議：鄭成功屢經寬宥，遣官招撫，並無薙髮投誠之意。且寄伊父芝龍家書，語詞悖妄，肆無忌憚，不降之心已決，請敕該督撫鎮，整頓軍營，固守汛界，勿令逆衆登岸，騷擾生民。遇有乘間上岸者，即時發兵撲勦。從之。

壬子，上遣學士石圖等傳諭學習清書庶吉士。

丙辰，户部奏言：人丁地土，財賦根本。【略】今議自順治十二年爲始，各省責成於布政使司，直隸責成於各道，凡故絶者開除，壯丁脱漏及幼丁長成者增補，其新舊流民，俱編入册，年久者與土著一體當差，新來者五年當差。至於各直省地土，凡辦納錢糧者，爲民地；不納錢糧者，不分有主無主，俱爲官地。各邊鎮俱應照例分别。其荒田曠土，招民開墾，一如興屯之法。畿内滿漢錯雜之處，難以清查，如有隱地漏糧，許人告發。從之。

《小腆紀年》卷一八 〔是月〕，明改都康、萬承、安平、龍安諸州爲府。

明朱成功遣兵援李定國於廣東。

《世祖實録》卷八七 十二月戊午，發帑銀十一萬八千八百八十兩，分恤湖南衡州岔路口陣亡及被傷將士。

辛酉，先是，廣西巡撫王一品告病回旗，病愈，復推補廣西。一品以遠缺圖規避，賄囑吏科給事中陳嘉猷代題，未果上，事覺，交部。至是部議，王一品應絞，陳嘉猷應流徙寧古塔。從之。

和碩承澤親王碩塞薨，年二十七。

戊辰，免湖廣鍾祥、京山、天門、潛江、荆門、江陵等州縣本年分水災額賦。

己巳，免河南祥符、磁州、鄭州、河内等三十六州縣本年分水災額賦。

换給湖廣水盡司土官唐鎮邦世襲印信。

《東華録》卷七　［壬申］，命世子濟度爲定遠大將軍，征勦鄭成功。

《世祖實録》卷八七　宣大總督馬鳴佩疏報：宣雲兩鎮，本年開過屯地二千六百九十餘頃，收糧一萬六千九百餘石。

《東華録》卷七　尚可喜等奏與靖南將軍朱瑪喇合兵，屢敗賊兵，李定國遁走，新會圍解。

［丁丑］，命都統明安達禮統兵征羅刹於黑龍江。

命固山額真明安達理統率官屬兵丁，往征羅刹於黑龍江。

《世祖實録》卷八七　以平南王尚可喜、靖南王耿繼茂賑恤粤東飢民，錫以銀幣，仍降敕奬諭。

免陝西西安五衛荒亡屯地課糧共二千一百七十九頃有奇。

經略大學士洪承疇奏報：湖南衡州、長沙、常德三府，火災異常，延燒兵民房屋一萬六千餘間。上命督率文武各官切加修省，以弭天變。

辛巳，漕運總督沈文奎疏報：招墾江北荒屯地九千九百餘頃，徵銀二萬一千有奇。

《小腆紀年》卷一八　［是月］，明李定國攻肇慶，不克。

明朱成功取漳州，以劉國軒爲護衛後鎮。

順治一二年（乙未、一六五五）

《小腆紀年》卷一八　春正月丙戌朔，明桂王在安龍府。

《東華録》卷七　［戊子，李率泰奏報］：廣西斬土賊僞總兵廖篤增於玉版泉。

《世祖實録》卷八八　庚寅，免山東齊東、濟陽、禹城、長青、肥城、臨邑、齊河、陽信、海豐、商河、霑化、東平、平陰、陽穀、壽張、定陶、曹州、館陶十八州縣十一年分水災額賦。

甲午，諭議政王、貝勒、大臣、九卿曰：去歲欲修造乾清宫，【略】現在應否修造，著會議具奏。尋議：今年應即行修造。【略】奏入，從之。

乙未，免直隸八府及河南安陽、湯陰、涉、汲、新鄉、輝、獲嘉、胙城、淇、河内、修武、武陟、温十三縣，衛輝一所，懷慶一衛十一年分水災額賦。

壬寅，命考選軍政照文官例，卓異者賜服旌勸。

癸卯，陞湖廣驛傳道副使于時躍爲都察院右僉都御史，巡撫廣西，提督軍務。

庚戌，御製《勸善要言》成，親爲序。

禮部奏言：「向封和碩格格、多羅格格、多羅貝勒福金，俱給誥命，今應改給紙册。」從之。

《東華録》卷七　給事中李裀言：逃人一事立法過重，株連太多。【略】旨令會議。

《世祖實録》卷八八　辛亥，諭大學士額色黑等：【略】兹欲將歷代經史所載，凡忠臣義士、孝子順孫、賢臣廉史、貞婦烈女，及姦貪鄙詐、愚不肖等，分别門類，勒成一書，以彰法戒，名之曰《順治大訓》，即於新春開館。特命額色黑、金之俊、吕宫爲總裁官，能圖、張懸錫、李霨爲副總裁官，王無咎、沙澄、方拱乾、黄機、吴偉業、王熙、方懸成、曹本榮、姜元衡、張士甄、范廷元、李儀古、宋之繩、白乃貞，又滿官四員爲纂修官；滿官四員，爲謄録官；典籍二員，爲收掌官。卿等受兹委任，須協力同心，殫思博採，務令臣民皆可誦習，觀感興起，無負朕惓惓化導之意。

乙卯，萬壽節。上軫念歲歉民飢，停止行慶賀禮。

《小腆紀年》卷一八　［是月］，明朱成功取仙遊。

明朱成功自置官屬，改中左所爲思明州。

《世祖實録》卷八九　二月丙辰朔，命大學士額色黑、金之俊、侍郎恩格德、學士胡兆龍，充會試主考官。

戊午，轉工部尚書劉昌爲刑部尚書，陞刑部左侍郎李際期爲工部尚書。

己未，命大學士車克、學士麻勒吉，傳諭主考官胡兆龍曰：會試大典，關係人才。以爾乃親近儒臣，特遣主試，爾當克殫敬慎，以稱委任至意，不得少有怱畧，致負朕懷。

庚申，諭吏部：大學士馮銓、成克鞏、吕宫，【略】著各復原品，以後須益殫公忠，以圖報効，無負朕赦過任用至意。

宗人府府丞原毓宗條奏，請復御史巡方。命和碩鄭親王濟爾哈朗等會議。尋議：應令吏部、都察院會同考選各部院理事官，郎中以下才品兼優者，巡歷直省，回京之日，聽都察院考核，稱職者陞用，溺職者重懲。報可。

癸亥，免直隸成安、東明、長垣、懷柔、大城、文安等縣十一年分水災額賦。

己巳，免陝西平涼、漢陰二縣十一年分雹災額賦。

庚午，復差御史巡理鹽政。

丙子，封皇弟博穆博果爾爲和碩襄親王。

免山東濱州、寧陽二十一州縣十一年分水災額賦。

己卯，免江南滁、和二州來安、全椒、含山等縣十一年分水旱災荒額賦。

《東華録》卷七　〔癸未〕，耿繼茂、尚可喜奏：官兵敗李定國於興業縣及横州。

《世祖實録》卷八九　乙酉，遣山東道御史王秉乾巡視長蘆鹽政，河南道御史姜圖南巡視兩淮鹽政，河南道御史祖建明巡視兩浙鹽政，浙江道御史朱紱巡視河東鹽政。

《小腆紀年》卷一八　〔是月〕，明李定國自高州退入南寧。

明劉文秀駐兵川南。

《世祖實録》卷九〇　三月丁亥，大學士党崇雅將回籍，謁上於南苑，上賜衣帽韡襪。

戊子，陞刑部左侍郎戴明説爲户部尚書。

免湖廣石門縣十一年分蝗蝻額賦。

《東華録》卷七　侍郎趙開心以飢民流離可憫，請暫寬逃人之禁。得旨：「趙開心沽譽市恩，著降五級調用。」

《世祖實録》卷九〇　庚寅，裁在外文武各官修署、鋪墊、執事等項銀兩十分之八，著爲例。

甲午，諭吏部：【略】即如逃人一事，屢經詳議，立法不得不嚴。昨頒諭旨，備極明切。【略】兹再行申飭，自此諭頒發之日爲始，凡章奏中再有干涉逃人者，定置重罪，決不輕恕。爾部即傳諭通知。

庚子，策試會試中式滿洲、蒙古貢士查親等五十人。

以鑲紅旗宗室巴思漢爲滿洲固山額真。

調福建巡撫佟國器爲南贛巡撫，南贛巡撫宜永貴爲福建巡撫。

福建巡撫佟國器獲同安侯鄭芝龍與其弟鴻逵、子成功交通私書，羈其使，具疏封進。下兵部密議。

壬寅，免湖廣鄖陽、襄陽府屬州縣衛所十一年分寇災額賦。

甲辰，賜殿試滿洲、蒙古貢士圖爾宸等五十人，漢軍及漢貢士史大成等四百四十九人進士及第、出身有差。

丁未，和碩鄭親王濟爾哈朗等議奏：續順公沈永忠，【略】應免死，削爵爲民。其公爵准與伊弟兄承襲。從之。

《東華録》卷七　〔己酉〕，一等子許爾安言：「睿王罪固難辭，而功亦不可泯也。乞篤親親之誼，隆敬大臣之典。」云云。命密議。議政王貝勒大臣等議：「彭長庚欺誑妄言，大干國紀，許爾安與長庚無異，均應斬立決。」得旨：「皆流徙寧古塔。」

庚戌，山西巡撫陳應泰疏報：所屬州縣衛所十一年開墾民屯荒地，共四百八十三頃有奇。下户部。

《世祖實録》卷九一　夏四月丁巳，停選漢軍庶吉士。

己未，先是，詔滿、漢三品以上堂官各保舉堪爲知府者一人，至是，以滿官未經外任，不知其實，不令保舉。

乙丑，大學士額色黑等請將纂輯《明史》内有人品行事可備法戒者，採入《大訓》，以成訓世巨典。從之。

免河南沈邱縣、懷慶衛十一年分災傷田租。

戊辰，除問刑衙門紙贖銀兩。

丁丑，封和碩親王尼思哈爲和碩敬謹親王，親王齊克新爲和碩端重親王。

癸未，諭内三院：【略】《實録》業已告成，朕欲倣《貞觀政要》、《洪武寶訓》等書，分别義類，詳加採輯，彙成一編，朕得朝夕儀型，子孫臣民，咸恪遵無斁，稱爲《太祖聖訓》、《太宗聖訓》，即於五月開館。特命輔臣馮銓、車克、成克鞏、劉正宗、傅以漸爲總裁官。

五月乙酉，諭吏部：【略】濟席哈著專管固山額真事，太子太保、弘文院大學士圖海，著以本銜爲刑部尚書。

戊子，免陝西延平、慶、鞏漢等府屬州縣地震壓死兵民本年分丁徭額賦。

辛卯，和碩鄭親王濟爾哈朗薨，年五十七。

壬辰，諭禮部：和碩鄭親王薨，應行典禮，比他王不同。各部院七日勿奏事。

甲午，禮部奏言：營造和碩鄭親王寢園，照例應給銀五千兩。得旨：著再加銀五千兩。

《東華録》卷七　〔丁酉〕，命都統石廷柱爲鎮海將軍，駐防京口。

《世祖實録》卷九一　戊戌，陞鑲黄旗滿洲梅勒章京胡沙爲蒙古固山額真。

庚子，以少保、户部尚書覺羅巴哈納爲少傅兼太子太傅，内翰林弘文院大學士。

辛丑，固山貝子吴達海薨，謚襄敏。

乙巳，調禮部尚書覺羅郎球爲户部尚書，以阿思哈尼哈番品級布丹爲工部侍郎。

丙午，調工部尚書李際期爲兵部尚書。

丁未，陞禮部左侍郎恩格德爲本部尚書。

禮部奏言：在外蒙古諸王以下病故者，既蒙上賜羊酒紙張，亦應照在内諸王以下恤典，遣官致祭，以示一視同仁之意。從之。

己酉，陞吏部左侍郎衛周祚爲工部尚書。

庚戌，宴纂修太祖、太宗《聖訓》總裁、副總裁、纂修等官於禮部。

《小腆紀年》卷一八　〔是月〕，明劉文秀攻常德，敗績。

明魯定西侯張名振以朱成功之師復取舟山。

《世祖實録》卷九二　六月甲寅朔，免浙江杭州、寧波、金華、衢州、台州五府錢塘等二十一縣及海門衛十一年分旱災額賦。

乙卯，和碩顯親王姊賜和碩格格號，下嫁耿精忠。固山貝子蘇布圖女賜固山格格號，下嫁耿昭忠。

定賜恤外藩蒙古例。

丁巳，諭禮、工二部：【略】今名紫禁城後山爲景山，西華門外臺爲瀛臺。

戊戌，故明宗姓朱以槩謀叛，伏誅。

癸亥，户部議覆總督倉場王永吉疏，言運官領運之後，將漕米盜賣、侵蝕，發追不完，欠一分者革職；二分者杖一百，徒一年；三分者杖一百，徒三年；四分者發附近衛所充軍；五分者發邊遠衛所充軍；六分者絞；七分者斬，俱監候；八、九、十分者立決，籍其家産人口。從之。

戊辰，免房山縣十年分水災灘地額賦。

《東華録》卷七　寧南靖寇大將軍陳泰疏報：「僞將軍盧明臣、僞興國侯馮雙禮攻岳州、武昌，僞安南王劉文秀攻常德。護軍統領蘇克薩哈伏兵邀擊，賊大敗，明臣赴水死，雙禮被重創，文秀遁走貴州。」

〔壬申〕，嚴禁沿海省分，無許片帆入海，違者置重典。

己卯，宗人府題奏：和碩承澤親王碩塞子博果鐸，請襲封和碩承澤親王。得旨：博果鐸著封和碩莊親王。

辛巳，命工部立内十三衙門鐵牌。

《東華録》卷七　七月〔乙酉〕，給事中季開生言：「家人自通州來云：有使者封船奉旨往揚州買女子。」

《世祖實録》卷九二　更定直省文武官相見禮。

辛卯，上御太和殿，召見巡方各御史。

定滿洲官員考滿加銜例。

《東華録》卷七　〔庚子〕，部議：「季開生不知乾清宫需用器皿，差人採辦，妄聽訛言，瀆奏沽名，流徙尚陽堡。」

《世祖實録》卷九二　丁未，停秋決，以各直省恤刑官審録未竣也。

《世祖實録》卷九三　八月丙辰，免山西靈邱縣府天等村本年分雹災額賦有差。

壬戌，加操江巡撫兵部尚書李日芃太子太保，以纂造《賦役全書》先成故也。

《東華録》卷七　〔癸亥〕，以都統阿爾津爲寧南靖寇大將軍，同都統卓羅統大軍駐防荆州，都統祖澤潤分防長沙，以孫可望騷擾湖南也。

《世祖實録》卷九三　乙丑，以多羅安郡王岳樂爲宗人府左宗正，多羅貝勒杜蘭爲宗人府右宗正。

庚午，左都御史龔鼎孳等奏言：【略】嗣後每遇恤刑，内外暫行停決，以彰一視之仁。得旨：照所請行，著爲令。

辛未，欽天監監正湯若望考九年滿，加通政使司通政使銜，賜二品頂帶，仍管欽天監事。

癸酉，免山東曹州、城武、陽信、東阿、平陰、范、霑化等縣及臨清衛齊河屯十一年分水災額賦。

九月癸未，免鳳陽府屬州縣本年分水災額賦有差。

癸巳，諭吏部：【略】復念侍郎等官及科道官，皆朕素所信任，必親加裁定，酌用内外，庶盡隨材器使之心。爾部即傳諭行。

庚子，以和碩顯親王姊和碩格格，下嫁靖南王耿繼茂子精忠。

壬寅，諭兵部：【略】今科武舉，中式二百二十名，應照文進士，一體殿試，朕親行閱視。先試馬步箭，次試策文，永著爲例。其應行事宜併考試日期，爾部速

議具奏。

《東華録》卷七　朱瑪喇等班師還京。

《世祖實録》卷九三　丙午，頒賜異姓公以下、文官三品以上御製《資政要覽》、《範行恒言》、《勸善要言》、《儆心録》各一部。

戊申，免陝西鞏昌府兩當、寧遠二縣本年分雹災額賦。

庚戌，上自南苑回宮。

《世祖實録》卷九四　冬十月辛亥朔，上親試會試中式武舉騎射於景山。設尚寶司衙門。

壬子，免山西陽和府陽高衛等處并蔚州所屬本年分蝗災額賦。定殿試武舉儀注。

癸丑，上親試會試中式武舉步射於景山。

乙卯，上御太和殿策試會試中式武舉。

丙辰，設山東萊州鼓鑄爐座。

丁巳，吏部奏言：內外官員有加一級及從優陞轉者，【略】今議：於各官應陞職銜之上，俱實加一級陞用，至其俸次先後，仍照常敘論。著爲定例。從之。

戊午，賜殿試中式武舉于國柱等進士及第、出身有差。定給無世職官員祭品。

己未，免陝西甘州、肅州、涼州、西寧本年分雹災額賦。

庚申，喀爾喀部落土謝圖汗丹津喇嘛、車臣汗墨爾根諾顏等，以和好約誓奏聞。

辛酉，詔每年六月內審定立決重犯，俟七月具題正法。永著爲例。

癸亥，免河南獲嘉、新鄉、輝、安陽、湯陰、磁州、武安、涉等州縣本年分旱災額賦。

甲子，免直隸隆平縣十一年以前荒地逋賦，及山東陵、淄川、青城、齊東、鄒平、博興、臨邑、高苑等縣本年分蝗災額賦。

辛未，以鑲紅旗漢軍户部侍郎祝世允爲本旗固山額真。

《東華録》卷七　〔庚辰〕，兵部右給事中張文光疏請遇大小文武官員病故，俱照生前品級填給勘合。兵部議准行。

《世祖實録》卷九五　十一月辛巳朔，陞福建提學道僉事宋徵輿爲尚寶司卿。

壬午，免山東濱州、堂邑、章邱、濟陽、莘、觀城、博平、聊城、邱、冠、館陶、茌平、武城等縣本年分蝗災額賦。

乙酉，內大臣、內三院議政大臣、九卿、詹事、科道等官，遵旨會議：顧仁奉命巡方，不遵皇上諄諄訓諭，收用積蠹，納賄行私，【略】應置重典，淩遲處死，妻孥家産籍没入官。賀繩烈身係法官，交通貪墨，藐法過贓，應立斬。議上，得旨：顧仁本應淩遲處死，從寬著即處斬。賀繩烈本應處斬，從寬著即處絞。餘依議。

戊子，免湖廣鄖陽、襄陽府屬州縣逃亡租賦，河南汲、淇、胙城等縣本年分旱災額賦。

內大臣巴圖魯公鰲拜等遵旨察出開送顧仁者係刑部尚書劉昌等，舉出者係刑部侍郎王爾禄，准顧仁考選者係吏部尚書王永吉、原任都察院左都御史今降八級龔鼎孳、原任左副都御史今補布政使曹溶，薦卷係王爾禄，准取係龔鼎孳。奏入，得旨：選擇巡方，必用清操端品。顧仁如此貪惡，何得濫用？此開送、准考、取中緣由，既經察明，王爾禄、王永吉、龔鼎孳、曹溶著九卿科道等官會同從重議處具奏，劉昌等分別議奏。

乙巳，河南新鄉縣秋禾無收，該督題請以麥代米，部議不允，上以民窮可憫，准以麥代米。

《小腆紀年》卷一八　丁未，明魯太師定西侯張名振卒。

《世祖實録》卷九五　戊申，都察院題請考補順天巡按。得旨：此員缺著照例察取應考官員，候朕親選。以後科道官考選、差遣、內陞外轉，俱候朕裁定，永著爲例。

免河南臨漳縣旱災額賦。

《世祖實録》卷九六　〔十二月〕癸丑，刑部議覆江西興屯道翟鳳翥疏，言嗣後徒犯，請發遣屯田，酌其年分，開墾荒田多寡，事完釋放。其願留者，即永爲己業，以沛皇仁。從之。

丙辰，免陝西耀州同官、雒南二縣本年分雹災額賦。

癸亥，户部奏言：今年雖云小豐，而京師尚有飢民。請照十年例，每日每城發米二石、銀一兩，自本年十二月至次年三月，煑粥賑饑，用廣皇仁。得旨：所請正合朕意，著如議行。

免宣府前萬全左右柴溝、懷安、東城、蔚州等衛本年分雹災額賦。

免浙江仁和、錢塘、臨安、歸安、烏程、長興、德清、武康、孝豐、安吉等州縣本

年分水災額賦。

乙丑，免山東臨清、濮二州，齊河、鄒平、青城、蒲臺、朝城、長山、陵邱等縣，東昌衛本年分旱災屯地額賦。

頒行滿文《大清律》。

辛未，命固山額真趙國祚駐防杭州。

癸酉，户部議覆廣西道監察御史白尚登條奏，京師設廠賚賑，飢民全活甚衆。請敕各省地方官照例遵行。事竣，仍將捐輸官民姓名，併銀米數目彙册題報，分别議敘。應如所請。從之。

免直隸涿、冀、灤三州，慶雲、衡水、武邑、欒城、藁城、真定、新樂、隆平、行唐、靈壽、寶坻、元城、大名、玉田、任邱、故城、獻、魏、永清、保定、香河、新河、武强、撫寧、遷安、盧龍、鉅鹿、平鄉、滑、任三十縣，永平、山海、真定三衛，本年分雹蝗水旱災額賦。

《東華録》卷七　〔甲戌〕，以舟山副將杷成功從賊，命都統伊爾德爲寧海大將軍，率兵征之。

《世祖實録》卷九六　免浙江臨海、天台、仙居、黄巖、寧海、金華、蘭溪、東陽、義烏、永康、武義、浦江、湯溪、麗水、縉雲、松陽、龍泉、宣平等縣本年分旱災額賦。

免河南蘭陽、祥符二縣，懷慶、羣牧二衛本年分河災額賦。

丙子，以喀爾喀部落俄齊賴土謝圖汗那門額真、車臣汗岱青台吉等遣使請好，命多羅安郡王岳樂，同其使臣於宗人府歃酒約誓。

順治一三年（丙申、一六五六）

《世祖實録》卷九七　春正月庚辰朔，上避痘南苑，免朝賀。

《小腆紀年》卷一八　明桂王在安龍府。

丙申，免陝西漢中、鳳翔、西安三府屬州、縣、衛、所十二年分霜雪災傷額賦。

《東華録》卷七　〔己亥〕，浙閩總督屯泰奏：「自舟山失守，海寇直至台州，副將馬信叛變獻城。」

《世祖實録》卷九七　庚子，免江南廣德州十二年分旱災額賦十之一。

甲辰，免浙江富陽、西安、龍游、江山、常山、開化等縣十二年分水旱災荒額賦。

乙巳，得旨：江西水旱頻仍，深可軫念，八年拖欠錢糧著蠲免。

己酉，大計天下官員。副使崔成名等二百九十二員，各革職降調休致有差。

《小腆紀年》卷一八　〔是月〕，明西寧王李定國敗孫可望兵於田州，進扈安龍。

明朱成功部將蘇茂與我大清兵戰於揭陽，敗績。

《世祖實録》卷九八　二月乙卯，陞侍講吴偉業爲國子監祭酒。

丙辰，諭禮部：【略】爾部其酌量每牛录下，當讀滿、漢書子弟幾人，定爲新例具奏。凡應試及衙門取用，均在定數之内，其定數外讀書子弟，各衙門無得取用，亦不許應試。

戊午，免湖廣荆州、安陸、常德、武昌、黄州等府屬州縣十二年分水災額賦。

己未，分江南華亭縣爲兩邑，舊邑名華亭，新邑名婁縣。

庚申，免直隸廣平府屬州縣十二年分蝗災額賦。

丙寅，免山西岢嵐州五臺縣十二年分霜災額賦。

《東華録》卷七　〔戊辰〕，令兩廣總督移駐梧州。從洪承疇請也。

耿繼茂奏：我師抵南寧，李定國奔隆安，擒僞伯李先芳，斬僞參將杜紀等。

辛未，賜滿書翰林官王熙等八人滿文《資政要覽》、《人臣儆心録》各一部。

癸酉，以孫肇興爲宗人府府丞。

停止福建省鼓鑄。

甲戌，以鑲黄旗滿洲内大臣趙布泰爲本旗固山額真。

丙子，上在南苑，命兩翼内大臣侍衛等擐甲冑，閲騎射，召内院漢大學士、翰林及部院尚書以下，四品以上各官從觀。復陳圍獵，以示羣臣。上還御行殿，命大學士覺羅巴哈納、學士麻勒吉、折庫訥等引諸臣入序坐，上召吏部尚書王永吉、户部尚書戴明説等責其輕出朱世德之罪。

上諭諸漢臣曰：「人心澆薄，受業師略不致禮，惟以考試官爲師。以理論，受業師自幼教育，宜始終敬謹相待。若考官，朕所遣也，豈受業比哉？自後明示禁革。」

《世祖實録》卷九八　免山東東平、濮、長山等州縣十二年分旱災額賦。

己卯，定州縣官進見提督、總兵官及副將儀注。

《世祖實録》卷九九　三月庚辰朔，上至自南苑，幸瀛臺。

癸未，免湖廣天門、松滋、安化、黄梅、廣濟、漢川、棗陽、寧遠、武昌九縣十二

年分旱災額賦。

丙戌，定歲給宗室内無子承襲孀居福金等銀米例。

癸巳，命護軍統領費雅思哈爲議政大臣。

調宣大總督兵部左侍郎兼都察院右副都御史馬之先爲兵部尚書兼都察院右副都御史，總督陝西三邊四川等處軍務。仍令赴京陛見。

甲午，諭户部：【略】以後披甲人雖出征差遣，其在家月糧仍准全給。

定大軍出征班師禮。

浙江巡撫陳應泰奉命陛見於瀛臺。

庚子，補庶吉士俞鐸爲江南道監察御史，服闋御史李森先爲四川道監察御史。

甲辰，陞鑲紅旗漢軍户部右侍郎柯永蓁爲本旗固山額真。

《小腆紀年》卷一八 〔是月〕，孫可望遣將白文選犯明安龍。文選與李定國連和，遂共扈王入雲南，劉文秀納之。改雲南府爲滇都。

明進封李定國爲晉王，劉文秀爲蜀王，白文選爲鞏國公，王尚禮爲保國公，王自奇爲夔國公，賀九儀爲保康侯，張虎爲淳化伯，餘進職有差。

明以金維新爲行在吏部侍郎兼左都御史，龔銘爲行在兵部侍郎。

明加黔國公沐天波柱國、少師。

明馬吉翔入閣辦事如故。

明除光禄寺少卿高勣、御史鄔昌琦名，尋復官。

明以扶綱爲東閣大學士，張佐辰爲吏部尚書，王應龍爲工部尚書。

明命雷躍龍入閣辦事。

明遣白文選還貴州，慰諭孫可望。

《世祖實録》卷一〇〇 夏四月辛亥，兩廣總督李率泰疏報：粵西投誠僞永安王朱華堧及僞總兵官、知府、土司共一百五十餘員，繳僞印關防四十四顆。下所司議奏。

《東華録》卷七 〔辛酉〕，阿爾津奏：「大破賊渠姚黄於彝陵之蛇倒退山，招撫俘獲無算。」

《世祖實録》卷一〇〇 庚午，免陝西麟遊縣荒地額賦。

《東華録》卷七 浙撫秦世(再)〔楨〕以造戰船伐宋陵樹木，事聞，得旨：「前伐陵原有明禁，何得不候旨徑行，着議處。伐過樹木照前栽補。」

《世祖實録》卷一〇〇 壬申，陞吏部左侍郎梁清標爲兵部尚書。

丁丑，平南王尚可喜疏報：克復揭陽、普寧、澄海三縣。

《小腆紀年》卷一八 〔是月〕，我大清兵攻明厦門，復攻金門，尋引還。

《世祖實録》卷一〇一 五月己卯朔，陞通政使司右理事官羅繪錦爲順天府府尹。

庚辰，通政使司通政使李日芳以年老勒令致仕。

庚寅，諭吏部：王國光才品優長，足勝委任，故由固山額真擢爲兩廣總督，著加太子太保。爾部即遵諭行。

辛卯，免山西大寧縣七年至十三年荒地額賦。

己亥，免湖廣荆門、彝陵、均三州，京山、枝江、遠安、襄陽、宜城、光化、穀城、南漳等縣，襄陽衛，十二年分逃亡災傷額賦。

《小腆紀年》卷一八 〔是月〕，明朱成功殺其部將蘇茂。

《世祖實録》卷一〇一 閏五月戊申朔，上自南苑還，幸瀛臺。

丙辰，兩廣總督李率泰疏報：粵西都康、萬承、安平、鎮安、龍英五府，上映、下石、全茗、果化、都結、恩城、憑祥七州，上林一縣，都陽、定羅、下旺三司各土官投誠。下所司知之。

戊午，陞正紅旗漢軍梅勒章京郎賽爲本旗固山額真。

己未，乾清宫、乾清門、坤寧宫、坤寧門、交泰殿及景仁、永壽、承乾、翊坤、鍾粹、儲秀等宫成，合龍門插劍懸牌，遣官祭后土、司工、司門之神。

陞湖廣右布政使張爾素爲通政使司通政使。陞江西巡撫郎廷佐爲兵部尚書兼都察院右副都御史，總督江南、江西等處地方軍務。江南左布政使劉漢祚爲兵部右侍郎兼都察院右副都御史，巡撫福建，提督軍務。以擊敗逆寇李定國功加平南王尚可喜、靖南王耿繼茂歲俸一千兩，給勅獎諭，仍賜貂裘、鞍馬等物。

癸亥，左通政吴達，坐胞弟吴逵等謀叛，知情不舉，論絞監候。

丙寅，以户部侍郎張朝璘爲兵部左侍郎兼都察院右副都御史，巡撫江西。

己巳，刑部審奏：浙江杭嘉湖道史儒綱，婪贓共二萬二千餘兩俱實，史儒綱應流徙尚陽堡，援恩詔赦免，應革職，永不敘用。從之。

《世祖實録》卷一〇二 六月戊寅朔，吏部議奏：平西王下進士、舉人、貢監，俱照漢軍例陞轉補授。從之。

庚辰，【略】是日，鰲拜等議：宫殿不應久虛，妃嬪禮宜册立，請遵皇太后旨，

勅禮部察應行典禮，詳列具奏施行。疏入，報可。

刑部議奏：更定律例四事。【略】得旨：所奏四款，有裨鋤姦去惡，著即遵行，永著爲例。

辛巳，諭吏部：【略】少保兼太子太保、內翰林祕書院大學士車克，向任司農，廉勤夙著，著加少傅兼太子太傅，仍以原官管户部尚書事。

更定督捕事例三款。

甲申，禮部以册立兩妃九嬪典禮奏請。得旨：今先册立東西二宫皇妃。

戊子，海外荷蘭國墨投爲也甲必丹物馬綏掘，遣使臣杯突高嘯惹諾皆色齎表朝貢，併請貢道，以便出入。得旨：覽表奏，慕義輸誠，航海修貢，深可嘉悦。所請貢道出入，著禮部議奏。

辛丑，寧南靖寇大將軍阿爾津等奏報：湖廣容美宣慰使司土司田吉麟以所部兵二萬繳印投誠。上嘉獎之，命所司速敘。

癸卯，諭禮部：奉聖母皇太后諭，定南武壯王女孔氏，忠勳嫡裔，淑順端莊，堪翊壼範，宜立爲東宫皇妃。爾部即照例備辦儀物，候旨行册封禮。

上親試江南薦舉隱逸陸貽吉、于沚。

允禮部議，平南王、靖南王下考取生員各十五名，舉人各三名，俱於廣東應試，照漢軍例編號。會試取中進士，與漢軍例同。

都察院奏言：近聞內大臣、侍衛等欲令移居皇城外，【略】宜仍環居左右，俾得朝夕侍從。得旨：此奏念切爲國，克盡言職，深可嘉悦。內大臣、侍衛等移居，著停止。

丙午，遣梅勒章京賽音達禮、王國詔、吴學禮、胡拜，并甲喇章京馬成楨、祖澤沛海塞、馬如龍，署梅勒章京事，駐防福建。

秋七月戊申，禮部【略】得旨：荷蘭國慕義輸誠，航海修貢，念其道路險遠，著八年一次來朝，以示體恤遠人之意。

己酉，和碩襄親王博穆博果爾薨，年十六。

《東華録》卷七 〔庚戌〕，世子濟度奏：「鄭成功部下總兵黄梧，副將蘇明、鄭純等，謀斬僞總兵華棟並殲其部兵，獻海澄縣投誠。」

《世祖實録》卷一〇二 壬子，上移居乾清宫。

癸丑，以乾清宫成，頒詔天下。

戊午，陞河南左布政使佟延年爲都察院右副都御史，巡撫甘肅，贊理軍務。

庚午，吏部奏言：凡考滿官員稱職者，准其復職，仍給與應得誥命。平常者止准復職，不准給與誥命。永著爲例。報可。

《小腆紀年》卷一八 〔是月〕，明朱成功取閩安，進攻福州。

《世祖實録》卷一〇三 八月戊寅，免江西廣信、饒州、吉安三府屬縣十二年分旱災額賦。

己丑，免福建莆田、仙遊二縣，興平二衛十一、十二兩年分荒地額賦。

辛卯，遣兵部尚書梁清標、工部尚書衛周祚、禮部左侍郎鄔赫、右侍郎李奭棠、户部右侍郎鏗特、刑部右侍郎阿思哈，分路賑濟順天府屬二十七州縣。

《東華録》卷七 〔壬辰〕，封〔黄〕梧爲海澄公。

《世祖實録》卷一〇三 停差鈔關滿洲官員。

甲午，定吐魯番進貢賞例。

丙申，減考取滿洲生員額四十名，舉人額十名，進士額五名；蒙古生員額二十名，舉人額五名，進士額五名；漢軍生員額二十名，舉人額五名。

己亥，免陝西靖遠、洮岷等衛本年分雹災額賦。

庚子，諭禮部：本月二十二日奉聖母皇太后諭，內大臣鄂碩之女董鄂氏，性資敏慧，軌度端和，克佐壼儀，立爲賢妃。爾部查照典禮，擇吉具奏。

辛丑，兵部等衙門議覆內大臣巴圖魯、公鰲拜等疏奏，大閱以講武，典至重也。自太祖、太宗以來，舉行已久。今請酌古準今，三年一次大閱，閲畢，傳令大臣并侍衛於御前較射，賜宴。次日，諸王、貝勒率文武各官上表稱賀，以昭大典。應如所請。得旨：允行，並著爲令。

甲辰，荷蘭國貢使歸國，特降敕諭，賜其國王。

乙巳，免山西大同小站村等處十二年分雹災額賦。

《小腆紀年》卷一八 〔是月〕，明朱成功退屯閩安。

我大清兵復取舟山，明守將英義伯阮駿、總督陳六御、總兵張晉爵【略】皆死之。

明前魯户部主事王江復起兵四明山，敗績，死之。

《東華録》卷七 九月丙午朔，寧海大將軍伊爾德奏：海逆僞總兵王〔良〕〔長〕樹、毛光祐、沈爾序等犯大蘭山，遣兵敗斬之。臣親趨定海縣，敗賊於衡水洋口，斬賊渠陳六御、阮思，遂取舟山。

《世祖實録》卷一〇三 戊申，遣都察院左副都御史能圖、左僉都御史張尚

往順天等處，刑部尚書劉昌、啓心郎對喀納往真定等處，審録罪因。

壬子，以正藍旗漢軍梅勒章京伯佟六十爲本旗固山額真。

癸亥，以後凡係貪汙應秋決者，不許再請停決，著永著爲例。

《世祖實録》卷一〇四　冬十月乙亥朔，吏部奏言滿官京察則例。

戊寅，都察院等衙門會議：登聞鼓應改設於右長安門外，令科道滿漢官輪流直鼓。凡擊鼓告狀者，在内必曾經各衙門審理，果有冤抑；在外必督撫按不爲昭雪，科道官審明封進。如越告者，照例責逐。從之。

己卯，免延綏鎮神木縣本年分雹災額賦十之三。

免宣府西北兩路本年分雹災額賦。

辛丑，寧南靖寇大將軍阿爾津等奏報：【略】克復辰州。

《東華録》卷七　〔壬寅〕，阿爾津奏：「【略】土司彭宏澍籍所屬三州六司三百八十洞户口以降。」

《世祖實録》卷一〇四　免山西和順縣本年分蝗災額賦十之三。

癸卯，諭刑部：【略】今年姑著暫停秋決，昭朕欽恤至意。

十一月乙巳朔，諭吏部：朕親閲行取知縣劉曰義、遲日巽、趙祥星、李粹然、張所志、張吉午、程衡、李之粹、李廷松、張問政，俱堪以御史用，交爾部遇缺即補。

戊午，免陝西清水縣鳳翔守禦千總所本年分雹災額賦。

丙寅，免江南海州本年分荒地額賦。

以内國史院學士張長庚爲兵部右侍郎兼都察院右副都御史，巡撫湖廣，提督軍務。

辛未，免陝西洛川縣本年分雹災額賦。

《世祖實録》卷一〇五　十二月乙亥，停保舉優陞大府知府例。

己卯，册内大臣鄂碩女董鄂氏爲皇貴妃，賜之册寶。

乙酉，定州縣官朦隱田地議處例。

庚寅，諭禮部：以後進春請御殿、羣臣慶賀行禮之處，著永行停止。

壬辰，定滿洲、蒙古恩廕例。

《小腆紀年》卷一八　丙申，明朱成功部將甘煇與我大清兵戰於護國嶺，我梅勒章京阿克襄歿於陣。

丁酉，上率諸王、貝勒、文武羣臣恭奉册寶，加上昭聖慈壽恭簡安懿皇太后徽號曰昭聖慈壽恭簡安懿章慶皇太后。

禮部奏：元旦請上詣堂子。得旨：既行拜神禮，何必又詣堂子，以後著永行停止。爾部亦不必奏請。

戊戌，以恭上皇太后尊號禮成，諸王、羣臣，及公主、福金併命婦等俱行慶賀禮。是日，頒詔赦天下。

命太廟牌扁停書蒙古字，止書滿、漢字。

《小腆紀年》卷一八　〔是月〕，明朱成功攻羅源，復攻寧德。

我大清再遣使招明朱成功。

順治一四年（丁酉、一六五七）

《世祖實録》卷一〇六　正月癸丑，工部奏言：凡各壇廟門上扁額，或從太廟例，去蒙古字，止書滿漢字；或仍用舊額。得旨：如太廟例。

《東華録》卷八　〔甲寅〕，伊爾德征舟山凱旋。

乙卯，諭吏部：直省總督關係甚重，必得其人，乃能勝任。張懸錫著加太子太保，仍以兵部尚書兼都察院右副都御史，總督直隸、山東、河南等處軍務，兼理糧餉。

定遠大將軍世子濟度奏：分遣將士敗賊於福州府高齊陸路、侯官縣、泉州大營、烏龍江、惠安縣、衛套、閩安鎮諸處。

戊午，諭禮部：金代帝陵向在房山縣地方，【略】爾部即遣官前往房山看視，金陵周圍，如切近處所果有毀壞，即酌量修整，仍撰文一道敘述緣由，祭告立碑，以誌不朽。其關帝廟仍舊留存。

庚申，以吏部右侍郎盧崇峻爲兵部左侍郎兼都察院右副都御史，總督宣大軍務。

丁卯，封和碩武肅親王子猛峩、和碩定親王子塔爾納俱爲多羅郡王，多羅豫郡王子多爾博爲多羅貝勒。以和碩武肅親王庶子星寶、輔國公班布爾善子華塞俱爲三等輔國將軍。

封皇貴妃父三等精奇尼哈番鄂碩爲三等伯。

己巳，命大學士覺羅巴哈納、額色黑、蔣赫德充《聖訓》總裁官，學士折庫訥、查布海、白色純充副總裁官。

禮部奏言：八旗考試進士、舉人、生員，業經奉旨停止。其平西等三藩及定南王、續順公下屬員子弟，向不分隸八旗，其應試與否，請旨定奪。得旨：著停止考試。

又奏：蒙古官學生補用之缺少，應合兩牛彔出一人讀書，漢軍官學生或仍舊例，每牛彔出二人讀書。或因進士、舉人、生員停其考試，視滿洲例，每牛彔止出一人讀書。又國子監官監生，既令習學武藝，效力行間，先考取進士、舉人、生員，或仍於部院衙門補用，或令行間效用。請旨定奪。得旨：先考取進士、舉人、生員，俱著停止。漢軍官學生，如滿洲例，每牛彔止出一人讀書。

《世祖實録》卷一〇七　二月丁丑，禁止官民採用楠木。

癸未，諭禮部：南郊祀天禮宜嚴重。以後祀前一日，朕親宿齋宮，祀前五日，親詣視牲。如遇遣官恭代，亦著詣壇齋宿視牲。永著爲例。

兵部奏言：故明楚藩崇陽王朱蘊鈐與僞總兵李盛功等，向化投誠。朱蘊鈐應並家口起送來京，分别養贍。僞總兵李盛功應授以參將職銜。從之。

甲申，諭工部：朕念故明崇禎帝尚爲孜孜求治之主，【略】朕用是特製碑文一道，以昭憫惻之意。爾部即遵諭勒碑，立於崇禎帝陵前，以垂不朽。

丙戌，諭督捕衙門：向來所定隱匿逃人之法，將窩逃之人給發逃人本主爲奴，【略】不如將窩逃之人面上刺「窩逃」字樣，併家産人口，發旗下窮兵爲奴。著議政王、貝勒、大臣、九卿、詹事、科道等官會議妥確具奏。

庚寅，立和碩武肅親王碑。

己亥，陞正白旗漢軍梅勒章京賽音達理爲本旗固山額真。

議政王、貝勒、大臣、九卿、詹事、科道等官會議：窩逃犯人，免死，責四十板，面刺「窩逃」字，併家産、人口入官，聽户部酌量分給八旗窮丁。從之。

癸卯，免湖廣沔陽州益陽縣十三年分水災額賦。

《世祖實録》卷一〇八　三月甲寅，詔直省學臣購求遺書。

丙辰，復至聖先師孔子神位舊稱。

《東華録》卷八　〔丁卯〕，世子濟度班師。

壬申，詔廷試貢生不必擬以通判用。裁去上上卷名色，所取上卷，以知縣用；中卷，以州同、州判、縣丞用。

革工部右侍郎程正揆職。

《小腆紀年》卷一九　〔是月〕，明定國公鄭鴻逵卒於金門。

夏四月癸酉朔，明上弘光帝、隆武帝、王考桂端王謚號，大赦。

《世祖實録》卷一〇九　甲戌，南贛巡撫佟國器奏報：興寧縣雷連十二峒瑶官龐國安等，率衆投誠。章下所司。

丁丑，得旨：鄭芝龍等法當處斬，向念其投誠功績，從寛禁錮，今若遽行正法，非朕前意。仍著免死，俱流徙寧古塔地方，家産籍没。

壬午，户部議准户科給事中粘本盛疏奏：督墾荒地，應定勸懲則例。【略】從之。

乙酉，調正紅旗蒙古固山額真濟席哈爲滿洲固山額真。

《東華録》卷八　〔壬辰〕，以都統宗室羅託爲寧南靖寇大將軍，統兵駐防荆州。分遣都統伯佟六十駐防長沙，以孫可望等煽亂湖南也。

《世祖實録》卷一〇九　戊戌，置盛京奉天府。

《小腆紀年》卷一九　〔是月〕，明朱成功部將施舉與我大清兵戰於定海關，敗績死之。

《世祖實録》卷一〇九　五月丙午，陞正紅旗滿洲梅勒章京道喇爲蒙古固山額真。

壬子，命左春坊左諭德佘恂、兵科左給事中劉鴻儒爲福建鄉試主考官，户部郎中解元才、大理寺右評事羅光衆爲四川鄉試主考官，兵部郎中劉灡、行人司行人黄象雍爲廣東鄉試主考官，刑部員外郎徐元珙、中書科中書舍人潘瀛選爲廣西鄉試主考官。

甲寅，册封和碩鄭親王濟爾哈朗世子濟度爲和碩簡親王。

丁巳，擢宗人府啓心郎覺羅伊圖爲兵部尚書。

刑部議覆大理寺卿杜立德疏言：【略】以後熱審，應免具題，令各該督撫按於小滿後十日舉行，在京者仍題請審理。永著爲例。從之。

《小腆紀年》卷一九　〔是月〕，明遣張虎送孫可望妻孥還貴州。

《世祖實録》卷一一〇　六月辛巳，免河南彰德、衛輝二府屬磁州、安陽等十三州縣衛所十三年分蝗災額賦。

壬午，免湖廣常德府武陵縣十三年分水災額賦。

丁亥，命左春坊左中允張瑞徵、刑科給事中史彪古爲浙江鄉試主考官，右春坊右諭德王紹隆、吏科左給事中王益朋爲江西鄉試主考官。

己丑，建立金太祖、世宗陵碑。

乙未，命内翰林國史院檢討薛澐、禮科左給事中孫光祀爲湖廣鄉試主考官，吏部考功司主事劉祚遠、禮部祠祭司員外郎陳戩爲陝西鄉試主考官。

辛丑，經略輔臣洪承疇以病劇，復請解任。得旨：【略】著解任回京調理。

秋七月癸卯，復設廣東雷連各瑶崗社學一所，教讀一名。

甲辰，刑部審擬强盜塞奏、塞得等援祖、父、伯、叔兄弟陣亡例，請從末減。得旨：盜案所犯重大，豈可以祖、父、伯、叔兄弟陣亡減死？以後强盜重犯，不得援免。

乙巳，陞太常寺卿周召南爲大理寺卿。

命内翰林國史院侍講方猶、弘文院檢討錢開宗爲江南鄉試主考官。

丙午，諭禮部：江南省【略】今既改爲省，以後著照浙江一體題差。

丁未，鑄給督理石廠、灰廠、採木事務工部分司關防三顆。

己未，命吏部員外郎黄釶、禮部主事丁澎爲河南鄉試主考官。

《小腆紀年》卷一九 〔是月〕，明朱成功攻興化，遂取台州。

我大清兵復取閩安，明朱成功退師厦門。

《世祖實録》卷一一〇 八月癸酉，命左春坊左庶子曹本榮、右春坊右中允宋之繩爲順天考試官。

甲戌，諭禮部：經筵大典，理當早舉。【略】應於保和殿先行開講。爾部即詳考典例，擇吉開列儀注具奏。

乙亥，議政王、貝勒、大臣【略】復議：寧古塔地近江海，賊船往來叵測，〔鄭〕芝龍就禁，恐有疎虞。應加鐵鍊三條，手足杻鐐，嚴飭章京、兵丁謹加看守。從之。

戊子，定考核恤刑各官例。

己丑，免山西荒地逃丁徭賦。

《東華録》卷七 〔丙申〕，鄭成功犯台州府，巡道蔡瓊枝、副將李（泌）〔必〕及府縣官俱降賊。

《小腆紀年》卷一九 〔是月〕，孫可望舉兵犯明滇部。

《世祖實録》卷一一一 九月辛丑，諭吏部：【略】亢得時著陞兵部尚書兼都察院右副都御史，總督漕運，巡撫鳳陽等處地方海防軍務，兼理糧餉。

又諭吏部：【略】李國英久任巖疆，才猷夙著。著加少保兼太子太保、兵部尚書兼都察院右副都御史，總督陝西、三邊、四川等處軍務，兼理糧餉。

丙午，上初御經筵。

改工部右侍郎賈漢復爲兵部左侍郎兼都察院右副都御史，巡撫河南，提督軍務。

癸丑，諭吏部：高民瞻前差巡按四川，悉知地方事宜。著陞都察院右副都御史，巡撫四川等處，提督軍務。諭刑部：【略】今年各省秋決，亦著暫停一次。其在京獄囚朝審完日，照例奏請。至畿内獄犯，【略】著照舊例，差司官三員，會同該按審録，仍先行奏請定奪。爾部作速遵行。

乙丑，諭兵部：提督蘇松等處總兵官馬進寶，著改名逢知。

《東華録》卷八 〔丙寅〕，都統（圖）〔屠〕賴奏：克復福建閩安鎮。

《小腆紀年》卷一九 〔是月〕，明削孫可望爵，命晉王李定國、蜀王劉文秀與白文選連師進討，戰於交水，大破之。

孫可望遣其黨張勝襲滇都，明中書科中書朱斗垣被執不屈，死之。

明李定國還師援滇都，擊張勝於渾水塘，擒之，王尚禮自殺，勝伏誅。

《世祖實録》卷一〇二 冬十月庚午朔，諭吏部：【略】以後因錢糧降調各官，俱著帶所降之級，在任督催，完日開復。

壬申，以開日講，祭告先師孔子於弘德殿。

免直隸新樂縣十三年分蝗災額賦。

《東華録》卷八 〔癸酉〕，命都統卓布泰、副都統莽吉圖、富喀等，統兵駐防江寧。

〔甲戌〕，地震，命諸臣修省。

《世祖實録》卷一〇二 癸未，上幸晾鷹臺，命内大臣侍衛及護軍，擐甲較射，召部院三品以上漢官及翰林科道從觀。

乙酉，上於南苑，躬擐甲冑，集部院三品以上漢官及翰林科道閲武，命内大臣及侍衛擐甲，馳馬過上前，二人墜馬，上策馬至其所，命扶起。

丁亥，諭工部：文廟【略】漸頹壞，葺治愈難。【略】朕發内帑銀三萬兩，特加修葺。諸王、貝勒、大臣及在京滿漢官員願捐資者，許令協助。爾部即遵諭傳知。

庚寅，加都督僉事蘇州總兵官梁化鳳爲都督同知，統率抽調各營官兵一萬名，改爲水師，仍駐防崇明。

癸巳，發内帑銀二萬兩，賞給出征福建、湖廣兵丁匠役家口。

《東華録》卷八 〔甲午〕，同考官李振鄴、張我樸，舉人田耜、鄔作霖，科臣陸貽吉等，俱立斬，家産籍没，父母兄弟妻子流徙尚陽堡。給事中任克溥劾其賄買中式訊實故也。

《小腆紀年》卷一九 〔是月〕，明論反正功，晉封白文選鞏昌王，馮雙禮慶陽王，馬進忠漢陽王，馬維興敘國公，賀九儀廣國公，馬寶淮國公，其餘進侯伯有差。

明論從逆罪，誅淳化伯張虎，降荆江伯張光翠、德安侯狄三品、岐山伯王會等爵，程源、鄭逢元等降級有差。

《世祖實録》卷一〇三 十一月庚子，降左庶子曹本榮、右中允宋之繩五級，仍以本衙門用。以其爲順天主考不能覺察同考官作弊也。

壬寅，皇第五子常寧生。

甲辰，和碩簡親王濟度等遵旨議奏：私鑄錢文之爲首及匠人處斬，爲從及知情買使者擬絞監候，其賣錢經紀舖户、興販，攙和私錢者，責四十板，流徙尚陽堡。【略】從之。

己酉，諭禮部：【略】今年順天鄉試發榜之後，物議沸騰，【略】爾部即將今年順天鄉試中式舉人速傳來京，候朕親行覆試，不許遲延規避。

庚戌，免江西龍泉、泰和、吉水、萬安、永豐、崇仁、峽江、新喻等八縣本年分旱災額賦。

辛亥，湖廣巡撫張長庚疏報：順治十三、十四兩年，墾田共八千三百七十五頃二十八畝有奇。

丁巳，諭禮部：覆試今年順天鄉試中式舉人，已有諭旨，如有託故規避、不赴試者，即革去舉人，永不許應考。仍提解來京，嚴究規避之由。爾部再速行傳飭。

江寧巡按劉宗韓疏報：廬、鳳等府開墾荒田三千餘頃。

戊午，免直隸霸、薊、安、冀、晉、趙、定七州，寶坻、蠡、新安、新城、雄、保定、文安、大城、固安、永清、東安、玉田、豐潤、行唐、寧晉、平山、新樂、柏鄉、贊皇、任邱、阜城二十一縣，保安、左右神武三衛，及梁城所本年分雹災額賦。

《東華録》卷八 〔壬戌，偏沅巡撫袁廓宇奏報〕：僞秦王孫可望與李定國相攻不勝，率妻子及標下總兵都督等來降。

《小腆紀年》卷一九 〔是月〕，明追贈安龍死難大學士吴貞毓以下十八人謚廕有差，遣祭立廟。

明朱成功攻鷗汀寨，克之。

《世祖實録》卷一一三 十二月壬申，定户部錢糧考成則例。

定兵部馬價考成則例。

《東華録》卷八 〔癸酉〕，以經略輔臣洪承疇病愈，命仍留原任，統將士，同大將軍羅託等由湖廣前進，相機平定貴州。

《世祖實録》卷一一三 免江西新建、豐城二縣本年分水災額賦。

甲戌，敕諭新歸臣孫可望：【略】特封爾爲義王。

丁丑，兵部議覆浙閩總督李率泰疏奏，福建福寧州應設總兵官一員，以泉州鎮標兵一千名歸福寧鎮標統轄，其將領等官均照營制增設。從之。

《東華録》卷八 〔癸未〕，以吴三桂爲平西大將軍，同都統侯墨爾根（等）、侍衛李國翰統兵由四川往貴州，進討李定國。命都統卓布泰爲征南將軍，同提督線國安、富喀、莽吉圖由廣西進征貴州。命宗室羅託爲寧南靖寇大將軍，同都統濟席哈等由湖南進討貴州。

《世祖實録》卷一一三 丁亥，宗人府議奏：郡王以上有大罪，赴衙門審問；小罪，就其府第問之。貝勒以下，俱赴衙門審問。報可。

順治一五年（戊戌、一六五八）

《小腆紀年》卷一九 正月戊戌朔，明桂王在滇都。

《東華録》卷八 〔庚子〕，以皇太后聖躬康豫，頒詔大赦。

《世祖實録》卷一一四 禮部以將征雲南，奏出兵儀注。得旨：既因祭太廟齋戒，不必筵宴。其詣堂子，著永行停止。餘俱照定例行。

《東華録》卷八 〔癸卯〕，掌欽天監印務湯若望進相拒歷。

《世祖實録》卷一一四 甲辰，和碩簡親王濟度等議奏：皇太后聖體違和，皇后有失定省之儀，應欽遵上諭，止存皇后之號，册寶照舊，停其箋奏。許之。

《東華録》卷八 〔丙午〕，命多羅信郡王多尼爲安南靖寇大將軍，同平郡王羅可鐸，貝勒尚善、杜蘭，都統伊爾德、阿爾津、巴思漢、卓羅等，統兵進取雲南。

《世祖實録》卷一一四 癸丑，以恩詔復都察院左都御史魏裔介、太子少保

副都御史能圖、副都御史納都户、左副都御史傅維鱗、啓心郎劉兆麒等職，仍諭：自後洗心滌慮，實圖盡職，以副朕宥過委任至意。

定出征駐防將軍以下、披甲人以上馬匹額數。

甲寅，上親覆試丁酉科順天舉人。

辛酉，皇子薨。生甫四月，未命名，行第四。

《小腆紀年》卷一九　〔是月〕，明遣使册封朱成功爲延平王、招討大將軍，賜尚方劍，便宜行事。

明册封朱成功部將王秀奇爲祥符伯，馬信爲建威伯，甘煇爲崇明伯，黄廷爲永安伯，萬禮爲建安伯，陳煇爲忠靖伯，洪旭爲忠振伯，郝文興爲慶都伯，餘拜爵有差。

明授魯兵部右侍郎張煌言爲兵部左侍郎兼翰林院學士，我大清再遣使招之，煌言不受。

明授魯左僉都御史徐孚遠爲左副都御史。孚遠朝於滇都，失道安南國，不屈，還廈門。

明以前兵部尚書程源爲禮部尚書，前四川巡撫都御史錢邦芑掌都察院事。

我大清兵復取横州，明知州鄭雲錦被執不屈死。

《世祖實録》卷一一五　二月庚午，禮部磨勘丁酉科鄉試硃卷，劾奏違式各官。

壬申，立興京顯佑宫碑。

《東華録》卷八　〔庚辰〕，以賄買情弊，覆試丁酉科順天舉人米漢雯等，内蘇洪濬等八名文理不通，革去舉人。

《世祖實録》卷一一五　癸未，命内翰林國史院大學士傅以漸、祕書院學士李霨爲會試考官。

甲申，免順天府武清、漷縣十四年分水災額賦。

《東華録》卷八　禮部議覆御史趙祥星疏，會試大典剔弊宜嚴，第一場題目請欽定。得旨允之。

《世祖實録》卷一一五　〔丙戌〕，敕諭朝鮮國王李淏：今羅刹犯我邊境，擾害生民，應行征勦。兹發滿兵前往，需用善使鳥鎗手二百名。王即照數簡發，並將一切應用之物，全行備辦，令酌當官員統領，期於五月初間送至寧古塔。

己丑，户部議覆奉天府府尹張尚賢疏，言遼陽人民始集，輸納維艱，應每畝止徵銀三分，以蘇窮黎。從之。

辛卯，川東逆賊僞總督張京、總兵張宿、兵科謝珮等一十八員，繳僞印敕投誠。平西王吴三桂以其事聞，疏下所司。

《東華録》卷八　〔丙申〕，以江南新科舉人嘖有煩言，請旨覆試，應停會試。從御史上官鋐請也。

《小腆紀年》卷一九　〔是月〕，我大清命貝子洛託爲寧南靖寇大將軍，都督卓布泰爲征南將軍，偕降臣洪承疇、吴三桂、線國安等分道取雲南。

明李定國遣其將劉正國、楊武等分守四川之三陂、紅關，馬進忠駐貴州。

《東華録》卷八　三月〔辛丑，廣西巡撫于時躍疏報〕：李定國黨閻維龍、曹延生等攻陷廣西横州，總兵馬雄尋復之。

《世祖實録》卷一〇五　庚戌，上親覆試丁酉科江南舉人。

壬子，免湖廣鄖陽、襄陽二府屬寇災荒地額賦。

《東華録》卷八　〔戊午〕，諭禮部：丁酉科江南中式舉人物議沸騰，是以親加覆試，今取得吴(嗚珂)〔珂嗚〕准同會試中式舉人一體覆試。其汪溥勛等七十四名仍准作舉人。史繼佚等十四名，罰停會試二科，方域等十四人，文理不通，著革去舉人。

《世祖實録》卷一〇五　壬戌，議政王、貝勒、大臣議覆浙閩總督李率泰請增沿海防兵一疏，除已撥山東、河南、江西、山西四省官兵五千名前往外，復調直隸、山東、河南、山西、江西五省兵五千名，共足一萬之數，攜家口赴浙增防海汛。從之。

甲子，上以皇子生甫四月而薨，悼之，追封爲和碩榮親王。

《小腆紀年》卷一九　〔是月〕，我大清吴三桂等兵至合州，明重慶總兵杜子香棄城走。

《世祖實録》卷一一六　夏四月戊辰，殿試天下貢士。

辛未，賜殿試貢士孫承恩等三百四十三人進士及第、出身有差。

癸酉，上御乾清門，選庶吉士。

《東華録》卷八　〔丙子〕，吴三桂、李國(輔)〔翰〕奏：攻賊於合州，遂進取重慶。

《小腆紀年》卷一九　庚辰，我大清吴三桂等兵至三陂，明劉正國遁，遂克遵義。

《世祖實録》卷一一六　癸未，免湖廣江夏、江陵、石首、益陽、安鄉、華容、攸縣等十三年分水災額賦。

丁亥，禮部更定科場條例。

己丑，諭内三院：翰林各官，讀書作文是其職業，不加考試，何以分優劣、別勤惰。除三衙門學士外，其餘翰林官員，朕將親行考試，應用等項，俱照例備辦。

《東華録》卷八　直隸、河南、山東總督張懸錫至順德府迎義王回館，自刎未絶，有遺疏。【略】上命副都御史帶科道官速往察明具奏。

《小腆紀年》卷一九　庚寅，明大招討蜀王劉文秀卒。

《世祖實録》卷一一六　辛卯，免陝西淳化縣寇荒額賦。

《東華録》卷八　〔壬辰〕，吏部等會訊陳之遴結納内監吴良輔事俱實。奉旨：「陳之遴前犯罪應置重典，從寬以原官徙盛京，後召還旗下，乃不思改過，又行賄賂交結，深負朕恩，姑免死革職，並父母妻子俱流徙盛京，家産籍没。」

我大清貝子洛託等兵取貴陽，明馬進忠遁，巡撫冷孟銋死之。

《小腆紀年》卷一九　〔是月〕，明王自奇、關有才反，李定國自將討平之。

《東華録》卷八　五月〔丁酉朔〕，學士折庫（納）〔訥〕等奏：訊明張懸錫自陳迎接失儀，爲學士麻（勤）〔勒〕吉詰責，一時惶悚無地，遂引佩刀自決。旨：「張懸錫係朕特簡，即有屈抑情節，皆當陳奏，何至刎頸？殊失大臣之體。念其素行清謹，姑著降二級調用。」

《世祖實録》卷一一七　戊戌，義王孫可望至京。

己亥，上御太和殿，義王孫可望朝見。

《東華録》卷八　〔壬寅〕，御史李森先請寬言臣之罰，如言事流徙諸臣李呈祥、季開生、李裀、魏琯、郝浴、張鳴峻等皆與恩詔因公詿誤之例相符。旨：「李呈祥等原非詿誤，李森先援引詔欵，明係誤指，有意市恩，著從重議處。」

〔癸卯〕，諭兵部：「近聞有奸徒假冒逃人，詐害百姓。或借名告假還家，將殷實之家指爲窩主；或原非逃人，冒稱旗下，在外嚇詐；或買主冒認，詭名作真；或領本貿易，假夥（扳）〔攀〕害，種種詐僞，深爲可惡。今〔後〕凡有逃人，本主報明該管官，將逃人之主及逃人姓名具結報部。如逃後日久方報，及已獲始稱伊家人者，不許給主。直省地方有旗下（不）告假，私出妄爲，及冒稱旗下，羣奸横行者，該督撫嚴行訪拿，並本主從重治罪。」

《世祖實録》卷一一七　戊申，補假滿原任刑部尚書劉昌爲工部尚書。

庚戌，九卿、詹事、科道會議更定逃人事例。

《東華録》卷八　〔辛亥，疏報〕：海澄縣遊擊劉進忠等叛降海逆，城遂陷。

《世祖實録》卷一一七　壬子，免山東十一年以前逃亡竈丁課銀。

己未，上幸景山，觀衆侍衛較射，中者賞以幣。

《東華録》卷八　〔壬戌〕，廣西撫于時躍奏：僞寶康侯賀九儀遣將曹友犯賓州，官兵敗之。

〔甲子〕，羅託等報：克復湖南沅、靖等處，進取貴州省城，及平越、鎮遠等府。卓布泰報：大兵已抵貴州，所過南丹州、那地州、撫寧州各土司，及獨山州官民，俱就撫。

《世祖實録》卷一一七　乙丑，以正藍旗滿洲輔國公穆臣爲本旗固山額真。

丙寅，授一甲第二名進士孫一致爲内翰林弘文院編修，第三名進士吴國對爲内翰林祕書院編修。

《小腆紀年》卷一九　〔是月〕，我大清吴三桂等兵敗明楊武於開州之倒流水，興寧伯王興、水西宣慰使安坤、酉陽宣慰使冉奇鑣、藺州宣慰使奢保受等降。

《世祖實録》卷一一八　六月丁卯朔，調户部尚書孫廷銓爲吏部尚書，加太子太保。

《東華録》卷八　〔戊辰〕，吴三桂奏：「臣等自重慶進發，逆首李定國、劉文秀等，由水西遁入雲南。臣等收復遵義府並所屬州縣，隨抵貴州，克開州城。」

〔辛未〕，一甲一名進士孫承恩未受職，坐胞弟暘科場事，應連坐流徙，特宥之。

《世祖實録》卷一一八　壬申，調南贛巡撫佟國器巡撫浙江，提督軍務。陞都察院左僉都御史蘇弘祖爲右副都御史，巡撫南贛、汀、韶、惠、潮、郴、桂地方，提督軍務。

己卯，停諸王以下孀居福金等歲給俸禄銀米，照八旗孀居命婦例，支給半俸一年。

辛巳，陞廣東巡撫李棲鳳，仍以兵部尚書兼都察院右副都御史，總督兩廣軍務。

甲申，陞吏部左侍郎王崇簡爲禮部尚書。

偏沅巡撫袁廓宇疏報：開墾荒田八千二百五十九頃有奇。

丙戌，命撤册封琉球兵科副理事官張學禮、行人司行人王垓回京，俟海寇平

日，另行差遣。

辛卯，授一甲第一名進士孫承恩爲内翰林國史院修撰。

《東華録》卷八　張懸錫言：「臣迎接失儀，實出無心，乃諸臣待臣不以禮。【略】旨：「麻勒吉借端苛索，敢於逼迫大臣，深爲可恨，著嚴議處。」

《世祖實録》卷一一八　壬辰，免湖廣靖沅、武岡、沅陵、瀘溪、辰溪、溆浦、麻陽、黔陽、綏寧、會同、通道、天柱、新寧、城步十五州縣及平溪等九衛所十五年分額賦。

《東華録》卷八　〔癸巳，李率泰疏報〕：鄭逆犯温州府，陷平陽、瑞安。

《世祖實録》卷一一八　甲午，禁京城北面一帶不許掘土開窑燒甎，以固龍脈。

《小腆紀年》卷一九　秋七月丙申朔，明命李定國爲招討大元帥，賜黄鉞。

戊戌，明大學士文安之督川東諸軍襲重慶，不克。

《世祖實録》卷一一九　己亥，裁宣大總督及巡漕御史，停督撫年終薦舉，及内外文武四品以上官送子弟入監。

甲辰，【略】廣東雷州道王秉乾以地方避遠，希圖規避。【略】著免死，革職，籍没，鞭一百，發寧古塔給披甲人爲奴。

《東華録》卷八　〔丁未〕，張懸錫自縊於聖安寺。

《世祖實録》卷一一九　己酉，陞户部左侍郎王宏祚爲本部尚書。

以禮部右侍郎潘朝選爲兵部左侍郎兼都察院右副都御史，巡撫保定，提督軍務。刑部右侍郎董應魁爲兵部左侍郎兼都察院右副都御史，巡撫廣東，提督軍務。陞太常寺卿徐永禎爲大理寺卿。

《東華録》卷八　〔庚戌〕，鎮守寧古塔都統沙爾虎達等報：擊敗羅刹兵，獲人口甲仗。

〔戊午〕，革侍郎祁徹白騎都尉，並所加之級；革學士胡兆龍尚書銜，並所加之級；革麻勒吉所加之級，再降二級，俱仍留任。以其沿途受督撫餽送，復苛索挾逼總督張懸錫也。

《世祖實録》卷一一九　添設各道御史三十員。

更定鄉會試額數，減其半。

己未，免湖廣衡州府、桂陽州衡陽、安仁、臨武、嘉禾、常寧、耒陽、酃縣、郴州屬興寧縣、長沙府茶陵州十四年分旱災額賦。

癸亥，固山額真侯墨爾根、侍衛李國翰卒。

甲子，以固山額真趙國祚爲兵部尚書兼都察院右都御史，總督浙江軍務，駐劄温州府。改浙閩總督李率泰爲福建總督。

以侍衛巴哈、費揚古、郭邁、屠禄會、馬爾濟哈、鄂莫克圖、坤巴圖魯、鄔布格德墨爾根袍、喀蘭圖、鄂塞、博洛塞冷、巴特瑪、巴泰，俱爲内大臣。

《世祖實録》卷一二〇　八月癸酉，陞鑲白旗漢軍梅勒章京李顯貴爲本旗固山額真。以鑲白旗滿洲原任梅勒章京阿思哈、正白旗漢軍御史宜思孝，俱爲本旗梅勒章京。

《東華録》卷八　〔乙酉〕，以逆賊譚詣等犯重慶，命總督李國英入川撲勦。

《世祖實録》卷一二〇　壬辰，葬和碩榮親王於黄花山。

《小腆紀年》卷一九　〔是月〕，明授前江西總兵鄧凱爲隨扈總兵。

《世祖實録》卷一二〇　九月乙未朔，順天巡按董國興劾奏天津總兵官甘應祥擅撥騎兵，送子往壽春娶婦。得旨：著革職逮訊。

丙申，直隸巡撫董天機，違禁給與滿洲兵丁馬虎等印票出海貿易，命罷職，永不敘用。

丁酉，以鑲藍旗滿洲梅勒章京尚書孫塔爲蒙古固山額真，正紅旗滿洲護軍參領覺羅尚簡爲蒙古梅勒章京。

己亥，故明崇陽王朱藴鈐攜家投誠，命户部從優收養，務令得所。

庚子，鑄給盛京户、禮、工三部印。

辛丑，諭吏部：前諭内三院大學士改爲殿閣大學士，照例兼銜，察舊例，有中極殿、建極殿、文華殿、武英殿、文淵閣、東閣等名，兼有尚書、侍郎等官，加有公孤宫保等銜。今應設中和殿、保和殿、文華殿、武英殿、文淵閣、東閣大學士，照例兼銜辦事。

壬寅，遷東京祖陵於興京。

甲辰，内閣奏言：内三院既改爲内閣，舊例止會同吏、禮二部閲廷試貢生及考序教職卷，其考授有司職銜，事屬吏部，臣等例不應與。從之。

庚戌，議政王、貝勒、大臣遵旨議定理藩院大辟條例。【略】議上，得旨：著永著爲例。

壬子，發帑金三萬兩，賞鑲黄、正黄、正白三旗下藍翎官及護軍校、護軍。

甲寅，改大學士覺羅巴哈納、金之俊仍以原銜爲中和殿大學士兼吏部尚書，

額色黑、成克鞏以原銜爲保和殿大學士兼户部尚書，蔣赫德、劉正宗以原銜爲文華殿大學士兼禮部尚書，洪承疇、傅以漸、胡世安以原銜爲武英殿大學士兼兵部尚書，衛周祚以原銜爲文淵閣大學士兼刑部尚書，李霨爲東閣大學士兼工部尚書。

乙卯，河南巡撫賈漢復疏報：清察開懇荒地共九萬餘頃，每歲約增賦銀四十萬八千餘兩。上以其實心任事，下所司優敘。

己未，免福建福州、興化、建寧三府及福寧州十二、十三兩年分荒田額賦。

庚申，諭吏部、都察院：田六善、季振宜、許之漸、佘司仁、馮班、何可化、施維翰、方亨咸、朱裴、李之芳、劉源濬，俱著改授監察御史。

辛酉，諭吏部：少傅兼太子太傅、大學士加一級寧完我，【略】著以原銜致仕，以遂頤養，昭朕優眷至意。

壬戌，發帑金二萬兩，賞鑲黄、正黄、正白三旗下藍翎官及護軍校、護軍。

癸亥，發帑金三萬兩，賞出征護軍校、護軍、撥什庫兵丁、弓匠等家口。

《小腆紀年》卷一九　［九月］，明朱成功取象山。

《世祖實録》卷一二一　冬十月己巳，刑部等衙門遵旨會議：各省秋決重犯，該巡按會同巡撫、布按等官而加詳審，列疏明開情真應決、應緩，併可矜疑者，分別三項，於霜降前奏請定奪。命永著爲例。

壬申，更定巡撫、巡按所屬地方查解逃人。

己卯，賜殿試武舉劉炎、張國彦、賈從哲等進士及第、出身有差。

壬午，陞山西右布政使祖重光爲都察院右副都御史，巡撫順天，提督軍務。

《小腆紀年》卷一九　［是月］，我大清信郡王鐸尼會師平越府。

明李定國遣馮雙禮守雞公背，張先璧守黄草壩，白文選守七星關。

《世祖實録》卷一二一　十一月甲午朔，遣官祭朝鮮國故大君李㴭。

乙未，免湖廣鄖陽、襄陽二府屬本年分荒田額賦。

鑄給河南、山東察荒御史關防。

庚子，禮部等衙門會議宫闈女官名數品級，及供事宫女名數。【略】從之。

辛丑，免河南林縣雹災本年分秋糧十之三。

加河南巡撫賈漢復兵部尚書，以清出地畝錢糧四十萬餘兩也。

壬寅，諭吏部：蘇納海、鄂莫克圖，著以禮部侍郎兼中和殿學士；布顔尼滿，著以禮部侍郎兼保和殿學士；查布海、白色純，著以禮部侍郎兼文華殿學士；常鼐、麻勒吉，著以禮部侍郎兼武英殿學士；胡兆龍，著以禮部侍郎兼文淵閣學士；艾元徵，著以禮部侍郎兼東閣學士；折庫訥、王熙，著以禮部侍郎兼翰林院掌院學士。

乙巳，更定親王、郡王下包衣大爲正七品，其餘布大、衣大、阿敦大，及管各項匠役首領，俱不入品級。

《東華録》卷八　［辛酉］，刑部審實江南鄉試作弊。旨：「主考方猶、錢開宗正法，同考官葉楚槐等即處絞。」

《世祖實録》卷一二二　十二月癸亥朔，以精奇尼哈番渥黑爲散秩大臣。

《小腆紀年》卷一九　甲子，我大清吴三桂兵過天生橋，明白文選棄七星關，走霑益。

《世祖實録》卷一二三　乙丑，命吏部尚書覺羅科爾昆、右侍郎覺羅碩博惠督查覺羅子女。

己巳，命大學士巴哈納、金之俊、衛周祚、李霨，尚書科爾昆圖海、孫廷銓、王弘祚，左都御史能圖校訂《大清律》。

壬申，陞鑲白旗滿洲包衣昂邦索渾爲本旗固山額真。

甲戌，免山西五臺縣本年分雹菑額賦。

《小腆紀年》卷一九　明李定國拒戰於炎遮河，敗績，退保北盤江，馮雙禮之師亦潰於雞公背，我大清兵進次曲靖，知府蓋世禄降。

《世祖實録》卷一二三　丁丑，以山東濰縣等處欺隱廢藩地畝九百餘頃，降巡撫耿焞七級調用。

《小腆紀年》卷一九　明桂王出奔。

乙酉，陞禮部左侍郎渥赫爲本部尚書。

免浙江山陰、會稽、蕭山、諸暨、餘姚、上虞、嵊縣、定海等縣十四年分水災額賦。

丙戌，以解廣西協餉功，加江西巡撫張朝璘兵部尚書銜。

《東華録》卷八　［戊子］，命都統明安達理爲安南將軍，同都統俄羅塞臣、賽音達理，護軍統領席伯臣、車爾布等，統大兵赴貴州，與經略洪承疇共議要地駐劄。

［辛卯］，洪承疇奏：水西宣慰司投誠。

順治一六年（己亥、一六五九）

《小腆紀年》卷一九　春正月癸巳朔，明桂王次永平。

《東華録》卷八　〔甲午，四川巡撫高民瞻奏報〕：川東僞侯譚詣殺其兄譚文來降，譚弘亦遣人納欵。

《小腆紀年》卷一九　乙未，我大清兵取明滇都，明衛國公胡一青、提學道徐心箴、光禄寺少卿黄復生、提督劉之扶、土司龍世榮等降，户部主事劉之謙死之。

丙申，明桂王駐永昌，下詔罪己。李定國還黄鉞，自請削秩，不許。

《世祖實録》卷一二三　丁酉，以大理寺卿徐永禎爲都察院右副都御史，巡撫福建，提督軍務。

庚子，諭吏部：【略】翰林院設滿漢掌院學士外，不必再設滿翰林官。

《東華録》卷八　初安遠大將軍多尼、征西大將軍吴三桂、征南將軍卓布泰會于平越府之楊老堡，議分兵進取雲南。多尼自貴陽入，三桂自遵義入，卓布泰自都匀入，訂于十二月會師雲南省城。多尼兵至安莊，斬其僞將劉將軍，追至盤江城，〔賊〕焚鐵鎖橋遁去，我軍作浮橋而濟，至松嶺衛，僞鞏昌王白文選率兵拒敵，我兵分擊大敗之，遂進抵雲南。三桂兵至七星關，白文選屯兵守險，乃從水〔西〕苗倮界間道度關，以襲其後，賊聞風遁去，遂直趨烏撒。卓布泰兵至盤江之羅顔渡口，賊阨險沉船，我軍從下流十里取所沉船，乘夜潛濟，賊潰，斬僞伯李成爵于梁瑞津。時李定國據雙河口山頂，卓布泰遣兵奮擊敗之。至陸格，定國復列栅拒守，卓布泰分兵爲三，張左右翼擊之，再戰再捷，追四十餘里，聞賊尚據鐵鎖橋，乃從普安州間道入雲南。三路大師俱入省城，定國、文選與永歷奔永昌。

《世祖實録》卷一二三　起降調原任湖廣巡撫林天擎爲都察院右僉都御史，巡撫雲南，贊理軍務。

甲辰，諭吏部：寧古塔係邊疆要地，昂邦章京沙爾虎達【略】其子巴海，素著謹敏，堪勝此任。著即代其父爲昂邦章京，前往駐防。

乙巳，允庶吉士陳敬奏請更名廷敬，以與直隸庶吉士陳敬同名故也。

丁未，大計天下各官，按察使王廷賓等九百五十四員，分別革職、降調、致仕有差。

癸丑，諭吏部：朕見爾部銓補各省道員，但因地方定銜，不就本官定銜，每遇缺出，人得預揣，規避營競。自今以後，除授陞轉各道員不得拘地方坐定職銜，著以布、按二司銜，通融兼帶，永著爲例。

戊午，吏部遵旨議奏：趙廷臣原係都察院右僉都御史職銜，今應陞兵部右侍郎兼都察院右副都御史，總督雲貴等處地方軍務，兼理糧餉。卞三元應陞都察院右副都御史，巡撫貴州，兼督理湖北川東等處地方，提督軍務。從之。

〔二月〕丙寅，免陝西潼關、衛辛莊等屯十五年分雹菑額賦。

辛未，免湖廣荆門、沔陽二州，潛江、監利、天門、江陵、松滋、遠安、鍾祥、枝江等縣，沔陽、安陸二衛十五年分水菑額賦。

《小腆紀年》卷一九　辛未，明總兵王國勛敗績於普洱。

《世祖實録》卷一二三　丙子，和碩簡親王濟度等議奏：【略】駐防寧南靖寇大將軍固山額真宗室羅託等官兵，勞苦日久，應徹回京。黔省係邊要之區，請敕經略洪承疇酌量鎮守。至荆州乃適中之地，應令安南將軍固山額真明安達理等官兵駐防。報可。

《小腆紀年》卷一九　明白文選敗績於大理之玉龍關，走木邦。

丁丑，明李定國遣其將靳統武扈桂王奔騰越。

己卯，明桂王至騰越。

辛巳，明李定國兵渡潞江，大理寺卿盧桂生叛降於我大清。明日，戰於永昌之磨盤山，明兵大敗，泰安伯竇民望、總兵王璽皆死之，我大清兵尋引還。

《世祖實録》卷一二三　壬午，陞浙江布政使司左布政使許文秀爲都察院右副都御史，巡撫山東，提督軍務。

陞大理寺寺丞袁懋功爲都察院左副都御史。

《小腆紀年》卷一九　明桂王自騰越出奔。

丁亥，〔明桂王〕至鐵壁關，扈將孫崇雅叛。

《世祖實録》卷一二三　戊子，調湖廣武昌、長沙、澧州、洞庭兵四百名，防守九谿、永定二衛，合舊額兵共一千名。設遊擊一員、中軍守備一員統領之，以遊擊駐劄九谿，中軍守備駐劄永定。

《小腆紀年》卷一九　〔明桂王〕抵緬甸之囊木河，靳統武亦棄王去。

庚寅，明桂王入緬甸之銅壁關，次蠻漠。

是月，明昆明諸生薛大觀舉家赴水死。

《小腆紀年》卷一九　三月壬辰朔，明桂王抵緬甸之大金沙江。

《世祖實録》卷一二四　丙申，諭吏部：江寧地方賦税繁重，兼防海正殷，著調操江巡撫蔣國柱，仍以兵部尚書兼都察院右副都御史，總理糧儲，提督軍務，巡撫江寧等處地方。

《小腆紀年》卷一九　明鞏昌王白文選以兵迎桂王於緬甸之阿瓦城，不得。

《世祖實録》卷一二四　己亥，以户部右侍郎張仲第爲兵部左侍郎兼都察院右副都御史，巡撫延綏，贊理軍務。

《東華録》卷八　〔丙午〕，立明崇禎帝碑，大學士金之俊撰文。

《世祖實録》卷一二四　戊申，陞陝西右布政使朱衣助爲都察院右副都御史，提督操江，兼巡撫安徽等處。

《東華録》卷八　〔甲寅〕，命平西王駐鎮雲南，平南王駐鎮粵東，靖南王駐鎮四川。

《世祖實録》卷一二四　丁巳，免湖廣襄陽、光化、宜城、穀城、棗陽、南漳等縣十五年分水災額賦。

《世祖實録》卷一二五　閏三月辛酉朔，更定在京各衙門滿漢官銜品級。

裁六科滿主事，其印信俱都給事中掌管。

丁卯，諭刑部：【略】今後貪官贓至十兩者，免其籍没，責四十板，流徙席北地方，其犯贓罪，應杖責者，不準折贖。

癸酉，兵部奏言：僞侯譚弘、譚詣傾心慕義，剪逆歸誠，均應封以三等侯爵。得旨：譚弘、譚詣俱著封侯。以後公、侯、伯封爵，不必分三等。

丙子，都察院左都御史魏裔介條陳四事：【略】疏入，得旨：溺女惡俗，殊可痛恨，著嚴行禁革。餘著詳議以聞。

《東華録》卷八　〔甲申〕，刑部尚書圖海負恩溺職，免死革職，籍其家。

《世祖實録》卷一二五　免湖廣鍾祥縣十五年分水災額賦。

《東華録》卷八　〔丙戌〕，授僞新津侯譚弘爲慕義侯，僞仁壽侯譚詣爲向化侯。

《世祖實録》卷一二五　更定賜祭外藩蒙古事例。

丁亥，陞大理寺卿張自德爲都察院右副都御史，巡撫陝西，贊理軍務。

戊子，上復親試江南舉人。

《小腆紀年》卷一九　〔是月〕，我大清吴三桂兵至姚安。明大學士張佐辰、尚書孫順、侍郎萬年策、翰林劉菃、布政司宋企鍈等皆降。

我大清兵還至雲南，明大學士扶綱、侍郎尹三聘、淮國公馬寶、敍國公馬維興、武靖侯王國璽、懷仁侯吴子金、宜川伯高啓隆、公安伯李如碧及各土官先後降。

明黔國公沐天波、綏寧伯蒲纓、總兵王啓隆謀奉桂王出緬甸，馬吉翔阻之，亦不果。

緬甸戕明從官之自陸行者。

《世祖實録》卷一二五　四月〔壬寅〕，定蘆政考成則例。

《東華録》卷八　〔甲寅〕，多尼、吴三桂、卓布泰報：「臣等遣兵勦白文選於玉龍關，文選遁，追擊敗之，擒僞總兵吴貴賤，燒瀾滄江之鐵鎖橋遁走。臣等發兵克永昌府，永歷及定國竄騰越，我兵渡瀘江，定國伏兵磨盤山，我兵分八隊衝擊，斬僞伯竇名望，賊遁入石門逸去，遂克騰越。復自騰越過南甸至孟(坑)〔村〕，賊(挾)〔從〕三宣六慰諸土司遁去。仍班師回省。」

定南王屬下總管李茹椿奏：「孔有德子廷訓於順治九年陷寇，於十五年十二月十六日遭李定國慘害。」

〔丁巳〕，吴三桂奏：「僞慶陽王馮雙禮遁走四川，僞德安侯狄三品執之以獻。」上命押雙禮來京安置，尋授狄三品抒誠侯。

吴三桂奏：僞伯朱養恩等以嘉定州降。

《小腆紀年》卷一九　〔是月〕，明咸陽侯祁三昇以兵迎桂王於緬甸，馬吉翔遣使以敕書止之。

《小腆紀年》卷一九　五月乙丑，明桂王發井梗。

戊辰，駐緬甸之者梗。

《世祖實録》卷一二六　己巳，以通政使司左通政劉秉政爲都察院右僉都御史，巡撫寧夏，贊理軍務。

庚午，故明輔國將軍朱儒相投誠，下所司知之。

癸酉，吏部等衙門遵旨會議，閣臣票擬疏忽，大學士巴哈納、金之俊、成克鞏、劉正宗、衛周祚，學士尼滿、查布海、白色純、常鼐、麻勒吉等，應各降二級，罰俸一年。大學士李霨應降四級調用。從之。

《小腆紀年》卷一九　明延平王朱成功、兵部左侍郎張煌言復會師大舉北上以援滇。

戊寅，抵崇明。

己卯，經江陰，舟楫蔽江而上。

《世祖實録》卷一二六　禮部議覆翰林院掌院學士折庫訥等疏，言明朝一代之史，理應修輯，以昭鑒戒。請勅各直省地方官，凡收藏有明崇禎十七年朝報及召對紀載可備採擇者，務期廣爲搜羅，速行彙送翰林院，以便題請纂修。其野史小説不許濫收。報可。

辛巳，諭户、兵二部：雲貴新入版圖，百姓皆朕赤子。【略】今特發内帑銀三十萬兩，爾部即差的當員役，刻期賫往經畧軍前，以十五萬兩賑濟兩省真正窮民，其十五萬兩令經畧臣收貯，見今進討三路大兵，如有需餉甚急者，立行接濟。爾部即遵諭行。

壬午，授一甲一名武進士劉炎副將品級，二名武進士張國彦參將品級，三名武進士賈從哲遊擊品級，二甲、三甲武進士繳應善等守備品級，仍隨侍衛學習。

丙戌，免直隸蠡、雄、栢鄉、邢臺、南和、内邱、任、新河等縣十五年分雹災額賦。

六月庚寅朔，諭户、兵二部：大兵三路進征雲貴，俱跋踄險阻，長驅深入，經歷寒暑，深軫朕懷。特加恩賚，用示慰勞。

己亥，諭兵部：大閲典禮，三年一行，已永著爲例。數年以來，尚未修舉，今不容再緩，著即傳諭各旗官兵，整肅軍容，候秋月朕親行閲視。爾部即詳察應行事宜，擇吉具奏。

庚子，朝鮮國王世子李棩奏其父國王淏以本年五月初四日薨逝，懇請賜謚。淏母趙氏亦奏請以棩襲爵。俱下所司察例。

《小腆紀年》卷一九　丙午，明朱成功攻瓜洲，克之。

癸丑，〔明朱成功〕克鎮江。

〔七月〕癸亥，〔明朱成功〕登舟傳檄。

丙寅，〔明朱成功〕至觀音門。以黄安督水師，守三汊河口。

《東華録》卷八　〔丁卯〕，命内大臣達素爲安南將軍，同都統索洪、護軍統領賴塔統兵征勦鄭成功。

〔戊辰〕，故明廢（官）〔宗〕朱義盛謀反，並其黨舒英等俱伏誅。

《小腆紀年》卷一九　〔明朱成功〕由儀鳳門登岸，軍於獅子山，偕諸將登閲江樓，望建業王氣。

乙亥，王師以千騎薄余新營而敗，城中益懼。

《世祖實録》卷一二七　丙子，海寇犯江南省城。

庚辰，漕運總督亢得時聞海寇入犯江寧，出師高郵，自溺死。

壬午，命户部尚書車克往江南，催集各省錢糧，製造戰船。

《小腆紀年》卷一九　壬午，明朱成功敗績於江寧，崇明伯甘煇等死之，成功退入於海，瓜洲、鎮江皆復歸於我大清。

癸未，成功至鎮江。黄安全隊亦至。

〔是月〕，明張煌言徇江南、北府州縣，下二十九城。

《世祖實録》卷一二七　八月己丑朔，命貴州土官，每遇歲終，各將世系履歷及有無嗣子開報布政司註册，三年入覲時，報部以憑稽核。

《東華録》卷八　江南總督郎廷佐奏：「海寇自陷鎮江，於六月二十六日逼犯江寧，幸貴州凱旋副都統（葛）〔噶〕褚哈、馬爾賽等從荆州乘船歸，聞賊（即）〔疾〕赴救，同臣及駐防都統哈哈木等兩路出擊敗之。七月二十日，成功親登陸，攻犯江寧。會總兵梁化鳳、遊擊徐登第、參將張國俊等各領兵至，二十三日勦賊，擒僞總統余新，斬僞總兵二人。次日五鼓出勦賊，大敗之，擒僞（總）〔提〕督甘煇並僞總兵等官，焚賊船五百餘隻，賊順流遁。官兵水陸追之，鎮江、瓜州悉恢復。」

《世祖實録》卷一二七　癸巳，命固山額真劉之源爲鎮海大將軍，同梅勒章京張元勳、周繼新領官屬兵丁駐防鎮江。

命大學士劉正宗、衛周祚爲會試主考官。

《東華録》卷八　〔甲午〕，四川撫高明瞻奏：統兵進取成都，川西底定。

〔乙未〕，安南國都將太傅宗國公武公悰遣目吏赴信郡王軍前納欵。

《小腆紀年》卷一九　己亥，明朱成功攻崇明，不克。

癸卯，明黔國公沐天波以夷禮見於緬酋，禮部郎中楊在、行人任國璽疏劾之。

《世祖實録》卷一二七　甲辰，江寧巡撫蔣國柱奏報：逆寇鄭成功，自江寧敗遁南下，復犯崇明，遊擊劉國玉等擊敗之，賊俱南遁。

癸丑，免直隸慶都、唐縣本年分雹災額賦有差。

乙卯，逮江寧巡撫蔣國柱至京勘問。

《小腆紀年》卷一九　〔是月〕，我大清再遣使招明張煌言，煌言不受，走英山，尋入於海。

《東華録》卷八　九月〔己未朔〕，江寧撫蔣國柱奏：鎮江失守時，知府戴可進等六員、副將高謙等十四員皆從逆。

《世祖實録》卷一二八　庚申，免浙江台州府四年至十二年寇劫倉庫銀糧。

壬戌，川陝總督李國英疏報：收復嘉定一路，招降僞將軍楊國、明總兵武國用，各州縣僞官皆繳印投誠。下所司知之。

丁卯，諭吏部：舊例，總督、巡撫請告，必令代題。今**【略】**許其自行陳奏。著永著爲例。

庚午，兵部議：京城被盜傷人，該管步軍校應奪俸，撥什庫應鞭責。上以所議太輕，命將步軍校革職，撥什庫送刑部擬罪。永著爲例。

壬申，諭吏部：巴哈納、金之俊、成克鞏、劉正宗、衛周祚、李霨、尼滿、查布海、白色純、常鼐、麻勒吉，前降級罰俸之案，俱著寬免，李霨亦著照舊辦事。

癸酉，殿試天下會試中式貢士朱錦等。

乙亥，上御太和殿傳臚，賜會試中式貢士陸元文等進士及第、出身有差。

諭兵部：**【略】**著於明年令天下武舉，亦再行會試。其舉行月日，爾部即行議奏。

丁丑，陞刑部左侍郎杜立德爲本部尚書。

戊寅，遣工部尚書管侍郎事郭科、禮部侍郎祁徹白致祭故朝鮮國王李淏，**【略】**謚曰「忠宣」，仍封王世子李棩爲朝鮮國王，承襲如制。

遣大學士蔣赫德、吏部侍郎覺羅碩博會封朝鮮國王世子李棩爲朝鮮國王，世子妃金氏爲王妃。

免廣西臨桂縣草場十四、五、六年分包荒税銀，永寧州，臨桂、靈川、永福、義寧等縣廢藩田租銀米。

庚辰，以鑲藍旗漢軍梅勒章京海爾圖爲固山額真。

辛巳，諭禮部：興京祖陵，**【略】**今尊稱爲永陵，應行典禮，爾部即察例具奏。

壬午，遣山東道監察御史陳棐往查山東荒地。

《小腆紀年》卷一九　九月，明頒緬穀於從官。

明朱成功部將劉猷敗績於温州，死之。

明朱成功回師厦門，上表待罪，立廟祀死事諸人。

《世祖實録》卷一二九　十月辛卯，諭吏部：**【略】**以後各部尚書、侍郎，及院寺堂官，受事在先者即著掌印，不必分別滿漢。

癸巳，諭吏部：朕親考試翰林庶吉士熊賜履、譚篆、富鴻業、蕭惟豫、張貞生、熊賜瑛、鄒度珙、陸懋廷、馬晉允、崔蔚林，俱著照例授爲編修、檢討。

丁酉，四川巡撫高民瞻奏報：**【略】**川南底定。

己亥，吏部**【略】**得旨：進士初授知州，品級太懸，著俱以推官、知縣用。永著爲例。

《東華録》卷八　〔庚戌〕，洪承疇以目疾乞休，允其回京調理。

乙卯，九卿、科道議奏逃人事例。**【略】**從之。

《小腆紀年》卷一九　〔是月〕，我大清吴三桂以兵圍沅江，明土知府那嵩悉力固守。

明晉王李定國駐軍孟艮。

明郝承裔以邛、眉等州降於我大清。

明鎮寧侯王友進降於我大清。

《世祖實録》卷一三〇　十一月己未，宗人府奏言：故巽王滿達海、端重王博洛，既以罪削其子所襲王爵，降爲多羅貝勒，其謚號及碑相應追奪。從之。

《小腆紀年》卷一九　癸亥，我大清兵克沅江，明總督銜土知府那嵩死之。

《世祖實録》卷一三〇　丙寅，上自南苑出西紅門校獵，是日駐蹕白家灘。

丁卯，上駐蹕盧溝橋。

壬申，上駐蹕昌平州。

免河南湯陰縣本年分雹災額賦。

癸酉，上閲明諸帝陵。

甲戌，遣内大臣伯索尼致祭前明崇禎帝。**【略】**遣官祭前明成祖、仁宗、宣宗、英宗、憲宗、孝宗、武宗、世宗、穆宗、光宗、熹宗諸帝陵。

乙亥，上駐蹕高麗營。

戊寅，上駐蹕馬伸橋。

皇第六子奇授生。

壬午，以尊稱四祖陵爲永陵，遣官告祭。

甲申，上駐蹕三屯營。是日，諭禮部：前明崇禎帝，**【略】**宜加謚號，以昭實行。今謚爲莊烈愍皇帝。爾部即遵諭行。

丙戌，上駐蹕灤河。

己丑，衍聖公孔興燮，以恣意濫刑，擅斃廟户，命革去少傅兼太子太傅銜。

戊戌，上還宮。

乙巳，定世職承襲例。

宗人府奏言：端重王博洛之子塔爾納，原封多羅郡王，卒後謚敏思。今端重王獲罪，塔爾納封爵謚號併所立碑俱應追奪。從之。

丙午，兩廣總督李棲鳳奏報：安南都統使司都統使莫敬耀，遣使投誠。疏下所司。

《東華録》卷八　命耿繼茂移駐廣西，提督線國安著來京。

順治一七年（庚子、一六六〇）

《小腆紀年》卷二〇　春正月丁巳朔，明桂王在緬甸之者梗。

《世祖實録》卷一三一　丙寅，陞大理寺卿朱國治爲都察院右副都御史，巡撫江寧等處，總理糧儲，提督軍務。

辛未，定文武各官捐助馬匹五十匹以上者，紀録一次；一百匹以上者，加一級。

兵部議覆兵科右給事中袁懋德疏，言凡督、撫、提、鎮自京隨帶閒甲、馬匹，務將兵丁年貌、籍貫、馬匹毛色、口齒詳明造册送部，查點印烙，然後移咨户部，支給銀餉。其在外督撫兵馬，應照例印烙造册，督撫按互相查核，提鎮各標營亦應照例册報，以憑查驗。其督撫造報内部兵馬册籍，亦須詳註明確，以杜頂替虚冒之弊。從之。

《東華録》卷八　〔壬申〕，禮部議覆給事中姚延啓，請照例再行嚴禁大小官員私交私（燕）〔宴〕及慶賀餽送。允之。

《世祖實録》卷一三一　庚辰，上以文廟告成，親祭先師孔子。

諭吏部：刑名關係重大，須得人料理。左都御史能圖，著調補刑部尚書。

諭兵部：武科取士，【略】以後試馬步箭論策，著照例行，其開弓、舞刀、掇石，俱不必試。

辛巳，上省躬引咎，頒詔大赦天下。

免陝西洮州衛十六年分水災額賦。

《東華録》卷八　給事中楊雍建言：「今之妄立社名糾集盟誓者，所在多有，而江南之蘇州、松江，浙江之杭、嘉、湖爲尤甚。其始由於好名，因之植黨。請飭學臣嚴禁，不得妄立社名，投刺往來，亦不許用『同社』、『同盟』字樣。」得旨：嚴行禁止。

《小腆紀年》卷二〇　〔是月〕，明德陽王至濬降於我大清。

《世祖實録》卷一三二　二月丙戌朔，平西王吴三桂疏報：僞侯吴子聖、伯廖魚、陳建、將軍楊武、楊國明、劉啓明、總兵郝承裔等，各率所部，繳敕印投誠。下兵部議。

《東華録》卷八　〔戊子〕，吴三桂奏：官兵大破賊於普洱。

征南將軍卓布泰等班師。

《世祖實録》卷一三二　壬辰，少傅兼太子太傅、工部尚書劉昌【略】著以原官致仕。

太子太保都察院左都御史魏裔介【略】著革去太子太保。

癸巳，免貴州貴陽、安順、都勻、石阡、鎮遠、銅仁等府屬，州、縣、衛、所、土司十六年分旱災額賦。

《東華録》卷八　仍設鳳陽巡撫，駐泰州，從漕督蔡士英請也。

《世祖實録》卷一三二　甲午，吏部遵旨甄别京官，開列各衙門職名進覽。得旨：三品以上各官，著開列職名，候朕親加甄别。四品以下各官，爾部即詳加甄别具奏。

《東華録》卷八　〔庚子〕，吏部等會議：「蘇松巡撫馬騰升謂滿兵驕悍成習，妄請撤京口駐防，應革職，遇赦免議。」從之。

《世祖實録》卷一三二　壬寅，諭吏部：「鳳陽等處地方緊要，必得其人，方能勝任。林起龍著加太子太保，陞兵部尚書兼都察院右副都御史，巡撫鳳陽等處地方，兼海防提督軍務。爾部即遵諭行。」又諭吏部、六部等衙門：「三品以上各官，分理庶務，責任匪輕，宜澄敘優劣，用示勸懲。朕令親加甄别，林起龍另有諭旨。石申、馮溥、杜篤祜、沙澄、胡兆龍、艾元徵、王熙、劉達、李棠馥、高景、楊義、陳協、李敬，才品、職任相宜，俱著照舊供職。袁懋功才品敏練，著照舊辦事，遇緊要地方巡撫缺出推用。張瑃，前巡視兩淮鹽政，操守清介，著加一級，照舊供職。李奭棠，在部供職日久，近多疾病，著以原官致仕。鍾鼎，才品平常，著照原品調外用。張縉彥，在都辦事平常，且耽情詩酒，好廣交遊，沽名取悦，殊失大臣靖共之誼，著降四級調外用。盛復選，才品庸劣，不能稱職，著降三級調外用。」

免江南淮、揚、鳳、徐所屬州、縣、衛十六年分水災額賦。

癸卯，復設光禄寺衙門於東安門内，以其舊署仍爲太醫院。

甲辰，諭吏部：在京各衙門漢官已行甄别，滿官亦應一體澄叙，以示鼓勵。大學士、尚書等俱著自陳，三品以上俱著開列職名，候朕親加甄别。四品以下照漢官例，爾部會同都察院詳加甄别具奏。

丁未，吏部尚書覺羅科爾昆【略】著降三級調用。

工部尚書固山額真孫塔遵諭自陳，命解尚書任，專管固山額真事務。

己酉，兵部以再行會試武舉照例題請内閣大臣監射，命内大臣及大學士監射，并諭：永著爲例。

壬子，諭吏部：工部職任繁劇，須得人料理。霍達著調補工部尚書。

免直隸梁城所十六年分水災額賦。

甲寅，頒賜諸王以下、甲喇章京等官以上繙譯《三國志》。

《世祖實録》卷一三三　三月癸亥，定平南、靖南二藩屬下鎮標緑旗官兵營制。

甲子，陞山東左布政使紀功爲都察院右副都御史，巡撫浙江等處，提督軍務。

刑部議覆江寧巡按衛貞元條奏，訟師、訟棍串通衙役，詭名誣告良民詐財者，詢實應照光棍三人以上例，爲首立絞，爲從責戍。從之。

丙寅，廣西巡按李秀奏報：僞開武將軍沈文宗、僞總兵蔣載舉、朱長興，各率所部就撫。下所司知之。

戊辰，都察院左都御史魏裔介疏言：請行糾拾之法，以補甄别之所未及。内而京官，外而督撫，不拘見任、丁憂、告假、養病，應悉照京察事例，令科道各官遇有見聞，即據實糾劾。得旨：此奏是，該部院知道。

己巳，吏部議：雲貴總督兼任兩省，應如經略洪承疇等請，令駐適中之地，半年駐安順，半年駐曲靖。從之。

癸酉，諭兵部：武闈取士，【略】以後鄉會考試馬箭，照滿洲例射帽，步箭亦照滿洲例射尋常小的。

《東華録》卷八　〔甲戌〕，諭兵部：以後固山額真漢字稱爲都統，梅勒章京稱副都統，甲喇章京稱參領，牛录章京稱佐領，昂邦章京稱總管。

《世祖實録》卷一三三　癸未，禮部遵旨定擬封號。親王、世子、郡王正室曰妃，貝勒、貝子及鎮國公、輔國公、鎮國將軍、輔國將軍正室曰夫人，奉國將軍正室曰淑人，奉恩將軍正室曰恭人，親王女和碩格格曰郡主，世子、郡王女多羅格格曰縣主，貝勒女多羅格格曰郡君，貝子女固山格格曰縣君，入八分鎮國公、輔國公女曰鄉君，未入八分鎮國公、輔國公、鎮國將軍、輔國將軍、奉國將軍、奉恩將軍女不授封曰宗女，平西、平南、靖南及外藩、蒙古諸王、義王正室，亦曰妃。其郡主、縣主、郡君、縣君、鄉君封號，應勅内閣撰擬，恭請欽定，册誥文亦應内閣撰擬。金册、鍍金銀册、紙册、誥命，應行工部造辦。從之。

甲申，更定民公侯伯以下，章京以上，盔纓之制。

《小腆紀年》卷二〇　〔是月〕，明潁國公楊武降於我大清。

明大學士方端士降於我大清。

明廣國公賀九儀將降於我大清，晉王李定國誅之。

明兵部尚書張煌言駐師林門，尋移駐桃渚。

《世祖實録》卷一三四　丙戌，免直隸寶坻、豐潤、武清十六年分水災額賦。

戊子，禮部遵旨更定諭祭造葬例。

壬辰，大學士覺羅巴哈納、衛周祚、李霨，户部尚書王弘祚，刑部尚書能圖等遵諭校訂律例，以盛京定例及歷奉上諭，並部院衙門條例，分晰應入律不應入律各款，繕寫滿漢文各六册，進呈御覽。

甲午，上親試會試中式武舉馬步射於南苑。

命湖廣巡撫張長庚，仍以太子少保、兵部尚書兼都察院右副都御史，總督湖廣等處軍務，兼理糧餉。

《東華録》卷八　〔己亥〕，禮部議廣西巡撫李秀言：「粵西鄉試舊額六十名，因地方未闢，只中四十名。今奉各省中額減半之旨，但今全省俱復，應仍照舊額准中三十名。」從之。

《世祖實録》卷一三四　辛丑，定遲報夏秋災處分例。

癸卯，以浙江左布政使白秉貞爲都察院右副都御史，撫治鄖陽等處，提督軍務。

乙巳，諭兵部：朕屢試會試中式武舉，内李言、潘龍士、朱鵬、史學鎰、許鵬、陸如贊、劉潛、查道生、馬逢元、方亦臨十名，馬箭、步箭俱甚不堪，俱著革去武舉。此等人何以取中，前列主考官著議處具奏。

丙午，皇第七子隆禧生。

《東華録》卷八　吳三桂言：「滇南負固有年，一朝勘定，獨永歷在緬，李定國、白文選等分住三宣、六慰、孟艮一帶，藉永歷以鼓惑衆心，窺我邊防，患在門户；號召諸蠻，患在肘腋；投誠生心，患在腠理。請大軍入緬，以靖根株。」

《世祖實録》卷一三四　甲寅，命學士麻勒吉、侍郎石圖前往雲南與平西王吳三桂面商機宜。

三法司遵旨覆審周亮工一案，【略】得旨：周亮工依擬應斬，著監候，秋後處決，家産籍没。田緝馨、王仕雲、吴琪滋俱依擬應絞，著監候，秋後處決。餘俱依議。

《世祖實録》卷一三五　五月乙卯朔，調兵部尚書覺羅伊圖爲吏部尚書。

賜中式武舉林本直等進士及第、出身有差。

庚申，免陝西膚施、安塞、保安、延長、綏德五州縣十六年分水災額賦。

甲子，陞刑部右侍郎阿思哈爲兵部尚書，禮部左侍郎、中和殿學士蘇納海爲工部尚書。

《小腆紀年》卷二〇　我大清兵攻厦門，明延平王朱成功禦卻之。

《世祖實録》卷一三五　丁卯，以考滿加巡撫山西兵部右侍郎兼都察院右副都御史白如梅爲右都御史。

己巳，平西王吴三桂【略】疏請故明國公沐天波莊田給壯丁二千人，每人地六日，部議每丁給地五日。從之。

命翰林院侍講學士劉芳躅、工科給事中劉大謨爲福建鄉試主考官，兵部員外郎張光祖、中書科中書舍人孫象賢爲四川鄉試主考官，兵部主事張登選、行人司行人劉煇爲廣東鄉試主考官，户部主事張易賁、行人司行人何元英爲廣西鄉試主考官。

壬申，諭吏部、户部：司官不用蘇、松、常、鎮、杭、嘉、湖之人，原有成例，以後著照舊例行。吏部司官，每省額設一員，不拘司分，缺出照省分補用。江南既改爲省，以後該省司官照各省止用一員。爾部即遵諭行。

甲戌，陞正藍旗漢軍副都統佟壯年爲都統，鑲白旗滿洲長史郭爾親爲蒙古都統，正白旗滿洲護軍參領色格、鑲黄旗蒙古參領色冷、鑲藍旗蒙古一等護衛夸代，爲各旗蒙古副都統，鑲白旗漢軍參領楊雀祥爲副都統。

免湖廣沅州、鎮遠二衛十六年分旱災額賦。

己卯，以查解逃人，加巡撫順天都察院右副都御史祖重光兵部左侍郎，巡撫山東。都察院右副都御史許文秀，兵部右侍郎。

庚辰，以正黄旗漢軍散秩大臣張天福爲都統。

《東華録》卷八　〔壬午〕，以亢旱疫癘詔求直言。

《世祖實録》卷一三五　廷試就教歲貢生宗觀等五百餘人。

《東華録》卷八　安遠靖寇大將軍信郡王多尼班師。

《世祖實録》卷一三六　六月乙酉，諭翰林院：【略】今欲於景運門内建造直房，令翰林官直宿，朕不時召見顧問，兼以觀其學術才品。應分幾班，每班酌用幾員，即開列職名具奏。

阿思哈著以兵部尚書管都察院、左都御史事。

戊子，諭吏部：【略】楊茂勳著改兵部左侍郎兼都察院右副都御史，巡撫湖廣等處地方，兼提督軍務。

上以亢旱不雨，恐有冤抑，遣内大臣愛星阿、遏必隆、索尼、蘇克薩哈，大學士成克鞏、衛周祚，學士白色純，會同刑部，清理刑獄。

免湖廣澧州、巴陵、平江、臨湘、華容、安鄉、通城等縣，岳州衛旱災，石首、天門、漢川、江陵、監利等縣，荆州衛、沔陽衛水災十六年分額賦有差。

己丑，諭吏部：【略】蘇納海著調補兵部尚書。

庚寅，贈故定西將軍都統侯墨爾根、侍衛李國翰太子太保。

癸巳，以一等侍衛穆理瑪爲工部尚書。

命禮部左侍郎、文華殿學士白色純暫署河道總督事務。

浙江道監察御史季振宜劾奏大學士劉正宗。

乙未，先是，上以和碩承澤親王碩塞女撫育宫中，至是封爲和碩公主，下嫁平南王尚可喜子之隆。

《世祖實録》卷一三七　丙申，上以禱雨，率諸王文武羣臣，素服步至南郊齋宿。

庚子，以靖南王耿繼茂移駐廣西，賜之敕。

辛丑，以原任憲臣魏裔介參原任大學士劉正宗疏内詞連保定巡撫劉祚遠，命祚遠解任聽勘。

禮部奏：亢旱日久，請修舉天下名山大川，及古帝王聖賢祀典，以昭虔敬。又請暫開准貢一途，令士民捐銀賑濟，能全活百人以上者，各照出身量與録用。從之。

丙午，命翰林院編修張貞生、刑科右給事中汪之洙爲浙江鄉試主考官，翰林院編修蕭惟豫、兵科給事中周明新爲江西鄉試主考官，翰林院檢討鄒度珙、工科右給事中薛鼎臣爲湖廣鄉試主考官。

《世祖實録》卷一三八　秋七月甲寅朔，命太子太保、工部尚書霍達仍以原銜管都察院左都御史事。

和碩簡親王濟度薨，年二十八，追封和碩純親王。

戊午，以原任刑部郎中崔澄爲都察院監察御史。

先是，平西王吳三桂請以投誠兵丁分十營，每一千二百名爲一營，以投誠官統之，營名一曰「忠勇」，一曰「義勇」，各分中、前、後、左、右五營，併擬投誠僞官馬寶等十員爲總兵官，其應用中軍、遊擊、守備，俱開具姓名請補。至是，部議悉如所請。奏上，得旨：馬寶著以右都督充忠勇中營總兵官，李如碧著以都督僉事充忠勇前營總兵官，高啓隆著以都督同知充忠勇左營總兵官，劉之復著以參將管忠勇右營總兵官事，塔新策著以副將管忠勇後營總兵官事，王會著以右都督充義勇中營總兵官，劉偁著以副將管義勇前營總兵官事，馬惟興著以左都督充義勇左營總兵官，吳子聖著以都督僉事充義勇右營總兵官，楊威著以副將管義勇後營總兵官事。餘俱依擬用。

庚申，命翰林院檢討譚篆、禮科右給事中諶名臣爲江南鄉試主考官。

己巳，免湖廣荆門、沔陽、茶陵等州，祁陽、常寧、衡陽、潛江、長沙、寧遠、湘陰、益陽、安仁、新田等縣，衡州、鎮遠、永州等衛十六年分水旱災傷額賦有差。

庚午，陞總督倉場户部左侍郎楊義爲工部尚書。

免湖廣均州、房山、保康、竹山、竹溪、鄖南、漳、穀城等縣及鄖陽衛十六年分兵荒額賦。

壬申，命吏部員外郎夏安運、禮部郎中鄢翼明爲河南鄉試主考官。

丙子，命兵科右給事中袁懋德、督捕郎中趙聯元爲山東鄉試主考官，禮科給事中成肇毅、刑部員外郎王仲爲山西鄉試主考官。

《東華録》卷八　〔丁丑〕，命耿繼茂移駐福建。

《世祖實録》卷一三八　今後有應徙席北者，俱改徙寧古塔。

辛巳，命大學士李霨撰明死節太監王承恩碑文，表於其墓。

《東華録》卷八　〔壬午〕，命都統宗室羅託爲安南將軍，征海寇鄭成功，同尚書車克、內大臣達素、索渾等。

〔癸未〕，內大臣伯索尼請禁滿洲霸佔市井貿易，及滿洲家人强買市物。從之。

《小腆紀年》卷二〇　〔是月〕，明鞏昌王白文選以兵迎桂王於緬甸之阿瓦城，不得。

《世祖實録》卷一三九　八月戊子，命翰林院檢討莊朝生、熊賜履爲順天鄉試主考官。

己丑，免廣東化州、茂名、信宜、陽春等縣，高州所十六年分水災額賦。

庚寅，免湖廣武岡州十六年分旱災額賦。

《東華録》卷八　議政王等議奏舟山乃本朝棄地，守亦無用，應令(胡)〔明〕安達禮率滿兵回京。

《世祖實録》卷一三九　丙申，雲南車里宣慰司土司刀木禱投誠。

《東華録》卷八　〔戊戌〕，以男品級沈永忠爲掛印將軍，鎮廣東，立功贖罪。

〔辛丑〕，遣內大臣公愛星阿爲定西將軍，征李定國。

《世祖實録》卷一三九　壬寅，皇貴妃董鄂氏薨。

甲辰，諭禮部：皇貴妃董鄂氏於八月十九日薨。【略】特用追封加之謚號，謚曰孝獻莊和至德宣仁温惠端敬皇后。

辛亥，以鑲黄旗滿洲工部尚書穆理瑪爲都統。

《世祖實録》卷一四〇　九月癸丑朔，安南國王黎維祺奉表投誠，附貢方物。

甲寅，上爲端敬皇后服喪十二日，釋服，遣官致祭。

《東華録》卷八　〔癸亥〕，以海氛未靖，遷同安之排頭、海澄之方田沿海居民(八)〔入〕十八堡，及海澄(邊境人民，均於)內地安插，從李率泰之言也。

《世祖實録》卷一四〇　甲子，陞江西左布政使佟鳳彩爲都察院右副都御史，巡撫四川等處，提督軍務。

丙寅，工部議覆內大臣伯索尼條陳私決泉水宜杜一款，應如所請。嗣後，王、貝勒、大臣家人、官民人等，不許決引泉水灌田，如有違禁者，指名參奏議罪。採木陋弊宜禁一款，亦應如所請。嗣後，邊外伐木之處，宜再行嚴飭八旗，不許恃强占據，如違，許在差官員察明揭報，指名參奏議罪。從之。

己巳，遣官初祭端敬皇后。

壬申，刑部等衙門奏言：江南斬犯徐元善，去秋寇亂縱出，賊去遵法投監，情有可矜，應減死，杖流。得旨：徐元善著免流徙，杖一百發落。以後重囚有此

等因變逸出投歸者，俱免死，照此例發落，永著爲例。其自行越獄及看守賄縱者，雖投歸，不在此例。

陞大理寺卿王登聯爲都察院右副都御史，巡撫保定、真、順、廣、大五府地方，管轄紫荆等關，提督軍務，兼理糧餉。

甲戌，陞湖廣右路總兵官楊遇明，仍以太子太保左都督充廣西提督總兵官。

免廣東保昌、曲江、乳源、仁化、樂昌、翁源等縣，南雄、韶州二所十四年分旱災額賦。

戊寅，上幸昌平州，觀故明諸陵。是日，駐蹕昌平州。

《世祖實録》卷一四一　冬十月，乙酉，陞通政使司左通政曹申吉爲大理寺卿。

丁亥，陞吏部右侍郎覺羅雅布蘭爲刑部尚書。

戊子，諭禮部：朝鮮國【略】以後貢鷹著永行停止。

辛卯，上幸郊外，駐蹕張果莊。

甲午，上還宫。

乙巳，允平西王請設雲南援勦四鎮：以四川右路總兵官右都督馬寧爲雲南援勦前鎮總兵官，四川左路總兵官署都督僉事沈應時爲雲南援勦左鎮總兵官，湖廣益陽總兵官署都督同知王輔臣爲雲南援勦右鎮總兵官，都督同知楊武爲雲南援勦後鎮總兵官。

丁未，免河南睢州、商邱、寧陵、尉氏、虞城、夏邑、考城、鄢陵、扶溝、永城、鹿邑、柘城等縣，歸德、睢陽等衛十六年分水災額賦有差。

庚戌，命立故明殉難太監王承恩碑。

《世祖實録》卷一四二　十一月壬子朔，諭刑部：朕覽朝審招册，待決之囚甚衆，【略】爾部即會同法司，將各犯比照減等例，定擬罪名，開具簡明招册具奏。

免直隸趙州、柏鄉縣、隆平縣、新樂縣，真定衛十六年分水災額賦。

乙卯，免江西寧州、上饒、豐城、奉新、武寧、進賢、高安、上高、新昌、(靖)〔清〕江、新喻、峽江、新淦、永豐、弋陽、玉山、德興、宜春、分宜、萬載、新建、安義、安福、貴溪、興安、吉水、永新、都昌、崇仁、餘干、東鄉、鉛山、安仁、靖安、泰和、廬陵、鄱陽、臨川、樂安、星子、浮梁、樂平、南昌、永豐、萬年等縣十六年分旱災田糧。

丁巳，諭刑部等衙門：見在監候各犯，頃有諭旨，概從減等。其中或有應秋決者，今年俱著停刑。

户部遵旨奏言：直隸慶都、完縣被災分數，俟該撫查報另行議覆。其曲陽縣既被水災，應免十七年分地畝額賦。從之。

安南將軍明安達禮班師至京，遣官迎勞之。

乙丑，和碩敬謹親王尼思哈薨，年十歲。

辛未，義王孫可望卒。

丁丑，命吏部尚書覺羅伊圖、禮部尚書渥赫、兵部尚書蘇納海、刑部尚書雅布蘭、杜立德、工部尚書郭科，會同校訂律令。

戊寅，免河南睢州、杞、虞城、柘城、永城、夏邑等縣河決淹没地畝額賦。

《東華録》卷八　〔庚辰〕，移甘州巡撫駐涼州。

《世祖實録》卷一四二　免江南五河、安東二縣十六年分水災額賦。

《世祖實録》卷一四三　癸巳，禮部以元旦慶賀禮儀具奏，得旨：免行慶賀禮。皇后蒙皇太后慈諭，此三四年來未令朝謁慈寧宫，以後行禮事宜，有關皇后者，不必開列具奏。

免江南邳州、蕭、宿遷、沭陽等縣十七年分水災額賦有差。

戊戌，免直隸慶都縣十七年分被災田地額賦。

甲辰，皇第八子永幹生。

順治一八年（辛丑、一六六一）

《小腆紀年》卷二〇　春正月辛亥朔，明桂王在緬甸之者梗。

《世祖實録》卷一四四　壬子，上不豫。

甲寅，信郡王多尼薨，年二十六。追封多羅宣和郡王。

丙辰，上大漸，遣内大臣蘇克薩哈傳諭京城内除十惡死罪外，其餘死罪及各項罪犯，悉行釋放。

《東華録》卷八　召學士麻勒吉、王熙至養心殿，定(上)〔聖祖〕御名，立爲皇太子，令草遺詔。

《世祖實録》卷一四四　丁巳，夜子刻，上崩於養心殿。遺詔頒示天下。

《東華録》卷八　遺詔命内大臣索尼、蘇克薩哈、遏必隆、鰲拜爲輔臣，保翊沖主，佐理政務。

《聖祖實録》卷一　戊午，宣讀遺詔，遣官頒行天下。

清聖祖部（起公元一六六一年，迄公元一七二二年）

《東華録》卷八　聖祖合天宏運仁武睿哲恭儉寬裕孝敬誠信中和功德大成仁皇帝，諱玄燁，章皇帝第三子也。母孝康慈和莊懿恭惠温穆崇天育聖章皇后佟氏，一等公謚佟圖賴女，年十五誕上於景仁宫，乃順治十一年甲午三月十八日巳時也。

順治一八年（辛丑、一六六一）

《東華録》卷八　〔正月〕初九日己未，上即皇帝位，以明年爲康熙元年，赦天下。

《聖祖實録》卷一　辛未，改會試期於三月初九日。

封多羅豫郡王多鐸子董額爲多羅貝勒。

壬申，免湖廣蘄州廣濟縣順治十七年分蝗災額賦有差。

戊寅，和碩安親王岳樂等議上大行皇帝尊謚。

二月辛巳朔，户部議准禮科給事中成肇毅疏言，浙江南米，不宜濫委通判收放，並令督撫釐革一切勒索陋規。從之。

《東華録》卷八　壬午，移梓宫於景山壽皇殿。

《聖祖實録》卷一　己丑，免江南崇明縣順治十六、十七年舊欠錢糧。

壬辰，諭禮部：皇考大行皇帝御宇時，妃董鄂氏賦性温良，恪共内職。【略】特進名封，以昭淑德。追封爲貞妃。

乙未，户部議覆雲南貴州總督趙廷臣條奏，滇黔田土荒蕪，當亟開墾。將有主荒田令本主開墾，無主荒田招民墾種，俱三年起科，該州縣給以印票，永爲己業。其滇省衝路殘黎，如楊林、永昌等處，請將順治十七年本省秋糧借貸爲春種之需。應如所請。從之。

工部題請停止臨清甎差。從之。

丁酉，户部議覆江寧巡撫朱國治疏，言江南屯政錢糧，屯田道專責，應與都司一例考成。應如所請。從之。

免河南磁州、安陽等十三州縣順治十七年分旱災額賦有差。

《東華録》卷八　〔癸卯〕，添設六科滿洲官各一員。

《聖祖實録》卷一　免直隸新安縣順治十七年分水災額賦十之二。

甲辰，禮部題：會試取士，原分南北中卷，後因雲貴等省未經平定，將中卷分入南北卷内。今各處省分俱全，應仍將浙江、江西、福建、湖廣、廣東五省，江寧、蘇、松、常、鎮、徽、寧、池、太、淮、揚十一府，廣德一州，爲南卷。直隸及山東、山西、河南、陝西四省，奉天等處爲北卷。四川、廣西、雲南、貴州四省，廬、鳳、安慶三府，徐、滁、和三州爲中卷。其南北中卷中式額數，照赴試舉人之數均派。從之。

戊申，户部議覆江南總督郎廷佐疏，言臨江臨海百姓，修理烽墩，奉法惟謹，應予豁免丁徭，畧示優恤。從之。

又議覆陝西巡撫張瑃疏，言鳳翔所屯地八十五頃，山磧荒蕪，丁糧應准豁免。從之。

《小腆紀年》卷二〇　〔是月〕，明晉王李定國、鞏昌王白文選再以兵迎桂王於緬甸，不得，擊緬兵於錫箔江，大敗之。進駐大金沙江。

明咸陽侯祁三昇降於我大清。

《聖祖實録》卷二　三月庚戌朔，定直隸各省巡撫以下、州縣以上徵催錢糧未完分數處分例。

丙辰，以大學士成克鞏爲會試正考官，衛周祚爲副考官。

丁巳，諭户部：八旗水淹田地，【略】著每田一日給米一斛。應給之米，候糧船抵通，即於船上支給，不必等候入倉。

癸亥，命保定府、滄州、德州三處水淹田地照京城八旗例，每田一日給米一斛。

丁卯，巡按湖南御史仵劭昕疏報：順治十七年，湖南所屬州縣開墾田地共二千八百九十頃七十二畝。下部知之。

己巳，免湖南澧州石門縣順治十七年分旱災額賦十之二。

《東華録》卷八　〔壬申〕，添設五城滿御史一員。每〔城〕二員。

癸酉，奉册寶，上大行皇帝尊謚。【略】曰體天隆運英睿欽文大德弘功至仁純孝章皇帝，廟號世祖。【略】

甲戌，户部【略】得旨：厘字制錢，准行使二年收燬，以便小民貿易。

戊寅，諭吏部、禮部：太宗皇帝時，蒙古各部落盡來歸附，設立理藩院，專管外藩事務，責任重大。今作禮部所屬，於舊制未合。嗣後不必兼禮部銜，仍稱理藩院尚書、侍郎，其印文亦著改正鑄給。

《小腆紀年》卷二〇　〔是月〕，明錦衣衛趙明鑑等謀誅馬吉翔、李國泰，奉世子出緬甸，不克。

明朱成功進兵臺灣，克赤嵌城。

《聖祖實録》卷二　夏四月庚辰朔，巡按湖北御史顧豹文疏言：襄陽、彝陵、荆州等鎮下將弁，招撫賊寇，行令該地方文武官，分別歸農入伍。下部知之。

壬午，以一等阿達哈哈番侍衛傅達理隨殉世祖，予祭葬，謚忠烈。

癸未，定外藩蒙古世職俸禄例，視在内世職俸禄之半。

巡按順天御史陳洪柱疏報：順天所屬州縣共墾田一千三百三十九頃六十九畝。下部知之。

《東華録》卷八　〔乙酉〕，以都統三等伯線國安鎮守廣西。

《聖祖實録》卷二　丙戌，陞兵部督捕左侍郎喇哈達爲工部尚書。

補行雲南鄉試，以員外郎劉綋爲正考官，中書張灝爲副考官。

調鑲紅旗蒙古都統特晉爲滿洲都統。

乙未，以護軍統領伯車爾布爲鑲紅旗蒙古都統。

甲辰，策試天下貢士陳常夏等於太和殿前。

丙午，以巡按江西御史内陞侍郎許世昌爲福建巡撫，陞宗人府啓心郎朱昌祚爲浙江巡撫，原任兵部督捕理事官張朝珍爲安徽操江巡撫。

經略大學士洪承疇乞休，優旨允之，仍命察例加恩。

戊申，傳臚，賜殿試貢士馬世俊等三百八十三人進士及第、出身有差。

《小腆紀年》卷二〇　〔是月〕，明晉王李定國、鞏昌王白文選謀渡大金沙江，不克，移軍亦渺賴山。

《聖祖實録》卷二　五月壬子，命八旗都統確查八旗廕子世次遠近，以防虛僞。

都察院議覆兵部尚書管左都御史事阿思哈條奏，各省巡按差宜停止，俟二三年之後選重臣巡察，應劄行各省巡按，將事務交與撫臣，速行來京。從之。

《東華録》卷八　〔丁巳〕，奉天府尹張尚賢言：「盛京形勢，自興京至山海關東西千餘里，開原至金川南北亦千餘里，又有河東河西之分。【略】欲弭外患，必當籌畫隄防，欲消内憂，必當充實國本，以圖久遠之策。」下部議。

《聖祖實録》卷二　己未，陞散騎郎覺羅伊爾門爲鑲紅旗護軍統領。

《東華録》卷八　〔乙丑〕，逆渠鄧耀竊據廣東廉州之龍門，至是官兵擊擒之。

《聖祖實録》卷二　丁卯，定六部滿洲、蒙古、漢軍郎中、員外郎員數。

戊辰，陞大理寺少卿盧興祖爲廣東巡撫。

乙亥，初，世祖章皇帝時選大臣之子傅爾察等十四人在長春宫讀書，至是，改令入監讀書。

兵部等衙門議覆安南國都統使莫敬耀，帶領高平等處地方效順，應增本秩，封爲歸化將軍，以示鼓勵。【略】從之。

《東華録》卷八　〔丙子〕，諭工部：「朝房尚未全備，未肅觀瞻，兩旁空地，著俱畫造。」

《小腆紀年》卷二〇　〔是月〕，明御史任國璽、禮部主事王祖望、太常寺博士鄧居詔疏劾馬吉翔、李國泰，不報。

緬酋之弟莽猛白弑其兄而自立。

《聖祖實録》卷三　六月庚辰，定張家口額税。

江寧巡撫朱國治疏言：蘇、松、常、鎮四府屬并溧陽縣未完錢糧，文武紳衿共一萬三千五百一十七名，應照例議處；衙役人等二百五十四名，應嚴提究擬。得旨：紳衿抗糧，殊爲可惡。該部照定例嚴加議處。

辛巳，飛牙喀奚蘇克等七屯，奇勒爾塞馬爾姓之郎阿等三屯，初來歸順。

己丑，給致仕經略大學士洪承疇三等阿達哈哈番，襲四次。

庚寅，命多羅信郡王鐸尼子鄂扎襲封多羅信郡王。

封和碩敬謹親王尼堪子蘭布爲多羅貝勒。

陞一等侍衛勒貝爲正藍旗蒙古都統。

丙申，户部題：各省應解本色物料，量行改折，以濟急需。從之。

《東華録》卷八　〔丁酉〕，加太祖尊謚爲二十字，太宗尊謚爲十八字。

復内三院秘書、國史、宏文舊制，設滿、漢大學士等，照尚書、侍郎品級，其内閣翰林院名色俱停罷。

癸卯，罷進士觀政例。

〔乙巳〕，川陝督李國英報：擒逆賊郝承裔。

丙午，免直隸霸州、保定等四州縣水災，慶雲縣蝗災本年分額賦有差。

《聖祖實録》卷三　秋七月己酉，免江南宿州、鹽城、蕭縣順治十七年分旱災額賦有差。

吏部遵旨，開列復設内三院衙門應用官員人數具奏。得旨：内三院各設滿洲大學士一員，漢大學士一員，滿洲學士二員，漢軍學士一員，漢學士一員。内秘書院著巴哈納、金之俊、胡世安爲大學士，鄂謨克圖、胡兆龍爲學士。内國史院著額色黑、成克鞏、衛周祚爲大學士，查布海、折庫納、艾元徵爲學士。内弘文院著蔣赫德、李霨爲大學士，布顔、王熙爲學士。

甲寅，轉刑部尚書杜立德爲户部尚書。

辛酉，以吏部尚書覺羅伊圖爲内弘文院大學士。

癸亥，轉工部尚書高景爲刑部尚書。

乙丑，免江南睢寧縣順治十七年分旱災額賦。

丙寅，諭吏部：【略】以後京察考滿，郎中不許自陳。永著爲例。

庚午，吏部題：甄別京官請仍照順治十七年例，會同都察院、吏科、河南道考察。從之。

免直隸新河縣本年分雹災額賦十之三。

辛未，諭吏部、户部、禮部：固倫公主、固倫額駙，和碩公主、和碩額駙，親王女和碩格格、和碩額駙，郡王女多羅格格、多羅額駙，多羅貝勒女多羅格格、多羅額駙，貝子女固山格格、固山額駙等，當太宗皇帝時定例，止授虚級，今授精奇尼哈番、阿思哈尼哈番，與舊例不合。且外藩額駙止授虚級，在内額駙實授職銜，殊非内外一體之誼，應照舊例確定。又親王女和碩格格、和碩額駙，郡王女多羅格格、多羅額駙，品級相去太懸，今格格、額駙等品級應以次更定。至額駙等俸禄，自當照格格品級支給，今額駙等俸，反多於格格等，亦屬不合。爾等即會同遵照太宗皇帝時定例，詳酌妥議具奏。

壬申，議覆山西巡撫白如梅疏，言【略】請將大同留爐十座，其餘十座，增入省城，共作二十座鼓鑄。應如所請。從之。

甲戌，刑部遵旨議覆嗣後刑部審擬案内，凡係見任官員，應援赦者，請交與吏、兵二部議奏。著爲定例。從之。

《小腆紀年》卷二〇　〔是月〕，緬甸戕明從官。

《聖祖實録》卷四　閏七月己卯，雲南、貴州總督趙廷臣疏言：馬乃土司應改設流官，俟三年後風俗漸移，人心漸正，立之學宫，以廣文教。從之。

庚辰，轉户部尚書車克爲吏部尚書，兵部尚書管都察院左都御史事阿思哈爲户部尚書。

以原任副都統福喀爲世祖陵總管。

《東華録》卷八　〔癸未〕，海澄公黄梧招撫鄭芝龍屬下僞都督萬儀、萬禄等投誠。

《聖祖實録》卷四　丙申，吏部題：奉旨行查事件。各省督撫，因無限期，任意遲延，今量其遠近，酌定限期。

己亥，諭户部【略】滿漢節婦，俱准一體給米。

八月己酉，諭吏部、禮部、兵部：【略】今應將文武職掌分別更定。

甲寅，達賴喇嘛及干都台吉，請於北勝州互市，以馬易茶。允之。

乙卯，平西王吴三桂疏言：遵旨鑄行滿漢字制錢，其雲南厘字錢應請停鑄。下部知之。

平西王吴三桂又疏言：元江克平，其土民糧差，仍照舊例。至酋長私莊應徵錢糧，請編入元江府賦役全書。下部知之。

戊辰，户部題請改鑄康熙字錢，輕重如舊制。從之。

九月辛巳，諭兵部：向來提督、總兵官缺出，應陞各官，俱係九卿會推，【略】嗣後專著爾部詳查開列，不必會同九卿。

壬午，得旨：武闈著先試策論，後試馬步箭。

癸未，以太子少保、兵部尚書蘇納海爲内國史院大學士。

丙戌，兵部題：銅山僞都督郭義、蔡禄、羅瑺等率衆投誠，應請議叙。得旨：郭義、蔡禄，俱授左都督加太子太保，仍給三等阿思哈尼哈番，世襲八次。羅瑺授右都督，仍給三等阿達哈哈番，世襲四次。

辛卯，免山東金鄉、定陶二縣本年分旱災額賦有差。

壬辰，添設直隸、山東、山西、河南、雲南五省提督。

癸巳，以侍講學士楊永寧爲武會試正考官，侍讀熊伯龍爲副考官。

户部題：民間地土房屋禁止旗人置買，已於順治七年三月内定例遵行，【略】應將未禁以前所買地土房屋發覺者請不給原價，免其入官，禁止以後所買

地土房屋，仍照定議盡行入官，買者、賣者，一并治罪。從之。

甲午，轉理藩院尚書明安達禮爲兵部尚書。

庚子，諭吏部、兵部：向來文武各官捐助銀米，各部議定有紀録、加級、授官之例。【略】嗣後凡捐助銀米者，俱不必加級授官，仍與紀録。

癸卯，兵部【略】得旨：以後總兵官員缺，著并將副都統推舉。

《聖祖實録》卷五　冬十月丁未朔，户部進呈寶泉局鑄成康熙錢式。

《東華録》卷八　〔己酉〕，鄭芝龍并其子鄭世恩、鄭世蔭等照謀叛〔例〕〔律〕族誅。

《聖祖實録》卷五　辛亥，户部題：【略】本朝錢糧俱照從前則例徵收，並未有房號銀兩，且各省俱未開徵，東省亦當一體豁免。從之。

甲寅，諭吏部、兵部：【略】以後故明宗室投誠者，王等以下仍照前起送來京，其鎮國將軍以下，查照投誠功績，酌量録用。

《東華録》卷八　〔辛酉〕，吏部題：直隷已〔改〕〔設〕總督，其順天、保定兩巡撫，應裁去一員。得旨：「順天巡撫着裁去。」

《聖祖實録》卷五　癸亥，兵部題：請殿試天下武舉。得旨：武闈已考過步箭及策論，又經内試選定，著停止殿試。

《東華録》卷八　〔乙丑〕，尊皇祖妃爲壽康太妃。

《聖祖實録》卷五　以内國史院學士劉斗爲甘肅巡撫，内弘文院學士屈盡美爲廣西巡撫，奉天府府尹張尚賢爲鳳陽巡撫。

己巳，傳臚，賜中式武舉霍維鼒等三百一人武進士及第、出身有差。

辛未，命都統濟世哈爲靖東將軍，統領滿漢官兵征剿山東叛賊于七。

甲戌，以内秘書院學士蔣國柱爲山東巡撫。

十一月己卯，授歸化將軍莫敬耀之子莫元清爲安南國都統使。

丁亥，四川、陝西總督李國英疏報：僞伯楊秉印率衆投誠。命授左都督職銜，仍給全俸，賞裘馬等物。

戊子，免陝西伏羌縣本年分雹災額賦。

甲午，免江南靈璧縣本年分雹災額賦。

己亥，奉世祖章皇帝神主升祔太廟。是日，上素服，詣乾清宫世祖章皇帝神主前行禮，奉請神主安黄輿内。上易祭服，陞輦後隨進太廟，恭捧世祖章皇帝神主，奉安於太祖高皇帝神主西旁，東向。行禮畢，回宫。

己亥，免直隷新城縣本年分水災額賦。

乙巳，加廣西巡撫于時躍都察院右都御史，以遣守備袁文舉招撫安南并僞德陽王功也。

《小腆紀年》卷二〇　十二月丙午朔，吴三桂駐兵緬甸之舊晚坡。

戊申，緬酋執明桂王以獻於王師。

《聖祖實録》卷五　庚戌，户部議覆江南總督郎廷佐疏，言崇明縣地丁錢糧雖已蠲免，其鹽課仍應完解。得旨：崇明孤懸海外，逆賊來犯，皆賴兵民同心協力固守全城，所欠鹽課，著與豁免。

甲寅，陞京畿道御史蔡毓榮爲内秘書院學士。

乙卯，吏部等衙門遵旨議覆滿洲、蒙古致仕無世職及任佐領、外省駐防以老疾辭職無子弟襲授更换他人者，年六十以上，悉照原品給半俸銀米終其身。漢軍爲京官、佐領及外省駐防致仕者，亦如之。滿洲、蒙古兵丁曾經効力、以戰陣殘廢及老疾退閒，别無披甲當差人丁者，歲給米十二斛。從之。

丁巳，命内弘文院學士王熙以禮部尚書管左侍郎事。

庚申，免湖廣沔陽州本年分水災額賦。

辛酉，諭户部：前【略】於直隷各省田賦照明末時練餉例，每畝暫加一分以濟軍需。今【略】除順治十八年已派外，康熙元年通行停止。爾部作速刊示，徧行曉諭，使小民咸知。

甲子，免浙江錢塘等二十九縣本年分旱災額賦有差。

丁卯，纂修玉牒成，進呈御覽。

戊辰，諭吏部：在京部院各衙門官員，已經甄别，在外直隷各省督撫亦應加甄别，以示勸懲。

癸酉，陞湖廣巡撫楊茂勳爲貴州總督，以都察院左副都御史劉兆麒爲湖廣巡撫。

《小腆紀年》卷二〇　是月，明延平王朱成功取臺灣，改爲東都，以赤嵌城爲承天府，置天興、萬年二縣。

是歲，明兵部尚書張煌言駐師福建之沙關。

康熙元年（壬寅、一六六二）

《聖祖實録》卷六　正月己丑，平南王尚可喜疏言：【略】請授許龍爲潮州水

師總兵官，駐劄南洋，以資彈壓。從之。

《東華録》康熙二　庚寅，諭吏部：原任大學士希福、范文程、寧完我，額色黑【略】其子宜加擢用，以示鼓勵。范文程子范承謨，額色黑子塞色黑已補内院學士，希福、寧完我各一子亦著以學士用。

壬辰，以董安國爲左副都御史。

《聖祖實録》卷六　癸巳，刑部題：凡官吏審實贓銀，内有短少民間價值之類，追給原主。其詐騙逼勒者，被害之人自行首告，給還原主；非自行首告，經督撫科道參發者，概追入官。著爲定例。從之。

《東華録》康熙二　甲午，以石琳爲山東按察使。

平南王尚可喜奏：逆賊蕭國隆劫掠廣、肇二府，臣遣兵水陸進勦，【略】擒殺賊黨一千五百餘人，獲軍器船馬無算，廣、肇地方悉平。

丁酉，禮部尚書烏赫以年老乞休，令以原官致仕。

己亥，吏部議江寧巡撫朱國治藉口已報丁艱，不候交代，委棄職掌，遽行離任，應降五級調用。得旨：【略】著革職。

辛丑，御史趙祥星奏江南省上江、下江學道二員，湖廣省湖北、湖南學道二員應俱裁併歸一。部議如所請，從之。

《聖祖實録》卷六　二月戊申，浙江總督趙國祚疏報：鄭逆下僞官柳會春等五十九人，率衆投誠，繳僞關防。下部知之。

己酉，兵部議覆福建總督李率泰疏言，漳州爲全閩門户，應添水師兵二千，副將一員，遊擊二員，應如所請。從之。

《東華録》康熙二　庚戌，以祁徹白爲禮部尚書。

《聖祖實録》卷六　丁巳，免湖廣黄梅、廣濟二縣及沔陽一衛順治十八年分水災額賦十之三。

《東華録》康熙二　庚申，以白秉真爲山西總督，張自德爲河南巡撫，賈漢復爲陝西巡撫，胡文華爲南贛巡撫。

《小腆紀年》卷二〇　〔是月〕，明朱成功部將忠勇侯陳霸降於我大清。

《東華録》康熙二　三月甲戌朔，尊世祖章皇帝陵曰孝陵。

《東華録》卷八　〔辛巳〕，諭兵部：「向來緑旗武官叙功加至左都督，仍應加級者，授宫保銜，以後改授世職，着爲例。」

《小腆紀年》卷二〇　丙戌，吴三桂以明桂王由榔還雲南。

《聖祖實録》卷六　甲午，河道總督朱之錫疏言：南、汝二府領墾荒田，一應雜差，請俟五年後起派。從之。

己亥，遣郎中岳諾惠等六員分往浙江、福建、廣東三省，安輯投誠官民。

夏四月甲辰朔，户部議覆鳳陽巡撫林起龍疏言，東海居民，既經遷移，田地抛棄，錢糧請予豁免，應如所請。從之。

乙巳，四川巡撫佟鳳彩疏言：川省初定，土滿人稀，請將岳池縣歸併南充，江油縣歸併平武。從之。

辛亥，吏部遵旨議覆總督加兵部銜，巡撫既停止提督軍務，應加工部銜。從之。

《東華録》卷八　〔丙辰〕，加上太祖武皇帝尊謚曰承天廣運聖德神功肇紀立極仁孝睿武宏文定業高皇帝，加孝慈武皇后尊謚曰孝慈昭憲敬順慶顯承天輔聖高皇后，太宗尊謚曰應天興國宏德彰武寬温仁聖睿孝隆道顯功文皇帝。

〔丁巳〕，四川總督李國英報：擒僞石泉王朱聿鉁，恢復兩郡。

《小腆紀年》卷二〇　戊午，明桂王由榔殂於雲南。

《聖祖實録》卷六　五月癸酉朔，吏部議覆四川總督李國英疏言，【略】查重慶居蜀之中，容臣率領兵馬，暫駐重慶，緩急可以就近調度，待下東底定，另移駐成都，應如所請。從之。

《小腆紀年》卷二〇　庚辰，明招討大將軍延平郡王朱成功卒。

癸未，諭禮部：平西王吴三桂【略】著進封爲親王。

壬辰，以大學士覺羅巴哈納爲鑲白旗滿洲都統。

以廣東鎮海將軍王國光補正紅旗漢軍都統。

《東華録》卷八　庚子，都統濟席哈蕩平山東賊寇，班師。

〔辛丑，平南王尚可喜疏報〕總兵許龍擒海寇鄭成功之弟鄭成賜於厦門。

《東華録》康熙二　六月壬寅朔，吏部議准左都御史魏裔介奏，直隸各省衙門事件，向來未定規程，每至多年不結。請除奉旨急限外，其餘一切部院文移、督撫批發軍民告理事情，每一衙門不得過二十日之限，有難結者，亦必申請明白，否則糾參治罪。從之。

《聖祖實録》卷六　丙辰，平西王吴三桂疏請，以曲、尋、武、霑總兵官移駐尋甸，彈壓東川。從之。

甲子，雲南總督趙廷臣疏言：曹滴司改土爲流，請令黎平府經歷管理。

從之。

《小腆紀年》卷二〇　〔是月〕，明招討大元帥晉王李定國卒。

《聖祖實録》卷六　秋七月壬申朔，以吏部尚書車克爲内秘書院大學士。

《東華録》康熙二　庚辰，兵部議准平西王吴三桂請添設雲南省城副將一、中軍守備一、千總二、把總四、馬步兵一千名。從之。

辛卯，調阿思哈爲吏部尚書。

壬午，靖南王耿繼茂奏：漳州水師經制兵三千，原設遊擊二，分爲二營，恐兵多不便約束，請增遊擊一，改爲中、左、右三營。從之。

《聖祖實録》卷六　壬辰，改錦州爲錦縣，設知縣、典史各一員，隸奉天府。其寧遠縣人民暫歸錦縣管理。

戊戌，陞左都御史寧古禮爲户部尚書。

《東華録》康熙二　〔八月〕丙辰，以覺羅科爾昆爲刑部尚書。

《聖祖實録》卷七　己巳，宗人府、禮部遵諭議：王、貝勒、貝子等有願撫養女者，奏准撫養，隨養父陞降，如未奉旨，私自撫養者，仍照生父陞降。得旨：格格不便照養父品級，俱著照生父品級，其從前照養父給過品級者，仍著存留。

庚午，諭禮部：【略】尊上聖祖母皇太后尊號曰昭聖慈壽恭簡安懿章慶敦惠太皇太后，母后皇后尊號曰仁憲皇太后，母后尊號曰慈和皇太后。爾部即擇吉以聞。

《小腆紀年》卷二〇　〔是月〕，明光澤王儼鐵、大學士郭之奇、總兵楊祥被執至桂林，諭降不屈，死之。

《聖祖實録》卷七　九月己卯，兵部議覆：總督、提督，統轄全省，除山海巨盜嘯聚成羣數百以上，搶掠地方，攻陷城池，仍照例議處，至管轄汛地，有小寇劫傷官民及鎮店道路，劫失餉鞘，將提督罰俸九月，總督罰俸六月。從之。

《東華録》康熙二　壬午，裁延綏巡撫。

《聖祖實録》卷七　辛卯，陞正紅旗滿洲副都統覺羅巴爾布爲都統。

《東華録》康熙二　甲午，定河員處分例。

《聖祖實録》卷七　戊戌，工部議覆河道總督朱之錫疏言，【略】瓜洲剥船濟工銀兩，請予豁免，應如所請。從之。

冬十月壬寅，以内國史院大學士成克鞏爲内秘書院大學士。

《東華録》卷八　〔己未〕，定西將軍内大臣公愛星阿平定雲南凱旋。雲撫袁懋功疏報：僞晉王李定國逃奔景線，染病身死。

《小腆紀年》卷二〇　十一月辛未，明故延平王朱成功之子經入於臺灣。

《東華録》卷八　〔戊寅〕，授僞鞏昌王白文選爲承恩公。

《聖祖實録》卷七　辛卯，諭兵部：督捕衙門窩隱逃人鄰佑及干連人犯，向來流徙寧古塔，以後俱著流徙尚陽堡。

《小腆紀年》卷二〇　明前監國魯王殂於臺灣。

戊戌，免直隸南宫等三縣本年分水災額賦有差。

己亥，免江南潁上等五縣本年分水災額賦有差。

《東華録》康熙二　十二月甲辰，裁浙江金衢兵巡道缺，歸守道兼理；驛傳道缺，歸杭嚴道兼理。

《聖祖實録》卷七　乙巳，授福建投誠僞都督楊學臯爲左都督，加太子太保，仍給三等阿思哈尼哈番。

癸丑，靖南王耿繼茂疏報：自順治十八年九月起，至康熙元年七月止，陸續招撫僞將軍、都督、總兵并副、參、遊、守、千、把總等官，共二百九十員，兵共四千三百三十四名，家口共四百六十七名。

《東華録》卷八　〔乙卯〕，河南提督許天寵言：「各府州縣當設公衙門，命文武官五月一會，兵民有不便者，有司武將面議。」兵部議從之。

〔辛酉〕，諭：「貴州一切文武官員兵民事務，俱照雲南例，着平西王管理。」

《東華録》康熙二　丁卯，裁福建海澄總兵官。

《聖祖實録》卷七　命福建水師提督帶兵四千，駐劄海澄縣；左路水師總兵官帶兵三千，駐劄閩安縣；右路水師總兵官帶兵三千，駐劄同安縣。

康熙二年（癸卯、一六六三）

《聖祖實録》卷八　春正月戊寅，吏部、都察院遵旨議覆：文武大小官員，惟遇覃恩，准給封贈誥敕，其文官以考滿給誥敕之例，應行停止。從之。

己丑，奉天府府尹徐繼煒疏言：海城、牛莊等處安插新民，民多地少，查【略】馬廠地方官馬已經移養，棄地亦多，請分給新民。得旨：馬廠地准給民墾種。

乙未，免直隸保定、文安二縣康熙元年分水災額賦十之三。

戊戌，免江南太和縣康熙元年分水災額賦十之三。

免山西太原等二十州縣康熙元年分水災額賦有差。

江寧巡撫韓世琦疏言：崇明縣大糧田九千六十頃五十畝零，除正賦外，復徵蘆課銀八千三百八十餘兩，實係一田兩賦，亟請蠲豁。部議如所請。從之。

己亥，工部題營建孝陵，於二月十五日開工。

廣東總督盧崇峻奏請大兵往來封借商民船隻。不許。

《東華録》康熙三　二月庚子朔，停止六部漢司官内升京堂例。

《聖祖實録》卷八　免河南陳留等十五州縣康熙元年分水災額賦有差。

停差江寧、蘇州、杭州織造，工部揀選内務府官各一員，久任監造。

《東華録》卷九　庚戌亥刻，慈和皇太后崩。

《聖祖實録》卷八　丙辰，先是，順治十八年户部請禁厘字錢，上恐不便於民，命俟二年三月收毀。至是，户部復請嚴禁本部給價收買，發寶泉局改鑄新錢，暫停各關買解銅觔。從之。

丁巳，兵部議准平西王吴三桂疏請，將雲、貴二省總督巡撫敕書撰入『聽王節制』四字。從之。

《東華録》康熙三　戊午，授投誠僞侯陳豹爲慕化伯。

初設四川雲陽等處水師總兵官，以向化侯譚詣爲之。

《聖祖實録》卷八　壬戌，免湖廣荆門州、鍾祥、漢川二縣康熙元年分水災額賦有差。

《東華録》康熙三　平西王吴三桂奏請雲南提督駐紮大理府。從之。

《聖祖實録》卷八　乙丑，林起龍又疏報：開濬涇河閘，自淮城迤南運河東岸，至金吾莊，延袤七十餘里，下流淤塞處約可十餘里，令山陽、寶應民疏濬，計田出夫，衆志鼓舞，甫二十日畢事。河道深通，閘流無阻，直達射陽湖入海，居民田廬可無水害。下部知之。

《東華録》卷九　三月己巳朔，命廣東總督移駐廣州府。

《聖祖實録》卷八　甲戌，命大學士蘇納海管户部尚書事。

《東華録》康熙三　戊寅，以考滿加左都御史魏裔介太子太保。

《東華録》卷九　〔辛巳〕，川督報：僞岐侯賀珍〔子〕僞富寧伯賀道寧等納欵。

《聖祖實録》卷八　壬午，免江南青浦等十二縣、江寧前衛等十五衛順治十八年分旱災額賦有差。

癸未，以内弘文院大學士蔣赫德爲内國史院大學士。

壬辰，荷蘭國遣出海王統領兵船，至福建閩安鎮助剿海逆。

《聖祖實録》卷九　夏四月庚子，追封靖南王耿繼茂生母郭氏爲妃。

癸卯，免福建閩縣等十二縣順治十八年分水災額賦有差。

丁未，免江西南昌等府六十五州縣康熙元年分旱災額賦有差。

戊申，免河南祥符等七縣康熙元年分水災額賦有差。

己酉，免山東淄川等四縣順治十七年分蝗災額賦有差。

癸丑，免陝西西、鳳、興安等屬康熙元年分水災額賦有差。

《東華録》康熙三　甲寅，加總督楊茂勳兵部尚書。

《聖祖實録》卷九　乙卯，免工部項下順治十八年浙省旱災額賦，已經徵解者，准抵康熙元年額賦。

《東華録》康熙三　辛酉，奉移世祖章皇帝寶宫往孝陵。

五月辛未，湖廣總督張長庚奏：忠建、高羅、木册三土司繳印投誠。

《聖祖實録》卷九　丙子，以吏部尚書孫廷銓爲内秘書院大學士。

廣西巡撫屈盡美疏報：慶遠府土知縣莫宗詔、土司鄧世廣、韋盛春，繳印投誠。

丁丑，陞杭州副都統圖爾白紳巴圖魯爲杭州將軍。

甲申，兵部議覆山東總督祖澤溥疏言，寧海州之黄島等二十島，及蓬萊縣之海洋島，皆遠居海中，遊氛未靖，奸宄可虞。請暫移其民於内地，酌量安插，免其輸糧。從之。

乙酉，户部議覆：平西王吴三桂疏言，滇省初定，請開鼓鑄，應頒給康熙錢式。從之。

丙戌，户部議覆工科給事中吴國龍疏言，直隸各省解京各項錢糧，【略】請自康熙三年爲始，一應雜項，俱稱地丁錢糧，作十分考成。除每年正月扣撥兵餉外，其餘通解户部。【略】應如所請。從之。

丁亥，湖廣提督董學禮疏報：提鎮各標將弁，共招撫西山餘黨洞寨一百四處，繳到僞敕印一百六十餘件。下部知之。

《東華録》康熙三　戊子，以魏裔介爲吏部尚書。

加總督祖澤溥兵部尚書。

《聖祖實録》卷九　庚寅，江寧巡撫韓世琦疏言：崇明、靖江、丹徒、丹陽等四縣，民遷賦缺，拋棄田畝，應請蠲除額賦。從之。

壬辰，免湖廣興國、黄梅等七州縣，沔陽一衛康熙元年分旱災額賦有差。

《東華録》康熙三　甲午，恭上大行慈和皇太后尊謚曰「孝康慈和莊懿恭惠崇天育聖皇后」。

《聖祖實録》卷九　免浙江西安、餘姚等五縣康熙元年分旱災額賦有差。

《東華録》康熙三　六月壬寅，葬世祖章皇帝於孝陵，以孝康皇后、端敬皇后祔。

《東華録》卷九　〔乙卯〕，兵部議覆李定國子李嗣興從邊外投誠，得旨：「授都統品級。」

《東華録》康熙三　壬子，以尼滿爲刑部尚書。

庚戌，免四川邛州、名山等七州縣、黎州一所康熙元年分水災額賦有差。

《聖祖實録》卷九　戊申，除山東長清縣藩産加增額賦。

免江南瓜洲鎮南新、復生二洲荒地額賦。

《聖祖實録》卷九　甲子，陞正紅旗蒙古副都統噶褚哈爲蒙古都統。

《清朝柔遠記》卷二　〔是月〕，荷蘭入貢。

《聖祖實録》卷九　秋七月丙寅朔，以内國史院編修王勖爲江南鄉試正考官，【略】吏部員外郎劉子正爲陝西鄉試正考官。

壬午，免陝西禮縣康熙元年分水災額賦。

丙戌，免貴州新添衛所屬丹平司康熙元年分荒田額賦。

八月丙申朔，西藏班禪胡土克圖故，遣官致祭。

《東華録》卷九　〔癸卯〕，禮部議覆：「鄉會考試停止八股，頭場策五篇，二場《四書》及《五經》論各一篇，表一篇，判五道，以甲辰科爲始。」從之。

《聖祖實録》卷九　乙巳，復行滿洲、蒙古、漢軍翻譯鄉試，以内弘文院學士羅敏、内國史院侍讀學士蘇魯木、禮部左侍郎布顔爲主考官。

丁未，命都統伯宜理布，同廣東總督盧崇峻查勘邊海。

《東華録》卷九　〔甲寅〕，以流賊餘孽郝摇旗、劉體純、李來亨等竄伏鄖、襄山中，命都統穆里瑪爲靖西將軍，都統圖海爲定西將軍，同都統宗室穆琛、護軍統領孫達里、都統覺羅巴爾布、護軍統領科爾昆率大兵征勦。

《東華録》康熙三　庚申，授福建投誠僞同安伯鄭鳴駿爲遵義侯，僞永成伯鄭纘緒爲慕恩伯。

《東華録》卷九　九月〔丙寅〕，命都督噶褚哈爲鎮西將軍，同都統光泰統滿兵鎮守西安，以西安將軍傅喀禪往征西山故也。

《聖祖實録》卷一〇　戊辰，免直隸霸州本年分水災額賦十之三。

己巳，免江南鳳、淮、揚三府所屬二十五州縣衛本年分旱災額賦有差。

辛未，鄉試八旗取中舉人滿洲齊蘭保等二十一名，蒙古布顔等十七名，漢軍姚啓聖等一百一十八名，咨送吏部録用。

癸酉，免直隸武清縣本年分水災額賦十之三。

乙亥，免甘肅莊浪衛、寧夏寧州本年分雹災額賦有差。

戊寅，免直隸雄縣等十二州縣本年分水災額賦有差。

乙酉，免江西玉山等十二縣本年分旱災額賦有差。

丁亥，免江南滁州全椒縣、滁州衛本年分旱災額賦十之二。

甲午，免直隸新樂等七州縣本年分水災額賦有差。

《東華録》卷八　十月〔庚子〕，川督李國英報：「巨寇劉二虎、李來亨、郝摇旗、袁宗第、党守素、塔天寶、馬騰雲七家出犯巫山，乞發大兵勦滅。」

〔壬寅〕，福督李率泰奏：「官兵會勦延、建賊首王鐵佛等，擒之。」又疏報：「提督施琅遣守備汪明等敗海寇於海門，斬僞副將林維等。」

《聖祖實録》卷一〇　丙午，免直隸慶雲縣本年分水災額賦十之一。

乙卯，免浙江江山等十四縣本年分旱災額賦有差。

戊午，免湖廣衡陽、安仁、耒陽三縣本年分旱災額賦有差。

甲子，給八旗水淹地方米二百五十八萬石。

禮部議覆陝西總督白如梅疏報，當哈爾佛僧進貢。查《會典》，並無當哈爾佛僧進貢之例，但傾心嚮化，應准其進貢。從之。

《小腆紀年》卷二〇　〔是月〕，王師取金門、厦門。

《聖祖實録》卷一〇　十一月乙丑朔，户部遵旨議覆，凡外國進貢之人帶來貿易物件，應令崇文門監督，止記册報部，不必收稅。從之。

《東華録》卷九　刑部議覆原任按察使宋琬通同于七謀反一案，旨：「宋琬等原無通賊情節，著免罪。」

《聖祖實録》卷一〇　丁卯，免直隸東安、南皮、静海三縣本年分水災額賦有差。

甲戌，免江南太和、來安、霍山三縣本年分旱災額賦有差。

己卯，免四川建昌等衛順治十八年分水災額賦。

壬午，免直隸滄州、薊州、獻縣本年分水災額賦有差。

《東華録》卷九　十二月〔甲午朔〕，耿繼茂、李率泰奏：「十月，臣等統兵渡海，攻克厦門，賊衆驚潰，登州提督施琅會荷蘭國夾板船邀擊之，斬千餘級，乘勝取浯嶼、金門二島，鄭錦、周全斌等遁。」

〔丙申〕，耿繼茂奏：「十月，總兵王進功敗海寇於雲霄鎮。」

《聖祖實録》卷一〇　甲辰，免湖廣安鄉等十四縣衛本年分旱災額賦有差。

戊申，免江西鄱陽等四縣本年分水災額賦有差。

免雲南昆明縣及左右六衛本年分水災額賦有差。

庚戌，户部題：定徵收地丁錢糧，總作十分考成則例。

辛亥，免浙江桐鄉縣本年分水災額賦有差。

辛酉，免貴州都匀等六衛、普市一所本年分水災額賦有差。

《東華録》康熙三　以屈盡美爲廣西總督。

《小腆紀年》卷二〇　〔是月〕，我大清兵克川東，明東安王盛蒗及劉體仁、郝永忠、袁宗第、李來亨等先後敗死，總督洪澮鼇死之。

康熙三年（甲辰、一六六四）

《聖祖實録》卷一一　春正月庚午，湖廣總督張長庚疏報：僞部院毛壽登【略】今革面來歸，請敕優敘。下部議。

《東華録》康熙四　四川總督李國英奏：巨寇郝摇旗下僞總兵馬進玉等，率衆投誠。下部察敘。

《聖祖實録》卷一一　甲戌，户部查覆：鑲黄、正黄、正白、正紅、鑲藍各旗壯丁一百名以上，地畝不堪者共二萬六千四百五十名，應將順天、保定、河間、永平等府屬州縣圈出地畝十三萬二千二百五十晌分給各旗，每壯丁一名給地五晌，准令遷移。並請差部員、旗員，會同地方官，酌量换給。得旨：右翼，著尚書去；左翼，著侍郎一員去；其更换不堪地畝各旗，著副都統去。餘依議。

戊寅，禮部【略】得旨：外國慕化入貢，所進之物，著即收納，不必遵照《會典》。

癸未，刊刻清字《通鑑》告成。

戊子，免陝西臨、鞏二府未完練餉銀兩。

《東華録》卷九　〔己丑〕，吴三桂疏：進勦廣西隴〔約〕〔納〕山寇，生擒妖人阿仲，逆寨悉平。

《聖祖實録》卷一一　二月甲午朔，免江南壽州等五州縣衛康熙二年分水災額賦有差。

免陝西秦州康熙元年分水災額賦十之三。

《東華録》卷九　〔癸卯〕，耿繼茂疏：「官兵攻克長腰、東蚶二島，僞兵部阮春雷、逆渠張煌言僅以身免。」

《聖祖實録》卷一一　乙巳，命平西王吴三桂斬隴納山妖人阿仲於軍前。

己酉，免湖廣澧州等六州縣衛康熙二年分水災額賦有差。

辛亥，免湖廣嘉魚等十四州縣衛康熙二年分水災額賦有差。

甲寅，議政王、貝勒、貝子、大臣等遵旨會議：朝鮮人民不許出界採參伐木，請移文朝鮮國王，令嚴行禁止。從之。

己未，免湖廣沔陽州、臨湘縣康熙二年分旱災額賦有差。

《東華録》卷九　西山巨逆馬騰雲、党守素、塔天寶歸誠。

《東華録》康熙四　庚申，禁督撫等衙門私設賞功、將材、傳宣、聽用等材官。

《聖祖實録》卷一一　庚午，諭刑部：直隸各省，民有冤抑，許赴原問衙門及部院等控告，如不准行，方許叩閽，前諭甚明。近見有不赴原問衙門及部院控告，竟叩閽者；有已經叩閽，不候原問及部院審結，輒行再叩者；有覓人代告者，嗣後通行禁止。其奸棍代人控告者，論死。爾部曉諭直隸各省軍民人等，一體遵行。

辛未，免湖廣黄岡等十三縣衛康熙二年分水災額賦有差。

《東華録》康熙四　甲戌，以湖廣武昌、漢陽、黄州、安陸、德州、荆州、襄陽、鄖陽八府歸湖廣巡撫轄；長沙、衡州、永州、寶慶、辰州、常德、岳州七府，郴、靖二州歸偏沅巡撫轄。

《東華録》卷九　〔乙亥〕，吏部奉上諭議奏：「大學士缺，以各部尚書、左都御史推補，如不用，以各部侍郎、學士推補。【略】」得旨：「學士既推侍郎，以後大學士缺，停其推用，餘悉依議。」

《聖祖實録》卷一一　丙戌，傳臚，賜殿試貢士嚴我斯等一百九十九人進士及第、出身有差。

丁亥，禮部議覆順天府府尹甘文焜疏請印刷國子監《四書大全》《五經》等書，裝潢成帙，頒發順天府及各省布政司，以備科場之用，應如所請。從之。

《東華録》康熙四　四月甲午，管理福建安輯投誠事務、郎中賁岱奏：僞左都督陳陞，率大小文武官一百二十三員，兵丁二千六百餘人，渡海投誠。

《聖祖實録》卷一一　免湖廣興國州安陸、應城二縣，德安所康熙二年分水災額賦有差。

《東華録》康熙四　己亥，輔政大臣鰲拜等與内大臣飛揚古有隙，及飛揚古子侍衛倭赫與侍衛西住、折克圖、覺羅塞爾弼四人同值御前，不敬輔臣，輔臣惡之，遂以勸幸景山瀛臺，擅騎上所乘馬，用上弓矢射鹿論斬。又以飛揚古守陵怨望，並其子尼侃、已出征之薩哈連俱坐絞，惟色黑以不知情免死，後仍發寧古塔，房産籍入鰲拜之弟穆里瑪家。其折克圖之父鄂莫克圖、西住之兄圖爾喀、塞爾弼之同祖兄塔達等，俱以明知子弟所犯重大，不即請旨治罪，分别革職鞭責。

《聖祖實録》卷一一　理藩院題請差往科爾沁、烏朱穆秦等四十七旗會盟大臣。得旨：著尚書喀蘭圖、侍郎達哈塔前往。

丁未，免陝西禮縣康熙元年分水災額賦十之三。

戊申，兵部題：順治七年，臣部曾題請將在京三十二衛裁併十衛，已爲定例，但徵收錢糧甚少，而各員俸薪甚多。請再裁去四衛，止留六衛，守備六員，千總十二員，足以供職。從之。

《東華録》康熙四　五月甲子，詔州縣私派而上司容隱者並坐其罪。

《東華録》卷九　〔丙寅〕，耿繼茂疏報：「三月初六日，與督臣李率泰，提臣王進功、海澄公黄梧等領兵先後至八尺門，僞將軍翁求多率兵民六萬降。十四夜半渡海，進拔銅山，降僞侯黄廷、僞都督(金)〔余〕寬等兵民三萬餘口，鄭錦遁走臺灣。」

《聖祖實録》卷一二　以散騎郎精奇尼哈番拜山爲鑲紅旗蒙古都統。

庚午，吏部議覆：兵部左侍郎石圖疏言，閩海投誠僞武職官内，有人品單弱，熟曉文義者，請酌改文職官。查無舊例，不准行。得旨：投誠官内有通曉文義，願以文職効用者，該地方督撫察明具題酌用。

丁丑，免湖廣石首縣康熙二年分水災額賦十之三。

辛巳，給投誠僞王朱璟溙俸禄及人口、牛種、莊屯、器物，如朱至濬例。

壬午，免廣東康熙元年分逋欠鹽課銀七萬一千一百一十五兩。

《東華録》康熙四　癸未，授福建投誠周全斌爲承恩伯。

甲申，禁直省繫囚毋用非刑苛虐。

《聖祖實録》卷一二　六月癸巳，户部議覆山東總督祖澤溥疏言，登、青、萊三府屬海島居民，已歸内地，其島内地糧應豁免。從之。

《東華録》康熙四　〔甲午〕，以巴泰爲内國史院大學士。

《聖祖實録》卷一二　戊戌，禁民間私市馬匹。

庚子，免江西餘干、安仁二縣康熙二年分水災額賦。

《東華録》康熙四　庚戌，授福建投誠僞侯黄廷爲慕義伯。

《聖祖實録》卷一二　辛亥，以鑲白旗漢軍都統李顯貴爲京口鎮海將軍。

閏六月辛酉朔，以福建興化、泉州、漳州三郡旱災，命督撫加意賑恤。

《東華録》康熙四　壬戌，加致仕福建總督李率泰爲正一品。

《聖祖實録》卷一二　癸亥，加新任福建總督朱昌祚兵部尚書。

頒賜荷蘭國王緞疋銀兩，以二年冬助兵剿海逆有功也。

丙寅，浙江總督趙廷臣題報：僞將軍鄭般就撫。下部知之。

《東華録》康熙四　辛未，命偏沅巡撫自沅州移駐長沙。

乙亥，刑部尚書高景以考滿不稱職解任。

己卯，裁江南隨征左右二路總兵官。

裁浙江隨征總兵官。

乙酉，以王宏祚爲刑部尚書。

丙戌，以漢軍京堂官歸入漢缺，與漢人一體升授，並諭堂官員缺漢軍官員每衙門不得過一員。

《聖祖實録》卷一二　秋七月辛卯，吏部題：内外滿洲、蒙古、漢軍都統，將軍以下大小武職皆由臣部題補。

免貴州新添衛康熙二年分水災額賦。

《東華録》康熙四　己亥，禁外國餽遺邊藩督撫。

《東華録》卷九　〔丁未〕，以福建提督水師總兵施琅爲靖海將軍，往勦鄭錦。

《聖祖實録》卷一二　戊申，定科場内外簾處分例。

《東華録》康熙四　戊午，四川總督李國英奏官兵恢復大昌，下部察敘。

《小腆紀年》卷二〇　〔是月〕，明兵書尚書張煌言被執，至杭州，諭降不屈，死之。

明廣東文郡守將虎賁將軍廣寧伯王興自焚死。

《東華録》康熙四　八月辛酉，吏部遵旨議覆開復等官應否給還紀録薦舉之處。查降革官員，凡係因公詿誤，後經辨明開復者，是本官原無降革之罪，故將原有紀薦仍應給還。至於拖欠錢糧，被參各官於未離任之先，續徵完解，雖據該撫題明開復，但係催徵不力之員，任内先有紀薦，應不准給還，永著爲例。從之。

戊辰，浙江總督趙廷臣奏：僞兵部侍郎蔡昌登等投誠。

《東華録》卷九　甲戌，浙督趙廷臣疏：「逆渠張煌言盤據浙海多年，抗不就撫，借名歸隱，徜徉海外。臣密令守備徐元、張公午扮成僧民，獲活口林生、陳滿等，知煌言現在懸山花嶴，即駕所獲賊艘乘夜進小港，從山後覓路突入帳房，遂擒煌言及其親信餘黨，搜出僞視師兵部銀方印一顆、僞關防九顆。」

《聖祖實録》卷一三　辛未，刑部題：將見行條例，添入律内，通行直隸各省，並寫清字本，發江南、浙江、陝西滿洲將軍。從之。

《東華録》卷九　〔己卯〕，湖廣督張長庚疏：「李來亨擁衆茅麓山，最爲峻險。靖西將軍穆里瑪、定西將軍圖海等率禁旅與三省兵合勦，晝夜環攻，李來亨窮迫自縊，舉火焚巢，餘黨蕩平。」

《聖祖實録》卷一三　癸未，免直隸霸州、博野、保定、武清四州縣本年分水災額賦有差。

九月庚寅，難廕生袁象乾、許其燧叩閽。【略】得旨：漢軍漢人陞轉既已一體，以後漢人難廕生俱著照漢軍之例行。

乙未，免山東章邱、新城、青城三縣本年分水災額賦。

壬寅，免直隸寶坻、新城、新樂、曲陽四縣本年分水災額賦。

《東華録》康熙四　甲辰，免浙江衢州府屬荒地糧，仍招民開墾。

《聖祖實録》卷一三　癸丑，遣官查勘八旗被水旱蝗災莊田，賑給米粟共二百一十三萬六千餘斛。

甲寅，免直隸樂亭、大城、獻縣、文安四縣本年分水災額賦。

《東華録》康熙四　乙卯，廣西總督屈盡美奏：勦平恭城縣猺賊，擒逆酋黄天貴，斬獲餘黨無算。其附近唐王等猺寨，相率歸降。下部察敘。

十月己未朔，吏部議奏【略】今後漢軍御史缺出，請以正五品郎中補授，如無五品郎中，以正五品員外郎補授。從之。

《東華録》卷九　〔丙寅〕，靖南王耿繼茂請令其子和碩額駙耿精忠赴闕學軍事。允之。

《聖祖實録》卷一三　戊辰，海逆張煌言伏誅。

庚午，免陝西西寧衛本年分水災額賦。

《東華録》康熙四　癸酉，賜吴三畏等一百人武進士及第、出身有差。

《聖祖實録》卷一三　乙亥，免江南宿州等九州縣衛本年分水災額賦有差。

《東華録》卷九　〔是月〕，八旗都統以下武職各官，鎮守省城將軍以下武職各官，順治年間俱由吏部題補，康熙三年歸併兵部。

十一月〔甲午〕，穆里瑪等班師。

《聖祖實録》卷一三　免江南泗州等十二州縣衛本年分水災額賦有差。

丁酉，免陝西河州所屬地方本年分水災額賦有差。

辛丑，江西總督張朝璘疏言：吉安府向食粵鹽，【略】請以康熙三年爲始改食淮鹽，仍照粵額完課。下部知之。

《東華録》康熙四　丁未，以魏裔介爲祕書院大學士，調杜立德爲吏部尚書，王宏祚爲户部尚書。

《聖祖實録》卷一三　庚戌，免湖廣沔陽等十一州縣本年分水災額賦有差。

癸丑，免浙江西安、江山、常山、開化四縣本年分水災額賦有差。

《東華録》康熙四　以龔鼎孳爲刑部尚書。

《聖祖實録》卷一三　十二月戊午朔，以工部尚書喇哈達兼鑲黄旗蒙古都統。

《東華録》康熙四　癸亥，以葉成額爲工部尚書。

原任禮部尚書王崇簡【略】原官致仕。

《聖祖實録》卷一三　壬午，免福建閩縣等七州縣衛本年分水災額賦。

免湖南耒陽等五州縣本年分水災額賦。

《東華録》康熙四　是歲，朝鮮、琉球來貢。

康熙四年(乙巳、一六六五)

《東華録》康熙五　正月丁酉，御史季振宜奏停止考滿三疏，【略】有旨：改爲三年彙考。

《聖祖實録》卷一四　偏沅巡撫周召南疏報：長沙、衡州等府，康熙三年開墾荒田共三千一百三十三頃六十六畝。下部知之。

己亥，諭户部、工部：【略】溢額者加級紀録之例，永行停止。其輪流差遣部員，亦應停罷。

《東華録》康熙五　辛丑，封承澤親王碩色之子博翁果諾爲惠郡王。

《聖祖實録》卷一四　戊申，免浙江慈谿等五縣康熙三年分水災額賦有差。

《東華録》康熙五　庚戌，以太常寺卿推升侍郎過優，著停止。

《聖祖實録》卷一四　免江西南昌等四十一州縣康熙三年分旱災額賦有差。

《東華録》康熙五　辛亥，議政王大臣等遵旨議覆：復舉京察以何年爲始，請旨酌奪。得旨：自康熙四年起，以後每六年將内外官員考察一次。

《聖祖實録》卷一四　吏部遵旨議覆：欽天監滿洲監正、監副同部寺官，一體陞轉。得旨：欽天監事務，必須久任，乃能習熟，不必照别衙門一體陞轉，如年久積功，加伊應陞職銜，永著爲例。

二月己未，廣東潮州總兵官許龍疏報：舟師直抵碣石，逆賊蘇利勢窮，逆屬及僞副將陳耀等就撫，獲賊艘九十七隻。

丁卯，達賴喇嘛厄魯特鄂齊爾汗遣使進貢，賞賚如例。

戊辰，免江南太倉州崇明縣、上海縣、通州海門縣康熙三年分水災額賦有差。

《東華録》卷九　〔己巳〕，吴三桂奏：總兵劉之復、李世(輝)〔耀〕等於三年十一月，自大方、烏蒙進征水西，大破之於波羅箐，追兵至法地屯，生擒土司安坤。

〔壬申〕，三桂報：「官兵克烏撒，土酋安重聖、安重乾就擒。」

暹羅國主森列拍臘照古龍拍臘馬呼陸坤司由提呀菩挨遣陪臣航海具表進貢。

《聖祖實録》卷一四　丁丑，喀爾喀巴爾布冰圖台吉來歸，封爲多羅貝勒。

諭吏部、兵部：廣東逆賊蘇利反叛，地方官多罣罪戾，【略】其係蘇利反叛一案，凡地方大小各官之罪，俱著寬免。

《東華録》康熙五　癸未，以盧興祖爲廣東總督。

三月辛卯，以星變地震，肆赦免順治十八年以前逋賦。

以山西去年旱，有司不時上聞，致饑饉失所，詔吏部議罪，免晉省積逋及今年賦。

《聖祖實録》卷一四　壬辰，諭户部：【略】以後預徵著停止，照定例徵收，地丁錢糧有撥兵餉者，應否將何項錢糧撥補，爾部詳議具奏。

諭兵部：【略】以後除兵部火牌勘合外，其文武各官，給與私票，著概行停止。

又諭兵部：總督、巡撫、提督、總兵等官赴任時，帶去家人及親戚所送人丁，欲入兵丁數内食糧者，以後俱著停止。又將私自使令之人充入經制兵丁數内察點，徒有其名，虚費錢糧，實爲積弊，應作何立法嚴禁，爾部議奏。

諭工部：【略】欽差及赴任各官，多帶貨船，縱容下役騷擾河路，俱應嚴行禁止。

《東華録》卷九　〔乙未〕，密諭尚可喜嚴束所屬官兵，以廣東人民爲王兵丁擾害甚苦，失其生理也。

《東華録》康熙五　免福建鹽課積逋。

丙申，裁漕儲道。

《聖祖實録》卷一四　户部題：【略】以後被災州縣，將本年錢糧先暫行停徵十分之三，候題明分數，照例蠲免，庶小民得沾實惠。從之。

《東華録》康熙五　辛亥，予故原任經略武英殿大學士洪承疇祭葬，謚文襄。

《聖祖實録》卷一四　乙卯，免湖廣石首、黄梅、廣濟三縣康熙三年分蝗災額賦有差。

《聖祖實録》卷一五　夏四月己未，議政王等遵旨再議：湯若望、杜如預、楊弘量、潘盡孝及案内干連人犯等，俱責打流徙，餘俱照前議。得旨：李祖白、宋可成、宋發、朱光顯、劉有泰，俱著即處斬。湯若望、杜如預、楊弘量，責打流徙，俱著免。伊等既免，其湯若望義子潘盡孝及杜如預、楊弘量干連族人，責打流徙，亦著俱免。餘依議。

《東華録》康熙五　庚申，予故原任大學士寧完我祭葬，謚文毅。

《聖祖實録》卷一五　命山東總督祖澤溥發常平倉粟給濟南、兗州二府被災貧民，并諭地方官捐輸賑濟。

丙子，廣東總督盧崇峻疏報：香山縣知縣姚啓聖，招撫蜑寇黄起德等共四千餘人。下部察叙。

己卯，四川總督李國英疏言：全川已經恢復，當因地設防，酌議增減。【略】通省經制，合計兵四萬五千名，以馬二步八，戰守各半定額。從之。

《東華録》康熙五　五月辛卯，以歸州巴東等州縣劇寇初平，流民復業者予牛種。

丁酉，定直隸各省總督報災遲延照巡撫處分例。

《聖祖實録》卷一五　發山西布政司庫銀七萬三千餘兩，忻、崞等七州縣倉穀，命郎中孟古爾岱、員外郎索泰，會同督撫賑濟雲鎮三關飢民。

《東華録》康熙五　辛丑，以江南淮安、鳳陽、直隸大名府旱，發粟賑之。

《聖祖實録》卷一五　癸卯，免江寧左衛等十五衛沿江坍荒田賦，俟招墾復熟起科。

丁未，議政王、貝勒、大臣、九卿、科道會議吏部題請裁并督撫一疏，得旨：湖廣、四川、福建、浙江四省，仍各留總督一員，貴州總督裁并雲南，廣西總督裁并廣東，江西總督裁并江南，山西總督裁并陝西，直隸、山東、河南設一總督，總管三省事。其鳳陽巡撫、寧夏巡撫、南贛巡撫俱裁去。伊等應駐何地，著確議具奏。

戊申，免山東樂陵等十一州縣康熙三年分旱災額賦有差。

調鑲藍旗蒙古都統孫塔爲滿洲都統。

《東華録》康熙五　庚戌，以水西初定，給民牛種，并發粟賑之。

《聖祖實録》卷一五　辛亥，户部議覆山東巡撫周有德疏言，濟南、兗州、東昌、青州四府旱災，【略】請將奉旨散賑銀六萬兩、米六萬石，盡發四府賑濟。其登、萊二府，止免本年額賦，應如所請。從之。

壬子，吏部議覆平西王吴三桂平定水西，請設流官一疏。水西地有十一則溪，應設三府。【略】其三府應易新名，即令該藩擬定具題。從之。

《東華録》康熙五　六月丙辰朔，調朱昌祚爲直隸、山東、河南三省總督。

《聖祖實録》卷一五　丁巳，陞鑲藍旗蒙古副都統誇岱爲蒙古都統。

《東華録》康熙五　戊午，免山東今年租賦。

《聖祖實録》卷一五　己未，改遼東將軍銜爲鎮守奉天等處將軍。

乙丑，免湖廣西山軍前運餉人夫死亡者同居父兄子弟一年丁差。

戊辰，免水西宣慰司額徵米二千石，俟設流府後，招墾成熟起科。

《東華録》卷九　〔己巳〕，吴三桂言：「迤東土酋王耀祖等於本年三月竊據新興，僭號大慶，謀犯省城，分遣賊黨攻陷各府縣。總督卞三元等分兵勦捕。四月初七日，擒耀祖，各州縣俱恢復。」

《東華録》康熙五　辛巳，命山東及山西大同、太原所免今年租已徵者抵明年正賦。

《聖祖實録》卷一六　秋七月辛卯，聘皇后何舍里氏，行納采禮。

鑲黄旗漢軍都統劉之源【略】著以原銜加太子太保致仕。

癸巳，禮部題：欽天監衙門《曆法通書》十三本、《丹書》三本、《易見通書》六本，并楊光先《易見通書》六本，内有洪範顛倒五行之書，應行查毁。從之。

甲午，以崇文門税務歸順天府治中兼理，天津鈔關税務歸天津道兼理，通州税務歸通薊道兼理，居庸關税務歸昌密道兼理。

丁酉，禁止民人私採人參。

甲辰，免江南徐州等十州縣本年分旱災額賦有差。

《東華録》康熙五　壬子，免長蘆今年竈課。

八月甲寅朔，減廣西鹽引額十之六。

《聖祖實録》卷一六　免直隸開州等十一州縣本年分旱災額賦有差。

戊午，陞鑲黄旗漢軍副都統劉光爲都統。

庚申，刑部議覆寧古塔將軍巴海咨，請寧古塔流徙民人内有嫁女旗下者，應從其便，惟本身之妻子家屬不許賣與旗人。得旨：流徙人本身之妻子不許賣，其家僕聽從主賣。

甲戌，令直隸各省清查僧道尼姑，有無度牒及寺廟住持人數。

《東華録》康熙五　己卯，奉天府立學校，置生員。

《聖祖實録》卷一六　九月甲申朔，免陝西肅州衛所屬地方本年分旱災額賦。

《東華録》卷九　辛卯，上大婚禮成，皇后(阿)〔何〕舍里氏。

《東華録》康熙五　癸巳，以大婚禮成，頒詔天下。

《聖祖實録》卷一六　丙申，免江南潁州、太和等六州縣衛本年分旱災額賦有差。

免陝西莊浪所屬黑城子地方本年分雹災額賦。

己亥，免陝西臨洮衛地方本年分雹災額賦。

壬寅，免陝西河州梨子里地方本年分水災額賦。

甲辰，免直隸滄州等六州縣本年分旱災額賦有差。

《東華録》卷九　戊申，加上太皇太后徽號曰昭聖慈壽恭簡安懿章慶敦惠〔温莊〕太皇太后，皇太后徽號曰仁憲〔恪順〕皇太后，恩款五條。

《聖祖實録》卷一六　壬子，免陝西蘭州本年分旱災額賦有差。

《聖祖實録》卷一七　冬十月癸丑朔，以喀爾喀台吉都西希雅布、阿爾納、嘎爾瑪兄弟三人率衆二千餘人投誠，封都西希雅布爲固山貝子，授阿爾納、嘎爾瑪俱爲一等台吉。

壬戌，免河南安陽、湯陰、林縣、淇縣本年分水災額賦有差。

《東華録》康熙五　癸亥，上幸南苑行圍。

《聖祖實録》卷一七　免陝西狄道縣本年分水災額賦有差。

《東華録》康熙五　甲戌，上還京師。

贈【略】吴六奇少師兼太子太師，予祭葬，謚順恪。

《聖祖實録》卷一七　壬午，免江南江都縣本年分水災額賦十之三。

十一月丁亥，授四川投誠副將陳建爲總兵官。

戊子，免直隸永年等七縣本年分水災額賦，仍命發常平倉粟賑濟災黎。

庚寅，免浙江安吉等八州縣及湖州一所本年分水災額賦有差。

壬辰，免江南山陽、霍邱二縣本年分水災額賦有差。

癸巳，免陝西河州衛本年分水災額賦有差。

庚戌，免江西南昌等四十二州縣本年分旱災額賦有差。

十二月庚申，以固山貝子温齊爲鑲藍旗滿洲都統。

癸亥，免湖南益陽等二十五州縣衛本年分旱災額賦有差。

丙寅，免廣西臨桂等五州縣本年分旱災額賦有差。

免陝西鎮原等三州縣本年分雹災額賦有差。

《東華録》卷九　〔庚午〕，兩江總督郎廷佐報：「十八日溧陽縣民濬河獲玉璽一顆，上有篆文『人心惟危』至『允執厥中』十六字。」命貯内庫，賞獲璽人顧起龍等各銀伍拾兩。

《聖祖實録》卷一七　己卯，免直隸霸州等三十七州縣衛本年分水災額賦有差。

《清朝柔遠記》〔是年〕，以楊光先爲欽天監正。

康熙五年（丙午、一六六六）

《聖祖實録》卷一八　春正月庚寅，以廣東旱災，命動支通省見在積穀六萬八千二百餘石散賑。

癸巳，免江南長洲等十一州縣康熙四年分水災額賦有差。

丙午，免直隸無極縣康熙四年分水災額賦十之三。

《東華録》康熙六　己酉，以張朝璘爲福建總督。

《聖祖實録》卷一八　二月癸丑，免河南虞城等三縣，湖廣沔陽、潛江等六州縣，及沔陽一衛康熙四年分水災額賦有差。

《東華録》康熙六　甲寅，吏部議覆平西王吴三桂奏貴州總督舊駐安順，雲南總督舊駐曲靖，今併爲雲貴總督，宜駐貴陽。從之。

《聖祖實録》卷一八　辛酉，免湖南零陵等四縣康熙四年分旱災額賦有差。

癸酉，命阿庫里尼滿等處居住阿思虎利等六姓進貢貂皮，如滿朱納例，就近在寧古塔收納。

庚辰，陞正藍旗副都統濟世爲滿洲都統。

予故少保兼太子太保福建總督兵部尚書李率泰祭葬，謚忠襄。

理藩院題請差往科爾沁烏朱穆秦等四十七旗會盟大臣。得旨：著尚書喀蘭圖、侍郎綽克託前往。

三月辛丑，都統固山貝子温齊等查勘各旗沙壓水淹不堪耕種之地，内鑲黄旗地尤不堪，【略】輔臣等稱旨：【略】惟永平府週圍地畝未經圈出，應令鑲黄旗移住。

《東華録》康熙六　丙午，喀爾喀台吉滾布什希等率領四部落共五百九十人來歸。

《聖祖實録》卷一八　夏四月丙辰，命雲南舉行武鄉試。

己未，户部議覆八旗圈換地土一事，以兩議請旨。【略】奏入，輔臣等稱旨：

「鑲黄旗涿州壯丁移於順義等縣，依後議；其前議將正白旗通州迤東大路北邊給與鑲黄旗，南邊留與正白旗之處，俟秋收後差員將正白旗滿洲地、投充人地、皇莊地丈量明白，取具實數，酌議分撥。餘俱俟鑲黄旗遷移事竣，具題請旨。」

庚申，命嗣後無官職人恩賞朝衣，永行停止。

庚午，免浙江仁和等八縣康熙四年分旱災額賦有差。

乙亥，免湖廣蘄州等八州縣衛康熙四年分水災額賦有差。

《東華録》康熙六　工部奏：文廟器物，皆刊刻前明年號，應請改造。得旨：壇廟舊用琴爐等件，俱不必换造，俟其損壞補造時寫本朝年號。

《聖祖實録》卷一八　丙子，免湖南岳州、寧遠、常德三衛康熙四年分水災額賦有差。

《東華録》康熙六　五月壬午，命貴州省舉行武鄉試。

《聖祖實録》卷一九　癸巳，免陝西懷遠堡康熙四年分雹災額賦有差。

《東華録》康熙六　乙未，敕諭安南國黎維禧。

《聖祖實録》卷一九　丙申，定居庸關税額銀三千兩。

壬寅，免陝西綏德州康熙四年分霜災額賦十之一。

《清朝柔遠記》卷二　封安南國王黎維禧。

《聖祖實録》卷一九　癸卯，免陝西咸武、清平二衛康熙四年分水災額賦有差。

《東華録》康熙六　丙午，命定南王孔有德壻孫延齡爲廣西將軍。

《聖祖實録》卷一九　六月癸丑，免江寧、上元等衛節年未完黄快丁銀。

《東華録》卷九　［己未］，添設六科滿、漢給事中各一員。

《聖祖實録》卷一九　辛未，停崇文門監督出京貨物税。

《東華録》康熙六　癸酉，以郝惟訥爲工部尚書。

《聖祖實録》卷一九　秋七月庚辰朔，琉球國中山王尚質遣陪臣英常春等朝貢，并以前次貢舶漂失補進金銀器皿等物。得旨：尚質恭順可嘉，所補進貢物俱令齎回。至該國既稱瑪瑙、烏木等十件，原非土産，此後免貢。

壬辰，【略】海逆鄭錦下僞都督李順【略】率僞官兵船進關投誠，命授以都督同知銜。

《東華録》康熙六　丁未，以對喀納爲刑部尚書。

《東華録》卷九　八月［己酉朔］，給事中張維赤請擇吉親政，報聞。

《聖祖實録》卷一九　壬子，厄魯特顧實汗幼弟之子伊斯丹津，爲其兄弟所迫，棄妻子來歸，封爲多羅郡王。

《聖祖實録》卷二〇　九月庚辰，兵部遵旨議覆：廣東既有平南王，其將軍王國光及所屬官兵，應令撤回京師。【略】從之。

《東華録》康熙六　丁亥，調梁清標爲禮部尚書。

《聖祖實録》卷二〇　己丑，免河南安陽、湯陰、林縣、淇縣本年分水災額賦有差。

《東華録》康熙六　庚寅，予故内祕書院大學士范文程祭葬，謚文肅。

辛卯，改烏撒土府爲威寧府，隸貴州。

癸巳，上幸南苑行圍。

《聖祖實録》卷二〇　丙申，轉刑部尚書龔鼎孳爲兵部尚書。

《東華録》康熙六　癸卯，上還自南苑。

《聖祖實録》卷二〇　丙午，轉工部尚書郝惟訥爲刑部尚書。

十月庚戌，吏部議：陝西定羌廟地方土賊抗拒官兵，傷斃甚多，總督白如梅隱諱不報，應革職。得旨：白如梅著留太子少保，革去總督。

《東華録》康熙六　壬子，以朱之弼爲工部尚書。

《聖祖實録》卷二〇　戊辰，户部議覆漕運總督林起龍疏言，江南蘇、松、常三府，浙江嘉、湖二府，白糧折徵，每石二兩。今民間穀價止七八錢，民力不堪，請改徵本色，應不准行。得旨：白糧改折，既稱苦民，俱著徵本色。

庚午，免江南泗州虹縣、臨淮縣本年分水災額賦有差。

十一月丙戌，免浙江寧海等五縣、湖廣江夏等十二縣衛本年分水災額賦有差。

《東華録》卷九　丙申，先是睿親王將鑲黄旗應得之地給與正白旗，而給鑲黄旗地於右翼之末，二十餘年旗民安業。及鑲黄旗鰲拜與正白旗蘇克薩哈同輔政，有隙，鰲拜故立意更换，命大學士蘇納海、侍郎雷虎會同巡撫王登聯、總督朱昌祚酌議圈换。至是朱昌祚、王登聯奏言圈地不便，旗民交困，請停止。輔臣稱旨將蘇納海、朱昌祚、王登聯皆拏禁。

《聖祖實録》卷二〇　癸卯，免江西寧州、武寧等三十五州縣本年分旱災額賦有差。

壬戌，免江南邳州、睢寧等五州縣本年分水災額賦有差。

《東華録》康熙六　〔十二月壬戌〕，免邳州等五州縣被災額賦有差。

甲子，以馬希納爲户部尚書。

《東華録》卷九　〔丙寅〕，刑部議蘇納海撥地遲誤，朱昌祚、王登聯紛更妄奏，應鞭一百，籍家産。上召輔臣詢問，蘇克薩哈不對，鰲拜、索尼、遏必隆堅奏應置重典。上未允，鰲拜出稱旨，蘇納海、朱昌祚、王登聯情罪重大，着即處絞，籍家産。

《東華録》康熙六　是歲，朝鮮、琉球來貢。

康熙六年（丁未、一六六七）

《東華録》康熙七　春正月己卯，以白秉真爲直隸、山東、河南總督。

予故四川總督李國英祭葬，謚勤襄。

《聖祖實録》卷二一　戊子，免江南五河等四縣衛康熙五年分蝗災額賦有差。

己丑，封世祖章皇帝第二子福全爲和碩裕親王。

《東華録》卷九　〔庚寅〕，定王、貝勒等執事人役衣服俱用緑色。

《東華録》康熙七　丁酉，上幸南苑行圍。

《聖祖實録》卷二一　庚子，以吏部尚書阿思哈爲鑲白旗滿洲都統。

《東華録》康熙七　乙巳，上還宫。

調明安達禮爲吏部尚書。

二月丁未，湖廣西山投誠副將李有實奉差招撫逆賊李來亨，被拘，不屈身死，贈都督同知，予祭葬。

《東華録》卷九　〔己酉〕，吴三桂報：「官兵進勦烏撒，生擒女酋隴氏及逆黨萬餘人。」

《聖祖實録》卷二一　乙卯，户部題：各旗撥换地土將完，餘剩房地，應交地方官辦糧。此後各旗有具呈請撥换者，概行禁止。從之。

《東華録》康熙七　癸亥，諭宗人府：巽親王滿達海、端重親王博洛、敬謹親王尼堪因諂媚迎合睿親王，革去親王，授爲貝勒，給與之物，全行追奪。

戊辰，以阿思哈爲兵部尚書。

免浙江處州府屬荒地賦，仍招徠開墾。

《聖祖實録》卷二一　庚午，設貴州威寧鎮。

《東華録》康熙七　癸酉，吏部遵旨議覆各部院官員品級，照順治十四年以前定例。【略】從之。

是月，免江南桃源等二縣、湖廣沔陽、巴陵等二十一州縣衛所去年災額賦有差。

《聖祖實録》卷二一　三月乙亥朔，兵部、都察院遵旨議覆考選軍政事宜。得旨：總督既統轄全省文武，提督應仍聽總督註考。

辛巳，京察各部院自陳官員，吏部尚書明安達禮、禮部尚書祁徹白俱原品解任，禮部尚書梁清標【略】革職，【略】工部尚書葉成額【略】降三級，隨旗行走。

《東華録》康熙七　乙酉，調阿思哈爲吏部尚書。

以覺羅外庫爲禮部尚書，噶褚哈爲兵部尚書，馬邇賽爲工部尚書。

丁亥，以黄機爲禮部尚書。

《聖祖實録》卷二一　庚寅，以精奇尼哈番祖永烈爲正黄旗漢軍都統。

甲午，策試天下貢士黄仍緒等於太和殿前。

《東華録》康熙七　己亥，賜繆彤等一百五十五名進士及第、出身有差。

是月，免陝甘蘭州、岐山縣去年被災額賦十之三。

《聖祖實録》卷二一　夏四月丙午，户部議覆海上投誠鄭世襲疏請給還伊父鄭芝龍原産。【略】得旨：此項田産，仍著給與鄭世襲。

己酉，建寧古塔木城。

庚申，增設六部四十五司滿主事各一員。

《東華録》卷九　甲子，江南奸民沈天甫、吕中、夏麟奇等撰逆詩二卷，詭稱黄尊素等百七十人作，陳濟生編輯，故明大學士吴甡等六人爲之序。沈天甫使夏麟奇詣吴甡之子中書吴元萊所索詐財物，元萊察其書非父手蹟，控於巡城御史。以聞，下所司鞫訊，沈天甫等皆棄市，其被誣者不問。

《東華録》康熙七　戊辰，定八旗滿郎中員數。

《東華録》卷九　〔庚午〕，刑部議覆御史田六善言：「近見奸民捏詞詐害，在南方不曰『通海』，則曰『逆書』，在北方不曰『于七賊黨』，則曰『逃人』，謂非此不足以上聳天聽，下怖小民。請飭督撫，即於審理情實者據實奏聞，情虚者依律反坐，如不候督撫審結徑來叩閽者，依光棍例治罪。查定例不候原官審結徑行叩閽者，旗人枷號兩月，鞭一百，民責四十板，流三千里。」從之。

《東華録》康熙七　癸酉，得旨：索尼【略】著於所有一等伯外，授爲一等公。

是月，免甘肅鎮原縣去年被災額賦。

《聖祖實録》卷二二　閏四月戊子，湖廣道御史蕭震疏言：屯田之制，爲古帝王養兵裕國之本。臣愚以爲兵屯縱不可即行，而投誠開荒之策，未有不可立行者。【略】疏入，命户部、兵部行令各省督撫，確查墾荒事宜遵行。

《東華録》卷九　五月丙午，諭吏部等衙門：「民爲邦本，必使家給人足，安生樂業，方可稱太平之治。近聞直隸各省民多失所，疾苦顛連，深可憫念。或係官吏貪酷朘削窮黎，抑或法制未便，致民失業，果何道以遂其生耶？一切民生利病，應行應革，爾内外各衙門大小文武等官，念切民依，其各抒所見毋隱。」

《聖祖實録》卷二二　己酉，海澄公黄梧【略】著授爲一等公，准襲十二次。兵部遵旨議覆：海澄公黄梧歸順之後，攻剿招撫，著有勞績。所得公爵，應准其襲替。

《東華録》康熙七　庚申，荷蘭國噶嘍吧王油烦嗎綏極遣使入貢。

《東華録》卷九　〔己巳〕，吏部覆御史李棠奏：「例監考補中書，三年後即陞部屬，進士舉人仍遲至十年之久，始得官職，應行停止，將各科進士咨取考試。」得旨：「各科進士不必拘年分前後人數，有願考者預行選取，堪用者遇缺即補。」

《東華録》康熙七　〔癸酉〕議吴三桂以目疾辭兩省事務，已奉俞旨，應將該藩所管各項事務照各省例責令該督撫管理，其大小文官亦照各省例由臣部題授。從之。

是月，免甘肅會寧、吴堡等縣被災額賦有差。

六月己卯，順天府府尹李天浴奏：徵收錢糧，民不苦於正額之有定，而苦於雜派之無窮。【略】得旨：此徵收錢糧，著照李天浴所奏，夏税定於五月六月，秋糧定於九月十月。

《聖祖實録》卷二二　辛巳，得旨：各省所解逃人，據供自認，但不知旗分佐領者，照例入官，發給旗下。如不行招認，又無主認識者，免入官，著爲民。至地方官將良民捏稱逃人拏解者，將原解官照定例議處。

《東華録》康熙七　丙申，予故輔政大臣一等公索尼祭葬，謚文忠。

丁酉，廣東巡撫王來任請免粤東無徵雜税四千有奇，以甦民困。部議不准，上特允之。

是月，免山西繁峙、陝西涇陽、淳化等五州縣衛被災額賦有差。

《聖祖實録》卷二三　秋七月甲辰，户部等衙門議覆左都御史王熙請禁官員貿易之害一疏。

丁未，諭吏部，罷招民授官之例。

《東華録》卷九　〔己酉〕，上躬親大政，御太和殿，羣臣表賀，宣詔天下恩欵十七條。

《聖祖實録》卷二三　是日，上御乾清門聽政，嗣後日以爲常。

《東華録》康熙七　癸丑，添設理藩院四司主事各一。

甲寅，命武官照文官例一體引見。

《東華録》卷九　〔乙卯〕，太子太保内大臣蘇克薩哈奏求守陵，輔臣等稱旨蘇克薩哈不識有何逼迫之處，著王大臣議奏。

《聖祖實録》卷二三　丁巳，議政王等奏：將蘇克薩哈及伊子孫，並本旗下弟兄，俱拏問。輔臣等稱旨：依議，俱著拏問。

《東華録》卷九　〔己未〕，議上蘇克薩哈二十四罪俱實，應凌遲處死，上不允。鰲拜强奏累日，竟坐處絞，其子查克(且)〔旦〕凌遲處死，叔弟姪皆斬決。

《聖祖實録》卷二三　癸亥，議政王等會議加恩輔臣：遏必隆於所有一等公外，授爲一等公。鰲拜於所有二等公外，授爲一等公。從之。

壬申，免甘肅所屬寧州、安化等四州縣康熙五年分霜災額賦有差。

八月己卯，令河南、山東、山西、江南、浙江見駐投誠官兵開墾荒地，自康熙七年始，每名給五十畝，預支本年俸餉，以爲牛種，次年停給，三年後照例起科。

乙酉，兵部議奏：凡大兵交戰，持纛之人在八旗之前首進者，賞銀一百兩，給與官職。次進者，賞銀八十兩。三進者，賞銀六十兩。若其前將及十人，而持纛之人續進者，將先進之人給與官職，持纛之人賞銀五十兩，并將該弁注册送部，永爲定例。從之。

《東華録》康熙七　甲午，予故工部尚書傅維鱗祭葬。

丁酉，上幸南苑行圍。

《聖祖實録》卷二四　丙午，纂修世祖章皇帝實録。命大學士班布爾善爲監修總裁官，大學士巴泰、圖海、魏裔介、衛周祚、李霨爲總裁官。

丁未，上自南苑回宫。

先是，八旗生員舉人、進士停止考試。至是，復命滿洲、蒙古、漢軍與漢人同

場一例考試。其生童於鄉試前一年八月内考試。

《東華録》康熙七　辛酉，皇子承瑞生。

《聖祖實録》卷二四　己巳，刑科給事中胡悉寧疏言：【略】請停今年内外秋決。從之。

《東華録》卷九　雲貴總督卞三元，提督張國柱、李本深合詞請吴三桂仍總管滇、黔事務。得旨：「該藩以精力日減奏請，故允行，若令王復理事務，恐其過勞，以致精力太損，如邊疆軍機要務，王自應料理。」

《東華録》康熙七　是月，免浙江奉化等十七縣衛、福建龍溪等五縣本年旱災及象山等五縣去年水災額賦。

冬十月戊寅，移湖北驛傳道駐湖南，管湖南驛糧事。湖北糧道仍留湖北，管湖北驛糧事。

《聖祖實録》卷二四　壬午，喀爾喀畢錫勒爾圖汗之子根敦代青台吉率衆來歸，封爲輔國公。

《東華録》康熙七　丙戌，賜秦瀚信等一百人武進士及第、出身有差。

庚寅，定公侯伯一品官廕生，以部院衙門五品缺用。二品官廕生，以六品缺用。三品官廕生，以七品缺用。四品官廕生，以八品缺用。

丙申，山西陝西總督盧崇峻奏：【略】西番歸誠已實，滿漢官兵，應請撤回。從之。

《聖祖實録》卷二四　庚子，諭禮部：【略】謹加上太皇太后徽號曰：「昭聖慈壽恭簡安懿章慶敦惠温莊康和太皇太后。」加上皇太后徽號曰：「仁憲恪順誠惠皇太后。」

十一月戊申，以奉天府承德、廣寧二縣雹災，命發糧賑濟饑民。

免直隸開州元城等十一州縣本年分旱災額賦有差。

壬子，考察天下軍政。

《東華録》卷一一　〔丁巳〕，上太皇太后徽號曰康和，皇太后曰誠。〔戊午〕，頒恩天下。

《聖祖實録》卷二四　己未，免直隸静海縣本年分水災額賦十之三。

壬戌，免直隸霸州等二十三州縣、江西寧州等三十一州縣本年分水災額賦有差。

《東華録》康熙七　十二月辛未朔，裁四川成都府仁安驛驛丞等四十八缺，保寧府知事等九十二缺。

壬申，諭吏部：【略】言官如有所見，既許不時陳奏，其拾遺永行停止。

乙亥，山西、陝西總督盧崇峻奏請終制。允之。

《聖祖實録》卷二四　癸未，命各省復開鼓鑄。

乙酉，命修《鹽法備考》、《漕運議單》二書。

《東華録》康熙七　戊子，增户部尚書一員，以馬邇賽調補。

是月，免直隸武清、湖廣通城、陝西平涼等二十八州縣衛所被災額賦，免山東齊東縣蝗災額賦十之三。

是歲，朝鮮、荷蘭入貢。

康熙七年（戊申、一六六八）

《聖祖實録》卷二五　春正月庚子朔，上詣堂子行禮，還宫。

朝鮮國王李棩遣陪臣鄭致和等表賀親政。

《東華録》康熙八　丁未，以額赫里爲工部尚書。

《聖祖實録》卷二五　戊申，陞左副都御史莫洛爲山西、陝西總督，湖廣巡撫劉兆麒爲四川總督。

《東華録》康熙八　著李天浴爲雲南巡撫。

《聖祖實録》卷二五　庚戌，建孝陵神功聖德碑。

《東華録》康熙八　戊午，以世祖章皇帝配天覃恩，加鰲拜、遏必隆太師，坡爾盆、法保、彭春、那摩佛、戴壽、鄔黑俱太子少師，吴應熊少傅兼太子太傅，耿聚忠、尚之隆、耿昭忠、白文選俱太子少師。

壬戌，諭兵部：外藩蒙古諸王下官員既無封贈及送子入監讀書之例，伊斯丹津王下官員亦著停止封廕。

二月庚午朔，賑甘肅平涼、慶陽、臨洮、鞏昌四府饑。

《聖祖實録》卷二五　壬申，定各省督撫荐舉屬員額數。

甲戌，户部議覆江寧巡撫韓世琦疏言，黄河衝決，桃源受患尤甚。漕糧無蠲免之例，請將桃源縣康熙六年分起運漕糧，分兩年補徵帶運，應如所請。從之。

乙亥，命福建督撫重建柔遠館驛，以駐琉球國使。

《東華録》康熙八　乙酉，詔訪求精通天文占候者。

辛卯，上幸南苑行圍。

《聖祖實録》卷二五　戊戌，上自南苑回宮。

理藩院題：「請差大臣往四十九旗及邊外喀爾喀會盟。」得旨：「著侍郎綽克託、達哈塔去。」

《東華録》康熙八　是月，免直隸景州、奉天承德，浙江臨海、陝西寧州等十七州縣衛去年被災額賦。

《聖祖實録》卷二五　三月己未，命停止巡視茶馬差。

《東華録》康熙八　遣官賑甘肅西寧饑。

《聖祖實録》卷二五　辛酉，諭刑部：「向來東、西長安門外，豎立石牌，原爲民有冤枉，令其伸告。【略】通政使司登聞鼓衙門，既許封進狀詞，伸理冤枉，以後内外官民，果有冤抑事情，著照例於通政使司登聞鼓衙門告理，叩閽之例，永行停止。」

兵部題：丁卯，【略】查外國非係貢期竟來貿易者，《會典》並未開載，惟康熙二年准荷蘭國貿易一次，康熙三年准暹羅國貿易一次，隨於康熙五年，永行停止。請嗣後非係貢期，概不准其貿易。從之。

《東華録》康熙八　是月，免江南邳州、陝西郃州、甘肅寧州等四十七州縣所去年被災額賦，以寧州安化等五州縣民疾疫，並免其丁銀。

夏四月己巳朔，吏部等衙門遵旨議覆：嗣後巡視鹽政不必專差御史，應於六部滿漢司官内揀選賢能之員，一併差遣，所差司官，俱授御史職銜，差滿考覈，仍回原任。從之。

《聖祖實録》卷二五　甲申，停巡倉御史差。

《東華録》康熙八　己丑，裁直隸各省大小衙門吏攢承差等役三千八百四十九名，共存留二萬六千五百八十六名。

《聖祖實録》卷二五　庚寅，初，安南都統使莫元清，爲安南國王黎維禧所逼，奔入雲南，上疏陳訴，上命安置莫元清於南寧。安南國王黎維禧亦上疏言興兵復讐始末。上遣内秘書院侍讀李仙根等齎敕宣諭黎維禧。

《聖祖實録》卷二六　五月乙巳，户部議准陝西巡撫賈漢復疏，請將西安等四府積穀變價生息。得旨：「出陳易新，原以爲民，若將利息報部，恐反累百姓。著停止生息。」

癸丑，安南國王黎維禧遣陪臣阮潤等表謝。

《東華録》康熙八　乙卯，以旱，飭廷臣修職業，詔内外清理刑獄，釋輕繫，重囚可矜疑者減罪一等。

《聖祖實録》卷二六　甲子，安南國王黎維禧疏請六年兩貢並進。【略】得旨：【略】此進貢著照該王所奏行。

《東華録》康熙八　是月，免直隸東光、山東海豐縣去年被水額賦十之二。

六月丁丑，諭刑部嚴禁賭博。

庚辰，黄河烟墩工竣。

《聖祖實録》卷二六　癸未，升禮部左侍郎布顔爲禮部尚書。

《東華録》康熙八　乙酉，諭兵部：「嗣後緝捕叛犯，本省仍照例立限承緝，其通行各省者，概許案緝，不必依限取結，以滋民累，著爲令。」

丁亥，以濟世爲工部尚書。

《聖祖實録》卷二六　戊子，平南王尚可喜疏請遣子尚之信入侍。允之。

《東華録》康熙八　是月，免直隸固安、甘肅莊浪等八縣被災額賦。

秋七月己亥，裁貴州清平縣，歸併麻哈州。

令奉天唐官等屯所圈之地退還民間。

以貴州新設大定、平遠、黔西、威寧四府均屬苗户，暫免編丁，其地畝照衛田徵糧。

《聖祖實録》卷二六　辛丑，命崇文門及左右兩翼收税揀選各部公廉有才能滿漢官員，永行差遣，不必更替。

《東華録》卷九（壬寅），命鄉會試仍以八股文取士。

《聖祖實録》卷二六　癸丑，命改私鑄定例内鄰佑知情不首斬罪爲徒罪。

《東華録》康熙八　乙卯，直隸巡撫甘文焜奏復巡歷舊規。部議不准，得旨：【略】甘文焜所請著准行。

《東華録》卷九（戊午），革職漕督恭順侯吴惟華密疏請徵各州縣鎮市房號銀兩及江南三十餘州縣令民納價領種。上惡其害民斂財，交刑部議罪。

《聖祖實録》卷二六　庚申，以鑲藍旗蒙古都統誇岱爲滿洲都統。

辛酉，命禁止渾河堤岸處所莊佃私開溝口。

《東華録》康熙八　壬戌，兵部議覆四川總督苗澄奏：酉陽一司兼石耶、平茶、邑梅三長官司，【略】宜照此例，將平茶、邑梅二司改隸重慶，以消蠻司土廣民衆之勢。從之。

《聖祖實録》卷二六　乙丑，陞護軍統領俄托渾爲鑲藍旗蒙古都統。

《東華録》康熙八　八月壬申，户部尚書王宏祚【略】革職。

《東華録》卷九　〔癸酉〕，命都統、内大臣、大學士、尚書、精奇尼哈番以上，各照實級用棍傘行走；護軍統領、前鋒統領、副都統、侍郎，各照職掌品級，用執事行走。

《東華録》康熙八　己卯，裁雲南歸化縣，歸併呈貢縣，鶴慶府順州歸併鶴慶府。

《聖祖實録》卷二六　辛巳，轉禮部尚書黄機爲户部尚書。

《東華録》康熙八　壬午，命各部院衙門凡不係具題緊要事情，概不准給驛站。

癸未，命刑部酌定見行則例，詳晰分款，陸續進覽。

《聖祖實録》卷二六　甲申，多羅郡王蘭布著襲封和碩親王。

《東華録》康熙八　戊子，調郝惟訥爲禮部尚書。

《聖祖實録》卷二六　乙未，諭户部：「今歲水災，順天等府所屬地方，【略】應作何賑恤？爾部速議以聞。」尋户部議：「發常平倉糧賑濟，如不足，計數報部。近畿之地，從通倉動給；遠者令附近省分協濟。」從之。

《東華録》康熙八　九月丁酉朔，調朱之弼爲刑部尚書。

《聖祖實録》卷二七　庚子，以盛京户部侍郎吴瑪護爲奉天將軍，江寧副都統額楚爲江寧將軍，西安副都統瓦爾喀爲西安將軍。

《東華録》康熙八　癸卯，以對喀納爲内國史院大學士。

甲辰，以王熙爲工部尚書。

《聖祖實録》卷二七　丙午，以正白旗蒙古都統伯宜理布爲滿洲都統。

《東華録》康熙八　丁未，裁四川崇寧縣，歸併郫縣。彭縣，歸併新繁縣。岳池縣，歸併廣安州。新寧縣，歸併梁山縣。大寧縣，歸併奉節縣。武隆縣，歸併涪州。

《聖祖實録》卷二七　戊申，升内弘文院學士明珠爲刑部尚書。

辛亥，以户部尚書馬邇賽兼正白旗蒙古都統。

《東華録》康熙八　辛酉，停總兵官軍政自陳，聽總督、提督考覈。其無總督地方，聽提督、巡撫考覈。

壬戌，命江南蘇州府開鑪一百座鼓鑄。

是月，免湖廣黄岡、浙江寧海等二十縣旱災額賦。

《聖祖實録》卷二七　十月丁卯，命查故明廢藩田房，悉行變價，照民地徵糧。其廢藩名色，永行除革。

《東華録》康熙八　命内外八旗滿洲、蒙古、漢軍武官爲其父母、祖父母及過繼父母、祖父母居喪三月，私居仍持服三年，奉差出外者，以回家之日爲始。

《聖祖實録》卷二七　庚午，上幸南苑行圍。

《東華録》康熙八　戊寅，定武殿試一甲一名進士以參將用，二名進士以遊擊用，三名進士以署遊擊管營都司僉書用。

《聖祖實録》卷二七　己卯，上自南苑回宫。

戊子，免江南泗州等八州縣本年分水災額賦有差。

《東華録》康熙八　庚寅，裁湖廣總督。

壬戌，免直隸保定州、保安衛、礬山堡康熙六年分雹災額賦十之三。免浙江山陰等五縣衛本年分水災額賦有差。其臨海、天台二縣衝没田地，全免額賦。

《聖祖實録》卷二七　十一月丙申朔，令修理八旗官學房。

《東華録》康熙八　丁酉，暹羅國王森烈拍臘照古龍拍臘馬嚌陸坤司由提呀菩埃遣使入貢。

《聖祖實録》卷二七　壬寅，户部遵旨議覆：「保定等府屬水災，照例再加一分蠲免。」得旨：「朕聞保定府、真定府、霸、易道所屬州縣地方，被災特甚，殊爲可憫。今若照爾部所議，於定例外止增一分，蠲免四分，恐百姓不能輸納錢糧，以致困苦。其被災十分、九分者，著將今年應徵錢糧全免；其被災八分、七分者，著再增一分，免四分。此内錢糧，有已經徵收者，著留抵來年應徵錢糧。」

戊申，免直隸邢臺等十四縣、河南磁州、安陽等四州縣本年分水災額賦有差。其直隸沙河等四縣水沖地，照十分災例免，河南安陽、臨漳水沖沙壓地，免正賦三年。

《東華録》康熙八　己酉，江南、江西總督郎廷佐以病乞休，允之。

《聖祖實録》卷二七　免直隸通州等十八州縣衛所本年分水災額賦有差。

庚戌，免湖廣潛江等七州縣衛本年分水災額賦有差。

丙辰，免江南亳州等十二州縣衛所、湖廣漢陽等五州縣衛本年分水災額賦有差。

己未，陞杭州副都統圖喇爲杭州將軍。

《東華録》康熙八　十二月乙丑朔，給事中賀和達奏總督京通倉應差滿洲侍郎一員。從之。

丙寅，雲南貴州總督卞三元以母老奏請終養。從之。

壬申，封喀喇沁多羅杜楞貝勒班達爾沙爲多羅杜楞郡王。

《聖祖實録》卷二七　癸酉，以刑部左侍郎麻勒吉爲江南、江西總督。

戊寅，免山東省地震地方照水旱災例本年分額賦有差。

《東華録》康熙八　裁廣東左路總兵官。

己卯，以甘文焜爲雲南、貴州總督。

庚辰，以范承謨爲浙江巡撫。

癸未，裁直隸大寧都司，歸併保定左衛，萬全都司，歸併宣撫前衛。

《東華録》卷九　〔庚寅〕，治理曆法南懷仁劾奏欽天監監副吴明烜所造康熙八年七政民曆内，閏十二月應是九年正月，又一年兩春分兩秋分，種種差誤。旨：交議政王等會議具奏。

康熙八年（己酉、一六六九）

《聖祖實録》卷二八　正月乙巳，户科給事中姚文然疏言：「蠲免被災錢糧一事，有各州縣簡明總册，並各見年里長甘結報部，其地畝花名細册，不過紙上虚文，【略】請概行停止。」從之。

《東華録》康熙九　丙辰，以修理太和殿興工，上移居武英殿。

《聖祖實録》卷二八　戊午，加雲南、貴州總督甘文焜兵部尚書銜。

《東華録》康熙九　是月，免直隸昌平、陝西鄜縣等五州縣去年水災額賦，地廢者永豁除之。

《東華録》卷九　二月〔庚午〕，議政王等會議：「前命大臣二十員赴觀象台測驗，南懷仁逐款符合，吴明烜逐欵皆錯。南懷仁推算九十六刻之法既合天象，應自九年始將曆日推行。」

《東華録》康熙九　辛未，濬京師護城河。

《聖祖實録》卷二八　壬申，山西、陝西總督莫洛、甘肅巡撫劉斗疏請：「免平凉、臨洮、鞏昌三府屬各州縣衛積欠銀七萬八千三百餘兩，糧一十六萬三千餘石。」【略】得旨：「【略】著照該督撫所請，將舊欠錢糧俱免追徵。不爲例。」

《東華録》康熙九　辛卯，禮部請封外藩蒙古諸王妃。得旨：察哈爾阿布奈親王之妻著停封，餘如議。

予故致仕太子太保、吏部尚書明安達禮祭葬，謚敏果。

《聖祖實録》卷二八　三月甲午朔，《世祖章皇帝實録》纂修草藁告成。

辛丑，諭户部：「前以爾部題請直隸等省廢藩田産，差部員會同各該督撫，將荒熟田地酌量變價。今思既以地易價，復徵額賦，重爲民累。著免其變價，撤回所差部員，將見在未變價田地交與該督撫，給與原種之人，令其耕種，照常徵糧，以副朕愛養民生之意。至於無人承種餘田，應作何料理，著議奏。」尋部議請將無人承種餘田，招民開墾。從之。

《東華録》康熙九　庚戌，諭吏部：「原任户部尚書王宏祚係皇考簡用之人，效力年久，可照原職補用。」

《東華録》卷九　授西洋人南懷仁爲欽天監監副，以其節氣占候符合也。

《東華録》康熙九　乙卯，得旨：修造宫殿所用枏木不敷，酌量以松木湊用。

丙辰，以劉兆麒爲浙江、福建總督。

四月癸酉，以杜立德爲内國史院大學士。

予故原任浙江總督趙廷臣祭葬，謚清獻。

《東華録》卷九　丁丑，〔上〕幸太學。

《聖祖實録》卷二八　庚辰，命内國史院大學士杜立德充纂修《世祖章皇帝實録》總裁官。

轉户部尚書黄機爲吏部尚書。

《東華録》康熙九　癸未，發帑金賑直隸真定府屬饑。

己丑，調郝惟訥爲户部尚書。

《聖祖實録》卷二八　辛卯，諭直隸巡撫：「獲鹿、栢鄉二縣，去年水災，雖經賑濟，饑民尚多。著動支公帑，再賑一月。」

《東華録》康熙九　五月乙未，調龔鼎孳爲禮部尚書。

《聖祖實録》卷二九　丙申，刑部、户部遵旨會奏：「凡遇聖駕出郊之處有叩閽者，照刑部議衝突儀仗之律，杖一百，發邊遠充軍。其户部議責四十板之例，相應停止。」得旨：「【略】以後著審明所告之事，虚者責四十板，免其充軍。」

《東華録》康熙九　己亥，内祕書院學士禪布奏伊祖達海巴克式蒙賜謚文成，請立石碑，以光永久。得旨：【略】著追立石碑。

壬寅，以王宏祚爲兵部尚書。

《東華録》卷九　〔戊申〕，上以輔臣公鰲拜結黨擅權，弗思悛改，命議政王大臣等逮治鰲拜罪。

《東華録》康熙九　〔戊午〕，令各省衛所錢糧併入民糧一體考成巡撫。

己未，以巴泰爲内祕書院大學士。

《聖祖實録》卷二九　陞鑲黃旗漢軍副都統范達禮爲漢軍都統。

調鑲黃旗蒙古都統喇哈達爲滿洲都統。

理藩院遵諭議覆：「阿布柰無藩臣禮，大不敬，應論死，革去王爵，不准承襲。」得旨：【略】姑從寬免死，著革去親王，嚴禁盛京。

《東華録》卷九　〔庚申〕，康親王傑書等勘問鰲拜罪款三十，遏必隆罪款十二，阿南達、班布爾（喜）〔善〕罪款二十一，那摩佛罪款十二，塞本得罪款六，上親加鞫問，情罪俱實，諭曰：「鰲拜【略】姑從寬革職籍没，仍行拘禁。遏必隆【略】特爲寬宥，仍以公爵宿衛内廷。阿南達免死。宗室班布爾（喜）〔善〕絞。那摩佛亦免死，革職拘禁。（寨）〔塞〕本得立斬。阿思哈、噶褚哈、穆里瑪、泰璧圖、訥莫俱立斬，餘各從輕治罪。」

《東華録》康熙九　六月壬戌朔，調馬希納爲吏部尚書。

癸亥，以科爾科代爲兵部尚書。

《聖祖實録》卷三〇　以鑲白旗蒙古都統郭爾親爲滿洲都統，陞鑲黃旗滿洲副都統覺羅塔達爲蒙古都統，陞正紅旗蒙古副都統噶爾漢爲蒙古都統，陞護軍統領賴塔爲正白旗蒙古都統。

《東華録》康熙九　丙寅，以恩額得爲工部尚書。

《聖祖實録》卷三〇　和碩康親王傑書等奏：「鰲拜案内，内大臣巴哈係鰲拜胞弟，【略】應將巴哈革職立斬，家産籍没，其妻及未分家之子爲奴。」得旨：「巴哈効力年久，免死，寬其籍没，著革職爲民。」

《東華録》康熙九　戊辰，令改造觀象臺儀器。

辛未，吏部奏請停止保舉，仍按俸次升轉，以杜鑽營賄賂之風。從之。

《聖祖實録》卷三〇　壬申，諭吏部、兵部：【略】其蘇克薩哈原官，及白爾黑圖等官職，俱應給還。爾二部將此案所革官員，俱行查明議奏。

都察院疏請禁藩王及大臣家下商人各省貿易。從之。

《東華録》康熙九　以米思翰爲户部尚書。

《聖祖實録》卷三〇　癸酉，上以直省罪囚，舊遣恤刑官審録。今恤刑罷遣，遇熱審時，有非實犯死罪者，宜具題減等，如在京法司例。命刑部通行直隸各省，永著爲令。

甲戌，以内秘書院大學士巴泰充監修《世祖章皇帝實録》總裁官。

戊寅，諭户部：【略】自後圈占民間房地，永行停止。其今年所已圈者，悉令給還民間。

《東華録》康熙九　庚辰，裁户部添設滿尚書。

戊子，諭刑部：【略】以後官民務須各將家人撫恤訓養，勿得仍行偪責致死。

《聖祖實録》卷三〇　秋七月壬辰朔，裁直隸、山東、河南總督缺。

《東華録》康熙九　乙未，諭吏部：内國史院大學士對喀納諳練刑部事務，著加太子太保，以内國史院大學士管刑部尚書事，明珠著以原品候補。

《聖祖實録》卷三〇　丁酉，復故輔政大臣蘇克薩哈原有二等精奇尼哈番世職，命其子蘇常淑承襲，并給還所没家産。

己亥，又以亢旱，命【略】將監内擬定重犯確審酌量減等。

《東華録》卷九　〔壬寅〕，昭雪蘇納海、朱昌祚、王登聯。

《聖祖實録》卷三〇　壬子，諭禮部：「祈穀之禮，【略】於明年舉行。」

乙卯，定滿洲、蒙古漢軍鄉會試額數。

《東華録》卷九　刑部議吴明烜罪。旨：從寬責四十板。

《聖祖實録》卷三一　八月壬戌，諭宗人府、吏部、兵部：【略】以後凡會議時，諸王、貝勒、大臣，務須慎密，勿致洩漏。

己巳，陞鑲黃旗蒙古副都統覺羅朱滿爲蒙古都統。

《東華録》卷九　〔辛未〕，康親王傑書等議覆南懷仁等呈告，楊光先依附鰲拜，捏詞陷人，將歷代所用之《洪範》五行，稱爲滅蠻經，致李祖白等各官正法，援引吴明烜謊奏授官誣告湯若望謀叛，情罪重大，應擬斬。湯若望應復通玄教師之名。得旨：「楊光先年老，姑從寬免死。其天主教除南懷仁等照常自行外，所有直省復立堂入教，仍着嚴行禁止。」

《東華録》康熙九　辛巳，吏部遵諭查覈原任禮部尚書梁清標、刑部左侍郎石申均係京察無故被革，應復還原職。從之。

《聖祖實録》卷三一　甲申，命索額圖爲内國史院大學士。

《東華録》康熙九　追賜故原任尚書蘇納海謚襄愍，直隸總督朱昌祚謚勤愍，直隸巡撫王登聯謚慤愍，各祭葬如例。廕蘇納海子瓦爾達、朱昌祚子紱、王登聯子盛唐入監讀書，以通政使司左右通政、大理寺少卿、督捕左右理事官等缺用。

《聖祖實録》卷三一　乙酉，免江南鹽城所屯田康熙七年分水災額賦。

《東華録》康熙九　以原任夏官正李祖白、春官正宋可成、中官正劉有泰、秋官正宋發、冬官正朱光顯等死非其罪，各照原品級給祭銀。

《聖祖實録》卷三一　丙戌，追賜原任掌欽天監事通政使司通政使湯若望，祭葬如例。

《東華録》康熙九　己丑，改雲南尋甸府爲州，歸曲靖府轄，裁知府、通判等缺。

九月［乙未］，甄别各部院堂官，禮部尚書布顔、左都御史尼滿俱以原品隨旗行走，兵部右侍郎李棠馥年老休致，倉場總督工部尚書白色純、户部右侍郎薩爾圖、刑部右侍郎納布、左副都御史哲庫訥、阿思祜各降級隨旗行走，内弘文院學士周天成革職。

《聖祖實録》卷三一　丙申，吏部等衙門覆核各督撫功過，分别具題。得旨：「山西、陝西總督莫洛革職，河道總督楊茂勳、原任福建總督祖澤溥、原任直隸、山東、河南總督白秉貞、原任延綏巡撫張中第，俱原品休致。原任湖廣總督張長庚，著以原品隨旗行走。原任山西、陝西總督盧崇峻削尚書銜，留阿思哈尼哈番，隨旗行走。陝西巡撫白清額降四級隨旗行走，湖廣巡撫林天擎留任，直隸巡撫金世德降二級留任。」

丁酉，甄别在京滿漢官革職、降級、休致共八十三員。

庚子，命大學士索額圖爲纂修《世祖章皇帝實録》總裁官。

《東華録》康熙九　康親王傑書等奏：工部尚書都統濟世、兵部侍郎邁音達、内祕書院學士吴格塞均係鰲拜同黨，【略】又劉之源子劉邦柱，【略】均應革職立斬，家産籍没。得旨：「濟世、吴格塞著革職，即行處絞。邁音達免其處死，著革職，籍没家産，鞭一百。劉邦柱免死，寬其籍没，著革職，鞭一百。」

《東華録》卷九　［壬寅］，山東邱縣孝子王祚昌刲肝療父，父病立起。特旨給旌，後不爲例。

《聖祖實録》卷三一　丁未，以正藍旗蒙古都統勒貝爲滿洲都統。

《東華録》康熙九　十月甲子，上幸南苑行圍。

《東華録》卷九　己巳，以重修盧溝橋告成，御製碑文。

《東華録》康熙九　壬申，以吴達禮爲工部尚書。

《聖祖實録》卷三一　癸酉，上自南苑回宫。

戊子，一等精奇尼哈番兼一拖沙喇哈番濟世，因鰲拜案内正法，其世職以其弟卓保子卓林承襲。

十一月甲午，兵部又議：福建水師提督施琅，【略】請加伯銜。從之。

《東華録》康熙九　丙申，復設廣西左江巡道、驛鹽巡道。

《聖祖實録》卷三一　己亥，得旨：【略】今莫洛等既爲地方愛戴，特順輿情，免其處分。莫洛、白清額，俱著復還原官留任，【略】達爾布著改爲山西巡撫，馬雄鎮著候缺另用。

《東華録》卷九　［壬子］，太和殿、乾清宫告成。

［癸丑］，御殿行慶賀禮，上由武英殿移居乾清宫。

《東華録》康熙九　甲寅，以太和殿、乾清宫告成，頒詔天下。

是月，免直隸無極、江南江寧、山西汾西、河南睢州、湖廣黄梅等三十州縣衛被災額賦有差，除陝西南鄭縣水坍田賦。

十二月庚申朔，雲南、貴州總督甘文焜奏：赧牛等四十九寨野苗慕義來歸。命加意撫綏。

戊辰，復設廣東惠潮道、高雷廉道、瓊州道，改巡海道爲廣肇道，管理鹽法。

《聖祖實録》卷三一　辛未，皇子承祜生。

甲戌，户部題：「江南泗州、虹縣等五州縣，從前捏報開墾地畝，及見被水沈地畝，共五千二百九十六頃。此二項錢糧，請永行豁免。」從之。

丙子，裁京倉滿漢監督二員。

《東華録》康熙九　復舉人揀選知縣例。

復設廣州左衛、廣州後衛、廣海衛、雷州衛守備四，新會所、香山所、新寧所、東莞所、大鵬所、平海所、靖海所、海康所、樂民所、海安錦囊所、雙魚海浪所千總十。

《聖祖實録》卷三一　己卯，和碩顯親王福壽薨，賜祭，造墳立碑，謚曰懿。

《東華録》康熙九　是月，免江南五河、湖南平江等九縣被災額賦，除安徽泗、虹等五州縣虚增開墾及水坍田賦五千餘頃。

是歲，朝鮮、琉球入貢。

康熙九年（庚戌、一六七〇）

《聖祖實録》卷三二　正月丙申，河南巡撫郎廷相疏言：「宋儒程顥、程頤後裔，明時有五經博士二員，緣流寇亂後，廕襲久絶。今查有程顥嫡裔程宗昌、程頤嫡裔程延祀，應請襲職。」從之。

《東華録》康熙一〇　辛丑，祈穀於上帝，奉太祖高皇帝、太宗文皇帝、世祖章皇帝配享。

乙巳，復設河南分守河北道、分巡南汝道。

《東華録》卷九　〔丁未〕，復遏必隆公爵。

《東華録》康熙一〇　復設湖廣分守武昌道、分巡上荆南道、分守鄖陽道。

《聖祖實録》卷三二　己酉，初，直隸各省廢藩田産奉旨免其易價，改入民户，名爲更名地。内有廢藩自置之地，給民佃種者，輸糧之外，又納租銀，重徵爲累。户部議以久載全書，不當蠲免。得旨：「更名地内自置土田，百姓既納正賦，又徵租銀，實爲重累。著與民田一例輸糧，免其納租。至易價銀兩有徵收在庫者，許抵次年正賦。」

壬子，上幸南苑行圍。

《東華録》康熙一〇　戊午，予故原任刑部尚書李化熙祭葬。

《聖祖實録》卷三二　二月壬戌，上自南苑回宫。

癸亥，諭户部：「淮安府屬海州、安東等九州縣，揚州府屬高郵、興化等四州縣，水患頻仍。康熙八年夏秋，又罹霪雨。爾部檄行督撫，即發倉粟，賑濟飢民。」

《東華録》康熙一〇　丙寅，復設浙江分巡寧紹道、分巡温台道、分守杭嘉湖道、分守金衢嚴道。

《東華録》卷九　〔壬申〕，諭刑部：「盜案内論死者甚多，其爲誣引株連亦或有之，宜加詳勘。至於夾棍乃慘痛之刑，必不得已而後可用，其慎之毋忽。」

《東華録》康熙一〇　〔丁丑〕，免江南桃源等縣六年、七年被水漕糧。

庚辰，復設山東提督。

《東華録》卷九　〔癸未〕，諭刑部：「流徙尚陽堡、寧古塔罪人，衣絮單薄，凍斃於路，甚爲可憫。自今十月至正月及六月俱勿遣。」

《東華録》康熙一〇　甲申，敘克取銅山金門功，授福建隨征總兵官一等精奇尼哈番王之鼎爲三等伯。

《聖祖實録》卷三二　丁亥，議政王等議定服制。【略】從之。

《東華録》康熙一〇　增通惠、北河、南旺、夏鎮、中河、南河管理河務滿分司六。

閏二月戊子朔，皇子承慶生。

《聖祖實録》卷三二　庚寅，諭工部：「朕經行城外，見道旁枯骸，惻然可憫。【略】其令有司掩埋。」

《東華録》康熙一〇　癸巳，復設湖廣分守岳常道、分巡辰沅靖道、分守衡永郴道。

戊戌，予故致仕内國史院大學士金之俊祭葬，謚文通。

己亥，兵部尚書王宏祚以老乞休，命以原官致仕，乘驛歸里，仍給俸。

《聖祖實録》卷三二　甲寅，調刑部尚書朱之弼爲兵部尚書。

《東華録》康熙一〇　是月，免福建龍溪等五縣去年水災額賦，江南高郵等六州縣八年以前漕運三萬，山東沂州魚臺等四十州縣衛起存銀二十二萬有奇。

《聖祖實録》卷三二　三月戊午朔，策試天下貢士於太和殿前。

辛酉，傳臚，賜殿試貢士蔡啓僔等二百九十二人進士及第、出身有差。

《東華録》康熙一〇　以馮溥爲刑部尚書。

乙丑，命洮岷魯班等七寺番僧止進貢馬匹、青木香，餘物停止。

庚午，復設四川湖廣總督一、福建總督一。

辛未，户部、工部議覆上命，發庫内木棉、絲布、茶葉、衣服、弓矢等物，令都統等酌給各佐領下護軍撥什庫及甲兵之貧者。

刑部題：「查律載抄扎入官人口隱瞞不報者，計口以隱漏丁口論。今若照律處分，則罪輕而隱瞞者必多。臣等酌議，嗣後凡隱瞞反叛抄扎入官人口者，不分男婦大小，五口以上，照依隱匿財物至五百兩例，杖一百，流徙寧古塔；四口以下，杖徒。如旗下有犯此等之罪，例應枷號發落。遵爲定例。」從之。

《東華録》康熙一〇　甲戌，諭户部：江南壽州衛自順治六年大水，衛軍死徙，田地荒蕪，減存月糧銀兩無從徵收，著豁免，仍令漕臣設法招墾。

議政王等遵旨議覆：【略】查順治十五年曾將滿洲官員品級與漢人畫一，後康熙六年將滿洲官員品級改爲照舊。今應行畫一，將滿洲官員品級照順治十五年之例，其見在品級仍准存留，以後補授之時照此定例補授。從之。

〔己卯〕，旱，命禮部祈雨。

夏四月丁亥朔，復設江南分守蘇松常道、分巡鳳廬道、分巡徽寧道，改淮海道爲淮揚道。

復設福建分守興泉道、分巡延建邵道，其福州府福寧州海防事歸驛鹽道兼管，興、泉二府海防事歸興泉道兼管。

《聖祖實録》卷三三　己丑，命【略】蔡毓榮爲四川、湖廣總督，駐劄荆州府。

《東華録》康熙一〇　〔丁酉〕，兵部都察院遵旨議覆：京城内外豪惡糾黨，盜劫時聞。城内責令步軍總尉、步軍副尉、步軍校，城外責令五城御史、司坊官、巡捕營弁每日巡緝。城外各巷口照城内設立栅欄，定更後官員軍民等不許行走，犯者照例懲治，並著爲令。從之。

《聖祖實録》卷三三　己亥，上幸南苑行圍。

乙巳，陞甘肅巡撫劉斗爲福建總督。

《東華録》康熙一〇　丙午，上還宫。

戊申，簡親王德塞薨，賜祭葬，立碑，謚曰慧。

辛亥，命工部通行直隸各省各官凡骴骼悉爲收瘞。

乙卯，户部議覆貴州道御史萬泰奏，淮揚等處因歸仁隄決，田地被淹，災民流離，應敕該督撫設法賑濟。若賑米不敷，確查鄰近州縣常平倉所積米穀，酌量運赴淮揚，專委廉幹官員，實行賑濟。從之。

《東華録》卷九　五月〔丙辰朔〕，加上孝康慈和皇太后爲章皇后，升祔太廟。

《聖祖實録》卷三三　癸亥，博爾濟金氏【略】追封爲慧妃。

丙子，禮部議覆江南道御史張所志疏言，《會典》一書，一代制度攸關，理應編輯，昭示中外，應如所請。令各部院衙門，將太祖高皇帝、太宗文皇帝、世祖章皇帝時定例及見行事宜，查明送内院纂修，頒行天下，永遠遵行。從之。

《東華録》康熙一〇　己卯，皇子承瑞薨。

〔六月〕丁酉，命顯親王福壽子丹臻襲顯親王。

《聖祖實録》卷三三　己亥，廣東巡撫劉秉權疏報：「康熙八年分，墾復民田一萬七百一十五頃七十四畝，安插男婦共九萬六千七百九十八名口。内隨糧派丁，計三萬六千三百四十二名口。又墾復屯田三十一頃九十二畝，安插男婦共五千三百六十一名口。其應徵銀米，俟三年後起科。」下部核議。

甲寅，西洋國王阿豐肅，遣使瑪訥撒爾達聶等進貢。得旨：「西洋國地居極遠，初次進貢，著從優賞賚。」

《清朝柔遠記》卷二　〔是月〕，意大里亞入貢。

《聖祖實録》卷三三　七月庚申，宗人府等衙門題：【略】今臣等酌議，薨逝諸王，未與謚號者，應於封號下加謚號一字；已與謚號者，仍加寫封號。從之。

《東華録》康熙一〇　予故工部尚書劉昌祭葬，謚勤僖。

辛酉，復設江西驛鹽道、分巡贛南道、分巡饒九南道。

壬戌，復設太僕寺漢正卿一、滿少卿一，以兵部所掌大庫場、種馬場歸本寺管理。

《聖祖實録》卷三三　乙亥，户部議覆浙江、福建總督劉兆麟疏言請展報災限期。【略】仍照順治十七年定例，夏災不出六月終旬，秋災不出九月終旬。從之。

《聖祖實録》卷三三　八月壬辰，以正藍旗副都統一等伯釋迦保爲漢軍都統。

《東華録》康熙一〇　予故陝西巡撫白清額祭葬，謚清獻。

壬午，湖廣巡撫林天擎以病乞休，命以原官致仕。

是月，免直隸博野等二十九州縣水災額賦有差，免江南丹徒、金壇逋賦。

《東華録》康熙一〇　〔癸巳〕，吏部、兵部遵旨議覆：官員殉難陣亡，俱係歿於王事，優恤之例，文武應行畫一。從前已結之事，無庸議，此後文武官員或係殉難，或係陣亡，俱應照例録用子弟一人，給與加贈祭葬銀兩。從之。

《聖祖實録》卷三三　乙未，以内秘書院學士董國興爲湖廣巡撫。

《東華録》康熙一〇　命改内三院爲内閣。

丁酉，上奉太皇太后、皇太后謁孝陵啓鑾。

乙巳，上謁孝陵。

《聖祖實録》卷三三　丙午，上詣隆恩殿大祭。

《東華録》康熙一〇　丁未，上詣寶城致祭，奉太皇太后、皇太后回鑾。

庚戌，吏部議覆廣東巡撫劉秉權奏，廣東驛傳請歸併鹽法，改爲鹽驛道，即以驛傳道改爲廣肇道，轄廣、肇、南、韶四府。從之。

《聖祖實録》卷三三　兵部議覆貴州巡撫佟鳳彩疏言，【略】今那磨等共三十六寨苗人，傾心嚮化，呈送户口糧册。應行該督撫加意撫綏，務令得所。從之。

是月，免直隸贊皇、江南泰州等十二州縣衛水災，湖廣漢陽、河南磁州等十五州縣衛旱災額賦。

《聖祖實録》卷三四　九月乙卯朔，户部議覆吏科給事中莽佳疏，言遇災蠲免田賦，【略】請嗣後徵租者照蠲免分數，亦免田户之租，則率土沾恩矣。應如所請。從之。

《東華録》康熙一〇　戊午，諭禮部：天文關繫重大，必選擇得人。【略】尋禮部議於官學内每旗選取十名，交欽天監分科學習，有精通者，俟滿漢博士缺出補用。從之。

己未，先是，吏部奏臣部處分官員條例間有事蹟相同、輕重不一者，請將順治十八年後題准之例彙集參酌，務令畫一簡明，以昭法守，奉旨俞允。至是遵旨更定例款，頒行天下。

庚申，以簡慧親王德塞弟喇布襲簡親王。

《聖祖實録》卷三四　庚午，户部議覆浙江巡撫范承謨等疏，言嘉、湖二府水災，本年漕糧二十二萬四千餘石，請每石折銀一兩徵解。糧既停運，則耗潤米八萬九千六百餘石，幫貼銀一萬五千餘兩，俱可免徵。應如所請。從之。

《東華録》康熙一〇　壬申，設雲南永昌守道。

乙亥，嚴禁内外官員餽遺。

是月，免直隸保定、山東濰縣等十一縣被災額賦。以浙江嘉興、湖州水，免耗米八萬有奇。

《聖祖實録》卷三四　冬十月丙戌，免山東陽信等八縣本年分旱災額賦有差。

《東華録》康熙一〇　先是，上遣和碩額駙吴應熊往雲南省視伊父吴三桂。至是吴三桂奏：「八月二十六日仍遣吴應熊自滇赴京。」下部知之。

《聖祖實録》卷三四　戊子，免山東齊東等七州縣本年分旱災額賦有差。

《東華録》康熙一〇　庚寅，予故内國史院大學士蔣赫德祭葬，謚文端。

辛卯，賜武舉張英奇等二百人武進士及第、出身有差。

《聖祖實録》卷三四　免山東濟陽等十四州縣本年分旱災額賦有差。

壬辰，大西洋國正貢使瑪訥撒爾達聶，道經山陽縣病故，命江南布政使致祭。

《東華録》康熙一〇　甲午，改内三院大學士、學士銜。以圖海、巴泰爲中和殿大學士兼禮部尚書，索額圖、李霨爲保和殿大學士兼户部尚書，杜立德爲保和殿大學士兼禮部尚書，對喀納爲文華殿大學士管刑部尚書事。折爾肯、哈占爲中和殿學士，塞黑達都爲保和殿學士，馬朗古、張鳳儀爲文華殿學士，靳輔爲武英殿學士，田種玉爲文淵閣學士，陳敳永爲東閣學士，折庫納、熊賜履爲翰林院掌院學士，俱兼禮部侍郎。

《聖祖實録》卷三四　辛丑，上幸南苑行圍。

《東華録》康熙一〇　己酉，上還宫。

十一月辛未，定刑部限内監斃處分例。

癸酉，吏部、都察院遵旨會勘御史李之芳參劾大學士魏裔介一疏。【略】得旨：魏裔介免其削級罰俸。

《聖祖實録》卷三四　乙亥，定理藩院郎中與六部滿郎中一體升轉。

己卯，禮部題：「皇上弘敷教化，特頒聖諭十六條，以示尚德緩刑，化民成俗至意，應通行曉諭八旗，并直隸各省府州縣鄉村人等，切實遵行。」從之。

《東華録》康熙一〇　壬午，改内秘書院大學士魏裔介爲保和殿大學士兼禮部尚書。

吏部尚書馬希納以病乞休。得旨：准其解任調理，病痊起用。

是月，免江南高郵等十五州縣水災漕糧及直隸開州、河南考城、山東商河、湖南瀏陽、江南太倉等六十州縣衛被災額賦。

《聖祖實録》卷三四　十二月乙酉，命文華殿大學士管刑部尚書事對喀納管吏部尚書事。

《東華録》康熙一〇　戊子，設翰林院滿漢侍讀學士各三，侍講學士各三。

《聖祖實録》卷三四　辛丑，户部議覆甘肅巡撫花善疏，言寧州地處邊鄙，土田瘠薄，而科賦獨重。近因歲歉，民逃地荒，請將本州錢糧，照真寧縣一例徵收。其逃荒地丁，悉與豁免。應如所請。從之。

癸卯，升山西、陝西總督莫洛爲刑部尚書。

《東華録》康熙一〇　是月，免江南高郵等十二州縣、浙江烏程等五縣水災額賦。

是歲，朝鮮、西洋來貢。

《清朝柔遠記》卷二　〔是歲〕，金川土司嘉勒巴内附。

康熙一〇年（辛亥、一六七一）

《聖祖實録》卷三五　春正月丁卯，以蘇尼特及四子部落地方青草不生，又兼雪大，牛羊倒斃殆盡，差户部、理藩院官各一員，動支宣府、歸化城倉粟賑濟。

《東華録》康熙一一　戊辰，靖南王耿繼茂奏：【略】得旨：【略】准伊子耿精忠暫管軍務。

辛未，禮部尚書恩額得以病乞休，命以原品致仕。

癸酉，册封世祖章皇帝第五子常甯爲和碩恭親王。

《聖祖實録》卷三五　甲戌，大計天下各官。

乙亥，以河道總督羅多爲山西、陝西總督。

《東華録》康熙一一　丁丑，諭兵部：各部院及各省將軍衙門通事原因滿兵不曉漢語，欲令傳達而設，今各滿洲官員既諳漢語，嗣後内而部院，外而各省將軍衙門通事悉罷之。

《聖祖實録》卷三五　戊寅，以原任禮部尚書祁徹白補原官。

《東華録》康熙一一　庚辰，大學士魏裔介以病乞休，命回籍調理。

辛巳，大學士等奏：品級考告成，命刊刻遵行。

《聖祖實録》卷三五　二月甲申，雲南貴州總督甘文焜疏報：番目俄凹阿蜡卒等率衆投誠。下部議叙。

丙戌，命吏部尚書黄機、刑部尚書馮溥、工部尚書王熙、都察院左都御史明珠、禮部左侍郎常鼐、户部右侍郎田逢吉、刑部右侍郎多諾、中和殿學士折爾肯、保和殿學士達都、翰林院掌院學士折庫納、熊賜履、侍讀學士傅達禮、史大成、侍講學士胡密色、李仙根、國子監祭酒徐元文充經筵講官。

《東華録》康熙一一　己丑，以王光裕爲河道總督。

丁酉，以馮溥爲文華殿大學士。

戊戌，以梁清標爲刑部尚書。

《聖祖實録》卷三五　己亥，上御經筵。

甲辰，予故承恩伯周全斌祭葬，加祭二次，謚恪順。

戊申，命纂修《孝經衍義》，以翰林院掌院學士熊賜履爲總裁官。

《東華録》康熙一〇　己酉，考察八旗官。

是月，免直隸行唐、浙江石門、江西新喻等二十縣荒地賦，行唐等三縣廢地永除其租，免浙江加增屯餉。

《聖祖實録》卷三五　三月壬子朔，諭年幼諸王：【略】宜以時嫻習騎射，暇則讀書，毋徒溺於嬉戲也。又諭和碩安親王岳樂曰：「爾在諸王中，以齒則高，以行則長，若年幼諸王率意妄爲，爾其訓飭之。」

《東華録》康熙一一　癸丑，置日講官。

陞鑲白旗漢軍副都統朱延禧爲漢軍都統。

辛未，達賴喇嘛遣使表貢方物，賞賚如例。

夏四月壬午朔，吏部題：鑲黄旗拖沙喇哈番阿哈密故，無子弟承襲，世職應銷。其母年老無依，請給與半俸。嗣後均照此例。若係繼母，不准給予。得旨：繼母亦母也，其與生母一體給俸，著爲令。

癸未，復設山西雁平巡道、河東守道。

《聖祖實録》卷三五　户部遵旨議覆：「淮揚饑民，應發銀六萬兩，速行賑濟。」得旨：「饑民待食甚迫，與銀無益。著截留漕糧六萬石，并各倉米四萬石，遣侍郎田逢吉并賢能司官二員，會同該督撫賑濟散給。務使饑民得沾實惠，以副朕軫恤民生之意。」

乙酉，諭内閣、翰林院：「【略】世祖章皇帝時，曾命儒臣纂修太祖、太宗《聖訓》，雖具稿進呈，未經裁定頒布。兹特命圖海、李霨爲總裁官，折爾肯、折庫納、熊賜履爲副總裁官。【略】分别義類，重加考訂，勒成全書。」

《東華録》康熙一一　命宗室中除大罪革職人員外，閒散宗室子弟年十八以上及無父之子，俱照披甲例給以銀米養贍。

丙戌，諭刑部等衙門：邇來天氣亢旱不雨，【略】爾等將見禁人犯詳加清理。【略】尋刑部等衙門議以斬絞人犯王三元等十一人請減等免死。從之。

戊子，以科爾沁達爾漢親王班第尚和碩公主，授爲和碩額駙。

辛卯，始命日講官進講。

《聖祖實録》卷三五　壬辰，上親詣天壇祈雨。

《東華録》康熙一一　己亥，皇子承慶薨。

庚子，上以正白旗故都統伯石廷柱效力行間年久，著有勞績，追賜立碑。

《聖祖實録》卷三五　癸卯，免直隸文安縣水沖地額賦。

戊申，命京口審事吏部侍郎覺羅勒德洪等，將京口將軍李顯貴、鎮江府知府劉元輔，并江南、江西總督麻勒吉及訐告兵丁侯進孝等，同帶來京聽勘。

《東華録》康熙一一　五月甲寅，兵部尚書科爾科代自陳求罷，命以原品隨旗上朝。

《聖祖實録》卷三六　予故靖南王耿繼茂祭葬，謚忠敏。

内大臣理藩院尚書喀蘭圖年老乞休。得旨：【略】准解尚書任，以内大臣上朝，仍加授太子太保。

《東華録》康熙一一　辛未，以朱國治爲雲南巡撫。

以後官員得罪鎖禁鎖拏著永行停止。

癸酉，上幸南苑行圍。

戊寅，以阿穆瑚瑯爲理藩院尚書。

六月辛巳，上還宫。

《聖祖實録》卷三六　壬午，諭理藩院：「聞蘇尼特等八旗人民被災，牲畜俱死，【略】爾部會同禮部、太僕寺將馬場之馬，與禮部所管之牛羊，酌量派出，賞給被災之人。」

《東華録》康熙一一　丁亥，宗人府等衙門遵旨議覆嗣後王以下及文武官有應得之罪處分者，各量其罪之輕重，改罰銀爲罰俸，自一月遞增至一年。從之。

甲午，追謚和碩禮親王代善曰烈，和碩饒餘親王阿巴泰曰敏，和碩承澤親王碩塞曰裕，和碩襄親王博穆博果爾曰昭，和碩穎親王薩哈廉曰毅，和碩簡親王濟度曰純，多羅豫郡王多鐸曰通，多羅謙郡王瓦克達曰襄，多羅衍禧郡王羅洛渾曰介，多羅敏郡王勒度曰簡，多羅郡王精濟曰懷愍，多羅順承郡王勒克德渾曰恭惠。

《聖祖實録》卷三六　丁未，以故靖南王耿繼茂子和碩額駙耿精忠襲爵。

《東華録》康熙一一　己酉，户部議准山東巡撫袁懋功奏，都司一官原爲管轄衛所錢糧而設，各省皆責令督催考成，獨東省係各府催徵，請照各省之例改歸都司管轄。從之。

《聖祖實録》卷三六　秋七月丁巳，刑部等衙門會審京口將軍李顯貴、鎮江府知府劉元輔，及總督麻勒吉等一案。【略】得旨：「李顯貴、【略】劉元輔【略】俱依擬應斬，著監候秋後處決。麻勒吉、馬祜，各削去加一級，仍降二級，免其調用。」

己未，免山東館陶縣本年分雹災額賦十之三。

甲子，免直隸霸州、安肅等二十五州縣本年分旱災額賦有差。

丁卯，免山東沂水縣本年分旱災額賦十之二。

八月甲申，調鑲藍旗蒙古都統俄托渾爲滿洲都統。

《東華録》康熙一一　戊子，左都御史明珠奏請停止鹽差御史巡歷地方。從之。

癸巳，增内閣滿洲學士四、漢軍學士二、漢學士二、滿字侍讀學士二、滿漢字侍讀學士二、蒙古侍讀學士二、漢軍侍讀學士二、滿字侍讀四、滿漢字侍讀四、蒙古侍讀二、漢軍侍讀二。

《聖祖實録》卷三六　甲午，設立起居注，命日講官兼攝。添設漢日講官二員，滿漢字主事二員，滿字主事一員，漢軍主事一員。

乙未，陞鑲藍旗滿洲副都統覺羅畫特爲蒙古都統。

《東華録》康熙一一　〔戊戌〕，免直隸豐潤縣旱災額賦。

《聖祖實録》卷三六　甲辰，以侍講學士莽色、喇沙里充日講起居注官。

《東華録》康熙一一　丁未，上御經筵。

九月己酉朔，雲南、貴州總督甘文焜丁母憂，命在任守制。

庚戌，上以寰宇一統，躬詣太祖、太宗山陵展祭，行告成禮，前期告祭太廟。

辛亥，上奉太皇太后、皇太后啓鑾。

《聖祖實録》卷三六　丁卯，上謁福陵。

《東華録》康熙一一　戊辰，上詣福陵，陳牲帛於隆恩殿，讀祝，行告成禮。

己巳，復詣福陵致祭，如前儀。上周視盛京内外城池。

《聖祖實録》卷三六　庚午，上詣昭陵，行告成禮。

《東華録》康熙一一　辛未，復詣昭陵，致祭皆如福陵禮。

是日，上入盛京城，御清甯宫大清門，設儀仗奏樂。召盛京將軍、副都統、侍郎、年老致仕都統、副都統、侍郎及永陵、昭陵、福陵總管以下見任、解任文武大小官員，宴賚有差。【略】又命發銀二萬兩，賞甯古塔兵丁。又諭户部等部侍郎曰：奉天係祖宗發祥重地，奉天府甯古塔等處，除十惡死罪不赦外，凡已結未結死罪，俱著減等，其軍流徒杖等俱著寬釋。自山海關至奉天府所屬地方康熙十

年，十一年分正項錢糧，俱著豁免，以示朕加恩之意。
《聖祖實録》卷三六　遣官祭諸王暨功臣墓。
免江南定遠、臨淮二縣本年分水災額賦有差。
《東華録》康熙一一　壬申，上以告成禮畢，欲周覽盛京畿内地方形勝，是日啓鑾。
《聖祖實録》卷三七　冬十月辛巳，上駐蹕愛新地方。
召寧古塔將軍巴海，問寧古塔及瓦爾喀、胡爾哈人民風俗。
《東華録》康熙一一　己丑，上還盛京。
賜盛京畿内老人白金。
辛卯，上謁辭福陵、昭陵。
命扈從官及盛京文武官較射。
壬辰，命來朝外藩王、貝勒、貝子、公、台吉等較射畢，駕發盛京。
《聖祖實録》卷三七　癸巳，駕過遼河橋，諭盛京工部官曰：「此橋甚有便於人，著存留勿毁。」
《東華録》康熙一一　乙未，以八旗屯地旱，發粟賑之。
是月，免湖廣蘄州、江夏等十七州縣，山東聊城等三縣旱災，甯海州文登縣、陝西甘州左右二衛、山丹衛水災額賦有差，除浙江温、台二屬逋糧。
《聖祖實録》卷三七　十一月戊申朔，贈故江南提督梁化鳳少保兼太子太保，予祭葬，謚敏壯。
《東華録》康熙一一　庚戌，上奉太皇太后、皇太后還京師。
癸丑，予故致仕工部尚書葉成額祭葬。
丙辰，上以謁陵禮成，御太和殿受朝賀，詔赦天下。
庚申，發偏沅倉穀帑金賑所屬饑。
《聖祖實録》卷三七　壬戌，平南王尚可喜以疾疏請其子尚之信回粤，暫管軍務。從之。
以翰林院侍講學士楊正中、杜臻充日講起居注官。
《東華録》康熙一一　庚午，復設貴州平大黔威守道一，駐大定府。
辛未，御史何元英奏：禮部司屬各員有磨勘天下試卷之責，應照世祖章皇帝時以進士出身者補授。又各省鄉試正副考官宜專用進士出身之人，開列候點，其分房各官，或進士官乏員，方將舉人出身者開送。從之。
河道總督王光裕奏請募夫大挑淮揚裏河。從之。
《聖祖實録》卷三七　壬申，以護軍統領哈爾哈齊爲禮部尚書，調左都御史明珠爲兵部尚書。
《東華録》康熙一一　甲戌，免江南淮安、揚州二府屬被水州縣逋賦。
是月，免直隸霸州、文安，江南鳳陽，河南陜、安陽等一府七十三州縣衛被災額賦。免山東堂邑、冠縣，湖廣衡州衛旱災額賦十之三。
十二月戊寅朔，吏部議准貴州巡撫曹申吉奏，龍里、清平、平越、普定、都匀五衛應俱改爲縣，各設知縣、典史一，以安莊衛歸併鎮甯州，黄平所歸併黄平州，新城所歸併普安州，其守備等官俱裁。從之。
《聖祖實録》卷三七　己卯，以内大臣伯噶都爲鑲黄旗護軍統領。
壬辰，户部題：「河南儀封、考城二縣，隄壓挖傷地畝，其額賦應請開豁。其祥符、陽武、蘭陽、虞城四縣挖傷地畝，雖有荒地撥補，但收穫無期，相應免賦三年。」從之。
《東華録》康熙一一　乙未，罷民間養馬及用馬駕車之禁。
《聖祖實録》卷三七　壬寅，皇子賽音察渾生。
《東華録》康熙一一　是月，免江南六安、上元，浙江杭州，湖廣荆門、茶陵等九府一百十七州縣衛所災荒額賦有差。免江南高郵、寶應、鹽城等十一州縣所去年水災額賦。
是歲，朝鮮、琉球來貢。

康熙一一年（壬子、一六七二）

《東華録》康熙一二　春正月庚午，諭吏部：【略】嗣後丁憂官員，督撫毋得題留，悉令離任守制。
《聖祖實録》卷三八　理藩院議覆厄魯特噶爾丹台吉疏，言伊兄僧厄台吉在時，曾遣使進貢，今請亦准照常遣使進貢。應如所請。從之。
《東華録》康熙一二　辛未，上奉太皇太后往赤城湯泉，啓鑾。
是月，免江南上海、青浦，湖廣茶陵衛去年旱災賦有差。免山東臨清州去年蟲災賦十之二。
《聖祖實録》卷三八　二月丁丑朔，吏部尚書黄機請假還葬。允之。

己卯，太皇太后至湯泉宫。上【略】駐蹕頭堡。

《東華録》康熙一二　辛巳，皇子承祜薨，上悼之。

《聖祖實録》卷三八　丁亥，轉户部尚書郝惟訥爲吏部尚書。

《東華録》康熙一二　庚寅，上移蹕赤城，皇子允禔生。

辛卯，上以行耕耤禮，回鑾。

《聖祖實録》卷三八　癸巳，上回京。

《東華録》康熙一二　丙申，上親耕耤田。

丁酉，調梁清標爲户部尚書。

戊戌，上復詣赤城。

己亥，上朝太皇太后於行宫。

《聖祖實録》卷三八　三月己酉，以【略】艾元徵爲刑部尚書。

《東華録》康熙一二　命直隸各省提督總兵官俱照康熙六年例於十月内自陳，在内武職各官一體遵行。

《聖祖實録》卷三八　乙卯，命選滿洲、蒙古、漢軍新舊生員内文行兼優者，與漢生員一體入監肄業。

《東華録》康熙一二　丙辰，賑江西九江、廣信、南康旱災。

己未，封靖南王耿精忠所尚和碩郡主爲靖南王妃。

《聖祖實録》卷三八　戊辰，上奉太皇太后回鑾。

《東華録》康熙一二　〔甲戌〕，免江南興化縣去年水災額賦。

《聖祖實録》卷三八　乙亥，上回京。

《清朝柔遠記》卷二　〔是月〕，吐魯番入貢。

《聖祖實録》卷三八　夏四月己卯，諭户部：「江南連年水旱相仍，災傷甚重，【略】其以前未完錢糧，實係拖欠在民者，著暫行停徵，俟民力稍蘇之時，再行請旨。」

辛巳，以户部尚書梁清標充經筵講官。

諭吏部等衙門：「江南事務繁劇，與他省不同。向來立有定限，【略】今應照此例，凡江南一切陳積事件，於定限外再寬限一年，令地方官料理完結。」

《東華録》康熙一二　甲申，裁江南海門縣，歸通州管轄。

《聖祖實録》卷三八　乙酉，陞護軍統領覺羅伊爾門爲鑲紅旗滿洲都統。

己丑，免江南清河等三縣挑河挖傷田地額賦有差。

庚寅，免江南淮安、大河二衛康熙十年分水淹田地額賦。

《東華録》康熙一二　癸巳，增工部滿郎中二，漢員外二，分巡京城内外及玉泉山等處河道。

庚子，增兵部筆帖式二十。壬寅，諭吏部：原任大學士衛周祚【略】著即召取馳驛來京，入閣辦事。

《聖祖實録》卷三八　乙巳，命侍衛吴丹、學士郭廷祚閲視河工，繪圖進呈。

《東華録》康熙一二　五月丙午朔，撥江南常平粟賑安慶、淮揚。

《聖祖實録》卷三九　己酉，上幸瀛臺。

《東華録》康熙一二　癸亥，減户部、工部關差員數，照鹽差例，不論滿洲、漢軍、漢人序俸掣籤，每關差司官一員，筆帖式一員。

《聖祖實録》卷三九　乙丑，《世祖章皇帝實録》告成。

《東華録》康熙一二　丙寅，上幸德勝門外觀麥。

壬申，發帑加賑淮揚。

是月，免江南泰州、江都、山陽、臨淮、靈璧，山東沂水、新城、鄒平、青州逋賦，及兖、曹、單、金鄉沿河衝損地賦。

六月乙亥朔，以淮揚清水潭隄決，田廬淹没，詔寬賑限，俟水涸乃停。

《聖祖實録》卷三九　辛巳，禁止官兵經過地方，不得多索車馬夫役，并地方官吏借端私派，以累里民。

《東華録》康熙一二　乙酉，上幸南苑行圍。

《聖祖實録》卷三九　戊子，户部題：「浙江所徵婦女小口鈔銀，改爲食鹽課銀。直隸流寓人丁及山西久流近流人丁，均改爲實在人丁；幼丁改爲新編人丁。應將《賦役全書》更正遵行。」從之。

《東華録》康熙一二　裁山西太原副將，改設總兵官一。

庚寅，上還宫。

戊戌，增江南山陽縣管河主簿一，分防高家堰隄工。

己亥，命大學士圖海等同法司清理刑獄。

《聖祖實録》卷三九　復湖廣起運漕糧，每石給運軍贈貼米二斗。

《東華録》康熙一二　壬寅，以衛周祚爲保和殿大學士兼户部尚書。

《聖祖實録》卷三九　癸卯，除貴州省二十七山場小税。

《東華録》康熙一二　是月，免山東堂邑等三縣雹災賦有差，免陝西寶雞縣

旱災賦十之三。

秋七月己酉，敘征緬甸及雲南、貴州功，授都統何進忠等一百二十七員世職有差。

《聖祖實録》卷三九　壬子，免江南高郵州康熙十年分旱災湖地租銀。

癸丑，免順天府霸州本年分水災額賦十之三。

《東華録》康熙一二　丙辰，上出德勝門觀禾。

己未，禮部尚書龔鼎孳以病乞休，命給假調理，病痊供職，不必解任。

《聖祖實録》卷三九　己巳，免湖南衡州衛康熙六年分未完屯餉。

閏七月甲戌朔，陞正紅旗副都統傑殷爲護軍統領。

《東華録》康熙一二　乙亥，諭宗人府：貝子尚善【略】著仍復多羅貝勒。

《聖祖實録》卷三九　丙子，户部議覆吏科給事中趙之符滇省賦税一疏，查順治十六年，【略】以四斛作一石徵收。今地方已定，此加徵兩斛米麥，應於康熙十二年爲始除免。從之。

《東華録》康熙一二　己卯，予故致仕禮部尚書烏赫祭葬。

丁亥，諭刑部，【略】尋議：若内外問刑官將案内應夾罪不至死之人夾訊致死者，罰俸一年；將不應夾訊之人擅行夾訊者，降一級留任；或被夾之人即時身死者，降三級調用；或疊行夾訊致死者，革職。若有别項情由，按罪定擬。其司官有將不應夾訊之人回堂，堂官不行詳慎，輕聽夾訊者，罰俸六箇月。從之。

辛丑，吏部議准御史嚴曾榘奏【略】請嗣後督撫保舉異途出身等官，亦於奏内開列事實。從之。

《聖祖實録》卷三九　命陝西富平、蒲城二縣糧米永行改折。

《東華録》康熙一二　是月，免直隸固安、江南沭陽、河南汲縣、山東魚臺等九縣被災額賦，及浙江處州、西安等屬逋賦。

《聖祖實録》卷三九　八月甲辰，命發淮安庫銀，賑濟邳州、宿遷、桃源、清河四州縣水災飢民。

《東華録》卷一〇　〔丁未〕，王大臣等議覆御史孟熊飛疏，言孫可望係張獻忠餘黨，擾亂邊陲，後爲李定國所敗，窮蹙乞降。前有重大之罪，後無纖微之功，我國家格外殊恩，授以義王顯爵。及伊身死，已襲替二次，今孫徵淳故，若令再襲，則後此世世冒濫無已，應請停其襲替，或降封。應如所請，降授義公。得旨：公止一「義」字，於例不合，再議。

《東華録》康熙一二　壬子，上幸南苑行圍。

《聖祖實録》卷三九　乙卯，大學士圖海等，以楊燝南不諳飛灰候氣之法，無從測驗覆奏。命將楊燝南交刑部議罪。

《東華録》康熙一二　議政王大臣等遵旨再議「義王」降爲公爵，應稱爲慕義公。【略】從之。

《聖祖實録》卷三九　庚申，上御經筵。

《東華録》康熙一二　壬戌，上以太皇太后聖躬違和，奉太皇太后幸遵化縣湯泉。

甲子，上駐蹕薊州城西，閱官兵射。

丁卯，上奉太皇太后至湯泉，上謁孝陵，駐蹕鮎魚池城。

是月，免江南高郵、山東濰縣、山西潞城等十一州縣被災額賦。

《聖祖實録》卷四〇　九月乙亥，免江南沭陽縣本年分水災額賦有差。

《東華録》康熙一二　丁丑，上幸景忠山，過遵化縣閱兵。

《聖祖實録》卷四〇　戊寅，免湖南各屬康熙七、八、九年分捏報墾荒錢糧。

免山東博平等五州縣本年分蝗災額賦有差。

《東華録》康熙一二　己卯，上還湯泉，過三屯營，閱兵。

《聖祖實録》卷四〇　辛巳，上諭大學士等曰：「江西廬陵、吉水、上高、寧州四州縣，暨南昌、九江衛，頻年荒旱，災疫流行，荒蕪田地五千四百餘頃，命户部蠲其逋賦，仍敕巡撫速行招墾。」

壬辰，禮部議覆四川湖廣總督蔡毓榮疏，言川、湖二省移駐弁兵，既經安插，即同土著，伊等子弟有讀書者，似應准其入籍考試。應如所請。從之。

《東華録》康熙一二　丁酉，命福建總督自漳州移駐省城。

冬十月甲辰，上奉太皇太后回鑾。

丙午，上以皇后病，奉太皇太后諭先還，是日回宫。

丁未，上以皇后病痊，往迎太皇太后。

己酉，上奉太皇太后還京師。

《聖祖實録》卷四〇　壬子，陞浙江巡撫范承謨爲福建總督。

《東華録》康熙一二　癸丑，停長蘆、兩淮、兩浙、河東巡鹽御史差，鹽法事務歸併巡撫管理。

十一月庚寅，發帑賑浙江杭、嘉、湖、紹四府。

是月，免直隸清苑、江南亳、懷遠、湖廣嘉魚、監利、河南安陽、山西岢嵐等五十三州縣災荒賦，桃源等縣去年漕米並免之。

十二月乙巳，裕親王福全奏辭議政。允之。

《聖祖實録》卷四〇　丁未，上奉太皇太后幸南苑。

庚戌，上奉太皇太后自南苑還宮。

《東華録》康熙一二　壬子，莊親王博果鐸、惠郡王博翁果諾、温郡王孟峩奏辭議政。允之。

丁巳，雲南、貴州總督甘文焜來京葬母，遣一等侍衛對秦等至其家慰問之。

己未，康親王傑書、安親王岳樂、順承郡王勒爾錦、貝勒察尼、董額、尚善奏辭議政。不允。

《聖祖實録》卷四〇　壬戌，上幸南苑行圍。

丙寅，上還自南苑。

《東華録》康熙一二　丁卯，大學士衛周祚以老病乞休。命以原官致仕。

是月，免江南長洲、興化、湖廣江夏、浙江杭、嘉、湖、紹等屬三十五縣災荒額賦，大河等縣仍免去年漕米，邳、沭陽等州縣加免十之二。

是歲，朝鮮入貢。

康熙一二年（癸丑、一六七三）

《東華録》康熙一三　春正月甲申，予故致仕内秘書院大學士馮銓祭葬，謚文敏。

《聖祖實録》卷四一　庚寅，上幸南苑行圍。

《東華録》康熙一三　辛卯，上幸晾鷹臺，大閲，親發五矢，皆中的。復騎射，一發即中。是日還宮。

《聖祖實録》卷四一　二月壬寅，陞護軍統領赫業爲鑲紅旗蒙古都統。

《東華録》康熙一三　甲辰，遣一等侍衛吳丹、二等侍衛塞扈立【略】往雲南賜平西王吳三桂，一等侍衛古德、二等侍衛米哈納【略】往廣東賜平南王尚可（善）〔喜〕。

《聖祖實録》卷四一　乙巳，暹羅國王森烈拍臘照古龍拍臘馬嘑陸坤司由提呀菩埃，遣陪臣【略】進貢方物，並請給銀印。

《東華録》康熙一三　辛亥，户部議准貴州巡撫曹申吉奏【略】請將貴陽、安順、平越、都匀、鎮遠、思南、銅仁七府知府經管之地方錢糧，各歸附郭之新貴、普定、平越、都匀、鎮遠、安仁、銅仁七縣知縣管理，其知府止司督徵之責，庶規制畫一，永遠可行。從之。

《聖祖實録》卷四一　壬子，上御經筵。

癸丑，郎中蘇爾泰閲視河工還，繪圖進呈。上留覽。

《東華録》康熙一三　乙丑，以久旱得雨，遣一等侍衛對秦等出郊，視土膏深淺。

庚午，頒賜諸王以下文武各官及八旗官學《大學衍義》各一部。

三月辛未朔，改通州左衛爲通州所，裁守備一、千總三，經歷一。其地丁錢糧、巡緝逃盗等事務歸通州，三河、武清、香河四州縣分理。

《聖祖實録》卷四一　乙亥，上幸瀛臺。

丁丑，上因時雨未足，駕幸郊外，閲視麥苗。

《東華録》康熙一三　辛巳，諭禮部祈雨。

諭刑部：直隸各省監候秋決人犯，於冬至以後部文咨到者，留於次年秋審，彙奏題報，永著爲例。

《東華録》卷一〇　〔壬午〕，平南王尚可喜疏請撤藩，歸老遼東。旨嘉奬。「官兵家口作何遷移安插，着會議」。

《聖祖實録》卷四一　庚寅，策試天下貢士韓菼等於太和殿前。

辛卯，吏部議覆平南王尚可喜疏，言臣年老且病，請以王爵令臣子尚之信承襲。查藩王見存子無移襲之例，應無庸議。從之。

《東華録》康熙一三　癸巳，賜韓菼等一百六十六人進士及第、出身有差。

丁酉，議政王大臣等議奏：平南王尚可喜奏請復歸遼東，應如所請。【略】從之。

己亥，大雨，遣侍衛視田苗。

《聖祖實録》卷四二　四月辛丑，上幸郊外觀禾。

甲辰，兵部題：「平南王藩下向有緑旗左右翼【略】俱駐劄廣州府，今平南王尚可喜父子已令遷移，此緑旗官兵應仍留廣州府，令廣東提督管轄。其官員陞轉，亦照各省緑旗官員例。」從之。

《東華録》康熙一三　辛亥，諭學士傅達禮：滿漢文義照字翻譯，可通用者

甚多，後生子弟漸致差謬。爾任翰林掌院，可將滿語照漢文字彙發明，某字應如何用，某字當某處用，集成一書，使有益於後學。

諭户部：江南蘇、松、常、鎮、淮、揚六府連年災荒，【略】康熙十三年分地丁正項錢糧，特行蠲免一半。

《聖祖實録》卷四二　乙卯，上幸南苑。

丁巳，封暹羅國森烈拍臘照古龍拍臘馬嘑陸坤司由提呀菩埃爲暹羅國王。

《東華録》康熙一三　庚申，上還自南苑。

五月癸未，吐魯番國王瑪墨忒賽伊忒汗遣陪臣貢方物。

辛卯，調王熙爲兵部尚書。

丁酉，以吴正治爲工部尚書。

《聖祖實録》卷四二　六月辛丑，得旨：吐魯番國【略】以後止著進貢馬匹、玉石。

《東華録》康熙一三　癸卯，以李之芳爲浙江總督。

丁未，上幸瀛臺，御迎薰亭，賜諸王貝勒等及内閣滿漢大學士、學士、翰林院學士、六部、都察院、各司寺及國子監堂官、翰林科道等官宴。【略】上回宫。

《聖祖實録》卷四二　甲寅，陞陝西巡撫阿席熙爲江南、江西總督。

乙卯，命禁止八旗包衣佐領下奴僕隨主殉葬。

《東華録》康熙一三　乙丑，〔上〕幸柔嘉公主第視疾。

吏部議覆給事中紀思哈奏：【略】嗣後解任督撫，於部文到日即令謝事，巡撫解任，將敕印交與總督，總督解任，將敕印交與巡撫，若無總督省分，交與布政使護理。從之。

《東華録》卷一〇　七月庚午，平西王吴三桂疏請撤藩。旨嘉獎。「官兵家口作何遷移安插，着會議」。

《聖祖實録》卷四二　癸酉，免山東青州左衛本年分旱災額賦有差。

甲戌，廣東道御史鞠珣疏言：【略】乞敕部確議，將王女與孫延齡撤回京師。【略】尋議：將軍孫延齡，與都統王永年互訐，見差侍郎勒德洪審理，俟審結再議。從之。

《東華録》康熙一三　丙子，上幸南苑行圍。

《東華録》卷一〇　靖南王耿精忠疏請撤藩。旨嘉獎。「官兵家口作何遷移安插，着會議」。

〔戊寅〕，上諭講官曰：「朕或出郊外，或幸南苑，翰林院官員遠離家鄉，京城毫無資産，扈從不免艱苦，嗣後所用帳房及一切應用物件，酌定數目，由内府給與。」

《東華録》康熙一三　己卯，下嫁和碩額駙耿聚忠和碩柔嘉公主薨。遣官致祭。

辛巳，上還宫。

禮部議准左都御史多諾奏：【略】嗣後祭祀文廟，文官滿三品以上亦應前期齋戒二日陪祀。從之。

《聖祖實録》卷四二　壬午，以重修《太宗文皇帝實録》，命大學士圖海爲監修總裁官，大學士索額圖、李霨、杜立德、馮溥爲總裁官。

己丑，設宗人府左司、右司。

《東華録》康熙一三　甲午，九卿等會議：直隸巡撫金世德奏直屬事務殷煩，長蘆鹽政巡撫勢難兼顧，請仍差御史專理，應如所請。其兩淮、兩浙、河東三處鹽政亦仍照舊例差御史巡視。從之。

《聖祖實録》卷四二　乙未，議政王大臣等會議：【略】靖南王既請自福建遷移，應將王本身并標下十五佐領官兵家口，均行遷移。從之。

《聖祖實録》卷四三　八月癸卯，議政王大臣等會議：平西王吴三桂具題請撤安插，應將王本身並所屬官兵家口，均行遷移，在山海關外酌量安插。雲南地方，【略】應暫遣滿洲官兵戍守。【略】得旨：【略】著王率領所屬官兵家口，俱行搬移前來，其滿洲官兵不必遣發。

丁未，試漢軍、漢人科道官於保和殿。

《東華録》卷一〇　〔壬子〕，差禮部左侍郎折爾肯、傅達禮往雲南，户部尚書梁清標往廣東，吏部侍郎陳一炳往福建，經理各藩撤兵起行事宜。

《東華録》康熙一三　丙辰，上御觀德殿，閲八旗射。

己未，上御經筵。

《聖祖實録》卷四三　庚申，免直隸青縣、鹽山、慶雲三縣本年分旱災，任縣、隆平二縣本年分水災額賦有差。

辛酉，上手詔諭平西王吴三桂。

《東華録》康熙一三　命户部侍郎達都會同盛京户部侍郎、奉天府府尹察看安插三藩地方。

壬戌，議政王大臣等議奏：【略】以後將投誠官兵停其移駐。從之。

甲子，上幸郊外觀稼。

河道總督王光裕丁父憂，命在任守制。

《聖祖實録》卷四三　九月丁卯朔，調陝西提督桑峨爲雲南提督。

戊辰，禮部尚書龔鼎孳以病乞休。允之。

《東華録》康熙一三　辛未，調鄂善爲雲南總督。

甲戌，詔奉差官毋擾驛地。

乙亥，調吴正治爲禮部尚書。

辛巳，以冀如錫爲工部尚書。

壬午，予故禮部尚書恩額得祭葬。

乙酉，以哈占爲陝西總督。

《聖祖實録》卷四三　予【略】向化侯譚詣【略】祭葬。

丙戌，諭户部：據山東撫臣奏，寧海州荒蕪地二千七百餘頃，逃亡户三千餘丁，累年逋賦，小民力難賠補。自康熙九年以後錢糧，如數悉爲豁免，仍敕該撫，設法招徠勸墾。

《東華録》康熙一三　辛卯，兵部督捕議奏逃人定例。得旨：逃人在外娶妻，所生之女，若已經聘嫁，不許拆散，亦不必向伊夫追銀四十兩給與逃人之主。著爲例。

丙申，禮部等衙門遵旨議覆：【略】今凡遇祭祀，皇上應於别殿齋戒。從之。

《聖祖實録》卷四三　十月辛丑，策試天下武舉于太和殿前。

《東華録》康熙一三　癸卯，上御瀛臺，閲武舉騎射。

户部議准江甯巡撫馬祜奏，淮揚地方清水潭石隄復決，黄淮水勢瀰漫，高、寶等一十八州縣衛所被災，請行賑濟。應敕總漕、巡撫速動庫銀四萬兩買米，委官各處賑濟，俟來年三月終止。從之。

甲辰，賜郎天祚等一百人武進士及第、出身有差。

《聖祖實録》卷四三　己酉，上幸南苑行圍。

上因科臣納鼎疏言，京城内外，時棄嬰兒，命户部議。凡民間貧不能養，棄所生子，或乳主人子而棄其子者，皆善全之，俾得長育。其棄而不養者，嚴禁。通飭八旗並包衣佐領及五城，一體遵行。

《東華録》康熙一三　戊午，上還宫。

《聖祖實録》卷四四　十一月丁卯，故明宗族朱議滦，孑身流落，以蓄髮拏獲，刑部論絞。得旨：朱議滦係愚民無知，著免死，歸鑲白旗漢軍旗下，給與妻室、地畝、房屋安插。

《東華録》康熙一三　庚午，諭户部：【略】嗣後各省開墾荒地，俱再加寬限，通計十年方行起科。

《聖祖實録》卷四四　甲戌，發湖廣鄖陽等府縣倉穀，賑江陵等十三州縣饑民。

《東華録》康熙一三　辛巳，復設浙江驛傳道。

壬午，裁江南徽甯道。

《聖祖實録》卷四四　乙酉，免直隸霸州、寶坻等十二州縣，河間一衛本年分水災額賦有差。

己丑，免江南六安、虹縣、靈璧三州縣本年分水災額賦有差。

《東華録》康熙一三　辛卯，裁工部都水司漢主事四。

《聖祖實録》卷四四　壬辰，免江南贛榆縣本年分水災額賦有差。

甲午，免浙江仙居縣本年分旱災額賦有差。

十二月丁酉，免湖廣瀏陽等三縣本年分旱災額賦十之三。

《東華録》康熙一三　己亥，諭内閣：【略】尊皇考妃博爾濟金氏曰皇考恭靖妃，皇考妃博爾濟金氏曰皇考淑惠妃，皇考妃博爾濟金氏曰皇考端順妃，皇考妃董鄂氏曰皇考甯謐妃。

《聖祖實録》卷四四　辛丑，免江南高郵衛本年分水災額賦十之三。

《東華録》康熙一三　乙巳，禁直隸各省官吏毋得私税市貨。

己酉，予故禮部尚書龔鼎孳祭葬，謚端毅。

辛亥，命賙浙江仁和、錢塘二縣被火災民二千一百餘家。

《東華録》卷一〇　〔丙辰〕，差往貴州備辦夫船芻糗事務郎中党務禮、員外郎薩穆哈馳驛回京，奏稱：「雲貴總督甘文焜言吴三桂於十一月二十一日殺雲撫朱國治，以所部兵反，前差往侍郎折爾肯等被留。」上召議政王大臣等諭曰：「吴三桂已反，荆州乃咽喉要地，着前鋒統領碩岱帶同佐領前鋒一名，兼程前往，保守荆州，以固軍民之心，並進據常德，以遏賊勢。其陸續遣發大兵往勦之處，着速議。」

〔丁巳〕，川湖督蔡毓榮疏報：「吴三桂反，僞稱天下都招討兵馬大元帥，以

明年甲寅爲周王元年，改元昭武，鑄錢曰『利用通寶』。貴州提督李本深叛應之。前差往主事辛珠、筆帖式薩爾圖不屈死。總督甘文焜聞變，將十餘騎出貴陽府，至鎮遠，守將應賊圍之，文焜自殺，巡撫曹申吉降賊，賊逼鎮遠，漸入楚境。」

《東華録》康熙一三　停撤平南、靖南二藩，召梁清標、陳一炳還。

諭兵部：雲南提督桑峨調爲湖廣提督，總統協鎮兵馬鄂善暫留湖廣，與蔡毓榮商酌機宜，力圖勦禦，以固地方。

以廣西境鄰貴州，授孫延齡爲撫蠻將軍，以線國安爲都統，令統兵固守。

《聖祖實録》卷四四　命西安將軍瓦爾喀進四川。

吏部等衙門遵旨會議磨勘學差試卷之法。【略】從之。

《東華録》卷一〇　奸民楊起隆詐稱朱三太子，廣德元年糾黨謀叛，以白布裹頭，紅布披身爲號，約于京城内外放火舉事，潛聚鼓樓西街降將周全斌家。全斌之子公直首于正黃旗漢軍都統祖永烈，永烈與正黃旗滿洲都統圖海偕吉哈禮及佐領鄂爾遜等率兵圍之，生擒其僞齊肩親王焦三，僞護駕指揮朱尚賢，僞閣老張大，僞軍師李柱，僞總督陳繼志，僞提督史國賓，僞黃門官王鎮邦等數百人，送法司鞫實，磔于市，楊起隆逃去。

《東華録》康熙一三　戊午，除江南邳州濱河被水田賦。

《東華録》卷一〇　〔己未〕，命多羅順承郡王勒爾錦爲寧南靖寇大將軍，〔都〕〔總〕統多羅貝勒察尼，都統覺羅朱滿、鄂内、伯宜理布，覺羅巴爾布等，往湖廣。

拿禁吴三桂子吴應熊。

〔壬戌〕，詔削吴三桂爵，宣諭雲南、貴州官員軍民人等。

命都統赫葉爲安西將軍，同將軍瓦爾達等由漢中入蜀，護軍統領胡禮布爲副將軍同往。

《聖祖實録》卷四四　癸亥，前鋒統領碩岱，領前鋒兵啓行赴荆州。

《東華録》康熙一三　命兵部申明紀律，兵丁擾民者罪之。

禁民間養馬。

康熙一三年（甲寅、一六七四）

《東華録》卷一〇　正月〔戊辰〕，遣都統覺羅巴爾布、護軍統領伊爾度齊、額司泰率護軍驍騎先赴荆州。

《東華録》康熙一四　命擴爾坤移駐西安。

辛未，【略】户部議准御史馬大士奏：【略】凡内外各官在任時所罰俸銀，革職後免其追取。從之。

《聖祖實録》卷四五　乙亥，上御太和殿。遣寧南靖寇大將軍多羅順承郡王勒爾錦，帥師之湖廣；安西將軍都統赫業，帥師之四川。

《東華録》康熙一四　丙子，改江西巡撫董衛國、湖廣巡撫張朝珍工部尚書銜爲兵部尚書，浙江巡撫田逢吉、四川巡撫羅森工部侍郎銜爲兵部侍郎。

《東華録》卷一〇　〔丁丑〕，改鄂善雲貴總督。

〔庚辰〕，湖廣督蔡毓榮報：「賊于十二月二十九日陷沅州，總兵崔世禄被執，澧、辰路梗。」上命順承郡王發驍騎馳赴荆州。

《聖祖實録》卷四五　辛巳，諭户部：邇者京師需用駝馬，凡蒙古駝馬進張家口、殺虎口貿易者，自今至九月免其税課。

癸未，刑部等衙門題：會審黃裁縫等黨附楊起隆謀逆情實，俱應淩遲處死。【略】得旨：黃裁縫等十二人俱淩遲處死，餘犯俱改爲即行處斬。各犯親屬，【略】著從寬免罪。人口家産並免入官。

《東華録》卷一〇　〔甲申〕，都統尼雅翰爲鎮南將軍，領德州等處駐防滿兵鎮兗州，副都統馬哈達、席布參贊軍務。

《聖祖實録》卷四五　乙酉，免江南淮安衛康熙十二年分水災額賦有差。

丙戌，安南國王嗣黎維禔疏言：臣兄安南國王黎維禧病故，屬臣權管國事。謹此奏聞。並遣陪臣胡士揚等進康熙八年、十一年歲貢。下部知之。

《東華録》卷一〇　〔丁亥〕，侍衛夸塞自荆州馳還，奏偏沅巡撫盧震棄長沙奔岳州。命都統朱滿領兵速赴武昌。

令江寧將軍額楚、鎮海將軍王之鼎各遣兵防守安慶，並勅尼雅翰速抵安慶，總統諸師，馬哈達隨征江寧。

〔己丑〕，四川巡撫羅森，提督鄭蛟麟，總兵譚宏、吴之茂等，以四川叛降賊。命總兵徐治都還守彝陵。

《聖祖實録》卷四六　前鋒統領碩岱兵抵荆州。

《東華録》康熙一四　庚寅，封世祖章皇帝子隆禧爲和碩純親王。

《東華録》卷一〇　以席卜臣爲鎮西將軍，與副都統巴哈、德業立守西安，援

進川大兵。

以趙國祚爲江西提督，王永譽爲河南提督。

《聖祖實録》卷四五　辛卯，兵部題：口外蒙古逃人在外娶妻，【略】嗣後應免其離異，仍令給與爲妻。從之。

《東華録》卷一〇　〔壬辰〕，命副都統擴爾坤帥師赴漢中。

《聖祖實録》卷四五　癸巳，免江南清河縣康熙十二年分水災額賦有差。

甲午，免河南輝縣康熙十二年分水災額賦有差。

《東華録》卷一〇　二月乙未朔，太皇太后出宫中銀幣犒軍。

《聖祖實録》卷四六　護軍統領伊爾度齊兵抵荆州。

《東華録》康熙一四　〔丙申〕，護軍統領額司泰兵抵荆州。

《聖祖實録》卷四六　丁酉，欽天監題：欽造儀象告成。進呈新製《靈臺儀象誌》。上留覽，加南懷仁太常寺卿銜，仍治理曆法。

戊戌，户部遵旨議覆江南丹徒縣坍入大江田四十餘頃，額賦應永行開除，餘田令地方官修隄防護，三年後起科。金壇縣荒田七百二十餘頃，勸民開墾。其二縣坍荒田康熙十一年分逋賦，應俱停徵。從之。

發山東濟南倉積穀賑給濟南府地方饑民。

《東華録》康熙一四　授王輔臣三等精奇尼哈番，子王繼貞大理寺少卿。

《聖祖實録》卷四六　〔庚子〕，都統巴爾布兵抵荆州。

辛丑，加湖廣總督蔡毓榮兵部尚書銜。

户部議覆江寧布政使慕天顔疏，言【略】請將清河、高郵等八州縣自康熙十三年起，如有耕種新涸田地者，俱俟三年後起科。應如所請。從之。

《東華録》卷一〇　〔壬寅〕，賊犯澧州，守卒以城叛，提督桑峨等退保荆州。

《東華録》康熙一四　癸卯，命四川省另設總督，巡撫各一。

《東華録》卷一〇　〔丁未〕，以周有德總督四川，張德地巡撫四川。

僞總兵楊寶應犯常德，其父原任提督楊遇明爲内應，知府翁應兆從逆，常德潰。

《聖祖實録》卷四六　〔己酉〕，都統覺羅朱滿兵抵武昌。

《東華録》康熙一四　癸丑，上御經筵。

《東華録》卷一〇　以胡拜爲雲南提督，趙賴爲貴州提督。

〔甲寅〕，湖廣督報：「長沙副將黄正卿等以城叛降賊。」

《東華録》康熙一四　乙卯，增雲南中、左、右三路、貴州、四川左、右各二路隨征總兵。

《聖祖實録》卷四六　己未，得旨：襄陽總兵官楊來嘉，【略】將來恐有他故。可將漢軍官兵留鎮襄陽。

庚申，琉球國中山王世子尚貞【略】進貢。

《東華録》卷一〇　申諭大將軍等，嚴禁兵士侵擾百姓。

命都統朱滿馳守岳州。

〔辛酉〕，授刑部尚書莫洛爲大學士，經略陝西。

兩廣督金光祖報：「廣西將軍孫延齡反，自稱安遠大將軍，殺都統王永年、副都統孟一茂等，執巡撫馬雄鎮幽之。」

《聖祖實録》卷四六　三月乙丑朔，命諸路設筆帖式，馳遞軍情。

《東華録》康熙一四　丁卯，命左都御史多諾、兵部侍郎納布、内閣學士李仙根往荆州督理糧餉。

《東華録》卷一〇　〔戊辰〕，吴三桂僞將劉之復、陶繼智等犯彝陵。順承郡王遣護軍統領額司泰等擊敗之，賊遁回宜都。

〔庚午〕，以華善爲安南將軍鎮京口。

《東華録》康熙一四　壬申，予故原任禮部尚書祁徹白祭葬。

《東華録》卷一〇　〔庚辰〕，杭州將軍圖喇報：耿精忠反，福建總督范承謨罵賊不屈，賊幽之，巡撫劉秉政降賊。

〔壬午〕，西安將軍瓦爾喀等敗吴逆僞總兵葉某，克復陽平關。

〔癸未〕，鄖陽副將洪福以所部叛，提督佟國瑶擊敗之。

《聖祖實録》卷四六　甲申，免浙江臨海等四縣歷年民欠銀三萬五千餘兩、錢二千七百餘緡、米六千餘石。

《東華録》卷一〇　〔壬辰，疏報〕：襄陽總兵楊來嘉附逆藩吴三桂，據穀城叛。

以内大臣希爾根爲定南將軍，尚書哈爾哈齊副之，統兵赴江西，以討耿精忠。護軍統領桑遏，吏部侍郎覺羅舒恕，副都統根特巴圖魯、席布參其軍。又以武昌有警，命都統覺羅巴爾布、護軍統領伊爾度齊率師赴武昌。

《東華録》康熙一四　定緑旗兵賞格。

《東華録》卷一〇　四月〔丙申〕，奉使雲南禮部侍郎折爾肯、翰林院學士傅

達禮還至武昌，携有吴三桂奏章。上諭王、大將軍等益加警備，仍招致之。

《聖祖實録》卷四七　己亥，蔡毓榮革職，鄂善降五級，俱留任。

辛丑，予故原任吏部尚書馬希納祭葬如例。

《東華録》卷一〇　〔壬寅〕，賊將陶繼智復犯彝陵，都統鄂内擊破之。

〔癸卯〕，調西安副都統德業立，總兵馬雲程、高登科守襄陽。

〔甲辰〕，以喇哈達爲鎮東將軍，統兵鎮兗州，副都統伯穆赫林、甘度海參贊軍務。

《聖祖實録》卷四七　諭兵部：平南王尚可喜，奏請調遣官兵，保固疆圉，忠誠顯著，深爲可嘉。兩廣一應軍機調遣，及固守地方事宜，著尚可喜與總督金光祖同心合力，務酌萬全而行。

《東華録》卷一〇　逮盧震論死。

《聖祖實録》卷四七　乙巳，平南王尚可喜疏言：【略】得旨：「尚之孝襲平南王。」

《東華録》卷一〇　〔丁未〕，吴三桂子應熊、孫世霖伏誅。

福建告急。命副都統胡圖、馬哈達率兵赴杭州。

下詔削孫延齡職。

尚可喜執吴三桂使人並逆書奏聞。

〔己酉〕，以阿密達爲揚威將軍鎮江寧。

《聖祖實録》卷四七　庚戌，耿諭議政王、大臣等：昭忠、耿聚忠【略】著並禁於一室，其屬下官員，俱著閒住。【略】并禁其諸兄弟。

《東華録》康熙一四　皇子生，即於是日薨，未命名。

《東華録》卷一〇　〔辛亥〕，以賴塔爲平南將軍，統兵赴杭州，討耿精忠。

〔甲寅〕，潮州總兵劉進忠以城叛降精忠，與續順公沈瑞兵巷戰。

《聖祖實録》卷四七　〔潮州總兵劉進忠〕引閩寇入城。

戊午，内大臣阿密達領兵至懷慶，擒蔡禄以聞。【略】上命將蔡禄父子並同謀者，俱行正法。

平南王尚可喜疏言：「吴三桂遣賊兵二萬屯黄沙河，若與孫延齡合兵一處，勢益猖獗，請就近撥兵，同臣兵剿滅孫逆。」

上諭副都統根特巴圖魯、席布等：「候將軍希爾根、哈爾哈齊等兵至江西，即率所部官兵，急赴廣東，一切機宜，同平南王尚可喜參酌以行。」尋授根特巴圖魯爲平寇將軍。

《東華録》卷一〇　〔辛酉〕，下詔削耿精忠爵。

〔癸亥〕，詔以分遣禁旅調度情形示平南王尚可喜。

《聖祖實録》卷四七　五月丙寅，皇子允礽生。

申時，皇后崩於坤寧宫。

《東華録》康熙一四　丁卯，叙舉首林興珠逆書功，加綏荒都督蔡璋太子少保，事平之日，以總兵官用；加南贛總兵官劉進寶左都督，事平之日，以提督用。

戊辰，奉移大行皇后梓宫至西華門外享殿，上親臨送。

《聖祖實録》卷四七　遣喀喇沁塔布囊何濟吉爾、土默特塔布囊山大等往駐兗州。

辛未，上命尚可喜與總督金光祖、提督馬雄等會同商酌，逆賊孫延齡，有可剿之勢，即議進剿。

《東華録》卷一〇　〔戊寅，疏報〕：安西將軍赫葉等自漢中抵七盤關，破賊于關口及種子鋪山下，進抵朝天關，敗吴三桂僞總兵石存禮于劄閣鋪山下，復朝天關。

〔壬午〕，平陽兵變，執總兵蔡朝佐以叛，與耿精忠僞將曾養性合圍瑞安，命將軍賴塔等率師討之。

《聖祖實録》卷四七　庚寅，奉移大行皇后梓宫，權厝於都城北鞏華城。上親臨送。【略】上回宫。

壬辰，上至鞏華城，大祭大行皇后。

《東華録》卷一〇　副都統德業立大敗叛將洪福于武當山下。

六月〔甲午朔〕，遣郎中周襄緒等奉詔往福建招諭耿精忠。

〔庚子〕，命户部侍郎達都赴浙江督理大兵糧餉。

〔癸卯〕，江西撫董衛國報：「叛逆柯昇勾連閩逆，竊據廣信諸處，麻蓬地方賊兵繼起。」諭定南將軍希爾根與根特巴圖魯、席布等合勦之。

〔丙午〕，授多羅貝勒尚善爲安遠靖寇大將軍，帥師赴岳州，固山貝子準達等帥師赴荆州。

《東華録》康熙一四　庚戌，浙江提督塞白理奏：總兵官祖宏勳以温州叛。

《東華録》卷一〇　江西巡撫董衛國報：「耿逆遣賊李連、李太等犯建昌杉關，官兵擊敗之。」

〔辛亥，疏報〕：耿精忠僞將李雲龍犯常山、開化、金華，副將牟大寅擊敗之，斬其僞參將張雄。

《東華録》康熙一四　壬子，命喇哈達移鎮杭州，掌將軍印務，統領駐防兵馬及自京所還漢軍官兵。

《東華録》卷一〇　〔癸丑〕孫延齡犯柳州，馬雄告急。詔尚可喜、金光祖發兵援之。

《東華録》康熙一四　乙卯，以陳洪明爲廣西巡撫。

《東華録》卷一〇　〔戊午〕，命將軍賴塔進取福建。

以和碩康親王傑書爲奉命大將軍，統兵赴浙江。多羅貝勒董額爲定西大將軍，統兵赴四川。

《東華録》康熙一四　庚申，册謚大行皇后曰仁孝皇后。

《東華録》卷一〇　〔辛酉〕，浙江温州、羅清、黄岩、太平諸營相繼叛。詔將軍喇哈達調兵守台、寧。

《聖祖實録》卷四八　秋七月丁卯，增杭州每旗防禦各一。

《聖祖實録》卷四八　戊辰，議政王大臣等議覆廣東巡撫劉秉權疏言【略】應令尚可喜照舊管事，俟事立，令尚之孝承襲。從之。

《東華録》卷一〇　〔辛未〕，以郎廷佐總督福建，段應舉爲隨征福建都督。

〔癸酉，疏報〕：叛將劉進忠遣其黨據程鄉縣，官兵擊敗之，復其城。

〔疏報〕：副都統馬哈達、雅達理敗賊于金華。

〔疏報〕：南瑞總兵楊富謀通賊，事覺伏誅。

《聖祖實録》卷四八　甲戌，多羅温郡王孟峩薨。【略】謚曰良。

《東華録》卷一〇　〔乙亥〕，耿精忠陷石城，聲言犯寧都，命將軍希爾根等嚴守贛州，以趙應奎充袁臨總兵，防袁州。

〔丙子〕，浙督李之芳報：「賊合力犯衢州，臣兵單可虞。」命喇哈達速赴衢州。

《東華録》康熙一四　庚辰，設江西總督，以董衛國爲之。

〔壬午〕，上以衢州正在危急，令副都統伯穆赫林率喀喇沁土默特兵，自江甯速赴浙江，與將軍喇哈達等會同勦禦。副都統蘇朗等仍率蒙古兵鎮守江甯。

癸未，以楊熙爲福建巡撫，白色純爲江西巡撫，駐紮贛州。

《東華録》卷一〇　精忠僞將閻標犯金華，將軍喇哈達遣副都統鄂申巴圖魯擒斬之。

〔甲申〕，四川督周有德報：「僞總兵彭時亨犯廣元，副將張登科等敗之。」

《聖祖實録》卷四八　乙酉，免山東青城等十一縣本年分旱災額賦有差。

《東華録》卷一〇　疏報：吴三桂僞將劉之復犯宜都，副都統蘇虎濟等擊敗之。

〔丙戌〕，董衛國報：「閩賊犯寧都，遊擊周球等擊敗之。」

〔丁亥〕，勒爾錦遣貝勒察尼、將軍尼雅翰等分水陸進攻岳州，敗賊將吴應麒于七里山。

《東華録》康熙一四　己丑，奉命大將軍康親王傑書帥師之浙江，定西大將軍貝勒董額帥師之四川，上御太和殿，賜敕印。

《聖祖實録》卷四八　辛卯，免直隸霸州本年分水災額賦十之三。

諭兵部：「耿精忠身雖背恩反叛，【略】大兵平定閩省之日，其祖父骸骨仍許收葬。」

《東華録》卷一〇　八月〔壬辰朔〕，遊擊周球等復石城。

《聖祖實録》卷四九　癸巳，疏報：饒州營兵變。

《東華録》卷一〇　李之芳報：「都司姚世熙等大敗耿逆于衢州、杜澤、大洲等處。又耿逆勾連土賊從處州逼金華，副都統鄂申、陳世凱擊敗之。」

《聖祖實録》卷四九　甲午，安遠靖寇大將軍多羅貝勒尚善等帥師之岳州，貝子準達等帥師之荆州，上御太和殿，賜之敕印。

《東華録》卷一〇　〔乙未〕，命總督蔡毓榮協勦湖南，順承郡王嚴兵守荆州。

〔丙申〕，叛將劉進忠黨劉斌據普寧，我兵進勦，賊迎敵，被陷知縣段藻閉門拒之，復其城。

〔丁酉〕，賴塔報：「七月賊犯金華，副都統喇哈等九戰皆捷，復諸暨、義烏二縣。」

《聖祖實録》卷四九　戊戌，兩河堤工告竣，加河道總督王光裕兵部尚書銜。

免山東泰安、濟陽等十二州縣本年分旱災額賦有差。

《東華録》卷一〇　〔庚子〕，李之芳報：「遊擊王世望等敗賊于龍游，副將鮑虎復壽昌。」

李之芳報：「新昌知縣陳大興殺賊全城，紹興知府許元勳、守備吴良駿等敗賊于城外，賊遁，犯仙居，都司汪國祥敗之。」

《東華録》康熙一四　壬寅，平寇將軍根特巴圖魯卒於軍，命副將軍哈爾哈齊爲平寇將軍。

《東華録》卷一〇　命治曆法南懷仁鑄造輕利火砲。

海澄公黄梧卒，子芳度僞降賊，募舊兵斬賊將劉豹等三人，固守漳城，遣間使黄藍以聞，且請速救。詔褒之，令襲父爵，以其兄侍衛黄芳世爲隨征福建總兵官，令同尚可喜進勦。

護軍統領桑遏等敗耿逆兵于撫州。

〔甲辰，疏報〕：襄陽總兵劉成龍、下荆南道石琳率兵攻勦南漳縣天門寨賊，安撫各寨洞。

《聖祖實録》卷四九　乙巳，金光祖疏報【略】恢復梧州。

《東華録》康熙一四　丙午，上幸南苑行圍。

丁未，添設江南驛鹽道一，管安徽等處驛鹽事，駐安慶。其管理通省驛道，改爲江蘇等處驛鹽道，仍駐江甯。

予故原任工部尚書性納祭葬，謚襄敏。

己酉，復設江南徽甯巡道，駐徽州府。

《東華録》卷一〇　〔疏報〕：總兵李榮勦賊金華，焚其木城。副將鮑虎砍賊五營，復淳安。

賊圍黄岩甚急，又寧海、象山、新昌、餘姚四縣賊衆蜂起，請速救台州，保寧海。旨：「著將軍賴塔、喇哈達商酌行之。」

《東華録》康熙一四　庚戌，上還宫。

《東華録》卷一〇　飭隨營蒙古兵違法掠民者罪死。

〔辛亥〕，命護軍統領桑遏移師駐袁州。

《聖祖實録》卷四九　甲寅，免直隸南皮等十縣、山東禹城等二十九縣本年分旱災額賦有差。陝西莊浪衛本年分雹災額賦十之三。

丙辰，董衛國疏報：【略】恢復萬年縣。

《東華録》卷一〇　〔丁巳，疏報〕：浙江副將鮑虎復遂安，參將洪起元復嵊縣。

《東華録》康熙一四　己未，上御經筵。

《東華録》卷一〇　上諭王大臣：「聞岳州三面臨湖，賊於陸路一面浚濠築壘，據守頗堅，詔將軍尼雅翰移師江西，與副都統甘度海等合兵，自袁州進取長沙，夾攻岳州。」

〔辛酉〕，李之芳報：「副都統胡圖、副將王〔庭〕〔廷〕梅敗賊于石梁大溝源，總兵李榮復東陽。」

九月壬戌朔，以饒州賊犯婺源等處，命副都統碩塔、穆森以鎮守兖州滿洲、蒙古驍騎移駐江寧。

江西總督董衛國報：「吴逆僞將軍率倮倮犯長沙，糾羣賊窺袁州。」上命將軍希爾根、哈爾哈齊、總兵趙應奎併力勦禦。尋賊陷都昌，復諭希爾根等勦之。

《東華録》康熙一四　甲子，湖廣總督蔡毓榮奏：叛賊楊來嘉等犯南漳，官兵力戰，大敗賊衆。

《東華録》卷一〇　〔乙丑〕，賊逼祁門，改命碩塔等駐安慶，調河南提督王永譽爲安徽提督。

武昌知府于成龍督兵擒殺賊首鄒君升。

《東華録》康熙一四　丙寅，增陝西通省驛傳道，駐西安。

增廣西右江道，統轄柳、慶、思三府，駐柳川。

《聖祖實録》卷四九　己巳，平南王尚可喜疏報：副都統尚之節【略】恢復大埔縣。

《東華録》卷一〇　〔疏報〕：僞將軍吴之茂、僞總兵彭士亨犯廣元，官兵大敗之，賊夜遁去。

《東華録》康熙一四　辛未，上幸南苑行圍。

增四川督糧道，兼管鹽茶驛傳事，駐省城。

《東華録》卷一〇　尚可喜報：「劉進忠抗不受撫，官兵屢敗之，斬僞副將陳璉等。」

《聖祖實録》卷四九　〔壬申〕，希爾根【略】恢復撫州。

《東華録》卷一〇　〔癸酉〕，賊陷徽州府及歙、祁等縣。

《聖祖實録》卷四九　戊寅，塞白理疏報：黄巖失陷，總兵官阿爾泰從賊。

《東華録》卷一〇　吴逆遣賊犯袁州。諭署副都統穆成格率南昌兵速赴袁州，與趙應奎併力固守。

〔己卯〕，授和碩簡親王喇布爲揚威大將軍，率滿兵往江寧，保固江南全省。

將軍阿密達、額楚華善、王之鼎，總兵阿席熙並參贊軍務。授坤巴圖魯侍衛爲振武將軍，赴汝寧駐防。

〔辛巳，疏報〕：南贛總兵劉進寶復崇義。

《東華録》康熙一四　癸未，上還宫。

《東華録》卷一〇　〔甲申，疏報〕：將軍額楚敗賊于績溪，復其城。

令哈爾哈齊援袁州。

〔乙酉〕，兩廣督金光祖報：「提督馬雄、總兵郭義降賊，廣西全省變動。」命安親王岳樂爲定遠平寇大將軍，率兵討之。

〔丙戌〕，額楚復徽州，命速取道進饒州，會合江西大兵。

《東華録》康熙一四　己丑，以温良郡王孟峩子佛永輝襲温郡王。

《聖祖實録》卷五〇　冬十月辛卯朔，頒康熙十四年時憲曆。

《東華録》康熙一四　壬辰，揚威大將軍簡親王喇布帥師之江甯，上御太和殿賜敕印，詣堂子行禮，祭旗纛，還，出西長安門送之行。

《東華録》卷一〇　〔癸巳〕，闖賊犯〔建安〕〔遂安〕，副將鮑虎大敗之。

《東華録》康熙一四　增盛京每旗防禦各一。

《東華録》卷一〇　〔乙未〕，僞將軍陳〔畀〕〔昇〕、土賊郭應定等犯贛州，副都統甘度海大敗之，斬僞總兵柯隆、李梁，又追敗之于龍泉縣石灰澳隘口，破其三營，攻取曹林賊巢十餘寨。

《東華録》康熙一四　丙申，定遠平寇大將軍安親王岳樂帥師之廣東，上御太和殿賜敕印，詣堂子行禮，祭旗纛，還，出西長安門送之行。

《東華録》卷一〇　〔辛丑〕，賊陷湖口、彭澤、浮梁、鄱陽諸賊嘯聚日衆，命副都統雅賴、阿喀尼馳赴勦賊。

《東華録》康熙一四　壬寅，上奉太皇太后幸南苑。

乙巳，平南王尚可喜奏：省會兵單，根本虛弱，李三、官七乘機竊發，雖旋即埽蕩，尚有黨羽潛伏，急宜芟除。臣調總兵班際盛自梧州回省。上諭：梧州，兩粵接壤要地，今粵西有事之際，李三、官七賊寇滅後，尚可喜即增兵，令班際盛速赴梧州勦禦。

丁未，命大將軍順承郡王勒爾錦發兵守九江。

《聖祖實録》卷五〇　辛亥，上奉太皇太后回宫。

〔壬子〕，恢復南康府。

《東華録》康熙一四　己未，諭議政王大臣等：自吴三桂叛逆以來，平南王尚可喜爲國抒忠，厥功茂著。當茲粵東軍興之際，督撫提鎮以下俱聽王節制，嗣後補授文武官員，聽王選補奏聞。其一切調遣兵馬及招撫事宜，亦聽王酌行。

《東華録》卷一〇　十一月庚申朔，經略莫洛言：「廣元大兵缺餉兩月，略陽糧艘爲賊所劫，賊又屯據七盤、朝天諸關，餉道梗塞。」上命速赴七盤、朝天等處，會將軍席卜臣勦賊，疏通餉道。尋總督哈占言：「蜀中水陸阻賊，糧運難繼，且賊窺伺陽平。」上諭貝勒董額、經略莫洛及周有德、張德地等，撤兵回廣元，再圖恢復。

命副都統塞格等率滿兵駐河南。

〔癸亥〕，江西官兵敗賊于袁州西村。

《聖祖實録》卷五〇　丙寅，免江西南昌等十二州縣本年分水災額賦有差。

《東華録》卷一〇　〔戊辰〕，定南將軍希爾根報：「官兵恢復萬載縣。」

撥京口沙虎船五十艘往岳州。

《東華録》康熙一四　己巳，上步隨皇太后輦詣太宗懿靖太貴妃問疾。

《東華録》卷一〇　〔己巳〕，湖廣督蔡毓榮報：「逆賊楊來嘉陷竹溪中〔鋒〕〔峯〕寨。」

《聖祖實録》卷五〇　庚午，浙江巡撫田逢吉以病解任，命總理浙江兵馬糧餉事務户部右侍郎達都爲浙江巡撫。

甲戌，免山東棲霞等六州縣本年分水災額賦有差。

《東華録》卷一〇　〔疏報〕：江西遊擊佟國棟等復新昌縣。

《聖祖實録》卷五〇　乙亥，免河南信陽等六州縣本年分旱災額賦有差。

《東華録》卷一〇　己卯，太宗懿靖太貴妃薨。

〔庚辰，疏報〕：官兵敗僞都督徐尚朝等五萬衆于金華城外。

《東華録》康熙一四　十二月庚寅朔，署朝鮮國事李焞遣使告其父王李棩喪，貢方物。

《東華録》卷一〇　癸巳，陝西提督王輔臣兵叛于甯羌，經略莫洛遇害。

《東華録》康熙一四　丙申，增定武職陣亡恤贈例。

丁酉，封仁孝皇后父噶布喇一等公，世襲。

《東華録》卷一〇　〔庚子〕，大將軍貝勒董額退保漢中。

《聖祖實録》卷五一　〔上〕又諭兵部：「京師禁旅遣發頗多，其調盛京官兵

一千，令副都統鄂泰帥之至京；烏喇兵七百，令副都統安珠護遣章京帥赴盛京；其寧古塔兵，令將軍巴海調發鎮守烏喇。」

辛丑，諭兵部：「秦省重要，令理藩院員外郎拉篤祜、圖爾哈圖、鼐滿代往調鄂爾多斯蒙古兵三千五百，歸化城土默特兵七百，視西安路近，即率赴西安。」

《東華録》康熙一四　壬寅，諭禮部：【略】前見風俗近奢，恐漸流於僭濫，故令更定條例，一切服飾，力崇儉樸。【略】以後著仍照康熙九年定例遵行，見今一應禁約，俱行停止。

《聖祖實録》卷五一　免江南鳳陽府滁州所屬十五州縣本年分旱災額賦有差。

《東華録》康熙一四　調平寇將軍哈爾哈齊赴江甯，參贊大將軍簡親王軍務，鎮守江南。

甲辰，予故原任兵部尚書王宏祚祭葬，謚端簡。

《東華録》卷一〇　〔乙巳〕，遣給事中蘇拜招撫王輔臣叛兵。

《聖祖實録》卷五一　〔丁未〕，尚可喜又疏報：【略】恢復揭陽、潮陽二縣。

《東華録》卷一〇　〔戊申〕，命副都統穆舒渾等率師鎮新安。

以周卜世爲山西提督，駐平陽。

命將軍尼雅翰率所部兵協守廣東。

《聖祖實録》卷五一　〔己酉，疏報〕：恢復安福縣。

《東華録》康熙一四　庚戌，河南巡撫佟鳳彩以疾乞休。允之。

廣東、廣西總督金光祖奏：逆賊孫延齡屢遣賊兵犯懷集縣，官兵六戰皆捷，斬獲甚多。又犯欽州，遊擊王嘉賢等擊之，殺賊千三百餘。

《東華録》卷一〇　壬子，以勅諭王輔臣。

《聖祖實録》卷五一　癸丑，免江南沭陽縣本年分旱災額賦十之一。

《東華録》康熙一四　著支户部庫銀十五萬兩，擇能員解至西安採辦。

《聖祖實録》卷五一　丙辰，岳樂疏報：【略】恢復都昌縣。

康熙一四年（乙卯、一六七五）

《東華録》康熙一五　春正月〔壬戌〕，贈江南陳亡守備臧世龍官廕。

《聖祖實録》卷五二　戊辰，諭吏部、禮部、兵部：「【略】平南王尚可喜，著進封平南親王，即令其子尚之孝襲封。尚可喜以親王品級頂帶支俸，示朕優眷之意。廣東文武事務，著尚可喜照舊料理。其親王之寶，亦暫行掌管。尚之孝統兵在潮，著給與大將軍印，應行封典，爾部即遵諭行。」

癸酉，王輔臣【略】遣原任郎中祝表正具疏自理，委罪經略莫洛。上復命祝表正齎勅往撫。

乙亥，諭祭朝鮮國王李棩，謚曰莊恪。仍封王嗣子李焞爲朝鮮國王，妻金氏爲國王妃。

《東華録》卷一一　〔丁丑〕，命將軍阿密達等帥師赴蘭州，討王輔臣。

《聖祖實録》卷五二　壬午，揚威大將軍和碩簡親王喇布疏言，【略】上諭兵部：「額楚既抵江西，不必引還，令駐防兖州署副都統諾敏、岳爾多率滿兵速赴安慶，以備九江湖口窺伺之賊。江南有警，即順流應援，令簡親王統之。京師滿洲、蒙古每佐領撥驍騎一名，令署副都統伊巴克圖、馬爾齊哈率領；漢軍每佐領撥二名，令副都統郎化麟率領，俱赴兖州，著將軍查哈太統之，署副都統等爲參贊。兵到，副都統孫承祖帥兖州所駐漢軍，與諾敏等會於安慶。至盛京，已調烏喇兵七百名駐守，其更調盛京兵六百名赴京師。」

《東華録》卷一一　〔甲申〕，精忠將自處州遁走仙居，副都統穆赫林等大敗之于白水洋，復仙居縣。

乙酉，興安兵變，殺總兵王懷忠。

〔丙戌，疏報〕：復永康、縉雲二縣。

〔是月〕，耿精忠將黎化中與吴三桂之壻郭壯圖合兵犯連州，官兵擊卻之。

《東華録》康熙一五　二月辛卯，上至鞏華城，月祭仁孝皇后。

《聖祖實録》卷五三　癸巳，上回宫。

《東華録》卷一一　賊陷蘭州，巡撫花善奔涼州。

〔甲午〕，下詔切責貝勒董額等，以王輔臣之亂退縮失機，致廣元、朝天諸關已克復者，復爲三桂所據，飭令速定平涼、秦州，分兵以通棧道。

〔丙申〕，以鄂泰爲建威將軍，統盛京兵駐太原。

〔丁酉〕，復上高、新昌二縣。

《東華録》康熙一五　庚子，贈四川陣亡守備熊天福官。

辛丑，予故户部尚書米斯翰祭葬，謚敏果。

《東華録》卷一一　精忠將沙有祥據桃花嶺，康親王遣副都統馬哈達等擊破

之，復處州。

〔壬寅〕，詔秦中官弁兵民倉卒降賊者，悉赦不問。

《聖祖實録》卷五三　庚戌，升西安副都統佛尼勒爲西安將軍。

《東華録》卷一一　〔辛亥〕，西寧總兵王進寶大破王輔臣之衆于新城。

《聖祖實録》卷五三　壬子，免湖廣武昌等七府康熙十三年分旱災額賦有差。并命動支節年存貯穀米銀錢賑濟。

《聖祖實録》卷五四　官兵恢復藤縣。

《東華録》卷一一　〔丙辰〕，貝勒董額敗王輔臣之衆于隴州，復關山關。

三月〔己未朔，蔡毓榮奏〕：叛將楊來嘉犯南漳，總兵劉成龍敗之。

《東華録》康熙一五　〔甲子〕，命西安將軍佛尼勒爲振武將軍，援漢中。

《聖祖實録》卷五四　原任廣東提督常進功，總兵官朱萬化率領水師，自定海關出洋，于沈家門等處，剿賊大捷。

《聖祖實録》卷五三　丁卯，命杭州都統喇哈達赴奉命大將軍和碩康親王軍前贊畫。其杭州將軍印務，令副都統雅塔理署理，并令寧海將軍貝子以下及各將軍兵，聽康親王便宜調遣。

襄陽總兵官劉成龍進剿【略】僞總兵陳宗啓等于馬良坪，殺賊毁巢。

《東華録》卷一一　〔辛未〕，命畢力克圖爲平逆將軍，率師赴大同，討王輔臣。

〔丁丑〕，大將軍董額率師圍秦州。

以甘肅提督張勇爲靖逆將軍，加總兵孫思克左都（統）〔督〕，王進寶都督同知，討王輔臣。

《東華録》康熙一五　逆賊王輔臣遣賊陷定邊。上諭兵部：「定邊係三邊咽喉要地，其令總督哈占、總兵官許占魁，速發官兵赴寧夏，同總兵官陳福并力進取。」

《東華録》卷一一　以總兵陳福爲陝西提督，仍駐寧夏討賊。

〔辛巳〕，王進寶平臨洮府，孫思克復靖邊衛。

〔癸未〕，以花馬池、靖邊衛相繼陷賊，命總督鄂善等率師赴榆林，調四子部落兵入邊。

《聖祖實録》卷五三　甲申，户部議覆浙江總督李之芳疏，言浙省金、衢、台、嚴、紹等處賊寇，【略】投誠甚多。【略】應如所請，將浙省捐助銀米内酌量動支賑濟。從之。

《東華録》卷一一　〔丁亥〕，察哈爾布爾尼叛，以多羅信郡王鄂札爲撫遠大將軍，大學士〔都統〕圖海爲副將軍，討平之。

《東華録》康熙一五　戊子，以熊賜履爲武英殿大學士。

夏四月己丑朔，以勒德洪爲户部尚書，塞色黑爲刑部尚書。

《東華録》卷一一　署護軍統領郎肅等勦湖寇於五桂寨，斬二萬餘級，復餘干縣。

〔庚寅〕，王進寶敗輔臣之衆于蘭州。

《聖祖實録》卷五四　癸巳，撫遠大將軍多羅信郡王鄂札等帥師啓行，上諭之。

諭察哈爾布爾尼。

《東華録》康熙一五　會布爾尼垂札布反，悉就拘禁，上特釋之，令齎敕與大兵同往。

《聖祖實録》卷五四　乙未，逆賊王輔臣遣人持吴三桂僞劄印授靖逆將軍張勇，張勇斬其使以聞。又西寧總兵官王進寶，出首王輔臣逆書，上嘉之。封張勇靖逆侯，授王進寶一等阿思哈尼哈番。

命調永陵、鳳凰城、蓋州、牛莊、東京兵守盛京。

《東華録》卷一一　〔丁酉〕，復萬年縣。

《聖祖實録》卷五四　戊戌，以隨征左都督許貞爲江西撫、建、廣總兵官。

《東華録》卷一一　〔辛丑〕，復安仁縣。

《聖祖實録》卷五四　庚戌，以大學士巴泰、熊賜履充纂修《太宗文皇帝實録》總裁官。

〔癸丑〕，安親王岳樂等【略】抵長興，【略】遂復建昌城。

丁巳，撫遠大將軍多羅信郡王鄂札疏報：「臣等帥師往征察哈爾，於是月二十一日次岐爾哈泰，【略】二十二日抵達禄，布爾尼設伏山谷間，悉衆列陳以待。臣與副將軍圖海等分布滿洲、蒙古官兵進擊，【略】布爾尼親領大隊擺列火器相拒，我兵奮擊，賊不能支，遂大敗，察哈爾下都統晉津率其族於陣前降。布爾尼復收潰卒，接戰兩次，我軍乘勝衝殺，連敗之。【略】布爾尼兄弟僅以三十騎遁，垂札布等亦皆散走。二十三日，臣等聞郡主留居瓦子府東三十里，遣官兵迎歸，布爾尼部下佐領五人、兵三百餘名，隨侍衛塞稜來歸。」

衮領舒什蘭疏報：「奉調宣府左翼四旗察哈爾鎮大同，衆譁，毀邊牆私遁。」上命散秩大臣綽爾濟、杜爾麻等率八旗章京侍衛齎敕撫之。

《東華録》卷一一　〔戊午〕，以内大臣佟國綱爲安北將軍，鎮宣府。

《東華録》康熙一五　五月庚申，上至鞏華城，行仁孝皇后期年致祭禮。

辛酉，上回宫。

《東華録》卷一一　〔壬戌〕，陝西官兵復寧州。

《聖祖實録》卷五五　癸亥，議政王大臣奏：「布爾尼反，既伏誅。其父阿布奈見禁盛京，應立斬。」【略】得旨：阿布奈改爲立絞。

《東華録》卷一一　〔甲子〕，遊擊李師膺叛，殺韓城令，犯郃陽，官兵擊走之。

《聖祖實録》卷五五　乙丑，撫遠大將軍多羅信郡王鄂札等疏言：「教布爾尼造亂者，阿雜里喇嘛、僧額渾津、噶爾馬色冷、布遠里、破翁、巴遠里、巴呢、陳特、塔爾、噶爾昭、噶爾馬、薄托和也。布達里、破翁、巴達里、巴呢、塔爾，此五人與布爾尼兄弟同死。陳特爲亂兵所殺，噶爾昭、噶爾馬、薄托和等，或死或逃，尚無的耗。其子女皆在卓禮克圖親王處，阿雜里喇嘛、僧額渾津、噶爾馬色冷亦爲卓禮克圖親王解送軍前，候旨處分。」得旨：「阿雜里喇嘛等悉於軍前正法，其叛人妻孥賞給有功官兵。」未幾，【略】得旨：「尼塔爾既於未破布爾尼之先投入科爾沁，著免死，勿分其産。」

己巳，奈曼達爾漢郡王札木山附布爾尼作叛，勢窮自縛請罪。【略】得旨：【略】著從寬免死，革去王爵，仍留家口牲畜，令其自給。

《東華録》康熙一五　甲戌，命山西河東守道移駐平陽，雁平巡道改爲守道，兼管大同府屬糧餉事。

《東華録》卷一一　〔乙亥〕，以旱命大臣理刑獄。

〔戊寅〕，叛將楊來嘉、洪福犯南(障)〔漳〕，尋陷穀城。以貝勒察尼爲靖寇將軍，統襄陽諸路兵援穀城。

〔庚辰〕，命將軍畢力克圖帥師援榆林，副都統哈塔鎮大同。以吴丹爲建威將軍，鎮太原。詔内大臣佟國綱還。賊陷(迤)〔延〕安、綏德。

〔甲申〕，提督張勇復洮、河二州。

閏五月〔戊子朔〕，以張勇節制全秦軍務。

〔庚寅，疏報〕：陝西提督陳福遣兵復惠安、韋州、安定三堡，遂合蒙古諸部兵，圍賊于花馬池。

〔辛卯，疏報〕：大兵圍蘭州，王進寶等大敗賊于東門。

〔壬辰〕，三桂將犯荆州。詔責順承郡王前失機宜，飭附近官兵馳援荆州。

《東華録》卷一一　癸巳，上幸玉泉山觀禾。

《東華録》卷一一　〔甲午〕，榆林官兵復隴州。

〔己亥〕，樂平賊復陷饒州。

《聖祖實録》卷五五　癸卯，撫遠大將軍多羅信郡王鄂札、副將軍都統大學士圖海等，征滅察哈爾，班師凱旋。上率在京王、貝勒、大臣、侍衛、八旗都統、精奇尼哈番、副都統、阿思哈尼哈番，及大學士、尚書、侍郎、學士、諸大臣迎勞於南苑之大紅門。

《東華録》卷一一　〔甲辰，疏報〕：復松陽縣。

《聖祖實録》卷五五　辛亥，免江南高郵州水淹田地額賦。

《東華録》卷一一　〔壬子，疏報〕：將軍額楚復廣信府。

〔疏報〕：王輔臣屢敗，由蘭州將突圍出，王進寶分路邀擊，大敗之。

《聖祖實録》卷五六　〔癸丑〕，將軍希爾根進取饒州，【略】敗賊於餘干。

《東華録》卷一一　〔丙辰，疏報〕：廣西官兵敗孫延齡之衆于蒼梧。陳福勦定邊縣，擒斬賊將朱龍。

復饒州府。

《東華録》康熙一五　以軍興，停湖廣乙卯科鄉試。

《東華録》卷一一　〔丁巳〕，克秦州，禮、清水、伏羌、西和等縣皆復。

六月〔辛酉〕，將軍畢力克圖復吴堡縣。

《聖祖實録》卷五六　癸亥，諭禮部：【略】今以嫡子允礽爲皇太子。

《東華録》卷一一　〔乙丑〕，官兵敗輔臣之衆于虎爾崖口，賊將朱龍遁，遂復綏德州。

〔丁丑〕，命江西前鋒統領覺羅舒恕援廣東。

《東華録》康熙一五　戊寅，皇子長生生。

《東華録》卷一一　〔己卯〕，關中賊遁，命振武將軍佛尼勒等率師開棧道，以援漢中，分兵守隴州仙逸關。

《東華録》康熙一五　庚辰，上幸南苑行圍。

《東華録》卷一一　〔壬午〕，張勇敗王輔臣之衆于鞏昌，遂復鞏昌府城。江西官兵取石峡失利，署副都統雅賴死之。

《東華録》康熙一五　癸未，上還宮。

《東華録》卷一一　〔甲申〕，克蘭州。

〔丙戌〕，畢力克圖追賊至宜州，敗之，延〔州〕〔安〕府平。

《聖祖實録》卷五六　七月庚寅，諭吏部、兵部：逆賊耿精忠【略】伊弟耿昭忠、耿聚忠及族人等，【略】其概從寬釋。所有官職，悉令如故。

《東華録》卷一一　〔丙申，疏報〕：楊來嘉復犯南漳，都統宜理布等大敗之。

《聖祖實録》卷五六　乙巳，免江南邳州本年分水災額賦。

《東華録》卷一一　〔己酉〕，興安遊擊王可成等復叛。詔太原將軍吴丹分兵守潼關。

〔庚戌，疏報〕：江西官兵復浮梁、樂平、宜黄、崇仁、樂安諸縣。

《聖祖實録》卷五七　八月丁巳，諭鎮守山東副都統額赫納：「今當收穫未完之時，爾等宜嚴禁官兵，勿令踐踏田禾，騷擾百姓。」

己未，陝西總督哈占疏言：「興安叛兵，已與蜀寇合，攻陷舊縣關，將逼西安，南山羣盜又分出各口。乞敕大將軍多羅貝勒董額、將軍畢力克圖等速發兵應援，見駐河南副都統龔圖，亦乞遣至。」上切責之。

辛酉，嗣後凡公主、郡主等薨逝後，將額附原俸仍准支給。

《東華録》康熙一六　癸亥，上幸南苑行圍。

戊辰，上還宮。

《東華録》卷一一　〔庚午〕，董額、畢力克圖、阿密達諸軍會攻王輔臣于平涼，屢敗之，陣斬賊將郝天祥。

《東華録》康熙一六　壬申，上奉太皇太后幸湯泉。

甲戌，上還宮。

己卯，予故致仕保和殿大學士衛周祚祭葬，謚文清。

《聖祖實録》卷五七　敕諭耿精忠。

《東華録》卷一一　〔辛巳，疏報〕：貝子傅喇塔等敗耿精忠之衆于半山嶺，進攻黄岩，僞將曾養性遁走温州，遂復黄岩城。

《東華録》康熙一六　九月戊子，上幸湯泉，駐蹕昌平。

董額奏王輔臣【略】乞頒赦午門，仍遣威望大臣受降。

《聖祖實録》卷五七　己丑，上幸有明諸陵，至長陵。

《東華録》康熙一六　庚寅，上還宮。

壬辰，封管轄科爾沁右翼五旗額附沙津爲多羅貝勒。

癸巳，上如湯泉迎太皇太后。

《東華録》卷一一　〔甲午〕，江西官兵復靖安縣。

《東華録》康熙一六　丙申，上奉太皇太后還宮。

《聖祖實録》卷五七　辛丑，得旨：正月停刑，著照順治十七年例行。

《東華録》卷一一　〔壬寅〕，董額再疏請赦王輔臣。上不許。

《東華録》康熙一六　乙巳，予故文華殿大學士對喀納祭葬，謚文端。

《東華録》卷一一　〔戊申〕，陝西官兵及王輔臣戰于固原，失利，副將〔木〕〔太〕必圖死之。

〔癸丑〕，提督陳福退保靈州。

《聖祖實録》卷五八　〔甲寅〕，〔臣〕〔楊熙〕同少傅公尚之信等率領官兵進入閩境，攻克鮮水關，招撫僞參將葛習猷等。

《聖祖實録》卷五七　冬十月乙卯朔，頒康熙十五年時憲曆。

《東華録》康熙一六　轉明珠爲吏部尚書。

《東華録》卷一一　〔庚申〕，福建巡撫楊熙及尚之信攻克復永定縣。

《聖祖實録》卷五七　壬戌，皇子萬黼生。

《東華録》康熙一六　調塞色黑爲兵部尚書。

《東華録》卷一一　〔癸亥，疏言〕：浙江官兵進取温州，復太平、樂清、青田、大荆、盤石等縣衛。

《聖祖實録》卷五七　調將軍噶爾漢所留河南府兵馳赴潼關。復發京師禁軍，令參將胡什覇、額勒布統之，往駐河南府。

《東華録》康熙一六　丙寅，上啓鑾謁孝陵。

《聖祖實録》卷五七　丁卯，叙平察哈爾功，賜大將軍多羅信郡王鄂札黄金一百兩，白金五千兩；給副將軍都統大學士圖海、一等阿思哈尼哈番護軍統領哈克山、副都統吴丹、洪世禄，署前鋒統領達克薩哈、夸蘭大札木素等，俱量給世職。

《東華録》康熙一六　戊辰，上謁孝陵。

辛未，上詣孝陵致祭，回鑾。

《聖祖實録》卷五七　免江南徐州、邳州本年分水災額賦有差。

《東華録》康熙一六　甲戌，增工部節慎庫郎中一，裁舊有司庫二、筆帖

式一。

《聖祖實録》卷五七　將軍貝勒察尼等【略】在興山縣地方擊敗賊衆，恢復興山縣城。

《東華録》康熙一六　乙亥，上還京師。

《聖祖實録》卷五七　丁丑，轉工部尚書吴達禮爲刑部尚書。

免江南高郵、江都、寶應三州縣本年分水災額賦有差。

《東華録》康熙一六　壬午，以常鼐爲工部尚書。

《聖祖實録》卷五八　十一月乙酉朔，張勇疏言：「逆賊吴之茂，率衆進屯罩家河等處，臣若赴平涼，恐賊乘虚直犯，臣斷不可遠離鞏昌。【略】」尋王大臣等議：「應如張勇所奏，著固守鞏昌、秦州等處，相機勦禦。」從之。

《東華録》康熙一六　改陝西固原道爲整飭平慶道，駐平涼，管驛鹽事。

庚寅，諭吏部、禮部：世職官員以下，有頂帶官員以上，陣亡，無承襲子嗣，銷去所襲，給與祭葬，著爲令。

《聖祖實録》卷五八　丙申，免湖廣沔陽、黄梅等四州縣本年分水災額賦十之三。

《東華録》卷一一　〔丁酉〕，復設詹事府官屬。

《聖祖實録》卷五八　己亥，免江南山陽、宿遷、睢寧三縣本年分水災額賦有差。

庚子，定遠平寇大將軍和碩安親王岳樂疏言：「【略】提督趙國祚久在行間，熟練火器，兼統緑旗兵三千，屯墾都督陳平有兵二千，乞俱令隨臣進討。其廣東送來紅衣礮甚重，路險難致，西洋礮輕利，便於運動，乞發二十具爲攻勦之用。」上諭：「【略】提督趙國祚、都督陳平并所屬官兵，悉依安親王所請。南懷仁所造火礮，著官兵照數送至江西，轉運安親王軍前。王不必待礮到始行，亟由吉安或袁州進發。」

免江南泗州、盱眙等四州縣本年分水災額賦有差。

《東華録》卷一一　〔壬寅〕，叛賊馬雄等犯高州，雷、廉、潮俱失守。命簡親王喇布援廣東。

〔甲辰〕，海寇鄭錦陷(彰)〔漳〕州，海澄公黄芳度闔門死之。

〔疏報〕：江西兵復浮梁、貴溪等縣。

《聖祖實録》卷五八　丙午，免江南高郵、興化、鹽城三衛所本年分水災額賦有差。

癸丑，免湖廣通城、潛江二縣本年分旱災額賦有差。

十二月乙卯，免河南陝州、靈寶、閿鄉三州縣本年分旱災額賦有差。

《東華録》康熙一六　庚申，上奉太皇太后幸南苑。

癸亥，上奉太皇太后還宫。

《聖祖實録》卷五八　丁卯，上御太和殿視朝。【略】頒詔天下。

《東華録》卷一一　〔乙亥〕，詔書切責順承郡王師久無功，參贊巴爾布等並落職自効。

寧夏兵變，提督陳福死之。

〔癸未，疏報〕：王進寶、佛尼勒、張勇敗王輔臣之衆于(河西)〔西河〕。

康熙一五年(丙辰、一六七六)

《聖祖實録》卷五九　春正月丁亥，西寧總兵官王進寶【略】著授爲陝西提督，暫駐秦州，仍兼理西寧總兵官事。

辛卯，董衛國疏報：【略】恢復新昌、上高二縣。

《東華録》卷一一　甲午，上以建儲，加上太皇太后徽號曰昭聖慈壽恭簡安懿章慶敦惠温莊康和仁宣太皇太后，皇太后徽號曰仁憲恪順誠惠(經)〔純〕淑皇太后。

〔乙未〕，頒詔加恩中外。

《東華録》康熙一七　丙申，得旨：甯夏要地，職任宜重。其總兵員缺，著改爲提督，即以趙良棟升補，令其兼程速赴。提督陳福爲國捐軀，忠誠顯著，陳福弟涿州參將陳奇即著超補天津總兵官。

《東華録》卷一一　〔戊戌，疏報〕：耿逆僞官汪飛龍等一百五十餘員就撫。

《東華録》康熙一七　辛丑，上幸南苑行圍。

丙午，上還宫。

戊申，諭大將軍貝勒董額等：今將軍侯張勇請赴甯夏，秦州諸處兵力甚單，大將軍貝勒董額、將軍度卜臣、總督哈占等視地方緩急，將西安近地之兵應撤者速行撤回，發往秦隴，聽將軍佛尼勒、提督王進寶等酌量調遣，以裨戰守。

《聖祖實録》卷五九　己酉，命索額圖、熊賜履、梁清標、介山、折爾肯、達哈

塔、田六善詳定逃人律例，頒行天下。

庚戌，上召開列經筵講官塞色黑等至御前親試，命各講書。

《東華録》卷一一　二月〔丁巳〕，詔大將軍勒爾錦宣諭軍中，凡恢復城池後毋殺掠。

《聖祖實録》卷五九　戊午，命大學士李霨、禮部尚書吴正治爲會試正考官，吏部右侍郎宋德宜、左副都御史田六善爲副考官。

疏報：副都統穆承格等率領官兵，恢復始興縣。

《東華録》康熙一七　己未，諭講筵諸臣等：嗣後講章稱頌處不得過爲溢辭，但取切要，有裨實學。

《東華録》卷一一　〔壬戌〕，以都統大學士圖海爲撫遠大將軍，征王輔臣，貝勒董額以下俱聽節制。

〔甲子，疏報〕：叛將吴之茂自四川逼鞏昌。命張勇還鞏昌禦之。

〔乙丑〕，復以畢力克圖爲平逆將軍鎮寧夏。

《聖祖實録》卷五九　丙寅，免江西南昌寧州等十七州縣衛康熙十四年分旱災額賦有差。

戊辰，陝西總督哈占疏言：「寧夏與鄂爾多斯接壤，今乘内地有事，蒙古入邊，侵掠寧花寨、平羌等堡。」

己巳，平南王尚可喜疏報：「賊犯惠州、肇慶諸處，省會危急。」

《東華録》卷一一　〔辛未〕，詔趣康親王進師福建。

〔甲戌，詔趣〕貝勒尚善等進師岳州。

吴三桂僞將高大傑陷吉安。

《聖祖實録》卷五九　乙亥，江西總督董衛國疏報：「吉安被陷。」得旨：「吉安關係最重，大將軍簡親王喇布、副將軍希爾根、總督董衛國等速議恢復，以通粵路。」

《聖祖實録》卷五九　〔丁丑〕，陝西提督王進寶【略】會同振武將軍佛尼勒等，進兵剿北山逆賊，賊渠吴之茂率衆迎敵，大敗之。

《東華録》卷一一　〔戊寅，疏報〕：安親王岳樂復萍鄉縣，三桂將夏國相遁。

《東華録》康熙一七　辛巳，上御經筵。

三月癸未朔，諭兵部：海澄公黄芳度【略】忠勇可嘉，其優贈王爵，賜謚忠勇，照多羅郡王例遣大臣致祭。令黄芳世仍襲海澄公爵，黄芳泰給以拜他喇布勒哈番。

《聖祖實録》卷六〇　庚寅，奉命大將軍和碩康親王傑書疏言：「臣屢檄貝子傅喇塔速取温州，傅喇塔稱舟師不至，不能攻取。【略】」上諭：【略】王其速檄貝子傅喇塔剋期取温，如或不能，即撤回傅喇塔暫駐金華，王即親往督率官兵，攻克温州，合兵進取福建。

官兵恢復開化縣。

辛卯，以軍興，暫停康熙十六年大計。

《東華録》卷一一　岳州水師克君山。

〔甲午〕，襄陽官兵敗吴三桂僞將王會于靈機寨。

《聖祖實録》卷六〇　丁酉，免直隸永清、霸州等五州縣衛所康熙十四年分水災額賦有差。

《東華録》康熙一七　戊戌，復設嶺南兵巡道一、嶺東兵備道一、羅定州兵備道一。改廣肇道爲嶺西兵巡道，惠潮道爲嶺東兵巡道，高羅道爲嶺西兵備道。

《東華録》卷一一　〔庚子〕，順承郡王勒爾錦渡漢江，遣前鋒參領瓜爾察敗三桂之衆于(女)〔文〕村，又敗之于石首縣。

《聖祖實録》卷六〇　壬寅，策試天下貢士彭定求等于太和殿前。

《東華録》康熙一七　乙巳，上幸南苑行圍。

賜彭定求等二百九人進士及第、出身有差。

《聖祖實録》卷六〇　〔戊申〕，恢復餘干縣。

《東華録》卷一一　〔己酉〕，勒爾錦擊三桂之衆于太平街，失利，退保荆州。

《東華録》康熙一七　庚戌，上還宫。

《聖祖實録》卷六〇　壬子，以見駐九江貴州提督趙賴爲江西吉撫等處提督。

《東華録》康熙一七　遣哈爾哈齊、額楚等恢復吉安，以通粵道。

《聖祖實録》卷六〇　四月甲寅，賑濟河南鄭州水災饑民。

《東華録》卷一一　〔辛酉〕，賊犯廣東，提督嚴自明、總兵苗之秀、副將王啓秀叛，尚之信陰通賊，(首迫)〔守〕其父可喜第爲亂。鎮南將軍覺羅舒恕等引還。副都統莽依圖自肇慶突圍出，總督金光祖，巡撫佟養鉅、陳洪明，俱降賊。上諭廣東變亂，兩江可虞，宜益兵守江南，分駐京口禦賊，並應援江西。

《東華録》康熙一七　戊辰，加靖逆侯張勇少保，仍兼太子太保。

《聖祖實録》卷六一　〔庚午〕，恢復萬載縣。

《東華録》康熙一七　辛未，趣安遠靖寇大將軍貝勒尚善等分兵赴長沙。

《聖祖實録》卷六〇　癸酉，理藩院題請差往科爾沁、烏朱穆秦等四十九旗會盟大臣。得旨：「著内大臣奇塔特、侍郎博羅特去。」

《東華録》卷一一　〔戊寅〕，王輔臣之衆據龍駒砦，斷商南路，知縣盧英死之。命吴丹、席卜臣等會哈占勦賊。

〔庚辰，疏報〕：鄖陽官兵擊叛將譚宏、洪福等于坪溝諸處，連敗之。

《東華録》康熙一七　五月癸未，上至鞏華城駐蹕。

甲申，仁孝皇后忌辰，行再期致祭禮。上回宫。

乙酉，命以原任河道總督楊茂勳爲鄖陽撫治，設標營如巡撫例。

丙戌，左都御史介山奏：京師乃五方雜處之地，奸宄潛伏，御史巡城莅任止六月差滿，【略】嗣後滿漢御史巡城應限一年更换，庶民隱可訪，奸宄易察。從之。

《東華録》卷一一　〔疏報〕：精忠將馮公輔等陷宣平，党喀里擊走之。

《聖祖實録》卷六一　鄂羅斯察漢汗【略】貢方物。

《東華録》康熙一七　癸巳，揚威大將軍簡親王喇布奏：粤省韶州、南雄俱已變叛，將軍舒恕、額赫納等兵退守南贛，福建巡撫楊熙、總兵官拜音達禮等亦各率所部官兵隨滿兵引還。上諭舒恕、額赫納等嚴守南安、贛州、梅嶺，以保固江西。

戊戌，免陝西延綏所屬被寇州縣賦十之三，中部等三州縣十之二，已完者抵今年正賦。

《東華録》卷一一　〔己亥〕，圖海敗王輔臣于平涼。

六月〔壬子朔〕，王輔臣乞降，詔撫之。

《東華録》康熙一七　甲寅，命内大臣哈岱、一等侍衛阿喇尼往兩喀喇沁、兩土默特、兩翁牛特、敖漢、柰曼、四子部落、蘇尼特等十旗察閲兵馬，量調每佐領兵丁聽遣。

丙辰，上諭：【略】江西既發有江南大兵，省城又有總督駐守，簡親王喇布、副將軍希爾根，其以文到之日，即撤無事地方官兵，赴袁州駐鎮，勦禦賊寇。

《東華録》卷一一　〔丁巳〕，圖海奉詔招諭王輔臣。

賊將耿繼善及建昌、新城賊燒營遁。

《東華録》康熙一七　癸亥，令安徽巡撫靳輔速造鳥船十隻，解赴岳州。

《東華録》卷一一　〔乙丑〕，王輔臣復引川寇犯通渭，王進寶擊敗之，復静寧州。

〔丙寅〕，〔王〕輔臣率衆降。

《聖祖實録》卷六一　庚午，和碩額駙尚之隆以尚之信叛，率子弟詣部請罪。上以尚可喜矢志勤勞，悉宥尚之隆等罪，屬下人員，亦從寛免。

《東華録》卷一一　〔丁丑〕，振武將軍佛尼勒，提督張勇、王進寶會勦吴之茂等于秦州樂（名）〔門〕，賊衆宵遁。

〔戊寅〕，上赦（其）〔王輔臣〕罪，假靖寇將軍，立功贖罪。

《聖祖實録》卷六二　將軍穆占等【略】恢復禮縣。

《東華録》康熙一七　己卯，命優升投誠雲南土司總兵陸道清爲左都督兼太子少保，投誠參將黄九疇、劄委參議道周昌等俱爲布政使，往湖南招撫。

《東華録》卷一一　上諭康親王等曰：「精忠撤建昌諸兵，其爲海寇所逼無疑，我師宜乘機速進。」

《東華録》康熙一八　秋七月辛巳朔，上諭：得勝船用之湖中，非長江所宜。其以岳州沙船轉送長沙，如安親王所請。著江西總督董衛國、巡撫佟國楨等採辦物件、雇募工匠，運赴長沙軍前，修造戰艦。如不敷用，江南總督阿席熙、安徽巡撫靳輔等速行採辦雇募，轉送江西，一併運致。仍豫行安親王遣兵迎取，付韓世琦督造。

《聖祖實録》卷六二　浙江提督石調聲疏報：【略】恢復象山縣。

議政王大臣等遵諭議覆：「鄂羅斯察漢汗嚮化入貢，應行賞賚。其使臣尼果賴不嫻典禮，不便給與敕書。應令理藩院諭來使云，爾主欲通和好，應將本朝逋逃根忒木爾遣還，另簡使臣，遵中國禮行，方許照常貿易。」從之。

賜鄂羅斯察漢汗使臣等鞍馬、袍服等物。

《東華録》卷一一　〔辛卯〕，江西官兵復金谿縣。

《聖祖實録》卷六二　壬辰，寧夏提督趙良棟疏言：臣按問謀害原任提督陳福者，參將熊虎等四人實爲首惡。【略】上諭：【略】今既察明熊虎等四人實係首惡，即行正法，以儆奸宄。

《東華録》康熙一八　甲午，熊賜履著革職。

《聖祖實録》卷六二　庚子，上幸南苑行圍。

《東華録》康熙一八　丙午，上回宫。

丁未，以姚文然爲刑部尚書。

戊申，以郎廷相爲福建總督。

《聖祖實録》卷六二　己酉，諭兵部：「吉安一郡，逆賊盤踞日久，小民被脅蓄髮者多，此實畏死之恒情也。【略】倘有【略】抗拒不降者，仍誅剿之，其餘俱著免死，俾得自新。」

《聖祖實録》卷六三　〔八月癸丑〕，大兵【略】進取階州，僞總兵陳友功等獻城降。

《聖祖實録》卷六三　〔乙卯〕，官兵敗賊於廣昌，恢復縣城。

《東華録》康熙一八　庚申，諭欽天監：【略】向者新法舊法，是非争論。今既深知新法爲是，爾衙門習學天文麻法滿洲官員務令加意精勤，此後習熟之人方准升用，其未經學習者不准升用。

壬戌，上奉太皇太后幸湯泉。

癸亥，上回宫。

乙丑，詔軍前將弁浮冒錢糧、營私貪墨者罪之，知而不舉者同坐。

《東華録》卷一一　精忠將馬九玉等據衢州，康親王遣都統賴塔等敗之，復江山縣，九玉棄營遁。

《東華録》康熙一八　己巳，上御經筵。

圖海奏：【略】宜令隨征總兵官陳奇謨暫鎮慶陽，安輯人心。從之。

丙子，諭吏部、兵部：【略】圖海【略】封三等公。

諭兵部：【略】張勇著加爲一等侯，襲十次。王進寶加一等阿思哈尼哈番，襲八次，授爲奮威將軍，仍兼管平凉等處提督事務。孫思克升爲一等阿達哈哈番，凉州提督。

《聖祖實録》卷六三　戊寅，命馬哈達爲杭州將軍。

《東華録》卷一一　九月〔庚辰朔，疏報〕：康親王遣胡圖等追擊馬九玉，破之，復常山縣。賴塔、馬哈達等進攻仙霞關，賊將金應〔虎〕降，遂復浦城縣。

《東華録》康熙一八　辛巳，上詣湯泉太皇太后行宫問安。

馬承先等【略】抵京，給以遊擊銜劄，遣赴粤西招撫馬雄。

《聖祖實録》卷六三　壬午，上回宫。

《東華録》卷一一　〔疏報〕：湖廣官兵破洪福于芝河。賴塔、紀爾他布等克建陽，遂下建寧府。

〔癸未〕，賊陷湖廣醴陵。

《東華録》康熙一八　丙戌，上詣湯泉太皇太后行宫問安。

癸巳，哈占奏：【略】拜思哈復山陽縣。

《東華録》卷一一　〔乙未〕，福建總督范承謨爲精忠所害。

《聖祖實録》卷六三　庚子，准江南宿遷縣康熙十五年漕糧改徵粟米。

辛丑，停止浙江康熙十五年薦舉。

恢復德興縣。

《東華録》卷一一　命穆占佩征南將軍印，統陝西、河南諸軍，赴湖廣討吴三桂。

《東華録》康熙一八　丙午，予故刑部尚書艾元徵祭葬。

《聖祖實録》卷六三　董衛國疏報：【略】恢復瀘溪縣城。

〔己酉〕，副都統塞格【略】恢復鄖西縣城。

十月庚戌朔，頒康熙十六年時憲曆。

〔癸丑〕，將軍舒恕等【略】恢復〔萬安〕縣城。

乙卯，策試中式武舉于太和殿前。

《東華録》康熙一八　戊午，上詣湯泉太皇太后行宫，問安畢，幸昌平，過前明十二陵，上躬親酹酒。

辛酉，上奉太皇太后回宫。

《東華録》卷一一　〔壬戌〕，河決淮陽，命工部尚書冀如錫、户部侍郎伊桑阿閲視。

《東華録》康熙一八　甲子，賜荀國樑等一百四十九人武進士及第、出身有差。

《東華録》卷一一　海寇鄭錦遣其將許耀以賊二萬逼福州，連營烏龍江，康親王遣都統喇哈達等渡江奮擊，克賊營。

己巳，議政王大臣等議准禮部奏：【略】嗣後請將旗下子弟考試生員、舉人、進士暫令停止。從之。

《東華録》卷一一　〔庚午〕，康親王帥師抵延平，僞將軍耿繼美以城降，精忠大懼，遣使赴延平獻僞印，并遣其子耿顯祚來迎，王師至福州，精忠率僞官出城降。上命還精忠爵如故，仍率所部兵從征海寇自效。

浙江官兵復温、處二(州)〔府〕。

《聖祖實録》卷六四　〔戊寅〕，平南王尚可喜【略】薨逝。

《東華録》卷一一　十一月〔丙申，疏報〕：官兵敗賊于信豐，復定南、(大)〔泰〕和二縣。

〔丁酉〕，以孝陵瑞昌山升遵化縣爲州。

〔戊戌〕，耿繼善犯南豐，副都統雅泰、總兵許貞擊敗之。

《東華録》康熙一八　辛丑，上幸南苑行圍。

以嚴冬，敕法司速結正刑獄。

壬寅，免江南山陽等七州縣本年分河決水災額賦十之三。

《聖祖實録》卷六四　戊申，上自南苑回宮。

《東華録》卷一一　〔是月〕，安親王岳樂圍長沙不下。

十二月〔庚戌〕，勅淮陽瀕河植柳以備工。

《東華録》康熙一八　壬子，上命左都御史介山、兵部左侍郎吴努春參贊康親王軍務。以耿昭忠爲鎮平將軍，駐守福州。

《聖祖實録》卷六五　副都統席布遣發官兵，屢敗逆賊嚴君寵於浮梁縣地方，招撫僞總兵郭秀等四百餘員，賊兵二萬九千餘名，恢復縣城。

《東華録》卷一一　〔癸丑，疏報〕：叛賊嚴自明、郭義等犯南康，連兵十七營，將軍覺羅舒恕、江西巡撫佟國楨等擊走之，自明等退據南安。

〔丁巳〕，尚之信使人詣行營乞降，簡親王以聞。詔赦其罪，令立功自効。

《聖祖實録》卷六五　戊午，免江西東鄉縣本年分旱災額賦有差。

《東華録》卷一一　〔己未，舒恕疏言〕吴三桂殺孫延齡，以其衆隸線國安。

官兵復上猶縣。

《東華録》康熙一八　庚申，諭兵部：海澄公黄芳世【略】著加太子太保，鎮守漳州。黄藍【略】著優擢爲都督僉事，充海澄總兵官，並令馳驛赴大將軍康親王軍，俟漳、泉恢復，收集海澄公標下散失官兵，鎮守汛地。

《東華録》卷一一　〔疏報〕：建威將軍吴丹略地華、商。

〔報〕：副都統穆舒渾敗賊于峻嶺，復山陽縣。

《聖祖實録》卷六四　壬戌，免江南徐州、宿遷、桃源等三州縣本年分水災額賦有差。

《東華録》卷一一　〔乙丑，疏報〕：桑明等以廣信府來歸。

《聖祖實録》卷六四　己巳，免陝西涇州本年分雹災額賦有差。

《東華録》卷一一　〔丙子，疏報〕：賊將耿繼善棄邵武府遁，海賊乘間據其城，犯延平，副都統穆赫林敗之，僞將軍彭世勳以邵武府城降。

康熙一六年(丁巳、一六七七)

《東華録》康熙一九　春正月辛巳，上謁孝陵，啓鑾。

壬午，上至孝陵，素服，率官員行禮舉哀。

甲申，世祖章皇帝忌辰，上詣孝陵致祭。

乙酉，回鑾。

《聖祖實録》卷六五　丁亥，上回宮。

副將周球等【略】恢復會昌縣。

癸巳，以内閣學士陳廷敬爲翰林院掌院學士。

《東華録》卷一一　〔丙申〕，將軍額楚等攻吉安失利，命侍郎班迪至軍察將士罪狀。

《聖祖實録》卷六五　僞總兵王霖踞守新城，【略】總兵官許貞等統兵進剿，恢復縣城。

丁酉，免江南睢寧縣、湖廣襄陽、宜城、穀城三縣康熙十五年分水災額賦有差。

《東華録》康熙一九　己亥，議：嗣後凡犯誘取典賣或爲妻妾等事，不分所誘良賤，已賣未賣，爲首者立絞。【略】從之。

《聖祖實録》卷六五　〔癸卯〕，寧海將軍喇哈達、平南將軍賴塔等，【略】恢復興化府城。

《東華録》卷一一　〔甲辰，疏報〕：官兵復會昌、新城、汀州、興化、泰寧、建寧、長汀、寧化、清流、歸化、連城諸郡縣。

《東華録》康熙一九　二月丙辰，得旨：王光裕著解總河任，遣吏部侍郎折爾肯、副都御史金儁前往，會同新任總河察審。

《東華録》卷一一　克泉州府。

《東華録》康熙一九　己未，上幸南苑行圍。

辛酉，諭户部：閩地【略】今年錢糧盡與蠲免，其遭亂竄避人民俱招徠還籍，

俾各安本業。
《東華録》卷一一　增置岳州水師營。
《聖祖實録》卷六五　壬戌，奉命大將軍和碩康親王傑書疏報：「副都統伯
穆赫林等，遣滿漢大兵，恢復福建上杭、武平、永定及江西瑞金等縣。【略】贛州
一路俱平。」
《東華録》卷一一　〔癸亥，疏報〕：閩賊林惟仁據周公源口，官兵討平之。
《東華録》康熙一九　甲子，大閲於南苑。
乙丑，上回宫。
《東華録》卷一一　〔丙寅〕，以都統鄂内爲討逆將軍，率師赴岳州討吴三桂。
《聖祖實録》卷六五　丁卯，皇子允祉生。
遣刑部郎中色度等至岳州，勞問將軍大臣、滿漢官兵，並宣諭。
《東華録》卷一一　官兵敗鄭錦于新泉縣，賊棄漳州遁，遂復海澄等十縣，福
建平。
《東華録》康熙一九　辛未，以靳輔爲河道總督。
癸酉，諭議政王大臣等：鄂爾多斯固山貝子達爾扎聞定邊花馬池諸處變
叛，不待命遣即親率官兵招撫城堡，擒獲賊渠，深爲可嘉，其進封爲多羅貝勒。
《聖祖實録》卷六五　乙亥，上御經筵。
《聖祖實録》卷六六　三月丁丑朔，免湖廣江夏等十州縣衛康熙十五年分水
災額賦有差。
《東華録》卷一一　〔甲申〕，命康親王移師取潮州。以莽依圖爲鎮南將軍，
帥師會勦廣東，副都統額赫納、穆承格參贊軍務，侍郎覺羅舒恕留鎮贛州。
〔乙未〕，劉進忠、苗之秀詣康親王軍前乞降。詔赦其罪，並以原官從大兵征
討，尋授進忠（討）〔征〕逆將軍。
〔己亥，疏報〕：官兵復樂安縣。
《聖祖實録》卷六六　辛丑，以鎮國公蘇努爲鑲紅旗蒙古都統。
《東華録》康熙一九　壬寅，皇子長生薨。
《東華録》卷一一　以簡親王喇布師久無功，自大將軍以下降謫有差。更命
都統貝勒護軍統領哈克山、副都統布舒庫往贊軍務。
《聖祖實録》卷六六　癸卯，諭吏部、户部、兵部：【略】凡殉難文武大小官員
骸骨、妻子俱准動正項錢糧資送歸里，以昭朕優恤忠節至意。

《東華録》康熙一九　調吴達禮爲禮部尚書。
〔乙巳〕，上命順承郡王勒爾錦進軍臨江，圖海扼漢中，以分賊勢。
〔丙午〕，命簡親王偕多諾鎮吉安，莽依圖率師赴韶州，額楚駐袁州，侍郎覺
羅舒恕防贛州。
《聖祖實録》卷六六　夏四月庚戌，上諭議政王大臣等：【略】今廣東多事之
秋，綽可託稱病還江寧，顯屬規避，著革職披甲發往將軍莽依圖軍前。
《東華録》康熙一九　以介山爲刑部尚書。
《東華録》卷一一　〔戊午〕，詔趣圖海進兵逼四川。
《東華録》康熙一九　嚴自明遺書江西總督董衛國乞降，董衛國以聞。
己未，以陳敳永爲工部尚書。
辛酉，上幸霸州行圍。
《聖祖實録》卷六六　甲子，上回鑾。
《東華録》康熙一九　丙寅，上駐蹕南苑。
伊桑阿爲工部尚書。
《東華録》卷一一　〔丁卯〕，提督趙賴敗三桂之衆于（太）〔泰〕和，擒賊將
蕭元。
《東華録》康熙一九　己巳，上還宫。
《東華録》卷一一　〔庚午〕，吴三桂率衆赴衡州，命簡親王偕侍郎覺羅舒恕、
總督董衛國、總兵（拼）〔哲〕爾肯等分兵禦之。
辛未，御製《大德景福頌》書屏進太皇太后。
《聖祖實録》卷六六　乙亥，西安將軍佛尼勒【略】罷其將軍，革去世職，留所
襲伊父拜他喇布勒哈番，令署西安將軍事。
《東華録》卷一一　莽依圖師至南安，嚴自明以城降，遂克南雄。抵韶州，傅
弘烈迎降。
五月〔丙子朔，疏報〕：官兵復崇仁縣。
《東華録》康熙一九　丁丑，上如鞏華城。
戊寅，上回宫。
《東華録》卷一一　〔己卯〕，尚之信以廣東降。
〔乙酉〕，以傅弘烈巡撫廣西。
《聖祖實録》卷六七　己丑，免江西寧州、南昌等三十三州縣衛康熙十五年

分水災額賦有差。
《東華録》康熙一九　壬辰，賜福建水師提督海澄公黄芳世蟒段朝服、鞍馬弓矢，令照在外藩王例，一體遣人請安。
六月丁未，以旱，命大臣理刑獄。
《東華録》卷一一　〔戊申，尚〕之信襲封平南親王。
〔辛亥〕，劉進忠以潮州降。
〔乙卯，疏報〕：海賊據舟山，水師提督常進功出定海偵擊，大破賊。
〔丙辰〕，以覺羅舒恕爲安南將軍。
〔丁巳，疏報〕：祖澤清降，高、雷、廉三府悉定。
《東華録》康熙一九　辛酉，免陝西用兵州縣歷年租賦。
己巳，追贈海澄公太子太保黄梧太保，謚忠恪，加祭一次。
辛未，予故平南王尚可喜祭葬，立碑，謚曰敬。
《聖祖實録》卷六七　壬申，免陝西平、慶二府用兵各州縣衛歷年額賦有差。
《聖祖實録》卷六八　七月丁丑，原任廣東、廣西總督金光祖【略】著革職，仍留原任，戴罪圖功。
《東華録》康熙二〇　〔甲申〕，得旨：侵盜錢糧人犯於册報之後、發解之前全完者免罪，著爲令。
甲午，加浙江總督李之芳兵部尚書銜。
《東華録》卷一一　〔丁酉〕，詔穆占帥師赴茶陵，與簡親王協取衡州、永州。授傅弘烈撫蠻滅寇將軍，與尚之信定廣西。
《東華録》康熙二〇　戊戌，加鄖陽提督佟國瑶太子少保。
予故大學士伊圖祭葬，謚文僖。
《聖祖實録》卷六八　己亥，原任河道總督王光裕【略】革職，杖一百。原任淮揚道，今陞浙江按察使張登選，原任管河同知管盡忠，俱擬斬監候。
《東華録》卷一一　〔庚子，疏報〕：鄭錦僞將劉國軒自惠州犯東莞，將趨廣州，尚之信大敗之，賊將陳璉以惠州降。
《聖祖實録》卷六八　甲辰，以吏部尚書明珠、户部尚書覺羅勒德洪爲内閣大學士。
八月乙巳朔，加封原任都統三等精奇尼哈番佟圖賴爲一等公，以其子佟國綱承襲。
《東華録》卷一一　〔丁未〕，朱統錩復犯江西，陷貴溪、盧溪諸縣，命董衛國討之。
《東華録》康熙二〇　己酉，上奉太皇太后幸南苑。
丙辰，上奉太皇太后還宮。
《東華録》卷一一　〔丁巳〕，三桂分兵犯韶州、桂林。詔安親王岳樂、將軍穆占等相機勦賊。
《東華録》康熙二〇　戊午，轉吴達禮爲吏部尚書。
加靖逆將軍侯張勇少傅並太子太師。
《聖祖實録》卷六八　壬戌，以大學士覺羅勒德洪、明珠充纂修《太宗文皇帝實録》總裁官。
《東華録》卷一一　〔癸亥，疏報〕：官兵復梧州府。
〔丙寅〕，立妃鈕祜禄氏爲皇后，册佟氏爲貴妃。
《東華録》康熙二〇　戊辰，上御太和殿受賀，頒詔天下。
《東華録》卷一一　三桂將胡國柱、馬寶寇韶州，莽依圖、額楚夾擊破之，賊敗走帽峯山。
《東華録》康熙二〇　辛未，轉伊桑阿爲户部尚書。塞色黑爲禮部尚書。
《東華録》卷一一　〔壬申，胡〕國柱等棄帽峯山遁，官兵追擊之(走)〔過〕樂昌，遂復仁化縣。
《東華録》康熙二〇　甲戌，得旨：駐守南安署副都統赫勒布就近領兵前往，會同南雄總兵官宋四箴等協力速滅叛賊黄四標、薛起龍等，以靖地方。
九月丙子，命山西提督周卜世、公温齊等赴湖廣協勦。
《聖祖實録》卷六九　上命調浙江平陽總兵官馬三奇爲潮州總兵官，其前授總兵官王國棟著以粤東要地總兵缺補用。
上命耿精忠仍駐潮州。
《東華録》康熙二〇　癸未，上諭：和碩額駙華善、學士薩海率江甯所有盛京兵三百、自京撥往漢軍兵二百、徽州駐防滿兵五十、蒙古兵六百速赴江西。抵南昌日，合多諾等兵多選有馬者率赴簡親王軍前，以聽調遣。華善所佩平寇將軍印留付署副都統科爾科代，管理江甯事務，至安慶見有撫標兵，提督王永譽可量率所部兵往守徽州。
甲申，上視仁孝皇后山陵，啓鑾。

《聖祖實録》卷六九　乙酉，免江南泰州本年分水災額賦十之三。

丙戌，上詣孝陵。

《東華録》康熙二〇　戊子，上巡邊。

《聖祖實録》卷六九　壬辰，户部議覆安徽巡撫徐國相疏，言定遠、天長、滁州、來安四州縣，實荒田地五百六十頃四十六畝零，逃絶人丁一千二百七十二丁，應徵銀米俱宜蠲免。應如所請。從之。

甲午，免江南宿遷縣本年分水災額賦十之三。

戊戌，上命添造鳥船六十艘、沙船二百艘，户部尚書伊桑阿赴江南同該撫速行督造。俟船將告竣，更添發緑旗官兵，鹽船著停止。

冬十月甲辰朔，頒康熙十七年時憲曆。

乙巳，免江西新建等十三州縣本年分旱災額賦有差。

《東華録》康熙二〇　傅宏烈奏：【略】復南平縣。

《東華録》卷一一　〔丙午〕，傅弘烈遣將敗三桂于昭平，復潯州府。

〔丁未〕，福建按察使吴興祚敗朱統錩于光澤，執之。

《東華録》康熙二〇　靖南王耿精忠遣子顯祚入侍。

癸丑，上還京師。

《東華録》卷一一　〔疏報〕：廣西官兵復鬱林州。

《東華録》康熙二〇　丁巳，敕諭安南國王黎維禧。

平南王尚之信奏請以弟尚之孝赴京效力。允之。

庚午，以喀代爲兵部尚書，馬喇爲工部尚書。

《聖祖實録》卷七〇　十一月乙亥，户部議覆平南王尚之信疏，言粤省之廣、肇、南、韶、惠、潮等府，【略】請禁革横征私派，以蘇民困。應如所請。從之。

《東華録》卷一一　〔己卯〕，賊韓大任據萬安縣之梁口，以應三桂。命簡親王發兵與護軍統領哈克山等勦之。

《聖祖實録》卷七〇　辛巳，免江南徐州、山陽等十一州縣衛本年分水災額賦有差。

《東華録》卷一一　〔丁亥〕，官兵復茶陵、攸縣。

〔辛卯〕，始設南書房，簡侍講學士張英、中書高士奇等入直，以備顧問。

《聖祖實録》卷七〇　乙未，免江西浮梁、安仁、萬年三縣本年分旱災額賦有差。

《東華録》康熙二〇　庚子，上幸南苑行圍。

禮部等衙門遵旨議覆：長白山係本朝發祥之地，【略】請封爲長白山之神。

《東華録》卷一一　十二月〔乙巳，疏報〕：海寇犯泉州，副都統楊鳳翔、提督段應舉敗之。

《聖祖實録》卷七〇　〔丙午〕，免直隸任縣本年分水災額賦十之三。

《東華録》康熙二〇　丁未，上還宫。

《聖祖實録》卷七〇　戊申，豁免江西廬陵等三十二縣，并贛州衛、吉安等九所兵荒田地本年分額賦。

庚戌，上親製日講《四書解義》序。

《東華録》卷一一　〔辛亥，疏報〕：海寇犯欽州，遊擊劉士貴擊敗之。

〔甲寅〕，賊將馬寶率衆赴衡州，令尚之信趨韶州，會合勒貝額楚取宜章、郴、永等州縣。

《聖祖實録》卷七〇　丙辰，免陝西甯夏衛本年分蟲災額賦十之三。

丁巳，諭兵部：【略】其令額楚以江寧將軍印，統轄兵馬，都統勒貝參贊軍務，凡事許得專奏。

《東華録》康熙二〇　甲子，增内閣侍讀三員，專管記載旨意並票籤翻譯磨對謄真等件。

乙丑，得旨：董衛國親率標兵赴吉安，與大將軍簡親王共圖殄滅逆賊，緑旗官兵聽便宜調遣，滿洲將軍毋得干預。

己巳，上恭進太皇太后錦衣，親撰表文。

《聖祖實録》卷七〇　庚午，撤見駐浙江、福建蒙古兵還京。

《東華録》卷一一　〔壬申，疏報〕：官兵克復（萍鄉）酃縣（等處）。

康熙一七年（戊午、一六七八）

《聖祖實録》卷七一　春正月癸酉朔，朝鮮國王李焞【略】表賀【略】進歲貢禮物。

《東華録》康熙二一　甲申，命内閣傳諭平南王尚之信賫奏人曰：【略】今王【略】使人遠來請安，兼進橙子。【略】此等細務，【略】以後著暫止。

《東華録》卷一一　〔丙戌〕，廣東官兵執三桂僞官董重民等獻京師。上

赦之。
〔己丑，疏報〕：江西官兵敗韓大任於鸕鷀寨，賊遁走汀州。
〔乙未〕，詔舉博學鴻詞。
〔丁酉，疏報〕：官兵復永寧縣。
《聖祖實録》卷七一　二月甲辰，諭兵部：【略】察明被奪人口，遣還原籍。
《東華録》卷一一　金光祖自潯〔州〕進失利，命將軍額楚、都統(貝勒)〔勒貝〕等帥師戍梧州，覺羅舒恕守南雄，控韶州。時三桂悉驍騎犯廣西，傅弘烈馳書告急。上命莽依圖爲總統，勒貝額楚參贊軍務，與傅弘烈合兵討賊。
《東華録》康熙二一　庚戌，予故温郡王佛永輝祭葬，立碑，謚曰哀。
《東華録》卷一一　詔簡親王移師取湖南。
《聖祖實録》卷七一　辛亥，免江西豐城等九縣康熙十六年分水災額賦。
《東華録》康熙二一　戊午，議：凡非用兵之地，督撫無得保舉題補；其用兵之地，保舉之官如不稱職，仍治督撫濫舉之罪。從之。
《聖祖實録》卷七一　己未，上御經筵。
辛酉，疏報：海賊僞水師總督林英等犯泉州界，【略】朱起龍等率兵撲剿。
《東華録》卷一一　〔乙丑〕，韓大任率所部降，詔赴京師。
丁卯，皇后鈕祜禄氏崩。
〔辛未〕，莽依圖與吴三桂戰于平樂，失利，莽依圖退保中山鎮。上命尚之信與都統馬九玉帥師會鎮南將軍莽依圖等，并力破賊。
《東華録》康熙二一　三月癸酉，福建總督郎廷相奏：【略】漳屬地方兵少，防禦難周。得旨：海賊分路侵犯，不可不亟發援師。大將軍康親王速增大兵，與郎廷相、黄芳世協力固守漳、泉、海澄諸處，勦滅海寇。
《東華録》卷一一　〔丙子，疏報〕：湖廣官兵敗楊洪于房縣，復其城。
〔丁丑〕，鄭錦寇石碼，副都統孟安、副將楊壯猷敗之。
《東華録》康熙二一　癸未，得旨：尚之信藩下兵著精選萬人，遣赴廣西，停其親往，仍駐守廣東省城，兼顧惠、潮。
得旨：大將軍康親王，其速遣精兵勦滅侵犯海澄賊寇，不必應援廣東。
乙酉，得旨：簡親王整頓兵馬，速與穆占會合，詳加籌畫，令江西萬無他虞，保固茶陵諸處，及大將軍安親王後路。
《聖祖實録》卷七二　丙戌，初祭大行皇后，上親臨舉哀。
《東華録》康熙二一　得旨：大兵糧餉，關繫殊急，不可但給取廣西，宜令廣東協濟。平南王尚之信可支餉銀二十萬兩，解赴廣西，並令廣東督撫運致糧草，俾無誤軍需。
辛卯，以朱之弼爲工部尚書。
《東華録》卷一一　〔癸巳〕，祖澤清復叛。
《聖祖實録》卷七二　〔乙未〕，提督王可臣病故。
《東華録》康熙二一　丙申，奉移大行皇后梓宫往鞏華城，仁孝皇后同安於享殿内，上親臨送。
《東華録》卷一一　〔丁酉〕，命將軍張勇移師駐甘州，防守三邊。
閏〔二〕〔三〕月〔壬寅〕，黄芳世敗山賊蔡寅于天寶山，斬賊將楊寧。
《東華録》康熙二一　癸卯，上巡幸近畿。浙江總督李之芳奏：【略】象山副將汪國祥、温州鎮總兵官陳世凱等於正月初旬，大破賊衆於廟嶺等處。
《聖祖實録》卷七二　癸丑，上回鑾。
《東華録》卷一一　〔丙辰〕，移福建濱海界外百姓于内地，禁出海交通，新移之民悉免其徭賦。
賊蔡寅犯安溪，知縣李鈺等擊走之。
《聖祖實録》卷七二　丁巳，上回宫。
《東華録》卷一一　〔庚申〕，噶爾丹興兵攻西海，飭備邊防。
〔疏報〕：廣西官兵復北流縣。
〔辛酉〕，册謚大行皇后曰孝昭皇后。
《東華録》康熙二一　甲子，上至鞏華城。
《聖祖實録》卷七三　佛尼勒、【略】吴丹等大敗賊衆于牛頭山、香泉等處。
《東華録》康熙二一　乙丑，月祭孝昭皇后。上回宫。
《東華録》卷一一　〔丙寅〕，陝西官兵敗賊于秦嶺，復潼關堡。
〔丁卯〕，三桂僞將軍林興珠詣安親王軍降，詔封列侯，授建義將軍，留于軍前勦賊。副都統甘度海、(何)〔阿〕進泰以失機逮繫建昌。
四月〔庚午朔〕，副都統穆赫林、提督黄芳世與蔡寅戰于灣腰樹，失利，賊陷平和，遂進逼潮州。(會)〔命〕副都統雅塔里率師會勦。
〔甲戌〕，叛將祖澤清結連山海諸寇犯電白，詔尚之信將(兵)〔軍額楚馳〕擊之。

〔己卯，疏言〕：廣西官兵復郴州、桂陽、興寧、宜章、臨武、藍山諸縣。

《東華録》康熙二二　辛巳，以温哀郡王佛永輝弟延壽襲爵。

《東華録》卷一一　〔戊子〕，尚之信帥師大破祖澤清于高（城）州，賊棄城遁。

〔辛卯〕，慶陽賊袁本秀附三桂爲亂，大將軍圖海遣兵擊斬之。

《聖祖實録》卷七三　乙未，大學士等議：「滿洲、蒙古及包衣，每佐領給地十五畝，漢軍另户兵少，每佐領給地七畝半，清查内務府及王以下大臣等，園地溢額者撥給。」從之。

令張勇自蘭州移鎮甘州，著嚴加提備，仍與大將軍公圖海等便宜籌畫。

五月〔庚子朔〕，奉命大將軍和碩康親王傑書疏言：「海澄危急。【略】得旨：「海澄被圍日久，勢在危急，將軍賴塔可率兵速往救援。」

上命贈黄芳世少保，以總兵官黄芳泰襲封海澄公。

《東華録》卷一一　癸卯，諭兵部速給陣亡將士恤銀。

《東華録》康熙二二　〔壬寅〕，鄭錦攻潮州，馬三奇等敗之。

乙巳，上至鞏華城，行孝昭皇后百日致祭禮。

丙午，上回宫。

《聖祖實録》卷七三　己酉，上諭：「郎廷相、段應舉俱著解任。江寧提督楊捷，謀勇兼優，著以原銜加少保兼太子太保，調補福建全省水陸提督總兵官。」

庚戌，天壇皇穹宇雨廡拜臺修葺興工。

《東華録》康熙二二　壬子，以炎暑，命大學士等清理刑獄。

癸丑，以姚啓聖爲福建總督，吴興祚爲福建巡撫。

甲寅，上幸西郊觀禾。

丁巳，上駐蹕南苑。

《聖祖實録》卷七三　戊午，議政王大臣等會議：【略】江南提督楊捷員缺，停其推補，應將安慶提督王永譽調爲江南提督，統轄全省，移駐松江。從之。

庚申，免江西萬安等三縣康熙十六年分水災額賦。

《東華録》康熙二二　辛酉，上回宫。

《東華録》卷一一　〔甲子〕，厄魯特濟農爲噶爾丹所敗，闌入内地，詔張勇逐出邊。

六月〔庚午朔〕，移尚之信鎮潮州。

〔壬申〕，湖廣兵敗三桂舟師于君山。

《聖祖實録》卷七四　癸酉，諭户部：「浙江江山、西安等十九縣，温、衢各衛所，逼近閩中，首先被陷，百姓困苦，其康熙十六年錢糧概從蠲免。并令該督撫多方招徠避賊黎庶，各還故土，俾事耕墾。」

甲戌，予故固山貝子傅喇塔祭葬，謚惠獻。

《東華録》卷一一　〔丁亥〕，上步禱天壇，是日大雨。

鄭錦圍海澄，總兵黄藍告急，命將軍賴塔帥師赴援。

〔壬辰〕，三桂寇永興，都統伯宜理布、護軍統領哈克山與戰失利死之，賊遂據河外營。

〔疏報〕：鄭錦圍廉州，總兵班紹明、宋思徵擊走之。

〔甲午〕，命將軍阿密達等守南昌府。

《聖祖實録》卷七四　乙未，免江南徐州、沛縣等四州縣本年分水災額賦有差。

《東華録》卷一一　〔疏報〕：三桂率諸賊力攻郴州，前鋒統領碩岱與戰失利，退保永興。

〔是月〕，賊陷海澄，署前鋒統領希（福）〔佛〕陣亡。穆赫林及提督段應舉并家屬俱自縊。

七月〔己亥朔〕，命額駙華善佩將軍印守永興。

《東華録》康熙二二　庚子，諭宗人府：貝子傅喇塔係宗室懿親，爲國宣力，躬履行間，勦禦賊寇，撫綏兵民，平定地方，【略】著封其子傅善仍爲固山貝子，次子福存爲鎮國公。

《東華録》卷一一　〔甲辰〕，海寇犯泉州，詔副都統岳爾多、馬思文率師赴援。

《東華録》康熙二二　戊申，以宋德宜爲刑部尚書。

《聖祖實録》卷七五　甲寅，陞寧古塔副都統安珠護爲奉天將軍。

《東華録》卷一一　〔乙卯〕，詔修高家堰。

〔戊午〕，副都統雅塔理棄同安，賊遂圍泉州，紀爾他布、石調聲退保興化。惠安陷，詔岳爾多等帥師救之。命提督侯襲爵總兵馬三奇守潮州。

〔己未〕，三桂寇永興，命將軍穆占赴援。

《東華録》康熙二二　庚申，予故刑部尚書姚文然祭葬，謚端恪。

〔疏報〕：官兵敗三桂之衆于岳陽湖。

《東華録》康熙二二　壬戌，上詣鞏華城。

甲子，上回宮。

遣兵部侍郎郭丕、員外郎舒恕赴湖南，按問軍中事宜，諭之。

《聖祖實録》卷七五　丙寅，召翰林院掌院學士陳廷敬、侍讀學士葉方藹入直南書房。

《東華録》卷一一　〔戊辰，疏報〕：討逆將軍鄂内敗三桂之衆于柳林嘴。

八月〔庚午〕，甘肅提督張勇疏言：「臣與提督孫思克等密探噶爾丹情形。噶爾丹居西北金山，距嘉峪關兩月程，即古大宛國也。今歲二月内，自其地起兵不知何向，臣復遣人至墨爾根台吉所審視之，衆皆安居寂然。」得旨加意防守。

《聖祖實録》卷七六　西洋國主阿豐素遣陪臣本多白壘拉進表，貢獅子。

《東華録》卷一一　〔壬申〕，尚善薨于軍。

《東華録》康熙二二　戊寅，上幸南苑行圍。

己卯，上命貝勒察尼代〔尚善〕爲安遠靖寇大將軍，赴岳州統其軍。

壬午，上還宮。

《聖祖實録》卷七六　癸未，上御經筵。

福建總督姚啓聖疏報：【略】恢復平和縣城。

《聖祖實録》卷七七　官兵恢復漳平縣城。

《東華録》康熙二二　甲申，上復欲親征，議政王大臣等諫止，請敕大將軍察尼等詳籌方畧。從之。

乙酉，裁長蘆運判。

《東華録》卷一一　吴三桂死，賊將馬寶、胡國(桂)〔柱〕迎三桂之孫吴世璠於雲南。

〔丙戌〕，命都統王國棟率師援宜、(都)〔彬〕。

《聖祖實録》卷七七　辛卯，免江南高郵州康熙十六年分水災湖地額賦。

《東華録》卷一一　乙未，官軍屢敗賊衆，永興圍解。命簡親王進師衡州，貝勒察尼等進取岳州。

行《康熙永年曆》。

《東華録》康熙二二　九月己亥朔，諭兵部：向以江西可虞，因調總漕帥顔保前往，今南昌已爲内地，其令帥顔保赴吉安鎮守。

戊申，上奉太皇太后幸湯泉。

（甲寅）（壬子），車駕至湯泉，率從官謁孝陵。

《東華録》卷一一　〔丁巳〕，官兵敗海賊于蜈蚣山，劉國軒遁，泉州圍解。

《東華録》康熙二二　甲子，上還京師。

《聖祖實録》卷七七　〔丙寅〕，平南王尚之信【略】請暫開海禁，【略】得旨：【略】海禁不可輕開。

《東華録》康熙二二　丁卯，上諭：乘此逆賊驚擾之時，大兵亟宜前進，勦撫並用，綏定疆圉。授平南王尚之信爲奮武大將軍，統兵赴永興、郴州諸處，會合大將軍簡親王、將軍穆占等併力同心，以圖進取。將莽依圖、額楚、傅宏烈、總督金光祖等各駐本汛，相度機宜，規定廣西。應給尚之信敕印，准滿洲大將軍王等例，遣内閣官員齎往。

《聖祖實録》卷七七　冬十月戊辰朔，頒康熙十八年時憲曆。

己巳，加江西巡撫佟國楨兵部尚書銜，南贛總兵官哲爾肯左都督銜。

《東華録》康熙二二　得旨：著户部尚書伊桑阿、右侍郎田六善前往查勘〔河工〕。

庚午，上幸湯泉。

《聖祖實録》卷七七　令水師提督駐海澄，調海澄總兵官駐漳州。

壬午，福建總督姚啓聖疏報：「遣子姚儀率領官兵敗海賊於同安縣地方，擒斬僞副將林欽等五員，恢復同安縣城。」

《東華録》卷一一　〔癸未〕，上巡視北邊。

《東華録》康熙二二　甲申，改廣西梧州分巡道爲分守蒼梧道，照舊兼理驛鹽事務。

丙戌，次三屯營，率從官射。

丁亥，次灤河岸，閲三屯營軍，賚將士。

《東華録》卷一一　〔己丑〕，賊將吴應麒遣杜輝、巴養元、姜義帥水軍犯陸石口，將軍鄂内擊敗之。

《東華録》康熙二二　辛卯，上還次湯泉。

《東華録》卷一一　丁酉，世宗憲皇帝生，上之第四子也，母曰吴雅氏。

《聖祖實録》卷七八　十一月己亥，李光地【略】著從優授爲學士。

房縣來歸之僞總兵何以敬【略】其悉予半俸。

免江南宿州靈璧縣本年分水災額賦十之三。

《東華録》康熙二三　辛丑，上還京師。

《聖祖實録》卷七八　乙巳，免河南上蔡、遂平二縣本年分水災額賦有差。

《東華録》康熙二三　予甯夏陣亡守備王標官廕。

丙午，上幸湯泉。

（庚戌）〔辛亥〕，上命加山東按察使何毓秀太常寺卿，工部郎中張光岳太僕寺卿，奉天府治中佟啓聖通政使司左通政，安邱縣知縣胡瑞通政使司右參議，行人司行人崔啓元鴻臚寺卿，武鄉縣知縣齊漳通政使司左參議，各齎敕諭，往諸路大將軍軍前招撫陷賊官員兵民。

乙卯，上謁孝陵。

《聖祖實録》卷七八　丁巳，免江南壽州、虹縣等十八州縣，廣東南海縣本年分水災額賦。

《東華録》卷一一　〔戊午〕，副都統金榜選平雷州土寇，復徐聞縣。

《聖祖實録》卷七八　庚申，免江南霍邱縣本年分水災額賦十之一。

《東華録》康熙二三　辛酉，上奉太皇太后回宫。

《東華録》卷一一　〔壬戌〕，簡親王移師進取郴州。

《聖祖實録》卷七八　癸亥，授福建提督楊捷爲昭武將軍，仍管福建陸路提督事務。　調京口將軍伯王之鼎爲福建水師提督。

十二月己巳，免直隸任縣等九縣、河南汝陽等二縣本年分旱災額賦有差。

《東華録》卷一一　廣西賊陷藤縣，逼梧州。

《東華録》康熙二三　乙亥，以郭四海爲兵部尚書。

丙子，調宋德宜爲兵部尚書。

《聖祖實録》卷七八　免河南西平縣本年分旱災額賦十之三。

庚辰，免江南潁州本年分水災額賦有差。

辛巳，頒日講《四書解義》於滿漢文武大臣。

免江南海州、宿遷等十三州縣衛本年分水災額賦。

《東華録》康熙二三　予故原任禮部尚書王崇簡祭葬，謚文貞。

壬午，以劉楗爲刑部尚書。

《聖祖實録》卷七八　丙戌，免湖廣興國等八州縣本年分水災額賦有差。

戊子，免江南鹽城縣本年分水災額賦十之三。

庚寅，免江南徐州、沛縣等四州縣本年分水災額賦。

《東華録》康熙二三　予福建殉難南安縣知縣宋煜官廕。

《聖祖實録》卷七八　辛卯，免江西寧州、南昌等六州縣，南昌、九江二衛本年分旱災額賦有差。

《東華録》康熙二三　乙未，得旨：圖海攜大將軍敕印前來，吴丹佩將軍印，暫統大兵。

康熙一八年（己未、一六七九）

《聖祖實録》卷七九　正月癸卯，免浙江西安等五縣康熙十七年分旱災額賦有差。

甲辰，免江南宿遷、桃源二縣康熙十七年分水災額賦十之三。

《東華録》康熙二三　乙巳，發常平粟賑山東災。

己酉，賑安徽鳳陽旱災。

《聖祖實録》卷七九　辛亥，廣東、廣西總督金光祖疏報：廣西藤縣失陷，逆黨愈肆狂逞，水程三路，逼犯梧州。　上命大將軍平南王尚之信、將軍舒恕，即遵奉前旨，親統官兵，倍道速往梧州應援。

《東華録》卷一一　〔甲寅〕，貝勒察尼等圍岳州，賊將吴應麒棄城遁，遂復岳州。

劉國軒犯長泰，副都統紀爾他布、巡撫吴興祚等敗之。

《聖祖實録》卷七九　庚申，以候補總兵官劉顯芳爲廣東潮州水師總兵官。

《東華録》康熙二三　壬戌，賑河南陳留等二十一州縣饑。

乙丑，皇子萬黼薨。

《東華録》卷一一　〔乙丑〕，賊棄長沙遁，師復其城。

《聖祖實録》卷七九　二月丙寅朔，莽依圖疏報：逆賊吴世琮等犯梧州，臣同傅弘烈等率滿漢官兵拒戰，大敗之，賊棄營夜遁。

己巳，諭户部：江西【略】康熙十六年以前舊欠錢糧，著盡行蠲免。

《東華録》康熙二三　乙亥，上御經筵。

《東華録》卷一一　〔戊寅〕，簡親王遣前鋒統領希福等取衡州，賊將（胡國柱）〔吴國貴〕、夏國相遁。

辛巳，詔察尼會順承郡王勒爾錦取常德、沅州、鎮遠，並議進取雲、貴事宜。

改桑峨雲南提督，趙賴貴州提督，起前雲南巡撫李天（洛）〔浴〕原官，以楊雍建巡撫貴州，周有德總督雲、貴，並隨大軍進討。

〔癸未〕，官兵復常德府。

《聖祖實録》卷七九　甲申，撫遠大將軍都統大學士公圖海仍赴陝西。

庚寅，上至鞏華城，行孝昭皇后期年致祭禮，是日回宫。

癸巳，吏部議覆都察院左都御史魏象樞條奏學道考試十弊：**【略】**以上十弊，允當嚴禁，應如所題。嗣後考核學道，俱注剔除十弊具題。從之。

《東華録》康熙二三　乙未，皇子生。逾期年而薨，未命名。

《東華録》卷一一　〔是月〕，官兵復岳州及湘陰、華容、石門、湘潭、桃源、安鄉諸縣。

三月丙申朔，試博學鴻詞，授彭孫遹等五十人翰林官有差。

《聖祖實録》卷八〇　丁酉，上幸保定縣，一路行圍。

僞總兵王度沖、僞將軍陳珀，可爲總兵官，俱兼右都督。

《東華録》卷一一　〔庚子〕，湖南兵下寶慶。

《聖祖實録》卷八〇　甲辰，上駐蹕采蒲臺東。

《東華録》卷一一　吳國貴等遁走永州，將軍穆占敗之，復永州，於是道州、永明、江華等縣賊俱遁。

《聖祖實録》卷八〇　彝陵總兵官徐治都升補湖廣提督。

丙午，上回鑾。

《東華録》康熙二三　己酉，上還宫。

免陝西新復州縣康熙十四年賦。

《聖祖實録》卷八〇　乙卯，策試天下貢士馬教思等于太和殿前。

《東華録》康熙二三　戊午，賜歸允肅等一百五十一人進士及第、出身有差。

《東華録》卷一一　〔己未，疏報〕：侯襲爵敗海賊楊金日等于山頭仔。

《東華録》康熙二三　甲子，諭吏部：薦舉到文學人員已經親試，其取中一等彭孫遹、倪燦、張烈、汪霦、喬萊、王頊齡、李因篤、秦松齡、周清原、陳維崧、徐嘉炎、陸棻、馮勖、錢中諧、汪楫、袁佑、朱彝尊、湯斌、汪琬、邱象隨，二等李來泰、潘耒、沈珩、施閏章、米漢雯、黄與堅、李鎧、徐釚、沈筠、周慶曾、尤侗、范必英、崔如岳、張鴻烈、方象瑛、李澄中、吳元龍、龐塏、毛奇齡、錢金甫、吳任臣、陳鴻績、曹宜溥、毛升芳、曹禾、黎騫、高詠、龍燮、邵吳遠、嚴繩孫，著纂修《明史》。

《聖祖實録》卷八〇　四月丙寅，命鄖陽撫治楊茂勳陞補四川總督，仍駐鄖陽。

《東華録》卷一一　〔戊辰〕，旱，詔清理刑獄。

《聖祖實録》卷八〇　湖廣岳州水師總兵官萬正色條奏閩海情形、水陸戰守機宜。上諭：萬正色剿寇洞庭，著有勞績。**【略】**旋陞萬正色爲福建水師提督，統轄全閩水師營務。

刑部尚書劉楗以病乞休，允之。

庚午，免江南宿遷縣水淹田地康熙十四年以前未完地丁漕糧。

《東華録》卷一一　〔己卯〕，旱甚，上步禱郊壇，應時大雨。

〔壬午〕，命希福帥師會莽依圖定雲南。

〔乙酉〕，師次潯州府，逆賊吳世琮遁。

《東華録》康熙二三　丁亥，以魏象樞爲刑部尚書。

庚寅，免江南康熙十二年以前逋賦。

《東華録》卷一一　〔壬辰〕，撤勒爾錦還荆州，與巴爾布定巴東。

《東華録》康熙二三　五月乙未，得旨：魏象樞著加刑部尚書銜，仍留左都御史任。

壬寅，上出阜成門觀禾。

《聖祖實録》卷八一　癸卯，上回宫。

遣官封洞庭湖神。

乙巳，調福建水師提督伯王之鼎爲四川提督。

庚戌，授薦舉博學宏詞邵吳遠爲侍讀。

《東華録》卷一一　劉國軒犯江東橋，將軍賴塔擊走之。

〔己未〕，詔内閣學士徐元文、翰林院掌院學士葉方藹、右庶子張玉書等修《明史》。

《東華録》康熙二三　壬戌，上出朝陽門觀禾。

《聖祖實録》卷八一　癸亥，上回宫。

《東華録》康熙二三　六月庚午，命吏部尚書黄機以吏部尚書管刑部尚書事。

《聖祖實録》卷八一　甲戌，安遠靖寇大將軍多羅貝勒察尼等，取都統巴爾

布供辭以聞。上命議政王大臣等集議。尋議政王大臣等議：【略】宜將巴爾布都統【略】及所加之級，盡行削去，羈繫荆州。彼所襲其父拜他喇布勒哈番，與應襲之人承襲。從之。

丙戌，免河南鄭州本年分雹災額賦有差。

《東華録》卷一一　〔戊子〕，詔圖海與各路將軍亟殲寶雞賊，恢復漢、興以平蜀。

是夏，廣西、湖南平。

七月〔甲午〕，淮陽(瞿)〔翟〕家壩工成。山陽、寶應、高郵、江都四州縣河西諸湖涸出者，招民佃之。

《東華録》康熙二四　乙未，吏部等衙門議奏殉難首領佐貳等六品七品官之子以縣丞録用，八品九品官之子以縣主簿録用，未入流之子以州吏目録用，著爲例。從之。

《聖祖實録》卷八二　丁未，和碩純親王隆禧【略】薨。

己酉，上臨純親王隆禧第，舉哀。

《東華録》卷一一　〔乙卯，疏報〕：將軍覺羅舒恕、額楚，總兵譚昇、楊國泰，敗吴世琮于南寧之西山，世琮負創遁走。

《聖祖實録》卷八二　戊午，發漕米五萬八百七十石、銀二萬二千六百餘兩，賑沂州等十三州縣饑民。

免山東淄川等五縣本年分旱災額賦有差。

《東華録》卷一一　庚申，京師地震。詔部院三品以上官及科道、在外督撫等官，言政治得失。

〔辛酉〕，發内帑金十萬兩賑軍民廬舍傾圮及死傷者。

《聖祖實録》卷八三　八月癸亥朔，將軍穆占【略】克復新寧縣。

《東華録》卷一一　〔甲子，疏報〕：將軍傅弘烈復柳城、融縣，桂、柳路通。

〔庚午〕，馬雄子承蔭來歸。詔授伯爵，佩將軍印從征。

《聖祖實録》卷八三　丁丑，免山東莒州、蒙陰等六州縣本年分旱災額賦有差。

《東華録》卷一一　〔庚辰，疏報〕：將軍林興珠、提督趙國祚等擊吴國貴于武岡，復其城，吴國貴中砲死。

《聖祖實録》卷八三　乙酉，免江南徐州、豐、蕭、沛四州縣本年分旱災額賦十之三。

《聖祖實録》卷八四　九月乙未，免江南宿遷縣康熙十六年分水災額賦有差。

《東華録》卷一一　〔乙巳〕，定錢制，釐鼓鑄幣。

〔庚戌〕，以地震上親禱天壇。

〔辛亥〕，命簡親王帥師守桂林，希佛會莽依圖進師雲南。

〔甲寅〕，金光祖執祖澤清，械送京師。

《聖祖實録》卷八五　十月壬戌朔，頒康熙十九年時憲曆。

癸亥，予故刑部尚書劉楗祭葬，謚端敏。

乙丑，户部議覆安徽巡撫徐國相疏，言鳳陽、廬州、安慶三府屬連年罹災，請將康熙十八年漕糧正米並行月糧，俱照見折漕米之例，折銀解部，所有耗贈米銀，概予豁免。應如所請。從之。

丙寅，户部等衙門會議錢法十二條，【略】從之。

《東華録》康熙二四　戊辰，賑鳳陽、臨淮饑。

辛未，賜羅淇等一百一人武進士及第、出身有差。

《聖祖實録》卷八五　遣内閣學士禧佛、郎中倭黑齎敕往陝西，諭將軍張勇、王進寶、提督趙良棟、孫思克曰：【略】爾等當各率所屬緑旗兵，平定漢中、興安，恢復四川。

《東華録》康熙二四　甲戌，册封嬪吴雅氏爲德嬪。

庚辰，免湖北康熙十三年至十七年賦。

辛巳，增五城流民賑濟銀米。

《東華録》卷一一　〔癸未〕，王進寶克武關，尋復鳳縣。

《聖祖實録》卷八五　戊子，吏、户、兵、刑四部會議私採人參條例，請旨。【略】上曰：邇來採參，必越佛阿喇地方，較前稍遠，是以價日貴而盜者愈多。不若令佛阿喇駐防官兵中途察緝，則法不待嚴而弊自可絶矣。

《東華録》卷一一　王進寶入雞頭關。賊將王屏藩〔走〕廣元，遂復漢中府。趙良棟復略陽，尋復陽平關。

《東華録》康熙二四　庚寅，除江西兵荒賦。

是月，免山西遼州、文水、壽陽雹災額賦。

十一月壬辰朔，以徐元文爲内閣學士。

諭大學士等：內閣與翰林官不妨互爲調用，其行坐之處照進衙門先後以定次第。

上諭雲南巡撫李天浴前往廣西，同王將軍等進勦，並撫定新復地方。

《聖祖實録》卷八六　癸巳，命安徽巡撫徐國相親往盱眙、滁州等五州縣賑濟饑民。

免河南封邱等十五州縣本年分旱災額賦有差。

乙未，諭議政王大臣等：鄂爾多斯多羅郡王古魯，【略】可封和碩親王。

《東華録》康熙二四　辛丑，免廣東廣州、肇慶二府康熙十二、十三年逋賦。

《聖祖實録》卷八六　壬子，安南國王黎惟禎慶賀大捷。

《東華録》康熙二四　是月，免山東鄒平等十州縣及長蘆竈地旱災賦。

《東華録》卷一一　十二月壬戌朔，以蔡毓榮爲綏遠將軍，進定雲、貴，周有德、趙賴等俱聽節制。

甲子，太和殿災。

〔公圖海疏報〕：前鋒統領佛尼勒、吴丹克梁河關，僞將軍韓晉卿遁入四川，遂復興安州，平利、紫陽、石泉、漢陰、洵陽、白河及湖廣竹山、竹溪、上津諸縣以次底定。

《聖祖實録》卷八七　乙丑，皇子允祺生。

《東華録》康熙二四　丁卯，上幸南苑行圍。

免福建海澄等十三縣被兵逋賦。

辛未，諭安親王：爾率領林興珠來京。

《東華録》卷一一　〔甲戌〕，命傅弘烈帥師赴滇、黔。

《聖祖實録》卷八七　戊寅，上自南苑回宫。

己卯，以太和殿災，頒詔天下。

《東華録》康熙二四　是月，免直隸、江南、山東、湖北、湖南等屬旱災額賦，災甚者仍發粟賑之。

免浙江黄巖等六縣旱災賦。

是歲，朝鮮、琉球、安南來貢。

康熙一九年（庚申、一六八〇）

《聖祖實録》卷八八　正月甲午，趙良棟疏報：臣率兵從白水壩浮水渡江擊賊，大敗之，追至青川石峽溝，復敗其伏兵。龍安府僞總兵姜應熊等降，遂復龍安府。

《東華録》卷一二　〔辛丑〕，趙良棟至綿竹，僞將軍汪文元、僞巡撫張文德等迎降，遂復成都。

〔癸卯〕，王進寶復保寧。

《聖祖實録》卷八八　丁未，上諭：授黄明爲援勦總兵官，率馬承廕標兵一千，赴將軍莽依圖軍前，隨大兵進勦雲貴。葉秉忠授總兵官職銜，許其休致。

《東華録》康熙二五　辛亥，以安親王岳樂班師抵武昌，遣使臣慰勞。

壬子，上幸鞏華城，道經西山之麓。

《東華録》卷八八　甲寅，上駐蹕鞏華城。

《東華録》康熙二五　乙卯，上回宫。

《聖祖實録》卷八八　戊午，以勇畧將軍陝西提督趙良棟爲雲南、貴州總督，加兵部尚書銜，仍兼管將軍事務。

庚申，楊茂勳【略】遣兵進取大昌、大寧二縣，擊敗賊衆，克復城池。

《東華録》卷一二　二月〔辛酉朔〕，詔順承郡王勒爾錦等取重慶，吴丹、鄂克濟哈會趙良棟取雲南，楊茂勳、王之鼎守（城）〔成〕都，王進寶守四川，徐治都守彝陵。

《東華録》康熙二五　命總督楊茂勳等赴四川招撫流亡。

《東華録》卷一二　祖澤清及子祖良梗皆伏誅。

〔甲子〕，荆州總兵官楊宗道拔昭化縣。

《聖祖實録》卷八八　乙丑，皇子允祚生。

《東華録》卷一二　〔丙寅，王進寶疏報〕：王進寶、吴丹遣將軍佛尼勒、總兵王朝海率兵取順慶，招撫鹽亭、潼川、中江、南部諸州縣，悉下之，順慶僞知府彭天壽等降，于是長蓬、廣安、合、西充、岳池、營山、渠、隣水、儀隴、遂寧、蓬溪諸州縣相繼悉定。

〔丁卯〕，詔簡親王帥師屯柳州，尚之信守貴（溪）縣，莽依圖、馬承蔭、馬九

玉、金光祖各帥師分道進取雲、貴。

《聖祖實録》卷八八　己巳，上幸南苑行圍。

《東華録》卷一二〔癸酉〕，譚弘降。

《東華録》康熙二五　乙亥，命五城煮粥賑濟流移饑民於常例外再限兩月。

《聖祖實録》卷八八　丙子，大閲於南苑。

辛巳，以四川平定，裁鄖陽撫治缺。

《東華録》卷一二〔癸未〕，姚啓聖亦分遣總兵趙得壽、黄大來等隨賴塔擊陳州、馬州、灣腰山、觀音山、展旗諸寨。

《東華録》康熙二五　甲申，上如鞏華城。

《聖祖實録》卷八八　乙酉，上回宫。

《東華録》康熙二五　丙戌，遣郎中明額禮賑宣府。

《東華録》卷一二　吴興祚同喇哈達等由同安追勦至潯尾，遂克廈門，金門餘寇遁還臺灣。

《東華録》康熙二五　是月，賑湖廣武昌等府，免陝西吴堡、湖廣安化等二十六州縣去年旱災額賦。

《東華録》卷一二〔是月〕，福建水師營提督萬正色請以水師攻海壇，而令吴興祚赴同安，與姚啓聖督陸路兵窺取廈門。正色尋分前鋒兵爲六隊逼海壇，親統巨艦繼之，又以輕舟繞出左右並力攻，以巨砲擊破賊船十六，溺死賊三千餘，賊悉潰，僞將朱天貴遁據南日、湄州等澳。

《聖祖實録》卷八九　三月乙未，平南王尚之信下護衛張永祥、張士選赴京首告尚之信謀叛事。上命刑部侍郎宜昌阿、郎中宋俄託等以巡視海疆，赴廣東察其狀。

《東華録》康熙二五　丁酉，大將軍安親王岳樂凱旋，上率王大臣郊勞，是日駐蹕盧溝橋。

《聖祖實録》卷八九〔辛丑〕，賴塔等遣發官兵，追勦海逆劉國軒等，【略】克取銅山。

〔壬寅〕，我兵取辰龍關，抵辰州，賊潰遁，僞知府傅祖禄等以城降。

《東華録》卷一二〔癸卯，疏報〕：萬正色追擊至平海澳，與吴興祚會師，天貴糾僞將軍林陞據崇武澳，正色乘風自平海南下，賊迎拒，掩擊之，破斬僞總兵吴丙，僞副將林勳，湄州、南日、平海、崇武諸澳悉下，天貴降。

〔疏報〕：副都統沃申擊賊將張志于大定、小定，連敗之。

〔甲辰，疏報〕：我兵水陸並進，趨玉洲，劉國軒走廈門，僞總兵蘇堪以海澄降。

《聖祖實録》卷八九　己酉，綏遠將軍湖廣總督蔡毓榮亦疏報：復銅仁府瀘溪、溆浦、麻陽三縣。

甲寅，免江南山陽等十一州縣康熙十八年分水災額賦有差。

戊午，免山東淄川等十三州縣康熙十八年分旱災額賦有差。

《東華録》康熙二五　己未，命五城賑廠再展兩月期。

《東華録》卷一二　四月〔辛酉〕，旱，詔録囚。

〔癸亥，疏報〕：都統穆占、總督董衛國敗僞將軍吴應麒等，復沅州、靖州及黎平府。

《東華録》康熙二五　丙寅，復設四川永寧總兵官。

《聖祖實録》卷八九　己巳，上御懋勤殿，【略】曰：朕思經史俱關治理，自宜進講，爾等可進講《易經》，將《通鑑》講章陸續送入，令張英在内，每晚進講《通鑑》。

《東華録》康熙二五　己卯，刊《尚書講義》，頒行天下。

〔庚辰〕，遣侍郎薩穆哈再賑直隸。

甲申，上幸西山觀禾，是日還宫。

《聖祖實録》卷八九　戊子，福建水師提督萬正色疏言：閩省之患，海甚於山，防守之宜，水重於陸。【略】上諭：海防設兵，所關最要。令兵部侍郎温代前往，會同尚書介山、侍郎吴努春，及總督、巡撫、提督，親詣諸處，詳閲定議。

《聖祖實録》卷九〇　五月壬辰，命甘肅巡撫自鞏昌移駐蘭州。

《東華録》康熙二五　壬辰，議叙講官翰林院掌院學士葉方藹等加銜進秩有差。

乙未，諭大學士等：嗣後投誠官員不必令隨大兵進勦，督撫、提督酌遣來京，候缺叙用。

《聖祖實録》卷九〇　辛丑，諭兵部：移文各路大將軍、督撫、提鎮等，凡有平定雲貴恢復城池者，俱令察訪吴三桂與達賴喇嘛相通書札，隨得隨繳。

《東華録》卷一二〔癸卯〕，以旱詔九卿、詹事、科道等官言事。

《聖祖實録》卷九〇　戊申，免江西南昌、寧州等五十六州縣，并南昌等十衛所康熙十八年分旱災額賦有差。

《東華録》康熙二五　己酉，户部請於山海關設官收税。從之。

丁巳，恤贈福建殉難總兵吴萬福、知府王之儀、同知俞三畏、知縣劉嘉猷、李塤等官爵謚廕。

六月癸亥，上命李芳述爲隨征總兵官，隸趙良棟標下，隨征效力。

《聖祖實録》卷九〇　甲子，諭恪純長公主。

蔡毓榮疏報：投誠僞總兵李者禄，會同隨征總兵官鄧秉志等攻取思南府，與賊兵酣戰兩晝夜，【略】恢復府城。

《東華録》康熙二五　丁丑，命五城粥廠再展三月。

金光祖疏報：官兵進取武宣縣，【略】恢復縣城。

《聖祖實録》卷九〇　甲申，上以御書大軸賜大學士索額圖、勒德洪、明珠、李霨、杜立德、馮溥。

《東華録》卷一二　七月〔甲午〕，停加捐官考選科道。

《聖祖實録》卷九一　丁酉，革舒恕左都御史、佐領及世職。

《東華録》康熙二六　戊戌，贈福建殉難浙閩總督范承謨太子少保、兵部尚書，【略】謚忠良。

甲辰，置奉天金州營。

四川石砫宣慰司馬萬年、酉陽宣慰司冉永沛率衆内附。

戊申，贈廣西殉難巡撫馬雄鎮太子少保，兵部尚書，【略】謚文毅。

《東華録》卷一二　〔己酉〕，解順承郡王大將軍印，撤回京。

《東華録》康熙二六　壬子，皇子允祐生。

是月，免山東益都等五縣雹災，直隸廣平縣去年水災額賦有差。

《聖祖實録》卷九一　八月丁巳朔，敘招撫逆賊功，加福建總督姚啓聖兵部尚書銜。

《東華録》康熙二六　己未，詔盛京滿州自墾地畝入官。

壬戌，勘盛京未墾地畝，分給旗民，設立邊界。

戊辰，上御經筵。

《東華録》卷一二　〔己巳〕，尚之信藩下兵鼓譟逃亡，上諭兵部。

《東華録》康熙二六　癸酉，以李光地爲内閣學士。

《東華録》卷一二　〔壬午〕，將軍莽依圖卒于軍，以都統勒貝代之。

《聖祖實録》卷九一　甲申，議政王大臣等議覆：尚之信當依謀反律，母、母弟凡同謀者，俱棄市，家産籍没。其諸弟尚之孝、尚之璋、尚之隆等，雖不同謀，法應革職枷責。得旨：平南王尚可喜，航海歸誠，効力行間，鎮守粤東，著有勞績。及吴逆叛，堅守臣節，不肯從逆，爲逆子尚之信所逼，憤恨殞命。朕每念及，深爲憫惻。其妻舒氏、胡氏，從寬免死，並免籍没。尚之孝、尚之璋、尚之隆等，俱從寬免革職枷責。尚之信不忠不孝，罪大惡極，法應立斬，姑念曾授親王，從寬賜死。其餘逆黨尚之節、李天植等，悉按律正法。

《東華録》卷一二　丙戌，詔送之信家屬詣京師，並察廣東大小市利爲尚之信占奪者，悉還之民。

《東華録》康熙二六　閏八月丁酉，上幸南苑行圍。

癸卯，上還宫。

《聖祖實録》卷九一　甲辰，官兵恢復瀘州。

壬子，陞江南提督王永譽爲廣東將軍。

《東華録》康熙二六　是月，免直隸武清等十四縣衛，山西大同、遼州，山東濟寧等州縣被災額賦有差。

《東華録》卷一二　九月〔丙辰朔〕，大將軍章泰、將軍蔡毓榮等分兵進取貴州，命廣西、四川諸將帥師會勦。

《聖祖實録》卷九二　〔丁巳〕，逆賊鄒總兵等踞天河縣，副將熊經等【略】連敗賊衆，恢復縣城。

己未，以隨征總兵官柯彩爲貴州威寧總兵官。

調福建提督楊捷爲江南提督。

庚申，户部題：尚之信等有私行收税之項，已令督撫嚴查，題明豁免。今耿精忠在福建，恐亦有私行收税之處，應行文督撫，查明報部，一體豁免。從之。

《東華録》卷一二　〔癸亥〕，譚弘復叛，瀘、溆、永寧俱陷賊，夔民亦變。上命將軍噶爾漢、都統范達禮、提督徐治都等率師赴夔州，與貝子準塔分道攻之。

〔乙丑〕，以賴塔爲大將軍，率師定雲南。

《聖祖實録》卷九二　庚午，上御太和門視朝。

《東華録》卷一二　〔辛巳〕，詔將軍王進寶馳赴保寧，兼守漢中。

《東華録》康熙二六　乙酉，免廣西逋賦。

《聖祖實録》卷九二　十月丙戌朔，頒康熙二十年時憲曆。

《東華録》康熙二六　己丑，上幸南苑行圍。

《聖祖實録》卷九二　〔辛卯〕，恢復巫山縣。

撫蠻滅寇將軍傅弘烈，於貴陽陷賊，賊授以僞職，不屈，遇害。

癸巳，命滿漢科道官各一員稽察錢局，一年更换。

《東華録》康熙二六　甲午，上還宫。

《東華録》卷一二　仁懷失守，罷將軍吴丹，以鄂克濟哈領其衆。

〔丙申〕，大將軍貝子章泰、征南將軍穆占、綏遠將軍蔡毓榮敗吴世璠之衆于鎮遠，復其城。

《聖祖實録》卷九二　戊戌，以内大臣阿密達爲正白旗蒙古都統。

《東華録》卷一二　〔己亥〕，叛將譚弘、彭時亨陷涪州，命總督哈占帥師赴保寧，討譚弘。

將軍噶爾漢自巫山進復夔州，又擊譚弘將于（錯於）〔錯〕開峽，大敗之。

《東華録》康熙二六　辛丑，試漢科道官於體仁閣，降不稱者三人。

壬寅，大將軍康親王傑書凱旋，上郊勞之。

丁未，上御懋勤殿親講《易經・噬嗑》卦辭。

《聖祖實録》卷九二　戊申，諭大學士等曰：居官者，宜以清廉爲尚。官皆清廉，百姓自得遂其生矣。【略】清廉不在貧富，謂富者必貪，而貧者必廉，可乎？亦視其人居心何如耳。

《東華録》康熙二六　是月，免福建泰寧縣去年水災，江南泰州、清河等二十三州縣衛水災額賦有差。

十一月戊午，命旗下從征僕人得功牌二次者許令出户。

《聖祖實録》卷九三　辛酉，上諭：勒爾錦不渡江剿賊，平定疆圉，遷延瞻顧，貽誤國家大事，情罪重大，削去郡王并議政、宗人府之職，仍令羈禁。察尼【略】既克岳州，且從前有効力之請，著從寬免羈禁籍没，革去貝勒并議政、宗人府之職，爲閒散宗室。尚善，革去貝勒；蘭布，革去鎮國公；朱滿，從寬免死，著革職，鞭一百，不許折贖，籍没其家；鄂内，屢戰湖中，又恢復岳州，從寬免籍没鞭責，著革職。伊爾度齊、多謨克圖、巴喀等，俱革職。

《東華録》康熙二六　上諭吏部：改陝西總督哈占爲川陝總督，其四川總督楊茂勳令解任，隨大軍進取雲南。

《聖祖實録》卷九三　甲子，章泰疏報：【略】貴州全定。

《東華録》卷一二　〔乙丑〕，提督桑峩等大敗吴世璠于永寧州，復其城，追至鐵索橋，賊焚橋遁。

《聖祖實録》卷九三　庚午，陞鑲黄旗滿洲副都統紀哈里爲蒙古都統。

《東華録》卷一二　提督周卜世復思南府。

《東華録》康熙二六　癸酉，轉黄機爲吏部尚書。

《聖祖實録》卷九三　甲戌，賜諸王、貝勒、貝子、公、内大臣、都統以下，阿思哈尼哈番以上，並滿大學士、學士、九卿、詹事、國子監祭酒等官清文日講《書經解義》各一部。

《東華録》卷一二　以佛尼勒爲建威將軍，會哈占定四川。

《東華録》康熙二六　戊寅，以魏象樞爲刑部尚書。

《東華録》卷一二　〔庚辰〕，高孟復廣安州。

《聖祖實録》卷九三　壬午，純親王富爾祜倫薨。

《東華録》卷一二　〔乙酉〕，刑部等議覆：「大將軍圖海拿解來京之僞朱三即楊起隆，又名朱慈璊，與康熙十二年拿禁之楊起隆妻馬氏及原夥鄭得勝等並不認識，且面有刺字疤痕，明係旗下逃人，入楊起隆夥，知其緣由，遂假借楊起隆之名，于陝西造反，應照例凌遲處死。其馬氏等仍監禁，候緝獲楊起隆另結。」從之。

《聖祖實録》卷九三　十二月丁亥，賜漢大學士、學士、九卿、詹事、國子監祭酒等官漢文日講《書經解義》各一部。

己丑，免直隸唐縣等十三州縣衛本年分旱災額賦有差。

《東華録》卷一二　〔庚寅，疏報〕：譚弘犯夔州。

〔甲午，疏報〕：高孟復渠縣。

〔丙申〕，叛將譚弘死。

《東華録》康熙二六　戊戌，以勒爾錦子勒爾貝襲順承郡王。

庚子，上幸南苑行圍。

辛丑，敘恢復鳳縣、兩當、武關、漢中保寧功，授【略】王進寶爲三等精奇尼哈番，准襲十次。

《聖祖實録》卷九三　乙巳，福建總督姚啓聖疏言：請於漳州府設爐鼓鑄，錢背用漳字，其民間所用前明小錢，給價收買銷燬。從之。

《東華録》康熙二六　戊申，上還宮。

《聖祖實録》卷九三　己酉，直隸宣府所屬懷安衛、蔚州衛、東城、西城水衝沙壓地一千八百頃有奇額賦，永行豁免。

《東華録》康熙二六　庚戌，以郝浴爲廣西巡撫。

是歲，朝鮮、琉球來貢。

康熙二〇年（辛酉、一六八一）

《聖祖實録》卷九四　正月乙卯朔，征南大將軍都統賴塔，【略】都統勒貝、希福、馬緝、護軍統領額赫納等，【略】恢復安籠所城。

辛酉，上命以龍天佑爲都督僉事，管領土司總兵官。

《東華録》卷一二　〔壬申〕，前貴州提督李本深及文武官降，械李本深送之京師。

〔癸酉，疏報〕：總兵高孟復達州。

〔甲戌，疏報〕：叛將譚弘死，將軍噶爾漢進敗賊衆于雲陽，擒賊將向旭輝等，復其城，譚弘子天秘遁，萬、開、建始、梁（川）〔山〕、忠州悉平。

廣西大桂山賊黄明降。

《聖祖實録》卷九四　丙子，復平遠府。

《東華録》卷一二　〔辛巳〕，詔增日講官員數。

《東華録》康熙二七　癸未，贈殉難撫蠻滅寇將軍太子太保、廣西巡撫傅宏烈太子太師，【略】謚忠毅。

贈陣亡遊擊陳璠、都司蕭萬奇、守備高有功、馮俊等官有差。

《東華録》卷一二　〔是月〕，海賊鄭錦死，其黨馮錫範奉其次子鄭克塽襲爲延平王，其長子克𡒉被縊死。

《聖祖實録》卷九四　二月丁亥，禮部尚書塞色黑、户部左侍郎田六善、右侍郎朱裴俱著原品休致。

《東華録》康熙二七　己丑，直隸巡撫于成龍來京陛見。

《東華録》卷一二　大將軍貝子章泰師至安南衛，僞將軍線緎據江西坡，總兵白成功進至沙子哨，賊列陣驅象拒戰，官兵分三隊奮擊，大破之，賊夜遁。

《東華録》康熙二七　辛卯，福建總督姚啓聖、巡撫吴興祚奏請開邊界，俾沿海人民復業。得旨：厦門、金門諸處已設官兵防守，應如所題，照舊展界。如有奸民借此通賊者，仍令嚴行察緝。

《東華録》卷一二　〔壬辰〕，副都統莽奕禄、遊擊王成功以兵四千敗賊張足法于三山，賊遁高家橋，又敗之，斬首千餘級。

《聖祖實録》卷九四　甲午，皇子允禖生。

上以逆賊尚之信在廣東令其部人私充鹽商，據津口立總店。又逆賊耿精忠在福建横征鹽課，擅設報船，苛派夫驛，勒索銀米，久爲民害。命該部檄各督撫，悉革除之。又逆賊吴三桂在雲南，曾以沐氏莊田賜給爲藩莊，其藩下官兵，侵佔民田，擅爲己利。命户部檄該督撫，事平之日，察出給還小民。

《東華録》卷一二　副都統龔（泰）圖、達漢〔泰〕等復自臘（茹）〔茄〕坡追擊敗之，復新興（縣）〔所〕、普安州二城。

《聖祖實録》卷九四　九卿議覆奉差盛京查議鹽政户部侍郎達都疏，言【略】請停止銷引。民人有情願煎鹽發賣者，聽其自行貿易，不許豪强霸佔。

《東華録》卷一二　〔丙申〕，將軍賴塔師至曲靖府，僞總兵尹士元等降，遂遣偏師取交水城，斷賊中路，僞將軍線緎等遁走。

《東華録》康熙二七　丁酉，上御經筵。

《聖祖實録》卷九四　哈占疏報：川北總兵官高孟等，率兵至東鄉縣，【略】分路夾剿，【略】恢復縣城。

《東華録》康熙二七　己亥，調郭四海爲禮部尚書。

《東華録》卷一二　都統希福、馬（楫）〔緝〕復馬龍州易隆所。

〔庚子〕，復楊林城。前鋒碩塔至（高）〔嵩〕明，賊遁。是夜，渾水營屯賊亦遁。

〔辛丑，疏報〕：高孟【略】敗彭時亨于月城寨。

《聖祖實録》卷九四　壬寅，上至鞏華城駐蹕。

噶爾漢疏報：彝陵總兵官嚴弘，【略】恢復施州衛城。

《東華録》卷一二　復大定府，擒僞巡撫張維堅，斬之。

《聖祖實録》卷九四　癸卯，山西巡撫穆爾賽疏言：請發帑銀二十萬，賑濟饑民。户部議給其半。上曰：【略】著照該撫所請，發銀二十萬兩。

《聖祖實録》卷九五　恢復五龍縣城。

《東華録》卷一二　〔乙巳〕，世璠遣僞將胡國柄等率衆拒戰，官兵分擊，大敗

之，斬國柄及劉起(隆)〔龍〕。

《東華録》康熙二七　己酉，上謁孝陵。

《聖祖實録》卷九五　三月甲寅朔，宣威將軍鄂克濟哈等，【略】著解將軍任，還漢中，同大將軍公圖海守漢中諸處。

《東華録》康熙二七　丙辰，以軍興停貴州本年鄉試。

辛酉，葬仁孝皇后、孝昭皇后於昌瑞山陵，上回鑾。

《聖祖實録》卷九五　壬戌，佛尼勒疏報：僞將軍胡國柱等，率賊衆二萬餘，犯寶墉大溪口諸處。臣率滿漢官兵進擊，大破之，乘勝恢復馬湖府。

《東華録》卷一二　〔癸亥〕，提督周卜世復遵義府，馬寶棄城走，復犯瀘、敘二州。詔噶爾漢、王用予赴敘州勦之。

《聖祖實録》卷九五　乙丑，上回宫。

《東華録》卷一二　〔丙寅〕，慶陽賊耿飛稱王，設僞官職。詔圖海、張勇、孫思克等遣兵討之。

〔戊辰〕，僞將軍宋國輔、陸道清以永寧城降。

《東華録》康熙二七　壬申，以折爾肯爲兵部尚書。

癸酉，上奉太皇太后幸湯泉。

《東華録》卷一二　大兵逼雲南，掘壕圍之，世璠嬰城死守，密召蜀中賊將馬寶、胡國柱、夏國相等歸援。詔大將軍佛尼勒、趙良棟與噶爾漢等各統兵襲擊。

《東華録》康熙二七　乙亥，吏部尚書吴達禮以病乞休。允之。

庚辰，上奉太皇太后至湯泉。

辛巳，上謁孝陵。

《聖祖實録》卷九五　四月甲申朔，佛尼勒疏報：固原總兵官王用予，率兵恢復納溪、江安、仁懷、合江等處。

丁亥，裁江南安徽驛傳道、江寧船政同知二缺。

《東華録》卷一二　〔疏報〕：僞將軍韓天福以武定府降。

《東華録》康熙二七　壬寅，削原任山西巡撫圖克善兵部尚書銜。

《東華録》卷一二　〔己酉〕，大理府(爲)〔僞〕大將軍張國柱及臨安、永順鎮、姚安府諸僞官各率所屬降。

《東華録》康熙二七　壬子，上奉太皇太后回鑾。

《聖祖實録》卷九六　五月癸丑朔，山西提督周卜世疏報：遵義賊兵肆亂，臣遣總兵官李師膺、遊擊張所元等，率兵往勦。有真安州僞知州金仕俊、仁懷縣僞知縣吴逢聖，相繼投誠，遂復真安州及仁懷、綏陽、桐梓三縣。

《東華録》卷一二　〔疏報〕：慶陽土寇耿飛降。

《東華録》康熙二七　乙卯，上奉太皇太后還京師。

庚申，調介山爲吏部尚書，以帥顔保爲工部尚書。

丙寅，給雲南殉難筆帖式亞圖華珊世職。

甲戌，刑部題：立決人犯，請交六月節停刑。得旨：六月節若在五月内，即以交節日停刑，若六月方交六月節，即以六月初一日停刑。至立秋雖在六月内，必俟交過七月初一日方令行刑。

《東華録》卷一二　〔辛巳，章泰等疏言〕：貝子章泰兵抵雲南，僞將軍李發美以鶴慶、麗江二府(州)降。

《聖祖實録》卷九六　六月壬午朔，上曰：以後追謚郡王，滿漢文亦俱用一字。

《東華録》卷一二　〔丙戌〕：遣員外穆稱額、蘇赫往大同賑荒。

《聖祖實録》卷九六　戊子，得旨：「秦省連歲運糧，民生苦累，其應徵房號銀兩，著通行蠲免。」

《東華録》卷一二　楚雄府僞將軍陳光禄等復叛。詔將軍穆占仍留雲南，署前鋒統領薩克察巴圖魯率所部會勦，署副都統諸敏率所部協守貴州，副都統莫達鎮常德。

《東華録》康熙二七　癸巳，免雲南新復地方本年夏税。

甲午，予故工部尚書陳鼓永祭葬，謚文和。

丙午，得旨：漢軍、漢人捐納歲貢俱不准作正途考選，京官三品以上子弟既不與考選，總督、巡撫子弟亦不准考選。

《聖祖實録》卷九六　庚戌，免偏沅平溪、清浪、偏橋、鎮遠四衛房號税。

七月〔丙辰〕，僞國公馬寶、僞將軍巴養元等，繳印投降。

丁巳，郭四海以禮部尚書銜管刑部事。

《東華録》卷一二　〔辛酉，疏報〕：都統希福、提督桑峩追賊馬寶于烏木山，殲其衆，馬寶僅以身免。

〔乙丑，疏報〕：總兵李芳述敗賊胡國柱于建昌，復其城。

〔戊辰〕，僞將軍馬寶、巴養元等降，命俱械送京師。

詔圖海、鄂克濟哈還京師，留將軍吴丹守漢中，王輔臣隨圖海詣闕。

〔壬申〕，宴大學士以下，員外郎以上官於瀛臺。命内大臣佟國維宣諭慰勞，仍賜彩帛。

〔己卯〕，上以臺灣賊衆内亂，仍以施琅爲福建水師提督，與將軍總督等統舟師進取澎湖、臺灣。改萬正色爲陸路提督，諾邁還京師。

《聖祖實録》卷九七　八月癸未，罷和碩莊親王博果鐸議政。

丙申，諭刑部：【略】商人爲四民之一，富民亦國家所庇。藏富于民，不在計此銖兩。以後有首告者，應不准行。

《東華録》康熙二八　戊戌，改貴州平大黔威道爲分巡貴西道，轄貴陽、安順、平大、黔寧等處，駐安順。添設分守貴東道，轄鎮遠、平越、黎平、都匀、思州、銅仁、思南、石阡等處，駐平越。

《東華録》卷一二　〔己亥〕，詔總兵哈占率兵還四川，撤漢中、荆州、南寧滿兵還京，莫達等守貴陽，諾敏駐沅州。

《聖祖實録》卷九七　乙巳，上御經筵。

《東華録》康熙二八　丙午，上幸南苑行圍。

是月，免直隸保安、霸州、山西榆社被災額賦有差。

九月辛亥，上巡幸畿甸。

《聖祖實録》卷九七　户部題：查出康熙十七年以前犯禁鬻地之民，應追價銀六萬四千餘兩。上命悉豁除之。

癸丑，故平南王尚可喜喪來自廣東，停泊丁字沽，遣内大臣覺羅塔達、翰林院學士庫勒納、侍衛敦柱往奠。

《東華録》康熙二八　余國柱奏：【略】應將每歲年終舉劾之例停止。從之。

《聖祖實録》卷九七　庚申，直隸巡撫于成龍詣行宫請安。上召入，密詢百姓生業，地方事宜，賜以御衣。

《聖祖實録》卷九八　壬戌，偏沅巡撫韓世琦【略】等，【略】會剿古州八萬瑶地方逆賊黄明，大破之。

《東華録》康熙二八　丙寅，上還京師。

己巳，詔停今年秋決。

辛未，增協理蒙古旗務官。

《聖祖實録》卷九七　壬申，户部議覆：應復運丁工食銀十五萬兩。從之。

《東華録》卷一二　〔甲戌〕，僞將軍馬寶伏誅。

《東華録》康熙二八　是月，免直隸武清等十四縣衛，山西大同、遼州，山東濟寧等州縣被災額賦有差。

《聖祖實録》卷九八　十月庚辰朔，頒康熙二十一年時憲曆。

甲申，上諭兵部：中甸最爲要地，從前鶴慶、麗江，雖設總兵官一員，令其兼轄中甸，但無專汛官兵，似猶可慮。其移文大將軍貝子章泰、賴塔，將軍總督趙良棟，巡撫王繼文，提督桑峨，酌量遣撥緑旗官兵，前往鎮守。俟達賴喇嘛使至，理藩院以遣兵鎮守之故，移文曉諭。

厄魯特噶爾丹博碩克圖汗，遣使進貢。

《東華録》卷一二　〔乙酉〕，撫遠大將軍都統大學士公圖海還朝。

《東華録》康熙二八　丁亥，賑寧古塔災。

壬辰，撤耿精忠、尚之信所屬人員還京。

《聖祖實録》卷九八　戊戌，上幸蘆溝橋，閱放紅衣大礮，回宫。

癸卯，得旨：吐魯番地處僻遠，犬馬等物，嗣後免其進貢。

《東華録》康熙二八　乙巳，上幸南苑行圍。

丙午，理藩院題：盜馬罪犯阿畢大等五人應立決，家産妻子請給失馬之人。上曰：【略】阿畢大等家産妻子既給失馬之人，若本犯免死，給與爲奴，則失馬者得人役使，於法未爲不當，嗣後著爲定例。

得旨：總督姚啓聖統轄福建全省兵馬，同提督施琅進取澎湖、臺灣，巡撫吴興祚有刑名錢糧諸務，不必進勦。

是月，免福建泰寧縣去年水災，江南泰州、清河等二十三州縣衛水災額賦有差。

《東華録》卷一二　十一月〔辛亥〕，詔失節從賊諸臣如馬寶、夏國相、胡國柱、王永清、趙國佐等大惡不赦外，餘俱落職放回鄉里。

《東華録》康熙二八　丙辰，諭吏部、兵部：總督哈占、蔡毓榮率兵勦賊，直抵雲貴，勞績懋著，可復其原官。

《聖祖實録》卷九八　壬戌，兵部議覆浙江總督李之芳疏，言海島賊寇相繼來歸，浙省地方無事，請撤回巡察海口郎中布詹等，并停止更换差員。應如所請。從之。

《東華録》卷一二　〔癸亥〕，王師進圍雲南城，于城東歸化城列營，西亘雞關，賊負固抗拒，數月不下。趙良棟至，連破賊壘，奪土橋、新橋，至得勝橋，先薄城，諸軍繼之，賊不能抗，吴世璠自殺。詔戮其屍，傳首京師。僞相國方光琛等伏誅，餘黨悉降，雲南平，羣臣朝賀于乾清門。

《東華録》康熙二八　以賊平，昭告孝陵，車駕次薊州。

甲子，上謁孝陵。

丁卯，行告祭禮。

《東華録》卷一二　〔辛未〕，召固山貝子章泰、總督趙良棟赴闕。

《聖祖實録》卷九八　乙亥，上聞居民有爲虎傷者。是日，圍獵南山，上親殪二大虎并一小虎，民絶虎患。

《東華録》康熙二八　己卯，上回鑾。

是月，免直隸霸州，湖廣江陵、監利被災額賦。

十二月壬午，上還京師。

《東華録》卷一二　〔戊子〕，羣臣請上尊號，不許。

《東華録》康熙二八　癸巳，裁陝西甘肅靖邊衛同知。

乙未，調帥顔保爲禮部尚書。

丁酉，以薩穆哈爲工部尚書。

《東華録》卷一二　補行廣西鄉試。

《聖祖實録》卷九九　戊戌，太子太傅都統大學士公圖海故。

己亥，上御太和門，王以下文武各官上表行慶賀禮，頒詔天下。【略】詔内恩欸凡四十五條。

《東華録》康熙二八　册封貴妃佟氏爲皇貴妃，鈕祜禄氏爲貴妃，惠嬪納喇氏爲惠妃，宜嬪郭羅洛氏爲宜妃，德嬪吴雅氏爲德妃，榮嬪馬佳氏爲榮妃。

《東華録》卷一二　〔癸卯〕，加上太皇太后昭聖慈壽恭簡安懿章慶敦惠温莊康和仁宣宏靖尊號，皇太后仁憲恪順誠惠純淑端禧尊號。御門受賀，頒詔天下，賚宗室及外藩，予内外官封贈，廣解額，舉隱逸，旌節孝，恤孤獨，罪非常不原者悉赦除。

《聖祖實録》卷九九　陞福建巡撫吴興祚爲廣東、廣西總督。直隸巡撫于成龍爲江南、江西總督。

《東華録》康熙二八　是月，免江南六合、直隸文安及江西新建等十四州縣衛所，浙江黄巖等十二縣衛被災額賦有差。

是歲，朝鮮、琉球來貢。

康熙二十一年（壬戌、一六八二）

《東華録》卷一二　正月（十四日）〔壬戌〕，上御乾清門，宴内閣大學士、學士、各部院等堂官，翰林學士、講讀及日講、編、檢、詹事坊局、科道掌印官九十三員，特勅羣臣，歡忭暢飲，笑語無禁。宴畢，復命近御座前觀燈，更賜巵酒，霑醉者令内官扶掖而行。

〔癸亥〕，御製《昇平嘉宴詩序》及首唱「麗日和風被萬方」句，羣臣集太和殿下，倣柏梁體，以次各呈詩九十三韻。

《東華録》康熙二九　丙寅，調蔡毓榮爲雲南、貴州總督。

《東華録》卷一二　〔丁卯〕，分發吴三桂骸骨於各省，吴世璠首級交與刑部懸掛示衆。逆黨夏國相淩遲，巴養元等五人斬梟示衆。

〔戊辰〕，耿精忠淩遲梟示，其子耿顯祚處斬，徐文耀、王世瑜、白顯忠、江元勳、曾養性、王振邦、蔣得鋐、劉進忠俱淩遲，進忠梟示。黄國瑞、林芳（蓀）〔孫〕、廖（庭）〔廷〕雲、李似桂、夏季旺、吕應斗、武浩、司定猷、沈偉、郭景汾、羅萬里、祖弘勳、陳儀、陳斌、吕（入）〔八〕俱處斬。田起蛟、金鏡、李學詩、陳夢雷俱從寬免死。

《聖祖實録》卷一〇〇　己巳，封和碩安親王岳樂子岳希爲多羅僖郡王。

調江西總督董衛國爲湖廣總督。

《東華録》卷一二　裁江西總督缺，併歸江南。

户部覆廣西撫郝洛言：粤西地丁錢糧每銀二兩折收米一石，原係一時權宜之計。今二省之運既停，八旗之兵又撤，請將康熙二十一年分折征米石照舊征銀。從之。

磔從逆貴州提督李本深于市，子李象乾、李象坤，孫李濟祥、李濟民並立斬。

《聖祖實録》卷一〇〇　辛未，諭户部：漕糧定例，官收官兑，獨浙江民兑，另立私截之名，困苦百姓，著檄巡撫嚴禁，違者即行參劾。

壬申，鐫御製《昇平嘉宴詩序》及詩於石，貯翰林院敬一亭。

《東華録》康熙二九　乙亥，復直隸軍政。

二月辛巳，裁鄖陽提督。

壬午，予故【略】吏部尚書圖海祭葬，【略】謚文襄。

《東華録》卷一二　癸未，宗人府題：閒散宗室勒爾錦贈朱方旦「至人里」「聖人堂」匾額，原任巡撫張朝珍贈「聖教帝師」匾額，應行文查明。【略】尋議勒爾錦見在羈禁，毋庸議，張朝珍已經病故，革所予世襲官。

《聖祖實靈》卷一〇一　甲申，上御經筵。

丙戌，以内大臣舅舅佟國維爲領侍衛内大臣。

辛卯，上爲太皇太后祝釐，居景山齋戒祭星，遣近御侍衛關保，偕慈寧宫首領太監牛之奇、乾清宫首領太監顧文興，祭星三年。

敘恢復海澄、厦門、金門功，給福建總督姚啓聖拜他喇布勒哈番，又一拖沙喇哈番。

《東華録》卷一二　癸巳，上以雲南底定，躬詣盛京陵寢告祭，是日啓行。

〔甲午〕，外藩王貝勒等請上尊號，不許。

《聖祖實録》卷一〇一　九卿、詹事、科道等議覆，【略】朱方旦應立斬。顧齊弘、陸光旭、翟鳳彩甘稱弟子，造刻邪書，傳播中外，俱應斬監候。從之。

《東華録》康熙二九　乙未，上謁孝陵。

辛丑，上出山海關。

是月，免廣西柳州、貴州慶遠康熙十八年逋賦及江南海州、沭陽等三州縣去年被水額賦。

《聖祖實録》卷一〇一　三月庚戌，上漁於遼河，賜從官魚。

《東華録》康熙二九　壬子，上謁福陵，又謁昭陵，是日駐蹕盛京。

甲寅，上詣福陵，行大祭禮。

丙辰，上詣昭陵，行大祭禮。

己未，上謁永陵，行大祭禮。

庚申，上幸烏喇行圍。

《聖祖實録》卷一〇一　癸酉，上至吉林烏喇地方，【略】望秩長白山。

《東華録》康熙二九　乙亥，御舟泛松花江，至大烏喇。

《聖祖實録》卷一〇二　四月辛巳，上回鑾，駐蹕烏喇吉林軍屯地方。

丁亥，加欽天監治理曆法通政使南懷仁工部右侍郎銜，以製造礮位精堅議敘也。

《東華録》康熙二九　丁酉，諭大學士明珠：朕巡行沿邊地方，見設立界限處，墳墓毁損，枯骨暴露者甚多，著盛京將軍安珠護徧察瘗埋。

己亥，駕過海城縣，遣内大臣公坡爾盆往平南親王尚可喜墓奠酒。

丁未，車駕入山海關。

是月，免湖北沔陽、潛江等縣衛去年水災賦十之三。

《東華録》卷一二　五月辛亥，上回京。

〔甲寅〕，御書「清慎勤」三大字，頒發各督撫。

《東華録》康熙二九　乙卯，遣尚書伊桑阿、副都御史宋文運、給事中王曰温、御史伊喇喀勘江南河工。

贈死節雲南巡撫朱國治户部右侍郎，予祭葬，廕一子入監讀書。

《東華録》卷一二　〔戊午〕，彭時亨、譚天秘皆淩遲梟示。

《聖祖實録》卷一〇二　己未，免河南靈寶縣包荒地康熙十七、八、九年分應徵銀兩。

《東華録》卷一二　〔乙丑〕，候補布政使崔維雅進所輯《河防芻議》及《兩河治略》二書。上命勘閲河工大臣將伊帶往，會同總河靳輔確議具奏。

《聖祖實録》卷一〇二　丙寅，諭寧古塔將軍巴海：【略】一，鷹鸇窩雛於三月尋覓，四月内捕取，最妨農事，【略】徒勞人力，應行停止。一，自八月放鷹，【略】應行停止。一，圍獵以講武事，必不可廢，亦不可無時。【略】一，打鱏鰉等魚，既有專管西特庫等，烏喇兵丁，應停差役。

《東華録》卷一二　福建將軍馬九玉疏請罷職。旨：「馬九玉于耿精忠叛時，曾哭勸再三，歸正又甚効力，非他人可比，着以原官來京。」

六月己卯，諭部院諸臣：「朕因天氣炎熱，移駐瀛臺，今幸天下少安，四方無事，然每日侵晨，御門聽政未嘗暫輟，卿等各勤職掌，時來啓奏。曾記《宋史》所載，賜諸臣於後苑賞花釣魚，傳爲美談。今於橋畔縣設罾網，以待卿等遊釣，可於奏事之暇，各就水次舉網得魚，隨其大小多寡，攜歸邸舍，以見朕一體燕適之意，誰謂東方曼(情)〔倩〕割肉之事，不可見於今日也？特諭。」

〔己丑〕，以旱諭諸臣會議應行應革事宜。請清理刑獄，勑刑部督捕督撫等應結事件，速行結案，及暫釋江西吉安出征官拘禁因螺子山對敵退回者。從之。

《聖祖實録》卷一〇三　乙未，以大學士勒德洪、明珠、李霨、王熙爲纂修《明史》監修總裁官。

《東華録》康熙二九　甲辰，文華殿大學士馮溥以老乞休。得旨：【略】准以原官致仕。

乙巳，命奮威將軍王進寶來京陛見。

《東華録》卷一二　翰林院掌院學士陳廷敬撰《擬樂章》十四章進呈。旨：該衙門敬慎肄習。

《聖祖實録》卷一〇三　七月甲寅，刑部尚書魏象樞、吏部侍郎科爾坤巡察直隸地方。

《東華録》康熙三〇　乙卯，以三逆蕩平，遣内大臣奇塔特等分賚厄魯特噶爾丹博碩克圖汗、喀爾喀左翼土謝圖汗等部。

戊午，平郡王羅可鐸薨，【略】謚曰比。

《聖祖實録》卷一〇三　壬申，以左贊善徐乾學充纂修《明史》總裁官。

《東華録》康熙三〇　八月戊寅，上幸玉泉山。

《聖祖實録》卷一〇四　壬午，上回宫。

《東華録》康熙三〇　癸未，上御經筵。

甲申，上幸玉泉山。

《聖祖實録》卷一〇四　丙戌，上回宫。

甲午，予葉方藹祭葬，加祭一次，謚文敏。

庚子，賜琉球國王御書「中山世土」四大字。

《東華録》康熙三〇　壬寅，禮部議覆【略】南懷仁奏，【略】盛京北極之高較京都多二度，應照各省製九十度表以憑推算。從之。

是月，免直隸元城、廣宗等十八縣旱災賦。

《聖祖實録》卷一〇四　九月戊申，上御太和門傳臚，賜殿試貢士蔡升元等一百七十六人進士及第、出身有差。

辛酉，上回宫。

《東華録》康熙三〇　甲寅，上幸南苑行圍。

《聖祖實録》卷一〇四　己未，上自南苑，移駐玉泉山。

壬戌，諭大學士等曰：自用兵以來，百姓供應煩苦，朕前屢言，俟天下蕩平，將錢糧寬免。爾等可同户部，先將天下錢糧出納之數通筭啓奏。至陝西一省供應，較他省苦累加倍，錢糧尤宜寬免。

乙丑，上曰：朕御朝太早，各官於三四鼓趨赴朝會，殊爲勞瘁。自今以後，朕每日御朝聽政，春夏以辰初刻，秋冬以辰正初刻爲期。

《東華録》卷一二　以興建太和殿，命郎中等往江南、江西、浙江、福建、廣東、廣西、湖廣、四川等處採辦楠木。

〔丙寅〕，《太宗文皇帝實録》告成。

《聖祖實録》卷一〇四　安南國王嗣黎維正【略】表賀蕩平，並進歲貢方物。

《東華録》康熙三〇　是月，免浙江富陽等十一縣所旱災，江南沭陽、宿遷，江西寧州、進賢等五州縣衛，湖廣黄梅、廣濟、蘄州，山東長山、新城水災額賦有差。

《聖祖實録》卷一〇五　十月甲戌朔，頒康熙二十二年時憲曆。

戊寅，上御紫光閣，閲中式武舉騎步射，並試技勇。

《東華録》康熙三〇　庚辰，賜王繼先等一百八人武進士及第、出身有差。

《東華録》卷一二　〔甲申〕，貝子章泰、都統賴塔自雲南凱旋，上郊勞，越盧溝橋駐蹕。

《東華録》康熙三〇　己丑，以黄機爲文華殿大學士，吴正治爲武英殿大學士。

命停本年秋決，可矜者減等發落。

庚寅，以杭艾爲兵部尚書。

《聖祖實録》卷一〇五　辛卯，重修《太祖高皇帝實録》。

《東華録》康熙三〇　纂修《三朝聖訓》及《平定三逆神武方略》。

壬辰，上啓鑾謁孝陵。

丙申，上謁孝陵。

丁酉，調宋德宜爲吏部尚書，以沙澄爲禮部尚書。

是月，免山東鄒平、江南安東水災，山西清源縣、平定州旱災額賦有差。

《聖祖實録》卷一〇六　十一月丙午，户部議覆廣東巡撫李士正疏，言渡口鹽埠等項，較舊額增銀六萬五千餘兩；又尚之信别項私徵，均請豁免。應如所請。從之。

《東華録》康熙三〇　丁未，發大同、宣府粟賑四子部落蘇尼特饑。

庚戌，上回鑾。

《聖祖實録》卷一〇六　壬子，上回宫。

《東華録》康熙三〇　甲寅，以李之芳爲兵部尚書。

《聖祖實録》卷一〇六　戊午，命立雙忠祠於廣西，祀殉難廣西巡撫馬雄鎮、

撫蠻滅寇將軍廣西巡撫傅弘烈。

己未，調正藍旗蒙古都統宗室喇克達爲滿洲都統。

庚申，以工部左侍郎趙璟爲鑲紅旗漢軍都統。

陞貴州提督趙賴爲正藍旗漢軍都統。

《東華録》卷一二　九卿會議尚書伊桑阿查勘河工一疏。得旨：「靳輔仍着革職戴罪督修。又修築各官俱革職戴罪監修，勒限將蕭家渡決口堵塞。但河工關係重大，所需錢糧浩繁，若責令賠修，恐致貽誤，仍准動用錢糧，毋得借端科派，擾累小民。」

《聖祖實録》卷一〇六　辛酉，裁山東沂州鎮總兵官缺。

戊辰，陞山東巡撫施維翰爲浙江總督。

《東華録》康熙三〇　命左副都御史塞克德、馬世濟督造漕船。

己巳，調正紅旗蒙古都統噶爾漢爲滿洲都統。

陞散騎郎鄂托渾爲正藍旗蒙古都統。

《聖祖實録》卷一〇六　辛未，免江南興化、六合二縣本年分水災額賦有差。

《東華録》康熙三〇　己卯，上幸南苑行圍。

《聖祖實録》卷一〇六　考察天下軍政。

庚辰，議政王大臣等議：原任廣西巡撫陳洪明從賊，應革職立絞。得旨：【略】姑從寬免死，著流徙寧古塔，籍其家。

《東華録》康熙三〇　辛巳，予故兵部尚書折爾肯祭葬。

辛卯，裁江西提督、廣信總兵官，仍設南瑞總兵官一。

《聖祖實録》卷一〇六　癸巳，議政王大臣等奏：簡親王喇布軍機議罪。得旨：【略】著削去王爵。

予故禮部尚書管刑部尚書事郭四海祭葬，謚文敏。

《東華録》康熙三〇　是月，免直隸唐山等十一縣、湖北沔陽等十州縣衛、江西宜春等十縣衛所被災額賦有差。

是歲，朝鮮、安南來貢。

康熙二十二年（癸亥、一六八三）

《東華録》康熙三一　春正月乙卯，召大學士、九卿、翰詹、科道等官，賜上元節宴於乾清宫。

己未，上幸演武場閲射。

丁卯，禮部尚書帥顔保以疾乞休。允之。

《聖祖實録》卷一〇七　戊辰，命翰林院侍讀明圖爲正使，編修孫卓爲副使，往封安南國王嗣黎維正爲安南國王。

《東華録》康熙三一　己巳，上幸南苑行圍。

以平北郡王羅可鐸之子納爾都襲平郡王。

壬申，上還宫。

《聖祖實録》卷一〇七　免四川建昌、永寧、夔州等處康熙十九年分額徵銀米，以連年用兵故也。

《東華録》康熙三一　是月，免廣西平樂、藤縣水災賦十之三。

《聖祖實録》卷一〇七　二月癸酉朔，陞左都御史喀爾圖爲刑部尚書。

乙亥，免廣西河池州康熙二十一年分蟲災額賦十之二。

丙子，大計天下各官。

《東華録》康熙三一　丁丑，調介山爲禮部尚書。

己卯，叙勦平川東逆賊功，（如）〔加〕四川、陝西總督哈占兵部尚書銜。

辛巳，上御經筵。

《聖祖實録》卷一〇七　癸未，巴爾布，【略】著免死，發往烏喇地方。託岱、宜思孝，著從寬免死，并碩塔，發往寧古塔地方。哈爾哈齊【略】著從寬免死，并免交内務府。華善，【略】著革職，免其籍没。多諾，情罪與華善同，著依華善例處分。

《東華録》康熙三一　甲申，上幸五臺山，啓鑾。

《聖祖實録》卷一〇七　丙申，上回鑾。

《東華録》卷一二　〔是月〕，奉旨：「張國柱、高起隆俱行處斬，停其示衆。張足法、吴起豐、王會從寬免死，着交内務府入旗。」

《東華録》康熙三一　三月丁未，免福建侯官等二十六州縣逋賦。

《聖祖實録》卷一〇八　戊申，上回宫。

《東華録》康熙三一　庚戌，遣噶爾圖，「瓦禮祜等閲視遼河及伊爾門河，以通軍餉，置伊屯口倉。

丁巳，復設廣西蒼梧守道一，管轄桂、平、梧三府，右江巡道一，管轄柳、慶、

田三府。

《聖祖實録》卷一〇八　癸亥，上幸南苑行圍。

《東華録》康熙三一　己巳，以簡親王喇布弟雅布襲簡親王。

四月癸酉朔，上幸玉泉山。

《聖祖實録》卷一〇九　乙亥，命添造京倉厫八十一座。

《東華録》康熙三一　命提鎮諸臣宜次第入覲。

《聖祖實録》卷一〇九　丁丑，賜安南國王黎維禛御書「忠孝守邦」四大字。

庚辰，巴海留守烏喇，薩布素、瓦禮祜統兵以行，及預備馬匹於索倫，悉應遵旨。額蘇里、索倫村莊之間，應設四驛，令赴索倫理藩院大臣董其事。

《東華録》康熙三一　辛巳，諭户部：黔省【略】所有本年秋冬及來年春夏應徵地丁正項錢糧盡行蠲免。

《聖祖實録》卷一〇九　甲申，陞護軍統領殷圖爲正紅旗蒙古都統。

《東華録》康熙三一　乙酉，上幸南苑行圍。

辛卯，添設工部滿洲主事八，筆帖式十六。

《聖祖實録》卷一〇九　以公坡爾盆爲正黄旗蒙古都統。

壬辰，陞鑲白旗護軍統領塞格爲蒙古都統。

免湖廣華容、平江、安鄉三縣康熙二十一年分水災額賦十之三。

《東華録》康熙三一　癸巳，上幸玉泉山。

五月壬寅朔，上還宫。

《東華録》卷一二　議趙良棟因不急救建昌，以致陷賊，功罪相抵，無庸議叙，其標下官兵照例議叙。從之。

《聖祖實録》卷一〇九　丙午，禮部等衙門會議外任滿漢文武各官排班行禮次序。【略】從之。

《東華録》康熙三一　戊申，上幸南苑行圍。

丁巳，改甘肅慶陽府同知爲捕盜同知。

《東華録》卷一二　〔甲子〕，先是劉國軒貽書總督姚啓聖，請如琉球諸國例，稱臣入貢，啓聖以聞，上不許，趣琅進兵。

《聖祖實録》卷一〇九　丙寅，上自瀛臺回宫。

《聖祖實録》卷一一〇　六月甲戌，阿達哈哈番馬喇等以茶布往征羅刹軍前市易。上諭：茶布不必攜往，可於户部支銀四千兩，量買諸物，馳驛抵彼，換取牛羊糧米，以備軍需。勿得脅制民間，各任其便。

《東華録》康熙三一　丁丑，上幸内庫。

戊寅，調伊桑阿爲吏部尚書。

《聖祖實録》卷一一〇　庚辰，議政王大臣等遵旨議覆：閒散宗室，十五歲以上及未滿歲數、無父幼子，俱給以拖沙喇哈番俸，至革職閒散宗室，俱不准給。内革退微職章京等，或貧不能度日，聽其具呈宗人府，察明具奏，月給銀四兩。從之。

《東華録》康熙三一　癸未，上奉太皇太后出古北口避暑啓鑾。

調杭艾爲户部尚書。

《東華録》卷一二　〔是月，劉〕國軒擁衆二萬餘據守澎湖甚堅，至是施琅軍發銅山，入八章嶼，乘南潮攻澎湖，斬僞將軍沈誠等七十餘。復以大鳥船五十六，分八隊奮擊，沉其船二百，斬僞官三百餘，兵萬餘。國軒乘小舟由吼門竄去，餘衆悉降。

《聖祖實録》卷一一〇　閏六月戊午，福建總督姚啓聖題報：提督施琅進剿臺灣，克取澎湖。

《東華録》康熙三一　甲子，上奉皇太后駐蹕拜察。

《東華録》康熙三二　秋七月庚午朔，上奉太皇太后自拜察回鑾。

《聖祖實録》卷一一〇　辛卯，免甘肅靖遠衛本年分旱災額賦有差。

《東華録》康熙三二　壬辰，皇子生。周歲薨，未命名。

《聖祖實録》卷一一一　甲午，上奉太皇太后還京師。

《東華録》卷一二　〔乙未〕，吏部題：查正一真人從無賜恤致祭之例，應不准行，其恩詔誥命，應如所請。旨：「張繼宗見號真人，即着照所襲銜名給與誥命。一切僧道，原不可過于優崇，若一時優崇，日後漸加縱肆，或别致妄爲，爾等識之。」

〔丙申〕，海逆鄭克塽遣僞官鄭平英等齎降表至施琅軍前請降，琅請頒赦招撫。上勅諭鄭克塽、劉國軒、馮錫範等。

《聖祖實録》卷一一一　戊戌，出使厄魯特内大臣奇塔特等還奏。

八月戊申，陞四川、陝西總督哈占爲兵部尚書。

《東華録》康熙三二　己酉，以後本章，凡「故明」、「廢藩」字樣，應悉除之。

辛亥，上御經筵。

壬子，工部給事中許承宣奏請修葺天下學宮，以崇文教。從之。

《聖祖實録》卷一一一 復廣西省賑濟貧生學租銀米。

甲寅，議政王大臣等議：旗下兵丁貧無妻室者，官給資婚娶。無房屋者，令八旗王以下、官員人等以上有房屋四十間者，分撥一間，給與居住。無田土者，以户部所存未分撥田土撥給，并丈量王以下、官員人等以上户内田土有較原數浮溢者，令存留候撥。上曰：所議尚未盡善。每四十間撥給一間，如在住室墻垣之内，恐有未便，或别所房屋，或空地築室撥給，庶不涉於强派。其皇莊地土，未經議及，亦非公私一體之誼，應令一并丈量。若親王以下、富户以上有空閒園地房屋，情願捐輸入官者，著該部奏聞，分别議叙。

《東華録》卷一二 施琅題報：「七月十五日，鄭克塽遣僞官馮錫珪等齎降表詣軍前，請繳僞册印，率衆登岸安(札)〔插〕。臣隨遣官持榜，曉諭兵民，驗視薙髮。至臺灣地方千餘里，户口數十萬，或棄或守，伏候上裁。」

《聖祖實録》卷一一一 尋議政王大臣等議：臺灣應棄應守，俟鄭克塽等率衆登岸，令侍郎蘇拜與該督撫、提督會同酌議具奏。從之。

庚申，翰林院題覆工科給事中許承宣疏，請刊刻御制詩文。【略】勉從所議刊行。

《東華録》康熙三二 丙寅，皇子允禟生。

戊辰，上幸南苑行圍。

《聖祖實録》卷一一一 刑部等衙門遵旨議覆：歷代帝王、名臣、先賢墳墓，令地方官不時查看。倘有曾被發掘者，量爲修葺。其發掘開棺見尸，爲首者立決，爲從者立絞。發掘見棺，爲首者立絞，爲從者監候絞。發掘未至棺槨，爲首者監候絞，爲從者充發。著爲令。從之。

《東華録》卷一二 〔施琅〕又奏：「臣于八月十一日自澎湖進發，十三日入鹿耳門至臺灣。十八日，鄭克塽及僞武平侯劉國軒、僞忠誠伯馮錫範及僞文武官俱薙髮。收僞延平王金印一、招討大將軍金印一、公侯伯將軍銀印五，授克塽公爵隸漢軍正紅旗。所有成功子鄭聰等六人，克塽弟克舉等九人，僞武平侯劉國軒等子弟，俱陸續移入内地。」

《東華録》康熙三二 是月，免甘肅莊浪所雹災、慶陽衛安化縣旱災額賦十之三。

《小腆紀年》卷二〇 〔是月〕，王師取臺灣，明故延平王朱成功之孫克塽以明宗室諸王降，寧靖王術桂死之，明朔始亡。

《聖祖實録》卷一一二 九月丁丑，上諭理藩院尚書阿穆瑚瑯曰：【略】鄂羅斯國羅刹等，無端犯我索倫邊疆，擾害虞人，肆行搶掠，屢匿根特木爾等逃人，過惡日甚，朕不忍即遣大兵剿滅，屢行曉諭，令其自釋過愆，速歸本地，送還隱匿逃人。【略】此曹雖經曉諭，藐不畏法，因特遣將軍，統兵駐守黑龍江、呼馬爾等處，不許羅刹仍前恣意妄行，遇即擒殺。【略】今雅克薩尼布潮羅刹等，若改前過，將根特木爾等逃人送來，急回本地，則兩相無事，於彼爲益不淺。倘猶執迷不悟，留我邊疆，彼時必致天討，難免誅罰。如路遠難歸，傾心投誠者，朕亦納之，必加恩恤，使各得其所。爾院即遵旨，明白具文，遣招降羅刹内，宜番米海羅莫羅對執書曉諭。彼有何言？令其回奏。

《東華録》卷一二 〔戊寅〕，加施琅靖海將軍，封靖海侯，世襲罔替。

《東華録》康熙三二 己卯，上奉太皇太后啓鑾，幸五臺山。

予故吏部尚書郝惟訥祭葬，謚恭定。

癸未，敕諭厄魯特噶爾丹。

《聖祖實録》卷一一二 甲申，免寧夏平羅所水渰沙壓田賦。

免山東新城縣本年分水災額賦十之三。

《東華録》康熙三二 壬辰，諭工部：明歲甲子年，一切工程俱宜停止。

癸巳，發白金三百兩、棉四百斤，命山西巡撫穆爾賽分給所過地方貧民。

甲午，上承太皇太后慈諭，代禮諸寺。

《聖祖實録》卷一一二 刑部等衙門遵旨議覆：旗下家人莊頭等，在外倚勢害民，霸佔子女，把持衙門及拏人到家綑縛打死者，内包衣人，將該管官降級留任；王、貝勒、貝子、公家人，將該管家務官降級留任；民公、侯、伯、大臣官員家人，將伊主降級留任；係平人，鞭責。著爲令。從之。

《東華録》康熙三二 乙未，上回鑾，駐龍泉關。

《聖祖實録》卷一一二 户部議覆：羅刹歸順人機里郭禮等，應交與正白旗，編入佐領下。上曰：羅刹歸順人頗多，應令編爲一佐領，令其彼此相依，庶有資藉。

十月壬寅，予澎湖陣亡平陽總兵官左都督贈太子少保朱天貴祭葬，謚忠壯。

《東華録》康熙三二 丙午，上奉太皇太后還京師。

《東華録》卷一二 〔丁未〕，羣臣以海寇平，請上尊號，不許。

《東華録》康熙三二　戊申，皇子允䄉生。

《聖祖實録》卷一一二　陞原任副將鑲白旗佐領雷繼宗爲漢軍都統。予殉難【略】莫洛祭葬，謚忠愍。

丙辰，鑾儀衛鑾儀使趙良棟以病乞解任，命回籍調理，病痊起用。

《東華録》康熙三二　丁巳，上幸南苑行圍。

《東華録》卷一二　〔辛酉〕，乾清宫進講畢，上問理學之名，始於宋否？張玉書奏：「道理具在人心，宋儒講辨加詳耳。」上曰：「日用常行，無非此理，自有理學名目，彼此辨論，朕見言行不符者(正)〔甚〕多矣，終日講理學，而所行全與其言背謬，豈得謂之理學乎？若口雖不講，而行事自然脗合，此即真理學也。」

《聖祖實録》卷一一二　癸亥，陞寧古塔副都統薩布素爲黑龍江將軍。治理曆法南懷仁，進盛京九十度表，令永遠遵行。

乙丑，福建提督施琅疏言：舟山等處僞總兵，有兵丁船隻在海島者，俱遣人招撫，令聚集一處，以杜姦宄。上曰：施琅所奏招集各島船隻，籌畫周詳，甚爲可嘉。

《東華録》康熙三二　命吏部侍郎杜臻等往閩、粤、江、浙勘沿海邊界。

《東華録》卷一二　〔丙寅〕，祭酒王士禛請修補國學所藏《十三經注疏》、《二十一史》刻板，及飭督撫查明南監板，令學臣收貯儒學尊經閣。從之。

《東華録》康熙三二　丁卯，上幸南苑行圍。

《東華録》卷一二　〔十一月戊辰朔〕，時(董)〔董〕衛國入覲，上諭曰：「爾在外二十餘年，地方事宜知之已悉。前此用兵之際，未免騷擾閭閻。今天下承平，當思休養民力。至于興革利弊，尤在嚴飭所屬，實力奉行。爾前有勞績，朕罔不知，毋畏人言，勉圖後効。」

《東華録》康熙三二　癸酉，禮部議：雲貴二省應各録取士生二十五名，其土司隸貴州者附貴陽等屬府學，隸雲南者附雲南等屬府學，不准科舉，亦不補廩出貢。從之。

《東華録》卷一二　〔甲戌〕，命尚書薩穆哈往勘〔山西地震〕被傷人數確議拯救以聞。

《聖祖實録》卷一一三　丁丑，上召入大學士等，問曰：所修明史若何？【略】上曰：史書永垂後世，關係最重，必據實秉公，論斷得正，始無偏詖之失，可以傳信後世。夫作文豈有一字一句，不可更改者，當彼此虚心，互相推究，即如朕所製之文，亦常有參酌更定之處。今觀翰林官所撰祭文碑文，亦俱不樂改易，若不稍加更定，恐文章一道，流於偏私矣。爾等將此諭，傳示修史各官知之。

《東華録》康熙三二　庚辰，尚之考革去職銜，隸旗下。

丙戌，命改雲南省平遠、黔西二府爲州。

戊子，以平定海寇，上親往孝陵祭告。

庚寅，上謁孝陵。

《聖祖實録》卷一一三　癸巳，上巡幸邊界，駐蹕羅文峪。

《東華録》康熙三二　十二月庚子，上還次湯泉。

辛丑，上回鑾。

《聖祖實録》卷一一三　丙午，九卿、詹事、科道議覆左都御史徐元文疏，【略】請自今丁憂之官，無錢糧舛誤，即聽奔喪。【略】從之。

丁未，刑部【略】得旨，陸道清著即處斬，其妻子財産，從寬免入官，父母祖孫兄弟俱免流徙。

己酉，差往山西查勘地震工部尚書薩穆哈等疏言：崞縣、忻州、定襄、五臺、代州五州縣，振武衛一衛，被災人民共賑過銀九千八百六十五兩。下所司知之。

壬子，陞護軍統領紀爾他布爲正紅旗蒙古都統。

《東華録》康熙三二　甲寅，吏部奏：【略】嗣後按察使員缺，將參政、副使、參議、僉事四項道員不論歷俸已滿未滿、有無罰俸，一體會推。從之。

乙卯，日講《易經解義》成，御製序文頒行天下。

諭議政王大臣等：【略】自後元旦賜宴，應改滿席爲漢席。

以王鴻緒爲内閣學士。

《聖祖實録》卷一一三　丙辰，諭户部：陝西西安、甘肅等處，【略】康熙二十三年應徵地丁各項錢糧著蠲免三分之一，以昭朕睠念民生勞苦之意。又山西崞縣、忻州、定襄、五臺、代州、振武衛，新經地震，被災頗重，雖經遣官賑濟，仍應量行加恩，以示軫恤。其被壓身故民人，所有康熙二十三年應徵地丁錢糧，著與全免。其房舍倒壞，力不能修者，丁銀全免。地畝錢糧，著免十分之四。

《東華録》康熙三二　工部尚書朱之弼、左都御史徐元文以會推湖廣按察使員缺，所舉非人，各降三級調用。

壬戌，上幸南苑行圍。

癸亥，上還宫。

是歲，朝鮮、琉球來貢。

康熙二三年（甲子、一六八四）

《東華録》康熙三三　正月辛巳，上幸南苑行圍。

《聖祖實録》卷一一四　癸未，上還宮。

丙戌，封和碩安親王岳樂子袁端爲多羅勤郡王，多羅貝勒魯克度子魯賓爲固山貝子。

《東華録》康熙三三　以杜臻爲工部尚書。

《東華録》卷一三　〔丁亥〕，施琅奏：「臺灣地數千里，人民數十萬，棄之必爲外國所據，請設鎮守官弁。」

《東華録》康熙三三　飭内外問刑官毋非法拷訊。

壬辰，命整肅朝會筵宴禮儀。

乙未，調陳廷敬爲吏部左侍郎，管右侍郎事。

《聖祖實録》卷一一四　丙申，王國安陞補浙江總督，徐國相陞補湖廣總督，王新命調補江寧巡撫。

《東華録》康熙三三　二月乙巳，上御經筵。

《聖祖實録》卷一一四　己酉，以左副都御史趙士麟爲浙江巡撫，太常寺卿薛柱斗爲安徽巡撫。

庚戌，内閣及各部院寺等衙門，遵旨糾參才力不及，暨狂妄行事，内閣侍讀王三省等三十八員，分别降革有差。

癸丑，上巡幸畿甸，命皇太子允礽隨駕。

《東華録》卷一二　〔己未〕，起慕天顔爲湖廣巡撫。

《東華録》康熙三三　丙寅，上還駐南苑。

《聖祖實録》卷一一四　三月戊辰，上回宮。

壬申，以福建投誠僞將軍劉國軒爲直隸天津總兵官。

《東華録》康熙三三　癸酉，上校閲八旗文武大臣官員騎射，自是日始以次幸八旗演武場。

丙子，正陽門外民居火，上御正陽門樓，遣内大臣侍衛撲滅之。

癸未，河南饑，命有司開常平倉賑濟。

壬辰，命察宗室及八旗大臣官員緣事閒廢者，量予録用。

《聖祖實録》卷一一四　癸巳，嗣後部院各衙門中書、筆帖式缺出，俱令考試補授。

《東華録》卷一三　九卿議：賑濟直隸、河南，請暫開捐，三個月停止。旨：捐納事例無益，不准行。

《東華録》康熙三三　夏四月丁酉，遣官察賑河南。

庚子，禁各省駐防滿洲兵於戍所置田産，立墳墓。

《聖祖實録》卷一一五　辛丑，上幸玉泉山駐蹕。

甲辰，刑部尚書喀爾圖以年老乞休。允之。

《東華録》康熙三三　丁未，上還宮。

《東華録》卷一三　〔己酉〕，設臺灣一府三縣，巡道一員，總兵官一員，副將二員，兵八千。設澎湖副將一員，兵二千。

《聖祖實録》卷一一五　辛亥，九卿等議覆工部侍郎金世鑑疏，言【略】浙江沿海地方，請照山東等處見行之例，聽百姓以裝載五百石以下船隻往海上貿易捕魚，預行稟明該地方官登記名姓，取具保結，給發印票、船頭烙號。其出入，令防守海口官員驗明印票，點明人數，至收税之處，交與該道。計貨之貴賤，定税之重輕，按季造册報部。至海口官兵，請於温、台二府戰船内各撥二十隻，平定臺灣所獲哨船撥八十隻，令其分泊，防守巡邏。俱應如所請。從之。

《東華録》康熙三三　癸丑，以諾敏爲刑部尚書。

《東華録》卷一三　以旱，命大學士王熙等審理刑部重犯。

《聖祖實録》卷一一五　癸亥，靖逆將軍侯甘肅提督張勇病篤，上命其子大理寺卿張雲翼馳驛，同御醫前往調治。

《東華録》卷一三　五月丙寅朔，上諭大學士等曰：「前輔臣時有包衣佐領下一人，外作善狀，内懷凶惡，卒爲强盜，於通州被擒。有包衣人見之云：『爾不悛改，今事發矣。』因歷數其惡，以鞭鞭之。後鞫審時，啣恨扳陷包衣人同爲强盜。同夥皆云『勿妄陷無辜』，其人不聽，此包衣人竟坐法。由此觀之，天下此等事不少，朕常以此爲念，遇有重罪，必反復推詳，下部再議，此寧失出無失入之意也。」

《聖祖實録》卷一一五　丁卯，調浙江總督王國安爲福建總督，裁浙江總督缺。

《東華録》康熙三三　己巳，纂修《大清會典》。

《聖祖實録》卷一一五　丁丑，予故江南、江西總督于成龍祭葬，謚清端。

《東華録》卷一一三　壬午，九卿、詹事府、科道、遵旨舉出清廉各官：直隸巡撫格爾古德，吏部郎中蘇赫、范承勳，江南學道趙崙，揚州府知府崔華，兖州府知府張鵬翮，（寧）［靈］壽縣知縣陸隴其等。

《聖祖實録》卷一一五　癸未，議政王大臣等遵旨議覆：廣東查看尚之信家産侍郎宜昌阿，及巡撫金儁等分别定罪。上曰：宜昌阿、金儁、宋俄託、卓爾圖、尚之璋、寧天祚、王瑜等俱依擬應斬，王永祚依擬應絞，俱監候秋後處決。

以原任寧古塔將軍阿達哈哈番巴海爲鑲藍旗蒙古都統。

《東華録》康熙三三　甲申，上出古北口避暑。

《東華録》卷一一三　上諭兵部：「據阿達哈哈番馬喇等奏取羅刹田禾，當不久自困。又侍衛關保來奏，將軍薩布素等亦以取羅刹田禾爲然。是羅刹盤據雅克薩尼布潮惟賴耕種，若田禾爲我所取，誠難久存，着令薩布素等酌議，或由陸路進，以所刈禾投江下流，或水陸並進，以所刈禾船載以歸。」

《東華録》康熙三三　六月壬寅，上駐蹕蘇貝昂阿柏爾車爾，諭從臣約束傔從，毋踐禾苗。

《聖祖實録》卷一一五　丁未，中山王尚貞【略】願令陪臣子弟四人，赴京受業，【略】入監讀書。從之。

《東華録》卷一一三　（甲寅），暹羅國王森列拍臘照古龍拍臘馬嘑陸坤司由提呀菩挨遣陪臣坤孛述烈瓦提等賫表進貢。

《聖祖實録》卷一一五　諭副都統巴圖、一等侍衛阿南達等：【略】著通行曉諭所過地方蒙古人等，有鰥寡孤獨，老病不得其所者，令其來見，加恩賞賚。且因其來見，朕亦可以悉其生計。嗣是，每日諸蒙古人等，各扶老攜幼至行宫前叩首。上命其中曉事者進見，詳問年齒生理，又降温旨，均賜壺飧，酌量給與銀兩布疋。

乙卯，上御額爾通阿拉所設黄幄，閲視馬駝牛羊牧羣。

丁巳，上諭大學士等曰：【略】學士湯斌【略】可補授江寧巡撫。

《東華録》康熙三四　七月己巳，予故福建總督施維翰祭葬，謚清惠。

《聖祖實録》卷一一六　乙亥，奉差福建、廣東展界内閣學士席柱復命。

《東華録》康熙三四　以宋德宜爲文華殿大學士。

《聖祖實録》卷一一六　丙戌，召問學士席柱曰：「朕前日未曾問及提督萬正色、施琅，伊等品行若何？」

八月庚子，以内閣學士阿哈達爲直隸巡撫。

丙午，免山西遼州榆社縣康熙二十三年分水災額賦有差。

琉球國中山王尚貞【略】進貢。

《東華録》康熙三四　戊申，上還京師。

辛亥，調李之芳爲吏部尚書。

《聖祖實録》卷一一六　壬子，贈故少傅兼太子太師靖逆將軍侯甘肅提督張勇爲少師，仍兼太子太師，予祭葬，加祭二次，謚襄壯。

陞鑲白旗蒙古副都統博霽爲蒙古都統。

甲寅，得旨：滿洲都統、副都統缺出，著開滿洲補授之蒙古、漢軍都統、副都統，其蒙古都統、副都統缺出，不必開列滿洲補授之漢軍都統、副都統。

《東華録》康熙三四　大學士李霨卒。

乙卯，刑部尚書魏象樞以病再奏乞休。允之。

《聖祖實録》卷一一六　丁巳，議政王大臣等遵旨甄别正紅旗滿洲副都統噶哈、鑲白旗滿洲都統馬緝【略】應革職。上曰：【略】餘俱依議。又奏正白旗漢軍都統賽音達禮【略】等，皆庸劣不能勝任，應解任。從之。

宗人府【略】得旨：親王諸子著授爲貝勒，郡王諸子著授爲貝子。

《東華録》康熙三四　戊午，裁京口右路總兵。

己未，上御經筵。

《聖祖實録》卷一一六　九月甲子朔，予【略】李霨祭葬，【略】謚文勤。

《東華録》康熙三四　九卿等議覆御史李時謙奏，今歲逢上元甲子，請停止秋審。從之。

丙寅，以張士甄爲刑部尚書。

《聖祖實録》卷一一六　調鑲白旗蒙古都統博霽爲滿洲都統。

開採銅觔，聽民自便，地方官仍不時稽察，毋致争鬭搶奪，藉端生事，致滋擾害。

丁卯，命户部尚書梁清標以原銜管兵部尚書事，以左都御史余國柱爲户部尚書。

《東華録》康熙三四　庚午，江甯巡撫湯斌陛辭。

以阿喇尼爲理藩院尚書。

《聖祖實録》卷一一六　命嗣後别部尚書缺出，不必調補。

《東華録》康熙三四　癸酉，以陳廷敬爲左都御史。

《聖祖實録》卷一一六　丁丑，免湖廣江夏等三縣及沔陽衛本年分水災額賦有差。

《東華録》康熙三四　庚辰，裁廉州總兵官，改設遊擊一。

《東華録》卷一三　〔丁亥〕，以東巡頒詔天下恩欵十二條。

辛卯，〔上〕啓行。

十月庚子，上幸濟南府，至趵突泉亭，大書「激湍」二字，又書「清漪」二字於珍珠泉。

壬寅，至泰安州，登泰山極頂，書「雲峯」二字，又書「普照乾坤」四字，建亭懸于孔子小天下處。

《東華録》康熙三四　癸卯，上祀東嶽。

《聖祖實録》卷一一七　庚戌，諭河道總督靳輔：黄河屢次衝決，久爲民害，朕欲親至其地，相度形勢，察視隄工。即於今日前往。

辛亥，駕發宿遷，夾道叩閽者甚衆。上諭侍衛等曰：此斷不可收覽。

上駐蹕桃源縣衆興集。

上臨閲黄河北岸諸險工，諭河道總督靳輔。

壬子，上臨視天妃閘，水勢湍急，指授河臣，改爲草壩，另設七里、太平二閘以分水勢。

《東華録》康熙三四　上登舟，是日過清河縣、淮安府。

甲寅，御舟過高郵湖。

乙卯，御舟自儀真渡揚子江，泊鎮江府西門外。

《東華録》卷一三　丙辰，上登金山，遊龍禪寺，御書「江天一覽」四字。又幸焦山，遂幸蘇州府。

《東華録》康熙三四　丁巳，弛海禁，惟不得以火藥、軍器出洋。

戊午，上駐蹕蘇州府。

己未，上幸虎邱。

庚申，上幸惠山。

《東華録》卷一三　十一月〔壬戌朔，上〕幸江寧府。

《聖祖實録》卷一一七　癸亥，遣内閣學士席爾達祭明太祖陵，御製祝文。

《東華録》康熙三四　賜從官表裏。

甲子，申命江南督撫護明太祖陵。

《東華録》卷一三　〔乙丑，上〕自江寧回鑾。〔丁卯〕，御舟〔由〕〔泊〕江都縣邵伯鎮，命吏部尚書伊桑阿、工部尚書薩穆哈往視海口。

《東華録》康熙三四　辛未，上黎明登岸，臨閲高家堰隄工。

《聖祖實録》卷一一七　壬申，上駐蹕宿遷縣。

上閲南岸煙墩險工，過白洋河，居人老幼數千，跪迎隄畔，其年老貧寒者，各賜白金。

甲戌，免河南磁州、安陽、湯陰三州縣本年分雹災額賦有差。

《東華録》卷一三　〔丁丑，上〕經泗水東境，幸泉林寺。上指示曰：「此當是子在川上處。」

《東華録》康熙三四　戊寅，駕幸曲阜。

《聖祖實録》卷一一七　己卯，上御輦，設鹵簿，詣先師廟，至奎文閣前，降輦，步入大成門，至大成殿，樂作。上行三跪九叩禮，四配、十哲、兩廡，從官分獻。

上幸詩禮堂，【略】監生孔尚任進講《大學》聖經首節。舉人孔尚鈜，進講《易經》繫辭首節。【略】上步至大成殿，肅瞻聖像。【略】復至大成殿前，命大學士等宣諭。【略】至杏壇，【略】復入承聖門，觀堂前太初石、唐槐及銀杏樹。升詩禮堂，【略】於堂後觀孔宅遺井，命汲水嘗之。【略】上詣孔林，於洙泗橋，下馬步行，至墓前酹酒，行三叩禮，上閲墓碑。【略】仍命曲阜縣康熙二十四年地丁銀，盡行蠲免。

《東華録》康熙三四　庚寅，上還京師。

十二月壬辰朔，贈故江南、江西總督于成龍太子太保。

甲午，予故致仕禮部尚書帥顔保祭葬。

《聖祖實録》卷一一八　戊戌，上諭大學士等，漕運總督邵甘，人平常，著革職。

庚子，賜江南安徽按察使于成龍之父，原任阿達哈哈番于得水，貂裘披領。

《東華録》卷一三　九卿等議覆：「伊桑阿等勘閲海口一疏，請勅下河臣親

往車路、串場等河，並白駒、丁溪、草堰等口，逐一確勘，作何挑濬深闊，使高郵等州縣減水壩一帶運河水口，引流入海。」得旨：「靳輔現在督理黄河堤岸，又令兼海口，必致兩（處）〔誤〕，應另差官督理。」

《聖祖實録》卷一一八　癸卯，議政王大臣等會議，黑龍江地方將士，應遣大臣一員統轄。又彼處田地，應遣户部大臣一員監督耕種。上曰：【略】公瓦山素諳行師，以之遣往，必能勝任。護軍統領佟寶、佛可託，皆堪効力之人，可令公瓦山爲首統轄，佟寶、佛可託爲參贊遣往，其監督耕種，著侍郎薩海去。

《東華録》康熙三四　甲辰，鄭克塽等至京，上念其納土歸誠，授鄭克塽公銜，劉國軒、馮錫范伯銜，俱隸上三旗。

《聖祖實録》卷一一八　乙巳，調户部尚書杭艾爲禮部尚書。以左都御史科爾坤爲户部尚書。

《東華録》康熙三四　丙午，直隸各省軍流人犯【略】嗣後著過嚴寒之時發遣。

《聖祖實録》卷一一八　免江南宿遷縣本年分旱災額賦有差。

以工部右侍郎徐旭齡爲漕運總督。

〔丁未〕，吏部等衙門遵旨會議：學政關係文教，造就人才，嗣後停其論俸補授。

《東華録》卷一三　〔戊申〕，以安徽按察使于成龍經理海口及下河事務，一切事宜申詳靳輔具題。

《聖祖實録》卷一一八　己酉，免江西分宜等十五縣，并袁州、安福二衛所，康熙二十二年分旱災額賦有差。

《東華録》康熙三四　庚戌，工部遵旨議奏：黄河、運河隄岸衝決，河流遷徙者，照舊例處分。止於漫決，河流不移者，若在限年之内，令經修官賠修；如過年限，令防守官賠修，永爲定例。從之。

丙辰，上以歲除，親祭孝陵，啓鑾。

丁巳，上謁孝陵。

戊午，上回鑾。

《聖祖實録》卷一一八　己未，上回宫。

康熙二四年（乙丑、一六八五）

《東華録》康熙三五　正月乙亥，上幸南苑行圍。

丁丑，上還宫。

《東華録》卷一三　〔癸未〕先是，（恩）〔因〕將軍薩布素等不能及時進取羅刹田禾，降旨責之。命都統公瓦山等與薩布素等詳議應否攻取雅克薩城。至是會奏：「我兵于四月杪水陸並進，抵雅克薩城招撫，不納欵則攻其城。倘萬難克取，即遵前旨，毁其田禾以歸。」議從之。又諭王大臣等：「兵非善事，不得已而用之。向者羅刹無故犯邊，收我逋逃，後漸越界而來，擾害索倫、赫哲、飛牙喀、奇勒爾諸地，剽劫人口，搶虜村莊，攘奪貂皮，肆惡多端。是以屢遣人宣諭，復移文來使，羅刹竟不報命，反擾害益甚。爰發黑龍江兵扼其往來之路，羅刹又竊據如故，不送還逋逃，應即剪滅。今大將軍逼臨雅克薩城，姑再以朕諭旨，宣布羅刹，倘仍抗拒，則大兵相機而行。」因命都統公彭春統兵，副都統班達爾沙偕佟寶等參贊，侍郎薩海仍令督耕。

《東華録》康熙三五　乙酉，召試翰詹諸臣於保和殿。上親甲乙之，其不稱者改官。

《東華録》卷一三　〔丁亥〕，給事中楊爾淑疏請應試及順天鄉試四書題俱乞欽定。從之。

《東華録》康熙三五　戊子，遣鑾儀使侯林興珠赴公彭春軍參贊軍務。

己丑，上幸玉泉山。

《聖祖實録》卷一一九　二月壬辰，以都察院左副都御史崔澄爲直隸巡撫。

《東華録》康熙三五　乙未，上還宫。

《聖祖實録》卷一一九　丙申，工部等衙門遵旨會議河道總督靳輔題修減水諸壩，【略】應否建造。【略】得旨：【略】此事著差曾經看閱河道諳練河工司官一員，速往與靳輔詳議。若建壩分水不致多損民田，著一面興工，一面具題。倘水無所歸，多致淹没民田，著會同該地方督撫等官確議具奏。

丁酉，諭吏部：【略】今將翰林各官特行考試，朕親加詳閱，分别次第，以示勸懲。徐乾學、韓菼、孫岳頒、歸允肅、喬萊，學問優長，文章古雅，宜加賞賚，以示獎勵。彭孫遹等，文學亦通，著照舊供職，益勤研究，以底精純。周之麟、崔如岳、龐塏、錢中諧、顏光猷、李元振、費之逵、李復泌、劉果實、劉芳喆，文理荒疎，未嫻體式，難勝厥任。除李元振、劉芳喆已經降調，其餘俱著對品調用。爾部即遵諭行。

《東華録》卷一三　〔庚子〕，上以周公承接道統，功德茂著，授後裔五經博

士，撥給祀田，修葺廟宇。

《東華録》康熙三五　癸卯，上御經筵。

《聖祖實録》卷一一九　甲辰，吏部題：廣西巡撫施天裔，將康熙二十年、二十一年存貯倉庫銀米捏稱民欠具題，應照朦隱例革職。從之。

乙巳，上巡幸畿甸，命皇太子允礽隨駕。

丙午，諭大學士明珠曰：《太祖實録》先以小本兼滿漢字迅速繕寫送進，朕將恭覽焉。若待白鹿紙謄寫大本《實録》同進，則爲時太遲矣。

《東華録》康熙三五　己未，上還次南苑。

以范承勳爲廣西巡撫。

庚申，上還宮。

《聖祖實録》卷一二〇　三月辛酉朔，上諭大學士等曰：光禄寺估計價值等項，頭緒甚多，各物俱照時價，須詳察估計，使公私俱便，釐剔諸弊，逐一定爲條欵，以便永久遵行，則國課不致妄費。户部儲有餘財，凡遇有旱澇，可以酌量賑濟蠲免，無所顧慮，民間不致困苦，大有裨益。

壬戌，禮部【略】得旨：孔子聖集大成，道隆德備，參兩天地，卓冠古今，歷代帝王咸取師法。朕研精經籍，志切欽崇，應勒廟碑，朕俱親行撰文書寫，以昭景行尊奉至意。

《東華録》卷一三〔癸亥〕，副都統史張可前請將駕幸闕里御書「萬世師表」匾額，勒石頒給各省府州縣學懸掛。從之。

《東華録》康熙三五　詔修《賦役全書》。

丙寅，詔修南巡所過地方城垣圮壞者。

戊辰，上考試滿洲官員繙譯，召大學士明珠、提督麻勒吉、學士常書至養心殿，令閲卷。

己巳，賑直隸順德、廣平、真定府屬饑。

《聖祖實録》卷一二〇　庚辰，策試天下貢士陸肯堂等一百二十一人于太和門前。

辛巳，上諭大學士等：朕南巡時，見閭閻疾苦，深爲軫念。【略】今國帑充足，朕欲蠲免直隸各省明歲錢糧，以紓民困。

《東華録》康熙三五　癸未，賜陸肯堂等一百二十一名進士及第、出身有差。

丁亥，福建提督侯施琅奏請恤賞進勦澎湖傷亡兵丁。【略】上諭【略】此後著一概速行議恤。

《聖祖實録》卷一二〇　夏四月辛卯，授宋儒周惇頤後裔五經博士世職。

《東華録》康熙三五　九卿等議覆差往閲河郎中杭靄奏，毛城鋪等處建造閘壩，有益黄河隄岸運道民生等語，應令總河靳輔乘時建造。從之。

《聖祖實録》卷一二〇　癸巳，議政王大臣等會議：今海内一統，寰宇寧謐，滿漢人民俱同一體，應令出洋貿易，以彰庶富之治。得旨：開海貿易，原欲令滿漢人民各遂生息，倘有無藉棍徒倚勢横行，借端生事，貽害地方，反爲不便，應嚴加禁飭。如有違法者，該督撫即指名題參。

《東華録》康熙三五　乙未，甘肅巡撫葉穆濟奏：甯夏靈州民隱官地萬一千餘畝，應追其價及所漏地税。上特免之。

《聖祖實録》卷一二〇　戊戌，吏部等衙門題：禮部尚書杭艾，【略】應將尚書、佐領、拜他喇布勒哈番、又一拖沙喇哈番俱革去。從之。

户部議覆順天府府尹張吉午疏，請自康熙二十四年始，凡民間開墾田畝，永免圈取。應不准行。上諭大學士等曰：凡民間開墾田畝，若圈與旗下，恐致病民，嗣後永不許圈。如旗下有當撥給者，其以户部見存旗下餘田給之。

《東華録》卷一三　副都統馬喇等言：「臣遣打虎兒副頭目倍勒爾等往雅克薩城北，生擒羅刹七人回，遞送至京。」

《東華録》康熙三五　己亥，上幸玉泉山。

《東華録》卷一三〔辛丑〕，蠲免直隸八府康熙二十三年未完地丁錢糧，其順、永、保、河未經圈佔地方，及真、順、廣、大等處二十四年應征地丁各項正賦，俱免三之一。

《聖祖實録》卷一二〇　調兵部尚書哈占爲禮部尚書。

《東華録》康熙三五　甲辰，上還宮。

戊申，命旗人户絶者別旗近支承祀。

禮部議准福建總督王國安奏，外國進貢船隻，請抽税令其貿易。應如所請。上諭大學士等：外國進貢船隻，若行抽税，殊失大體，且非朕柔遠之意。

《聖祖實録》卷一二〇　丙辰，命廣東花山地方設立縣治。

《東華録》康熙三五　丁巳，御製《檜樹賦》，勒碑闕里孔廟。

是月，免山東濟甯、海豐、霑化水災，江南徐州、江西宜春等四縣衛前年被水

額賦有差。

《聖祖實録》卷一二一　五月丙寅，皇子允禌生。

《東華録》康熙三五　己卯，遣官賑阿霸垓部衆。

《聖祖實録》卷一二一　癸未，皇子允祚薨。

《東華録》康熙三五　免追隨征四川兵長支月餉。

命大學士勒德洪、王熙等修《政治典訓》。

《聖祖實録》卷一二一　甲申，諭户部：原任廣西巡撫郝浴，【略】其所動錢糧，非係入己，從寬悉免追取。

《東華録》康熙三五　戊子，考試漢軍官員於太和門。

《聖祖實録》卷一二一　己丑，調吏部尚書伊桑阿爲兵部尚書。

《東華録》康熙三五　是月，免山東臨清等二州旱災，湖廣沔陽州水災田租及湖廣黄岡等十一州縣去年旱災賦。

《聖祖實録》卷一二一　六月庚寅朔，上巡幸塞外，命皇太子允礽、皇長子允禔隨駕。是日啓行。

《東華録》卷一三　〔癸巳，上〕出古北口，途次侍郎明愛遣撥什庫馳報稱：「都統公彭春等帥師抵雅克薩城下，遵諭旨宣示不忍加誅洪恩，羅剎不肯還歸。於是分水陸兵爲兩路，將神威將軍等火器移置于前，五月二十五日並進急攻，羅剎城守城頭目額里克舍等勢〔迫〕乞降，將羅剎所部官兵及婦女童稚，立視還歸，收回逃人，恢復雅克薩城。」以捷音傳知諸大臣。

《東華録》康熙三五　丁酉，上【略】命回鑾。

戊戌，上還京師。

庚子，復各省廩生餼糧三之一。

乙巳，上巡幸塞外，啓鑾。

《聖祖實録》卷一二一　己酉，裁浙江杭嘉湖道、甯紹道二缺。

《東華録》康熙三五　丁巳，恤台州等處陣亡兵。

是月，免山西邢臺等二十州縣去年旱災賦。

《東華録》卷一三　七月〔壬申〕，郎中包奇遵旨以五尺〔紬〕〔細〕文詳加丈量，自吉林烏喇城至黑龍江城共一千三百四十里，應設十九驛。從之。

《東華録》康熙三六　丁亥，頒《四書》、《易》、《尚書》講義於白鹿洞書院。

八月庚寅，以姚締虞爲四川巡撫。

《聖祖實録》卷一二一　丙申，上駐蹕伊瑪圖地方。

傳諭八旗察哈爾官兵。

辛丑，宿遷縣士民陸爾謐等叩閽：縣有暫加三餉，缺額丁銀、缺額糧地及曠土虚糧，四項包賠之苦，籲請豁免。【略】尋議：暫加三餉一欵，徵收與各州縣同，不便獨蠲。至缺額糧地、續報曠土，悉予蠲除。其缺額丁銀，應暫停徵，以待招徠之後起徵。從之。

《東華録》康熙三六　丙午，上駐蹕拜巴哈昂阿。

賜翁牛特官兵治道者銀幣。

乙卯，上駐蹕烏爾格蘇台。

《聖祖實録》卷一二二　九月戊午朔，上至博洛和屯，和碩裕親王福全遣人奏：【略】太皇太后偶爾違和。【略】上即星夜回鑾。

《聖祖實録》卷一二二　丙寅，上御經筵。

《東華録》康熙三六　己未午刻，上還京師。

《東華録》康熙三六　戊辰，命户部侍郎蘇赫察賑淮揚被災地方。

《聖祖實録》卷一二二　辛未，諭吏部：督撫藩臬，官資相近，請託易行，每逢大計，各省督撫多以藩臬舉報卓異，不無結納徇情之弊，著通行禁止。

《東華録》卷一三　〔壬申〕，御史錢〔鈺〕〔珏〕遵旨指實陳奏：山西巡撫穆爾賽多加文水等縣火耗，嫁女時索屬員禮物，革職通判張謙交結該撫家人，妄詐屬官財賄，布政使那鼐收兑多征銀兩事。九卿等覆請將穆爾賽、那鼐提至京師嚴訊。從之。

〔甲戌〕，靳輔言：「臣赴河南確勘黄河兩岸工程，如考城、儀封等縣，應築堤工共長七千九百八十九丈，封邱縣荊隆口應築〔九〕〔大〕月堤三百三十丈，滎澤縣應築修堤工二百一十丈。此工告成，不特河南無虞，又可爲江南保障。」從之。

《東華録》康熙三六　乙亥，上遵太皇太后諭往白塔寺進香。

《聖祖實録》卷一二二　己卯，陞都察院左都御史達哈他爲吏部尚書。

辛巳，贈故奮威將軍陝西提督王進寶太子太保，予祭葬，謚忠勇。

《東華録》卷一三　〔甲申〕，王大臣遵旨議覆：「墨爾根地方最爲緊要，應築城設兵，令將軍薩布素及副都統一員駐劄。黑龍江設副都統一員，駐防兵五百。」從之。

《聖祖實録》卷一二三　上【略】令温代、納奏駐防黑龍江，副都統博定築城。

築城兵丁外，再量增夫役，兼令種地。

丁亥，諭大學士等：凡可一次會題完結之事，嗣後不必兩三次具題。

《東華録》卷一三　部議：江蘇巡撫湯斌言，常州降調知府祖進朝請留原任，應不准行。得旨：「設官原以愛養民生，湯斌保奏祖進朝清廉，地方百姓莫不同聲懇留，可從所請，以勸廉吏。」

《東華録》康熙三六　冬十月戊子朔，命廣東開鑪鼓鑄。

《聖祖實録》卷一二二　庚寅，吏部議覆：【略】督撫保舉、薦舉府州縣官，須令第一條實填「無加派火耗」字樣，第二條實填「實心奉行上諭十六條每月吉聚鄉村鄉約講解」字樣，餘條仍照舊例開具實蹟。應如所請。【略】從之。

《東華録》康熙三六　甲午，賜徐憲武等九十六人武進士及第、出身有差。

丁酉，上幸南苑行圍。

《聖祖實録》卷一二二　戊戌，上回宮。

己亥，以江寧將軍瓦岱爲鑲黄旗滿洲都統。

《東華録》卷一三　〔癸卯〕，工部進呈修〔治〕京城道塗册籍。上曰：「工價支給尚少，宜稍增加。至修治小路，若責之居民，則貧人苦累矣。今如大路估算，亦以錢糧給之。」

《聖祖實録》卷一二二　戊申，部議：巡撫韓世琦應革職。從之。

庚戌，兵部議：都統公彭春等招撫雅克薩城羅刹，應作頭等軍功。上諭【略】著爲頭等第一軍功。

《東華録》卷一三　命靳輔及按察使于成龍馳驛來京，與九卿等詳議〔河工事務〕。

《東華録》康熙三六　癸丑，上幸南苑行圍。

乙卯，上還宮。

《聖祖實録》卷一二三　十一月丁巳朔，命設浙江滿洲理事同知一員。

《東華録》卷一三　〔庚申〕，免河南、湖北康熙二十五年地丁各項之半，及二十四年未完地丁錢糧。(及)〔又〕直隸獻縣、河間縣、河間衛，江南宿遷、興化、邳州、高郵、鹽城，山東郯城、魚台今年重罹水災，所有康熙二十四年下半年、二十五年上半年地丁各項悉免之。

《聖祖實録》卷一二三　調鑲白旗蒙古都統莽奕禄爲滿洲都統，陞前鋒統領塔爾代爲鑲白旗蒙古都統。

壬戌，陞護軍統領伯莽喀爲鑲紅旗蒙古都統。

庚午，九卿等議覆：原任山西巡撫穆爾賽應立絞。得旨：【略】姑改爲監候，秋後處決。

癸酉，命扎薩克喇嘛垂木珠爾拉木扎木巴、得木齊商南多爾濟、副都御史拉篤祜等齎敕往諭達賴喇嘛。

《東華録》康熙三六　甲戌，先是，上諭兵部：國家武備不可一日懈弛，【略】朕於十八日將親閲焉。【略】至是，上由午門出宣武門，【略】前鋒官軍，自蘆溝橋夾道分列，至王家嶺山麓。【略】上乃登王家嶺，升御座。

《東華録》卷一三　〔丙子〕，大學士等奏：靳輔、于成龍來京，臣等遵旨問河工事宜。靳輔議開大河，建長堤，高一丈五尺，束水一丈，以敵海潮。于成龍議開濬海口故道，議不畫一。臣等從靳輔議，通政參議陳其範，科道王又旦、錢(鈺)〔珏〕等從于成龍議。上命(傅)〔傳〕問高、寶、興、鹽、山、江、泰七州縣現任京官，本地人所見必確，兩説孰是，直言無隱。

〔丁丑〕，召問起居注官侍講喬萊河工事宜。喬萊奏曰：「從于成龍議工易成，百姓有利無害；從靳輔議，工難成，田廬墳墓傷損多，且堤高一丈五尺，束水一丈，比民間屋簷更高，後或一旦決潰，爲害不淺。」上曰：「朕欲拯救生民耳，若有害于民，如何可行？于成龍所請錢糧不多，又不害民，姑從其議，着往興工。」

〔戊寅〕，命工部尚書薩穆哈、學士穆稱額速往〔淮安、高郵等處〕，會同徐旭齡、湯斌詳問地方父老回奏。

《聖祖實録》卷一二三　諭曰：嗣後反叛旗丁，仍如例交該管衙門，其奴僕俱發户部入官，著爲例。

《東華録》康熙三六　十二月庚寅，皇子允祹生。

《聖祖實録》卷一二三　以多羅貝勒察尼爲奉天將軍。

辛卯，内閣、禮部遵旨議覆：賞賚外國例，朝鮮、西洋、荷蘭，賜物素厚，不必復增。及暹羅王妃賞賜，亦仍如常遵行。嗣後琉球國王應增緞三十疋，安南國王增緞二十疋，暹羅國王增緞十六疋，凡表裏各五十疋，吐魯番亦增緞六疋。從之。

《東華録》康熙三六　甲午，宗人府、禮部遵旨議覆：王等應用金黄色馬韁。【略】得旨：郡王之長子、貝勒、貝子著用紫色馬韁，餘如議。

《聖祖實録》卷一二三　戊戌，山東巡撫張鵬，疏請曲阜縣顔氏地畝照孔氏

例，從輕徵糧，以昭朝廷優恤聖賢後裔之意。從之。

免湖南茶陵、湘鄉、邵陽等州縣本年分旱災額賦有差。

免山東濟寧州本年分水災額賦有差。

《東華録》康熙三六　己亥，上以歲暮致祭孝陵啓鑾。

庚子，上謁孝陵。

辛丑，上詣孝陵，於隆恩殿行大祭禮。【略】上回鑾。

《聖祖實録》卷一二三　癸卯，上回宮。

《東華録》康熙三六　是歲，朝鮮、琉球來貢。

康熙二五年（丙寅、一六八六）

《聖祖實録》卷一二四　正月丙寅，先是，理藩院奏厄魯特巴圖爾額爾克濟農攜其屬七百八十人將至，遣官往迎。上曰：巴圖爾額爾克濟農所屬，亦限以二百人入關，餘者留歸化城，則見在噶爾丹之貢使可無辭矣。茲當嚴冬之際，行李、牲畜盜賊可虞。歸化城都統古睦德見以年節來覲，可令速回監視。著遣户部、理藩院司官各一員，前往宣化府優給供應。至是，巴圖爾額爾克濟農至京朝見。

壬申，差副都統馬喇等往黑龍江督理農務。因諭之曰：農事關係兵餉，須積貯充足。其在驛遞人夫，亦令合力播種、屯田。爾等前往，務期農政修舉，收穫饒裕，年勝一年，懋著成效，以副朕意。

甲戌，諭大學士勒德洪、學士麻爾圖：日者大兵往征鄂羅斯，破雅克薩城，釋鄂羅斯不誅，赦之使生還。其時不並取尼布潮地者，蓋以尼布潮地畫爲疆索，使鄂羅斯不得越尼布潮界，界外聽其捕牲也。今薩布素等奏言：鄂羅斯復來城雅克薩地，今當即往征而滅之耶？抑或緩之，以待黑龍江墨爾根地將士移家定，然後進兵爲宜耶？今議政王、貝勒、大臣及與鄂羅斯之役彭春、佟寶、班達爾沙、郎談，同爾等會議以聞。

雲南貴州總督蔡毓榮題：逆苗王騰龍等聚衆劫掠，應行征剿。上諭大學士等曰：苗蠻賦性樸實，不敢生事。祇以地方該管官不克平情撫恤，反需索馬匹、金銀，誅求無已，不能供應，遂生釁端耳。前逆賊吴三桂亦因需索水西，不遂貪慾，揑奏水西反叛，竟自發兵剿滅，盡取其利，以爲己有。今苗蠻之事恐亦類此。

乙亥，封和碩安親王岳樂子吴爾占爲多羅貝勒，鎮國公蘇努子富爾金爲輔國公。授多羅信郡王鄂扎庶出子扎爾布、輔國將軍吴錫子席津、輔國將軍巴爾堪子阿爾蘇俱爲三等奉國將軍，奉國將軍鄂内子僧保、席理渾子達賚俱爲奉恩將軍。

癸未，降鎮國公白壽爲鎮國將軍，以上元失朝故也。陞護軍參領邁圖爲正白旗蒙古副都統。

二月丙戌，大計天下，卓異官四十九員，貪酷官二十員，貪官五十五員，酷官四員，不謹官六十三員，罷軟官五十五員，年老官二百二十九員，有疾官七十二員，才力不及官一百十員，浮躁官六十七員。分别陞賞處分如例。

丁亥，禮部議覆差往朝鮮國審事護軍統領佟寶疏，言朝鮮國王李焞，前屢次獲罪，俱荷皇上洪恩寬宥，理應益加恪慎。乃平日不將人民禁飭，以致韓得完等二十八人違禁越江採參，復擅放鳥鎗，將欽差繪畫輿圖官役打傷，殊干法紀。請將該國王罰銀二萬兩，以警疎縱。應如所請。從之。

辛卯，吏部等衙門會題：直隸巡撫崔澄於康熙二十四年大計卓異永平府知府佟世錫。查佟世錫聲名不好，應照例革職。該撫以應去之員，反舉卓異，應降四級調用。從之。

先是九卿等議覆工部尚書薩穆哈學士穆稱額等：往勘下河，議海口暫停開濬，應如所請。得旨，海口不行開濬，則泛溢之水無歸，濬之使水有所洩，高郵等處淹浸田畝，可以涸出。令于成龍、薩穆哈、穆稱額同九卿集議之。至是，九卿奏，奉差大臣及該督撫親歷河干，問河濱百姓，僉謂挑濬海口無益，應行停止。【略】上曰：海口關係民生，自應開濬。今九卿及于成龍等僉議停止，且視今歲水勢如何，再酌之。

丙申，上以各關採買銅觔價值不敷，恐累商人，令大學士等傳集舊任關差各員，逐一問明，并問四季造册送部果否有益。至是，大學士等奏曰：臣等遵旨問舊任關差各官，據稱，部定銅觔價值六分，採買不敷。其各差造册四季報部，不如改令差滿之日，一并彙送。上曰：【略】今欲除害去弊，必須易轍改絃。所有見行例收税溢額，即陞、加級、紀録，應行停止。其采辦銅觔，定價既已不敷，作何酌議增加？其四季達部册籍，應俟差滿，一次彙報，嗣後務令各差，潔已奉公，實心釐剔，以副朕體下恤商至意。如或仍前濫徵侵隱，藐玩不悛，作何加等治罪。至銅價既議加給，税額應否量增，俱著九卿詹事科道詳議具奏。

丁酉，陞管理下河事務原任江南、安徽按察使于成龍爲直隸巡撫，陞兵部郎中圖爾宸爲甘肅布政使司布政使。

先是，黑龍江將軍薩布素奏，驍騎校碩格色等往探羅刹情形。至旁卧地方，因人少馬疲，未抵雅克薩而還。途遇奇勒爾勸定吉爾云：羅刹復來雅克薩，築城盤踞。臣請於冰消時，督修船艦，親率官兵，相機進剿。上以薩布素所奏乃傳聞之言，並非遣人親抵雅克薩偵取確音，不便遽爾用兵。因令薩布素及理藩院郎中滿丕等，確探情形以聞。至是，滿丕奏：臣遣索倫副頭目烏木布爾代等抵雅克薩城，生擒羅刹鄂克索木果。訊之，云去歲，尼布潮頭目宜番，令大兵釋歸之額禮克謝，率五百餘人復至雅克薩，依舊址築城。及訊以糧米可食幾月，又云：所獲足支二年。疏入，上諭：今羅刹復回雅克薩築城盤踞，若不速行撲剿，勢必積糧堅守，圖之不易。其令將軍薩布素等，姑停遷移家口，如前所請，速修船艦，統領烏喇、寧古塔官兵馳赴黑龍江城。至日，酌留盛京兵鎮守，止率所部二千人攻取雅克薩城。并量選候補官員及見在八旗漢軍内福建籐牌兵四百人，令建義侯林興珠率往。

庚子，諭大學士等：近雲貴督撫及四川、廣西巡撫俱疏請征剿土司。朕思從來控制苗蠻，惟在綏以恩德，不宜生事騷擾。【略】如蔡毓榮、王繼文、哈占等身爲督撫，不思安静撫綏，惟誅求無已，是何理也？前出征雲南，趙良棟將彼等過端，幾至發露，穆占之家人舉首，朕寢其議。若此等尚多，朕無不洞悉。但事係已結，朕不復究，置之寬宥。至雲貴督撫居官殊無善狀，或地處遼遠，朕不悉知，亦未可定。爾等將此諭旨傳示九卿、詹事科道，令其詳議具奏。尋九卿等會議，王司劫掠，應敕該督撫剿撫並用，請頒上諭，通行曉諭。從之。

癸卯，以監察御史傅拉塔爲陝西布政使司布政使，原任貴州按察使李國亮爲江蘇按察使司按察使。

丁未，諭吏部、兵部：我國家掃除逆孽，平定遐荒，即負山阻箐之苗民，咸輸誠供賦。封疆大吏自宜宣布德意，動其畏懷，俾習俗漸馴，無相侵害，庶治化孚於遠邇。所見雲南、貴州、廣西、四川、湖廣等處，督撫提鎮各官，不惟不善加撫綏，更爾恣行苛虐，利其土産珍奇，貲藏饒裕，輒圖入己，悉索未遂，因之起釁，職爲厲階。蠢爾有苗，激成抗拒，即擅殺一二，謊稱累百盈千。始黷貨以生端，既邀功而逞志。藐玩因循，殊負委任。朕思土司苗蠻授官輸賦，悉歸王化，有何杌隉，互相格鬬，無有寧居。嗣後作何立法，務令該地方督撫提鎮等官，洗心易慮，痛改前轍，推示誠信，化導安輯，各循土俗，樂業遂生。亦令苗民恪遵約束，不致侵擾内地居民，以副朕撫馭遐方至意。著九卿詹事科道會同逐一詳議具奏。

癸丑，吏部議覆入覲廣西按察使黄性震疏，言粤西南寧、太平、慶遠、思恩四府，上司雜處，瘴癘薰蒸。官斯土者，病亡接踵，請敕該督撫就近選擇熟悉風土、廉能官員，如三年内，果稱厥職，照臺灣例，即加優陞，以示鼓勵。應如所請。【略】從之。

以正白旗内大臣津進爲領侍衛内大臣。

《東華録》卷一三 〔是月〕松威道王隲入覲，奏：四川楠木採運艱難，應請停減。上曰：「蜀中屢遭兵燹，朕甚憫之，豈宜重困。今塞外松木材大可用者甚多，何必楠木？着停止。」

《聖祖實録》卷一二五 三月乙卯朔，直隸巡撫于成龍陛辭。諭曰：爾自居官以來，廉慎官方，朕所素知。今直隸地方，關係緊要，一切利弊，應興應革者甚繁，如何釐舉？于成龍奏曰：直隸地方，以弭盜爲第一要務。爲盜者倚仗旗下名色，或嚇詐，或劫掠，無所不爲，有司明知而不敢深究。嗣後旗下有如前不法者，臣當執法究治。【略】于成龍辭出，隨賜白金一千兩，表裏二十端。

己未，命纂修《一統志》，以大學士勒德洪、明珠、王熙、吴正治、宋德宜，户部尚書余國柱、左都御史陳廷敬爲總裁官。

庚午，召刑部、都察院、大理寺大小諸臣，面諭曰：刑曹民命攸關，國典所係。今見法司讞鞫刑獄，或恐不得其情，專事苛刻。夫人命關係重大，必以中正之心，行平恕之道，使法蔽其辜，毋縱毋枉，必得真情，始免屈抑。【略】上又諭曰：刑法者，專以禁戢兇暴，若豪强奸慝，固難寬宥。其貧賤愚昧者，畧施寬貸，亦未嘗不可耳。

甲戌，諭吏部：江寧巡撫湯斌在講筵時素行勤慎，朕所稔知。及簡任巡撫以來，潔己率屬，實心任事，允宜拔擢大用，風示有位。特授爲禮部尚書，管詹事府事。見任詹事郭棻、少詹盧琦、歸允肅，著照舊留任。詹事朱馬泰著對品調用，少詹拉巴色度著解任，照伊原品，隨旗上朝。

四月丁亥，調浙江巡撫趙士麟爲江寧巡撫，福建巡撫金鋐爲浙江巡撫。

庚寅，諭兵部：副都統郎談、班達爾沙、馬喇諳悉地形，令赴黑龍江軍前參贊軍務。

癸巳，陞湖南布政使張仲舉爲福建巡撫。

添設盛京户部員外郎二員，漢字主事一員。

先是，工部等衙門遵旨會議河道總督靳輔疏，言黄河南北兩岸，應築束水隄。長三十萬丈，頂寬二丈，底寬六丈，高八尺，需費一百五十八萬四千兩。查各州縣被水淹廢湖灘，築隄束水之後，可以涸出開墾，計得四萬餘頃，令民佃種納糧，則挑河築隄之費可以稍補。乞准借撥庫銀五十萬兩先爲興工，其餘不敷，俟陸續分收籽粒，并佃價銀兩，逐漸接濟。定限六年告竣。工完之後，不特向來蠲除災荒額賦可以盡復，而每歲更可加增新賦十餘萬矣。應均如所請。奉有亦著總河靳輔再行確議之旨。至是，靳輔回奏，復請照數撥給興工，下工部等衙門議行。

甲辰，諭領侍衛内大臣公倭赫、福善、坡爾盆等曰：學士常書原係微賤之人，理應仰體朕委任之意，效力圖報。考試之事，乃伊職掌，應立法嚴肅，查察情弊。乃於懷挾諸弊，明知不舉，惟於朕前蒙蔽行詐。見今發覺被獲，應將常書革去學士，改爲三等侍衛，照常行走。

戊申，以原任湖北布政使李輝祖爲四川布政使司布政使，調福建陸路提督萬正色爲雲南提督，以大理寺卿張雲翼爲福建陸路提督。

辛亥，兵部等衙門議覆直隸巡撫于成龍疏，言順、永、保、河四府，旗民雜處，盜警時聞，非力行保甲，不能寧謐。【略】應將各莊屯旗丁同民户共編保甲，令屯撥什庫與保甲鄉長互相稽查。如旗丁、居民犯法，許地方各官一體申報該撫該都統究治。應如所請。從之。

《聖祖實録》卷一二六　閏四月丁巳，兵部議覆四川、陝西總督禧佛疏，言川省地廣民稀，土司番蠻雜處，恐有私收軍器禁物，妄意非爲，及射利姦徒勾串賣給等弊，請嚴行禁止，定例處分。應如所請。【略】從之。

戊午，陞户部郎中塞楞額爲甘肅布政使司布政使。

壬戌，陞廣西按察使黄性震爲湖南布政使司布政使。

乙丑，刑部等衙門題，朝鮮國韓得完等三十八人，犯禁採參，鳥鎗打傷繪輿圖官役。應將爲首韓得完等六人及爲從金太成等二十二人，俱擬立斬。其約束不嚴，失於覺察之咸鏡道節度使尹時達、平安道觀察使樸尚、咸鏡道觀察使李秀彦、三水郡守李觀國等，應各降革、調用有差。得旨，韓得完等六名著處斬立決，金太成等二十二人俱從寬免死，減等發落。餘如議。

辛未，調雲南、貴州總督蔡毓榮爲總督倉場侍郎，陞廣西巡撫范承勳爲雲南貴州總督。

雲南、貴州蔡毓榮疏報：威寧逆苗王騰龍等，擅兵劫殺，經臣題明撲剿，迨官兵圍攻時，彼棄寨宵遁。臣即檄令土官拏獲，應請正法懸示。得旨：這案著新任總督范承勳詳審確議具奏。

甲戌，陞太常寺卿阿山爲通政使司通政使。

丙子，以内閣學士王起元爲廣西巡撫。

《東華録》卷一三　〔是月〕禮部等遵旨議覆：「購求遺書，應令直隸及各省督撫出示曉諭，如得遺書，令各有司會同儒學教官，轉詳督學及該督撫酌定價值，彙送禮部。其無刻板者，亦令各有司僱募繕寫交翰林院進呈。有（原）〔願〕自行呈送者，交禮部彙繳。」得旨：「【略】今搜訪藏書善本，惟以經學史乘，實有關係修齊治平助成德化者，方爲有用。其他異端稗説，概不准録。」

《聖祖實録》卷一二六　五月乙酉，陞通政使徐元珙爲都察院左副都御史，内閣侍讀學士徐廷璽爲内閣學士兼禮部侍郎。

庚寅，諭《一統志》總裁勒德洪等：【略】其董率纂修官恪勤乃事，務求采蒐閎博，體例精詳，阨塞山川，風土人物，指掌可治，畫地成圖，萬幾之餘，朕將親覽。且俾奕世子孫，披牒而慎維屏之寄，式版而念小人之依，以永我國家無疆之曆服，有攸賴焉。卿其勉之。

辛卯，陞右通政鄭重爲通政使司通政使。

甲午，陞監察御史席珠爲都察院左副都御史。

六月乙卯，吏部以湖北布政使王定國故員缺，開列湖南按察使范時秀、廣東按察使胡戴仁。得旨，胡戴仁陞補湖北布政使司布政使，范時秀著來京，以旗缺用。

澤卜尊丹巴胡土克圖遵諭覆奏曰：【略】今蒙聖慈，念喀爾喀七旗不睦，遣使於達賴喇嘛，而達賴喇嘛亦遣噶爾亶西勒圖爲使赴盟。諭臣亦至盟壇，共議其事。臣當遵旨同赴盟所，竭誠公議，以仰副聖懷。

丁巳，督理閩海税務户部郎中胡什巴疏言：閩省商賈貿易，向無土著之人，亦無丈船抽税之例，請照粤關一例，丈船抽税。至貿易船隻，原在某關印烙給照，准出海口者，别關不得羈留，仍令各回本關，庶人數、軍器各有稽查，而奸宄不敢影射。得旨，凡收海税官員，因係創行設課，希圖盈溢，將出入商民船隻任意加徵，以致病商累民，亦未可定。著嚴加申飭，務令恪遵定例，從公徵收，無濫

無苛，以副朕軫恤商民至意。所請不准行。

甲子，奉差江南賑濟學士麻爾圖回京啓奏。上問鳳陽徐州等處饑民情形，麻爾圖奏曰：春間饑饉殊甚，臣於閏四月到彼，正遇下雨。百姓既蒙恩賑，又值甘霖，可以冀望秋成。上又問曰：彼處及江南一路田苗若何？近京一帶飛蝗爲虐，果甚否？麻爾圖奏曰：沿途一帶禾苗俱佳。據百姓云，蝗生不久飛去，尚不爲災。

戊辰，革工部尚書薩穆哈、禮部左侍郎穆稱額職，以差往河工詢問挑濬海口，回奏失實也。

甲戌，九卿遵旨議覆，河道總督靳輔應革職留任。【略】尋大學士等奉上諭：河務甚難，靳輔易視之。若遽議處，恐後任者益難爲力。今暫免其革職，仍令督修。

乙亥，陞左都御史佛倫爲工部尚書。

戊寅，陞吏部左侍郎阿蘭泰爲都察院左都御史。

《東華録》卷一三　六月，福建總督王安國條陳臺灣事宜：一、臺屬士子請照内地例府學額進二十名，臺灣、鳳山、諸羅三縣學照中縣十二名，提學道不能渡海考收，交分巡臺厦道，就近管理。一、臺灣文武官，三年後例得升轉内地，官與兵似屬一體，現在兵丁到汛年月各不同，請將此内有願在此臺者聽留外，餘按赴汛年月，三年調歸原營，仍于内地照數撥换，以示軫恤。一、臺灣、澎湖兵餘糧米于本地支領外，其餉銀取給内地，往來海船，每患漂溺。每年祗四月風信極順，十月波濤恬静，稍可無虞。請于每年四月内即發夏秋二季餉銀，十月内即發冬季並來年春季餉銀，交該管官貯給。得旨：「臺灣駐防兵丁，着于三年内陸續盡數更换，永著爲例。餘如所議行。」

《聖祖實録》卷一二七　七月丙戌，督修下河工部右侍郎孫在豐及帶往司官鄭都等陛辭。

丁酉，陞江蘇布政使章欽文爲河南巡撫。

戊戌，陞大理寺卿舒淑爲都察院左副都御史。

乙巳，諭兵部、理藩院：我兵圍困雅克薩城，羅剎勢迫死守。今時序漸寒，自墨爾根至雅克薩所設蒙古驛馬，冬月飼秣維艱。其免索倫、打虎兒今歲貢賦，俾之飼秣，并修整器械，以備調用。至蒙古每驛應設夫馬若干，令明愛、馬喇等定議，移文索倫總管洪吉、郎中滿丕等，如數取用。索倫、打虎兒夫役與備養之馬，如數應用。又博定率往築城種地官兵内，選二百人，俱留墨爾根，亦候調用。餘悉遣還。

己酉，諭議政王大臣等：向者羅剎侵犯雅克薩、尼布潮諸地，戕我居民，邊境騷然。【略】朕思本朝頻行宣諭，曾未一答。而雅克薩羅剎又死守不去，或尼布潮諸地阻隔，前書未達，或雅克薩羅剎皆彼有罪之徒，不便歸國，俱未可知。今問荷蘭國貢使，稱伊國與鄂羅斯接壤，語言亦通。其以屢諭情節，備悉作書，用兵部印，付荷蘭國使臣轉發鄂羅斯察漢汗處，收回雅克薩、尼布潮羅剎，於何處分立疆界，各毋得踰越。則兩界人民均得寧居，不失永相和好之意。察漢汗覆奏時，令其使由陸路直來，若陸路難通，即以來疏付荷蘭國代奏。再依此作書，發西洋國轉達之。

辛亥，上巡幸塞外。命皇太子允礽、皇長子允禔、皇三子允祉、皇四子胤禛隨駕。是日啓行，駐蹕密雲縣河漕莊。

乙亥，以正黄旗佐領索額圖爲領侍衛内大臣。

丁丑，諭黑龍江將軍薩布素等：今天時漸寒，河流將結，宜每事籌畫，預爲之備。

己卯，陞正白旗滿洲副都統得爾德爲本旗護軍統領。

九月癸未，以内閣學士徐廷璽、詹事府詹事尹泰充《會典》副總裁官。

己丑，陞鑲白旗蒙古副都統斑達爾沙爲蒙古都統。

庚寅，上諭大學士等曰：今遣發兵丁，使盛京之兵又行遷移，必致苦累。此本著存貯爾衙門，俟秋後再奏。至是，大學士等復行請旨。上曰：遣兵防戍，所繫最要。盛京雖云沃壤，但人民稀少，米糧未必饒裕，恐大兵移駐，米價一時騰貴。議政王大臣等所議未悉，著侍郎郭丕、學士禪布速往問明該將軍、副都統來奏。尋郭丕等回奏：臣等會同酌議，烏喇、寧古塔所補兵數，應即將在京兵丁發往駐防，不必又將盛京兵分撥，餘應如前議。但目下糧食未足，耕種不及，一應口糧應令該將軍等於興京等處採買預備。得旨：此時天氣寒冷，這派往駐防兵丁暫行停止，俟來年秋收後，陸續發往。耕種地畝事務，著户、兵二部議奏。

調刑部尚書諸敏爲禮部尚書。

乙未，陞四川、陝西總督禧佛爲刑部尚書。

甲辰，以鑲黄旗護軍統領蘇爾達爲左翼前鋒統領。

乙巳，陞山西巡撫圖納爲四川、陝西總督，陞前鋒參領牛鈕爲鑲紅旗蒙古副

都統。

丁未，轉都察院左都御史陳廷敬爲工部尚書。

戊申，陞山西布政使馬齊爲山西巡撫。

庚戌，陞鑲黄旗滿洲副都統佛爾諾爲本旗護軍統領，護軍參領那秦爲鑲白旗蒙古副都統。

《東華録》卷一三 〔是月〕，免直隸順、永、保、河四府及四川、貴州兩省康熙二十六年地丁各項錢糧及二十五年未完錢糧。免湖廣、福建兩省康熙二十六年下半年、二十七年上半年地丁各項及二十五年未完者。

鄂羅斯察漢汗上疏乞撤雅克薩之圍。上諭：「察漢汗以禮通好，朕本無屠城之意，其令薩布素等撤兵，收集(于)〔一〕所，近戰艦立營，並曉諭城内羅刹，聽其出入，毋得妄行攘奪，俟鄂羅斯使復至定議。」

《聖祖實録》卷一二八 十月丙辰，調刑部尚書張士甄爲禮部尚書。

戊午，陞山西按察使布雅努爲山西布政使司布政使。

乙丑，工部議覆監修下河工部右侍郎孫在豐等疏，言疏濬之法，開濬不如循舊，築高不如就低，因勢利導，逐節疏通。一由廟灣，迎流而下，約洩水十分之四；一由天妃石䃴，順流而下，約洩水十分之二；一由白駒、丁溪諸場，分流而下，約洩水十分之三；其餘一分，由芒稻河導之入江。至若串場一河，綿亘范公隄一帶，既爲鹽艘利涉，又會諸引河之水，傳送各場，以出海口，最爲關鍵。而河身淤墊，亟宜開濬，上而涇河、黄浦、子嬰之間，舊有通湖閘、減水閘；下而海口，舊有各場諸閘，并應修建。使上下相應，隨水消長，以時節宣，水得常流，潮無内灌，永杜淤墊之虞，則旱潦無憂，田疇不病，萬世利賴。臣等議，孫在豐身在河干，相度形勢，繪圖貼説，既稱若者宜先濬，若者宜後濬，俟挑完之日，改滾水壩爲閘，將串場河令鹽商挑濬，並不必挑濬等處，俱係詳審的確，均應如所請，速行挑濬。又稱：興工之日，管理官員最爲緊要，合將内外候補、病痊、降調等官，有情願赴工者，速往侍郎孫在豐等工所，具呈揀用。工成之日，酌量議叙。得旨，如議改滾水壩爲閘座，著孫在豐等會同靳輔確議具奏。

庚辰，吏部議覆左都御史董訥疏參中書科掌印中書托鼐，將俸次在後之中書王緝植咨送考選。查王緝植係原任左都御史徐元文子壻，顯有情弊。據徐元文供，王緝植並非子壻，咨送事並不與聞。但如無營求之處，托鼐豈肯將王緝植越次咨送？應將托鼐、王緝植、徐元文俱革職。得旨，徐元文從寬免革職，著降四級調用。餘如議。

十一月癸未，陞河南布政使郎永清爲山東巡撫。

庚寅，上諭大學士等曰：爾等所進《平定三逆方畧》四册，朕已覽畢，其中舛錯頗多。如王輔臣爲馬鷂子，當年隨經畧洪承疇去時，並無此號。且朕記其由雲南援剿總兵官，授爲陝西提督。今謂由陝西總兵官陞任，竟未詳察。至論贊中，援宋太祖杯酒釋兵權事，吴三桂等非宋功臣可比，乃唐藩鎮之流耳。大學士等奏曰：聖見至當。宋臣時在輦下，釋其兵權甚易，豈可與諸逆久在邊陲者比？上曰：平逆始末阿蘭泰知之甚詳，是非得失，天下自有公論，豈譽之而增高，不譽而加損也耶？大抵記事欲得其實而已。其謬誤處，以簽標識者，爾等其酌改之。

癸巳，理藩院侍郎拉篤祜等疏言：臣等出寧夏阿喇克山閲視地形，得遇巴圖爾額爾克濟農，約其在東大山北候聽宣旨。於九月十二日，在嘉峪關外，得遇達賴喇嘛使者車齊克他賴堪布，隨遣人召羅卜臧滚布阿拉布坦至，語之故，亦約會於東大山北。羅卜臧滚布阿拉布坦曰：蒙皇上洪恩，賜我等地方，當即偕諸大人往赴約會之地。但我姊阿奴乃噶爾丹之妻，聞率兵千人，聲言往謁達賴喇嘛，從此而過。或中懷詭計襲我，亦未可定，不得不整力待之，請即於此地宣旨，可乎？臣等隨同車齊克他賴堪布宣旨訖，羅卜臧滚布阿拉布坦回奏曰：聖上俯念臣祖鄂齊爾圖汗使臣兄弟完聚，給以土地，臣不勝歡忭，即當還至濟農所居，一同遊牧。但正值冬月，屬下人民散處，使之遷移，貧人牲畜少者難以度冬，請俟來年草青時遷之。本月二十三日，臣等至東大山北，令巴圖爾額爾克濟農跪宣旨畢，臣等又謂巴圖爾額爾克濟農曰：爾所請喀爾占布爾古忒、空郭爾俄壠、巴顔努魯、雅布賴、噶爾拜瀚海等地方給汝遊牧外，自寧夏所屬玉泉營以西羅薩喀喇山嘴後，至賀蘭山陰一帶，布爾哈蘇台之口；又自西寧所屬倭波嶺塞口以北，奴渾努魯山後；甘州所屬鎮番塞口以北，沿陶闌泰、薩喇春濟、雷渾希里等地，西向至厄濟納河，俱以離邊六十里爲界。隨與巴圖爾濟農屬下，達爾漢噶卜楚喇嘛波克寨桑，及提督孫思克、標下遊擊李本善等畫地爲界而記之。臣等又與巴圖爾額爾克濟農定議罰例。蒙古如殺邊内之民，不論幾人，俱斬，其妻子、牲畜入官。偷盗民人牲畜者，爲首二人絞，仍將妻子、牲畜入官，餘者罰以三九牲畜，仍鞭一百。其不爲盗而私入邊遊牧者，台吉則罰以三九牲畜，寨桑等罰以一九牲畜，平人則鞭五十外，仍將所騎馬匹入官。其擕帶家口牲畜入邊遊牧者，

不論幾户，俱入官。至民人往邊外伐木刈草，蒙古有奪其食物者，不論幾人，將所乘馬匹盡行給還民人，仍鞭三十。其屬下每犯一次，并罰濟農五九牲畜。俟羅卜臧滚布阿拉布坦來會之時，將此項情節亦明告於彼。其額爾德尼和碩齊亦須嚴禁，勿使妄行竊盜。又厄魯特胡土克圖之子噶爾亶多爾濟者，亦係鄂齊爾圖汗之嫡孫，應令與巴圖爾額爾克濟農等附牧。上曰：噶爾亶多爾濟既係鄂齊爾圖汗之孫，應令其與巴圖爾額爾克濟農等一同遊牧。其拉篤祜等所定地界，并嚴禁盜竊之例，理藩院其移文督撫提鎮通行曉諭。

丁酉，調湖廣巡撫石琳爲雲南巡撫，以原任雲南布政使田啓光爲河南布政使司布政使。

十二月丙辰，諭大學士等：日者遣部員自吉林烏喇至黑龍江，以蒙古、席北、打虎兒、索倫等人力耕種，田穀大獲。夫民食所關至重，來歲仍遣前種田官員，以蒙古、席北、打虎兒、索倫等人力耕種。郎中博奇所監種田地較諸處收穫爲多，足供驛站人役之口糧，又積貯其餘穀。博奇効力，視衆爲優，其令註册。此遣去諸員，可互易其地，監視耕種。博奇又復大獲，則加議叙。

陞福建布政使張汧爲湖廣巡撫。

癸亥，陞通政使鄭重爲都察院左副都御史。

戊辰，諭户部：朕惟自古帝王，撫馭寰區，勤宣德意，必軫恤民隱，加惠閭閻，俾黎元樂業，比户豐盈，而化洽時雍，治登隆理。朕念切民依，鞠謀生養，欲使羣生樂利，幹止寧成，惟頻行減賦蠲租，庶萬姓得沾實惠。前念直隸畿輔重地，王化所宜先，大沛恩膏，用培邦本。而順、永、保、河四府地方人民，較之畿南，差役倍多繁苦，故將康熙二十六年地丁各項錢糧同湖南、福建、四川、貴州四省錢糧盡與豁免。比慮兵餉或有不敷，真、順、廣、大四府地方，未經一體蠲免。今聞此四府人民間有艱苦，朕心深爲軫念，宜速施渥澤，均示仁恩，著將此四府康熙二十六年地丁各項錢糧盡行蠲免。爾部速行該地方官，通行曉諭，務使人民均沾實惠，以副朕愛育蒼生至意。如有不肖有司官役，借端朦混，私行重徵者，該撫指名題參，從重治罪。如該撫徇隱，不行糾舉，或經參奏，或被告發，定行一并從重治罪。爾部即遵諭行。

己巳，陞順天府府尹張吉午爲通政使司通政使，陞廣西按察使張永茂爲福建布政使司布政使。

康熙二十六年（丁卯、一六八七）

《聖祖實録》卷一二九 正月戊子，諭黑龍江將軍薩布素等：自雅克薩城解圍以來，聞軍士間有患疾者，此皆屬滿洲精兵，朕甚憫焉。今特遣太醫院官二人，齎藥前往治之。至於羅刹，雖與我兵對壘，但我兵攻雅克薩城，從未誅戮其人。如城中有患疾之羅刹，亦應聽其就醫，使還彼國，傳布德意。

丙申，大學士等遵旨覆奏：臣等詳問靳輔開濬下河，塞減水壩之處。據云：高郵州之南，兩大減水壩，自正月可塞至五月。其三小減水壩，自正月可塞至三月。高郵州之北，其壩亦有可塞之處，惟高家堰之壩斷不可塞。其應塞之處，前與孫在豐會議時，並未議出，殊屬不合。應將靳輔，交與該部議處。上曰：開濬下河其要不在高郵州之壩，惟在塞高家堰之壩。今不塞高家堰之壩，止塞高郵州之壩，何益之有？上召問靳輔：九卿問爾之言，與朕所問，有不同處否？靳輔奏曰：有一處不同。大臣云：爾若堵塞淮水入黄河之口，令其流入七州縣，則下河修理，必致遲悮。臣謂：修理正河錢糧，尚憂不足，安得更有錢糧堵塞無用之口？且黄水强，則流入淮河；淮水强，則流入黄河，並非人力所能禁止者。臣若阻撓挑濬下河，能逃國法乎？湯斌奏曰：今雲梯關與前不同，若塞高家堰之壩，則淮水盡入黄河，黄水無倒入淮河之理。從前河隄單弱，不築減水壩，則黄河必致潰決，今隄既高堅，若塞隄壩，使水歸一路，則沙不停壅，河身漸深。今靳輔惟恐黄河潰決，於南岸毛城舖等處，築減水壩，令黄河之水入洪澤湖，洪澤湖不能容，又於高家堰築減水壩，令入運河，運河不能容，又於高郵州等處築減水壩，令入七州縣。今七州縣之水無所歸，不但七州縣之民被災，二三年間，黄水、淮水及三十六湖之水，並皆停蓄泛濫，則漕運亦甚可慮。今皇上令堵塞高家堰之壩，修理下河，不止七州縣之民漸安生理，即漕運亦永受其益。此臣據理而言，似屬可行。靳輔奏曰：挑濬下河，使積水入海，雖云善策，然下河既濬，恐海水倒灌可慮。上曰：挑濬下河，海水斷無倒灌之理。今若將黄河南岸毛城舖等處減水壩閉塞，則黄河之水不入洪澤湖，洪澤湖止有淮水，則高家堰隄可以暫塞一年，挑濬下河，方能成功。爾等會同九卿再詳議以聞。

丁酉，大學士等遵旨覆奏開濬下河，應塞減水壩。

壬寅，諭工部：下河工程，今年著止將高郵州大小壩及高家堰閘壩，照靳輔

等所奏，定限堵塞。令孫在豐等挑濬海口。其黄河南岸閘壩，著於來年堵塞一年。其高郵高家堰等閘壩，既限期堵塞，著孫在豐速備工料人夫，自今年十二月興工挑濬下河，勿致違悮。

二月己酉朔，陞山西布政使布雅努爲陝西巡撫。

辛亥，調兵部尚書伊桑阿爲禮部尚書。

壬子，革内閣學士郭棻職，以大學士勒德洪糾參才品平庸，尸位溺職故也。

甲寅，以户部尚書余國柱爲武英殿大學士。

乙卯，以順天府府尹錢珏爲山東巡撫。

己未，調工部尚書陳廷敬爲户部尚書。

庚申，都察院議覆，原任刑部尚書禧佛審蔡毓榮一案，不秉公研訊，律擬失當，顯係徇庇。禧佛已經别案革職，應枷號兩月，鞭一百。刑部尚書胡昇猷、侍郎張鵬、趙之鼎、敦多禮，不嚴加審訊，俱係徇庇，應各降二級調用。敦多禮已經别案革職，應將佐領降二級調用。得旨，禧佛著照部議完結後，發往黑龍江，披甲効力贖罪。敦多禮亦著發往黑龍江。胡昇猷補授刑部以來，並無効力處，照議降二級調用。張鵬莅任未久，免罪。趙之鼎從寛免調用，著降二級留任。

辛酉，調工部尚書佛倫爲刑部尚書，陞左都御史阿蘭泰爲工部尚書。内閣學士葛思泰爲刑部左侍郎，左副都御史席珠爲刑部右侍郎，奉天府府丞揚素蘊爲順天府府尹。

壬戌，陞内務府總管鄂爾多爲兵部尚書。

丁卯，陞原任侍郎張玉書爲刑部尚書，户部右侍郎王日藻爲工部尚書，陞陝西按察使布喀爲山西布政使司布政使。

辛未，陞甘肅布政使塞楞額爲内閣學士兼禮部侍郎，大理寺卿覺羅舜拜爲都察院左副都御史。

癸酉，陞盛京工部侍郎廖旦爲都察院左都御史。

三月辛巳，轉刑部右侍郎趙之鼎爲左侍郎，以福建總督王國安爲刑部右侍郎。

乙酉，大學士等奏：臣等遵旨，傳諭九卿等集議應行應改事務。諸臣僉云：皇上夙夜孜孜，勤求治理，政務俱已全備，寰宇已極昇平，並無應行應革事件。前輔政大臣時，各省皆有總督。自皇上親政以來，酌裁總督員缺，惟設江南、江西一總督，廣東、廣西一總督，雲南、貴州一總督，湖南、湖北一總督，四川、陝西一總督，浙江、福建一總督。後將浙江、福建總督缺改爲福建總督，然浙江、福建皆係近海地方，請仍改福建總督爲浙江、福建總督，似屬有益。從之。

調江南、江西總督王新命爲浙江、福建總督。

己丑，以左都御史董訥爲江南、江西總督，陞兵部郎中噶邇薩爲甘肅布政使司布政使。

甲午，命吏部尚書達哈他、工部尚書王日藻監修《賦役全書》。陞原任户部侍郎王鴻緒爲都察院左都御史。

乙未，陞陝西布政使傅拉塔爲都察院左副都御史。

戊戌，陞貴州巡撫慕天顔爲漕運總督。

癸卯，以吏部右侍郎馬世濟爲貴州巡撫。

丁未，陞工部郎中穆禮布爲陝西布政使司布政使。

《聖祖實録》卷一三〇　四月丙辰，大學士等奏，九卿遵旨會議：直隸巡撫于成龍實心任事，並無勉强虚假之處，應賜奬勸，以勵官方。其優加宫保之處，出自特恩。至督撫各官内，如雲南、貴州總督范承勳、山西巡撫馬齊、四川巡撫姚締虞，居官皆優。上曰：范承勳等居官果善，但伊等尚有勉强之意。于成龍則出自誠心，毫無瞻顧。今人不往來大臣之家，則恐其意有不悦。如于成龍介然自守，無所交遊，爲大臣者，其奈于成龍何？著加太子少保銜，以爲廉能稱職者勸。

丁巳，陞雲南按察使蔣寅爲貴州布政使司布政使。

己未，諭大學士等曰：爾等纂修《明史》，曾參看前明《實録》否？史事所關甚重，若不參看《實録》，虚實何由悉知？他書或以文章見長，獨修史，宜直書實事，豈可空言文飾乎？如明代纂修《元史》，限期過迫，以致要務多漏。且議論偏詖，殊乖公正。俟《明史》修成之日，應將《實録》並存，令後世有所考據。從來論人甚易，自處則難，若不審己之所行，而徒輕議古人，雖文詞可觀，亦何足道？朕嘗博覽羣書，於古之聖君哲后，未敢漫加評隲也。

丙寅，陞鴻臚寺卿田雯爲江蘇巡撫，湖南按察使柴望爲廣東布政使司布政使。

辛未，裁雲南復設左右二衛及平彝、楊林等衛都司一員，守備八員，千總九員，經歷七員，教授一員。

甲戌，以兵部左侍郎郭丕爲杭州將軍。

五月戊子，上召尚書陳廷敬、湯斌、侍郎徐乾學、少詹事耿介、侍讀學士高士奇、德格勒、侍講學士孟亮揆、侍講徐元夢、諭德徐潮、中允徐嘉炎、編修熊賜瓚、勵杜訥等至乾清宮内考試。上閲諸臣試卷畢，諭曰：朕政事之暇，惟好讀書，始與熊賜履講論經史，有疑必問，樂此不疲。繼而張英、陳廷敬等，以次進講，大有裨益。朕從來不輕評論古人，即如《明史》一書，朕亦不遽加論斷。然評論古人猶易，若評論時人更難。如德格勒每評論時人學問，朕心以爲不然，故召爾等面試，妍媸優劣，今已判然。總之人之學問，原有一定分量，真僞易明，若徒肆議論，則不自量矣。

壬辰，建孔子廟碑。上親製碑文。御書勒石。

辛丑，命宋儒張載子孫世襲五經博士。

六月辛亥，以順天府府尹楊素蘊爲安徽巡撫。

戊辰，吏部議覆雲南、貴州總督范承勳疏言：貴州所屬十五衛、十所，請分晰裁改。偏橋衛裁併施秉縣，興隆衛裁併黄平州，移州治於衛治。新添衛裁併貴定縣，移縣治於衛治。貴州、貴前二衛裁去，改設貴筑縣。鎮西、威清二衛，赫聲、威武二所裁去，改設清鎮縣。平壩衛、柔遠所裁去，改設安平縣。安南衛裁去，改設安南縣。定南所裁併普定縣，普安衛裁併普安州，安籠所裁併安籠廳。敷勇衛、修文、濯靈、息烽、于襄四所裁去，改設修文縣。永寧衛、普市所裁去，改設永寧縣。畢節、赤水二衛裁去，改設畢節縣。烏撒衛裁併威寧府。應如所請。從之。

七月庚辰，陞正白旗副都統杭奇爲護軍統領。

戊子，先是，喀爾喀土謝圖汗奉上諭，偵探鄂羅斯分界使臣消息。至是，土謝圖汗奏：鄂羅斯遣使請和，已抵臣境。上命薩布素等統率官兵，乘天時未寒，還至黑龍江墨爾根，修整器械，休息馬匹，以度隆冬。仍於要地嚴設斥堠，并以鄂羅斯遣使請和，撤還大兵之故，曉諭雅克薩城内羅刹知之。

甲午，諭大學士等：馬哈達補授都統以來，凡咨補官員皆有情弊，著將都統并所得世職俱行革去，發往黑龍江効力。

己亥，陞通政使阿山爲都察院左副都御史。

《聖祖實録》卷一三一　八月戊申，調正白旗蒙古都統阿密達爲滿洲都統。

九月壬午，以吏部尚書李之芳爲文華殿大學士。

甲申，調户部尚書科爾坤爲吏部尚書，陞少詹事開音布爲光禄寺卿。

《東華録》卷一四　丁亥丑時，京師地震。

《聖祖實録》卷一三一　戊子，陞正白旗副都統郎談爲蒙古都統。調户部尚書陳廷敬爲吏部尚書，刑部尚書佛倫爲户部尚書，陞左都御史廖旦爲刑部尚書，刑部左侍郎葛思泰爲都察院左都御史。

丙申，調工部尚書王日藻爲户部尚書，禮部尚書管詹事府事湯斌爲工部尚書，陞禮部左侍郎徐乾學爲都察院左都御史。

丁酉，陞正白旗滿洲副都統羅奇爲護軍統領。

庚子，喀爾喀土謝圖汗戴青墨爾根台吉遣使奏言：噶爾丹書至，我等曾遣使致覆，彼意終不釋然。且喀爾喀之在厄魯特處者，及厄魯特之向與喀爾喀通好者，俱言噶爾丹分南北兩路來攻。喀爾喀右翼人等，除扎薩克圖汗及得克得黑戴青台吉之外，餘俱言噶爾丹興兵是實。我界上人等驚惶，屢促出兵，赴彼應敵，是以率兵起行。再去年盟誓時，扎薩克圖汗之情形，非特尚書阿喇尼見之，他人亦盡知之。彼見今與厄魯特杜噶爾阿喇布坦台吉，一處遊牧，視其情狀，恐屬窺伺，爲此馳奏。得旨，著議政王大臣等會議，安親王素諳蒙古事宜，亦令與議。尋議覆：厄魯特、喀爾喀俱係本朝職貢之國，應遣敕令其罷兵，同歸於好。仍敕達賴喇嘛，令其遣使，諭令罷兵。其土謝圖汗敕書即發來，使布延圖寨桑等齎去，噶爾丹敕書即交來，使陶賴哈什哈等乘驛齎去。達賴喇嘛處敕書，發與喇嘛商南多爾濟、郎中布顔圖齎去。

十月丙午朔，諭大學士等：黑龍江官兵口糧，關係至重，屢次轉運米數，並黑龍江墨爾根地方接續所種米數，宜加察明。自盛京等處，廣運米石，以爲久遠裨益之計，此皆當周詳區畫。又發遣彼處遊手無事之人甚多，其口糧作何酌給。前至黑龍江一帶，乃徑直通衢，往來轉輸，斷不致稍有阻滯。如蔡毓榮等巨富之人，並殷實之家，概予口糧，殊覺未當。彼處漢軍皆著察出，披甲當差。遊手無事之人，可分設官莊，廣開田畝，以爲恒產。令户、兵二部賢能司官，速往逐一察明，到日確議具奏。

丁巳，陞山東按察使宋犖爲江寧布政使司布政使，陞護軍參領洪海爲鑲黄旗蒙古副都統。裁京通巡倉御史二差。

戊午，諭吏部：庶吉士魏希徵等，教習已久，今加考試，應分別授職。

甲子，陞吏部右侍郎熊一瀟爲工部尚書。

戊辰，上諭大學士等：侍郎拉篤祜，宜以武職用，著解任，遇有副都統員缺，

即行補用。左副都御史舒淑昏庸，亦著解任，交與該王爲護衛。

己巳，諭兵部尚書鄂爾多等：黑龍江至爲要地，兵丁勞苦，朕罔不知。曩者鄂羅斯漸次入犯，占踞我打虎兒、索倫等處，擾害邊疆四十餘年，未經安輯。後備足軍食，永戍黑龍江，以困逼之，鄂羅斯遂窘迫至極，乃屢次求和。今彼之使臣已來，尚未曾至，苟糧儲不足，則如沙爾呼達、塔海等之往征而不能成功矣。此事尚未年遠，朕親所聞知，且亦衆所共悉也。朕所委曲區畫，自盛京等處轉輸糧食，及令所種米穀，積貯至裕。彼地大臣官員皆不思撙節，濫給與無用之人，苟且草率，希圖軍儲罄盡，勢必將彼等撤回。彼等誠能以身家性命，力保鄂羅斯斷不來犯，朕自撤之回也。我之官兵撤回，鄂羅斯大衆難以齊來，彼地將軍官員固皆稔知。然或一二人，或十餘人，陸續聚集於黑龍江、松花江之間，構造木城，盤踞其地，則我取之維艱，是鄂羅斯爲主兵，而我反爲客兵也。今我惟多貯糧食，永戍官兵，則我兵得逸，而鄂羅斯兵爲勞矣。如此，則鄂羅斯輕兵來犯，斷所不能；欲大隊侵入，則彼糧食何能輓運耶？若黑龍江，我兵不行永戍，自松花江、黑龍江以外，所居民人皆非吾有矣。爾等皆係選擇差遣，往至彼處，殫心竭慮，務期爲久遠充裕之計，詳加籌議，惟此一舉也，亦無事再遣矣。

辛未，諭滿洲管漢軍副都統、參領：向因漢軍習俗不善，故以爾等補授漢軍副都統、參領，欲訓鍊其騎射，導率以矩範，一如滿洲也。近見並不教以騎射，凡事又不能使之效法滿洲，反有不肖者，恐嚇漢軍，指摘其短，希圖索詐，此朕所深悉。嗣後爾等務加悛改，善爲教訓漢軍可耳。

乙亥，漕運總督慕天顔疏言：江浙漕運過江，間過風濤，應設法救護。查民間有渡生船，甚爲有益。請倣其式，造船十隻，分泊兩岸。漕船遇風，並出救護。部議不准。得旨，朕南巡時，親見京口與瓜州對峙，往來過渡人等所關甚重，預備船隻，拯救沉溺，多有裨益。此渡生船隻，令如該督所題行。

十一月甲申，以一等阿思哈尼哈番李正宗爲正藍旗漢軍都統。

乙未，陞正白旗蒙古副都統拖倫爲護軍統領。

丁酉，陞直隸守道朱弘祚爲廣東巡撫。

辛丑，諭户部：朕惟自古帝王，統御萬方，乂安九有，殫心懷保，節愛攸先，期於物力充裕，爰以惠養黎元，俾膏澤旁流，咸蒙美利。朕自御極以來，軫恤民依，力圖休養。惟理財爲裕國之大經，蠲貸爲愛民之實政，歷年敦崇節儉，嚴核浮冒，蓄欲爲布德行惠之資。頻年以來，各省錢糧，雖已次第蠲免，但江蘇所屬各郡縣，爲財賦重地，額徵錢糧甲於他省。且累歲輸將供億，效力惟勤，兹用大沛恩膏，除漕項錢糧外，所有康熙二十七年應徵地丁各項錢糧，俱令蠲免。二十六年未完錢糧，亦悉與豁除。又陝西省錢糧，前雖已行蠲免，但念該省人民用兵之際，轉輸餽餉，効力可念，再宜加恩，以弘樂利。其康熙二十七年應徵地丁各項錢糧，及二十六年未完錢糧，亦俱與豁免。爾部速行該地方官，通行曉諭，務使小民均沾實惠，以副朕愛育蒼生至意。如有不肖官吏，借端朦混，及私行重徵者，該督撫指名題參，從重治罪。如該督撫徇隱，不行糾舉，或經參奏，或被告發，定行一併從重治罪。爾部即遵諭行。

甲辰，吏部議：禮部左侍郎額星格、理藩院左侍郎喇巴克監養蒙古馬，司官侵蝕錢糧，失於覺察，又將私馬擅同飼養，俱應革職。從之。

《東華録》卷一四 〔本月〕，上諭：「向者原有風聞糾彈之例，輔政大臣停止，今後再行此例，貪官似有儆懼。可傳諭九卿詹事科道。」

《聖祖實録》卷一三二 十二月己酉，陞四川按察使王業興爲江西布政使司布政使。

庚戌，以禮部郎中任塾爲山東按察使司僉事，提調學政。江南松江府知府朱雯爲山西按察使司副使，提調學政。刑部郎中邵延齡爲江西按察使司僉事，提調學政。户部郎中高曰聰爲福建按察使司僉事，提調學政。山西太原府知府鄭僑生爲湖廣按察使司副使，提調學政。禮部郎中黄雲企爲廣東按察使司僉事，提調學政。禮部郎中張光豸爲陝西按察使司僉事，提調學政。刑部郎中吴自肅爲雲南按察使司僉事，提調學政。禮部郎中張顧行爲貴州按察使司僉事，提調學政。

辛亥，以翰林院侍講高裔提督江南學政，左春坊左贊善兼翰林院檢討周清原提督浙江學政。

戊午，以太常寺卿王騭爲江西巡撫。

乙丑，山西道御史陳紫芝疏參湖廣巡撫張汧，莅任未久，黷貨多端。凡所屬地方鹽引、錢局、船埠等，無不搜括。甚至漢口市肆招牌，亦按數派錢。當日保舉之人，必有賄囑情弊，請一并敕部議處。得旨，張汧著革職。所參各欵，著直隸巡撫于成龍、山西巡撫馬齊、左副都御史開音布馳驛前往，提挐究擬具奏。

户部尚書佛倫等，查看河工回奏：河臣靳輔疏請修築高家堰重堤，束洪澤湖水，盡出清口，併黄河兩岸立閘，分洩黄水。而撫臣于成龍又奏，下河宜挑不

宜停，重堤宜停不宜築。彼此意見不合。臣等會勘上下河道，知高郵等七州縣水患，皆因洪澤湖水，從減水壩東注高郵、寶應、邵伯三湖，流入漕河。又從高郵城東堤減水壩，流入下河，以致七州縣民田被水淹没。故治下河，必先塞上流，使上流之水不得東注下河，則保守高家堰，水出清口，自爲第一要著。臣等閲視高家堰地勢，應如河臣原議。史家店以南，石堤以東，築一月堤，使六壩所減之水由重堤以内，流出清口，自不致衝突堰堤。但洪澤湖之水流入漕河，漕堤關係緊要，宜行減洩，應將淮安以北五義河閘開濬，引水由草灣入海。至淮安、寶應、澗河等處亦應開濬，引水由射陽湖達廟灣入海。其高郵城東堤，五座減水壩，係下河水患之原。今淮安府南北，既經開濬，此處俱應堵塞。黄河兩岸仲家莊、草灣等處建石閘三座，分洩黄水入海，仍照原議外，惟安東縣五里墩，建閘洩水，由鹽河入海，恐開閘之處，逼近安東，實屬危險，應將石閘移建城東。再看得下河形勢，見在流通，今既堵塞上流，盡注清口，則下河水勢自然漸減，應將白駒、丁溪、草堰三口各工盡行停止。其修築月堤，并澗河等處開濬建閘，所需錢糧，應令河臣確估題請。得旨，九卿詹事科道會議具奏。

己巳子時，太皇太后崩於慈寧宫。【略】諸王、貝勒、貝子及文武大臣等奏請節哀。上諭曰：朕自八齡，皇考世祖章皇帝賓天。十一歲，又遘皇妣章皇后崩逝。二十餘年以來，全賴聖祖母太皇太后撫育教訓，今遽遭捐棄，五内摧迷。顧念慈恩，罔極難報。哀號痛切，情何容已。所奏已知。

辛未，諭諸王大臣等：皇太后聖躬素弱，近者太皇太后病篤，朝夕奉侍，慈顔瘦減。又因太皇太后上賓，悲哀過甚，晝夜不離梓宫，飲食不御，愈加羸弱。爾當今最尊者，惟皇太后一人。朕見皇太后慈顔羸弱，力爲勸慰，皇太后不允。爾諸王大臣俱係骨肉至戚，應公同奏勸。諸王妃、郡主等舉哀時，皇太后慟哭，幾至仆地，衆所共睹，今已三日矣。諸王大臣等隨奏請皇太后節哀，回宫暫息。皇太后諭曰：皇帝大孝，事太皇太后及予三十餘年，承歡靡間，敬禮兼隆。太皇太后聖體違和，皇帝躬親侍奉三十餘日，席坐冷地，親奉湯藥，衣不解帶，極其誠孝。太皇太后賓天，内廷一切事務，皆皇帝躬親料理，所以諸事各得詳善，今已經三日。皇帝痛哭不止，容顔甚爲瘦減，予心殊覺不寧。爾等宜勸皇帝節哀，最爲緊要，不必向予敦請。諸王大臣等復再三叩請。皇太后又諭曰：諸王大臣所奏，請予回宫，以少慰皇帝之心，所言良是。下午上食畢，予即率衆妃同散。然雖散，亦不各歸自己宫内，仍率衆妃俱集於别宫。自明日爲始，每日三次上食後即回别宫。

康熙二十七年（戊辰、一六八八）

《聖祖實録》卷一三三　春正月辛巳，上諭禮部：大行太皇太后，聖德母儀，昭示萬國。【略】著内閣翰林院詹事府會同擬奏其應行典禮，爾部詳議以聞。於是，内閣等衙門即恭擬尊謚二道進呈，奉旨應上太皇太后尊謚曰：孝莊仁宣誠憲恭懿翊天啓聖文皇后。

癸卯，河南巡撫章欽文以庸劣革職。

陞廣東副都統拜音達禮爲廣東將軍。

二月壬子，勒德洪、明珠著革去大學士，交與領侍衛内大臣酌用。李之芳著休致回籍。余國柱著革職。科爾坤著以原品解任。佛倫、熊一瀟等，著解任，於河工案内完結。

甲寅，以兵部尚書梁清標爲保和殿大學士，禮部尚書伊桑阿爲文華殿大學士。

調刑部尚書廖旦爲吏部尚書，陞吏部左侍郎李天馥爲工部尚書。

《聖祖實録》卷一三四　三月甲戌朔，吏部引見山東布政使衛既齊。上諭曰：爾到地方，但當實意愛民，盡心任事，不可博取虚名。朕聞州縣火耗，止在附近孔道，嚴行禁革，似乎分文無有。而窮鄉僻壤，火耗偏重，是徒欲掩飾人耳目也。掩飾之事，斷不可行。至地方諸務，皆有成憲，如應行應革之事，可申詳該撫奏聞。

辛巳，上御乾清門，召大學士、學士、九卿、詹事、科道及總督董訥、總河靳輔、巡撫于成龍、原任尚書佛倫、熊一瀟、原任給事中達奇納、趙吉士等入奏河工事宜。

乙酉，諭吏部：總河靳輔、總漕慕天顔、侍郎孫在豐互相訐參，靳輔、慕天顔不便留任，孫在豐亦不便修河，伊等員缺，應速行更換差遣。

丁酉，九卿等議覆河工一案：將總河靳輔擬革職，其奉差閲河之尚書佛倫、熊一瀟，給事中達奇納、趙吉士，督理下河之侍郎孫在豐、會勘河工之總督董訥、總漕慕天顔，俱擬革職。幕賓陳潢革去職銜，擬杖流。

己亥，增差督捕理事官張鵬翮、兵科給事中陳世安，往鄂羅斯會議。

壬寅，傳臚，賜殿試貢士沈廷文等一百四十六人進士及第、出身有差。

上曰：李光地本應治罪，念其任學士時，凡議事不委順從人。臺灣之役，人皆謂不可取，李光地獨言可取，此其所長。除此事外，別無妄奏之處，姑從寬免，令仍爲學士。

《聖祖實録》卷一三五　夏四月癸卯朔，日食。

甲寅，大行太皇太后梓宮啓行。是日，駐蹕薊州嶺上莊之北。

理藩院題：據達賴喇嘛疏稱，皇上撫視人民，中外一體。聞厄魯特、喀爾喀兩國相殘，即遣人齎敕諭和。今遵聖諭，遣卜克岡喇嘛去矣。仍祈皇上睿鑒，或再頒敕諭，另遣人前往，令其無致相殘。上乃遣内閣學士拜禮、喇嘛阿齊圖綽爾濟，往諭噶爾丹。

五月壬申朔，兵部尚書張玉書、刑部尚書圖納、左都御史馬齊、兵部侍郎成其範、工部侍郎徐廷璽，以奉差看河奏請訓旨。

己卯，吏部尚書陳廷敬、刑部尚書徐乾學，各以疾乞休，命原官解任。

壬午，諭兵部：嗣後駐防協領、佐領缺出，停止該將軍坐名擬補，爾部選取外省應補之人，交與該旗，同在京應補人員，引見補授。

癸未，調兵部尚書阿蘭泰爲吏部尚書，禮部尚書張士甄爲吏部尚書，工部尚書李天馥爲刑部尚書。

丁亥，以正紅旗都統紀爾他布爲兵部尚書。

辛丑，調鑲白旗蒙古副都統郭布爲滿洲副都統。

六月甲辰，荊州將軍噶爾漢、安徽巡撫楊素蘊等，各疏報楚省裁兵，夏包子等鼓譟搶劫，聚衆作亂。巡撫柯永昇投井身故，賊等竊據武昌城。上命都統瓦岱爲振武將軍，率兵往討之。

丁未，荊州將軍噶爾漢疏言：夏包子等倡亂，我師戰船未備，糧餉不敷，未能刻期進兵。上命調回噶爾漢爲正紅旗蒙古都統，以正黄旗滿洲都統侯巴渾德爲荊州將軍。陞正黄旗副都統喀岱爲滿洲都統。

襄陽總兵官許盛，以赴任道經武昌，適遇兵變，身陷賊圍，中流矢，乘間遁回九江。安徽巡撫楊素蘊以聞。命登州總兵官蔡元爲湖廣襄陽總兵官。

庚申，尚書阿喇尼疏報：噶爾丹率兵掠厄爾德尼沼居民，直抵喀喇卓爾渾之地，距澤卜尊丹巴所居僅一日程。澤卜尊丹巴携土謝圖汗妻與子媳及喇嘛班第等夜遁。喀爾喀通國各棄其廬帳、器物、馬駝、牛羊，紛紛南竄，晝夜不絶，土謝圖汗不知存亡。上諭曰：喀爾喀與厄魯特互相攻戰，我邊塞地方宜加防守。翁牛特、巴林、克西克騰、四子部落等旗，共派兵二千五百名，暫駐蘇尼特一帶汛地防守。

戊辰，以原任大學士熊賜履爲禮部尚書。

陞吏部左侍郎翁叔元爲工部尚書。

以原任都察院左都御史徐元文補原官。

《聖祖實録》卷一三六　秋七月壬申，澤卜尊丹巴胡土克圖遣使告急。【略】上諭領侍衛内大臣舅舅佟國維等曰：見今窘迫來奔之喀爾喀等，應否令其出我邊汛，或將彼汛哨稍展，就伊等所居之地，另爲設哨防守，此事關係重大，其令議政王大臣詳議。尋議喀爾喀人等，窘迫來奔，不便即令出邊；若久留之，又恐牧地殘毁。姑俟一月以内，探得實音，將來奔之喀爾喀作何措置，再行確議。從之。

湖廣提督徐治都疏報：六月十四日，官兵於應城縣地方，遇夏包子賊衆二千餘人。我師奮力攻擊，陣斬僞副將二員，守備三員，把總一員，殺獲甚衆，隨駐師應城縣内。嗣於十七八等日，賊首夏包子率賊兵萬餘圍攻應城。我師内外夾擊，大敗之，賊奔德安。請敕調南陽總兵出師安陸，以資防守。得旨嘉獎，下部議叙。

甲戌，命安親王岳樂、簡親王雅布各率包衣兵五百名，赴蘇尼特汛界駐防。

丁丑，巴林王納木達克台吉阿拉卜坦等奏報，喀爾喀兵敗於厄魯特，土謝圖汗澤卜尊丹巴遁走，其屬下台吉等入内奔竄，來投者甚多。

壬午，萬正色前陷賊時，抗志不屈，行間血戰，勞績甚多，從寬免死，著革去提督，留伊所得拜他喇布勒哈番。王珍著革職。

丙戌，上巡幸塞外，命皇長子允禔、皇三子允祉隨駕。

壬辰，上駐蹕喀爾必哈哈達地方。是峯舊名納哈里，狀如浮圖，高百餘丈。上率文武諸臣，以次仰射，上連發數矢，皆過峯頂，侍衛桑革、納拉善二人射至其巔，餘不能至。上更其名爲喀爾必哈哈達。

癸巳，南陽總兵官史孔華疏報：七月初十日，臣率師自雲夢起行，進討夏逆。賊據漢陽府城，我師破門直入，賊遁走武昌。十八日，恢復漢陽。【略】又二十二日，振武將軍瓦岱移文内稱，我師至武昌縣，賊衆聞風逃遁。我師追剿至黄州府，僞總兵趙得等於二十日獻城投降。有黄岡縣生員宜畏生等，擒獻賊首夏

包子，磔斬軍前。武昌、黄州等府俱已恢復。

八月甲辰，以鑲藍旗副都統諾穆圖爲雲南提督。

丁未，湖廣糧儲道葉映榴遺疏言：康熙二十七年五月初九日，臣署理湖北布政使印務。忽於本月二十二日，督標裁兵，夏包子倡亂，閉城造反，劫奪撫臣敕印，分兵圍臣衙署，百計脅從。臣幼讀詩書，粗知節義，雖白刃當前，豈肯喪恥苟生。臣此時微服匿影，或可倖免，以圖後效。伏念臣守土之官也，城存與存，城亡與亡，義所當然。臣於本月二十六日，朝服向闕九叩，謝恩畢，隨陞臣衙門公座，罵賊自刎，勉盡一死，以報國恩。上覽畢，集諸王大臣等諭曰：凡地方官，城存與存，城亡與亡者，乃人臣之分。近者武昌兵亂，葉映榴守義不屈，罵賊自刎，朕閲其遺奏，五内傷悼，王大臣等其共聽之。因令展讀奏疏，聞者莫不感泣。隨諭吏、禮二部曰：葉映榴值裁兵鼓譟，抗志不屈，捐生殉難，忠節可嘉。今覽遺疏，情詞慘烈，朕心深爲惻然，不忍披閲，應從優賜恤，以表忠貞。

己酉，理藩院題，據奉差侍衛阿南達等咨稱，職等於七月二十七日，行至克魯倫河迤北喀喇烏蘇之地，探知噶爾丹因達賴喇嘛使人至，由克魯倫河託爾會之地退回疾行。又聞噶爾丹向達賴喇嘛使人言：我若與土謝圖汗和，則吾弟多爾濟扎卜之命，其誰償之？我盡力征討五六年，必滅喀爾喀，必擒澤卜尊丹巴也。今噶爾丹退回，既過土喇，往索土謝圖汗，職當相機追往，於交戰之前，以敕書授之。上諭尚書阿喇尼，撤科爾沁十旗所調之兵，其綽諾果爾河所駐之兵，應於阿南達未到之前，暫留防汛。

乙卯，兵部尚書張玉書、刑部尚書圖納、左都御史馬齊等疏言：臣等欽奉上諭，勘閲黄河水勢，兩岸出水頗高，河身漸次刷深。數年以來，雖遇大水，未經出岸。河身淤墊之説，甚屬虚妄。其海口兩岸，寬二三里，黄水汛溜入海，並無阻滯。至黄河南岸減水各閘壩，見在雖不過水，但從前俱酌量形勢建立，以防異漲，俱無庸更易。北岸朱家堂等減水壩，前河臣靳輔，因修中河，有拆毁者，亦有閉塞者，應無庸議。其王家營西減水壩，向未過水，且在仲家閘下流，相應仍留。朱家堂等壩，既經閉塞，應將北岸之大谷山減水閘壩并鎮口閘，照舊仍留。其減水閘壩之引河，既無常流之水，必致淤塞，除已經挑成引河者不議外，應將未挑引河者停止挑濬。得旨，九卿、詹事、科道會議具奏。

丁卯，設站侍郎文達、侍衛阿南達疏報：土謝圖汗與噶爾丹於八月初三四等日，相遇於鄂羅會諾爾之地，鏖戰三日。厄魯特兵夜襲善巴額爾克戴青之營，破之，喀爾喀屬下諸台吉星散，土謝圖汗力弱，乃越瀚海，奔至澤卜尊丹巴所。

《聖祖實録》卷一三七　九月庚午朔，時澤卜尊丹巴胡土克圖遣使報稱：噶爾丹分兵三路，沿途劫掠，約會於我邊哨愛必汗喀喇鄂博之地，侍郎文達以聞。上諭尚書阿喇尼等曰：喀爾喀所告之言，雖未審虚實，而我邊塞不可不爲之防禦。應派京師八旗護軍每佐領七名，驍騎每佐領二名，前鋒二百名，火器營兵一千，子母礮八門，限五日内起程。再令大同、宣府總兵官鮑敬、藍理，各選精兵一千，親率而來。我軍俱應在歸化城駐備。此係備兵，不用將軍印。每翼置都統一員，右翼著公蘇努率之，左翼著公化善率之，即以蘇努爲統帥。左翼副都統邁圖、那秦、查木揚、楊岱，右翼副都統希禪、阿爾法、牛尼有、達爾泰，令一併前往。

丁丑，先是，巴林烏朱穆秦蒿齊忒、克西克騰、科爾沁、阿霸哈納、蘇尼特、阿霸垓、扎魯特、歸化城、土默特之各旗蒙古王、台吉等，節次奏報，喀爾喀戴青台吉等共二十八人，各率所屬人衆，入邊請降。奉旨令來降之喀爾喀，准於汛界以内遊牧。至是，土謝圖汗與其弟西地西里巴圖爾台吉，率左右兩翼台吉等，又澤卜尊丹巴胡土克圖，亦率其弟子等偕入汛界乞降。沿邊一帶阿霸哈納諸台吉皆願從之内附。理藩院以聞，下議政王大臣集議。尋議厄魯特、喀爾喀向來歸化，職貢有年，今交惡相攻，喀爾喀國破，土謝圖汗澤卜尊丹巴胡土克圖等誠心請降，應受而養之，俾其得所。即令尚書阿喇尼前往汛界，面見澤卜尊丹巴胡土克圖土謝圖汗等，備宣諭旨。從之。

己卯，雲南巡撫石琳疏言：滇省鶴慶、劍川等處，於本年五月十七、十九、二十等日地震。得旨，著該撫速發銀米，賑濟災民。

甲申，噶爾丹遣使進貢請安，并乞照常貿易。下議政王大臣集議。尋議噶爾丹訴其始終誠心敬上之意，又虔恭貢獻，請准其貿易，即應遣使往諭。但目今喀爾喀俱奔入我汛界，皇上已令尚書阿喇尼往議安插，俾令得所，應俟阿喇尼前往汛界查明後，作何遣使，齎敕往諭噶爾丹之處另行奏請。從之。

丁亥，吏部議覆偏沅巡撫興永朝疏，言楚省舊設驛道一員，駐劄武昌，管理全省驛務。但湖南、湖北道里遼遠，以湖北之道遥制湖南，事多貽悮，請改湖南驛站事務歸併湖南糧道兼理。應如所請。從之。

癸巳，吏部尚書阿蘭泰、兵部尚書紀爾他布、工部尚書蘇赫奏：湖廣地方遼闊，統制兵馬應復設總督，於地方有益。報可。

命臺灣文職員缺，准該撫於閩省見任官内揀選調補。

甲午，陞鑲白旗副都統郭布爲漢軍都統。

先是，户部覆直隸巡撫于成龍疏，言直隸賦額，刊刻由單，不肖官吏，指稱紙板工費，用一派十，民受其困，應請停止。查各省風土不一，應並敕各省巡撫，詳議具題，到日再議。至是，各省巡撫題覆，由單欵目，與《賦役全書》無異，應照直隸，一體停其刊刻。從之。

甲辰，廣東巡撫朱弘祚條奏粤省鹽政。

十月辛丑，刑部等衙門會議：原任漕運總督慕天顔阻撓河工，應杖一百，徒三年，不准折贖。直隸巡撫于成龍陳奏失實，應削去太子少保，降二級調用。得旨，于成龍削去宫保銜，從寛免降調。慕天顔從前造船有効力之處，亦從寛免罪。

壬寅，九卿等議覆兵部尚書張玉書、刑部尚書圖納、左都御史馬齊等疏，言臣等公閲河工，請將原任河道總督靳輔修築之閘壩引河隄埽及建造挑濬工程，有應留應止、閉塞增添之處，又黄、運兩河，有受衝被刷、應修築者，一併交與河臣修理堅固，以仰副皇上軫念運道民生至意。應如所請。得旨，攔馬河洩黄水之壩，應否閉塞，著河道總督詳看議奏。

癸卯，策試天下武舉於太和門前。

乙卯，恭奉册寶上大行太皇太后尊謚【略】孝莊仁宣誠憲恭懿翊天啓聖文皇后。

十一月辛未，兵部議覆御史郭世隆疏，言山海關城守禦章京等官，職司稽察，每多懈弛。嗣後失察私參之例，請加嚴定處分。應無庸議。上曰：偷刨人參，禁絶甚易，但人參爲物，治病有益，且無甚關係，故朕於偷刨之人，亦未曾有一正法者。著如部議。山海關守禦官兵，嗣後停止，令盛京將軍管轄，照張家口例，一切事件送部定奪。

甲申，〔議〕：皇上軫念兩國，原無異倪。今土謝圖汗等背棄盟誓，殺扎薩克圖汗及得克得黑墨爾根阿海，又先犯厄魯特，殺噶爾丹之弟多爾濟扎卜，實係伊等之過。應遣人敕達賴喇嘛，命遣一有名大喇嘛，同本朝所遣大臣前往，召集噶爾丹、土謝圖汗等，令土謝圖汗等自陳其過，大集會閲，永議和好。於未遣敕之前，以此等情節，先曉諭土謝圖汗，如皆允服願行，則約期於來年會閲；如別有推辭，俟到日再議。噶爾丹奏請貿易之事，應俟遣使大臣時再議。從之。

辛卯，兵部議原任荆州將軍噶爾漢、副都統鄂佛，於武昌兵變時，率師進剿，不能即行撲滅，藉稱戰船未備，糧餉不給，自行退回，應將將軍噶爾漢革職、鞭責，籍没，荆州副都統鄂佛革職、鞭責。上曰：噶爾漢著革職，鞭一百，不准折贖，免其籍没。鄂佛著革職，免其鞭責。

壬辰，免湖廣崇陽等七州縣本年分旱災額賦有差。

免江南亳州等三州縣本年分水災額賦有差。

《聖祖實録》卷一三八　十二月庚子朔，以西安將軍希福爲正紅旗蒙古都統。

壬寅，免江西宜春等十二州縣本年分旱災額賦有差。

乙巳，以前鋒統領尼雅翰爲西安將軍。

己酉，調兵部尚書張玉書爲禮部尚書，刑部尚書李天馥爲兵部尚書，陞左都御史徐元文爲刑部尚書，通政使衛執蒲爲都察院左副都御史。

戊午，調刑部尚書徐元文爲户部尚書。

康熙二八年（己巳、一六八九）

《聖祖實録》卷一三九　春正月辛卯，上率扈從部院大臣及江南、江西總督傅拉塔、河道總督王新命、漕運總督馬世濟等，閲視中河。至支河口下馬，坐隄上，出河圖指示諸臣。

《東華録》卷一五　〔上〕諭諸臣曰：「朕觀此河狹隘，逼近黄河之岸，且自徐州北鎮口閘所出黄水及微山湖、荆山口之水俱歸内運河，必流入中河，駱馬湖之水亦入此河，若遇潦霖，萬一黄堤潰決，中河、黄河必將混而爲一。」因顧靳輔曰：「爾當日如何籌畫開濬中河？」輔曰：「臣意開濬此河，可以束水入海，今若將遥堤加增修築，以保固黄河堤岸，當不至有患。」總河王新命奏曰：「支河口止一閘，但遇霪淹，必至沖壞，若(不)〔下〕草(掃)〔埽〕隨時啓閉，于駱馬湖口作減水壩，令泛漲之水歸入黄河，再將郯城禹王台修築，以禦流入駱馬之水，令歸沭河，則中河可無虞矣。」

《聖祖實録》卷一三九　壬辰，上御舟，由中河閲視河道，遂自清河縣渡黄河。

癸巳，諭江南、江西總督傅拉塔、江蘇巡撫洪之傑、安徽巡撫江有良曰：朕南巡以來，軫念民依，勤求治理。頃至江南境上，所經宿遷諸處，民生風景較前

次南巡稍加富庶。朕念江南財賦，甲於他省，素切留心，因尚有歷年帶徵錢糧，恐爲民累，出京時，曾詢户部，知全省積欠約有二百二十餘萬。今親歷兹土，訪知民隱，無異所聞，除江南正項錢糧已與直隸各省節次蠲免外，再將江南全省積年民欠一應地丁錢糧、屯糧、蘆課、米麥豆雜税概與蠲除。【略】著速行傳諭，咸知朕意。

二月壬寅，大計天下官員，卓異官三十二員，貪酷官四十八員，不謹官六十四員，有疾官八十員，年老官一百二十員，罷軟官三十五員，才力不及官五十一員，浮躁官四十九員，俱分别陞賞、革降處分如例。

甲辰，户部議覆四川陝西總督葛思泰疏，言陝西駐防兵馬，歲需米豆草束，向派西安府屬州縣供辦。因各屬離省窵遠，且山路駝載，民力艱難，若全支折色，則省會採買糧草不敷，又恐累兵，請半支本色，半給折色，兵民兩便。應如所請。從之。

己酉，諭扈從部院諸大臣：朕稽古省方，咨求治理，閲視河道，期底平成，凡有利於民生，必令羣沾實惠。兹行次浙省，禹陵在望。念大禹功德隆盛，萬世永賴，應行親詣，以展企慕之忱。其致祭典禮，所司即察例舉行。政治所先，在崇文教。江南、浙江爲人文萃集之地，入學額數應酌量加增，永昭弘奬，著該督撫詳議奏請。江寧、鎮江、杭州駐防滿洲、漢軍兵丁，鎮守要地，久歷歲時，深用軫念，應作何恩賚，以彰優恤，著該部議奏。自南巡以來，所經過地方官員，除八法處分及列欵糾劾外，凡因公罣誤、降級留任者，俱准與開復。降級調用者，著帶所降之級留任。其經過地方，現在監禁人犯，除十惡及詔欵所不赦等罪並官員犯贓者不宥外，其餘自康熙二十八年二月十一日以前死罪及軍流、徒罪以下，已結、未結，俱准寬釋，以示朕赦罪宥過之意。備辦船隻地方各官，効力勤勞，著該督撫，會同奉差官員確查具題，各加一級。縴夫供役勞苦，亦著該督撫察明人數，量給恩賞。朕廑念民依，特蠲租賦，總期實德潤澤蒼生。近見民間有建立碑亭、稱頌德意者，雖出羣黎感戴之誠，但恐各郡皆然，未免致損民力，誠使閭閻殷阜，則裨益良多，碑亭何與焉，嗣後亦宜停止。江浙錢糧，既經蠲豁，猶慮有不肖有司，借端詞訟，朘削民生，著該督撫嚴行禁飭。至各處榷關，原有則例，朕舟行所至，諮訪過關商民，每不難於輸納額税，而以稽留關次，不能速過爲苦。榷關官員理宜遵奉屢頒諭旨，恤商惠民，豈可反貽之累？自今應力除積弊，凡商民抵關，交納正税，即與放行，毋得稽留苛勒，以致苦累，違者定行從重處分。【略】爾等可即傳諭，俾一體奉行，稱朕意焉。

乙卯，上自杭州回鑾，舟泊石門縣石門鎮。諭扈從部院諸大臣等：朕巡省民生風俗，行次浙江，見省會兵民俱相和輯，生齒蕃庶，閭里乂安。但觀民間習尚，好爲争訟。争訟一興，則不肖有司因緣詐索，勢所必至，縱或官員無所朘削，而胥吏作奸，究不能無私行勒取之弊，小民之牽連苦累者多矣。夫微忿不捐，搆成嫌怨，小則耗損物力，大則傾隕身家，其爲蠹害，不可勝言。矜此愚民，允宜深戒；地方大小衙門官員，亦應各簡詞訟，勸導閭閻，俾守分息争，共安生業。又夙聞東南巨商大賈，號稱輻輳。今朕行歷吴越州郡，察其市肆貿遷，多係晉省之人，而土著者蓋寡。良由晉風多儉，積累易饒；南人習俗奢靡，家無儲蓄，目前經營僅供朝夕，一遇水旱不登，則民生將至坐困。苟不變易陋俗，何以致家給人足之風？爾等可傳諭將軍、總督等，令家喻户曉，務使敦本興讓，崇儉黜浮，兵民日益協和，風俗日益淳樸，詞訟日益減少，積儲日益豐盈，則教洽化行，朕心實嘉賴焉。

戊午，上命兵部尚書張玉書等察審。至是，張玉書等奏稱：偏查杜光遇並無其人，明係金鋐揑造無影之欵。李之粹附合金鋐，情罪可惡，並擬絞立決。得旨，金鋐流徙奉天地方，李之粹充發黑龍江。

己未，兵部議覆湖廣總督丁思孔疏，言武昌、荆州並控大江，常德、岳州俱臨湖滙，誠水陸兼重之區。今此四郡，皆係陸營，並未設有水師，請各設水師三百名。再查湖廣見設辰州水師營，額兵四百名，戰船四十隻。沅州水師營，額兵五百零八名，戰船四十隻。宜都水師營，額兵四百名，戰船三十八隻。除沅州重地仍應留戰船二十隻、兵二百五十四名以備接應外，餘兵二百五十四名，應改爲陸兵，統入沅鎮陸營。辰州既有副將，其水師竟可裁去，即以所裁兵，分撥荆、岳二營。宜都水師亦應改爲陸營。其新設武昌水師，應於督標兵内選用。常德水師應於提標兵内選用。至三處所餘戰船，計九十八隻，應於武昌、常德各設二十五隻，荆州、岳州各設二十四隻。再湖北驛道所管沙船五十隻，請分四十隻於武、荆、常、岳四府作爲戰船，每營設守備、千總各一員，把總各二員。應如所請。從之。

《聖祖實録》卷一四〇 三月甲戌，〔上諭〕：朕於治河之事，究心年久。蓋黄淮水勢相敵，則清口刷而海口開。淮水弱則黄水倒灌，湖底淤墊，隄勢危而海口閉塞矣。此千古不易之定理。先年因高家堰衝決，淮水東流，無敵黄之力，黄

水倒灌，湖底淤墊，海口閉塞，此其實驗也。高家堰既有減水壩，不可又令分流，使淮河水弱。但遇大澇之年，淮水盛漲，出清口不及，則隄必受傷，故朕意以王新命所奏，亦有可行。何則？通江之河，若果挑濬，必於淮水會合之處修置板閘。苟淮水盛漲，則啓閘以分其流；黄淮均敵，則閉閘不令旁溢。如此庶可無患矣。

丙戌，上進崇文門。因和碩安親王岳樂薨逝未發引，親臨其第，奠酒，舉哀畢。

丁亥，兵部議覆兵科給事中能泰疏，言考取滿洲生員宜試騎射。應如所請。上命如議。又諭曰：滿洲以騎射爲本，學習騎射原不妨礙讀書，考試舉人、進士亦令騎射。倘將不堪者取中，監箭官及中式人一并從重治罪。

戊子，諭大學士等：朕巡行南省，閲視河道，江南淮安諸地方，自民人船夫，皆稱譽前任河道總督靳輔，思念不忘。且見靳輔濬治河道上河隄岸，修築堅固，其於河務既克有濟，實心任事，勞績昭然，著復其原品。

壬辰，嗣後武鄉會考試馬箭以中四箭爲合式，步箭以中一箭爲合式。

閏三月壬寅，賑濟江南亳州被水饑民。

甲辰，命八旗漢軍副都統田象坤、張俊、色格印、科爾代、蘇曷、郎化麟、喻維邦、張朝午等各兼管本旗火器營事。

丁未，免河東康熙二十八年分額徵鹽池地租。

諭户部：國家設關榷税，原以通商裕課，利益民生，非務取盈，致滋紛擾。朕巡行地方，軫恤民隱，諮諏利弊，有應興革者即見諸施行。近聞江、浙、閩、廣四省海關於大洋興販商船遵照則例徵取税課，原未累民，但將沿海地方採捕魚鰕及貿易小船概行徵税，小民不便。今應作何徵收，俾商民均益，著九卿、詹事、科道會同確議以聞。

壬子，陞翰林院侍讀學士顧汧爲内閣學士兼禮部侍郎。

予和碩安親王岳樂祭葬，立碑，謚曰和。

四月丙子，調正白旗滿洲副都統開音布爲步軍統領。

壬辰，鄂羅斯遣使費要多羅等至尼布潮地方，請議分界事宜。上復遣領侍衛内大臣索額圖等赴尼布潮就議。索額圖奏言：尼布潮、雅克薩既係我屬所居地，臣等請如前議，以尼布潮爲界，此内諸地皆歸我朝。上曰：今以尼布潮爲界，則鄂羅斯遣使貿易無棲託之所，勢難相通。爾等初議時，仍當以尼布潮爲界，彼使者若懇求尼布潮，可即以額爾古納爲界，并調黑龍江兵一千五百人往會之。

喀爾喀岳蘇圖阿海台吉率所屬來歸，命駐牧烏闌地方。

《聖祖實録》卷一四一 五月乙巳，以吏部尚書阿蘭泰爲武英殿大學士，户部尚書徐元文爲文華殿大學士。

轉户部尚書鄂爾多爲吏部尚書，禮部尚書麻爾圖爲户部尚書，陞内廷行走侍郎顧八代爲禮部尚書。

丁未，陞福建、浙江總督王騭爲户部尚書。

癸亥，理藩院題：前因喀爾喀、厄魯特於邊境搆兵，奉駐防，又令歸化城兩旗派兵一千屯駐城内，以備緊急調遣。今既傳聞厄魯特發兵二支駐防，又令歸化城兩旗派兵一千屯駐城内，以備緊急調遣。

六月乙亥，陞前鋒統領佟寶爲寧古塔將軍。

七月癸卯，册立皇貴妃佟氏爲皇后。

甲辰，申刻，皇后崩。

《聖祖實録》卷一四二 九月戊午，以鑲黄旗蒙古都統蘇爾達爲領侍衛内大臣，領侍衛内大臣公倭赫爲鑲黄旗蒙古都統。

《東華録》卷一五 是月，左都御史郭琇「爲鴻緒等」表裏爲奸，罄竹難悉。(式)〔試〕約略一二爲皇上陳之。高士奇出身微賤，其始也徒步來京，覓館爲生。皇上因其字學頗工，不拘資格，擢補翰林，令入南書房供奉，不過使之考訂文章，原未假之與聞國政。爲士奇者，即當竭力奉公，以報恩施于萬一。計不出此，而日思結納諂附大臣，攬事招摇，以圖分肥。凡内外大小臣工，無不知有士奇之名。夫辦事南書房者，先後豈止一人，他人之聲名從未著聞，何士奇一入辦事而聲名赫奕乃至如此，是其罪之可誅者一也。久之羽翼既多，遂自立門户，結王鴻緒爲死黨，科臣何楷爲義兄弟，翰林陳元龍爲叔姪，鴻緒胞兄王頊齡爲子女姻親，俱寄以心腹，在外招攬。凡督、撫、藩、臬、道、府、廳、縣，以及在内之大小卿員，皆王鴻緒、何楷等爲之居停，哄騙而夤緣照管者，餽至成千累萬，即不屬黨護者亦有常例，名曰『平安錢』。然而人之肯爲賄賂者，蓋士奇供奉日久，勢焰日張，人皆謂之曰『門路真』。而士奇遂自忘乎其爲撞騙，亦自居之不疑曰：『我之門路真。』是士奇之奸貪壞法，全無顧忌，其罪之可誅者二也。光棍俞子易在京肆横有年，惟恐事發，潛遁直隸、天津、山東濼口地方。有虎坊橋瓦屋六十餘間，

價值八千金，餽送士奇，求托照拂。此外順城門斜街並各處房屋，總令心腹出名置買，何楷代爲收租。打磨場士奇之親家陳元師、夥計陳季芳開張緞號，寄頓各處賄銀資本約至四十餘萬。又于本鄉平湖縣置田産千頃，大興土木，修置花園。杭州西溪廣置園宅，蘇、松、淮、揚王鴻緒等與之合夥生理，又于各官，然官從何來？非侵國帑即剥民膏。夫以國帑民膏而填無厭之谿壑，是士奇等真爲國之蠹而民之賊也，其罪之可誅者三也。皇上聖明，洞悉其罪，止因各館史書編纂未完，着解任竣事，矜全之恩至矣極矣。士奇乃不思解過自新，仍怙惡不悛。當聖駕南巡時，上諭嚴誡餽送，定以軍法治罪，誰敢不遵。惟士奇與王鴻緒愍不畏死，即淮、揚等處王鴻緒招攬府廳各官約饋黄金潛遺士奇，淮、揚如此，則他處又不知如何詐索矣。是士奇等之欺君滅法，背公行私，其罪之可誅者四也。更可駭者，王鴻緒、陳元龍鼎甲出身，亦嚴然士林之翹楚，竟不顧清議，爲人作壟斷而不以爲恥，且依媚大臣，即人之所不屑爲者亦甘心爲之而不以爲辱，苟圖富貴，敗傷名教，豈不玷朝廷而羞當世士哉？總之高士奇、王鴻緒、陳元龍、何楷、王頊齡等豺狼其性，蛇蝎其心，鬼蜮其形。畏勢者既觀望而不敢言，趨利者復擁戴而不肯言。臣若不言，負罪滋大，故不避嫌怨，仰請立賜罷譴，明正典刑，人心快甚，天下幸甚」。得旨：「高士奇、王鴻緒、何楷、陳元龍、王頊齡俱著休致回籍，該部知道。」

《聖祖實録》卷一四二　十月丙寅，【略】以正白旗滿洲都統阿密達爲領侍衛内大臣，調正白旗蒙古都統郎談爲滿洲都統。

辛未，諭議政王大臣等：喀爾喀來降者，饑困已極，自相劫掠，應速置扎薩克，遣賢能蒙古王、台吉等，曉示法度，收集離散。

辛巳，户部題：盛京、遼陽、興京、屯莊所種田地，頃因亢旱及霜隕，米穀不收，應免其納租。移咨盛京户部，詳計所需米數，發銀採買賑濟。

《東華録》卷一五　是月，副都御史許三禮疏劾原任刑部尚書徐乾學曰：「竊惟聖主必需賢佐，懲貪不外遠奸，大小臣工，幸逢聖主，應爲賢臣。乃有原任刑部尚書徐乾學者，不顧品行，律身不嚴，致被罪臣張汧所供。蒙皇上寬仁，不加譴責，即宜引咎自退，乞命歸里，又復優柔繫戀，潛住長安，乘留修史爲名，出入禁廷，與高士奇相爲表裏，物議沸騰。即無官守，落得招摇納賄。其子試御史徐樹穀，不遵成例，朦朧與考，明有所恃。獨其弟徐秉義文行兼優，實係當代偉人。原任禮部尚書熊賜履，理學醇儒，可稱千古人品。臣職居言路，知而不言，即爲不忠，俯採輿論，直陳賢奸，乞即召用熊賜履、徐秉義，以佐盛治。徐乾學既無好行止，自無好議論，既無好事業，焉有好文章，應逐出史館，以示遠奸。徐樹穀尚書之子，中堂之姪，身爲御史，太覺招摇，應調部屬，以遵成例。臣不避嫌怨，披瀝直陳。」旨：「所參事情，著徐乾學明白回奏。熊賜履原係簡任大臣，朕所深知，已經起用，現在丁憂，許三禮請即召用，殊屬不諳，著飭行。」

乾學回奏：「憲臣謂臣律身不嚴，致罪臣張汧所供，臣若果受張汧一錢，臣甘寸磔。祇以臣爲台長，聞知汧狼藉，屢向僚屬斥言其罪，汧知而恨臣，遂肆誣巇，業蒙皇上洞鑒。臣以性不諧俗，遭人嫉忌，具疏懇歸田里。蒙恩准解部務，仍領各館總裁。臣早夜編摩，每隔數日入直，與高士奇等共訂書史，校讐御選古文，此外一無干涉。臣在任之日，尚且嚴絶苞苴，豈解任以後，反行招摇納賄。憲臣忽云潛住，忽云招摇，皆臣所惶惑不解者。臣子樹穀考選經吏部及臣弟元文奏明，其時大臣子弟與考，並不止臣子一人，皇上特恩簡用，安得朦朧？皆由臣平時好講忠孝大義，言論時或激切，易以招尤，乞賜罷斥歸田，並罷臣子言職，以安愚分。」疏並下部察議，以所劾招摇納賄皆無實據，即朦朧考選亦不確，三禮應降二級調用。

《聖祖實録》卷一四三　十一月庚申，理藩院題：烏斯尼哈白塔住持喇嘛羅卜臧宜寧等稱，伊師喇木占巴喇嘛復轉生於世，祈請往聚，議不准行。上曰：蒙古之性，深信詭言，但聞喇嘛胡土克圖胡必爾汗，不詳其真僞，便極誠叩頭，送牲畜等物，以爲可以獲福長生，至破蕩家産，不以爲意。而奸宄營利之徒，詐謂能知前生事，惑衆欺人，網取財帛牲畜，敗壞佛教。諸蒙古篤信喇嘛，久已惑溺，家家供養，聽其言而行者甚衆，應將此等詐稱胡土克圖者嚴行禁止。

十二月丙子，領侍衛内大臣索額圖等奏：臣等抵尼布潮城，與鄂羅斯國來使費要多羅額禮克謝會議。彼初猶以尼布潮、雅克薩爲所拓之地，固執争辨，臣等以鄂嫩、尼布潮係我國所屬毛明安諸部落舊址，雅克薩係我國虞人阿爾巴西等故居，後爲所竊據，細述其原委開示之，因斥其侵犯之非，復宣諭皇上好生德意。於是費要多羅等及鄂羅斯國人衆皆歡呼誠服，遂出其地圖，議分界事宜，共相盟誓，永歸和好。

《東華録》卷一五　是月，定鄂羅斯邊界于格爾必齊阿，勒滿、漢及鄂羅斯喇第（納）〔訥〕蒙古字于上。

康熙二九年（庚午、一六九〇）

《聖祖實録》卷一四四　春正月甲辰，諭户部：朕惟阜民之道，端在重農，必東作功勤，然後西成有賴。畿輔地方，去歲遭罹荒歉，已經蠲免錢糧，特發帑金兼支倉粟賑濟。雖小民餬口有資，其籽粒、牛具恐多匱乏。今時屆首春，田功肇始，若弗經營措給，將悞俶載之期，播種不齊，倉箱何望。直隸被災州縣衛所窮民，有不能自備牛種等項者，該撫督率有司勸諭捐輸，及時分行助給，務令田疇偏得耕耨，毋致稍有荒蕪。八旗官兵皆倚屯莊收穫，用以資生，若有被災貧乏，耕作無力者，該都統等通行各該佐領，酌量佽助牛種，所有莊田勿致播種後時，以副朕敦本勸農、愛養兵民至意。爾部即遵諭通行。

己未，户部議覆山東巡撫佛倫疏，言沂州等州縣衛所，未完康熙二十八年錢糧，俟收麥之後，徵完報銷。應如所請。得旨：山東康熙二十九年地丁錢糧，全行蠲免，原欲使小民終年無有租賦，得以休息，均沾實惠。若將未完帶徵，必至借端混擾滋弊。此本内康熙二十八年錢糧，理應於歲内全完，今乃稱仍有未完，顯係地方官員明知今年已經蠲免，故行延緩逋欠，詳請帶徵，希圖秉此混將已蠲錢糧侵蝕肥己。該撫並不詳察，即爲具題，請於康熙二十九年麥登之後徵完，殊屬不合。著嚴飭其錢糧未完各官，仍照定例處分，這未完錢糧，著於康熙三十年帶徵。

二月甲戌，上曰：諸臣稱雨澤霑足，固當歡悦，但去年大旱，民困未蘇，其填溝壑者，不知凡幾矣。昔漢文帝爲三代以下令主，賈誼猶以處厝火積薪之上而謂無危爲喻，以今較之，如火已然，可無慮乎？且今雖得雨，不知夏秋若何，其當遠慮深思，愈加軫恤，何得稱慶？

《聖祖實録》卷一四五　三月壬辰朔，户部議覆直隸巡撫于成龍會同巡鹽御史江蘩疏請蠲新增天津鹽引課餉。查康熙十七年，御史傅廷俊條奏增加，遵行已久，應無庸議。得旨，新增天津鹽引，可如該撫等所題蠲免。

乙未，禮部等衙門議覆山東道御史徐樹穀疏請纂修《三朝國史》，應如所請。

癸卯，上諭理藩院尚書阿喇尼曰：爾等昨議遣司官二員，尚未前往。今著一員至鄂爾多斯，發兵一千五百，以貝勒松阿喇布率之；一員至歸化城，發兵五百，喀爾喀達爾漢親王及四子部落共發兵一千，以達爾漢親王諾内率之。檄侍郎文達，令預發喀爾喀墨爾根濟農、敖巴額爾克阿海、蘇泰伊爾登台吉之兵，共三千名以待，以蘇泰伊爾登、拖多額爾得尼率之，偕調兵司官往文達所，齎三月糧，隨文達赴土喇河。仍自京遣大臣一員，與文達、阿南達偕統其軍。爾同紀爾他布速赴阿南達所往之地，先檄阿南達來京，再詣文達所。自屯軍之地至汛界，酌派喀爾喀人等安設驛站。

辛亥，户部議覆雲南巡撫王繼文疏，言雲南黑井鹽課，前因官兵衆多，吴逆題請加增，今全滇恢復之後，逆屬家口，盡行遣發，投誠人員，安插各省，食鹽甚少，此項加增課銀懇祈豁免。應如所請。從之。

丁巳，陞京口副都統張思恭爲京口將軍。

《東華録》卷一五　四月，《大清會典》告成。

《聖祖實録》卷一四六　六月乙丑，九卿遵旨議覆：原任太常寺少卿胡簡敬一門濟惡，種種不法，胡簡敬應坐光棍爲首例，立決。其倚勢作惡之胡旭、胡敷世應論絞。洪之傑身爲封疆大臣，不行參奏，奉旨審理又不速結，徇情護庇，稽延時日，應革職。得旨，胡旭、胡敷世依擬應絞，令監候秋後處決。胡簡敬從寬免死，并伊子弟俱發河南安插，開墾荒地。洪之傑著革職。餘依議。

乙亥，山東巡撫佛倫疏言：東省累民之事，第一賦役不均。凡紳衿貢監户下，均免雜差，以致偏累小民。富豪之家，田連阡陌，不應差傜，遂有奸猾百姓，將田畝詭寄紳衿、貢監户下，希圖避役，積習相沿，牢不可破。若不力爲禁革，小民困苦，何日得除？請通限二月之内，將從前詭寄田畝，許其自首，盡行退出。嗣後凡紳衿等田地，與民人一例當差，庶積弊一清，而小民得免偏枯之累矣。得旨，紳衿等優免丁銀，原有定例，其鄉紳豪强，詭寄濫免，以致傜役不均，偏累小民，積弊已久，今該撫所奏改正釐剔，具見實心任事，並不瞻徇，直省應一體行，九卿、詹事、科道會同確議具奏。

戊寅，尚書阿喇尼等奏報：偵探厄魯特兵駐扎克魯倫之阿爾灘額墨爾地方，臣等欲待大兵而行，恐厄魯特兵追躡昆都倫博碩克圖，沿烏爾順河至喀爾喀河地方。烏爾順河距喀爾喀河甚近，喀爾喀河距汛界僅一日程。臣軍若往波衣爾之地，慮反出其後，以此竟赴波衣爾之南他奔他什海以禦之。奏至，上諭曰：噶爾丹踰枯倫波衣爾深入，事關緊要，理宜豫備。王沙津如未起行，令率所調科爾沁兵往前年紀爾他布等駐防之地備之。若沙津已起行，著達爾漢親王班第率兵往備之。其敖漢、土默特貝勒厄爾德木圖、公烏忒巴喇等旗兵之未調者，令往

備達爾腦兒前所派出每佐領禁兵二名，作速遣行。再於每佐領下，應派護軍驍騎各五名，豫備以待。其以阿喇尼奏，速檄額赫納知之，著議政王大臣集議。尋議，應如敕諭，令理藩院遣官馳驛前往。上曰：蒙古兵令攜兩月行糧，其敖漢、奈曼、科爾沁、土默特兵令貝勒厄爾德木圖、公烏忒巴喇統之。其率科爾沁兵，往紀爾他布駐防之地，令內大臣蘇爾達率前次將校，乘驛前往。其再發之軍，每佐領撥護軍五名，驍騎三名，包衣佐領兵亦照此派發，令都統宗室喇克達、彭春、護軍統領苗齊納、楊岱、副都統扎木素、海瀾、塞赫、康喀喇統之。其副都統邁圖，署爲前鋒統領前去。再派出漢軍都統公舅舅佟國綱、都統諾邁。凡派發火器營兵之事，令彼請旨，再派諸王從征。軍行日期交欽天監選擇，令前所撥兵，輕裝於初旬速行。其輜重，令每翼留官校押往。尋命和碩康親王傑書、多羅恪慎郡王岳希從征。

乙酉，以禮部尚書張玉書爲文華殿大學士兼户部尚書。

以翰林院侍講學士王頊齡爲陝西鄉試正考官，刑科給事中錢紹隆爲副考官。翰林院侍讀學士王尹方爲江南鄉試正考官，兵部主事裴衮爲副考官。

丙戌，諭户部：朕撫育蒸黎，勤求民瘼，務期休養，漸至阜安。閭閻間有疾苦，朕衷時切軫念。近見廣東高、瓊等府地丁各項錢糧，歷年逋欠，如係官役侵漁，及豪强頑梗抗不輸納，自應嚴追；倘因丁缺地荒，不能輸納，仍行徵比，照例考成，則小民既困追呼，有司復罹參罰，徒滋擾累，終無裨益。著該督撫以各州縣舊欠錢糧不能辦納情由，詳悉察明具奏。

丁亥，九卿議：直隸各省鄉紳名下田地，應照山東省與民人一例差徭。上曰：山東省清釐賦役，可如議行；其直隸各省，令各該督撫確議具奏。

《東華録》卷一五　是月，尚書阿喇尼、紀爾他布等報：我師與厄魯特戰于烏爾會河，失利。

《聖祖實録》卷一四七　七月庚寅朔，調工部尚書張英爲禮部尚書。

陞京口副都統董元卿爲京口將軍。

辛卯，噶爾丹深入烏朱穆秦地。上命和碩裕親王福全爲撫遠大將軍，皇子允禔副之，出古北口。和碩恭親王常寧爲安北大將軍，和碩簡親王雅布、多羅信郡王鄂扎副之，出喜峯口。內大臣舅舅佟國綱、佟國維，內大臣索額圖、明珠、阿密達，都統蘇努、喇克達、彭春、阿席坦、諾邁，護軍統領苗齊納、楊岱，前鋒統領班達爾沙邁圖，俱參贊軍務。諸軍前發，惟佟國維、索額圖、明珠留京，俟大將軍至陰山，馳往會之。

己亥，轉左都御史陳廷敬爲工部尚書，陞直隸巡撫于成龍爲都察院左都御史。

癸卯，上巡幸邊塞，是日啓行，駐蹕牛欄山。

諭都統瓦岱等曰：據關保奏，噶爾丹於六月二十七日遣發其使人及我撥什庫，次日潛師遁去。般第、蘇爾達等遣人躧視之，噶爾丹兵果已北去。朕之欲幸此軍者，以躬近行間，便指示也。今噶爾丹雖退，而喀爾喀方且横行，刼掠驛遞及諸扎薩克馬畜衣服。乘此大兵集會，朕乃親往視師，以靖喀爾喀之肆，俾知所畏忌，事可一舉而定也。

己酉，上駐蹕博洛和屯。

和碩簡親王雅布隨駕至博洛和屯，請往軍前効力，上令趣赴撫遠大將軍和碩裕親王軍前參贊軍務。

內大臣阿密達疏言：臣等駐軍木西峽，濟隆胡土克圖遣衛徵格隆、噶爾丹遣尊多伊格蘇爾爲使，見臣等於前鋒營，述噶爾丹之言曰：「我雖入汛界，索吾讐而已，弗秋毫犯也。乃今聞使侍衛阿南達率兵來至葫蘆谷爾河，與兩尚書會。阿南達奉命使於我者數矣，吾亦常饗之，命講信修好，宜遣之來議，否則亦當遣尊於阿南達等者。」

丁巳，户部等衙門議覆山東巡撫佛倫疏，言東省康熙二十九年分地丁錢糧，盡行蠲免，百姓莫不感戴。惟是無地小民，尚未得均沾聖澤。臣仰體皇上一視同仁之心，傳集司道府官員，勸諭紳衿富室，將其地租酌量減免一分至五分不等。應如所請，嗣後直隸各省遇有恩旨蠲免錢糧之處，七分蠲免業户，以三分蠲免佃種之民，俾得均沾恩澤。從之。

《聖祖實録》卷一四八　八月己未朔，日食。

庚申，上遣阿爾必特祜等赴索額圖軍前，使於噶爾丹。至是，索額圖疏言：阿爾必特祜等歸，偕濟隆胡土克圖使人拉木扎木巴、噶爾丹使人尊多伊格蘇爾至營，問其情由，阿爾必特祜等述噶爾丹之言曰：「所有情事，已同滿丕等遣使上奏，不復具疏。但以書問王與皇子、內大臣安，請遵商南多爾濟所傳明旨，以土謝圖汗澤卜尊丹巴畀我。」述濟隆之言曰：「達賴喇嘛所以遣我者，爲聖上與噶爾丹向來和好，急欲定此大事，以早復命耳。此事非王及皇子、內大臣親身就我，或我親身來面議，不能定也。」又視來人形狀，甚覺倉皇，有窺探大軍意。厄

魯特見至烏闌滚地方，覓山林深塹，倚險結營。又聞其祭旗誦經，距我軍僅四十里。報聞。

辛酉，上駐蹕石匣。

撫遠大將軍和碩裕親王福全等疏報：七月二十九日，臣等聞厄魯特屯於烏闌布通，即整列隊伍。八月初一日，黎明前進，日中見敵，設鹿角鎗礮，列兵徐進。未時，臨敵，發鎗礮擊之。至山下，見厄魯特於林内隔河高岸相拒，横卧駱駝以爲障蔽。自未時交戰，至掌燈時，左翼由山腰捲入，大敗之，斬殺甚多。右翼進擊，爲河崖淖泥所阻，回至原處而立，本欲盡滅餘賊，但昏夜地險，收兵徐退。其噶爾丹死於亂兵與否，俟後查明另奏。得旨嘉奬，下部議叙。【略】撫遠大將軍和碩裕親王福全等疏言：八月初一日，擊敗噶爾丹，薄暮收軍。次日，即前進勦殺餘寇，見噶爾丹據險堅拒，故使我將士暫息，而噶爾丹適遣伊拉古克三胡土克圖來，復理前説，請以土謝圖汗、澤卜尊丹巴畀之。且云：「一二日内，濟隆胡土克圖即來講禮修好。」臣等悉遵聖諭，數噶爾丹前後逆惡而遣之矣。初四日，濟隆果率其弟子七十餘人來，言博碩克圖汗信伊拉古克三及商南多爾濟之言，深入汛界，部下無知，搶掠人畜，皆大非理。聖上乃一統宇宙之主，博碩克圖汗不過小部頭目，何敢妄行，但因索其仇土謝圖汗及澤卜尊丹巴，致有此悮。彼今亦無索土謝圖汗之意，但祈聖上慨允，以澤卜尊丹巴遣送其師達賴喇嘛榮光莫大矣。臣等謂之曰：「土謝圖汗澤卜尊丹巴即有罪愆，聖上自加罪責，豈有因噶爾丹之言，遂遣送達賴喇嘛之理？且汝往來行説，能保噶爾丹不乘間奔逸，掠我境内人民乎？」濟隆言：「王及諸大臣仰體聖上仁心，休征罷戰，彼焉敢行劫，亦斷不遠去。」臣等謂之曰：「汝雖保噶爾丹不敢妄行，但我各路兵分行進勦，遇厄魯特即行掩擊，必然之勢也。今我等仰體皇上好生，許汝所請，當發印文，檄各路領軍諸王大臣暫止勿擊。」隨給濟隆等蟒袍，先遣其弟子馳報噶爾丹。臣等思噶爾丹乃狡詐之人，雖不可全信，但戰之次日屢遣人來，必多窘迫，臣等欲即進勦，則厄魯特據險堅拒，俟其往來講解，以待盛京、烏喇、科爾沁諸軍之至，齊行夾擊，如有可除之機，斷不悮也。上命議政大臣集議。尋議，大將軍王等既大敗厄魯特，乃不即行勦滅，明知濟隆行説以悮我軍，而故聽之，豈不坐失事機？請敕大將軍王等，作速追勦。得旨，出征諸王大臣當同心効力，大將軍王與皇子失悮機宜，衆大臣不正言抗阻，軍律甚明，歸時斷不姑宥。此役所關甚鉅，今科爾沁、烏喇、盛京之兵，初四五間可至達爾腦爾矣，若又失機會，不進逼之，王與大臣等此行何所事耶？

辛未，上諭大學士等：允禔聽信小人讒間之言，與撫遠大將軍和碩裕親王福全不相和協，妄生事端，私行陳奏，留駐軍前，必致僨事，著撤回京。

癸酉，先是，撫遠大將軍和碩裕親王福全等疏言：噶爾丹迫於追襲，自什拉穆楞河截水横度大磧山，連夜遁走於剛阿惱爾。臣等欲追，而馬力不能前進，又恐噶爾丹去遠，因與濟隆胡土克圖約，使噶爾丹近我而止，以定禮好。遣侍衛吴丹、護軍參領塞爾濟等，偕濟隆往諭之。至是，裕親王等又疏言：吴丹、塞爾濟與濟隆帶噶爾丹使人達爾漢格隆、西達額爾克寨桑持書至，告曰：噶爾丹跪於威靈佛前，稽首誓曰，若違此書，惟佛鑒之。【略】奏入，上命議政王大臣集議。尋議，噶爾丹乃極狡詐之人，屢遣人以立誓爲詞。今又劫掠克西克騰之三佐領矣，誓好不可深信。蘇爾達等軍已到，應立行勦滅。但王等親在軍中，事皆目擊，應准所奏，命噶爾丹堅誓而釋之。王等仍率大軍駐彼，探噶爾丹出邊遠去實音，令蘇爾達軍照常防守。從之。

九月庚寅，諭户部：直隸順天、保定、河間、真定、順德、廣平、大名所屬並宣府等處被災黎氓，殊爲可憫，其康熙二十八年未徵地丁二十六萬三千五百餘兩、糧五萬七千三百九十餘石，康熙二十九年上半年應徵銀三十一萬一千五百餘兩、糧二萬八千七百二十餘石，盡行蠲免。

户部議覆河南巡撫閻興邦疏，言河南本年歉收，漕糧請暫免辦運，俟康熙三十年補行徵解，應如所請。從之。

癸巳，内大臣都統公舅舅佟國綱以往勦厄魯特陣亡，靈櫬將至，遣和碩額駙尚之隆、内大臣公坡爾盆及侍衛等往迎之，并賜銀五千兩。

壬子，兵部題：民間禁養馬，既不便民，馬亦稀少。嗣後請弛養馬之禁，聽從民便，著爲令。從之。

《聖祖實録》卷一四九 十月己未，諭大學士部院大臣等：今朕躬已愈，但因灼艾，未御乾清門耳。朕聽政三十年來，無日不見諸大臣，共相諮議。今處宫中，雖日理奏章，未嘗廢事，而與諸大臣懸隔，思之如有所失，且旗下引見、題補諸事，恐致壅滯。向有大臣奏事乾清宫之例，自明日始，仍如常進乾清宫啓奏。

壬戌，諭大學士等曰：吴爾泰自主事優陞郎中，差往福建審理時，朕曾以所審事件明白訓諭。吴爾泰至彼，妄滋事端，將衆知府盡令解任，州縣各官概取供狀，聲言夾訊巡撫，恣意嚇詐，以致福建百姓驚惶，罷市數日，違朕諭旨而行。此

等之人不加懲治，則後之奉差審理事務者罔知儆戒矣。吴爾泰著革去郎中，發往黑龍江効力。

辛巳，諭大學士等曰：凡擬撰文章，係翰林官職掌，理當加意詳慎，文中辭義務期克肖其人，何可意爲輕重？今覽楊瑄所撰内大臣都統公舅舅佟國綱祭文，引用王彦章事蹟，極其悖謬。且見所撰祭文，每於旗下官員多隱藏不美之言，於漢人則多鋪張粉飾，是何意見？爾等瞻徇情面，不行改削，朕豈容姑釋耶？王熙等奏曰：此文引用王彦章事蹟，果屬悖謬，皇上所見極當，臣等但一時意見未及，何敢徇情？上曰：此等撰文之人，若不削籍流竄，何以懲戒將來，爾等可即題參。並傳張英及撰文者，以從前姚文然、魏象樞、葉方藹祭文，與此祭文較看。尋部議，編修楊瑄革職，發奉天入旗當差，禮部尚書兼管翰林院詹事府事張英應降四級調用。得旨，楊瑄著依議，張英著革去禮部尚書，仍管翰林院詹事府事。

十一月戊子朔，上諭理藩院：馬迪至，奏噶爾丹已向俄儂爾去，或襲車臣汗，劫其餱糧，亦未可定，應令附近彼處之喀爾喀遊牧内徙。其以此檄知阿南達。

甲午，户部議覆四川陝西總督葛思泰疏，言蜀省流寓之民，有開墾田土、納糧當差者，應准其子弟在川一體考試，著爲例。應如所請。從之。

甲辰，達賴喇嘛率西海諸台吉及噶爾丹等具疏請上尊號，命議政王大臣會議，王大臣等議從所請，納其貢物。上諭曰：【略】朕與達賴喇嘛期於撫育衆生，而使臣故違意旨，遂至於此。如能使厄魯特、喀爾喀兩國和好，朕尚欲加達賴喇嘛嘉號。此皆任事行人，不能仰副朕心，是以喀爾喀殘破，厄魯特喪敗。朕心甚爲隱痛，有何可賀而受尊號乎？其以是曉諭達賴喇嘛、諸汗、衆台吉來使，貢禮賀物其并發還。

己酉，烏蘭布通出征王大臣等回京，命止朝陽門外聽勘。皇子允禔以議政王大臣等取供時應如何具供奏請。上諭之曰：裕親王係汝伯父，議政王大臣等取供時，汝若與裕親王稍有異同，朕必寘汝於法，斷不姑容。裕親王福全初亦録皇子允禔軍中過惡，欲於取供時告白。至是，議政王大臣等會同取供，允禔云：「我與伯父裕親王供同。」裕親王聞之，俯首良久，流涕曰：「我復何言！」遂直引爲己罪，兩人全親親之誼，皆上德意所致。

康熙三〇年（辛未、一六九一）

《聖祖實録》卷一五〇　春正月戊申，封阿禄科爾沁貝勒楚依爲多羅郡王，以與厄魯特力戰受傷，被執不屈故也。

上以噶爾丹狡詐，宜發兵預備。至是，發兵前往張家口、獨石口等地方備之。著議政大臣、領侍衛内大臣、八旗都統集議。尋議覆：前派每佐領護軍七名，驍騎五名，前鋒一名，火器營兵二千。今以此軍分遣張家口、獨石口，則張家口應遣每佐領護軍四名，驍騎二名，前鋒兩佐領合一名，火器營兵一千；獨石口應遣每佐領護軍三名，驍騎三名，前鋒兩佐領合一名，火器營兵一千。奏入，得旨，赴張家口軍令往大同，赴獨石口軍令往張家口。其張家口一路，都統瓦岱總領之，與都統喀岱、王永譽、護軍統領洪海、副都統方顔、科爾代、喻維邦偕往。大同一路，都統郎談總領之，與都統公宗室化善、都統李正宗、護軍統領宗室惠蘭、署前鋒統領副都統碩鼐、副都統馬錫、田象坤、郎化麟偕往。此二路，俱授將軍印。自漢軍副都統以上，俱令參贊。餘如議。

授都統瓦岱定北將軍印，都統郎談安北將軍印。

壬子，諭大學士等：聞噶爾丹劫掠墨爾根濟農、巴圖爾額爾克濟農，向青海而去。著將陝西西安兵酌留守城外，其餘兵丁，命將軍親率之。川陝督標緑旗兵，命總督親率之。寧夏鎮標兵，命總兵官親率之。俱於寧夏備噶爾丹。致仕勇畧將軍趙良棟，見在寧夏，熟習軍務，令與將軍、總督酌議行事。又諭：宣府、大同兵雖未嘗攻戰，而兩次出邊，修整器械，亦已勞矣。今又令將軍等於有事時，便宜率之而行，宜加恩賚，每兵著賞銀四兩。

乙卯，以左都御史馬齊爲兵部尚書，内大臣班迪爲理藩院尚書。

二月戊午，策妄阿喇布坦及阿奴等遣使達爾漢囊素，奏與噶爾丹交惡始末，理藩院以聞。上命厚加恩賜而遣之，并令郎中桑額護其行。其使人起行之先，令見噶爾丹來使，告以故。

三月戊子，翻譯《通鑑綱目》告成，御製序文。

己酉，上御太和門傳臚，賜殿試貢士戴有祺等一百四十八人進士及第、出身有差。

《聖祖實録》卷一五一　四月戊午，先是，革職縣丞譚明命叩閽控吏部主事

朱敦厚，前任濰縣知縣時，婪贓四萬餘兩，下山東巡撫佛倫鞫勘。佛倫疏言：朱敦厚加派婪贓，經前任巡撫錢珏鞫審，已得實據。因朱敦厚浼求原任刑部尚書徐乾學，貽書錢珏，錢珏徇情，檄行布政使衛既齊銷案。除朱敦厚依律擬罪外，徐乾學等並請敕部議處。事下吏部及三法司議。至是，吏部會同三法司覆奏：朱敦厚應絞。原任山東布政使、今陞順天府府尹衛既齊，照徇庇例，降三級調用。原任刑部尚書徐乾學、原任山東巡撫錢珏，並應革職。譚明命係大計被參貪官，仍不敘用。得旨，衛既齊著照現任降三級，免其調用。徐乾學、錢珏俱革職，餘如議。

丁卯，上欲巡察邊外蒙古等生計，又以喀爾喀地居極北，曩雖進貢，未嘗親身歸順，今土謝圖汗等親率所屬數十餘萬人來歸，特往撫綏安輯。命皇長子允禔、皇三子允祉隨駕。是日啓行，駐蹕牛欄山。

乙酉，差往喀爾喀議會閱事宜尚書馬齊等於途次迎駕，上諭曰：爾等將喀爾喀詳定次第，分別條列行文部院。馬齊等遵旨，分别喀爾喀汗濟農台吉，列爲九等，會同理藩院奏聞。得旨，此敘賞事宜，令內大臣明珠、內務府總管費揚古、户部侍郎阿山、禮部侍郎席爾達會同頒賞。

五月丙戌朔，先是，遣內大臣索額圖、一等侍衛吴達禪，諭土謝圖汗澤卜尊丹巴胡土克圖曰：是盟也，朕躬與蒙古諸王、貝勒、貝子、公、七旗喀爾喀會集，爾等可將殺得克得黑墨爾根阿海及在喀爾喀妄爲之事，於朕未至以前，自行陳奏。土謝圖汗澤卜尊丹巴胡土克圖等隨各具疏請罪。至是，馬齊等奏：土謝圖汗、澤卜尊丹巴胡土克圖等盡壞喀爾喀生計，致起兵端。其引罪之疏，妄稱扎薩克圖汗得克得黑墨爾根阿海背衆喀爾喀，依附噶爾丹博碩克圖，因用兵擊殺之。巧辭掩飾，殊屬不合，應將土謝圖汗削去汗號，爲閒散台吉。澤卜尊丹巴胡土克圖削去名號，爲小喇嘛，仍令土謝圖汗管轄。上曰：土謝圖汗兄弟內相搆怨，託征厄魯特起兵，遂殺扎薩克圖汗，使喀爾喀百姓流離，皆其所致。但伊曾遣使來奏云「我欲附天朝，惟恐不蒙容納」，然歸附之意已決，今果率衆來歸，朕故不忍治罪。馬齊等又奏言：扎薩克圖汗乃喀爾喀七旗之長，累世抒誠進貢，扎薩克圖汗名號似應仍令承襲。上曰：扎薩克圖汗在日，抒誠進貢，若其子巴朗額爾克阿海尚在，即應襲封。但今已亡故，而現在之子幼稚。扎薩克圖汗之親弟策妄扎卜，衆皆稱其賢，意欲封爲親王。明日，以此意諭衆喀爾喀等。至車臣汗，我朝已經襲封，可仍存其汗號。

理藩院奏：遵旨酌定喀爾喀坐次，應令土謝圖汗、澤卜尊丹巴胡土克圖、扎薩克圖汗弟策妄扎卜、車臣汗坐第一行，餘分七行，以次序坐。從之。尋命喀爾喀七旗與四十九旗同列。

丁亥，上命土謝圖汗、澤卜尊丹巴胡土克圖進行幄朝見。【略】上御行宮前黄幄陞座，喀爾喀汗台吉等行三跪九叩禮。畢，以次序坐。樂作，大宴喀爾喀、車臣汗，及第二班次扎薩克之墨爾根、濟農古禄西希等十四濟農台吉，第三班次扎薩克之魏徵諾顏阿玉錫等十三大台吉俱令近御座前上親賜酒，餘皆令侍衛等分賜之。

戊子，賜喀爾喀土謝圖汗、澤卜尊丹巴胡土克圖，扎薩克圖汗弟策妄扎卜、車臣汗銀各千兩，蟒緞綵緞各十五疋，及銀器、袍帽、茶布諸物。又賜濟農台吉等銀緞諸物有差。

己丑，上出行宫，御甲胄，乘馬徧閲隊伍，回下馬樹侯。上親射，發十矢，九中，次命十五善射并硬弓侍衛等射。上御黄幄，四十九旗王、貝勒、貝子、台吉及喀爾喀土謝圖汗台吉等跪奏云：皇上御甲胄，發十矢九中，洵神武也。隨大閲軍容，八旗滿洲官兵、漢軍、火器營官兵及總兵官蔡元標下官兵，各依次列陣，鳴角，鳥鎗齊發，衆大呼前進，聲動山谷，喀爾喀土謝圖汗、台吉等悚懼失措，有欲趨避狀。上笑諭曰：此不過示爾等以軍容耳，何懼之有？土謝圖汗奏曰：皇上軍威赫濯如此，臣等不禁徬徨失措矣。事畢，各賜茶。上回行宫。科爾沁、土謝圖親王沙津等，率四十九旗王、貝勒、貝子、公、台吉等合疏，請上尊號。上諭大學士等曰：吴三桂既平之後，諸王大臣請上尊號，未嘗准行，今豈可許乎？其以此諭王等知之。

庚寅，上親閲喀爾喀營寨，察其窮困者賞以銀、布，又大賚喀爾喀王、貝勒、貝子、公、台吉等牛羊。

辛卯，諭大學士伊桑阿、尚書馬齊曰：土喇地方，應酌量遣兵探聽。厄魯特人等有不能前去又不能内附者，收之而來。著領侍衛内大臣及議政大臣等集議。尋議覆：定北將軍都統瓦岱等一路護軍内，應選擇兵士，每佐領各派出一名，及前鋒全隊四百名，其管領夸蘭大以下官員，令統領大臣量派往土喇，偵探厄魯特聲息。著攜帶兩月糧以行，兵士每人各給肥馬五匹，毋致行路稽遲。其統率是軍者，著定北將軍都統瓦岱、護軍統領馬喇、副都統碩岱、噶爾瑪去。伊等不諳路徑，著帶墨爾根濟農郡王古禄西希、信順郡王善巴之人前往。奏入得

旨，瓦岱等所有火器營兵派發六百名及總管大臣以行，并著瓦岱攜將軍印前往。

先是，令定北將軍瓦岱等兵出張家口，駐正白、鑲白兩旗察哈爾遊牧之地。至是，兵部奏：會閱事畢，除瓦岱等率兵往土喇偵探外，其餘兵士應駐何地。得旨，除瓦岱所率兵外，其他兵士俱發往郎談所。

遣原任尚書阿喇尼、侍郎布彦圖索諾和文達、學士達虎等，往編喀爾喀旗分佐領，撥給遊牧地方。

壬辰，奉差議事兵部尚書馬齊等疏言：阿霸垓台吉奔塔爾首告烏朱穆秦親王蘇達尼之妻順附噶爾丹一案。查蘇達尼之妻及台吉車根、阿穆爾、充科、阿達里、羅雷、喇扎布等，順附噶爾丹是實，俱應即行處斬。蘇達尼之妻應革封號，徹去所屬之人。蘇達尼已故，應革去親王，不准承襲。二等台吉博託和、喇扎布、阿喇西、博羅特及爲嚮導綽克圖等，曾送馬匹牲畜，順附噶爾丹是實，俱應即行處斬，妻子入官。撥什庫阿爾塔等，爲噶爾丹指路，往來問訊，送駱駝、馬匹皆實，俱應即絞，其妻子應作何處治，交與該部議奏。博羅特乃應行正法之人，護衛巴扎爾、伊白葛爾將博羅特明知故縱，使之逃走，應照律即行處絞。貝勒畢魯瓦，將重罪之博羅特不交付的當之人嚴行看守，應罰俸一年。博羅特應傳諭四十九旗，嚴行查究，獲日即行正法。得旨，車根等應俱依議治罪，從寬免籍没家産及徹所屬之人，惟將本身正法。蘇達尼並未知情，從寬免革親王，仍與伊子承襲。巴扎爾、伊白葛爾俱從寬免死并籍没，著穿耳鼻示衆，鞭一百。畢魯瓦罰俸一年，餘如議。

召土謝圖汗、澤卜尊丹巴胡土克圖等賜食，并各賜金盤、磁碗及御用帳房等物，又賜澤卜尊丹巴胡土克圖鞍馬一匹。上回鑾，留兵部尚書馬齊料理。會閱事畢，來京。

是日上駐蹕鄂爾哲圖阿爾賓敖拉地方。

諭扈從諸臣曰：昔秦興土石之工，修築長城。我朝施恩於喀爾喀，使之防備朔方，較長城更爲堅固。

丙午，工部等衙門議覆古北口總兵官蔡元疏，言古北口一帶邊牆傾塌甚多，請行修築。應如所請。上諭大學士等曰：蔡元所奏，未諳事宜。帝王治天下自有本原，不專恃險阻。秦築長城以來，漢、唐、宋亦常修理，其時豈無邊患？明末，我太祖統大兵，長驅直入，諸路瓦解，皆莫敢當。可見守國之道，惟在修德安民，民心悦則邦本得而邊境自固，所謂衆志成城者是也。如古北喜峯口一帶，朕皆巡閱，概多損壞，今欲修之，興工勞役，豈能無害百姓？且長城延袤數千里，養兵幾何方能分守？蔡元見未及此，其言甚屬無益，諭九卿知之。

壬子，大學士伊桑阿等疏言：欽惟皇上聖德神功，無遠弗届，惟喀爾喀素稱不馴，自太祖、太宗、世祖皇帝時以迄於今，雖貢獻之使不絶於道，而汗等恃其部族人民數十萬衆，未嘗躬修臣節。邇乃傾心臣服，願列屬藩，皇上察其誠懇，編立旗分，與我四十九旗等，量功授秩，賞賚頻頒，懷柔遠人之道至斯極矣，允宜誕膺尊號，式昭鉅典，以愜輿情。得旨，喀爾喀原係進貢之國，伊等不和，知其必敗，曾特遣大臣諭令和好，後乃渝約，與厄魯特搆兵，窘迫來歸，朕以好生之心撫綏養育，曲盡周詳，因此懇切抒誠，願同四十九旗一例，蓋理所必然。且比年來，旱澇頻仍，民生猶未蘇息，風俗猶未醇厚，奢靡猶未盡止，朋黨猶未悉除，彼此援引陷害猶未屏絶，理應時加黽勉，殫心竭力尚恐不逮，居然以爲至治，遽受尊號，斷爲不可，卿等所奏已知之。

《東華録》卷一六 癸卯，禮部會議：會試應于南北中卷内再分江南、浙江爲南左，江西、湖廣、福建、廣東爲南右，直隸、山東爲北左，河南、山、陝爲北右，四川、雲南爲中左，廣西、貴州爲中右。從之。

《聖祖實録》卷一五二 六月乙卯朔，諭大學士等：喀爾喀、厄魯特諭和之舉，朕與達賴喇嘛同行之。今喀爾喀已安插得所，應遣使齎敕於達賴喇嘛，使人所關緊要，商南多爾濟既病，著丹巴色爾濟去諭達賴喇嘛。敕曰：朕統御寰區，以仁育爲本，撫養是先，雖末陲異域之民，有困窮而歸命者，必受而養之，使各得其所。爾喇嘛奉行佛法，廣度衆生而救苦難，其心亦猶是也。前以七旗喀爾喀兄弟，内相侵奪，外與厄魯特交兵，朕與爾喇嘛諭令罷兵歸好。後噶爾丹又追侵土謝圖汗、澤卜尊丹巴胡土克圖，殺奪喀爾喀之人，朕遣伊拉古克三胡土克圖、爾喇嘛遣濟隆胡土克圖往諭噶爾丹，爾使人不能仰副朕與爾之心，噶爾丹稱兵，大舉殺掠喀爾喀，深入我邊汛之内。朕稍發兵以問其故，反與我兵拒戰，至於大敗，乘夜遠遁，此彼來犯我，非朕往伐之也。彼所行，違朕與爾好生喜念，自求窮困而已。喀爾喀土謝圖汗、車臣汗諸濟農諾顔台吉決志内附，朕既已受而養之，於本年四月躬親大閲，喀爾喀之汗濟農諾顔台吉等皆執臣禮，跪而稽顙，諄請與四十九旗同列，朕設大宴厚賜之，照四十九旗編爲旗隊，給地安插。土謝圖汗自以妄舉興戎，陳情請罪，朕發衆喀爾喀議之，皆言加彼之罪，則於我衆無光，朕是以宥免其罪，仍留土謝圖汗、車臣汗之號。又念扎薩克圖汗被殺冤痛，屬下裔民

散亡可矜，授其親弟策妄扎卜爲和碩親王，其餘各分等級授以郡王、貝勒、貝子、公、台吉之銜，明其法度，昭其典章矣。爾喇嘛普濟生靈，向以喀爾喀國破爲憂，今已安措得所，遣諭爾喇嘛知之，爾喇嘛聞此必大歡喜也。其左翼之喀爾喀無復可議，至右翼扎薩克圖汗屬下人等，被虜散亡，有在爾喇嘛所者，亦有在他處者，爾喇嘛普濟生靈，必能查明，發歸原主也。今厄魯特人等屢有歸降，聞噶爾丹窮困已極，無食而飢，於此可見噶爾丹之獲罪於天矣，未必不往歸爾喇嘛，若果往歸，作何措置，惟爾喇嘛裁之。噶爾丹遁去之時，曾立誓而去，倘違誓而稍犯我喀爾喀降人，朕必發大兵分路前進，務期勦滅之。其時地方遥遠，不及遣人齎敕於爾喇嘛，亦未可定。是以預遣教習唐古特文、喇嘛丹巴色爾濟諭爾知之。

先是，喀爾喀扎薩克丹津額爾德尼台吉奏，厄魯特巴圖爾額爾克濟農劫其屬裔、馬畜等物。下議政大臣等集議。至是，議政大臣等議奏，巴圖爾額爾克濟農前被噶爾丹劫掠，窮迫夊歸，我皇上加恩，給地安插。乃巴圖爾額爾克濟農不思報皇上覆載之恩，反要劫降人喀爾喀丹津額爾德尼人畜什物，應將巴圖爾額爾克濟農等遷至四十九旗地方安插。兵部、理藩院各遣官一員，諭將軍尼雅翰，率領寧夏所備西安滿兵全軍，并令總兵官一員，酌率緑旗官兵，會同前往巴圖爾額爾克濟農所，將喀爾喀丹津額爾德尼等被劫人畜什物俱照數追還。尼雅翰等率兵押送巴圖爾額爾克濟農至歸化城，交將軍郎談押護内送。如巴圖爾額爾克濟農等不還所奪人畜什物，不肯内徙安插，即令尼雅翰等率大兵勦滅之。奏入，上從之。隨遣兵部郎中格什、理藩院員外郎二郎保前往。

七月甲申朔，奉差兵部郎中格什等疏言：臣等至寧夏，會同將軍尼雅翰等，率領西安滿兵全軍，總兵官一員，領緑旗官兵四千，往追巴圖爾額爾克濟農。副都統柏天郁、總兵官馮德昌等率兵出大威口，追及巴圖爾額爾克濟農於阿里渾烏素之地，再三諭令遷移。巴圖爾額爾克濟農不從，旋即遁去。臣等隨報將軍，將軍分兵爲三隊追之，至西喇布里圖將宿。臣等言，當乘夜追及誅之，次日往追則難及矣。將軍不聽。次日追三十餘里，第三日至庫克布里圖，度不能及，遂率兵還。臣等度巴圖爾額爾克濟農必西去，臣格什往甘州等處地方，臣二郎保往涼州等處地方探視巴圖爾額爾克濟農駐牧之地。奏入，上命刑部侍郎邁塗前往察審。尋邁塗審取口供具奏，下部議。兵部議覆：將軍尼雅翰稽遲怯懦，失悮軍機，應革去將軍並拖沙喇哈番，不准折贖，鞭一百。副都統栢天郁革去副都統。郎中格什、員外郎二郎保，俱革職。總督葛思泰係封疆重臣，部檄到日，應即會同將軍尼雅翰等速議，使巴圖爾額爾克濟農不致遁逃，始爲稱職，乃遲悮軍機，遣大臣往訊，始云曾諫將軍尼雅翰，巧飾其奏，殊爲不合，應將葛思泰降二級調用。得旨，栢天郁、葛思泰俱降五級留任，將軍尼雅翰著逮至京監候絞，格什、二郎保革職。尼雅翰等所率往官兵，令總督葛思泰暫轄，駐劄寧夏。

閏七月丙辰，四川、陝西總督葛思泰疏報：臣差甘肅副將陳祚昌等哨探至昌寧湖，有巴圖爾額爾克濟農之弟博際遣親信喇嘛格隆等來言，素蒙皇恩，不敢背負，今請在昌寧湖牧馬。陳祚昌度其將往西海，借名牧馬，緩我軍機，隨將格隆等監禁，一面報臣及總兵官。甘肅總兵官柯彩調遣遊擊李士達等，領官兵四路進勦，大敗蒙古兵，殺五百餘人，博際遁走，追躡百餘里，所獲牲畜器械無算，生擒蒙古十五人，並前監禁之格隆額林臣索諾木等皆斬之。下部議敘。

《聖祖實録》卷一五三　九月丁卯，先是，以噶爾丹敗遁及立誓請罪始末，遣伊什格隆齎敕往諭達賴喇嘛。至是，達賴喇嘛遣使德木本爾囊素至，疏言：前者敬遵諭旨，曾遣噶爾亶西勒圖往和喀爾喀、厄魯特，因彼搆兵不已，復遣濟隆諭和。濟隆回報言，喀爾喀、厄魯特俱聽從立誓矣。及見皇上敕諭，内有噶爾丹爲大兵所敗，認罪立誓之旨，始知噶爾丹不聽訓飭，是以至此，此地所遣人員無知無識，伏乞寬宥。德木本爾囊素又述達賴喇嘛口奏云：喀爾喀、厄魯特交戰之前，土謝圖汗、噶爾丹等遣使於西海台吉，各請助兵。達賴台吉來告於我，我謂喀爾喀、厄魯特等，和睦我則喜悦，不願有所偏助也。四川打箭爐地方，今西海扎什巴圖爾台吉領兵駐防，非有異念，今俱已徹歸矣。上以達賴喇嘛向來恭順，噶爾丹事必其使臣及屬下人通同蒙蔽，非達賴喇嘛意，因賜敕諭之。

庚午，兵部題補西安將軍尼雅翰員缺。上諭大學士等曰：西安將軍關係重大，護軍統領馬喇才能素著，於蒙古事亦諳練，可陞補西安將軍。其馬喇員缺，著西安副都統伊勒慎陞補。西安副都統員缺，著正藍旗前鋒護衛西爾哈達陞補。馬喇、西爾哈達俱令作速赴任。

諭户部：朕孜孜圖治，軫切民依，閭閻耕獲，時勤諮訪。其有以荒歉上聞者，或蠲或賑，旋即施行，務令得所。念河南一省，連歲秋成未獲豐稔，非沛特恩蠲恤，恐致生計艱難。康熙三十一年錢糧，著通行蠲免，並漕糧亦著停徵。至山西、陝西被災州縣，錢糧除照分數蠲免外，其康熙三十一年春、夏二季應徵錢糧，俱著緩至秋季徵收，用稱朕眷愛黎元、撫綏休養至意。

以公阿靈阿爲鑲黄旗蒙古都統。

甲戌，諭大學士等：河道關係緊要，著户部侍郎博際、兵部侍郎李光地、工部侍郎徐廷璽前往查閱。靳輔亦著同去，靳輔於河務最爲諳練。如黄河險工不能完固，則運河、中河俱壞，著將黄河刷底深闊，及所修險工之處從公閱看。

十月庚寅，四川陝西總督葛思泰疏報：前因謝爾素地方番人爲盜，擅發弓箭，射死參將朱震等，部議令臣發兵勦殺，隨密飭西寧總兵官李芳述，酌帶官兵馳赴謝爾素地方。八月二十七日，在棋子山殺死賊番六百餘名，生擒三十名，將爲首之華木爾加等審明正法。下所司知之。

丁未，先是，遣侍讀學士達虎等齎敕頒賞策妄阿喇布坦、阿奴等，歸至嘉峪關外，被阿奇羅卜臧等劫去馬駝盔甲等物，兵部檄令甘肅提督孫思克發兵征討。至是，孫思克疏言：阿奇羅卜臧經臣遣發官兵征討，斬殺四百餘人，獲馬駝、牛羊千計。下所司知之。

十一月己未，諭吏部從來致治之道在正人心，人心偏私則詐僞日生而習俗滋敝，人心公直則嚚競自息而庶績允釐。【略】自今以往，内外大小諸臣，應仰體朕懷，各端心術，盡蠲私忿，共矢公忠，豈獨國事有裨，即爾諸臣亦獲身名俱泰。倘仍執迷不悟，復踵前非，朕將窮極根株，悉坐以交結朋黨之罪。爾部可即傳示中外，使咸知朕意。

甲戌，諭禮部：自昔帝王敬天勤政，凡遇垂象示警，必實修人事，以答天戒。頃欽天監奏推算日食當在康熙三十一年正月朔日食。夫日食爲天象之變，且又見於歲首，朕兢惕靡寧，力圖修省。惟大小諸臣，務精白乃心，各盡職業，以稱朕欽承昭格至意。其元旦行禮、筵宴，俱著停止。

《東華録》卷一六　是月，免陝西渭南等二十一州縣本年分旱災額賦有差。免河南滎陽等二十六州縣本年分蝗災額賦有差。免陝西西安、鳳翔被災等處三十一年額征銀米。命山西省撥銀二十萬兩解赴陝西，賑濟飢民。免陝西寧州、鎮原縣本年分雹災額賦有差。免湖廣沅州等三州縣本年分水災額賦有差。免雲南昆明等十州縣本年分水災額賦有差。免直隸霸州等二十四州縣本年分旱災額賦有差。

《聖祖實録》卷一五三　十二月甲申，諭户部：朕撫馭區宇三十年以來，早夜圖維，惟以愛育蒼生，俾咸臻安阜爲念。比歲各省額徵錢糧，業已次第蠲豁。其歲運漕米向來未經議免，朕時切軫懷，所有京通各倉米穀撙節支給，數載於兹。今觀歷年儲積之粟，恰足供用，應將起運漕糧逐省蠲免，以紓民力。除河南省明歲漕糧已頒諭免徵外，湖廣、江西、浙江、江蘇、安徽、山東應輸漕米，著自康熙三十一年始，以次各蠲免一年。至江寧、京口、杭州、荆州大兵駐防地方，亦應預行積貯，著將康熙三十一年起運三十年漕米各截留十萬石存貯倉廒，令該地方官敬慎守視，以備需用。爾部即遵諭行。

丁亥，理藩院題覆達爾河等種地積穀。上諭大學士等曰：邊外積穀，甚屬緊要。達爾河地方，著交與内務府派各莊壯丁耕種。呼兒河地方，令五旗王等莊屯人前往耕種。其籽粒、耒耜、耕牛，皆令豫備。著派諳練農事官員，前往監管。布種完時，酌留耘田之人收穫。其農夫所食米穀，著於古北口所貯米穀計口帶去。席喇穆倫地方，仍照前議，令盛京人役前往耕種。秋收之時，有收穫多者，該部將監管官員議叙具奏。

康熙三十一年（壬申、一六九二）

《聖祖實録》卷一五四　春正月甲寅，上取《性理》展閲，指太極圖謂諸臣曰：此所言皆一定之理，無可疑論者。又指五聲八音八風圖曰：古人謂十二律定而後被之八音則八音和，奏之天地則八風和。而諸福之物可致之祥，無不畢至，其言樂律所關如此其大。而十二律之所從出，其義不可不知。如《律吕新書》所言算數專用徑一圍三之法，此法若合，則所算皆合；此法若舛，則無所不舛矣。

上又曰：算數精密，即河道閘口流水，亦可算晝夜所流分數。其法先量閘口闊狹，計一杪所流幾何，積至一晝夜，則所流多寡可以數計矣。又命取測日晷表，以御筆畫示曰：此正午日影所至之處。遂置乾清門正中，令諸臣候視，至午正，日影與御筆畫處恰合，毫髮不爽。諸臣等奏曰：臣等今日仰承聖訓，得聞所未聞，見所未見，不勝懽慶之至。

三月丙辰，内大臣阿爾迪、理藩院尚書班迪等，奉差往邊外蒙古地方五路設立驛站，請訓旨。上曰：凡遇邊外事務，皆用蒙古馬匹，不但甚累蒙古，且恐事亦有誤。今設立驛站，雖費用國帑，日後於蒙古裨益良多，亦不致遲延誤事，最爲緊要。特遣爾等料理，務加詳慎，必將確然不易可垂永久之策籌畫而行。

乙丑，上諭大學士等：河工關係運道民生，非經歷諳練之人難以責成。靳輔赴任之前，朕召入内廷，與之久語，觀其奏對情狀，大非昔比，則其衰病可知。

著順天府府丞徐廷璽前往協理。

以正白旗滿洲都統郎談爲領侍衛内大臣，調正白旗蒙古都統伯阿席坦爲滿洲都統。

壬申，理藩院題：喀爾喀多羅郡王古祿西希旗分無牲畜之人衆，請給與米糧。得旨，貧窮蒙古給與米糧，特爲施恩贍養。聞奉差放米官員，往往誘買轉賣，惟思利己，不論蒙古之果能度日與否，而稱爲窮苦者甚多。嗣後，朕若察得其實，必將該管堂官一并置之重典。

《聖祖實録》卷一五五 四月辛丑，上御瀛臺内豐澤園澄懷堂，召尚書庫勒納、馬齊等入。上曰：頃爾等進來時，曾見朕所種稻田耶？諸臣奏曰：曾見過，稻苗已長尺許矣，此時如此茂盛，實未有也。上曰：朕初種稻時，見有於六月時即成熟者，命取收藏作種，歷年播種，亦皆至六月成熟，故此時若此茂盛，若尋常成熟之稻未有能如此茂盛者。朕巡省南方時，將江南香稻暨菱角帶來此處栽種。北方地寒未能結實，一遇霜降遂至不收。南方雖有霜雪，然地氣温暖，無損於田苗。諺云：清明霜，穀雨雪。言不足爲害也。總之，南北地氣不同，節候各異。寒暑之遲早，全視太陽之遠近，所以赤道度數最宜詳審。欲定南北之向，惟以太陽正午所到之處爲準。即指南針亦不能無偏，設有鐵器在旁，則針爲所引，亦復不準，此是一定之理。今將一片石，以繩懸之，使之旋轉，俟其既定，刻記所向南北，復動如前其所向南北仍復不變，即此可思其理。所以凡物皆有自然一定之理。庫勒納奏曰：聞黑龍江日長夜短，雖晚日落，不至甚暗，不知何故？上曰：黑龍江極東北之地，日出日入皆近東北方，所以黑龍江夜短，日落亦不甚暗。又命看澄懷堂後院所栽脩竹、前院盆内所栽人參及各種花卉。上指示曰：北方地寒風高，無如此大竹，此係朕親視栽植，每年培養得法，所以如許長大。由此觀之，天下無不可養成之物也。

五月庚戌朔，諭户部尚書馬齊、侍郎凱音布：聞山西平陽府等處雨澤霑足，年麥豐收，其值必賤，可遣賢能官員往彼購買，預爲積貯。不惟有益於民，異日倘有需用時，得所資矣。隨命兵部右侍郎王維珍前往料理。

戊午，以散秩大臣伯舒敏爲正白旗蒙古都統。

癸酉，理藩院題：喀爾喀既與四十九旗同列，請照四十九旗例給與印信。將土謝圖汗、車臣汗、親王策妄扎卜三部落分爲三路。【略】俱授之印信。得旨，土謝圖汗、車臣汗暫停給印，餘如議。

六月乙未，理藩院題：科爾沁進獻席北卦爾察打虎兒人丁，先經議政王大臣等議，每丁賞銀八十兩。如不願領八十兩者，每丁一年給銀三兩。今查可以披甲之丁共一萬一千八百五十餘名，此内五千七百十九丁情願每年領銀三兩，其六千一百三十九丁情願領銀八十兩。其老病未及年歲者，按户各賞銀八十兩。從之。

辛丑，先是，貴州巡撫衛既齊疏報，黎平府屬古州司高洞苗人金倒等，隱匿罪犯，拒捕殺死官吏。至是，衛既齊疏言：黎平府高洞苗拒捕殺官一案，臣誤信知府張瀲、副將侯奇嵩之言，曾題明發兵。後報稱進勦殺苗一千一百餘人，亦經具題。今始訪聞，因張瀲、侯奇嵩私遣兵目索財，是以苗人拒阻致殺。張瀲等畏罪詆飾，實無拒捕之事，并無勦殺苗人之事。知府張瀲、副將侯奇嵩見在嚴審，臣前輕信具題，亦難辭咎。得旨，凡事詳慎方善，衛既齊於此事輕率發兵，又稱將苗人殺敗，伊自行具奏，今乃云盡屬虚妄，將人參劾，果何爲耶？朕自臨御以來，未見有如此錯誤者，著遣部院堂官會同總督詳加察審。如果係知府、副將之罪，即於彼處以軍法從事。苗人果不遵約束，亦酌量即行勦滅，不必往返奏聞，即行完結。尋遣吏部尚書庫勒納、内閣學士温保前往察審。

《聖祖實録》卷一五六 九月戊申，甘肅提督孫思克疏言：員外郎馬迪奉旨差往策妄阿喇布坦，臣標下守備高天福、千總馬惟恒及兵三十名護行。今據肅州總兵官潘育龍報稱：嚮導蒙古巴素歸報，馬迪等行至哈密地方，距城五六里許駐劄。有噶爾丹屬下蒙古五百許殺馬迪等，盡劫馬駝行李而去，執原任郎中格什、守備高天福、千總馬惟恒并受傷、未受傷兵共二十四人到哈密城。據報以聞。

《東華録》卷一六 十月，以陝西西安等處連歲飢荒，繼以疾疫，免所屬府州縣衛所三十二年地丁錢糧及從前積欠。

十一月，工部覆河督靳輔言：高家堰加築小堤，中河挑濬河溝，增高遥堤，添造閘口，俱應如所請。上曰：「中河甚爲有益，靳輔欲挑濬河溝，加高遥堤，以塞張家莊運口，修駱馬湖東西石閘，水漲之時開之使流，水落之時塞之使聚，其言猶可。至于高家堰堤外欲築一小堤，此豈可乎？且承受洪澤湖大水，全爲高家堰是賴，高家堰之堤築之，使其益堅則可，其外築一小堤，有何益哉？倘高家堰之堤衝決，一小堤能禦之乎？此皆靳輔執其向時意見而行之也。」九卿議覆：「靳輔言于黄河兩岸栽柳種草，設立涵洞，應如所請。其挑濬河溝引水淤塞堤下

積水之處，又引水淤塞邳州秪窪之處，應令該督妥核議奏。」上曰：「黄河水勢湍迅，倏而彼處深此處淺，倏而船被阻淤，變遷無定。欲引黄河灌使淤平窪地，事屬危險，朕斷不敢輕信，著不准。」

《聖祖實録》卷一五七　十二月壬午，以左都御史于成龍爲河道總督。

辛卯，陞漕運總督董訥爲都察院左都御史。

辛丑，諭大學士等：聞西安米價仍貴，流民還原籍者稀少，朕爲陝西地方民生常縈於懷，必如何措施然後於民有濟，蓋孳孳不置也。先是，聞自湖廣襄陽至陝西商州水路可達，已遣郎中蘇赫納往視。今問之内大臣索額圖，乃亦乘船自商州至襄陽。若西安米價仍貴，則流民不能還籍。商州到襄陽既有水路，應將目下運到襄陽米二十萬石，自襄陽水路運至商州，自商州運至西安糶賣，則飢民、流民均得蘇息矣。可遣内閣學士德珠會同總督丁思孔、總兵官王化行等，率河道劉皚將轉運米石及招還流民之事，委之專理。其自襄陽運至西安之米，照湖廣價值止加算所運脚費，與之貿易，則米價即平，於百姓大有裨益，而流移之民亦獲速還故土。所得米值，齎至湖廣復買米糧，亦依此法轉輸平糶。當俟陝西流民悉還本籍，米價既賤之後，方行停止。爾等會同速議以聞。

康熙三十二年（癸酉、一六九三）

《聖祖實録》卷一五八　春正月丙午，諭大學士等：聞厄魯特噶爾丹無所得食，困迫已極，仰食於其所屬番人，而有來哈密之信。哈密於我邊塞相去最近，可發寧夏駐防滿兵，令往甘肅提督孫思克處爲之預備。孫思克所轄官兵，亦當令其整頓預備。此外本省附近地方官兵，有宜調發預備者，令孫思克一面調發，一面奏聞。又貝子察汗巴爾之弟班第自青海來時，由大草灘於邊内行來，遇伊拉古克三胡土克圖亦由邊内而往。如此潛行來往，邊塞官員何以不復稽察耶？此亦當移檄孫思克，邊塞官員令其嚴加戒飭。爾等會同兵部密議以聞。

甲子，差閲河工大學士張玉書、刑部尚書圖納還，以河圖進呈。上問曰：高家堰水勢如何？另築小隄果有益否？張玉書等奏曰：去歲黄河水大，淮水被逼，故洪澤湖水較高於往年。今欲築小隄之處，距高家堰甚近，若遇洪澤湖水漲，高家堰大隄衝決，小隄斷難保護，前諭旨所云小隄無益極是。上曰：朕前揆之事理，以爲無益，爾等所議甚當。詳閲河圖，問曰：近來宿遷縣民生如何？張玉書等奏曰：宿遷縣民間生計較勝從前，自蒙聖主指授，河道順利，又南巡之後，官吏奉公，豪强畏法，小民得所。

禮部題：朝鮮國進貢禮物，交該衙門查收。得旨，朝鮮國世篤悃忱，進貢方物克殫恭順。頃復輸應軍需，捐進鳥鎗三千杆可嘉。年貢内黄金百兩及藍青紅木棉，嗣後永著停止。

二月乙亥朔，諭大學士等：西安米價尚爾翔貴，户部可招募身家殷實各省富商，給以正項錢糧，並照驗文據，聽其於各省地方購買糧米，運至西安發糶。所得利息，聽商人自取之。如此往來運販，待西安米價得平之日，但收所給原銀，於地方大有裨益。

丙子，上命内大臣公坡爾盆等詣歸化城等三處督耕。

壬午，理藩院題：員外郎馬迪等，中途爲噶爾丹人所害，策妄阿喇布坦立遣沙克海喇圖等來奏。上賜策妄阿喇布坦敕曰：朕統馭寰區，撫綏萬國，中外一體，果能始終効順，則寵賚頻加。爾策妄阿喇布坦僻處窮荒，立心誠懇，貢獻方物，問安之使不絶於道，是以屢遣達虎馬迪等加爾恩賜。馬迪等中途被害，爾即遣使奏聞，朕深嘉之，今全受爾所貢物。因爾使沙克海喇圖等歸，賜爾以御用綵緞十端。爾所密奏諸情事，朕已悉之矣。

巴圖爾額爾克濟農以前因逃遁人民失散，奏請查歸。得旨，巴圖爾額爾克濟農失散之人，可令所司查歸之。

癸未，吏部、兵部議覆直隸巡撫郭世隆疏，言宣府所屬六廳俱係佐貳，十衛俱係武弁，予以臨民，似爲未協，宜裁六廳十衛，改設一府八縣，應設知府一員，同知一員，通判一員，知縣八員，教職九員，縣丞二員，典史八員，驛丞七員，經歷一員，司獄一員，巡檢一員。又東城等六驛，地處偏僻，差使無多，均宜裁去。應如所請。從之。

戊子，諭大學士伊桑阿、户部尚書馬齊等：聞噶爾丹艱於食，窮困已極，來就食於哈密。哈密近在塞下，若不預爲設備，乘隙事生，其時不及防矣。今雖於甘肅令滿洲、緑旗兵預備，而兵力尚單，可自京師每佐領出兵二人，由邊外往寧夏就提督孫思克處，令其預備。更撥陝西總督標下火器營兵出二千人，馬兵出千人，亦遣往孫思克處，令其預備。爾等與議政諸臣會同領侍衛内大臣索額圖、郎談、副都統阿南達議奏。尋議，京城應撥每佐領下護軍二名鎗手，護軍四百名，驍騎四百名，前鋒四百名，由邊外至寧夏，赴提督孫思克所駐劄。再檄陝西總督佛

倫，選擇本標火器兵二千，騎兵一千，擇賢能官領至孫思克所預備。并檄孫思克整飭本標官兵，俱遵前旨，不時遠探，如有機會，勿致失誤。得旨，增兵甚善，應如所議。軍中大臣不必多也，領侍衛内大臣郎談既嘗踏勘地方，即授爲將軍遣行。副都統阿南達曾經周行偵探，亦應派出。既發前鋒，則前鋒統領碩鼐亦應派出。其餘大臣官員，皆朕所簡授，自酌量調用，不得妄請從軍。所發皆見備之兵，不可遲久，限三月望内起行。此地備兵亦關緊要，可即撥兵以補所發之缺。尋授郎談昭武將軍印，以將軍博霽、提督孫思克爲參贊，右衛護軍統領伯四格管轄護軍。

壬寅，大學士等奏：臣等遵旨詰問衛既齊，據供「從前年少無知，曾經狂妄陳奏。任府尹時，條陳職掌又妄引古人以召伯、君陳爲比，罪當死。及爲巡撫，不能仰體皇上愛民之心，安撫地方，輕率用兵，致使無罪苗民被戮，罪當死。發兵之後，又不能詳察虚實，竟憑報文妄行奏捷，罪又當死，更有何辨」等語。衛既齊應照九卿原議，擬立斬。得旨，衛既齊著從寬免死，發往黑龍江。

《聖祖實録》卷一五九　四月丙戌，理藩院題：喀爾喀台吉車陵扎卜呈稱，我父達什台吉，本土謝圖汗六扎薩克中之一扎薩克也。我向與族中弟姪六人及土謝圖汗叔父戴青諾顔之孫瓦齊賴怛喇、胡土克圖之弟滚濟扎卜，遇噶爾丹亂，俱往役鄂羅斯。今謹集衆來歸，我等願得與西卜退哈灘巴圖爾，同在克魯倫巴顔烏闌遊牧。應如所請，仍照喀爾喀初來之例，賞以袍服、布幣。從之。

癸巳，户部遵諭議覆：各省解送物料共九十九項，京中無貨買之物，應令照舊解送外，查所解印書紙張庫内見有存貯，白銅無應用之處，應將此二項停其解送。至於外解青粉等三十八項，價值并脚價合算，比在京師價貴，相應停其外解。如有應用此等物料之處，在京照時價採買應用。或遇時價騰貴，辦買不得者，具題行令出産省分解送。從之。

五月庚戌，兵部題：歸化城乃總要之地，增戍之兵甚多，應專設將軍一員總管歸化城都統、副都統訓練官兵，凡有當行事務，協同右衛將軍而行。得旨，歸化城初設將軍，總管官兵，整飭訓練，關係甚重，著領侍衛内大臣伯費揚古爲安北將軍管理。

六月乙亥，禮部議覆國子監祭酒吴苑疏，言八旗之人學習制藝者日多，而中式之額太少，請增加名數。查鄉試滿洲、蒙古原取中舉人十名，今增六名，共取中十六名。漢軍原取中舉人五名，今增三名，共取中八名。會試滿洲、蒙古原取中進士四名，今增二名，共取中六名。漢軍原取中進士二名，今增一名，共取中三名。從之。

《聖祖實録》卷一六〇　八月甲戌，諭户部：朕撫御寰宇，早夜孜孜，惟以實惠及民俾登康阜爲念。廣西、四川、貴州、雲南四省，俱屬邊地，土壤磽瘠，民生艱苦，與腹内舟車輻輳、得以廣資生計者不同。朕時切軫懷，歷歲以來，屢施恩恤。廣西省康熙十六年通省錢糧，康熙十七年、十八年民欠錢糧，貴州省康熙二十二年秋冬及二十三年春夏地丁錢糧，又貴州、四川二省康熙二十五年未完及二十六年應徵錢糧，雲南省康熙二十七年以前屯地積欠錢糧，俱經次第蠲豁。兹念育民之道，無如寬賦，矧邊省地方，非再沛優恤之恩，則閭閻無由充裕。所有康熙三十三年四省應徵地丁銀米，著通行蠲免。仍行文該督撫徧加曉諭，令人沾實澤，以稱朕加惠遠省民生至意。如有不肖有司借端朦混，私自徵收者，該督撫指名奏劾，從重治罪，爾部即遵諭行。

九月丁未，工部議覆奉天將軍輔國公綽克託疏，言修理盛京城垣需用夫役，在盛京兵民内按丁取用。得旨，盛京城垣關係重大，著工部侍郎圖爾宸前往，會同該將軍、盛京工部應作何修理，詳看議奏。

丁巳，諭大學士等：江、浙二省，今年夏旱雖不成災，秋收諒必有限，若漕糧照常徵收起運，恐民食將至匱乏，朕爲此常切軫念。除浙江漕糧已經改於今年蠲免外，其江南漕糧今年或三分免一或免一半，俟至該省應蠲年分，將今年所免米石，照數補徵起運，於漕糧既無缺少，官民大有裨益。著滿漢大學士等會同户部堂官、倉場侍郎等作速確議具奏。

丙寅，琉球國中山王尚貞遣陪臣馬廷器等進貢方物，並請入監讀書官生梁成楫等歸國。宴賚如例。

十月壬申，諭大學士等曰：給事中彭鵬參今科順天鄉試疏内，有請朕親審，將主考、同考官并舉人一一窮究之語，是謂諸大臣皆不可信矣。若倚任之大臣既不可信，雖彭鵬亦可信乎？況治天下，不在拘執小節，當敦崇大體，以和平御之。如大小事皆朕一人親審，則庶務何由畢理，且自古以來亦無此體。即依彭鵬所奏，將徐倬等親問，必將刑具取入宫内。刑具乃不得已而用者，朕亦何忍見之。彭鵬既係言官，當勸朕寬大和平，乃請親行刑訊，朕實不解也。著九卿議奏。

又諭曰：前尚書科爾坤諳練事務，在户部時著有勤勞。被參之事，殊不明

晰，以其年邁，不復任用，可復尚書銜。

戊寅，户部議覆陝西巡撫吴赫疏，言招徠流民，有地者既給與牛種銀兩，以爲耕種之資；無地之民，更爲堪憐，請與有地之民一例給銀安插。應如所請。從之。

《東華録》卷一六　〔丁酉〕鄂羅斯察漢汗遣使進貢。上曰：「鄂羅斯人材頗健，從古未通中國，距京師甚遠。自嘉峪關行十一二日至哈密，自哈密行十二三日至吐魯番。吐魯番有五種部落，過吐魯番即鄂羅斯之境。聞其國有二萬餘里，漢張騫出使西域，或即彼處。史載霍去病曾出塞五千里，想或有之，今塞外尚有碑記可考。至外藩朝貢雖屬盛事，恐傳至後(事)〔世〕未必不因此反生事端。總之，中國安寧則外釁不作，故當以培養元氣爲根本要務耳。」

《聖祖實録》卷一六一　十二月庚午朔，陞護軍統領楊岱爲正藍旗蒙古都統。

丁亥，諭兵部：本朝滿洲官兵從來精鋭驍勇，遇寇必克，所向無敵。前厄魯特噶爾丹之役，官兵不能悉體朕意，即行勦滅，致失機會，罔奏膚功，朕心爲之不懌。故比年以來，簡閲官兵，歲凡兩舉，朕躬臨指示訓誨。頃閲武時，見諸士卒行列整齊，隊伍明晰，進退嫻熟，嚴肅無譁，所有軍令無不遵守，該管官員號令約束既嚴且善，此皆官兵協志同心，各加奮勵所致，朕心深爲嘉悦。八旗前鋒、護軍、撥什庫驍騎兵等各賞給一月錢糧，無職掌官照護軍給一月錢糧，火器、驍騎兵亦照護軍賞給。有管轄職掌官，悉賞給内庫緞疋。其賞賜緞疋，户部會同總管内務府衙門議奏。這次閲武時，官員内有降級罰俸者，俱准開復，以示朕體恤將士、申明賞罰之至意。至八旗步軍官兵，有察緝盜賊，巡理道路等役甚多，極爲勞苦。步軍亦各賞給一月錢糧，管步軍官亦各賞給緞疋，奬勤恤勞，用稱朕意。爾部即遵諭行。

康熙三三年（甲戌、一六九四）

《聖祖實録》卷一六二　春正月乙卯，上以盛京年歲歉收，命户部尚書馬齊馳驛前往，以倉穀支給兵丁。

丙辰，九卿議覆河道總督于成龍條奏，修築黄、運兩河，應增設河道官員、豁免民夫等事，俱不准行。于成龍明知難行之事，故爲條奏，非大臣實心任事之義，應革職。上諭大學士等曰：凡爲臣者，須行實事，不當沽取虚名，于成龍奏稱豁免民夫，夫河道工程浩繁，能不用民夫而可以集事乎？且河道增設一官，則民間多一事，現在所設官員，歷年以來料理工程，並無違誤之處。總之，河工經理惟在得人，不在增設官員也。

二月甲申，諭大學士等：朕巡視所至，見運河及渾河決口，民田淹没，甚爲可憫。著直隸巡撫郭世隆、天津總兵官李鎮鼎會同倉場侍郎常書，自通州至西沽兩邊隄岸，再自西沽至霸州決口宜修之處，閲視明白，速行修築。

三月丁未，諭大學士等：禮部奏祭奉先殿儀注，將皇太子拜褥設置檻内。朕諭尚書沙穆哈曰，皇太子拜褥應設檻外。沙穆哈即奏請朕旨，記於檔案，是何意見，著交該部嚴加議處。尋議尚書沙穆哈應革職，交刑部。侍郎席爾達、多奇均應革職。得旨，沙穆哈著革職，免交刑部。席爾達、多奇俱從寬免革職。

辛酉，上御太和門，傳臚，賜殿試貢士胡任輿等一百六十八人進士及第、出身有差。

《聖祖實録》卷一六三　四月庚午，理藩院題：今歲編審外藩蒙古四十九旗人丁共二十二萬六千二百七十有奇，内除隸公主、郡主、王、貝勒、貝子、公、額駙、台吉等三萬一千五百九十六丁外，餘十九萬四千六百七十餘丁。三丁内，著一丁披甲，應披六萬四千八百九十一甲。下所司知之。

戊寅，調湖廣總督丁思孔爲雲南貴州總督。

庚寅，九卿會議，浙江巡撫張鵬翮疏言，出洋貿易船隻，地方官印烙給以票照，許帶軍器出洋。乃有内地商人，在外國打造船隻，帶有軍器出入關口，既無印烙可據，又無票照可憑，地方官難以稽查，請一概禁止，其暗帶外國之人、偷買犯禁之物者，并嚴加治罪。應如所請。從之。

辛卯，陞原任湖廣巡撫吴琠爲湖廣總督。

陞正藍旗蒙古副都統宗室塞冷額爲護軍統領。

五月戊戌朔，工部以天壇一帶挑沙鋪路，給過工價，繕摺呈覽。步軍統領凱音布奏曰：新修之路聽人照常行走，不久又壞，應派緑旗兵看守，令往來之人止走兩旁，勿行中路。上曰：如此禁約，殊於朕意不合。蓋修葺道路者，專以便民也。派兵看守，不許行走，則修之何用？若云禁行中路，則看守之人必并禁及兩旁，殊於行人不便。仍聽人照常行走，後若毁壞，令步兵稍稍葺治。

甲辰，諭禮部尚書兼管翰林院掌院學士事張英：翰林係文學親近之臣，向

因日講，時時進見，可以察其言語舉止。近日進見稀少，講官侍班不過頃刻，豈能深悉？著將翰林院、詹事府、國子監官員，每日輪四員入直南書房，朕不時諮詢，可以知其人之能否，以備擢用。

陞護軍統領噶爾瑪爲鑲白旗蒙古都統。

甲寅，諭翰林院：朕流覽載籍，見分類諸書雖各有所長，尚多未備。《唐類函》可謂詳贍，然唐以後典故、藝文，亦未採録。可依《唐類函》體例，自唐迄明，輯成完書，以資觀覽。

陞正黄旗滿洲副都統鄂克濟哈爲護軍統領。

丁巳，上巡幸畿甸，閱視河隄，【略】諭工部尚書薩穆哈、倉場侍郎常書：河隄關係運道民生，甚爲緊要。春間令天津一帶決口，速行修築，因時方東作，雨澤未霑，甚切憂慮。今新隄已成，復得時雨，良慰朕懷。爾等從陸路先至所築新隄處，朕即乘舟往觀，兼閱民田。或新隄有應增修處，即令繕治。

己未，上閱化家口新隄。倉場侍郎常書奏曰：新隄凡十二處，緊要者不過四五處，皇上若必加徧閱，時當溽暑，恐勞聖躬。上曰：朕軫念小民，每罹水患，特爲閱隄觀稼而來，雖屬煩勞，朕固忘倦。上閱黄須口等處，詳視良久。諭常書等曰：此處決口水勢湍悍，隄雖堅固，中間猶覺稍低，可令增修，於前面另築一小隄，以弱水勢，大隄方保無虞耳。其八百户口、王家甫口、筐兒港口、白駒廠口等薄弱之處，咸令增修。

《聖祖實録》卷一六四　七月丁亥，上命大學士等，於翰林官員内知有長於文章、學問超卓者具奏。大學士等奏曰：徐乾學、王鴻緒、高士奇、韓菼文章詩賦頗爲優長，又進士唐孫華長於詩賦，文章亦佳。上召唐孫華考試，諭大學士等：觀唐孫華文學實優，但字不甚佳，著額外授爲禮部主事，令於翰林院行走。大學士等奏曰：《三朝國史》《典訓》《一統志》《明史》尚未成書，徐乾學、王鴻緒、高士奇、韓菼等在籍，皆文學素優之人，若召令各纂一書，書可速成。上曰：徐乾學等著來京修書，徐乾學之弟徐秉義學問亦優，並著來京。韓菼原係内閣學士，告假回籍，不便與曾經處分之人，一體取來修書，著以原官召取來京。

户部議覆山西巡撫噶爾圖疏，言右衛駐防大兵供應米豆、草束，原議一半本色，一半折給。其一半本色内不敷米豆草束，或照改折之價，或照改徵之價折給，應令該撫會同將軍定議具題再議。得旨，此事關係緊要，著户部尚書馬齊馳驛速往，會同該將軍等確議具奏。

《東華録》卷一六　是月，諭内大臣：和托揮特爾根敦戴青擒厄魯特人至，供云：噶爾丹于今年正月來于庫克朔東抗幾爾查克地方居住等語。觀噶爾丹前進情形，當是圖根敦戴青而來，來至土喇一帶搶掠邊境之喀爾喀亦未可定，可調寧夏歸化城及右衛之兵，循克魯倫河于土喇等處探彼消息。尋授領侍衛内大臣費揚古、郎談、希福爲將軍，作速起程。旋以尚書班迪無報，似乎無事，又聞噶爾丹有趨歸化城意，令右衛兵回右衛，歸化兵、郎談兵俱回歸化城駐防。

康熙三四年（乙亥、一六九五）

《聖祖實録》卷一六六　四月戊戌，理藩院題：達賴喇嘛及第巴皆遣使奏請勿革噶爾丹策妄阿喇布坦汗號，并加恩賜敕印。其西海等處一帶地方所置戍兵，請徹回。上諭大學士等：第巴乃外藩人，何敢奏請徹我朝兵戍，此特爲噶爾丹計耳。我之守戍，乃以噶爾丹闌入吾土之故。向者噶爾丹敗，已將就擒，因彼之濟隆胡土克圖來言噶爾丹乞降，始得亡命。今噶爾丹仍索喀爾喀未已，則我朝既不當罷戍，亦且當備師。如噶爾丹來，即行勦滅。倘悔過乞降，亦無有不撫之之理。爾等可會同理藩院侍郎滿丕，備檄曉諭達賴喇嘛及第巴知之。

己未，諭大學士等：聞外藩扎薩克人等，或有私隨我朝遣赴達賴喇嘛處之使臣而去者，或有同達賴喇嘛使人前來，不返故土，竟自留於歸化城各扎薩克處者。噶爾丹乃狡詐之人，其各處安插奸細，偵探聲息之事，顯然敗露，猶自不服，巧飾上奏，或令其屬下喇嘛潛隨達賴喇嘛之使人，前來偵探反間，亦未可定。嗣後宜嚴行禁止。

理藩院議覆：達賴喇嘛來使所帶之人，宜永行禁止，不許存留。上諭侍郎滿丕等：達賴喇嘛來使所帶之人，若概行禁止，則外藩蒙古不得私行貿易，其心不服。達賴喇嘛之人往來已久，不必限定來使所帶人數。但來人有達賴喇嘛印信者納之，如無印信，則非係達賴喇嘛之人，即不納，如此議定，則不禁而自絶，蒙古亦皆心服矣。尋理藩院議覆達賴喇嘛及諸扎薩克之往來使人，令其各給與符驗。從之。

《聖祖實録》卷一六七　六月庚申，漕運總督王樑疏參贛州衛千總楊奉等於漕船裝帶商人貨物。上曰：王樑將漕船所載貨盡行搜出，棄置沿河兩岸，所行甚暴。從來總漕未嘗禁漕船帶貨，而漕運

遲誤，至今尚未到。裝帶些微貨物，於事何妨。王樑不但暴戾，凡事執拗，宜令解任。

《聖祖實録》卷一六八　八月辛卯，諭大學士等：于成龍向經緣事革職。今在河工，殫極勤勞，其總督原銜可復還之。

壬辰，上巡幸塞外。

辛丑，工部題請遣大臣閱視河工。得旨，閱視河工，原欲查核有無浮冒情弊及隄工堅固與否。侍郎趙山等往閱河工，將總河並未修理之處，反稱工程堅固。如此，則閱視何益？今雖再遣大臣不諳水性，亦照前人所行而已。趙山等著嚴處議罪，此後閱河著永行停止。尋部議，趙山應革職，交刑部。得旨，趙山著爲章京効力。

西安將軍博霽疏報：噶爾丹屬下回子塔什蘭和卓等五百許人，過我三岔河汛界，肅州總兵官潘育龍擒解前來，請皆拘留肅州邊内，俟得噶爾丹確信，再行遣回。從之。

丙午，上諭内大臣明珠等曰：聞噶爾丹有順克魯倫而來之信，京城豫備兵三隊，應令作速啓行。第一隊於是月二十四日啓行，所派諸王及兩班侍衛與俱，二三隊行期各間一日。盛京豫備兵二千，寧古塔豫備兵一千，著剋期會於烏爾會之地。再檄黑龍江將軍薩布素，令遣人遠探，倘噶爾丹侵犯車臣汗地方，聽酌量行事。設有前來聲息，即踵尾以進。有用烏喇兵處，可率之去；不用，仍令往會盛京兵。盛京、烏喇二處，命副都統齊蘭布往諭之。科爾沁兵分二千名，來會於烏爾會之地。土默特貝勒厄爾德木圖令速回，將其所屬并貝子喇思查普旗兵酌派，亦往與盛京兵會。遣理藩院官一員，赴敖漢奈曼，亦將兵酌派，帶至巴林台吉阿喇卜坦處。京師兵勿裹糧，支領坡賴村米。此處大臣侍衛官員等，所有駱駝令往運坡賴村米，給放在此兵卒。前鋒參領夸色著署左翼前鋒統領，其前鋒參領可於新滿洲内選員署之。古北口總兵官何應元、石匣副將馬進良於兩處官員内，將人材壯健有馬匹者，選二十員，各攜軍器、烏鎗以來。速檄知之。

己酉，上駐蹕克勒烏里雅蘇台。

先是，上密諭科爾沁土謝圖親王沙津曰：噶爾丹爲人極其狡猾，朕欲發大兵往征，恐彼聞風遠遁，及至徹兵，彼又復來擾爾蒙古。今必立克圖獲噶爾丹遺爾書内，既有乞爾遣人於彼之語，爾可藉此遣人語噶爾丹云「我科爾沁十旗，俱已附爾矣。爾可前來，我等當從此地接應」，以此説之，誘至近地，於時朕親統大軍，風馳電擊，彼不及遠遁，斷可滅矣。爾可仍遣前所差鄂齊爾再往誘噶爾丹至近地。至是，沙津來朝，上遣侍郎西拉與沙津同往，密授鄂齊爾説噶爾丹之計。視其起行，即以遣鄂齊爾之故，密諭達爾漢親王班第及諸台吉。

調漕運總督董安國爲河道總督，陞山東巡撫桑額爲漕運總督。

九月己巳，諭議政大臣舅舅佟國維等：將軍伯費揚古報稱，噶爾丹將喀爾喀西卜退哈灘巴圖爾及納木扎爾陀音等恣行劫掠，即竄往土喇河，順流而下，西向庫黑納塔爾納以去。以此揆之，彼實無意内來，京師所發大兵可暫還，秣馬以待。并檄盛京、烏喇、黑龍江將軍及科爾沁等諸扎薩克，其豫備兵且止。仍檄將軍伯費揚古所領兵衆，亦權回本汛，將馬匹加意喂養。若令喀爾喀等入汛界内遊牧，恐有互相竊奪之事，可檄尚書班迪，令彼在汛界外附近處暫居。

乙酉，雲南巡撫石文晟疏言：滇省地方，明初多係屯田，每畝徵糧七斗二升不等。吴三桂在滇，將此屯租即爲額賦，以致歷年拖欠，追比難完。查通省民田賦額，惟河陽縣最重，每畝徵糧八升一合八勺三抄。伏懇將屯糧悉照河陽縣則起科。得旨，雲南屯田錢糧較民田額重數倍，民人苦累。嗣後屯田額賦，著照河陽縣民田上則徵收，該部知道。

十月丙申，諭議政大臣等：傳諭沙木巴戴青墨爾根濟農值雨雪時，噶爾丹侵掠其疆界，亦未可定，宜簡發其兵并附近喀爾喀諸台吉之兵於諸處防守，遠置塘哨探聽消息。倘有噶爾丹之警，敵勢寡弱，量力可擊則以其兵擊之；若敵勢衆多，則設殿後之兵，向歸化城内地移營。雖退入内地，亦不譴責也。凡有動静，一面速報歸化城將軍，一面奏聞。

丙午，納木扎爾陀音以不遵諭内移，致爲噶爾丹所掠。又縱噶爾丹致書之人來京，面縛請死。特旨，宥之。

丁未，諭議政大臣等：聞噶爾丹部落不過五六千人，我大兵皆踴躍願戰，而大臣官員逡巡退縮，無意効力。近噶爾丹於巴顔烏蘭屯聚，彼縱不敢深入，或潛來邊徼掠我外藩，亦未可定。聞警後，始遣大兵，勢不能朝發夕至。我進彼退，我還彼來，再三若此，凡蒙古諸部亦大遭其蹂躪矣。爾諸王大臣可與八旗都統、前鋒統領、護軍統領、副都統等公同籌畫，作何進止，其詳議之。尋議覆，宜遣發師徒，攜兩月糧，赴巴顔烏蘭進剿。上曰：方今冬令，噶爾丹雖不能親率其妻孥輜重前來，或以遊騎潛掠汛界近地，亦未可定。然諒其人無多，京師大兵不便輕發，即遣往，亦未必與彼相值，莫若以蒙古兵應之。見今墨爾根濟農善巴戴青各

備兵一千，歸化城有將軍伯費揚古駐劄。西路事柄，應全付與右翼察哈爾兵、歸化城兵，及四子部落以西所有扎薩克兵，俱令酌量徵調。其東路兵，宜另派大臣管領。兩蘇尼特、兩阿霸垓、兩阿霸哈納旗兵，著索額圖前往收集。鄂克濟哈、扎喇克圖見赴汛界，索額圖可偕之去。喀爾喀土謝圖汗等，及兩蒿齊忒、兩烏朱穆秦兵，著明珠偕阿喇尼、恩額森前往收集。俱令各駐要地，探聽聲息。都統噶爾瑪、副都統碩岱，朕已令於察哈爾左翼駐劄，毋容遣動，設有必不可已機務，再行調取，會同索額圖、明珠等以行。其理藩院官或別部院官，聽其酌量題請帶往。茲遣伊等，非取其奮勇一試，惟期一應聲息，得其真實耳。尚書班迪雖見在彼偵探，猶恐京師大兵難遽定行止，故復有此遣，師之進退，俟伊等報聞定奪。

《聖祖實録》卷一六九　十一月壬戌，安北將軍伯費揚古疏言：噶爾丹在巴顔烏蘭之地，宜分軍進剿。上諭議政大臣等：我大軍進剿噶爾丹，宜分爲三路：東一路仍派盛京兵二千、寧古塔兵一千、黑龍江兵將軍薩布素酌派，再派科爾沁兵四千，令定期會合，沿克魯倫進剿。西一路徵調各處官兵，總轄於費揚古，由歸化城進剿。中一路以京城每佐領下所餘預備兵六名，及火器營兵，與費揚古所請宣化府緑旗兵，停其發往西路，皆定爲中路進剿。此三路官兵，俱令裹八十日口糧。中路隨運米石，著諸王大臣官員急公之駝馬馱運。倘不足，即動支正項錢糧，雇車裝載。西路軍糧應隨運幾日，費揚古明白具奏。至師行惟馬最要，東光、吴橋、景州三處，户部見貯有芻豆，每佐領下發馬十匹，交地方官飼養，遣侍郎陳汝器往督之。是師來年何月何日啓行，著費揚古定議以聞。

丁丑，大學士會同兵部議奏：西路進剿右衛兵五千，京城增發兵三千四百七十，大同緑旗兵五千，合官兵、厮役共計二萬四千二百六十名有奇。先經議政大臣議，京城增發兵，每名給馬四匹、厮役一名，各齎口糧八十日外，每名月給米二倉斗，以湖灘、河朔米隨運。其運車及馬騾、草豆、輓兵口糧等物，俱著山西巡撫備給。并遴才幹道官一員，同知、知州、知縣等官四員，同部院官四員隨車押運。請於特簡于成龍等三大臣内分撥一人，佐以一滿洲堂官，速赴山西，會同巡撫温保料理諸務。至中路進剿，京中每佐領兵六名，漢軍火器營兵二千及隨礮兵，共計八千一百三十名。俱照西路例，每名給馬四匹、厮役一名。礮手、綿甲軍八百八十八名，兩名合一厮役。又盛京兵二千，寧古塔兵一千，黑龍江兵約二千，宣化府緑旗兵三千，合官兵、厮役共計三萬二千九百七十名有零。各齎八十日口糧外，每名月給米二倉斗，以通倉米運給。其運車及兵夫、馬騾、需用食物，俱著直隸、山東、河南三省巡撫備給。押運官員，亦著各該撫遴選，與西路同。再遴部院衙門才能官二十員，每省派四員，分管尾隨中路大兵前進。其總理運務，既經派出于成龍等，諸事應令會同料理。上曰：既派出于成龍等，使之專任。嗣後凡關運米機務，即自行奏請，不必會同該部。押運官員，亦著伊等選擇具題。牽輓兵卒，給與行糧。餘如所議。

戊子，命安北將軍伯費揚古爲撫遠大將軍。

十二月丁酉，先是，命刑部尚書圖納赴陝，會集將軍、總督、巡撫、提督、總兵官等，於莊浪要地議西路進剿事。至是，圖納等疏言：陝西一路進兵，使出鎮彝，由黑河、托賴河交流處取昆都倫而進，選熟識路徑蒙古爲嚮導。但我軍進討，糧糗俱係親擕，倘事起卒然，接戰之兵分力必多，請於萬名兵外，益以緑旗兵三千，以一總兵官統領，尾大軍之後而進，遏寇猝至，以便守護輜重。至我兵深入，恐附近蒙古乘虚煽摇，宜酌調固原提標官兵爲之防禦。再檄青海諸台吉與策妄阿喇布坦及吐魯番等，使知罪在噶爾丹，與衆無預。至内地多巴係市賈集場，恐噶爾丹使人潛居窺伺，應令地方官不時嚴察。從之。

諭大學士等：大將軍伯費揚古軍中，著都統伊勒慎、護軍統領宗室費揚固、瓦邇達、副都統碩岱并將軍舒恕皆爲參贊。西路大臣既足用，護軍統領蘇丹可使在中路。

己亥，命西安將軍博霽統滿洲兵，振武將軍孫思克統緑旗兵，偕副都統西爾哈達、祖良璧、馬自德、巴麟從西路進剿。固原提督李林隆留守陝西、甘肅，副都統阿蘭台兼管緑旗兵駐寧夏，副都統費揚吾駐西安。

振武將軍孫思克疏言：西寧總兵官韓弼留守地方，其寧夏總兵官殷化行、涼州總兵官董大成、肅州總兵官潘育龍、貴州威寧總兵官唐希順、陝西延綏鎮遊擊祁朝祥俱請令從征。下議政大臣等議。尋議覆：應如所請帶往。至尚書圖納所議，隨大軍緑旗兵三千，亦於四總兵官内酌撥統領。從之。

辛丑，諭大學士、九卿等：朕撫御宇内，無日不念切國計民生。比年直隸各省時遇旱潦，又平陽府有地震之災，朕屢發帑金、倉粟賑濟，蠲免錢糧，百姓雖未至於流離，恐未盡安生業。各省緑旗官兵防禦勞苦，深宜體恤。至奏讞罪人，雖罹法網，亦可憫惻。朕夙夜孜孜，軫念於中者久矣。今欲特頒詔旨，廣沛恩施，思嶽瀆諸神皆所以福祐斯民，宜遣官虔行致祭。嚴飭地方大小官吏，務期潔己奉公，撫綏百姓。緑旗官兵糧餉多有虚冒尅扣，應行稽覈。各省積年逋欠及

帶征錢糧，概與豁免。除貪官汙吏、行間犯罪與十惡等死罪外，一切罪犯咸加赦宥，令其自新。爾等會議具奏。

康熙三五年（丙子、一六九六）

《聖祖實録》卷一七〇 春正月壬戌，諭議政大臣等：出征馬匹，所關甚要，著將兵士行李稱驗觔兩，毋得過重，以疲馬力。爾等會議具奏。尋議，原定兵士每人所給馬四匹，四人爲一伍，每人厮役各一名，一伍合計軍器、糗糧以及一應用物共重九百七十五觔零。一伍馬十六匹，本身與僕從騎坐八匹外，餘八匹每馱應載一百二十一觔。又每伍增給騾子一匹，每馱應以一百七觔合算。從之。

甲戌，漢大學士、九卿、科道等疏言：皇上文德誕敷，武功丕顯。前者三逆負恩，察哈爾作亂，賴皇上運用神謀，皆立時授首。又平臺灣，以爲郡縣。數十年間，凡亘古聲教所未及者，無不來享來王。乃噶爾丹狡焉小醜，反覆靡常，皇上赫然震怒，命加天討，機宜措置，斷自宸衷。遣發諸路精鋭之師，分道並進，天戈所指，誅之決矣。顧西路大兵已特敕撫遠大將軍伯費揚古爲帥，而將軍舒恕、博霽、孫思克等又率三秦滿漢大兵協剿。惟中路將軍未蒙簡命，竊意睿謨深遠，將欲親統貔貅，掃清朔漠。臣等愚陋之見，竊以皇上爲百神之所憑依，四海蒼生之所倚賴，似不必以此稽誅小寇，躬臨壁壘，伏冀皇上特簡中路大將軍一人，令統大兵，與諸路並剿。如慮道里遠隔，一切進止機宜調度爲難，或駐蹕近邊，指授方畧，則諸路大軍自可祗奉成命，立奏膚功。奏入，得旨，朕臨御以來，日以愛養兵民爲念，未嘗輕於用兵，遠事征討。方今宇内無事，惟厄魯特噶爾丹違背約誓，恣行狂逞，侵掠我臣服之喀爾喀，恐漸致邊民不得休息，故特遣各路大兵，分道並進，務期剿蕩，爲塞外生民除患。向年烏闌布通之役，朕以策誘噶爾丹入距京師僅七百里許，大兵已經擊敗，乃竟中賊計，致噶爾丹遁走。彼時因朕躬違和，未得親至其地，失此機會，至今猶以爲憾。噶爾丹竄伏巴顔烏闌地方，相距未甚遼遠，以是不憚勤勞，親涖邊外，相機行事。此賊既滅，則中外寧謐，可無他虞。假使及今不除，日後設防，兵民益多擾累。所奏已知之。

辛巳，諭領侍衛内大臣等：官軍之厮役人等，有能踰鹿角營而進擊者作何，給還本主身價，令其出户，以示勸勵，爾等集議。尋議覆：官軍家下兵丁、厮役，或駱駝營，或鹿角營，或於曠野賊兵對敵之處，有能首先躍入，衆人接踵繼進，以致殺敗賊寇，其首先躍入之家下兵丁、厮役及其父母、妻子，俱撥在佐領，立爲另户，照例計其人口，給還伊主身價。得旨，依議，其第二、三前進者，亦著照此例行。

撫遠大將軍伯費揚古遵旨派西路軍中都統、副都統等營自京發來八旗兵營壘，以揚威將軍覺羅舒恕管兩黄旗，以都統伊勒慎管兩白旗，以都統公彭春管兩紅旗，以侍郎滿丕管兩藍旗。派管右衛八旗兵營壘，以護軍統領宗室費揚固管鑲黄、正白兩旗，以護軍統領瓦爾達管正黄、正紅兩旗，以副都統黨艾管鑲白、正藍兩旗，以副都統拜音佈管鑲紅、鑲藍兩旗。

甲申，諭安郡王馬爾渾、輔國公賴士、副都統迓圖等：爾等往歸化城，務揚軍威，以示兵力强盛。各處遠行偵探最爲緊要，爾等三人須同心効力，不可互相推諉。王與公皆年幼，未曾歷練，凡事宜與迓圖商酌而行，迓圖亦不得推諉。王等至，朕行在與歸化城相近，此時正當用兵之際，不必差人請安。

諭兵部等衙門：大兵至巴顔烏闌，倘噶爾丹不敢迎敵，從此遁去，可預選察哈爾兵一千六百名，喀喇沁翁牛特兵一千四百名，再於大兵内及新滿洲諸王護衛、喀爾喀兵内，共選精兵一萬，備足駝馬、糗糧，務將噶爾丹窮追剿滅。

《聖祖實録》卷一七一 二月辛卯，諭領侍衛内大臣等：噶爾丹爲人狡詐，未必不指西向東，我大兵若於三月初十日起行，則四月二十五間方得至巴顔烏闌。今不便待陝西兵，中路行期宜改在三月初間，西路費揚古兵行期亦改在二月望間。至於汛界地方偵探情形，事屬緊要，宜增派官兵，著於出征之前鋒内選派四十名，再將出征上三旗侍衛及王、貝勒、貝子、公等情願効力之護衛人員内派三十名，發往侍郎安布禄處駐扎。

甲午，命撫遠大將軍伯費揚古自京起行赴歸化城，上剋期四月下旬，令會中路大軍於土喇。若噶爾丹從克魯倫河而下，與中路兵近，西路兵遠，則中路待西路之兵；若噶爾丹在土喇，與西路兵近，中路兵遠，則西路待中路之兵。

先是，以冲天礮三門、神威礮十門、景山製造子母礮二十四門、江南礮五十五門發往大同，以備西路兵之用。至是，諭兵部：著於新造礮四十八門内，選八門，派每旗礮手一名，作速增解大將軍費揚古軍中。

諭領侍衛内大臣等：近視口外來報，噶爾丹情形亦有東行之狀，著黑龍江將軍薩布素立刻整備屬下兵馬，遠設偵探。如有用盛京、寧古塔兵之處，許彼星赴往召，總轄調遣。其左近蒙古，亦當小心防備。口外所報噶爾丹之事，悉發與

薩布素知之，盛京、寧古塔將軍處亦著檄知。

癸丑，上以親征噶爾丹，遣官告祭天地、宗廟、社稷。

遣官祭太歲、火礮道路之神。

户部尚書馬齊奉差調兵，回京覆命。上諭曰：此番派出征之王以下及大臣官員兵丁，俱著給行糧。

給輓運中路軍糧喀喇沁翁牛特兵軍器行糧。

發張家口倉穀，賑喀爾喀多羅郡王敦多布多爾濟下窮丁。

甲寅，諭大學士等：此次各部院衙門本章停其馳奏，凡事俱著皇太子聽理。若重大緊要事，著諸大臣會同議定，啓奏皇太子。

諭大學士阿蘭泰、尚書馬齊、佛倫：朕啓行後，爾等偕各部院大臣分爲三班，值宿禁城内。

諭議政大臣等：朕親統六師前進，法律須極嚴明。師行之日，軍士俱先於郊次排列，俟朕啓行後，仍復入城，逐旗按日而出，務必隊伍嚴整。夸蘭大參領等各率本營行裝，按隊伍前進，不得分散錯亂。倘馬驚人墮，致失馬匹者，令該夸蘭大章京及護軍校等親往尋獲。中路軍雖行，尚俟西路消息。倘值天雨，即令駐扎，其後隊不必等候傳示，亦行屯駐。再每營俱撥給醫藥，凡軍士及僕從有患病者，該夸蘭大即發醫調治。倘病不能前行者，報知該營皇子、王等，留住臺上，將伊分内之米一併留給，病痊仍令前進。或有病故者，即留臺上，俟旋師日帶回。凡一應細事，該營之皇子及諸王大臣、夸蘭大等，公同結案。事關重大，再行請旨。凡遇敵兵，令我軍攻擊，朕必詳審可攻之處，始令前進，必不以軍士軀命爲嘗試。如臨陣遇敵，不能奮勇敗賊，必治以罪。前行之前鋒倘望見敵兵，必視有水草處駐扎，以俟後隊軍至。可通行曉諭八旗。至於大將軍伯費揚古處，亦應檄知，令其遍示。

諭大學士等：中路軍士甚衆，後派之每佐領護軍一名，無庸帶往。取其肥健馬匹，給發前去軍士。此存留每佐領護軍一名，仍令照常預備，俟有需用徵調，即速起行。再後隊之章京、護軍校等，亦俱停行，著在京預備。

命户部尚書馬齊署理藩院尚書事。

丙辰，先是，科爾沁土謝圖親王沙津遵奉皇上前降密諭，潛遣鄂漆爾往約噶爾丹，噶爾丹果沿克魯倫河而下，掠喀爾喀納木扎爾陀音，遂踞巴顔烏蘭。上聞之，以機不可失，不俟草茁即應往剿。遂經畫糧餉，調度各路兵馬既畢，於是日率諸王、貝勒、貝子、公、文武大臣詣堂子行禮，祭旗纛，親領六軍啓行，駐蹕沙河。

諭領侍衛内大臣公福善：古北口一路兵衆，惟爾督率而行。凡所過城池、村舍，恐軍卒搶擄，當行嚴禁。兵丁馬匹最要，須加意牧養。朕所示法令極明，毋使有違。出古北口後，或有無知之徒，以捕獸馳騁，勞苦馬匹者，當嚴行禁止。

諭領侍衛内大臣等：軍士車輛不以次前進，俱並軌而行，倘遇隘口阻滯，則後軍必致遲悮。嗣後大軍車輛俱著依次前進，毋得争先，以致壅塞。

諭署理藩院事尚書馬齊：喀爾喀台吉波羅吴納漢遠來歸順，且請隨征，殊屬可嘉。著賜銀百兩，所乘馬駝及需用什物，可查明辦給，令於翌日起程隨行。

三月庚申，諭議政大臣等：大將軍伯費揚古題報事情，若俟到京再奏，不免紆回遲緩。應遣兵部大臣一員往土木，一則料理驛站，一則伯費揚古題奏本章，一面開拆謄寫啓奏皇太子，一面將原本馳奏。尋議政大臣等以應派大臣奏請欽點。得旨，著侍郎馬爾漢去。馬爾漢未到之先，著侍郎朱都納暫往土木料理，俟馬爾漢到，交代畢即速來。馬爾漢既來，則兵部止存尚書索諾和一人，著學士綏色署理。朱都納既暫留土木，嗣後凡關兵部事宜，著交大學士伊桑阿管理。

辛未，上駐蹕滚諾爾地方。雨雪交作，上以軍士未即安營，雨服露立，俟衆軍士結營畢，始入行宫。營中皆炊飯，然後進膳。又遣御前侍衛海青，以駱駝載帳房及食物、柴炭賜輓車未至之人，令棲息舉爨。

癸酉，上駐蹕揆宿布喇克地方。

諭領侍衛内大臣等：出古北口之前鋒兵見今已到，應令合於前鋒兵營一同先行。其次著兩路緑旗兵、察哈爾兵隨行，其次著鑲黄旗、正黄旗兵在朕軍前行，朕軍後著正白旗、正紅旗隨行。其餘各旗，俱兩旗合軍，照此隨行。

蘇尼特多羅郡王額駙薩穆扎率領二等台吉扎卜等，願從軍効力。得旨，自噶爾丹作亂，爾等旗分信使往來，供應驛馬、食物，顯著勞績，至秋間定行重賞。爾回時，可徧諭爾旗諸王下軍民人等。又諭：王年邁，免從征。台吉扎卜垂、扎卜蘇代納木、扎卜畢立克等，俱令隨征。

諭議政大臣等：沙崗難行，馬匹勞苦，自揆宿布喇克至胡什木克道遠，分爲兩程。自胡什木克至滚諾爾雖途近易到，但皆沙磧，僕從人等俱著步行，兵丁有愛惜馬匹者亦聽步行，仍令照常晨炊，日食兩餐。過此沙崗數處，至平坦之地，不必爲馬慮矣。

《聖祖實録》卷一七二　四月己丑，上駐蹕哈必爾漢地方。

先是，遣侍衛克什圖、主事保住使噶爾丹所。至是，坐臺員外郎席保住奏報，克什圖等攜噶爾丹奏章步行而回。

上問議政大臣：「料噶爾丹待我兵否？」諸臣奏曰：前噶爾丹遣回阿爾必特祜等時，一面作往工噶勞圖地方遊牧之狀，却仍駐扎如故。今觀其駐於土喇，而遣回克什圖等，或不待我兵而竟遁，未可知也。使克什圖等步行而回者，是正欲其遲到，雖出兵，不能追及之意。上曰：朕熟計噶爾丹情形久矣。噶爾丹之心，必以爲今當春令，馬匹羸瘦，此路既無水草，沙磧瀚海又甚難行，大兵勢不能到。至朕親來，彼萬難料及，故奪我使之馬駝，令步行而回，不過欲堅彼部下蒙古之心，示以不懼耳，非欲使我兵遲延，彼得遠遁也。朕先傳諭大將軍費揚古，與約師期。今費揚古奏，本月二十四日可至土喇。若依期而至，兩路夾攻，則噶爾丹在我掌握，安能復脱？若我兵先到，彼必連夜逃遁。費揚古兵縱少遲緩，必至土喇地方。噶爾丹以疲敝乍到之兵，費揚古迎擊，可盡行殲滅。覩彼在我使者之前舉動，噶爾丹早已入我計中矣。

壬辰，上駐蹕塔爾奇喇地方。

先是，遣官於塔爾奇喇掘井，無水。駕至，清泉忽湧，導成巨流，人馬資用不竭。衆皆謂皇上洪福所致，無不大悦。

戊戌，諭撫遠大將軍伯費揚古：朕所統軍將至汛界時，即差護軍參領車克楚、前鋒侍衛祁薩木往克魯倫左側躧探聲息。今車克楚等還，奏云，臣等初九日到伊扎爾地方，見有寇蹤，於是轉回。初十日，遇沙津王所差鄂漆爾等，言噶爾丹於本月初間，自土喇向克魯倫移營。第三日，我等歸時，噶爾丹在達爾漢敖拉山。以此揆之，噶爾丹已近朕所統大軍矣。此寇乃極狡猾之人，如敗遁斷不趨土喇，必渡克魯倫，或從俄儂巴爾濟赴塞稜格，或繞巴顔烏闌之後設伏。爾等兩隊兵見彼下克魯倫，若隨蹤而往，未必不入其伏兵之中，朕甚慮之，特遣藍翎侍衛殷濟納等諭爾，可詳詢地里及彼脱逃之路，小心堵禦，不可以彼向下流行而輕之。特諭。

諭侍郎西拉、侍讀學士喇錫曰：扎薩克王台吉等并喀爾喀王台吉等，應俱駐扎一營，著科爾沁達爾漢親王班第管領。

諭行在兵部：見今噶爾丹由克魯倫河順流而來，住扎之處，大兵十日内可到。應行文于成龍，著將米糧陸續運至，勿致有悮。噶禮頭運米糧，亦令隨後運到。總兵官岳昇龍，著選所屬兵丁兼程趣御營前來。

諭領侍衛内大臣索額圖曰：爾往傳諭後軍，朕在瑚魯蘇台察罕諾爾地方駐營以待，著後軍趲赴前來，毋疲勞馬匹。

己亥，上駐蹕瑚魯蘇台察罕諾爾地方。

諭議政大臣等：噶爾丹由克魯倫河順流，已至伊渣爾厄爾幾納克地方，我西來兩路兵及中路兵俱近克魯倫河矣。噶爾丹勢蹙，或向東竄入，亦未可知。著盛京、寧古塔兵前往索岳爾濟山屯扎，黑龍江兵亦赴彼會齊。可速檄行。

上又慮噶爾丹向克魯倫西遠遁，乃遣理藩院撥什庫諾爾布、喀爾喀納木扎爾王長史庫濟根等哨探。諭曰：聞噶爾丹順河下流行，恐我軍越過，爾等往克魯倫歐德哈爾哈地方潛渡河，伏於北山，登高望之。

丁未，遣侍衛額林辰齎敕諭撫遠大將軍伯費揚古曰：爾初七日奏言，五月初三日可到土喇。爾原奏言，四月二十四日可到土喇，二十七日可到巴顔烏闌。是以朕軍因水草無悮，定於二十五日間到克魯倫河。今差前鋒視其行蹤，亦已獲其生口矣。噶爾丹有沿克魯倫河而下之勢，與我相隔五日程。此際爾等理應遣奏數次，則朕軍易於迎待，而爾等久不來奏，不知已到何地，恐稽時日，催趲而行，遂先於爾等。今或待或行係在兩可，情事甚大，爾等如何行路，當速來報。因原議兩路兵孰先到數日，有務須等候之約，是以朕且待且行。如必不得已，則當相機行事耳。特諭。

諭行在兵部：大將軍伯費揚古兵行稍遲，朕緩行以待之，可行文于成龍，乘此時，將所運米作速陸續運至。

先是，上遣侍衛喀瓦爾達等，至古爾班圖爾罕地方潛覘敵哨。至是，喀瓦爾達等還，奏曰：臣等前後往踰巴爾代哈山，及清晨，至西方圖爾罕山上，適敵哨方到，於山上覓水。臣等向克魯倫視之，見其有烟，厄魯特在此是實。

戊申，喇錫回奏：統領正紅旗、鑲白旗、正藍旗、鑲藍旗及鑲紅旗小營兵諸王大臣等議，臣等以爲，大將軍伯費揚古兵至土喇之期尚早，若中路大兵即行前進，使噶爾丹知皇上已至，旋即逃竄，便得脱矣。今視水草佳處，堪容八旗兵者，暫行屯駐。約計大將軍伯費揚古兵至，然後前進，則噶爾丹之後已爲所截，因而夾擊之，於事有益。縱令噶爾丹依克魯倫河順流而去，自有盛京、烏喇、黑龍江等處兵在彼，而我大軍復抵克魯倫河，斷其歸路，亦復有濟。統領鑲紅旗兵皇三子允祉、領侍衛内大臣公福善等議，臣等以爲，大將軍伯費揚古奏稱遲延五六

日，初八日出翁金口東。今噶爾丹見在巴顏烏闌近處，若待伯費揚古兵至，時日稍遲，恐賊聞風逃竄，亦未可知。即以中路大兵剿滅賊寇，未爲不足。既已近抵克魯倫河，似應一面移文催西路之兵，一面使賊不及爲備，前往擊之。馬武回奏：領侍衛内大臣索額圖等議，應緩行以待大將軍之兵。都統公鄂倫岱等議，應即行進兵。得旨，著見在此營内議政大臣等議奏。

皇長子允禔奏：臣等於二十一日至拖陵，漢軍火器營所帶宣鎮神功礮二十四門，因駕車騾匹已疲，於二十二日晚始至。又總兵官馬進良、白斌言，所帶八十日糧，以二十日糧留貯和爾博地方，見今已用五十日，若糧能接濟，不致稽遲。上命領侍衛内大臣索額圖料理火礮事務，大學士伊桑阿查緑旗兵二十日口糧數目具奏。

辛亥，諭議政諸臣：俟至拖陵地方，再遣使於噶爾丹，度伯費揚古等兵亦將到。噶爾丹若遣使來，我亦遣使頻往，以待伯費揚古等兵。彼若乘此逃竄，必生内變，豈能完全耶？諸臣奏曰：上諭至拖陵地方再行遣使，甚是。俟至拖陵時，往來遣使以待伯費揚古等兵，若噶爾丹接戰，則兩路夾擊，立行剿滅，或逃或降，至彼時再議。上是之。

諭領侍衛内大臣等曰：噶爾丹自以爲無所畏憚，煽惑諸蒙古竊踞克魯倫地方，謂朕必不親征。今我軍緊要軍器俱已備至，若噶爾丹聞朕已至，必先逃竄，爾等欲戰耶？欲使噶爾丹逃竄耶？可各陳所見。諸臣奏曰：臣等之意，聽彼逃竄似比戰爲愈，但所以使噶爾丹逃竄之計，臣等不得而知。上曰：噶爾丹原係行劫小寇，素無遠識，信人誑言，侵掠喀爾喀，以爲我軍不能即至，故敢竄伏克魯倫。今大軍已近噶爾丹，西路兵亦將至土喇，爾等欲使之逃竄，朕以爲無難，俟其少近，遣使往諭云，朕欲與親臨約盟，爾可前來與我軍會議，並不爾剿。噶爾丹聞朕親來，必連夜奔逃，我軍即行追殺，如向土喇退去，必遇費揚古兵。朕於此賊廑慮已久，此次噶爾丹必然殄滅，拒則糜爛，竄則逃亡。但于成龍所運之米，恐不能應期而至耳。伊桑阿等可撰敕呈覽，俟少近遣往，旋即進兵。

《聖祖實録》卷一七三　五月庚申，上駐蹕阿敦齊陸阿魯布喇克地方。

理藩院奏言：扎薩克喀爾喀諸王台吉等，皆願從前隊先進。得旨，扎薩克喀爾喀王等領其護衛隨從一二人，侍從朕側。其餘共爲一隊，選其能者使領之，俱在一處，侍從朕後，隨所指授，即令前進。

澤卜尊丹巴胡土克圖王謝圖汗等奏曰：我等七旗喀爾喀爲噶爾丹所殘虐，荷蒙皇上救我等於患難之中，俾得生全。今噶爾丹侵擾我喀爾喀等不已，又興兵來克魯倫地方，皇上親統大兵征剿，臣等情願隨征効力。上諭曰：【略】此番朕必成功，爲爾二次雪怨，爾等安居，聽朕捷音，不必隨往。

辛酉，上於途次，諭科爾沁巴克什古爾貝勒及一等侍衛喀第由等曰：古爾班圖爾罕等地方，有賊所設哨探，彼處有阿思哈圖山，爾等可在彼埋伏。賊必出阿思哈圖山，來窺我營，我軍前往追擒，爾等即行接應。是日，上駐蹕枯庫車爾地方。

命喀喇沁王扎什兼領察哈爾兵。

奉差護送多禪等一等侍衛喀瓦爾達等還，奏言：臣等五月初五日到克魯倫河，不見敵人蹤跡。初六日黎明，有厄魯特丹濟拉率千許人來截取馬羣，遂令侍讀學士殷扎納帶厄魯特名俄齊爾者前去，殷扎納與言「我等係聖朝使臣，不得無禮」。又厄魯特俄齊爾告以聖上親來，將軍費揚古亦下俄爾洪土喇而來，丹濟拉大駭失聲，遂領敕書，收兵急去。

壬戌，偵知噶爾丹所在，上躬率前鋒兵在前，諸軍鱗次翼張而進，兵威之盛，彌山遍野，不見涯際，整齊嚴密，肅然無聲。在途次，一等侍衛喀第由遣人來奏：臣等奉旨前往阿思哈圖山探視，遇厄魯特數人潛窺我軍營壘，遥見我等，倉皇逃遁。追至阿思哈圖山之東，遇巴克什古爾貝勒等，共追逐之。上笑曰：「何必追逐，任其往報，亦足以破噶爾丹之膽也。」

駕至燕圖庫列圖地方。將駐蹕，地乏水，侍衛吴什率鄉導等過一平山，忽見泉源湧出，水極甘美，且充用有餘。上大喜，亟往視閲，立營掘壕，遂駐蹕於西巴爾台。

中書阿必達等還，奏言：臣等進覓噶爾丹蹤跡，遇厄魯特二十餘人，謂臣等曰：聞聖上親統大軍而來，乞暫緩師。噶爾丹在土喇，往返須數日，聖上敕書已連夜送往矣，請留一使於此，俟覆本到，以便齎回，并發哈什哈二人護送至燕圖庫列圖地方。上復遣扎薩克喇嘛彭素克格隆偕阿必達往諭厄魯特：汝等欲我緩兵，我師在此地乏水，明日到克魯倫河後，當再緩行。是日，密諭各營，安扎營壘如故，而營内悉徹去帳房，即御營行幄幔城亦俱不設，伏兵空壁以待。抵暮，上親巡視營伍。

癸亥，上以克魯倫河爲噶爾丹必爭之地，乃分布隊伍，躬在前鋒前行。於途次，率數人登高，執圓鏡遠望，見東有額爾德尼拖洛海山，西有山麓一帶從巴爾

代哈迤邐接河岸隱見不甚明晰。上諭科爾沁土謝圖親王沙津、達爾漢親王班第、喀爾喀車臣汗、納木扎爾王、西第西里貝勒、盆楚克貝子曰：爾等各率爾屬下蒙古十許人，往據西方巴爾代哈山麓高處，佯作全軍從此經行之狀，敵人來犯，勿與之戰，誘之前來，敵若有備，則大兵爭先據河。

中書阿必達等遣撥什庫諾爾布還，奏言：臣等至克魯倫河，厄魯特皆已去。視馬矢，似遁已二日。阿必達等仍追蹤前去。

駕抵克魯倫河。諭各隊領軍大臣曰：噶爾丹若據克魯倫河，我兵奪河交戰，猶稍費力。今觀其不於此拒戰，而竟逃竄，是自開門户以與我也。除此地外，他處斷不能拒我軍。審其情形，必連夜逃遁矣，當輕騎急追之。是日，上駐蹕額爾德尼拖洛海地方克魯倫布隆。乃設哨卒，南向巴爾代哈，北向塔爾幾爾濟口、僧庫爾口，東向額爾德尼拖洛海，西向克魯倫河上流，内又立八旗防護。

前鋒統領碩鼐擒厄魯特至，言噶爾丹得釋回四厄魯特，問及黄幄布城網城進止，方信聖駕親來。今日親至北方孟納爾山，遥望大兵隊伍行列規模，大驚曰：「是兵從天而降耶？」遂傳令衆人，盡棄其廬帳器械逃去。上命賜所擒厄魯特衣服，使撥什庫諾爾布追送與兩使臣。又遣喀瓦爾達往額爾德尼拖洛海，探視有無賊寇。

甲子，上親率前鋒兵窮追噶爾丹，噶爾丹倉皇遁走。是後數日，沿途大獲所遺器械、帳房、食用等物。是日，距克魯倫布隆十八里地方駐蹕。

諭領侍衛内大臣等：今日據厄魯特降人言，聞朕親率大兵，四路並進，噶爾丹即行逃竄。朕若率緑旗步兵前進，則牽綴遲悞。今可揀選緑旗馬兵，會合大將軍費揚古向巴顔烏闌追剿噶爾丹。其緑旗步兵，應留大臣管轄，著隨後緩行前來。滿洲兵每旗留二十名，應派章京、護軍校管轄。宣化府取來礮二十四門，亦著留下。漢軍礮十六門，能帶則盡帶往，若不能帶，著留礮一二門。所留之兵，應派大臣一員統轄。克魯倫之克勒河朔地方，去此一百三十里，朕作二日程，前行到彼。所留兵丁，著作四日程，前行到彼。擡鹿角兵有不能到者，著漢軍大臣等酌量調撥，帶往前去。大學士伊桑阿等隨將應派大臣職名入奏。得旨，内大臣阿密達著充將軍，副都統胡什巴、沙濟、左副都御史阿山著爲參謀，令從此分四日至克勒河朔。若有調遣，著酌量趲行前來。

齎敕往諭噶爾丹中書阿必達等還奏：臣等循克魯倫而上，擒厄魯特庫濟，詢知噶爾丹往克勒河朔去。上諭阿必達等：爾以所擒庫濟爲鄉導，齎敕前往諭噶爾丹，言朕欲與爾約會而來，爾若不懼，親身來議，否則於丹濟拉、丹津鄂木布、杜噶爾阿喇布坦内遣一二人前來定議。爾勿遁走，如或遁走，則事不能了，而爾與屬下人俱致困斃，朕塞上居人亦不得安矣。爾等追三日，如不能及即回可也。

乙丑，上駐蹕扎克寨地方。

阿必達使撥什庫諾爾布還報：臣等到克勒河朔，見厄魯特下營處，盡燬其廬帳，棄其什物而走。上復遣垂喇克扎木素格隆齎敕往諭噶爾丹。

丙寅，上駐蹕克勒河朔。

諭議政大臣等：噶爾丹遁狀甚急，今我選兵急追，將重礮留於此站，著阿密達率兵駐扎克勒河朔。

丁卯，上駐蹕拖訥阿林地方。

諭議政大臣等：噶爾丹逃竄已遠，沿途潰散，今應選兵裹糧，躡跡窮追。官軍米糧，所關甚重，兵丁所帶八十日口糧日期將滿，于成龍所運米尚未到，若大兵前進，則距所運米太遠，回時糧餉必至窘匱。應使大兵迎糧而還，朕備有牛羊，斷然不致缺乏。西路大兵亦由中路來，料理糧務甚要。著議政大臣等議奏。又諭：噶爾丹亡命奔逃，量已至巴顔烏闌矣。若我全軍追赶，似不能及，應選兵輕騎追逐。除喀瓦爾達所領前鋒二百外，其餘前鋒盡行派出，滿洲火器營兵及親隨護軍亦盡派出。著追至巴顔烏闌，過巴顔烏闌以北，不必前往。諸王等所屬之人，若自有二十日口糧不用官糧者，亦令同往。其同回之兵，但留其至拖陵所需五日之糧，將餘糧著各旗大臣親驗，給與前進兵丁。議政大臣等議：噶爾丹震懾天威，内自潰亂，亡命逃竄。應選兵追討之處，上諭極爲詳至，自應祗遵。得旨，依議。

命領侍衛内大臣馬思喀爲平北大將軍，領兵追剿。都統巴渾德、齊世，護軍統領鄂克濟哈爲參謀。都統杜思噶爾、石文英、王永譽、噶爾瑪、李正宗，護軍統領蘇丹、蘇曷、桑遏，副都統達利善、莫爾渾、齊蘭布、孫徵灝、扎喇克圖、雷繼尊、孫渣齊、費仰古、禪穆布、喻維邦、巴賽，閒散宗室哈爾薩，副都統張所知等，俱隨征。

戊辰，奏皇太后書。

上班師，駐蹕克勒河朔地方。【略】諸王、貝勒、大臣等奏言：噶爾丹肆行暴虐，皇上親統大軍，出塞征討，一應調遣糧餉、營壘斥堠等事，俱煩聖慮，籌畫周

至。噶爾丹震悚天威，望風鼠竄，廟謨駿烈，超越往古。今日功成振旅，臣等請行慶賀禮。上曰：朕自出師以來，惟欲前進，並不退却一步。或因駐蹕處稍有未妥，欲回數步安設行幄，朕亦不允。今大將軍費揚古兵稍遲，想亦將至巴顔烏闌，且所給兵糧日期將滿。六軍以糧餉爲命，關係最要。凡此兵衆，俱屬朕多方保全至此，其中若有一二人艱於粒食，心實不忍，故一面以馬思哈爲大將軍，將衆兵糧湊足二十日給之，令其前討，扈從兵止留七日口糧；一面回軍至拖陵，迎接糧餉。西路兵及兩路餉皆未如約而至，不稱朕心，朕猶有憾。諸大臣固請。又諭曰：朕預料噶爾丹必遁，已密諭費揚古等截其歸路。今馬思喀兵又進巴顔烏闌，兩路夾攻，噶爾丹料應難逃。大事已成，爾等欲稱賀良是，但從征諸王、大臣官員以及兵卒皆欲在朕前効力，奮勇交戰，而不得一見敵以遂其意，於朕心猶覺歉然。噶爾丹雖遁，必爲伯費揚古、馬思喀兵所大敗，捷音數日内即到，姑暫俟之。

己巳，侍衛額林辰齎撫遠大將軍伯費揚古疏至，言：臣等欽遵諭旨，當即率大兵星夜前進，但行程遥遠，馬匹少疲，而噶爾丹自布爾察克地方以前十餘站，盡焚有草之地，因另覓草地趲行，仍亟於初三日至土喇，以擣噶爾丹之後。但祈御駕稍緩，使臣得會師合剿。上於途次閲之，喜，諭衆大臣曰：朕統大兵，窮追噶爾丹五日，若再前進，噶爾丹必成擒矣。因不得伯費揚古兵消息，于成龍所運米又不至，故遣馬思喀率兵往追。今佔費揚古於初三日至土喇，則於朕本意相合，噶爾丹諒必不能竄去矣。

庚午，上駐蹕顧圖爾布喇克地方。

平北大將軍馬思喀奏報：臣等十四日至巴顔烏闌南十五里，遇往哨之喀瓦爾達攜厄魯特降人奔第來，言「噶爾丹於特勒爾濟地方遇大將軍費揚古兵，交戰，噶爾丹敗回。復列陣拒敵，我軍步戰而前。對壘之際，見噶爾丹散亂奔竄之狀，我遂逃出來降」。臣等率兵次於額格木爾地方，次日倍道前進，謹將投降奔第解送。得旨，著作速檄知京城。

辛未，諭大將軍伯費揚古：爾於十三日擊敗厄魯特噶爾丹之事，據厄魯特降人奔第來告，朕甚慰悦。自五月初八日，朕先士卒疾追五日，噶爾丹窘迫，抛棄器械、甲胄、鍋釜、帳房等物及羸病幼小，乘夜遁竄。朕親率大兵追至拖訥山，再欲往追，因爾各路兵會合不遠，兩軍既會，需米甚多，恐致缺乏糧餉，關係重大。量此窮寇，以爾兵自西而來，此處又發兵夾攻，即可剿滅。於是，朕統大兵，回迎糧米。以内大臣馬思喀爲天將軍，授之大兵，湊給二十日糧，隨以帶來牛羊遺繼爾後。又趲運爾路兵糧，留内大臣明珠於克勒河朔地方料理。朕又給發馬駝，充運糧之用，交與明珠，將見到米糧陸續運至爾軍。運到汛界米糧甚多，爾還師時，由朕所行之路而來，則米糧不致缺乏也。

癸酉，上駐蹕中拖陵地方。

先是，十三日上諭近御侍衛等曰：適朕心中似有先機，西路官兵今日必成功矣。至是，捷報至，果於是日破噶爾丹。諸臣皆驚服，以爲如神。

撫遠大將軍伯費揚古遣副都統阿南達奏捷。疏言：五月十三日，臣軍正向昭莫多，前遣邏探之布達等至特勒爾濟口，見厄魯特蹤跡，遣人來報。臣等即令署前鋒統領碩代、副都統阿南達、阿迪等，率前鋒挑之，因厄魯特勢衆，碩代等且射且却，誘至大軍，將及昭莫多，臣等令將軍孫思克率緑旗官兵居中，京城、西安滿洲漢軍官兵、察哈爾諸扎薩克、蒙古就東方山之高處，右衛滿洲漢軍官兵、大同總兵官康調元、緑旗官兵、喀爾喀扎薩克就西方沿河布陣，謹遵聖上預授之策，令官兵皆步行。噶爾丹率賊萬許，向前逆戰，官兵奮勇，自未至酉，擊噶爾丹而大敗之，分行追逐，至持勒爾濟口，剿殺三十餘里，斬首二千餘級，生擒百餘人，俘獲子女、駝馬、牛羊、兵器、什物無算。得旨嘉獎，下部從優議叙。

上問阿南達交戰情形，阿南達奏曰：伯費揚古恐涉誇張，故於疏内皆約畧言之。其實交戰處，斬賊三千餘級，其餘被創逃竄死於山谷中者，屍骸枕藉，生獲數百人。殺噶爾丹之妻阿奴及賊之渠首甚衆，惟噶爾丹引數騎逃出。其零星逃散之賊，投降大將軍馬思喀者千餘人。據降人言，噶爾丹遁時，部衆多出怨言，噶爾丹云：「我初不欲來克魯倫地方，爲達賴喇嘛煽惑而來，是達賴喇嘛陷我，我又陷爾衆人矣。」上問曰：西路大兵若如前約於四月二十四日至土喇，二十七日至巴顔烏闌，則更當何如？阿南達奏曰：誠若是，則賊無一得脱矣。上顧諸大臣曰：師行絶域，即奏膚功，皆上天眷佑，應先行叩謝。乃於行宫南門外設香案，親率諸皇子、王、大臣官員及外藩王行禮。大學士伊桑阿、張玉書恭捧諸王、大臣、文武官員慶賀表入奏。上曰：朕爲中外生民之主，綏輯海宇，愛養元元，惟以率土乂安爲念。厄魯特噶爾丹擾亂邊塞，心懷狡謀，逆天虐民，不容不行剿滅。朕親率大軍，遠出塞外，聲討有罪。噶爾丹聞風遁走，希圖倖脱。適與西路大兵相遇，大將軍伯費揚古等奮勇力戰，大敗賊衆，擒斬無算，盡獲其人口牲畜。從此邊境寧謐，不煩遠事征討，四海蒼生可共享昇平之福，朕心深切喜

悦。於是諸皇子在幔城内，諸王及文武大小官員、外藩王、台吉在幔城外，行慶賀禮。

諭領侍衛内大臣、大學士等：爾等移文陝西總督、巡撫、提督、總兵官等，將邊外、邊内之多巴、西喇固爾等處，凡有噶爾丹所屬之人，即行收取。尚書圖納習知地勢，著會同料理。

庚辰，上駐蹕塔爾奇喇地方。

賜留牧蒙古諸王、貝勒、貝子、台吉等宴及白金。

喀爾喀妻子老幼，齊集行宫東門，叩謝再造之恩。上諭曰：朕君臨天下，統御萬邦，本無分於内外，即絶域荒陬，皆吾赤子，一體眷念。厄魯特噶爾丹逆天肆虐，恃强陵弱，擄掠喀爾喀等國，朕不辭勞瘁，親統大兵，征伐剿滅。今厄魯特之禍靖，則朔方永清矣。爾七旗喀爾喀，自今以後，各自樂業，圖報國恩，以副朕家視天下至意。隨命原封貝子伊爾登濟農達禮等，以次入幔城進見。衆皆叩頭，歡呼萬歲。復賜茶及宴賞銀幣衣服有差。自是以後，至獨石口，皆依此例。每日，王、貝勒、貝子、台吉等，來行宫外慶賀朝謁，貢獻駝馬牛羊，不可數計。駕行時，男婦老幼拜跪路旁，迎獻酒漿酥酪，沿途環擁，歡聲徧野。

諭皇長子允禔：將散給軍糧事務交明珠、于成龍辦理，允禔即自中拖陵啓行回京。

《聖祖實録》卷一七四　六月乙酉朔，命理藩院檄青海薩楚墨爾根台吉等，諭以噶爾丹敗逃，及達賴喇嘛已死九年，第巴匿之，假其言誑誘噶爾丹作亂之故，令探聽噶爾丹聲息。倘彼西走，即行擒解。至噶爾丹女嫁於博碩克圖濟農之子，并噶爾丹之人在青海者，悉令執送。

内大臣明珠等奏：臣等於多羅特地方，遇西路大兵，將運到米五百石、麨七千觔給之。奏入，報聞。

諭户部、工部：天氣炎熱，官兵進口時，沿途應備冰水、梅湯、香薷湯以供衆人之飲，爾二部派官員速行料理。

己丑，諭大學士伊桑阿：朕進獨石口，見今年麥禾俱盛，恐大兵陸續歸時，或致踐踏，或偷盜喂馬。今將獨石口至懷來縣交侍郎多奇，自懷來縣至京城交侍郎馬爾漢，及隨行部院官等，率地方官沿途巡察。如有踐踏田禾、偷取喂馬者，立拏參奏。如有縱徇，必以軍法從事。

癸巳，駕發清河，設鹵簿，皇太子、諸皇子、諸王及在京文武大小官員，出郭外五里道旁跪迎。八旗護軍、驍騎、步軍及近京閒散官員、士民工商、耆老男婦，夾道捧香跪迎。

甲午，諭領侍衛内大臣等：喀爾喀郡王善巴曾奏，噶爾丹不可使久據克魯倫地方，應速征勦。此次用師，善巴盡所有馬匹，供我軍騎乘，甚著勞績，殊可嘉獎。貝子盆楚克聞憨都逃遁，即遣人追捕。此次用兵，凡擒活口、偵賊信，亦懋著勤勞。應將伊等叙功，以示激勸，議政諸臣會議具奏。尋議覆：郡王善巴應授爲親王，貝子盆楚克應授爲郡王。從之。

乙未，安郡王馬爾渾疏言：奉旨於本月初五日赴愛必罕西喇穆倫汛界地方，以土默特兵交土默特都統阿必達等。其隨來宣化府等處緑旗步兵千名，交原領都司陳福等，在歸化城候旨。上命緑旗兵歸本汛。

諭大學士等：此番出征，地方形勢，守亦可，戰亦可，但得天時甚難。兵早出，則天寒，無草乏水，兵不能行；遲出，則天暑，雨水多。倘連日霪雨，則樵採不敷，必致窘乏。此番兵出，過無水之地而得水，無草之地而草生，寒暑俱調，此特上天眷佑，故滅寇而成大功，並非人力之所能也。其以是傳諭九卿。

又諭：朕兹出師，見察哈爾之軍，人皆壯健，効力爲最，其護軍每月應加餉一兩。至四十九旗士卒，連年出征，巡哨往返勞苦，每兵一名歲以六兩爲率，給與三年。

副都統阿南達奏言：問降人，言噶爾丹逃向何方，知之不明。丹濟拉、丹津鄂木布會丹津阿拉布坦於博羅之地，不久即别率其屬下百餘人，往覓噶爾丹。丹津阿拉布坦率其屬下五百餘人，順博羅河下流而去。我等俱自彼地來。聞滚占之妻率其屬下人，從憨山南渡土喇河，溯塞稜河遁走。其内自亂，伊德順柯爾寨桑等叛而内來，滚占之妻率兵與戰，伊德順柯爾寨桑敗。又噶爾丹所設尾後兵，明吾特、布喇特兩處千許人，正當噶爾丹敗亂之時，見丹津阿拉布坦屬下人婦子從特勒爾濟口向博羅河而走，此千許人追及之，奪其畜産婦子中之佳者，往投喀爾喀和托輝特之根敦戴青而去。上以示議政諸大臣。

諭大學士等：軍士所乘出征馬匹，到時監收，仍給錢糧，照常飼養，缺者毋令按補。每佐領駱駝二隻，馬或二十匹，或三十匹，定數飼養。凡有軍事，可供需用，爲益良多。至内廄發與騎乘之馬，到時亦俱交送内廄。隱匿不交者，亦或有之，著各都統嚴察令其盡數送入。

撫遠大將軍伯費揚古疏言：五月二十三日，内大臣明珠等送到米一百七十

餘石，麪七千觔，於多羅特地方，均給兵丁。二十六日，臣至拖訥，明珠等續運到米八百七十餘石，給右衛及陝西、寧夏、大同發回官兵。俟至納喇特，將西路運到之米，支取口糧，各赴本汛。六月初一日，臣至克勒河朔，以克勒河朔之米一千二百餘石，計京城官兵及赴京之西安、寧夏官兵及厄魯特降人口數均給。十五日，米訖。上諭議政大臣等：伯費揚古奏稱右衛及寧夏兵自拖訥遣回納喇特，未報西路之米已到何地，著御史鍾申保運湖灘河朔之米，前往迎之。

七月丙辰，先是，垂喇克扎木素格隆齎敕追授噶爾丹，至土喇，噶爾丹已敗遁，垂喇克扎木素格隆往副都統阿南達所，求爲代奏。至是，隨大將軍馬思喀兵回京。得旨，此喇嘛差往噶爾丹，不到而回，著拘禁。

丁巳，陞河南巡撫李輝祖爲湖廣總督。

辛酉，以理藩院尚書班迪爲鑲黃旗領侍衛內大臣，仍兼管理藩院尚書事。

甲子，諭署理藩院事户部尚書馬齊：噶爾丹爲我大兵擊敗，今已無所往矣。阿南達見在西寧，應令率巴圖爾額爾克濟農之兵，駐劄布隆吉爾等處堵禦。如得噶爾丹父子實音，即擒而誅之。可速檄行。

己巳，陞寧古塔副都統沙納海爲寧古塔將軍。

禮部議覆國子監祭酒孫岳頒疏，言皇上親統六師，刻期勦滅噶爾丹，請昭告文廟，勒石太學。應如所請，遣大臣一員，詣文廟祭告成功。皇上一切訏謨勝算，允宜纂述大綱，勒石國學。更將碑文摹搨，頒發各省學宮。報聞。

甲戌，命釋喇嘛垂喇克扎木素格隆於獄。

彭素克格隆齎敕往諭噶爾丹，回奏：臣與中書阿必達於五月初九日往尋噶爾丹蹤跡。十二日，至滾噶宰臺，見無厄魯特形影。臣令阿必達攜疲馬先回，以此情事奏聞皇上，臣獨追噶爾丹至特勒爾濟地方，遇厄魯特千許人，擒臣至俄爾坤河。臣夜間乘隙逃出，向內而行，於六月初七日到特勒爾濟河，遇喀爾喀阿里雅扎薩克、阿爾薩闌衛寨桑。彼言「我等奉大將軍令，至憨山昭莫多地方，收集逃潰之賊。擒得厄魯特男婦一百六十餘，今於其中擇三十人解送京師，爾可率之同行」。二十九日，到克勒河朔，見侍讀學士喇錫，言「皇上命我等率七台吉兵，往追噶爾丹，并探爾信息」。臣以行事告之，喇錫使人送臣及厄魯特被俘三十人入汛界，見大將軍伯費揚古。大將軍言，如許人同行，則程途躭誤，當擇數人帶去。遂使厄魯特卓禮克圖達爾漢、巴克什津巴、卓禮克圖等六人，與臣偕來。上命卓禮克圖、津巴等歸諭噶爾丹，遣理藩院官一員，帶至汛界，在附近旗分酌湊坐馬口糧，撥鄉導指路前往。

《東華録》卷一七　是月，命內閣翰林院等官修《平定朔漠方略》。

《聖祖實録》卷一七五　八月甲申朔，上命員外二郎保齎敕往諭青海諸台吉。至是，二郎保奏言：臣至青海之察罕托羅海地方，以部發印文示達賴喇嘛所遣管理青海事善巴陵堪布。又告以擊敗噶爾丹之事，堪布言「此事大，我不得獨主其議，俟青海諸台吉同來會盟，定議再覆」。七月初八日，扎什巴圖爾等三十一台吉俱到盟所，以檄文授之。扎什巴圖爾言：「噶爾丹殺我鄂齊爾圖汗，取我屬裔，與我亦有讐。但噶爾丹之女嫁博碩克圖濟農之子，乃告之於達賴喇嘛而結姻者。我等俱達賴喇嘛之徒，俟啓聞達賴喇嘛，視其言何如，遵依而行，非可任我等之意覆奏。」上命議政大臣等會議。尋議，應令扎什巴圖「爾等將達賴喇嘛作何定奪之處，備文覆部，並將此等情由增入達賴喇嘛敕諭內」。從之。

諭商南多爾濟曰：大將軍駐扎善巴王汛界地方，正在有事之際，爾可乘驛往會大將軍伯費揚古約駐扎之處，著伯費揚古豫遣人檄知。

癸巳，議政大臣等議奏：郎中滿都密報：降人回回國王阿卜都里什特言：昔年爲噶爾丹所誘，被執十四年。今噶爾丹敗，始得脱身來歸。近聞噶爾丹在古爾班塔米爾臺庫魯地方，度其困窮，不能久居，必往青海。往青海有哈密、吐魯番、葉爾欽三路。而哈密與嘉峪關相近，有天朝大兵。葉爾欽有我回回兵二萬許在彼，皆未必敢往，恐當往吐魯番。我願留子於此，親往吐魯番，以聖上威德，宣諭屬下衆回子。又策妄阿喇布坦所居博羅塔喇與吐魯番相近，往與合謀，擒噶爾丹以報受辱之讐。應令理藩院遣官往召阿卜都里什特至京，加之恩賜，再遣官送出嘉峪關。得旨，著遣官召阿卜都里什特及其子額爾克蘇爾唐赴京。可傳諭云：來京之後，俱一同遣歸。

甲辰，陞步軍統領開音布爲兵部尚書仍兼管步軍統領事。

丙辰，諭大學士等：今應移文將軍薩布素，伊軍士之糧已給至十月初止。若軍士率赴京師，將馬匹飼養後遣，則往返紆遠。將軍薩布素所統軍士，可委賢能之人自塞外遣還，薩布素減省騎從，親自來京。若馬匹疲瘦，軍士回汛維艱，薩布素可并率至京飼養，然後遣往。薩布素不必再爲請旨，一面啓行，一面奏聞可也。

又諭大將軍伯費揚古：駐師善巴王汛界，則安郡王可率軍士從容牧馬而還，員外郎色楞留於安郡王屯駐之地偵探聲息。

揚威將軍覺羅舒恕、侍郎滿丕疏言：大將軍伯費揚古既領兵駐善巴王汛

界，臣等請往大將軍軍中効力。允之。

庚戌，撫遠大將軍伯費揚古奏報：厄魯特降人丹濟多爾穆言：噶爾丹聞喀爾喀等各歸故土遊牧，思行劫掠，遂自塔米爾前徙，於七月二十五日至俄羅海腦兒駐扎。今噶爾丹敗遁窘迫，未必不踉蹌奔突，因檄令舍稜率蘇尼特多羅郡王額駙薩穆扎之子多爾濟扎卜等，親身帶兵，速赴臣軍。報聞。

《聖祖實録》卷一七六　九月甲寅朔，上自暢春園回宫。

回回國王阿卜都里什特奏言：臣被噶爾丹所擒受辱十有四年，仗聖上天威，滅噶爾丹，臣得出降，合家蒙高厚之恩。今又使送臣歸國，臣到吐魯番探信，或誅噶爾丹，或擒解噶爾丹，俟得實音，歸臣舊居葉爾欽地方，再來進貢請安。但往葉爾欽，必過策妄阿喇布坦地方，恐厄魯特之心無常，伏乞皇上敕旨開明臣已歸降，勿得虐害。上命大學士與議政大臣集議。尋議覆，應敕該部檄知策妄阿喇布坦，阿卜都里什特等已歸降本朝，今送歸故土，勿致虐害。嗣後，厄魯特與回子當永相和好。從之。

户部議覆江南江西總督范承勳疏，言淮、黄秋漲，邳州等州縣衛軍民田地淹没，災民望食，除將見存穀石賑濟外，乞將見貯省城米十萬石，按災輕重賑給。應如所請。得旨，依議速行。

乙卯，先是，理藩院奏：陸續來降之厄魯特大小人口共一千五百餘人，向暫在張家口安插，應令伊等赴京。上諭領侍衛内大臣等：著取丹巴哈什哈等來京，令副都統吴達禪乘驛而往，同納拉善、滿都還來。倘厄魯特有不願來内地者，即送赴大將軍伯費揚古軍前，著各給馬一匹遣回，令彼往諭噶爾丹，言彼若來降，亦待以顯榮。其看守厄魯特等之察哈爾兵，各歸本地。至解厄魯特降人到京，著邊關官兵、緑旗官兵轉遞押解。並令户部、理藩院賢能官各一員，前往沿途給口糧食物。既取伊等到京，應令議政諸臣會議，編入旗分佐領。至是，議厄魯特降人應編入鑲黄、正黄、正白三旗滿洲佐領，其内有父子兄弟不可離者，如編入一佐領，爲數浮多，則扣算一佐領人口。其餘編入本參領内之佐領，内有年老孤身附入人口少者之家，給米贍養。從之。

辛酉，諭户部尚書馬齊、兵部尚書開音布等：噶爾丹窘迫已極，近朕差阿南達，以巴圖爾額爾克濟農之兵堵禦其外。恐噶爾丹乘虚行劫巴圖爾額爾克濟農爾兩部，檄總兵官王化行，如噶爾丹往彼處，即率兵往援。并諭巴圖爾額爾克濟農知之。

癸亥，理藩院議覆四川巡撫于養志疏，言臣遵旨會同烏思藏喇嘛營官等查勘打箭爐地界。自明季至今，原係内土司所轄之地，宜入版圖。但番人藉茶度生，居處年久，且達賴喇嘛曾經啓奏皇恩准行，應仍使貿易。番人之事，應行文達賴喇嘛，使曉諭營官，遵行管理。關係土司之事，著土司管理，勿致生事。至打箭爐四交界之地，該撫細查報部，編入《一統志》可也。從之。

諭議政大臣等：目下著右衛兵一半秣馬，馬肥换伯費揚古帶往之兵前來秣馬。大同著侍郎多奇，宣府著侍郎席密圖監督飼養。

壬申，上巡行北塞，經理軍務，命皇長子允禔、皇三子允祉、皇八子允禩隨駕。是日啓行，駐蹕昌平州。

命左都御史于成龍赴歸化城，理西路糧務。諭議政大臣等：大同、宣化所積草料甚多，著於騎坐官馬之新滿洲護軍三百内，使二百十名乘鹽池廠馬前去，其九十名攜其所乘官馬九百匹，往大同牧養。其大臣侍衛官員自備之馬，亦攜往大同牧養。解此項馬匹牧養時，令三旗大臣各一員、侍衛各三員前去。其在前兩隊之兵，亦發往大同牧養馬匹。如此則不悮軍行，於事大有裨益。此所養馬匹，著布克韜、蘇永祚、唐保住前往，與侍郎多奇監牧。

丙子，上駐蹕沙城堡。

諭大學士阿蘭泰：兵部大臣無隨行者，爾可料理兵部事務。

諭户部：宣化府錢糧，前已屢經蠲免。但比年以來，所屬各州縣牧養軍前需用馬匹，又大兵絡繹往來，各有支給經費，而供億甚繁，殊勞民力，朕巡幸經臨，深切軫念。著將康熙三十六年宣化府屬地丁銀米，全與蠲豁。仍行文該撫，通行曉諭，俾民間均沾實惠，以副朕寬恤黎元至意。

丁丑，撫遠大將軍伯費揚古奏報，副都統祖良璧等敗厄魯特丹濟拉於翁金。

《聖祖實録》卷一七七　十月甲申朔，上駐蹕鄂羅音布拉克地方。

諭尚書馬齊、大將軍伯費揚古：所領軍士甚爲勞苦，食用必致缺乏。欲將朕所用牲口發去，道路遥遠，必致疲瘠，且到日必遲。可遣人往尚書班迪處取殺虎口、大同等處見存銀五千兩，遣官送至大將軍伯費揚古軍前，酌買皮裘、牛羊等物，給與從征軍士。

庚寅，上駐蹕瑚魯蘇台。

先是，撫遠大將軍伯費揚古大破噶爾丹於昭莫多，生擒男婦三千許，各給擒獲之主。至是，上皆賜銀贖出，使其父子夫婦兄弟完聚。

辛丑，諭議政大臣等：噶爾丹窘迫已極，必亡命走哈密。著檄孫思克率所部兵赴肅州，至副都統阿南達處豫備。著將軍博霽於西安兵内未行者，選二千名，亦赴阿南達處，會同孫思克探噶爾丹往哈密聲息，即行勦滅。

《聖祖實録》卷一七八　十一月丁巳，厄魯特布達里來降，奏稱：噶爾丹見存千餘之兵，數日來，食用困乏。天時寒冽，潰散逃亡及凍餓而死者甚多。又火藥、軍器遺亡殆盡，其寨桑諾爾布，亦即日率衆來降矣。上命遣布達里赴京。

乙丑，上駐蹕夸拖羅海地方。

諭議政大臣等：視厄魯特人攜妻子來降，則噶爾丹窮困已極。但噶爾丹乃極狡之賊，恐彼不得已來降，乘我兵不戒，竊奪零散喀爾喀財物逸去。應著侍郎滿丕、郎中桑隔往善巴王汛界地方駐劄，不時差人出汛界外偵探。如有聲息，即收喀爾喀入汛界内，越大將軍營安插，一面星速馳報。前已有文檄知，令滿丕等到彼後，口傳旨諭大將軍伯費揚古可也。

丙寅，撫遠大將軍伯費揚古奏：皇上以噶爾丹丹濟拉若來求降，慮臣兵力單弱，右衛兵無馬，特頒諭旨，令臣等議奏。臣請調太原滿兵、晋撫標下騎兵共一千，及大同、殺虎口未出征騎兵五百，速赴軍前。上諭伯費揚古曰：太原府兵未嫻行陣，且至歸化城將千里，其緑旗兵止各乘一騎，值此嚴寒，即得到，已不自支，緩急用之，必至誤事。今撥火器護軍一千，礮手二百四十，前鋒二百六十，共足爾所調一千五百之數，爲爾豫備。目前馬甚肥，衣亦厚，此係隨朕親兵，故極嫻熟，朝聞信息，晚即可行。朕暫駐蹕於此，俟噶爾丹實信。今若來降，即星速遣至行在。如有噶爾丹來降之信，若不速徹汛界外喀爾喀，信其降而坐待之，則誤大事不淺矣。近來丹濟拉差人詐降，而又來襲糧餉，可爲明鑒。今不得復誤，當益詳慎遠慮可也。

戊寅，上駐蹕東斯垓地方。噶爾丹使人格壘沽英至。上命領侍衛内大臣索額圖、尚書馬齊詢之，格壘沽英曰：我從前貿易來京，歸時，噶爾丹問天朝兵勢何如？我言進口時，見城池甚多，各有兵鎮守，人皆富足。兵之强否，雖不得而知，但我等在寓所時，有聖上親近侍衛名蘇達者，來買皮張，年甚少，而所執之弓甚勁，我等俱不能開。以我度之，斷不宜輕動，噶爾丹從此疑我。至丹濟拉乃我至親，我既投降，彼亦必來歸順矣。奏入，上召格壘沽英，諭曰：朕爲天下元后，萬國一家，喀爾喀、厄魯特向皆職貢本朝之國，朕初無偏徇，喀爾喀土謝圖汗執喀爾喀扎薩克圖汗而殺之，又殺汝主噶爾丹之弟，其曲實在喀爾喀。後喀爾喀爲爾國所敗，前來歸朕，朕憐彼十萬餘身命失其生路，受而養之。凡有人窮迫來歸者，朕皆收養，無分彼此。不但喀爾喀，即爾厄魯特今雖搆兵，有來降之人，朕皆軫恤，各使得生路，量材授之官職。雖被俘擄之人，皆贖還其妻子，完彼骨肉。朕豈以喀爾喀、厄魯特有異視乎？前以噶爾丹無故闌入我境，侵内地蒙古，朕遣兵敗之於烏闌布通之地。爾主噶爾丹窘極遁逃，立誓不復犯邊，朕向以至誠待人，故不遣兵窮追。爾主逆天背誓，離其故巢，竊伏克魯倫地方，侵掠納木扎爾陀音，朕不得已，統兵出塞，然仍再三遣使，約噶爾丹會盟修好，此朕不嗜殺人之心。爾主不自引罪，朕始整兵進討。噶爾丹不能抗我軍威，日夜奔逃，適遇西路預備之兵，亦係噶爾丹先犯我軍，故我師乃進戰，大敗之。汝今窮困至此極者，皆爾等自取，非朕欲陵之也。爾既奉使而來，第公言之毋隱。格壘沽英叩首奏曰：皇上仁育無私，孰不傾心悦服？噶爾丹若迷而不悟，不歸仁化，徒自取滅亡而已。

十二月辛卯，調鑲白旗漢軍都統郭布爲本旗滿洲都統，陞正白旗漢軍副都統雷繼尊爲鑲白旗漢軍都統。

庚戌，領侍衛内大臣公福善等遵諭議叙厄魯特降人，土克齊寨桑等，分別授職。得旨，著以土克齊寨桑、米寨桑、韓都台吉爲一等侍衛，以馬穆古英寨桑、哈爾巴達爾漢寨桑、丹巴額爾德尼寨桑授爲二等侍衛，津巴、巴巴奇阿穆呼郎、鄂羅思授爲三等侍衛，八拜台吉吴山岱、杜噶爾額爾克、索諾木車陵授爲藍翎庫濟思希，達爾漢哈什哈霍岱授爲七品官。

撫遠大將軍伯費揚古遵旨覆奏：噶爾丹使人歸去，經過地方，所設哨汛彼俱窺見，將哨汛移遠。已令散秩大臣策旺諾爾布往多羅郡王滚布處，侍衛鄂齊爾杜扯兒往和碩親王善巴處，嚴加巡察。倘噶爾丹來降，即將喀爾喀遷汛界内，集兵在後護送，報聞。

辛亥，諭户部：【略】著將康熙三十六年甘肅巡撫所屬州縣衛所、陝西巡撫所屬榆林等沿邊州縣衛所地丁銀米，盡行蠲免。行文各該撫，徧加曉諭，務俾小民均沾實惠，稱朕體恤黎元至意。甘肅所屬銀米，既經全免，需用錢糧著於鄰近省分作速撥給。爾部即遵諭行。

康熙三六年（丁丑、一六九七）

《聖祖實録》卷一七九　春正月乙卯，諭理藩院尚書班迪等：今觀噶爾丹勢

甚窮蹙，天與不取，坐失事機，應撥兵預備。今次出兵亦分爲兩路兵，各三千名。此兩路兵，不必預定期約，令相機而行。緑旗營派兵從少，馬則從多方可，與滿兵同行。米則照常隨行外，沿邊有牛羊可買，著動支正項錢糧，每路各買牛羊二萬發去，於軍資大有裨益。至運米以馬駝爲要，亦當多備，須選賢員往甘州、寧夏採買。爾等集議以聞。尋議覆：大同所有前鋒四百，鳥鎗護軍一千，火器營兵二百，黑龍江兵五百，並留駐大同。新滿洲護軍二百，駐扎寧夏。副都統阿蘭台兵七百，共合三千，令一路進征。將軍博霽率西安兵二千，見駐肅州。再令將軍孫思克於所屬標營内，選兵一千，每人酌給馬匹，合爲三千，令一路進征。應給緑旗兵之馬，即於緑旗兵馬内選肥壯者給與。至所需駝馬、騾驢、牛羊，在肅州、寧夏採買。每處選部院賢能官五人，與督撫地方官會同採買。得旨，軍中所需駝馬、牛羊在寧夏者，交西安副都統阿蘭台採買。在肅州者，交駐扎宣化侍郎席密圖往肅州採買。著照時價，勿得短少。至大將軍伯費揚古，如目下有事，仍率前鋒統領碩鼐所備之兵而行；如目下無事，在大同養馬，俟出兵則率前鋒與是軍同行。黑龍江兵，應令往右衛屯駐預備。餘如議。尋差侍讀學士阿爾賽等十員，分往寧夏阿蘭台、肅州席密圖處會同監買。

戊辰，奉差寧夏户部尚書兼署理藩院事馬齊，以察勘行途宿次，並安設驛站事竣，回京覆奏。報聞。

副都統阿南達疏言：臣欽遵皇上密旨，傳諭哈密額貝杜拉達爾漢白克，遣其子郭帕白克率兵於巴爾思庫爾地方，擒逆賊噶爾丹之子塞卜騰巴爾珠爾及徽特和碩齊等，解至臣軍前。

己巳，諭原任勇畧將軍趙良棟：頃尚書馬齊自寧夏回奏，卿卧病不能動履，用是深軫朕懷，特賜人參、鹿尾，馳示存問，尚其善加調攝，俾夙疾頓痊，副朕眷注至意。

庚午，諭撫遠大將軍伯費揚古：得駐扎肅州副都統阿南達疏報，擒噶爾丹之子塞卜騰巴爾珠爾於哈密之地。時當燈節，衆蒙古及投誠厄魯特皆齊集暢春園西門，其疏一到，衆皆大悦。爾獨居邊塞，不得在朕左右，殊深軫念，故抄阿南達報文發爾知之，並賜胙肉、鹿尾、關東魚等物，即如與爾相見。朕躬安，爾無恙否？噶爾丹作何料理，不失機會，朕與諸臣議定後另有旨。特諭。

甲戌，江南江西總督范承勳、河道總督董安國等疏言：臣等會勘河道，自永安以至邳、宿二州縣閻王廟一帶，亟宜修築。得旨，河道事務，關係重大，不可遲延，俱著依該督等所奏，速行修理。雲梯關乃海口要地，此處淤沙深濬，則黄河入海不致阻滯，著總河每年遣才能河官專理，毋致壅塞。

《東華録》卷一七 是月，上諭大學士等：「朕觀《明史》洪武、永樂所行之事，遠邁前王。我朝現行事例，因之而行者甚多。且明代無女后預政，以臣淩君等事，但其末年壞於宦官耳。且元人譏宋，明復譏元，朕並不以前人輒譏亡國也，惟從公論耳。今編輯《明史》，著將此諭增入《明史》敕書内。」

《聖祖實録》卷一八〇 二月甲申，命大學士伊桑阿、領侍衛内大臣索額圖、舅舅公佟國維、公福善、内大臣明珠、公長泰、尚書席爾達、侍郎哈雅爾圖安布禄努赫、學士黄茂、護軍統領嵩祝、孫渣齊蘇丹托倫、前鋒統領碩鼐等從征。

丙戌，山西道御史周士皇疏言：小醜已極困窮，計日就戮，請御駕不必再臨沙漠。上諭大學士等曰：覽周士皇條奏，雖臣子之情當然，但周士皇未知其中之故耳。噶爾丹兇惡，一日不可姑留。前在烏闌布通地方，猖狂肆逆，朕已遣兵敗之，猶不悔過，復竊伏我克魯倫地方。朕親統大軍，勦除畧盡。今窮困已極，故乘此機會，親臨塞外，酌量調度。前三逆反叛，吴三桂煽惑人心，遂至滋蔓，竟至榆林等處，朕日夜綢繆，調遣大兵，幾費心力，方得撲滅。今蕩平年久，人遂視爲易事。且窮兵黷武，好大喜功，朕所深戒，朕亦曾作詩發明此意。著諭明周士皇，伊所奏雖不當，朕亦不罪也。

己丑，四川、陝西總督吴赫疏言：大軍所需駝馬，奉旨於肅州、寧夏等處購買。今甘肅巡撫郭洪與侍郎席密圖等於肅州購買，臣則往寧夏與副都統阿蘭台公同督買。但思駝馬係大兵急需，一時購買未必足數，請暫借西安八旗及各標營馬八千五百匹，派出官兵送至寧夏，以應大軍之用。其各標營缺馬，令陝西巡撫動支正項錢糧，照時價給與兵丁買補。從之。

庚寅，上駐蹕沙城堡。

理藩院主事諾爾布疏言：臣於康熙三十五年十一月二十九日，到塞稜額之都蘭努和地方，多羅貝勒根敦額爾克戴青已於十一月初三日病故。十二月二十六日，丹津阿拉布坦處有達什等男子六人及婦女幼穉共二十三人逃來，言噶爾丹丹濟拉皆在巴格爾察罕烏爾克地方，丹津阿拉布坦在扎巴哈之濟思布隆地方。丹津鄂木布從古爾班塔米爾率三百人叛噶爾丹，往洪郭羅而去。十一月初一日，噶爾丹差車陵奔言於丹津阿拉布坦云「我今在巴格爾察罕烏爾克地方，勢不能居，哈密城中有糧欲往彼處，爾今何如」？丹津阿拉布坦云「我亦將往河卜

多地方」，留車陵奔兩日遣還。本月十七日，從扎巴哈之濟思布隆，向河卜多遊牧而去，我等隨至濟達渾地方逃出。丹津阿拉布坦有七百許人，噶爾丹及丹津阿拉布坦之人，逃回策妄阿喇布坦者甚衆。上曰：多羅貝勒根敦額爾克戴青及阿爾薩蘭衛寨桑之處，有厄魯特男子、婦人，仍著主事諾爾布、筆帖式鄂禮、鄉導達濟鎖諾木等，自王古禄西希、貝勒汪扎爾旗分，取馬駝、糗糧赴根敦額爾克戴青阿爾薩蘭衛寨桑處，盡收伊等所有男子婦人，徐徐遷至汛界地方。如其内婦人有喀爾喀已娶爲妻及單身男子或不願來者，聽之勿强。

壬辰，諭撫遠大將軍伯費揚古：朕以二月初六日出京，於十一日至宣化府。觀此際情形，噶爾丹窮困已極，雖欲歸降，自彼至此，亦豈易易？寧夏地方去噶爾丹所在薩克薩特呼里克格隔特哈朗古特甚近，已令參領車克楚、近御侍衛僧圖等，領西安、寧夏兵一百人前至伊克敖拉探視，伊等報稱，於二月初三日已起程矣。爲此諭知朕意，欲令將軍孫思克、博霽等，領兵三千人爲一路，出嘉峪關，或取道哈密，或取道巴爾庫爾前進。俟車克楚還時所偵，路可行，則更以三千兵爲一路，出寧夏，進新勘之路；設不可行，則以兩路爲一路，擇地而進，事宜可濟。朕欲往寧夏，親視大兵糧餉、地方情形，汝意更復云何，特爲商畧。其遣往第巴處主事保住報文，付去令知。

丁酉，諭内大臣等：著傳旨與貝勒松阿喇布，今噶爾丹已將戎擒，其子塞卜騰巴爾珠爾已被獲。近聞噶爾丹在薩克薩特呼里克之南格隔特哈朗古特地方，衆僅四五百人。又青海諸台吉俱降，見有人來請安。朕今親臨寧夏，著將右翼三旗貝勒、公、台吉等兵共派二千，以備調遣。爾蒙古裝載駱駝，監管牧放，素能習練，可豫備以待，俟朕到寧夏，應從何路前進，候旨行。著侍衛綽克圖前去傳諭左翼王、貝勒、貝子、台吉等，毋以朕往寧夏間道前來請安。爾等有能効力者，往貝勒松阿喇布處伺候，以聽指揮。

戊戌，上駐蹕大同。

戊申，諭山西巡撫倭倫：朕撫御區宇，念切民依，故不憚勤勞，親歷邊境，惟孳孳以靖寇安民爲急。兹簡約扈從人員，從大同一路緣邊地方，進指寧夏，因徧察閭閻生聚及土壤肥瘠、收穫豐歉之狀。邊民生計維艱，朕心深用軫惻，雖一切供御之物，纖毫不以累民，而乘輿臨幸，宜特敷厤澤以示恩恤。除大同額賦已有諭旨豁免外，其經過岢嵐州、河曲縣、保德州所屬地方並各衛所，康熙三十六年應徵地丁銀米通與蠲免。爾即行令該管官吏張示徧諭，務俾窮鄉僻壤均霑實惠，以稱朕撫育黎民至意。

《東華録》卷一七　壬寅，奉差達賴喇嘛理藩院主事保住回，以第巴疏呈奏。上曰：「朕閲經史，塞外蒙古多與中國抗横，自漢、唐、宋至明，俱被其害，而克宣威蒙古，并令歸心如我朝者，未之有也。夫兵者凶器，聖人不得已而用之，譬之人身瘡瘍，方用鍼灸，肌膚無恙，而妄尋苦楚可乎？治天下之道亦然，亂則聲討，治則撫綏，理之自然也。自古以來，好勤遠略者，國家元氣，罔不虧損，是以朕意不以生事爲貴。達賴喇嘛蒙古尊之如佛，第巴者，即代達賴喇嘛理事之人。噶爾丹叛逆皆第巴之故，因朕嚴頒諭旨，第巴悚懼，悉遵朕諭，自陳乞憐，畏罪矢誓，此亦敬謹之至矣。達賴喇嘛身故，朕已悉知，今第巴云，遣尼麻唐胡土克圖前來代彼，密陳其情，想到後必奏明達賴喇嘛已經身故，懇朕爲伊掩飾。第巴既如此奏懇，事亦可行，即此可以寬宥其罪，第巴必感恩，而衆蒙古亦歡悦矣。」

《聖祖實録》卷一八一　三月甲寅，上駐蹕卞家水口。

撫遠大將軍伯費揚古奏報，厄魯特多爾濟等挈妻子駝馬等物來降。上命傳多爾濟至御營，其男婦馬駝交歸化城副都統阿第料理。

丁巳，諭議政大臣等：朕至寧夏後，方調甘肅兵前行，似乎少遲。此時，噶爾丹窮極之際，西安滿兵二千，甘肅緑旗兵一千，俱久在甘肅，馬亦肥矣，機會不可失，宜速進薩克薩特呼里克之地，搜勦噶爾丹。此滿漢兵各帶百日糧；嘉峪關至薩克薩特呼里克地方甚近，不必運糧，如噶爾丹已遁，此軍計糧而歸，各賞銀十兩。此外，另有當行當奏之事，孫思克、博霽、阿南達等公議具奏。其哈密擒獻之俄摩克圖哈什哈，遣至伊等軍中，倘有可行之機，即行進勦。如噶爾丹已遠遁，則差俄摩克圖哈什哈往諭之，言「我軍非來征討，實來招撫，爾可速降」。至遣寧夏兵駐郭多里巴爾哈孫地方備禦之事，當檄將軍孫思克知之。

戊午，昭武將軍馬思喀疏報：原任勇畧將軍趙良棟病故。

戊辰，先是，諭議政大臣等，噶爾丹窘迫，東向逃竄，亦未可定，應發滿洲緑旗兵攜百日糧，至郭多里巴爾哈孫地方，偵探堵禦。將所運米順黄河而下，分行之時，以駝騾馱運。著馬思喀與于成龍會議具奏，並著檄問寧夏參贊諸臣。至是，馬思喀等議覆應發西安兵、王化行兵、京城前鋒兵，帶馬馱子母礮八門，是軍支百日糧，令總督吴赫速運糧到寧夏，備辦牛車三百輛。從之。

諭大學士等：速檄寧夏諸大臣，勿得遠來迎駕，以勞馬力。止令於黄河對岸迎接。其餘將士俱俟駕到寧夏之日，於近城地方迎接。

辛未，上駐蹕花馬池。

諭内大臣等：朕今已到寧夏，可檄知大將軍伯費揚古。一應事務，俱由鄂爾多斯地方新設驛站馳報。

諭領侍衛内大臣索額圖、内大臣明珠、大學士伊桑阿：前者朕以達賴喇嘛身故已久，第巴隱之，附和噶爾丹行事，故差保住嚴詰第巴。預料第巴必自陳達賴喇嘛已故，乞爲彼隱諱，向亦曾與爾等言之。今彼差尼麻唐胡土克圖至，果密奏達賴喇嘛身故已十六年，再生之小達賴喇嘛已十五歲，乞皇上暫隱之，勿聞於衆。與朕昔語爾等之言，畧無少異。又諭曰：保住尚有未完之事，著與尼麻唐胡土克圖同往。

賜達賴喇嘛使人尼麻唐胡土克圖等漆鞍、羊裘、蟒袍、布帛、白金等物有差。

理藩院奏：主事巴雅思呼朗報稱，奉旨將原効力布顔努等十三人，自湖灘河朔起，至寧夏安十三塘。已將安塘日期，知會大將軍。報聞。

癸酉，上駐蹕興武營西。

振武將軍孫思克疏言：奉旨令臣等乘噶爾丹窮困之時，帶百日口糧，速往薩克薩特呼里克一帶地方進勦。但馬匹未能齊備，求敕兵部，不論何項馬匹，速解甘州。臣等即一面起程，一面奏聞。上諭：機會不可失，孫思克、博霽等兵，著即取伊附近緑旗兵之馬，如可不誤，即令起行，一面奏聞；如不能得，則扣糧減兵，即取所減兵之馬，駄糧而行。自寧夏進勦之兵，朕意不過二千，或二千五百。伊等如謂減兵，則寡而難行，著一處駐扎，止令寧夏之兵進勦。

丁丑，上駐蹕寧夏。

諭大學士等：朕臨此地，著查寧夏官兵去年在昭莫多、翁金地方陣亡者，兵丁賜之恤銀，官員著遣官致奠。

戊寅，諭四川、陝西總督吴赫曰：朕巡幸沿邊地方，詢察閭井生聚及土田沃瘠之狀，自晉及秦，經行三千餘里，直抵寧夏，所以勤求民隱至殷且切。朔方資大河之灌注，疏渠溉田，宜於稼穡，當兹春氣暢遂，正三農盡力南畝之時，誠恐有司官員不體朕懷，因車駕經臨，調遣師旅，借辭供億，擾累小民。東作有妨，西成奚望？今一切軍需芻糗俱儲偫足用，至扈從簡約，馬悉放牧，並不以供辦草豆動煩民力。爾可傳飭有司，勿借端科派，違者治罪。

《聖祖實録》卷一八二　閏三月辛巳朔，日食。

甲申，撫遠大將軍伯費揚古疏言：噶爾丹下諾爾布寨桑族兄額林辰哈什哈等共十三口來降，言噶爾丹、丹濟拉原在薩克薩特呼里克，今丹濟拉移往齊察蘭，去噶爾丹所居之地有兩日程。上以示議政大臣。并令吴達禪、拉錫問丹濟拉與噶爾丹離散之故，額林辰哈什哈言，丹濟拉因撻噶爾丹近侍額木齊，是以離散。

庚寅，和碩康親王傑書薨，予祭，建墳立碑，謚曰良。

先是，遣筆帖式合色、長史馬尼圖等齎敕，往撫厄魯特台吉丹津阿喇布坦、丹津鄂木布。至是，撫遠大將軍伯費揚古奏言：侍郎滿丕咨稱，出差厄魯特合色、馬尼圖還，言至布顔圖郭爾河，見丹津阿喇布坦，授以敕書。丹津阿喇布坦答言：「聖上敕書内，令我及丹津鄂木布不得與噶爾丹同處，我仰遵聖諭，移往策妄阿喇布坦交界居住，同丹津鄂木布候旨。」隨各遣使人，偕合色、馬尼圖前來。上諭議政大臣曰：著將丹津阿喇布坦使人等，送往侍郎滿丕處，於彼地所留人内，聽彼酌帶二十許人而往。其馬駝乾糧等物，給足遣之。

辛卯，諭四川陝西總督、巡撫、提督、總兵官等：朕宵旰勤民，慮周遐邇，緣向來巡幸未經親歷邊境。頃特濟河而西，循秦省沿邊地方，延覽風俗，諮詢疾苦，見所在兵民築土屋以爲居，耕沙磧以爲業，生聚之計，甚屬艱難，朕惻然於衷，軫念弗釋。

《聖祖實録》卷一八三　夏四月庚戌朔，享太廟，遣禮部尚書佛倫行禮。

上駐蹕狼居胥山。

甲寅，上駐蹕黄河西岸達希圖海地方。

諭大學士伊桑阿：四川總兵官馬子雲欲率回子襲噶爾丹之後，回子生性無義，曾三擒其主以獻噶爾丹，其兵豈可用乎？【略】馬子雲粗鄙不識大義，可曉示之。

甲子，撫遠大將軍伯費揚古疏報：康熙三十六年四月初九日，臣等至薩奇爾巴爾哈孫地方，厄魯特丹濟拉等遣齊奇爾寨桑等九人來告曰：閏三月十三日，噶爾丹至阿察阿穆塔台地方，飲藥自盡。丹濟拉諸顔格隆丹濟拉之壻拉思倫攜噶爾丹尸骸及噶爾丹之女鍾齊海，共率三百户來歸。丹濟拉因馬疲瘠，又無糧糗，是以住於巴雅恩都爾地方候旨。其吴爾占扎卜色稜、阿巴塔爾阿喇爾拜、額爾德尼吴爾扎忒喇嘛等帶二百户，投策妄阿喇布坦而去。額爾德尼寨桑吴思塔台吉、博羅齊寨桑、和碩齊車林奔寨桑等帶二百户，投丹津鄂木布而去。除將齊奇爾寨桑等九人馳送行在外，臣等於十三日，統領大軍前往丹濟拉所住巴雅恩都爾地方，即押丹濟拉等前來。如其心懷反覆，即行剿滅。上諭：今噶

爾丹已死，其屬下三百餘户，帶噶爾丹之尸、噶爾丹之女來降，著大將軍伯費揚古精選帶去之兵，往覓丹濟拉所在，押護前來，餘兵遣回。黑龍江兵路遠，亦遣回。費揚古所統之兵既足，阿南達一路兵亦令徹回。遍檄商南多爾濟、杜思噶爾及衆扎薩克，俱令知悉。于成龍等所運之米，亦令停止。

五月辛卯，上駐蹕新保安城內。

諭議政大臣等：温保居官甚劣，苛虐百姓，至於已極。前乃自奏其居官甚善，萬民頌美，欲爲樹碑，由今觀之，沿途衆庶無不願食其肉而怨讟之者。況温保不比他人，彼嘗爲學士，朕愛惜斯民之意，豈不知之。甘度居官亦最庸劣，今蒲州民變逃入山中，若輩如能素勤撫恤，百姓豈遂抗匿至此。巡撫倭倫往彼招撫，倘不順從，欲將温保、甘度拏赴彼處正法，然後用兵。今思其服官汙濁，朘削小民，殊爲可恨。此等貪官，不加誅戮，衆不知警。著議政大臣、部院堂官會同議奏。尋議覆：温保、甘度居官惡極，應皆正法，以警衆人。請將温保、甘度革職，嚴拏赴京，交與刑部。從之。

丙申，諭大學士及九卿等曰：朕前巡行直隸、山東、江南、浙江，見地方人民皆各安生業，大小官員恐朕不時臨幸，咸兢兢守法奉職，以爲他省類皆如此。頃由大同歷山西、陝西邊境，以至寧夏，觀山陝民生甚是艱難，交納錢糧，其火耗有每兩加至二三錢不等者，前曾面問總督吴赫，據言西安等府距省甚近，收耗尚輕；若沿邊所在地方，火耗不免加重矣。至於山西，特一小省，聞科派竟至百萬，民何以堪！科道官因朕已經訪聞，始行參劾，並未有言於未發覺之前者，亦屬何益！

又諭曰：塞外情形不可臆度，必身歷其境，乃有確見。

又諭曰：御史寧爾講奏請朕回鑾，以爲回鑾之後，賊必潛來，因而擒之。此真不諳事理之言。塞外荒漠，雖甚寥闊，而蒙古所行之路、所居之地，必依水草資生，是以亦有定所。朕於蒙古等經行路徑，一一洞悉，所以遣發官兵數道圍困，皆扼賊之要害。噶爾丹迫蹙已極，計無所出，遂飲藥以死。寧爾講全不知兵，故其言如此。

丁酉，陞左都御史傅臘塔爲刑部尚書，左副都御史努赫爲禮部右侍郎。

陞護軍參領胡式巴爲白都納副都統。

以領侍衛内大臣公鄂倫岱兼管鑲黃旗漢軍都統事。

戊戌，諭吏部等衙門：朕頃以狡寇噶爾丹未滅，調度軍務，親莅塞外。因念切民依，巡歷邊境，所至咨訪，目擊山西、陝西緣邊一路，地皆沙磧，難事耕耘，人多穴居，類鮮恒業。其土壤磽瘠，固已生計維艱，而地方遼遠，疾苦無由上聞。大小官吏不能子愛小民，更恣横索，遂使里井日漸虚耗。比年用兵以來，一應軍需芻糗，俱動支正項錢糧儲峙供應，從不取辦閭閻。乃各府州縣官員借端私征，重收火耗。督撫、布政使等官又不仰體朝廷恤民至意，糾察貪汙，禁革加派，反多瞻徇曲庇。又或該督撫庸懦懈弛，因而筆帖式及衙門人役無所忌憚，擅作奸弊，以致民生滋蹙，朕心深切軫惻。今外寇已經蕩平，惟以綏乂地方、拊循百姓爲急務。山陝兩省，關係緊要，應作何撫恤休養，著九卿、詹事科道詳議以聞。尋議覆：【略】凡有不利於民應革事宜，督撫即爲確查革除。或遇水旱災傷，當即奏聞。如督撫仍前因循徇庇屬員，不能撫綏百姓，將督撫革職，從重治罪。從之。

《聖祖實録》卷一八四　六月甲寅，禮部題聖駕親征朔漠所過之名山以及勦賊之戰地，請磨崖勒石，俾塞外億萬載臣民，咸知今日之成功峻烈，自開闢所未有。從之。

國子監題請將親征朔漠一切訏謨勝算纂集大綱同祭告先師文勒碑國學，更將碑文摹搨頒發天下學宫。從之。

丁五，命大學士伊桑阿、阿蘭泰、王熙、張玉書、李天馥，尚書熊賜履、張英爲纂修《平定朔漠方畧》總裁官，内閣學士覺羅三寶、羅察、喀拜、韓菼、顧藻，禮部侍郎翰林院掌院學士阿山、刑部右侍郎管詹事府事尹泰爲副總裁官。

戊寅，山西巡撫倭倫疏言：請建萬壽龍亭，恭勒聖諭，永戴皇仁。上諭大學士等曰：何事建立龍亭，若果善，民自感頌。大同田薄民窮，其建立龍亭，著停止。至倭倫奏稱，大同地方飼馬萬匹，全不費民力。自朕觀之，前此大同養馬不過六千，未始不用民力。朕因民勞苦，故將康熙三十六年錢糧盡免。朕凡事俱務實行，不尚虚譽，爾等可曉示之。

先是，撫遠大將軍伯費揚古疏言：散秩大臣丹巴等至巴雅恩都爾，並無丹濟拉踪跡，因遣阿玉什等，賫臣所發丹濟拉書往追丹濟拉。又將軍馬思喀等咨言，伊拉古克三胡土克圖自所宿磨海圖郭爾已去七八日，不能追及。得旨，前者遣内大臣策旺諾爾布、散秩大臣巴當阿兩路往擒伊拉古克三胡土克圖，緣兵馬糧餉扣數發去，是以指地疾往，限日立歸，此馬思喀之所灼知也。伯費揚古遣馬思喀時，所發官兵太多，是以重滯，不能追及伊拉古克三胡土克圖。昨丹木巴哈

什哈歸，朕亦知其勢斷不能獲伊拉古克三胡土克圖，曾諭議政諸臣，今果如朕所諭矣。著檄索額圖、阿南達知之。至是，大將軍伯費揚古會同馬思喀疏言：散秩大臣丹巴等直至楚庫爾戈必，並無丹濟拉踪跡。大兵直至磨海圖郭爾，不能追及伊拉古克三胡土克圖。目下大兵似可即回，但趙山、思格色差往招撫丹津阿拉布坦、丹津鄂木布已將四十日矣。今軍食尚足，且察罕諾爾等處水草又佳，是以臣等共商，將官兵移進環察罕諾爾住二十日，以養馬畜，而候趙山等聲息。此間若招致厄魯特則收之、押護而來。若二十日内無聲息，則臣等率領官兵起程而回。至達爾漢親王諾内、喀爾喀親王善巴及貝勒、公、台吉等，因無事，故皆遣回。前以察哈爾八旗官兵馬瘦，奉旨留於守米之地，伊等籲請効力前來。今無事，亦遣回。報聞。

秋七月乙未，以平定朔漠，遣官告祭天地、太廟、社稷、永陵、福陵、昭陵、暫安奉殿、孝陵、仁孝皇后、孝昭皇后、孝懿皇后陵。

上御太和門，傳臚賜殿試貢士李蟠等一百五十人進士及第、出身有差。

丁酉，上御太和殿，王以下文武各官以平定朔漠并太和殿告成，上表行慶賀禮，頒詔天下。

詔内恩款三十六條：加封撫遠大將軍伯費揚古爲一等公，西路出征參贊以下官員，各給拖沙喇哈番襲一次。

己亥，以禮部左侍郎努赫、内閣學士覺羅三寶、羅察、禮部侍郎管翰林院掌院學士事阿山充經筵講官。

壬寅，授一甲進士李蟠爲翰林院修撰，嚴虞惇、姜宸英俱爲翰林院編修。

癸卯，諭吏部：庶吉士查昇等，教習已久，今加考試，應分别授職。除黄叔琳、胡任輿、顧悦履已經授職外，滿漢書庶吉士張大有、史申義、張德桂、查昇、汪倓、陳恂、叢澍、岳度、汪瀠、周道新、閻錫爵、周起寶俱照例授翰林院編修、檢討，江球、吴甫生俱著以科道用，林文英、拉都立俱著以部屬用，張壽岗、張逸少、陳豫朋、朱軾、陳守創、殷元福俱著照原甲第以知縣用，五格著照見在品級隨旗行走。爾部即遵諭行。

乙巳，命吏部尚書庫勒納等往給外藩四十九旗恩賞。

丁未，上巡幸塞外，命皇太子允礽、皇三子允祉、皇四子、皇五子允祺、皇八子允禩、皇九子允禟隨駕。是日啓行，駐蹕三家店。

《聖祖實録》卷一八五　八月辛酉，諭大學士阿蘭泰曰：山陝兩省，最爲要地。以後文職缺人，俱令奏聞，朕酌量選用。

乙亥，上駐蹕巴圖舍里地方。

賜喀喇沁翁牛特、喀爾喀王、貝勒、額駙、台吉等銀幣有差。

九月癸未，上駐蹕穆禄喀喇沁地方。

副都統阿南達疏言：據回子額貝杜拉達爾漢白克報稱，厄魯特丹濟拉率家屬七十九人來降，於六月十五日至哈密城，求請面聖。隨遣長子郭帕白克送丹濟拉，已於六月二十八日啓行。上以丹濟拉向係名族，授爲散秩大臣。其子多爾濟塞卜騰授爲一等侍衛。俱安插張家口外，編入察哈爾旗分佐領。其屬下人酌可用者披甲，給以錢糧。

甲申，上駐蹕汗特木爾達巴漢地方。

厄魯特台吉丹濟拉至御營，上命之進見。大學士阿蘭泰及郎中阿爾法引丹濟拉入，上獨坐氈帷内，遠屏左右，并令阿蘭泰、阿爾法出，獨留丹濟拉語良久。丹濟拉出，驚謂諸大臣曰：我乃叛逆罪人，窮困始來歸命。乃皇上畧不致疑，盡屏左右，召我入見，且蒙恩授我顯爵，乃知聖主至勇至仁如此，令我誠心感戴，永不敢有異心矣。

庚子，以兵部尚書兼步軍統領開音布爲鑲白旗滿洲都統，仍兼管步軍統領事。調鑲白旗蒙古副都統魯伯赫爲鑲黄旗滿洲副都統，正藍旗漢軍副都統勒奇爲正白旗滿洲副都統，陞前鋒參領宗室塞伯理爲鑲白旗蒙古副都統，護軍參領張庫爲正藍旗漢軍副都統。

乙巳，黑龍江將軍薩布素疏言：沿河被水之十八莊，請計其人數，將舊貯米糧散給。上諭户部、理藩院曰：朕前至寧夏，黑龍江將軍薩布素曾奏伊處收貯糧米三萬餘石，年久漸朽，與其積之腐爛，何若散之爲有益乎？且出陳可濟軍糧，易新便於收貯，宜如所請行。

陞左都御史席爾達爲兵部尚書，兵部右侍郎哈雅爾圖爲都察院左都御史。

贈鎮平將軍湖廣提督徐治都太子少保，予祭葬，謚襄毅。

冬十月癸亥，先是，差工部侍郎常綬等齎敕往諭策妄阿喇布坦。至是，還，疏言：六月十五日，臣等至策妄阿喇布坦所，授以敕書、賜物。謂之曰：「爾昔有擒斬噶爾丹之奏，今噶爾丹雖死，而丹濟拉乃同逆之人，近至爾地，爾當擒之，並噶爾丹男女及其骸骨畀我。伊拉古克三胡土克圖，乃本朝人，得罪逃歸噶爾丹。凡百禍端，皆此人興之，亦當執之與我。」策妄阿喇布坦言：「丹濟拉已遁至

中國，不必言矣。鍾齊海無知之女，噶爾丹已灰之骨，不便相付。」臣等再三索取，竟不之與。續執伊拉古克三胡土克圖、其弟托博克孟克里、噶爾丹之子車陵三魯卜、其母布林、乳母察罕及程貝臧布等，交付臣等。又達爾札納親哈什哈之妻色稜達什訴於臣等曰：「聖上使我與丈夫完聚，故與吳爾占札卜之母一齊發放。今聞丈夫自哈密擒解御前，乞帶我去，與我丈夫完聚。」臣等亦攜之而來。車陵三魯卜在途出痘而死。問伊拉古克三胡土克圖，供曰「仰負皇恩，罹此大罪，我復何辭」等語。謹此奏明。上命議政大臣會議。尋議覆：伊拉古克三胡土克圖，孟克里托博克應凌遲處死，程貝臧布伊拉古克三胡土克圖之徒羅卜臧多爾濟應斬，婦人布林、察罕交該部安置。得旨，伊拉古克三胡土克圖、孟克里托博克俱凌遲處死。程貝臧布暫緩決，有要言問之，令取來。羅卜臧多爾濟隨其師行，與彼無涉，著免死。餘如議。議政大臣又奏曰：先是，侍衛巴布希、津木巴遇伊拉古克三胡土克圖劫掠之時，托博克與皮裘馬匹，使巴布希等歸。得旨，問托博克果實則宥之。尋解伊拉古克三胡土克圖等到京，集諸王以下蒙古王、文武大臣官員、喇嘛等於黄寺，磔誅伊拉古克三胡土克圖。孟克里問托博克給巴布希等裘馬是實，免其死。

《聖祖實録》卷一八六 十一月甲午，安南國王黎維正疏言：臣國牛羊、蝴蝶、普園等三處爲鄰介土司侵占，請敕地方官給還。時雲南巡撫石文晟來京陛見，上問以安南邊境事。石文晟奏曰：牛羊、蝴蝶、普園等三處，明時内屬。自我朝開闢雲南，即在蒙自縣徵糧。至康熙五年改歸開化府屬，已三十餘年，並非安南之地。伊輕聽妄言，擅行其奏，而又遣兵到邊。是時，臣同督臣仰體皇上柔遠至意，令防守人等不得輕動。臣思此地久入版圖，且在内境，斷不宜給還。上命大學士等詳議。尋議安南國王黎維正不察本末，輕聽妄言，遽遣兵於邊疆駐扎，生事妄行，應行文申飭。從之。

乙未，陞鑲白旗護軍統領圖席希爲正白旗蒙古都統。

以太子少師、一等公、領侍衛内大臣福善三次出兵，加太子太保。

十二月乙卯，議政大臣等奏：大將軍公費揚古遣將軍馬思喀等追伊拉古克三胡土克圖，不及而歸。又隨軍羊隻，不委賢能將領小心牧養，以致疲損。且爲兵丁給米事，詔旨下頒，不行宣諭諸軍，應將馬思喀議政大臣、領侍衛内大臣、管滿洲火器營大臣、内務府總管、佐領加一級，盡行革去。巴渾德、齊世、碩鼐不急往追擒伊拉古克三胡土克圖，而隨軍羊隻又致疲損，應將巴渾德革去議政大臣、都統，管滿洲火器營大臣，並加二級，以俟上朝。齊世革去議政大臣、都統，並加一級，以佐領上朝。碩鼐革去議政大臣、都統、管滿洲火器營大臣，並加二級，留前鋒統領任。議政大臣、護軍統領嵩祝，將隨軍羊隻不小心交付，以致疲損，又不提醒將軍馬思喀將諭旨傳諭諸軍，應削去加一級，罰俸一年。【略】得旨，馬思喀辦内務府事尚好，革去議政大臣、領侍衛内大臣、管滿洲火器營大臣，從寬留其内務府大臣、佐領。巴渾德革去加二級，仍降三級，從寬留任。齊世革去加一級，仍降四級，從寬留任。碩鼐革去加二級，從寬留任。此案内官員等惟奉行耳，其實皆在主之者。伊德渾革職，從寬留任。禪步等從寬免其調用，各帶所降之級留任。米里布依擬處絞，監候秋後處決。班布爾善不准折贖，枷號三個月，鞭一百。餘依議。

康熙三七年（戊寅、一六九八）

《聖祖實録》卷一八七 春正月庚寅，策妄阿喇布坦遣彭蘇克喇木扎木巴、多爾濟寨桑等進貢，并疏言：第巴將達賴喇嘛圓寂之事匿而不宣，斥正傳之聖徒班禪，自尊其身，有玷道法，詐稱達賴喇嘛之言，以混亂七旗喀爾喀、四厄魯特，好事樂禍，正未有已，祈皇上睿鑒，俾法門之教無玷，使衆生爭自濯磨。上召彭蘇克喇木扎木巴、多爾濟寨桑至前，問以疏參第巴之故。上諭之曰：休息兵戎，令宇内昇平，始云道法。若以護法爲辭，必生釁端，如爾等雖招撫回子，曾滅其教，亦能令其皈依佛法，跪拜喇嘛否？今天下太平之時，惟令各行其道，若强之使合斷不可行。

癸卯，上以巡幸山西五臺山，詣皇太后宫問安。畢，命皇長子允禔、皇三子允祉隨駕。是日啓行，駐蹕良鄉縣竇家莊。

甲辰，上駐蹕涿州長溝二里橋。

命皇長子允禔、大學士伊桑阿至金太祖、世宗陵奠酒。

二月壬子，以征噶爾丹功議敘，封厄魯特貝勒巴圖爾額爾克濟農子雲木春爲輔國公。

壬申，命原任河道總督于成龍以總督管直隸巡撫事，以兵部督捕右侍郎李鈉爲山東巡撫。

三月丁丑，册封皇長子允禔爲多羅直郡王，皇三子允祉爲多羅誠郡王，皇四

子、皇五子允祺、皇七子允祐、皇八子允禩俱爲多羅貝勒。

戊寅，陞湖廣布政使王燕爲貴州巡撫。

命内閣侍讀學士伊道等齎敕往諭策妄阿喇布坦曰：覽爾疏言，第巴掩匿達賴喇嘛圓寂之事，斥班禪而自尊，有玷道法，好事如此，恐禍正無已。又爾所遣彭蘇克喇木扎木巴、多爾濟寨桑等，口奏爾之言云「第巴監禁班禪，不使人見，奉事紅帽兩喇嘛名德爾端、多爾濟扎卜者，即見世達賴喇嘛化身」。亦以是兩喇嘛之言，謂之達賴喇嘛而已，並非班禪之言，是以可疑。第巴壞法門之教，罪不可容。本朝與達賴喇嘛交往七十餘年，第巴原係達賴喇嘛執事下人，因軫念達賴喇嘛，欲使扶持道法，是以優封爲土伯特國王，乃以久故之達賴喇嘛詐稱尚存以欺衆，唆噶爾丹興戎，所行不軌。今又奏稱俟班禪胡土克圖往覲之時奏明，而又不遣班禪，且致書求爾勿遣。觀此，其情已極昭著矣。爾所奏良是，爾抒實情，思爲法門之教，班禪胡土克圖之事，而劾奏第巴，朕深許之，爲此特差内閣侍讀學士伊道、近御侍衛拉錫、二等侍衛克什圖、内閣侍讀常明、三等侍衛津巴爲使，以伴敕例，賜御用綵緞十端。

理藩院題請差大臣往四十九旗蒙古及邊外喀爾喀等處會盟。得旨，四十九旗著尚書班迪、内大臣崇古禮、永吉去，邊外喀爾喀著户部尚書馬齊、都統吴達禪、理藩院侍郎滿丕去。

辛卯，直隸巡撫于成龍以渾河圖形呈覽。奏曰：臣同西洋安多等，自霸州至郎城，履舊河形，細加丈量。由永清、固安至張協，有舊隄一道，約有七十里，尚可幫修。水溜亦在此處，可以挑濬。上曰：朕經行水災地方，見百姓以水藻爲食，朕曾嘗之，百姓艱苦，朕時在念，是以命爾於雨水之前，速行濬河築隄，使田畝得耕，百姓生計得遂，不知六月内可告成否？于成龍奏曰：臣董率分修各官作速辦理，六月内可以完工。

《聖祖實録》卷一八八　夏四月己未，敘剿滅噶爾丹功，授西安將軍參贊博霽等八十五員，護軍統領參贊宗室費揚固等一百九十二員，正白旗議政副都統碩岱等一十五員，各世職有差。

癸亥，理藩院奏：策妄阿拉布坦疏言，臣之與哈薩克構兵，非得已也。昔噶爾丹擒哈薩克頭克汗之子，以畀達賴喇嘛，故頭克使人乞臣關説，求還其子，與彼完聚。臣乃使人於達賴喇嘛索得頭克之子，撥五百人，護送歸之，頭克反盡殺臣五百人。後又殺臣屬下吴爾赫德巴圖爾台吉，掠取其人民，續又掠我吴梁海百餘户人。臣妻父阿毓奇以其女歸臣，使妻兄三濟札布送臣之妻，彼又要戰於路。去歲秋，臣商人自鄂羅斯歸，彼又掠之。哈薩克屢來犯臣，有如許過惡，臣是以興兵而往，恐聖上謂臣喜事好兵，故陳此自白。又丹津鄂木布聽讒，與噶爾丹同殺其兄索諾木阿拉布坦，後臣與噶爾丹分散，各自遊行，丹津鄂木布又偕阿奴喀屯往就噶爾丹，今窮迫而後來歸，臣若使彼逸居，恐又聽讒害臣，臣是以拘而禁之。爲此遣使阿布都拉厄爾克寨桑、薩木坦達爾漢鄂母布等奏聞。

五月甲戌朔，上登陸，巡視武清縣隄岸。衆民跪叩奏曰：耍兒渡地方，自蒙皇上修築，迄今永無水患。此處隄岸，正當水勢衝射，請於隄岸之外，另築一隄。上曰：此隄岸之外，若另作一隄，爾等田畝，豈不多致占廢？衆民奏曰：原非一家田畝，即稍入隄内，於小民亦無大損，倘河水一決，其患更甚。上曰：轉盼間雨潦將届，今歲不及修築，暫立木樁堅護隄岸，另開小河以洩水勢，今歲田畝可以無虞。俟明春雨水前，另築重隄，爾等田廬俱得安固矣。

癸未，又諭大學士等：朕巡閲天津沿河隄岸，見山東飢民流移至直隸者尚多。小民遭此荒歉，若仍於秋間徵其逋欠，百姓豈能上納？泰安州等二十七州縣本年錢糧，著於來秋徵收。

甲申，户部議覆倉場總督德珠等疏，言直隸、朝鮮等處米貴，將各省漕糧截留一十五萬石賑濟，請令有漕各省督撫，於本年秋收時，買補帶運還倉。應如所請。得旨，此截留賑濟等項所費米石，若令有漕省分採買帶運，則小民運丁必致苦累。京倉米石充裕，所用之米無多，採買補額著停止。

辛丑，兵部等衙門議覆雲南、貴州總督王繼文疏，言魯魁山賊首擦捏等劫掠彝村，伏弩暗傷新嶍營守備張廷柱，臣會同臨元總兵官王洪仁，遣發流、土官兵勦撫，追斬賊首擦捏。其在事有功人員，統聽部議。查魯魁山賊，係山林小賊，無議敘之例，應將在事人員無庸議敘。得旨，魯魁山賊衆盤踞，總督范承勳、巡撫石文晟俱曾明晰面奏，官兵勦殺擦捏等賊可嘉，在事有功人員俱著議敘，以示鼓勵。

刑部等衙門議奏：原任侍郎多奇，牧養軍需馬匹怠玩不謹，致馬匹倒斃，有誤軍務，應斬立決。得旨，多奇人甚庸劣，在大同牧養馬匹，並不勤慎，慢視軍需，應行正法。姑念其人樸實，著免死，發往黑龍江。

六月乙巳，吏部議覆雲南巡撫石文晟疏，言雲南省元江、開化、廣南、廣西四府烟瘴地方，請照粵西南寧等四府保題之例，即於滇省郡縣中，選擇廉能素著、

熟悉風土者調補，或於滇省應陞官員内陞授，并照福建臺灣例，三年内稱職，即行陞擢。又鶴慶、順寧、永昌三府鄰近蒙番，接連中甸，外逼烏斯藏之地，甚爲緊要。必得壯年勤敏郡守，庶可捍禦統攝，乞簡選賢員補授，五年稱職，亦即陞擢。俱應如所請，嗣後元江四府屬知府以下、知縣以上，准其保題調補。教官雜職報部調補，免其具題。其鶴慶等府府官缺出，臣部照山、陝二省例，奏聞簡補。從之。

辛亥，調福建陸路提督吴英爲福建水師提督，陞福建臺灣總兵官王萬祥爲福建陸路提督。

己未，户部等衙門議覆雲南巡撫石文晟疏，言吴三桂等三逆及孫延齡屬下脱逃人員，或潛匿山谷，或在土司地方藏形改姓，或逃入魯魁山内，緝之愈嚴，畏罪思脱，相聚爲匪，請將此内情罪可惡、法不容恕者，指明姓名，徧行嚴拏，其餘悉令免緝。至於諸逆下士卒，係各省之人，其在逃者已奉旨免其查拏，其歸順者内有閒散之人，令其開墾荒地，輸納錢糧，子弟准其一體應試。應如所請。從之。

户部等衙門議奏：河南任城等八衛運丁張文安等叩閽，呈告河南漕糧原在直隸大名府小灘鎮兑運，原任巡撫李輝祖題准，改遷河南衛輝府水次，路途遥遠，山谷崎嶇，輓運甚難，請仍改歸小灘鎮。應將河南漕糧改於小灘兑運。從之。

《聖祖實録》卷一八九　秋七月癸酉朔，以刑部尚書吴琠爲保和殿大學士兼刑部尚書。

陞内閣侍讀學士蘇赫納爲盛京工部侍郎。

己卯，刑部等衙門議奏：原任山西巡撫温保、布政使甘度横征科派，激變蒲州百姓，温保、甘度應擬立斬。太原知府孫毓璘，將庫内收貯銀二萬八千五百兩有奇侵没入己，應將孫毓璘照侵盜錢糧例，擬斬監候。得旨，温保、甘度已經革職，從寬免死。孫毓璘依議應斬，著監候秋後處決。

《東華録》卷一七　直撫于成龍言：「霸州等處挑濬新河已竣，乞賜河名，並勑建河神廟。」得旨：「賜名永定河，建廟立碑。」

《聖祖實録》卷一八九　庚辰，以左都御史張鵬翮爲刑部尚書。

壬午，吏部右侍郎陶岱等疏言：臣等遵旨賑濟朝鮮，於四月十九日進中江，臣等隨將賞米一萬石，率各司官監視給該國王分賑。其商人貿易米二萬石，交與户部侍郎貝和諾監視貿易。據朝鮮國王李焞奏：皇上創開海道，運米拯救東國，以甦海澨之民，飢者以飽，流者以還。目前二麥熟稔，可以接濟八路生靈，全活無算。下所司知之。

辛卯，户部議覆漕運總督桑額疏，言江南建平縣漕糧正耗粳米四千餘石，本縣不産粳米，每於他郡採買。請嗣後停其採買，將該邑土産秈米交兑，應無庸議。得旨，建平縣改徵秈米，於民有益，著照該督所請行。

庚子，以固山貝子蘇爾發爲鑲黄旗滿洲都統。

議政王大臣等議奏：噶爾丹者，乃逆天負恩之賊也。俟侍讀學士喇錫取其骸骨到京後，應照吴三桂粉骨揚灰例，擣爲細末，拋散通衢。塞卜騰巴兒珠爾乃逆賊噶爾丹子，不當存留，應立斬梟示，差理藩院司官一員，乘驛將首級往示四十九旗、喀爾喀各扎薩克。至塞卜騰巴兒珠爾乳母之夫徽特和碩齊，亦應處斬。程貝臧布，前因有要言質訊，奉旨暫且停決，兹事已畢，亦應處斬。得旨，徽特和碩齊當免，程貝臧布當誅，此事俟朕回鑾可也。喇錫到日，著單身馳驛，趨赴行在。

八月癸丑，兵部議覆雲南貴州總督王繼文疏，言魯魁山賊首擦捏雖滅，餘黨猶存，新嶍一營，孤懸賊窟，請設汛增兵，巡防要害。查江内慢干壩，乃新平縣治適中之地，應發千總一員駐防。江外舊哈跨果大口三家坡等處，請增設四汛，增兵三百五十名。臨元鎮原設楊武壩一汛，就近歸入新嶍營，添設參將一員。原設守備，改作中軍守備。又野賊非往新元，即奔楚景。楚姚一鎮，最爲緊要，查援勦兩協乃策應之師，各撥千總一員，各帶兵二百名，一駐南安州界牌，一駐景東府福都，責令防守。均應如所請。從之。

己未，吏部議覆湖廣總督李輝祖疏，言湖南田糧不均，奉旨均丈改正。偏沅巡撫楊鳳起，因此案係彼藩司任内，承文造册，出過印結，專怙己私，罔恤民隱，欲取齊各屬並無不均印結，混結斯案，殊屬溺職。應將巡撫楊鳳起照例革職。從之。

辛未，以左副都御史金璽爲偏沅巡撫。

調浙江温州總兵官張玉麒爲福建臺灣總兵官。

湖廣總督李輝祖疏報：湖南界連黔、粤，苗猺雜處。本年七月十五日，賊首黄明率黨吴旦先等百餘人，突至靖州城外，執旗放鎗，暗傷把總李成功等。靖五協副將楊雄追擊，賊衆旋潰。又湖南茶陵州與酃縣萬陽山連界，本年七月二十

四日，有萬陽山賊首陳丹書率衆擁入州城，署州事永州府同知史在鑛等被傷劫印。得旨，賊徒倡亂，傷官劫印，該管文武各官著嚴加察議具奏。并敕湖廣、貴州、廣西等三省督撫，提鎮速行勦滅，務盡根株，毋致滋蔓。仍嚴束弁兵，不得借端擾害良民。

《聖祖實録》卷一九〇　九月壬申朔，上臨科爾沁和碩達爾漢巴圖爾親王滿朱習禮墓奠酒。

癸未，上駐蹕布爾哈畢喇地方。

先是，上遣内閣侍讀學士伊道等，齎敕往諭策妄阿喇布坦。至是，策妄阿喇布坦以諸顔格隆、厄爾巴噶卜楚，付伊道等，遣使滚楚克等覆奏。上命議政大臣議奏。尋議，厄魯特來降之人，原皆噶爾丹屬下之人，並非策妄阿喇布坦之人，所奏加眷恤之處，仍無庸議。策妄阿喇布坦懇切請留吴爾占扎卜、阿巴色稜等人，應停解吴爾占扎卜等，留給策妄阿喇布坦。至鍾齊海者，乃叛逆噶爾丹之女也，不許容留於策妄阿喇布坦處，務令解來。又策妄阿喇布坦疏言，第巴凡事越理而行，前經具奏，今仍不改。查第巴欽遵上諭，擬於來年三月遣發班禪來京，策妄阿喇布坦所奏之處無庸議。從之。

敘進剿噶爾丹功，授正白旗防禦莫爾渾等十六員世職有差。

庚寅，工部議覆浙江巡撫張勄疏，言本年七月十三、十四兩日，颶風大作，海潮越隄而入，衝決海寧縣塘一千六百餘丈、海鹽縣塘三百餘丈，應行令該撫作速修築。從之。

乙未，上駐蹕捕塔海噶山。

湖廣總督李輝祖疏報：茶陵州叛賊陳丹書等，於本年八月初六日被官兵擊敗，逃奔安仁縣，至衡州府城外放火攻門，被衡州協官兵追殺至常寧縣城，擒獲賊首陳丹書等。下部知之。

冬十月癸卯，上行圍，射殪二虎。其一虎卧於山下，驚鳥鎗聲而起，上隔澗發矢，穿其脇，虎應弦倒斃。新滿洲等俱大駭，奏曰：從未聞隔澗望影，能射倒猛虎者也。是日，駐蹕奇爾賽畢喇地方。

乙巳，上親征朔漠，蕩平厄魯特噶爾丹，諸王大臣等請立碑太學以垂萬世。至是，御製碑文。

丁卯，諭户部：盛京係列祖創興之地，朕謁祭陵寢，咨詢民生。承德等州縣，今歲田禾未獲全登，宜加恩恤，應徵米豆概行蠲免。爾部即移文該府尹，遍示閭閻，家喻户曉，務俾均沾實惠，以副朕愛民至意。

《聖祖實録》卷一九一　十一月乙酉，以正紅旗護軍統領蘇丹爲右翼前鋒統領，原任右衛護軍統領瓦邇達爲正紅旗護軍統領，正白旗蒙古都統圖席希兼管左翼前鋒統領事。

丙戌，吏部議覆湖廣道御史李登瀛疏，言直隸、山東、河南、山西、江南、浙江、江西、陝西、湖北等處，舉人會試，五科不中，方許揀選，又需次數年，始得補用。請酌減科分揀選，使得及時效力。應如所請，直隸等九省舉人會試三科不中，准其揀選知縣，一科不中改就教職者，以州學正、縣教諭補用。從之。

壬辰，以刑部尚書張鵬翮爲江南、江西總督。

乙未，諭大學士等：福建巡撫宫夢仁、安徽巡撫陳汝器居官俱劣，著解任。

諭户部：淮安、揚州、鳳陽等處，比年水患頻仍，浸漫隄岸，田多淹没，耕穫無從，百姓艱於粒食，朕時加軫恤，屢賑屢蠲，被災地方賴以安堵。但念久歉之餘，恐致資生匱乏，朕廑憫殷切，未嘗稍釋於懷。前此雖頻敷庥澤，至再至三，用裨羣黎生計，猶恐開春東作，農事艱難，若不大沛恩施，安能令小民各得其所？著將海州、山陽、安東、鹽城、高郵、泰州、江都、興化、寶應、壽州、泗州、亳州、鳳陽、臨淮、懷遠、五河、虹縣、蒙城、盱眙、靈壁等州縣，並被災各衛所，康熙三十八年一切地丁銀米等項及漕糧，盡行蠲免，務使民間均沾實惠，以副朕體恤元元生息愛養至意。爾部即遵諭行。

丙申，調工部尚書李振裕爲刑部尚書，陞工部右侍郎熊一瀟爲工部尚書。

理藩院題：張嘉胡土克圖、納木扎爾格隆等，違旨叩見第巴，俱應擬絞。得旨，張嘉胡土克圖著從寬免絞，革其胡土克圖之號。納木扎爾格隆亦從寬免絞，充發盛京。

丁酉，户部議覆刑部尚書傅拉塔、張鵬翮等疏，言臣等遵旨查陝西長安等三縣倉米虧空一案。原任長安縣知縣謝嵩齡、永壽縣知縣萬廷詔經收米麥，其見存者與該撫所題之數相符。除折米銀十萬六千九百兩存貯布政司庫，其各州縣寄貯鄉村寺廟等處米麥，應交該督撫嚴催，限三個月内運入省城永豐等倉。華陰縣知縣董盛祚經收已完米麥，亦限三個月内運入省城永豐等倉。其未完米石，已越七年，應交該督撫委道員督催，限本年十二月終照數全完。如違此限，該督撫即將董盛祚革職拏問，嚴審治罪。應如所奏。從之。

十二月辛丑朔，河道總督于成龍陛辭，上諭之曰：聞淮揚河水泛漲，清江浦

百姓所居之地，皆已被水。夫洪澤湖實黃河之障，洪水强盛，力可敵黃，則黃水不得灌入運河。今淮水勢弱，不能制黃，全注運河，黃水又復灌入。且兩河相距甚近，清江浦地處其中，其一帶地方受泛溢之水，勢所必然。惟淮水三分入運，七分歸黃，運道始安。復顧大學士等諭曰：朕昔年巡視河工，曾至大墩隄，步行十五里，詳加閱看。今寰宇昇平，海内寧謐，惟河工關係運道民生。朕數十年來，夙夜縈懷，留心研究，故河道情形，熟悉已久。總之，上流既理，則下流自治矣。桑額所奏開濬下河一事，朕不即允行，正是有益於彼。桑額固居心平和，爲人誠實，然遇事不免遲鈍，易被人欺，如此紛繁事務，何以責其成功。于成龍屢委以事，尚克勉效。河工事情緊急，與于成龍敕書内須入「各部不得掣肘」之語，使得相機料理，庶不悞事。河務浩繁，于成龍年已漸老，且一身難以兼顧。奉天府府尹徐廷璽曾任河工，尚諳練，著即令前往協理河務。又諭曰：河務緊要，董安國修築工程繁多，恐致與于成龍等彼此推諉，可遣部院堂官並率賢能司官前往，會同漕運總督桑額將已完、未完之工并所用錢糧數目，逐一詳明察丈，細造清册齎來。尋命户部尚書馬齊、督捕侍郎喻成龍、工部侍郎常綬前往。

丙午，户部議覆山西巡撫倭倫疏，言大同府屬地丁糧米原徵折色，自康熙三十三年，因駐防右衛官兵應支一半本色，將糧米改徵本色。查蔚州、靈邱、廣靈、廣昌四州縣，距右衛四五百餘里，俱在萬山之中，嶺高路狹，運糧甚難。請將蔚州等四州縣糧米，仍改徵折色。應如所請。從之。

辛亥，理藩院又奏：四十九旗哨兵，安置各旗汛地。善巴王等，請將伊等移居瀚海之外。上諭大學士等曰：喀爾喀遊牧之地，自色冷額以内爲佳察罕腦兒者，止一線之地。朕意欲東自户輪貝爾、鄂嫩巴爾濟，北至色冷額河，自色冷額至西陲南界伊克赦拉、翁金、枯倫百爾齊爾古爾班塔米爾，自齊老圖之北至色冷額，應指定疆界。今雖無兵戎之事，而安設斥堠於喀爾喀所居之地，甚屬緊要，必須措置妥貼，可傳諭議政大臣。

吏部等衙門議覆四川巡撫于養志等疏，言東川土府應改爲東川軍民府，設知府一員，經歷一員，屬永寧道。設遊擊一員，守備一員，千總二員，把總四員，屬永寧協。其駐防兵丁一千，於雲南、貴州、四川三省就近東川地方兵内抽調。應如所請。從之。

己未，陞陝西巡撫巴錫爲雲南、貴州總督，以户部右侍郎貝和諾爲陝西巡撫。

康熙三八年（己卯、一六九九）

《聖祖實録》卷一九二　春正月辛卯，諭吏部、户部、兵部、工部：朕撫馭寰區，乂安中外，孜孜圖治，宵旰勤民，期於天下咸遂生成，物無不得其所。今邊烽永靖，四方無事，獨是黃淮爲患，衝決時聞，下河地方，田廬漂没，朕軫念民艱，曩曾屢遣大臣督修，不惜數百萬帑金，務期早綏黎庶。乃歷年已久，迄無成功。今水勢仍復横溢，浸漫城閭，沉没隴畝，以致民多失業。董其役者未有上策，可以宜民，時廑朕懷，未嘗少釋。在内諸臣，咸請朕親臨指示，爲一勞永逸之圖。方今春時，雨水減少，正宜講求疏濬，以遂安瀾。爰諏吉南巡，親加勘閲。【略】爾部即傳諭扈從大小官員人等，并行各該督撫，於各府州縣城市鄉村遍張告示，備行曉諭，務令億兆通知，以副朕體恤惠愛至意。特諭。

三月庚午朔，上閲視高家堰、歸仁隄等工。

辛未，上御小舟閲視爛泥淺等處。

諭户部：朕君臨天下，期於黎民樂業，各獲其所。凡興利除害之事，靡不舉行；蠲免賑濟之恩，靡不下逮。比年以來因淮揚所屬地方疊罹水患，業已歲蠲額賦，賑恤頻施。又動支數百萬帑金，責令在河諸臣，於應挑應築之處酌量修理，欲使泛濫之水匯歸入海，被淹之田廬涸出，庶底幹寧。乃糜費錢糧，卒不能使積淹有歸。田廬未涸，民生未遂，朕聞之惻然軫懷。值兹四海無事之時，欲將一切修舉事宜詳閲指示。用是躬親臨幸，沿途審視黃河水勢，咨訪地方父老。比至歸仁隄、高家堰，量度地形高下，應挑應築，一一明示河臣。惟是被淹地方，米價騰涌，生計維艱，朕目擊民依，深用廑念。著將漕糧截留十萬石，於高郵、寶應、興化、泰州、鹽城、山陽、江都受災七州縣，各留一萬石，悉較時價減值發糶。餘米三萬石，著於邳州留八千石，宿遷、桃源、清河、安東四縣各留五千五百石，亦較時價減糶。此各州縣發糶之米，著就近交與漕運總督、河道總督。邳州著遣司官一員，前往監視。再截留米十萬石，於揚州、淮安各收貯五萬石。此應留漕糧不論何處米石，著就近截留。爾部即遵諭行。

壬申，上閲視黃河隄岸，駐蹕淮安府。

諭河道總督于成龍曰：王公隄甚屬險要，須加幫高寬，修築堅固。

丙子，上駐蹕揚州府。

諭河道總督于成龍：朕在清水潭九里地方，用水平測量，河水高湖水二尺三寸九分。此一帶當湖之石隄，甚爲緊要，可速行修造。至高郵州地方，見河水向湖内流，河水似高一尺有餘，趁黄河水未深之時，急宜修理。

庚辰，諭河道總督于成龍：朕自淮南一路詳閲河道，測算高郵以上河水比湖水高四尺八寸，自高郵至邵伯河水湖水始見平等，應將高郵以上當湖隄岸、高郵以下河之東隄，俱修築堅固。有月隄處照舊存留，有應修隄岸仍照舊隄堅築。至於邵伯地方，因無當湖隄岸，河湖合而爲一，不必修築隄岸，聽其流行。高郵東岸之滚水壩，涵洞俱不必用，將湖水、河水俱由芒稻河、人字河引出歸江。入江之河口如有淺處，責令挑深。如此修治，則湖水、河水俱歸大江。各河之水既不歸下河，下河自可不必挑濬矣。

壬午，諭户部：東南爲財賦重地，朕時加軫念，頻歲以來，雖在邊塞用兵之際，未嘗不早夜殷殷，睠懷寬恤。兹以中外昇平，特事巡省，並閲河工。比至江南，親察民間饒瘠之狀，見淮南北地方疊罹水患，深用惻然，已經屢蠲屢賑，仍命截留漕糧減價平糶。其各州縣，雖市肆安輯，耕鑿恬熙，而額賦浩繁，民生拮据，歷年逋負，計算日增，江蘇、安徽所屬舊欠帶徵錢糧幾及百萬。念小民方供新税，復急舊逋，物力維艱，勢難兼辦，應沛特恩，豁免舊欠，除康熙三十三年恩詔内已經赦免外，其康熙三十四、五、六年奏銷未完民欠，一應地丁錢糧、米豆麥、雜税，爾部行文該督撫察明，俱著免徵，務飭有司悉心奉行，俾窮簷蔀屋均沾實惠。如有已徵在官，詭稱民欠，希圖侵蝕肥己者，一經發覺，定從重治罪。凡厥官吏、軍民，宜咸知朕意，爾部即遵諭行。

甲申，福建浙江總督郭世隆、浙江巡撫張勄、提督浙江學政張希良、福建提督王萬祥、温州總兵官李華、原任吏部侍郎彭孫遹等來朝。

辛卯，御舟至杭州，闔郡紳士軍民跪迎聖駕。是日，上駐蹕杭州府。

諭户部：朕因淮揚地方，數被水患，躬臨巡省，目擊田廬淹没之苦，深加軫恤，既截留漕糧以濟民生，仍蠲除積欠，以紓民困。其昨歲淮、揚兩屬被災錢糧，曾經該督撫具題部議，照例減免三分。今念百姓餬口維艱，安能辦賦，應破常格，用沛特恩。淮安府屬海州、山陽、安東、鹽城，揚州府屬高郵、泰州、江都、興化、寶應九州縣並淮安、大河二衛，康熙三十七年未完地丁漕項等銀一十九萬兩有奇，米麥十一萬石有奇，著全與蠲免。

丙申，上幸演武場，親率諸皇子射。上親射二次，發矢皆中。又命十五善射硬弓侍衛等射，次命官兵分班校馬步射。既畢，上復率諸皇子及善射侍衛騎射。上初騎射中的，的躍，又騎射縱轡近的，馬忽左逸，上即調執弓矢，左射中的，的躍，衆環跪云：「皇上神武，洵天縱也。」

《聖祖實録》卷一九三　夏四月辛丑，諭户部、禮部：朕子育黎元，勤求治理，日孜孜以施德澤、厚民生爲急務。而江浙二省，尤東南要地，朕時切軫念。【略】惟各鹽差、關差向因軍需繁費，於正額外，令在差官員，以所私得贏餘，交納充用。今思各官孰肯自捐私橐，必仍行苛取，商瘠民困，職此之由。著將加增銀兩，一概停罷，以紓商民之累。其兩淮鹽課，康熙十六年曾加增四十萬兩，今恐商人辦課維艱，有漸致匱乏之者，著減去二十萬兩。此外有應行應革事宜，朕還都以後，仍加商確，次第舉行。【略】至於江南、浙江人文稱盛，入學名數前已酌定增額，今著於府學、大學、中學、小學各增五名，舉行一次，以示獎勵人才至意。爾部即遵諭行。

乙巳，陞杭州左翼副都統丹岱爲杭州將軍。

己酉，上駐蹕江寧府。

庚申，上駐蹕揚州府。

丙寅，上渡黄河，御小舟，閲視新埽。諭河道總督于成龍曰：黄河灣曲之處，俱應挑挖引河，乘勢取直。高郵等處運河，越隄灣曲亦著取直。

上登清口南岸，召郎中朱成格等諭曰：此南岸若不修挑水壩，新挑引河必不能暢流，當從朕所釘樁處，修挑水壩二三十丈，挑出水頭，大溜向北，俾引河流暢。尾隄在陳家莊旱地，築高五尺，水長時，從陳家莊南任其流去無礙。此事關係緊要，爾等即遵諭行。

六月戊戌朔，諭大學士等：當今凡事俱可緩圖，惟吏治民生最難刻緩。諺云：湖廣熟，天下足。江浙百姓全賴湖廣米粟，朕南巡江浙，詢問地方米貴之由，百姓皆謂數年來，湖廣米不至，以致價值騰貴，然楚省官吏並未奏報水旱。又聞湖南百姓甚苦，皆由興永朝、王樑、楊鳳起三人相繼擾害所致。見任總督李輝祖爲人誠實，辦事頗優，但俱係于成龍薦舉，欲其不徇情面，將從前廢弛整理，斷斷不能，李輝祖可召進京，以侍郎用。原任左都御史郭琇，前爲吴江縣知縣，居官甚善，百姓至今感頌，其人亦有膽量，無朋比，郭琇著補授湖廣總督，令馳驛赴任。

甲辰，直隸巡撫李光地疏言：通州等六州縣，額設紅剥船共六百隻，剥運南

漕，計船一隻，給地十頃，以爲運丁贍養之費。倘遇水旱，收入既寡，仍照常令其修船雇夫，是與民地同一被災，而不得均沾蠲免之恩。嗣後，請一體蠲免。部覆無庸議。得旨，此紅剥地畝若遇災傷，著與民地一例蠲免。

《聖祖實録》卷一九四 秋七月庚辰，命兵部尚書席爾達署理四川、陝西總督事。

四川提督岳昇龍疏言：打箭爐原係本朝版圖，竟被烏思藏强行侵占。康熙三十五年，欽差兵部郎中金圖等會同四川巡撫于養志查勘後，仍霸踞如初，呑占蠻地數千里，侵奪番民數萬户。又在木鴉私造銃礮，屯聚糧草。臣因化林營兵單汛廣，移參將駐防，不意彼處喋吧昌側集烈等擅發蠻兵數千，占住河東擦道若儀等堡，不放客商來往。臣一面禁阻茶烟米布，一面密遣臣標中營守備李成瑛，帶領官兵五百名，前往化林營貼防。臣已備咨督撫會商，乃撫臣于養志私遣筆帖式額爾濟圖等往來調停，不使臣與聞，並擅止臣所遣防兵，益見私通外番情迹。得旨，此所奏事情，亦著羅察等一併察審具奏。

閏七月癸丑，刑部等衙門會議户部郎中剛五達等，審擬湖廣茶陵州叛賊黄明、陳丹書、吴旦先等一案。查黄明係叛逆吴三桂下僞將軍，康熙十九年，大兵取柳州時，遁入苗峒。後經查拏，苗子韋朝相假獻首級，黄明因潛住産峒多年，於康熙三十七年七月間，糾結陳丹書、吴旦先等侵擾湖廣茶陵州，攻圍衡州府，俱被官兵殺敗。黄明、陳丹書、吴旦先等一百三十四名，先後拏獲，俱應照律不分首、從，擬斬立決。原任茶陵州知州趙國瑄，因私派激變，應照律擬斬監候。失察總督李輝祖，應降三級調用。巡撫楊鳳起已經别案革職，無庸議。得旨，黄明、陳丹書、吴旦先等三十八名俱著即處斬，華虞臣等九十六名從寬免死，照例減等，發與黑龍江新滿洲披甲之人爲奴。趙國瑄私派激變之處，著行文湖廣總督郭琇，查明再議。李輝祖等處分尚輕，著一併再議具奏。

《東華録》卷一八 八月，兩江總督陶岱疏言：「聖主南巡省視，惟恐民貧艱食，截留漕米十萬石，照時價減糶之，貯十萬石備緩急。前因淮、揚等處米貴，請將留貯米動用四萬石，照前減糶，荷蒙俞允。今淮、揚等處小民仍艱粒食，且督修河工人等羣聚，需米甚多，請將所餘米六萬石，照前減價發糶。」疏入，格於部議，特允所請行。

《聖祖實録》卷一九五 冬十月癸酉，諭大學士等：黑龍江地方連歲歉收，著將烏喇收貯米糧，運至默爾根齊齊喀爾地方預備。若彼處有引水種田之處，著能耕種之人前去教導。交該部議行。

辛卯，大學士等以湖廣總督郭琇遵旨查明私派激變知州趙國瑄等事入奏。上曰：郭琇止將趙國瑄等事查出，並未敘及往審之剛五達等公與不公之處，著移文郭琇，將剛五達等所審公與不公及伊等途中曾否亂行，令其一併查明具奏。

《東華録》卷一八 十一月，御史鹿祐疏參順天鄉試正副考官修撰李蟠、編修姜宸英以賓興之典爲行私之地。奉上諭：「此科考試不公已極，且聞代倩之人亦復混入，著將舉人齊集内廷覆試。」尋覆試舉人等去留有差。又奉上諭：「順天中式者童稚甚多，物議騰沸，著將李蟠等嚴加議處，鹿祐題參可嘉。」

諭大學士等：「于成龍奏稱清江浦西界黄水高於淮水一尺，淮水高於運河之水七尺，運河水高於平地七尺，合而觀之，淮水高於運河〔西〕堤外平地共一丈四尺。今惟以濟口自河之下流注武家墩，由清江浦之北，另行改移，中間河身留八九十丈空地，兩旁堅築石堤，俾清水暢達。此所當急議者。但如是改移，朕恐别有所礙，爾等確議具奏。」尋遣侍郎常綬查勘，回奏云：「于成龍等言遵旨改移清口，則清水自是易出，但水泛時兩邊堤（高）〔岸〕，倘致衝決，保護爲難。若將高家堰減水壩堵塞，加幫修築，似有裨益。」于成龍尋病故，令九卿科道等確議允行。

《聖祖實録》卷一九六 十二月辛未，諭大學士等：每年所買皮張，儘足供用，多買亦奚用耶？即如朕内用沉香，每年二百觔，用尚有餘，今辦解者已過數倍。此等物件，俱令察明，量用採買，其餘無用者，悉停之。

康熙三九年（庚辰、一七〇〇）

《聖祖實録》卷一九七 春正月壬子，四川提督岳昇龍密題，巡撫于養志凶殘險刻，暴戾乖方，交結藏番，賄棄疆土，剥削商旅，苛虐土司，私收雜派，勒索屬員，規禮各種婪贓，計十六欵。得旨，四川巡撫、提督已經補授，于養志、岳昇龍即離任赴西安，其本内事情，著該督審明具奏。岳昇龍將不應密之事密陳，殊屬不合，著一并察議具奏。

丙辰，工部議覆浙江道御史廖騰煃疏，言原任河道總督董安國，糜費歲修及各案大工帑金，不下四五百萬。于成龍任内，又幾及二三百萬。河工無一案報竣，追賠及欵亦無一案還項，請嚴定考成，酌立期限。應將管河各官俱革職，勒限半年賠修，其分管道官各降四級督賠，工完開復。如限内不完，將承修官革

職，分管道官降四級調用，總河降一級留任。未完工程，仍令賠修。追賠銀兩，亦勒限半年。如限内不完，分管道官不行揭報，總河不行題參，照徇庇例議處。又疏稱，修工人員雖有一定丈數，然地名繁雜，必畫一定界，表以石樁，庶免推諉。應如所請，令總河將見今所修隄岸於接連交界之處，各立石樁，上鐫號數，下鐫修理人員姓名。其舊隄岸鐫舊隄字樣，亦立石編號。從之。

癸亥，上以巡視永定河，命皇四子多羅貝勒□□、皇七子多羅貝勒允祐、皇十三子胤祥隨駕。是日啓行，自通州登舟，泊郝家務。

二月甲戌，諭巡撫李光地等曰：閆、留二莊之間，可建一石閘，水大時酌量開閘減洩，水小時閉閘，仍由王家口舊河令直流出，則水勢不致盡行旁瀉，漕運民田皆有裨益矣。諭畢，往閲永定河修築之處。又問李光地等曰：開此河，水盡向東流，恐有妨於運道。李光地等奏曰：聖諭建閘甚是，此閘即令巡道劉德芳監築，多用石板，務期堅固。上逐一指示河工畢，諭曰：修築方畧，皆朕親行指授，若事有參差，俱在朕躬。爾其盡心修理，勿懷疑懼。以朕觀之，永定河下流，自三聖口開至柳岔，無有善於此者。上減扈從大臣侍衛，乘小舟往閲郎城、柳岔等處，遇水淺，舟不能進，上即改御小艇，盡留諸大臣侍衛，止率數人前往，指授河道應從何處修築方畧，逐一明訓河工諸臣。

乙亥，上諭大學士等曰：朕往閲永定河，見河上諸員深屬不堪，彼等並無知曉，每引朕至淺處，舟淤難行，問之土民，亦不明奏。後發嚴旨以懼之，始引前行。及至閲看，工程甚易，並無難處，因朕指示周詳，河工諸臣方悟而大悦。朕御小艇，入郎城等淀淤淺之處徧視之，則河之當移於柳岔也，益無疑矣。郎城之河，全被沙淤而墊高，至來年可耕爲田，而欲於此處出水，直强之耳。水口所關重大，若非親臨目擊，可輕斷乎？治河大臣畏縮不前，反再三陳奏，以爲不可行者，今復何辭？又諭曰：郎城之遥隄甚有用，清水渾水，俱以此當之。新河開畢，著即完工。南北兩岸遥隄，完工之後，交地方官各自分守，稍有損壞處，用民夫補修。著傳諭直隸巡撫李光地，朕將於四月來臨，且不時遣人察視，爾等敬慎毋忽。上又閲郭家務以下被淤卑矮隄工，諭曰：水長則新開之河可虞，爾等會同王新命作何酌量，再行加幫增高，著公閲議奏。

乙酉，湖廣總督郭琇陛辭，奏曰：皇上命臣選奏丈量地畝官員，有武昌道莊揞、衡永郴道董廷恩、長沙府知府王益曾三人才堪委任，但湖南民稀地廣，所以民或不能完課，遂致逃避者有之。清丈之後，則錢糧似較前差減矣。上曰：約減幾何？郭琇奏曰：大約減十分之二。上曰：果於民有益，所減雖倍於此，亦所不惜。若不清丈，以荒田著落他人徵收錢糧，有累窮黎，斷不可也。此事綦重，保題丈量官員爾具疏來，照所請行。

《聖祖實録》卷一九八 三月丙申，九卿等會議，刑部尚書傅臘塔、江南、江西總督張鵬翮察審陝西散給籽粒等案。查籽粒銀兩共計五十餘萬，此内給發民間三十九萬餘兩，百姓已於三年内完過二十六萬兩，餘銀限二年内陸續完結。其原任同州知州藺佳選、蒲城縣知縣闞琇、韓城縣知縣王宗旦俱侵扣籽粒銀入己，應擬斬監候。朝邑縣知縣姚士塾、華州知州王建中已病故，無庸議。其侵扣之銀，俱應照數追還原項。至布喀控告總督吴赫等侵蝕籽粒銀兩三四十萬，今合計實給衆百姓銀及各州縣衛侵扣那用銀，已與五十餘萬之數相符，布喀所告是虚。但吴赫及原任巡撫党愛不將屬員侵扣情弊，確查題參，均應擬罪。查党愛已經革職。吴赫於吴秉謙叩閽案内另議罪，應毋庸議。原任川陝總督佛倫，不將各官侵扣那用等項確查，即列名會題，不合，應降四級調用。原任西安知府彭騰翮、卞永寧，隴州知州王鶴應降三級，鳳翔知府許嗣國應降二級，俱調用。原任西安知府陞神木道李杰，降一級留任，罰俸一年。原任陝西驛傳道陞福建布政使解任張霖，補官日降一級，罰俸一年。原任布政使戴吞、禪布俱身故，無庸議。前任巡撫布喀擅用庫銀支給運米脚價，查係緊要公務，非私自那用，應免其追取。得旨，藺佳選、闞琇、王宗旦，俱依議應斬，著監候秋後處決。佛倫從寬免降級調用，著以原官致仕。餘如議。

又會議刑部尚書傅臘塔等，察審吴秉謙叩閽一案。查原任總督吴赫所參吴秉謙扣尅軍需銀兩，勒索税規倉規，俱係風聞不確，惟屬官情願送禮，收受是實。虧空庫銀，俱係軍需緊急，因公那用，並非侵蝕，其用過銀兩交與總督、陝甘二撫，令闔省文武官員均賠無著銀一千五十七兩。吴秉謙供稱，修理文廟及倉廒渠壩等處，但無用正項錢糧之例。吴秉謙先經三法司擬斬監候，無庸再議。其那用銀兩及所得餽送禮銀，照數追出，入官補項。吴赫懷挾私仇，捏欵誣參吴秉謙，有玷官箴，應革職，依誣告例枷責。丁憂布政使能泰、按察使鄂海、神木道李杰不能審出實情，應各降一級調用。其餘諸欵及吴秉謙所扳吴赫浮開草料價值等事俱虚，均無庸議。得旨，吴赫著革職，從寬免枷責。餘依議。

庚子，刑部等衙門會題，工部右侍郎羅察等，察審原任四川提督岳昇龍揭參原任巡撫于養志一案。查于養志係邊疆大臣，私將驛馬撥給裏藏餽送禮物之

人，又打箭爐土司蛇蜡喳吧地方，被營官占居，不行奏明，因岳昇龍揭參，始將岳昇龍所行事件揭奏，殊玷職任，應革職。其營官霸占作何措置之處，應請敕第巴，嚴飭互相貿易，毋致生事。得旨，于養志著革職，俟岳昇龍所奏二疏川、陝總督審結時，解送來京。將打箭爐等處被營官占據，並不奏明緣由，審明具奏。其營官占據打箭爐事情，亦著俟該督將營官毆死蛇蜡喳吧之案察明到日，一併議奏。餘依議。

又會題，工部右侍郎羅察等，奏審原任四川巡撫于養志疏參提督岳昇龍一案。查岳昇龍係邊疆大臣，應勤任事務，報答皇上超拔之恩，乃向革職土司高一柱面言，我用摺子啓奏，令爾戴罪護理，希圖酬謝。又給銀與閆國耀等建州販鹽，又因茶馬之事，指稱部内使用，令屬員議湊銀兩。四月初十日發兵，至十四、十五日始移咨督撫，將伊瘦馬交屬員，勒取價值。又取各營官隨身兵糧，多寡不等，俱玷職任，應革職。所取兵糧馬價及家人一百五十名、不當差遊擊韋元鼎等家下不當差之糧，俱交該部，照數追入官。閆國耀等，違禁販鹽，應擬杖。其餘諸款俱虚，應無庸議。至打箭爐，係版圖内地，達賴喇嘛妄求爐河東嘉慶地方，殊爲不合，但已于岳昇龍參于養志案内請敕第巴，亦無庸議。得旨，岳昇龍著革職，餘依議。

癸卯，上諭大學士等曰：河工錢糧，甚不清楚，于成龍病故，江南、江西總督張鵬翮操守好，著調補河道總督。

丁未，河道總督張鵬翮請訓旨，并題徹回河工効力人員。

夏四月庚辰，上徧視永定河隄，駐蹕永清縣北閣驛。召大學士馬齊入行宫，諭曰：朕前者到此，曾指示挑濬河灣，令其下樁。今觀河水已涸，乘此水涸之時，易於成功。其徑直挑濬處，須令寬闊，即以所挑之土培築隄岸，甚爲有益。見無雨水，二十日可以告竣。目今東作方興，夫役難於驟雇。八旗並包衣屬下，每佐領派護軍各二名，驍騎各二名，步軍共一千，令其挑濬。著直郡王允禔總領之，並帶世子雅爾江阿、僖郡王岳希、貝勒延壽、公齊克塔哈、普奇偕往，宗室公内有年青願効力者，亦著帶往。都統、副都統酌量派往。此派遣之事，著允禔會同内大臣公費揚古派遣管轄兵丁，酌派章京，工部司官派二員，令記工程檔案。其章京、兵丁，須派四十歲以内之人，有年老殘疾者毋得派遣。諸凡人員及廢官，有願濬河効力者，亦令前往。爾明日同允禔赴京師，會同大學士伊桑阿、部院堂官、八旗都統等會議，數日即帶領夫役前來挑濬。其夫役所食二十日口糧，及需用鍬橛筐籠等物，俱著各佐領備給。又諭原任河道總督王新命、學士白碩色曰：自江南、浙江、江西、湖廣四省協運永定河需用樁木，著諭工部侍郎特默德遣司官一員催運前來。糧船毋得攔阻，令樁木先行，沿河文武官員晝夜督催，速行運至。

壬午，上至王家口。登小舟，往視子牙河。諭直隸巡撫李光地曰：此一帶隄岸修築最好，朕甚嘉悦。其流水閘暫停修築，於閘之左右濬口洩水，視今歲何如，明年再定奪。回舟，泊大城縣王家口。

壬辰，上回京。調兵部左侍郎覺羅三寶爲禮部左侍郎，以兵部額外侍郎朱都納爲兵部左侍郎。

《聖祖實録》卷一九九　五月癸卯，諭翰林院：選拔庶常，原以作養人才。今科進士，特加簡閲，取張成遇、管昂發、嚴宗溥、董麒、許穀、高輿、李楷、王開泰、查嗣瑮、楊尤奇、蔡彬、勵廷儀、梁棠蔭、李夢昺、文岱、李棅、史貽直、方辰、介孝瑹、韓遇春、王允猷、董新策、董玘、閻愉、王士儀、晁子管、周士佃、魏方泰、瓦爾達、韓孝基、劉師恕、盛度、陳鸚薦、李薛、覺羅逢泰、張廷玉、王景曾、郭杞、張象蒲、高其倬、年羹堯、陳若沂、戴寬等四十三員，俱著改爲庶吉士。并修撰汪繹、編修季愈、王露，分別滿漢書教習。爾衙門即遵諭行。

以吏部右侍郎署理江南、江西總督事陶岱爲總督倉場侍郎。

己酉，湖廣總督郭琇條奏楚省陋弊，臚列八欵：一，闔邑攤費其名輭擡，各里輪當其名硬駝之弊，宜除。一，陋規雜派之多，宜除。一，徵糧之滚單，宜行。一，訟棍包攬詞訟，宜禁。一，酷刑濫刑，宜禁。一，誣盜及捕役私行吊拷，宜嚴飭。一，屍親率衆抄搶之風，宜禁。一，强族阻葬之風，宜禁。請旨勒石，永爲定例。得旨，本内事情，前任督撫並未陳奏，郭琇涖任實心除弊，詳明具奏可嘉。俱著照該督所請行。

甲寅，江蘇巡撫宋犖題：江蘇所屬積欠漕項銀米，自康熙三十四年起，至三十九年止，共銀三十二萬餘兩，米、麥十三萬餘石。六載並徵，民力實難兼顧，請分年帶徵。得旨，漕項積欠銀兩，著照該撫所題分年帶徵。其積欠米、麥，俱著免徵。

六月甲子，河道總督張鵬翮疏言：臣遵旨看視海口，將攔黄壩盡行拆去，河身開濬深通。於四月二十一日動工，至五月初九日完工開放。水勢暢流，衝刷淤沙，旬日之間，深至三丈，寬及百丈有餘，滔滔入海，沛然莫禦。且自動工以

來，海潮不興，風濤不作，得以施工。工程甫竣，即長水二尺，以資開放，暢達入海。此皆我皇上留心國計，軫念民生，至誠上孚天心，海神効靈之所致。應將攔黄壩之名改稱大通口，伏乞皇上欽定，以垂永久。建海神廟，以答神庥。上准奏，賜名大通口，建造廟宇。

《聖祖實録》卷二〇〇　秋七月甲午，諭河道總督張鵬翮：歸仁隄、便民閘等口，俱已堵塞。其毛城鋪迤下等口，尚未堵塞。將便民閘等口堵塞，則毛城鋪等口所出之水，由何處洩去？必致散漫各處，民受大害，此關係緊要，宜速籌一策。

乙未，上召刑部侍郎常綬並員外郎費養古，諭曰：張鵬翮深悉河務，條奏詳明，但任事伊始，即如此嚴切，後將難繼。其所奏下椿處，朕南巡時亦曾面諭于成龍。今張鵬翮所奏如此，方見朕言之當。治河石料抛置水次，以致衝没者頗多，于成龍監修河務，嘗身立淤泥中竭力督催，故人皆奮勉，但彼偶離其地，屬員則安逸是圖，無所顧恤矣。且聞或於河岸陡峻處畧加削直，即冒稱隄工者有之。張鵬翮見奏事宜，固爲詳明，但彼所轄地方遼闊，不得不分委屬員，後來功效，難以預必。爾等視河屢矣，今觀此奏，以爲何如？常綬奏曰：後效難於逆料，誠如聖諭。

理藩院題：商南多爾濟等所奏策妄阿喇布坦遣人往青海台吉處等事，毋庸議。上曰：此事目前觀之，雖屬甚小，將來大有關係，該部擬以毋庸議，倘青海台吉等遣人以所奏聞事問商南多爾濟，則商南多爾濟何以答之？策妄阿喇布坦人甚狡猾，其口稱往征第巴，或因力不及而虚張聲勢，或欲往征。以此問曾往彼處侍郎常綬等，再行具奏。

九卿等議覆：河道總督張鵬翮奏修河工事宜，應准行。上曰：張鵬翮所奏，黄河曲處挑挖使直，則對岸險工可平，此説良是。所謂曲處挑挖使直，非謂取直於隄外，乃兩隄之間，自四五里至十里廣狹不一，於此内曲者直之耳。朕亦曾以此面諭于成龍，于成龍之意甚忽視之，朕不過暫往巡視，于成龍乃久居河上之人，毋論朕不能盡知，即所深知者亦不可强令所司曲從朕意，脱有不虞，關係非小。今張鵬翮此奏，與朕向時所見甚合，朕凡事知者言之，不知者不輕言。即今邳州、吕梁諸處情形如何，並未親見，若强以爲知，必致辭窮。伊桑阿、馬齊爾等曾經親到河工，故能知之。若所未知者概以爲知，可乎？張鵬翮遇事精勤，從此久任河務，必能有益，著照所議速行。

乙卯，上又諭：鄂羅斯地方遥遠，僻處西北海隅，然甚誠敬。噶爾丹窘迫求救，彼曾拒而不答。曩者遣人分畫邊界，即獻尼布潮地以東爲界。尼布潮等處，原係布拉忒吴梁海諸部落之地，彼皆林居，以捕貂爲業，人稱爲樹中人。後鄂羅斯强盛，遂并吞之，已五六十年矣。

丙辰，諭户部：國家要務，莫如貴粟重農。朕宵旰圖治，念切民生，惟期年穀順成，積貯饒裕，於以休養黎元，咸登樂利。今聞直隸各省，雨澤以時，秋成大熟。當此豐收之時，正當以饑饉爲念，誠恐歲稔穀賤，小民罔知愛惜，粒米狼戾，以致家無儲蓄，一遇歲歉，遂致仳離。著該督撫嚴飭地方有司，勸諭民間，撙節煩費，加意積貯，務使蓋藏有餘，閭閻充裕，以副朕重農敦本、愛養元元至意。爾部即遵諭行。

《聖祖實録》卷二〇一　九月丙午，户部議覆江南江西總督阿山，會同江蘇巡撫宋犖疏，言臣等率監督舒胡德等，閲看金山衛南青龍港等處，自該衛海塘外四十里有金山頭，凡商船皆聚此處候潮，往西則至浙江平湖縣之乍浦，往東北則至崇缺與上海縣之吴淞江。雖據舒胡德疏稱，於金山衛青龍港地方挑河，商船可以就近駐泊，税額可以加增。但金山衛臨海一帶，皆係土塘，塘高而海低，若開青龍港，將海水通至塘邊，必須掘深二丈有餘方可行舟。又海信晝夜兩潮，必待潮落，方可開掘。一日動工不過二三時辰，告成無期。復閲海岸之下淺處頗遠，此淺不開，商船不能進口；若開，則一片汪洋海面，萬難疏濬。又查塘内至金山衛城河直去一里有餘，盡是民田，未必無害。且商船所進之口，皆有課税，即挑青龍港成功，此處課税雖增，而浙江海税必減，於商船、國課並無便益。其挑濬青龍港等處，似不必舉行。應如該督撫等所題，將監督舒胡德請挑濬青龍之處，毋庸議。從之。

己酉，户部等衙門議覆倉場侍郎石文桂疏，言每歲糧船轉衛，恐遇淺阻，額設紅剥船六百隻，輪流剥卸，續運至通。此項船隻，每地十頃，免其徵科，辦船一隻，起剥淤淺。近來其地盡皆賣出，僅僱募船户當差，船既有名無實，甚至破壞不堪，而沿途攙和偷取，以致漕糧虧折，旗丁反受其害。但糧船淺阻，必須起剥，臨期僱募，又恐時有時無。南方船隻儘多，若許運丁各帶剥船一隻，沿途剥運，實爲甚便。莫若議革紅剥船隻，將辦船之地畝，通計六千頃，交地方官，於康熙四十年起徵，解送户部。將此項數目，行文漕運總督，照數動支正項錢糧，均分散給運丁，以爲各帶剥船及北河僱夫剥淺之用，歲終即以前項抵銷。既無沿途

竊取之弊，亦無破船濕米之虞。應如所請。從之。

庚戌，福建道御史劉珩疏言，直隸永平、真定等府田地，應令巡撫李光地，視其近河之處，引水入田耕種。上諭大學士等曰：水田之利，朕所洞悉，已交李光地，見令引水耕種。水利一興，田苗不憂旱潦，歲必有秋，其利無窮，但不可太驟耳。今若竟定一例，諸處剋期齊舉，該部復行催查，則事必致於難行矣。亦惟興作之後，百姓知其有益，自然鼓勸，各相效法，於是因地制宜，設法行之，事必有成。觀今此處，亦不必開池，惟如寧夏水田，開濬溝渠，潦則撤田中之水自渠出之；旱則放渠之水引入田中，災荒總可無虞矣。

癸丑，河道總督張鵬翮疏言：前河臣于成龍查勘於四堡挖引河，由湖家溝出黄河，臣率同部員龐縣等官相度形勢，湖家溝迤東，地勢頗高，恐引水不暢，且地係沙土，難以建閘。查勘挑挖引河之處，在於涵洞口起，至老隄頭，迤東出黄河，地勢低窪，打量水平，湖水比黄水高七寸六分。自涵洞起，至九龍廟止，見有舊河一道，長一千二十七丈九尺，河身深窪，不必挑浚。自舊河起，至黄河邊止，應挑引河長三千八百二十二丈五尺，估挑面寬十丈，底寬四丈，深八九尺一丈不等。應於黄河縷隄出水之處，建造石閘，於臨河之處，建築草壩，隨時啓閉，以防黄水倒灌。

冬十月己巳，河南巡撫徐潮陛辭。上諭之曰：聞河南火耗甚重，爾去當嚴行禁止。又聞彼處虧空甚多，爾云営加籌畫，如何令無虧空。河南連歲有秋，未知積貯如何，爾亦當細心查核。徐潮奏曰：臣聞河南有幾州縣火耗最重，此外尚有私派，臣當嚴行禁革。又州縣虧空錢糧，臣到河南，惟有潔己率屬，寬養其力，使彼逐漸自補，再不悔改，定行題參。上曰：今天下雖太平，然武備不可有懈，爾有撫標兵卒，爾從翰林出身，武事恐未必留心，宜嚴飭將弁，不時操練。爾撫標操練精强，則兩總兵官，有不凜然操練者乎？總之，爾去一如張鵬翮、李光地、郭琇、彭鵬所行，則不但爲當今名臣，即後世亦可取重矣。

《聖祖實録》卷二〇二　十一月丁酉，理藩院題：將軍薩布素奏報，達賴諾爾台吉等擄掠鄂羅斯貿易人等馬匹，議俟明春草生時，差遣大臣官員，會同鄂羅斯尼布潮城守尉伊蘻定立邊界。上諭大學士等曰：明歲草生時，可差一侍郎查立邊界。

以原任都察院左副都御史扎賴補原官。

丙午，九卿等議覆：湖廣總督郭琇等，遵旨詳議科場事宜四疏。嗣後，直隸各省鄉試在京三品以上，及大小京堂、翰、詹、科、道、吏、禮二部司官，在外督、撫、提、鎮及藩、臬等官子弟，俱編入官字號，另入號房考試。各照定額，每十卷民卷取中九卷，官卷取中一卷，不必分經。其副榜，亦照此算取。若各省鄉試官員子弟，或止數人者，不必另編官字號。雲南、貴州、四川、廣西四省在監鄉試，亦編入南監内，俱一體分别編官字號，照額取中。會試滿合字號、南北字號，亦編官字號，每二十卷取一卷。雲南等四省中額，仍照現例行，不另編官字號。各項監生，有願在監入場者，俱由國子監録取，責令祭酒等力行考課之法。考課不缺者，准其入場，照例分别南北官民卷。其願在本地鄉試者，與生員一體分别官民卷。取中童生内，有將經書小學真能精熟及能成誦三經、五經者，該學臣酌量優録。論題，將《性理》中《太極圖説》、《通書》、《西銘》、《正蒙》等書，一併命題。從之。

十二月庚午，刑部等衙門會題：署四川陝西總督、吏部尚書席爾達覆審原任巡撫于養志、提督岳昇龍互相揭參一案，疏稱，于養志將岳昇龍咨移任私删改，不據實具題，以致營官踞爐狂悖，侵占河東若泥等處，應擬斬。岳昇龍仍照前議革職。查于養志已發往軍前効力，俟回日監候，餘應如所題。得旨，依議。前所遣兩侍郎並未審明，席爾達方行審結，何故不問其罪？三部諸臣未免徇情，若不問擬，嗣後審事諸臣俱任意横行，三部大臣著行申飭。尋議，侍郎羅察、布泰應各降三級留任。得旨，羅察、布泰著照所降之級，隨旗行走。

《東華録》卷一八　是月，左副都御史勵杜納疏言：「督撫大吏朝廷畀以百餘城，吏治數千里，民生責任至重，若託詞鎮静，漸成悠忽，所綜理不過期會簿書，難保無忝封疆之寄。請勅諸督撫年終彙奏，若何察吏安民，興利除弊，以備清覽，或開註不實，治以欺罔之罪。庶諸臣時時警勉，不敢優遊草率，貽誤地方。其所轄之藩司專掌錢穀，臬司專掌刑名，州縣之錢糧有無虧空，定案之爰書有無駁審，詳實并列，則藩臬之優劣亦無遁情。」下部議，從之。兩廣總督石琳奏：瓊州生黎出犯寶停營，傷害兵丁，由文武各員婪索起釁。上命侍郎凱音布、學士邵穆布往勘。刑科給事中湯右曾疏言：「臣閱揭帖，有瓊州文武官遣人往黎崗採取花梨、沉香，滋擾起釁多欸，總督石琳、巡撫蕭永藻、提督殷化行平時毫無覺察，恣其貪毒。且黎人拒門事起於上年十二月，遲至一載，始行題報，其扶同掩飾，希圖欺隱可知，請嚴加處分。」得旨：令石琳、蕭永藻、殷化行回奏，各自引罪，下部議降級有差。

康熙四〇年（辛巳、一七〇一）

《聖祖實録》卷二〇三　春正月甲寅，調正黃旗蒙古都統伯心裕爲鑲藍旗滿洲都統，以輔國公宗室齊克塔哈爲正黃旗蒙古都統。

二月己未，議政大臣等議奏，黑龍江將軍薩布素捏報兵丁數目，浮支倉穀，應革職。從之。

辛酉，上閱視永定河，至清涼寺決口，諭直隸巡撫李光地曰：此河今歲務必完工，爾等可勉力爲之。

三月丁酉，禮部議覆河道總督張鵬翮請將上諭治河事宜，敕下史館，纂集成書，永遠遵守。應如所請。上諭大學士等曰：朕以河工緊要，凡前代有關河務之書，無不披閱。【略】今河工尚未告竣，遽纂成書可乎？纂書之務且不必交翰林院，即著張鵬翮編輯呈覽。

《聖祖實録》卷二〇四　夏四月甲子，命内閣學士錢齊保等，往土默特教養諸蒙古等。上諭之曰：爾等至彼，其蒙古作何教養，必預爲請旨，俟朕指示而行。其盜賊之事，亦係緊要，爾等慎之。

諭大學士等：朕前命右衛西安兵丁撥往寧夏、蘭州二處預備，今右衛將軍宗室費揚固疏言，領兵行至鄂爾多斯，馬匹羸瘦，請照行軍例給一月草料。向者朕率師至寧夏，時值二月，隨行侍衛執事人等及軍卒馬匹並未支給草料，惟牧放往還，而馬匹仍然肥壯。今正值草青茂盛之時，將軍費揚固請給喂馬草料，殊屬不合。今西陲絶無邊警，應將撥往寧夏之右衛兵丁徹回。其往蘭州之西安兵丁，令於蘭州所屬有糧及青草茂盛處居住牧馬。

户部議覆廣西巡撫彭鵬疏，言舊例廣西採買熟鐵、生銅解送京師。康熙三十九年奉旨，熟鐵已停解送，今生銅亦請停解。應不准行。上諭大學士等曰：廣西路遥地險，若令解送，必致累民，可如其所請，折銀解部。

乙丑，陞正藍旗漢軍副都統曹秉桓爲鑲白旗漢軍都統。

戊辰，湖廣總督郭琇疏，言湖南常平倉穀舂米得二十萬石，若收貯倉中，必致朽爛，請旨作何支用。得旨，此米著即撥給荆州兵餉。

乙亥，吏部議覆荆州將軍莽奕禄疏，言湖廣督撫駐劄省城，與荆州相隔九百餘里，凡大小軍需事件，往返行文，數日始達，易致遲悞。請以督撫内一員移駐荆州，但督撫大員不便移動，應將湖北按察使移駐荆州，撥銀十萬常貯荆州庫内，以備軍需。得旨，湖北按察使不必移駐荆州，所撥銀兩，著交與荆州駐劄道員管理。

丙子，上諭大學士等曰：山東人性多偏執，好勝挾仇，昔李之芳、孫光祀、王清其仇迄今未解，惟王士正則無是也。其作詩甚佳，居家除讀書外，別無他事。若令回籍，殊爲可惜，著給假五月，不必開缺。

丁丑，上巡視永定河，命皇太子允礽，皇四子多羅貝勒□□，皇十三子胤祥隨駕，自暢春園啓行。是日，駐蹕鵝房村。

戊寅，上閱竹絡壩河道，諭直隸巡撫李光地等曰：此莽牛河出水之口，亦宜下埽防之。隆冬冰結之時，莽牛河口著照常開洩，清水流於冰下，則水爲冰所逼，向下衝刷，河底自然愈深。又閱新修石隄，諭曰：朕修此石隄，特欲其堅而更堅之意。如此，則河水斷不復歸舊河，此地黎民亦可安枕矣。又閱竹絡壩迤東河道大灣，諭曰：此地正當頂衝，甚爲危險，現今此處續修石隄尚未興工，著速取南方運來杉木，即下排樁及埽，堅固修築。又諭曰：觀新挑河道，水流既直，出柳岔口亦順，河岸較前甚高而河亦深，此皆被莽牛河水衝刷之故。閱其地勢，南岸最爲緊要，故將應行堅修諸處，詳行指示。爾等勿謂已成，而遂忽之。

五月庚寅，工部議覆河道總督張鵬翮疏，言黄淮交會，水勢加長，修防工程，倍加緊要。時家馬頭、童家營、陳家社、龍潭口、歪枝套、辛家蕩、邢家河、馬家港等處隄壩，應行幫築，挑挖引河以及釘樁下埽。又奏黄水漲發，由王家營減水壩洩入鹽河，至平旺河入海。今鹽河淤塞，作速乘時挑築。俱應如所請。從之。

《聖祖實録》卷二〇五　秋七月己丑，諭大學士等：前總河于成龍具疏，欲將高家堰六壩堵塞，蓄湖水以敵黄水，疏通清口。因遣尚書范承勳等堵塞六壩，此非張鵬翮到任之後始行堵塞。頃因巡撫高承爵題報，泗州、盱眙水災，朕敕張鵬翮會同江南總督阿山踏勘情形，將泗州、盱眙泛溢之水，設法修治，作何賑濟、蠲租，令其奏聞。又以洪澤湖水泛漲，高家堰隄工恐致危險，若高家堰至於危險，淮安、揚州等處皆被淹没。高家堰隄作何保守堅固，更有何修治善策，著張鵬翮陳奏。乃張鵬翮托病未往泗州、盱眙，復疏稱「泗州、盱眙水災自古已然，即六壩全開，泗州等處亦被水災。且六壩既閉之後，水不東注，高郵、寶應、興化、泰州、山陽、鹽城、江都等州縣田地涸出，民得耕種，皆河伯效靈所致」等語。朕著張鵬翮會同阿山，將泗州、盱眙泛漲之水，作何設法築隄幫修，或賑或蠲，俱

有益於災黎，並非欲開高家堰六壩，救泗州、盱眙之民，而令淮、揚百姓罹於水災也。朕念黄河、運河關係國計民生，三次看閲河工，屢次簡任河臣，修築隄岸。每歲不惜數百萬帑金，夏月雨水時，晝夜憂慮，不時遣人看視。凡被水之處，截留漕米，盡出倉糧賑濟，總爲拯救災黎，豈止救泗州、盱眙之災，而淮安、揚州等處百姓聽其罹災乎？朕念四海一家，凡來朝見者必細詢雨澤田禾。見有居住賀蘭山後公雲木春來朝見，朕問河西雨澤，黄河水勢，雲木春奏「今歲自正月至六月，滴雨未降，黄河水消二丈有餘」。張鵬翮與衆河官乃謂，清口水出皆賴河伯效靈，伊等効力所致，此實因黄河水小，清口之水幸而得出，並非伊等効力之所致也。統一天下之主，坐視災黎，不爲拯救，有是理耶？覽張鵬翮奏章，昏瞶已極，著將朕諭旨及張鵬翮所奏一併刻示於淮安、揚州、泗州、盱眙等處，令衆人觀看。

八月乙丑，上幸索岳爾濟山，諭大學士等：此山形勢崇隆，允稱名勝，嗣後此山禁止行圍。

丁卯，户部議覆直隸巡撫李光地疏，言青縣等處西翼四旗馬廠餘地，原十八萬八千四百六十二晌有零。今民認墾者，止三萬二千十六晌有零，其外有民偷墾、鄰畝暫充爲己業者，其偷墾田畝中有見爲水淹不可耕者。會勘之時，民人懼罪，莫敢出名承認。乞免其已往之罪，招民承種，於康熙四十年爲始，照則起科。應如所請，令該撫察核題奏。從之。

壬申，上駐蹕扣懇昂阿地方。

吏部等衙門議覆奉差廣東審事禮部左侍郎凱音布等疏，言廣東督撫平日不嚴約束文武官弁，以致騷擾黎岐，殊屬不合，應將總督石琳、巡撫蕭永藻各降二級調用，提督殷化行降一級留任，瓊州總兵官今調鑲白旗漢軍副都統唐光堯降四級調用。俱應如所奏。得旨，唐光堯著革職，石琳、蕭永藻著從寬降級留任。餘依議。

甲申，上行圍，發矢，穿兩黄羊并射斷拉哈里木。時近御巴林台吉阿喇布坦、科爾沁台吉吳爾圖納素圖等，無不驚異，手持斷木奏曰：即鳥鎗亦不能穿兩羊並拉哈里木，我等自幼從未經見如此射法。上曰：此亦借黄羊跳躍之勢，故射穿耳。

九月壬子，陞正黄旗滿洲副都統宗室諾羅布爲蒙古都統，調正黄旗漢軍都統宗室鄂飛爲滿洲都統。陞正黄旗護軍統領嵩祝爲漢軍都統，仍兼管護軍統領事。鑲紅旗滿洲副都統達佳爲鑲藍旗護軍統領。

《東華録》卷一八　是月，厄魯特策妄阿拉布坦遵旨解噶爾丹女鍾齊海至京。上赦不誅，令婚配得所。

《聖祖實録》卷二〇六　冬十月戊午，調正白旗蒙古都統兼護軍統領宗室特克新爲鑲黄旗滿洲都統，陞鑲白旗護軍統領迓圖爲正白旗蒙古都統，正藍旗滿洲副都統瓦珥達爲鑲白旗護軍統領。

己未，諭户部：朕孜孜圖治，宵旰靡寧，於民生疾苦，時切軫念。甘肅等處地方，切近邊陲，土田瘠薄，今年雨澤愆期，田禾多有未穫，閭閻飢困，朕心深用憫惻。已特敕該督撫等官，將被災之處，親行蠲賑，令其得所。更念來歲青黄不接，西土小民輸納維艱，著將甘肅巡撫所屬州縣衛所康熙四十一年分地丁錢糧，通行豁免。地方有司務期切實奉行，毋令官吏借端侵漁，俾小民得均沾實惠，以副朕軫恤災黎至意。

陞鑲白旗漢軍副都統佈爾賽爲正藍旗蒙古都統。

《東華録》卷一八　十二月，廣東官軍勦連州傜人失利，命正黄旗漢軍都統嵩祝偕副都統達爾占、侍郎傅繼祖往會總督石琳，調廣西、湖南兵進勦，即授爲廣東將軍。

《聖祖實録》卷二〇六　辛酉，諭曰：江南今歲豐收，河南、山西、山東初雖稍旱，其後仍大收穫。其各省，朕雖不時蠲免錢糧，屢加恩恤，而小民生計，終屬艱難。今見直隸旗民雜處，先雖稍有荒災，而百姓尚不至甚困，其北四府毫不私派。今年直隸又十分收成，民間生計甚是豐足。總之，地方大吏居官若好，雨水又得調匀，田禾自必豐收也。

康熙四一年（壬午、一七〇二）

《聖祖實録》卷二〇七　春正月乙酉，差往廣東勦撫猺人都統嵩祝、副都統達爾占、侍郎傅繼祖奏請訓旨。上諭曰：猺人所居之山，通連廣東、廣西、湖廣三省，林木叢密，山勢崇峻，向來恃此險僻，頑梗不馴，近復突出，搶奪村民，殺害官兵。今差爾等至彼，務體朕好生至意，不必遽行征勦，先曉示招撫，如其不悛，再行勦滅。爾等馳驛前去，須約束官兵，毋得騷擾居民。并將猺人山寨形勢、三省官兵進征之路及立營之處，繪圖呈覽。朕揣猺人受撫之事，五月内必成。如

猺人歸順，查出殺害官兵之爲首者正法，餘俱寬宥。

三月癸未，調鑲白旗蒙古都統崇古禮爲正白旗滿洲都統，陞鑲白旗護軍統領瓦爾大爲正藍旗滿洲都統，左翼前鋒統領吳達禪爲鑲黄旗蒙古都統，鑲黄旗滿洲副都統滿丕爲正藍旗蒙古都統。

辛卯，諭户部：朕躬理幾務年久，深知稼穡之事，念阜民之道，期於有備。去冬北地少雪，今春雨澤微降，尚未霑足，誠恐蝗蝻易生，有傷農事，所在官吏亟宜先時豫防。直隸、山東、山西、河南、陝西、江北地方，歷年積貯倉糧果否足額，該督撫宜確加稽核，務使廩有餘儲，不致匱乏。其一切豫備事宜，須悉心講求料理，縱年歲不甚豐稔，亦可賑濟無虞。至直隸各省，見今雨澤有無多寡，著該督撫即行具摺奏聞，以紓朕宵旰勤民之意。

庚戌，諭大學士等：廣東猺人盤踞深山，恃其險峻，素未歸化，今忽突出，搶奪村民，殺害官兵，已遣都統嵩祝等前往，調集廣東、廣西、湖廣三省師旅，直抵其穴。觀嵩祝等遣郎中尤冷額所進圖形云，猺人爲數無多，棲身之地雖不寬廣，但山險路狹，地接廣東、廣西、湖廣三省，錢糧轉輸甚易。今三省之師已壓彼境，若猺人就撫則已，否則令嵩祝等公議，於猺人居處要隘，立營圍之，不過稍費錢糧，不勞兵力，彼自窮迫矣。其令兵部速移文嵩祝等遵諭而行。

《聖祖實録》卷二〇八 五月壬寅，差往廣東剿撫猺人都統嵩祝等疏言：臣等奉命剿撫猺人，於二月二十一日抵廉州府，勘視猺人所居山寨，即於要地設立營壘，挑築濠塹，將三省官兵分營羅布，臣等仰體皇上好生之意，先爲招撫。衡慶、衡祥、尤齡等三排猺人，知官兵據其要地，無不震恐，一聞招撫，即踴躍來降。又四月初十日，軍署馬薦洞、大張嶺和邵平、黎巴洞等五排猺人，聞衡慶等三排受撫，亦皆率衆，將前殺傷官兵之黎貴等九人縛獻投降。臣等審得黎貴等九人殺傷官兵是實，遂於衆猺人前，將黎貴等九人即行正法。其受降大小各排户口，共一萬九千餘名，將伊等作何安插，及此等地方設立州縣之處，俱交與總督石琳等料理。下部知之。

六月壬子，先是，貴州提督李芳述等題報，清平縣民鄧應甲爲賊阿應等殺害，逃匿貴州苗寨，都司胡安國等帶領官兵會同土官何瓚遠往捕，各寨苗蠻恃險拒捕，殺害官兵四人，土官何瓚遠被苗首羅尤等搶入寨内，復行殺害。得旨，此案兇犯，如苗寨自行擒獻請罪則已，若不行獻出，該督撫提鎮著即興兵勦除。至是，雲南貴州總督巴錫疏言，葛彝寨苗蠻抗拒不法，臣等遵旨調黔省兵四千，令副將王鳳等總領進勦。下兵部知之。

戊午，御製訓飭士子文，頒發禮部，命勒石太學。

乙丑，兵部議覆四川提督岳昇龍疏報，四川省大涼山、小涼山野猓向來梗化，今猓目馬比必等率衆歸誠，請授馬比必爲土千户之職，頒給印信。應如所請。從之。

《東華録》卷一八 是月，山東巡撫王國昌疏陳東省便民事宜：一、倉穀遵例存七糶三，於青黄不接時減價平糶，秋收糴穀還倉。一、德州倉米支放各營兵糧，向係四季徵收，春夏農忙時，輸將難以猝辦，應動司庫銀買米支放，其額徵米石俟秋後徵收。一、額徵班匠銀四千餘兩，均入地丁項下徵解。一、魯藩舊基地聽民墾種輸租，即於開墾之年陞科，給印帖俾爲恒業。下部議行。

《聖祖實録》卷二〇八 閏六月戊戌，差往廣東剿撫猺人都統嵩祝等事竣，回奏：臣等謹遵訓旨，招撫各排猺人，俱已受降，此皆皇上天威，無遠弗屆，故無知垂髪之猺人咸歸德化。臣等面請訓旨時，皇上豫揣五月内，受撫之事必成，今果如聖明洞鑒，分毫不爽，三省之督撫提鎮以及軍民無不欽服。上隨賜御書各一幅。

辛丑，兵部議覆四川巡撫貝和諾疏請，打箭爐木鴉一帶地方歸順番民一萬九千餘户，應添設安撫使五員，副安撫使二員，土百户四十五員，以專管轄。應如所請。從之。

《聖祖實録》卷二〇九 秋七月丙辰，九卿議山西巡撫噶禮劾左都御史李枏致書太原府知府趙鳳詔照拂進士武承謨一案，請將李枏革職。上諭大學士等曰：内外官員如此書信往來者甚多，李枏從寬，免革職，著降五級留任。又諭曰：今之科道糾參一官，舉國皆聞，方始入告。或有先以疏稿示欲參之人然後題參者，或有先告以題參之意其人不懼然後題參者，若果貪汙，理宜參處。倘因私怨以些微細故，即行題參，事必滋擾矣。

庚申，工部議覆河道總督張鵬翮疏，言伏秋水漲，自徐州、邳州、桃源、宿遷、清河、山陽、安東一帶，至海口搶修各工，多有衝陷危險之勢，臣率領河員晝夜修防，俱獲平穩。惟山安汛臧家溝水口漫溢，東省戴村壩土隄被衝，高家堰及六壩水勢積長，石工間被衝卸，桃源、烟墩、張家莊埽工因黄水積長一月不消，又值暴風大作，張家莊下顏家莊隄工漫開，見在相機堵築。查徐州等處河工平穩，均無庸議。其漫開被衝隄工，應令該督速飭河員加謹搶護，堵築完固，並將疎防各官

查明題參。從之。

乙丑，河道總督張鵬翮題覆：徐州至清口請停築石隄。上諭大學士等曰：朕巡寧夏時，於黃河舟行二十餘日，觀其水勢，毫無所定。今舊河故道，俱被漫溢。若一遷流，難復故處，築隄防之，逼其水性，易致衝決，甚無益也，可停築石隄。又張鵬翮疏稱，黃河之水長至一月未退，朕因高家堰，日夜焦思，洪澤湖之水較運河高八尺，運河之水較淮安高一丈二尺，今閉唐埂六壩，目前雖有裨益，設高家堰一決，揚州、淮安、宿遷等處百姓俱不可問矣。惟俟入秋水過之時，隄岸依然堅固，方可無虞耳。

丁卯，户部議覆山東巡撫王國昌疏：【略】查山東既有積穀，明歲春夏二季兵糧，應即以倉穀支應，不必更動司庫銀採買。餘俱應如所請。從之。

八月庚辰朔，增順天鄉試中額，八旗滿洲、蒙古三名，漢軍一名，順天等八府十名，國子監貢監生八名，奉天一名，宣化一名，從順天府府尹錢晉錫請也。

九月辛亥，調正藍旗漢軍都統李正宗爲鑲黃旗漢軍都統，以廣州將軍盧崇耀爲鑲白旗漢軍都統，陞鑲黃旗漢軍副都統馮國相爲正藍旗漢軍都統，調正黃旗蒙古副都統伊德渾爲鑲藍旗滿洲副都統，鑲黃旗蒙古副都統佘渾爲本旗滿洲副都統，正藍旗漢軍副都統張庫爲鑲黃旗蒙古副都統，陞前鋒參領噶爾弼爲正黃旗蒙古副都統。

辛酉，調正紅旗滿洲都統齊世爲正黃旗滿洲都統，正黃旗漢軍都統護軍統領嵩祝爲正紅旗滿洲都統，鑲紅旗蒙古都統莽喀爲正黃旗漢軍都統，陞正黃旗漢軍副都統車納福爲鑲紅旗蒙古都統。

正紅旗漢軍副都統高必盛以老病求罷，得旨，高必盛庸劣，著革職。

甲子，諭吏部、户部、兵部、工部：朕念黃、淮兩河，爲運道民生所係，屢次南巡，親臨閱視，以疏濬修築之法指授河臣，閉六壩以束淮敵黃，通海口以引黃歸海。比歲以來，工程次第告竣，修防漸有成效。昨年冬月，河臣張鵬翮曾以河工善後之策及應修之處，請朕親閱指示。兹當農事之隙，減約從員，輕裝南下，自徐州一路循視隄堰，沿途皆設營幄，不御屋廬，日用所需，悉已儲偫。經過地方，一切供帳，宜通行禁止。倘有官吏籍名科派，累及小民，或指稱豫辦，擅動庫帑，察出定嚴加治罪。地方大小文武官員與扈從官員託言親舊，私相餽遺，及隨從人等有妄行生事者，俱以軍法從事。閭閻百姓，各事本業，不須引避。有懷挾私怨，於駐蹕處所告訐者，一概不准，仍照律治罪。該部即傳諭扈從人員並行各該督撫，於所屬府州縣徧張告示，務令通知，以副朕體恤民生至意。

《聖祖實録》卷二一〇　冬十月壬午，上以皇太子允礽患病，駐蹕德州行宫。

諭扈從領侍衛内大臣等：皇太子允礽患病，可召索額圖前來奉侍。

乙酉，刑部遵旨議覆：黑龍江寧古塔等處，發遣人犯逃者甚衆，皆由該管之人，不行查察，應令各該將軍打牲總管等，將發遣人數每月查明咨部。至年終，該管將軍開明總數具奏，臣部勘對。如有發遣人犯逃走一名者，伊主官則罰俸三月，平民鞭責。至二三名者，計人數加罪。其該管將軍、副都統、協領、佐領、驍騎、校等，亦分别降罰，小撥什庫鞭責，打牲總管照協領治罪，副總管照佐領治罪。其發遣人犯逃走，若緝拏時，有拒捕者，即行正法。又或拐賣人口，或爲竊盜等事發覺，臣部審明，發與該將軍等即行正法。其發遣之犯，應沿途官員親身押解。或不加防守，以致罪人脱逃者，官員降二級調用，兵丁枷號一個月。請著爲令。從之。

庚寅，諭理藩院：今歲京師痘症甚多，蒙古王台吉中有未出疹痘者，元旦著免來朝賀。

乙巳，大學士等奏，九卿等會議制錢，改鑄大式，停止鼓鑄小錢。上曰：私鑄之弊，朕知之甚悉。欲禁止何難，但必洞徹錢法利弊，始可行之。爾等可會同九卿再加詳議，務使永遠遵行無弊可也。尋議，鑄錢每文重一錢四分，停止舊式小錢鼓鑄。三年内，許大小互用，大錢足用，則小錢可漸次銷燬。從之。

丙午，調浙江福建、總督郭世隆爲廣東、廣西總督。

以福建將軍金世榮爲浙江、福建總督，仍管將軍事。

十一月乙卯，上諭大學士等曰：蠲賦爲愛民要務，徵取錢糧原爲國用不足，國用若足，多取奚爲？比年以來，附近省分俱屢行寬免，惟雲南、貴州、四川、廣西等處，未得常邀蠲恤。今户部庫帑有四千五百萬兩，每年並無糜費，國帑大有贏餘，朕欲將此四省四十三年錢糧悉行蠲免，倘有寬裕并及廣東省亦令蠲免。其蠲免四省諭旨，明春即行曉示，庶經費易爲措置也。

丙辰，諭户部：今歲山東、河南地方，俱報豐稔，惟被災州縣民多匱乏。頃朕巡幸至德州，見有一二災民流移載塗者，詢問疾苦，深爲軫念。雖據山東巡撫稱，被災州縣，已行令地方官發粟散賑。但自冬徂夏，青黃不接之際，頒賑不繼，無以資生。應行文山東、河南兩省巡撫，凡屬被災地方，令有司加意賑濟，至明歲麥收時方止。其災傷田糧，雖已照分數蠲免，猶恐被災之後，民力艱難，宜更

沛特恩，用加休養。山東萊蕪、新泰、東平、沂州、蒙陰、沂水，河南永城、虞城、夏邑被災州縣，康熙四十二年地丁錢糧除漕項外，著察明通行蠲免。該地方官務悉心奉行，俾閭巷窮黎，均沾實惠，以無負朕宵旰勤民、殷殷軫恤至意。

又諭户部：從來致治之道，裕民爲先，故必蠲免田租，時加膏澤，而後閭閻充足，永享樂利之休。朕臨馭以來，咨求民瘼，蠲賑頻施，誠恐小民疾苦未蘇，生業未遂，用是宵旰靡寧。江北田土瘠薄，生計尤艱，朕心彌切軫念，著將安徽巡撫所屬府州縣衛等處康熙四十二年地丁錢糧除漕項外，通行蠲免。地方有司務要切實奉行，俾小民得沾實惠，以副朕愛養黎元至意。倘不肖官吏陽奉陰違，或借端苛取，澤不下究，事發定從重治罪，不宥。

又諭户部：朕撫御寰區四十餘年，無一刻不以民生爲念。天下至大，兆民至衆，惟恐窮鄉僻壤百姓疾苦不能上達，所以孜孜勤求，未嘗少懈。天時水旱，自古有之。備荒之法，全賴督撫得人。倘以諱災爲事，虧空塞責，一遇歉薄，莫知所措，視民命如草芥，何以爲民父母。況秦省不通水運，若不謹於蓋藏，儉歲難於賑恤。河西一帶地方，素稱貧瘠，雖免康熙四十一年錢糧，民生未裕，再將康熙四十二年地丁錢糧通行蠲免。

十二月壬辰，吏部議江南、江西總督阿山承審安徽布政使張四教虧空帑銀一案，止據張四教巧供，已將俸工扣補，疏請免追。應將阿山照徇庇例革職。得旨，阿山從寬革職留任。

乙未，陞偏沅巡撫金璽爲刑部右侍郎，調浙江巡撫趙申喬爲偏沅巡撫，以刑部右侍郎張泰交爲浙江巡撫。

調浙江提督趙弘燦爲廣東提督，陞彝陵總兵官王世臣爲浙江提督。

順天府進春考察天下軍政，卓異官四十四員，貪官二員，浮躁官三十一員，罷軟官五十員，才力不及官一百五員，不謹官三十五員，有疾官六十九員，年老官九十六員。各陞賞處分如例。

康熙四二年（癸未、一七〇三）

《聖祖實録》卷二一一　春正月壬子，大學士等及部院諸臣恭進慶祝萬壽無疆屏，上復却之。於是，大學士等及部院諸臣復以慶祝萬壽屏文繕寫册頁進呈。

壬戌，上巡視南河，命皇太子允礽，皇四子多羅貝勒□□，皇十三子胤祥隨駕。是日啓行，駐蹕良鄉縣。

丁卯，諭大學士等：湖廣總督郭琇摺奏，提督林本植標兵於城内公行焚劫。朕思湖廣兵丁驕縱，若不用一才能者統轄之，安能除其惡習。林本植年邁，著解任。大同總兵俞益謨，著補授湖廣提督，令即馳驛赴任。伊標下兵，弁中有深信者，并令酌量帶去。其帶去兵弁，悉以職名奏聞。

庚午，上過濟南府。沿途百姓，歡迎道左。是日，幸巡撫署中，觀珍珠泉，御書《三渡齊河即事詩》一章，令懸之署門，曉示臣民。出觀趵突泉。御書「源清流潔」匾額，令懸趵突泉。書「潤物」匾額，令懸珍珠泉。書「學宗洙泗」匾額，令懸省城書院。

壬申，上登泰山。還，駐蹕泰安州。

諭户部：朕甲子、己巳，兩次南巡，路經東省，見民生豐裕，士庶樂利。近來淮、黄告成，朕不辭遠涉，減從輕裝，待旦而興，夜分乃寐。再經齊魯，存問民生休戚，似不及甲子、己巳，朕深憯怛，如痌瘝之在抱也。若閭閻蓄積有餘，即遇有水旱，亦不致困苦，今特加恩蠲恤，用弘愛養。朕所經過地方德州、平原、禹城、齊河、歷城、長清、恩縣、夏津、武城、館陶、臨清、清平、博平、堂邑、聊城、東阿、陽穀、壽張、滕縣、嶧縣二十州縣，康熙四十一年未完地丁錢糧，著通行蠲免。濟南府屬之海豐、利津、霑化，兖州府屬之寧陽、滋陽、泗水、金鄉、單縣、曹縣、鄆城、曲阜、費縣十二縣，去歲農收歉薄，康熙四十一年未完錢糧亦通行免徵。其去歲曾被水災之東平、新泰、蒙陰、沂州、沂水、萊蕪六州縣，康熙四十一年未完錢糧亦著全免。其泰安、郯城、魚臺、汶上、嘉祥、鉅野、濟寧七州縣，雖未成災，康熙四十一年未完錢糧俱著蠲免，康熙四十二年地丁錢糧，著分三年帶徵。爾部即移文該撫，率各州縣有司詳慎奉行，務令人霑實惠，户有餘藏，以稱朕重期黎元殷阜之至意。有不肖官吏侵蝕私徵者，察出從重治罪。

二月丁丑，諭河道總督張鵬翮：朕經過泰安、新泰、蒙陰、沂州、郯城等州縣，見民有飢色，應即行拯救。經過地方，雖經賑濟，蠲免錢糧，但州縣倉穀，年久朽爛，無裨於散賑。今著漕運總督桑額以漕米二萬石付爾，揀選賢能官員運至濟寧州、兖州府等處州縣，減價平糶。有應賑之處，即行賑濟。桑額亦將米二萬石於泰安州一路散給。又將收税有力之官七員，並發在京旗民中願贖罪人一百名，伊等俱照養蒙古例，以所用之多寡分別議敘。

上由宿遷縣五花橋渡中河，遍閱隄工。至宿遷縣，渡黄河，駐蹕桃源縣上

古城。

丁亥，偏沅巡撫趙申喬來朝，命大學士馬齊、張玉書傳諭曰：湖南地方，介在邊遠之境。聞向來官吏，積習相仍，無藝私徵，種種不一，計每歲科派，有較正供額賦增至數倍者。有司徵收錢糧，加取火耗，又視别省爲獨重。百姓窮蹙不支，多致流離轉徙，非將宿弊逐一剔除，無以砥礪官方，大甦民困。除從前已往諸事，姑免察究外，爾到地方，嚴飭大小屬員，痛改前非，洗心奉職，力減加耗，盡革私徵，務使流移者復返鄉閭，守業者獲安隴畝，庶副朕軫念遠省民生之至意。如仍有藐法不遵，重爲民害者，即據實糾參，從重治罪，決不輕宥。

三月戊申，上遍閲高家堰翟家壩等處隄工。回，仍駐蹕關聖廟。

諭河道總督張鵬翮：高家堰工程，關係重大，保守最爲緊要。朕今日乘舟，由洪澤湖閲視，見有殘缺石工，以葦草鑲填，倘遇水發，危險堪虞。至六壩，見新修石隄堅固，方慰朕懷。其殘缺石工，著即興修，乘水未長之前完工，用資捍禦。至高家堰防險之人，用候選縣丞、經歷等微員，此不過例監書辦出身，家産微薄，倘有疎忽，干係不小。須於候選官員内，擇其職銜稍大、身家殷實者，委令防險。如此，則彼知自愛身家，又有選用之望，自能盡心防守，有裨工程。

諭河道總督張鵬翮：王家營對面鮑家營，應開挑引河，洩黄河汛漲之水，以保障清江、淮安地方。著即行興工，仍兩岸築隄，以衛民田。

己酉，上乘舟，歷黄河南岸，觀龍窩、烟墩等隄。復渡黄河，閲九里岡等隄。

諭河道總督張鵬翮：清口西壩，乘此水淺時，再加長數丈，有益。又劉河隄岸低薄，應築挑水壩。

辛酉，上召大學士九卿等諭曰：朕此番南巡，遍閲河工，大約已成功矣。曩者河道總督于成龍未曾遵朕指授修築，故未能底績，今張鵬翮一一遵諭而行。向來黄河水高六尺，淮河水低六尺，不能敵黄，所以常患淤墊。今將六壩堵閉，洪澤湖水高，力能敵黄，則運河不致有倒灌之患，此河工所以能告成也。又沿途諮訪地方官，直隸巡撫李光地、河南巡撫徐潮，居官皆優。山東巡撫王國昌、江蘇巡撫宋犖，俱安静。福建巡撫梅鋗、江西巡撫張志棟，亦優。廣東巡撫彭鵬，誠爲有守。浙江巡撫張泰交，雖屬新任，亦優。趙申喬當其任布政時，朕尚信其不取，及任巡撫，好受詞訟，則朕難信矣。甘肅巡撫齊世武，賦性褊急，好行參劾。凡爲大吏者，當寬大和平，正己率屬，宥其小過，以漸訓勵，使各勉爲循良，豈可恣意以參劾爲事乎？又諭曰：朕御極以來，無時不以民生爲念，雖纖微之事，亦不肯稍有怠忽，勤勞已四十餘年矣。今四海奠安，民生富庶，而河工適又告成，朕欲頒詔天下，大沛恩賚，故星夜回鑾。詔内欵項，爾等可會同詳閲。

甲戌，諭大學士等：舉人汪灝、何焯、蔣廷錫學問優長，今科未得中式，著授爲進士，一體殿試。

《東華録》卷一九 是月，四川巡撫貝和諾疏言：前撫臣于養志題明松潘、小河、疊溪三處收捐米穀，分貯備用，自三十八年迄今，松潘捐一千七百餘石，其小河、疊溪，以道路險峻，輸運維艱，罕赴捐納，請停止收貯例。允之。

《聖祖實録》卷二一二 夏四月辛巳，上御太和殿傳臚，賜殿試貢士王式丹等一百六十三人進士及第、出身有差。

丙戌，四川巡撫貝和諾疏報，威州龍溪等一十八寨生番歸化，情願自康熙四十二年爲始，赴威州交納麥糧。下户部知之。

丁亥，大學士熊賜履以年老乞休，命以原官解任，仍食俸，留京師以備顧問。

吏部、兵部會議：吏部侍郎傅繼祖等往湖廣察審紅苗搶掠一案，地方官隱匿不報是實，應將總督郭琇、提督林本植、巡撫金璽、總兵官雷如，俱革職。得旨，總督郭琇，提督林本植，著革職。巡撫金璽，著降四級調用。總兵官雷如，著革職留任効力。

以正黄旗漢軍都統莽喀爲荆州將軍，正黄旗蒙古都統宗室諾羅布爲杭州將軍。

授一甲進士王式丹爲翰林院修撰，趙晉、錢名世俱爲編修。

庚寅，諭翰林院：選拔庶常，原以作養人材，今科進士特加簡閲，取汪灝、查慎行、何焯、蔣廷錫、吴廷楨、陳邦彦、溥有德、汪文炯、陳世倌、吴瞻淇、汪汾、潘體震、廖賡謨、陸乘鑑、涂天相、萬經、陳徐基、朱書、林祖望、俞梅、宋至、章藻功、伊泰、楊緒、劉巖、王邁、馬汝爲、西庫、王居建、劉圻、吴漣、趙徵介、謝履忠、畢喬年、耿古德、劉祖任、趙泰臨、王士錀、董泰、楊萬程、李天祥、蔣肇、阿進泰、吴相、李士杞、李堂、鄭爲龍、才住、萬民欽四十九員，俱著改爲庶吉士。并修撰王式丹、編修趙晉、錢名世，分别滿漢書教習。爾衙門即遵諭行。

癸巳，予故致仕少傅兼太子太傅、保和殿大學士兼禮部尚書王熙祭葬，謚文靖。

陞鑲紅旗護軍統領宗室愛音圖爲正黄旗漢軍都統，仍兼管鑲紅旗護軍統領事。陞德州城守尉達爾華爲江寧右翼副都統。

乙未，諭吏部：庶吉士張尚瑗等教習已久，今加考試，應分別授職。除顧圖河、汪繹、季愈已經授職外，滿書庶吉士張廷玉、方辰、董玘、嚴宗溥，漢書庶吉士魏方泰、孫致彌、查嗣瑮、文岱、覺羅逢泰、年羹堯照甲第，授爲編修、檢討。郭於蕃、吴隆元、蔡彬、許穀、梁棠蔭、吴宗豐、李棅、沈李楷、李暄亨、韓孝基、李夢昺、瓦爾達、朱啓昆、王允猷、韓遇春、傅敏、欽士佃、郭杞、狄億、張尚瑗、甄昭、王開泰、閻愉、王士儀、張象蒲、晁子管、許琳、歐陽齊、陳若沂、梁佩蘭等學習不及，歸進士班用。未散館之庶吉士沈宗敬、勵廷儀亦著授爲編修，勵廷儀俟服闋再令行走。原任編修楊瑄學問甚優，著復原職。

丙申，以吏部尚書陳廷敬爲文淵閣大學士兼吏部尚書。

戊戌，諭大學士等：頃朕往察河工，原任侍郎任克溥於山東途次迎駕，見其年將九十，現在諸臣未有如其久者，朕深爲眷念，著加刑部尚書銜，以示優遇老臣至意，可諭吏部知之。

又諭曰：今吏部尚書缺尚未補人，巡撫李光地、徐潮原在内任，歷年亦久，早應擢用，朕因地方起見，所以暫留外任，伊等居官誠優，且得大臣體。彭鵬、趙申喬行事偏執，惟務沽名，所以事皆背謬。李光地自任直隸巡撫以來，每年雨水調順，五穀豐登，官吏兵民，無不心服。吏部尚書員缺，以李光地、徐潮問九卿。尋大學士等問九卿，言二人俱優，覆奏。上命李光地爲吏部尚書，仍管理直隸巡撫事。

陞安徽巡撫喻成龍爲湖廣總督。

調正紅旗蒙古都統兼護軍統領孫渣齊爲正黄旗蒙古都統。

己亥，上諭八旗都統、前鋒統領、護軍統領、副都統、參領、佐領等曰：朕爲官兵生計，不時厪念，前已屢施大澤。今年詔款内，復特沛鴻恩，不惜數百萬帑金，遍行賞賜。嗣後軍卒人等，應人人務立生計，清償夙逋，豐裕度日。倘有不肖之輩，不思撙節儉約，惟知縱酒酣飲，鮮衣肥馬，過於費用，則不數日間仍如未沛恩澤時。爾等俱有督率之責，不當徒以督率爲名，亦當誘之向善，使人人以孝弟爲本，各知自守，愛惜産業，則不特風俗可至淳樸，而朕恤兵之心，亦不致徒勞矣。可將此旨刊刻，遍示軍卒人等，受朕重恩如此。倘仍行賭博，行止不端，朕斷不輕貸，必將爲首者立正典刑。朕念切兵民生計，是以親書諭旨。欽哉。

以領侍衛内大臣伯霸圖兼管右翼前鋒統領事。

壬寅，陞鑲紅旗滿洲副都統翁俄里爲正紅旗蒙古都統。

《東華録》卷一九　是月，上發出熊賜履呈覽明神宗、熹宗以下（吏）〔史〕書四本，諭曰：「明時太監皆及見之，所以彼時之事，知之甚悉，太監魏忠賢惡跡，史書僅記其大略而已，猶未詳載也。此書所載楊漣、左光斗死於北鎮撫司獄中，聞此二人係在午門前受御杖死，太監等以布裹尸出之。至於隨崇禎殉難者，乃太監王承恩，因此世祖章皇帝作文致祭，並立碑碣，此書載太監王之心從死，明係錯誤。」尋賜履等復行詳察，果係王承恩，非王之心，遵旨改正。至於左光斗、楊漣，察考諸書，俱云死於北鎮撫司獄中，故照彼書書之。

《聖祖實録》卷二一二　五月壬子，上親視和碩裕親王福全疾。

己未，河道總督張鵬翮疏言：承修武家墩候補知縣張時可等，擕所領庫銀逃去。此工令原任知縣王啓烈續修，原任布政使王毓賢督催。得旨，朕頃南巡至南河，屢諭張鵬翮，觀爾所委修築隄岸人員皆係無身家者，倘以錢糧交付此輩，必致逃亡。前言未久，今果驗矣。爾等將朕屢次嚴諭之處，寫明示張鵬翮。其張時可，令嚴行查拏具奏。修築處，著照所奏行。

壬戌，領侍衛内大臣和碩額駙尚之隆等傳上諭：觀索額圖並無退悔之意，背後怨尤，議論國事，伊之黨類，朕皆訪知。【略】索額圖之黨阿米達、額庫禮、温待、麻爾圖、佟寶、邵甘之同祖子孫在部院者，俱查明革退。副都統佟寶不在家，俟到時，再傳諭此旨。著曉諭門上大人與衆侍衛等，爾等若在索額圖處行走，必被索額圖連累致死。

丁卯，江蘇巡撫宋犖疏言：徐州、睢寧縣頻遭水患，所有康熙三十七、八、九三年未完地丁倉項，雖現在帶征，而一時未能完納，請自康熙四十二年起，每年帶征一年，以紓民力。得旨，徐州、睢寧縣康熙三十七、八、九三年未完地丁錢糧，俱著免徵。又邳州地勢甚卑，錢糧難於徵收，康熙四十年未完錢糧，亦著免徵。

秋七月乙巳朔，上自三家店子刻啓行，進東直門，臨和碩裕親王福全喪。上除纓，哭至柩前。奠畢，仍慟不已。諸皇子及諸王大臣叩首泣勸者再四，上始停哀。

庚戌，幸塞外。是日啓行，駐蹕三家店。

己巳，上手書諭旨，諭大學士、九卿、詹事、掌印不掌印科道等官曰：今六月内，因有二王之事，朕心不勝悲慟，至今猶未釋然。又兼災祲頻告，愈加憂鬱，身體不安，頃往坐湯泉，始得稍解，仍未全愈。至飢民救養之計，未嘗時刻不厪於

懷。近有蘇州織造李煦人來，詢知郯城至泰安田穀稍有可望，由泰安至德州被災甚重。今歲口外田穀大收，口内各處田禾俱屬平常，合共計算，所糴之穀必不能多。今應將漕糧多行截留，於山東沿河州縣村鎮俱各存貯，以備賑濟平糶之用。朕意八旗、滿洲、蒙古、漢軍佐領一千有餘，每三佐領下共出一人，可得三百人。每三佐領，交與銀三千兩，分派各州縣，仍照前去人員養飢民，至來年七月。今八月内可以到彼。這情事，爾等可確議。至東省今歲錢糧、漕米，俱應速行停徵議奏，爲此手書特諭。扈從大學士諸臣閲畢，奏曰：皇上恩綸，極其詳，盡此外無可再議。

《東華録》卷一九　是月，湖南鎮筸紅苗作亂，偏沅巡撫趙申喬同提督俞益謨疏請發兵征勦。又奏言：「臣與督臣喻成龍令衡永道張仕可賫檄赴鎮筸苗洞，爲先撫後勦之計，其歸順苗民已得二十餘寨。」檄粵、黔、楚三省提督會同進勦。貴州提督李芳遠奉詔移兵會勦，深入苗地平糯、塘山、葫蘆、天星諸寨。遣尚書席爾達、副都統圖思海、徐九如率荆州駐防兵會勦。

《聖祖實録》卷二一三　十月丁丑，諭吏部、户部、兵部：朕統御寰區，勤求治理，鑾輿時邁，省方觀民。春月，閲視河工，自畿輔、山東以及江浙地方，皆經巡幸，茲兩河漸已厎。績所至之地，民生風俗亦因以周知。念陝西省爲巖疆重地，當出師塞外時，曾經歷其邊境。而西安一路，未及親莅。頃陝西督撫諸臣言，秦民望幸之心，至殷至切，合詞陳奏。河南、山西巡撫等，亦諄切具請。乘此冬令農隙之際，觀覽民風，詢察吏治，簡閲禁旅，整飭軍營，實爲要務。用是輕裝約從，諏吉西巡。

己卯，上御太和殿傳臚，賜殿試武舉曹維城等一百二人武進士及第、出身有差。

癸未，上西巡，命皇太子允礽、皇三子多羅貝勒允祉、皇十三子胤祥隨駕。是日啓行，駐蹕良鄉縣十三里村。

諭大學士等曰：見今扈從給事中滿普、御史顧素，令其後行，查有僕從生事者即時鎖拏，並將其主亦行參究。至地方官員，若私行禁阻民間市賣，亦指名題參。

庚寅，理藩院議覆扎薩克大喇嘛綽木珠爾喇卜扎木巴奏，將伊所原居洮州衛卓奈克依特之廟，伏懇廣開修造，應如所請。得旨，取邊氓之地以廣修廟宇，關係民生。嗣後，凡有廣廟宇與民間田廬有關者，永行禁止。

戊戌，諭山西巡撫噶禮：朕君臨天下四十餘載，無一刻不以蒼生爲念。近因西省望幸甚切，故於冬時農隙，減從輕騎，由晉及秦。入境以來，觀風問俗，見民生畧有起色，閭閻之間俗樸尚儉，朕心少慰。【略】凡朕所經之處，必大沛恩澤。因今歲東省災甚，已蠲四十三年地丁錢糧，又免雲貴、廣西、四川地丁錢糧，所以不能施惠，但將四十三年以前山西所屬州縣未完銀兩米草盡行蠲免，以崇朕加惠黎元之念。爾等即遵諭行。

《聖祖實録》卷二一四　十一月乙巳，上駐蹕洪洞縣城南。

遣官祭女媧氏陵。

壬子，上至黄河岸，率諸皇子射。上親射二次，發矢皆中，繼令山西官員及扈從諸臣射。訖，由闕河渡河。未渡之先，衆皆以爲河寬風大，隨駕人衆，恐一二日内未必能全渡。及上至河岸，天氣晴朗，風波不興。且傳諭渡河時，勿得攔阻，各隨其便，不終朝而渡畢，衆皆神異之。

甲寅，上駐蹕渭南縣城西。

是日，上出行宫，率諸皇子及善射侍衛等射。上親射五矢，皆中，繼令固原提標官兵射。畢，上召大學士馬齊、兵部侍郎布雅努近前，諭曰：朕巡歷諸省，觀緑旗兵丁，無如提督潘育龍之兵者，射既熟嫻，人復勁健，此皆統率將領之訓練有方也。自提督以下官員，可俱加一級。

丁巳，上幸城内教場，率諸皇子及善射侍衛等射。上親射二次，發矢皆中。繼閲西安駐防官兵射，皆精練。上甚嘉悦，因命記其善射之尤者。諭大學士馬齊等及西安將軍博霽、四川、陝西總督覺羅華顯、陝西巡撫鄂海等曰：朕爲西土兵民生計，不辭地方遥遠，冒涉嚴寒，躬行巡狩。見西安右翼舊兵，効力行間，著有勞績，防戍頻仍，不記其數。人多帶傷，其父與伯叔兄弟親戚亦有陣亡者，朕心深切軫念，且皆循循奉法，騎射熟嫻，軍容整肅，朕甚嘉之。較之各省之兵，允爲超出，應大沛恩澤，以示朕不忘勞勩人員之意。

戊午，諭四川陝西總督覺羅華顯、陝西巡撫鄂海、甘肅巡撫齊世武等：【略】今將陝西巡撫及甘肅巡撫所屬地方，康熙四十二年以前各項積欠銀米、草豆、錢糧，盡行蠲免。俟四十三年直隸各省咸獲豐稔，當將秦省四十四年正供亦行免徵。該督撫即通行曉諭，俾窮鄉僻壤小民，均沾實惠。

己巳，上駐蹕陝州張茅鎮村。

命皇三子允祉及侍衛等往閲三門底柱。

十二月乙亥，上駐蹕修武縣城内。

諭兵部：懷慶總兵官王應統標下兵丁，射技不堪，營伍不整。即王應統本身，射亦荒疎。令其介胄送駕，官兵鎧甲全無。將王應統并伊標下千總陳起蛟、把總聶廉、王寶，俱械繫帶往京師，俟開印鞫審，嚴加議處。

庚寅，上諭大學士等曰：前南巡，多由舟行，官民羣集兩岸迎駕。頃西巡皆由陸路，凡臨幸郡邑官民，無不扶老攜幼，懽騰道左。每清問及之，又令在乘輿左右，備諮地方之利弊，彼皆抒誠陳奏，是以風俗民情，靡不洞悉。朕巡幸七省，畿輔、秦、晉民俗豐裕，江、浙則較三十八年時更勝。山東近因水旱，大異疇昔，河南百姓，生計甚艱。此二省之民，深廑朕懷。又聞各省火耗俱是加一，錢糧最少者惟有甘肅，通計正額共二十八萬有奇，加耗亦止二萬八千。州縣官錢糧既少，加耗無幾，不敷用者宜或有之。其餘賦額皆多，如一州縣正額有二三萬，加耗即至二三千，宜敷用矣。而州縣官仍有以艱難告者，其故安在？朕隨地諮訪，督撫雖有不受餽遺者，然餽藩臬者若干，餽道府者若干，豈可盡云廉吏乎？

康熙四三年（甲申、一七〇四）

《聖祖實録》卷二一五　春正月辛酉，諭大學士等：朕數巡幸，諮訪民生利弊，知之甚詳。小民力作艱難，每歲耕三十畝者，西成時除完租外，約餘二十石，其終歲衣食丁徭，所恃惟此。爲民牧者，若能愛養而少取之，則民亦漸臻豐裕。今乃苛索無藝，將終年之力作而竭取之，彼小民何以爲生耶？如朕前遣侍衛至鐵索橋掛匾，還京回奏，彼處督撫餽六千餘兩。夫一侍衛而費至此，則凡部院司官、筆帖式等差遣往來者，又不知煩費幾何。去歲所遣祭告諸臣回都，朕曾問一二人，彼雖飾辭以對，然地方所費亦不少矣。目今巡撫皆有廉聲，而司道以下何嘗不受州縣餽遺。總之，此時清官或分内不取而巧取別項，或本地不取而取償他省。更有督撫所欲扶持之人，每歲暗中助銀，教彼掠取清名，不踰二三年，隨行薦舉。似此互相粉飾，釣譽沽名，尤屬不肖之極。至於蠲免錢糧，原爲加恩小民，然田畝多歸縉紳豪富之家，小民所有幾何。從前屢頒蠲詔，無田窮民，未必均沾惠澤。約計小民有恒業者，十之三四耳。餘皆賃地出租，所餘之糧，僅能度日。加之貪吏苛索，蓋藏何自而積耶？朕比年巡行七省，惟秦、晉兩地民稍充裕，畿南四府及河南一路殊覺生計艱難。山左初次巡幸，民甚饒裕，繼而少減，今則大異往昔矣。皆由在外大小官員，不能實心體恤民隱，爲民除弊，而復設立名色，多方徵取，以此民力不支，日就貧困。科道官職司風紀，當一切不避，見之敷陳。今惟挾仇報復者挂之彈章，否則斷斷不言。或專倚一人，藉聲勢而聽其指使，然後敢言。甚有大言不慙，妄自矜誇者，考其行事，與言迥別。子曰：先行其言而後從之。夫己之言，己且不能行，徒見之敷陳，何益之有。

三月壬寅，吏部尚書管禮部尚書事席爾達奉差湖廣征剿紅苗事竣，回京復命，繪圖具奏。報聞。

己酉，都察院等衙門議奏：内河外河分司塞可圖等，侵欺錢糧，擬斬。工部尚書薩穆哈、侍郎恩特來、道甘國樞、司官費仰嘏等，俱照侵蝕銀兩數目多少，分別革職治罪。其尚書王鴻緒、侍郎李元振從寬革職留任。餘依議。

辛酉，諭大學士等：朕因山東及直隸河間府等處，飢民流至京城者甚多，特命八旗諸王、貝勒、大臣、總管内務府各官及漢大臣官員，於數十處立粥廠，日煑粥賑濟，務使流移之人得所，酌量賑給數月。但此等飢民，棄其家業，聚集京城以餬其口，實非長策。應作何料理，始復舊籍，得安生計，爾等會同九卿、詹事、科道等確議具奏。尋大學士九卿等議奏：山東飢民在京師者，應選各部賢能司官分送回籍。其直隸河間等處飢民，應令巡撫李光地設法領回。從之。

《東華録》卷一九　是月，川陝督博霽言：「臣等會勘黄河三門，中流爲神門，水勢甚溜，南爲鬼門，水更洶湧，北爲人門，水勢稍緩。三門之下百餘步爲底柱，再下二里有卧虎灘，臣等用船載糧三十石從卧虎灘牽挽上過人門，但溜急灘多，所有截留豫省漕糧撥運陝西不如陸路之便。」得旨會議。

兩廣總督郭世隆疏：「海面遼闊，賊匪易於潛踪。臣設立船兵，自南澳至龍門，令守備、千總、把總逐日帶領巡哨，副將、參將、遊擊每月會巡一次，水師總兵春秋二季駕船二十，分巡外洋至瓊州。上年十一月至今年二月，先後擊敗賊衆於沱寧外洋，沉賊船七，斗頭角海面沉賊船十，瓊南萬、崖三處海面沉賊船二。

四川巡撫貝和諾疏言：川省行鹽潼川、中江，山路崎嶇，艱於陸運，額引壅滯難銷，惟冰江、小溪水運可通，請增給水引，商民交便。下部議行。

《聖祖實録》卷二一六　夏四月戊寅，直隸巡撫李光地因河間水災，飢民流入京師，自陳不職，請解任。上諭大學士等曰：李光地著留任，其居官有何可議。但彼專信門生，常爲所誑。凡人口講道學，彼即深信之。夫道學豈易言哉？孔子曰：先行其言而後從之。人之品行必始終不易，朕始信之。若徒託之

空言而無實事，則亦何益之有？非特此也，凡有職任者，一有所爲，善惡立見，更不宜輕言也。

己卯，上幸髫髻山，自暢春園啓行。是日，駐蹕牛欄山。

戊子，河道總督張鵬翮疏言：山東賑濟，臣等誤用常平倉穀，今臣屬河員，願將俸工清還山東倉糧。得旨，山東省昨歲歉收，若將河員俸工銀兩解至山東買穀，則穀價必至騰貴。江南產米之地，又水路易於輓送，著總河張鵬翮等，即從江南購買穀石，運至山東，交倉還項。

己丑，上閱永定河，自暢春園啓行。是日，駐蹕趙家營。

六月甲戌，刑部議覆湖廣總督喻成龍疏，言鎮筸鎮兵丁王漢傑統衆搶掠當鋪，應正法。其餘黨不識姓名，應免深究，請飭令再審。上諭大學士等曰：王漢傑等俱係防守地方營伍兵卒，前後糾黨三百餘人，將在城當鋪肆行搶掠。又出城站隊，逼官索結，情罪深爲可惡。該督理應察明，嚴加治罪，以肅軍紀。乃稱餘黨不知姓名，請免審究，殊屬不合，著再詳審定擬具奏。

諭大學士等：禮部侍郎羅察曩往四川鞫獄，聲名不好。任工部侍郎時，又不能盡心剔弊，著以旗員調用。

乙亥，上巡幸塞外，命皇太子允礽、皇長子多羅直郡王允禔、皇八子多羅貝勒允禩、皇十三子胤祥、皇十四子允禵、皇十五子允禑、皇十六子允祿隨駕，自暢春園啓行。是日，駐蹕湯山。

戊子，先是，上諭大學士九卿等曰：各省民間所用斗斛，大小迥然各別，此皆牙儈平價之人牟利所致。【略】今應令工部照部中鐵斛，鑄造七具，分發盛京、順天府五城外，其升斗俱改底面一律平準，各造三十具，分發直隸各省等處，永遠遵行。盛京金石、金斗、關東斗，皆停其使用。

《東華録》卷一九　七月，兩廣總督郭世隆疏言：粵東自南澳起，經碣石鎮，至虎門協，海面二千餘里，守汛遼闊，請增設兵船於遥對南澳之澄海協以資巡防。海門一所最爲緊要，應移達濠營遊擊、守備、千總、把總駐劄，改爲海門營，以海門所守備移爲達濠營守備。甲子一所乃險要海口，從前止設千總一員，應以鎮左營移駐，與碣石鎮聯絡防守。吴川營隔海百餘里，有硇州一島，宜以龍門協所屬之乾體營兵，令白鴿寨守備、千總、把總統之，駐劄硇州，改爲硇州營，白鴿寨即以千總管領。至平海、大鵬二所，逼近巨海，應專設二營。其順德一鎮，外有香山、鹿門二協，內有省會駐防兵，可裁去總兵官，止留遊擊，爲順德營，改鎮標左營爲平海營，右營爲大鵬營。下部議，均如所請行。

《聖祖實録》卷二一七　九月癸卯，刑部右侍郎常授疏報，臣等奉命往廣東招撫海賊，今賊首阿保位等二百三十七名，交納鎗礮器械投誠。願爲民者安插原籍，願爲兵者編入各營。下部知之。

丁巳，調正藍旗蒙古副都統鄂齊禮爲鑲白旗滿洲副都統，鑲白旗漢軍副都統隆科多爲正藍旗蒙古副都統。

己未，兵部議覆湖廣總督喻成龍疏，言奉部咨鎮筸額兵二千一百名，紅苗新附，應勻抽督撫提鎮各標兵九百名，合爲三千名，防守鎮筸。但楚省官兵，皆係額設，與其勻抽，不如均調九百名赴筸協汛，遞年更換。應如所請。從之。

丙寅，吏部議覆江南、江西總督阿山疏，參禮科給事中許志進爲原任江西巡撫張志棟私人，挾仇參臣，受原任布政使李興祖等之賄，代爲題留，伏乞嚴究指使之人。禮科給事中許志進，又疏參阿山徇庇原任布政使張四教、盧崇興等不法事。到任四年，濫收屬員節禮。邳、徐賑飢之時，縱庇屬員，盜買倉穀諸款。查阿山被參，當静聽處分，乃遽將言官訐奏。許志進既知阿山諸款，不早題參，乃於阿山訐參之後，始行互訐，均屬不合。阿山應解任，許志進應革職。得旨，阿山已有旨革職留任。許志進狂妄，素行亦不端，朕另降旨處分。

丁卯，先是，上遣侍衛拉錫等探視河源，諭之曰：黄河之源，雖名古爾班索羅謨。其實發源之處，從來無人到過。爾等務須直窮其源，明白察視其河流至何處入雪山邊内，凡經流等處宜詳閲之。至是，拉錫等回奏：臣等遵旨，於四月初四日自京起程。【略】自京至星宿海共七千六百餘里。寧夏之西有松山，至星宿海天氣漸低，地勢漸高，人氣閉塞，故多喘息。謹繪圖呈覽。報聞。

《東華録》卷一九　十月，免浙江、山東二省康熙四十四年分應征地丁銀米。

《聖祖實録》卷二一八　十一月丁酉朔，日食。上回宫。

己亥，諭欽天監：初一日日食，朕用儀器測驗，午正一刻十一分初虧，未初三刻二分食甚，申初一刻復圓。查七政歷，未初三刻二分日月合朔，新法推算，必無舛錯之理。這舛錯，或因誤寫字畫，或因算者忽畧，將零數去之太多，亦未可定，著詳察明白具奏。尋欽天監監正常額等，以推算未盡請罪，上從寬免之。

戊午，天津總兵官藍理題請於天津等處，開墾水田。上諭大學士等曰：昔李光地請於直隸地方開墾水田，朕以爲水田不可輕舉者，蓋北方之水難於積蓄。初任之官，但當雨水有餘時，見水之大，遂以爲可種水田，不知驟長之水，即濬溝

引入，其涸固甚易也。觀琉璃河、莽牛河、易河之水，入夏皆涸，則可知矣。北方水土之性，迥不同於南方。朕往者西巡，見晉省太原以南引水自高處灌入田中，甚爲得法。陝西、寧夏、哈密等處，亦皆如山西種水田，此皆按地方之形，隨水土之性而作者也。天津沿海斥鹵地方，又非民田，今藍理請開水田，著交部議奏。

湖北巡撫劉殿衡以刷印御書并藏書樓圖呈覽。上諭大學士等曰：湖廣省捐工建樓，殊屬糜費。凡車駕巡幸之處，一切需用，從不取辦於民。而各省不肖官員，指稱修理行宮，供備器物，并建造御書碑亭等項名色，輒行動用正項錢糧，借詞捐還，究無償補。及至虧空數多，復加倍私派，科斂肥己，以致重貽小民之累。種種弊端，不可勝指。嗣後著嚴行禁止。下部知之。

壬戌，諭曰：《明史》關係極大，必使後人心服乃佳。《宋史》成於元，《元史》成於明，其中是非失實者多，是以至今人心不服。有明二百餘年，其流風善政，誠不可枚舉。今之史官或執己見者有之，或據傳聞者有之，或用稗史者亦有之，任意妄作，此書何能盡善。孔子，聖人也，猶言「知我者其惟《春秋》乎？罪我者其惟《春秋》乎？」孟子又言：「盡信《書》則不如無《書》。」當今之世，用人行政，規模法度之是非，朕當自任，無容他諉。若《明史》之中，稍有一不當，後人將歸責於朕，不可輕忽也。是以朕爲《明史》作文一篇，爾等可曉諭九卿大臣。

十二月乙酉，户部議覆天津總兵官藍理疏，言直隸沿海曠地豐潤、寶坻、天津等處窪地可倣南方，開爲水田栽稻，一二年後，漸成肥沃。臣願召募閩中農民二百餘人，開墾一萬餘畝，倘可施行，召募江南等處無業之民，安插天津，給與牛糧，將沿海棄地，盡行開墾，限年起科。又臣標兵，皆依前朝屯衛之制，入籍力田，亦可以節省兵餉。應如所請。從之。

《東華録》卷一九　是月，湖廣巡撫劉殿衡疏陳四事：一、招墾荒地捐納牛種。荆、襄、鄖陽等處荒地甚多，宜聽民開墾，六年升科，其無力自備牛種者，應令湖北文武官捐資給與，每荒地一頃，給銀十兩，次年按額起科，計所墾地畝銀數酌與各官議敘。一、零星錢糧請就民便，以碎銀制錢輸納。一、修築堤塍，應照堤内田糧均派。沿江地畝堤岸鱗次大小不一，總以自護田廬，緣修築等役，豪强規避，前督臣郭琇奏定照糧夫役，原指堤内之糧，有司奉行不善，均之闔邑，致堤外之民以害不切己而不甘赴役，堤内之民以分任有人而誤於觀望，請嗣後就各堤内按糧均派修築。一、控壓田内地應估價均補。湖北安陸、荆州江水滿急，年久之堤，必須靠築月堤，其築堤基址及所取之土皆有礙於附堤田畝，應丈明畝數，估定價值，以保護堤内民田，均攤補償業主。疏下部議：碎銀制錢，不准折收，餘如所請。

康熙四四年（乙酉、一七〇五）

《聖祖實録》卷二一九　春正月戊午，諭吏部、户部、兵部、工部：朕廑念民生，加意河道，屢行親閲，一切疏濬修築事宜，悉經周詳指畫，獲告成功。前黄河之水往往倒灌清口者，皆由仲莊閘與清口相對，駱馬湖水勢湍急，遂逼黄流灌入清口。朕視河時，躬臨相度，命河臣移仲莊閘改建於楊家莊出口，工竣之後，河臣報稱「黄水暢流入海，絶無倒灌清口之患」。朕尚未經親閲，今欲特涖其地，察驗形勢，用籌善後之規。其中河、黄河、運河有應加修防者，亦隨宜指示，以圖經久。至於山東省薦饑之民，賴兩年來極力賑贍，繼以有秋幸，皆得所。其民間生聚果否殷阜，並於沿途親行周覽。

二月庚寅，諭大學士等曰：總河張鵬翮昨日來，問以河工形勢，河事已大治矣。從前駱馬湖口設竹絡壩，湖水大則從壩流入黄河，河水大則溢流入壩内。今竹絡壩止有湖水暢流，黄水並無浸灌，則黄河之深通可知。初次到江南時，船在黄河兩岸，人烟樹木皆一一在望。康熙三十八年，則僅見河岸。四十二年，則河去岸甚低，是河身日刷深矣。自此日深一日，豈不大治。聞下河連年皆大熟，亦從前所未有也。又諭曰：朕不意山東之民遽能如此，前者南巡，見閭閻失所不堪屬目，今服飾顔面大異往時。聞各官賑養亦善，此由承平日久，國帑富饒，故能蠲數年錢糧，遣官贍養賑濟耳。凡罹災荒，倘預行奏報，無不可賑救者。止因山東各官匿災不報，故大致饑饉。向日陝西饑荒，亦由於匿不報聞，朕曾以地方官匿災不報之故，詢之於民，據云民一罹災，朝廷即蠲歲賦；賦一蠲，則火耗無徵，故地方官隱而不報也。自古弊端，匿災爲甚，誠預爲奏報，即設法賑濟矣，民豈遽至饑饉耶！

三月己亥，諭山東巡撫趙世顯曰：朕爲兩河告成，特來巡閲，道經山左，見民生自去歲休養之後，漸有起色，朕心甚慰。夾岸黄童白叟，歡呼載道，感恩叩謝者，日有數十萬。今仲春之時，麥苗未長，未致妨農。倘回鑾之際，正值農忙麥秀，恐妨稼穡。爾即曉諭百姓，概免叩謝，各務農事可也。

《聖祖實録》卷二二〇　夏四月庚午，上移駐西湖行宮。

諭福建浙江總督金世榮、浙江巡撫張泰交、福建巡撫李斯義曰：朕頃因親閲河工，濟江而南，至於浙省，見民間生聚殷繁，菜畦麥隴遠近彌望，農事可冀豐穰，朕心用以稍慰。凡車駕臨幸之地，必大敷膏澤，以下逮黎元，而各省錢糧屢次遞蠲。浙江本年地丁銀米又經全免，無可加恩。惟是刑獄爲民命攸關，朕每當重罪奏讞之時，常深切矜恤。今乘輿所至，父老子弟夾道歡迎，而身陷囹圄之人，獨自新無路，朕甚憫焉。浙江、福建兩省，康熙四十四年四月初八日以前，凡犯罪詔款不應赦者不赦外，其餘死罪以下已發覺、未發覺，俱著減等發落。康熙四十三年秋審，奉旨監候緩決者，一并減等發落，仍開具人數奏聞。爾等其體朕爲民巡省、布德好生之意，即詳慎察明遵行。

己丑，諭江南、江西總督阿山、安徽巡撫劉光美、江蘇巡撫宋犖曰：朕念切民生，凡巡幸所經之處，諮詢利弊，訪問官方，未嘗少懈。向日因江南人情好尚詞訟，因而傾家敗業者，往往有之。邇來習俗頗覺淳厚，詞訟已減大半，生聚稍加殷繁，雨暘有時，麥田茂美，朕心甚慰。念安徽、江蘇錢糧已經節次蠲免，今車駕親臨，特頒沛澤，將安徽、江蘇所屬地方人犯，亦應照浙、閩加恩，概從末減。

閏四月癸卯，上登陸，幸高家堰，徧閲河隄。諭河道總督張鵬翮曰：康熙四十二年，朕臨閲高家堰時，爾奏石隄可於八九月間告成，今已三年，尚未完工，萬一大水奄至，恃此草埽，詎能禦之？張鵬翮奏曰：必能保固，斷然無害。上諭曰：草埽俱經二三年矣，腐爛沉塌者多，猝遇大水，事難預料，如不謹慎修築，被水衝決，枉費錢糧，姑置勿論，但去年已奏河工告成，今年又奏衝決，其謂之何？爾須日夜謹守保護。夫治河莫要於得人，觀爾所用之人，每多有失，豈可倚任此輩，分守此隄耶？爾等惟見清口之水流出，即以爲功成，不思防禦，倘高家堰六壩之水泛溢，則清水力弱，而黄水必復致倒灌矣。高家堰所關緊要，宜謹識之毋忽。上幸惠濟祠，閲隄畢，即坐於隄上，諭大學士諸大臣及河臣等曰：朕留心河道，親閲者屢矣。河之形勢，必身歷其地，始知成功之次第。朕每至河上，必到惠濟祠以觀水勢。康熙三十八年以前，黄水汎濫，凡爾等所立之地，皆黄水也，彼時自舟中望之，水與岸平，岸之四圍，皆可遥見。其後水漸歸槽，岸高於水。今則岸之去水，又高有丈餘，清水暢流，逼黄竟抵北岸，黄流僅成一線，觀此形勢，朕之河工大成矣，朕心甚爲快然。

乙巳，諭河道總督張鵬翮曰：惠濟祠前植標杆處，可建挑水壩。祠後埽灣處，亦宜建挑水壩，以保淤灘。但此二處挑水壩，俱不宜太長，恐逼水盡向北岸，有礙楊家莊口門。至卞家汪舊壩，修建甚佳，再畧加寬長更善。

《聖祖實録》卷二二一　五月甲戌，户部議覆吏部尚書管理直隸巡撫事李光地疏，言奉撥直隸錢糧十五萬，作江蘇兵餉。因直隸並無應解錢糧，請撥之他省，議令直隸本年應解部錢糧内撥解。得旨，凡撥餉，應就近撥給，將直隸錢糧撥與江蘇，該部原撥時即誤矣。今又將直隸本年應解部錢糧發往，俟秋收後，方得起解，則遲誤益甚。兵餉關係緊急，此後撥餉於就近省分撥往，勿致有誤。

工部議覆河南巡撫趙弘燮疏，言回回寨與韓羅灣一帶，逼近黄河，舊有大隄一道，卑矮單薄，難資捍禦，亟宜幫築。應如所請。從之。

庚辰，陞兵部右侍郎貝和諾爲雲南、貴州總督。

丙戌，上巡幸塞外，命皇太子允礽、皇長子多羅直郡王允禔、皇十三子允祥、皇十五子允禑、皇十六子允禄、皇十七子允禮隨駕。是日，自暢春園啓行，駐蹕湯山。

秋七月壬申，河道總督張鵬翮疏報：今夏黄、淮並漲，水勢洶湧，以致古溝、唐埂、清水溝、韓家莊四處隄岸漫缺。得旨，今春朕欲親閲高家堰，張鵬翮奏稱，隄岸工程俱完，又時當炎暑，蚊蝱正起，求停止親閲。懇奏再四，朕以高家堰關係甚大，親往閲視，見石隄尚有未完之處，所下之埽，已經二三年者朽爛亦多，將比情形一一指示張鵬翮及河工諸臣。朕又諭張鵬翮，大水時發，難以預料，爾務須晝夜防護。至分守隄工人員委用不當，朕亦諭及。今古溝、唐埂、清水溝、韓家莊四處隄岸衝決，河工將有復壞之勢。大小河員惟知清水暢流爲己功，而不知高家堰之六壩水洩太多，則清水力微，黄水必復倒灌也。此事，著九卿、詹事、科道速行會議具奏。至田禾民舍有無淹没之處，著該督撫等各行速報。上問大學士馬齊曰：此決口，俟水一減，即星速開工，今年可以完否？馬齊奏曰：補築零星之處，年内可完。若築決口，年内未必能完。上曰：數日朕爲兹事殊覺憂悶，今春親巡南省，山東運河之隄，並未修築。朕自江南還山東，河隄已完。以此揆之，工作果勤，所需日月亦自無多也。

《聖祖實録》卷二二二　八月己酉，吏部題：湖廣總督喻成龍於兵丁王漢傑等聚衆搶掠一案，徇庇該管將弁，朦混具題，應革職。得旨，喻成龍著革職。

户部等衙門議覆江蘇巡撫宋犖等疏，言蘇、松、常、鎮四府，賦税繁重，俱有積欠。州縣官到任未經兩年，即罹降革。請將州縣官本任内，經徵每年地丁漕項錢糧完九分以上者，或因接徵舊欠錢糧，復被參處，其降級調用之例，酌改降

級留任。再限一年催徵，如仍不完，照伊所降級調用。應如所請。從之。

戊午，陞廣東巡撫石文晟爲湖廣總督。

九月壬午，兵部議覆原任湖廣總督喻成龍疏，言湖廣南北各土司子弟中，有讀書能文者，注入民籍，一同考試。應如所請。從之。

甲申，陞吏部右侍郎布福納爲都察院左都御史。

陞山東布政使范時崇爲廣東巡撫，山東按察使梁世勳爲山東布政使司布政使，直隸巡道葉九思爲山東按察使司按察使。

以鑲黃旗護軍統領蘇永祚爲歸化城左翼副都統，陞驍騎參領丫圖爲歸化城右翼副都統。

以正紅旗漢軍都統達佳爲江寧將軍，調鑲黃旗蒙古都統吴達禪爲正藍旗滿洲都統，正黃旗蒙古都統兼正紅旗護軍統領孫渣齊爲正黃旗滿洲都統。

丙戌，户部議覆江蘇巡撫宋犖等疏，言江寧、淮安、揚州三府屬之泰州、六合等十州縣，及江都縣之邵伯一帶淮安、大河、揚州三衛，今秋被水田地，請照例按分數蠲免。應如所請。從之。

十月甲午，諭工部：方今海宇昇平，惟以安阜黎元爲急。東南要務，莫重於河防。朕數經南巡，指示修築方畧，凡以籌運道、濟民生也。自曩歲兩河先後衝決，而黃流淤墊，繼以高家堰、唐埂六壩久決未塞，而洪澤湖水直從決口旁洩，以致淮水力弱，黃水倒灌，全河幾至潰壞。於是分遣廷臣，發帑金數百萬，增築高堰，盡閉六壩，俾淮水全注清口。又特築挑水壩，以逼黃溜趨向北岸。仍開濬陶莊引河，以導黃北流，然後黃水無倒灌之患。康熙四十二年，以河工漸可底績，躬親臨視，時高堰石工尚多未竣，飭令迅速修築。又因仲莊閘水勢湍急，恐逼黃流倒浸清口，遂命閉仲莊閘，改建楊家莊閘。閘工既成，今年春復往巡閱。比至高堰，見石工仍有未完，舊埽亦多朽塌，諄諭河臣張鵬翮，謂水勢無常，修防宜豫，一有踈忽，則前功盡隳。且甫奏安瀾，旋報衝決，天下其謂之何？張鵬翮猶奏稱，隄工捍禦，可以無虞。迨伏汛大水驟發，果衝決古溝、唐埂、清水溝等處，淮、揚一路，田畝被淹者甚衆。今已嚴飭堵塞決口，刻期竣工。朕屢親莅河干，詳度形勢。當水漲之時，若高堰及運河減水壩，不令開放，則隄堰甚爲危險；若開壩宣洩，則閭閻隴畝，必致淹傷。方春水涸，民間盡皆播種，一經夏水驟漲，開壩放流，而所播之種悉被淹没，朕心惻然，殊爲不忍。使不設法導流，俾水有所收束，則瀕湖及下河民田，究不免於水患。朕再三籌畫，宜於高堰三壩之下，挑濬一河，兩旁築隄，束水入高郵邵伯諸湖。湖外亦量築土隄，不使漫溢。其高郵減水壩下，亦挑濬一河，兩旁築隄，束水由串場河，入白駒、丁溪、草堰等河。白駒等河淤淺之處，並開濬深通，俾之入海。如此，則各壩所出之水，不致有渙散衝流之害。又洪澤湖水勢大漲，泗州、盱眙等州縣俱被水災，應於泗州一帶受水之地，亦酌量築隄束水，毋令汎濫，則所全於淮安、揚州、鳳陽三郡民生者多矣。此事原於河道無涉，在河官止知保護河道，不復詳計民生。朕惟民間田畝，所繫甚重，宜圖萬全可久之策。築隄束水，行之北河業有成效，則施之南河，當亦有濟。應從何地築隄，延袤若干里，需費幾何，行令江南、江西總督、漕運總督、河道總督、江蘇巡撫會同確勘，詳議具奏。爾部即遵諭行。

以正黃旗漢軍都統兼鑲紅旗護軍統領宗室愛音圖爲正黃旗蒙古都統，陞京口左翼副都統趙玥爲正紅旗漢軍都統，鑲黃旗滿洲副都統班滴爲鑲黃旗蒙古都統，正紅旗滿洲副都統希思哈爲正紅旗護軍統領，鑲紅旗滿洲副都統趙賴爲鑲藍旗護軍統領，正白旗滿洲副都統席柱爲正藍旗護軍統領，調正藍旗護軍統領宗室伽藍保爲鑲黃旗護軍統領。

癸卯，刑部等衙門議覆吏部尚書管理直隸巡撫事李光地疏，參革職原任雲南布政使張霖，假稱奉旨，販賣私鹽，得銀一百六十一萬七千八百兩有奇。又縱子張壎、張坦驕淫不法，肆行無忌。應將張霖擬斬立決，家産入官，張壎、張坦杖責折贖。應如所請。得旨，張霖著改監候，秋後處決。餘依議。

戊申，陞鑲紅旗滿洲副都統兼倉場侍郎富寧安爲正黃旗漢軍都統，以公馬爾賽爲鑲紅旗護軍統領，調正紅旗護軍統領希思哈爲正黃旗護軍統領，陞正藍旗滿洲副都統達爾占爲正白旗護軍統領，調鑲黃旗蒙古副都統張庫爲鑲黃旗滿洲副都統，奉天副都統覺羅阿爾圖爲正白旗滿洲副都統，杭州副都統覺羅阿喇納爲鑲黃旗蒙古副都統，西安副都統佛包爲正藍旗滿洲副都統。

庚申，陞鑲紅旗漢軍副都統寧保爲正紅旗護軍統領，調正紅旗蒙古副都統阿爾西爲正黃旗滿洲副都統，鑲藍旗蒙古副都統戴米納爲正紅旗滿洲副都統，鑲紅旗蒙古副都統婁徵額、汪悟禮俱爲滿洲副都統，右衛右翼副都統拜音佈爲正紅旗蒙古副都統，荊州右翼副都統禪步爲鑲紅旗蒙古副都統，正黃旗漢軍副都統新泰爲鑲紅旗蒙古副都統，陞護軍參領莫禮爲鑲藍旗蒙古副都統。

《聖祖實録》卷二二三

十一月辛酉朔，授散秩大臣丹濟拉爲扎薩克輔國公，馳驛前往推河策零旺布居處之地駐劄，同內閣侍讀學士殷扎納，探聽策妄阿

喇布坦信息。如有舉動，調附近喀爾喀兵馬以防禦之。

己巳，上曰：吏部尚書兼管直隸巡撫事李光地居官甚好，才品俱優，授尚書年久，著陞爲文淵閣大學士。江蘇巡撫宋犖操守好，不生事，任巡撫年甚久，著陞爲吏部尚書。

調河南巡撫趙宏燮爲直隸巡撫。

壬申，大學士等以鄂羅斯貿易來使，齎至原文及繙譯之文進呈。上閱之，諭大學士等曰：此乃喇提諾、托多烏祖克、鄂羅斯三種文也。外國之文，亦有三十六字母者，亦有三十字、五十字母者。朕交喇嘛詳考視之，其來源與中國同，但不分平聲，上聲、去聲，而尚有入聲，其兩字合音甚明。中國平、上、去、入四韻極精，兩字合音不甚緊要，是以學者少，漸至棄之。問翰林官四聲，無不知者，問兩字合音則不能知，中國所有之字，外國亦有之，特不全耳。

癸酉，大學士等以蠲免湖廣錢糧上諭進呈。上問曰：曾查此數年蠲免錢糧數目否？馬齊等奏曰：自康熙四十二年以來，蠲免錢糧數目一千六百餘萬。上曰：自吳三桂變亂之後，民甚艱苦，故朕累年蠲免錢糧。民生優裕，則國家太平矣。爾等可查康熙元年以來所免錢糧總數來奏。尋大學士等奏，查自康熙元年以來，所免錢糧數目共九千萬有奇。報聞。

諭户部：朕宵旰勤民，廑思恩養，惟務簡徵寬賦，以期實惠黎元。間有州縣水旱不登，即詔所司，亟議蠲賑。其直隸各省每歲應輸額賦，有以次遞蠲者，有頻蠲數年者，有將帶徵積欠暫令停徵者。凡以蠲除額賦，專爲小民樂業遂生，一歲以内，足不踐長吏之庭，耳不聞追呼之擾，庶幾休養日久，馴致家給户足，而民咸得所也。曩年楚省錢糧，雖屢行豁免，今已歷數載，未經特蠲，應將該省額賦全免一年，以示朕加恩優渥之至意。湖北、湖南康熙四十五年除漕糧漕項外，其餘地丁銀米一概免徵。舊欠未完者，並停輸納。

戊子，吏部議覆雲南巡撫佟毓秀等疏，言滇省廣南、麗江二府百姓，久歸版圖，人民日繁，尚未設學，請均設教授、訓導各一員，每府額取童生十五名。其滇省土人有願考者，准以民籍應試。應如所請。從之。

十二月庚戌，貴州巡撫陳詵陞辭，上諭曰：貴州地小易治，雖有苗人，亦無他事，但以文武和睦、安静不生事爲要。清官多刻，刻乃清官不足處。屬吏貪污，固當參劾，其居官平常者，則須教誨之。邊方小省，爲大吏者不可見才，若生事顯才，便非正理，爾切識之。

宗人府題參閒散宗室對德校射時不到，應罰俸。得旨，聞對德無房居住，居於城外，是以未到校射之處。視宗室中有貧無以爲生者，如何使之得所，爾等覈議具奏。尋議，現在宗人府有借放本銀六萬兩，所生利銀二萬兩，應查宗室最貧者，以此利銀二萬兩酌量給與。從之。

康熙四五年（丙戌、一七〇六）

《聖祖實録》卷二二四 春正月己巳，九卿議覆江南、江西總督阿山等疏，言皇上軫念國計民生，悉心籌畫，特頒訓旨，於高家堰三壩下挑河，兩岸築隄束水，入高郵邵伯湖。其高郵州減水壩下，亦挑河束水，由串場河入白駒等河入海。泗州一帶被災地方，亦築隄束水，不使泛溢。竊查高家堰三壩其中隄相近，現有唐漕等河，應於三壩下各開引河一道，兩旁築隄，引水至唐漕河，入寶應湖。又查高郵運河減水壩之水，自車邏等壩，由馬飲塘入運鹽河，出頭閘，由興化之車路、白塗、海溝，過串場河，下丁溪草堰白駒閘入海。除海溝河見今深闊，直達白駒閘，不必開濬外，應將車路河、白塗河淤淺之處，開濬深通，俾之入海。但高郵減水壩三座口門計寬一百八十丈，丁溪草堰、白駒等閘口門僅寬十一丈九尺，恐一時異漲，宣洩不及，應自馬飲塘頭閘口分水，使北入廣洋湖，至射洋湖下海。再於泗州之西溜淮套開河，使淮水分流，兩旁築隄，至黄家堰與張福口水合，使出清口。此工開成，則淮河之水勢既分，不但泗州、盱眙積水稍減，而洪澤湖之水不致泛溢，亦可有利於高家堰，而漕糧商民船隻可免洪澤湖風波之險矣。又查運河水漲之時，清江浦及淮安隄工猶有可虞，應於文華寺地方開引河，至運河水長之際，使之分流，自楊家廟，由白馬湖、楊家溝入清蕩湖。至淮安城南所有澗河，原係引運之河，今當挑深。其澗河下所有清溝河，於康熙三十五年被黄水淤墊，澗河之水流去者少，淮安城内外積水尚出不盡，應挑通此處，使由蝦溝口入海。以上諸工，約計需銀一百八十八萬餘兩。事關重大，伏祈皇上親臨指示等語。欽惟河工重大，需餉浩繁，上下兩河之工相距數百里，所稱創興溜淮套一工，其中情形，尤難詳晰，不但臣等愚昧不知，即該督等亦見識淺鮮，不能酌議恰當。若非皇上親閲指示，實難成功。臣等公同叩請，應如該督等所題，祈皇上親臨河上，指授方畧。上曰：朕屢經躬閲河道，凡河工利病、地方遠近、應分應合、應挑應築之處，知之甚明。邇者數次南巡，瀕河官民不無勞擾，因此朕不必親往

閱視，阿山、桑額、張鵬翮等所看，已屬周晰，但此項工程不應交與總河修築，應多派大臣官員分工速修，著再加詳議具奏。

己卯，諭大學士等：朕昔親臨河上，欲往閱下河，因張鵬翮奏言斷不可往，是以中止。今即去，仍然不能親涖其地，則亦何事復往。但河工、錢糧斷不可交地方官，當照山東賑飢之例，將八旗官及部院官内有行止端正者，令該旗大臣及部院堂官多行保舉派出。再將江寧、鎮江、杭州駐防旗員，亦著該將軍、副都統保舉派出，或副都統，或協領，帶赴工上。其京城派出官員，領户部錢糧帶往。各省派出官員，各就近地領錢糧帶往。可派大臣督理工程。所派官員，每人各給三千兩，務令照三千兩工價分地開工。如此，始得河務速成，有利民生。著九卿再議具奏。至高家堰隄工，若不預行修治，必有可虞。已有旨諭張鵬翮，而彼堅稱斷斷無慮。若今年不修治高家堰，倘有衝決，即開河何用。此兩事中，高家堰尤爲緊要，爾等可將諭旨付挑河大臣，轉交張鵬翮一併議奏。

二月戊戌，工部議覆河道總督張鵬翮疏，言蕭縣黄河南岸順河集一工，大溜逼隄，甚屬危險，請將隄内舊月隄加長，以護險工。又將縷隄加高，以資捍禦。再於上壩頭，建磯嘴壩一座，以分水勢，使大溜開行。應如所請。從之。

壬子，陞荆州副都統諸滿爲江寧將軍。

三月己未朔，福建巡撫李斯義疏報：臺灣、鳳山、諸羅三縣旱災。上諭大學士等曰：臺灣地方窪下，一遇亢旱，即至歉收。著將臺灣等三縣糧米，全行蠲免。

壬戌，大學士等會同户部議覆：據直隸巡撫趙宏燮、天津總兵官藍理奏稱，若將直隸所屬荒田及下窪地開墾爲水田，實萬世無窮之利，請以江南等省軍徒、人犯安插天津，照丁給田，令其開墾。應交與該撫等，將直隸可以墾作水田之地，一概查明，令其開墾。江南等省軍徒人犯無多，應不分旗民、南北之人，有情願開墾者，亦令照丁給與。如有用官員捐助牛種耕種者，三年後升科。如自備牛種耕種者，六年後升科。其田給與開墾之人爲業，該撫等將每年所墾田數，查核奏聞。上曰：此事著暫存貯，可令藍理於天津試開水田，俟冬後，再以此事奏聞。上又曰：此處水田不比江南，與寧夏、澤州等處相似，大都恃開溝以引河水。今直隸河道處處俱通，若開通三河縣河，亦可直抵薊州。今朕欲挑濬清河，此河一開，於右翼人衆，亦大有利益也。

辛巳，上御太和殿傳臚，賜殿試貢士施雲錦等二百八十九人進士及第、出身有差。

丙戌，左副都御史周清原奏請直隸各省建立育嬰堂，以廣皇仁。從之。

《聖祖實録》卷二二五　夏四月乙未，兵部議，先經四川提督岳昇龍疏，言土司坦朋吉卜等領兵，同克打箭爐賊，應照定例優加陞賞。查渴瓦寺安撫使坦朋吉卜、天全招討使高一柱俱係革職護理之員，征打箭爐有功，應准復還原職。其董卜韓胡宣慰使雍中七立係從三品，應授署都督僉事管宣慰使事。其天全副招討使楊自唐係正六品，應授宣慰使。俱給與勅印。從之。

陞兵部左侍郎梅鋗爲都察院左都御史。

授一甲進士施雲錦爲翰林院修撰，呂葆中、賈國維俱爲編修。

五月己未，陞福建、浙江總督金世榮爲兵部尚書。

甲戌，諭大學士等：閩省海疆與臺灣相近，總督職任必得才兼文武之人乃可。原任總督金世榮，爲人忠厚，居官雖無惡處，然無才，不能治事。去年福建小有旱災，金世榮並未舉奏，其奏改海中商舶式様，雖奉准行，亦不能改。廣東之賊，沿海直至山東，金世榮恬然不知，殊有忝總督之任矣。順治十六年，海賊犯江寧，宜永貴守瓜洲，後鎮江已陷，而宜永貴堅守瓜洲，終能保全。大都地方官平時無不自矜，及至有事，茫然無知，苟且塞責者多。前福建提督塞白禮尚似可用之人，及耿精忠叛，彼畏懼託病不出，封疆大臣可以如是舉動乎。

諭户部：朕宵旰圖維，勤求民隱，每欲敷蠲貸之恩，以爲閭閻留有餘之力。直隸、山東地方，康熙四十二年偶遇災沴，因特免山東康熙四十三年、四十四年額賦，並康熙四十一年以前積欠錢糧。直隸則順天、河間兩府，康熙四十四年額賦，亦俱行豁免。今雖屢年收穫，民氣漸舒，而所有宿逋，尚應輸納。朕念黎元方有起色，辦賦猶艱，若一時新舊並徵，勢難兼應，宜更加寬恤，以弘休養。直隸自康熙四十一年至四十三年各府屬未完民欠銀八萬二千七百兩有奇，糧五千九百石有奇，山東省康熙四十二年各府屬未完民欠銀一百六十九萬一千七百兩有奇，糧五千九百石有奇，或現在徵收，或分年帶徵，俱著通行蠲免，俾小民悉除逋負之累。倘應徵舊欠，有現完納在官者，即准抵本年正賦。諭旨到日，各該撫速行所屬有司，徧示曉諭。有不肖官吏，濛混徵收，不與開除明白者，該撫即時參劾，嚴加治罪。爾部即遵諭行。

丁丑，以福建陸路提督梁鼐爲福建、浙江總督。

《聖祖實録》卷二二六　秋七月丁巳，諭大學士馬齊：朕自親政以來，斷不

許人懷挾私讐，互相陷害，是以三四十年間，無大臣互訐之事，此一端朕心頗以爲善。凡誣陷人及攻城屠戮人者，縱使其身倖免於禍，子孫斷乎不昌，近觀貪官受報，亦復如是。從前督撫如屈盡美等皆以貪，故其子孫極貧困，不能自存。或有學道考試不公，而所生之子凡書讀過即忘，並有瘖啞者，天道甚可畏也。前次考試時，朕有所素知之人與考，朕恐使人知之，則必取中，故不以告人。凡人功名所繫，去取但欲其秉公耳。朕尚以孤寒抱屈爲念，試官何不一計及於此乎。

兵部議覆原任雲南貴州總督今陞户部侍郎巴錫，請恤進征紅苗陣亡被傷官兵一案，應俟該督分别議奏之後再議。上諭大學士等曰：進征紅苗陣亡被傷官兵，席爾達所奏極明，何俟督撫具題，遲延日月。彼時督撫俱已更换，若俟伊等分别議奏，其事必致遲久，官兵不得沾實惠矣。著將兵部堂官嚴飭行。

丁卯，四川、陝西總督博霽疏參原任興漢總兵官、今陞正藍旗漢軍副都統何天培，任總兵官時，興安城内失火，伊標下兵丁乘便搶掠。此皆平日約束不嚴所致，有玷職守。得旨，何天培著革職。

九月癸未，先是，湖廣總督石文晟疏參容美司土司田舜年一案，上命都察院左都御史梅鋗、内閣學士二鬲前往會審。至是，梅鋗奏稱，原任容美司土司田昞如酷虐事蹟，俱有証據，應革職。桑植宣慰土司向長庚抗匿田昞如，應降四級留任。已故容美司土司田舜年出征苗子，捏病規避，各款俱有証據，應追革田舜年職。至田舜年私造宫殿，淫亂各款，俱無証據，應毋庸議。田昞如土司員缺，應將田昞如子姪中擇一人承襲。湖廣總督石文晟等奏稱，田舜年所屬之人唐世甲等，控訴田舜年父子俱不善，我等情願納糧當差，應否將其土地、人民入我版圖，伏候上裁。學士二鬲奏稱，案内有名容美土司二十餘人，俱未赴審，故未經質審之處甚多。田舜年治病醫生及檢屍知縣洪國柱俱未到案，田舜年身死尚未明白，倘草率結案，則土司之心不服。奏入，下九卿、詹事、科道會議具奏。

《東華録》卷二〇　是月，雲貴總督貝和諾疏報擒獲逆匪李天極、王枝葉等於富民縣之響哨山。李天極者，昆明人，冒入廣通縣學，與臨安府生員朱六非造爲符籙，以師宗州生員之子魏枝葉流蕩不歸，誘之詭托明桂王之孫，陽以王姓相呼，遇開化府賣藥人楊春榮、蒙自縣談相人張平山、富民縣演伎人楊起鳳，同謀不軌，僞稱「文興三年」，以鉛摹桂王之寶及諸僞印，散播總制大將軍、副總兵、都督僉事等僞劄，顧入黨者改裝蓬頭僧，或長髮道士，潛期先掠廣南，次掠開化，由蒙自劫省城。爲督標弁兵首報，先後擒獲李天極、王枝葉、楊春榮、楊起鳳、張平山、朱六非。請旨立斬，餘黨流徙數人，首報者獎賞如例。

《聖祖實録》卷二二七　十月辛卯，武殿試傳臚，賜中式武舉楊謙等九十四人武進士及第、出身有差。

戊戌，以黑龍江副都統耿額爲都察院左都御史。

庚子，陞鑲紅旗滿洲副都統汪悟禮爲正紅旗護軍統領，正黄旗滿洲副都統阿爾西爲鑲紅旗護軍統領。

己酉，諭户部：朕子育黎元，日求所以休養利濟之道。念惟賜租減賦，實有裨益於民生。直隸各省錢糧次第全蠲一年者，業經數舉，獨是歷歲逋負，積累加增，舊税新徵，勢難兼辦。縱使少寬民力，分年帶輸，而督令續完，仍多拮据，朕睠懷及此，深切軫恤，用是大沛恩膏，俾閭閻獲免追呼，官吏亦不罹參罰。直隸、山東積欠錢糧，今年俱已蠲免。其山西、陝西、甘肅、江蘇、安徽、浙江、江西、湖北、湖南、福建、廣東各省，自康熙四十三年以前，未完地丁銀二百一十二萬二千七百兩有奇，糧十萬五千七百石有奇，著按數通行豁免。或舊欠已完在官而見年錢糧未完足者，亦准扣抵。

辛亥，諭大學士等：山東長山縣周村一帶俱開爐私鑄，巡撫趙世顯不禁不捕，乃奏請鼓鑄大錢。若不禁私鑄而鑄大錢，則大錢重，小錢輕，小民必思射利，毁大錢而鑄小錢，是大不利於地方矣。今山東奸民鑄小錢者甚多，或地方官圖利與之同事，亦未可知，但未拏獲，何可懸擬。頃差侍郎恩丕等，帶德州兵丁，馳驛往長山縣周村等處，捕鑄私錢之人。已諭伊等於拏獲之後，並私鑄之爐帶往趙世顯處示之，問以地方見鑄私錢不禁不捕，又欲請鑄大錢何故，觀趙世顯更將何詞以對。外省督撫孰賢孰否，朕俱知之，清濁斷不能掩也。

甲寅，陞正藍旗護軍統領席柱爲正白旗蒙古都統。

以興京城守尉宗室發度爲黑龍江副都統。

奉命踏勘天津稻田安設莊屯内務府總管黑碩子、户部侍郎穆丹奏：臣等查天津總兵官藍理所墾稻田，共一百五十頃，見被水浸，不便遽行安設莊屯。應將積水設口宣洩，所墾田地試種一二年，該撫鎮勘明奏報到日，再將安設莊屯之處議奏。從之。

十一月己巳，諭大學士等：因山東私鑄小錢，故特差侍郎恩丕等緝拏。今既禁私錢，又不收取，則用私錢者無日可止矣。朕意欲令來年徵收山東錢糧，其銀一兩折錢二千，俟錢盡時，照二千錢之數折收諸樣銅器，則不出一年私錢自盡

矣。彼地官員，不能緝拏私鑄，俱係有罪之人，即將所收錢及銅交付伊等運至京城，以贖前罪。運到之時，即著增爐，作速鼓鑄制錢。爾等可與九卿、詹事、科道會同詳覈議奏。

癸酉，户部、工部以開浚清河至通州，開列督工官員請旨。上命兵部尚書金世榮、户部侍郎巴錫、范承烈督工，諭大學士等曰：侍郎巴錫不諳部務，著解侍郎任，隨旗行走，仍令往監河工。

辛巳，上駐蹕遵化州東。

以禮部左侍郎邵穆布爲江南、江西總督。

十二月丁亥，先是，達賴喇嘛身故，第巴匿其事，構使喀爾喀、厄魯特互相仇殺，擾害生靈。又立假達賴喇嘛，以惑衆人。且曾毒拉藏，因其未死，後復逐之，是以拉藏蓄恨興兵，執第巴而殺之，陳奏假達賴喇嘛情由。爰命護軍統領席柱、學士舒蘭爲使，往封拉藏爲翊法恭順汗，令拘假達賴喇嘛赴京。拉藏以爲執送假達賴喇嘛，則衆喇嘛必至離散，不從。席柱等奏聞。上諭諸大臣曰：拉藏今雖不從，後必自執之來獻。至是，駐劄西寧喇嘛商南多爾濟果報，拉藏起解假達賴喇嘛赴京，一如聖算，衆皆驚異。

甲辰，刑部會同吏部等衙門覆奏：侍郎常綬等審奏廣東海寇一案，一議海寇蔡三十二等，攔截泛海商船，劫奪銀米，俱應立斬。總督郭世隆不將實情審出，應降三級調用。原任巡撫今陞湖廣總督石文晟、提督趙弘燦未經詳察列名具題，俱罰俸一年。承審按察使今陞河南布政使許嗣興等，分別降級調用。又一議總督郭世隆不預先嚴禁强暴之人，及蔡三十二等事發，又矇矓掩飾，草率具奏，殊爲溺職，應革職。餘如前議。得旨，蔡三十二、曾贊伯、黄士文、賴亞客、陳阿七俱立斬，許嗣興著降一級調用，郭世隆著革職。餘依議。

乙巳，調户部尚書凱音布爲禮部尚書。

辛亥，以廣東提督趙弘燦爲廣東、廣西總督。

康熙四六年（丁亥、一七〇七）

《聖祖實録》卷二二八　春正月丁卯，諭吏部、户部、兵部、工部：朕念淮、黄兩河工程，爲東南要務，屢次躬臨河上，相度指示。一切修防疏濬，業已次第奏功。昨歲河漕督撫諸臣詳勘地形，請於溜淮套别開河道直達張福口，以分淮勢。朕欲即令動帑興築，而督撫諸臣又以事關創建，合詞請朕親閲。九卿等集議，復再三陳請，朕以諸臣之言，奏聞皇太后，祇遵慈命，擇於本年正月二十二日啓行閲河。

庚午，以工部尚書希福納爲户部尚書，陞户部右侍郎赫碩咨爲工部尚書。

乙亥，革都察院左都御史梅鋗職，以審湖廣土司田舜年一案，回奏不實故也。

丙子，上南巡，閲溜淮套河工。命皇太子允礽、皇長子多羅直郡王允禔、皇十三子胤祥、皇十五子允禑、皇十六子允禄隨駕，自暢春園啓行，駐蹕南苑。

二月乙未，諭大學士馬齊等：山東巡撫趙世顯向以條奏小錢一事，革職留任。朕此行，見其勤慎効力，著削去加二級，復還原品。

戊戌，御舟次江南境臺莊地方，士民數十萬人進獻食物，跪請聖主暫停龍舸，少伸瞻仰微忱。上爲之登岸，御龍亭，命耆老近前。諭令停止進獻，耆老等復再四叩懇收納，命受食物一二種，又問以農事生計，良久登舟啓行。

癸卯，上閲視溜淮套，由清口登陸，詳看地方形勢。是日，駐蹕曹家廟地方。上御行宫門外，命扈從文武臣工及地方大小官員、河道總督及河工官員等列跪於前。上問張鵬翮曰：爾何所見奏開溜淮套？張鵬翮奏曰：我皇上愛民如子，不惜百萬帑金，拯救羣生，黎民皆頌聖恩。上曰：爾所言皆無用閒文，朕所問者，乃河工事務。文章與政事不同，若作文字，牽引故典，便可敷衍成篇。若論政事，必實在可行，然後可言，非虚文所能飾也。凡事在大廷廣衆可言者，方是至公無私。今滿漢文武内外大小諸臣齊集，爾可抒此河當開與否，一一明奏，何必牽引閒文。張鵬翮奏曰：先因降調通判徐光啓呈開溜淮套圖樣，臣與阿山、桑額會同具奏。奉旨，命臣等閲看。臣等因事關重大，所以再四懇請皇上躬臨閲視，指授定奪。上曰：今日沿途閲看，見所立標竿錯雜，問爾時，全然不知，問河官，亦皆不知。河工係爾專責，此事不留心，何事方留心乎？張鵬翮不能對，免冠叩首。上問劉光美、于準曰：爾等何以亦奏此河應開？劉光美等奏曰：盱眙清口，係臣等所屬地方，故會同查看。至於應開河與否，總河久在河工，尚不能知，臣等愚昧，何能深悉。但開河係臣等公同具奏，冒昧之罪，更有何辭。亦免冠叩首。上又問張鵬翮曰：水平是何人看驗？張鵬翮奏云：見任清河縣主簿方德弘，同大計參革主簿郭維藩、降調通判張調鼐、徐光啓看驗。上問曰：土方是何人料估？張鵬翮奏云：徐光啓料估。上曰：徐光啓等皆大計參處至不

堪小人，惟知亡命射利，不得齒於人列。此等重大事情，爾竟委任伊等，是誠何心？因顧諸臣曰：前阿山等察勘泗州水勢，奏稱，溜淮套地方，另開一河，出張福口，可以分洩淮水，免洪澤湖之異漲，保高家堰之危險。繪圖進呈，請朕親閱。在廷諸臣亦以河工事關重大，再四懇請，朕始親行。昨日，閱武家墩，朕尚謂果如阿山等所奏，溜淮套可以開成。今日乘騎，從清口至曹家廟地方詳看，見地勢甚高，雖開鑿成河，亦不能直達清口，與伊等進呈圖樣迥乎不同。且所立標竿，多有在墳上者，若依所立標竿開河，不獨壞民田廬，并至毀民墳塚，朕惟恐一夫不獲其所，時存己飢己溺之心，何忍發此無數枯骨。朕爲人君，凡頒發諭旨，倘有差悮，尚令人言。張鵬翮身爲總河，至欲掘人骸骨，所屬人員竟無一敢言者，張鵬翮以讀書人而爲此殘忍之事，讀書何爲？假令張鵬翮祖墳被人發掘，伊肯默然耶？數年來，兩河平静，民生安樂，何必多此一事。先年靳輔所開中河，凡漕運商民船隻避黄河一百八十里之險，此河確有成效，至今往來之人尚追念之。但靳輔所開，止因舊河身疏濬，今欲開溜淮套，必至鑿山穿嶺，不惟斷難成功，即或成功，將來汛水泛溢，不漫入洪澤湖，必致衝決運河矣。上又問張鵬翮及衆河官曰：此河若開，爾等能保無事乎？張鵬翮等奏云：臣等一無所知，數年來，皆仰賴皇上教訓指授，此工如何敢保！上曰：今奏溜淮套開河，非地方官希圖射利，即河工官員妄冀陞遷。至河工効力人員，無一方正者，何故留置河上？張鵬翮奏云：巨悮用小人，罪有何辯。上諭大學士馬齊等曰：朕看南旺湖水，分南分北，實有大功，用意迥異常人。朕每次臨閱，深嘉其才。馬齊奏云：挑水壩人字河、芒稻河、鮑家營諸工，皆係皇上指示，超出南旺分水之上。上曰：南旺分水自高山引出，事屬創舉，今所開之河，皆由舊河形疏濬，與創舉者不同。大學士張玉書奏云：引汶水分南北流，是當日老人白英所建之議，其策原善，今皇上睿裁，築御壩，開引河，俾淮水敵黄，黄水趨海，此萬世之永利，亦萬世之良法也。上曰：明代淮、黄與今時迥别。明代黄水勢强，淮水勢弱，故有倒灌之患。朕自甲子年南巡，閱視兩河形勢，記憶甚明，漸次修治。今則淮强黄弱矣。然善後之策，尤宜亟講。與其開溜淮套無益之河，不若將洪澤湖出水之處，再行挑濬，令其寬深，便清水愈加暢流。至蔣家壩、天然壩一帶，舊有河形，宜更加挑濬，使通運料小河，俾商民船隻皆可通行，即漕船亦可輓運，爲利不淺矣。諭畢，上回行宫。少頃，命一等侍衛馬武等傳諭河道總督張鵬翮曰：河工効力人員内，稍有可觀者，猶可容留河上。如同知南夢班，降調通判徐光啓、主簿方德弘，俱屬不堪匪人，著斥革逐去。又召大學士馬齊諭曰：溜淮套開河，必至毀民田廬、墳塚，且地形甚高，雖開鑿成河，亦不能直達清口。朕將此等情由，在扈從諸臣地方大小官員前窮問，總河、巡撫、河官伊等皆不能對，惟叩首認罪而已。此河斷不可開，即繕寫諭旨，傳諭在京諸臣。前任總督阿山何所見，亦奏此河當開，著問阿山回奏。

刑部議覆雲南貴州總督貝和諾疏，言原任雲南巡撫佟毓秀糾參布政使佟國勷，暗勒大耗，扣尅兵餉，各款察審俱虚，請復佟國勷所革之職。應如所請。從之。

乙巳，上召扈從大小臣工及總督、巡撫、司道、總河、河官，近御舟前，列跪於岸，上諭張鵬翮曰：爾身任總河，宜時時巡視隄河，不避風雨，以勉盡職守。乃安居署中，兩三月不一出，惟以虚文爲事，何事不致耽悮？若論文字，朕亦常爲之，爾所作文字，亦未必佳。爾口中常稱朱子，朱子之書朕不時披覽，見置朕側，爾能記憶一條乎？宋儒所言光風霽月，爾能稍似否？爾惟任用一二不肖漢官，偏聽其言，河工事務，漫不經心。朕嘗謂天地風雷有不測之變異，不可恃隄岸之堅，須竭盡人力，曲爲綢繆，曾經再三訓諭。後洪澤湖水漲溢，隄岸危險，河官欲開滾水壩前土壩以洩水勢，屢次申報，爾置若罔聞，以致古溝一帶地方咸被衝決。爾行事刻薄，不以禮待屬員，口無忌憚，使衆人皆畏懼爾。朕雖加訓諭，並不悛改，且語多欺誑。康熙四十四年，朕南巡閱河，問爾高家堰石工何時可以修竣，爾奏云本年七月内工竣，乃遲延致逾年不完。今又以溜淮套地方可以開河，請朕親臨，更屬欺誑。朕之言無不可向衆人言之者，今大小臣工齊集於此，爾有何說，可於衆人前直陳。張鵬翮免冠謝罪。上又諭曰：加築高家堰隄岸，閉塞減水六壩，使淮水盡出清口，非爾之功。修治挑水壩，逼黄水流向北岸，非爾之功。堵塞仲莊閘，改建楊家閘，令黄水不致倒灌清口，非爾之功。此數大工程，皆與爾無涉，更有何勤勞？張鵬翮奏云：臣實愚昧無知，不能仰體皇上訓旨，夙夜恐懼。上曰：【略】朕自甲子年至今六次南巡，詳觀河形，一年異於一年。治河之道，當看何處關係緊要，便保守何處，不可執一。自古治河皆順水性，爲今之計，但當商酌，使淮水稍洩其流，乘水未長時，預爲綢繆。將來水雖大長，必不致於危險。天然壩一帶，舊有河形，當挑濬此河，酌量可容糧艘。建立閘座，水小則閉閘，蓄湖水以敵黄水；大則開閘，使之暢流。一面由武家墩通至運河，一面通至高郵湖，則商民船隻皆得長行，似爲永久利益。著張鵬翮率領在河能員，確看定議具奏。

庚戌，河道總督張鵬翮以悮奏開溜淮套河，具疏請罪。得旨，黄、淮兩河關係運道民生，總河身任河務，必勿憚煩勞，時親勘閲，將應修、應築之處斟酌合宜，又能任用得人，斯爲稱職。張鵬翮聽信小人徐光啓議開溜淮套河，竟不親加審勘，輒奏稱「此河開濬有益」。所立開河標竿，至毁壞民間墳塚、田廬。又地勢甚高，雖開濬成河，亦不能水出清口，徒滋生事擾民。張鵬翮輕舉妄動，大負職掌。九卿、詹事、科道將張鵬翮並前會題請開溜淮套督撫等俱嚴加議處具奏。

戊寅，諭吏部：福建巡撫員缺，甚爲緊要，張伯行爲人篤實，即在行間亦非退縮者，著陞爲福建巡撫。

《聖祖實録》卷二二九　三月己未，上駐蹕江寧府城内。

大學士馬齊等奏：福建、浙江總督梁鼐，請將出洋漁船照商船式樣改造雙桅之事，臣等遵旨問梁鼐，據稱漂洋者非兩桅船則不能行，且漁船人户所倚爲生者，非但捕魚而已，亦仗此裝載貨物以貿易也。若准其照商船樹立雙桅，裝載貨物甚便於民。上曰：所奏甚是，著如議行。

夏四月癸巳，諭福建、浙江總督梁鼐、浙江巡撫王然、江南、江西總督邵穆布、安徽巡撫劉光美、江蘇巡撫于準、山東巡撫趙世顯等：【略】方今二麥垂熟，正將刈穫之時，一切扈從人員皆以次舟行，不致蹂踏。誠恐百姓沿途迎送，老稚扶攜，動盈千萬，越阡度陌，不無踐傷，朕心甚爲軫惜。凡所過地方，悉令停止迎送。且節候漸熱，朕舟行乘夜迎凉，亦未可定，民雖遠來，無由親見。爾等督撫可張示，徧加曉諭，無負朕重農愛民之意。

戊申，陞江寧副都統鄂克遜爲江寧將軍。

以荆州將軍伯蟒喀爲正黄旗蒙古都統。

五月丙子，諭河道總督張鵬翮及河官等：古今治河，形勢不同。舊時常患清水不足敵黄水，每有黄水倒灌之虞。今清水敵黄水有餘，運河、清水甚大，反流入高郵湖。設高郵湖水長，溢入運河，則運河東隄受險，少有疎虞，雖堵塞不難，而生民田廬不可問矣。應加謹防護，以保無虞。清口湖水七分敵黄，三分濟運，今應將大墩分水處西岸草壩再加寬大，使清水多出黄河一分，少入運河一分，則運河東隄不致受險。又於蔣家壩開河建閘，引水由人字河、芒稻河下江，由下河及廟灣等處入海，不惟洪澤湖之水可以宣洩，而盱眙、泗州積水田地亦漸次涸出。水小則下板蓄水敵黄，水大則啓板洩水，且便於商民舟楫往來。其祥符閘口門甚窄，趁此黄水不甚高之時，委幹員，將歸仁、安仁、利仁三閘改寬洩水，則徐州一帶民田可無淹没之虞矣。

戊寅，以正白旗護軍統領達爾占爲荆州將軍。

《聖祖實録》卷二三〇　六月癸未，轉左都御史耿額爲刑部尚書。

丁亥，上巡幸塞外。

以原任廣東廣西總督革職郭世隆爲湖廣總督，仍革職戴罪効力。陞刑部右侍郎巢可托爲都察院左都御史。

七月壬子，上駐蹕熱河上營。

丁卯，上巡歷諸蒙古地方，自喀喇和屯啓行，駐蹕喇門噶山。

戊寅，浙江巡撫王然疏報仁和等州縣亢旱情形。上諭大學士等曰：浙江巡撫王然報浙省旱災，而近日江南總督邵穆布亦奏報江南全省俱旱，以此揆之，被旱之處甚廣，且小民有田者少，佃户居多，豐年則納糧之外，與佃户量其所入分之，一遇歲歉，則佃户竟無策可施矣。南方卑溼，民間難以蓋藏，故比户而居，有米者少。凡飲食諸物，每日見買，此數年幸遇豐稔，可以無慮。今遇大旱，所關匪細，奏聞之後若能得雨，不必言矣；如未有雨，不早加詳議，殊非朕保民如赤子之心矣。著九卿、詹事、科道會同速議具奏。

八月丙申，兵部議覆雲南、貴州總督貝和諾疏，言普安州三江苗人黄柱漢等，在菴章寨等處肆行劫掠，請發官兵，前往緝捕。若獻出罪犯，則徹回官兵；否則，即行征剿。應如所請。得旨，依議。遣往官兵不得沿途騷擾苗民，著該督、撫、提、鎮各嚴行禁飭。

《聖祖實録》卷二三一　冬十月辛巳，兵部議覆福建、浙江總督梁鼐疏，言臣遵旨察審黄巖總兵官仇機與原任黄巖總兵官今陞京口副都統許國桂互訐一案。【略】將許國桂革職充軍，係旗人，解部枷責。仇機革職，僉妻發邊衛充軍。應如所題。從之。

己亥，户部議覆雲南貴州總督貝和諾等疏，言雲南金、銀、銅、錫等礦廠自康熙四十四年冬季起，至四十五年秋季止，一年之内，共收税額銀八萬一百五十二兩零，金八十四兩零。應駁回，令該督據實嚴查加增。上諭大學士等曰：雲南礦税一年徵銀八萬兩零，用撥兵餉數亦不少，若又令增加，有不致累民乎？此所得錢糧即敷所用矣，本發還，著照原題議結。

又諭曰：江、浙地方，今年旱荒，有被災之處，朕心殊覺惻然，屢頒諭旨，截留漕糧以賑飢，蠲免歷年拖欠以濟困厄，想被災人民已各得其所矣。但江、浙乃

財賦要區，爾等可會同户部，將江、浙所屬成災州縣幾何，所免田糧幾何，丁糧幾何，仍應徵收田糧幾何，丁糧幾何，及不成災州縣幾何，應徵田糧幾何，丁糧幾何，通計錢糧幾何，察明具奏。

十一月己酉朔，諭户部：江、浙地方，賦役殷繁，倍於他省，朕屢經巡歷，時切軫懷。比年以來，業已節次敷恩，頻行蠲貸。頃因兩省偶被旱災，隨命按數減徵，豁免漕欠，並分截本年漕糧，令該督撫親往散賑。猶念民間素鮮儲積，生計不充，非更加格外滋培，則荒歉之餘，未能驟臻康阜，兹特再施膏澤，用弘休養。康熙四十七年，江南、浙江通省人丁共額徵銀六十九萬七千七百餘兩，著悉與蠲免。其今年被災安徽所屬七州縣、三衛，江蘇所屬二十五州縣、三衛，應徵康熙四十七年田畝銀共二百九十七萬五千二百餘兩，糧三十九萬二千餘石，浙江二十州縣，一所應徵康熙四十七年田畝銀九十六萬一千五百餘兩，糧九萬六千餘石，亦俱著免徵。所有舊欠帶徵銀米，並暫停追取，俟開徵時，一并輸納，務使小民一歲之内絶跡公庭，安處隴畝，俾得優遊作息，經理農桑，庶幾閭閻氣象可以日加豐豫。

庚戌，以署理倉場侍郎事正黄旗漢軍都統富寧安爲漢缺都察院左都御史。

己未，諭大學士等曰：福建内地之民住居臺灣省甚多，比來洊罹災祲，米穀不登，【略】著行文該地方官，察明情願復歸本地者，或遇兵丁换班之船，或遇公務奉差之船，令其附載，帶回原籍。

十二月丙戌，以吏部尚書温達爲文華殿大學士兼吏部尚書，調兵部尚書馬爾漢爲吏部尚書，刑部尚書耿額爲兵部尚書，左都御史巢可托爲刑部尚書，以署理倉場侍郎事正黄旗漢軍都統補授漢缺之左都御史富寧安爲滿缺左都御史。

己亥，陞吏部左侍郎王九齡爲都察院左都御史。

康熙四七年（戊子、一七〇八）

《聖祖實録》卷二三二　春正月癸酉，以正白旗護軍統領覺羅孟俄洛爲奉天將軍。

庚午，浙江巡撫王然疏報：大嵐山賊衆於嵊縣、慈、谿、上虞等縣行劫，隨遣官兵往捕，前後斬殺賊人四名，擒獲十五名。上諭大學士等曰：朕聞大嵐山不通舟楫，糧運難到，盜賊不能久棲。自古以來，必於宜戰之地而後戰，不攻其所不可攻。昔擊騰機思在昭莫多之地，後擊噶爾丹亦在昭莫多之地。以是觀之，戰必於宜戰之地也。大同渾源州左衛，俱素稱難攻之城。太宗文皇帝時，三攻大同而不拔，後姜勷反，亦攻大同而不拔，逮賊糧絶始克其城。以是觀之，自古及今，難攻之城仍難攻也。

《東華録》卷二〇　是月，先是，湖廣鎮筸紅苗劫靖江營苗民，爲官兵捕獲，守備王應瑞訪知營所在，遣兵入寨，欲援以出，苗民拘留之，戕一卒，總兵雷如私釋所獲苗民，易兵以歸。事聞，命内閣學士二格往訊得實，苗犯廖老宰等俱梟示，雷如照故縱罪囚律，革職枷責。王應瑞擅動軍馬發邊遠充軍。

《聖祖實録》卷二三二　二月辛卯，吏部遵旨察議，御史袁橋疏參山西巡撫噶禮各款，既經噶禮辯明，應無庸議。袁橋以無憑據之事參奏，今又支吾巧供，應革職。御史蔡珍參山西學臣鄒士璁受託題留噶禮，亦無憑據，應降一級，罰俸一年。從之。

户部遵旨議覆僉都御史勞之辨請申嚴海禁、暫徹海關一疏。查自康熙二十二年開設海關，海疆寧謐，商民兩益，不便禁止。至奸商私販，應令該督、撫、提、鎮於江南崇明、劉河，浙江乍浦、定海各海口，加兵巡察，除商人所帶食米外，如違禁裝載五十石以外販賣者，將米入官。文武官弁有私放者，即行參處。得旨，著如議行。江浙海口禁止私販船隻，著部院保舉賢能司官前往巡察。

壬辰，浙江巡撫王然疏報：本年正月，續獲大嵐山賊周天祥、朱飛虎、張念一、張念二等。又准江蘇巡撫于準解到所獲賊張君玉等，俱發按察使審訊。得旨，此案拏獲賊犯，著户部侍郎穆丹前往，會同該撫作速詳審，定罪具奏。其未獲夥賊及奸僧一念，著嚴行緝拏。

癸巳，兵部議覆湖廣提督俞益謨疏參紅苗殺死民人案内，擅自發兵之守備王應瑞等，相應革職，交該督撫嚴審。應如所題。得旨，著内閣學士二鬲前往，會同該督撫察審具奏。

丙午，禮部題：暹羅國貢使所帶貨物請聽其隨便貿易，并免徵税，以示柔遠之意。從之。

三月戊午，陞正黄旗護軍統領希思哈爲正紅旗漢軍都統，正紅旗滿洲副都統圖思海爲正黄旗護軍統領，陞殺虎口副將杜呈泗爲河南、河北總兵官。

閏三月戊寅朔，陞正白旗漢軍副都統伯李繩宗爲鑲黄旗漢軍都統。

甲辰，以正白旗蒙古都統席柱爲西安將軍。

夏四月己酉，調户部尚書徐潮爲吏部尚書仍兼翰林院掌院學士，教習庶吉士。

陞内閣侍讀學士音達禮爲内閣學士兼禮部侍郎。

陞甘肅巡撫齊世武爲四川陝西總督。

戊午，上諭大學士等曰：山東巡撫趙世顯拏獲朱三父子，解往浙江交穆丹處。朱三者，乃明代宗室，今已七十六歲。伊父子遊行教書，寄食人家，若盡拏容留伊等之人，恐株連太多，可傳諭穆丹知之。

辛酉，上諭大學士等曰：湖廣提督俞益謨密摺奏請，來秋發兵勦除紅苗，爾等詳閱此摺議奏。尋大學士等議奏，紅苗目前無大罪昭彰，遽興兵進勦，似乎無名。況如噶爾丹叛逆，皇上尚屢傳諭旨，不得已而後興兵討滅。今苗民有過惡，亦當曉諭，至不得已，然後勦之，則兵出有名，彼敢不心服乎？上曰：朕意亦然，故命爾等閲之。

調正藍旗蒙古都統公傅爾丹爲正白旗蒙古都統，陞正藍旗護軍統領阿喇納爲蒙古都統仍兼護軍統領。

《聖祖實録》卷二三三　五月甲申，調工部尚書王鴻緒爲户部尚書。

以内閣學士舒圖爲甘肅巡撫。

以内務府郎中尚之傑署内務府總管。

丙戌，上巡幸塞外，命皇太子允礽、皇長子多羅直郡王允禔、皇十三子胤祥、皇十四子允禵、皇十五子允禑、皇十六子允禄、皇十七子允禮、皇十八子允祄隨駕。是日啓行，駐蹕順義縣南石槽。

六月丁未，上駐蹕熱河行宫。

丁巳，九卿議覆侍郎穆丹等所審浙江賊犯朱三即王士元等二十九人俱擬凌遲處死，朱峑等三十三人俱擬立斬，僧洞然擬斬監候。巡撫王然不豫行嚴察盜賊，又不能盡行拏獲，應降一級調用。提督王世臣以千總婁汝初被賊殺害，捏報墜崖身死，應革職。又江南賊犯錢保等五十人俱擬凌遲處死，張世侯等四十二人俱擬立斬。上諭大學士等曰：擬正法之人太多，但將首惡正法，其連坐人犯等從寬，改爲流徙。至朱三父子不可宥。朱兆琦係旗下人，乃附從朱三，亦不可宥。俱著再議具奏。王然降一級，從寬留任。王世臣人材壯健，從寬免革職，降五級留任。其捕賊受傷官兵，俱照例議敘。

乙丑，九卿遵旨再議侍郎穆丹等所審浙江賊犯朱三即王士元等，仍照前議，其立斬。朱峑等三十三人内，董克昌等二十六人改發寧古塔。僧洞然仍監候，秋後處決。江南賊犯錢保等五十人，仍照前議，其立斬。張世侯等四十二人内張世侯、徐四仍即處斬，王齊七等四十人改發寧古塔。得旨，匪類稱朱三者甚多，著將朱三即王士元，伊子朱獟、朱峑、朱壬、朱在、朱坤，伊孫朱鈺寶等，帶至京城，問明正法。浙江賊犯案内，董春園、張念一、張念二等七人，俱著即凌遲處死。朱兆琦依擬立斬，董彩奇等二十一人擬凌遲者，俱著改爲立斬。僧洞然依擬應斬監候，秋後處決。餘俱從寬免死，并伊等妻子發往寧古塔。江南賊犯案内，錢保、王柏、陸升、王斌俱著即凌遲處死。張世侯、徐四依擬立斬。施先等四十七人擬凌遲處死者，俱著改爲立斬。餘俱從寬免死，并伊等妻子發往寧古塔。

又諭穆丹所遣奏事郎中欒拜等曰：江、浙兩省正法賊犯，著侍郎穆丹會同督撫監視處決。聞朱三同衆犯謀欲放火，希圖越獄，内中朱飛虎隨即出首。按察使武國楹往查，見虚套鐵索，鎖内無簧，因將鎖灌鉛。朱飛虎如在擬斬之例，停刑請旨。爾等往傳諭穆丹，所擬正法罪犯内，有另當取供覊候者，即留下監候。至應誅之人，雖奉朕旨從寬，如有情罪不可宥者，即行正法奏聞。

丁卯，《清文鑑》告成，上親製序文。

秋七月丁丑，諭刑部：凡減等流徙者，俱係死罪豁免之人，理當在流所安静守分。若仍不改過，逃回作惡，情罪殊爲可惡。嗣後，流所逃回不犯罪者，仍照原定例完結外，逃回後又復犯罪，不論罪之輕重，并將舊案查出，立時正法，庶匪類知所警戒。著爲令。

庚辰，工部議覆江南、江西總督邵穆布疏，言臣等遵旨親勘各屬水道，如蘇州府太倉州、常熟縣爲通江入海要道，應建閘啓閉，以資蓄洩，灌溉田疇。其劉河等舊閘，亦各損壞，理應修葺。常州府武進縣、鎮江府丹陽、丹徒兩縣，共計舊閘六座，年久坍圮，均當修葺。至蘇、松、常、鎮四府屬各支河小港，關係水利處，率皆淤淺，宜逐一疏浚。共計修建閘座并挑濬河工需銀一十七萬八千九百餘兩。應如所題。從之。

癸未，御製《親征平定朔漠方略序》。

己丑，工部議覆福建、浙江總督梁鼐等疏，言臣等遵旨親勘杭、嘉、湖三府水道，惟湖州府逼近太湖，有七十二港漊爲入湖要道，應建閘六十四座，以爲蓄洩之計。其舊有閘座，止須修理。至嘉興府去太湖稍遠，大流即是運河，支流環繞通連，無可建閘，惟水道淤淺處，急宜疏浚。杭州府去太湖益遠，雖通錢塘江潮，

地高不能引水深入，亦無庸建閘。所有西湖通水諸處，各有舊閘，以灌溉民田，并爲鄰邑借潤，亦宜修葺。其三府支河港蕩内有淤淺者，責令有司勸諭民間及時開浚，不煩支帑。至三府内，應建閘座與應疏通處，共需銀四萬一千八百餘兩。俱應如所題。得旨，去歲杭州等處地方被災，民生疲敝，今動支公帑建閘，其支河港蕩内淤淺處，若勸民自行開浚，地方官員或藉此私派害民，亦未可定，亦著給發正項錢糧開浚。

辛丑，暹羅國王森列拍照廣拍馬嘑陸坤司由提耶菩埃遣陪臣坤備叭喇插新厲嘑喇插禿等奉表進貢，宴賚如例。

八月壬戌，先是，皇十八子允祄抱病，留住永安拜昂阿地方調理。至是，病篤，上回鑾臨視，駐蹕永安拜昂阿地方。

諭户部：據寧夏民黄品奇等叩閽言，都司何卜昌在任時，開浚唐、漢兩渠，連年大穫。自伊罷任後，兩渠淤塞，每遇旱歲，米穀歉收。從前何卜昌如何疏通河渠有益於民，今應如何措置俾得永遠裨益地方，著行該督撫詳察議奏。

辛未，上命侍衛吴什、暢壽、治儀正存柱，傳諭隨從諸大臣曰：近日聞諸阿哥常撻辱諸大臣，侍衛又每尋釁端，加苦毒於諸王貝勒等。諸阿哥現今俱未受封爵，即受封後，除伊屬下人外，凡有罪過，亦當奏聞，候朕處分。伊等何得恣意妄行捶撻乎？朕爲天下元后，凡事但遵大義而行。無罪之人，未嘗枉法處治。國家惟有一主，朕日禱祝於天，亦欲衆皆無事，以享太平耳。八議内，三品以上官員，雖犯死罪不遽擬斬、擬絞而必奏聞者，所以敦國體，非爲臣下也。諸阿哥擅辱大小官員，傷國家大體，此風斷不可長，伊等不遵國憲，横作威勢，致令臣僕無以自存，是欲分朕威柄，以恣其行事也。豈知大權所在，何得分毫假人？即如裕親王、恭親王，皆朕親兄弟也，於朕之大臣侍衛中，曾敢笞責何人耶？縱臣僕有獲罪者，朕亦斷不輕宥，然從未有輕聽人言、横加僇辱之事，且太祖、太宗曾降訓旨，戒勿濫行捶楚，荼毒無辜，煌煌實録，紀載甚明，不意今日竟流而漸下，不法多端也。去年朕幸洮爾河時，喀喇沁之護衛茅欣管理圍場，因科爾沁之人行列不整，意欲撻之，朕尚遣人往諭茅欣云「爾乃喀喇沁人，而責科爾沁之人，恐科爾沁人衆寒心」。喀喇沁之人尚不可責科爾沁之人，諸阿哥何得妄將大臣、侍衛尋釁捶撻，加以苦毒。嗣後，諸阿哥如仍不改前轍，許被撻之人面詰其見撻之故，稍有冤抑等情，即赴朕前叩告。朕且欣然聽理，斷不罪其人也。至於爾等有所聞見，亦應據實上陳。若一切隱諱，後來漸至殺人，亦將隱而不奏乎？爾等隱而不奏，即爾等之罪矣。若吴什、暢壽、存柱三人，將朕斯旨或隱一言，不宣諭明白，使衆咸知，即將伊等正法。

《聖祖實録》卷二三四　九月丁丑，上召諸王、大臣、侍衛、文武官員等齊集行宫前，命皇太子允礽跪。【略】上又諭曰：太祖、太宗、世祖之締造勤勞，與朕治平之天下，斷不可以付此人，俟回京昭告於天地、宗廟，將允礽廢斥。朕前命直郡王允禔善護朕躬，並無欲立允禔爲皇太子之意。允禔秉性躁急愚頑，豈可立爲皇太子。其允礽黨羽，凡係畏威附合者，皆從寬不究外，將索額圖之子格爾芬、阿爾吉善暨二格、蘇爾特、哈什太、薩爾邦阿，俱立行正法。杜默臣阿進泰、蘇赫陳倪雅漢，著充發盛京。此事關係天下萬民，甚屬緊要，乘朕身體康健，定此大事，著將允礽即行拘執。爾諸王大臣官員兵民等，以允礽所行之事爲虛爲實，可各秉公陳奏。

庚辰，命近御侍衛吴什等，傳諭諸大臣、侍衛及官兵人等曰：允礽爲皇太子時，有所使令，爾等敢不遵行，但其中豈無奔走逢迎之輩，今見皇太子廢斥，恐爲朕訪知，或旁人首告，必至誅戮，日夜危懼，靡有寧時。朕以允礽兇戾，勢不得已始行廢斥，斷不輾轉搜求，旁及多人。若將從前奔走之人，必欲盡行究處，即朕宫中宦侍，將無一人得免者。今事内干連人等，應正法者已經正法，應充發者已經充發。事皆清結，餘衆不更推求。嗣後雖有人首告，朕亦不問，毋復疑懼。至於三貝勒允祉，平日與允礽甚相親睦，所以召允祉來者，因有所質問，並非欲拘執之也。伊雖與允礽相睦，未嘗慫恿爲惡，且屢曾諫止允礽，允礽不聽，此等情節，朕無不悉知。其杜默臣等四人，朕心疑之，故充發盛京，然伊等無大惡款，果有大惡，已早在誅戮之列矣。朕頃因悵恨不寧，中心煩悶，故於衆人危懼不安之處，未暇宣明諭旨，今可徧諭本營及後營人等。

命貝勒允禩署内務府總管事。

己丑，上諭曰：朕志已定，當即告祭天地、太廟、社稷，廢斥皇太子，著行幽禁。

免湖北江夏等十三州縣衛、湖南巴陵等三縣本年分水災額賦有差。

庚寅，以黑龍江將軍博定爲領侍衛内大臣。

辛卯，遣官告祭天地、太廟、社稷，廢皇太子允礽，幽禁咸安宫。

丁酉，以廢皇太子允礽，頒詔天下。

戊戌，上諭諸皇子曰：拘禁允礽時，允禔奏「允礽所行卑污，大失人心。相

面人張明德曾相允禩後必大貴。今欲誅允礽，不必出自皇父之手」。言至此，朕爲之驚異。朕思允禔爲人兇頑愚昧，不知義理，倘果同允禩聚集黨羽，殺害允礽，其時但知逞其兇惡，豈暇計及於朕躬有礙否耶？似此不諳君臣大義，不念父子至情之人，洵爲亂臣賊子，天理國法皆所不容者也。

辛丑，上諭諸皇子曰：爾等應將各屬下人嚴行禁止，勿令生事，守分而行。爾等護衛官員、乳母之夫并隨從人等，多係下賤無知之人，必有各爲其主，在外肆行者。如允禔之太監三四人、護衛一二人，妄探消息，恃强無忌，朕悉知其姓名。況允禔之人見殺於人，及因罪充發者，亦復不少，宜自知分量，速行更改。且皇太子之人，有干犯國憲者，尚不寬宥；爾等之人，又何論焉。前召爾等面諭時，允禔奏，伊弟兄等嗣後同心合意，在皇父膝下安然度日，似此亦非善言。假使爾等內，有不肖人行非禮事，亦可衆人一心助之而行乎？允禔既將人毀謗，欲致之死地，今又爲和好之言，誰其信之。且允禔於朕之侍衛執事人等，擅自責打者不少，今被打之人尚在也。其看守允礽時，將允礽處所有匠人盡行收去，又加以苦刑，以致匠人逃遁，且有自縊者。如此行事，何以服衆。今有十八阿哥之事，又有允礽之事，朕心傷不已，爾等宜仰體朕心，務存寬厚，安静守分，勿與諸事，兢兢業業，各慎厥行。經曰：「愛親者，不敢惡於人；敬親者，不敢慢於人。」爾等若不能謹身率下，復生事端，以傷朕心，是於臣子之道，兩失之矣，爾等豈忍爲之乎？可將此旨遍諭爾等屬下人知之。

上諭曰：淩普貪婪巨富，衆皆知之，所查未盡，如此欺罔，朕必斬爾等之首。八阿哥到處妄博虚名，凡朕所寬宥及所施恩澤處，俱歸功於己，人皆稱之。朕何爲者，是又出一皇太子矣。如有一人稱道汝好，朕即斬之，此權豈肯假諸人乎？

壬寅，上召諸皇子入乾清宫，諭曰：當廢允礽之時，朕已有旨，諸阿哥中如有鑽營謀爲皇太子者，即國之賊，法斷不容。廢皇太子後，允禔曾奏稱允禩好。《春秋》之義，人臣無將，將則必誅，大寶豈人可妄行窺伺者耶？允禩柔奸性成，妄蓄大志，朕素所深知，其黨羽早相要結，謀害允礽，今其事皆已敗露，著將允禩鎖拏，交與議政處審理。皇九子允禟語皇十四子允禵云：「爾、我此時不言何待？」允禵奏云：「八阿哥無此心，臣等願保之。」上震怒，出所佩刀欲誅允禵，皇五子允祺跪抱勸止，諸皇子叩首懇求，上怒少解，命諸皇子撻允禵，將允禟、允禵逐出。

大學士温達等，遵旨審訊相面人張明德，供由順承郡王長史阿禄薦於順承郡王及賴士公、普奇公，由順承郡王薦於直郡王，「我信口妄言皇太子暴戾，若遇我，當刺殺之」。又捏造大言云：「我有異能者十六人，當招致兩人見王。」聳動王聽，希圖多得銀兩。又由普奇公，薦於八貝勒。看相時，我曾言，「丰神清逸，仁誼敦厚，福壽綿長，誠貴相也」。以上俱是實情等語。應將張明德擬斬立決。繕摺具奏，留中。

《聖祖實録》卷二三五 冬十月癸卯朔，上諭諸皇子、議政大臣、大學士、九卿、學士、侍衛等曰：八阿哥允禩，向來奸詐，爾等如以八阿哥係朕之子，徇情出脱，罪坐旁人，朕斷不允。皇天在上，朕凡事俱從公料理，豈以朕子而偏愛乎？

甲辰，上諭領侍衛内大臣、大學士等曰：【略】允禩現在鎖拏，著將布穆巴、賴士、普奇、阿禄一併鎖拏。爾等會同議政大臣，即嚴加質訊具奏。張明德所犯情罪極大，不止於斬，當淩遲處死。

上諭諸皇子、議政大臣、大學士、九卿、學士、侍衛等曰：貝勒允禩聞張明德如許妄言，竟不奏聞，允禩革去貝勒，爲閒散宗室。布穆巴以所聞情節，商之長史阿禄，告直郡王，使之奏聞。布穆巴、阿禄俱無罪，著釋放。公普奇知情不首，革去公爵，爲閒散宗室。公賴士但令看相，並無他故，著釋放。張明德情罪極爲可惡，著淩遲處死。行刑之時，可令事内干連諸人往視之。

丙午，上諭諸皇子、大臣、侍衛等曰：允礽自幼，朕親爲教養，冀其向善。迨年長，親近匪類，薰染惡習，每日唯聽信小人之言，因而行止悖亂至極。允禩乘間處處沽名，欺誑衆人，希冀爲皇太子。朕惟據理，毅然獨行，以定國家大名、正君臣大義耳。允禩自幼性奸心妄，其糾合黨類，妄行作亂者有故。伊乳母之夫雅齊布之叔廐長吴達理，與御史雍泰同出關差，因雍泰少與銀兩，雅齊布訴之允禩，允禩借端，將雍泰痛責。朕聞知將雅齊布發翁牛特公主處，伊因此怨朕，處處誑人，以竊名譽，邀結蘇努爲黨羽。蘇努自其祖相繼以來，即爲不忠，其祖阿爾哈圖土門貝勒褚燕在太祖皇帝時，曾得大罪，置之於法。伊欲爲其祖報仇，故如此結黨，敗壞國事。再允禩素受制於妻，其妻係安郡王岳樂之女所出，安郡王因諂媚輔政大臣遂得親王，其妃係索額圖之妹，世祖皇帝時記名之女子，其子馬爾渾、景熙、吴爾占等俱係允禩妻之母舅，並不教訓允禩之妻，任其嫉妬行惡，是以允禩迄今尚未生子。此皆衆阿哥所知者。衆阿哥當思朕爲君父，朕如何降旨，爾等即如何遵行，始是爲臣子之正理。爾等若不如此存心，日後朕躬考終，必至將朕躬置乾清宫内，爾等束甲相爭耳。

丁未，得旨，朱三即王士元，著淩遲處死。伊子朱⿰米先、朱坣、朱壬、朱在、朱坤，俱著立斬。

己酉，陞正黄旗護軍統領圖思海爲正紅旗漢軍都統，正紅旗滿洲副都統戴米納爲正黄旗護軍統領，以侯陳泰爲鑲白旗護軍統領。

乙卯，調刑部尚書王掞爲工部尚書，陞河道總督張鵬翮爲刑部尚書。

丙辰，户部議：江南、浙江所屬被災州縣奉有截留漕糧平糶之諭，江蘇應截留十萬石，安徽應截留五萬石，浙江杭、嘉、湖三府應截留八萬石，俱令減價平糶，價銀貯庫，於來歲收穫後，買米還項。又山東、河南二省奉有年歲薄收酌量改折之諭，應將本年額徵漕米每省各留八萬石，餘俱令照例折銀解部。得旨，著漕運總督桑額作速會同江、浙督撫，將何州縣被災并應截米數查明，一面截留，一面奏聞。餘依議。

丁巳，多羅貝勒允祉奏：臣牧馬廠蒙古喇嘛巴漢格隆，自幼習醫，能爲咒人之術，大阿哥知之，傳伊到彼，同喇嘛明佳噶卜楚、馬星噶卜楚時常行走。上命將明佳噶卜楚、馬星噶卜楚、巴漢格隆，并直郡王府護衛嗇楞雅突等鎖拏，交侍郎滿都、侍衛拉錫查審。巴漢格隆等供，直郡王欲咒詛廢皇太子，令我等用術鎮厭是實。隨差侍衛納拉善等，掘出鎮厭物件十餘處，命交和碩顯親王衍潢等嚴擬具奏。

戊午，諭户部：【略】康熙四十八年，除漕糧外，江南通省地丁銀四百七十五萬四百兩有奇，浙江通省地丁銀二百五十七萬七千兩有奇，著全行蠲免。所有舊欠帶徵銀米，仍暫行停止。

乙丑，諭領侍衛内大臣、大學士等曰：自有廢皇太子一事，朕無日不流涕。頃幸南苑，憶昔皇太子及諸阿哥隨行之時，不禁傷懷，因是今日回宫，已召見八阿哥并將召廢皇太子一見。頃之，内侍傳諭曰：朕適召廢皇太子，亦既見之矣。自此以後，不復再提往事。廢皇太子現在安養咸安宫中，朕念之，復可召見，胷中亦不更有鬱結矣。

壬申，諭領侍衛内大臣、侍衛等曰：大阿哥允禔，素行不端，氣質暴戾，朕嘗對衆屢加切責，爾等俱悉聞之。九月初四日諭旨内，亦曾決絶言之。今一查問其行事，厭咒親弟及殺人之事，盡皆顯露，所遣殺人之人，俱已自縊。其母惠妃亦奏稱，其不孝，請置之於法。朕固不忍殺之，但此人斷不肯安静自守，必有報復之事，當派人將允禔嚴加看守，畧有舉動即令奏聞，伊之身命猶可多延數載。其行事比廢皇太子允礽更甚，斷不可以輕縱也。

十一月癸酉朔，諭領侍衛内大臣等曰：允禔著革去王爵，即幽禁於其府内。凡上三旗所分佐領，可盡徹回，給與允禵。將鑲藍旗所分佐領，給與弘玉。其包衣佐領及渾託和人口均分，以一半給與允禵，一半給與弘玉。

庚辰，諭領侍衛内大臣等：近有爲廢皇太子條陳保奏者，朕前因灼見允礽行事顛倒，似爲鬼物所憑，籌度周詳，始行拘禁，並非聽信人言而爲此也。今允礽之疾漸已清爽，亦自知其罪，謂理當拘執，其隨從之人亦以爲允當。朕以父子之情，不能恝置，召見兩次，詢問前事。允礽竟有全然不知者，深自愧悔。又言「我幸心内畧明，猶懼父皇聞知治罪，未至用刀刺人。如或不然，必有殺人之事矣」。觀彼雖稍清楚，其語仍畧帶瘋狂，朕竭力調治，果蒙天佑，狂疾頓除，不違朕命，不報舊讐，盡去其奢費虐衆種種悖謬之事，改而爲善，朕自另有裁奪。如狂疾不痊，仍蹈前惡，天亦不容也。朕爲君父，凡事皆朕真知灼見，當斬者斬之，當罪者罪之，並未嘗聽信人言而爲此也。且一切暗中搆煽悖亂行事，俱係索額圖父子。頃廢皇太子亦奏言，其向時悖亂，皆自伊等爲之。此等情節，小人不知，妄意朕召見廢皇太子，似非無故，欲致慇懃於廢皇太子，而條陳保奏者，甚非也。凡事皆在朕裁奪，其附廢皇太子之人不必喜，其不附廢皇太子之人不必憂，朕自有定見。十月十七日，查出魘魅廢皇太子之物，服侍廢皇太子之人奏稱，是日廢皇太子忽似瘋顛，備作異狀，幾至自盡，諸宦侍抱持環守，過此片刻，遂復明白。廢皇太子亦自驚異，問諸宦侍「我頃者作何舉動」？朕從前將其諸惡皆信爲實，以今觀之，實被魘魅而然無疑也。

辛巳，都察院左副都御史勞之辨上疏，保奏廢皇太子允礽。得旨，勞之辨將朕下旨已行之事，作爲己功，行事甚爲奸詭，著革職，交刑部責四十板，逐回原籍。

丁亥，〔諭〕前執允礽時，朕初未嘗謀之於人，因理所應行，遂執而拘繫之，舉國皆以朕所行爲是。今每念前事，不釋於心，一一細加體察，有相符合者，有全無風影者，況所感心疾已有漸愈之象，不但諸臣惜之，朕亦惜之，今得漸愈，朕之福也，亦諸臣之福也。朕嘗令人護視，仍時加訓誨，俾不離朕躬。今朕且不遽立允礽爲皇太子，但令爾諸大臣知之而已，允礽斷不報復讐怨，朕可以力保之也。

戊子，又諭廢皇太子允礽曰：朕今釋汝，汝當念朕恩，人言汝惡者勿以爲仇，前執汝之時，即汝宦侍亦有訐奏汝惡者，此皆因朕有問而奏，汝不得歸咎其

人。且凡規汝過之人即汝恩人，順汝行事之人即陷汝之人。祖宗基業可惜，古放太甲，卒成令主。有過何妨，改之即是。今此諸臣或爲內大臣，或爲部院大臣，皆朕所簡用，允堪重任者，汝當傾心信任之。汝果遵諭而行，固朕之福，亦汝之福，亦衆人之福。朕惟冀汝洗心易行，觀性理諸書，以崇進德業，若仍不悛改，復蹈前愆，是終甘暴棄而自趨死路矣。朕涕泣宣諭，其敬慎奉行。自此以後，朕不復再言前事矣。倘有冀汝容悅、爲汝稱冤之人，汝即執之奏聞於朕。又諭諸王大臣曰：今日朕意中之事，俱已明白。想明日爲始，朕體全愈矣。

皇四子奏：臣侍皇父左右，時蒙訓誨。頃者復降褒綸，實切感愧。至於「喜怒不定」一語，昔年曾蒙皇父訓飭，此十餘年以來，皇父未曾降旨飭臣有喜怒不定之處，是臣省改微誠，已荷皇父洞鑒。今臣年逾三十，居心行事，大概已定，「喜怒不定」四字，關係臣之生平，仰懇聖慈，將諭旨內此四字恩免記載。內侍梁九功、李玉轉奏出，復傳諭曰：十餘年來，實未見四阿哥有喜怒不定之處。頃朕降旨時，偶然諭及，無非益加勉勵之意，此語不必記載。

諭兵部：八旗漢軍人員，以文職用者多，以武職用者少。嗣後武科鄉會場，當令八旗漢軍應試。著爲令。

辛卯，上命內侍梁九功、李玉傳諭諸皇子及王公大臣曰：前拘禁允礽時，並無一人爲之陳奏，惟四阿哥性量過人，深知大義，屢在朕前爲允礽保奏，似此居心行事，洵是偉人。皇四子奏曰：臣奉皇父諭旨，謂臣屢爲廢皇太子允礽保奏，臣實無其事，皇父褒嘉之旨，臣不敢仰承。奏入，復傳諭曰：爾在朕前屢爲允礽保奏，爾意以爲無有証據，故於衆前强辯耶？且爾爲諸阿哥陳奏之處甚多，爾亦將强辯以爲無其事乎？皇四子奏曰：爲諸阿哥陳奏，臣誠有之。至於爲允礽保奏，臣實不敢任受也。

《東華録》卷二〇　是月，以大阿哥直郡王胤禔令蒙古喇嘛巴漢格隆咒詛廢皇太子，用術鎮壓，革去王爵，幽禁於其府內，凡上三旗所分佐領盡撤回，給與胤禵。上命達爾漢親王、額駙班第等與漢大臣會同詳議於諸阿哥中衆議誰屬，皆曰：「此事關係甚大，非人臣所當言。」內臣强之，內大臣阿靈阿、散秩大臣鄂倫岱、尚書王鴻緒、侍郎揆敘遂私相計議，與諸大臣暗通消息，書「八阿哥」三字於紙，交內侍轉奏。上諭八阿哥未更事，近又罹罪，且母家賤，令再思之。以廢皇太子病由魘魅，至是治療已痊，諭衆釋之。

《聖祖實録》卷二三五　十二月己未，兵部議覆湖廣總督郭世隆條奏防守紅苗三款，一，沿邊安設塘汛已經周密，惟盛華哨起，至鎮溪所一帶，山高箐密，難於瞭望，應於鎮筸官兵內酌撥八百名，另設四營分駐。每日派官一員，帶兵五十名遊巡。設有奸宄，可以即行追捕。一，舊日苗來內地生事，民往苗叢被劫，今以塘汛爲界址，苗除納糧買賣外，不得擅入塘汛之內，民亦不得私出塘汛之外，違者各照例治罪，并將地方官員處分。一，內地奸民與苗人結親，往來勾通，不可究詰。嗣後，如有前弊，應斷離異，仍按律定罪，永行禁止。地方有司，亦坐以失察之罪。俱應如所請。從之。

壬戌，以江南蘇州、松江、常州、淮安四府并徐州水災，命動支淮、徐二屬積貯穀麥七萬五千餘石賑濟，并免蘇、松、常三府白糧耗米九萬七千餘石。

癸亥，吏部等衙門察議原任內閣學士宋大業，疏參偏沅巡撫趙申喬輕褻御書等款，俱經趙申喬回奏辨明，應無庸議。其趙申喬所奏宋大業兩次奉差湖南，共得銀九千餘兩，宋大業已經自認，應將宋大業革職杖流，所得銀兩追取入官。趙申喬於回奏內首明餽銀，應減罪二等，將趙申喬革職，擬徒。得旨，趙申喬從寬免革職治罪，著降五級留任。宋大業從寬免杖流。餘依議。

康熙四八年（己丑、一七〇九）

《聖祖實録》卷二三六　春正月癸巳，上召領侍衛內大臣、滿漢大學士、尚書等問曰：去年冬，朕躬違和，命爾等於諸阿哥中保奏可爲儲貳者，爾等何以獨保允禩？允禩獲罪於朕，身攖縲絏，且其母家微賤，豈可使爲皇太子？況允禩乃允禔之黨，允禔曾奏言，請立允禩爲皇太子，伊當輔之。可見伊等結黨潛謀，早定於平日矣。其日先舉允禩者爲誰，爾等各據實陳奏。時阿靈阿、鄂倫岱、揆敘、王鴻緒私議保舉允禩情形，廷臣不便舉出。【略】上曰：朕欲辨明此事，是以究問，今既問明，另候諭旨。

甲午，諭滿漢諸臣曰：朕自抱疾以來，皇太子、三阿哥、四阿哥、五阿哥、七阿哥晝夜侍奉，用藥調治，今已愈矣，並非諸臣醫療得痊也。皇太子雖縲絏幽禁，並不怨恨，乃諄切以朕躬爲念，故今釋之，如彼又有不善，仍可幽禁也。所以拘執皇太子者，因其獲戾於朕耳，並非欲立允禩爲皇太子，而拘執之也。皇太子獲罪之處，虛誣者甚多。今馬齊、佟國維與允禔爲黨，倡言欲立允禩爲皇太子，殊屬可恨，朕於此不勝忿恚。況允禩乃縲絏罪人，其母又係賤族，今爾諸臣乃扶

同偏徇，保奏允禩爲皇太子，不知何意？豈以允禩庸劣，無有知識，倘得立彼，則在爾等掌握中，可以多方簸弄乎？如此則立皇太子之事，皆由於爾諸臣，不由於朕也。且果立允禩，則允禵必將大肆其志，而不知作何行事矣。朕悉覩其情形，故命亟釋皇太子。朕聽政四十九年，包容之處甚多，惟於兹事，忿恚殊甚。朕原因氣忿成疾，昨日一怒，遂不御晚膳，今日晨餐所食尚少，如謂伊等作威可畏，則好官如齊世武、張鵬翮、趙申喬，彼何以俱不能殺之耶？朕觀大小諸臣，無不實心愛戴朕躬，而伊等結爲朋黨，故欲使朕氣忿，情理可恨，無如此者。朕因馬齊効力年久，初心俟其年老，聽彼休致，以保全之，昨乃身作威勢，拂袖而出，衆人見之，皆爲寒心，如此不誅，將誰誅乎？著將伊族屬一并拘拏，爾等傳問馬齊，伊之作威可畏，果何益哉？馬齊奏曰：臣原無威勢，但因事務重大，心中驚懼，并不知作何舉動，臣罪當死。奏入，諭曰：馬齊原係藍旗貝勒德格類屬下之人，陷害本旗貝勒，投入上三旗，問其族中，有一人身歷戎行而陣亡者乎？乃不念朕恩，擅作威勢，朕爲人主，豈能容此？馬齊之弟李榮保，妄自尊大，虛張氣焰，朕屢加儆戒，而怙惡不悛，亦當治罪。馬齊等著諸王大臣會集，速審擬奏。是日，和碩康親王椿泰等，遵旨審鞫馬齊等，覆奏：馬齊等係正藍旗貝勒德格類屬下，陷害本旗貝勒，投入上三旗，其族中並無一人行間効死者。今馬齊圖謀專擅，欲立允禩爲皇太子，且馬齊於御前拂袖而出，殊爲可惡，不可留於斯世者也。李榮保妄自尊大，虛張氣焰，亦甚可惡，俱應立斬。馬武與馬齊、李榮保係親兄弟，亦應立絞。馬齊、馬武、李榮保及馬齊之兄馬思喀等之子孫，有職者革職，概行枷責，其妻子並發黑龍江。馬齊之族護軍參領莊圖等，有職者革職，其護軍披甲及閒散人俱鞭一百。奏入，諭曰：馬齊原不諳事，此數年中，起自微賤，歷陞至大學士。其處心設慮，無恥無情，但務貪得，朕知之已久，早欲斥之。乃潛窺朕意而蓄是心，殊爲可惡，理應立斬，以爲衆戒。朕因任用年久，不忍即誅，著即交允禩嚴行拘禁。李榮保著免死，照例枷責，亦聽允禩差使。馬武著革職。其族中職官及在部院人員，俱革退。世襲之職，亦著除去，不准承襲。又諭曰：馬思喀在日，曾有効力之處，著將伊子佐領三等侍衛衲爾泰從寬釋放。

乙未，諭文武諸臣曰：朕向待大臣，不分滿漢，體恤包容，是以獲罪者甚少，諸臣當人人感戴自効。乃九卿會議時，但一二人發言，衆俱唯唯，其漢大臣則必有涉於彼之事方有所言，若不涉於彼之事，即默無一語，方伊等居下位時，亦似可取，及授大職，即僅圖自保以全其身。熊賜履嘗講理學，後爲大學士，亦唯緘默自容，此皆爲彼門生掣肘故也。尤可異者，漢官議事，前人畫題，後人亦依樣畫題，不計事之是非，但云自有公論。又有至畫題已畢，始問爲何事者。如此，寧不有愧於舉國之清議耶？馬齊、王鴻緒、李振裕向在部院，聲名俱劣，朕早欲罷之，因念若等効力年久，是以遲至今日。且張鵬翮乃一清官，朕南巡時，馬齊當衆前詈之曰「殺材」，因不餽伊銀幣，遂爾辱詈。誰不畏死，敢不餽之銀幣乎？生人殺人，乃朕之權，彼焉得操之。此後，爾等皆當省改。凡人既讀書知義理，即當以其所學見之於事，非僅作文已也。平時讀書，至臨大事竟歸無用，則所讀何書，所學何事耶？王鴻緒、李振裕向來早應罷斥，朕姑爲容忍，今不可再容矣。蔡升元輕浮無實，楊瑄知交雜濫，其人品亦皆不端，俱著原品休致。

己亥，先是，拉藏立波克塔胡必爾汗爲達賴喇嘛，青海衆台吉等未辨虛實，彼此争論訐奏。上命內閣學士拉都渾率青海衆台吉之使人赴西藏看驗。至是，拉都渾回奏：【略】遣官一員前往西藏，協同拉藏辦理事務。得旨，依議。其管理西藏事務，著侍郎赫壽去。

《東華録》卷二一　是月，上召領侍衛內大臣、滿漢大學士、尚書等，問：「去年冬，朕躬違和，命爾等保奏可爲儲貳者，何以獨保胤禩？其日先舉者爲誰？」內大臣巴渾（岱）〔德〕奏：「衆人公同入奏，並無首先發言之人。」上曰：「爾等所舉皆同，則大可疑矣，此必有倡首之人。」內大臣坡爾盆、尚之隆奏：「巴渾（岱）〔德〕先發言。」上曰：「此事必係舅舅佟國維、大學士馬齊默喻於衆，衆乃依阿立議耳。」馬齊奏：「是日議其事，奉旨命臣無得干預，是以臣即避去，諸臣所議，臣實不知。」於是復加究問，大學士張玉書等奏云：「是日大學士馬齊先臣到，云：『衆議欲舉胤禩』，後衆人俱舉胤禩，臣等因亦保奏。」上曰：「此事明係馬齊暗中喻衆。馬齊向來謬亂，如此大事，尚懷私意，豈非欲結恩於胤禩，爲日後恣肆專行計耶？」

上召佟國維與諸大臣並集，傳旨詰問曰：「前因有人爲皇太子條奏，朕聞降硃筆諭旨示諭大臣，爾曾奏稱皇上辦事精明，天下人無不知曉，斷無錯誤之處，此事於聖躬關係甚大，若日後易於措處，祈速賜睿斷；或日後難於措處，亦祈賜睿斷。總之，將原定主意，熟慮施行爲善。爾係解任之人，此事與爾無涉，乃身先衆人啓奏，是何心哉？」國維奏曰：「臣雖以庸愚解任，蒙皇上優厚，因聖體違和，冀望速愈，故奏請速定其事。今奉明旨詢問，實無詞以對。」奏入，奉上諭曰：「將來誠如爾言，朕有難於措處，自不必言，衆人亦將謂爾所奏果是矣，若朕

無難措處，到彼時自知之耳，人(其)〔豈〕可懷私仇而妄言乎？」明日，復諭曰：「爾年老之人，屢向朕所遣人云，每日祝天求佛，願皇上萬壽。朕思自五帝以至今日，尚未及萬載，朕何敢侈望及此，此皆以荒誕不經之談欺朕，朕不信也。爾既有祈望朕躬易於措處之言，嗣後惟篤念朕躬，不於諸皇子中結爲黨羽，謂皆係吾君之子，一體看視，不有所依附而陷害其餘，即俾朕躬易於措處之要務也。」

《聖祖實録》卷二三六　二月己酉，調寧古塔將軍宗室楊福爲黑龍江將軍，奉天將軍覺羅孟俄洛爲寧古塔將軍，陞山東登州總兵官王文雄爲貴州提督。

戊午，命正紅旗滿洲都統嵩祝署理奉天將軍事務。

庚午，調刑部尚書張鵬翮爲户部尚書，陞户部右侍郎許汝霖爲禮部尚書，吏部左侍郎張廷樞爲刑部尚書。

《聖祖實録》卷二三七　三月庚辰，以復立皇太子允礽，遣官告祭天地、宗廟、社稷，告祭天壇。

辛巳，以大學士温達、李光地爲正使，刑部尚書張廷樞、都察院左都御史穆和倫爲副使，持節授皇太子允礽册寶，復立爲皇太子。【略】允祉、□□、允祺俱著封爲親王，允祐、允䄉俱著封爲郡王，允禟、允祹、允禵俱著封爲貝子。爾衙門即傳諭旨，察例具奏。

甲申，刑部等衙門議覆福建、浙江總督梁鼐疏，言革職浙江布政使黄明詐財殃民，贜盈八萬，請按例論絞。應如所題。得旨，黄明依擬應絞，著監候秋後處決。

辛卯，策試天下貢士戴名世等於太和殿前。

甲午，傳臚賜貢士趙熊詔等二百九十二人進士及第、出身有差。

以正白旗蒙古都統公傅爾丹爲領侍衛内大臣。

夏四月甲辰，陞左都御史穆和倫爲禮部尚書。

丙午，陞鑲白旗蒙古副都統朱麻喇爲正白旗蒙古都統。

庚戌，陞吏部左侍郎穆丹爲都察院左都御史。

丙辰，上諭王公及領侍衛内大臣、八旗滿洲蒙古都統、護軍統領、滿洲大學士、部院諸大臣等：大阿哥鎮魘皇太子及諸阿哥之事，從前侍郎滿篤與侍衛拉錫審取供招，俱與朕所指示相同，甚屬明白，並無罅隙，果有罅隙，朕早已發露之矣。並非欲將此事重行翻改，但大阿哥行止甚屬暴戾無恥，並不念及父母兄弟，殺人害人毫無顧忌，任意妄爲。朕在宫中，伊何能爲。倘朕躬在外，伊或挾一不堪太監，指稱皇太后懿旨，或朕密旨，肆行殺人，猖狂妄動，諸阿哥皆兄弟也，稱有旨意，誰敢攔阻，關係甚大。朕聽政年久，何事不曾經歷，以託賴朕躬，宵旰經晝，安享太平之人，設或一二見殺，豈不可憫。觀伊之黨羽，俱係賊心惡棍，平日鬬雞，學習拳勇，不顧罪戾，惟務誘取銀錢。稍知禮義之人，斷不爲此。即今三旗大臣、侍衛爲大阿哥所愚者，不過一二人。其五旗蠢然無知諸王幼子，被愚者甚多，大阿哥若出而妄動，則此蠢然無知之輩，又將附和之矣。且相面張明德所相之人，現今俱欲死不得，求生無路，成何景況，與伊所相之語合耶？否耶？朕亦有用喇嘛、和尚、道士之處，並不令伊等占驗，所以不爲所欺。現今鎮魘之事發覺者如此，或和尚、道士等，更有鎮魘之處，亦未可定，日後發覺始知之耳。此等情節，爾等但聞其大概，將此供招閲過，方知朕震怒憤懣爲合理也。朕意今欲將大阿哥安置一處，令其安静，不致生事方好，倘萬一事出，朕在塞外，須兩三日後始聞知，必致遲誤。此所發御書，著諸王大臣一一詳閲定議具奏。倘托病不行看閲，斷乎不可。尋議看守大阿哥允禔，請於八旗派護軍參領八員、護軍校八員、護軍八十名，仍於允禔家中輪班看守，候皇上回鑾之日徹去。其看守官兵，應另派員巡查。

戊午，上諭諸王大臣：爾等議將大阿哥仍在伊府中看守，府中門户既多，恐匪類仍行往來，大阿哥慣會潛行，即於伊旗分地方，令八旗官兵看守，匪類仍行鑽刺行走，斷乎不可，惟别旗地方始可耳。從前諸事，凡鎮魘皇太子，使之不善、播揚惡名者俱係大阿哥。皇太子雖有惡名，並未殺人，亦無黨羽。大阿哥黨羽甚多，前執皇太子時，朕尚以爲看守不嚴，大阿哥豈容不嚴加看守？稗色父子之房、淩普之房圖様，曾經呈覽。再所造諸王府内，聞有小府一所，與十四阿哥府相仿，著領侍衛内大臣、宗人府、大學士往看何處牢固，朕特派人嚴加看守。再聞大阿哥之席北駐扎烏拉白都納者一二百人，此係何處席北？又聞各處俱有大阿哥之人，著問雅突嗇楞。又聞去年將天津鎮兵調至口上，虚實未知，著問兵部。

辛酉，和碩顯親王衍潢等，遵旨會議喇嘛巴漢格隆等咒魘皇太子情實，應將巴漢格隆、明佳噶卜楚、馬星噶卜楚、鄂克綽特巴俱淩遲處死。查巴漢格隆已充發奉天，其明佳噶卜楚等亦發往杭州看守，應行文該地方將軍、巡撫，委員監視，即行正法。至皇長子護衛嗇楞雅突，明知大逆之事，乃敢同行，又雅突將皇長子復行咒魘，俱屬大逆，亦應淩遲處死。再此案内有察蘇齊引誘宗累格隆、陶州胡

土克圖行咒魘之事，因布彦圖知情，欲行出首，即將布彦圖殺害身死。察蘇齊雖經身故，係大逆首惡，應將察蘇齊之親兄弟子孫并喬楞雅突之親兄弟子孫，俱即處斬。伊等妻女、媳婦，俱發往打牲烏喇處貧人爲奴。其族人内，有職者革職，枷號三月，鞭一百，并妻子充發黑龍江當苦差。查雅突係諾木插什佐領下人，諾木插什不能覺察，亦屬不合，應將諾木插什革職，枷號三月，鞭一百，并妻子充發黑龍江當苦差。伊等内有世職者，俱不准承襲。咒魘諸物，例有明禁，太監楊得志違例應付，亦應枷號三月，鞭一百，充發黑龍江當苦差。其脱逃之喇嘛扎什盆蘇克、羅布藏扎什等，俟緝獲另結。得旨，此本交内閣收貯。

甲子，上諭領侍衛内大臣：朕已派八旗章京十七人，令看守大阿哥矣。若輩俱係朕所深知，堪以信任之人，意念肫誠，惟知君上。至每日用幾人看守之處，著伊等會議。再派貝勒延壽、貝子蘇努、公鄂飛、都統辛泰、護軍統領圖爾海、陳泰每日二員，不斷看守。其護軍如何派出看守之處，著伊等公議。此内並無率領之人，俱係一體看守，不得以貝勒、貝子、公徇情分也。所留領侍衛内大臣，著不時巡察。前執皇太子時，朕並未諭以作何嚴加看守之處，大阿哥生性暴戾，乃不安靜之人，務須嚴加看守方好，斷不可稍有疎忽也。并傳諭看守章京等：朕因信任伊等，故行派出，務各遵照朕旨，嚴加看守，不得稍違。設有罅隙，朕必知之。彼時將爾等俱行族誅矣，斷不姑宥。

乙丑，兵部議覆湖廣總督郭世隆等疏，言鎮筸紅苗良頑不一，嗣後如有兇苗不法，依恃夥衆，潛匿不服者，地方官訪確，准即移咨營將，量其事之大小，撥兵緝獲，正法，然後奏報。應如所請，文武各官，如不計事之大小，動輒生事，擾亂地方，該督、撫、提、鎮仍不時查參。從之。

《聖祖實録》卷二三八　五月己亥，湖廣巡撫陳詵疏言：臣查湖北藩庫虧空銀七萬七千餘兩，請將布政使王毓賢解任，候審。得旨，王毓賢著解任，該督嚴審究擬具奏。

秋七月乙亥，諭大學士等曰：偏沅巡撫趙申喬、湖北巡撫陳詵、江西巡撫郎廷極等奏，湖廣、江西稻穀豐收，沿江販米甚多，而近日江、浙米價愈貴。朕爲民生計，時切憂勞，輾轉思之，上江之米不禁其沿江而下者，特欲使江、浙米價平耳。今富豪之家，廣收湖廣、江西之米，囤積待價，於中取利，雖米船沿江而下，而糴賣之米愈少。此事關係貧民甚大，爾大學士及九卿諸臣皆國家倚賴之人，所以爲民生憂慮者，必與朕同，當何如有濟於民，著公同詳議速奏。

庚寅，陞四川、陝西總督齊世武爲刑部尚書，甘肅提督殷泰爲四川、陝西總督，延綏總兵官江琦爲甘肅提督。

辛卯，以户部左侍郎噶禮爲江南、江西總督，陞直隸天津總兵官師懿德爲江南提督。

八月己亥朔，日食。

《聖祖實録》卷二三九　九月丁丑，吏部遵旨察議，安徽巡撫劉光美於地方災傷，隱匿不報，應照溺職例革職。得旨，劉光美著降五級調用。安徽巡撫員缺緊要，著四川巡撫葉九思調補。

乙未，河南巡撫鹿祐陛辭。上諭之曰：【略】巡撫乃地方大吏，不在徒務虚文，宜實心籌畫，思有益於民者爲之。況清廉不專在一己，必使布、按以下一并爲廉吏，始能有益於民。

丙申，以散秩大臣公鄂倫岱爲領侍衛内大臣。

冬十月丙午，又諭曰：近來科道言事，必有所倚藉，方始上疏。至有關國計民生者，全不念及。如朕因江、浙年歲歉收，米價騰貴，令江西、湖廣米商報名，不許積囤，沿海一帶，禁約不許出洋，聞江、浙米價皆平矣，科道何不言及耶？朕凡遇饑荒，即蠲本年錢糧及歷年逋欠，又留漕賑濟，但恐民未必得沾實惠。聞江南有催徵蠲免錢糧，以償己之虧空者，科道何以不行指參。又諭曰：人難求全責備，即如翰林官，有工詩賦者，有工文章者，亦有講理學者，若一一責其全備，則無地可容矣。然人當以立品爲主，學問次之，從前韓菼作時文甚佳，而爲人不稱所學。有學問而無人品，其所學亦何足道哉。

戊午，册封皇三子多羅貝勒□□允祉爲和碩誠親王，皇四子多羅貝勒□□爲和碩雍親王，皇五子多羅貝勒允祺爲和碩恒親王，皇七子多羅貝勒允祐爲多羅淳郡王，皇十子允䄉爲多羅敦郡王，皇九子允禟、皇十二子允祹、皇十四子允禵俱爲固山貝子。

壬戌，諭户部：今歲入夏以來，朕因南方二麥不登，北地微潦，宵旰軫念，甚切焦勞。繼而畿輔稔收，三吴秋熟，兼以四方奏報，咸獲有年，朕心始爲稍慰。夫水旱災傷，雖事所時有，而小民皆如赤子，一以疾苦見告，即不忍恝置於懷。今念江南淮安府、揚州府、徐州三屬，地卑水積，被災獨重，秋禾未播種者甚多，本年錢糧業經全免，又遣官分賑，而失業之民更宜加格外之恩，以弘愛養。康熙四十九年淮、揚、徐三屬之邳州等二十二州縣衛，額徵地丁銀五十九萬三千八百

兩有奇，著通行蠲免。又河南省歸德府屬商邱等六縣，山東省兗州府屬濟寧等四州縣，或被夏災，或被秋災，雖已各依分數例免額賦，並宜更施膏澤，用厚民生。康熙四十九年商邱等六縣，應徵地丁銀二十萬二千四百兩有奇，濟寧等四州縣應徵地丁銀一十四萬六千六百兩有奇，俱著通行蠲免。其蠲免州縣，有舊欠未完錢糧，亦著停徵一年。

《聖祖實録》卷二四〇　十一月庚辰，上諭大學士等曰：【略】朕意欲將康熙四十九年應徵錢糧，預配各省用度，爲之抵算。至五十年，將天下應徵錢糧一概蠲免。如近省有支用之事，則以户部庫銀給發應用。

壬午，江南、江西總督噶禮疏參江蘇布政使宜思恭貪婪，請革職審擬。得旨，宜思恭著革職。此案著尚書張鵬翮、學士噶敏圖前往，會同總漕桑額嚴提究擬具奏。其江蘇巡撫于準案内必有干連，并將于準解任。江蘇巡撫員缺緊要，著福建巡撫張伯行調補。江蘇布政司事，著蘇州府知府陳鵬年署理。

甲申，又諭曰：凡地方水旱，督撫即行奏聞，預爲料理，則被災百姓不至失所。今年安慶府、太平府屬俱被災荒，而巡撫劉光美竟不奏聞，其意以爲災荒非盛世所宜言，不知天時水旱之災，乃所恒有，生民關係甚大，匿不以聞，殊爲非理矣。

《聖祖實録》卷二四〇　十二月壬子，諭大學士温達曰：從前鄂羅斯事務，俱交原任大學士馬齊管理。今鄂羅斯來京貿易，著將馬齊釋放，管理鄂羅斯事務。

康熙四九年（庚寅、一七一〇）

《聖祖實録》卷二四一　正月庚寅，諭大學士等：滿字既有《清文鑑》，蒙古字書亦應纂輯，著交與教習唐古特書之官員阿爾必特祜、乾清門侍衛拉錫等繙譯，會同蒙古侍讀學士、中書等修成《滿洲蒙古合璧清文鑑》一部，一邊寫滿洲字，一邊寫蒙古字，其引經處俱行裁去。

三月乙亥，諭大學士陳廷敬等：朕留意典籍，編定羣書，比年以來，如《朱子全書》、《佩文韻府》、《淵鑑類函》、《廣羣芳譜》，并其餘各書，悉加修纂，次第告成。至於字學，並關切要，允宜酌訂一書。《字彙》失之簡略，《正字通》涉於汎濫，兼之四方風土不同，南北聲音各異，司馬光之《類篇》分部或有未明，沈約之《聲韻》後人不無訾議。《洪武正韻》雖多駁辨，迄不能行，仍依沈約之韻。朕嘗參閲諸書，究心考證，凡蒙古、西域、洋外諸國，多從字母而來，音由地殊，難以牽引。大抵天地之元音發於人聲，人聲之象形寄於點畫。今欲詳略得中，歸於至當，增《字彙》之闕遺，删《正字通》之繁冗，勒爲成書，垂示永久。爾等酌議式例具奏。

戊寅，議政大臣等議：拉藏及班禪胡土克圖、西藏諸寺喇嘛等，會同管理西藏事務侍郎赫壽，疏請頒賜波克塔胡必爾汗以達賴喇嘛之封號。

丁亥，又諭曰：雲貴、四川等處俱係邊疆，殊爲緊要，督撫以下官員，謂去京遼遠，朕不及聞知，故違法妄行者多。督撫爲一省之表率，職任極重，用伊等者，原爲愛養生民，安撫地方，非使之富貴而已。近聞四川官員惟學道陳璸操守尚清廉，其餘地方官横行加派，恣肆者甚多。户部侍郎能泰前爲四川巡撫，不能嚴加檢束，訓誡屬員，使民困苦，屬下文武官員無一善者，如此之人，若仍留爲侍郎，何以明賞罰，示勸懲？著將能泰革去侍郎。四川布政使卞永式居官尤劣，著解任。江西按察使吴存禮，著陞爲四川布政使。至於甘肅乃要地也，巡撫舒圖辦事無能，極其糊塗，著解任。甘肅按察使鄂奇居官頗優，著陞爲甘肅巡撫。

《聖祖實録》卷二四二　四月乙巳，調兵部尚書蕭永藻爲吏部尚書。

五月乙丑朔，上巡幸塞外。

辛未，刑部等衙門議覆奉差江南審事户部尚書張鵬翮疏，言原任江蘇布政使宜思恭於兑收錢糧時，勒索加耗，又受各屬餽送，應擬絞監候。巡撫于準同城居住，並不糾劾，擬革職。應如所擬。從之。

七月壬午，兵部議覆奉差湖南審事吏部尚書蕭永藻等疏，言巡撫趙申喬疏參提督俞益謨侵冒兵餉，遊擊唐之夔將銀换錢，少與多取，總兵官李如松不能約束兵丁，在任所開設典鋪；提督俞益謨疏參巡撫趙申喬每事刻意苛求，故欲陷人。今將伊等審訊，所參俱實，提督俞益謨應革職，原任總兵官今陞杭州副都統李如松及遊擊唐之夔應各降三級調用，巡撫趙申喬亦應革職。得旨：俞益謨著休致，趙申喬著革職留任，李如松著降三級，從寬免調用，留副都統任。餘如議。

《聖祖實録》卷二四三　八月庚辰，諭大學士等曰：江南、浙江截留撥運漕米，著塔進泰、李旭升前往監兑，并令馳驛先往福建，將賑濟事宜會同該督撫明悉詳議，料理船隻事畢，再回江、浙。候領運官到日，將所截漕米照數交明回京。

庚寅，諭吏部：閩省散賑災黎，事關重大，總督印務著將軍祖良璧暫行署

理。廣東巡撫范時崇，著陞補福建、浙江總督，馳驛赴任。廣東巡撫員缺，著内閣學士滿丕補授。

九月辛亥，九卿等議奏：臣等遵旨查自康熙三十四年户部設立辦買草豆監督起，至康熙四十四年止，據買賣人金璧等供稱，得銀之堂司官共一百十二人，共侵蝕銀四十四萬餘兩。并前查出康熙四十五、六、七、八等年，希福納等侵蝕二十萬餘兩，均應勒限賠完，免其議處。上諭大學士等曰：凡事有罪雖大而情可恕者，有罪雖小而情不可恕者。即如督撫居官清廉，則屬員交相效法，皆爲良吏。部院衙門，實爲本原之地，希福納身爲大臣，操守不能清廉，豈可恕耶？希福納即著革職。餘如議。

辛酉，轉禮部尚書穆和倫爲户部尚書，陞雲南、貴州總督貝和諾爲禮部尚書。鑲白旗護軍統領陳泰以管兵不嚴，命革職。

《聖祖實録》卷二四四　十月甲子，諭户部：【略】自明年始，於三年以内，通免一周，俾遠近均霑德澤。直隸、奉天、浙江、福建、廣東、廣西、四川、雲南、貴州所屬，除漕項錢糧外，康熙五十年應徵地畝銀共七百二十二萬六千一百兩有奇，應徵人丁銀共一百一十五萬一千兩有奇，俱著察明全免。並歷年舊欠共一百一十八萬五千四百兩有奇，亦俱著免徵。其五十一年、五十二年應蠲省分，至期候旨行。民間舊欠既經豁免，嗣後每年額徵錢糧務如數全完。倘完不及額，或別有虧空，託稱民欠，則負國甚矣，即責令督撫以下官員償補，仍從重治罪。

丙子，陞雲南巡撫郭瑮爲雲南、貴州總督。陞湖廣總督郭世隆爲刑部尚書。陞陝西巡撫鄂海爲湖廣總督。以侯伊爾拜爲鑲藍旗漢軍都統。

乙酉，户部議覆直隸巡撫趙弘燮等疏，言臣等遵旨查勘，原任天津總兵官藍理開墾水田一百五十頃，令天津參將藍珠料理接種。但水田一百五十頃内，有窪地五十頃，時被水浸，不便耕種。又有高地五十頃，不宜種稻，止種收雜糧，供給農工。其可作水田種稻者，止五十頃。康熙四十八年内藍珠所種稻穀，據報收二千五百餘石。至高窪不等之田地，旱澇難於蓄洩，所有五十頃水田不便安設官屯。查此項開墾水田，前經差内務府總管黑碩子、侍郎穆丹等往勘，據奏，藍理開墾之田其洩水處淺而且狹，見在田地俱被水浸，應將洩水之處挑濬設閘，使一百五十頃俱可耕種。試種一二年，果否有益，令該巡撫查明具題。今一百五十頃内，止種有五十頃稻田。一年之内，見經收穫二千五百餘石，其餘田地並未曾全種，遽稱不便安設官屯，難以定議。應行文該巡撫，照原勘黑碩子等所奏，將洩水之處挑濬設閘，使一百五十頃水田盡令種稻，驗明收穫多寡具題，到日再議。得旨，此開墾田地，著交與趙弘燮。有情願耕種人民，撥與耕種。

十一月辛卯朔，尋户部議覆：嗣後凡遇蠲免錢糧，合計分數，業主蠲免七分，佃户蠲免三分，永著爲例。從之。

庚子，四川提督岳昇龍疏言：臣遵旨率領官兵進勦生番，於閏七月内擒獲賊首羅都等，交撫臣年羹堯審議。其瓦都、月落口等處生番，俱已投誠。惟瓦尾、白宿等處生番，倚恃險阻，潛匿不出，臣遍行搜探，相機一併勦撫。上諭大學士等曰：岳昇龍效力殊屬可嘉，巡撫年羹堯係與提督岳昇龍同往勦撫之人，乃畏避不行前往，著明白回奏。

癸卯，轉兵部尚書王掞爲禮部尚書，陞左都御史徐元正爲工部尚書。

丁未，以鑲白旗漢軍都統公孫徵灝爲兵部尚書。

十二月癸酉，以吏部左侍郎赫壽爲漕運總督。

辛巳，陞偏沅巡撫趙申喬爲都察院左都御史。

康熙五〇年（辛卯、一七一一）

《聖祖實録》卷二四五　正月戊申，上諭領侍衛内大臣公鄂倫岱曰：延慶州地方，藏匿盜賊逃人甚多，常行劫擄，擾害居民，莊頭未獲安處，爾率前鋒參領豐盛額、護軍參領沈保、前鋒護軍八十人，聲言放鷹，前往緝捕，刑部尚書齊世武帶賢能司官同往審理。尋鄂倫岱等前往獨石口外營盤口等處，擒獲盜賊逃人李得功、陳大等百餘人，交齊世武審理。至是，齊世武奏：李得功等六人俱擬斬立決，逃人陳大等照例，係旗人給還原主，係民人發回原籍。得旨，李得功、方小嘴、白達子、黑子劉、八短子、劉四俱著即處斬，逃人陳大等依議。此案内，額楚係圈禁家中之人，今逃遁村莊，夥同賊盜肆行不法，情罪可惡，著交與伊父英赫紫、伊母舅齊世武處死。

庚戌，陞鑲黃旗蒙古副都統覺羅阿臘納爲鑲白旗護軍統領，正紅旗滿洲副都統瑯圖爲鑲藍旗護軍統領。

癸丑，上巡視通州河隄。

二月辛酉，調鑲黃旗蒙古都統班滴爲正藍旗滿洲都統，陞鑲黃旗護軍統領善丹爲蒙古都統，正白旗滿洲副都統蘇克朓爲鑲黃旗護軍統領。

丁卯，上自和韶屯乘舟，往閱匡兒港減水壩。諭監修河工主事牛鈕曰：引河前崖應建一挑水壩，減水壩之前亦建一挑水壩，或長三丈，或長四丈，其高應與舊挑水壩相等。

三月庚寅朔，[上諭]：蓋朕之御極年久，皆祖宗厚德景福，積累留貽之所致。至於請上尊號，特虛文耳，於朕躬毫無裨益。史書所載加上尊號等事，徒爲先儒所譏，有何善處而欲行之。這所奏知道了。

壬寅，陞兵部右侍郎殷特布爲都察院左都御史。

丁未，先是，上以喀喇沁地方盜賊、逃人甚多，命近御侍衛關保、署理理藩院侍郎事務巴録，率八旗前鋒參領八員、前鋒八十名，聲言放鷹，前往緝捕。至是，關保等覆奏，於喀喇沁地方緝獲盜賊、逃人共五百六十餘人。命將盜首二人正法，餘令各歸原籍。

《東華録》卷二一　是月，閩督范時崇緝獲在洋肆劫海賊鄭盡心，解京正法。

《聖祖實録》卷二四六　四月庚申，陞湖廣巡撫陳詵爲工部尚書。

甲子，四川提督岳昇龍疏報：臣率官兵征勦瓦尾、白宿等處生番，斬殺七十餘人，擒獲男婦子女一百四十餘名，諸蠻情願投降。下部知之。

五月癸巳，吏部議覆甘肅巡撫樂拜疏，言狄道縣知縣汪鈞控告原任巡撫、今陞兵部右侍郎鄂奇及臨洮道衛瑛等，受伊節禮款項甚多，請解任確審。應將鄂奇等暫令解任，發往陝西質審。上曰：鄂奇原係一無定之人，因總督殷泰薦舉，朕試行擢用。自任巡撫以來，所奏之事俱不可信，鄂奇著革職鎖拏，遣司官一員解送陝西，該督嚴行質審，定擬具奏。恐殷泰爲己所薦之人瞻徇庇護，亦未可定，將朕旨明白發去，令其從公審理。

諭大學士等曰：【略】朕前特差能算善畫之人，將東北一帶山川地里，俱照天上度數推算，詳加繪圖視之，混同江自長白山後流出，由船廠打牲烏喇向東北流，會於黑龍江入海，此皆係中國地方。鴨緑江自長白山東南流出，向西南而往，由鳳凰城、朝鮮國義州，兩間流入於海。鴨緑江之西北係中國地方，江之東南係朝鮮地方，以江爲界。土門江自長白山東邊流出，向東南流入於海。土門江西南係朝鮮地方，江之東北係中國地方，亦以江爲界。此處俱已明白。但鴨緑江、土門江二江之間地方，知之不明。前遣部員二人，往鳳凰城會審朝鮮人李玩枝事。又派出打牲烏喇總管穆克登同往，伊等請訓旨時，朕曾密諭云：「爾等此去，并可查看地方。同朝鮮官沿江而上，如中國所屬地方可行，即同朝鮮官在中國所屬地方行；或中國所屬地方有阻隔不通處，爾等俱在朝鮮所屬地方行，乘此便，至極盡處詳加閱視，務將邊界查明來奏。」想伊等已由彼起程前往矣，此番地方情形，庶得明白。

己酉，諭大學士等曰：聞福建百姓聚集數千，在泉州所屬地方搶奪食物，奔入山中。提督藍理三路率兵進勦，一路兵少爲折挫，如果有所獲，藍理必早已題報矣。此事督撫、提督等俱未奏聞，將軍祖良璧雖大畧奏聞，亦不明白。朕乃得之傳聞者，其賊盜各處所貼揭帖，朕亦得之。揭帖内稱，皇上以我等閩省老幼，如同赤子恩養，屢次蠲免錢糧，又截漕由海運而至，欲令賑濟乏食之民，閩省老幼子女無不感激歡躍。但地方官負皇上之恩，不曾施及百姓，故我等窮民窘於衣食，不得已而爲此。若各處富户不將屯積米石糶賣，我等必搶奪等語。去年朕一聞福建饑荒，即命截漕三十萬石賑濟。差去大臣及地方官以三十萬石太多，十五萬石即足，因止存留十五萬石。想此米俱散給兵丁，未必散給百姓，所以無甚裨益。若果截留三十萬石米運去，民食充足，於地方必大有裨益也。伊等原非賊盜，因年歲歉收乏食，不得已行之耳。若即出官兵征勦，未免又生一事，朕意遣部院大臣、侍衛往行招安，即可平服。如此，則人民不傷，亦不致有害地方。著問九卿、詹事、科道具奏。

六月己未，差户部左侍郎張世爵、一等侍衛巴亥、三等侍衛賴希等，前往福建招安泉州山寇。

《聖祖實録》卷二四七　八月辛酉，福建陸路提督藍理摺奏：福建所屬永春、德化二縣交界地方，有盜者陳五顯等逼勒愚民二千餘人入夥，搶奪百姓，拒敵官兵，臣令參將尚之瑨統領官兵往緝，兩次遇敵，殺賊八十餘名，中傷脱逃者不記其數，盜黨張辰、王富、蘇標俱已投到。其附近賊巢村民仍不廢耕織，照常安業，惟陳五顯脱逃，俟拏獲正法。得旨，督撫提鎮等平時不能撫恤百姓，訓練兵丁，及有事又不能相機速行勦撫，縱容盜賊滋蔓，騷擾地方，肆行搶奪，且遲延日久，不將其事奏聞，乃稱百姓不廢耕織，照常安業。夫强盜、竊盜多至三四十人，百姓尚畏懼逃避，況數千民人爲盜搶奪，豈得謂百姓不廢耕織，安居樂業乎？此係伊等掩飾已過，希圖卸罪，巧行誑奏。著該部嚴察議奏。

九月戊子，鎮綏將軍陝西提督潘育龍以病乞休，溫旨慰留之。

刑部等衙門議覆偏沅巡撫潘宗洛疏，言原任湖南布政使董昭祚扣尅湖南各屬康熙四十五年俸工銀兩，先據原任巡撫趙申喬題參，今審董昭祚，扣尅各屬俸

工銀五千餘兩入己是實，擬斬監候。應如該撫所題。從之。

《聖祖實録》卷二四八　十月丙辰朔，户部議覆福建巡撫黄秉中疏，言康熙四十九年，奉上諭，蠲免直隸、奉天、浙江、福建、廣東、廣西、四川、雲南、貴州等省康熙五十年應徵地丁銀兩。至臺灣府屬三縣地畝，向徵稻穀，並無額編銀兩，其應徵本色稻穀，請應一體蠲免。查此項錢糧，該撫應於春夏開徵之前即行題請，遲至秋季方行具奏，應不准行。得旨，臺灣府屬五十年應徵稻穀已經徵完在官，雖蠲免，與小民無益。其應徵康熙五十一年稻穀，著行蠲免。

丁巳，以管盛京將軍事務都統嵩祝爲禮部尚書。

戊午，諭户部：【略】原欲將五十年天下錢糧通行蠲免，以諸臣集議，恐需用兵餉撥解之際，兵民驛遞，益致煩苦，故自五十年爲始，三年之内全免一週。除將直隸、奉天等九省康熙五十年地丁錢糧一概蠲免，及歷年舊欠錢糧一併免徵外，山西、河南、陝西、甘肅、湖北、湖南各撫屬除漕項外，五十一年應徵地畝銀共八百四十萬四千兩有奇，人丁銀共一百二十萬八千一百兩有奇，著察明全免。並歷年舊欠共五十四萬一千三百兩有奇，亦俱著免徵。其康熙五十二年應蠲省分，至期候旨行。

丁卯，都察院左都御史趙申喬疏參翰林院編修戴名世妄竊文名，恃才放蕩，前爲諸生時，私刻文集，肆口游談，倒置是非，語多狂悖。今身膺恩遇，叨列巍科，猶不追悔前非，焚削書板。似此狂誕之徒，豈容濫厠清華，祈敕部嚴加議處，以爲狂妄不謹之戒。得旨：這所參事情，該部嚴察，審明具奏。

丙子，刑部等衙門議覆：大理寺卿張志棟等，察審浙江糧道程鑾私自改折漕糧一案，應將程鑾照例革職，未完平糶米銀著落程鑾及原任浙江巡撫今調福建巡撫黄秉中賠補。運官李斌等欠平糶米脚價銀兩，亦著落程鑾追還交倉。倘有不敷，仍在程鑾、黄秉中名下追補。至黄秉中照程鑾所詳批行，不行題參，顯係通同作弊，黄秉中亦照例革職。從之。

丁丑，江蘇巡撫張伯行疏言：今歲江南文闈榜發後，議論紛紛，於九月二十四日，有數百人擡擁財神直入學宫，口稱科場不公。臣不敢隱匿，相應題明。得旨：該部嚴察議奏。

《東華録》卷二一　是月，以山西太原流匪陳四等六十餘人，携婦女數十，乘馬騾由河北往湖南、貴州，詭稱赴雲南開墾，索取州縣口糧，劫掠商賈財物。刑部尚書郭世隆前任湖廣總督，不即察究，縱容滋蔓，革職。

《聖祖實録》卷二四八　十一月丙戌朔，陞都察院左都御史殷特布爲兵部尚書，吏部左侍郎哈山爲刑部尚書。

壬辰，陞吏部左侍郎吴一蜚爲刑部尚書，兵部左侍郎滿篤爲都察院左都御史。

辛丑，陞鑲黄旗滿洲副都統趙山爲正白旗蒙古都統，鑲白旗護軍統領覺羅阿臘納爲正藍旗蒙古都統仍兼護軍統領事，鑲白旗滿洲副都統英赫紫爲正藍旗護軍統領。陞湖廣鎮筸總兵官張谷貞爲雲南提督。

康熙五一年（壬辰、一七一二）

《聖祖實録》卷二四九　正月丙午，刑部等衙門題，察審戴名世所著《南山集》、《孑遺録》，内有大逆等語，應即行凌遲。已故方孝標所著《滇黔紀聞》内亦有大逆等語，應銼其屍骸。戴名世、方孝標之祖父子孫兄弟及伯叔父兄弟之子，年十六歲以上者，俱查出解部，即行立斬。其母女妻妾姊妹、子之妻妾，十五歲以下子孫、伯叔父兄弟之子，亦俱查出，給功臣家爲奴。方孝標歸順吴逆，身受僞官，迨其投誠，又蒙恩免罪，仍不改悖逆之心，書大逆之言，令該撫將方孝標同族人，不論服之已盡、未盡，逐一嚴查。有職銜者，盡皆革退。除已嫁女外，子女一併即解到部，發與烏喇、寧古塔、白都納等處安插。汪灝、方苞爲戴名世悖逆書作序，俱應立斬。方正玉、尤雲鶚聞拏自首，應將伊等妻子一併發寧古塔安插。編修劉巖雖不曾作序，然不將書出首，亦應革職，僉妻流三千里。上曰：此事著問九卿具奏。案内方姓人俱係惡亂之輩，方光琛投順吴三桂，曾爲僞相。方孝標亦曾爲吴三桂大吏，伊等族人，不可留本處也。

諭大學士等：原任大學士張玉書，久任機務，小心恪慎，懋著勤勞，朕追念難忘。伊惟一子張逸少見任編修，著從優陞爲翰林院侍讀學士，以示朕篤眷舊臣至意。

壬子，諭領侍衛内大臣、大學士、都統、尚書、副都統、侍郎、學士、副都御史等：【略】爾等皆朕所信任，位至大臣，當與諸省將軍、督撫、提鎮一體，於請安摺内將應奏之事各罄所見，開列陳奏。所言若是，朕則擇而用之；所言若非，則朕心既明，亦可手書訓諭，而爾等存心之善惡誠僞，亦昭然可見矣。

癸丑，諭吏部：庶吉士潘體震等，教習已久，今加考試，應分別授職。除趙

熊詔、繆沅、蔣漣已經授修撰、編修外，其庶吉士潘體震、閆圻、惠士奇、李紱、俞兆晟、張起麟、儲在文、戚麟祥、徐用錫、周彝、阿克敦、吕謙恒、陳似源、朱元英、秦道然、楊開沅、索泰、方覲、須洲、孫時宜、徐斌授爲編修，李天祥、鄧葵友、張照、黎致遠、黄趙音、潘楷、謝履厚、詹銓吉、張作舟、高維新、劉大觳、王珻、邱尚志、曹掄彬、謝王寵、顧五達、陳會、史尚節、曾謹、盧軒、馬益、何世璂、陸紹琦、張大受、程翃、嚴思位、黄越、壽致潤、車松授爲檢討。

《聖祖實録》卷二四九　二月丁巳，江蘇巡撫張伯行疏參江南、江西總督噶禮得銀五十萬兩，徇私賄賣舉人程光奎、吴泌等，不肯審明，請將噶禮解任嚴審。得旨，噶禮著解任。此事著張鵬翮會同總漕赫壽確審具奏，江南、江西總督印務著江西巡撫郎廷極署理。

江南、江西總督噶禮疏參江蘇巡撫張伯行誣臣私賣舉人得銀五十萬兩，乞賜對質。得旨，張伯行著解任。此事著張鵬翮會同總漕赫壽確審具奏，江蘇巡撫印務著浙江巡撫王度昭署理。

諭九卿等：噶禮、張伯行互參一案，噶禮有辦事之才，用心緝拏賊盜，然其操守則不可保。張伯行爲人老成，操守廉潔，然盗劫伊衙門附近人家，尚不能查拏。【略】至張伯行題參疏内連及張鵬翮者，意欲審理此事時，使張鵬翮迴避。故朕仍令張鵬翮前往，從公審理。

戊寅，命卓異武職官員亦照卓異文職官員例引見。

壬午，諭大學士九卿等：朕覽各省督撫奏編審人丁數目，並未將加增之數，盡行開報。今海宇承平已久，户口日繁，若按見在人丁加徵錢糧實有不可。人丁雖增，地畝並未加廣，應令直省督撫將見今錢糧册内有名丁數，勿增勿減，永爲定額。其自後所生人丁，不必徵收錢糧。編審時，止將增出實數察明，另造清册題報。朕凡巡幸地方所至，詢問一户或有五六丁，止一人交納錢糧，或有九丁、十丁，亦止二三人交納錢糧，詰以餘丁何事，咸云「蒙皇上弘恩，並無差徭，共享安樂，優遊閒居而已」，此朕之訪聞甚晰者。前雲南、貴州、廣西、四川等省遭叛逆之變，地方殘壞，田畝抛荒，不堪見聞，自平定以來，人民漸增，開墾無遺，或沙石堆積難於耕種者，亦間有之。而山谷崎嶇之地，已無棄土，盡皆耕種矣。由此觀之，民之生齒實繁，朕故欲知人丁之實數，不在加徵錢糧也。今國帑充裕，屢歲蠲免輒至千萬，而國用所需，並無遺悮不足之虞。故將直隸各省，見今徵收錢糧册内有名人丁，永爲定數，嗣後所生人丁，免其加增錢糧，但將實數另造清册具報，豈特有益於民，亦一盛事也。直隸各省督撫及有司官編審人丁時，不將所生實數開明具報者，特恐加徵錢糧，是以隱匿不據實奏聞，豈知朕並不爲加賦，止欲知其實數耳。嗣後督撫等，倘不奏明實數，朕於就近直隸地方，遣人逐户挨查，即可得實，此時伊等亦復何詞耶？此事毋庸速議，俟典試諸臣出闈後，爾等會同詳加確議具奏。

《聖祖實録》卷二五〇　四月丁巳，上御太和殿傳臚，賜殿試貢士王世琛等一百七十七人進士及第、出身有差。

壬戌，刑部等衙門議覆戴名世等一案。上諭大學士等曰：案内擬絞之汪灝，在内廷纂修年久，已經革職，著從寬免死，但令家口入旗。方登嶧之父曾爲吴逆僞學士，吴三桂之叛，係伊從中慫恿。僞朱三太子一案，亦有其名。今又犯法妄行，方氏族人若仍留在本處，則爲亂階矣，將伊等或入八旗，或即正法，始爲允當。此事所關甚大，本交内閣收貯，另行啓奏。

壬申，大學士等遵旨覆奏：臣等再訊沈天生、伊爾賽一案，原任刑部尚書齊世武受賄三千兩，原任步軍統領託合齊受賄二千四百兩，原任兵部尚書耿額受賄一千兩，俱取供得實，應照律擬絞監候，秋後處決。户部侍郎李仲極不能查拏本部包攬情弊，反縱容家人受賄，又爲伊子從中捐納，應降五級調用。户部尚書穆和倫、侍郎塔進泰不能查拏本部包攬情弊，反縱容家人受賄，俱應降三級調用。户部侍郎噶敏圖雖不知情，而本部包攬情弊，失於覺察，應降一級調用。得旨，齊世武、託合齊、耿額依擬應絞，著監候秋後處決。李仲極著革職，穆和倫、塔進泰著降三級，從寬免調用。噶敏圖著降一級，從寬免調用。

甲戌，以禮部尚書嵩祝爲文華殿大學士兼禮部尚書，以禮部尚書王掞爲文淵閣大學士兼禮部尚書，調工部尚書陳詵爲禮部尚書，以原任刑部尚書革職張廷樞爲工部尚書，調工部尚書黑碩咨爲禮部尚書，以都察院左都御史滿篤爲工部尚書。

丙子，調刑部尚書吴一蜚爲吏部尚書，陞吏部左侍郎胡會恩爲刑部尚書。

五月戊子，刑部題原任江蘇布政使宜思恭叩閽控告總督噶禮等需索銀兩，以致虧空，應差部院滿漢堂官往江南審理。得旨：此案著張鵬翮審明具奏。

壬寅，諭大學士等曰：湖廣民往四川墾地者甚多，伊等去時，將原籍房産地畝悉行變賣，往四川墾地，至滿五年起徵之時，復回湖廣將原賣房産地畝争告者甚多。潘宗洛以此情由，曾繕摺啓奏。嗣後，湖廣民人有往四川種地者，該撫將

往種地民人年貌、姓名、籍貫查明造册，移送四川巡撫，令其查明。其自四川復回湖廣者，四川巡撫亦照此造册，移送湖廣巡撫。兩相照應查驗，則民人不得任意往返，而事亦得清釐，爭訟可以止息。大學士等，俟潘宗洛具題到日，會同九卿確議具奏。

六月丁巳，湖廣總督鄂海疏報：鎮筸邊外紅苗素稱强悍，臣於康熙五十年九月，會同撫、提二臣親入苗寨，宣布皇上威德，令悔過革心。今紅苗頭目吴老化等，率毛都塘等處五十二寨三千餘人，實心投順。得旨，紅苗盤踞深山，秉性兇惡，自古以來並未歸順。今總督鄂海等身入苗寨，設法招撫，殊爲可嘉，該部將在事官兵一併議敘。

七月辛卯，户部、工部議覆偏沅巡撫潘宗洛疏，言湖南所用制錢，多係康熙三十九年以前所鑄，錢小而輕，私鑄易於攙和。康熙四十一年以後寶泉、寶源所鑄一錢四分重大錢，雖現在搭和使用，尚屬未敷，請每年撥給新大制錢四萬貫，於回空糧船載回，運到之日，按照州縣大小，赴司領發，易銀解貯司庫，以三年爲限，將舊小制錢收燬。應如所請。從之。

八月戊寅，諭禮部：朝鮮國王李焞奏，前往伊國境内海洋捕魚船隻，請再行嚴禁。現今内地海洋小寇，雖飭地方官嚴行查拏，但海面遼闊，時或有之。邇來浙省海洋賊寇，潛行劫奪，官兵追捕，遊擊一員被傷身亡。曩者附近朝鮮海洋，潛行捕魚船隻，曾經申飭盛京將軍及沿海地方官員嚴加巡察緝拏，而今尚有八九船隻違禁潛出外洋，竟至朝鮮邊界捕魚，是即賊寇也。嗣後如有此等捕魚船隻潛至朝鮮海面者，許本國即行勦緝。如有生擒，作速解送。毋因内地之人，致有遲疑。特諭。

諭領侍衛内大臣等：連日雨雪交下，諸臣必以不得行獵之故，未愜於心，不知此番雨雪，於秋麥大有裨益，直隸各處亦皆如此，則更佳矣。可傳諭扈從諸臣知悉。

《聖祖實録》卷二五一　九月丁酉，調廣東提督施世驃爲福建水師提督。

庚子，刑部等衙門會議，左都御史趙申喬等所審姚弘烈、陳弘道互訐兩案，除知州姚弘烈照律定罪，應於虧空錢糧案内從重歸結，知府陳弘道雖有聽許財物情弊，然無貪婪實蹟，應照律革職杖流，準其折贖外，其原任刑部尚書齊世武於甘肅巡撫任内受布政使覺羅伍實火耗銀三千六百餘兩，原任甘肅巡撫鄂奇於署布政使任内得火耗銀三千三百餘兩，丁憂布政使阿米達於任内得火耗銀六千七百餘兩，原任布政使覺羅伍實於任内得火耗銀六千七百餘兩俱實。查齊世武已於包攬湖灘河朔事例受賄案内擬絞，應無庸議。鄂奇、阿米達、覺羅伍實俱係旗人，應照律革職枷責，准其折贖。至現任總督殷泰係封疆大臣，不能除弊，反出示令州縣徵收錢糧每兩加一火耗，殊屬溺職。現任甘肅巡撫樂拜與覺羅伍實同城居住，失於覺察，均應照律革職。得旨，殷泰、樂拜居官之優，陝西通省無不盡知，俱從寬免革職。餘依議。

丙午，兵部議覆鎮海將軍侯馬三奇疏，言浙江提督吴郡等咨稱，拒殺官兵、焚燬戰船之黄巖海寇，今已擒獲取供，夥黨俱住閩、廣，現在會同江南督撫提鎮出洋搜緝，自當緝獲無遺。但臣曾任湖鎮浙提，頗知海上情形。洋面叢雜，故飄突賊寇知有官兵會捕，即移彼匿，此遽難蹤跡。每於春夏，則乘東南風勢，來至浙江，邀劫商船；秋冬則乘西北風勢，攜帶贓物，還歸本籍。今際秋冬之候，正賊徒還歸閩廣之時，況數省兵船搜捕洋面，彼未有不棄船登陸，或徑回原籍，或潛匿鄰近地方，應嚴飭沿海管轄大吏并文武各官，於沿海口隘及内地所屬稽查訪緝，則賊在外洋可以俘獲，賊歸内地可盡根株矣。應如所題。從之。

庚戌，諭諸皇子等：皇太子允礽，自復立以來狂疾未除，大失人心，祖宗弘業，斷不可託付此人。朕已奏聞皇太后，著將允礽拘執看守。朕明日再頒諭旨，示諸王大臣。

《聖祖實録》卷二五一　十月辛亥朔，御筆硃書諭諸王、貝勒、貝子、大臣等：前因允礽行事乖戾，曾經禁錮，繼而朕躬抱疾，念父子之恩，從寬免宥。朕在衆前曾言其似能悛改，伊在皇太后、衆妃、諸王大臣前亦曾堅持盟誓，想伊自應痛改前非，晝夜警惕。乃自釋放之日，乖戾之心即行顯露。數年以來，狂易之疾仍然未除。是非莫辨，大失人心。朕久隱忍，不即發露者，因向有望其悛改之言耳。今觀其行事，即每日教訓，斷非能改者。朕今年已六旬，知後日有幾，況天下乃太祖、太宗、世祖所創之業，傳至朕躬，非朕所創立，恃先聖垂貽景福，守成五十餘載，朝乾夕惕，耗盡心血，竭蹶從事，尚不能詳盡如此，狂易成疾不得衆心之人，豈可付託乎？故將允礽仍行廢黜禁錮，爲此特諭。

諭大學士等：内務府事件積滯甚多，所關甚要，著原任大學士馬齊署理總管事。

《東華録》卷二二　〔癸丑〕免江南、安徽、山東、江西四省地畝銀共八百八十二萬九千六百四十四兩有奇，人丁銀共一百三萬五千三百二十五兩有奇，並舊

欠銀二百四十八萬三千八百二十八兩有奇，總共免天下地畝人丁新徵舊欠共銀三千三百六萬四千六百九十七兩零。

《聖祖實録》卷二五一　丙辰，九卿、詹事、科道面奏噶禮張伯行互參一案。【略】上曰：爾等俱係大臣，既知張伯行清官，當會議時何無一言？今朕既有諭旨，爾等方贊其清亦晚矣。又諭曰：如蕭永藻、富寧安、張鵬翮、趙申喬、施世綸、殷泰、張伯行，此數人皆清官，朕皆愛惜保全。昔日趙申喬任偏沅巡撫時，居官甚清，但有性氣，人皆畏其議論，伊與俞益謨互相訐參，彼時亦有以趙申喬爲非者，朕細加察訪，即俞益謨所轄武官及同鄉陝西人，良心不昧，俱言俞益謨之非，無有以趙申喬爲不是者。清官固所當惜，而其言之不可行者，朕亦不行。如趙申喬條奏黄河坍地免糧一事，朕不准行，雖所言未當，而並無私見。凡交與伊一應事件，皆實心辦理，朕是以護惜之至。陳鵬年稍有聲譽，學問亦優，噶禮之欲害之也久矣。張伯行聽信陳鵬年之言，是以噶禮與之不和，曾將陳鵬年虎邱詩二首奏稱内有悖謬語，朕閲其詩，並無干礙。朕纂輯羣書甚多，詩中所用典故，朕皆知之，即末句「鷗盟」二字，不過託意漁樵。陳鵬年詩現在非無據者，今與爾等公看，可知朕心之公矣。又諭曰：噶禮、張伯行互參一案，初次遣官往審，爲噶禮所制不能審出。及再遣大臣往審，與前無異。爾等諸臣，皆能體朕保全清官之意，使爲正人者無所疑懼，則人俱欣悦，海宇長享昇平之福矣。

壬戌，吏部等衙門遵旨再議：解任江南、江西總督噶禮、江蘇巡撫張伯行俱係封疆大臣，不思和衷協恭，互相訐參，殊玷大臣之職，應將噶禮、張伯行俱革職。但地方必得清正之員，方不貽累百姓，張伯行應否革職留任，伏候聖裁。得旨：噶禮著革職，張伯行著革職留任。

丙寅，陞工部左侍郎揆敘爲都察院左都御史仍兼管翰林院掌院學士事。調漕運總督赫壽爲江南、江西總督，陞江西巡撫郎廷極爲漕運總督。

己巳，命禁錮廢皇太子允礽於咸安宫。

《聖祖實録》卷二五二　十一月甲申，九卿遵旨議覆：現任提鎮以至守備及丁憂革職提鎮等官，俱不准在任所入籍置産，如違定例，令該地方官嚴查，催回原籍。得旨，依議。如已經身故不能回籍者，著該督撫另行具奏。

乙酉，先是，福建巡撫覺羅滿保會同浙閩總督范時崇，列款糾參革職原任福建提督藍理貪婪酷虐，流毒士民，現在京師，應請拏究。上命兵部左侍郎覺和托等，將藍理帶往福建會審。至是，覺和托察審藍理霸市抽税，婪贜累萬，被害不止一家，流毒已極，應擬斬立決。得旨，藍理應依議處斬，但在臺灣澎湖對敵之時，奮勇向前，著有勞績，著從寬免死，調取來京入旗。

甲午，户部議覆都察院左都御史趙申喬疏，言皇上施恩天下，將地丁銀兩俱皆蠲免，請將陝西潼關衛及山西大同府所屬徵收米豆、草束一體蠲免，應不准行。得旨，潼關衛、大同府所屬康熙五十一年應徵米豆草束已經徵完，今雖蠲免，無益小民，明年應徵米豆草束著蠲免。

乙未，以廢皇太子允礽，遣官告祭天地、太廟、社稷。

戊戌，先是，鎮國公景熙首告託合齊父子於該王服内宴會并貪婪不法各款事，馬齊、海章會同宗人府察審。至是，奏稱景熙首告各款俱實，應將託合齊即行淩遲處死，伊子舒奇擬絞監候，秋後處決。奏入，留中。

丁未，以廢皇太子允礽，頒詔天下。

康熙五二年（癸巳、一七一三）

《聖祖實録》卷二五三　正月甲辰，九卿議覆：江南科場賄通關節之副考官編修趙晉原擬斬監候，但趙晉係副考官，擅通關節，大干法紀，應照順治丁酉科場例，改斬立決。呈薦吴泌試卷之同考官句容縣知縣王曰俞，原擬流三千里，查王曰俞通同作弊，亦應改斬立決。賫緣中式之吴泌及説事通賄之俞繼祖等，照原擬絞監候。呈薦程光奎試卷之同考官山陽縣知縣方名，原擬絞監候，查方名平素與程光奎往來，見過程光奎之文，程光奎在場内抄録舊文，方名明知其文，即行呈薦，榜後又向程光奎索謝，應改斬立決。其場前在貢院内埋藏文字入場抄寫中式之程光奎，照原擬絞監候。倩人代筆中式之徐宗軾及夾帶文字中式之席玕，並照原擬枷責。正考官副都御史左必蕃，係專任科場之官，失於覺察，應革職。從之。

戊申，諭理藩院：班禪胡土克圖爲人安静，熟諳經典，勤修貢職，初終不倦，甚屬可嘉，著照封達賴喇嘛之例，給以印册，封爲班禪額爾得尼。

二月辛亥，宗人府等衙門題，託合齊肆行悖逆，罪惡重大，今雖於監禁之處病故，應將伊銼尸揚灰，不許收葬。伊子舒起仗父威勢，恣意横行，應擬絞監候。從之。

甲寅，諭大學士等：朕昨問投誠海賊陳尚義，伊等出洋行劫，遇西洋船隻，

懼其火器，不敢逼近。惟遇東洋商船，則掠取其銀米，亦不盡取，以此商船仍往來不絶也。

乙卯，大學士等以刑部等衙門審擬戴名世私造《南山集》照大逆例淩遲一案請旨，上諭曰：戴名世從寬免淩遲，著即處斬。方登嶧、方雲旅、方世樵俱從寬免死，並伊妻子充發黑龍江。此案内干連人犯，俱從寬免治罪，著入旗。

癸酉，刑部等衙門會議：順天鄉試中式第一名查爲仁之父查日昌，倩人爲伊子代筆，賄買書辦，傳遞文章。事發後，又脱逃被獲，應斬監候。查爲仁中式情弊，雖由伊父主使，而通同作弊，又相隨脱逃，希圖漏網。其書役龔大業，收受賄賂，傳遞文章，俱應絞監候。代查爲仁作文之舉人邵坡，應革去舉人，杖徒。失察之監察御史常泰、李弘文，應罰俸一年。從之。

《聖祖實録》卷二五四　三月乙未，頒詔天下。

庚子，諭大學士、九卿等：朕聞廣東米價騰貴，每石賣至一兩八九錢至二兩不等。將軍管源忠亦因米貴具摺奏聞。朕軫念天下民生，無間遠邇，雖邊徼之外，視之猶輦轂之旁也。粤地素號産米之區，從無價高至一兩以上及二兩者，兹米價驟增，小民必致艱食。督撫係封疆大吏，凡有關地方事務，隨所見聞應即據實陳奏。今萬里情形，朕已周悉，而伊等漫無奏報，殊屬懈忽。前福建歲荒米貴，朕特旨截漕數十萬，由海道轉運賑濟。諭旨方頒，市價立平，於地方大有裨益。今廣東亦宜照福建截漕海運。朕因詳詢投誠海賊陳尚義等，目今截留江南漕糧，可否由海轉運廣東，據稱，截江南漕糧由海轉運八九日可至福建，自福建八九日可抵廣東。但此事關係重大，非微賤所敢身任。現今風勢不順，斷不可轉運，必至八九月後，北風漸利，始可轉運等語。朕意於八九月後，將水師營戰船裝載米石運送，易於到廣，而兵丁亦并可熟練水務。其天下地丁錢糧，前已於三年内，全免一周。今粤地米價翔湧，若將本年地丁錢糧仍行催徵，則民力維艱，難免輸將之苦，應將本年地丁錢糧停其催徵，遣趙申喬等前往廣東會同督撫，將朕軫念民生至意，刊示宣布，以慰輿情。再恩詔内有賞賚緑旗兵丁一款，即令趙申喬等乘便動支彼處庫帑，親行核實，按名逐一散給，俾各沾實惠。爾等會同確議具奏。

壬寅，宴直隸各省漢大臣官員士庶人等，年九十以上者三十三人，八十以上者五百三十八人，七十以上者一千八百二十三人，六十五以上者一千八百四十六人，於暢春園正門前。傳諭衆老人曰：今日之宴，朕遣子孫宗室執爵授飲，分頒食品，爾等與宴時勿得起立，以示朕優待老人至意。

《東華録》卷二二　是月，原任户部尚書王鴻緒進所撰《明史列傳》二百八十卷，命交明史館。

《聖祖實録》卷二五四　四月甲寅，諭吏部：川陝總督殷泰前曾因病奏請解任調理，朕念殷泰清潔自持，約束屬下恩威並用，陝省軍民罔不感戴，朕甚愛惜，令在任調攝，已有諭旨。今病勢未能即愈，總督印務雖有巡撫署理，但陝西地方遼闊，最屬緊要，總督員缺不可久懸，殷泰著解任，湖廣總督鄂海屢任陝西，熟諳地方，兵民情性，俱所深悉，且才具頗優，將鄂海調補川陝總督。

癸亥，以湖廣提督額倫特爲湖廣總督。

丁卯，上問户部尚書張鵬翮曰：明末時，張獻忠兵到四川，殺戮甚慘，四川人曾有記其事之書籍否？張鵬翮奏曰：彼時四川人屠戮殆盡，無有記其事者。上曰：李自成與張獻忠在河南鄧州分兵，張獻忠遂至四川，其間詳細，未能悉知。爾父今年八十有七，以張獻忠入川時計約已十七八歲，必有確然見聞之處，爾問明繕摺進呈。又諭大學士等曰：明末去今，爲時尚不甚遠，傳聞李自成兵到，京師之人即以城獻。又聞李自成麾下之將李定國在西便門援城而上。由此觀之，仍是攻取，可云獻乎？此等載入史書，甚有關係，必得其實方善。張獻忠有養子三人，耳鼻皆被割去，朕曾見之。又明代行兵多用太監管領，以致敗亡，爾等纂修《明史》，其萬曆、天啓、崇禎年間之事，應詳加參考，不可忽畧。

戊辰，四川提督岳昇龍遺疏，請將伊家口改入四川民籍。得旨，武職官員不許在任所入籍置産，曾有諭旨，今岳昇龍奏稱伊母年逾九旬，不能遠涉，著照所請，准其家口入籍四川。

《聖祖實録》卷二五五　五月丙戌，轉工部尚書張廷樞爲刑部尚書，陞吏部左侍郎管右侍郎事王頊齡爲工部尚書。

乙卯，兵部題，就撫海賊陳尚義等，應作何安插，請旨定奪。上諭大學士等曰：先經拏獲海賊，俱已發遣寧古塔等處。現今陳尚義等一百餘人又來歸誠，内有熟識水性之人，將伊等歸併盛京金州地方，著設立水師營。近據山東總兵李雄奏請，裁伊標下水師營戰船十隻，即將所裁數内截留數船，分往金州看守地方，巡防海洋，似有裨益。著滿漢九卿、詹事、科道會同確議具奏。

六月丁丑，諭和碩誠親王允祉：《律吕算法》諸書，應行修輯。今將朕所製律吕算法之書發下，爾率領庶吉士何國宗等即於行宫内立館修輯。

翁牛特多羅郡王和碩額駙蒼津來朝。

《國朝宫史》卷二　十七日，上諭大學士等曰：太監等不可假以威權，事發即殺之。朕御極之年，去明代不過二十年。萬曆時太監以及官員，朕俱曾任使，伊等向朕奏明末時事，謂：流賊自南而來，將兵盡發往保定。後流賊從居庸關入，跳越京師南關攻城，城内無兵，祇太監、百姓、官員家人防守，七日城即陷。平日太監等專權，人主不出聽政，大臣官員俱畏懼太監，以致誤事。此輩性情與常人異，祇足備宫中使令耳。天下大權唯一人操之，不可旁落，豈容假之此輩乎？

《聖祖實録》卷二五五　七月辛酉，兵部議覆山東巡撫蔣陳錫疏，言原任河標副將惠占春等，於山東地方立業年久，請免伊子孫等回籍，應不准行。上曰：現任官不得於任所置産，若已經身故，又立業年久者，何必追究。嗣後，凡有此等官員家口，著一體免查。

《聖祖實録》卷二五六　十月丙子，户部議覆原任偏沅巡撫潘宗洛疏，請墾荒展限，應行文接任巡撫，查明詳議。上曰：凡督撫條陳地方事務，應據實陳奏。潘宗洛奏湖南荒田五百餘頃，今天下户口甚繁，地無棄土，湖南安得有如許未墾之田。著差户部司官一員，會同湖廣總督額倫特，就潘宗洛奏疏内所有州縣查勘詳明具奏。又諭曰：湖廣、陝西人多地少，故百姓皆往四川開墾。聞陝西入川之人，各自耕種，安分營生；湖廣入川之人，每每與四川人争訟，所以四川人深怨湖廣之人。或有將田地開墾至三年後，躲避納糧，而又他往者。今四川之荒田，開墾甚多，果按田起課，則四川省一年内可得錢糧三十餘萬，朕意國用已足，不事加徵。且先年人少田多，一畝之田其值銀不過數錢，今因人多價貴，一畝之值竟至數兩不等。即如京師近地民舍市廛，日以增多，略無空隙。今歲不特田禾大收，即芝麻、棉花皆得收穫。如此豐年，而米粟尚貴，皆由人多地少故耳。【略】朕下此諭旨，特欲使提鎮等知朕於各省事，無不洞悉也。今遣官勘驗湖南荒田，亦此意耳。總之，督撫不可侵部院之權，部院亦不宜刻求督撫之非。凡事宜用中，不可一偏也。

轉户部尚書張鵬翮爲吏部尚書，陞都察院左都御史趙申喬爲户部尚書，工部右侍郎劉謙爲都察院左都御史。

調正藍旗蒙古都統兼鑲白旗護軍統領覺羅阿臘納爲鑲白旗滿洲都統。

庚辰，九卿等遵旨議覆：八旗出征舊人，有將擄獲之人爲養子、分産開户者，傳至子孫輩，或因勒詐不遂，稱爲祖父家奴，混行控告，殊違祖父初心。嗣後，有子孫控告祖父時爲養子、分産年久者，永行禁止。其惡劣不肖之徒，不遵法度，捏造他故控告者，該部指名題參。有職者革職，無職者枷號兩個月，鞭一百。如有勒詐款跡，審實，照訛詐律處分，著爲定例。得旨，依議，養子於分居開户之後，其原主子孫或極庸懦，或至絶嗣，養子之子孫或冒稱近族兄弟，反肆欺淩及争告家産者，亦著嚴行禁止。

丙戌，上御太和殿傳臚，賜殿試貢士王敬銘等一百四十三人進士及第、出身有差。

庚寅，諭九卿等曰：朕念福建、廣東沿海州縣值此青黄不接之時，宜酌量蠲免。張鵬翮奏曰：頃蒙皇上特加殊恩，已令運米賑濟矣。且連年蠲免甚多，現今動用至康熙四十九年錢糧矣。上曰：即動用至五十年錢糧，有何妨礙。今米雖運去，但足糊口，不能辦錢糧也。朕心惟以百姓爲重，蠲免之事不可遲延。

《聖祖實録》卷二五七　十一月己酉，諭户部：【略】今歲直省各處俱獲收成，惟廣東三水、清遠、高要、高明、四會五縣，福建侯官縣，福州右衛二處，甘肅靖遠衛、環縣、鎮原縣、固原州、固原衛、平涼縣、平凉衛、崇信縣、慶陽衛、靈州所、會寧縣、寧夏中衛、寧夏所、古浪所一十四處，今歲夏秋被災，各督撫已經奏聞，雖各省地丁錢糧新經全免，然一方災歉，悉廑朕心，艱食之際，重以追呼，朕所不忍。其明年應徵廣東省三水等五縣額銀十萬七千九百兩零，米一萬七千六百石零，福建省侯官縣等二處額銀三萬六千六百兩零、米六千四百石零，甘肅靖遠衛等十四處額銀四萬七千七百兩零，糧八萬八千五百石零，草八十四萬三百束零，盡與豁免。

十二月己卯，以内務府總管赫奕爲工部尚書，仍兼理總管事。

康熙五三年（甲午、一七一四）

《聖祖實録》卷二五八　正月己未，和碩誠親王允祉等奉命重修各壇、廟、宫殿樂器。

癸亥，户部題：禁用小錢，限期三年已滿，見今大錢不敷用度，請將小錢再展限三年，與大錢兼用。上曰：爾等所見甚善。自古錢法未有如本朝流行之廣者。如宋時錢至元末尚有，元時錢至明末亦尚有。惟本朝不但順治錢於今已

少，即康熙初年之錢亦少。前者湖廣總督額倫特來奏，湖廣一省小錢甚多，若將大錢二百萬貫運去收買小錢，則小錢可盡矣。朕諭爾但知一省之事，未知天下之事。以二百萬貫錢運至湖廣，能保途間無不測之事乎？伊愕然奏稱，「上諭甚是，臣實意料不及」。總之，錢法必期便民，若不計便民，而但期法之必行，嚴加禁止，亦有何益？凡事必酌量權變，不失其宜，方有濟耳。

二月乙酉，兵部議覆四川、陝西總督鄂海疏，稱洮岷邊外大山内居住生番傾心歸順，著洮州土司楊如松管轄。應如所請。又請給楊如松印，應不准行。得旨，楊如松管轄土司甚多，新投順番人又令伊兼管，非給予印信，何以管轄。著俱照該督所請行。

三月甲辰，兵部議覆江蘇巡撫張伯行疏，言商船、漁船與盜船一并在洋行走，難於識辨，以致盜氛未靖，商船被害。嗣後請將商船、漁船前後各刻商、漁字樣，兩旁刻某省某府州縣第幾號商船、漁船及船户某人，巡哨船隻亦刻某營第幾號哨船。並商、漁各船船户、舵工、水手、客商人等，各給腰牌，刻明姓名、年貌、籍貫，庶巡哨官兵易於稽查。至漁船出洋時，不許裝載米酒，進口時亦不許裝載貨物，違者嚴加治罪。俱應如所請。從之。

丁巳，原任户部尚書王鴻緒進所撰《明史列傳》二百八十卷，命交明史館。

四月乙亥，諭禮部：朕惟治天下，以人心風俗爲本。欲正人心，厚風俗，必崇尚經學，而嚴絶非聖之書，此不易之理也。近見坊間多賣小説、淫辭，荒唐俚鄙，殊非正理，不但誘惑愚民，即縉紳士子未免遊目而蠱心焉，所關於風俗者非細，應即行嚴禁。其書作何銷毁，市賣者作何問罪，著九卿、詹事、科道會議具奏。尋議，凡坊肆市賣一應小説、淫辭，在内交與八旗都統、都察院、順天府，在外交與督撫轉行所屬文武官弁，嚴查禁絶，將板與書一并盡行銷毁。如仍行造作刻印者，係官革職，軍民杖一百，流三千里。市賣者，杖一百，徒三年。該管官不行查出者，初次罰俸六個月，二次罰俸一年，三次降一級調用。從之。

《聖祖實録》卷二五九　六月乙亥，諭領侍衛内大臣等曰：朕想拉藏汗一子前往策妄阿拉布坦處娶親，一子見在青海地方駐劄。在策妄阿喇布坦處娶親之子，策妄阿喇布坦若託辭愛壻，留住數年，不令之歸。再如駐劄青海之子，朕復憐愛，留住伊處，總無人矣，豈不孤危？況拉藏汗年近六十，自當爲其身計，伊之人少，土伯特人甚多，而又秉性兇惡，可保常無事乎？拉藏汗將兇惡第巴殺死，朕加褒獎，封爲扶教恭順汗，伊真傾心内嚮，不但朕知之，即各處人亦皆知之。但厄魯特秉性猜疑，又甚疎忽，倘或事出不測，朕雖憐伊，伊雖倚朕，此間地方甚遠，相隔萬里，救之不及，事後徒貽悔耳，即朕亦無法也。朕此想甚屬遠大，伊亦係曉事之人，若不深謀防範，斷乎不可。

丙子，又諭曰：條奏官員，每以墾田積穀爲言，伊等俱不識時務，今人民蕃庶，食衆田寡，山地盡行耕種，此外更有何應墾之田，爲積穀之計耶？

己亥，户部議覆四川巡撫年羹堯疏，言增引行鹽原屬裕課便民，查成都所屬犍爲等七州縣竈民，請增水陸鹽引一千一百四十五張，徵税銀七百三十兩有奇，於康熙五十三年爲始徵收。應如所請。從之。

先是，鑲白旗滿洲副都統額爾錦疏參原任都統朱麻喇等冒領庫銀一案，奉旨，朱麻喇等交都察院查審具奏。至是，都察院審奏：原任都統朱麻喇、内閣學士芭格等俱冒領銀兩三百兩以上，應照律擬斬監候。伊等内有世職者，著應襲之人承襲。驍騎校常禄等冒領銀兩未至三百之數，照銀數分别枷責。得旨，朱麻喇等俱依擬應斬監候。餘依議。

七月甲子，户部議覆直隸巡撫趙弘燮疏，言直屬旗人退還田地原有二項，一係退還民人當差納糧，永行停圈者，一係退還民人承種輸租，應圈之時例令圈撥者。滄州旗人退還田地，係奉旨永行停圈之地，今莊頭李必達等具呈内務府，指圈滄州旗人退還地六百餘頃，查此田地，滄州民人耕種當差納糧已久，若聽圈撥，必致失所，請於各屬旗人退還輸租地内均勻撥給。應不准行。尚書趙申喬另議滄州旗人退還地，原係奉旨停圈之地，應如該撫所請，於輸租地内均撥。得旨，著照趙申喬所議行。

《聖祖實録》卷二六〇　九月戊申，户部議覆江南道御史陳珣疏，言水路設立汛兵，原以稽查匪類，與設立鈔關收税者不同。乃近日借端勒索販糧船隻，甚至攔阻，不許越境興販，商賈殊爲苦累。嗣後，如有犯者，祈將營弁一并嚴加治罪。應如所請，行令各該督撫提鎮嚴行禁止。從之。

辛酉，右衛將軍宗室費揚固疏參左翼副都統赫迓圖强佔優人，嚴刑致死，請遣官詳審，以彰國法。得旨，著兵部尚書殷特布會同該將軍審擬具奏。尋殷特布等審奏，赫迓圖杖斃優人身死是實，赫迓圖應擬絞，解部監候，秋後處決。得旨，赫迓圖著從寬免死，照例減等發落。

十月己巳朔，諭和碩誠親王允祉等：北極高度，黄赤距度，於曆法最爲緊要，著於澹寧居後每日測量。尋奏，測得暢春園北極高三十九度五十九分三十

秒，比京城觀象臺高四分三十秒。黄赤距度比京城高二十三度二十九分三十秒。報聞。

壬申，先是，差往甘肅察勘飢民工部右侍郎常泰等，條奏安插失業窮民六款，上命九卿詳議具奏。至是，九卿遵旨議覆：一，無依窮民，宜加意安插，無致失所，並令該地方官講讀上諭十六條，教以禮義，嚴申保甲，約束百姓。則各有生路，各知自愛。一，荒棄地畝，招民開墾。將荒地查出，置立房屋，每户二間。無業之民，給與口糧、籽種、牛具，令其開墾，即給與本人，永遠爲業。照例六年後起科。其給房屋口糧等項，於現存庫銀内動用。一，甘屬水利亟宜興行。令地方官相度地勢，有可以開渠引水者，募夫開浚；可以用水車者，雇匠制車；可以穿井造窖者，即行穿造。其應用銀兩，亦於存庫銀内動用。一，牛羊牧畜令民孳生。甘屬不耕種之山場甚多，宜於牧畜牛羊。應令該督撫查明，無業窮民每户給羊種十隻，每二户給牛種一隻。俟六年之後，將孳生羊羔十隻，牛犢一隻，交官變價。其買牛羊價值，將存庫銀内撥給。一，督理官員，宜加遴選。安插窮民等事，原係地方官專司。應行該督撫，選才具優長、賢能之員，具題調補。俟歷俸五年，有果能招徠開墾、興行水利、孳畜牛羊、教導百姓者，令督撫保題，照五年俸滿即陞之例，即行陞用。一，倒塌城垣，亟宜脩理。於明年春和之時修築，令窮民傭工得以養贍。從之。

《聖祖實録》卷二六一　十一月丁未，以鑲藍旗蒙古都統公馬爾賽爲領侍衛内大臣。

庚戌，諭户部：【略】這被災二十八州縣衛所，康熙五十四年額徵銀九萬七千八百七十兩零，糧二十三萬九千四十石零，草三百五十三萬七千八十束零，俱著通行蠲免。行文甘肅巡撫實心奉行，務使比屋均沾實惠，用副朕撫恤災黎至意。

丙辰，上巡幸塞外。

甲子，諭諸皇子：允禩因伊母二週年往祭，事畢，理應趨赴行在。乃允禩於朕駐蹕遥亭之次日，以將斃鷹二架，遣太監一名、親隨人一名，來請朕安，言伊在湯泉等候回京，並不請旨，藐視朕躬，朕因憤怒，心悸幾危。允禩係辛者庫賤婦所生，自幼心高陰險，聽相面人張明德之言，遂大背臣道，覓人謀殺二阿哥，舉國皆知。伊殺害二阿哥，未必念及朕躬也。朕前患病，諸大臣保奏八阿哥，朕甚無奈，將不可册立之允礽放出。數載之内，極其鬱悶。允禩仍望遂其初念，與亂臣賊子等結成黨羽，密行險奸，謂朕年已老邁，歲月無多，及至不諱，伊曾爲人所保，誰敢争執，遂自謂可保無虞矣。朕深知其不孝不義情形，即將所遣太監馮進朝等，於朕所御帷幄前，令衆環視，逐一夾訊，伊已將黨羽鄂倫岱、阿靈阿盡皆供出。自此朕與允禩，父子之恩絶矣。朕恐後日必有行同狗彘之阿哥，仰賴其恩，爲之興兵搆難，逼朕遜位而立允禩者。若果如此，朕惟有含笑而殁已耳。朕深爲憤怒，特諭爾等。衆阿哥俱當念朕慈恩，遵朕之旨，始合子臣之理。不然，朕日後臨終時，必有將朕身置乾清宫，而爾等執刃争奪之事也。允禩因不得立爲皇太子，恨朕切骨，伊之黨羽亦皆如此。二阿哥悖逆，屢失人心；允禩則屢結人心，此人之險，實百倍於二阿哥也。

乙丑，上覽允禩奏摺，諭諸皇子曰：朕前命將雅齊布夫妻充發，乃敢違旨，潛匿在京。朕已差官，將雅齊布等正法。此事與二阿哥釋放應正法之得麟相似。豈非藐視朕躬，而爲此舉乎？伊摺内奏稱冤抑，試問伊所謂冤抑者何在？總之，此人黨羽甚惡，陰險已極，即朕亦畏之，將來必爲雅齊布等報仇也。

丙寅，諭諸皇子：允禩甚是狂妄，竟不自揣伊爲何等人，於復廢二阿哥之時，來朕前密奏云：「我今如何行走，情願卧病不起。」朕云：「爾不過一貝勒，何得奏此越分之語，以此試朕乎？」伊以貝勒，存此越分之想，探試朕躬，妄行陳奏，豈非大奸大邪乎？

十二月甲戌，陞正黄旗滿洲副都統拜音佈爲正紅旗蒙古都統，右翼前鋒統領瑯圖爲正黄旗蒙古都統仍兼前鋒統領，正紅旗護軍統領騰額特爲鑲藍旗蒙古都統，鑲紅旗蒙古副都統宗室訥音圖爲正紅旗護軍統領。

康熙五四年（乙未、一七一五）

《聖祖實録》卷二六二　正月甲子，諭大學士九卿等：科場出題，關係緊要。朕常講《易》及修定天文、律吕、算法諸書，人人皆知，必以此等書擬題，爾等皆係應點考試之官，雖未派定何人，然斷不可以此諸書出題。表題亦不可出修書賜書等類，不然則人皆可以擬題倖進，實學何由而得？張鵬翮爲主考，所出經書策論題，皆主理學，意義相同，彼雖無情弊，而所取之人甚多僥倖，人殊怨之。趙申喬所取解元，係倩人代作，畏罪逃竄，以致人皆不服。趙申喬亦無言可以自解，然彼不過觀其文章耳，鄉、會經書題目，不拘忌諱，斷不可出熟習常擬之題。

其中情弊，何由得知？故知出題，乃大有關係之事。再房官亦屬緊要。若房官有弊，主考亦無如之何。今可將一房卷，令不同省房官二人同閱。如一人有情弊，發覺後，二人並坐，則各知畏懼，互相糾察矣。部院司官凡進士舉人出身者，皆例應分房之人，若學問不堪，不識文字，何以衡文取士？伊等宜加考試。再五經中式甚屬無益，十七八歲之幼穉皆能之，不過手敏多寫字耳，殊無實學，著停止。

封阿霸垓台吉德木楚克爲輔國公達爾漢，以隨征三次嚮導効力故也。

二月戊辰朔，奉差江南審事吏部尚書張鵬翮等，疏參江蘇巡撫張伯行揑造無影之事，屢以海中有賊誣奏，請將張伯行暫行革職審理。得旨，張伯行著暫停革職。

己巳，廣西提督張朝午疏參新太營參將王啓雲，擅自領兵與猺人交戰，殊屬輕躁，請勅部議處。上諭大學士等曰：朕觀王啓雲不惟無罪，且似有功。猺人劫掠村莊，圍繞州署，知州曉諭不解。參將有防守地方之責，若以起釁是懼，設執縛有司，劫奪倉庫，亦坐視不救可乎？猺性凶頑，豈得任其恣行。昔年陝西番人擅過邊界，領兵官理諭不聽，遂領標兵五百人，深入番地剿之，部議照例處分，朕從寬降級留任。今王啓雲情事畧同，議處亦只降級罰俸而已。尋兵部議覆：王啓雲因猺賊猖狂，始行剿殺，非輕躁動兵之例可比，且續經題明傷亡，應無庸議。從之。

辛未，上巡幸畿甸。

癸巳，命户部尚書趙申喬管錢法堂事。

《聖祖實録》卷二六三　四月庚午，上御太和殿，傳臚賜殿試貢士徐陶璋等一百九十人進士及第、出身有差。

己卯，甘肅提督師懿德疏報：四月初二日，哈密扎薩克達爾漢白克額敏咨言，厄魯特策妄阿喇布坦遣兵至其北境，侵掠五寨。初三日，又咨言，賊兵於三月二十五日抵哈密城下。臣檄肅州總兵官路振聲領兵先赴哈密，臣俟出廠馬調到，即親身往救。得旨，策妄阿喇布坦遣兵侵掠哈密，肅州總兵官已領兵往救，應再發西安滿洲兵三千、總督標下營兵二千，甘肅提督標下兵亦酌量派出，星急前去救應。再行文青海左翼及喀爾喀扎薩克等，各令防備。著議政大臣會同理藩院大臣速議具奏。議政大臣等隨遵旨議覆：西安滿洲兵令將軍席柱與副都統一員帶領，總督標下兵令副將一員帶領，甘肅提督亦令帶領標下兵，俱於文到三日内啓行。兵馬錢糧，令西安巡撫永泰沿途料理。此三處兵，應派大臣一員前往調遣。選厄魯特巴爾虎大臣侍衛官員等帶至軍前，以備偵探賊踪之用。西寧、嘉峪關兩路，各設驛站，派筆帖式坐臺。西寧、青海等處事務，令侍衛阿齊圖等暫駐西寧料理。青海左翼與哈密相近，貝子阿拉布朱兒與噶斯路相近，西寧及四川松潘俱與青海相近，皆應行文，各令整備。現今甘肅兵丁俱調出口，應調涼州兵一半至甘肅要路防守。再策妄阿喇布坦現侵哈密，未必不至喀爾喀地方，應派大臣一員，前往傳諭喀爾喀并厄魯特王策零旺布、公多爾濟色卜騰、茅海輝特公羅卜藏等，各令預備。得旨，依議。今總兵官路振聲現率標兵前往。路振聲係諳練行間之人，朕所稔知。如策妄阿喇布坦兵少，此兵足以制之；彼若擁衆而來，我兵似覺不足，必須詳加籌畫，相機而行。著速行文提督至爾等所議三處兵，派一大臣總統調度。此兵乃西安將軍所管之兵，將軍親往，不便又令大臣管轄，應派一能辦事大臣與將軍公同商酌而行。著吏部尚書富寧安馳驛前往，派新滿洲侍衛十員前往効力，現派法腦著隨富寧安前去。祁里德原係大臣，著授爲散秩大臣，馳驛前往。推河亦派新滿洲侍衛前往，著將呢牙韓楚、婁徵額派出隨去。厄魯特巴爾虎侍衛官員，亦令挑選帶往。

庚辰，諭議政大臣等：策妄阿喇布坦作何舉動，雖不得知其實，其到我哈密地方，便不可爲虛。若彼傾國而來，勢有萬餘，我一總兵之力微有不足，不可不預爲周備也。應著右衛兵即刻預備，八旗、察哈爾、厄魯特、巴爾虎兵内挑選千名，發往歸化城。如用右衛兵時，令其一同前往。鄂爾多斯及厄魯特阿寶額駙之兵，亦應令預備，一同前去。著詳議具奏。議政大臣等隨遵旨議覆：右衛兵，應選三千名，令將軍費揚固預備。八旗、察哈爾、厄魯特、巴爾虎之兵，選千名，令總管鏗特、傅爾丹、常濟保阿禮渾管領，速往歸化城。如用右衛之兵，一并遣往。右衛察哈爾兵，給與六月食米錢糧。鄂爾多斯兵派二千名，令王董羅布、貝勒甘珠爾管領。厄魯特貝勒額駙阿寶兵五百名，歸化城土默特兩旗兵一千名，令都統新泰、副都統齊式預備。令將軍費揚固統領兵馬事務，再派大臣一員，與將軍費揚固同行，商議管理。得旨，現有將軍費揚固，且不必派大臣。若嗣後有事，著都統新泰爲將軍參贊。餘依議。

諭議政大臣等：八旗馬匹俱已出廠，著照出廠馬數，令佐領殷實之家並該佐領人公派拴養，照常給發錢糧。目下雖稍覺煩難，後來究竟有益。如有行動，則從此騎馬前去，一到口上，彼處之馬又到，諸凡便益，著詳議。其拴養駱駝之

處，并著詳議具奏。

乙未，諭議政大臣等：軍中糧務，甚屬緊要，前剿噶爾丹時，曾由兩路運米至翁金河乃已經熟識之地，而推河與翁金甚近。又從前兩路所運之米，至回軍時，尚未用完。度今所用錢糧，最多不過三四百萬可以足用。著户部動支正帑運送，軍務乃係大事，著遣司官二員，分往富寧安、祁里德處，令公同商議。策妄阿喇布坦兵已大敗而去，今若三路進兵，或即行進剿，或前逼近彼處，遣使招降，著富寧安與將軍、提督、總兵官，祁里德與喀爾喀汗、王、台吉等，各詳議具奏。喀爾喀汗、王、台吉等，若自度兵力可以進剿固善，或再助以我兵及黑龍江索倫打虎兒兵，更爲妥當。再西安甘肅巡撫處，著將河東鹽課銀四五十萬解往。

五月己酉，甘肅提督師懿德疏言：臣領兵至西吉木地方，據總兵官路振聲報稱，策妄阿喇布坦兵已遠遁，隨行令路振聲暫駐哈密候旨，并徹回涼州官兵，臣亦領兵暫回肅州，續將擒獲之厄魯特解送京師外。今路振聲因哈密地方，無牧馬之處可以駐扎，領兵去哈密一日之程，移駐塔爾那秦地方有水草處。臣思賊雖逃遁，而哈密勢屬孤單，應令路振聲等暫駐塔爾那秦地方候旨遵行。近奉旨，著吏部尚書富寧安、西安將軍、督撫等率領滿洲、緑旗官兵前往救援，臣於五月初一日自肅州往甘州，以備會議軍務。報聞。

戊午，諭議政大臣等：策妄阿喇布坦無故侵我哈密，今大兵進討，應行文曉諭鄂羅斯邊界地方楚庫拜姓城之頭目，令其加意防守邊界。如有策妄阿喇布坦之人投向爾處，即宜收留。授内閣侍讀品級圖禮琛，從前往圖爾古特時，路經鄂羅斯，熟識彼處頭目，可著前往。

壬戌，奉差江南審事吏部尚書張鵬翮等題參江蘇巡撫張伯行屢奏海中有賊。【略】得旨，張伯行著革職，看守審理。

《東華録》卷二二　是月，命左都御史兼翰林院掌院學士揆敘、吏部左侍郎兼翰林院學士湯右曾教習庶吉士。

《聖祖實録》卷二六四　六月壬申，命都統圖思海及侍郎艾芳曾、李先復、右通政魏方泰前往湖灘河朔，管理運送軍糧等事。

甲戌，上諭議政大臣等曰：覽富寧安、席柱所奏，今年進兵取吐魯番等語，若在甘肅等處將馬匹喂養肥壯，於九月間方取吐魯番，則時值冬令，且伊地方太近，不如仍照原議，明年前進爲當。祁里德處信息，亦應等候。再策妄阿喇布坦曾有秋天兵至哈密之語，總兵官路振聲之兵止有一千，力量單弱。西安之兵既在甘肅等處喂養馬匹，著將甘肅提標營兵二千添發路振聲處。

七月甲午朔，諭議政大臣等：近和托輝特公博貝奏請招撫吴梁海及策妄阿喇布坦所屬厄魯特、杜爾伯特丹津一千户人，若伊等抗拒不服，即行攻取等語，似此動作，以彰聲勢甚是。其間設有不睦，致相仇敵，聞博貝之兵前往，以爲大軍將至，紛紛擾亂，便可得彼真信。雖策妄阿喇布坦兵來救援，地方亦遠，更有阿爾泰嶺之雪攔阻，不能前進矣。又據博貝奏，臣有兵一千五百，度已足用，若聖意以爲尚應添兵，則有根敦扎薩克羅卜藏所屬翁科特兵，扎薩克濟納米達兵，扎薩克台吉阿里雅兵，俱善於攻戰，可以破敵。將此三扎薩克兵添給足矣。著照博貝所請，將三扎薩克兵添給博貝帶領前去，遣人往吴梁海處，以好言招撫，若不歸順，逃入樹林深密處，亦無關緊要，相機行事可也。至杜爾伯特丹津處，應再探其情實，或撫或剿。博貝領兵前往時，若有策妄阿喇布坦兵向我喀爾喀直衝前來，即著尾其後以牽制之。杜爾伯特丹津與厄魯特散秩大臣車領爲弟兄，可令車領遣一親信人，寫給書信。爾等將現在所議之事發與博貝，或派章京或筆帖式飛馳發往，并帶車領人同去，即隨博貝兵一齊進發。

辛酉，以正紅旗蒙古都統拜音佈爲荆州將軍，陞正紅旗滿洲副都統吴勒爲鑲藍旗護軍統領。

議政大臣等議奏，奉旨屯田事令右衛將軍宗室費揚固等確議。今據費揚固等疏言，臣等以屯田事詢喀爾喀土謝圖汗等，據稱蘇勒圖哈拉烏蘇拜達拉克河、明愛察罕格爾庫爾奇勒扎布罕河、察罕搜爾布拉罕口、烏蘭古木等處，俱可種地。再臣等所統兵丁，現駐扎察罕托輝扎布罕河特斯河一帶地方，應派善種地之土默特兵一千名，每旗派台吉、塔布囊各一員，前往耕種，遣大臣一員監管。應如所請。再哈密地方亦可耕種，應行文將軍席柱、尚書富寧安，將西吉木布隆吉爾等處勘明具奏。得旨，依議，公傅爾丹情願前往効力，即交伊辦理。再著原任都統宗室愛音圖、護軍統領達尖納、侍郎能泰鐵圖同往。

《聖祖實録》卷二六五　八月辛未，大學士李光地以予假葬親，至行宮謝恩，上親製詩以賜，并敕諸王大臣等各賦詩送之。

壬辰，〔上諭〕：噶斯口路徑甚窄，策妄阿喇布坦斷不由彼行走，今正寒冷之時，著董大成將噶斯口迤内放火燒荒，領兵回赴肅州。

九月己酉，和托輝特公博貝疏報招撫吴梁海，已經歸順。

辛酉，議政大臣等議覆：西安將軍席柱、吏部尚書富寧安疏報，策妄阿喇布

坦屬下特木爾白克木忒等首先投誠，應賞賚袍帽等物，歸併八旗蒙古佐領下爲兵，給與糧餉、産業、妻室。從之。

十月丙寅，又諭曰：各處奏摺所批硃筆諭旨，皆出朕手，無代書之人。此番出巡，朕以右手病，不能寫字，用左手執筆批旨，斷不假手於人。故凡所奏事件，惟朕及原奏人知之。若有漏泄，亦係原奏者不密。朕聽政年久，未嘗輕以語人也。

《聖祖實録》卷二六六 十一月甲午，陞福建、浙江總督范時崇爲都察院左都御史。

庚子，户部議覆湖南巡撫陳瓆條奏請禁加耗一疏。上諭大學士等曰：【略】今覽陳瓆條奏，皆伊分内應行事宜，當於力見施行後再行具奏。乃將空言妄陳，殊屬無謂。且督撫膺地方重任，最重者年穀順成，民生樂業。陳瓆甫授湖南巡撫，衆災紛紛，此必撫綏安輯未盡其道，上干天和之所致也。疏稱湖南徵收錢糧，每兩加至一錢、二三錢不等，並不指明加徵起自何年。趙申喬昔任偏沅巡撫時，居官甚清，其於加耗一事禁止甚嚴，今覽陳瓆所奏，豈趙申喬亦未曾禁止耶？陳瓆身係撫臣，一切事務不圖躬行實踐，將久經定例禁止之事，故張大其言，沽名條奏，殊玷官方。加耗起自何年何撫，著陳瓆即行指參。

辛丑，諭大學士等：張伯行爲巡撫時，每苛刻富民。如富民家堆積米粟，張伯行必勒行戔賣，否則治罪。比事雖窮民一時感激，要非正道，亦衹爲米價翔貴欲自掩飾耳。地方多殷實之家，是最好事。彼家貲皆從貿易積聚，並非爲官貪婪所致，何必刻剥之，以取悦窮民乎？況小民無知，貪得無厭。近聞陝西有方耕種，即挾制州縣報荒者，此等刁風，亦不可長。又賑荒一事，苟非地方官實心奉行，往往生事。蓋聚飢寒之人於一鄉，勢必争奪。明時流賊亦以散糧而起，此不可不慎也。《書》云：明四目，達四聰。朕於天下事無不洞悉，然知之而即發，亦非大體。總之，爲政以中正誠敬爲本，中正則能公，誠敬則能去私。朕日讀性理諸書，見得道理如此。

癸卯，諭刑部：翰林何焯爲人狂妄，衆所共知。朕欽賜以舉人、進士，伊當終身感激。乃生性不識恩義，將今時文章比之萬曆末年文章，將伊女與允禩撫養，又爲潘耒之子眘緣，罪應正法，但念其稍能記誦，從寬免死，著將伊官銜并進士、舉人革去，在修書處行走。如不悛改，著該管官員即行參奏。

陞福建巡撫覺羅滿保爲福建、浙江總督。

十二月癸亥朔，刑部等衙門議覆：吏部尚書張鵬翮審奏原任江蘇巡撫張伯行將良民張元隆等，以窩藏盜賊，招聚匪類題參，殊屬不合，應將張伯行照律擬斬監候，秋後處決。應如所擬。得旨，張伯行著從寬免死。

己巳，陞江寧右翼副都統塔拜爲杭州將軍。

甲申，諭大學士等：倉場侍郎吕履恒爲人甚懦，著調補户部右侍郎。張伯行係革職之員，著授爲總督倉場侍郎，於倉厫工上戴罪効力。

議政大臣等議覆散秩大臣祁里德疏，言明年所運軍糧，若用直隸、山西、山東、河南購買馬騾運送，稍覺勞苦。請於喀爾喀左翼車臣汗衆扎薩克，令協濟駝隻，則運送米石較爲便易。應如所請。令車臣汗等旗分協濟駝隻六千，於青草未發之前，度量自湖灘河朔至扎布罕之中途有水草處，屯扎預備。見今尚書殷特布所買四千駝隻外，再令增買二千。此所買六千駝隻，兩次即可運米二萬石，自湖灘河朔運至中途有水草處，再用喀爾喀之六千駝隻，作兩次運送軍前。其四省馬騾應就近撥八千匹，於明年草生之時，送往甘肅，交尚書富寧安爲兵丁騎載之用。從之。

康熙五五年（丙申、一七一六）

《聖祖實録》卷二六七 正月己酉，諭尚書富寧安、將軍席柱等：朕意徹回噶斯口駐扎之兵，倘策妄阿喇布坦聞知發兵，從噶斯路來襲我兵之後，亦未可定，仍令新滿洲侍衛及厄魯特侍衛等前往偵探。

辛酉，議政大臣等奏：將軍席柱先以兵丁米糧不能接濟具奏，續據尚書富寧安奏稱，將現在運到之六千五百餘石米麥，於冬季給散兵丁，尚有餘剩。但席柱以米糧不能接濟爲辭，既已行文富寧安作速運送，又不俟富寧安回文，即以米糧不能接濟，遽爾奏聞，殊屬不合。俟軍務完日，應將席柱查議。現今大兵駐扎巴爾庫爾，與哈密之額敏相近，應令席柱將額敏所有之米糧、牲畜給與兵丁接濟，俟將運到之米償還，牛羊折銀償還。至於糧餉，甚屬緊要，應照富寧安所奏，用山西、陝西小車三千輛，每輛用車夫三名，自嘉峪關至哈密安設十二臺，每臺各分車二百五十輛，令其陸續轉運。此臺應令巡撫綽奇前往安設。至阿爾泰一路軍中，現有預備駱駝、羊隻，喀爾喀地方購買尚屬容易，應行文都統穆賽等，將駱駝三千隻、羊十萬隻陸續出阿濟汛界，送至巴爾庫爾，交付席柱。以羊給兵

丁，作爲口糧，駱駝於運米使用。得旨，依議速行。

二月乙丑，尚書富寧安奏稱：哈密所屬布魯爾圖呼魯克接壤之處，並巴爾庫爾杜爾博爾金地方、哈喇烏蘇及西吉木達里圖布隆吉爾附近之上浦、下浦等處，俱可耕種，應各令派人耕種，給與口糧、牛種。再兵丁内有願耕種者，亦令耕種，俟收成後，將米數奏聞議敘。至尚書富寧安現駐扎肅州，應將肅州附近之西吉木、達里圖、布隆吉爾等處，交與富寧安酌量耕種。圖呼魯克、杜爾博爾金、哈喇烏蘇等處耕種之事，派大臣一員管理。得旨，依議，著副都統蘇爾德前往管理。

丙子，上諭大學士等曰：安南國年例進貢犀角、象牙等物，物既沉重，道復遥遠，運送未免勞苦，非所以柔遠之意。嗣後，著將犀角、象牙免其進貢。

庚寅，户部議覆雲南道御史董之燧疏，言直隸各省内有丁從地起者，其法最善。但愚民每急欲售地，地去而丁存，貽累無窮。嗣後民間買賣地畝，其丁隨地輸課。應如所請。從之。

《東華録》卷二三　是月，授富寧安爲靖逆將軍，領兵分兩路襲擊策妄阿拉布坦邊界，烏魯木齊、吐魯番等處會同總督額倫特商議料理。

《聖祖實録》卷二六七　三月癸丑，圖爾胡特貝子阿喇布珠爾奏請軍前効力。上諭議政大臣等曰：阿喇布珠爾所居之處，與噶斯口甚近，伊既奏請往軍前効力，著帶領伊屬下兵丁五百名，於青草發時前往噶斯口防守。設有策妄阿喇布坦往來之人，令其擒送。并行令青海台吉達顔貝勒盆蘇克汪扎爾，亦派兵百名協同防守。

《東華録》卷二三　是月，命靖逆將軍富寧安由巴爾庫爾一路，命公傅爾丹爲振武將軍，祁里德爲協理將軍，由阿爾泰一路襲擊準噶爾。

《聖祖實録》卷二六八　閏三月癸亥，諭吏部：湖廣總督額倫特著署理西安將軍事務，併協同川陝總督辦理軍餉。湖廣地方緊要，總督事務著工部右侍郎滿丕前往署理。

兵部議覆原任福建、浙江總督今陞左都御史范時崇疏，言商船出海有在外洋被劫者，與汛地相去甚遠，其兼轄統轄官員請免題參。查外洋被劫者，惟責之分巡、總捕等官，限一年緝獲。限滿不獲，分别議處。但海洋緝賊，較陸地倍難。嗣後，無論内洋、外洋之賊，該管官能獲一半者，免其處分。其各省内外洋名，臣部無憑稽查，應令該督撫造册咨部，以備查核。倘有以内洋失事捏稱外洋者，守汛官及該管官俱照例議處。從之。

庚辰，諭議政大臣等：前令西寧駐扎之晏布往噶斯口防守，今派晏布令代將軍席柱，可將西寧駐扎之西安滿洲兵選五百名，令侍衛阿齊圖、護軍參領欽第由統往噶斯口形勝之地防守。見在胡必爾汗之事俱已就緒，其四川松潘等處豫備兵丁，著徹回。

壬午，諭大學士等曰：【略】朕凡事但求實濟，不務虚名，即如積貯之事，聞之似善，而行之甚難。從前連歲豐收，朕曾諭地方官令民間節省積貯，但窮民一年所得餬口之外，别有費用，何得餘剩。至於社倉一事，李光地任直隸巡撫時，曾以此爲有益，卒不能行。今太平已久，生齒甚繁，而田土未增，且士商僧道等不耕而食者甚多，或有言開墾者，不知内地實無閒處。今在口外種地度日者甚多，朕意養民之道，亦在相地區處而已。陝西臨洮、鞏昌等地方，雖不可耕種，若於有水草之地，效蒙古牧養，則民儘可度日。而百姓但狃於種地，不能行此。昔年去山東賑濟人員曾云，或有人在牛傍，不知取乳而食，竟坐以待斃。此皆不習之故耳。

《東華録》卷二三　是月，兵部議覆廣東總兵陳昂疏，言天主一教，設自西洋。今各省(立壇)〔設堂〕，招集匪類，此輩居心叵測，目下廣州城設立教堂，内外布滿，加以同類洋船叢集，安知不交通生事，乞飭早爲禁絶。查康熙八年，奉旨：「天主教除南懷仁等照常自行外，各省嚴行禁止。」但日久法弛，應再行嚴禁。從之。

《聖祖實録》卷二六八　五月丙子，福建、浙江總督覺羅滿保疏言：臺灣遠屬海外，民番雜處，南北兩路生番自古聲教未通。今據臺灣鎮道詳報，南北生番四千七百餘口，傾心向化，願同熟番内附。得旨，生番遠居界外，從未投順，今慕義輸誠，請入版籍，著地方官加意撫恤。倘有侵派擾害者，該督撫即行指名題參，從重治罪。

乙酉，以正黄旗滿洲都統孫渣齊爲工部尚書。

《聖祖實録》卷二六九　六月丁酉，陞禮部右侍郎荊山爲禮部尚書。

七月丁亥，吏部尚書富寧安疏言：臣遵旨於達里圖等處耕種，田苗茂盛，豐收可期。但軍需莫要於糧米，臣復細訪，自嘉峪關至達里圖可墾之地尚多，肅州之北口外金塔寺地方亦可耕種，請於八月間，臣親往遍行踏勘，會同巡撫綽奇招民耕種外，再令甘肅、陝西文武大臣及地方官捐輸耕種，無論官民，有願以己力

耕種者，亦令前往耕種，俟收穫之後，人民漸集，請設立衛所，於邊疆大有裨益。得旨，著議政大臣、九卿、詹事、科道會議具奏。尋議，相應令富寧安會同督撫等同往踏勘，詳議具奏。上諭議政大臣等曰：踏勘墾種地方及設立衛所之事，令富寧安會同督撫踏勘之議，不合。富寧安係駐扎肅州管理軍務之人，不宜派往。著巡撫綽奇將可以墾種地方前往勘明，會同富寧安確議具奏。

八月壬辰，先是，上諭議政大臣等：富寧安處需用馬匹，可將八旗添設之馬及直隸、山東、山西、河南喂養之馬酌量撥給，著議奏。至是，議四省之馬前後已將一萬四千八百匹撥送尚書富寧安處，至八旗添設之馬，應停其撥送。從之。

乙卯，吏部遵旨察議，原任奉天府府尹今陞都察院左副都御史董弘毅將承德等九州縣應徵米豆題請改徵銀兩，以致存倉米豆缺乏，董弘毅應降三級調用。從之。

九月庚午，陞山東巡撫蔣陳錫爲雲南、貴州總督。

《聖祖實録》卷二七〇　十月戊子，陞白都納副都統托留爲黑龍江將軍。

壬辰，陞廣東、廣西總督趙弘燦爲兵部尚書。

癸巳，諭户部：【略】策妄阿喇布坦前曾頻行請安，遣使來往，近忽狂悖，侵擾哈密。哈密已經編置佐領，即與内地無異。若不遣發師旅，置之不問，斷乎不可，故特徵兵備邊，一切飛芻輓粟，悉支正項，毫無累及閭閻。然而行軍置驛及諸凡輓運，皆由邊境，今歲山、陝二省雖年歲豐收，喜登大有，但邊民効力轉輸，在所宜恤，兹特大沛恩膏，將山西屬前衛、右衛、大同、懷仁、馬邑、朔州、保德等州縣衛，陝西屬府谷、神木、安塞、綏德、米脂、安定、吴堡、保安、榆林、保寧、常樂、雙山、魚河、歸德、嚮水、波羅、懷遠、威武、清平、山丹、高臺、古浪、莊浪、西寧、肅鎮、寧夏、左屯、中屯、平羅、中衛、靈寧、平涼、固原、鎮戎、西安、慶陽、阜城、甜水、河州、蘭州、洮州等州縣衛所堡，康熙五十六年額徵銀八萬六千一百兩零，糧、米、豆、穀三十一萬七千七百二十五石零，草二百七十六萬五千九百束零，通行蠲免。並將從前積年逋欠，亦悉與蠲除。

丁酉，議政大臣等議覆吏部尚書富寧安疏，言巡撫綽奇前往勘閲肅州迤北地方，可以開墾之處甚多，酌量河水灌溉。金塔寺地方，可種二百石籽種。自嘉峪關至西吉木地方，可種一百三十石籽種。達里圖地方，可種一千一百餘石籽種。方成子等處地方，可種五百餘石籽種。臣查今歲西吉木、達里圖、布隆吉爾三處耕種，共收糧一萬四千餘石。布隆吉爾係沙土之地，明年應停其耕種。至西吉木、達里圖及金塔寺等處地方，請動正項錢糧，派官招民耕種。應如所請。從之。

戊戌，陞廣東巡撫楊琳爲廣東、廣西總督，山東布政使李成龍爲安徽巡撫。調正紅旗蒙古都統宗室巴賽爲正黄旗滿洲都統，陞鑲藍旗蒙古副都統胡錫圖爲正紅旗護軍統領。

丙午，侍衛阿齊圖疏報：策妄阿喇布坦賊徒，來馬廠偷盜馬匹，官兵擊敗，賊徒遁去。臣隨遣官兵會同駐扎噶順汛界之護軍參領欽第由，追緝蹤跡，始知賊由山後過沙喇，於欲來盜馬之時，先執青海台吉羅卜臧丹濟布而去。報聞。

丁未，諭議政大臣等：策妄阿喇布坦賦性狡詐，知我兵在巴爾、庫爾阿爾泰等處，防守嚴密，若探聽噶斯口兵勢單弱，由噶斯口來犯，侵擾青海，亦未可定，不可不預爲防備。朕意派西安滿洲兵及督標兵二千名，著護理西安將軍印務總督額倫特帶往西寧預備。如策妄阿喇布坦由噶斯口來犯，著西寧預備之兵與青海左翼台吉等會合，提督康泰帶領四川之兵與右翼台吉等會合，兩路協守，策妄阿喇布坦斷不敢來犯。倘由嘉峪關外及布隆吉爾等處，以彼微弱之卒，驚我大兵之後，亦未可定。著行文富寧安，令選兵一千名，預爲防備。朕意以爲策妄阿喇布坦知祁里德之兵，今值冬季雨雪之時，決不前進，或由公博貝之後以微弱之卒，潛來驚擾，亦未可定。著行文曉諭爾等，速議具奏。尋議，欽遵上諭，各行預備外，應行令西寧總兵官王以謙撥派西寧緑旗兵二千名預備，王以謙非諳練軍務之人，應令固原提督潘育龍將伊標下副將、參將等官員内有彼素知熟練軍旅者，派出數員，遣往西寧，聽尚書富寧安、侍衛阿齊圖調遣。至主事巴特麻熟練青海之事，令與提督康泰一同協理事務。再西寧駐扎之郎中長受亦熟練青海之事，令與總督額倫特會同商議，不時偵探。倘有調遣之處，將貝勒盆蘇克、汪扎爾等兵，酌量調遣。護軍參領欽第由已經進追賊徒，若請接續之兵，令阿齊圖等即調遣西寧預備之兵前進。從之。

《東華録》卷二三　是月，青海親王羅卜藏丹津疏報：「策妄阿拉布坦屬下策零敦多卜等領兵三千來西藏，拉藏汗整兵交戰數次，兩無勝負，策零凍餒疲極。」上命内大臣公策旺諾爾布、將軍額倫特、侍衛阿齊圖等駐兵青海形勝之地，松潘兵亦駐形勝地，以便哨探，有事彼此相助，並移文富寧安等知悉。

《聖祖實録》卷二七〇　十一月辛酉，諭議政大臣等：朕綜理軍務年久，經歷甚多，且曾親統大兵安定邊塞。衆議欲於明歲進兵，又慮路遠，糧米難運，其

見不可謂非，但大兵進勦，策妄阿喇布坦勢不能當，必致逃避。明年著暫停進兵，加意耕種，將糧餉馬匹預備整齊，後年再行進兵。其盛京、寧古塔兵丁，照舊發往。京城之兵，著暫停止。策妄阿喇布坦詞雖卑遜，竟遣人盜我噶斯口兵丁之馬，我兵豈可坐守，著將孔格扎布罕兵内揀選精騎，由阿爾泰作三四路襲擊；巴爾庫爾兵内揀選精騎，作兩路襲擊。此襲擊之兵，遇可擊之處即行襲擊，可取則取，應退則退，相機而行。襲擊後，仍回駐兵處。策妄阿喇布坦地方，必然震動。其餘黨或有變端，以致逃亡，亦未可定。我兵如此一舉，其道路地勢皆可悉知。將此詢滿漢大臣，若仍欲明歲進勦，爾等將原議具奏。尋議，明年應暫停進勦，令孔格札布罕之兵移近汛界駐扎，加意耕種。然我兵與其坐守，不如兩路派兵襲擊。至所派兵丁數目、由何路襲擊及派領兵官員，應令軍中大臣酌議奏聞。從之。

乙丑，以原任領侍衛内大臣公傅爾丹爲鑲黄旗領侍衛内大臣，鑲白旗漢軍都統額爾錦爲正白旗領侍衛内大臣。

丁卯，調正黄旗蒙古都統瑯圖爲鑲藍旗滿洲都統兼前鋒統領，以散秩大臣伯四格爲鑲紅旗護軍統領，調鑲白旗蒙古都統和禮爲正白旗滿洲都統。

甲申，陞正藍旗滿洲副都統覺羅阿爾圖爲鑲白旗蒙古都統，以一等侯馬三奇爲鑲白旗漢軍都統，陞鑲紅旗護軍統領四格爲正黄旗蒙古都統，鑲紅旗副都統杭奇爲鑲藍旗護軍統領。

十二月丙午，諭侍衛郎泰等曰：【略】遣兵襲擊之處，爾等與富寧安彼處大臣及公傅爾丹并厄魯特、喀爾喀王、貝勒、貝子、公等會同詳議具奏。至厄魯特等甚屬狡詐，指稱投誠，或潛來侵犯，亦未可定，此處應加意防範。如果實心率衆來投，將彼爲首之人解送來京，其餘令在克魯倫河地方遊牧，交與左翼喀爾喀扎薩克等酌量安插。所遣襲擊兵丁，將擒獲賊犯釋放一二人，告彼云：「汝輩盜竊中國馬匹，所以邊上駐扎之兵，並未候旨即行追勦前進。今朝廷深憫汝輩，降旨不許肆行殺戮，因此各回汛界」。再傳諭公博貝，此處正伊効力之所，著益加勤慎。厄魯特、喀爾喀公内亦有身材壯健者，著將和托輝特等處兵派出，一同前往襲擊。如此，則策妄阿喇布坦情形自然顯露矣。然軍機事務臨期酌量，難以預揣，惟在領兵大臣善爲籌度耳。爾等會同定議後，速行奏聞。

壬子，諭户部：【略】著將順天、永平兩府，大興、宛平、通州、三河、密雲、薊州、遵化、順義、懷柔、昌平、寶坻、平谷、豐潤、玉田、良鄉、涿州、武清、永清、香河、霸州、大城、文安、固安、東安、房山、保定、延慶、梁城、盧龍、遷安、樂亭、灤州、撫寧、昌黎、山海等州縣衛所康熙五十六年地丁銀二十六萬四千三百三十六兩零，米、豆、高粱二萬一千六百四十六石零，草九萬四千九百五十束零，俱通行蠲免。所有歷年積欠銀九萬三百九十六兩零，米、豆、高粱一萬六千二百七十五石零，草八萬四千四百七十束零，亦並與豁除。

康熙五六年（丁酉、一七一七）

《聖祖實録》卷二七一　正月壬申，諭議政大臣等：據青海多羅貝勒達顏奏稱，噶斯路兵勢單弱，應添兵駐劄。所奏甚是，添兵之處，爾等議奏。尋議，噶斯路駐劄兵止一千名，似覺稍弱，應將西安兵二千名及西寧鎮標兵一千名添派噶斯路駐劄。此四千兵，應分爲兩班，更換行走。換班時，令兵丁各帶口糧，以省挽運之費。其一切駐劄設哨及分兵防守之處，應令領兵侍衛阿齊圖詳議具奏。得旨，依議，噶斯路軍前現今止阿齊圖一人，著侍衛霍善前往阿齊圖處，一切軍務公同商酌而行。再著石匣副將趙坤、河間副將卜應奎，前往管領換班緑旗兵丁。

庚辰，兵部等衙門遵旨，會同陞見來京之廣東將軍管源忠，福建、浙江總督覺羅滿保，廣東、廣西總督楊琳議覆：凡商船照舊東洋貿易外，其南洋吕宋、噶囉吧等處，不許商船前往貿易，於南澳等地方截住，令廣東、福建沿海一帶水師各營巡查。違禁者，嚴拏治罪。其外國夾板船照舊准來貿易，令地方文武官嚴加防範。嗣後，洋船初造時報明海關監督，地方官親驗印烙，取船户甘結，并將船隻丈尺、客商姓名、貨物往某處貿易，填給船單，令沿海口岸文武官照單嚴查，按月册報督撫存案。每日各人准帶食米一升并餘米一升，以防風阻。如有越額之米，查出入官，船户、商人一并治罪。至於小船偷載米糧，剥運大船者，嚴拏治罪。如將船賣與外國者，造船與賣船之人，皆立斬。所去之人留在外國，將知情同去之人，枷號三月；該督行文外國，將留下之人令其解回立斬。沿海文武官如遇私賣船隻，多帶米糧，偷越禁地等事，隱匿不報，從重治罪。并行文山東、江南、浙江將軍、督撫、提鎮，各嚴行禁止。從之。

壬午，陞浙江巡撫徐元夢爲都察院左都御史，兼管翰林院掌院學士事。

二月壬寅，兵部議覆福建水師提督施世驃疏，言臺灣地方，人民日盛，臣與

督臣酌議，每歲臺灣、澎湖兩協副將輪委一員爲總巡，兩協遊擊分巡本汛洋面，聽副將調度。均於二月初一日起至九月終止，期滿徹回。其各營分巡官兵船隻，照例四個月更換，以均勞逸。應如所請。從之。

癸丑，兵部議覆四川巡撫年羹堯疏，言越巂衛阿羊蠻、加巴貫子等擾害地方，殺死官員，臣親調漢土官兵，於十一月初八日抵越巂，差員曉諭，仍前抗違，臣即撥將弁堵截，自十三日至二十七日，攻克巴沽白石巖寨，殺傷賊蠻數百，加巴貫子遠竄，臣於二十八日徹兵回省。查加巴貫子等二逆，應令該撫速行設法擒獲奏報。從之。

三月庚申，吏部尚書富寧安疏報：巴爾庫爾一路兵，揀選八千五百名，分爲兩路，前往襲擊策妄阿喇布坦邊界烏魯木齊、吐魯番等處。得旨，軍務關係緊要，著將尚書富寧安授爲將軍，給與印信。其署理西安將軍事務總督額倫特，現在西寧駐扎，彼處事件無多，著額倫特前往駐兵之處，與富寧安會同商議料理。總兵官王以謙，係旗人，曾歷任西安副都統，彼處又有郎中長受，將駐扎西寧之西安滿洲兵、綠旗兵，令王以謙、長受管轄。肅州地方，甚屬緊要。延綏總兵官李耀停其前往穆賽等處，令將伊所帶之兵，前赴肅州駐扎看守。令既遣兵前往襲擊策妄阿喇布坦之汛界地方，其留後接應及緊要形勢之地，安營看守，接運糧餉等事，關係重大。富寧安、額倫特二人內，著一人帶領襲擊之兵前去，留一人料理事務。若吐魯番地方可取則取，將伊處米石充作口糧食用，遂以彼方協同看守，倘力稍單弱，有由厄倫哈畢爾漢一路所進五千之兵，即將此兵酌量調往，併力看守。過冬之時，運送米糧，牧放馬匹及防敵人之潛劫襲後等處，務須詳加籌畫。看守吐魯番之兵，不可徹回。別路襲擊之兵，作何張大軍勢，著兩路大臣公同確議。在於要緊適中之處，暫行駐扎。若易取而難守，則仍照前議令其襲擊而回。烏魯木齊、布婁兒、布喇罕、厄輪哈畢爾漢四路之兵，亦令襲擊而回。此等軍務，萬里之外不便請旨遵行，此處亦難遥度指示，令軍中大臣等酌量詳議，作速遣人知會阿爾泰路之大臣等，互相約定日期，相機而行。著議政大臣、都統、滿漢大臣等各抒己見，詳議具奏。

戊寅，議政大臣等議：尚書富寧安進兵之處，如吐魯番易於攻取看守，即令其攻取，若有難於攻取看守之處，仍照前諭襲擊而回。得旨，依議。軍前革職効力之人甚多，伊等俱係小人，如僞造浮言，摇動衆心，應加嚴禁。總兵官李耀帶領駐扎肅州之兵，令富寧安酌量調遣。巴爾庫爾一路，授富寧安爲將軍，給與靖逆將軍印。阿爾泰一路，授公傅爾丹爲將軍，給與振武將軍印。祁里德授爲協理將軍。令都統穆賽率阿爾泰兵三千，出汛界，於三路要緊適中地方，以備應援。其襲擊之兵，兩路應互相約會，路遠者先行，路近者接續起程，俱於七月前進兵，乘秋季而回，馬匹方可過冬。著郎泰、滿泰、克什圖、保住等將朕旨傳示兩路將軍。

《聖祖實録》卷二七二 四月丁亥，福建巡撫陳瓊題：惠安縣知縣田廣運等十二員，徵收錢糧有方，居官聲名俱好，懇聖恩破格鼓舞，於吏治民生大有裨益。上諭大學士等曰：此奏甚善，徵收錢糧惟少加火耗，百姓易於輸納。從前馬齊任山西巡撫、張鵬翮任浙江巡撫時，錢糧俱清楚。蔣陳錫任山東巡撫時，錢糧亦清楚。外省總督、巡撫居官好，少加火耗，錢糧斷不至缺欠也。田廣運等，俱著該部議叙。

乙未，諭大學士、九卿、倉場總督等曰：邇年以來，通倉積米甚多，著分運直隸各府州縣存貯預備，於民甚有裨益。每府或貯萬石，每州縣或貯數千石。附近通州河道者交與倉場總督等運送，其餘府州縣所運米石速行文直隸總督，派地方官乘未雨之先輓運。值此青黄不接之時，於各府州縣平糶，亦大有益於百姓。其江南、浙江，如有應行截留漕糧若干之處，爾等一并速議具奏。又諭曰：陰晴雨雪，地方時候各有不同。如雲南、貴州、四川、廣西等處，從未以旱澇報荒。朕御極以來，每年北地之雪，不過三四寸許，從未見有盈尺者。昔年南巡，在浙江曾見有尺許之雪，此外從未之有也。朕每讀書，至風不鳴條，雨不破塊二語，不能無疑，所謂雨暘時若是矣，若雨竟不能破塊可乎？點綴文章，無所不可；如講到實際，不能無議也。即如東南西北之風，朕細加體驗，俱帶偏旁，下雨亦有時候，每月十八、二十、二十二、二十四等日，朕留心占驗，往往有雨。惟京師雨澤，每年至四月，或畧愆期耳。

庚子，上諭九卿、詹事、科道等曰：現在倉厫陳米甚多，此時尚屬可用，若再日久，必致浥爛。著於八旗放米之時，除應領正數外，將此陳米酌量每石加給，或一斗或五升，兩年間可以全完。如此，不但陳米可清，而官兵亦有裨益矣。又諭曰：目下雨澤愆期，今早雖得小雨，未能霑足，但從來月望時雨極難得。昨十二、十三等日，朕固知未必有雨。嗣後十八、二十、二十二等日，或可望其大霈也。今歲少雨處甚多，聞江南大麥收有十分，小麥猶望雨。山東巡撫未曾奏報得雨，想亦未霑足。昨河南巡撫有摺云，今歲雨澤頗調，窪地有十分收成，朕心

差慰。又諭曰：天時地氣，亦有轉移。朕記康熙十年以前，四月初八日已有新麥。前幸江南時，三月十八日亦有新麥麪食。今四月中旬，麥尚未收。又黑龍江地方，從前冰凍有厚至八尺者，今却和煖，不似從前。又聞福建地方向來無雪，自本朝大兵到彼，然後有雪。雲南、貴州、廣東、廣西舊有瘴氣，從前將軍賴塔進征雲南，留八百人在廣西，俱爲瘴氣所傷。今聞雲南惟元江微有瘴氣，餘俱清和，與内地無異矣。

五月癸酉，諭將軍傅爾丹等：吴梁海與禽獸等耳，有無總無關係。見今掃滅策妄阿喇布坦之事，乃屬緊要。若大處不理，止將吴梁海收取遷移，以爲緊要，一經舉動之日，向何地驅逐耶？策妄阿喇布坦若一摇動，吴梁海自俱爲我有。凡謀大事者，應將小處暫置。見今羅卜藏達席之信，亦尚未來也。

六月乙未，都察院遵旨察議，祈雨事關民生，甚屬緊要。今五月初三日亥時下雨，至初四日寅時止，禮部遲至未時具奏。報雨乃禮部之專責，俟欽天監知會後始行具奏，殊屬溺職。應將尚書殷特布、陳詵、侍郎薩哈布、王思軾、羅瞻等革職。得旨，殷特布著革職，陳詵、薩哈布、王思軾、羅瞻著革職留任。

《聖祖實録》卷二七三　七月辛酉，刑部等衙門會議，江西巡撫佟國勷、四川巡撫年羹堯不將逃人孟光祖查拏奏聞，反接受物件，答拜餽送禮物，應將佟國勷、年羹堯俱革職。得旨，佟國勷著革職，年羹堯著從寬革職，留任効力。

己卯，諭大學士等曰：前河南巡撫張聖佐奏摺内，止稱宜陽縣賊亢珽等拒捕搶奪，派出官兵攻破神后寨，殺賊數十，生擒二十二人；閿鄉縣賊尹喬、王更一等，令知府李廷臣領兵往拏等語，所奏殊未明晰。頃報奏米價摺内，閿鄉縣賊拏獲與否，亦未申奏。看來張聖佐無能。宜陽、閿鄉、澠池等縣，與懷慶府甚近，不過三百餘里，皆朕所經歷，此間並無峻山，不可攻戰之處。河北總兵官馮君洗並未將賊情奏聞。此案朕留心久矣，朕交山西巡撫蘇克濟、總兵官金國正從實訪問。今蘇克濟奏稱，賊王更一等拏獲，亢珽仍未拏獲。此盗案根源，因宜陽縣丁憂知縣指稱軍需科派，豫徵明歲錢糧，又以道官瘦馬分給勒養情由激變，亢珽等將知縣拏去，官兵往戰，攻破賊寨，始將知縣取回。擒賊兵丁貽累於民，又將村房放火，此皆原任巡撫李錫任内之事。聞賊亢珽等言，皇上因李錫居官甚劣，已取進京，若李錫伏誅，我等情願引頸受刑。李錫居官固屬不堪，但此賊不盡拏獲，斷乎不可。著刑部尚書張廷樞、内閣學士勒什布乘驛急往，嚴加查獲詳審，一面於彼處正法，一面奏聞。

辛巳，河南巡撫張聖佐疏報，賊徒王更一等拏獲。上諭學士勒什布曰：爾等往審此事，將本帶去，前蘇克濟奏摺内事，爾已聞之。到彼處，將賊潛住地方，與河北總兵官馮君洗住處相近，伊爲何並不奏聞，又不將賊黨即行拏獲之處察問。此事起端緣由，如何漸致滋蔓，於何處行掠，於何處潛藏，及放火殺傷民命等情，盡行詳察。指稱軍需科派，豫徵來年錢糧之知縣，若果情實，即行拏問。丁憂知縣被賊拏去，伊等爲何隱瞞不奏，被賊拏去今復得回之知縣現在何處，須一並詳察。爾等到時，此賊悉行拏獲則已，若仍拒捕逃避，爾等即領兵追拏。

八月壬午朔，〔議政大臣等〕議覆：應令署理將軍總督額倫特速往西寧料理軍務糧餉。西寧總兵官王以謙、侍讀學士查禮渾等，在松潘豫備。提督康泰、主事巴特麻等，時密遣人往青海地方偵探信息，若得實信，一面速行奏聞，一面彼此知會，各相機而行。駐扎噶斯之侍衛阿齊圖、霍善等，加意固防，探其蹤跡。從之。

丁未，議政大臣等議覆西寧駐扎侍讀學士查禮渾等疏報，據西邊拉藏汗咨文云，策妄阿喇布坦遣兵於七月初四日掠其納克禪邊内波木寶一部人衆，且言又令策零敦多卜領兵萬人前來征取拉藏等語。我兵不可不豫爲防備，應令松潘、西寧兵丁出口安營。得旨，依議。但地方遼遠，俟信息到時，始行調兵，恐或不及，可派荆州滿州兵二千名發往成都，派太原滿洲兵五百名發往西安。

《聖祖實録》卷二七四　九月癸酉，奉差河南審事刑部尚書張廷樞等疏言：審據河南府知府李廷臣供，去年河南府屬十四處，每地一畝派銀四釐，係原任巡撫李錫傳八府知府面諭照派。又李錫發河南府瘦馬二百九十七匹，每匹交銀十二兩；糧驛道戴錦轉發馬八十四匹，每匹交銀十二兩五錢。除提問布政使張伯琮、糧驛道戴錦外，請敕吏部，問取李錫確供發臣，以便與張伯琮等所供核對定議。得旨，李錫著革職，速行發往質對。

十月乙巳，青海親王羅卜藏丹津疏報：策妄阿喇布坦屬下策零敦多布等，領兵三千來西藏，欲滅拉藏汗。拉藏整兵迎敵，交戰數次，兩無勝負。策零敦多布等之兵，自遠路衝雪前來，士卒凍餒，馬駝倒斃，沿途食人犬，俱徒步而行。三千兵内厄魯特之兵少，吴梁海之兵多，到者只二千五百，其餘五百兵丁，皆疲極不能同到。疏入。上諭議政大臣等曰：西藏之地，達賴喇嘛所蓄糧餉頗多，器械亦稱，且西藏人衆守法。今策妄阿喇布坦無故欲毁教占藏，衆人豈肯容伊。且策零敦多布等之兵，疲敝已極，除陣亡病死外，未必滿二千，又安能取得拉藏城池。但策零敦多布等自分攻取則兵力不支，徹兵而回亦無生路。或因情急，

恣行侵掠，亦未可定，不可不加意防備。爾等其確議具奏。尋議，著青海台吉等速行領兵前往，令内大臣公策旺諾爾布、將軍額倫特、侍衛阿齊圖等，統兵駐扎青海形勝之地。松潘之兵，亦令駐扎形勝之地，以便哨探。萬一有事，彼此相助，相機而行。并速行文，著將軍富寧安等知悉。從之。

丁未，以鎮國公吞珠爲禮部尚書。陞内閣學士蔡升元爲都察院左都御史。以輔國公塞勤爲鑲白旗滿洲都統，陞正藍旗滿洲副都統法喇爲鑲白旗蒙古都統，鑲黄旗蒙古副都統宗室色亨圖爲正藍旗護軍統領，正紅旗護軍統領胡錫圖爲鑲紅旗蒙古都統，鑲藍旗滿洲副都統楊都爲正紅旗護軍統領。

庚戌，諭大學士、九卿等曰：朕於各省錢糧，分年蠲免，無不周徧。今年各處豐收，亦無可免。止有帶徵一項，或十三四年，或十五六年，久不清結，通計各省帶徵亦不過一二百萬，爾等會同户部，將項款查明具奏，可免則免之。但蠲免之事，恩出自上則可，前趙申喬欲以己意行之，可乎？

《聖祖實録》卷二七五　十一月己未，河南巡撫張聖佐疏報：蘭陽縣奸民李雪臣子李興邦，在生員李山義家，以白蓮教爲名，聚徒惑衆，今已拏獲。得旨，交審事刑部尚書張廷樞等嚴審定擬具奏。

丙子，諭大學士等曰：凡外吏居官雖清廉，然地方些微火耗，其勢不能不取。即如大學士蕭永藻之清廉，中外皆知，前任廣東、廣西巡撫時，果一塵不染乎？假令蕭永藻自謂清官，亦效人布衣蔬食，朕亦將薄其爲人矣。

諭户部：【略】今將直隸、安徽、江蘇、浙江、江西、湖廣、西安、甘肅等八處帶徵地丁屯衛銀二百三十九萬八千三百八十兩有奇，概免徵收，其漕項雖例不准免，亦著破格施恩，將安徽、江蘇所屬帶徵漕項銀四十九萬五千一百九十餘兩，米、麥、豆一百十四萬六千六百一十餘石内，免徵各半。

《聖祖實録》卷二七六　十二月丙戌，酉刻，皇太后崩於寧壽宮。

康熙五七年（戊戌、一七一八）

《聖祖實録》卷二七七　正月乙卯，兵部議覆原任貴州巡撫劉蔭樞疏，言定番州屬大華司土官狄守亨，因挾仇射死麻嚮司土官得君佐，已經題參革職，但狄守亨之子狄世雄仍習兇頑，難以約束部苗，別無應襲之人，請將大華司土官永行裁革，地方錢糧歸併定番州管轄。應如所請。從之。

己巳，翰林院檢討朱天保奏請復立允礽爲皇太子。上御行宮正門，召朱天保問曰：「爾奏摺内云，二阿哥仁孝，爾何由而知？」朱天保供云：「臣父朱都納語及，故得聞之。」上問曰：「爾父行走之時，二阿哥尚無疾病，其學問、弓馬及一切技能皆有可觀，後得瘋疾，病發時，即諸事不省，舉動乖張，曾背立朕前辱罵徐元夢。即伊伯父及伯叔之子等，往往以不可道之言肆詈，此非瘋疾所致乎？爾知之否耶？」朱天保供云：「臣實不知，冒昧陳奏，理應萬死。」

上諭大臣等：將朱都納、戴保鎖拏，并朱天保，俱交與皇子、大臣等嚴審。

庚午，上召入，諭之曰：【略】前允礽爲皇太子時，一切禮儀皆索額圖所定，服用儀仗等物，踰越禮制，竟與朕所用相等，致二阿哥心性改移，行事悖亂，皆索額圖導之也。自二阿哥近侍人員，以至内監，言及索額圖、常泰，無不切齒。天無二日，民無二王，名不正則言不順，今於未立皇太子之前，當預將禮儀議定。爾等會同，將《明代會典》及漢、唐、宋以來典禮查核詳議具奏。

壬申，上御行宮正門。召齊世諭曰：齊世秉性不肯安静，有似獮猴，二阿哥甚惡之，呼爲獮猴都統。朕以爲與獵犬相似，道旁鶉起則逐鶉，蛙出則逐蛙，人所射之野獸反不逐也。凡人有過，皆悔悟思改。若齊世怙非遂過，到老不知改悔，每一蹙額，即謀欲陷人。至於騎射材力，全無寸長。屢次出兵，並不向前効力。及犯事之處，未有無其名者。二阿哥礬水寫書之事，亦有其名，朕皆寬宥，給以都統職銜。朕施恩如此，伊當守分，安静度日。乃今朱都納之事，又有其名，豈非奸詭特甚乎？今試問爾，爾族中佐領員缺，如何將增壽之名删去，但將爾名進呈。增壽係爾兄之子，襲公爵者，伊名如何可删？爾以身爲都統，只將爾名進呈，載入檔案，傳至後日，便與增壽子孫無涉，爾之籌算竟及數世以後，奸詭如此，朕斷不使爾得遂其志，究將增壽之名列於爾前？爾之奸計何益？齊世語塞，不能對，但云「臣心地不堪之處，皆皇上洞照，有何辨處」。

乙亥，議政大臣等議覆總督額倫特等疏報，據拉藏使人胡喇奇云，從前與策妄阿喇布坦之兵交戰，曾斬獲伊衆二百餘人。策零敦多卜及準噶爾等，因不服水土，偏身浮腫。今拉藏現在布達拉地方固守，達賴喇嘛、班禪額爾得尼俱同在一處，令我齎疏，往奏聖主。

二月丁亥，兵部議覆廣東、廣西總督楊琳疏，言據原任碣石總兵官陳昴條奏，臣詳察海上日本、暹羅、廣南、噶囉吧、吕宋諸國形勢，東海惟日本爲大，其次則琉球。西則暹羅爲最。東南番族最多，如文萊等數十國，盡皆小邦。惟噶囉

吧、吕宋最强，噶囉吧爲紅毛市泊之所，吕宋爲西洋市泊之所。而紅毛一種，奸宄莫測。其中有英圭黎、干絲蠟、和蘭西、荷蘭大小西洋各國，名目雖殊，氣類則一。惟有和蘭西一族，兇狠異常。且澳門一種，是其同派，熟悉廣省情形。請敕督撫關差諸臣，設法防備。或於未入港之先，查取其火礮，方許進口。或另設一所，關束彝人。每年不許多船並集，祇許輪流貿易。臣查外國彝商利與中國貿易，而彝商慴服有素，數十年來沿習相安，應聽其照常貿易。將該鎮所請查取火礮，另設一所關束。輪流貿易之處，無庸議。請於彝船一到之時，令沿海文武官弁晝夜防衛，使其慴服，無致失所。至於西洋人立堂設教，仍照康熙五十六年九卿原議禁止，再行嚴飭，均應如所請。得旨，依議，西洋人之處，著俟數年，候旨再行禁止。

庚寅，議政大臣等議覆：【略】查拉藏係顧實汗後裔，維持黄教，今懇求救援，應令西寧、松潘、打箭爐、噶斯等處各預備兵馬，并土司楊如松屬下兵丁一同前往。現今青海王、台吉等派兵六千，在正月初十日起程，但非有滿洲兵丁不可，應令侍衛色楞、侍讀學士查禮渾在西寧滿洲兵内選二百名，緑旗兵内選二百名，及土司之兵一千，帶至青海地方，會同青海王台吉等商酌行事。其青海王台吉等發兵去後，伊等家口無人看守，應行文公策旺諾爾布、總督額倫特與青海王台吉等妥議，於屯兵形勝之處用心守護。從之。

兵部議覆廣東、廣西總督楊琳疏，言粤東沿海地方，東連福建，西達交趾，南面一路汪洋，諸番羅列，素稱險要，請於通省沿海泊船上岸之處，據高臨險，相地制宜，修築礮臺城垣，添設汛地，建造營房，分撥官兵，以靖海洋。應如所請。從之。

壬辰，議政大臣等議覆：振武將軍公傅爾丹等奏請兩路大兵進剿之處。得旨，爾等議欲兩路進剿，但聞策妄阿喇布坦遣策零敦多卜等前往西藏之時，曾有令伊等翦滅拉藏，即在藏駐扎，彼復身至西藏，再攻取危藏巴爾喀木之人等語，雖其虚實未可懸定，而傳聞拉藏有陣亡之信。若策妄阿喇布坦果帶妻子前往西藏而去，我國兩路大軍即至伊里地方，恐屬徒然。朕意今即令色楞統率軍兵征剿西藏，稍俟此軍消息，本年暫停進剿。此皆有關軍機糧餉，爾等再議具奏。

戊戌，兵部議覆廣東、廣西總督楊琳疏，言澳門彝船往南洋貿易，及内地商船往安南貿易，臣面奏請旨，不在禁例。應如所請。仍行該督嚴飭地方文武巡查，如有澳門彝人夾帶中國之人并内地商人，偷往别國貿易者，查出照例治罪。如該管官盤查不實，徇情疎縱，從重治罪。從之。

壬寅，户部議覆湖廣巡撫劉殿衡疏，言沔陽衛屯田實係水淹窪地，歲輸屯餉，又輓漕運，兩差難以兼辦。請照清浪衛減則之例科糧，以舒軍困。應如所請。從之。

陞福建臺灣總兵官姚堂爲廣東提督。

《東華録》卷二三　是月，大學士等以議處朱都納等一案請旨。上諭曰：朱天保希圖僥幸，違旨妄奏，又首將伊父供出，不忠不孝極矣，着即正法。戴保着亦正法，朱都納、常賚免死，妻子入官，餘議罪有差。

《聖祖實録》卷二七八　三月癸丑，工部議覆河道總督趙世顯疏，言中河劉老澗舊有減水壩一座，今盡行倒卸，請遵循舊式，建造減水壩，置板啓閉，以保隄工。應如所請。從之。

丙寅，陞歸化城副都統顔壽爲右衛將軍，正黄旗漢軍副都統黄秉鉞爲福州將軍。

乙亥，議政大臣等議覆振武將軍傅爾丹疏，言奉旨今年大兵暫停進剿，姑俟色楞信息。但今進剿軍兵俱各齊備，與其閒住，請仍照去年前往襲擊，以驚擾賊界，振揚軍威。今選滿洲、蒙古、漢兵九千，喀爾喀兵三千，共一萬二千。臣與祁里德各領兵六千，分作兩路，裹帶五月口糧，於五月内起程。其餘剩兵丁，留都統穆賽、副都統羅察管轄，令於汛界形勝之處駐扎防範。又據靖逆將軍富寧安疏，言去年七月，臣等自巴爾庫爾領兵至烏魯木齊地方，蚊蝱甚多，時令亦熱。訊問就獲之厄魯特等訴稱，夏日達什等衆，覓寒涼之處，於遮爾集斯地方遊牧居處，至收穫之時，仍回烏魯木齊過冬。請將本年襲擊之兵，照去年准備計值達什回時前往襲擊。臣帶領軍兵七千，裹帶四十日口糧，於閏八月起程，除烏蘭烏蘇集拉麻泰等處，留兵三千駐扎外，其四千軍兵減輕什物，晝夜趲行，至烏魯木齊等處，襲取賊境人畜，鈐束而回。查兩路軍兵襲擊，實揚我軍威，使賊界震慴，自應約定日期，以便彼此應援。今起程之期不符，口糧之數各異，應行文兩路將軍等，速行商榷定議而行。從之。

丁丑，命浙江南新、北新兩關稅務，交杭州府捕盗同知管理，從撫臣朱軾請也。

戊寅，工部議覆浙江巡撫朱軾疏，言海寧縣海塘俱屬浮沙，塘脚空虛，請用木櫃之法，以木爲櫃，横貼塘底，實以碎石，以固塘根。又用大石高築塘身，附塘

另築坦水石以護塘脚，毋使潮水浸入。再查塘内向有小河，名備塘河，居民築壩，遂淤爲陸，今應去壩疏河，即以挑河之土培岸。又石塘三十餘里，均須防守，不時修築。東西土塘現在坍塌，更宜及時堵禦。俱應如所請，速行修築。從之。

四月乙酉，孝惠章皇后梓宫奉安新陵地宫。

丁亥，傳臚，賜殿試貢士汪應銓等一百七十一人進士及第、出身有差。

己丑，刑部等衙門議覆：刑部尚書張廷樞等察審河南閿鄉縣叛犯亢珽等拒敵官兵一案，除亢珽自縊外，王更一、李一寧等十五人，應照謀叛律立斬。爲從梁必貴等十五人，應擬絞監候。其脅從尚可務等二十四人，并亢珽之弟亢珩，發三姓等處給披甲人爲奴。從之。

庚寅，刑部等衙門議覆：刑部尚書張廷樞等察審河南閿鄉等縣官員私行科派，以致賊首亢珽等拒敵官兵一案，閿鄉縣令白澄以火耗等項，借端取銀六萬五千兩，宜陽縣令張育徽以馬價等項，借端取銀四千零五十兩，俱應擬絞監候。河南府知府李廷臣私派濫徵，同武弁緝賊，并傷良民，應擬斬監候。原任巡撫李錫激變地方，應斬立決。查李錫、李廷臣、白澄、張育徽俱發往甘肅効力，事完之日，另行請旨。布政使張伯琮迎合李錫，私動庫銀，又失察屬員科派；現任巡撫張聖佐未將賊情奏聞，又不嚴加緝捕；總兵官馮君洗不盡力緝賊，俱應革職。馮君洗所有拖沙喇哈番，亦應革退。得旨，張伯琮、張聖佐俱著革職，馮君洗著革退總兵官，留伊拖沙喇哈番。餘依議。

戊戌，刑部等衙門議覆：刑部尚書張廷樞等察審河南蘭陽縣白蓮教賊首李雪臣等聚衆謀爲不軌一案，除李雪臣已經蘭陽縣拏獲杖斃外，爲首之袁進即朱復業，應照謀反律淩遲處死。郭英撫袁進爲子，應照謀反之祖父律擬斬立決。爲從之李興邦等二十二人，俱照謀反律擬斬立決。孫丙等十四人，俱擬斬監候。洪知所等，俱發三姓等處，給披甲人爲奴。其各處白蓮等邪教之人，行令地方官嚴查治罪。從之。

《聖祖實録》卷二七九　五月癸丑，以左都御史徐元夢爲工部尚書，仍兼翰林院掌院學士。

丁巳，總督額倫特疏報：四月初五日，拏獲策零敦多卜之使人羅卜臧等八人，訊稱，伊等自去年正月由特幾斯起程，十月至布搭拉地方。本月二十八日夜，攻取大招、小招。次日，圍住布搭拉，殺害拉藏，將伊幼子及所屬寨桑等送往策妄阿喇布坦處。伊子蘇爾扎遁走，爲土伯特擒獲。拘達賴喇嘛於扎克布裏廟，班禪仍住拉錫倫布等語。將使人羅卜臧等交主事柰曼代，沿途防護，解往京城。報聞。

己未，兵部議覆福建、浙江總督覺羅滿保疏，言臺灣一郡，有極衝口岸九處，應修築礮臺十一座。内如中路之鹿耳門，爲金、臺咽喉出入要口。安平鎮爲臺灣水師三營駐劄之所，舊有紅毛城一座，現在補築城垣。其餘等處，亦現在修葺。有次衝口岸十五處，應修築礮臺一十八座。再查澎湖地方，實爲臺灣門户、金厦藩籬，有極衝口岸四處，内如媽祖澳原有新城一座，現在修葺。其餘等處，應築礮臺七座。有次衝口岸五處，應築礮臺三座。酌量派撥官兵建造營房，巡防分守，以固海疆。俱應如所請。從之。

《聖祖實録》卷二八〇　七月己未，兵部等衙門議覆四川巡撫年羹堯等疏，言喇嘛鄂穆布年扎卜向住墨裏廟，係阿王滚住克之弟子。原任提督岳昇龍剿撫打箭爐之時，阿王滚住克曾獻墨裏地方，岳昇龍恐係拉藏所屬未准。今拉藏已被準噶爾之兵殺害，而鄂穆布年扎卜將所屬墨裏地方誠心投順，應收納給印，於建昌邊境地方有益。應如所請。從之。

乙丑，户部議覆福建浙江總督覺羅滿保疏，言各省往來臺灣船隻，經臣題明，必令到厦門盤驗護送。但查從前自臺灣往各省貿易船隻，俱從外洋直至停泊之處，赴本處海關輸税。至於中途經過之所，不便一貨兩徵。嗣後各省商船遵例來厦就驗，除收泊厦港貿易者，照舊報税。如收泊江南、浙江各省貿易者，仍聽其彼處海關報税。其中途經過之厦門關税，免其增添。應如所請。從之。

甲戌，禮部等衙門議覆都察院左都御史蔡升元疏，言【略】恭請編纂《省方盛典》一書，以光至治。應如所奏，設局纂修。從之。

八月癸未，刑部等衙門議奏，鑲藍旗逃棍孟光祖揑稱誠親王差遣，經歷各省，誑騙財物，應即淩遲處死。得旨，孟光祖著改即處斬。

庚寅，至是，議覆川省設防滿洲兵丁一千，恐不敷於調遣防守，應再添六百名，俟軍務畢時，令巡撫年羹堯會同副都統寧古禮將見在四川駐防之二千荆州滿洲兵丁内，照數撥派。二旗合設協領一員，每旗各設佐領二員，拖沙喇哈番品級章京各二員，驍騎校各二員，留駐四川。再添設副都統一員管轄。其蓋造兵丁住房等項，交年羹堯預爲料理。從之。

《聖祖實録》卷二八一　閏八月戊辰，諭户部：【略】三年以來，因策妄阿喇布坦狂逞跳梁，發遣大兵，屯駐西邊，一切軍興征繕，雖動支正供錢糧，不使累及

閭閻。而轉輸輓運，陝西百姓勞苦急公，實堪憫恤。又莊浪等處地震，隨經特遣部院堂官馳往察賑，而用兵之後，尤宜格外施仁，撫綏黎庶，應將陝西巡撫、甘肅巡撫所屬通省各府州縣衛所錢糧、米、豆、草束，悉予蠲免。目今係有軍務之時，除米、豆、草束外，其康熙五十八年應征地丁銀一百八十八萬三千五百三十六兩有奇，并歷年積欠銀四萬七百五十七兩有奇，著一概蠲免。

九月己卯，諭議政大臣等：【略】尋議覆，噶斯地方甚屬緊要，若止添撥李耀之兵五百名，爲數尚少。見今西寧駐扎兵多，應將都統阿爾納帶至西寧之滿洲兵八百餘名，發往柴旦木地方駐扎，給與鳥鎗、火器等物，甚爲得用。其副都統唐色患病，留在西寧，俟病痊聽調外，令都統阿爾納至柴旦木地方，統轄滿洲緑旗兵丁，與總兵官李耀、護軍參領神保公同商議行事。

丙戌，以工部尚書王頊齡爲武英殿大學士兼工部尚書，陞廣西巡撫陳元龍爲工部尚書，以鑲藍旗蒙古都統雍吉納爲江寧將軍。

十月丙午，陞盛京工部侍郎貝和諾爲禮部尚書，陞正黄旗漢軍副都統托賴爲鑲藍旗蒙古都統。

庚戌，以公阿爾松阿爲領侍衛内大臣。

丙辰，命皇十四子固山貝子允禵爲撫遠大將軍。

庚申，先是，議政大臣等奏請派出之兵由何路發往。奉旨，往西安一路爲第一起，往寧夏一路爲第二起，往宣府、大同、神木、榆林沿邊一路爲第三起。如此三路前去，則易於應付草束。至是，奏請出兵日期。上命護軍統領吴世巴、委署護軍統領噶爾弼帶領第一起兵，於十一月十五日起程，駐扎莊浪。副都統宗室赫石亨齊色帶領第二起兵，於十一月二十九日起程，駐扎甘州。撫遠大將軍允禵帶領第三起兵，於十二月十二日起程，駐扎西寧。各於駐扎處喂養馬匹。

甲子，諭議政大臣等：【略】從前四川地方亦曾設總督，年羹堯係巡撫，止理民事，無督兵責任。見今軍機緊要，將年羹堯授爲四川總督。

《東華録》卷二三　是月，考試滿書庶吉士楊超曾、凌如焕、陳邦直、胡彦穎、趙城、吴應棻、張麟甲、吴傳觀、楊鳳岡、蔣林、汪受祺、侯度、薩綸錫，漢書庶吉士懷淵中、曹友夏、陳儀、李天寵、萬煌、張應造、成文、楊克茂、屠洵、冀棟、德齡、沈竹、白子雲授編修、檢討，潘淳、張鳴鈞、徐學炳、王承烈、竇啓、(瑛)〔莫〕德新着教習三年，莊論書法不堪，革職。

《聖祖實録》卷二八二　十一月戊子，陞鑲白旗漢軍副都統宜兆熊爲正藍旗漢軍都統。

己亥，以武英殿大學士馬齊、文淵閣大學士王掞爲纂修《省方盛典》總裁官，原任户部尚書王鴻緒爲承修總裁官，内閣學士阿克敦、德音、張廷玉、勵廷儀爲副總裁官。以原任正紅旗護軍統領革職噶爾弼爲鑲紅旗護軍統領。

十二月壬子，户部議覆陝西總督鄂海疏，言西寧等處駐扎大兵，所需米豆關係緊要，若臨時採買，恐米價騰貴，請於平涼、寧夏等處各倉所貯糧石撥米四萬石、豌豆六萬石，運至蘭州、莊浪，以備軍需。應如所請。從之。

康熙五八年(己亥、一七一九)

《聖祖實録》卷二八三　正月壬寅，諭大學士、九卿等：【略】朕意欲將湖廣、江西等未過漕糧截留，存貯此等地方倉内，遇米價騰貴之年，將此存貯米石，或減價糶賣，或行散賑，則民人得沾實惠，大有裨益。如蠲免地丁錢糧，不過於田多富户有益，其無地窮民未必均沾實惠。米穀甚屬緊要，不可不預爲備也。年來豐收，米價雖賤，但歲歲大有，豈能期必乎？應將久遠裨益之處，預行籌畫。爾等將漕糧作何截留之處，會同議奏。尋議，應行令總漕，將江西、湖廣見今起運米内，蘇州截留十萬石，鎮江截留三萬石，江寧截留十五萬石，淮安截留五萬石，安慶截留十萬石，俱交地方官，加謹收貯，以備動用。從之。

諭九卿：各省錢糧，虧空甚多。今總督楊琳，因歷年積欠錢糧，將伊應得銀兩照數補完。鹽課事務，俱已清楚。又行文趙弘燦、滿丕等，速將從前所得銀兩解送甘肅，以爲軍需之用。由此觀之，各省虧空錢糧，督撫等果能盡心竭力完補，又何至虧空乎？其作何完補之處，爾等會同詳議具奏。尋議，應行令直隸各省督撫，將見今虧空各項錢糧數目，作速查明，何項虧空，作何完補，并嗣後作何立法，始可永無虧空之處，一并確行定議具題，到日再議。從之。

二月壬子，命内閣中書鄧廷喆爲正使，翰林院編修成文爲副使，諭祭故安南國王黎維正，并封嗣子黎維祹爲安南國王。

乙卯，諭内閣學士蔣廷錫：《皇輿全覽圖》朕費三十餘年心力，始得告成，山脈水道俱與《禹貢》相合。【略】謹將原圖恭繳，伏求頒賜。得旨，圖著頒發。

辛未，令法喇領兵赴打箭爐駐扎，遣人招撫。如觀望不前，令法喇留兵在打箭爐，帶領官兵前進，攻取裏塘、巴塘，即駐扎巴塘。其護軍統領温普，應調取回

京。成都既有滿洲兵丁，應自京城派大臣一員，前往成都，令其管領。得旨，軍前大臣甚多，著派護軍統領噶爾弼就彼馳驛，作速前赴四川，與年羹堯一同辦理軍務。法喇離打箭爐切近，即令領兵前往。餘依議。

三月乙未，議政大臣等議覆：撫遠大將軍允禵疏參吏部侍郎色爾圖奉旨料理西寧兵餉，並不實心辦事，任意遲延推諉，縱令家人與筆帖式戴通包攬運米之事，通同扣剋銀兩，將滿洲、緑旗兵丁苛刻，情殊可惡，請將色爾圖等嚴審確擬。再色爾圖虧空甚多，糧餉事關緊要，伏乞另派賢能大臣一員，前來辦理。應如所奏，將色爾圖嚴審定擬。見今巴爾庫爾有巡撫綽奇、噶什圖二人，應將噶什圖調赴西寧，辦理糧餉事務。噶什圖所辦之事，令前往種地之侍郎海壽兼管。從之。

《聖祖實録》卷二八四　四月乙巳，議政大臣等議覆撫遠大將軍允禵疏，言據都統延信等稱，準噶爾與青海之人聯姻已經多年，大將軍若領兵出口外，我兵所出之多寡，青海人等一知，則準噶爾之人即得聞知矣。今年暫且停兵不進，則口外駐扎似可不必。又據自喀喇烏蘇回來之參將述明等稱，準噶爾賊衆雖與我兵交戰，亦甚畏懼。其土伯特之人，爲賊所迫，雖與我兵對敵，俱將鳥鎗舉高放過。當賊之背後，則向我等營中放空鎗。揆此，則可知土伯特之人實心感戴皇恩。今既揚稱三十萬大兵進勦，差使前往，大事可成，謹將伊等報明之處奏聞請旨。查都統延信等既稱大兵不必出口，應令在西寧駐扎。至於作何料理駐扎，以及留兵若干、所留官兵馬匹於何處牧放等事，俱令大將軍酌量而行。從之。

癸丑，上巡幸塞外。

五月戊寅，諭户部：【略】爾部即傳諭直隸、河南、山東、山西并口外地方，速將已收之麥晾乾，入屯收貯，不致潮濕霉爛，則今歲所收足用二年矣。

庚辰，陞正紅旗護軍統領楊都爲鑲紅旗蒙古都統，仍兼護軍統領。

丙戌，刑部等衙門議覆差往浙江審事禮部侍郎王思軾等疏，言浙江正考官編修索泰應允侍讀學士陳恂囑托，將陳鳳墀中式，陸續借陳恂銀一千五百兩，應擬斬監候，秋後處決。倩人作文賁緣中式之陳鳳墀，營謀關節之陳莘衡、陳恂，應擬絞監候，秋後處決。陳鳳墀之父陳文熾，往陳恂之子陳鈺家取回關節，陳鈺接受銀兩轉付，俱應擬絞監候，秋後處決。費我功央伊岳父陳恂營謀關節，未曾中式，應擬杖徒。代陳鳳墀作文之段志閎，照例枷責。索泰等所得銀兩，並費我功所許銀兩，俱追取入官。同考官知縣洪晨紱照例革職，副考官檢討張懋能應降二級調用。應如所擬。從之。

六月甲辰，以多羅貝勒滿篤祜爲正白旗滿洲都統。

丁未，四川總督年羹堯疏報：探得西海各部落，近因貝勒達顔病故，各有吞并之意。又聞策零敦多卜見令左哨頭目春木盆爾帶六百餘兵，過喀喇烏蘇河，前往青海。又聞發兵八千來藏，已至業爾根克里野地方。臣思自藏至打箭爐，南路險遠，北路平近，裏塘見有大兵，南路可以無虞，惟北路宜預爲之防。臣等已調兵防守中渡河口，又酌調提標兵丁於打箭爐附近地方駐扎，防守霍耳一路。報聞。

辛亥，吏部議，浙江正考官編修索泰，係工部左侍郎常泰保舉。今索泰因科場作弊擬斬，應將工部左侍郎革職留任常泰革任。從之。

《東華録》卷二三　是月，都統法喇言：臣遵旨令副將岳鍾琪領緑旗兵先行到裏塘，其酋達哇拉木、渣（爾）〔木〕巴、第巴、色布騰、阿住等語不遜，鍾琪乘其無備，擒解首逆七人到臣，臣恐生事端，已將七人即行正法，隨宣諭安撫之。又令岳鍾琪進取巴塘，招撫後法喇應駐扎巴塘。從之。尋巴塘就撫。

《聖祖實録》卷二八五　七月癸未，陞副都統宗查布爲西安將軍。

九月丙子，工部等衙門遵旨議覆：臣等查兩局現貯銅八十三萬餘觔，又各省運到張家灣銅一百六十八萬餘觔。尚有報解歷年銅二百八十六萬餘觔，今年秋冬、明年春夏可以不誤鼓鑄。其江寧等八處舊欠未完康熙五十五、六、七三年銅二百七十二萬八千六百觔有奇，應令各該督撫於文到日，勒限十月盡數解部。如有遲誤，將辦銅各官嚴加議處。督催不力之督撫，并承催不力之布政司，俱照承追錢糧之例議處。從之。

乙未，諭議政大臣等：此次差往西邊胡畢圖等前來，回稱，策零敦多卜等及土伯特衆喇嘛民人俱言，在西寧見有新胡必爾汗，實係達賴喇嘛之胡必爾汗。天朝聖主將新胡必爾汗安置在達賴喇嘛禪榻上座，廣施法教，實與衆人相望之意允協。且土伯特處時有瘴氣，厄魯特之子孫不能滋生，多生疾病，有何貪戀之處，惟懇天朝聖主將法教速爲廣施。觀此情形，似乎易結。今將新胡必爾汗封爲達賴喇嘛，給與册印，於明年青草發時，送往藏地，令登達賴喇嘛之座。送往時，著大臣帶滿洲兵一千名，蒙古兵一千名，土番兵二千名，緑旗馬兵一千名，步兵一千名前去。其行糧牲畜接續之處，令大將軍辦理。再由巴爾喀木帶四川滿洲兵一千名，緑旗兵一千名，土番兵酌量派往。其行糧牲畜接續之處，令年羹堯辦理。青海王、貝勒、貝子、公等，亦帶領屬兵，或一萬，或五六千，送往前去。策

零敦多卜等若實爲法教，自必俟達賴喇嘛登禪榻後，然後前去。若不行等候遁走，即爲無恥之賊。此行大將軍帶領兵馬在梭羅木週圍水草佳處駐扎，兼令其照管青海家屬。四川兵二千名，出口駐扎，兼照管王察罕丹津行裝。事關甚大，將此旨傳諭大將軍處，令伊等公同確議具奏。又青海王台吉等，令大將軍傳集一處曉諭。唐古特國内達賴喇嘛班禪法教，原係爾祖上設立，今策妄阿喇布坦無故將拉藏殺害，令寺廟喇嘛各自散去，將衆鄂里格一路截斷，令達賴喇嘛禪榻空虚。從前爾將此新胡必爾汗，稱爲達賴喇嘛之胡必爾汗，若安置在達賴喇嘛禪榻，爲法教廣施之事，我等願捨命効力，業經保奏。土伯特之喇嘛民人，及阿木島地方喇嘛等，俱亦稱爲達賴喇嘛之胡必爾汗。皇上將此胡必爾汗，特封爲達賴喇嘛，於明年一同送往藏地，令登禪榻，將法教廣施，放開衆鄂里格一路，令其販賣茶布，此正宜効力之時，爾等應各帶兵丁，與送去之大臣會同一處前去。爾等之意如何？令伊等各陳己意，會盟畫一具奏。俟會盟完時，令都統延信、楚宗公策旺諾爾布、侍讀學士常授等由固關前來京師具奏。

《聖祖實録》卷二八六　十月甲寅，吏部等衙門議覆差往貴州審事刑部員外郎齊克坦等疏，言查貴州巡撫黄國材進京陛見時，布政使遲炘指貴陽等十一府屬官役俸工，借與藩庫銀二萬五千二百餘兩一案，據黄國材供，司道各府聞知進京陛見，共送盤費銀一萬四千兩，總督亦幫盤費銀一千兩是實，並無借藩庫銀兩之處。巡撫黄國材將各官所送盤費即行收受，不合，應照例降三級調用。其所受銀一萬五千兩追取入官。布政使遲炘係專管庫帑之員，私將庫銀指俸工借給，應照例降三級調用。總督蔣陳錫係封疆大臣，不據實陳奏，應降一級調用。俱應如所擬。得旨，黄國材著解任。蔣陳錫著降一級，免其調用。遲炘著降三級調用。

十一月辛巳，又議覆李樹德疏，言兖州府屬州縣及東昌府屬夏津等九州縣，向隸東兖道管轄。東兖道奉裁以後，東、兖兩府所屬州縣事務，統歸兩知府管理。至稽察該府之倉庫、錢糧及一切地方事務，竟無統轄之員。請將兖州府屬州縣事務改歸濟寧道統轄，東昌府屬夏津等九州縣事務改歸濟東道統轄。應如所請。從之。

癸巳，户部議覆刑部尚書張廷樞疏，言河南漕米自康熙十四年改折起，每石折徵銀八錢解部。後因御史孫必振奏，豫省連年粟米甚賤，部議遂將八錢數内一錢五分解部，餘銀六錢五分令巡撫買米起運，巡撫分委各州縣，而州縣復派委小民，令其買米輸納，不無繁費苦累。請照舊例，每石折銀八錢，仍將銀一錢五分解部，其餘銀六錢五分，行令該撫交與糧道採辦米石，親自料理。如仍有分委州縣及苦累小民之處，該撫不時查參。該撫通同容隱，一并從重治罪。應如所請。從之。

十二月壬寅，以左都御史蔡升元爲禮部尚書。

辛酉，諭户部：【略】所有沿邊一帶陝西所屬府谷、神木、安塞、綏德、米脂、安定、吴堡、保安、榆林、保寧、常樂、雙山、魚河、歸德、嚮水、波羅、懷遠、威武、清平、葭州、龍川、鎮靖、鎮羅、寧塞、靖邊、柳樹澗、安邊、磚井、定邊、饒陽、水堡、高家堡，甘肅所屬山丹、高臺、古浪、莊浪、西寧、肅鎮、寧夏、左屯、中屯、平羅中衛、靈州、寧州、平涼衛、固原州、鎮戎、西安阜城、甜水、河州、蘭州、洮州、寧夏前衛、平涼縣、固原衛、河州衛、蘭州衛、慶陽、凉州衛、永昌衛、鎮番衛、甘州左衛、右衛、肅州衛、鎮彝所等六十六州縣衛所堡，康熙五十九年錢糧、米豆、草束俱宜蠲免。但目今係有軍務之時，除米豆、草束外，將康熙五十九年額徵銀九萬八千一百兩零盡行蠲免。

康熙五九年（庚子、一七二〇）

《聖祖實録》卷二八七　正月辛酉，命撫遠大將軍允禵率前鋒統領弘曙移駐穆魯斯烏蘇，管理進藏軍務糧餉。授都統宗室延信爲平逆將軍，率兵進藏。以公策旺諾爾布、副都統阿琳寶、額駙阿寶隨印，侍讀學士常授、提督馬見伯、總兵官李麟參贊軍務。

調西安將軍宗查布駐防西寧，平郡王訥爾素駐防古木等地方。

調出征和碩裕親王保泰子廣善、和碩簡親王雅爾江阿子永謙、固山貝子魯賓、護國將軍敬順回京，從撫遠大將軍允禵請也。

二月癸丑，諭大學士等曰：總督年羹堯，自軍興以來，盡心効力，訓練川兵，甚是整齊。可速行文與年羹堯，令伊帶領兵丁進藏，授爲將軍。如有能署理總督事務，於地方不致生事者，令年羹堯奏聞署理。如地方緊要，不得署理之人，著護軍統領噶爾弼爲將軍，帶領雲南、四川兩處兵馬前進。定西將軍印，速行送往。尋年羹堯覆奏：四川總督印務，一時無可署理之人，定西將軍之印請交與噶爾弼管理，授爲將軍，率領兵丁進藏，并調都統法喇，於打箭爐地方駐扎防守。

從之。

甲子，陞黑龍江副都統陳太爲黑龍江將軍。

三月己丑，雲南提督張谷貞疏言：駐扎雲南滿洲兵及鶴麗、永北二鎮緑旗兵，見經都統武格等挑選三千名，率領進藏。臣查雲南之麗江、中甸一帶地方，爲西藏通衢，最係緊要，臣請親率官兵，於麗江、中甸適中之處駐扎防守。從之。

丙申，靖逆將軍富寧安疏言：今歲議發大兵進勦西藏，其阿爾泰、巴爾庫爾兩路兵，亦約會前進，襲擊準噶爾邊境之地，使賊人擾亂，可以相機行事。臣請率兵三千，從烏魯木齊一路前往，分兵四千由吐魯番一路前往，其領兵大臣請旨派遣。又兩路進兵之後，另派兵三千隨後策應。其餘存留之兵，請暫交副都統雅圖、侍郎海壽等管理。得旨，交與議政。尋議政大臣等議覆：將軍富寧安奏請派兵襲擊之處，應如所奏。其襲擊吐魯番一路兵，令散秩大臣阿喇衲統領前進。從之。

四月戊申，上巡幸塞外。

《聖祖實録》卷二八八　八月甲辰，靖逆將軍富寧安疏言：臣於七月初一日，率襲擊兵七千啓行。初二日，駐叟集地方。臣將此兵内選精兵一千輕騎前進，至烏爾圖地方，晝伏夜行。初六日黎明，進兵烏蘭烏蘇之源、烏蘭烏蘇之口及托和穆圖等處，並無賊哨，四面搜捕，亦無蹤跡。初七日，駐兵烏蘭烏蘇口内。是晚，派一等侍衛哲爾德等領兵前赴阿克塔斯，派二等侍衛克什圖、一等侍衛阿玉錫等領兵前赴伊爾布爾和詔，分擊賊哨。瀕行時，臣囑哲爾德等，烏蘭烏蘇與阿克塔斯相距七十里，與伊爾布爾和詔相距百餘里，爾等至阿克塔斯相近處即行潛伏，約計克什圖之兵至伊爾布爾和詔時，爾等始行往擊，慎勿急於進兵，使伊爾布爾和詔之賊預先知覺。又囑克什圖等，爾等沿瀚海邊界前進，於天未明時即抵伊爾布爾和詔，圍擊賊哨。臣率署前鋒統領法瑙、副都統常壽等隨後前進。初八日，侍衛哲爾德等擊阿克塔斯賊哨，賊衆畏我兵勢，望風而走，我兵急往追捕，擒獲一賊，餘賊入深山中逃散。侍衛克什圖等擊伊爾布爾和詔賊哨，見賊之馬匹在谷内營邊牧放，阿玉錫帶領十餘騎入谷，奪賊馬百餘匹而回。賊以我兵掩至，據高山絶險之處，藏身樹石中，放鎗拒敵，克什圖等率兵奮勇追擊，阿玉錫衝入賊中，刺殺三人，衆官兵等共殺賊三十餘人，生擒二十四人，所獲馬匹、器械等物，臣即分給効力官兵等。其賊哨頭目杜爾伯特台吉垂木拍爾見被擒獲，宜即解送京師。因垂木拍爾身帶重傷，暫送巴爾庫爾，交付副都統雅圖，俟回兵時，再將垂木拍爾解送京師。其餘擒獲之賊，應否全送京師，請旨定奪。得旨，將軍富寧安圍擊賊哨，生擒賊二十餘人，著行文副都統雅圖，派兵送來京師，沿途嚴加看守，勿致逃亡。其垂木拍爾，暫停起解，俟瘡痍愈後，再行解京。

《聖祖實録》卷二八九　九月壬申，靖逆將軍富寧安疏言：臣於七月十八日至烏魯木齊，賊人並未設哨，隨遣滿漢官兵遍行搜尋，亦無蹤跡。有烏魯木齊及哈西哈等處地方逃出回子陸續投降，臣詢以策妄阿喇布坦之信，據稱，伊等係哈密屬下人，爲賊兵擄掠而來。本月十一日，賊目徹格爾得自伊爾布爾和詔奔回，通知信息云，皇上大兵已至伊爾布爾和詔，將台吉吹音拍爾所領之兵盡行勦殺，故烏魯木齊有吹音拍爾所屬之人及附近地方厄魯特之人，俱各震驚奔竄，伊等得乘間逃出，即來投順。又稱，烏魯木齊地方，今年甚旱，牲畜倒斃甚多，臣遣人細加偵探，與回子之言無異。其阿喇衲襲擊吐魯番兵，先於七月二十四日回至烏闌烏蘇，臣所領兵於八月初二日亦回至烏蘭烏蘇。初三日，今兵凱還。初十日，抵巴爾庫爾。

戊寅，雲南、貴州總督蔣陳錫、雲南巡撫甘國璧，以都統武格、將軍噶爾弼從叉木多起行，撥用四川、雲南二省糧餉，具摺陳奏。得旨，蔣陳錫、甘國璧皆係地方大臣，雲南進藏之兵，各項糧餉應預先料理，如期運送。今蔣陳錫、甘國璧於糧餉之事並不留心料理，幾至遲悞。及大兵進藏之後，伊等方以運送米糧之事繕摺奏聞。四川之米若不到，雲南之兵從何就食？蔣陳錫、甘國璧顯然有悞軍機，俱著革職，令自備口糧運米進藏，若遲悞不能抵藏，即行正法。其雲南、貴州總督事務，著貴州提督張文焕署理。雲南巡撫事務，著貴州布政使楊名時署理。貴州提督事務，著河南南陽總兵官張致署理。南陽總兵官事務，著河南巡撫楊宗義於本省副將内揀選一人，題請署理。伊等俱著速行赴任。

壬午，振武將軍傅爾丹疏言：臣領襲擊官兵至格爾厄爾格地方，有厄魯特之人聞大兵即至，委棄帳房等物，四路逃散。臣等分兵進勦，於七月二十一日追及之，共殺賊二百餘人，擒寨桑貝肯等百餘人，招降三百餘人，并獲馬駝、器械等物。又探知烏闌呼集爾地方，爲厄魯特屯聚耕種之所，臣親督官兵踐踏其地，並將賊所積糧草焚燬一空，整隊而回。賊乘我師之尾，潛蹤來犯，我師截擊之，賊復敗遁。請將寨桑貝肯等解送京師。得旨，將軍傅爾丹所奏，著抄發京城，傳諸王文武大臣公同看聞。

十月壬寅，戶部等衙門議覆漕運總督施世綸遵旨查奏，河南府至陝州之三

門一帶河道輓運米穀，見在無可覓之船，請以河南府至陝州太陽渡三百餘里，用車裝運，計期五日可到。每車可裝穀八石，計穀二十萬石，需車價銀四萬三千七百五十兩。自太陽渡至西安府党家馬頭，河水平穩，船隻通行，水運爲便，需運費銀二萬六千兩。自党家馬頭至西安府倉二十里，又需車價銀四千兩。其貯穀口袋二十萬餘條，需價銀三萬兩。共計銀十萬三千七百五十兩，總於豫省支銷，不令陝西接運。但運穀二十萬石止得十萬之米，請令豫省以二穀易一米起運，則運價可省其半。若慮米難久貯，請照例出陳易新。應如所請。得旨，依議。今歲河南歉收，又見往陝西齎送穀石，次年穀價必致騰貴，著於河南省來年運京漕糧内照數截留補還運往陝西穀石，其餘漕糧亦停止運送京師，留河南收貯。

庚戌，諭户部：【略】邇年因西陲用兵，師行糧從，雖芻粟悉支正供，絲毫無擾民間，然轉輸必需民力，勞苦宜恤，曾將康熙五十八年陝西、甘肅所屬額徵地丁銀一百八十八萬兩零，歷年舊欠銀四萬兩零，康熙五十九年沿邊各州縣衛所額徵銀九萬八千一百兩零，屢沛恩綸，盡行蠲免。近聞二年歉收，民有艱於粒食者，辦賦急公，力何能支，若非涣敷德澤，無以培養窮民，是宜特頒浩蕩之恩，用申勤求民瘼之念，著將陝西、甘肅所屬各州縣衛所，除應徵米豆、草束外，康熙六十年應徵地丁銀一百八十八萬三千七百四十兩零通行蠲免。爾部速行文該督撫，徧行曉諭，實心奉行，務俾均沾實惠。如有不肖官吏陽奉陰違，澤不下究者，該督撫嚴察題參，從重治罪。又署撫花鄯奏稱：甘肅地方，數年歉收，糧草價值騰貴，兵丁採買維艱。朕念兵丁効力行間，勞瘁堪憫，准預給半年兵餉。著即行文附近省分，撥銀三十萬兩，速解甘撫頒發，以副朕篤念民勞、優恤軍士至意。爾部即遵諭行。

癸亥，陞户部右侍郎白潢爲兵部尚書。

《聖祖實録》卷二九〇 十一月戊寅，以左都御史田從典爲户部尚書，陞浙江巡撫朱軾爲都察院左都御史。

辛巳，諭大學士、學士、九卿等：朕於地理，從幼留心，凡古今山川名號，無論邊徼遐荒，必詳考圖籍，廣詢方言，務得其正。故遣使臣至崑崙西番諸處，凡大江、黄河、黑水、金沙、瀾滄諸水發源之地，皆目擊詳求，載入輿圖。今大兵得藏，邊外諸番悉心歸化，三藏阿里之地俱入版圖，其山川名號，番漢異同，當於此時考證明核，庶可傳信於後。

庚寅，以步軍統領隆科多爲理藩院尚書，仍管步軍統領事務。

十二月甲辰，諸王、貝勒、貝子、公、滿漢文武大臣等謹奏，皇上御極六十年，普天大慶，恭請行慶賀典禮。此所奏不准行。

康熙六〇年（辛丑、一七二一）

《聖祖實録》卷二九一 正月乙亥，上以御極六十年大慶，命皇四子和碩雍親王□□、皇十二子固山貝子允祹、世子弘晟往祭永陵、福陵、昭陵。

二月乙未，上以御極六十年大慶，遣官告祭天地、太廟、社稷。

丁酉，上謁暫安奉殿、孝陵、孝東陵。

己未，撫遠大將軍允禵疏言：西藏雖已平定，駐防尤屬緊要，見今留駐彼處者，扎薩克蒙古兵五百名，額駙阿寶兵五百名，察哈爾兵五百名，雲南兵三百名，四川兵一千二百名，以公策旺諾爾布總統管轄。至空布地方之第巴阿爾布巴，首先効順，同大兵前進取藏。阿里地方之第巴康濟鼐，與準噶爾爲讐，截奪準噶爾之人，又截準噶爾兵回路。第巴隆布奈親身歸附，應否授以職銜，伏候諭旨。得旨，第巴阿爾布巴、第巴康濟鼐著俱授爲貝子，第巴隆布奈著授爲輔國公。

差往山東審事都統托賴等疏言：臣等嚴訊興販私鹽巨賊王美公等一案，王美公、季君錫、曹龍章、王天九、王盛西等糾黨行劫，拒殺兵丁，寧陽縣捕役徐欽九不行緝拏，反與曹龍章等私通書信，安邱縣人鞠士林帶領張元皓等三十五人，黨隨王美公等行劫，俱係情實。已將首犯王美公等五人照例斬決梟示，將徐欽九、鞠士林照例斬決。再訊代徐欽九寫私書之寧陽縣書辦于淵及爲從行劫之張元皓等，亦俱係情實。應將于淵、張元皓等解至京師，交與刑部，照例僉妻即發往和布多烏闌古木地方。奏入，報聞。

三月庚午，王蘭生、留保俱賜進士，著一體殿試。

己丑，諭議政大臣等：藏地甚屬緊要，見在雖有蒙古緑旗兵三千名駐彼，但延信已將將軍印信帶回，並無將軍統管兵馬，又無滿兵駐扎，不可不加籌畫。雲南有副都統噶什所領滿兵一千，著派五百名，並四川歇息之緑旗兵五百名發往。速行文延信，令其前往藏地。延信及雲南、四川兵到藏後，如彼地食物米糧稀少，可將喀喇沁翁牛特兵徹回西寧。公策旺諾爾布仍駐彼處。著議奏。尋議政大臣等議覆：留駐雲南之江寧、杭州滿兵，應令都統武格、副都統吴納哈領兵五百名，仍從雲南進藏之路前進。四川歇息之緑旗兵，應令總督年羹堯、將軍噶爾

弼派總兵官、副將二員領五百名，仍從打箭爐前進。將軍延信，停其前往西寧，令帶將軍印，回至四川，帶領四川兵進藏，總統駐扎。得旨，依議，前令原任雲南總督蔣陳錫、巡撫甘國璧接應進藏兵糧餉贖罪効力，若尚未去，令與此兵同往。如已赴藏地，令應付此兵糧餉効力。

庚寅，撫遠大將軍允禵疏言：據三路將軍報稱，各路之馬駝糧餉俱甚充足，器械俱已齊備，官兵各思奮力進勦。值策妄阿喇布坦人心惶惑、恐懼震動之時，乘此進兵，可以直搗其巢穴，掃蕩無遺。得旨，著議政大臣、滿漢九卿、詹事、科道會同詳議具奏。尋議，將靖逆將軍富寧安之兵，調在烏蘭烏蘇地方駐扎捍禦。富寧安所領兵內，派七千名，交散秩大臣阿喇衲、甘肅提督路振聲，由烏蘭烏蘇一路前進，取吐魯番。既得之後，令富寧安於阿喇衲所領兵酌量派出，嚴加防守。但進取吐魯番，兵馬微少，應於振武將軍傅爾丹處選兵三千，撥過富寧安一路。振武將軍傅爾丹、征西將軍祁里德，各於本處駐扎預備。再於祁里德所屬兵內，派三千名前往，以收取策妄阿喇布坦及吴梁海等逃竄之人。倘若無人，即行徹回，合兵一處。設或此際，策妄阿喇布坦内變起釁，或有逃來歸順之人，得策妄阿喇布坦確信，三路將軍，相機即約大兵前進，可以搗其巢穴矣。得旨，議政大臣等所議甚是，朕意亦如此籌算，將此行文與大將軍，令三路將軍各行定議具奏。

《東華録》卷二四 是月，諭諸王大臣等：【略】趙成鑣、孫紹曾公奏懇早建儲位。得旨：交内閣。上手書諭旨，諭諸王大臣等：六十年大慶，大學士王掞等不悦，以朕衰邁，謂宜建儲，欲放出二阿哥，伊等借此邀榮。不知二阿哥兩次册立爲皇太子，教訓數十年，不能成就。朕爲宗社及朕身計，故嚴行禁錮，所以不殺者，恐如漢武帝之後悔，致後人滋其口(實)〔舌〕也。朕並無可悔之處，見今時常遣人存問，齎賜佳物，其子朕爲撫養，凡此皆爲父之私情，不能自已，所謂姑息之愛也，人何得因此生(議)〔疑〕耶。朕並無誅戮大臣之意，大臣自取其死，朕亦無如之何。朕御極六十年，慶賀典禮，非不可受，因深知此等事，故堅辭不允，朕衰老中心憤懣，衆人虚誑請行慶典，朕豈屑爲此乎？」王、貝勒、貝子、公大臣等奏：「王掞背負鴻恩，結黨營私，于康熙五十六年將國家最大之事妄行陳奏。隨後有御史陳嘉猷等八人條奏，今年二月十八日伊密奏〔後〕隨又有御史陶彝等一十二人條奏，結成朋黨，奸惡已極。請將王掞及陶彝等鎖拿，俟過十八日大慶之後，從重治罪。疏留中。

上將諸王大臣參劾王掞等奏章發出，諭曰：王掞及御史陶彝等妄行陳奏，俱云『爲國爲君』。見今西陲用兵，爲人臣者，正宜滅此朝食，伊等暫停議罪，着于此番軍前照滿洲文官例委署額外章京遣往。王掞年老，着伊子王奕清代去，俟立功回日，再行奏聞。

《聖祖實録》卷二九二 四月甲午，陞山東登州總兵官李麟爲固原提督。

乙未，上御太和殿傳臚，賜殿試貢士鄧鍾岳等一百六十三人進士及第、出身有差。

丁酉，轉刑部尚書賴都爲禮部尚書，以鑲藍旗蒙古都統托賴爲刑部尚書。

庚申，議政大臣等議覆據平逆將軍宗室延信疏，言臣遵旨辦完事務，回至中途，患病沈重，不能再往藏内駐防。應將延信調回京師，令署四川總督噶爾弼於年羹堯回任日，仍帶定西將軍印，敕統兵赴藏駐扎防守，仍令都統武格參贊。從之。

五月壬戌，議政大臣等議覆撫遠大將軍允禵疏，言駐扎巴爾庫爾之兵征取吐魯番，其策妄阿喇布坦之人必然震恐，逐漸投順來歸。但甘州、肅州等處之滿洲緑旗兵，見俱撥往巴爾庫爾，應將臣處所有之兵，帶進甘州、肅州駐扎，爲其聲援。查肅州地方褊小，甘州稍覺廣闊，應令大將軍允禵帶領見在西寧所有之兵，前赴甘州駐扎，辦理調遣之事。至西寧地方緊要，應派大臣一員駐扎管理。得旨，依議，著大將軍允禵派一要緊大臣駐扎西寧管理。

癸酉，陞署參將管四川永寧副將岳鍾琪爲四川提督。

乙亥，吏部議覆廣東廣西總督楊琳疏，言廣西太平府思明土知州黄而芸貪殘不法，已參革論絞，請改土歸流，其所轄地方歸併太平府知府管理。該土州原設吏目一員，仍存留以司捕務。應如所請。從之。

甲申，撫遠大將軍允禵疏言：奉旨派大臣一員駐扎西寧辦事。查西安將軍宗查布前曾調駐西寧，再侍讀學士常授辦青海事業已有年，其可否派駐之處，請旨定奪。得旨，常授著授理藩院額外侍郎，駐扎西寧辦事。宗查布著赴大將軍允禵處，聽候調遣。

乙酉，諭大學士等：陝西總督鄂海著辦理軍前糧餉，四川總督年羹堯著兼理四川、陝西總督事務，原任侍郎革職色爾圖著署理四川巡撫事務，皆馳驛速赴任。

又諭：朕因陝西歉收，雖將錢糧蠲免，動給倉糧，又發庫帑，特差官員散賑，

百姓尚未安堵。今施世綸亦束手無策，此皆係地方官員不切實留心爲民。若有賢能官員勸諭糶賣，可以多得。著將内庫銀發五十萬兩，令左都御史朱軾往山西，光禄寺卿盧詢往陝西，再派部院賢能官員隨往，每處帶銀二十五萬兩，勸諭富户照時價糶賣米石，庶乎易得。將此旨傳示九卿。

《聖祖實録》卷二九三　六月辛卯朔，調湖廣提督高其位爲江南提督，陞天津總兵官魏經國爲湖廣提督。

癸巳，福建、浙江總督覺羅滿保等摺奏，五月初六日，臺灣奸民朱一貴等聚衆倡亂，總兵官歐陽凱率兵往捕，爲賊殺害。地方有司官俱奔赴澎湖，惟淡水營守備陳策，率領兵民堅守淡水營地方，以待救援。臣聞報，即自福州前赴厦門辦理軍務，提督施世驃前赴澎湖。臣隨令南澳總兵官藍廷珍、參將林政等，率領官兵赴澎，聽候提臣調遣。下部知之。

上發硃筆諭旨，命兵部發往福建，交總督滿保傳諭臺灣百姓。諭曰：據督臣滿保等所奏，并伊等進摺家人所言，臺灣百姓似有變動。又奏稱，滿保於五月初十日領兵起程等語。朕思爾等俱係内地之民，非同賊寇，或爲飢寒所迫，或因不肖官員刻剥，遂致一二匪類倡誘衆人，殺害官兵，情知罪不能免，乃妄行强抗，其實與衆何涉？今若遽行征剿，朕心大有不忍，故諭總督滿保，令其暫停進兵。爾等若即就撫，自原諒爾等之罪。倘執迷不悟，則遣大兵圍勦，俱成灰燼矣。

丙申，諭宗人府：平逆將軍延信，朕親伯之孫，朕之姪也。此番統領滿洲、蒙古、緑旗兵丁，過自古未到之烟瘴惡水、無人居住之絶域，殲滅醜類，平定藏地，允稱不辱宗支，克展勇畧，深屬可嘉，著封爲輔國公。

戊戌，靖逆將軍富寧安疏言：吐魯番歸順回人阿喇布坦等訴稱，見今各城潛有回人，約有五百餘口，情願歸順，應即派兵前往收撫。但他哈爾齊、哈拉沙爾等處，與吐魯番不甚相遠，聞大兵到後，回人必盡來投誠。若令居住吐魯番等城，不得不派兵看守，而運送糧食甚屬艱難，因此未發兵收撫。報聞。

乙卯，上諭議政大臣等曰：據富寧安奏稱，策妄阿喇布坦將吐魯番回人拖克拖麻穆忒等遷往哈喇沙爾地方，中途逃回，在魯克齊穆地方駐扎等語。見今歸順之回人，與準噶爾之人爭鬭，將準噶爾之人殺害，取甲來獻。觀此情形，策妄阿喇布坦似畧無報復之意，或伊同黨内有不睦，亦未可定。此機不可輕失，朕意策妄阿喇布坦將伊等不能遷往哈喇沙爾，又不能護衛準噶爾之人，足見萬不能敵我兵。今收復吐魯番，若不看守，則策妄阿喇布坦處歸順之人以及來使逃人有回人居中，倘行殺掠，此路必致阻隔。爾等速議行文富寧安，派緑旗兵一千名，察哈爾厄魯特蒙古、回兵一千名，前赴吐魯番收納歸降回人，照看駐扎。將歸順之人及來使逃人，往内解送之處牢設哨汛。今回人歸降於我，與厄魯特世成仇敵，即係我民，其巴爾庫爾相距吐魯番止六百里，爲途不遠，如果策妄阿喇布坦率衆侵擾，我兵前去救援不遲。著富寧安預行轉飭回人等，於我軍尚未抵境之時，若有策妄阿喇布坦處來使逃人，萬勿隱匿侵犯，即行解送。著議奏。尋議，回人頭目拖克拖麻穆忒等來歸，應遣兵防護，行文富寧安等，欽遵諭旨施行。其蒙古、回兵，令輝特公巴濟。察哈爾之兵，將巴爾庫爾侍衛阿玉錫著爲副都統，與侍衛克什圖一同帶領前往。緑旗馬步兵，令富寧安處所有總兵官揀選一員，帶領前往。再令散秩大臣阿喇衲統轄前往。至所需米糧作何運送之處，令富寧安等酌議料理。從之。

閏六月庚申朔，日食。

命兵部尚書孫柱兼理吏部尚書事。

七月丙申，議政大臣等議覆靖逆將軍富寧安疏，言臣遵旨派兵二千看守吐魯番地方，令散秩大臣阿喇衲統領前往。又烏蘭烏蘇以内，有闢舍圖、色必忒等處，係赴吐魯番之隘口，且與瀚海交界，臣另派署前鋒統領法瑙等，率兵一千於闢舍圖等處據守要害。又恐賊衆由瀚海後路來襲法瑙等所屯之兵，查闢舍圖以内俄龍吉地方，亦屬扼要，應於俄龍吉再設哨兵二百名，令侍衛哲爾德率領前往眺望偵探。如有變動之處，臣請親率大兵乘機進剿。應如所奏。從之。

甲寅，福建水師提督施世驃疏言：臺灣所屬南北兩路地方，距府治遥遠，臣抵臺灣之後，隨調參將林政等帶兵進征南路，遊擊林秀等帶兵進征北路，再遣遊擊朱文等直趨北路諸羅山後，追捕賊黨。今據林政等報，南路賊衆與臺灣耕種粵民構難，於六月十九日，在漫漫莊地方被粵民殺敗。迨官軍繼至，乘勢追捕，賊目鄭廷瑞等已被千總阮欽、把總李興盛等擒殺，餘夥盡皆逃散。據林秀等報，北路賊衆，於六月二十八日，在大穆降地方被官兵截殺，死傷甚多，餘衆悉降。報聞。

諭兵部：臺灣賊首朱一貴等俱已擒獲，著行文該督，將朱一貴等押解來京，審明之後，正法示衆。

《聖祖實録》卷二九四　八月庚辰，福建、浙江總督覺羅滿保疏言：臣查臺灣起釁情由，本年三月内，因賊首朱一貴在鳳山縣地方結黨聚衆，知府王珍遣人

往捕，混將旁人株連需索，朱一貴等乘機於四月十九日豎旗倡亂。遊擊周應龍帶領營兵及土番赴勦，土番殺無辜數人，焚毁道旁廬舍，賊遂逼脅莊民，隨從拒敵。至二十七日，周應龍敗回，賊陷臺灣府治。朱一貴等蓄謀爲惡，知府王珍匿情不報，縱役生事。遊擊周應龍縱番妄殺，又戰敗逃回，罪俱重大。臺厦道梁文煊、同知王禮事前通同隱匿，臨時一無備禦，退回澎湖，罪均難逭。臺灣縣知縣吴觀棫、諸羅縣知縣朱夔、水師遊擊張彦賢等，俱請一并發審，分别定擬。得旨，臺灣府文職官員平日並不愛民，但知圖利苛索，及盜賊一發，又首先帶領家口棄城，退回澎湖，殊屬可惡。道員以下文職官員，俱著提拏，交總督滿保、提督施世驃會同審明，即發往臺灣正法。并查伊等家産，給賞効力有功之人。所參遊擊張彦賢等，亦俱著解任，交該提督、總督會同審明，定擬具奏。

九月甲午，四川、陝西總督年羹堯疏報：定西將軍噶爾弼領兵赴藏，行至瀘定橋地方，患病不能前進。得旨，噶爾弼患病，調養尚需時日，其將軍印著齎付公策旺諾爾布署理。額駙阿寶、都統武格，俱著參贊軍務。

庚子，先是，上諭議政大臣等：阿喇衲看守吐魯番地方，恐兵勢單弱，應行文將軍富寧安，酌派官兵遣往吐魯番駐扎。至是，靖逆將軍富寧安疏言：臣欽奉上諭，派兵二千名，令副都統莊圖管領，於八月十六日起程，前赴吐魯番。今又續派兵二千名，令副都統穆克登等管領，往吐魯番，於九月初三日起程。昨據散秩大臣阿喇衲報稱：十月内雨雪之際，擬乘賊之不備進兵襲擊。雖吐魯番兵勢並非單薄，但恐前往襲擊，或有賊兵來乘我軍之後，亦未可定。臣請親率兵四千進駐伊爾布爾和韶，接應調遣。其巴爾庫爾留兵三千，請交與都統睦森管領。得旨，交與議政。尋議政大臣等議覆：將軍富寧安奏請派兵吐魯番，移駐伊爾布爾和韶之處，俱應如所奏。但今冬雨雪之時，止可就近地襲擊，不宜深入。應行文將軍富寧安，令阿喇衲襲擊之兵，相機前進，即行整旅而回。從之。

丙午，其直隸、山東、河南被水之民，著該督撫查明賑濟。至堵築黄河決口、引沁入運事，朕另遣大臣前往。

丙辰，九卿等遵旨議覆：堵築黄河決口、引沁入運之處，俟派出大臣，令其會同總河及該督撫等，詳勘議奏。

丁巳，授統兵駐扎吐魯番散秩大臣阿喇衲爲協理將軍。

《聖祖實録》卷二九五　十月戊午朔，河南巡撫楊宗義疏言：馬營口民隄，衝決約一百餘丈，南北兩岸皆水，難以動工。臣於李先鋒莊南北兩岸下埽對築，水面約有二百餘丈，俟完工後，即將馬營口民隄用土堅築。自沁河隄頭起，至詹家店民隄頭止，此十八里歷來無隄。自詹家店民隄頭起，至滎澤縣官隄頭，止十二里民隄，甚是低小單薄，須用加築。臣細查河形，黄河由西北而流東南，因釘船幫上流淤灘，河分二流，正身到滎澤舊縣方往東流；自釘船幫上流起，直往南流。所以發一次水，灘大一次。須冬春月間，自西北釘船幫起，至滎澤縣下流止，將所有河灘盡行挑挖，則武陟、滎澤二縣可無水患。謹先繪圖進呈。得旨，黄河衝決之處，漫溢水至之處，朕俱指示繪圖，令副都御史牛鈕等，遵諭堵築修理并圖發往。

丙寅，議政大臣等議覆撫遠大將軍允禵疏，言賊厄魯特侵犯吐魯番，爲我兵所敗，鼠竄而去。來年不可不大舉進勦，盡行翦滅。但事關重大，請容臣輕裝赴京，恭請訓旨。應如所請。得旨，大將軍允禵令其來京，將印交與平郡王訥爾素。

丙子，傳臚，賜殿試武舉林德鏞等一百十人武進士及第、出身有差。

十一月戊戌，陞鑲白旗滿洲副都統署内務府總管事馬武爲鑲白旗蒙古都統，鑲紅旗滿洲副都統伊爾哈岱爲正紅旗蒙古都統，鑲紅旗滿洲副都統吉當阿爲鑲紅旗護軍統領。

癸丑，山東巡撫李樹德疏言：臣同欽差吏部尚書張鵬翮查勘黄河衝決運河隄岸，因運河水勢漸平，三空橋、五空橋俱不流水，恐曹家隄決口洩水過多，以致運河淤淺，商議及時修築。於十月二十日起工，十一月十五日止工，所有原決口八十一丈，已堵築七十三丈，尚留八丈未堵，俟河南、直隸上流堵完，即行堵築。至於開濬臨清閘月河，已於十一月初七日完工。目今閘河水小，不用分洩，倘遇發水溜急之時，放入月河，以分水勢，實於漕運有益。下部知之。

康熙六一年（壬寅、一七二二）

《聖祖實録》卷二九六　正月戊子，召八旗滿洲、蒙古、漢軍、文武大臣官員及致仕、退斥人員年六十五以上者六百八十人，宴於乾清宫。前命諸王、貝勒、貝子、公及閒散宗室等授爵勸飲，分頒食品。

乙巳，陞兵部左侍郎李先復爲工部尚書。

二月戊寅，刑部等衙門議覆：臺灣叛犯朱一貴、李勇、吴外、陳印、翁飛虎、

王玉金、張阿三，應照謀反律，皆淩遲處死。朱一貴冒稱明朝後人，爲首倡亂，應將伊祖父、父子、孫、兄弟、同居之人、期親伯叔父兄弟之子並伊嫡族，以至幼子，毋許遺漏一人，查明送部，詳訊分別，此外有無親屬，皆斬立決。李勇等六人之祖父、父、子、孫、兄弟、同居之人、期親伯叔兄弟之子，年十六以上，該督等會同逐一查明具題，即於彼處正法。其朱一貴之母女、妻妾、姊妹、子之妻妾，逐一查明送部，分別給功臣之家爲奴，財產入官。從之。

辛巳，兵部等衙門議覆：差往江南吏部尚書張鵬翮等察審松江提督趙珀，自到任後，將應給兵丁糧米不行速發，又坐扣空糧九百十名，通共侵蝕銀三萬四千六百九十二兩，米六千九百餘石，收各營規禮一萬九千四百餘兩，應將趙珀革職解部，枷號鞭責，所坐空糧銀兩并所收規禮銀兩交該旗，勒限一年追完。再原任提督今陞鑾儀使師懿德，坐扣空糧銀兩共三萬三千四百七十二兩零，米四千五百三十一石二斗，應將師懿德革職，徒五年，至配所杖一百，所坐空糧銀兩限一年追交該部。布政使李世仁，將餉銀不按月給發，又將藩庫銀私借趙珀，應將李世仁降三級調用，查有加級，應抵銷。得旨，趙珀、師懿德俱著革職，從寬免罪。李世仁著銷去加三級，抵降三級，免調用。餘依議。

《聖祖實録》卷二九七　三月丙戌朔，陞正黄旗護軍統領蘇爾法爲正紅旗漢軍都統，正紅旗滿洲副都統覺羅德爾金爲正黄旗護軍統領。陞西安副都統阿魯爲荆州將軍。

四月戊午，議政大臣等議覆靖逆將軍富寧安疏，言嘉峪關外，布隆吉爾之西，古所謂瓜州、沙州、燉煌郡之處，而蒙古人呼爲庫庫沙克沙，昔曾建築城池，屯兵耕種，至今舊址尚存，田土廣闊，宜於牧放馬畜。兼有河水，若於此處屯田，駐扎緑旗兵三四千名，設總兵官一員管轄，則通黨色爾騰之路既可探扼，而於諸處遣用俱屬有益。應行文將軍富寧安，會同總督年羹堯、提督路振聲，將派往官兵造城屯田之處，確議奏聞。從之。

己巳，命撫遠大將軍允禵復往軍前。

《東華録》卷二四　是月，命富寧安將大兵移駐烏魯木齊，從阿喇衲之言也。

《聖祖實録》卷二九七　五月癸巳，議政大臣等議覆靖逆將軍富寧安疏，言臣接准部咨，今歲大兵移駐烏魯木齊地方，糧餉、馬畜能否備辦。來年大兵進勦，馬畜、口糧能否接濟。其阿爾泰遣往官兵一萬二千名，以及隨役，自十月起，支給糧米若不敷用，應作何增運之處，令臣與總督年羹堯、巡撫綽奇會同定議具奏。臣身在軍營，相機而行，未敢擅離，因移咨總督年羹堯、巡撫綽奇，速行定議。康熙五十四、五十五兩年，臣在肅州辦餉，除按月支給官兵外，又備進勦裹帶隨運之糧二萬一千餘石，運貯軍前。自去年三月運到軍糧缺少，因今道員王全臣將原貯之糧通融散給，又給與吐魯番官兵羊隻，繼而運到之糧愈少。臣又令王全臣採買米糧、青稞等項，并將銀兩折算配給，是以自去秋以至今夏，不致貽悞。見今巴爾庫爾、吐魯番、科舍圖、俄隆吉等四處，所有滿洲、蒙古、緑旗官兵共二萬一千一百名，計算隨役共三萬三千四百九十名，每月需糧六千六百九十餘石。自阿爾泰遣往官兵一萬二千名，計算隨役約二萬五千名，每月需糧五千石。今年巴爾庫爾耕種青稞，用過籽粒二千石，至秋成，或可獲糧二萬石。吐魯番新墾地畝，所獲糧數，難以預定。今支給吐魯番官兵糧米，自五月以來便不能接濟，臣因移咨協理將軍阿喇衲，乘回人所種地畝成熟，於六月初旬催其收穫，借給官兵。俟米糧運到時，照數給還，或將我兵在吐魯番種蕎之糧補給。似此酌量設法，庶可接濟無悞。應如將軍富寧安所奏，令伊酌量設法辦理。惟是吐魯番種地之處，不可不嚴爲防守。前經議政議，遣步兵五千名至彼防守，今年若進兵至烏魯木齊，令將軍等酌留官兵看守田畝，若不進兵，則看守田畝之兵不可無馬，應令將軍等將馬兵酌量派留，照看田地，兼備勦戮潛來侵犯之賊。其米糧足用與否，亦令將軍富寧安查明議奏。從之。

《聖祖實録》卷二九八　六月壬戌，諭大學士等：盛京地方屢歲豐收，米穀價值甚賤，民間或致濫費，著令盛京米糧不必禁糶，聽其由海運販賣。可傳諭盛京將軍、府尹知之。又諭曰：暹羅國人言其地米甚饒裕，價值亦賤，二三錢銀即可買稻米一石。朕諭以爾等米既甚多，可將米三十萬石，分運至福建、廣東、寧波等處販賣。彼若果能運至，與地方甚有裨益。此三十萬石米係官運，不必收稅。

丙子，諭大學士等：直隸總督趙弘燮病故，地方緊要，著刑部郎中趙之垣加都察院右僉都御史銜，署理直隸巡撫事務。

七月丁酉，議政大臣等議覆征西將軍祁里德疏，言臣先經移咨都統圖拉等，令其速諭總理屯種事務之蘇永祖，赴烏闌古木等處平治田畝，開濬溝渠，乘時速行播種。又派委署前鋒統領卜柱及扎薩克台吉根敦等，統兵一千名前赴烏闌古木一帶，驗看形勢，設立營伍，以便防守。隨據蘇永祖呈稱，烏闌古木一帶，地土肥饒，水泉雖少，儘可引溉，今農事已畢，若徹軍回入大營過冬，俟來春再往，或

致遲滯，不如將此屯種五百名之官兵，即於烏蘭古木等處堅立營伍屯扎，加謹防守。乘農事既畢，引水地中結凍，俟來春凍開，及時播種，可以加增地畝。又據扎薩克台吉根敦等回稱，自喀爾奇喇之巴晏鄂博處起，至搭拉托羅海止，共二百五十餘里，已設哨汛七處等語。臣與都統圖拉等一同酌議，照蘇永祖所請，將屯種之官兵冬季停其徹回，即於烏蘭古木等處駐扎，牧放馬畜。惟是屯種之處，俱在哨汛之外，賊人聞知，乘隙侵擾，亦未可定。請再派滿洲官兵及烏喇索倫科爾沁喀喇沁喀爾喀之官兵五百名，亦於烏蘭古木等處屯扎，堅立營伍，彼此應援。此二營各撥子母礮四位，派大臣一員管轄，官兵不時巡查。見有散秩大臣殷扎那具呈願往，應令伊前往効力。俱應如所請。得旨，殷扎那不堪，著都統圖拉前往屯守。

八月丙寅，刑部題，已故福建革職提督藍理貪虐案内，應追銀兩甚多，今該督撫疏稱，變賣藍理家産止得銀三萬八千二百餘兩，明係隱匿，應令地方官嚴追。得旨，藍理出征効力之處甚多，又在阿爾泰軍前効力回來身故，其家産著照督撫等察估完結，其別項俱從寬免追。藍理從前曾治罪入旗，著將伊妻子俱放歸原籍。

《聖祖實録》卷二九九　九月乙酉，諭議政大臣等：從前曾有以朕每年出口行圍，勞苦軍士條奏者，不知國家承平雖久，豈可遂忘武備。

戊子，諭扈從大學士、尚書、侍郎、學士等曰：據陝西巡撫噶什圖奏稱，陝西虧空甚多，若止於參革官員名下追補，究竟不能速完。查秦省州縣火耗，每兩有加二三錢者，有加四五錢者，臣與督臣商議，量留本官用度外，其餘俱捐補合省虧空，如此，則虧空即可全完等語。朕謂此事大有關係，斷不可行。定例私派之罪甚重，火耗一項，特以州縣官用度不敷，故於正項之外量加些微，原是私事，朕曾諭陳瑸云，加一火耗似尚可寬容，陳瑸奏云，此乃聖恩寬大，但不可明諭許其加添。朕思其言深爲有理。今陝西參出虧空太多，不得已而爲此舉，彼雖密奏，朕若批發，竟視爲奏准之事，加派之名朕豈受乎？特諭爾等滿漢諸臣共知之。

甲午，諭扈從大臣等：總督年羹堯將虧空錢糧各官題參革職，其虧空錢糧至今不能賠補。今又因辦理軍需，陝西巡撫噶什圖、總督年羹堯會商，將民間火耗加徵墊補等情題請，第民間火耗，只可議減，豈可加增？朕在位六十一年，從未加徵民間火耗，今安可照伊等所題加增乎？且虧空錢糧之數雖多，見今未有實在墊補之處。由此觀之，西安庫内未必有存貯銀兩，今值此軍機需用之際，而伊等以有虧空延挨不敢題請，或致有悞緊要軍需，亦未可定。著交議政大臣會議，將户部庫銀撥送西安。即彼處庫内有銀亦令收貯，如庫内無銀，軍機需用之處，一面動用，一面奏聞。

十月辛酉，諭議政大臣等：倉糧關係甚要。【略】應將此徹底清查。若遣他人亦未能辦，著和碩雍親王□□帶領弘昇、延信、孫渣齊、隆科多、查弼納、吴爾台前往，會同張大有查勘。

壬戌，陞正黄旗護軍統領覺羅德爾金爲鑲藍旗蒙古都統。

戊辰，以都察院左都御史安鮐爲杭州將軍。

辛未，以兵部右侍郎查弼納爲江南、江西總督。

征西將軍祁里德疏言：據總理種地事務蘇永祖呈稱，和布多、烏蘭古木特里等處可種地畝，乘時和暖，俱已開墾。其坤都倫河等處可種地畝，亦俱開墾。今年所種麥子，得有數倍。明年可以添種地畝。惟是農器恐不敷用，乞早行發給等語。除將所得麥子磨麵，差侍讀學士阿禮等謹齎呈覽外，其不敷所用之農器，請交與大同府知府預備。得旨，據所奏在和布多、烏蘭古木等處開墾耕種，因土沃水裕，今年所得麥子一倍，收有六倍，爰請明年添種二石。及詢問齎呈麥麵之阿禮等，據云，和布多、烏蘭古木地方廣闊，開墾之處頗多，原係厄魯特等耕種好地，今應將歉收之毛岱察罕叟爾等處耕種人力，移至和布多、烏蘭古木耕種，可以多收。再種地所用犁、鋤、鏵子、鍬、鐝等器，每年給發不少，何以一年之間即俱損壞。鏵、鋤、鍬、鐝俱係鐵器，軍前或難於備辦，犁係木器，何地蔑有？若隨伊所請，概行給發，路途遥遠，著人送往，頗費錢糧。再軍前種地人員稟報所收糧數一倍，得有數倍等語，甚不明晰，應照内地或一畝一晌，收得米石若干，如此稟報，方得明晰。其和布多、烏蘭古木地方添種田畝，所給犁、鋤、鍬、鐝等物之處，著議政大臣詳加議奏。尋議覆：軍前糧米甚屬緊要，多種地畝則多得積貯。今將軍祁里德奏稱，今年麥子多收，應令明年於和布多、烏蘭古木并坤都倫河等處可以耕種之地，將今年所收糧米作爲籽粒，多加耕種。倘有不敷，令將鄂爾齋圖杲爾等處所收糧米給與增種。其毛岱察罕叟爾所種地畝歉收，應將所需耕種人力器具，俱移至和布多、烏蘭古木地方耕種。其毛岱察罕叟爾之地，分給充發罪人令其開墾。至於鏵、鋤、鍬、鐝俱係鐵器，該部行文山西巡撫速令製造，雇覓駝隻，交侍讀學士阿禮等帶往。秋收之後，加謹收存。所用之犁，軍前

有木可造，令伊等自行辦用。再行文將軍傅爾丹等，將此開墾田地俱令丈量頃畝，計算給過之籽粒、秋收之米石，開明詳報。見令和布多、烏蘭古木地方，有種地兵丁及駐扎兵丁五百名，值農務暇時，應令多伐木料聚積，以便修理大城及房屋倉廩。從之。

《世宗實録》卷一　十一月戊子，聖躬不豫，因回駐暢春園。

《東華録》卷二四　［甲午］，命貝勒永禩、十三阿哥胤祥、大學士馬齊、尚書隆科多總理事務。召大將軍十四阿哥胤禵令與宏曙馳驛來京，命公延信馳驛赴甘州管理大將軍印務。

是日丑刻，上疾大漸，命趨召皇四子於南郊齋所。寅刻，召皇三子誠親王胤祉、皇七子淳郡王胤祐、皇八子貝勒胤禩、皇九子貝子胤禟、皇十子敦郡王胤䄉、皇十二子貝子胤祹、皇十三子胤祥，理藩院尚書隆科多至御榻前曰：「皇四子人品貴重，深肖朕躬，必能克承大統，着繼朕登基，即皇帝位。」皇四子聞召馳至，巳刻，趨進寢宮，是日戌刻，上崩，以雍正元年九月丁丑朔巳時，葬景陵，在位六十一年，壽六十有九，廟號聖祖。

清世宗部（起公元一七二二年，迄公元一七三五年）

《東華録》卷二五　世宗憲皇帝，聖祖第四子也。母孝恭仁皇后吴雅氏，原任護軍參領封一等公衛武之女，端莊恭肅，慈惠安和。事聖祖仁皇帝恪襄內治，著範宫庭，嘉祥肇集。誕　上康熙十七年戊午十月三十日寅時也。上天表奇偉，隆凖頎身，雙耳豐垂，目光炯照，音吐洪亮，舉止端凝，大智夙成，宏才肆應，允恭克讓，寬裕有容。幼耽書史，博覽弗倦，精究理學之源，旁徹性宗之旨。天章濬發，立就萬言。書法遒雄，妙兼衆體。每籌度事理，評隲人材，因端竟委，燭照如神，韜略機宜，皆所洞悉。而性尤純孝，婉愉愛慕，悉本至誠。逮事孝莊文皇后、孝惠章皇后備膺慈眷。侍奉聖祖仁皇帝、孝恭仁皇后盡體盡敬，仰愜歡心。偶遇聖祖違和，必躬親湯藥，問視惟虔，晝夜無少懈。聖祖常稱爲誠孝焉。又誼敦友愛。值二阿哥罪廢，衆議當幽禁，上獨涕泣不能起，聖祖爲之動容。平日無私交，無黨援，無干譽，秉道守義，嶷然自重。嘗奉命隨征，統率將士，軍紀肅然。初封多羅貝勒，晉封和碩雍親王。每值鑾駕巡方，翠華駐蹕，輒命扈行，軍國大計亦多諮決。禋祀鉅典，恒令恭代。聖祖嘗諭諸大臣曰：「朕萬年後，必擇一堅固可託之人，與爾等作主，令爾等永享太平。」蓋天心默定神器，攸歸久矣。

康熙六一年（壬寅、一七二二）

《世宗實録》卷一　十一月戊戌，命兵部尚書白潢協理內閣大學士事務。以精奇尼哈番音德爲散秩大臣，署鑲白旗護軍統領。

正藍旗護軍統領宗室色亨圖緣事革職，陞鑲白旗漢軍副都統希爾根爲正藍旗護軍統領。一等侍衛拉錫爲鑲白旗漢軍副都統。

命工部左侍郎署湖廣總督滿丕來京，在原任侍郎內行走，陞廣東巡撫楊宗仁爲湖廣總督。以原任江南安徽布政使年希堯署理廣東巡撫。

贈故大學士謚文端張英爲太子太傅，刑部侍郎謚文恪勵杜訥爲禮部尚書，以從前內廷行走年久，端謹恪勤，亦曾教諸皇子讀書。

辛丑，祇告天、地、宗廟、社稷，即皇帝位，以明年爲雍正元年。

癸卯，大學士等奏頒雍正年號錢文式樣。得旨，錢文係國家重務，向因錢價昂貴，常厪皇考聖懷，今何以使錢文價平，方合皇考便民利用之意。從前雲南巡撫楊名時題請鼓鑄，部議不准舉行。滇省之外，何省應令鼓鑄，與錢價有益，著總理事務王大臣、九卿公同會議具奏。尋議，鼓鑄錢文，應令雲南、四川兩省設爐鼓鑄。從之。

丙午，諭內閣：隆科多應稱呼舅舅，嗣後啓奏處，書寫舅舅隆科多。

諭總理事務王大臣等：步軍統領隆科多，總理事務甚屬繁劇，著護軍統領衮泰署理步軍統領事。

鑲紅旗漢軍都統馬雲霄緣事革職，以刑部尚書陶賴兼管鑲紅旗漢軍都統。

己酉，諸王、貝勒、貝子、公、文武大臣官員等議奏大行皇帝尊謚廟號。【略】恭擬敬上尊謚曰：合天弘運文武睿哲恭儉寬裕孝敬誠信功德大成仁皇帝，廟號曰聖祖。

庚戌，陞盛京工部侍郎覺羅蘇庫爲禮部尚書，户部左侍郎敦拜爲都察院左都御史，內閣學士勵廷儀爲兵部左侍郎仍兼管翰林院掌院學士事。

《國朝宫史》卷三　十二月一日，上諭：每見八旗官員動輒罵及所屬人等父母，薄俗如此，所不忍聞。先經皇考常申訓誡，至再至三，尚未悛改。夫該屬人等即有過失，只可指斥其本身，於其父母何預？且凡事自有國法，應笞責者笞責，應題參者題參，出言詬罵，甚屬非理。嗣後，仍有辱罵人之父母者，許被罵之人即行回明，該管大臣參奏。再宫內太監等亦好罵人父母，嗣後，如有太監在街道中罵人者，許即重打綑綁，交與步軍統領轉交總管太監懲治。著步軍統領傳示各城，內務府總管傳示各首領太監，通行曉諭，永遠禁止。

《世宗實録》卷二　乙卯，禮部會同王大臣及大學士、翰詹各官等，恭上皇太后徽號曰仁壽皇太后，遂將應行典禮儀注具奏。

丙辰，遣公鄂倫岱仍往軍前總理驛站事務。

陞盛京佐領噶達鴻爲內務府總管。

壬戌，諭總理事務王大臣等：署理寧古塔將軍宗室巴賽、奉天將軍唐保住、雲貴總督高其倬、總河陳鵬年、山西巡撫德音、廣東提督馮毅等，俱著實授。

封貝勒允禩爲和碩廉親王，十三阿哥允祥爲和碩怡親王，貝子允祹爲多羅

履郡王，二阿哥子弘晳爲多羅理郡王。

癸亥，實授弘昇爲左翼前鋒統領，調正白旗蒙古都統武格爲鑲白旗蒙古都統。

以輔國公延信爲西安將軍，仍署撫遠大將軍印務。

禮部遵旨議奏，雍正元年特開恩科，請於四月鄉試，九月會試，十月殿試。其癸卯、甲辰鄉會試正科，改於雍正二年舉行，二月鄉試，八月會試，九月殿試，從之。

甲子，諭户、工二部：財者利用之源，古帝王足國裕民，務必制節謹度。朕初即位，每恐府庫金錢中飽於胥吏之侵蝕，以後凡户、工二部，一應奏銷錢糧米石、物價工料，必須詳查核實，開造清册具奏，毋得虚開浮估。儻有以少作多，以賤作貴，數目不符，核估不實者，事覺，將堂司官從重治罪。

命吏部尚書富寧安爲武英殿大學士兼吏部尚書，以理藩院尚書舅舅隆科多爲吏部尚書仍兼管步軍統領事務，廉親王允禩爲理藩院尚書，理藩院侍郎特古忒加尚書銜仍辦理侍郎事務，副都統拉錫兼署理藩院侍郎事。

丙戌，命怡親王允祥總理户部三庫事務。

陞内閣學士吴爾泰爲户部左侍郎。

實授馬爾薩爲正黄旗滿洲都統，陞鑲白旗漢軍副都統拉錫爲正白旗蒙古都統，署鑲白旗護軍統領音德爲正藍旗滿洲都統。

命禮部改鑄太常寺及内務府總管銀印。

裁廣善庫衙門，停止内外官員借俸例。

戊辰，户部議覆河南巡撫楊宗義疏，稱河南所屬不近水次州縣，徵收折色米一十五萬一千三百八十石，每石折銀八錢，照例節省一錢五分解部；存銀六錢五分，令糧道採買。今年秋收歉薄，市價每石需銀一兩五六錢，與部内所定之價大相懸殊，且恐採買如許漕糧，米價更貴，貧民艱於得食。請將附近水次州縣應徵本色現在徵收，其不近水次州縣折色銀兩，徵銀解部。或於來年秋後豐收，分作三年採買搭運。應行令該撫，將此項徵收折色銀兩，於本年内採買一半米石起運，其餘一半銀兩收貯庫内，陸續採買，於來年盡數起運。得旨，今年應徵本色米石照常運送，其應買米石俱免其運送，著折銀解部。

己巳，命協辦内閣事務兵部尚書白潢爲文華殿大學士兼兵部尚書。

調鑲黄旗蒙古副都統宗室汝福爲本旗滿洲副都統，正藍旗漢軍副都統哲爾衮爲鑲黄旗蒙古副都統，陞正白旗參領多賽爲正藍旗漢軍副都統，調正白旗漢軍副都統覺羅諾穆齊爲本旗滿洲副都統，陞王府長史哈達爲正白旗漢軍副都統，正白旗前鋒參領薩哈查爲本旗蒙古副都統。

鑲白旗漢軍副都統真泰緣事革職，陞鑲白旗護軍參領闢色、王府長史巴爾呼達，俱爲鑲白旗漢軍副都統。巴爾呼達仍兼長史行走。

停徵江南海州、武進九州縣水災漕糧，從江寧巡撫吴存禮請也。

庚午，大學士馬齊等奏請纂修《聖祖實録》。

辛未，河道總督陳鵬年奏：秦家廠等隄工，河水漫溢。得旨，此漫溢之處，不於歲前堵築完竣，來年桃汛水發，愈難辦理。陳鵬年會同楊宗義，務於歲前速行堵築完竣。

壬申，陞吏部右侍郎張廷玉爲禮部尚書。

以内閣學士福敏充經筵講官。

乙亥，命大學士二等伯馬齊爲《聖祖實録》館監修總裁官，吏部尚書一等公舅舅隆科多，大學士嵩祝、白潢，吏部尚書張鵬翮爲總裁官，禮部尚書張廷玉、都察院左都御史朱軾，兵部侍郎勵廷儀、阿克敦，内閣學士額黑納、登德爲副總裁官。

又諭：承修皇考實録之事，所關甚屬緊要。所派大臣官員内有陞轉者，著仍兼理行走。若有陞轉外省者，其員缺，著即奏聞。

賜都察院左都御史朱軾宅一所，銀一千兩。

加大學士馬齊、嵩祝，吏部尚書張鵬翮，俱爲太子太傅。

丙子，諭總理事務王大臣、兵部：在京武職官員，亦當照外省武職官員例，五年一次，考選軍政。其如何考選之處，著定議具奏。尋議，在京武職官員，如領侍衛内大臣、八旗都統、前鋒統領、護軍統領、副都統、步軍統領等，俱係近御大臣，不必令其自陳。遇五年考選軍政時，各將屬員詳核，填註考語，照外省薦舉及八法例分別具奏。其各省駐防將軍、都統、副都統等，照提、鎮例自陳，其屬員俱照京城之例舉行。至德州等處之城守尉、協領，派大臣前往考選，其屬員即會同城守尉協領等詳核，填註考語具奏。從之。

戊寅，户部奏雲南鑄錢事宜。得旨，依議，部議錢上清字，鑄雲泉、京城二局，係寶泉、寶源字樣。錢乃國家之寶，其雲南鑄錢清字，著鑄寶雲，四川鑄寶川。此外别省，俱將寶字爲首，次將各本省字樣鼓鑄。

雍正元年(癸卯、一七二三)

《世宗實録》卷三　正月辛巳朔，頒雍正元年時憲曆。

頒發訓諭直省總督以下等官上諭十一道。

壬寅，户部等衙門議覆倉場總督李英貴等條奏倉場事宜四款。一、漕兑定例，原帶耗米，以備曬颺折耗，不准旗丁批抵，聽作倉中折耗。一、旗丁應給照米三升八合。查米既入倉廒，復行照出，恐滋弊端，請將此項米石留倉，量給價值。一、倉差滿漢監督各一員，請嗣後於部員内，擇家道殷實、操守清勤者題補。再於現任各監督内，擇其操守清廉、米好數足者，題留復任二年。再於候補候選人員内，擇其年力精壯、才猷敏達者，題請補用，給與本銜食俸，以爲養廉之資。其應補、應選之缺，咨部仍行補選。一年差滿，果操守清廉，米好數足，亦題留復任二年。共三年，准作試俸三年。任滿之日，任内米數謹慎收貯，數目充盈，題明交與吏部，以應陞之缺即陞。若改易操守，偷盜倉糧者，照侵欺錢糧例，盡法治罪。一、倉場衙門有查倉、查船及大通橋、石土兩壩、五閘等處巡查諸事，舊止設筆帖式四員，請添滿漢司官四員，同筆帖式在臣衙門差委稽察。該員果能實力辦事，訪察利弊，三年後，亦照監督以應陞之缺即陞。筆帖式俟五年俸滿，以應得之缺即用。儻查驗不實，徇私隱蔽，及怠惰誤事者，嚴加參處。俱應如所請。從之。

癸卯，諭工部：去年黄河漫溢，衝決秦家廠，一時不能堵塞。朕念數省生民，暨東南漕運攸關，特遣齊蘇勒前往堵修，幸將秦家廠、馬營口俱經堵築完工。但冬日氷凍，所修工程或未必堅固，目今氷解流澌之時，水勢定行稍長，况三月桃花水降，其堵築堤岸，不可不加保固。今楊宗義丁憂，布政使牟欽元署理巡撫印務，凡齊蘇勒所需河工物料及所用官員，著牟欽元即行給與，毋得遲誤。該部速行文牟欽元知之。

《世宗實録》卷四　二月辛亥朔，陞内閣學士宗室佛格、兵部左侍郎勵廷儀俱爲刑部尚書，翰林院侍讀學士吴士玉爲内閣學士兼禮部侍郎。

陞鑲紅旗護軍統領吉當阿爲本旗漢軍都統，仍兼護軍統領。

癸丑，以正黄旗滿洲都統馬爾薩署理領侍衛内大臣。

福建、浙江總督覺羅滿保疏報：臺灣變亂，有南路下淡水及安平鎮等處義民李直三等，倡率鄉勇，首先殺賊，仰懇皇恩，酌加議敘。其鄉壯等，量予獎賞。得旨，據奏臺灣義民李直三等，帶領鄉勇，協助官兵擊敗賊衆，竭忠効命，殊爲可嘉。著該部從優議敘。

丁卯，命廉親王允禩辦理工部事務，裕親王保泰辦理理藩院事務。

己卯，諭吏部：虧空錢糧各官，若革職留任催追，必致貽累百姓。伊等既已獲罪革職，豈可復留原任。嗣後虧空錢糧各官，即行革職，著落伊身勒限追還。若果清完，居官好者，該督撫等奏明。著通行直隸各省督撫知之。

副將軍阿喇衲奏報：羅卜臧兒地方回人古爾班等，率領哈喇庫爾、薩達克圖、哈喇和邵三處户口一千餘人輸誠投順。下部知之。

《世宗實録》卷五　三月甲申，諭總理事務王大臣等，在藏之兵或撤回，或於通藏之路駐扎，及西寧所餘官兵撤回之處集議以聞。尋議，西藏地方，因策妄阿喇布坦妄行擾亂，用申天討。平藏之後，留兵防護，恐屯劄日久，唐古特等供應繁費，應將駐藏官兵盡行撤回。察哈爾及額駙阿寶之兵丁，應令公策旺諾爾布、都統武格阿寶等統領，由西寧路遣回。阿寶在軍營年久，應令伊與策旺諾爾布等一竝來京。其江寧杭州兵丁，令副都統吴納哈帶領，由雲南遣回四川。緑旗兵丁，令副將李現光帶領，由打箭爐遣回。至兩路適中之乂木多，係通藏大路，應於四川緑旗兵内，挑選一千駐防。應令總督年羹堯於川陝總兵副將内，揀選管轄。再阿里地方，甚屬緊要。今康濟鼐親身赴藏，同隆布奈等料理藏地，其阿里地方無人辦事，應交康濟鼐派出効力之人奏聞，賞與職銜，協助防守。再查西寧有緑旗兵六千，防守地方已屬足用，其都統汪悟禮帶領京師之兵，應盡行撤回。得旨，額駙阿寶令其帶領兵馬，前往遊牧地方，休息數日，再令來京。

命吏部定直省督撫兼銜。

加吏部尚書兼步軍統領舅舅隆科多、保和殿大學士馬齊、川陝總督年羹堯，俱爲太保。

癸巳，吏部遵旨議覆直省督撫兼銜。查川陝總督，統理西安、甘肅、四川三處事務，控制番羌。兩江總督，統理江蘇、安徽、江西三處事務，地連江海。俱應授爲兵部尚書兼都察院右都御史。其餘總督及各省巡撫，仍照舊例。由各部侍郎以及別項官員補授總督者，俱改爲兵部右侍郎兼都察院右副都御史。由侍郎補授巡撫者，亦改爲兵部右侍郎兼都察院右副都御史。由學士、副都御史及卿員、布政使補授巡撫者，俱授爲右副都御史。由左僉都御史補授巡撫者，改爲右

僉都御史。永爲定例。從之。

甲午，以淳郡王允祐管理左翼四旗都統事務，鑲白旗滿洲副都統納秦管理左翼四旗護軍統領事務，輔國公阿布蘭管理右翼四旗都統事務，鑲紅旗漢軍都統吉當阿管理右翼四旗護軍統領事務。

《世宗實録》卷六　四月庚戌朔，河道總督齊蘇勒疏言：河南黄河北岸陽武、祥符、封邱一帶，有岔流三道，逼近隄岸，遶行五十餘里，始歸正河。南岸青佛寺地方，有支河一道，沿隄下注四十餘里，方與正河交會。若不急爲截斷，恐被刷寬深，傷及大隄。現在築壩堵斷支河，并請接築壩尾子隄九千二百八十八丈，隔隄七百八十丈，以制旁流。從之。

辛亥，聖祖仁皇帝梓宫至景陵，將陵寢一應典禮酌定，著諸人俱照定例遵行。

丙辰，兩廣總督楊琳等摺奏：新會縣盜首張祖珠等，聚衆搶掠，已遣兵擒獲。奉上諭：朕知粤東兵馬懦弱不堪，大盜竟敢與地方官公然抗衡，武備不强，賊何能盡。如欲勤盡山賊，必以操練兵馬爲先。粤省此一事最爲緊要，爾等共膺封疆重寄，不可偷安，亟宜加意振作，方能改革舊習。且朕觀天下督標撫標之兵，尤屬不堪。率皆不以爲事，彼此怠弛，不肯同心合力整頓料理，而往往以避嫌藉爲口實，若以標下軍卒，視爲督撫之私兵，天下有是理乎？各省督撫，自兹各當奮勉惕勵，操習以勤，賞罰以公，何慮營伍之不整肅耶？

命怡親王允祥總理户部事務。

壬戌，諭：陝省數年以來軍需錢糧，至今尚未奏銷，皆由承辦之人不顧國帑，惟圖利己，恣意貪婪之所致也。猝令奏銷，即互相推諉，遲延日月，設法掩飾，若使事事如此，效尤成風，則承辦錢糧之人安知畏懼乎？蘭州藩庫軍需奏銷，仍著折爾金造册。西寧大兵處巡撫辦理之錢糧，仍著噶什圖造册。其原造册官員，該部查明奏聞，發往噶什圖處，著噶什圖帶往西寧，清查銷算。

以輔國公普照署鑲藍旗護軍統領。

乙丑，封十七阿哥允禮爲多羅果郡王。

丁卯，上始御乾清門聽政。

戊辰，除山西、陝西教坊樂籍，改業爲良民。

癸酉，吏部議奏：山西巡撫德音、布政使森圖隱匿地方災荒，既不奏報，又不停徵，應革職。得旨，遣祭華嶽之侍讀學士田文鏡到日，朕詢彼經過地方情形與百姓生理，據奏，山西平定州等處，民間生計維艱，地方官現在徵比錢糧，是以即遣田文鏡速往賑濟。且聞年羹堯來京之時，曾囑德音查明歉收州縣，奏請緩徵，至今竝未啓奏。巡撫係封疆大吏，一聞百姓饑饉，即當陳奏。德音既不奏聞，反行催科徵納，其不能勝巡撫之任，於此可見。德音從寬免革職，著來京，在學士任効力行走，其員缺，著順天府府丞連肖先補授。布政使森圖，人不及，著革退，在驍騎參領効力行走，其員缺，著内閣學士諾岷補授。

乙亥，諭户部：朕臨御以來，宵旰憂勤，凡有益於民生者，無不廣爲籌度。因念國家承平日久，生齒殷繁，地土所出，僅可贍給，偶遇荒歉，民食維艱，將來户口日滋，何以爲業。惟開墾一事，於百姓最有裨益。但向來開墾之弊，自州縣以至督撫，俱需索陋規，致墾荒之費浮於買價，百姓畏縮不前，往往膏腴荒棄，豈不可惜。嗣後各省，凡有可墾之處，聽民相度地宜，自墾自報，地方官不得勒索，胥吏亦不得阻撓。至陞科之例，水田仍以六年起科，旱田以十年起科，著著爲定例。其府州縣官，能勸諭百姓開墾地畝多者，准令議叙。督撫大吏，能督率各屬開墾地畝多者，亦准議叙。務使野無曠土，家給人足，以副朕富民阜俗之意。該部即遵諭行。

《世宗實録》卷七　五月庚辰，兵部議覆雲貴總督高其倬奏，鶴麗、永北等處取藏兵丁，倒斃馬匹，豁免賠補，應無庸議。得旨，兵丁遠馳異域，甚屬勞苦，且滿洲、緑旗俱當一視，其倒斃馬匹，若仍令伊等賠補，朕心不忍，著悉行豁免。

免江南壽州、合肥等十四州縣，廬州等六衛康熙六十一年分旱災額賦有差。

甲申，直隸巡撫李維鈞摺奏：直隸從前虧空，計州縣歲之所餘積纍填補，二年督令清理。奉上諭：州縣官令少從容，不慮窘乏，方可責其盡心撫字。少有餘資，亦可自爲地方興利之舉，何可勒令爲他人補苴虧缺耶？

己丑，諭大學士等：此番鄉試落卷，著大學士王頊齡、刑部尚書勵廷儀、署吏部侍郎内閣學士史貽直、户部侍郎張伯行、李周望、兵部侍郎阿克敦、副都御史李紱，同南書房翰林檢閲。如人不足，於翰林院編檢内，揀選十員同閲。再此番係雍正元年特恩加科，士子有因迴避，不曾應試者，殊屬可憫，即令派出大臣擬題奏請，候朕點出，於内閣考試。

戊戌，諭河道總督齊蘇勒、漕運總督張大有、山東巡撫黄炳：歷年漕船遲滯，皆由運河淺阻。運河之水，全賴山東諸湖蓄水，以資灌注。近歲諸湖漸就淤積，附近居民或侵佔耕種，以致水少，不能引以濟運，今宜乘夏秋雨水之時，預爲

蓄水之計。爾諸臣應各留心相度，凡沿河近地已經成田者，不必追究。其未經耕種者，當湖水稍落，速宜嚴禁，不可仍令侵佔。至諸湖隄防，務須修築堅固。引河閘座，務須啓閉得宜。則湖水深廣，運道流通，將來漕艘，更無阻滯之虞矣。

庚子，諭總理事務王大臣等：青海台吉兄弟不睦，儻邊境有事，大將軍延信駐劄甘州，相隔遥遠，朕特將一切事務，俱降旨交年羹堯辦理，若有調遣軍兵，動用糧餉之處，著防邊辦餉大臣及川陝、雲南督撫、提鎮等，俱照年羹堯辦理邊疆事務，斷不可貽誤，并傳諭大將軍延信知之。

撤布叓爾地方隨征緑旗弁兵，令山西大同總兵官馬覿伯帶回。

以署理大學士工部尚書徐元夢、禮部尚書張廷玉，俱署都察院左都御史。

辛丑，仁壽皇太后崩於永和宮。

《世宗實録》卷八　六月己酉，命太僕寺少卿須洲等往山東發司庫銀二十三萬四千兩，散賑濟南、兖州、東昌、青州、萊州等府旱災饑民。

丁巳，命雲貴革職總督高其倬仍留原任。

陞廣西提督左世永爲正黄旗漢軍都統，直隸天津總兵官韓良輔爲廣西提督，直隸河間副將徐仁爲直隸天津總兵官。

己未，户部議覆御史向日正條奏，凡官員那移公帑爲本身捐陞及子弟捐職，以致虧空者，本身無論離任、現任，子弟無論先用、即用，俱革職賠補。應如所請。從之。

以江蘇等屬積年民欠地丁及蘆課等項銀兩，歷歲既久，窮民苦累，悉令豁免。

辛酉，諭内閣：邊外地方遼闊，開墾田畝甚多，將京城無産業兵丁移駐於彼，殊爲有益，著直隸古北口提督董象緯定議。再著總理事務王大臣等，會同兵部詳議具奏。尋議，於熱河、喀喇和屯、樺榆溝三處駐兵，請派京城兵八百名，於熱河駐四百名，喀喇和屯、樺榆溝二處各駐二百名，以五十名爲一佐領，每佐領設佐領一員，驍騎校一員。於派出兵丁内，設領催四名，再設總管一員，翼長二員，令其統理管轄。其總管駐劄熱河，翼長二員，分駐喀喇和屯、樺榆溝二處。此移駐兵丁，令滿洲、蒙古都統等，於馬甲内擇其無産業情願前去，併席北烏拉齊新滿洲内熟諳農務者派往。其總管、翼長，著兵部引見補授。佐領、驍騎校，著各旗引見補授。其官員缺出，照依各省駐防官員例。其兵丁缺出，即於彼處餘丁内挑補。如無餘丁，仍於京城原佐領内挑取，派往頂補。俸餉、米石俱照京城例支給。所住房屋，派部院堂官一員，查明彼處官房撥給。如其不敷，買房添補。其總管關防，著禮部鑄給。隨關防之筆帖式，令吏部題補。從之。

壬戌，署撫遠大將軍貝子延信摺奏：據青海郡王額爾得尼厄爾克托克托柰來稱，羅卜藏丹津等領兵來侵，率兵交戰四次，屬下人多陣亡，其餘亦行逃散，又將牲畜劫掠，今率妻子來投，乞賜救援等語。臣令伊等暫住蘇油口内。奏入，報聞。

甲子，署撫遠大將軍貝子延信摺奏：青海公噶爾丹達錫來至甘州，據稱，率弟台吉鄂齊爾、台吉阿旺達克巴領兵，與貝勒阿爾布坦温布等相拒。我兵敗散，賊人肆行搶奪，來投進口等語。臣已令噶爾丹達錫暫與伊叔額爾得尼厄爾克托克托奈同居。奏入，報聞。

壬申，諭直隸巡撫李維鈞：畿甸之内，旗民雜處。向日所在旗人暴横，小民受累，地方官雖知之，莫敢誰何，朕所稔悉。爾當奮勉整飭，不必避忌旗漢冰炭之形迹，不可畏懼王公勳戚之評論。即皇莊内有擾害地方者，毋得姑容，皆密奏以聞。

甲戌，議敍順天考試官，加都察院左都御史朱軾爲太子太傅，禮部尚書張廷玉爲太子太保。

丙子，諭内閣：凡旗員爲外吏者，每爲該旗都統、參領等官所制，自司道以至州縣，於將選之時，必勒索重賄，方肯出結咨部。及得缺後，復遣人往其任所，或稱平日加恩，勒令酬報，或稱家有急需，那移求助，或以舊日私事要挾。至五旗諸王，不體恤門下人等，分外苛求，或縱門下管事人員肆意貪索。種種陋習，不可枚舉，以致該員竭蹶餽送，即欲潔己自好，勢有不能。於是虧空公帑，被參罹罪，多由於此。嗣後如有仍蹈前轍、恣意需索等弊，許本官據實密詳督撫轉奏，儻督撫瞻顧容隱，即許本官封章密揭都察院，轉爲密奏。即各御史亦得據揭糾參，務期通達下情，以除積弊。著通行八旗直省督撫，徧諭内外旗員知悉。

諭理藩院：塞外居住之八旗、察哈爾、蒙古護軍驍騎之器械，三年查看一次。

《世宗實録》卷九　七月己卯，諭駐劄西寧辦青海事務兵部左侍郎常壽：據貝子延信奏報，親王羅卜藏丹津、貝勒盆蘇克汪扎爾等，率兵四千，搶奪王額爾得尼厄爾克托克托奈等，爾宜遣人勸阻，令其和好。若羅卜藏丹津借此侵犯邊塞，則不可不加懲治。此事或爾親往和解，或遣賢能官員喇嘛等往彼和解，爾悉

心籌畫，與年羹堯商酌而行。

庚辰，命山東歷城等一百二州縣康熙六十年未完丁地錢糧六十九萬四千兩有奇，自雍正元年始，分三年帶徵。從山東巡撫黄炳請也。

壬午，兵部議覆浙江福建總督覺羅滿保疏，稱臺灣南路與中路適中扼要爲崗山地方，北路與中路適中扼要爲下加冬地方，應設兵彈壓。今將鎮標右營守備領把總一員，兵二百四十名，駐劄崗山。鎮標左營守備領兵一百五十名，駐劄下加冬。再令臺協水師中營千總一員，領兵一百二十名，駐劄鹽水港。左營千總一員，領兵一百五十名，駐劄笨港。至安平鎮城，甚爲扼要，應令水師副將領守備一員，兵五百名，駐劄城內。均應如所請。從之。

癸未，雲南巡撫楊名時摺奏：巡撫衙門規禮共有五萬餘兩，准留若干，其餘應充公用。奉上諭，督撫羨餘，豈可限以科則，拘以繩墨，惟視秉心何如耳，取所當取而不傷乎廉，用所當用而不涉於濫，固不可朘削以困民，亦不必矯激以沽譽。若一切公用犒賞之需，至於拮据窘乏，殊失封疆之體，非朕意也。必使兵民温飽，官弁豐足，督撫司道亦皆饒裕，乃朕之所願。是在爾等揆情度理而行之，其是與否自難逃朕之鑒照也。

署正黄旗蒙古都統伊都善緣事革職，以果郡王允禮管理正黄旗蒙古都統。正白旗護軍統領納奏署理正藍旗蒙古都統，正藍旗護軍統領宗室汝福署理鑲白旗蒙古都統，正黄旗護軍統領查克旦署理正紅旗漢軍都統。

乙酉，户部遵旨議覆：遣官往盛京、江西、湖廣採買米糧。得旨，南方差漢御史，或給事中一員前往，動正項錢糧，照時價買米，僱覔民船即行起運，趕上漕船，可以先到，即先來。如其不能，在何處遇見糧船，即隨便同行。此係官買之米，若交與地方官，恐派累小民，亦未可定，不必交與地方官運送。著派同知、通判等官一員，協同買米之員管運到京。

丙戌，諭户部、兵部：從前商人王綱明因虧空銅觔銀兩，具呈願採買兩江、浙、閩、湖廣五省營驛馬匹，於每匹額價内節省三兩，填補虧空。後五省以王綱明所交之馬疲瘦不堪，易於倒斃，題請仍自行採買，每匹扣銀三兩交部，爲王綱明補墊虧空。此事雖行已數年，但各省採買額價不敷，不能採買膘壯。營驛之馬恒至倒斃，以至地方官員歳有賠累。況商人王綱明虧空銀兩，與各省地方官員何涉，而代爲補墊。除從前五省解部補墊銀兩外，以後每匹扣銀著俱行豁免。其王綱明欠項，著另行查明清結。

工部議覆川陜總督年羹堯疏，奏布隆吉爾地方北連哈密，西接沙州，去嘉峪關約五百餘里，請建城一座，屯兵駐守，則柳溝、赤金始得屏捍。應如所請。從之。

直隸巡撫李維鈞摺奏：直屬丁銀，請攤入田糧。奉上諭，此事尚可少緩，更張成例，似宜於豐年暇豫、民安物阜之時，以便熟籌利弊，期盡善盡美之效。今既經題奏，候部議到時，朕再酌定。

辛丑，諭禮部尚書張廷玉曰：聖祖仁皇帝《欽定孝經衍義》一書，廣博精深，宜頒布海内，使天下之人觀覽誦習，以爲修身務學之本。

壬寅，以舅舅公隆科多、大學士王頊齡爲《明史》監修官，署理大學士事務工部尚書徐元夢、禮部尚書張廷玉、左都御史朱軾、翰林院侍講學士覺羅逢泰爲總裁官。

《世宗實録》卷一〇　八月甲寅，諭兵部：提督、總兵、副將等官，仍照舊例，不許在任所置産入籍。其參將以下，俱係微員，任所縱有房産，諒亦微薄，若概勒歸原籍，必致困累，爾等會同九卿定議具奏。尋議，參將以下等官，任所置有産業，或本身休致，事故解退，或經身故，子孫留住任所，有欲在彼入籍者，許令地方官報明督撫，即准其入籍居住。田土、丁糧，與土著之民一體輸納。從之。

戊午，以兩廣總督楊琳專管廣東總督事務。陞廣西巡撫孔毓珣爲廣西總督，仍兼巡撫事務。

己未，諭兩江總督查弼納、江南提督高其位、署江蘇巡撫何天培、浙江巡撫李馥等：太湖三萬六千頃，連跨數郡，地勢既廣，支流復多，爲盜賊出没之所，平時既易藏姦，巡捕恐難著力。爾等均有統轄之責，可公同確議，遴選賢員，清查嚴緝，務俾匪類就擒，餘黨解散，地方長享寧静之福，以副朕禁盜安民之意。

以鑲紅旗蒙古副都統富爾丹署鑲藍旗護軍統領。

《東華録》卷二五　是月，上御乾清宫西煖閣，召王大臣及文武諸臣入，諭曰：朕自即位以來，念聖祖付託之重，安可怠忽，不爲長久之慮。當日聖祖因二阿哥之事，身心憂悴，不可殫述。今朕諸子尚幼，建儲一事，必須詳加審慎，此事雖不可舉行，然不得不預爲之計。今朕特將此事，親寫密封，藏於匣内，置之乾清宫正中，世祖章皇帝御書「正大光明」匾額之後，乃宫中最高之處，以備不虞，諸王大臣咸宜知之。

《世宗實録》卷一一　九月壬午，以都察院左都御史加吏部尚書銜朱軾、禮

部尚書張廷玉爲會試正考官。

調户部尚書田從典爲吏部尚書，禮部尚書張廷玉爲户部尚書仍兼管翰林院掌院學士，陞户部右侍郎張伯行爲禮部尚書，刑部右侍郎盧詢爲兵部尚書。

甲申，户部議覆，直隸巡撫李維鈞請將丁銀攤入田糧之内。應如所請。於雍正二年爲始，將丁銀均攤地糧之内，造册徵收。得旨，九卿、詹事、科道會同確議具奏。

理藩院奏：準噶爾策妄阿喇布坦屬下明嘎忒人博羅忒、達什扎卜、巴圖蒙克、多爾濟、哈拉嘛克、達巴什六人來降。得旨，伊等來歸可嘉，爲首之博羅忒、達什扎卜，著賜與侍衛翎。伊等稱有近族兄弟在貝勒博貝處爲護衛，即將此六人賞與博貝，加意撫養。

己丑，諭川陝總督年羹堯：侍郎常壽奏報，親王羅卜藏丹津攻王察罕丹津，已渡黄河，肆行猖狂。或遣使與策妄阿喇布坦期約作亂，或欲窺取西藏，皆事所必有。軍務宜預先籌度，爾宜將西寧、松潘、甘州等處軍兵整備，務期勦滅。羅卜藏丹津自夏間作亂以來，人馬疲乏，若不乘此時擊之，遲延日久，則賊人得以蓄養氣力。爾其盡心籌畫，克奏膚功。

以内務府郎中薩哈廉協理内務府總管。

癸巳，以裕親王保泰管理鑲黄旗滿洲、蒙古、漢軍三旗事務，原仁鑲白旗護軍統領蘇克肫爲鑲黄旗滿洲都統。

刑部議覆御史湯之旭條奏，六部現行則例，輕重不一，請簡諳練律例大臣爲律例館總裁，將康熙六十一年以前所行條例、雍正元年以後所奉上諭，陸續纂修增入。應如所請。得旨，左都御史朱軾、兵部尚書盧詢、刑部左侍郎阿錫鼐、兵部左侍郎伊都立，著充總裁官。

甲午，以正白旗蒙古都統拉錫署鑲白旗滿洲都統。

丙申，除浙江紹興府惰民丐籍。

甲辰，湖廣總督楊宗仁奏言：百姓食鹽價值，應請欽定，下慰商民仰望。得旨，據楊宗仁奏請欽定鹽價，伊並不體察事理，但固執己見，仍照原題具奏。【略】，著黄叔琳、謝賜履前往楚省，會同楊宗仁將鹽價確議酌定。謝賜履印務，著運使何順暫行署理。

《**世宗實録**》**卷一二**　十月丁未朔，頒雍正二年時憲曆。

恭刻《聖祖仁皇帝御製曆律淵源》一百卷告成，内分三部：一曰《曆象考成》，一曰《律吕正義》，一曰《數理精蘊》。

戊申，諭兵部：據川陝總督年羹堯奏稱，青海羅卜藏丹津恣肆猖狂，臣領兵於九月二十日自甘州起程，十月初間至西寧，相機行事等語。總督年羹堯既往西寧辦理軍務，其調遣弁兵之任甚屬緊要，須給大將軍印信，以專執掌。著將貝勒延信護理之撫遠大將軍印，即從彼處送至西寧，交與總督年羹堯。其貝勒延信，現有防守甘州沿邊等處事務，將庫内現存將軍印信，著該部請旨頒發一顆送給。尋議，應將平逆將軍印信，送給貝勒延信。從之。

敕諭撫遠大將軍年羹堯：【略】爾與蘇丹、岳鍾琪、常壽等酌定方畧，公同計議而行，勿當事會而致失機宜，勿恃兵强而輕視逆寇，密偵遠探，罔或疎虞。各路大兵暨蒙古兵丁，聽爾調遣。凡遇有警，即遣發官兵應援撲勦，防備詐降。如羅卜藏丹津敢於抗拒，即行勦滅。其黨内亦有懼羅卜藏丹津之勢，脅從而行者，伊等果悔罪來歸，即行寬宥。有能擒斬羅卜藏丹津來歸者，分别具奏。有情急來歸者，加意撫恤。其不抗拒者，毋加殺戮。

甲寅，敘平郭羅克賊番功，封川陝總督年羹堯爲二等公，給四川提督岳鍾琪拜他喇布勒哈番世職，遊擊姚文玉、周瑛以下十五員，及外委官馬萬倉等九十七員，各功加二等，餘俱賞賚有差。

壬戌，撫遠大將軍年羹堯摺奏：西藏撤回額駙阿寶所領蒙古兵丁，馬匹軍器，皆不堪用。且阿寶身有殘疾，應令回原處。定西將軍公策旺諾爾布帶領之察哈爾兵，漢仗俱好，將察哈爾兵揀留四百名，交都統武格管轄，其餘交策旺諾爾布帶領起程。再都統西倫圖現駐於東郭爾廟，甚屬無益。伊所領京城兵在外日久，馬匹器械俱已缺乏，交侍衛班領阿齊圖帶領發回。西倫圖漢仗猶好，請留軍前，管轄察哈爾前鋒兵。西寧現在滿洲兵無幾，應令署西安將軍公普照派烏鎗驍騎四百名，前鋒一百名，交副都統覺羅伊禮布帶領，速赴西寧。再用兵不可無參贊大臣，前鋒統領蘇丹經事頗多，岳鍾琪總統緑旗土司兵丁，請授爲參贊大臣。至青海之事，并請侍郎常壽、一等侍衛達鼐參議。奏入，報聞。

乙丑，禮部奏請總督、巡撫銅關防，應照將軍、提督之例，用銀鑄給，以重職掌。從之。

丁卯，撫遠大將軍年羹堯摺奏：青海羅卜藏丹津等，聚集各台吉，肆行邊外。臣已劄令乂木多總兵官周瑛率兵截其往藏之路，但羅卜藏丹津急即遁至穆魯烏蘇等處，亦未可定。臣令靖逆將軍富寧安，調都統穆森往吐魯番駐防，調吐

魯番駐防副將軍阿喇衲帶領滿洲、蒙古、緑旗兵二千名，由噶斯一路，前往截殺。若羅卜藏丹津實心恭順，即將此二千名暫駐布隆吉爾。再查布隆吉爾地方，駐防兵甚少，四圍皆係厄魯特。喇布坦巴蘇泰每令伊屬下人截奪台站馬駝，應令緑旗兵二千名，調往布隆吉爾，交參將孫繼宗管轄。若用兵，即令率所管兵丁勦滅喇布坦巴蘇泰，與副將軍阿喇衲會合，共截羅卜藏丹津。如此，賊人不能脱逃，而布隆吉爾地方亦甚堅固。奏入，報聞。

辛未，調正白旗漢軍都統觀音保爲鑲黄旗漢軍都統，陞左翼前鋒統領希爾根爲正白旗漢軍都統，仍兼管前鋒統領事務。

癸酉，調署理大學士工部尚書徐元夢爲户部尚書，仍辦理大學士事。户部尚書孫渣齊爲工部尚書。以公阿爾松阿爲禮部尚書。陞工部左侍郎尹泰爲都察院左都御史。調刑部左侍郎阿錫鼐爲工部左侍郎。陞内閣學士馬爾齊哈爲刑部左侍郎。詹事府少詹事塞楞額爲内閣學士兼禮部侍郎，仍兼會考府行走。太常寺卿王沛憻爲通政使司通政使。一等侍衛林祖成爲光禄寺卿。

以正白旗滿洲都統貝勒滿都護管理正白旗三旗事務，調正白旗蒙古都統拉錫爲本旗滿洲都統，陞鑲黄旗蒙古副都統巴爾米特爲正白旗蒙古都統，鑲黄旗參領花色爲本旗蒙古副都統。

撫遠大將軍年羹堯摺奏：十月十九日，賊人來侵鎮海堡，臣令都統武格率察哈爾兵、西安滿洲兵援救。二十日，厄魯特兵二千名，番賊一千餘人圍堡。二十一日至二十三等日，賊人陸續添兵，日夜轉戰，臣將前鋒統領蘇丹所領兵丁，交參將宋可進等帶領軍前効力。滿洲緑旗官員，於二十五日前往援救。賊衆六千餘人，或據堡前之山，或在谷中埋伏，我兵分隊奮攻，礮傷賊人甚多，賊人敗走。鎮海堡内滿洲、察哈爾、緑旗兵齊出截殺，賊人四散逃去，共殺傷厄魯特六百餘人，我軍陣亡五人，被傷六人。再多巴之囊素阿旺丹津，從前叛歸羅卜藏丹津，今爲我兵擒獲，理應正法，但軍務未完，暫行監禁。奏入，報聞。

《世宗實録》卷一三　十一月丁丑朔，上御太和殿傳臚，賜殿試貢士于振等二百四十六人進士及第、出身有差。

戊寅，總理事務王大臣等議覆撫遠大將軍年羹堯奏，稱羅卜藏丹津率兵四五千名，進攻西寧之南川口。因守口兵少，賊人沖入，防守兵見賊勢衆，即據申中堡。賊人圍堡，堡内囊素潛與賊通，欲鑿牆而入，守備馬有仁等奮力抵禦，臣令參將宋可進、遊擊元繼尹等，率領弁兵往援。賊人迎戰，我兵内外夾攻，殲殺厄魯特番兵九十餘名，賊人敗遁。因申中堡囊素助賊攻戰，盡皆殺滅。所獲賊人器械、馬匹，俱賞給兵丁外，我兵陣亡七人。隨加賞卹，俟各處調齊兵丁，臣即見機勦滅。但甘州兵少力弱。查喀爾喀厄爾得尼王各扎薩克離甘州甚近，乞調蒙古兵三千名，協駐甘州，以壯軍威等語。查喀爾喀厄爾等尼王各扎薩克兵丁調往甘州，雖屬近便，但冬令嚴寒，喀爾喀等散處遥遠，應停其調遣，請就近派鄂爾多斯兵五千名，今副都統花色等帶領，歸化城、土默特兵五百名，令副都統查克旦等帶領，大同鎮兵一千名，總兵官馬覿伯帶領，前往甘州。其馬覿伯員缺，查永北鎮總兵官馬會伯現在京師，應著馳驛往赴大同署理。從之。

癸未，撫遠大將軍年羹堯摺奏：據隨侍郎常壽之千總馬超羣等回稱，常壽於初九日至羅卜藏丹津所駐巴顔布拉克地方，羅卜藏丹津云，是月十五日，我等在察罕托羅海地方會盟再議。十七日，行至和爾地方。薄暮時，忽有二三千賊人突至，將侍郎常壽及輜重劫去，筆帖式多爾濟憤賊陵辱，拔刀自刎等語。常壽現被禁堪布廟中。奏入，報聞。

丙戌，撫遠大將軍年羹堯摺奏：北川新城有逆賊二千餘據住，遊擊馬成輔擊殺逆賊甚衆，臣令副將王嵩、參將宋可進等，帶領兵丁三千往援。賊據山抵拒，我兵奮力攻擊，破賊六營，賊遂敗走。再莊浪爲河西五府總路，東西兩山俱番人遊牧之地，此内謝爾蘇一夥最强，厄爾布一夥助其行惡，賊恃山高林密，以爲巢穴。其地最險者係碁子山、茨爾溝二處，臣調集涼州兵二千，土司魯華齡兵一千，各處鄉兵一千，令涼州總兵官楊盡信、涼莊道蔣泂管領，四面夾攻，斬賊人數百級，俘獲其妻子。番賊奔入鐵保城。生擒厄爾布賊首魯木受等二人，及謝爾蘇賊首坎柱等六人，俱已審明正法。臣見餘賊無幾，將兵調回西寧。守備王福晉、把總陳昌及兵丁二十餘人陣亡，其被傷人數俟查明詳報。得旨，據奏侵犯西寧之南川、西川、鎮海堡、北川等處逆賊厄魯特羅卜藏丹津，被官兵協力奮攻，勦殺殆盡，賊衆墮膽逃竄，竝將莊浪等處截路行劫之賊番擊敗擒獲。大將軍年羹堯調遣指授，官兵俱各奮勇，實心効力，殊屬可嘉。此次立功報効陣亡受傷官兵，俱著註册，俟事平之日，該部從優議敘。

丁亥，諭户部：浙省偶值秋旱，被灾地方已經蠲免錢糧，令有司加意撫綏。舊額杭、嘉、湖所屬十四州縣應徵漕米三十二萬石，今荒歉之歲，民間納米爲艱，著令徵收一半，改折一半，既可以濟民之食，又可以紓民之力。其改折之價，著照康熙九年例，每石折銀一兩完交。其應徵漕米十六萬，米色或未能純一，著令

紅白兼收，以示朕軫恤地方，格外施仁之至意。

撫遠大將軍年羹堯摺奏：西寧北川上北塔、下北塔二處蒙古回子，占地數百里，丁衆糧裕，素懷異志，臣令千總馬忠孝前往下北塔，將所有三十村莊回目錫拉墨爾根等，俱已招撫。馬忠孝等又帶領兵一千名，往勦上北塔賊衆，擒獲頭目阿布多吴園厄爾克喀等，即行正法。其餘回人，俱已招撫。馬忠孝等，請俟大兵凱旋議敘。奏入，報聞。

撫遠大將軍年羹堯摺奏：察罕丹津在河州居住，羅卜藏丹津欲行劫擄，臣令少卿花善帶領察罕丹津妻子并伊屬下人等，移至蘭州居住。奏入，報聞。

壬寅，諭總理事務王大臣等：撫遠大將軍年羹堯進勦羅卜藏丹津，將巴爾庫爾吐魯番兵調往五千名，朕恐巴爾庫爾兵力單弱，著於振武將軍傅爾丹軍營兵丁内，撥派二千名，令前鋒統領丁壽、都統艮敦帶領，於明年二月内，前往巴爾庫爾駐劄。

《世宗實録》卷一四　十二月己酉，分湖北、湖南鄉試額，湖北中式五十名，副榜十名，湖南四十九名，副榜九名，武舉各二十五名。

癸丑，撫遠大將軍年羹堯奏：王察罕丹津屬下厄爾克扎爾固齊、阿爾塔爾、和碩齊拉布木三人，將羅卜藏丹津看守伊等賊兵殺散，帶領一千餘户口來投。貝勒色卜騰扎爾帶領青海左翼公册零之弟台吉巴爾珠爾等妻子并屬下人二千餘口來投。臣即宣諭皇仁，赦其被脅從逆之罪，安插於西川口外。奏入，報聞。

辛酉，撫遠大將軍年羹堯摺奏：賊人來侵布隆吉爾地方，參將孫繼宗、遊擊孫超節領兵往迎，遇賊三千餘人。正交戰時，副將潘之善引兵繼至，併力奮擊，殺賊甚衆，所獲器械無算。奏入，報聞。

丁丑，上御太和殿傳臚，賜殿試武舉李琰等一百三十六人武進士及第、出身有差。

《東華録》卷二四　是月，封胤禩和碩廉親王，胤祥和碩怡親王，胤䄉多羅履郡王，宏晳多羅理郡王。以輔國公延信爲西安將軍，仍署大將軍印務。命怡親王總理户部三庫事務。

雍正二年（甲辰、一七二四）

《世宗實録》卷一五　正月丁丑，撫遠大將軍年羹堯摺奏：十二月十三日，羅卜藏丹津送侍郎常壽回營，并呈奏章一函。筆帖式多爾濟被賊掠去，仗義捐軀，請施恩優䘏，以示鼓勵。得旨，侍郎常壽乃簡任西寧辦理青海事務之員，伊竝不將羅卜藏丹津謀叛情形奏聞，一切軍務悉推諉於年羹堯，又擅棄西寧，輕往青海，爲羅卜藏丹津所獲。及羅卜藏丹津將伊釋放，復靦顔生還，溺職已甚，著將常壽拏解西安監禁。至筆帖式多爾濟被賊擒獲，不屈身死，甚屬可嘉，著交部照殉節例議敘。仍著大將軍年羹堯照例予祭。

丁亥，授四川提督岳鍾琪爲奮威將軍。

壬辰，鑲藍旗漢軍都統伊爾拜緣事革職，以果郡王允禮爲鑲藍旗漢軍都統。

命鑲白旗蒙古都統武格，總管殺虎口至阿爾泰一路軍臺事務。

陞鑲白旗蒙古副都統巴拜爲本旗蒙古都統，王府長史額爾錦爲鑲白旗蒙古副都統。

癸巳，諭總理事務王大臣等：額駙策凌奏稱，伊自阿爾泰軍營來時，副都統勒欽圖、原任將軍席柱年俱衰邁，原爵公德瞻在軍營患病，請將此三人撤回等語。席柱、勒欽圖著撤回，德瞻係前往効力贖罪之人，俟軍務告竣，再令伊回京。

甲午，撫遠大將軍年羹堯摺奏：張家胡土克圖之胡必爾汗，原住西寧東北郭隆寺，屬下喇嘛甚多，素與羅卜藏丹津、阿爾布坦温布和好。本年正月，郭隆寺衆喇嘛忽聚兵操演，臣隨給示禁止，而寺内喇嘛傳令東山一帶番人，約於是月十一日齊集拒戰。臣見反形已露，急宜勦滅，隨遣提督岳鍾琪會同前鋒統領蘇丹、副都統覺羅伊禮布等，統兵進勦。尚未至郭隆寺，而賊衆已於十二日駐營哈拉直溝迎敵，我軍直前奮擊，斬賊數千，據其三嶺，燬其十寨。副將宋可進、總兵官吴正安、黄喜林等，各有斬獲。隨沿途燬其七寨，焚其房屋七十餘所。次日抵郭隆寺，寺外山谷間伏賊千餘人，皆逃入洞内，我兵施放鎗礮，復聚薪縱火，賊俱薰死。計前後殺傷賊衆共六千餘名。隨燬郭隆寺，并究張家胡土克圖之胡必爾汗消息，衆喇嘛已預先攜往大通河西雜隆地方，臣即將達克瑪胡土克圖正法。此次効力弁兵及陣亡受傷者，俟查明咨部。得旨，効力官兵俟事竣議敘。其勞績尤著之官弁，俱著加銜二等。

丁酉，正紅旗漢軍都統宗室西倫圖，年老休致，陞刑部右侍郎高其佩爲正紅旗漢軍都統。

庚子，建孔子廟於歸化城，左右兩翼各設滿學教官一員，從都統丹晉請也。

《世宗實録》卷一六　二月丙午，聖祖仁皇帝御製上諭十六條，頒示八旗及

直省兵民人等。自綱常名教之際，以至耕桑作息之間，本末精粗，公私鉅細，各舉要領，垂訓萬世。上以各條遵行日久，慮民或怠，宜申誥誡，以示提撕，迺復尋繹其義，推衍其文，共得萬言，名曰《聖諭廣訓》，並製序文，刊刻成編，頒行天下。

丁未，調寧古塔將軍輔國公巴賽來京，陞正白旗漢軍副都統哈達爲寧古塔將軍。

寧古塔副都統馬戚年老休致，陞一等侍衛阿岱爲寧古塔副都統。

戊申，總理户部三庫怡親王允祥條奏三庫事宜四款。

壬子，撫遠大將軍年羹堯摺奏：青海貝勒羅卜藏察罕、貝子濟克濟扎布、台吉滚布色卜騰、納漢伊席，羅卜藏察罕之母，率領伊等妻子，及貝勒策凌敦多卜之姊，投至西寧，隨酌給茶葉大麥等項，仍令往口外駐劄訖。臣思羅卜藏丹津欲威脅懦弱以益兵力，衆人尚在游移，若不乘機派兵前往，則來投之人勢難保全。臣令提督岳鍾琪、總兵官吴正安、黄喜林、侍衛達鼐、副將王嵩、宋可進、紀成斌等，領兵六千名，分二路進勦。前鋒統領蘇丹留於西寧軍營辦事。奏入，報聞。

癸丑，諭直隸各省督撫等：朕惟撫養元元之道，足用爲先。朕自臨御以來，無刻不廑念民依，重農務本。但我國家休養生息，數十年來，户口日繁，而土田止有此數，非率天下農民，竭力耕耘，兼收倍穫，欲家室盈寧必不可得。《周官》所載巡稼之官，保介田畯，皆爲課農設也。今課農雖無專官，然自督撫以下，孰不兼此任。其各督率有司悉心相勸，並不時諮訪疾苦，有絲毫妨於農業者，必爲除去。仍於每鄉中，擇一二老農之勤勞作苦者，優其奬賞，以示鼓勵。如此，則農民知勸，而惰者可化爲勤矣。再舍旁田畔以及荒山曠野，度量土宜，種植樹木，桑柘可以飼蠶，棗栗可以佐食，柏桐可以資用，即榛楛雜木亦足以供炊爨。其令有司督率指畫，課令種植。仍嚴禁非時之斧斤，牛羊之踐踏，奸徒之盜竊，亦爲民利不小。至孳養牲畜，如北方之羊，南方之彘，牧養如法，乳字以時，於生計咸有裨益。

戊午，諭總理事務王大臣等：青海之事，不日告竣。而策妄阿喇布坦，亦屬恭順，其撤回各路之兵，及固守地方之事，應預行定議。額駙策凌、貝勒博貝，俱在阿爾泰駐劄年久，地方情形，皆所悉知，現皆在京，可詳詢阿爾泰一路兵丁如何撤回，及駐防兵丁應於何處安設之處，確議具奏。尋議，策妄阿喇布坦於伊使垂納木喀去後，中心悦服，遣使誠懇前來，甚屬恭順，然永固邊陲之策，宜預爲籌畫。查阿爾泰一路，振武將軍傅爾丹軍前現在兵丁共三千八十二名，征西將軍祁里德軍前現在兵丁共六千九十八名，俱應撤回各本處。查先奉聖祖仁皇帝諭旨，喀爾喀邊疆，係與策妄阿喇布坦及鄂羅斯接壤，交將軍及喀爾喀王等會議。茂岱察罕叟爾、扎克拜達里克兩處，俱係緊要形勢地方，相應駐兵，已經蓋造城二座。後以烏蘭古木地方，廣闊豐腴，可以屯田，於是又遣哨兵，於彼種地修城屯駐。但烏蘭古木直抵阿爾泰山前，與茂岱察罕叟爾、扎克拜達里克及喀爾喀遊牧處，相隔千里，應停其在烏蘭古木駐兵，仍於茂岱察罕叟爾、扎克拜達里克兩處，派京城滿洲兵二千名防守，四年一换；蒙古兵二千名，永遠屯駐。滿洲兵，請於京城佐領内選派一千七百四十二名。其不足兵丁，於八旗漢軍礮手内均派充補。蒙古兵，請於八旗遊牧察哈爾佐領内挑選一千名，再於右衛佐領内挑選七百名。其不足兵丁，請於歸化城、土默特佐領内酌派充補。此四千兵，應派將軍一員、副都統一員統領。將軍在察罕叟爾駐劄，副都統在扎克拜達里克駐劄。應鑄給駐防茂岱察罕叟爾等處地方將軍印信。其察哈爾右衛歸化城蒙古兵二千名，俱設總管等管轄，於兩城左近遊牧駐劄。至阿爾泰軍前，現有喀爾喀扎薩克兵二千名，應暫行存留，交與王丹津多爾濟、額駙策凌、貝勒博貝等統領調遣。丹津多爾濟，應鑄給管轄喀爾喀左翼兵丁副將軍印信。策凌，應鑄給管轄喀爾喀中路兵丁副將軍印信。博貝，應鑄給管轄喀爾喀右翼兵丁副將軍印信。軍營一應器械、盔甲，交與兵部工部製給。俸餉、馬駝等項，按員令户部支賞。京城滿洲兵，於明年四月内起身，令將軍副都統帶領出張家口，由中路行走。察哈爾右衛歸化城兵，令總管等帶領。各隨其便，遊牧前去。至茂岱察罕叟爾、扎克拜達里克兩處，地畝豐腴，應俟將軍到彼，派兵耕種。并令官商范毓馪等輓運米石，備支給口糧之用。其屯種事務，奏派大臣一員，鑄給辦理茂岱察罕叟爾、扎克拜達里克兩處兵餉關防。俟四年，與將軍一同更换。再，阿爾泰兩路兵内，令傅爾丹挑留五千名，暫行駐劄。其餘今歲七八月間，令征西將軍祁里德統領撤回，並將征西將軍印敕帶繳。至阿爾泰現在所設軍臺，俱係僻路，且瀚海遼闊，水草不佳，查張家口抵朱爾輝、翁機、推河甚近，水草亦佳，應遣大臣一員，將臺站那移安設，庶於驛站人員牲畜俱有裨益矣。得旨，爾等所議，令傅爾丹處暫留兵五千名。阿爾泰既有喀爾喀之兵，著留四千名。餘依議。并行文大將軍年羹堯知之。

撫遠大將軍年羹堯摺奏：據岳鍾琪報稱，二月初八日，領兵出口。聞巴爾珠爾阿喇布坦在烏闌博爾克地方，即分兵三路進勦。及至其地，賊人已經逃遁，

遂令總兵官吴正安率兵由北路，總兵官黃喜林、副將宋可進率兵由中路，岳鍾琪、侍衛達鼐率兵由南路，往追賊人。副將王嵩、紀成斌等，各率兵搜山。岳鍾琪追至伊克哈爾吉地方，阿爾布坦温布逃入哈爾吉山中，我兵進山，遂擒獲阿爾布坦温布，黃喜林擒獲巴爾珠爾阿喇布坦，並其叔伊克喇布坦。今追勦賊首羅卜藏丹津，不可遲延，即携擒獲之阿喇布坦等三賊進勦，併收撫逃散部落。奏入，報聞。

甲子，諭直隸各省督撫等：【略】其令州縣有司，擇老農之勤勞儉樸、身無過舉者，歲舉一人，給以八品頂帶榮身，以示鼓勵。

撫遠大將軍年羹堯摺奏：羅卜藏丹津背叛阿岡部落賊番，每探報内地信息，臣令凉莊道蔣洞等，率兵四路進勦，擒斬人口、牲畜無筭，即將賊首阿岡囊蘇正法。得旨，蔣洞著加按察使銜。

丙寅，撫遠大將軍年羹堯摺奏：據岳鍾琪報稱，二月十四日，領兵至席爾哈色地方，知吹拉克諾木齊現在天城察罕哈達居住，因即派兵前往，擒獲男婦牲畜甚多。吹拉克諾木齊於十四日，帶三百餘人，乘夜遁往噶斯地方。其屬下都喇爾寨桑及扎錫敦多卜之母，帶領屬下人口、馬匹逃遁，被台吉盆蘇克注扎爾等擒獲投獻，即賞給伊等緞匹銀兩，令帶領蒙古兵五百名，往噶斯一路追擒吹拉克諾木齊，并令守備劉廷彦等帶兵同往。再訪得羅卜藏丹津仍在原處居住，大兵務於十九日，至伊所住地方進勦。奏入，報聞。

《世宗實録》卷一七　三月丁丑，河南巡撫石文焯摺奏：請將捐穀耗羨銀兩收存司庫，留充公用，奉上諭：耗羨存庫，不過暫寄，以備地方公用，斷不可歸入錢糧之内。凡此等羨餘，概不得牽混正項。國家經費自有常額，若將此入正項，爾等羨餘必仍另取，不特名實相違，且恐移東就西，反致滋弊。

癸未，撫遠大將軍川陝總督年羹堯奏報：二月初八日，遣奮威將軍岳鍾琪率大軍往勦青海逆賊羅卜藏丹津，由布爾哈屯直抵賊巢額母訥布隆吉地方，分兵一千往北路柴旦木豫截賊衆逃往噶斯要路，岳鍾琪率兵從南路尾追。二十日，探知賊衆逃往烏蘭穆和兒地方，及至其地，賊衆復逃往柴旦木地方，又分兵一千追逐。大軍隨後沿途進擊，擒獲羅卜藏丹津之母阿爾太喀屯及其妹夫克勒克濟農藏巴吉查等，并男女牛羊無數。二十二日，至柴旦木，羅卜藏丹津帶二百餘人逃竄潛匿，隨分兵至烏蘭白克地方，擒獲吹拉克諾木齊扎錫敦多卜，并男女駝馬無算，其助亂之八台吉等，亦併擒獲。現今羅卜藏丹津之母，及賊黨阿爾布坦温布等八人，及歸降之盆蘇克汪扎爾等四人，俱解送軍前。青海部落悉經平定。奏入，報聞。

甲申，諭總理事務王大臣等：青海逆賊羅卜藏丹津之事，大將軍年羹堯、奮威將軍岳鍾琪以及兵丁皆奮勇殺賊，於十五日内即能將逆賊勦滅平定，殊爲可嘉。年羹堯著授爲一等公，再賞一精奇尼哈番，岳鍾琪著授爲三等公。凡効力官兵，俱加優恩策勳外，著户部動用錢糧二十萬兩，送至大將軍年羹堯處，分別官兵効力等次賞給，以示格外加恩之意。

封大將軍年羹堯之父年遐齡爲一等公，加太傅銜，賜緞九十疋。

丙戌，兵部議覆兩江總督查弼納、江南提督高其位、署江蘇巡撫何天培、浙江巡撫李馥等，遵旨會奏太湖巨浸，界連江浙，港汊繁多，易於藏匪，查太湖營原設遊擊一員，守備一員，千總二員，把總四員，合江浙兵共八百六十四名，分防汛口六十六處，巡船三十二隻，往來巡哨。然地廣勢分，非設大員，安能彈壓，請將原設遊擊一員，改爲大湖營參將，除舊設兵二百七十名、巡船八隻外，再添把總二員，兵六十名，巡船四隻，仍駐洞庭西山統率各弁，居中調度。又查太湖之四隅要路，東北曰鮎魚口，東南曰簡村，西南曰大錢口，西北曰周鐵橋。其隸於浙省之大錢口地方，弁兵巡船足資緝禦，惟江南濱湖處所三倍於浙，如鮎魚口及簡村附近之胥口、花涇港、七里港等處，周鐵橋之汛口九處，皆州邑交錯之區，姦宄出没之境，從前設防，頗爲簡畧，是以竊盜之案浙江少而江南多。今議於洞庭東山除文職巡檢一員外，原設把總一員，兵七十五名，仍舊駐劄，内撥兵二十五名分防黿山，其黿山之原設千總移駐鮎魚口。所有兵六十九名，巡船一隻，似不敷用，再添兵三十一名，巡船三隻，防守太湖東北一帶。又簡村地方，應請添設守備一員，兵一百四十五名，巡船五隻，防守太湖東南一帶。又周鐵橋原設把總一員，兵六十八名，應改設千總一員，添兵三十二名，巡船三隻，以原設之把總移駐馬跡山，添兵五十名，巡船三隻，防守西北一帶。如此，庶四隅有備，致清寧於永久矣。得旨，此内添設之兵似覺尚少，營房巡船，動用正項錢糧蓋造，著隆科多、朱軾、張廷玉再會同該部詳議具奏。尋議，太湖營原設遊擊，係浙省所屬之員，今議改爲參將，仍駐西山，究難兼管兩省地方。應於江南另設參將一員，竝於議添新兵三百十八名外，再添一百八十二名，以足五百名之數。將原設守備一員，新添守備一員，分爲參將左右兩營。其原設千總一員，把總二員，新添千總一員，把總二員，及新舊兵丁船隻，令該督等酌量分派江南所轄湖濱各口巡防。參

將駐劄之處，一併酌議。至太湖營遊擊，仍令照舊駐劄，統領弁兵巡查浙省所轄湖口。從之。

甲午，以正藍旗漢軍副都統多賽署本旗蒙古都統。

户部議覆署江蘇巡撫何天培奏言，江蘇等屬，去歲秋禾水淹，窮黎乏食，業經題請散賑，民困未蘇，請於本年正月起至二月止，令各州縣添設粥廠，廣爲煮賑。應如所請。從之。

工部議覆河道總督齊蘇勒疏，言宿遷縣駱馬湖爲運道要處，其東岸舊河低窪易洩，舊築土壩未足捍禦，請於湖東陸塘河通寧橋西，相度高地，築攔河滚水壩，再築攔水隄六百丈，中間口門寬三十丈，以便宣洩，庶於濟運有資。應如所請。從之。

丁酉，直隸巡撫李維鈞摺奏現行地方事宜各款，【略】奉上諭：天下督撫，皆當如此留心，擴而充之，何虞吏治不肅，民生不遂耶？村莊溝壑，實係有益之事，但須預爲陳説利害，使愚民灼知有益，踴躍樂從，秋成之後，方可行之，斷不宜急遽强迫也。民壯頭目，殊難其人，須擇平素爲衆所推服者方可委之董率，尤須飭地方官不時稽查其行止，勿致生事。至種樹，即古人列樹表道之意，朕現刊諭一道，尚未頒發，爾奏恰合，隨即通行直隸各省矣。

《世宗實録》卷一八　四月乙巳，叙平定青海功。除已授大將軍年羹堯爲一等公，將軍岳鍾琪爲三等公外，授參贊蘇丹、總兵官宋可進爲三等阿達哈哈番，總兵官黄喜林爲二等阿達哈哈番，按察使王景灝、總兵官周瑛、副將王嵩、紀成斌爲拜他喇布勒哈番，提督郝玉麟、總兵官武正安爲拖沙喇哈番。以侍衛達鼐爲副都統，授拜他喇布勒哈番。其餘有功將士，各陞賞有差。

丁未，以廣西總督孔毓珣爲廣東、廣西總督，兵部右侍郎李紱爲廣西巡撫。

庚戌，允禩素行陰險狡詐，皇考深知，曾於朕兄弟前屢降諭旨，不可悉數。**【略】**若仍不知悛改，肆行悖亂，干犯法紀，朕雖欲包容寬宥，而國憲具在，亦無可如何，當與諸大臣共正其罪矣。

壬子，諭江南總督查弼納、漕運總督張大有、署理江蘇巡撫何天培等：朕惟漕運所經河道，固以通國庾之輓輸，亦以便商民之利涉。旗丁與商民，自應一視同仁，無容偏護而偏累也。去年，因秋冬雨少，河流淤淺，而旗丁人等不顧漕運維艱，任意攬載客貨，致船重難行。聞今春丹陽、常州等處地方及沿途遇淺，概拏商船起剥，且借名需索，貪暴公行，得賄者雖空船亦行釋放，不遂其欲者勒令當差。有將貨物行李抛棄河干，紛紛露積，或爲風雨所損傷，或爲盜賊所窺伺。該管漕運文武官弁，漫無約束，毫不經心，小民營販資生，何以堪此擾害？爾等係地方大吏，皆當實心體恤，稽察周詳，奉諭之後，或再有起剥之事，當各嚴飭所屬官弁，申明約束，不得仍蹈前轍。

丙辰，諭湖廣總督楊宗仁、湖北巡撫納齊喀、湖南巡撫魏廷珍等：國家設立常平諸倉，蓄穀積粟，偶逢旱澇，詳報踏勘，往返察驗，未免後時。古人云：備荒之倉，莫便於近民，而近民則莫便於社倉。前諭爾等勸導建設，蓋專爲安民起見也。爾等自應轉諭屬員，體訪各邑士民中，有急公尚義之心者，使主其事。果掌管得人，出納無弊，行之日久，穀數自增。至於勸捐之時，須俟年歲豐熟，輸將之數，宜隨民力多寡，利息之入，務從乎輕。取償之期，務從乎緩。如值連年歉收，即予展限，令至豐歲完納。一切條約，有司毋得干預。至行有成效，積穀漸多，該督撫亦止可具摺奏聞，不宜造册題報，使社倉頓成官倉，貽後日官民之累。朕初意如此，孰料該督撫欲速不達，令各州縣應輸正賦一兩者，加納社倉穀一石，且以貯穀之多少，定牧令之殿最。近聞楚省穀石，現價四五錢不等，是何異於一兩正賦外，加收四五錢火耗耶？是爲裕國乎？抑爲安民乎？諭到，該督撫速會同司道府等官，確商妥議，務得安民經久之法，以副朕意。

以正黄旗護軍統領查克旦署鑲藍旗蒙古都統。

總理事務王大臣議覆河道總督齊蘇勒疏，言臺莊閘以下，徐唐口以上，建設三閘，蓄水濟運。應如所請。從之。

己巳，諭總理事務王大臣等：允䄉不肯前往奉差地方，竝不請旨，私自回來，詐稱抱病，任意出入邊界，朕已寬容數月，伊毫無惶懼之意，公然居住彼處。近召入王大臣等，嚴降諭旨，允䄉料已稔悉，亦竟不差一人前來謝罪奏請，殊失人臣之節，著革去王爵，調回京師，永遠拘禁。允䄉之子與伊家産及佐領下人員，將如何措置，竝拘禁處所，著各該管處另行請旨。

《世宗實録》卷一九　閏四月丁丑，諭直隸各省總督、巡撫等：社倉之設，原以備荒歉不時之需，用意良厚，然往往行之不善，致滋煩擾，官民俱受其累。朕意以爲奉行之道，宜緩不宜急，宜勸諭百姓聽其自爲之，而不當以官法繩之也。近聞各省漸行社倉之法，貯蓄於豐年，取資於儉歲，俾民食有賴，而荒歉無憂，朕心深爲嘉悦。但因地制宜，須從民便，是在有司善爲倡導於前，留心稽核於後，使地方有社倉之益，而無社倉之害。此則爾督撫所當加意體察者也。

總理事務王大臣等議覆禮部侍郎蔣廷錫奏請纂修《大清會典》，按本朝會典，自崇德元年起，至康熙二十五年止，已刊刻成書。其後四十年來，所定章程未經編輯，應如所請。自康熙二十六年，至雍正二年，各部院衙門所定禮儀條例，俟開館後造册，送館編輯。其總裁、纂修官員併開館事宜，請俟命下遵行。從之。

己卯，户部等衙門議覆山西巡撫諾岷疏，言晉省太原、平陽二府，地方遼遠，請改設直隸州分轄，將平陽府屬之臨晉、榮河、萬泉、猗氏四縣分隸蒲州，安邑、夏縣、平陸、芮城、垣曲五縣分隸解州，太平、襄陵、稷山、河津四縣分隸絳州，蒲縣、鄉寧二縣分隸吉州，大寧、汾西、永和三縣分隸隰州，太原府屬之樂平、盂縣、壽陽三縣分隸平定州，定襄、静樂二縣分隸忻州，五臺、繁峙、崞縣三縣分隸代州，河曲、興縣二縣分隸保德州。至直隸州各有倉庫，向無專責，恐致侵那，請將蒲州、解州、絳州、吉州、隰州五州錢糧，就近令河東道盤查。平定、保德、忻州、代州四州錢糧，令雁平道盤查。澤州、遼州、沁州三州錢糧，令糧驛道盤查。如通同隱匿失察，照知府例議處。應如所請。從之。

癸未，諭湖廣總督楊宗仁等：國家設立官員，分别等次，俱有定分，不得僭越。湖北糧儲道郭維新，於起程之前請訓旨時，朕曾諭如有裨益地方百姓之事，著令密奏。郭維新蒞任後，奏稱該省漕船式樣寬大，遇水淺之處，輓運維艱，請照江浙漕船式樣減小成造。朕未降諭旨。今伊又奏稱，遵旨將船儹造完工，兑載漕糧，於正月十七等日起程，三月十六日過淮等語。夫改造漕船亦屬大事，郭維新理應報明該督撫，如果有益，題明改造，今竝未報明上司，即行任意改造，著湖廣總督楊宗仁、巡撫納齊喀、魏廷珍等，將曾否報明及督撫因何不奏、并有無裨益之處，據實明白具奏。其郭維新兩次奏摺，一併發往。

陞兩淮鹽政右僉都御史謝賜履爲都察院左副都御史，仍管鹽務。

己丑，諭河南、山東巡撫并沿河鎮道等官：糧船關係甚重，務須及時抵通。豫省向因漕米截留，竝不留心河道，漸至淤淺，今糧船逾限未至，此係爾地方官責任，必須開濬深通，使舟行無阻，早到早回，不誤抵次。再南糧大米幫船，亦爲遲滯，至今未過臨清。爾等皆有催漕之責，當協力趲行，務令速得抵通。將來回空之船，方不致遲誤冬兑。

乙未，河道總督齊蘇勒遵旨議奏：河南黄河，另駐副總河管理。標下官兵，臣即遵旨於江南河營撥兵八百四十名，連前撥留豫省協濟之兵一百六十名，共足一千名，併選撥千總、把總各三員，令其管轄，前往河南，聽候副總河隨工調用，以防大汛。下部知之。

以鑲黄旗護軍統領壽智爲散秩大臣，陞正白旗滿洲副都統覺羅佛倫爲鑲黄旗護軍統領。

丁酉，陞右翼前鋒統領蘇丹爲正黄旗蒙古都統。

庚子，陞兵部侍郎塞爾圖爲禮部尚書。

《世宗實録》卷二〇　五月甲辰，諭户部：朕惟漕運，關係甚大，經費本無不敷，而運丁恣行不法者，皆由官弁剥削所致。如開兑之時，糧道發給錢糧，任意扣剋，運丁所得十止八九，而僉丁之都司、監兑之通判又多誅求。及至啓行，沿途武弁借催趲爲名，百計需索。又過淮盤查私貨，徒滋擾累，究屬無益。運丁浮費既多，力不能支，因而盗賣漕糧，偷竊爲匪，無所不至矣。嗣後，各省糧道給發錢糧，不許扣剋分釐，沿途武弁不許借端需索，運丁除包攬抗違外，所帶些須貨物，亦無庸苛刻盤查。至江浙船政同知，經管修造糧船，侵漁尤甚，此官於漕政毫無裨益，著即裁去。爾部行文各督撫，不時查察，如有仍前需索等弊，立即指參，從重治罪，庶運丁漸有起色，自必保守身家，凛遵約束，禁官弁之侵削，即所以戢旗丁之刁悍也。

庚戌，諭内務府：内府佐領渾托和下人分檔時，派給各莊頭者，以生齒日增，錢糧浩繁，因令往各莊服田力穡，庶幾仰事俯育，人各有資，朕特念伊等生計，故有此舉。爾等奉行不善，竟似將伊等發遣者，以致恐懼疑惑。再莊頭等役使壯丁，頗多暴悍非理。嗣後，如敢肆行陵虐者，許壯丁即行控告，所告果實，止一二人，則另撥與别處屯莊；至四五人，即將莊頭革退治罪。其分檔漢人内，有欲歸民籍者，著詢問原主，如情願令其爲民，則准其爲民。有欲撤回，亦准其撤回。

以果郡王允禮管理鑲紅旗滿洲都統，仍兼管鑲藍旗漢軍都統事務。伯四格爲鑲藍旗滿洲都統。陞鑲藍旗漢軍副都統布達時爲鑲紅旗護軍統領，仍兼鑲藍旗漢軍副都統。以軍前鑲白旗護軍統領吴世拔爲額外護軍統領。調正藍旗護軍統領宗室汝福爲鑲白旗護軍統領。陞鑲黄旗滿洲副都統阿林保爲正藍旗護軍統領。

丙辰，諭諸王大臣等：廉親王允禩今日具奏貝子允禟事，又將議處滿丕事一併具奏。

庚申，撫遠大將軍年羹堯奏報：莊浪之謝爾蘇部落番人，首倡爲惡，擅據桌子山、碁子山，又涼州南崇寺之沙馬拉木扎木巴等，與蒙古通連，去年曾搶掠新城張義等堡。再郭隆寺、郭莽寺逃出之喇嘛，煽惑西寧之納朱公寺、朝天堂加爾多寺番人，與莊浪番賊串通，竝不歸順。臣與奮威將軍岳鍾琪及在西寧大臣等商議，派緑旗、土司兵，共分十一路，於四月十五日由西寧進發。後據岳鍾琪等陸續報稱，納朱公寺喇嘛番人俱經投順，即於朝天堂添設小張家胡土克圖居住。至加爾多等番人，派副將紀成斌、張玉、總兵黃喜林等，分兵四路，直抵賊穴，殺賊數百，其餘死於溝河者甚多，寺亦焚毁。又據遊擊馬忠孝、王大勳等殺賊於和石溝，遊擊王序吉、范世雄敗賊於石門口，涼莊道蔣洞殲賊於喜逢堡。而前鋒統領蘇丹，率兵至旁伯拉夏口，番人假稱來投，察其情形可疑，令人偵探，則衆賊伏匿放鎗，遂率官兵直抵賊穴，殺賊甚衆。又涼莊道蔣洞搜勦碁子山，破賊於巴洞溝，土司魯華齡殺賊於天王溝，前後被勦殆盡。其爲首謝爾蘇之番賊阿旺策凌，被先密寺喇嘛擒獲解送。岳鍾琪又領兵至鎮羌，探得賊人俱在木茂山，即派員率兵截阻，殺賊甚衆。其餘賊人，竟棄妻子逃去。隨留總兵官宋可進、涼莊道蔣洞統率緑旗土司民兵五千名，暫駐防守。又守備馬光在寬溝地方，殺賊二十餘人，衆俱逃散。再查先密寺番人，順逆無常，且與碁子山賊穴相連，恐後日復聚賊生事，是以令伊等喇嘛番衆，俱移於加爾多寺之外居住，其先密寺即行焚燬。此次陣亡受傷緑旗土司官兵，及所撫番人户口數目，俟查明造册，另行咨部。奏入，得旨，桌子山、碁子山番賊甚屬兇頑，倚恃地方危險，屢行劫掠，大將軍年羹堯籌畫調遣，令奮威將軍岳鍾琪等統率官兵進勦，於山險林密之處奮戰五十餘日，盡行勦滅，黽勉効力，克奏膚功，永靖邊塞，甚屬可嘉。此次勳績，著將大將軍年羹堯及岳鍾琪等弁兵，俱從優議敘。

辛酉，諭四川、陝西、湖廣、廣東、廣西、雲南、貴州督撫、提鎮等：朕聞各處土司，鮮知法紀，每於所屬土民多端科派，較之有司徵收正供，不啻倍蓰。甚至取其馬牛，奪其子女，生殺任情，土民受其魚肉，敢怒而不敢言。孰非朕之赤子，方令天下共享樂利，而土民獨使向隅，朕心深爲不忍。然土司之敢於恣肆者，大率皆由漢姦指使，或緣事犯法，避罪藏身，或積惡生姦，依勢横行，此輩粗知文義，爲之主文辦事，助虐逞强，無所不至，誠可痛恨。嗣後督撫、提鎮宜嚴飭所屬土官，愛恤土民，毋得肆爲殘暴，毋得濫行科派。儻申飭之後，不改前非，一經發覺，土司參革，從重究擬，漢姦立置重典，切勿姑容寬縱，以副朕子惠元元、遐邇一體之至意。

布隆吉爾副將軍阿喇衲患病，以署固原提督噶爾弼署理布隆吉爾副將軍。軍前正黃旗蒙古都統蘇丹，署理陝西固原提督。陝西西安左翼副都統覺羅伊禮布，署理陝西西安將軍。

丙寅，命吏部尚書舅舅隆科多、户部尚書張廷玉、左都御史尹泰、朱軾爲纂輯《大清會典》總裁官，吏部侍郎史貽直、禮部侍郎蔣廷錫、兵部侍郎伊都立、内閣學士福敏、翰林院掌院學士阿克敦爲副總裁官。

戊辰，總理事務王大臣等遵旨議覆：撫遠大將軍年羹堯條奏青海善後事宜十三條。一、奏稱青海各部落人等，宜分别功罪，以加賞罰也。【略】一、奏稱青海部落，宜分别遊牧居住也。【略】請照依内扎薩克編爲佐領以申約束。【略】一、奏稱朝貢交易，宜按期定地也。請自雍正三年起，於諸王台吉内派定人數，令其自備馬駝，由邊外赴京請安進貢。【略】一、奏稱喀爾喀厄魯特之四部落，宜不屬青海也。一、奏稱西番人等，宜屬内地管轄也。一、奏稱青海等處，宜加約束也。【略】一、奏稱喇嘛廟宇，宜定例稽察也。【略】一、奏稱陝西邊防，宜嚴界限也。【略】一、奏稱甘州等處，宜添設官弁也。一、奏稱打箭爐等處，亦宜添設官弁也。一、奏稱邊地弁兵，宜歸併裁汰也。一、奏稱邊内地方，宜開墾屯種也。一、奏稱番人部落，宜加撫綏也。至年羹堯奏請禁約青海十二事：一、朝見進貢，定有限期。一、不准自稱盟長。一、番子唐古特人等，不許擾累。一、喀爾喀輝特圖爾古特部落，不許青海佔爲屬下。一、編設佐領，不可抗違。一、内外貿易，定地限時。以上六事，臣等已於善後事宜内議定。其餘六事：一、背負恩澤，必行勦滅。一、内地差遣官員，不論品級大小，若捧諭旨，王公等俱行跪接，其餘相見俱行賓主禮。一、恪守分地，不許强佔。一、差員商賈往過，不許搶掠。一、父没，不許娶繼母及强娶兄弟之婦。一、察罕諾門汗喇嘛廟内，不可妄聚議事。均應如所請。得旨，所議甚屬周詳，依議。

《世宗實録》卷二一　六月丙子，以裕親王保泰辦理禮部事務，吏部尚書舅舅隆科多兼理理藩院事。

戊寅，户部遵旨議奏：查江南、浙江、福建、陝西四省，民欠錢糧，自康熙十八年起至四十五年止，與應免之例相符。其四十六年至六十年未完，乃係近年欠項，毋庸議免。得旨，五十年以前未完民欠銀共九十四萬一千六百餘兩，著概予豁免。

癸未，諭刑部：刑法上關天和，下係民命，實爲政治之要。朕御極以來，讞斷必加詳慎，務期當罪而得其平，惟明克允，所以體天心而重民生也。向來八旗官軍人等，待家人過嚴，微小之失甚至毆責斃命。奴僕雖賤，彼亦人子，況性命攸關，何得任意荼毒？朕於刑部成獄，除强盜、故殺、謀殺等犯，不得不依律正法，其餘罪犯，畧有可恕者，俱行寬免，從未降旨特殺一人。朕大君也，於有罪者尚不忍輕加刑戮，爲臣下者乃可毆死無辜之奴僕乎？

命吏部尚書田從典協理内閣大學士事務，左都御史朱軾兼理吏部尚書事。

乙酉，禮部題請撰擬《平定青海碑文》，勒石國學，頒發直省，以昭功德。

甲午，諭五旗王、貝勒、貝子、公等：凡王府等佐領下人，有用於部院者，有用於外省州縣者，王等宜爲國家得人起見，奬成循吏，俾勤勞官職，竭力自効，王等亦與有光榮。乃反令其酷害地方百姓，侵尅錢糧，妄取財物，汝爲伊主，顔面置於何地耶？如王成勳一州縣官，伊主星尼一公爵耳，尚勒取銀兩數千，若屬於王府，而爲大員者，尚可問乎？今將王成勳一事，遍諭五旗王、貝勒、貝子、公等。嗣後儻仍不悛改，再有發覺，朕必將五旗王府佐領下人，一槩裁革，永不敘用。

户部議覆，户部侍郎寒德奏請設立井田。查内務府餘地一千六百餘頃，入官地二千六百餘頃，應於此内擇二百餘頃爲井田，將八旗無産業人内，自十六歲以上六十歲以下者，派往耕種。滿洲五十户，蒙古十户，漢軍四十户，共一百户，各受田百畝，周圍八分爲私田，中間百畝爲公田，共力同養公田。俟三年後，所種公田之穀，再行徵取。於革職大員内揀選二人，勸教管理。三年，分别議敘。每年十月後，農事既畢，校圍學射，并令户部派員往視。設立村莊，蓋造土房四百間，計口分給。其耕種之人，每名給銀五十兩，以爲置辦種粒、牛具、農器之用。其井田地畝，儻有旗民交錯之地，請將附近良田照數給换。從之。

己亥，吏部議覆禮部右侍郎三泰奏稱，滿洲六科給事中，應令考選進士、舉人出身之員，庶内稽六部事務，外察各省案件，俱各通曉漢文，辦事稱職。查滿洲給事中員缺，舊例由員外郎等官，各按旗分，論俸陞補。嗣後將進士、舉人出身，應陞科員之内閣侍讀、六部員外，先行補授。其科甲出身之小京官，不便驟補科員，請仍照舊例補用，俟小京官轉至應陞科員之時，再按旗陞補，則滿洲讀書之人可以鼓勵矣。從之。

庚子，諭江西巡撫裴𢚧度：地丁錢糧，百姓自行投納，此定例也。聞江西省用里民催收，每里十甲，輪遞值年，名曰里長、催頭。小民充者，有經催之責，既不免姦胥之需索，而經年奔走，曠農失業，擾民實甚，須即查明，通行裁革。若慮裁革里長，輸納不前，亦當另設催徵之法。或止令十里輪催，花户各自完納，庶爲近便，務須斟酌盡善，無滋民累，以廣朕惠愛元元之意。

又諭：朕惟除莠所以安良，黜邪乃以崇正。自古爲國家者，綏戢人心，整齊風俗，未有不以詰姦爲首務也。聞江西地方，頗有邪教，大抵妄立名號，誑誘愚民，或巧作幻術，夜聚曉散，此等之人，黨類繁多，蹤跡詭祕，苟不絶其根株，必致蔓延日甚。地方各官，儻務姑息，不行訪拏，是養姦也，澄清風俗之謂何？該督撫亟當嚴飭各屬，密訪爲首之人，嚴加懲治。

《世宗實録》卷二二 七月丁未，總理事務王、大臣、九卿、科道等議覆山西布政使高成齡條奏提解火耗一疏。得旨，高成齡提解火耗一事，前朕曾降諭旨，令爾等平心静氣，秉公會議。今覯爾等所議，見識淺小，與朕意未合。州縣火耗，原非應有之項，因通省公費及各官養廉有不得不取給於此者，朕非不願天下州縣絲毫不取於民，而其勢有所不能，且歷來火耗皆州縣經收，而加派横徵，侵蝕國帑，虧空之數，不下數百餘萬。原其所由，州縣徵收火耗，分送上司，各上司日用之資，皆取給於州縣。以致耗羨之外，種種饋送，名色繁多，故州縣有所藉口而肆其貪婪，上司有所瞻徇而曲爲容隱，此從來之積弊所當剔除者也。與其州縣存火耗以養上司，何如上司撥火耗以養州縣乎？爾等奏稱，各屬火耗，請將分數酌定。朕思一省之内，州縣有大小，錢糧有多寡，地廣糧多之州縣少加火耗，已足養廉；若行之地小糧少之州縣，則不能矣。惟火耗不定分數，儻地方遇差多事繁之時，則酌計可以濟用，或是年差少事簡，則耗羨即可量減矣。又或偶遇不肖有司，一時加增，而遇清廉自好者自可減除矣。若酌定分數，則將來竟爲成額，必致有增無減，此火耗分數之不可以酌定者也。又奏稱，提解火耗，將州縣應得之項，聽其如數扣存，不必解而復撥等語。現今州縣徵收錢糧，皆百姓自封投櫃，其拆封起解時，同城官公同驗看，耗羨與正項同解，分毫不能入己。州縣皆知重耗無益於己，孰肯額外加徵乎？是提解火耗，既給上下養廉之資，而且留補虧空，有益於國計，若將州縣應得之數扣存於下，勢必額外加增，私行巧取，浮於應得之數，累及小民。況解交督撫，則顯然有據，扣存州縣，則難保貪廉，此州縣羨餘之不可扣存者也。又奏稱，巡撫諾岷清勤敏幹，布政使高成齡操守亦優，應令二人盡心商確，先於山西一省，照所奏試行之。此言尤非也，天下事惟有可行與不可行兩端耳，如以爲可行，則可通行於天下；如以爲不可行，則亦不

當試之於山西。譬如治病，漫以醫藥試之，鮮有能愈者。今以山西爲試行之省，朕不忍也。且天下撫藩，豈盡不如諾岷、高成齡，而謂二人獨能行之乎？又奏稱，提解火耗，非經常可久之道。凡立法行政，孰可歷久無弊。從來有治人，無治法，文武之政，布在方策，其人存則其政舉。朕謂有治人，即有治法，法有因時制宜者，譬如人有疾病，因症投藥，病愈即止。今提解火耗，原一時權宜之計，將來虧空清楚，府庫充裕，有司皆知自好，則提解自不必行，火耗亦可漸減。今爾等所議，爲國計乎？爲民生乎？不過爲州縣起見，獨不思州縣有州縣之苦，上司亦有上司之苦，持論必當公平，不可偏向。又朝廷之與百姓，原屬一體。朝廷經費充足，民間偶遇歉收，可以施恩賑恤，百姓自無不足之虞。是清補虧空，於國計民生均有益也。天下督撫有如諾岷等，不避嫌怨，實心任事，自能酌量行之，通省羡餘絲毫不能隱匿，又孰敢此外多取一錢，以干罪戾乎？朕於臣下，期望甚殷，即州縣官員，亦冀其爲臯夔稷契，自此各加勉勵，勿侵蝕國帑，勿貪剥小民。各省火耗，自漸輕以至於盡革，此朕之願也。爾等所奏，與朕意不合。若令再議，爾等必遵朕諭議覆准行，朕亦不能保其將來無弊否也。各省能行者，聽其舉行；不行者，亦不必勉强。可將此諭旨並爾等所議之本，交存内閣。

甲寅，怡親王允祥等遵旨議覆都統世子弘昇疏奏，丈量察哈爾右翼四旗地畝，共二萬九千七百餘頃，每年應徵銀十九萬餘兩，請設滿洲理事同知一員，駐扎北新莊地方，督管農民事務。並設滿洲千總二員，催糧稽察。再察哈爾西界，窮山僻谷，易於藏匪，請再設滿洲理事同知一員，駐扎張家口，管理詞訟，稽查邊口出入之人。均應如所請。從之。

乙卯，以原任河南巡撫楊宗義爲鑲白旗漢軍都統。

丁巳，諭諸王、貝勒、公、滿漢文武大臣官員等：朕即位後，於初御門聽政日，即面諭諸王文武大臣，諄諄以朋黨爲戒。今一年以來，此風猶未盡除。聖祖仁皇帝亦時以朋黨訓誡廷臣，俱不能仰體聖心，每分别門户，彼此傾陷，分爲兩三黨，各有私人，一時無知之流，不入於此，即入於彼。朕在藩邸時，敬慎獨立，深以朋黨爲戒，從不示恩，亦無結怨。設若朕當年在朋黨之内，今日何顔對諸臣降此諭旨乎？皇考深知朕從無偏黨，必能保全爾諸臣名節，故命朕纘承大統。今日大小臣工，所以安然無事，得享太平之福者，皆我皇考之恩賜也。朕平日並未樹立黨援而登踐寶位，爾等亦可知朋黨之無益矣。夫朋友亦五倫之一，往來交際，原所不廢，但投分相好，止可施於平日，至於朝廷公事，則宜秉公持正，不可稍涉黨援之私。朕今御製《朋黨論》一篇頒示，爾等須洗心滌慮，詳玩熟體。如自信素不預朋黨者，則當益加勉勵；如或不能自保，則當痛改前非，務期君臣一德一心，同好惡，公是非，斷不可存門户之見。即爾等彼此亦當互相砥礪，時相訓誡，行事共求當理。

壬戌，兵部議覆：阿爾泰一路，派兵駐劄，請派將軍一員，駐劄察罕叟爾地方；副都統一員，駐劄扎克拜達里克地方。開列大臣職名，恭候欽點。得旨，鑲藍旗蒙古都統丁壽著爲總領阿爾泰駐防兵丁將軍。其副都統一員，爾部另奏派往。

調鑲藍旗滿洲都統伯四格爲鑲藍旗蒙古都統，以鎮國公普照爲鑲藍旗滿洲都統。

甲子，辦理船廠事務給事中趙殿最條奏：船廠地方，應建造文廟，設立學校，令滿漢子弟讀書考試。得旨，文武學業，俱屬一體，不得謂孰重孰輕。文武兼通，世鮮其人，我滿洲人等因居漢地，不得已與本習日以相遠，惟賴烏喇、寧古塔等處兵丁，不改易滿洲本習耳。今若崇尚文藝，則子弟之稍穎悟者，俱專意於讀書，不留心於武備矣。即使果能力學，亦豈能及江南漢人，何必舍己之長技，而强習所不能耶？我滿洲人等，篤於事上，一意竭誠，孝於父母，不好貨財，雖極貧困窘迫，不行無恥卑鄙之事，此我滿洲人之所長也。讀書者，亦欲知此而行之耳。徒讀書而不能行，轉不如不讀書而能行也。【略】爾等理宜遵朕從前所降毋棄滿洲本習之諭旨，專令兵丁人等，各務實行，勤學武畧，以敦儉樸之習，何必留意於此等無有實效之處，以貳兵丁之心，强其所不能，而徒事於虚名也。

《世宗實録》卷二三　八月壬申，陞鑲藍旗護軍統領袞泰爲鑲紅旗蒙古都統。

丙子，撫遠大將軍年羹堯奏報：青海之事已定，從前調集駐防凉州等處西安滿洲兵一千名，柴旦木調回之察哈爾兵一百名，駐劄松潘之四川滿兵五百名，駐劄甘州之鄂爾多斯土默特兵一千名，駐劄山丹之大同兵一千名，駐劄布隆吉爾之滿洲、蒙古、烏喇、索倫、察哈爾、厄魯特兵二千名，俱令原管將弁陸續統領撤回本處。奏入，報聞。

甲申，諭吏部：凡官員虧空錢糧倉穀，該管上司失於盤查，自應革職分賠。但定例虧空官員，審無侵欺入己之項，勒限一年内賠補全完，准以原職補用，而失察革職之上司，轉不得與本官一體開復，似屬可憫。嗣後，虧空銀穀，限内全

完，例應開復者，該督撫查明原參失察之上司，一併題請開復。爾部即行文直省督撫遵行。

戊子，諭都察院：嗣後，外省督撫有懷挾私心，背法逞威，如蔡珽之逼死知府，黄叔琳之杖斃無辜小民等事，給事中、御史等若受其請託賄賂，瞻徇隱瞞，經朕於别處訪聞，將都察院堂官一併議處。

乙未，諭江南、浙江、江西、湖廣、山東、河南督撫等：漕船關係緊要，朕前降諭旨，除本船正副旗丁外，其頭舵水手，皆應擇用本軍，庶各知守法，不敢誤漕生事。此雖係總漕專責，然亦有關地方之事，爾等當嚴飭所屬糧道、都司、衛所等官，務使清查什軍，毋令隱漏規避。頭舵水手作何更換，換去之人作何安插，毋令失所，俱宜協同總漕，悉心籌畫商確，實力奉行，以爲永遠之計。

庚子，總理事務王大臣議覆倉場侍郎法敏奏言，山東、河南遞年輪辦運薊糧船，乃係陵糈所關，請令該省委員督押。抵津之時，坐糧廳會同通永道驗明米色，即令地方官收受，以免攙雜勒掯等弊。應如所請。從之。

户部議覆内閣學士巴錫條奏，整飭州縣先宜革除陋規，如派催里長有茶菓之名，編審有酬勞之例，迎春、鄉飲均有謝禮，應令各該督撫嚴行禁革，違者參處。應如所請。從之。

《世宗實録》卷二四　九月甲辰，户部等衙門議覆兩江總督查弼納奏，言江南爲財賦重地，而蘇、松、常三府之州縣，尤爲煩劇，額徵賦税欵項繁多，獄訟刑名，案牘紛積，爲牧令者即有肆應之才，亦難治理。請將蘇州府屬之長洲、吴江、常熟、崑山、嘉定五縣，太倉一州，松江府屬之華亭、婁縣、青浦、上海四縣，常州府屬之武進、無錫、宜興三縣，各分立一縣，庶得因地制宜之法。又此三府，舊設同知共六員，通判共六員，今應各裁去三員，每府止留同知一員，通判一員，以捕盗者兼司防海，管糧者兼司水利，亦足辦理。其長洲、吴江、崑山、華亭、婁縣、青浦、上海七縣，舊有縣丞二員，亦應各裁去一員。新分之十三縣，各設知縣一員，典史一員，將各該縣疆域田畝均匀分界，一應錢糧刑獄案卷詳查分晰，各歸所轄之處辦理。均應如所請。至於建立城垣，工費浩繁，江南雖有大市鎮，率多溪河、水港，錯雜其間，形局不能方整，應將新縣之官吏衙署，各與舊縣同城而居。如係附郭之縣所分者，仍駐府城，其學宫亦不必另建，似爲省便。從之。尋定蘇州府長洲分縣曰元和，吴江分縣曰震澤，常熟分縣曰昭文，崑山分縣曰新陽，嘉定分縣曰寶山。太倉州分縣曰鎮洋。松江府華亭分縣曰奉賢，婁縣分縣曰金山，青浦分縣曰福泉，上海分縣曰南匯。常州府武進分縣曰陽湖，無錫分縣曰金匱，宜興分縣曰荆溪。

戊申，兩廣總督孔毓珣據奏，請於廣東開採，以濟窮民。朕發廷臣會議，知昔年粤省開礦，聚集多人，以致盗賊漸起，隣郡戒嚴，是以永行封閉。【略】爾等揆情度勢，必不致聚衆生事，庶或可行。若招商開廠，設官徵税，傳聞遠近，以致聚衆藏姦，則斷不可行也。

庚戌，户部等衙門議覆山東巡撫陳世倌疏言，濟南府轄三十州縣，兖州府轄二十七州縣，幅幘既廣，管轄殊難，請改設直隸州分轄。將濟南府屬之新泰、萊蕪、長清三縣，分隸泰安州。陽信、海豐、樂陵三縣，分隸武定州。利津、霑化、蒲臺三縣，分隸濱州。兖州府屬之曹縣、定陶二縣，分隸曹州。郯城、費縣二縣，分隸沂州。嘉祥、鉅野、鄆城三縣，分隸濟寧州。將泰安州、武定州、濱州、曹州、沂州、濟寧州，俱升爲直隸州，統轄各縣，一應考成，照知府之例處分。其泰安等三州錢糧，令濟東道盤查。曹州等三州錢糧，令兖寧道盤查。均應如所請。從之。

甲寅，山西布政使高成齡摺奏：地畝生息有常，户口貧富不等，富者田連千畝，竟少丁差，貧民無地立錐，反多徭役，請照直隸新例，將丁銀併入地糧，官民兩便。奉上諭：此奏甚是，今山東地方亦諭令踵行，爾與撫臣繕本具奏，將直隸行有成效之處，引入可也。

己未，户部議覆兩江總督查弼納疏，言江南財賦甲於天下，款項繁多，地方遼闊，知府實難查察。請以鳳陽府之潁州、亳州、泗州，廬州府之六安州，蘇州府之太倉州，淮安府之邳州、海州，揚州府之通州，俱改爲直隸州。以潁上、霍邱二縣隸潁州，太和、蒙城二縣隸亳州，盱眙、天長、五河三縣隸泗州，英山、霍山二縣隸六安州，鎮洋、嘉定、寶山、崇明四縣隸太倉州，宿遷、睢寧二縣隸邳州，贛榆、沭陽二縣隸海州，如皋、泰興二縣隸通州。其直隸州一切考成，俱照知府例處分。至潁州等四州錢糧，令廬鳳道盤查。太倉州錢糧，令蘇松糧道盤查。邳州錢糧，令淮徐道盤查。海州、通州錢糧，令淮揚道盤查。均應如所請。從之。

壬戌，諭湖廣、江西、河南、山東、安徽督撫等：今歲各省秋成大有，惟浙江、江南沿海地方，七月十八九等日，海潮泛溢，近海田禾，不無損壞，朕軫念災黎，惟恐失所，業經嚴飭各省督撫發倉賑濟。但蘇、松、杭、嘉等府，人稠地狹，産米無多，雖豐年亦仰給於湖廣、江西及就近鄰省。今沿海被災，恐將來米價騰貴，小民艱食。湖廣、江西地居上流，河南、山東二省接壤江南，今歲俱各豐收，安徽

寧、太等府屬亦俱收成豐稔，著動湖廣藩庫銀買米十萬石，江西藩庫銀買米六萬石，運交浙江巡撫平糶。動河南藩庫銀買米四萬石，山東藩庫銀買米六萬石，安慶藩庫銀買米五萬石，運交蘇州巡撫平糶。俱著速即辦理，委員運送，毋得怠緩遲誤。

甲子，以領侍衛内大臣公馬爾賽爲鑲藍旗滿洲都統。

振武將軍傅爾丹疏報：鄂爾齋圖果爾等處屯田，收穫青稞麥蘼共一萬一千石有奇。下部知之。

《世宗實録》卷二五 十月甲戌，户部議覆兩廣總督孔毓珣條奏鹽政五款：一、竈價水脚宜增，請將埠商所增鹽包羨餘銀二萬兩，賞給竈丁船户。一、福建汀州府八縣，例食粵鹽，其引課請專責知府，彙總八縣協辦，通融銷售。一、歸善等縣淡水等各場，産鹽甚多之處，請擇廉幹之員督收。其實心辦事者，三年保舉議敘，以示獎勵。一、潮州場鹽，例配潮、惠、汀、贛四府屬二十九縣，應有專員經理。請復設運同一員，揀選題補。一、請於兩廣運使衙門，復設經歷一員，以供差遣。均應如所請。從之。

乙亥，上御太和殿傳臚，賜殿試貢士陳悳華等二百九十九人進士及第、出身有差。

丙戌，以鑲白旗蒙古副都統阿齊圖署鑲黄旗蒙古都統。

丁亥，諭兵部：奮威將軍岳鍾琪具奏，副都統達鼐、阿爾什、總兵黄喜林、王嵩、孫繼宗、營總蘇圖等，統領大兵，窮追羅卜藏丹津，直至花海子，拏獲丹津渾台吉及其妻子，竝招撫三十三家台吉。當此口外水凍草枯之候，官兵奮勇遠行，甚屬可嘉。自大將軍以下，著從優議敘。官兵勞苦，朕甚憫之，一切馱載輜重，馬駝必多損傷，著查明免其賠補。其軍營馬匹，如有倒斃，亦令領帑購買補數。再馬兵每名賞銀八兩，步兵每名賞銀六兩。蒙古兵有隨軍効力者，亦著奮威將軍按其行走効力等次，應如何賞給之處，確議奏聞。

丁酉，又議覆川陝總督年羹堯奏，言甘肅之河西各廳，自古皆爲郡縣，至明代始改爲衛所，今生齒繁庶，不減内地，宜改衛所爲州縣。請改寧夏衛爲寧夏府，其所屬左衛改爲寧夏縣，右衛改爲寧朔縣，中衛改爲中衛縣，平羅所改爲平羅縣，靈壽所改爲靈州，寧夏中路廳改爲寧夏水利同知，西路廳應仍舊駐劄中衛，以資彈壓，俱隸寧夏府管轄。西寧廳請改爲西寧府，所屬西寧衛改爲西寧縣，碾伯所改爲碾伯縣，西寧通判專管鹽池，即爲西寧鹽捕通判。西寧之北川，應設一衛爲大通衛，俱隸西寧府管轄。凉州廳請改爲凉州府，所屬凉州衛改爲武威縣，鎮番衛改爲鎮番縣，永昌衛改爲永昌縣，古浪所改爲古浪縣，莊浪所改爲平番縣。莊浪同知經理茶務，應仍其舊，俱隸凉州府管轄。甘州廳請改爲甘州府，所屬左右兩衛，改爲張掖一縣，山丹衛改爲山丹縣，高臺所改爲高臺縣，以肅州之鎮彝所併入，俱隸甘州府管轄。其肅州衛事務，即令肅州通判管理。靖遠衛事務，改歸靖遠廳管理。所有衛所之守備、千總，及舊有大使三員，悉行裁去。均應如所請。以上四府，設知府四員，經歷四員，知州一員，吏目一員，知縣十四員，典史十四員。其大通衛設守備一員，張掖縣添設縣丞一員。至各處教職，或添設，或改移，應令該督撫確查另議。從之。

己亥，陞直隸巡撫李維鈞爲直隸總督。

《世宗實録》卷二六 十一月壬寅，上諭：王、貝勒、公等，悉有一定品制，國家大典攸關，不可稍有踰越，亦不可過爲貶損，各按品制遵行，乃爲合理。

丙午，陞鑲黄旗滿洲副都統額爾錦爲本旗滿洲都統。

丁未，以正黄旗蒙古都統署陝西西安將軍蘇丹爲陝西寧夏將軍，其子正黄旗參領蘇圖爲陝西寧夏左翼副都統，協辦將軍事務。陞山西太原城守尉阿林爲陝西寧夏右翼副都統。

戊申，户部等衙門遵旨議覆積貯備荒事，將河南巡撫石文焯、山東巡撫陳世倌條奏内，酌議六條。一、民間積貯，莫善於社倉。積貯之法，務須旌勸有方，不得苛派滋擾。其收貯米石，暫於公所寺院收存，俟息米已多，建廒收貯，設簿記明，以便稽考。有捐至三四百石者，請給八品頂帶。一、社長有正有副，務擇端方立品、家道殷實之人，以司出納。著有成效，按年給獎。十年無過，亦請給以八品頂帶。一、支給後，每石收息二斗。遇小歉之年，減息一半；大歉，全免其息。十年後，息倍於本，祇收加一之息。一、出入斗斛，官頒定式。每年四月上旬，依例給貸，十月下旬收納。兩平交量，不得抑勒。一、收支米石，社長逐日登記簿册，轉上本縣，縣具總數申府。一、凡州縣官，止許稽查，不許干預出納。再各方風土不同，更當隨宜立約，爲永遠可行之計。應令各督撫於一省之中，先行數州縣，俟二三年後，著有成效，然後廣行其法。從之。

己酉，授一甲進士陳悳華爲翰林院修撰，王安國、汪德容俱爲翰林院編修。

加直隸總督李維鈞兵部尚書銜，提鎮俱聽其節制。

癸丑，諭總理事務王大臣等：廉親王存心狡詐，結黨營私，自朕即位以來，

凡遇政事，百端阻撓。即如清查工部清片一案，廉親王以重爲輕，以輕爲重，顛倒錯亂。其從前所犯應議之案，交宗人府議處者，不止數十事，朕俱曲爲寬宥，但切加訓誡，冀其改過自新，並未降一階，罰一俸。乃在廷諸臣，向爲廉親王所愚，反以朕爲過於苛刻，爲伊抱屈，此朕審察衆人神色而知之。一年以來，大小臣工因廉親王貽累者甚多，乃甘受罪戾，毫無悔心，而廉親王亦恬然自安，竟不知愧，並不念及國法，稍加警懼。由此觀之，黨援終不能解散也，黨援必由衆人附和而成。若廉親王一人，何所恃而如此行爲乎？工部郎中岳周，拖欠錢糧，廉親王私幫數千金，代伊完納。其意以爲他人凡事苛刻，而我獨優容加恩，不但邀結岳周一人，並令所管之人，無不感戴。如此沽名邀譽，竟不知其何意。岳周並非無力完項之人，昨伊將見銀二萬兩，請託大將軍年羹堯，薦伊爲布政使，年羹堯據實參奏。朕用人皆出至公，此等小人，不止儌倖妄進，並欲使朕之聲名有玷耳。廉親王至今尚無改悔之心，諸臣復不醒悟，積習若此，何所底止。朕用是諄諄誡諭，儻諸臣洗心滌慮，盡改前非，則廉親王黨散勢孤，朕得以不傷骨肉手足之情，兼可無負聖祖仁皇帝保全之恩。其令天下臣民，咸知朕意。

乙卯，陞鑲藍旗護軍統領綽奇爲正黃旗蒙古都統，調鑲紅旗漢軍都統吉當阿爲本旗蒙古都統，以軍前署副將軍都統護軍統領噶爾弼爲鑲紅旗漢軍都統，陞王府長史阿三爲正紅旗滿洲副都統，以鑲紅旗滿洲副都統秦布署本旗蒙古都統。

丁巳，諭怡親王等：貴州定廣狆苗比他省苗蠻兇頑尤甚，朕向知之。前雲貴總督高其倬摺奏，請調官兵勦捕，朕曾降旨，狆苗向屬兇頑，所居之地山深箐密，進勦官兵務期擒捕首惡，勿致疎忽。兹據高其倬等奏稱，進勦惡苗，官兵用命，攀援而入，直抵賊巢，於十月初七、十四等日，擒獲渠魁阿近暨其弟阿卧及妻子賊黨等，地方從此安静，深爲可嘉。高其倬、趙坤、毛文銓著從優議敘。此内著有勞績官員，該督查明，造册報部，一併從優議敘。効力兵丁，即加恩賞。

《世宗實録》卷二七 十二月辛未，上御太和殿傳臚，賜殿試武舉苗國琮等一百三十六人武進士及第、出身有差。

實授田文鏡爲河南巡撫。

癸酉，諭吏部尚書朱軾：浙江沿海塘工，最爲緊要。署撫石文焯前經奏稱應用石工，後又奏稱不必用石，全無定見，誠恐貽誤塘工。朕已諭令法海、佟吉圖，作速詳議具奏矣，但恐法海等初任，不諳地方情形，爾曾爲浙江巡撫，必深悉事宜，著馳驛前往浙江，作何修築之處，會同法海、佟吉圖詳查定議，交與法海等修築。朕思海塘關係民生，務要工程堅固，一勞永逸，不可吝惜錢糧。江南海塘，亦爲緊要，俟浙江議定，即至蘇州，會同何天培、鄂爾泰，將查勘蘇、松塘工如何修築之處，亦定議具奏。

戊寅，諭吏部：直隸守道職司通省錢穀，巡道職司通省刑名，即如各省之有藩、臬二司也。今若槩與諸道員一體，不加分别，似未允協。蓋向以畿輔重地，不立布政、按察名色，朕思畿輔與各省有何區别，今應更改畫一。著將守道改爲布政司，巡道改爲按察司。前因李維鈞辦事勤慎，且能訓練士卒，整飭營伍，故授爲直隸總督，並令提督、總兵官聽其節制，此係特旨，不爲定例。將來李維鈞或陞任後，直隸仍用巡撫，一切俱照巡撫舊例。即有授爲總督者，亦只照趙弘燮例行，不得援李維鈞之例。

癸未，二阿哥允礽薨，追封爲和碩理親王，謚曰密。

辛卯，雲貴總督高其倬疏報：雲南魯魁山猓賊方景明、普有才等，擅攻村寨，肆行搶掠，遣弁兵勦捕，擒斬淨盡。得旨，魯魁猓賊爲害有年，該督分遣官兵，奮力追勦，賊首成擒，賊黨根株，盡行收捕。高其倬及在事有功人員，著加恩議敘。

雍正三年（乙巳、一七二五）

《世宗實録》卷二八 正月癸丑，户部遵旨議奏，遣官於直隸固安縣擇官地二百頃，爲井田。從之。

丙辰，正黃旗滿洲都統馬爾薩緣事革職，陞正紅旗滿洲副都統常雲爲正黃旗滿洲都統。以湖廣荆州將軍阿魯爲鑲藍旗滿洲都統，陞江南江寧左翼副都統吴納哈爲湖廣荆州將軍，調正白旗蒙古副都統李柱爲江南江寧左翼副都統，以禮部尚書賴都署理鑲藍旗滿洲都統。

辛酉，諭大學士等：蔡珽身爲巡撫，縱情任性，將所屬知府蔣興仁威逼自盡，經年羹堯參奏，朕始知之，降旨詰問，蔡珽屢次朦混陳奏，罪實難逭，因交與塞爾圖，將此案情節一一查出。本到内閣，應票擬嚴旨，乃大學士等，以蔡珽已於開礦案内革職，將此本票擬該部知道，庇護蔡珽之意顯然。及刑部議罪，擬以枷責具奏。蔡珽曾爲大吏，有罪當置之於法，枷責殊失國體，此不過巧爲開釋之意。國法所在，恩威當自朕出，臣下以意爲輕重，徇情市德，可乎？後經刑部將

伊按律擬斬。今奏蔡珽已到京，請旨監禁，朕思蔡珽所犯，係年羹堯參奏，今若將蔡珽置之於法，人必以朕爲聽年羹堯之言，而殺蔡珽矣。朝廷威福之柄，臣下得而操之，有此理乎？即如岳周之罪，本應即行正法，因係年羹堯所參，故改爲監候。再，四川巡撫王景灝乃年羹堯所薦，王景灝在軍前辦事出力，及來京陛見，朕觀其才幹可用，故簡任巡撫，以觀其後效。朕之存心，大公至正，是非功罪，惟求其當，且罪疑惟輕，功疑惟重，寧可使人謂朕聽年羹堯之言而用王景灝，斷不可使人謂朕聽年羹堯之言而殺蔡珽。著將蔡珽從寬免罪，並將始末，諭衆知之。

壬戌，諭大學士等：前因蔡珽有病，復有蔣興仁一事，將伊革職。今召令入見，並無疾病，伊學問尚優，著補授都察院左都御史。

《世宗實録》卷二九　二月己巳朔，兵部議覆兩廣總督孔毓珣疏，言廣東香山澳，向有西洋人來貿易，居住納租，踰二百年。今户口日繁，總計男婦多至三千五百六十七名，大小洋船近年每從外國造船回澳，共有二十五隻，恐致日增，請將現在船數作爲定額，除朽壞重修之外，不許添置。西洋人頭目，自彼處來更換者，許其存留，其無故前來之人，仍令隨船歸國，不許容留居住。俱應如所請。從之。

定布隆吉爾爲安西鎮，設總兵一員，標下五營，遊擊五員，守備五員，千總十員，把總二十員，兵五千名。

壬午，諭諸王大學士九卿等：壬寅之冬，朕纘承大統，幾務殷繁，恐哀戚之中，思慮不到，或有差誤，是以特令廉親王、怡親王、大學士馬齊、舅舅隆科多四人總理事務，迄今三年，服制已滿，合奏懇辭，具見忱悃，准照伊等所請，各歸職守辦事。

乙酉，鑲紅旗蒙古都統兼右翼前鋒統領吉當阿緣事革職，以寧夏將軍蘇丹爲正紅旗滿洲都統，兼管右翼前鋒統領。陞步軍總尉加副都統銜席伯爲陝西寧夏將軍。

己丑，諭撫遠大將軍年羹堯：據岳鍾琪奏稱，青海郡王額爾得尼厄爾克托克托奈所屬部落窮困流離，資生窘乏，親王戴青和碩齊、察罕丹津等所屬部落，雖稍能存活，亦屬貧窮。爾身爲撫遠大將軍，凡西陲軍務，調發糧餉，綏輯遠人，皆爾之責，理應酌量事勢緩急，人口多寡，盡心籌畫辦理，乃僅發銀一萬兩賑濟。此諸部落流離失所之衆，豈萬金所能遍給，是知爾於諸務皆未實盡其心矣。托克托奈等遭叛賊搶奪，投命來歸，全賴安插得所，俾其衣食有資。今爾既不能籌畫於未然，又不克拯濟其現在，如諸部落内或有一二人窘急，萬難自存，潛逃遠匿，竄入策妄阿喇布坦之地者，朕必重治爾罪。

壬辰，諭河南巡撫田文鏡：據奏，欲以存司耗羨，彌補州縣無著虧空，既以填實倉庫，又省案牘之煩，固屬美舉。果如此行。本内或作承追督催各官，代爲完結，仍將該犯照例處分則可。若直將通省公用耗銀，明爲貪劣參員抵補虧項，是只以錢糧爲重，而國家懲貪癉惡之法轉輕矣。如何其可，無論謹飭廉員，聞之心不甘服，寧不大啓一切貪員希冀之念乎？斯乃創始之舉，當審酌而行。

又議覆：八旗家奴，或自行贖身冒於旗民之間，或隨伊主仕宦，私立産業，鑽謀贖身者，俱查明歸於本旗。如果伊主念其累世効力，情願令其贖身爲民，檔案可查，以後不得借端控告，庶定例遵行，訟端可息矣。從之。

丙申，户部議覆雲南巡撫楊名時條奏：一、滇省丁銀有民丁、軍丁之分，民丁請照直隸例，攤入田糧完納。至軍丁之額，自二錢八分起，有重至六錢二分者，難與輕額民丁，一槩均攤。應俟查出吴逆平後隱匿田土，量加增攤。一、民間田産先由吴逆賦重差繁減價絶賣，今承平墾熟之後，指定原價，告找告贖，爭控不休，應通飭永禁。一、雲南府屬舊有三泊縣，在萬山之中，先併入昆陽州，遠至二百餘里。請改歸相近十餘里之安寧州，勢方聯屬，可以便民。一、糧儲道爲通省道員之首，請改爲守道。永昌道轄迤西數郡，有稽察地方之責，請改爲巡道。均應如所請。從之。

丁酉，上召諸王、滿漢文武大臣等入，諭曰：朕因貝子允禵行事悖謬，在西寧地方，縱容家下人，生事妄爲，特發諭旨，著都統楚宗往彼約束。

陞户部左侍郎李周望爲禮部尚書。

以正黄旗蒙古副都統費雅思哈署鑲藍旗護軍統領。

《世宗實録》卷三〇　三月庚子，調正白旗漢軍都統希爾根爲正藍旗漢軍都統，以領侍衛内大臣公夸岱爲正白旗漢軍都統，仍兼管領侍衛内大臣事務。

鑲白旗漢軍都統楊宗義緣事革職，陞西安巡撫范時捷爲鑲白旗漢軍都統。

丁未，議政王大臣等遵旨議覆條奏内稱，查得大將軍年羹堯條奏善後十三款，内一款，打箭爐以外木雅等處，共添設兵六千名，議裁四川重慶、川北二鎮、化林一協，并將遵義等營，共裁汰兵三千四五百名。查化林地方，係打箭爐扼要關隘，若將所有額兵一千名止留五百，又於此内分兵二百名，看守打箭爐，則四

川之西邊兵勢甚微矣。至重慶總兵官標下，額兵二千名，重慶地方係在四川大江沿邊，據湖廣荊州上流，若將總兵官并兵一千名裁汰，則四川之東邊兵勢甚微矣。再，川北總兵官駐劄保寧，額兵二千名，四川保寧與陝西漢中相爲犄角，若將保寧總兵官并兵一千名裁汰，則四川之北邊兵勢甚微矣。在昔於兩省接壤之處，相其地勢，多設兵丁者，特爲互相聲援，且防查各省盜賊故也。古來皆以內地爲重，外地爲輕，則裁內地之兵安設邊外，正未可以爲得計。請將內地額設官兵，俱照常存留。再打箭爐至巴塘地方九百里，將內地官兵六千名安設邊外，如何使不侵擾打箭爐之土司部落、裏塘、巴塘之番人致生事端。至番地只産青稞，不産米穀，內地官兵自來習於穀食，如何挽運米糧、蓋造城屋之處，竝未詳議，請仍令年羹堯確議具奏。應如條奏所請，將年羹堯議裁之川北、重慶、化林、遵義、巫山、達州各處鎮協，并經制官兵，仍照常設立。再查年羹堯奏請打箭爐之外，添兵六千名。又黄勝關之外，潘州等處，添兵二千四百名。兵既太多，口外撥餉不易，又恐騷擾番民，亦未可定。今川北等處兵二千五百名，既不便裁去，應將此二處所設兵丁八千四百名內，減去二千五百名，其餘之五千九百名兵丁尚多，亦應酌量裁減。應令年羹堯將裁減兵丁，及挽運糧米、蓋造城屋之處，分晰具題，到日再議。從之。

戊申，諭大學士等：前聞南坪壩番人聚衆梗化，朕料其必有起釁之由，曾降諭旨。今據提督岳鍾琪摺奏，叛番懼罪逃散，拏獲起事首惡喇嘛番子拔那等九名，其餘脅從逃匿者，現在陸續投誠，數日可以安輯。此事實因石泉營守備孟繼先魚肉番人，縱兵騷擾。茂州知州邊鴻烈擅作威福，因修城苛虐番人，以致伊等憤激，殺傷兵民等語。番人敢行悖逆，自有憲典。至守備、知州等，既有苛刻激成之由，必須審出實情，分別治罪，以伸國家之法，以服番衆之心。著刑部侍郎黄炳前往審理。

丙辰，工部遵旨議覆吏部尚書朱軾疏，言浙江杭州等府，全賴海塘捍禦潮汐。查紹興餘姚縣，自滸山鎮西至臨山衛六十里，舊有土塘三道，內一道爲老塘，距海三四十里，或十餘里，係百姓自築。其二道爲外塘，詢據土人云，潮水從不到塘，若加高三四尺，厚五六尺，即遇風潮，亦不致衝溢，係民間竈户修築。今被灾之後，民竈無力，應令地方官動用公帑興修。又自臨山衛至上虞縣烏盆村十五里，自村至會稽縣瀝海所四十五里，內石塘二千二百餘丈，係康熙五十八年建，至今鞏固。其石塘東西，共土塘七千丈，坍塌甚多，應令填築亂石，上鋪大石，以固塘基，貼石築土，栽種榆柳，近塘窪地一概築平，庶可永固。自陳文港至尖山二十餘里，內草塘七十四丈，亂石砌邊。土塘三千七百二十六丈。塘外淤積沙土，潮水猶注塘下，應將土塘加寬，添鋪條石。其草塘七十四丈，竝照式修改。再塘外原有亂石子塘，寬三四尺不等，外加排樁，遮護塘脚，最爲緊要。去秋風潮，排樁欹倒，子塘零落，應修砌完固。從前原無子塘之處，亦照式興修。又海鹽縣東，自秦駐山三澗寨，西至演武場，石塘二千八百丈，明時修建，最爲堅固。年久水沁，塘根樁木朽壞，共塌八十餘丈，今應移就實地修築。又去秋風潮衝潰七十丈，其附石土塘，亦應照式修築。自演武場至平湖縣雅山礟臺一帶，土塘現在地方官加修，指日完工，通共估計石價夫匠土方雜費應用銀十萬五千七百兩有奇，俟工完後，核實報銷。至支發錢糧及督修大小官員，應聽撫臣法海另疏題報。俱應如所請。從之。

丁巳，管理户部事務怡親王奏請酌減蘇松浮糧。得旨，蘇松浮糧，常廑皇考聖懷，屢頒諭旨，本欲施恩裁減，乃彼時大臣以舊額相沿已久，國課所關綦重，數以不應裁減固執覆奏。凡國家大事，因革損益，必君臣計議畫一，始可舉行。若皇考違衆獨斷，既非詢謀僉同之意，且恐一時減免，倘後來國用不足，又開議論之端，是以從衆議而中止。【略】，准將蘇州府正額銀蠲免三十萬兩，松江府正額銀蠲免十五萬兩。

辛酉，川陝總督年羹堯以日月合璧，五星聯珠，具本奏賀。得旨，年羹堯所奏本內，字畫潦草，且將「朝乾夕惕」寫作「夕陽朝乾」。年羹堯平日非粗心辦事之人，直不欲以「朝乾夕惕」四字歸之於朕耳。朕自臨御以來，日理萬幾，兢兢業業，雖不敢謂「乾惕」之心，足以仰承天貺，然敬天勤民之心，時切於中，未嘗有一時懈怠，此四海所知者。今年羹堯既不以「朝乾夕惕」許朕，則年羹堯青海之功，亦在朕許與不許之間，而未定也。朕今降旨詰責，年羹堯必推託患病，係他人代書。夫臣子事君，必誠必敬，陳奏本章，縱係他人代書，豈有不經目之理。觀此，則年羹堯自恃己功，顯露不敬之意，其謬誤之處斷非無心。此本發與年羹堯，令其明白回奏。

癸亥，諭大學士等：甘肅巡撫胡期恒，朕素不識其人，因西海初經平定，必得熟悉邊方情形者，畀以巡撫之職，朕詢問年羹堯，伊即薦胡期恒，謂可勝任。前年羹堯曾薦王景灝求令陛見，及王景灝來京，朕觀其才具實屬可用，是以此番薦舉胡期恒，朕亦不疑，即用爲甘肅巡撫。後見揭參金南瑛等七人，朕察其情

節，甚不允協。且年羹堯於王景灝則請令陛見，於胡期恒則不請令陛見，是殆欲借王景灝一人，使朕信其言之不誣，遂可薦舉胡期恒之類，以肆其蒙蔽也。今胡期恒來京，所奏之言皆屬荒唐悖謬，觀其人，甚屬卑鄙，豈特不稱巡撫，即道府之職，亦屬有玷。著革職，甘肅巡撫員缺，著將軍岳鍾琪兼理。

乙丑，莊親王允禄等遵旨，將總理事務王大臣等分别定議具奏。得旨，廉親王允禩、怡親王允祥，爲人聰明强幹，廉潔自矢，才具優裕，朕深知其能辦大事。遭皇考上賓之日，朕心神恍惚，恐事有錯誤，爰於即位之初，命二王贊佐朕躬，効力國家，總理事務。朕倚任二王，原無異視也。廉親王因不得遂志，又以朕疎遠允禟、允䄉、允禵，致生怨恨，每事煩擾朕之心思，阻撓朕之政事，惑亂衆心，朕爲備極焦勞，是竟以歷年之煩擾皇考者，又欲以之煩苦朕躬矣。怡親王極其敬慎，遵守臣節，凡朕所交事件，竭盡忠誠，勤勞辦理，三年來，佐朕治理之功甚大。廉親王種種悖謬之罪，朕既盡行寬宥。如怡親王之誠心効力者，若不加恩褒異，則將來之宗室諸王，爲國効力之心必至懈怠矣。怡親王著賞一郡王，聽王於諸子中指名奏請受封。隆科多著賞給世襲一等阿達哈哈番，馬齊著賞給拜他喇布勒哈番。餘依議。

丁卯，諭雲貴總督高其倬、貴州巡撫毛文銓、提督趙坤等：黔省狆苗，最爲不法。上年三四月間，輒敢蟻聚，搶奪集市。定廣協副將領兵驅逐，官兵多被損傷。至八月間，撫、提會調兵丁二千名，委員進勦。於九月行至定番州，兵丁强買民物，喧閙罷市。暮抵谷藺地方，夜火不戢，又復焚燬熟苗五寨，以致民苗合圍，射傷官兵。夫師出以律，乃沿途騷擾平民，激變熟苗，種種强横，何漫無法紀，竟至如此。且狆苗及紅黑諸苗之巢穴，附在各州縣者，種類不一，出没無常，朕意與其有事而加勦撫，孰若未事而預爲計畫。黔省文武各官委靡成風，匪伊朝夕，爾等須大爲整頓，身先倡率。文自司道以至府州縣衛，惟撫恤是務。武自鎮協以至參遊備弁，惟操練是勤。務使民無派累之苦，兵無怠玩之習。將見各處向化熟苗，必皆舉踵企慕，擇其頭目中淳良可用者，命該管官宣播恩德，加以優賚，俾各愛養所屬，以備驅策。其有干紀犯科者，從而重懲，以示警戒。不一二年間，内地之民，莫不感激奮勵。已附之夷人，胥皆畏威懷惠。彼狆苗及紅黑諸苗，多與漢姦聲氣相通，自當俛首帖耳，望風慴息，猶敢縱肆猖獗乎？設有怙惡不悛者，亦必審查。果係族類衆多，稔惡渠魁，始遣熟苗頭目先行招撫，撫之不從，然後行知所在將弁，塞其奔逸之路，一面命熟苗頭目率伊部落前往勦捕，大兵從而繼之，自獲全勝。所獲牲畜等物，即頒賞熟苗，酬其功績。將勞効尤著之輩，或奏請賜一職銜。如是平定一二處，則其餘不待招撫而歸誠恐後矣。至於直省各員，俱有火耗、羨餘，畀之養廉。黔省錢糧額寡，耗羨無幾，或以養廉不足，加派民苗，然州縣員缺，較他省無多，猶易爲設法，莫若將各項陋規通盤查清，即以本省之所出，還濟本省之公用，似屬允協。

《世宗實録》卷三一　四月丙子，諭議政王大臣等：策妄阿喇布坦來求吐魯番之地，曾諭將從前内附爲首者，令其遷入内地。今將軍穆克登奏言，吐魯番處共有一萬餘人，若但遷首領數人而不遷其所屬之人，則伊等生計必致艱難，且伊所屬之内，願移入内者，不下四五千人等語。朕思瓜洲、沙州地方甚寬，亦必用人耕種，若有願移者，即在此居住。給與一二年養贍，令其耕種。羅卜腦兒地方，亦照吐魯番例，有願移來者，亦隨爲首之人一併移來。不願者，仍留本處。著議奏。尋議，歸順之狪子，若再給與策妄阿喇布坦，恐致擾累，所以願移者甚衆，應令其在布隆吉爾地方、沙州、瓜州等處種地。其建立村莊養贍之處，行文將軍富寧安等詳議辦理。再羅卜腦兒狪子，皆水居打魚爲生，此内有願陸居爲生者，請照吐魯番例，一併移來。從之。

丁丑，諭吏部：庶吉士張鳴鈞等，教習已久，今加考試，應分别授職。除程元章已授編修外，滿漢庶吉士張鳴鈞、邵基、陶正中、何玉梁、鄒光濤、張江、徐以升、沈淑、張廷瑑、胡香山、牧可登、馬金門、嚴民法、尹繼善、帥念祖、許焞、繆曰芑、吴釗、焦祈年、周學健、戴永椿、倪師孟、薄履青、昌齡、松壽，俱著授翰林院編修。范咸、沈懋華、陳弘謀、王步青、保良、沈文豪、喀爾欽、吴大受，俱著授翰林院檢討。許均、王喬林、張仕遇、康忱，俱著以六部主事用。黄元鐸、吴王坦、李端、顔希聖、胡蛟齡、陶士僙、劉敬輿、楊臚賜、顧海，俱著以中行評博用。金相、張泰基，俱著以州縣用。周鳳來、李士杞，俱著以教職用。高山、陳齊寔、張考、李徽，已揀選刑部，即以刑部主事用。俞來求俟服滿後，補行引見，記名留京。進士夏之芳、姜穎新，俱著授翰林院編修。黄岳牧、陸宗楷，俱著授翰林院檢討。王士任、邵錦濤、羅鳳彩、王輅、張蔭圻，俱著以六部主事用。蔣祝、王藩、何有基，俱著以中行評博用。萬里，著以州縣用。爾部即遵諭行。

己卯，諭大學士等：近來年羹堯妄舉胡期恒爲巡撫，妄參金南瑛等員騷擾南坪寨番民，詞意支飾，含糊具奏。又將青海蒙古饑饉隱匿不報，此等事件，不可枚舉。年羹堯從前不至於此，或係自恃己功，故爲怠玩，或係誅戮過多，致此

昏憒。如此之人，安可仍居川陝總督之任。朕觀年羹堯於兵丁尚能操練，著調補浙江杭州將軍。川陝總督印務，著奮威將軍甘肅提督兼理巡撫事岳鍾琪速赴西安署理。其撫遠大將軍印，著齎送來京。奮威將軍印如無用處，亦著齎送來京。

遣内閣學士衆佛保、副都統查史等，往準噶爾，敕諭準噶爾台吉策妄阿喇布坦。

庚辰，命江南江寧將軍雍吉納來京，陞浙江杭州右翼副都統董吉那爲江南江寧將軍。

兵部議覆雲貴總督高其倬條奏苗疆事宜：一、定廣頑苗，已經擒獲，請於西孟地方，撥定廣營千總一員，兵一百名，駐劄彈壓。又定廣一帶路通廣西泗城土府，請於青藤、斷杉樹二處，設立塘汛，護衛行人。一、廣順州所屬之長寨、者貢、同筍、蕉山，安順府所屬之十三枝，普定縣所屬之五枝，及白老虎等處苗民，宜添設官兵彈壓。查大定一鎮，所防僅一州之地，請改爲一協，只留左右二營，以左營兼管中營，帶兵一千名，防守大定。裁去中營遊擊一缺，移中營守備一員，千把總各一員，兵四百五十名，分防長寨等處。移把總一員，帶兵五十名，分防羊城堡，統歸定廣副將管轄。再於平遠協，分千總一員，帶兵一百名，防守白老虎一帶地方。至都匀府屬之獨山州，境接廣西之南丹土州，苗俗尤爲頑劣，應於通省抽兵二百名，移都匀守備一員，帶領駐防。一、黔省境接川、楚，姦棍頑苗，互相勾結，販賣人口一事，最爲地方之害。請嗣後定例，地方官於一年之内，有能拏獲積棍頑苗者，計人數分别議敘。儻不能查緝，爲别處官弁拏獲者，亦計人數降革。至窩藏護送及牽合之人，亦分别嚴加懲治。其外省客民，有買貧民子女者，令報官用印，亦不許買至四五人，違者仍照興販例治罪。一、黔省與楚、蜀、滇、粤接壤，多民苗互相讎殺搶劫之事，請嗣後定例，夷人越界未曾爲非者，仍拏送本省。如係越境偷搶及助人仇殺者，即在拏獲之省審明發落。又黔省有拏白放黑之習，如被人劫殺，力不能報復，將無干之家，奪其人口、牛馬，丢插冤單，令爲報復。如不能代其報復，則勒索銀兩取贖。請嗣後定例，照應得之罪加一等究擬。一、土司貧苦，往往將所管有糧之田，作爲無糧之土，賣與紳衿商民，以致完納無資，每至派累苗户，請敕令查核清楚，令各買田之人，照例輸納。又各土司下設立權目人等，應令報明有司，凡有事發，一併緝捕懲治。一、黔省地氣潮濕，倉米易致霉爛，請嗣後將兵米合計共存三年之蓄，餘者於青黄不接之時，量行減價平糶，以濟民食，著爲定例。以上六條，均應如所請。又奏稱，黎平一府，與楚省五開衛同在一城，民苗雜處，分隸兩省，事權不一，請將五開衛改爲一縣，歸黎平管理，銅鼓衛亦歸併五開，則中間古州八萬等苗區，皆屬於黔省。一切措辦，呼應得靈。查銅鼓、五開二衛，歸黔歸楚，從前兩省督撫各執一詞，應令妥議畫一，具題再議。得旨，高其倬爲人謹慎，辦事精細，伊所奏之事諒無錯誤，五開、銅鼓二衛著照所奏歸黔省管轄。餘依議。

癸未，上召諸王、貝勒、公、大學士、九卿及工部官員等入，諭曰：朕向見工部所製器械，類多粗率，是以即位之後，特降諭旨，此後細小工作，該部即行置辦。若工作稍大及緊要物件，俱先行奏明。造成之後，奏請差人驗看。前因製造兵丁帳房錯誤，朕曾降諭旨。今製辦阿爾泰兵丁軍器，關係緊要，朕意其必盡心辦理。昨製成奏請驗看，朕著夸岱、來保查閲，據二人回奏，刀刃無鋼，盔有裂縫，甲係市買粗鐵所造。朕詢問廉親王，伊即具摺認罪，情願賠補。夫軍器所關至重，朕既屢降諭旨，伊又奏請驗看，而所製之物竝不堅利若此，其居心尚可問乎？【略】允禩全不知感恩悔過，專務沽取名譽，邀結黨與，希圖敗壞政事，實爲國法所不宥。

又諭大學士九卿等：前日李鍾嶽奏稱，翰林爲儲材重地，自康熙四十五年至六十年七科，每省俱有庶吉士。查雍正元年癸卯科，漢軍及河南、四川進士無館選者。雍正二年甲辰科，蒙古及山西、河南、陝西、四川、廣東、湖南、廣西、雲南、貴州進士，俱無館選者，請廣儲才之路等語。朕即位之後，以培養人材最重翰林，故加意詳慎。隆科多曾奏稱，聖祖時，館選每省俱有庶吉士，所以朕於雍正元年癸卯科館選時，試其文義，觀其人品，於僻遠省分之人亦酌量選取。又每諭教習之臣，盡心訓迪。迨後歷經簡擇，及考試文章，其中惟江浙人文義實較各省爲優，因將各省人員分用於内外各衙門，而江浙人留館獨多。雍正二年甲辰科館選，亦詳加考試。朕因以文義優者，選爲庶吉士，於是山西、河南等省進士，遂多不得與選。蓋翰林職司文章，若以文義不及者處之，則用違其才，而其人或有他長，反無以自見矣。【略】嗣後館選庶吉士，或應考試文義選取，或應每省額選幾人，或應分爲南北兩院。向來教習，止派滿漢各一員。今若按省分各選庶吉士，或亦按省分各設教習可乎？至各省未得館選之進士中，或有文義可充翰林之選者，爾等確有所知，即行舉出，毋使人有逸才之論。爾大學士會同九卿詳議具奏。

戊子，諭直省督撫等：爲政首重安民，安民必先察吏。邇年有司，不能仰體聖祖仁皇帝寬仁德意，吏治漸致廢弛。朕即位以來，嚴加訓誡，整飭官方，欲其潔己愛民，奉公盡職。在朕竝非苛刻，亦非偏私，乃有庸懦無能之督撫，間有參劾，每向人云「我若不參，恐非上意。又恐他人參劾，於我不便」，以此等語，解釋於衆，似覺參劾爲迎合朕意，而出於不得已者。即如浙閩總督滿保參劾知府何國棟，似屬迎合，朕察其無貪污之蹟，仍准留任，則朕無成心可知矣。前滿保曾奏浙閩屬吏，已劾多員，若再題參，恐至無人辦事。魏廷珍巡撫湖南時，亦曾奏稱「屬員參劾過半，容再查奏」等語。夫屬員之去留，惟視居官之優劣，豈論參劾之多寡。朕心總出於至公，爾督撫等安得以庸鄙之見，偏私之心，妄爲窺測乎？又聞外間議論云「朝廷懲盜臣而重聚斂之臣」，此語尤爲荒誕。自朕臨御以來，蠲免舊欠錢糧不下千百萬兩，江南蘇松之浮糧，江西南昌之浮糧，共免額徵銀五十餘萬，此皆惟正之供，尚且大沛恩膏，特行豁免。見今各省督撫大吏，將諸項名色私派陋規，裁革甚多，莫非推惠於民，尚得謂之聚斂乎？至若虧空侵蝕，以及貪婪枉法之輩，蠹國殃民，有干法紀，既寬其誅，已屬格外。若又不嚴追完項，一任貪吏優游自得，國法安在耶？此明係朋黨匪人懷私捏造悖謬之語，以惑衆聽，殊屬可恨。故特諭衆知之。

諭振武將軍穆克登：喀爾喀地方駐兵年久，每年由京城運送軍糧，路途遥遠，一時不及，恐兵丁至於乏食。鄂爾昆圖拉一帶，甚爲寛闊，若開墾屯田，實爲永遠之計。爾會同喀爾喀副將軍等確議具奏。

辛卯，命協理大學士吏部尚書田從典爲文華殿大學士，兼吏部尚書。以順承郡王錫保管理正黄旗漢軍都統。

正藍旗護軍統領署本旗滿洲都統阿林保緣事革職，以鑲白旗護軍統領濟星署理正藍旗滿洲都統。

乙未，兵部議覆雲貴總督高其倬疏，稱雲南苗猓，平時踞元江新平之間，官兵勦捕則遁入威遠，普洱茶山等處，廣袤二三千里，難以控制。請將威遠土州改土歸流，設撫夷清餉同知一員，經歷一員，鹽井大使二員，於猛班設巡檢一員，分理民事。再添設普威一營，置參將一員，駐劄普洱。守備二員，一駐威遠，一駐茶山。千總四員，把總八員，兵丁一千二百名，分汛防守。至賊苗巢穴根株，全在元江協新嶍營所轄之地。而舊制，新嶍止屬臨元，不屬元江，故兩界遇事易於推卸，請將新嶍營歸元江管轄，仍令臨元統轄。又猓夷有討保之習，勒索銀兩，騷擾地方，請於九龍江口夷人出入之處，設立防汛，照山海關例，給以印票。并將所屬村寨，編立里甲户口，以憑稽察。其夷人子弟有志讀書者，准其於元江附考，元江府入學額數應加取二名。田畝照地肥瘠，酌定額賦。土地可闢者，見今開墾，照定例，水田六年、旱田十年陞科。至於土官方、普二姓，糾衆騷擾，所有二姓土巡檢承襲之處，應永遠停止。均應如所請。從之。

《世宗實録》卷三二　五月己酉，鑲白旗漢軍都統范時捷，參奏原任大將軍川陝總督年羹堯欺罔貪婪五款：一、運米至軍前，侵蝕脚價銀四十餘萬兩。一、管理捐納駝米，勒取私費，婪銀三十萬兩。一、違旨勒派屬員公捐俸工。一、與將軍督撫文書，擅用令諭，直書官名。一、保舉題補各官，悉多營私受賄。應將年羹堯并通同欺罔之桑成鼎、金啓勳、胡期恒及伊家人魏之耀、嚴大等，一併敕部提拏，嚴行審究治罪。得旨，著年羹堯明白回奏。

丁巳，諭大學士等：頃將年羹堯解退大將軍總督職任，補授杭州將軍。陝西通省滿漢兵民，羣稱得命，復見天日，靡不懽忻相慶。乃聞年羹堯繫戀總督職任，又設法揚言，將行李發往，巧圖仍留原任，自負爲良臣，欲加朕以遺棄功臣之名，眩惑營求彼處兵民等。年羹堯既負朕恩，致犯衆惡若此，尚復繫戀營求，誠爲不識羞恥者。間有愚人，或貪圖年羹堯財物，或仍畏年羹堯威勢，代爲具呈，朕必照逆黨例從重治罪，斷不寛宥。年羹堯應交岳鍾琪事件，著作速交代，急赴杭州任所。將此行文岳鍾琪及該撫等，令其知悉。

己未，又諭：策妄阿喇布坦遣使具奏，言辭敬順。巴爾庫爾等處兵丁，在外年久，將吐魯番等處駐劄兵丁，俱撤到巴爾庫爾，會合一處，著照吐魯番鄂龍吉潤舍圖等處撤兵之數撤回。再，吐魯番地方揀選能員一人，令其駐劄，候我使臣歸國。著行文將軍富寧安，撤兵時，吐魯番回人未免怯懼，將策妄阿喇布坦敬謹遣使及命使臣前去不必用兵緣由，曉諭回人。俟使臣來時，其回衆移居之處，照從前所降諭旨行，著議奏。尋議，巴爾庫爾、吐魯番、潤舍圖、鄂龍吉四處兵，共計九千八百七十四名。吐魯番兵内將種地兵一千名暫留彼處，交與副都統克什圖管轄。其餘兵丁，照巴爾庫爾原有兵數，暫留巴爾庫爾駐劄。所餘兵丁，俱行撤回。得旨，克什圖一人年老，著留穆森一同管轄。其留在巴爾庫爾之大臣及統領撤兵之大臣，著將軍富寧安酌量派出。奏聞。

乙丑，吏部、兵部議奏：杭州將軍年羹堯於川陝總督任内，妄參金南瑛等七員，應革職。得旨，此年羹堯總督任内之事，竝非將軍任内之事。乃吏部應議

者，與兵部無涉。若果以將軍係兵部職掌，即應請旨，交與兵部，而吏部可不必會議。今竝未請旨，含糊專擅，會同兵部議革年羹堯將軍之職具奏，特預先立意，徇庇年羹堯耳。如此巧爲，殊屬不合。隆科多等著交與都察院嚴察奏聞，將本發回，仍令吏部議奏。

《世宗實録》卷三三　六月庚午，署川陝總督岳鍾琪疏言：遵旨察勘雜谷、大小金川、沃日等處土司搆釁緣由，差員到雜谷地方，照舊立界，傾心悦服。又金川土司處，有美同等寨，本爲金川咽喉，被前巡撫年羹堯强斷與沃日，所以伊殺多年，今斷歸金川，以龍堡三歌退給沃日，兩家永無争奪。又土司承襲地方官勒索陋規，多致遲延歲月，請立嚴限具題，不許勒揹。得旨，本朝各省土司，俱畏威懷德，甚爲恭順。間有一二梗化者，皆由地方文武大吏，調劑失宜之故。今春年羹堯奏稱，四川雜谷及大小金川等土司，頗有不法情狀，朕即知此必年羹堯希冀其多事，欲借此名色，得以久操大將軍之權，固留川陝總督之任耳。年羹堯若不速離川陝，則川陝必至多事，是以將年羹堯調往杭州。未幾，南坪壩之事，果已安帖。玆據岳鍾琪所奏，雜谷、金川、沃日等土司，又已悦服，彼此和輯矣。此諸土司向日皆因年羹堯辦理不公，以致互相讐殺。今岳鍾琪遵朕諭旨，辦理有方，寧番息事，殊屬可嘉，著交與該部議敘，其條奏土司襲職之處，著内閣九卿會議具奏。

癸酉，諭大學士九卿等：年羹堯如許大罪顯露，而伊子年富、年興等尚毫無畏懼之形。若伊父果有寃抑之處，應分晰代奏；若無寃抑之處，則應竭誠効力，以贖伊父之罪。乃隨處爲伊父探聽音信，且怨憤見於顔色。年富、年興俱著革職，交與伊祖年遐齡，儻仍不悛改，定行正法。再隆科多之子鑾儀使玉柱行止甚劣，亦著革職，交與伊父隆科多。

甲戌，吏部等衙門遵旨公閲年羹堯奏摺，疏參年羹堯受皇上莫大之恩，乃狂妄悖逆，至於此極，種種不法，罪大彌天。今調任杭州將軍，又奏稱江南儀徵縣地方，水陸分途，臣至此静候綸音等語，更不知其何心。人臣如年羹堯背義負恩，越分藐法，爲天地之必誅，臣民所共憤。請將年羹堯革職，及所有太保竝世職一併革去。從前恩賞團龍補服、黄帶、雙眼孔雀翎、紫扯手等物，悉行追繳。敕下法司，將年羹堯鎖拏來京，嚴審正法，以爲人臣負恩不忠之戒。得旨，年羹堯在任，種種僭妄，曾經降旨詢問。今據年羹堯奏稱，伊爲大將軍所行之事，俱循照俗例而行等語。昔年用兵，有諸王掌大將軍印者，有大臣掌大將軍印者，惟允禵妄自尊大，種種不法，我朝大將軍如此行事者，從未之聞也。年羹堯不但踵而行之，且殺戮過焉。今乃云「循照俗例」，夫允禵所行，悉僭妄非制，豈可云「例」？假若云例，則係國家大將軍之定制，豈可云「俗」。此語狂悖已極，在年羹堯職分，即當年諸王掌大將軍印所行之例，伊尚不應比擬，而乃效法允禵狂妄不法之舉乎？又據年羹堯奏稱，既不敢久居陝省，亦不敢遽赴浙江，今於儀徵縣水陸交通之地，静候綸音等語。朕前降諭旨，令速赴杭州新任。今逗遛中途，曠廢職守，遷延觀望，不知何心？其回奏摺内，凡支吾掩飾及未經回奏之處，俱著年羹堯一一分晰明白回奏。至九卿等所議，革去一切職銜，追回恩賜等物，鎖拏來京，嚴審正法之處，俟年羹堯回奏到日，再行請旨。

己丑，以湖廣荆州將軍阿魯爲鑲藍旗漢軍都統，陞軍前署礮營章京鄂善爲左翼前鋒統領，原任江南江寧將軍雍吉納給都統銜管右翼前鋒統領。

甲午，吏部覆奏：原任川陝總督調杭州將軍年羹堯，懷挾私心，急欲出缺，另行補人，妄參道員金南瑛等，列款全虚，應將其太保職銜削去。從之。

《世宗實録》卷三四　七月辛丑，户部等衙門議覆兩江總督查弼納、浙閩總督覺羅滿保疏奏江西、福建、浙江三省安輯棚民事宜。一、見在各縣棚户，請照保甲之例，每年按户編册，責成山主地主竝保長、甲長出結，送該州縣。該州縣據册稽查，有情願編入土著者，准其編入。有邑中多至數百户，及千户以上者，添撥弁兵防守。棚民有窩匪姦盗等情，地方官及保甲長失察徇庇者，分别懲治。一、編册之後，續到流移，不得容留。有欲回本籍者，准其回籍。一、棚民有膂力可用及讀書向學者，入籍二十年，准其應試，於額外酌量取進。一、南昌府之寧州、武寧縣，廣信府之玉山縣，棚民尤衆，請將進賢縣巡檢二員移駐寧州，新建縣巡檢一員移駐武寧，專司稽察。裁玉山縣之懷玉驛驛丞，改設巡檢，與玉山縣縣丞，分轄隘口。再將瑞州府同知移駐寧州之銅鼓營，以資彈壓。一、南昌鎮標後營遊擊，請移駐銅鼓營。銅鼓營原設之守備，移駐袁州府萬載縣。後營遊擊所轄之千總一員，移駐瑞州府新昌縣。至袁州府屬之黎源，廣信府屬之下鎮虚地方，各添撥外委把總一員，帶兵防守。均應如所請。從之。

壬寅，以福建福州將軍宜兆熊署理福建總督。

丁未，都察院疏參吏部尚書隆科多議處年羹堯曲護徇庇，不將伊公爵議革，隆科多應革職。得旨，隆科多著削去太保職銜，從寬免革職。

戊申，河道總督齊蘇勒疏言：今歲六月中旬，山東山水陡發，駱馬湖口，泛漲

二百餘里。其湖水湧出宿遷縣竹絡壩口，抵阻黄水，不能暢流，致將睢寧縣朱家海埽工沉陷，大隄坍卸，漫開水口四十餘丈。出口之水，東歸洪澤湖。誠恐湖内不能容受，隨飭河員開放天然壩以分其勢。朱家海漫口，大溜湍激，甚難護防。兩邊大隄，又經刷寬三十餘丈，旋於上流斜築挑水壩一座，水勢稍平，相度情形，必於對岸挑濬引河一道，俾大溜歸入正河，庶漫口易於堵塞。下部知之。

壬子，文華殿大學士白潢以病乞解任調理，允之，命松江提督高其位爲文淵閣大學士兼禮部尚書。户部尚書張廷玉署理大學士事務。

命吏部尚書兼理藩院尚書隆科多往阿蘭善山等處修理城池，開墾地畝。以果郡王允禮辦理理藩院事務。

實授岳鍾琪爲川陜總督，圖理琛爲西安巡撫，陞内閣侍讀學士巡視河東鹽政馬喀爲陜西西安布政使司布政使，仍兼理鹽務。

調湖廣提督魏經國爲江南提督，鑾儀使署四川提督趙坤爲湖廣提督，陞四川松潘總兵官周瑛爲四川提督，以廣東提督董象緯爲鑾儀衛鑾儀使，陞廣東瓊州總兵官萬際瑞爲廣東提督。

丙辰，解兵部尚書盧詢任，專管正黄旗漢軍都統事。陞左都御史蔡珽爲兵部尚書，兼理左都御史事。

庚申，吏部議覆：河南巡撫田文鏡疏參年羹堯，鹽場遍置私人，私鹽充斥。又以印票運茶，違廢茶引。應將年羹堯二等公降爲三等公。從之。

辛酉，諭直隸總督，山東、河南巡撫：今歲夏秋以來，直隸、山東、河南三省，雨水過多，小民謀生無術者有之，朕心甚爲憫惻。兹秋成將届，憂念彌深，該督撫可速委能員，實心詳察，其有生計蕭條，升斗無資，以及田地被淹，房廬倒塌者，即一面賑恤，一面具奏，務使窮幽極僻之區，亦不至一夫失所。

壬戌，諭大學士等：年羹堯以總督補放將軍，亦爲陞遷。伊前違旨，欲在儀徵縣逗留居住，今又止將接任日期具奏，並不謝恩，有悖臣道，著革退杭州將軍任，授爲閒散章京，在杭州效力行走。其將軍印務，著原任副都統王府長史鄂彌達前往署理。

癸亥，〔諭〕：至於允禟，自來結納黨援，不守本分，且品行庸劣，居心妄自尊大。聖祖皇考稍加訓誡，輒云「不過革去此微末貝子已耳」，偶遇勞瘁，動稱「若如大阿哥、二阿哥，一例拘禁，我倒安逸」，此等狂悖之談，時出諸口，朕與諸阿哥所共知者。及遭皇考大事，竝未見有點滴悲淚。朕御極後，允禟昂然恣肆，抗違諭旨，狂悖之形，種種不一，朕因發往西寧居住，稍示警誡。伊又寄書允䄉，語多悖亂，且縱容屬下騷擾地方，毆打民人，罔顧國紀。朕特遣都統楚宗前往約束，及楚宗到彼宣旨，伊竝未迎接跪聽，安居卧室，毫無悔懼之容，信口妄言，有「出家離世」等狂悖之語。且伊攜帶數萬金前往西寧，濫行糜費，買結人心，地方人等俱稱九王爺。伊不過一貝子耳，尚未及貝勒職分，又安得漫稱王，洵屬不識臣子大義，悖亂之極。允禟著革去貝子，撤其佐領屬下，竝行文陜西督撫，嗣後仍有擅稱允禟爲九王爺者，從重治罪。

乙丑，户部議覆山東巡撫陳世倌疏奏，山東通省丁銀，請攤入地畝之内徵收。應如所請。從之。

《東華録》卷二七　是月，户部左侍郎蔣廷錫疏言：漕運全資水利，宜通源節流，以濟運道。一曰：濬泉源。山東漕河資汶、洸、源之水，而四水源皆微細，全賴泉源，助成巨流。計一省之泉，百有八十，其派有五，分水、天井、魯橋、新河、沂水是也，其委同出一道，謂之泉河也。口舊設管泉分司，今雖裁汰，仍設泉夫。請飭有泉州縣，督率疏濬，盜遏者禁。又濟、兖二府，爲濟水伏流之地，若廣爲濬導，則散湮砂礫間者，隨地湧見，應立法勸泉夫濬出新泉，優賚銀米，歲終册報，即爲州縣課最。一曰：開湖地。山東諸泉所匯，爲湖十五，各建長礎，設斗門爲減水閘，以時啓閉。漕溢則減漕以入湖，湖涸則啓湖以濟漕，故諸湖名曰水櫃。其後居民壅水占種，斗門閘壩遂漸坍塞，低窪多生菱草，積沙處高與漕河堤等，蓄洩無所。請察勘未耕之地，就低處悉行挑深，以復水櫃之法。即挑出之土，築堤以束水櫃，每湖開支湖以承諸泉之入，益漕水之流，後建閘以時減放，庶幾疏洩得宜。一曰：嚴築壩。開壩日期，按《漕政考》，山東運河每歲十月初築壩遏流，分洩諸湖，候來春二月冰泮，開壩受水，法至善也。但法久玩生，築壩每在十一月中，未免過遲，正月初旬開壩，未免太早。請飭所司，築必十月望前，庶河冰未合，便於施工；開必二月朔後，庶河水充盈，漕運商船皆利。一曰：修築坎河灘壩。山東運河惟賴汶水一派，分流南北濟運。明宣德時，築戴村壩於汶水南，以遏汶水入洸，建坎河石壩於汶水北，以節汶水歸海。嘉靖時總河侍郎萬恭復堆積石灘，水溢則縱之歸海，水平則留之入湖。嗣雖歲有修築，但恐時久頽廢，萬一汶水北注，挾湖泉盡歸大清河，則四百餘里之運道，所關非小。請敕總河及巡撫相度形勢，修復舊石灘，改建滚水石壩，以爲蓄洩。上命内閣學士何國宗等携儀器與圖，同總河齊蘇勒、巡撫陳世倌勘履，應如廷錫奏。旨：下九卿

議行。

《世宗實録》卷三五　八月己巳，陞右翼前鋒統領雍吉納爲鑲紅旗蒙古都統，仍兼右翼前鋒統領。

辛未，諭大學士等：年羹堯從前竊弄權柄，擅作威福，所有脅從諂附者，原不足深責。今年羹堯之姦邪僭逆，種種敗露，朕已洞悉，屢頒諭旨，頻敕内外諸臣，令各洗滌已往，戒警將來，共期改過。若仍黨惡不悛，則斷不姑恕。諭旨甚明，乃直隸總督李維鈞居心險譎，竟敢陽順陰違。如保定府城内，現有年羹堯私置之家産，藏留之財物，彼竝不參奏。迨朕降旨令查，尚具摺故作猶豫之狀，希圖延挨，俾得隱匿。此等情景，必有緣由。著馬爾賽、蔡珽同往保定府，詳細詢察。若果得姦欺黨惡實情，即將李維鈞拏問請旨。

以原任浙江巡撫法海署兵部尚書，鑲紅旗漢軍副都統唐喀署吏部右侍郎，鑲白旗蒙古副都統武格署刑部左侍郎。

戊寅，户部侍郎蔣廷錫、内務府總管來保，遵旨議奏查閲京倉事宜。上召入，諭曰：爾等所議甚妥，應開溝墊土添橋等項，著料估具奏。倉内空廒，鋪架松板，著倉場衙門奏聞。其所用竹氣通，高出米頂之上，以透洩汗蒸之氣，京師若不能多辦，可行令江南糧艘帶上。至爾等所奏，以石灰鋪匀磚上，可隔潮濕，但恐石灰和入米内，於人不甚相宜，可將石灰於磚下鋪墊。餘依議。

陞大理寺少卿張謙爲貴州巡撫。

己卯，議政王大臣等議覆振武將軍穆克登奏，稱鄂爾昆一帶，尚有昔人耕種及灌水溝渠舊跡，圖拉等處現有大麥、小麥，竝非不可開墾之所。但霜降遲早不一，米穀宜否不齊，請於屯長内，酌派十餘人，於明年三月内，遣往耕種試看，俟秋收後，具奏。應如所請。從之。

《東華録》卷二七　是月，革直隸總督李維鈞職，命賠修天津倉廒，俟工竣之日，刑部按律治罪。

《世宗實録》卷三六　九月乙未朔，户部議覆陝西巡撫圖理琛疏，言陝省西安、延安兩府，管理州縣，地廣事繁，請將商州、同州、華州、乾州、邠州、耀州、鄜州、葭州、綏德州，俱改爲直隸州。其西安府屬之鎮安、雒南、山陽、商南四縣，分隸商州。朝邑、郃陽、澄城、韓城四縣，分隸同州。華陰、蒲城二縣，分隸華州。武功、永壽二縣，分隸乾州。三水、淳化、長武三縣，分隸邠州。同官、白水二縣，分隸耀州。延安府屬之雒川、中部、宜君三縣，分隸鄜州。吴堡、神木、府谷三縣，分隸葭州。米脂、清澗二縣，分隸綏德州。應如所請。從之。

丙申，川陝總督岳鍾琪奏請陛見，允之。以西安巡撫圖理琛署理總督事務。

甲寅，命吏部尚書朱軾爲文華殿大學士，仍管吏部尚書事。調兵部尚書蔡珽爲吏部尚書，仍管兵部尚書、左都御史事。

以左翼前鋒統領鄂善署理鑲白旗滿洲都統。

丙辰，吏部議覆川陝總督岳鍾琪疏參原任川陝總督年羹堯，將甘州巴爾庫爾等處官員，應行奏請錢糧之事，詭稱此非交代事件，竝不交代明白。應將年羹堯所有一等阿達哈哈番，降爲拜他拉布勒哈番。得旨，年羹堯所有職銜，俱著革去。

甲子，調鑲藍旗滿洲都統賴都爲鑲紅旗漢軍都統。軍前鑲紅旗漢軍都統噶爾弼爲鑲藍旗滿洲都統，兼管右翼前鋒統領事務。

陞直隸河間府所屬天津州爲直隸州，管轄武清、青縣、静海三縣。從長蘆鹽政御史莽鵠立請也。

《世宗實録》卷三七　十月戊辰，諭内閣：外省官員督參撫審，撫參督審，此係向來定例。但朕思督撫果係同城駐劄，或相距不遠，則舊例甚屬合理。若隔處遼濶，該犯與干連人等不無往返拖累，且案件亦易至躭延。即如山東、河南、山西俱無總督，但有巡撫，凡題參事件，舊例亦仍交巡撫查審。嗣後，督撫糾參事件，應如何得就近審理，使案件易於歸結，情罪皆得公平，著九卿議奏。尋議，嗣後，總督所參之員，仍照例令各該撫審理。其福建、湖北、陝西、雲南等省，巡撫與總督同城，江寧、安徽、廣東等省，督撫雖不同城，兩江總督駐劄江寧府，爲江寧、安徽適中之地，兩廣總督駐劄肇慶府，與廣東巡撫駐劄之所相去不遠，亦皆應照舊例，撫參督審外，其湖南雖統屬湖廣，相隔洞庭一湖，甘肅雖統屬陝西，相去千有餘里，以及浙江、江西、四川、廣西、貴州等省，均屬隔省，巡撫所參之員，應即令該撫就近審結，該布、按兩司審轉時，備詳總督稽核，仍令巡撫將審案移會總督，合詞具題。從之。

調雲貴總督高其倬爲浙閩總督，陞刑部左侍郎署理山西巡撫伊都立爲雲貴總督，山東布政使布蘭泰爲山西巡撫，雲南布政使李衛爲浙江巡撫，河南按察使張保爲山東布政使司布政使，調江西布政使常德壽爲雲南布政使司布政使，陞江西按察使陳安策爲江西布政使司布政使，刑部郎中積善爲江西按察使司按察使。

己巳，刑部議覆川陜總督岳鍾琪疏參年羹堯幕賓趙士河，將故弟趙勳軍前効力知縣職銜，令劉以堂頂替，年羹堯掩護欺罔，不行實奏，應將年羹堯鎖拏來京，按律正法。得旨，此案顯屬年羹堯通同作弊，明知故爲之事。朕令其明白回奏，竝不據實陳首，復立意欺罔，佯爲不知，巧飾奏聞。朕已遣人將年羹堯提拏來京，俟其到日，嚴究質審。

庚寅，調雲貴總督伊都立爲山西總督，管理巡撫事務。陞雲南巡撫楊名時爲雲貴總督，仍管雲南巡撫事務。調廣西巡撫鄂爾泰爲雲南巡撫，管雲貴總督事務。山西巡撫布蘭泰爲湖南巡撫。以内閣學士汪漋爲廣西巡撫。湖南巡撫王朝恩爲内閣學士兼禮部侍郎。

《世宗實録》卷三八　十一月乙未朔，諭大學士等：今年直隸州縣被水，小民乏食，朕軫念殷切，除截留漕米發給常平倉穀外，又將通倉米六成以上者，著托時、陳守創親交余甸、蔡起俊運赴天津，分散賑糶。今朕訪得所發之米，朽爛不堪。其高者不過三四成，低者全屬灰土。朕軫恤災黎，宵旰憂勞，無時或釋，乃托時等全不仰體朕心，將此無用之米運給，有名無實，小民何所資藉。此已運成色米十萬石，著賞給各處窮民，再另發六成以上米十萬石，令托時、陳守創、余甸、蔡起俊運往天津。再今歲秋季所發官俸兵糧，米色俱不好。嗣後若再如此，必從重治罪。康熙五十五年，曾發通倉米五萬石，分貯各州縣備用。歷年已久，聞俱陳腐，甚爲有司之累，著從寬豁免。

直隸按察使浦文焯緣事革職，陞監察御史張廷棟爲直隸按察使司按察使。

議政王大臣等議覆川陜總督岳鍾琪奏稱，打箭爐界外之裏塘、巴塘、乍了、乂木多，雲南之中甸、乂木多之外，羅隆宗、嚓哇、坐爾剛、桑噶、吹宗、衮卓等部落，雖非達賴喇嘛所管地方，但羅隆宗離打箭爐甚遠，若歸併内地，難以遥制，應將原係内地土司所屬之中甸、裏塘、巴塘，再沿近之得爾格特、瓦舒霍耳地方，俱歸内地，擇其頭目，給與土司官銜，令其管轄。其羅隆宗等部落，請賞給達賴喇嘛管理。特遣大臣前往西藏，將賞給各部落之處，曉諭達賴喇嘛知悉。再康濟鼐、阿爾布巴既封爲貝子，管理西藏事務，請令康濟鼐總理、阿爾布巴協理，頒給敕諭，曉諭唐古特人等，盡令遵奉二人約束，庶免擾亂之患。至從前年羹堯奏請，噶達地方設立總兵官駐劄，今若將羅隆宗等處賞給達賴喇嘛，則噶達地方設立總兵官之處，請行停止。俱應如所請。得旨，畫定内地疆界，給與達賴喇嘛地方，曉諭番人之事，著遣副都統宗室鄂齊、學士班第、扎薩克大喇嘛格勒克綽爾濟前往，會同提督周瑛詳細辦理。

戊戌，諭内大臣等：朕曾降旨，著廉親王允禩察奏爲首嚷鬧之五人，即行正法。今據廉親王允禩將爲首五人姓名具奏，此内有自首一人，又有一人堅供抱病未去，而廉親王允禩據厨子認識，遂入於五人之内。可見廉親王所審，甚不足憑。人命關係重大，豈可草率定案。廉親王允禩生出事端，擾亂政事，若此等嚷鬧妄爲之人不行處治，則國法何在？若即據廉親王允禩所審正法，則其中不無冤抑。此事原不必急迫，可將案内衆犯交與刑部監禁，著内大臣、大學士、議政大臣、九卿等，公同詳確會議。

己亥，宗人府遵旨議奏：允禩心懷姦惡，其悖逆結黨之罪，屢蒙皇上寬免。超授親王，畀以重任，理應感恩悔過。乃從前既欲裁減包衣披甲額數，及交伊辦理，忽背前議，奏請增添，激令内務府人等嚷鬧，明係市恩惑衆，毫無畏懼，姦惡已極，相應革退和碩親王，撤出屬下佐領，以示懲警。得旨，允禩革退和碩親王，并撤出屬下佐領之處，俱從寬免。

辛酉，裁直省首領佐貳等缺。

癸亥，陞兩淮鹽運使何世璂爲貴州巡撫。

以奉天將軍綽奇爲鑲藍旗滿洲都統，兼管右翼前鋒統領事務。鑲藍旗滿洲都統噶爾弼爲奉天將軍。

户部議覆原任浙閩總督覺羅滿保疏，言鳳山縣上淡水、下淡水、力力、茄藤、放緤、阿猴、搭樓、大澤機等八社，每年額徵丁米四千六百四十五石。每米一石，折穀二石。就中男番一千七百四十八丁，每丁徵穀二石以至三石不等。番婦一千八百四十四口，每口徵穀二石，此皆初定臺灣時，循照僞鎮鄭成功所定之額，未經改正。查現在臺灣民丁，每口祇徵銀四錢有奇，並無婦女納穀之例。即諸羅縣各社土番，亦祇男番完糧，不及番婦。請照例將鳳山八社番婦，一體免其納賦。再查各番鹿場，頗多閒曠，應聽各番租與民人墾種，陸續陞科，則番民均邀利賴，而正賦亦復無虧。應如所請。從之。

《世宗實録》卷三九　十二月甲子朔，以署兵部尚書法海爲都察院左都御史，兼管兵部尚書事。

丁卯，宗人府參奏：多羅郡王允禵，前膺大將軍重任，乃違背聖祖仁皇帝訓示，任意妄爲，苦累兵丁，侵擾地方，軍需帑銀，徇情糜費。請將允禵革退多羅郡王，降爲鎮國公。得旨，允禵著革去多羅郡王，授爲固山貝子。

甲戌，議政大臣刑部等衙門題奏：年羹堯反逆不道，欺罔貪殘，罪蹟昭彰，彈奏交至，案牘等邱山之積，罪惡踰谿壑之深，臣等謹將其罪案列款陳之。其大逆之罪五。伏請皇上將年羹堯立正典刑，以申國法。其父及兄弟子孫伯叔伯叔父兄弟之子年十六歲以上者，俱按律斬；十五歲以下及母女妻妾姊妹、及子之妻妾，給付功臣之家爲奴。正犯財産入官。仍將臣等審訊年羹堯惡蹟，昭示中外，以爲天下萬世人臣反逆不道、欺罔貪殘者戒。得旨，年羹堯不臣之心顯然，但因喪心病狂，昏憒顛倒之所致。鄒魯乃無知小人，相與謀逆之情雖實，而事蹟尚未昭著，朕念年羹堯青海之功，不忍加以極刑，著交步軍統領阿齊圖，令其自裁。年羹堯剛愎殘逆之性，朕所夙知，其父兄之教，不但素不聽從，而向來視其父兄有如草芥。年遐齡、年希堯，皆屬忠厚安分之人，著革職，寬免其罪。一應賞賚御筆衣服等物，俱著收回。年羹堯之子甚多，惟年富居心行事與年羹堯相類，著立斬。其餘十五歲以上之子，著發遣廣西、雲貴極邊烟瘴之地充軍。年羹堯之妻，係宗室之女，著遣還母家去。年羹堯及其子所有家貲，俱抄没入官。其現銀百十萬兩，著發往西安，交與岳鍾琪、圖理琛，以補年羹堯川陝各項侵欺案件。其父兄族人，皆免其抄没。年羹堯族中有現任候補文武官者，俱著革職。年羹堯嫡親子孫，將來長至十五歲者，皆陸續照例發遣，永不許赦回，亦不許爲官。有匿養年羹堯之子孫者，以黨附叛逆例治罪，著内閣明白記載。鄒魯著改爲立斬，其親弟兄子姪，著僉妻發往黑龍江，給與披甲之人爲奴。其餘皆從寬免。

丙子，諭大學士等：康熙六十年，年羹堯奏請四川復設鋪司，經部議准設立，每年支給工食銀三萬六千餘兩。及朕訪聞，四川並未設立鋪司，仍令塘兵傳遞文書，將鋪司工食銀俱乾没入己。此係高其佩四川按察司任内經手之事，爾等可即詢問高其佩，令其據實一一陳奏，不得絲毫隱瞞。若高其佩稍有徇隱，將來法敏、程如絲查出，回奏到日，定將高其佩從重議處。

丁丑，户部遵旨議覆原任署江蘇巡撫何天培疏奏社倉事宜五款：一、社倉借貸散賑，宜豫造排門細册存案。凡不務農業、遊手好閒之人，不許借給。一、正副社長外，再公舉一身家殷實之人，總司其事。一、州縣官不許干預出納。一、如有抑勒那借，許社長據實呈告。一、所需紙張筆墨，須勸募樂輸，或官撥罰項充用，不得科斂擾累。一、積穀既多，恐滋浥爛，應於夏秋之交，減價平糶，秋收後照時價買補。均應如所請。從之。

辛巳，刑部等衙門議奏：妄作《西征隨筆》之汪景祺，照大不敬律，擬斬立決。得旨，汪景祺作詩譏訕聖祖仁皇帝，大逆不道，應當處以極刑。今大臣等定擬立斬具奏，姑從其請，著將汪景祺立斬梟示，其妻子發遣黑龍江，給與窮披甲之人爲奴。其期服之親兄弟、親姪，俱著革職，發遣寧古塔。其五服以内之族人，現任及候選候補者，俱著查出，一一革職，令伊本籍地方官約束，不許出境。

《國朝宮史》卷三　二十五日〔戊子〕，上諭：刑部從前内外惡亂鑽營之人，紊亂法紀，朕知之甚悉。是以登極以來，不時教訓。宫内太監并外廷大臣等，凡事無得欺隱，有鑽營者斷不寬恕。若被拏獲，務必從重懲戒正法。屢次諭旨甚明。乃有掃院太監傅國相，向奏事太監劉裕探聽外邊有一廢官，欲圖開復，曾否保奏一事，劉裕止告訴總管太監，總管太監並不奏聞，甚屬可惡。著將總管太監並奏事太監劉裕問明情由，凡有關涉此案人犯，俱行鎖拏，查問治罪。

雍正四年（丙午、一七二六）

《世宗實録》卷四〇　正月丁酉，諭諸王滿漢文武大臣等：允禟平日居心詭詐，行事乖張，從前罪犯多端，不可悉數。朕不忍執法治罪，令其居住西寧，望其醒悟改悔，乃怙惡不悛，詭詐如故。其門下親信之毛太、佟保將編造字樣之書信，縫於騾夫衣襪之内，寄往西寧，被九門捕役拏獲，該提督奏聞。朕見體製怪異，有類西洋字跡，因遣人詢問西洋人。據西洋人稱，此種字體亦不能識認。朕因遣人詢問允禟之子弘暘，據弘暘稱「去年十一月，佟保來京，我父親寄來格子一張，令我學習，照樣繕寫書信寄去。我向佟保學會了，因此照樣寫信寄往」等語。從來惟敵國之人，差遣姦細往來，偷傳信息，造作隱語，防人知覺。允禟在彼，朕何曾禁其寄書，亦未禁其往來之人。若果安分守法，則所寄書無不可以令人共見，何至於別造字體，巧編格式，暗藏衣襪之内，居然爲敵國姦細之行耶？前朕見允禟諸子中惟弘暘尚覺老實，故留京料理伊之家務，不料其詭譎亦如此。允禟名下應賠公項銀十三萬兩有零，乃假作窘迫之狀，百計遷延。而以所得揆敘之銀數百萬兩，帶往西寧，恣意費用。凡市買物件，不論貴賤，隨人索價，即如數與之，以此要結人心，不知意欲何爲。即令毛太家中搜出借券八十餘紙，其借與衆姓之銀至十萬餘兩，則允禟之窘迫與否，不問可知矣。又如從前楚宗至彼宣旨，允禟站立不跪，自稱出家離世之人，今觀造作字樣、暗通書信等事，出家離

世之人顧如是乎？允禟寄與弘暘書，擅用硃書，弘暘書信中稱伊父之言爲旨意，種種不法之處昭然。又如允禟曾寄信允䄉，有「事機已失」之語，洵足駭人聽聞。當時幸邀天祖皇考之靈，伊等不得肆其姦謀，乃伊等之福。儻若機會不失，伊等首領尚得保乎？毛太、佟保、六雅圖、那丹珠、雲敦、克什圖，俱係允禟親信之人。允禩、允禟、允禵等匪黨固結，人所共知，佟保豈有不知之理？昨將佟保等從出兵處撤回，朕面下旨意詢問，允禟若有冤抑之處，著即陳辯；若實在行止妄亂，亦著啓奏。竝問伊等，或仍願在允禟處，或不願在允禟處，亦據實啓奏。伊等僉稱「允禟行止妄亂，我等願爲朝廷出力」等語，朕因其陳奏，是以各授官職。今允禟造作字樣，行踪詭秘，伊等竟不奏聞，情實可惡。著將毛太、佟保等交與順承郡王及蔡珽、拉錫、阿齊圖、查郎阿、高其佩、常明公同審訊。其允禟未往西寧以前之事，朕不究問。自到西寧以後，如何妄爲，及何人管理此等書札之事，俱令據實供明。若仍隱匿不行供出，立將伊等正法。

以原任工部右侍郎年希堯爲内務府總管，正黄旗蒙古副都統永福署内務府總管。

戊戌，上御西暖閣，召入諸王、貝勒、貝子、公、滿漢文武大臣等，諭曰：今日凡我宗親及滿漢大臣齊集於此，廉親王允禩，狂悖已極，朕若再爲隱忍，有實不可以仰對聖祖仁皇帝在天之靈者。【略】今其作爲至此，斷不可留於宗姓之内，以爲我朝之玷。謹將皇考諭旨發出，朕撰文祭告奉先殿，仰體列祖嚴懲姦惡之心，祗遵先朝削籍離宗之典，將允禩黄帶子革去，以嚴宗牒，以儆兇邪，以爲萬世子孫鑒戒。至允禟、蘇努、吴爾占結黨搆逆，靡惡不爲。允禟中懷悖亂，其往來私書有「事機已失」、「悔之無及」等語，聞者皆爲髮指。今又造作字樣，密傳信息，行同姦細，視朝廷爲敵國，無父無君，不法已甚。蘇努積惡巨猾，罪狀彰著，舉國所知。吴爾占既素與允禩等比匪爲姦，又且行止鄙劣，心懷怨望。此三人者，亦斷不可留於宗姓之内，著將允禟、蘇努、吴爾占革去黄帶子，并令宗人府將允禩、允禟、蘇努、吴爾占名字除去。

又諭：朕即位後，恭檢皇考所遺硃批諭旨，内有料理宫闈家務事宜一紙。皇考諭令有子之妃嬪，年老者，各隨其子歸養府邸；年少者，暫留宫中。朕謹遵聖諭，遣人詢問，諸位母妃咸願隨子歸邸。慧妃母妃，乃大阿哥之生母，允禩之慈母也。允禩少時，即爲慧妃母妃所撫養，朕因大阿哥獲罪禁錮，其諸子又少不知事，意欲奉養於允禩之邸。因遣人詢問慧妃母妃，慧妃母妃欣然允從。朕揣允禩畏朕訪察，必於母妃前盡禮，故令伊迎養府邸。彼時允祹酌議諸位母妃移府之禮，允祹議奏内有「朕思念諸位母妃之時，即令入宫相見」等語，朕以諸位母妃豈有召入相見之禮，深責允祹之非。迄今三年以來，諸位母妃未曾遣人至朕前一問起居；諸位母妃深居府中，一切皆諸王主持，此必允禩從中阻撓，諸王亦遂觀望不前耳。允禩之行事狂悖若此，必不能於母妃之前曲盡孝道。況允禩既經革去黄帶子，則已非宗姓之人，母妃亦不應在伊家居住。著莊親王、誠親王迎歸宫中供養。

諭吏部等衙門：部院大臣以司官爲臂指。今各部院司官、筆帖式内有行走懶惰、經年不到衙門者，有庸劣不能辦事者，有不能寫字僱人繙譯者，有奔競鑽營，招摇生事者。其本衙門堂官不能盡知，即有見聞，或有瞻徇掣肘，姑且優容。今著爾等司官，將本司之筆帖式分别勤惰優劣，據實奏明。所舉當否，許筆帖式公同面質。其司官内不可共事之人，亦著同司官并筆帖式據實面奏，毋得稍有瞻徇。

甲寅，諭大學士九卿等：隆科多深負朕恩，種種罪惡，應置重典。但伊辦事之才尚屬可用，見今與策妄阿喇布坦將阿爾泰嶺定爲邊界之事，甚屬緊要，差往彼處官員計已將回，應預爲詳審地勢，明晰定議。今已派出額駙策凌、貝勒博貝、散秩大臣伯四格、護軍統領喀爾吉善前去，著隆科多一竝同往，至阿爾泰嶺，再由空鄂羅東至楚庫拜姓地方，詳察地勢，公同定議具奏。再由楚庫拜姓之東額爾古納，以至黑龍江之源，舊定邊界亦未清晰，俟阿爾泰事竣，隆科多即從彼處前往楚庫拜姓，將此等地方亦詳審定議。見今鄂羅斯國爲定邊界之故，差使前來，隆科多俟伊使臣到日，即將定邊界之處會同議結此事。隆科多非不能辦者，伊若實心任事，思蓋前愆，朕必寬宥其罪。若心懷叵測，思欲僨事，所定邊界不合機宜，於策妄阿喇布坦、鄂羅斯地方生事，朕必將伊治罪。

《世宗實録》卷四一　二月甲子，調兵部尚書孫柱爲吏部尚書，仍兼理兵部事務。陞都察院左都御史法海爲兵部尚書，吏部右侍郎福敏爲都察院左都御史，調刑部左侍郎綽爾岱爲吏部右侍郎，實授海壽爲刑部左侍郎。

調靖逆將軍富寧安來京陛見，以領侍衛内大臣、鑲藍旗蒙古都統、辦理甘州事務查克旦署理靖逆將軍印務。歸化城右翼副都統伊席泰辦理甘州事務。

調黑龍江將軍陳太來京，以内大臣公傅爾丹署黑龍江將軍。

癸酉，命將允禩在宗人府看守。尋命圈禁高牆，著總管太監派老成太監二

名，在内隨侍。

甲戌，以鑲紅旗蒙古副都統秦布署鑲藍旗蒙古都統。

宗人府參奏：固山貝子允禵門下之太監劉玉逃走，竝不報部，輒敢違旨，差遣私人往豐潤縣緝捕，擾民生事，甚屬不合。應將允禵革去固山貝子，降一等爲鎮國公。得旨，允禵革退固山貝子之處，著從寬免。

理藩院奏：厄魯特多羅郡王額駙車零旺布、多羅貝勒色卜騰旺布、貝子茅海等，請與衆一體編分佐領，應遣官前往辦理。得旨，此係編分佐領之事，甚屬緊要，應遣大臣前往。今散秩大臣伯四格等，往定阿爾泰山邊界，事竣之日，即著四格從彼處前往，會同副都統花善詳議編分。尋議，郡王車零旺布、貝勒色卜騰旺布、貝子茅海，俱授爲扎薩克，將伊等所屬厄魯特編爲四佐領。從之。

乙亥，議政王大臣等議覆：據公舅舅隆科多等奏稱，臣等驗看寧夏賀蘭山前插漢拖輝至石嘴子等處，寬濶一百里，曠野而平。其土肥潤，籽種俱皆發生。其地尚暖，易於引水。如西河、六羊河，皆係古舊渠大溝。黑龍口、倒流河、新河、黄泥河、董家河，皆係引水分水之路。遺棄年久，雖有形迹，俱皆沙泥淤塞。若修造渠壩及放水之閘，兩岸可以耕種萬頃地畝等語。又據甘肅巡撫石文焯等奏稱，寧夏東北五十里插漢拖輝地方，南北延袤百有餘里，東西廣四五十里，或二三十里不等。東界黄河，西至西河。其地平衍，可以開墾。自鄂爾多斯遷移之後，十餘年來，小民亦有私墾者，必得開渠通水，築隄建閘，以時啓閉，以資灌溉，則曠土盡成膏壤。今相度地勢，自雙廟墩起至六羊河地方，計長一百十餘里，倣漢唐諸渠法開渠一道，建正閘一座，攩水閘、稍閘各一座，迎水湃一道。又六羊河口與黄河相近之處，亦建正閘、攩水閘、稍閘各一座，以資蓄洩。再自上泗墩起，至六羊河岸，東距黄河五里許，築隄一道，約長一百里，可以永禦黄水。統計墾田六十餘萬畝等語。查插漢拖輝爲漢唐靈州之地，當時廣置屯田。元至元間，置屯田萬户所。明時，套夷渡河而西，侵占内地葫蘆河之東，居民不得耕種，遂致廢棄。我朝德洋恩溥，番夷臣服，鄂爾多斯移歸套内，以河爲界，插漢拖輝之地，久屬版圖。今《寧夏衛志》漢唐二渠之支流有百家良田，滿達剌等渠向在插漢拖輝左近，若仿其遺迹開渠建閘，誠裕國利民之善政。但隆科多、石文焯等所奏建閘築隄等處，情形互異，事關久遠，臣等雖以懸定。見今總督岳鍾琪親赴布隆吉爾查看地勢，應將隆科多、石文焯奏摺竝地方畫圖，一併交與大理寺卿通智帶往，同岳鍾琪前至插漢拖輝等處照圖驗看，核議具奏。從之。

辛卯，命協理大學士事務、户部尚書張廷玉爲文淵閣大學士，仍管户部尚書、翰林院掌院學士事。

陞户部左侍郎蔣廷錫爲户部尚書。江西巡撫裴率度爲户部左侍郎，仍辦理江西巡撫事。

以正黄旗蒙古都統宗室申穆德爲山西右衛將軍，山西右衛將軍吳禮布爲正黄旗蒙古都統。

壬辰，諭江蘇巡撫張楷：每見蘇、松二府漕米虧空案内，一經承名下，侵蝕至二三千石。訪問其由，則糧重倉多之處，州縣官不能兼顧。每派點收書經管收納，所收民糧，除丁兑外，原有斛面餘米存留在倉，遂有糧户將應納米石折銀充抵，收書即以餘米抵算，迨收折既多，餘米不足以補，而所收米價又已隨手花費，以致虧空漕項，此不可不嚴立條禁也。嗣後收書有侵蝕漕米者，該州縣詳參審究，按其米數，照監守自盜律治罪，并將僉派收書之員題參議處，查明折銀之糧户追補，庶可懲猾吏而警愚民。至各州縣所收倉糧，丁兑之外，儻有贏餘，令該州縣修理常平倉廒存貯，以佐賑濟。該撫嚴飭蘇、松二府各州縣實心奉行，儻有借餘米名色加收斛面遺累小民者，定行重治其罪。

《世宗實録》卷四二　三月癸巳朔，宗人府參奏：貝子允禵等，俱係往陵寢居住之人，理應敬謹行走。今孝莊文皇后梓宫未入享殿之前，允禵即率領伊子白起、廣善散回，甚屬不合。應將允禵革去固山貝子，撤出所屬佐領。閒散宗室白起、廣善，照不應重律杖八十，准其折贖。得旨，俱著寬免。

丙申，先是，宗人府奏：允禩、允禟、蘇努、吳爾占等，既已削出宗籍，應將伊等本身及其子孫俱撤去黄帶，更改舊名，歸併各該旗各佐領。其有品級之女一併銷去品級。奉旨允行。至是，正藍旗都統音德等，將允禩、允禟等更名編入佐領事，定議奏聞。得旨，爾等乘便行文楚宗，將允禟之名併伊子孫之名，著伊自身書寫，告知楚宗，令楚宗報於爾旗。允禩之名及允禩之子之名，亦著允禩自身書寫，編入佐領。

辛丑，諭議政王大臣等：據遣往策妄阿喇布坦衆佛保等奏稱：策妄阿喇布坦以克木可穆齊克、吳梁海地方，原係伊所屬，被丹津喇布坦侵佔，仍欲得此地方等語。今不令策妄阿喇布坦來使入内地，即於巴爾庫爾地方遣回，恐策妄阿喇布坦乘此時發兵優擾克木可穆齊克、吳梁海。現今我滿洲、蒙古兵丁在茂岱察罕叟爾扎克拜達里克駐劄，著前鋒統領丁壽帶滿洲兵五百名、蒙古兵五百名，

副將軍貝勒博貝帶喀爾喀兵一千名，前往唐奴山前之特斯等形勝地方駐劄。於克木可穆齊克居住之車零旺布，吴梁海居住之博貝處，不時偵探。若策妄阿喇布坦侵犯吴梁海等處，賊兵若少，即襲擊之；如賊勢衆，斷不可輕進。著將軍穆克登、副將軍丹津多爾濟策凌、博貝等，應於何處防守，預備定議奏聞。

癸卯，鑲藍旗漢軍都統阿魯緣事革職，調正紅旗蒙古都統伊爾哈岱爲鑲藍旗漢軍都統。以理藩院尚書特古忒爲正紅旗蒙古都統，仍兼理藩院事務。

甲辰，諸王大臣等遵旨將允禩改名之處，詢問允禩，允禩自改名爲阿其那，改伊子弘旺名爲菩薩保。奏入，報聞。

己酉，定陝西延安府十七州縣丁銀概從下則，以二錢爲率，歲減舊額一萬二千八百九十兩。從總督岳鍾琪請也。

丁巳，兵部議覆兩江總督查弼納遵旨議奏，據江寧巡撫張楷疏言，江南省各州縣捕盜設有捕快一役，不載《經制全書》，竝無工食，充此役者，率皆市井無賴，承緝盜賊，每多縱盜扳良之弊，請一概革除。其緝拏之責，宜任民壯，以專責成。查州縣馬快僅有八名，實屬不敷，請與民壯五十名，合爲一役，名曰壯快。一體操練，分班巡緝，拏獲盜首，按名給賞。應如所請。從之。

壬戌，大學士九卿等奏：食侍講俸之錢名世作詩投贈年羹堯，稱功頌德，備極諂媚。且以平藏之功歸美年羹堯，謂當立碑於聖祖仁皇帝平藏碑之後，甚屬悖逆，應革職，交與刑部從重治罪。得旨：向來如錢名世、何焯、陳夢雷等，皆頗有文名，可惜行止不端，立身卑污，所以聖祖仁皇帝擯斥不用，置之閒散之地。而錢名世諂媚性成，作爲詩詞，頌揚姦惡，措詞悖謬，自取罪戾。今既敗露，益足以彰聖祖知人之明。但其所犯尚不至於死，伊既以文詞諂媚姦惡，爲名教所不容，朕即以文詞爲國法，示人臣之炯戒。著將錢名世革去職銜，發回原籍。朕書「名教罪人」四字，令該地方官製造匾額，張掛錢名世所居之宅。且錢名世係讀書之人，不知大義，廉恥蕩然。凡文學正士必深惡痛絶，共爲切齒。可令在京現任官員由舉人、進士出身者，仿詩人刺惡之意，各爲詩文，紀其劣蹟，以儆頑邪，并使天下讀書人知所激勸。其所爲詩文，一并彙齊，繕寫進呈，俟朕覽過給付錢名世。

陞正白旗滿洲副都統奇爾薩爲鑲白旗蒙古都統。

《世宗實録》卷四三　四月丁卯，諭議政王大臣等：前議於鄂爾昆圖拉地方種地時，曾有人奏稱喀爾喀人等未必情願。朕思喀爾喀地方，原被噶爾丹抄掠，窮困已極。我皇考聖祖施恩收養，各按伊等品級封爲汗王、貝勒、貝子、公、扎薩克，加以重恩，令食俸禄。數年間，遂致充裕，安居原遊牧地方。今復安插戍兵，令其種地，亦係特爲喀爾喀護庇久遠之計，伊等聞之，定各欣喜，有何不願之處？朕曾降此諭旨。今土謝圖汗汪扎爾多爾濟、副將軍王丹津多爾濟等，感戴爲伊等安插兵丁之恩。復因先於厄爾得尼招地方開種地畝，穀不甚長，遣人從鄂羅斯處尋得與伊地方相宜之穀實，請令按時耕種，又情願幫助耕種人之口糧等因具奏，與朕前旨相符。喀爾喀汗汪扎爾多爾濟、王丹津多爾濟等實係感激深恩，爲國家竭誠効力之人，殊屬可嘉，著交與理藩院議叙。

癸酉，諭議政王大臣等：據差往策妄阿喇布坦處衆佛保等奏稱：臣等與策妄阿喇布坦議定疆界，仍欲以索爾畢嶺至唐奴山陰之哈喇巴爾魯克山爲界等語，其事暫且不能完結。朕思巴爾庫爾吐魯番之兵丁理應撤回，著議奏。尋議，策妄阿喇布坦怙惡不悛，輒敢指佔地方以圖倖得，乃自取滅亡也。皇上愛惜官兵，以出征年久，令即撤回，應將巴爾庫爾吐魯番官兵俱行撤回。但撤回之後，策妄阿喇布坦或遣人往哈密地方，盜取馬匹牲畜，亦未可定。查哈密地方，現駐兵五百名，應於安西兵内再撥五百名，派副將、遊擊各一員管轄駐劄。令其遠設斥堠，嚴加防範。俟哈密建城完工，將五百兵再行撤回。安西將軍富寧安前降旨調回陛見，應帶領大兵來京。再甘州現有京城滿洲兵三百餘名，亦令都統查克旦帶回，并撤所設軍站。其自嘉峪關以至安西、沙州、哈密，應留軍站，以備遞送。從之。

甲申，諭大學士等：弭盜之法，莫良於保甲。朕自御極以來，屢頒諭旨，必期實力奉行。乃地方官憚其繁難，視爲故套，奉行不實，稽查不嚴。又有藉稱村落畸零，難編排甲。至各邊省，更藉稱土苗雜處，不便比照内地者。此甚不然。村落雖小，即數家亦可編爲一甲；熟苗熟獞，即可編入齊民。苟有實心，自有實效。嗣後督撫及州縣以上各官，不實力奉行者，作何嚴加處分；保正、甲長及同甲之人，能據實舉首者，作何奬賞；隱匿者，作何分别治罪；其各省通行文到半年以内，被舉盜犯，可否照家長自首之例，暫治以輕罪；舉首之盜，儻有從前未經發覺之案，地方官可否從輕處分，以免瞻徇畏縮。著九卿詳議具奏。再盜案蹤防，文武各有處分，雖著有成例，但其中尚有分别。凡山海大盜，聚衆多人，土獞苗蠻，成羣劫奪，及響馬老瓜等賊，聚有窩穴，勢難擒捕者，當責之弁兵。如久無緝獲，則文武一例處分，情罪俱當。若盜止十人以下，踪跡散處者，則捕役力

能擒制，雖事發潛逃，亦能蹤探。而營汛弁兵各有職守，勢難遠緝。此等盜犯，似當專責州縣武職，處分可否酌量從輕，庶情法得平，中無枉抑。著九卿一併確議具奏。

丁亥，雲貴總督仍管雲南巡撫事楊名時疏言：通省丁銀，請於通省成熟田地内按畝攤徵，自雍正四年爲始，永爲定例。其屯軍丁銀，將無主影射田土清查，漸次抵補。從之。

戊子，户部議覆署四川巡撫羅殷泰疏，言川省州縣，多屬以糧載丁，紳衿貢監等，盡皆優免差徭。請將優免之名永行禁革，與民一例當差。查川省以糧載丁之州縣，紳士原無丁銀，無庸優免。得旨，向來徵收錢糧，每私立儒户宦户名色，偏累小民，已經降旨嚴禁。而丁糧、差徭或借紳衿貢監之名包免巧脱，情弊多端。羅殷泰所奏禁革紳士優免之處，固屬太刻，而部議但就其錯處指駁，其餘未曾詳議，亦屬朦混，著九卿詳議具奏。尋議，照例優免本身一丁，其子孫族户濫冒，及私立儒户、宦户，包攬詭寄者，查出治罪。從之。

《世宗實録》卷四四　五月壬辰朔，又議管理察罕叟爾等處糧餉兼理屯田巴泰奏，言種地贖罪郭三瞎等二十人，年老病廢，無以資生，請令種地官員養贍，以示矜恤。應如所請。得旨，伊等雖係重罪發遣之犯，但在彼地方，竝無不法及逃回等事，若果年老殘廢，不能耕種，情有可憫，著行文巴泰，詢問伊等，有願留彼處者，即給與種地官員分養；有願回故里者，遣人送部，令其回籍。

癸巳，諸王大臣等奏：允禵身爲大將軍，毫不効力，止圖利己營私，貪受銀兩，縱容屬下騷擾地方，嚇詐官員，固結黨羽，心懷悖亂，請即正典刑，以彰國法。得旨，阿其那、允禟、允禵等，結黨營私，同惡相濟。朕以宗廟社稷爲重，遲迴詳慎，多方勸戒。而伊等怙終不悛，罪惡昭著，朕亦無可如何。【略】著滿都護常明來文馳驛前往，將允禵撤回。朕思壽皇殿乃供奉皇考、皇妣聖容之處，將允禵於附近禁錮，令其追思教育之恩，寬以歲月，待其改悔。伊子白起甚屬不堪，著與允禵一處禁錮。其子白敦尚好，可封爲鎮國公，令在伊家居住。

乙未，議政王大臣等議覆川陝總督岳鍾琪等奏，稱臣遵旨同通智，將隆科多、石文焯所奏插漢拖輝開渠建閘之事，按圖驗看。自插漢拖輝至石嘴子築堤開渠，有地萬頃，可以招民耕種。請於插漢拖輝適中之地建城一座，設知縣一員，典史一員。再將李綱堡把總一員，兵五十名，移防縣城。石嘴子地方，請撥平羅營守備一員，把總一員，兵二百名駐劄。中衛邊口，請撥寧夏鎮標守備一員，把總一員，兵一百名，分汛防守。自河西寨至石嘴子，築堤二百餘里，開渠一道，建攔水閘八座。請於七月間動工，即行招民開墾，以資灌溉。其新設縣名，恭候欽定，鑄給印信。均應如所請。得旨，依議。插漢拖輝之事甚屬緊要，著通智留插漢拖輝地方辦事。單疇書向官寧夏，亦著前往，同通智管理事務。尋定新設縣名曰新渠。

庚子，諭大學士等：從前阿其那、允禟、允禵等，結黨營私，每好造言生事，凡僧道、喇嘛、醫卜、星相，甚至優人賊隸，以及西洋人、大臣官員之家奴，俱留心施恩，相與來往，以備其用。若欲排陷何人，即揑造無影響之言，使此等人傳播，以簧惑無識見之輩。【略】今又見報房小抄，内云：初五日，王大臣等赴圓明園，叩節畢，皇上出宫登龍舟，命王大臣等登舟，共數十隻，俱作樂，上賜蒲酒，由東海至西海，駕於申時回宫等語。夫人君玉食萬方，偶於令節宴集羣臣，即御龍舟，奏樂賜飲，亦《蓼蕭》《湛露》之意，在古之聖帝明王亦所不廢，何不可者？但朕於初四日即降旨，令在城諸臣不必赴圓明園叩節。初五日，僅召在圓明園居住之王大臣等十餘人，至勤政殿側之四宜堂賜饌，食角黍，逾時而散，竝未登舟作樂遊宴也。且先期内務府總管等奏請，今歲照例修備龍舟，朕實止之。此非有意屏却讌遊，蓋厭其喧雜耳。而報房竟揑造小抄，刊刻散播，以無爲有，甚有關係。著兵、刑二部詳悉審訊，務究根源，以戒將來，以懲邪黨。

又諭：從前降旨詢問查弼納凡八次，伊將蘇努、七十、隆科多互相串通鑽營之處隱匿，竝不據實舉出，是以朕將伊調來京師，覿面詢問，伊仍堅執不認。朕是以將伊革去總督，拏交王大臣詢問。彼時降旨云：伊若將蘇努、七十、實情舉出，將伊口供繕寫具奏；若不據實供出，爾等將伊擬罪具奏。伊今供稱：蘇努、七十、阿靈阿、揆敘、鄂倫岱、阿爾松阿，結爲朋黨，協力欲將阿其那致之大位。蘇努屢稱允禟氣象大方。蘇努結交七十，特爲結交允禟之故。允禟又與阿其那相好，結爲一黨，邀買人心，藐法妄行。隆科多專擅威權，又結交揆敘、阿靈阿，各處邀買人心，爲彼羽翼等語，將種種實情舉出。查弼納係後進之人，伊持畏懼權勢，隨聲附和。今既據實供出，諸王大臣尚議將伊正法，甚屬不合。朕昨降旨時，言及聖祖仁皇帝，彼時查弼納即痛哭不止，此處伊尚有良心，著將查弼納之罪悉行寬免。仍降旨與查弼納云：從前朕降旨詢問之時，爾果照今日所供，將實情舉出，朕亦不將爾調來京師。爾在兩江總督任内，居官尚好，故將爾罪寬免。爾果痛改前愆，朕尚有用爾之處；若不悛改，定行正法，決不寬恕。再蘇

努、七十、阿其那、允禟等，互相結黨，串通鑽營，妄亂行爲之處，查弼納俱經供出。今蘇努、七十雖已身故，應如何追治其罪，以彰國法。至蘇努、七十之子孫內，有兇惡妄亂之人，爾等詳加察看，將應如何治罪之處議奏。

又諭：賜錢名世「名教罪人」四字，著伊製匾，懸於居宅。又諭旨一道及諸臣所賦刺惡之詩，一併交與錢名世刊刻進呈。凡直省學校所在各頒一部，以示鑑戒。

諭領侍衛內大臣公馬爾賽等：爾等傳諭鄂倫岱之妻子兄弟族人等，昔日佟國綱因鄂倫岱不孝，奏請誅之。我聖祖皇考思念皇祖妣孝康章皇后，特從寬宥，使離京師，授爲廣東駐防副都統。既而調回京師，授爲領侍衛內大臣，承襲公爵。伊不念皇考如此天高地厚之恩，忍於背負，與阿靈阿、蘇努等結爲黨，與保舉阿其那欲圖大位，擾亂國家。【略】朕即位以來，效法皇考，仍不念其罪惡，施恩保全。乃伊每事擾亂，傾身回護阿其那。因阿其那佐領一事，在外於衆人前一番議論，在內代伊啓奏，顯露悖逆之狀，將朕所交硃批諭旨擲於乾清門地上。在朕前舉止抗橫，爲人臣者當如是乎？伊與阿其那固結死黨，同阿爾松阿阻撓政事，以亂衆心，朕百端諭令改悔，毫無悛心，益肆傲慢。故諸王大臣屢次奏請將鄂倫岱、阿爾松阿即行正法，朕尚不忍，望其改悔，發往盛京，令其思過。乃伊至彼處，仍不知畏懼，妄生怨忿，終日酣醉。夫令其改過，則斷不知改；加以恩澤，則毫無感激；懲以國法，又毫無畏懼。朕其奈何？若不將伊等正法，伊等希圖大事之心斷不能絶也。故將鄂倫岱、阿爾松阿正法。【略】今因鄂倫岱悖棄國恩，身獲重罪，實爲國法難寬，不得已而正法。鄂倫岱所作之罪，指不勝屈，爾等皆所深知。爾等陳奏鄂倫岱種種罪惡，感戴朕恩，既欲叩謝，准其叩謝。

乙巳，諸王大臣等參奏：允禟改名，所擬字樣存心姦巧，殊屬不法，應發令擬改。得旨，此事在允禟猶爲罪犯之小者。阿其那、允禟、允䄉、允禵，固結匪黨，潛設機謀，種種不法之事不可枚舉。朕所舉以曉諭羣臣及爾等所共知者不過十分之二三，其餘有所干礙而不便言，及繁瑣委曲而難以悉數者甚多。朕俱爲隱忍，難以宣示也。【略】如阿靈阿、鄂倫岱等之姦惡，不明大義，其存心行事，爾等當以爲戒。當日滿洲風俗醇樸，雖遇天潢宗室，未嘗不加禮敬，尊君親上之心，最爲肫篤。朕今日之諄諄訓誡，不憚反覆周詳者，無非欲正人心，化風俗，使國家永享昇平之福耳。至於允禟改名之事，諸王大臣議令發伊自改；若發令自改，伊必至又多姦詐。著交與誠親王、恒親王酌改具奏。尋議，允禟應改爲塞思黑。從之。

己未，康親王崇安等議奏，蘇努、七十係阿其那、塞思黑黨亂助逆之罪魁，雖經身死，應照大逆律，戮屍揚灰，抄没家産，以彰國典。其蘇努、七十之子孫內有兇惡妄亂者，竝請正法，其餘發白都納等處當苦差。蘇努之第四子原任副都統赫世亨，現在甘州，請提拏正法。得旨，蘇努、七十照議治罪，以彰巨惡。伊等家産，諒已隱匿，何必抄没。蘇努之子赫世亨現在軍前，著提解刑部監禁，其餘子孫現在右衛者，著交與將軍申穆德即在右衛監禁。蘇努、七十之子孫內，有姦惡不可留者，俱著右翼諸王旗下大臣公同分別詳察，指名奏請候旨。尋議蘇努、七十之子孫內，赫世亨等十二人，實係姦惡，俱請即行正法。得旨，蘇努、七十結爲黨援，擾亂國政，歷年傷皇考之心。伊等子孫理當加以誅戮，但將如許人正法，朕心不忍。蘇努之子勒什亨、烏爾陳著仍在誠親王允祉處禁錮，俟阿其那、塞思黑事定，另降諭旨。赫世亨、魯爾金、福爾陳、書爾陳、木爾陳、庫章阿，不可令在一處，著押往河南、山東、山西、江南、蘇州、浙江等處，分交該督撫於衙門內禁錮。其餘俱著交與右衛將軍，入於右衛兵額內，嚴行約束。如仍不悛改，指名題參。七十之子福永，著擬斬監候。珠棟、福明、七十之子壽善，著交與伊族人，其如何處治之處，著誠親王允祉具奏。其餘著發遣船廠披甲，嚴行管束。

諭都察院：聞京城近日米價騰貴，恐有姦人囤積射利，因天氣連陰，借此擾亂。著都察院轉飭五城，曉諭各行户，不得過高價值，勒索小民。儻有囤積遏糴，不遵勸諭者，該城御史密行察訪，從重治罪。將京倉好米發五萬石分給五城，每城領米一萬石，照例立廠，委員平糶，俟市價平減，即行停止。其未糶之米，即存貯該城，將來或市價復昂，即將此米平糶。若此米用完，仍需平糶著，都察院再行請旨。

《世宗實録》卷四五　六月甲子，康親王崇安及諸王、貝勒、貝子、公、滿漢文武大臣等，公同議奏阿其那罪狀四十款。【略】塞思黑罪狀二十八款。【略】以上款蹟，皆舉臣等所知者言之。即秦道然、何圖、穆經遠三人所供阿其那惡蹟，繁不勝書。臣等謹按，阿其那等以邪黨爲足恃，而要結之念彌堅，以大位爲可干，而搆禍之心不已。不孝不忠，蔑天倫而干國典。罪惡滿盈，昭彰耳目，實朝廷之罪人，宗社之蟊賊。聖祖仁皇帝嘗降旨嚴責阿其那云「亂臣賊子，人人得而誅之」，聖明遠鑒，正謂今日。伏乞皇上大施乾斷，將阿其那、塞思黑、允禵等即正典刑，以爲萬世臣子之炯戒。疏入，得旨【略】諸王大臣等臚列阿其那、塞思黑、

允禵各款，合詞糾參，請正典刑，以彰國法，參劾之條，事事皆係實蹟。而奏章中所不能盡者，尚有多端，難以悉數。今諸王大臣以爲邪黨不剪，姦宄不除，恐爲宗社之憂，數次力引大義滅親之請者，固爲得理，但朕受皇考付託之重，而手足之內，遭遇此等逆亂頑邪，百計保全而不得，實痛於衷，不忍於情。然使姑息養姦，優柔貽患，存大不公之私心，懷小不忍之淺見，而不籌及於國家宗社之長計，則朕又爲列祖皇考之大罪臣矣。允禔、允禩、允禵雖屬狂悖乖張，尚非首惡，已皆拘禁，冀伊等感發天良，悔改過惡。至阿其那、塞思黑治罪之處，朕不能即斷，俟再加詳細熟思，頒發諭旨。可將諸王大臣等所奏及朕此旨頒示中外，使咸知朕萬難之苦衷，天下臣工自必諒朕爲宗社久安長治之計，實有不得已之處也。

乙丑，調鑲藍旗漢軍都統伊爾哈岱爲正黃旗蒙古都統，正黃旗漢軍都統盧詢爲鑲藍旗漢軍都統，仍令正紅旗滿洲副都統覺羅巴延德署理。陞户部右侍郎覺羅塞德爲正黃旗漢軍都統，仍兼侍郎行走。

《世宗實録》卷四六　七月辛卯，諭内閣：凡各省地方有缺米，或米價昂貴者，必係其地上年荒歉所致。今歲楊文乾奏廣東米貴，駐防兵丁有不許巡撫減糶之事。宜兆熊、毛文銓又奏福建缺米，有土棍搶米之事。此二省，上年俱奏稱豐收，竝未云荒歉也。且據黃國材稱福建積穀見有一百六十餘萬石，而毛文銓乃奏請於江西採買米石，朕已降特旨，令江西運米十五萬石往福建平糶。然黃國材謂福建有米，而毛文銓則求米於鄰省，觀此則當日兩人之交代種種不清可知矣。滿保、黃國材在福建多年，諸事善於掩蓋彌縫，或毛文銓爲其所愚耳。至福建、廣東二省，地處極邊，米穀應作何貯備，著九卿會議具奏。尋議，福建地處海濱，福、興、泉、漳四府人多田少，皆仰給臺灣之米。自嚴禁姦商販米出境之後，民食常苦不足。雍正二年，奉旨飭發臺灣倉穀，每年碾米五萬石，運赴泉、漳平糶。今請再動正項錢糧，運米十萬石，存貯邊海地方。至臺灣商販仍許至福、泉等府貿易。其米船出入海口，設禁巡防，應令該督撫另行詳議。至廣東，近經總督孔毓珣以潮州穀少，不足碾米給兵，惠州穀多，又不能出陳易新，請撥惠州府倉穀平糶，將價銀解交潮州府買穀存貯，實裒多益寡之良法，應令該督撫將通省倉穀照此斟酌，令其多寡得宜，以儲民食。再粤西梧、桂二府與廣東接壤，産米甚多。先經巡撫汪漋奏稱，桂林等四府所有捐穀糶三價值，不必轉糴還倉，請將銀解部，經户部議准在案。應將此穀價仍買穀石，運交廣東，分貯州縣，亦足補益倉儲。從之。

甲午，鑲白旗滿洲都統覺羅佛倫緣事革職，調正藍旗漢軍都統希爾根爲鑲白旗滿洲都統。陞署理兩江總督范時繹爲正藍旗漢軍都統，仍留總督任。

己亥，浙閩總督高其倬疏言：閩省米價騰貴，見撥温、台二府倉穀七萬石，運往接濟。更請於江南淮安等處，採買二麥，運閩平糶。得旨：朕因福建米價騰貴，已降旨令江西巡撫運米十五萬石前往閩省，以濟民食。又令九卿酌議閩廣積穀之法。今覽高其倬所奏，備極周詳。李衛又能實心辦事，不分彼此，均甚屬可嘉。著照高其倬所請行，竝星速行文江南、山東二省巡撫，即遣能員協同辦理。如高其倬差員未到，該撫可借支錢糧，預爲買備，務令速發，以濟閩省之用。

庚戌，諭湖廣總督李成龍、湖北巡撫鄭任鑰：荆州長江兩岸隄防，關係民生，最爲緊要。蓋因川、湘二江之水匯歸於此，易於泛溢。聞今年雨水連綿，水勢甚猛，陸地之水爲江水所拒，不能減退，以致低窪之地禾苗淹没。又聞往年黃灘等處隄岸兩次衝決，江陵、潛江等州縣田苗被淹，甚爲民害。長江兩岸州縣雖每年各自興修，然地方遼遠，少有疎忽，則民生重受其累。爾等可公同商酌，委員踏勘，應否作何修築防護之處，悉心妥議具奏。

辛亥，命吏部尚書孫柱、蔡珽俱專管兵部事。陞内務府總管查弼納爲吏部尚書，仍管内務府總管事。雲貴總督管雲南巡撫事楊名時爲吏部尚書，仍留巡撫任。以兵部尚書法海協辦禮部尚書，兼内務府總管行走。

乙卯，吏部遵旨議覆保甲之法。十户立一牌頭，十牌立一甲長，十甲立一保正。其村落畸零及熟苗熟獞，亦一體編排。地方官不實力奉行者，專管兼轄統轄各官分別議處。再立民間勸懲之法，以示鼓勵。

《國朝宮史》卷三　八月初一日，上諭總管劉進忠、王以誠、蘇培盛、徐起鵬及隨侍等處首領太監：歷來做直隸州縣官甚難，皆由書辦衙役作弊。更兼本處土豪及旗下人莊園頭目，借稱王公侯伯大人門下勢力，在彼攪擾，欺壓官員。州縣官被其恐嚇，不能治理，政事易於廢弛，深爲可惡。朕今已傳諭直隸州縣等官，各限一年將此等作弊書辦、衙役及土豪，皆嚴行拏問。至於旗下人莊園頭目等，亦皆許其行文八旗該管官究治。爾太監等在内廷當差，豈知本鄉事務？及爾伯叔兄弟子姪之賢不肖，嗣後各當切實勸化本家人等，居鄉不可仗内監勢力，作非禮不法之事。如有事犯，潛逃來京者，本處州縣行文到内務府衙門，指名是某太監家屬，内務府大人同總管商議，即行按例發落，不必奏知。朕無非欲爾等畏法，不致攪亂地方，爾等其敬體朕意。

《世宗實録》卷四七　乙亥，吏部議覆，辦理理藩院事、正白旗滿洲都統拉錫將吴粱海之事隱匿不奏，請革職，交刑部從重治罪。尚書管侍郎事正紅旗蒙古都統特古忒、侍郎本錫均應革職。得旨，拉錫將吴粱海之事有心隱匿，情殊可惡，但伊辦理旗下事務亦有効力處，著從寬免交刑部治罪，將伊議政大臣、散秩大臣、滿洲都統、辦理理藩院事務，竝賞給伊世襲之職，俱著革退，以一等侍衛、管太僕卿事務効力行走。特古忒、本錫趨附拉錫，行止甚卑，俱著革職，從寬留任。署領侍衛内大臣伍格，著補授正白旗滿洲都統，信郡王德昭著學習管理正白旗事務。

《國朝宫史》卷三　初九日，上諭：夜間遇有開城門事件，令爾等傳旨者，若無勘驗實據，看門人等難以憑信。著造辦處製合符四件，一交乾清門該班内大臣，一交左翼，一交右翼，其一爾等收貯。凡夜間開門，將符合對，以爲憑據。

《世宗實録》卷四七　癸未，命江蘇巡撫張楷、廣西巡撫甘汝來、西安巡撫圖理琛來京陛見。加長蘆鹽運使陳時夏布政使銜，署理江蘇巡撫。以廣西提督韓良輔署理廣西巡撫，川陝總督岳鍾琪署理西安巡撫。

丙戌，浙江巡撫李衛疏報杭州、嘉興、紹興三府屬海塘，修築告竣。下部知之。

丁亥，直隸總督李紱以塞思黑於八月二十四日病故。

《世宗實録》卷四八　九月壬辰，以湖廣總督李成龍爲正白旗漢軍都統，福建福州將軍宜兆熊爲湖廣總督。

陞江西南贛總兵官蔡良爲福建福州將軍，浙江嚴州副將王郡爲江西南贛總兵官。

己亥，湖廣提督趙坤奏報，沅州姦民謝禄正等盤踞山谷爲盗，遣兵緝拏。謝禄正尚未擒獲，請將地方官議處。得旨：不法匪類，藏匿山谷，盗竊爲非，地方文武大吏遣兵緝拏，預先若有調度，何難即時擒獲。乃發兵千餘名，而賊徒竟敢抗拒，賊首公然逃脱，則大吏全無布置，委用非人，而弁兵之怠玩可知矣。且此案起於康熙六十一年，此數年來，地方文武大吏何故因循疎忽，縱盗養姦，竝不早行緝捕，著加查詢。

丙午，以都察院左都御史福敏署理湖廣總督，大學士馬齊暫署都察院事，命康親王崇安管理鑲紅旗漢軍都統。

乙卯，諭内閣、九卿、翰詹科道等：查嗣庭向來趨附隆科多，隆科多曾經薦舉，朕令在内廷行走，授爲内閣學士。後見其語言虚詐，兼有狼顧之相，料其心術不端，從未信任。及禮部侍郎員缺需人，蔡珽又復將伊薦舉。今歲各省鄉試届期，朕以江西大省，需得大員以典試事，故用伊爲正考官。今閲江西試録所出題目，顯露心懷怨望，譏刺時事之意，料其居心澆薄乖張，必有平日紀載。遣人查其寓所及行李中，則有日記二本，悖亂荒唐，怨誹捏造之語甚多。又於聖祖仁皇帝之用人行政大肆訕謗，以翰林改授科道爲可恥，以裁汰冗員爲當厄，以欽賜進士爲濫舉，以戴名世獲罪爲文字之禍，以趙晉正法爲因江南之流傳對句所致，以科場作弊之知縣方名正法爲冤抑，以清書庶常復考漢書爲苛刻，以庶常散館爲畏途，以多選庶常爲蔓草、爲厄運，以殿試不完卷、黜革之進士爲非罪，熱河偶然發水則書淹死官員八百人。其餘不計其數。又書雨中飛蝗蔽天，似此一派荒唐之言，皆未有之事，而伊公然造作書寫。至其受人囑託，代人營求之事，不可枚舉。又有科場關節，及科場作弊書信，皆甚屬詭秘。今若但就科場題目加以處分，則天下之人必有以查嗣庭爲出於無心，偶因文字獲罪，爲伊稱屈者。今種種實跡現在，尚有何辭以爲之解免乎？爾等漢官讀書稽古，歷觀前代以來得天下未有如我朝之正者。況世祖、聖祖重熙累洽八十餘年，深仁厚澤，淪肌浹髓，天下億萬臣民無不坐享昇平之福。我皇考加恩臣下，一視同仁。及朕即位以來，推心置腹，滿漢從無異視。蓋以人之賢否不一，各處皆有善良，各處皆有姦慝，不可以一人而概衆人，亦不可以一事而概衆事。朕惟以至公至平之心處之，爾等當仰體朕心，各抒誠悃，交相勉勵，殫竭公忠，無負平日立身立德之志。或有一二心術不端者，亦宜清夜自省，痛加悛改。朕今日之諭，蓋欲正人心，維風俗，使普天率土永享昇平之福也。【略】查嗣庭讀書之人，受朕格外擢用之恩，而伊逆天負恩，譏刺咒詛，大干法紀，著將查嗣庭革職拏問，交三法司嚴審。

《世宗實録》卷四九　十月庚申，以吏部尚書、内務府總管查弼納協理兵部尚書事務，署正藍旗漢軍都統黄國材協理兵部侍郎事務。

壬申，諭户部：錢糧之有火耗，原非應有之項，但以相沿日久，地方官員非此無以養贍，故姑且存之。而各省舊例，亦有輕重之不同。儻地方官員於應取之外，稍有加重者，朕必訪聞，重治其罪。向來山西省虧空甚多，地方官無以藉口，動稱因預備軍需所致，並將侵蝕之銀皆指爲軍需之用。及諾岷到任，加意整頓，盡革從前之加派，而各屬無著之虧空不能填補者，則將各官應得耗羡歸之於公，以爲酌補虧空之計。又恐各官無以養廉，以致苛索於百姓，故於耗羡中酌定

數目，爲日用之資。以官員之羨餘補官員之虧空，既可完帑，亦不累民，實權宜得中之善策也。前聞伊都立將通省火耗應減者，皆出示裁減，朕甚嘉之。近日又聞伊都立以用度不敷竟不奏聞，而將已減之耗羨仍舊徵取，經朕訪聞，尚不肯深信，因降旨詢究，務令照前裁減。今伊摺奏竟係實有之事，認咎無辭。伊都立如此暮四朝三，前後矛盾，同於兒戲，可乎？夫以封疆大臣不能宣揚德意，使小民知朕恤下之恩，而反爲此悖理營私之事，昏庸若此，豈事君理民之道？伊都立著交部嚴加議處。

以左都御史兼理奉天府府尹事尹泰協理奉天將軍事務。

壬午，以户部尚書蔣廷錫兼管兵部尚書事。

《世宗實録》卷五一　十二月庚申，康親王崇安等奏請將大逆不道之阿其那、塞思黑妻子正法。得旨，阿其那、塞思黑心懷不軌，亂我國家，大姦大惡，不忠不孝，造背主逆天之大罪。諸王大臣遵依國法，請將阿其那、塞思黑妻子按律正法，理所當然。從來史册中反叛篡逆之人則有之，而未叛之先，即公然敢與君上抗拒，大逆不道，無人臣禮，如阿其那、塞思黑、年羹堯者，實自古未聞也。但阿其那、塞思黑之大逆不道雖著，而反叛之事跡未彰，其妻子從寬，免其正法。塞思黑之妻逐回其家，嚴加禁錮。阿其那、塞思黑之眷屬，交與内務府總管，給與住居養贍。四保既係過繼尼雅哈母之人，著仍留伊家。

辛酉，又議覆河南巡撫田文鏡疏，言豫省丁銀，請均勻攤入地糧之内，一例征收。嗣後遇有報墾陞科以及遇閏之年，將丁銀隨年另行均派攤入。至太康等十二州縣，舊係按地收丁，但輕重不等，請與各屬一體按糧均攤，皆以雍正五年爲始，照數徵收。俱應如所請。從之。

癸亥，户部議覆川陝總督岳鍾琪疏，言陝甘兩屬應徵丁銀，請攤於地畝徵收，以雍正五年爲始，著爲定例。其有以衛改縣，未經載丁及原有丁銀者，按其額賦均載丁銀。至陸續開墾及現今新開渠閘屯墾之處，亦照此糧額，一例增載。再川省地方多係以糧載丁，間有數州縣以人載丁之處，亦應查改畫一。俱應如所請。從之。

乙丑，刑部等衙門遵旨審奏謝濟世參劾田文鏡各款，自認風聞無據，顯係聽人指使，要結朋黨，擾亂是非，謝濟世應擬斬立決。

丁丑，刑部遵旨議覆：貢監生員，非本身錢糧包攬催收入己拖欠國課者，應行黜革，仍照數著落清完。其包攬別户錢糧，雖無拖欠，但身爲衿監，包攬錢糧，即干法紀，亦應黜革。至里民納糧，不行自封投櫃，聽人攬納者，照不應重律處分，仍追出包與之數完官。該管官不行查出，罰俸一年。從之。

己巳，户部遵旨議覆大學士朱軾條奏營田事例四款：一，自營己田者，照田畝多寡，給與九品以上、五品以下頂帶，以示優旌。一，効力營田者，應酌量工程難易，頃畝多寡，分別録用。一，罣誤降調革職之員，効力營田者，准開復。一，流徒以上人犯効力營田者，准減等。俱應如所請。從之。

雍正五年（丁未、一七二七）

《世宗實録》卷五二　正月丙申，以正白旗滿洲都統伍格爲鑲黄旗領侍衛内大臣，調鑲黄旗蒙古都統穆森爲正白旗滿洲都統，陞正藍旗護軍統領常色禮爲鑲黄旗蒙古都統。

正黄旗滿洲都統常雲緣事革職，調鑲藍旗蒙古都統查克旦爲正黄旗滿洲都統，仍兼理鑲藍旗蒙古都統事務。以散秩大臣法瑙爲正黄旗護軍統領，實授散秩大臣。克什圖爲正藍旗護軍統領。陞正黄旗護軍參領尼馬善爲正黄旗滿洲副都統，鑲藍旗參領班第爲正紅旗蒙古副都統，正白旗護軍參領常保爲本旗漢軍副都統。

壬寅，諭刑部：向因年羹堯狂悖妄亂，結黨肆行，法難寬宥，朕不得已將伊治罪。又恐其黨援固結不散，伊諸子留在京師，或彼此暗相比附，又生事端，故令徙居邊遠之地，遇赦不赦。今見年羹堯正法之後，伊平日同黨之人實皆悔過解散，無一人比附之者。而當日平定青海，年羹堯亦著有功績，著將伊子遠徙邊省者俱赦回，交與年遐齡管束，以示朕格外恩宥之至意。

乙巳，又諭：各省所貯倉穀，原備歉年賑濟之用，實百姓性命所關，地方官員虧空倉穀者，較之虧空銀兩，其罪更爲重大。【略】乃江西巡撫裴徫度奏稱：江西倉穀，俱已補足，並無虧缺。且有數人在朕前稱江西乃産米之鄉，不必多貯穀石，應將江西現貯之穀，酌量減數糶賣者。今據邁柱摺奏，現在查出江西州縣倉穀虧空甚多，是裴徫度所奏顯屬徇隱欺罔，而從前之奏稱江西穀石當發糶者，想皆受裴徫度之囑託，欲借此以掩蓋江西倉穀之虧空耳。又據邁柱奏稱「現在清查倉糧，請將存七糶三之例暫行停止，應免朦混」等語。據此，則江西從前之存七糶三不過借百姓之名，以爲掩餙官員虧空之計，非真有出陳易新之事也。

裴徠度身任封疆大臣，爲百姓所倚賴，而忍以百姓性命所關之物化爲子虛，使屬官得其利，百姓居其名，有是理乎？原任布政使張楷、陳安策，職司錢穀，乃敢扶同欺隱，以致倉儲虧缺，若此從前裴徠度奏摺力薦張楷、陳安策，而張楷、陳安策來京陛見，亦極口稱贊裴徠度，似此明係彼此徇情比附，袒護屬員，盜虛名而貽實患，甚屬可惡。陳安策著革職，與張楷一同發往江西，交與邁柱、伊都立，將虧空情由嚴加審訊。裴徠度亦著革職，與伊等質審，務將虧空之項徹底明白清楚。倘張楷、陳安策、裴徠度仍然欺隱含糊，不得清結，定將伊等在江西地方正法，以爲私動倉儲、輕視民命者之戒。

諭户部：兩淮巡鹽御史噶爾泰奏稱乙巳綱商人呈稱，感戴皇恩撫恤，鹽豐課裕，家足户盈，情願公捐銀二十四萬兩以充公用，以達微忱等語。朕軫恤衆商，是以減除浮費，加添鹽斤。種種施恩之處，無非欲使衆商均沾利益，資本饒裕，竝不計其感激報効也。伊等上年公捐銀兩，朕因其既已捐出，難於退還，故令即於本地方建立鹽義倉，以裕積貯，備地方之用。今伊等又復公捐，大非朕意。但據噶爾泰所奏，衆商情詞懇切，著將此項銀兩令衆商各暫行存貯，將來遇有公事動用之處，再候諭旨，或將此項任伊等資生利息，亦從其便，向後不必再捐。又據噶爾泰奏稱，衆商備伊公務銀八萬兩，今一併交庫等語，此係噶爾泰應得之項，若有需用之處，聽其自行支用。伊若不接受，任其退還衆商，朕不收受。聞得煎鹽竈户皆居住濱海之地，離城最遠，一遇歉收之歲，覓食維艱。若遠赴鹽義倉領取米石，恐窮民多往返之勞，朕意應計地之遠近、人之多寡，酌立數倉於近竈之地，積貯米穀，以備貧苦竈户一時緩急之用，令誠實商人經管其事。若遇歉歲，即以此爲賑貸之資，濟其困乏。著噶爾泰悉心經理，即於乙巳綱商人公捐銀兩内酌量動用若干，以爲建倉積穀之費。竝遴選商人管理，務期實有裨益。

命兵部尚書孫柱署理大學士事。

乙卯，諭内閣：地方水利，關係民生，最爲緊要。如江南户口繁庶，宜更加修濬，時其蓄洩，以防旱澇。向來屢有條奏之人，但未經本省督撫奏請，朕意亦久欲興修，以資農務。因海塘工程正在營治，且水利事關重大，必得實心辦事之人，方有裨益。即如目今畿輔水利，賴有忠誠任事之怡親王始可興此大工，不然，則亦未敢輕易遽行也。我皇考念切民依，周知稼穡。康熙四十六年，巡省江浙，所至必細驗水土燥濕、高下之宜，詳考五穀種植之性。躬親講求，將附近太湖及通江湖之處，條分縷析，特頒諭旨，令江浙督撫於蘇、松、常、鎮、杭、嘉、湖地方疏濬河港，以資灌溉，修建閘座，以便啓閉。皆動用公帑錢糧，不使絲毫出於民力，恩至渥也。乃當時督撫諸臣不能實心仰體，惟以虛文奉行，糜費帑金二十餘萬，大都飽於官吏之侵漁而無實效，深可痛恨。朕即位以來，事事仰繼皇考之詒謀，永圖民生之遠計，本欲俟直隸水利興修之後，令怡親王前往江浙地方，相度情形，商酌興修之舉。今巡撫陳時夏特行奏請，且稱費用不過十餘萬兩即可成功。據陳時夏陳奏，應是地方不可遲緩之事。副都統李淑德昔任江南松江府同知，諳悉水利事宜，曾經條奏，頗爲明晰。原任山東巡撫陳世倌年力精壯，現在閒居。著李淑德、陳世倌會同巡撫陳時夏、總河齊蘇勒、總督孔毓珣，悉心踏勘，詳加酌議。倘河工緊要，齊蘇勒不能親身前往，即行商酌定議具奏。凡建立閘座，疏濬河流，務期盡除淤塞，以杜泛溢之虞；廣蓄水泉，以收灌溉之益。其一應公費，俱動用庫帑支給。一切工程交與李淑德、陳世倌監督辦理。竝諭吏部，將各部現任司員、候選司員及府州縣人員内，有具呈願往効力者，挑選十餘人帶往江南，不必令出貲財，惟令辦理事務，交李淑德、陳世倌二人酌量委用。

《世宗實録》卷五三　二月癸亥，工部議覆河東副總河嵇曾筠條奏河工事宜。一，河工埽料，柳束爲重。每年河水坍塌，以致柳園漸少。雖此坍彼淤，而官無界址，民多隱佔。請敕撫臣，將見存柳園丈勘立界，清查淤地，撥補還額，嚴督河員，廣爲栽種。一，印官專司民事，係撫臣題授；河員專司河工，係河臣題授。設官分職，雖有定制；民事河工，原無歧視。請令河臣、撫臣會同保題陞調。一，豫省隄工，向例撥江南河兵一千名輪班防守。嗣因往返需時，將兩岸堡夫挑拔五百名充代。但工長汛險，不敷驅策，請仍照一千名之數，於堡夫内拔補足額。所有江南撥到千、把總六員，令各歸專汛。另請專設千總二員，把總四員，分隸開封府南岸同知管轄。再於原設武陟千總二員内調取一員，移駐歸德府汛所，分撥河兵一百名，交與該弁管領。一，豫省大隄，每隔二里額設堡房一座，令堡夫居住，修墊水溝，巡查鼠穴。今臨河越隄，堡房未設，防守無人，請遵照大隄之例，速行建造。一，開封南岸祥符縣隄長八十餘里，止有縣丞一員。近日險汛下移，祥符一帶工程更爲險要，請添設主簿一員分管。又開封下北河地方，額設主簿一員，隄埽綿長，募夫辦料，呼應不靈，請添設巡檢二員，分駐祥符、儀封等縣適中之地，協同廳汛搶護，一切逃盜事宜，令其稽察。一，歲搶修工程全賴汛船運料。今豫省上自武陟，下至虞城，撥運無船，不能立時接應。且當汛水陡發，村民迫於望救，是汛船不但運料，兼可濟人。請查照江南汛船則例，每

汛造船五隻，以便駕運。均應如所請。從之。

癸酉，諭内閣：朕聞陝西鄭渠、白渠、龍洞，向來引涇河之水，溉田甚廣。因歷年既久，疏濬失宜，龍洞與鄭、白渠漸至淤塞，隄堰坍圮。醴泉、涇陽等縣水田僅存其名，深爲可惜，特令該督岳鍾琪詳酌興修。今據該督親勘，奏稱龍洞急宜挑挖，鄭、白渠務當疏濬，更須修築隄堰，建設閘口，以俾堅久。已於西安布政司備公羨餘銀内，先動一千兩，委員將龍洞、鄭、白渠及時挑濬。其建閘工料，約估銀七千兩，請亦於司庫存貯羨餘銀内動用等語。朕惟與修隄堰，乃於民生大有裨益之事，著動用正項錢糧，俟一切工程告竣，造報工部查核，務期渠道深通，隄堰堅固，俾農田得以永賴，以副朕保惠元元之至意。

丙戌，諭内閣：前鄂爾泰曾奏稱，廣西泗城土司甚屬不法，素爲民害，請敕令廣西巡撫、提督懲治。朕曾降旨詢問韓良輔，據韓良輔奏請，欲往雲南，與鄂爾泰面加商酌。朕思此事甚有關係，非韓良輔與鄂爾泰面議不可。昨都察院奏原任廣西州判程旦控告羅文剛一案。羅文剛統衆肆惡，吞噬十一處村落，竟敢與官兵相抗，不容設立塘汛。李紱身爲封疆大臣，逡巡畏縮，苟且彌縫，但爲掩飾一時之計，而於地方之利害、民生之休戚，毫不關心。甘汝來時爲臬司，亦因循怠忽，不能整頓。昨令廷臣詢問，二人俱俯首無詞。李紱、甘汝來相繼爲廣西巡撫，著二人前往廣西辦理土司之事。從前疎縱之兇徒羅文剛等，著即交與李紱、甘汝來速行擒拏，不得容其免脱。韓良輔前往雲南，與鄂爾泰會商時，著李紱一同前往。將副將張傑調至省城，署理廣西提督。李紱一到，同韓良輔即起身赴滇。韓良輔起身後，巡撫印務著甘汝來署理。前朕准給韓良輔假期，送其母櫬回籍，著俟公事定議後，伊酌量起身。李紱、甘汝來負朕擢用深恩，今加寬宥，容其効力贖罪，務將廣西境内不法之苗夷與地方不法之姦民，悉心料理，俾盡革兇頑，遵奉國憲，以安良善，以靖地方。儻目前疎縱之羅文剛等不能擒獲，及伊等料理土司之事，虚文掩飾，以卸目前之責，將來仍有兇苗妄行干犯王章者，定將李紱、甘汝來從重治罪。又如礦賊盤踞兩廣之間，而兩省官員互相推諉，以致宵小肆行，良民時受其擾，著李紱、甘汝來會同阿克敦，將兩省疆界一一清查，分別防範管理，使汛地各有專責，匪類無計潛藏。不得仍前怠忽，自干重罪。若泗城土司怙惡不悛，有應行用兵之處，交與鄂爾泰調度，廣西巡撫、提督、總兵官俱聽鄂爾泰節制。

《世宗實録》卷五四　三月庚寅，諭宗人府：廣寧有罪，已革退王爵。其弟廣禄，人忠厚，著襲封和碩裕親王。

辛丑，兵部議覆福建總督高其倬疏，言閩省福、興、漳、泉、汀五府，地狹人稠，自平定臺灣以來，生齒日增，本地所産不敷食用。惟開洋一途，藉貿易之贏餘，佐耕耘之不足，貧富均有裨益。從前暫議禁止，或慮盗米出洋。查外國皆産米之地，不藉資於中國。且洋盗多在沿海直洋，而商船皆在横洋，道路並不相同。又慮有逗漏消息之處，現今外國之船許至中國，廣東之船許至外國，彼來此往，歷年守法安静。又慮有私販船料之事，外國船大，中國船小，所有板片桅柁不足資彼處之用。應請復開洋禁，以惠商民。并令出洋之船，酌量帶米回閩，實爲便益。應如所請，令該督詳立規條，嚴加防範。從之。

丙午，鄂羅斯察罕汗遣使臣薩瓦表賀登極，進貢方物，賞賚如例。

庚戌，以康親王崇安兼理正紅旗漢軍都統事務。

甲寅，兵部議覆雲貴總督鄂爾泰疏奏經理狆苗事宜。一，長寨等狆苗，不遵化誨，阻建營房，調兵進勦，首惡悉經擒獲。其未獲人犯，有自行投首及脅從附和者，請一概從寬。一，苗民被勦四散，已失耕種之期，本年正賦請行豁免。一，歸寨苗民，每人請月給糧三斗、鹽六兩。無力耕種者給以耔種，以示撫恤。其未歸寨者，以一月爲限。如逾限不回，將該苗田土分賞兵丁。一，苗民地畝，多恃强侵佔，以致互相讎殺。應令各具契紙，開明四至，官給印信，俾永遠承業。一，狆苗姓氏相同者多，難於分别。應令各照祖姓造報户口清册，編立保甲。其不知本姓者代爲立姓，以便稽察。一，苗民逞兇，皆由兵器。嗣後苗民出入，止許佩數寸小刀，所有一切軍器悉令繳出。如有私造者，即行處決。一，營汛兵丁不得踐踏禾苗，生事擾害。如該汛文武官弁不加鈐束，照溺職例治罪。一，長寨既有武職巡防，仍須設一文員，宣諭化導。請以貴陽府同知移駐，就近撫綏，庶兵民咸得相安。一，打壞寨接連竹林井口，兇苗出没其中，應撥長寨把總一員移駐，則竹林等寨俱得控制。一，兇苗劫殺，原非三五塘兵所能擒獲，應令汛防各員，一面申報督撫、提鎮，一面率兵擒拏。所獲賊犯，文武官會同審究，無得袒庇徇私。均應如所請。從之。

《世宗實録》卷五五　閏三月己未，諸王大臣等參奏，原任兵部尚書法海，從前阿附允禵，極力鑽營，擅自回京，行止狂妄，應按律擬斬。得旨，法海原係革職發往軍前効力之人，伊到軍前，並無出力之處，惟極力鑽營，阿附允禵，自謂有所依庇，輒敢擅自回京。又有種種不法之處，本應按律治罪，今從寬免死，著發往

插漢拖輝，交與通智、單疇書管轄，聽其差委，在水利處効力行走。一切事宜，毋許干預。若果實心効力則已；如仍不實心効力，狂妄虛詐，著通智、單疇書即行參奏。

癸亥，又議覆川陝總督岳鍾琪疏，言鎮雄土知府隴慶侯稚弱無知，不能約束土目，懇請改土歸流。適准雲貴督臣鄂爾泰咨稱隴慶侯向與祿萬鍾勾通作惡，今復唆使逃匿，抗拒官兵，法所難寬等語，查鎮雄土府，界連黔蜀二省，應行令該督將隴慶侯解赴雲南質審。其應否改設流官，歸併何省管轄，亦令會同雲貴總督鄂爾泰妥議再奏。得旨，隴慶侯著解送雲南審明，其鎮雄地方改土爲流，歸併雲南，就近管轄。

戊辰，陞署直隸總督宜兆熊爲吏部尚書，仍署直隸總督。

命署湖廣總督福敏回京，陞署江西巡撫邁柱爲湖廣總督。

癸酉，雲貴總督鄂爾泰疏報：四川烏蒙土府祿萬鍾，縱容土目劫掠良民，經陝西督臣岳鍾琪題參革職，奉旨命臣會審。臣前赴東川，有烏蒙祿鼎坤率二子投到，臣遣其持檄往諭祿萬鍾等繳印就質，乃祿萬鍾支吾違抗，至再至三。而鎮雄土府隴慶侯向與萬鍾同惡相濟，合謀拒命，叛逆顯然。臣咨商陝西督臣岳鍾琪，調遣將士，分路擒勦。萬鍾見勢危急，擁兵逃往鎮雄。臣檄曲尋總兵官劉起元率領官兵攻其倒江三灣諸險寨，所向摧破。兩酋計窮勢迫，萬鍾等由筠連地方潛往川省，遇川省守備胡璉，解送成都；隴慶侯等赴川省副將張玉行營繳印獻土。今烏蒙、鎮雄兩土府俱已平定，現在量留官兵彈壓，一面委員查勘界址，并户口、錢糧實數，以便改土歸流。其兩府設官安營事宜，及應歸何省管轄之處，聽陝西督臣岳鍾琪詳議請旨。得旨，祿萬鍾、隴慶侯等已有旨，解雲南質審，鄂爾泰辦理甚屬可嘉，著議敘。其在事人員，著查明分別議敘賞賚。

復設河南河北守道一員，駐劄武陟，統轄彰德、衛輝、懷慶三府，兼管河務。以胙城縣并入延津縣，裁知縣、典史、教諭、訓導各一員。從河南巡撫田文鏡請也。

《世宗實録》卷五六　四月戊子，議政王大臣等議奏，吐魯番回目白斤白克奏請，照前每年差人請安進貢，應不准行。得旨，所議甚是。但止令員外郎升柱遣其歸去，而不言其故，所見甚小。辦理天下事務，莫貴於誠，理應以誠實曉諭之。

己丑，吏部尚書查弼納降級調用，仍署兵部尚書。陞都察院左都御史福敏爲吏部尚書。吏部左侍郎查郎阿爲都察院左都御史，仍辦理吏部事。以正黄旗漢軍都統、協理兵部侍郎事務黄國材署兵部尚書。

辛卯，上御太和殿傳臚，賜殿試貢士彭啓豐等二百二十六人進士及第、出身有差。

戊戌，宗人府議奏，允禩於禁所藏埋魘魅，歷供不諱。又供出與阿其那共爲不法，應立正典刑。得旨，允禩著免其正法，仍舊禁錮。

癸丑，授一甲進士彭啓豐爲翰林院修撰，鄧啓元、馬宏琦爲翰林院編修。

西洋博爾都噶爾國王若望遣使麥德樂表貢方物，宴賚如例。

《世宗實録》卷五七　五月戊午，調正白旗滿洲都統拉錫爲鑲白旗滿洲都統，以正藍旗滿洲副都統多賽署鑲黄旗蒙古都統。

壬戌，内閣等衙門議奏，查嗣庭蒙恩擢用，歷官至禮部侍郎，陰懷二心，忍行横議。臣等謹將查嗣庭所著日記，悖逆不道大罪，竝夤緣請託關節私書，逐款究審。嗣庭亦俯首甘誅，無能置喙。除各輕罪不議外，應照大逆律凌遲處死。今已在監病故，應戮屍梟示。查嗣庭之兄查慎行，查嗣瑮子查澐，姪查克念、查基應斬立決。查嗣庭之子查克上在監病故。次子查長椿、查大梁、查克纘，姪查開、查學，俱年十五以下，應給功臣之家爲奴。所有財産查明入官。得旨，查嗣庭著戮屍梟示。伊子查澐改爲應斬監候。查慎行年已老邁，且家居日久，南北相隔路遠，查嗣庭所爲惡亂之事，伊實無由得知，著將查慎行父子俱從寬免，釋放回籍。查嗣庭之胞兄查嗣瑮，胞姪查基，俱免死流三千里。案内擬給功臣之家爲奴各犯，亦著流三千里。其應行拏解之犯，該撫查明，一併發遣。查嗣庭名下應追家産，著變價，留於浙江，以充海塘工程之用。

《世宗實録》卷五八　六月戊子，户部議覆前任四川巡撫馬會伯疏，言楚民入川落業者，定例令地方官給與印照驗放。近有自湖廣、福建、江西、廣東來川者，竟無執照可驗，窮民挈眷遷移，若勒令回籍，必致流離失所；任其接踵而來，又恐姦良混襍。伏乞敕下各省撫臣，凡入川窮民，務令各該地方官給以印照，到日驗明安插。查康熙五十一年，湖南巡撫潘宗洛題請楚民入蜀開墾，該地方給與印照，仍造册送四川巡撫查驗。有回楚省者，川撫亦給照造册。兩相稽查，遵行在案。應如所請，行文福建等省，遵例給照。四川巡撫亦轉飭確查，其應准入籍者，即編入保甲，加意撫綏，毋使失所。從之。

丙申，工部議覆署理江南總督范時繹疏，言通州地勢，西高東下，河水由江

入海，以通州爲咽喉，必水口深通，蓄洩得宜，則泰州、如皋均受其益；若水口淤淺，蓄洩無方，則通州先受其害。查水口凡有三處：觀音壩逼近大江，地屬浮沙；鹽倉壩之水高於江水，俱難建閘；惟唐家壩舊存閘基，距江約二十里，中稍淤塞，疏濬甚易。且旁有兩小壩，亦皆引水入江之道。請將唐家壩復建爲閘，兩小壩一律開通，改爲石涵洞，於農田水利甚有裨益。應如所請。從之。

又議覆廣東總督孔毓珣遵旨疏奏江南水利四條。一，閘座之啓閉宜定。吳淞江之吳淞閘，劉河之天妃閘，傾圮年久。太倉州之七浦閘，查無閘板。昭文縣之白茆閘，現在淤塞。常熟縣之福山閘，舊閘坍廢，新閘尚存，潮水發時，激流逆上，渾沙淀積，內河日淤，更難宣洩，宜時其啓閉，定立章程。吳淞、天妃二閘，應各設閘夫二十名。七浦、白茆二閘，各設八名。徐六閘設六名。九曲、得勝、孟瀆三河三閘，各設四名。責令經管官敬謹看守，隨潮啓閉。應如所請，或設閘官，或令巡檢兼管，并閘座有應修應建之處，行令該督撫會同總河酌議。其七浦一閘，現行總河會勘，俟具題到日再議。一，田圩之勸築宜勤。三吳地勢四高中下，狀若盤盂。議水利者，皆稱高築田圩，即遇霪潦，不致淹浸。請敕水利各官實心勸築，每區立一圩長，輪流報充。應將所請，行令該督撫會同總河確議有無裨益。一，河道之壅滯宜禁。濱河州縣於河道內，或立樁砌磡，或架板爲屋，或倚田攤佔，以致河身淤淀。請除現在陞科成熟田畝，并已成房屋無甚大礙者，姑從民便外，其餘槩行嚴禁。坍卸者不許增修。又支河小港，引蓄河流，分資灌溉，請於農隙後，勸諭深浚，即以開挑之土培築田圩。一，水利之考核宜明。蘇、松等州縣賦役甚繁，兼責以河道事宜，恐難兼顧。請將水利事宜，專責兼水利銜之同知、通判、縣丞、主簿等官。如應添設人員，該撫臣酌量題請。竝將江常鎮道、蘇松太道，均兼水利營田銜，令水利各官有所統轄，入於大計內分別考核。均應如所請。從之。

庚子，諭內閣：盛京甚屬緊要，兵民旗人最多，且地方遼濶，十三城相隔七八百里有餘，將軍、副都統俱駐劄盛京內地，教訓整理不能周到。朕意當照船廠、寧古塔、白都納例，各設副都統一員管理。自廣寧、義州、錦州、寧遠，至山海關，設副都統一員。復州、熊岳、南金州、鳳凰城、岫巖、旅順等處，設副都統一員。令其分轄，管理一切事務，教訓衆人，改易陋俗，當有裨益。再，開原與船廠相隔六百餘里，自開原押送發遣人犯，官兵往返行走月餘，甚屬勞苦。聞得從前議於船廠、開原適中之地，在克爾素驛站左右，酌設官兵，因與圍場相近，恐禽獸駭逸而止。今查此處雖近圍場，仍是大路，可以安設官兵，惟當禁其駭散圍場耳。但必須相視膏腴可耕之地，令其永遠居住，則押送發遣人犯往還可免勞苦矣。著議政王大臣詳議具奏。

丁未，又諭：昔年曾奉聖祖仁皇帝諭旨，海外噶喇吧乃紅毛國泊船之所，吕宋乃西洋泊船之所，彼處藏匿賊盜甚多，內地之民希圖獲利，往往留在彼處，不可不預爲措置。隨經廷臣與閩廣督撫議，令內地之人留在外洋者准附洋船帶回內地。奉旨准行在案。此乃聖祖仁皇帝綏靖海疆，且不忍令內地之民轉徙異地，實仁育義正之盛心也。但數年以來，附洋船而回者甚少。朕思此輩多係不安本分之人，若聽其去來任意，不論年月之久遠，伊等益無顧忌，輕去其鄉，而飄流外國者愈衆矣。嗣後應定限期，若逾限不回，是其人甘心流移外方，無可憫惜，朕意不許令其復回內地。如此，則貿易欲歸之人不敢稽遲在外矣。將此交與高其倬、楊文乾、常賚悉心酌議，竝如何定限年月之處，一併詳議具奏。尋福建總督高其倬遵旨議奏：康熙五十六年，定例入洋貿易人民，三年之內准其回籍。其五十六年以後私去者，不得徇縱入口，久已遵行在案。又現住外洋之船或去來人數不符，或年貌互異者，即係頂替私回，應嚴飭守口官於洋船回時，點對照票，細加稽查。如有情弊，將船户及汛口官員分別治罪。至閩、粵洋船出入，總在廈門、虎門守泊。嗣後，別處口岸概行嚴禁。得旨，康熙五十六年定例之時，隨據福建等省奏報，回籍者幾及二千餘人，是出洋之人皆已陸續返棹，而存留彼地者皆甘心異域，及五十六年以後，違禁私越者也。方今洋禁新開，禁約不可不嚴，以免內地民人貪冒飄流之漸。其從前逗留外洋之人不准回籍。餘依議。

一等公隆科多緣罪革爵，以其弟慶復襲替。

《世宗實録》卷五九 七月丁巳，諭內閣：頃岳鍾琪奏稱，四川成都府城中，有一男子沿街叫喊，説岳鍾琪帶領川陝兵馬，欲行造反。其人已被提督黃廷桂拏獲，臣不便檄訊，又不敢隱匿等語。數年以來，在朕前讒譖岳鍾琪者甚多，不但謗書一篋而已，甚至有謂岳鍾琪係岳飛之後，伊意欲修宋金之報復者，其荒唐悖謬，至於此極。岳鍾琪懋著功勳，朕故任以西陲要地，付以川陝重兵。而憸險姦邪之徒，造作蜚語，煽惑人心，讒毁大臣，其罪可勝誅乎？此成都造言之人，斷非出於無因，或蔡珽、程如絲輩懷挾私怨，暗中指使，或再有播弄之人，均未可定。著交與黃炳、黃廷桂會同嚴審，此事關係誣謗國家大臣重案，非民間誣告比

也。至於川陝兵民，向來淳良忠厚，且受聖祖仁皇帝六十餘年深仁厚澤，淪肌浹髓。朕即位以來，又屢加恩澤，伊等至誠感激，西省數年用兵，軍民人人踴躍急公，其尊君親上之習，實衆所共知共聞者。今姦民乃云欲從岳鍾琪謀反，是不但誣岳鍾琪一人，而竝誣川陝兵民以叛逆之罪矣，黄炳等務將實情審明具奏。

己未，調署兵部尚書辦理刑部尚書事黄國材爲工部尚書。

己卯，刑部等衙門議覆，康親王等參奏蘇努於聖祖仁皇帝硃批諭旨狂書塗抹，悖逆已極，應將伊子孫照叛逆例悉行正法。得旨，【略】今從寬暫免其死，仍照前禁錮，著將蘇努父子前後所犯罪案及朕所降諭旨，遍行曉諭伊之子孫。若嗣後伊等安静守法，再無過犯，則開恩全其性命；儻諸人中有一人犯法者，不論情罪之輕重，定照此議，將伊即行正法。

《東華録》卷二九　是月，授田文鏡河南總督加兵部尚書銜。先是，文鏡係正藍旗漢軍，至是奉旨擡入正黄旗。

《世宗實録》卷六〇　八月乙未，刑部等衙門議奏：湖南辰谿縣姦民謝録正聚衆傷官，持械拒敵，雖無陷城大逆，但負固八載，情罪重大，將謝録正應凌遲處死，妻子給付功臣之家爲奴。同謀拒敵之陳彬臣等，應斬立決。脅從附和之張如茂等，應發三姓等處地方，給披甲人等爲奴。從之。

乙巳，議政王大臣等議覆郡王額駙策零等奏稱，臣等與鄂羅斯使臣薩瓦等相見，議定疆界事宜，臣以應爲界趾之處，詳告薩瓦云：東邊額爾古納等處，昔年内大臣索額圖等與爾使臣費耀多爾等議歸爾國，無庸再議。今自額爾古納河岸，以至阿魯哈當蘇、阿魯奇都勒、齊克大、奇林，俱係我處斥堠，應以相對之楚庫河爲界。自此往西，沿布爾古特山等處，以博木沙畢鼐嶺爲界。定界之後，不得混雜居住，及容留逃盗人等，犯者互相查拏。隨與伯四格、侍郎圖理琛等，以應立界石地方繕寫給與薩瓦，薩瓦及布里雅特、吴梁海等，俱皆心服。據薩瓦云：此次幸爲使臣，瞻仰天顔，既優賜我察罕汗，復賞賚奉使人衆，皇恩優渥，今既秉公辦理，即可永爲定界。臣等隨派侍衛胡畢圖、郎中納延泰等，與鄂羅斯副使一番一番諾費池等，指定東西界址，議立界石。俟其回時，即將界址山河地名繕寫繪圖，恭呈御覽。應照策凌等所議，立石定界，曉諭喀爾喀汗、王、各扎薩克、黑龍江將軍等，令其約束屬人，不得越界生事，違者從重治罪。至恰克圖口定爲貿易之所，應派理藩院司官一員管理，貿易人數照例不得過二百。其京城鄂羅斯館應爲修整，令使臣居住。其來京讀書幼童及教習等，亦令同居，官給養贍，如願回者聽其歸國。至領侍衛内大臣克什圖前派往代隆科多辦事，今疆界已定，應令其來京。從之。

《世宗實録》卷六一　九月丙寅，諭王大臣等：王公大臣官員等朝服頂帶俱有定制，但平時所用服色竝無分别，應如何辨别品級之處，著議政王大臣、九卿會議具奏。尋議，諸王及大小臣工平時所戴暖帽、凉帽俱照朝帽頂分别，令其戴用。凡親王、世子、郡王、長子、貝勒、貝子、入八分公，俱用紅寶石頂。未入八分公、固倫額駙、和碩額駙、民公、侯、伯、鎮國將軍及一品大臣，俱用珊瑚頂。輔國將軍、奉國將軍、多羅額駙、二品、三品大臣，俱用起花珊瑚頂。奉恩將軍、固山額駙及四品官員，俱用青金石頂。五品、六品官員，俱用水晶石頂。七品以下及進士、舉人、貢生，俱用金頂。生員、監生，俱用銀頂。從之。

命兵部尚書署大學士事孫柱爲文淵閣大學士兼兵部尚書，實授查弼納爲兵部尚書。

己巳，雲貴總督鄂爾泰摺奏：花苗一種，介在楚、黔，兼連西粤，獷悍難馴，謬沖尤甚。今黎平知府張廣泗率領弁員攻破其地，陸續擒獲賊苗共二百三十餘名，所有渠魁姚相明等現在定擬會題。自此各寨畏威懷德。有歸歐鬼壘、九厥、交椅、几馬等寨，俱花苗種類，其頭目率領羣苗，册開户口花名，同詣行營，願求内附。查歸歐鬼壘等寨，係黎平府所屬洪州土司界外，應歸洪州管轄，交椅、几馬二寨係廣西懷遠縣所屬幹沖地方界内，應歸懷遠縣管轄。從之。

戊寅，刑部疏參蔡珽從前四川巡撫任内屢蹈重罪，部議革職，及威逼屬員蔣興仁自盡，部議斬罪，悉蒙聖慈寬宥，擢授左都御史，洊至兩部尚書兼漢軍都統，署理直隸總督，仍敢肆行無忌，種種不法，復蒙矜宥，調授奉天府尹。乃尚不知改悔，挾詐懷私，罪案山積，今將蔡珽所犯諸罪謹列陳之。【略】。按之律例，蔡珽所犯諸罪均干大辟，蔡珽應斬立決，伊妻子入辛者庫，財産入官。今伊現在四川質審，應行文四川巡撫，將伊作速鎖解來京正法。得旨，蔡珽從寬改爲應斬，著監候秋後處決，餘依議。

己卯，川陝總督岳鍾琪疏奏：湖廣、江西、廣東、廣西等省之民逃荒入川不下數萬户，請開招民事例，給窮民牛具、籽種，令其開墾荒地，方爲有益。得旨，覽岳鍾琪奏，朕心深爲憫惻。【略】著岳鍾琪會同巡撫憲德，行令四川州縣，將雍正四年秋冬以後各省入川人户，逐一稽查姓名籍貫，果係窮民，酌量安插，再備造細册，咨查原籍。將所用牛種、口糧、銀兩，著落原籍之州縣官照數補還。如

此，則游惰之民不致混冒，而地方官亦知所儆戒，共以愛養百姓爲務，可杜流移之患於將來矣。

庚辰，吏部議覆雲貴總督鄂爾泰疏奏，雲南文職員缺，有調補三年即陞者，有調補五年即陞者，今准部咨令臣確查定議。臣查雲南省之元江、普洱、廣南、師宗、威遠等缺，及新改流之鎮沅府、恩樂縣，俱極邊瘴癘，宣威州係初闢之地，俱照舊例揀選調補，三年俸滿陞用。東川府夷多漢少，所轄之巧家營，今新改會澤縣，及者海、歹補，則補等處地方，俱去府窵遠，遇有知府知縣雜職等缺，請於本省揀選調補，五年俸滿陞用。其開化、廣西二府正雜等官，及廣西府分防、五槽等處通判，新平縣知縣，禄勸州知州，麗江府知府、經歷，鶴慶府分駐維西通判，劒川州分駐中甸州判，黑、白二井提舉，彌沙、阿陋二井大使各缺，或鄰逼番夷，或地方緊要，俱請照例，仍於本省揀選調補，以邊俸陞轉。至鶴慶、順寧、永昌、永北四知府，劒州、騰越、雲州三知州，雖非調補之缺，但遠在極邊，接壤外域，亦應照邊俸聽部陞轉。其雲南元江協，廣南、普威二營，駐劄處所，煙瘴未消，夷性兇悍，副參、守備等官請照文職之例揀選調補，三年俸滿陞用。東川一營遊、守員缺，亦揀選調補，五年俸滿陞用。至黔省黎平、定廣二協，都匀一營，雖非煙瘴之區，但接壤生苗，甚屬緊要，副、參、守備員缺，并請揀選題補。均應如所請。從之。

《世宗實録》卷六二　十月甲申，命署江南江寧將軍何天培來京，以鑲白旗滿洲都統拉錫署江南江寧將軍，工部尚書兼内大臣公夸岱兼理鑲白旗滿洲都統事務。

九卿遵旨議覆，雲南、貴州、四川、廣西、湖廣五省改土爲流之土司，有犯斬絞重罪者，其家口應遷於遠省安插。犯軍流罪者，土司并家口應遷於近省安插。飭令該地方文武官稽查，不許生事疎從。從之。

丁亥，順承郡王錫保等遵旨審奏隆科多罪案，大不敬之罪五，欺罔之罪四，紊亂朝政之罪三，姦黨之罪六，不法之罪七，貪婪之罪十六。【略】疏入，上召議政王大臣、内閣、九卿等，諭曰：隆科多所犯四十一款重罪，實不容誅，但皇考升遐之日，召朕之諸兄弟及隆科多入見，面降諭旨，以大統付朕，是大臣之内承旨者，惟隆科多一人。今因罪誅戮，雖於國法允當，而朕心則有所不忍。隆科多忍負皇考及朕高厚之恩，肆行不法，朕既誤加信任於初，又不曾嚴行禁約於繼。今惟有朕身引過而已。在隆科多負恩狂悖，以致臣民共憤，此伊自作之孽，皇考在天之靈，必昭鑒而默誅之。隆科多免其正法，於暢春園外附近空地，造屋三間，永遠禁錮。伊之家産何必入官，其應追贓銀數十萬，尚且不足抵賠，著交該旗照數追完。其妻子亦免入辛者庫。伊子岳興阿著革職，玉柱著發往黑龍江當差。

己丑，以鑲白旗護軍統領公博爾屯署鑲黄旗蒙古都統。

《世宗實録》卷六三　十一月壬戌，以鑲黄旗蒙古都統常色禮爲陝西西安將軍，仍留軍前。其陝西西安將軍事務，大學士富寧安仍暫行署理。

丁卯，諭内閣：昔聖祖仁皇帝嘗稱，巴圖魯公鰲拜効力處甚多，厥功甚大，因犯重案，不得已將伊治罪。伊孫達禮善，朕甚望其成立，欲加恩育，但伊人甚平常，行止不堪，可惜不能承朕恩眷。當時諭旨如此。朕數十年來，惟聞鰲拜僭妄無禮、擅權作威之罪，未深知伊之功勳，併不知鰲拜子孫現在者何人。昨引見達福時，方知達福人去得。朕又恭閲《聖祖仁皇帝實録》，鰲拜所効功績，每多超衆之處，是以康熙五十二年聖祖特命查鰲拜之子孫，加恩賞給一等阿思哈尼哈番。皇考既已施恩，寬免鰲拜之罪，應將鰲拜効力所得一等公爵給達福承襲，世襲罔替，仍授爲散秩大臣。鰲拜著致祭一次，至建立石碑加恩等處，交該部查例具奏。

戊辰，陞正白旗蒙古副都統拉歆爲鑲黄旗蒙古都統。

雲貴總督鄂爾泰疏言：黔省邊界生苗，不納糧賦，不受管轄，隨其自便，無所不爲，由來已久。臣自勦撫長寨後，生苗目覩長寨苗户安居樂業，各思投誠内附。長寨後路克猛等處，及馬頭山松把廣順州、定番州、古羊山外等處，招撫化誨夷苗共一百八十四寨，一千八百餘户，俱聞風嚮化，竝獻弓弩盔甲。雖區區頑苗頑猓，不啻犬羊，戔戔夷土夷糧，何增毫末？但念其原無統轄，遂任彼擾害邊疆，欲行稽查，無從踪跡，縱思撫恤，末由招安。今仰賴聖主聲教所訖，莫不願附版圖，但户口必須編造，錢糧自應從輕。且夷民半無姓氏，名字雷同，應行更定姓名，彙册報部，酌爲額賦，按年輸租，庶幾邊境長寧，夷民永賴。得旨，苗民梗化由來已久，況屬生苗，尤難懾服綏靖。鄂爾泰勦撫竝用，威惠兼施，俾生苗等嚮化輸誠，咸願納賦，歸附版籍。又謬沖逆苗等，素稱獷猂難馴，今勦撫已靖，悉皆内嚮。鄂爾泰辦理甚屬可嘉，著由拜他喇布勒哈番加授一等阿達哈哈番世職，以奬勞績。張廣泗遵依鄂爾泰調度，實心出力，著交部從優議叙。在事官兵應如何議叙賞賚之處，著鄂爾泰分別具奏。

《世宗實録》卷六四　十二月乙酉，諭禮部：直省拔貢，舊例十二年題請舉

行一次，後因各省學政不能秉公選取，國子監未便照例請行，於雍正元年特行一次。朕思各州縣每年歲貢較其食廩淺深，挨次出貢，内多年力衰邁之人。欲得人材，必須選拔，著各省學臣於科考時，照例府學拔取二名，州縣學拔取一名，寧缺勿濫，務取學問優通、品行端方、才猷可用之人，令其來京，朕將親加考驗，令入國子監肄業。如有學問荒陋，人品不端，才具庸劣者，將該學政嚴加議處。嗣後六年選拔一次，國子監屆期題請候旨。

刑部遵旨議覆：奉天等處人犯有應枷責發遣者，該將軍查明送部，照例枷責滿日，若係滿洲另户正身，發給西安等處駐防當差。其身爲奴僕，及奴僕開户而爲另户者，發給西安等處駐防兵丁爲奴。至奉天、西安等處旗下家人逃走及發給爲奴當差之人脱逃者，令各該將軍年底彙奏。又從前在逃之犯，已奉旨寬限自首，若過限不行投到，獲日將減等盜犯於原發遣處正法。平常發遣之犯，有行兇爲匪者，亦於原發遣處正法。如無爲匪之處，枷號兩個月，鞭一百，仍交原發遣處安插。若旗下家人私自逃走者，加逃罪一等治罪。從之。

己亥，諭兵部：向來雲貴、川廣以及楚省各土司，僻在邊隅，肆爲不法，擾害地方，剽掠行旅。且彼此互相仇殺，争奪不休，而於所轄苗蠻尤復任意殘害，草菅民命，罪惡多端，不可悉數。是以朕命各省督撫等悉心籌畫，可否令其改土歸流，各遵王化。此朕念邊地窮民皆吾赤子，欲令永除困苦，咸樂安全。竝非以煙瘴荒陋之區，尚有土地、人民之可利，因之開拓疆宇，增益版圖，而爲此舉也。今幸承平日久，國家聲教遠敷，而任事大臣又能宣布朕意，勦撫兼施，所在土司俱已望風歸向，竝未重煩兵力，而願爲内屬者數省皆然。自此土司所屬之夷民即我内地之編氓，土司所轄之頭目即我内地之黎獻，民胞物與，一視同仁，所當加意撫綏安輯，使人人得所，共登衽席，而後可副朕懷也。

庚子，户部議覆署兩江總督范時繹疏，言丁隨糧辦，最爲均平良法。請以雍正六年爲始，將江蘇、安徽各州縣應徵丁銀均攤入地畝内徵收。應如所請。從之。

《東華録》卷二九　是月，王大臣審奏延信罪狀二十款，請按律斬決。旨：「從寬免死，與隆科多一處監禁。」

雍正六年（戊申、一七二八）

《世宗實録》卷六五　正月乙亥，户部等衙門議覆四川巡撫憲德條奏安插入川人户事宜。一，入川人户衆多，姦良不一，飭令該管官逐户挨查取結，編入保甲。有遊手生事者，即行驅逐。其實係匪類，現有過犯者，解回原籍。知情隱匿暨官員失察者，竝加處分。一，雍正四年秋冬以後入川人户，請將户口姓名、人數開明，移查各原籍，細加核實分别。内有本省已犯事故者，即行逐回。其留川之人，實係貧民，無可資生者，酌撥地畝，竝借給牛種、口糧。所用銀兩，移咨本籍各府州縣，照數賠補。或有移家落業，依託親故謀生者，如資本無多，不能經運，仍酌量給與地畝，令其自行開墾，不必給與牛種、口糧。一，入川人户有情願回籍者，不必給與口糧，將姓名人數咨明本籍，川省仍造册存案。倘日後復來川省，即行懲治。一，川省無著地畝，現在清查丈勘，俟清丈完日，分别科則，編列字號，計留川人户之數，按畝均分認墾。如有佔越争競者，槩行驅逐。一，稽查安插之事，分派各該道員經理。其保寧一府，舊無道員，請歸併川東道辦理。現在奉撥庫銀十萬兩，即分給各該道員收領，令確查應給人户，按數給發，造册查核。如有扣剋侵冒等弊，嚴加參究。一，開墾荒地之道府州縣，果能實力奉行，辦理妥協者，事竣，照例議敘。雜佐等官勤慎稱職者，亦照州縣一體議敘。倘有怠玩虚冒，即行糾參。均應如所請。從之。

己卯，尋頒敕諭，齎送雲南，即令杭奕禄、任蘭枝前往安南宣讀聖諭。

《世宗實録》卷六六　二月壬辰，禮部議覆福建巡撫常賚疏，言暹羅國王誠心嚮化，遣該國夷商運載米石貨物，直達厦門，請聽其在厦發賣，照例徵税，委員監督。嗣後，暹羅運米商船來至福建、廣東、浙江者，請照此一體遵行。應如所請。得旨依議，米穀不必上税，著爲例。

甲午，户部議覆福建總督高其倬條奏閩省鹽政事宜。一，謹産地之收曬，閩省鹽場，福清一場最大，其各團所産之鹽，零散難稽。請建設總倉，令各團曬丁將所曬之鹽，統歸一處封鎖，則稽查自易，且免雨濕水淹之患。莆田一場，各團滷窟，竝無遮蔽，應設法修砌，以資防護。至潯美、洒州、浯州、惠安、漳浦、南場、金坑、漳南、詔安等場，俱各委員整頓，期有實效。一，嚴銷地之售賣。閩鹽向係商行，後改爲官賣，近復用水客肩販。請暫令水客分認行銷，而以官運接濟，俟行之三年，有辦理無誤者報部僉爲商人，再請發引以立成法。至存積鹽斤，照例於場鹽多産之時，官動課銀，就場收積，以備接濟。一，定鹽課之額數。閩省鹽課有額徵、公費二項，共徵銀一十七萬有奇。嗣後俱作正額，其額外溢行之鹽，所獲銀兩，造爲盈餘報查。除支給鹽道暨各場官役公用外，餘俱造入盈餘册奏

銷。所有解部水脚，即於長價等項内撥給。一，酌辦理之人員。閩省舊設辦理鹽務各官，雍正二年悉行裁去。嗣後，請於通省佐雜官内遴選廉幹之員，管理鈐束，仍不時遣員巡查。均應如所請。從之。

戊戌，吏部等衙門議覆雲貴總督鄂爾泰疏，稱烏蒙、鎮雄既經改土歸流，併歸滇省管轄。謹查烏蒙、鎮雄地方，接壤千有餘里，而烏蒙地勢尤廣，請仍設爲府治。其扼要之地一爲天砥，去舊治七里，軒廠寬平，可建城垣。請設知府一員，教授一員，經歷一員，司獄一員，知事一員。一爲天闔屯，去府城窵遠，設通判一員駐劄。又米貼地方，去府治西北三百里，控馭險要，設知縣一員，教諭一員，典史一員。又魯甸、鹽井渡地方，各設巡檢一員駐劄。至於鎮雄，較烏蒙稍隘，請改爲州治，稍移而南，建立城垣。設知州一員，學正一員，吏目一員。其夷良地方，設州同一員駐劄。威信地方，設州判一員駐劄。毋享地方，設巡檢一員駐劄。俱歸烏蒙府管轄。至府州縣文武童生，請暫照小學例，各取進十名。坴應如所請。從之。尋定烏蒙曰烏蒙府，附郭縣曰永善縣，鎮雄曰鎮雄州。

甲辰，諭内閣：上年聞湖廣、廣東、江西等省之民，因本地歉收米貴，相率而遷移四川者不下數萬人，已令四川督撫設法安插，毋使失所。但思上年江西收成頗好，即湖廣、廣東亦非歉歲，不過近水之地畧被淹損，何至居民輕去其鄉者如此之衆也？因時時留心體察，今據各省陸續奏聞，大約因川省曠土本寬，米多價賤，而無知之民平日既懷趨利之見，又有傳説者謂川省之米三錢可買一石，又有一種包攬棍徒，極言川省易於度日，一去入籍，便可富饒。愚民被其煽惑，不獨貧者墮其術中，即有業者亦鬻産以圖富足。獨不思川省食物價賤之故，蓋因地廣人稀，食用者少，是以如此，若遠近之人雲集一省，則食之者衆，求如從前之賤價豈可得乎？况彼此相隔或至千里，或數千里，小民離棄鄉井，扶老挈幼，跋涉山川，安有餘資以供路費？中途困阨，求救無門，不相率而爲匪類，勢必爲溝中之瘠矣。豈非輕舉妄動，自貽伊戚乎？草野識見庸愚，必須訓示，方能醒悟。爲地方官者，當撫綏之於平日，而勸教之於臨時，開其愚蒙，卹其窮困，時勤訓導，使百姓知故土之可戀，轉徙之非宜，則愚民之不醒悟者亦少矣。且各省皆有可墾之田土，而所以任其廢棄者，其故有二：一則民俗好爲争競，當其未墾之時則置之不問，及至既墾之後則羣起相争，是以將可耕之壤拋爲曠土，甚爲可惜。一則墾田必須工本，而寒苦之民不能措辦，以致委諸草莽。爲有司者，誠能經其疆界，以息争端，助其耔種，以資耕作，寬其陞科之年，優其上農之賞，則百姓斷無有不踴躍鼓舞、趨事赴工者矣。

《東華録》卷二九 是月，四川巡撫憲德言：參革按察使程如絲奉旨正法，於部文未到之前縊死，顯係提塘漏洩，請行裁革。九卿議：提塘向係微末職銜，無愛惜功名之意，又難以裁革，請行令督撫於本省武進士，及候補、候選守備内揀選，三年無過，准照本班即用。從之。

《世宗實録》卷六七 三月癸丑，諭户部：君民上下之間，休戚相同，本屬一體。《論語》曰：百姓足，君孰與不足？是民間之生計即國計也，自古人君無不恤民之灾、濟民之困者。而至於歉歲蠲免之數，往往多寡不同者，則時勢贏絀爲之，出於不得已也。【略】朕即位以來，命怡親王等管理户部事務，清查虧項，剔除弊端，悉心經理，數年之中，庫帑漸見充裕。以是觀之，治賦若得其人，則經費無不敷之事，用沛持恩，將蠲免之例，加增分數，以惠烝黎。其被灾十分者著免七分，九分者著免六分，八分者著免四分，七分者著免二分，六分者著免一分。將此通行各省知之。

戊午，命户部尚書蔣廷錫爲文淵閣大學士，兼理户部尚書事。陞署兩江總督、鑲白旗漢軍都統范時繹爲户部尚書，仍留總督任。

庚申，工部議覆署兩江總督范時繹等遵旨議奏淮揚水利事宜。查揚州府舊有五塘，瀦蓄上流諸水，歲久湮塞。請將現有溝汊築壩截水，其淺淤處挑深，所費無多，爲利甚溥。至五塘下流有串場河，久未疏濬，閘座多廢，請查明興工修理。應如所請。從之。

甲戌，户部議覆浙江總督李衛等條奏經理玉環山事宜。【略】均應如所請。從之。

丁丑，户部議覆四川巡撫憲德疏，言入川人民衆多，酌量安插，以一夫一婦爲一户，給水田三十畝，或旱地五十畝。如有兄弟子姪之成丁者，每丁增給水田十五畝，或旱地二十五畝。若一户内老小丁多不敷養贍者，臨時酌增。俱給以照票，令其管業。至應給牛種、口糧，請照滇省之例，每户給銀十二兩，仍令五户環保。其水旱田地，定於三年、五年陞科。所領牛種價銀，統於原籍地方官追賠，免其在川扣還。均應如所請。從之。

《世宗實録》卷六八 四月甲申，調鑲黄旗滿洲都統鄂善爲鑲白旗漢軍都統，以署領侍衛内大臣侯陳泰爲鑲黄旗滿洲都統，仍兼署領侍衛内大臣。

乙酉，川陝總督岳鍾琪疏言：陝、甘兩省丁銀，照各省以糧載丁之例題請，

奉旨允行在案。今查應減丁銀之朝邑等二十一州縣，於未及攤定之先，照原額徵收，共銀六千七百九十二兩。若按户退還，則糧户畸零，難於散給，必致胥吏中飽，應請存貯司庫，以充兵餉。得旨，該督既稱按户退還，必滋胥吏中飽之弊，著照所請，停其退還。但此項銀兩係陝民輸納之物，著留貯陝西，於地方公事如積貯興修之類，有裨益於民者，該督撫酌量奏聞，動支應用，不必撥充兵餉。

庚寅，諭内閣：積貯米穀，所以備旱澇緩急之需，民命攸關，最爲切要。朕無時不加訓飭，嚴其考成，務期地方有司實力奉行，庶可有備無患。又念倉廒若不堅固，必有霉爛虧折等弊，是以雍正四年，諭令各省加意修理。但恐有司視爲具文，奉行不力，且新舊官未定倉廒交代之例，或去任之員以損壞滲漏之廒座，任意交代，貽累於後官。或接任之員有霉爛虧空等情，而藉口舊日倉廒之不修，委咎於前任。似此種種弊端，皆於積貯之政大有關係。嗣後，著將各府州縣倉廒入於交盤項内，新舊交代，若有傾圮滲漏之處，著接任官即行揭報，儻有徇情濫受者，即係接任官之責，除照例處分外，仍令賠修。如此，則有司各顧考成，於積穀養民之道實有裨益。其如何定例之處，著九卿會議具奏。尋議，嗣後，各府州縣倉廒俱造入交盤項内，若有木植毀爛、傾圮滲漏者，著接任官即行揭報，將前任官照例議處賠補。如接任官有徇隱濫受者，亦照例議處，仍令賠修。其霉爛虧空米石，著限年賠究，限内不完，照例治罪。從之。

癸卯，吏部尚書福敏緣事革職，陞都察院左都御史查郎阿爲吏部尚書。兵部右侍郎三泰爲都察院左都御史，仍兼理禮部、太常寺事務。

以議政大臣公傅爾丹署吏部尚書。

庚戌，户部議覆浙江總督兼理兩浙鹽課事務李衛疏，言江南蘇、松、常、鎮四府民間食鹽，定例行銷浙引。至京口一帶地方，接壤兩淮，僅隔一江，私販易於偷渡，是以從前鎮江閘口責成文武各員盤驗搜查。但日久法弛，以致私販潛滋，浙鹽壅滯，請交江常鎮道就近管理，督同鎮江府海防同知、京口將軍標下副將、鎮江城守參將輪流分班經管。不論糧艘、兵船、差船，如有夾帶私鹽，許即嚴拏。其水陸一切私鹽，竝令查拏。儻有疎縱失察，照例糾參。仍嚴禁官弁兵役，毋得勒指商民，需索進閘使費。儻該道員不能實力整頓，該督即行指參，照例議處。應如所請。得旨，依議。盤查私鹽著該管官員實力奉行，竝令江南巡察御史不時訪察。

《世宗實録》卷六九 五月丁巳，户部議覆川陝總督岳鍾琪疏，言綏德州所隸綏德衛地，雜處於綏德、米脂、清澗三州縣，及榆林中十營堡之中。其間有阻隔一縣而遥爲管轄者，亦有四圍俱係縣土而一區孤懸者。地既分歸，民亦散處，該管官難於經理。請將該屬地方，近州者仍歸州轄，近縣者改歸縣轄。應如所請。從之。

癸亥，工部議覆，署兩江總督范時繹等遵旨查奏雲貴總督鄂爾泰條陳江南水利事宜。除鎮洋縣劉河、昭文縣白茆河、揚州五塘等工另議辦理外，其丹徒、丹陽一帶運河，係杭、嘉、湖、蘇、松、常、鎮、太八府州之運道。嗣後，每歲撈淺所需銀兩，請於八府州屬按照漕額均派，秋深委員挑濬。江寧府秦淮河其在城外者，著業佃人户附近挑濬，以資灌溉。城内梗塞之處，令沿河居民每年撈浚，毋許堆積污穢。凡房屋占入河基之處，俟有傾圮，悉令查明清出，毋使日就湮廢。至江南各府州縣城河并市鎮支河港瀆應行疏濬之處，通行查明，實力修濬，不得侵派小民，虚應故事。應如所請。從之。

辛未，署兵部尚書何天培緣事革職，陞吏部左侍郎石文焯爲兵部尚書。

乙亥，諭内閣：田文鏡自到河南以來，忠誠體國，公正廉明，豫省境内，吏畏民懷，稱爲樂土。以此上感天和，從前三年收成豐稔，而今歲八府各州二麥復登大有。又如連年豫省黄河工程當暑雨時行之際，全無泛溢。此皆天地嘉佑之明驗，吏治民風之善，實爲直省第一。鄂爾泰公忠勤誠，實心任事，經理咸宜，是以雲南地方連歲豐登。今年通省郡縣以及苗蠻荒僻之地二麥，皆有十分收成，滇省父老稱爲罕覯。從來天人感應之理捷如影響，若各省督撫皆能如田文鏡、鄂爾泰，則天下允稱大治矣。朕久欲用田文鏡爲他省總督，因豫省官民受其化導撫綏，深切愛戴，朕不忍令其舍之而去。今思山東民俗官方宜加整理，河南與山東地界相連，以田文鏡之精神力量，辦理兩省之事綽然有餘，著將田文鏡授爲河東總督，管理二省事務。凡山東應行關會總督案件，俱照別省總督之例，定限辦理，山東官吏不得藉口有所稽遲。此朕因人設立之曠典，不爲定例。

雲貴總督鄂爾泰疏報：苗賊刁正彦主使兇類，號召窩泥，肆行劫商害民，臣調遣官土弁兵擒勦，深入攸樂等寨，直搗賊巢，首惡黨與悉就擒撫。得旨，鄂爾泰著議敘具奏。其在事官弁兵丁，於烟瘴險遠之地，勤勞効力，著從優議敘賞賚。提督郝玉麟亦著從優議敘。尋議雲貴總督鄂爾泰應加二級，提督郝玉麟應功加二等，授署都督同知。其在事有功官弁兵丁，俟造册到日，分別陞賞。從之。

丙子，陞正藍旗漢軍副都統李國權爲正白旗漢軍都統。

丁丑，陞鑲藍旗漢軍副都統耿化祚爲本旗漢軍都統。

《世宗實録》卷七〇　六月甲申，以大學士蔣廷錫爲纂修《聖祖仁皇帝實録》總裁官。

丙戌，調福建福州將軍蔡良爲廣東廣州將軍，廣東廣州將軍石禮哈爲福建福州將軍。

己亥，宗人府議奏：誠親王允祉受皇上隆恩，不知感激。身爲親王，惟利是視，將國家政事置之度外，將伊私事妄行瀆奏。復因查出勒索蘇克濟銀兩詢問之際，憤怨怨望，在上前喝責王大臣等，毫無臣禮。應革去王爵，禁錮私第。得旨，允祉原係昏庸下質，不明大義之人，從前聖祖皇考因伊不孝不忠，屢經降旨切責。朕御極以來，允祉舉動無禮、妄行瀆奏之處，不可枚舉。朕思現在惟此一兄，事事容忍。昨於諸王大臣前憤怒情狀，實屬悖逆。但朕兄弟内如此等者幾人故爲此種狂妄，必欲令朕將伊等治罪，其心誠不可解，良由朕不能感化所致，亦未可謂皆若輩之罪也。允祉免其褫爵拘禁，著降親王爲郡王，撤去佐領四個，視其改過與否。伊此等悖逆，皆由伊子弘晟所致，法難姑容，著將弘晟拏交宗人府嚴行鎖禁。嗣後，一應交與諸王公等會議之處，允祉不必入班。

《世宗實録》卷七一　七月戊午，雲貴總督鄂爾泰疏報：四川所屬凉山，近連米貼，地甚荒野，呑都、沙馬、雷波、黄螂等各土司，俱係米貼猓賊禄永孝妻陸氏之姻親。賊黨有恃，故敢於蠢動，呑都土司德昌，助惡謀逆。臣檄令鶴麗總兵張耀祖等三路進勦，已將首惡陸氏擒獲。其未獲之德昌，現檄軍弁攻取山寨，以絶根株。得旨，米貼逆夷，肆行不法，抗拒官兵，鄂爾泰令總兵張耀祖等領兵深入，直搗賊巢，擒獲渠魁，撫定餘黨，在事弁兵著從優議敘賞賚。

辛酉，雲貴總督鄂爾泰疏報：米貼賊黨悉平，鶴麗總兵張耀祖所領官兵，已於五月二十六日撤回。其井底寨及沿江渡口等處，原議駐兵三百名，請添設二百名，足資巡察防範。得旨，米貼之事既竣，滇兵可以回汛。目下逃竄，不過逆夷呑都土司德昌一人，易於緝捕。其勦撫雷波土司川省所撥之兵，自足辦理。四川提督黄廷桂有應行知會滇省官弁之處，著黄廷桂就近知會，餘照所請行。

雲貴總督鄂爾泰摺奏：烏蒙案内革職土司禄鼎坤，乃禄萬鍾之親叔，向居魯甸，亦屬渠魁。而當日官兵進勦烏蒙時，禄鼎坤帶領二子及魯甸頭目等投見知府黄士傑，隨經總兵劉起元給以外委守備，立功贖罪。及臣親至東川，又復給牌，准其効力録用。禄鼎坤始而前往化導禄萬鍾母子，勸其歸順。因主文劉建隆等抗違不從，帶領禄萬鍾母子逃往大關，鼎坤自備口糧，督領土兵三千，直搗鎮雄之脇，是以萬鍾計窮勢迫，投奔川營，且招撫烏蒙頭目五十餘人，各目所屬百姓數千户，俱赴營投順。逮米貼陸氏等勾通川猓，抗拒官兵，鼎坤願以妻子爲質，調率土兵，親往効力。又有同案之白頗阿業，亦隨鼎坤投誠者，前陳明哲等抗違拒敵，阿業曾率土兵血戰破圍，此皆有功之夷人。禄鼎坤今應遠徙江寧，阿業因其兄係叛案重犯，緣坐應流，仰懇俞旨，可否寬免。奉上諭，【略】前經鄂爾泰題請，照新定之例，將禄鼎坤發往江寧安插，今加特恩免其跋涉遷移，即令安插雲南省城，將禄鼎坤隸總督標下管轄，令鄂爾泰酌量題授職銜，并賞給養贍之資，俾得從容敷用，以示恩奬。其同案之白頗阿業亦能悔罪輸誠，著將流徙之罪開恩寬免。

川陝總督岳鍾琪奏報：據西藏駐劄之參將顔清如呈稱，五月二十五日，頗羅鼐率所部兵，由潘玉口至喀巴地方，先遣兵一千餘名衝戰喀木卡倫，與隆布奈之兵相敵。是夜，西藏斥堠兵丁俱隨從頗羅鼐。二十六日，頗羅鼐率兵直抵西藏，駐藏大臣馬臘僧格即往布達拉地方守護達賴喇嘛，頗羅鼐一面安撫西藏，一面派兵將布達拉地方圍困。二十七日，馬臘僧格回至西藏。二十八日，各廟喇嘛將阿爾布巴隆布奈扎爾鼐等擒獻，頗羅鼐將伊等拘禁，遂來見馬臘僧格，告稱：今率阿里及後藏兵共九千餘名，前來西藏，既獲讎人，即欲回後藏防守隘口。兵丁等乞奏聞皇上，加恩賞賜等語。臣查頗羅鼐於大兵未到之前，奮勉報讎，擒獲渠魁，此皆聖主恩威遠布之所致。但渠魁雖已就擒，阿爾布巴之子衮布現在江達率兵駐劄，臣行令鑾儀使周瑛嚴加防範，俟大兵到藏，協力攻勦。至頗羅鼐之兵九千餘名請加賞賜，以示鼓勵。得旨，頗羅鼐兵丁殊爲効力，著查郎阿等將預備軍需錢糧内動支三萬兩，給與頗羅鼐，令其酌量賞兵。

戊辰，陞陝西肅州總兵官紀成斌爲陝西固原提督，陝西洮岷副將樊廷爲陝西肅州總兵官。

己巳，户部議覆浙江總督兼理兩浙鹽務事李衛遵旨會議署兩江總督范時繹等條奏兩淮鹽務七條。一，各竈燒鹽處，令商人公舉幹練殷實者，按其場竈，酌用數人，并設立竈長巡役，查核其鹽觔多寡，盡入商垣，以杜竈丁私賣之弊。一，各場大使將入垣鹽觔數目，按月册報該御史衙門察核，以杜隱藏偷售之弊。一，凡州縣場司俱令設立十家保甲，互相稽查。遇有私販，據實首明，將本犯照例治

罪，私鹽變價分別賞給，誣者治以反坐之罪。儻有徇隱等情，被旁人告發者，該州縣場司官，照失察私鹽例參處。一，兩淮所轄隔省案件，惟恐呼應不靈，且長途解審，往反滋累。請轉飭湖廣、江西、河南等省各驛鹽道，加意督緝，將鹽務案件就近審理完結。一，兩淮地方遼潤，兼有長江之險，私梟易於盤踞。請令該督撫、提鎮、鹽政，嚴飭官弁兵役巡查口岸，實力緝拏。一，場員俱係雜職，且賢愚不等，請令該督撫將所屬場官確加甄別。如果實有堪用者，仍行留任；其餘應請揀發家道殷實之候補、候選同知等員，管理場務。一，貧難小民，許其負鹽四十觔，於不銷官引地方易米度日。如有私相買賣，併於銷引地方公然貨售，及假託肩挑背負，運送窩囤，合成大夥私鹽等弊，該地方官立即嚴拏，照私鹽併數律治罪。以上七條，俱應如所請。從之。

《東華録》卷二九　是月，命浙江督李衛管理江蘇七府五州一切盜案，各營弁兵聽其調遣。

《世宗實録》卷七二　八月乙酉，諭湖廣督撫等：桑植土司向國棟，保靖土司彭御彬，暴虐不仁，動輒殺戮，且骨肉相殘，土民如在水火。朕聞之深加憫惻。既有被害男婦紛紛來歸，情願編入版籍，以免殘虐。若拒而不納，則結怨之土民必至無遺類矣。朕撫有四海，内地苗疆皆朕版圖，漢土民人皆朕赤子，偶有一夫不獲，皆厪朕懷，況數千里土民，安忍置之度外？今俯順輿情，俱准改土爲流，設官綏輯彈壓。其應行審理之舊案，著該督撫一併審結。但帶兵入内官弁等，須仰體朕心，不得殺戮無辜。竝曉諭平日奉法之土司，仍各安居樂業，不必疑懼。其土民向被桑植、保靖二土司殘虐者，著加意撫恤，去其苛政，務使出水火而登衽席，以副朕除暴安民之意。如有助惡黨與，即行剪除。儻歸誠嚮化，皆從寬釋。其向國棟、彭御彬應安插何省，不令失所之處，著該督撫酌量定議，以廣朕法外之仁。仍將此曉諭附近土司，咸使悉知朕意。

命辦大學士事、領侍衛内大臣、公馬爾賽爲武英殿大學士兼吏部尚書。

己丑，户部議覆湖廣總督邁柱疏，言荆州一府，綿延千有餘里，其所屬之歸州、巴東、興山、長陽四州縣，施州衛、大田所，俱地處山僻，離府寫遠。請將歸州升爲直隸州，裁施州、大田二衛所，歸併爲縣。施州衛所管之施南十五土司，應歸縣轄。同巴東、興山、長陽三縣，俱隸歸州。衛所原設之遊擊、把總仍留彈壓，其衛守備、千總，守禦所千總，俱裁去。設歸州州判一員，新縣知縣一員，典史一員，巡檢一員。衛教授改爲教諭，其訓導應仍舊制。均應如所請。從之。尋定新設縣曰恩施。

《世宗實録》卷七三　九月丁卯，工部等衙門議覆，浙江總督李衛遵旨議奏江南松江海塘事宜四款。一，海塘初議建石工三千八百五十四丈，今已築完二千四百九十丈。若盡議拆改，則人工盡棄。且從前委官多已故罷任者，即盡法追究，仍於塘工無濟。臣請就目前新築石塘選料換式，倣照浙江海塘建築堅固，將新舊接續。即有一二損傷，不難相機改補。一，土塘之附於石塘背後者，蓋因石塘初築，外當風濤，内則孤立，必培築土塘以護之。每年應派管理之員，動支歲修款項，隨時粘補。至搶築土塘，本在石塘之外，其間高低厚薄不同，應俟農隙之時，擇其低薄斷續處，令沿塘居民漸次補築高厚。一，東灣至周公墩，張家舍至倪家路，離海甚近，俱應先爲建築。再金山嘴、老土塘至東華家角，共六千二百餘丈，原估工料不敷，應請飭令該督撫另行委員確丈估計。至舊塘之石坍陷水中，應撈取湊築新塘，更爲適用。一，興舉鉅工，必有總理之大員，又必有分任之衆職。今監督蘇松太道魏觀生長北方，於海塘非所素習，請發熟諳塘工之陞任京卿俞兆岳綜司其事，以魏觀會同稽查。再請敕下江南督撫，另於通省同知、通判等官内選擇委任，管理分築。俱應如所請。得旨，依議。海塘工程事務，仍著李衛會同江南督撫稽察辦理。

乙亥，川陝總督岳鍾琪疏奏：涇陽縣竊賊党奇等於永壽縣拏獲，忽被卦子數十人持械拒捕，以致党奇等脱逃，永壽縣知縣周之彝庸惰疎忽，應請革職。得旨，周之彝嚴加議處具奏。聞卦子匪類隸籍於江南之廬、鳳及河南、山東、直隸、山陝地方，其男婦皆習拳棒技藝，攜帶馬騾，遨遊各省，每遇人烟稠密之地，則以技藝博取錢米。及至孤村獨舍，行旅單身，則恣意搶奪，與盜賊無異。如陝西永壽縣一案，公然持械拒捕，搶奪賊犯，其肆行不法可知。又聞漢中府盤獲挈家游蕩之男女數十口，見在審訊。嗣後，著各該地方官悉心稽查，儻有此等匪類潛匿境内，即著查出，押解回籍，收入保甲。如在外別有夥盜不法事情，仍按律治罪。儻容留之地方不行查出，或已經解回之後，縱令再出者，將該管官嚴加處分。

丁丑，差往西藏吏部尚書查郎阿等奏，臣等遵旨統領大兵，自五月初六日，由西寧出口，於八月初一日至西藏，即會同在藏駐劄之副都統馬喇、學士僧格，將阿爾布巴、隆布奈、扎爾鼐等審訊。據阿爾布巴等供稱：謀殺康濟鼐是實。查阿爾布巴等身受國恩，不思報効，乃心存叛逆，大干法紀，應分別情罪，將阿爾布巴、隆布奈俱擬凌遲。其阿爾布巴之子噶爾丹盆楚克、衮楚克拉賈布鄂達爾

漢、噶爾藏吹達爾，隆布奈之子席木本吹扎特，俱擬斬。將扎爾鼐擬斬，其妻及子喇克桑扎木巴，并二逆之妻女，及同胞兄弟，俱離本處發遣。併將協助阿爾布巴等之喇嘛人衆，亦分別治罪。番人素性兇惡，阿爾布巴等須令番衆目覩正法，以示儆戒。臣等一面奏聞，一面將阿爾布巴等及事内應斬人犯，即行正法。其應行發遣之人，由撤回兵丁内酌量派出，解送至江寧、杭州、荆州將軍處，賞給兵丁爲奴。奏入報聞。

《世宗實録》卷七四　十月己卯，户部議覆福建總督高其倬遵旨議奏，洋船出入海口，必按定期限，方易稽查。嗣後，每年出口船隻應令於四月内造報，入口船隻於九月内造報。如入口之船有番賬未清，不便即回者，准俟來年六七月間回港。有遭風飄泊他省者，准取具該地方官印結賫回。有舟行被溺，無憑查據者，飭取飄回餘人，或鄰船客商等確供詳核。儻故意遲延，竝徇私捏報，即行分别究處。至每船應酌帶米石，暹羅大船三百石，中船二百石，噶喇巴大船二百五十石，中船二百石，吕宋等處大船二百石，中船一百石，埭仔等處中船各一百石。如有偷漏，以接濟外洋例論罪。再出洋之船，動經數月，油釘、椶蔴等物酌量許帶，仍註明數目，以憑查驗。均應如所議。從之。

壬午，户部議覆盛京户部侍郎王朝恩疏，言船廠等處新設永吉、泰寧、長寧三州縣，民人入籍無多，丁口錢糧有限。請將從前安插各處流徙人等，及本身已故而子孫戚屬無力還鄉者，除係賞旗爲奴、并當差之人仍聽將軍管轄外，其餘悉令撥給永、泰、長三州縣管轄。嗣後，發到徙民，竝令於五年之後一體完糧當丁。均應如所請。從之。

丁亥，又諭：廣西八達寨兇苗，素行不法，從前提督田畯意欲用兵征勦，一面具奏，一面即行發兵。朕比時諭令慎重籌畫，不可輕舉。總督孔毓珣亦據田畯知會，具摺奏聞。田畯既欲舉行此事，若果遴選兵弁，調度有方，何難計日安帖？乃田畯遣弁失宜，臨事踈忽，以致極小苗寨相持日久，不能迅速成功。及黔省兵至，鼓勇向前，竟被損傷。或黔兵急於成功，輕敵受損，或粤西兵丁坐視不救，其情事俱未可定。【略】田畯係總統調度之員，難辭其責，其間功罪輕重，俱著鄂爾泰詳查分别定議。又鄂爾泰奏稱：今年冬間，前往貴州辦理公事。著與廣西巡撫金鉷知會日期，屆期金鉷親赴貴州，將粤省地方一應事宜與鄂爾泰面共講論，悉心妥議經理，自有裨益。

癸巳，諭諸旨王大臣等：向因宗室諸王等閒居，無職掌之事，朕意望其學習事務，增長才識，是以諭令數人管理旗下之事，原欲其與旗下大臣和衷共濟也。今觀諸王之辦旗下事者，與該旗大臣不甚相安，似此則於諸王無益而於公事亦未免躭誤矣。況諸王等所辦之事有舛錯者，若一概從寬，則有關於國法，若照例處分，朕心又實不忍，不若仍令閒居以善全之。康親王崇安、順承郡王錫保、信郡王德昭俱不必辦旗下事。公塞爾臣、伊爾登所管都統事務，亦著革退。此内王公等所有職掌，除宗人府外其餘兼管之處，俱著停止。

調兵部尚書石文焯爲禮部尚書，陞陝西固原提督路振揚爲兵部尚書。工部左侍郎塞楞額緣事革職，調刑部右侍郎張保爲工部左侍郎。陞都察院左副都御史杭奕禄爲刑部左侍郎，調刑部左侍郎海壽爲右侍郎。

乙未，川陝總督岳鍾琪疏報：四川建昌鎮屬喇汝窩賊番素行不法，嗣經擒勦平定。復有逆番了馬車糾黨搶劫，隨撥兵進勦，於本年七月十八日，擒獲了馬車，賊黨以次就擒，番疆底定。下部知之。

庚子，陞正紅旗護軍統領雅親爲正黄旗蒙古都統，仍兼正紅旗護軍統領。鑲紅旗漢軍副都統噶爾薩爲本旗蒙古都統。

《世宗實録》卷七五　十一月丙辰，諭内務府：咸安宫房屋現在空閒，著設立官學，將包衣佐領内管領之子弟，竝景山官學生内揀選穎秀者，或五六十名，或一百餘名，入學肄業。

壬戌，工部等衙門議覆川陝總督岳鍾琪遵旨酌議督理插漢拖輝工程，侍郎通智單疇書摺奏事宜。一，插漢拖輝地方遼濶，開墾田地可得二萬餘頃，止設新渠一縣，鞭長莫及。請沿賀蘭山一帶，直抵石嘴子爲界，於省嵬營左近添立一縣，設知縣、典史各一員，欽定縣名，鑄給印信。

甲子，諭兵部：向來預備軍需，如採買騾馬、製辦物件之類，不肖有司往往虚耗國帑，派累民間，種種弊端，朕知之甚悉，已降旨屢行申飭禁止，而此風尚未全改。【略】儻嗣後承辦各員再有剋扣、短發、侵蝕等弊，其罪誠不可逭。若參革之後，必俟審擬定案，方行著追，則百姓守候補領之價，必致累月經年而不能得，深可軫念。嗣後，一經題參摘印，即照數核明剋扣之價，先動軍需銀兩傳集百姓，如數找給，仍將該員於本境枷號，勒限追完。如逾限不完，嚴加治罪。庶貪墨之人知所儆懼，而軍需有益，民無擾累矣。

《世宗實録》卷七六　十二月丙申，《大清律集解附例》告成，總裁、纂修各官交部議敘。

丁酉，諭内閣，從前西藏用兵之時，頗羅鼐甚爲効力，蒙聖祖仁皇帝授爲扎薩克台吉。上年西藏噶隆等因嫉妒争權，彼此不睦，阿爾布巴、隆布奈扎爾鼐暗結匪類，公然肆惡，將朝廷敕封貝子總理事務之康濟鼐擅行殺害，并欲害及頗羅鼐。頗羅鼐受其逼迫，領兵爲康濟鼐復讎，將逆黨罪狀奏聞。是以朕特遣大臣等領兵前往，究問情由，以便分别治罪。頗羅鼐聞大兵將至，率衆奮勇前驅，直抵藏地，阿爾布巴等力屈勢窮，被各寺喇嘛等拘執獻出。欽差大臣到彼，一一究問，盡得其悖逆妄亂之情，已將阿爾布巴等及逆黨正法。西藏殲此渠魁，黄教可興，番衆可輯。頗羅鼐深知大義，討逆鋤姦，俾無辜受害者得雪沉冤，背旨肆行者早正刑辟，甚屬可嘉，著封爲貝子，以獎義勇，以昭國憲。

庚子，諭户部：江南錢糧積欠甚多，總理務在得人，分查亦須專責。著户部侍郎王璣、刑部侍郎彭維新前往，會同署巡撫尹繼善、巡察御史伊拉齊、布政使趙向奎總理其事。其分查各府大員，蘇州府著交與知府徐永祐。蘇郡事務煩多，著該督撫委員代理。松江府著派浙江杭嘉湖道王溯維，其杭嘉湖道員缺，著李衛委員署理。常州府著派蘇松糧道馮景夏，若馮景夏輪當押運之年，著總漕張大有委員代管押運。鎮江府著派福建汀漳道朱鴻緒，太倉州著派湖廣岳常道温而遜，其汀漳道、岳常道印務，著該督撫委員署理。江、淮、揚三府及徐、通、邳、海四州分查大員，著各部院堂官於在京科道及部屬内揀選保舉，引見派出。至協查各府所屬州縣應用四十餘員，亦著各部院堂官，於候補、候選州縣及曾任江南之州縣因公罣誤、無虧空未完者，各舉所知。竝將吏部記名人員，一併帶領引見，候旨命往。若在京派往之員，或不敷用，或不能勝任，著尹繼善、趙向奎、徐永祐、王溯維、馮景夏、朱鴻緒、温而遜將所知堪任清查之員，各行保舉，該署撫會同總理大臣奏聞。現今浙江總督李衛管理江南督緝之事，此清查積欠事務，亦令李衛與聞。其總理大臣分查協查各員，作何分别，給與日用養廉之資，著該部議奏。

《東華録》卷二九 是月，諭兵部：「嗣後下江軍政舉劾，著總督范時繹會同浙督李衛辦理。」

雍正七年（己酉、一七二九）

《世宗實録》卷七七 正月丙午，諭蒙古王等：朕思從前所定外藩扎薩克蒙古王等之俸禄，比於内地王等較少者，必非以内外之故遂有多寡之分也，或因爾蒙古王等人員衆多，且在外藩居住，費用尚爲儉約，而國家錢糧亦或有不敷之處，故將爾等俸禄從少定議耳。今朕恭承上天垂佑，聖祖仁皇帝貽庥，天下太平無事，數年以來，屢登豐稔，國家錢糧頗爲饒裕。朕爲統馭天下萬物之主，凡事當周詳籌畫而行，爾蒙古王等以下、扎薩克一等台吉以上之俸，令著概行加增一倍賞給。再平常一等台吉，從前俱無俸禄，今亦著照扎薩克一等台吉等所食百金之俸賞給。此乃朕特行加恩爾等之處，朕亦未敢遽爲定例，總以國家錢糧之出入、敷與不敷爲定耳。嗣後著户部、理藩院於每年歲底將仍給與原俸，或加賞之處，會同具奏請旨，朕於臨時酌降諭旨。

庚戌，諭吏部：臺灣地方，遠隔重洋，全在道府廳縣各得其人，而該員又須熟悉風土情形，殫心辦理，於地方始有裨益。【略】朕思臺灣道府廳縣等官，自宜選用熟習諳練者，然定期六年爲滿，又加以候缺交盤渡海之期，實爲太久。今再四思維，臺灣文員自到任之日爲始，將滿一年之期著該督撫於閩省内地官員内揀選賢能之員，乘冬月北風之時，令其到臺，新舊協同辦理，半年之内大約可以熟悉地方情形，則令舊員乘夏月南風之時，回至内地補用。將來接任之員，俱照此更换。該員到臺協辦之時，俱一體算俸，并給與俸銀及養廉之項。如此，則該員在臺前後不過二年，爲期甚近，而更换之員先往協辦，又可習練地方事宜，似有裨益。其道府大員作何請旨揀選，同知以下等官作何銓選調補，及量加議敘之處，該部詳悉妥議具奏。

己巳，諭内閣：雲貴廣西總督鄂爾泰節制滇、黔，公忠體國，化導所屬官吏，奉公盡職。【略】。鄂爾泰著由一等阿達哈哈番，超授爲三等阿思哈尼哈番。郝玉麟著由拖沙喇哈番，授爲拜他喇布勒哈番。滇、黔兩省巡撫、提督、總兵官，俱著加二級。文官自知縣以上，武官自千總以上，俱著加一級。

以鑲白旗漢軍都統鄂善爲左翼前鋒統領，廣州將軍石禮哈爲鑲白旗漢軍都統。

癸酉，命額外大學士陳元龍爲文淵閣大學士兼禮部尚書，額外大學士尹泰爲東閣大學士兼兵部尚書。

《世宗實録》卷七八 二月丁丑，實授尹繼善爲江南江蘇巡撫，署江南河道總督，以户部左侍郎王璣署江蘇巡撫，仍兼管清查錢糧事。

壬午，設立福建觀風整俗使一員，從禮部右侍郎蔡世遠請也。

癸未，諭内閣：江南蘇、松等處錢糧，歷年積欠至一千六百餘萬兩之多，朕已加恩，將康熙五十年以前未完概行豁免。其自五十一年以後，應徵之項，又復寬限，分爲十年至十五年帶徵，原冀民力寬紓，易於輸納也。乃數年以來，仍不能依限全完，因思此等逋賦，其實欠在民者固多，而爲官員侵漁及吏胥土棍中飽者亦復不少，若不確查詳核，明白分晰，則此事難以辦理，今特差大臣會同巡撫藩司及清查虧空之御史總理其事。

癸巳，户部議覆福建總督高其倬疏，言臺屬各縣倉粟，向經題明每年撥粟十萬石，碾米五萬石，運往泉、漳二府平糶。但臺屬正供粟石，止可存備全臺并厦門、金門等處兵糧，請將官莊現存粟四萬九千石零，粟價銀七萬三千四百餘兩内，抽撥採買，運往泉、漳二府，永爲定例。應如所請。從之。

甲午，諭户部：農事爲國家首務，督率貴有專司，前有人條奏請於各省設立農官，以司勸課，或設巡農御史，令其巡行郡邑，勸勗農人及時力作，亦足敦本業而防游惰等語。朕思各省耕作之情形不同，未可一例通行。現今畿輔之地營種水田以來，收穫甚多，行之已有成效。設立巡農御史之事，當先行於直隸每年特差御史一員，於二月田功初起之時，巡歷州縣，察農民之勤惰，地畝之修廢，以定州縣考成。其有因循推諉，以致荒廢農田者，即行參處。該御史亦勤加勸課，督令耕耘。九、十月間，稼穡納場之後，回京覆旨。至明年二月，照例另派一員前往。其該御史出巡一應供給車馬，俱照現今巡察御史之例，按日給發，務使農業興修，田功畢舉，游手之人咸歸南畝，以副朕重農務本之至意。

辛丑，諭内閣：【略】將雍正七年額徵地丁屯餉錢糧蠲免十分之二，共計六十萬兩。著李衛轉飭各屬恪遵奉行。

癸卯，四川巡撫憲德摺奏：上年九月間，瀘州里民呈稱，軍需米石，情願捐助，不敢領受倉穀。臣見永寧、建昌各路軍糧，於不能馬馱舟載之處，俱派撥就近州縣里民背運，負載奔馳，實屬勞苦。而瀘州里民亦在派撥之内，是以不便再令捐輸，未允其請。後據崇慶州里民具呈樂輸，臣因崇慶未經派運，故據情陳奏。今奉旨，蠲免該州一年額徵錢糧，鴻恩丕布，萬姓歡騰。

《東華録》卷三〇 是月，諭内閣：歷來河道總督如靳輔、齊蘇勒實能爲國宣勞，又安百姓，合於有功民社祀典從祀之例，着巡撫尹繼善等，於就近地方建祠祭祀。

《世宗實録》卷七九 三月乙巳朔，調廣東總督孔毓珣爲江南河道總督，以雲南提督郝玉麟爲廣東總督，陞雲南鶴麗鎮總兵官張耀祖爲雲南提督。

丙午，川陝總督岳鍾琪疏報：【略】覺阿照等處逆蠻，截糧傷兵，負嵎聚衆。經四川提督黄廷桂遵旨率兵前進，先勦雷波，繼破拉密，旋攻結覺，又平定平底、噶哈、阿路、阿照等寨峒一百餘處。請以結覺地方歸沙罵土司管轄，所獲番户分建昌鎮、永寧協管轄。留永寧、夔州兵五百名，令敘馬營遊擊帶領千、把總五員，暫駐雷波。留重慶兵三百名，令忠州營守備帶領千、把總三員，暫駐黄螂，以資防範。得旨，雷波等處苗蠻，狂悖不法，勾連惡黨，騷擾附近民夷。及官兵到日，輒敢抗拒，岳鍾琪等調度有方，勦撫兼施，俾兇犯全獲，從此附近民夷，咸得寧輯，深屬可嘉。辦理此事之大小文武官弁等，著該部查明，分别議敘。

戊申，雲貴廣西總督鄂爾泰奏報：丹江雞講生苗自恃地險人衆，不服招撫，經新任撫臣張廣泗調遣官兵，分路進勦，苗衆投誠，其上下九股及清水江、古州等處現俱以次寧貼。

辛亥，以吏部尚書仍管河東副總河嵇曾筠爲河南山東河道總督，山東境内運河，一併管轄。

壬子，户部議覆四川巡撫憲德疏，言各省入川民户，向經一面造册呈報，一面咨查原籍在案。但愚民風聞給資招墾，往往輕於轉徙，況川省田地多經業主承丈自首，將來餘荒多寡尚未可知，不可不定以長策。請嗣後各省續到流民，自雍正七年爲始，停其造册咨查，行令各省將實在無業窮民、願往川省開墾者，給與印照，與先經查驗覆到之各户一體安插。如無照之人，除在川各有生業，准其編入保甲外，所有游手之民著即查明，令回原籍。應如所請。從之。

丙辰，命領侍衛内大臣、三等公傅爾丹爲靖邊大將軍，北路出師。川陝總督、三等公岳鍾琪爲寧遠大將軍，西路出師。征討準噶爾噶爾丹策零。

辛酉，議政王大臣等遵旨議奏北路出征事宜。【略】得旨，振武將軍公巴賽，著爲副將軍。振武將軍印務，著順承郡王錫保管理。鑲黄旗滿洲都統侯陳泰、右翼前鋒統領衮泰、鑲白旗漢軍都統石禮哈、正白旗滿洲副都統戴豪、散秩大臣公達福、正藍旗滿洲副都統覺羅海蘭，俱爲參贊大臣。原任右翼前鋒統領丁壽，以都統銜爲軍營前鋒統領。直隸正定總兵官魏麟、河南河北總兵官閃文繡，統領車騎營兵。奉天副都統納秦，統領奉天兵。白都納副都統塔爾岱、副都統銜西彌賴，統領索倫兵。白都納副都統費雅思哈，統領寧古塔兵。右衛副都統阿三，統領右衛兵。寧夏副都統蘇圖，統領寧夏兵。鑲藍旗蒙古副都統承保、鑲白

旗滿洲副都統常禄，統領察哈爾兵。歸化城副都統馬爾齊衮布，統領土默特兵。塔布囊丹巴、沙津達賴等，統領喀喇沁土默特兵。糧餉事務，派法敏、伊都立、巴泰、西琳、傅德等管理。盛京禮部侍郎永國兼内閣學士銜，隨靖邊大將軍印前往北路軍營。其辦理各款，俱詳細妥協，悉依議行。

甲子，鑲黄旗蒙古都統希爾根緣事革職，陞左翼前鋒統領鄂善爲鑲黄旗蒙古都統，仍兼管左翼前鋒統領事。正藍旗蒙古都統穆賽緣事革職，陞正藍旗滿洲副都統莽鵠立爲本旗蒙古都統，仍兼管本旗滿洲副都統事。

《世宗實録》卷八〇　四月甲午，以吏部尚書查郎阿署川陝總督。

乙未，吏部議覆署兩江總督范時繹疏，言松江府督糧通判有監兑漕運之責，未便兼管鹽務，請將松屬巡鹽事宜改歸海防同知管理。應如所請。從之。

丁酉，寧遠大將軍、川陝總督岳鍾琪疏奏：西路軍營文武員弁馬步兵丁等，必須派有定額，則一應軍需可以核計。今臣議派總統官兵大員一員，分領官兵提督一員，總兵四員，副將十員，參將、遊擊共二十員，守備四十員，千總八十員，把總一百二十員。其管理駐防臺站派副將二員，遊擊二員，守備四員，千、把總八員。至經理糧餉事務，議派道員一員，知府一員，同知、通判、知州、知縣十員，佐雜二十員。計文武大小員弁共三百二十四員，馬步守兵共二萬六千五百名。一應馬駝、器械、跟役、口糧、鹽菜、銀兩等項，與兵丁糧餉分别支給。臣陸續核明，造册報銷。奏入，報聞。

戊戌，工部尚書黄國材緣事革任，以鑲紅旗漢軍都統李永陞爲工部尚書，仍兼理都統事。

癸卯，上御太和殿，命大學士以寧遠大將軍印竝敕書一道，令正使兵部尚書查弼納、副使内大臣公倫布齎赴西安，授川陝總督公岳鍾琪。理藩院侍郎顧魯兼内閣學士銜，隨印前往，敕諭寧遠大將軍岳鍾琪，奉天伐罪。朕思軍務關係重大，曹勷明白精壯，乃實心効力之員，應仍令領兵出口。岳鍾琪既稱張成隆老成練達，曉暢軍戎，朕觀其人尚壯健，或可勝領兵之任，著於原派總兵四員之外增添一員，即將張成隆派出，令其星速乘驛赴陝，著大將軍岳鍾琪酌量委用。至於肅州辦理軍需，更關緊要，署督查郎阿相隔路遠，巡撫許容又屬新任，著湖北巡撫馬會伯前往肅州辦理軍需一切，與督撫等公同計議而行，即帶管肅州總兵印務，甚爲妥便。其湖北巡撫印務，著四川布政使趙弘恩前往署理。四川布政使印務，著四川按察使吕耀曾署理。四川按察使印務，著四川鹽驛道尤清署理。

《東華録》卷三〇　是月，先是，湖南郴州人曾静，因考試劣等，家居憤鬱，忽圖叛逆，遣其徒張熙詭名投書於川陝總督岳鍾琪，勸以同謀舉事。岳鍾琪拘留刑訊，究問指使之人，張熙甘死不吐，岳鍾琪置之密室，許以迎聘伊師，佯與設誓。張熙始以曾静供出，岳鍾琪具摺併其逆書奏聞。奉旨：差刑部侍郎杭奕禄、副都統覺羅海蘭至湖南，會同巡撫王國棟拘提曾静審訊。據曾静供稱：生(辰)〔長〕山僻，素無師友，因應試州城，得見吕留良評選時文，内有妄論夷夏之防，及井田封建等語，遂被蠱惑。隨遣張熙至浙江吕留良家，訪求書籍。吕留良之子吕毅中授以伊父所著詩文，内皆憤懣激烈之詞，益加傾信。又往訪吕留良之徒嚴鴻逵，與鴻逵之徒沈在寬等往來投契，因至沉溺其説，妄生異心等語。隨將曾静、張熙提解來京，先命浙江總督李衛搜查吕留良、嚴鴻逵、沈在寬家藏書箱，所獲日記等逆書，並案内人犯，一併拿解赴部。命内閣九卿等，先將曾静反覆研訊，并發看吕留良日記等書。據曾静供稱：前因輕信吕留良邪説，被其蠱惑，兼聞道路浮言，愈生疑罔，致犯彌天重罪。今蒙一一訊問，並發看吕留良日記等書，極其狂悖。又知聖朝深恩厚澤，皇上大孝至仁，心悦誠服，自悔從前執迷不悟，萬死莫贖，今乃如夢初覺等語。因俯首認罪，甘服上刑。内閣九卿詹事科道等備録供詞進呈。上諭：吕留良悍戾兇頑，好亂樂禍，自附明代王府儀賓之孫，追思舊國，憤懣詆譏。【略】應將逆賊吕留良及現在子孫嫡親兄弟子姪，照何定律治罪具奏。十年十二月得旨：吕留良、吕葆中俱戮屍梟示，吕毅中斬決，其孫輩發寧古塔給披甲人爲奴，吕留良之詩文書籍，不必銷燬。

《世宗實録》卷八一　五月壬子，以正黄旗蒙古都統兼正紅旗護軍統領雅親署右翼前鋒統領，鑲藍旗蒙古都統秦布署正紅旗護軍統領。

戊午，吏部議覆，湖廣總督邁柱疏言：湖南保靖、桑植、永順三土司，新經改土爲流。【略】尋定永順新設府曰永順府，永順東南新設縣曰永順，西北新設縣曰龍山。保靖新設縣曰保靖，桑植新設縣曰桑植。

庚申，又諭：據署湖廣提督岳超龍摺奏，永順土民控告同知潘果酷刑重耗、濫差妨農各款，苗衆約有二千人，聚集永順城外，臣現咨鎮臣周一德前往撫諭。儻仍逞蠢頑，不即解散，則應調遣官兵相機勦撫等語。從前永順土司懇請改土爲流，朕屢次降旨不允。後以該土司情詞懇切，始勉從其請，加以特恩，竝令該地方官撫綏苗衆，和輯乂安，使之得所。今土民聚衆妄行，干犯國法，雖係伊等秉性愚頑，然亦必由該同知不能撫循之所致。今若交與湖廣督撫審理，恐伊等

瞻顧回護，但云土司兇悍，漸不可長，而不能得其實情。昨降諭旨，令趙弘恩署理湖北巡撫印務，著於到楚之時，先赴湖南審理此案。再令御史苗壽、唐繼祖前往，會同審訊。其土民倡首之人，自應查出治罪。若潘果實有苛刻陵虐等情，應置重典，以彰國憲。提臣岳超龍奏摺及土民控告呈詞款蹟，俱發與趙弘恩等，逐一秉公訊問。湖北巡撫印務，著布政使徐鼎暫行署理，俟趙弘恩此案審定之後，再赴署理湖北之任。

甲子，諭户部：朕聞各省糧船過淮抵通之時，該管衙門官吏、胥役人等額外需索陋規，以致繁費甚多，運丁重受其累。特命御史前往稽查，禁革苛索等弊。又查向來之例，每船北上許帶土宜六十石。朕思旗丁運駕辛苦，若就糧艘之便，順帶貨物，至京貿易，以獲利益，亦情理可行之事。著於舊例六十石之外，加增四十石，准每船攜帶土宜一百石，永著爲例。

壬申，諭廣東督撫：聞粵東地方，四民之外，另有一種名爲蜑户，即猺蠻之類，以船爲家，以捕魚爲業，通省河路俱有蜑船，生齒繁多，不可數計。粵民視蜑户爲卑賤之流，不容登岸居住，蜑户亦不敢與平民抗衡，畏威隱忍，跼蹐舟中，終身不獲安居之樂，深可憫惻。蜑户本屬良民，無可輕賤擯棄之處。且彼輸納魚課，與齊民一體，安得因地方積習，强爲區别，而使之飄蕩靡寧乎？著該督撫等轉飭有司，通行曉諭。凡無力之蜑户，聽其在船自便，不必强令登岸；如有力能建造房屋及搭棚棲身者，准其在於近水村莊居住，與齊民一同編列甲户，以便稽查，勢豪土棍不得借端欺陵驅逐。竝令有司勸諭蜑户，開墾荒地，播種力田，共爲務本之人，以副朕一視同仁之至意。

《世宗實録》卷八二　六月乙酉，諭内閣：朕愛養黎元，遐邇一體，而邊遠之地小民，家計不及近省，尤朕心之所繫念。數年以來，甘肅、四川、雲南、貴州、廣西五省，有用兵西藏及勦撫苗蠻等事，其一應軍需，皆動用公帑備辦，秋毫不派及於民間，而糧餉轉輸，亦有資於民力。今藏地苗疆俱已寧謐，朕心嘉慰，特沛恩膏，著將庚戌年甘肅、四川、雲南、貴州、廣西額徵地丁銀兩悉行蠲免。其西安各屬地方，近日亦有預備軍需之事，朕心軫念，著將庚戌年額徵錢糧蠲免十分之三。

乙未，上御太和殿，命大學士公馬爾賽、蔣廷錫捧勑印，授靖邊大將軍公傅爾丹大將軍、副將軍、參贊大臣及出征官員等。

《世宗實録》卷八三　七月丙午，署江南江蘇巡撫、户部左侍郎王璣，江南江蘇布政使趙向奎，俱緣事革職，以吏部右侍郎彭維新署江南江蘇巡撫，調浙江布政使高斌爲江南江蘇布政使司布政使，以福建學政、少詹事程元章署浙江布政使司布政使。

戊申，户部議覆雲貴廣西總督鄂爾泰疏，言原任工部侍郎申大成條奏黔省軍田，許照民田一體買賣，每畝上税銀五錢，給契爲業。經九卿議覆准行。但黔省軍田一畝之價，可買民田二畝，應納糧賦一畝亦可抵民田二畝。若再徵税銀五錢，於民生無益，仰請豁免。嗣後，凡有軍田授受，悉照常例報税。應如所請。

癸丑，議政王大臣等議覆河東總督田文鏡遵旨議奏，山東青州府爲適中要地，内與陸路各營聲勢聯絡，外與沿海營汛呼吸相通，設立滿洲兵駐防，可以資彈壓而重保障。查青州府北城外有古廢東陽舊城基址，請建造城垣、衙署、營房，可以駐兵數千。應如所請。

乙卯，以漕運總督性桂署浙江杭州將軍。

戊午，雲貴廣西總督鄂爾泰疏報：都匀各寨苗民，輸誠納賦，編入保甲。下部知之。

《世宗實録》卷八四　閏七月乙酉，江南江寧將軍來文緣事革職，調浙江杭州將軍鄂彌達爲江南江寧將軍，陞河南副都統阿里衮爲浙江杭州將軍。

丙申，諭吏部：凡遠省烟瘴地方文武官員之缺，例將本省熟悉風土之人調補。朕思烟瘴地方，大半係邊遠簡僻之缺，若概行調補，不令陞補，未免强幹之員轉駐簡僻之所，止圖挨俸，無所表見，而才具可用、有志上進之人，或生苟且因循之念，亦未可定。嗣後，凡遇烟瘴地方文武官員缺出，向例調補者，著該撫提鎮等於屬員内秉公酌量，若有可以題陞之員，即具題請旨陞授；若係應調之員，仍照舊調補。陞調兼行，不拘一格，總期人地相宜，材職相當，以副朕鼓舞栽成之至意。儻有應行調補之人，不願前往，而該管上司聽其規避者，或有不應題陞之人，而該管上司徇情題陞者，經朕察出，定行從重議處。

丁酉，吏部議覆雲貴廣西總督鄂爾泰條奏滇省建置事宜。一，元江府所轄之普洱地方，請增置普洱一府。設知府一員，經歷一員，其原設之普洱通判移駐思茅。一，普洱所屬之攸樂地方，請設同知一員，遊擊一員。猛烏、整董二處，各設鹽課大使一員。俱隸普洱府管轄。一，新設之普洱府，應建立學校。請於元江府學調撥訓導一員，董率啓迪。入學額數照滇省小學例，取進八名。其從前附入元江府各生，俱撥歸普洱府學。一，請裁元江協副將、普威營參將二缺，另

置普洱鎮，設總兵一員，分中、左、右三營，設遊擊三員，守備三員，千總六員，把總十二員。改元江協爲元江營，設遊擊一員，中軍守備一員，千總二員，把總四員。共兵三千二百名，分汛防守，俱聽普洱總兵官統轄。均應如所請。從之。

《世宗實録》卷八五　八月癸卯朔，以江南京口將軍祖秉衡爲正白旗漢軍都統，陞正黄旗漢軍副都統王鈇爲江南京口將軍。

癸丑，諭内閣：【略】著將山東、廣東二省庚戌年地丁錢糧各免四十萬兩，以獎地方官民之善。直隸、陝西今年各蠲銀四十萬兩，庚戌年著再各免地丁錢糧四十萬兩。山西通省連歲皆獲豐收，著免庚戌年地丁銀四十萬兩。安徽等屬亦著免庚戌年地丁銀四十萬兩。

《世宗實録》卷八六　九月甲戌，諭户部：據寧遠大將軍岳鍾琪奏稱，自西安起程，歷西鳳、平臨，以至甘、凉等處，小民承辦軍需，莫不踴躍懽呼，趨事赴公，爭先恐後。而靖逆衛屯民於應辦草束之外，情願另備餘草，運赴大東渠站所堆積，以佐軍需等語。靖逆遠處邊外，人民無幾，而自備剉運草束，輸力効誠，可見師以義行。統領大臣又能令承辦軍需各員，無絲毫扣尅，是以輿情鼓舞，相率辦公，朕心深爲嘉悦。著將靖逆衛庚戌年應徵正糧馬糧四百六十石零，大草五千三百八十八束，全行蠲免，以示加惠邊民急公之至意。

辛巳，諭内閣：步軍統領衙門事務繁多，所有刑名事件，應派部院堂官一員協同辦理，參酌律例，以期允當，將此永著爲例。侍郎鄂爾奇著協辦步軍統領衙門事務。

戊子，改廣西思恩府屬之鎮安土府爲流府，設知府一員。裁原設通判缺，留知事一員，管轄歸順、上映、都康、向武、小鎮安五土屬。奉議州一州，裁歸順土吏目缺，改設州同一員，添設千總一員，兵五十名，駐劄歸順。添設賓州直隸州州同一員，駐劄三里營地方。從雲貴廣西總督鄂爾泰請也。

己丑，諭内閣：年來用兵西藏，勦撫苗蠻，一切辦理軍需，皆動支公帑，而糧餉轉輸，不無資於民力。朕心深爲軫念，是以降旨，將甘肅、四川、雲、貴、廣西五省庚戌年地丁錢糧全行豁免。查甘屬之河西四府，如寧夏、西寧及甘、凉、肅，以至嘉峪關外之靖逆、赤金、柳溝等衛所，歷來額徵，俱係糧料草束，與各省額徵折色無異。今當用兵之際，雖絲毫不派及民間，而黎民踴躍急公之意，大將軍岳鍾琪屢次奏聞，甚屬可嘉。著將額徵本色加恩豁免，以示惠愛邊民之至意。

《世宗實録》卷八七　十月癸卯，以湖廣總督邁柱兼理湖北巡撫印務。

丁未，怡親王、大學士、九卿、翰詹、科道等，遵旨訊問曾静，合詞公奏，將曾静、張熙照大逆不道律，即行正法。

己酉，吏部議覆，四川巡撫憲德疏言：川省州縣，先因地廣人稀，政事簡少，將雙流等縣裁併。今生聚日繁，應復設縣治，照舊分理。成都府復設雙流縣、崇寧縣、彭縣，綿州復設彰明縣、羅江縣，重慶府復設大足縣、璧山縣、定遠縣，夔州府復設大寧縣、新寧縣，潼川州復設安岳縣，眉州復設彭山縣、青神縣，嘉定州復設威寧縣。

辛亥，琉球國中山王尚敬遣陪臣毛鴻基等，表謝賜敕書、蟒緞玉器恩，并貢方物。得旨，琉球地處重洋之外，奉表修貢，遠涉風濤，朕心深爲軫念。是以從前降旨，令將雍正四年該國王謝恩所貢儀物，准作雍正六年正貢，以示恩眷。今該國王以六年正貢之期，仍遵定制，遣使航海遠來，奉表進貢，情詞懇切，具見悃忱，著將六年進貢之物准作八年正貢。若八年貢物已經遣使起程，即准作十年正貢。著行文該國王知之。

甲寅，命西安將軍常色禮移駐凉州，以署川陝總督查郎阿兼理西安將軍印務。

戊辰，諭内閣：數年以來，怡親王及内外大臣中數人，協贊朕躬，忠誠宣猷，爲國家辦理政務，勤慎奉職，甚屬可嘉。怡親王之儀仗著增一倍，大學士張廷玉著加少保，大學士蔣廷錫加太子太傅，刑部尚書勵廷儀加太子少傅，靖邊大將軍公傅爾丹、寧遠大將軍公岳鍾琪、雲貴廣西總督鄂爾泰俱加少保，河東總督田文鏡加太子太保，浙江總督李衛、吏部尚書查郎阿、寧夏將軍席伯俱加太子少保。

《世宗實録》卷八八　十一月甲戌，諭内閣：朕思治河之道，惟有使黄水暢流，無所壅滯，則永慶安瀾。然欲黄水無所壅滯，必須保固高家堰堤工，使清水力能敵黄，且以助其暢流之勢，則河工永遠無慮。

議政王大臣等遵旨議覆，噶斯地方，爲準噶爾通青海、西藏之要口，理應撥兵駐守。其辦理軍需，已奉旨派張廷棟、葛森鼐、滿岱、傅寧等，今酌定軍營事宜。

丙子，以兵部尚書路振揚爲鑾儀衛鑾儀使，陞湖北巡撫、署陝西肅州總兵官馬會伯爲兵部尚書，仍辦理軍需，兼管肅州總兵印務。

乙酉，定滿漢科道品級：六科給事中俱爲正五品。各道御史，滿洲例由員外郎陞授，漢軍例由郎中陞授，俱爲正五品。漢御史，由内閣侍讀、翰林院編修、

檢討、各部郎中、員外郎補授者，爲正五品；由主事、中行評博、行取知縣補授者，爲正六品。

戊子，著兵部尚書查弼納往陝總理稽查軍需諸務。常德壽、常賚俱著各給印信，并令乘驛往來，遇有分辦之處，即分任其事，仍聽查弼納調度。凡關係軍需事件，俱著查弼納等相機派委該督撫料理。其有應行續辦者，即令地方官動支錢糧，辦理奏聞。若地方官有侵欺擾民者，一面革職拏問，一面奏請審擬；其怠忽遲延者，自督撫以及文武員弁，俱著即行題參。如有指稱軍需名色，擾累民間之棍徒胥役，著即題請正法。

丙申，諭理藩院，八旗遊牧地方甚屬緊要，近來總管等，仍有貪婪勒索屬下之事。蒙古等雖欲陳訴情由，因無巡察之人，即有含冤受抑者亦無處控告。著於每年，或部屬司官，或監察御史，派出一員，令其巡察。如有此等之事，即著據實參奏。儻徇庇隱匿，被接任之員查出，將巡察官一併從重治罪。其歸化城，亦照此派往。

《世宗實録》卷八九　十二月辛丑朔，山西巡撫覺羅石麟疏言：軍需所用駝屜等項，晉省士民情願自備車騾，運送歸化城，踴躍争先，似難禁阻。得旨，前因軍前需用駱駝、鞍屜，令晉省製辦三萬副，該省人民急公趨事，朕已降旨蠲免該地方辛亥年額徵銀二十萬兩，以示嘉獎。今因運送鞍屜，該省士民等又復歡欣効力，甚屬可嘉。著該撫等傳旨奬諭，仍令各領應得之脚價，不必固辭。

癸卯，又諭：有人條奏内稱，廣東諸務廢弛，弊端種種，如火耗提解、收米折色，及漁鹽各種税務，俱較昔加增。至於盜賊公行，誣告不息，一切禁令不遵，賭具仍賣，地方有司竝不過問等語。朕覽此奏，深爲駭異。【略】郝玉麟、傅泰到任未久，嗣後宜整頓經理，勿蹈前轍。此旨到日，著悉心確查，嚴行禁約。倘不肖有司仍有不知悛改者，著參革拏問，請旨正法。如督撫等再有狥隱失察等情，經朕察出，定行從重治罪。

辛亥，吏部議覆雲貴廣西總督鄂爾泰疏，言雲南開化一府，接壤交阯，地方遼闊，雖設有同知、通判、經歷三員，俱非印官，不能分理正務。請將通判一缺裁去，增置一縣，設知縣一員，於地方有益。應如所請。從之。尋定新設縣曰文山。

乙卯，吏部議覆四川巡撫憲德疏，言黎大所地方爲西南孔道，漢夷雜處，千總一員不足以資彈壓，請將千總裁去，改置一縣，添設知縣一員。再設典史一員，分駐泥頭，俱隸雅州府管轄。又建昌之寧番衛已改爲冕寧縣，該衛之冕山所千總一員，應行裁汰。均應如所請。從之。尋定新設縣曰清溪。

丁巳，工部議覆浙江總督李衛疏，言海寧沿塘，東自尖山，西至翁家埠，綿亘百里，皆臨大海。今南岸潮頭直射，北面護沙洗刷無存，一線草塘不能抵敵全海潮勢，若非向裏添砌石工，難以保固。請於西塘内荆煦廟起，至草菴上，就舊有草塘收進二三丈，砌築石工。東塘於陳文港、小文前、薛家墈及念里亭等處，分築挑水盤頭大草墈五座，堵禦頂衝，使水勢稍緩，可引漲沙漸聚。其遠年塊石，各塘酌量加高培厚。俱應如所請。從之。

雍正八年（庚戌、一七三〇）

《世宗實録》卷九〇　正月辛未，廣東布政使王士俊摺奏：各州縣姦盜詐僞等罪犯，請令地方官榜列姓名，揭於通衢，以示懲警。奉上諭，姦盜詐僞匪類，欲以木榜書名，感發其愧悔之心，恐未必能然。朕意果遇横逆不法之輩，鄉里必不敢書其名以籍其罪，無非將良懦鄉民之小過填寫一二，以塞責而已，有名無實，恐徒爲百姓之笑具耳。

壬午，陞正白旗漢軍副都統公慶復爲正藍旗漢軍都統。

甲申，以鑲黄旗漢軍都統石文焯兼管鑲白旗漢軍都統。

己亥，諭内閣：向因鋪墊倉廒需用松板，令各省糧船隨帶，到倉交納。續經該部定議，産木之省，如江西、湖廣及江安糧道所屬地方，則全解十分本色。其不産木之浙江蘇、松等屬則解三分本色，七分折色。此便民利用之意也。

《世宗實録》卷九一　二月乙卯，吏部議覆甘肅巡撫許容條奏移設州縣事宜。一，静寧州屬之安定監地方，請改歸通渭縣管轄，其通渭縣治移駐安定監城。一，寧夏府屬之花馬池，請添設州同一員，屬靈州管轄。一，蘭廳同知請改爲河捕同知，專司河橋税茶法，暨捕盜案件。其平涼府屬之固原廳，歸併固原州管理。一，鞏昌府屬之岷州廳改爲岷州，設知州一員，吏目一員。靖遠廳改爲靖遠縣，設知縣一員，典史一員。其岷州廳原管之茶務，改歸洮岷道管理。一，岷州屬之勇家等五里及鐵谷溝等二處地方，請就近歸併漳縣管理。均應如所請。從之。

《世宗實録》卷九二　三月丁丑，陞右翼前鋒統領袞泰爲鑲藍旗蒙古都統，

仍留軍營。以鑲藍旗護軍統領侯馬蘭泰署鑲藍旗蒙古都統，輔國公伊爾登管理鑲紅旗護軍統領事務。

《國朝宫史》卷三　初四日，上諭：諭總管太監傳與各處首領太監知悉，阿哥現居宫内，年已長成，爾等不可趨奉，亦不可得罪，并不許向阿哥處往來行走，即阿哥下太監亦不許與爾等所屬太監飲酒下棋，鬬骨牌，説閒話。除趙進朝、靳進忠、趙運祥、楊進朝四人奉旨行走，不必攔阻外，其餘各處首領太監嚴加曉諭，小心遵行，不可日久懈怠。嗣後，如有玩法之人，經朕察出，係宫内太監，治宫内總管之罪，係圓明園太監，治圓明園總管之罪。

《世宗實録》卷九三　四月癸卯，傳臚賜殿試貢士周澍等三百九十九人進士及第、出身有差。

丙午，命改定大學士、尚書品級：大學士爲正一品，尚書爲從一品。

癸亥，以吏部尚書、河東河道總督嵇曾筠署江南河道總督，河東總督田文鏡兼管河南山東河道總督。

《世宗實録》卷九四　五月辛未，上聞怡親王病篤，幸王邸。比至，王已薨逝。上親臨視，悲慟不已，左右大臣等懇請節哀。乃回宫，輟朝三日。

癸酉，調刑部尚書德明爲户部尚書，陞刑部右侍郎海壽爲刑部尚書。

調福建總督高其倬爲兩江總督，陞福建巡撫劉世明爲福建總督。

壬午，諭户部：年來甘肅地方辦理軍需，雖一切動支公帑，絲毫不取於民，而輓運轉輸不無資於民力，朕心軫念，特將雍正八年額徵錢糧悉予蠲免，以示恩恤。今聞該撫許容以兵餉無抵，將歷年舊欠勒限一年全完，民間甚爲擾累，以致不法之徒，借端生事。許容才具短淺，識見鄙陋，辦理此事甚屬錯誤。夫本年錢糧既經豁免，而仍嚴比舊欠，大非朕加恩沛澤之意，若云兵餉無抵，自可具題請撥，何得於蠲免之年而行催徵之舉？除生事民人應秉公懲治外，著將徵比舊欠之處，即行停止。

丙戌，户部議覆江蘇巡撫尹繼善疏，言蘇州府屬之常熟、昭文二縣，舊有丐户，不得列於四民。邇來化行俗美，深知愧恥，俗滌前污，請照樂籍、惰民之例，除其丐籍，列於編氓。應如所請。從之。

《世宗實録》卷九五　六月壬寅，大學士九卿等遵旨議奏，【略】請將御書「忠敬誠直，勤慎廉明」八字，加於怡親王謚法之上，其一字之謚交與宗人府議奏。得旨，覽奏怡親王申錫美號之典，與古禮相符，庶足表王平生之美善，朕心深慰，著依議行。其一字之謚，著宗人府會同大學士定議具奏。尋宗人府等衙門擬謚請旨，命謚曰賢。

癸亥，陞禮部左侍郎錢以塏爲禮部尚書。左都御史署直隸總督唐執玉爲兵部尚書，仍暫署直隸總督。吏部左侍郎署兩江總督史貽直爲左都御史，仍暫署兩江總督。

《世宗實録》卷九六　七月戊寅，四川巡撫憲德疏奏：打箭爐口外需用糧米，成都新繁等州縣士民情願不領夫價，輸力輓運。丹稜、温江等州縣士民情願捐米輸力運赴。得旨，士民等急公輸輓，甚屬可嘉，著該撫宣旨獎諭，應領夫價仍著照數給領，其已捐之米將存倉米石給還。

庚辰，調廣東提督王紹緒爲江南提督，廣西提督張溥爲廣東提督，陞雲南臨元總兵官張應宗爲廣西提督。

乙酉，户部議覆雲貴廣西總督鄂爾泰遵旨酌定烏蒙總兵劉起元條奏苗疆事宜。一，烏蒙係改土新疆，與威寧接壤，應於松林嶺地方勒石定界，以八仙海子歸烏蒙管轄，稻田壩仍屬威寧管轄。一，烏蒙府設有永善一縣，新經改流，諸事尚未就緒，應增置烏蒙一縣，隸於該府。一，烏蒙地廣田多，應將無業田地每兵賞給三十畝，或有餘丁准其倍給，竝量與牛種銀兩，勸令開墾。一，苗俗向無學校，應於各屬四鄉適中之所設立義學，以廣化導。一，烏蒙係四達之區，而道路險隘，急應平治。酌計二千餘丈，請動支藩庫，即行興修。均應如所請。從之。

《世宗實録》卷九七　八月丙午，諭户部：向來蠲免錢糧，額徵漕米不在所蠲之内。今年山東地方被水稍重，而直隸、江南、河南三省亦間有被水之州縣。夫地方既已歉收，則漕米輸將未免竭蹶，著將山東被水之州縣漕糧全行蠲免。直隸、江南、河南被水州縣之漕糧，按其成災分數蠲免。其山東未被水州縣應完漕糧，不必運送京師，即留於東省，以充兵餉。

《世宗實録》卷九八　九月庚午，禮部遵旨議奏：褒功列爵，古有成規，而肇錫嘉名，尤屬旌庸盛典。我朝佐命元勳，承平良弼，錫之公爵，既已分爲一、二、三等，以示寵榮。皇上篤念舊勛，更隆追獎，誠宜考其生平之實蹟，加以庸顯之令名。謹按，佐命之臣，開疆拓土者，宜倣漢之信武、奉義、建策，唐之翼國、開國，宋之福國，元之忠武、壽國，明之雄武、靖寧等名。其宣勞盡力於承平之日者，宜倣漢之冠軍、壯武、富民、褒德，唐之安國，宋之崇國、成國，元之寧國、定國，明之崇信、忠勤等名。或就其所樹之勳，予以安東、征西、定朔、平南等名。

或就其立功之地，予以秦、晉、齊、豫、吴、越、楚、蜀、粵、閩、滇、黔等名上，加征、靖、蕩、平、綏、定、安、輯等字。將原封一、二、三等之號，仍冠美名之上。至宗室等公，則加封「奉恩」字樣。外戚等公加封承恩字樣。庶禮以義起，名與實符。至宗室宣之制敕，昭舊烈而彌光；襲之子孫，跂前徽而踵美矣。臣部將一、二、三等公并宗室、外戚公誥命事實，造具清册，移送内閣，撰擬美名，恭候欽定。從之。

甲申，諭内閣：【略】查各省錢糧，朕特降諭旨蠲免者已多。今次第舉行，應及於江西、湖北、湖南三省，著將辛亥年三省額徵錢糧，各蠲免四十萬兩。又念直隷乃畿輔首善之地，應沛殊恩，山東今歲被水之州縣稍多，朕心甚爲軫念，除二省澇溢地方，已加意賑恤，並將本年額賦照例蠲免外，著將辛亥年二省錢糧各蠲免四十萬兩。

《東華録》卷三一　是月，諭内閣：朕覽高其倬等所奏太平峪吉地事宜，甚屬妥協。大凡讀書居官之人，通曉堪輿者甚少，即或有之，又往往以此爲諱。高其倬乃封疆大臣，原不必以此見長，乃其心以爲國家之事，莫此爲大，以一身協贊怡親王肩此重任，籌度萬全，此實出於忠愛至誠之悃也。著賞給一等阿達哈哈番。

《世宗實録》卷九九　十月甲辰，又諭：我朝定鼎之時，漢軍從龍入關，技勇皆爲可用。今海内承平日久，伊等躭於安逸，且意在文職而不在武弁，是以韜畧騎射，遠不如前。目今官至提鎮、副參者寥寥無幾，而在内簡用都統、副都統時，亦覺難得其人。朕爲此時廑於懷，常思漢軍生齒日繁，當籌所以教養之道，而額設之兵丁爲數又少，似應酌量增添，於國家之營伍、旗人之生計，均有裨益。如外省之駐防漢軍子弟日漸繁衍，而本身錢糧各有定數，難以贍養，應令餘丁回京披甲，亦可望其成人。又如外官隨任之子弟，往往遊蕩荒廢，前曾有旨，悉令回京披甲當差，習學弓馬，以圖上進。又如候缺之微員，一時難以銓選者，若情願披甲當差，到應選時，仍許輪班補用。則在彼既可得受錢糧以爲餬口之資，又可預先習學弓馬，以備居官之用。又如内務府人丁甚衆，於充役當差之外，其閒散人丁亦可撥入八旗披甲。再，五旗諸王之漢軍佐領仍屬本王外，其貝勒、貝子、公等之漢軍佐領，實無所用，應撤歸旗下公中佐領當差，且可免掣肘之弊。其如何增添漢軍兵額，及如何妥協補充、永遠可行之處，著尹泰、查弼納、石文焯、石禮哈、莽鵠立、德禄等議奏。尋議，漢軍八旗總計領催、鎗手、礮手、敖爾布、教養兵，并銅匠鐵匠、弓匠、聽差、護城、看門及看守礮位、火藥局、教場等兵，以至步兵、門軍，共一萬七千五百二十八名。今請於原額之外酌量增添兵二千四百七十二名，以足二萬之數。【略】至挑補新添兵丁，見據八旗册開，在京閒散壯丁約萬餘人，此外各省駐防漢軍之餘丁，情願歸旗者，行令各該將軍咨送歸旗，挑選充補。再，外官隨任子弟年至十八歲以上者，悉令歸旗，除情願讀滿漢書者，移送官學、國子監肄業，並學習弓馬外，其情願披甲食錢糧者，仍准挑補甲缺。再，候選微員情願披甲者，亦准其披甲，如遇選期，輪班補用。至内務府見今查出過繼養子等項人丁，約二千餘名，亦應撥入各旗漢軍壯丁不齊之佐領下，一體挑選，披甲當差。至於下五旗漢軍佐領，除親王、郡王屬下外，其貝勒、貝子、公等既有包衣佐領，則所屬漢軍人等，應歸入各旗公中佐領。庶漢軍不苦生計之無資，而國家亦收營伍之實效矣。從之。

己酉，雲貴廣西總督鄂爾泰疏言：烏蒙蠻猓自改流設鎮，臣不時諄囑提防。乃總兵劉起元乘臣往來黔粵，私派公費，侵欺糧餉，客民被劫，混將頭人拷比。臣訪聞得實，隨密差中軍副將魏翥國前往按款確訊，一面摘印，以憑參奏。不意於八月二十六日至二十九日，夷衆叛逆圍城，劫殺總兵官劉起元等。雖劉起元撫綏失宜，激變有由，臣膺封疆重寄，愧覺察之已遲，恨參革之不早，請賜罷斥，速簡賢員料理總督事務。並暫假臣以事權，督師進勦，雖馬革裹尸，亦所至願。得旨，烏蒙逆苗悖叛，已令遣發官兵分路進勦。總兵劉起元既苛刻於平時，又不能防禦於臨事，粗疎暴戾，自速其辜。惟是遊擊汪仁、知縣賽枝大等倉卒遇害，累及妻孥，深可憫惻，著總督鄂爾泰查明具奏，加恩賞卹。

辛亥，諭大學士等：兵部尚書查弼納著爲副將軍，命往北路，與靖邊大將軍傅爾丹、副將軍巴賽辦理軍務。副都統德禄，著往北路軍前，與隨印之内閣學士永國辦事。副都統銜馬爾薩，著授爲内大臣，與陳泰、蘇圖、海蘭參贊軍務。戴豪、袞泰、石禮哈不必參贊軍務，舒楞額不必來京，著前往振武將軍處代馬爾薩辦事。黑色、圖克善俟大將軍到營，著令來京。石禮哈不諳滿洲軍營事務，著管理緑旗兵丁，但不可膺統轄之任。著大將軍等酌量派委。

壬子，諭户部：陝西、四川地方，民風醇樸，歷年逋賦甚少。查每年徵收錢糧之期，四月完半，十月全完，此定例也。朕思四月、十月既届納課之期，小民必須預先經營，是麥穀未收之時，即爲輸將之計，或因稱貸而受剥於富豪，或因預糶而大虧其價值。且如甘肅地方，有徵收本色者，若在糧穀未穫之前，更爲竭蹶。歷來川陝錢糧既無拖欠之陋習，著將四月完半者寬至六月，十月全完者寬

至十一月，俟夏麥秋禾築場納稼之後，從容完課，俾民力紓徐，以副朕愛養黎元之至意。

《世宗實録》卷一〇〇　十一月壬午，吏部等衙門議覆寧遠大將軍岳鍾琪條奏設立邊方郡縣事宜。一，陝省延安府屬榆林、靖邊、神木三廳，管轄沿邊三十堡，除神木同知所轄東十堡，已改歸州縣管轄外，其榆林同知所管中十堡，靖邊同知所管西十堡，現今夷漢雜居，必須大員彈壓。請於榆林地方設知府一員，照磨一員，即將榆林州同靖邊經歷、定邊縣丞，各改爲知縣，懷遠堡亦改設知縣，四縣俱添設典史一員。榆林衛教授改爲府教授，其榆林靖邊衛訓導俱改爲縣學訓導。定邊、懷遠二縣，請將綏德、膚施二縣之訓導改設，俱歸新設之榆林府知府管轄。一，榆林添設府縣，足資分理。原設之榆林、靖邊同知及波羅州同、威武鎮靖巡檢、榆林廣育倉大使各缺，均請裁汰，惟留神木同知一員，以司糧捕。一，榆林道原轄延安、綏德、鄜州等處，今榆林既改爲府，請將神木道改爲延綏道，移駐綏德州，管轄延安、綏德、鄜州等處。其新設之榆林府，竝延綏道所屬之直隸葭州，吴堡、府谷、神木等州縣，俱改歸榆林道管轄。均應如所請。從之。

戊子，諭内閣：朕即位之初，清查户部錢糧，始知歷年以來虧空竟至二百五十餘萬兩之多。【略】自怡賢親王管理三庫以來，弊絶風清，各色浮費悉行禁革。雖餘平銀兩畧覺加添，而較之從前雜費則減省已多。且怡賢親王之意，原欲俟虧空彌補全完之後，仍將平銀裁減，此亦王屢次陳奏於朕前者。今庫中虧空之項俱已補足，著將辛亥年春撥解部銀兩，照從前餘平之數減去一半，該部即行文各省巡撫、布政使知之。此項銀兩大約出自耗羡項下，嗣後著留於本省，以備地方公事之用。若司庫官員有額外多索者，著管理三庫之王大臣查參；若外省官員因此次恩旨，將解部之項或有扣剋、短少等弊，亦著王大臣指參議處。

《世宗實録》卷一〇一　十二月丁酉，靖邊大將軍傅爾丹自京回北路軍營。

壬寅，寧遠大將軍岳鍾琪自京回西路軍營。

癸丑，命大學士朱軾兼管兵部尚書事。

乙卯，護理寧遠大將軍印務紀成斌奏報：準噶爾賊人乘我西路軍營不備，傾其醜類二萬餘衆，犯潤舍圖卡倫，盜趕駝馬，總兵官樊廷率副將冶大雄等領兵二千，轉戰七晝夜，救出兩處卡倫官兵，會合總兵官張元佐等，擊殺賊兵不計其數，將馬駝牲畜悉行奪回。得旨，所奏逆夷盜趕駝馬情形，大學士等可傳諭靖邊大將軍傅爾丹、參贊陳泰、蘇圖，令其行文副將軍巴賽等。駐牧和博克薩里之逆夷，或遣賊衆至北路卡倫，偷盜駝馬，亦未可定，宜小心防範，不可疎忽。亦不得聞信矜張，務宜鎮静嚴密，萬全無弊。傅爾丹等亦速馳赴軍營，斟酌妥辦。

丁巳，諭大學士等：大將軍岳鍾琪從西安由肅州前赴軍營，途中有調撥兵丁辦理軍務之處，須用印信行文。前所頒寧遠大將軍印信留在軍營，今特將撫遠大將軍之印遣員齎送，交與大將軍岳鍾琪領受。大將軍未到軍營以前一切行文，俱用撫遠大將軍印；既到軍營以後，仍用寧遠大將軍印，將撫遠大將軍印繳回，并著大將軍岳鍾琪接到諭旨印信之日通行所屬知之。

壬戌，諭大學士等：準噶爾乘我不意，傾其賊衆，盜趕馬駝，狡獪兇惡，罪無可赦。但西路所存駝馬不無疲乏，是從前所議直搗伊里之計，尚非萬全之道。朕意欲於西路巴爾庫爾北路之卡倫外，各築一城，以重兵駐劄。時出遊兵，以掩擊其衆，擒擄其人畜，賊兵必撤其遊牧之所，遠行藏退。我當更進數百里，擇地築城，開墾屯種，以資軍食。駝馬牛羊無事牧放，有事則盡收入城。賊衆既無所獲，我軍一出，可以襲取其輜重，且賊必不敢踰我軍駐劄之城而東矣。著岳鍾琪詳悉定議，北路傅爾丹處亦詳細密商之。

甲子，北路大將軍傅爾丹等遵旨議奏：臣等閲看紀成斌奏摺，準噶爾賊人或分兵來犯阿濟畢濟卡倫，震動喀爾喀公通摩克輝特公巴濟之遊牧，亦未可定。臣行文副將軍巴賽等，商酌挑選精兵二千名，令前鋒統領丁壽管轄，帶領副都統馬爾齊、拉錫等，會同庫布可爾地方駐劄之察哈爾、喀爾喀兵丁一千三百名，前往伊可斯腦兒地方附近處駐劄，以防護阿濟畢濟卡倫等處。并令王格勒克顏木聘爾、公通摩克達錫達爾扎等領兵一千名，前往丁壽處，協同駐劄。再令副都統阿三、公達福領兵二千名，在庫布可爾地方駐劄，以爲應援。奏入，報聞。

雍正九年（辛亥、一七三一）

《世宗實録》卷一〇二　正月戊辰，諭内閣：朕思惠養黎元之道，莫先於除賦蠲租，使萬姓均霑渥澤。【略】兹特再沛恩膏，將雍正九年西安所屬額徵地丁銀蠲免十分之三，甘肅所屬額徵地丁銀全行蠲免。

庚午，副都統達鼐摺奏：噶斯卡倫見被賊圍，臣將關防交與鼐滿岱，竝調取西寧緑旗兵三百名防範番子，臣親率兵出邊，往援柴旦木地方。若賊人敗遁，即領兵追襲。得旨，達鼐領兵前往應援格默爾等亦是，但奏稱「追襲」，甚屬孟浪。

巴爾庫爾之兵，原爲搗賊人巢穴而設，噶斯之兵乃爲駐防而設，若來犯噶斯之賊兵無多，勢均力敵，則即行勦殺；儻以勁力擾動青海，則噶斯隘口屬無用之地，即撤兵退至近邊形勝之處，會集青海之兵，駐劄防守。儻賊勢頗重，即領兵退入邊內。爾從前曾將西寧之兵調撥五百名，今又爲番人調兵三百，如果番人有事，爾之三百兵丁何能濟乎？兵力宜聚而不宜分，頻頻分調，是何計策？防守邊圉較防守青海尤爲急務，目今只宜堅守，切不可急遽躁妄。

辛未，命給北路副將軍查弼納昭武將軍印，馳驛前赴軍營。

乙亥，又諭：西北兩路或尚有應撥兵丁之處，朕思歸化城乃通行兩路之地，著理藩院傳諭四十九旗扎薩克等，按旗均算，派出精兵五千名。由各該遊牧處，於二、三月間前後起程，沿途牧放馬駝。至歸化城會齊，擇形勝地方駐劄，以備調遣。其需用口糧於歸化城倉支領，月餉於張家口同知存庫銀内動支，户部核算。尋議，科爾沁等十旗應派兵一千八百一十五名，烏朱穆泰等十旗派兵五百六十九名，翁牛特等十一旗派兵一千三百二十四名，四子部落等六旗派兵二百三十二名，鄂爾多斯等六旗派兵一千六十名，共兵五千名，各派協理台吉、管旗章京、副管旗章京、參領、佐領、驍騎校等員，令蘇尼特王垂際功蘇隆統領，巴林王桑里達扎賴忒、貝子特古斯協理。再於歸化城内派兵一千名，參領二員，佐領四員，驍騎校四員，令副都統塔爾馬善統領。其銀米等項，照例支給。從之。

《世宗實録》卷一〇三　二月丁酉，以鑲藍旗護軍統領色爾璧署正藍旗蒙古都統，仍兼署左翼前鋒統領事。

戊戌，諭大學士等：肅州、甘州、凉州移駐滿洲兵四千名。又凉州有歸化城兵一千名，尚無統領之員，寧夏滿洲兵現今不過六百名，著户部右侍郎傅泰前往署理寧夏將軍印務。其肅、甘、凉等處兵丁，著常賚前往，給以鎮安將軍印信，令其統領，仍聽大將軍岳鍾琪調遣。

庚子，吏部議覆福建總督劉世明等條奏臺灣事宜。一，臺灣府南面向隸鳳山，北面向隸諸羅管轄者，俱應改歸臺灣縣管轄。一，臺灣縣羅漢門地方緊要，請以臺灣縣縣丞移駐，與汛弁互相防查。一，鳳山縣萬丹地方，請添設縣丞一員，管轄淡水枋寮口等處。其原設淡水巡檢，移駐大崑麓。一，諸羅縣笨港地方，烟户繁多，姦良莫辨，請添設縣丞一員，令其查拏巡緝。其原設佳里興巡檢移駐鹽水港。一，彰化縣距大甲溪一百五六十里，溪北更爲遼遠，一切錢糧命盜等項悉令赴縣，殊屬不便。請將大甲溪以北地方歸淡水同知就近管理。均應如所請。從之。

癸丑，寧遠大將軍岳鍾琪摺奏軍機事宜十六條：一，吐魯番地方饒沃，宜廣爲屯種。一，吐魯番通伊里之路，逆夷出入經由，必須嚴設卡倫。一，準噶爾所屬回子，先宜收撫。一，巴爾庫爾等處，宜多派兵丁以分戰守。一，襲擊逆夷，使其不安駐牧。一，駐劄吐魯番兵丁之駝馬，宜酌定數目。一，領兵官員，請爲添派。一，牧放馬駝羊隻，應嚴加防範。一，酌添羊隻，以資兵食。一，巴爾庫爾之新城，宜積貯糧石。一，緑旗兵之餘丁，無庸添設。一，車兵之器械，請爲酌增。一，移兵駐劄吐魯番，宜預爲定期。一，屯種之農具籽種，宜預爲辦運。一，吐魯番、巴爾庫爾兩處駐防，宜通聲息。一，進勦兵數宜預爲酌定。得旨，大將軍岳鍾琪陳奏軍機十六條，朕詳細披覽，竟無一可採取之處，朕心深爲憂煩。岳鍾琪以從前輕言長驅直入之説，又爲賊夷盜趕駝馬，既恥且憤，必欲襲擊進勦，勉强踐復前説。若以今日之勢，命伊統率大兵，直搗巢穴，能保其必勝乎？辦奏之事皆未妥協，大學士等將朕旨傳諭之。

《世宗實録》卷一〇四　三月戊寅，工部議覆江南河道總督嵇曾筠會同巡撫尹繼善疏，言江南黄運兩河工程，關係運道民生，設官分職，必須因地制宜，隨時通變。請將宿桃中河通判改爲宿遷運河通判，安清中河通判改爲桃源安清中河通判。其海防同知應移駐童家營，改爲分管山安南岸河務海防同知。江防同知改爲楊河江防同知。並添設童家營巡檢一員，把總一員。均應如所請。從之。

乙酉，陞都察院左都御史三泰爲禮部尚書。

《世宗實録》卷一〇五　四月己酉，鑄給四川總督關防。

壬戌，諭内閣：近見蒙古旗分人能蒙古語言繙譯者甚少，沿習日久，則蒙古語言文字必漸至廢棄。應照考試清文繙譯例，考試蒙古文繙譯，取中生員、舉人、進士，以備理藩院之用。

《世宗實録》卷一〇六　五月癸亥朔，諭大學士等：據殷扎納、達鼐、德成、馮允中等先後奏稱，青海居住之公拉查卜、台吉查漢喇卜灘，從梭羅木過黄河，移往他處居住。又聞戴青和碩齊察罕丹津，亦往他處遷移，不在海流圖地方住牧。因撥派兵丁官買馬羊，辦理之人不甚妥協，伊等暫行躲避等語。朕因上年準噶爾乘我西路軍營不曾防備，傾其醜類，盜竊駝馬。因念青海各扎薩克人衆恐遭逆賊侵害，是以諭令派出兵丁爲防護之計，每名賞給銀兩，爲衣裝之用。其諭令採買馬羊者，原欲使伊等所有牲畜得變價值，可獲利益，並非大兵需此些微

之助也。前殷扎納赴西寧時，朕面加訓諭，一切派兵採買之事，悉聽衆蒙古之便，不可絲毫勉强。竝慮蒙古王、台吉科派所屬之人，諭令嚴行禁約，豈肯令差往之人逼迫蒙古以從事乎？今拉查卜等無故遷移他往，其中自有情由，必係殷扎納等不能宣揚朕諭，使衆心共曉，而採買馬羊又不聽從其便，以致拉查卜等心懷疑畏，暫避差徭。雖拉查卜等甚屬孟浪糊塗，亦殷扎納等奉行不善之所致也。今特頒諭旨，曉諭拉查卜等，令其速回本處，竝將隱情據實陳奏。再傳諭德成、達鼐、馮允中等，令其明白開導，善爲安輯，竝將伊等如何疑畏遷移之處，查明具奏。其餘地方事宜，俟侍郎衆佛保去時再行詳諭。

• 甲子，諭大學士等：鎮安行軍常賚著領兵前往安西駐劄，石雲倬著授爲西路副將軍，前往軍營。

辛未，諭內閣：用兵以籌餉爲先，而輓運以得人爲要，果得其人，則民力不致煩勞，國帑不致縻費，而兵食饒裕，士飽馬騰，其裨益於公事良非淺鮮也。年來西北兩路用兵，籌餉事宜，朕心甚費區畫。北路軍糧范毓馪承領運送，諸事諳練，措置得宜，朕深嘉獎，已加優敘。西路軍糧向來俱係官運，今行之日久，難保無侵帑累民之處。因思通政使趙之垣、副將馬龍乃三秦世族，且官至大員，於本地土俗民情素所熟悉，若照范毓馪之例領取帑銀，轉輸輓運，似屬可行之事。朕將此詢問趙之垣，據稱情願効力。查內地軍糧運送巴爾庫爾軍營者，年來經理已有頭緒。但自軍營進剿之糧，尚無轉運之善策，著趙之垣前赴軍營，與馬龍公同商酌如何運送之法，聽其自行定議，酌量舉行。每石運價若干，朕悉照數給與，不令絲毫賠墊，但不可有浮冒侵蝕之弊，總與地方有司毫無干涉。其間遲速機宜及道途防護等情，則與大將軍、該督撫等計議而行。俟趙之垣到彼，與馬龍商酌定議，果能承領辦理，具奏到日，給與欽差關防。

《世宗實録》卷一〇七　六月甲子，諭大學士等：寧遠大將軍岳鍾琪摺奏，準噶爾賊衆二千餘人圍困魯谷慶之城，晝夜攻打二十餘日。吐魯番回子奮勇出擊，殺死逆賊二百餘人，帶傷之賊甚多。請以三千勁兵兼程而進，必獲全勝。將來即以此三千兵丁駐劄吐魯番，合之回民，足備防禦等語。朕前次聞吐魯番回民等感恩望濟之言，甚爲懇切，恐賊衆再以大力侵凌，伊等不能抵敵，爲其所困，已降旨令大將軍岳鍾琪酌量發兵應援，不必拘執前說。今岳鍾琪具奏之日，尚未接到朕旨，是以仍作游移之詞。凡用兵之道在於隨機應變，不容刻緩，若果岳鍾琪確有所見，即應遣兵速往，一面奏聞，何必待降旨到日，始遣兵前往乎？

丙午，靖邊大將軍傅爾丹摺奏，臣等於五月初六日至科布多築城地方，隨據烏蘇圖舒魯克卡倫駐防之侍衛巴爾善等，拏獲準噶爾賊夷塔蘇爾海丹巴一名，供稱：噶爾丹策零派兵三萬，令大策零敦多卜、小策零敦多卜及大策零敦多卜之子多爾濟丹巴三人統領，陸續起程，至阿爾泰山奇林地方會合，來犯北路。今小策零敦多卜已至察罕哈達地方，大策零敦多卜與伊子多爾濟丹巴尚未到齊，見在之兵止有二萬餘名。噶爾丹策零恐哈薩克國聞知，乘虛來攻，預先派兵一萬，令大策零敦多卜之子納木扎爾達錫、衛徵和碩齊總領駐防阿爾輝地方。又派兵一萬，令諾顔和碩齊總領駐防阿里馬圖西拉百爾地方。噶爾丹策零遊牧處兵丁不過二萬名保守。又供：噶爾丹策零前令其妹夫羅卜藏策零帶兵一萬名，往阿里馬圖西拉百爾駐劄，防守哈薩克國。羅卜藏策零因與噶爾丹策零不和，率領屬下三千餘户來到大國噶斯地方。噶爾丹策零聞知，派吴喇忒巴噶滿朱追逐，交戰被敗，復遣喀喇沁杜噶爾之子查袞追逐，因此大策零敦多卜遲延未來等語。臣思賊人尚未全至，乘其不備，正宜速迎掩殺。臣等揀選京城各省兵一萬名，輕裝由科布多河西路於六月初九日起程，分爲三隊。前鋒統領丁壽、散秩大臣公達福、副都統塔爾岱率領第一隊，參贊馬爾薩、副都統承保、西彌賴率領第二隊，臣等統領大兵前進，沿途襲擊。其科布多築城地方，留兵七千三百名仍舊築城，防守糧餉，令都統衮泰、總兵胡傑等管轄。科布多河東係通奇林要路，派定滿洲兵二千名，俟都統侯陳泰、副都統阿三到時駐劄管轄，與衮泰等互爲應援。所有統兵起程日期，理合具奏。奏入，報聞。

丁未，靖邊大將軍傅爾丹摺奏，臣等於初九日分隊起程之後，遣前鋒統領丁壽、參贊馬爾薩、副都統塔爾岱等，統兵率嚮道官前行瞭望賊勢。在扎克賽河地方擒獲準噶爾賊夷巴爾喀等十二名，據供小策零敦多卜牧場在察罕哈達地方，離臣等軍營止三日程途，僅有兵一千，尚未立營防守。大策零敦多卜因途中有病，留駐和博克山，其子多爾濟丹巴已於小策零敦多卜山梁前駐劄。羅卜藏策零與噶爾丹策零不和，率領其屬大約不往圖爾古特，即往青海等語。臣等乘夜進兵襲擊察罕哈達賊夷。奏入，報聞。

己酉，諭大學士等：大將軍傅爾丹奏稱，被獲準噶爾丹巴供云，噶爾丹策零之妹夫羅卜藏策零將伊屬下三千户帶領，歸至大國噶斯。噶爾丹策零聞知，追趕被敗等語。今噶斯正值青海有事之秋，儻羅卜藏策零率衆來歸，或係賊人詭計，著速行文達鼐、衆佛保等，遠設巡哨，偵探信息。儻噶斯路途，有準噶爾賊人

來歸者，將我兵整齊預備，務加詳審。果係真實，將伊頭目數人送至京師，其餘人等於汛界内有水草處暫住，從優養贍。一面派兵照管，一面奏聞請旨。

辛亥，寧遠大將軍岳鍾琪疏報：賊夷圍困魯谷慶四十餘日，賴漢、回官兵協力固守，殺死賊人二百餘名，帶傷者甚多。賊人見攻魯谷慶城不下，遂圍困附近之哈喇火州城堡，用木梯三百餘副爲攻城之具，回民等用鎗擊死賊人三百餘名。賊衆一聞大兵應援之信，倉皇逃遁，遺下馬匹、刀鎗等件，竝拋棄所造飯食而去。及總兵官張元佐等領兵兼程前進，賊衆已遠遁無踪。張元佐等到魯谷慶城下，回目額敏和卓及回民老幼男婦出城迎接，歡聲震地。張元佐等因天氣炎熱，馬匹疲乏，雖官兵奮勇滅賊，不敢窮追。今臣將派往之馬兵撥存一千名駐劄魯谷慶，其餘兵丁俱行撤回。若賊夷又率二三千人來侵，則官兵與回兵可以抵禦。若必令回民遷入内地，則儻傾衆而來，臣當親統大軍就近勦殺，以免我師遠行。俟我軍進擊烏魯木齊之後，即令官兵一千名護送行走，更屬無慮。得旨，賊夷侵犯吐魯番之舉，實由我軍屯運糧石啓釁，以致有不得不應援之勢。今官兵遄行，空勞往返，恐將來似此無益之舉正多，不知大將軍亦曾計及此否。此番回民感戴救濟之恩，歡聲大震，將來賊夷切齒於吐魯番，必思報復，以大力侵凌之。儻至狼狽流離時，不知仍似此感戴乎？目今賊夷以三萬衆侵犯北路，見據靖邊大將軍傅爾丹等奏報，前岳鍾琪曾有親統大兵前往吐魯番勦殺、而留紀成斌看守之奏。假若賊人此番不向北路而向西路，將賊衆分爲兩大隊，以一隊先侵吐魯番，及岳鍾琪領兵應援前往，賊人又以大隊侵犯軍營，再散其醜類於塔爾那沁及圖呼魯克等處，不知我軍之力尚可從容肆應否？今賊夷圍困魯谷慶、哈喇火州二城，官兵冒暑遠行，疲勞士馬，未遇一人，未戮一賊。而岳鍾琪奏摺中有奮勇滅賊之語，將以此番之舉，遂謂建功樹績於戎行乎？賊夷聞風而遁，可謂懼我軍威乎？即留兵駐防與遷移回衆，朕意尚無定見，大將軍身在軍營，與遙揣者不同，若果確有所見，自當因時制宜，以身任之。總之向後若有應援吐魯番之舉，只可委將發兵，便賊首親來攻取吐魯番，大將軍亦不可統兵親往。吐魯番一切事宜，岳鍾琪當與伊禮布、常賚、石雲倬等詳密籌畫，作速定議。

壬子，署陝西總督查郎阿疏言：西、鳳二府，撥運甘肅等處米一十五萬石，二府民人領運之時，惟恐遠涉長途，或有虧耗，每石多帶一二升以備添補之用。今途次安行，竝無虧折，據收糧之員節次具報，正米之外多交餘米或數十石至數百石不等。交足之時，可得米千餘石。將米一併收貯於邊儲軍糧，均有裨益。得旨，數年以來，秦省民人運送軍需，俱無遲誤，是以朕屢次加恩，以示優恤。茲因輓運西、鳳米糧，以資軍食，特令加添脚價，務期運送從容，而領運之民人等敬謹承應，於交完正米之外尚有餘米交官，其急公敬事之念，甚屬可嘉。著該署督等查明交米多寡之數，分別賞賚，務令本人實沾恩賜，勿致胥吏中飽，以副朕加惠秦民之至意。

乙卯，寧遠大將軍岳鍾琪摺奏，據救援吐魯番松潘總兵官張元佐回營，帶準噶爾投誠回子麻木雅兒、道倆二名，供稱噶爾丹策零之弟羅卜臧舒努娶哈薩克阿布爾海里汗之女，見在哈薩克地方居住。前正月間，遣使到噶爾丹策零處争論其父所遺産業。又因噶爾丹策零殺其母并其同胞之妹，與弟讐怨甚深，欲發兵相戰。二月間，哈薩克阿布爾海里汗發兵七萬，令伊弟布爾海里統領，將吹塔拉斯地方所居準噶爾一千户人畜俱已擄去，又將準噶爾在別處牧放之馬擄去二三千匹。又噶爾丹策零去年九月間，遣使往葉爾啓木哈什嘎爾和通地方勒索馬三萬匹。此三處回子俱已反叛等語，理合具奏。奏入，報聞。

戊午，甘肅巡撫許容摺奏青海事宜。一，青海亂賊，必宜嚴懲。諾爾布等敢行稱亂，攪擾臺站卡倫，比之拉查卜等之潛逃罪尤重大。見在搶奪臺站之達錫策零，已經王盆蘇克汪扎爾、公阿喇布坦擒拏，應即治罪。而諾爾布之妻子，亦被副都統達鼐押解來寧。其逃遁之衆務必俘獲，誅其魁首。

己未，陞鑲白旗護軍統領公博爾屯爲鑲黃旗滿洲都統。正藍旗滿洲副都統覺羅海蘭爲鑲白旗護軍統領，仍留軍營。以左都御史三泰仍署鑲黃旗滿洲都統，鑲黃旗滿洲副都統、宗室色布肯仍署鑲白旗護軍統領。

《世宗實録》卷一〇八 七月丁卯，命雲貴廣西總督鄂爾泰來京陛見，以兩江總督高其倬署雲貴廣西總督，江蘇巡撫尹繼善署兩江總督，刑部右侍郎王國棟署江蘇巡撫。

癸酉，靖邊大將軍傅爾丹摺奏：臣等於六月初九日進兵，十七日擒獲賊夷，已陸續奏聞。二十日，遇賊二萬餘人，連日交戰，殺賊數千。因賊夷踞山拒險，難以仰攻，移營和通腦兒地方，誘賊邀擊，賊人益兵尾追，圍困軍營。索倫、察哈爾、歸化城、土默特、喀喇沁兵丁，俱乘機潰散逃遁。臣等整齊殘兵，且戰且走，賊人追擊，晝夜力戰。臣傅爾丹等渡哈爾哈納河，於七月初一日，已至科布多修城地方。前因索倫等處逃兵妄造訛言，都統衮泰等以全軍失利奏聞。今因賊人有從科布多河兩路來犯之信，臣現在辦理防守之事，其每日交戰情形，陣亡之

大，臣官員查明續奏。得旨，前據北路都統袞泰等奏報，大將軍傅爾丹等領兵進剿，爲賊所困，全軍失利。彼時已傳諭西路大將軍岳鍾琪，令其加意防守。今據傅爾丹奏稱官兵爲賊誘敗，臣於七月初一日，帶領兵馬回至科布多軍營等語，是從前北路逃軍所報竟屬子虛，不過兵馬有傷損之處，大將軍等原無恙也，可即傳諭岳鍾琪知之。總之，目前進兵之議且不必言，而防守之策倍當加意，著大將軍等照近日諭旨謹慎辦理。

甲戌，諭大學士等：大學士、忠達公馬爾賽著授爲撫遠大將軍，先於派出京城兵内挑選一千名，輕騎前往圖拉等處形勝之地駐劄，會同喀爾喀副將軍王丹津多爾濟等辦理喀爾喀遊牧，及一切豫備防守事務。副都統達爾濟、富昌，著同大將軍馬爾賽前去。續著侯馬蘭泰、副都統胡琳帶兵一千名前去。其餘兵四千名，俱著預備停妥，俟大將軍奏請調遣時，再令前往。八旗漢軍内派兵四千名，著都統李杕、祖秉衡帶領，前往四子部落後面水草茂盛之處駐劄，以備調遣。其派出右衛及歸化城之兵各一千名，俱暫在本地預備調遣。其餘兵丁若有調遣之處，著馬爾賽會同丹津多爾濟商酌辦理。

乙亥，寧遠大將軍岳鍾琪摺奏：七月初五日，據北路都統袞泰等咨稱，準噶爾賊夷以全力侵犯北路，於博克托嶺相近和通腦兒地方，靖邊大將軍傅爾丹等被其圍困。臣思傅爾丹及從征官兵奮力剿殺，自必破圍取勝。惟是賊夷此番傾衆來犯北路，必以西路軍營上年遭其騷擾，駝馬缺乏，難以進擊，因有輕視西路之心。臣此時統西路精兵襲擊烏魯木齊，伊恐我師直擣巢穴，自必撤北路之兵，回顧伊里。我軍既挫其鋒，即便旋師休息，嚴防汛界，是不待交戰而賊夷先已疲勢。臣不敢坐失乘虛進擊之機宜，今帶領參贊提督紀成斌、理藩院侍郎顧魯、公袞布、都統艮敦、總兵官張元佐、王緒級等，啓行前進。其軍營各項事務，暫交副將軍石雲倬辦理。奏入，報聞。

丙子，諭大學士等：據順承郡王錫保奏稱，喀爾喀遊牧之處，俱已安頓妥協，兵丁亦漸次到遊牧之界。喀爾喀三路副將軍各思効力，臣等將禦賊守城之策，會同商酌預備等語。觀此，順承郡王錫保等辦理防範，甚屬有方，但須謹慎之中愈加謹慎。賊人到科布多修城之處，儻不行力戰，或暫時圍繞，待我策應之師以施詭誘之計，順承郡王、喀爾喀副將軍等切勿前往策應，致墮賊人術中。伊等止應防護喀爾喀遊牧，竝看守察罕叟爾地方，此最緊要之事，果能固守，即伊等之功矣。若賊人久圍科布多不去，可俟各路兵丁俱到察罕叟爾之時，錫保等於喀爾喀兵丁及防戍蒙古兵丁内挑選二三千名，給與馬匹，分爲數起，晝夜前進，或尾賊後，乘機將賊人馬駝盡行趕出，隨得隨殺，賊人牲畜日漸虧損，自然逃遁矣。但須防其知覺來追，預思保全之策，無得鹵莽。再，我兵果蒙天眷，敗退賊衆，亦斷不可深入追擊，賊人逃遁後凡應行看守之處，尤宜嚴加防範。若賊衆被我兵擒獲，或力窮來歸，除兇悍必不容赦者之外，其餘稍有可原，即從寬宥，斷不可因我兵受害之故，妄行殘虐，以圖洩憤。至喀爾喀等，現在南遷遊牧兵丁赴察罕叟爾者甚衆，所帶糧糗未必敷用，且需火藥、鉛彈等物。查察罕叟爾所有穀石、羊隻等物甚多，量我軍足用存備外，著錫保酌量賞給喀爾喀兵丁，使之充裕，勿存妄費錢糧、難於銷算之見，朕斷不因所費過多，即加譴責也。將此傳諭順承郡王錫保知之。

丁丑，又諭：據副都統達鼐、侍郎衆佛保奏稱，青海之扎薩克等現在聚兵七千名，但器械馬匹未能齊備，請揀選三千名，令其一年一換等語。朕所以聚此兵者，特爲保全伊等家口及遊牧之計，非爲征伐調遣之用也。其生計情形，從前俱未聞知，今據達鼐等陳奏，朕心甚爲惻然。俟從容料理，必有加恩之處。今所聚兵七千名，著選派三千名照朕從前所降恩旨，官員賞給半年俸銀，兵丁各賞銀五兩，一年一次更換，其更換之官兵亦照此賞給。至兵丁駐防日久，盤費未必接續，著賞給茶葉、緞布等項及每月所食之青稞。再撥回之兵丁四千名，官員等著賞給三月俸銀，兵丁等賞銀三兩，令其各回遊牧之所。準噶爾賊人或來騷擾青海之遊牧，不可不防，朕意欲將伊等遊牧預行從容遷移，擇妥協之處居住，著伊等會同詳議辦理。賊人由遠路前來，一無所得，不待戰而力盡矣。我内地兵丁與賊交戰時，青海三千兵丁但追襲賊後，量力將賊人馬匹趕出，所得之馬匹即著賞給趕出之人，仍計所得馬匹之多寡，另行加恩議敍。

《世宗實録》卷一〇九 八月己亥，調江南江寧將軍鄂彌達爲山東青州將軍，以正白旗滿洲都統穆森署江南江寧將軍，内大臣拉錫署正白旗滿洲都統。

庚子，諭大學士等：據副將軍石雲倬奏稱，七月十三、四等日，有準噶爾賊人侵擾吐魯番，副將王廷瑞等分兵迎敵，與賊連戰屢勝，生擒賊人七名，殺賊二百餘人，獲軍器馬匹不記其數等語。王廷瑞分兵迎賊，甚屬孟浪。此番賊衆不過一二千人，王廷瑞等幸獲小勝，不但不足爲喜，朕更爲吐魯番憂之。賊人屢被吐魯番之敗衄，其懷恨益深，必復以大衆報復，石雲倬可速傳旨曉諭吐魯番，嗣後賊人來犯，但當堅守城垣，不可迎戰。若魯谷慶一城可以容住回民人衆，則合

防守之官兵，堅守一城愈妙。如一城不能容住多人，則别住於相近之哈喇、火州等處，將馬匹牲畜速行收拾城中，柴草預爲多貯，以備應用。賊衆若分兵來圍，彼此堅守，堅壁清野，俾賊人無所施其伎倆，且有大軍襲其後，奪取其馬匹，坐致疲敝，自必遠遁。亦不可追逐，賊衆長於騎射，吐魯番如於馬上比決勝負，則回民十不及賊人之一；若固守城垣以拒敵，賊人亦十不及回民之一。用我之長乘賊之短，此萬全無弊之道也。凡事持重鎮静爲之，但能保護吐魯番城垣人衆，其功勝於殺賊多矣。

丙午，諭大學士等：據靖邊大將軍傅爾丹仍欲令兵丁在科布多地方駐劄防護，爾等會同大將軍馬爾賽，將應駐應撤之處確議具奏。再將查克旦率領駐劄庫布可爾地方兵丁，應否撤於察罕叟爾之處，一併議奏。尋議，科布多駐劄兵丁，遠隔察罕叟爾千有餘里，難於互相捍衛。察罕叟爾地方與喀爾喀遊牧之地相近，如將大兵會集一處駐劄，不但軍威强盛，而防護亦有裨益。應將科布多兵丁撤回察罕叟爾，其駐劄庫布可爾兵丁亦應撤回察罕叟爾。從之。

辛亥，大學士、忠達公、撫遠大將軍馬爾賽起程，上命皇四子弘曆告祭奉先殿，王以下官員俱至西長安門外送行。【略】兹特命爾爲撫遠大將軍，統領滿洲、蒙古、緑旗大兵，爾其彈壓邊疆，肅清壁壘。

甲寅，寧遠大將軍岳鍾琪奏報：臣遵旨襲擊烏魯木齊，於七月二十二日，自巴爾庫爾啓行，從伊爾布爾和邵地方經行五百餘里，直至穆壘河地方，竝無賊夷卡倫。於二十三日，臣統領大隊沿途擊賊。至阿察河，有賊夷數百人在前引誘，臣即嚴整攻殺，賊夷敗走。我兵追至厄爾穆克河，賊夷在隔河踞住山梁，排敵三處，約有三四千人。臣先令總兵張元佐等領步兵爲右翼，提臣紀成斌等領馬兵爲左翼，總兵王緒級、曹勷等領兵由中路而上，居中策應。又令參將黄正位等帶領勇健兵，從北山抄襲賊人之後。官兵齊進，奮勇争先，飛奔山梁，直衝賊隊。自辰至午，將三處山梁俱皆奪取，賊夷往西敗遁，殺死賊夷不計其數。因山路崎嶇，天色將晚，我兵不便窮追，臣即收兵劄營。於二十四日接奉上諭，令臣畧行襲擊，即撤兵回營。臣追趕賊夷，離納鄰河不遠，至烏魯木齊僅有兩日路程。因烏魯木齊一帶賊夷搬移已空，深入無益，臣於七月二十五日，統領大兵回赴巴爾庫爾，仍按程埋伏精兵禦後，以防賊夷尾隨，偷盗馬匹。臣遵旨襲擊緣由，并旋師日期，理合奏聞。得旨，岳鍾琪此次領兵襲擊賊衆，進退遲速，俱合機宜，弁兵等鼓勇争先，同心効力，甚屬可嘉。著岳鍾琪將在事有功之人，分别造册送部，俟成功之日一併從優議敘賞賚。其陣亡及帶傷之兵丁，著照例賞卹。

《世宗實録》卷一一〇　九月丙寅，靖邊大將軍傅爾丹摺奏：臣等遵旨公議，率科布多兵丁撤回察罕叟爾地方。今陸續自賊營脱回之人，俱云賊兵在夸額爾齊斯地方。查夸額爾齊斯在阿爾泰之傍，科布多城之西南，相隔不遠，而與布拉罕路口甚近。見今城内所有官物甚多，今若退兵，率衆回行，萬一賊隨後擾犯，甚屬可慮。至官物内可土埋者惟鐵器，其餘糧二萬三千石，銀八十萬兩，火藥、鉛子、帳房、緞布、茶葉等皆軍營要物，大約需駝一萬二千隻，方能運載。臣已行文於順承親王，竝喀爾喀三處副將軍，傳集駝隻到後，臣領兵由科布多河東北一路，往赴察罕叟爾駐劄。奏入，報聞。

丁卯，陞左都御史鄂爾奇爲兵部尚書，仍協辦工部事務。協理兵部侍郎福敏爲都察院左都御史，仍兼管户部、兵部侍郎事務。

靖邊大將軍傅爾丹摺奏：據陸續賊營脱歸之海壽、巴顏、毛勤、垂扎木素、畢立克圖等供稱，賊人從和通腦兒交戰地方向西北前行月餘，渡額爾齊斯河。大策零敦多卜在夸額爾齊斯居住，小策零敦多卜在喀拉額爾齊斯居住，賊兵約有三萬，自圖拉拖灰及庫克德勒蘇地方散布住劄。小策零敦多卜意欲退回，大策零敦多卜決意進兵，由畢濟一路，前往擄掠公通摩克，攻取察罕叟爾，在杭愛地方過冬等語，謹此奏聞。得旨，朕覽地圖，夸額爾齊斯離巴爾庫爾甚近，雖隔沙磧，聞雪降氷凍之後即可行走。見今西路軍營各路俱嚴固防守，似無可慮。但恐賊人自夸額爾齊斯過哈布塔克拜塔克，經由鹽池、圖呼魯克，以盗劫塔爾那沁之牲畜，殊屬可虞，大將軍岳鍾琪務籌防範萬全之策。再，嘉峪關至巴爾庫爾一路臺站，甚爲緊要，賊若從旁衝入，臺站自被其阻隔。將此行文岳鍾琪、查郎阿知之。

戊辰，靖邊大將軍傅爾丹摺奏：賊人侵犯洪甲舒魯克地方，離科布多城有五十餘里。臣將馬匹牲畜，收入城中固守。奏入，得旨：大將軍馬爾賽竝無軍營急辦事務，今賊人又來犯科布多地方，可行文令其緩行前進。若臺站已斷，或酌量回來，或尋嚴固地方駐劄偵探。

己巳，諭大學士等：賊人來犯科布多，或以全力侵察罕叟爾、扎克拜達里克，亦未可料。著行文順承親王錫保、王丹津多爾濟等，保固軍需馬匹，并喀爾喀遊牧處。賊人凡有侵掠，錫保乃總理調遣事務之人，斷不可輕離察罕叟爾。即有調遣事宜，錫保可遣彼處之大臣等領兵前去。王丹津多爾濟雖係副將軍，

亦宜與錫保在一處辦理。若無朕旨，斷不可輕動。

壬申，靖邊大將軍傅爾丹摺奏：據烏蘇圖舒魯克卡倫之侍衛達什爾圖報稱，賊人駐劄紅鄂羅腦兒地方，約有萬人。又科布多城外三十餘里，有賊兵五六百名往布延土前去等語。臣等固守城池，如攻城賊兵人少勢弱，即相機勦殺。奏入，報聞。

乙亥，諭大學士等：行文康親王崇安，前往軍營，同訥爾渾、李杕在漢軍營行走，聽大將軍馬爾賽調遣。

戊寅，調刑部尚書勵廷儀爲吏部尚書，仍專管刑部事務。陞直隸河道總督劉於義爲刑部尚書，仍署理北河總督事務。

《世宗實録》卷一一一　十月乙未，撫遠大將軍馬爾賽摺奏：據二十九臺章京達賴報稱：賊人越那穆山嶺，至白格爾察罕鄂爾格地方，將輝特公巴濟、圖爾古特郭莽喇嘛之徒弟，及厄魯特王色卜騰旺布之班第，俱行掠去。賊兵大半進西爾哈郭畢，向郭多里巴爾哈孫前去。又一隊賊兵向杭愛由圖拉前進，總在厄爾得尼招會齊，攻取喀爾喀遊牧。奏入，報聞。

戊申，陞湖北巡撫魏廷珍爲禮部尚書。

壬子，厄魯特郡王色卜騰旺布摺奏：臣父阿拉布坦由阿爾泰原遊牧地方投順以來，世受皇恩，今聞賊人信息，正欲與貝子茅海、車零計議，遷於內地遊牧。不意茅海、車零二人，率領管旗章京班第、佐領索團等兵五百餘人叛投噶爾丹策零。臣與寨桑數人，兵百餘人，現在此居住，請旨如何安置。奏入，得旨：色卜騰旺布素爲朕所嘉與，今感戴朕恩，竭力保護所屬人等，不致妄動，具奏請旨，可嘉可憫。已諭理藩院遣人照看矣，伊可酌量嚴密之處即遷移駐牧，朕隨即加恩，并其所屬寨桑官員以及閒散人等亦俱加恩，務令其寬裕。

乙卯，諭大學士等：北路安設卡倫之侍衛莫爾渾等，因賊兵侵擾阿濟一路，伊等投往西路軍營。今思阿濟等處可以不必安設卡倫，莫爾渾等著岳鍾琪送令回京。再，巴爾庫爾軍營現有歸化城降賊參領理查布之子杭金，著莫爾渾等帶來。又前派西路之家選兵二千名，因阿濟畢濟有賊人信息，已從古爾班賽堪山後由揆通巴扎爾一路，前往扎克拜達里克地方駐劄。寄信與岳鍾琪，西路不必探訪接應。

振武將軍順承親王錫保摺奏：準噶爾賊人大策零敦多卜、小策零敦多卜、多爾濟丹巴等，於八月十一日，自夸額爾齊斯至索爾畢烏拉克秦地方，留兵四千，以爲應援，領兵二萬六千來犯科布多等處。因科布多察罕叟爾扎布韓軍營，兵威强盛，防守嚴密，遂直抵克爾倫侵取喀爾喀遊牧，令賊將海倫鄂爾哲等領兵三千，前去劫掠，策零敦多卜之兵向蘇克阿爾達胡屯劄。又令小策零敦多卜之子曼濟領兵三千，往鄂爾海錫拉烏蘇等處搶掠牲畜。九月二十日，臣令王丹津多爾濟、額駙策凌等，合兵向蘇克阿爾達胡擊賊。二十一日，至歐登楚爾地方，遣台吉巴海等領兵六百名，夜至大策零敦多卜賊營，擒賊三人而還。大策零敦多卜遣賊將滚楚扎卜錫拉巴圖魯領兵三千來追，巴海等誘至歐登楚爾大營。二十二日，王丹津多爾濟、策凌列陣力戰，自辰至午，陣斬賊將喀喇巴圖魯。其賊將錫拉身負重傷，率賊敗遁，復擒殺數百餘賊。是夜，策零敦多卜等即移至台錫里山屯劄。二十五日，曼濟兵敗回營，俱退至哈布塔克拜塔克地方遁去。臣等思準噶爾賊人乘機深入，分路侵犯，妄思劫掠。仰仗天威，王丹津多爾濟、額駙策凌等領兵直抵賊巢，奮勇擒殺，賊兵遠遁，臣等現在選兵追襲。其有功將士查明再奏。得旨，喀爾喀副將軍親王丹津多爾濟、郡王額駙策凌等率領喀爾喀弁兵，奮勇争先，戰敗準噶爾，勦殺擒賊，甚屬可嘉。丹津多爾濟從前効力，已加恩封爲親王，著賞銀一萬兩。郡王額駙策凌晉封爲和碩親王，亦賞銀一萬兩。扎薩克圖汗親王策旺扎布雖未歷戰陣，在軍營同順承王宣力辦事，亦賞銀五千兩。其餘王、貝勒、貝子、公、衆台吉官員兵丁內懋著勤勞者，著順承王查明具奏，加恩優賞。

《世宗實録》卷一一二　十一月庚寅朔，諭大學士等：昨據順承親王及傅爾丹等奏報，知北路賊兵已退，邊境寧謐。已寄知大將軍岳鍾琪，令其不必發兵往阿濟畢濟矣。但思賊兵雖離北路，冬間或向西路，自應仍前防範。至於吐魯番屢拒賊兵，賊人啣恨，將來擾害吐魯番勢所必有。今雖暫派官兵三千名駐防，然究非長久之策，回民應否遷移，官兵何時可撤，著岳鍾琪悉心籌畫具奏。

又諭：此次喀爾喀兵丁丹津多爾濟、額駙策凌等，率領征討，並未奏有和托輝特貝勒班第之名，伊之遊牧在何處？輝特公巴濟已叛降準噶爾，喀爾喀公通摩克之遊牧，又不知如何？今喀爾喀等之遊牧俱已內移，若和托輝特移住之地嚴密完善，令其居住，如稍有可虞，即令東移。

又諭：額駙阿寶之子袞布，帶伊屬下兵五百名，効力行間，勤勞懋著。朕曾降旨與岳鍾琪，令其撤回原遊牧處，以示寬恤。今據岳鍾琪奏稱，此軍在營甚有裨益，仍請留駐等語。朕念此兵効力已久，理應撤回。但時值冬寒，不便遽撤，

著暫在軍營，俟來年青草發生時，再令回伊原遊牧處。從前已加恩賞，著岳鍾琪再添給銀兩，竝傳諭額駙阿寶知之。

辦理西藏事務護軍統領馬喇、額外内閣學士僧格摺奏：班禪額爾得尼、貝勒頗羅鼐遣人齎送官兵酥油、炒麪、牛羊、乾糧等物，臣等累經發還，伊等堅不領回，是以收留分給官兵。得旨，馬喇、僧格可將班禪額爾得尼、頗羅鼐所送之物，核算價值，充裕給與銀兩。竝傳諭伊等，朕遣兵在藏駐劄，特爲衆唐古特防守地方，使之寧謐，豈有絲毫貽累之理？今所送諸物，勢必在伊屬下衆人攤派，未免滋擾。且我兵糧餉竝不缺乏，無須幫助，此番給還銀兩，竝非外視爾等也。可傳諭唐古特咸悉朕意。

癸亥，靖邊大將軍傅爾丹摺奏：臣等公同會商，以十月十三日大兵自科布多城起程，弁兵各給口糧。所有帑銀六十八萬七千三百兩，分令各大臣官員兵丁攜帶，竝將火藥鉛子，均勻馱載，就近由布婁爾烏哈爾扎沿途食雪，向察罕叟爾進發。十月十七日，行至綽諾海拉琥地方。據振武將軍順承親王咨稱，九月二十二日，戰敗賊夷大策零敦多卜等俱已逃遁，喀爾喀副將軍等分路遠追，因賊夷已踰阿爾泰山嶺，即撤軍回營等語。臣遂統率大兵，選擇水草，休養馬匹，向察罕叟爾緩行至揆通烏闌地方。又咨稱，驛站俱已接續，所有軍機事件應仍由大將軍處奏聞，不必據咨轉奏。所有臣等回赴察罕叟爾、領兵起程日期，理合繕奏。得旨，傅爾丹既至察罕叟爾，著將靖邊大將軍印交順承親王掌管，振武將軍印著傅爾丹掌管，協同順承親王辦理事務。

甲子，諭大學士等：爾等可傳諭傅爾丹，伊原與順承親王不和，王諸事竝無過失。近日傅爾丹輕進，以致虧損官兵。若大將軍印務仍命管理，非但衆心不服，即傅爾丹心亦不安。伊既失蒙古等之心，緑旗兵丁亦未必孚信，伊所恃者惟數索倫耳，豈知首先潰散幾致伊於危殆者，即索倫乎？順承親王諸事遵朕指示，領大兵在察罕叟爾，賊夷懼其聲威，不敢侵擾，旋即敗遁。朕今令傅爾丹爲王協理，以贖前愆，至殲賊立功，惟王是賴，傅爾丹宜悉心盡力，勉圖報効。若仍執前見，妄存私意，與王不和，不但無益於國家，傅爾丹恐益增罪戾矣。

乙丑，諭大學士等：山東登州乃濱海重鎮，所轄地方遼濶。查該鎮本標及所屬兵丁，除水師外，額兵六千餘名，似不敷用。再自添設河東總河之後，將南河總河標兵歸於河東總河管轄，而以漕標兵一千餘名改歸南河總督，於是兩河標兵及漕標操防之兵俱覺不敷。此四處兵應否酌量增添，爾等詳查議奏。尋議：登州一鎮延遠二千餘里，本鎮標兵及所屬文登等十營，除水師外，共額兵六千三百餘名，汛廣兵單，實屬不敷。臣等酌議應添兵一千名，駐劄鎮城，以實行伍。至河東總河標兵一千九百二十一名，江南總河標兵一千九百餘名，漕標兵四千五百名，各有防河催漕等差，均覺不敷，請將漕標及兩河標兵各添設一千名，與添設登鎮陸路之兵共四千名，交與總漕、總河併登鎮總兵官，精選技勇壯健之人，照馬四步六之例，召募充補。再查登鎮水師現在共兵八百五十名，趕繒船十隻，艍船七隻。所轄海面島嶼甚多，往來巡哨差使頗繁，應添艍船三隻，兵一百五十名，以足一千之數。所添兵丁，務選熟於海道及通曉水戰之人召募充補，艍船令山東巡撫委員監造。至各處應加守備、千總等員及應建營房，令總漕、總河、登鎮會同該督撫詳悉定議。從之。

陞左都御史署西安巡撫史貽直爲兵部尚書。

大學士等遵旨議奏：扎克拜達里克地方甚屬緊要，馬爾賽所領漢軍兵四千名，即令馬爾賽統領前往扎克拜達里克地方駐劄。現今可分作八隊，諾爾渾、富昌帶領首隊於十二月初一日起行，李杕、祖秉衡、佟時茂、劉汝霖各領一隊隨後而行。其餘二隊，交馬爾賽於營總内揀選二人，各帶一隊行走。馬爾賽帶領後隊，於十二月初八日起程殿後。儻遇嚴寒大雪，難以行走，即在推河等處駐劄，俟明歲春融，再至扎克拜達里克。馬爾賽起程時，撫遠大將軍印交送康親王暫管。另給一印與馬爾賽，伊領兵到扎克拜達里克時，與欽拜、阿成阿等所領兵丁，俱聽順承親王調遣。察罕叟爾處所有盛京烏喇及索倫新滿洲等兵丁，應令順承親王在内酌派數百名，遣往馬爾賽處，在哨探瞭望緊要處差遣。歸化城亦屬緊要，馬爾賽至扎克拜達里克時，令將圖爾賽等所領土默特兵丁一千名遣回歸化城。圖爾賽、席爾塔仍同僧滾扎卜等，統領喀喇沁一千兵丁，由扎克拜達里克以至十三臺處分駐，照看臺站。察罕叟爾處，調扎薩克兵二千，令其駐劄推河。京城所派胡琳、綽爾多帶往之兵丁二千名，令其於本月擇日起程，前往歸化城。俟到彼之時，精選一千名，於二月間，令侯馬蘭泰、副都統達爾濟、胡琳統領，往鄂爾昆之西形勝地方，與扎薩克兵丁合一處駐劄。其餘兵丁一千名，令副都統綽爾多統領，在歸化城駐劄。再派四子部落、毛明安、喀爾喀、吴喇忒、鄂爾多斯兵丁二千名，令鄂爾多斯王查木陽、四子部落王阿喇布坦多爾濟統轄。又選派察哈爾厄魯特兵各二百名，令總管雅圖統領，俱於明年二月，前往吴喇忒之西界形勝地方駐劄。得旨，依議。馬爾賽著給與綏遠將軍印，阿克敦等即令隨

馬爾賽前往辦理印務。

丙寅，諭青海王、貝勒、貝子、公、扎薩克、台吉等：近日準噶爾賊夷遣策零敦多卜二人，領賊衆越阿爾泰來侵喀爾喀，欲搶掠克爾倫，及劫取澤卜尊丹巴胡土克圖，被喀爾喀副將軍王丹津多爾濟、額駙策凌等率兵分路迎擊，勦殺生擒，立獲其駝馬，賊夷敗遁。因轉思離間，寄書與喀爾喀善巴岱青王之孫王喇嘛扎卜，希圖誑誘，擾亂成事。喀爾喀深知賊夷詭計，父子前後一轍，忿怒痛恨，不改初心。今爾青海台吉等久荷聖祖皇考册封位號，褒寵顯榮，歷有年所。至於編設旗分，以便稽查賞賚，復恐扎薩克以强陵弱，互起争端。譬之厄魯特内，有得沁者，有鄂托克者，有扎薩古爾者，有得默齊者，皆爲易於管轄而已。爾有饑饉，朕必加周給；隨獵行兵，必加賞賚。從無徵輸爾蒙古者，朝廷恩典至優至渥矣。若以封號旗分爲賤，亦可奏明酌改。且爾厄魯特之台吉阿巴賴諾顔之子孫現在準噶爾處，果爲帥領乎，抑爲屬下乎？即如羅卜藏丹津降附賊夷，即將伊所屬分散爲奴，較之受天朝封號，孰榮孰辱？準噶爾原係成吉思汗之奴隸，爾等俱係成吉思汗之弟哈布圖哈撒爾之子孫，若以博爾濟錦氏諾顔等之先世論之，準噶爾乃爾等之奴隸也，奈何甘心自屈，受制於奴隸乎？可自思之。爾等當知賊夷詭計，勸諭屬下，分别利害，令其亦如喀爾喀等之奮勇立功，豈可甘爲懦怯，受賊夷蹂躪乎？朕因準噶爾反間致書，故又諄諄降旨，爾等如能遵行，則可以保全妻子遊牧，永享安寧之福矣。

戊辰，諭大學士等：王丹津多爾濟具奏，據投誠之厄魯特多爾濟供稱，噶爾丹策零現在夸額爾齊斯遊牧。因有哈薩克之人常來搶掠馬畜，殺擄人衆，是以噶爾丹策零親統兵一萬，在遊牧外相隔一日路程防守等語。查夸額爾齊斯與伊里甚遠，而云噶爾丹策零在彼遊牧，此言固屬謬妄，但策零敦多卜領兵現在夸額爾齊斯居住，不可不預爲防範。阿濟、畢濟乃賊人出入之要路，今廷臣議稱阿濟、畢濟在西北兩路軍營之間，應駐兵二三千名，防守堵禦。朕思阿濟等處與巴爾庫爾相隔二三百里，從前朕屢降諭旨，令岳鍾琪但經理西路之事，而不必旁及北路者，因彼時賊人情形，似欲專擾西路也。今賊人既盤踞夸額爾齊斯，則其意全在北路矣。若岳鍾琪以大將軍擁兵四五萬，而但坐鎮無事之堅城，於理可乎？然廷議於阿濟等處駐兵二三千名，朕意以爲兵數太少，必得萬餘名，方爲有益。爾等行文於岳鍾琪，詳悉妥議具奏。至十月間，無克克嶺卡倫被賊擄去兵丁，賊人直至南山一帶，盗竊馬匹。我軍四五萬駐劄巴爾庫爾，一聞賊信，將馬匹收入城中。搭爾那沁離營不過二三百里，而不能保護馬匹，仍聽賊徒肆行無忌，大將軍與數萬官兵未知所司何事，爾等行文併及之。

辛未，靖邊大將軍傅爾丹摺奏：臣率領大兵，於本月初六日已至察罕叟爾。京師滿洲兵臣自行統率在察罕叟爾之東、巴顔布拉克地方過冬，歸化城、土默特之兵令與王桑里達居住之濟斯布隆地方附近駐劄。盛京、船廠、右衛、察哈爾、喀喇沁、土默特、緑旗兵離滿洲營相去五里，次第安營。黑龍江兵丁令在大營之北，扎哈蘇泰呼集爾圖地方駐營防守。奏入，得旨，交辦理軍機事務大臣等議奏。尋議，本月初四日，靖邊大將軍印既令順承親王掌管，應行文順承親王，將各處弁兵如何擇地屯劄之處，會同傅爾丹酌量辦理。從之。

敕諭靖邊大將軍順承親王錫保：【略】一切機宜，爾商酌調遣，振武將軍傅爾丹、綏遠將軍馬爾賽俱聽爾調度。有應知會西路寧遠大將軍者，即行知會，一同辦理。爾其嚴重精詳，殫心奮力，克奏膚功，永清邊徼，以副朕戡亂靖逆安民綏衆之至意。

丁丑，大學士等議奏：據辦理西藏事務護軍統領馬喇等奏言，頗羅鼐蒙恩授爲貝勒，又令辦理前藏、後藏、噶隆事務，今具稟懇求印信，以便行文該管地方與軍機調發事務。應如所請，令禮部鑄給辦理危藏噶隆事務多羅貝勒銀印一顆，交於頗羅鼐掌管。從之。

《世宗實録》卷一一三　十二月庚寅朔，以正黄旗護軍統領馬喇爲工部尚書，實授扣婁爲正黄旗護軍統領。

癸巳，廣東布政使楊永斌條奏：定例鐵器不許出禁貨賣，而洋船私帶，禁止尤嚴。粤東所産鐵鍋，每連約重二十觔。查雍正七、八、九年夷船出口，每船所買鐵鍋，少者自一百連、二三百連不等，多者至五百連，併有至一千連者。計算每年出洋之鐵，約一二萬觔，誠有關係。應請照廢鐵之例，一體嚴禁，違者船户人等照例治罪。官役通同徇縱，照徇縱例議處。

甲午，以原任江南松江提督柏之蕃署鑲黄、鑲白兩旗漢軍都統。

乙巳，諭内閣：逆賊吕留良以批評時藝，託名講學，今罪蹟昭彰，普天共憤，内外臣工咸以罪犯私著之書，急宜焚燬爲請。朕以爲，從來無悖逆之大儒，若因其人可誅而謂其書宜燬，無論燬之未必能盡，即燬之而絶無留遺，天下後世更何所據以辯其道學之真僞乎？以故燬書之議，概未允行。頃者，翰林顧成天奏稱，吕留良所刊《四書講義》、《語録》等書，麤浮淺鄙，毫無發明，宜敕學臣曉諭多士，

勿惑於邪說。爰命在廷儒臣，詳加檢閱。兹據大學士朱軾等於其《講義》、《語録》逐條摘駁，纂輯成帙，呈請刊刻，徧頒學宫。朕以逆賊所犯者，朝廷之大法也；諸臣所駁者，章句之末學也。朕惟秉至公以執法，而於著書者之爲醇爲疵，與駁書者之或是或非，悉聽之天下之公論，後世之公評，朕皆置之不問也。大學士朱軾等既請刊刻，頒布學宫，俾遠近寡識之士子不至溺於邪說，朕思此請亦屬可行，姑從之，以俟天下後世之讀書者。

壬子，以廣東廣州左翼副都統馬士傑署廣東廣州將軍。

雍正一〇年（壬子、一七三二）

《世宗實録》卷一一四　正月辛巳，大學士等議奏：據厄魯特郡王額駙色卜騰旺布告稱，屬下人等見存遊牧處，有四百二十户，其内有十四寨桑，若將伊等移住内地，其中未出痘疹者多，未免恐懼。乍見在遊牧，又與賊交界。伏乞皇上施恩，往西移於喀爾喀河附近居住，甚屬堅固。至屬下人等牲畜，竝無倒斃傷損，力能遷移等語。應如所請，移住於喀爾喀河地方。

壬午，命少保、雲貴廣西總督鄂爾泰爲保和殿大學士兼兵部尚書。

甲申，寧遠大將軍岳鍾琪奏言：去年襲擊賊夷，沿途細看，有穆壘地方，形勢險要，兼可屯種。若於此建築城池，駐兵二萬，賊兵斷難飛渡而東。再於巴爾庫爾駐兵一萬，於魯谷慶、皮禪等城添設官兵，足一萬之數。如此，則賊兵來時，我軍互爲犄角，前後邀截，可令大創而去。若將來穆壘駐兵有未協之處，請將臣置之重典，妻子從重治罪。得旨，穆壘果爲要隘之地，可以堵截賊人來路，又與魯谷慶等處互爲聲援。著照所奏定議舉行。

《世宗實録》卷一一五　二月庚寅，以署鑲黄旗漢軍都統柏之蕃爲廣東廣州將軍，鑲藍旗漢軍副都統范時繹署鑲黄旗漢軍都統。

甲午，又諭：察哈爾總管、副總管之缺，因本地無應補之人，是以於京城蒙古旗分官員内揀選補授。伊等俱係由披甲護軍陞用之員，口外遊牧地方，竝無産業，艱於謀生，未免向屬下人等混行勒索，致被訐告，爲稽查官員參奏。若竟照貪婪之律治罪，殊屬可憫。嗣後，於京城揀選補授察哈爾總管、副總管、辦事官員，作何施恩賞給之處，著酌議具奏。尋議，嗣後，察哈爾總管請賞給帳房四架，馬十匹，牛十頭，羊八十隻。副總管帳房三架，馬八匹，牛八頭，羊六十隻。辦事官員帳房二架，馬六匹，牛六頭，羊四十隻。賞給之後，伊等再有勒索苛累等弊，查出將産業追還，從重治罪。從之。

乙未，以漕運總督性桂署刑部尚書，禮部尚書魏廷珍爲漕運總督。

己亥，寧遠大將軍岳鍾琪奏言：據駐剳塔爾那沁提督顔清如陸續報稱，正月二十三日，準噶爾賊人占據天生圈山口，遣參將米彪帶兵六百名，前赴三道大坂防範馬廠，隨即督兵守城。自辰至酉，賊人始退西北山下。二十四日，米彪領兵行至白楊溝一帶，與賊對敵，賊人退敗。隨遣副將陳經綸帶領官兵一千五百名，出城禦敵。賊人由西南原路而逃，陳經綸領兵追逐，沿途搜勦等語。臣查賊人率衆長驅深入塔爾那沁一帶，原圖擄掠牲畜。今軍營所留馬匹、騾頭俱在山南四道溝畢留大坂内牧放，官兵防護嚴密，牲畜竝無傷損。奏入，報聞。

庚子，寧遠大將軍岳鍾琪奏言：臣令總兵官曹勷統領副將紀成斌等，率兵應援哈密。於正月二十七日，將至二堡地方，正遇賊人大㒸約有五千餘人，即奮勇進擊，交戰一晝夜。二十八日，賊衆登山抵拒，曹勷等復四面奮攻，争先力戰。從卯至午，賊衆大潰，殺傷無數，奪其馬匹牛羊，并救出兵丁及漢、回商民數百名。所餘賊兵由沙磧敗遁西逃，曹勷領兵搜捕，直抵二堡下營。二十九日，曹勷自二堡行至柳樹泉，總兵官張豹協同哈密副將焦景竑、塔爾那沁副將陳經綸等，與曹勷合兵一處，乘夜追勦。臣思賊人背腹受敵，縱有殘寇免脱，勢必逃至無克克嶺，臣隨知會副將軍石雲倬、常賚，署鎮安將軍卓鼐等，派遣滿、漢兵丁六千名，於無克克嶺南山口之梯子泉一帶截殺。仍著總兵官曹勷將所領官兵在沙棗泉駐剳，以張聲勢。所有大捷緣由，理合繕摺奏報。得旨，大將軍岳鍾琪奏報各路撥派官兵進勦堵截，及總兵曹勷等擊敗賊人之信，調度有方，運籌亦備，官弁兵丁奮勇効力，擊敗賊衆，朕心嘉慰。惟是曹勷領兵一路，正當賊鋒，其所帶兵丁稍覺單弱，而勇健將弁亦覺尚少。再賊人若由無克克嶺逃遁，則有常賚、石雲倬等堵邀擊殺。假若敗殘餘賊，由沙磧而遁，必由齊克塔木經過，吐魯番之官兵早能得信，與回民併力邀擊，豈不更善？又穆壘駐兵一事，朕已降旨與岳鍾琪，令其計議舉行，則吐魯番回民遷移之事可以緩商。至穆壘築城，若事在必行，以速爲善。今賊夷受創而去，乘機動工，更覺順便。竝令岳鍾琪速議奏聞。

乙巳，諭内閣：扎薩克旗分地方各處耕種所收米石存倉，原爲伊等地方荒歲之用。目今喀喇沁等處米石盡行散賑，伊等屬下蒙古倉廩空虛，不可不預爲之備。著於賑濟米石外，再行施恩，每石給發價銀一兩，交與各該扎薩克等買

米，存倉收貯，俟入倉之日報部，部内差員查驗。若將給價買補之米不行入倉，及有侵蝕等弊，必從重治罪。

丁未，諭内閣：朕聞西寧北川口外白塔地方出産石煤，係附近漢、土番、回民人究取販賣，以爲生計，每馱納税錢三十文。西寧府委員收解充餉，約計每年收銀一千九百餘兩。近因西陲用兵之際，西寧移駐兵弁較前爲多，率皆用煤以供炊爨，煤價漸至昂貴，若仍照例徵收税銀，恐價值不能平減，於兵民均有未便，著將應收税銀寬免。該督撫轉飭有司，實心稽查。儻胥吏人等有照舊私收，或借端需索者，務令察出治罪。

辛丑，寧遠大將軍岳鍾琪奏言：準噶爾賊人由五堡之南，沿沙磧敗遁，若尋有水草路，必繞至無克克嶺一路西竄。臣前派副將軍常賚、石雲倬所領之官兵六千餘名，俱於正月二十九日午未時齊至無克克嶺。臣與副將軍常賚面議，官兵一到無克克嶺，畧爲歇息，即令石雲倬挑帶四五千名先赴梯子泉一路截殺，署鎮安將軍卓鼐帶滿兵二千名隨後接應，其餘官兵令常賚帶領守截無克克嶺山口。三十日午後，賊人適在山口二十里屯住，石雲倬等如即遣發官兵，乘夜潛襲，滅此自不待朝食，詎料初一、初二等日，杳無捷音。至初三日，始據卓鼐咨稱：初一日，賊兵業已逃竄。初二日，即遣驍勇官兵近搜遠捕，賊人從陶賴大坂之西越向納庫山遁歸。臣思將軍三員，帶兵萬餘，乃觀望不前，以致賊人驚覺遠颺，深爲駭異。及副將軍等陸續撤兵回營，詢其情節。據常賚、卓鼐等同稱：三十日午後，見有賊人屯住山口，石雲倬總不發兵。直至戌時，始派兵一千五百名，令總兵官張存孝帶領在山下等候，又數次遣入攔阻，不許前進。石雲倬安寢帳房，初一日天明，始領兵東行十餘里，隨即安營，造飯煎茶，繞轉西而行。張存孝至賊人屯住之處，餘火未息，報稱賊人竄遁不遠，請其速行前進追勦。石雲倬又傳令撤兵，不許追襲。臣以梯子泉一帶，實逆賊歸巢之要路，又慮無克克嶺之西南尚有塔庫納庫一路，亦係賊人歸途，務須派兵堵截。查有凉州右營外委馬得玉，乃熟識塔庫納庫道路之人，令其馳赴行營，聽候發兵領路。不料石雲倬大怒，以馬得玉爲多事，欲行責治，竝不發兵邀截，賊人果由塔庫納庫一路逃歸，坐失機會。石雲倬乖戾僨事，臣實難代爲隱諱，不得不據實奏聞。得旨，辦理軍機大臣嚴察議奏。尋議，石雲倬應革職，交與岳鍾琪同常賚、卓鼐等詢明確供，解京按律究擬。從之。

癸丑，又諭：西路軍務，關係緊要。軍營之中，協辦大臣甚少，福建總督劉世明於西邊情形素所諳悉，著馳驛來京，面請訓旨，前赴軍營。先賞藩庫銀一萬兩，製辦行裝。福建總督印務著廣東總督郝玉麟署理，廣東總督印務著廣東巡撫鄂彌達署理，廣東巡撫印務著廣東布政使楊永斌署理，廣東布政使印務著江南蘇松常鎮道甘汝來署理。郝玉麟未到閩之前，福建總督印務著阿爾賽暫行署理，仍兼管提督事務。

又諭：從前因歸化城留兵甚少，諭令副都統圖爾賽等帶領土默特一千兵，前往照看臺站，俟馬爾賽所領兵丁至扎克拜達里克時，將土默特兵丁撤回。貝勒僧滚扎布等領往之喀喇沁一千兵，令駐扎臺站。今噶斯一路土默特兵丁，俱經撤回歸化城，歸化城既已添兵，圖爾賽等領去之土默特一千兵，著暫行停止撤回，仍令看守臺站。喀喇沁一千兵丁，著往扎克拜達里克地方屯扎候旨。

貴州巡撫張廣泗才幹優長，實心任事，數年以來，苗地用兵，該撫親歷戎行，深諳軍務。著即馳驛來京，面請訓旨，前往軍營爲副將軍，賞藩庫銀一萬兩，製辦行裝。貴州巡撫印務著廣西布政使元展成前往署理。

乙卯，諭大學士等：賊人侵犯哈密、塔爾、那沁等處，所派官兵征勦堵截，其中多有步行者，雖因將領無能，觀望退縮，致令賊衆逃遁，而兵丁之奮力前驅，勤勞實堪軫念。著大將軍將大營塔爾、那沁、哈密等處此次出征之兵丁查明，分別賞賚。其陣亡受傷之兵丁，尤可憐憫，著查明照例賞䘏。

《世宗實録》卷一一六　三月戊辰，寧遠大將軍岳鍾琪奏言：據馬廠遊擊龍有印解送擒獲準噶爾賊人巴顏等供稱，領兵來犯哈密，係台吉色布騰及小策零敦多卜之子策零那木扎爾等。噶爾丹策零去年九月内，調兵六千名，在烏魯木齊地方會齊，至奇台附近處過冬。今年正月十二日，由奇台起程，於二十日夜間過無克克嶺，前赴哈密。其侵犯阿爾泰之兵，去年十一月間，小策零敦多卜回至哈喇沙爾，大策零敦多卜回至他爾巴哈台，留小策零敦多卜之子曼濟在撥東齊地方過冬。今因哈薩克兵擄掠準噶爾七百餘户，噶爾丹策零已將曼濟撤回，欲往哈薩克地方發兵等語。理合録供繕奏報聞。

《世宗實録》卷一一七　四月乙巳，調刑部尚書海壽爲户部尚書，實授性桂爲刑部尚書。

甲辰，兵部遵旨議覆，大學士鄂爾泰等參奏寧遠大將軍岳鍾琪玩忽縱賊，奏報不實，應行議處。【略】得旨，岳鍾琪著削去公爵并革去宫保，降爲三等侯，仍留總督職銜，護大將軍印務，戴罪立功。

丙午，調工部尚書張大有爲禮部尚書，以署鑲黄旗漢軍都統范時繹爲工部尚書，仍兼管都統事務。

丁未，諭内閣：從前四川建昌總兵官趙儒條奏開採會川、寧番等處鉛銅各廠。彼時，朕即不以爲然，詳問該撫憲德，據憲德回奏，極言有利無害，是以交部議行。乃兩年以來，竝無成效，徒滋煩擾。著將原請開採人員交部察議具奏，所開礦廠著封閉。其開採商民，該地方官妥協辦理，令其各回本籍。

《世宗實録》卷一一八　五月甲戌，諭户部：福建臺灣府彰化縣經兇番擾害之後，百姓耔種未免失時，該縣所有雍正八九年分未完穀六千五百餘石，著悉行豁免。

辛巳，諭辦理軍機大臣等：據岳鍾琪奏稱，賊人小策零敦多卜在奇林地方聚兵三萬，欲侵犯喀爾喀遊牧，我兵宜嚴加防備。著將岳鍾琪奏摺録寄順承親王馬爾賽、達爾濟，令伊等偵探信息。賊人若以全力來犯，應如何防禦；若分路以輕兵來犯，應如何截殺，預行詳細定議，務期妥協，不可輕率。

《世宗實録》卷一一九　閏五月丙申，護寧遠大將軍岳鍾琪奏言：據駐劄魯谷慶總兵官王廷瑞稟報，賊人寨桑額爾克得松領賊二千名，分東西二路，來犯哈喇火州城。參將劉廷琰、遊擊李英等分兵迎敵，殺傷賊人，俱皆敗走。劉廷琰等領兵追勦，賊人遠遁。因見黑霧大風，不便窮追，撤兵回城。臣等仍飛飭總兵王廷瑞晝夜嚴防，時加哨探。理合繕奏。報聞。

庚戌，福建巡撫趙國麟奏言：臺灣北路大甲西番不法，殘害官兵，經臺灣總兵官吕瑞麟同臺灣道倪象愷帶領兵壯，勦撫兼行，已將脅從之朴仔籬等社先後就撫。續有鳳山縣南路姦民乘機聚衆，殺傷官兵，經陞任陸路提督王郡親率弁兵，勦追解散。今南路姦匪陸續拏獲究審。現在嚴緝首犯吴福生，到日即可定案。其大甲西番土官率領全社男婦老幼四百十九名，造册就撫，現在查訊實情，究出首兇定擬，仍於各莊緊要之處，設兵防護。所有南北兩路安定情形，理應具奏。報聞。

《世宗實録》卷一二〇　六月辛未，諭辦理軍機大臣等：從前應行發遣黑龍江等處罪犯，曾改發扎克、拜達里克等處，令其開墾耕種。後因伊等在彼甚不得力，是以停其改發。上年賊人窺伺扎克、拜達里克，彼時所有罪人跟隨官兵守護城垣，竭力捍禦，甚屬可憫，朕已加恩除其罪名，令充緑旗兵丁，入伍効力。續據順承親王等奏稱，伊等深知感戴朕恩，共思黽勉。可見有罪之人予以自新之路，仍可望其改惡從善，若發往黑龍江三姓諸處，不過終身爲人奴僕而已。朕意嗣後將應發黑龍江等處人犯遣往北路軍營附近可耕之地，令其開墾効力，在伊身可以努力自新，而於屯種亦甚有益。其如何遣發安置之處，爾等詳議具奏。

壬申，署雲南、貴州、廣西總督高其倬奏言：雲南普洱府屬思茅土把總刀興國，勾結苦葱蠻悖叛，煽動元江夷人，圍攻普洱府城。又通關大寨羅夷附和苦葱，過阿墨江，直犯他郎地方。元江營守備馬漢勛率把總康天錫奮勇殺賊，賊衆敗退。賊益兵來攻，康天錫深入陣亡。臣即調遣迤東迤西官兵，令臨元鎮總兵官董芳總統節制，由元江、景東兩路尅期進勦。報聞。

甲戌，靖邊大將軍、順承親王錫保等奏言：據賊營脱歸之喀爾喀根都爾錫等供稱，小策零敦多卜領兵於奇林處，會齊從布拉罕等處發兵一萬五千，和通胡爾哈等處發兵一萬五千，二路來犯阿爾泰，於七月間進兵等語。臣等詳思，準噶爾賊性姦狡，或一路而來，或分路前進，俱不能預定。今將特斯路預防一萬精兵，擇水草處駐劄外，再將軍達爾濟所領兵丁，尚未到白格爾，范清曠所運之米，已有三千餘石運到白格爾地方，應加防守。臣等現派原任提督周瑛、何祥書等統領三千緑旗兵丁，前赴白格爾駐劄。又調副都御史阿成阿所領家選兵二千，臣處黑龍江兵一千，内扎薩克兵一千，喀爾喀兵二千，同駐台錫里山。以三千緑旗兵爲翼，在白格爾深溝高壘，嚴排鹿角，防守糧米，既可要賊之來路，策應達爾濟遠來之兵亦甚有益。奏入，報聞。

《世宗實録》卷一二一　七月庚寅，諭辦理軍機大臣等：京中送往軍營之器械等項甚多，驛站雖備有車輛，每遇物件繁多之時，官車不能敷用，勢必僱募民車運送，寬裕給與價值。惟是官吏等奉行不善，每於數日之前，即將商民車輛牲口拘集於驛站地方，令其守候備用。至起運日期，始給運價，其餘耽擱之日竝不准算，以致商民探知信息，即行遠避，行旅畏懼不前。嗣後，著嚴行禁止。

丙申，命户部尚書海壽專管刑部事務，工部尚書范時繹兼管刑部事務，調兵部尚書鄂爾奇爲户部尚書，刑部尚書性桂爲兵部尚書，以左都御史福敏署工部尚書。

丁酉，命少保、大學士、伯鄂爾泰督巡陝、甘，經畧一應軍務，頒給印信。

戊戌，諭辦理軍機大臣等：西路軍營事務，岳鍾琪辦理總不妥協，著回京。其寧遠大將軍印務，著署陝西總督查郎阿署理，副將軍張廣泗暫行護理。查郎阿年來辦理軍務，事事合宜，克勝大將軍之任。但肅州路遠，未便來京請訓，今

特命大學士鄂爾泰馳驛前往肅州，傳朕訓諭。查郎阿著先期料理，並賞給公用銀一萬兩。陝西總督印務及所辦軍需事，著直隸總督劉於義前往署理，賞銀五千兩。朕有訓諭劉於義之處，亦著大學士鄂爾泰傳旨。許容、范時捷俱著在肅等候。查郎阿起身時，著知會提督樊廷一同出口。

《世宗實録》卷一二二　八月乙卯，靖邊大將軍順承親王錫保奏言：目今準噶爾賊人前赴厄得爾河源地方，臣等偵探已確，酌議於奔博圖山嶺發兵堵截，共派滿洲、蒙古兵一萬八千名，令王丹津多爾濟總統。額駙策凌、王羅卜臧喇錫、桑里達、貝子特古斯、羅卜藏、公羅卜藏、參贊查克旦、塔爾岱、阿岱、前鋒統領塔爾馬善、副都御史阿成阿、副都統阿那布、胡習禮、額爾勒、烏察拉、王常、哲庫訥、阿思哈、布爾沙、貝勒僧滚扎卜、公羅布臧策布登、沙津達賴等，分派督率，於七月二十一日起程。奏入，報聞。

壬戌，西路副將軍張廣泗等奏言：臣等自巴爾庫爾起程，七月十一日，直抵穆壘。竊見穆壘地處兩山之間，築城其中，形同釜底。又兩山蔓延叢雜，受敵甚易，據守甚難，實非屯兵進取之地。查巴爾庫爾地處平原，南北兩山，南山綿亘數千里，直至伊里；北山漸折而西，南至濶舍圖，與南山鎖合，實爲巴爾庫爾之關鍵。再西出烏蘭烏蘇口，則北山已斷，南山之北即屬沙磧。是以康熙五十四年間，大兵屯駐巴爾庫爾，即於濶舍圖派兵駐守。今請於濶舍圖駐劄重兵。濶舍圖以西之烏蘭烏蘇口，南山一帶之陶賴、無克克嶺，北山一帶之小濶舍圖、色必忒、鄂龍吉、察罕哈麻爾鏡兒泉，及糧運臺站經由之噶順、吴爾圖、哈必爾漢等處，俱各安駐兵丁，則與巴爾庫爾大營形勢通聯，可免賊人窺伺。但此事宜迅速舉行，交冬降雪，則沙磧地面賊人肆意出没，萬難籌畫矣。得旨，所奏甚爲明晰，著速即辦理，並傳諭大學士鄂爾泰，署大將軍查郎阿，目下撤兵之後如何防範進勦，並吐魯番回衆作何安插之處，詳悉酌議辦理。

張廣泗又奏言：臣抵穆壘之後，身親閱歷，見大將軍岳鍾琪調度兵馬籌運糧餉，以及統馭將士之處，多屬乖方，不敢不據實列奏：【略】軍務重大，不敢代爲狥隱，伏祈皇上乾斷。奏入，報聞。

癸亥，諭辦理軍機大臣等：據副將軍張廣泗等奏稱，穆壘形勢，四面受敵，必不可以駐劄大兵。牧廠運道，正在可虞，交冬下雪之後，賊人無處不可出没，甚難籌畫等語。上年據岳鍾琪奏稱，巴爾庫爾屢被賊人侵擾，穆壘形勢實爲萬全之地，願以全家性命保其有益無害，是以廷議允從其請。今張廣泗等所奏如此，則岳鍾琪欺罔之罪，擢髮難數矣。目今賊人聞知穆壘駐兵之信，必悉力前來阻撓侵擾。惟是賊衆現在盤踞北路，未必更有多人分向西路，我兵速乘此時撤回巴爾庫爾，乃第一要策也，不必更有遲回。至所稱濶舍圖、烏蘭烏蘇等處，各分別駐兵等語，伊等身在地方，必有真知灼見，聽其酌定，就近辦理，務期妥協。至於吐魯番回民，年來輸誠向化，情甚可憫。我兵既撤之後，回民應如何料理，或酌留官兵在彼防護，或將頭目緊要之人安插近地，著張廣泗等就近商議辦理。

壬申，北路副將軍王丹津多爾濟、額駙策凌奏言：臣等奉大將軍王錫保調委，統領滿洲、蒙古、索倫、喀爾喀等兵二萬餘人，追擊準噶爾逆賊。至厄爾得尼招地方，於八月初五日遇賊，連擊十餘次。日暮，追至大山梁間，殺賊萬餘，尸遍山谷，河流盡赤，負傷逃走者甚衆，所獲器械、駝馬、牛羊無算。現在賊衆逃往鄂爾昆上游，向推河而去。臣等率領大兵自厄爾得尼招起程，尋敗賊踪跡，追勦前進。奏入，報聞。

癸酉，諭辦理軍機大臣等：【略】賊人既由西爾哈腦兒投阿爾泰而去，若遇雪阻截，必向阿濟一帶潛行，向巴爾庫爾以覔生路。大學士鄂爾泰等速將北路得勝情由寄知巴爾庫爾軍營，令其於阿濟要隘之處派兵堵截，毋得疏忽。再者，穆壘大兵撤回之時，賊人或於中途窺伺，或潛襲我軍之後，務須加意防範。至於巴爾庫爾乃根本之地，亦須計算萬全，俱著大學士鄂爾泰等就近妥協籌畫。

癸未，實授李衛爲直隸總督，郝玉麟爲福建總督，程元章爲浙江總督，鄂彌達爲廣東總督。

甲申，命撥户部庫銀二百萬兩解送北路軍營，備賞給有功官兵之用。

《世宗實録》卷一二三　九月乙酉朔，諭辦理軍機大臣等：【略】官員兵丁，著從優議敘。其隨從額駙策凌，在克爾森齊老地方擊賊官兵，著加倍議敘。領兵効力之王、貝勒、貝子、公、扎薩克台吉等，應賞巴圖魯名號，陞授職銜，今於議敘軍功之先，特沛恩綸。喀爾喀和碩親王丹津多爾濟著賞給智勇名號，喀爾喀和碩親王額駙策凌著賞給超勇名號。喀爾喀多羅貝勒册卜登從前在阿爾泰軍前，著有勞績；去年在蘇克阿爾達胡地方，攻擊準噶爾，又懋著勤勞，朕已賞給信勇名號。此次在厄爾得尼招大敗準噶爾賊衆，又復追擊，効力前驅，册卜登著封爲多羅郡王。扎賴特固山貝子特古斯，從前在阿爾泰軍前曾効力行走，此次在克爾森齊老擊賊甚力，在厄爾得尼招又復大敗賊衆，建立功勳，特古斯著封爲多羅貝勒。

癸巳，諭辦理軍機大臣等：朕念博爾屯之祖舊日勞績，將博爾屯屢加任用，伊竝不黽勉向前，因命往扎克拜達里克馬爾賽軍前効力。乃至丹津多爾濟等在厄爾得尼招大殲賊衆之後，所有疲困奔逃之賊，前至扎克拜達里克，伊有精兵萬餘，竝不邀擊，懦怯觀望，俾其遁去。博爾屯如曾勸馬爾賽而不允，其罪尚輕；如竝未經勸過，則伊之首領亦難保矣。一切情節，著據實回奏。其參贊大臣、内大臣、都統俱著革去，以閒散公在軍前効力行走。

乙未，諭青海王、貝勒、貝子等：今年七月間，準噶爾策零敦多卜帶領三萬賊衆，侵擾内地，被喀爾喀副將軍王丹津多爾濟等帶領滿洲等兵二萬，將賊兵截殺幾盡。喀爾喀等既能如此奮勇殺賊，爾等何獨不能乎？各宜鼓舞振興，踴躍効命。賊兵前來侵擾青海，祇有噶斯一路，爾等須在緊要隘口預備看守。儻有賊兵前來，務期協力追殺，悉行勦除。將此曉諭爾等部落知之。

大學士伯督巡陝甘經畧軍務鄂爾泰奏言：北路逆賊於八月初五日，在厄爾得尼招地方，被我兵大敗，由鄂爾昆河源向推河地方逃去。查畢濟一帶，乃逆賊敗遁必由之路。中間有衮他馬哈之沙磧，係畢濟要隘，離巴爾庫爾不過三百餘里。臣隨於八月二十八日，咨行護寧遠大將軍印務張廣泗，令其挑選滿洲、察哈爾精兵二千名，交前鋒統領阿思海總統，佐以副都統達什；選緑旗精兵一千名，交總兵官張存孝總統，佐以副將馮廷雄。即日起程，前往衮他馬哈堵截。竝令阿思海等一到衮他馬哈，即遣弁兵哨探畢濟一帶，如有賊踪，飛報張廣泗，領兵追勦。又令張廣泗備兵數千名，遣發繼進，以壯聲援。得旨，鄂爾泰身在肅州，一聞信息，即調遣兵丁截殺賊衆，斯可謂爲國之大臣。達爾濟、諾爾渾、欽拜等擁兵萬餘，駐劄扎克拜達里克，遇準噶爾窮寇徒手奔逃，竝不迎擊，待其已過，虚作追趕之勢，怯懦不堪，將此寄與伊等知之。

丁酉，諭喀爾喀七旗王、貝勒、貝子、公、台吉屬下人等：去年朕降旨令爾等移居内地，爾等竝不感悦遵行。朕又屢次催促，始勉强遷移。此次準噶爾賊兵前來，幸王丹津多爾濟等帶領大兵，將賊兵殺敗，爾等始得脱免，否則爾等部落豈能保護産業牲畜？朕思爾衆喀爾喀本屬一體，豈有甘居庸懦，受人庇護之理？嗣後各宜激烈奮發，將賊兵悉行勦滅，不特永享昇平，抑且垂光史册矣。勉之。

庚子，護寧遠大將軍印務張廣泗奏言：穆壘一處，難以駐兵，業經臣等備奏情形，竝請移駐潤舍圖地方在案。今於八月二十八日，臣與署鎮安將軍卓鼐、參贊顧魯暨在營鎮將等密商，將大營全撤，自穆壘起程，於三十日已回潤舍圖。但細閲潤舍圖地方，路徑叢雜，氣候嚴寒，兼之城堡尚未築完，四處草廠盡被賊人燒燬，實亦難於久駐。臣等不敢固執前議，請將大兵盡行撤回巴爾庫爾，惟於附近緊要處，酌量安兵駐守。【略】再穆壘，大兵既撤，則吐魯番孤懸一隅，所當預籌駐兵運糧之道。查吐魯番原駐兵八千名，竝現留押運糧糈之兵丁五百名，係分駐魯谷慶、哈喇火州、皮禪、洋海、勒木津、塞木津、漢墩七處。查勒木津、塞木津、漢墩三處，俱與賊近，聲勢不能聯絡，請將三處官兵速行撤回，歸併魯谷慶、哈喇火州、皮禪、洋海四處分駐。竝將三處回民亦俱移至魯谷慶等處城内居住，庶免賊人窺伺，而我兵亦易於防範矣。奏入，報聞。

乙巳，諭辦理軍機大臣等：據索倫總管博爾本察等奏稱，呼倫貝爾等處，今歲所種地畝，因旱歉收，俟明年多爲種植等語。朕思種地一事，如交與伊等，則訓練兵丁必致貽誤，著行文將軍卓爾海，於齊齊哈爾、愛渾、墨爾根三處臺丁及水手屯丁内，撥派五百名，動用彼處存貯正項錢糧，酌量給與盤費，竝置辦犂具籽種等項，令其前往呼倫貝爾地方，於明年春間，及時耕種。至秋後，著卓爾海將如何收穫之處，據實奏聞。其動用銀兩，仍著報部照數解還。

戊申，大學士伯督巡陝甘經畧軍務鄂爾泰條奏邊地屯田事宜。

己酉，諭辦理軍機大臣等：據順承親王錫保奏稱，傅爾丹在烏孫珠爾地方竝不整備官兵，預籌堵禦之策，輒輕調官兵進擊，以致有誤軍機。傅爾丹著革去公爵并令侍衛内大臣、振武將軍。

又諭：北路軍營現有大將軍印信，其振武將軍印信著收貯，若有調遣之處，請旨派人掌管。

陞理藩院侍郎僧格爲鑲紅旗蒙古都統，仍留西藏。以理藩院侍郎納延泰署鑲紅旗蒙古都統。

護寧遠大將軍印務張廣泗奏言：臣等於八月二十八日自穆壘撤兵，酌量分派。令太原總兵官王緒級等帶兵四千五百餘名，由南路往陶賴、無克、搜濟等處駐劄。又派松潘總兵官張元佐等帶兵四千餘名，由北路往鏡兒泉、噶順、察罕哈麻爾等處駐劄。臣與副將軍常賚、署鎮安將軍卓鼐等領兵六千餘名，由中路行過噶順溝，即將大兵交與常賚等管領。臣輕騎兼程，於初八日已抵巴爾庫爾，辦理一切機宜。常賚等大兵，隨於初十日亦抵巴爾庫爾駐劄。其分派由南北兩路前往之官兵，亦於初八、九、十等日，各抵駐劄之處。沿途慎重防維，竝無賊人

窺探尾襲等情。奏入，報聞。

《世宗實録》卷一二四　十月丙辰，諭辦理軍機大臣等：蒙天眷佑，我國家大軍在厄爾得尼招地方，大敗賊人，追奔逐北。凡我將士，不可因此懈弛，當仍如未敗賊時，一切備禦防範尤加嚴固。朕意今年賊雖敗北，明年或悉其衆力，越阿爾泰山，分爲數路，每隊一二千人，隨便潛來，侵襲卡倫牧場，擾亂喀爾喀人等，得隙則進，不可則回，均未可定。賊計若出此，則我察罕叟爾、白格爾地方之兵難於四出應援。著行文順承親王與丹津多爾濟、額駙策凌等，將喀爾喀遊牧移於僻遠堅固之處，令賊斷不能到。大兵分爲數隊，如何勦殺，如何衝突，令賊無隙可乘，預行詳計妥辦，毋忽。

癸亥，諭辦理軍機大臣等：喀爾喀副將軍王丹津多爾濟，自用兵以來，實心効力，去歲奮勇追殺準噶爾賊人，今又在厄爾得尼招統領滿洲、蒙古、喀爾喀兵丁大敗賊衆，斬馘萬餘，挫其鋒鋭，賊人喪膽，望風逃遁。自是軍威遠震，疆圉寧謐，喀爾喀扎薩克等可共享太平之福。如此建立大功，雖賜伊墨爾根巴圖魯之號，朕心猶爲未足。向來外藩蒙古王等之子竝無晉封世子之例，朕念丹津多爾濟勞績昭著，用加特恩，著照宗室王等之例，將伊長子多爾濟色布騰封爲世子。再，翁牛特貝子羅卜藏、喀爾喀扎薩克台吉齊旺，俱在厄爾得尼招奮勇殺賊，貝子羅卜藏著晉封爲貝勒，扎薩克台吉齊旺著晉封爲輔國公。

乙丑，諭辦理軍機大臣等：吐魯番回民遷移近邊一事，據副將軍張廣泗等計議明晰，伊等身在軍營，自有確見，但不知此際有無賊人阻滯，所議遷移之事曾否舉行。若果於冬月遷移，則天氣寒冷，深可軫念。雖張廣泗等奏稱塔爾那沁向有城堡，儘可令回民暫住，令其耕種，朕思此地竝無房屋，回民何以棲身？查哈密地方和暖，其城外五堡等處，原係哈密回民居住之所，若將移來之回民分派此地，暫行安插過冬，令額敏和卓轉飭本地回民就近照看，似爲有益。若哈密回民果能同心照看，使之得所，朕必將額敏和卓及回民等加以重賞。至於吐魯番新來之回民，著查郎阿等重加賞賜，派委幹員加意撫綏，諸凡寬裕料理，務使伊等不知有遷移之苦。將來若令其在塔爾那沁居住，可早爲辦理物料，以便及時興造房屋，俾獲寧居。爾等可將此寄信前去，竝令劉於義等知之。儻冬月不即遷移，可遲至春間再議舉行。

庚辰，諭辦理軍機大臣等：岳鍾琪受朕深恩，重加任用，西陲討賊之舉，伊亦身任不辭，是以用爲西路大將軍，一切徵兵運餉，選將設官，凡有所請，無不允行。實冀其殫心竭力，無隱無欺，克著綏靖之績。乃伊秉性粗疎，辦事怠忽，將國家軍旅重務視同泛常，且賞罰不公，號令不一，不恤士卒，不納善言，傲慢不恭，剛愎自用，以致防禦追擊屢失機宜，軍務廢弛，士氣不振。以多年預備之馬駝牲畜數十萬，或被賊人偷盜，或因失養損傷，及至需用之時，寥寥無幾。而凡陳奏於朕前者皆虚假詐僞之詞，爲怙過飾非之計。其悮國負恩之罪難以悉數，岳鍾琪著革職，交與兵部拘禁，候朕另派大臣訊問。

《世宗實録》卷一二五　十一月丙戌，

又諭寧古塔將軍常德，著爲靖邊大將軍之副將軍。

庚子，鄂爾泰又疏言：甘、凉、肅爲軍需彙集之地，倉儲緊要，請將現行捐納款項，改折本色糧石，在甘、凉、肅等處交納。得旨，邊地改折米石，以便積貯，於軍需誠爲有益。但在本地採買，恐價值騰貴，轉不便於軍民。除甘、凉、肅本地民人援例者准即以所有糧石交納外，其他處捐納人等，俱應由他處運交，不得於甘、凉、肅採買。著該督等通飭曉諭，稽察禁止。

《世宗實録》卷一二六　十二月乙丑，諭内閣：吕留良治罪之案，前經法司廷臣、翰詹、科道及督撫、學政、藩臬、提鎮等合詞陳奏，請照大逆之例，以昭國憲。朕思天下讀書之人甚多，或者千萬人中，尚有其人謂吕留良之罪不至於極典者。又降旨，令各省學臣徧行詢問各學生監等，將應否照大逆治罪之處取具該生結狀具奏。其有獨抒己見者，令自行具呈，學臣爲之轉奏，不得阻撓隱匿。今據各省學臣奏稱，所屬讀書生監各具結狀，咸謂吕留良父子之罪，罄竹難書，律以大逆不道，實爲至當，竝無一人有異詞者。普天率土之公論如此，則國法豈容寬貸？吕留良、吕葆中俱著戮屍梟示，吕毅中著改斬立決，其孫輩俱應即正典刑。朕以人數衆多，心有不忍，著從寬免死，發遣寧古塔，給與披甲人爲奴。倘有頂替隱匿等弊，一經發覺，將浙省辦理此案之官員，與該犯一體治罪。吕留良之詩文書籍不必銷燬，其財産令浙江地方官變價，充本省工程之用。

丁卯，先是，靖邊大將軍順承親王等遵旨議奏，馬爾賽負恩縱寇，不忠不孝，即誅戮不足蔽辜。臣等傳集文武官員，恭宣諭旨，詳加詢問，莫不異口同聲，痛心切齒。李杕曾犯重辟，棄瑕録用，乃復懷姦濟惡，法所難寬。應將馬爾賽、李杕即正典刑，以昭國憲。兵部等衙門議奏，馬爾賽世受國恩，身邀異數，爲北路將軍，手握重兵，坐視賊人逃遁，有心僨事，貽誤軍機，應將馬爾賽梟示軍前。李杕庸懦貪狡，與馬爾賽姦惡相濟，應一竝正法。得旨，馬爾賽著即處斬，免其梟

示。李杕著在軍前監候，秋後處決。至是，命副都統索林、奏事郎中張文彬馳驛前赴扎克拜達里克軍營，將馬爾賽正法。

己巳，諭辦理軍機大臣等：此次賊人大敗，現今歸化城無備兵之事，著將撫遠大將軍印信移取，回京收貯，康親王崇安不必前往。

庚午，刑部等衙門議奏：逆賊嚴鴻逵梟獍性成，心懷叛逆，與呂留良黨惡共濟，誣捏妖言，實覆載所難容，爲王法所不貸。嚴鴻逵應凌遲處死，已伏冥誅，應戮屍梟示。其祖父父子孫兄弟及伯叔父兄弟之子，男十六以上，皆斬立決。男十五以下，及嚴鴻逵之母女妻妾姊妹子之妻妾，俱解部給功臣之家爲奴，財産入官。沈在寬傳習呂留良、嚴鴻逵之邪説，猖狂悖亂，附會詆譏，允宜速正典刑，凌遲處死。其嫡屬等均照律治罪。又，呂留良案内黄補菴自稱私淑門人，所作詩詞，荒唐狂悖。車鼎豐、車鼎賁刊刻逆書，往來契厚。孫用克陰相援結，周敬輿甘心附逆，私藏禁書。黄補菴應擬斬立決，妻妾子女給功臣之家爲奴，父母祖孫兄弟流二千里。車鼎豐等俱擬斬監候。又呂留良案内被惑門徒房明疇、金子尚應革去生員，杖一百，僉妻流三千里。陳祖陶、沈允懷、沈成之、董呂音、李天維、費定原、王立夫、施子由、沈斗山、沈惠侯、沈林友應革去教諭、舉人、監生、生員，杖一百，徒三年。朱霞山、朱芷年從學嚴鴻逵時，年尚幼小。張聖範、朱羽采令伊等幼子從沈在寬附學訓蒙，審無與沈在寬交好之處，應無庸議。得旨，嚴鴻逵著戮屍梟示，其孫著發寧古塔，給與披甲人爲奴。沈在寬著改斬立決。黄補菴已伏冥誅，其嫡屬照議治罪。車鼎豐、車鼎賁、孫用克、周敬輿俱依擬應斬，著監候秋後處決。房明疇、金子尚俱著僉妻流三千里。陳祖陶等十一人，著以杖責完結。張聖範、朱羽采、朱霞山、朱芷年著釋放。

雍正一一年（癸丑、一七三三）

《世宗實録》卷一二七　正月丁亥，諭内閣：川省爲産米之鄉，歷來聽商賈販運，從長江至楚，以濟鄰省之用。雍正九年，巡撫憲德以川省米價稍昂，又復碾辦軍糈，奏請暫禁商販，此不過一時權宜之計。至雍正十年，川省收成豐稔，米價平減，憲德即當奏請開禁，乃至今照前禁遏，以致米穀不能流通，楚省不得川米之益，甚非大臣公平辦事之道。況目今江浙有需米之州縣，望濟於楚省，而該撫不令川米赴楚，則鄰省何所資藉。著即傳諭憲德，速弛米禁，毋蹈遏糴之戒。

戊子，大學士等遵旨議覆浙江總督程元章疏，言海寧縣今年夏秋潮勢自東而西，侵入仁和縣界，石草各塘坍卸無常，勢甚危險等語。查海寧東塘向有修築石草各工，而西首現衝之仁和縣界原係土工，離杭城僅二三十里，且與長安壩下河向北一帶相距不遠。設有疎虞，建瓴而下，有關杭、嘉、湖、蘇、松、常六郡利害，自應速爲修築，以備春伏大汛。但各處塘工止有石土之分，獨寧邑又有草工者，蓋緣其地沙活土浮，潮頭往來，搜抉塘脚，即使大石鋪砌，而上重下虛，最易傾倒，不得已修築草塘，暫爲堵禦。是三項工程，因時隨地，各不可少。但該督祇稱各塘危險，未經疏明何項塘工，無憑懸揣，應令逐一詳勘。即乘春間水小時，將應行補葺修築之處，酌動錢糧，相機料理。其通盤形勢，作何籌畫久遠之法，應候特簡大臣前往查看，再行定議。得旨，着内大臣海望、總督李衛馳驛前往浙江，會同總督程元章，將海塘工程通盤相度形勢，籌畫事宜，應作何修築，以垂久遠之處，詳細查勘，悉心定議。其修築工程，着大理寺卿汪漋、原任内閣學士張坦麟前往承辦，仍照舊令程元章總統辦理。張坦麟即於本籍前往，直隸總督印務著署刑部尚書唐執玉暫行署理，營田觀察使顧琮協辦。

庚寅，諭内閣：上年江南沿海被水地方，如常熟等二十二州縣，並續報之華亭等六縣，該督撫等已遵旨軫恤，定議大賑三次，每次以一月爲期，料寒冬初春以來，窮民存養有資，不致失所矣。朕念二、三月間，正青黄不接之時，尚須籌畫接濟，資其力作，庶可無悞春耕，着再加賑四十日。其有從前遺漏貧民，並前可糊口而目下力不能支者，俱着查明，添入補賑之内。再被水之鹽場竈户，亦照貧民例加賑一月。

壬辰，調署雲貴廣西總督高其倬爲兩江總督，署兩江總督尹繼善爲雲貴廣西總督。

庚子，命大學士伯鄂爾泰前往北路軍營經畧軍務。

《世宗實録》卷一二八　二月丙辰，以鑲黄旗滿洲副都統保明署本旗滿洲都統，調正藍旗滿洲都統查爾泰爲正白旗滿洲都統，以散秩大臣伯伊勒慎爲正藍旗滿洲都統。

己未，諭辦理軍機大臣等：額駙策凌去時，曾奏請將都統哈達哈遣往北路軍營，從前派往紅郭爾鄂隆等處駐劄兵丁，曾著侯馬蘭泰管轄。今馬蘭泰不必前去，著留京，在辦理軍機處行走。伊所挑馬場兵一千名，著副都統黑色於四月間，由馬場起程，至歸化城，會同哈達哈等管領，前往紅郭爾鄂隆駐劄。今哈達哈既往北路軍營，此兵著派公豐盛額總統，酌量哈達哈赴紅郭爾鄂隆之時，豐盛額再由京起程。

以領侍衛内大臣、承恩公慶復爲工部尚書。

庚申，陞左都御史吴士玉爲禮部尚書，倉場侍郎余天相爲都察院左都御史，仍兼理倉場事務。

戊辰，兵部議奏：福建臺灣北路大甲西等社，兇番肆逆，總督郝玉麟調度有方，應加三級。提督王郡奮勇進勦，尅期寧謐，應加左都督銜。從之。

癸酉，户部議覆，江蘇巡撫喬世臣疏言：江蘇等屬地丁項下額徵本色米、豆各屬，因漕、白二糧考成較嚴，先儘起運，而其餘米、豆向係彙入地丁内奏報合算，竝未另有處分，是以每多逋欠。應將江省本色米、豆，停其彙入地丁折色之内，按額核作十分，每年十月初一日開徵，至次年三月，計算六個月，將已未完解數目另册題銷。其經徵未完各官均照漕白糧定例處分，督催之巡撫司府仍照地丁錢糧例查議。如原欠三四千石以上，爲數既多，催徵不易，應請一年内能將原欠三千石以上徵完者紀録三次，原欠四千石以上徵完者紀録四次，如不通完三千石以及四千石者其未完，初參、二參、三參處分仍照浙省未完二千石以上之例議處。應如所請。從之。

《東華録》卷三二　是月，封皇四子爲和碩寶親王。皇五子宏晝爲和碩和親王。

《世宗實録》卷一二九　三月壬辰朔，諭辨理軍機大臣等：西藏駐劄弁兵本爲保護唐古特人等，以防準噶爾賊夷侵犯而設。比來賊夷大敗，徒步奔逃，力蹙勢窮，不能遠涉藏地，則其無力進兵可知。且頗羅鼐輸誠効力，唐古特之兵亦較前氣壯，現今藏地無事，兵丁多集，則米穀錢糧一切費用等項，雖給自内地，而唐古特人等不免解送之勞。朕意量其足以防守藏地，留兵數百名，餘者盡行撤回。其留藏之兵，著總兵官周起鳳帶領駐劄。青保、馬喇、苗壽著總理藏務，至此項兵，應撤若干，應否將駐劄乂木多之雲南兵丁一併撤回，著詳議具奏。尋議，西藏居住之四川二千兵内應留兵五百名，以爲該地守護之用，餘俱撤回原處。所留之兵，俟三年後仍於四川官兵内派换。其乂木多居住之雲南兵一千名，原爲救援藏兵而設，今駐藏之兵既已酌減，則此項兵亦應撤回五百名，照四川兵丁之例，三年更换。從之。

癸巳，吏部議覆原署兩江總督尹繼善疏奏改設府縣事宜。【略】均應如所請。從之。尋定徐州附郭縣曰銅山，壽州分設縣曰鳳臺。

《世宗實録》卷一三〇　四月壬子朔，奉命查勘浙江海塘内大臣海望等奏言：查浙省江海情形，其門户有三：省城東南龕、赭兩山之間，名曰南大亹；禪機、河莊兩山之間，名曰中小亹；河莊山之北，寧邑海塘之南，名曰北大亹。此三亹之形勢也。今南大亹早已淤成平陸，數十年前，水由中小亹出入，後漸徙流北大亹。年來北大亹之桑田廬舍已成滄海，若欲遏江海之狂瀾，仍歸中道，恐非人力所能爲者。查海寧東南有尖山聳峙，鎮鎖海口。其西有小山，俗名塌山，相去百餘丈。現今江水大溜，緊貼北塘，直趨尖山、塌山之間，而海潮激塘護沙日刷，若於尖、塌兩山之間，俟冬初水落修建石壩，設法堵塞，使江水海潮仍向外行，則北岸護沙可望復漲。至於仁、寧二邑海塘，自華家衖以東，尖山以西一帶，塘工有草塘、條石塘、塊石塘不等。内有大學士朱軾於巡撫任内修建石塘五百丈，完固無損。又新建之條石塘尚屬整齊，其餘草塘易於朽爛，而石塊舊塘亦易於坍塌，殊非經久奠安之計，似應改建大石塘，庶可垂諸永遠。再請於海塘之内添築土備塘一道，比之舊塘再高五六尺，務於今年秋汛以前上緊趲築完工，萬一風潮泛溢，有此備塘抵禦，似可以衛護民生，咸成樂土。得旨，所議俱屬妥協，著交部照所奏行。朕思尖、塌兩山之間建立石壩，以堵水勢，似類挑水壩之意，所見固是，若再於中、小亹開挖引河一道，分江流入海，以減水勢，似更有益。從前雖經開挖，旋復壅塞者，皆因惜費省工之故。今若加工開挖，兩工竝舉，更覺妥備。石壩建後即有漲沙，而石塘亦可漸次改建，以爲永久之利。其開挖引河之處，著程元章會同汪漋、張坦麟等相度地勢，酌量辦理。

癸丑，上御太和殿傳臚，賜殿試貢士陳倓等三百二十八人進士及第、出身有差。

乙卯，命吏部尚書嵇曾筠爲文華殿大學士，兼吏部尚書，仍管理江南河道總督事務。

調刑部尚書劉於義爲吏部尚書，仍署陝西總督。陞左都御史涂天相爲刑部尚書，禮部右侍郎吴襄爲禮部尚書，刑部左侍郎張照爲都察院左都御史，仍兼管順天府府尹事。

己未，諭内閣：國家聲教覃敷，人文蔚起，加恩科目，樂育羣才，彬彬乎盛矣。朕惟博學鴻詞之科，所以待卓越淹通之士，俾之黼黻皇猷，潤色鴻業，膺著作之任，備顧問之選。【略】。除現任翰詹官員無庸再膺薦舉外，其他已仕、未仕之人，在京著滿漢三品以上各舉所知，彙送内閣。在外著督撫會同該學政悉心體訪，遴選考驗，保題送部，轉交内閣。務期虚公詳慎，搜拔真才。朕將臨軒親試，優加録用，廣示興賢之典，茂昭稽古之榮。應行事宜，著大學士九卿會議

具奏。

辛酉，辦理軍機大臣等遵旨議奏：據靖邊大將軍順承親王錫保、經畧軍務大學士伯鄂爾泰奏稱，達爾濟身爲將軍，並不將兵丁馬匹沿途加意牧放，以致疎忽傷損。及至扎克拜達里克，聞賊人敗遁之信，並不截勦，反將馬匹盡行趕至營内，復致虧損。坐視賊遁，又不尾後追勦，及賊人去後，始博追擊之名，又即行歸營。回奏時，乃借端巧飾，情屬可惡，請將達爾濟交部嚴加議處。應如所請。得旨，達爾濟著革職，令爲護軍，交與順承親王，凡有苦差効力之處令其前往，贖罪行走。達爾濟員缺，著護軍統領吉當阿前往推河領兵駐劄。

戊辰，工部等衙門議覆内大臣海望等疏奏浙省修建海塘事宜。一，分管工程人員，請酌量揀選，派委辦事。工竣之日，分别等第，保題議敘。一，應給工價，請銀米兼發，於米賤地方委員採買糧石，運至工所搭放，庶夫匠雲集，本地米價不致昂貴。一，添設官兵，宜專責成。請設副使道一員，加以海防兵備職銜，海塘文武官兵聽其調用，並兼轄沿海州縣等官。又海防同知原設二員，請添設一員，俱令分管塘工，兼轄兵役。再添設守備二員，分爲左右二營，管轄千總四員，把總八員，外委十六員，兵一千名，以備調遣。一，官兵宜分派駐劄。查海寧爲沿海數縣邊中之地，新設道員，請駐劄海寧，乍浦同知仍照舊駐劄。其舊設同知一員，請駐劄海寧。新設同知一員，駐劄仁和。左營守備駐劄海寧之東，右營守備駐劄海寧之西。各分界址，派防塘汛。均應如所請。從之。

庚辰，諭辦理軍機大臣等：家選兵丁前往軍營之時，朕降恩旨，凱旋之日，將伊等妻子俱令出本主之家，編爲另户。但各路軍營從征人内，亦有分檔開户之人充當領催披甲者，伊等久在軍營，辛苦効力，甚屬可憫。著各路軍營將軍大臣等，將効力行走好者，以伊等姓名註册，俟大兵凱旋之日，亦照家選兵丁例編爲另户。

以吏部左侍郎任蘭枝、禮部右侍郎鄧鍾岳爲《一統志》總裁官。

授一甲進士陳倓爲翰林院修撰，田志勤、沈文鎬爲翰林院編修。

《世宗實録》卷一三一　五月壬午，諭翰林院：選拔庶常，原以作養人材，今科進士陳倓、田志勤、沈文鎬已經授職。二甲第一名張若靄著授爲編修，張映辰、吴祖修【略】六十八員，俱改爲庶吉士，分别清漢書教習。

庚寅，諭户部：各省州縣設立社倉，原以便民濟用，若遇應行借給之時，該州縣一面申詳上司，一面即速舉行，方可以濟閭閻之緩急。儻其中有假捏虚冒等弊，自難逃督撫之耳目。聞直隸百姓借領社穀，必待該督咨請部示而後准行，往返動經數月，小民懸待孔殷，仍不免重利告貸之苦。嗣後著該督李衛酌量定例，變通辦理，咨報存案。

乙未，辦理軍機大臣等議覆經畧軍務大學士伯鄂爾泰摺奏【略】得旨，靖邊左副將軍印務著額駙策凌掌管，靖邊右副將軍印務著塔爾岱掌管，副將軍常德著與額駙策凌同行，議政大臣永福著授爲内大臣，與塔爾岱同行。餘依議。

《世宗實録》卷一三二　六月甲寅，命大學士、一等伯鄂爾泰兼管兵部尚書事務。

杭州將軍阿里衮奏言：杭州漢軍現在閒散餘丁，共一千六百餘人，養贍不敷，請按漢軍四旗餘丁繁衆之家，挑選材技兼長者三百名，造册咨送督撫，撥入本城標下食糧操演。如四旗内遇有甲兵領催缺出，掣回拔補，仍於餘丁内挑送標營，以足三百名之數。如果守法奉公，弓馬嫻練，千、把以上等官聽督撫選拔題陞；如不聽標營將弁約束，酗酒賭博，及一切生事滋擾者，即革去名糧，交該旗治罪。實於旗標兩有裨益。從之。

四川總督黄廷桂疏報：松潘口外鵲個、藏浪、蒿鄧、小喀樹等四寨番人，抒誠納貢。下部知之。

戊午，禮部議覆蘇禄國王臣毋漢末毋拉律林奏稱，伊祖東王於明永樂年間來朝，歸至山東德州病故，所有墳塋及其子孫存留賙卹之處，經今三百餘年，廢墜已久，懇請修理給復。【略】查蘇禄國遠隔重洋，感戴皇上德化，進表謝恩，爲伊遠祖墳墓子孫懇請整理給復，情詞懇切，應如所請，令山東巡撫轉飭德州地方官，清查蘇禄國王墓址，所有神道享亭、牌坊等項修葺整理。於安、温二族之中，遴取稍通文墨者各一人，爲奉祀生，給與頂帶，永以爲例，並知照該國王可也。從之。

戊寅，貴州提督哈元生疏報：九股頑苗悖叛，臣奉命進勦，擒獲兇逆首犯一百九名，現交撫臣收審。其餘軍前斬戮俘獲，約計數千。至悔罪投誠者准其安插，軍威大振，苗蠻畏服。但勦撫初定，應駐重兵彈壓。除台拱營制兵一千外，暫留官兵三千分佈防範。其所調湖廣、廣西官兵，酌量撤回。得旨，據奏九股頑苗蕩平，其善後事宜，著該督撫會同哈元生悉心定議具奏。

《世宗實録》卷一三三　七月庚辰朔，吏部等衙門議覆原署兩江總督尹繼善條奏兩淮鹽政事宜。一，淮南三江營地方，舊設鹽捕同知，不足以資彈壓。請改

設巡道一員，督緝揚州、通州各屬，暨鹽城、阜寧、靖江等縣鹽務，以重職任。一，儀徵縣之青山頭請立一專營，設守備一員，把總一員，外委把總一員，兵一百名。一，江都縣之馬家橋、甘泉縣之邵伯鎮北壩僧道橋，各添設把總一員，兵三十名，分駐巡緝。一，淮所掣鹽重地，向屬淮安分司經管。嗣後請令督臣會同鹽政，選委賢能府佐監掣。一，揚州府之捜鹽廳，地方緊要，請於通省佐雜，或試用候補人員內，揀選一員，會同揚州武弁協力盤查。一，淮南所屬之泰壩，淮北所屬之埸閘、大伊閘、永豐壩、烏沙河湖口、泗州、天長兩關，俱係私梟出没隘口，請於通省佐雜内揀員管理。其淮南各員歸新設道員管轄，淮北各員就近歸淮揚、淮徐二道管轄。均應如所請。從之。

戊子，命多羅平郡王福彭爲定邊大將軍。

庚申，諭辦理軍機大臣等：前因大將軍傅爾丹輕進失利，順承親王錫保在察罕叟爾調撥兵丁，防範科布多，俱屬妥協，是以朕格外加恩，晉封親王，授爲大將軍。【略】著暫革去大將軍、親王，其順承郡王查應襲之人承襲。熙良世子之爵，亦著革去。現命多羅平郡王爲定邊大將軍，俟到軍營時，著錫保聽平郡王指示，効力贖罪。【略】理應將丹津多爾濟從重治罪。但念伊從前採買馬匹，曾經効力，暫行寬免，著削去巴圖魯之號，將伊子之世子革退，撤回黄帶子，革去親王，授爲郡王，仍留喀爾喀副將軍之任，辦理未完馬匹之事，協助大將軍平郡王料理蒙古事務。儻不實心効力，仍蹈前轍，定行從重治罪。册卜登原係扎薩克公，先因追擒脱逃之吴梁海、羅卜藏西拉布等，著有勞績，格外加恩，晉封貝勒。嗣因捏奏蘇克阿爾達胡竝厄爾得尼招等處擊賊功績，朕賞以巴圖魯之號，賜與黄帶子，晉封郡王。今實情畢露，方知伊帶兵一千，遇百餘賊寇，即恐懼不前，故張聲勢，俾賊遠遁。又同塔爾岱領兵追賊，誑言迷路，縱賊遠颺，竝無爲國効力之實心。著革去郡王，仍授爲貝勒，撤回黄帶子，其巴圖魯之號亦著革去，令往科布多軍前効力贖罪。儻仍前退縮瞻顧，定行從重治罪。

丁未，以領侍衛内大臣、英誠公豐盛額署鑲藍旗滿洲都統。

《世宗實録》卷一三四　八月己酉朔，諭内閣：貝子允祐，著同莊親王學習辦理正黄旗滿洲事務，貝勒允禧著同果親王學習辦理鑲紅旗滿洲事務。

兵部等衙門議覆，福建總督郝玉麟條奏臺灣營制事宜。

甲寅，諭内閣：【略】今東省亦應一體加恩，著將雍正十一年地丁錢糧照豫省之例，蠲免四十萬兩，即以存貯之耗羡，照數撥補還項。

丙辰，諭辦理軍機大臣等：據署寧遠大將軍查郎阿等奏稱，庫爾墨圖山地方，有逆賊五十餘人來侵，被我官兵奮力攻擊，斬殺二十餘人，餘俱生擒，未脱一騎等語。此次經理調撥，甚屬可嘉，所有効力人員俟查郎阿查明等次，具奏到日，再降諭旨。

戊辰，諭辦理軍機大臣等：據署陝西總督劉於義等奏稱，吐魯番等處回民已移至安西，男婦大小共八千一十三名口。朕查從前回民，自吐魯番移至塔爾那沁時，共九千二百七十三名口。今其中既有病故，例應扣除口糧，但伊等甫到安西，寧使之食用寬裕，著仍照原數支給，以示朕格外之恩。至總管額敏和卓及伊親丁，著照官員例，支給粳米，以示優異。

《世宗實録》卷一三五　九月己卯朔，以湖南巡撫趙弘恩署兩江總督，兩江總督高其倬以總督銜管理江蘇巡撫事務，湖北布政使鍾保署湖南巡撫。

辛巳，刑部等衙門議覆署寧遠大將軍查郎阿參奏，總兵官曹勷奉派領兵哈密，縱賊失機，飾詞捏報，請在軍前正法梟示。應如所請。得旨，曹勷著在軍前即行正法示衆。

辛丑，諭内閣：直隸總督李衛參奏户部尚書鄂爾奇，著革職，交與果親王允禮、理藩院侍郎莽鵠立、户部侍郎海望、左都御史張照、吏部侍郎鄂善會同秉公審理。

《世宗實録》卷一三六　十月甲寅，諭内閣：各省商牙雜税，額設牙帖，俱由藩司衙門頒發，不許州縣濫給，所以防增添之弊，不使貽累於商民也。近聞各省牙帖，歲有增添，即如各集場中，有雜貨小販向來無藉牙行者，今槩行給帖，而市井姦牙遂恃此把持，抽分利息，是集場多一牙户商民，即多一苦累，甚非平價通商之本意。著直省督撫飭令各該藩司，因地制宜，著爲定額，報部存案，不許有司任意增添。嗣後止將額内退帖頂補之處，查明换給。再有新開集場應設牙行者，酌定名數給發，亦報部存案，庶貿易小民可永除牙行苛索之弊矣。

又諭：硝磺爲軍器火藥之用，例禁甚嚴。聞河南地方有出産焰硝之處，小販經紀往往以雜物零星易换，赴隣省售賣，現據湖北各屬盤獲甚多。朕思河南之硝既私行於楚北，則其私行於附近各省更不待言。著該督等飭令各屬實力查禁，不得仍蹈前轍。

命大學士鄂爾泰爲四朝國史八旗志書館總裁官。

以署刑部尚書、承恩公慶復爲户部尚書，忠達公馬禮善署刑部尚書。

壬戌，諭内閣：浙江杭、嘉、湖三府，上年偶被水災，兼以飛蝗傷稼，朕特沛恩施，將應完漕米分年帶徵，發帑賑恤，黎民不致失所。惟是本地所産米石，不敷食用，現今年歲雖獲豐收，而上年借糶倉穀恐一時未能買補足數，明歲青黄不接時，尚須米石酌撥平糶，以濟民食，不可不預爲籌備。著將杭、嘉二府屬本年額徵漕米，各截留五萬石，存貯備用。再，湖州府之歸安、烏程二縣，今歲收成稍歉，所産米糧尤應留爲本地之用。著將兩縣本年分應徵漕米一十八萬餘石，竝帶徵雍正十年分漕米七千餘石，一併照部定折價，改徵銀兩解部。著該督嚴飭地方官實力奉行，無得縱役需索，以仰副朕加惠黎民至意。

癸亥，以兵部右侍郎高起署正白旗漢軍都統，署正紅旗護軍統領、宗室色貝署正黄旗蒙古都統。

《世宗實録》卷一三七　十一月丁亥，傳臚賜殿試武舉孫宗夏等一百一人武進士及第、出身有差。

癸巳，諭内閣：鼓鑄錢文，專爲便民利用。銅重則滋銷燬，本輕則多私鑄，原宜隨時更定，籌畫變通，斯可平錢價而杜諸弊。

丁酉，兵部議覆浙江杭州將軍阿里衮疏，言駐杭漢軍四旗兵丁，有另户、開户、户下等項，舊例准其一體擢用。康熙二十八、九年間，户下人等不准擢用。雍正五年間，三代開户人等亦不准擢用。但查現今各旗開户及户下人等，其祖先俱係歸命隨征，以功得官，歷歷可考，實非官僕頂充食糧可比。請將現在查出之官員後裔，有冊可據者，准與另户之人一體擢用。其餘歷年久遠、無案可稽者，行令該旗及該將軍核實具結，保送註冊。至有騎射優長、人品出衆者，請不論開户、户下，准該將軍出結，送部轉咨該旗帶領引見，候旨擢用。應如所請。從之。

己亥，鑲黄旗漢軍都統石文焯患病解任，調鑲紅旗漢軍都統諾爾渾爲鑲黄旗漢軍都統，仍留軍營。陞正黄旗漢軍副都統董象緯爲鑲紅旗漢軍都統，仍兼管正黄旗漢軍副都統事。

甲辰，諭内閣：直省督撫提鎮司道大員，凡有見聞，許令隨時摺奏，朕皆諄切批示，俾有所遵循。伊等接到硃批諭旨，將摺内事宜遵奉後，即於下次奏事之便隨時封繳，從前屢降諭旨甚明。近來檢閱各省奏摺，竟有尚未繳進者，或有遲至一二年繳進者。若謂摺内硃諭有未經施行之事，故未奏繳，但既奉有硃批諭時已久，如何竟未舉行，又未經覆奏，更屬何心，其中必有遺漏稽遲，不即奏繳者。著通行嚴飭，凡摺奏大員即將從前奉到硃批，逐一查明封繳，儻再任意稽遲，或至遺漏，一經查出，必加嚴處。

《世宗實録》卷一三八　十二月戊午，諭内閣：從前廣東巡撫鄂彌達條奏，臺灣地方，僻處海中，向無城池，宜建築城垣、礮臺，以資保障。經大學士等議，令福建督撫妥議具奏。今據郝玉麟等奏稱，臺灣建城，工費浩繁。請於現定城基之外，買備莿竹，栽植數層，根深蟠結，可資捍衛。再於莿竹圍内造建城垣，工作亦易興舉等語。郝玉麟不過慮其地濱大海，土疎沙淤，工費浩繁，成功非易，故有莿竹藩籬之議。殊不知城垣之設，所以防外患，如必當建城，雖重費何惜？

己未，户部尚書彭維新緣事解任，調兵部尚書史貽直爲户部尚書，仍署理陝西西安巡撫事。刑部尚書涂天相爲兵部尚書，陞左都御史張照爲刑部尚書，安徽巡撫徐本爲都察院左都御史。

庚申，署寧遠大將軍查郎阿奏報：巴爾庫爾塔爾那沁圖呼魯克等處屯田，收穫青稞共四萬六千一百石有奇。哈密等處屯田，收穫青稞共四千五百石有奇。下部知之。

癸亥，以禮部尚書吳襄兼管都察院左都御史事。

戊辰，陞理藩院額外侍郎兼鑲紅旗蒙古都統僧格爲理藩院尚書，仍兼管都統事務。

正白旗蒙古都統魏臘緣事革職，陞左翼前鋒統領遺禄爲正白旗蒙古都統。

雍正一二年（甲寅、一七三四）

《世宗實録》卷一三九　正月甲寅，諭辦理軍機大臣等：據查郎阿摺奏，由準噶爾來投之厄魯特巴圖濟爾嘎爾稟稱，噶爾丹策零欲前來請和，或遣準噶爾之人爲使，或即用内地之人，尚在未定。又據賊營脱出、投赴北路之人亦稱，噶爾丹策零現在行查被獲人等，意欲遣還請和等語。朕思逆賊欲遣使請和者，特爲安輯部人紛擾我軍之計耳，定非實意，若不准其所請，則必傳諭所屬曰：我爲爾等，業經引罪求和，無奈所請不准。用以固結士心，而使我軍聞之，亦以賊請和而不允，遂至懈於効力。如此姦謀詭計，不可不加詳察。爾等密咨兩路大將軍，賊若遣使前來，但諭以朝廷欲偃息甲兵，使衆生樂業，屢經遣使，爾台吉竝無欲和之意，每藉端推托。今果引罪請和，須派親信之人，如台吉寨桑等，將應行

事理，詳議前來，方爲奏達；乃止令爾等微員及內地微末之人前來，未便收納。如此曉諭，方合事理。至我兵進勦之計，斷不可因此遲回濡滯，仍照常整備，相機舉行。

辛丑，以正白旗滿洲都統查爾泰署鑲黄旗漢軍都統，陞熱河副都統佛標爲正白旗滿洲都統。

癸卯，直隸總督李衛條奏運河應行事宜二款。

《東華録》卷三一　是月，命公博爾屯同副都統綽爾多領紅郭爾鄂隆兵往烏理雅蘇泰軍營聽大將軍調遣。

《世宗實録》卷一四〇　二月己未，以兩江總督管理江蘇巡撫事高其倬爲江蘇巡撫。

陞正白旗滿洲副都統、署寧古塔將軍杜賚爲鑲白旗護軍統領，仍署寧古塔將軍。

壬申，諭辦理軍械大臣等：據大將軍平郡王奏稱，塔爾馬善等進勦，行至額爾齊斯河地方，見逆賊人衆牲畜，盡行收去，遂領兵暫回。所有懦怯、不行速進情由，已經移咨飭行等語。朕思我軍進襲之處，逆賊既已探知，先行移避，即令深入，於事何益？平郡王移咨飭行，殊爲過當。軍行紀律甚嚴，若以大將軍所諭，而塔爾馬善等竟不遵行，固屬未便，儻勉强前進，而擄掠竝無所得。方今春令，馬匹疲瘦，口糧無幾，甚爲堪虞，斷不得以輕忽貽誤。今王之大營現駐迤東，離行軍之處甚遠，一切軍機，所關綦重。額駙策凌身在彼地，我軍情形，逆賊虛實，知之必悉。嗣後凡調撥進退之處，係策凌承辦事件，俱聽伊總理。著密行知照平郡王及額駙策凌。

癸酉，貴州巡撫元展成疏報：銅仁府界坡東坡西苗民一百六十寨，向化輸誠，願納糧賦。下部知之。

甲戌，駐劄西藏鑲黄旗滿洲都統青保、大理寺卿苗壽，緣事革職，以散秩大臣伯阿爾遜、鑲白旗蒙古副都統那蘇泰前往西藏，辦理事務。

辦理軍機大臣等議奏：據定邊大將軍平郡王奏稱，署喀爾喀副將軍印務貝子阿努里，因患病不能辦事，請遣回遊牧處調治。額駙策凌之子台吉成滚扎布明白諳練，阿努里員缺，請令暫行署理。應如所奏。從之。

《世宗實録》卷一四一　三月辛巳，兵部議覆雲貴廣西總督尹繼善疏奏黔省九股新闢苗疆善後事宜八款。

戊戌，陞都察院左都御史徐本爲工部尚書。

己亥，雲貴廣西總督尹繼善奏報官兵進勦普思逆夷大捷情形。

辛丑，陝西寧夏將軍卓鼐緣事革職，以直隸天津都統阿魯爲陝西寧夏將軍，前往巴爾庫爾軍營，統領西安、寧夏滿洲兵丁。以傅泰仍署陝西寧夏將軍，正白旗蒙古都統邁禄署直隸天津都統。

《世宗實録》卷一四二　四月丁未，兵部等衙門議覆湖廣總督邁柱奏，言容美宣慰土司田旻如行事姦狡，賦性狂妄，濫給劄付，私徵錢糧，制度僭越，擄掠鄰近土民，種種惡蹟，罪不容誅。經臣臚列糾參，蒙恩旨，暫停革職審擬，令其來京詢問。詎意抗違不出，假撫恤荒民之名，具摺誑奏。寬限兩月，藐抗如故。且移居平山寨，作狂悖負嵎之舉。闔司土民見其不法，恐干天討，投出者共有五百七十餘人。又有石梁司長官張彤硃先率土民，投繳印信令箭。其不能投出之土衆，又計誘田旻如出洞，催令起程。旻如自知衆怨親離，投繯自縊，按其情罪，未足蔽辜。伊子弟俱非善類，難以承襲。請將容美司改土歸流，俾土衆早登衽席。應如所請，將田旻如原領敕書印信號紙，繳部查銷。其一切善後事宜，應令該督妥協辦理。從之。

癸亥，調鑲藍旗蒙古都統查克旦爲本旗滿洲都統，仍留軍營。以領侍衛內大臣、英誠公豐盛額署鑲藍旗滿洲都統，陞正黄旗滿洲副都統法喀爲本旗滿洲都統。

《世宗實録》卷一四三　五月壬辰，實授趙弘恩爲兩江總督。

以湖北巡撫德齡，協同署陝西總督劉於義辦理西路軍需事務。陝西西安布政使楊馝署湖北巡撫，河東鹽運使程仁圻署西安布政使司布政使。

丁酉，諭辦理軍機大臣等：北路副將軍額駙策凌、侍郎傅鼐、學士阿克敦、原任侍郎衆佛保、西路署大將軍查郎阿，俱著馳驛作速來京。著大將軍平郡王帶領傅爾丹暫往科布多處總統弁兵辦事。平郡王未到之先，著塔爾岱、常德等暫行辦理。其由烏里雅蘇泰軍營接運糧餉，撥送馬匹等事，著交明薩穆哈、欽拜等，令薩穆哈總統，欽拜、錫保協辦，聽大將軍平郡王指示而行。查郎阿西路軍營一應事務，著交張廣泗辦理。

己亥，諭辦理軍機大臣等：前往圖爾古特地方使臣、內務府總管來保，原任侍郎塞楞額，現今在恰克圖地方無事可辦，著前往喀爾喀車臣汗部落，協同尚書渣克丹辦事。鄂羅斯國若來迎接，伊等由彼前往，亦屬甚近。來保、塞楞額前至

渣克丹處，著侍衛阿敏道來京。

《世宗實録》卷一四四　六月丁未，湖廣總督邁柱奏言：忠峝宣撫司田光祖等十五土司齊集省城，呈懇歸流。因見永順、保靖、桑植諸處改土以來，土民安輯，各得其所。今土衆等既不甘土弁之魚肉，而土弁又不能仍前彈壓，是以激切呈請歸流。儻蒙俞允，將各土弁分發各營，給以外委千把總銜，令其食糧，以終餘年，則土司官民各遂其生矣。得旨，忠峝等十五土司望風歸嚮，願入版圖，朕俯念輿情，准其改流。其一切善後事宜，著總督邁柱詳籌定議。

庚午，雲貴廣西總督尹繼善等議覆，陞任貴州布政使常安條奏，苗疆有事，多由於兵役之擾累，出入苗寨，擅動苗夫，需索供應。該管文武罔識防微杜漸，苗人吞聲飲恨，遂逞邪謀。嗣後，如有擾累等情，請將該管文武立即參處等語。臣現將積弊極力禁革，竝嚴飭文武各官，互相稽察。如有縱容兵役滋擾者，即行嚴參治罪。得旨，新定苗地，全賴撫綏，撫綏之方，先除擾累。尹繼善等雖已令該管文武稽察兵役之滋擾，但未定嚴例，仍恐視爲具文。且或係故縱，或係狥隱，或係失察，其滋擾之由不一，而啓釁之害則同，若不倍治文武官弁之罪，何能徧查兵役，使之奉公守法？著交部詳悉定議遵行。

壬申，户部議覆内閣學士淩如煥條奏：臣伏查報墾地畝，陞科定例，水田限六年，旱田限十年，積以歲月，緩其徵輸，無非利民爲心。而地方有司奉行不實，或墾少報多，希圖增課，以邀議敘。及至陞科之年，按册有餘，按畝不足。報墾之官已經濫邀敘典，而接任之官於報部定額，既難詳免，豈甘賠墊？勢必於里甲之中勻派飛洒，以求足額，殊非勸墾之本意。臣請册報開墾，應照委查倉穀之例，該督撫另調隔屬賢員，履畝加勘實數，與所報之數相符，取具印結送部，然後准其議敘。儻稍有捏造情弊，督撫將原報官及出結之員一併參處。【略】均應如所請。再從前各省所報開墾陞科田地，或墾少報多，濫邀議敘，及陞科入册之後，田去糧存，虚額賠累，俱未可定。應令各該督撫覆加查核，如有濫邀議敘者，即行指參，實在衝坍者，即予開除，造册報部。從之。

《世宗實録》卷一四五　七月丙戌，調刑部尚書海壽爲工部尚書，工部尚書憲德爲刑部尚書，署刑部尚書福敏仍回左都御史任。

丙戌，調正白旗蒙古都統邁禄爲鑲黄旗滿洲都統，仍留署直隸天津都統。以大學士鄂爾泰署鑲黄旗滿洲都統。

《東華録》卷三二　是月，命果親王允禮往泰寧經理達賴喇嘛住藏，因閱直隸、山西、陝西、四川四省兵。

《世宗實録》卷一四六　八月丙午，遣侍郎傅鼐、額外内閣學士阿克敦、副都統羅密前往準噶爾，諭台吉噶爾丹策零。

癸丑，以署正紅旗漢軍都統李禧爲鑲藍旗漢軍都統，仍署理正紅旗漢軍都統事務。

《世宗實録》卷一四七　九月甲申，遣吏部侍郎吕耀曾、大理寺卿德福往貴州，宣諭古州等處苗蠻人等。

辛卯，陞步軍統領鄂善爲正藍旗滿洲都統，仍兼步軍統領事務。以刑部尚書憲德署正紅旗滿洲都統。

壬辰，西路副將軍張廣泗等奏報：本年九月初四日，吴爾圖水有賊數百人，夥聚藏匿。臣即飛飭副都統班第、達什、原任總兵張元佐、遊擊郎建業，於初五日五鼓，齊赴喀桃以南蘆草溝一帶。復飛飭固原提督樊廷帶兵赴鹻泉子地方，分路搜勦。果於喀桃遇見賊夷潛伏，我兵奪據山梁，衝入賊隊，連敗賊衆。遂越過噶順，直抵鄂龍吉大坂，計斬賊四百餘人，生擒三十六人，身負重傷者甚衆，所獲馬匹、器械、口糧等物無算，追殺一百七八十里，餘賊遠遁。得旨，張廣泗調度分遣，悉協機宜，在事將弁兵丁等俱各奮勇直前，得獲全勝，甚屬可嘉。著從優議敘賞賚。署大將軍查郎阿雖奉調來京，然自統兵以來，與張廣泗同心協力，整飭戎行，鼓勵士氣，此番克捷，亦由查郎阿平日訓練整頓之所致，著一併交部從優議敘。

《世宗實録》卷一四八　十月丁未，命鑲黄旗滿洲都統、署直隸天津都統邁禄回京，以山東青州將軍鄂彌達署直隸天津都統。調浙江杭州將軍阿里衮爲山東青州將軍，陞浙江乍浦副都統覺羅傅森爲浙江杭州將軍。

戊午，諭内閣：【略】著仍照舊制，授郝玉麟爲浙閩總督，程元章以總督銜專管浙江巡撫並兩浙鹽政事務。又從前降旨，將廣西一省暫隸雲貴總督管轄者，因廣西與貴州接壤，俱有苗疆應辦事務，若非該總督總統節制，恐文武官弁呼應不靈。今苗疆用兵事竣，諸事就緒，年來内外臣工多奏稱，廣西距雲南路遠，廣東路近，不若就近爲妥便等語。滇、黔兩粤情形本是如此，即朕初意亦不過俟苗疆事竣，仍行照舊，非謂尹繼善不能兼管三省，而前後互異也。其應否仍隸廣東之處，著九卿會議具奏。

丙寅，諭内閣：四川夔關税務，向因未定章程，從京師特派官員前往監督。

數年以來，章程漸定，不須特遣官員，著照舊例，仍交地方大臣委員管理。

《世宗實録》卷一四九　十一月丙戌，户部議覆署正白旗漢軍都統高起條奏：八旗另户壯丁人等，有任意潛往關東居住者，該管官員亦不詳加查察，以致丁册虚懸，殊屬違例。請行令各該旗，逐一查明，將丁册内有名無人者，俱移咨奉天將軍等衙門確查。如有在彼多年、情願永遠居住之人，令其自行呈首，即於該處入册當差。有仍行潛匿，及嗣後不呈明該旗、私往别處者，一經發覺，照逃人例治罪。其該管之參佐領竝不行查出之地方官，照例議處。應如所請。從之。

《東華録》卷三二　是月，允禔卒於高牆。

《世宗實録》卷一五〇　十二月癸卯，諭内閣：據程元章奏稱，臣以巡撫兼司鹽政，所有緝私一事，必賴弁兵協力同心，始克整頓。請嗣後有關鹽政事宜，仍令各鎮協營照舊分辦督緝。儻有歧視怠忽，臣即據實題參等語。大凡經理鹽政，必以緝私爲第一要務。從前惟總督李衛管理兩浙鹽務時，恤商裕課，事事妥協。程元章接任之後，朕諭令倣照舊規，毋得紛更成法。乃伊管理以來，兩浙鹽務雖不至於敝壞，聞已漸不如前。程元章此奏，蓋恐將來鹽政漸弛，而預留地步，以武弁不歸統轄爲卸過之計，獨不思程元章爲總督已數年，而鹽政漸不整理，又豈武弁呼應不靈之咎耶？著照程元章所請，凡揀選將弁及一切兵馬營制，自聽督臣郝玉麟辦理外，其有關鹽務事宜，著各鎮協營聽程元章派辦督緝。

癸丑，吏部等衙門遵旨覆奏：廣西一省，向與黔省均有辦理苗疆事務，是以暫令雲貴總督統轄。今黔、粤兩處苗蠻輸誠向化，用兵事竣。請循舊制，將廣西省就近，仍歸廣東總督統轄。從之。

乙卯，諭内閣：從前臺灣北路大甲西等社頑番不法，官兵已經勦滅，餘黨亦已就擒，叛犯之律，所有眷屬一并緣坐，無可寬貸。朕念此等愚番，冥頑無知，究非漢民可比。從前妄行不法，罪在正犯，其眷屬散處各社，未必知情。今當平定之時，若一一搜查，不無牽累驚擾，用是格外加恩，免其根究。該督撫提鎮可仰體朕心，妥協辦理，以安番衆。竝將朕諭明白宣示，咸使聞知。

丁巳，陞漕運總督魏廷珍爲兵部尚書，調直隸河道總督顧琮爲漕運總督，河東河道總督朱藻爲直隸河道總督，陞江南副總河白鍾山爲河東河道總督，以兩淮鹽政高斌仍署理江南河道總督印務。

雍正一三年（乙卯、一七三五）

《世宗實録》卷一五一　正月己丑，調黑龍江副都統常壽來京，以黑龍江將軍卓爾海辦理黑龍江副都統事務，奉天將軍那蘇圖署黑龍江將軍，鑲藍旗滿洲副都統覺羅柏修署奉天將軍。

甲午，命大學士鄂爾泰、張廷玉、協理大學士工部尚書徐本爲文穎館總裁官，兵部尚書魏廷珍、刑部尚書張照、吏部侍郎邵基、刑部侍郎楊超曾、内閣學士方苞、勵宗萬爲副總裁官。

《世宗實録》卷一五二　二月己酉，諭内閣：聞江南淮安府板閘地方，有土棍人等，開立寫船保載等行，由該縣濫請司帖，合夥朋充。淮關上下，凡有貨船至關口，僱覓小船起剥者，土棍等輒恃强代僱，任意勒索，不饜不休，客商苦累，觀望不前。著該督撫確查此等情弊，嚴懲禁止，毋得視爲具文。嗣後，布政司衙門亦不得濫給牙帖。若他處關口有似此作弊者，著該管督撫一體查禁。

調兵部尚書魏廷珍爲禮部尚書，陞兵部右侍郎高起爲兵部尚書。

壬戌，辦理軍機大臣等遵旨議奏：現今準噶爾逆賊敗遁，又經使臣前往宣諭，諒賊夷輸款非遥。我軍班師在即，應預行酌定邊境駐防事宜。除漢中一府地居腹裏，不必添駐外，查凉州爲甘肅咽喉，通省關鍵，請駐兵二千名。西寧地處邊隅，逼近青海，請駐兵一千名。此添駐兵丁，俱於西安駐防滿洲、蒙古兵内挑選。西安兵缺，俟現駐凉州、西寧兵丁撤回時，於養育兵暨餘丁内挑補。其新駐兵丁，請設將軍一員統領。駐劄凉州所有應設協領、佐領、防禦驍騎校、筆帖式等官，令將軍秦布酌議具奏。理事、同知、通判等官，暨一切修理城垣營署軍裝等項，令總督劉於義等詳議具奏，預行辦理。俟撤兵後，再行派撥駐劄。從之。

《世宗實録》卷一五三　三月己卯，吏部等衙門議覆湖廣總督邁柱條奏苗疆建置事宜。

戊子，江南總督趙弘恩摺奏江寧省城舉行保甲事宜。

甲午，諭内閣：國家設立兵丁，原以充緝盜安民之寄。廣東爲濱海巖疆，武備尤宜勤練，不應少有廢弛。查通省兵丁共計七萬餘名，不爲不多，歲費俸餉及二百萬兩，國家養之者不爲不厚。乃近年以來，朕留心訪察，粤省兵丁怯懦退

縮者多，奮往用力者少。曾有客船被劫，盜止八人，汛弁兵丁一任事主喊救，閉門不出。又巡哨私鹽，不能擒捕，屢被打傷，搶去器械。此朕訪聞甚確者。同一廣東之人，而爲盜賊私梟者，則强悍無比；其食糧入伍者，轉怯弱不堪。皆由將備選募時，多憑兵家子弟親戚夤緣充當，但取其應對熟嫺，趨蹌便捷，不但民間强壯勇敢之人無由入選，即餘丁中之勇健而質樸者亦棄而不録，以致營伍之中，習尚虛文，全無實濟，此乃戎政之最有關係者。著廣東督撫、提鎮等嚴飭所屬將弁，痛改從前陋習。嗣後，募補務取强健勇敢之人，時加訓練，申明賞罰。如再有遇賊退怯等情，必重懲以示儆。其現在老弱之輩，濫充營伍者，作何沙汰，募補之法，著該督撫、提鎮等秉公妥議辦理。儻仍蹈前轍，經朕訪聞，必將督撫提鎮及大小將弁分别嚴加議處，不少寬貸。

己亥，定邊左副將軍額駙策凌遵旨議奏：噶爾丹策零請以哲爾格西拉胡魯蘇爲我喀爾喀遊牧地界。查從前喀爾喀遊牧，尚未至哲爾格西拉胡魯蘇地方，應即照伊所請行。但我卡倫原在阿爾泰迤東額貝和邵、和通鄂博、布延土、科布多、托羅和烏闌等處安設，此係哲爾格西拉胡魯蘇界外，應議定，將我卡倫照舊安設。至厄魯特遊牧，應以額爾齊斯爲止。如伊不遵，或以阿爾泰嶺爲界，不得越過哈巴博爾濟、阿里克泰、清吉爾等處。至中間交壤之處，彼此俱毋得打牲。嗣後，阿爾泰迤東令我處巡邏，迤西令彼處巡邏。如此，庶争端可以永息。再準噶爾策妄阿喇布坦在時，其遊牧原在河泊克、薩里、察罕胡濟爾迤西。數年以來，漸越額爾齊斯。賊夷素性狡詐，反覆無常，使伊遊牧相逼太近，則防守實難，斷勿令過阿爾泰嶺方爲善策。奏入，報聞。

《東華録》卷三二 是月，湖廣總督邁柱奏准改容美土司地爲州，其所屬五峯司地，設縣治，改彝陵州爲府。尋定新改府曰宜昌，附郭縣曰東湖，容美所設州曰鶴峯，五峯所設縣曰長樂，並原立之直隸歸州、長陽、興山、巴東皆隸焉。又於恩施縣建府治，曰施南，設宣恩、來鳳、咸豐、利川四縣。

《世宗實録》卷一五四 四月甲辰，諭内閣：縣令爲親民之官，關係民生休戚，最爲切近，是以自古帝王慎重司牧之選，以端化民成俗之原。朕亦屢降諭旨，若果縣令皆能得人，各治其邑，各子其民，竟可使閭閻之中無一夫之失所，此非誇大之論也。凡選用知縣，類多舉人、進士出身之人，其中才具可觀、克稱厥職者固多，而年老迂踈、不諳吏治者亦復不少。朕念其攻苦寒牕，幸登科目，不忍遽令放廢，於是定以改教之例，俾得邀一命之榮，且居師儒秉鐸之席，此朕隨材器使，委曲成全之至意也。況改補教職之後，若果課士有方，通曉吏治，仍可膺卓異薦舉，以爲上進之路，此又在本人之自勉，並未限以教職終其身也。

乙巳，頒《聖祖仁皇帝御製全集》，賜諸王大臣、翰詹官員等。

丁巳，諭内閣：廣東開採一事，十數年來，内外臣工奏請者甚多，朕悉未准行。上年總督鄂彌達、巡撫楊永斌奏稱，開採以資鼓鑄，於粤民生計大有裨益。言之再三，朕發九卿確議，旋經議覆准行。後復有數人條陳，極言其不應行。今朕再四思維，廣東近年以來，年穀順成，米價平減，盜賊漸少，地方寧謐，與從前風景迥異。今若舉行開採之事，聚集多人，其中良頑不一，難以稽察管束，恐爲閭閻之擾累。況本地有司現在勸民開墾，彼謀生務本之良民，正可用力於南畝，何必爲此僥倖貪得之計，以長喧囂争競之風？此時正在計議之初，停止甚易。著該部即行文該省督撫，令其遵諭停止。

《東華録》卷三二 是月，命廣東總督鄂彌達兼轄廣西，仍駐肇慶府。

《世宗實録》卷一五五 閏四月辛卯，以散秩大臣伯馬哈達署領侍衛内大臣，果毅公訥親署鑲白旗滿洲都統。

乙未，諭内閣：據河東總督王士俊奏稱，山東安山湖地勢低於運河，其湖旁涸出之地，請分别開墾，以濟民食等語。山東運河之水，全賴諸湖渟蓄，以資灌注，所以前人有水櫃之名。後因諸湖淤墊，附近居民侵佔爲田，以致水少，不能濟運，大有關於漕務。經朕屢降諭旨，令河道總督等悉心經理，近年始無水淺渟舟之慮。今王士俊所奏，乃爲開墾起見。朕思湖水專資濟運，儻或經理之初，但貪田畝之有餘而不計湖水之不足，將來田多水少，漕運稽遲，則顧此失彼，未免輕重倒置，不可不慎之於始也。著交部詳確速議具奏。尋議，運道深通，全賴諸湖蓄洩，即竭力疏濬尚恐淤墊，未便改淤爲田，有妨濟運。應令該督會同總河確勘具題再議。得旨，湖瀦蓄洩，專爲濟運。王士俊奏請開墾爲田，祇據委員張體仁等一面之詞，並未親身歷勘，遂欲舉行，甚屬草率。此乃必不可行之事，毫無疑義，亦無庸再行確勘，王士俊所奏不准行。

戊戌，辦理軍機大臣等遵旨議奏：西路軍營兵丁，經臣等議准，將打牲烏喇兵一千名，赴北路駐劄。緑旗兵丁内挑留一萬名，在巴爾庫爾駐防。再留一千名在哈密添防。所有應派總統協辦之大臣及領兵之提督、總兵等，應請旨遵行。其餘官兵，俟準噶爾使臣回後，俱行撤回。再巴爾庫爾既令留駐兵丁，一切文移，俱須鈐印。查軍營現有鎮安將軍、揚武將軍、振威將軍三印，請將鎮安將軍

印信給派出之總統大臣掌管。其揚武將軍、振威將軍，應令查郎阿同寧遠大將軍印信一并帶回恭繳。得旨，留駐巴爾庫爾兵丁，著内大臣常賚總統，提督顔清如、原任尚書馬會伯協同辦事，總兵張朝良、楊珫管領兵丁。其留駐哈密兵丁，著查郎阿酌派大員管領。餘依議。

又議覆，定邊大將軍平郡王福彭遵旨議奏北路軍營撤兵駐兵事宜。【略】得旨，大將軍平郡王著暫留統轄，參贊領侍衛内大臣薩穆哈等著仍協同大將軍平郡王辦理事務，前鋒統領阿岱著回京。餘依議。

《世宗實録》卷一五六　五月丁巳，諭大學士等：前據湖廣督撫提鎮奏報台拱逆苗不法情形，比即降旨，與湖廣督提，於調發官兵三千名外，再撥官兵二千名，陸續前進，以備征勦之用。又諭廣西撫提，派撥精兵三千名，分爲兩路前往，以資應援彈壓。今覽尹繼善奏摺，其所檄調鄰省官兵之處，與朕諭旨相符。計此時進勦之兵，合四省計之，已二萬有餘。哈元生親在軍前，統領調度，諒自有平定之策。爾等可傳諭哈元生，乘此兵威，須將清江台拱上下九股兇苗及内地倡首附逆惡寨，痛加勦除，務盡根株，不貽後患。其遠寨逼脅附從各苗，有悔罪求撫者，皆令盡繳器械然後准撫。儻敢抗違不繳，亦相機勦除。如此辦理，方能一勞永逸。若其中有勢不可行之處，可據實奏聞，但毋稍存姑息之念，陽奉陰違，令異日更啓事端。哈元生統領四省官兵，著授爲將軍，凡赴援將弁，俱聽伊節制調遣。其將軍名號敕印，爾等議奏請旨，速行頒發。尋命哈元生爲揚威將軍，仍管貴州提督事務。

甲子，上命果親王允禮、皇四子寶親王弘曆、皇五子和親王弘晝及大學士鄂爾泰、張廷玉，户部尚書公慶復、禮部尚書魏廷珍、刑部尚書憲德、張照、工部尚書徐本、正紅旗漢軍都統李禧、正黄旗漢軍都統甘國璧、倉場侍郎吕耀曾，俱辦理苗疆事務。

丁卯，諭辦理苗疆事務王大臣等：貴州等處撫定苗疆事宜，朕遣刑部尚書張照，副都御史德希壽前往總理，與哈元生、元展成等會同商酌，妥議查辦。再，現今古州兇苗肆逆他處，新撫之生苗，恐其中良莠不一，防範理宜預籌。著各該督撫悉心密議，將新設苗疆附近地方，確查舊設援勦兵若干，防汛兵若干，何處已經足用，何處尚須添補，即於本地召募民壯充應。事定之後，何處當永遠增添，何處當仍舊撤退，一一細心速議密辦。無或侈張，致滋驚擾。仍將所辦之處具摺奏聞。

《世宗實録》卷一五七　六月乙亥，諭户部：【略】著户部先行查明各省公費養廉銀兩，其有按年造册咨送、查核無差者，無庸清查外，其竝未造册咨送，及雖有册籍而籠統開造者，其中必有不清之處，即著勒定限期，令造清册送部查核。

丙子，辦理軍機大臣等議覆，署寧遠大將軍查郎阿等摺奏西路駐兵事宜。

丙申，諭辦理苗疆事務王大臣等，黔省逆苗不法，擾害黄平一帶村莊，哈元生等領兵進勦，逆苗雖聞風逃遁，仍復盤踞山梁，爲負嵎之技。前已降旨，授哈元生爲揚威將軍，專司征討。惟是苗黨衆多，地方遼濶，現調四省官兵甚多，滇黔之兵從上游前進，湖廣之兵從下游前進，其中相隔路遠，哈元生調遣難周。湖廣提督董芳熟悉苗地情形，著授爲副將軍，一切勦撫機宜，著與哈元生和衷協力，公同辦理。目前或應分領夾擊，將來如何彈壓安置，俱著哈元生、董芳悉心籌畫，務期妥協，以副朕委任之至意。董芳著馳驛前往。

《世宗實録》卷一五八　七月丙午，調正藍旗漢軍都統、承恩公納穆圖爲鑲黄旗漢軍都統，陞正白旗漢軍副都統侯朱震爲正藍旗漢軍都統。

戊申，諭内閣：浙、閩、江西等省有棚民之州縣，朕皆留心揀發牧令前往，俾司化導董率之任。蓋此等無業民人，聚散無常，往來莫定，其間良頑不一，易於藏姦，若稽察稍疎，必至漸爲閭閻之擾。向聞棚民留住之地方，皆責成本處地主、山主出具保結，竝非來歷不明之輩，始許容留。而牧令官員於每年歲底，親往查點一次。儻有作姦犯科而地主、山主不行舉首者，一體治罪，此向例也。今聞法久廢弛，有司等視查點爲具文，而地主、山主亦以保結爲虚應故事，大非朕除暴安良、教民成俗之本意。著該督撫等轉飭有司，實力奉行，毋或怠惰。儻有不遵，即行嚴參，從重議處。若督撫失於覺察，經朕訪聞，亦必加以嚴譴。

《國朝宫史》卷三　乙卯，大學士一等伯鄂爾泰疏奏：【略】得旨，卿才品優長，忠誠任事，歷任簡用，未負朕恩。今以抱病虚羸，不能辦事，懇請罷斥，情詞皆實，著解大學士之任，削去伯爵，俾得專心調攝。

辛酉，諭内閣：邁柱簡任封疆，宣力有年，著補授内閣大學士，來京辦事。湖廣總督員缺，著張廣泗補授。邁柱俟張廣泗到任，將總督事件交代清楚，起程來京。查郎阿自領兵以來，所辦軍務俱屬妥協，今大兵已撤，查郎阿著補授大學士，仍管理陝西總督印務。查郎阿回任後，著史貽直來京。劉於義經手事務甚多，著仍留肅州，給與欽差大臣關防。查郎阿回到肅州之日，將陝西地方事宜及軍需案件，與劉於義悉心計議，分别辦理，奏聞請旨。劉於義俟軍需諸項告竣，

請旨回京。

《東華録》卷三二　是月，命大學士朱軾往浙江總理海塘工程，隆昇等俱聽節制。

《世宗實録》卷一五九　八月甲戌，吏部題，湖廣總督邁柱、陝西總督查郎阿已奉諭旨，補授大學士。其應加殿閣及兼尚書職銜，恭候欽定。得旨，邁柱著爲武英殿大學士兼吏部尚書，查郎阿著爲文華殿大學士兼兵部尚書。

乙酉，轉兵部尚書性桂爲吏部尚書，仍留軍營。陞兵部左侍郎通智爲兵部尚書。

丁亥，上不豫，仍照常辦事。

《東華録》卷三二　是日，皇太子傳旨：「著莊親王、果親王、鄂爾泰、張廷玉輔政。」

戊子，上不豫，皇四子寶親王弘曆、皇五子和親王弘晝，朝夕侍側。戌刻，上疾大漸，召莊親王允祿、果親王允禮、大學士鄂爾泰、張廷玉、領侍衛内大臣公豐盛額、訥親、内大臣户部侍郎海望至寢宫前，大學士鄂爾泰、張廷玉恭捧上御筆親書密旨，命皇四子寶親王弘曆爲皇太子，即皇帝位。少頃，皇太子傳旨，著莊親王允祿、果親王允禮、大學士鄂爾泰、張廷玉輔政。

己丑，子刻，上崩。

《高宗實録》卷一　是日，命果親王允禮掌紫禁城鑰。【略】寅刻，上進宫，内侍將雍正元年緘藏乾清宫正大光明扁後封函敬謹取下，捧至上前。上命侍莊親王允祿、果親王允禮、大學士張廷玉、原任大學士鄂爾泰等齊入，始啓封，跪閲親書御名，伏地大慟。莊親王允祿等請上止哀，欽遵大行皇帝遺命，恭宣詔旨。

甲午，定九月初三日吉期即位，建號明年爲乾隆元年。

清高宗部（起公元一七三五年，迄公元一七九五年）

《東華續録》乾隆一　高宗純皇帝，世宗第四子也。母孝聖憲皇后鈕祜禄氏，原任四品典儀官加封一等承恩公淩柱之女。以康熙五十年辛卯八月十三日子時生　上於雍和宫邸。上生而神靈，天挺奇表，珠庭方廣，隆準頎身，發音鏗洪，舉步嶽重，規度恢遠，嶷然拔萃。六歲就傅，受書於庶吉士福敏，過目成誦，課必兼治。康熙壬寅年十二，謁　聖祖於圓明園之鏤月開雲，見即驚愛，命宫中養育，撫視周摯。備荷　飴顧。恩慈，親授書課，教牖有加。偶舉《愛蓮説》以試，誦解。融徹，獎悦彌至。命學射於貝勒允禧，學火器於莊親王允禄，肄輒精能。每呈彀宫門，習圍南苑，閫體審機，疊發奇中，垂髫英武，觀者莫不欽爲天授。而神槍實韘，準的具存，貽誨有深焉者。其年秋，隨侍　聖祖，巡幸避暑山莊，賜居萬壑松風，讀書其中。一日望見　御舟泊晴碧亭畔，聞　聖祖呼名，即趨巖壁而下。顧謂：「勿疾行，恐致蹉跌。」愛護殊常。獅子嶺北爲　世宗藩邸，扈蹕時賜園。聖祖幸園中進膳，特命　孝敬憲皇后率　孝聖憲皇后問安拜覲，天顔喜溢，連稱有福之人。以上豫信也。木蘭秋獮，入永安莽喀圍場，命侍衛引射熊。甫上馬，熊突起，上控轡自若，聖祖御槍殪之。事畢，入武帳，語温惠皇貴太妃曰：「是命貴重，福將過子。」雍正元年，次辛祈穀，禮成，爲　世宗。登極初，次大祀之典，召　上入養心殿，賜食一臠，意已爲他日付託之本。仰告　昊蒼，故俾承福受祚。秋八月，御乾清宫，密書　上名緘固，召諭諸王大臣，敬藏世祖所書「正大光明」扁額上。冬至月，届聖祖周忌，大祭，命代謁　景陵。

雍正一三年（乙卯、一七三五）

《高宗實録》卷二　九月己亥，上即皇帝位於太和殿。

庚子，命大學士朱軾，在總理事務王大臣處協同辦事。

壬寅，遣官頒詔朝鮮國。

甲辰，又諭：嗣後祭文繙譯清文，著余元夢商看。

庚戌，又諭：徐元夢年逾八旬，効力甚久，今辦理皇考祭文，甚屬敬慎，著即補授内閣學士。

辛亥，禁陳奏祥瑞。【略】嗣後凡慶雲嘉穀一切祥瑞之事，皆不許陳奏，並傳諭將軍、提鎮等知之。

《高宗實録》卷三　乙卯，命諸臣各舉所知。諭曰：國家用人，行政二者並重，而政事必得人而理，則先務尤在人才。【略】著在京官員大學士以下、三品京堂以上，各將平日深知灼見之人，品行端方而才可辦事者，不拘品級資格，或現任職官，或放廢閒員，俱准據實保舉，密封奏聞，候朕酌量選用。爾諸大臣皆受皇考深恩擢用者，今朕聽政伊始，正爾等抒誠報効之時，務秉公心，悉除私意，俾賢俊登庸，庶政收得人之效。朕實有厚望焉。

戊午，户部奏請五城煮賑。得旨：依議。這五城施粥廠，著御史親往驗散，俾貧民均沾實惠，毋令胥役染指。都察院堂官不時前往察看。

己未，再免民欠。

又諭：本年恩詔内，凡文武官員，現在議降、議罰及住俸戴罪者，俱著寬免，已頒布通行。【略】

定奴僕告主之罪。

命僧衆仍給度牒。【略】嗣後情願出家之人，必須給度牒，方准披剃。仍飭府、州、縣等衙門，嚴查僧官胥吏，毋許借端需索，擾累僧徒，違者從重治罪。爾部即遵諭行。

禁擅造寺觀神祠。

追卹陣亡大臣、官員、兵丁。

庚申，開鄉會恩科。

辛酉，諭吏部：凡有虧欠錢糧未完之人，定例不準銓選。【略】著將恩免銀兩人員，及其子孫應選、應補者，俱准入伊等班次銓用。爾部即遵諭行。

壬戌，又諭：本年順天鄉試弊竇甚多。解元許秉智，係革職户部員外郎許秉義胞弟，家貲甚富，情弊顯然。著將考試官顧祖鎮、戴瀚革職，拏交刑部，請旨派大臣嚴審，按律究擬。

是月，署寧遠大將軍查郎阿等，遵旨覆奏：巴里坤、哈密留屯兵一萬二千名，恐不敷堵禦防範調遣之處，謹悉心酌議。兩廣總督鄂彌達具奏：查拏平樂

縣兖横滋事之獞民廖老大等，分別審辦。得旨：杖斃首惡，以儆餘黨，懾伏人心，辦理亦是。向後切須留意稽查，無得疏忽。

漕運總督顧琮奏：請蠲免江南蘇松二府浮糧，又請禁關税贏餘逐年加增陋習。得旨：所奏浮糧、關税二件，甚屬可嘉。

《高宗實録》卷四　冬十月丙寅朔，又議准：雲南巡撫張允隨疏請鼓鑄運京制錢，在廣西府設爐開鑄，需用銅鉛工本脚費銀二十八萬七千餘兩，暫於司庫封存銀内借支，行令兩淮鹽政於續收鹽課銀内，照數動撥，解滇還欵。其錢上清文，即篆寶雲字樣。從之。

丁卯，又諭總理事務王大臣、辦理苗疆事務王大臣：黔省逆苗不法。【略】今思用兵關繫緊要，事權若不歸一，難以早奏膚功。張廣泗著授爲經略，自揚威將軍哈元生、副將軍董芳以下，俱聽張廣泗節制調遣。所有經畧印信，著該部速行鑄就，遣官賫送軍營。

吏部題：大學士張廷玉恩賞世襲一等輕車都尉，并前所得一等輕車都尉，照例歸併，授爲三等子，仍與伊長子張若靄承襲。從之。

命翰林院侍講嵩壽、庶吉士介福、鄂容安，在南書房行走。

己巳，命果親王允禮總理宗人府事務，履郡王允祹管理宗人府事務。

辛未，嚴禁地方官匿災。【略】嗣後務各警醒，所奏報各地方收穫分數不得絲毫假飾，以干重戾。嚴禁地方官諱盗。

朝鮮國王李昑具奏：審擬擅入内地搶刦人參之國人等，並進方物。得旨：該部議奏，其進獻禮物，停其收受，仍著存留，准作年貢。又，朝鮮國王李昑以寛免處分具表謝恩。得旨：覽。王奏謝知道了，所進謝恩儀物，准作正貢。

壬申，又諭：黔省苗疆用兵日久，目今天氣寒冷，兵丁等効力勤苦。著將黔省派調各兵，及雲南、湖廣、廣東、廣西、四川等省協勦應援之兵，俱各賞給一月餉銀，以爲製備寒衣之用。

癸酉，命八旗都統察舉孝廉方正。

著湖廣督撫將曾静、張熙即行鎖拏，遴選幹員，解京候審，毋得疎縱洩漏。其嫡屬，交與地方官嚴行看守候旨。緩徵浙江遂安、宣平二縣被旱錢糧，仙居、東陽、永康、永嘉、縉雲等五縣被水錢糧。加左都御史福敏爲太子太保，贈禮部侍郎蔡世遠爲禮部尚書。

甲戌，調工部尚書徐本爲刑部尚書，以原任尚書涂天相爲工部尚書。

乙亥，飭督撫不得濫請題調州縣。嗣後各直省督撫務遵定例，除沿河沿海衝繁疲難要缺，仍准題請調補外，其餘俱歸部選，不得濫行題請。倘要缺之外實有人地相宜，必須題請調補者，務將必須調補之處聲明本内，以憑核奪。

禁虚報開墾。

命查罪黜之宗室覺羅附載玉牒。

命豫籌邊備。

諭兵部：順天武鄉試正副考官，向例止開列編檢職銜，嗣後著將開坊翰林官一併開列。

丙子，命辦理旗務宜遵舊制。

以貝勒允禧爲正黄旗漢軍都統，以正黄旗滿洲副都統岱琳卜爲正紅旗漢軍都統，以署鑾儀使策楞署鑲紅旗漢軍都統，以鑲藍旗滿洲副都統旺扎爾署鑲藍旗漢軍都統。

戊寅，又諭：今年順天武闈鄉試，考閲騎射，聞各項人材弓馬，頗有可觀。其間技藝優長，漢仗魁偉者亦多，此皆由國家培養日深，所以人人鼓舞向上。著於定額取中外，加增十名，以示朕廣育人材之至意。

吏部議准：兩廣總督鄂彌達疏言，南澳孤懸海島，界連閩粤，兵民雜處，請添設巡檢一員，隸南澳同知管轄，鑄給粤閩南澳巡檢司印信。從之。

以左春坊左庶子劉統勳爲順天武鄉試正考官，左春坊左中允彭啟豐爲副考官。

己卯，户部議准：蘇州巡撫高其倬疏言，寶蘇局鼓鑄錢文。【略】蘇省商賈雲集，需用較多，仍請開鑪鑄錢，以資民用。從之。

又議覆：安慶巡撫趙國麟疏報，泗州、潛山二州縣，七月初旬陡發山水，田禾被淹，應令委員會勘，果否成災。如有應行賑濟之處，即行賑濟，不致失所。得旨：依議速行。

庚辰，總理事務王大臣等議奏：纂修實録開館事宜。得旨：著大學士鄂爾泰爲監修總裁官，大學士尹泰、張廷玉、朱軾，尚書三泰爲總裁官。尚書任蘭枝、傅鼐、甘汝來，左都御史福敏，侍郎徐元夢、張廷瑑、班第爲副總裁官。餘依議。

《高宗實録》卷五　辛巳，命釐正文體，毋得避忌。【略】嗣後凡考試命題，不得過於拘泥，俾士子殫思用意，各出手眼，以覘實學。命裁落地税。

總理事務王大臣議准：大學士朱軾奏言，民間田地之丈量首報，宜一併永遠停止。【略】得旨：依議速行。

壬午，命八旗參奏事件，歸刑部審理。

癸未，刑部遵旨議奏：伊都立係身負重罪之人，復授爲額外侍郎，辦理糧餉，竟敢假捏報銷，肆行分盜。應如英誠公豐盛額所擬，即將伊都立在軍前正法，以昭炯戒。得旨：伊都立著改爲應斬，監候秋後處決。餘依議。

甲申，停止應選知縣之進士、舉人，分部學習之例。從禮部尚書任蘭枝請也。

以署尚書户部左侍郎海望爲户部尚書。

乙酉，禁陳奏樂善好施、道不拾遺等事。飭督撫不得濫請改隸州縣，增設官職。下旗民喪葬禁令。【略】

吏部題：大學士鄂爾泰恩賞世襲一等輕車都尉，并原襲之三等男，照例歸併，授爲一等子，世襲罔替。從之。

以署鑲紅旗漢軍都統策楞爲鑲黄旗漢軍副都統，以署鑲黄旗漢軍副都統參領馬元熙爲正白旗漢軍副都統，以署鑲白旗滿洲副都統，頭等侍衛索拜爲正藍旗漢軍副都統。

丙戌，又諭：水利庫一應錢糧，著即歸併户部管理。

辛卯，吏部議准：山西學政沈文鎬奏言，生員犯賭，有玷膠庠，未便與平民犯罪者同科。教官有約束士子之責，應定失察處分。請嗣後文武生員犯賭斥革，比常人加一等治罪，該管教官自行查出申報者，免其處分，失於查察者罰俸一年，知情不報者革職留任，失察造賣賭具者照溺職例革職。從之。

壬辰，停止外省舉人送兖鄰省鄉試同考官之例，仍以科甲出身之同知、州縣等官，入闈分校。從工部侍郎張廷瑑請也。

癸巳，著將傅爾丹、岳鍾琪，改爲應斬監候秋後處決。石雲倬、馬蘭泰之罪，較傅爾丹、岳鍾琪稍輕，亦著改爲監候。

是月，安慶巡撫趙國麟具奏：宣城縣民種軍田，不甘津貼，聚衆罷市，嚴拿究辦。得旨：聚衆罷市，大干法紀，應將爲首兇犯，嚴拿懲治，以儆刁風。若牽累無辜，使奸民漏網，則罪在督撫有司，朕必不寬貸也。

湖廣總督張廣泗具奏：奉命總理苗疆事務，即日赴黔，悉心辦理勦撫事宜。得旨：如此辦理，朕深慶苗疆之不難指日底定也。

《高宗實録》卷六　十一月丙申朔，命定教官品級。

調正紅旗漢軍都統岱琳卜爲鑲紅旗漢軍都統，以原任都統伊禮布爲正紅旗漢都統，御前侍衛保住爲鑲紅旗漢軍副都統，貝勒弘瑚爲鑲白旗漢軍都統。

丁酉，命審訊宜歸平允。【略】嗣後凡直省有刑名之責者，毋執成見，毋挾偏私，務各虛心聽斷，胥歸平允，以共體上天好生之心，用襄國家祥刑之治。

己亥，命侍講鄭江提督安徽學政，檢討李光塽提督山東學政，監察御史張考提督河南學政，修撰周澍提督陝西學政，編修周學健提督福建學政，編修于辰提督江西學政，户部郎中潘允敏提督廣西學政，户部員外郎陳象樞提督四川學政，編修孫人龍提督雲南學政，監察御史鄒一桂提督貴州學政，監察御史張仕遇提督湖南學政，吏科科給事中王丕烈聲名好，仍留廣韶學政任。

辛丑，命甄別僧道。户部議：福建建陽縣冒免錢糧一案，其歷任該管各員不行查出，均應罰俸一年。得旨：依議。

以右翼前鋒統領葉楚爲正白旗蒙古都統。

乙巳，飭居喪毋得嫁娶。

《高宗實録》卷七　癸丑，嚴禁銷燬制錢。

甲寅，命赦投誠苗衆罪。

丙辰，嚴禁賭博鬭狠屠牛。

丁巳，命言官實心陳奏。以署巡撫鍾保實授湖南巡撫，刑部侍郎木和林調禮部侍郎，原任陝西巡撫法敏補刑部侍郎，以太僕寺卿俞兆岳爲江西巡撫。以鑲紅旗都統岱琳布爲右衛將軍，原任鑲紅旗都統石禮哈爲鑲紅旗漢軍都統。

己未，除泰安州香稅。

庚申，以領侍衛内大臣阿思海、滿洲都統宗室弘昇、護軍統領馬呢、漢軍都統覺羅伊禮布，兼管火器營事務。

癸亥，命督撫實心愛民。禁溢收耗羨。

甲子，定道府分别請旨部選之例。命審訊大臣宜存國體。【略】嗣後三品以上大員身罹罪譴，即奉旨革職拏問者，法司亦不得遽加三木。如有不得不夾訊者，亦必請旨。將此永著爲例。

乙丑，以鎮筸總兵楊凱爲湖廣提督，副將林祖成爲鎮筸總兵。

是月，雲貴總督尹繼善奏：賑恤黔省難民事宜。得旨：已録此摺交張廣泗辦理矣。賑恤難民，卿不可因身在滇而膜外視之，又不可因交張廣泗而彼此岐之，惟當料理萬全，俾災黎得慶有生之樂可也。

大將軍公慶復奏呈噶爾丹策零來書。

《高宗實録》卷八　十二月丙寅朔，命纂八旗氏族通譜。以都統博第爲吉林烏拉將軍，護軍統領吴禮布爲黑龍江將軍。

丁卯，又諭：川陝兩省，舊制設立總督一員，嗣因西陲用兵，辦理軍需事件，是以分設四川總督。今大兵徹回，軍務漸竣，應仍照舊制，設立川陝總督。其四川總督一缺，著裁汰，即以黄廷桂爲四川提督。

總理事務王大臣等奏：覆審考試官戴瀚擅改文字，進呈欺詐，應依律杖一百、徒三年。其聽從私改之同考官徐焕然，並扶同進呈之考試官顧祖鎮，擬以杖九十、徒二年半。從之。

吏部遵旨，議加教官品級。教授向係從九品，今應加爲正七品。學正、教諭向係未入流，今應加爲正八品，訓導向係未入流，今應加爲從八品，其陞轉應仍照舊例。從之。

戊辰，諭兵部：陣前未回弁兵，其陣亡之處，雖無明睹之人，但朕思滿洲若果能脱身，自必歸尋君上。其不能脱身者，亦惟有一死而已，斷不肯辱没滿洲之名，以偷生於賊地也，此朕之可信者。著通行曉諭八旗，似此陣前未回之人，即照陣亡之例，給與賞卹。

吏部議覆：御史八時泰奏，各部院留缺題補，多違例遲延，請令各部院，出有郎中以下等缺，該堂官欲行題補者，務將所題之人，併所留之缺，并咨吏部，限十五日即行保奏。如其人遇有出差事故，亦咨吏部，將缺歸班銓選，倘已留缺，仍復遲延，各該堂官照例議處。應如所請。惟以十五日爲期，未免太迫，應令各衙門留缺，定限次月截缺以前保奏。如有出差事故，亦於截缺以前咨吏部，歸於月選。從之。

己巳，定養親官員予封。以順天府府尹署太常寺卿，蔣漣爲太僕寺卿。

辛未，嚴飭歧視滿漢。禁契紙契根之法。【略】嗣後民間買賣田房，著仍照舊例，自行立契，按則納税。地方官不得額外多取絲毫。

癸酉，諭總理事務王大臣：向來漕項銀兩，不在蠲免之例，朕前已降旨特行豁免，以紓民力。今查各省尚有帶徵漕米，原應如期輸納，但民間已完現年漕米，又完先年緩徵之米，民力未免艱難。著該部傳諭辦漕各省督撫等，將雍正十二年以前，未完帶徵緩徵本色改折米銀，逐一查明，奏聞豁免。

丁丑，户部議覆：内閣學士方苞疏稱，穀價低昂，早晚無定，請嗣後發糶常平倉穀，遇價值偶貴，令州縣酌定賣價，一面開糶，一面詳報。應如所奏，俾窮民均沾實惠。【略】

戊寅，命喀爾喀扎薩克等，詳議定界防守事宜。

己卯，吏部議覆：光禄寺少卿德爾弼奏，請將内務府總管，照侍郎品級，改爲從二品，並議將内閣學士，亦改爲從二品。從之。

户部議准：内閣學士岱奇奏，旗員歷任外省，有在任所置産者，令各自首出，交該省督撫，勒限責令變價回旗。如有隱匿不報，查出財産入官，地方官失察，照例議處。得旨：依議。

兵部議准：副都統李元亮疏請，漢軍養育兵等，准與漢軍武童一體考試，從之。

庚辰，以署兵部刑部尚書傅鼐爲刑部尚書，仍兼管兵部尚書事務。

《高宗實録》卷九　辛巳，減陝省耗羨。定臺灣水師營武職陞銜留任。

壬午，蠲減佃租。禁工程捐派。又諭：川省口外番部，輸誠急公，良可嘉憫。朕已降旨，令巴裏二塘所納一年貢賦，悉行蠲免，以昭撫恤至意。

癸未，又諭：八旗軍需虧空人員，有本身已故，家産盡絶，而各旗仍有將伊等子孫之俸餉扣抵者。現在各旗，或因軍需虧欠，仍行勒追，或因奉有暫停坐扣之旨，暫停坐扣，辦理俱不畫一。朕思此等虧空人員，雖屬軍需，而本身已故，家産盡絶，其子孫所得之俸餉，若仍行坐扣，未免艱苦。著該部查明，奏聞豁免。

扎薩克多羅郡王彭蘇克旺扎爾故，以其子貢楚克達什承襲。

甲申，諭刑部、曾静、張熙悖亂兇頑，大逆不道，【略】著照法司所擬，凌遲處死。

又議覆：吏部左侍郎邵基奏，請嚴屬員誣揭上司處分。應如所奏。

又議准：河南學政鄒升恒疏稱，文武生員，及舉貢監生，遇本生父母之喪，期年内，不許應歲科兩考，及鄉會二試。童生亦不許應府、州、縣及院試。從之。

又議覆：雲貴總督尹繼善疏稱，查明蕩平九股逆苗之黔、粤、楚三省官兵，核計功過分别辦理。【略】

刑部題：會審高起懷私挾詐，將黄炳、祥泰等妄參一案。查高起身爲尚書，懷挾私心，肆行欺罔。如查奏黄炳虧空，止因欲賤買黄炳房屋未遂，積怒行讐，於查伊家産時，刻意搜求，必欲坐以隱匿。至祥泰侵蝕變賣官房銀兩之事，並無確據，妄行叅奏，又屬旗員將祥泰嚴行拷逼，勒令供認。應依律將高起擬斬監候，秋後處決。得旨：如所擬。

又議覆：刑部尚書徐本等疏言，【略】嗣後竊盜三犯，自五十兩至三十兩者，俱發鄂爾昆種地，十兩以上者，改爲發極邊衛充軍，如不及十兩者，杖一百、流三千里。從之。

又議覆：内閣學士吴家騏奏，提拏家屬訊供，請禁止株連婦女。應如所奏。嗣後内外各衙門承審案件，除應提婦女收禁，照例提訊。其餘小事牽連，仍照例提子姪兄弟外，如遇虧空賠累、追贓搜查家産雜犯等案，概不許提審婦女。從之。

丙戌，諭總理事務王大臣：隆昇剛愎自用，怙過不悛，若仍留浙江，於海工無益。著解任來京，其副都統、織造二缺，候朕另降諭旨。程元章身爲巡撫，不能和衷共濟，乃懷挾私心，貽誤公事，亦不應留於浙省，著解任來京。其巡撫印務，即著大學士嵇曾筠兼管，俾地方管轄，與海塘工程歸併一手，自無掣肘牽制之患。【略】

己丑，命減朝鮮國餽送詔使儀物，【略】著從此次詔使始，凡餽送白金、儀物等項，悉按舊例裁減一半，永著爲令。該部即行文該國王遵行。

命追謚諸臣。諭曰：易名之典，古昔所重。我朝賜謚尤爲謹嚴，亦有當時未蒙錫予，而追謚於數十年之後者。蓋以事久論定，協乎懿好之公也。

庚寅，諭總理事務王大臣：京城有普濟堂二處，育嬰堂一處，收養無依之窮民及拋棄之嬰孩，由來已久，其經管之人實心行善，有存孤恤老之風。從前皇考曾兩賜帑金，並錫温綸，以旌義舉。今朕即位，廣沛恩膏，而輦轂之下，樂善良民敦行不怠，朕心嘉悦。三處各賜銀五百兩，以助其贍養之費，著内務府即行給發，並將朕旨宣諭知之。

辛卯，今朕即位以來，訥親行走勤慎，實心供職，著晉封一等公、世襲，以示推錫恩榮之典。

禁督撫無故傳唤屬官等積習。【略】嗣後各宜留心改易，凡附省郡縣有司，督撫非有面悉之事，不得無故傳唤，其離省各屬官，尤不得輕離職守。如有逢迎應酬，作無益以害有益，并啟貪緣弊竇者，更玷官方。嗣後除正額盈餘及加一火耗外，毋許絲毫多取。從之。

壬辰，纂修明史總裁、大學士張廷玉等奏：纂修明史告成。得旨：明史纂修多年，藁本今得告竣。但卷帙繁多，恐其中尚有舛訛之處，著展半年之期，該總裁率同纂修官，再加校閲，有應改正者即行改正，交武英殿，刊刻陸續進呈。其在事大臣、官員、生監等，著交部議叙。

總理事務王大臣議覆：定邊大將軍慶復疏報，烏遜珠勒之戰，賊以大隊衝擊時，有調赴駐防兵三百，營總敦珠克、扎爾布二人率之。力戰殺賊，奮不顧身，存者五十四人。内受重傷者四十九人，均屬義烈可嘉。應將陣亡者加恩，負傷者議叙。從之。

是月，蘇州巡撫高其倬奏：查勘阜鹽等五州縣，分別成災不成災，照例蠲賑。得旨：賑濟貧民，務須殫心奉行，以防弊竇，俾閭閻均霑實惠。其餘應題請者，照例具題。

乾隆元年（丙辰、一七三六）

《高宗實録》卷一〇　春正月丁酉，命督撫務休養戒廢弛。

乙巳，苗疆經略張廣泗奏報：逆苗侵擾内地，在在設立卡寨，恃衆猖獗，官兵三路進勦，擣其巢穴，各逆求請招安者，不下數百寨。

丙午，準噶爾噶爾丹策凌，遣使吹納木喀、額塞，奉表貢方物至京。壬子，賜準噶爾使臣吹納木喀入覲。諭曰：去歲守邊大臣，奏爾等已至，朕甚忻悦。非特爲爾準噶爾求和之故，【略】噶爾丹策凌，嗣後能體皇考與朕之心，則遣使來，不然，各保其境可也。倘更不自揣量，犯我邊境，朕自有辦理之道。【略】噶爾丹策凌，能體朕意，謹遵皇考原旨定界，可再遣使來，不然亦無庸復遣。其遣使當仍遣爾來，至我邊界時，可告我守邊大臣，噶爾丹策凌表文内，有遵旨定界之語，方許入境，如無此語，決不許入也。聞爾等仍攜貨來，不忍復令攜歸，可留住數日，貿易事畢，起程可也。

《高宗實録》卷一一　乙卯，〔總理事務王大臣〕又議：富德請免豫省報墾荒田一疏查報墾原不盡實，然十分中豈無一、二。現在豫省之府州縣，多係從前報墾之員，應請寬其捏報處分，各令自行出首。從前認墾花户，亦令該撫曉諭，據實首報開除。如有實可墾種者，仍聽民便，照例起科。得旨：允行。

丙辰，以漕運總督顧琮署理江蘇巡撫。定考官子弟迴避考試之法，諭：内外簾官子弟應行迴避者，著另行考試，乾隆元年會試及鄉會恩科，准於常額之外，寬餘取中，以示鼓勵，其作何另行考試之處，著禮部速行妥議具奏。尋議：考試迴避子弟，請仍於闈中另編坐號，先期奏請欽命四書三題，二三場仍用闈中

之題，一體考試，臣部奏派大臣校閲試卷，恭候欽定，發交内簾主考官，酌量名次，敘入榜内。從之。

《東華續録》乾隆三　是月，經略張廣泗奏：分勦新疆首逆各寨，俱已搗毁，各請招安。

二月丙寅，諭：任土作貢，國有常經，無論士民，均應輸納。至於一切雜色差徭，則紳衿例應優免。乃各省奉行不善，竟有令生員充當總甲圖差之類者，殊非國家優恤士子之意。嗣後舉貢生員等，著槩行免派雜差，俾得專心肄業。儻於本户之外，別將族人借名濫免，仍將本生按律治罪。

己巳，甘肅甘州、涼州等府，雍正十二、三年歉收，且有牛疫，該督撫未經奏報。上降旨切責，議賑。

甲戌，敕陝西停禁商販，俾晉屬民食有資。

《高宗實録》卷一二　遣準噶爾來使吹納木喀起程。【略】諭曰：此次爾等來時，朕未曾派出大員與爾等議定疆界者，非朕不受爾等請和，意欲興戎也。以爾台吉噶爾丹策凌，未能遵奉皇考諭旨，酌定疆界，且又假詞陳請，朕雖派員定議，亦屬無益。況疆界一事，爾等豈可專主，是以未經定議。將諭旨命爾等齎回。

《高宗實録》卷一三　乙酉，户部議准原任漕運總督顧琮，會同兩江總督趙宏恩疏題兩江軍田議贖議貼條款。一、凡典出隨船運田，令現運此船之丁，查照原契取贖。其不能措贖者聽。輪流駕運之丁，令公同回贖。田租亦輪流收受。有富豪踞占，及奸丁勾串冒贖者，照例嚴懲。如有添蓋房屋等項，縣衛勘估補償。如另僉新丁，令償前丁贖價。應津貼者，照例津貼。一、昔年拋荒衛田，軍民自行墾熟，及年遠難稽者，免其回贖，照例幫貼。其有典賣原主可查，而契券無存者，令縣衛秉公議償，不得短價强贖。一、軍田久有墳墓，不在回贖之例者，飭州縣查注備案。有暗立新墳圈占者，察究。一、運田歸船，不許復典於民，並不許復典於軍，違者，與、受均究。一、廬、鳳等衛運田，另有糧餉等田，有幫貼漕運，亦有向不幫貼者，應一槩酌量議貼。一、執業運田，應造細册報部。從之。

己丑，户部議准原任河東總督王士俊疏稱，東省肥城十九縣應徵德米折銀，每户爲數無多，請照河夫幫貼銀兩之例，併入大糧統徵。從之。

諭：朕前以應付僧、火居道士竊二氏之名，而無修持之實，甚且作奸犯科，難於稽查約束。是以酌復度牒之法，使有志修行者，永守清規，而無賴之徒，不得竄入其中，以爲佛老之玷。其情願還俗者，量給資産，其餘歸公，留爲養濟窮民之用。此亦專爲應付僧、火居道士而言也。名山古刹，閉户清修者，在所不問，前降諭旨甚明。現交與王大臣九卿會議，乃聞外省傳述錯誤，【略】著該部先行曉諭，去其迷惑。至於應付僧、火居道士之貲産，因無所歸著，是以有養濟窮民之説。究竟國家養濟窮民，豈需此區區之財物，亦可不必稽查歸公。此處著另議具奏。

辛卯，諭大學士張廷玉：湖南爲産米之鄉，向來米價平時，每石不過七八錢。近聞湖南省城，米價騰貴，自正月二十四、五以後，每石貴至一兩七八錢不等。民間有艱食之慮，爾可密寄信與史貽直、鍾保，即速計議，作何料理。似應將常平倉穀，減價平糶，以濟民食。將來青黄不接之時，更宜豫爲籌畫，毋致閭閻受困。

《東華續録》乾隆三　辛卯，以程元章爲漕運總督。

壬辰，准滿洲、蒙古舉人，補内閣中書。

《高宗實録》卷一三　〔是月〕河南巡撫富德奏：上蔡縣王作孚聚衆鬧堂一案，民間鬨傳，實爲勒報地畝起見。今飭南汝道楊廷翼確查。得旨：此案務須查詢確實，秉公辦理。〔河南巡撫富德〕又奏參前任督臣王士俊報墾多罔、捐輸累民。得旨：諭富德，前因豫省開墾一事辦理不妥，民多怨言，是以朕令王士俊解任來京，於稠人之中特簡用爾爲巡撫，以繼其後，實望汝竭力殫心，秉公據實，除以前之弊端，收後來之利益，俾豫民永永受福也。今覽汝奏第一摺内，則稱王士俊虚報開荒，種種欺罔。而第二摺内，又稱豫省地畝隱匿者甚多，除十一、十三兩年首報之外，猶有欺隱，與其恩施於查隱既明之後，不若恩施於查隱未明之前，可否特降諭旨，槩行豁免，等語。是汝同時兩奏，而自相矛盾如是，朕竟不解汝意之所在也。【略】爲今之計，可將老荒及鹽鹻河灘之地，確無可疑者，悉行開除，以慰民望。至於夾荒田地，介在疑似者，從容查訪，不必急遽即欲定局。俟布政使徐士林到任時，汝與伊熟商經理之，或不至於大誤。至豫省勸輸銀兩既屬勉强，可停其催交。

《東華續録》乾隆三　三月庚子，赦汪景祺、查嗣庭兄弟族屬回籍。

《高宗實録》卷一四　諭總理事務王大臣：朕查閲汪景祺等舊案，景祺狂亂悖逆，罪不容誅。但其逆書西征筆記，乃出遊秦省時所作，其兄弟族屬，南北遠隔，皆不知情。今事已十載有餘，著將伊兄弟及兄弟之子，發遣寧古塔者，開恩

赦回，其族人牽連革禁者，悉子寬宥。查嗣庭本身已經正法，其子姪等拘繫配所，亦將十載，亦著從寬赦回。

壬寅，飭嚴治四惡。諭總理事務王大臣，朕聞奸宄不鋤，不可以安良善，風俗不正不可以興教化。閭閻之大惡有四，一曰盜賊，三代聖王，所不待教而誅者也。二曰賭博，干犯功令，貽害父兄，以視周官之罷民，未麗於法而繫諸嘉石，收之圜土者，罪有甚矣。三曰打架，即周公所謂亂民，孟子所謂賊民也。四曰娼妓，則自周以前，人類中未嘗有此。此四惡者，刦人之財，戕人之命，傷人之肢體，破人之家，敗人之德，爲善良之害者，莫大於此。【略】自後州縣官有政令廢弛，使四惡復行於境内者，該督撫不時訪察，即行嚴參督撫司道郡守，有不能董率州縣，殫心捕治者，或被内外臣工覈實列奏，或朕訪聞得知，必以溺職治罪。與通苞苴受賄賂等，決不輕貸，爾諸臣慎毋泄泄沓沓，自取殃咎。戒之戒之。

丁未，免江南貢鮮折價。諭：聞江南長江一帶，向有貢獻鰣魚之例，至康熙年間停止，因而地方改爲折價，向網户徵收，解充地方公用。乃歷年既久，或網户改業，或移徙他方，展轉牽連；又加胥吏借端苛索，遂致沿江捕魚之人，代受追呼之累。朕思當年聖祖仁皇帝停止貢鮮，乃愛惜民力之至意，何用此些須折價，煩擾小民，著該督撫查明豁免，永著爲例。

《東華續録》乾隆三　戊午，命修舜陵，並設歷代帝王各陵陵户。

甲子，張廣泗奏報：合攻牛皮箐苗寨，首逆就獲，搒勦餘黨無算。

《高宗實録》卷一六　夏四月，戊辰，免河南鄭州、臨河等地方雍正十三年額賦，及湖南沅州雍正十三年應徵耗羨有差。己巳，賜一甲金德瑛、黄孫懋、秦蕙田三人，進士及第。二甲蔡新等九十人，進士出身。三甲興泰等二百五十一人，同進士出身。

《高宗實録》卷一七　庚午，湖南巡撫鍾保奏報，逆苗已經勦撫平定，黔省難民，逃入楚境者，回籍復業。

《東華續録》乾隆三　辛巳，以貴州提督哈元生遲誤軍機，命拏解來京。

《高宗實録》卷一七　丙戌，八旗王大臣會議：侍讀學士積德條奏，拖欠錢糧人等之入官房、地、奴僕，與墳墓相關，賞還本人，畫一辦理一事。入官房屋地畝，與墳墓相關者，從前入官時，有登記檔案者，亦有臨時報出者，此内亦有希圖徼倖多報者，若視其報出即行賞還，則不肖之徒希圖徼倖妄報，在所不免。臣等公同酌議，入官墳塋祭田内，與墳墓相關者，如係三頃以下，即查出賞還本人，其十餘頃者，將三頃賞還本人，餘者入官。此項房地内，賣出者，交各該旗查明在部原交數目，支領贖出，退還本人；看守墳塋人内，已經賣出者，若令贖還，或有拆散夫婦之事，除已經賣出者毋庸議外，其現在官者，俱請查還。又此項墳塋地畝，聖主施恩賞還，誠恐伊等絶祀，實仁慈之至意。但此内有弟兄數人者，雖一人之房地入官，其弟兄尚有房地，若此者，請毋庸查辦。如此，則聖恩週徧，亦可去宵小徼倖之事。命下之日，交與各旗秉公查辦。從之。

《高宗實録》卷一八　五月乙巳，革山東益都縣更名地，減偏重納糧。諭總理事務王大臣：聞山東青州府益都縣，有前明廢藩更名地一項，在當日爲藩封之産，不納課糧，召人承種輸租，各佃止更姓名，無庸過割，謂之更名地，較之民糧多二倍至四倍不等。在當日居民，投靠藩勢，借佃護身，積漸增加，沿爲陋例，今則同爲民田，而納糧尚仍舊額，名爲欽租地，糧多賦重，小民輸納維艱，朕心軫念。著將欽租名色裁革，照依該縣上等民地按畝徵糧，每大畝納銀二錢一分零，每小畝納銀六分四厘零，歸入名糧項下，一體徵收，俾循惟正之供，永除偏重之累。著該部行文山東巡撫，即遵諭行。

《高宗實録》卷一九　庚戌，訓江南、浙江風俗崇節儉。

甲寅，免四川風雹被災敘州府屬之南溪縣，直隸瀘州，并瀘屬之納谿、江安、合江、九姓司，又敘永廳，并所屬之永寧縣，乾隆元年分額賦有差。

乙卯，朝鮮國王李昑，慶賀登極，並尊崇崇慶皇太后，恭進禮物。賜國王王妃粧蟒緞匹，及正使咸平君李泆，副使禮曹判書鄭錫五等，緞匹銀兩等物有差。

丁巳，暹羅國王參立拍照廣拍馬嘑六坤司尢提雅菩挨，遣正使朗三立哇提、副使朗曝理哇振、坤史璘呠者哪、文備匹邁底，表謝欽賜匾額帑金，并貢方物。温旨嘉奬。

《東華續録》乾隆三　癸亥，江西巡撫俞兆岳奏民間斗斛之制宜畫一，禁演扮淫戲以厚風俗等語。得旨：王者之道，同律度量衡，蓋以此民間日用最切之事，而風俗之所關也。宜令畫一之奏，是不可有欲速之心，致民間有所不便，則得矣。先王因人情而制禮，未有拂人情以發令者，忠、孝、節、義，固足以興發人之善心，而媟褻之詞，亦足以動人心之公憤，此鄭、衛之風，夫子所以存而不删之，若能不行抑勒，而令人皆喜忠、孝、節、義之戲，而不觀淫穢之媟，此易移風易俗之一端也。汝試姑行之。

《高宗實録》卷一九　是月經畧苗疆湖廣總督張廣泗奏：搜勦大箐擒獲首

兇，並回兵辦理內地情形。

《高宗實録》卷二〇　〔六月〕乙丑，太常寺卿雅爾胡達條奏：【略】菓木園頭內，禁止僧道。查園頭內有僧道，皆稱原有帶地投進者。竊惟僧道係出家之人，當差於理不合，祈交內務府查現在園頭內如有僧道，著革去園頭，令其仍歸本廟，辦給養生地畝，其餘帶來地畝，另派園頭耕種。從之。

《東華續録》乾隆三　辛未，定江南水利歲修。

《高宗實録》卷二〇　免四川南溪縣等處風雹災本年額賦有差。

《東華續録》乾隆三　癸酉，授張廣泗貴州總督，兼管巡撫事。以尹繼善爲雲南總督，專辦雲南事。

《高宗實録》卷二〇　乙亥，又諭：户部查奏，八旗復令入官之房屋地畝，共七十二案，俱係從前欽奉皇考恩旨，已經寬免者。後因該旗大臣不能仰體聖意，復令交官。今既查明造册具奏，著仍給還本人，令其執業。再此項房地內，有於交官後，已經估變認買及賞給兵丁官用者，若復行徹出，未免滋擾。著該部查明，已經估變認買及賞給兵丁官用之房屋地畝，將别項入官之房屋比照間架、地畝比照等次賞給，儻有不公不均，藉端作弊者，一經察出，定從重究治。餘照所奏行。

《高宗實録》卷二一　乙酉，鑲黄旗漢軍都統納穆圖奏：旗人已經賣出房地，令户部贖還，給與本人。得旨：此項入官墳園地畝賞還本人，乃朕格外之特恩，今將户部存留地畝與撥給莊頭之地畝徹回，給還本人，事屬可行，若將已經賣出之地畝復行贖回給還，事覺紛擾，即以官地抵還，亦爲不便。此一項，著八旗照此遵行辦理。

《東華續録》乾隆三　丁亥，禁四川松潘各鎮將私斂番民。

《高宗實録》卷二一　是月，〔河南按察使隋人鵬〕又奏淮寧、商水等縣河水泛溢情形。得旨：是。地方水旱之事，即不成災，亦必如此直陳無隱方是。

《高宗實録》卷二二　秋七月甲午，〔上〕親書密旨，著總理事務王大臣親看宫中總管太監，謹收藏於乾清宫正大光明扁額之後。

乙未，諭總理事務王大臣：貴州苗疆已經張廣泗料理就緒，但黔省苗民雜處，如仲家青苗種類甚多，皆係久入版圖，沾恩向化者。近聞該省訛言，暗相傳説，云俟古州事竣之後，大兵回黔之日，欲將仲家等苗盡行勦捕，以致苗民疑懼不安。此皆奸民乘機嚇詐之故，地方官雖出示曉諭，終懷疑懼等語。此朕得之風聞者，如果有其事，張廣泗可即傳朕旨，出示曉諭，以安守分熟苗之心。若傳聞未確，亦即據實回奏。

《東華續録》乾隆四　己亥，免貴州通省本年額賦及耗羨。

《高宗實録》卷二二　飭督撫籌畫糶糴便民之策，諭曰：積貯平糶之法，原以便民，乃聞各省州縣，於倉穀出入，竟有派累百姓者。當出糶之時，則派單令其納銀領穀若干，及買補之時，則派單令其納穀領銀若干，納銀則收書重取其贏餘，領穀則倉胥大肆其勒抑，甚至以霉爛之穀，充爲乾潔，小民畏勢，不敢不領，惟有隱忍賠累而已。更有山多田少之地，產穀無多，而該地方官不能向他處採買，但按田畝册籍，覈算發價，派令百姓將田畝歲收之穀交倉，絶不爲民間計及蓋藏，至有十餘畝之田，而亦責其承買穀石者。在附郭居民，去倉廒不遠，尚可就近轉輸，至於遠鄉僻壤，離城或百里或七八十里之遥，亦一概令其領銀納穀，小民肩挑背負，越嶺登山，窮日之力，始至交納之所。而奸胥蠹吏，又復任意留難，及平糶之日，而窎遠鄉村，更不能均沾實惠，是徒有轉運之苦，而不獲蒙積貯之益。夫良法美意，行之不善，流弊種種，其作何變通之法，使閭閻實受糶糴之益，而無有擾累，各該督撫大吏當悉心籌畫，令有司實力奉行，以副朕愛養斯民之意。

《東華續録》乾隆四　庚子，申禁科場舞弊。

《高宗實録》卷二二　辛丑，永除新疆苗賦。諭曰：貴州古州等處苗衆，從古以來未歸王化，我皇考世宗憲皇帝如天之仁，特允督臣所請，不忍棄置幈幪之外，遂因伊等俯首傾心，輸誠歸順之切，收入版圖，使得沾濡德澤，共享昇平之福，原非利其土地民人，爲開拓疆圉之舉也。【略】苗民風俗，與內地百姓迥别，嗣後苗衆一切自相争訟之事，俱照苗例完結，不必繩以官法。至有與兵民及熟苗關涉之案件，隸文官者仍聽文員辦理，隸武官者仍聽武弁辦理，必秉公酌理，毋得生事擾累。貴州總督張廣泗可一併曉諭知之。

《高宗實録》卷二三　壬子，賑江南宿州、蕭、碭等州縣衛水災飢民。

甲寅，諭：陝、甘兩省錢糧耗羨，向係加二徵收，前已降旨，令該督撫等於乾隆元年爲始，減去五分，示朕軫惜民力之意。現在雍正十二年以前錢糧，俱已蠲免，其雍正十三年分該省尚有未完民欠，恐官吏仍循舊例，小民一時未能分晰，以致混冒收納，亦未可定。著將雍正十三年分未完錢糧應徵之耗羨，一併減去五分。該督撫即通行出示曉諭，咸使聞知。

丁巳，賑陝甘隴西、伏羌、河州、碾伯、西寧等州縣水災雹災飢民。戊午，賑湖北漢川、江陵二縣，荆州等三衛水災飢民。

是月，〔大學士總理浙江海塘嵇曾筠〕又奏：請疏濬杭、湖二府水利，以裨民生。得旨：好，應如是疏通者。

〔廣西右江總兵官潘紹周〕又奏：請禁土苗祭賽宰牛。得旨：奏内所言，多有紛更不妥之處。至土苗宰牛，乃其習俗，尤不當與民人一體嚴禁。此摺著發與鄂彌達，令其議奏。

《高宗實録》卷二四　八月壬戌朔，賑浙江蘭谿、建德等六縣，水災飢民。

己巳，又諭：西部喀爾喀等，原在茂岱察罕廋爾，扎卜堪河等處游牧，因準噶爾厄魯特等久懷窺伺之意，我皇考聖慮周詳，念喀爾喀等若不豫令内徙，賊來侵犯伊等游牧處，不能一時就便遷移，則人畜受傷而賊反獲利。是以屢降諭旨，交大將軍及喀爾喀副將軍等將喀爾喀游牧内徙之處詳查定議具奏。尋議：喀爾喀等俱各向東移徙，外以杭愛之陰、塞楞額多歡、鄂爾昆之鄂圭淖爾爲界，内以杭愛之陽、翁金河、古爾班賽堪等處爲界。去年喀爾喀扎薩克圖汗格勒克雅木丕勒奏稱伊所住哈魯納地方既無野獸，又牲畜不得孳生，乞移住於舊游牧推河、伊克鄂拉、翁金等處，經大將軍議奏，准其外徙。現今噶爾丹策零遣使求和，我大兵以次徹回，止留兵駐防邊境。念準噶爾素與喀爾喀爲讐，寧保其不相侵犯？自宜豫爲之備。喀爾喀等不知其故，以爲既經和好，大兵全徹，思念原游牧處，漸欲向外遷移。但計地方遼闊，游牧從容，不思居可虞之地，被賊殘害牧畜、擄掠子女之患，是見小利而不知大計者也。準噶爾定界之事尚在未決，喀爾喀等之游牧且令勿遽挪移，著額駙策凌等戒諭喀爾喀扎薩克人衆，仍駐原駐之地，禁其踰界游牧，此亦爲喀爾喀起見，非欲竟棄其地也。俟數載後，準噶爾大定，絶無可虞，度量情形，必令伊等仍移本處，臨時再降諭旨。

《東華續録》乾隆四　庚午，兵部尚書傅鼐緣事革職。

《清高宗實録》卷二五　己卯，賑河南南陽、新野等五縣水災飢民，並停徵本年分額賦有差。諭：本年四月間，河南永城縣潘家道口地方，黄河水發，隄岸潰決，民間田禾廬舍被水淹浸，朕心軫念，切諭巡撫、布政使加意賑恤，務令貧民得所，並會同江南總督、總河悉心妥議，俾疏通下流，以永除永城之水患。其永邑被水應免之錢糧，著巡撫、布政使確查具奏。今據徐士林摺奏，永城縣被淹田地共一千一百一十三頃六十六畝，春麥秋禾俱未耕穫。朕思一歲之中，春麥既未收成，秋禾又未補種，小民生計艱難，國賦何從輸納。目今正值開徵之時，著將應徵之地丁漕糧悉行蠲免。該撫等即出示通行曉諭，并督率有司實力奉行，毋使奸胥土棍借端舞弊。

乙酉，減浙江嚴州屯糧。諭：朕聞浙省屯糧，向來每石徵銀一兩，因軍丁等輸納維艱，於康熙年間特恩減免，改徵銀五錢五釐，計算每畝徵銀八分有零。彼時惟嚴州一所遺漏開報，未經查明減免，每畝仍徵銀二錢一分五釐。查杭州前、右二衛屯田，與嚴所地方相距咫尺，每畝止徵銀一錢二分八釐零，而嚴所地土比通省較薄，賦額則比通省較重，實屬偏枯，所當酌量變通，使一體均沾恩澤。爲此特頒諭旨，將嚴所屯糧，循照杭州前、右二衛科則徵收，以紓軍力。其應豁減銀兩若干，著大學士嵇曾筠確查報部，永著爲例。

丁亥，賑陝西府谷、神木二縣雹災飢民，並緩徵本年分額賦有差。

己丑，賑江南江寧、蘇、松等屬溧水、江浦、長洲、華亭等二十四州縣水災飢民，並緩徵本年分額賦有差。

庚寅，賑貸湖北潛江、荆門等五州縣，沔陽、荆州等四衛水災飢民。

《高宗實録》卷二六　九月丙申，總理事務王大臣會同刑部等議奏：遵旨會審古州苗疆一案，革職刑部尚書張照懷私挾詐，擾亂軍機，革職貴州提督哈元生觀望逗遛，失陷城寨，均應擬斬監候。革職湖廣提督董芳擅調官兵，革職貴州巡撫元展成、撫馭乖方，均應僉妻發邊遠充軍。革職副都御史德希壽巧詐不實，應枷號鞭責。再張照、德希壽糜費兵餉，俟查明確數，勒限嚴追。得旨：【略】張廣泗仍當交部議叙以奬軍功。至於哈元生身爲全省提督，乃苗人造逆，不能覺察於機先，及賊衆肆行，又復稽遲於臨事，按律治罪，亦復何辭。但念伊粗鄙武夫，知識短淺，尚非有心貽誤軍機，且從前征勦烏蒙曾經効力，今既革職拏問，著從寬免死釋放。張照受恩深重，且自請經理苗疆，膺兹鉅任，而乃懷私挾詐，種種妄行，罪莫可逭，朕是以降旨將伊革職拏問。但念伊浮躁性成，又誤聽道路傳播弄之言，遂立意與哈元生齟齬，哈元生之罪既已從寬，張照亦著免死釋放。至於元展成本屬中材，適值地方難辦之事，兼之文武不和，諸凡掣肘，遂至倉皇錯亂，莫展一籌。董芳身爲副將軍，不能和衷共濟，負恩實甚，但伊初到黔省，辦理軍務爲時尚淺。德希壽一無所知，諸事聽張照之指使。此三人者雖有應得之罪，尚有可原之情，既已革職拏問，其治罪之處俱著寬免。

癸卯，賑貸浙江湖州府屬之安吉、德清等三州縣、一所水災飢民。

甲辰，定披甲人凌虐遣犯並免職官、生監等爲奴之例。

《東華續録》乾隆四　庚戌，以慶復爲刑部尚書，仍兼管吏部事。起傅鼐署兵部尚書。

《高宗實録》卷二七　壬子，賑安徽宿州、虹縣等二十州縣、衛水災飢民。

乙卯，加賑江蘇蕭、碭山二縣，徐州一衛水災飢民。

丁巳，賑安徽泗州衛屯田水災飢民。

己未，御試博學鴻詞一百七十六員於保和殿。命大學士鄂爾楞爲莊浪副都統。賑江蘇六合等十三州、縣，衛水災飢民，併緩徵本年額賦有差。

是月，山西巡撫覺羅石麟奏：清查保甲之時，分別填註户口，遇當賑之際，仍挨户確查。得旨：知道了，自應因地制宜，如是辦理者。

《高宗實録》卷二八　冬十月壬戌，户部等部議覆吏部右侍郎阿山等疏言，清丈張家口外東四旗地畝，除應得賞給外，所有太僕寺馬廠駝馬牛羊羣等開種地一千五百九十一頃九十三畝有奇，賞給一半養贍，餘照例納課。又千家店駐防兵多開種地二十九頃六十七畝有奇，獨石口駐防兵開種地二十一頃九十七畝有奇，各村莊香火地八十五頃一十三畝有奇，石窑子、六間房、東溝門等處班第佐領下地一百四十七頃七十畝有奇，楊木栅子怡親王府槍手地三十七頃八十二畝有奇，胡素臺、韓慶壩、三道營等處色楞家人地一十三頃三十一畝有奇，俱照例納課，於乾隆三年起科，並禁種地民攜帶妻子及多雇人，越界耕種。又設立領催四名，分管新營、六間房、太平莊、西峰砦各路，每路給兵四名，協同同知差役，催交錢糧，稽查奸匪，分别月給銀兩，歸理事同知管轄。又查丈出西四旗餘地五百七十二頃四十八畝有奇，一併照例起科。應如所請。從之。

《東華續録》乾隆四　乙丑，兵部尚書通智，以協辦歸化城事務任意更張，將士默特官員恣意用刑，革職。

《高宗實録》卷二八　戊辰，免江蘇阜寧等四州縣本年旱災額賦。

《高宗實録》卷二九　丁亥，賑貸浙江德清、武康二縣，及湖州所被水災民。

戊子，賑貸山西朔州等四州縣被雹災民。諭總理事務王大臣：西陲自用兵以來，陝甘百姓，轉運糧餉，急公効力，甚屬可嘉。已蒙皇考疊沛恩膏，厚加撫恤。朕即位之初，又將乾隆元年甘肅額徵錢糧全行豁免，西安等屬豁免一半。今朕復思大兵既徹，正與民休息之時，若再寬一年額賦，則民力更可寬餘，安居樂業。著將乾隆二年甘肅錢糧，全行蠲免，西安等屬錢糧，蠲免一半，以示朕加惠秦民之至意。

《清朝柔遠記》卷四　冬十月，裁減荷蘭税額。

初，荷蘭通商粤省，歷年納税尚輕，後另抽加一之税，洋商深爲不便。至是，諭曰：朕聞外洋紅毛夾板船到廣時，泊於黄埔地方，起其所帶礮位，然後交易，俟交易事竣再行給還。至輸税之法，每船按樑頭徵銀二千兩左右，再照則抽其貨物之税，此向例也。乃近來夷人所帶礮位聽其安放船中，而於額税之外，將伊所帶置貨見銀另抽加一之税，名曰「繳送」，亦與舊例不符。朕思從前洋船到廣既有起礮之例，此時仍當遵行，何得改易？至於加添繳送銀兩，尤非朕嘉惠遠人之意，著該督查照舊例，按數裁減，並將朕旨宣諭各夷人知之。

《高宗實録》卷三〇　十一月壬辰，賑貸陝西定邊縣被雹災民。

《東華續録》乾隆四　甲午，加大學士嵇曾筠太子太傅。命徐本爲東閣大學士兼禮部尚書，仍兼管刑部事。以孫嘉淦爲刑部尚書。

《高宗實録》卷三〇　丁酉，賑恤安徽霍邱等三縣衛、湖北漢川等十三州縣衛被災軍民，緩徵額賦。

戊戌，九卿議覆刑部奏言，嗣後凡侵盜錢糧，數滿千兩以上者，照例擬斬監候；其一千兩以下，照律雜犯准徒；遇赦則數逾萬兩者，不准援宥，萬兩以下俱准赦免；其從前數滿三百兩擬斬，及一千兩以上不准援赦之例，均應删除。至八旗一切收貯公所錢糧，并交庫銀兩，亦應照直省監守自盜錢糧，分别一千兩上下，擬斬監候及雜犯准徒定例遵行。仍遵旨，一萬兩以下准其援赦，有逾此數，不准豁免，其三百兩以上斬決等例，并請删除。從之。

《高宗實録》卷三一　庚戌，策試中式武舉馬負書等九十八名於太和殿前。廣東巡撫楊永斌疏報：安南國王嗣黎維禕遣使慶賀登極，請准其奉表來京。允行。

辛亥，諭總理事務王大臣：昨據貴州總督張廣泗陳奏苗疆善後事宜三條，朕已降旨交總理事務王大臣、議政大臣會同該部妥議。今朕思張廣泗所奏第一條請於新疆内地添設官兵駐劄彈壓，自應照所請行。但所添兵丁計一千三百餘名，以之分布各處，朕意似稍覺不敷。現在安設營汛，是否足敷巡防之用，目前斷不可以節省錢糧而爲遷就之舉。其第二條請設立郡縣，在目前似可不必，或因地方遼闊，所有同知通判等官難於統轄，酌設道員彈壓巡查，似尚可行。至第三條内奏請將内地新疆逆苗絶户田産酌量安插漢民領種，朕思苗性反覆靡常，

經此番兵威大創之後，雖畏懼懾伏，而數十年後豈能豫料。若於新疆各處，將所有逆産招集漢民耕種，萬一苗人滋事蠢動，則是以内地之民人因耕種苗地而受其荼毒，朕心深爲不忍，此必不可行者。朕意逆苗因罪入官之地，自無復賞給逆苗之理，與其招集漢人，不若添設屯軍，即令兵丁耕種，俾無事則盡力南畝，萬一有警，就近即可抵禦。且收穫糧石又可少佐兵食，以省内地之輓運，較屬有益。其安設屯軍，於額設汛防兵丁之外，就地畝之多寡酌量添設，或專令屯種，或令與汛防兵丁更番屯種，則苗疆駐劄之兵數較多，而兵氣自奮，且省添兵之費。朕意如此，可先行寄信張廣泗知之。苗疆善後事宜關係重大，極宜詳慎籌畫，俾可永遠遵行。張廣泗切不可因從前原欲郡縣其地，目今仗此兵威遂欲迴護前議也。總之苗疆之事可省而不可繁，可拒卻而不可招徠，即今之添兵設防，亦不過因已經如此辦理，於國家顔面有關，難於全撤耳。尚須妥協計議，使地方永遠寧謐。

壬子，總理事務王大臣議覆原任正黄旗漢軍都統管理井田事務甘國璧疏陳屯莊事宜，一、井田每户原給田一百二十五畝，十二畝五分爲公田，十二畝五分爲廬舍場圃，百畝爲私田，公田儘收儘報，今既改屯莊，應令按畝完納屯糧。一、堡户原止給地三十畝，令其耕種，不交公糧。今若令一體完課，未免拮据，請加恩增給地畝。一、三堡旗民雜處，難於稽查。請將各户原領三堡房地，盡交該州縣，即於現今咨回井户所遺房地内，照數撥給。一、八旗改屯人户，嗣後身故有子者，自應頂補，儻遇無子寡婦，情願守節，並無親戚可依者，請留地四十畝，以資養贍，即令本屯之人代種完糧，俟伊身後，仍將地畝交官召種。一、井田原撥霸州、固安、永清、新城四州縣地，今改屯莊，令防禦管轄，請將附近霸州者令霸州防禦管轄，附近固安者令固安防禦管轄。一、井田向設鄉長，請仍留供役，果能勤慎，遇有屯長缺出撥補。一、驍騎校應遵議徹回，但一時未有可補之缺，請俟補放之日，令其交地回京。均應如所請。惟堡户一條，納糧既屬無力，增地又似多事，應仍令其照舊暫行耕種。從之。

乙卯，賜殿試武舉馬負書等九十八人武進士及第、出身有差。

《高宗實録》卷三二　十二月壬戌，截留湖北潛江等五州縣額漕，賑漢川等十一州縣衛水災軍民。

癸亥，禁督撫受土宜。

乙丑，賑江蘇溧水等十二州縣被水災民。

己巳，免陝西府谷、神木三縣雹災本年額賦有差。

辛未，賑山西朔州等四州縣被雹災民，蠲緩本年分額賦有差。

《高宗實録》卷三三　丁丑，又議覆雲南巡撫張允隨疏言，直省司道以下各官，延請幕賓人數衆多，今既定保薦之例，其中不無奔競鑽營及買名頂替等弊。應請將幕賓六年期滿無過者，俱送督撫考試，分别予以先用，及職銜頂帶，如有保送頂替，及冒名頂替之人，定議分别治罪。應如所請。蠲緩安慶泗州衛屯田、長蘆慶雲縣竈地本年分水災額賦有差。

《東華續録》乾隆四　戊寅，命科道等官不兼部務。

《高宗實録》卷三三　甲申，總理事務王大臣奏：遵旨議以八旗入官地畝九千五十餘頃，立爲公産，令八旗都統於參佐領内揀員經管，召種取租，每年將所取租息報明户部。又入官房屋八千三百餘間，准人認買，其未認買之前，亦由各該處取租，以此分給旗人之貧乏之者，使得各立産業，以資養贍。從之。

《東華續録》乾隆四　是歲，朝鮮、南掌、暹羅、安南來貢。

乾隆二年（丁巳、一七三七）

《東華續録》乾隆五　春正月庚子，召趙宏恩來京。以公慶復爲兩江總督，調那蘇圖爲刑部尚書，以訥親爲兵部尚書。

《高宗實録》卷三五　庚戌，又諭：前年黔省逆苗不法，調撥兩廣、雲南、四川、湖廣兵丁，會同本省兵丁，合力征勦。今軍務已竣，地方寧謐，惟是各省及本省兵丁，人數衆多，其中有擊賊陣亡者，有染病身故者，此等歿於王事之人，深可憫惻。其眷屬在家，於知照未到本營之時，多支月餉，若按本兵亡故之日，照數扣追，則已用之項，措辦維艱，甚非朕優恤戎行，哀矜煢獨之意。著各該管大臣等，查明悉行豁免。其本兵名糧，若子弟内有可以訓養成材者，即令頂補，以資養贍，倘子弟無人，眷口無所倚賴，著該管大臣，設法撫恤之，毋令失所。

《東華續録》乾隆五　癸丑，免京師至易州七州縣乾隆二年額賦。

《高宗實録》卷三六　二月丙寅，安南國王黎維祜故，嗣子黎維禕遣陪臣阮仲常、武暉、武惟宰等進本告哀，附貢方物。下部知之。

癸酉，減浙江温、台二衛屯田科則。諭總理事務王大臣：朕因外省軍田糧額輕重不等，年來留心訪察，聞浙江温州衛現徵屯田三百一十二頃，每畝額徵銀

一錢七分零；台州衛現徵屯田二百二十頃，每畝額徵銀一錢四分零，比本地民田較重，丁民輸納未免艱難。查杭州前、右二衛科則，均係一錢二分八釐，温、台二衛屯田，著照此例畫一徵收，永著爲例，俾沿海丁民受減賦之益。該部即遵諭行。

《高宗實録》卷三七　戊寅，上御養心殿，召入八旗都統等，諭曰：從前入官旗人之地，理應賞還旗人，俾得資生之計。但旗地與民地不同，不便交部，是以特交爾等八旗大臣辦理。今爾等議稱，入官地畝，從前所定租額本輕，徒致州縣吏胥中飽，請派員前往，另行秉公更定等語。現在入官地畝之租，較之民人佃種旗地之租，爲數實少，而此項入官之地，原屬旗地，與民人交納錢糧之地不同，雖經官定租額，而百姓不知，仍納重租，以致吏胥中飽。今因地定租，固爲允協，但愚民不明事理，或妄生疑意，謂添增租額，亦未可定。夫旗人民人，均吾赤子，朕一視同仁，並無歧待。著交與直督出示曉諭，若無從前弊端，即令該督保題，停止增添。又議稱，似此一定之後，交與地方官，按年照數收租解部等語。夫年歲之豐歉不齊，如遇歉收之歲，仍照定數徵租，則百姓未免受累。其旱澇之年，作何減收，豐稔之年，作何補納之處，著各該州縣官，隨年歲之豐歉酌量辦理，報明該旗。仍報部存案，以備稽察。儻有藉端朦混，不據實辦理者，即著該旗、該督查參。

戊子，兵部議覆巡臺御史白起圖等疏請，嗣後過臺商船舵水人等，免其查驗箕斗，令原籍州縣官，將各舵水年貌鄉貫填照，或有事另雇，就地給單填註，取具船户行保甘結，汛口各官驗放。臺地倣照內地，設立十家牌，填註實在籍貫人口確數，並作何生理，遇有事故開除，每月出具並無招攬游民結狀報覈，違礙，一併嚴究。應如所請。從之。

《高宗實録》卷三八　三月戊戌，更定旗人命案律例。諭總理事務王大臣：今滿洲殺死滿洲，即行正法，當日立法稍嚴，使人不敢輕犯，原屬保全之意。今滿洲生齒日繁，且知遵守法度，相殘之事甚少，舊定旗民條例，未免輕重懸殊，所當隨時更定，酌議畫一。著九卿會同八旗都統，詳確定議具奏。尋議，嗣後旗人遇有命案，仍依律分別鬭毆謀故，定擬絞、斬監候，其有服制者，照服制科斷，永著爲例。從之。

己亥，定孤貧口糧，扣小建、加閏月。

又諭：給與僧道度牒一事，朕前後兩頒諭旨，明切曉示，冀督撫有司辦理妥協。昨問及安徽巡撫趙國麟，據伊奏稱，有此一番澄汰，嗣後便可不必再給度牒等語。朕不知趙國麟之意，將以度牒爲多事滋擾，而不必給耶？抑謂釋道之教，應行禁絶，而嗣後無庸給發，遂永不許人爲僧道耶？恐直省督撫，未必能如是精明强固，不動聲色，遂使天下無一僧道也。【略】朕令直省督撫年終彙題即欲徐徐辦理之意，而並非謂目下盡行禁絶人之爲僧道也。據趙國麟此奏，誤會朕意，恐他省督撫尚有似此者，故再行申諭，務體朕撫育羣生，物各得所之意，詳悉妥議，徐徐辦理。又前年以民間喜建寺廟，而舊時寺廟傾圮者多，特諭止許修葺舊寺舊廟，近聞舊址重修者絶少，間有新建寺廟者，地方官並不將朕諭旨，宣布開導，此亦奉行不謹，怠忽從事之一端，並諭令直省督撫知之。

《高宗實録》卷三九　己酉，免陝西定邊縣雹災額賦。

丙辰，諭總理事務王大臣，朕以雨澤愆期，亢旱有象，甚爲憂灼，不勝省惕。因念刑獄一事，自大赦之後，囹圄所繫無幾，而直省通緝人犯，在恩赦以前者，向以該犯未獲懸案緝拏。其中有不應赦者，有應赦者，其應赦之人，雖拏獲到案，仍免其罪。而該犯已受拘攣之苦，殊堪憫惻，著該部立速通行各省，除必不應赦者，仍行通緝外，其與赦款相符者，一概免其通緝。有在本案牽連待質之犯，亦即予釋放。至現今刑部羈禁之人，有似此等牽連待質考，無論赦前赦後，或釋放，或取保，著該堂官，即行酌量辦理，以示矜恤。

《高宗實録》卷四〇　四月辛酉，諭總理事務王大臣：邇來雨澤愆期，民間米價較前稍長，且因從前倉場條奏，官倉稜米甚多。春季官兵祿廩，全以稜米支給，是以老米價值更昂，現在五城存廠米石甚少，而赴買者甚衆。當此青黄不接之時，若不豫爲籌畫，恐奸商居奇，市價難於平減，著户部作速行文倉場，將存倉老米，每城撥二千石，照減定價值發糶。如有不敷，再行撥給。【略】旗都統等先以議准御史諾恩布請禁奸商私買兵米、圖獲厚利一事具奏，上以旗人願借重利，自係急不暇擇，與其使奸商獲利，不如每旗酌撥帑銀一二萬兩，遇伊等有急迫事件，輕利借給，將伊錢糧代扣，庶重利放債之弊，可不禁自止。

壬戌，總理事務王大臣議奏遵旨豫籌賑恤事宜。現今雖少雨澤，尚未成災，應先行平糶，暫停徵比，倘旱荒既成，請就存倉米穀散給，或不敷用，再令督臣李衛酌奏截留漕米，以備臨時撥濟。得旨，覽所議賑恤之策，俱爲切要，至緩徵一條，尤屬濟時拯救之急務，著依議遠行。仍傳諭直督李衛董率屬員，實力賑恤。

壬戌，禮部奏：朝鮮國王咨請，中江每年二、八月間貿易，懇仍舊例遵行。

得旨：朕前因臺站官兵，每年二八月間，攜帶貨物，前往中江，與朝鮮貿易。兵丁既不諳貿易之事，且不無需索擾累，誠恐遠人到邊守候羈遲，殊多未便。是以降旨，令內地商民前往，均平交易。內地商民，即指附近臺站之百姓而言，並非於京師關內，另有派遣，此朕體恤遠人之意也。今該國王既請仍如舊制，著照所請，仍循舊例，與兵丁等按期交易。可傳諭該國王知之。

《高宗實録》卷四一　丙子，諭總理事務王大臣：今年春夏以來，京師及畿輔雨澤稀少，而山東地方，亦有缺雨之郡縣。朕已屢降諭旨，多方籌畫，以爲先事之備。今思節近小滿，甘霖未降，麥秋料已失望，民心未免惶懼。除已經降旨緩徵外，著將直隸通省今年應徵地丁錢糧蠲免七十萬兩；山東通省今年應徵地丁錢糧，蠲免一百萬兩；俾民力寬紓，民氣愉暢。如將來仰蒙天祐，霖雨普施，秋成不致歉薄，則閭閻霑朕格外之恩，亦加惠元元之誼。所謂百姓足，君孰與不足者也。嗣後如得雨稽遲，有妨農事，則應行賑恤等事，仍應加意辦理，毋使一夫失所。

《東華續録》乾隆五　丁丑，免雲南乾隆元年帶徵秋糧。

《高宗實録》卷四一　又諭：五城平糶米石原以周濟小民，乃有奸民圖利串通胥役，轉相販賣，甚至運往通州，售爲燒鍋之用，而離廠稍遠之貧民，奔赴稍遲，即不得升斗。且有守候終日，忽然停止糶賣，貧民含怨空回，殊負朕軫念民食之意。步軍統領鄂善、侍郎托時即時將作弊之人查拏，甚屬可嘉。至該城御史於糶米要務，約束稽查，是其專責，乃不能督率司坊等官，親加查察，一任弊端疊出，怠玩已極，著將該城御史及監糶各官並該司坊官交部嚴加議處。都察院堂官見朕宵旰焦勞，爲民籌畫，即每日親至米廠，逐一釐剔，亦分所宜然。今既不能親往看視，又不能覺察弊端，伊等所司何事，著明白回奏。

又諭：允䄉、允禵前因獲罪削爵圈禁，論其獲罪原委，並無屈抑之處。但朕念伊等爲天潢一派，自加恩寬釋以來，亦皆深知前非，自悔自艾，安分家居，未嘗生事。今復加恩賜給伊等公爵空銜，不必食俸，仍令在家居住。其各安靜守法，以副朕篤厚宗支之意，該衙門即遵諭就第傳諭知之。

庚辰，戶部議准甘肅巡撫劉於義疏報：武都、西塞、真堆三族番民，改土歸流，所有應徵糧銀，請自乾隆戊午年爲始，入額徵解。從之。

甲申，免湖北漢川、江陵二縣，及武左、荊州、荊左三衛水災乾隆元年分額賦有差。

丁亥，免江南徐州府屬蕭、碭二縣，并徐州衛水災乾隆元年分額賦有差。

《東華續録》乾隆五　丁亥，除廣東、雲南雜稅。

《高宗實録》卷四一　是月，刑部左侍郎劉統勳奏報：浙省海塘工程，惟朱軾所建五百丈至今堅固，其餘舊塘俱難經久。至於堵築尖山，開挖引河，費用浩繁，成功難必，此督臣嵇曾筠所以專主建築魚鱗大石塘之議也。我皇上不惜百萬帑金，以衛浙民田廬。今歲北岸海沙漸漲，南岸江溜漸通，可望成功。海寧城南石塘五百丈，現已完竣。密籤長樁，平鋪巨石，灌以米汁灰漿，釦以鐵釘鐵鋦，後來工程，若始終如一，可保永遠無虞。查向來保固之法，於塘外籤樁鋪石，層累而上，作爲坡陀之形，名爲坦水。此項工程，在今日有不得不修築之勢，竊計海塘與河工形勢迥不相侔。河工有應築、應開、應濬之不同，即有不得不築、必不可築之異。海塘之內，皆屬寸土寸金之地，一有衝決，民命攸關，且滷水一入，數年之內，必致顆粒無收，既議築塘捍衛，自不容有兩歧之議，此實在情形也。得旨：知道了。久而悉其情形，再久而識其作法，原不可以欲速者也。

《高宗實録》卷四二　五月己丑，諭定邊右副將軍、額附策凌：據爾奏到噶爾丹策零一摺，朕思賊匪意欲請和，憚於遣使，是以將擄去二人善視送回，而語言又倨傲，其意以爲准伊和好，伊可以多得地土，若因伊言忿激，定如昔年用兵，伊既得計，而我錢糧不無少虧，是此二舉，皆不足以動我也。此際唯將附近地方固守，伊自無所施其伎倆。但彼既有來疏，亦當回覆，朕已降旨王大臣議奏矣。爾軍營王大臣，亦會同擬作噶爾丹策零咨文一紙，由驛速奏，朕視爾等意見何如。當此情形，今秋防範最爲緊要，不過使爾王大臣知之，設少有泄漏，兵丁稍有戒心，於事無益。至喀爾喀晉巴遣回與否，尚在未定，可將朕此旨大意，曉諭兵丁，軍心更覺堅定。尋奏：準噶爾既將來書令人齎到，回文未便遣人直達噶爾丹策零，臣請於此處出派賢能台吉一員，帶同十餘人，齎文交與伊地方齋桑，令其轉致，所遣之人即回。若伊齋桑務令所遣台吉親身交噶爾丹策零，即令所遣台吉面交，臣等亦照所齎回文，詳悉諭知。得旨，總理事務王大臣議奏。

壬辰，賜一甲于敏中、林枝春、任端書三人進士及第，二甲孫宗溥等八十人進士出身，三甲謝庭瑜等二百四十一人同進士出身。

癸巳，免湖北安陸、荊州兩府屬各州縣衛水災乾隆元年分額賦有差。

庚子，又諭：農桑爲致治之本，我皇祖聖祖仁皇帝嘗繪《耕織圖》，以示勸農德意；皇考世宗憲皇帝屢下勸農之詔，親耕耤田，率先天下，所以敦本計而即田

功，意至厚也。朕思爲耒耜、教樹藝，皆始於上古之聖人。其播種之方、耕耨之節，與夫備旱驅蝗之術，散見經籍，至詳且備。後世農家者流，其説亦各有可取，所當薈萃成書，頒佈中外，庶三農九穀，各得其宜，望杏瞻蒲，無失其候。著南書房翰林同武英殿翰林，編纂進呈。

《高宗實録》卷四三　辛亥，户部議覆兵部尚書甘汝來疏請，停徵各關米穀税銀船料。經臣部議，應通行各關監督，并該督撫，確查妥議具題。【略】米穀爲民食所資，與他貨不同，請嗣後舊徵米税船料各關，除豐登年歲照例徵收外，倘偶遇水旱地方，其附近省分各關口，令該督撫將被災情形具奏，請旨寬免。凡米穀船一到，即便放行，俾米穀流通，不致增價，有妨民食。再廣東開建、恩平二縣販運米穀，每船税銀一錢至三錢不等，該撫既稱俱屬零星商販，不同外省大商巨艦，題請豁免，應將二縣米税永遠停徵。從之。

《東華續録》乾隆五　乙卯，除湖南雜税。

《高宗實録》卷四三　丙辰，免安徽宿州水災乾隆元年分額賦有差。

《高宗實録》卷四四　六月己未，九卿議奏：明農教稼，所以務本也。【略】惟是勸課農桑，其責又在牧令；但地方遼闊，事務殷繁，勢難一身遍爲曉諭。臣等酌議，仿《周禮》遂師之制，於鄉民之中，擇其熟諳農務、素行勤儉、爲閭閻之所信服者，每一州縣量設數人，董率而勸戒之。至地方官，必須久於其任，與民相親，方能區畫盡善，已蒙聖明睿鑒。其考績之法，亦必寬以歲月，庶幾久道化成，而無欲速不達之弊。如該地方官勸戒有方，著有成效，果其境内地闢民勤，穀豐物阜，平時積貯，如茨如梁，該督撫於三年之後，據實題報，官則交部議敍；其教導無方，强勒滋擾，以及希圖奬賞，揑詞妄報者，該督撫亦即指名題參，交部議處。如此則吏民皆知所勸，而耕九餘三之效可收，將見無一夫之不獲其所，而萬世享豐裕之福矣。俟命下之日，通行直隸各省督撫一體遵行。從之。

乙丑，總理事務王大臣九卿，議奏禁止燒鍋事。得旨：禁止燒鍋一事，爾等九卿兩議具奏。其大指皆以燒鍋當禁，朕前所降諭旨爲是，而以孫嘉淦陳奏爲非。【略】試思於嚴禁燒鍋以裕米穀一節，爲有益乎，爲無益乎，王大臣皆皇考簡用之人，不得爲是兩可遷就之論。尚其詳酌事理，或應行嚴禁，或因事制宜，必期於民生日用之間有利無弊，斯稱朕咨訪之意，其各抒己見，或一議或兩議皆可。

庚午，免浙江仁和、安吉、德清、武康四州縣水災乾隆元年分額賦有差。

《高宗實録》卷四五　辛巳，户部議奏：原任營田觀察使陳時夏進有《區田書》三册，並疏稱，《農政全書》内，有營治區田之法，並云始自伊尹教民糞種，每田一畝可收穀六十六石。又見山東聊城縣知縣蔣尚思所刊《教民區田法》，並直隸清河同知方鳴夏所刊《區田録要》。細加詢問，俱有成效，惟虞冰雹蟲災，不慮水澇亢旱，於北五省更爲有益。古稱每畝可得穀六十六石，今斗可得二十石，少亦可得十三四石，是收穫之廣，無有甚於此者。又於區田四面，鑿井澆灌，是備旱之法，未有善於此者。但每田一畝，約費工本銀三兩，百姓無此力量，所以不能舉行。臣請遴選賢員，暫租民地，官種官收；借給工本，秋收之後，仍即歸還。先行試種，俟著有成效，然後推廣通行。查周制，田有一易再易之别，漢趙過有歇田之法，而區田載在《農政全書》，皆所以節地力、盡人事，誠爲有益。現今欽奉諭旨，勸民稼穡，並令纂輯農書，廣爲教導。此法若得舉行，雖未必如陳時夏所云每畝可收十二三石之多，然工本既多，收穫自廣；且鑿井備旱，於北地尤宜，似於耕種之事不無裨益。但法久不行，事經創始，必從容辦理，毋遽毋擾，使小民有趨事之樂，而官吏無督促之煩，然後可垂永久。臣等酌議，請於直隸地方，先試舉行。令總督李衛酌量何地最爲相宜，遴委賢員，暫租民地，官種官收，借給工本，秋成還項，不得干涉民間。如果地方官實心辦理，斟酌合宜，將來行有成效，再爲通行各省，民必樂從。從之。

是月，兩廣總督鄂彌達奏覆廣西捐墾案情。據雲南布政使陳宏謀，以原任廣西巡撫金鉷揑墾報捐、欺公累民具奏。時臣陛見回粤，道經廣西，與新任巡撫楊超曾面商，粤西額荒甚多，紳民欺隱不少，其報墾之田，如果屬實，自有應完賦税，並非額外加糧。今以紳民欺隱之田，准予從寬借墾，得回工本，又免治罪，原無貽累於民，即謂粤西地土磽瘠，而借墾之田原係分别老荒、舊荒，有三畝折算一畝者，有二畝折算一畝者，未嘗一例概施。且原任大學士朱軾條奏，亦止謂查係虚揑者開除，未聞以實有之田盡應豁免也。今撫臣已早定豁除之成見於胸中，既不公同覆奏於前，又復往返爭持於後，何能辦理得宜。【略】計惟有仰懇特簡大臣一員，前赴粤西，秉公查辦，庶有無加派累民，是否應行豁免，方有定論，而墾案可以澄清矣。再，陳宏謀前奏金鉷揑捐二十餘萬畝，並未開成一畝之處，查借捐止有一十二萬，並無二十餘萬；各屬查報新墾成熟者，即鬱林一州已有八千餘畝，其餘州縣，新墾甚多，陳宏謀所奏不確，一並聲明。得旨：此事所奏甚屬公當。楊超曾到粤西，諸事皆從嚴厲，而獨此事從寬者，並非其本心，乃與

金鉷不合，而又瞻徇陳宏謀情面耳。朕亦不必另遣人前往，卿即往西省辦理此事，應參奏者即行參奏。

李衛又奏：燒鍋之禁，宜去其已甚，導民易從，計莫如不禁其沽飲，而止禁其大肆興販，且不禁本地釀造，與夫造麴自用者。惟禁大行躧麴，於各地方交界，及關津隘口巡查，凡有燒酒及麥麴二樣，無論歲之豐歉，概不許出境興販，犯者治以違制之罪，酒麴入官，糧船夾帶燒酒麥麴，俱照私鹽例究治。販運既絶，則本地所銷自少，孰肯多造以停擱其工本。如此則米麥高粱，一年約餘數千萬石，所資民食匪尠。得旨，原議之王大臣議奏。

《高宗實録》卷四六 秋七月丁亥朔，又諭：據協辦吏部尚書事務顧琮條奏，貴州於深山邃谷招募屯田，盡奪生苗衣食之地，目今殘敗之餘，潛居巖穴，覓食維艱，待至秋成，必聚衆併命爲變，殘殺擄掠，不可不豫籌也。請勅下督臣，深思長慮，庶幾有備無患等語。貴州情形，顧琮向未熟悉，且張廣泗在彼，一切防範事宜自應籌畫妥協，但未雨綢繆，當無事之時而爲有事之備，乃封疆大臣之責。顧琮既有此奏，可寄信與張廣泗，令其留意。

戊子，户部議覆吏科給事中馬宏琦條奏，收漕例用部頒鐵斛平概，不許踢斛淋尖。查乾隆元年七月，議准御史蔣炳奏陳漕弊案内，通飭有漕各省督撫，嚴革蠹役留難刁蹬、踢斛淋尖等弊。乃自再行申禁之後，甫及一年，該給事中馬宏琦，又奏有浮加斛面，自一指、二指以至三指等弊，應請飭總漕及有漕各督撫確查奏辦。其所稱兑運每石按數另加耗米之處，查收漕例有漕贈潤耗等項銀米，今若另收耗米，實係耗外加耗，應毋庸議。又所奏州縣徵收地丁耗羡並摘捉短封，以及道府親身查察，同知等官監拆之處。查乾隆元年七月，議覆御史薛韞奏陳州縣私置重戥，額外多收，及御史楊嗣璟奏稱徵耗短平，又鴻臚寺卿趙挺元奏請州縣糧櫃拆封，該管府州親往拆驗等案内，節經行據直省各督撫妥議，奏定成例在案。其所稱雜項錢糧，令民自封投櫃，請再通行各督撫飭屬遵行。倘有勒索留包偷取等弊，指參究處。從之。

甲午，諭總理事務王大臣：朕因畿輔地方，山水驟發，被水居民，蕩析可憫，立遣侍衛官員，齎帶帑金，分六路前往，會同該地方官，撫卹安頓。其離京稍遠州縣，已據總督李衛，奏稱飛飭地方官，加意撫綏，不令一人失所。今據河道總督劉勷奏報，永定河水漫過石隄，沖刷背後土隄二百五十餘丈，南岸漫溢十八處，北岸漫溢二十二處，附近田禾廬舍，悉被衝塌淹潦等語。

乙未，户部議覆署陝西巡撫崔紀疏報，商州、保安、膚施、安塞等州縣，被雹成災，動支存倉穀石賑卹，緩輸本年額徵。得旨：依議速行。

丙申，户部議覆：山東巡撫法敏疏報，德平、齊河、【略】等州縣衛，本年旱災。又續報陽穀、壽張、朝城、莘縣雹災，動支存倉穀石，分别賑卹。得旨：依議速行。

辛丑，免河南祥符、杞縣、【略】等四十二州縣，鹽硵飛沙地畝，糧銀九千九百三十四兩有奇，漕米三百七石有奇，以乾隆二年始，永行豁除。免江南長洲、常熟、昭文、崑山、新陽、華亭、青浦、福泉、江陰、太倉、鎮洋等十一州縣，乾隆元年分水災應免地丁銀二萬八百十三兩有奇，米、豆三千二百二十四石有奇。

《高宗實録》卷四七 壬寅，户部議覆直隸總督李衛，疏報宛平、霸州【略】等八十一州縣衛，二麥歉收，動支存倉穀石，分别賑濟。得旨：依議速行。

癸卯，訓督撫留心水旱事宜。諭直省督撫：自古致治以養民爲本，而養民之道，必使興利防患，水旱無虞，方能使蓋藏充裕，緩急可資。是以川澤、陂塘、溝渠、隄岸，凡有關於農事，豫籌畫於平時，斯蓄洩得宜，潦則有疏導之方，旱則資灌溉之利，非可諉之天時豐歉之適然，而以臨時賑卹爲可塞責也。

定圖財害命爲從監候之例。

辛亥，户部議覆安徽布政使晏斯盛條奏：一勘災先宜查報應賑户口，以速賑濟。嗣後如遇地方水旱，一面題報情形，一面查明應賑飢口，即先發倉賑濟，於四十五日限内題明加賑等語。應如所奏辦理，俟賑務竣日，將賑過户口需用糧石題銷，其被災頃畝分數，及應免錢糧數目，覈實造報。一丁漕銀兩，應一體蠲免。田地被災，錢糧得蒙蠲免，漕項銀兩，例不准豁。惟是漕項出於田畝，與地糧解款雖分，民間歷係一條鞭徵，通行完納，並不分晰何項爲地，何項爲漕，或免或不免，則災前已完在官，及次年補徵應完之銀，查扣紛雜，小民難於周知，吏胥乘間影射，易啟重徵，請一併准照成災分數蠲免。再丁銀一項，原係另款徵收，不在田畝出辦，是以被災例不蠲免。江省自雍正六年題明，將丁銀攤入地畝徵收，則被災亦應蠲免等語。查漕糧凡遇災蠲，例惟改折，間有異災，係奉特免，又災地漕米，例按分數改折，或災重，亦准全折。蓋漕糧不容缺額，即漕項輕齎等銀，亦係辦漕必需，隨漕交納。是以從前祇有改徵折色之例，間有蠲免，乃出特恩，原非定例。請嗣後有被災地方，令督撫勘實，或應分年帶徵，或按分數蠲免，臨時具題請旨。至丁銀，自攤入地畝均徵之後，設有災荒，亦應如所請酌免。

一停徵宜查照四鄉收成分數，分晰酌辦，除豐收之鄉照常催徵毋庸再議外，所稱成災田地，應將都圖里甲花名，飭令州縣於實徵册内剔出，另造一册存案，俟次年啟徵，另行設櫃，仍於完票内，填明災户等語。應如所奏辦理。一補徵宜將新舊錢糧分別，災地例於次年麥熟後補徵，若新舊並納，小民不無拮据，似應將災地錢糧，於次年開徵時只催舊欠，其當年錢糧，准於九月後催徵，至災地有延至深冬方得雨雪，及積水方退者，逾時始得佈種，此等地畝，應令地方官查實，將新舊錢糧概緩至秋成收納。應如所請，通行各省一體遵照。從之。

《東華續録》乾隆六　癸丑，直隸河道總督劉勷，以疏防革職。

是月，兩江總督慶復奏：安徽黟縣、南陵、太平、銅陵、石埭、懷寧等六縣蛟漲，及桐城、潛山、歙縣、繁昌、合肥、巢縣、舒城、滁州、全椒、和州、含山、六安、英山、霍山等十四州縣水災，酌量撫恤。得旨：知道了。被水災黎，務必加意賑恤，毋致失所。

閩浙總督、專管福建事郝玉麟奏：羅源、連江二縣，溪水驟漲，淹没房屋民人。得旨：賑恤被災之民，常如己飢己溺，刻不容緩，若待奏報批示後，始行盡心料理，已屬無濟矣。

山西巡撫覺羅石麟奏：萬泉、臨晉、榮河等三縣被旱，榆次、平定、壽陽、盂縣、和順等五州縣被雹，鳳臺縣被水，飭屬查明賑恤。得旨：知道了。查賑一事，須當極力拯救，務使災黎不致流離失所，方爲稱職也。

《高宗實録》卷四八　八月丁巳朔，賑卹陝西安塞、保安、安定等三縣被雹災民，緩徵額賦。

庚申，賑恤甘肅平番、蘭州、金縣、河州等四州縣被旱災民，緩徵額賦。

丁卯，總理事務王大臣議覆侍衛嵩福奏，京南一帶燒鍋之家，多有囤積糧石，希圖開禁，及候米價騰貴之時，期獲重利者，請飭督臣，嚴行禁止。

《東華續録》乾隆六　丙子，以顧琮署直隸河道總督。

《高宗實録》卷四九　丁丑，免江蘇碭山縣被水災民應徵乾隆元年未完額賦十分之七。

壬午，免山東濟南、泰安、兖州、東昌、青州等五府屬二十八州縣衛被旱災民本年額賦。

甲申，賑甘肅會寧縣被旱災民。

是月，貴州總督張廣泗奏：遵旨籌畫苗疆，業將叛苗絶户田產安設屯軍，並查餘苗現種之田，凡攙入絶田内者，令指明坵段，撥歸屯軍。另查開田給還苗人，其有應遷移者，均飭令承辦官量給銀米，以資其費。前計算絶田約可安屯軍五、六千户，現據各具報，清江可安屯軍二千六百餘户，古州三保可安一千一百餘户，八寨可安八百餘户，丹江可安九百餘户，其餘尚有古州山苗一帶暨臺拱、凱里、黄平、施秉、勝秉、清平等處，約計可安五、六千户。此皆清出叛苗絶產分布安屯。其應設屯堡二百餘處，亦皆形勢扼要。若去營汛稍遠，不宜安屯者，皆撥還苗人，並賞無業窮苗。並未嘗如尚書顧琮所奏，於深山邃谷招募屯田，盡奪生苗衣食之地也。現細察苗人，無不悔過自新，及時耕作，前經奏請添兵三千餘名，今查出田畝，又可安屯軍一萬餘户，分布險要，於經久之計已屬萬全。得旨：苗疆經此一番料理，自必有數十年之安静無事。然經久之計不可不圖，而用人之際尤所當慎，不然法雖良而無人善爲經理，所謂徒法不能以自行也。

《高宗實録》卷五〇　九月庚子，賑陝西咸寧、長安、咸陽等三縣被水飢民，從署陝西巡撫崔紀請也。免湖北漢川、江陵、潛江、沔陽、荆門、監利等六州縣乾隆元年分水災應免起存銀五萬六千六百十兩有奇。

《高宗實録》卷五一　辛亥，吏部議覆太僕寺卿蔣漣奏，直省各官養廉，應令就近支領。查道府養廉，爲數既多，若在州縣支領，恐滋弊竇，其州縣佐雜等，應如所奏，在該處徵銀内撥給，按季册報。得旨：依議。州縣以下等官養廉，於各州縣就近支給，可省解司赴領之煩，仍令該管上司，不時稽察，毋得啟豫領透支等弊。

《東華續録》乾隆六　甲辰，召史貽直回部辦事。以德沛爲湖廣總督，元展成爲甘肅巡撫。

《高宗實録》卷五一　丁未，户部議覆署陝西巡撫崔紀疏報，府谷、神木二縣本年被雹成災，現經查勘分數，於今冬、明春分別借給口糧。應如所請。得旨：依議速行。

戊申，免山東濟南、泰安、武定、兖州、曹州、沂州、東昌府等屬德平等三十三州縣衛本年旱災額賦銀二萬五千八十兩有奇。免陝西商南、山陽、雒南等三縣雹災額賦有差。

癸丑，户部議覆閩浙總督銜、專管福建事郝玉麟疏報，臺灣社番巴老等率男婦二百八十五名，歸附版圖，請輸年貢獐、鹿皮，暨折餉銀兩。酌收每年獐、鹿皮各一張，免其折餉銀兩，以示羈縻。從之。

是月，兩江總督慶復奏：江省人民，好談禍福，自立教名，因有緣明教、斗母教、五恩教、長生教等稱，節經諭令地方官嚴察。茲查獲南匯縣緣明教張瑞林等，上海縣假談天主教張乾等，審無爲匪情事，惟圖誆騙財物。遂將爲首立教之人及在會執事人等，分別枷杖。得旨：如此辦理，殊屬寬嚴得中、防微杜漸之意。

閩浙總督銜專管福建事郝玉麟又奏：泉、漳地方，民風强悍。查有奸徒，假神糾夥，造作謡言，謀爲搶刦，現經拏獲審究，總期毋縱毋枉，以安良善。得旨：此等事，若聽其蔓延，則爲害非小；若嚴究首惡，則餘類自散，毋縱毋枉之言得之矣。然地方中不可屢有此事也。

《高宗實録》卷五二　閏九月丙辰朔，禁耗羨外收餘平。諭内閣：川省耗羨銀兩，向因公用不敷，每兩完銀二錢五分。朕御極以來，加惠閭閻，減去一錢，止存一五之數，無非欲使民力寬餘，受國家休養之澤也。今據碩色奏稱，該省相沿陋例，於火耗税羨外，每銀百兩，提解銀六錢，名爲餘平，以充各衙門雜事之用等語，聞之不勝駭異。火耗之報官，原以杜貪官污吏之風。若耗外仍聽其提解，此非小民又添一交納之項乎。一項如此，别項可知。一省如此，他省可知。朕思此等浮多之費，雖爲數無幾，而取之商民，層層剥削，其數必不止此，難免地方之擾累。著巡撫碩色永行革除，以杜官吏借端需索之弊。倘公用内有必不可少之項，著於存公耗羨内支給報銷。别省有如此者，著各該督撫查明具奏。該部即遵諭行。

《東華續録》乾隆六　丁卯，以尹繼善爲刑部尚書，調慶福爲雲南總督，以那蘇圖爲兩江總督。

《高宗實録》卷五二　總理事務王大臣，議准巡視臺灣御史白起圖條奏臺灣善後事宜。

停貴州古州苗田屯軍。諭總理事務王大臣：【略】總之頑苗叛逆之罪，本屬重大，國家既施寬大之恩，待以不死，予以安全，而此區區之産業，反必欲收之於官，則輕重失宜，大非皇考與朕經理苗疆之本意矣。料此時張廣泗正在辦理屯軍之事，可速將朕旨馳寄，令其即行停止。查辦之官，應撤出者，即行撤出；其絶産實有幾何，如何布置之處，必熟籌萬妥，請旨施行，不可固執前見。張廣泗向有郡縣其地之請，今屯軍如此經營，伊意中尚不能不瞻顧前説也。

己巳，户部議兩廣總督鄂彌達奏，新寧海矬場上川猺民甘大振等呈請立户，自辦税糧。查上川猺户，素居内地，民猺相安，應如所請，甘大振等准其另立猺户。所有從前投寄民户熟荒税畝，聽其自行輸納墾升，將民人何五福寄糧開除。從之。

《東華續録》乾隆六　己卯，命修永定河隄壩。

《高宗實録》卷五三　壬午，賜一甲一名哈攀龍、二名張凌霞、三名馮哲，武進士及第。二甲馬瑞圖等十人，武進士出身。三甲焦騰漢等十五人，同武進士出身。

是月，兩江總督慶復，奏報碭山、興化二縣被水較重，已給賑一月，請各加賑四個月。又高淳、句容、金壇、溧陽、鹽城、安東、蕭縣、銅山等八縣，被水稍重，請普賑三個月。又上元、江寧、江浦、溧水、陽湖、無錫、宜興、荆溪、江陰、丹陽、泰州、高郵、寶應、豐縣、海州等一十五州縣，被水稍輕，請普賑兩個月。倉穀不足者，於就近州縣撥給，其貧民年力强壯者，各令前赴河工就食。

《清朝柔遠記》卷四　秋閏九月，遣琉球難民歸國。

是夏，琉球有載粟米、棉花二船遭颶風傷損，飄至浙江定海縣境，總督大學士嵇曾筠等資給衣糧，修整船桅、器具，交還餘貨，咨赴閩省附回。奏上，諭曰：朕思沿海地方常有外國船遭風飄至境内者，朕胞與爲懷，内外並無歧視。外邦人民既到中華，豈可令一夫失所？嗣後有似此遭風漂泊人船，著該督撫飭有司加意撫恤，動用存公銀兩，賞給衣糧，修理船隻，並將貨物查還，遣歸本國，以示朕柔遠人之至意，永著爲例。

《高宗實録》卷五四　冬十月丙戌，賑恤山西永濟、猗氏、萬泉三縣秋禾被霜災民。

丁亥，減浙江桐廬縣官抄秋租徵額。諭户部：〔朕〕聞浙江嚴州府桐廬縣屬，有官抄、秋租二項額徵條銀，較之民産科則，多至三五倍不等。前代相沿，事隔久遠，不知起於何時。而此二項田土，多屬瘠薄，又因賦重，輸納維艱，每至催徵，逋逃相繼，甚可憫念。查此二項，原徵銀七百九十九兩，若依民産科則，共應減銀五百八十一兩零。著該部即行文與大學士嵇曾筠從戊午年爲始，減去浮多之數，照民産一例徵收，俾小民均霑實惠。

丙申，命豁免福建南平縣浮多丁銀。諭曰：福建丁銀，從前照各省之例，匀入地糧之内，合省稱便。惟有延平府南平一縣，丁口衆多，不能通匀，數年以來，紛更滋擾，小民不無賠累。查該縣田糧，共計銀一萬七千一百三十餘兩，應照每

田糧一兩，匀徵銀二錢之例，共匀入丁銀三千四百二十六兩零，其浮多丁銀三千三百八十三兩六錢，悉行豁免。俾民力寬餘，永無追呼之擾累，該督撫即遵諭行。

《東華續録》乾隆六　實授崔紀陝西巡撫，尹會一河南巡撫，張楷湖北巡撫。

《高宗實録》卷五五　癸卯，賑恤山東齊河等二十八州縣衛被水軍民，福建詔安縣被旱災民。

乙巳，蠲免江南高淳縣本年蟲災額賦，桃源、宿遷、睢寧三縣淤地未完銀糧。

大學士管浙江總督嵇曾筠疏報：海寧縣建築石塘工竣。

丙午，免江蘇徐州府屬銅、沛、蕭、碭四縣，民欠未完銀兩。

《東華續録》乾隆六　癸丑，貴州總督張廣泗再奏苗疆安頓情形。

《高宗實録》卷五六　十一月丁巳，禮部以朝鮮國王李昑，請封世子李愃，年未及歲，與例不符，應否准其册封。得旨：該王既稱遲暮之年，伊子李愃，知識漸長，輿情所在，願名位早定，情詞懇切，著照所請行。其進獻禮物，不必收受，若仍令其帶回，未免徒滋往返，著暫留收貯，准作來年正貢，以示朕柔遠之意。

賑恤奉天錦縣、寧遠州被水災民，分別蠲緩額賦。

《東華續録》乾隆六　庚申，減免江南蘇州、松江二府浮糧。

《高宗實録》卷五六　癸亥，賑恤貴州郎岱廳，及普定、安平二縣雹傷災民。

丙寅，蠲賑安徽太平、合肥、舒城、廬江、巢縣、和州、含山、石埭、懷遠、六安、新安十一州縣衛被水災民。

丁卯，户部等衙門議覆雲南巡撫張允隨條奏，内稱州縣牧令，熟諳農功者少，請定十則規條。一曰筋力勤健，二曰婦子協力，三曰耕牛肥壯，四曰農器充鋭，五曰籽種精良，六曰相土植宜，七曰灌溉深透，八曰耘耨以時，九曰糞壅寬裕，十曰場圃潔治。以十得八九者爲上農，即於上農内選老成謹厚之人，專司教導。又稱，獎賞老農之例，於每歲秋成後，州縣查所管鄉村，如果地闢民勤，穀豐物阜，觴以酒醴，給以花紅，導以鼓樂，以示獎勸。又稱，播種時，或有籽粒缺乏，工本艱難，請於常平倉穀存七數内，酌借籽種。應如所奏，通行直省。從之。

《高宗實録》卷五七　乙亥，賑恤甘肅環縣、蘭州，廣東三水、龍門、從化、清遠、花縣、澄海、潮陽、高要、開平、四會十縣被旱災民，緩徵本年額賦。

庚辰，免山西興縣、臨縣、永寧州、臨晉縣本年旱災丁銀。

是月，湖廣總督宗室德沛奏由蘭州赴任，途次見聞。陝西鑿井灌田情形，於

民無益。又河南葉縣等處，汝水泛溢，應將河身挑挖使深等因。得旨：如此不分此疆彼界，惟以地方爲念，而不避嫌疑，始爲封疆大臣之度。朕甚嘉悦覽之，待分别情形辦理。

福建漳州鎮總兵官譚行義奏：查拏長泰、同安二縣結拜鐵鞭會要犯全獲。得旨：拏獲要犯，甚爲迅速，可嘉之至。

《東華續録》乾隆六　十二月甲申朔，以查克丹爲漕運總督。

《高宗實録》卷五八　蠲免直隸大興、宛平、良鄉、涿州、房山、易州、淶水等七州縣八旗餘絶地畝乾隆元年分應徵錢糧十分之三。蠲免江南阜寧縣乾隆元年分水災額賦。

丁亥，命保和殿大學士鄂爾泰爲正使，户部尚書海望爲副使，持節、齎册寶，册立嫡妃富察氏爲皇后。

辛卯，蠲免江南溧水、江浦、清河、桃源、安東、高郵、泰州、江都、甘泉、興化、寶應、睢寧等十二州縣乾隆元年分水災額賦。

丁酉，命籌常平倉出糶買補之法。諭直省督撫，各省常平倉原爲濟民而設，每年青黄不接之時，存七糶三，以給民食。秋成之後，照數買補，出陳易新，不致紅朽，以備歉歲賑恤之用，法至善也。但有司奉行不善，其弊遂有不可勝言者。當其出糶之時，惟附近居民，就近赴買，而鄉民則往返守候，不能徧及。且城中衿户，役户、牙户、囤户與倉書聲氣相通，捏名報買。而州縣之内丁隨役，亦乘機暗竊，通同盜賣，雖倉額有虧，總期秋熟買補還倉時，於斗秤溢額浮收，填補遮蓋。此平糶時之弊也。至於買補之際，往往擇縣中富户，發給銀兩，令其交穀，有照時價短發十之一二者，有銀色低潮者，或令自運還倉，脚價無出。又或用斗則以大易小，用秤則以重易輕，且交倉折耗，盤倉供應之費，皆出之小民，此富民受累也。乃更有照糧派買之弊。每處派一買頭，總斂各户，照數交倉。此等窮黎，二月新絲，五月新穀，尚然不敷，豈能堪此擾累也？朕思穀貴則出糶，穀賤則買補，自然之理。然天時豐歉靡常，而價值低昂難定，倘或買補之時，不能無賠累之苦，則官吏不能不問之閭閻。而不肖者更欲藉此獲利，則其害益不可問矣。其中弊端種種，朕知之甚悉，即臣工參奏者亦甚多。但再三思維，若明降諭旨，又恐啟奸民阻撓公事之漸。可密寄各省督撫，將如何籌畫辦理，使官吏無累，而蓋藏常足之處，悉心定議具奏。

《高宗實録》卷五九　壬寅，賑恤福建閩縣、侯官、長樂、福清、連江、羅源等

六縣，廣東海康、遂溪、徐聞、吳川、合浦、瓊山、文昌等七縣颶風潮漲災民。

諭曰：大學士張廷玉在内廷宣力多年，輔弼贊襄，勤勞茂著。朕之視大學士鄂爾泰、張廷玉，一切恩眷，均屬一體。今大學士鄂爾泰因賞給騎都尉，已由一等子照例歸併，授爲三等伯。張廷玉亦著加恩由三等子從優授爲三等伯，仍著伊子張若靄承襲。

是月，直隸總督李衛奏：直隸所屬任縣地方，與山東邱縣接界，有張卿、蘇澤長、蘇國英等，創立邪教，任縣民人焦普等，投拜爲徒。現將焦普等查拏，並會同山東文武，將張卿等三犯，一併全獲，歸併審擬。得旨：知道了。卿所辦理甚善。至於或摺奏，或具題，俟卿審明時，視其案情，以爲輕重可也。

《東華續録》乾隆六　是歲，朝鮮、琉球、安南、南掌來貢。

乾隆三年（戊午、一七三八）

《東華續録》乾隆七　春正月乙卯，命福敏爲武英殿大學士，兼工部尚書。以馬爾泰爲左都御史。

《高宗實録》卷六〇　辛酉，停止各省平餘解部。

癸亥，又諭：山西自雍正五年至乾隆元年，共首報欺隱地畝八千頃有零，折徵銀二萬六千兩有零，俱經撫臣石麟題報升科在案。夫則壤成賦，國有常經，固不容奸民欺隱，此撫臣經理之本意。但朕近日聞得從前首報欺隱時，有果係畝數浮多情願報出升科者，亦有地方官奉行不善按照原額缺荒勒令灑派具詳者。即如豫省首報開墾，多屬子虛，經朕降旨豁除，以紓民力，恐晉省亦不免此等情弊。著巡撫石麟轉飭各該地方官，曉諭從前首報欺隱人等，如果畝數浮多應行升科者，再令據實首報，照數輸將。倘地畝並無欺隱浮多，而地方官按照原額缺荒勒令灑派者，亦著據實呈明，該州縣造册詳報，該撫另委賢員確查，題請豁免。

《高宗實録》卷六一　庚午，命督撫議常平捐監事例。諭：國家昇平休養，户口繁滋，生聚日多，蓋藏未裕，儲蓄之方，不可不豫爲籌畫。從來積貯以常平爲善，但地方有司，每以歲久黴變，易罹參處，折耗補數，貽累身家，一見積穀稍多，即爲憂慮。而無識之上司，亦遂被其摇惑，而不爲緩急可恃之計。獨不思民間既鮮蓋藏，而倉庾又無儲備，天時旱潦，豈能保其必無，一旦年穀不登，其何賴以無恐乎。向有常平捐監之例，後因浮費太多，捐者甚少，遂漸次停止，歸於户部。乾隆元年，朕將捐款盡停，而獨留捐監一條者，蓋以士子讀書向上者日多，留此以爲進身之路，而所捐之費，仍爲各省買穀散賑之用，所降諭旨甚明。今再四思維，積穀原以備賑，與其折銀交部，至需用之時，動帑採辦，展轉後期，不能應時給發，曷若在各省捐納本色，就近貯倉，爲先事之備，足濟小民之緩急乎。去冬侍郎孫國璽，從晉省回京，請將捐監事例，移回本省。朕降旨詢問該撫，並諭他省，不得援以爲例。今思貯粟養民，乃國家第一要務，果於民生有益，則當因時變通，不必固執前議。著各該督撫，確查所屬，現存倉穀若干，足敷本地之用與否。若將捐監之例，移於本省，令捐本色，於地方有無裨益，各據本省情形，悉心妥議。若事屬應行，即將如何定例定數之處，詳議具奏。至於在外收捐，則有包攬苛索，種種弊端，而積穀既多，則存七糶三、出陳易新之際，其弊更難悉數。此皆該督撫所當隨時稽查，盡心釐剔，俾閭閻實受常平之益，而官民無賠累之苦，方不負愛養斯民之重寄也。

《東華續録》乾隆七　癸酉，以朱藻爲直隸河道總督，顧琮協理河道事。

乙亥，命湖北改土歸流之縣，貢賦悉照原額。

丁丑，命散秩大臣襄泰爲正使，内閣學士岱奇爲副使，册封朝鮮國王李昑子李愃爲世子，賜賚如例。

《高宗實録》卷六二　二月甲午，上御正大光明殿，噶爾丹策零使臣達什、博濟爾等入覲。諭曰：定界之事，朕前降旨甚明，今以額駙策凌奏請，故許見爾等。噶爾丹策零奏章，朕已觀覽，其與額駙策凌書，亦經奏聞。奏内稱喀爾喀與厄魯特，請悉駐牧如故，彼此兩安，庶幾推廣黄教，休養羣生，伏乞大皇帝鑒憫。觀噶爾丹策零此次奏言，極其恭順，有誠心求和之意，朕甚嘉之。爾等舉止，亦謹慎可嘉，但於分界之處，仍未指明，尚屬朦混。蒙古游牧無常，冬夏隨時遷徙，若不指定山河爲界，日後邊人寧保無争乎。必彼此各守其界，無得踰越，庶可永固和好。若噶爾丹策零，未嘗明諭爾等，爾等自不敢擅議，朕當另遣大臣前往，與噶爾丹策零詳悉定議。又爾等曾告額駙策凌，乞我國卡倫，稍向内移。卡倫之設，由來已久，於今豈得議移。且噶爾丹策零奏中並未及此，據爾等私見陳請，不惟與噶爾丹策零所奏不符，亦非爾等分所宜言也。達什等奏言，此係噶爾丹策零口囑，不然，使臣等何敢妄言。今大皇帝既許遣使，自可與噶爾丹策零面議而定。上復諭曰：爾漫云噶爾丹策零口囑，便爾瀆陳，若朕遣使至爾部，彼不過遵旨而言，何敢於勅諭之外，復增一言。朕爲中外共主，無分喀爾喀與厄魯

特，咸一體視之，並無欲益喀爾喀、損厄魯特之意。今噶爾丹策零，請邊界人居住如故，此事尚可俯允。若乞我卡倫内徙，殊未合理。爾部邊界人，且不肯移徙，我聖祖暨皇考時，舊設卡倫，反可動耶？朕於厄魯特，尚無異視之心，豈肯曲從爾意，轉騷擾我喀爾喀乎？凡事合於理，朕無不允，不然，雖百請亦不允也。朕即日遣使噶爾丹策零，其遵旨定議，以固信好。朕面諭之言，爾等詳悉記憶，歸告噶爾丹策零，爾等臨行時，朕尚有勅書付朕使者，頒示噶爾丹策零知悉。尋賜達什等銀兩緞布有差。

又議准直隸總督李衛條奏常平倉平糶事宜：一、州縣設廠開糶，向在城中，遠鄉貧民，赴糶維艱，請近城二十里以内居民，仍令赴城平糶外，其在二十里外者，各按地方廣狹，於適中之大鄉鎮，分設廠座，運穀往糶，委教佐各員監看，仍令州縣將糶過穀石價銀數目，據實詳報。一、廠既城鄉分設，近地居民，持門牌赴糶，令本村鄉保，在旁識認，如有衿户、牙户、囤户與倉書串揑報買，經鄉保察出，即以販買之米賞給。一、糶竣封倉，例由知府盤查，應嚴飭該管知府，實力查察。如有州縣内丁隨役，通同盜賣等弊，揭參拏究。一、買補倉糧，給銀派納，成色低潮，短發價值，或斗秤以大易小，以重易輕等弊，實爲民累。應令地方大吏先刊示嚴禁徧諭，如不肖州縣，仍蹈此弊，一經告發，或上司查出，立即參究。一、春糶秋糴所以酌濟盈虚，惟是年歲豐歉靡常，若秋成穀價過昂，則就鄰近平減之處買補，如鄰近價亦未平，即查明積貯尚多，暫停買補，俟次年酌辦。若倉穀本少，不便虚懸，則訪鄰省價平處，詳請委員採買。其原糶價值不敷，於通省贏餘價内撥補，倘再不足，准將糶價運費脚價，在減半餘平銀内酌撥。若歲豐價平，即儘所糶之價買補，如有餘剩，悉令添買，以裕倉儲。從之。

又議覆湖北巡撫張楷疏稱，湖北改土歸流之鶴峯、長樂、恩施、宣恩、來鳳、咸利、利川七州縣前未派銷官引，今若行銷淮鹽，合算成本，每觔七八分至一錢不等，若行銷川鹽，每觔價止二分，應令募商於就近鹽場領引運銷，赴川省完納額課，其應行水陸鹽引一千二百三十張，户部照數刷行，令四川巡撫赴部請領轉發，其與淮鹽分界之水陸路，嚴查不使私鹽侵越。應如所請。從之。

《高宗實録》卷六三　戊戌，命旗買民地已入公産者，准民人置買。

癸卯，禁派祭祀燎柴。諭：直隸宣化府屬懷來、保安二縣，採辦楊木長柴，供郊壇、宗廟焚帛之用，向無開銷之例，俱係兩縣捐貲，繼因添用柴薪，又分派宣屬他縣協辦，相沿已久。朕思州縣公捐，易啓借端科派貽累小民之弊，不可不防其漸。著從乾隆三年爲始，將每歲需用楊木長柴，按照辦解之數，動用正項，造入地丁册内報銷，令出産之懷來縣承辦，以專責成。倘有私行派累等弊，該督即行查參，從重議處。

乙巳，又諭：雍正十三年九月間，朕以八旗入官地畝房屋，從前該管大臣等辦理不妥，有將已經豁免之項，因該旗查報在先，仍行勒逼交官者，其間弊端種種，曾經諭旨，飭部確查辦理。又於乾隆元年六月内降旨，將八旗應入官之地畝房屋，雖經報部尚未估價、已經估價尚未交部者，分别情罪，令各該處查明，給還本人。以上二次諭旨，屈指已歷三年，今朕訪聞，仍有稽延遲滯，未曾清楚者，大約因該管大員從前辦理不善，未免回護前非；或貧寒孤苦之家，無力控訴；又或胥吏借端需索，有意遲回。有此數端，以致膏澤不能下逮。用是再頒諭旨，凡入官田房，有與前次旨意相符者，許本身及其的屬在各該管衙門據實呈明，如果情有可原，該管大臣即行具奏請旨，毋許仍蹈前轍。儻有應奏不奏者，經朕訪聞，或别經發覺，定行從重議處。若本人揑詞妄控，亦照誣告例治罪。

己酉，免山東齊河、濟陽【略】二十八州縣，並濟南、德州、東昌、臨清四衛水災額賦有差。

《東華續録》乾隆七　壬子，趙宏恩以納賄解任，以高其倬爲工部尚書，張渠爲湖南巡撫。

《高宗實録》卷六三　大學士、總理浙江海塘兼管總督事務嵇曾筠疏請搶修東西兩工舊石塘，及加鑲翁家埠一帶草塘。從之。

是月，四川巡撫碩色奏：盜賊滋熾，現飭府州縣設法緝捕，然不分别撫緝，亦恐饑寒之流，相率爲賊。查川省荒地尚多，行令各屬，先將可墾之地，踏勘登記，即令流寓失業之人墾種。先給執照，俟成熟之後，分别升科。得旨：川省向多奸匪，汝到任一日，即爲汝之責矣。嗣後務須弭盜安民，以靖地方。至招墾一事，須妥協辦理，則實爲有益之事也。

《高宗實録》卷六四　三月癸丑朔，諭：朕訪聞得廣東提督張天駿莅事以來，惟事姑息，以致汛防懈弛，弁丁無所忌憚，上年十月内，有奸匪董老大等，窺伺博羅縣出産錫礦，易於偷取，賄買把總林士英、典史姜明德縱容盜挖，又有奸匪黄肇等入山争占，互相格鬭，致傷多命。此處離提督衙門不過百里，而張天駿平時漫無覺察，及至事發難掩，又欲曲爲遮蓋，草率完結，似此怠玩養奸，重負朕委任封疆之意。特降此旨，嚴行申飭。

甲寅，諭：朕聞得廣東鹽運使陳鴻熙在粤十有餘年，自管理鹽務以來，巧取營私，無利不搜，每當商人納餉之時，鴻熙並不照額收銀，即行給發鹽引，名曰挂餉，及當消售鹽觔，應完税價之時，又不照數交收，虚報空文存案，名曰挂價。總令各商將應納之餉税銀兩，在外營運。迨至獲利之後，將正數歸還原款，餘利婪收入己，竟以朝廷正項之錢糧，爲運使放債之資本，積年所獲不貲。且動向各商攤派，用一指十，藉端網利，以充私槖。海南道王元樞殘忍貪黷，兼有惡才，前在肇慶府任内，承辦銅觔，豫領帑銀四萬餘兩，乘黔省苗疆用兵，道路梗阻，竟將公項分發各商營運，勒令加三加五起息，毫無顧忌。其委收黄岡廠之家人蠹役，重耗苛徵，兩粤商民，怨聲騰沸。此二員之貪污劣蹟，朕訪聞如此。陳鴻熙、王元樞俱著革職，差兵部侍郎吴應棻、侍衛安寧馳驛前往廣東，將貪劣各款，嚴審定擬具奏。欽差未到之先，著鄂彌達、王謩嚴行查察，若陳鴻熙、王元樞有抽换文卷，藏匿要証，買囑商民等弊，將來發覺，朕惟於鄂彌達、王謩是問。

乙卯，諭：陝西鑿井灌田一事，從前崔紀辦理不善，苟且興工，祇務多井之虚名，未收灌溉之實效。經朕訪聞，降旨申飭，令其聽從民便，毋拂輿情，【略】而崔紀則勒令深挖修砌以掩其非，又令填平廢井以掩其過，重負朕委任封疆，諄切訓誨之意矣。再者，大學士查郎阿，因見陝省收成歉薄，穀價昂貴，不得已禁止商販運赴他省，曾經具摺奏聞。而山西蒲州，與陝西郃陽、韓城等縣，僅一河之隔，彼地商販，遂串通郃陽、韓城等處奸徒，指稱縣民糴買口糧，舳艫相接，揚帆直下，一過河東，即達山西地界。崔紀未曾究問，陝西之人遂以崔紀庇護桑梓，縱違禁之私販，嘖有繁言。觀此情形，崔紀不便仍留西安之任，著調補湖北巡撫。將張楷調補西安巡撫，速赴新任。張楷到任後，崔紀交代再赴楚省，至秦省鑿井灌田之事，張楷可善體民情，妥協辦理。

庚申，免江蘇六合、江浦、溧水、高淳、武進、陽湖、無錫、金匱、江陰、宜興、荆溪、靖江等十二州縣衛水災軍民乾隆元年額賦，廣東三水、龍門、從化、清遠、花縣、潮陽、澄海、高要、開平、四會等十州縣被旱災民乾隆二年額賦。

户部議覆署盛京户部侍郎德福疏稱，盛京各屬旗地，自康熙五十五年起至雍正十二年止，共積欠米一萬一百二十一石有奇，豆一千二十二石有奇，草三萬四千三百束有奇，請旨豁免。應如所請。從之。

辛酉，賑卹江蘇上元、江寧【略】等二十五州縣衛，被水災户，並分别蠲免本年額賦。

甲子，刑部議覆黑龍江將軍額爾圖疏稱，盛京置買農器鐵貨，請給印票；置買後，將票呈繳盛京兵部，换給文票，該商等送臣衙門查核。此等商人，不准由别處邊門行走，惟令於齊齊哈爾相近法庫邊門出入。若無印票，照例治罪。再，蒙古喀爾喀人等，來赴齊齊哈爾城置買農器鐵貨，亦呈報該管扎薩克，給印文准買。嚴禁不准出鄂羅斯邊界。應如所請。從之。

《高宗實録》卷六五　戊辰，賜準噶爾台吉噶爾丹策零勅，諭準噶爾台吉噶爾丹策零：前歲爾遣吹納木喀來，朕以廣教安民之故，欲與爾議定疆界，罷息干戈，在朕寧有食言之理。爾誠遵我皇考諭旨，以阿爾台山爲分界，止請喀爾喀游牧，稍令移徙，勿動原設卡倫，朕尚可俯允降旨，指明喀爾喀游牧所止之處。乃爾並不遵旨，反請以哲爾格西喇呼魯蘇爲爾邊界，如此則遣使何益。故朕復諭以遵我皇考前旨則遣使，不然則無庸復遣使，降旨甚明。此次爾令達什來，致書額駙策凌，又有進朕奏章，乞額駙轉奏，朕故召爾使入見。又閲爾奏内云，請令喀爾喀與厄魯特游牧，俱照現在居住，無相牽掣，彼此兩安，言亦近正。但分界地名，未經指明，蒙古游牧無常，冬夏隨時遷徙，若不指定山河爲界，他日邊境細人，或起紛争，仍難要久。以爾奏言恭順，故朕特命大臣前來，朕使到時，爾與酌合機宜，必使分界之事此次即得定議。若仍不揆情理，偏執己見，託故推諉，則於事無益，即往復遣使，亦徒然耳。朕爲天下共主，凡各部民人，皆欲令其安生，並無彼此異視之意。果事屬兩便，朕無不允。若有一不便，任誰奏請，總無偏聽之理。爲此特降勅書，命侍郎阿克敦、侍衛旺扎爾、台吉額默根同爾使達什等前往，隨勅賜各色采緞十端，命額駙策凌亦致書噶爾丹策零，隨書用各色采緞四端。

辛未，給還八旗入官房地。

壬申，免江蘇上元、江寧【略】等二十五州縣衛水災軍民額賦有差。免福建詔安縣旱災額賦有差。

癸酉，免安徽太平、石埭、合肥、舒城、廬江、巢縣、懷遠、六安、和州、含山等十州縣，并新安衛水災額賦有差。

户部奏：直隸總督李衛咨稱，霸州、固安、永清、新城等州縣，井田改爲屯莊地畝，應徵屯糧，並無科則可以援照，請仍照井田各户每年所納公田糧石核算，每畝議徵屯糧一斗。應如所請。從之。

戊寅，免廣東海康、遂溪、徐聞、吴川、合浦、瓊山、文昌等七縣被水災民本年

額賦。

壬午，免陝西靖邊、定邊、安定、葭州、神木、府谷、米脂、吴堡等八州縣水災額賦有差。

《東華續録》乾隆七　夏四月甲申，僧格免，以納延泰爲理藩院尚書。

大學士管川陝總督查郎阿，參奏承辦軍需道沈青崖等私運、侵帑，詞連前任陝西總督劉於義。遣馬爾泰往鞫，解劉於義吏部尚書任。

《高宗實録》卷六六　停止督撫貢獻。諭曰：各省督撫，向來有進貢方物之例。朕御極之初，即降諭旨，令三年之内停止進貢，俟即吉後，再行請旨。數月以來，雖各省督撫尚未舉行，但朕思此事，甚屬無益。蓋進貢之意，不過日藉此以聯上下之情耳；殊不知君臣之間，惟在誠意相孚，不以虚相尚。如爲督撫者，果能以國計民生爲務，公爾忘私，國爾忘家，則一德一心，朕必加以獎賞。若不知務此，而徒以貢獻方物爲聯上下之情，則早已見輕於朕矣。且朕現在諭令督撫等毋得收受屬員土儀，誠以督撫取之屬吏，屬吏未必不取之民間，目前所受雖微，久之必滋流弊。若進貢方物，雖云督撫自行製辦，而輾轉購買，豈能無累閭閻，是所當行禁止者。惟織造、關差、鹽差等官進貢物件，向係動用公項製買，以備賞賜之用，與百姓無涉，不在禁例。其督撫等有牧民之責者，槩行停止貢獻。

丁酉，減安徽軍田歲賦。

《東華續録》乾隆七　己丑，調孫嘉淦爲吏部尚書，以趙國麟爲刑部尚書，孫國璽爲安徽巡撫。

《高宗實録》卷六七　乙巳，大學士鄂爾泰等議覆御史陶正靖條奏内，請停州縣官五百里迴避之例，固爲有老親者便於迎養起見，但恐本官地近鄉籍，親友往來攬擾，不肖子弟，因緣生事。雍正年間定此例，循行已久。況大省選人甚多，拘以近地，必至人浮於缺，小省選人甚少，拘以近地，必至缺浮於人，即月員引見，偶有改調近省者，是國家恩意所行，法制所在。臣等仰體俯恤臣工之意，酌量於月官履歷内，有年逾六十、於本籍相去三千里外者註明，恭候欽定。從之。

免廣東三水、清遠、龍門、從化、花縣、潮陽、澄海、高要、開平、四會十縣二年分被旱額賦有差。

是月，大學士總理浙江海塘管理總督事務嵇曾筠疏言：海潮入江，有南大亹、北大亹、中小亹三路，遷流無定。考其形勢，溜趨北亹，則海寧一帶塘工，坐當其衝；溜趨南亹，則紹興一帶塘工，亦受其險；惟溜趨中亹，庶南北兩岸，俱獲平穩。前因溜走北亹，遂致海寧塘工連年告險，雖欲修築石塘，而一日兩潮，難以施工。幸兩年來，東西塘外，漲沙日加，綿亘寬厚，水勢中行，不特海寧塘工可築，即南亹一路，亦可漸次開放。但中亹介於禪機、河莊兩山之間，口門仄狹，江海不能暢流，往上則直逼南亹，退下則仍注北亹，皆須及早圖維者。至於本年二月，會同刑部侍郎劉統勳查勘紹興府屬一帶海塘，頗多殘缺，若及時修葺，需帑少而功亦易成，現已發銀儹砌完整。再中亹之上游，蕭山縣西興地方，有大灘橫亘江心，挑溜北注，如遽開中亹，則北岸之仁和、錢塘工程，亦成頂衝，現亦設法疏切，引溜衝刷，俟水勢條順，方可開放。至魚鱗石塘工程，原係垂諸久遠，臣復指示儹築，務期堅整。得旨：欣閲覽之。海塘工程，一以賴卿，自能先事豫籌，諸凡得宜，以副朕望也。

又奏：新闢苗疆，議設屯軍，將已故逆苗田産悉行歸官，如該苗曾與官兵對敵，即令屯丁召墾。現在殺虜之餘，苗民稀少，猶可支持生計。數年之後，生齒日繁，其相沿習俗，刀耕火種之外，非比内地民人别有勞運，所賴從前地畝寬餘，始獲相生相養。迨後地少人多，不能仰事俯育，必致怨生，理勢然也。且現在苗田，屯丁不能自耕，仍須召苗耕種。此輩開地䂥疇，祖孫父子歷有年所，一旦以世代田産供他人之倍收，豈能安心無怨！況爲兵丁佃户，久之視同奴隸，苗民既衣食無賴，又兼役使鞭笞，既不樂生，又何畏死，恐不出十五年，古州之事復見矣。臣是以鰓鰓過計，前奏所陳佈置之法，總期杜兵丁之滋擾，嚴漢奸之播唆。撤兵於外，周圍防守，以鎮撫之。擇苗民之稍有知識者，設立頭人，約束其衆。所有苗田，儘其種植，即將來人口滋生，而現給頭人之絶田，仍屬苗民同類，可以通融。是田地既有寬餘，又無凌虐唆撥之慮，使其衣食豐足，知有生人之樂，皆可世爲良民，相安於無事。得旨：此奏識見甚正，即朕意亦然，舊年又因此特頒諭旨。但張廣泗持之甚力，伊係封疆大臣，又首尾承辦此事，不得不照彼所請，然朕則以爲終非常策也。今據此奏，復交軍機大臣等詳議矣。

《高宗實録》卷六八　五月癸丑，賑恤陝西蒲城、長安、鄠縣、華州、渭南、邠州、同官、臨潼、富平、藍田十州縣屬被雹災民。

己未，賑恤山東章邱、鄒平、長山、新城、齊東、德州、泰安、萊蕪、寧陽、鄒、泗水、濟寧、沂水、高苑、壽光等州縣衛被雹災民。

庚申，賑恤陝西雒南、商州、隴州、鳳翔、汧陽、宜君、白水、郃陽八州縣被雹

災民。先是，户部侍郎趙殿最疏言，豫省錢糧，有田一畝而輸一畝五分及二畝、三畝之糧者，有田三畝而輸三畝及二畝、一畝五分之糧者，名曰折中行糧法。請敕該省釐定上、中、下科則，不許復行此法。至是，河南巡撫尹會一奏：豫省錢糧，原不畫一。今通省下則之糧將近足額，而上則之賦猶多抛荒，皆由從前開墾之地，俱以下則報升，以致現今實在下則之地欲仍報下則，則原額已足，欲報升上則，則出産無多，每有將已墾之地復行抛荒，亦有將可墾之荒任其廢棄。即如許州長葛地畝，原分堪、稍、磏、山四則，堪爲上，稍次之，磏又次之，山爲下。自順治年間除荒之後，小民陸續開墾，多以下則報升。是以稍地額數已經全復，磏、山二色缺荒無多，惟上等堪地缺額尚多。前督臣王士俊查荒案内及首報隱地案内，除堪地報復本則外，其餘各色地畝均屬溢額。臣思下則報升相沿已久，難以清查，而現今續墾未墾之荒，若不按其土色概照上則輸賦，實於民生未便。請嗣後凡有報墾地畝，但查無避重就輕情弊，不必拘定原額盈虧，各就本等科則報納。下部議行。

壬戌，貴州總督張廣泗等奏報：貴陽府屬之定番州，所屬姑盧寨，有苗頭老排者，突於本年正月内，藉稱有苗女阿埽，爲方番司屬谷粟寨民劉世昌等拐賣，索詐銀兩，拐去馬匹，於二月内復率衆往打，路經大樹寨，即强拉牛隻，殺死民人向登雲，嗣經該州將首犯老排拏獲。其子阿沙，不知畏懼，反以被獲在官，敢於二月十九糾合數百人，潛至鷄場地方，綁擄漢民張具清、陳士林、楊君相三人回巢，以爲索换老排之計；又於二十四日，燒燬甲浪店房，擄刦財物，砍牛糾衆。臣等以苗疆初定，不便加兵，即派精細弁役，前往曉諭，以罪犯止在老排父子，與衆無涉，儻將阿沙擒獻，尚可姑寬進剿。乃該苗冥頑不靈，復於三月初二日，攻犯羡塘場，肆行搶刦，種種狂悖，誠恐更滋蔓延。臣等隨就近派撥標協各營官兵二千五百名，定番、都匀土兵九百五十名，由明通關一路進發。不謂該逆苗於大兵既到之後，尚敢與副將馬似龍、哈當德對陣，當被官兵擊退，復乘夜攻犯遊擊陳綸營盤，官兵奮勇，逆苗大創。兹據各將弁禀報：大兵於三月十二、三等日，自定番分路前進，於十九日同抵該處。沿途漢、夷各寨，俱各安堵。到後，隨有小石板等十三寨，赴營投首，自稱並未附逆；其附逆者，係大石板、下新、大樹、石頭、冗心花、江西、溝邊、路口八寨。該副將知府會商，若不先擒阿沙，其首從良頑，難以分别，嗣於二十五日，據定廣協外委吴洪業、白納司土官周釗、方番司土官方銑，將首犯阿沙以計擒獲。隨於二十六日，將老排所居之下新寨，阿沙所居之石頭寨，并附逆之大樹寨、冗心花寨、江西寨，俱經剿燬，所有餘孽，悉竄入大石板寨，於二十九日，三路會兵齊攻，逆苗敗竄入箐，當將逆巢焚燬。被擄漢民，俱已走回，各遣寧家。現在唯搜擒羽黨，其爲阿沙威脅者，尚可從寬；其從前附和老排，殺人刦牛，暨阿沙供出隨同燒刦場市，擄民犯營爲首各犯，斷不使一名漏網。再定廣協副將哈當德，係原任貴州提督哈元生之子，丁憂員缺，請以帶兵出力之都匀標右營遊擊陳綸接署。得旨：此事辦理得宜，成功迅速，固爲可嘉，然事起之時，即應奏聞。此雖非前年之苗，然亦苗也。其善後經久之規，終有未盡合宜，以致復有此事否耶。

丙寅，予被災五分者，亦准報災。諭：各省地方偶有水旱，朕查蠲免錢糧舊例，被災十分者免錢糧十分之三，八分、七分者免十分之二，六分者免十分之一。雍正年間，我皇考特降諭旨，凡被災十分者，免錢糧十分之七；九分者，免十分之六；八分者，免十分之四；七分者，免十分之二；六分者，免十分之一；實愛養黎元、軫恤民隱之至意也。朕思田禾被災五分，則收成僅得其半，輸將國賦，未免艱難，所當推廣皇仁，使被災較輕之地畝，亦得均霑恩澤者。嗣後著將被災五分之處，亦准報災，地方官查勘明確，蠲免錢糧十分之一。永著爲例。

《高宗實録》卷六九　辛巳，賑陝西延安、榆林、綏德三府州屬之靖邊、定邊、安定、神木、府谷、葭州、吴堡、米脂八州縣被旱災民。

《高宗實録》卷七〇　六月乙酉，禁州縣暗加火耗。

辛卯，賑恤山東東平、掖縣、萊陽、招遠四州縣被雹災民。賑恤陝西隴州、咸寧、山陽、褒城、城固、商南六州縣被雹災民。

甲午，又議：粤東商籍生員，向係分撥廣、南、番三學肄業，而三學廩增額數，原就民籍而定，則商籍所補廩增即在民籍之内，於民籍未免有妨。應如所請，將廣、南、番三學商籍生員悉歸商籍，即令廣州府儒學考課，其所進商學，仍照舊額，廣州八名、南海六名、番禺六名，統歸商學。至廩增額數，因人定額，各設十五名，自行幇補，無庸給與廩餼。從之。

丙申，議政大臣、大學士尹泰等遵旨議覆正紅旗漢軍副都統趙國政條奏八旗家奴開户一疏稱，近年丁册内，有本身姓名及照户部所奏陸續置買入册者，除在户下挑驗步兵等缺養贍孤寡外，亦許放出爲民，不准在佐領下另立一户。查既入丁册，不准贖身，但果否效力年久？既不准開入旗檔，又不准放出爲民，則不獲霑伊主之恩，殊爲可憫。臣等酌議，倣照康熙二十一年用印契所買之人，准

令贖身爲民之例，將乾隆元年以前白契者准作印契，仍舊在伊主户下挑取步甲等缺外，應俟三輩後著有勞績，本主情願放出，准其爲民；並元年以後白契之人，未入丁册者，仍照例准贖身爲民。但放出之人，主僕之名分尚存，與贖身者不同，誠恐將來服官之日，主僕同列，大有未便，須行文該地方查明註册，只許耕作營生，不准求謀仕宦。至收養異姓義子承祧，實屬紊亂宗支，應令八旗人等立本宗之人爲嗣，不得過繼異姓。如自襁褓時撫養成丁，無宗可歸者，應如該副都統所請，准其另記檔案。至將民間成丁子弟改隨本姓，濫入旗檔，冒食錢糧，照例查究。從之。

《高宗實録》卷七一　乙巳，禁扣舉人坊銀。

己酉，賑卹四川峩眉、夾江、雅安、洪雅四縣，及打箭爐地方被水災民。

《高宗實録》卷七二　秋七月丁巳，免福建詔安縣乾隆二年旱災額賦有差。

辛酉，諭賑災宜速。

壬戌，免福建長樂、福清二縣乾隆二年風災額賦十之七，並長樂、閩縣衝陷沙堆，無徵銀米，全數豁除。

《東華續録》乾隆八　甲子，工部尚書趙宏恩以納賄革職。

《清高宗實録》卷七二　諭八旗大臣教兵節儉。

《東華續録》乾隆八　乙丑，調史貽直爲工部尚書，高其倬爲户部尚書。

丁卯，命查郎阿入閣辦事。調鄂彌達爲川陜總督，以馬爾泰爲兩廣總督，查克丹爲左都御史，托時爲漕運總督。

《高宗實録》卷七三　辛未，免福建海澄縣乾隆二年旱災額賦有差。

乙亥，免山東長山、寧陽、汶上、曹縣、鉅野、觀城、福山、高密、益都、臨淄、壽光、臨朐等十二縣雍正八年被水衝決田地，無徵銀一千三百一十三兩有奇，並乾隆元、二年未完銀兩，悉行豁除。

庚辰，賑陜西咸寧、鎮安二縣，本年水災飢民。

《東華續録》乾隆八　庚辰，原任陜西總督劉於義以徇庇屬員、縻費軍需，革職。

《清高宗實録》卷七三　是月，貴州總督張廣泗遵旨議奏：苗疆自奠定以後，各苗皆知畏服，而安設軍屯一事，實有必應如此辦理之勢。今兩廣督臣鄂彌達奏請量移營壘，安駐險要，擇苗民中爲衆所信服者，設立巡檢頭目，以約束之。至苗民遺産盡行入官安屯，恐日後苗民生齒漸繁，地少人多，必至怨久亂生，且屯丁不能耕作，仍須召苗佃種，其役使凌虐勢所不免等語。查該督臣從前請將古州鎮遷設丙妹，八寨協移駐爛土汛或荔波縣，清江協移駐天柱縣，各處均係彈丸之地，不能安駐鎮協大營，現在新疆以内所有營汛不甚聯絡之處，俱請添設汛防。又於天柱、荔波等處酌量增駐官兵，防維周密，苗人必不敢再滋事端。至苗蠻向無酋長，雖有本寨中之强有力者一、二人，亦不能約束其衆，况苗類衆多，統以文武，鎮以官兵，尚敢羣起跳梁，又豈一、二巡檢頭目所能約束耶。再，屯兵之設，乃係逆苗内之絶户田産始行入官，其未絶者，仍令各本户照前耕種，並未一槩歸屯。且新疆未墾之地甚多，雖此後苗民生齒日繁，亦不至無以資生，原不必以日後之地少人多爲慮。其招墾屯户，均係人才壯健可充屯軍者，令其承領，不許倩人佃種，而所設屯田，已飭令與苗田標明界址，以免攙越侵占，並無召苗耕作之事。惟所奏屯軍凌虐苗民，實爲目前第一要事。查苗疆驟安，屯軍至八、九千户之多，而苗民經懲創之後，其勢易於欺凌，現已嚴行查禁，並擬酌定章程，以爲永遠遵守。得旨：既經卿詳悉敷陳，知道了。至新疆何處安設屯軍，何處仍係苗田，何處爲聲勢相聯之鎮協，卿其明悉爲圖以進，朕將覽焉。

《高宗實録》卷七四　八月丙戌，賑湖南石門縣本年水災飢民。賑甘肅武威縣本年水災飢民。

丁亥，賑甘肅新渠、寶豐二縣本年水災飢民。

《高宗實録》卷七五　丁酉，户部議覆甘肅巡撫元展成遵旨議奏，甘省納粟捐監事宜，請照各屬地方之大小，酌定分貯穀石之數。惟是甘屬山地居多，不宜粟穀，勢難盡收本色，請以米麥豆三色通融交納，如有願交穀者，各從其便。應如所請。至所稱外省商賈子弟，亦准一例報捐。查捐納移歸本省，原爲本處倉貯起見，自應各歸本籍赴捐，况甘省産穀無幾，恐因此採買人衆，穀價遂昂，於民食未便，應毋庸議。得旨，甘省本籍人捐監者少，與各省不同，該撫所請外省商賈子弟准其一體捐納之處，著照所請行。餘依議。

丙午，户部等衙門遵旨議覆：直省緩徵錢糧，雖有緩至次年麥熟及秋後徵收之例，但一年之内，仍屬新舊全徵，民力未免拮据。請嗣後分別被災之輕重，以爲帶徵之年限。如本年被災八分、九分、十分者，緩作三年帶徵；其止五分、六分、七分者，緩作二年帶徵，俾小民得以從容完納。得旨：允行。

是月，兩江總督那蘇圖遵旨又奏：江南連歲歉收，所有被旱各屬，元、二兩年緩徵漕糧，應在今年帶徵者，請酌爲區別。如元、二年非連被水災，本年被旱

稍輕者，現在仍徵本年折色，其帶徵漕糧，請再緩至明冬徵收。至元、二年兩次被水，本年復成旱災者，並請將本年折色，緩至明年麥熟後徵收。但明歲既有本年應徵之糧，又帶徵今年折色及元、二年舊欠，民力不無艱難，應俟明年麥熟後，再行酌量具奏。得旨：朕爲帶徵一事，已降旨命九卿議覆准行矣。即與此奏同意，可於彼案酌量辦理。

《高宗實録》卷七六　九月甲寅，免浙江錢塘、秀水、平湖、烏程、寧海、常山、淳安、永嘉、瑞安、麗水、青田、龍泉等十二縣荒地額徵銀八百零五兩有奇，並豁除仁和、平湖二縣築塘挑廢田地無徵額賦。免廣東昌化縣荒地額徵銀四百五十九兩有奇。免陝西長安、臨潼、鄠縣、藍田、渭南、富平、同官、雒南、郃陽、華州、邠州、鳳翔、汧陽、隴州、宜君等十五州縣本年雹災額賦，兼賑飢民。其山陽、商南、城固、褒城、安定、保定、綏德、米脂等八州縣雹災，榆林縣水災飢民，悉行賑濟。

丙辰，賑山東招遠縣本年雹災飢民。

戊午，免福建漳浦縣乾隆二年旱災額賦。

癸亥，免湖北鍾祥、雲夢、江陵等三縣被水衝決田地無徵額賦有差。免四川涪州、敘永、蓬溪、犍爲、大邑、打箭爐等六廳州縣乾隆二年分水衝、石壓田地，並年久旱地無徵額賦有差。

《東華續録》乾隆八　癸亥，裁江浙總督，復設巡撫，仍歸閩浙總督管轄。以福建總督郝玉麟爲閩浙總督，調盧焯爲浙江巡撫，以王仕任署福建巡撫，喬學尹署福建布政使。

甲子，直隸總督李衛參奏總河朱藻挾詐欺公、貪殘虐民各款。得旨：解任。命訥親、孫嘉淦往鞫，以顧琮管總河印務。

《高宗實録》卷七六　甲子，安南國王黎維禕，遣陪臣阮令儀等，表賀皇上登極，附貢方物。

《高宗實録》卷七七　乙丑，諭八旗大臣等：聞得護軍披甲旗人内有不肖之徒入班唱戲者，亦有不入戲班自行演唱者。既係旗人，自當勤習騎射清話武藝，安得入此等卑污之習，罔顧身名。朕昨校獵南苑，見兵丁於行圍之道，馬上甚屬生疎，此皆由平日不勤習武藝、沈於戲玩之所致也。八旗大臣、前鋒統領、護軍統領等均有教育旗人之責，乃平日並不將該管人等留心稽察約束，以致如此放蕩。著交各該管大臣等嗣後將此等之人，務必嚴加管束。倘仍不留心，致使旗人流入此等卑習，或經朕訪聞，或被參劾，朕惟該管大臣等是問。著步軍統領亦嚴加查拏。

諭：今年畿輔地方收成有歉薄之處，而口外年穀順成，頗稱豐稔，昨已降旨，准商人出口往來販運，以資接濟。今思京城米價現在不能平減，來春青黄不接之時，恐益加騰貴，故派出户部司員赫赫、那爾善、内務府官員王常保、王慎德於張家口、古北口二處，每處各二員，攜帶内庫帑銀前往，會同地方官將米豆雜糧等項照時價採買，運送來京，交八旗米局平糶，使都門兵民得資外來之米，以供饔飧，而口外有餘之糧亦不致耗費於燒鍋等項無用之地，實屬兩有裨益。其應賫銀兩若干，並作何輓運之法，著該部速行詳悉妥議具奏。

丁卯，免陝西咸寧縣、商州本年雹災額賦有差。

丁丑，免江蘇上元、江寧【略】等四十州縣，蘇州、鎮江、淮安、大河、揚州、儀徵等六衛本年旱災，銅山、豐縣、沛縣、蕭縣、碭山等五縣，徐州衛本年水災額賦，並緩徵雍正十三年、乾隆元二年舊欠錢糧，及元、二年緩漕米石，兼賑飢民。

是月，貴州總督張廣泗奏：新疆苗漢雜居，官弁兵役不無騷擾苗人之累，現已立定章程，嚴行禁革。至安屯絶田，有應撥與苗人者，量爲撥賞；其乏食苗民，並開倉糶借，以資接濟。得旨：所奏俱悉。如能始終如是悉心料理，庶苗疆可保少事矣。

《東華續録》乾隆八　冬十月庚辰朔，免直隸、江蘇、安徽被災州縣逋賦。

《高宗實録》卷七八　辛巳，免山東鄒平、新城、齊東、寧陽、鄒縣、泗水、濟寧、高苑等八州縣本年雹災額賦有差。

癸未，加八旗護軍、領催、馬甲、養育兵額。

甲申，大學士伯鄂爾泰等遵旨議覆貴州總督兼管巡撫事張廣泗條奏，古州一帶苗疆，增添官兵，安設屯堡，應除積弊，併約束屯軍各事宜。一、苗疆兵役通事人等，下寨採買，宜嚴禁。應如所請，將薪蔬菽粟各項另立場市，預定日期，令兵役等交易，併委妥練員弁彈壓。一、苗疆濫役之弊，宜請禁革。應如所請，嗣後雇募苗夫，陸路四十里爲一站，給銀八分；苗船逆水三十里爲一站，順水八十里爲一站，給銀一錢五分；隨時僱募小工併長短夫役，日給銀三分、口糧米一升。文武衙門兵役人等，不得仍前濫派、短少欺凌。一、塘夫派累之弊，宜請革除。應如所請，嗣後巡查併遞送武職衙門公文，俱責塘兵，不得役使苗民。其值塘苗夫，永行裁革。一、苗疆通事，宜慎加遴選。應如所請，飭古州等八寨、丹江

等各廳員，慎選承充。一、苗寨宜僉立頭人，以專責成。應如所請，飭令廳員將苗疆各寨擇良善者，令其公同舉報，酌量寨分大小，每寨或一、二人，或二、三人，僉爲寨頭，約束散苗。一、屯田界限，宜嚴區别。應如所請，嗣後屯户人等，如敢越界侵佔苗人田土山場，照盗耕種他人田例，計畝論罪，强者加等。一、屯户宜嚴稽察。應如所請，嗣後各軍户内，不守屯規，小則枷責示衆，大則依法嚴處。至有緊事他往，回明限日給假，逾限究處。一、屯軍技藝，宜因時訓練。應如所請，每年十月至次年正月，按期操演，衛弁親赴各堡輪流教習，廳員親身巡歷，督率簡閲，古州兵備道不時遴員查驗。春、夏、秋三時農工稍暇，亦令演習。一、屯軍田畝，宜嚴禁典賣。應如所請，嗣後屯軍人等，典賣屯田，照盗賣他人田：一畝以下笞五十，五畝加一等，官田加二等，私行當買者同罪。一、屯糧宜酌定輸納，以充公費。應如所請，以乾隆己未年爲始，上田畝納米一斗，中田八升，下田六升，每斗加鼠耗三合，每年給百户工食米十二石，總旗六石，小旗三石，其餘米石即留爲本屯製備火藥等項公用。一、苗疆地方宜分别屯堡，預籌積貯。應如所請，按計每户三石，俟秋收米價平減，動帑發交該管廳員，於附近水次，或隣近産米之處，照時價採買，運貯各屯堡，以備借賑平糶。一、苗疆衛弁，宜揀選酌增。應如所請，清江、凱里、黄平，各添設衛千總一員，缺出，於通省千總内揀選諳曉文義，熟悉苗情者，不拘武舉營兵出身，一體酌補，五年俸滿，著有成效，以營守備遇缺題補。從之。

辛卯，皇次子【略】永璉薨。輟朝五日。【略】元年密藏扁内之諭旨，著取出，將此曉諭天下臣民知之。

加賑安徽懷寧、桐城【略】等五十州縣衛旱災貧民。

《東華續録》乾隆八　丙申，調任蘭枝爲户部尚書，趙國麟爲禮部尚書，史貽直爲刑部尚書。以趙殿最爲工部尚書，調楊永斌爲吏部右侍郎。

甲辰，命江南招商接濟災區。

乙巳，實授孫嘉淦直隸總督。以甘汝來爲吏部尚書，楊超曾爲兵部尚書。安圖署廣西巡撫，嚴瑞龍爲湖北布政使，彭家屏署湖南按察使。

丙午，實授顧琮直隸河道總督。

《高宗實録》卷八〇　十一月庚戌，諭軍機大臣等：步軍統領衙門現今拏獲燒鍋數起，俱係山西民人，從前外人傳説孫嘉淦一授直督，伊瞻顧鄉里，則燒鍋之禁必開。朕思燒鍋有妨民食，理所當禁，孫嘉淦念切民生，斷無如此存心之理。但外間既有此論，不可不令伊知之，留心稽察禁約。又聞口外八溝地方，止有理事同知一員，此處地界遼闊，案件繁多，如有查勘相驗等事，未免有顧此失彼之慮。應否於同知屬下，添設佐貳一員，協辦該處之事，著孫嘉淦斟酌妥議具奏，爾等可寄信孫嘉淦。

署直隸總督孫嘉淦疏參貝勒允祜濫受西寧縣民王宰挾忿投獻生員馬彦宗房地。得旨：這所參事情，著交刑部嚴審，定擬具奏。孫嘉淦履任伊始，即能秉公執法，據實糾參，甚屬可嘉，著交部議敘。貝勒允祜，著交宗人府嚴加議處。

壬子，賑湖南石門縣義禮等十二區旱災貧民三月。

癸丑，賑湖北孝感、黄安、鍾祥、京山、宜城、襄陽等六縣衛旱災軍民。

癸亥，賑湖北應山縣、四川忠州萬縣、開縣本年旱災飢民。

《高宗實録》卷八一　戊辰，免山東招遠縣本年雹災額賦。限指參。

壬申，户部議准甘肅巡撫元展成疏言，平凉府屬額徵糧石，運供固原兵糧，緣相去道途過遠，花户苦於轉運，每石願交脚價錢三百文，官爲轉運。請嗣後徵銀壹錢，令該州縣運送，不敷，在司庫公用銀内撥給。從之。

乙亥，和碩莊親王允禄等奏：遵旨查明介福、慶泰二佐領，一係康熙八年，佟國綱等移入上三旗時，由正藍旗帶來；一係康熙四十年，恩賜温憲公主，俱應照原定爲勳舊佐領。楊姓、唐姓、秦姓祖父遠年丁册，開在佟姓壯丁之内，應作爲帶來奴僕。但自康熙年間，丁册俱開一户，且註有姻親字樣，與八旗開檔養子不同，仍應作爲另户。潘姓、傅姓、董姓爲佟姓帶來投誠之漢人，俱爲另户，並造入佐領根源册内，飭令名下畫押，以杜後來争端。都統策凌，並不細查確據，輒作爲帶來人，又不將帶來何項之人聲明，實屬不合。平郡王福彭，雖作爲奴僕，仍未將另户户下查明，亦屬疏忽，均應請交各該衙門分别議處。得旨：介福、慶泰佐領緣由，既經王大臣等查明定議，著照議辦理。

《東華續録》乾隆八　十二月己卯朔，調訥親爲吏部尚書，以鄂善爲兵部尚書。

《高宗實録》卷八二　丁亥，又諭：從前軍營徹回開檔開户領催、馬甲内保列一等二等者，已作爲另户，另記檔案矣。其和通呼爾哈諾爾、烏遜珠勒等處，打仗陣亡之開檔開户領催、馬甲等，轉未得與伊等同列。伊等爲國捐軀，殊爲可憫。著交八旗，將此等陣亡之開檔開户領催、馬甲之子孫查明，亦作爲另户，另記檔案。凡遇挑補差使，俱著照另記檔案人等之例，以馬甲挑補。

己丑，户部議覆貴州總督兼管巡撫事張廣泗疏報，鎮沅等六府州縣，清出叛苗絶户田四千七百七十三畝、山土三十三畝有奇，俱經撥歸屯軍，分給屯户耕種。【略】應如所請。從之。

辛卯，諭：前據寧夏將軍阿魯奏報，寧夏地方於十一月二十四日戌時地動，朕心軫念，已降旨令將軍、督撫等，加意撫綏安插，無使兵民失所。今據阿魯續奏，是日地動甚重，官署民房傾圮，兵民被傷身斃者甚多，文武官弁亦有傷捐者。朕心甚爲慘切，惟有敬凜天變，深自修省。著兵部侍郎班第馳驛前去，即於明日起程，動撥蘭州藩庫銀二十萬兩，會同將軍阿魯，并地方文武大員，查明被災人等，逐户賑濟，急爲安頓，無使流離困苦。其被壓身故之官弁，著照巡洋被風身故之例，加恩賞恤，其動用銀兩，該部另行撥補。再寧夏附近之州縣被災者，著班第會同地方文武大員，一體查賑，無得遺漏。

《高宗實録》卷八三　丙申，又諭：向來四川火耗，較他省爲重，我皇考暨朕，陸續降旨裁減，已去其半，無非加惠小民，使比户受輕傜薄賦之恩也。今聞該省耗銀雖減，而不肖有司，巧爲營私之計，將戥頭暗中加重，有每兩加至一錢有餘者。彼收糧之書吏、傾銷之銀匠，又從而侵漁之，則小民受剥削之害不小矣。川省如此，他省可知。著各省督撫轉飭布政司，遵照徵收錢糧之天平法馬，製定畫一之戥，飭令各州縣確實遵行。仍不時密行稽查，倘有絲毫多取者，即行嚴參治罪，毋得姑容。如或失於覺察，該督撫藩司不得辭其咎。

戊戌，琉球國王尚敬遣陪臣王舅向啟猷、正議大夫金震等，表賀登極並貢方物。

是月，福建按察使覺羅倫達禮奏：閩省錢糧，向無平餘名色。雍正七年，前撫臣劉世明，將通省火耗派撥公費養廉，凡州縣徵收錢糧一兩，派定火耗一錢、平餘二分。竊念徵收錢糧，果係公平彈兑，原無盈餘，即或併封積累，所餘亦屬無幾。今每兩限以平餘二分，無定之額，竟成有定之款。經徵之員，勢必藉端額外加重。應請革除。其養廉公費不敷之數，計二萬兩有奇，請於關税、鹽課盈餘内酌撥支給。得旨：知道了。火耗尚有加重之處，已諭各省矣。

直隸總督孫嘉淦奏禁止燒鍋，侍郎方苞又申前議，且謂直隸、山東現今奉行，未聞民以爲病，欲將南北各省俱行禁止，並欲禁止種烟。經大學士等議覆，無論豐年各省一體通行嚴禁，即宣化之苦高粱、山陝之棗、柿、葡萄等物，亦不許復用釀酒。種烟之地自乾隆四年爲始，悉令改種蔬穀，種烟之人照私開燒鍋例治罪。臣閲邸抄，中心駭懼。即以直隸而論，前督臣李衛任内，一年拏獲燒鍋躧麴三百六十四起，人犯一千四百四十八名，臣抵任一月，拏獲私燒運販七十八起，人犯三百五十五名。凡此特申報總督衙門者耳，各府州縣自結之案尚不知凡幾；特拏報在官者耳，吏役兵丁已拏而賄縱，得規禮而不拏者，尚不知凡幾；特酒犯之正身耳，本地之鄉保鄰甲，沿途之脚夫店家，牽連而受累者，又不知凡幾。一省如是，别省可知。酒禁如是，煙禁可知。煙酒之禁果行，四海之内，一年之間，其犯法之人，破産之家，不可數計矣。【略】得旨，此奏朕俱悉矣。但將此發議，於國體甚有關係，朕自有酌量也。

《東華續録》乾隆八　是歲，朝鮮、琉球、安南來貢。

《清朝柔遠記》卷四　本年準噶爾汗噶爾丹策零請通西藏，并通市，許之。

初，厄魯特噶爾丹曾入西藏爲剌麻，歸篡其兄子，自言受達賴剌麻封，爲準噶爾博碩克圖汗。及策妄阿拉布坦立，與拉藏汗結婚姻，而襲殺拉藏，禁其所立達賴，又搜各廟寺重器送伊犁固爾札廟，而阿爾布巴等之害康濟鼐，亦欲往投準噶爾。自是，留兵駐藏，皆以防準夷爲要。噶爾丹策零初立，即請赴藏煎茶，聲言欲送還所擄拉藏二子。詔嚴兵爲備。至是，策零因成和，請通市，又請入藏煎茶，皆許之，人馬皆限以數，於是盡罷西、北兩路兵。凡策妄、策零及後那木札三世皆請赴藏煎茶，每費不貲，而朝廷亦賜茶葉、香帕，以助其施焉。

乾隆四年（己未、一七三九）

《東華續録》乾隆九　春正月癸丑，命通政使德爾敏往江南，同大理寺卿汪漋督辦水利。

壬申，命趙國麟爲大學士，調任蘭枝爲禮部尚書，以陳悳華爲户部尚書，梁詩正爲刑部右侍郎。

二月己卯，許容丁憂，調張渠爲江蘇巡撫，以馮光裕爲湖南巡撫，陳悳榮署貴州布政使，宋厚署貴州按察使。

《高宗實録》卷八六　甲申，免甘肅碾伯縣乾隆三年蟲災額賦十分之二。

丙戌，古人云：漸不可長，欲不可縱。朕看今日内外免直隸滄州、衡水、青縣、河間四州縣，興國、富國、豐財、嚴鎮四場乾隆三年水災竈地額賦，并緩徵舊欠各有差。

己丑，免貴州郎岱、普定、鎮寧、安平四州廳縣乾隆三年雹災額賦，并緩徵舊欠各有差。

《高宗實録》卷八七　乙未，免甘肅靖逆衛乾隆三年風災額賦七分之二。

丙申，免陝西咸寧、鎮安二縣乾隆三年水災額賦，并豁坍地銀糧。　免甘肅柳溝衛乾隆三年蟲災額賦六分之一。

庚子，免湖北鍾祥、京山、黄安、宜城、襄陽五縣衛乾隆三年旱災額賦有差。

《高宗實録》卷八八　三月癸丑，免湖南石門縣乾隆三年旱災額賦十分之七，并緩徵舊欠銀糧。

丙辰，豁四川漢州、彭縣、安縣、新津、清溪、綿竹、敘永七州廳縣水衝地賦。

戊午，免湖北應山縣乾隆三年旱災額賦。

《東華續録》乾隆九　戊辰，特免直隸、江蘇、安徽三省額賦，共二百五十萬兩。

《高宗實録》卷八九　庚午，戒言官緘默。

《高宗實録》卷九〇　夏四月丁丑，免安徽壽州乾隆三年旱災場地額賦。

辛巳，御太和殿傳臚，賜一甲莊有恭、涂逢震、秦勇均三人進士及第，二甲陸秩等九十人進士出身，三甲楊任仁等二百三十五人同進士出身。

乙酉，命各省設立救生船。

《高宗實録》卷九一　甲午，免四川忠州、萬縣、開縣三州縣乾隆三年旱災額賦十之一。

《東華續録》乾隆九　乙未，以陳世倌爲左都御史。

五月癸酉，諭：朕御極以來，内外大臣中，數人實能體朕敬天勤民之心，輔弼贊襄，抒誠宣力，有功於社稷，有益於蒼生，勞績懋昭，以加優獎。大學士伯鄂爾泰、張廷玉、大學士福敏，俱著加太保，大學士徐本、查郎阿，吏部尚書公訥親，俱著加太子太保，吏部尚書甘汝來，户部尚書海望，兵部尚書鄂善，刑部尚書尹繼善，尚書銜徐元夢，直隸總督孫嘉淦，雲南總督公慶復，俱著加太子少保。

《高宗實録》卷九三　乙亥，吏部議准陝西道監察御史伊克善奏稱，向例九卿會議，於齊集坐班時，主稿衙門書吏，先念漢稿，議定後，筆帖式復念清稿，然後畫題。今九卿會議，只念漢稿，恐清話日疎，應請仍照舊例。從之。

是月，雲南總督慶復奏：安南國奸人，自稱都銅交江王，糾衆散布流言，除會銜具咨安南國王外，飭兵分堵隘口，加謹防範。得旨：如此辦理，甚合機宜，得馭外夷之道。但此咨去後，彼若有求兵之請，則不可驟然發兵，祇應速行奏聞，亦以請旨爲辭告彼，而固守邊界，則得矣。

《東華續録》乾隆九　六月庚辰，召法敏來京，調碩色爲山東巡撫，以方顯爲四川巡撫，高山署四川布政使。

《高宗實録》卷九四　癸未，刑部議覆山西巡撫覺羅石麟疏報，民人許直，扎死胞兄，照例擬斬立決，該犯援例留養，應請改爲枷責。得旨：凡弟殺胞兄之犯，本應立決，而遇有孤子，因父母年老家貧，無次丁例得留養者，此法外之仁也，若遽行寬免發落，罪止枷責，又未免過輕。許直改爲應斬，著監候秋後處決。嗣後如有此等案件，即照此辦理。

《高宗實録》卷九五　辛丑，貴州總督張廣泗奏：遵義府屬綏陽縣月亮巖地方，産有鉛礦，鐵星坪、版坪産有煤塊，並無干礙田園廬墓，應請開採，照例納課。下部議行。

《東華續録》乾隆一〇　秋七月乙巳朔，諭：甘肅秦安等十五州縣，間被冰雹，無論已未成災，悉免本年額賦。

《高宗實録》卷九六　壬子，刑部等部覆奏：貴州總督張廣泗，請將逆苗現犯之老能紅銀，已故之包利等四十八名，凌遲處死，戮屍梟示、處斬梟示有差。應如所請。從之。

《東華續録》乾隆一〇　丙寅，以郝玉麟爲吏部尚書。調宗室德沛爲閩浙總督，以班第爲湖廣總督。

《高宗實録》卷九七　是月，雲南巡撫張允隨奏：各屬豐收，惟省城於七月初雨後水發，衝決寶象河隄，田畝被淹，民房坍塌。又黑鹽井雨後水發，衝塌石臺民房，俱已飭屬速辦，不致失所。得旨：覽奏朕懷誠慰。一省之中，保無一二災傷之處，若賑恤得宜，斯亦可以無患矣。

《高宗實録》卷九八　八月丙子，諭大學士、九卿、滿漢文武大臣等：本日御史張湄奏摺内，稱皇上開言路於上，而諸大臣塞言路於下，凡奉旨交議事件，並不平心和氣，斟酌可否，總以無庸議三字駁到爲快，甚且極口醜詆，勝於怒駡，意欲箝小臣之口，而不知剛傲恣肆，已先失大臣之體等語。張湄此奏，實屬太過。朕觀近日諸大臣，能比古之皋夔、稷契者固少，而公忠爲國，實心任事，洵無可指摘之處，或其中因循寬緩，失之不及者亦不能保其必無。而如奏内所稱剛傲恣

肆，箝制言官之口者，則實無其人。假如果有其人，則言官皆受其箝制，必不敢有人攻發其短。今以張湄至庸之人，而現有此奏，則無剛傲恣肆箝制言官之大臣可知矣。況朕御極以來，用人行政，事事躬親，裁度一切，是非情僞，莫不洞悉周知。若如張湄所奏，大臣中竟有阻塞言路、蒙蔽擅權之人，不知彼意中視朕爲何如主耶？【略】張湄爲此狂瞽之奏，顯係比附傅爲訐，而薰染方苞造言生事、欺世盜名之惡習，此風斷不可長，本應加以嚴譴，以示懲儆，姑念言官，從寬免究，特召見本日奏事之滿漢大臣，面加曉諭，咸令知之。朕見臣工條奏尋常事件，亦有介在可行可止之間，而該部九卿議駁者，事本微細，而被張湄苛刻之彈章，其所以致此之由，亦當自愧，然不可因此而生畏葸之心，辦理公事，總以理爲準，此則朕之所厚望者。

辛巳，河南巡撫尹會一續報商邱、寧陵、永城、夏邑、南陽、鄧州、舞陽、汝寧、上蔡、遂平、禹州、伊陽等州縣秋禾被水情形。得旨：該部速議具奏。尋議，應如所請，急速撫卹。從之。

《高宗實録》卷九九　壬辰，復命江南、河南大吏，合籌蓄洩事宜。

丙申，護理山東巡撫、布政使黄叔琳疏報：單縣、菏澤、曹縣、金鄉、濟寧、臨清衛等六州縣衛，黄水漫溢，淹没秋禾，其勘明成災地一萬四百三十頃九十七畝七釐七毫，並衝坍房屋無力修葺，照例分別賑給。極貧者先賑一月，加賑四月，次貧者加賑三月，查明缺乏籽種，照例按户借給。下部速議。尋議，應如所請。從之。

是月，又奏：琉球中山國夷民順天西表、首里大屋子等三十六人，又新垣仁等十人，在洋遇風進口，加恩安插賞恤養贍，併撥項修理原船，於乾隆三年八月，令其隨貢船歸國，因船小難行，仍行進口。今分配各難夷，令附貢船歸國，所存原船，不能變價，僅堪折作柴薪之用，得價無幾，仰懇免其歸補，俾夷民以爲還鄉盤費。得旨：此亦可行之事，但必使難夷得實惠則可，若地方猾吏，有通同作弊之處，則汝將來亦不能免咎也。又奏：吕宋國番民物勝氏等十四人，遭風飄入厦門港内，又吕宋國番民武牢哖耙洛等十八人，遭風飄入臺灣淡水蓬山社，俱令安頓居住，給與食米寒衣。

《高宗實録》卷一〇一　九月癸亥，山西巡撫覺羅石麟題報：榆次縣之楊梁等一百一十五村，徐溝縣之集義等一十八村，祁縣之鄭家莊等三十一村，秋禾被旱，請將極貧賑濟六個月，次貧賑五個月，又次貧賑三個月。得旨：下部速議。尋議，應如所請。從之。

《高宗實録》卷一〇二　冬十月辛巳，大學士鄂爾泰等奏：遵旨議頒發《明史》。查舊例，在京四品京堂以上，翰詹衙門講讀中贊以上，内廷行走翰林，滿漢講官，及外省督撫藩臬，俱在應賞之列。其纂修《明紀綱目》官，請各賞一部，直省府州縣衛學宫，亦各頒一部，如坊間願自刻者，呈明地方官准刻。從之。

《高宗實録》卷一〇三　是月，〔湖廣總督班第〕又奏：湖北民刁俗悍，凡遇詞訟，及地方公務，無論官司審辦，或有未協，即一秉至公，而其中一二刁徒，不合意者，即逞偏私，呼引喧嚷。更寫匿名揭帖，或稱原被賄囑，或稱官吏受贓，捏款徧貼。究實，皆地方衿蠹，主唆把持，現在詳開律例，出示通禁。得旨：好。此等刁風，原宜嚴禁者也。

〔署四川巡撫布政使方顯〕又奏：川省惡棍，名爲嘓嚕子，結黨成羣，暗藏刀斧，白晝搶奪，乘夜竊劫。現諭文武官，設法嚴拏，併稽查保甲，整飭塘汛，以靖奸匪。

《東華續録》乾隆一〇　十一月壬子，安徽巡撫孫國璽卒，賜祭半葬。以陳大受爲安徽巡撫。

《高宗實録》卷一〇四　戊午，賜中式武舉一甲朱秋魁、哈國龍、羅英笏三人武進士及第，二甲劉德成等十人武進士出身，三甲錢夔元等九十八人同武進士出身。

《高宗實録》卷一〇五　辛未，大學士鄂爾泰等議覆川陝總督鄂彌達奏，安西屯田，每年所收糧石，請民得六分，官收四分，按數輸納，以備兵糧。其籽種、牛具、料草，請官爲借給，秋收扣還，交靖逆通判管理，安西道督率稽查。其餘可墾地土，有民人與餘丁願墾者，報該通判勘實，官給工本墾種，成熟，照例納糧。應如所奏辦理。從之。

是月，巡視臺灣御史楊二酉奏臺地兵民安帖情形。惟有一種游民，多係内地無賴，頂充水手，私渡來臺。海口既難清辨，又無業安身，鼠竊、訟棍，率係此輩。保甲之法，行於臺地更宜，現在切諭地方員弁，行之頗有成效。

《高宗實録》卷一〇六　十二月癸酉朔，免山東金鄉、濟寧、菏澤、單、曹、臨清衛六州縣衛本年水災地糧銀六千七百三十五兩有奇。

《東華續録》乾隆一〇　甲戌，諭：各省安輯流民。

庚辰，免陝西榆林等十州縣逋賦。

《高宗實録》卷一〇七　庚寅，免河南商邱、寧陵、永城、夏邑、南陽、鄧州、新野、舞陽、汝陽、上蔡等十州縣本年水災地丁銀三萬四千六百四十四兩有奇，米一千五百十八石有奇，漕項銀一千四十五兩有奇。

壬辰，準噶爾夷使哈柳等入覲。諭曰：爾台吉噶爾丹策零奏章，朕已觀覽。悉遵諭旨，朕深嘉與之。朕爲中外共主，惟思與普天之下，共享昇平。今噶爾丹策零，既遵朕旨定界，嗣後近邊居人各安故土，更無争競，永遠安生矣。至所請進藏熬茶，乞用三百人，朕已允行。至貿易之事，朕命大臣，與爾定議。去年爾來，今年又至，克成和好，爾與有榮施。朕向欲加恩於爾，爾初到時即欲命爾進見，因聞爾有足疾，故至今日，始令入覲。爾善自調理，近年節時朕再令爾入朝。

禮部會議兵部侍郎今授河南巡撫雅爾圖奏，湖廣、山東、河南等省，常有邪教之事，豫民尤愚而易誘。每有遊棍僧道，假挾治病符咒諸邪術，以行醫爲名，或指燒香禮斗，拜懺念經，求福免災爲詞，哄動鄉民，歸依其教，展轉糾集多人，奸宄百出。且大河以南，山谷深邃，奸徒便於藏匿。山居百姓，本有防身刀械，少壯又習悍俗，如少林寺僧徒，素以教習拳棒爲名，聚集無賴，邪教之人，專意煽惑此等人入夥。與其發覺後四出擒拏，盡寘諸法，何如豫先防察曉諭，設法潛消等語。查禁止師巫邪術，律有明條。雍正五年十一月内，欽奉世宗憲皇帝特諭，嚴禁學習拳棒。應如所奏。

《東華續録》乾隆一〇　是歲，朝鮮來貢。

乾隆五年（庚申、一七四〇）

《東華續録》乾隆一一　春正月戊辰，湖南綏甯等處苗匪滋事，敕巡撫馮光裕調兵勦撫。

二月丁丑，命直隸、山東、山西、湖南、廣東等省招商採煤。

壬辰，命河南巡撫兼提督銜。

《高宗實録》卷一一一　免安慶、宿州乾隆四年分雹災額賦十之七。免山東滕縣、金鄉、蘭山、郯城、日照等五縣乾隆四年分水災額賦有差。

辛丑，免湖北漢陽、黄陂、孝感、黄州等四縣衛乾隆四年分旱災額賦有差。

《東華續録》乾隆一一　戊戌，以韓光基爲工部尚書。

三月庚戌，召鄂彌達來京，以尹繼善爲川陝總督。

《高宗實録》卷一一三　甲子，免山東霑化縣，并永利、富國、永阜、王家岡四場乾隆四年分水災額賦有差。

乙丑，免浙江麗水、永康兩縣乾隆四年分旱災額賦有差。免山西榆次、祁縣、徐溝等三縣乾隆四年分旱災額賦有差。

是月，湖廣總督班第、湖南巡撫馮光裕、提督顏清如奏：臣等勦辦苗匪，栗林、盤鵲泥、稍毫各寨兇首，俱陸續投到擒獲，惟稍毫之渠魁石把沙等逃匿。正追尋間，有案外鬼冲、排楚二寨逆苗，聚衆滋事，經護鎮筸鎮劉策名等領兵圍勦，攻打四日三夜，始克斬逆苗石三卡等，並擒逆屬男婦多人。仍移營補毫，將石把沙同伊父石喬保並獲。現在徹兵，計出師迄回，恰兩個月，軍務告竣。其陣亡兵丁，應照城綏例，每名賞銀五兩，帶傷兵丁，分別輕重，賞銀五錢、一兩，先行給發。所獲逆屬家口，無可原宥者，亦應照城綏例，變價分賞奮勇官兵，以示鼓勵。得旨：班第等辦理有方，功成迅速，著該部議叙具奏。

〔河南巡撫雅爾圖〕又奏，蝗蝻之患，惟於淹延卵育之際，搜掘遺種，庶幾消弭未然，方爲事半功倍，然非衆力不能集事。查州縣賑務告竣之時，有報出餘穀一項，通計不下四五千石，請即將此項餘穀，爲豫搜蝻子之費，每蝻子一升，給穀一升，人心自能踴躍。得旨：此見亦屬可行，試好爲之。

署廣西巡撫安圖奏：據義寧縣申報，湖南城步之紅苗，越入桑江境内，脅同五峝、四峝二處苗狑，聚衆滋事，擾害村莊。一面撥兵堵禦，一面安撫本境被脅之人，免致激變。得旨：知道了。辦理此等事，固不宜滋擾以生禍端，亦不可因循而損國體，諸凡詳審熟籌爲之。

《高宗實録》卷一一四　夏四月壬午，免長蘆所屬興國、富國、豐財、嚴鎮等四場，及滄州、慶雲、衡水、南皮、青縣、海豐等六州縣乾隆四年分水災額賦有差。

《東華續録》乾隆一一　乙酉，鄂彌達以兩廣總督任内縱庇家人，革職。

己丑，以那蘇圖爲刑部尚書。

五月庚申，閩浙總督宗室德沛奏參署福建巡撫王仕任納賄、婪贓各款，得旨：革職嚴審。

甲子，以楊超曾署兩江總督。

《高宗實録》卷一一七　是月，〔河南巡撫雅爾圖〕又奏：三月内訪有棍徒在京，招摇謀開豫省煤窰之事。隨一面訪拏，一面陳奏。據安陽縣知縣陳錫輅呈報，該縣水冶地方，有程涵芬煤窰一座，關係闔邑泉源，久已訐訟封閉。乃薛宣、

王彝、尚四等，覬覦復開，託艾學、曾鑽尋履親王門上太監李姓，及諴親王嬷嬷之子趙七，並議定謝銀一千五百兩，俱未果。又有江蘇舉人、候選知縣陸碧，稱係前撫臣尹會一親戚，可以請託，議定謝銀三千兩，尹會一陞任赴京，始各散去。迨臣莅任後，艾學曾等各處鑽營門路，經臣訪聞，拏獲飭審，供認不諱。無知棍徒，招摇指撞，已干功令。而王府太監人等，及候選職員，倚託名色，鑽謀營幹，尤關治體。若不徹底窮究，伊等漸無忌憚。仰請飭部將在京各犯押發來豫，抑或將現獲各犯，解部質審，伏乞訓示遵行。得旨：此奏甚屬可嘉。

《高宗實録》卷一二〇　六月丁未，户部議：查安徽省不通水路之徽寧等二十七州縣，徵解兵糧，原因輓運維艱，是以康熙二十八年，經前任督臣傅臘塔題請，每石折徵八錢。嗣於雍正十二年，又經前督臣趙宏恩，以各州縣折徵米石，恐時價貴賤不同，兵民各有偏枯，議令坐支兵糧，改徵本色。所有池州營分防石埭縣馬、步戰守兵丁六十一名，額需米二百十九石六斗，該縣徵收本色，就近坐支，餘米仍照例折徵解司。今原署江督臣郝玉麟，奏稱該縣田户畸零，又散處四鄉，每至開徵，踰山涉嶺，以完納合勺之兵米，盤纏飯食，不下數十倍。且該縣防兵眷口存營，俱在貴池居住，支領兵米，不能輓運，仍需變價。請將石埭縣撥徵前項兵米，仍於貴池縣南米項下撥給，其石埭縣原撥兵米，仍隨地丁折徵解司。應如所請，將石埭縣撥徵前項兵米二百十九石六斗，改於貴池縣南米項下撥給，其石埭縣撥徵兵米，遵照定例價值，折徵解司。從之。

《東華續録》乾隆一一　閏六月庚子朔，諭地方官化導游民。命直隸嚴緝盜賊。

辛亥，石麟丁憂，以喀爾吉善爲山西巡撫。

飭湖廣提督杜愷、廣西提督譚行義會勦苗、猺。

《東華續録》乾隆一一　秋七月癸酉，調張渠爲湖北巡撫，以徐士林爲江蘇巡撫，安甯爲江蘇布政使。召安圖來京，調方顯爲廣西巡撫，碩色爲四川巡撫，以朱定元爲山東巡撫。起金鉷爲河南布政使，尋吏部奏金鉷已故，以趙城爲河南布政使，吕守曾爲甘肅按察使。

甲戌，禁私售旗地。

《高宗實録》卷一二三　乙亥，賜準噶爾台吉噶爾丹策零勅。【略】以阿爾台山爲界，業已指明。山南游牧之人，仍居舊地。

《東華續録》乾隆一一　戊寅，命八旗三年一次赴蘆溝橋演礮。

甲申，命張廣泗留辦湖南軍務。

戊辰，廣西提督譚行義奏，官兵擒獲首逆，苗境悉平，遵旨前往楚省商辦軍務。

《高宗實録》卷一二四　八月己亥，兩廣總督馬爾泰等奏：廣西宜山縣土蠻不法，經派委右江道李錫秦、監紀軍務遊擊楊剛，統領漢土官兵三千餘名，前往勦撫。於六月十二日到齊，自十四日起，旬日之間，分路進勦，先後擒獲首兇賊匪羅扶養等九十七名，其餘當場殺死者，不計其數。凡攻破村寨，即填平溝壘，不使將來再圖潛蹤滋事，附近賊村，被脅良民，已全行招撫，分村安插，蠻境悉平。

庚戌，諭曰：湖廣總督班第奏稱，【略】楚省造逆之各苗寨，俱已勦盡。

《東華續録》乾隆一二　九月癸酉，調楊超曾爲吏部尚書，仍署兩江總督。調史貽直爲兵部尚書，韓光基爲刑部尚書，以陳世倌爲工部尚書。

《高宗實録》卷一二六　辛巳，賑恤福建上杭縣本年分被水飢民。

癸未，賑恤浙江餘杭、臨安、安吉、會稽、諸暨、上虞、臨海、黄巖、太平、天台、仙居、蘭谿、縉雲等十三州縣，並玉環廳、台州衛、湖州所本年分被水飢民，並予緩徵。

《高宗實録》卷一二七　壬辰，禮部議覆福建水師提督王郡奏稱，蘇禄國王蘇老丹麻喊末呵稟勝嚀，遣番丁將遭風商船送回内地，因奏請朝貢，情詞懇切，應准其所請。得旨：蘇禄國隔越重洋，道路遥遠，該國王傾心向化，奏請朝貢，並將失風商船送回内地，甚屬可嘉，著准其所請。俟使臣來時，地方官加意照看，以副朕柔遠之意。

癸巳，賑恤陝西葭州、神木、延川等州縣本年分雹災飢民。

《東華續録》乾隆一二　甲午，以王安國爲左都御史。

丙申，諭：奉天居民不願入籍者，限十年回籍。

是月，直隸總督孫嘉淦奏，挑濬永定河，復歸故道。本月親至金門閘，會同顧琮，督率河員，於金門閘之上開空重隄二十丈，挑濬河槽二百七十餘丈，使河流入金門閘引河之内。其金門閘引河東、西二股，見將東股閉塞，令專走西股。至西股之中尚有淺窄處所，相度開空，自楊柳青起，至李各莊止，展寬、挑深共三千六百餘丈。十五日各工俱竣，十六日開河放水，頃刻間全河已過，順軌安流。

欽差大臣張廣泗奏察看楚省軍營情形。

冬十月戊戌朔，調常安爲漕運總督，托時爲刑部侍郎。

《高宗實録》卷一二八　丁未，大學士等議覆雲南總督公慶復奏，探聞安南陪臣鄭姓，廢立改元，該國叛亂四起，皆以興黎滅鄭爲名。黎氏係我朝貢臣，請行文詰詢緣由，責以大義，使逆臣知所畏忌等語。查鄭姓專横已久，今復擅行廢立，義當詰責。但此事虚實未審，又不知新立者係舊王何人，縱行文該國，而回文仍出鄭手，諒必託辭諉卸。且一經詰責，通國皆知，即鄭姓暫緩逆謀，而滅鄭爲名者，必將紛紛請兵，轉恐難以猝應。應俟該國將廢立緣由奏聞請封之時，然後酌其情事，慎重辦理。從之。

己酉，訓諸臣研精理學。

《東華續録》乾隆一二　十一月己巳，調來保爲刑部尚書，以哈達哈爲工部尚書。

《高宗實録》卷一三一　癸未，新修《大清律例》成。

甲午，新修《大清一統志》書成。

《東華續録》乾隆一二　十二月戊戌，以范璨爲湖北巡撫，起劉於易署直隸布政使。

壬寅，欽差大臣張廣泗奏，進勦粤楚苗猺，斬獲無算，苗疆悉平。

《高宗實録》卷一三三　己未，〔大學士等〕又議覆雲南總督公慶復奏，滇省維西邊外，怒子野夷與狜猔野人，搆難稱兵，業飭令維西文武，開諭化誨，已照夷例和解完結。至怒子所居貼近西藏界址，請咨明西藏管束狜猔，毋令越境滋事等語。查夷性靡常，若不重加管束，雖現在和解，恐後來復啟争端。應如所請，移咨該藏王頗羅鼐，將所轄之夷、狜猔、猓猓野人，並擦哇隴、擦哇岡土番等，嚴加約束，務使各安本境，毋得侵害鄰封，構釁滋事。再怒子原屬番夷，雖附近羈縻，亦令維西沿邊文武，轉飭該管土酋，嚴切開諭，加意管理，毋令擅行仇殺，以靖邊徼。從之。

《東華續録》乾隆一二　是年，朝鮮、琉球來貢。

乾隆六年（辛酉、一七四一）

《高宗實録》卷一三四　春正月庚午，命各省督撫學政采訪遺編。

《東華續録》乾隆一三　丙子，免福建閩縣等五縣乾隆二年逋賦。

甲申，命鄂爾泰、訥親會同孫嘉淦、顧琮，查勘永定河工。

《高宗實録》卷一三五　乙未，朝鮮國王李昑，因邊民越境潛居，未能先事覺察，蒙恩免議，奏進方物申謝。得旨：覽王奏謝，知道了。所進謝恩儀物，准作正貢，該部知道。

是月，安徽巡撫陳大受奏：安省分年帶徵之項，因上年豐收，民間有願一併完納，以省折耗盤費，跋涉守候者。州縣拘於成例，竟行退還，轉非恤民之意，請於分年帶徵中聽從民便，倘有借端强勒全完者，參奏。報聞。

《高宗實録》卷一三六　二月丙申，又諭：聞八旗兵丁，在部具呈買置官地，及到該地方領地之時，往往移甲换乙，將瘠薄更易膏腴，非復原指之産業，而歸旗之限又迫，不得不回京師。及向部中具呈，部中據呈行查，該地方官又復支吾塞責，不能爲之清理，大失公平之義。著該部定議，作何稽查，以清弊竇。尋議，交直隸總督遴委道員、同知、通判等官，專司督察，倘有仍前串通更换等弊，州縣官不爲清理，致旗人羈延守候者，即將該地方官嚴加議處。如承委之該管官，失於覺察，一并參處。從之。

乙巳，又諭：滿漢進士，原屬一體。嗣後滿洲進士，亦著照依甲第名次，選用知縣，俾其漸悉民瘼，學習外仁之事。

《清高宗實録》卷一三七　甲寅，免陝西葭州、神木、延川三州縣被雹乾隆五年地丁銀米。餘尚有應徵之數，分年帶徵。

是月，奉天府府尹吴應枚奏辦理流民條目：一，願入籍者，准取保結，給照編入。一，不願入籍，一時又未能回籍者，暫作另户編甲，陸續給照回籍。一，遊手好閒、生事不法者，照例治罪外，遞解回籍。一，老弱、孤苦、疾病、貧乏，原籍無親戚可投者，酌給資送，不願回籍者，添設孤貧口糧安插。一，商賈工匠，從前在奉寄居者，地方官給照，無照不許存留。一，旗人披甲當差者，雇人耕種，須家長雇主結報，門牌注明，去來隨時報明領催鄉保，牌上無名者，不准存留。一，海船到奉，船長將路票呈驗，開船時，查點人數，毋許遺漏一名。如有暫留，須報明存案，附入另户。一，關外佃種民人，照原編牌式，另給一牌，無牌不得擅放進邊貿易。一，遼陽州刨煤人缺，募本地旗民補數，不得仍召流民。一，旗民熟地内，如有遺漏欺隱，一年内不自首者，治罪、追息。一，查辦事件，旗民各官，須親會同清理，約束兵役滋擾。

兩廣總督馬爾泰奏：安南向例，兩貢並進。計自乾隆三年至今六年，又值

兩貢之期，例應於本年春夏之交，先行咨報，設有遲逾，移檄詢問。惟是自乾隆四年以來，安南國内匪目韋福琯等，逞逆弄兵，至今未息，貢道或實有梗塞之處。又聞已新立有國王，是該國正在擾攘之際，修貢設或稍遲，似不必即爲催督。得旨：軍機大臣等議奏。尋議，令該督行文該國王，准其暫行寬假，俟道路開通，即修職貢，用示體卹外藩之意。得旨：依議速行。

《高宗實録》卷一三八　三月癸酉，諭朕御極以來，信任大臣，體恤羣吏，且增加俸禄，厚給養廉，恩施優渥。以爲天下臣工，自必感激奮勉，砥礪廉隅，實心盡職，斷不致有貪黷敗檢以干憲典者。不意竟有山西布政使薩哈諒、學政喀爾欽，穢跡昭彰，贓私纍纍，實朕夢想之所不到。是朕以至誠待天下，而若輩敢於狼籍至此，豈竟視朕爲無能而可欺之主乎？我皇考整飭風俗，澄清吏治，十有餘年，始得丕變。今不數年間，而即有蕩檢踰閑之事，既不知感激朕恩，並不知凛遵國法，將使我皇考旋乾轉坤之苦衷，由此而廢弛，言念及此，朕實爲之寒心。昔日俞鴻圖賄賣文武生童，我皇考將伊立時正法，自此人知畏懼，而不敢再犯。今喀爾欽賄賣生童之案，即當照俞鴻圖之例而行，若稍爲寬宥，是不能仰承皇考整飭澄清之意矣，朕必不出此也。薩哈諒、喀爾欽二案，著吏部侍郎楊嗣璟前往，會同巡撫喀爾吉善，秉公據實，嚴審具擬。

甲戌，諭九卿：人臣之所最尚者，惟廉。近日山西布政使薩哈諒、學政喀爾欽貪婪敗檢，經朕訪聞，諭令撫臣喀爾吉善查參，劣蹟種種，並降旨通飭各省督撫。爾九卿爲國大臣，現今雖無簠簋不飭之事，然師生故友，往來交際，未能保其必無。或其中有久經左斥，因朕復加倚用，而向日之故智復萌，遂爾放縱不自檢束者，亦未可定，朕非無所見聞也，但以一二小事，輒爲舉出，未免國體有傷。朕御極以來，崇尚寬大，體恤臣工，於常俸之外，特加雙俸，而教職微員，皆霑禄賜。並非市惠邀名，原以君臣一體，俾得日用充裕，庶乎保其操守。爾等正宜仰體朕心，愈加謹飭，倘不自儆勉，必待朕明白指斥，爾等又何以自立？且務崇寬德，朕之本性，然遇有貪官污吏，朕亦斷不肯姑容也。

丁丑，户部議准山西巡撫喀爾吉善遵旨議奏，晉省開墾，如係膏腴、上地、中地，無論畝數，均應照例升科。其瘠薄下地，開墾至十畝以上，成坵段者，分別水、旱升科。如十畝以下，爲數畸零者，永免升科。將所墾地畝數目，報官存案。從之。

戊寅，軍機大臣議覆兩廣總督馬爾泰奏稱，廣東惠、潮、嘉二府一州，所屬無業貧民，攜眷入川，不必强禁。許其開明眷屬名口年貌，報本地方官查明給票聽往，不必候川省關移。并飭知沿途營縣，驗明人票相符，即予放行，到川，編入烟册，移知原籍存案。應照所請。至在川粤民，立有産業，呈請關移親族者，聽其自便。從之。

《高宗實録》卷一三九　丙戌，議政大臣等議：貴州總督張廣泗，會同湖北、廣西督撫，議定楚、粤兩省苗疆善後事宜。【略】一，編保甲。苗寨大者，十户爲一牌，牌有頭。十牌爲一甲，甲有長。寨立長一二人。小者，隨户口多寡編定，寨立長一人。稽漢奸及外來苗猺在寨居住，一人容隱，九家連坐。【略】均如所請行。從之。

庚寅，諭王大臣等：御史仲永檀參奏鄂善得受俞長庚賄賂一案，朕初以爲必無之事，仲永檀身侍言官，而誣陷大臣，此風斷不可長。但事不查明，何以治仲永檀之罪。因而派王大臣七人，秉公查審，屢經研訊，逐日奏聞。乃鄂善家人及過付人等俱各應承，是鄂善受賄之處，已屬顯然。朕特召和親王、大學士鄂爾泰、尚書訥親、來保，同鄂善進見，面加詢問。鄂善始猶抵飾，朕諭之曰：此事汝家人及過付之人，皆已應承，汝能保汝家人捨命爲汝，而自認此贓爲己吞乎？若能如是，事亦可已，若不能如此，此數人者出，將秉公嚴詢，彼時水落石出，汝一身之事，所關甚小，而朕用人顔面，所關則大。汝若實無此事則可，若有，不妨於朕前實奏，朕另有處置，而諭此數大臣從輕審問，將此事歸之汝家人，以全國家之體。設非朕有指示，此數人者，但知秉公而已，敢如是辦理乎？鄂善熟思，乃直認從家人手中得銀一千兩是實。朕以鄂善在朕前已經自認，毫無疑竇，以皇考及朕平日深加信用之大臣，而負恩至此，國法斷不可恕，若於此等稍有寬縱，朕將何以臨御臣工？但朕心尚欲以禮待大臣，以存國體。賈誼曰，其有大罪者，聞命則北面再拜，跪而自裁，上不使人捽抑而行之。朕之處鄂善亦猶是耳。因垂淚諭之曰，爾罪按律應絞，念爾曾爲大臣，不忍明正典刑，然汝亦何顔復立人世乎？汝宜有以自處也。乃彼既出之後，朕猶恐如此辦理，或有過刻之處，又令和親王等四人，會同大學士張廷玉、福敏、徐本，尚書海望、侍郎舒赫德，再加詳議。據王大臣等奏稱，鄂善婪贓負國，法所不容，人心共憤，理當明正典刑。乃蒙天恩，容其自盡，實無過刻之處等語。朕因令訥親、來保前往，將王大臣奏帖，與鄂善閲看。並傳諭曰，朕於大臣，視同手足，今爾負朕至此，朕萬不得已如此辦理。自降旨之後，心中戚戚，不能自釋，如人身之失手足也。汝心中若有欲言

之事，不妨向二人再行陳奏。鄂善忽奏稱我錯聽皇上諭旨，以爲我家人已供我得銀一千兩。又聽得諭旨云，爾係皇考及朕信用之大臣，如果有受賄實情，可在朕前據實奏出，朕另有辦處，以全大臣之體。我因皇上屢次降旨，滿尚書皆可信其無他，今我被人參劾，審有得銀之供，恐皇上辦理爲難，是以一時應承。我實無贓私入己，如家人供出我來，我情願與之質對等語。朕當爾等面詢鄂善時，總以至誠開導，欲得其實情，爾等皆爲之感泣，鄂善亦良心發見，俯首無辭，因而直認不諱，此時並未以威懾之，以言誘之，以刑訊之也。旋命訥親、來保傳旨與伊，朕意彼若自知罪重、誠心悔過，或以罪當監候，懇切哀求，尚欲緩其須臾之死。乃鄂善無恥喪心至於此極，其欺罔之罪，即立時正法，亦不爲枉。夫朕之所以令彼自處者，欲全國家之體而賜彼以顔面也，乃彼自不惜顔面，朕將何惜。豈皇考在天之靈，不容此負恩之輩冒恩苟免，欲使明正典刑，以儆戒大小臣工耶？可將鄂善革職，拏交刑部，著福敏、海望、舒赫德，會同爾等嚴審，則虚實自見。或因鄂善愧懼，一時錯認，亦未可知，王大臣必不阿朕旨，而故入人以重辟也。夫奸、盜等案，朕尚熟思審慮，期於至當，況鄂善曾爲大臣者乎。朕爲此事，數日以來，寢不安席、食不甘味，深自痛責，以爲不如皇考之仁育義正，能使百爾臣工，兢兢奉法，自不致身陷重辟。水弱之病，朕實蹈之，若再不明彰國法，則人心風俗，將來何所底止？朕之苦衷，亦惟皇考在天之靈鑒照之耳。垂淚書此，王大臣其體朕意焉，布告天下，咸使聞知。

《東華續録》乾隆一三　以班第爲兵部尚書。

《高宗實録》卷一三九　壬辰，又諭：據署湖廣總督那蘇圖奏稱，臣於上年十二月到任後，有山東、江南等省流民，稟請賑恤。查乾隆四年，山東沂州等處被災，江南亦有歉收之處，所有流移到楚之窮民，俱已賑恤安頓。至於乾隆五年，山東、江南等省，並未被災，何致有飢民流至楚省者？隨諭布政使確查具報。旋據查覆，外省飢民到楚者，共計五十餘户，内中實係貧苦者，不過數户。其餘或有先經到楚，資送回籍，復行潛來者；或有年力少壯，儘可自謀生計者；或有出外多年，積有餘資，堪自經營者；或本有棲止手藝，可自食其力者，均與賑恤、資送之例不符。祇因楚省曾有留養飢民之例，伊等妄希賑恤，未便任其冒濫，使各省游惰之民，聞風效尤而至，應各聽其自便。但武昌、漢陽二府，乃五方雜處之地，若漫無稽查，則此等之民，行蹤莫定，或生事端。已飭各該縣查明，如有情願在楚營生者，即於烟户册尾，附編畸零户後，俾該地保甲就近稽查，以防滋事，有自願回籍者，即諭令各回本籍等語。養贍飢民，乃國家恤災濟困之恩澤，若使游蕩之人，得以借名冒濫，則無知愚氓，將以婾惰爲得計，而荒其本業者不少矣。那蘇圖所辦是。著通行各省督撫知之，如有與此相類者，著照依辦理。

癸巳，飭禁科場懷挾。

是月，署貴州布政使陳悳榮奏，黔省入春以來，雨澤調勻，二麥暢茂，省城士庶，相習飼蠶。省之上游，舊無杉木，臣捐募楚匠包栽杉樹六萬株於城外各山。又附郭貴築縣之乾堰塘、麥穰寨、宋家壩三處，俱可引水開渠，約墾田二、三千畝，現在捐貲委員辦理。得旨：欣悦覽之。至蠶桑樹藝，尤爲政之本，所當時時留心，而教民務本足用之道，均不外此也。

《高宗實録》卷一四〇　夏四月辛丑，禁督撫任用堂官及家人生事。諭：外省之吏治，繫於督撫。督撫果能清正公明，則屬員咸知效法，而成大法小廉之治。

《高宗實録》卷一四一　丙辰，工部議准浙江巡撫盧焯奏稱，仁和、錢塘、蕭山三縣江塘，經海沙北障，潮汐南趨，轉北而西，多有頂衝坍塌之處，請拆修搶築柴石各工。從之。

壬戌，工部等部議准御史禄謙奏稱，民人典買旗地，例得贖取。查有不肖民人，潛來京師，賄囑原舊地主，串通旗人，代爲出名，换契假買，昂增價值，以防日後贖取，應嚴行禁止。【略】從之。

《東華續録》乾隆一三　癸亥，户部議准奉天將軍額爾圖題覆刑部侍郎常安奏請禁止海運一摺。查奉天米價向屬平賤，近年户口滋多，生齒日繁，又加各省貿易人衆，本地所産僅足食用。邊外、蒙古、黑龍江船廠等處收成偶歉，亦賴接濟，若聽水陸兼運販，糧價增昂，旗民必致艱食，應請禁止海運。從之。

《高宗實録》卷一四一　是月，署廣西巡撫楊錫紱、提督譚行義奏：於鬱林州興業縣地方，拏獲挖窖書符、妖言煽惑、斂錢從逆之譚焕禹等。得旨：此案汝等查拏於未發覺之先，殊屬可嘉也，諸如此類，所當時刻留心。

《高宗實録》卷一四二　五月甲子朔，禁州縣徵糧浮收零尾。

庚午，諭曰：雲南總督慶復，已命往廣東署理兩廣總督事務。伊在滇省奏明承辦之事，如開金江河道以利濟滇、蜀兩省，派撥兵丁以防範安南邊境，開墾礤嘉大路之荒地以增農田，開挖姚安沙地之滷原以增鹽觔。種種籌畫，皆係有關地方，有裨民生之事。現在經理尚未就緒，慶復既經調任，署督張允隨自當接

辦。著慶復與張允隨，詳細講論，一一交代。張允隨當念此係地方公務，不可以係前人奏辦之件，稍存推諉之念，視慶復所奏之事，即同己奏，慶復所委之人，即同己委，無分彼此，無論前後，方不失同寅協恭、體國利民之誼。若果事有難行，必須變通者，則亦不可瞻顧，以致遷就。尋張允隨覆奏，慶復署事兩廣，凡未竟之事，悉係臣應辦之事，勉矢寸忱，務竟厥緒，至其中或有應行變通之處，自當奏明酌辦。得旨：所奏俱悉，勉力實心爲之。

辛未，[王大臣]又議覆奉天副都統哲庫訥奏稱，吉林等處係滿洲根本，若聚集流民於地方，實無裨益。應如所請。伯都訥地方，除現在民人勿許招募外，將該處荒地，與官兵開墾，或作牧場。再出産人參、東珠之吉林江，及與長白山、烏蘇里等處相通之水旱道路，向來不准行走，應令該將軍、府尹等嚴行查禁。從之。

《高宗實録》卷一四三　己卯，户部議覆川陝總督尹繼善奏稱，陝省凡繁庶之邑，平衍之區，易於耕種，可爲常業者，俱已報墾復額。現尚有餘地，或因山深地僻，人力不足，或因沙石瘠薄，低窪淹没，難爲常業，以致荒棄。請將山頭、地角，零星不成坵段之地，在五畝以下者，悉免升科。其地形平正、自成坵段，數在五畝以上，不雜沙石者，照各州縣下則平地，按年升科。應如所請。從之。

辛巳，户部議准署廣西巡撫楊錫紱奏稱，西寧等各州縣，多收銀米穀石，或係里民承辦舊例，或係土司相沿陋規。不知始自何年，實因各州縣原給養廉無幾，酌存耗羨有限，地方又有應辦公事，不得不借資民力。加思恩縣多收折徵錢糧，爲修理城垣、塘房、壇廟之用，西林縣徵收陋規，爲修理土城、塘房、站道、渡船之用，所以相沿未革，逐一查核，並無侵蝕等情。現已照單革除，請仍嚴飭各州縣，將派收前項，永行禁止。從之。

壬午，欽差吏部右侍郎楊嗣璟等奏奉旨查審參革山西布政使薩哈諒貪婪不法，款蹟確鑿，照律計贓擬罪一摺。得旨：三法司核擬具奏。薩哈諒前任廣東布政使，聲名不好，且趨奉鄂彌達。朕是以降旨，將伊左遷山西按察使，繼因山西布政使缺出，一時不得其人，將伊補授，以觀後效。乃伊謝恩摺，竟稱蒙恩垂念臣母年老，就近調補山西，俾得迎養。朕批諭云：若謂調近，何以左遷臬司？汝尚不自知乎？並將其取巧無恥、怙惡不悛之處，明白批示。薩哈諒若稍具人心，自當恐懼愧悔，潔己奉公，以蓋前愆。今楊嗣璟等本内稱，伊在臬司任内，已有劣款種種，及陞任藩司，婪贓尤多，共計一千六百餘兩，與鄂善所犯銀數相等，且實係科派屬員，重收尾封，贓私入己，並非公項餘銀，應報不報者可比。彼時曾經庫吏口稱，舊例所無，力行禀阻，而薩哈諒斥其膽小，悍然不顧，則其始終狡詐，藐法負恩，罪實難逭。特將薩哈諒情節一一宣示，交與三法司從重定擬，以昭炯戒。

庚寅，户部議准陝西巡撫張楷奏稱，咸寧縣更名水田共十頃九十三畝有奇，因沙壓久成旱地，請自乾隆六年爲始，改爲四等旱地，徵收豌豆。又咸寧、長安、盩厔、鄠縣、臨潼，空賠果價、房課、山坡、地畝等項錢糧，原係明時藩府房地碾磨租課，以及竹樹果木進鮮，後遂改折錢糧，作爲正賦。今流傳日久，原業迷失荒蕪，但有額糧，並無産息，請行豁除。從之。

辛卯，諭：山西地方，自石麟爲巡撫以來，因循舊習，吏治廢弛。繼以薩哈諒、喀爾欽貪縱無忌，而各屬浮收濫取之弊，更相習爲固然。如徵收地丁錢糧，每兩例加耗羨一錢三分，今加至一錢七、八分不等，更有加至二錢者。若如此徵收，民何以堪？至鄉村編氓，有以錢納糧者，每兩收大制錢一千三十文，就時價合算，計一兩加重二錢有餘，是耗外又加耗矣。小民有限脂膏，豈能供官吏無厭谿壑。他如需索鹽店、當商陋規，及買取貨物，任意賒欠，或短發價值，或勒定官價，苦累行户，種種積弊，不一而足。朕所聞如此，在晉省官吏中，豈無潔己自愛之員？然積習已久，效尤成風，故貪黷者常多，廉潔者常少。民生吏治，關係匪輕，朕特施寬大之恩，既往不究。自今以後，著嚴行禁革，務使痛改前非，潔己恤民，奉公守法。巡撫喀爾吉善毋得徒事文告，而不實心奉行，以致屬員陽奉陰違，怙終不改。一、二年後，朕倘有所聞，當特遣大臣，徹底清查，水落石出，必將大小官員從重治罪，不少寛貸。並非不先行誥誡，遽然繩之以法，彼時不得謂朕辦理過刻也。

癸巳，户部議覆河南巡撫雅爾圖奏稱，豫省濱河飛沙鹹鹻地畝，節經題豁，即成官荒，業户不得過問，終成廢棄。請仍交業户經管，其豁糧既久，業户無存，聽附近居民墾種，不得禁止。應如所請。從之。

《高宗實録》卷一四四　六月甲午，飭外省官員防閑幕友。

免陝西葭州、榆林、懷遠、綏德、米脂、吴堡等六州縣，乾隆五年水災額賦有差。

乙未，戒督撫匿災。

庚子，左都御史、管廣東巡撫事、署兩廣總督王安國奏：乾隆四年，奉旨查

辦廣東徵收糧米之弊，至今各項陋規，總未革除。又州縣多徵民糧，亦有各項費用，如徵解糧道倉、給發駐防兵米，除耗米三升外，仍多浮收。又巡撫衙門，每年食米，皆取於南、番兩縣，而撫署吏書，每年食米一百六十石，皆向糧道票取，上下通同，遂成積弊。請嚴飭廣東各官兩年來奉行不實之罪，並責成撫臣，令徹底清查辦理。諭：朕向來聞得廣東徵收糧米，支給本省兵糧者，州縣官折收銀兩，每一倉石，照時價多收銀六七錢，至加倍不等。收銀之後，另買稻穀，碾米給兵，則分派富户米行，又照時價短少。似此需索扣剋，甚屬累民，特於乾隆四年六月，頒發諭旨，令該督撫悉心稽查，嚴行禁革。今留心訪察，廣東徵收糧米之弊，並未革除，收本色則浮加斛面，收折色則高擡價銀，以及管倉家人倉書斗級，各項陋規，合算民間納米，每石費至加倍有餘。且上司衙門所用食米，名曰發價，其實繳還。種種弊端，上下朦混。從前奉行不實之咎，誠屬難逭，若非痛加整頓，何以除民困於將來？著交與巡撫王安國，徹底清查，實心辦理，務令弊端悉剔，苛累永蠲，始於地方有益，如再有玩忽之處，朕於該撫是問。

户部議覆閩浙總督宗室德沛奏稱，臺屬歉收，米價驟長。前據粵省督撫咨稱，潮州府屬，倉貯充盈，可濟鄰省。今移咨粵省，檄飭潮屬存倉穀內，就近撥給六萬石，運臺平糶。如臺屬秋收，即照數買穀運粵，倘或豐歉不齊，即將穀價解粵，就近買補。應如所請，通融辦理，並令廣東督撫，俟閩省委員到日，酌量撥給，以資平糶。得旨：依議速行。

辛丑，户部議覆蘇州巡撫徐士林、浙江巡撫盧焯、廣東巡撫王安國、管理閩海關福州將軍策楞會奏，前據雲南巡撫張允隨奏稱，浙、閩、江蘇三省，皆因錢貴，請買滇銅開鑄。查滇省銅觔，除供京局及本省川、黔鼓鑄外，餘剩無多，請於沿海各關，凡商船來自日本長奇島者，應納税銀，悉令以銅代税銀完納等語。據查海關銅税，歷來徵銀，若改徵銅，事屬創始，必須官無紛擾，商民便易，方可行之經久。今閩海既無銅進口，江、浙海關，銅數無幾，與官商未便，江、浙等省需用銅觔，現於洋商自本辦回銅内，按數抽買，一應商販船隻，似應照舊徵收，毋庸紛更。應如所請。從之。

癸卯，工部等部議覆直隸總督孫嘉淦奏稱，承德州屬之三道溝等處，開採煤窑，向例需領部照，開採之人，皆觀望不前。查産煤之所，如熱河八溝四旗煤山，俱在圍場之南，而土木槽碾等處，亦俱在大壩之内。現今壩内土田，皆已開墾，其出口貿易之人，係各地方官給與照票往來。採煤之人，事同一例，原可無庸部票，且開採煤窑，聚集人多，若令執有部票，恐不受地方官約束。請令地方官擇本地殷實商民，報明開採，給與照票出口，窑成之日，報明藩司，給與牙帖，承充開採。應如所請。從之。

甲辰，户部議覆倉場侍郎、宗室塞爾赫奏稱，京倉新舊廒，共九百零二座，節年以來，糧儲充盈。滿貯之廒，計六百八十餘座，放出空廒，僅二百一十餘座，約可貯米二百六十餘萬石。本年起運漕糧，約進京倉平米三百八十餘萬石，所有各倉空廒，儘數收受，尚餘新糧十分之三。請將本年第四季甲米，早放半月，騰倉收貯。又通州西、中、南三倉，現有空廒一百七十餘座，請將陸續抵通之糧，先行派進通倉，俟京倉放有空廒，再將新糧按廒運貯。應如所請。得旨：依議速行。

乙巳，監察御史李慎奏：甘省平凉、鞏昌兩屬，夏秋疊災，州縣各員，諱匿不報，饑饉載道，搶刦成風。其各省赴甘納粟捐監者，皆被官吏包攬收銀，科派民間糴穀填補，穀價日增，民生益敝。請派公正大臣前往查勘。得旨：覽。李慎所奏，若果如所言，則元展成罪不容誅矣。然李慎，甘省人也，以告災之狀，爲已甚之言，此風亦不可長。即著李慎前去，會同總督尹繼善，親往查勘情形。著尹繼善秉公據實具奏，若所言果實，元展成當治以諱災之罪。

《高宗實録》卷一四五 庚戌，清釐科場弊端。諭：從來順天鄉試，易滋弊端，多招物議，必須稽查嚴密，始可試事肅清。今年秋闈，適值朕行圍口外，誠恐人心玩忽，諸弊乘間而生，深廑朕念。如進場之懷挾，場内之傳遞，皆向來人所共知，且有通曉舉業之人，假充謄録，爲舉子改竄文藝者，其他弊端種種，難以悉數。又聞有應試士子，於場前結納新進翰林，互相標榜，遂成奔競鑽營之惡習。夫國家之所以重士者，謂其品行端方，足備異日公卿之選，若苟且僥倖於目前，而始進不正，貽誚終身，尚安望其受爵服官，克自樹立，爲朝廷有用之材乎？著都察院、五城御史、步軍統領衙門、順天府、内外簾監試御史，嚴行稽查，凡有關涉科場情弊者，即行嚴拏，按律治罪，不稍寬貸。在京之總理事務王大臣，亦應不時查察，以肅賓興大典，副朕造士育才之至意。

《東華續録》乾隆一三 壬戌，以張嗣昌爲福建布政使，王丕烈爲福建按察使。

是月，署兩廣總督王安國奏，安南國權臣鄭剛竊柄，欲圖篡奪，遂專廢立，士官韋福瑄等以輔黎滅鄭爲詞，倡亂起兵。見嚴飭官弁，毋使夷匪潛入邊境及内

地奸民私越滋事。報聞。

《高宗實録》卷一四五　左都御史、管廣東巡撫事、署理兩廣總督王安國奏報：各屬得雨霑足。得旨：覽奏稍慰朕懷。但因前此缺雨，頗有刁民罷市、搶糧，此風固不可長，亦見地方官料理不妥所致也，汝其加意調停可也。

廣東潮州鎮總兵官武繩謨奏報：閩省臺灣委員來潮借運倉穀，潮陽縣民閉糶罷市，現經文、武協同查拏審究。得旨：已有旨諭王安國矣。刁民因撥借臺穀而罷市，此風固不可長，然亦汝等平時不能彈壓地方，和輯兵民之所致耳。以後當諸事留心，奮勉改過。

署廣西巡撫楊錫紱、提督譚行義奏報：思恩府屬遷江縣，有李彩、李梅等統衆攻刦，隨星夜撥賓州兵一百名，提標兵一百五十名，委守備一員，前往應援。又酌撥左江鎮慶遠協、忻城土縣共漢土兵一千名，齊赴遷江，令賓州營參將李發解統領勦捕，務期盡浄，毋使蔓延。得旨：所奏俱悉，必使實在奸匪盡獲，毋致蔓延方可，若假捏姓名以圖了局，則將來何所底止耶？

《高宗實録》卷一四六　秋七月甲子，户部議准署廣西巡撫楊錫紱奏稱，粤西地處極邊，山多田少。嗣後開墾田畝，如地屬平原，田成片段，係上則、中則，水田一畝以上，旱田三畝以上，照例升科，一畝、三畝以下，永免升科。下則田地，及桑麻花米等地，更屬瘠薄，民間開墾，水田五畝以上、旱田十畝以上，照例升科，五畝、十畝以下，永免升科。升科後水衝沙壓者，仍與豁除。如有豪强争奪，藉墾占熟，掘毁墳塋，侵礙橋梁、道路者，照例治罪。從之。

又會同九卿議覆河南按察使沈起元奏稱，北方沃野千里，一望平原，更無溝洫，一經大雨，行潦横流，田禾以傷。請北方治田，一如東南之法，每畝三畎，周於四圍，阡陌之界，隨田廣狹，於小溝外開大溝，近川注川，近河注河，用地無多，爲力極易，水有所洩，亦有所歸。應如所請，行文北五省督撫，勘驗情形，從容諭導。從之。

乙丑，福州將軍、署閩浙總督策楞奏：閩俗刁悍，毆官械鬭，相習成風，事由姑息，宜加懲創。得旨：知道了，有旨諭部。況今汝署總督，此即汝之責矣，勉力整飭之。

戊辰，大學士等遵旨議覆浙江布政使張若震奏稱，浙省沿海腹裏地方，尚有新漲沙塗，堪以墾種，緣民、竈夾雜，往往窮民墾種，竈户出而紛争，所以觀望不前。應如所請，無論民、竈，准其開墾，以呈報在先爲定，給與印照，注册存案。其各省沿海，仍令各該督撫一體勘實，奏請酌辦。從之。

庚午，又諭軍機大臣等：廣東潮陽等縣今夏米價昂貴，曾經開倉平糶，後因五月初旬遽行停止，愚民因而罷市。知縣左興，公幹初回，男婦擁擠縣堂，懇求糶米，該縣已許開倉，尚有不法之徒，擁入典史衙署，毁碎轎椅等物。保祝所奏如此，該督撫何以竟不奏聞？可傳諭王安國，若果有司辦理不善，咎固難辭。至於百姓罷市，鬧入官署，此風斷不可長，必應嚴加懲治，以儆刁風，不可少爲寬縱。

壬申，户部議覆陝西巡撫張楷奏稱，陝省荒地，應行開墾，並酌議招墾事宜。一，商州及所屬地方，尚有未墾荒地三萬餘畝，現令地方官確查，開明畝數四至，官爲插標招墾。無主之地，即給墾户爲業，其有主而自認無力開墾者，定價招墾，給照爲業。一，隙地多在山石榛莽中，凡零星地土，在五畝以下，不成坵段者，永免升科。一，本地人力無餘，其鄰近無業之人，亦聽開墾。應將認墾之人，著落土著識認，移關原籍鄰户保結到日，准其給照，即編入土著保甲之内，令該管保長等查察，如有賭竊爲匪，稟官究治。一，平衍易收之地，每一壯丁，限以五十畝爲率。山岡沙石難收之地，每一壯丁，限以百畝爲率。有父、子、兄、弟俱係壯丁者，酌量加增。一，荒地全無土産者，應查出開墾，其有民人現在割漆砍竹，及採取構皮、木耳等項者，聽民自便，地方官不得强令墾種，亦不得以現獲微利，勒報升科。一，此項地畝，實力招徠，漸次開闢，毋庸定以議敍、議處之額限。應如所請。從之。

《東華續録》乾隆一四　丙子，命陳世倌爲文淵閣大學士兼工部尚書。

己卯，調阿爾泰爲雲南布政使，以陳宏謀爲江西布政使。調陳高翔爲江蘇按察使，以張無咎爲山西按察使。

《高宗實録》卷一四七　壬午，刑部議准雲南總督慶復奏稱，安南國僞交江王矣長，勾串土目，聚衆謀叛，旋赴軍營投誠一案，將矣長等十一人擬斬立決。但已投誠，照律減罪二等，各杖一百，徒三年，係夷人，折枷號四十日，責四十板，仍酌發廣東、四川烟瘴地方，交與地方官嚴加約束，家口、財産，免其緣坐入官。脅從跟隨之矣受等二十人，均應枷責，係廣南人，俱發回原籍安插，係交趾人，分發滇省有提鎮駐劄之府分，交地方文武各官管束。未經投誠之叛犯雷彦彬等，均係交人，移咨該國自行查拏，並將翁丁所訴翁貴争位情由，一併咨查，所獲銅印、萬年書、地里圖，分别銷燬，貯庫。從之。

癸未，户部議准署福建巡撫王恕奏稱，閩省多屬山田，層疊高下，如同梯形。以坵而論，均屬零星，彼此合算，方成畝數。嗣後民間開墾，無論水田旱田，總以零星曠土，不及一畝，與雖及一畝，而係地角山頭，不相毗聯者，免其升科。其有經界聯絡者，一畝以上，仍照例分別水、旱年限升科。從之。

乙酉，諭軍機大臣等：盧焯貪婪各款，已有實蹟，現交德沛等審理。其贓私纍纍，即汪姓一案內，婪贓已至五萬兩之多，其餘受賄之處，不一而足。因查伊京中所有家貲封貯，以備抵償官項，乃僅止萬金，則其性情狡猾，巧於隱藏可知。可寄信德沛、旺札勒，務將盧焯任所私藏，逐細查勘，毋令隱匿。或寄頓他處，亦必一一查明，勿使遺漏。

丙戌，又諭：理藩院查奏，自康熙二十年至六十一年，賑濟蒙古等四十餘次。雍正元年至十三年，賑濟內地扎薩克旗分人等十五次、喀爾喀等三次。乾隆元年至今年，賑濟內地扎薩克喀爾喀等共十四次。蒙古資生之道，所恃牲畜蕃盛，並非倚賴銀米，該扎薩克王公、台吉、塔布囊等，平日若能使其部落以時勤於牧養，差役減少，徵收輕薄，教以本來資生之術，蒙古等何至於累遭困苦？今報荒旗分，朕雖施恩，不惜國帑，但外地扎薩克等相沿成習，並不愛惜其部落，令其有滋息牲畜之暇，重加收斂，惟有仰賴朕之加恩資生，不但非永遠之計，必致失其本來謀生之道。部議甚是，但該扎薩克王公、台吉、塔布囊等議處之處稍重，著交議政王大臣等詳議具奏。

丁亥，〔大學士〕又遵旨議准雲南巡撫、署貴州總督張廣泗奏稱，黔省開墾田土，飼蠶紡織，栽植樹木一摺。一，黔中山稠嶺複，絶少平原，凡有水道，亦皆澗泉山溪，並無廣川巨浸，可以灌溉，故各屬田畝，導泉引水，備極人勞。其未開之田，多因泉源遠隔，無力疏引之故。自官爲督勸後，各屬請借工本開修水田者，如貴築、施秉、餘慶、仁懷、丹江廳等處，或現在開修，或已經工竣，凡有宜用龍骨車，工匠多能製造，毋庸赴江楚雇募。一，開山墾土，乃黔民資生長策，凡陂頭嶺側，有可播種雜糧者，無不刀耕火種，然不過就近增開，其離村稍遠之官山，則不敢過問。應勸諭農民，盡力播種。一，黔中無地非山，儘可儲種材木，乃愚苗知伐而不知種，以致樹木稀少，應勸諭民苗，廣行種植。一，黔省自勸民養蠶以來，已經試有成效，應飭各府州廳縣，酌量地方氣候，從容勸導，不願者不必勉强督責。一，黔省惟思南府屬，皆種棉花，其餘地方，或種而不生，或花而不實，皆因黔地晝熱夜涼，與棉性不宜之故，未可以一、二處相宜，概之全省。一，種植既廣，勸民以時保護，并借給工本，考課勸懲等事，所當從容不迫，不得抑勒、粉飾、擾累。從之。

是月，左都御史、署兩廣總督、管廣東巡撫王安國奏：廣西遷江縣聚匪謀逆，准提督譚行義咨稱，已撥兵前往剿擒。又據遷江縣報，拏獲逆黨歐起通。來賓縣報，拏獲黄老二、石法總等。得旨：知道了。駐劄雖遠，不過奏報稍遲耳。至督令緝獲正犯，毋致揑名并案之弊，則督臣之專責也。

署廣西巡撫楊錫紱、提督譚行義奏：興業縣拏獲奸匪譚煥禹等，以挖窖妖言，煽惑愚民，潛謀不軌，並供出首犯李國章。玆於北流縣地方，將李國章拏獲到案，訊供即係李梅。得旨：所奏俱悉。但外省頗有此揑名併案之弊，在尋常盜犯，尚然不可，況此等爲逆之人，一有漏網，必致蔓延，汝等宜詳查也。

《高宗實録》卷一四八 八月乙未，工部議准吏部尚書、署兩江總督楊超曾奏稱，松江、太倉各屬地方，建築土石塘，計長五萬九千四百餘丈。除塘身壓占外，所有挖廢田畝，原議塘西槩留二十丈，塘東槩留三丈，爲歲修取土之用，所留地畝，尚有可種花禾、蘆葦之處，請聽原業主自行耕種，免其徵租。倘塘工有應修補處，仍向田内取土，塘身塘面所産草葦，責令塘長采割，抵作堡房、塘長工食，餘剩留充歲修。從之。

賑安徽宿州、壽州、鳳臺、鳳陽、臨淮、懷遠、虹縣、靈璧、潁上、霍邱、蒙城、泗州、盱眙、五河等十四州縣，鳳陽、鳳陽中、長淮、泗州、宿州等五衛水災飢民，并緩徵新、舊額賦。

丙申，諭軍機大臣等：前因廣東潮陽等縣辦理平糶不善，百姓罷市，鬧入官署，已屢降諭旨，令王安國查辦。今又聞海陽縣民人買穀赴潮，船由嘉應州河下，竟有地棍結黨攔阻，不容放行。又廣州油欄等門，藉稱米行包攬米穀，賣販外商，將鋪面打碎。合朕前後所聞觀之，在潮陽於停止平糶之日，遽將倉穀撥付閩省，民因之而罷市。嘉應則本處米價，每石賣至一兩五錢，海陽穀船路由河下，爲棍徒攔阻數日，有司竟未嘗一問。廣州省會之地，復敢疊肆搶奪，地方大吏，所司何事？夫賑救荒歉，乃督撫應辦之要務，況今歲粤東早稻，各處未獲豐收，晚禾甫插，秋成尚需時日，若不預將應糶、應恤之事，分別料理，則閭閻何所倚賴，勢必滋生事端。且該省係黎、猺雜處之區，夷商往來之地，小民因餬口無計，動輒聚衆妄行，尤有關繫。王安國係朕所特簡，以左都御史管巡撫之人，伊自期許，亦以封疆爲任，乃因馬爾泰丁憂、慶復尚未到任，督撫印務，皆係王安國

職掌，既不能擔荷經理，又不據實奏聞，殊不副朕之委任，著伊明白回奏。尋據王安國覆奏，撥運閩穀，潮民阻撓罷市情形，及辦理潮郡歉收之處，已經題奏一摺。得旨：知道了，以後有關民瘼之事，切不可輕視也。

癸卯，賑江蘇山陽、阜寧、清河、桃源、安東、銅山、豐縣、沛縣、蕭縣、碭山、邳州、宿遷、睢寧、海州、沭陽等十五州縣，及淮安、大河、徐州等衛，莞瀆、臨洪、興莊等場水災飢民。

《東華續録》乾隆一四　己酉，召楊超曾回部辦事，調那蘇圖爲兩江總督，孫嘉淦爲湖廣總督，高斌爲直隸總督，以完顔偉爲江南河道總督。

辛亥，以鄂彌達爲寧古塔將軍，馬爾泰署兵部侍郎。

《高宗實録》卷一四九　己未，諭軍機大臣等：從前廣東潮陽縣停止平糶罷市一案，已降旨令王安國查辦。今又聞得六月十七日，五仙門外，有好事之輩，捏稱粵米被閩省商販買運，米行射利擡價，傳貼白帖，將聶姓酒米店打搶。十八日，復遷怒於隆順行，糾衆打毀，且在沿河地方，擁擠雜沓，乘機搶去米糧貨物。又嘉應州地方，於六月初二、三日，亦有刁民生事。觀此情形，固屬民風刁悍，亦是地方官料理不善所致，可傳諭王安國，令其不時留心，毋得疎忽。

《東華續録》乾隆一四　辛酉，以吴龍應爲山西布政使，石去浮爲湖北按察使。以彭家屏爲江西布政使，王玠爲湖南按察使。

《高宗實録》卷一四九　是月，〔山東布政使魏定國〕又奏報：歷城、齊河等十三縣被旱，賑恤情形。得旨：所奏俱悉，督率屬員，加意撫恤，毋使災黎失所也。

《東華續録》乾隆一四　九月癸亥朔，元展成以不職革職，以陳宏謀爲甘肅巡撫。

《高宗實録》卷一五〇　甲子，户部議准吏部尚書、署兩江總督楊超曾疏稱，江蘇山頭地角，磽瘠荒土，及溝畔田塍，畸零隙地，不成坵段者，勘明給照，聽民種植，無論多寡，永免升科。蘇、松、常、太四府州，田地肥饒，成地一畝，即令升科。江、鎮、淮、揚、徐、海、通七府州，田地瘠薄，成地三畝，始令升科，仍照水田六年，旱田十年之例。倘地棍豪强，借端攘奪，阻礙水利等項，照例治罪追賠。從之。

戊辰，議政大臣、裕親王廣禄遵旨議覆寧古塔將軍鄂彌達奏稱，吉林伯都訥、寧古塔等處，爲滿洲根本，毋許游民雜處。除將現在居民，逐一查明，其已入永吉州籍貫、立有産業之人，按畝編爲保甲，設甲長、保正，書十家名牌，不時嚴查外，其餘未入籍之單丁等，嚴行禁止，不許於永吉州之山谷陬隅，造房居住。仍查明本人原籍年貌，五人書一名牌互保，五人内如有一人偷挖人參，私買貂皮，擅墾地畝，隱匿熟田，及賭博滋事者，將犯枷責遞解外，仍將連保四人，一併遞解。地方官知情，不行查拏，按溺職例議處。若連保人有願回籍者，給引回籍，並令地方官，按季查明人數，陸續將回籍之人，盡行裁汰。倘將牌内無名人容留者，甲長、保正從重治罪，仍將拏獲之人枷責，遞解回籍，於歲底造册，送部備查。應如所請。又疏稱，原定民人墾荒，十年後交租，如典種熟地，三年後交租。現今交納錢糧者，十無二、三，且奸徒將近交租時，以墾地典給他人，希圖指名展限。請嗣後永禁墾荒，將民人現有地畝，盡行清丈，不拘年限，總以丈量之年爲始，照數納糧。如隱匿地畝，及民地捏指旗人名姓，不交錢糧者，將隱匿人與代隱人一併治罪，地畝入官，本人自首，免其治罪等語。請交該將軍辦理。至所請由京城各部院衙門，派司員六人，會同知州，勒限一年辦理。查吉林等處，大量地畝，徵收錢糧，事涉紛繁，司員又無總理之責，於事無益，請欽派大臣一員，會同該將軍辦理。又疏稱，游民多係山東、山西、直隸、河南等處人，其出山海關時，皆由臨榆縣領票。自去年侍郎舒赫德等奏請嚴肅山海關以後，帶領妻子出口者漸少，而隻身人仍不斷前往。請將給發路引之例停止，交守門官兵查驗，如有本處文票，方准放過等語。應令嚴飭地方官，遵照舒赫德原議，實力奉行。其臨榆縣停給路引，俱令於各該州縣領票之處，毋庸議。從之。

己巳，賑廣東南海、番禺【略】等二十六州縣廳水旱蟲災飢民。

壬申，户部議覆署貴州總督、雲南巡撫張允隨奏稱，黔省地鮮平疇，凡山頭、地角，零星地土，及山石攙雜、工多獲少，或依山傍嶺，雖成坵段，而土淺力薄，須間年休息者，悉聽夷民墾種，永免升科。至有水可引，力能墾田，一畝以上，照水田例，六年升科。不及一畝者，亦免升科。無水可引，地稍平衍，或墾爲土，或墾爲乾田，二畝以上，照旱田例，十年升科，不及二畝者，亦免升科。應如所請。從之。

《東華續録》乾隆一四　癸酉，實授王恕福建巡撫，楊錫紱廣西巡撫，許容湖南巡撫。

乙亥，調陳宏謀爲江西巡撫，以黄廷桂爲甘肅巡撫。

己卯，命陝西開爐鑄錢。調韓光基爲工部尚書，以劉吴龍爲刑部尚書。

乙酉，實授陳大受江蘇巡撫，張楷安徽巡撫。

丁亥，以劉統勳爲左都御史。

《高宗實録》卷一五一　辛卯，又諭：總督那蘇圖參奏，荆宜施道姜邵湘，管理荆關稅務，肆志貪饕，横徵重耗，侵蝕冒銷，飽填慾壑。荆關稅課，每年雖正餘銀三萬餘兩，而實在約可徵五、六萬兩，除去應用公費，每年侵蝕，亦幾及一半。該關凡遇繳銀之日，係四、六扣存，如徵銀一千，止將六百繳官，其四百兩俱爲管關員役侵肥等語。

賑福建福清、連江、羅源、莆田、同安、福安、寧德、福鼎等八縣，及長福、金門、烽火、雲霄、桐山等鎮營水災飢民。

是月，署江蘇巡撫陳大受奏：靖江縣團民徐永詳等，擕帶摘盡棉花枝幹，糾衆赴縣争稟，藉詞報荒，希倖減租。又崇明縣亦有刁佃，因知縣調辦武闈，遂夥黨挾制該縣縣丞出示減租，當即飭拏審究。

左都御史、管廣東巡撫王安國奏辦理嘉應州攔阻米船，及省城五仙門外打搶米行二案情形。得旨：此等刁風，不可長也，宜嚴加處置，以警其餘。

《東華續録》乾隆一四　冬十月甲午，調周學健爲刑部右侍郎，起彭維新爲户部右侍郎。

《高宗實録》卷一五三　辛亥，賑卹浙江嵊縣、東陽、義烏、武義、麗水、宣平六縣旱災，安吉州、玉環廳、仁和、錢塘、海寧、餘杭、歸安、烏程、長興、德清、武康、蕭山、永嘉、樂清、瑞安、平陽十四縣，及杭前、右二衛，湖州所、仁和、錢塘、永嘉、下砂一、二、三場被水、潮災貧民。

壬子，諭：據貴州總督張廣泗奏稱，苗疆案内拏獲之要犯戴老四，細加審訊，乃實係楊老三。因在廣西營盤内，有人教供：戴老四拏了數月，未曾拏獲，如今拏著你，説是戴老四，你但承認便罷，若説不是，何時纔能結案等語。朕思苗人狡獪性成，每多揑造詭名，希圖兔脱，全在地方官弁，究訊確實，以免詐僞。今既知其非實，而令其妄認以圖結案，是明縱要犯，使遠颺也。辦理此事之廣西提標參將劉寬，著交部嚴加議處。提督譚行義等，不行詳察，亦屬不合，著飭行。

大學士等議覆安西提督永常奏稱，準噶爾脱出之回夷，例令駐防哈密之總統大臣訊明，果係回民，隸在土魯番者，交瓜州之輔國公額敏和卓收管，隸在哈密者，交鎮國公玉素布收管。至内地蒙古，併準噶爾之夷人，則解交理藩院安插。但瓜州、哈密二處，距吐魯番不過千里，彼處蒙古皆熟回民語言，恐夷情狡詐，假借混冒，或從中探我虛實，或訛傳妄言，以惑回人。請嗣後將脱出回民，查明果有父母現在者，准領回收管，如本人已無父母，雖有别項親屬，槩不准留本處，俱解赴理藩院安插等語。此等脱出之回民，其父母未必皆存，若必父母現存者，方准領回，立法過嚴，或阻遠人向化之意。應請嗣後脱出回民，查明雖無父母，其嫡親伯、叔、兄、弟現存，或本處回民識認，果有户籍可稽者，取具的實保結，仍准照例安插。其並無親屬，無案可稽，實難辨真僞者，應如該提督所請，俱解京交理藩院安插。從之。

賑卹湖北漢川、潛江、沔陽、天門四縣，沔陽衛被水災貧民。

丙辰，户部右侍郎阿里衮奏：盛京内務府三佐領下，有未入旗檔人丁，約六七千人，毫無管束。緣三佐領下入册納差，共有三千八百餘丁，每歲每丁應交納者，或鹽一千觔，或靛三百觔，或魚二百八十觔。又有入官人丁，每一丁交銀二兩至三兩不等。至比丁之年，入册一丁，即添差一分，如有逃避，仍在本族中包墊完納。此等人丁，並無錢糧，因畏避入丁添差，皆隱匿不報，閲年已久。請敕交盛京内務府三旗佐領等，詳悉清查，造入丁册。但三佐領下所屬人丁，代遠人多而不食錢糧，又無官地耕種，用度未免拮据。今將查出人丁入册納差，勢必不能清楚，不令納差，又與向例不符。請將查出衆丁，歸併已納差之三千八百餘名所納差使之數目，均分交納。嗣後比丁之年，所入人丁，即照分納數目添差，則差輕易納，將來自無隱漏人丁之弊。得旨：允行。

《東華續録》乾隆一四　是月，廣西總兵譚行義奏，交阯牧馬督鎮官阮世楷，調兵征勦韋福琯，於九月連勝。韋福琯逃竄新地八百地方，牧馬官直進諒山、禄平等處，安撫百姓，貢道疏通。報聞。

《高宗實録》卷一五四　十一月丁卯，賑甘肅平番、碾伯、寧朔、真寧、皋蘭、金縣、華亭、鎮原、固原、禮縣、狄道、寧州、合水、寧夏十四州縣被雹災、水災貧民。

《東華續録》乾隆一四　戊辰，命湖北開鑪鑄錢。

《清高宗實録》卷一五四　己巳，又吏部議：户部參奏，漕運總督常安等奏稱，上江太平、銅陵等二十六州縣成災，緩徵乾隆四年漕糧，奉旨豁免。其勘不成災之地，奉旨豁免舊欠錢糧，其緩漕亦應遵旨一體豁免。至下江乾隆二年江、常等七府州被災各屬，題請緩徵災漕，已奉特恩，一并豁免。惟上江乾隆三年分緩折漕糧，并未經被旱勘不成災之舊欠，分年帶徵者。下江乾隆元年之緩漕、三

年之折漕，均應遵旨緩至明年帶徵。查漕項錢糧，例不並蠲，而該督等以奉恩蠲免錢糧，遂謂地丁漕項，統在其中，辦理殊屬錯誤，請交部察議。應將署江寧布政使託庸、江蘇布政使安寧、漕運總督常安、原署兩江總督楊超曾、調任安徽巡撫陳大受等，各罰俸有差。諭：此本内請蠲漕糧一事，安寧等曾經摺奏，第未明晰，而具本時，又不將原委叙入，是以户部參奏。但係已經具摺之案，各員處分，俱著寬免。

《高宗實録》卷一五五　戊寅，加賑江蘇上元、江寧【略】三十州縣，淮安、大河、揚州、徐州四衛水災軍民貧生。

辛巳，工部議准江蘇巡撫陳大受疏覆，前署兩江總督楊超曾等奏，寶山縣東門楊家嘴等處土塘外，原築坦水石壩五百九十一丈，外層臨水樁木，大汛搜刷，樁外之土，漸被侵削，樁木入土已淺，易致欹斜。請於臨水樁外，築石壩二層，坦入海底。又採淘港迤北月浦塘沿海岸上衝卸，除已築樁工五十丈外，又衝進三四丈，險逼更甚，請築坦水石壩一百二十丈。查寶山東門土塘外，前築臨水樁，因歷伏秋大汛，岸土侵削，並非前築不善。其採淘港迤北月浦塘衝進三四丈，係在樁工五十丈之外，非同在一處，應動支正項錢糧加築。又楊家嘴原築坦水、石壩兩頭工盡處，被潮衝進數丈，成大灣兜，不能抵禦，亦應動支正項錢糧，兩頭各築坦水石壩二十五丈。從之。

庚寅，諭大學士等：德沛、旺扎勒承審盧焯婪贓一案，種種不協之處，已屢降旨訓諭矣。近又聞原任山西布政使吕守曾，已經自縊，此固本人畏罪所致，亦由承審官辦理不善故也。又聞初審時甚爲嚴刻，案外拖連多人，案内要犯，監斃數人，且有嚴刑疊夾，腿骨已碎，尚未招認者。既如此嚴刻矣，而德沛又將皮綿衣服數十件，送與盧焯家，是又何意？又聞德沛私借鹽道庫銀八千兩，捐給書院膏火，此事果有之乎？清正大臣行事，斷無擅動公帑，以博私譽之理。且德沛以理學自居，刻書太多，誇張傳播，亦非真理學之所爲也。至盧焯一案，爲時已久，彼地審辦情由，朕皆得之傳聞，何以德沛並未陳奏。況盧焯等自有應得之罪，早應定案，何以稽遲至今。德沛現署巡撫印務，俟新任巡撫到後交代來京陛見。旺扎勒於此事審定之後，即速來京。

辛卯，大學士等議奏：調任直隸總督孫嘉淦奏稱，獨石口外之紅城子、開平城二處，張家口外之興和城、北城子二處，地土寬衍，請於該處開墾駐兵。現已奉旨，派令尚書海望等查勘，俟查明到日再議外。再查古北口外熱河等處，從前原無熟地，自康熙九年將八旗官員人等口内熟地，換給口外荒地開墾，其原數作爲額地，餘地給本人執業，按畝交糧。熱河東西，共旗地一萬九千九百餘頃。又古北口至圍場一帶，從前原無民地，因其處土脈肥腴，水泉疏衍，内地之民，願往墾種，而科糧甚輕，故節年開墾升科者，三千餘頃。此等民人，如内地本有田畝者，輕去其鄉，反致拋荒故業，如係無業之民，而聽其出口，五方聚處，旗民交雜，易滋事端。且該處本非民地，與其聽游民占業，何如分撥旗人耕種？再熱河地方，原駐滿兵二千名，如此項民地分撥旗人耕種，則兵糧充裕，尚可添撥，駐防更爲周密。應令欽差大臣，前往獨石、張家二口勘地回轉之便，再往古北口外熱河等處，逐一履勘，將該處地勢情形具奏定議。從之。

是月，閩浙總督宗室德沛、副都統旺扎勒奏：盧焯案内，原任山西布政使吕守曾，畏罪自盡。得旨：雖係如此，亦汝等辦理不妥之所致也。且此案今經數月之久，並不將辦理情形奏聞，況奏此事，亦未帶奏一句，朕實不解汝等具何心胸也。又奏：會審盧焯案，有百姓數百人，喧言求釋盧巡撫，推倒副都統衙門鼓亭柵門。得旨：此固刁民滋事，亦汝等辦理不妥所致，屢有旨諭，尚未知耶？且朕早知汝等必有此激出事故也，可早爲結案耳。

又德沛奏會審盧焯，百姓鬨鬧緣由。得旨：此亦因朕旨到後，始有是奏耳。不意汝亦如此無識見、無決斷耶？且衆人之激怒，並非爲盧焯，若再嚴究爲首之人，是又滋一番擾累矣。但刁風亦不可長，此事本非旺扎勒應辦之事，可速結盧焯之案，令旺扎勒齎奏進京。汝留浙完此一案，候旨可耳。

河南巡撫雅爾圖奏：豫省平川曠野，地土廣多，所以未能如江、廣積貯，由糞種未勤、地力不盡，習廣種薄收之説，以爲固然。查乾隆二年定議，各州縣於鄉民中，擇其熟諳農務、素行儉樸、爲閭閻信服者，量設數人，董率農事。然百餘里間，所謂老農者，不過三四人，以之勸率，勢有不及。臣今現行保甲規條，設立村長，管牌民一百户。年來各村長多能勤慎奉公，伊等皆諳練農務，擬將勸農一事，即責專管。行令地方官，於每歲首春，傳集各村長，將勸農規條詳加指示，并捐給紙筆，先令將所管百户各田土肥瘠、向收若干，造册存縣，歲底核其功過。若該村長所管地方，人工果勤，收成較勝，即獎以酒醴、花紅，三年無倦，給與扁額，永免本户差徭，以示優異。其化導無術，擾累居民者，即行責革。庶官民交奮，而豫省土産，可日望充裕。得旨：此等事皆當詳籌熟酌而爲之，若存欲速之心，則利民之舉，反爲害民之端矣。

《東華續録》乾隆一四　十二月癸巳，命湖南開鑪鑄錢。

《高宗實録》卷一五六　諭：直隸、山東、河南三省，有老瓜賊一種，狠毒異常，大爲行旅之害。雖現在有司官設法查拏，而匪黨甚衆，行蹤詭秘，究竟不能淨其根株。况今節屆嚴冬，正宵小竊發之際，尤當加意防範。著三省督撫，各飭所屬員弁稽查捕緝，嚴密周詳，不使兇惡之徒一名漏網，俾途次永遠寧静，過客可以坦行。如再有疎虞，該督撫先行嚴參，毋得寬縱。

乙未，都察院左都御史劉統勳奏：伏見大學士張廷玉，歷事三朝，小心敬慎，皇上眷注優隆，久而弗替，可謂遭逢極盛。然大名之下，責備恒多，勳業之成，晚節當慎。外間輿論，動云桐城張、姚兩姓，占却半部縉紳，此盈滿之候、而傾覆之機所易伏也。竊聞聖祖仁皇帝時，曾因廷臣有陞轉太速之員，特諭停止陞轉，原任大學士王熙之孫王景曾適在其内。臣愚以爲，宜倣此意，勅下大學士張廷玉，會同吏部衙門，將張、姚兩姓部册有名者，詳悉查明。其同姓不宗，與遠房親誼，不在此例，若係親房近支、累世密戚，現任之員開列奏聞。自命下之日爲始，三年之内，停其陞轉，使望風遜聽之人，知朝廷登進之無私，亦期世受國恩之家，長享福禄於無盡。又奏：尚書公訥親，未及强仕之年，統理吏、户兩部，入典宿衛，參贊中樞，兼以出納王言，趨承禁闥。此外特交事件尚有多端，即智力有餘，亦苦分身乏術，如或精神勞憊，必至貽誤。現今訥親所管事務，何者可以量行省減，非臣愚所敢妄議，但俾其才猷識力，常餘於所辦之事，則曠廢之虞可免。又訥親以一人之身，兼理數處，且時蒙召對，嚮用方隆。無論所屬人員，奔走恐後，即同官寮寀，亦皆斂手，雖未必至於開賄賂之門，竊威福之柄，然正謂事涉於因公，跡涉於任怨，或反覆駁詰，或寓目不留，出一言而勢在必行，定一稿而限逾積日。以臣所聞，議之者曰：部中議覆事件，歷來所奉諭旨，與題定成例，有皆可引用者，司官多兩引以待其主持。又云，督撫題請事件本屬從寬，則吏、户兩部或改歸從嚴，若督撫從嚴，部内必無改寬之事。皇上用人、行政，無非出於至公，訥親之居心行事當亦極圖報稱，至其職任之繁簡、氣象之謙盈，尚望聖明裁度、訓示。兩疏入。諭曰：【略】朕思二臣，若果聲勢赫奕，擅作威福，則劉統勳必不敢如此陳奏，今既有此奏，則二臣並無聲勢可以箝制僚寀可知，此國家之祥瑞也，朕心轉以爲喜。且大臣辦公，責任綦重，原不能免人之指摘，即伊等辦事，亦豈能竟無差錯，聞過而喜，古人所尚。朕君臨天下，兢兢業業，如有能指陳闕失者，未嘗不嘉納之。大臣爲衆所觀瞻，見人直陳已過，惟當深加警惕，所謂有則改之，無則加勉，若有幾微芥蔕於胸臆間，則非大臣之度矣。大學士張廷玉親族人衆，因而登仕籍者亦多，此固家運使然，然其親族子弟等，或有矜肆之念，爲上司者，或有瞻顧之情，則非大學士所能料及也。今一經查議，人人皆知謹飭檢點，轉於大學士張廷玉有益，劉統勳所請裁抑之處，著該部查議具奏。至訥親身爲尚書，若於本部之事，稍涉推諉，不肯擔當，則模棱成習，公事何由辦理？但所辦之事，其中未協之處，亦所不免。况朕時加教誨，戒其自滿自足，年來已知恪遵朕訓矣，今見此奏，益當留心自勉。至於職掌太多，如有可減之處，候朕酌量降旨。

兵部議准原署湖廣總督那蘇圖奏稱，永順協乃新闢土境，北與湖北新闢之容美、施南連界，西與四川新闢之西陽土司接壤，南與鎮筸毗連，其所轄之保靖、永定二營，又屬苗土夾雜之區，最爲緊要。隔越七八百里，遠隸常德提督統轄，難收指臂之益，請附近改隸鎮筸總兵統轄。岳州水師營，向隸岳州城守管轄，常德水師營，向隸常德城守管轄，水、陸營制不同，雖有董率之名，並無訓練之實。龍陽協乃水師專營，請將岳、常二水師營，俱改隸龍陽協管轄。龍陽協戰船五十隻内二十隻可裁，衡州協戰船六隻、襄陽鎮穀字二號戰船一隻，均可裁汰。湖廣南北二省各標鎮協營，俱於省會並提鎮駐劄處各設提塘，給糧一、二、三分不等，名爲請領錢糧，及彙造奏報各册，而其實藉探上司事務。再，武職官員，不知文移者居多，又因養廉有限，不能延請幕賓，文移書稟，藉於書識，以致加占名糧一、二、三分不等，名曰伙糧，通省不下五六百分。臣嚴斥革除，其道路遥隔，應需辦理册籍、錢糧等事，在提鎮則著自行雇人承辦，其各協營或附於提鎮所委之人，或約同附近營分，公同雇人承辦，所雇之人，提鎮等官給賞工食，不許擅給名糧。至各營掌稿書識，除本身名糧一分外，於各營公費内，量給工食，不得冒占名糧。惟是前項積習，各省大槩皆然，請下各省督撫一體查禁。從之。

《東華續録》乾隆一四　丙午，《蒙古律例》成。

辛亥，以常安爲浙江巡撫，顧琮爲漕運總督。

是月，廣西提督譚行義奏，安南逆臣韋福琯已就誅戮，見在彼國將韋福琯族人韋福玉管理禄平州事務，處東、處北兩路兵悉行撤回，止留牧馬兵一千在諒山駐紮，七州各處地方俱已安帖，邊境肅清。報聞。

《高宗實録》卷一五七　大學士查郎阿、侍郎阿里衮奏：臣等於吉林烏喇所屬地方查看三姓等處，竟無成段荒田，兼地寒霜早，五穀難以全種，不宜屯墾。

拉林阿勒楚喀地方，有地一段，周八百餘里。斐克圖地方，有地一段，周二百五十餘里。皆係上地，現在稍有旗民已墾之處，五穀俱獲收成。又於黑龍江所屬之呼蘭地方，看地一段，周五百餘里。佛忒喜素素地方，看地一段，周二百餘里，亦屬可墾。其齊齊哈爾等處，雖有荒甸，亦無成段上地。報聞。

〔兩江總督那蘇圖〕又奏：鎮江府丹徒縣洲民集衆告災，揚州府寶應縣民糾衆罷市，現在嚴拏重懲。得旨：辦理甚是，刁風不可長也。江蘇巡撫陳大受，奏寶應罷市事。得旨：此在汝等大吏秉公持正爲之耳，非可以功令行之者也。

《東華續録》乾隆一四　是歲，朝鮮、琉球、南掌來貢。

乾隆七年（壬戌、一七四二）

《東華續録》乾隆一五　春正月壬戌，楊超曾丁憂，調史貽直爲吏部尚書，任蘭枝爲兵部尚書，以趙國麟爲禮部尚書。

《高宗實録》卷一五八　甲子，定旗員子弟隨任之例。

戊辰，駐藏副都統紀山奏：本年係達賴喇嘛、郡王頗羅鼐進貢班次，特遣堪布囊蘇來京，班禪厄爾德呢非屬年班，因感戴國恩，亦遣堪布赴京進貢，已奉旨准其來京。

《高宗實録》卷一五九　壬午，諭：朕前因直隸、山東、河南三省有老瓜賊一種，狠毒異常，大爲行李之害，是以特頒諭旨，令地方官設法查拏。近又聞得此種老瓜賊，北五省皆有，而陝省固原州等處尤多，每於春月空身而出，俱走潼關，分散各處謀刦。及至秋冬，各挾贓物而回，恐被捕役盤獲，多於山僻小徑，遶回本籍，行蹤詭秘，變遷百端。必須該地方官齊心協力，不分疆界，互相查拏，庶可淨厥根株。著尹繼善、岱奇、黄廷桂等，檄飭委員，將老瓜賊出入取道之處，躧訪查捕，務期嚴密周詳，毋使漏網。

是月，〔兩江總督那蘇圖〕又奏：拏究崇明、靖江、丹徒、寶應，捏災藉賑、賴租冒躢、罷市抗官之犯，民風已肅，並分別上江莠民、飢民，恩法並施。得旨：所見甚正，妥協爲之。

《東華續録》乾隆一五　二月壬辰，實授劉於義直隸布政使。

甲午，調嚴瑞龍爲山西布政使，以安圖爲湖北布政使。

《高宗實録》卷一六一　甲寅，刑部等衙門議覆廣西巡撫楊錫紱奏稱，逆犯吴金銀，主使殺官，拒傷官兵，應凌遲處死。楊老襄手斃命官五員，逆惡已極，雖伏冥誅，仍應戮屍梟示。應如所請。從之。

是月，川陝總督尹繼善奏：準噶爾以無用之産，易中國之財，實欲時通往來，探内地虚實。積年貨易，官賠商累，臣畧爲裁制，並非苦刻，致啟猜嫌。其前假内地入藏，事原不順，因防範甚嚴，不能飽欲，中道而回。此番使臣乃復詭詞問故，言雖卑抑，心更難知。總之夷人貪而無恥，狡而多疑，其恭順固不足喜，即詭詐亦不足慮。惟有修明邊備，慎固封守，在我無隙可乘，在彼自無所施其伎。至於近理之事，示以寬仁，非分之欲，即加裁抑，倘以所求不遂，交易漸疎，既省嫌釁，復除膠轕，於邊境更爲有益。得旨：所見甚正，即如此辦理可也。

《高宗實録》卷一六二　三月庚午，兵部議覆議政大臣、和碩裕親王廣禄等會議，黑龍江將軍博第等奏稱，黑龍江城内貿易民人，應分隸八旗查轄。初至詢明居址，令五人互結註册，貿易畢促回，病故回籍除名，該管官月報。如犯法，將該管官查議。其久住有室，及非貿易者，分别註册，回者給票，不能則量給限期。嗣後凡貿易人，娶旗女、家人女，典買旗屋，私墾租種旗地，及散處城外村莊者，並禁。再，凡由奉天船廠等處，及出喜峰口、古北口前往黑龍江貿易者，俱呈地方官給票，至邊口、關口查驗，方准前往。至黑龍江索倫等，交納官貂外，餘俱鈐給聽賣，未鈐者買賣均罪，買者呈驗，將數目及進何口之處註票，至口查對。得旨：回原籍之民人，著勒限三年，餘依議。

《東華續録》乾隆一五　王恕以廣東按察使任内改招解任，以劉於義爲福建巡撫，沈起元爲直隸布政使。

《高宗實録》卷一六二　癸酉，刑部議覆左侍郎張照奏稱，遣犯妻子，應分别查辦。一，發遣黑龍江、寧古塔當差之犯，例應僉妻、及奉旨僉妻子者，同本犯羈管，妻女子孫，係情願隨往者，於僉解文内註明，免濫行羈管。本犯身故，妻子願抱骨回籍，即給照報部存案。從前各案，未經分晰註明者，詳查改正，奏明寬免。一，配所生長子孫，本犯在日，有欲於近地耕種貿易者，准呈明該管衙門，量給假限，逾限不回，查明究治。配所生女，或許嫁他處，或寄養與人，不得查禁。一，賞旗爲奴人犯，子孫前往省視，赴該管衙門報名，回日呈明，給票放行。如旗主刁留計陷，照存養良家男女爲奴婢杖一百律治罪。應如所請。從之。

《東華續録》乾隆一五　戊寅，朱定元丁憂，以晏斯盛爲山東巡撫。

《高宗實録》卷一六三　辛巳，準噶爾台吉、噶爾丹策零，遣使臣吹納木喀等

奏：進表，並貢方物。請赴藏熬茶者由噶斯，至京貿易者由歸化城，往多巴、西寧貿易者走噶斯之南，乞勿限定年分。至巡視科布多，請如前降旨，每年遣人前往。奏入，報聞。

己丑，賑甘肅平番、碾伯、寧朔、真寧、臯蘭、金縣、華亭、鎮原、固原、禮縣、狄道、寧州十二州縣乾隆六年分被水被雹災民。

《高宗實録》卷一六四　夏四月辛卯，定永免直省關口米豆額税例。

刑部等部議覆寧古塔將軍鄂彌達等奏稱，船廠等四城兵丁，均係種地爲生，離城一、二百里居住，賞給爲奴之人逃走者，本主近覓不獲，再報知該管官追緝，躭延數日，免脱已遠，而追緝官員，又係别旗、别佐領之人，弋獲無從，不免罰俸之累。應如所請，嗣後將所派追緝之員停止，如有逃者，令本主限期稟報，該管官派員帶領追緝。倘本主奉差外出，即令妻屬呈報，該管官速行派員躧捕，如不弋獲，例將承緝官員，年底彙題參處。從之。

《東華續録》乾隆一五　甲午，賜全甡等三百二十九人進士及第、出身有差。

調德沛爲兩江總督，那蘇圖爲閩浙總督。

《高宗實録》卷一六四　戊戌，户部議覆雲南巡撫張允隨奏稱，滇省向有青龍等銅廠，緣開久硐深，另於廠地前後左右，開硐煎辦。或收買冰燥煎銅，或地界極邊、烟瘴甚盛，或廠地同屬東川，抽課給價，不能與湯丹兩例，自須量爲調劑，以裕廠民工本，使多得銅觔，方於鼓鑄有益。應如所請，將舊有之青龍、惠隆、太和、馬龍等廠，照初開例，每銅百觔，抽課二十觔，餘銅以五兩一百觔收買。金釵坡廠，每銅百觔，例給銀四兩外，增價六錢。初開之者囊、大水、碌碌、虐姑等廠，照湯丹、普毛兩廠例，每銅百觔，抽課十觔，餘銅以六兩一百觔給價。從之。

《東華續録》乾隆一五　己亥，命廣西開鑪鑄錢。

調包括爲山東布政使，魏定國爲安徽布政使。

《高宗實録》卷一六四　壬寅，籌漢軍歸籍移居。

甲辰，賜準噶爾台吉、噶爾丹策零勅，諭曰：爾奏中謂，前此興戎，釁非由爾，又謂使臣傅鼐前來，事非得已，追論舊事，爲此非分大言。又謂奉大皇帝諭，遣人巡視科卜多，爲守卡人攔阻，遣使往藏熬茶，留數月不遣，半道空還，定議至京貿易，遠道力疲，不能前進，嗣後須取道噶斯，伏祈睿鑒。【略】此次爾所陳奏，不合事理，念爾亦未深知，將奏請之事，暫行停止。令吹納木喀，傳諭於爾，勅書亦令齎往。

《高宗實録》卷一六五　丙午，刑部等部議准原任山東巡撫朱定元，疏請酌定查緝老瓜賊各欵。一，各汛兵務於每日黄昏迄天明，自本汛上下至鄰汛適中之地，輪替巡查，該州縣、衛所按汛撥壯快一名，印給號單二紙，載明更次，持至兩汛適中處所，俟上、下汛兵巡到，即令自帶姓名小戳，於號單更次下印蓋。如兵役偷安、扶同懞混，照例責懲，該管官弁或有徇縱，均照徇縱老瓜賊定例參處。一，老瓜賊行蹤雖詭，居家之時，斷難逃牌甲里鄰之查察，應行令各省督撫，飭所屬地方官，遍諭鄰佑地保人等，不時稽查。如有蹤跡，即密稟嚴拏，不必指出首人姓名，俟起有屍臟，將首報人分别首、從犯，按名賞給。其兵役平民，有能偵知首報，審實者，亦照例給賞。一，老瓜賊刦殺之案，既無上盜情形，又無事主臟單，懸空躧緝，殊非易事，但捕役人等，獨無議賞之條，恐無以示鼓勵，嗣後有能緝獲鄰境、及本境老瓜賊者，不論首、從，皆按名給賞。一，老瓜賊蹤跡無定，非專員查捕，未易奏效。請勅下直隸等北五省督撫，及此五省之接壤鄰封，照例通飭州縣查拏外，再於所屬捕盜同知、通判，遴員帶役四散查拏，獲有老瓜賊，照例議叙，捕役賞賚，誣良邀賞，參處治罪。從之。

辛亥，大學士等議准户部尚書陳悳華奏稱，近聞民人踵至山海關者，皆詘然而返，或該關地方官有意留難，不行給票，或管關官員，故爲掯勒。請行令直隸總督，飭地方官遵例，查係近關三百里内居民，出關種地者，即給印票，并行令該關副都統，轉飭管口官驗明印票，立行放出。從之。

《東華續録》乾隆一五　丁巳，以張照爲刑部尚書，起趙宏恩爲刑部侍郎。

《高宗實録》卷一六五　又議准：署雲南總督張允隨遵旨奏請，嗣後民夷墾種田地，如係山頭地角坡側旱壩，尚無砂石夾雜，在三畝以上者，俟墾有成效，照旱田例，十年之後，以下則升科。若係砂石磽确，不成片段，及瘠薄已甚，不能灌溉者，俱長免升科。至水濱河尾，尚可挑培成田，在二畝以上者，照水田例，六年之後，以下則升科。如零星地土，低窪處所，滲涸不常，難必有收者，仍長免升科，仍令該地方官給照開挖，以杜争占。從之。

刑部等部會題：參革浙江巡撫盧焯等，營私受賄各欵一案。據調任閩浙總督宗室德沛、欽差副都統汪扎爾疏稱，臣等逐一訊明，分别按擬。除盧焯事後受財，求索借貸等，輕罪不議外，應如所題。盧焯、楊景震俱依不枉法臟律擬絞監候，秋後處決。吕守曾亦應照律擬絞，已縊死無庸議，但伊身任監司，婪臟逾貫，

原係應擬死罪之犯，自不得援照身死勿徵之條寬免，仍著落嫡屬勒追入官。得旨：盧焯、楊景震俱依擬應絞，著監候，秋後處決。餘依議。

是月，〔湖廣總督孫嘉淦〕又奏：苗人經勦洗就撫之後，不敢多種田畝，而苗頭人等恃强多占，苦樂不均。現飭理猺同知，會同城、綏兩縣，逐寨清丈，每卒一名，授田十畝外，餘爲官田，召佃起租，給屯長工食，並以充餉。惟猺人時出爲匪，多因無恒産所致，現亦飭查有無田廬，編立保甲，給種官田近山，照苗寨之例，設立頭人約束。得旨：所奏俱悉，可實力妥協爲之。至於撫綏苗猺一摺，言雖近是，不能無易視之之弊也。

《高宗實録》卷一六六　五月乙丑，議政大臣、裕親王廣禄等議覆大學士查郎阿等奏，前往寧古塔一帶相度，可墾之地甚多，惟拉林、阿勒楚喀，去船廠甚近，平疇沃壤，五穀皆宜。請先移駐滿洲一千名，屯墾耕種，豫籌各事宜。一，揀選派往。查屯墾人丁，必須勤儉安分之人，方爲妥協，應令八旗滿洲都統等，於各佐領下，不論兵丁閑散，擇有妻室之單户，令其攜眷前往。一，定邊界、置莊屯。查該處週八百餘里，地方遼闊，今派往之人，不過千户，非駐防官兵可比，若不聯絡相通，亦於耕種不便。請給每户屋三間，地三頃，按旗分爲八區，查丈應給地畝，立界報部，其住房即隨地畝分置建造，並設總統之副都統衙署，於八旗適中之所，以資彈壓。一，籌畫積貯。查該處向無存儲米石，自不便雇船廠等處民人，代爲開荒，應於閑散餘丁，及臺站壯丁内，酌量派往，給與開荒所需牛具籽種，將來滿洲移駐時，即以此項撥給。一，設員管轄。查該處總統之副都統，已派出巴靈阿外，其村莊分置處所，尤需稽察之人，請每旗設立屯莊二處，每莊内選授一人爲鄉長，給七品頂帶，令管理一莊。每旗内選授一人，爲虚銜驍騎校，給六品頂帶，令管理一旗二莊。其虚銜驍騎校缺出，由鄉長内挑補，鄉長缺出，由閑散内挑補，并添給伊等地畝，以示優異。再該處有原隸將軍統轄之協領一員，佐領、驍騎校各八員，兵五百名，今應就近歸副都統管轄，仍屬將軍統轄。其派往之滿洲，即按旗分屬八佐領，作爲各該佐領下人。惟該處原止設協領一員，不特查察難周，且於體制不符，應再添一員，分翼管轄。以上各款，統令副都統巴靈阿等，會同將軍鄂爾達，詳籌辦理。從之。

《高宗實録》卷一六七　辛巳，大學士等會同工部議覆欽差左都御史劉統勳，調任閩浙總督、宗室德沛，浙江巡撫常安奏稱，親勘仁、寧一帶柴塘，自老鹽倉迤西，至觀音堂止，護沙灘盡無存。又自觀音堂迤西，漲沙僅存數丈，或數十丈以至數百丈不等，較從前漲沙綿亘、塘隄平穩之時，已迥不相同，相機搶護，實爲目前急務。又據杭州將軍傅森奏稱，觀音堂迤西等處，復經沙坍里許，水抵塘根各等語。應令該撫等，作速辦料搶修，至所稱改建石塘，乃係經久之圖，惟現在試樁艱澀，夫價必增，不免偷減，請豫備物料，俟水緩沙停，乘機興築，每年先以三百丈爲率。查新任總督那蘇圖，將次到浙，再令確勘，如意見果同，即行改建，仍令該撫悉心籌畫，務期工歸實用，帑不虚糜。其開槽建石，即在柴塘後身，舊有柴工尚存，無須加築坦水，請添馬牙關石樁一道，以資鞏固。惟簽樁處所，較比魚鱗石塘原估之數，量爲加增，亦應令該撫轉飭工員，據實估報，不得浮冒。再北岸之鹽、平、仁、錢等縣，及南岸之山、會、蕭、上等縣，江海塘工，既稱北坍南漲，形與昔殊，隨時補苴，足資捍禦。其有已估未修及檄議未估之處，應令該撫詳慎分别辦理。至稱目今搶修，需柴正殷，請照時價，每百觔給銀九分，應如所奏，免致誤工，但不得著爲成例。嗣後遇柴薪充裕之年，即嚴飭各員，減價購買。從之。

癸未，諭：粵西地處遥邊，漢、土交錯，村寨最易藏奸。而文武官弁，稽察廢弛，相沿成習。以故逆首李梅，自雍正八年，在廣東散劄事發，逃入粵西，十年有餘，復同李彩等，往來北流、播州、容、貴、鬱、博等處，勾結匪徒，爲地方之害，幸得發覺，次第就擒，然已蔓延多時，兵民勞頓。此皆平日各州縣文武，不能查察、防範之所致也。似此怠忽養奸，不可無以示懲，著將李梅自某年月逃過粵西，某年月住在何處，又某年月轉移何處，夥同李彩等，往來各州縣，輾轉聯結起止日期，分别多寡，該督撫一一核明，分别題參議處，以儆怠玩。至於李梅、李彩兩案内文武官弁，出力獲賊，著有勞績者，亦著查明題請議敘。該部即遵諭行。

《東華續録》乾隆一五　調圖爾炳阿爲山東按察使，陳悳正爲陝西按察使。

《高宗實録》卷一六八　六月丁酉，大學士等議奏：旗民不准交産，定例禁止，遵行日久，查禁漸疏。請嗣後旗人認買官地，該佐領於年終查明，有無私行典賣之處，呈報都統察核，並令該保正、甲長，查明民人有無典賣旗地，由該州縣詳報直隸總督稽查。倘私行典賣，將旗民分别按例治罪外，地畝地價，均照例入官，該佐領州縣官，失於覺察，一併交部議處。從之。

《高宗實録》卷一六九　丁未，諭軍機大臣等：孫嘉淦參劾冶大雄貪縱不法一案，著將冶大雄革職，交與該撫嚴審定擬。但孫嘉淦參款内，有冶大雄派買穀石，短發價值，及賤買雞鶩等項。朕思行軍之際，自以秋毫無犯爲貴，然亦只能

去其太甚耳，若購買米石食物，偶與市價不符，亦勢所不免。今若以此發審，必須與苗人對質，宣播於衆，萬一再有用兵之事，苗人借此居奇，轉致掣肘，頗有關係，况治大雄劣蹟已多，亦不在此一節，可刪截發抄，並寄信與孫嘉淦知之。

丙辰，議政王大臣議覆順天府府尹蔣炳奏稱，旗人藉地租當差，民人賴種地度日，每有業主被佃户之勒揹，佃户受業主之欺凌，以致争控到官，該地方官於此等案件，故意玩延，竟成積習。應如所請，嗣後如有告發奸民揹勒者，州縣官不速爲審理，該上司即行查參議處。如旗人有欺虐情弊，令州縣官申送該上司訊究，總期平允，無致偏枯。再旗人以地畝事件，告假下鄉，非尅期所能猝辦，應交與八旗都統等，寬給限期，俾從容料理。從之。

是月，兩江總督宗室德沛奏：江浦、山陽、阜寧、清河、安豐遭災祲，不可以常例視之，宜加意撫綏者也。

署貴州布政使陳悳榮奏：貴陽、貴築、仁懷、施秉、普安、安南、開州、鎮寧、荔波、餘慶等府州縣之各堡坪，皆可引水墾田，四五千畝不等，現親履查勘，給本興工。至栽桑育蠶，惟大定、威寧地氣寒冷不宜，其餘各屬，均設官局試養，並於省會收繭雇匠繅織。又黔山櫟樹，今年飼養春蠶，亦已結繭有效，似較樹桑爲便。得旨：此事論之似迂，行之甚難，而若果妥協辦理，則實有益於農民者也。

《東華續録》乾隆一六 秋七月乙丑，調任蘭枝爲禮部尚書，陳悳華爲兵部尚書。命大學士徐本兼管户部尚書事。

丁卯，允張若震回籍養親，以王恕爲浙江布政使。

癸未，命高斌、周學健往江南查辦災賑水利。以史貽直署直隷總督。

《東華續録》乾隆一六 甲申，申禁江南販米出洋。

《高宗實録》卷一七一 乙酉，諭大學士等：福建士民素稱刁悍，通省習氣相同，而漳、泉爲尤甚，向來罷考、罷市、喧鬧公堂，種種不法，所在多有。近竟有漳浦民人，持刀刺死縣令之事，似此藐法逞兇，爲從來所罕見。此固該犯之賦性暴横，然亦閩省官員溺職素餐，既不能化導以感發其天良，又不能董戒以開通其愚昧。及見民俗囂陵、干犯法紀，則又爲之蒙蔽掩藏，希圖省事，以致姑息養奸，積成惡習，遂大出乎人情國法之外矣。著該督撫嚴飭有司，力爲整頓。

又諭軍機大臣等：朕聞本年六月初旬，有漳浦縣民賴石將該縣知縣朱以誠，持刀刺割咽喉斃命，該管上司，現將賴石嚴拏看守一事。部民殺死本管官，事關風化，該督等自必按律究擬，具題完結。但其起釁之由，未能深悉，【略】可令該督【略】即速查明奏聞。尋據奏覆，漳浦縣地方奸惡兵民，結有小刀、子龍二會，糾黨滋擾。該故令朱以誠拏獲數人，正在審究，有會首蔡懷、李珠等，恐一併被拏，同謀指使賴石，將朱以誠殺死。臣已拏獲兇犯，嚴審究擬。詔安縣又有奸民陳作，謡言聚衆，亦即擒獲訊辦。

是月，山東巡撫晏斯盛奏：查拏老瓜賊，從前撫臣奏請，於大道通衢，令汛守兵目，徹夜遊巡，並令州縣派撥民壯，按更印取巡兵姓名，呈報該管文武，以稽勤惰，誠爲立法嚴密。但老瓜賊狡獪，乘虚竊發，保無將其故智，移於僻路，以害途人，更或扮爲僧道技流，以伏村落。臣請於偏區僻壤，查有墩汛者，亦照前例一體遊巡。如無墩汛之地，應令各該州縣派委佐雜，帶領民壯鄉保，分地巡查，似更整密。再緝盗之法，前撫臣於通省州縣内選委八員，名曰分統，分拏盗賊，又委巡道三員，以爲總統，考覈勤惰，復委知府數員，以爲兼統，稽查捕役，又於捕盗同知通判内，遴選才能之員，分帶幹役，四散查拏。臣思府州縣官，均有地方之責，庶務紛繁，至於詰奸禁暴，職分當爲，所部内自不容其稍諉，若所部外併責之，實屬鞭長莫及。臣請將所委州縣分統之任，歸併委巡之同知通判，將知府兼統之任，歸併總統之道員，庶事權不致紛歧。而府縣等官，仍令專任巡緝，如知有匪徒潛匿別境，即差捕密拏，如委巡官役，生事擾民，立即揭參。再察緝而外，尤莫重於保甲，應專責州縣嚴查，並知府督率，務使比户有稽，逐保無隱，匪徒一入，即行舉首，一切宵小，可期盡絶。得旨：所奏頗妥，但須實力行之。又奏：邪教惑民，最爲世道人心之害，欲正人心，必先息邪説。而邪説之最易煽惑鄉愚者，莫如創立教會，佯修善事，此倡彼和，蔓延日廣，大爲風教之害。臣抵任後，詳查各案，多屬鄉愚，誤被惑誘，若盡法深求，則株連延蔓，恐生事端。請將創教授徒及爲首斂錢之犯，嚴拏究擬。其被誘入教，僅止拜佛持齋者，量予責懲，令其歸正自新，自行出首者，照律免究。仍令地方官不時查察，勤加化誨。得旨：自應如是辦理者。

四川提督鄭文焕奏：建昌一鎮，所屬越嶲、寧越、永定、靖遠、會鹽等營，隷有土司番部，當日輸誠歸化，認納夷糧，自二三百石至四五百石不等。緣地瘠山深，即令該營就近徵收，報充兵丁應支本色，必須斗斛公平，不得多增升合。乃訪聞各營，立有鼠耗、斗口名色，兼以淋尖、踢斛，每斗浮收至三四升，約計每年多徵至五六十石及百石以外者，據稱豫備荒歉。恐夷人遷徙抗欠，難以催徵竊思邊遠番猓，均屬朝廷赤子，何忍苛徵，雖豐年多獲，亦不應豫計歉收，先爲盈

取，所有一切濫收陋弊，應嚴行禁革。得旨：好，勉力爲之。

《高宗實録》卷一七二　八月丁亥朔，户部議覆署理陝西巡撫岱奇疏稱，商州并所屬地方，有隙地三萬餘畝，除無業主者，官爲招墾。其有主而情願自墾者，不必勒以年限，祇令勸諭開墾，如欲留作墳塋、房屋之用，亦聽民便。至有主而先願自墾，後或力有不能，亦准續行呈官，出示招墾，有願承墾者，該鄉地同業主墾户，查驗地畝，議定價值，官爲給照，其地即給墾户爲業。所議之價，除有力者現交外，其稍有力之家，以二年或三年清還。如期限已滿，墾户他去，既不墾地，又不清價，亦許地主呈明，移知原籍，追照送銷。如本人他去，無憑著追，即取原保之户鄰甘結存案，另爲招墾，仍聽地主議價交業，日後不得仍執前照復争。應如所請。從之。

乙未，兵部議覆王大臣等會議，順天府府尹蔣炳奏稱，旗莊地畝，俱在近京五百里内，八旗官兵人等，各有當差執事，不得不資佃耕種，收取租息，佃户亦得藉此養贍身家。近年以來，旗人下鄉取租，黠佃多方刁蹬支吾，旗人情急，將該佃送官究治。乃州縣中，有以抑挫旗人爲不畏强禦者，有以袒護民人爲善於撫字者，遇此案件，大都置之不理。請嗣後旗人取租，召佃贖地等事，如佃户將租計刁難，及串通霸占、故意勒掯，告發到官，應令該地方官，速爲秉公審理，如任意遲延，有心偏袒，令該上司提訊，將奸民按律懲治，州縣查參議處。

戊戌，諭：朕御極以來，愛養黎元，於蠲免正賦之外，復將雍正十三年以前，各省積欠，陸續豁除，以息民間追呼之擾。今查雍正十三年正月起至十二月，江蘇、安徽、福建三省，未完民欠正項錢糧銀共一十七萬七千六百七十四兩六錢零，甘肅、福建、江蘇等三省，共未完民欠正項米豆糧共九萬五千二百六十九石零，甘肅省民欠未完正項草一百七萬四千二十一束零。又直隸、江蘇、安徽、甘肅、廣東、福建等六省，民欠未完雜項錢糧銀二千九百二十四兩零，福建省民欠未完雜項租穀四百四十八石零。此等拖欠各項，歷年已久，多係貧乏之户，無力輸將，况江蘇所欠獨多，目今彼地現被水災，待恩撫卹，豈可復徵逋負。著將以上各項，悉行豁免。若諭旨未到之先，或有續完之項，即咨部扣除。再查江、浙二省，尚有雍正十三年未完漕項銀七萬一千二百七十兩零，米二萬九百四十九石零，麥四千三十七石零，豆一百八十五石零。向來漕項，不在豁免之列，今既蠲除各項，著將漕項一體免徵。

《高宗實録》卷一七三　癸丑，閩浙總督那蘇圖、福建巡撫劉於義奏：據詔安營遊擊聞上達禀稱，詔安縣白葉村陳作、溪東村許尾、水湖河村何屁等，謡言惑衆，隨即查拏。據千總林三拏獲何屁，起出籐牌、紅頭布、大刀、牌刀，又獲許尾，並同夥解縣收審。嗣據聞上達報稱，陳作住處，與廣東饒平交界，彼處奸匪四五百人，欲來白葉村會齊，刦取詔安縣城，聚集離城十三里之考湖地方，當即帶兵勦捕，即有紳士耆民，率領各鄉義民千餘人，願隨進勦。及至考湖，賊衆先已驚潰，先後拏獲賊犯，並紅頭布、紅衣褲，連人解縣。林三在峯頭嶺，會擒賊首陳作，並續獲匪夥。又據陳作供出同謀詔安營兵丁闞格等，已革糧移縣審辦。現在民情寧謐，安堵如故。

湖廣總督孫嘉淦奏：據襄陽府知府孟炤禀稱，馬快張文德等在府城四牌樓地方，拾有小紅封，内裝僞示二張，書寫總理七十二鎮都督、大將軍李梅字樣。又另單開寫頭等大將軍李勇、次等小將軍陳龍等項名目。語多悖逆，明係無賴奸徒，妄思煽惑，借現在通緝之逆犯李梅爲名，造作妖言。若行文查捕，則傳布愈廣，正墜奸人術中，且單内開有張么、白般等詭名，確係楚人聲口，奸匪必非外來，當即嚴飭訪拏，並密札撫臣提鎮，留心查緝，務須鎮之以静，不得輕易聲張。得旨：所見頗是。不聲張而密辦，以靖根株則可，若忽視之或致釀成事端，則不可。俟緝獲之後，即行奏聞。

潮州鎮總兵武繩謨奏：詔安縣匪犯陳作，聚衆不法，臣屬黄岡、饒平，界連閩省，當飭將備帶兵接應，拏獲夥匪九名，解縣審訊，並堵緝餘黨情形。得旨：所奏俱悉，至汝如此策應有方，殊屬可嘉也。

《高宗實録》卷一七四　九月己未，兵部議覆鑲紅旗漢軍都統、和碩恒親王等奏，八旗漢軍情願爲民一案。除現任者均有額缺職守，其進士、舉貢生監，及捐納職銜、未經出仕當差，應俟一年限滿彙奏請旨。至領過老圈地畝，并自置旗下，及抵買公産地畝，如移居外省，不在近京五百里内居住，並不倚賴爲生者，俱徹出入籍。在近京五百里之内，如情願轉售旗人者，聽。不願轉賣者，仍聽耕種，其抵買公産地畝價銀，未經扣完、不願接扣者，給還價銀，徹出地畝。其有仍欲接扣者，仍令按季交銀，地畝令其管業。至各旗兵丁官房應行徹出，另給窮苦兵丁，若陪嫁公主人等既經内務府撥出，已隸公主屬下，不便准其爲民。應如所請。從之。

庚申，賑卹湖北潛江、沔陽、天門、監利、棗陽、宜城、光化七州縣，並沔陽、武昌、襄陽三衛續被水災軍民，並緩徵額賦。

《東華續録》乾隆一六 辛酉，調王丕烈爲河南按察使，儲龍光爲福建按察使。

尹繼善丁憂，以馬爾泰署川陝總督。

《高宗實録》卷一七四 癸亥，户部議覆：甘肅巡撫黄廷桂奏稱，奉發查議之刑部郎中樊天游條奏。【略】一，寧夏府屬各渠每年挑濬時，紳衿免役不下五六千户，民勞紳逸，似屬不均。今新、寶二縣所開惠農、昌潤二渠，渠長户少，挑濬非易，倘紳衿一概優免，小民獨任其勞，恐工力不敷，挑濬未能深廣，漸至淤塞。臣愚以爲，别項差徭，紳衿仍准援免外，凡一切渠道歲修工作，無論紳衿庶民，按田均派，不致偏役編氓等語。查挑濬渠工，原爲防護村莊，灌溉田畝，事關切己，非比别項差徭。凡有田之家，時值挑濬，需用夫料，紳衿庶民，自應共勸其事。應請自乾隆七年爲始，凡寧夏、寧朔、靈州、平羅、中衛各屬之大清、唐漢、西河、惠農、秦漢、七星、美利，以及一切官民等渠，若值需夫挑濬修築之時，無論紳衿、庶民，俱按田地之分數，一例出備夫料，共勸力作，不得借名優免。如有紳衿不便親執力作者，聽其出貲雇募代役，違即詳革究擬。

甲子，賑卹湖南湘陰、長沙、益陽、巴陵、華容、武陵、龍陽、沅江、安鄉等九縣續報被水災民，並緩徵本年額賦。

《高宗實録》卷一七五 乙酉，户部議覆甘肅巡撫黄廷桂疏稱，甘省地處邊徼，從前土曠人稀，我朝定鼎以來，流亡漸集。然開墾之始，小民畏懼差徭，必藉紳衿出名，報墾承種，自居佃户。比歲交租，又恐地畝開熟，日後無憑，一朝見奪，復立永遠承耕，不許奪佃團約爲據。迨相傳數世，忘其所自，或租糧偶欠，或口角微嫌，業主子孫，既以奪田換佃，告官驅逐，而原佃之家，又以團約炳據，忿争越控。臣查各省業主之田，出貲財而認買，招力作以承耕，佃户之去留，憑於業主，非若甘省佃户，其祖父則芟刈草萊，闢治荒蕪，築土建莊，辛勤百倍，而子孫求爲佃户而不可得，實於情理未協。應請將當日墾荒之原佃子孫，止令業主收租，果有拖欠，告官押追，不許奪佃。倘立意抗欠糧租至三年者，方許呈明地方官，訊實驅逐，田歸業主。若業主貧乏，將田另售，契内註明，佃户係原墾人之子孫，照舊承種，不許易佃。若業主子孫有欲自種者，准將肥瘠地畝，各分一半，立明合同，報官存案，不得以業主另租與人，長佃户告訐之風。又甘省山多地少，昔年流寓所至，穴土而居，擇山而種，管業一方，名曰脚占，嗣因歲歉年荒，轉移他徙，所存地畝，多成曠廢，歸入本甲辦賦，或里長甲首，另招他户，認墾承種，名曰招頂。里長甲首及户族頭人，完納正課，覓占收租，名曰占耕。此項地畝，雖非老荒，而招頂之人，積苦翻犁，占耕之户，納課有年，原爲生安死葬之久計。延至今日，丁口愈盛，食指愈繁，田地貴少，寸土爲金，奸民覬覦，借端争控，嘵嘵不已。請嗣後甘省抛荒地土，本户子孫既已日久不歸，而招頂之家，占耕之户，辦賦應差，亦有年所，即永爲業主，毋許旁人妄控。倘原業之子孫回籍，執有老契爲憑，而地隣族衆，俱可考証，計其抛荒年分，量爲酌給。如在一、二年以内者，將當年所獲籽粒，全給頂種之户，承辦糧差，次年地畝，仍歸原業主。其頂種已過三年，至十年以内者，分給一半。二十年以内者，十分之四。三十年以内者，十分之二。所分地土，肥瘠各半，不得過分紛争。至三十年以外者，是否原業之子孫，無從考究，概無分給，不得混争。至頂種之中，亦有奸頑之户，向因所頂地畝，原無本主，而招頂之里甲，每年更换，人非一姓，數世之後，物故者多，種地之子孫，賴爲祖業，不認老户差糧，捏稱另有里甲，以致原糧無著，里甲賠累。應將頂種之老户，一概開除，責令現耕業主，將實在姓名，造册承種，倘敢藉名詭寄，希圖隱漏者，查出照例治罪。均應如所請。從之。

是月，山東巡撫晏斯盛奏：黄河水長，由江南之銅山、沛縣，溢入東省湖河，以致嶧縣、魚臺均被水淹。得旨：今年實屬異漲，一切善後事宜，與河臣妥協和衷爲之。

《東華續録》乾隆一六 冬十月己丑，以翁藻爲直隸按察使。

《高宗實録》卷一七六 冬十月庚寅，王大臣等議覆兩廣總督公慶復奏稱，廣東地窄民稠，雍正五年，援閩省之例，開趁南洋，閲久相安。兹以噶喇吧番目，戕害漢人，署閩督策楞，恐番性貪殘，並有擾及商船，請禁南洋貿易，固爲防微杜漸。但聞番目此舉，伊地賀蘭國王，責其太過，欲將鎮守噶喇吧番目更换，再三安慰商船，照舊生理，則該番並無擾及客商之意，請毋庸禁止南洋貿易等語。復據閩浙總督那蘇圖奏稱，商船出洋者十之七八，其中有至暹羅、柔佛等國者，宜加分别。

壬辰，加賑江南山陽、阜寧【略】等二十八州縣衛水災飢民。

庚子，加賑江南鳳陽、臨淮【略】等十九州縣，暨鳳陽、鳳中、長淮、宿州、泗州等五衛水災飢民。

《東華續録》乾隆一六 甲辰，以塞楞額爲陝西巡撫。以王玠爲四川布政使，明德爲湖南按察使。

《高宗實録》卷一七七　丙午，大學士等議覆甘肅巡撫黄廷桂奏稱，前買支河西滿洲糧草，係照部價，每糧料一石估銀一兩，每草一束估銀一分。但各屬時價不一，計自乾隆二年冬季起，至六年底止，共不敷銀十一萬七千五百七十七兩零，内官墊銀三萬二千七百四十二兩零，民墊銀八萬四千八百三十五兩零。屢請找給，俱經部駁，百姓大半畏縮，承辦不前。懇將不敷之數，概行補給，嗣後採買，永著爲例等語。應如所請，著照甘、涼、西、肅各鎮協營之例，每糧料一石，折銀一兩者，加增二錢，其從前採買之項，俱照此補給。得旨：依議速行。

《東華續録》乾隆一六　賑河南永城、鹿邑、夏邑、柘城、上蔡、新蔡、西華、商水、郾城、鄭州、新鄭、淮寧、沈邱等十三州縣水災飢民。其不成災之新野、汝陽、西平、遂平、項城、扶溝等六縣，俱緩徵錢糧。

《東華續録》乾隆一六　庚戌，賜賈廷詔等一百十人武進士及第、出身有差。

《高宗實録》卷一七七　是月，都察院左都御史杭奕禄、理藩院左侍郎勒爾森，署直隸總督史貽直會奏：奉命查徹莊頭典賣地畝，共計一千二百餘案，年歲久遠，其中情事不一，如有應行變通之處，當商酌妥辦，務使旗、民兩得其平。得旨：所見甚是，和衷詳酌爲之。

〔廣西巡撫楊錫紱〕又奏：緝獲桂平縣奸民施廣盛等，煽惑愚民，斂銀給劄，已加嚴訊，務獲餘黨。得旨：是，此等惡風，所宜嚴禁。

《高宗實録》卷一七八　十一月丙辰朔，加賑湖北漢川、沔陽、天門、荆門、雲夢、江陵、監利、襄陽、棗陽、穀城、宜城、光化等十二州縣水災飢民，並酌借籽種。

戊午，加賑湖南湘陰、長沙、益陽、巴陵、華容、武陵、龍陽、沅江、安鄉等九縣水災飢民。

《東華續録》乾隆一六　己未，以潘思榘爲江西布政使，李學裕爲廣東按察使。

《高宗實録》卷一七八　辛酉，王大臣等議奏：前議撥滿洲兵一千名，往拉林、阿勒楚喀耕種，所有辦理起程，建造房屋、倉廒、墾荒、積穀，設立虚職驍騎校、鄉長、管轄，已酌定六款，交欽派之侍郎三和、副都統巴靈阿等，前往辦理。今三和、巴靈阿會同該將軍鄂彌達，酌議應辦事件，二年内可結。所有移駐之滿洲等，俟九年秋季，令其起程，並臚列七條具奏。

壬戌，加賑山東膠州、平度、蘭山、郯城、安化、諸城、昌邑、濰縣、高密、德州衛等十州縣衛水災飢民，並借給籽種，緩徵舊欠錢糧，其本年應徵錢糧，各按被災分數，分年帶徵。

《東華續録》乾隆一六　癸酉，實授帥念祖陝西布政使，託庸廣東布政使，唐綏祖廣西布政使，蘇昌安徽按察使，李錫秦廣西按察使。

《高宗實録》卷一七九　乙亥，命持法寬嚴，務歸平允。

是月，閩浙總督那蘇圖奏：浙江近海寧塘岸者，爲北大亹，近上虞塘岸者，爲南大亹，南北兩山之間，爲中小亹，形勢横截江海，實爲浙省之關闌。若將中小亹乘勢開通，使江海暢流，汕刷愈深，則受水益廣，所費多不過數萬金，北岸之水，可以漸掣而南，海寧一帶，自無漫溢之虞，即使不建石塘，民生自共登衽席。但須從容相機開濬，臣是以先將柴塘添建石簍，爲目前濟險之急務，以中亹引河開道，爲將來經久之要圖。得旨：所奏俱悉。

福建巡撫劉於義奏：臺灣彰化縣奸民二十餘人聚衆豎旗、散劄爲匪，誘脅愚民，而劄内又載有功封官字樣，情罪重大，已經先後拏獲，嚴行審辦。得旨：所奏俱悉。此等風氣，閩省往往有之，汝等最宜留心，又不可掩飾以圖無事也。

《東華續録》乾隆一六　署直隸總督史貽直奏，涿州境内旗民違禁私開燒鍋，已緝獲嚴懲。得旨：所奏俱悉，燒鍋亦不能禁之使絶，亦惟去其太甚者耳，涿州之謂也。

十二月戊子，仍准準噶爾夷人由多倫鄂羅木入藏熬茶。

《高宗實録》卷一八〇　壬辰，王大臣等議奏：前據寧古塔將軍鄂彌達奏稱，吉林等處設義倉，撥兵耕種以來，毫無裨益，兵丁反有苦累。且現存之穀，大半霉變。經臣等以設倉貯穀，原備緩急之需，若輒行停止，歉收無由接濟。今黑龍江等處，既有兵丁耕種公田，交納穀石之例，應令照此例，將未墾蕩田，酌量墾種等因，議准在案。今據該將軍鄂彌達查奏，吉林各屬義倉，向係就近分設，並非設於一處，若照黑龍江之例，歸於一處，使數百里外之人，移來墾種，多有未便。且吉林城二百里外，始有蕩田可耕，收穫穀石，運送至倉，亦屬艱難。請於吉林八旗四十八佐領下，每佐領各置牛一具，水手牛六具，烏拉九臺，津渡水手牛十具，四邊邊門，各牛五具，金州、鄂佛囉等十七臺，牛十具，每具三人，各於本處墾田耕種，每人徵倉斛穀十六石，交納本處之倉收貯。倘遇籽粒不獲，或值歉收，散給貧苦兵丁，秋收照數歸還，每石加收五升，其置買牛隻農器，請於庫貯盈餘銀内動支等語。應如所請，每年收穫穀石，令三分糶二存一。至該將軍復稱

三姓、寧古塔、阿勒楚喀、琿春各等處之義倉，一體辦理，但各處現在應如何耕種，倉内有無存貯穀石，何處應牛若干具，置買牛隻農器動支何項銀兩之處，均未聲明，應令該將軍核議具奏。從之。

丙申，户部議准甘肅巡撫黄廷桂奏稱，乾隆六年第一次編審，隴西各州縣共新增民丁六千四百八十二丁，應均攤徵補暫豁屯户丁銀三千二十兩零，請自癸亥年起，入額徵收。尚該未補暫豁屯户丁銀六千四十六兩零，俟下届編審，再分二次抵補。至抵足之年，仍遵舊例，永不加賦。從之。

《東華續録》乾隆一六　壬寅，允淩燾回籍養親，調李如蘭爲江西按察使，以姜順龍爲四川按察使。

《高宗實録》卷一八一　癸卯，［工部］又議准江蘇巡撫陳大受奏稱，寶山縣北門外，舊城水關廟後，岸土被潮衝刷，水至塘脚，應請下築坦水石壩一百二十丈。又月浦塘原築坦水壩一百二十丈，單路石壩一百七十丈，南北兩頭無坦水之處，潮浪衝擊，侵削塘身，應接築坦水壩一百丈，單路石壩六十丈。現因情形危險，急須搶護，已在司庫存公項費内動給趲辦，俟部覆撥還歸款。從之。

庚戌，加賑奉天承德、遼陽、海城、錦縣、廣寧等五州縣水災飢民。

辛亥，諭：臺灣地隔重洋，一方孤寄，實爲數省藩籬，最爲緊要。雖素稱産米之區，邇來生齒倍繁，土不加闢，偶因雨澤愆期，米價即便昂貴。蓋緣撥運四府及各營兵餉之外，内地採買既多，並商船所帶，每年不下四五十萬。又南北各港來臺小船，巧借失風名色，私裝米穀，透越内地，彼處概給失風船照，奸民恃爲護符，運載遂無底止。且遊手之徒，乘機偷渡來臺，莫可究詰。聞此項人等，俱從厦門所轄之曾厝垵、白石頭、土擔、南山邊、劉武店，及金門所轄之料羅、金龜尾。庶民番不致缺食，港路亦可肅清。

《東華續録》乾隆一六　調完顔偉爲河東河道總督，白鍾山爲江南河道總督。

《高宗實録》卷一八一　是月，欽差直隸總督高斌、江南河道總督完顔偉奏報：石林水口，於十二月初二日合龍工竣，仍豫防明春冰融土解，設法保固。

《東華續録》乾隆一六　是歲，朝鮮來貢。

乾隆八年（癸亥、一七四三）

《東華續録》乾隆一七　春正月丁巳，召孫嘉淦來京，以阿爾賽爲湖廣總督。

己未，命安插準噶爾降人於寧古塔。

《高宗實録》卷一八二　戊辰，諭：前據浙閩總督那蘇圖等奏稱，閩省需用米穀，懇請截留江浙漕米二十萬石，運閩備用，部議未曾准行。在部臣持籌全局，立議固屬允當，但閩省産米無多，轉輸不易，那蘇圖爲豫籌積貯起見，恐一時豐歉不齊，臨期難於部署，復申前請，著照所奏。

《東華續録》乾隆一七　二月甲午，調劉於義爲山西巡撫，以孫嘉淦署福建巡撫。

庚午，調喀爾吉善爲山東巡撫，晏斯盛爲湖北巡撫，范璨爲安徽巡撫。

壬申，免安徽鳳陽等三府州屬災民帶徵銀米。

《高宗實録》卷一八八　夏四月甲申，免安徽壽州、宿州【略】等二十八州縣，鳳陽、鳳中、長淮、宿州、泗州、安豐六衛本年水災額賦有差。

丁亥，賑江南鳳陽、淮安、潁、泗、徐、海六府州屬乾隆七年水災飢民。

庚寅，免湖北江夏、嘉魚、漢陽、漢川、黄陂、孝感、黄梅、廣濟、沔陽等九州縣，武昌、武左、蘄州三衛乾隆七年被水災額賦有差。

癸巳，免湖北襄陽、棗陽、宜城三縣，并武昌、襄陽二衛乾隆七年水災額賦有差。

《高宗實録》卷一八九　甲辰，大學士等議覆廣西巡撫楊錫紱奏稱，安南連年多事，奸徒乘機煽惑内地民人潛入彼處，借端滋擾，其爲首之莫武康、李三聰等，俱由内地流入夷境，僞充先鋒等官。應如所奏，令附近之江、廣、閩、粤等省查拏，併令該國盡力擒捕，不必顧忌。至稱安南自韋福琯造逆諒山，該國王調高平、牧馬兩府夷官勦捕，因招致内地民人，協力攻打，及韋逆攻破，該民衆不飽所欲，因肆行刦掠，是夷人借匪徒之力，而適以引奸，此風不可不戢。應行文該國王，宣示天朝柔遠之德，嗣後凡係内地民人在安南滋事者，立即送出。至一應隘口，務須飭令文武員弁，實力防守。得旨：依議速行。

己酉，諭軍機大臣等：蘇州地方，有田之家多貯米穀，待價昂貴，然後出糶，謂之棧囤。又有嗜利之徒，賄囑關胥，將内地之米，出洋販賣，以圖重價。二者皆爲地方之蠹。朕從前屢降諭旨，嚴加申禁，而督撫等奉行不力，聞此弊尚未能盡絶。可傳旨與尹繼善、陳大受，令其留心勸諭，密加查察，務使囤積偷漏之習，悉改前轍，庶幾米價可平，民食充裕。

庚戌，大學士等議覆貴州總督張廣泗、提督韓勳奏稱，乾隆六年，粤西遷江

案内，挐獲叛犯李梅，供出李開花一犯，至今未獲。經粵西督撫，提臣通咨查挐，現獲黄三等，并盤獲王文甲、王阿耳等，搜出符紙、刻造木印，隔省勾結，陰謀不軌等情。查該犯捏造妖言，蠱惑愚民，按其供詞，皆出自李開花、覃玉真等，若詳推細鞫，真情無不敗露，李開花等可以窮搜立致。應令該督等，將現獲之犯，逐一確訊，以絶根株。其未獲奸匪，仍遍飭文武員弁緝挐，仍會同各該督撫，提督等，加緊巡緝，俾奸徒净盡，以戢邊隅。得旨：依議速行。

《高宗實録》卷一九〇　閏四月辛酉，免河南鄭州、新鄭、永城、鹿邑、夏邑、柘城、上蔡、新蔡、淮寧、西華、商水、沈邱、郾城十三州縣本年水災額賦有差。

丁卯，訓地方官整飭風俗。

《高宗實録》卷一九三　五月辛丑，賑山東歷城、章邱、鄒平、長山、新城、齊河、齊東、濟陽、長清、青城、蒲臺、博平、茌平、高苑、濟南、肥城、東阿、平陰十八州縣衛，旱災飢民。

《東華續録》乾隆一七　丙午，調碩色爲河南巡撫，以紀山爲四川巡撫。

戊申，調慶復爲川陝總督，馬爾泰爲兩廣總督。實授張允隨雲南總督，兼管巡撫事。

辛亥，蘇禄國王麻喊末阿稟勝寧，遣陪臣表貢方物，奏請三年後復修職貢。得旨：覽王奏進貢方物，具見悃忱，知道了。爾國遠隔重洋，再修職貢，將敬輸誠，良可嘉尚。至所請三年復貢之處，恐該國道遠，風信難期，著仍遵雍正五年所頒敕諭内酌俟五年之外一修歲獻之旨行。該部知道。

《高宗實録》卷一九四　六月甲寅，又諭：南掌國貢象，舊例以五年爲期，朕思該國僻處天末，遠道致貢，未免煩勞，著改爲十年一貢，以示朕柔遠之意。

《東華續録》乾隆一七　辛酉，免直隸慶都等四州縣民欠。

壬戌，調留保爲内閣學士，以德沛爲吏部侍郎，以開泰爲兵部右侍郎，岳濬爲福建按察使。

《高宗實録》卷一九六　秋七月癸未，諭：河防關係重大，兹值秋汛長發之候，一切修防搶護機宜，事存呼吸，其應行辦理之務，督河諸臣，自可相機速辦。若有具疏應交部議者，著留京總理事務之王大學士等四人，一面交部查辦，一面奏聞。部議之後，亦一面行文該省，一面奏聞，庶不至稽遲時日。

《東華續録》乾隆一八　命各省撫恤流民。

《高宗實録》卷一九六　庚寅，軍機大臣等議覆御史朱士伋奏，請嚴夜禁一摺。

《高宗實録》卷一九七　庚戌，賑卹江蘇銅山、沛縣、海州、沭陽、阜寧五州縣，大河、徐州二衛旱災、蟲災飢民。

《高宗實録》卷一九八　八月壬子，賑貸雲南南寧縣、霑益州水災飢民，並減價平糶，蠲免本年額賦十分之七。

癸丑，賑恤湖北興國、黄岡、麻城等三州縣水災飢民，分别蠲緩本年額賦。

《高宗實録》卷一九九　乙亥，賑貸廣東始興、花縣、清遠、三水、南海、順德、四會、高明、鶴山、歸善、海豐、陸豐、博羅、嘉應、平遠、鎮平等十六州縣被水災民。

《高宗實録》卷二〇〇　九月甲申，賑恤陝西商州水災飢民。

壬辰，賑恤四川寧遠府屬冕寧縣、德昌所、鹽中左所、靖遠營等處被水民、夷，並緩徵本年額賦。

《高宗實録》卷卷二〇一　丙申，賑貸河南祥符、陽武【略】等二十一州縣，旱災飢民，分别蠲緩本年額賦。

丁酉，賑貸山東齊東、陵縣【略】等十八州縣衛旱災飢民，分别蠲緩本年額賦。

戊戌，賑貸安徽桐城、宣城、南陵、無爲、廬江、鳳陽、壽州、鳳臺、臨淮、懷遠、建平、盱眙等十二州縣水災飢民。

《東華續録》乾隆一八　戊申，免河南帶徵乾隆七年以前民欠。

冬十月丁巳，調翁藻爲江西按察使，以方觀承爲直隸按察使。

《高宗實録》卷二〇二　賑貸河南中牟、河陰、新安、羅山、長葛、伊陽等六縣續報被旱災民。賑卹長蘆、興國、富國、豐財、嚴鎮、海豐等五場，及滄州、鹽山、慶雲、海豐、青縣、南皮、衡水、東光等八州縣旱災竈户，蠲免額徵。

己未，分别賑貸山西曲沃、解州、安邑、夏縣、平陸、芮城、絳州、絳縣、聞喜、稷山、河津、大寧等十二州縣被旱災民，並蠲緩本年額賦有差。

《東華續録》乾隆一八　乙丑，寬奉天海運米禁。

《高宗實録》卷二〇三　賑長蘆、寧津、交河、河間三縣旱災竈户，蠲免本年額徵。

《東華續録》乾隆一八　己巳，實授蔣溥湖南巡撫，周學健福建巡撫。調陳宏謀爲陝西巡撫，塞楞額爲江西巡撫。以劉於義爲户部尚書，阿里衮爲山西巡

撫，傅恒爲户部右侍郎。

《高宗實録》卷二〇三　庚午，分别加賑河南祥符、陽武【略】等二十一州縣被旱災民。

甲戌，加賑河南中牟、河陰、新安、羅山、長葛、伊陽等六縣被旱災民。

《高宗實録》卷二〇四　十一月庚辰，加賑兩淮板浦、徐瀆、中正、臨洪、興莊、莞瀆各場續被秋旱民、竈，分别蠲緩本年額徵。

庚寅，安南國王黎維禕，遣使表謝賜祭前國王黎維祐，並頒敕襲封國王恩，恭進二次謝恩方物，及乾隆三年、六年兩貢儀物。下部知之。

《高宗實録》卷二〇五　辛丑，賑貸福建臺灣、鳳山、諸羅三縣被旱災民，並緩新舊額徵。

壬寅，賑山西曲沃、解州、安邑、夏縣、平陸、芮城、絳州、聞喜、絳縣、稷山、大寧等十一州縣被旱災民，免額賦有差。加賑直隸天津、大城二縣被旱災民。

丁未，賑貸安徽壽州、鳳陽、懷遠、鳳臺、泗州、盱眙等六州縣，及鳳中、長淮、泗州等三衛被旱軍民，緩徵新舊額賦。

《東華續録》乾隆一八　十二月庚戌朔，陳悳正緣事解任，以赫慶爲陝西按察使。

辛亥，召張嗣昌來京，以高山爲福建布政使。

庚申，召陳高翔來京，以張嗣昌爲廣東按察使。

癸亥，召姜順龍來京，以倉德爲四川按察使。

是歲，朝鮮、琉球、安南、蘇禄來貢。

乾隆九年（甲子、一七四四）

《東華續録》乾隆一九　春正月，辛巳，著史貽直實授大學士，吏部尚書員缺，著户部尚書劉於義補授協辦大學士事務，其户部尚書員缺，著張楷補授。陳悳華緣事解任，以王安國爲兵部尚書，策楞署廣東巡撫。

《高宗實録》卷二〇八　戊子，訓督撫整飭吏治。

《東華續録》乾隆一九　庚子，命尚書公訥親查閲河南、山東、江南營伍，並勘驗河工、海塘。王安國丁憂，以彭維新爲兵部尚書，晏斯盛爲户部侍郎，起許容署湖北巡撫。

《高宗實録》卷二一〇　二月庚申，免江蘇溧水、高淳、金壇、溧陽、銅山、豐縣、蕭縣、阜寧、安東、海州、沭陽、贛榆，并徐州、大河二衛，及鹽城所一十五州縣、衛所水災額賦有差。

辛酉，免長蘆興國、富國、豐財等三場，并滄州、南皮、鹽山、慶雲、青縣、衡水、海豐、交河、東光、樂陵等十州縣，被旱竈户、災民額賦有差。

壬戌，免福建臺灣、鳳山、諸羅三縣旱災額賦有差，分别賑貸。

《東華續録》乾隆一九　丁丑，張楷卒，以阿爾賽爲户部尚書，鄂彌達爲湖廣總督。

癸未，以汪由敦爲工部尚書，李元亮爲户部右侍郎。

《高宗實録》卷二一二　三月戊子，免河南中牟、河陰、新安、羅山、長葛、伊陽等六縣旱災額賦。

《高宗實録》卷二一七　五月庚子，訓督撫勸課州縣，實行教養。

《東華續録》乾隆一九　六月丙寅，免江蘇山陽等七縣衛七年被災蠲餘銀米。

《東華續録》乾隆二〇　七月戊寅，調馬爾泰爲閩浙總督，那蘇圖爲兩廣總督。

癸未，命廣東開鑪鑄錢。

丁未，諭：臺灣雍正七年以後升墾田園，欽奉皇考諭旨照同安則例升科後，經部議以同安科則過輕，應將臺地新墾之田園，按照臺灣舊額輸納。朕念臺民遠隔海洋，應加薄賦之恩，以昭優恤。除從前開闢田園照依舊額，毋庸減則外，其雍正七年以後報墾之地，仍遵雍正九年奉旨之案辦理，其已照同安下則徵收者，亦不必再議加賦。至嗣後開闢田園，令地方官確勘肥瘠，酌量實在科則，照同安則例，分别上、中、下定額徵收，俾臺民輸納寬舒，以昭朕加惠邊方之至意。

《高宗實録》卷二二二　八月癸丑，賑卹四川成都府屬各州縣被水災民，并緩徵本年額賦。

《東華續録》乾隆二〇　丙寅，免直隸天津等三十一州縣上年災民逋賦。

《高宗實録》卷二二三　九月癸亥，賑恤廣東廣州府屬之東莞、增城，惠州府屬之永安、博羅、歸善，潮州府屬之大埔、海陽、澄海，肇慶府屬之高要、高明、恩平、開平等十二縣被水災民。

《東華續録》乾隆二〇　庚辰，帥念祖以營私解任，以鄂昌爲廣西布政使，顧

濟美爲甘肅按察使。

《高宗實録》卷二二五　丙申，大學士鄂爾泰等議覆湖南巡撫蔣溥條奏苗疆事宜。一，定例，苗地不許漢人往來。第永順、永綏等處，俱就苗地設立府廳縣治，人民搬住日久，與苗人買産借債，勢所不免。因設有禁例，私相授受，奸民每以愚苗可欺，侵占負賴，致生事端。請俯從民便，聽當官交易，若有欺占，許苗人訴官追究。查苗性愚頑，易致蠢動，是以例禁漢人往來，若許當官交易，買産借債，恐奸民毫無顧忌，轉得藉端欺占，應仍照例遵行。一，定例，苗人户婚、田土細事，令具報府廳縣官，飭寨頭甲長，照苗例辦理。第苗峝散處窵遠，赴報甚難，惟要隘各處，設有將弁分防，應許苗人就近具訴，移交文職存案。查該處既設丞倅，管理苗事，又令將弁兼理，恐統率不專，轉生擾累，無俟更張。一，請飭文武各員，嚴禁兵役，毋許私與苗人往來，致滋虐詐等弊，每月取具兵役不敢擾苗結狀，該管官加具印結，送督撫查考。

《高宗實録》卷二二六　冬十月己酉，賑卹山西文水、陵川二縣被水災民。

《東華續録》乾隆二〇　庚午，召沈起元來京，以方觀承爲直隸布政使，陶正中爲直隸按察使。

《高宗實録》卷二二七　是月，貴州鎮遠鎮總兵泠文瑞奏：擒獲苗疆漏網首惡生羊，解送督臣審擬。得旨：此事甚屬可嘉，知道了。

《高宗實録》卷二二八　十一月己卯，賑貸江蘇靖江、丹徒、丹陽、清河、桃源、安東、銅山、海州、沭陽、贛榆、泰興等十一州縣，及徐州衛本年被潮災民，並分別蠲緩新舊額徵。蠲賑安徽歙縣、休寧、婺源、績溪、宣城、南陵、涇縣、寧國、旌德、貴池、東流、蕪湖、鳳臺、鳳陽、懷遠、廣德、建平等十七州縣，安慶、宣州、建陽、鳳陽等四衛被水災民，並緩徵太平、青陽、繁昌、壽州、阜陽、潁上等六州縣新舊錢糧。

《東華續録》乾隆二〇　甲申，召喬學尹來京，以圖爾炳阿爲山東布政使，王芥園署山東按察使。

《高宗實録》卷二二八　丁亥，撫卹廣東瓊山、海豐、陸豐、饒平、惠來、潮陽、大埔、羅定、電白、信宜、茂名、石城、化州、吴川、萬州等十五州縣被風，被水災民。賑貸甘肅河州、平凉【略】等三十五廳州縣衛被雹及水、風、霜、蟲等災民，並分別蠲緩新舊額徵。

《高宗實録》卷二三〇　十二月戊申，賑貸浙江仁和、錢塘【略】等三十州縣，杭州前、右二衛，湖州、衢州、嚴州等所，仁和、錢清、曹娥、金山、石堰等場水、旱災民屯竈，並緩徵勘不成災之金華、湯溪二縣，及鳴鶴、下砂頭二、三場新舊額徵。

辛亥，賑卹四川成都、華陽【略】等三十州縣被水災民。

《清高宗實録》卷二三一　癸亥，蠲免山東歷城、章邱【略】等三十二州縣衛旱、雹等災本年額徵。

乙丑，蠲免直隸保定、大城、薊州、新城、天津、静海、津軍、灤州、延慶、萬全、西寧等十一州縣廳水、旱、雹、蟲等災地畝本年額賦有差。

《東華續録》乾隆二〇　戊辰，張照丁憂，調汪由敦爲刑部尚書，以趙宏恩爲工部尚書。

《高宗實録》卷二三一　蠲免安徽歙縣、休寧【略】等十七州縣，並安慶、宣州、建陽、鳳中等四衛被水災民本年額賦有差。

《東華續録》乾隆二〇　是歲，朝鮮、琉球來貢。

乾隆一〇年（乙丑、一七四五）

《高宗實録》卷二三三　春正月戊子，命江南督撫輪閲海防。

辛卯，命直省督撫、提鎮，嚴飭屬弁專習騎射。

《東華續録》乾隆二一　壬辰，降嚴瑞龍爲直隸按察使，以陶正中爲山西布政使。

《高宗實録》卷二三五　二月庚申，免廣東海陽、澄海二縣乾隆九年水災額賦。

己巳，免山東博興、樂安二縣乾隆九年旱災額賦。

《東華續録》乾隆二一　是月，川陝總督公慶復奏：上、下瞻對番民，慣爲夾壩，勒獻贓賊，抗拒不遵，宜加懲創。上、下瞻對，在鴉龍江東西夾江而居，各二十餘寨，東有大路二條，西、南、北共有大路三條，俱屬要隘，界連四瓦述等土司，凡瞻對之出入内地者，俱由四瓦述地界經過。從前曾以萬餘兵攻彼，猶難一時懾服，若兵力稍弱，不足示威，應選委鎮將各一員爲正副總統，調漢兵四千名、土兵四千名，向該土酋等近巢駐紮，並派撥明正土司、裏塘土司等，於各隘口堵禦。四瓦述土司向懼瞻對侵犯，暗相結納，實非出於本心，應開導使弗黨惡，則瞻對

勢孤。然後指定各夾壩姓名寨分，令該土酋等擒獻，如上瞻對悔悟，即獎令併攻下瞻對，並令雜谷瓦寺等土司，奮力前驅，大軍隨後進勦。從之。

《高宗實録》卷二三六　三月乙亥，賑直隸大城、天津、西寧三縣乾隆九年雹災飢民。

戊寅，免直隸慶雲、鹽山二縣竈地乾隆九年旱災額賦有差。

《東華續録》乾隆二一　辛巳，加鄂爾泰太傅。召徐杞來京，以阿思哈爲甘肅布政使。

庚寅，命吏部尚書公訥親協辦大學士，調來保爲禮部尚書，以盛安爲刑部尚書，雅爾圖爲刑部左侍郎。

夏四月己酉，實授宋厚貴州按察使。

乙卯，召那蘇圖來京，以策楞爲兩廣總督，調準泰爲廣東巡撫，以魏定國爲安徽巡撫。

庚申，調歸宣光爲兵部侍郎，以蔣溥爲吏部右侍郎，楊錫紱爲湖南巡撫。

《高宗實録》卷二三九　壬戌，飭沿海甄練水師。

戊辰，策試天下貢士蔣元益等三百十三人於太和殿前。

己巳，川陝總督公慶復、四川巡撫紀山、提督李質粹奏：瞻對賊番屢肆搶刦，雖經動兵征討，而頑心終未盡革，必須增益官兵，懾其心膽，方可一勞永逸。

《高宗實録》卷二四〇　五月壬申朔，賜一甲錢維城、莊存與、王際華三人進士及第，二甲章愷等九十人進士出身，三甲徐裔等二百二十人同進士出身。

《東華續録》乾隆二一　戊子，命訥親爲保和殿大學士，兼吏部尚書。

辛卯，諭：高斌著補授吏部尚書，那蘇圖著補授直隸總督。阿爾賽卒，以梁詩正爲户部尚書。

《高宗實録》卷二四一　又諭：原任户部尚書阿爾賽，以約束家人賭博，奄遭兇逆，至於殞命，此實主僕間罕有之奇變。朕心震怒，勅令三法司即時定擬，據法司按律，將逆奴置之極刑。

《東華續録》乾隆二一　己亥，調吕熾爲户部侍郎，以范璨爲工部侍郎。

丁未，命江南釐剔收漕積弊。

《高宗實録》卷二四二　己酉，又諭軍機大臣等：朕前降旨，二氏之教由來已久，原難盡行沙汰，但遊手之徒，借名出家，耗民財而妨民俗，自不可聽其任意去來，不爲清釐，是以諭令該部頒發度牒，以憑查核。乃數年以來，各省所報册籍，多寡不同，自因本地僧道多寡不同之故。但止有沙汰之數，而未有續收之數，是有裁而無收也，亦非朕當日辦理此事之意。古聖人之嚴闢異端者，因其有害於政教，今之僧、道，不過鄉里無依之貧民，竄入空門，以爲餬口計，豈古昔異端之可比，而能爲正教之害耶？若果去一僧道，即多一力田之農民，則善政也。但朕復思之，彼游手坐食之人，既爲僧道，習於安閒，若迫令改業，受手胼足胝之勞苦，其勢有所不能，不過市井中添無數游惰生事之輩耳，轉不若收之寺觀中，尚有羈縻也。是以朕前原有漸次裁減之旨，不可聽其引而日盛。若緇黄之屬，必應盡汰無遺，則朕從前又何難降旨全行禁革，不事姑容乎？爾等可將朕意寄信與督撫，令其善於體會，轉飭所屬，從寬辦理，若伊等錯會朕意，以爲崇高佛老，則又非矣。

《東華續録》乾隆二一　丁巳，調張師載爲江西按察使，翁藻爲江蘇按察使。

戊午，赫慶因病解任，以馬金門爲陝西按察使。

《高宗實録》卷二四四　秋七月壬申，諭軍機大臣等：朕聞浙江嘉善縣地方，汛兵查獲一匪類船隻，拐有幼女同行，口稱係伊親戚。該縣知縣公出，經典史盤詰，此幼女乃係江南松江府婁縣拐帶前來，手足俱用藥損壞，兩目不能遠視，該犯曾經煮食幼童四人，乃幼女所親見。船内盤出人首許多，聞其術有師傳授，已行二十餘年，其船從寧波等處而來，此犯審出之後，隨經嘉善百姓，登時擊斃等語。此等異常兇惡之犯，自應窮究根底，查拏黨羽，按律治罪，明正典刑，以快人心，以申國法，豈一死足以蔽其辜？今聽百姓登時擊斃，草率完結，安知衆百姓之中，不有匪賊夥黨在内，欲其速死以滅口耶。可寄信詢問常安，此事辦理未妥，務將根底窮究，夥黨查出，永除將來之患，不得聽有司之希圖省事，苟且結案也。著常安具摺回奏。

《東華續録》乾隆二二　壬辰，上奉皇太后巡幸多倫諾爾啟鑾，免經過地方額賦十分之四。

《高宗實録》卷二四六　八月癸卯，停徵湖北漢川、孝感、黄梅、潛江、沔陽、天門、荆門、當陽、雲夢、江陵、監利、枝江、宜都等十三州縣，沔陽、荆州、荆左、荆右四衛本年水災，光化、穀城二縣雹災額賦，賑貸飢民。

乙巳，諭：冒籍頂名，例有嚴禁，況歲科考試，爲士子進身之始，尤宜加意清釐，以肅學政。今據崔紀奏稱，江蘇地方童生應試，率皆彼此通融互考，甚且有一人冒考數處，或多做重卷數名，以爲院試時售賣之地者，通省皆然，而松江府

爲尤甚等語。此種弊端，所關士習非淺，朕思各府州縣，皆有烟户册籍，按籍而稽，難以蒙混。誠於州縣考試之時，童生報名，查對烟户無訛，方許廩保填結，府考、縣考，俱令原保廩生識認，則冒籍頂名之弊可除，於士習不無裨益。著該督撫，轉飭所屬，實力奉行，不得視爲故事。該學政亦不時稽查，如有仍蹈前轍者，查明按例究治，該部即遵諭行。

丁未，撫卹江蘇邳州、睢寧、海州、沭陽、贛榆等五州縣，大河衛本年水災飢民，緩徵新舊額賦。其災輕之阜寧、銅山、沛縣、蕭縣、宿遷、清河、安東、桃源等八縣，一例緩徵併借給籽種、口糧。停徵山西大同、陽高、天鎮、馬邑、忻州、定襄等六州縣本年旱災額賦，兼貸飢民。

《高宗實録》卷二四七　丙寅，賑貸甘肅安定、會寧、靖遠等三縣本年旱災飢民。賑廣東電白、吴川二縣本年旱災，海豐縣蟲災，及南澳廳所轄隆、深二澳風災飢民。

《高宗實録》卷二四八　九月乙亥，賑貸河南永城、鹿邑、夏邑、商邱、柘城等五縣水災飢民。

《東華續録》乾隆二二　戊寅，禁用非法刑具。

《高宗實録》卷二四九　丁亥，停徵山東濟寧、滕縣、嶧縣、魚臺、郯城等五州縣，及臨清衛水災，海豐縣旱災額賦，賑貸飢民。

《東華續録》乾隆二二　己丑，命臺灣府屬編徵本色，照内地正供一體普蠲。

《高宗實録》卷二四九　甲午，實授鄂彌達爲湖廣總督，德敏爲荆州將軍。

《東華續録》乾隆二二　戊戌，實授尹繼善兩江總督，慧中西安布政使，安圖湖北布政使，陳悳榮貴州布政使，王芥園山東按察使，張坦熊雲南按察使。

《東華續録》乾隆二二　冬十月己亥朔，命四川番夷雜課賦税照内地正供一體普蠲。

《高宗實録》卷二五〇　戊申，加賑河南商邱、鹿邑、夏邑、永城、柘城等五縣本年水災飢民。

《東華續録》乾隆二二　戊午，命四川嚴查嘓匪。

《高宗實録》卷二五一　癸亥，賜中式武舉一甲董孟、李經世、胡經綸三人武進士及第，二甲蔡永福等九人武進士出身，三甲錢國佐等七十三人同武進士出身。

乙丑，賑湖南湘陰、龍陽、沅江等縣旱災飢民，并停徵本年錢糧。

丙寅，賑貸湖北漢川、孝感【略】等州縣衛水災軍民，并分别停徵本年錢糧。

是月，閩浙總督馬爾泰等奏稱：福建布政使高山，因臺灣番性難馴，奏請照川、廣苗疆土司例，於熟番土目中，擇立土司，給與職銜頂帶，使分管社番，統轄生番。經部議令查明，應設幾員，給與何項頂帶，定議具題。查臺灣南、北二路，雖均名土番，而熟番與生番，良頑迥别，且熟番雖每社有通事土目，一社各爲一類，土目人等，即由番衆推擇充革，非川、廣土司，世有威信者比，若生番殘殺性成，更難令盡聽熟番指揮。至稱酌定時日，令民番貿易一節，生番從無與民番交易之事，若誘之使出，恐更生事端。請各仍舊章，惟嚴防内地民番，無越生番地界生釁，並於秋深時，堵禦隘口，勿使生番逸出肆害。所有設立土司，並令民番貿易之處，無庸議。得旨：是，著照卿等所議行。

《東華續録》乾隆二二　慶復奏：進勦瞻對，北路官兵連攻破喇嘛甲爾温布所據靈達卡隘克木魯大山，中路官兵破底朱戰碉二座，南路官兵攻擦牙所，毁四十六寨，見會攻班滚巢穴。得旨：欣慰覽之。

廣西右江鎮總兵畢暎奏：交匪莫康武等，本年六月復占奪保樂夷州，在三峝、北幹地方聚集。報聞。

《高宗實録》卷二五二　十一月庚午，賑貸直隸香河、三河【略】等四十八州縣衛廳，旱災軍民。

賑貸陝西興平、長安、寶雞、扶風、郿縣、武功等六縣水災貧民，並緩徵本年錢糧，及新舊借欠常社倉糧，其未成災之三原、渭南、盩厔、富平、岐山、長武、華州、華陰、朝邑、咸陽等十州縣，酌借口糧，一併緩徵。

《東華續録》乾隆二二　壬申，以王安國爲禮部尚書，命侯服闋，赴部辦事。

《高宗實録》卷二五二　壬午，命西北兩路將軍大臣等，籌備防範事宜。

諭軍機大臣等：據安西提督李繩武奏稱，昨據由準噶爾脱回之吐魯番回民海底里稟稱，噶爾丹策零於今年九月内業已病故，彼於各處卡倫俱添兵防守等語。

《東華續録》乾隆二二　己丑，免安徽宿州等二十一州縣漕糧積欠。

十二月丁未，命湖南新舊苗疆，照内地一體普蠲。新闢長安營官田免租十分之三。

壬戌，兩廣總督策楞奏：安南夷匪莫康武等，初止竊踞夷境之文蘭、驅驢等處，兹據沿邊稟報，夷境之處東、處南、宣光、清化、安廣、太原等郡，俱爲莫康武

所有，以莫登庸子孫復讎爲名，所到並不殺戮，凡拏獲夷目，即令招安所管之民。安南僅有處西、處北，力漸不支等語。安南連年搆兵，惟有嚴我邊防，示以鎮静，加謹防範。得旨：所見是。

是歲，朝鮮來貢。

乾隆一一年（丙寅、一七四六）

《高宗實録》卷二五六　春正月庚午，恩恤刑獄減等。

《東華續録》乾隆二三　癸未，實授多綸山西按察使。

《高宗實録》卷二五七　諭軍機大臣等：進勦瞻對一事，據慶復奏報現在情形，伊等尚屬盡心。事平之後，班滚抗拒首惡，及伊妻拏，自應照例治罪，其餘番衆，固無盡行殲滅，即其地方，亦無設立郡縣之理，祇可倣照苗疆之例，選擇頭目管束，以番治番而已。但其風土形勢及番衆之强弱奸良，俱須熟悉，方可辦理合宜，一勞永逸。李質粹不能辦理此事，必得慶復前進，相度機宜，庶幾料理有益。至於進勦軍務，已閱數月之久，尚未搗其巢穴，現在李質粹已經進至章谷，若慶復再爲前進，俾得聲勢聯絡，相機調遣，於軍務自可速竣。可寄信與慶復，令其酌量前進，既可以壯目前聲勢，日後平定，又得就近往彼察看情形，妥酌辦理。

《高宗實録》卷二五八　二月辛丑，北路軍營參贊大臣拉布敦、烏勒登期滿，以護軍統領塔爾瑪善、副都統衛努三代之。

《東華續録》乾隆二三　乙巳，除福建閩縣等八屬漁課。

三月己巳，召長桂來京，以徐杞爲湖南按察使，徐琳爲湖北按察使。

《高宗實録》卷二六〇　乙亥，夷使哈柳至京，進表請安，並貢方物。

《高宗實録》卷二六一　壬午，賜準噶爾使臣哈柳等宴。上召見哈柳，【略】特賜玉如意一枝。

甲申，賜準噶爾台吉策妄多爾濟、那木扎爾勅書。

《東華續録》乾隆二三　乙酉，轉蔣溥爲吏部左侍郎，以歸宣光爲吏部右侍郎，王曾汾爲兵部侍郎。

《高宗實録》卷二六一　甲午，軍機大臣等議覆直隸總督那蘇圖奏稱，嚴禁民人出山海關，酌議四條。一，向例近關民人出口，俱由臨榆縣給票，遠方流民，因關口盤詰，有租賃貨物假冒商販賺票出關之弊，不若從本籍給與印票路引者，更有根據。查各省貿易出關人等，既經山海關地方官給票查驗，原議已屬周詳。該督所稱租賃貨物假冒商販賺票出關之弊，乃是地方官稽察不周，止應令遵照原議，實力稽查。若通行各省，將貿易人等，俱從本處給與印票路引，事屬紛煩，應毋庸議。至所稱出關之人，未盡如期回籍銷票者，原議俟年底查明驅逐，應令臨榆縣與守關官弁，按季造册二本，一由永平府轉報存案，一移知該民人所往之州縣，俾其查對，俟應行回籍之時，即可遣逐進關。應如所請，按季造册，以便時稽查。一，出邊道路，除山海關外，尚有喜峯口等十五處，向來商販往來，並無給票放行之例，稽查未爲嚴密，或有流寓之人，夾雜偷越，亦未可定。應如所議，喜峯口等十五處，亦照山海關之例，令守口官弁會同各該地方官，逐項查詢，給票放行，仍與奉屬地方官，按季關會。其古北口、龍井關、青山口、榆木嶺、擦牙子等處，一切外來商販，執票赴奉者，俱令從山海關出口，不准由此經行。一，各省海船出洋，亦有隨帶民人至奉天者，自應一例稽查。應如所議，行令山東、閩、廣、江、浙各督撫，通飭各海口，設法嚴禁。其洋船到奉時，亦令該將軍等查察，如有夾帶流寓人等，照例遞回。一，山海關至古北口，沿邊坍塌邊牆，及九關台中後所等處，或易冒險偷越，或係往來稠密，或爲各口出入總路，自應一體稽查，應行令古北口提督、奉天將軍、府尹等，照例辦理。從之。

丙申，蠲緩湖北省漢川、潛江、當陽、江陵、枝江等縣乾隆十年分水災田賦。

《東華續録》乾隆二三　閏三月己亥，白鍾山以陳家浦漫口辦理不善革職，以顧琮署河東河道總督，劉統勳署漕運總督。

《高宗實録》卷二六二　癸卯，賑恤甘肅隴西、秦州、伏羌、華亭、静寧、金縣、涇州、臯蘭、平涼、西寧、碾伯、肅州十二州縣水旱雹霜等災民。

《高宗實録》卷二六三　己未，諭軍機大臣等：福建沿海一帶，福、興、漳、泉、福寧五府，皆逼近海洋，港澳繁多，在在可通海泊，不獨厦門、閩安二口，爲船隻出入門户也。朕聞各該處一應查緝禁約之方，奉行日久，未免廢弛，保無有偷漏禁物、及偷渡過水等弊。著傳諭總督馬爾泰、巡撫周學健，轉飭文武汛防，加意稽查，毋得疎縱，亦不得借端需索，致滋擾累。

《高宗實録》卷二六四　夏四月丁丑，又諭：軍機處乃係機要重地，凡事俱應慎密，不容宣洩。

《高宗實録》卷二六五　癸巳，諭曰：雲南總督張允隨奏請，緬甸改土設流一案，經部議准，朕已降旨允行，將來設立流官管理。第新附之衆，必得賢員加

意拊循，方於邊地有益。可傳諭張允隨，將應設之流官，務揀平日賢聲素著，可以安撫新疆者，題請補授。

《東華續録》乾隆二三　是月，慶復等奏：督兵連克脈隴岡曲工山梁上谷細等處賊寨，又攻克納洪多溝口，由茹色會合渡江，已破如郎大寨。班滾攜家逃遁。飭各路嚴密擒獲班第等，即於是日到營招撫，遺番乞降甚衆。

五月丙申朔，以盛安爲左都御史，阿克敦爲刑部尚書，調雅爾圖爲吏部右侍郎，勒爾森爲刑部左侍郎。

壬寅，免山西大同等十八州縣應徵耗羨。

甲辰，以魏定國爲刑部右侍郎，潘思榘爲安徽巡撫，王師爲浙江布政使，胡紹芬爲直隸按察使。

《高宗實録》卷二六六　丙午，諭：據大學士、管川陝總督事慶復等奏報，四郎盡毁賊人巢穴。首逆班滾，先分家口遠藏，本身乘暗潛逃。提臣李質粹即駐如郎大寨，查追班滾下落，發兵擒拏，並飭各路鎮兵，并各土司，嚴密查捕，不過如釜底游魂，自必計日就擒等語。【略】慶復著加太子太保。

《高宗實録》卷二六七　丙辰，又諭：據駐藏辦事副都統傅清轉遞達賴喇嘛、頗羅鼐等奏，請寬宥瞻對逆匪班滾之罪一摺。【略】著迅速發往，將傅清嚴行申飭。

《東華續録》乾隆二三　六月丙寅，慶復奏：會同班第、努三、李質粹，進攻了魯泥日寨，施放地雷，班滾並泥日寨頭目姜錯太等燒斃碉内。報聞。

《高宗實録》卷二六九　戊子，大學士、川陝總督公慶復奏：瞻對已平，賊首殲滅，現在清除餘黨，招撫逃散，次第就理。

庚寅，又諭：現在福建福寧府屬，有西洋人倡行天主教，招致男女禮拜誦經，又以番民誘騙愚氓，設立會長，創建教堂，種種不法，挾其左道，煽惑人心，甚爲風俗之害。天主教久經嚴禁，福建如此，或有潛散各省，亦未可知。可傳諭各省督撫等，密飭該地方官，嚴加訪緝，如有以天主教引誘男婦，聚衆誦經者，立即查拏，分别首從，按法懲治。其西洋人俱遞解廣東，勒限搭船回國，毋得容留滋事。倘地方官有不實心查拏，容留不報者，該督撫即行參處。

《東華續録》乾隆二四　秋七月(辛巳)[辛丑]，以徐以升爲直隸按察使。

《高宗實録》卷二七一　庚戌，軍機大臣等議覆福建巡撫周學健奏，福安縣潛住夷人，以天主教招致男婦二千餘人，書役等俱被蠱惑，請從嚴治罪等語。查天主教係西洋本國之教，與然燈、大乘等教有間，遽繩以法，似於綏遠之義未協，應令該撫將現獲夷人，槩送澳門，勒限搭船回國。從教男婦，擇其情罪重大、不可化誨者，按律究擬，若無知被誘，量予責釋，毋致滋擾。從之。

丁巳，賑貸山東東平、魚臺【略】等十八州縣被水災民，并予緩徵。

庚申，又諭軍機大臣等：張保太首倡邪教，勾結數省匪類，謀爲不軌，實爲罪魁。今雖已伏冥誅，尚未明正國法，該督定擬之時，應按戮屍之律具題。

《高宗實録》卷二七二　八月丁卯，賑貸直隸青縣、南皮、慶雲、衡水、冀州五州縣，并嚴鎮、海豐二場旱災竈户。

辛未，賑湖南益陽、道州、江華、平江四州縣被水災民。

《高宗實録》卷二七三　乙酉，賑貸山東金鄉、陽穀、城武、定陶、聊城、莘縣、臨清、福山、棲霞九州縣，暨東昌、臨清二衛被水災民，并予緩徵。

己丑，賑貸廣東南海、三水、保昌、始興、曲江、樂昌、仁化、英德、乳源、四會、恩平、開平、鶴山、茂名等十四縣被水災民，并予緩徵。

《高宗實録》卷二七四　九月戊戌，賑貸山東滕縣、單縣、平度州三州縣被水災民，並予緩徵。

《東華續録》乾隆二四　庚子，命劉統勳、顧琮各回原任，以周學健爲江南河道總督，調陳大受爲福建巡撫，以安甯署江蘇巡撫，調王師爲江蘇布政使，以唐綏祖爲浙江布政使。

辛丑，定欽差大臣查閲各省營伍例。

《高宗實録》卷二七五　甲寅，賑江南徐州府屬之豐縣、蕭縣，睢寧三縣被雹災民。

《東華續録》乾隆二四　丁巳，召馬爾泰來京，以喀爾吉善爲閩浙總督，調塞楞額爲山東巡撫，陳宏謀爲江西巡撫，以徐杞爲陝西巡撫，岳溶爲湖南布政使，永甯爲廣東按察使。

己未，以江南水災命開捐例賑濟。

壬戌，召鄂彌達來京，以塞楞額爲湖廣總督，阿里衮爲山東巡撫，愛必達爲山西巡撫，孫紹武爲貴州布政使，恒文爲貴州按察使。

《高宗實録》卷二七六　冬十月甲子，賑卹山西文水、渾源【略】等二十州縣本年被水、被雹災民，並予緩徵。賑卹山西陽曲、太原二縣本年被水災民。

丁卯，上閲滹沱河隄工。賑卹湖北漢川、潛江、沔陽、天門、荊門、江陵、監利等七州縣，并沔陽衛、荊州左衛本年被水災民，並予緩徵。賑卹湖南臨武、藍山

二縣本年被水災民，並予緩徵。

《東華續録》乾隆二四　壬申，恤黑龍江被水災民。

己卯，調開泰爲江西巡撫，陳宏謀爲湖北巡撫。

十一月丙申，免江蘇山陽等二十四州縣衛本年漕糧。

《高宗實録》卷二七九　是月，大學士、管川陝總督公慶復奏：川西地少山多，番蠻雜處，就中頑梗者，雜谷、金川爲最。雜谷土司蒼旺，貪狡殊常，然外極恭順，調遣從無遲誤。大金川土司色勒奔細，性更兇悍，前年與巴底相争，又屢與革布什咱土司争地，近更欺壓小金川，去年竟有將小金川土司拏去之信。經臣差弁嚴查，直至臣出口外，瞻對已破，方遣土目具禀軍前，當即嚴加申飭，細看情形，實爲强横。因地勢極險，運糧無路，且伊自在土司内相擾，並非干犯内地。要在該管文武，務得大體，令其彼此鈐制，以保無事，倘不遵剖斷，亦惟有以番禦番之法，用衆力以收功。得旨：以卿所見，紀山能辦此乎？又批：瞻對甫完功，佳兵不祥，卿所見極是，然既有此事，不可不留心也。

《高宗實録》卷二八〇　十二月甲子，賑湖北潛江、沔陽、天門、荆門、江陵五州縣，沔陽、荆左二衛被水災民。

乙丑，手勅諭藏王頗羅鼐、達賴喇嘛：看茶之綏綳、喇嘛扎克巴達顔，將爾鎮壓經書寫人桑寨拏獲，爾從傅清之言，將此事如同無事，從輕完結，經傅清奏聞，扎克巴達顔係達賴喇嘛服役之人，惟恐關係達賴喇嘛，如此辦理，甚合機宜。達賴喇嘛係執掌闡揚西方佛教之人，爾係約束管理藏内人衆之人，爾二人同心協力，以安地方，使土伯特向化，一應事務，皆賴爾等辦理。

《東華續録》乾隆二四　甲戌，調岳濬爲山東布政使，以温福爲湖南布政使。

《高宗實録》卷二八一　己卯，免山東金鄉、陽穀、城武、聊城、莘野、臨清、東昌、臨清衛等八州縣衛水災額賦有差。

癸未，準噶爾台吉策妄多爾濟那木扎爾，遣使瑪木特等至京，進表請安，並貢方物。

《東華續録》乾隆二四　是歲，朝鮮來貢。

乾隆一二年（丁卯、一七四七）

《東華續録》乾隆二五　癸卯，准福建商民赴臺灣販運米穀。

甲寅，命大學士慶復查閱甘肅營伍。

乙卯，以吴謙鋕爲廣東按察使。

《高宗實録》卷二八三　賜準噶爾台吉策妄多爾濟那木扎勒敕書。【略】所奏往西藏念經人等，有俟貿易後始往念經，有即將貨物帶往念經者，俱懇在哈集爾得卜特爾過冬，俟貿易人由東科爾回，會齊同往之處，已俱照所請行。

《東華續録》乾隆二五　二月甲戌，申禁喪葬演戲。

《高宗實録》卷二八六　三月辛丑，諭曰：大學士慶復在外多年，綸扉重地，應召取回京，辦理閣務。昨歲四川瞻對之役，甫經告竣，今又有大金川番蠻，肆横不法，已命慶復相機征剿。今思彼地番衆恃强生事，屢屢不能安輯，必須經理得宜，始可永遠寧帖。貴州總督張廣泗，於此等苗蠻情形素所熟悉，貴州地方，張廣泗料理以來，現在妥協，苗種向化，可以無虞。川陝總督員缺，著張廣泗補授，不必來京，即由貴州取道，速赴川省。大學士慶復俟伊到川之後，將彼地事機情形，詳悉告知，或可回京，或仍應留川一同辦理，自行酌定，不必急於赴闕也。

《東華續録》乾隆二五　壬寅，以永貴爲雲南布政使，以恒文爲貴州布政使，介錫周爲貴州按察使。

甲辰，嚴禁奸商典質米穀。

《高宗實録》卷二八六　乙巳，諭：據副都統傅清奏稱，郡王頗羅鼐病故，【略】將伊子珠爾默特那木扎勒襲封郡王。

《東華續録》乾隆二五　丙午，命高斌爲文淵閣大學士，兼吏部尚書。以來保爲吏部尚書，協辦大學士。調海望爲禮部尚書，以傅恒爲户部尚書，德爾敏爲户部左侍郎。

《高宗實録》卷二八七　己酉，諭：據四川巡撫紀山奏稱，大金川土司莎羅奔，勾結黨與，攻圍霍耳章谷，千總向朝選陣亡，并侵壓毛牛，鎗傷遊擊羅于朝等語。經軍機大臣議令該督撫等，迅速派官兵，遴選將弁，統率前往，相機進勦，已令星速行文知照。前將張廣泗調任川陝總督，已諭令速赴川省，今觀紀山此奏，勢不可緩。可再傳諭張廣泗，令其即速前赴，會同紀山相度機宜，如慶復已經赴川，一同商酌進兵，迅速勦滅。

《東華續録》乾隆二五　四月丁亥，以楊嗣璟爲禮部右侍郎。

五月壬寅，以鄂容安爲兵部左侍郎。調蘊著爲兵部右侍郎。

辛亥，愛必達解任，調準泰爲山西巡撫，以岳濬爲廣東巡撫。

壬子，以赫德爲山東布政使，李敏第爲山東按察使。

《高宗實録》卷二九二　六月癸亥，諭曰：十四叔允禵，從前倚恃皇考恩眷，不遵訓諭，有違弟臣之義，是以皇考將伊拘禁，冀其悛改。朕登極後，特令釋放，賜以公爵，家居十數年來，安静循分，並未生事，則是自知悔悟，能改前非矣。使得及皇考在御，必當嘉予恩施，朕用是仰承皇考加恩之意，著封十四叔允禵爲貝勒，照常上朝。

《高宗實録》卷二九三　丙子，諭：據大學士慶復、川陝總督張廣泗奏，征勦大金川，現已悉心籌畫，分路進兵，搗其巢穴。附近諸酋，輸誠納款，則諸事業有就緒，酋首不日可以殄滅。

諭軍機大臣等：據慶復、張廣泗奏，小金川土司澤旺，率衆投誠，並退還搶佔沃日三寨，大金川外援隔絶，官兵駐防其地，可以直搗大金川大寨，又收復毛牛、及馬桑地方。

《東華續録》乾隆二五　戊寅，移甘肅肅州回民分駐哈密。

七月丙申，禁商民販苗民子女。

庚子，諭：御史李文駒奏，山西、河南刁民屢次糾衆抗官，請差員按部宣諭一摺。

《高宗實録》卷二九五　丙午，賑卹直隸固安、永清【略】等七十五州縣廳被水、被旱、被雹飢民。

甲寅，大學士公慶復，川陝總督張廣泗奏：金酋莎羅奔居勒烏圍，就日吉父子居刮耳崖，現分兵兩路攻勦。河西各寨，亦應勦洗，派遊擊羅于朝，同土司汪結，帶兵進攻，俱定於六月二十八日，各路齊進。臣張廣泗原擬駐雜谷鬧，迨到彼相度，尚偏於西路，是以仍回汶川，由瓦寺取道沃日，徑赴小金川美諾寨駐劄。

《東華續録》乾隆二六　甲子，飭禁紳士專利把持鄉曲。

《高宗實録》卷二九六　八月辛巳，大學士公慶復、川陝總督張廣泗奏：總兵宋宗璋統領西路，其分攻刮耳崖各將内，威茂協副將馬良柱，連戰克捷，各寨望風乞降，現去刮耳崖僅二十餘里。又總兵許應虎，統領南路，得賊卡三處，賊番逼入獨松碉寨等情形。得旨：自汝等定期會勦之奏至，朕日夜望捷音之來，遲至如今，亦不過小小之破碉克寨，何足慰朕耶。【略】卿等始終籌畫，勿顧目前，爲國家圖永久靖安之策，邊防銷疥癬窺伺之萌，必如古州之至，今苗民相安耕作，控禦有方，斯得矣。

乙酉，賑卹湖南耒陽、衡山、零陵、祁陽、東安、永明、城步、綏寧、會同等九縣本年分水災飢民。

是月，署廣西按察使鍾昭奏：粤西土俗，最易輕生，偶有偷竊事犯，即公衆議罰，倘辯論不服，竟逼令自盡，或令伊父母親族公同致死，此等案件，臣必盡法按擬，並出示嚴禁。至苗猺各種，性最愚頑，惟聽該頭人指揮，如頭人奉公守法，即可寧謐，若頭人欺詐，多生事端，現飭各州縣，將玩法頭人，逐一革除，另選委充。得旨：是。以明刑弼教之意，行化民移俗之方，日計不足，月計有餘，汝其勉之，亦不可欲速也。

《高宗實録》卷二九八　九月戊子朔，賑恤甘肅伏羌、安化、合水、環縣、真寧、皋蘭、金縣、安定、會寧、寧遠等十縣本年分旱災飢民，並予緩徵。賑恤雲南安寧、楚雄、廣通等三州縣本年分旱災飢民，並予緩徵。

乙未，賑恤安徽歙縣、黟縣、績溪、宿州、靈璧、虹縣、五河等七州縣，並宿州一衛，本年分水災飢民。賑恤河南通許、鄢陵【略】等二十七州縣本年分水災飢民。賑卹山東齊河、齊東【略】等八十七州縣衛所本年分水災、雹災飢民，並予緩徵。

《東華續録》乾隆二六　丁未，以舒輅爲安徽布政使，富明爲河南按察使。

《高宗實録》卷二九九　庚戌，定侵貪犯員罪名。

《東華續録》乾隆二六　壬子，浙江督撫喀爾吉善奏參浙江巡撫常安貪婪各款。得旨：解任。命高斌、顧琮前往審奏。以顧琮爲浙江巡撫，藴著爲漕運總督。

《高宗實録》卷二九九　賑貸河南許州本年分水災飢民。

甲寅，賑卹山西襄陵、太平、永濟等三縣水災、雹災飢民，並予緩徵。

《東華續録》乾隆二六　丁巳，以陳大受爲兵部尚書，調潘思榘爲福建巡撫，以訥敏爲安徽巡撫，赫慶爲廣東布政使。以倉德爲四川布政使，石杰爲四川按察使。

《高宗實録》卷三〇〇　冬十月辛酉，又諭：據新柱奏，本年八月，蘇禄國遣番丁鬱朗等來閩，據該國王咨内稱，前貢使勝獨喊敏，在吕宋之時，探知甲黎司耶黄估，係漳州龍溪縣石尾鄉居住，見有妻子。胞叔黄照，前經任吕宋甲必丹，胞弟黄令、黄罕，彼時亦在吕宋營商，今三人俱已回家，前咨敢請裁奪。又武厨

安力等謝恩事竣，祈配搭早船返國等語。看此情節，是該國王之意，以吕宋夷目搶奪一事，中國未經代爲申理，是以再行咨請。但思瀕海省分，皆接壤外洋，其島夷互相争奪等事，只可聽其自行辦理，未便有所袒護，以後如遇此等事件，惟有曉以大義，俾知中國體制，不敢分外干求。至於内地民人，私越外洋，勾結滋事，甚有關係，可傳諭該督撫，當遵照定例，一應海口，嚴密稽查。

軍機大臣等議覆川陝總督張廣泗奏，大金川善後事宜，應設兵彈壓一摺。查安設重鎮，分布營汛，以控制蠻方，係照黔楚苗疆一例辦理。但該督欲增兵七千餘名，轉運維艱，恐非久遠之計，不若於蕩平後，遵旨歸入西藏管轄，以番治番，事屬妥便，又有駐藏大臣，董率鈐制，尤爲得宜。應令該督，酌看彼地情形，詳悉定議具奏。得旨：依議速行。

庚午，賑卹江蘇阜寧、清河、桃源、安東、山陽、鹽城、豐縣、蕭縣、碭山、贛榆、銅山、沛縣、邳州、宿遷、睢寧、海州、沭陽、淮安、大河、徐州等二十州縣衛本年水災飢民，並蠲緩額賦。應徵漕糧漕項，及蠲餘銀糧，舊欠漕米，緩漕等項，分别蠲緩有差。

《東華續録》乾隆二六　壬申，轉王會汾爲兵部左侍郎，以莊有恭爲兵部右侍郎，陳邦彦爲内閣學士。以塞爾赫爲兵部右侍郎。

《高宗實録》卷三〇一　丁丑，撫卹長蘆、興國、富國、豐財、蘆臺、嚴鎮、海豐等六場，并滄州、南皮、青縣、衡水、慶雲、海豐等六州縣，及山東永利、富國、永阜、王家岡、西由、石河、信陽、濤雒等八場本年水災竈户如例。

戊寅，賑卹浙江海寧、海鹽、平湖、鄞縣、慈谿、奉化、鎮海、象山、定海、會稽、餘姚等十一縣風潮等災，永康、西安、松陽等三縣旱災，石堰、鳴鶴、穿長、龍頭、玉泉，并江南青村，下砂頭二三場等八場潮災飢民，分别給予籽本，並葺屋銀兩。

己卯，諭：甘肅之皋蘭、金縣、靖遠、安定、會寧五縣，本年均被旱災，且連歲歉收，舊欠不少，若一併徵輸，民力未免拮据。著將歷年未完額徵銀糧，自乾隆戊辰年起，分作五年帶徵。其狄道、隴西、安化、真寧、寧州、静寧、禮縣七州縣，收成亦各有歉薄，其歷年欠項，一時完納維艱，著將此七州縣歷年未完額徵銀糧，自乾隆戊辰年起，分作四年帶徵，以紓民力。

壬午，賑卹江蘇常熟、昭文、上海、南滙、武進、江陰、靖江、泰州、太倉、鎮洋、嘉定、寶山、崇明、通州、泰興等十五州縣，蘇州、太倉、鎮海、金山等四衛潮災，上元、江寧、句容、江浦、六合、溧陽、丹徒、丹陽、江都、甘泉、儀徵、興化等十二州縣，揚州、儀徵、鎮江等三衛旱災飢民，並蠲緩額賦，其應徵漕糧、漕項及蠲剩銀糧，分别蠲緩有差。

《東華續録》乾隆二六　十一月辛卯，以雅爾圖爲兵部右侍郎。

壬辰，以德爾格、張泰開俱爲内閣學士。

《高宗實録》卷三〇二　癸巳，賑卹浙江壽昌、淳安、遂安等三縣飢民，緩徵本年漕糧，其地丁、錢糧，命於明歲補豁。

《高宗實録》卷三〇四　十二月辛酉，加賑安徽歙縣、黟縣、績溪、宿州、靈璧、虹縣并宿州衛本年水災飢民，並緩徵新舊錢糧，其應蠲額賦，命於明歲補蠲。

《東華續録》乾隆二六　丁卯，申禁奸民囤糧。

己巳，召徐杞來京，調陳宏謀爲陝西巡撫，以彭樹葵署湖北巡撫。

《高宗實録》卷三〇四　辛未，加賑山東鄒平、嶧縣、莒州、日照、即墨縣併衛本年水災飢民，應徵新舊錢糧，分别緩帶有差。

《東華續録》乾隆二六　壬申，以台柱爲四川按察使。

《高宗實録》卷三〇五　甲戌，諭軍機大臣等：據漳州鎮總兵馬負書奏稱，漳俗惡習，有一種閫棍，結黨横行，欺凌良善。平日皆勢惡土豪，養爲牙爪，一經有犯，地方官按其情罪，予以枷責，豪惡之徒，暗資飲食費用。此輩閫棍，枷滿釋放，益無忌憚，强横愈甚。請嗣後閫棍有犯，必究出養奸之人，一體滿杖枷號遊示，使各知畏懼等語。漳俗素來强悍，但如此辦理，是否即能化其舊染惡習，抑或尚有應行整飭之處，可傳諭喀爾吉善，令其留心體察，設法懲治，并將如何辦理之處，具摺奏聞。

乙亥，川陝總督張廣泗奏：【略】此番用兵，務期剿除兇逆，不滅不已。【略】看此朕實慶用卿之得人也，勉之。

賑卹直隸天津、西寧、霸州、固安、河間、永清等六州縣水災飢民，及旗户竈户等，並分别蠲緩錢糧如例。

己卯，【略】乃奏稱班滚圍困焚斃，告捷竣事，【略】慶復著革職，家居待罪。班第、努三，俱不必在御前行走，著在乾清門行走。

《東華續録》乾隆二六　庚辰，命來保爲武英殿大學士，以德沛爲吏部尚書。

是歲，朝鮮來貢。

乾隆一三年（戊辰、一七四八）

《高宗實録》卷三〇六　春正月癸巳，又諭曰：十四叔自封貝勒以來，行事甚屬恭謹，此朕之高年尊長，著加恩封爲郡王。

《東華續録》乾隆二七　丁未，准山東捐納貢監備賑。

二月丙辰，轉德齡爲吏部左侍郎，以德通爲吏部右侍郎。

《高宗實録》卷三〇八　丙寅，諭曰：大學士高斌等，今奏常安從乾隆八年起，每年兩次點换鹽政承差，共婪收銀八千餘兩。又察出原參款外，每遇鹽政承差缺出，新役頂補，共婪取銀一千七百餘兩，俱經各承差及把總王英供吐明確等語。已命大學士公訥親前往覆審，則此奏亦可毋庸置議，但常安敗檢貪劣，既已昭著，著革職。

《東華續録》乾隆二七　癸酉，以赫赫爲太僕寺少卿，李敏第爲山東布政使，李渭爲山東按察使。

三月庚寅，雲貴總督張允隨奏：雲龍、騰越兩州，境外猓猓、野夷滋事，副將謝光宗等率兵討平之。

《高宗實録》卷三一〇　免浙江海寧、餘姚、永康、西安、松陽等五縣潮災田地本年漕糧、漕項銀米，及蠲剩舊欠漕項銀。

乙未，亥刻，皇后崩。

《東華續録》乾隆二七　以完顔偉爲左副都御史，顧琮爲河東河道總督，愛必達爲浙江巡撫。調朱一蜚爲江蘇布政使，李敏第爲山西布政使，唐綏祖爲山東布政使。

辛亥，調愛必達爲貴州巡撫，以方觀承爲浙江巡撫。辰垣爲直隸布政使，鄭遠爲直隸按察使。

夏四月乙卯，調陳大受爲吏部尚書。

壬戌，調朱一蜚爲直隸布政使，辰垣爲江蘇布政使。

乙丑，調梁詩正爲兵部尚書，以蔣溥爲户部尚書。

《高宗實録》卷三一二　蠲免江蘇山陽、阜寧、清河、桃源、安東、銅山、豐縣、沛縣、蕭縣、碭山、邳州、宿遷、睢寧、海州、沭陽、贛榆、大河、徐州等十八州縣衛所十二年被災額賦，並阜寧、桃源、安東、邳州、睢寧、大河等六州縣衛漕糧、漕項有差。

《東華續録》乾隆二七　癸酉，以達爾黨阿爲刑部尚書。

丁丑，起原任領侍衛内大臣傅爾丹爲内大臣，兼鑲黄旗漢軍統領，命馳驛前往大金川軍營。

《高宗實録》卷三一二　加賑福建臺灣、鳳山二縣十二年分旱災飢民。

《東華續録》乾隆二七　癸未，以慧中爲盛京兵部侍郎，武柱爲陝西布政使。

《高宗實録》卷三一四　五月甲申朔，賜一甲梁國治、陳枏、汪廷璵三人進士及第，二甲劉星煒等七十二人進士出身，三甲蔡强等一百八十九人同進士出身。

乙酉，蠲免直隸霸州、文安【略】等三十二州縣廳十二年分水災地畝額賦有差。

《東華續録》乾隆二七　辛丑，禁福建商民從吕宋國天主教。

《高宗實録》卷三一五　壬寅，蠲免安徽旌德、合肥、來安、和州、含山、新安、廬州等七州縣衛十二年分旱災額賦有差。

壬子，蠲免山西永濟、應州、渾源、大同、襄陵、太平、襄垣、高平、陵川、懷仁、天鎮、繁峙等十二州縣十二年分水災、雹災額賦有差。

《東華續録》乾隆二七　六月丙辰，轉何國宗爲工部左侍郎，以嵇璜爲工部右侍郎。

戊辰，張廣泗奏：擒到之賊目生格生噶爾結，與馬奈陣獲之賊番克爾吉勞戎生格等五名，均已處以極刑，梟示。報聞。

《東華續録》乾隆二八　秋七月戊戌，德沛因病解任，調達爾黨阿爲吏部尚書，以盛安爲刑部尚書。

己亥，飭八旗前鋒護軍，訓練雲梯兵。

《高宗實録》卷三一九　辛丑，賑卹直隸青縣、交河【略】等二十九州縣旱災貧民。

癸卯，賑恤山東歷城、淄川【略】等二十九州縣被旱、被水、被雹、被蟲、被坍貧民。

丁未，撫恤江蘇山陽、阜寧、泰州、銅山、豐縣、蕭縣等六州縣被雹貧民，并緩徵本年地丁錢糧，新舊漕項銀米。

《東華續録》乾隆二八　閏七月戊午，實授彭樹葵湖北巡撫，以張師載爲倉場侍郎。

《高宗實録》卷三二一　戊辰，江南總河周學健，於孝賢皇后大事二十七日甫畢，即已剃頭。【略】著大學士高斌就近拏解來京交刑部治罪。【略】尹繼善徇隱瞻顧，曲法沽名，應照溺職例革職，從寬留任。

《高宗實録》卷三二一　以倉德爲太常寺卿，高越爲四川布政使。

《東華續録》乾隆二八　諭軍機大臣等：朕覽大學士訥親所奏，現在進勦情形，金川軍務，未能剋期告竣。【略】其傅爾丹、岳鍾琪俱曾統領大兵，乃老成宿將，是以簡用於廢棄之中，冀其於軍務有濟，自到彼至今，未聞發一謀出一策，親在行間，一若置身局外，即大臣班第、烏爾登、法酬，并帶往之侍衛等，亦皆未見出力之處，不知伊等在彼所辦何事，現駐何地，殊非遣往之意。

《東華續録》乾隆二八　癸酉，調準泰爲山東巡撫，阿里衮爲山西巡撫。調鄂昌爲江蘇巡撫，以舒輅爲廣西巡撫，李渭爲安徽布政使，定長爲山東按察使。

《高宗實録》卷三二一　己卯，蠲免江蘇元和、昭文、吴江、崑山、新陽、青浦、靖江、沛縣、嘉定、崇明等十縣本年雹災額賦，加借崇明縣飢民一月口糧。

《東華續録》乾隆二八　九月壬子朔，調鄂昌爲四川巡撫，以雅爾哈善署江蘇巡撫。

調策楞爲兩江總督，尹繼善爲兩廣總督。

《高宗實録》卷三二四　諭：塞楞額【略】違制薙禮，【略】賜其自盡。楊錫紱【略】革職。【略】彭樹葵始終顧慮，實懷欺詐，其修城之處，不准寬免。

己未，又諭：現在金川用兵，北路軍營無事，侍衛穆克登額、薩布喀善著賞給副都統銜，前往軍營。伊等雖未經事，尚可學習，著傳諭額駙策凌留心教導。塔爾瑪善、努三不必俟穆克登額等到彼，即於接奉諭旨之日，速行起程來京請訓後，前赴金川辦事。

經略大學士公訥親、川陝總督張廣泗，奏報攻克阿利山梁賊碉，并黨壩一路，進攻火燒梁，踐平土木卡二處。又外委馬如麟，帶兵進攻河東，連日將申札、申達、包登一帶地方，全行攻克，奪獲碉寨六十餘處。

辛酉，又諭：【略】訥親、張廣泗俱著馳驛來京，面議機宜，川陝總督印務，著傅爾丹暫行護理，所有進討事宜，會同岳鍾琪相機調度，以副委任。

《東華續録》乾隆二八　甲子，命尚書班第赴軍營，同傅爾丹、岳鍾琪辦理軍務。命軍營内大臣以下，聽傅爾丹節制。

丙寅，以陶士僙爲福建按察使。

《高宗實録》卷三二五　丁丑，諭：大金川用兵一事，兩易寒暑，尚無成績。【略】經略印信，訥親即行繳還。

《東華續録》乾隆二八　戊寅，命張師載協辦南河總督事。

《高宗實録》卷三二五　己卯，傅恒著暫管川陝總督印務，即前往軍營，一切機宜，悉心調度，會同班第、傅爾丹、岳鍾琪等妥協辦理，務期犁庭掃穴，迅奏膚功，以副委任。

庚辰，諭曰：張廣泗自受任金川以來，措置乖方，陳奏閃爍，賞罰不當，喜怒任性，諉過偏裨，致人人解體。又復觀望推諉，老師坐困，糜餉不貲，且信用賊黨良爾吉、王秋，洩露機密，曲法庇護，玩兵養寇，貽誤軍機，法所不宥，著革職拏交刑部治罪，令侍衛富成，押解來京。【略】訥親著革職，赴北路軍營，自備鞍馬，効力贖罪。著派侍衛鄂實、德山，齎朕此旨，於途次傳諭，奉到諭旨之處，德山押訥親即行前往軍營。所有前奏，尚有面陳情形，即著伊繕摺，交與富成，齎奏呈覽。其經略印信，交鄂實馳驛齎赴金川軍營，候協辦大學士、暫管川陝總督傅恒到日接受，即授爲經略，統領一切軍務。

《東華續録》乾隆二八　辛巳，命大學士來保軍機處行走。

《高宗實録》卷三二六　冬十月壬午朔，諭：大金川所調滿洲兵五千名，自京起程前赴軍營。

又諭：訥親負國負恩，一至於此，實非朕意所及料，亦豈國憲所可容。【略】今諸王、文武大臣，合詞奏請將訥親交部治罪，於法本無可逭，但須俟伊回奏到日，再行酌奪降旨。

《東華續録》乾隆二八　乙酉，召尹繼善來京，以碩色爲兩廣總督，鄂容安署河南巡撫，馬靈阿署兵部侍郎。

《高宗實録》卷三二六　丙戌，諭：【略】〔班第〕於張廣泗之罪，直陳無隱，而一字不及訥親。班第不稱兵部尚書之任，但辦理糧運，尚屬妥協，著從寬降爲侍郎。

丁亥，命協辦大學士、户部尚書傅恒爲大學士。

《東華續録》乾隆二八　庚寅，以尹繼善爲户部尚書。

辛卯，調三和爲户部侍郎，以班第爲工部侍郎。

壬辰，調開泰爲湖南巡撫，以唐綏祖爲江西巡撫，衛哲治爲山東布政使。

《高宗實録》卷三二六　甲午，賑卹山西陽曲、太原二縣水災，大同、應州、懷

仁、馬邑、五寨、鳳臺、崞縣七州縣雹災，陽高、永濟、臨晉、虞鄉、猗氏、解州六州縣旱災貧民。

《高宗實録》卷三二七　乙巳，賑卹陝西耀州、富平【略】二十五州縣旱災貧民。

《東華續録》乾隆二八　丙午，賜張兆璠等九十三人武進士及第、出身有差。

《高宗實録》卷三二七　丁未，賑卹安徽阜陽、潁上、霍邱三縣秋禾被水，鳳陽、懷遠、泗州、盱眙、來安五州縣，并鳳中、長淮、泗州、滁州四衛秋禾被旱，各成災貧民。

《東華續録》乾隆二八　己酉，命尹繼善協辦大學士。

十一月癸丑，經略、大學士傅恒出師。

戊午，上閲兵。

己巳，命協辦大學士尹繼善軍機處行走。

《高宗實録》卷三二九　賑卹福建晉江、南安、惠安、同安、龍溪、詔安、臺灣、鳳山、彰化九縣，及同安縣之金門縣丞旱災，晉江、惠安、同安、龍溪、詔安五縣風潮災飢民。

《東華續録》乾隆二八　癸酉，以策楞爲川陝總督，雅爾哈善兼署兩江總督。

戊寅，撥山西庫銀十萬兩，河南庫銀三十萬兩，於陝西豫備軍需。

庚辰，諭：川陝總督統轄四川、西安、甘肅，幅員甚爲遼闊，在尋常無事之時，尚虞鞭長莫及，見今金川軍務未竣，地方公事及籌辦軍需一切調度，督撫駐紮西安難於遥制，即將來平定亦經理需人。從前曾經分設總督，就近綜理，尚書尹繼善今見奉差在陝，著即授爲陝西總督，策楞著授爲四川總督，管巡撫事。户部尚書員缺著舒赫德調補，兵部尚書員缺著瑚寶補授，瑚寶未到任以前，仍著舒赫德兼管，甘肅巡撫員缺著鄂昌補授。其分設總督事宜，交該部查例定議具奏。

是月，廣西右江鎮總兵魏文舉奏：交趾匪徒莫保、莫康武，從前互相依恃，分攻夷地，自莫康武被殺，莫保勢孤糧乏，見踞保樂。而李紹龍等則占住隘蓋、暮崗等處，並無舉動。該國夷官怯懦，並不興兵擒勦。得旨：但當嚴我邊防，不必好功喜事。

十二月丁亥，以黄廷桂爲兩江總督。

《高宗實録》卷三三一　己亥，賑卹甘肅渭源、固原州、鹽茶廳、寧夏、寧朔、靈州、禮縣、秦安等八州縣被雹、被水災地貧民。其不成災之秦州、莊浪【略】等三十九廳州縣，供給耔種口糧。

《東華續録》乾隆二八　壬寅，魏定國以年老休致，調王會汾爲吏部侍郎，以蔣炳爲兵部侍郎。

《清高宗實録》卷三三一　甲辰，加賑陝西耀州、富平【略】二十五州縣旱災貧民有差。

《東華續録》乾隆二八　戊申，命四川發常平倉穀平糶。

是歲，朝鮮、琉球來貢。

乾隆一四年（己巳、一七四九）

《高宗實録》卷三三二　春正月辛亥，又諭曰：大學士傅恒奉命經略軍營，一切機宜悉聽調度，朕觀番境情形，大兵自當徑由黨壩一路攻取。著傳諭經略大學士傅恒，統領提督岳鍾琪，督率官兵，刻期進勦，迅奏膚功。其卡撒一路，亦屬緊要，應酌分滿、漢官兵數千，交内大臣傅爾丹相機辦理，收犄角之效。岳鍾琪等身膺軍旅重寄，各宜稟承節制，協力和衷，共建殊勳，以副委任。

又諭：朕閲經略大學士傅恒屢次奏報，番境道路奇險，軍行艱瘁。朕知經略大學士乃自請督師之人，所奏實不過可見番境築碉，自古爲然，此乃天造地設，以爐地加意防禦，自足綏輯蠻徼，朕熟計深思，無逾於此。

《東華續録》乾隆二九　壬子，命山東巡撫備造周公廟及四氏先賢廟祭器。

丁巳，以瑚寶署陝甘總督。

吏部議奏：班第身任封疆，貽誤軍行，應革職。得旨：班第著革職，仍署理四川巡撫，效力贖罪。

《高宗實録》卷三三二　又諭：向來命將出師，必有參贊，此定例也。今經略大學士傅恒奉命督師，内大臣傅爾丹、尚書達勒當阿、舒赫德，總督尹繼善、策楞，俱著參贊軍務。

《東華續録》乾隆二九　壬申，以拉布敦爲工部右侍郎。

《高宗實録》卷三三二　丁丑，南掌國王島孫奏：下國比年豐稔，雖未届貢期，恭聞採買象隻，敬進牙象。

《東華續録》乾隆二九　二月辛巳，以玉麟爲直隸按察使。

丙戌，命鎔化軍營新造大礮鑄錢。命舒赫德、策楞、兆惠清查糧運。

《高宗實録》卷三三四　癸巳，諭：本日據經略大學士、忠勇公傅恒奏報，天威遠暢，平定金川，莎羅奔、郎卡俯首就降，獻捷班師。【略】〔傅恒〕前已晉爵封公，酬庸更無殊典，所賜四團龍補褂，著祗受服用。再照元勳揚古里額駙之例，加賜豹尾鎗二桿，親軍二名，優示寵章。〔岳鍾琪〕著加太子少保。

四川提督岳鍾琪奏：金酋負險，自大帥臣仰稟廟謨，軍威大振，窮酋乞命。臣帶兵四五十人進抵賊巢，迎謁甚恭。是夜即宿勒烏圍，明日至其經堂，令綽酋擢結，同莎羅奔、郎卡，依番禮誓於佛前，隨赴卡撤告知經略，復至巴郎，帶領該土司、土舍，膝行叩降。得旨：此事固經略大學士之忠誠，至於能承大學士之指示，開誠見賊，致彼不疑而來，亦卿之功也。甚慰，甚嘉許之。

《高宗實録》卷三三五　庚子，諭：【略】舒赫德現駐成都，俟軍需稽核已有就緒，著即馳驛前往，查閲貴州、雲南營伍軍裝，回程取道楚省，查閲湖南、湖北各營，由河南還京復命。再雲南所開金沙江水道，工費浩繁，經該部議駁，究於運銅事宜，是否有益，著舒赫德於查閲營伍之便，并行履勘。湖廣總督新柱，從前曾經奉差勘閲於該處，形勢源委，尚爲詳悉，亦著馳驛前往，會同履勘。其湖廣總督印務，著兵部尚書瑚寶前往署理。

《東華續録》乾隆二九　壬寅，四川總督策楞等奏：金酋呈繳器械、礮位，送還内地民人，縛獻兇首，當將所獻番民，訊明各土司所屬，分領官兵押發原籍，不准入伍。器械酌給新兵，以備差操，餘與礮位送省。又據稱，馬邦作惡頭人郎多阿郎，係起禍之原，請於番衆前正法，即委員驗實梟示。下部知之。

《高宗實録》卷三三五　丁未，又諭曰：金酋莎羅奔、郎卡因不能赴闕謝恩，選進番童、番女，代伊等服役。【略】俱著總督策楞發交領回，以示柔遠撫順至意。

《東華續録》乾隆二九　三月甲寅，召武柱來京，以定長爲西安布政使，高晉爲山東按察使。

《高宗實録》卷三三六　丁巳，〔岳鍾琪〕著再加特恩授兵部尚書銜，於本身封爲三等公。

己未，以大學士公傅恒兼管理藩院事務，大學士來保兼管兵部事務。

《高宗實録》卷三三七　甲戌，賑湖北漢川、潛江、沔陽、天門、江陵、監利六州縣衛乾隆十三年被水災民。

《東華續録》乾隆二九　夏四月辛卯，禁各海口銅器出洋。

壬辰，命張師載以倉場侍郎銜，協辦江南河務。以彭樹葵爲倉場侍郎，調唐綏祖爲湖北巡撫，以阿思哈爲江西巡撫，起張若震爲甘肅布政使。

戊戌，以瑚寶爲漕運總督，調哈達哈爲兵部尚書，以三和爲工部尚書，納穆扎爾爲户部侍郎。

《高宗實録》卷三三九　乙巳，賑貸福建臺灣、鳳山、彰化三縣乾隆十三年被災貧民，應輸額賦，並予緩徵。免湖南新寧縣乾隆十三年水災田畝額賦，並分年帶徵應納銀糧。

《東華續録》乾隆二九　五月辛亥，調嚴有禧爲山東按察使，王師署河南按察使。

丙辰，命四川茂州等一百三十二州縣，分別兵差繁簡，蠲免額賦有差。

《高宗實録》卷三四一　辛未，諭軍機大臣等：據廣東巡撫岳濬奏，增城縣奸民謝錫奇等，違禁私鑄，拒捕毆差一摺。

《高宗實録》卷三四四　秋七月己酉，賑卹福建光澤、邵武二縣本年被水災民，并緩徵額賦。

辛亥，蠲免福建晉江、南安、惠安、同安、龍溪、詔安、臺灣、鳳山、彰化等九縣乾隆十三年分晚禾被旱、被潮田地應徵額賦。

《東華續録》乾隆三〇　壬子，以方觀承爲直隸總督，永貴署浙江巡撫。

癸丑以王師爲浙江布政使，李肖筠爲江蘇按察使。

《高宗實録》卷三四五　乙亥，補蠲山西永濟、臨晉、猗氏、虞鄉、解州、鳳臺等六州縣乾隆十三年分秋禾被災額賦。

《東華續録》乾隆三〇　己卯，轉拉布敦爲工部左侍郎，以衆佛保爲工部右侍郎。

《高宗實録》卷三四六　八月壬午，賑貸湖北羅田、雲夢二縣被水災民，並緩徵本年額賦。

《高宗實録》卷三四七　庚子，賑貸廣東吴川、海康、遂溪、徐聞、瓊山等五縣颶風災民。

癸卯，賑貸河南延津、新野、淮寧、西華、商水、項城、沈邱等七縣本年被水災民。

甲辰，賑貸湖北潛江、沔陽、天門、荆門、當陽、江陵、監利、遠安、襄陽等九州縣，並沔陽、荆州、荆左、荆右四衛被水災民，并緩徵本年額賦。

《東華續録》乾隆三〇　九月乙丑，實授鄂容安河南巡撫。

壬申，禁蒙古私典遊牧地。

十月庚辰，召介錫周來京，以徐以升爲貴州按察使。

《高宗實録》卷三五一　甲午，賑貸浙江錢塘、餘杭【略】等二十二州縣廳，及鮑郎、海沙【略】等十八場本年水災民竈。

戊戌，又諭軍機大臣等：前因珠爾默特那木扎勒，情性乖張，虐使其下，所屬無不怨望，且疑忌達賴喇嘛，無尊信恭順之意。【略】先行傳諭此旨，并將寄諭紀山諸摺，通行抄録，寄與策楞、傅清閲看。傅清駐藏必過成都，其時岳鍾琪亦當抵川，卿等可密行會商，并令傅清將此情節，傳諭紀山，爾等四人合爲一人，方不負倚任封疆之寄。

《東華續録》乾隆三〇　壬寅，以李敏第爲光禄寺卿，調朱一蜚爲山西布政使，恒文爲直隸布政使，温福爲貴州布政使，以孫灝爲湖南布政使。

十一月辛亥，以劉綸爲禮部右侍郎。

十二月庚辰，以趙宏恩爲京口將軍，劉統勳爲工部尚書。

辛卯，禁各省督撫餽送欽差。以新柱爲吉林將軍，永興爲湖廣總督。

乙未，召衛哲治來京，調圖爾炳阿爲安徽巡撫，岳濬爲雲南巡撫，以蘇昌爲廣東巡撫。

丁酉，調辰垣爲四川布政使，永甯爲江蘇布政使，以陶士僙爲福建布政使，調顧濟美爲福建按察使，以楊應琚爲甘肅按察使。

辛丑，調台柱爲江蘇按察使，以和其衷爲安徽按察使。

是歲，朝鮮、暹羅來貢。

乾隆一五年（庚午、一七五〇）

《東華續録》乾隆三一　春正月丙午，免直隸、山西、河南、浙江未完耗羨銀兩，免江蘇、安徽、山東耗羨十分之六。

癸丑，調莊有恭爲户部侍郎，以孫嘉淦爲兵部侍郎。命崔紀以右副都御史銜、提督江蘇學政，調李渭爲山東布政使，以德舒爲安徽布政使。

《高宗實録》卷三五六　甲寅，上御紫光閣，賜準噶爾使臣尼瑪等宴。

《東華續録》乾隆三一　准甯古塔流民入籍。

《高宗實録》卷三五六　丙辰，諭軍機大臣等：傅清、策楞、岳鍾琪等所奏珠爾默特那木扎勒情形，由於與兄不睦，架捏誣陷，决不致有侵犯内地之事，大約近是。

《東華續録》乾隆三一　壬戌，命工部侍郎劉綸軍機處行走。

《高宗實録》卷三五七　癸酉，李質粹以提督大員，領兵專閫，縱失渠魁，不能弋獲，且明知班滚未死，一經慶復嚴駁，遂附和改詳，朋謀罔上。宋宗璋身任總兵，職應奏事，既知班滚未死，並不將實情入告，及汪結稟知班滚下落，又不竭力搜擒，致令賊番遠遁。種種欺飾，俱屬法無可貸，著照九卿核定情實應斬本罪，即行正法。革松結本係叛番，彼時即應處决，今本案無可對質，亦著即照原擬絞罪正法。王世泰、羅于朝，不過營伍偏裨，聽督提差委，既非統領之員，亦無奏事之責，情稍可原，但擬減流，實爲漏網，今經軍機大臣等改擬，著依擬應斬監候。

《東華續録》乾隆三一　介福緣事降調，以鄂彌達爲吏部左侍郎。

《高宗實録》卷三五八　二月乙亥，又諭：朕恭奉皇太后西巡五臺，直屬經過州縣，本年應徵額賦，蠲免十分之三。

丁丑，四川總督策楞、提督岳鍾琪奏：瞻對班滚，悔罪投誠，已蒙恩旨肆赦，當即遵旨委監司營協大員，前往宣諭。班滚率衆羅拜，矢激天良，並稱當即約束番衆，禁做夾壩，遇有差使，倍竭報効。伊親戚土目，亦各同聲歡舞，如獲更生。其喇嘛達爾罕堪布，亦即遵旨宣諭獎賞，俱各望闕謝恩，班滚貢馬二。報聞。

《東華續録》乾隆三一　禁四川兵役侵擾番地。

《高宗實録》卷三五九　己丑，定邊左副將軍固倫額駙、喀爾喀扎薩克和碩超勇親王策凌卒。

《東華續録》乾隆三一　壬辰，諭：各省錢糧偏災緩帶，不得列入民欠。

三月丙午，再免薊州等十七州縣額賦十分之三。

辛亥，降德舒爲山東按察使，以高晉爲安徽布政使。

《高宗實録》卷三六〇　戊午，蠲安徽貴池、石埭【略】等二十三州縣，並廬州、鳳陽、鳳中、長淮、宿州、泗州、滁州等七衛，乾隆十四年分水災田地額賦有差。並緩蠲餘帶徵，及勘不成災新舊各項地丁銀米，賑卹借貸如例。

《高宗實録》卷三六一　戊辰，加賑山西蒲縣乾隆十四年分被雹災民有差。並緩勘不成災田地額賦，及帶徵舊欠穀石。

庚午，蠲山東鄒平、長山【略】等州縣衛所乾隆十四年分水災額賦有差。

《東華續録》乾隆三一　是月，廣西巡撫舒輅奏：安南匪徒朝曉，前附莫匪，與安南搆釁，後莫匪敗逃，朝曉斂迹，今復出爲患，飭沿邊營弁，加意嚴防。報聞。

四月己卯，以明春巡幸江、浙，命各截留漕糧十萬石備糶。

庚寅，琉球國護送遭風福建商船回籍，優賚之。

己亥，調慧中爲吏部右侍郎。

五月戊申，命江南再截留漕糧五萬石備糶。

壬子，降歸宣光爲内閣學士，起彭啟豐爲吏部左侍郎。

乙丑，鍾昭因病解任，以楊廷璋爲廣西按察使。

六月壬申朔，上幸静宜園，閱健鋭營兵。

甲戌，命驅逐多倫諾爾攜眷流民，禁蒙古與民人爲婚。

丁丑，調徐以升爲江西按察使，黄岳牧爲貴州按察使。

己卯，命尚書汪由敦查勘永定河漫口。

癸巳，命宗室王公房支承襲，准追封三代，不必予謚。曾經革退者，不准追封。

乙未，申諭領侍衛内大臣等，訓練兵丁。

《東華續録》乾隆三二　七月丙午，易州水，命尚書海望撫恤災民，加賞修葺房屋銀兩。

辛亥，召劉方藹來京，以德文爲湖北按察使。

己未，飭八旗官員習射。

庚申，刑部尚書著劉統勳補授，工部尚書著孫嘉淦補授。

《高宗實録》卷三六九　丙寅，貸江蘇銅山、沛縣、碭山三縣雹災飢民，併緩徵本年額賦。

《東華續録》乾隆三二　丁卯，清河漫口合龍。

《高宗實録》卷三六九　戊辰，賑卹浙江淳安縣水災飢民，分别蠲緩新舊額賦。

《高宗實録》卷三七〇　八月壬申，册立攝六宫事皇貴妃那拉氏爲皇后。

癸酉，以册立皇后禮成，皇太后升慈寧宫座，上率王以下、文武大臣，行慶賀禮，【略】上徽號曰：崇慶慈宣康惠敦和皇太后。

《高宗實録》卷三七一　戊子，諭：副都統銜紀山，著照前旨赴西寧辦事，所有會盟賞賜筵宴所用之物，著照班第例，官爲給與。紀山到西寧時，班第即赴藏更换拉布敦。

丁酉，賑卹山東嶧縣、蘭山、郯城、平度、昌邑、膠州、高密等七州縣被水災民，併緩徵新舊額賦。

《東華續録》乾隆三二　九月庚子朔，諭：都察院左都御史員缺，著梅瑴成補授。

《高宗實録》卷三七二　癸卯，諭：大學士會同該部察奏，御史官泰等參奏蔣炳一案，朕察其情節，在蔣炳等固不能辭咎，但該生袁克肅等，求送入場時，經顧汝修告知蔣炳，遣官向府丞御史説明，既經説明，則蔣炳等，不過辦理未協。【略】索禄有心亂政，著革職。

丙午，諭：吏部議處原任大學士張廷玉明白回奏一案，請將張廷玉革去職銜，交與刑部定擬，以爲負恩玩法者戒。張廷玉【略】黨援門生，及與吕留良案内之朱荃聯爲兒女姻親之罪，【略】著從寬免其革職治罪，以示朕始終矜宥之意。

《東華續録》乾隆三二　己酉，上駐蹕正定府北門外，閲兵。

《高宗實録》卷三七二　辛亥，諭：都察院左都御史員缺，著拉布敦補授。拉布敦現在出差，著協辦大學士尚書阿克敦，暫行管理。

《高宗實録》卷三七三　丙辰，所有河南經過地方，著加恩蠲免錢糧十分之三。

《東華續録》乾隆三二　庚申，調納穆扎爾爲工部侍郎，以德保爲户部侍郎。

辛酉，以秦炌爲貴州按察使。

《高宗實録》卷三七三　壬戌，準噶爾宰桑薩喇爾率所屬來降，報準噶爾台吉策旺多爾濟那木扎勒，爲其下所弒，【略】立其兄喇嘛達爾札。

《東華續録》乾隆三二　癸亥，再免河南歉收地方額賦十分之五。

《高宗實録》卷三七三　乙丑，賑卹福建閩縣、侯官、福清、閩清、南平、將樂、建陽、崇安、寧化等縣被水災民。

《東華續録》乾隆三二　戊辰，孫灝緣事革職，調張若震爲湖南布政使，以楊應琚爲甘肅布政使，蔣嘉年爲甘肅按察使。

己巳，免河南祥符等二縣，明年額賦。

《高宗實録》卷三七三　是月，直隸總督方觀承奏報：永定隄工，於本月十

七日合龍，水歸正河情形。

《東華續録》乾隆三二　冬十月庚午朔，上幸嵩陽書院。

丁丑，上閲兵。飭索倫兵丁勤習弓箭，毋改學鳥槍。

《高宗實録》卷三七四　戊寅，賑卹浙江淳安縣本年分水災飢民。

己卯，汲縣、新鄉、輝縣、獲嘉、修武五縣，晚禾稍歉，請統前蠲十分之五。

《東華續録》乾隆三二　甲申，調愛必達爲雲南巡撫，開泰爲貴州巡撫，以楊錫紱爲湖南巡撫，調秦蕙田爲刑部侍郎，田懋爲禮部侍郎，以歸宣光爲吏部侍郎，調彭家屏爲雲南布政使，以王興吾爲江西布政使。

《高宗實録》卷三七五　乙酉，免江蘇清河、桃源、安東、邳州、宿遷、睢寧、海州、沭陽、大河等九州縣衛本年分水災漕糧漕項銀米，緩江浦、銅山、蕭縣、贛榆、徐州等五州縣衛本年分水災漕糧，并應徵節年積欠緩漕，均予賑卹，并貸籽種有差。

《東華續録》乾隆三二　調嚴有禧爲貴州按察使，秦炌爲河南按察使。

丙戌，命暫開奉天海運。

《高宗實録》卷三七五　戊子，撫恤山西太原縣、應州本年分水災飢民，并蠲緩應州、山陰、天鎮等三州縣，本年額賦有差。

壬辰，撫恤安徽省壽州、宿州【略】等二十二州縣，及長淮、鳳陽、滁州等三衛本年分水災飢民。

戊戌，賑卹江蘇溧陽縣、通州水災飢民，并蠲緩新舊漕項錢糧有差。

《東華續録》乾隆三二　十一月乙巳，命河南、山東截留明年漕糧十萬石，於直隸備賑。

丁未，轉吕熾爲禮部左侍郎，以陳邦彦爲禮部右侍郎。

己酉，調兆惠爲户部侍郎，書山爲刑部侍郎，以鶴年爲倉場侍郎。

《高宗實録》卷三七六　己酉，賑卹甘肅平涼、西寧、肅州等三州縣，本年雹旱災飢民，并免額賦。貸河州、狄道【略】等二十八廳州縣籽種口糧。緩甘州、鎮番、肅州、高臺等四州縣，及東樂縣丞所屬田畝額賦。

辛亥，撫卹浙江象山、臨海、黄巖、太平、定海、天台、仙居、永嘉、樂清、瑞安、平陽、雲和等十二縣，杜瀆、黄巖、永嘉、長林等四場，温州衛、玉環廳本年風、水災飢民竈户，并緩徵漕米額賦有差。

《東華續録》乾隆三二　飭奉天毋禁陸路商販。

《高宗實録》卷三七六　癸丑，四川總督策楞、提督岳鍾琪奏：【略】兹據駐藏外委王廷斌等稟稱，珠爾默特那木扎勒潛謀不軌，駐藏傅、拉二大人，於十月十三日，誘至通司岡衙門接見，遂將伊誅戮。詎逆黨卓呢羅卜藏扎什等聞信，即率衆數千圍署，施放鎗礮，周圍放火。達賴喇嘛遣衆僧救護，不能得入，拉大人被亂刀砍害，傅大人身被鎗傷，立即自盡。

加賑山東嶧縣、蘭山、郯城、平度、昌邑、膠州、高密等七州縣本年分水災飢民有差。

甲寅，著四川總督策楞、提督岳鍾琪，統領官兵赴藏，綏輯地方，搜除逆黨，總兵董芳隨後統兵策應。尹繼善著就近馳驛前往四川，料理一應糧餉軍機。侍郎那木扎勒，著賞銀一千兩整裝，即馳驛前往，與班第一同駐藏。

又諭：寄信歸化城都統衆佛保，令其由彼馳驛速赴西寧，一到彼處，即將紀山拏交妥員，由驛解赴京師。其青海之番子事務，暫著衆佛保署理。調右衛副都統舒明，辦理青海番子事務。

《高宗實録》卷三七七　乙卯，諭：【略】傅清、拉布敦，著加恩追贈爲一等伯，著入賢良祠、昭忠祠，春秋致祭。傅清並入伊家祠從祀，伊等子孫，給與一等子爵，世襲罔替。命侍郎兆惠赴藏，偕四川總督策楞等，辦理善後事宜。

《東華續録》乾隆三二　丙辰，調木和林爲左都御史，以伍齡安爲禮部尚書，雅爾哈善爲户部侍郎，王師爲江蘇巡撫。

丁巳，以和其衷爲浙江布政使，范時綬爲安徽按察使。

甲子，富明因事降調，以富勒赫爲河南布政使。

乙丑，永興丁憂，以阿里衮爲湖廣總督，調阿思哈爲山西巡撫，衛哲治爲廣西巡撫，以定長爲安徽巡撫，周人驥爲西安布政使，沈世郁爲湖南按察使。

《高宗實録》卷三七七　戊辰，又諭：策楞、岳鍾琪摺奏：公班第達將西藏行兇逆首卓呢羅卜藏扎什、拉布坦等，及所有黨羽，俱已查拏收禁，劫去餉銀，亦經追出，現在兵民相安，大兵無庸進發。【略】著〔岳鍾琪〕將所帶官兵，在打箭爐駐劄，以資彈壓。

《東華續録》乾隆三二　己巳，命八旗米局減價平糶。

十二月戊子，調朱一蜚爲廣東布政使，以多綸爲山西布政使，張之浚爲山西按察使。

《高宗實録》卷三七九　是月，雲南提督治大雄奏：竊查西藏珠爾默特那木

扎勒陰謀悖叛，經傳清、拉布敦定謀誅戮，厥功甚茂。然伊之所以敢於肆逆，而二臣之所以竟至被害者，皆因藏内無兵之故，是以一旦有事，鞭長莫及。請藏内仍照前安設重兵駐防，令提鎮大員彈壓，三年一换，與河套、哈密一體防範。得旨：所見是，亦即如此辦理矣。

《東華續録》乾隆三二　是歲，朝鮮、琉球、緬甸來貢。

乾隆一六年（辛未、一七五一）

《東華續録》乾隆三三　春正月庚子，以初次南巡，免江蘇、安徽元年至十三年逋賦，浙江本年額賦三十萬兩。

丙午，免甘肅元年至十年逋賦。

丁未，調周人驥爲湖南布政使，張若震爲西安布政使。

辛亥，上奉皇太后南巡啟鑾。

癸丑，免經過直隸、山東地方本年額賦十分之三。命截留河商粟米十萬石，於直隸備賑。

戊午，以丁廷讓爲廣東按察使。

《高宗實録》卷三八一　壬戌，將首逆羅布藏扎什等，審明分别正法。

《東華續録》乾隆三三　二月庚午，陶士僙因病解任，以顧濟美爲福建布政使，明德爲福建按察使。

壬申，免江蘇宿遷等三縣上年民欠。

《高宗實録》卷三八二　乙亥，命親王德沁扎布爲喀爾喀副將軍，公策布登扎布爲喀爾喀參贊大臣。

辛巳，免山東嶧縣、蘭山、郯城、平度、昌邑、膠州、高密等七州縣水災額賦有差。

《東華續録》乾隆三三　癸未，以京師米貴，命附京分設四廠，各發米二千石平糶。

《高宗實録》卷三八三　辛卯，諭：珠爾默特那木扎勒僣逆之罪，既已顯著，應照叛逆之律辦理。

《東華續録》乾隆三三　調明德爲湖北按察使，德舒爲福建按察使，德文爲山東按察使。

壬辰，免江蘇興化縣元年至八年逋賦。

《高宗實録》卷三八三　癸巳，準噶爾使臣額爾欽等入貢，覲於蘇州府行宫。

《高宗實録》卷三八四　三月庚子，上幸敷文書院。幸觀潮樓。閲兵。

《東華續録》乾隆三三　壬寅，諭：浙江布政使員缺，著葉存仁補授，按察使員缺，著德福補授，所遺杭嘉湖道員缺，著山東按察使德文補授，其山東按察使員缺，著和其衷補授。

丁未，閲兵。

《高宗實録》卷三八四　乙巳，上親祭禹陵。

戊申，著（高斌）仍以大學士銜，管河道總督事。

庚戌，諭：【略】凡爾封疆大吏，暨監司守令，具有教養斯民之責，當以移風易俗爲己任，詎惟簿書期會，爲克盡乃職。其在小民，則宜崇實去奢，雍睦敦讓，相勉於孝弟力田。

辛亥，免江蘇江浦、清河、桃源、安東、銅山、蕭縣、邳州、宿遷、睢寧、海州、沭陽、贛榆、大河、徐州等州縣衛水災額賦有差。並緩徵清河、桃源、安東、邳州、宿遷、睢寧、海州、沭陽、大河等九州縣衛節年緩漕。

加賑山西太原、應州二州縣水災飢民，並緩徵太原勘不成災村莊錢糧。

《高宗實録》卷三八五　甲寅，加賑廣東海康、遂溪二縣水災飢民，並蠲緩本年錢糧有差。

辛酉，免江蘇通州水災額賦有差，並貸貧民口糧。

壬戌，閲兵。

《東華續録》乾隆三三　壬戌，祭明太祖陵，御書扁額，禁樵採。

《高宗實録》卷三八五　乙丑，（紀山）於國家大體，藏地安危，一切置之度外，【略】從寬賜其自盡。

丁卯，原任大學士陳世倌，從前罷任，尚無大咎，上年已復予原銜，【略】仍著入閣辦事。

《東華續録》乾隆三三　賜江南召試諸生蔣雍等五人舉人，並進士孫夢逵同爲内閣中書。

夏四月戊辰朔，停本年會試五經中額。

《高宗實録》卷三八六　辛未，豁免甘肅皋蘭、渭源、固原州、鹽茶廳、靈州、寧夏、寧朔、西寧、碾伯等九廳州縣乾隆十三年分被災額賦有差。

《東華續録》乾隆三三　癸酉，免江南沛縣九年以前逋賦。

《高宗實録》卷三八六　甲戌，賑卹廣東龍川、長寧、和平、海陽、饒平、大埔、澄海、豐順、嘉應、長樂、平遠、鎮平等十二州縣乾隆十五年分被水災民。

《東華續録》乾隆三三　己卯，以恒文爲湖北巡撫。

《高宗實録》卷三八六　免甘肅狄道、河州【略】等二十廳州縣乾隆十四年被水、旱、雹、霜災民額賦有差。

庚辰，卹江西贛縣、瑞金、雩都、廣昌、宜春、萬安、泰和、鉛山等八州縣乾隆十五年分被水災民。

《高宗實録》卷三八七　癸未，豁河南鄢陵、中牟【略】等十六州縣乾隆十四年分被水災民未完帶徵銀兩，並緩應徵額賦。

《東華續録》乾隆三三　癸巳，以陳世倌仍爲文淵閣大學士，兼管工部尚書。

五月己亥，以范時綬爲湖北按察使。

庚子，上奉皇太后還京師。命再撥京倉米十萬石，於四鄉平糶。

《高宗實録》卷三八八　丁未，臨奠定安親王，及駐防西藏原任都統傅清、左都御史拉布敦。

辛亥，賜一甲吴鴻、饒學曙、周澧三人進士及第，二甲沈栻等七十人進士出身，三甲印憲曾等一百七十人同進士出身。

《東華續録》乾隆三三　乙卯，撥福建、江南倉米，於浙江温州、台州二府平糶。

《高宗實録》卷三八九　丁巳，蠲免廣東海康、遂溪、文昌、海陽、潮陽、揭陽、澄海、饒平、惠來、普寧、豐順等十一州縣乾隆十五年風災額賦。

己未，刑部議覆湖廣總督阿里衮等奏稱，嚴瑞龍身任藩司，種種不法，誣捏唐綏祖婪贜鉅萬，愚弄永興慫恿參奏。【略】嚴瑞龍依擬應斬，著監候秋後處決，永興枷號鞭責之處，著准其納贖。

《東華續録》乾隆三三　閏五月己巳，諭軍機大臣等：我朝統一寰宇，凡屬内外苗夷，莫不輸誠向化。其衣冠、狀貌各有不同，今雖有數處圖像，尚未齊全，著將見有圖式數張，交近邊各督撫，令其將所屬苗、傜、黎、獞，以及外夷番衆，俱照此式樣，倣其形容、衣飾繪圖，送軍機處彙齊呈覽。朕以幅員既廣，遐荒率服，俱在覆含之内，其各式圖樣自應存備，以昭王會之盛。各該督撫等，或於接壤之處，俟其順便往來之時，或有人前往公幹，但須就便圖寫，不得特派專員，稍有聲張，以致或聲疑畏。俟伊等奏事之便，傳諭知之。

癸酉，撥呼蘭倉米一萬石，於船廠平糶。

《高宗實録》卷三九〇　甲戌，蠲免山西太原、應州【略】等十九州縣乾隆十五年冰雹、雨災額賦有差，並緩蠲剩銀兩。

《東華續録》乾隆三三　戊寅，撥山東、山西、河南耗羨銀二十五萬兩，於直隸修理城工。

戊子，實授永貴浙江巡撫。

《高宗實録》卷三九一　六月丁未，諭曰：雲貴總督碩色奏報，緬甸遣使入貢。朕思緬甸越在荒裔，自前明嘉靖後職貢不通，我朝定鼎之初，即能擒送朱由榔，傾心効順，兹復專遣陪貳，賫表闕廷，向化奉琛，具昭忱悃。向來蘇禄、南掌等國入貢，筵宴賞賚，俱照各國王貢使之禮，所有緬甸貢使到京，一應接待事宜，亦應照各國王貢使之例，以示綏遠。

戊申，賑雲南劍川等處地震災民。

《東華續録》乾隆三三　辛亥，撥湖廣倉穀二十萬石，於浙江備賑。

《高宗實録》卷三九三　丙辰，免浙江永嘉、樂清、瑞安、平陽、臨海等五縣，并玉環廳、温州衛乾隆十五年額賦有差。

《東華續録》乾隆三三　庚申，上御太和殿，受緬甸國使臣朝賀。

《高宗實録》卷三九三　辛酉，免安慶、壽州【略】等二十五州縣衛乾隆十五年水災額賦，並緩應徵漕項銀米。

《東華續録》乾隆三三　壬戌，命暫弛浙江海禁，仍免各關米税。

《東華續録》乾隆三四　七月庚午，軍機大臣等議奏：臣等遵旨，將民間禁用銅器一事，與總督尹繼善悉心酌議。竊思制錢日用所需，欲錢法流通，市價平減，必先使銅無耗。民間販銅有限，用器無窮，其出於私毁明甚。今請銅器之見在民間者，仍聽民用，不必收買，以致抑勒交官之弊，惟此後毋許復造，銅器鋪及工匠等，悉令改業，已成器者，定限變賣。至未經成器，及民間廢銅願繳者，州縣設局，就銅之高低，定價之多寡，隨到隨收。第從前但禁黄銅，奸匠將諸銅攙和、染色制錢，仍可銷毁，且紅銅加以倭銅，即成黄銅，弊端未絶，並請無論紅、黄、白銅，槩禁制器。從之。

癸酉，免經過地方本年額賦十分之三，本年被雹地方十分之五。

辛巳，張坦熊以不職，革職。以周琬爲雲南按察使。

《高宗實録》卷三九五　癸未，又諭：據永貴摺奏，捕獲莊上地方積盜李阿貴等七十九名，於擒拏之時，尚敢持械拒捕，兇横已極，自應嚴行根究，按律從重治罪，以申憲典，毋得稍存姑息之見。

《東華續録》乾隆三四　乙酉，免奉天甯遠州八年、九年民欠。

《高宗實録》卷三九六　八月乙未，賑貸浙江海寧、富陽【略】五十七州縣，及玉環一廳，杭、台二衛，湖、嚴、衢三所，大嵩、清泉等場旱災民竈，并緩徵本年地丁場課新舊漕糧。

賑卹江西上饒、玉山、弋陽、貴溪、廣豐、東鄉、鄱陽等七縣旱災民户。

《東華續録》乾隆三四　丙申，撥湖南倉米十萬石，於浙江備賑。命截漕以補倉儲。

徐以升以不職，革職。以汪德馨爲廣東按察使。

戊戌，命安徽截漕六萬石，備明年平糶。命浙江截漕五十萬石，備賑。

辛丑，命江蘇截漕三十五萬石，備明年平糶。

己酉，命再截留江蘇漕糧三十萬石，於浙江備賑。

《高宗實録》卷三九七　己未，賑河南商邱、永城【略】等十四縣河漲被淹成災貧民。

《東華續録》乾隆三四　庚申，調舒輅爲河南巡撫，鄂昌爲江西巡撫，以楊應琚爲甘肅巡撫。

辛酉，以莊有恭爲江蘇巡撫。

壬戌，調汪由敦爲户部右侍郎，以裘曰修爲兵部右侍郎，以吴士端爲甘肅布政使，武忱爲陝西按察使。

《高宗實録》卷三九九　九月辛卯，諭軍機大臣等：開泰奏，普安縣紅藤箐地方，奸徒私鑄錢文一摺。看來私鑄必由私銷，而私銷治罪例嚴，私鑄尚得秋後處決。地方官查獲奸徒，往往以私鑄定案，而私銷之由，即不復深究，乃向來積弊。

《東華續録》乾隆三四　壬申，調張泰開爲工部侍郎。

丁丑，命撥江西倉米三十萬石，於浙江備賑，仍截留漕糧十五萬石撥補。

琉球國王尚敬送歸内地遭風商民，優賚之。

庚辰，命暫弛奉天海禁，准山東商民販運。

庚寅，陳大受卒，調阿里衮爲兩廣總督，以永常爲湖廣總督。

《高宗實録》卷三九九　癸巳，賑卹福建霞浦、福安、壽寧、福鼎等四縣風潮飢民。

《東華續録》乾隆三四　戊戌，楊錫紱丁憂，以范時綬署湖南巡撫。

甲辰，諭：安徽、江蘇被災州縣，米石折賑例價，外加給銀二錢。

復各省冬季行圍例。

定圓明園水操事宜。

《高宗實録》卷四〇一　十月，甲寅，賑貸安徽歙縣、績溪【略】等十五州縣，宣州、建陽、鳳陽歸併原鳳中等三衛本年旱災。宿州、虹縣、靈璧等三州縣，長淮歸併原宿州衛，本年水災貧民，并緩應徵新舊錢糧，及借欠籽種口糧。

乙卯，賑貸江蘇銅山、豐縣、沛縣、蕭縣、碭山、邳州、宿遷、睢寧、徐州等九州縣衛本年水災貧民，并緩應徵漕糧、漕項，及十三年以前舊欠十七年錢糧。

《東華續録》乾隆三四　丙辰，調陳宏謀爲河南巡撫，舒輅爲陝西巡撫。

丁巳，命撥京倉米二萬石，分給五城平糶。

《高宗實録》卷四〇一　賑山東齊東、德州衛、惠民、蒲臺、平度、寧海、文登等七州縣衛本年水災，榮城縣雹災飢民，并緩徵新舊錢糧。

《東華續録》乾隆三四　己未，雲南巡撫愛必達奏：採集番字，鎮沅府之僰夷，普洱府之車里，東川府之猓羅，順甯府之猛甸、猛麻，永昌府之耿馬、鎮康、潞江、芒市、猛卯、遮放、干崖、南甸、盞達、隴川、孟連、灣甸、猛猛等一十八種，内遮放與猛卯二種，盞達、隴川與南甸三種，猛猛與灣甸二種，字體相同，分彙成書一十四本進呈。下部知之。

《高宗實録》卷四〇一　賑貸直隸武清、寶坻【略】等二十六州縣本年水、雹成災飢民，并旗户竈户。

《東華續録》乾隆三四　十一月甲申，免河南辦運堵築工料民田額賦。

乙酉，加上皇太后徽號曰：崇慶慈宣康惠敦和裕壽皇太后。

壬辰，截留河南漕糧五萬石，於天津北倉備糶。

丙申，申命整肅朝儀。

丁酉，命挑永定河下口引河。

《高宗實録》卷四〇四　十二月庚子，加賑山東鄒平、長山【略】等五十五州縣、衛、所本年水災貧民，并貸麥本牧費。

癸卯，免陝西大荔、澄城、朝邑、華陰四縣水災地畝，本年應徵穀銀，緩徵蠲

剩錢糧，并借欠常社糧。加賑大荔、澄城、朝邑等三縣貧民，并豁除蒲城、長安、興平、盩厔、武功等五縣水衝陵地租銀。

《東華續録》乾隆三四　甲辰，命修濬南、北兩運減河。

《高宗實録》卷四〇四　丙午，定拔貢朝考選用例。

諭軍機大臣等：湖南布政使周人驥奏稱，苗疆額兵，有以苗人充補者，殊非防微杜漸之道，應設法漸次開除，不得再將苗人冒充等語。苗疆設兵防汛，原資其控馭彈壓，乃即用苗民充伍，殊非本意，或因内地召募乏人，而熟苗言語衣服，與民無異，是以因循成習，若一旦概行革除，亦未免過急。著傳諭苗疆督撫，令其通行密飭各營伍，嗣後召募名糧，不得仍將苗人充補，亦勿張揚形迹，有失綏靖之宜。

《東華續録》乾隆三四　禁苗人充補苗疆額兵。以鍾音爲户部右侍郎，董邦達爲禮部右侍郎。

《高宗實録》卷四〇五　乙卯，加賑河南武陟縣本年水災貧民。

《東華續録》乾隆三四　是歲，朝鮮、琉球來貢。

乾隆一七年（壬申、一七五二）

《東華續録》乾隆三五　春正月甲子，撥倉米四百石，給左、右翼米局平糶。

壬申，諭：各省每年完欠錢糧，俱著奏銷時覈奏。

《高宗實録》卷四〇六　乙亥，賜準噶爾使臣圖卜濟爾哈朗等宴。

《高宗實録》卷四〇七　甲申，達瓦齊於去年九月内，與台吉喇嘛達爾扎有隙，私與台吉達什、阿睦爾撒納、班珠爾策凌、沙克都爾等，商議投順大皇帝。其後達什、沙克都爾，反將商議之事告知喇嘛達爾扎，即帶兵追趕，與達瓦齊戰敗而回。達瓦齊又與阿睦爾撒納、班珠爾等商議，若投中國，恐阿爾台地方有兵堵截，地狹難過，因向額爾齊斯，前赴哈薩克等語。奏入。

派尚書舒赫德、侍郎玉保，前往軍營，查看軍容器械。

《東華續録》乾隆三五　丙戌，諭：河南、山東修築歷年太行隄。

己丑，以沈嘉徵爲雲南按察使。

二月乙未，舒輅卒，以鍾音爲陝西巡撫，調三和爲户部侍郎，以德保爲工部侍郎。

丙申，以吴達善爲盛京禮部侍郎。

丙辰，諭軍機大臣等：據班第等奏稱，布魯克巴之額爾德尼、第巴博羅特、色勒都卜，聞朕加恩於達賴喇嘛、撫定土伯特衆生，抒誠内向，進貢方物等語。布魯克巴乃遐方部落，聞朕安撫西藏衆生，傾心悦服，奏請朕安，甚屬可嘉，著施恩賞賚，以示褒獎。

《高宗實録》卷四〇九　己未，賑卹山西山陰、虞鄉二縣災民，併分别蠲緩。

《東華續録》乾隆三五　戊辰，汪德馨以營私革職，以沈偉業爲廣東按察使。

三月戊寅，調陳宏謀爲福建巡撫，以蔣炳爲河南巡撫。

《高宗實録》卷四一二　夏四月壬辰朔，蠲免山東齊東、德州衛、惠民、蒲臺、平度、寧海、文登、榮成、濮州、范縣、聊城、東昌衛乾隆十六年水災額賦有差。

癸卯，蠲免直隸大興、南樂、熱河、四旗、薊州、東安、永清、萬全等八州縣廳乾隆十六年分災賦有差，被災較重者，并分别賑卹。

《東華續録》乾隆三五　甲辰，命截留浙江漕糧四十萬石，江西漕糧二十萬石，湖廣漕糧十萬石，抵補動撥倉儲。

《高宗實録》卷四一二　乙巳，蠲免直隸武清、寶坻【略】二十三廳州縣乾隆十六年分災賦有差。

《高宗實録》卷四一三　甲寅，割除福建福安、壽寧二縣，乾隆十六年水災額賦有差。

丁巳，蠲免山西山陰、虞鄉二縣乾隆十六年水災額賦有差。

己未，豁除廣東文昌縣乾隆十六年風災額賦。

《高宗實録》卷四一五　五月辛巳，賑卹河南、祥符【略】等十四縣乾隆十六年水災飢民，並先後蠲緩有差。

《東華續録》乾隆三五　乙酉，嚴有禧因病解任，以屠嘉正爲貴州按察使。

戊子，發帑修河南武陟等五縣隄工。

《高宗實録》卷四一五　己丑，賑卹甘肅狄道、渭源【略】等十四州縣乾隆十六年水災飢民。

《高宗實録》卷四一六　丙申，蠲免江蘇沛縣乾隆十六年水災額賦。

《東華續録》乾隆三五　六月癸卯，諭滿洲大臣勤習騎射。

癸丑，以蔡新爲工部侍郎，竇光鼐爲内閣學士。

丙辰，楊應琚丁憂，以鄂樂舜爲甘肅巡撫，德福爲湖北布政使，同德爲浙江

按察使。

《高宗實録》卷四一八　秋七月丁卯，禮部議覆浙江學政彭啟豐奏稱，商籍官生，請改歸本籍考試一摺。查官卷應試，或商或民，應隨祖父之籍，不得牽混。請嗣後本官由民籍中式者，其子孫編入民籍官卷，不准復隸商籍，如已冒商籍入學者，勒限改歸，未入學者，不得再考商籍。若本官由商籍中式者，其子孫編入商籍官卷，不復於本籍重編官號，其同胞兄弟之子，雖例得編爲官生，然必與本官同籍者，方准編入，若民、商異籍者，不得借名改歸。至商籍應試之人，或借族姓鹽引，充考商籍，不論爲官爲民，即照冒籍例處分。從之。

《東華續録》乾隆三六　辛未，顧濟美緣事解任，以德舒爲福建布政使，來謙鳴爲福建按察使。

丙子，命八旗前鋒護軍學習騎射，准每年揀選引見。

丁丑，上奉皇太后啟鑾，秋獮木蘭。

《高宗實録》卷四二〇　八月丙申，又諭：蔡時田受帶關節，情罪甚爲可惡。【略】科場作弊罪，與賄賣生童無異，自應立決，即例應監候，亦當入於本年情實定擬。

《高宗實録》卷四二二　九月辛酉，西洋波爾都噶爾亞國，遣使臣巴哲格來請安進貢。

諭軍機大臣等：據策楞、岳鍾琪奏稱，雜谷土司蒼旺，擅行攻殺搶擄，又製造軍器，逆蹟昭著，現在派兵前往，相機進勦等語。蒼旺恃其地廣人衆，與勒兒悟、娘兒吉搆釁殺掠，不服官兵彈壓，自應大加懲創，以靖蠻疆。

辛未，軍機大臣等議覆福州將軍新柱、閩浙總督喀爾吉善、福建巡撫陳宏謀奏，蘓禄國番目萬勝里吶，帶同番丁、通事等，來請貢期一摺。查蘓禄國原在准通朝貢之列，但該國王遣來番目既係管城卑官，委用通事僅一内地水手，其所齎國書，不知應投何處，而咨會又未兼譯漢文，一切草率，恐有奸民勾結、滋事情弊，該將軍、督撫等傳諭番目，令將國書齎回。

《高宗實録》卷四二三　甲戌，四川總督策楞、提督岳鍾琪等奏：【略】攻雜谷腦，【略】統計降番一百零六寨。

是月，（蒼旺）於軍前正法。

《東華續録》乾隆三六　九月戊寅，減甘肅張掖等五縣偏里地畝額賦。

庚辰，以孫嘉淦爲吏部尚書、協辦大學士，汪由敦爲工部尚書。

辛巳，調王淳爲户部侍郎，蔡新爲刑部侍郎，張泰開爲工部侍郎。

丁亥，召尹繼善來京，以莊有恭署兩江總督。

《高宗實録》卷四二四　冬十月戊子朔，賜一甲秦大士、范棫士、盧文弨三人進士及第，二甲錢載等七十人進士出身，三甲杜錡等一百五十八人同進士出身。

《東華續録》乾隆三六　召鄂昌來京，以鄂容安署江西巡撫，楊應琚署山東巡撫。召丁廷讓來京，以阿桂署江西按察使。

壬辰，禮部議准御史常海奏，内場監試等官，雖無衡文之責，然場務俱係經辦，嗣後内場監試及提調、知貢舉等官，其子弟亦應一體迴避。從之。

甲午，以李治運爲安徽按察使。

壬寅，召阿思哈來京，調定長爲山西巡撫，以李錫泰爲廣西巡撫。

甲辰，以台柱爲廣西布政使。

乙巳，以許松佶爲江蘇按察使。

《高宗實録》卷四二五　丁未，賜中式武舉一甲哈廷樑、林建鼎、馬琭三人武進士及第，二甲田允中等七人武進士出身，三甲伊天培等五十五人同武進士出身。

《東華續録》乾隆三六　辛亥，調德爾敏爲工部侍郎。

《高宗實録》卷四二五　丁巳，賑卹江蘇上元、江寧【略】十九州縣旱災飢民，並緩徵新舊額賦。賑卹山西永濟、臨晉【略】十一州縣旱災飢民。

《高宗實録》卷四二八　十二月己丑，賑恤河南武涉縣水災飢民，並緩徵本年額賦。

《高宗實録》卷四二九　乙巳，又諭：據陳宏謀奏稱，龍溪等縣，拏獲民人崇奉西洋邪教，現在嚴究有無交通外國，並此外傳教夥黨，一併嚴拏務獲，分別按擬等語。西洋人之崇奉天主教，自是該國習俗，閩廣瀕海愚民，多有習於其教者，究之尚與邪術煽誘有間，即如京師現有天主堂，亦何能遂至惑衆。現在李闕娘、嚴恐等，既經獲報到案，自應照例查辦，若必概行查拏，則未免滋擾，且於整飭人心風俗之處，亦未見有益，當以不必深究爲是。

乾隆一八年（癸酉、一七五三）

《東華續録》乾隆三七　春正月壬午，命莊親王允禄、履親王允祹、和親王弘

晝爲議政大臣。

乙酉，免山東章邱等三十一州縣衛歷年帶徵額賦。

《高宗實録》卷四三二　二月丁亥朔，諭軍機大臣等：川省地當邊徼，番夷雜處，撫馭之道，當令懷德畏威，不可貪功啟釁。從前瞻對、金川相繼蠢動，頻年用兵，民氣未復，正當予以休息。上年九月内，據策楞、岳鍾琪奏報，雜谷土司蒼旺密謀叛逆，現在領兵進勦，該督一面奏聞，一面即行辦理，勢難挽回，深爲厪念。【略】乃近日岳鍾琪因朕批諭馬良柱有如此兵威，何不用之郭羅克一語，誤會朕旨，輒請親赴松潘，督率擒捕，是不知出師雜谷之非，而并欲用兵郭羅克，其紕謬不尤甚乎。總之綏靖番夷，貴知大體，如遇强番肆横，逆焰方張，驟難撲滅，則人懷觀望，否即乘其不備，因以爲功，似此辦理，將致他番聞風驚駭，妄生猜疑，甚非綏輯邊圉之道。黄廷桂現署川督，該省情形素所熟悉，到任之日，即令策楞將此案前後所奉諭旨，轉交閲看，并將從前辦理情節，詳悉告知，黄廷桂再加確查具奏。至郭羅克，原係徼外遠番，如尚知畏法，不致恣横，儘可置之不問，倘怙終不悛，罪惡昭著，有必不可已之勢，黄廷桂詳察情形，妥酌奏聞辦理。將此一併傳諭知之。

《高宗實録》卷四三三　丁未，命户部侍郎兆惠赴藏辦事。

戊申，上御舟閲視永定河工。

《東華續録》乾隆三七　癸丑，命八旗都統等官、軍、政、兵部具奏請旨。

《高宗實録》卷四三四　三月庚申，盧魯生、劉時達二犯，商撰僞奏，肆行傳播，其誣謗朕躬，凡天下臣民自所共曉，不足置論。而當此承平之世，乃敢作僞逞奸，摇惑衆聽，其貽害於人心風俗者甚鉅，自應並置重典，以昭炯戒。【略】劉時達著從寛免其凌遲處死，改爲應斬。盧魯生之子盧錫齡、盧錫榮，亦著改爲應斬，俱監候秋後處決。

《東華續録》乾隆三七　丁丑，命八旗軍器三年查驗一次。

《高宗實録》卷四三五　戊寅，賑卹安徽壽州、鳳陽、臨淮、定遠、霍邱、泗州、盱眙、天長等八州縣，及鳳陽、長淮、泗州等三衛乾隆十七年旱災飢民，並蠲緩額賦。其壽、定、霍、泗、盱、天等六州縣，漕糧、漕項、銀米，鳳陽、臨淮二縣漕項銀，及舊欠漕糧，并衛田應徵新舊漕糧、漕項，均予緩徵。

《東華續録》乾隆三七　己卯，召永常來京，以開泰署湖廣總督，定長署貴州巡撫。

《高宗實録》卷四三五　辛巳，賑卹湖北鍾祥、京山、荆門、隨州、江陵、枝江、棗陽、宜城、均州、穀城、鄖縣、鄖西、竹谿、東湖等十四州縣，併武昌、荆州、荆左、荆右、襄陽等五衛乾隆十七年旱災飢民。

《高宗實録》卷四三六　夏四月丁亥，諭軍機大臣等：錢陳羣所奏僞稿，隱約其詞，意在不必查辦，甚爲悖謬。此案經軍機大臣究出首惡，復經議政王、大學士、九卿、科道，研鞫數四，審慎明確，方寘極典，已詳悉宣示中外。錢陳羣何尚作夢囈語耶？即使具摺時，尚未見明旨，而此等大逆不道之渠兇，貽害世道人心，乃謂可置之不問，爲臣子者忍存此心耶？忍見之毫楮耶？當由病魔邪障，瞀亂顛倒，抑或由加恩過厚，無福承當折受故耳，著傳旨嚴行申飭。此乃格外恩典，若在他人，必當交部重治其罪矣，伊謂業已回家，不能重治其罪耶？原摺不批發，錢陳羣不得存稿，如欲留以取巧沽名，將來别經發覺，并爾子將不保首領，慎之。

己丑，博爾都噶里雅遣使巴哲格、伯里多瑪諾入貢。

《高宗實録》卷四三七　辛丑，上幸長春園，賜博爾都噶里雅貢使宴，遣還。

《東華續録》乾隆三七　壬子，命湖廣總督永常、護軍統領努三，馳驛前往安西，並頒給欽差大臣關防。

《高宗實録》卷四三八　五月丁卯，蠲免廣東豐順、海陽、澄海等三縣乾隆十七年水災額賦。

《東華續録》乾隆三七　六月癸巳，以策楞署兵部尚書。

《高宗實録》卷四四〇　乙未，又諭：楊應琚所奏，審擬造作逆書之丁文彬一案，已交法司覈擬速奏。【略】先行凌遲示衆，勿任瘐斃獄中，致奸慝罔知懲戒也。

《東華續録》乾隆三七　癸卯，以衛哲治署兵部侍郎。

戊申，以劉慥爲福建按察使。

壬子，禁滿洲官員居住城外。

《東華續録》乾隆三八　七月甲子，以于敏中爲内閣學士。

壬午，禁繙譯清字小説。

八月己丑，命江南截留漕糧四十萬石，及户部秋撥銀兩，備賑。

壬寅，命四川總督黄廷桂酌撥倉穀二三十萬石，運往江南備賑。

甲辰，調德福爲廣東布政使，以沈世楓爲湖北布政使，夔舒爲湖南按察使。

《高宗實録》卷四四五　庚戌，又諭曰：策楞、劉統勳查參河員虧帑誤工一摺。【略】高斌、張師載，俱著革職，留工効力贖罪。策楞著署理南河總督，富勒赫著照張師載之例，協辦河務，衛哲治著補授安徽巡撫。李奇齡著革職，嚴審定擬，其餘侵帑各員，俱著革職拏問。

是月，署山西巡撫、侍郎胡寶瑔奏：查馮進京一犯，係邪教首惡，已經監斃。餘杜三、司禮、曹茂臣等三人，因臣緣類訪拏，與本案無涉，但該犯等，曾經引入張進斗教内，難以輕縱，應照違制律枷責。至馮進京父馮獻光，年逾七十，照例擬杖收贖，犯妻楊氏，雖屬知情，尚無在外傳教，念係女流，槩行省釋，并令地方官嚴加管束。報聞。

《高宗實録》卷四四六　九月辛酉，豁免陝西邠州、華陰、朝邑三州縣乾隆十一、二、三、四等年被水衝決荒地額賦。

《東華續録》乾隆三八　戊辰，調張泰開爲禮部右侍郎，轉鄒一桂爲禮部左侍郎，調董邦達爲工部右侍郎。

庚午，諭：江南揚、徐各屬被水成災，屢經降旨加意撫綏，截留漕糧、撥運川米，以資賑恤。又恐撥運過多，致各省米貴，並令銀米兼賑，但照定例，又慮災地不敷糴食，著加恩每石增給銀二錢，俾災民買食寬裕。該部即遵諭行。

命運湖北米十萬石，江西碾米穀二十萬石，於江蘇備賑。

壬申，陝甘總督著永常調補，不必來京請訓，即赴新任。尹繼善俟永常到陝，即赴南河。開泰著補授湖廣總督，黄廷桂著實授四川總督，貴州巡撫員缺，即著定長補授。胡寶瑔著實授山西巡撫，鄂容安著實授兩江總督。江西巡撫員缺，著范時綬調補。楊錫紱將次服闋，所遺湖南巡撫員缺，仍著楊錫紱授補。策楞著補授兩廣總督，班第俟策楞到粵交代後回京。

《高宗實録》卷四四七　丙子，銅山南岸隄工潰決。【略】該同知等，以平日侵蝕既多，隄工不能鞏固，現奉清查，將來獲罪必重，幸乘水漲，遂任其衝決，不加搶護。【略】李焞、張賓著即於該工正法。【略】著將高斌、張師載一同綁赴行刑處所，令其目覩李焞、張賓行刑訖，再行宣示恩旨釋放。

《東華續録》乾隆三八　戊寅，調裘曰修爲吏部右侍郎，彭啟豐爲兵部左侍郎。以李因培爲兵部右侍郎，仍署刑部侍郎事。

《高宗實録》卷四四七　是月，閩浙總督喀爾吉善、福建巡撫陳宏謀奏：臺灣府屬，前次樹旗陷害，如大浪泵之劉和林、大肚社之趙悻、鳳山崎之胡通等，業經節次奏明在案。詎八月内，復據鳳山縣拏獲阿猴溪樹旗之張鳳喈到案，旗内開列李智等五十餘名，并有李開花在内地，擇日攻廈門等語。隨據該縣查訊，李智等俱係耕種良民，並無爲匪蹤迹，訊張鳳喈，供因贌墾荒地，被李智佃户張烝等阻止，挾讐誣陷屬實。臣等細覈，臺郡樹旗陷害四案内，鳳山崎、大肚社二案，旗内所開尚無悖逆情詞，臣等以絞候定擬。至大浪泵劉和林旗内，有統領八社番民，以翦貪官等字，阿猴溪張鳳喈旗内，有李開花協同攻打廈門字樣，尤屬狂悖。此二案，臣等審擬確實，應照捏造悖謬言詞，匿名揭帖例，擬絞立決，一面飭令就臺郡正法，一面照例具題。得旨：是應如此辦理者。

《東華續録》乾隆三八　冬十月壬午朔，撥浙江帑銀一百萬兩，於南河備用。

癸未，命河南、山東、湖南各撥米十萬石，浙江撥米五萬石，於江蘇備賑。

甲申，命江蘇再截留漕糧二十萬石備賑。

壬辰，命安徽被災州縣，照江蘇例，銀米兼賑。

《高宗實録》卷四四八　癸巳，豁除山東壽光、掖縣、平度、昌邑、濰縣等五州縣乾隆十六年分海潮衝塌地畝額賦。

乙未，賑卹山東海豐、利津、霑化、掖縣、昌邑、濰縣等六縣本年被潮災民，並予緩徵。

《高宗實録》卷四四九　丁酉，豁除雲南劍川州乾隆十七年分被水衝塌地畝額賦。

《東華續録》乾隆三八　戊戌，撥江南、長淮等二衛漕糧五萬石，並截留江西米十萬石，於安徽備賑。

庚子，命白鍾山以按察使銜，協辦南河事。

辛丑，調吴達善爲兵部侍郎，蘇章阿爲盛京刑部侍郎，以世臣爲盛京禮部侍郎。以楊錫紱爲左都御史，調胡寶瑔爲湖南巡撫，恒文爲山西巡撫。以張若震爲湖北巡撫，唐綏祖爲陝西布政使，蔣洲爲山西按察使。

壬寅，命江南阜甯等三十一州縣衛額賦及舊欠漕糧、漕項，分别蠲免。

《高宗實録》卷四四九　乙巳，賑卹安徽太湖、宿松【略】三十州縣衛本年被水災民。

己酉，賑卹湖北潛江、沔陽、天門三州縣衛本年被水災民。

《東華續録》乾隆三八　十一月己未，召蘇昌來京，以鶴年爲廣東巡撫，雙慶爲倉場侍郎。

庚申，禁武職任所置産。

諭：淮、徐等處瀕湖居民，毋侵占湖身。以塔永阿爲内閣學士。

《高宗實録》卷四五〇　癸亥，江西金谿縣生員劉震宇呈稱，送所著《治平新策》一書，【略】其書内更易衣服制度等條，【略】即行處斬。

甲子，豁除福建臺灣、鳳山、彰化等三縣乾隆十五年分，衝塌地畝額賦。賑貸甘肅皋蘭、狄道【略】等二十九州縣衛本年水雹災民，並蠲緩額賦有差。

《東華續録》乾隆三八　壬申，命貴州苗疆地方，停止會哨。

甲戌，實授楊應琚山東巡撫。

《高宗實録》卷四五一　諭軍機大臣等：定邊左副將軍成衮扎布等奏報，準噶爾杜爾伯特台吉車凌、車凌烏巴什等，率所部三千餘户來降。

《東華續録》乾隆三八　十二月壬午，許武職赴任借支養廉。

丁亥，命尚書舒赫德赴鄂爾坤軍營，辦理軍務。

庚寅，命户部尚書蔣溥協辦大學士，以黄廷桂爲吏部尚書，仍管四川總督。

《高宗實録》卷四五二　加賑山東蘭山、郯城二縣本年水災飢民。

癸巳，賑卹福建鳳山、臺灣二縣本年旱災飢民。

《東華續録》乾隆三八　己亥，調德爾格爲盛京兵部侍郎，卞塔海爲盛京户部侍郎。

庚子，調蘇章阿爲盛京工部侍郎，吴拜爲盛京刑部侍郎。

《高宗實録》卷四五三　準夷貿易之期將屆，【略】達瓦齊並未遣使請安，何得仍循往例？

《東華續録》乾隆三八　是歲，朝鮮來貢。

乾隆一九年（甲戌、一七五四）

《東華續録》乾隆三九　春正月丙寅，調周人驥爲浙江布政使，以湯聘爲湖南布政使。

戊寅，命四川錢局復設舊爐七座。

己卯，命革除廣西鎮安府土司役田陋規。

以沈廷芳爲河南按察使。

《高宗實録》卷四五五　庚辰，又諭：罪人妻子，分賞功臣子孫爲奴，以供差遣，即資約束，如遇陞遷外任，或駐防外省，應將此項人等，隨帶前往，不可聽其留京閒住。著通諭八旗，令將此等賞給之人，善爲約束，勿離左右，如有縱放以致滋事者，朕必嚴治其罪。

《東華續録》乾隆三九　二月癸未，李因培以徇私革職，以于敏中爲兵部右侍郎。

甲申，以努三爲北路參贊大臣。

《高宗實録》卷四五六　辛卯，又諭曰：黄廷桂奏，拏獲逆犯陳琨等，倡立邪會，散布逆帖一案。該犯等造爲圖帖，糾集多人，兇頑已極，急當嚴究黨羽，速示創懲，以爲悖逆作奸者警。著傳諭黄廷桂，令將逃竄各犯，上緊緝拏，務期弋獲。其現在已獲者，作速訊取確供，不分首從，立正典刑。一面辦理，一面奏聞，庶使此等奸民，知法在必誅，不得稍緩其死，不必俟奏達往返，致稽時日也。

《高宗實録》卷四五七　丙申，加賑山東蘭山縣乾隆十八年水災貧民，並緩帶應徵額賦有差。

《東華續録》乾隆三九　丁酉，命軍營領兵大臣，專摺奏事。

己酉，命策楞赴軍營。

三月辛亥朔，召顧琮來京，以白鍾山爲河東河道總督。

壬子，以徐以烜爲禮部侍郎。

癸丑，以程景伊爲内閣學士。

《高宗實録》卷四五八　庚申，諭：據黄廷桂奏，提督岳鍾琪因逆匪陳琨一案發覺，力疾前赴重慶，督緝要犯，擒獲過半，始行回蜀，中途病故等語。

加賑湖北潛江、沔陽、天門三州縣，沔陽衛乾隆十八年水災飢民，並分别蠲緩應徵額賦。

《東華續録》乾隆三九　癸亥，慧中以年老休致，以蘇昌爲吏部右侍郎。

《高宗實録》卷四五八　蠲直隸大城、涿州、青縣、静海、延慶、宣化、懷安、懷來、張家口理事廳，遵化等十廳州縣乾隆十八年水、雹、旱災，應徵額賦有差。

《東華續録》乾隆三九　丙寅，以金德瑛爲内閣學士。

《高宗實録》卷四五九　庚午，刑部議覆：雲貴總督碩色等奏，安南猺匪盤道鉗，勾結内地已正法匪犯何聖烈等，招人不法一案。遵旨照會安南國王，追捕殲除，旋據交趾八寶夷目兵三等，將盤道鉗、鄧盛王二犯，誘獲解送，訊明在交稱王，并勾結内地民夷，散劄招人屬實。應如所請，將該二犯照例分别正法。

從之。

《東華續録》乾隆三九　夏四月庚辰朔，諭：尚書劉統勳、汪由敦，總督方觀承、鄂容安、喀爾吉善、開泰、永常、黄廷桂、碩色，宣力中外，夙夜靖共，嘉乃純勤，宜加顯秩，劉統勳、汪由敦俱著加太子太傅，方觀承、喀爾吉善、黄廷桂俱著加太子太保，鄂容安、開泰俱著加太子少傅，永常、碩色俱著加太子少保。

辛卯，召班第來京，以楊應琚署兩廣總督，郭一裕署山東巡撫，調彭家屏爲江蘇布政使，以納世通爲雲南布政使。

《高宗實録》卷四六〇　甲午，免直隸滄州、保安二州乾隆十八年分水災額賦有差。

《東華續録》乾隆三九　丙午，以都統德甯爲北路參贊大臣。

《高宗實録》卷四六一　丁未，賑卹甘肅省臯蘭、狄道【略】等一十五州縣乾隆十八年分被旱災户有差。

《高宗實録》卷四六二　閏四月庚戌朔，賜一甲莊培因、王鳴盛、倪承寬三人進士及第，二甲汪永錫等七十人進士出身，三甲彭良騫等一百六十八人同進士出身。

甲寅，諭軍機大臣等：今日鄂容安等及雅爾哈善奏摺内，俱有拏獲傳播西洋邪教之案。西洋所奉天主教，乃伊土舊習相沿，亦如僧尼、道士、回回，何處無此異端，然非内地邪教，開堂聚衆，散劄爲匪者可比。若西洋人在廣東澳門自行其教，本在所不禁，原不必如内地民人，一一繩之以法。如其潛匿各省州縣村落，煽惑愚民，或致男女雜遝，自當嚴爲禁絶。今該督撫等既經查辦，著傳諭鄂容安、喀爾吉善、莊有恭，只可就案完結，毋致滋蔓，將江南現獲之張若瑟、福建現獲之馮大千等，解回澳門安插，并諭令廣東督撫，嗣後不時留心稽察，毋任潛往他省，教誘滋事可耳。

己未，免湖北潛江、沔陽、天門三州縣并沔陽衛乾隆十八年分水災額賦有差。

《東華續録》乾隆三九　辛未，厄魯特台吉色布騰入覲，命大學士、公傅恒至張家口傳旨迎勞，加封貝勒。

《高宗實録》卷四六三　癸酉，四川總督黄廷桂奏：拏獲捏造妖言爲首之陳子學，即行正法，餘犯分別定擬。

戊寅，軍機大臣議覆福建巡撫陳宏謀奏稱，福州、漳、泉等府，地狹民稠，半藉海船爲生計。查康熙五十六年定例，出洋之人，勒限三年，准回原籍，逾限不准復回。至雍正五年以後，洋禁已開，似不應仍拘舊例。況出洋之人，或因貨物未清，守候愆期，不能依限回籍，情有可原，且此等人稽留外洋，保無滋事生釁。今請久稽番地人等，果因貨物拖欠等事，以致逾限不歸，及本身已故，遺留妻妾子女，願歸本籍者，無論例前例後，均准回籍等語。臣等酌量，似此辦理，於洋面既無妨礙，而貿易良民，不致屏之番地，事屬可行。至所奏向後販洋之人，仍定以三年爲限，三年後不聽再歸等語，竊思海洋風信不常，帳目守候非易，此番定例之後，或仍有逾限之人，既不忍悉行擯棄，勢必又須籌辦，轉滋煩瑣。請交該督撫妥定章程，俾此等出洋之人，得以均歸故土，并請飭下廣東督撫，一體遵行。從之。

《東華續録》乾隆三九　五月辛巳，調吴士端爲貴州布政使，以史奕昂署甘肅布政使。

《高宗實録》卷四六四　壬午，諭：【略】〔準夷部落〕數年以來，内亂相尋，又與哈薩克爲難，此正可乘之機，若失此不圖，再閲數年，伊事勢稍定，必將故智復萌，然後倉猝備禦，其勞費必且更倍於今。況伊之宗族車凌、車凌烏巴什等，率衆投誠，至萬有餘人，亦當思所以安插之。朕意機不可失，明歲擬欲兩路進兵，直抵伊犁，即將車凌等分駐游牧，衆建以分其勢，此從前數十年未了之局，朕再四思維，有不得不辦之勢。【略】令永常、策楞等來京，將一應機宜面加訓諭。

庚寅，加杜爾伯特台吉車凌等封號。【略】台吉車凌，封爲親王，車凌烏巴什，封爲郡王。車凌孟克、色布騰，封爲貝勒。孟克特穆爾、班珠爾、根敦，封爲貝子。

《東華續録》乾隆三九　壬辰，以厄魯特公巴圖孟克爲北路參贊大臣，瑪什巴圖爲西路參贊大臣。

戊戌，命刑部尚書劉統勳馳往肅州，協辦陝甘總督事。調陳宏謀爲西安巡撫，鍾音爲福建巡撫。

己亥，召雅爾哈善來京，調鄂樂舜爲浙江巡撫，以鄂昌爲甘肅巡撫。

諭内扎薩克喀爾喀王、貝勒等，整兵聽調。

辛丑，命撥山東、山西、河南耗羡銀兩，於直隸修城。

命侍郎兆惠往歸化城，辦運軍米。

丙午，命撥部庫銀三百萬兩，交北路軍營。

《高宗實録》卷四六六　六月己未，阿睦爾撒納，帶領千人，在額爾齊斯夔搏和碩地方固守。【略】如來歸附，所有聲援接應，以及迎禦準噶爾追兵，在在所關緊要。［色布騰］會同將軍策楞，公同商議辦理，即由彼前赴邊卡，相機而行。

《東華續録》乾隆三九　癸酉，調圖爾炳阿爲山東布政使，葉存仁爲河南布政使。

《高宗實録》卷四六八　秋七月癸未，諭曰：護軍統領塔勒瑪善、副都統扎勒杭阿，俱著授爲參贊大臣，前往北路軍營。

《東華續録》乾隆四〇　甲申，命撥山東等省銀一百萬兩、部庫銀二百萬兩，交西路軍營。

《高宗實録》卷四六八　丙戌，諭曰：貝勒車布登，與安崇阿、德寧，同駐庫克嶺，專爲防範逃衆。乃巴朗從此脱逃，伊等率兵尾追，並不奮勇前進，即行退歸。安崇阿、德寧二人著即正典刑，車布登著革去貝勒，降爲貝子，仍留軍營効力贖罪。

《東華續録》乾隆四〇　丙申，免四川郭羅克番民舊欠。

《高宗實録》卷四六九　丁酉，諭軍機大臣等：據策楞等奏，輝特台吉阿睦爾撒納等，移帶眷屬四千餘户，前來投誠。【略】令薩喇勒自軍營前往迎勞。

庚子，喀爾喀台吉丹巴扎布，聞知巴朗等將欲逃走，並不親往查驗，既逃之後，又復推故不前，以致巴朗逃脱。【略】即在軍營正法。

又諭曰：策楞、舒赫德、色布騰、薩喇勒，著於十月間來京，商議明年進兵之事。軍營不可無總統之人，額琳沁多爾濟，人尚去得，辦事勤慎，策楞來時，將軍印務，著額琳沁多爾濟暫行署理。兆惠著授爲參贊大臣，協同額琳沁多爾濟辦事。

於十一月初九日，大祀禮成後，幸熱河。令阿睦爾撒納陛見賜宴，商議明年進兵之事。

《東華續録》乾隆四〇　丙午，班第著補授兵部尚書，馳往軍營，署理定邊左副將軍印務。步軍統領員缺，即著阿里衮補授。

八月戊申朔，命江蘇截留漕糧十萬石備賑。

辛亥，實授楊應琚兩廣總督。

壬子，諭：將軍阿蘭泰著赴軍營帶兵，盛京將軍事務著清保署理。達爾黨阿著授爲黑龍江將軍，亦令帶兵前往軍營。

《高宗實録》卷四七〇　甲寅，策楞、舒赫德，在軍營辦理諸務，舛謬乖張，【略】革職。

丁巳，鄂容安年力壯盛，深感朕恩，勇敢有爲，於一切緊要機宜，或尚能曉暢，克勝此任。現已有旨諭部，著速赴行在，所有兩江總督事務，即著尹繼善兼署矣。鄂容安奉到此旨，即刻馳驛，速赴行在，面領指授。

庚申，賑恤甘肅臯蘭、狄道、金縣、渭源、靖遠等五州縣本年旱災飢民，并予緩徵。

《高宗實録》卷四七一　丁卯，諭軍機大臣等：據策楞等奏，現在烏里雅蘇台地方，水草漸枯，時亦寒冷，應照阿睦爾撒納等所請，交與努三、德沁扎布，令伊等移至鄂爾坤、塔密爾等處游牧。著照所請。

癸酉，著將車凌孟克遣往西路，在參贊大臣上行走。車凌烏巴什、訥默庫著照車凌孟克，一體在參贊大臣上行走。

乙亥，北路著達勒當阿、烏勒登、努三、兆惠，西路著薩喇勒、阿蘭泰、玉保爲參贊大臣，其餘俱爲領隊大臣。

《東華續録》乾隆四〇　九月己卯，命奉天水災地方恩旨蠲免外，仍分別優恤。

《高宗實録》卷四七二　辛巳，署定邊左副將軍班第等覆奏：勸辦烏梁海一事，參贊大臣薩喇勒等，業已率領所派兵丁，出卡前往。計此時正與賊游牧臨近之時，若再諭令徹回，恐賊衆知覺，轉來堵截，殊多未便。現在薩喇勒等於八月二十四日領兵前進，臣等亦於二十五日自烏里雅蘇臺起程，前往卓克索接應。報聞。

《東華續録》乾隆四〇　戊子，諭：免奉天府屬本年地丁錢糧，其經過地方已免十分之三，及被水應蠲額賦，准於明年補免。

調卡塔海爲盛京禮部侍郎，以勒克兼理盛京户部侍郎事。

甲午，以武忱爲陝西布政使，吴士功爲陝西按察使。

《高宗實録》卷四七三　辛丑，諭曰：班第著授爲定邊左副將軍，鄂容安著授爲參贊大臣，協同班第辦事。

壬寅，諭軍機大臣等：班第等奏稱，拏獲烏梁海之宰桑車根等，及收服伊等屬下人，所獲牲畜數萬等語。

《東華續録》乾隆四〇　癸卯，命瑪什巴圖巴圖孟克赴西路軍營。

十月己酉，以明德爲四川布政使，梁翥鴻爲湖北按察使。

辛亥，命各省巡道稽查州、縣自理詞訟。

《高宗實録》卷四七四　癸丑，撫卹山東惠民、陽信【略】等十六州縣衛永利、富國、永阜等三場，及海豐縣民佃竈地本年水災飢民，並予緩徵。

甲寅，諭軍機大臣等：北路聲援兵五千名，前已降旨，派令喀爾喀王扎薩克等管理，但大兵進發後，亦不可無統轄之人，著派成衮扎布、塔勒瑪善、策楞總理。將此寄班第等知之。

《東華續録》乾隆四〇　李錫秦因病解任，調衛哲治爲廣西巡撫，鄂樂舜爲安徽巡撫，以周人驥爲浙江巡撫，調葉存仁爲浙江布政使，以阿爾泰爲河南布政使，盧憲觀爲山東按察使。

乙卯，調阿爾泰爲山東布政使，圖爾炳阿爲河南布政使。

《高宗實録》卷四七四　賑卹安徽壽州、鳳陽【略】等十五州縣，長淮、鳳陽、泗州、滁州等四衛本年水災飢民，並停應徵新舊額賦，及節年民欠耔糧。其本年應徵，并舊欠漕項銀米，除向無應徵漕米之全椒、來安、和州、含山、滁州并衛外，概予緩徵。撫卹山西馬邑縣本年雹災飢民，緩徵太原、清源、徐溝、太谷、壽陽等縣水災額賦。

庚申，賜中式武舉一甲顧麟、徐渭、劉虎臣三人進士及第，二甲梁聯科等五人進士出身，三甲延恂等五十一人同進士出身。

《高宗實録》卷四七五　辛酉，撫卹江蘇阜寧、清河【略】等十四州縣，併淮安、大河二衛本年水災飢民，並分別賑貸、蠲緩。其本年應徵漕糧、漕項，按分蠲免，蠲剩銀米及舊欠緩漕漕項等項，均予緩帶有差。

《東華續録》乾隆四〇　戊辰，調嵇璜爲吏部侍郎，裘曰修爲户部侍郎，調吴達善爲工部侍郎，以雅爾哈善爲兵部侍郎。

辛未，吏部奏：嵇璜見由户部左侍郎調補吏部右侍郎，例應以左侍郎管右侍郎事。至吴達善調補工部侍郎，裘曰修調補户部侍郎，應否將見任右侍郎三和、劉綸各轉補左侍郎，或即以吴達善、裘曰修補授之處請旨。得旨：三和著轉補工部左侍郎，劉綸著轉補户部左侍郎，其由五部左侍郎補授吏部右侍郎、仍以左侍郎管右侍郎之例，實屬繁文，著停止，並交會典館改正。以鄂彌達署吏部尚書。

甲戌，雲貴總督碩色等奏：據永昌府稟報，緬甸國王莽達喇，被所轄之得冷

子攻破阿瓦大城，該國王逃避無蹤。玆訪得該國大和尚搬訥惰同大頭目捧奪窕等辦事不公，得冷子怨恨，率衆將阿瓦大城攻破，該國王見避海濱，其國王二子在所屬之猛迺地方，均未回國。報聞。

《高宗實録》卷四七六　十一月戊寅，蘇祿國王蘇老丹嘛喊味麻安柔律噒遣官表進方物，並請入附版圖。得旨：覽王奏，進貢方物，具見悃忱，知道了。爾國遠隔重洋，輸誠向化，良可嘉尚，所請將疆土、人丁、户口編入中國之處，已允部議，毋庸賫送圖籍。

丁亥，輝特台吉阿睦爾撒納、杜爾伯特台吉訥默庫等，率衆於廣仁嶺恭迎聖駕。【略】召見輝特台吉阿睦爾撒納等，賜宴賞賚有差。

戊子，加輝特台吉阿睦爾撒納等封號。【略】阿睦爾撒納封爲親王，訥默庫、班珠爾封爲郡王。杜爾伯特台吉剛多爾濟、巴圖博羅特，輝特台吉扎木參、齊木庫爾封爲貝勒。杜爾伯特台吉布圖克森、額爾德尼、羅壘雲端，輝特台吉德濟特、普爾普克什克封爲貝子。輝特台吉根敦扎布、固木扎布，杜爾伯特台吉布顔特古斯、孟克博羅特，和碩特台吉納噶察封爲公。杜爾伯特台吉烏巴什、伯勒克，輝特台吉伊什、克什克特封爲頭等台吉，均授爲扎薩克，管轄所部人户。其如何編次旗分佐領，補授官職之處，著該部照例辦理。阿睦爾撒納等受朕恩育，務將各該屬人等，慎加約束教養，勉供厥職，安分謀生。爾等果能仰副朕心，遵循訓旨，則永沐朕恩於無既矣。慎之，毋怠。

以輝特親王阿睦爾撒納爲北路參贊大臣，社爾伯特郡王訥默庫爲西路參贊大臣。

《東華續録》乾隆四〇　壬辰，命車淩同車淩烏巴什往西路軍營，訥默庫同阿睦爾撒納、班珠爾往北路軍營。

《高宗實録》卷四七七　甲午，以進勦達瓦齊，宣諭準部。

乙未，授喀爾喀副將軍額琳沁多爾濟，爲西路參贊大臣。

《東華續録》乾隆四〇　乙未，以喀爾喀副將軍額林沁多爾濟爲西路參贊大臣。

丁酉，准阿睦爾撒納暫回游牧，命色布騰巴勒珠爾署將軍事。

辛丑，命兆惠、富德總理臺站。

《高宗實録》卷四七八　十二月戊申，諭曰：班第著給與定北將軍印信，其現有定邊左副將軍印信，著給與阿睦爾撒納，永常著給與定西將軍印信，其新鑄

定邊右副將軍印信，著給與薩喇勒。

辛亥，以親王固倫額駙色布騰巴勒珠爾、親王銜琳沁郡王訥默庫班珠爾、郡王銜青滾雜卜、尚書公達勒當阿、總督伯鄂容安、護軍統領烏勒登爲北路參贊大臣。親王額琳沁多爾濟車凌、郡王車凌烏巴什、貝勒車凌孟克、色布騰、貝子扎拉豐阿、公巴圖孟克、瑪什巴圖，將軍阿蘭泰爲西路參贊大臣。

《高宗實録》卷四七九　癸亥，賑卹甘肅河州、狄道、皋蘭、金縣、會寧、平涼、涇州、静寧、撫彝、平番、靈川、西寧、大通等十三廳州縣衛水災飢民，並予蠲緩。

丙寅，以阿蘭泰爲北路參贊大臣，調鄂容安爲西路參贊大臣。

《東華續録》乾隆四〇　是歲，朝鮮、琉球、安南、蘇禄來貢。

乾隆二〇年（乙亥、一七五五）

《東華續録》乾隆四一　春正月丁丑，命定邊左副將軍阿睦爾撒納率參贊大臣、額駙色布騰巴勒珠爾，郡王品級青滾雜卜，内大臣瑪木特，奉天將軍阿蘭泰，帶哨探兵由北路進勦。定邊右副將軍薩喇爾率參贊大臣、郡王班珠爾，貝勒品級扎拉豐阿，内大臣鄂容安，帶哨探兵由西路進勦。

癸巳，阿睦爾撒納奏：阿克珠勒告稱，巴特瑪車凌與哈薩克往征達瓦齊，博囉塔拉以外已被搶掠。

丙申，諭軍營撥運，准帶茶布。

停本年經筵。

范廷楷緣事解任，以蘇崇阿爲江西按察使。

癸丑，轉于敏中爲兵部左侍郎，以李清芳爲兵部右侍郎。以楊廷璋爲湖南布政使。

甲寅，停東三省、滿洲、烏拉齊等考試漢文。

乙卯，調梁翥鴻爲廣西按察使，以清馥爲湖北按察使。

己未，召范時綬來京，調胡寶瑔爲江西巡撫，以楊錫紱署湖南巡撫，蔣溥署吏部尚書。

乙丑，以王際華爲内閣學士。

丁卯，諭：雲南易門等二州縣上年地震塌壓民户，加倍賑給。

《高宗實録》卷四八二　二月乙巳，著兆惠即留烏里雅蘇台協辦事務，在領隊大臣上行走。

己未，加賑山東惠民、陽信、海豐、商河、濟南衛、濱州、利津、霑化、蒲臺、博興、高苑、樂安、昌邑等州縣衛被水貧民口糧。

《高宗實録》卷四八三　壬戌，諭軍機大臣等：據班第等奏，大兵五月内可到伊犁。到彼之後，事勢既定，令阿睦爾撒納會同將軍大臣等，將續行應辦事宜，商辦妥協，再帶領準噶爾各台吉，前赴熱河入覲，大約九月初旬可到。阿睦爾撒納深知彼處情勢，至伊犁時，一切與班第會同定議，自應妥協。至衆台吉前來入覲，車凌、車凌烏巴什、訥默庫、班珠爾等，俱係參贊大臣，彼處無應留辦理之事，儘可帶領前來。著傳諭班第、阿睦爾撒納，俟到伊犁後，其台吉、頭目遵前旨，與薩喇勒、瑪木特等商議妥辦。

己巳，加賑江南高郵、寶應【略】等州縣及各衛所上年被災兵民口糧。

《高宗實録》卷四八四　三月丙子，定西將軍永常等奏：原擬遵諭於二月二十八日起程，今聞有業克明安巴雅爾帶領一千户口，移至額林哈畢爾噶來降，辦理招降，亦需數日，因改早於二月二十五日前進。報聞。

定邊左副將軍阿睦爾撒納奏：博爾貝、先察達克到病故，仍梟首，將供詞諭察達克，據稱博爾貝車根所屬，原係不可信之小人。現準噶爾内亂，布珠庫斷不能出兵，即所言來至招摩多四百兵，亦爲瞭望蹤跡，非敢來迎烏梁海。且烏梁海受恩，安居樂業，即車根赤倫之人不敢信，我屬下可保無異志。報聞。

《東華續録》乾隆四一　己卯，召鄂昌來京，調陳宏謀爲甘肅巡撫，以台柱署陝西巡撫。命阿思哈以布政使銜協辦糧運。

壬午，葉存仁以失察庫書、包攬侵欺，降補河南按察使。以同德爲浙江布政使，富勒渾爲浙江按察使。

癸巳，諭：張師載戴罪河干已經二載，著加恩准其回籍，所有未完、應賠銀兩，著交與尹繼善等，酌量定限，分年完繳。

癸卯，諭：西師報捷，諸部願入版圖，日出入晝夜、節氣時刻，宜載入時憲書，頒賜正朔，以昭遠裔向化之盛。侍郎何國宗，著加尚書銜，往該處測度，繪圖呈覽。

夏四月甲辰朔，諭：屠嘉正不勝按察使之任，著降補貴州古州兵備道，所遺貴州按察使員缺，著崔應階補授。

戊申，諭：史奕昂著來京，以京員用。甘肅布政使員缺，著明德調補，速赴

新任。史奕昂俟明德到甘交代，再行起程。周琬著補授四川布政使。以全泰爲四川按察使。

庚戌，勒克以不職革職，調赫赫爲盛京户部侍郎，以奉寬爲盛京工部侍郎，以富曾額爲盛京兵部侍郎。

壬子，致仕大學士張廷玉卒，遺疏聞。

《高宗實録》卷四八六　甲寅，胡中藻免其凌遲，著即行處斬。【略】鄂爾泰，著徹出賢良祠，不准入祀。張泰開本一庸懦無能之人，其出貲刊刻由被勒索，而序文又俱係胡中藻自撰，張泰開著從寬免其治罪，即行釋放，仍在尚書房行走，効力贖罪。胡中藻之母，年已八十，其孫亦在幼穉，及伊弟胡中藩等，著從寬免其緣坐。其胡中藻詩案内一應干涉之人，除鄂昌俟解京之日，另行審結外，其餘俱著加恩，一概免其查究。至於李蘊芳，身爲縣令，乃以檢驗爲苦，反覆嗟怨，甚屬狂悖，該撫現以貪婪題參革職，俟審擬到日，再降諭旨。

《東華續録》乾隆四一　丙辰，大學士、九卿等奏：逆犯胡中藻已經正法，請照查嗣庭逆案例，停止江西鄉會試。諭：江西風俗囂陵，固應整飭，大學士、九卿所奏，亦懲戒惡習之意。但因胡中藻一人，而阻通省士子上進之階，朕心實有所不忍，所奏不必行。嗣後如再有此等悖逆之案，不但暫停數科，必當大示義正，以挽頹風，該省士民其共知所儆。

庚申，以阿思哈、阿桂俱爲内閣學士。

《高宗實録》卷四八七　乙丑，又諭曰：永常等奏，吐魯番伯克莽里克，率衆一千户來降。

丙寅，免山東惠民、陽信【略】等十六州縣水災額賦有差。

丁卯，定邊右副將軍薩喇勒等奏：【略】綽囉斯台吉袞布扎布等部，陸續來降，共四千餘户。

《東華續録》乾隆四一　戊辰，琉球國世子尚穆遣陪臣入貢、請封，允之。

《高宗實録》卷四八八　五月甲戌朔，免安徽壽州、鳳陽【略】等十九州縣衛水災額賦有差。

丁丑，諭軍機大臣等：據永常奏，新降之布嚕特等有三百餘户私自逃歸本處者，此等逃人，原非甚關緊要之事，但永常既聞逃遁，即應派索倫、巴爾虎兵丁，悉力擒捕，縱不能追回，亦於事體無礙。

庚辰，諭軍機大臣等：阿睦爾撒納等領兵抵五集賽，招降宰桑達什車凌、都噶爾等，並擒獲逃人孟克特穆爾、巴布勒、葛蘇勒、羅布藏西喇布等，奏請俟擒獲巴朗，一併解送來京。所辦甚合機宜。【略】著阿睦爾撒納即遣人將巴朗擒獲，同孟克特穆爾一併械送來京。其餘被脅同逃之人，送往杜爾伯特游牧處，交與舒明約束收管。

《東華續録》乾隆四一　辛巳，准外任旗員迎養。

班第等奏：見在收服之塔本集賽，約計户口八千有餘，伊等所居遊牧寬廣，且係新附，須駐兵防守。應將駐紮察罕呼濟爾兵二千，移於齊爾烏遜、呼濟爾地方駐紮。駐紮烏蘭滹爾兵一千，移於察罕呼濟爾地方駐紮。既資防範，兼可調遣。報聞。

辛卯，命黄廷桂爲武英殿大學士兼吏部尚書，仍留四川總督任。調王安國爲吏部尚書，以楊錫紱爲禮部尚書，何國宗爲左都御史，李侍堯爲工部侍郎。調陳宏謀爲湖南巡撫，以吴達善爲甘肅巡撫，以圖爾炳阿爲河南巡撫。

癸巳，諭：平定準部，孝陵遣皇子永璋，景陵遣皇子永珹，泰陵遣皇子永琪，代行告祭。

諭：河南布政使員缺，著劉慥補授，福建按察使員缺，著史奕昂補授。史貽直私書請託，係伊自取之罪，原與伊子無涉，是以仍加録用。著將此旨，諭令知之。

諭：班第著封爲誠勇公，薩喇爾著封爲超勇公，瑪木特著封爲信勇公。班第、薩喇爾並著賞戴寶石帽頂，以示優奬。

己亥，調書山爲刑部侍郎，以夢麟爲工部侍郎。

庚子，定北將軍班第奏：據阿睦爾撒納密行告稱，若以噶勒藏多爾濟爲綽囉斯汗，衆心不服，不若於事定後，齊集各宰桑得木齊等，廣爲諮訪，於噶爾丹策零親戚中，不論何姓，擇衆心誠服、能禦哈薩克、布嚕特者，公同保奏，俾領其衆，則輿情既協，亦可永遠寧帖。臣告以奉旨封四衛拉特，各爲一汗，令自管轄，若另選别姓，不獨未合聖意，即準噶爾衆心，亦豈允服。阿睦爾撒納復稱，我蒙撒納爲汗，則辦理準噶爾一事，全爲伊一人。

《高宗實録》卷四九〇　六月癸卯朔，以平定準噶爾告祭太廟。遣官告祭天、地、大社、大稷、先師孔子。

《東華續録》乾隆四一　己酉，加上皇太后徽號曰：崇慶慈宣康惠敦和裕壽純禧皇太后。

庚戌，調李侍堯爲户部侍郎，以王際華爲工部侍郎。以多綸爲禮部侍郎，蔣洲爲山西布政使，挖穆齊圖爲山西按察使。

癸丑，阿克敦以老疾免，以鄂彌達爲刑部尚書，仍兼署吏部尚書事。阿里衮署工部尚書。降永常爲吏部侍郎，仍帶革職留任。召劉統勳來京，調黄廷桂爲陝甘總督，開泰爲四川總督，碩色署湖廣總督，以愛必達爲雲貴總督，郭一裕署雲南巡撫，白鍾山署山東巡撫。

庚申，上御午門樓受俘，巴朗、孟克特穆爾正法，羅卜藏丹津交軍機大臣等審訊。

《高宗實録》卷四九一　辛酉，諭軍機大臣等：班第等拏獲達瓦齊宰桑車凌多爾濟等，訊問口供，知達瓦齊現逃往布嚕特境内。我大兵深薩喇勒進兵情形隨時速奏。又諭曰：班第等奏稱，擒獲達瓦齊宰桑車凌多爾濟、摩羅等，請旨作何辦理等語。車凌多爾濟、摩羅，皆被獲之人，並非誠心歸順，雖不應施恩亦可，屬下應徵貢賦，皆台吉等自行辦理，毋庸另議。

《東華續録》乾隆四一　壬戌，派哈達哈、額爾登額爲參贊大臣。

《高宗實録》卷四九一　諭軍機大臣等：羅布藏丹津背恩叛逃，理應從重治罪，但伊入準噶爾年久，又率伊二子迎接大兵，隨同前進，朕特施恩，將羅布藏丹津父子免其死罪。羅布藏丹津，著留京。兵追拏達瓦齊，所有茂海、策凌子孫，俱著從寬免其治罪，其屬下人等，仍令在準噶爾居住。班第等明白曉諭伊等知之。

又諭曰：達瓦齊現在脱逃未獲，如布嚕特不行擒送，薩喇勒仍須帶兵前進，所有副將軍印，不必繳回，仍留與伊帶用，並派哈達哈、額勒登額爲參贊大臣。諭軍機大臣等：班第、鄂容安將阿睦爾撒納妄行覬覦、阻撓事務及貪取牲隻各情形，密而過甚，其詞亦不能逃朕洞鑒。班第等務宜詳密，毋得稍有洩漏。

又諭曰：阿睦爾撒納此次辦理諸事動合機宜，朕甚嘉悦，且甚軫念。想阿睦爾撒納亦必急思入覲，瞻仰朕躬。俟順德訥等回時，將哈薩克言語、情形，即速奏報。

《東華續録》乾隆四一　庚午，以莊存與、富貴俱爲内閣學士。

《東華續録》乾隆四二　七月甲戌，命纂《平定準噶爾方略》。

《高宗實録》卷四九二　丁丑，又諭：現達瓦齊已被擒獲，準部悉平，著薩喇善告知達賚喇嘛，令其欣悦。

戊寅，定北將軍班第奏：杜爾伯特台吉伯什阿噶什等來降，遣伊弟肯哲畢喀入覲。報聞。

丁亥，又諭曰：阿蘭泰自出兵以來，奮勉效力，擒獲達瓦齊，實屬可嘉，著加恩賞給世襲男爵。

《高宗實録》卷四九四　己亥，命江蘇截留漕糧十五萬石備賑。

《東華續録》乾隆四二　八月丙午，賑卹江蘇海州、贛榆、沭陽、沛縣、邳州、宿遷、睢寧七州縣本年被水、被雹貧民。

《東華續録》乾隆四二　丁未，上奉皇太后啟鑾，秋獮木蘭。

戊申，免經過地方額賦十分之三。

辛亥，命江蘇再行截留漕糧十五萬石備賑。

辛酉，命準部王公扎薩克等，照内地扎薩克一體給俸。命準部歸公管轄之二十一昂吉，分立八旗，仍准存舊日名號。

《高宗實録》卷四九五　戊辰，諭軍機大臣等：莫爾渾奏，據青滚雜卜報稱，汗哈屯烏梁海，俱已收服，惟宰桑布珠庫，畏懼逃避，現派緝拏等語。

《高宗實録》卷四九六　九月甲戌，綽囉斯台吉噶勒藏多爾濟等入覲。

《東華續録》乾隆四二　丙子，永常仍著辦理定西將軍事務，策楞、玉保、扎拉豐阿俱著在參贊大臣上行走。

命江蘇再截留漕糧二十萬石，並撥運河南粟麥二十萬石備賑。

《高宗實録》卷四九六　癸未，受綽囉斯台吉噶勒藏多爾濟等朝，各賜冠服。命封準噶爾部落。【略】準噶爾舊有四衛拉特，今即仍其部落，樹之君長。噶勒藏多爾濟封爲綽囉斯汗，車凌封爲杜爾伯特汗，沙克都爾曼濟封爲和碩特汗，巴雅爾封爲輝特汗。【略】加恩晉封桑寨多爾濟爲親王。

《東華續録》乾隆四二　丁亥，以徐垣爲安徽按察使。

《高宗實録》卷四九七　定西將軍著策楞補授。

戊子，又諭曰：喀爾喀郡王巴雅爾什第等，追勦包沁叛賊，生擒阿克珠勒，斬馘台拉克等，奮勉可嘉。巴雅爾什第著加恩封爲親王，貝子沙克都爾扎布封爲貝勒，公達爾扎諾爾布扎布封爲貝子。

己丑，賑卹湖北江陵、監利、潛江、荆門、沔陽五州縣，荆州、荆左、沔陽三衛本年被水貧民。

庚寅，永常著革職，拏解來京治罪。策楞著仍在參贊大臣上行走，即日帶兵

前往，其定西將軍，著扎拉豐阿補授。

丙申，諭曰：劉統勳奏西路實在情形一摺，乖謬已極。【略】劉統勳著革職，挐解來京治罪。現在軍營有應辦糧馬事務，著方觀承馳驛前往辦理，其直隸總督印務，著鄂彌達署理。

諭軍機大臣等：據永常奏稱，諾爾布琳沁聚集兵丁，擊敗阿巴噶斯之衆，擒其得木齊班咱，解送前來。扎那噶爾布復來歸附，又布庫察特之得木齊諾爾布，亦率屬來歸等語。【略】諾爾布琳沁尚在幼年，即能如此奮勇，著加恩封爲郡王。

《東華續録》乾隆四二　丁酉，封厄魯特貝勒齊木庫爾爲郡王。調汪由敦爲刑部尚書。

己亥，命截留湖廣漕糧二十萬石，江西漕糧十萬石，於江南備賑。

庚子，召彭家屏來京，以許松佶爲江蘇布政使，託恩多爲江蘇按察使。

《高宗實録》卷四九八　冬十月辛丑朔，將策楞挐解來京。命副都統莽阿納喀寧阿爲西路領隊大臣。

《東華續録》乾隆四二　甲辰，以阿里衮爲户部尚書，納穆扎爾爲户部右侍郎，舒明爲吏部左侍郎，德爾敏爲左副都御史。以衛哲治爲工部尚書，鄂寶署廣西巡撫。

丙午，命浙江再截留漕糧五萬石備賑。

丁未，封親王訥默庫子、唎嘛扎布爲貝勒。

辛亥，命江南災地折賑米價，每石加銀二錢。

《高宗實録》卷四九六　壬子，賑卹山東鄒縣、滕縣【略】等十九州縣衛，官臺、永阜、濤雒、王家崗等四場本年潮災飢民，并緩徵錢糧。

《東華續録》乾隆四二　丁巳，以達瓦齊、羅布扎、莽喀圖、巴敦多、克和通等解送至京，遣官告祭太廟、社稷，行獻俘禮。

戊午，上御午門樓受俘，釋達瓦齊等交理藩院。

《高宗實録》卷四九九　辛酉，〔諭〕：倘阿睦爾撒納已在伊犁，惟整兵進勦，速行擒捕。【略】策楞此次辦事，頗知奮勉，著加恩授爲參贊大臣，給與副都統職銜，扎拉豐阿未到時，仍署理將軍事務。

《東華續録》乾隆四二　癸亥，撥運湖南倉米十萬石，於江蘇備賑。

《高宗實録》卷四九九　丁卯，賑卹江蘇阜寧、清河【略】等六十四州縣，蘇州、太倉、鎮海、鎮江、淮安、揚州、大河、徐州等八衛本年水災、蟲災飢民。

《東華續録》乾隆四二　十一月庚午朔，晉封扎薩克輔國公，額敏和卓爲鎮國公。

《高宗實録》卷五〇〇　癸酉，策楞自知前譴，奮往從事，悉協機宜，額林哈畢爾噶等處，共知其爲將軍，不便更替，著即授爲内大臣，兼定西將軍。扎拉豐阿著授爲定邊右副將軍，即將達勒當阿帶往之印，給與掌管，駐劄額林哈畢爾噶，辦理軍務。達勒當阿著授爲參贊大臣，同伊辦事。玉保隨將軍策楞，帶兵前進。

甲戌，鄂勒哲依、哈薩克錫喇，著授爲參贊大臣。尼瑪授爲内大臣，兼圖什墨勒仍授爲參贊大臣，吞圖布、恩克博羅特俱著在領隊大臣上行走。

癸未，達瓦齊著加恩封爲親王，賜第京師。

《東華續録》乾隆四二　〔戊午〕〔戊子〕，調鄂樂舜爲山東巡撫，以高晉爲安徽巡撫，託庸爲安徽布政使，以李侍堯署廣州將軍，五福爲户部右侍郎。

庚寅，達爾黨阿等奏：親王成衮扎布等，追勦包沁叛衆，至烏隴古之扎克鄂博地方，將肯哲顔、達什巴雅爾、圖薩喀及伊等妻孥盡行勦滅，計殺三百餘人，俘四百餘口，效力人員請交部議敘。報聞。

《高宗實録》卷五〇一　甲午，噶勒雜特得木齊丹畢，率屬人一百十二户來降。

《東華續録》乾隆四二　辛丑，命安徽折賑米價，每石加銀二錢。

《高宗實録》卷五〇二　十二月甲辰，琉球國中山王世子尚穆，遣陪臣耳目官毛元翼、正議大夫蔡宏謨等，表請襲封。得旨：琉球國世守藩服，恭順有年，今世子尚穆承祧繼序，奏請襲封，已命侍講全魁充正使、編修周煌充副使，齎詔前往。

《東華續録》乾隆四二　召台柱來京，以盧焯署陝西巡撫。

丙午，命嚴定命案失入處分。

丁未，命侍郎劉綸往浙江，查辦前任巡撫鄂樂舜勒派商銀案，並查閲江南、浙江賑務。

戊申，命伊犁本年貢賦加恩寬免，自明年爲始，永免原納貢賦之半。

庚戌，以策楞爲領侍衛内大臣，以傅森爲兵部尚書。

《高宗實録》卷五〇二　庚戌，命鑲白旗蒙古都統伍彌泰，以將軍職銜，往代舒泰駐藏辦事。

壬子，賑卹甘肅皋蘭、河州、渭源、隆德、静寧、寧夏、寧朔、西寧、碾伯、高臺等十州縣本年被雹、水災飢民，并緩徵新舊錢糧。

《東華續録》乾隆四二　戊午，命盛京民間典買田畝，永遠免税。

己未，以裘曰修爲吏部右侍郎。

《高宗實録》卷五〇三　己未，賑卹湖北潛江、沔陽、荆門、江陵、監利、荆左等六州縣衛本年水災飢民，并緩徵新舊錢糧。

《東華續録》乾隆四二　是歲，朝鮮、琉球來貢。

乾隆二一年（丙子、一七五六）

《東華續録》乾隆四三　春正月己巳朔，命舒赫德協同將軍成衮扎布駐烏里雅蘇台。

辛未，免齊齊哈爾、黑龍江、墨爾根、呼蘭等八旗兵民借欠米石。

《高宗實録》卷五〇四　己卯，達什達瓦之妻【略】率衆至巴里坤投誠，封爲車臣默爾根哈屯。

庚辰，諭：前據富勒渾奏，鄂樂舜於上年在浙江任内，藩司同德見其缺用，授意分司鄭景莊，勒派通省鹽商銀八千兩，轉交鄂樂舜收受等語。【略】此案著交與總督尹繼善就近前往浙江，會同伊等，悉心重加研訊。

《東華續録》乾隆四三　辛巳，命江南疏濬各州縣支河代賑。

《高宗實録》卷五〇五　丁亥，定西將軍策楞等奏：大兵進勦，遇阿巴噶斯得木齊哈丹、西喇布爾古特、收楞額、德勒克、恩克等投誠。

乙未，薩喇勒領兵，由珠勒都斯前來。【略】其定邊右副將軍印，著伊二人公同掌管，其奏事列名，應以鄂勒哲依爲首。【略】著傳諭兆惠，速往特訥格爾，會同富德管理臺站，一體辦事。

丙申，烏嚕特、克哷特、綽和爾等鄂拓克俱歸順。

《高宗實録》卷五〇六　二月戊申，策楞、達勒當阿竟不必候薩喇勒偕行，即同鄂勒哲依、哈薩克錫喇等，作速進兵。

辛亥，定西將軍策楞等奏報：擒獲阿睦爾撒納。策楞著封爲一等公，賞戴雙眼花翎、寶石帽頂，並四團龍補服。

《東華續録》乾隆四三　辛亥，上啟鑾謁孔林，以定西將軍策楞奏報擒獲阿睦爾撒納，命改程謁泰陵。

癸丑，命河南、山東各採買小米數萬石，於江南平糶。

甲寅，上謁泰陵。免直隸、山東經過地方額賦十分之三，歉收地方十分之五。

命巴里坤建倉貯糧。

以清馥爲直隸布政使，塔永甯爲湖北按察使。

《高宗實録》卷五〇七　癸亥，加賑浙江仁和、烏程、歸安、長興、德清、武康、安吉、山陰、會稽、蕭山、諸暨、餘姚、上虞十三州縣，金山、曹娥二場被水災民。

《東華續録》乾隆四三　甲子，諭：鄒一桂年已衰老，不勝侍郎之任，禮部侍郎員缺，著金德瑛補授，所遺内閣學士員缺，即著鄒一桂調補。衛哲治以病乞休，允之。以趙宏恩爲工部尚書。

乙丑，以張師載爲兵部侍郎。

戊辰，實授碩色湖廣總督，郭一裕雲南巡撫。調愛必達爲山東巡撫，以恒文爲雲貴總督，明德爲山西巡撫，調武忱爲甘肅布政使，以劉藻爲陜西布政使。

三月己巳朔，上至曲阜，謁先師孔子廟。

庚午，上釋奠禮成，謁孔林。謁少昊陵。謁元聖周公廟。命曲阜縣丁丑年地丁全行蠲免。

《高宗實録》卷五〇八　庚午，又諭：據策楞等奏稱，據陸續逃出人等云，阿睦爾撒納並未拏獲，伊等誤報，實屬輕忽，請罪前來。此亦據福昭等所報，遂行奏聞，雖屬不實，無甚緊要，但泥於僞信，心思紛亂，反不催促進兵，朕心殊爲忿恨。再據烏遜之言，惟庫圖齊、沙喇薩璊二人，實意投誠，其餘得木齊、收楞額皆恍惚難信，著策楞等留心試看，稍有他意，嚴行辦理，毋受其欺。

辛未，加賑山東鄒縣、滕縣【略】十七州縣衛秋禾被災貧民。

《東華續録》乾隆四三　甲戌，命浙江山陰等二縣加築海塘代賑。

壬午，減江蘇上元等十四州縣衛低瘠田地額賦。

《高宗實録》卷五〇九　丁亥，哈達哈往辦烏梁海事務。青滚雜卜、車布登扎布並著授爲參贊大臣。

定西將軍策楞等奏：大兵克復伊犁。

戊子，户部議奏原任安徽巡撫鄂樂舜奏，宿州、靈璧【略】二十一州縣衛被災、及勘不成災田地，應徵漕項銀米並舊欠，可否准與豁免。得旨：著照所

請行。

《東華續録》乾隆四三　壬辰，上謁昭西陵、孝陵、孝東陵、景陵，至孝賢皇后陵奠酒，回鑾。

《高宗實録》卷五〇九　丙申，〔諭〕：鄂樂舜歷任封疆，乃敢簠簋不飭，敗檢負恩，一至於此，即應明正典刑，以示炯戒。但念其情節尚非因事枉法可比，著從寬免其顯戮，賜令自盡。

《東華續録》乾隆四三　丁酉，調吴士功爲湖北按察使，塔永甯爲山西按察使。

夏四月戊戌朔，命陝甘總督黄廷桂赴巴里坤。

辛丑，策楞等奏：獲賊黨克什木洪、郭什俄羅斯等，解京。報聞。

賞員外郎唐喀禄副都統銜，授領隊大臣，赴北路軍營。

《高宗實録》卷五一〇　壬子，諭軍機大臣等：策楞等領兵擒拏阿逆，事事舛謬，全無籌畫。今西路專任達勒當阿，北路專任哈達哈，伊二人尚屬勇往，著即領兵前赴哈薩克，務期擒獻。【略】哈寧阿、鄂實，俱著在參贊大臣上行走。

《高宗實録》卷五一一　癸丑，著大學士、忠勇公傅恒，馳驛即赴額林哈畢爾噶一帶，整理軍務。【略】策楞、玉保，著拏解來京治罪。【略】〔烏勒登〕於阿逆竄入哈薩克，並未窮追，坐令兔脱，罪何可逭，烏勒登著即於彼處正法。

甲寅，命户部尚書阿里衮暫在軍機處行走。

丁巳，諭軍機大臣等：據策楞等奏到，業經率兵前進，傅恒即遄行已屬無及。且策楞等已知畏罪，努力自贖，俟觀此番効力如何，再行降旨，已令傅恒不必前往。

《東華續録》乾隆四三　癸亥，諭：侍郎雅爾哈善、劉綸俱著回部辦事，不必兼軍機處行走。侍郎裘曰修著在軍機處行走。

乙丑，命何國宗專辦西域輿圖事務，劉統勳即馳驛回京。

丁卯，命江南各省嚴禁躧麴。准漕船回空耗米留倉抵兑。

《高宗實録》卷五一二　五月戊辰朔，著將玉保革去參贊大臣，仍在領隊大臣上行走，以供驅策，此次若能奮勉，尚可寬宥，倘稍有退縮，必重治其罪。達勒當阿近日辦事，甚屬勇往，著授爲定邊右副將軍。巴禄現往軍前辦事，著授爲參贊大臣。

《東華續録》乾隆四三　己巳，命各省州、縣交代依限册結並繳。

癸酉，命尚書阿里衮同公明瑞往軍營，在領隊大臣上行走。

《高宗實録》卷五一二　甲戌，達勒當阿著補授定西將軍，兆惠著補授定邊右副將軍，永貴著加恩賞給副都統職銜，在參贊大臣上行走。

乙亥，免浙江仁和、安吉、歸安、烏程、長興、德清、武康、山陰、會稽、蕭山、諸暨、餘姚、上虞等十三州縣乾隆二十年被災田地、漕項銀米，並緩徵餘剩，及舊欠漕白錢糧。

《高宗實録》卷五一三　乙酉，阿納、達什車凌俱著在參贊大臣上行走，一同帶兵速進。

丁亥，賑甘肅臯蘭、金縣【略】等二十廳州縣乾隆二十年霜、雹被災貧民。

《東華續録》乾隆四三　戊子，諭軍機大臣等：巴禄奏稱，散秩大臣輝特宰桑烏魯木生擒逆賊唐古忒，並勦滅伊屬人等，烏魯木見已移至阿爾台地方等語。

六月辛丑，噶勒雜特宰桑根敦得木齊巴圖孟克率屬户來降。

癸丑，諭：何國宗見在降調，所遺左都御史員缺著趙宏恩補授，工部尚書員缺著汪由敦補授，刑部尚書員缺著劉統勳補授，劉統勳未到之前，汪由敦仍辦刑部尚書事。趙宏恩以左都御史仍兼管工部尚書事。

《東華續録》乾隆四三　丙辰，調德福爲福建布政使，以莫存仁爲廣西布政使，宋邦綏爲河南按察使。

伯什阿噶什屬下宰桑賽音伯勒克來降。

《高宗實録》卷五一五　癸亥，又諭曰：杜爾伯特台吉伯什阿噶什，帶伊屬人八百餘户，至額爾齊斯、奇蘭、庫爾圖等處，遣人前來投誠等語。伯什阿噶什係杜爾伯特大台吉，屢被哈薩克搶掠，傾心投誠，甚屬可嘉，著封爲親王。

《東華續録》乾隆四四　己巳，定革職無餘罪人員槩准捐復例。

《高宗實録》卷五一六　七月壬申，諭軍機大臣等：哈達哈等帶兵赴哈薩克，路遇古爾班和卓等，帶領户口千餘潛往烏梁海，即派官兵擒獲古爾班和卓等正法，其屬人全行勦滅，甚屬奮勇可嘉。哈達哈著加恩授爲領侍衛内大臣，賞戴雙眼翎。車布登扎布著晉封郡王，唐喀禄著授爲副都統。舒赫德効力軍營，此次亦屬奮勉，著賞給副都統職銜。扎薩克台吉三都布多爾濟，著封授公爵。

己卯，舒明等奏：明噶特宰桑恩克圖屬人色布騰，帶領三十餘户，前來投誠。

《東華續録》乾隆四四　庚辰，以張師載爲漕運總督，程景伊爲兵部侍郎。

丁亥，上幸清河，至將軍班第、參贊大臣鄂容安喪次賜奠。

《高宗實録》卷五一七　壬辰，又諭曰：青滚雜卜叛跡已著。舒明等會同親王成衮扎布等領兵擒拏哈達哈，自哈薩克回時，務宜趲行，會同辦理。

癸巳，諭軍機大臣等：雅爾哈善奏，和碩特汗沙克都爾曼濟，及達什達瓦部落特古斯哈什哈之妻，俱率領所屬，由珠勒都斯，向巴里坤前來。

《東華續録》乾隆四四　八月戊戌，以張映辰爲内閣學士。

《高宗實録》卷五一八　壬寅，黑龍江將軍員缺，著綽勒多調補。

《東華續録》乾隆四四　癸卯，命理藩院尚書納延泰往北路軍營。命工部侍郎夢麟軍機處行走。

《高宗實録》卷五一八　乙巳，諭軍機大臣等：親王成衮扎布，舊任將軍，今定邊左副將軍哈達哈徹兵將回，著授成衮扎布爲定邊左副將軍，哈達哈回時將印信交與掌管。成衮扎布接到諭旨，即辦理將軍事務，帶兵前往和托輝特，擒拏青滚雜卜。舒明、阿蘭泰、桑寨多爾濟、德沁扎布、塔勒瑪善等，俱著授爲參贊大臣。

辛亥，諭軍機大臣等：納木扎勒照管輝特人等，已回各原游牧，現在無事，著與德木楚克同赴將軍成衮扎布處辦事，俱著在參贊大臣上行走。保德署理綏遠城建威將軍。

《高宗實録》卷五一九　癸丑，諭：朕此次巡幸木蘭，所有經過州縣地方，著照例蠲免本年錢糧十分之三，該部即遵諭行。

阿巴噶斯、庫什、克什木，【略】著即行凌遲。

戊午，喀爾喀車臣汗部落屢遭荒歉，扎薩克輔國公成衮等六旗，【略】加恩賞給所需折給牲價銀兩。

諭軍機大臣等：據雅爾哈善等奏，厄魯特達瑪琳稟稱，伊係額駙阿保屬人，從前出征和通呼爾哈諾爾時，爲準噶爾所擄，今帶領妻子并所屬布庫勒等四十户投來。

庚申，瑚圖靈阿、富昌、保德、哲庫訥、阿爾賓領兵到彼，俱著授爲參贊大臣，隨同成衮扎布辦事。綏遠城建威將軍事務，著副都統保雲署理。

壬戌，杜爾伯特台吉伯什阿噶什來覲。

癸亥，諭軍機大臣等：定邊左副將軍成衮扎布，及親王德沁扎布，【略】著交部議敘。

甲子，貝勒品級車木楚克扎布，前在軍營，甚著勞績，此次接續臺站，亦屬奮勉，著加恩封爲貝勒。

乙丑，達勒當阿、哈達哈等兩次戰捷。

《高宗實録》卷五二〇　九月丁丑，土爾扈特台吉敦多布達什，遣使臣吹扎布入貢。

《東華續録》乾隆四四　丁亥，以崔應階爲湖南布政使，馮鈐爲貴州按察使。

戊子，命甘肅十三府州廳屬各州縣衛十一年至十五年民欠地丁、錢糧、草束全行蠲免。安西五衛及皋蘭縣蠲免本年錢糧。甯夏等府屬十七州縣本年錢糧免十分之三，元年至九年蠲剩未完，及十年至十五年民欠耔糧，一併恩免。

《高宗實録》卷五二一　庚寅，杜爾伯特親王伯什阿噶什著授爲盟長。

《東華續録》乾隆四四　乙未，賜暹羅國王清篆印。

除廣東番禺等三縣額外歲供米。

閏九月庚子，命山東金鄉等處被水州縣，折賑米價每石加銀一錢。

《高宗實録》卷五二二　癸卯，羅布藏車楞子塔木楚克扎布，近復派兵接續臺站，行走奮勉，著加恩封塔木楚克扎布爲貝勒。

庚戌，阿桂著授爲參贊大臣，同將軍成衮扎布，擒勦逆賊。

《東華續録》乾隆四四　乙卯，命尚書劉統勳督辦東河疏築事宜。

庚申，諭：明歲南巡，江、浙兩省各截留運京銅鉛十萬斤鼓鑄，漕糧五萬石平糶。

《高宗實録》卷五二四　冬十月戊辰，諭軍機大臣等：達勒當阿、哈達哈等徹兵，回至北路軍營，哈達哈已降旨留在軍營，在參贊大臣上行走，會同成衮扎布，辦理事務。達勒當阿著即來京，其領兵大臣内，已命阿里衮、富德等先行回京。

《東華續録》乾隆四四　壬申，諭：尹繼善著實授兩江總督。愛必達新任河督，於全河形勢、一切修防，恐未諳練，尹繼善仍著兼管河督事務。

《高宗實録》卷五二四　丙子，霍集占遣使沙呢雅斯來京。

戊寅，巴雅爾搶掠洪霍爾拜、扎哈沁等五百餘户，殺傷人衆，刦奪牲隻，已遣和起會同噶勒藏多爾濟等設計擒拏。

己卯，賑直隸延慶、薊州、延慶衛、保安、宣化、萬全、西寧、懷來等八州縣衛本年水、旱、雹災飢民，借給耔種。

《東華續録》乾隆四四　壬辰，閩浙總督喀爾吉善奏：紅毛番船向收粵門，忽自上年來浙，臣遵旨與廣督楊應琚商辦。見將徵收税課及稽查事宜，比較則例，設立條約，並嚴禁句引夷商，從中漁利。得旨：浙省止有較粵省重定税例一法，彼不期禁而自不來矣。此非言利，宜知之。

十一月己酉，命安徽、浙江、山東、河南撥銀一百六十萬兩，於江蘇備賑。

辛亥，諭：莊有恭據報丁憂，其江蘇巡撫員缺，著愛必達以河道總督署理巡撫事務。時届冬令，修防事簡，劉統勳即可交印於愛必達，回京辦事。莊有恭著給假百日，回籍治喪，於伏汛前到淮，署理江南河道總督事務。至大臣奪情任事，本非朕意，但一時未得其人，且總河非地方官可比。從前嵇曾筠任河督時，曾經在任守制，今不得已權宜委任，實朕用人之苦心也。山東巡撫鶴年尚未據報起程，未到之前，著楊錫紱前往，暫行署理。

以范時綬爲户部右侍郎。調盧焯署湖北巡撫，陳宏謀爲陝西巡撫，圖爾炳阿爲湖南巡撫。以蔣炳署河南巡撫，服闋日實授。

《高宗實録》卷五二七　甲寅，諭：策楞身爲將軍，將前隊之兵，委棄而回，是阿睦爾撒納明係伊所縱放，非尋常之罪可比，著將策楞即行拏問，牢固看守，解送來京。其定西將軍印信，著達勒當阿管理。兆惠已授定邊右副將軍，即將定邊右副將軍印信，送交兆惠管理。

《東華續録》乾隆四四　乙卯，命侍郎裘曰修赴西路軍營。

丁巳，以傅勒奔察爲内大臣，同侍衛順德訥，赴巴里坤軍營。命甘肅巡撫吴達善赴巴里坤督辦軍需。

壬戌，王安國因病解任，以汪由敦署吏部尚書。趙宏恩署工部尚書，何國宗署左都御史。

癸亥，命江南、浙江各截留漕糧五萬石備用。

《高宗實録》卷五二八　十二月己巳，諭：據雅爾哈善奏稱，策楞、玉保由西路軍營拏解，途間遇厄魯特賊衆被害。

庚午，加賑山西介休、汾陽二縣本年水災飢民，并緩徵額賦。

辛未，哲布尊丹巴呼圖克圖，於青滚雜卜煽惑衆喀爾喀時，即齊集各部落王公等，申明大義，曉示利害，俾不爲逆賊所惑，深堪嘉予。著晉加敷教安衆喇嘛名號，賞給緞疋。

壬申，加賑山東金鄉、魚臺【略】等二十一州縣衛本年水災飢民，并緩徵額賦。

甲戌，豁除陝西盩厔、高陵、鄠縣、武功等四縣本年水災民屯錢糧，并盩厔縣馬廠餘地一半租銀。

《東華續録》乾隆四四　丙子，命圖爾炳阿仍留河南巡撫任，以蔣炳署湖南巡撫。

丁丑，以唐喀禄爲理藩院左侍郎。

《高宗實録》卷五二八　戊寅，諭：據定邊左副將軍、親王成衮扎布等奏稱，參贊大臣納木扎勒帶兵追捕叛賊和托輝特青滚雜卜，於十一月二十八日，追至俄羅斯交界杭哈獎噶斯地方擒獲，現在派委官兵押解來京。【略】親王成衮扎布著加恩賞給黄帶，封伊子一人爲世子。【略】參贊大臣納木扎勒，著加恩封爲一等伯爵，世襲罔替。

《高宗實録》卷五二九　辛巳，車木楚克扎布著加恩晉封郡王品級，旺布多爾濟、多爾濟車登俱賞戴雙眼孔雀翎。

加賑山東濟寧、金鄉、魚臺、滕、嶧等五州縣本年水災飢民。

《東華續録》乾隆四四　戊子，定永遠枷號人犯冬令不准保釋例。

是歲，朝鮮、琉球、暹羅來貢。

乾隆二十二年（丁丑、一七五七）

《高宗實録》卷五三〇　春正月甲午，諭軍機大臣等：現在齊集大兵，前赴巴里坤，定期三月内進勦。將軍重任，甚難其人，成衮扎布熟悉蒙古事務，且深感朕恩，誠心報効，著授爲定邊將軍。【略】舒赫德、富德、鄂實俱著授爲參贊大臣。色布騰巴、勒珠爾、阿里衮、明瑞、額勒登額及侍衛什布、圖鎧、巴圖魯奇徹布等，俱著在領隊大臣上行走。

《東華續録》乾隆四五　以南巡，免江蘇、安徽、浙江二十一年以前未完民欠。

《高宗實録》卷五三〇　戊戌，莽古賚著馳驛前赴北路軍營，在參贊上行走。

己亥，命工部尚書哈達哈爲參贊大臣，往科布多駐劄，辦理軍務。

庚子，哈寧阿、永貴等，俱著在參贊大臣上行走。

《東華續録》乾隆四五　辛丑，撥部帑二百萬兩，於甘肅備用。

甲辰，諭：汪由敦著實授吏都尚書，何國宗著調補禮部尚書，其所降之級帶於新任。工部尚書員缺，著秦蕙田補授。趙宏恩著仍回左都御史之任，刑部侍郎員缺，著王際華調補，工部侍郎員缺，著錢維城補授。命莊有恭家居待罪，調白鍾山爲江南河道總督，張師載爲河東河道總督，楊錫紱爲漕運總督，實授愛必達江蘇巡撫。

丙午，免直隸静海等三州縣未完銀米。

丁未，免經過直隸、山東地方本年額賦十分之三，被災地方十分之五。

癸丑，以内閣學士阿思哈爲北路參贊大臣。

《高宗實録》卷五三一　己未，阿桂著即留烏里雅蘇台辦事。

《東華續録》乾隆四五　二月癸亥朔，免經過江南、浙江地方額賦十分之三，被災地方十分之五。

乙丑，以謝溶生爲内閣學士。

《高宗實録》卷五三二　丙寅，兆惠係駐劄伊犁等處辦事大臣，適遇厄魯特等背叛，奮勇勦賊，甚屬可嘉，兆惠著封爲一等伯。

《東華續録》乾隆四五　丁卯，免江南十年以前漕項積欠。

己巳，增江蘇、安徽、浙江歲試學額。

《高宗實録》卷五三三　乙酉，諭軍機大臣等：頃據兆惠等奏請，兩路進兵，擒勦賊衆。所奏甚合機宜，此時成衮扎布應已到巴里坤，即著成衮扎布會同兆惠，分路帶兵前進。

《東華續録》乾隆四五　丙戌，上閲兵於嘉興府後教場。

丁亥，上閲兵於石門鎮。

己丑，上奉皇太后臨幸杭州府。禁營伍鐃吹細樂。

庚寅，上閲兵。禁武臣乘輿。

三月壬辰朔，免浙江杭州等四府屬十八年至二十年民欠。

甲午，上至望潮樓閲水師。

庚子，賜浙江召試諸生童鳳三等四人舉人，授内閣中書。

己酉，免江南之江甯、蘇州，浙江之杭州附郭諸縣本年地丁錢糧。

《高宗實録》卷五三五　庚戌，諭軍機大臣等：哈達哈等奏稱，據輝特部落護衛阿齊呈首，車布登多爾濟差人潛通阿逆，並謀逃竄，隨即調兵前往辦理，其留駐塔密爾衆輝特等，亦移咨車布登扎布，派員擒拏。【略】著將丁壯人等，悉行誅滅，其婦女，酌量分賞喀爾喀。

辛亥，舒赫德著［革職］，所遺之兵部尚書員缺，著哈達哈補授。

《東華續録》乾隆四五　壬子，賜江蘇召試進士王昶爲内閣中書即用，諸生曹仁虎等六人舉人，授内閣中書。

丙辰，召刑部尚書劉統勳赴行在，籌辦徐州河工。

丁巳，以舒赫德爲兵部侍郎。以公泰爲湖南布政使，降吴士端爲四川按察使，調沈世楓爲貴州布政使，劉藻爲湖北布政使，以塔永甯爲陜西布政使。湯聘以布政使銜，管陜西按察使事。

夏四月乙丑，免江南淮安等三府州水災積年民欠。

《高宗實録》卷五三六　丙寅，又諭曰：哈達哈、唐喀禄等，分路帶兵擒勦輝特人等，唐喀禄擒獲車布登多爾濟，並將其屬人勦滅。

《東華續録》乾隆四五　丁卯，命江蘇再截留漕糧十萬石備賑。

辛未，上至闕里，釋奠先師孔子。

癸酉，命史貽直仍以文淵閣大學士兼吏部尚書。

戊寅，定外省山川壇於春秋仲月戊日致祭。

庚辰，免河南夏邑等四縣逋賦。

《高宗實録》卷五三七　辛巳，［河南夏邑］於段昌緒卧室中，搜出逆犯吴三桂僞檄。收藏僞檄，乃出自識字之人，原與農民無涉，朕不忍因此數人，恝視災黎，令之失所，其四邑災務，仍著方觀承會同圖勒炳阿妥協查辦。

甲申，諭軍機大臣等：昨經降旨，兩路大兵勦滅賊黨後，將軍成衮扎布、副將軍兆惠、參贊大臣舒赫德等，俱著回京，其定邊右副將軍印務，交雅爾哈善管理。現在巴禄、哈寧阿俱赴行在，面聆指示，著仍回至軍營，授爲參贊大臣，協同雅爾哈善辦事。

《東華續録》乾隆四五　己丑，以歸宣光爲禮部尚書，王興吾爲吏部侍郎。

《高宗實録》卷五三七　庚寅，暹羅國王森烈拍照廣勅拍馬嘑六坤司由堤雅普埃，遣使進貢方物。

《東華續録》乾隆四五　五月戊戌，以湯聘爲江西布政使，楊纘緒爲陜西按察使。

《高宗實録》卷五三八　乙巳，賜一甲蔡以臺、梅立本、鄒奕孝三人進士及第，二甲李汪度等七十人進士出身，三甲周嘉猷等一百六十九人同進士出身。

《高宗實録》卷五三九　丁未，諭軍機大臣等：成衮扎布等奏，聞回人霍集占等擾亂。

庚申，蠲免安徽鳳、泗二屬乾隆二十一年水災額賦有差。

《東華續録》乾隆四五　六月辛酉朔，諭：圖爾炳阿著來京候旨，河南巡撫員缺，著胡寶瑔調補，胡寶瑔未到任之前，著劉慥暫行護理，其江西巡撫員缺，著阿思哈署理。

壬戌，召石柱來京，以挖穆齊圖爲廣東布政使，明山爲山西按察使。

癸亥，免甘肅通省二十三年額賦。免河南夏邑等四縣二十三年額賦，並命查勘溝道。

甲子，以愛必達爲雲貴總督，調陳宏謀爲江蘇巡撫，明德爲陝西巡撫，定長爲山西巡撫，以周琬爲貴州巡撫，徐垣爲四川布政使，九成爲安徽按察使。

《高宗實録》卷五四〇　丁卯，諭曰：軍機大臣會同九卿科道等，審擬段昌緒、彭家屏一案。段昌緒鈔録僞檄，【略】〔彭家屏〕著從寬改爲應斬監候，秋後處決。段昌緒從寬改爲斬決，其緣坐妻妾，并免其入官爲奴。司存存、司淑信，俱從寬改爲應斬，彭傳笏依擬應斬，俱著監候，秋後處決。

《東華續録》乾隆四五　庚午，諭：禮部侍郎員缺，著彭樹葵補授，于敏中見將服闋，著來京署理刑部侍郎事務，服闋後再行實授。

辛未，以羅源漢爲倉場侍郎。

丙子，命河南截留明歲漕糧十萬石備賑。

戊寅，命各督撫防閑幕友。

《高宗實録》卷五四一　癸未，達瑪琳係附和逆賊青滚雜卜之人，罪不容逭，【略】著即派員速將達瑪琳拏解來京，毋得疏縱。

《東華續録》乾隆四五　己丑，命江南、河南沿河各州、縣，將淮河水勢長發情形，隨時報明江南河道總督查覈。

《東華續録》乾隆四六　秋七月辛卯朔，停止河南本年漕運。

壬辰，以劉藻爲雲南巡撫，調富勒渾爲湖北布政使，以杜官德爲浙江布政使，吴嗣爵爲江蘇按察使。以傅靖爲雲南布政使，吴紹詩爲雲南按察使。

甲午，命河南疏濬溝塍代賑。

乙未，命河南水災地方例賑折價外，每石加銀一錢。免徵河南被災地方本年漕項。

丙申，命江西、湖北酌撥糧石於河南備賑。

丁酉，命河南各關免徵米税。

《高宗實録》卷五四二　癸卯，彭家屏著從寬免其肆市，即賜令自盡。

《高宗實録》卷五四三　丙午，巴雅爾就擒。【略】富德著授爲内大臣，賞給世職。貝勒羅布藏多爾濟封爲郡王。

《東華續録》乾隆四六　丁未，調楊應琚爲閩浙總督，以鶴年爲兩廣總督，蔣洲爲山東巡撫，塔永甯爲山西巡撫，蔡崇阿爲山西布政使，亢保爲江西按察使。以吴士功爲陝西布政使，和其衷爲湖北按察使。

《高宗實録》卷五四三　戊申，占送吐魯番文書譯出呈覽。報聞。

《東華續録》乾隆四六　八月庚申朔，俄羅斯請由黑龍江挽運本國口糧，上以其違約，不許。

壬戌，命四川運米五萬石，於湖廣備賑。

癸酉，免兩准竈户水災積欠。

截留湖南漕糧十萬石，補還湖北倉儲，運五萬石於河南備賑。

《高宗實録》卷五四五　乙亥，卹山西汾陽縣水災飢民。

辛巳，叛賊巴雅爾、阿睦爾撒納之姪達什車凌俱於行在審明正法。

《高宗實録》卷五四六　九月甲午，哈薩克阿布賚使臣亨集噶爾、烏穆爾泰、都楞、阿蘭扎、阿布賚之弟阿布勒比斯使臣塔納錫、伯克奈，齎表入覲行禮。

《東華續録》乾隆四六　命江南被災地方例賑折價外，每石加給銀二錢。

《高宗實録》卷五四六　戊戌，又諭：據雅爾哈善等奏稱，琿齊額琳沁達瓦復叛。

庚子，諭軍機大臣等：沙喇斯、瑪呼斯等游牧，已降復叛，搶掠臺站，【略】著滿福即帶兵速往追勦。

以户部侍郎雅爾哈善爲兵部尚書。

《東華續録》乾隆四六　壬寅，調夢麟爲户部侍郎，以阿桂爲工部侍郎，調董邦達爲吏部侍郎，以陳悳華爲工部侍郎，孫灝爲左副都御史。

《高宗實録》卷五四六　命以叛賊尼瑪及其子衮楚克車凌，俱於故將軍和起墓前，凌遲正法。

甲辰，賑卹山西介休縣水災飢民。

《東華續録》乾隆四六　己酉，命江蘇截留明歲漕糧二十萬石備賑。

以常亮爲湖北布政使。

《高宗實録》卷五四七　甲寅，諭軍機大臣等：端濟布奏稱，在羅克倫、孟克圖領收獲噶勒藏多爾濟宰桑羅布扎、尼瑪、得木齊敦多克等，將造言惑衆之古隆格、瑪木特正法，其户口、什物、牲隻，交送巴里坤。

《東華續録》乾隆四六　丙辰，撥湖南漕米十萬石，於河南備賑。

己未，撥甘肅米麥五萬石，於陝西備賑。

冬十月壬戌，准河東買運蒙古鹽斤。

癸亥，命尚書劉統勳往山東督修運河。

甲子，調劉慥爲山西布政使，蘇崇阿爲河南布政使。

乙丑，調舒明爲理藩院左侍郎，以果勒敏爲内閣學士。

丙寅，命烏嚕木齊分兵屯田。加賞達什達瓦及扎哈沁、噶勒丹、達爾扎等籽種。

丁卯，命哈甯阿會勦沙喇斯瑪呼斯賊衆。

《高宗實録》卷五四八　命副都統莽古賚馳驛前赴北路軍營，在參贊大臣上行走。

戊辰，諭軍機大臣等：昨命將軍成衮扎布、兆惠等，來京籌議軍務。著車布登扎布亦馳驛來京，將定邊左副將軍印務，交納木扎勒署理，阿桂著往代納木扎勒，莽古賚著往代阿桂。

《東華續録》乾隆四六　庚午，命巴里坤開渠屯田。

壬申，夔舒以辦理楊灝一案蒙混審轉，革職，以沈作朋爲湖南按察使。

《高宗實録》卷五四八　甲戌，賜中式武舉一甲李國梁、桂璋、曹龍驤三人武進士及第，二甲施綬等五人武進士出身，三甲安廷贊等五十二人同武進士出身。

《東華續録》乾隆四六　乙亥，諭：吏部侍郎舒明員缺，著三泰補授。范時綬身尚抱病，不能勝户部繁劇之任，其户部侍郎員缺，著裘曰修調補，所遺吏部侍郎員缺，著五福調補，仍暫兼户部侍郎事務，不必兼管正黄旗漢軍副都統，其員缺即著范時綬補授。

己卯，撥江蘇漕米五萬石，於安徽平糶。

賜吐魯番貝子額敏和卓敕書，並參贊回部軍務。

《高宗實録》卷五五〇　十一月庚寅，賑卹江蘇清河、桃源【略】等二十一州縣衛秋禾被災貧民，蠲緩本年漕糧、漕項有差。

《東華續録》乾隆四六　癸巳，以宋邦綏爲廣東布政使，起嚴有禧爲河南按察使。

丙申，以納穆扎爾署定邊左副將軍，親王德沁扎布爲參贊大臣。

戊戌，以石柱爲内閣學士。

己亥，調馮鈐爲安徽按察使，九成爲貴州按察使。

甲辰，命各省提、鎮三年陛見。

辛亥，禁各省上司勒薦幕友。

壬子，木和林以年老休致，以吴拜爲左都御史，石柱爲盛京刑部侍郎。

甲寅，以伊禄順爲内閣學士。

丙辰，調吴士功爲直隸布政使，清馥爲陝西布政使。

丁巳，命定長以副都統銜，赴西路軍營辦理糧餉，任領隊大臣上行走。

《高宗實録》卷五五一　戊午，賑卹甘肅皋蘭、狄道【略】等二十二廳州縣夏、秋二禾被霜、雹等災貧民，分别蠲緩有差。

《東華續録》乾隆四六　十二月癸亥，諭：兩廣總督員缺著陳宏謀補授。【略】所遺江蘇巡撫員缺著託恩多補授。江西布政使員缺著吴嗣爵補授，山東巡撫員缺著阿爾泰補授，所遺山東布政使員缺著馮鈐補授，安徽按察使員缺著納世通補授，江蘇按察使員缺著崔應階補授，所遺常鎮道員缺著沈嘉徵補授。

《高宗實録》卷五五二　壬申，賑卹福建臺灣縣旱災貧民。

癸酉，諭軍機大臣等：據納木扎勒奏稱，阿勒坦諾爾之烏梁海宰桑特勒伯克、扎爾納克等，新經歸附。

《東華續録》乾隆四六　甲戌，准直隸收麴稅。

乙亥，准呂宋番船於廈門貿易。

丁丑，以徐鐸爲山東按察使。

癸未，諭軍機大臣等：今命兆惠爲定邊將軍，車布登扎布副之，來年辦理進兵，惟兆惠等是賴。以如松爲兵部右侍郎。

甲申，以蘇爾德爲安徽按察使。

是歲，朝鮮、暹羅、琉球來貢。

乾隆二三年（戊寅、一七五八）

《東華續録》乾隆四七　春正月己丑，免甘肅十六年至二十二年逋賦。

《高宗實録》卷五五四　庚寅，諭軍機大臣等：昨因將軍成衮扎布等，辦理進勦毫無端緒，業已分別示儆。兆惠、車布登扎布、富德等領兵勦賊。

又諭：朕因兆惠有辦理需時之慮，已命專辦沙喇伯勒賊衆，其葉爾羌、喀什噶爾回部，令雅爾哈善、額敏和卓二人辦理。

《高宗實録》卷五五五　丙午，［諭］：始議向俄羅斯索取阿睦爾撒納時，衆人之意，未必不竊議又生邊釁，是總不知駕馭外藩之道，示之以謙則愈驕，怵之以威則自畏。此二言，若子孫世世能守，實大清國億萬年無疆之庥也。即如漢、唐、宋、明，和親稱姪，歲幣屢增，是亦遜讓之極矣，而於邊患寧稍救耶？即如俄羅斯，既已收留叛賊，若不嚴行索取，彼必不將尸獻出，設從史貽直、陳世倌所議，且將遷就隱忍，竟若叛賊一入俄羅斯，遂無可如何者，所謂唾面自乾之爲，朕甚恥之。朕於軍國重務，惟有乘機度勢，因物順理，不但初無搆釁於俄羅斯之心，即此用兵三年，雖未如康熙、雍正年間之久，而朕已慮衆人之勞，時切於懷，特因叛賊未獲，萬難中止，初非朕之本意。

《東華續録》乾隆四七　庚戌，設東、西長安門護軍。

壬子，諭：陳宏謀、周人驥誼屬師生，例應迴避，廣東巡撫著鍾音調補，周緒著調補福建巡撫，所遺貴州巡撫員缺，著周人驥調署。以劉統勳爲吏部尚書，調秦蕙田爲刑部尚書，以嵇璜爲工部尚書。命吏部侍郎三泰、户部侍郎劉綸軍機處行走。

癸丑，以雅爾哈善爲靖逆將軍，額敏和卓哈甯阿爲參贊大臣，順德訥、愛隆阿、玉素布爲領隊大臣，進兵回部。

《高宗實録》卷五五五　［諭］：雅爾哈善等，此次進取回城，須申明紀律，使其知畏，庶可潛消反側，而於安插亦易。亦傳諭兆惠知之。

《高宗實録》卷五五六　二月乙丑，加賑山東德州、東平【略】等州縣衛所水災軍民。

《東華續録》乾隆四七　甲戌，諭：國家設立學校，原以教育人材。今觀八旗義學，徒有學校之名，而無育材之實，況有咸安宫國子監官學，並教養世職官員，左右兩翼官學，八旗讀書人等，儘可學習。著將義學裁去，仍交管咸安宫並各官學之大臣、官員等，盡心教習清語、騎射，即讀漢書者，亦當務實，洗去浮華陋習，斷不可有名無實。至禮部大臣平日辦理疏懈，及朕降旨令明白回奏，仍復掩飾敷陳，殊屬不曉事體，除歸宣光在部未久，免其交部外，餘俱著交部察議。

《高宗實録》卷五五七　甲申，諭軍機大臣等：順德訥等自哈薩克邊界徹兵途中搜查逸賊，盡行勦殺，復將哈薩克錫喇之黨摩羅、達什扎布等生擒，實屬可嘉。著加恩將順德訥交部議敘，賞給世職。努三授護軍統領，額爾克沙喇封爲貝子。

乙酉，蠲免山西介休縣水災村莊額賦。

《東華續録》乾隆四七　三月丁酉，清馥丁憂，調吴士功爲陝西布政使，以永甯爲直隸布政使，喬光烈爲直隸按察使。

《高宗實録》卷五五八　辛丑，又諭：據兆惠等奏稱，擒獲賊人供內，有舍楞將入俄羅斯之語。【略】傳諭阿桂，行知和碩齊、唐喀禄等，倘賊衆有向額爾齊斯逃往俄羅斯蹤跡，伊等務留意堵截擒拏，解送來京。

《東華續録》乾隆四七　丁未，周琬丁憂，以吴士功爲福建巡撫，方世儁爲陝西布政使。命永貴以侍郎銜留軍營辦事。調鍾音爲陝西巡撫，託恩多爲廣東巡撫，莊有恭署江蘇巡撫，以馮鈐爲湖北巡撫，徐鐸爲山東布政使，台柱爲山東按察使，李治運爲浙江按察使。

戊申，調常亮爲江蘇布政使，公泰爲湖北布政使，吴嗣爵爲湖南布政使。

《高宗實録》卷五五九　諭：昨於正大光明殿，考試翰詹等官，親加詳閲。【略】一等王鳴盛、秦大士、錢汝誠三員。

又諭：昨考試滿洲由別銜門陞用翰詹諸臣，既閲其文，又驗其人才，分別等次，一等德爾泰一員。

《東華續録》乾隆四七　四月壬戌，准漕船各帶火槍編列字號。

免甘肅蘭州等六府屬州縣三年至十年逋賦。

以許松佶爲廣東按察使。

《高宗實録》卷五六〇　丁卯，諭：據秦蕙田奏，請將各省流丐遞解回籍一摺。【略】不若就所在地方，設法查禁，尚屬簡便易行。嗣後地方官，凡遇流丐在境，務須督率保甲人等，諄切曉諭，仍不時留心察訪。如有逞强不法者，即嚴拏懲治，以警愚頑，庶於聽其營食之中，而即寓禁其滋事之意，既不必解送紛繁，亦不致漫無約束矣。

戊辰，免直隸霸州、保定【略】等三十三州縣廳乾隆十年起至二十年未完民欠銀米。

《東華續録》乾隆四七　壬申，調三泰爲户部侍郎，石柱爲吏部侍郎，以伊禄

順爲盛京刑部侍郎，以莊存與爲禮部侍郎。

癸酉，以和其衷爲貴州布政使，圖桑阿爲湖北按察使。

甲戌，諭：阿桂見在軍營，所遺工部侍郎員缺著夢麟調補，所遺户部侍郎員缺著吉慶補授。阿桂遇有部院侍郎缺出，再行補授。

丙子，調馮鈐爲湖南巡撫，莊有恭署湖北巡撫，命陳宏謀以總督銜管江蘇巡撫，以李侍堯署兩廣總督。

《高宗實録》卷五六一　丁丑，免福建臺灣縣乾隆二十二年分各則田旱災額賦。

《東華續録》乾隆四七　壬午，以許松佶爲湖南布政使。

甲申，命尚書劉統勳會勘山東微山湖隄工。以來朝爲廣東按察使。

五月戊子，免甘肅通省二十四年額賦。

己丑，武忱以怠玩誤公革職，以蔣炳爲甘肅布政使。

癸卯，調圖桑阿爲河南按察使，沈作朋爲湖北按察使，嚴有禧爲湖南按察使。

乙巳，召劉統勳回京，命德爾敏督辦黄河北岸隄工。

《高宗實録》卷五六三　免河南祥符、陳留【略】等四十九州縣乾隆二十二年分水災額賦。

《東華續録》乾隆四七　戊申，以五吉爲内閣學士。

《高宗實録》卷五六五　六月壬午，免甘肅各屬乾隆十六年至二十年民欠水衝沙壓地畝額賦，停徵地丁銀兩。其甘、涼、肅三府州，安西五衛，皐蘭一縣乾隆二十二年分地丁銀米，并予緩徵。

甲申，免陝西靖邊、定邊、榆林、葭州、神木、懷遠、府谷、宜君等八州縣乾隆二十二年分被災地銀糧有差。

《東華續録》乾隆四八　秋七月丙戌，命京師五城設廠平糶。

以台柱爲山東布政使，沈廷芳爲山東按察使。

戊子，免甘肅省積年民欠耗羨銀米。

己丑，諭軍機大臣等：據雅爾哈善等奏稱，逆酋霍集占率賊衆數千，親援庫車。大臣、官兵等斬馘搴旗，逆酋負傷僅免，深屬可嘉。著查明功績等次造册，送部議敘。

《高宗實録》卷五六六　戊戌，賑卹山西静樂、文水、平遥、介休、樂平、長子、陽曲、交城、興縣、寧武、沁源、平定、代州、蒲縣等州縣水、旱、雹災飢民口糧籽種。

《東華續録》乾隆四八　壬辰，兆惠等疏報：布魯特部落薩喇巴哈什頭目車哩克、齊圖魯起尼沙等内附。

《高宗實録》卷五六七　壬寅，又諭：據車布登扎布等奏稱，與巴禄同追舍楞，至古爾班察爾，與阿桂合兵，知舍楞已入俄羅斯，隨派副都統鄂博什等，前往索取。又前遣往哈薩克索取布庫察罕之納旺等，尚未回報。【略】阿桂不必回科布多，倘業經轉回，即來京請訓。

癸卯，定邊將軍兆惠疏報：右翼布嚕特瑪木特呼里比歸誠，遣其弟舍爾伯克等入覲。

乙巳，靖逆將軍員缺，著納木扎勒補授，參贊大臣員缺，著三泰補授。已諭兆惠速往庫車。

《東華續録》乾隆四八　丙午，兆惠疏報：左翼布魯特霍索楚鄂拓克頭目邁塔、克啟台鄂拓克頭目喀喇博托遣其弟姪等内附。

壬子，賑卹陝西延川、膚施【略】等十七州縣旱雹成災飢户，并緩徵新舊錢糧、民欠倉穀。

八月，丙辰，裁天津巡漕御史缺，移通州滿、漢各一員，專駐楊村，兼行巡視。

庚申，命京師設壇祈雨。

庚午，布庫察罕和碩齊伏誅。

甲戌，以都賚爲兵部尚書。

丁丑，以阿桂爲工部侍郎。

壬午，諭：永貴效力軍前，已閲數年，自應更换。書山著以侍郎銜同定長辦理屯田事務，刑部侍郎員缺，著永貴補授。

是月，雲貴總督愛必達奏：查永昌府西南邊界與緬甸相聯，而緬屬木邦土司，與内地各土司犬牙交錯，多有世聯婚姻者。見緬甸國王莽達喇，被得楞野夷所轄所害，木梳鋪頭目甕藉牙僭竊邊界，防範宜嚴，業飭沿邊土司，慎密巡防，毋與木邦土司往來。報聞。

《高宗實録》卷五七〇　九月丙戌，賜布嚕特使臣車哩克齊等宴。

馬得勝失機僨事，罪不可逭，著與把總宋林，俱於軍前正法。

《東華續録》乾隆四八　庚寅，富德疏報：右部哈薩克圖里拜及塔什干回人

圖爾占等歸誠。

《高宗實録》卷五七〇　辛卯，賜布嚕特使臣舒庫爾宴。

《東華續録》乾隆四八　戊戌，諭：都察院左都御史員缺，著歸宣光調補。禮部尚書員缺，著嵇璜調補。梁詩正終養回籍，侍奉數年，而見在丁憂亦逾百日，工部尚書員缺一時不得其人，即著梁詩正來京署理，俟服闋實授。梁詩正未到之前，仍著嵇璜兼署。

甲辰，車布登扎布疏奏：哈喇哈勒巴克回部内附。

《高宗實録》卷五七一　丙午，定邊將軍兆惠疏奏：阿克蘇回衆頗拉特等歸誠。

庚戌，定邊將軍兆惠等疏奏：和闐城伯克霍集斯等歸誠。

《高宗實録》卷五七二　冬十月壬戌，又諭：將軍兆惠，領兵進攻葉爾羌，霍集占勢極窮蹙。

戊辰，〔諭〕：若兆惠尚未成功，即由巴爾楚克領兵攻取喀什噶爾。

賑貸直隸大城、青縣、滄州、蔚州、萬全、懷安、懷來、赤城、龍門等九州縣本年水、雹、霜災貧士、飢民、旗户、竈户，并緩徵新舊錢糧。

《東華續録》乾隆四八　己巳，命伊犁撥兵屯田。

甲戌，吴拜以年老罷，以德敏爲左都御史。

《高宗實録》卷五七四　十一月甲申朔，右部哈薩克使臣卓蘭等來朝。

己丑，阿里衮著以參贊大臣行走，現在巴里坤辦事，著吴達善署理。

《東華續録》乾隆四八　乙未，以海明爲内閣學士。

《高宗實録》卷五七四　丁酉，諭軍機大臣等：據舒赫德接到兆惠行文，知我兵深入，逆賊霍集占等，恃其黨衆，敢於合圍拒敵，殊可憤恨，即當前往策應。參贊大臣富德，業經領兵前進，著授爲定邊右副將軍，阿里衮、愛隆阿、福禄、舒赫德，俱授爲參贊大臣。無論何隊兵丁，惟擇馬力有餘者，作速前往，其攻取回城，擒獲賊首，自不遽責，伊等惟應援兆惠爲要。

《東華續録》乾隆四八　庚子，石柱卒，以舒赫德爲吏部右侍郎。

《高宗實録》卷五七五　甲辰，將軍兆惠統軍深入賊巢，率衆渡河，鏖戰數次，【略】晉封爲武毅謀勇一等公。【略】額敏和卓著賞給郡王品級，霍集斯伯克著晉封貝子，加貝勒品級。

《東華續録》乾隆四八　丁未，諭：工部尚書、鑲紅旗滿洲都統納穆扎爾員缺，著舒赫德補授，所遺吏部侍郎員缺，著阿里衮補授。户部侍郎三泰員缺，著明瑞補授。正紅旗滿軍副都統，著鄂弼升補。永貴尚未來京，其刑部侍郎事務，著鄂弼暫行署理。

《高宗實録》卷五七五　諭：據愛隆阿奏稱，靖逆將軍納木扎勒、參贊大臣三泰，於十月十三日，帶巴圖魯侍衛奎瑪岱，並兵二百餘名，前赴將軍兆惠大營。【略】遇逆回賊兵三千餘人，倉猝衝拒，將軍納木扎勒、參贊大臣三泰，並侍衛奎瑪岱，俱已陣亡。【略】納木扎勒著晉贈公爵，三泰著特贈子爵，均世襲罔替。其巴圖魯侍衛奎瑪岱，著照巴圖魯侍衛奇轍布之例，賞給世職。

庚戌，〔諭：富德〕速赴阿克蘇，會同舒赫德，計議進勦。

《高宗實録》卷五七六　十二月癸丑朔，孫灝奏請停止明年巡幸，索約勒濟【略】妄肆簧鼓，著以三品京堂改用，將此旨通行曉諭知之。

賑福建臺灣、鳳山、諸羅、彰化等四縣本年風災飢民，併緩徵新舊錢糧。

《東華續録》乾隆四八　戊午，諭：都賚所出兵部尚書、正紅旗蒙古都統員缺，著阿里衮補授。勒爾森著轉補吏部侍郎，所遺刑部侍郎員缺，著伊禄順補授，伊禄順未到京以前，刑部侍郎事務，仍著勒爾森署理。

《高宗實録》卷五七六　己未，加賑浙江仁和、歸安、烏程、長興、德清、武康等六縣，湖州一所本年水災飢民。

丁卯，豁除甘肅張掖、撫彝、平番、高臺等四廳縣水衝地畝額徵租銀。

《東華續録》乾隆四八　授霍集斯之子呼岱巴爾氏爲内大臣。

戊辰，以温敏爲盛京刑部侍郎。

《高宗實録》卷五七七　壬申，蠲浙江錢塘、山陰、會稽、蕭山、諸暨、餘姚、上虞等七縣本年水災田畝應徵漕項錢糧有差，並緩徵漕糧、漕截等銀米，及舊欠錢糧。

《東華續録》乾隆四八　是歲，朝鮮來貢。

乾隆二四年（己卯、一七五九）

《高宗實録》卷五七八　春正月甲申，將甘肅通省來年應徵地丁錢糧悉予蠲免。

《東華續録》乾隆四九　丙戌，命甘肅安西等五衛粟麥減價平糶。

丙申，杜官德因事解任，以明山爲浙江布政使，永泰爲山西按察使。調徐垣爲貴州布政使，以吴士端爲四川布政使，顧濟美爲四川按察使。

《高宗實録》卷五七九　己亥，諭曰：大學士、伯、管陝甘總督黄廷桂【略】溘逝。陝甘總督員缺，著吴達善補授。實授李侍堯爲兩廣總督。

癸卯，諭曰：蔣溥著補授大學士，仍兼管户部尚書事務。吏部尚書劉統勳著協辦大學士。李元亮著調補户部尚書，梁詩正著調補兵部尚書，歸宣光著補授工部尚書，陳惪華著補授左都御史。阿里衮未到以前，兵部滿尚書事務，著李元亮兼管，其現署工部滿尚書，不能兼管，蘇昌著以吏部侍郎署理工部滿尚書事務。

查雍正年間，部議准江南新漲無主互争之洲，勘明入官。今通州如意沙，係新漲無主灘地，向有刁民隱占，委員往勘。除附近民業者，仍聽升科執業，餘撥作堂中官産。又通州、崇明連界，新漲玉心沙，爲兩邑民人争毆致命，經地方官查明究議，歸作堂中公産，以餘地養窮民，息穀仍歸民，借洲棍攘争，亦可漸戢。得旨：不但一舉而數善備，而汝亦因此得名也。

《東華續録》乾隆四九　甲辰，命陝西撥運倉米接濟甘肅。

辛亥，命山西撥大同府倉穀，於朔平府備糶。

二月，戊午，命四川添鑪鑄錢，解甘肅備用。

《高宗實録》卷五八〇　癸亥，哈寧阿以軍行失律，【略】著監候，秋後處決。

甲子，富德【略】統領官兵行至呼爾璊，逆酋霍集占等，率賊騎五千抗拒，官兵奮勇轉戰。【略】着加恩封爲三等伯爵，舒赫德、【略】阿里衮、【略】豆斌，【略】著加恩一體議叙，並各賞給世職。

《東華續録》乾隆四九　以曹瑛爲工部侍郎，何國宗爲内閣學士。

己巳，諭：將軍兆惠毋固辭封爵章服，富德晉封一等成勇伯，予明瑞、由屯温布端濟布努三鄂博什瑪瑞、永慶等世職，授朗衮扎布、衮楚克鎮國公，温福内閣學士，餘俱升賞有差。命車布登扎布爲副將軍，福禄車木楚克扎布爲參贊大臣，越阿爾台行，巡查額爾齊斯等處，搜捕瑪哈沁。

《高宗實録》卷五八一　庚辰，兆惠、富德等遽行徹回(阿克蘇)，【略】非是。

《高宗實録》卷五八二　三月癸未，諭：舒赫德同伯克霍集斯，駐劄和闐，堵截逆賊等逃竄要路。

己丑，烏勒登著補放頭等侍衛，同副都統齊努渾赴北路軍營，作爲參贊大臣帶兵。

《東華續録》乾隆四九　庚寅，命河南運麥十萬石，至京師平糶。

《高宗實録》卷五八二　壬辰，楊應琚現在浙江，著速行來京，有交辦事件，其閩浙總督印務，著楊廷璋暫行護理。

《高宗實録》卷五八三　己亥，明瑞宣力軍前，奮勉可嘉，【略】晉封爲承恩毅勇公。

《東華續録》乾隆四九　壬寅，命撥京倉米五萬石於五城平糶。

賜陝西乾州八世同居壽民甯爾强御製詩章、御書扁額。

丙午，以彰寶爲貴州按察使。

己酉，以五吉爲禮部侍郎，清馥爲内閣學士，以錢汝誠爲兵部侍郎。

《高宗實録》卷五八四　夏四月癸丑，舒赫德奏稱：富德應援和闐，【略】即遵照辦理。【略】參贊大臣，富德處較少，著阿桂在伊隊内行走。

《東華續録》乾隆四九　丁巳，以楊應琚爲陝甘總督，吴達善以總督銜管甘肅巡撫事。

戊午，諭：閩浙總督員缺，著楊廷璋補授。莊有恭著調補浙江巡撫。湖北巡撫員缺，一時不得其人，周琬守制已逾一載，著前往署理。

《高宗實録》卷五八四　庚申，蠲免浙江錢塘、海寧、山陰、會稽、蕭山、諸暨、餘姚、上虞八縣，曹娥、東江、石堰、金山、青村、下砂、下砂二、三八場乾隆二十三年秋禾風災額賦，並予加賑。

乙丑，賑卹甘肅狄道、河州【略】二十三廳州縣衛乾隆二十三年旱災、雹災飢民，並給葺屋銀兩。

《東華續録》乾隆四九　命九卿大臣極言利弊。

戊辰，命京師平糶米石毋拘定數。

甲戌，命順天、通州照京師五城平糶。

乙亥，諭八旗大臣官員等，照健鋭營一體訓練兵丁。

《高宗實録》卷五八五　丁丑，舒赫德【略】仍回阿克蘇。

《東華續録》乾隆四九　五月庚辰朔，命明安圖、傅作霖繪回部輿圖。

辛巳，免陝西潼關等六十五廳州縣本年額賦有差。

乙酉，諭軍機大臣等：克勒底雅塔克回人等，聞官兵將至，擒獲賊人所用頭目，争先投降，甚屬可嘉。

戊子，命截留漕糧十萬石，貯直隸景州、天津等處備賑。

甲午，修濬京城內外河渠代賑。

丙申，以山西旱，命常平倉外糧撥社穀平糶。

己亥，諭：和其衷著以布政使銜馳驛前往西路，同定長等辦理屯田糧務。

命米廠加賜暑藥。

壬寅，命甘肅購雜糧備賑。

戊申，諭：直隸布政使永甯，久居外任，未經勞績自效，著以原品前往哈密，同五吉等辦理糧餉事務。所遣布政使員缺，著三寶補授。

命近京州、縣減價平糶。

《高宗實録》卷五八八　六月甲寅，恒禄爲綏遠城將軍。

戊午，又諭：前因陝省榆林、葭州等處頻年被災，加恩賑濟，嗣以麥收尚早，而例賑已竣，復經降旨加賑。現在邊地雨澤未能霑足，麥收歉薄，計距秋收之期尚遠，民食未免拮据，深堪軫念。著再加恩將榆、葭等十一州縣被災七、八分之極貧與被災九分之極次貧民，再行加賑兩月，酌量地方情形，銀糧兼給，以資餬口。其榆、延等屬，去秋未經被災州縣，二麥歉收之處，亦准照例酌借籽種口糧，俾編氓盡力南畝，以待秋成。該部速遵諭行。

庚申，定議：兆惠領兵先取喀什噶爾，富德攻葉爾羌，巴禄由巴爾楚克路，與富德會合，互相策應。

辛酉，又諭：據富德奏稱，霍集斯、鄂對請將阿什默特授爲管和闐六城伯克。霍集斯人不可信，未便留於故地，已密諭兆惠等，令富德如此辦理，特以安慰衆心。揆之理勢，霍集占等尚未就擒，其補授總理諸城伯克之處，即不遽辦亦可，但富德等業經具奏，未便停止，富德進兵時，著與霍集斯、鄂對同往。

《東華續録》乾隆四九　壬申，諭：薩喇爾前在軍營獲罪，但伊曾率衆由準噶爾來歸，著加恩授爲散秩大臣，並補授鑲白旗蒙古副都統。

《高宗實録》卷五九〇　閏六月丙戌，蠲免福建臺灣、鳳山、諸羅三縣乾隆二十三年晚禾風災額賦。

《東華續録》乾隆四九　丁亥，圖桑阿緣事解任，調蔣嘉年爲河南按察使，以明德署甘肅按察使。

《高宗實録》卷五九一　丁酉，諭：據吳達善奏稱，甘省所屬皋蘭等三十六州縣衛，五六月間，雨澤愆期，被旱情形，輕重不一等語。甘省地處邊陲，連歲秋成歉薄，去冬雨雪稀少，今夏禾失收，糧價昂貴，閭閻必多拮据，朕心深爲軫念。該督等應悉心體察民情，勤加撫卹，各屬內有趕種秋禾，並借籽種，晚秋現在乏食之戶，即查明量借口糧、銀兩，以資接濟。其被災較重，節候已遲，不能改種秋禾，及止種一收成災之處，不在現領加賑之內者，接濟尤不可緩，俱著該督等詳悉確查，速行賑卹，使窮黎不致失所。至皋蘭、金縣等處，前因被災，屢經降旨加恩，展賑已至七月，今該省現在尚未收穫，所有加賑之期，未便拘於常格，至十月始行散給，著即於八月內接續放賑，俾得源源接濟。朕嘉惠窮黎，有加無已，該督等，其董率屬員，實力奉行，體朕優卹邊氓至意。該部遵諭速行。

《東華續録》乾隆四九　癸卯，禁浙絲出洋。

《高宗實録》卷五九一　布拉呢敦〔棄〕喀什噶爾〔遁〕。

甲辰，又諭：據兆惠等詢問來降回人，知布拉呢敦將喀什噶爾人衆驅出，肆行搶掠。霍集占於四月間，遷移家口輜重於葉爾羌之西，恐同謀逃往巴達克山。富德亦詢知，霍集占遷移家產，領衆於城外結營等語。

《東華續録》乾隆四九　乙巳，允嵇璜在籍終養，以陳悳華爲禮部尚書。

丙午，調程景伊爲禮部侍郎，以熊學鵬爲兵部侍郎。

丁未，以劉綸爲左都御史，調于敏中爲户部侍郎，以謝溶生爲刑部侍郎，李因培爲內閣學士。

《高宗實録》卷五九一　戊申，賑卹浙江江山、麗水二縣本年被水災民。

《高宗實録》卷五九二　秋七月己酉朔，定邊將軍兆惠等奏：臣等聞喀什噶爾回人信息，即領兵前進，先派額敏和卓之子茂薩等，馳往安撫城堡，查明地畝。據喀什噶爾所屬牌租阿巴特城伯克呢雅斯遣回人呈稱，六月間，霍集占遣人告知布拉呢敦，將葉爾羌、喀什噶爾城堡焚毀，令回人等遷往巴達克山。我即閉城拒守。聞霍集占兄弟約於色呼庫勒之齊里衮巴蘇相會，若兵至，即可擒獲等語。

參贊大臣阿里衮等奏：臣與巴禄等兵抵巴爾楚克，擒獲多倫回人庾默特等，據供從喀什噶爾脫出，霍集占現將巴爾楚克邊卡徹回，兄弟商議，欲從巴達克山路，往痕都斯坦等語。

庚戌，諭軍機大臣等：昨據兆惠等奏稱，霍集占兄弟俱經逃竄，追襲最爲緊要。車布登扎布不須往特穆爾圖諾爾，但於伊犁附近，擇水草之地駐牧，防範霍集占等逃入俄羅斯、哈薩克之路，併搜捕瑪哈沁。

壬子，諭：朕此次巡幸木蘭，所有經過地方，著加恩蠲免錢糧十分之三。

己未，又諭：據阿思哈奏，信豐縣刁民二十餘人，在大庾縣寨下地方，搶奪南埠鹽船，又於藍村地方，搶奪續運鹽船等語。夥黨私販，已干法紀，乃敢糾合多人，持械逞兇，搶奪官運鹽船，並因從前私販蕭士美等，拒捕格傷身死，明言因命報仇，尤屬不法，此等棍徒，實爲地方重蠹，若不痛加懲治，無以遏戢刁風。

《東華續録》乾隆五〇 甲子，以王鳴盛爲内閣學士。

辛未，永定河漫口合龍。

《高宗實録》卷五九四 八月壬辰，諭軍機大臣等：富德等奏稱，追及逆酋霍集占於阿勒楚爾，我兵奪山衝擊，陣斬賊衆千餘人，生擒五十餘人，獲礮纛、器械、牲隻無算，賊衆大敗窮竄，現在乘勝悉力追擒等語。

《東華續録》乾隆五〇 命甘肅明歲借給耔種口糧，例外酌增折價。

《高宗實録》卷五九五 庚子，定邊右副將軍富德等奏：臣等敗賊於阿勒楚爾，乘勢追勦，行至葉什勒庫勒諾爾，詢係巴達克山界。【略】逆賊兄弟以餘黨四五百人，竄入巴達克山。臣等酌留公鄂對、散秩大臣阿什默特併侍衛兵丁等，管束降回。臣阿里衮帶兵追賊，富德、巴禄、阿桂等隨後策應，並先行曉諭巴達克山部落人等，令將逆賊縛獻。報聞。

《東華續録》乾隆五〇 辛丑，富德等奏：臣明瑞、哈達哈等領兵，在巴達克山北堵截賊人逃路，派副都統伊柱等策應，有賊前來衝突。詢之降回等，云此即厄魯特沙喇斯瑪呼斯，臣等帶兵追勦，殲賊二百餘人，尚存賊四百餘，勢不能支。有宰桑雅璊得木、齊丹巴來投。查沙喇斯瑪呼斯怙惡難逭，臣等暫爲撫納，俟追賊事竣，再行查明正法。報聞。

《東華續録》乾隆五〇 九月戊申朔，命山西災賑口糧例外酌增折價。

《高宗實録》卷五九六 庚戌，撫卹浙江江山、麗水、常山、開化等四縣本年水災貧民。

辛亥，諭軍機大臣等：富德等奏，貝勒品級伯克霍集斯、公品級鄂對、散秩大臣阿什默特、頭等侍衛噶岱默特，於阿勒楚爾、葉什勒庫勒等處，奮勇勦賊。【略】封鄂對爲貝子，阿什默特、噶岱默特，俱封爲公。【略】敏珠爾多爾濟，給還公爵。

癸丑，定西域祀典。

《東華續録》乾隆五〇 甲寅，楊纘緒以不職休致，以阿永阿爲陝西按察使。

《高宗實録》卷五九六 庚申，著阿桂前往阿克蘇辦事。玉素布【略】晉封爲貝勒。

《東華續録》乾隆五〇 庚午，碩色因病解任，以蘇昌爲湖廣總督，海明爲吏部侍郎，赫赫爲内閣學士。

《高宗實録》卷五九七 辛未，諭軍機大臣等：兆惠奏稱，差往探信之侍衛等回報，逆賊布拉呢敦、霍集占，俱爲巴達克山人拏獲等語。

甲戌，又諭：回城現俱平定，應將霍集占等私行徵斂之項，嚴行禁止。

《東華續録》乾隆五〇 命參贊大臣阿里衮留駐葉爾羌。

乙亥，命五城平糶麥豆。

《高宗實録》卷五九八 冬十月己卯，阿克蘇爲回城要地，已派阿桂駐劄辦事，著該部齎送欽差大臣關防一顆。

癸未，撫卹山西陽曲、祁縣【略】等五十六州縣本年被旱、被雹、被霜貧民，並緩徵新舊額賦。

丁亥，令哈寧阿自盡。

《東華續録》乾隆五〇 甲午，申禁燒鍋躧麴。

乙未，山西巡撫塔永甯卒，予祭。以鄂弼爲山西巡撫。

《高宗實録》卷五九九 賑盛京城、承德縣、鐵嶺城、鐵領縣、開原城、開原縣、錦州城、錦縣、寧遠城、寧遠州、廣寧城、廣寧縣、義州城、義州等處，本年旱災旗民，並蠲緩額賦如例。撫卹長蘆滄州、南皮、鹽山、静海、衡水、青縣等六州縣，嚴鎮、海豐、豐財、富國、興國等五場被水竈户，並蠲緩額賦如例。豁免甘肅狄道、河州【略】等二十二廳州縣衛乾隆二十三年被雹、被水、被旱災地額賦。

丙申，賑卹順天直隸所屬固安、永清【略】等四十七州縣廳本年水、旱、霜、雹、蟲螣偏災貧民，並蠲緩額賦有差。

《東華續録》乾隆五〇 命湖廣、四川各撥局錢，協濟甘肅。

《高宗實録》卷五九九 己亥，賑江蘇上元、江寧【略】等五十六州縣廳，蘇州、太倉、鎮海等三衛本年水、蟲、風潮偏災貧民，並照例蠲緩額賦，其應徵漕糧、漕項、銀米，及積年舊欠漕糧、漕項，均分別蠲緩有差。

庚子，定邊右副將軍富德等奏到：巴達克山素勒坦沙，獻逆賊霍集占首級，全部納款捷音。【略】將軍兆惠已晉公階，并迭賜章服，其加賞宗室公品級鞍轡，以示寵異。將軍富德著晉封侯爵，並賞戴雙眼翎。兆惠、富德，著再加授一子爲三等侍衛。參贊公明瑞、公阿里衮，並賞戴雙眼翎，舒赫德及在事大臣官員，均

交部從優議敘。額敏和卓著加恩晉封郡王。玉素布著加恩賞給郡王品級。

辛丑，以西師成功始末，御製《開惑論》宣示中外。撫卹浙江嘉興、秀水【略】等十八州縣，嘉興衛、湖州所、雙穗、蘆瀝、永嘉、橫浦、浦東、下砂、下砂二、三場、青村、袁浦等九場本年被水、被蟲貧民，並給耔種口糧，停徵額賦如例。

壬寅，却諸王大臣請加上尊號。

撫卹陝西定邊、安定、延川、宜川、榆林、葭州、神木、府谷、懷遠等九州縣本年被旱、被雹、被霜貧民，並緩徵新舊額賦。

癸卯，又諭：平定回部大功告成，北路將軍、大臣等，同此歡慶。可傳諭成衮扎布等，宣示喀爾喀四部落及杜爾伯特部落知悉，車布登扎布，即計程於十二月二十前後抵京，同赴太平嘉宴。

《高宗實録》卷六〇〇　十一月辛亥，御製平定回部告成太學碑文。御製平定回部勒銘葉爾羌碑文。御製平定回部勒銘葉什勒庫勒諾爾碑文。

辛酉，諭：陝甘總督楊應琚籌辦軍需，【略】晉階太子太師。

《東華續録》乾隆五〇　戊午，兆惠等奏報：霍罕額爾德尼伯克，將所屬安集延、瑪爾噶朗、納木干、霍罕等四城歸附，並齊哩克布魯特及額德格訥布魯特、阿濟畢等人衆，遣使歸誠。

癸亥，命庫車屯田。

甲子，再加甘肅、河東、河西各屬折賑價銀。命湖廣、江西搭運通州倉米，兑存浙江、江蘇備用。

己巳，命海明馳赴葉爾羌，協同舒赫德辦事，以恩丕署吏部侍郎。調蘇崇阿爲江蘇布政使，台柱爲河南布政使，以崔應階爲山東布政使，調蘇爾德爲江西按察使，以王檢爲安徽按察使。

《高宗實録》卷六〇一　癸酉，又奏：回部平定，應令各城伯克等，輪班入覲。【略】哈爾塔金布嚕特頭目納底爾瑪特，遣其弟伯克頗拉特告稱，我兄管領有一千五百户，呼圖和卓管領有五百户，情願歸誠入覲。

《東華續録》乾隆五〇　申命釐正文體。

甲戌，諭軍機大臣等：兆惠等奏稱，大兵凱旋，霍集斯告請同行入覲。

十二月丁丑朔，再撥湖南米二十萬石，於浙江備賑。

庚辰，准佐雜官由本籍赴任借支養廉。

辛巳，諭各省學政釐正文體。

《高宗實録》卷六〇二　甲申，賑甘肅皋蘭、河州【略】等十四廳州縣及東樂縣丞屬本年旱災貧民。

《東華續録》乾隆五〇　辛卯，命湖南於撥運浙江米三十萬石外，再籌接濟。

《高宗實録》卷六〇三　甲午，加賑山東海豐、利津【略】等十六州縣衛，永阜、永利、王家岡等三場本年被水、被潮貧民。

丁酉，蠲免浙江江山、常山、開化等三縣本年水災額賦，並豁除江山、常山水衝沙壅地畝，無徵漕項銀米。

《東華續録》乾隆五〇　嚴禁紬段錦絹出洋。

琉球國王尚穆表謝册封，並進方物。

是歲，朝鮮來貢。

乾隆二五年（庚辰、一七六〇）

《高宗實録》卷六〇四　正月戊申，將甘肅省乾隆二十六年應徵地丁、錢糧通行豁免。

庚戌，諭軍機大臣等：安泰等奏，現在烏嚕木齊等處屯田，與哈薩克交易，請賞給關防，及派員辦事等語。著照所請，賞給關防。

《東華續録》乾隆五一　癸丑，增給京師五城煮賑各廠米石。

《高宗實録》卷六〇四　乙卯，霍罕額爾德尼伯克使臣陀克塔瑪特、齊哩克卓爾瑪特使臣呼達呼里等至京。

丙辰，巴達克山素勒坦沙使臣額穆爾伯克、巴圖爾伯克、博羅爾沙呼沙默特使臣沙伯克等至京。定邊將軍兆惠等函送逆回霍集占首級，并俘酋押多索丕等至京。

丁巳，命懸霍集占首級於通衢，宥俘酋押多索丕等。

己未，布嚕特阿濟比使臣錫喇噶斯等至京。

《東華續録》乾隆五一　壬戌，命在京安插回人，另編佐領。

庚午，傅靖以不職革職，以顧濟美爲雲南布政使，調永泰爲四川按察使，以索琳爲山西按察使。

二月丙子，命水師官員迴避本省。

辛巳，命直隸留北倉米十萬石，於河工備用。

壬辰，以温福爲内閣學士。

《高宗實録》卷六〇七　己亥，兆惠、富德俱著授爲御前大臣。

《東華續録》乾隆五一　壬寅，定邊將軍兆惠等振旅凱旋，上自黄新莊啟鑾，至良鄉郊勞。

《高宗實録》卷六〇七　甲辰，賜哈密扎薩克郡王品級、貝勒玉素布，和闐阿奇木郡王品級、貝勒霍集斯，回部新附之阿克蘇貝勒品級、貝子鄂對等四十六人，冠服有差。

《東華續録》乾隆五一　乙巳，命富德軍機處行走。

三月丁未，以程巖爲内閣學士。

《高宗實録》卷六〇八　癸丑，烏什阿奇木伯克著阿布都拉補授，和闐阿奇木伯克著阿什默特補授，喀什噶爾阿奇木伯克著噶岱默特補授，葉爾羌阿奇木伯克著鄂對調補，阿克蘇阿奇木伯克著色提巴勒氏調補，英吉沙爾阿奇木伯克著索勒屯和卓補授。其拜城阿奇木伯克，作爲四品，即著阿布都喇瑪補授。

甲寅，伊犁辦事需人，常亮現在丁憂來京，著即帶闕防馳驛前往，交阿桂收掌，協同辦事。

《高宗實録》卷六〇九　辛酉，賑卹江蘇上元、江寧【略】等五十五州縣衛乾隆二十四年水災飢民，併蠲緩額賦有差。

壬戌，賑卹奉天承德、鐵嶺、開原、錦縣、寧遠、廣寧、義州等七州縣乾隆二十四年旱災飢民，併蠲緩額賦有差。

《東華續録》乾隆五一　四月甲申，弛私造鳥槍禁。

丁亥，調王際華爲兵部侍郎，錢汝誠爲刑部侍郎。

《高宗實録》卷六一二　五月壬子，諭：國家生齒繁庶，即自乾隆元年至今二十五年之間，滋生民數，歲不下億萬，而提封止有此數，餘利頗艱。且古北口外一帶，往代皆號巖疆，不敢尺寸踰越，我朝四十八部，子弟臣僕，視同一家，沿邊内地民人，前往種植，成家室而長子孫，其利甚溥，設從而禁之，是厲民矣。今烏嚕木齊，闢展各處，知屯政方興，客民已源源前往貿易，茆簷土銼，各成聚落，將來阡陌日增，樹藝日廣，則甘肅等處無業貧民，前赴營生耕作，汙萊闢而就食多，於國家牧民本圖，大有裨益。夫利之所在，雖禁之而不能止，民可使由，不可使知，將來亦徐觀其效而已，朕又何所爲而先事勞之。前此武功告成，不過偏師嘗試之，而好議者或云黷武，今辦理屯種，亦祇因地制宜之舉，而無識者又疑勞民，朕實不解，且付之不必解，而天下後世，自有公論耳。因閱對策，特降此旨，並將楊應琚奏摺通諭中外知之。

《東華續録》乾隆五一　癸丑，賜畢沅等一百六十四人進士及第、出身有差。

《高宗實録》卷六一二　丁巳，豁免安徽懷寧、桐城【略】等十五州縣，泗州、滁州二衛乾隆二十四年水災，蟲傷額賦。

《東華續録》乾隆五一　癸亥，飭八旗勤習騎射。

《高宗實録》卷六一三　己巳，哈薩克阿布勒巴木比特來使瑚圖拜、阿塔賚、阿布賚來使額呼斯瑚勒、阿布勒比斯來使伯克奈、布嚕特哈木巴巴來使玉森等，瞻覲行禮。

《東華續録》乾隆五一　六月癸酉朔，命直省實力捕蝗。

乙亥，命甘肅免徵本年及來年耗羨銀兩。

戊子，調永貴爲倉場侍郎，以常鈞爲刑部侍郎。

七月己丑，以蔣炳爲倉場侍郎。

辛丑，准貴州酌買雲南銅斤，開鑪鑄錢。

《東華續録》乾隆五二　乙巳，申嚴生童冒籍例。

調許松佶爲甘肅布政使，以彰寶爲湖南布政使，額勒金爲貴州按察使。

甲寅，實授阿思哈江西巡撫。

《高宗實録》卷六一六　阿里衮又奏：【略】因呢雅斯、聞多倫回人等，傳説阿睦爾撒納之信，告之邁喇木，適值議派邁喇木輪班進京，聞和什克伯克等户口，俱送京安插，恐被留在内，與呢雅斯商議，行文摇惑人心。而官兵來勦甚速，隨糾集回人，倉猝拒捕，及攻潰潛逃，投向呢雅斯，呢雅斯又已將所縛兵丁二十人殺害，遂與同逃。供認不諱，現派官兵將邁喇木、呢雅斯解京。

《東華續録》乾隆五二　乙丑，以朝銓爲盛京刑部侍郎。

《高宗實録》卷六一七　己巳，俄羅斯【略】共遣四路兵來分疆界，烏伊喀喇齊潦設一標記，阿錫勒班設一標記，阿勒坦諾爾設一標記，共設立三處標記而返。隨遣副都統莫尼扎布，速行前往詢明扎喇納克等，今於被獲五人内，擇通曉事體者一二名，帶至詢問等語。看來彼處並無大事，俄羅斯人等，特因數年來，知大兵勦滅準噶爾，平定回部，收服哈薩克、布嚕特各部落，甚爲惶恐，故佯遣人巡察阿勒坦諾爾等處地方，明係試探内地消息。是以朕前降旨，不必以此爲事，紛紛豫備。但伊等既在克木克木齊等處駐兵，烏伊喀喇等處設立標記，若任伊

等侵占疆界，亦殊不可。然此事今歲亦不必辦理，來年令阿桂酌派副都統一員，帶兵數百名，至額爾齊斯地方，京中派一、二大臣，會同車布登扎布、車木楚克扎布，揀派扎哈沁杜爾伯特兵一千名，度阿爾台，前往額爾齊斯地方，兩路會哨，巡察阿勒坦諾爾等處，果有設立標記，即行拆毁，如有屯駐人等，即行驅逐，俟伊等辦理完畢，奏到日再行降旨。至來年何時可以進兵，約於何地會哨之處，著阿桂、車布登扎布等，詳籌咨商，一面辦理，一面奏聞。

《東華續録》乾隆五二　八月戊寅，命廣州將軍、副都統每年輪閲外海水師。

《高宗實録》卷六一八　丙戌，諭軍機大臣等：烏嚕木齊駐劄大臣及官員頗多，須將總理分辦之人區畫明晰。嗣後該處一應事務，著以安泰、定長、永德爲總辦，列名具奏，其餘大臣、侍衛等，俱照領隊大臣例，各指與一處專管之事，報知安泰等轉奏。

《高宗實録》卷六一九　己丑，諭：朕此次巡幸木蘭，所有沿途經過地方，著蠲免本年錢糧十分之三。

《東華續録》乾隆五二　壬辰，以阿桂總理伊犁事務，授爲都統。

己亥，增設江甯布政使，以江、淮、揚、徐、海、通六府州分隸管轄。蘇、松、常、鎮、泰五府州，隸蘇州藩司轄。安徽布政使移駐安慶，專辦上江事務。調託庸爲江甯布政使，許松佶爲安徽布政使。命侍郎于敏中軍機處行走。

辛丑，以明德爲甘肅布政使，調吴紹詩爲甘肅按察使，以巴哈達爲雲南按察使。

《高宗實録》卷六一九　是月，閩浙總督楊廷璋條奏：清釐臺屬邊界，酌定章程。一，臺郡彰化縣沿山番界，年來侵墾，漸近内地，生番逸出爲害。今據該鎮道勘明，於車路、旱溝之外，各有溪溝水圳，及外山山根，堪以久遠劃界，其與溪圳不相接處，挑挖深溝，堆築土牛爲界。至淡防廳一帶，從前原定火焰山等界，僅於生番出没之隘口，立石爲表，餘亦未經劃清。今酌量地處險要，即以山溪爲界，其無山溪處，亦一律挑溝堆土，以分界限。一，彰邑各處越墾田園，新舊界内共二十處，或社番自行開墾，或贌給民人開墾納租，番民均屬相安。若安設官莊，則地盡歸官，番民失業，自應遵照乾隆十一年之例，還番耕管，以各社通事、土目爲管事，以各墾户爲佃人，分别納租。仍令各通事、土目，將經收每年租粟，及完納課銀各數目，造册查覈。一，淡水、彰化二屬，劃定新界之外，其田園埔地，盡皆退爲荒埔，還番管業，不許漢人贌墾。至如淡水廳所屬之拳頭、毋山等處，逼近生番，時出擾害，業經佃逃田荒，應徵粟米，均應按數豁除，其未墾埔田，飭令各業佃勒限三年，開墾升科。一，淡、彰二處沿邊要隘，向派番丁把守，今定界之後，新屬沿邊，共應設隘寮十處，派撥熟番二百一十七名，淡水一帶，共應設隘寮一十八處，派撥熟番七百二十名，加謹防守。其番丁口糧，彰屬即於該社番租粟内撥給，淡屬向無租粟，查各社番壙埔，現在未墾者尚多，應令查出稟墾，以資隘丁口糧。仍令該管巡檢，同附近汛弁，於定界各處嚴密巡查。得旨：覽奏俱悉。

《高宗實録》卷六二〇　九月乙卯，理藩院等衙門議覆：車臣汗部落扎薩克、貝子旺沁扎布，不能約束屬下，【略】著革去扎薩克，令應襲之人承襲，其貝子著降爲鎮國公，加恩仍留於伊本身。

《東華續録》乾隆五二　裁併山西歸化城七廳爲五廳，改協理通判爲通判，頒給關防。

《高宗實録》卷六二一　丁巳，巴岱身爲副都統，於挖蔘人衆，持棍毆打領催，復聚集數百人，赴署嚷鬧，伊竟不能辦理，乃反給與牌票，遣之起程，實屬恇懦不堪之至，【略】著即正法示衆。

辛酉，傳諭德爾格：查覈事竣仍駐劄闢展，兼轄文武官員，一切事件與舒赫德、定長商辦，有應行陳奏者，准其具摺奏聞，併傳諭舒赫德、定長等知之。

癸亥，哈薩克汗阿布賚使臣都勒特克呼等入覲。

《東華續録》乾隆五二　丙寅，定鄉、會試磨勘官添用編修、檢討例。

十月丙子，蘇崇阿緣事革職，調彰寶爲蘇州布政使，以永泰爲湖南布政使，鄧錫禮爲四川按察使。

《東華續録》乾隆五二　戊寅，調熊學鵬爲刑部侍郎，謝溶生爲兵部侍郎。

壬午，調宋邦綏爲山西布政使，以史奕昂爲廣東布政使，富明安爲福建按察使。

《高宗實録》卷六二二　丙戌，撫卹安徽宿州、鳳陽、懷遠、虹縣、靈璧、鳳臺、泗州、盱眙、天長、五河，及鳳陽、長淮、泗州三衛等十三州縣衛本年被水災民，並予緩徵。

《東華續録》乾隆五二　庚寅，以亢保爲湖北布政使，石禮嘉爲江西按察使。

《高宗實録》卷六二三　己亥，撫卹湖南常寧、耒陽、零陵、祁陽、東安、道州、寧遠、新田、郴州、永興、桂陽、臨武等十二州縣衛被旱災民。

《高宗實録》卷六二四　十一月辛丑朔，賜中式武舉一甲馬全、趙琮、孫庭璧等三人武進士及第，二甲鄭端揆等五人武進士出身，三甲彭成堯等五十三人同武進士出身。

《高宗實録》卷六二五　戊午，豁除福建鳳山、連江二縣乾隆二十四年分被水衝塌地畝額賦。撫卹甘肅洮州、古浪【略】等二十七廳州縣衛本年水災飢民。

《東華續録》乾隆五二　己未，以定長爲兵部右侍郎。

《高宗實録》卷六二五　是月，四川總督開泰奏：邪教流傳，爲地方大害，川省民鮮土著，風氣不齊，尤易煽惑。奸民宋朝倫等，踵行無爲教，誘騙吏夥，且謬指從前劉奇案内早經正法之孫奎，謂其並未身死，以聳衆聽。【略】將衆犯先押赴行刑處所，令其跪視，商民往觀者，聽其近立，始將宋朝倫等，分别凌遲處斬，並將奸邪惡跡及犯嚴刑之處，通行出示。得旨：甚是。

《東華續録》乾隆五二　陝甘總督楊應琚奏：甘省肅州地方，界當邊塞，地多荒疇。自開闢新疆以來，肅地爲内外總匯，見在商民輻輳。查該州北鄉一帶荒土，界在邊墻以内者始則編户，畸零未及開墾，遠在邊墻以外者，又以地有禁限，未許越耕。但際此拓疆萬里，中外一統，不必區區以遠邊爲限，請將肅州鄰邊荒土盡令開墾，並爲相其流泉開渠引灌，於軍需平餘項下借支工需，令承墾人户分限繳還。得旨：甚好。

十二月丙戌，調胡寶瑔爲江西巡撫，吴達善爲河南巡撫，以明德爲甘肅巡撫。

戊子，以吴紹詩爲甘肅布政使，文綬爲甘肅按察使。

己丑，封吐魯番伯克茂薩爲輔國公。

丙申，以德敏爲荆州將軍，永貴爲左都御史，調常鈞爲倉場侍郎。命永貴往葉爾羌，换舒赫德回京。

是歲，朝鮮、南掌來貢。

乾隆二十六年（辛巳、一七六一）

《東華續録》乾隆五三　正月丁未，以柏琨爲陝西按察使。

癸亥，以傅森署左都御史，官保爲刑部右侍郎。

癸酉，召鄂寶來京，以託庸爲廣西巡撫，調彰寶爲江甯布政使，以安甯爲蘇州布政使。

甲戌，申夢璽以徇庇屬員降調，以曹繩柱爲廣西按察使。

《高宗實録》卷六三〇　二月乙酉，安南國王黎維褘故，嗣臣黎維褍遣陪臣陳輝淧、黎貴惇、鄭春澍等，進本告哀，附貢方物。下部知之。□以故安南國王黎維褘之姪黎維褍襲封安南國王。尋差翰林院侍讀德保、大理寺少卿顧汝修往封，並致祭故安南國王黎維褘。

《東華續録》乾隆五三　丁亥，免直隸萬全等八州縣八年至十八年逋賦。

《高宗實録》卷六三一　己亥，蠲免山東濟寧州蘭山、郯城二縣乾隆二十五年水災額賦。

《東華續録》乾隆五三　是月，雲貴總督愛必達奏：安南國沙匪郡尋，即滚尋，越入内地滋擾。前經移咨該國王，迅飭興化鎮目丁文坦督兵圍拏，飭開化等府文武員弁親至壩灑邊界巡查、堵禦。賊城堅厚，又築水城，周圍穵濠，經丁文坦攻毁水城，會議攻破卡道，即可進偪賊巢。報聞。

三月戊申，以高晉爲江南河道總督，調託庸爲安徽巡撫，以熊學鵬爲廣西巡撫。

《高宗實録》卷六三二　庚戌，賑貸安徽宿州、鳳陽、懷遠、虹縣、靈璧、鳳臺、泗州、盱眙、天長、五河等十州縣，鳳陽、長淮、泗州等三衛乾隆二十五年水災飢民，並緩應徵額賦。

《東華續録》乾隆五三　甲寅，調錢維城爲刑部侍郎，以范時紀爲工部侍郎。

《高宗實録》卷六三三　乙卯，蠲免直隸宣化、萬全二縣乾隆二十五年雹災額賦。

壬戌，軍機大臣等議覆都統多爾濟奏稱，西寧邊外多巴等處，係民人貿易之所，向例自棟科爾至尼蘭錫蘭山以内，許客民來往，山外係青海地方，禁止越山貿易。今準夷蕩平，回部向化，請令内地商人，各隨所願，裹帶茶葉、布疋等項，前往青海貿易，使柴達木等遠處貧困蒙古，得以牲隻售换，於邊疆生計，大有裨益。但恐不肖奸民，借端出口，與蒙古等結伴偷竊。應如所奏，嗣後令商人呈報地方官，由西寧駐劄大臣，給蒙古漢字印照，填寫名數，守邊官兵嚴加稽查，驗照放行，其微末商人，仍照例禁止。如官兵疏於查察，致無執照，或帶禁物出口者，獲時，交地方官治罪外，並將守邊官兵議處。仍飭衆扎薩克等，與商人公平貿易，事竣即令入口，倘蒙古内有掯留商人者，查出，將該扎薩克等一併交部治罪。

從之。

《東華續録》乾隆五三　丁卯，以喬光烈爲河南布政使，趙孫英爲直隸按察使。

己巳，南掌國王蘇瑪喇薩提拉准第駕公滿，遣使表賀皇太后聖壽、皇上萬壽，並貢方物。賜御書扁額，賞賚有加。

四月辛未，鄧錫禮緣事解任，以蔡長澐爲四川按察使。

辛巳，調富明安爲廣西按察使，曹繩柱爲福建按察使。

壬辰，李元亮因病解任，以李侍堯爲户部尚書，調蘇昌爲兩廣總督，愛必達爲湖廣總督，以吴達善爲雲貴總督，常鈞爲河南巡撫，温福爲倉場侍郎。

甲午，賜王杰等二百一十七人進士及第、出身有差。

以雙慶爲内閣學士。

五月丁未，命劉統勳爲東閣大學士，兼禮部尚書。以梁詩正爲吏部尚書、協辦大學士。劉綸爲兵部尚書，金德瑛爲左都御史。

戊申，以安泰爲刑部侍郎。

戊午，以定長爲福建巡撫，永甯爲兵部侍郎。

辛酉，調謝溶生爲禮部左侍郎，以張映辰爲兵部右侍郎。

六月丙子，以觀音保爲貴州按察使。

庚辰，以周煌爲内閣學士。

乙未，弛貴州民、苗結婚禁。

《高宗實録》卷六四〇　七月辛丑，諭曰：户部尚書兆惠著協辦大學士事務。刑部尚書員缺著舒赫德調補，工部尚書員缺著阿桂補授。

《東華續録》乾隆五四　丁未，協辦大學士、刑部尚書鄂彌達卒，遺疏聞。

己酉，以納世通爲工部右侍郎。

《高宗實録》卷六四一　己未，軍機大臣等議覆參贊大臣舒赫德奏稱，阿克蘇等處鼓鑄之錢，宜派給回人行使，錢法始可流通。請將鑄得之七千餘騰格，以四分存公、六分派給回人，來春收回人租税，以錢折價，於十分内抽回二分，續鑄亦照此辦理。應如所奏。從之。

《東華續録》乾隆五四　甲子，諭：三寶者以道銜前往哈密辦事，其直隸布政使員缺，著觀音保補授。同德在巴里坤辦事已經數載，於採買羊隻等事，俱辦理妥協，著補授貴州按察使。永甯著以侍郎銜前往巴里坤辦事，同德俟交代後，再行來京。

己巳，以河南祥符等縣被水，命劉統勳等會同常鈞，嚴飭地方官隨查隨賑，毋俟彙齊册報，展轉稽延。調南河官弁赴河南工次協助堵築。

甲戌，命截留河南、山東漕運陵糈粟米，於直隸備賑。

《高宗實録》卷六四二　八月丁丑，撫卹湖北漢川、京山、潛江、沔陽、天門、雲夢、江陵、公安、監利、黄岡，並沔陽衛、武昌左衛、荆州衛等十三州縣衛本年水災饑民。

《東華續録》乾隆五四　庚辰，命江南河道總督高晉赴南河協辦河工。

辛巳，命停運河南本年漕糧。

以富明安爲江西布政使，調柏琨爲廣西按察使，同德爲陝西按察使，趙孫英爲貴州按察使，王檢爲直隸按察使，以程燾爲安徽按察使。調亢保爲貴州布政使，徐坦爲湖北布政使。

庚寅，撥山西倉米十萬石，於河南備用。

甲午，命撥倉米二十萬石，於直隸備賑。

九月壬寅，以温敏爲左副都御史。

甲辰，以張逢堯爲雲南按察使。

是月，雲貴總督吴達善等奏：安南沙匪郡尋，竄入内地、焚劫村寨，疊經該國發兵協勦。兹據該國具報，九月初五日於清波地方，將郡尋生擒，當即飭令解送内地審辦。得旨：是。

十月戊辰，以明春恭奉皇太后聖駕南巡，命截留江、浙兩省漕糧各十萬石，於駐蹕地方平糶。

壬申，命再撥倉米二十萬石，於直隸備用。

甲戌，命山東截留漕糧十萬石備用。

丙子，轉程景伊爲禮部左侍郎，以何國宗爲禮部右侍郎。

己卯，調五福爲工部右侍郎，以彭啟豐署吏部右侍郎，俟服闋實授。

辛巳，葉爾羌辦事都統新柱等奏：辦理鼓鑄，以錢五十文爲一騰格，除兑給三城回人，仍存三萬六千餘騰格。查回人兑支普爾錢文，近將七十之數，增加三十，頗累貧户。請嗣後以盡收普爾錢文爲止，不必勒限。報聞。

丙戌，調蔣嘉年爲陝西按察使，以梁翥鴻爲河南按察使。

《高宗實録》卷六四七　十月丁亥，賑長蘆屬滄州、南皮、鹽山、青縣、衡水、

海豐等七州縣，嚴鎮、海豐、蘆臺、豐財、富國、興國、濟民等七場被災貧竈。

庚寅，賑浙江仁和、歸安、烏程、長興、德清、武康、會稽、諸暨、餘姚、上虞等十縣，湖州一所，仁和、曹娥、金山、下砂頭二、三等五場被災貧民、軍、竈。

《東華續録》乾隆五四　辛卯，以張若澄爲内閣學士。

《高宗實録》卷六四七　癸巳，賑湖南武陵、龍陽、安鄉三縣本年水災貧民，並分別蠲緩額賦。

《東華續録》乾隆五四　甲午，以安泰爲刑部侍郎。

是月，貴州巡撫周人驥奏：黔省近年多種棉苧，仁懷廳等處兼放山蠶，結繭數萬，試織繭紬，各屬倣行，漸知機杼。

《高宗實録》卷六四八　十一月乙未朔，賜中式武舉一甲段飛龍、李銓、楊培樞三人武進士及第，二甲余大進等五人武進士出身，三甲趙廷魁等五十二人同武進士出身。

《東華續録》乾隆五四　丙申，吉慶緣事革職，調安泰爲户部右侍郎，以阿永阿爲刑部右侍郎。

《高宗實録》卷六四八　加賑直隸固安、永清【略】等六十九州縣被災貧民、屯竈，並緩各屬已、未成災本年應徵錢糧，及節年舊欠。

《東華續録》乾隆五四　辛丑，裁歸化城都統，綏遠城右衛、西安副都統，青州將軍，移察哈爾都統駐張家口，左右翼副都統駐遊牧邊界。

《高宗實録》卷六四八　癸卯，蠲山西陽曲、岢嵐【略】等三十八州縣，并大同管糧豐鎮、大同左等十四廳團操乾隆二十四年水災，蠲免隨徵耗銀。

《東華續録》乾隆五四　丁未，免河南祥符等四十三州縣漕糧、漕項有差。

壬子，以索琳爲浙江布政使，調梁翥鴻爲山西按察使，以輔德爲河南按察使。

甲寅，以永貴爲禮部尚書。

丙辰，以勒爾森爲左都御史，德保爲吏部侍郎。

辛酉，調錢汝誠爲户部右侍郎，以張泰開爲刑部右侍郎，仍留順天學政任。以梁國治署左副都御史，蔡鴻業署刑部右侍郎。授玉素布爲參贊大臣，駐葉爾羌。

十二月辛未，軍機大臣等奏：據俄羅斯送出之瑪哈沁、色布騰等解京，訊係前在阿勒坦和碩戕害庫車辦事、布政使德舒等屬實，交刑部正法。報聞。

《高宗實録》卷六五一　甲申，賑湖北漢川縣、武昌左衛本年水災飢民，並緩勘不成災之黄岡、雲夢、京山、公安等四縣額徵。

《東華續録》乾隆五四　戊子，命外官迴避内外兄弟。

是歲，朝鮮來貢。

乾隆二七年（壬午、一七六二）

《東華續録》乾隆五五　正月丙申，諭：今春，朕恭奉皇太后鑾輿巡省江浙，翠華所過，宜沛隆施。著將江蘇、安徽、浙江三省節年緩徵及未完地丁各項，槩予蠲免。

己亥，命五城設廠平糶。

丙午，上奉皇太后啟鑾南巡。

丁未，免直隸、山東經過地方本年額賦十分之三，上年被災處所十分之五。

戊申，金德瑛卒。以董邦達爲左都御史，程巖爲吏部左侍郎。起莊存與爲内閣學士。

甲寅，納延泰卒。以多爾濟爲理藩院侍郎。

戊辰，免江南浙江經過地方本年額賦十分之三，去秋被水處十分之五。

己巳，以沈作朋爲湖北布政使，高誠爲湖北按察使。

《高宗實禄》卷六五四　二月丁丑，哈薩克使臣策伯克等入覲，上召見，賜冠服有差。

《高宗實録》卷六五五　甲申，賜哈薩克阿布勒巴木比特阿布勒比斯、沙呢雅斯蘇勒統罕和卓、博羅特蘇勒統勅書。

丙戌，蠲免河南祥符、陳留【略】等四十三州縣乾隆二十六年水災錢糧有差，並緩徵勘不成災之洧川、鄢陵、河陰、寧陵、安陽、孟縣、洛陽、宜陽、澠池、新野、淅川等十一州縣本年額賦。

《東華續録》乾隆五五　癸巳，增江蘇、安徽、浙江學額，並減軍流以下罪。

《高宗實録》卷六五六　三月丁酉，加賑湖北潛江、沔陽、天門、荊門、江陵、監利等六州縣，并沔陽衛、荊州衛、荊左衛乾隆二十六年水災飢民。

《東華續録》乾隆五五　戊戌，上閱兵。

己亥，諭軍機大臣等：安南世爲本朝屬國，凡遇朝使册封至伊國内，自應遵行三跪九叩頭禮。乃該國王狃於小邦陋見，與册使商論拜叩儀注，原屬無知，經

德保、顧汝修援從前杭奕禄等指示成例，始知恪遵。外藩不諳體制，部臣應豫行宣示，著傳諭禮部存記。嗣後，遇有安南册封等事，即將應行典禮，並雍正六年及此次業已兩次遵行三跪九叩首之處，告知派出之正、副使，令其永遠遵循，無愆儀節。

庚子，免浙江節年未完地丁、屯餉、漕項並水鄉竈課銀。

《高宗實録》卷六五六　辛丑，加賑山東齊河、濟陽【略】等四十五州縣衛、所乾隆二十六年水災飢民，並緩徵蠲剩銀兩。

《東華續録》乾隆五五　壬寅，上幸觀潮樓，閱福建水師。賜浙江召試貢生沈初等二人舉人，與進士孫士毅等二人並授内閣中書。

己未，上祭明太祖陵。閲兵。

庚申，免江南江甯、蘇州、浙江杭州附郭諸縣本年額賦。

辛酉，賜江南召試諸生程晉芳等五人舉人，與進士吴泰來等三人並授内閣中書。

四月丁丑，以伍齡安爲禮部左侍郎。

《高宗實録》卷六五九　辛巳，賑卹甘肅安定、平涼、静寧、莊浪、華亭、平番、靈州、西寧、大通、成縣等十州縣乾隆二十六年雹災飢民，并予緩徵。

《東華續録》乾隆五五　諭：禮部侍郎員缺，著張泰開調補，仍留學政之任。刑部侍郎員缺，著葉存仁補授。蔡鴻葉著補授副都御史，仍辦刑部侍郎事務，其副都御史事務，即著葉存仁辦理。

壬午，調永泰爲雲南布政使，顧濟美爲廣西布政使。以蘇爾德爲湖南布政使，胡文伯爲江蘇按察使。

《高宗實録》卷六五九　壬午，豁免山東齊河、濟南【略】等四十四州縣衛所乾隆二十六年水災額賦。

《東華續録》乾隆五五　甲申，以全魁爲内閣學士。

辛卯，免直隸大興等十州縣廳節年未完銀糧。

《高宗實録》卷六六〇　五月甲午朔，賑卹安徽壽州、鳳臺、鳳陽、懷遠、泗州、盱眙、五河七州縣，及鳳陽、長淮、泗州三衛乾隆二十六年被水災民，並蠲緩額賦有差。

乙未，賑卹長蘆屬滄州、南皮、鹽山、慶雲、青絲、衡水、海豐等七州縣，及嚴鎮、海豐、蘆臺、豐財、富國、興國、濟民七場乾隆二十六年水災竈户，并蠲緩額賦有差。

辛丑，賑卹湖南武陵、龍陽、澧州、安鄉等四州縣乾隆二十六年水災貧民，并蠲免額賦有差。

《東華續録》乾隆五五　丙午，以蔡長澐爲兵部右侍郎。

戊申，調海明爲理藩院右侍郎，觀保爲吏部右侍郎，以鍾音爲兵部右侍郎，調鄂弼爲陝西巡撫，明德爲山西巡撫，常鈞爲甘肅巡撫，以明山署江西巡撫。

己酉，以顔希深爲四川按察使。

閏五月丙寅，郭一裕以老病休致，以周景柱爲河南按察使。

戊寅，諭：顔希深來京陛見，問知伊母年老尚欲隨任赴川，伊亦不敢奏請改補近地。似此母子，俱知大義，情實可嘉，轉用惻然。顔希深著調補江西按察使，其四川按察使員缺，即著石禮嘉調補。

己卯，安甯卒。調蘇爾德爲蘇州布政使，以來朝爲湖南布政使，赫昇額爲廣東按察使。

辛巳，諭：王公之女，予封食俸，乃敦敘九族之典。但年久宗室漸多，而親屬亦漸疏遠，若不立定節制，則親屬無由區别。嗣後，除親王、郡王之女仍著照例外，貝勒以下止封嫡出一女，其餘俱照庶出例，庶出者照媵妾所出例。著永著爲例。

丙戌，以錢度爲安徽按察使。

辛卯，命西安將軍如松襲封信郡王。

《清高宗實録》卷六六四　六月丁酉，蠲免直隸固安、永清【略】等七十四州縣廳乾隆二十六年水災額賦有差。

《東華續録》乾隆五五　丙午，命直隸截留漕糧二十萬石備用。

乙卯，命直隸再截留漕糧十萬石備用。

《高宗實録》卷六六六　七月癸亥，蠲免安徽壽州、鳳臺【略】等十六州縣衛乾隆二十六年被水田地二萬五千三百九十六頃有奇額賦。

《東華續録》乾隆五六　乙丑，命直隸再截留漕糧二十萬石備用。

丙寅，命河南運豆進京備用。

《高宗實録》卷六六六　戊辰諭：朕巡幸木蘭，向來恩免所過地方錢糧十分之三，此次沿途省覽，見今夏雨水過多之處，田禾分數歉薄，所有經過地方本年地丁錢糧，著加恩蠲免十分之五，以示優卹。

甲戌，哈薩克汗阿布賚，遣陪臣蘇勒統、都勒特克㖆等入覲。

《東華續録》乾隆五六　癸未，以五諾璽爲湖南按察使，秦勇均爲陝西按察使。

八月丁酉，多爾濟卒。以富鼐爲理藩院侍郎。

甲辰，託恩多丁憂，調明山署廣東巡撫，湯聘爲江西巡撫，以宋邦綏爲湖北巡撫，文綬爲山西布政使，海明爲甘肅按察使。

戊申，諭：督撫同省，不得交布政使攝篆。著爲例。

《高宗實録》卷六七一　九月丁丑，賑恤山東齊河、濟陽【略】等三十五州縣衛本年被水貧民，蠲緩新舊額賦。

《東華續録》乾隆五六　戊寅，以近京秋成稍歉，命五城增廠煮賑。

甲申，建烏嚕木齊城堡，賜城名甯邊，輯懷，堡名宣仁、懷義、樂全、寶昌、惠徠、屢豐。

己丑，以新柱爲理藩院尚書，英廉爲户部左侍郎。

十月乙巳，設伊犁將軍，以明瑞爲之。

《高宗實録》卷六七三　庚戌，加賑順天直隸所屬霸州、保定【略】等六十三州縣廳本年被水、雹、霜災飢民，分别蠲緩應徵額賦。

《東華續録》乾隆五六　壬子，以徐以烜、張映辰俱署内閣學士。

《高宗實録》卷六七三　甲寅，賑卹浙江仁和、錢塘【略】等二十一州縣衛所，仁和、曹娥、錢清、金山、青村、下砂二、下砂三等七場本年水災飢民，竈户，并借給籽種。

《東華續録》乾隆五六　乙卯，定各省城守尉、協領等，期滿引見，回任六年後，再行送部例。

丙辰，命江西撥米二十萬石，運浙江備用。

《高宗實録》卷六七四　十一月辛酉，諭：伊犁等處，已授明瑞爲將軍，自應設參贊、領隊大臣協同辦事。伊犁參贊大臣著愛隆阿、伊勒圖補授，領隊大臣著伍岱補授。

《東華續録》乾隆五六　壬戌，命新修寶譜及將軍印譜，貯盛京鳳凰樓十寶之次。

《高宗實録》卷六七四　戊辰，諭軍機大臣等：永貴等奏，霍罕額爾德尼使人巴巴什克稟稱，伊處貿易人沙薩伊特，有馬八十匹爲布嚕特之薩魯部人掠去，隨飭噶岱默特往查，其頭目沙巴圖聞信，即盡行取出交還等語。布嚕特等互相掠奪，亦事之所有，沙巴圖一聞查取之信，即行遵照辦理，甚屬恭順。著傳諭永貴等，酌量給賞，以示鼓勵。噶岱默特奉委查辦，亦能實心奮勉，俱著一體賞賜。

庚午，杜爾伯特盟長著博斯和勒補授。該部落歸化已久，應照喀爾喀之例，補放副將軍，現在既有左、右兩翼盟長，副將軍應設二員，車淩烏巴什著放右翼副將軍，巴桑著放左翼副將軍。所有頒給印信、勅書，均著成衮扎布查照喀爾喀之例辦理。

辛未，喀什噶爾辦事尚書永貴等奏：前因喀什噶爾舊城地狹，奏請修築新城，於本年四月興工，八月告竣。【略】得旨：新城距舊城道里遠近，及駐劄處所，俱著繪圖呈覽。

《高宗實録》卷六七五　丙子，近據旌額理等奏：左部哈薩克努爾賚遣使入覲。又有烏爾根齊城哈雅布、奇齊玉斯别部之巴圖爾，亦遣使前來。

甲申，賑卹甘肅狄道、皐蘭【略】等二十廳州縣本年氷、雹、霜災飢民，并借給籽種。

《東華續録》乾隆五六　十二月辛卯，諭：雲貴等遠省督撫、提鎮、藩臬，遇丁憂事故，著驛遞四百里馳奏。

《高宗實録》卷六七六　丙申，呢雅斯伯克因率其頭目入覲，并欲取克什密爾以獻。【略】古爾班伯克既在葉爾羌守候，著傳諭呢雅斯伯克，許其入覲。候旨。

辛丑，又諭：據永貴等奏，霍罕額爾德尼伯克所復書札，謂前遣使人，奉有諭旨，稱伊爲汗，且以喀什噶爾嶺爲界。似此種種謬妄，皆永貴等從前給伊之書，詞氣懦弱所致，著傳諭永貴，再行發書嚴飭。

《東華續録》乾隆五六　丁未，工部尚書歸宣光卒，予祭葬，謚昭簡。

以董邦達爲工部尚書，彭啟豐爲左都御史，梁國治爲吏部右侍郎，張映辰爲左副都御史，竇光鼐署内閣學士。

《高宗實録》卷六七七　壬子，諭軍機大臣等：永貴辦事日久，著納世通前往更换。

癸丑，巴達克山素勒坦沙統衆搶掠博羅爾游牧，【略】圍困城池，博羅爾沙瑚沙默特情急求救，【略】如斥責不從，自當進勦。

《東華續録》乾隆五六　是歲，朝鮮來貢。

乾隆二八年（癸未、一七六三）

《東華續録》乾隆五七　春正月壬申，命尚書阿桂軍機處行走。

諭：葉存仁著補授河南巡撫，蔡鴻業著實授刑部侍郎。蔣檙服制將闋，著補授副都御史，禮部侍郎事務，仍著張若澄署理。

《高宗實録》卷六七九　甲申，工部侍郎納丗通著授爲參贊大臣，在喀什噶爾總理回疆事務。

《東華續録》乾隆五七　二月己丑朔，命河南、山東購黑豆五萬石，運京平糶。弛奉天海運禁。

壬辰，命方觀承、葉存仁會勘漳河水利。

甲辰，以海明爲盛京禮部侍郎，調永甯爲盛京兵部侍郎，以旌額理爲兵部侍郎。

丙午，定直省同知、通判藩庫支給養廉例。

丁未，撥部庫銀八十萬兩，於直隸備賑。

庚戌，命截留河南、山東漕糧十五萬石於直隸備賑。

三月庚申，臨漳壩工合龍。

《高宗實録》卷六八二　壬戌，豁免山東齊河、濟陽【略】等三十一州縣衛水災額賦。

《東華續録》乾隆五七　癸亥，上親耕耤田。

乙亥，增貯山西太原府倉穀二萬四千石。

《高宗實録》卷六八三　戊寅，福德往庫掄，同桑寨多爾濟辦事。

《東華續録》乾隆五七　乙酉，皇太后行躬桑禮。

《高宗實録》卷六八三　丙戌，蠲免江蘇清河、安東【略】等十四州縣衛水災額賦。

《高宗實録》卷六八四　四月壬辰，加賑浙江錢塘、仁和【略】等，十四州縣，仁和、錢清、金山等三場乾隆二十七年分，水災飢民。

《東華續録》乾隆五七　乙未，命五城各撥黑豆八十石平糶。

己亥，命奉天購米四十萬石，山東、河南各購米二十萬石，運直隸備用。

《高宗實録》卷六八五　壬子，賜一甲秦大成、沈初、韋謙恒三人進士及第，

二甲董誥等五十五人進士出身，三甲魯河等一百三十人同進士出身。

《東華續録》乾隆五七　甲寅，裁歸化城都統，命副都統二員分駐綏遠、歸化二城，協同將軍辦事。

五月壬戌，以趙孫英爲四川布政使。

癸亥，命尚書阿桂馳往直隸霸州等處，會同侍郎裘曰修、總督方觀承，督辦疏濬事宜。以熊繹祖爲貴州按察使。

甲子，禮部議覆朝鮮國王李昑奏，臣世子緈早亡，復蒙天恩封子愃爲世子，今又身故。臣年及髦，諸嗣久虚，宗祀孤危，旦夕傷悼。愃生有子祘，年已十一，國計、人心繫此一綫。伏願曲加矜察，頒降封典，小邦君臣感激無地等語。查李祘年未及歲，與請封例不符，而其情詞懇摯，殊屬可憫。應否准其請封，所進禮物應否賞收，出自聖裁。得旨：准其請封，所進禮物著暫收貯，准作正貢。尋遣散秩大臣弘映、頭等侍衛廣亮往封。

己巳，以柏琨爲湖北布政使。

辛未，以雙慶爲禮部侍郎。以袁守侗爲廣西按察使，以曹繩柱爲廣東布政使，淑寶爲福建按察使。

甲戌，諭：劉綸著調補户部尚書，兵部尚書員缺，著陳宏謀補授，著即前往湖北，署理湖廣總督兼署巡撫事務，俟李侍堯到任後，再行來京供職。湖南巡撫著喬光烈調補，布政使來朝暫行護理。

乙亥，以崔應階爲貴州巡撫，梁翥鴻爲山東布政使。調王檢爲山西按察使，以裴宗錫爲直隸按察使，以佛德爲河南布政使。

戊寅，修陝西棧道。

庚辰，調明德爲江西巡撫，以和其衷爲山西巡撫。調曹繩柱爲福建布政使，以胡文伯爲廣東布政使。

辛巳，修直隸大興等三十二州縣疊道。

以錢琦爲江蘇按察使。

六月己丑，以諾穆渾爲内閣學士。

《高宗實録》卷六八八　壬辰，賑卹甘肅狄道、渭源【略】等三十廳州縣乾隆二十七年分水、旱、霜、雹災飢民，並緩應徵額賦。

《東華續録》乾隆五七　丙申，諭：亢保前在湖北布政使任内，曾扶同附和揭參趙泰交，並會銜濫行保舉陳銓、陳文樞等，亦有應得之咎。著解任來京候

旨，所遺貴州布政使員缺，著錢度補授。

丁酉，以富尼漢爲安徽按察使。

己亥，禁湖南洞庭湖濱私築民隄。

《高宗實録》卷六八八　庚子，諭軍機大臣等：據陳宏謀奏，請嚴濱湖私築之禁一摺。所辦甚是，已於摺内批示矣。洞庭一湖，爲川、黔、粵、楚衆水之總匯，必使湖面廣闊，方足以容納百川，永無潰溢。乃濱湖居民，狃於目前之利，圈築圩田，侵占湖地，而地方官又往往意存姑息，不行禁止。若湖地漸就堙鬱，則夏秋水發之時，勢必漫衍衝決，爲澤國田廬之患。儻或跨州連邑，所在淹浸，即所有私築圍田，亦安能保無衝没？利小害大，誠灼然可見者。陳宏謀於此事不爲姁嫗之小惠，殊得封疆之體。著傳諭喬光烈，每年親行查勘，間一、二歲，即將有無占築情形，詳悉具奏，永以爲例。

《東華續録》乾隆五七　壬寅，以阿爾泰爲四川總督，崔應階爲山東巡撫，圖爾炳阿爲貴州巡撫。命梁詩正爲東閣大學士，兼吏部尚書。以户部尚書劉綸協辦大學士，調陳宏謀爲吏部尚書，以彭啟豐爲兵部尚書，張泰開爲左都御史，李因培爲禮部侍郎。

己酉，諭：向來欽差大臣出使高麗，聞入境時該國王備輿迎候，此固屬國敬禮天朝敕使，以昭恭順。但滿洲大臣素嫻鞍馬，而身膺使命，四牡宣勤，尤不應乘用肩輿，自圖安適。著該衙門行文該國王，嗣後欽差到境，止須豫備馬匹，其舊用肩輿之處永行停止。在奉使者既不至耽逸一時，致忘習勞之義，而外藩亦稍省繁文，以示體恤。著爲令。

《東華續録》乾隆五八　七月丁巳，諭：查閲營伍除山東、山西、河南外，俱歸總督辦理。

壬戌，以李宗文爲内閣學士。

辛未，禮部議准貴州學政李敏行奏，嗣後各省考試選拔生員，删去判語，改用五言八韻排律一首。從之。

壬申，諭：前内閣撰擬朝鮮世子誥敕，朕意李祘以孫承祖，其稱名仍作世子，於義未安，是以傳諭禮部詳覈查覆。兹據奏，該國王李昑本請以世子李愃之子李祘封爲嫡嗣，並無請封伊係爲世子之説，且考之史册，見有世孫名號昭然可據。今李祘既係該國王之孫，自應援例封爲世孫，方爲名正言順。乃不詳覈典故，漫以世子加封，若非經朕指出，其何以昭天朝典制耶。禮部堂官著飭行，所有給予誥敕，即行改正頒發。

己卯，以王檢爲廣西布政使。

庚辰，以藍欽奎爲山西按察使。

甲申，命駐防將督、都統、提鎮恭進表牋，均照督撫式。

乙巳，命杜爾伯特王公扎薩克等及歲子弟，報部授職。

壬子，以淑寶爲甘肅布政使，朱珪爲福建按察使。

九月乙卯朔，調王檢爲甘肅布政使，淑寶爲廣西布政使。調富尼漢爲山東按察使，閔鶚元爲安徽按察使。

戊辰，命科布多屯田。

是月，四川總督阿爾泰等奏，金川土司郎卡滋擾鄰境，綽斯甲布、革布什、咱巴旺、小金川、黨壩五土司，與金川連界，結怨已久。沃日、松岡、梭磨、卓克基四土司，距金川稍遠，與綽斯甲布等五土司非親即族，脣齒相依。九土司中，綽斯甲布勢力稍强，可與金川相敵，其餘或兵力微弱，或土司庸愚，分處各巢九土司共爲合從之計，以遏郎卡窺伺。上年九月，因郎卡侵占黨壩地方，綽斯甲布發兵相助，並約會各土司稟懇，准其攻打，以圖報復。本年五月，九土司會攻金川，分路前進，三月以來連得勝仗。各土司合力進攻，固可長除後患，即一時不克，郎卡亦必畏懼自守，不至滋擾鄰近土司。報聞。

十月甲申朔，諭：自來内外大臣中，有奉職克勤、敭歷資深者，皆晉秩宫銜，以示優眷。大學士梁詩正著晉加太子太傅，協辦大學士、尚書、公兆惠，協辦大學士、尚書劉綸，兵部尚書、公阿里衮，刑部尚書舒赫德、秦蕙田，工部尚書阿桂，俱加太子太保。吏部尚書陳宏謀晉加太子太保，河道總督高晉晉加太子太傅，漕運總督楊錫紱晉加太子太保，浙閩總督楊廷璋、湖廣總督李侍堯、兩廣總督蘇昌，四川總督阿爾泰，俱加太子太保。江蘇巡撫莊有恭、雲南巡撫劉藻，俱加太子少保。

壬辰，定州縣無故赴省，及久留省會參處例。

甲辰，以顔希深爲福建布政使，廖瑛爲江西按察使。

《高宗實録》卷六九八　十一月戊午，賜中式武舉一甲德灝、郭元凱、葉時茂三人武進士及第，二甲曾光亨等五人武進士出身，三甲李棟緜等四十三人同武進士出身。

《東華續録》乾隆五八　辛酉，張師載卒，以葉存仁爲河東河道總督。調阿

思哈爲河南巡撫，明山爲廣東巡撫，明德爲陝西巡撫，輔德爲江西巡撫，常鈞爲湖北巡撫。甘肅巡撫印務，以總督楊應琚兼署。

癸酉，命蒙古王公謁見各大臣，不得屈膝。

己卯，命楊廷璋爲體仁閣大學士兼兵部尚書，仍留閩浙總督任。

壬午，雲南江川等五州縣地震。

十二月甲申，申誡疆吏巡歷地方，務輕騎減從。

《高宗實録》卷七〇〇　丁亥，蠲賑甘肅皋蘭、撫彝、張掖、山丹、莊浪、武威、永昌、鎮番、古浪、中衛、西寧、碾伯等十二廳縣旱災飢民。

《東華續録》乾隆五八　乙未，以蔣棡爲兵部右侍郎，以良卿爲雲南按察使。

乙巳，命巴里坤提督移駐烏嚕木齊，烏嚕木齊大臣移駐雅爾，駐紮巴里坤大臣即行撤回。

是歲，朝鮮來貢。

乾隆二九年（甲申、一七六四）

《東華續録》乾隆五九　正月丙辰，封喀爾喀親王成衮扎布子、額駙拉旺多爾濟爲世子。

庚午，諭：朝鮮劫殺人犯，即於内地正法。

《高宗實録》卷七〇三　壬午，封扎薩克、貝子敦多布多爾濟弟佛保爲輔國公。

《東華續録》乾隆五九　己丑，調觀保爲兵部侍郎，以旌額理爲吏部侍郎。

辛丑，以五訥璽爲湖北布政使，何逢僖爲湖南按察使。

《高宗實録》卷七〇五　二月辛亥，蠲湖北沔陽、天門二州縣，并沔陽衛乾隆二十八年分被水災地應徵額賦十之一。緩文泉、潛江、荆門、江陵、監利、竹谿、東湖、興山、利川、來鳳十州縣，并荆州衛勘不成災地畝額賦如例。

《東華續録》乾隆五九　三月癸丑，太子太傅、武英殿大學士來保卒。

《高宗實録》卷七〇六　甲寅，武職巡邏，防範已極嚴密，乃臣留心察訪，知該關於進出各船，不拘内地外洋，每船勒取番銀陋規多寡不等，文武衙門，朋分收受，應請簡派大員赴閩清查。得旨：嘉悦覽之，汝可謂知恩，朕亦可謂知人。

丙辰，蠲山東濟寧、魚臺、金鄉、城武、鉅野及濟寧、臨清七州縣衛乾隆二十八年分被水災地應徵額賦有差。

庚申，蠲江蘇銅山、沛縣、蕭縣、邳州、睢寧、海州、沭陽、徐州八州縣衛乾隆二十八年分被水災地應徵額賦十之一，並緩蠲餘及勘不成災地畝，各項銀米如例。豁安徽虹縣、靈璧、泗州並泗州衛低窪田地應徵未完俸工、漕項、驛站各項銀米。

《東華續録》乾隆五九　壬戌，召阿爾泰來京，以阿桂署四川總督。

乙亥，兩廣總督蘇昌奏，安南行劫人犯衆多，請審定奏聞，即行正法。從之。

四月壬午朔，以尹繼善爲文華殿大學士，仍留兩江總督任。

五月己巳，以赫昇額爲湖南布政使，調費元龍爲廣東按察使，以雷暢爲湖北按察使。

六月丁亥，葉存仁卒，以李宏爲河東河道總督。

甲辰，楊廷璋因事解任，調蘇昌爲閩浙總督，李侍堯爲兩廣總督，吴達善爲湖廣總督，以劉藻爲雲貴總督。

丙午，調常鈞爲雲南巡撫，以王檢爲湖北巡撫，恒光爲甘肅布政使。調三寶爲四川布政使，以五訥璽爲湖北布政使。命阿爾泰回四川總督任，召阿桂回京。

《東華續録》乾隆六〇　七月辛亥朔，命楊應琚爲東閣大學士，仍留陝甘總督任。以陳宏謀協辦大學士。調三寶爲湖北布政使，五訥璽爲四川布政使。

《高宗實録》卷七一四　庚申，諭軍機大臣等：圖勒炳阿覆奏，查審仁懷縣民人袁思政等互争茶山一摺。前據該撫摺奏此案，不免張大其詞，又不親身前往查辦，是以降旨訓飭。今復奏稱，袁思政攜帶鎗弩，擅放竹箭屬實，並無放鎗情事，適阿爾泰陛見在京，詢之，亦稱實係兩省民人互争山界，並無逞兇拒鬭之處，該撫即可就案嚴行審擬完結。總之地方一有爲匪不法等案，自應星速勘辦，斷不可意存姑息，致長刁風。

《東華續録》乾隆六〇　丙寅，諭軍機大臣等：阿布都喇伊木係逆賊霍集占黨與，本應從坐，因其舉城迎降，既免誅戮，復加恩授爲伊什罕伯克。乃不知感戴，反交通外藩，希圖叛逆，情節可惡。阿布都喇伊木著即淩遲梟示，伊子俱著處斬，妻女及兄弟之妻，俱送京備賞，所有財産，查明入官。

《高宗實録》卷七一五　丁卯，諭：朕此次巡幸木蘭，沿途經過地方，所有本年應徵地丁錢糧，著加恩蠲免十分之三。該部即遵諭行。

《高宗實録》卷七一六　八月甲申，卹湖南武岡州、攸縣，水災飢民。

《高宗實録》卷七一七　丁酉，刑部議准雲南按察使良卿奏稱，滇省夷猓，沾濡教化，有名列青衿者，有捐納監生者，冠裳既與民人無殊，應請嗣後此等改苗爲民者，罪犯軍流徒遣，照黔省例，與民人一體辦理。其實係苗民，未改苗言苗服，犯軍流徒遣者，仍照例折枷完結。其情罪較重，或再犯不悛，亦照例將本犯折枷後，仍將家口各就土流所轄，一併遷徙安插，不使混入腹地。從之。

《東華續録》乾隆六〇　庚子，增伊犁雅爾等處領隊大臣二員。

辛丑，召奉寬來京，以雅德爲盛京工部侍郎。

九月丙寅，諭：尚書秦蕙田奉職西曹，恪勤素著，前以患病告假，准其回籍就醫，尚冀痊可。兹聞在途溘逝，深爲軫惻，應得卹典，已敕部察例具奏。著再加恩賞給銀一千兩經理喪事，以示優卹。尋予祭葬，謚文恭。

以莊有恭爲刑部尚書，暫留江蘇巡撫任。

甲戌，諭：明春南巡，著江浙各截留漕糧十萬石，於駐蹕地方平糶。

十月己丑，以余文儀爲福建按察使。

庚寅，以奉寬爲内閣學士。

癸巳，調圖爾炳阿爲湖南巡撫，以方世儁爲貴州巡撫。起宋邦綏爲陝西布政使。

甲午，諭：喬光烈由司道擢用巡撫，於地方糾衆罷市大案不能彈壓，而案内應行審究之署府王錫蕃又復漫無防範，以致自縊，其徇庇怯懦，深負朕簡任之恩。喬光烈著照部議革職。

又諭：昨因新甯縣罷市一案，該撫臬等漫無防範，致應行質審之署知府王錫蕃乘閒自縊，該撫喬光烈已照部議革職。按察使何逢僖亦難辭咎，著來京，仍以吏部文選司郎中用，其湖南按察使員缺，著湯聘授補。

調錢度爲雲南布政使，永泰爲貴州布政使。

丙申，以新柱爲西安將軍，託恩多爲理藩院尚書。

《高宗實録》卷七二一　戊戌，撫卹湖北漢陽、漢川、沔陽、文泉、黄梅、廣濟、監利七州縣，武昌、武左、沔陽、蘄州、荆州五衛水災貧民。

壬寅，賑卹江蘇上元、江寧、句容、江浦、六合、海州等六州縣被災貧民，蠲緩本年漕糧、漕項各有差。

甲辰，賑卹安徽懷寧、桐城【略】等十九州縣衛水災貧民，蠲緩新舊漕糧漕項各有差。

《東華續録》乾隆六〇　十一月戊申朔，命重修《大清一統志》。

《高宗實録》卷七二二　壬子，賑卹甘肅臯蘭、金縣【略】二十廳州縣旱災貧民，緩徵新舊額糧有差。

《東華續録》乾隆六〇　癸丑，塔爾巴哈台參贊大臣綽克托奏，羅克倫屯田兵移駐瑚圖畢築城告竣。

《高宗實録》卷七二二　丙辰，撫卹江西德化縣水災貧民。豁免湖南武岡、攸縣被災田畝額徵銀米，并借給耔種。賑卹甘肅河州、渭源【略】等十五廳州縣被風、雹、水災貧民，緩徵本年額糧，及各年耔種口糧有差。

《東華續録》乾隆六〇　丁卯，以阿里衮爲户部尚書、協辦大學士。調託恩多爲兵部尚書，以五吉爲理藩院尚書，鄂甯爲禮部侍郎。

十二月己卯，以伍勒穆集爲内閣學士。

甲午，陳悳華因病解任，調董邦達爲禮部尚書，以楊廷璋爲工部尚書。

《高宗實録》卷七二五　又諭曰：綽克托等奏，烏嚕木齊等處屯田兵二千九百名，共收糧五萬七千餘石。可否將辦理屯田之總兵德昌及管屯官員，交部議敘，兵丁賞給鹽菜、銀兩等語。著照所請，將總兵德昌及管屯官員，交部議敘，兵丁各賞給一月鹽菜、銀兩。

乙未，又諭：京師爲四方和會之區，各省仕商，向俱僦居外城，而遠年屋宇，未免漸有傾頽，多成隙地。既恐不敷居住，且通衢廣街，觀瞻攸繫，尤宜一律整齊。著派阿里衮、舒赫德、陳宏謀、英廉，詳悉相度籌辦，一面繪圖呈覽，候朕酌量指示，交各該衙門添建房屋，以資官民賃住。

《東華續録》乾隆六〇　丙申，以程燾爲安徽布政使。

丁酉，調李因培爲倉場侍郎，以李宗文爲禮部侍郎。

《高宗實録》卷七二五　戊戌，賑卹江西南昌、新建、進賢等三縣被災貧民。

《東華續録》乾隆六〇　己亥，諭：色提巴爾第從前甚屬效力行走，著加恩授爲公爵。

是歲，朝鮮來貢。

乾隆三〇年（乙酉、一七六五）

《東華續録》乾隆六一　正月癸丑，劉綸丁憂，命刑部尚書莊有恭協辦大學

士。以于敏中爲户部尚書，裘曰修爲户部侍郎。調明德爲江蘇巡撫，和其衷爲陝西巡撫，以彰寶爲山西巡撫。調永泰爲江甯布政使，恒光爲貴州布政使，以喬光烈爲山西按察使。

壬戌，上奉皇太后啟鑾南巡。

癸亥，免直隸、山東經過地方本年額賦十分之三。

甲子，免直隸各屬舊欠及未完緩徵銀米。

庚午，免山東濟南等六府屬未完因災緩徵地丁銀兩及借款。

丙子，以劉星煒爲内閣學士。

二月己卯，封回部台吉色提巴爾第爲輔國公。

癸未，免江蘇、浙江經過州縣本年額賦十分之三，以宿遷、桃源、清河、銅山四縣地土薄瘠，免十分之五。

乙酉，廖瑛緣事革職，以吴虎炳爲江西按察使。

丙戌，命淮徐道李清時隨總漕楊錫紱往山東，會辦湖河諸務。

壬辰，免江蘇布政使所屬州縣二十八年以前熟田地丁、雜款、舊欠，並經過州縣本年額賦十分之五。

丁酉，閲京口水師。

閏二月戊申，免浙江歷年未完漕項及仁和、袁浦等場未完竈課、南米、借款，錢塘等處緩徵租穀。

己酉，免江甯、蘇州、杭州附郭諸縣本年地丁銀。免浙江經過州縣本年額賦十分之五。

以永德爲浙江布政使。

庚戌，增江蘇、安徽、浙江文童取額有差。

癸丑，上閲兵。

甲寅，上幸觀湖樓，閲福建水師。

戊午，以錢琦爲四川布政使，朱奎揚爲江蘇按察使。

己未，授浙江進獻詩賦之進士張培、馮應榴，舉人吴壽昌即用内閣中書，賜稟貢生陸費墀舉人授内閣中書。

庚申，命阿桂、明亮赴伊犁辦事。

戊辰，輔德卒，調明山爲江西巡撫，王檢爲廣東巡撫，以李因培爲湖北巡撫。

己巳，調范時紀爲倉場侍郎，李宗文爲工部侍郎，以程巖爲禮部侍郎。

庚午，以范時綬爲吏部侍郎。

《高宗實録》卷七三二　三月丙子，加賑湖北漢陽、漢川、沔陽、黄梅、廣濟、監利、新裁文泉等七州縣乾隆二十九年分水災飢民，並緩徵江夏、武昌、咸寧、嘉魚、蒲圻、興國、大冶、黄陂、黄岡、蘄水、黄安、蘄州、石首，暨武昌、黄州、蘄州等十六州縣衛錢糧。

《東華續録》乾隆六一　癸未，上閲兵。

甲申，圖爾炳阿卒，調馮鈐爲湖南巡撫，以宋邦綏爲廣西巡撫，湯聘爲陝西布政使，沈世楓爲湖南按察使。

乙酉，授江蘇、安徽進獻詩賦之舉人鄭澐、張熙純即用内閣中書，賜拔貢生鮑之鍾等九人舉人，授内閣中書。

丁亥，甘肅狄道州地震。

乙未，召尹繼善入閣辦事，以高晉爲兩江總督，李宏爲江南河道總督。高晉仍統里南河事務，以李清時爲河東河道總督。

丙申，諭軍機大臣等：明瑞奏稱，三月初一日，東西夾攻烏什，勦殺賊衆二百餘人等語。

己亥，以額爾景額爲禮部侍郎。

癸卯，以官保爲工部侍郎。

《高宗實録》卷七三四　四月丙午朔，賑卹甘肅河州、渭源【略】等二十六廳州縣乾隆二十九年分雹、水、旱、霜災民。

戊申，免江西南昌、新建、進賢等三縣乾隆二十九年分水災額賦，其蠲剩銀米，並予帶徵。

庚戌，免湖北漢陽、漢川、沔陽、文泉、黄梅、廣濟、監利等七州縣，並屯坐漢陽、文泉二縣之武昌衛，漢川縣之武昌左衛，沔陽州之沔陽衛，黄梅縣、江南宿松縣之蘄州衛，監利縣之荆州衛，乾隆二十九年分水災額賦，其蠲剩銀米，並予帶徵。

《東華續録》乾隆六一　辛亥，諭：甘肅布政使員缺，著海明補授，所遺按察使員缺，著周景柱調補。河南按察使員缺，著何煟補授。何煟久任河工，於一切修防事宜素爲熟悉，所有豫省南北兩岸河道工程，仍著何煟兼管。

五月丙子，轉四達爲刑部左侍郎，以綽克托爲刑部右侍郎。

丁丑，多倫哈子伯克阿瑞謀叛伏誅。

庚辰，調王際華爲户部侍郎，以陸宗楷爲兵部侍郎。

辛卯，京師地微震。

《高宗實録》卷七三七　丁酉，免安徽懷寧、桐城【略】等州縣，並建陽、廬州、安慶三衛乾隆二十九年分水災民田、蘆洲額賦。

《東華續録》乾隆六一　六月己酉，李侍堯丁憂，以楊廷璋署兩廣總督，董邦達兼署工部尚書。

癸丑，定八旗世職疏遠宗派及駐防兵丁不准承襲例。

庚午，巴里坤墾地四千餘畝。

壬申，以富德爲兵部侍郎。

《東華續録》乾隆六二　七月乙亥，以高積爲貴州按察使。

戊子，勒爾森卒，以觀保爲左都御史。

辛卯，甘肅隴西等十二州縣地震。

甲午，以期成額爲兵部左侍郎。

乙未，以高恒爲户部右侍郎。

《高宗實録》卷七四三　八月庚申，賑卹甘肅紅水、靖遠、會寧、山丹、東樂、武威、永昌、鎮番、古浪、平番、中衛等十一縣夏旱災民，并貸臯蘭、金縣貧户籽種。

《東華續録》乾隆六二　乙丑，命江蘇海州及贛榆、沭陽河務分巡改歸淮徐道管理。

《高宗實録》卷七四三　丁卯，諭軍機大臣等：據明瑞、阿桂等奏，烏什平定後，酌議駐兵一事。朕已諭將該處城垣不必拆毁，各城駐劄大臣，當以烏什爲總匯之地，著永貴駐劄辦事。其阿克蘇毋庸駐劄大臣，官兵即移於烏什。綽克托亦著協辦烏什事務，兼轄阿克蘇。喀什噶爾事雖不煩，柏琨一員，尚覺不足，著與額敏和卓同辦事務。其各城大臣，仍依舊制，烏什等城，俱聽伊犁將軍管轄，隔一二年，親往各城巡查一次。至烏什地頗肥饒，多駐緑旗兵，似於屯田有益。一切駐兵籌餉事宜，著明瑞、阿桂等，會同詳議具奏。

《高宗實録》卷七四四　九月丁丑，豁免浙江湖、紹二府屬乾隆二十六年分水災民欠，緩徵米六百四十石有奇。賑卹山東章邱、鄒平【略】等二十一州縣水災貧户，並予緩徵。

《東華續録》乾隆六二　戊寅，明瑞等奏，克復烏什。諭：明瑞等奏稱八月十五日克復烏什城等語。烏什賊衆敢行叛逆，據險死守，久抗大兵，甚屬可恨。今罪人斯得，著傳諭明瑞，遵節次所降諭旨辦理。

庚辰，調程景伊爲吏部左侍郎，以劉星煒爲禮部左侍郎，以何逢僖爲刑部右侍郎。

癸巳，免浙江二十六年民欠南米。

甲午，以鍾蘭枝爲内閣學士。

甲辰，以慶桂爲内閣學士。

乙巳，恒光因病解任，以良卿爲貴州布政使，夔舒爲雲南按察使。

《高宗實録》卷七四七　十月丁卯，貸浙江仁和、錢塘、會稽、蕭山、新昌、寧海、天台、桐廬、分水等九縣場，并仁和、浦東、横浦三場，台州、杭嚴三衛所本年旱災飢民，并緩徵額賦、漕糧有差。

《高宗實録》卷七四八　癸酉，蠲江蘇海州、沭陽、丹徒、丹陽、金匱、溧陽等六州縣，本年水、旱災田畝應徵地丁銀米，并緩徵新舊漕糧、漕項，及地丁錢糧有差。

《東華續録》乾隆六二　丁丑，撥官帑修理各省城垣，停止勸捐。允李治運回籍終養，以圖桑阿爲浙江按察使。

甲申，命明噶特鄂拓克人户交科布多大臣管轄，撤回喀爾喀兵。

乙酉，以傅森爲内大臣，調託恩多爲吏部尚書，託庸爲兵部尚書，馮鈐爲安徽巡撫，李因培爲湖南巡撫，以湯聘爲湖北巡撫。調錢琦爲江西布政使，張逢堯爲四川布政使。調程燾爲陝西布政使，以富尼漢爲安徽布政使，富勒渾爲山東按察使。

《高宗實録》卷七四八　庚寅，富虎著授爲領隊大臣，攜眷前往伊犁駐劄。當桑寨多爾濟起意私通交易時，丑達係特派大臣，理應正言阻止，阻之不從，丑達已依議正法。【略】額爾經額【略】應斬監候。

諭軍機大臣等：明瑞等奏稱，前奉旨將烏什回衆解往内地，賞給大臣官員爲奴。此項回衆，俱係附逆之人，沿途逃竄盜竊，恐解往内地，滋生事端，因將回衆二千三百餘名，盡行正法。至分解回衆路費，前奉旨令臣等賠交，今應如何分賠，請旨遵行等語。

辛卯，加賑山東章邱、鄒平【略】等十八州縣本年水災飢民，并緩徵新舊錢糧。賑甘肅河州、狄道、隴西、涇州、安化、寧州、永昌、平番、中衛、巴燕戎格廳、

西寧、碾伯等十二廳州縣本年氷、雹、霜災飢民，并蠲應徵錢糧。緩徵狄道、渭源、金縣、岷州、秦州、静寧、正寧、靈州、碾伯、大通等十廳州縣本年額賦，及舊欠錢糧。

《東華續録》乾隆六二　甲午，五吉以徇庇革職，以新柱爲理藩院尚書。

己亥，命阿桂赴雅爾辦事，換安泰來京。

十二月戊申，諭：阿桂此次辦理烏什地方，甚無章程，暫且不必來京。所有工部尚書員缺，著藴著補授，藴著所遺綏遠城將軍員缺，著嵩椿補授。

是歲，朝鮮來貢。

乾隆三一年（丙戌、一七六六）

《東華續録》乾隆六三　正月甲戌，給浙江天台等三縣貧户一月口糧，並仁和等六縣災民籽種。免甘肅靖遠等十四廳州縣二十三年至二十九年、陝西延安等三府州屬二十一年至二十五年民欠銀糧。

辛巳，以李永書爲江蘇按察使。

丙戌，雲貴總督劉藻奏：總兵劉德成等報稱，十二月十九日攻九龍江一路，破賊營一座，二十日攻橄欖壩一路，破賊營六座。

戊子，劉藻奏：總兵劉德成連次報稱，由大渡口進攻莽匪，奪獲土鍋寨賊營一座，攻破九龍江賊營三座。參將劉明智等分翼夾攻，砍開白塔寺賊營一座，土弁叭先捧率練追入雙龍寺賊營，殺賊甚多。官兵會合，連踏賊營五座，分兵三伏，將小渡口一帶賊營悉行焚燒，乘勝奪回宣慰土城一座，見在合兵暫紮江地，俟探明賊巢，再行進攻。

辛卯，調程景伊爲工部侍郎，何逢僖爲吏部侍郎，以吴紹詩爲刑部侍郎。

乙未，調李侍堯署刑部尚書，董邦達爲工部尚書，以張泰開爲禮部尚書，范時綬爲左都御史，調陸宗楷爲吏部侍郎，以史奕昂爲兵部侍郎。

二月壬寅，以定長爲湖廣總督，調李因培爲福建巡撫，常鈞爲湖南巡撫，湯聘爲雲貴巡撫。

《高宗實録》卷七五四　辛亥，又諭曰：阿什默特，因在和闐地方縱令屬下回人呢雅斯等騷擾獲罪，併伊妻子解京，固應照例懲治，念伊從前在軍營，頗著勞績，著加恩仍授公爵，令其在京居住，與額色尹等一體賞給俸銀米石，仍交內務府酌辦房間賞給。

《東華續録》乾隆六三　調明山爲陝西巡撫，以吴紹詩爲江西巡撫，周煌爲刑部侍郎。以阿甯阿爲山西布政使，調吴虎炳爲山西按察使，以揆義爲江西按察使，以勒爾謹爲山東按察使。

壬戌，上啟鑾謁泰陵。

癸亥，以鄂甯爲湖北巡撫，以珠魯訥爲禮部侍郎。

《東華續録》乾隆六三　三月辛未，以金牲爲内閣學士。

《高宗實録》卷七五七　辛卯，授烏勒登爲參贊大臣，在伊犁駐劄辦事。

《東華續録》乾隆六三　壬辰，以瓦爾達爲盛京户部侍郎。

《高宗實録》卷七五七　是月，署兩廣總督楊廷璋、廣西巡撫宋邦綏奏：沙匪久爲交阯邊患，餘孽不靖，其中或有雲南土民，輕聽煽惑，潛入交地，附和夷匪搶刦，敗後竄入内地，希冀偷生，爲邊境蟊賊。安南恭順，内附有年，應亟爲戮叛，以示體卹。俟審明定擬，請旨將該犯等押赴隘上，照會該國王，派遣夷目眼同正法，以昭威德。得旨：是。

《高宗實録》卷七五八　四月辛丑，諭：據楊應琚奏，搗平整欠賊巢，近巢一帶，已無逆匪，現復於整欠之外，各路偵查搜勦。其孟艮地方，亦據召丙招引夷民投順等語。可見莽匪滋擾土司地方，不過烏合之衆，原屬不成事體，從前皆因劉藻中情恇怯，漫無設施，遂爾張皇其事。今楊應琚甫莅滇省，將弁、兵練俱各奮勇出力，即能勦平巢穴，而外夷召丙亦望風率衆投順，益見辦理軍務，全在詳審機宜，如果得其要領，不難刻期竣事。所有楊應琚奏到各摺，著一併宣諭中外知之。

《東華續録》乾隆六三　乙巳，賑盛京被水官莊，並免額賦。

丁未，以莽匪平，免雲南普藤等十三土司地方本年額徵、正耗、銀米及猛籠舊欠銀兩。

甲子，賜張書勳等二百一十三人進士及第、出身有差。

五月壬申，調珠魯訥爲工部侍郎，以諾穆渾爲禮部侍郎。

丁亥，諭：嗣後，前往駐藏辦事大臣，俱著出缺。

丙申，以邁拉遜爲内閣學士。

《高宗實録》卷七六二　六月丙午，大學士、管雲貴總督楊應琚奏：外域猛勇頭目召齋、召漢喃投誠内附。

戊申，貴州巡撫方世儁奏：黔省民、苗雜處，苗類不一，性俱頑蠢，内有一種狆苗，語言、服食悉與漢人無異，半多讀書識字，人甚奸狡，若有漢奸與之交結，往來砌寨，尤易朋謀滋事。前散賣布照案内之楊國臣、韋學文，捏造妖言案内之王老三等，俱係狆苗，董正源等俱係漢奸，藉端誘惑，爲害地方。謹遵四月二十八日諭旨，飭屬設法稽查，偵緝，如有漢奸潛匿苗硐，立拏究處。並禁兵役，不許藉端滋擾，俾民、苗各自安分務業，以輯邊疆。報聞。

《東華續録》乾隆六三　辛亥，以宫北麟爲湖南按察使。

《高宗實録》卷七六四　七月丁丑，諭：朕此次巡幸木蘭，所有經過地方，本年地丁錢糧，著加恩蠲免十分之三。該部遵諭速行。

《東華續録》乾隆六四　壬午，未刻，皇后崩。

癸未，諭：據留京辦事王大臣奏，皇后於本月十四日未時薨逝。皇后自册立以來，尚無失德，去年春朕恭奉皇太后巡幸江浙，正承歡洽慶之時，皇后性忽改常，於皇太后前不能恪盡孝道。比至杭州，則舉動尤乖正理，迹類瘋迷，因令先程回京，在宫調攝。經今一載餘，病勢日劇，遂爾奄逝，此實皇后福分淺薄，不能仰承聖母慈眷，長受朕恩禮所致。若論其行事乖違，即予以廢黜，亦理所當然，朕仍存其名號，已爲格外優容，但飾終典禮不便復循孝賢皇后大事辦理，所有喪儀，止可照皇貴妃例行，交内務府大臣承辦。著將此宣諭中外知之。

丙申，調赫昇額爲湖北布政使，三寶爲湖南布政使。

丁酉，楊應琚奏，補哈大頭目噶第牙翁次子麻哈喃率衆投附，又猛撒頭目喇鮓細利解獻莽匪十人，均應准其投順，並請賞給職銜。下部知之。

《高宗實録》卷七六六　八月己亥，賑卹湖南湘陰、益陽【略】等十三縣衛本年水災飢民。

《高宗實録》卷七六七　癸丑，賑卹甘肅紅水縣丞、沙泥州判、鹽茶廳本年旱災飢民。緩皋蘭、金縣、會寧、固原、鹽茶廳、武威、平番、中衛、花馬池州同、碾伯等十一廳州縣額賦，並貸給籽糧。

《東華續録》乾隆六四　李因培緣事降調，以莊有恭爲福建巡撫。

《高宗實録》卷七六八　九月辛未，賑卹浙江臨海、黄巖、太平三縣，杜瀆、黄巖二場本年水災飢民、竈户，並蠲新舊額賦。

壬申，豁免甘肅靖遠、會寧、山丹、武威、永昌、鎮番、古浪、平番、中衛九縣，並紅水、東樂二縣丞乾隆三十年分旱災額賦。

乙亥，豁免直隸宛平、涿州【略】等十七州縣乾隆二十三、四、五、六年分帶徵未完額賦。

己卯，賑卹山東歷城、章邱【略】等五十五州縣，東昌、臨清、濟寧、德州、東平等五衛所本年水災飢民，並蠲新舊額賦。

《東華續録》乾隆六四　調石禮嘉爲湖北按察使，以李因培爲四川按察使。

辛巳，諭：駐防伊犂兵丁脱逃，獲日即行正法。著爲令。

己丑，閩浙總督蘇昌奏：臺灣攸武、乃社兇番不靖，經臬司余文儀等帶同文武員弁率領兵勇，於八月二十七日往蛤仔口進勦，擒殺番衆三百餘人，餘匪四散奔逃，勢已膽落，即附近屋鰲、獅子等社生番，亦不敢結連幫同拒敵。臣見在批令該司鎮等或假以招撫，誘令投首，或直搗巢穴，盡殲其衆，務使海疆甯謐。得旨：嘉獎。

《高宗實録》卷七六九　（庚子）〔庚寅〕，撫卹長蘆滄州、鹽山、慶雲、海豐等四州縣，嚴鎮、海豐等二場本年水災竈户，分別蠲緩額賦如例。

《東華續録》乾隆六四　十月辛丑，諭：問擬發遣人犯越獄，即行正法。

甲辰，諭：各省將軍奏事，令副都統列名。

《高宗實録》卷七七〇　戊申，大學士、管雲貴總督楊應琚奏：整賣頭目召齋約提，景線頭目吶賽，景海頭目召罕彪，各率夷民，前來孟艮投誠。

辛亥，賜中式武舉一甲白成龍、黄宗傑、彭先龍三人武進士及第，二甲李芳園等五人武進士出身，三甲趙攀龍等四十三人同武進士出身。

《高宗實録》卷七七一　壬子，撫卹江蘇銅山、蕭縣及徐州衛坐落銅山縣屯田本年水災貧民，並蠲緩新舊額賦有差。撫卹陝西華州、華陰、潼關等三廳州縣本年水災貧民，並停徵新舊錢糧有差。

《東華續録》乾隆六四　甲寅，以陸宗楷爲兵部尚書，調程景伊爲吏部左侍郎，轉李宗文爲工部左侍郎，調劉星煒爲工部右侍郎，轉程巖爲禮部左侍郎，以羅源漢爲禮部右侍郎。

《高宗實録》卷七七一　乙卯，蠲免直隸懷安縣本年被霜災民額賦，及被旱、被水、被雹、被霜勘不成災之獻縣、阜城【略】等十七州縣，分別貸緩有差。

《東華續録》乾隆六四　辛酉，調顔希深爲江西布政使，錢琦爲福建布政使。

乙丑，禁八旗參領等大員子嗣挑養育兵。

《高宗實録》卷七七二　十一月乙亥，大學士、管雲貴總督楊應琚奏：緬夷

大山頭目壘管遣弟壘榮等，猛育頭目坤線遣子坤巖等，猛答頭目衔歌遣子衔轟等，猛音頭目衔界遣子衔宋等，先後至駐劄遮放之總兵烏勒登額軍營投誠。

《東華續録》乾隆六四　戊寅，李永書以不職解任，以楊重英爲江蘇按察使。

《高宗實録》卷七七二　楊應琚病勢一時不能即痊。【略】傳諭楊廷璋，接到此旨，星速前往永昌，接辦緬匪一案。

辛巳，賑卹甘肅循化、河州【略】等十三廳州縣本年被雹、被水、被蟲偏災貧民，蠲免額賦如例。豁除中衛縣沙壓地畝額糧。其勘不成災之狄道、渭源【略】等二十四廳州縣並予緩徵。

《高宗實録》卷七七三　乙酉，軍機大臣等奏：吏部議覆貴州按察使高積請禁苗人佩刀跳月一摺，奉旨交臣等另議。查佩刀本苗人之夙好，而跳月亦自仍其土風，原無礙於政教，即有如該按察使所稱讎殺淫殺等事，則向來苗民犯法，自有科條，况現在各省改土歸流，原與齊民無異。此外生、熟各苗，既皆隸之土司，自可隨其舊俗，若如該按察使所奏，欲使苗民習俗一時盡遵禮教，並責成該管官定以年限考覈，無論勢所難行，徒滋擾累，且地方官畏顧考成，轉自諱飾，所奏應毋庸議。

《東華續録》乾隆六四　甲午，吏部等部議准閩浙總督蘇昌等奏，臺灣熟番户口衆多，應將淡水、彰化、諸羅一廳二縣所屬番社，設立理番同知一員，凡有民番交涉事件，悉歸該同知管理。查内地泉州府西倉同知地方綏靖無事，請裁改爲臺灣府理番同知。從之。

楊應琚等奏：據總兵朱崙報稱，督兵赴楞木地方，與緬匪相遇，自十一月十八日接陣，至二十一日，計四晝三夜，並未停息。官兵奮勇争先，賊匪四路抗拒，該鎮按其險要，分路勦殺，賊匪抵擋不住，俱滚匿山箐，及殺死賊匪約共四千有餘，奪獲器械甚多。得旨：好，知道了。

十二月癸卯，召常鈞來京，調鄂甯爲湖南巡撫，以鄂寶爲湖北巡撫。赫昇額緣事革職，以閔鶚元爲湖北布政使。

乙巳，以倪承寬爲内閣學士。

丙午，以陳輝祖爲安徽按察使。

壬子，諭：平定伊犁回部八旗，陣亡人員均予恩騎尉，世襲罔替。

《高宗實録》卷七七四　甲寅，賑卹江西南昌、新建、進賢、星子、建昌、德化、德安、鄱陽、餘干、南昌衛、九江衛等十一縣衛本年水災貧民，蠲緩新舊額賦如例。

《東華續録》乾隆六四　乙卯，調圖桑阿爲廣西按察使，以歐陽永裿爲浙江按察使。

《高宗實録》卷七七四　丙辰，撫卹湖南益陽、武陵、桃源、龍陽、沅江、安鄉等六縣本年水災貧民，並予蠲緩如例。

《東華續録》乾隆六四　是月，閩浙總督蘇昌奏，屋鏊、末毒、獅子等十三社俱係内山生番，近見攸武、乃社兇番被勦，官兵路過各社，秋毫無犯，衆社番畏威懷德，俱請輸誠歸化，並每社每年獻納鹿皮四張、小米四石，以作税糧。報聞。

是歲，朝鮮、琉球來貢。

乾隆三十二年（丁亥、一七六七）

《東華續録》乾隆六五　正月戊辰，以金甡爲禮部左侍郎，調費元龍爲四川按察使，以富勒渾爲廣東按察使。

壬寅，以曹秀先爲内閣學士。

癸卯，諭：學政升任，應否留任，槩行請旨。著爲令。

丙午，定世職官員無人承襲，給孀婦半俸例。

《高宗實録》卷七七八　二月丁未，諭曰：提督李時升，辦勦緬夷諸事，退葸不前，總兵朱崙，揑詞謊報，並不實心出力，殊屬可惡。李時升、朱崙俱著革職，拏解來京，交刑部治罪。所遺雲南提督員缺，著楊寧補授。

《東華續録》乾隆六五　己酉，調鄂甯爲雲南巡撫，湯聘爲貴州巡撫，方世儁爲湖南巡撫。以伍勒穆集爲理藩院侍郎。

《高宗實録》卷七七九　辛亥，蠲江蘇銅山、蕭縣【略】等三十八州縣衛乾隆三十一年水災地丁、河租、蘆課。

《東華續録》乾隆六五　乙卯，以揆義爲江西布政使，調吴虎炳爲江蘇按察使，石禮嘉爲山西按察使，以朱珪爲湖北按察使。

己未，上啟鑾幸天津。

癸亥，上閱淀河。

三月丙寅，廣直隸本年科試學額。

調託用爲工部尚書，以明瑞爲兵部尚書。

丁卯，命減直隸軍流以下罪。

己巳，免直隸通省逋賦。

庚午，閱天津駐防滿洲兵，以弓馬及國語生疏，命議都統富當阿等罪示懲。

壬申，閱緑營兵。

癸酉，免伊犁屯田回人舊欠麥穀。

丙子，移江蘇蘇松糧道駐蘇州，兼巡蘇州府。

辛巳，命陳宏謀爲東閣大學士，兼理工部事，劉綸爲吏部尚書，協辦大學士。

甲申，發健鋭營兵五百名赴雲南。

以德風爲内閣學士。

庚寅，諭：李侍堯服制將滿，著回兩廣總督之任，楊廷璋著來京補授刑部尚書。

諭：楊重英著以按察使銜留於雲南，聽總督明瑞派辦軍營事務，所遺江蘇按察使員缺，著吴壇補授。

《高宗實録》卷七八一　辛卯，賑卹安徽懷寧、桐城【略】等十七州縣，及安慶、建陽、廬州三衛乾隆三十一年水災飢民，併蠲應徵額賦，緩徵蠲剩銀米有差。其勘不成災之鳳陽、懷遠、和州三州縣，應徵新舊錢糧，併予緩徵。

癸巳，楊應琚著革職拏問。傳諭鄂寧，即遴委妥員，押解赴京，交刑部治罪。明瑞未到之先，所有總督印務，即著鄂寧暫行署理。

《東華續録》乾隆六五　四月丙午，嚴禁各省將軍、大臣調任擅帶弁兵。

《高宗實録》卷七八三　庚戌，又諭曰：目下正當瘴甚之時，原不必急於輕進，且滇省弁兵，因楊應琚等不善調度，屢經挫衄，衆心多懷恇怯，難遽望其奮勵直前。早已諭鄂寧，暫停進兵，俾得養其鋭氣，俟明瑞到後，再行定期進勦，鄂寧此時，著仍遵前旨行。至揚寧、福靈安等現赴木邦一帶進勦，伊等自皆勇於前進，此時如有可收復地界，功在垂成，原不妨應機集事，若尚無可乘之勢，即不必觸冒瘴熱，輕於深入，著鄂寧即令伊等，暫回内地駐兵，統俟明瑞到時籌辦。

《東華續録》乾隆六五　甲寅，命各省大計藩、臬兩司由督撫出考。

庚申，諭：張泰開著以禮部尚書，專管左都御史事，所有禮部尚書事務，著嵇璜署理。

辛酉，以恩蠲漕糧，命業户佃租減交蠲數之半。

五月甲子朔，設下五旗包衣人等官學生缺。

丙寅，調周煌爲兵部侍郎，以蔡新爲刑部侍郎。

《高宗實録》卷七八四　己巳，湯聘既據李時升手札，則於楊應琚僨事乖方之處，詳悉備知，竟爾扶同諱飾，匿不上聞。封疆大臣敢於瞻徇朦蔽若此，其心實不可問，湯聘著革職，拏交刑部治罪。所有貴州巡撫員缺，著鄂寶調補。

《東華續録》乾隆六五　庚午，發健鋭營兵五百名赴雲南。

以范時綬爲湖北巡撫，命常鈞駐哈喇沙爾辦事。調張泰開爲左都御史，嵇璜爲禮部尚書。

丙子，以觀音保、扎拉豐阿、額勒登額等爲領隊大臣，領健鋭等營兵二千名赴雲南。

丁丑，免雲南大兵經過州縣及永昌等三府州本年額賦，並通省額賦十分之五。

庚辰，免雲南各土司本年錢糧。

《高宗實録》卷七八五　辛卯，蠲陝西華州、華陰、潼關三廳州縣乾隆三十一年水災額賦有差，並緩徵蠲餘銀兩，及勘不成災之渭南、興平、大荔、朝邑、保安、安塞、榆林、米脂等八縣未完銀米。蠲奉天承德、鐵嶺、開原、復州、廣寧五州縣乾隆三十一年水災、霜災額賦，並緩徵蠲餘銀米。

《東華續録》乾隆六五　壬辰，命玉魯斯爲領隊大臣，赴雲南。

《高宗實録》卷七八六　六月庚子，諭曰：薩瀚現已革職拏問，哈密辦事需人，文綬著加恩賞給道員銜，令其自備資斧，前往哈密辦事。劉墉亦著加恩，令其回京，在修書處効力行走。

《東華續録》乾隆六五　己酉，命李侍堯檄諭暹羅國嚴防緬匪竄匿。

壬子，召永泰來京，以卓爾岱爲江甯布政使。

辛酉，諭：侍郎額爾景額著馳驛前往雲南，在參贊大臣上行走，著給與欽差大臣關防。

《東華續録》乾隆六六　秋七月甲子，命軍前奏事用清字，行軍以鳴角爲號。

乙亥，定試用人員因公降調、送部引見例。

辛巳，調崔應階爲福建巡撫，以李清時爲山東巡撫，嵇璜爲河東河道總督，裘曰修爲禮部尚書。

丙戌，調范時紀爲户部侍郎，羅源漢爲倉場侍郎，以倪承寬爲禮部侍郎。

《高宗實録》卷七九〇　閏七月癸卯，蠲免甘肅皋蘭、金縣【略】等三十六廳

州縣災地四萬九千六百五十四頃五十八畝有奇額賦。

《高宗實録》卷七九一　戊申，請照例於惠遠城添設巡檢一員，兼理典史事，管理監獄。綏定城添設巡檢一員，兼理倉大使事，彈壓商民。該巡檢除管理監獄、倉務外，如遇地方有不法情事，即行查拏，解送同知衙門審擬定罪，其應給鈐記，擬定惠遠城巡檢圖記，綏定城巡檢圖記字樣。

《東華續録》乾隆六六　八月癸酉，調董邦達爲禮部尚書，裘曰修爲工部尚書。

丙子，以温敏爲盛京禮部侍郎。

乙酉，王檢因病解任，以鍾音爲廣東巡撫，奉寬爲兵部右侍郎。

九月丁未，以喀甯阿署刑部侍郎，富明安署山西布政使。

辛亥，以尹嘉銓爲山西按察使。

己未，諭：見在雲南緑營兵丁武藝平常，而戰陣怯弱，毫無勇往之氣，風俗頽敝，此皆歷任督臣不行整頓，任其積習相沿所致。從前愛必達、劉藻、吴達善曾任彼處總督，平日不以武備爲事，以致流弊至於此極也。膺封疆要任者，如此辦事，必當嚴示懲創。愛必達已治其罪，劉藻亦業已物故，吴達善著交部嚴加察議，爲各督臣炯戒。

冬十月辛酉朔，以永甯爲内閣學士。

壬戌，以伊克坦布、謝墉俱爲内閣學士。

癸亥，召夔舒來京，調宫兆麟爲雲南按察使，以梁國治爲湖南按察使。

庚辰，諭：明瑞前在伊犁，原任將軍，今又帶兵前往雲南，整飭兵丁、進勦緬匪。一切事宜係伊統理，雖係總兵，見在行閒，究以將軍名號足彰威烈。明瑞著爲將軍，管理總督事務。

《高宗實録》卷七九七　撫卹直隸永清、東安【略】十三州縣被水、雹災民，並予緩徵。

《東華續録》乾隆六六　丙戌，召周景柱來京，以蔡鴻業爲甘肅按察使。

十一月丙申，頒秋審條例於各省。

《清高宗實録》卷七九八　壬寅，撫卹甘肅平涼、靈臺【略】等三十四州縣廳本年旱、雹災民，並蠲緩額賦有差。

《高宗實録》卷七九九　丙午，賑卹山東高苑、博興、樂安三縣本年被水災民，並蠲緩額賦有差。

《東華續録》乾隆六六　壬子，召范時綬來京，調鄂寶爲湖北巡撫，以良卿署貴州巡撫。

癸丑，調張逢堯爲貴州布政使，海明爲四川布政使，佛德爲甘肅布政使，以何煟爲河南布政使、兼管河工事，楊景素爲河南按察使。

十二月壬戌，以汪廷璵爲内閣學士。

壬申，以羅布藏錫喇布爲理藩院額外侍郎。

己卯，諭：據額勒登額奏稱，參贊大臣額爾景額領兵攻取緬匪木城，晝夜靡甯，積勞身死，殊堪憫惻，朕心不勝悼惜。著加恩贈都統職銜，應得卹典，該部察例具奏。再，額爾景額雖係病故，然時在戰陣，與軍營病故不同，著該部將應給世職之處議奏。

是歲，朝鮮、安南來貢。

乾隆三三年（戊子、一七六八）

《高宗實録》卷八〇二　正月壬辰，又諭：據明瑞奏報，現在進勦緬夷，已過蠻結地方，官兵奮勇攻擊，連破賊壘十六座，殺賊二千有餘，賊匪喪膽竄逸等語。

《東華續録》乾隆六七　己亥，御批《歷代通鑑輯覽》成。

庚子，李清時卒，調彰寶爲山東巡撫，以蘇爾德爲山西巡撫，調胡文伯爲江蘇布政使，以歐陽永裿爲廣東布政使。

辛丑，以曾曰理爲浙江按察使。

丁未，以崔應階爲閩浙總督，富尼漢爲福建巡撫，陳輝祖爲安徽布政使。

戊申，改江南武鄉試歸總督考試。

以暻善爲安徽按察使。

己酉，命直隸、河南、湖北、湖南、貴州各撥銀十萬兩，酌給幫貼夫馬、民人，並免雲南大兵所過永昌府屬額賦，其非經過地方亦免十分之五。

庚戌，諭：額勒登額辦理諸事不善，不勝參贊之任，阿里衮到滇時，可即傳旨，令額勒登額仍在領隊大臣上行走。

二月甲子，轉諸穆渾爲禮部左侍郎，以德福爲禮部右侍郎。

丙寅，以明亮爲參贊大臣，帶吉林兵赴雲南軍營。

丁丑，諭：巴圖濟爾噶勒領隊到雲南時，著在參贊大臣上行走。

丙戌，又諭：見在續派官兵赴滇，籌辦進勦緬匪，一切機宜關繫緊要，必須重臣前往督率調度，以期迅奏膚功。大學士、忠勇公傅恒，著授爲經略，阿里衮、阿桂著授爲副將軍，舒赫德著授爲參贊大臣。阿桂見已傳旨，令其來京再赴滇省，舒赫德即行馳驛前往雲南，與阿里衮、鄂甯豫辦軍營事務。傅恒俟將次進兵，再行前往。所有雲貴總督員缺，即著鄂甯補授。明德著調補雲南巡撫，明德未到之先，其總督印務，著阿里衮暫行管理，鄂甯仍著辦理巡撫印務。至隨舒赫德前往之司員等，並著一併馳驛。

以福隆安爲兵部尚書，軍機處行走。熊學鵬丁憂，以永德爲浙江巡撫，劉純煒爲浙江布政使。調彰寶爲江蘇巡撫，富尼漢爲山東巡撫，鄂寶爲福建巡撫。以程燾爲湖北巡撫，勒爾謹爲山西布政使，調尹嘉銓爲山東按察使，以夔舒爲山西按察使。

三月己丑朔，諭：額勒登額獲罪甚大，孥戮不足蔽辜，著將額勒登額之妻即行發往伊犁，賞給厄魯特爲奴。

以鄂忻爲工部侍郎。

庚寅，以蔡鴻業爲甘肅布政使，宋弼爲甘肅按察使。

辛丑，諭：前降旨將額勒登額之妻發遣伊犁，乃額勒登額之叔、上駟院侍衛佛爾賽，膽敢將額勒登額之妻鴆死，實屬目無法紀，可惡之極。著將佛爾賽孥交軍機大臣嚴審定擬，佛爾賽之妻著發伊犁，給厄魯特爲奴，其子俱著孥交刑部監禁。

壬寅，以宋邦綏爲兵部侍郎。

癸卯，調夔舒爲湖北按察使，朱珪爲山西按察使。

乙巳，調鄂寶爲廣西巡撫，鍾音爲福建巡撫，良卿爲廣東巡撫，以錢度爲貴州巡撫，宮兆麟爲雲南布政使。調圖桑阿爲江西按察使，吴虎炳爲廣西按察使。

戊申，以諾穆親爲雲南按察使。

《高宗實録》卷八〇七　庚戌，賑甘肅平涼、靈臺、莊浪、安化、合水、環縣、平羅、西寧、碾伯、大通、肅州、高臺等十二州縣乾隆三十二年水災飢民。

癸丑，蠲免江西南昌、新建【略】等十三縣乾隆三十二年水災應徵額賦，其蠲剩緩徵等項，並予分年帶徵。

《高宗實録》卷八〇八　夏四月壬戌，閩浙總督崔應階奏：漳浦縣杜潯地方，有奸匪盧茂，編造詭名悖逆詩詞，并分散花藍號布，煽誘各村莊愚民，聚匪百餘人，欲圖搶刦縣城。適該縣知縣徐觀孫往鄉相驗，途次聞知，連夜回縣，與把總曾大猷等，并力堵截。該鎮、道、府，一時俱到漳浦，四路追緝，提臣黄仕簡亦到，督率員弁，先後孥獲逆匪二百餘名，要犯均已孥獲。一面究審，一面查孥餘黨，務浄根株。得旨：好。

《東華續録》乾隆六七　甲子，諭：額勒登額所犯之罪甚重，情殊可惡，著將伊女交刑部監禁，其已嫁者令其離異，查抄家産，亦交刑部監禁。

丁卯，命良卿仍留貴州巡撫任，調錢度爲廣東巡撫。

《高宗實録》卷八〇八　庚午，蠲免安徽安慶、池州、太平、廬州、鳳陽、泗州、和州七府州屬乾隆三十二年水災額賦。

《東華續録》乾隆六七　戊寅，諭：舒赫德見在交部嚴加議處，刑部尚書員缺，著託庸調補。工部尚書員缺，著福隆安調補。阿桂著補授兵部尚書，阿桂未到之先，兵部尚書事務，著託恩多兼署。

甲申，諭：額勒登額著即淩遲處死，譚五格著即處斬。額勒登額身爲參贊大臣，乃逗遛貽誤，決裂乖張，僨事失機，甘心引賊，實與叛逆無異。經軍機大臣會同刑部定擬，將伊父雲代及親叔兄弟姪等，均照大逆緣坐律擬斬立決，實屬罪所應得。第本朝法制，從無族誅之條，雲代著從寬免死，交刑部永遠監禁，其親叔及親弟姪等，並著從寬發往伊犁，給與厄魯特兵丁爲奴。

五月庚子，准旗丁於通州糶買餘米。

丙午，命兵部奏派大員揀選各省請發參將以上人員。著爲令。

戊申，命廣西、四川、貴州採買馬匹。

壬子，嚴禁雲南騰越等處馬匹偷販出境。

六月辛酉，以周元理爲直隸按察使。

乙丑，諭：額駙色布騰巴勒珠爾見在患病，理藩院尚書員缺，著伊勒圖補授。

《高宗實録》卷八一三　己卯，又諭：前聞山東、江、浙一帶，有用藥迷人、偷割髮辮之事，當即降旨各督撫，留心嚴緝究治，以除民害。嗣據山東巡撫富尼漢奏到，東省鄒縣、嶧縣等處，已經孥獲匪犯二名，一係浙江僧人吴元爲首，一係江南僧人玉石爲首。復諭該督撫等，務將首惡餘黨，嚴密查孥。今復據方觀承奏，景州境内，有被割髮辮之孟士會等二人。可見此等匪徒，傳播邪術者，已蔓延數省，而東省供出造謀爲首，則浙江僧人等乃其渠魁，不可不剋日就獲，俾案内奸

徒，盡行敗露，以安良善而靖地方。況據富尼漢移關江浙之文，既有指名處所，何以尚未查拏到案，又首兇潛匿之地，黨羽必多，該省豈早無見聞，更何以至今別無發覺之犯。著即傳諭該督撫等，將現在爲首要犯吴元等，及案内同夥各犯，一併上緊緝拏嚴究，毋得稍有疎縱遲延，致令聞風兔脱。並將現在查辦情形，即速奏聞。

《東華續録》乾隆六七　辛巳，以范時綬爲左都御史。

《東華續録》乾隆六八　秋七月丁亥，禁哈薩克等轉販俄羅斯貨物於内地貿易。

戊子，轉劉星煒爲工部左侍郎，以曹秀先爲工部右侍郎。

庚寅，停止伊犂卓異及年滿人員咨部引見。

辛卯，以佛德爲江西按察使。

甲午，調託庸爲兵部尚書，以官保爲刑部尚書。

《高宗實録》卷八一四　丙申，諭：地方有如此匪犯，肆行擾害，惡黨一日不能全獲，則閭閻一日不能怙寧。永德身膺重寄，竟漠然不以民事爲念，於心何安，且此事始自浙省，山東所供首犯，又潛匿該境，果能上緊緝拏，何難盡絶根株，又何至蔓延數省，是貽誤之咎在浙江爲尤甚。況蔓延之山東尚且獲犯數起，而始事之浙江轉未聞擒捕一人，敗露一案，實爲情理所必無，此非地方官視爲不急之務，竟不認真，即係有意彌縫，希圖掩蓋前失。永德所司何事，乃竟漫不經心，並不切實飭拏派員督辦，一任庸碌有司之稽延玩誤耶！永德著傳旨嚴行申飭。

《東華續録》乾隆六八　己亥，嚴定州縣官疏脱重犯處分。

辛丑，以伊勒圖爲伊犂將軍，仍兼理藩院尚書。以德福爲湖北按察使。

乙巳，除廣東香山縣鴉鶴、萌仔等圍鹽課，改種稻田。

辛亥，兵部議奏：都統職銜、烏什辦事大臣舒赫德前辦理緬匪一事，輒以設法招致投誠具摺密奏，甚屬乖謬，續經舒赫德自請從重治罪，奉旨交部嚴議。應將舒赫德革去都統職銜，並雲騎尉世職。得旨：舒赫德著革去雲騎尉世職，暫留都統職銜，俟伊回京之日，交該部提奏。

八月壬申，以楊廷璋爲直隸總督，調裘曰修爲刑部尚書，以蔡新爲工部尚書，張若溎爲刑部右侍郎。

己卯，諭：内外大臣中，有奉職恪勤及敭歷宣勞者，宜晉宫銜，以示優眷。吏部尚書託恩多、户部尚書于敏中、閩浙總督崔應階，俱加太子太保，兵部尚書託庸、直隸總督楊廷璋，俱加太子少保。

乙酉，刑部議准江蘇巡撫彰寶奏，原任兩淮鹽運使盧見，曾隱匿提引銀兩，私行營運寄頓，照例擬絞監候，秋後處決。從之。

九月戊戌，軍機大臣、刑部議奏：原任兩淮鹽政高恒、普福侵蝕鹽引餘息，高恒收受銀三萬二千兩，普福私銷銀一萬八千八百餘兩，均應照例擬斬監候，秋後處決。顧蓼懷包攬漁利，應依律擬絞監候，秋後處決。從之。

壬寅，以梁國治爲江甯布政使，王太岳爲湖南按察使。

己酉，以鄂寶爲山西巡撫。

庚戌，停止卓異知縣升用京員，引見時聲請改擢外任例。

辛亥，裘曰修丁憂，調蔡新爲刑部尚書，以嵇璜爲工部尚書，吴嗣爵署河東河道總督。

丙辰，以伊克坦布爲户部右侍郎，以蔣元益爲内閣學士。

辛酉，臺灣竊賊黄教糾衆滋事，諭鄂甯等嚴飭勦捕。

己巳，命劉統勳查勘黄、運兩河工程。

壬午，以素爾訥爲内閣學士。

癸未，撥户部銀四十萬兩，於直隸備賑。

十一月乙酉朔，諭：吏部、兵部議處文武各員，因公者照例准抵，其因犯私罪者，槩不准抵。著爲令。

《高宗實録》卷八二三　丙戌，賑直隸河間、鹽山二縣本年被水、蟲災飢民。

癸巳，撫卹雲南鄧川、浪穹、鶴慶、劍川等四府州縣本年水災貧民。

《東華續録》乾隆六八　乙未，以胡季堂爲甘肅按察使。

丙申，召費元龍來京，以孫孝愉爲四川按察使。

《高宗實録》卷八二二　戊戌，又諭：昨阿里衮奏呈緬書，内有不遜之語，朕意此必彼中内亂，姑爲此書嘗試。諭令阿里衮察看機會，俟阿桂到時會議具奏矣。因思賊匪分兵防守要隘，聞今年我不進兵，必移攻他處，乘其不備，統衆搗虚，使彼膽破勢窮，自來納款。著傳諭阿里衮，即遵朕節降諭旨，派巴圖魯隊兵弁，乘機進勦。

《高宗實録》卷八二三　庚子，賑河南光州、光山、固始、息縣、商城、信陽、羅山等七州縣本年旱災飢民。

《東華續録》乾隆六八　癸卯，命署户部侍郎索琳軍機處行走。

十二月己未，富尼漢著降補山西布政使、革職留任，其山東巡撫員缺，即著富明安補授。程燾著降補江西布政使、革職留任，其湖北巡撫員缺，即者揆義署理。

漕運總督楊錫紱卒，予祭葬，謚勤慤。以梁翥鴻署漕運總督，尹嘉銓爲山東布政使，雷暢爲山東按察使。

庚申，託恩多以前署步軍統領，失察步軍協尉等曠誤革職。調永貴爲吏部尚書，以觀保爲禮部尚書，素爾訥爲左都御史，德成爲内閣學士。

甲子，定長卒，調吴達善爲湖廣總督，以明山爲陝甘總督。

乙丑，調阿思哈爲陝西巡撫，以文綬爲河南巡撫。

戊辰，諭：據鄂甯奏，臺灣道張珽於辦理逆匪黄教一案，平日既不能率屬稽查奸宄，及賊匪蔓延，又復安坐郡城，並不親往督捕，且一味存心諱飾，捏混欺蒙，請旨革職等語。張珽著革職，仍留臺灣，令其自備資斧，協拏逆匪，俟事竣之日，另行降旨。所有臺灣道員缺緊要，必須熟諳强幹之員，方足以資整飭，孫孝愉著以按察使銜管理臺灣道事務，其四川按察使員缺，著劉益補授。

壬午，諭：見在豫省尚有承辦軍需事務，阿思哈著仍留河南巡撫之任，其陝西巡撫員缺，即著文綬調補。

是歲，朝鮮、琉球來貢。

乾隆三四年（己丑、一七六九）

《東華續録》乾隆六九　春正月丙戌，免雲南官兵所過地方及永昌等三府州本年額賦，其非經過地方免十分之五，並免湖北、湖南、貴州三省官兵經過處所本年額賦十分之三。

丁亥，命署副都御史傅顯、護軍統領烏三泰，往雲南軍營監造兵船。

戊子，命河南光州等七州縣平糶。

《高宗實録》卷八二六　庚寅，諭軍機大臣等：緬匪乃蕞爾蠻夷，朕原無意取彼土地，因近年輒敢越境騷擾邊氓，始不得已派委兵弁辦理。朕意緬匪本無知蠢愚，倘畏威悔罪，傾心投誠，尚可加恩曲宥，徹兵停勦。今及年餘，緬匪雖曾投款，並未遣其大頭人前來，且書詞多不恭順。阿里衮、阿桂去歲屢次遣兵，毁其卡座，擒其活口，並未深入其境、痛加懲創，是以特遣傅恒前往總理其事。阿里衮、阿桂均係副將軍，而阿桂任兼總督，未免分心，即同阿里衮辦事，亦屬掣肘，著卸去總督，與阿里衮同心協助傅恒，辦理進兵事宜。委軍機章京舒斌齎送副將軍印二顆前往，伊等接受後，惟辦軍營事務。

《東華續録》乾隆六九　辛卯，以明德爲雲貴總督，喀甯阿爲雲南巡撫。

壬辰，命撥通倉米二十萬石，補直隸霸州等十二州縣賑糶。

丁酉，命兩廣總督李侍堯多購阿魏，解送雲南軍營辟瘴。

《高宗實録》卷八二七　庚子，加賑河南光州、光山、固始、息縣、商城、信陽、羅山等七州縣乾隆三十三年旱災飢民。

《東華續録》乾隆六九　辛丑，以官保署户部尚書。

丁未，禁通州私立米局。

戊申，以刑部尚書官保協辦大學士。

《高宗實録》卷八二七　癸丑，又諭：據永瑞等奏，南掌國王之弟召翁，差遣土目齎稟，探聽進兵消息一摺。【略】如南掌别有捷徑可通，或較來卡等處爲便，原可分兵一支，令爾國之兵，隨同進發。但爾國既志在報仇，倚賴天朝聲勢，爾國自當輸誠効力。計官兵萬餘人，及隨營馬匹，雖所需日用芻糧，自行運帶，但既經爾國地界，一應糧餉草料，爾等亦須豫爲儲備，以資接濟，雖官兵斷不騷擾爾地，而平價買取，亦所必有。傳諭之後，不妨即將所遣二人發回，不必再行羈留，倘該國聞信後，仍有回稟，遵諭辦理。永瑞等至秋間進兵時，亦可由此路領兵數千，率同南掌兵丁，會合進勦，但須諸事留心防察，不得稍爲所愚。

《東華續録》乾隆六九　二月甲寅朔，重修太學文廟成。

吏部議奏：工部尚書嵇璜於前任河東總河任内，膜視察吏，應照徇庇例降調。得旨：嵇璜著降三級調用，以程景伊爲工部尚書。

丁巳，釋奠先師孔子。

《高宗實録》卷八二八　乙丑，蠲免河南光州、光山、固始、息縣、商城、信陽、羅山等七州縣乾隆三十三年旱災額糧。

《東華續録》乾隆六九　又諭：馮鈐見在交部嚴加議處，著解任聽候部議，所有安徽巡撫員缺，著富尼漢補授，富尼漢未到任之前，其巡撫印務，著陳輝祖暫行護理。

丙寅，諭：陣亡人員廕雲騎尉襲次完後，仍賞給恩騎尉，世襲罔替，不准過

繼之子承襲。著爲例。

以德承爲工部右侍郎。以朱珪爲山西布政使，調雷暢爲山西按察使，以徐績爲山東按察使。

己巳，以耀海爲盛京禮部侍郎。

癸酉，轉何逢僖爲吏部左侍郎，以羅源漢爲吏部右侍郎。

甲戌，實授索琳户部右侍郎，以黄登賢爲倉場侍郎。

《高宗實録》卷八二九　庚辰，賑卹盛京承德、遼陽、海城、廣寧等四州縣乾隆三十三年分水災飢民，並蠲緩租賦有差。

《東華續録》乾隆六九　辛巳，命江蘇上年被水各州縣平糶。

壬午，弛洋船帶硫磺入口禁。

《高宗實録》卷八三〇　三月甲申朔，加賑雲南鄧川、浪穹、鶴慶、劍川等四府州縣乾隆三十三年分水災飢民。

乙酉，蠲免直隸霸州、保定【略】等五十州縣，並津軍、張家口二廳乾隆三十三年分水災額賦。

《東華續録》乾隆六九　命伊犂將軍伊勒圖帶索倫兵往雲南軍營，賞銀千兩。

己丑，以明善爲内閣學士。

乙未，以富勒渾爲浙江布政使，富松爲廣東按察使。

丙午，諭：彰寶見在丁憂，江蘇巡撫員缺緊要，一時不得其人。明德自擢任雲貴總督以來，辦理諸務皆不及從前實力奮勉，而於餧養馬匹一事，尤漫無經理，因循誤公，豈宜令其仍爲總督，即留滇省，亦於公事無益。姑念伊前在江蘇，於地方情形尚屬熟悉，著即降補江蘇巡撫，以勵後效。明德未到任之先，巡撫印務著高晉即速前往蘇州兼管，其雲貴總督員缺，仍著阿桂暫行署理。

《高宗實録》卷八三一　戊申，賑卹甘肅皋蘭、金縣【略】等二十九州縣廳乾隆三十三年分水、旱、霜、雹災民。　蠲免安徽合肥、壽州【略】等十六州縣，及廬州、鳳陽、長淮、泗州、滁州等五衛乾隆三十三年分旱災額賦。

《高宗實録》卷八三二　夏四月癸丑朔，諭軍機大臣等：據鄂寧奏，古田縣奸民蕭日安製賣布旗，聚匪惑衆，及匪黨彭朱山、張長等誆誘民人入夥一案，已於摺内批示。此等奸民，敢於潛匿鄉村，製旗造印，糾衆入夥，不軌顯然。此皆聞有黄教之案，敢於造謀滋事，其情罪甚爲可惡，所有現在就獲各犯，自應迅速嚴審，盡法處治，不應拘泥成例，分别首從辦理，致奸民無所警畏。著傳諭鄂寧，即行審明正法。

丙辰，蠲免湖北孝感、安陸、雲夢、應城、應山等五縣，武昌、武左二衛，德安所，乾隆三十三年旱災額賦有差。

《東華續録》乾隆六九　丁巳，以王亶望爲山東按察使。

《高宗實録》卷八三二　己未，經畧、大學士、公傅恒奏：三月二十四日，已抵雲南，詢問緬匪情形，專恃木栅，抗拒我師，向來用尋常鎗礮攻取，無濟於事。臣訪聞茂隆廠一帶，有善造大礮之人，將來進兵時，兵弁各帶銅鐵一觔，遇攻栅時，隨地暗鑄大礮，出其不意，自可立破賊寨，用過後，仍可鎔化攜帶。批：果破一、二大寨，亦自如破竹之勢，賊望風而散矣。

《東華續録》乾隆六九　所有福建巡撫員缺，著温福補授，温福未到任之先，著崔應階兼署巡撫事務。

壬戌，上閱健鋭營兵。

癸酉，諭：崔應階等奏，臺灣匪賊黄教被賊夥砍傷，竄入諸羅山内，至三月二十九日，經官兵分路合圍，將黄教及匪弟黄芳砍傷擒獲，並生擒賊黨七人、殺死十三人等語。

《高宗實録》卷八三三　丁丑，賜一甲陳初哲、徐天柱、陳嗣龍三人進士及第，二甲任大椿等五十人進士出身，三甲戴求仁等九十八人同進士出身。

《東華續録》乾隆六九　己卯，諭：嗣後，東三省人不必補緑營官。著爲例。

五月乙酉，以實麟爲倉場侍郎。

戊子，王巍伏法。

甲辰，諭：各省之滿洲、蒙古副將，五年俸滿，來京引見，參將七年俸滿引見。著爲令。

六月丙辰，諭：各省學政舉報優生，會同督撫考覈。

己未，以孫孝愉爲福建按察使。

乙丑，諭：梁翥鴻不宜漕運總督之任，傅顯著補授漕運總督，伊見在出差，著黄登賢前往署理，倉場侍郎事務，即著梁翥鴻署理。

諭：各省分發舉人需次遲速不齊，各就鄰省分撥，俾益疏通。

戊辰，命各省鎔化小錢。

乙亥，定參處州縣，並議處守巡各道例。

以富察善、塘古泰俱爲内閣學士。

戊寅，湖北黄梅縣江隄決，命吴達善、揆義勘之。

《高宗實録》卷八三八　七月丁亥，著阿思哈於新街、蠻暮、旱塔適中扼要之地，帶兵駐守，籌辦前後策應機宜。其總督印務，交明德署理，明德即當移駐騰越，經理一應軍務。

又諭曰：傅恒等奏稱，定於七月二十日進兵等語。及早進兵，迅速奏功，辦理甚善，但天氣尚熱，瘴氣宜防。野牛壩地勢微高，現有造船事務，傅恒到彼，暫駐數日，官兵既可到齊，瘴氣亦可少退。至帶兵前進時，沿途遇瘴氣地方，須覓高地，設法躲避，人數衆多，氣候不佳，勉强進發，亦屬不可。著傳諭經略傅恒等，遵照辦理，并將現在有無賊匪消息，迅速奏聞，朕即欲聽捷音也。

《東華續録》乾隆七〇　暻善以屬員疏脱重犯不行詳揭革職，以姚成烈爲安徽按察使。

《高宗實録》卷八三八　辛卯，又諭曰：傅恒【略】又奏稱，有猛密土司遣人來稟，情願内附等語。此係最好機會。

《東華續録》乾隆七〇　諭：據李侍堯奏到查訪暹羅國情形一摺看來，詔氏子孫式微已極，大勢俱爲甘恩敕所占，難復望其振作，亦止可聽其自爲蠻觸，原不必藉其力，亦不必爲辦理也。見將該督所奏原摺，及莫士麟原稟圖説，鈔寄傅恒閲看。所有前寄李侍堯檄諭暹羅國又一道，原令該督，如果暹羅係詔氏後裔恢復，自當寄去。今該處既爲甘恩敕所占，即毋庸覓便寄往，其原擬檄諭稾底可且留廣東。如該鎮目莫士麟有續行稟報之處，或甘恩敕有覆該督去歲檄諭之文，仍著速行據實奏聞。將此傳諭該督知之。

己亥，調陸宗楷爲禮部尚書，蔡新爲兵部尚書，以吴紹詩爲刑部尚書，海明爲江西巡撫，劉益爲四川布政使，阿揚阿爲四川按察使。以梁國治爲湖北巡撫，調陳輝祖爲江甯布政使，以范宜賓爲安徽布政使。

壬寅，召程燾來京，以顔希深爲江西布政使。

丁未，彗星見。

《高宗實録》卷八三九　是月，又覆奏：暹羅仍係甘恩勅竊據，詔氏子孫未復，遵旨毋庸諭檄。滇省現集勁旅，進勦緬匪，緬酋勢必窮竄，暹羅係其仇讐，諒不敢潛匿，自必遊逸洋面。今河仙鎮目莫士麟，發兵奪取沾澤，又會合暹羅各夷目，征討甘恩勅，若令截擒緬匪，自必踴躍。兹臣作爲己意，倣照頒發諭稾，酌敘諭檄齎往，賞給綢緞，並令移會暹羅各夷目，撥兵偵伺。報聞。

《東華續録》乾隆七〇　八月乙卯，諭：期成額見在出差，綽克托著專署兵部侍郎，其刑部侍郎員缺，著伍訥璽補授。

庚午，以李本爲福建按察使。

《高宗實録》卷八四一　辛未，賑卹甘肅皋蘭、河州【略】二十一廳州縣本年被旱貧民，緩徵新舊額賦。

《東華續録》乾隆七〇　戊寅，禁廣東私鑄唐、宋、元、明古錢。

九月庚辰朔，諭：嗣後，杜爾伯特王公、台吉等子弟，年至十八，即照内扎薩克等分别賞給台吉職銜。永爲例。

壬寅，命劉統勳、德成會同吴嗣爵、富明安，查勘山東運河。

《高宗實録》卷八四三　己亥，賑卹江西德化、德安【略】等十三縣，本年被潮貧民。賑卹浙江仁和、錢塘、歸安、烏程、長興、德清、武康等七縣，杭嚴、嘉湖二衛本年被水貧民，分别蠲緩額賦。

《東華續録》乾隆七〇　十月己酉朔，諭：今日召見廣東按察使富松，奏對全以漢語，深染漢人習氣。伊係富達里之子，久任道員，一味養尊處優，自耽安逸，不復知有滿洲舊風，豈可令其仍居外任，富松著留京候旨另用。廣東按察使員缺，著阿揚阿調補，李本著調補四川按察使，其福建按察使員缺，著張鎮補授。

《高宗實録》卷八四四　壬子，又諭：據雅郎阿奏，孟艮土目召散、猛勇土目召工、整欠土目召教，及景海頭人等，遣人投誠，進獻馬匹等物，當將來使遣回，仍親往查辦等語。雅郎阿以夷情無定，召散又係首事要犯，並未親來，不允其請，所辦尚是。

《東華續録》乾隆七〇　諭：晾善著往喀什噶爾，更换范宜忠來京，徐績著以按察使銜赴哈密辦事。

癸丑，彗星復見。

《高宗實録》卷八四四　丁巳，諭軍機大臣等：據傅恒等奏稱，領兵至猛養地方，土司等俱逃往暮魯，遂令興堂扎搜取牲畜米穀，前往蠻暮等語。

癸亥，賜中式武舉一甲錢治平、金富寧、林天洛三人武進士及第，二甲許世昌等五人武進士出身，三甲李正勇等三十九人同武進士出身。

《東華續録》乾隆七〇　諭：貴州布政使張逢堯見已起程赴京陛見，且其年亦漸衰，俟到京後再降諭旨。按察使高積亦有應行解任質訊之事，黔省見乏大

員經理，所有貴州布政使員缺，著觀音保調補，貴州按察使員缺，著增福補授，俱著馳驛速赴新任，不必來京請訓。直隸布政使員缺，著周元理補授，按察使員缺，著李湖補授。至直隸軍臺文報，前經特派觀音保專司督查，今觀音保既已調任，即著周元理專管。

甲子，調喀甯阿爲貴州巡撫，富尼漢爲河南巡撫，以胡文伯爲安徽巡撫，姚成烈爲江蘇布政使，增福爲安徽按察使，以金祖静爲貴州按察使。

乙丑，命彰寶往駐老官屯，籌畫撫輯事宜。

《高宗實録》卷八四五　乙丑，傅恒奏：已於十月初一日至新街，此時當已攻取老官屯。既得之後，即須進勦阿瓦。其老官屯所有應辦之事，傅恒自必經理妥協，但亦須得人接手辦理，方可統兵前進。

賑卹長蘆滄州、鹽山、慶雲、青縣、衡水等五州縣，嚴鎮、海豐等二場本年旱災竈户。賑卹安徽懷寧、桐城【略】等十六州縣，安慶、建陽、廬州等三衛本年水災貧民，并蠲緩新舊額賦。

《東華續録》乾隆七〇　丁卯，吏部議奏，失察江西星子縣知縣李應龍乘災舞弊一案，該管各官照例議處。得旨：錢琦、顔希深、佛德俱著革職從寬留任，程燾見在患病，不能供職，年力已頽，無上進之心，即著革任。至此案星子縣知縣李應龍乘災舞弊，冒銷侵蝕至一千七百餘兩之多，非尋常漁利之劣員可比，該管道府等俱係親臨上司，平日何以全無聞見。外省習氣不堪如此，不可不嚴加懲治，若照常予以從寬留任，伊等且視吏議爲無關重輕，毫無儆懼，吏治更何由整肅。若僅照籤依議，無識之徒或以爲議處未經出名之人，朕未留心詳閱，雖予以應得處分，亦不足以示炯戒。所有廣饒九南道福彰阿，前任南康府知府陳子恭、裴志濂，前署府事同知陳時謙、楊大觀，及會勘出結之前任南康府通判陳有光，建昌府同知宋鑑，均著照部議革職。

辛未，以王顯緒爲山西按察使。

壬申，調永貴爲禮部尚書，託庸爲吏部尚書，伊勒圖爲兵部尚書，伊勒圖見在軍營，以託庸兼署。調吴紹詩爲禮部尚書，以裘曰修爲刑部尚書。

癸酉，禁福建、廣東民人私赴臺灣，見流寓者編設保甲，毋任藏奸。

乙亥，命：直隸入官地畝停止旗員查丈定租。

十一月乙酉，諭：前經降旨，令傅恒於阿桂、伊勒圖二人内酌定一人，補授副將軍。今阿里衮見在病故，軍營無人，阿桂仍著在副將軍上行走，其從前移給伊勒圖之印，仍交阿桂管理。阿里衮所遺副將軍員缺，著伊勒圖補授，烏三泰、長青著授爲參贊大臣。

調官保爲户部尚書，以素爾訥爲刑部尚書，託恩多署左都御史。

《高宗實録》卷八四六　戊子，諭軍機大臣等：據傅恒等奏稱，十月二十二日，領兵由江岸三面環圍賊壘，攻奪東南木寨。

己丑，賑卹甘肅渭源、河州【略】等二十四州縣廳本年水、旱、霜、雹災飢民，並蠲緩新舊額賦。

《東華續録》乾隆七〇　庚寅，以王際華爲禮部尚書。

辛卯，調宋邦綏爲户部左侍郎，以蔣元益爲兵部右侍郎。

《高宗實録》卷八四七　丙申，經畧、大學士、公傅恒等奏：臣等進攻老官屯，日夜黽勉，急圖成功。【略】現屆冬令，瘴氣未消，葉相德等皆染病身亡，緬地氣候惡劣，徒傷人衆，斷難深入，傅恒等當即遵前旨辦理。老官屯既不可久駐，野牛壩地方尚高，酌量於該處留兵屯守，并著土司等於關外相度地勢，駐劄防範。令其以暫時退駐，明年再行進兵之言，宣示於衆，諒賊等必不敢來犯。此内惟猛拱土司渾覺，我兵一到，即行投順，理宜内徙安插，伊若不願，聽其自便。著傳諭傅恒，將善後事宜，交阿桂籌辦，即速馳驛來京。

丁酉，加賑甘肅會寧縣本年旱災貧民，並蠲緩額賦。

《東華續録》乾隆七〇　戊戌，諭：揀選一等、二等武進士引見。著爲令。

己亥，以託恩多爲西陵總管、内務府大臣，起觀保署左都御史。

《高宗實録》卷八四七　丁未，經畧、大學士、公傅恒等奏：大兵圍攻老官屯，賊勢窘迫，賊目諾爾塔致書懇乞解圍，經臣等傳諭訓飭。嗣又遣八頭目節綴，齎呈懵駁書函，籲請停兵，詞頗恭順。諾爾塔復謁見哈國興，叩求回書，臣等查其情詞，似非狡詐，遂繕書曉諭，令其具表求降，送出内地被留之人，其投誠土司，嗣後不得侵擾，若能悉遵約束，即當奏請徹兵，付書遣去。得旨：知道了。

《東華續録》乾隆七〇　十二月庚戌，以陸宗楷爲内閣學士。

辛亥，以降旨撤兵，免雲南辦理軍需地方及永昌等三府州明年額賦十分之五，直隸、河南、湖北、湖南、貴州等省官兵經過各州縣，並免十分之三。

調官兆麟爲湖北巡撫，以陳輝祖爲廣西巡撫，調姚成烈爲江甯布政使，以薩載爲江蘇布政使，以德保爲廣東巡撫。

丁巳，以袁守侗爲吏部左侍郎。

己巳，以阿桂爲禮部尚書，阿桂在軍營，以素爾訥兼署。

乙亥，傅恒等奏：臣等遵旨詢問土司渾覺情願内移與否，據稱：蒙大皇帝天恩，原欲在内居住，但家口俱在猛拱，且所有屬下地方亦須前往管束，仍願回至猛拱，爲邊外土司等語。遂酌量賞給送回，令其就近出萬仞關，並一面移文緬甸，嗣後不得滋擾。得旨：覽。

是歲，朝鮮來貢。

乾隆三五年（庚寅、一七七〇）

《東華續録》乾隆七一　正月庚辰，諭：今年八月舉行恩科鄉試，來歲三月舉行會試。

諭：各省輪捐之年，勸諭業户照蠲教十分之四減佃户租。

己亥，調曹秀先爲户部侍郎，以徐績爲工部侍郎。

《高宗實録》卷八五一　丙午，《平定準噶爾方畧》告成，御製序。

《東華續録》乾隆七一　丁未，授喀爾喀和碩親王成衮扎布世子、額駙拉旺多爾濟爲固倫額駙。

二月庚申，飭禁督撫指名奏請揀發。

《高宗實録》卷八五三　甲子，賑卹陝西定邊縣乾隆三十四年雹災貧民，緩徵新舊額賦。

辛未，蠲免直隸靈壽、曲周、萬全、懷安等四縣乾隆三十四年雹災地九百六十七頃十一畝有奇額賦。

《東華續録》乾隆七一　三月辛巳，召喀甯阿來京，調宫兆麟爲貴州巡撫，以吴達善兼署湖南巡撫。

壬午，上奉皇太后啟鑾謁泰陵，巡幸天津。

癸未，命：辛卯年十月正科武鄉試，於恩科武殿試傳臚後舉行。

調曹秀先爲吏部侍郎，蔣賜棨爲户部侍郎，以歐陽瑾爲倉場侍郎。以德福署湖南巡撫，秦鐄爲湖北按察使。曾曰理以不職革職，以郝碩爲浙江按察使。

丙戌，上謁泰陵。

戊子，廣直隸學額。

己丑，免經過州縣及天津府屬三十一年至三十三年積欠地糧、銀及常借災借穀石。免直隸三十一年至三十三年積欠地糧、銀及折色銀兩。

庚寅，免直隸三十一年至三十三年因災緩徵銀兩穀石。

戊戌，召富尼漢來京。調永德爲河南巡撫，以薩載署江蘇巡撫，李湖爲江蘇布政使，裴宗錫爲直隸按察使。

《高宗實録》卷八五五　癸卯，賑撫甘肅狄道、河州【略】等三十四廳州縣乾隆三十四年水、旱、霜、雹等災貧民，緩徵額賦。

《東華續録》乾隆七一　丙午，定教職俸滿、保舉知縣升任後，復行改教者，議處原保之督撫學政例。

是月，四川總督阿爾泰等奏：小金川、沃日兩土司争地起釁，用兵相攻，由小金川土司澤旺年老，伊子僧格桑與多事頭人慫慂生事，明正革、布什咱各土司勸阻不聽。經委員前赴夷巢彈壓，責以擅自發兵，小金川禀即停止用兵，但沃克兵什既詛伊父子致病，又鬭時殺傷多人，應照蠻禮打傷人口，罰賠命價，求斷沃克什一二寨與伊耕種。見飭委員嚴行查辦，使多事者知畏退斂。報聞。

四月癸丑，諭：九江、粤海等關一年期滿，報部請旨。著爲令。

甲寅，四達因病休致，以喀甯阿爲刑部侍郎。

丁卯，召佛德來京，降歐陽永裿爲江西按察使，仍帶革職留任。調閔鶚元爲廣東布政使，以富尼漢爲湖北布政使。

《高宗實録》卷八五七　癸酉，蠲免陝西定遠縣乾隆三十四年分雹災額賦有差。

《東華續録》乾隆七一　五月己丑，以湖南輪免錢糧，並免乾州等三廳、城步等二縣苗糧。

《高宗實録》卷八五九　丁酉，貴州巡撫宫兆麟奏：黔省民風愚悍，遇狡黠者唆撥，易致滋事，惟有犯必懲，庶人知畏法。得旨：言中綮要，勉以實力爲之。

《東華續録》乾隆七一　戊戌，命山東購運麥石，交五城平糶。

癸卯，諭軍機大臣等：吴達善等及宫兆麟奏，古州黨堆寨苗人聚衆不法，拒傷兵役，即前往該處相機勦捕等語。所辦尚爲迅速。

《高宗實録》卷八六〇　閏五月丙午朔，諭軍機大臣等：古州黨堆寨苗人聚衆不法一案，昨已詳悉傳諭，令吴達善等妥協辦理。匪苗糾衆拒捕，法難輕宥，且寨内傷人首黨各犯，應即嚴拏務獲，立寘重典，以警其餘。此外各寨，總宜鎮静撫輯，毋使驚擾，致成滋蔓之勢，脅從罔治，最爲此案緊要關鍵。

《東華續録》乾隆七一　命裘曰修赴薊州寶坻一帶捕蝗。

己酉，以柏琨爲内閣學士。

己未，諭：温福著來京補授吏部侍郎，在軍機處行走，其福建巡撫員缺，即著鍾音署理。

甲子，諭：裘曰修見已交部嚴加議處，著解任候旨。刑部尚書員缺，著程景伊調補，工部尚書員缺，著范時綬補授，左都御史員缺，著張若溎補授，其工部侍郎，著閻循琦署理。

乙丑，永定河北岸決，命德成馳往，會同楊廷璋堵築。命於德勝門外另建滿洲火器營，並增設馬額。

戊辰，以謝墉爲内閣學士。

六月丁丑，諭：索諾木策淩往密雲捕蝗。

庚辰，禁奉差兵丁私買人口。

癸未，以劉秉恬爲刑部侍郎。

《高宗實録》卷八六二　甲申，諭軍機大臣等：現在緬匪敢於食言，恣意陸梁。【略】海蘭察、哈國興皆係閲歷之人，亦悉賊匪情性，阿桂、彰寶即選精兵千名，交伊二人，或一路行走，或分兩路前進。令常保住、長青各帶兵千名策應。

乙酉，以范宜賓爲左副都御史，裴宗錫爲安徽布政使。

丁亥，調官保爲刑部尚書，以素爾訥爲户部尚書。

戊子，命英廉、索諾木策淩馳勘熱河水災，加倍撫恤。

以孫孝愉爲直隸按察使。

壬辰，諭：託庸不必兼署兵部事務，所有兵部尚書員缺，著豐昇額署理。

增火器營翼長，並賞生息銀十萬兩，以備奬賞。

甲午，諭：邁拉遜兼管之事較多，刑部事務難以專辦，著以侍郎銜署理内閣學士，其刑部侍郎員缺，著瑚世泰補授。

命伍訥璽馳往古北口，會同提督王進泰，查勘水災，發帑銀二萬兩，加倍撫恤，並開倉賑糶。

以貴州需平糶，命阿爾泰、德福、陳輝祖於四川、湖南、廣西購運米石備糶。

貴州古州逆苗香要就獲，並其親屬皆伏誅。

乙未，命再撥内務府銀二萬兩，於古北口備賑。

己亥，諭：五經博士凡遇慶典，俱在各本籍隨班行禮，停止來京朝賀。至衍聖公遇應行朝賀之事，先期奏請。著爲令。

《高宗實録》卷八六四　秋七月乙巳朔，諭軍機大臣等：據李侍堯奏，遊擊蔡漢回粤，齎有河仙鎮目莫士麟暨暹羅裔孫詔萃呈稟二件。並詢問蔡漢，因何往回遲滯緣由一摺，已於摺内批示。暹羅僻在海外，地勢遼遠，固非聲討所及，即丕雅新篡竊鴟張，自相吞併，止當以化外置之。若河仙鎮目莫士麟，欲爲鄰封力圖匡復，亦惟聽其量力而行，更可不必過問。但所請檄諭花肚番一説，則斷不可行。

《東華續録》乾隆七二　以增海爲黑龍江將軍，温福爲理藩院尚書，調瑚世泰爲吏部侍郎，以綽克托爲刑部侍郎。

丙午，命和爾精額、伍訥璽馳往古北口，籌辦河工。

《高宗實録》卷八六四　丁巳，太保、大學士、一等忠勇公傅恒【略】溘逝。

《東華續録》乾隆七二　辛酉，諭：觀音保見已降旨革職，貴州布政使員缺，著三寶調補。胡文伯著即降補湖南布政使，其安徽巡撫員缺，著裴宗錫補授。

壬戌，以增福爲安徽布政使，海成爲安徽按察使。

乙丑，諭：周煌見出學差，其兵部侍郎員缺，著劉秉恬調補，刑部侍郎員缺，著余文儀補授。

壬申，所有盛京户部侍郎員缺，著塘古泰補授。以諾穆親署雲南巡撫，以法明爲雲南按察使。

《高宗實録》卷八六五　癸酉，蠲免安徽懷寧、桐城【略】等二十五州縣，及安慶、宣州、建陽、廬州四衛乾隆三十四年分水災額賦有差。

《東華續録》乾隆七二　八月丙子，諭：湖南布政使員缺，著吴虎炳補授。胡文伯見已革任，著加恩補授廣西按察使，仍革職留任、效力贖罪。

己卯，諭：永貴著補授禮部尚書，觀保著補授左都御史，均革職留任，准用頂帶，仍不准戴翎。

《高宗實録》卷八六六　庚辰，阿爾泰、董天弼奏：據僧格桑親來叩見，【略】願將所得附近達木巴宗之墨穆爾吉日古嚕各地方，及所搶沃克什之母舅僧格，並番民二十四名，一併交出。其沃克什願給地方之處，仍聽衆土司調處，亦不敢抗違，自取罪戾等語。

《東華續録》乾隆七二　甲申，命撥通倉米二十萬石，於直隸備賑。撥帑銀五十萬兩，於直隸備賑。

諭：嗣後賑恤之項，部庫撥給時不准減扣平餘。著爲令。

丙戌，命署兵部尚書豐昇額軍機處行走。

己丑，命再撥通倉米二十萬石，於直隸備賑。

庚寅，以福德爲内閣學士。

《高宗實録》卷八六八　九月乙巳，撫卹山東章邱、鄒平【略】等三十州縣衛本年水災飢民，並緩徵新舊錢糧、額賦有差。

《東華續録》乾隆七二　丙午，命阿爾泰爲武英殿大學士兼吏部尚書，仍留辦四川總督事。

壬子，孫孝愉因病解任，調王顯緒爲直隸按察使，以桂林爲山西按察使。

壬戌，以朱椿爲廣西按察使。

癸亥，以楊景素爲甘肅布政使，譚尚忠爲河南按察使。

冬十月辛巳，召崔應階來京，以鍾音兼署閩浙總督。

壬午，召阿爾泰來京，以德福署四川總督，吴達善兼署湖南巡撫。召薩載來京，以李湖署江蘇巡撫。

《高宗實録》卷八七一　甲午，諭軍機大臣等：據阿桂等奏稱，老官屯賊首諾爾塔遣人致書，請停止今歲進兵等語。【略】今歲暫止進兵，尚屬可行。

《東華續録》乾隆七二　戊戌，申禁宗室王公容留僧道、星相人等。

己亥，命再撥部庫銀三十萬兩，於直隸備賑。

定部員兼攝六庫、限三年更换例。

《高宗實録》卷八七二　十一月甲辰，加賑山東齊河、濟陽【略】，十七州縣衛本年水災貧民，緩徵舊欠錢糧。並予章邱、鄒平【略】等十三州縣葺屋銀兩有差。

壬子，蠲免甘肅狄道、河州【略】等三十四廳州縣衛乾隆三十四年被雹、水、旱、霜災額賦。

癸丑，撫卹雲南浪穹縣本年水災貧民。

《高宗實録》卷八七三　辛酉，賑卹甘肅伏羌、會寧【略】二十一廳州縣衛本年水、旱、雹、霜等災貧民，並蠲緩額賦。

壬戌，加賑甘肅隴西、寧遠、伏羌、通渭、漳縣、静寧、莊浪、中衛等州縣，西固州同屬本年旱、雹、霜災貧民，並蠲緩額賦有差。

《東華續録》乾隆七二　乙丑，召宫兆麟來京，以三寶署貴州巡撫。

辛未，以富勒渾爲浙江巡撫，王亶望爲浙江布政使。

壬申，諭：向例應封宗室，特派大臣等考試，按照等次復封，原欲使宗室勤習騎射、繙譯，伊等得以承受國家優恤隆恩。但此内業經考試，與應封之例不符者，若下届仍准考試，未免太無區别，不足以昭勸懲。所有此次考試例不應封之永修、永封、景焕、和倫泰，除此次停封外，嗣後俱不准其再入下届考試之内。將來應封宗室等，如有考試與應封之例不符者，俱不准其再入考試。將此永著爲例。

以姚立德爲山東按察使。

十二月甲戌，免新疆本年額糧十分之三。

丙子，以裘曰修爲工部侍郎。

庚寅，秦勇均因病解任，以畢沅爲陝西按察使。貴州巡撫員缺，著李湖補授。

辛卯，以吴壇爲江蘇布政使，調胡季堂爲江蘇按察使，降宫兆麟爲甘肅按察使。

是歲，朝鮮、琉球來貢。

乾隆三六年（辛卯、一七七一）

《東華續録》乾隆七三　春正月，免福建臺灣府屬本年額徵粟米。

乙巳，免廣東廣州、韶州等府州屬本年官租十分之一，廣西桂林等七府州屬本年官租及桂平等府州學租十分之三。

丁未，免四川甯遠等四府州屬、建昌鎮標各營、雷波等廳民番本年額糧。

癸丑，撥部庫銀二十萬兩、倉米十七萬石，於直隸備賑。

二月癸酉，命旌額理爲烏什辦事大臣，以邁拉遜署吏部左侍郎。

甲戌，上奉皇太后啟鑾東巡。

丙子，免經過直隸州縣本年額賦十分之三。

辛巳，免直隸滄州等五州縣民欠借穀，並武清縣本年額賦十分之五。

《高宗實録》卷八七八　癸未，蠲浙江海寧、安吉、長興、蕭山四州縣乾隆三十五年被水災地應徵漕項額賦，並緩蠲餘及各項舊欠銀米各有差。

丙戌，著將山東省所過州縣本年應徵額賦蠲免十分之三，其上年秋收稍歉勘不成災地方，著蠲免十分之五。該撫富明安，其董率屬吏，詳悉查明，妥協辦

理，務俾黎庶均霑愷澤。該部即遵諭行。

戊子，給山東齊河等四縣災民耔種、牛具。

庚寅，免山東濟南各屬民欠借穀及東平州、東平所逋賦。

辛卯，免山東濟南等六府屬民欠麥本、銀兩。

命伍代爲參贊大臣，赴雲南軍營。

命劉綸爲文淵閣大學士兼工部尚書，以于敏中協辦大學士，調程景伊爲吏部尚書，范時綬爲刑部尚書，以裘曰修爲工部尚書。

壬辰，以閻循琦爲工部左侍郎。

乙未，調姚成烈爲廣東布政使，閔鶚元爲江甯布政使。

三月壬寅朔，增山東本年學額。

癸卯，以桂林爲户部右侍郎，德文爲山西按察使。命降調户部右侍郎索琳署内閣學士，在軍機司員上行走。

《高宗實録》卷八八〇 乙巳，蠲長蘆屬滄州、青縣、慶雲三州縣，嚴鎮、海豐、興國、富國、豐財、蘆臺六塲乾隆三十五年水災竈地額賦，並緩蠲餘及勘不成災地畝應徵銀兩有差。

上至曲阜，展謁先師孔子廟。

丙午，上釋奠先師孔子。

丁未，上謁孔林，祭少昊陵、元聖周公廟。

辛亥，秦鏷緣事降調，以劉秉恬爲湖北按察使。

乙卯，召金祖静來京，以蔡應彪爲貴州按察使。

戊午，以福德爲盛京兵部侍郎，降博清額爲内閣學士，以瑪興阿署刑部侍郎。

庚申，免甘肅通省民欠耔種、口糧、倉穀。

壬戌，以圖桑阿爲甘肅按察使。

《高宗實録》卷八八一 庚午，蠲雲南浪穹縣乾隆三十五年被水災地應徵額賦十之七，並緩徵賑卹如例。

《東華續録》乾隆七三 四月甲戌，命户部侍郎桂林軍機處行走。

己卯，諭：福德留京，仍以内閣學士在軍機司員上行走，所有盛京兵部侍郎員缺，著伯興補授。

庚辰，命山東購麥，運京備糶。

癸未，定武職捕蝗不力處分。

乙酉，以旱，命刑部清理庶獄，減軍流以下罪，直隸亦如之。

丙戌，上詣黑龍潭祈雨。

庚寅，以王杰爲内閣學士，李瀚爲江西布政使。

《高宗實録》卷八八三 乙未，賜一甲黄軒、王增、范衷三人進士及第，二甲王爾烈等五十五人進士出身，三甲陳承曾等一百三人同進士出身。

己亥，諭：向來旗丁餘米，准在通州變賣，以資日用。現在各省糧艘陸續抵通，若旗丁於兑足正供之外，尚有多餘米石情願出售者，仍著加恩准其在通州糶賣。旗丁等既所樂從，而地方糧石益充，於市值民食，均爲有益。該部遵諭遄行。

《東華續録》乾隆七三 五月辛丑朔，陝甘總督員缺，著吴達善調補，吴達善未到任之先，著陝西巡撫文綬前往暫署。陝西巡撫印務，著布政使勒爾謹暫行護理。湖廣總督員缺，著富明安調補，吴達善見在兼署湖南巡撫，德福見又署理雲貴總督，其缺未便久懸，永德著調補湖南巡撫，其河南巡撫員缺，著何煟補授，仍兼管河務。鍾音著補授閩浙總督，其福建巡撫員缺，著余文儀補授。

命河南購麥十萬石，運京備糶。

壬寅，以巴延三爲河南布政使。

甲辰，以吴紹詩爲刑部侍郎。

《高宗實録》卷八八四 乙巳，阿桂著照部議革任，仍留於軍營，在兵丁上行走，効力贖罪。温福著馳驛前往雲南，署理副將軍事務。此旨即著温福齎往宣諭，並將此通諭知之。

甲寅，豁免雲南浪穹縣乾隆三十五年分水災額賦有差。

乙卯，命大學士劉綸，協辦大學士、刑部尚書官保，兵部尚書豐昇額爲國史館正總裁。禮部尚書永貴、左都御史觀保爲副總裁。

《東華續録》乾隆七三 丁巳，諭：匪犯糾衆，地方官三月以内擒捕者免議。著爲令。

壬戌，命高晉爲文華殿大學士兼禮部尚書，仍留兩江總督任。召阿爾泰入閣辦事，以德福爲四川總督。

六月庚午朔，諭：明山著發往烏嚕木齊，自備資斧，效力贖罪，換徐績回京。

《高宗實録》卷八八六 戊寅，又諭：現在伊犁辦理投誠土爾扈特事務，著

調巴圖濟爾噶勒馳驛前往伊犁。

己卯，諭：伊犁現有投誠之土爾扈特等，其大台吉均令來避暑山莊朝覲，著派固倫額駙色布騰巴勒珠爾馳驛往迎。

《高宗實録》卷八八八　秋七月甲辰，諭軍機大臣等：阿爾泰等奏，小金川土舍圍攻沃克什，請臨以兵威，以挫其氣一摺。所見甚是，已於摺内批示矣。

《東華續録》乾隆七四　乙巳，命侍郎桂林帶庫銀一萬兩赴古北口，會同提督王進泰撫恤水災，並開倉平糶。

《高宗實録》卷八八八　丁未，命伊犁將軍伊勒圖爲參贊大臣，前往烏什辦事。

《東華續録》乾隆七四　以邁拉遜爲吏部右侍郎。

《高宗實録》卷八八八　戊申，諭：朕每年巡幸木蘭，所有經過州縣地方，例免本年錢糧十分之三。今歲雨水較大，著加恩蠲免十分之五。其有被水成災者，仍著該督據實查明，照例撫卹，務俾閭閻均霑實惠。該部即遵諭行。

諭軍機大臣等：小金川復侵明正土司各寨，阿爾泰等斷不可稍存姑息。前據奏到，小金川攻圍沃克什，董天弼親往查辦，已諭就近進兵，務擒僧格桑，另立土司，撫定其地。今沃克什之事未完，又敢於侵及明正，若不懾以兵威，大示懲創，番夷豈復知所畏懼。

《東華續録》乾隆七四　丙辰，命截留漕糧五十萬石，於天津北倉備賑。

八月庚午，諭：吳嗣爵著調補江南河道總督，所遺河東河道總督員缺，著姚立德署理，其河東河務並著何煟兼管。

辛未，以國泰爲山東按察使。

丙戌，禮部議覆朝鮮國王李昑奏，國内流傳康熙丙子年閒朱璘所撰《明季輯略》，本於明人陳建《皇明通紀》，載其先世之事，因譌襲謬誣妄含冤，請將二書中有關小邦之語並行削去。查朱璘《輯略》，於乾隆二十二年浙江巡撫楊廷璋奏請銷毁，其陳建《通紀》，見徧訪京城書肆，並無售者，是二書在中國久已不行，無事改削。該國王所稱誣衊其國祖康獻王旦世系，及其四世祖莊穆王倧事蹟二條。今恭閲欽定《明史・朝鮮列傳》，載其始祖世系及國人廢琿立倧之處，考據已極詳明，乾隆三年，我皇考允該國王所請，刷印頒給該國，自應欽遵刊布，使其子孫臣庶知所信從。若陳建《通紀》、朱璘《輯略》二書，應令該國王於其國中自行查禁、焚銷，以杜疑竇。從之。

《高宗實録》卷八九一　庚寅，賑卹陝西汧陽、華陰、朝邑三縣本年水災飢民。

《東華續録》乾隆七四　壬辰，欽差侍郎德成、直隸總督楊廷璋奏：永定河漫口，於八月十六日合龍，並新壩加高培厚，統於十七日竣工。得旨：覽。

《高宗實録》卷八九一　丙申，四川總督德福奏：緬賊狡詐，與苗種相仿，然無妄念，只圖報復，不敢侵擾邊界。從前起衅，俱係土司與緬屬夷人爭鬧，並非懵駁輕犯邊境，且關外崎嶇林箐，兼有瘴癘，我兵不能久駐。請暫停襲擊之舉，於冬日内，令哈國興帶兵關外駐劄，差傳諾爾塔前見賊酋，曉以利害。伊若懼禍表貢，其事即已善全，倘照常冥頑，仍嚴守邊關，不通交易，數年後出其不意，可操必勝。得旨：看汝如此識見，朕又愁金川亦不能奮勇辦理矣，如何如何？朕不能識人，不能化導汝等大臣，惟自咎自愧而已，亦無他諭矣。

是月，大學士、管兩江總督高晉奏：沿河被水清河、安東二處，沿海被潮崇明、靖江、丹徒、丹陽、海門廳五屬，情形稍重，臣已飭行撫卹，并各該處衛地場竈，亦一體辦理。得旨：覽奏俱悉。

《高宗實録》卷八九二　九月辛丑，諭軍機大臣等：據董天弼奏，由山神溝山路進兵，至德爾密地方，連奪石卡，并攻克大碉一座，勦殺番衆數十人，餘俱越嶺而逃，我兵已扼險要。

《東華續録》乾隆七四　癸卯，命理藩院侍郎慶桂軍機處行走。

《高宗實録》卷八九二　甲辰，賑卹山東歷城、章邱【略】等五十七州縣衛所場本年水災貧民，並予緩徵。

乙巳，土爾扈特台吉渥巴錫等以歸順入覲。

《東華續録》乾隆七四　丙午，賜土爾扈特台吉渥巴錫等鞍馬櫜鞬，令隨圍與觀。

戊申，以黄檢爲山西按察使。

《高宗實録》卷八九二　戊申，著傳諭温福：於奉到此旨後，即帶軍營所有之滿洲兵，星馳取道赴川，奮力攻勦，務擒賊酋僧格桑，分隸其地，使番蠻稍知畏懼。【略】所有副將軍印務，温福即帶往備用。至參贊大臣伍岱，於軍務頗爲練習，亦著同温福前往，會商進勦。阿桂留於滇省，亦屬無益，著温福隨帶赴川，差委效力。

《東華續録》乾隆七四　庚戌，劉益因病解任，以李本爲四川布政使，李世傑

爲四川按察使。

撥通倉米三十萬石，於直隸備賑。

《高宗實録》卷八九二　辛亥，封渥巴錫爲烏訥恩素珠克圖舊土爾扈特部卓里克圖汗，策伯克多爾濟爲烏訥恩素珠克圖舊土爾扈特部布延圖親王，舍楞爲青色特奇勒圖新土爾扈特部弼哩克圖郡王，巴木巴爾爲弼錫呼勒圖郡王。

《高宗實録》卷八九三　丁卯，〔德福〕著革去總督，賞給三等侍衛，以己力前往伊犁，聽候差委。所有四川總督員缺，著文綬補授。

《東華續録》乾隆七四　諭：永德辦事拘謹，於要缺不甚相宜，著調補廣西巡撫，所有湖南巡撫員缺，著梁國治調補，其湖北巡撫員缺，著陳輝祖調補。

冬十月戊辰朔，諭：鄂寶本一拘迂自守之人，近復不肯實心任事，難勝封疆重寄，著來京候旨。山西巡撫員缺，著三寶補授，即行來京請訓，前赴新任。其貴州布政使員缺，著圖思德補授。以畢沅爲陝西(按察)〔布政〕使，敦福爲陝西按察使。調王太岳爲雲南按察使，法明爲湖南按察使。

己巳，以楊魁爲安徽按察使。

《高宗實録》卷八九四　渥巴錫人等入覲遣回，一切安插，甚關緊要，著將舒赫德授爲總統伊犁等處將軍，專辦。【略】將伊勒圖授爲塔爾巴哈台參贊大臣。

辛巳，賑卹山東館陶縣本年水災貧民。

《高宗實録》卷八九五　丁亥，賜中式武舉一甲林天彪、薛殿元、鄭敏三人武進士及第，二甲何永清等五人武進士出身，三甲利振綱等四十二人同武進士出身。

《東華續録》乾隆七四　壬辰，以嵇璜爲工部右侍郎。

甲午，調文綬爲陝甘總督。

十一月戊戌，軍機大臣等議准伊犁將軍舒赫德奏，遵旨籌畫新疆駐兵，請於烏嚕木齊駐滿兵三千，添設參贊大臣，領隊大臣各一員，巴里坤駐滿兵二千，添設領隊大臣一員，其領隊大臣令參贊大臣兼攝，俱統轄於伊犁將軍塔爾巴哈台，見有戍兵千餘，添兵作爲二千名。從之。

《高宗實録》卷八九六　庚戌，董天弼奏：攻得甲金達山梁，並占據牛廠。

《東華續録》乾隆七四　辛亥，撥湖北等四省庫銀三百萬，於四川備用。

丙辰，上自圓明園奉皇太后御輦，乘騎前導，王以下文武各官，暨大臣命婦並在籍紳士人等，於恭祝萬壽亭前跪迎，賞賚有差。皇太后駕還宮，上還宮。恭上皇太后徽號曰：崇慶慈宣康惠敦和裕壽純禧恭懿安祺皇太后。

丁巳，諭：素爾訥著調補理藩院尚書，户部尚書員缺，著舒赫德補授，舒赫德未到京之前，所有户部尚書事務，仍著素爾訥兼署。户部侍郎員缺，著福康安補授。

《高宗實録》卷八九七　壬戌，董天弼於十一月初七日，分兵攻賊木城，被賊衝下，官兵受傷及迷失者甚多，且有遺失鎗礮之事等語。

甲子，諭軍機大臣等：董天弼奏，已經攻得之牛廠石卡，復爲賊奪去。

《東華續録》乾隆七四　丙寅，裁廣東、福建教習官音學。

十二月丁卯朔，諭：九公主著指配公扎蘭泰，於明年成婚，封爲和碩公主。一切應行典禮，交該衙門照例辦理。公扎蘭泰授爲散秩大臣，仍在御前行走。

戊辰，命温福爲武英殿大學士兼兵部尚書。

己巳，以達爾吉善爲直隸按察使。

《高宗實録》卷八九八　庚午，定邊右副將軍、大學士温福等奏：【略】二十一日分派侍衛官兵，將右手山梁攻克，並將兩碉中間山峯搶奪，圍住賊碉，連奪賊卡六處，占據東面碉後高峯，賊兵二次來援，俱被官兵擊敗。無如所領緑營，皆隨董天弼打仗受傷，心存畏怯。守至二十二日子時，賊人吶喊來衝，兵丁驚退，將已占山峯失去。臣等謹遵不可撲碉、多損官兵之旨，暫行收兵，即在向陽坪駐劄。

四川總督桂林等奏：已於十一月二十一日，攻得約咱賊寨。董天弼著革去提督，以兵丁留於軍營効力贖罪，四川提督員缺，即著阿桂署理，董天弼交與阿桂差遣委用。

乙亥，蠲免甘肅隴西、寧遠【略】等三十三廳州縣乾隆三十五年夏秋雹、水、旱、霜等災地畝額賦有差。

《東華續録》乾隆七四　己卯，實授瑪興阿刑部左侍郎。

辛巳，命書麟領西安八旗兵二千名，赴四川軍營。

《高宗實録》卷八九九　丙戌，諭軍機大臣等：桂林奏，金川差頭人到營，請安送禮，若遽爲麾斥，轉恐啟其疑貳。所見極是，桂林隨即剴切面諭，却其禮物，給賞遣歸。

庚寅，温福等奏稱：帶領官兵奮勇攻破賊碉，勦殺賊衆，已過巴朗拉。

癸巳，定邊右副將軍、大學士温福，署四川提督阿桂奏：【略】帶兵前抵日隆

宗，賊亦望風逃竄。董天弼等於本月初八日，由蒲松岡小路進兵，十四日早，已抵達木巴宗。賊人即來接仗，官兵獲勝，賊人於是日逃竄，救出沃克什土司，並攻得木耳宗。

《東華續録》乾隆七四　甲午，撥庫銀五十萬兩，修直隸河工。

是歲，朝鮮、南掌來貢。

乾隆三七年（壬辰、一七七二）

《東華續録》乾隆七五　春正月辛丑，免奉天、錦州二府額徵米豆。免浙江玉環、海甯兩廳額徵銀穀。免山西大同等二府額徵兵餉、米豆、穀麥，並太原等十四府州及歸化城各屬十分之三。

癸卯，以崔應階爲刑部尚書，嘉謨署漕運總督。

《高宗實録》卷九〇〇　丙午，桂林等奏：攻克卡丫。

戊申，桂林奏：攻克郭松、甲木。

《東華續録》乾隆七五　癸丑，建烏嚕木齊城，駐兵屯田。

丙辰，桂林奏：督兵齊集甲木台，攻噶爾金，共破大小碉十二、石卡七。

《高宗實録》卷九〇二　二月丁卯，阿桂著授爲參贊大臣。

《東華續録》乾隆七五　甲申，諭：刑部侍郎員缺，著吴壇補授，吴紹詩著調補吏部侍郎，袁守侗著補授刑部侍郎，吴壇未到任之先，吴紹詩仍著辦理刑部事務，俟吴壇到任後，吴紹詩再赴吏部辦事。袁守侗見在出差，所有刑部侍郎事務，著閻循琦暫行兼署。調增福爲江蘇布政使，以楊魁爲安徽布政使，瑭琦爲安徽按察使。

乙酉，免江蘇蘇州等屬逋賦。

《高宗實録》卷九〇三　丁亥，諭曰：色布騰巴勒珠爾著授爲參贊大臣，同豐昇額由驛前往四川軍營。

《東華續録》乾隆七五　己丑，以王太岳爲雲南布政使，韋謙恒爲雲南按察使。

乙未，免陝西西安等十二府州上年額徵本色租糧。

《高宗實録》卷九〇四　三月戊戌，烏嚕木齊參贊大臣著索諾木策凌補授，領隊大臣著德雲補授，俱受伊犁將軍節制。

乙巳，豐昇額向亦曾帶兵行走，著授爲參贊大臣，令温福酌量分定各路，一同進勦。

《東華續録》乾隆七五　丙午，調敦福爲湖南按察使，以王綬爲陝西按察使。

《高宗實録》卷九〇四　己酉，羅山縣在籍革職知縣查世柱藏匿應禁《明史輯畧》，且敢妄行采輯成書，【略】擬斬監候，秋後處決。

《高宗實録》卷九〇五　壬子，諭曰：桂林奏，攻復革布什咱之木巴拉、博租、薩瑪多堅、藏布覺等處，共得地方七十餘里，收復碉寨甚多，招撫番民甚衆等語。

癸丑，諭：據富明安等奏，拏獲京山縣謀逆首犯嚴金龍父子，業經寸磔斬梟。

乙卯，諭曰：温福等奏，攻克資哩賊寨，殺賊甚多，現在攻圍阿喀木雅等語。

丁巳，又諭曰：桂林奏，克復革布什咱之吉地官寨，及默資溝地方，並據温福等奏，攻得阿喀木雅情形。

《東華續録》乾隆七五　庚申，諭：福德見在出差，理藩院侍郎事務，著刑部侍郎鄂寶署理。其刑部侍郎員缺，著雅德署理，雅德未到京之前，刑部侍郎事務仍著鄂寶兼辦，俟雅德到任後，鄂寶即專辦理藩院事務。瓦爾達著調補盛京工部侍郎，并兼管奉天府尹，其倉場侍郎員缺著申保補授。

《高宗實録》卷九〇五　甲子，桂林奏：攻得扎哇窠崖下碉卡。又奏：革布什咱地方，前經攻復吉地官寨等處，今據宋元俊報，參將常泰等攻復黨哩，都司李天貴攻復沙沖，仍分飭將備，急攻覺拉喇嘛寺。宋元俊自督兵圍丹東、革布什咱，大局已定，飛飭宋元俊，統兵剋期全行勦復，併力小金川，掃穴擒渠。得旨：嘉奬。

《高宗實録》卷九〇六　夏四月丙寅朔，又諭曰：桂林等奏，分兵四路，連日攻得阿仰東山梁、墨壟溝、達烏各地方。是處爲賊緊要門户，峻險異常，桂林調度深合機宜，鼓勵將兵，得此要地，實屬可嘉。

《東華續録》乾隆七五　免甘肅積年民欠。

《高宗實録》卷九〇六　丁卯，賑卹甘肅河州、沙泥州判【略】等二十一廳州縣乾隆三十六年夏秋水災貧民。

壬申，諭軍機大臣等：桂林奏，續又攻得格烏、巴桑、那隆三處，現在覓間進攻僧格宗。【略】另摺奏報，革布什咱之地全行收復。

《東華續録》乾隆七五　乙亥，實授李湖雲南巡撫，圖思德貴州巡撫。

丁丑，諭：諾穆親著加恩作爲頭等侍衛，前往烏什换圖桑阿來京。諾穆親至彼自備資斧，辦理領隊大臣事務。以景福爲盛京工部侍郎。

己卯，以蔡應彪爲貴州布政使。

庚辰，調韋謙恒爲貴州按察使，以圖桑阿爲雲南按察使。

《高宗實録》卷九〇七　甲申，免安徽鳳陽、定遠、靈璧、泗州、盱眙、五河等六州縣，鳳陽、長淮、泗州三衛乾隆三十六年分水災額賦。

《東華續録》乾隆七五　戊子，諭：鄂寶著調補理藩院侍郎，其刑部侍郎員缺即著雅德補授，雅德未到任之先，仍著鄂寶兼署。

諭：瑪興阿見在出差，刑部侍郎員缺著綽克托調補，所遺兵部侍郎員缺著期成額補授，期成額未到任之先，著慶桂兼署。

《高宗實録》卷九〇七　庚寅，賜一甲金榜、孫辰東、俞大猷三人進士及第，二甲平恕等五十五人進士出身，三甲熊言孔等一百四人同進士出身。

《東華續録》乾隆七五　癸巳，以喀爾崇義爲内閣學士，高樸爲左副都御史。

《高宗實録》卷九〇七　甲午，又諭曰：桂林奏，攻勦東岸山梁，及間道襲取甲爾木等處，帶兵人員，間有陣亡。

《高宗實録》卷九〇八　五月乙未朔，諭軍機大臣等：温福奏色布騰巴勒珠爾種種妄行，不可仍在軍營，著將伍岱鎖拏，即交色布騰巴勒珠爾，同軍機章京明德，押解來京。

丙申，豁免直隸滄州、南皮【略】等十五州縣廳節年民欠穀九萬七千四十石有奇。

丁酉，色布騰巴勒珠爾所遺領侍衛内大臣員缺，加恩著舒赫德補授。

辛丑，又諭曰：阿爾泰等奏，桂林在軍營乖張捏飾各情形，實出意想之外，已派福隆安馳驛，前往查審，並諭阿桂迅往南路辦理進兵之事矣。福隆安未到之前，仍令桂林辦理。

《東華續録》乾隆七五　諭：舒常、永平均著授爲領隊大臣，前赴四川軍營，舒常派赴西路，永平派赴南路。

壬寅，命户部侍郎福康安軍機處行走。

《高宗實録》卷九〇八　蠲免直隸大興、宛平【略】等十五州縣廳乾隆三十六年分額賦有差。

癸卯，著鄂蘭帶領長生保、綏庫、阿坦保、利保住赴南路軍營，海蘭察帶領額勒登布、塞布騰、庫伯赴西路軍營，分道遄行，務期奮勉自効。

《東華續録》乾隆七五　甲子，以海明爲湖廣總督，海成爲江西巡撫，國泰爲山東布政使，孫廷槐爲山東按察使。

《高宗實録》卷九一〇　六月乙丑朔，温福等奏：攻克東瑪賊寨。又諭：據阿桂奏，三雜谷暨綽斯甲布，皆願出兵助勦金川，現在查明籌辦。

《東華續録》乾隆七五　壬午，諭：據李瀚奏請停編審造册一摺，所見甚是，已批交該部議奏矣。第思編審人丁舊例，原因生齒繁滋，恐有漏户避差之弊，是以每届五年查編造册，以備考覈。今丁銀既皆攤入地糧，而滋生人户又欽遵康熙五十二年皇祖恩旨永不加賦，則五年編審不過沿襲虚文，無裨實政。況各省民穀細數，俱經該督撫於年底專摺奏報，户部覈實具題，付之史館紀載，是户口之歲增繁盛，俱可按籍而稽，更無藉五年一次之另行查辦，徒滋紛擾。此摺毋庸交議。嗣後，編審之例著永行停止，將此通諭各督撫知之。

甲申，調文綬爲四川總督，海明爲陝甘總督，以阿爾泰署湖廣總督。

丙戌，諭：阿爾泰年力衰邁，於封疆重寄究非所宜，即湖廣恐亦難勝任，著仍以散秩大臣留於川省南路軍營，專辦糧運事務。所有湖廣總督員缺，仍著海明補授，其陝甘總督員缺，即著勒爾謹署理。富勒渾著調補陝西巡撫，其浙江巡撫員缺，著熊學鵬署理，俟服闋之日，再行實授。

辛卯，湖廣總督海明卒，予祭葬，謚勤恪。以富勒渾爲湖廣總督，巴延三爲陝西巡撫，張鎮爲河南布政使。

壬辰，以廣德爲福建按察使。

《高宗實録》卷九一二　秋七月乙未，諭：川省辦理軍營糧務，甚屬緊要，西路已派侍郎劉秉恬專辦，其南路運糧事宜，原係阿爾泰專辦，但伊年已衰老，辦運恐未能妥速。著派侍郎鄂寶即行馳驛前赴南路，會同阿爾泰督辦，並給與欽差大臣關防。

丁酉，諭：據温福等奏報，攻勦小金川情形，於北山攻得美美卡、旁碉卡二處，南山攻得固布濟石卡、木城二處等語。

《東華續録》乾隆七六　實授勒爾謹陝甘總督。

乙巳，諭：八旗補放步軍校，無庸帶赴避暑山莊引見。著爲例。

丁未，定道、府以上等官，如有同胞及同祖兄弟叔姪同在一省，俱令官小者

迴避。

戊午，軍機大臣、刑部等奏，審訊原任雲南布政使錢度侵欺、勒索贜私屬實，應請旨即行正法。從之。

以錢鋆爲陝西按察使。

《高宗實録》卷九一四　八月己巳，諭：據阿桂奏報，七月二十一日，由墨壟溝一路，夤夜進兵，於二十二日五更至甲爾木，乘大霧瀰漫之中，攻據山梁，連得石卡二十餘座、石碉四座、木柵一座。賊人披靡奔逸，經官兵追擊，殲戮甚多，并殺死頭目一名，又將路通金川之格魯克古地方，派兵占住。又諭：布拉克底土司安多爾、巴旺土婦伽讓，俱各督派所屬土兵，隨同大兵進勦，誠悃可嘉，安多爾著賞戴花翎，并賞恭順名號，伽讓著賞恭懿名號。

壬申，温福等又奏：【略】賊番果於瑪爾迪克來擾，經海蘭察、哈國興前往救應，殺賊多名。

《東華續録》乾隆七六　甲申，諭：各省馬兵取進武生留營食糧，仍准鄉試。

乙酉，諭軍機大臣等：據李侍堯奏，暹羅國鄭昭稟送粵省海豐縣民陳俊卿等眷口回籍，並據河仙鎮莫士麟差人齎送文稟，李侍堯擬以己意檄覆兩人，俟鄭昭處送到内地民人，量爲獎勵，以示羈縻。亦止可如此辦理。但梁上選等係内地民人，輒敢糾伴挈眷潛赴外國港口居住，甚屬不成事體。此等民人於送到時，均應訊明，按例懲治。沿海居民出口例禁綦嚴，守口地方官弁何得任其攜家擅出，漫無稽察，則平日海禁之廢弛，已可槩見。著李侍堯查明失察梁上選等出口之該管地方員弁，據實參處，嗣後仍須嚴飭沿海各口實力稽查，毋得稍有疏縱。將此傳諭知之。

《高宗實録》卷九一五　己丑，參贊大臣、署四川提督阿桂奏：據綽斯甲布土司稟稱，金川派兵圖占黨壩官寨，黨壩土婦和爾郭求援，已發兵往助。臣以黨壩附近曾頭溝，當即行知董天弼前往駐防，並咨明温福，就近督辦。

《東華續録》乾隆七六　辛卯，飭道、府、州、縣等員，凡遇丁憂及革職者，毋得寄居原任地方。

壬辰，以韋謙恒爲貴州布政使，國棟爲貴州按察使。

《高宗實録》卷九一六　九月壬寅，定邊右副將軍、大學士温福等奏：南北兩山賊卡，於八月二十六日，賊衆自行燒燬。臣温福即從阿喀木雅前進，壓至木闌壩，臣豐昇額亦從美美卡壓至日喀爾橋。

《東華續録》乾隆七六　癸丑，諭：定安親王永璜之子緜德著襲封定郡王，和勤親王永璧之子緜倫著襲封和郡王。

丁巳，禁各省自巡撫以下不得延請本省幕友，及流寓帶有家屬在五百里内者，並限定五年更换。

冬十月戊辰，晉封皇六子貝勒永瑢爲質郡王。

《高宗實録》卷九一八　壬申，諭：據董天弼奏報，於九月二十四至二十八等日，帶兵攻得穆陽岡，及木丫山梁等處，克取石卡三十餘座，大卡木城三座，殺賊百餘人等語。

丙子，賜中式武舉一甲李威光、左瑛、趙士魁三人武進士及第，二甲宋如璜等四人武進士出身，三甲程定泰等四十三人同武進士出身。

《高宗實録》卷九一九　壬午，諭：據阿桂奏報，於十月初四至初八等日，分四路進攻，將甲爾木山梁全行占據。華山著授爲領隊大臣，派往南路，交與阿桂差遣。

《東華續録》乾隆七六　癸未，以護軍統領公興兆爲領隊大臣，赴四川軍營。

《高宗實録》卷九一九　甲申，又諭：聞得江蘇地方，優伶中唱旦之人，近日竟有蓄髮不薙者。在若輩以學藝爲生，或自留粗辮，以便簪飾之用，其事尚屬近情，若竟全行蓄髮，與婦人無異，既恐男女溷雜，易啟奸淫之漸，甚或詭名蓄髮，陰違國朝定制，此則更有關係。薩載現任巡撫，且兼理織造，務宜留心體察，嚴行查禁，如遇有此等蓄髮唱旦者，勒令改薙，並以枷責示懲，毋任澆風漸長，但不必視爲緊要事件，辦理過涉張皇，致駭觀聽也。將此傳諭知之。

《東華續録》乾隆七六　丁亥，命桂林、富興仍赴金川，領隊進勦。

《高宗實録》卷九二〇　十一月乙未，諭：據温福等奏報，十月二十二、三等日，攻克路頂宗，及喀木色爾賊寨。

癸卯，賑貸甘肅皋蘭、紅水縣丞【略】等三十一廳州縣本年水、旱、雹災飢民。

丙午，定邊右副將軍、大學士温福，參贊大臣、尚書公豐昇額奏：十一月初四日夜，額森特由穆拉斯郭山繞至博爾根山頂，占據大寨。哈國興由喀木色爾北山旁進奪額爾奔木柵。海蘭察自山後進奪賊卡，復奪取瑪覺烏大寨，此處甚關緊要，現已添兵駐守。

《高宗實録》卷九二一　戊申，諭：據阿桂奏稱，本月初三日，督率將弁，黑夜渡河，分路攀援，占據山頂及各處要隘，攻破東面之翁古爾壟、西面之布拉克

尼德古，及紐寨各地方。

己酉，諭曰：富勒渾著馳驛前往四川，有查辦事件，所有湖廣總督印務，著陳輝祖暫行署理。

《東華續録》乾隆七六　庚戌，諭：皇子原與外間王公有間，一切服用悉如親王。見在皇子中四阿哥、六阿哥俱封郡王，其俸銀及護衛官員自應視其爵秩，而一應服用，仍應照皇子之例。俟朕八旬開六歸政時，再各按爵秩，方爲允協。

《高宗實録》卷九二一　癸丑，又諭：據阿桂奏，官兵續攻西山梁，連克得里、日寨。

丁巳，參贊大臣、署四川提督阿桂奏：臣於本月十三日，派侍衛三寶等進至西山之邦甲山梁，章京圖欽保等沿溝而上，從邦甲山頂繞出賊後，合兵攻擊，奪取邦甲山梁石城大碉，及各石卡。遊擊谷生炎沿河進攻策爾丹色木之喇嘛寺，已克邦甲之兵，向下夾攻。賊衆潰逃，官兵追殺頭人一名，奪取喇嘛寺，復進取公喀爾，將山頂後碉房一併攻取。臣已令明正土兵，豫備皮船，派守備鄂輝等領兵渡河，攻取東山梁下拉宗等寨，及溝内、坡上各碉房。又進至拉約，焚燒七寨，番人盡降。

《東華續録》乾隆七六　起伍岱爲藍翎侍衛，赴四川軍營。

《高宗實録》卷九二二　十二月癸亥，諭：據阿桂奏，十一月十七日，派撥將弁官兵，分路進攻都恭山坡碉卡十餘處，殺賊二三十名，追戮奔竄之賊五六十名。十八日，將日木則、扎爾瑪等處一帶碉寨，及拉咱寨、丹扎、噶察、丹嘉等處碉卡，盡行攻克。

庚午，參贊大臣、署四川提督阿桂奏：千總劉世勳等督兵攻取卓克寨。

癸酉，温福著即授爲定邊將軍，阿桂、豐昇額俱著授爲副將軍，各行統轄弁兵，分路進勦。其温福一路，著舒常爲參贊大臣，阿桂一路，著海蘭察爲參贊大臣。哈國興雖係緑營漢員，但現係提督，於軍營領兵征勦之事，曾經練習，且原在乾清門侍衛上行走，與滿洲大臣無異，所有豐昇額一路，即著哈國興爲參贊大臣。一俟平定小金川之後，即相機分道進勦金川，以期迅奏膚功，蠻氛永靖。其將軍及副將軍印信，著派侍郎、副都統福康安，馳驛齎送前往，即留軍營爲領隊大臣。

《高宗實録》卷九二三　丙子，又諭：據温福等奏，十二月初五日，分兵四路，乘賊不備，攻取明郭宗。

丁丑，又諭：據阿桂奏報，十二月初三、四等日，派兵攻克池木。初五日，抵美諾，明亮、德赫布等分路撲勦，將美都喇嘛寺賊人殲戮甚多，遂進逼賊寨，官兵三面合擊，於初六日寅時，將美諾碉寨全行攻取。

庚辰，定邊右副將軍、署四川提督阿桂奏：美諾以西之彭魯爾八寨番人，已就招撫。

辛巳，定邊將軍、大學士温福，定邊右副將軍、尚書公豐昇額奏：【略】進至布朗郭宗，此寨周圍五六里，碉房千餘間，我兵分據要隘進攻，自未至戌，寨内火起，賊番潰圍而出，我兵奮擊殲戮。據活口供稱，僧格桑昨日至布朗郭宗，即將伊妻妾及心腹頭人等，由寨後美卧溝送往金川。今早聞官兵已過帛噶爾角克碉，即到底木達求見澤旺，澤旺閉門不令進見，遂從底木達過河，亦由美卧溝小路，逃往金川。

《東華續録》乾隆七六　癸未，實授薩載江蘇巡撫。

《高宗實録》卷九二三　乙酉，廣州將軍秦璜，婪索各款屬實，【略】擬絞監候。

《東華續録》乾隆七六　丙戌，召塘古泰來京，以瓦爾達爲盛京户部侍郎。

丁亥，文綬著革職，【略】發往伊犁，令其自備資斧，効力贖罪，以示炯戒。其四川總督員缺，著劉秉恬補授，仍在美諾、布朗郭宗等處，督辦糧運，經理諸務。所有總督印務，著富勒渾暫行署理。

戊子，調倪承寬爲倉場侍郎。

是歲，朝鮮、琉球來貢。

乾隆三八年（癸巳、一七七三）

《東華續録》乾隆七七　春正月壬辰，諭：永德見在來京陛見，看其器局小而不甚曉事，不稱巡撫之任，廣西巡撫員缺著熊學鵬調補，三保著調補浙江巡撫。鄂寶前在巡撫任内尚無大過，仍著補授山西巡撫，伊見在川省軍營辦理糧務，其巡撫印務著巴延三暫行署理，所有陝西巡撫印務著畢沅護理。

癸巳，以甘肅提督馬全爲領隊大臣，馳赴四川軍營。

己亥，以敦福爲湖北布政使，農起爲湖南按察使。

乙卯，調李宗文爲禮部右侍郎。

戊午，諭：阿桂著補授禮部尚書，阿桂未到任之前著素爾訥署理，其户部尚書事務著永貴署理。

《高宗實録》卷九二六　二月庚申朔，著傳諭温福等：繕寫檄文，曉諭索諾木，令其擒獻首逆僧格桑，並爲逆之兄弟頭人等，率衆歸誠。

《東華續録》乾隆七七　嚴定外省官員失察子弟干與公事處分。

壬戌，朝銓因病解任，以喀爾崇義爲盛京刑部侍郎。

辛未，命阿桂議政處行走。

壬申，以嵩貴爲内閣學士。

甲戌，禁各省商籍人員毋得服官本土。

丙戌，命瑭古泰在内閣學士上行走。

署户部尚書永貴奏，查八旗恩監，例監止准考試中書筆帖式，及繕本帖寫筆帖式，其咸安宫學、宗學、覺羅學教習向不與考。請嗣後如有通曉繙譯之恩監、例監，一體送考，於學校似爲有益。從之。

三月庚寅朔，日有食之。

《高宗實録》卷九二八　壬辰，諭：朕此次祗謁泰陵禮成，取道畿南，恭奉皇太后安輿，巡幸天津，閱視河工，所有經過地方，及天津闔府所屬，俱著蠲免本年錢糧十分之三。

《東華續録》乾隆七七　癸巳，上閲永定河隄。

丁酉，上謁泰陵。

諭：温福等奏，於二月二十五日分兵五路，攻取昔嶺賊碉。

戊戌，免蹕路所經之宛平等二十州縣，及天津府屬各州縣三十三年至三十六等年逋賦。

己亥，免直隸三十三年至三十五等年逋賦。

乙巳，上奉皇太后駐蹕天津府。

丙午，上閲駐防兵。

己酉，賜召試舉人杜兆基内閣中書，生員顧堃等舉人。免通州、寶坻等九州縣三十六年逋賦。

《高宗實録》卷九二九　壬子，賑卹甘肅臯蘭、金縣【略】乾隆三十七年分被災貧民口糧有差。

《東華續録》乾隆七七　閏三月庚申朔，以瑪興阿爲禮部侍郎。

夏四月庚寅，命内閣學士博清額赴四川軍營。

己酉，以阿揚阿署刑部侍郎，榮柱爲廣東按察使。

庚戌，命署禮部侍郎索琳軍機處行走。

辛亥，諭：慶桂以理藩院侍郎，副都統爲伊犁參贊大臣。

壬子，准渥巴錫游牧移居珠勒都斯，並給口糧、籽種、銀兩。

調譚尚忠爲廣東按察使，榮柱爲河南按察使。

戊午，諭：内外大臣中，有奉職恪勤、勷歷宣勞，並見在軍營督師轉餉、勞績懋著者，宜晉宫銜，以示優眷。大學士温福、户部尚書舒赫德、工部尚書福隆安，俱加太子太保。禮部尚書王際華、工部尚書裘曰修，俱加太子少傅。禮部尚書阿桂、署兵部尚書豐昇額、直隸總督周元理、閩浙總督鍾音、四川總督劉秉恬，俱加太子少保。

五月辛酉，以嵇璜爲工部尚書。

《高宗實録》卷九三四　丙寅，諭：朕此次巡幸木蘭，所有經過州縣地方，著加恩蠲免本年錢糧十分之三。

《東華續録》乾隆七七　乙亥，以謝墉爲工部侍郎。

丁丑，諭：從前因烏嚕木齊駐防滿洲，緑營兵丁曾放參贊大臣管轄，俱聽伊犁將軍調遣。今烏嚕木齊所屬地方寬闊，而距伊犁遥遠，兵民輻輳，應辦事繁，將參贊大臣一缺改爲都統一員，於管轄兵丁、辦理諸事尤爲有益，而於體制亦屬相符。索諾木策淩在烏嚕木齊辦事以來，尚屬盡心妥協，竭力奮勉，即著補授烏嚕木齊都統。嗣後，作爲烏嚕木齊都統缺，仍屬伊犁將軍節制，聽其調遣，所有應奏應辦之事，一面奏聞，一面知會伊犁將軍。仍著交該部另行改鑄都統印信發給。

己卯，猛遮土目叭立齋等率屬内附。

丁亥，以李友棠爲内閣學士。

六月辛亥，諭：見在征勦金川尚需兵力，著挑派健鋭營滿洲兵一千名，火器營滿洲兵一千名，前往進勦。所有派出官兵應得之項，速即照例辦給。色布騰巴勒珠爾著加恩仍爲固倫額駙，授爲參贊大臣，帶兵前往。富德見係三等侍衛，著授爲頭等侍衛，領隊行走。此次挑兵，著留京辦事王大臣會同額駙色布騰巴勒珠爾，並該管大臣挑選。其領兵侍衛、章京等，即著詢問該管大臣等，視其漢仗好、曾經歷練者挑取派往。至於兵丁行走，以二百名爲一起，其於何日起程之

處，著王大臣等即行酌擬具奏。額駙色布騰巴勒珠爾、富德於挑兵事竣事，速赴熱河請訓，再行前往。

諭：博清額即留川省軍營，授爲領隊大臣，領兵行走。春寗、特成額俱無庸回京，交阿桂酌令領兵行走。

癸丑，諭：浙江按察使郝碩著馳驛前往四川，幫辦一應軍需事務，其按察使事務即著徐恕暫行署理。

《東華續録》乾隆七七 丁巳，勅諭各部落土司：【略】各自保守地方，毋使逆酋軼出，並聽將軍等調遣，奮勉從事，早滅兩金川逆酋，受朕恩眷，堅心助討，永圖樂業，不得稍有游移疎懈。勉之。

《東華續録》乾隆七七 諭：富德著授爲領隊大臣，帶領頭起兵丁前往四川軍營，其末起兵丁，著派藍翎侍衛訥蘇肯帶往。

《高宗實録》卷九三八 秋七月戊午朔，伊犁將軍員缺，著伊勒圖補授，伊勒圖塔爾巴哈台參贊大臣員缺，即著慶桂補授。

《東華續録》乾隆七八 己未，定順天府府尹、府丞等官缺出開列，凡籍隸直隸人員俱回避例。

《高宗實録》卷九三八 庚申，又諭：美諾、明郭宗已俱失守，海蘭察現退至日隆，駐兵防守。【略】阿桂【略】即速整兵，由章谷一路退出，豐昇額【略】由黨壩、三雜谷一路，回至巴朗拉等處暫駐。

癸亥，授富德爲參贊大臣，諭令先行馳驛兼程赴川。【略】阿桂自當趁伊等到後，即將當噶爾拉軍營料理周妥，與富德等内外夾攻。

甲子，以户部尚書舒赫德爲大學士，調禮部尚書阿桂爲户部尚書。以署兵部尚書永貴爲禮部尚書，仍署户部事務。理藩院尚書素爾訥，兼署禮部尚書。

《東華續録》乾隆七八 丁卯，諭：前聞温福在木果木軍營倉卒遇變，臨陣捐軀，特加恩賞給一等伯爵，世襲罔替。嗣據劉秉恬奏，初九日未申時，忽有客民二三千並匠役人等，奔赴登春，詢稱木果木礮局已被賊番搶劫，大營四門關閉，客民無可依倚，因各散回。初十日，賊番悉衆湧至，斷截大營水道，緑營兵紛紛潰散，遂致失事等語。是温福軍營民散在前，兵潰在後，實係温福未能先事豫防所致。

庚辰，命桂林馳赴四川軍營辦理糧運。

《高宗實録》卷九三九 辛巳，賑卹安徽鳳陽、泗州、盱眙、五河、壽州、懷遠、靈璧、鳳臺等八州縣，鳳陽、長淮、泗州等三衛本年水災貧民，並緩新舊額賦。

《東華續録》乾隆七八 甲申，命伍岱赴四川軍營。

吏部議准陝甘總督勒爾謹奏，烏嚕木齊新設迪化州，地處邊隅，幅員遼闊，知州一員勢難統轄，請將迪化州知州改爲直隸州知州，寗邊州同改爲知縣，作爲州屬。從之。

《高宗實録》卷九三九 丙戌，諭軍機大臣等：阿桂奏，飭諭各土司，以天朝新添滿漢精兵數萬，務在必滅金川，俾安番衆之心，並可仍資其力，甚屬合宜。至所稱新兵漸集，應分三路進取，此時先須收復小金川。

《高宗實録》卷九四〇 八月丁亥朔，賑卹山西歸化城屬黑河、薩拉齊屬善岱二處本年水災貧民，並蠲新舊額賦。

《東華續録》乾隆七八 戊子，諭：阿桂著授爲定西將軍，將内閣所貯定西將軍印交兵部，迅速由驛發往給阿桂行用，其定邊將軍印即行繳回。

命于敏中爲文華殿大學士兼户部尚書。

己丑，以程景伊協辦大學士，調王際華爲户部尚書，蔡新爲禮部尚書，嵇璜爲兵部尚書，以閻循琦爲工部尚書。

癸巳，瓦爾達緣事革職，以德風爲盛京户部侍郎。

戊戌，諭：明亮著授爲定邊右副將軍，即著富德爲參贊大臣，在南路一同帶兵進勦。

乙巳，轉謝墉爲工部左侍郎，以李友棠爲工部右侍郎。

《高宗實録》卷九四一 己酉，賑卹陝西朝邑縣本年水災貧民，並緩新舊額賦。

《東華續録》乾隆七八 壬子，以劉浩爲工部侍郎。

癸丑，四川總督富勒渾奏：臣前派兵在松林口山梁施放槍礮，原爲牽分賊勢，將來大兵到齊，分路進攻，埽除賊人各寨，使逆酋前後不能照應。得旨：此事尤可笑。温福在營時，每晚令人放槍，徒費火藥，竟成何事！不謂緑營惡習中人之深如此，可恨可鄙，亦無怪汝之以此爲妙計也。

《高宗實録》卷九四二 九月癸亥，豁免陝西膚施、保安【略】等十六州縣乾隆三十年霜災貧民籽種額糧。

己巳，諭軍機大臣等：豐昇額等奏，脱出番婦鄂魯木楚稟稱，索諾木令伊兄岡達克往住美諾，僧格桑現在金川之科思果木等語。是僧格桑之不在小金川，

自非虛飾，金川逆酋，施此奸狡，實爲可惡可恨。蓋索諾木弟兄之意，久思吞併各土司地界，雄踞一方，又料小金川番衆，力難號召，因借僧格桑之力，前往誘脅番人，使見舊土舍復來，自必一呼可集，索諾木遂乘此利便，糾衆往擾。然未嘗不畏官兵之復進，若留僧格桑在美諾，勢不能不助兵拒守，且慮僧格桑久占故巢，與舊番相習，自必聯爲一氣，後難動摇，因仍攜歸金川，以絶小金川諸番依戀舊酋之念。又令其兄岡達克前往美諾監制，設或官兵進勦，即驅小金川人守拒，自不能不聽其指揮，苟幸無事，便可攘爲己有。其設計險惡，實堪切齒，第其不留僧格桑在美諾，賊酋等自謂得算，而不知其已失小金川人心，此於官兵收復，實爲最好機會。

《東華續録》乾隆七八　壬申，轉李宗文爲禮部左侍郎，以莊存與爲禮部右侍郎。

甲戌，裁多倫諾爾監督。

丙子，命刑部侍郎袁守侗軍機處行走。

庚辰，吏部尚書員缺著官保調補，刑部尚書員缺著英廉補授，仍兼辦户部侍郎事務。

《高宗實録》卷九四三　甲申，賑卹雲南浪穹縣本年水災貧民，並蠲新舊額賦。

《東華續録》乾隆七八　冬十月丁亥，以索琳、錢載、彭元瑞俱爲内閣學士。

甲午，准各省武生充補營伍。

《高宗實録》卷九四五　戊申，賑卹安徽壽州、鳳陽【略】等十三州縣衛本年水災飢民，并緩徵新舊錢糧。

《高宗實録》卷九四六　十一月乙丑，賑卹陝西商南縣本年水災飢民銀米，並蠲緩額賦有差。

丙寅，賑卹甘肅皋蘭、金縣、靖遠、涇州、平番、寧夏、平羅、靈州、肅州、王子莊州同十廳州縣雹、霜成災飢民，並緩徵隆德、合水、撫彝廳本年地丁、錢糧。

丁卯，諭：據阿桂等奏：十月二十七日，分兵各路，進勦小金川，均於十月二十九日子刻，一齊全進，以次攻克資哩南北山梁，阿喀木雅、美美卡、木闌壩，並收復沃克什官寨。

戊辰，命署理藩院侍郎福禄前往西寧，换伍彌泰回京。

己巳，又諭：據阿桂等奏，初一、二等日，連克路頂宗、明郭宗等處，現在已克復美諾，並攻得別思滿兜烏帛噶爾角克碉。

《東華續録》乾隆七八　以德成爲廣東按察使。

辛未，諭：伍岱在軍營歷練已久，於攻戰機宜尚能熟悉，著授爲領隊大臣，遇有攻勦之處，豐昇額務虛衷商酌而行，以期妥善。

壬申，諭：梁國治著來京，在軍機處行走。湖南巡撫員缺著巴延三調補，仍署理山西巡撫。敦福著調補湖南布政使，護理湖南巡撫事，其湖北布政使員缺即著吴虎炳調補。畢沅著補授陝西巡撫，其陝西布政使員缺著富綱補授。淑寶著以布政使銜，往喀什噶爾更换蘇爾德，所遺廣西布政使員缺即著蘇爾德補授。德文著賞給按察使銜，往喀什噶爾更换暻善。明琦著賞給道銜，往哈密更换佛德。伊等到各該處，俱著自備資斧，效力三年。雙頂駐哈密業已五年，仍照前例，著軍機大臣將應派之人帶領引見，發往更换。以孫含中爲陝西按察使。

癸酉，諭：據明亮等奏，大兵攻克河南北山梁後，賊番俱至僧格宗死守，官兵將賊人所占山梁之上，奪其更高處，向下壓擊，山下官兵又奮勇向上夾攻，遂克復僧格宗等處。得糧一千數百石，火藥五十餘包。並接到阿桂收復美諾之信，即統兵前往會合等語。所辦甚合機宜。

《高宗實録》卷九四七　丙子，阿桂奏：收復大板昭、曾頭溝，並汗牛番人降順，小金川全境蕩平。

《東華續録》乾隆七八　十二月己丑，以德明爲禮部侍郎。

癸巳，實授彰寶雲貴總督。

丁酉，張鎮因病休致，以顔希深爲河南布政使。

辛丑，以李侍堯爲武英殿大學士兼兵部尚書，仍管兩廣總督事。

壬子，諭：李宗文見在出差，其禮部侍郎員缺著梁國治署理，袁守侗不必兼署。

是歲，朝鮮、安南來貢。

乾隆三九年（甲午、一七七四）

《東華續録》乾隆七九　春正月庚午，以伍岱爲四川軍營參贊大臣。

丙子，諭：河南巡撫何煟於地方諸事俱能實心經理，其幫辦河工亦甚妥協，著加恩授以總督銜，仍管河南巡撫事，以示嘉獎。姚立德自署河東河道總督以

來，承辦河工諸務，頗能認真，著即實授。

命刑部定聚衆結盟罪。

戊寅，明亮、富德奏：臣等合圍馬奈，於十一日將四面碉卡攻克。馬奈東北環抱三峰，地名絨布寨，形勢亦屬扼要，仍分上下兩路夾攻，於十二日占取寨落四十餘處。至奎林渡河，攻取木城二座，見占山梁，已踞克舟九寨之巔。

辛巳，阿桂、色布騰巴勒珠爾奏：十二日攻登古山對面山梁，連克四卡，餘賊竄入第五高峰卡內，其喇穆喇穆碉內踰溝接應之賊，被索倫兵衝斷，殲戮甚多，至第五峰碉卡雖未攻克，尚可繞越圍截。報聞。

壬午，諭：弘暢係諴恪親王嫡長子，著襲封諴郡王，其次子弘旿乃諴恪親王素所鍾愛，著加恩封爲貝子。伊兄弟務當共相友愛，孝奉伊母福晉，善承恩眷，以副朕篤念懿親至意。

《高宗實録》卷九五二　二月甲申朔，豐昇額酌留兵少許，派員駐守，以綴賊勢，即統現有之兵，速赴谷噶丫口，助阿桂進攻勒烏圍。

丁亥，定邊右副將軍、廣州將軍明亮，參贊大臣、副都統富德奏：【略】木谿山兩山梁，全行占據。

癸巳，明亮等奏：攻克卡卡角山梁。

戊戌，豐昇額等奏稱：占得莫爾敏山，攻克迪噶拉穆扎。

《高宗實録》卷九五三　乙巳，蠲江蘇山陽、阜寧、桃源、安東、鹽城、海州、沭陽、淮安、大河九州縣衛乾隆三十八年水災額賦有差。

《高宗實録》卷九五四　三月庚申，阿桂奏稱：羅博瓦已經攻克。

《東華續録》乾隆七九　丙寅，禁民間私製藤牌。

己巳，以尹嘉銓爲大理寺卿，調王亶望爲甘肅布政使，以郝碩爲浙江布政使，徐恕爲浙江按察使。召瑭琦來京，以王顯緒爲安徽按察使。

《高宗實録》卷九五五　辛未，阿桂等奏：焚勦得斯東寨。

庚辰，明亮等奏稱：攻取喀咱普等處。

《東華續録》乾隆七九　夏四月甲申，諭：大學士舒赫德、于敏中著各賞《古今圖書集成》一部，俾其收藏，傳付子孫，守而弗失。再，故大學士劉統勳原欲一體賞給，不意其猝爾身故，未及身與，因念伊子劉墉尚克世其業，亦著加恩賞給一部。

《高宗實録》卷九五七　壬寅，蠲免雲南浪穹縣乾隆三十八年水災田畝額賦，並緩徵蠲剩銀米。

《東華續録》乾隆七九　丁未，諭：武英殿見辦《四庫全書》之活字板，著名爲武英殿聚珍板。

庚戌，以高樸爲兵部右侍郎。

五月乙卯，命選宗室王公子入宗學肄業。著爲令。

庚申，命直隸平糶。

乙丑，定分部學習主事三年期滿，奏請留補本部，及改用知縣、監丞、助教例。

丁卯，以近畿地方缺雨，命何煟於河南購麥，撥運京城備賑。

戊辰，上奉皇太后啟鑾，秋獮木蘭。免經過地方本年額賦十分之三。

甲戌，諭：緑營旗員，滿員遇陣亡，議廕其子孫，未及歲者，俱給馬糧一分。著爲令。

乙亥，以定例見係王公之子孫娶妻不給恩賞銀兩。諭：嗣後恒親王、怡親王之緜字輩孫准給，其和親王、果親王之緜字輩孫俱不准給，至奕字輩孫等再給。著爲令。

癸巳，山西道御史戈源奏：近據禮部奏請，自乾隆四年以後，僧、道未給度牒者交地方官通查補給，以備僧綱道紀等官之選。查乾隆元年至四年僧、道之無度牒者，已有三十四萬餘人，自四年迄今，其私自簪剃者恐不下數百萬衆，若紛紛查補，必多滋擾，請嗣後永停通頒。如遇選充僧、道等，官查其實在戒行嚴明者具結，咨部給照充補。得旨：所奏是。僧、道度牒，本屬無關緊道，而查辦適以滋擾，所有禮部奏請給發牒照之處，著永遠停止。其選充僧、道官，令地方官查明具結辦理，亦如該御史所請行。該部知道。

庚子，調范時紀署禮部侍郎，梁國治爲户部侍郎。

《高宗實録》卷九六一　癸卯，定西將軍、尚書阿桂，定邊右副將軍、尚書公豐昇額，參贊大臣、領侍衛内大臣色布騰巴勒珠爾奏：總兵五福等，於六月初三日夜間，駕馭黨壩土舍頭人，帶兵百餘，進攻穆爾津岡賊碉，至初四日丑刻，砍開碉門，殺斃賊番六名，將碉焚燬。

《東華續録》乾隆七九　己酉，撥河南麥十二萬石，貯直隸平糶。

《高宗實録》卷九六二　夏七月癸丑，阿桂等奏稱，攻取色淜普山碉卡。

己未，阿桂等奏稱，攻取喇穆喇穆山之碉座。

《東華續録》乾隆八〇　丙寅，諭：内地鼓鑄錢文，自順治年間以來，俱隨年號字樣鑄造。至葉爾羌等處，向來行使準噶爾騰格錢文，自乾隆二十四年平定回部後，將所有準噶爾舊錢銷毁，另行頒式鑄造乾隆通寶錢文，極爲利便。回部各城係朕開拓撫定之區，國寶流行遵奉朕乾隆年號，該回人等所當萬年敬守，及我子子孫孫亦當萬年遵行，不便照内地錢文隨時改鑄。將所諭令各回部辦理，大臣記檔，永遠恪遵，不必改毁另鑄之。旨並諭户、工二部一體存載，垂爲成憲。

《高宗實録》卷九六三　己巳，明亮奏：攻克達爾圖山梁碉卡。

《東華續録》乾隆八〇　甲戌，以阿思哈爲左都御史，胡季堂爲刑部侍郎，范時紀爲倉場侍郎。

乙亥，命左都御史阿思哈軍機處行走。以龍承祖爲江蘇按察使。

《高宗實録》卷九六三　辛巳，又諭：據阿桂等奏，於七月十八、九等日，派撥官兵分路進勦，將賊境該布達什、諾甲得古、色淜普、山腿碉卡木城，悉行攻克，并焚燒格魯瓦覺各處寨落。

《東華續録》乾隆八〇　八月壬午朔，日有食之。

庚寅，諭：明亮奏，攻取賊匪碉卡，槍子從奎林辮頂打進，從顋門頭皮透出，尚未傷骨等語。奎林自赴軍營以來，感戴朕恩，每遇打仗勇往向前，此次受傷雖未至骨，諒亦不輕，朕深爲軫念，今已愈否，遇便奏聞。著加恩將朕所佩荷包賞給，仍授爲都統。

諭軍機大臣等：阿桂等奏，官兵攻取遜克爾宗前面碉卡，殲斃賊衆，並燒毁其旁近寨落。

《高宗實録》卷九六四　壬辰，又諭：據富德奏，攻打穆當噶爾、羊圈等處，現克石碉九座、大木城一座、石卡三十餘處。

《東華續録》乾隆八〇　丁酉，定月選漢官，自正六品以下小京官一體引見例。

《高宗實録》卷九六五　庚戌，定西將軍、内大臣、尚書阿桂等奏：官兵環攻遜克爾宗，賊人力竭勢窮，十五日，金川頭人綽窩斯甲，將僧格桑屍匣刨起呈獻。

《東華續録》乾隆八〇　九月甲寅，諭：進哨後，外有摺奏，著兵部派司員住哨門外接收，按日馳送披覽。著爲例。

《高宗實録》卷九六六　丁巳，大學士舒赫德從前曾辦河工，於堵築機宜向所諳悉，著即馳驛前往江南，會同高晉等妥籌速辦。

賑甘肅皐蘭、沙泥州判、武威、鎮番、寧朔、靈州、平羅七州縣水、旱、風災飢民。

《東華續録》乾隆八〇　禁京城商民囤積米穀。

庚申，命額駙拉旺多爾濟、左都御史阿思哈帶侍衛章京及健鋭火器二營兵，往山東會勦王倫。

辛酉，命高晉往徐州堵勦賊匪，薩載會同吴嗣爵堵築老壩口隄工。

癸亥，以天津府屬七縣旱，命撥通倉米十萬石備賑。

己巳，諭周元理飭有司，毋許攔阻貧民出口覓食。

癸酉，諭：嗣後十五善射缺，惟將拜唐阿兵丁及各旗閒散宗室引見挑取。至王公大臣、侍衛官員内步箭嫺熟者，於上三旗内每旗另添設十五缺，將下旗内王公大臣、侍將、官員一併引見挑取。著爲例。

甲戌，以陳用敷爲廣東按察使。

戊寅，嚴定州、縣官失察訟師處分。

冬十月壬午，以瑭古泰爲内閣學士。

江南老壩口隄工合龍。

壬辰，免臨清新城本年未完額賦並舊城未完額賦十分之五。

乙未，命建文淵閣於文華殿後。

丙申，諭：秋審情實人犯，經十次未句，改入緩決。著爲令。

《高宗實録》卷九六九　戊戌，豁除江西新昌、貴溪、安義、大庾、寧都五州縣，乾隆三十三年分被水衝坍地畝額賦。

《東華續録》乾隆八〇　乙巳，命截留江蘇漕糧二十萬石，於淮安備賑。

丙午，命各督撫行保甲法。

戊申，諭：海蘭察自革退參贊大臣後，勦殺賊匪、奪取碉卡，甚屬奮勉可嘉。額森特殺賊奪碉，亦屬勉力。海蘭察、額森特俱著授爲參贊大臣，額森特著即在豐昇額隊内行走，海蘭察即在阿桂隊内行走，彼處參贊大臣既多，伍岱著仍爲領隊大臣。

《高宗實録》卷九七〇　十一月癸丑，明亮等奏：攻克日旁碉卡寨落。

乙卯，又諭：將軍阿桂，自統兵進勦以來，實心調度，諸事皆合機宜，此次又將日爾巴當噶全行攻克，接通凱立葉，指日即擣勒烏圍賊巢，甚屬可嘉，著授爲

御前大臣。【略】海蘭察，著在御前侍衛上行走。

《東華續録》乾隆八〇　諭：在屯居住旗人及各處莊頭，並駐防之無差使者，其流、徒罪名，照民人一例實遣。著爲例。

《高宗實録》卷九七〇　丙辰，諭：前因川省大功告成在即，官軍正當乘勝深入，糧儲尤宜加緊趲運，所需夫役倍多，雖疊次加恩，已將乾隆四十年以前應徵錢糧，分別緩帶，究係暫緩催科，將來仍須如數完納，民力不無拮据，朕心深爲軫念。特諭該督等，查明應行酌免分數，妥速覆奏，候朕加恩。今據富勒渾、文綬等將過兵地方，及未經辦差之九十廳州縣節年出夫運糧，俱踴躍急公，分別酌免。【略】俾閭閻生計，益得寬舒，仍俟大功奏捷時，另普渥恩，以副朕嘉惠勞民、有加無已至意。該部遵諭速行。

庚申，賑卹直隸霸州、文安【略】等二十州縣本年被旱災民，並蠲緩額賦有差。

辛酉，撫卹甘肅皋蘭、狄道【略】等十五廳州縣本年水、雹災民，並予緩徵。

《東華續録》乾隆八〇　癸亥，定各省緑營兵丁鳥槍照健、鋭火器二營，演連環法式。

丁卯，彰寶以收授屬員供應，奪職逮問。

《高宗實録》卷九七一　戊辰，阿桂等奏：大兵攻過格魯古丫口，接通黨壩，即日進擣賊巢。

《東華續録》乾隆八〇　己卯，諭：土爾扈特、和碩特等游牧，照各部蒙古一體補放盟長。

十二月辛卯，定各省栽缺佐雜人員留本省補用例。

壬辰，諭：各省鹽政、關差、織造，除地方公事不許干與外，遇事有關繫者，隨時入奏。

癸巳，調袁守侗爲吏部右侍郎。

乙未，以四川各土司、夷民急公效力，免歷年馬貢、夷賦有差。

戊戌，轉胡季堂爲刑部左侍郎，以王杰爲刑部右侍郎，董誥爲内閣學士。

丙午，諭：土爾扈特【略】渥巴錫之爵，令伊長子策淩那木扎勒承襲。

丁未，命高晉濬淮安河道、溝渠。

是歲，朝鮮、琉球來貢。

乾隆四〇年（乙未、一七七五）

《東華續録》乾隆八一　春正月庚午，以四川大功指日告竣，撥部庫銀五百萬兩，豫備善後事宜。

《高宗實録》卷九七五　甲戌，阿桂等奏到，攻克康薩爾山梁。

《高宗實録》卷九七六　二月己卯朔，阿桂等奏：攻克甲爾納、堪布卓、沿河各碉寨。

癸未，蠲安徽合肥、定遠【略】等十四州縣，廬州、鳳陽、長淮、泗州四衛乾隆三十九年水、旱災地額賦。

丙戌，諭軍機大臣等：阿桂等奏，攻克沿河斯莫思達碉寨。

《東華續録》乾隆八一　丁亥，以故和郡王緜倫弟緜偱襲爵。

癸巳，李湖著革任，帶布政使銜，自備資斧，前往四川軍營，會同鄂寶等辦理軍需奏銷事務，以觀後效。其雲南巡撫員缺著李瀚補授，所遺江西布政使員缺著楊魁調補，安徽布政使員缺著李質穎補授，其巡視兩淮鹽政著伊齡阿去，淮關監督事務著寅著管理。

乙未，以秦雄飛爲湖北按察使。

三月辛亥，諭：截留南河、山東漕米十萬石，撥補直隸天津等府屬倉穀。

《高宗實録》卷九七八　己未，蠲江南句容、江浦【略】等十九州縣，淮安、大河二衛乾隆三十九年水、旱災額賦。

《高宗實録》卷九七九　壬申，蠲長蘆屬滄州、南皮、鹽山、慶雲、青縣、衡水六州縣，嚴鎮、海豐、興國、富國、豐財、蘆臺六場乾隆三十九年旱災竈地額賦。蠲河南信陽、羅山、光州、光山、固始五州縣乾隆三十九年旱災額賦，並緩各項舊欠銀兩有差。

《高宗實録》卷九八〇　夏四月己卯，蠲免安徽合肥、壽州【略】等十四州縣，并廬州、鳳陽、長淮、泗州四衛乾隆三十九年旱災額賦，其被災較重者，給賑一月。

《東華續録》乾隆八一　己丑，上閱健鋭營兵。

辛丑，調景福爲兵部右侍郎。

《高宗實録》卷九八一　壬寅，賜一甲吳錫齡、汪鏞、沈清藻三人進士及第，

二甲王春煦等五十二人進士出身，三甲張士凱等一百三十人同進士出身。

阿桂等奏：攻克木思工噶克丫口碉座。

癸卯，明亮等奏：攻克甲索宜喜。

乙巳，福康安、佛倫泰等帶兵，將斯年木咱爾及斯聶斯布羅兩處寨落，悉皆攻克。

《東華續録》乾隆八一　五月己酉，召朱珪來京，以黄檢爲山西布政使，農起爲山西按察使。

《高宗實録》卷九八二　庚戌，蠲免直隸霸州、保定【略】等二十五州廳縣乾隆三十九年旱災額賦。

《東華續録》乾隆八一　甲寅，諭：據阿桂等奏，官兵攻克下巴木通碉栅，將勒吉爾博一道山梁上下碉卡埽清，及乘勝占奪得式梯官寨，並分兵攻克榮噶爾博山梁碉卡，焚搶噶郎噶、勒赤爾等處寨落。共計攻克大碉一百數十處，木城數十座，寨落二百餘處，寨房一千數百間，殺賊三四百名，生擒賊十名，奪獲礮四位及牛羊、鳥槍等處。見在連拏木栅，用礮轟摧，自可即日埽巢等語。

丁巳，以京師糧價稍增，命撥倉米給五城平糶。

明亮、舒常奏：本月二十三日，令奎林等帶兵，分左、右兩翼攻破沿河賊碉，副將圖欽保攻克茹寨，縱火焚燒沿河各寨，賊番死者甚衆，麥田十餘里盡爲我得。至甲索碉卡三十餘座，均經放成逐漸攻克，該處守兵不敷，臣等在大營抽撥四百餘名前往協守，不日即可蕆事。報聞。

戊午，定滿洲卹廕人員發交軍營學習例。

壬戌，李瀚卒，以裴宗錫署雲南巡撫，李質穎護理安徽巡撫。

《高宗實録》卷九八四　六月丁丑朔，蠲免湖北漢陽、孝感【略】十五州縣，并武昌、武左、荆州、荆左、荆右、襄陽六衛，德安一所乾隆三十九年旱災額賦。

《東華續録》乾隆八一　壬辰，諭：前因巴里坤、烏嚕木齊等處大臣作爲額缺，其所兼之銜俱令出缺另補，見在伊犁將軍亦作爲額缺，亦應將所兼之銜出缺，另行補放。伊勒圖所兼鑲黄旗領侍衛内大臣員缺著豐納亨補授，兵部尚書員缺著豐昇額補授。伊勒圖於衆外藩處行文時，久經書寫領侍衛内大臣、兵部尚書官銜，著仍照舊書寫。

甲辰，禁廣西商民出口貿易。

《高宗實録》卷九八七　秋七月壬戌，諭軍機大臣曰：阿桂等奏，從舍圖枉卡繞截圍攻，將昆色爾山梁奪據，並將果克多山峯戰碉攻克，旋進克拉枯喇嘛寺，及菑則大海各碉。

《東華續録》乾隆八二　癸亥，諭軍機大臣等：明亮奏，由石真噶分路下壓，連克碉卡、木城，並攻獲壓西喇嘛寺。

甲子，停止内地查禁鳥槍。

《高宗實録》卷九八七　丁卯，定西將軍、尚書阿桂，定邊右副將軍、尚書公豐昇額，參贊大臣、内大臣、都統海蘭察，副都統額森特奏：攻克章噶等處碉寨，殲賊甚多。又額洛木寨頭人革什甲木參、喇嘛科爾頭人雍中、什爾德寨頭人丹比西拉布等三人，率領户衆來降。

己巳，蠲免甘肅臯蘭、武威、鎮番、寧朔、靈州、平羅等六州縣并沙泥州判乾隆三十九年分水災、旱災額賦。

庚午，阿桂等奏：將直古腦、榮噶爾博一帶碉寨及泠角寺等處，悉行攻克。

《東華續録》乾隆八二　癸酉，重刊《金史》成。

《高宗實録》卷九八八　八月丁丑，阿桂等奏：攻克隆斯得賊寨。【略】明亮處攻奪扎烏古山梁。

《東華續録》乾隆八二　丙戌，以汪圻爲雲南按察使。

壬辰，以朱椿爲雲南布政使。

癸巳，調廣德爲廣西按察使，以蔣允君爲福建按察使。

《高宗實録》卷九八九　丁酉，賑卹甘肅臯蘭、河州【略】等三十一廳州縣本年旱災、雹災飢民，并予緩徵。

己亥，將軍阿桂等奏報，攻克勒烏圍賊巢。

癸卯，阿桂督兵進勦噶喇依。

《東華續録》乾隆八二　甲辰，封禁湖南湘鄉等二縣磺礦。

乙巳，阿桂、豐昇額、海蘭察、額森特奏：八月十六日，攻克勒烏圍賊巢，及轉經樓、喇嘛寺，並未獲碉房、寨落、木城、石卡六十餘座，殺賊數百人，奪獲槍、礮、刀、矛無算。

九月丁未，定難廕漢員發標學習例。

《高宗實録》卷九九〇　庚戌，蠲免湖北孝感、鍾祥、京山、荆門、安陸、雲夢、應城、隨州、應山、襄陽、宜城、棗陽等十二州縣，並武昌、武左、荆州、荆左、荆右、襄陽、德安等七衛乾隆三十九年旱災額賦。

《東華續録》乾隆八二　戊辰，諭：明亮在軍營不甚奮勉，成功後如何用伊之處，另降諭旨。所有廣州將軍員缺，著永瑋補授。

甲戌，諭：再撥部庫三百萬兩，豫備四川軍營善後事宜。

冬十月丙子，調富察善爲盛京工部侍郎，調喀爾崇義爲盛京户部侍郎，穆精阿爲盛京刑部侍郎。

丁丑，以汪永錫爲内閣學士。

乙酉，申諭直省督撫，仲冬奏報實在民數。

孫廷槐以不職降調，以陸燿爲山東按察使。

《高宗實録》卷九九二　己丑，賜中式武舉一甲王懋賞、彭朝龍、德成三人武進士及第，二甲何異蘭等四人武進士出身，三甲馬爲錦等四十一人同武進士出身。

《東華續録》乾隆八二　庚寅，諭：嗣後，巡察盛京、黑龍江、吉林三處及歸化城游牧二處人員，總歸都察院奏派，並定五年巡察一次。著爲令。

《高宗實録》卷九九三　蠲免甘肅臯蘭、狄道【略】等十七州縣廳乾隆三十九年水、雹、霜、災額賦有差。

乙未，加賑江蘇句容、江浦【略】等四十七州縣衛本年水旱災民，併蠲緩額賦有差。加賑安徽定遠、泗州【略】等三十九州縣衛本年旱災貧民，併蠲緩額賦有差。

《東華續録》乾隆八二　丙申，韋謙恒係朕特加擢用之人，乃辦事乖謬若此，殊屬負恩溺職，不但不可護理巡撫，並不可復爲藩司。韋謙恒著革職，發往軍臺效力贖罪，其貴州巡撫員缺著裴宗錫調補。雲南巡撫印務著圖思德暫行兼署，安徽巡撫員缺著李質穎補授，安徽布政使員缺著王顯緒補授，安徽按察使員缺著農起調補，山西按察使員缺著李承鄴補授，貴州布政使員缺著鄭大進補授，湖南按察使員缺著永慶補授。其所有硃批、韋謙恒原摺並著發鈔與衆閲看，其摺内所辦二案，亦著袁守侗等一併審明具奏。裴宗錫未到任之先，貴州巡撫著袁守侗署理。

戊戌，諭軍機大臣等：阿桂等奏，攻克達噶木山包賊碉，見在設法分攻雅瑪朋碉寨，以便進攻科布曲。所辦甚好。

丁未，賞旗兵閏月甲米。著爲令。

《高宗實録》卷九九四　蠲免雲南浪穹、鄧川二州縣本年水災田地額賦有差。

壬子，蘇墒侵匿税銀，【略】探知該督欲將伊贓蹟參劾，輒捏砌虚誣之款，計圖陷害上司，擅用六百里揭報部科，爲先發制人之計，其乖張傾險，實出情理之外，當今政治肅清，豈容有此憸邪之臣子。蘇墒著照法司所擬，即行正法。

《東華續録》乾隆八二　乙卯，簡派宗室族長。

《高宗實録》卷九九五　壬戌，明亮等奏：官兵將扎烏古山梁全行攻克。

《東華續録》乾隆八二　癸亥，諭軍機大臣等：昨因高秉家内查出《皇明實紀》一書，内多悖逆字句，應行銷毁。其書係東莞人陳建所著，已諭令該督等細查，所有刷印之本及刻板，一併奏繳。是書又名《皇明通紀》，恐刻板或有兩副，應一併查明繳進。至澹歸《徧行堂集》語多悖謬，必應毁棄，即其餘墨蹟、墨刻，亦不應存。著李侍堯等逐一查明繳進，並將所有澹歸碑石，亦即派誠妥大員前往椎碎，推撲，不使復留於世間。

十一月己卯，以達敏爲内閣學士。

《高宗實録》卷九九六　庚辰，明亮等奏：官兵現自甲索、日斯滿、札烏古下及臨河，俱已攻克。

《東華續録》乾隆八二　甲申，以董誥爲工部右侍郎。

丙戌，定奉天、山東沿海州縣文武員弁失察流民私行度海例。

《高宗實録》卷九九七　己丑，阿桂等奏：官兵攻打西里第二山峯，地名奔布魯木，【略】進圍雅瑪朋寨落。

《東華續録》乾隆八二　辛卯，以胡高望爲内閣學士。

《高宗實録》卷九九七　壬辰，明亮等奏：自碾占進兵，攻得克爾甲爾古、日格德木牛兩處碉卡。

《東華續録》乾隆八二　乙未，諭軍機大臣等：據李侍堯奏，接准安南國咨覆，以毗連西省地方實無土物可以互市，見在照覆停止等語。奸民出境貿易，易致滋生事端，例本宜禁。況近有張德裕等在安南開礦仇殺之案，逃回民人甚多，尤不可不整飭邊防，盤詰禁止。至定期互市之説，原恐安南或有仰藉中國貨物之處，難以全行杜絶，因令以該督之意行知該國王，酌議呈報覈辦。今該國王既以互市爲未便，則奸商更無從藉詞偷越邊境，尤爲肅清，惟當嚴飭沿途文武員弁，實力稽查，毋許一人竄逸。並宜令該國王一體留心，如有内地商民潛赴彼國者，即令其拘拏呈送該督辦理，更爲周妥。

丁酉，命再撥部庫銀三百萬兩，豫備四川軍務善後事宜。

《高宗實録》卷九九七　壬寅，諭：據阿桂等奏：官兵連克舍勒固租魯、瓦喇占、雅瑪朋各碉寨，併搶占科思果木官寨，掃清沿河卡布角一帶寨落等因一摺。

《東華續録》乾隆八二　十二月甲辰朔，日有食之。

丁未，調嵇璜爲工部尚書，蔡新爲兵部尚書，以曹秀先爲禮部尚書。

戊申，以劉秉恬爲吏部侍郎。

《高宗實録》卷九九八　阿桂等奏：將薩爾歪三處碉寨占據，其隔河之阿結占寨落兩處，亦經福康安等同時力攻，立即克獲。

《東華續録》乾隆八二　甲寅，以白瀛爲江西按察使。

丙辰，調熊學鵬爲廣東巡撫，以吴虎炳爲廣西巡撫。

丁巳，以志信爲通政使，全魁爲盛京禮部侍郎。

戊午，以李世傑爲湖北布政使，杜玉林爲四川按察使。

《高宗實録》卷九九九　庚申，阿桂等將勒限勒木通碉卡悉行攻克。

甲子，明亮等奏：由達撒谷進兵，連克三道險要山梁，已將沿河格爾則寨落一併攻取。

丙寅，諭：據阿桂等奏，官兵攻克格隆古、科布曲、索隆古、們都斯、得木巴爾一帶山梁碉卡寨落，並乘勢搶占安布魯木山峯碉卡，現由索隆古進攻，即期迅擣賊巢等因一摺。

《東華續録》乾隆八二　己巳，諭：據明亮等奏，本月十四日，分派官兵攻克獨古木上下寨落，乘勝搶占乃當之布吉魯達那兩道山梁等因一摺。

《高宗實録》卷九九九　庚午，阿桂等奏：官兵由索隆古進攻，所向克捷，現據噶占山梁，整兵直擣噶喇依等因一摺。【略】又另摺奏：有頭人色木里雍中，願爲官兵内應，望塵跪迎，並有大頭人布籠普阿納木帶領所屬寨番男婦千餘來降各等語。

壬申，明亮等奏：官兵連日克攻甲雜，並後路巴布里、日蓋古洛一帶，全行勦洗，乘勝進抵獨松隘口，剋日會擣噶喇依等因一摺。又據奏：大頭人達固拉得爾瓦，率領乃當番衆五百餘人投降，並爲官兵内應，擒獲土舍庸中旺嘉勒來獻，頗屬誠心。又喀拉頭人思達爾結，亦率屬六百餘人來降。

《東華續録》乾隆八二　是歲，朝鮮、琉球來貢。

乾隆四一年（丙申、一七七六）

《高宗實録》卷一〇〇〇　春正月癸酉朔，據富德奏：派撥官兵進勦，令舒亮等帶兵，【略】夾河攻打噶咱普得爾窩，賊人不能支禦，盡皆棄碉潰竄，官兵乘勝追殺，直抵馬爾邦。【略】明亮等亦奏：攻得獨松、卡拉爾等處。

甲戌，阿桂等奏：大兵分路攻克喇烏喇、瑪爾古當噶一帶碉卡，並克取得爾隴，搶占舍齊喇嘛寺、雍中喇嘛寺。

《東華續録》乾隆八三　丁丑，諭軍機大臣等：據明亮等奏，河西賊境全已蕩平，於噶拉依對河之巴布朗谷密布營卡，會擒逆酋。富德亦奏，占據噶咱爾谷等寨落，見與西北兩路官兵會合，攻圍賊巢等語。

《高宗實録》卷一〇〇〇　己卯，大兵克金川。賜將軍以下封賞有差。又據稱：賊酋索諾木弟兄及作惡頭人，均在噶喇依官寨，今經嚴密圍困，斷難復行軼出，便可設法俘擒，且索諾木之母阿倉、姑阿青及其姊妹，均已來營投降。阿桂著加恩封爲頭等誠謀英勇公。副將軍豐昇額、明亮，抒誠勵勇，協力宣勞，亦堪嘉尚。豐昇額本襲公爵，復加賞繼勇名號，著再賞以一等子，暫令伊弟布彦達賚承襲，俟豐昇額生子後，仍令其子承襲。【略】明亮著封爲一等襄勇伯。參贊大臣海蘭察著加恩封爲一等超勇侯。十二土司地方，其各土司又分安各寨，有頭人管束，且各有册檔可稽，將來即有另辦之處，亦無難查辦【略】即照阿桂等所請行。

《東華續録》乾隆八三　諭：都統和隆武、左都御史阿思哈、副都統和珅，著加恩將其一族由各該旗擡入正黄旗滿洲。

《高宗實録》卷一〇〇〇　甲申，法福里著賞給副都統職銜，授爲烏里雅蘇臺參贊大臣，辦理事務。

《高宗實録》卷一〇〇一　己丑，吏部尚書員缺，著阿桂調補，並協辦大學士事務。户部尚書員缺，著豐昇額調補。兵部尚書員缺，著福隆安調補。工部尚書員缺，著綽克托補授。

《東華續録》乾隆八三　庚寅，諭：吏部堂官見在辦事人少，瑚世泰著仍回吏部本任，倉場侍郎員缺著嘉謨補授，其漕運總督員缺緊要，且正當辦理漕務之時，即著阿思哈馳驛前往暫署，俟朕另行簡放。昨命阿思哈兼署吏部尚書，今阿

思哈見在出差，其吏部事務著永貴暫行署理，户部尚書事務著英廉署理。内閣滿大學士亦應有坐辦之人，阿桂未到京以前，並著英廉協辦大學士事務。所有英廉原兼之户部左侍郎員缺，著福康安轉補，其户部右侍郎員缺著和珅補授。阿思哈左都御史事務，著素爾訥署理，綽克托所遺刑部侍郎員缺，著阿揚阿補授，並著協理步軍統領衙門刑名事務。邁拉遜所管事務較多，不必署理禮部，其禮部侍郎事務著高樸兼署。

《高宗實録》卷一〇〇二　二月己酉，諭曰：文綬著實授四川總督，其湖廣總督員缺，仍著富勒渾調補，俟大兵凱旋後，即行赴任。

《東華續録》乾隆八三　阿桂奏：逆酋將張坤忠送出，係屬要犯，兹派解赴京。諭軍機大臣等：張坤忠以内地兵丁甘心投降賊番，爲之助惡，自應解赴行在，嚴審治罪。著傳諭文綬，即速檄飭川省委員，沿途小心管解，遄程行走。

《高宗實録》卷一〇〇二　庚戌，蠲免江蘇上元、江寧【略】等三十九州縣，并鎮江、淮安、大河、揚州、儀徵等五衛乾隆四十年分旱災額賦。

《東華續録》乾隆八三　辛亥，上啓鑾謁東陵。以祗謁兩陵並巡幸山東，免經過地方本年額賦十分之三。

壬子，命各部堂官察覈俸滿截取知府人員，並司員改補御史，俱不得擅行奏留。

乙卯，諭：將軍阿桂等奏報，攻克噶拉依賊巢，逆酋索諾木及其弟兄莎羅奔甲爾瓦、沃雜爾斯丹巴併兩土婦，及助惡之大頭人丹巴沃雜爾、阿木魯綽、窩斯中尼瑪、噶喇克巴等悉行擒獲，金川全境蕩平。武功耆定，馳遞紅旗，隨摺奏賀。

《高宗實録》卷一〇〇二　丙辰，命紫光閣繪功臣像。諭：此次平定金川，大功告蕆，自應照從前平定準噶爾回部之例，於紫光閣圖畫功臣像，掄其功績最著者，爲前五十功臣，朕親製贊。

《東華續録》乾隆八三　以達敏爲禮部右侍郎。調廣德爲廣東按察使，陳用敷爲廣西按察使。

丁巳，命嗣後八旗孀婦、孤子，雖有伯叔兄弟，而或係兵丁，或武職不過前鋒校等官，文職僅筆帖式，不能兼顧者，俱給養贍。

戊午，命優敘隨征金川得功將士。

庚申，命勘丈甯夏廠地，聽民墾種。

《高宗實録》卷一〇〇三　癸亥，賑卹雲南浪穹、鄧川二州縣乾隆四十年水災飢民，並蠲緩額賦有差。

《東華續録》乾隆八三　甲子，諭：文職漢大臣由鼎甲出身者，向無賞戴花翎及賞黄褂之事。大學士于敏中，於辦理金川軍務，承旨書諭，倍著勤勞，昨因大功告蕆，特沛恩綸，畫入紫光閣功臣像，與其餘詞臣不同。著加恩賞戴花翎，並賞黄褂，以示優眷。

命巡幸仍進閣本，著爲令。

乙丑，諭：原任大學士劉統勳，宣力年久，每繫朕懷。其子劉墉學問尚優，人亦似有出息，兹服闋來京，著以内閣學士遇缺即補。見在胡高望出差，員缺即令其署理，仍著在南書房行走。

以永信爲内閣學士。

定外任内升人員，原任内因公處分，分别年限，令該堂官及原任督撫注考送部例。

己巳，免直隸通州等二十八州縣廳未完地糧、倉穀。

庚午，免直隸霸州等二十一州縣未完地糧、倉穀。

辛未，廣直隸本年學額。

《高宗實録》卷一〇〇四　三月丙子，蠲免江蘇山陽、阜寧、清河、鹽城四縣，淮安、大河二衛乾隆三十九年分水災田地項下乾隆四十年新賦。

《東華續録》乾隆八三　丁丑，免山東泰安、曲阜二縣本年額賦。

己卯，增設四川成都將軍，以明亮爲之。

庚辰，廣山東本年學額。

壬午，免山東德州等十一州縣緩徵漕米、漕項。

癸未，以吴嗣爵署吏部侍郎，薩載爲江南河道總督，楊魁爲江蘇巡撫。給兩金川降番籽種、牛具，准三年後照屯練納糧。

甲申，召勒爾謹來京陛見。以畢沅署陝甘總督，富綱署陝西巡撫。以圖桑阿爲江西布政使，李本爲甘肅按察使。

戊子，賜山東及各省召試諸生黄道煚等三人舉人，舉人竇汝翼等二人内閣中書。

辛卯，以袁守侗爲户部尚書，吴嗣爵爲吏部侍郎。

免四川通省上年額賦及本年夷賦有差。

乙未，上至曲阜，謁先師孔子廟。

《高宗實録》卷一〇〇五　蠲免安徽懷寧、桐城【略】等三十二州縣，并建陽、安慶、廬州、鳳陽、長淮、泗州、滁州等七衛乾隆四十年分水旱偏災額賦有差。

丙申，賑恤甘肅隴西、伏羌【略】十三州縣乾隆四十年分雹、水、霜災飢民。

《東華續録》乾隆八三　釋奠先師孔子，告平兩金川功。

丁酉，上謁孔林。

調李質穎爲廣東巡撫，以閔鶚元爲安徽巡撫。

戊戌，以陶易爲江甯布政使。

《高宗實録》卷一〇〇五　己亥，據圖思德奏：車里逃夷刀維屏等，悔罪自歸。諭：【略】均從寬免死，在省監禁。

庚子，命户部侍郎和珅在軍機處行走。

《高宗實録》卷一〇〇六　夏四月癸卯，以平定兩金川，遣官告祭天、地、太廟、大社、大稷。

又諭曰：英廉奏，湖北民人江榮周，在京呈控，沔陽州土隄衝潰多年、未經修築一案，已將江榮周交部解赴湖北，聽候查辦。著劉墉於查審安徽事竣，即就近前赴湖北，會同陳輝祖，秉公查勘。

《東華續録》乾隆八三　戊申，弛四川松潘等處茶禁。

辛亥，諭：協辦大學士、尚書、公阿桂仍在軍機處行走，並著在紫禁城内騎馬。

《高宗實録》卷一〇〇六　癸丑，蠲免直隸霸州、保定【略】等五十二州縣廳乾隆四十年水災額賦有差。

《東華續録》乾隆八三　乙卯，以孫士毅爲廣西布政使。

辛酉，諭：【略】嗣後，臺灣文武各官，無論年歲若干、有無子嗣，如有願帶眷口者，俱准其攜帶，其不願帶者，亦聽其便。著爲令。

壬戌，賜直隸及各省召試進士舉人邱桂山等五人内閣中書，諸生萬年等三人舉人。

甲子，以阿思哈爲漕運總督，素爾訥爲左都御史，索琳爲理藩院尚書，仍留庫倫辦事，豐昇額兼署理藩院尚書。

丁卯，定西將軍阿桂等凱旋。

《高宗實録》卷一〇〇七　庚午，逆目布籠普占巴、雅瑪朋阿庫魯，及情重番犯，俱斬於市。

《東華續録》乾隆八三　五月壬申，諭：福德見在途中患病，請假調理。理藩院侍郎員缺，著博清額補授，福德到京時另候諭旨。

癸酉，以孔傳炣爲江蘇按察使。

《高宗實録》卷一〇〇八　戊寅，富德將狂悖大逆之詞寫列參單，上達御座，以律應寸磔之罪，【略】著即處斬。

《東華續録》乾隆八三　庚辰，以塔彰阿、玉鼎柱俱爲内閣學士。以耀海爲左副都御史。

《高宗實録》卷一〇〇八　癸未，諭：此次巡幸木蘭，所有經過地方，著加恩蠲免本年地丁、錢糧十分之三。該部即遵諭行。

《東華續録》乾隆八三　丙申，諭：福德著授爲額外内閣學士，仍在軍機司員上行走。

六月乙巳，諭軍機大臣等：英廉等覆奏查辦京城錢價頓長一事，查獲經紀馬成騏句通商人高擡時價，見在設法研訊，仍將擡價之奸商、鋪户上緊訪查等語。已於摺内批示。此事既經查出，經紀馬成騏希圖用錢暗中增價，供認不諱，即係倡議增價之人，止須將該經紀照例治罪，其餘鋪户人等俱可不必深究。但恐奸商等妄以爲法不及衆，日久仍復效尤，著傳諭英廉、袁守侗、蔣賜棨等，即徧行出示曉諭，以此次尚係初犯，且一聞查拏，錢價即日就平減，是以止將爲首之人懲治。嗣後，如有不法商儈仍然商通擡價者，定行嚴加窮究，一併拏獲治罪，決不再爲寬貸。於京城内外及錢市、鋪門黏貼多張，俾奸商猾儈觸目警心，庶不逞其故智。

丁未，以沈初爲禮部右侍郎。

丁巳，命重繪盛京等處地圖，分注開國事績。

命：同省官員同名，令官小者改避。

丁卯，命兩江總督分年赴江蘇、安徽、江西三省，會勘秋審。著爲例。

己巳，朝鮮國權署國事李祘奏，朝鮮國王李昑於乾隆四十一年三月初五日薨逝一摺。得旨：朝鮮國王李昑，謹守藩封五十餘年，恭順事上，慈愛撫民，深爲可嘉，忽聞患病溘逝，朕心不勝軫惻。應得卹典，著察例具奏，該部知道。

《東華續録》乾隆八四　秋七月壬申，諭：索琳不勝尚書之任，著降補理藩院侍郎，仍帶革職留任。所遺理藩院尚書員缺，著伍彌泰補授。

《高宗實録》卷一〇一二　癸未，大學士、禮部會議：朝鮮國王妃金氏奏，請追賜故世子李緈爵謚，及故世子婦趙氏誥命，與例不符，應毋庸議。得旨：朝鮮國王李昑已故長子李緈，前經封爲世子，因其早逝，未及襲爵。今該國王妃金氏，請以世孫李祘，襲封國王，因爲故世子李緈陳請追賜封典，照例議駁固是，但念其以宗統繼序爲請，情詞懇切，揆之禮制，事屬可行。著加恩照所請，給與爵謚誥命，該部遵照辦理，以示朕優卹藩封之意。

《東華續録》乾隆八四　丁亥，實授巴延三山西巡撫，調鄂寶爲湖南巡撫。

八月丙辰，禁各省文武衙門豫印空白。

定考選世職及軍政考試均射三箭例。

己未，給葉爾羌等處成丁回人耕地。

《高宗實録》卷一〇一五　庚申，又諭：【略】川省民情狡黠，其通事及貿易人，著傳諭將軍明亮、總督文綬，均各留心實力整飭，總宜不動聲色，妥爲經理，仍將如何籌辦之處，即行覆奏。尋奏：兩金川番境，設鎮屯田，方事招徠，其中奸良不一，宜隨時稽察。前經飭辦屯各員，仿内地保甲，設法編查，并諭各土司，如有内地人逃入番境，即令拏送屯防文武，臣等現即再加譯諭各土司遵照。至通事人等，通飭慎選誠實馴良、有産業親屬者，取具保結承充，該管官仍不時查察。報聞。

甲子，賑卹甘肅臯蘭、金縣【略】等二十九廳州縣本年水、旱、霜、雹災民，緩徵新舊額賦有差。

《東華續録》乾隆八四　九月壬午，以梁敦書爲福建按察使。

己丑，諭：韋謙恒前在護貴州巡撫任内，因蘇壿侵貪一案不即揭參，尚非大過，伊係翰林出身，學問亦優，著加恩賞給編修，在四庫全書處行走。

《高宗實録》卷一〇一七　癸巳，賑卹湖南耒陽、郴州、永興、興寧、宜章等五州縣本年被水災民。

《東華續録》乾隆八四　丙申，刑部議奏：嗣後，殺一家四命以上、致令絶嗣者，兇犯凌遲處死，其子無論年歲槩擬斬立決，妻女發伊犁給厄魯特爲奴。若死者有子嗣，即將兇犯子擬斬監候，秋後處決，妻女給死者家爲奴，如死者家不願收領，即改發伊犁給厄魯特爲奴。從之。

戊戌，諭：兩金川喇嘛均係邪教，不便仍留其地，但番人習奉佛教，該處獨無喇嘛，似非從俗從宜之道，應於噶拉依、美諾兩處酌建廟宇，即於京城喇嘛内派往住持。所有應派人數，著理藩院議奏，其建廟事宜，著文綬妥酌辦理。

冬十月甲辰，以奎林爲理藩院尚書。

乙巳，諭：遠派宗室族長，揀同族大員補授。

己酉，諭：知府、直隸州將生死出入大案審出實情、改擬得當者，送部引見。著爲令。

辛亥，調崔應階爲左都御史，以余文儀爲刑部尚書，德保署福建巡撫。

壬子，阿思阿因病解任，以鄂寶爲漕運總督。

癸丑，以敦福爲湖南巡撫，白瀛爲湖南布政使，馮廷丞爲江西按察使。

乙卯，諭：據曹學閔奏請禁水煙一摺，雖將無關緊要，但火煙已屬無益，因相沿日久未便飭禁，今更流爲水煙，尤非所宜。著交步軍統領衙門暨五城御史，槩行禁止，並著甘肅等省一體飭禁。

庚申，以彭理爲廣西按察使。

十一月庚午，設熱河等七廳學額。

《高宗實録》卷一〇二〇　乙亥，賑卹甘肅臯蘭、金縣【略】等十七州縣，及分防縣丞本年水、雹、霜災貧民。其寧遠、伏羌【略】等十四州縣，及分防州同，並予緩徵。

《東華續録》乾隆八四　丙子，調永慶爲浙江按察使，梁敦書爲湖南按察使，以奇寵格爲福建按察使。

《高宗實録》卷一〇二一　甲申，諭：前因彙輯《四庫全書》，諭各省督撫，徧爲採訪，嗣據陸續送到各種遺書，令總裁等悉心校勘，分别應刊、應鈔及存目三項，以廣流傳。第其中有明季諸人書集，詞意抵觸本朝者，自當在銷燬之列，節經各督撫呈進，並勅館臣詳悉檢閲，朕復於進到時，親加披覽，覺有不可不爲區别甄覈者。如錢謙益，在明已居大位，又復身事本朝。而金堡、屈大均，則又遁跡緇流，均以不能死節，靦顔苟活，乃托名勝國，妄肆狂狺，其人實不足齒，其書豈可復存，自應逐細查明，概行燬棄，以勵臣節而正人心。若劉宗周、黄道周，立朝守正，風節凛然，其奏議慷慨極言，忠藎溢於簡牘，卒之以身殉國，不愧一代完人。又如熊廷弼，受任疆場，材優幹濟，所上封事，語多剴切。【略】以上諸人所言，若當時能採而用之，敗亡未必若彼其速，是其書爲明季喪亂所關，足資考鏡，惟當改易違礙字句，無庸銷燬。又彼時直臣如楊漣、左光斗、李應昇、周宗建、繆昌期、趙南星、倪元璐等，所有書集，並當以此類推，即有一二語傷觸本朝，本屬

各爲其主，亦止須酌改一二語，實不忍並從焚棄。

《東華續録》乾隆八四　壬辰，調朱椿爲廣西布政使，孫士毅爲雲南布政使。

甲午，諭軍機大臣等：據刑部奏駁李質穎咨稱，革監倪宏文賒欠嘆咭唎國夷商嗡等貨銀萬餘兩無還，問擬杖責未協，議將倪宏文改擬杖流監追一案，已依議行，並明降諭旨，將李侍堯申飭，李質穎交部察議。令將倪宏文家産變抵，仍勒限一年監追，再照部議發遣。如該犯限滿不完，即令該省督撫、司道及承辦此案之府、州、縣，於養廉内照數攤出，並傳朕旨，賞給該夷商收領歸國，以示體恤矣。

十二月癸卯，命戊戌年八月舉行繙譯鄉試，次年三月舉行會試。

丙午，諭：明亮軍機處行走。

《高宗實録》卷一〇二二　賑卹甘肅皋蘭、金縣【略】等二十九廳州縣，分防州判、縣丞，本年旱災貧民。

《東華續録》乾隆八四　丙辰，諭軍機大臣等：圖思德奏，緬目得魯蘊遣人投遞緬稟，情願送還内地官人，輸誠貢象，懇恩賞准開關，已飭該鎮州給與回文等語。所辦大段尚是。

是歲，朝鮮來貢。

乾隆四二年（丁酉、一七七七）

《東華續録》乾隆八五　春正月己巳，免甘肅二十三年至三十五年民欠銀八十四萬有奇。

《高宗實録》卷一〇二四　丙子，上御閲武樓閲兵。命諸王、滿漢文武大臣，及朝正外藩、蒙古王公台吉，並年班回部庫車三品阿奇木伯克，及哈薩克使臣、金川土司等從觀。

《東華續録》乾隆八五　甲申，以緬目得魯蘊陳請納款，命長青仍駐雲南。

乙酉，諭：緬甸自撤兵以來已經八載，每歲沿邊派人駐守，究屬不成事體，而其地水土惡劣，朕意又不欲用兵，惟嚴令各關隘絶其貿易，稍足使知畏懼耳。但向來雖有禁遏之名，仍恐具文塞責，徒爾因循歲月，總未能完此事之局。所有雲貴總督員缺，著李侍堯調補。兩廣總督員缺，著楊景素補授。山東巡撫員缺，著郝碩補授。圖思德著回貴州巡撫之任，裴宗錫著回雲南巡撫之任。郝碩見在四川辦理軍需奏銷之事，尚未能即赴新任，所有山東巡撫印務，著國泰暫行護理。

丙戌，以孫含中爲浙江布政使。

《高宗實録》卷一〇二五　諭曰：阿桂現在前往雲南，辦理受降諸事，著給與欽差大臣關防。

《東華續録》乾隆八五　丁亥，以王時薰爲陝西按察使。

庚寅，皇太后崩。

辛卯，諭：尊大行皇太后謚號爲孝聖憲皇后。

《高宗實録》卷一〇二六　二月壬寅，諭軍機大臣等：上年金川大功告蕆，所有該處地界，經將軍等繪圖奏明，歸入版圖，安屯耕種，原應如是辦理。茲朕檢閲《平定金川方略》内，如從前綽斯甲布、布拉克底、巴旺、黨壩等各土司，即有被金川侵占地方，此時以我大軍之力，全境掃平，前金川所吞鄰境，尺寸莫非我土，但念該土司等，數年以來，跟隨打仗守卡，出於誠悃，其勤勞亦屬可憫，所應特沛殊恩，示以獎勵。現已面諭明亮，齎此旨，俟到川時，會同總督文綬、提督桂林，將綽斯甲布、布拉克底、巴旺、黨壩土司等，被金川侵占地方，逐加詳勘，查明無礙田土，可以取給者，繪圖具奏，候朕降旨，酌量賞給，以示優卹遠番、逾格加恩之至意。將此傳諭文綬、桂林知之。

甲寅，蠲免安徽宿州、鳳陽、虹縣、靈璧、泗州、盱眙、天長、五河八州縣，鳳陽、長河、泗州三衛乾隆四十一年水災額賦有差。

《東華續録》乾隆八五　戊午，調圖桑阿爲湖北布政使，白瀛爲江西布政使。調永慶爲貴州按察使，國棟爲浙江按察使。以榮桂爲河南布政使，趙銓爲河南按察使。以哈静阿爲廣西按察使。

辛酉，命外任旗員親老願回京者，酌用京職。

停止民壯演習火槍。

《高宗實録》卷一〇二七　是月，閩浙總督鍾音奏：臺灣所轄淡水一廳，臺灣、鳳山、諸羅、彰化四縣，自釐定界址，私越既杜，並設立隘口，添建望樓，文武員弁，嚴密防查，並無漢奸竄入，近年絶無生番戕民之事，至熟番分隸廳縣，另列番社。所有通事，緣番民同處年久，習知漢語，遂換番人充當，將漢通事盡行禁革，並無漢奸盤踞滋擾，地方極爲寧輯。報聞。

《高宗實録》卷一〇二八　三月己巳，定嚴查隻身民人私赴奉天例。

《東華續録》乾隆八五　庚午，命裁虹縣歸泗州，以其城爲泗州治。

壬申，以農起爲安徽布政使，調秦雄飛爲安徽按察使，以福州爲湖北按察使。

戊寅，以邁拉遜爲左都御史。

壬午，恭上大行皇太后尊謚曰：孝聖慈宣康惠敦和敬天光聖憲皇后。

戊子，轉瑚世泰爲吏部左侍郎，調慶桂爲吏部右侍郎，以索琳爲理藩院侍郎。

《高宗實録》卷一〇三〇　夏四月戊戌，【略】此等情形，阿桂自能籌度妥辦，如因瘴氣已盛，兵弁難以出關，阿桂自亦能悉心酌定。若得魯蘊等既無消息，而節蓋之事，又難往拏，則阿桂在滇，並無可辦之處，若留駐永昌，坐待緬匪納貢誑言，更覺不成事體。阿桂只須將交彼會同李侍堯辦理之事，告明李侍堯，及查辦銅鹽諸事完畢，即可回京。

辛丑，諭：據李質穎奏，革監倪宏文，賒欠嘆咭唎國夷商貨銀一萬一千餘兩，監追無著，經伊胞弟倪宏業、外甥蔡文觀，代還銀六千兩，餘銀五千餘兩，遵旨於該省督撫、司、道，及承審之府、州、縣官照數賠完貯庫，俟夷商嗡等到粵給還，並請將倪宏文即照部議發配等語。倪宏文赤手無賴，肆行欺詐，賒欠夷商貨銀，多至累萬，情殊可惡，而其應交銀兩，半係伊弟、伊甥措繳，半係地方官代賠，伊轉得脱然無累，僅予發遣，實不足以蔽辜。倪宏文著發往伊犁，永遠安插，以示懲儆。

《高宗實録》卷一〇三一　戊午，諭軍機大臣曰：李侍堯奏，籌辦緬甸邊務情形，所慮亦是，已於摺内批示。據稱，緬匪屢以詭詞欺誑，藉此窺我動静，其反復已非一次，甚爲可惡。查從前定議閉關禁市，絶其資生之路，原屬制緬要策，現在該酋來禀，亦籲懇開關，使生計果真窘迫，自當力圖完局，因何屢有變更。兹悉心體訪，緬地物産，棉花頗多，次則碧霞玭、翡翠玉，近年以來，彼處玉石等物，雲南、廣東二省售賣頗多，皆由内地每差土人擺夷，出關偵探，兵役因見官差要務，於隨身行李，搜檢未嚴，夾帶勢所不免，究之所偵探者，止在野人地界，摭拾無稽，不但不能得彼真情，轉將内地信息，從而洩漏。【略】再，大學士舒赫德忽於二十二日病故，其員缺自應阿桂補放，但定例大學士缺，須俟一月後，始行降旨。現在滿大學士無人，阿桂接奉此旨，可速將邊境應辦要務，告知李侍堯酌量妥辦，即行起程回京。至緬匪求降一事，固由圖思德輕聽屬員慫慂，希圖完事，因適有得魯蘊投禀到邊，遂信以爲真，據詞入告，其實捏飾詭詐，罪在緬匪，並與圖思德無涉。此時惟嚴飭邊境各員，實力稽查，不許内外貨物，偷漏出入。【略】此旨著由六百里加緊發往，傳令阿桂、李侍堯、楊景素知之，其嚴禁洋船棉花進口一節，並著諭令李質穎、德魁一體遵辦。

庚申，諭軍機大臣等：昨據李侍堯奏稱，在粵省時，見近年外洋腳船進口，全載棉花，頗爲行商之累，因與監督德魁，嚴行飭禁，嗣後倘再混裝棉花入口，不許交易，定將原船押逐。初不知緬地出産棉花。今到滇後，聞緬地土産棉花最多，而緬匪之晏共、羊翁等處，尤爲洋船收泊交易之所，是緬地棉花，悉從海道帶運，似滇省閉關禁市，有名無實等語。所奏甚是，業經傳諭楊景素，會同李質穎、德魁，於海口嚴行查禁矣。外洋海面，處處皆通，恐洋船裝載緬地棉花求售者，因粵省各口查禁，復往他省混行入口，亦未可定。況内地處處出産棉花，供用極爲寬裕，何藉取給外洋，與之交易，致滋弊混。著傳諭凡有海口之將軍、督撫，設法嚴行查禁，如有裝載棉花船隻，概不許其進口，務令實力奉行，勿以空言塞責。仍不時留心訪察，或有胥役等受賄私放者，立即重治其罪，仍將如何設法查禁之處，具摺覆奏。將此遇各該將軍、督撫奏事之便，傳諭知之。

賑恤甘肅循化、臯蘭【略】三十一廳州縣乾隆四十年旱、雹災飢民。

辛酉，蠲免安徽宿州、鳳陽、虹縣、靈璧、泗州、盱眙、天長、五河八州縣，鳳陽、長淮、泗州三衛乾隆四十一年水災額賦。

壬戌，諭軍機大臣等：前據圖思德奏稱，本年正月内，得魯蘊差孟幹、孟團致送禮物，並稱欲將蘇爾相等送回，隨遣其出口，傳令得魯蘊親來。及至二月，孟幹、孟團復進關禀稱，象隻未到，現令節蓋四人，在馬脖子等候，求差官到彼説話，令將孟幹、孟團扣留。嗣據阿桂等奏稱，孟團係贅角牙妻父渺萬機之用人，遞禀懇求放回，現飭拘留不遣各等情。因孟團係緬匪得力之人，曾諭令阿桂帶其進京，以備訊問，今思得魯蘊忽爾捏詞欺誑，嗣復反悔，情節甚爲可惡。其中原委，孟團必知其詳，阿桂等自應將其嚴加刑訊，詰以緣何反覆之故，令其據實供吐，勿任狡飾。況從前賊匪，既敢將内地差往之蘇爾相擅行鎖鐐，此時將孟團嚴刑訊鞫，庶稍解恨，而此等么麽匪衆，令其多受痛楚，又何足惜。著傳諭阿桂、李侍堯，即將孟團嚴加刑訊，取具確切供情，先行迅速馳奏，仍派委妥幹員弁，將孟團鎖鐐解京，並飭沿途撥兵護送，嚴加管束，毋致稍有疎虞。著由六百里加緊傳諭阿桂、李侍堯知之。尋奏：緬匪狡詐可恨，正將孟團等鎖押提訊，以紓拘禁

蘇爾相之恨，因蘇爾相已送出，現將孟團、孟幹、碎凍三人羈禁，勒取楊重英。得旨：覽。又批：既送出蘇爾相，則此三人，亦不必加之刑訊矣，扣留以待勒取楊重英可也。

《高宗實録》卷一〇三二　五月庚午，賑卹甘肅皐蘭、金縣【略】十八廳州縣乾隆四十一年雹、水、霜災飢民，並予緩徵。

《東華續録》乾隆八五　壬申，免直隸清苑等十州縣逋賦。

《高宗實録》卷一〇三二　戊寅，諭：前經降旨，自戊戌年爲始，普蠲天下錢糧，仍分三年輪免。福建應於庚子年全行蠲免，但該省有臺灣府屬官莊租息一項，因與雜税無異，例應照舊徵收。乾隆十一年及三十五年普蠲各案内，均經加恩，准其蠲免十分之三。現在又届普蠲之年，所有前項官莊租息銀兩，仍著照上次之例，蠲免十分之三，俾海外羣黎，均霑渥澤。該部即遵諭行。

《東華續録》乾隆八五　丁亥，諭：尚書豐昇額昨在金川奮勇著績，克紹祖風，且能勉承伊父阿里衮忠誠素志，曾降旨於毅果公爵加繼勇二字，以示獎勵。所有阿里衮原襲公號，亦著加此二字，用昭世臣濟美。

命阿桂爲武英殿大學士兼禮部尚書，以刑部尚書英廉協辦大學士。調永貴爲吏部尚書，以富勒渾爲禮部尚書，三寶爲湖廣總督，王亶望爲浙江巡撫，王廷贊爲甘肅布政使。

《高宗實録》卷一〇三三　戊子，蠲免直隸大興、宛平【略】二十三廳州縣額賦有差。

《東華續録》乾隆八五　庚寅，定協領不兼本旗佐領例。

六月庚戌，欽差大學士阿桂、大學士管雲貴總督李侍堯覆奏：緬匪幼酋新立，又與暹羅等國連歲搆兵，上年聞蕩平金川，因商辦還人貢象，後因檄諭嚴正、屢次擲還稟詞，益加畏懼，此決計送還蘇爾相等實情。報聞。

《東華續録》乾隆八五　乙卯，轉和珅爲户部左侍郎，調金簡爲户部滿右侍郎，以董誥爲户部右侍郎。調劉浩爲工部漢右侍郎，以舒常爲工部右侍郎。

壬戌，諭：科場外簾各官子弟迴避之例，節經御史條奏、禮部議覆准行。其中尚有未甚允協者，如監臨知貢舉，監試提調總辦場内一切事務，其受卷、彌封、謄録、對讀、收掌等官，亦各有承辦試卷之責，自應令其子弟迴避，以杜弊端。若兩翼副都統、參領、章京，不過入場彈壓，事畢即行出闈，與考試文字毫無干涉。至供給等所以與士子相見，即順天府所委之巡綽等官，止於號外巡查，不能進號關照。又如甎門御史，點名後例不入場，亦可毋庸防範。所有副都統、參領、章京、甎門御史，及供給巡綽等官，嗣後俱不必迴避，即自今年爲始。著爲令。

《東華續録》乾隆八六　秋七月甲戌，定州、縣調署按季咨報例。

《高宗實録》卷一〇三六　丙子，豁免甘肅皐蘭、金縣【略】等二十九廳州縣乾隆四十一年夏旱災地畝額賦。

《東華續録》乾隆八六　丙戌，命甘肅應徵各屬番糧、草束，隨戊戌年地丁錢糧一體蠲免，其河東、河西額徵屯糧草束，免十分之三。命甘肅民人願往烏嚕木齊墾地者，照例咨送。

八月庚子，命烏嚕木齊州、縣額徵糧草，於戊戌年隨同甘肅地丁銀兩，免三分之一。

《高宗實録》卷一〇三九　庚戌，賑卹甘肅皐蘭、河州【略】三十二廳州縣衛本年旱災貧民，並予緩徵。

《東華續録》乾隆八六　己未，濬淮揚運河。

李宗文因病解任，調范時紀爲禮部侍郎，以蔣賜棨爲倉場侍郎。

九月甲子，改甘肅涇州爲直隸州。

壬申，上啓鑾謁泰陵、泰東陵。

辛卯，賞給新疆鄉、會試舉子馳驛。

冬十月戊戌，調英廉爲户部尚書，仍兼管刑部事，以德福爲刑部尚書。

己亥，調舒常爲倉場侍郎。

庚子，吴嗣爵以老乞休，允之。調王杰爲吏部侍郎，以錢汝誠爲刑部侍郎。

乙巳，諭：陝西民屯租糧草束，届輪免錢糧之年，一體蠲免。

以宋豐綏爲陝西按察使。

己酉，諭：各督撫所屬總兵官，五年密奏一次。

恩免庫車、沙雅爾二城伯克等額糧。

甲寅，調雅德爲工部侍郎，以喀甯阿爲刑部侍郎。

乙卯，理藩院奏：額敏和卓郡王爵，應令伊子降等承襲。得旨：額敏和卓郡王爵，雖應降等承襲，但額敏和卓前在軍營甚爲出力，著加恩令伊子素賚瑺仍襲郡王。

庚申，設密雲副都統一，駐防兵二千。

定京營兵丁三年考驗例。

論：磨勘鄉、會試詩句失粘試卷，北省及邊省寬限十年。

十一月乙丑，禮部議奏：義夫、貞女例准請旌建坊，歷年來，各省題報義夫既不槩見，貞女係夫亡守志，循例辦理。至幼年聘定，彼此隔絶經數十載之久，守義懷貞，各矢前盟，卒償所願者，實從來所未有。今據大學士、管兩江總督高晉奏稱，山陽縣監生程允元與直隸平谷縣劉氏締姻後，隔絶五十餘年，各守前盟，終偕伉儷，事奇理正，應請旌表，給銀，共建一坊，以奬節義。從之。

甲戌，諭：前因海成奏新昌縣舉人王錫侯妄作《字貫》一案。海成將大逆不法之處視爲泛常，摺内稱其尚無悖逆詞句，全不知有尊君親上之義，是以降旨將海成交部嚴加議處，經吏部議以革職、交刑部治罪，自應如此辦理，因將此本折留。今據海成奏稱，親往該犯家中，查出王錫侯纂輯各書共十種，一併進呈檢閲，各書俱有悖謬不法之處各等語。見將各書暫存，俟王錫侯解到時嚴行審訊，從重治罪。至海成身爲巡撫，乃於初次參奏王錫侯《字貫》時，並不將伊書内大逆不法之處據實覈出，轉稱其尚無悖逆之詞，實屬昧盡天良，罔知大義，不可不重加嚴懲，以爲封疆大臣喪良負恩者戒。海成著照部議革職，交刑部治罪。其江西巡撫員缺，著郝碩調補，即赴新任。所遺山東巡撫員缺，即著國泰補授，郝碩未能即到，著高晉前往暫管巡撫事務。其江西省承辦此案之藩、臬兩司，並著高晉查明參奏。至海成此次奏到，續查出王錫侯《字貫》另本，前有李友棠古詩一首。李友棠身爲卿貳，乃見此等悖逆之書尚敢作詩讚美，實屬天良已昧，伊自問復何顔忝列搢紳，李友棠即著革職，亦不必復治其罪。又查，其王氏家譜内，有原任大學士史貽直序文，其《經史竟》及《唐人試帖詳解》内有加尚書銜錢陳羣序文，使伊二人尚在，自當向其究問，今二人俱已物故，亦毋庸深究。朕近作詩，有「不爲已甚去已甚」之句，今辦此等案，準酌得中即此意，也將此通諭中外知之。

調袁守侗爲刑部尚書，以梁國治爲户部尚書，轉董誥爲户部左侍郎，以劉墉爲户部右侍郎。

乙亥，諭：徐恕見在將届服闋，著署山東布政使，俟服滿再行實授。

諭：江西按察使員缺，著德文補授，該省藩司白瀛見在四川辦理奏銷，尚未到任，即著德文速行前往署理布政使印務，其按察使印務，著高晉於通省道員内揀選一員，奏明暫署。

壬午，諭：各省將軍均戴用花翎。著爲令。

《高宗實録》卷一〇四五　乙酉，蠲免甘肅寧夏、寧朔、鹽茶、安化、合水、環縣、古浪等七廳縣本年夏秋雹、水、霜災額賦有差，並予賑卹。緩徵洮州、岷州、伏羌、寧遠、寧州、平羅、清水、禮縣、崇信等九州縣新舊額賦。

《東華續録》乾隆八六　庚寅，定緑營武職保薦後、軍政降入平等者不准升用例。

十二月己酉，命開散宗室移駐盛京大凌河、馬廠、西北松山、杏山地方。

吏部奏：署江西布政使、贛南道周克開，按察使馮廷丞閲看王錫侯《字貫》一書，不能檢出悖逆重情，竟同聲附和，有乖大義，應請革職，交刑部治罪，其失察妄著書籍之大學士、管兩江總督高晉照例降級留任。得旨：周克開、馮廷丞俱著革職，交刑部治罪，高晉著降一級留任。

《高宗實録》卷一〇四七　癸丑，賑卹甘肅皋蘭、金縣【略】等三十二廳州縣本年被旱災民。

《東華續録》乾隆八六　丙辰，以鄭源璹爲河南按察使。

庚申，建熱河考棚。

辛酉，諭軍機大臣等：據朝鮮國王奏，該國有逆臣洪麟漢等結黨謀逆一案，罪人業經伏法，恐其支黨實繁，或有逃匿漏網者，懇敕關口官員查拏等因一摺。該國臣服多年，素稱恭順，今該國王既恐有餘黨潛迹之事，自應代爲查詰，不容竄入内地。著諭盛京將軍弘晌、山東巡撫國泰，於盛京、山東地方與朝鮮接界邊隘、海口，嚴飭所屬留心察詰，如有語言形迹可疑、查係朝鮮人民，即行盤獲奏聞，發交該國自行究治。該將軍巡撫務實力妥辦，毋得視爲具文。

是歲，朝鮮來貢。

乾隆四三年（戊戌、一七七八）

《東華續録》乾隆八七　春正月癸亥，命各省軍流人犯已過十年者奏請省釋，其不願回籍者聽。

召徐績來京，以鄭大進爲河南巡撫，李本爲貴州按察使，譚尚忠爲甘肅按察使。

辛未，諭：信勇公費英東，當我朝創業時首先率所部來歸，繼從太祖征勦諸部，屢挫明兵，厥功最大，實與揚古利、額亦都同爲開國勳臣之冠，自應並錫上公，用彰渥報。乃揚古利原封一等公，額亦都僅得二等公，經朕晉封一等，而費

英東子孫所襲尚係三等公爵，不足以昭酬庸茂典，著加恩晉封爲一等公，俾元勳世胄永膺茂賞。至向來后族承恩世爵俱係一等公，此等特因椒房至戚恩澤加封，其與佐命功臣櫛風沐雨、拓土開疆者實難並論，況宗室王公之以近支恩封者，尚以世次遞降，而外戚轉得以崇封延世，未免過優，著將所有承恩公爵俱改爲三等公，世襲罔替。著爲令。

壬申，命省釋新疆軍流人犯，其已過十年、衰病不任耕作者回籍。

己卯，上啓鑾謁泰陵、泰東陵。免經過地方本年額賦十分之三。

癸未，上謁泰陵、泰東陵。

甲申，上謁泰東陵，行朞年大祭禮，回鑾。

乙酉，以范時紀爲副都統，調謝墉爲禮部左侍郎，以徐績爲工部左侍郎。

以陳用敷爲湖南布政使，調梁敦書爲廣東按察使，以塔琦爲湖南按察使。

二月壬子，以特成額爲成都將軍，鍾音爲禮部尚書，調楊景素爲閩浙總督，以桂林爲兩廣總督。

《高宗實録》卷一〇五〇　諭：【略】滇省防兵内，擇其勇往者，於瘴退時，派大員統領前往，兵至即可成功，原不妨爲因利乘便之圖，自不宜坐失機會。李侍堯即足身任其事，如以爲實在可行，即一面籌辦，一面奏聞。若事機已形，不宜稍緩，並不必奏請指示，徒致往返多延一月也。至木邦舊土司線甕團，久經投順，安插大理，猛密頭人線官猛，亦同在大理，猛拱土司渾覺，前經歸順，素有圖報之心，如李侍堯遇應行辦理時，或可遣線甕團、線官猛各回故土。并傳檄渾覺，令其各收服所屬地方，於本城守禦。則緬匪近北一帶，皆歸内地，已可去其小半之勢。但祗可令該土司等自護其疆界，設法堵拒緬匪，若該土司欲請内地發兵助守，則又不可從也。至現在尚無信息，李侍堯惟當仍照前嚴飭各邊隘，實力稽察，勿致稍有疏懈，静以待之而已。將此由六百里傳諭知之，如緬匪有遣人納貢之信，即速由驛馳奏。

《東華續録》乾隆八七　己未，命翰林院編修、檢討輪班引見。

《高宗實録》卷一〇五一　大學士阿桂等奏：木邦夷目漢奸番起雲，今已解到，訊有爲賊目種地、及催辦門户夫馬等情，今復至内地，探聽用兵信息，不法已極。請交刑部，按律定擬速辦。尋部臣擬，依大逆律定罪請旨。得旨：番起雲著從寬改爲斬決。

《東華續録》乾隆八七　三月戊辰，上謁泰陵、泰東陵。

甲戌，諭：向來江省淮徐、淮揚兩道因兼管河務，一切差委俱不調派。所有河南之開歸陳許道、彰懷衛道、山東之兗沂曹道三缺，亦係分管黄河南北兩岸工程修防緊要，必須該道往來工次、董率妥辦，未便遠離。嗣後，著照江南之例，各該撫不得調派科場執事及委署别缺，以重河防而專責守。

乙亥，上閲健鋭營兵。

己丑，蔣元益以年老休致，以顔希深爲兵部侍郎，李湖爲湖南巡撫。

夏四月辛卯朔，以河南旱，命減開封等五府軍流以下罪。

庚子，以京師旱，命減刑部及直隸軍流以下罪。

戊申，上閲火器營兵。

辛亥，命減河南全省軍流以下罪。

《高宗實録》卷一〇五五　乙卯，賜一甲戴衢亨、蔡廷衡、孫希旦三人進士及第，二甲邵自昌等五十一人進士出身，三甲李鼎元等一百三人同進士出身。

《東華續録》乾隆八七　己未，諭：萬壽節督撫毋得貢獻。

五月丁卯，命山西巡撫兼理鹽政。

壬午，召奇寵格來京，以楊廷樺爲福建按察使。

六月辛卯，瑭古泰因病解任，以達椿爲内閣學士。

辛丑，以劉埴爲陝西按察使。

閏六月癸亥，河南祥符縣河溢。

癸酉，命截留江西漕糧十萬石，於河南備糶。

《東華續録》乾隆八八　秋七月己丑，以直隸、山東旱，命截留江西漕糧五萬石備賑。

辛卯，裁繙譯鄉、會試謄録對讀。

癸巳，命再截江西漕糧十萬石，於河南備賑。

召錢琦來京，調黄檢爲福建布政使，以譚尚忠爲山西布政使。

甲午，命尚書袁守侗馳往河南，會同總河姚立德、巡撫鄭大進，查辦漫工。

丙申，調達爾吉善爲甘肅按察使，以文禄爲直隸按察使。

戊戌，命兩江總督高晉赴河南堵築漫口。

壬寅，命河南截留漕糧十萬石備賑。

《高宗實録》卷一〇六三　乙巳，賑卹甘肅臯蘭、紅水縣丞【略】等三十七廳州縣本年旱災飢民。

《東華續録》乾隆八八　丁未，上啓鑾詣盛京謁祖陵。免經過直隸、奉天各州縣本年額賦十分之三。

丁巳，吏部議奏：庫倫辦事大臣革職留任，理藩院右侍郎索琳於俄羅斯與商人貿易事宜辦理未協，應請革任。得旨：索琳著革任。

八月己未，命建北海神廟。

丙寅，命四川酌撥倉穀二三十萬石，於江南備糶。

癸酉，以復興爲理藩院右侍郎。

己卯，免奉天所屬府州縣明年地丁錢糧。

辛巳，廣盛京、奉天各屬科試學額。免盛京各莊頭本年倉穀，及興京等處本年米豆草束之半。

乙酉，上謁文廟行禮。御大政殿閲盛京官員射。

九月己亥，以德保爲禮部尚書，黄檢爲福建巡撫，孔傳炣爲福建布政使，龍承祖爲江蘇按察使。

癸卯，調孔傳炣爲江甯布政使，以德文爲福建布政使，瑺齡爲江西按察使。

甲辰，以金輝爲兵部左侍郎。

《高宗實録》卷一〇六八　冬十月甲子，賑卹湖南湘陰、長沙【略】等十四州縣，並岳州、武昌、黄州三衛本年旱災貧民。

辛未，賜中式武舉一甲邢敦行、樊雄楚、董金鳳三人武進士及第，二甲羅廷弼等四人武進士出身，三甲李春欄等四十一人同武進士出身。

《高宗實録》卷一〇六九　壬申，賑卹河南儀封、考城【略】等十三州縣本年水災貧民，並予緩徵。

癸酉，賑卹湖北漢川、沔陽、潛江、荆門、江陵、監利等六州縣，並沔陽、荆州、荆左、荆右等四衛本年水災貧民，並予緩徵。

丙子，蠲免甘肅臯蘭、金縣【略】等三十二廳州縣乾隆四十二年旱災地畝額賦有差。

庚辰，賑卹安徽亳州、蒙城【略】等二十七州縣本年水災貧民，並緩徵漕項、銀米有差。

辛巳，賑卹湖北江夏、武昌【略】等四十八州縣衛本年水、旱災貧民，並予緩徵。

《東華續録》乾隆八八　丙戌，諭：土爾扈特親王策伯克多爾濟，自歸順以來，辦理遊牧事務極爲恭謹，兹聞溘逝，殊堪憫惻。著派乾清門侍衛佛爾卿額前往奠醊，並賞銀五百兩經理喪事。其親王爵秩，著伊弟奇哩布承襲，授爲盟長，奇哩布副盟長員缺，著阿克薩哈勒補授。

《高宗實録》卷一〇七〇　十一月壬辰，賑卹廣西興安、靈川、永福、全州、馬平、雒容、柳城、來賓、象州等九州縣本年旱災貧民，並予緩徵。

《東華續録》乾隆八八　戊戌，免奉天省本年及明年額徵米豆。

己亥，命再撥部庫銀六十萬兩，於河南備賑。

庚子，調全魁爲盛京户部侍郎，以玉鼎柱爲盛京禮部侍郎。

《高宗實録》卷一〇七〇　蠲免甘肅寧夏、寧朔、鹽茶、安化、合水、環縣、古浪等七廳州縣，乾隆四十二年雹、水、霜災地畝額賦有差。

《東華續録》乾隆八八　甲辰，以圖思義爲内閣學士。

乙巳，以海甯爲甘肅按察使。

癸丑，大學士、九卿等議奏：徐述夔編造悖逆詩句一案，應照例將各犯分別戮屍、斬決。得旨：逆犯徐述夔、徐懷祖俱著照議戮屍，即派乾清門侍衛阿彌達馳驛前往東臺縣，會同該撫楊魁監視辦理。其沈德潛墓所應行撲毀之祭葬碑文，並著阿彌達前往蘇州，會同該撫監看磨毀字蹟，並將其石移棄他處，以昭炯戒。至徐述夔之孫徐食田、徐食書，及列名校對之徐首髮、沈成濯，並陶易之幕友陸炎，俱著從寬改爲應斬監候，秋後處決。

《高宗實録》卷一〇七二　十二月辛酉，賑卹甘肅寧夏、寧朔【略】等十七廳州縣，本年水、旱、雹、霜災貧民，並蠲緩額賦有差。

《東華續録》乾隆八八　丁卯，允陸燿回籍養親，調徐恕爲山東布政使，以國棟爲浙江布政使。

己巳，以孔毓文爲浙江按察使。

癸酉，以申保爲禮部侍郎。

《高宗實録》卷一〇七三　甲戌，賑卹安徽當塗、蕪湖【略】等三十四州縣衛本年水、旱災貧民。賑卹湖南湘陰、巴陵【略】等十五州縣衛本年旱災貧民，並蠲緩額賦有差。賑卹甘肅臯蘭、紅水縣丞【略】等三十七廳州縣本年雹、蟲、旱災貧民，並蠲緩額賦有差。

《東華續録》乾隆八八　丙戌，諭：明歲浙江輪免錢糧外，並免温、台二府所屬玉環廳及海甯州額徵銀穀。

是歲，朝鮮、琉球來貢。

乾隆四四年（己亥、一七七九）

《東華續録》乾隆八九　春正月己丑，調陳輝祖爲河南巡撫，鄭大進爲湖北巡撫。

乙未，諭：三寶著補授大學士，仍暫行兼管湖廣總督事務，俟朕酌量得人、另簡總督後，三寶再行來京，入閣辦事。兩江總督員缺，著薩載補授，仍兼管江南河務，所有江南河道總督員缺，著李奉翰署理。

癸卯，上啓鑾謁泰陵、泰東陵。免經過地方本年額賦十分之三。

乙巳，命阿桂赴河南，查勘河工善後事宜。

己酉，命三寶爲東閣大學士，兼禮部尚書。

甲寅，諭：太僕寺事務，派大臣一員兼管，著爲令。

二月丙辰朔，減兩淮商籍學額，裁泰州、通州竈籍學額，歸本州縣應試。

己未，轉王杰爲吏部左侍郎，調劉墉爲吏部右侍郎。

丙子，召黄檢來京，以增福爲福建巡撫，吴壇爲江蘇布政使。以申保爲左都御史，彭元瑞爲户部右侍郎。

三月乙酉朔，錢鋆因病解任，以杜林玉爲四川布政使。

《高宗實録》卷一〇七八　丙戌，蠲緩廣西興安、靈川、永福、馬平、雒容、來賓、象州等州縣乾隆四十三年旱災田糧有差，並加賑興安、靈川、來賓、象州四州縣極貧民口糧一月。

《東華續録》乾隆八九　丁亥，封皇八子永璇爲多羅儀郡王。

以汪新爲四川按察使。

戊子，轉阿肅爲禮部左侍郎，以達椿爲禮部右侍郎。

己丑，軍機大臣等議奏：四川木果木潰兵因人數過多，從寬發遣湖北、湖南、廣東、廣西、雲南、貴州等省安插，但令安居内地，不足示儆，請改發伊犂給厄魯特爲奴。得旨：木果木失事，皆因此等緑營潰兵，罔顧軍律，相率奔逃，情罪實爲可惡，本應槩予駢誅，徒以人衆，朕心不忍。然仍令其偷生内地，將何以戒將來，可保百年無用兵之事乎？今即發伊犂給厄魯特爲奴，尚屬施恩格外，理應共知感悔。著各該督撫於各潰兵起解時，詳悉諭知，爾等已蒙恩貸以不死，實邀非常曠典，如不知安静守法，或於中途乘閒脱逃，無不即時拏獲，照改發新疆例立行正法，決不再爲寬貸。俾共知懍懼，不至自蹈刑辟，副朕法外施仁之意。

庚寅，免湖南乾州等三廳，城步等二縣苗民糧米。

丙申，諭：前據周元理奏，井陘縣民李馥等斂錢告官，並劣生梁進文等抗官毆差一案審明，分别定擬，隨交三法司速議。

戊戌，諭：昨據福隆安等奏，查訊井陘縣民聚衆抗官一案，所控知縣周尚親科派款蹟在所不免，必須徹底究根，已降旨將周元理解任，聽候查辦。【略】此事若復姑息，非所以示公允，且恐各省效尤，吏治尚可問乎？周元理本應革職，發往軍臺效力，姑念其年老，著革職，仍加恩賞給三品銜，在正定隆興寺同劉浩管理廟工，效力贖罪。其司、道、府等官應行議罪、議處，著福隆安等於審結此案時一併參奏，再降諭旨，並將此通諭中外知之。

又諭：據福隆安查奏，井陘縣民聚集一百餘人，於二月十三日午後，赴正定府劉浩寓所，控告該縣科派各款，劉浩並未出見，惟向知府告稱我係辦理工程之人，未便多管此等事件。知府出告，衆人於三更時方各散去，隨將此事詢之劉浩，亦無可置辨等語。劉浩係欽差大員，於地方尋常事件，自不應干預，若遇此等聚衆控官之事，雖不受其控辭審理，亦當據實以有此事入告，豈得視同膜外、置若罔聞？劉浩此次辦理廟工，諸事見小推諉，朕因其平素爲人本係如此，不足深責，乃於此等大案，亦竟漠不關心，藉詞推諉，又安用此侍郎爲耶？劉浩著革職，仍加恩賞給三品銜，留於隆興寺同周元理管理廟工，效力贖罪。其工部侍郎員缺，著汪廷璵補授。汪廷璵見在出差，徐績近復丁憂，工部漢侍郎乏人，徐績百日未滿之前，著謝墉暫行兼署。

調楊景素爲直隸總督，三寶爲閩浙總督，以圖思德爲湖廣總督，舒常爲貴州巡撫，調雅德爲倉場侍郎，以惠齡爲工部侍郎。

乙巳，以德明爲内閣學士。

《高宗實録》卷一〇七九　己酉，賑湖北江夏、武昌【略】等三十九州縣衛上年旱災極次貧軍民。並緩徵勘不成災之崇陽、通城【略】二十七州縣衛民屯田四十三年錢糧，及成災之江夏、江陵、監利，並黄州等縣、衛舊欠錢糧。

《東華續録》乾隆八九　夏四月乙卯朔，上閲火器營兵。

己未，改闢展辦事大臣爲領隊大臣，移駐吐魯番。

丙寅，以紀昀爲内閣學士。

《高宗實録》卷一〇八一　壬申，賑甘肅莊浪縣丞、鹽茶廳【略】等十七州縣廳本年雹、水、霜災飢民。

《東華續録》乾隆八九　丁丑，吏部議准陜甘總督勒爾謹奏，甘肅驛傳道缺，向係總理通省驛務，分巡蘭州一府。今驛站事宜改隸各巡道，而蘭州府所屬有倉庫、錢糧、屯田、水利，及莊浪、甘肅、西甯三處經銷茶引，若併歸別道，稽察難周。請將驛傳道缺，改爲分巡蘭州道，蘭州一府驛務，仍令該道分管。從之。

戊寅，諭：河工重務，關繫國計民生，最爲緊要，全在河臣平日留心查勘，未雨綢繆。姚立德自擢任河道總督以來，僅能謹飭自守，於修防、堵築機宜全未講求，爲思患豫防之計。且其平日辦事輭弱，屬員不知儆畏，【略】即著革任，仍留工次效力贖罪。所有河東河道總督員缺，著袁守侗補授，刑部尚書員缺，著胡季堂補授，其刑部侍郎員缺，著杜玉林補授。

己卯，上閲健鋭營兵。

以李承鄴爲四川布政使。

庚辰，裁甘肅甯夏府商籍學額，歸本州縣應試。

辛巳，以袁守誠爲山西按察使。

壬午，諭：綽克托革職問罪之處，雖所應得，但念伊究係漫無覺察，並非自獲罪愆，尚可棄瑕録用。著加恩補授吏部侍郎，仍著革職留任，八年無過，方准開復。

諭：弘昫前經獲譴革退貝子，今已一年有餘，尚無大罪，著加恩補授正紅旗漢軍都統。但伊係棄瑕録用之人，仍著革職留任，四年無過，再行開復。

癸未，諭：智天豹以鄉曲小民，竟敢編造年號，妄稱大清天定運數，指示張九霄於御道旁跪獻，狂誕悖逆，情罪實爲可惡，經軍機大臣會同刑部審訊，照大逆律定以凌遲，亦屬罪所應得。【略】著從寬改爲斬決。至張九霄拜逆犯爲師，代其呈獻逆書，亦應按律處斬，姑念其人本屬鄉愚無知，且不識字，情尚可憫。張九霄著從寬改爲應斬監候，秋後處決。並將此通諭中外知之。

五月壬辰，以白瀛爲刑部侍郎，秦雄飛爲江西布政使。

甲午，以徐嗣曾爲安徽按察使。

乙未，上啓鑾秋獮木蘭。免經過地方本年額賦十分之三。

丙申，吴虎炳卒，以李世傑爲廣西巡撫，梁敦書爲湖北布政使。

丁酉，調汪新爲廣東按察使，以查禮爲四川按察使。

丙午，增福以病，召來京。以富綱爲福建巡撫，尚安爲陜西布政使。

六月甲寅，命各省候補旗員丁憂回旗者，百日後在原衙門當差，服闋仍赴原省候補。著爲令。

甲子，哈靖阿緣事革職，以富躬爲廣西按察使。

丁卯，免甘肅全省二十七年至三十七年逋賦。

戊辰，賞安徽亳州、蒙城被災貧民米萬二千石。

己卯，諭：據刑部奏，殺一家四命之兇犯余膺，擬以凌遲處死，其子余世聰、余世華、余世閏、余世榮俱照新例，擬以斬決。前降諭旨，將殺死一家多命之犯加重定律者，原以此等兇惡之徒，將人全家殺害，實戾氣所鍾，不應復留餘孽。且恐兇徒明知法止其身，或自拚一死，逞其殘忍，殺害過多，以絶人之嗣，其妻子仍得倖免，於情理實未允協，應改用重典，以期辟以止辟。今此案余膺殺害熊士順一家四命，而余膺及其子余世聰等分別凌遲、斬決者共有五犯，擬抵之人浮於所殺之數，亦覺稍過。所有余膺之子余世聰、余世華、余世閏，仍著照原擬斬決，其幼子余世榮著從寬免死，同兇犯之妻丁氏，發往伊犁，給厄魯特爲奴。並著刑部，嗣後如有殺一家四命以上之案，悉按其所殺人數，將兇犯父子照數定罪，俾多寡相當，其有浮於所殺之數或一人或兩人者，均以其幼者照此辦理，並令內、外各問刑衙門知之。著爲例。

《東華續録》乾隆九〇　秋七月辛卯，以孫士毅爲雲南巡撫。

乙未，以福明安爲雲南布政使。

癸卯，孔傳炣因老休致，以劉墉爲江甯布政使，以浦霖爲陜西按察使。

八月己未，展築永定河新北隄。

庚申，調徐嗣曾爲雲南按察使，汪圻爲安徽按察使。

《高宗實録》卷一〇八八　壬戌，賑卹湖北鍾祥、京山、潛江、天門、荆門、江陵、監利、石首、沔陽等州縣，及荆州、荆左、沔陽三衛被水災民，並緩徵新舊額賦。

《高宗實録》卷一〇八九　辛未，賑卹甘肅臯蘭、河州【略】等三十五廳州縣蟲、雹、水災貧户，並蠲緩本年額賦有差。

《東華續録》乾隆九〇　壬申，諭：見在御前大臣較少，和珅著在御前大臣上學習行走。

九月壬午朔，諭：嗣後凡監督有半年接替者，俟滿一年更換。

甲申，撥部庫銀一百萬兩，解河南儀封等州縣被水處備用。

戊子，免陝西延安等府州屬二十六年至三十七年民欠常平倉穀。

壬寅，以福崧爲甘肅按察使。

冬十月辛亥朔，諭：明春巡幸江、浙，照舊例江、浙二省各截留漕糧十萬石，於水陸駐蹕地方平糶。

壬子，以莊存與爲禮部右侍郎，以海成、瑪興阿俱爲内閣學士。

丙辰，諭：臺灣道、府期滿調回者，即與遴調之員對調，著爲令。

壬戌，免陝西延安等三府州屬二十年至三十七年民欠社倉穀。

丙寅，諭：前日句到湖廣省秋審人犯，内有王成砍殺江文珍等一家六命，其子王喜娃應行緣坐，年僅十歲。今日句到山東省秋審人犯，内有馮吉殺死馮文煒一家六命，其子馮大甫年僅六歲、馮二甫年僅二歲，刑部俱擬入情實應斬，本屬例所宜然。王成、馮吉兇惡性成，砍殺一家六命，慘毒已極，即將伊全家抵死，僅足相償，實爲情真罪當。而刑部定例，將殺六命之已絶嗣者，其子均擬斬決，尚未絶嗣者，擬斬監候，而於緣坐者之年歲未爲區别。因念二犯緣坐之子犯事時年僅數歲，尚在童稚無知，若槩予駢誅，究覺不忍予句，此即朕之姑息，然仰體上天好生之心，毋甯失之厚耳。惟是此等兇孽，留其喘息，已屬法外之仁，若伊等長成後，或遇赦減等釋宥，仍聽婚配，俾有遺孽，將何以昭示平允，並何以慰死者之心？嗣後遇有此等兇犯緣坐之子，年在十一歲以上者，仍照見行之例辦理，如在十歲以下者，著問擬斬監候，永遠監禁，雖遇赦不准減釋，令其老死囹圄，庶於準情之中仍不廢法。所有此次未句之王喜娃、馮大甫、馮二甫，即照此例行，著爲令。將此通諭内、外問刑衙門知之。

戊辰，諭：因謀奪産業、争繼釀命者，均不准其繼立，應聽族户另行議立。著爲令。

《高宗實録》卷一〇九三　己巳，賑卹河南儀封、杞縣【略】十九州縣本年被水災民，並予緩徵。

《東華續録》乾隆九〇　十一月己亥，命安徽截留漕米三萬五千石，於亳州等處備糶。

丙午，李世傑丁憂，以姚成烈爲廣西巡撫，達爾吉善爲廣東布政使，黄檢爲直隸按察使。

己酉，諭：直隸布政使員缺，著黄檢補授。文禄前在臬司任内獲咎，實因初任觀望周元理所爲，尚非行私大過，著加恩補授直隸按察使，仍帶革職留任，五年無過，方准開復。文禄未到之前，其臬司印務著劉峩暫行署理。

《高宗實録》卷一〇九五　賑直隸青縣本年被水雹地災民，併蠲緩額賦有差。

《東華續録》乾隆九〇　十二月癸丑，命侍郎德成馳往河南，商辦河工堵築事宜。

甲寅，命户部侍郎董誥軍機處行走。

乙卯，以巴延三爲兩廣總督，雅德爲山西巡撫，調書麟署倉場侍郎。

丙辰，調博清額爲兵部侍郎，以保泰爲理藩院侍郎。

戊午，大學士于敏中卒。湖廣總督圖思德卒。以富勒渾爲湖廣總督，綽克托爲工部尚書，調惠齡爲吏部侍郎，以海成爲工部侍郎。

癸亥，以達敏爲内閣學士。

《高宗實録》卷一〇九七　丁卯，加賑湖北沔陽、潛江、荆門、江陵、監利、荆州、荆左七州縣衛本年水災飢民。

《東華續録》乾隆九〇　戊辰，以曹文埴爲刑部侍郎。

己巳，命程景伊爲文淵閣大學士，兼禮部尚書，調嵇璜爲吏部尚書，協辦大學士，以周煌爲工部尚書。調瑺齡爲江蘇按察使，以姜晟爲江西按察使。

辛未，以袁守侗爲直隸總督，陳輝祖爲河東河道總督，榮柱爲河南巡撫。以羅源漢爲兵部侍郎。

壬申，以江蘭爲河南布政使。

癸酉，徐恕卒，以于易簡爲山東布政使，葉佩蓀爲山東按察使。

甲戌，汪廷璵丁憂，以胡高望爲工部侍郎。

是歲，朝鮮來貢。

乾隆四五年（庚子、一七八〇）

《東華續録》乾隆九一　春正月辛卯，上啓鑾南巡。免直隸經過地方本年額賦十分之三。

壬辰，免直隸順德等四府屬逋賦。

戊戌，諭：疆吏葺治行宮毋事繁費，有派累閭閻者，罪之。

己亥，免山東歷城等二十八州縣積欠錢糧、倉穀。

丙午，命署工部右侍郎福長安軍機處行走。

己酉，朝鮮國王李祘表賀萬壽，優詔答之，以所獻方物，准作年貢。

《東華續録》乾隆九一　二月辛亥，伊犂將軍伊勒圖等奏：伊犂兵民户口漸增至十餘萬人，事務繁多，同知一員，管理難周。請將伊犂見有兼管民人理事同知，改爲撫民同知，管理地方事務，添設理事同知一員，辦理各營刑名案件。又惠遠城、惠甯城向設巡檢各一員，今伊犂移駐三千眷兵，散處遼遠，商民亦漸增添，巡檢二員不敷分管，請添設二員，酌量分轄。下軍機大臣會部議行。

《高宗實録》卷一一〇〇　癸丑，諭軍機大臣等：前因海寧控告李侍堯在滇各款，已派侍郎和珅、喀寧阿馳驛前往查辦矣。著傳諭和珅等，於到黔時，傳旨舒常，令其一同馳驛前赴雲南，將貴州巡撫印務，交顔希深暫行署理。

《東華續録》乾隆九一　甲寅，免江南、浙江經過地方本年額賦十分之三。免兩江所屬四十三年以前逋賦。

丙辰，調李奉翰爲河東河道總督，陳輝祖爲江南河道總督。

辛酉，以福禄爲理藩院侍郎。

壬戌，廣安徽、江蘇、浙江本年學額。

甲子，免江南、浙江省會附郭諸州、縣本年額賦。

壬申，諭軍機大臣等：向來兩金川番衆俱不薙髮，但自大功平定以來，沿邊各土司無不隸我版宇，所有番衆即與内地民人無異，自應恪遵定制，一例薙髮。況見在安營設鎮屯駐兵丁，而該處番人若復仍沿舊俗，殊於體制未協。著傳諭文綬，即行明白曉諭各土司，令該處番衆槩行薙髮，並嚴飭駐紮各員弁實力稽查，務使遠徼番民永遵法守。並諭特成額，明亮知之。

己卯，免浙江仁和等縣未完各款銀米並民借穀石。

三月庚辰朔，以奇豐額爲貴州按察使。

《高宗實録》卷一一〇二　壬午，以鑲紅旗漢軍都統奎林爲烏嚕木齊都統。

《東華續録》乾隆九一　乙酉，上閱兵。福建恩賜舉人郭鍾岳、陳應騰、宋耀來浙江謝恩，命各加賞賚，並以郭鍾岳、壽白齡特賜進士。

丙戌，以博清額爲理藩院尚書，瑪興阿爲兵部侍郎。

己丑，賞浙江召試諸生馬履泰等四人舉人，授内閣中書。

庚寅，以楊潼爲浙江按察使。

壬辰，諭：王亶望見在丁憂，浙江巡撫員缺，著李質穎調補，其未到任之前，著三寶兼署。所有廣東巡撫員缺，著李湖調補，所遺湖南巡撫員缺，著劉墉補授。

癸巳，以羅源漢爲左都御史，調謝墉爲吏部侍郎，以錢載爲禮部侍郎。調曹文埴爲兵部侍郎，以姜晟爲刑部侍郎，王昶爲江西按察使。

丁酉，孫士毅著革職，發往伊犂，自備資斧，效力贖罪，以爲欺隱不職者戒。

己亥，以慶玉爲安徽按察使。

辛丑，諭：李侍堯所出係漢大學士缺，見嵇璜甫經協辦，漢尚書中亦未得協辦之人。英廉係内務府人，伊本姓馮，協辦歷年亦久，可補用漢大學士缺。其户部尚書員缺，著和珅補授，和珅未到任以前，户部尚書事務，仍著英廉管理。其户部左侍郎員缺，著金簡轉補，右侍郎員缺，著福長安補授，福長安未到任以前，錢法堂事務亦仍著金簡管理。

壬寅，命吏部尚書永貴協辦大學士。

丁未，上閱兵。賜江蘇、安徽召試舉人汪屢基即用内閣中書，諸生召光復等十人舉人、候補内閣中書，江西蔣知讓等二人舉人。

《高宗實録》卷一一〇四　夏四月壬子，又諭：山東民風向稱樸願，但各州縣風氣，良莠不同，近年以來，如壽張縣有奸民王倫，聚衆謀逆，隨經調兵勦捕，方得焚殲渠魁，撲滅餘黨。今壽光縣又有魏塾，妄批江統《徙戎論》，至以今之回教，比擬晉之五部，其荒誕悖妄，極爲不法，現在亦經盡法懲處。看來二縣民風刁横，甚爲難治，著傳諭國泰，遇有壽張、壽光兩縣缺出，務擇精明强幹之員，奏明補授，以資治理。如此二縣内有部選之缺，即著查明，奏請改爲題缺。

《東華續録》乾隆九一　丁巳，免山西太原等十六府州並歸化城等廳牧廠地畝應徵額銀十分之三，大同、朔平及和林格爾等屬全免。

辛酉，以周元理爲兵部左侍郎，孫永清爲左副都御史。調顔希深爲貴州巡撫，劉秉恬署雲南巡撫，楊魁爲陝西巡撫，以吴壇爲江蘇巡撫，瑺齡爲江蘇布政使，調塔琦爲江蘇按察使，以袁鑒爲湖南按察使。

壬戌，調慶玉爲湖南按察使，袁鑒爲安徽按察使。

甲子，命英廉爲東閣大學士，兼户部尚書。

丁卯，諭：朕觀榮柱自用巡撫以來，頗覺器小易盈，取巧不知大體，難勝河南災後撫民之任。楊魁著調補河南巡撫，其陝西巡撫員缺，著雅德調補，山西巡

撫員缺，著喀甯阿補授，其刑部侍郎員缺，著穆精阿調補，所遺盛京刑部侍郎員缺，即著榮柱補授，以觀其後效。楊魁著即赴河南新任，不必赴行在請訓，榮柱俟楊魁到任後再行起程，前赴盛京。喀甯阿俟回京復命後，前赴新任。陝西巡撫印務見有尚安護理，俟喀甯阿到山西時，雅德再行交代，前赴陝西巡撫之任。

五月甲申，以錢士雲爲内閣學士。

《高宗實録》卷一一〇六　乙酉，又諭：大學士、九卿覈議：尚書和珅等定擬，李侍堯貪縱營私各欵，將原擬斬監候之處改爲斬決一摺。【略】所有此案覈擬原摺，即著發交各督撫閲看，將和珅照例原擬之斬候，及大學士、九卿從重改擬斬決之處，酌理準情，各抒己見，定擬具題，毋得游移兩可。

《東華續録》乾隆九一　己丑，調江蘭爲雲南布政使，農起爲河南布政使，以福川爲安徽布政使。

庚寅，以劉莪爲湖北按察使。

《高宗實録》卷一一〇六　癸巳，賜一甲汪如洋、江德量、程昌期三人進士及第，二甲關槐等五十一人進士出身，三甲張丙震等一百一人同進士出身。

《東華續録》乾隆九一　丁酉，諭：孫士毅前在雲南巡撫任内，不能參劾李侍堯，革職發往伊犂，固屬咎所應得。但與本身獲譴者究屬有間，且其學問亦優，著加恩免其發往伊犂，令在四庫全書處自備資斧，效力贖罪，與紀昀、陸錫熊同辦總纂事務，以贖前愆。

戊戌，諭：尚書和珅之子賜名豐紳殷德，指爲十公主之額駙，賞帶紅絨結頂雙眼孔雀翎，穿金綫花褂，待年及歲時，再派結髮大臣，舉行指婚禮。

甲辰，以成策、尹壯圖俱爲内閣學士。

六月庚戌，以李封爲浙江按察使。

《高宗實録》卷一一〇八　甲寅，蠲免湖北沔陽、潛江、荆門、江陵、監利等五州縣，本年水災額賦有差。

《東華續録》乾隆九一　乙卯，命三寶入閣辦事，調富勒渾爲閩浙總督，以舒常爲湖廣總督。

癸亥，諭軍機大臣等：據特成額等奏，攻毁三暗巴賊巢，全獲安錯等首夥辦理情形一摺。

庚午，以和珅爲領侍衛内大臣。

《東華續録》乾隆九二　秋七月丁丑朔，賞孫士毅翰林院編修。

《高宗實録》卷一一一〇　辛巳，免江蘇青浦縣乾隆四十一年分坍没占廢民田、學田額賦有差。

《高宗實録》卷一一一一　丁酉，班禪額爾德尼自後藏入覲。上御依清曠殿召見，賜坐慰問，賜茶。

戊戌，【略】永定河因上游連日大雨，河水盛漲，人力難施，漫溢隄工，亦屬無可如何。著該督即董率文武員弁，上緊堵築，以期迅速合龍。

庚子，上御萬樹園大幄次，賜班禪額爾德尼及扈從王、公、大臣，蒙古王、公、貝勒、額駙、台吉，杜爾伯特親王車凌烏巴什，土爾扈特貝子沙喇扣肯，及回部阿奇木伯克貝子色提巴爾第等十一人，喀什噶爾四品噶匝納齊伯克愛達爾之子烏魯克等三人，金川木坪宣慰司嘉勒燦囊康等四十四人宴，賞賚冠服、金銀、緞匹有差。

辛丑，杜爾伯特汗瑪克蘇爾扎布等四人、土爾扈特郡王色楞等二人入覲。

《東華續録》乾隆九二　壬寅，顔希深卒，以李本爲貴州巡撫。

癸卯，以孫永清爲貴州布政使。

八月壬子，以京師麥貴，命五城米商買通倉麥，運京平糶。

丁巳，永定河漫工合龍。

湖北巡撫鄭大進貢金器，不納，切責之。

庚申，以直隸偏災，命截漕十萬石，存北倉備賑。

賞給山東曹縣等三縣出借麥本銀兩，免徵還。

丙寅，命再截漕二十萬石，存北倉備賑。

己巳，諭：薩載見丁父憂，兩江總督員缺，著陳輝祖暫行署理。江南河道總督員缺，著李奉翰速行前往署理，河東河道總督員缺，著國泰暫行兼理。各省督撫向無在任守制之例，即旗員間有一二年，復令其署任者，亦俟服滿，方准實授。但薩載在江南年久，實爲南河不可少之人，薩載接奉此旨，著即速來京，仍於百日滿後，前往署理兩江總督，此因一時不得其人，並非令其在任守制也。李奉翰著即馳赴南河，辦理一切堵築事宜，其東河事務亦關緊要，李奉翰俟薩載到任後，即回河東河道總督之任。

癸酉，召吴壇來京，調閔鶚元爲江蘇巡撫，以農起爲安徽巡撫，調李承鄴爲河南布政使，以查禮爲四川布政使。

甲戌，以孫嘉樂爲四川按察使。

《高宗實録》卷一一一三　諭：朕此次恭謁兩陵，所有沿途經過地方，著加恩蠲免本年地丁、錢糧十分之三。

《東華續録》乾隆九二　九月丁丑，軍機大臣等奏：據革任河東河道總督姚立德呈請，據情代奏，願於南河、河東等處，自備資斧、效力贖罪。得旨：姚立德著發往南河，交與薩載等，以河工同知差遣委用，效力贖罪。

戊寅，命嵇璜爲文淵閣大學士兼兵部尚書，蔡新爲吏部尚書、協辦大學士。調周煌爲兵部尚書，以周元理爲工部尚書，沈初爲兵部左侍郎。

己卯，以馮光熊爲江西按察使。

甲申，琉球貢使蔡焕歸國，殁於途，命卹之。

己亥，添設伊犂撫民同知一員。

《高宗實録》卷一一一五　乙巳，賑長蘆屬滄州、青縣二州縣，嚴鎮、興國、富國、豐財、蘆台五場水災飢民。賑吉林琿春地方水災飢民，並予葺屋銀兩。

《東華續録》乾隆九二　冬十月己酉，諭：楊魁見在丁憂，河南巡撫員缺，著雅德調補。該省見有災賑事宜，雅德著速赴新任，其巡撫印務交尚安暫行護理。陝西巡撫員缺緊要，畢沅前在西安最久，熟悉該處情形，且守制將届一年，見在一時不得其人，著前往署理，並非開在任守制之例，此朕用人不得已之苦衷，亦天下臣民所共諒也。畢沅不必來京請訓，著即馳赴新任。

乙卯，以景禄爲廣東按察使。

戊午，諭：【略】嗣後此等截取教職，如有經督撫奏明不勝民社，而該員不甘廢棄，情願送部引見者，俱著照大計八法之例，准其給咨送部引見，庶督撫等不至屈抑人才，而教職等亦無從藉口。著爲令。

《高宗實録》卷一一一六　庚申，賜中式武舉一甲黄瑞、閻燮和、金殿安三人武進士及第，二甲何定江等五人武進士出身，三甲董文珍等三十四人同武進士出身。

《高宗實録》卷一一一七　辛酉，蠲免河南儀封、商邱、寧陵、永城、鹿邑、考城六縣本年被水田地額賦。

壬戌，蠲免直隸霸州、保定【略】六十三州縣本年被水災田額賦。蠲免江蘇清河、桃源、蕭縣、碭山、海州、沭陽、大河、徐州八州縣衛本年水旱災地額賦。蠲免甘肅皋蘭、河州【略】三十五廳、州、縣，並靈州屬之下馬關營，乾隆四十四年水災地畝額賦。

甲戌，定吐魯番新建城名曰廣安，東曰朗曦，南曰宣義，西曰殷阜，北曰利成。

《東華續録》乾隆九二　十一月庚辰，停煙瘴苗疆歷俸未滿、丁憂服闋人員仍發原省例。

《高宗實録》卷一一一八　又諭：今派博清額於明年護送班禪額爾德尼金塔前往穆魯烏蘇地方，伍彌泰即將欽差大臣關防，移交博清額。

《東華續録》乾隆九二　壬午，諭：慶桂已補放烏里雅蘇台將軍，阿蘇著調補吏部侍郎，不必兼署兵部，其禮部侍郎員缺，著德明補授。德明見已回京，伊係本部侍郎，可以兼管錢法堂事務。福長安不必兼署工部，至胡高望見在出差，工部漢侍郎乏人，著曹文埴兼署。

乙酉，以諾穆親爲工部侍郎。

辛卯，諭：向來各部院司員保送三庫税差、錢局、坐糧廳等項，每有將曾經得差人員，未隔數年復行保送者，不知在京滿、漢司員人數本多，此等得項較優之差，自應令其均霑普及，若出差未久復予保送，則從未得差者，未免多有向隅。嗣後保送此等差使之員，其已經派過者，著於十年後方准再送，如堂官等違例蒙混保送，經朕查出及被人參奏者，即照徇庇例議處。著爲令。

甲午，命再撥通倉米三十萬石、部庫銀三十萬兩，交直隸備賑。

《高宗實録》卷一一一九　丙申，諭：申保著調補伊犂參贊大臣，綽克托著授爲參贊大臣，前往烏什總理各回城事務。

《東華續録》乾隆九二　十二月丙午，以楊廷樺爲福建布政使。

丁未，以李慶棻爲福建按察使。

癸丑，以勒保爲内閣學士。

甲寅，命部院堂官：畫題意見不合者，於公所面商，毋令司員展轉傳述。

《高宗實録》卷一一二〇　丙辰，賑卹甘肅皋蘭、河州【略】等十八廳州縣本年水災飢民。

《東華續録》乾隆九二　是歲，朝鮮、琉球來貢。

乾隆四六年（辛丑、一七八一）

《高宗實録》卷一一二二　春正月己卯，查蒙古喀爾喀併青海杜爾伯特、土

爾扈特、和碩特回部王公扎薩克等，現遵旨一體詳覈，除業經因罪黜封者毋庸另議外，所有首先投誠，著有軍功及由原爵品績著勞績晉封者，均請作爲世襲罔替。其緣事降等，併現已照例降襲者，俱照現在爵秩，給與世襲罔替。

《東華續録》乾隆九三　丁酉，朝鮮國王李祘遣使表賀冬至、元旦二大節，又奏謝恭奉恩諭，並進貢方物。得旨：覽王奏謝，知道了。前經降旨，所有陳謝表章、隨進貢物槩令停止，今該國王奉到此旨，具奏稱謝，復具奏恭謝加賞段疋，仍各具方物隨進，本不必收受。但既專使遠來，仍令齎回，徒滋往返，若照例留作正貢，該國王届正貢之期，仍似向年備物呈獻，非所以示推誠而昭體恤，此次貢物著收受，仍加賞鞍馬、紬段、貂皮等物。

癸卯，諭：據阿桂等參奏，杭嘉湖道王燧驕縱不法，行同市儈，民怨沸騰，已降旨革職拏問，交阿桂等嚴審矣。至富勒渾、李質穎身爲督撫，豈竟毫無見聞，乃並未據實劾奏，所謂整飭吏治者安在？且伊等於見辦海塘事務茫無確見，在彼諒亦無用，富勒渾、李質穎俱著來京候旨。陳輝祖向於河工事務尚能留心講習，海塘修築機宜大略相同，著授爲閩浙總督。至福建見有富綱在彼，已歷年餘，陳輝祖即在浙省督辦塘工，並兼管浙江巡撫，俟海塘工竣，再往福建，其浙江巡撫員缺届期另行簡放。所有江南河道總督員缺，著李奉翰調補。河東河道總督員缺，著韓鑅補授，即速赴任，俟過伏秋汛，再來京請訓。李奉翰俟韓鑅到任交代後，即速赴河南之任，亦不必來京請訓，其江南淮徐河道員缺，著何裕城調補，河庫道員缺，著劉錫嘏補授。

二月庚申，諭：李質穎著加恩賞給奉宸苑卿銜，管理粤海關監督事務，即赴新任，不必來京請訓。以劉峩爲安徽布政使，調慶玉爲湖北按察使，李慶棻爲湖南按察使，以秦承恩爲福建按察使。

甲子，諭：工部侍郎楊魁著馳驛前往浙江，專駐海塘工所，幫同閩浙總督陳輝祖，辦理塘工事務。

乙丑，上啓鑾巡幸五臺山。免經過地方本年額賦十分之三。

丙寅，免順天、保定等七府州屬逋賦。

戊辰，諭：文禄見在有疾，著解任回京，在刑部郎中上行走，病痊日另候簡用。其直隸按察使員缺，著郎若伊補授。

己巳，略寗阿丁憂，調雅德爲山西巡撫，以諾穆親署河南巡撫。

《高宗實録》卷一一二六　三月甲戌朔，上幸正定府北門外閲兵。

乙亥，蠲安徽亳州、泗州、宿州、靈璧、鳳陽、五河、壽州、鳳臺、盱眙等九州、縣，及鳳陽、長淮、泗州等三衛乾隆四十五年水災額賦有差，其蠲剩銀併帶徵舊欠漕項銀米，均予緩徵。

丙子，蠲江蘇清河、桃源、蕭縣、邳州、宿遷、睢寧、大河、徐州等八州縣衛乾隆四十五年水災額賦有差，其蠲剩銀並勘不成災之鹽城、碭山、海州、沭陽四州縣新舊地丁屯項均予緩徵。

《高宗實録》卷一一二七　己丑，蠲甘肅皋蘭、静寧【略】等十五廳州縣乾隆四十五年水、雹等災額賦有差，蠲剩銀併予緩徵。

《東華續録》乾隆九三　甲午，設喀爾喀、杜爾伯特交界地方鄂博。

以黄檢爲正藍旗漢軍副都統，調達爾吉善爲直隸布政使，以福崧爲廣東布政使。

丙申，以福寗爲甘肅按察使。

壬寅，《平定兩金川方略》成。

《高宗實録》卷一一二七　勒爾謹奏：蘭州撒拉爾回人蘇四十三等，搶據河州城。傳諭西安提督馬彪，帶兵二千名，迅速前往。

癸卯，諭軍機大臣等：【略】此時各路大兵雲集，調度機宜最爲緊要。【略】阿桂即由河南馳驛前往，到甘肅後，即將查明新教、舊教，及調度勦賊情形，迅速具奏。

《高宗實録》卷一一二八　夏四月甲辰朔，派尚書和珅、額駙拉旺多爾濟、領侍衛内大臣海蘭察、護軍統領額森特，馳驛前往甘肅，並派巴圖魯侍衛，帶健鋭營兵二千名、火器營兵二千名，即日分起迅速前往。如和珅等先到甘肅，即行調遣辦理，俟阿桂到彼時，即交阿桂接辦，和珅仍即回京供職。

乙巳，諭曰：農起著賞戴花翎，馳驛前赴甘肅，辦理軍需。李侍堯著加恩免罪，賞給三品頂戴，並賞戴花翎，與副都統黄檢一體馳驛前往。

《東華續録》乾隆九三　丁未，以費湻爲山西按察使。

《高宗實録》卷一一二八　己酉，諭：據勒爾謹、仁和奏：署西寧鎮總兵貢楚達爾，帶領漢土官兵，由循化一帶，截賊人歸路，收復河州，【略】帶領土兵陸續前抵蘭州。

《東華續録》乾隆九三　戊辰，諭：向來殿試新進士，有至次早始行交卷者，雖伊等草茅新進，對揚之始未免矜持，但考試給燭最滋弊竇，至於連宵達旦，則

更長人倦，防閑更未能周。且朝考例作四題，尚不過日入完場，而殿試對策一道，窮日之力寫作，已可從容，何必焚膏繼晷，始得成章乎？況殿廷重地，尤宜謹慎。嗣後殿試交卷，至遲亦以日入爲度，不得仍准給燭，其不能完卷者，仍准列入三甲末。士子等各宜自勉，以副朕剔弊遴才之至意。

賜錢棨等一百六十九人進士及第、出身，有差。

《高宗實録》卷一一二八　庚午，著阿桂、和珅傳旨，將勒爾謹革職，拏交刑部治罪，并派妥幹章京，押解送部。目今即擒勦賊匪浄盡，而善後之事正資料理，因思李侍堯雖以簠簋不飭獲罪，而其才實能理繁治劇，陝甘總督員缺，著李侍堯以三品頂帶，馳驛前往管理，李侍堯未到之先，著阿桂暫行兼管。傳諭和珅，令其遵旨回京，毋稍稽扈蹕，前往熱河也。

辛未，蠲免安徽壽州、宿州、鳳陽、靈璧、鳳臺、亳州、泗州、盱眙、五河九州縣，鳳陽、長淮、泗州三衛乾隆四十五年水災額賦有差。

《東華續録》乾隆九三　壬申，諭：王廷贊著來京陛見，甘肅布政使員缺，著福崧調補。以鄭源璹爲廣東布政使。

五月癸酉朔，以王站住爲河南按察使。

戊寅，諭：各省督撫管門家人，有向屬員需索門包陋習，而司道以下家人，亦相率效尤，積弊相沿，不可不力爲飭禁，業經明降諭旨，令各督撫嚴行禁止，並著於年終彙奏一次。近又聞各省上司留待屬員飯食，有押席銀兩一項，更不應有此等陋習，其事尤可鄙笑。直隸自高斌罷之之後，方無此事，可知各省爲督撫者，欺朕即位初政，未查及此，遂漸無忌憚，今亦不追問矣。督撫等養廉優厚，用度寬餘，即司道府廳等官，所得分例亦不爲薄，乃既聽家人索取門包，而又收受屬員押席銀兩，此必督撫先開其端，以致上行下效，甚屬無恥，實非整飭官方之道。況上司屬員宴會，本干例禁，若藉此爲婪取屬員之地，尤大不可。此在巧於逢迎者，必欣然樂就，而無力者或轉以爲苦，甚至力有不支，取資百姓，則更於吏治民生大有關繫，自應一體嚴禁。著再通飭各省督撫，務率屬員一體遵照裁革，俱入於年終彙奏，如有陽奉陰違，仍蹈故轍，或經科道參奏，或於別事發覺，亦惟該督撫是問。

己卯，諭軍機大臣等：昨阿桂等奏，查明甘肅逆回新、舊教起釁仇殺緣由一摺。

以吕爾昌爲安徽按察使。

《高宗實録》卷一一三一　癸巳，諭軍機大臣曰：【略】將蘇四十三及黨惡要犯數人解送，其餘即於該處正法，以免踈虞。至此案辦理關鍵，現在總以幫扶舊教、滅除新教爲詞，明白曉諭，以安舊回衆之心，著阿桂、李侍堯妥協經理。

《東華續録》乾隆九三　諭：富綱著來京陛見，所有福建巡撫事務，著楊魁前往暫行署理，富綱俟楊魁到後，再行來京。

《高宗實録》卷一一三二　閏五月癸卯朔，又諭：本日大學士、九卿等會奏，定擬勒爾謹情罪一案。勒爾謹於逆回争立新教，從未奏聞辦理，以致養癰貽患，又不能相度機宜，速行勦滅，擬以斬決，自屬咎所應得。但其平日居官，尚無貪黷枉法款蹟，即辦理此案，含糊觀望、坐失事機，實伊庸弱無能所致。而朕委以封疆重任，不及早覺察易置，實不能不引爲己過，勒爾謹著從寬改爲應斬監候，秋後處決。

《東華續録》乾隆九三　丙午，《熱河志》成。

庚戌，上啓鑾狄獮木蘭。免經過地方本年額賦十分之三。

諭軍機大臣等：前以甘省番回有掌教及總掌教之名，恐易惑衆滋事，因傳諭各省督撫留心查革。兹據國泰奏稱，東省回民均與土著民人比閭而居，實屬安静，並無滋事之人，亦無掌教及總掌教之名。但念經祈福即爲惑衆之漸，嗣後遇有争控邪教聚衆念經之案，即親提審辦，其田土、錢債争控細故，亦令赴地方官控理等語。

乙卯，諭：喀甯阿著賞戴花翎，在刑部額外侍郎上行走。

庚申，軍機大臣奏：先經臣等議駁，調任烏什參贊大臣申保奏請伊犁改用普爾錢文，今將烏什所鑄普爾銅斤解往伊犁，能否改鑄清錢之處查奏。兹據新任參贊大臣綽克托奏，烏什歲獲銅斤悉鑄普爾，尚不敷用，若停罏不鑄，將銅運往伊犁，必至錢缺價昂，官民不便。且普爾以一當十，每百值銀一兩，若改鑄清錢，需八百文作銀一兩，亦覺縻費。應如所奏，烏什普爾錢文照舊鑄造，（每）〔毋〕庸將銅運往伊犁改鑄。從之。

辛酉，諭：廣西按察使福躬奏，審擬北流縣民陳正仁調戲唐惠志之妻陳氏，賄和後因被村童恥笑，追悔抱忿，夫婦先後服毒身死。【略】此案雖致死二命，但究係和息一月之後，若亦定擬絞候，情殊可憫，如竟照該司改擬充軍，則又係致死二命，未免稍失之寬。陳正仁著改發烏嚕木齊充當苦差，如此折中辦理，庶情法均得其平。嗣後遇有此等案件，著即照此問擬，著爲令。

六月庚寅，諭：原任安徽按察使袁鑒緣事降調，但伊久任江南，於該處風土民情尚爲熟習，邳、睢見有漫工，袁鑒著留南河，交該督等差遣委用，遇有應得降補之缺，酌量題補。

壬辰，免陝西西安等十二府州民欠。

《高宗實録》卷一一三五 癸巳，首逆蘇四十三【略】被官兵殺死。

《高宗實録》卷一一三六 秋七月壬寅，又諭：【略】崇明一縣，今又猝遇海潮，被災較重，自應實力詳查災户，妥爲賑恤。閔鶚元務須督同司道等，實心妥協辦理。

丙午，以烏嚕木齊都統奎林爲烏里雅蘇台將軍，四川提督明亮爲烏嚕木齊都統，四川川北鎮總兵成德爲四川提督。

《東華續録》乾隆九四 丁未，定京營兵額一萬名，分設南、北、左、右四營，改圓明園南營爲中營。

壬子，以馮應榴爲江西布政使。

癸丑，以錢士雲爲兵部右侍郎。

丁巳，定各省武舉效力年滿考驗後，分補千總、把總例。

己未，定武職遊擊以下記名限年升用例。

《高宗實録》卷一一三七 庚申，又諭：據巴延三等奏，接暹羅國鄭昭，具禀求貢。【略】外國輸忱獻納，自應准其朝貢，以示懷柔，俟該國貢使賫到貢物、表文時，巴延三等派委妥員，伴送來京呈進後，再降諭旨。其備送各衙門禮物，有乖體制，求買銅器，例禁出洋，自應飭駁。至所請欲往厦門、寧波夥販，並欲令行商代覓夥長，往販日本之處，該國在外洋，與各國通商交易，其販至内地，如廣東等處貿易，原所不禁，至販往閩浙别省，及往販日本，令行商代覓夥長，則斷乎不可。

《東華續録》乾隆九四 辛酉，命阿桂查閲河南、山東河工。

甲子，命江蘇截留漕糧十萬石，於崇明縣備賑。

乙丑，諭：福康安奏，南掌國備帶餘象，懇求賞給礮位，酌請將象隻發回一摺。所見是。

八月乙亥，吏部議奏：四川總督文綬，並不實力擒捕嘓匪，請降調。查文綬有革職留任之案，無級可降，應革任。得旨：文綬於此案始終玩縱，種種貽誤，非尋常疏縱僅予革職留任者可比，文綬著照李侍堯、富勒渾之例，賞給三品頂帶，從寬留任，仍註册，以爲不事事者戒。

戊寅，吏部等部議奏：王亶望之子捐納員外郎王裘，捐納主事王棨、王焯，請革去職銜。得旨：王亶望之子王裘、王棨、王焯，僅革去職銜不足蔽辜，著照勒爾謹之子伊淩阿等之例，俱發往伊犁，交伊勒圖嚴行管束，自備資斧，充當苦差。

《高宗實録》卷一一三八 乙酉，賑卹湖北潛江、江陵、監利、荆門等四州縣本年水災飢民，並予緩徵。

《東華續録》乾隆九四 戊子，諭：甘省收捐監糧一事，地方官私收折色，任意侵欺，捏災冒賑，釀成不得不辦之大案，實非朕所喜也。且各省偶遇災歉，皆動正項賑恤，何獨於甘省賴捐監爲乎？此後甘省捐監一事，竟宜停止，將此通諭中外知之。

諭：内務府漢軍官員丁憂服闋，歸部銓選，無庸於百日滿後帶領引見。著爲令。

九月庚子朔，諭：甘肅捏災冒賑、侵吞監糧一案，自乾隆三十九年以後，通省各官聯爲一氣，明分公帑。經大學士、公阿桂等在甘查辦，節次訊録確供，奏請將該員等革職拏問，與請將任所、原籍貲財一併查封，以抵官項，業經降旨允行。

《東華續録》乾隆九四 辛丑，諭軍機大臣等：巴延三等奏，據暹羅國長鄭昭豫備正貢一分，具表懇請代奏，並備象牙、犀角、洋錫等物，以爲副貢等語。該國長輪誠納貢，備具方物，所有正貢一分，自應照例送京收納。至所備副貢，若槩令賫回，致勞往返，轉非所以體恤遠人，著傳諭巴延三，於副貢内止收象牙、犀角二項，同正貢一併送京交禮部，於照例賞給之外，查例加賞，以示厚往薄來之意。其餘所備貢物，准其即在廣省自行覓商變價，並將伊等壓艙貨物，均一體免其納税。將此並諭禮部堂官知之。

甲辰，直隸布政使員缺，著明興補授。

戊申，刑部等衙門奏：江西信豐縣故民蕭維富等，創爲邪教，轉相傳惑，請依大逆例問擬。得旨：蕭維富、廖秀林、廖景澄著即戮屍。至廖景泮之父廖秀科一犯，該部擬以緣坐，固屬照例辦理，但向來緣坐之犯，無不加恩改爲監候，以示罪人不孥之義，況其父祖尤非兄弟子孫可比，此案廖秀科訊非知情縱容，著加恩免其治罪。嗣後如有逆犯祖父應行緣坐者，除訊明知情故縱，仍照例問擬外，

其訊非知情者，即概予省釋，不必緣坐。著爲令。其餘應行緣坐之廖昌禮、廖明富、邱德化、邱仁禮、邱七元仔、邱仁禄、邱仁祖、廖明光、廖明貴俱著從寬改爲應斬監候，秋後處決。餘依議。

《高宗實録》卷一一四〇　王廷贊係情實官犯，著即行處絞。

《東華續録》乾隆九四　辛亥，諭：甘肅捏災冒賑一案，骩法營私，大小官員通同一氣，爲從來未有之奇貪異事，故當以重法治之，非不知罪人不孥，而此實非常之罪也。除王亶望、勒爾謹等分别明正典刑，並將伊子革職，發往伊犁，以示懲儆。至王廷贊、蔣全迪、楊士璣、程棟等，覈其情罪本屬相同，伊等之子俱應一律辦理。除蔣全迪業經正法，並無子嗣，無庸置議外，楊士璣贓私纍纍，使其身尚在，亦應正法，已於蘭州被害，倖免刑誅。王廷贊見已處絞，程棟、陸瑋、那禮善、楊㥣言、鄭陳善見在審明贓款，定擬斬決，該七犯俱有子嗣，其所捐官職，無論是否係伊父在甘省任内出貲報捐，俱著查明，一體革去，並著發往伊犁，充當苦差，以爲貪婪不法者戒。

乙卯，諭：前已降旨，停止甘肅、陝西兩省收捐監生，所有烏嚕木齊、新疆捐，著一併停止。

戊午，命撥奉天海運餘米二萬石，於天津、静海二縣備賑。

丙寅，諭：據楊魁奏，向來各國番商俱有一定口岸，吕宋商船歷皆趁洋赴廣，從不至閩。今有吕宋商民郎嗎叮等船隻，因遭風收泊厦港，懇請就近貿易，驗無傷損形迹，恐係意存趨避。請嗣後該國商民來閩船隻並無損壞者，一概不准發賣貨物等語。楊魁此奏所見轉小，吕宋商民遭遇風暴，飄至厦門，幸未傷損，亦情理所有，若必遣回，轉非體恤遠人之意。如因閩海關輸税定例與粤海關多寡不一，該國商民意圖就輕避重，何不咨查粤海關條例，令其按照輸納，該商民等趨避之弊不杜自絶。嗣後該國商船有來閩者，俱著照此辦理，將此諭令知之。

冬十月辛未，以扎勒翰、金士松俱爲内閣學士。

甲戌，封榮親王永琪子緜億爲多羅貝勒。

乙亥，以永慶爲陝西按察使。

《高宗實録》卷一一四二　丁丑，賑卹山東鄒平、新城【略】等二十九州縣，並濟寧、東昌、臨清三衛，永阜、官臺、王家岡三場本年被水災民、竈户。

《東華續録》乾隆九四　甲申，賜劉雙等四十五人武進士及第、出身、有差。

己丑，以葉佩蓀爲湖南布政使。

庚寅，以梁肯堂爲山東按察使。

《高宗實録》卷一一四三　賑卹湖北江夏、武昌【略】等十七州縣衛本年水、旱災民，並予緩徵。

癸巳，賑卹安徽靈璧、宿州【略】二十四州縣衛本年水、旱災民，並分别蠲緩額賦有差。

《東華續録》乾隆九四　甲午，定試用佐貳不准委署州縣例。

《高宗實録》卷一一四三　丁酉，諭曰：劉天成奏請，嚴浮費之禁，以裕民生一摺。其意在於去奢崇儉，返樸還淳，言之亦覺動聽，而行之實有所難。【略】無論奪富以益貧，萬萬不可，即使裒多益寡，而富人之有餘亦終不能補貧人之不足，勢必致貧者未能富，而富者先貧，亦何賴此調劑爲耶？朕宵旰勤求，未嘗不欲民風敦樸，户有蓋藏，而習俗日趨於華靡，殆非條教號令所能飭禁，譬如江河之向東，誰能障之使西流耶？亦惟崇儉尚樸，願内外大小臣工，不可不存此心，以期漸就返古還淳，俾四民知所則傚，此則我君臣所當知愧知凜而已。

《東華續録》乾隆九四　戊戌，定滿洲駐防官兵年老退休、回京就養例。

十一月庚子，諭：工部尚書周元理勤慎共職，宣力有年，兹以老病乞休，著准其回籍調理，並加恩賞給太子太傅銜，以示優眷。所有工部尚書員缺，著羅源漢補授，劉墉著補授都察院左都御史，仍暫行兼管湖南巡撫事，候朕另降諭旨。

乙巳，命撥兩淮鹽課銀五十萬兩，並截留漕糧五萬石，於徐州府屬備賑。

丙午，諭：劉墉已補授左都御史，其湖南巡撫員缺，李世傑將届服滿，即著前往署理，俟服闋再行實授。劉墉俟李世傑接任後，即行來京供職。

丁巳，申保卒，以復興爲左都御史，留保住爲理藩院右侍郎。調永慶爲福建按察使，秦承恩爲陝西按察使。調李慶棻爲江蘇按察使，塔琦爲湖南按察使。

戊午，以汪新爲湖北按察使。

《高宗實録》卷一一四五　賑卹甘肅隴西、寧夏、寧朔、平羅等四縣本年被水災民。

《東華續録》乾隆九四　庚申，諭軍機大臣等：昨據陳輝祖奏，查抄閔鶚元原籍財産單内，止有銀三兩，竟成笑話，明係陳輝祖查辦時任聽委員欺隱，隨意開報，業經降旨詢問，令其明白回奏矣。閔鵷元係閔鶚元胞弟，如果貧乏不能自存，閔鶚元豈有坐視之理。且閱本日李侍堯查奏應革各犯子弟職監單内，閔鵷

元之子閔思恒捐納監生，豈有其家止存銀三兩，而復有餘財爲伊子捐監之理？甘省冒賑一案，久經發覺，閔鶚元又係案内之人，聞風寄頓，豫爲藏匿地步，閔鶚元在江蘇，離伊原籍甚近，亦豈無見聞？乃任其私自隱藏，希圖事後安享，實爲利令智昏，此等蒙混欺飾伎倆，或試爲於漢獻帝、明萬曆類之主尚可，欲於朕前嘗試，閔鶚元視朕爲何如主耶？著傳諭嚴行申飭，仍令其明白回奏，將此由五百里諭令知之。

戊辰，命撥兩淮鹽課銀五十萬兩，修沛縣城垣，並安輯移徙户口。

袁守侗丁憂，以鄭大進爲直隸總督。

十二月己巳朔，調姚成烈爲湖北巡撫，以朱椿爲廣西巡撫，富躬爲廣西布政使。

庚午，召梁敦書來京，以永慶爲湖北布政使，伊星阿爲福建按察使，以姚棨爲廣西按察使。

《高宗實録》卷一一四六　丙子，加賑山東鄒平、齊東【略】等二十六州縣，濟南、濟寧、臨清三衛，官臺、王家岡、永阜三場本年被水災民、竈户。

《東華續録》乾隆九四　丁丑，調雅德爲廣東巡撫，以譚尚忠爲山西巡撫。調國棟爲山西布政使，以盛住爲浙江布政使。

甲申，以毓奇爲内閣學士。

辛卯，調譚尚忠爲安徽巡撫，農起爲山西巡撫。調劉峩爲山西布政使，國棟爲安徽布政使。

是歲，朝鮮、安南、暹羅、南掌來貢。

乾隆四七年（壬寅、一七八二）

《東華續録》乾隆九五　春正月辛亥，命江蘇查禁鳥槍。

乙卯，建盛京文溯閣貯《四庫全書》。

戊午，停止伊犂向内地販買貨物。

《高宗實録》卷一一四九　丙寅，《四庫全書》告成。

《東華續録》乾隆九五　二月戊辰朔，傳姜晟爲刑部左侍郎，以汪承霈爲刑部右侍郎，梁敦書爲左副都御史。

庚辰，諭：原任布政使陳用敷，前在廣東道員任内，因失察黎匪滋事等案，部議革任，自屬咎所應得。但念其究屬因公，與私罪有閒，尚堪棄瑕録用，見在廣西按察使姚棨丁憂，所遺員缺，著加恩以陳用敷補授。

甲申，諭：安南國王黎維禑，前因盤獲逃犯周貴，遣使押送入關，賞給段匹等物，齎奏陳謝，並備具方物，附表進呈。念其專使遠來，不令齎回，即准留充正貢，以示優恤。今據兩廣總督巴延三奏，該國王復行具表奏稱，接奉恩旨准將此次謝恩儀物充作正貢，下方葵藿無以將誠，懇請此次奉進方物仍爲謝儀，洎四十八年歲貢之期欽遵常例奉貢等語。具見該國王恭順悃忱，深可嘉尚，若復行卻還，轉無以達該國述職輸誠之意。所有此次隨表方物，該部即行收受，其四十八年應進正貢，著減常年所進貢物之半。至嗣後該國王遇有陳謝章奏，一槩毋庸備物隨表呈進，以副朕柔惠遠人至意，並令該督巴延三傳知該國王遵諭行。該部知道。

《高宗實録》卷一一五二　三月庚子，又諭：朕此次巡幸盤山，所有經過地方，著加恩蠲免本年地丁錢糧十分之三。

《東華續録》乾隆九五　乙巳，停止臺灣捐監例。

癸丑，楊魁因病解任，調雅德爲福建巡撫，以尚安爲廣東巡撫，祥鼐爲陝西布政使。

乙卯，免甘肅積年逋賦。

《高宗實録》卷一一五三　戊午，蠲江蘇常熟、昭文【略】等二十八州縣衛廳乾隆四十六年被水災民額賦，並緩華亭、上海【略】等十二州縣應徵額賦。

癸亥，蠲直隸天津、青縣、靜海、滄州、鹽山、慶雲、津軍廳、東明、長垣等九州縣廳乾隆四十六年被水災民額賦。

《高宗實録》卷一一五四　夏四月庚午，諭曰：尚書和珅、左都御史劉墉、侍郎諾穆親，馳驛前往涿州、德州，至江省一帶，有查辦事件，所有隨帶司員，一併馳驛。御史錢澧，並著馳驛前往。

《東華續録》乾隆九五　辛未，諭：旗人外任年老有疾願回旗者，仍留本身世職，賞食全俸。如勒令休致者，本身雖有世職，亦不准食俸。著爲令。

壬申，諭：杜玉林前於刑部侍郎任内，因審辦案件有心曲庇，故依部議降調。但其材尚可用，著加恩授補工部侍郎，仍兼刑部侍郎上行走，帶革職留任，八年無過，方准開復。

己卯，〔明興〕接印辦事，俟此案結後再赴熱河陛見請訓。明興未到之前，著

諸穆親暫行署理，直隸布政使員缺，著陝西布政使祥鼎調補，所遺員缺，著西安糧道圖薩布署理。以孫士毅爲山東布政使，陳淮爲安徽按察使。

《高宗實録》卷一一五四　諭：昨御史錢灃參奏山東巡撫國泰、布政使于易簡，貪縱營私，勒派所屬州縣，以致歷城等處倉庫，多有虧空各款蹟一摺。特派尚書和珅、左都御史劉墉，並帶同御史錢灃，馳赴山東省城，嚴查辦理。今據和珅等奏，先將歷城縣庫盤查，查出該縣知縣郭德平虧空銀四萬兩，有挪移掩飾之弊，並詢問國泰，任意婪索各屬員盈千累萬各款蹟，亦俱承認，俱係調任漳州府前任濟南府知府馮埏經手，從前係呂爾昌經手。又于易簡身任藩司，一任縣庫虧空，扶同弊混，甚至見巡撫時，長跪回話，卑鄙無恥，其餘案内款蹟，現在徹底嚴究等語。國泰、于易簡、呂爾昌、馮埏、郭德平均著一併革職拏問，交和珅、劉墉嚴切詢究定擬。並著薩載派員將呂爾昌迅速解往山東，歸案辦理。所有山東巡撫員缺，著明興補授，即赴山東新任。

辛巳，改譯遼、金、元三史告成。

《東華續録》乾隆九五　上閱火器營兵。

壬午，諭：凡陣亡者，給與世職，仍賞恩騎尉，世襲罔替。其傷亡者，不必給與，著爲令。

實授圖薩布陝西布政使。

丁亥，上閱健鋭營兵。

甲午，諭：工部尚書羅源漢年力已衰，難以供職，著加恩給還頂帶，以原品休致。所有工部尚書員缺，著劉墉補授，仍兼署吏部尚書，管國子監事務。其都察院左都御史員缺，著王杰補授。彭元瑞著調補吏部侍郎，曹文埴著調補户部侍郎，所遺兵部侍郎員缺，著紀昀補授，内閣學士員缺，著李綬補授。

五月丁酉朔，以李封爲湖南布政使，王杲爲浙江按察使，以馮晉祚爲山東按察使。

庚子，諭：昨因國霖遣家人往伊兄國泰任所，將國霖革職，已交刑部。今審訊得並無與國泰寄信情弊，且國泰之犯罪，原無關於國霖之寄信與否，著加恩賞給國霖三等侍衛，在大上門行走贖罪。

《高宗實録》卷一一五六　辛丑，蠲免河南祥符、陳留、杞縣、儀封、滎澤、考城等六縣乾隆四十六年水災額賦。

戊申，諭：朕此次巡幸木蘭，駐蹕熱河，所有經過地方，著加恩蠲免本年錢糧十分之三。該部即遵諭行。

《東華續録》乾隆九五　丁巳，命直隸承德府平糶。

六月丁卯，調汪承霈爲工部右侍郎，杜玉林爲刑部右侍郎。

壬午，諭：據閔鶚元奏，原任陝西白水縣知縣王希伊病痊，驗看精力漸衰，請改補教職等因一摺。知縣爲親民之官，一切刑名、錢穀經手事件，均關緊要，自不便以年力就衰之人聽其濫竽貽誤，閔鶚元所奏甚是。督撫身任封疆，察使是其專責，豈可少存瞻顧，即如吏部昨日參奏選授江蘇沛縣知縣吴封，因該縣見被水災，託病在籍，呈請開缺，顯然有心規避，請旨革職，留工效力一摺，業經明降諭旨，將吴封從重改發烏嚕木齊，以爲昧良規避者戒。吏部辦理此案甚屬公當，並非堂官攬權，故示風厲者可比。【略】至譚尚忠【略】甫任巡撫，即徇情邀譽，安望其能整飭吏治耶？【略】豈可復留巡撫之任，所有安徽巡撫員缺，著富躬補授，廣西布政使員缺，著瑺齡調補，江蘇布政使員缺，著伊星阿補授。譚尚忠即著加恩降補福建按察使，以觀後效，將此通諭中外知之。

《高宗實録》卷一一六〇　秋七月丙申朔，阿桂不必由東省查勘，應即由京徑赴豫工，督辦一切。

戊戌，諭：前據明亮等參奏，迪化州知州德平等，自乾隆三十九年以後，俱有採買糧石、侵蝕銀兩之事。【略】索諾木策凌，所擬斬決之罪，姑從寬改爲應斬監候，秋後處決。

癸卯，諭曰：國泰、于易簡前在山東撫藩任内朋比營私，國泰身任封疆，勒派通省屬員，婪索得贓，數至累萬。【略】玆又據明興奏，查辦山東各屬虧空，竟至二百萬兩之多。【略】國泰、于易簡著加恩賜令自盡，派侍郎諸穆親前往宣旨監看，並將此通諭中外知之。

《東華續録》乾隆九六　甲辰，命續繕《四庫全書》三分，分庋揚州文匯閣、鎮江文宗閣、杭州文瀾閣。

《高宗實録》卷一一六〇　又諭：各省督撫，每逢年節，及朕萬壽，呈進貢物，原以聯上下之情，在伊等本任養廉，原屬優厚，除贍給身家，及延請幕賓支用外，出其贏餘，備物申悃，固所不禁，而伊等之陞遷、倚任則全不係乎此也。從前尹繼善、梁詩正、高晉諸人，或由封疆簡任綸扉，或由卿貳晉參密勿，伊等並不以貢獻見長，此天下所共知，亦屢以申諭矣。即如李侍堯，久任總督，其所辦貢物較他人爲優，但實因其才堪任事，是以簡畀封疆，前以收受礦課盈餘，一經發覺，

朕即治以應得之罪，未嘗稍事姑容。適有上年蘇四十三之事，軍務倥偬，一時不得其人，是以棄瑕録用，令其自効，然僅予以三品頂帶署理總督，以贖前愆。自莅任以來，查辦監糧冒賑一案，不避嫌怨，積弊一清，實不負朕加恩復用之意，是以昨始降旨，賞還現任頂帶，並非因從前呈進貢物較優，疊邀恩眷也。【略】總之，督撫大吏，惟當正己率屬，潔清自矢，庶不負察吏安民之任，若專以進獻爲能事，已非大臣公忠體國之道。

《東華續録》乾隆九六　己酉，諭：禮部具題，本年八月十五日京師月食，百官朝服齊集太常寺，行救護禮一本。雖係照例具題，但日月薄蝕，究非經行常度，向來朕遇此等事，皆與宫中素服拈香，行救護禮，百官齊集救護，亦應素服將事，以合奏鼓之義。嗣後如遇日、月食，雖當應穿朝服之期，亦著用素服行禮。著爲令。

己未，諭：河東河道總督韓鑅見在丁憂，所遺員缺緊要，見任淮徐道何裕城，從前隨父何煟辦事年久，於一切河防事宜尚屬熟悉，何裕城著加恩署理河東河道總督，其所遺淮徐道員缺，著劉錫嘏調補。

癸亥，以陸費墀爲内閣學士。

《高宗實録》卷一一六一　豁免甘肅隴西、寧夏、寧朔、平羅等四縣乾隆四十六年分水災額賦。

《東華續録》乾隆九六　八月乙丑朔，諭：上年甘肅冒賑案監候官犯，前經隨勦蘭州逆回在事出力者俱免死，發黑龍江。

甲戌，諭：見在内外大臣中，襄贊綸扉，侍直樞禁，敭歷封疆，宣力年久者，均宜加予宫銜，以昭優眷。大學士英廉著加太子太保，嵇璜著加太子太保，尚書和珅著加太子太保，梁國治著加太子少傅，總督鄭大進著加太子少傅，薩載著加太子少保，李侍堯著加太子太保，福康安著加太子太保，以示朕嘉奬勤勞之意。

乙亥，以徐嗣曾爲福建布政使，許祖京爲雲南按察使。

庚辰，以永保爲直隸布政使。

壬午，諭：江蘇淮、徐兩府屬水災，常予賑恤，不必論月，俟水退時停止。命截留江西漕糧三十萬石，於山東備賑。

召孫嘉樂來京，以繆其吉爲四川按察使。

《高宗實録》卷一一六三　丁亥，以喀爾喀賽音諾顔部落扎薩克棍楚克扎布，爲烏里雅蘇台參贊大臣。

戊子，蠲免安徽東流、鳳陽、盱眙、滁州、全椒等五州縣學田乾隆四十六年分水、旱災額賦。

《東華續録》乾隆九六　九月辛丑，諭：據尚安奏，接暹羅國鄭華稟稱，因伊父鄭昭病故，臨終囑其尊奉天朝，永求福庇，兹特齎文稟報，俟至貢期，當遵例虔備方物朝貢等語。鄭昭於上年輸忱獻納，極爲恭順，是以准其朝貢，並加恩賞賚筵宴，以示懷柔。今鄭華遵父遺言，效忠輸忱，理應專遣使臣具表懇請，乃僅遣夷目齎文稟報，自不便遽准所請。見已令軍機大臣擬寫檄稟，諭以接閲來稟，【略】如果欲效忠輸悃，承受天朝封號，必須具表自行懇求，本部堂方可代爲轉奏，用是剴切曉諭，爾其知悉，此檄該督等即可遵照辦理發往。至該國貢船入境，所有壓艙貨物，自當照例免其納税，並委妥員防護伴送，以示體恤。將此由五百里諭令知之。

吏部議覆，陝甘總督李侍堯奏，陝省興安州形勢險要，户口較前增至數十倍，請改爲興安府兼設撫民通判，並於縣屬分設佐雜等員。從之。

癸卯，以喀阿甯爲刑部尚書。

丁未，調景禄爲湖南按察使，以李天培爲廣東按察使。

己酉，諭：山東兗、曹二府及濟甯州各屬被水最重之處，常予賑恤，不必論月，俟水退時停止。

辛亥，陳輝祖著革職拏問，所有閩浙總督員缺，著富勒渾補授，其河南巡撫員缺，著李世傑調補，查禮著補授湖南巡撫。富勒渾俟李世傑到河南後，再起身前赴浙江。湖南巡撫事務，著舒常帶總督印速往兼署，李世傑赴豫必由湖北經過，接奉此旨，即帶印迎交舒常接收，迅速赴豫。將此各諭令知之。

壬子，以奇豐額爲安徽布政使，張誠基爲貴州按察使。以陳用敷爲四川布政使，杜琮爲廣東按察使。

《高宗實録》卷一一六五　甲寅，蠲免盛京開原城旗地本年雹災額賦，并借給口糧。

《東華續録》乾隆九六　戊午，以景禄爲湖南布政使，孫梏爲安徽按察使。

己未，以伍拉納爲湖南按察使。

《高宗實録》卷一一六五　辛酉，蠲免奉天承德、海城、蓋平、廣寧等四縣，并岫巖通判乾隆四十六年分水災應徵地丁錢糧。

《高宗實録》卷一一六六　冬十月丁丑，賑河南汝陽、上蔡【略】等十六縣，水

災貧民，併蠲緩新舊錢糧倉穀有差。

《東華續録》乾隆九六　壬午，以馮光熊爲甘肅布政使。

癸未，改廣西桂林府糧捕通判爲思恩府通判，移駐思恩。

《東華續録》乾隆九六　甲申，以福松爲浙江巡撫。

《高宗實録》卷一一六七　賑安徽壽州、鳳臺【略】等十六州縣衛水、旱災民，併蠲緩新舊錢糧、漕米有差。

丙戌，賑江蘇銅山、豐縣【略】等二十二州縣衛水、旱災民，併蠲緩新舊漕糧、銀米有差。

《東華續録》乾隆九六　以吴之黼爲江西按察使。

十一月丁巳，晉封固山貝子允祁爲多羅貝勒。

戊午，以費淳爲雲南布政使，温葆初爲山西按察使。

辛酉，第二分《四庫全書》告成。

十二月甲子，陳輝祖著從寬改爲應斬監候，秋後處決。國棟【略】自應照所擬從重，改發新疆，充當苦差。陳淮前經降旨，與李封發往河工效力，令據陳輝祖供明，尚無通同抽换情弊，仍著照前旨行。其餘案内各犯，俱照大學士、九卿等分别覈擬罪名完結。

甲戌，諭：皇祖諸孫内，惟内大臣弘最年齒加長，著加恩封爲輔國公。

諭：嗣後旗人承襲他旗同姓世職，已歷三世者，悉世襲罔替。

辛巳，賞監生趙秉沖内閣中書，一體會試。

丁亥，召王杲來京，調孫栝爲浙江按察使，以袁鑒爲安徽按察使。

是歲，朝鮮、琉球、暹羅來貢。

乾隆四八年（癸卯、一七八三）

《東華續録》乾隆九七　春正月甲午，查禮卒，以伊星阿爲湖南巡撫。

乙未，調永保爲蘇州布政使，景禄爲直隸布政使，以王站住爲湖南布政使，調伍拉納爲河南按察使，以姚頤爲湖南按察使。

甲辰，移雲南府通判駐省城，命水利同知管哨局事。

丁未，諭：兩江總督薩載、閩浙總督富勒渾等合詞陳奏，以江、浙兩省臣民望幸情殷，且河工、海塘以次告竣，一切善後事宜，尤冀親臨指示，懇請於乾隆四十九年春，六舉南巡盛典，以愜輿情一摺。【略】著照所請，於乾隆四十九年五月，諏吉啓鑾，祗謁孔林，巡幸江、浙，順道親閲河工、海塘。所有各處行宫座落，俱就舊有規模略加葺治，毋得踵事增華，致滋繁費，該督、撫等其善體朕意，妥協辦理，副朕省方問俗、觀民孚惠至意。

戊申，實授薩載兩江總督，畢沅陝西巡撫，劉秉恬雲南巡撫。

庚戌，免直隸未完耗羨。

癸丑，刑部以臺灣械鬬首犯謝笑之子謝長等覈擬具奏。諭：向來大逆緣坐人犯，應行問擬斬決者，俱降旨從寬改爲斬候，秋審時亦不予句，以昭法外之仁。但此案謝笑因漳、泉二郡民人搆釁，輒敢倡議寫帖，糾聚莊民械鬬，焚掠，與反叛無異。【略】該犯之子謝長，與尋常逆案緣坐者不同，著即照大逆緣坐律即行處斬，交該督撫派委妥員解往臺灣，於犯事地方正法示衆，俾奸頑共知法網森嚴，即逃至内地，亦必緝獲治罪，以靖海疆而安良善，餘著照部議完結。至雅德將逆犯謝笑之子僅擬發遣，實屬寬縱，雅德著交部嚴加議處。

開鎮江新河。

《高宗實録》卷一一七三　庚申，諭：昨御史秦清奏，請嚴禁外省餽送，以清虧空一摺。因其語無指實，降旨令將現在各省餽送者何人、受餽者何人、虧空者何處，逐一指出，明白覆奏，原欲其據實糾參，朕不難嚴查重辦，以儆官邪。今日據秦清覆奏，實因一己私見，以爲虧空由餽送所致，是以冒昧入告，欲因已往而戒將來，意中原無其人，並無其處等語。所奏全屬空言，毫無實際，此風斷不可長。從前錢澧參奏國泰一案，即時特派大臣查審辦理，其所參款蹟，雖未盡實，已就審實各款，將國泰治罪，錢澧加恩陞用。然此事朕本早有風聞，是以一經被參，即行辦理，原非僅因錢澧之奏也。至王亶望、陳輝祖各案，想早在人耳目，朕待科道之參奏已久，而總未見其人，始行查辦破案。可見漢人科甲，官官相護，牢不可破，設使國泰係科甲漢人，想錢澧亦未必即行參奏也。明季科道陋習，始則摭拾浮詞，互相攻擊，繼且各立門户，伐異黨同，甚至置國是於不問，轉以廷杖博讜直之名，此即所謂妖孽，非國家所宜有，不可不防其漸。

《東華續録》乾隆九七　二月癸亥，郎若伊因病解任，以王昶爲直隸按察使。

《高宗實録》卷一一七四　甲子，諭曰：陳輝祖抽换王亶望入官財物一案，【略】陳輝祖本應照擬即行正法，但念伊辦理海塘，尚無貽誤，著加恩免其肆市，即派福長安、穆精阿前往，將此旨明白宣諭，監視賜令自盡，以爲封疆大臣廢弛

地方者戒。

又諭曰：王燧前在浙江杭嘉湖道任内，倚恃王亶望信任，貪縱不職，牟利營私，【略】王燧著照軍機大臣及該部所擬，即行處斬，著派穆精阿前往監視行刑，以爲監司大員，與上司朋比爲奸，藉端婪索殃民者戒。將此通諭知之。

《東華續録》乾隆九七　乙丑，諭：都察院奏，將吏部侍郎阿肅議以革職一摺。阿肅係滿洲侍郎，於齋戒、忌辰之日，任聽家中演唱影戲，非尋常錯誤可比。阿肅著革去侍郎，第念其在尚書房行走，仍兼公中佐領。所遺吏部侍郎員缺，著諾穆親調補，其工部侍郎員缺，著塔彰阿補授。

以鄂寶爲盛京户部侍郎，毓奇爲漕運總督。

己巳，召李侍堯來京，以畢沅爲陝甘總督，圖薩布署陝西巡撫。

庚午，吏部以浙江知縣管嵩籍距本任過近，奏請改銓。命於五百里外對調，毋庸另選，著爲令。

辛未，上啓鑾謁泰陵、泰東陵。免經過地方本年額賦十分之三。

《高宗實録》卷一一七五　庚辰，加賑山東鄒縣、滕縣【略】十三州縣，濟寧、臨清二衛乾隆四十七年分水災飢民。

《東華續録》乾隆九七　辛巳，上閲健鋭營兵。

《高宗實録》卷一一七五　壬午，賑貸河南汝陽、上蔡【略】等十六州縣乾隆四十七年分水災飢民，並緩徵未成災地畝銀穀。

《東華續録》乾隆九七　戊子，諭：朕披閲明臣奏議，熊廷弼爲遼東經略時，抒誠效命，所奏諸疏具見忠鯁，而其時主闇政昏，不惟不用其言，轉致身罹重辟，深可憫惻，因降旨查其見在有無子孫，曾否出仕。滋據舒常等查奏，熊廷弼後裔均以務農爲業，惟次支之五世孫熊泗先業儒，人尚明白等語。熊泗先著加恩以訓導用，該督撫即行咨補，俟六年俸滿後，如果堪膺民社，再行保舉，送部引見。

移湖北襄陽鎮前營都司守備駐穀城。

三月丁酉，以秦承恩爲四川布政使。

戊戌，調王昶爲陝西按察使，以伊桑阿爲直隸按察使。

辛丑，以朱椿爲兵部侍郎，劉峩爲廣西巡撫。

乙巳，諭：嗣後各省逆匪、刧盜於審明後，交按察使收禁，奉旨後即在省城正法，其應梟示者，傳首犯事地方。著爲令。

丙午，以汪新爲山西布政使，馮廷丞爲湖北按察使。

丁未，以金士松爲禮部左侍郎。

戊申，以江南沛縣上年水災，命薩載親往履勘，於高燥地方改建城垣。

《高宗實録》卷一一七七　甲寅，蠲免江蘇銅山、豐縣【略】等十九州縣，并淮安、大河、徐州等三衛乾隆四十七年分水旱災丁屯租賦有差。

《東華續録》乾隆九七　以趙鋘爲内閣學士。

乙卯，復揀選武進士舊例。

以扎勒翰爲内閣學士。

己未，以巴忠、松筠俱爲内閣學士。

夏四月乙亥，上閲火器營兵。

《高宗實録》卷一一七九　辛巳，蠲免河南汝陽、上蔡【略】等十六縣乾隆四十七年分水災額賦有差。

《東華續録》乾隆九七　丁亥，諭：向例總督俱兼兵部尚書、右都御史銜，巡撫俱兼兵部侍郎、右副都御史銜，但漕運、河道總督並無地方之責，究與各省總督不同，況又有由道員升署，及簡擢初任之員，若一例兼銜，未免太優，不可不量爲區別。嗣後漕運、河道總督，該部具奏請給與兵部侍郎、右副都御史銜，著爲令。

五月辛卯朔，諭：李奉翰擢用河道總督已逾數年，且辦理河務尚屬奮勉，著加恩仍兼兵部尚書、右都御史銜。漕運總督毓奇甫經擢用，著照新例，改授爲兵部侍郎、右副都御史銜。

癸巳，定月選各官豫借養廉，由各省報撥例。

丙申，調王站住爲四川布政使，秦承恩爲湖南布政使。

《東華續録》乾隆九七　丁酉，諭：據李世傑奏，豫省堵築青龍岡漫工，及築隄濬渠，歷次酌增夫料價值銀九百四十五萬三千九百餘兩，請分作三十年攤徵以紓民力一摺。【略】所有此次該撫等所請分年攤徵銀九百四十五萬三千九百二十餘兩，以及上次攤徵未完銀九十四萬五千餘兩，俱著加恩普行豁免，以仰答昊蒼嘉貺，並示朕愛惠黎元、爲民藏富至意。

戊戌，免甘肅三十六年至四十六年帶徵銭糧。

《高宗實録》卷一一八〇　壬寅，刑部遵旨議奏：向例以藥迷人得財者，不分首從皆斬，不得財者，發黑龍江給披甲人爲奴。嗣於乾隆三十八年，定首先傳授藥方，以致轉傳貽害之犯，擬斬永遠監禁之例，徒有擬斬之名，未彰棄市之法。

請嗣後有人已被迷，經他人救醒，雖未得財，將首先傳方、及下手迷人之犯，均擬斬監候，入於秋審辦理。若甫經學習，及雖已合藥，即行敗露，或欲迷之人知覺，未經受累，均發往伊犁，給厄魯特爲奴，倘到配後，故智復萌，並脱逃者，即行正法。載入則例，通行遵照。從之。

《東華續録》乾隆九七　甲辰，王杰丁憂，以朱椿爲左都御史，調彭元瑞爲兵部右侍郎，以吴垣爲吏部右侍郎。

《高宗實録》卷一一八一　丙午，蠲免安徽壽州、鳳陽、懷遠、靈璧、鳳臺、潁上、霍邱、泗州、盱眙、天長、五河十一州、縣乾隆四十七年分水災額賦有差。

《東華續録》乾隆九七　諭：協辦大學士、吏部尚書永貴【略】溘逝，尋予祭葬，謚文勤。

丁未，直隸總督袁守侗【略】溘逝，著加恩晉贈太子太保，准入賢良祠。所有任内降革處分，俱予開復，其應得卹典，該部察例具奏，尋予祭葬，謚清慤。以劉峩爲直隸總督，孫士毅爲廣西巡撫。以陸燿署山東布政使，俟服闋再行實授。以伍彌泰爲吏部尚書，協辦大學士。

戊申，諭：朕披閲明史，袁崇焕督師薊遼，尚能忠於所事，而其時主闇政昏，不能罄其忱悃，以致身罹重辟，深可憫惻，因降旨查其見在有無子孫，曾否出仕。兹據該撫尚安查奏，袁崇焕無嗣，係伊嫡堂弟文焕之子入繼爲嗣，見有五世孫袁炳，並未出仕等語。所奏尚未明晰，袁炳如果文理通順，即照熊廷弼裔孫之例，以訓導咨補，俟六年俸滿，察其堪膺民社，再行保舉，送部引見。如僅能麤曉字義，人尚明白，即以佐雜等官補用。若未經讀書，以務農爲業，即賞給八品頂帶榮身。著該撫查明，遵照辦理具奏。

庚戌，命署工部尚書福康安軍機處行走。

《高宗實録》卷一一八一　甲寅，諭：朕此次啓鑾前往熱河，所有經過地方，著加恩蠲免本年地丁錢糧十分之三。

《東華續録》乾隆九七　六月丙寅，諭：和珅著施恩賞戴雙眼花翎。

丁卯，命改建浙江范公塘爲石塘。

丙子，諭：弘最著革去奉恩輔國公並内大臣，延恒著革去四品宗室頂帶，交留京辦事王大臣，會同宗人府、刑部，秉公嚴審，定擬具奏。

壬午，諭：弘最於伊姪延恒，令許鳴冒充家人，捏造諭帖，赴静海縣私收地畝一事，曾與許鳴見過兩次，又令與延恒商同辦理。【略】引最著加恩仍授爲散秩大臣，令其在家閉户閒住，不必當差行走。【略】延恒依擬絞候，著交宗人府嚴行圈禁，照例辦理。許鳴依擬應絞，著監候，秋後處決。

癸未，命伊犁綏定、塔勒奇二城倉，務照惠遠等城例，派專員經理。

《高宗實録》卷一一八四　秋七月庚寅朔，加賑山東利津、霑化、樂安、壽光、昌邑、濰縣等六縣，永阜、永利、官臺、王家岡、富國等五場乾隆四十七年秋禾被水災民口糧。

癸巳，豁除甘肅皋蘭、静寧【略】等十五廳州縣乾隆四十五年秋禾水災額賦。

《東華續録》乾隆九八　丁酉，命各省大挑，分發舉人，以知縣、佐貳分别補用。

戊申，以李慶棻爲河南布政使，李廷揚爲江蘇按察使。

乙卯，諭：據英廉奏，近日病勢轉增，急難痊愈，懇請開缺等語。見在内閣協辦乏人，蔡新著補授大學士，梁國治著協辦大學士。劉墉著補授吏部尚書，其工部尚書員缺，著金簡補授，福長安著轉補户部左侍郎。諾穆親著調補户部右侍郎，其吏部右侍郎員缺，著玉鼎柱補授，所遺盛京禮部侍郎員缺，著宜興補授。

八月己巳，命蔡新爲文華殿大學士，兼吏部尚書。

《高宗實録》卷一一八六　庚午，賜達賴喇嘛玉册、玉寶。

甲戌，將明亮、巴林泰革職嚴審具奏，仍遵前旨拏解來京。

《高宗實録》卷一一八七　乙亥，諭：朕由熱河前往盛京，恭謁祖陵，所有經過直隸、奉天各州縣，著蠲免本年地丁錢糧十分之五，該部即遵諭行。

《東華續録》乾隆九八　戊寅，以勒保爲兵部右侍郎，琅玕爲内閣學士。

庚辰，廣東巡撫尚安奏：遵旨訪查袁崇焕之五世孫袁炳，麤曉字義，人尚明白，應照熊廷弼裔孫之例，以佐雜等官選補。報聞。

《高宗實録》卷一一八七　辛巳，喀喇沁郡王喇特納錫第等迎駕。

丁亥，科爾沁親王恭格喇布坦、巴林郡王巴圖等迎駕。

《高宗實録》卷一一八八　九月己丑朔，上御行營宫門，閲盛京、吉林官員、兵丁射。

《東華續録》乾隆九八　庚寅，以喜常爲内閣學士。

朝鮮國王李祘奉表修貢，遣陪臣在盛京迎駕、恭祝萬壽，命照例加賞，並賜御製詩章。

乙未，免奉天府屬四十九年錢糧。

《高宗實録》卷一一八八　己亥，諭：朕恭謁祖陵禮成，現降旨，將奉天所屬府州縣，乾隆四十九年地丁正項錢糧，通行豁免。所有各莊頭，及旗地應納糧石、草束等項，自應一體加恩，以敷渥澤。著將盛京户部各莊頭，本年應交倉糧一萬餘石，免其交納，所有各處匠役應需口糧，著於舊存倉糧内撥給。其盛京、興京、遼陽、牛莊、蓋平、熊岳、復州、金州、岫巖、鳳凰城、開原、錦州、寧遠、廣寧、義州等十五處旗地，本年應納米豆草束，亦著免徵一半，俾旗莊均霑嘉惠。該部即遵諭行。

又諭：盛京等處，俗厚風淳，獄訟衰息，惟因五方雜處，良莠不齊，其無知而蹈法網者，亦復不免。朕恭謁祖陵，禮成行慶，業經疊沛恩膏，並宜式措祥刑，益敷愷澤，所有奉天、吉林、黑龍江等處軍民人等，除十惡死罪、及秋審情實各犯外，其餘已結未結、一應死罪，俱著減等發落，軍流以下，悉予寬免，用昭肆眚施惠至意。

《東華續録》乾隆九八　甲辰，臨奠武勳王揚古利墓。

敕諭襲封哈薩克汗杭和卓。

乙巳，廣盛京及奉天學額。

甲寅，以陳步瀛爲山西按察使。

冬十月辛酉，命黄河沿隄種柳，申禁近隄取土。

癸亥，諭：晉省刑名案件繁多，近來辦理多有未協，必須熟諳刑名之員，方克勝任，所有山西按察使員缺，著長麟補授。陳步瀛著仍留蘭州道任，福建興泉永道員缺，著李廷楊補授。江蘇按察使員缺，亦屬謹要，著琅玕補授，著即各赴新任，不必來京請訓。秦學溥見在交部嚴加議處，例應降調，所遺蘇松糧儲道員缺，著納清額補授。

諭：琅玕所遺内閣學士兼禮部侍郎員缺，著伯興調補，其所遺盛京兵部侍郎，即著宜興暫行兼署，奉天府府尹事務，著鄂寶兼管。

丙寅，命覺羅官員不必在奏事處行走。

乙亥，前任湖北按察使汪新，以賄屬頂兇重案不能究出實情，率行審轉，降三級調用。

以范宜清爲盛京兵部侍郎，以李天培爲山西布政使。

己卯，宗人府議處宗室明定貪利妄控，請旨照例圈禁一年。得旨：依議。上年加恩宗室，一體給與四品頂帶，原所以示優眷而昭勸勵。今明定乃貪利妄控，實屬不知自愛，若僅照例圈禁一年，無以示儆，明定著革去頂帶。嗣後宗室有似此犯圈禁之罪者，即著革去頂帶，著爲令。

十一月己丑，軍機大臣議准四川成都將軍特成額奏，平定兩金川後，該處降番就近安插，八年以來，該降番等久沐深恩，各安耕作，遇有差遣，莫不奮勉出力，無異内地民人，懇准改土爲屯，除去降番名目。又稱降番等生齒日繁，男婦約計九千餘名口，應設專員管理，請令懋功協中軍都司與綏靖營遊擊就近彈壓，仍飭懋功協副將統爲控制，其錢糧、命盜案件歸美諾同知辦理，該管員不許越俎干與。從之。

乙未，調福甯爲安徽按察使，以陳步瀛爲甘肅按察使。

庚子，以明春南巡，命截留江南、浙江漕糧各十萬石，於水陸駐蹕地方，分廠糶平。

十二月庚申，命臺灣總兵、道、府，五年任滿更調，著爲令。

乙丑，諭：鄭源璹著調補山西布政使，其廣東布政使員缺，即著李天培調補。李天培於途次不拘何處接奉諭旨，即赴新任，不必來京請訓。

甲戌，以成策爲盛京工部侍郎。

《高宗實録》卷一一九五　丙子，賑卹陝西榆林、懷遠、葭州、神木、府谷、綏德、米脂、吴堡等八州縣被災貧民，並予蠲緩。

《東華續録》乾隆九八　是歲，朝鮮來貢。

乾隆四九年（甲辰、一七八四）

《高宗實録》卷一一九七　春正月丁未，上南巡，車駕發京師。

《東華續録》乾隆九九　免直隸、山東經過地方本年額賦十分之三。

戊申，免直隸順天等十二府州屬逋賦。

甲寅，尚安丁憂，調孫士毅爲廣東巡撫，以吴垣爲廣西巡撫，調彭元瑞爲吏部右侍郎，金士松爲兵部右侍郎，以陸費墀爲禮部侍郎。

丙辰，諭：前據永德奏，廣東鹽商派捐公費一案，因降旨令福康安前往查辦，兹據奏查訊此案大槩情形一摺。於總督巴延三雖未據審有染指分肥情事，但巴延三身任總督，於此等商總派累，亦照積弊辦理，並未據實奏明，顯有迴護，其咎已無可辭。且爲人拘懦，難勝繁劇，若仍留總督之任，將來辦理諸事，必多

貽誤，巴延三著來京候旨。兩廣總督員缺，著舒常調補，其湖廣總督員缺，著特成額補授。舒常接奉此旨，即著交印馳赴新任，不必來京請訓。舒常未到任之先，兩廣總督印務，著永德暫行署理，其湖廣總督印務，特成額未到任之先，即著舒常就近交伊星阿暫行兼署。

免山東利津等二十一州縣衛逋賦。

二月辛酉，諭：州、縣因公按法責斃所屬人役，毋庸議以奪職。著爲令。

壬申，免江甯蘇州、安徽各屬逋賦。

李本卒，以永保爲貴州巡撫。調李慶棻爲江蘇布政使，以江蘭署河南布政使，俟服滿實授。

癸酉，除江蘇吴縣公田額徵留備公用米。

戊寅，廣江蘇、安徽、浙江科試學額。

壬午，免江南江甯、蘇州，浙江杭州等附郭諸縣本年地丁糧錢。

甲申，免兩淮竈户四十五年、四十六年逋賦。

以朱珪爲内閣學士。

三月丁亥，調周煌爲左都御史。

己丑，諭：兵部尚書員缺，著王杰補授，仍著在籍守制，俟服滿來京供職。王杰未到任以前，所有兵部尚書事務，即著劉墉兼署。

壬辰，免湖北江夏等二十四州縣衛三十年至四十四年逋賦。

丁酉，再免浙江杭州、嘉興、湖州三府屬本年額賦十分之三。

癸卯，閱杭州駐防兵。

丙午，賜浙江、福建召試諸生張師誠等四人爲舉人，授内閣中書。

戊申，上閱福建水師。

甲寅，諭：【略】李侍堯著加恩免其治罪，從寬改爲革職留任。巴延三亦著照議革職，加恩免其治罪，仍俟到京後，再行酌量差遣，另降諭旨。尚安、李質穎俱著照部議革任，尚安俟百日滿後，酌派前往新疆辦事，效力贖罪，李質穎係内務府人員，候朕另行於内務府差遣。

閏三月丙辰朔，兵部尚書、額駙、公福隆安卒，賞銀五千兩治喪，予祭葬，謚勤恪。

以福康安爲兵部尚書，復興署工部尚書。

壬戌，安南國王黎維褍遣陪臣黄仲政等迎駕。

甲子，上詣明太祖陵行禮。

賜安南國王黎維褍御書扁額。

賜江蘇、安徽召試進士莊選辰爲内閣中書，諸生劉召揚等四人爲舉人，並授内閣中書，江西召試諸生譚光祥等二人爲舉人。

乙丑，上閱江甯駐防兵。

《高宗實録》卷一二〇二　蠲免江蘇上元、句容、丹徒、銅山、豐縣、沛縣、邳州、徐州衛等八州縣衛乾隆四十八年分水、旱災額賦租課有差。

《高宗實録》卷一二〇三　戊寅，蠲免安徽懷寧、桐城、宿松、望江、貴池、東流、靈璧、泗州、盱眙、天長等十州縣，安慶、鳳陽、泗州等三衛乾隆四十八年分水、旱災額賦。其不成災之合肥、壽州、鳳陽、懷遠、定遠、鳳臺、五河、長淮等八州縣衛額賦，分別蠲緩有差。

《高宗實録》卷一二〇四　夏四月丙戌，蠲免直隸宛平、房山、良鄉、易州、淶水等五州縣乾隆四十八年分額賦有差。

《東華續録》乾隆九九　庚寅，諭：緑營告休人員曾臨陣受傷者，准食全俸。著爲令。

辛卯，以陳用敷爲廣東布政使。

甲午，命烏嚕木齊行保甲法。

《高宗實録》卷一二〇四　軍機大臣議奏：據烏嚕木齊都統海禄奏稱，烏嚕木齊近日人烟稠雜，請照内地編排保甲，設牌頭、甲長、保長，按户填寫門牌，隨時稽察。各廠挖金人等，該地方官給票查驗。應如所請，仍禁胥役擾累。從之。

《東華續録》乾隆九九　壬寅，郝碩以不稱職，召來京，以李綬爲江西巡撫。

癸卯，命哲哩木等六盟之蒙古王、貝勒、貝子、公、扎薩克、台吉，明歲年屆六十者，入千叟宴。

命奉天採購麥石，運京備糶。

甲辰，以河南衛輝等屬旱，免汲縣等十六縣逋賦。

乙巳，免直隸大名等七州縣逋賦。

《高宗實録》卷一二〇五　丙午，諭軍機大臣等：據剛塔奏，固原新教回人田五等聚衆滋擾，該處與西安府相距不遠，而離寧夏尤近，亦當豫爲籌備。著傅玉、莽古賚酌量各派兵數百名，俟李侍堯咨調時，即作速帶兵前往應用。

丁未，諭曰：海禄著補放烏什參贊大臣，總理各回城事務。副都統敷倫泰

著前往喀什噶爾辦事，圖思義著加恩賞給二品頂帶，暫往烏嚕木齊，署理都統事務，効力贖罪。

《東華續録》乾隆九九　庚戌，免陝西、甘肅三十八年至四十六年逋賦。

辛亥，調李綬爲湖南巡撫，以伊星阿爲江西巡撫。

《高宗實録》卷一二〇五　甲寅，賜一甲茹棻、邵瑛、邵玉清三人進士及第，二甲李長森等四十人進士出身，三甲陳觀等六十九人同進士出身。

《東華續録》乾隆九九　五月丙辰，綽克托以總理回疆，辦事乖謬，奪職逮問。以慶桂爲工部尚書。

丁巳，諭：塔永阿年力就衰，著專辦護軍統領事務，不必兼内閣學士，其内閣學士員缺，著塔彰阿補授。所有工部右侍郎員缺，著伊齡阿授補。命工部尚書慶桂軍機處行走。

《高宗實録》卷一二〇六　李侍堯奏：官兵於二十三、四等日，兩次打仗，殺賊甚多，頭人田介洪、吴二、韓二先後被殺，賊匪首犯田五，腹中鎗傷，在馬營水抹脖身死，埋屍山溝，差守備朱進廷，前往刨驗，面貌相符，割取首級梟示。餘剩有八、九十人竄往佘家溝一帶，現已添派官兵，上緊追拏等語。

《東華續録》乾隆九九　辛酉，諭軍機大臣等：前據李侍堯奏，賊首田五已殲，餘黨竄散，官兵截拏追勦。朕意此時自當早已完結，本日又據奏到，馬家堡、黑莊兩處賊匪屯聚約有一千餘人，見調取官兵接續，以爲必勝之計等語。此案賊首業經殲斃，官兵所殺之賊又有數百名，乃此時尚有千餘賊衆，自係田五斃後，其餘賊李鬍子、馬鬍子又復隨處句結、脅誘，可見新教煽惑人心，牢不可破，必當浄絶根株，勿留餘孽。

免山東兖州等三府州屬上年帶徵漕米。

《高宗實録》卷一二〇六　壬戌，諭：朕此次巡幸木蘭，駐蹕熱河，所有經過地方，著加恩蠲免本年地丁錢糧十分之三。

《東華續録》乾隆九九　癸亥，免陝西延安等三府州屬四十七年、四十八年逋賦。

丁卯，以劉躍雲爲内閣學士。

《高宗實録》卷一二〇六　己巳，諭曰：李侍堯等於勦捕回匪一案，未能妥協，著派尚書福康安，帶欽差大臣關防，同領侍衛内大臣海蘭察，帶領巴圖魯侍衛等，分起馳驛前往，勦捕督辦。

《東華續録》乾隆九九　壬申，諭軍機大臣等：據伍岱等奏，賊人復行竄逸，且有石峯堡等處回民聚集滋擾之事，並稱回匪頭人有馬阿不都、馬之元、沙之玉、馬世雄四人，都是三掌教頭目，更有小頭人四名等語。

甲戌，以阿桂爲將軍，福康安、海蘭察、伍岱爲參贊大臣，領京兵進勦逆回。

乙亥，以舒亮爲領隊大臣，釋明亮、春甯於獄，賞藍翎侍衛，命隨往軍營效力。

《高宗實録》卷一二〇七　乙亥，諭曰：李侍堯等奏，賊回滋擾通渭縣城，隨經派往勦捕之都司福德保、代什衣等奮力擊殺，回匪即出城外。

《東華續録》乾隆九九　戊寅，諭：【略】著傳諭海禄、保成，將此旨用布嚕特字書寫，傳集布嚕特等，令其普爲曉示邊卡内外各鄂拓克所屬之布嚕特等不必畏懼，安常守分，以其永沐朕恩。

己卯，以汪新爲湖南按察使。

《高宗實録》卷一二〇七　庚辰，【略】李侍堯既玩愒於平時，又畏葸於臨事，遂使賊勢蔓延猖獗，到處勾通，李侍堯之罪，實無可逭。李侍堯著革職，暫留甘省，帶罪効力，辦理軍需事務，俟勦滅事竣，再降諭旨，其陝甘總督員缺，著福康安補授。剛塔著革職拏問，解交刑部治罪，其固原提督員缺，著哈當阿補授。

《東華續録》乾隆九九　以復興爲參贊大臣，善德爲領隊大臣，赴甘肅協勦逆回。

辛巳，諭：慶桂著調補兵部尚書，其工部尚書員缺，著復興調補。復興見在出差，所有工部尚書事務，仍著慶桂兼署。阿揚阿著補授都察院左都御史，其未到任以前，著德保兼署。穆精阿著轉補刑部左侍郎，其刑部右侍郎員缺，即著塔琦補授。

《高宗實録》卷一二〇七　癸未，〔郝碩〕乃於地方事務，置若罔聞，輒藉進京盤費、海塘交項，屢向屬員婪索，以致合省承風，公幫私派，統計收受饋送銀兩，竟至累萬盈千，敗檢辜恩，莫此爲甚。【略】著革職拏問，解至熱河審訊治罪。

《東華續録》乾隆九九　諭：江西布政使員缺，著李承鄴署理，按察使員缺，著姚棻署理，著各速赴新任，不必來熱河請訓。

諭：馮光熊前於江西按察使任内，曾餽送郝碩銀兩，難以復膺藩司之任，馮光熊著革職，仍留甘省戴罪效力，協辦軍需事務，其甘肅布政使員缺，著浦霖補授。

六月庚寅，免甘肅全省本年額賦。

丁未，諭：廣西布政使員缺，著奇豐額調補，浦霖著調補安徽布政使，即赴新任，不必來熱河請訓，亦無庸馳驛。其甘肅布政使員缺，著陳步瀛補授。汪新著調補甘肅按察使，其湖南按察使員缺，著德克進布補授。

戊申，諭：【略】此案薩載之罪，若竟予從寬革職留任，不足蔽辜，著於總督任内罰去養廉三年，仍革職留任，以爲總督大員不能舉劾巡撫貪污、因循瞻徇者戒。

諭：富躬見在患病，准其解任回旗調理，安徽巡撫員缺，著書麟補授。其倉場侍郎員缺，著保泰補授，保泰所署勒保兵部侍郎員缺，著塔琦署理，其刑部右侍郎員缺，著景禄補授。伊桑阿署補授直隸布政使，其按察使員缺，著梁肯堂補授，所遺清河道員缺，著朱芫星補授，其前任降級之處，仍著帶於新任。

《高宗實録》卷一二〇九 癸丑，蠲免安徽懷寧、桐城、宿松、望江、貴池、東流、靈璧、泗州、盱眙、天長十州縣，安慶、鳳陽、泗州三衛乾隆四十八年分，水、旱災額賦有差。

《東華續録》乾隆一〇〇 秋七月甲寅朔，日有食之。

丁巳，諭：禮部尚書曹秀先由翰林洊擢正卿，曾在上書房行走，教皇子書，學問優長，奉職勤慎。兹聞溘逝，殊爲軫惜，著加恩晉贈太子太傅，其任内降職、罰俸處分，俱予開復。所有應得卹典，仍著該部察例具奏。尋予祭葬，謚文恪。

以姚成烈爲禮部尚書，調李綬爲湖北巡撫，以陸燿爲湖南巡撫，馮晉祚爲山東布政使。

戊午，以楊鍾嶽爲山東按察使。

《高宗實録》卷一二一〇 己未，〔郝碩〕著派穆精阿，前往監視，賜令自盡。

甲子，甘肅石峯堡逆回平，賊首張文慶等俱悉數生擒，並拏獲活口三千餘名，不使有一人免脱。【略】阿桂前於平定金川時，已封頭等公爵，現爲大學士，恩施無可復加，著再給予輕車都尉世職，即令阿桂，於伊子孫内揀選一人，奏聞承襲。福康安籌辦底店賊匪，先得機宜，較爲出力，前於平定金川時，已封爲嘉勇男，著再晉封嘉勇侯。海蘭察前在金川，超衆奮勉，已封侯爵，今在甘省節次打仗，復能首先帶領官兵，奮勇殺賊，前已加恩，將伊子安禄擢授二等侍衛，在乾清門行走，著再給與騎都尉世職，即令安禄承襲。伍岱係塔爾巴哈台班滿回京之人，路過甘省，即自奏留該處協勦，且於福康安未到之先，在伏羌等處擊退賊匪，頗爲奮勉，著授爲都統，亦給與騎都尉世職。

丙寅，又諭曰：長清著補授烏嚕木齊都統。

《東華續録》乾隆一〇〇 《河源紀略》成。

庚午，諭：據阿桂、福康安奏稱，明亮、春甯在甘肅軍營，均各竭力奮勉等語。從前明亮錯辦任内事件，雖係糊塗，尚屬天良不昧。春甯則係年幼無知，亦無不法之事，是以賞給藍翎侍衛，發往甘肅效力。今既均能竭力，奮勉贖罪，著加恩明亮補授頭等侍衛，春甯補授二等侍衛。

癸酉，命伍彌泰爲東閣大學士兼吏部尚書，調和珅爲吏部尚書、協辦大學士。以福康安爲户部尚書，仍留陝甘總督任。

丙子，諭：前據阿桂、福康安奏，逆回此次滋事，緣田五、張文慶、李可魁等俱係馬明心徒弟，本年正二月間，田五先與李可魁商同謀逆，糾約張文慶及各回匪，訂期起事，欲與馬明心報復等語。【略】是新教不但與回民無益，且至喪軀破家，其禍尤烈，回衆等何苦甘爲所愚，執迷不悟，受其流毒？若經此次寬免之後，尚有陽奉陰違或敢滋生事端，則是自外生成，斷不能復爲曲貸。著阿桂、福康安即將此旨謄黄普貼，出示曉諭，凡屬良善回民，益宜安分守法，即有向從新教者，亦當觸目儆心，及早改悔，勉爲順化良民，毋負朕法外施仁、諄切戒導之至意。

《高宗實録》卷一二一一 庚辰，蠲免陝西榆林、懷遠、葭州、神木、府谷、綏德、米脂、吴堡八州縣乾隆四十八年秋禾被災額賦有差。

《東華續録》乾隆一〇〇 壬午，陝甘總督福康安奏：新任甘肅布政使浦霖，奉旨調任安徽，所遺員缺即著陳步瀛補授。查陳步瀛識見、才具不如浦霖，請仍以浦霖調補甘肅布政使，陳步瀛即以事簡之安徽布政使補授。得旨：著照所請行。

《高宗實録》卷一二一一 癸未，李侍堯著從寬改爲應斬監候，秋後處決。剛塔著免其死罪，發往伊犁効力贖罪。

《東華續録》乾隆一〇〇 八月甲申朔，辟雍成。

乙酉，以姚棻爲廣東按察使。

《高宗實録》卷一二一二 賑卹湖南茶陵、攸縣二州縣本年水災飢民。

《東華續録》乾隆一〇〇 己丑，河南睢州河溢，命阿桂督治之。

癸巳，免甘肅積年逋賦。

《高宗實録》卷一二一三 辛丑，張文慶、馬四娃、李自黨、楊填四、馬文熹俱

著即凌遲處死，馬良茂、馬金玉、馬建成，俱著即處斬。

《東華續録》乾隆一〇〇　甲辰，諭軍機大臣等：據孫士毅奏，暹羅國長鄭華備具表文、馴象等物，差陪臣帕史滑里那突等懇求入貢，並稟請乞恩請封。因其未遵前檄自行具表懇求，是以將來使安頓公所，貢品敬謹驗收，俟奉到諭旨，即委員伴送起程等語。鄭華遵伊父舊規，虔備職貢，其未遵前檄具表請封，閲來稟内及該陪臣稱，恐自行越分干求，致斥遭責，未敢冒昧聲敘，尚屬恭順小心，自應准其納貢輸忱。著傳諭孫士毅，即派妥員將該國陪臣及貢品照例伴送赴京，其懇賜封號之處，俟該使臣到京後，再降諭旨。將此由四百里傳諭知之。

丙午，定考試滿洲、蒙古繙譯生童三年一次。

九月乙卯，諭：禮部奏，據朝鮮國王李祘奏稱，自守藩封已逾八載，年過三十尚未有子。前歲始生子脝，今已齒及三齡，懇請賞給封號，理合據情轉奏等語。朝鮮於藩服最爲恭順，是以恩賚便蕃，疊加優厚，玆因誕育冢嗣，懇請封號，殊堪欣慶。著准其所請，俾益緜宗緒，永守藩封，所有應封典禮，該部察例具奏。

《高宗實録》卷一二一四　吏部奏：勦滅甘肅逆回，辦理妥速之軍機大臣等，遵旨議敘。得旨：和珅著爲一等男。

《東華續録》乾隆一〇〇　戊午，以明歲舉臨雍盛典，召衍聖公孔憲培來京。

丁卯，以楊廷樺爲山東按察使。

《高宗實録》卷一二一五　戊寅，賑卹陝西華州、大荔、華陰三州縣本年水災飢民，並予緩徵。

《東華續録》乾隆一〇〇　庚辰，諭：朝鮮國進獻年貢，陪臣向例於歲底到京，明正舉千叟宴，中外大小臣工，耆庶，年逾周甲者，咸得與宴，用普壽祺。朝鮮國素稱恭順，比於内臣，其陪臣亦應一體入宴，以昭寵眷。著禮部即速行文該國王，所有今歲年貢正、副使内，酌派年六十以上者一二員來京，俾得與茲盛典，共沐光榮，以示朕嘉惠遠邦、優禮耆年之至意。命内大臣公西明、翰林院侍讀學士阿肅使朝鮮，册封世子。

《高宗實録》卷一二一六　冬十月丁酉，賜中式武舉一甲劉榮慶、李錫、盧廷璋三人武進士及第，二甲何之璞等五人武進士出身，三甲楊荃等三十七人，同武進士出身。

《東華續録》乾隆一〇〇　戊戌，諭：内扎薩克、喀爾喀等因陣亡予世職者，襲次完時仍予恩騎尉，世襲罔替。著爲令。

乙巳，以王廷燮爲湖北按察使。

十一月癸丑，命各省委署人員，距原籍五百里者迴避。

己未，德克進布以侵貪革職拏問，調福甯爲湖南按察使，以郭世勳爲安徽按察使。

庚申，諭：朕長輩内，止有二十三叔一人明年入千叟宴，著給與郡王品級。

諭：弘晸見已自知罪愆，在家安静居住，著加恩免其圈禁，仍令在散秩大臣上行走，並著入千叟宴。

壬申，睢州漫工合龍，命建河神廟。

甲戌，與明歲舉行千叟宴，原定四品以下官員，年六十五歲以上者，始准入宴。見在人數已增至三千，而官員與兵丁不同，如必六十五歲以上方准入宴，則年過六十之職官不得邀榮者甚多，著加恩凡在京四品以下、見任原任各員年過六十者，俱准其入宴，用昭普錫春祺、加惠耆臣之至意。

丁丑，以譚尚忠爲雲南布政使。

戊寅，以李永祺爲福建按察使。

十二月甲申，轉汪承霈爲工部左侍郎，以韓鑅爲工部右侍郎。

癸巳，諭：據福安康參奏靈臺縣知縣武粤生，到任三年並無善政，强令百姓製造衣繖，以致遠近沸騰，聲名狼藉，請旨革職、提審一摺。已批該部知道矣。

丁酉，諭：綠營員弁因陣亡予世職者，襲次完時即酌予恩騎尉，世襲罔替。

是歲，朝鮮、琉球、暹羅、安南來貢。

乾隆五〇年(乙巳、一七八五)

《高宗實録》卷一二二二　春正月丙辰，上御乾清宮，賜千叟宴。親王、郡王、大臣、官員、蒙古貝勒、貝子、公、台吉、額駙、回部、番部、朝鮮國使臣，暨士、商、兵、民等，年六十以上者三千人皆入宴。

《東華續録》乾隆一〇一　丁巳，諭：【略】周煌著加恩以兵部尚書致仕，並加太子少傅銜，用昭優眷。左都御史員缺，著紀昀補授。李綬著補授兵部侍郎，所遺湖北巡撫員缺，著吴垣調補，其廣西巡撫員缺，著孫永清補授。

戊午，以汪新爲貴州布政使，陳淮爲甘肅按察使。

己未，定烏嚕木齊各廳、州、縣以錢納租額數。

二月辛巳朔，禮部題：朝鮮國王李祘遣使進表謝恩，並貢方物。得旨：覽王奏謝，並隨表貢獻方物，具見悃忱，所有貢物該衙門知道，仍著加恩賞賚。再，前遣使西明、阿肅回京復命，具奏該國王即席賦詩，頗知好學，並將所賦詩章呈覽，朕閱之深爲嘉奬，著加賞内府倣宋版五經全部，並筆墨等物，以示優眷。

壬午，以阿肅爲内閣學士。

《高宗實録》卷一二二四　乙酉，賑江西萍鄉、永寧、安福三縣水災飢民。

《東華續録》乾隆一〇一　丁亥，廣順天明年鄉試中額。

戊子，免河南汲縣等十四縣積欠。

己丑，御試翰林、詹事等官，擢陸伯焜等二人爲一等試，由六部等衙門升用翰、詹等官。擢慶齡爲一等，餘各升黜、留館、有差。

辛卯，調畢沅爲河南巡撫，何裕城爲陝西巡撫。

撥户部銀五十萬兩，解往河南備賑。

甲辰，免江南江甯等六府州四十七年以前積欠。

《高宗實録》卷一二二五　丙午，賑福建建安、甌寧二縣乾隆四十九年分水災飢民。

《東華續録》乾隆一〇一　戊申，山東八閘河工成。

三月辛亥，上親耕耤田。

《高宗實録》卷一二二六　壬子，諭曰：朕此次巡幸盤山，所有沿途經過地方，本年應徵地丁錢糧，著加恩蠲免十分之三。

《東華續録》乾隆一〇一　辛酉，命截留山東、河南漕糧三十萬石，於河南衛輝等府備賑。

甲子，免江蘇安東等二縣四十四年以前積欠。

《高宗實録》卷一二二七　戊辰，諭曰：西安將軍永鐸，著授爲伊犁參贊大臣，前往伊犁，協同將軍學習辦事。

己巳，諭曰：奎林所遺鑲紅旗漢軍都統員缺，著海禄調補，仍著綿恩署理。海禄所遺鑲藍旗蒙古都統員缺，著伍岱補授。

癸酉，賑湖南茶陵州，攸縣二州縣水災飢民。

《東華續録》乾隆一〇一　甲戌，實授江蘭河南布政使。

乙亥，免直隸霸州等四十九州縣四十七年已前積欠。

《高宗實録》卷一二二七　丙子，蠲免河南商邱、寧陵、永城、鹿邑、睢州、柘城六州縣乾隆四十九年水災額賦。

《東華續録》乾隆一〇一　丁丑，重修盧溝橋。

夏四月甲申，甘肅肅州及玉門縣屬惠回堡、白楊河等處地震。

丁亥，免河南祥符等十六州縣積欠。

壬辰，上閱健鋭營兵。

甲午，諭：嗣後外任旗員，准留子弟一人隨任。

丁酉，以阮葵生爲刑部侍郎。以琅玕爲刑部侍郎，袁鑒爲江蘇按察使。

己亥，調袁鑒爲山西按察使，福甯爲江蘇按察使，長齡爲湖南按察使。

庚子，以繆其吉爲山東布政使，巴尼琿爲四川按察使。

丁未，定各省武生在營滋事責革例。

五月壬子，伊星阿以疾解任，以舒常署江西巡撫。

免河南鄭州等三十二州縣積欠。

癸丑，移河東運河守備駐濟甯州城。

甲寅，調永保爲江西巡撫，以陳用敷爲貴州巡撫，許祖京爲廣東布政使，特昇額爲雲南按察使。調巴尼琿爲貴州按察使，張誠基爲四川按察使。

丁巳，定八旗父子相繼陣亡世襲例。

己未，撥兩淮運庫銀一百萬兩，解往河南備賑。

丙寅，上啓鑾秋獮木蘭。免經過地方本年額賦十分之三。

戊辰，命各省委署官員按月彙報。

庚午，命外任官員不准以原銜再請貤封。

癸酉，命江蘇截留漕糧十萬石，於徐州等處備賑。

乙亥，命各省營伍操練鳥槍。

《高宗實録》卷一二三一　丙子，諭曰：梁國治著補授大學士，吏部尚書劉墉著協辦大學士事務，户部尚書員缺，著曹文埴補授。

《東華續録》乾隆一〇一　調汪承霈爲户部右侍郎，李綬爲工部侍郎，以沈初爲兵部右侍郎。

丁丑，命安徽截留漕糧五萬石，於鳳陽等處備賑。

濬河南賈魯、惠濟二河。

六月庚辰，以雲南麗江府等處，世襲土通判、巡檢等二十三員無管理地方之責，命按品改授頂帶榮身。

《高宗實録》卷一二三二　癸未，梁國治著爲東閣大學士，兼户部尚書。

《東華續録》乾隆一〇一　丙戌，諭：福甯著仍留湖南按察使之任，所有江蘇按察使員缺，著長麟補授。以留保住爲理藩院尚書，賽音伯爾格圖爲理藩院侍郎。

丁酉，停止直隸熱河等處理事、同知、通判，及山西歸化城同知推升京缺仍留本任例。以梁敦書爲工部侍郎，馮晉祚爲左副都御史。

《高宗實録》卷一二三三　癸卯，諭曰：書麟奏，河南柘城縣奸民王金等，糾衆奪犯，拒傷官兵一案。亳州距柘城不遠，該州知州陳三辰聞信，即會同亳州營都司多隆五、州同王時亮，督率兵役防守城池，並於交界處所，先後拏獲首犯王立山等。

《東華續録》乾隆一〇一　乙巳，命再截留江西漕糧十萬石，於安徽備賑。

丙午，以巴忠爲理藩院侍郎。

《東華續録》乾隆一〇二　秋七月己酉，調富勒渾爲兩廣總督，以雅德爲閩浙總督，浦霖爲福建巡撫，福甯爲甘肅布政使，調郭世勳爲湖南按察使，以馮光熊爲安徽按察使。

庚戌，陸燿以病解任，調浦霖爲湖南巡撫，以徐嗣曾爲福建巡撫，伍拉納爲福建布政使，當保爲河南按察使。

辛亥，以湖北糧價增昂，命發倉穀平糶。

己未，諭軍機大臣等：據何裕城奏請，將丁憂知縣王垂紀留辦西安城工一摺。此事不可行。奪情非所以教孝，古人惟於軍旅之事，不妨權宜行之，是以向來遇軍務緊急之時，州、縣官或有在任守制者。至城工非軍務可比，况各省皆有工程，又何必須一人始終經理，而爲此破例之舉，徒令該員戀職貪榮，致滋物議。所奏不可行，著傳諭何裕城，即飭令該員回籍守制。

庚申，以瑞保爲内閣學士。

辛酉，陳用敷丁憂，以李慶棻爲貴州巡撫，李封爲江蘇布政使。

乙丑，撥户部銀一百萬兩，解往河南備賑。

辛未，命截留漕糧十萬石，於直隸備賑。

乙亥，伊犁將軍伊勒圖卒，賞銀一千兩治喪，晉封一等伯，命其子哲臣泰承襲。

《高宗實録》卷一二三五　以烏嚕木齊都統奎林爲伊犁將軍，伊犁參贊大臣永鐸爲烏嚕木齊都統，正藍旗漢軍都統阿克棟阿爲正白旗領侍衛内大臣。

《東華續録》乾隆一〇二　八月戊寅朔，命於截留江西漕糧内酌撥十萬石，分給淮安等五府屬平糶。

己卯，諭：【略】著通飭各省督、撫，嗣後非遇軍務，不得以丁憂人員奏請留任。著爲令。

壬午，免各省四十年以前積欠耗羨。

甲申，以湖北旱，命四川、江西發倉穀平糶，俾商販運楚，以濟民食。

乙酉，命阿桂赴河南勘災，兼赴江南、山東查辦賑務。

辛卯，諭軍機大臣等：海禄等奏，據保成等報稱，燕起、伯爾克糾集薩木薩克、呼達雅爾人等，圖掠喀什噶爾等語。燕起等果欲圖掠喀什噶爾，亦必先向那爾巴圖、葉勒鐵拜游牧攻劫，斷無越此二處即至喀什噶爾之理，自係那爾巴圖聞燕起等欲掠伊游牧，故意遞信，思藉我兵威，以資捍衛，奎林等斷勿墮其計中，若請援兵，即行駁斥，仍當鎮静偵探，相機辦理，勿涉張皇。將此諭令知之。

己亥，以浙江杭、嘉、湖三屬糧價增昂，命發倉穀平糶。

《高宗實録》卷一二三七　壬寅，諭：伊犁參贊大臣員缺緊要，著明亮補授，速行馳驛前往，不必來行在請訓。福寧著補授領隊大臣，前往伊犁，換傅景回京。

《東華續録》乾隆一〇二　癸卯，以伊桑阿爲山西巡撫，梁肯堂爲直隸布政使，調當保爲直隸按察使，以穆克登爲河南按察使。

九月己酉，諭軍機大臣等：昨據海禄奏請，於喀什噶爾等處調兵防守，措置失當，若不豫爲備辦，轉恐貽誤事機。著傳諭福康安，即帶總督印篆，速赴阿克蘇一帶，安輯回衆，並密爲偵探。【略】海禄著革去參贊大臣，在伊犂領隊大臣上行走，以觀後效。明亮久歷行閒，著署理烏什參贊大臣，即赴阿克蘇，與福康安悉心辦理。慶桂前在塔爾巴哈台辦事，頗爲歷練，見在樞廷行走有年，於朕調度軍務係所熟悉，著帶欽差關防，迅即起程馳往甘肅，暫署總督印務，俟事竣後授爲烏什參贊大臣，明亮仍回伊犂參贊大臣之任。將此各諭令知之。

《高宗實録》卷一二三八　丁巳，諭軍機大臣等：據孫永清奏，恭城縣地方，盤獲遊僧元采、元貴二名，起出護身榜文，捏寫明時諭旨、大臣銜名及地藏路引各一紙。據供，路引係安徽青陽縣九華山僧人月朗及在九華山出家之江西贛州僧人道立給與募化，其榜文係義寧縣僧人廣盛給鈔。一面將元采、元貴嚴審定

擬，一面飛咨各省緝拏月朗、道立、廣盛各犯等語。遊僧募化，編造榜文路引，輾轉傳播，最易滋生事端。安徽青陽縣僧人月朗、江西贛州僧人道立，俱在九華山出家，揑造路引，妄行傳給，均非安分之徒，自應查拏嚴辦。

《東華續録》乾隆一〇二　戊午，調何裕城爲江西巡撫，永保爲陝西巡撫。

庚申，停止佐雜等官保薦卓異後送部引見。

《高宗實録》卷一二三九　壬申，賑江蘇長洲、吳縣【略】等四十八州縣，並淮安、大河、徐州、揚州、鎮江、蘇州、太倉、儀徵八衛，本年旱災飢民口糧。

《東華續録》乾隆一〇二　乙亥，命鄉、會試二場論題，以《孝經》與《性理》二書，按科輪出。著爲令。

定月選官告病期限。

冬十月戊寅，富保卒，以英善爲直隸按察使。

《高宗實録》卷一二四〇　庚辰，賑卹湖南巴陵、臨湘、華容、武陵、桃源、龍陽、安福、岳州等八州縣衛，並坐落巴陵、臨湘、華容三縣之湖北武左、黄州等二衛屯田本年旱災貧民，蠲緩額賦有差。

《東華續録》乾隆一〇二　辛巳，裁綏遠城滿洲官學五處，設繙譯官學五處。

癸巳，諭軍機大臣等：據保成奏稱，詢問勒索屯部勒比尼沙之子多里雅特，據稱薩木薩克等會集一處，前往呼達雅爾，並向伊等求助等語。從前朕以此等流言，或係鄂斯璊編造以惑保成，故令福康安前往訪查，酌量情形，將伊調往葉爾羌。今多里雅特之言亦復如是，看來鄂斯璊尚無别情，若遽將伊調遣，轉屬不妥。著傳諭福康安，到彼相機籌酌，不必拘泥前旨。

甲午，諭：李侍堯【略】著加恩釋放出獄，令其引罪家居，捫心自愧，以示朕格外矜恤之意。

己亥，設甘肅循化廳學校，建文廟。

《高宗實録》卷一二四一　庚子，賑卹直隸平鄉、廣宗【略】等十六州縣本年水、旱災貧民，並予緩徵。

辛丑，加賑安徽亳州、蒙城【略】等五十一州縣，并鳳陽、長淮【略】等九衛本年旱災貧民，並蠲緩漕項，銀米有差。

《東華續録》乾隆一〇二　丙午，撥湖南倉穀十萬石，解往湖北平糶。

十一月庚戌，命奉天採買麥二萬石，運京備糶。

壬戌，調姚梁爲廣西按察使，以額勒春爲江西按察使。

《高宗實録》卷一二四三　賑卹山東嶧縣、菏澤、定陶、濮州、范縣、觀城、朝城、聊城、莘縣等九州縣本年旱災貧民。

丁卯，賑卹甘肅河州、靖遠、寧夏、寧朔、靈州、中衛、平羅等七州縣本年水、雹災貧民，並緩徵皋蘭、金縣、狄道、渭源、隴西、伏羌、安定、會寧、肅州、玉門等十州縣被旱地畝額賦。

《東華續録》乾隆一〇二　十二月乙未，續修《大清一統志》，並遼、金、元三史《國語解》成。

是歲，朝鮮來貢。

乾隆五一年（丙午、一七八六）

《東華續録》乾隆一〇三　春正月丙午朔，日有食之。

戊申，命户部撥銀一百萬兩，解往安徽備賑。

庚申，命順天府復行鄉飲酒禮。

辛酉，姚成烈卒，以彭元瑞爲禮部尚書，竇光鼐爲吏部右侍郎。

辛未，定大考改部，翰、詹，及小京官等分班補用例。

甲戌，以故和碩裕親王廣禄子、輔國將軍亮煥，襲封郡王。

二月丙子，諭：州、縣以上病痊、服闋等官，均不准捐免、坐補原缺。

己卯，轉陸費墀爲禮部左侍郎，以藍應元爲禮部右侍郎，以扎郎阿、僧保住爲内閣學士。

癸未，諭：前經降旨，凡在京文武官員，有降級、革職留任者，其應得俸米，俱准照原品支領，原所以體恤臣工，且令京師米石流通，俾民食充裕，糧價亦得平減，實爲兩有裨益。第恐市儈逐利之徒，一聞此信，即暫將米價減落，以遂其賤買壟斷之私，迨販糴入手，又復囤積居奇，米價仍恐不能平減，是朕加惠臣工之舉，轉爲奸商牟利之資，其流弊不可不嚴行禁絶。朕因米糧價值民食攸關，凡可以設法調劑者，無不豫爲籌畫，且商人亦係四民之一，皆當激發天良，改其壟斷惡習。今流風日下，但知爲利，無怪天時之不和，朕亦愧誠感之不至，道德之未淳，天下之商人，皆當各發其天良，而尤臨民之官所當加之意者也。此次曉諭之後，若仍有奸販賤糴貴糶，其情甚屬可惡者，著交步軍統領、順天府、都察院衙門，嚴密訪拏處治，以示懲儆。其通州近倉處所商販，尤易居積，並著一併嚴查

飭禁。

《高宗實録》卷一二四九　壬辰，諭：朕此次恭謁西陵後，巡幸五臺，所有沿途經過地方，著加恩蠲免本年地丁錢糧十分之三。

《東華續録》乾隆一〇三　丁酉，免直隸順德、宛平、大名三府屬上年災欠銀米。

己亥，吴垣卒，以圖薩布爲湖北巡撫，調秦承恩爲陝西布政使，以英善爲湖南布政使，同興爲直隸按察使。

癸卯，諭：各省動用錢糧報銷，經部駁查三次尚未題覆者，俱交部議處。著爲令。

三月壬子，諭軍機大臣等：據書麟奏，太湖縣唐家山地方鄉民掘穵蕨根，見土内雜有黑米，磨粉攙和好米煮食，頗可充饑，民人聞風踵至刨穵等語。此項穵出黑米，或係從前窖藏之物，但唐家山地方並無民人居住，或竟係天地生出，以濟民食，亦未可定。該處既有此自然之利，爲數較多，恐遠近居民聞風刨穵，以致攘奪紛争，亦所不免，見在雖有該縣駐彼彈壓，但必須妥協管束，俾小民既得藉資貧乏，仍不至忿争生事，方爲妥善。著傳諭該督，飭屬加意彈壓，勿令滋生事端，並查明該處民人刨穵時有無争競滋事之處，據實覆奏。尋奏：太湖縣唐家山鄉民掘出黑米，自正月十二至二十七日，共獲一千數百餘石，時該縣在彼彈壓，民無攘競。嗣因僅存雜土零粒，即已無人穵掘。得旨：覽。

丙辰，調李世傑爲兩江總督，以保寧爲四川總督。

戊午，以李世傑於河工素非諳悉，命安徽巡撫書麟幫辦河務。

《高宗續録》卷一二五〇　己未，閱正定鎮兵於行宫門外，賞賚如例。

《高宗實録》卷一二五一　甲子，加賑陝西朝邑、華陰、富平等三縣乾隆五十年水災飢民。

《東華續録》乾隆一〇三　諭：賢良祠之建，原所以褒其人品、政蹟，嘉予明禋，風勵有位。歷來滿漢大臣，有靖共夙夜，敭歷封疆，未經入祀者，自應量爲增入，以示奬勵。所有原任大學士徐本、高斌，伊犁將軍伊勒圖、直隸總督方觀承、兩江總督薩載，俱著入祀賢良祠。

乙丑，同興以不勝任，降補直隸霸昌道，以託倫爲直隸按察使。

戊辰，諭：前因柴大紀差弁齎摺屬令分日呈遞，意存取巧，恐於臺灣重地難以勝任，是以將該員調補汀州鎮總兵，其臺灣鎮總兵以陸廷柱調補。今柴大紀於生番滋事一案，督率弁兵進山搜勦，頗爲出力，且殲戮兇番甚多，遠近番衆自必憚其威名，聞風斂戢。今甫經事定，遽行更調，恐非所宜，柴大紀著仍回臺灣鎮總兵之任，其汀州鎮總兵，即著陸廷柱調補。朕用人行政，惟求公當，不存成見也。

軍機大臣等會同行在刑部議奏：湖廣總督特成額奏，湖北黄岡縣賊犯陳其方等行竊拒捕，傷斃緝役，陳其方擬斬立決，同拒捕而未傷人之郭彦春，照爲從例擬杖流。陳其方應如該署撫所擬處決，郭彦春情節較重，請改發伊犁，給厄魯特爲奴。得旨：此案竊賊陳其方拒捕殺人，脱逃被獲，自應如所擬即行處斬，其幫同拒捕，並未傷人之郭彦春，該署撫因係爲從之犯，照例於斬罪上減一等問擬杖流，經軍機大臣會同行在法司，覈其情節較重，將該犯改發伊犁，給厄魯特爲奴，所擬甚是。向例凡於拒捕爲從者，俱於爲首斬罪上減一等問擬杖流，但爲從之犯雖同一拒捕，而事主之與官差究有區别，如犯罪事發，業經官司差人拘捕，該犯仍敢藐法抗拒，較之事主追逐，臨時抵拒者，情罪自爲較重，若槩以爲從、並未傷人一例減流，不足以儆兇頑而昭法紀。嗣後拒抗官差，爲從者，即照此案定擬，其餘仍照舊例辦理。著爲令。

辛未，諭：福崧著來京候旨，其浙江巡撫員缺，著伊齡阿補授。盛住著革去藩司，留内務府郎中之職，專辦杭州織造事務。其浙江布政使員缺，著顧學潮補授，所遺直隸清河道員缺，著朱瀾補授。浙江范公塘一帶改建石工，尚未告竣，此事原係盛住承辦，應仍令監修，以贖前愆。

召劉墉來京，以袁鑒爲江寧布政使，虔禮寶爲山西按察使。

癸酉，以蘇凌阿爲工部右侍郎，轉藍應元爲禮部左侍郎，以朱珪爲禮部右侍郎，胡高望爲内閣學士。

《高宗實録》卷一二五二　夏四月乙卯，又諭曰：大學士阿桂，著馳驛前往清口，籌辦河工事務。

乙酉，又諭：據竇光鼐奏，【略】嘉興府屬之嘉興、海鹽二縣，温州府屬之平陽縣，虧數皆逾十萬，應查明何員虧缺若干，分别定議，指名嚴參等語。

加賑山西代州、五臺、崞縣、繁峙、忻州、定襄等六州縣本年水災饑民，並緩征額賦。

《高宗實録》卷一二五三　己丑，又諭曰：德成奏，浙省倉庫虧缺一案，【略】即著竇光鼐會同曹文埴等，秉公據實，徹底查辦。

《東華續録》乾隆一〇三　丙申，以趙鋏爲工部右侍郎，張若渟爲内閣學士。

己亥，富勒渾緣事解任，以孫士毅兼署兩廣總督。

《高宗實録》卷一二五四　五月丙午，又諭：【略】阿桂接奉此旨，即行速赴浙省，會同曹文埴等，徹底查辦。

庚戌，蠲免江蘇上元、江寧【略】等四十八州縣，並淮安、大河、揚州、徐州、蘇州、太倉、鎮江、儀徵等八衛上年秋禾旱災額賦，並緩徵山陽縣學租屯田津貼銀兩。

丙辰，因富勒渾家人殷士俊等，有招摇婪索等事，查抄該犯家産貲財，竟至數萬，若非富勒渾知情縱容，家人等斷不敢恣意婪賄若此。現已降旨革職，解赴浙省，交阿桂歸案審辦。

《東華續録》乾隆一〇三　丁巳，諭：今年派出後撥隨園章京人員看射布靶時，文官内多有捏稱患病、臂痛不射者，伊等雖屬文員，但係旗人，豈可在朕前推故不射，此風斷不可長。若不嚴加禁止，久則漸染漢習，竟至忘失滿洲本來技藝矣。此次推故不射人員，著交各該衙門存記，下次京察時不准列入一等。著爲例。

以陳守訓爲江蘇按察使。

己未，以李侍堯署湖廣總督。

癸亥，以王兆棠爲江蘇按察使，陳奉兹爲四川按察使。

《高宗實録》卷一二五五　辛未，申鄰省富民準折牟利之禁。

《東華續録》乾隆一〇三　六月乙亥，諭：富勒渾之子、内閣侍讀查隆阿，著革職拏交刑部。

庚寅，諭：留京辦事王大臣等奏，傳詢御史曹錫寶，所有參奏和珅家人全兒車服、房舍一摺。據曹錫寶稱，我與和珅家人全兒向來從不認識，即伊在崇文門管理稅務，我亦並不知道，伊於額稅之外有無擅自加增及别項情弊，亦未有人説過。我因聞全兒住屋、服用甚是完美，於路過興化寺街留心查看，見其房屋甚是高大，我想伊係家奴，焉有多貲造此華屋，恐有借主人名目招摇撞騙之事，是以具奏等語。

《東華續録》乾隆一〇四　秋七月癸卯，諭：【略】嗣後親王、郡王、固倫公主、和碩公主太監内，各准給八品頂帶一人，將姓名報禮部、内務府備查，不得私有增益。【略】嗣後固倫公主品秩著視親王，和碩公主品秩著視郡王，其額駙品級、頂帶，仍照會典舊例。至公主下嫁時一切禮儀、護衛員數，固倫公主即照和敬固倫公主之例，和碩公主即照和嘉和碩公主之例，著禮部、内務府會同定議具奏，載入會典則例，永遠遵行。

伊犂地震。

《高宗實録》卷一二五八　戊申，蠲免河南商邱、寧陵【略】等十二州縣乾隆五十年分旱災地畝額賦有差。

《東華續録》乾隆一〇四　己酉，諭：據特成額奏，見已調補雲貴總督，雲南按察使特昇額係伊胞兄，例應迴避等語。特昇額係特成額胞兄，自應迴避，且向聞其居官平常，質之伊弟特成額，言亦相符，雖勝外任，著來京以部屬補用。所遺雲南按察使員缺，著王懿德補授。

《高宗實録》卷一二五九　丁巳，著傳諭阿桂，速將富勒渾一案，定擬完結發摺後，即先行速赴清口，會同李世傑等，辦理堵築事宜，以期妥速蕆工。俟大局已定再來，舒常即押帶富勒渾等案犯，解京交與刑部收禁。

《東華續録》乾隆一〇四　己未，諭：吏部議處御史曹錫寶參奏和珅家人劉全兒一事，並不能指出實據，僅以虚詞入奏，應照參奏不實，降二級調用一摺。【略】第念該御史究屬言官，一時未察虚實，以書生拘迂之見，託爲正言陳奏，姑免實降，著加恩改爲革職留任。並將此通諭知之。

《高宗實録》卷一二五九　丙寅，又諭：禮部奏，朝鮮國王李祘，差齎咨官沈樂洙等，赴京投咨，稱該國世子李焞病故，請照例備物遣官致祭等語。朝鮮國王恪守藩封，歲修職貢，於屬國中最稱恭順。今聞其世子李焞病故，朕深爲悼惜，著加恩於例賞祭品之外，外加一倍賞給，以示優卹。該國王正在壯年，亦不必過傷，俟得有子嗣，即行奏明，册封世子，承續宗祧，用衍國慶。餘著照該部所請行。

《東華續録》乾隆一〇四　閏七月甲戌，楊廷樺以疏防越獄人犯革職，以錦格爲山東按察使。

戊寅，以王昶爲雲南布政使，陳大文爲貴州按察使。

己卯，諭軍機大臣等：據常青、徐嗣曾奏，查出富勒渾家人李世榮需索站規等因一摺。常青、徐嗣曾聯銜俱稱奴才，殊不知政體。向來旗員督撫奏摺，除請安、謝恩外，俱一體稱臣。今常青係將軍署理督篆，於此等奏摺自應照例稱臣，況同爲臣僕，尊親原不繫此，即稱奴才，於尊君之道，亦非有加。至徐嗣曾原係

漢員，聯銜具奏，尤不應如此。著傳諭常青，嗣後除請安、謝恩外，凡遇地方事件，俱照例一體稱臣，不得仍稱奴才，並諭徐嗣曾知之。

以周樽爲陝西按察使。

庚辰，吏部議：雲南巡撫劉秉恬奏，南寧縣武生尹在奇被賊搶奪、誣告無辜一案，請將原審、覆審各員，及參奏失當之該撫，分别降革。諭：巴尼琿於屬邑搶奪重案，並不虚心審理，究出誣告情由，輒拷訊致死無辜二命，非尋常錯謬可比，巴尼琿著照部議革職。劉秉恬參奏原審知府、知州意存軒輊，實屬有心偏袒，况查本内該撫從寬免其革任之案不一而足，若此次再行留任，則外省督撫益不知所儆懲。但念劉秉恬平日尚能辦事，且在京大員中籍隸晋省者甚少，沈初見在出差，劉秉恬著即來京署理兵部侍郎事務。所遺雲南巡撫員缺，著譚尚忠補授，富綱著降一級留任。

《高宗實録》卷一二六〇　辛巳，又諭：據孫士毅奏，暹羅國長鄭華，遣使進貢請封，俟八月中旬，委員伴送赴京。其所稟懇恩欲在粤東置辦銅甲二千，領回本國，防禦緬匪一節，殊屬不知分量，擬檄稿駁飭等語。所見甚是，自當如此辦理。兵丁禦敵，自古皆用鐵甲，從未聞有銅甲之名，蓋銅質本脆，鎗箭易入，不能如鐵性之堅，何以該國欲於粤東置備銅甲，自係該國須用銅觔，因例禁出洋，是以捏稱備禦緬匪，須用銅甲，以掩其跡，尤屬非分干求。

《東華續録》乾隆一〇四　己丑，諭：【略】竇光鼐著照部議革職，其吏部右侍郎員缺，著金士松調補。所遺兵部左侍郎員缺，即著劉秉恬補授。其浙江學政著顧學潮暫行署理，今年爲更易學政之年，届期有旨另補。

庚寅，諭：據李世傑等奏，本年黄、運兩河漫口數處，一切修築、撫恤及善後事宜，需費甚鉅，請暫開捐例等語。納貲授官，本非善政，如川運軍糧之時，需用浩繁，偶一行之，旋即停止。【略】於銓政官方兩無裨益，此奏斷不可行，並將此通諭知之。

論：福崧著從寬免其革任，仍註册，俟八年無過，方准開復。至殷士俊、李世榮借主人名目招摇滋事，厥罪維均，且李世榮係富勒渾世僕，尤非長隨可比，何以阿桂等轉將該犯定以絞候，實屬寬縱。阿桂、曹文埴、舒常、伊齡阿俱著交部察議，殷士俊、李世榮俱著即處絞。

《高宗實録》卷一二六一　乙未，諭曰：和珅著補授大學士，管理户部事務。福康安著補授吏部尚書、協辦大學士，仍留陝甘總督之任，其吏部尚書事務，仍著和珅兼管。户部尚書員缺，著福長安補授，兵部尚書慶桂出差之缺，著綽克托署理，行在兵部事務，仍著福長安帶管。

《東華續録》乾隆一〇四　轉諾穆親爲户部左侍郎，以松筠爲户部右侍郎。

《高宗實録》卷一二六二　八月乙巳，又諭：前據留京王大臣等查奏，從前八卦會邪教案内，劉省過之三子劉把，即劉三洪，分給鄂岳家爲奴，鄂岳現任福州副都統，劉三洪現在鄂岳任所，已經刑部行文提拏解京，歸案辦理等語。劉三洪係劉省過三子，本係逆案應行緣坐人犯，從前未經正法，今此案餘孽復行滋事，所有劉三洪一犯，若提拏解京，恐路途遥遠，復有疎虞，著傳諭常青，將劉三洪審訊明確，一面具奏，一面即在該省正法，不必解京，致有疎脱。

《東華續録》乾隆一〇四　丁卯，諭：阿桂等奏，審擬原任平陽縣知縣黄梅，向部民勒借錢文、並按田科派二款，已供認不諱一摺。黄梅以彌補虧空爲名，向部民勒借派捐，業有確據，其貪婪不職，殊出情理之外。黄梅著革職拏問，温州府知府范思敬著解任，一併質審，定擬具奏。

戊辰，諭：蒙古王公子弟有雖未及歲，已賞戴花翎者，即予應得職銜，著爲令。

《高宗實録》卷一二六四　九月辛未朔，又諭曰：黄仕簡奏，諸羅縣奸民、捐貢楊功懋，即楊光勳，監生楊功寬，即楊媽世，兄弟二人，因争財起釁，各立會名，糾衆樹黨。經臺灣鎮道飭屬查拏，該汛把總陳和拏獲會匪張烈一名，夥黨搶奪，陳和被殺。現督飭員弁緝獲首從各犯楊功懋等五十餘名，從重辦理等語。此案楊功懋等，釁起家庭，膽敢私立會名，結黨聚衆，經把總陳和拏獲匪犯張烈，復敢奪犯傷官，實屬不法。所有現獲之首從各犯楊功懋等五十三名，著常青、黄仕簡等，審訊明確，一面具奏，一面將首要各重犯，即在該處，正法示衆。

《東華續録》乾隆一〇四　甲申，錦格以疏防反獄人犯革職拏問，以玉德爲山東按察使。

丁亥，諭：前因浙省倉庫虧空，不能依限彌補，特派大臣前往查辦。【略】黄梅於乾隆四十三年調任平陽，在任八年，種種貪黷營私，歷任上司漫無覺察，實難辭咎。但四十三年以後督撫如王亶望、陳輝祖俱已另案治罪，法無可加，福崧、盛住先著革去翎頂，俱著來京候旨。所有山西巡撫員缺，著勒保補授。勒保接奉此旨，即赴新任，不必來行在請訓，其杭州織造，著額爾登布去。

戊子，諭：福康安見於十月内起程來京陛見，永保著署理陝甘總督印務，俟

福康安回任後，永保即前往塔爾巴哈台辦理參贊大臣事務，換慶桂回京，其陝西巡撫員缺，著巴延三補授。

賞崧福二等侍衛，赴和闐辦事。盛住主事銜，交伊犁將軍奎林差遣。

命：嗣後駐藏大臣等所兼京缺，不必開。

調蘇凌阿爲倉場侍郎。

《高宗實録》卷一二六五　甲午，諭曰：綽克托著補授户部尚書，所有慶桂未到京以前兵部尚書事務，仍著福長安署理。

《東華續録》乾隆一〇四　乙未，諭：【略】伊齡阿著來京，在總管内務府大臣上行走，並兼管崇文門監督，所有浙江巡撫員缺，著琅玕補授。長麟著補授刑部侍郎。英善著調補江蘇布政使，所遺湖南布政使員缺，著郭世勳補授，其湖南按察使員缺，著恩長補授。

《東華續録》乾隆一〇四　冬十月辛丑朔，以陳淮爲湖北布政使，雙鼎爲湖北按察使。

壬寅，以禄康爲内閣學士，景安爲甘肅按察使。

己酉，實授李承鄴江西布政使。

十一月戊寅，免新疆屯練民户未完五十一、二年應徵牛價、口糧。

十二月癸卯，命整飭苗地邊防。

壬子，命兵部尚書王杰軍機處行走。

戊午，封鄭華爲暹羅國王。

己未，以張廷化爲湖北按察使。

丙寅，閩浙總督常青奏：臺灣彰化縣賊匪林爽文，結黨擾害地方，十一月二十七日，知縣俞峻在大墩拏賊遇害，縣城失陷。【略】諭軍機大臣等：臺灣地隔重洋，民刁俗悍，屢次滋事。今有彰化縣賊匪林爽文等，糾衆騷擾，殺害官長，攻陷城池，尤爲罪大惡極，不可不痛加殲戮，以示懲創。彰化知縣拏匪被害，該縣不能嚴密防範，雖失之疏懈，但帶兵緝犯，事屬因公，並著該督撫查明，該縣如平日並無别項劣蹟及激變情事，即據實奏聞，候朕降旨，交部議卹。【略】著嚴飭沿海口岸地方文武員弁，實力巡防最爲緊要，常青、徐嗣曾等，總須不動聲色，妥協辦理。若因外洋遇有此等案件，該督撫紛紛調遣，迹涉張皇，轉致内地民人心生疑駭，殊有關繫，該督撫不可不處以鎮定也。

是歲，朝鮮、琉球、暹羅來貢。

乾隆五二年（丁未、一七八七）

《東華續録》乾隆一〇五　春正月庚午朔，閩浙總督常青奏：據興泉永道稟稱，賊陷彰化，十二月初六日，陷諸羅。見柴大紀帶兵，並募鄉勇守城，遺員來廈請救。【略】諭：【略】著常青於事定後，查明嚴參示儆，但非目前急務，此時惟當鎮輯内地、速勦賊匪爲要。

乙亥，釋富勒渾於獄。

己卯，諭：臺灣奸民林爽文等糾衆滋事一案，該督常青勦捕逆匪，一切調度堵禦機宜，辦理尚屬鎮静妥協。見在水陸兩提督業經渡臺，會勦逆匪，自無難立時撲滅。惟是海疆重地，將來善後事宜均須妥協籌辦，常青係初任總督，恐未能料理裕如。李侍堯久任封疆，雖於軍旅未嫻，而辦理地方事務，於輕重緩急機宜較爲熟練，李侍堯著調補閩浙總督，即馳驛前赴新任。湖廣係腹地省分，且地方寧謐無事，常青自能勝任，即著調補湖廣總督，俟李侍堯到閩接印後，常青即來京請訓，再行赴任。見在李侍堯自京起程，常青到楚往返尚需時日，李封年老，兼署督篆，恐精神未能周到，所有湖廣總督印務，著舒常馳驛前往署理，俟常青抵任後，再行回京。

丁亥，晉封十公主爲固倫公主。

王杰著補授大學士，所有兵部尚書員缺，著彭元瑞調補，其禮部尚書著紀昀補授。德保、紀昀俱屬中材，王杰著管理禮部事務，以資經理。將此通諭知之。

庚寅，所有户部尚書員缺，著董誥補授。彭元瑞著充補武英殿總裁。蔣賜棨著調補户部左侍郎，兼管順天府府尹事務，其倉場侍郎員缺，著劉秉恬調補。

《高宗實録》卷一二七三　辛卯，松筠著即在庫倫辦事。

《東華續録》乾隆一〇五　癸巳，命王杰爲東閣大學士，兼禮部尚書。

《高宗實録》卷一二七三　丁酉，著李侍堯到閩後，即駐劄蚶江，常青即親自渡臺，督同黄仕簡，統領官弁，將竄入内山賊匪餘黨，盡數搜捕，務净根株，仍不得因追捕賊匪，或致擾動生番，方爲妥善。

《東華續録》乾隆一〇五　二月庚子，袁鑒緣事解任，以王兆棠爲江寧布政使，康基田爲江蘇按察使。

甲辰，以李綬爲左都御史，轉沈初爲兵部左侍郎，以吳玉綸爲兵部右侍郎。

乙巳，明興著來京候旨，所有山東巡撫員缺，著長麟補授。

原任山東按察使楊廷樺，曾任臺灣道，且在閩省年久，於該處情形自所熟習，其獲咎因監犯越獄，究非私罪可比，前已有旨，交與李侍堯，帶往差遣委用。見值用人之際，即著楊廷樺補授臺灣府知府，仍帶革職留任，並傳諭常青，俟李侍堯到後，即令楊廷樺渡臺灣，接印任事。

丙午，所有刑部右侍郎員缺，著加恩即令明興補授，仍帶革職留任，八年無過，方准開復。

戊申，調玉德爲安徽按察使。

壬子，免福建臺灣府屬本年額賦。

癸丑，調宜興爲盛京户部侍郎，玉鼎柱爲盛京禮部侍郎，瑪興阿爲吏部右侍郎，以海寧爲兵部左侍郎。

《高宗實録》卷一二七五 乙卯，又諭曰：賊匪廖東、侯辰，俱受林爽文僞封名號，看來賊匪林爽文肆逆不法，或竟有自稱爲王及僭立年號之事。林爽文膽敢糾衆戕官，占奪縣城，已屬罪大惡極，若果有此等僞僭名號，該督即應據實奏聞，正可明正其罪，無所用其諱飾也。所有現獲之廖東、侯辰二犯，著即派委妥員，解京審辦。

《東華續録》乾隆一〇五 庚申，諭：據李世傑、徵瑞奏，查明營伍硝磺缺額，實由採運稽遲，請將三十六年以後辦磺遲延、四十六年以後辦硝遲延之歷任江寧、蘇州各藩司，交部嚴加議處一摺。【略】歷任江寧、蘇州布政使，著交部嚴加議處外，並著照各營缺額硝磺例價，各令十倍罰賠，以示懲儆。餘俟該督等查送職名到部，一併議處。經此次查辦之後，各營火藥務須嚴飭委員採買足額迅速解營，年清年款，若再因循遲玩，朕必照貽誤軍需之例，重治其罪，決不稍爲寬貸也。陳杰據實直奏，可嘉，著交部議敘。將此通諭知之。

轉趙鋏爲工部左侍郎，以劉躍雲爲工部右侍郎，以陸錫熊爲左副都御史。

《高宗實録》卷一二七五 甲子，諭：此次恭謁東陵，迴蹕便道巡幸盤山，所有沿途經過地方，本年應徵地丁錢糧，著加恩蠲免十分之三。

《東華續録》乾隆一〇五 三月辛未，調景安爲河南按察使，以姚頤爲甘肅按察使。

丙子，以重修明陵告成，上親臨閲視。

辛巳，以鄒奕孝爲内閣學士。

己丑，諭：向來大挑舉人，俱於會試榜後，該部定期奏請揀選，但念各省會試舉人旅食京城，俟榜後再行挑選，未免有需時日。此次大挑舉人，著即在榜前辦理，俾得及早回籍，無須守候，以示體恤。再此内有年老舉人，精力已衰、情願得授京銜者，並著派出之揀選王大臣，照上屆之例，按其年齒，分别存記，俟榜後開單具奏，照例賞給職銜，用昭獎惠耆齡、壽考作人至意。

《高宗實録》卷一二七八 夏四月辛丑，常青即著授爲將軍，恒瑞、藍元枚著授爲參贊，俾事權歸一，軍威益振，以期迅奏盪平，綏靖海疆。將此通諭中外知之。

福建水師提督員缺，著藍元枚調補。

陸路提督員缺，著加恩令柴大紀暫行署理。

《東華續録》乾隆一〇五 丙午，以張廷化署鴻臚寺卿，李天培爲湖北按察使，以歸景照爲浙江按察使。

辛亥，上閲健鋭營兵。

《高宗實録》卷一二七九 壬戌，賜一甲史致光、孫星衍、董教增三人進士及第，二甲朱理等四十五人進士出身，三甲焦以厚等八十九人同進士出身。

甲子，上御演武廳，閲火器營操。

《東華續録》乾隆一〇五 五月戊辰，實授蘭第錫河東河道總督。

《高宗實録》卷一二八〇 甲戌，諭：朕此次巡幸木蘭，駐蹕熱河，所有經過地方，著加恩蠲免本年地丁錢糧十分之三。

《東華續録》乾隆一〇五 戊寅，著傳諭藍元枚，赴鹿仔港，會同柴大紀、普吉保，整頓兵力，遥爲聲援，牽綴賊勢。

以禄康爲盛京禮部侍郎。

庚辰，湖南鳳凰廳屬句補寨苗人石滿宜等滋事，總兵尹德禧率兵討平之，特旨：嘉獎。

壬午，諭軍機大臣等：前據和珅以京城米價昂貴，遵旨出示禁止囤積，而商人惟利是圖，糧價久未平減。【略】阿桂係曉事之人，自能善體朕意，著傳諭留京辦事王、大臣等詳悉告知。綿恩務須派員實力嚴查，並令五城、順天府各衙門一體稽察，毋任奸商陽奉陰違，得以肆其狡獪伎倆。如有投遞公呈不遵禁示者，即當究出爲首、或囤積最多者一二人，枷號示衆，並將該商米麥入官平糶，則其餘各鋪户知所儆惕，自不敢仍前效尤，庶不勞而事易集。若惟事因循調停，以博寬

大之名，將來設遇年歲稍歉，奸商擡價居奇，又將何以辦理耶？所謂水懦民玩，轉足以長刁風而玩官法，留京辦事王、大臣等及綿恩，不可不咸喻此意。

甲申，諭：副都御史劉權之條奏籌辦民食一摺。

丁亥，諭：向來滿洲、蒙古繙譯鄉、會試，每届三年，將應否舉行之處，請旨辦理。但思旗人進身之途甚廣，並不專藉繙譯，且其中亦未見出有真才也，三年奏請考試一次，爲期太近。嗣後竟著每届五年舉行一次，亦不必請旨可行與否矣。

己丑，諭軍機大臣等：據孫士毅等奏，接據安南國王黎維褍之孫黎維祁咨稱，該國輔政鄭棟專擅威福，上年五月，有西山土豪侵入國城，鄭棟出奔被擄，亡其國印。嗣伊祖黎維褍病故，伊父早亡，黎維祁以嫡孫權管國事，咨請權給憑信，嗣後遇有題奏事件，用此爲驗等。因其中疑竇多端，不便遽如所請，見酌擬檄稟詢問等語。自應先如所擬辦理。

甲午，諭：向來内外文武大臣遇有應得處分，該部議以降調、革職、革任，經朕從寬留任及免其革任者甚多，竟有一人而累至十餘案者，蓋因該大臣等屢經簡擢任事有年，朕念人才難得，且因其尚係公過，是以每遇議處之案，酌量案情，從寬留任者不一而足。但愈積愈多，未免視爲故常，無所儆惕，轉屬有名無實，亦非整飭吏治之意也。著交吏、兵二部，將内而大學士、九卿、八旗都統、副都統，外而督撫、將軍、副都統、提鎮，見任各員部議降調、革職、革任，經朕從寬留任及免其革任者，查明每人名下所積之案各若干次數，分別開單進呈，候朕詳加察覈。其案情較重、處分數多者，或酌量議罰，再准其開復。其情節尚輕、處分數少者，或竟予開復，庶屢獲愆咎人員知所儆勸，而宥其小過，益當感激思奮，如此各予以自新之路，於澂敘官方較爲覈實。嗣後並著吏、兵二部，每届五年即查明具奏一次，請旨辦理。著爲令。

六月戊戌，以依蘭泰爲内閣學士。

庚子，調奇豐額爲江蘇布政使，以虔禮寶爲廣西布政使，明禄爲山西按察使。

乙巳，諭軍機大臣等：刑部奏請定民人婚娶蒙古婦女、殺姦治罪之例一摺。【略】亦應照律辦理，以昭畫一而歸平允。至民人不得婚娶蒙古婦女，不但此案可删，並可無庸形之章牘，將來遇有此等案件，原可隨案定擬，行所無事，何必又生一番議論，另立條款。將此諭令知之。

壬戌，東河睢州下汛十三堡河溢，命阿桂馳往睢州，督辦河工。

《東華續録》乾隆一〇六　秋七月庚午，諭：【略】至漳泉一帶，見今缺雨，田禾荒萎，小民秋收失望，恐米價更有增昂，甚關緊要。前因閩省需用米石，已早降旨，令浙江等省備辦起運，著徐嗣曾再詳晰出示，俾各省通行曉諭，市價不至踊貴，方爲妥善。

壬申，命：嗣後查各神祠，及各王派宗室大臣行禮，雙忠祠、昭忠祠派散秩大臣行禮，著爲令。

丁丑，諭：【略】著加恩賞給柴大紀壯健巴圖魯名號，蔡攀龍强勝巴圖魯名號，仍照巴圖魯例，由彼處各賞銀一百兩，以示奬勵。

戊寅，諭：福建陸路提督、署臺灣鎮總兵柴大紀，自勦捕逆匪以來，督率官兵、義民奮勇殺賊，一切調度深合機宜，著授爲參贊，協同將軍常青等悉心籌辦，以期迅奏膚功。

丁亥，以明興署山西巡撫。

《高宗實録》卷一二八五　壬辰，諭曰：海蘭察著爲參贊大臣，護軍統領舒亮、普爾普，著爲領隊大臣，各帶侍衛、章京、拜唐阿等二十名，舒亮領頭隊，海蘭察領第二隊，普爾普領第三隊，一同前往福建臺灣，勦滅逆賊。

《高宗實録》卷一二八六　八月丁酉，特命福康安前來行在面授機宜，令其攜帶欽差關防，馳赴臺灣更换常青，督辦軍務，即授福康安爲將軍，並授海蘭察爲參贊大臣，普爾普、舒亮爲領隊大臣，其恒瑞、藍元枚、柴大紀，仍著照前參贊軍務。

《東華續録》乾隆一〇六　常青勦捕賊匪，雖未能蒇功奏績，念伊究係年老，尚無貽誤，著於福康安到臺灣後，即行來京陛見，再赴湖廣總督之任。

戊戌，諭軍機大臣等：據塔琦等奏稱，燕起糾合布嚕特數百人，到色哷庫勒地方，搶去牲畜、人口無數，由喀喇烏蘇逃走，一面派侍衛官兵追捕，一面行知明亮截拏等語。逃犯燕起在外窮迫，膽敢糾合布嚕特多人，搶擄色哷庫勒部落，實屬可惡。著派老格即帶索倫兵，並勇健布嚕特回人，追拏務獲。塔琦、明亮仍曉諭各處卡座，小心防範，如敢再來搶擄，務必竭力截拏，痛加勦殺。

癸丑，諭軍機大臣等：據明亮等奏稱，老格等帶領官兵追捕燕起，至碩提地方分守要隘，飭令喀哩提金部落之沙呢雅斯等，將燕起擒獲。等語。

乙卯，以陸費墀等辦理《四庫全書》譌脱、錯謬，奪職、鐫級有差。

辛酉，令保成、李慶棻等速將備調黔省兵二千，令許世亨帶領，速行赴閩，聽候調用。

九月壬申，諭：據常青等奏，臺灣府知府楊廷樺見已病故，所遺員缺暫委海防同知楊廷理署理等語。楊廷樺自抵臺灣任事後，於一切堵禦、巡防及經理糧餉等事，均屬奮勉出力，楊廷樺著給還布政使原銜，以示優卹。楊廷理隨營勦捕，甚屬奮勉，所有臺灣府知府員缺，即著楊廷理補授。

《高宗實録》卷一二八九　壬午，福建水師提督員缺，著柴大紀調補。其陸路提督員缺，即著蔡攀龍補授，並著授爲參贊。

《東華續録》乾隆一〇六　癸未，諭軍機大臣等：孫士毅等奏，接安南國嗣孫黎維祁咨覆，失去國印一事，因該國文移内並無將來具本、遣陪臣之語，未便即如所請，並將所擬檄諭文稾一併進呈。所辦是。

冬十月乙未朔，諭：乾隆五十五年，朕八旬慶節，宜沛特恩。所(不)〔有〕下届鄉、會試正科，著於五十三年八月、五十四年三月豫先舉行，五十四年秋舉行恩科鄉試，五十五年春舉行恩科會試，以示樂育敷恩、壽世作人至意。

丙申，以管幹貞爲内閣學士。

戊戌，諭：成都將軍鄂輝，見在帶領四川屯練兵丁，赴臺灣勦捕賊匪。鄂輝久歷戎陣，於軍旅較爲諳習，亦著授爲參贊，協同福康安籌辦進勦，以期迅奏膚功。

己酉，河南睢州十三堡合龍。

諭：嗣後鹽務各員銓選、分發，俱迴避本省，著爲令。

《高宗實録》卷一二九一　甲寅，賜中式武舉一甲馬兆瑞、侯璌、麥鷹揚三人武進士及第，二甲楊雲龍等五人武進士出身，三甲楊景芬等二十八人同武進士出身。

《東華續録》乾隆一〇六　丙辰，命阿桂赴江南，勘高堰等處隄工。

《高宗實録》卷一二九一　戊午，蠲免江蘇清河、安東【略】等二十三州縣，并淮安、大河、揚州、鎮江、徐州五衛本年水災漕項、漕米有差。

《東華續録》乾隆一〇六　庚申，諭軍機大臣等：據孫士毅奏，安南國王失去印信，請於鑄給該嗣孫印篆内，加刊補給字樣等語。【略】著傳諭孫士毅，於該國嗣孫遣使懇請襲封給印時，詳悉諭以：天朝因爾國遭遇事故，甫經安輯，若補給新印後，其舊印仍未銷毁，或爲匪徒私藏混用，假冒該國名號，呈瀆天朝，於爾國轉爲有損無益。今於新給印文，與舊印不同，俾管關文武官吏查驗有據，不至真僞溷淆。天朝體恤周至，爾國當稟遵恪守，永承天眷等語。著孫士毅存記，於該國請印時，遵照辦理。

《高宗實録》卷一二九一　辛酉，賑卹直隸保安、宣化、萬全、懷安、西寧、懷來、蔚州等七州縣本年旱災貧民，並分別蠲緩額賦。

是月，四川總督保寧奏：定例種地民番，每户撥給地三十畝，今新疆屯户，生齒日繁，請增撥地畝承墾，較之招募新户，事半功倍，仍照例升科。得旨：嘉獎。

《高宗實録》卷一二九二　十一月甲子朔，李侍堯、孫士毅俱著加太子太保銜。至參贊、提督柴大紀，自駐劄諸羅以來，屢經奮勇抵禦，勦殺賊匪，洵爲懋著勞績，著加太子少保銜，以示嘉獎。

將廣東莊、泉州莊義民，朕皆特賜扁額，用旌義勇。

《東華續録》乾隆一〇六　丙寅，諭：臺灣逆匪林爽文糾衆倡亂以來，提督柴大紀統兵勦捕，收復諸羅，後賊匪屢經攻擾，城内義民幫同官兵，奮力守禦、保護無虞。該處民人急公向義，衆志成城，應錫嘉名，以旌斯邑。著將諸羅縣改爲嘉義縣，俾合縣良民倍加奮勵，以昭獎勸。

貸黄仕簡、任承恩罪，仍速繫。

《高宗實録》卷一二九二　壬申，柴大紀在臺灣勦捕賊匪，勞績最著，即守城一節，其功甚大，【略】著即封爲一等義勇伯，世襲罔替。又諭：嘉義縣城，被賊攻圍，已閱半載，而民人等共知大義，幫同官兵奮力把守，久而益堅，實堪嘉尚。除節經降旨，將臺灣府屬本年及五十三年應徵錢糧豁免，著再加恩，將嘉義縣五十四年應徵錢糧再行豁免，以示朕優獎忠義、有加無已至意。

諭軍機大臣等：本日巴延三奏報，前藏達賴喇嘛，遣使過境日期一摺。内稱夷使字樣，甚屬錯謬，國家中外一家，况衛藏久隸版圖，非若俄羅斯之尚在羈縻，猶以外夷目之者可比，自應以來使堪布書寫爲是，乃一任庸劣幕友，混行填寫夷使字樣，率爾具奏。巴延三於此等陳奏事件，全不留心寓目，何至糊塗若此，著傳旨嚴行申飭。

《東華續録》乾隆一〇六　乙亥，諭：向例每年葉爾羌、和闐秋成二季採玉輸納，該處回人按季跟隨，大臣無甚閒暇，俱各奮勉，既應酌量施恩，以紓其力，而此時節次採運之玉，亦足充用。嗣後每年春季停止採納，惟秋季仍令採玉解

運，自明年起即著爲令，以示朕惠愛回人之意。

己卯，虔禮寶丁憂，以英善署廣西布政使。

乙酉，諭：【略】著通飭各督撫，嗣後遇有道、府以上告病人員，止應循向例題請解任調理，其准令回籍與否，聽候部議請旨，毋得遽請回籍，以符定制。保寧著飭行。

以保寧爲伊犁將軍，調李世傑爲四川總督，以書麟爲兩江總督，陳用敷爲安徽巡撫。

十二月壬寅，諭：嗣後科道題升引見，註明有無條奏。著爲令。

《高宗實録》卷一二九四　賑卹甘肅皋蘭、金縣、河州、狄道、靖遠、沙泥州判、安定、會寧八州廳縣本年被旱災民。

丁未，又諭曰：福康安等奏，十一月初六日帶兵援赴嘉義縣，初七日行抵元長莊，又於普吉保所帶官兵内，挑新舊兵丁義民，分爲五隊，福康安與海蘭察、鄂輝、普爾普、穆克登阿、普吉保、額勒登保，及巴圖魯侍衛、章京等分隊帶領，凡遇賊莊，即行勦洗，互爲援應。初八日黎明，行抵崙仔頂地方，賊匪多人，潛於竹圍内施放鎗礮，一齊擁出，我兵屹立不動，鎗箭齊發。福康安、海蘭察等，帶同巴圖魯侍衛，衝入賊中，賊匪抵敵不住，退入竹林，兩傍竹圍蔗田内，及崙仔尾等處各莊賊匪，或數百人，或千餘人，前來抗拒。福康安豫爲布置，調令鄂輝、穆克登阿，帶領屯練降番，扼住右首東莊溪橋，普爾普、侍衛春寧、參將吴宗茂等，帶兵堵勦左首各莊賊衆，並遣義民分頭焚砍竹圍蔗田，及各處草寮，當將崙仔頂莊、崙仔尾莊打通。一面令海蘭察，帶巴圖魯侍衛、總兵普吉保及奮勇官兵，長驅先進，福康安將各處賊莊，盡力攻勦，無不克捷。進至牛稠山地方，賊匪阻溪自固，在山梁屯扎，見官兵將至，四面圍裹，不下萬餘，海蘭察帶同巴圖魯侍衛、官兵，直越溪河，衝過賊隊，我兵無不一以當百，搶上山梁，賊匪紛紛逃竄，即於酉刻入城。現在督率官兵，由斗六門進攻大里杙賊巢。

福康安、海蘭察俱係侯爵，著晉封公爵，各賞紅寶石帽頂、四團龍補褂。

《高宗實録》卷一二九五　己酉，福州將軍員缺，即著常青補授。

諭軍機大臣曰：【略】福康安奏，柴大紀、蔡攀龍守城打仗情形，多不確實一節。【略】看來柴大紀、蔡攀龍，未免因俱係提督大員，且屢經恩旨褒嘉，或稍涉自滿，在福康安前禮節或有不謹，致爲福康安所憎，遂爾直揭其短乎？況柴大紀、蔡攀龍，俱現任提督，水陸將弁兵丁，皆所統轄，福康安即有不滿伊二人之處，然其功究不可泯，亦應外示優容，若遽加之聲色，則所屬將弁兵丁，見統轄大員全無顔面，未免心存輕視，竟至呼應不靈，從而解體，於事大有關係。即使伊二人實有緑營習氣，不可信任，福康安何妨俟大功告成，至京時密爲面奏，亦不爲遲，何必於此時，遽以此形之奏牘耶？朕於柴大紀、蔡攀龍二人，並非先有成見，不過念其守城打仗，勤苦出力，曲加軫念。福康安非他人可比，尤需仰體朕心，畧短取長，方得公忠體國之道。況柴大紀已加恩封以伯爵，蔡攀龍業經超陞提督，福康安所奏各情形，並無確據，又豈可轉没其功，遽加以無名之罪耶？總之柴大紀、蔡攀龍功過自有定論，福康安此時總以坦懷相待，不稍露詞色爲是。

《東華續録》乾隆一〇六　湖廣總督員缺，即著舒常補授。所有工部尚書員缺，著福長安補授。

庚戌，諭：韓鑅前任工部侍郎，且曾任河道總督，於工程事務較爲熟諳，茲因服闋來京，即著補授工部右侍郎。朱珪見出學差，所有禮部右侍郎員缺，即著劉躍雲署理。

命福建督撫及水陸提督，輪年赴臺灣稽查，停止巡臺御史之例，並嗣後臺灣道、府缺出，請旨簡放。著爲令。

《高宗實録》卷一二九五　戊午，諭軍機大臣曰：德成自浙江差竣回京，偶詢及柴大紀平日居官聲名如何，據奏風聞柴大紀自復任臺灣總兵以後，縱恣自大，且居官貪黷，較之地方文職尤甚。並將臺灣所轄守兵，私令渡回内地，貿易牟利，駐守之兵，所存無幾。上年逆匪林爽文等，滋事不法，其始不過會匪黨夥，聽從附和，人數無多，因存城之兵無幾，不能即時搜捕。賊匪糾衆肆擾，距府城止三十餘里。而柴大紀尚不思前往堵禦，經永福催令出城，始與打仗，又因兵少敗衂，以致賊匪益肆猖獗，不可復制等語。若如所奏，是柴大紀在總兵任内，貪縱不職，骫法牟利，於賊匪起事之初，任意玩視，使賊匪得以鴟張，蔓延日久，竟由柴大紀貪縱廢弛，釀激事變，其平日劣蹟，已屬確有可據。【略】著福康安、李侍堯各行嚴查密訪，據實參奏，毋得再有瞻徇，致干重咎。

己未，諭軍機大臣曰：柴大紀前任臺灣總兵時，廢弛營伍，縱令兵丁渡海貿易，是以有林爽文等跳梁滋事。雅德在閩多年，乃柴大紀如此悖謬，豈竟毫無見聞，竟屬喪盡天良，著傳諭明亮，接奉此旨，即將雅德鎖拏，派委幹員，妥爲照料，解京治罪。

庚申，諭：據福康安等奏，官兵自斗六門前進，攻克水沙連、大里杙等處。

《東華續録》乾隆一〇六　是歲，朝鮮來貢。

乾隆五三年（戊申、一七八八）

《東華續録》乾隆一〇七　春正月丁卯，以臺灣用兵，免福建晉江等八縣本年額賦十分之三，浦城等十二縣十分之二。

《高宗實録》卷一二九七　丙戌，柴大紀著革職拏問，交福康安逐一嚴審明確，定擬具奏。其福建水師提督員缺，著蔡攀龍補授。【略】乃常青竟無一字奏及，殊屬昧良辜恩，有心徇隱，常青亦著革職，即交與福康安一併嚴審據實具奏，其福州將軍員缺，著魁麟補授。

《東華續録》乾隆一〇七　戊子，調王昶爲江西布政使，李承鄴爲雲南布政使。

二月乙未，諭：黄仕簡、任承恩上年朝審句到，並經格外加恩免其一死，見在大功已届蒇事，所有黄仕簡、任承恩二犯俱著加恩釋放。但伊二人身獲罪愆，經朕曲加矜宥，全其軀命，若仍靦顔安居輦轂之地，有何面目對人？俱著勒回原籍，閉户静居思過。

以保成爲内閣學士。

辛丑，以景安爲河南布政使。

癸卯，調陳奉兹爲河南按察使，以和寧爲四川按察使。

《高宗實録》卷一二九九　辛亥，諭：朕此次巡幸天津，閲視河工，所有經過地方，及天津闔府所屬，本年應徵錢糧，著蠲免十分之三。

《東華續録》乾隆一〇七　壬子，以康基田爲江寧布政使。

戊午，諭：凡五品以上官員子弟，並校書議敘舉人，及由俊秀捐貢監生者，不許應召試。著爲令。

壬戌，上御閲武樓閲兵。

三月癸亥朔，賜天津召試舉人陳煜内閣中書，貢生王蘇、王芑孫，諸生吴鎔舉人。

辛未，大學士等奏：臺灣解到賊匪，除何有志、林澆等業經因病先行正法，其逆首林爽文糾衆倡亂，戕官攻城，復編造年號、私封僞職，賊目陳傳從賊戕官、受封僞職，與官兵、義民打仗多次，均應按律淩遲處死、梟示。至何有志、陳傳等家屬，例應緣坐，應令該督撫嚴查辦理。得旨：林爽文、陳傳著即淩遲處死、梟示，餘依議。

己卯，諭：臺灣獲盜，無論首從，皆按律正法。俟五年後，再照舊例，分别奏請。

夏四月丙午，上閲健鋭營兵。

丁未，永福著革職，拏交刑部治罪，該員如有子嗣，亦著解交刑部，一併治罪。李永祺革職留任，於臺灣交與該撫徐嗣曾，令委辦理城工報銷等事，效力贖罪。徐嗣曾係該省巡撫，咎實難辭，並著交部嚴加議處。所有福建按察使員缺，著伊輴布補授，臺灣道員缺，著王右弼補授。

轉朱珪爲禮部左侍郎，以劉躍雲爲禮部右侍郎。

戊申，改四川梁黄等八寨熟苗編入茂州八里民户管轄。

《高宗實録》卷一三〇三　庚戌，蠲免江蘇清河、安東【略】十八州縣，淮安、大河、揚州、徐州、鎮江五衛乾隆五十二年水災額賦有差，其勘不成災之桃源、高郵、東臺、江都、碭山五州縣並予緩徵。

《東華續録》乾隆一〇七　辛酉，軍機大臣等議奏：革職總督富勒渾、雅德，於已革總兵柴大紀骫法營私、已故知府孫景燧侵貪釀變毫無見聞，且於地方立會、盜劫重案，不能及早查拏，致釀巨案，均應擬絞監候，秋後處決。從之。

五月壬戌朔，日有食之。

《高宗實録》卷一三〇四　丁卯，蠲免河南商邱、寧陵、睢州、柘城、鹿邑、永城六州縣乾隆五十二年水災額賦有差。

己巳，諭：據長麟奏，江蘇布政使奇豐額眷屬船隻，行至臺莊丁廟地方，有賊數人撥開艙門，進船行竊，經家人喊捕，當即逃逸，失去小箱一隻，内貯銀三百兩，并金簪、腰刀等物。請將嶧縣知縣沈則文、參將劉世勳、千總曹統標，一併革職等語。沈則文、劉世勳、曹統標，俱著革職。上年直隸静海縣地方，甫有學政劉權之眷船被盜之案，今奇豐額眷屬船隻又在山東臺莊地方被竊，此等俱係官船，而賊犯等公然上船盜竊，可見内河地方，盜賊肆行，不一而足。該地方官因係官船被劫，不能隱匿，是以據實稟報，此外民人及商賈往來船隻，遭其擾累者，恐復不少，而地方官平日諱匿不報，自非一案，何以戢奸宄而安良善？此案除已經盤獲賊犯二名外，其餘逃逸各犯，該撫務須嚴行究訊，按名查拏，毋任遠颺漏網。並著沿河之督撫，督飭地方文武，上緊查拏，以安行旅，再有似此，並將督撫

治罪。

《東華續録》乾隆一〇七 兩廣總督孫士毅等奏：探聞安南國先因鄭姓作亂，廣南夷兵阮姓用兵恢復，留夷目供靖在黎京輔佐嗣孫黎維祁。阮姓自詡其功，索封護國將軍，兼攝王府之職，供靖不允其請，被阮姓殺死，嗣孫畏懼出奔，處北地方夷民起兵截殺等語。查該國請封、請印，至今未到，自緣内訌躭延，見飭該鎮、道，於關隘豫防夷匪竄入邊境。報聞。

《高宗實録》卷一三〇四 壬申，蠲免直隸保安、宣化、萬全、懷安、西寧、懷來、蔚州七州縣乾隆五十二年水災民田、旗地額賦有差。

《高宗實録》卷一三〇五 丁丑，至臺灣無籍游民不安本分、武斷一方，名爲羅漢脚，此等惡習最爲可惡，與四川啯嚕匪犯無異。現經大加懲創之後，不可不實力查拏，隨時嚴辦，務使奸徒斂跡，盡絶根株，不復有此項名目，方爲妥善。此事福康安起程後，交李侍堯等，嚴飭該處鎮道及地方文武官弁，認真查察隨犯嚴懲，以期海疆永靖，毋得日久玩生，致干咎戾。

《東華續録》乾隆一〇七 戊寅，諭軍機大臣等：川省向有無籍棍徒，糾夥搶劫，名爲啯嚕，歷經降旨，嚴拏究辦。該省奏摺，率寫嘓匪字樣，但嘓字音聲與國字相近，嗣後遇有此等案件，俱著改爲啯嚕匪犯，除交軍機大臣存記、遵辦外，將此諭令李世傑知之。

庚辰，上啟鑾秋獮木蘭。免經過地方本年額賦十分之三。

《高宗實録》卷一三〇五 甲申，閩浙總督李侍堯奏：拏獲張破臉狗，供有廣東大埔縣人趙明德、陳丕、陳棟，至福建詔安縣雲霄地方，勸令入會，現已飛咨兩廣督臣孫士毅查緝。得旨：天地會竟係起自廣東，傳至福建，張破臉狗供出之趙明德等三犯，爲首先在閩傳教之人，著孫士毅即速飭屬嚴密查拏，按名務獲，勿任免脱漏網。

《東華續録》乾隆一〇七 六月丙申，諭軍機大臣等：富綱奏，接據順寧府全保等稟，四月二十日，有緬甸孟隕遣大頭目業渺瑞洞、細哈覺、控委盧撒亞三名，恭齎金葉表文，及金塔、寶石、馴象等項，齎至江邊，懇求進貢，並稱老官屯一路山高瘴大、象隻難行，故從木邦前來等情。【略】著傳旨嚴行申飭，並著傳諭該督，接奉此旨，即一面遴派委員，護送該頭目等迅速前來行在，呈進表物。

《高宗實録》卷一三〇六 戊戌，蠲免安徽鳳陽、潁州、泗州、宿州四府州衛乾隆五十二年水災額賦有差。

《東華續録》乾隆一〇七 壬寅，以王士棻爲江蘇按察使。

《高宗實録》卷一三〇七 丁未，蠲免陝西華州、華陰、潼關三州廳縣乾隆五十二年水災額賦有差，並緩徵蠲剩銀糧、倉穀、耔種。

戊申，廣西巡撫孫永清奏：據太平府知府陸有仁等稟報，安南國被阮姓攻破黎城，嗣孫黎維祁出奔，夷官阮輝宿、黎炯等，保護王母、王子等，避兵博山社，被冦兵追殺，逃至河邊求救入隘。經巡隘員弁向其盤問，遥望隔河有百餘人，似係前來追趕，及見對隘現有兵勇，不敢過河，隨即退去。該夷官等，即同男婦過河，查點老幼共六十二名口，當即收入隘内、撥房棲止等語。臣現以巡閲關隘，直抵龍州，查詢實在情形，另行具奏。諭軍機大臣曰：上年據孫士毅等奏，該國土豪搆亂，國印遺失，曾諭令俟檄詢明確，再行補給。今該國嗣孫、母妻眷屬，竟被寇追殺，求救内投，尤不可不詢明妥辦。孫永清從未經歷軍務，恐於此事不能得有主見，孫士毅前曾隨赴軍營，此次駐劄潮州，調度一切，亦皆妥協。現在大兵業已徹竣，不過查拏會匪，並無必須該督在彼查辦之事，況本日據孫士毅奏，張破臉狗供出之趙明德等犯，並未能按名就獲，已諭令李侍堯派員，將張破臉狗一犯，押解粤省，交與圖薩布質訊，就近緝拏趙明德等三犯，自無難得其實在下落。孫士毅接奉此旨，即馳赴廣西龍州，辦理安南國求救内投之事。

《東華續録》乾隆一〇七 命福建督撫於天后本籍祠宇，每歲春秋致祭，載入祀典。

《高宗實録》卷一三〇七 庚戌，蠲免山西大同、豐鎮、陽高、天鎮、懷仁、山陰、廣靈、應州、渾源九州廳縣乾隆五十二年旱災額賦有差，並緩徵蠲剩銀糧。

《東華續録》乾隆一〇七 丁巳，諭：【略】三德久歷戎行，著該提督即統率兵衆，於關隘河岸處所，遵照奮勉妥辦。再，各關隘兵丁，前已有旨，令孫士毅再調二、三千名前往。兹該督雖已經密調二千兵豫用，若尚有應行飭調之處，該督亦不妨就近酌調、分頭布設，並飭令整齊行伍，建豎旌旗，方足以壯聲勢而寒賊膽。將此各諭令知之。

《高宗實録》卷一三〇八 秋七月辛酉朔，諭曰：【略】現在該國眷屬，以及隨從人等，業經地方官撥房安頓。孫士毅、孫永清，已先後馳赴龍州，著傳諭該督等，務宜就近親加照料，優給廩餼，俾無失所。並傳知該嗣孫之母，以該國雖被阮岳攻破黎城，嗣孫出奔，伊等懼被賊辱没，率衆内投。現既來至内地，各關隘均有重兵防守，斷無虞賊匪闌入内地，傷害伊等。

《東華續録》乾隆一〇八 壬戌，諭：向來六部尚書、侍郎，每年俱給於雙俸、雙米，而大學士之兼管部務者，則照尚書例俸米俱屬雙支，其不兼部務之大學士，每年係雙俸單米。大學士領袖班聯，職分較大，所得俸米比尚書轉少，殊未允協。嗣後大學士之不兼部務者，亦著加恩給予雙俸、雙米，以符體制。

又諭：楊重英從前係被緬甸裹去，原與叛逃者不同，今經緬甸送出，伊係無罪之人，將來送到時，不必加以鎖鍊。並著富綱向其傳知，以伊前被緬甸裹去，聞其至阿瓦後，總在寺廟居住，並無娶妻生子之事。從前蘇武被匈奴覊拘，即在匈奴娶妻生子，仍用爲典屬國。如楊重英果無其事，是尚比蘇武爲勝，即或亦經娶妻生子，不過與蘇武相等，亦無大過。雖伊回京後，自無顔復望如蘇武之得邀録用，然亦不至治罪。該督傳知後，即令楊重英將有無在緬甸娶妻生子之事，自行據實説出，並派員帶同在彼起程回京，諭令沿途安心行走，不必疑懼。

戊辰，諭軍機大臣等：據富綱奏，接奉諭旨，遵即委員伴送緬甸貢使人等，於六月二十一日，由大理起程，前往熱河瞻覲等語。

己巳，吏部侍郎員缺，著朱珪調補，禮部侍郎員缺，著鄒奕孝補授，兵部侍郎員缺，著趙鍈補授，工部侍郎員缺，著管幹貞補授。朱珪見在出差，所有吏部侍郎事務，並著管幹貞兼署。

諭：楊重英之子楊長靈，見在刑部監禁，今查明楊重英並無順從緬甸情事，是楊重英係屬無罪之人，伊子楊長靈著即行釋放。

辛未，命阿桂、德成往勘荆州水災，撥庫銀二百萬兩，解往備用。

庚辰，所有湖廣總督員缺，著畢沅補授。目下河南並無緊要應辦之事，畢沅接奉此旨，不必來行在請訓，即速往荆州辦理撫恤各事，其河南巡撫員缺，著伍拉納補授。徐嗣曾見在臺灣承辦城工諸事，其巡撫事務係伍拉納護理，伍拉納俟徐嗣曾回至内地後，再赴河南新任。伍拉納未到之前，河南巡撫事務，著惠齡速行前往署理。

以伊轍布爲福建布政使。

辛巳，柴大紀著照所擬即行處斬，以爲孤恩昧良、狡詐退縮者戒。李封亦著解任，前往荆州管工自效，其刑部左侍郎員缺，即著姜晟補授。姜晟接奉此旨，即速起程來京供職，務於朝審以前趕到，其湖北巡撫員缺，著惠齡補授。惠齡接奉此旨，即著速赴湖北任事，所有湖北巡撫印篆，著姜晟親帶，於途次迎交惠齡接收。畢沅昨已補放湖廣總督，其未到之先，湖廣總督印務，仍著舒常暫行署理，俟畢沅到後再行交代。

轉瑪興阿爲吏部左侍郎，以保成爲吏部右侍郎。以萬鍾傑爲福建按察使。

《高宗實録》卷一三〇九 甲申，諭：昨據浦霖奏，審擬私造逆書之耒陽縣生員賀世盛一犯，照大逆律凌遲處死，家屬緣坐，並將搜獲之《篤國策》鈔本呈閲一摺。隨批交大學士、九卿，會同法司覈擬速奏。本日據大學士等，照擬具奏請旨，閲摺内有指出該犯所稱捐路終爲財動、有妨正途及拒諫等語。朕臨御五十三年，普免天下地丁三次，蠲免漕糧兩次，一遇水旱偏災，無不立予蠲賑。兼之浙省建築海塘，及豫省豁免攤徵銀兩，凡所以藏富於民，爲捍禦閭閻計者，總計不下億萬萬，從不稍存靳惜。前此豫工，暨川運，兩次開捐，原因維時河務工程緊要，軍需用度浩繁，府庫所存，不敷撥給。且康熙、雍正年間，曾因公准捐有案，廷臣有以是爲請者，是以照例暫開，爲一時權宜之計，然不久而即行停止，亦因納貲授官，本非善政，并恐雜流因此並進，仕路壅塞，捐例祇可行之於暫，而不可行之於久，特命停止。自停止以來，已十有餘年之久，五十一年，督臣李世傑、書麟、李奉翰等，以江南黄、運兩河漫決多處，撫卹堵築諸務，需費較多，合詞奏懇開捐，朕當以此事斷不可行，明降諭旨訓飭，天下人共知者。甘肅捐監之例，亦因地方官等包攬折收，藉端滋弊，永行停止。朕如果爲聚財起見，則兩次所捐，不敵一次普免之數，亦人所共知者，安有陳奏停捐，拒而不納之事。賀世盛身列膠庠，據供嘗閲邸報，豈五十一年朕訓飭李世傑等之旨，伊獨未之見耶？乃輒敢因科名未遂，心懷忿懣，遂私自著書怨望，大學士等擬以凌遲緣坐，實屬按律辦理。此等狂悖之人，若竟從寬典，俾安坐囹圄，勢必更肆狂吠，又如曾静之罪大惡極，寸磔不足蔽辜，反足以累及伊家屬。第念該犯究因失志場屋，貧苦無聊，摭拾傳聞，私自鈔寫，借以抒其抑鬱，與顯肆悖逆者，尚屬有間，賀世盛著從寬改爲斬決。

《東華續録》乾隆一〇八 丙戌，諭：凡民修隄工在五百兩以上者，一體報部查覈。著爲令。

戊子，諭軍機大臣等：據慶麟等奏，濟嚨、聶拉木二處，已被巴勒布搶占，惟宗喀尚在固守。衛藏兵力不敷堵截，已咨川省調撥駐防緑營官兵應用等語。所辦甚是。

八月辛丑，諭軍機大臣等：安南廠丁爲數甚衆，若爲賊所煽惑，恐致賊勢益張。今孫士毅等檄諭該廠頭人，許以恩賞，並免其廠税，令出力勦賊，亦一辦法。

以吉慶爲內閣學士。

庚戌，以木蘭水大，停止行圍。

《高宗實録》卷一三一一　癸丑，又諭：巴勒布賊匪，滋擾後藏，成德、鄂輝先後帶兵赴勦。鄂輝著授爲將軍，成德著授爲參贊大臣，協力妥辦，以期迅速蕆事。

又諭曰：慶麟奏，巴勒布賊搶占宗喀，復圍脅噶爾之寨，又有賊來普窮結營，唐古忒兵徹回在春對地方。

丙辰，又諭曰：【略】阮岳、阮惠，因見孫士毅所發檄文，畏懼遁逃。【略】令許世亨並總兵一二員，帶兵數千名前進，孫士毅再備數千，在關隘駐劄，聲言續發，諒阮賊等斷不敢恃其頑獷，負嵎抗拒。

又諭：滇省蒙咱一路，與安南接壤，該處夷目等，或爲阮姓所用，將要害地方，潛行占據，亦未可定，自應一面檄諭各夷目等，一面派兵駐劄邊境，遥爲粵省幫助聲勢。富綱當率領勇往曉事鎮將，酌帶官兵，往彼駐劄。

《高宗實録》卷一三一二　九月壬戌，上御卷阿勝境，緬甸國使臣細哈覺、控委盧撒亞，及小頭目便機位南等四人入覲，並同扈從王公大臣、蒙古王、貝勒、貝子、公、台吉等賜食，翌日如之。

諭曰：暹羅、緬甸，向來搆兵不睦，暹羅業經受封，而緬甸現亦投誠內附，俱係屬國。嗣後該二國應彼此修好，同受天朝恩眷，不得仍前搆兵。除緬使回國時已行傳知外，俟暹羅貢使到日，一併傳知，令其回國告知該國王敬謹遵照。

《東華續録》乾隆一〇八　乙丑，禁各省州縣私立班館、私置刑具。

丁卯，諭軍機大臣等：牧馬土司將僞官阮遠猷等擒獲，自應准其解送內地，以絕伊等觀望之心。

己巳，著通諭各督撫，嗣後凡屬奏報雨水地方事件，務期以實，不得輒用頌揚虛詞填砌入告，以副朕崇實黜華至意。

《高宗實録》卷一三一二　癸酉，蠲安徽宿州、鳳陽【略】二十一州縣衛乾隆五十二年水災額賦有差。

《東華續録》乾隆一〇八　庚辰，諭：襲世職者，自十二歲以上，俱帶領引見。著爲令。

乙酉，諭：原任道員楊重英，前在緬甸羈留二十一載，念其獨居緬寺，亦未娶妻生子，尚知顧惜名節，較之漢時蘇武奉使外域，即在彼娶婦生子者差勝。見在緬甸款關役誠，奉表納貢，業將楊重英送出，伊本係無罪之人，在途因病身故，殊堪憫惻。著加恩賞給道員職銜，以示軫卹，其子楊長靈早經加恩釋放，著俟營厝事畢，交該旗帶領引見。

《高宗實録》卷一三一四　冬十月庚寅，諭軍機大臣曰：【略】近日屢據慶麟等奏報，後藏脅噶爾之圍已解，巴勒布賊衆退遁二站，後又有千餘名，由列子陸續渡河，前至薩喀等語。看來賊衆無能，若竟退歸巢穴，轉難深入窮追，今乘其自來，正俟待我兵至藏，痛加殲戮，使之畏懼乞降，永靖邊隅。

辛卯，諭軍機大臣等：前因阮惠等雖已讓出黎城，而嗣孫尚無消息，恐我兵徹回，阮惠等復乘虛攻搶，并將黎氏子孫全行戕害，反貽後患。諭令許世亨帶兵數千，直至黎城，督飭該國人衆，將首惡設法擒獲，以期一勞永逸。【略】孫士毅以各關隘官兵，與其駐劄本境，暗爲黎氏糜費錢糧，並須內地兵力，護送嗣孫眷屬出境，不如建豎旗鼓，出關進討，擣穴擒渠。所見甚正。

己亥，諭軍機大臣等：【略】黎維祁被阮惠攻逼，即遠竄入山，及聞大兵進勦之信，尚不能憑仗聲威，激勵義勇。而呈報該督文內，又有推固予奪惟上所命之語，其識見闇弱多慮遲疑之處，即此已可概見。若該嗣孫不甚踴躍，該督亦不必相强，致令生疑，或即令曾孫黎維詮前來瞻覲。倘黎維詮年歲幼小不能遠行，即於該嗣孫兄弟內如黎維祗者，遣令入京朝貢，亦無不可。

《東華續録》乾隆一〇八　諭：據慶麟奏，照料班禪額爾德尼回至前藏，接奉申飭諭旨，稱伊已與雅滿泰商定，仍往扎什倫布地方。後又接奉著雅滿泰前往後藏之旨，雅滿泰即前往扎什倫布地方去訖。今成德到彼，令雅滿泰至前藏、慶麟速往扎什倫布地方去等語。【略】慶麟著革去公爵，賞給頭等侍衛，仍留在彼，協同雅滿泰辦事，效力贖罪。慶麟之世襲公爵，著交該旗，或揀選班第子嗣，或巴祿之别子承襲，慶麟之子不必承襲。

庚子，今柴大紀貽誤軍機、失陷地方，又復挾詐欺罔，拖陷無辜，尤非王亶望之止於貪婪玩法者可比，著將柴大紀之子查明，發往伊犂，給與兵丁爲奴，以示懲儆，餘著該部覈擬具奏。

《高宗實録》卷一三一四　癸卯，又諭曰：舒濂現今調藏，所遺伊犂參贊員缺，理宜另放。但此際不得人，恒瑞先在臺灣獲罪，雖冒奏添兵，究竟爲公事起見，尚可寬宥，著加恩賞給恒瑞副都統職銜，作爲伊犂參贊，幫同保寧辦事。

調吉林將軍都爾嘉爲盛京將軍，黑龍江將軍恒秀爲吉林將軍，以綏遠城將

軍嵩椿，西安將軍興兆對調，以山海關副都統琳寧，爲黑龍江將軍，以藍翎侍衛海禄，爲山海關副都統。

《東華續録》乾隆一〇八　甲寅，大學士等議覆福建巡撫徐嗣曾奏，查出柴大紀誤拏良民許懷等，作爲匪犯，妄奏正法，戮屍。經前任嘉義縣知縣陳良翼審係良民釋放，柴大紀倡迫該縣扶同捏報，陳良翼依律擬斬監候，許懷等請槩行釋放。得旨：陳良翼於已經保釋之民人，仍作爲正法，戮屍之匪犯，扶同柴大紀混行通報，罪固難辭。但此案皆由柴大紀妄拏捏奏，玩視民命，當軍務緊要之際，尚敢迴護冒功，枉陷無辜，全不慮人心涣失，實屬罪不容誅，若非陳良翼虚心研鞫，痛切剖陳，幾致無罪良民駢首就戮。是陳良翼之扶同通報，係爲保全多命起見，因而從中婉轉，雖該員於查辦柴大紀劣蹟時，不即據實稟報，直至辦理緣坐，始行呈明，不值再加録用，其罪究屬可原。所有陳良翼問擬斬候之處，著加恩寬免，並即釋放回籍。餘依議。

十一月壬戌，調福康安爲閩浙總督，以勒保爲陝甘總督，海寧爲山西巡撫，吉慶爲兵部侍郎。

丁卯，諭軍機大臣等：湖北荆州被水，見經修築隄工、加高培厚，並改建城垣，永資鞏固。因思向來江河險要之區，多有鑄造鐵牛安鎮水濱，蓋因蛟龍畏鐵，又牛屬土，土能制水，是以鑄鐵肖形，用示鎮制。此次荆州被災甚重，聞亦係蛟水爲患，見在該處新築隄工，著傳諭畢沅，於荆州萬城隄及沙市等處形勢扼要處所，相度緊要頂衝，酌量鑄置鐵牛，以鎮隄壖，亦豫弭水患之一法。

《高宗實録》卷一三一七　壬午，著傳諭烏大經，即奮勇督率兵丁，及土目人等，收復宣光、興化等處，與孫士毅會合，以期迅速蕆事。

《東華續録》乾隆一〇八　十二月己丑，以鐵保爲内閣學士。

《高宗實録》卷一三一八　諭軍機大臣等：據圖薩布奏，拏獲天地會匪犯陳丕訊供，究出傳會之僧人提喜，籍隸福建漳浦縣，住在高溪鄉觀音亭。又同會之陳彪住在平和縣雲霄鄉，趙明德住在漳浦縣雲霄城北門内倉邊巷。已飛咨閩省嚴拏務獲，現將陳丕確審定擬等語。此案天地會匪，前經福康安拏獲嚴烟時，即供有傳會之僧人，及陳丕、陳彪、趙明德等犯。兹據粤省拏獲陳丕一犯，究出僧人提喜、陳彪、趙明德各犯住址下落，均在閩省漳浦平和縣地方，務當按名拏獲正法，以絶根株。

兩廣總督孫士毅奏報進勦安南賊匪情形。諭軍機大臣等：此次官兵進勦，孫士毅分路前進，使賊無從掩襲，後路又豫派弁兵埋伏，殲斃生擒多賊，並砍竹紮筏，俾大兵直過壽昌江，餘賊望風潰散。

癸巳，諭：據孫士毅奏報軍營大捷一摺，内稱，大兵自過壽昌江後，即趕緊前進市球江。【略】賊匪喪失魂魄，棄寨奔逃，大兵渡過市球江，分路痛加勦殺。

丙申，諭曰：孫士毅奏，十一月十九日黎明，統兵前抵富良江，在江心打仗。【略】賊匪數百人，無一得脱，起獲僞印三顆，黎氏宗族及百姓人等，俱出城跪迎，黎城不攻自潰。孫士毅及許世亨入城妥爲安撫，該嗣孫黎維祁，於是日二鼓趕赴軍營，經孫士毅傳旨，令其襲封國王。

孫士毅力肩重任、調度有方，不及一月，即已迅奏膚功，克副委任，著加恩晉封爲一等謀勇公，並著賞戴紅寶石帽頂，以示優眷。俟擒獲阮惠等，紅旗捷報到日，再當續降恩旨，格外優異。許世亨隨同帶兵勦賊，奮勇可嘉，著封爲一等子爵。

《東華續録》乾隆一〇八　以恩明爲甘肅按察使。

辛丑，諭：據塔琦等奏稱，葉爾羌阿奇木伯克貝子職銜色提巴爾第病故等語。【略】所出貝子職銜公爵，即著伊長子邁默特阿布都拉承襲。葉爾羌阿奇木伯克員缺緊要，著伊斯堪達爾調補，其喀什噶爾阿奇木伯克員缺，著邁默特阿布都拉補授。

《高宗實録》卷一三一八　諭：刑部覈題四川省孔張氏，推跌前妻之子孔文元落河身死一案，將孔張氏照繼母毆殺前妻之子、其夫現無子嗣律，擬絞監候，已依議行矣。

《高宗實録》卷一三一九　己酉，諭：【略】孫士毅接奉此旨時，若未經起程前赴廣南，即著妥爲安頓，徹兵回粤。如已起程，即代爲巡設邊防，令其嚴安汛卡，順道徹回。其雲南一路，亦著孫士毅咨會富綱、烏大經，同時並徹。所有朕此次辦理安南興滅繼絶，及軫念夷民，一視同仁至意，著通諭中外知之。

丙辰，諭軍機大臣曰：魁倫奏，查拏天地會匪犯一摺，内稱據漳浦縣報稱，於該縣高溪地方拏獲僧人行義，供伊師父提喜，即係父親，因乳名洪，排行第二，故多稱爲洪二和尚，已於四十四年身故。其趙明德一犯，亦稱係漳浦縣人，現已飛飭漳州道府查拏務獲等語。此案前據孫士毅奏，訪拏會匪，即有洪二和尚傳教之語，嗣據圖薩布奏，拏獲陳丕一犯，究出洪二和尚，現在漳浦縣地方居住。是洪二和尚，實爲此案要犯，雖據伊子行義供稱洪二和尚業已身故，所言殊不足

信。福康安此時已經抵任，著即將行義一犯，嚴切根究洪二和尚實在下落，是否身故。並將趙明德一犯，一併飭屬嚴拏務獲，訊究起會根由，毋任狡飾。將此諭令知之。

《東華續録》乾隆一〇八　是歲，朝鮮、琉球來貢。

乾隆五四年（己酉、一七八九）

《高宗實録》卷一三二〇　春正月己未，諭：朕於元旦臨御太和殿受賀，見東邊第三、四班内有越至甬道上行禮者。本日據鴻臚寺堂官奏，請將排班之引贊官阿爾精阿交部議處，並自請交部。而糾儀之御史百慶、范衷參奏摺内，則稱係蒙古台吉等行禮錯誤，請勅交理藩院查明議處等語。朝賀大典，鴻臚寺設有引贊官員，御史復有糾儀之責，理應敬謹排定，以肅朝班，乃行禮各官，竟有越上甬道者，該管官員，所司何事？而御史百慶等，尚復靦顔諉之蒙古台吉等，以卸其不能查察之咎，尤屬非是。百慶、范衷、阿爾精阿俱著革職，尚書德保係管理鴻臚寺大臣，咎實難辭，著革去翎頂。其餘鴻臚寺堂官、都察院堂官，均著交部嚴加議處。

又諭：據成德奏，率領官兵自第哩朗古覓取小路進發，收復宗喀、濟嚨，即取道克復聶拉木等語。所辦甚是。

《東華續録》乾隆一〇九　庚申，諭軍機大臣等：前經有旨，以安南新造，止須令其親子弟來京謝恩，俟朕八旬萬壽，届期再令黎維祁親來瞻覲。今孫士毅所奏，與朕相同，所辦甚好。至富綱等前已奏稱，黄文桐業將宣光等處收復，聽候該國王派員前往接管，孫士毅自不必復生疑慮，況見已奏凱班師，更可毋庸計較。著傳諭孫士毅，即遵照節次所降諭旨，振旅撤回，並一面知會烏大經，將所帶官兵同時並撤，毋致稽延時日。

己巳，駐藏大臣巴忠奏：遵旨至扎什倫布，將三處第巴逐加研訊，惟聶拉木第巴桑幹私增税課，致釀事端，應照唐古特例，應斬之犯深透刺字，發往煙瘴桑蓋囚種地方。其濟嚨宗喀第巴，賊至不能堵禦，擬解至前藏，枷號一箇月，滿日重責，再發唐古特近邊地方，充當苦差。諭軍機大臣等：據巴忠奏，審明聶拉木第巴桑幹私添税課，以致激起事端，甚屬可惡，其濟嚨宗喀第巴雖無情弊，而賊至潰逃，各失所守，俱當嚴行治罪。著即照巴忠所擬，分別辦理，以昭炯戒。

癸酉，禮部尚書員缺，著常青補授。至禮部侍郎有襄理科場及學政各事宜，鐵保學問較之達椿爲優，著補授禮部侍郎，其内閣學士兼禮部侍郎員缺，即著達椿調補。

著孫士毅傳諭該國王，務宜振作自强，力禦外侮，將國事加意整頓，酌量可以放心遠涉，即於五十五年准其來京恭祝萬壽，以遂其瞻仰感戴之誠。將此通諭中外知之。

《高宗實録》卷一三二一　以原任廣州將軍存泰爲鑲黄旗漢軍都統。

甲戌，勅諭暹羅國王鄭華曰：【略】今緬甸孟隕，新掌國事，悔罪抒誠，籲求内附。已於該使臣回國時，諭令孟隕，與爾國睦隣修好，毋尋干戈。爾國亦宜盡釋前嫌，永消兵釁，彼此和好，以期息事寧人，同作藩封，共承恩眷。兹特賜國王綵幣等物，尚其祇受嘉命，倍篤忠忱，仰副眷懷，長膺寵錫。欽哉。

蠲免福建淡水、臺灣、鳳山、嘉義、彰化五廳縣乾隆五十三年額徵穀粟，並嘉義縣乾隆五十四年額徵穀粟。

《東華續録》乾隆一〇九　丁丑，命禮部尚書常青議政處行走。癸未，閩浙總督員缺即著伍拉納補授，梁肯堂著補授河南巡撫，其直隸布政使員缺著秦承恩調補，王懿德著補授陝西布政使，所遺雲南按察使員缺著賀長庚補授。

《高宗實録》卷一三二一　諭曰：孫士毅奏，正月初二日，黎維祁到營禀稱，聞阮惠有糾衆前來，搶奪黎城之信。孫士毅與許世亨等分兵前進，初三日即遇見賊衆，連次奮力勦殺，賊匪敗退。詎黎維祁聞阮賊親至，即攜眷潛逃，以致該國百姓慌張逃竄，賊勢散而復聚。【略】提督許世亨，總兵張朝龍、尚維昇，參將楊興龍、王宣、英林，遊擊明柱，在市球江以南，追殺賊衆，未及過橋，現無信息，自係身殁。【略】所有孫士毅前封公爵，及所賞紅寶石帽頂，俱著徹回，並著來京另用。兩廣總督員缺，已另降旨將福康安調補。

甲申，諭軍機大臣等：此時阮惠等自知傷損官兵，獲罪甚大，懼天朝大舉進勦，自必差人至關，悔罪乞降。福康安、孫士毅俱係封疆大臣，仍宜示以嚴厲，若差人再四籲懇，情詞恭順，俟奏到時，朕自當相機而行。方今國家全盛，阮惠以安南土目，若集兵會勦，原不難爲擣穴擒渠之計，但該處向多瘴癘，即使收入版圖，照新疆之例，又須分派多員駐劄，而該處貢賦所入，必不敷經費。況安南民情反復，勝國以前，郡縣其地者，不久仍生變故，歷有前車之鑒。朕再四思維，實不值大辦，莫若量寬一綫，俾其畏罪輸誠，不勞兵力而可以蕆事之爲愈。福康安

等不可不知此意也。

又諭曰：黎維祁本係無能之人，屢經播越，失守藩封，今已勅封爲國王，又復棄國逃遁，律以内地官常，亦應斥革治罪。將來即欲懇請瞻覲，亦不值准其來京，祇可等諸編氓，予以衣食之貲，俾足存活。且南寧距邊關甚近，恐日久又有夷人往來，與黎維祁潛通信息，或致滋生事端，不若將黎維祁及其母子從人等，移至桂林省城安插，該撫就近約束照料，較爲妥協。著傳諭孫士毅、孫永清，即於省城内查撥空閒官房一處，給與黎維祁挈眷居住，並酌量給與口糧安頓，以資養贍。

丁亥，諭曰：【略】孫士毅著仍留總督頂戴，並著戴單眼花翎，在鎮南關辦事，俟福康安抵彼交代後，聽候諭旨，再行起程來京。

《東華續録》乾隆一〇九　李慶棻卒，以郭世勳爲貴州巡撫，馮光熊爲湖南布政使。

二月戊子朔，召明禄來京，以蔣兆奎爲山西按察使，以甘定進爲山東按察使。

《高宗實録》卷一三二二　庚寅，又諭：今年京察届期，吏部開列在京各部院三品以上大臣，奏請甄别一本。向來大學士例不開列，第念大學士阿桂等，或襄贊綸扉，或兼統部務，均能懋著勤勞，敬公稱職，宜加優敘，以昭恩眷。阿桂、嵇璜、和珅、王杰，俱著交部議敘。尚書董誥、彭元瑞、胡季堂、福長安、金簡，侍郎伊齡阿、穆精阿、德成、巴忠，夙夜宣勤，均能稱職，宜加優奬，俱著交部議敘。其内閣學士謝墉、吴玉綸，盛京刑部侍郎榮柱，聲名平常，均著交部議處。理藩院侍郎福禄，年力就衰，難以供職，著予原品休致。餘著照舊供職。又諭：今年京察届期，吏部將各省督撫開列名單進呈，請旨甄别。協辦大學士、總督福康安，總督劉峩、書麟、李世傑、畢沅，河道總督蘭第錫，巡撫閔鶚元、徐嗣曾、長麟，宣力封疆，克稱厥職，俱著交部議敘，餘著照舊供職。

《東華續録》乾隆一〇九　辛卯，以普福爲理藩院侍郎。

《高宗實録》卷一三二二　丁酉，諭軍機大臣曰：勒保奏，於正月二十九日起程來京陛見，所有總督印務，遵旨交巴延三署理。

己亥，軍機大臣等議奏：新疆領隊大臣格綳額，擅借用阿奇木伯克邁瑪第敏普爾錢文銀兩，並收受阿奇木伯克阿布都喇璊綢緞，及各城進奉馬匹、皮張等物，又購買皮張，短發價值，應照貪婪律，將格綳額擬以斬決，即在和闐正法示衆。

《東華續録》乾隆一〇九　諭：據保寧等奏，伊犂阿奇木伯克鄂羅木咱卜，率領衆回子伯克等，籲稱回子等自移駐伊犂以來生齒日繁，請將已成丁、能耕種者，俱令耕種，每年多交糧四千石等語。阿奇木伯克鄂羅木咱卜等感激朕恩，情願將已成丁之回子等令其耕種，每歲於應交糧九萬六千石外，再多交四千石，甚屬可嘉。若保寧等即將阿奇木伯克及衆伯克等查明，分別定數，於彼處存貯官段内揀取賞給，以示奬勵。朕又念回人收糧，每歲不同，嗣後豐收之年可照伊等所請交納，設遇歉收，仍照原定額數交納，不必加增，以昭體恤。永著爲例。

庚子，諭軍機大臣等：據巴忠奏，探得鄂輝、成德等已將宗喀收復，該處民人妥爲安置後，即以次克復聶拉木、濟嚨。見在巴勒布頭目帶領屬下人等迎接，似欲有所稟報等語。

甲辰，命内閣學士吴玉綸開缺，以三品京堂用盛京刑部侍郎，榮柱以刑部郎中用，仍均帶革職留任。

以僧保住爲盛京禮部侍郎。

己酉，諭軍機大臣等：據巴忠奏，鄂輝等辦理一切事宜，大約三月内便可撤兵，口糧足敷支用，無庸另籌採買等語。所辦甚好。

又諭：枷號慶麟之意，特爲駐藏大臣官員示儆，非以垂戒唐古特人也。打箭鑪爲入藏通衢，大臣官員俱由該處經過，觸目儆心，足昭炯戒。著將慶麟解赴打箭鑪，枷號三年，不必在藏辦理。

以王昶署刑部右侍郎，姚棻爲江西布政使。

辛亥，富勒渾、雅德均著發往伊犂效力贖罪，並著自備資斧，即於明日起程前往，不准給與驛馬，以爲貽誤封疆者戒。

以張朝縉爲廣東按察使。

《高宗實録》卷一三二三　壬子，以領侍衛内大臣海蘭察爲正白旗蒙古都統。

甲寅，諭曰：蘭第錫著調補江南河道總督，其河東河道總督員缺，即著李奉翰調補。此時南河總督印務，著康基田即速馳往清江署理。

《東華續録》乾隆一〇九　甲寅，福康安奏：請於沿海地方明設官渡，給照驗放，以清私渡之源。從之。

《高宗實録》卷一三二三　乙卯，原任兩廣總督孫士毅奏：二月初九日，阮

惠又遣夷目阮有晭、武輝璞二員，齎表呈進。臣諭令左江道湯雄業在關前面諭，並將表文拆閲，情詞尚爲恭順。惟以官兵尚未全送出，仍令指駁，恭候訓示遵行。諭軍機大臣等：【略】安南地方，水土惡劣，向多瘴癘，實不欲以天朝兵馬、錢糧，徒糜費於炎荒無用之地，揆之事理，實不值復行大辦。但阮惠得罪天朝，此時雖遣夷目兩次齎表至關，究難遽允所請。

《東華續録》乾隆一〇九　丁巳，以多永武、圖敏俱爲内閣學士。

三月庚申，諭：秦承恩著仍留陝西布政使之任，其直隸布政使員缺，著馮光熊調補。所有湖南布政使員缺，即著王懿德調補。再，見在甘肅總督、藩臬俱係滿員，應爲酌量更調，所有甘肅按察使員缺，著周樽調補，其所遺陝西按察使員缺，著恩明調補。

以鄭際唐爲内閣學士。

癸亥，免甘肅通省逋賦及未完耔種、口糧。

《高宗實録》卷一三二四　甲子，檄諭阮惠：接到福康安檄文，即將戕害提鎮之人獻出。

乙丑，劉墉著降爲侍郎銜，仍在總師傅上行走，不必復兼南書房，以觀其能愧悔奮勉否。所有吏部尚書員缺，著彭元瑞調補，兵部尚書員缺，著孫士毅補授。

丁卯，諭：朕此次巡幸盤山，所有沿途經過地方，本年應徵地丁錢糧，著蠲免十分之三。

《東華續録》乾隆一〇九　夏四月戊子，以劉墉、士保、永來俱爲内閣學士。

《高宗實録》卷一三二六　蠲奉天廣寧、鳳凰二城屬乾隆五十三年水災額賦，仍分别賑卹有差。

己亥，賑卹山東膠州、壽光二州縣被水災户，並給修葺房屋銀。

《東華續録》乾隆一〇九　丙申，許世亨著晉贈爲伯，即令伊子承襲。其千總薛忠，著福康安查明，以應升之缺升用，以示鼓勵、矜惜至意。

癸卯，諭：舒常、李封前在湖北督撫任内，因循廢弛，又不能留心保護隄工，以致上年荆州被淹，是以將伊等革職，仍留工所效力。今該處隄工業已完竣，舒常著賞給頭等侍衛，仍在乾清門行走，李封年力舊衰，著賞給按察使銜，即令回籍。

《高宗實録》卷一三二七　丁未，諭：【略】今安南之事，揆之天時、地利，斷無勞師遠涉之理。且王者有分土，無分民，亦不忍使該國夷人頻攖鋒鏑，是以決計不復用兵。況阮惠已震懾聲威，匝月之間，三次乞降，且將迷失兵夫，供給資送。將來伊若果誠心懇乞，赴闕求恩，或可鑒其悔罪悃忱，量加封號，若竟疑懼不敢親來，亦不過赦其前罪，斷不加以封爵。朕之撫馭外夷，恩威並著，大義昭然，無不仰體上天好生之德，從未敢稍萌窮兵黷武之見，天下臣民，諒無不共見共聞。特將辦理安南始末緣由，通諭中外，使咸喻朕意焉。

辛亥，賜一甲胡長齡、汪廷珍、劉鳳誥三人進士及第，二甲錢楷等三十三人進士出身，三甲廣善等六十二人同進士出身。

《東華續録》乾隆一〇九　壬子，諭：【略】嗣後著於都察院堂官内輪往二人，在頭層品級山兩旁站立督率，再於每品正從東西，不拘滿漢科、道，各派一員專司彈壓。科、道員數較多，每次止用三十六員，儘爲寬裕，於朕未升殿以前，著在品級山兩旁，向上按排分立，届時留心稽覈。如行禮人員有越班不齊者，既可隨時指示，而於錯誤不遵者，亦無難指名糾劾，更足以昭體制而肅朝儀。著爲令。

《高宗實録》卷一三二七　丙辰，豁免直隸宣化、萬全、懷安、西寧四縣乾隆五十三年旱災額賦。

《高宗實録》卷一三二八　五月己未，諭軍機大臣等：據福康安等奏，阮惠親姪阮光顯，敬齎表貢進關乞降，並籲懇進京入覲等語。此次阮惠遣伊親姪求降進表，其情詞迫切，實屬出於至誠，已另降敕諭，令福康安宣示，看來此事即可完結。

《東華續録》乾隆一〇九　辛酉，諭軍機大臣等：黎維祁因無能失國、棄印潛逃，今姑寬其失守藩封之罪，安插桂林省城，酌給養贍，比於編氓，若聽其仍舊蓄髮、服用該國衣冠，與内地民人迥異，殊於體制不協。著傳諭該督撫，即令黎維祁並伊隨從人等一體薙髮，改用天朝服色，將來阮光顯經過桂林時，與黎維祁會晤，見其業經薙髮，服色改易，斷無回國之理，並可令阮光顯差人回國寄知阮惠，俾得釋其疑畏。

己巳，諭刑部：嗣後凡殺死一家三四命以上者，兇犯之子交内務府閹割，以示懲創。

免陝西潼關等三廳州縣逋賦。

《高宗實録》卷一三三〇　閏五月庚寅，諭：朕此次巡幸木蘭，駐蹕熱河，所

有沿途經過地方，本年應徵地丁錢糧，著加恩蠲免十分之三。

甲午，又諭：據畢沅奏，拏獲棗陽縣邪教姚應彩餘黨，現在嚴行追究一摺。閲該犯傳教咒内，有十門有道一口傳、十人共士一子丹、十口合同西江月、開弓射箭到長安等語，措詞實屬悖逆，推其傳習煽惑之意，與造反何異？必須嚴行根究，徹底窮追，不可姑息，亦不可波及無辜。著傳諭畢沅，務將此案研得確情，按律定擬，毋任各犯捏飾，以致或有漏網。至十人共士一子丹一語，或其教内爲首之犯，另有李姓，亦未可知，並著該督嚴切訊究，一併查明具奏。

《東華續録》乾隆一〇九　乙巳，李天培著革職，發往伊犁效力贖罪，其湖北按察使員缺，著成汝舟補授。和琳親往查明據實參奏，不稍瞻徇，甚屬可嘉，著交部議敍。

辛亥，予安南陣亡廣西提督，贈壯烈伯許世亨謚昭毅，廣西左江鎮總兵尚維昇謚直烈，閩粤南澳總兵張朝龍謚壯果，並予祭葬，入祀昭忠祠。

《高宗實録》卷一三二二　六月丙辰，成都將軍鄂輝等奏：巴勒布畏罪輸誠，遣頭目來營乞降。臣等察其意誠，隨將唐古忒番兵先行徹動，一面宣布恩威，設法招致。

丁巳，蠲免安徽安慶、徽州、池州、太平、廬州、泗州、和州等府州屬乾隆五十三年水災額賦。

《東華續録》乾隆一〇九　甲子，毓奇、項家達均著照部議革職，其漕運總督員缺，著管幹貞補授，即速赴運河一帶接印任事。至畢沅、惠齡任聽糧道捏報開幫，又不將李天培私帶多木之處參奏，本應照部議降調，但念畢沅向來尚屬能事，惠齡在外任未久，姑著從寬改爲革職留任，八年無過，再行開復，以觀後效。

乙丑，調鄒奕孝爲工部右侍郎，以竇光鼐爲禮部右侍郎。

庚午，命兵部尚書孫士毅軍機處行走。

壬申，圖薩布因病解任，調郭世勳爲廣東巡撫。以陳步瀛爲貴州巡撫，玉德爲安徽布政使。

癸酉，調陳大文爲安徽按察使，以萬寧爲貴州按察使。

甲戌，禁州縣濫用非刑。

《高宗實録》卷一三三三　丙子，兩廣總督、公福康安，廣西巡撫孫永清奏：本月初五日，阮惠遣人恭齎謝表，並貢物到關，當將貢物令來使齎回諒山聽候。所有遞到阮惠表文二道，恭呈御覽。其隨表呈進貢物，是否賞收，仰候訓示辦理。諭軍機大臣等：朕覽阮惠呈進表文，極爲恭謹，自係出於感激至誠，而於瞻覲、祝釐之處，尤屬肫懇殷切。該國鎮撫民人，全仗天朝封爵，况造邦伊始，諸事未定，尤賴正名定分，明示寵榮，以爲綏輯久遠之計。

勅諭安南阮光平：【略】爾其益當小心敬畏，恪守藩封，永承恩眷。册封阮光平爲安南國王。

蠲免湖北江夏、漢陽【略】等十五州縣，暨武昌、武左、沔陽、黄州、蘄州、荆州、荆左、荆右、襄陽等九衛乾隆五十三年水災額賦。

《東華續録》乾隆一〇九　辛巳，軍機大臣等議覆四川成都將軍鄂輝等條奏，收復巴勒布侵占藏地，設站定界事宜。

《高宗實録》卷一三三三　甲申，諭：據勒保奏，西寧回匪聚衆滋事，先經官兵全行殺獲，並親往搜捕餘黨，審明辦理等語。此案蘇代原等，膽敢復興新教，糾集多人，經官兵前往搜拏，復逞兇拒捕，不法已極。該鎮道等，於該犯甫經聚集之時，即迅速查拏，全行殲獲，尚屬可嘉。

《東華續録》乾隆一一〇　秋七月丙申，諭：【略】所有福康安自請撤回公爵章服等項，及斥革治罪之處，著加恩免其撤回、斥革。但福康安受恩深重，乃不能加意謹慎，致蹈愆尤，亦不可無以示儆。福康安著罰總督養廉三年，仍加罰公俸十年，並帶革職留任，用昭懲創。阿桂、畢沅、惠齡未即據實奏出，固有不是，但此事究係福康安之過，阿桂、畢沅等俱不過相因而及，朕亦不加深究，一槩弗問矣。將此通諭知之。

丙子，以巴延三爲户部尚書，秦承恩爲陝西巡撫。額勒春爲陝西布政使，託倫爲江西按察使。

《高宗實録》卷一三三五　戊申，安南國正使阮光顯、副使阮有晭、武輝瑨並行人等入覲。

《東華續録》乾隆一一〇　八月戊午，諭軍機大臣等：安南貢使阮光顯等，於送駕後令其回京，所有頒給敕印，仍交禮部齎捧回京，俟該貢使到京後，著留京辦事王大臣擇日頒發，令該貢使在太和門内丹墀下行禮祇領。

《高宗實録》卷一三三六　癸亥，西藏辦事大臣巴忠奏：巴勒布王子，名喇納巴都爾，其總辦事務，係王子之叔，名巴都薩野，感恩入貢。

丁卯，蠲免安徽懷寧、祁門、當塗、蕪湖、繁昌、銅陵、無爲、建德、廬江等九州縣，乾隆五十三年學田水災額賦。

《東華續録》乾隆一一〇　九月己亥，劉躍雲丁憂，以劉墉爲禮部侍郎。

辛丑，諭軍機大臣等：據舒濂等奏，薩嘉呼圖克圖遣人赴藏請安，貢獻佛像諸務，尚屬恭順，應賞賚以示鼓勵。著傳諭舒濂，曉諭薩嘉呼圖克圖：爾請安入貢，業代奏聞，仰蒙聖鑒，有旨前來。爾從前未稟明駐藏大臣，私差人與巴勒布講和，本屬不和，今蒙大皇帝加恩，不究已往。爾係紅教，與黃教不同，當各奉教律，毋相參越。茲以爾悚懼恭順大皇帝，錫爾手帕、鈴杵，爾其祇領，當益感聖恩，欽遵毋怠。

壬寅，諭：特成額前在湖廣總督任内，尚無貪婪入己情弊，著加恩釋放，賞給頭等侍衛職銜，自備資斧，前往烏嚕木齊，更换永泰。

《高宗實録》卷一三三九　丙午，又諭曰：福康安奏，黎維祁之弟黎維祇，潛匿安南保樂地方，與黃文熢糾聚土兵，攻打牧馬地方，被阮光平手下殺敗等語。【略】如黎維祇因阮光平逼迫，叩求内地收留，自當與黎維祁一同安置。

《東華續録》乾隆一一〇　辛亥，阿揚阿卒，以舒常爲左都御史。

冬十月癸丑朔，日有食之。

甲寅，命舉行順天舉人覆試例。

乙卯，以李潢爲内閣學士。

丁巳，諭：鄉、會試出場日，不准給燭。著爲令。

《高宗實録》卷一三四一　壬申，賜中式武舉一甲劉國慶、馬承基、陳四安三人武進士及第，二甲吴三泰等五人武進士出身，三甲毛秉剛等三十五人同武進士出身。

《東華續録》乾隆一一〇　丙子，所有兵部侍郎員缺，著明興補授。明興見在出差，其未到任之前，著虔禮寶調署，其刑部右侍郎員缺，著玉德補授。韓鑅著調補户部右侍郎，伊見有應繳漫口官項較多，是以加恩調任，以便坐扣完項。所遺工部侍郎員缺，著張若渟補授，張若渟雖非科甲，但尚謹慎，且係大學士張廷玉之子，特加擢用，以示朕眷念舊臣之意。

以富尼善爲安徽布政使，忠泰爲直隸按察使。

庚辰，以聞嘉言爲廣西按察使。

《高宗實録》卷一三四二　十一月乙酉，又諭曰：孫永清奏，據成林稟報，阮光平於十月十四日至黎城，諏吉十五日宣旨錫封。阮光平感忭出於至誠，來年三月間，親自進京叩祝，先遣陪臣等，隨同成林進關，謝恩進貢。現在太平南寧一帶，稍爲停待，俟奉到諭旨遵辦，其年例應進貢物，循照向例，派員護送赴京等語。阮光平祇受封爵，得備藩封，其歡忭感激忱悃，出於至誠，呈進謝恩貢物，自應賞收。

《東華續録》乾隆一一〇　丙戌，免安徽宿州等十四州縣衛逋賦。

庚寅，皇六子永瑢著晉封爲質親王，皇十一子永瑆著封爲成親王，皇十五子著封爲嘉親王，皇十七子永璘著封爲貝勒。

以故多羅果簡郡王永瑹子緜從承襲多羅貝勒。

壬辰，諭軍機大臣等：前因黎維祁曾爲國王，在桂林省城安插，密邇安南，恐其舊時臣庶假名滋事，業經降旨，將黎維祁及伊屬下人户全行來京，歸入漢軍，令爲世管佐領矣。黎維祁怯懦無能，棄國投回内地，已等齊民之列，今復加恩賞給官職，子孫得以世世承襲，而其屬下人等得食錢糧，伊等自必倍加感激，踴躍樂從，而阮光平聞知，更可不生疑慮。

癸巳，李世傑因病乞解任，許之。以孫士毅署四川總督，彭元瑞兼署兵部尚書。

戊戌，廣西巡撫孫永清奏：安南牧馬督鎮帶兵前往高平、那吕、保樂等處，已將黎維祁舊目閉阮傢拏獲，並聞舊目閉、農二姓叔姪弟兄，或已投降，或已逃匿。

己亥，以翁方綱爲内閣學士。

十二月，乙卯，諭：【略】湯雄業熟悉夷情，留在鎮南關一帶，照料阮光平入覲事宜，較他員自爲妥協。所有此次貢使來京，即令黃符綵與德克精額伴送，迅速起程，務於鐙節前到京，勿再遲緩。將此由六百里傳諭知之。

庚申，諭：前因國史館所進《貳臣傳》乙編内，有先順流賊仍降本朝、投誠後復行從逆者，皆係反覆小人，不值爲之立傳，是以降旨，令將伊等列傳概行撤去，止爲立表排列姓名，摘敘事蹟。今思此等偷生嗜利之徒，進退無據，實爲清議所不容，若僅於表内略摘事蹟，敘述不詳，使伊等醜穢之行不彰，後世得以倖逃訾議，轉不足以示懲戒。但《貳臣傳》内，原分甲、乙二編，如甲編内洪承疇、李永芳諸人，皆曾著績宣勞本朝，有功可紀，即列入乙編者，歸順本朝之後，並未嘗別生反側。若吴三桂、耿精忠、李建泰、姜瓖、王輔臣、薛所蘊、張炘等，或先經從賊、復降本朝，或已經歸順、復行叛逆，此等行同狗彘、靦顏無恥之人，並不得謂之貳臣，若亦一同編列，轉乖史例。著國史館總裁即行詳悉查明，特立《逆臣傳》，另

爲一編，庶使叛逆之徒不得與諸臣並登汗簡，而生平穢蹟亦難逃斧鉞之誅，方爲公當。至如馮銓、龔鼎孳等，罔顧名節，身事兩朝，降附之後又無功績可紀，從前歿而錫謚，蓋因本朝定鼎之初，世祖章皇帝尚在沖齡，未嘗親政，睿親王等總理事務，皆在草創權宜之際，或欲藉此收拾人心，不暇覈實，被彼時爲史者所欺耳。今久而論定，使伊等倖竊易名之典，實不足昭彰癉之公。所有《貳臣傳》内，如馮銓等之曾給美謚者，亦著國史館查明，槩行追奪，以示朕維植綱常，慎重名教至意。

辛未，上以來年八旬萬壽，命鐫八徵耄念之寶。

丁丑，陳用敷著降補奉天府尹，安徽巡撫員缺，即著穆和藺補授。

《東華續録》乾隆一一〇　是歲，朝鮮、安南來貢。

乾隆五五年（庚戌、一七九〇）

《東華續録》乾隆一一一　春正月壬午朔，以八旬萬壽，頒詔天下，普免天下錢糧。

丙戌，廣西巡撫孫永清奏：據左江道湯雄業稟稱，阮光平於十二月十二日行抵鎮南關，遣陪臣阮文名、吴文楚，率衛士等，於十三日至昭德臺下，祇領敕印。並據吴文楚等稟稱，國王擇於三月内赴京，恭祝萬壽，文楚願隨同行，早遂瞻覲，謹將國王奏謝表文進呈。

《高宗實録》卷一三四六　壬辰，諭曰：大學士和珅著加恩賞給黄帶、四開禊袍，固倫額駙豐紳殷德著兼散秩大臣行走。

《東華續録》乾隆一一一　乙未，諭軍機大臣等：明亮等奏，從前察喀爾西雅克部落阿哈拉克齊占頗拉特等，將前來貿易之安集延回人及噶什喀爾回人等馬匹奪取千餘匹一案。今經博斌等將占頗拉特及其子伯爾克並塔爾巴噶什之布嚕特阿哈拉克齊玉默特拏獲，分別辦理等語。所辦尚妥。

丙申，御定重排石鼓文十章，刻石鼓於太學及熱河文廟。

壬寅，以阿精阿爲直隸按察使。

癸卯，諭軍機大臣等：本年朕八旬萬壽，安南國王阮光平赴闕祝釐，先至熱河瞻覲，準於三月中自該國起身進關，距八月萬壽之期尚有數月。該國王初入内地，道路遥遠，正值天氣炎熱之時，自應緩程前進，不必過於趲行。朕夏秋駐蹕熱河，已定於七月二十六日，在萬樹園筵宴藩部，八月初三日始行啟鑾回京。著傳諭福康安計算程期，令阮光平於七月二十一二前抵熱河，俾途中行走從容，不至勞頓，以示朕體恤遠人至意。

《高宗實録》卷一三四七　乙巳，禮部題：朝鮮國王李祘，表賀萬壽。

《東華續録》乾隆一一一　丙午，吏部議：工部侍郎德成於駁減河南考城縣城工單銜具奏，照例降級調用，無級可降，應革職。得旨：此案德成獨出己見，單銜具奏，實屬任性乖張，其咎較重，著降爲三品頂帶，署理工部侍郎，仍帶革職留任。

《高宗實録》卷一三四七　己酉，又諭：琉球國王恪守藩封，素稱恭順，重洋遠隔，職貢維虔，此次於例貢之外，恭進謝恩方物，使臣等恐照向例留作下次正貢，具呈禮部，請爲代奏，恩准賞收，下次仍請如期入貢。並稱臨行時，國王再三諄囑，令使臣具呈籲請，情詞懇切，誠悃可嘉。著照所請，該部即將所進謝恩方物，准予賞收，下次正貢屆期，該國遣使來京，再當優加恩眷，以示朕懷柔藩服之至意。

《東華續録》乾隆一一一　二月癸丑，諭軍機大臣等：本日據富綱奏，緬甸國長孟隕敬備表貢，遣使叩祝萬壽，並欲求請封號。其貢物、象隻業已齊備，該國長定於一交新年，齋潔告虔，即令貢使起身等語。

《高宗實録》卷一三四八　軍機大臣以移建城工錯謬之歷任河南巡撫、布政使等，分別議處具奏。諭：此案江蘭身爲藩司，有錢糧奏事之責，隨同畢沅往勘時，並未將堌陽不宜建城之處，稟商該撫，又未自行陳奏，遷就興工，以致採辦艱難，多糜運費，於官民均多不便，獲咎實在於此。本應照部議革職，姑念該員尚無浮冒草率情弊，其前後覈減擅發銀兩，業准照數賠交，江蘭著加恩降爲道員。

蠲免直隸永清縣柳園隙地、武清縣葦地乾隆五十四年分水災租賦，並緩徵蠲剩銀兩。

《東華續録》乾隆一一一　丙辰，兩廣總督、公福康安奏：查廣西各府安插黎維祁等三百七十二名口，遵旨詳加酌覈，内將黎維祁、黎維祩等六十一名口爲一起，其丁迓衡、潘啟德、阮廷沛、潘孟賢等一十八名口，分三起解送進京。此外，閉阮僙、黄廷球、阮賢、阮廷連、黄德鄧、黎允俊、閉阮玩、段旺等二百三名口，安置江南等省，若於此數起内酌留粤西，恐安南壤境毗連，日久仍生事端，自應全數解送編管。又，查解京人口，除著名之人，其餘各名下俱有兄弟、親族，可分

爲數十户編一佐領，見京城建蓋房屋，足資棲止。報聞。

《高宗實録》卷一三四八　己未，諭：朕祗謁兩陵，巡幸山東，道經畿甸，當春行慶，首塗所及，宜沛恩膏。著將直隸經過州縣，本年應徵地丁錢糧，加恩蠲免十分之三。

《東華續録》乾隆一一一　丙寅，廣直隸本年學額。

辛未，富尼善著即解任來京，聽候部議。所有安徽布政使員缺，著和寧補授，其四川按察使員缺，著聞嘉言補授。湯雄業著補授廣西按察使，所遺廣西左江道員缺，著黄符綵補授。

免直隸各屬節年因災緩徵錢糧。

癸酉，命截留南漕三十萬石，貯北倉備用。

《高宗實録》卷一三四九　丁丑，諭：朕此次展謁兩陵，巡幸山東，所有經過地方，著加恩蠲免本年地丁錢糧十分之三。

《東華續録》乾隆一一一　丁丑，諭：〔直隸總督劉峩〕著加恩以侍郎降用，竇光鼐見在出差，沈初著調署禮部侍郎，其兵部侍郎事務，即著劉峩署理。所有直隸總督員缺，著梁肯堂補授，其河南巡撫員缺，著穆和藺調補，其所遺安徽巡撫印務，著康基田迅速前往護理。穆和藺俟康基田接印後，即行馳赴新任，不必前來請訓。江寧布政使印務，著閔鶚元即行委員接署，俟書麟瞻覲回任後，即可兼署撫篆，康基田再回藩司本任。

戊寅，免山東各屬節年因災緩徵銀兩。

以福崧爲安徽巡撫。

庚辰，免浙江玉環廳租穀、海寧州沙地租銀。

三月丙戌，諭軍機大臣等：黎侗等解至行在，命軍機大臣傳旨詢問，開導再三，令其赴京隨黎維祁居住，遂具效忠黎氏之心。而黎侗等惟稱黎氏舊臣，思欲復仇舉事，原非避難内投，但願仍回黎氏故土，以身殉節等語。黎侗等既藉忠義之名，出辭堅執，若令仍回安南，自必布散謡言，藉端煽惑，既與阮光平無益。而阮光平或因其心叵測，不能相容，朕心亦有所不忍，已令暫交刑部監禁。著將辦理情形傳諭福康安，將來阮光平入關時，不妨詳細面告：天朝已將黎侗留京，不能復行煽惑，永絶後患。該國王聞知，自當倍加欣感，毫無顧慮也。

賜山東召試諸生杜堮等二人舉人。

己丑，王站住因病解任，調和寧爲四川布政使，以周樽爲安徽布政使。張誠基署甘肅按察使，服闋後實授。

辛卯，諭：軍機大臣等奏，本日據奎林等奏稱，獅仔等社生頭目懷目懷等一十二名，均願赴京叩祝萬壽，以展悃忱等語。該生番等畏威懷德，馴化歸誠，聯名籲懇祝釐，洵屬好事。見經奎林等派令熟悉番情之貢生張維光，帶同各番目，於三月内由鹿耳門配船内渡，四月内應可行抵福州省城。

壬辰，諭：據伍彌烏遜奏稱，車淩烏巴什之妻呈請，將伊族姪、貝勒達瓦丕勒之子固魯扎布爲嗣等語。著加恩即照所請，令固魯扎布承襲親王，以示朕矜恤宣勞效力蒙古臣僕之意。

甲午，廣山東本年學額。

免甘肅臨邊各屬番糧、草束，其河東、河西屯糧、草束，免十分之三。

免福建臺灣府屬應徵供粟，其官莊租息銀免十分之三。

《高宗實録》卷一三五〇　乙未，上詣先師廟釋奠，至大成門，降輿步入，行三跪九拜禮，遣官祭崇聖祠，分獻四配、十哲、兩廡。賜衍聖公及孔氏族人等食，並賚章服銀幣有差。

《東華續録》乾隆一一一　庚子，免烏嚕木齊各州縣額徵地糧十分之一。

壬寅，松筠緣事革職，以舒濂爲户部右侍郎。

《高宗實録》卷一三五一　乙巳，諭軍機大臣等：據富綱等奏，緬甸國長孟隕，差親信頭目便居未駝等，齎送金葉表文，貢品象隻，叩祝萬壽，於三月初四日至鐵壁關，四月初旬到省後，即派員伴送起身赴京。並據該國長懇請勅賞封號，管理阿瓦地方，求開騰越關禁，俾通市易等語。緬甸【略】實屬恭順可嘉，自應俯允所請。再據富綱片奏：南掌國王，虔備表文馴象，遣使祝釐，并附進明年例貢，不日即可抵邊等語。

蠲免直隸昌平、寶坻、雄縣、滄州、鹽山、豐潤、玉田等七州縣乾隆五十四年分水災旗地租銀。

《東華續録》乾隆一一一　夏四月戊午，賜安南國王阮光平敕。

辛酉，命撥部庫及河南、山西藩庫銀兩，解直隸備用。

命吉慶會同嵩椿勘明英額邊至靉陽邊，開拓邊界，丈量荒地，分賞盛京各城旗人之無田地者。

丙寅，所有江蘇巡撫員缺，著福崧調補。何裕城著調補安徽巡撫，其江西巡撫員缺，著姚棻署理。托倫著補授江西布政使，其所遺江西按察使員缺，著司馬

騶補授。

己巳，諭：許世亨之子許文謨承襲伯爵，經兵部帶領引見，已加恩授爲頭等侍衛矣。許世亨身殉行陣，忠烈可嘉，今伊子甫經來京當差，一切未免拮据，著加恩即給予本年伯俸，並賞官房一所，以資棲止。伊母及家屬等見在川省原籍，並著孫士毅從優照料，咨送來京，用示朕優加體恤至意。

《高宗實録》卷一三五三　壬申，蠲免河南永城縣乾隆五十四年分被水成災額賦。

癸酉，實授孫士毅爲四川總督，以原任四川總督李世傑爲兵部尚書。

《東華續録》乾隆一一一　乙亥，賜石韞玉等九十七人進士及第、出身有差。

丁丑，調恩明爲安徽按察使，以姚學瑛爲陝西按察使。

戊寅，諭軍機大臣等：據富綱奏，緬甸貢使於四月十二日到省，十五日齎表起程，前赴熱河等語。

己卯，諭：李世傑在總督任内辦事實心，因患病奏請解任，特命來京，以兵部尚書補用。見在病尚未痊，需人侍奉，伊孫李再瀛前經加恩，賞給進士，授爲主事，今李再瀛業已病故，惟李世傑次子、知州李華封丁母憂服闋，隨侍來京，著即加恩以員外郎補用，俾得就近侍養，以示格外體恤。

庚辰，舒濂緣事革職，以慶成爲户部右侍郎。

免山西太原、遼州等十六府州並歸化城等處額賦十分之三，其大同、朔平二府及和林格爾等處新墾地畝並招種地租銀兩，豐、寧二廳地畝額賦，一體蠲免。

五月辛巳朔，皇六子、和碩質親王永瑢薨，予祭葬，謚曰莊。

戊子，以陸有仁爲山東按察使。

庚寅，上啟鑾秋獮木蘭。免經過地方本年額賦十分之三。

辛卯，諭軍機大臣等：福康安等奏，帶領阮光平途次行走情形一摺，並鈔録該國王遞回昇隆城等處書信三封進呈。所辦甚好。

己亥，諭：高郵州僞串冒徵一案【略】，王士棻亦著革職，交與書麟、福崧嚴審有無迎合、袒庇實情，定擬具奏。所有江蘇按察使員缺，著陳奉兹補授，其所遺河南按察使員缺，著李濤補授。

壬寅，免西藏所屬三十九部落錢糧。

六月辛亥，諭軍機大臣等：福康安奏，清遠縣途次，帶領阮光平跪接敕封阮光垂爲世子諭旨，及荷包、香器。該藩恪恭欣幸，伏地叩首，並稱尚有長子光纘，見在監理國事，光垂爲次，蒙恩晉封世子，不敢承當，特具表申謝。

壬子，調孫士毅爲兩江總督，以保寧署四川總督。

乙卯，諭：英善奏，孫永清見在病故，廣西巡撫員缺請旨簡放等語。因思陳用敷前在安徽巡撫任内，於學政徐立綱聲明平常未能據實參奏，是以降爲奉天府尹，用示薄懲。但念陳用敷係失察學政獲罪，非書麟、閔鶚元之玩視民瘼、袒庇徇私者可比，陳用敷著加恩補授廣西巡撫，並令前來行在請訓後即赴新任。陳用敷未到任之前，所有廣西巡撫印務，即著英善護理。

大學士等奏：審訊高郵州書吏假印冒徵，及有意彌縫之各該管撫、司等，定擬治罪一摺。得旨：閔鶚元著從寬改爲應斬監候，秋後處決。吴璵依擬應絞，著監候，秋後處決。康基田著從寬發往軍臺，效力贖罪。其起意爲首假印誆騙之林之佩、夏琯，係書吏舞弊，著即依擬處斬。

丙辰，敕封安南國王阮光平長子阮光纘爲世子。

《高宗實録》卷一三五六　丁巳，蠲免直隸霸州、保定【略】等五十四廳州縣，并各屬旗地乾隆五十四年分水災額賦。

辛酉，諭軍機大臣曰：畢沅等奏，均州鹽河地方，有民人賀廷選等，燒香念佛，哄誘騙錢，當經拏獲十餘名，究出夥黨，現委臬司馳往，會同搜捕等語。湖北均州與河南新野縣連界，向來八卦、順刀等會，俱係在河南地方發覺，該處民人最易興習邪教，節經拏獲懲治，而惡習相沿，尚恐根株未能净絶。

壬戌，勅封緬甸國長孟隕爲國王。

《高宗實録》卷一三五八　秋七月丁亥，土爾扈特汗策凌納木扎勒、杜爾伯特多羅郡王納旺索諾木、和碩特多羅貝勒德勒克烏巴什、阿爾台烏梁海散秩大臣布延德勒克等四人，哈密郡王品級多羅貝勒額爾德錫爾，及各回城阿奇木伯克等十七人，緬甸國使臣便居末駝等十人，南掌國使臣叭整烘等六人，臺灣生番頭目懷目懷等十二人入覲。

己丑，安南國王阮光平、陪臣吴文楚等，金川木坪宣慰司甲勒參納木卡等三十人，哈薩克汗杭和卓之弟卓勒齊等五人入覲。

《東華續録》乾隆一一二　庚寅，何裕城卒，以朱珪爲安徽巡撫。調沈初爲吏部右侍郎，以劉峩爲兵部右侍郎。

己亥，諭：【略】所有兵部尚書員缺，著加恩即以劉峩補授。以胡高望爲兵部侍郎，孫曰秉爲湖北按察使。

乙巳，上以本年八旬萬壽，率土臣民來京祝嘏，恐京城米價稍增，命發稜米三萬石，於五城平糶。

八月庚戌，暹羅國王鄭華表祝萬壽，貢方物。

辛亥，以佛住爲理藩院右侍郎。

庚申，上御禮輿還宫，騎駕、鹵簿全設，導迎樂作，並奏《萬壽衢歌》。皇子、皇孫、皇曾孫、皇元孫，王以下文武大臣、官員、紳民、耆老，蒙古王、貝勒、貝子、公、額駙、台吉，回部王、公、伯克，安南國王及陪臣，朝鮮、緬甸、南掌等國使臣，金川土司、臺灣生番等，環跪稱慶。賞賚老民、樂工、承應匠藝人等有差。

辛酉，上八旬萬壽節。

《高宗實録》卷一三六一 庚午，又諭：刑部尚書員缺，著明亮補授，伊現在喀什噶爾辦事，所有刑部尚書事務，著舒常兼署。

諭軍機大臣等：前據孫士毅奏，安南夷人到川，分別入伍耕種一摺。所辦甚爲周妥。琅玕雖將安插情形奏聞，尚未及通盤籌畫，其江南安插之人，竟未據該省督撫奏到，業經降旨，將孫士毅原摺交福崧、琅玕閲看，令各仿照辦理矣。兹據琅玕覆奏，除將夷人分隸各標，學習入伍外，現有入官沙地分別撥給，官爲召佃，按年收取租息，給與夷人養贍等語。所辦尚屬認真妥當。

調鑲黄旗漢軍都統恒瑞爲正白旗漢軍都統，以工部尚書金簡爲鑲黄旗漢軍都統。

《東華續録》乾隆一一二 壬申，諭：向來各省選拔貢生赴京朝考，【略】所有王大臣挑選之例，著即行停止。此次拔貢朝考取入一、二等者，著於正大光明殿覆試，再行欽派大臣秉公閲卷取定後，按照等第名次帶領引見，候朕分別録用。其朝考及覆試題目，届期欽定，以昭慎重。著爲令。

《高宗實録》卷一三六一 是月，河東河道總督李奉翰奏：時逾白露，黄、沁兩河，安流順軌。

《東華續録》乾隆一一二 九月己卯，以薩哈爾齊、尹壯圖俱爲内閣學士。

丙戌，發通倉米石於直隸州縣備賑。

己丑，上閲健鋭營兵。

命：嗣後宗室王、公兼任將軍、都統，有應降調者，每一級罰俸四年。著爲令。

《高宗實録》卷一三六二 辛卯，諭軍機大臣曰：孫士毅奏，川省安插交夷高春旺等禀稱，知阮光平既受封爵，到京祝嘏，此等行事好過黎家，想來必定憐愛百姓，我們都情願跟他，況父母妻子都在安南，懇求准令回去，骨肉團聚。又黎侗之子黎允全，帶有下人六名亦求進京，與黎侗同在一處等語。所奏似屬可行。【略】其黎侗之子黎允全，及伊屬下人六名，著保寧即派員送京，歸入黎維祁佐領下安置。至川省安插夷人，既有情願返國者，恐分置江浙夷人内，亦有同情，並著孫士毅、海寧一體面加詢問，如有繫思故國、惓念妻孥者，亦著據實奏聞，俟各該省奏到後，候朕降旨令其回國。【略】總之願歸安南者，奏聞候旨，其不願者，聽將此各諭令知之，仍各據實覆奏。

《東華續録》乾隆一一二 丙申，以江蘭爲山東布政使。

戊戌，命：嗣後賊犯拒捕，殺斃捕役者，罪斬決。著爲令。

庚子，諭：湖北巡撫員缺，著福寧補授。和寧著調補陝西布政使，所遺四川布政使員缺，著英善補授。湯雄業著補授廣西布政使，其廣西按察使員缺，著善泰補授。所有山東巡撫員缺，著惠齡調補。

顧學潮因病休致，以歸景照爲浙江布政使，姜開陽爲浙江按察使。

《高宗實録》卷一三六四 冬十月丙辰，賑恤山東平原、禹城【略】等二十七州縣，並德州、臨清、濟寧、東昌四衛水災饑民，並予緩徵。

《東華續録》乾隆一一二 己未，令宗室年未及歲，應襲王、貝勒、貝子、公等之嫡子，按所襲爵秩，予半俸。

《高宗實録》卷一三六五 甲子，諭：四川總督員缺，著鄂輝補授。成德著補授成都將軍，所遺四川提督員缺，著觀成補授。保寧俟鄂輝到任交代後，即來京陛見，再回伊犁將軍之任。

丁卯，賜中式武舉一甲玉福、曾瓊琲、王萬清三人武進士及第，二甲魏廷魁等五人武進士出身，三甲馮治等三十三人同武進士出身。

《東華續録》乾隆一一二 戊辰，以鄒炳泰爲内閣學士。

壬申，諭：海寧因病身故，所遺浙江巡撫員缺，著福崧調補。所有東省城工，著交與惠齡接辦，長麟即前往江蘇，署理巡撫事務。

十一月丁丑朔，徐嗣曾卒，調浦霖爲福建巡撫，以馮光熊爲湖南巡撫，張誠基爲直隸布政使。

戊寅，以鄭製錦爲甘蘇按察使。

丙戌，諭：大學士王杰，尚書彭元瑞、董誥，胡季堂、福長安，將軍保寧，或簡

任綸扉，綜理部務，或出膺閫帥，宣力邊疆，宜錫官銜，用昭優眷。王杰著加太子太保，彭元瑞、董誥、胡季堂、福長安、保寧俱著加太子少保。

乙未，諭：富勒渾、雅德均已年邁，留在伊犁亦不得力，施恩俱著回京。

《高宗實録》卷一三六八　十二月己未，諭曰：旺沁班巴爾年輕尚有出息，故將伊補授寧夏將軍，自當感激朕恩，一切益加敬謹，奮勉行走。乃伊倚恃將軍職任，護庇屬下人等，欺壓平民，争占地界。且前因送回格格靈櫬時，朕加恩令地方官護送，伊不知感戴朕恩，反行騷擾驛站。種種錯謬，甚屬不堪，本應從重治罪，姑念伊究係糊塗蒙古，著從寬革去將軍職任，退出御前，仍令在乾清門効力行走。寧夏將軍員缺，著圖桑阿調補，所遺荆州將軍員缺，著舒亮補授。

《高宗實録》卷一三六九　壬戌，賑卹盛京鳳凰城、雪裏站、通遠堡、沙河站、東關、寧遠等六驛本年水災站丁，並奉天錦縣、義州、海城等三州縣本年水災貧民。

《東華續録》乾隆一一二　乙丑，諭：據陳用敷奏，阮光平於十一月二十九日行抵鎮南關，與之餞别，該藩縷述隆恩，詞意甚覺肫摯。自關外至義安，按日計程，總在年内可到，謹將該藩謝恩表文呈覽等語。

戊辰，諭：吏部尚書彭元瑞供職内廷，勤勞夙夜，學問優長。本日朕至寧壽宫，見其所製鐙聯莊雅典切，見在詞臣中無出其右者，漢協辦大學士員缺，久未簡用有人，彭元瑞著加恩協辦大學士事務，尚其益勵操修，勉勤職業，用副朕造就成全至意。

是歲，朝鮮、琉球、安南、緬甸、南掌來貢。

乾隆五六年（辛亥、一七九一）

《高宗實録》卷一三七〇　春正月乙酉，諭：前據尹壯圖具奏，督撫因有賠項，派累屬員，以致倉庫多虧，小民興嘆。屢經降旨詢問，尹壯圖全改其言，虚譽朕愛民勤政，及至詢其實事，尹壯圖節次覆奏，總不能指實一人一事。因令慶成帶同赴山西、直隸、山東、江南等省，盤查倉庫，俱無虧短，是尹壯圖逞臆妄言，其罪已無可逭。揆其初奏之意，不過自揣才具甚庸，學問又劣，於尚書、督撫不敢奢望，而思藉此一奏，或可内擢侍郎、外用學政。殊不知朕之用尹壯圖爲閣學，原以雲南現無大員，故爾不次陞擢，若論其才具學問，於閣學已爲倖獲，今尚欲妄思干進，其希榮卑鄙之念，朕早已灼見其肺肝。若謂其以建白沽讜直之名，雖庸人亦知其不能出此，惟伊前摺内所奏，各省多有虧空，奏請盤查，尚不得不謂之有所建白。但朕綜理庶務，從不肯察察爲明，五十餘年，未嘗有特派大臣清查倉庫者，蓋緣偏聽一人，即恐其人藉端勒索，查弊適足以滋弊，而督撫、藩臬舉不足信，何以委之地方重任？至其所稱吏民蹙額興歎之語，則實造作無稽，天良盡泯之言，不可不辨。試思我國家列聖相承，厚澤深仁，洽於寰宇，聖祖仁皇帝御宇六十一年，普免天下錢糧二次、漕糧一次。世宗憲皇帝十三年中，整綱飭紀，内外肅清，愛民實政，不可殫述。其時因籌辦西、北兩路軍糈，未及議及普蠲之事，迨朕纘緒承庥，臨御五十六年，偏災賑卹，蠲貸頻施，以及修築河工海塘，捍衛民生，所費何止萬萬。而普免天下錢糧四次、漕糧二次，爲數又不啻數千萬萬，孚惠閭閻，有加無已。

《東華續録》乾隆一一三　丙申，諭：總兵張朝龍、尚維昇出師安南陣亡，前經降旨，從優議卹，均照提督例，給與騎都尉，又一雲騎尉世職。本日兵部將張朝龍之子張文貴帶領引見襲職。因念張朝龍、尚維昇帶兵前赴安南，屢著勞績，迨後力戰陣殁，奮不顧身，尤堪嘉憫。著加恩均賞給三等輕車都尉世職，即令伊等之子承襲，用示朕褒嘉勇烈，有加無已至意。

阿必達因病解任，調成策爲工部右侍郎，以傅森爲盛京工部侍郎。

戊戌，李綬卒，以劉墉爲左都御史，吴省欽爲禮部右侍郎。

《高宗實録》卷一三七一　禮部題：朝鮮國王李祘，遣使表賀冬至、元旦，及謝恩方物。暹羅國王鄭華，遣使表賀萬壽方物。緬甸國王孟隕，遣使表貢謝恩方物。俱賞賚筵宴如例。

《東華續録》乾隆一一三　甲辰，調紀昀爲左都御史，劉墉爲禮部尚書。

二月癸丑，李濤因病解任，以吴璥爲河南按察使。

以和琳爲内閣學士。

戊午，御試翰林、詹事等官，擢阮元等二員爲一等，餘留館升黜有差。

《高宗實録》卷一三七三　戊辰，又諭曰：鄂輝奏，華陽縣匪徒陳添順，行醫爲生，捏稱衍化真人轉世，與僧珠林等，妄稱謀逆，惑衆誆騙錢文，並私製小旗，糾人入夥，僞封官職。經該縣知縣嚴士鋐等訪聞拏獲首犯，隨飭署臬司林儁、參將楊長楝，帶同員弁嚴拏，共獲犯一百餘名。並據署典史谷煊，將僧珠林等拏獲，審明後，將要犯即行凌遲正法，其餘各犯，照例分别定擬等語。陳添順等始

稱衍化真人轉世，計圖誆騙，繼因獲利無多，復捏造謀爲不軌情詞，附和煽誘，不法已極。鄂輝督飭所屬，於兩旬之内，將首夥要犯全獲，分别正法，所辦甚屬妥速，本地方官功過相抵，毋庸議敘。

《東華續録》乾隆一一三　辛未，以周興岱爲内閣學士。

《高宗實録》卷一三七四　三月乙亥朔，賑卹奉天錦州、義州、牛莊、熊岳、鳳凰、金州等六城，並福陵、昭陵總管衙門，盛京内務府，户、工二部，及靉陽邊門等處，乾隆五十五年分水災旗地人户，並蠲免租銀有差。

戊寅，諭：朕此次巡幸盤山，所有沿途經過地方，本年應徵地丁錢糧，著蠲免十分之三。

癸未，諭軍機大臣等：據孫士毅等奏，張懷路呈告仲見龍之祖仲繩所著《奈何吟》辭多悖謬一案。審明仲繩生於明季，仲見龍係仲繩遠族，並非嫡派子孫，張懷路因挾涉訟微嫌，聽從趙從等教唆，將家藏《奈何吟》首出誣控，應請將仲見龍省釋。至仲繩曾孫仲克順等，雖不知伊曾祖刻有詩藁，搜查實無其書，但究係本犯子孫，豈竟毫無聞見，請將仲克順等，照仲繩應擬絞決罪名減一等，杖一百，流三千里等語。所辦未免過重，仲繩生於明季，至本朝康熙年間尚在，所著詩藁原有頌揚本朝之辭，語涉牢騷怨憤之處，既據張懷路供明係爲崇禎、弘光而發，該犯呈首時，即慮及當官看出，恐坐以反誣之罪，曾與趙從密商，趙從以此書刊於康熙年間，首出必當嚴究，是張懷路、趙從等挾嫌誣控，希圖拖累洩忿情節業經確鑿，祇須將仲克順等責懲完案，已足蔽辜，何必問擬滿流。況仲繩詩詞謬妄，係指明季而言，更不值代勝國追究，將其裔孫治罪也。外省督撫辦理案件，若非失之寬縱，即屬有意從嚴，權衡情罪，每不能允當，孫士毅在督撫中，係屬曉事之人，不應若此。著傳諭該督等，即應遵照發落，其誣告之張懷路、唆訟之趙從等，仍照所奏辦理，咨部完案。

《高宗實録》卷一三七五　甲午，【略】張元錫服官本朝，並無劣蹟，雖係明季庶吉士，未經授職，與曾任前明清要、靦顔改節者不同，非但不應列入貳臣乙編，並不應列入《貳臣傳》内。乃國史館臣，不加詳審，輒與馮銓、龔鼎孳諸人，一例編輯，該總裁亦不免存偏袒、附和之見，著飭行該館，從前所辦諸臣列傳，有身事本朝而在勝國時僅登科第、未列仕版者，均著查明改正，毋庸概列貳臣，以昭信史。

《東華續録》乾隆一一三　己亥，以王慶長爲福建按察使。

夏四月乙卯，以戚蓼生爲福建按察使。

《高宗實録》卷一三七七　庚午，蠲免江蘇碭山、蕭縣、睢寧等三縣，徐州衛上年水災額賦有差，並予勘不成災各州縣衛緩徵。

《東華續録》乾隆一一三　壬申，調景安爲山西布政使，鄭源璹爲河南布政使。

調張若渟爲刑部左侍郎，吴省欽爲工部右侍郎，以彭元瑞爲禮部右侍郎。

五月戊寅，定宗室、王公等兼任職銜，因事實降例。

《高宗實録》卷一三七八　癸未，蠲免盛京海城、錦縣、義州等三州縣上年水災額賦有差。

《東華續録》乾隆一一三　庚寅，諭：署理江蘇巡撫長麟，自棄瑕録用以來，查拏盜匪、會匪，嚴緝鹽梟等案，於地方一切事件，辦理頗爲認真。著加恩實授江蘇巡撫，給還頂帶，仍著賞戴花翎。該撫益當感激朕恩，倍加奮勉，毋致始勤終怠，以副朕格外加恩、訓誨成全至意。

《高宗實録》卷一三七九　乙未，諭曰：朕此次巡幸木蘭，駐蹕熱河，所有經過地方，著蠲免地丁錢糧十分之三。

《高宗實録》卷一三八〇　六月甲辰朔，蠲免直隸霸州、保定【略】等六十九廳州縣上年水災額賦有差。

《東華續録》乾隆一一三　戊申，諭：各省呈控重案，著督、撫親提審辦。著爲令。

《高宗實録》卷一三八一　壬戌，蠲免陝甘皋蘭、金縣、靖遠等三縣上年霜災額賦有差。

《東華續録》乾隆一一三　乙丑，諭：福康安奏，安南國王阮光平遣使續進表、貢謝恩，並將表文進呈。覽奏深爲嘉悦。

《東華續録》乾隆一一四　秋七月甲戌朔，命回城阿奇木伯克設立清文學校。

《高宗實録》卷一三八二　丙戌，又諭曰：秦承恩奏，據渭南縣民人劉世俊，出首族叔劉照魁從遠道回家，攜有銀兩、馬匹，恐係行竊爲匪。經該縣將劉照魁拘拏到案，訊出該犯係入八卦教内，於上年二月自山東起身，由庫車、阿克蘇、葉爾羌，至喀什噶爾尋見震卦掌教王子重。該犯以劉照魁遠赴口外，送伊家信，功行較大，封爲東震至行開路真人，令其回至山東，與伊姪王臘元兒興復原教，並

令該犯口許同教發遣葉爾羌等處屈進河等六犯封號等語。王子重係震卦教内發往喀什噶爾給回子爲奴之犯，乃不思悛改，復敢潛通信息，妄加封號，興復原教，實爲罪大惡極。而同教發遣新疆之屈進河等，仍向王子重討求封號，均屬愍不畏死，竟與叛逆無異，自應速正刑誅，以昭炯戒。但王子重係震卦掌教，爲此案罪魁，著明亮等迅拏到案嚴審，令其供出在新疆地方傳教煽惑，輾轉授徒入教之人，一併查拏根究，無使一名漏網，速即驛奏。審訊明確後，即派委妥幹官員、兵役，將王子重迅速解京，再行根究同教匪犯，盡法處治。【略】其屈進河、申文成、宋明、周法才、周進、毛有倫六犯，並著明亮等密拏審訊。該犯等既向王子重討求封號，必有輿教授徒等事，務須逐一根究，一面速奏，一面即將屈進河等六犯，在該處正法示衆。所有王子重、屈進河等供出各犯，如有在新疆復立八卦教名目授徒惑衆者，亦即在該處正法。其貿易民人内，如審係被惑聽從入教之犯，著一併解交刑部發遣，以絶根株。又喀什噶爾遺犯詹清真，係天地會匪犯，託劉照魁攜帶家信，並給與紙條，聲言到粤時，給伊家屬看過，必有重謝。其紙條内語甚違悖，並著明亮嚴訊詹清真，在該處有無傳習天地會教，曾否亦入過八卦教，切實研鞫，若有匪徒聽從入教者，亦當一體從嚴辦理，詹清真亦即正法。

《東華續録》乾隆一一四　己丑，諭軍機大臣等：書麟等奏，伏汛水勢安瀾、工程平穩一摺。

《高宗實録》卷一三八三　丁酉，諭曰：丹巴多爾濟所出正紅旗蒙古都統員缺，著保泰補授，保泰未來之前，著永琨署理。察哈爾八旗都統員缺，仍著烏爾圖納遜署理。

《高宗實録》卷一三八四　八月丁未，諭軍機大臣曰：陳用敷奏，接准秦承恩咨文，即飭令按察使善泰，前往養利州查拏劉書芳，並將同案安插軍犯楊八等十一名，密行拘訊，如有不法情事，併案辦理等語。劉書芳係山東單縣八卦教匪犯，充發廣西養利州，復敢在配傳教，收劉照魁爲徒，並令前赴廣東德慶州探訪同教軍犯步文斌，而步文斌即將劉照魁認爲義子，輾轉交結，復興邪教，實屬大干法紀，此時自已拏獲到案，著陳用敷即親提嚴審。該犯在配日久，所收徒弟，必不止劉照魁一人，且步文斌係在廣東德慶州安插，與劉書芳相距甚遠，往來通信，是其行蹤詭秘，必有勾結入教之人，並著福康安等逐一嚴究，根訊明確後，無可解京質審之處，即遵前旨，將劉書芳、步文斌在該處正法示衆。所有究出該犯所傳徒弟，務須按名拏獲，解京辦理，其徒弟轉相傳授之人，不必輾轉株連，以省拖累。至與劉書芳同案安插廣西軍犯楊八等十一名，與劉書芳自必聲息相通，難保無在彼授徒傳教之事，若仍留該省，勢必煽誘滋事，並著陳用敷審明後，解交刑部，另行定地發遣，以净根株。將此各傳諭知之。

庚戌，諭：據陝西解到邪教八卦案内劉照魁一犯，往喀什噶爾爲邪教案内遣犯王子重傳寄書信，因命軍機大臣嚴加審訊，詰其如何出口。據供於乾隆五十五年四月内到陝西，六月到甘肅地方，打聽出口的人，都要在肅州起票，就假認王子重親戚，帶有家信，前往探望，到肅州衙門起票出口等供。王子重係八卦邪教内重犯，發遣回疆，從前該犯由甘肅出口，地方官行文遞解，該省各衙門皆有案册可稽，劉照魁出口時，既公然自稱係王子重親戚，前往探望，該州知州理應拏住解部審問，乃竟轉給與口票，俾得沿途照驗，往來無阻，如此則邪教重犯何必發遣爲奴乎？若其偷出口，則不過失察，其過尚輕，豈有公然令發遣重犯往來外域之理，其過甚大，已令勒保查明該州知州，即行革職拏送刑部治罪，并令勒保明白迴奏矣。

《東華續録》乾隆一一四　甲寅，上御山莊宫門觀射。皇孫、質郡王緜慶年十三，中三矢，賜黄褂、雙眼花翎。皇元孫載錫年八歲，中三矢，賜黄褂、三眼花翎。御製誌喜詩。

《高宗實録》卷一三八五　甲子，諭軍機大臣等：據保泰等奏，廓爾喀將噶布倫戴綳誘去，圍在聶拉木，膽敢占據地方，保泰現往後藏酌辦，並據成德亦願前往。

又諭：【略】今後藏聶拉木地方，既有廓爾喀搶占之事，鄂輝尚須在彼聽候信息，豫備前往。孫士毅現在留京並無應辦要務，且曾任四川總督，該省一切地方事宜本係熟手，著傳諭孫士毅接奉此旨，不必前來行在請訓，即輕裝減從，馳驛前往四川，署理總督印務。到川省後，如保泰已將廓爾喀之事辦理完結，無須鄂輝前往，即著鄂輝來京陛見，候其陛見回任，孫士毅再將督篆交卸。倘鄂輝應往後藏督辦，孫士毅亦應俟鄂輝辦理廓爾喀事務完竣，來京陛見，回任後再行交卸督篆，回京供職。孫士毅此時馳驛出京，祇以鄂輝陛見，令往署理督篆爲辭，不必將廓爾喀之事稍爲宣露也。將此諭令知之。

己巳，諭軍機大臣等：本年十一月，係福康安之母七十生辰，上年曾諭令福康安屆期來京。兹距十一月之期尚寬，但粤省現無要務，福康安若豫行來京，更得從容就道。著傳諭福康安，接奉此旨，即行起程，將總督印務，交與郭世勳署

理，並諭郭世勳知之。

《東華續録》乾隆一一四　九月乙亥，調諾穆親爲理藩院侍郎，吉慶爲户部左侍郎。

丁丑，諭：青海等處番子，歸西寧辦事大臣管理。

庚辰，諭：本日召見新調貴州按察使顧長紱，詢其祖母年已七十九歲，伊母年近七旬，貴州道路較遠，難以就養。顧長紱著調補浙江按察使，其貴州按察使員缺，即著姜開陽補授。

《高宗實録》卷一三八七　戊子，又諭：昨據保泰等奏稱，與廓爾喀打仗，達木之協領澤巴傑、公扎什納木扎勒陣亡。唐古忒兵丁甚屬懦弱，遇賊輒遁，達木之蒙古兵丁殊屬奮勇，竭力禦賊，陣亡者甚衆等語。

著派乾清門侍衛額勒登保、永德、珠爾杭阿、阿尼雅布、墨爾根保即刻回家治辦行裝，二三日内即行馳驛起程，速由四川前赴西藏，交成德、鄂輝差遣委用。

《東華續録》乾隆一一四　己丑，以玉保爲盛京兵部侍郎。

辛卯，諭：駐藏大臣凡遇噶布倫缺出，會同達賴喇嘛，秉公選定出力人員，奏請揀放。著爲令。

《高宗實録》卷一三八七　甲午，諭軍機大臣等：廓爾喀侵占聶拉木、濟嚨，竟敢犯至扎什倫布，若不痛加懲創，斷不能使之懾服。前此所言償債之事，竟無庸提及，著鄂輝、成德，即向廓爾喀，諭以爾等受大皇帝隆恩封爲王公，乃敢如此妄爲，甚屬可惡，爾等搶奪唐古忒地方，較所欠之債已越數倍，爾等將所有搶奪物件，即行呈交，方可飭令在藏番民還汝欠債，若不呈出，豈但不償汝債，併且興師問罪，痛加殲戮。將此明白曉諭後，即整齊軍旅，痛加懲勦。

《東華續録》乾隆一一四　乙未，轉明興爲兵部左侍郎，以和琳爲兵部右侍郎。

冬十月乙巳，閔鶚元羈禁囹圄，已經歲餘，且年逾七旬，著加恩即行釋放。伊精力已衰，並非不可少之人，亦不足再加録用，著即令其回籍，閉門思過。閔鶚元益當感激朕法外施恩，自知愧悔。

戊申，以吴省蘭爲内閣學士。

《高宗實録》卷一三八八　癸丑，諭：【略】所有户部尚書員缺，著福長安調補，其工部滿尚書員缺，著金簡轉補，所遺工部漢尚書員缺，著加恩以彭元瑞補授。

《東華續録》乾隆一一四　乙卯，以劉權之爲禮部侍郎，松筠爲工部侍郎。

丙辰，吏部議准：兩廣總督、公福康安奏，廣西太平府龍州，緊接安南地界，見在開關通市，稽查商民，所關尤重，通判職分較小，難資彈壓。查潯州府同知附郡事簡，應請改爲通判，龍州通判改爲同知。從之。

丁巳，俄羅斯懇請開市，允之。

《高宗實録》卷一三八九　己未，著鄂輝等到藏後，將保泰喚至達賴喇嘛、班禪額爾德尼前，對衆眼同傳旨，重責四十板，再行枷號。仍將諭旨内指出保泰種種貽誤緣由，向達賴喇嘛、班禪額爾德尼、濟嚨呼圖克圖，及各呼圖克圖大喇嘛等，明白宣示，以服其心，並令保泰據實登答具奏。

《東華續録》乾隆一一四　庚申，諭：各省督、撫文武官員請貤封者，俱限年終彙奏。著爲令。

甲子，調松筠爲户部左侍郎。

《高宗實録》卷一三八九　辛未，又諭：鄂輝奏，現在賊匪業已敗回，不過在濟嚨、聶拉木一帶，觀望拒守，俟與成德先後抵藏，督率現帶之屯兵二千名，設法攻取，縱使大雪封山，亦須繞路前進，痛加勦殺。

《高宗實録》卷一三九〇　十一月壬申朔，諭軍機大臣等：據保泰奏，賊人占據聶拉木、定結等處，不肯遽行退回一節。此正極好機會。

癸酉，諭：廓爾喀賊匪滋擾後藏，現派福康安，帶領巴圖魯侍衛、章京等，統領勁兵進勦，以期迅奏膚功。福康安著授爲將軍，海蘭察、奎林著授爲參贊，其餘隨在軍營，及派往各大員，俱著在領隊上行走，庶軍行有所統攝，以專任使。

丙子，諭軍機大臣等：現審王子重傳習八卦邪教一案。檢查乾隆三十七年山東省審辦劉省過邪教原案，係將八卦分授各犯，内惟坤卦一卦，未經立教，其艮卦教下，係分給張玉成并伊子張静安，曾經訊明辦理完結在案。艮卦一教王子重信内，稱有艮糧，自必實有其教，昨已降旨令江南、山東各督撫一體留心，實力查緝，務獲懲辦，以净根株。連日復經軍機大臣嚴刑審訊，雖該犯熬刑尚未吐有實供，但三十七年邪教案内，既有艮卦一教張玉成、張静安父子分授傳習，則張玉成等在日自必傳教授徒，更有沿習其教之人。即如王子重之父王中因邪教破案正法，而王子重尚仍其教，且敢在新疆地方輾轉煽惑，此等愍不畏死之徒，冥頑無知，牢不可破，所供艮卦一教無人傳習之語，殊不可信。著再傳諭書麟、長麟、惠齡，於江南沛縣、山東單縣一帶地方密飭所屬，務將艮卦或別卦認真查

訪，嚴切根究，毋令邪教匪徒稍留餘孽，倘視爲海捕具文，以致别經發覺，則是自干咎戾也。

《東華續録》乾隆一一四　庚辰，以汪承霈爲左副都御史。

《高宗實録》卷一三九〇　辛巳，諭：【略】(鄂輝、成德)濡滯不前，坐失機會，其錯謬甚大，豈可復膺封疆專閫。鄂輝著革去總督，賞給副都統銜，駐藏辦事，仍令舒濂幫辦。成德亦著革去將軍，賞給副都統銜，在領隊大臣上行走，聽候福康安調度差遣。【略】所有成都將軍，著奎林補授，仍在參贊大臣上行走，其未到任以前，仍著觀成署理，俟軍務告竣，奎林再赴新任。四川總督員缺，著惠齡補授。

《東華續録》乾隆一一四　癸未，召額勒春來京，以陳淮爲貴州巡撫。

《高宗實録》卷一三九〇　甲申，以鑲藍旗滿洲副都統、宗室、公永琨，爲正紅旗蒙古都統。

《東華續録》乾隆一一四　丙戌，轉慶成爲户部左侍郎，以額勒春爲户部右侍郎。

丁亥，以特克慎爲山西按察使。

《高宗實録》卷一三九一　己丑，調湖北荆州將軍舒亮爲陝西西安將軍，以熱河副都統富昌爲荆州將軍。

壬辰，命刻石經列辟雍。諭：自漢、唐、宋以來，皆有石經之刻，所以考定聖賢經傳，使文字異同，歸於一是，嘉惠藝林，昭垂奕禩，甚盛典也。但歷年久遠，碑多殘缺，即間有片石流傳，如開成、紹興年間所刊，今尚存貯西安、杭州等府學者，亦均非全經完本。我朝文治光昌，崇儒重道，朕臨御五十餘年，稽古表章，孜孜不倦。前曾特命所司，創建辟雍，以光文教，並重排石鼓文，壽諸貞珉，而十三經雖有武英殿刊本，未經勒石，因思從前蔣衡所進手書十三經，曾命内廷翰林詳覈舛譌，藏弆懋勤殿有年，允宜刊之石版，列於太學，用垂永久。著派和珅、王杰爲總裁，董誥、劉墉、金簡、彭元瑞爲副總裁，並派金士松、沈初、阮元、瑚圖禮、那彦成隨同校勘。但卷帙繁多，恐尚不敷辦理，著總裁等再行遴派三人，以足八員之數爲校勘。諸臣等其悉心研辦，務臻完善，以副朕尊經右文至意。尋奏：遵旨遴派翰林院侍讀學士劉鳳誥、祭酒汪廷珍、侍講邵晉涵，留心經學，堪以並充校勘。報聞。

《東華續録》乾隆一一四　甲午，調德明爲吏部右侍郎，僧保住爲禮部侍郎。

以巴延三爲盛京刑部侍郎。

《清高宗實録》卷一三九二　十二月庚戌，著福康安細加酌量，如青海一路可以通行無阻，即飛咨勒保告知海蘭察等，令其無須駐劄西寧，等候官兵一同起程前進，或作爲一起行走，或分作數起，俱無不可，總以計算馬力，酌量行走。此事惟在福康安相度情形，自行定奪，咨明辦理。

《東華續録》乾隆一一四　庚申，加勒保太子太保。

癸亥，以陳奉兹爲江南布政使，汪志伊爲江蘇按察使。

丙寅，諭軍機大臣等：鄂輝奏，查明後藏占卜惑衆之喇嘛羅卜藏丹巴等，分别辦理一摺。【略】嗣後，駐藏大臣與達賴喇嘛遇有應辦事件，當一一商同辦理，噶布倫等與在藏章京會辦，不得稍有專擅。即達賴喇嘛係出世之人，不復經理俗務，或慮駐藏大臣辦事不免偏私，達賴喇嘛原可據實參奏，朕必當嚴行懲治。著福康安於抵藏後，將此詳細告知，達賴喇嘛及呼圖克圖大喇嘛等咸喻此意，嗣後即遵照辦理，以期永綏衛藏。

《高宗實録》卷一三九三　丁卯，諭曰：明亮在外多年，明興著爲參贊大臣，遣往喀什噶爾，更換明亮。都爾嘉之母，現已年邁，明亮著補放黑龍江將軍，都爾嘉俟明亮接任後，即行回京。

《東華續録》乾隆一一四　是歲，朝鮮、暹羅、緬甸、安南來貢。

乾隆五七年(壬子、一七九二)

《高宗實録》卷一三九四　春正月乙亥，著福康安【略】傳集達賴喇嘛、濟嚨呼圖克圖大喇嘛噶布倫等，諭以上次賊匪滋事，即因巴忠等令丹津班珠爾等前往講論，私與説和。今丹津班珠爾等又係達賴喇嘛遣令前往，亦不關白駐藏大臣，輒欲講和完事，若徹兵後，賊匪故智復萌，又須煩我兵力，是天朝兵馬糧餉竟爲衛藏疲於支應。況賊匪復來，必致擾及前藏，更將如何辦理？爲此明白宣諭，若達賴喇嘛之意，必欲與廓爾喀和息完事，大皇帝即聽從爾等所爲，將大兵徹回，此後藏内一切事務，概置不問。若爾等以衛藏地方憑仗天朝保護，則須同心合力，悉聽區處，不得再私遣人與賊來往。如此明白斷定，俾喇嘛及唐古忒人等咸喻此意，方可協力同仇，剋期蕆事。

丙子，諭：前因廓爾喀侵擾後藏，派令鄂輝、成德、巴忠前往辦理。巴忠自

侍御前侍衛，率意專擅，欲圖草率完事，且因通曉唐古忒語言，輒向噶布倫丹津班珠爾等私自計議，與廓爾喀説和，令其退回侵占之聶拉木、濟嚨、宗喀三處，每歲議給元寶三百個作爲地租，嗣因丹津班珠爾以事已完畢，未照前議給銀，致廓爾喀復行滋擾。去年起事之時，巴忠自知罪重，即投河自盡，若其身尚在，必當正法，今已倖免刑誅，伊子蒙古奏事處三等侍衛僧額布，著降爲藍翎侍衛，在大門上行走，以示懲儆。

《東華續録》乾隆一一五　甲午，以蘇陵阿爲刑部尚書，諾穆親爲倉場侍郎。

二月甲辰，改山西河東鹽課歸入地丁。

《高宗實録》卷一三九六　丁未，蠲奉天錦州府屬乾隆五十六年旱災額賦，仍賑卹有差。

《東華續録》乾隆一一五　己巳，命侍郎和琳赴藏辦事。

《高宗實録》卷一三九八　三月丁丑，諭：朕此次恭謁西陵後巡幸五臺，所有沿途經過地方，著加恩蠲免本年地丁錢糧十分之三。

戊寅，諭曰：濟嚨呼圖克圖，及藏内各寺堪布扎薩克喇嘛噶布倫等，因辦理軍務，均各奮勉圖報，將達賴喇嘛庫内存貯火藥鉛彈，盡行交出備用，又備馬百匹，以利軍行，深堪嘉尚。濟嚨呼圖克圖著加恩仍准續封慧通禪師法號，該衙門換給新改牒文劄付。

諭軍機大臣曰：【略】西藏帕克哩邊外哲孟雄、宗木等部落，現與廓爾喀打仗，將該二處地方奪回，【略】著福康安傳旨，再行酌量賞賚。

己卯，又諭：朕本日行抵秋瀾，有道旁叩閽貴州民人楊秀錦，隨令軍機大臣訊取供詞進呈。該犯係貴州鎮遠縣人，素當本縣董長，催取每年應徵錢糧。從前俱按畝徵收米石，自四十八年以來，改徵折色，每地一畝徵銀遞年加增，因加徵銀兩太多，催交不齊，屢被責打，受苦不過，攜帶串票來京申訴等情。細閲該犯供詞，折徵之始每畝折銀六錢五分，遞加至二兩一、二錢不等，上年則仍徵一兩二錢等語。地畝錢糧徵收米石，自有定例，何以改徵折色？且遞年既經加多，何以上年銀數又復減少？種種情節，自應徹底根究，以成信讞。但該縣民人交納錢糧者甚多，何獨該犯一人，不憚遠來，赴京控告，或另有唆使賄囑之人，亦未可定。如該犯所供情節，竟屬虚誣，自當治以應得之罪，以儆刁風。若該地方官果有加徵之事，更不可不嚴行查辦，據實參奏。著傳諭姜晟，於滇省民人那耀宗等控告争奪家産一案審辦完竣，即順赴黔省提集犯證，秉公嚴審，定擬具奏。此係隔省之事，該撫自無所用其瞻徇也。

癸未，諭：朕此次恭謁西陵、巡幸五臺，經過直隸地方，已加恩蠲免本年地丁錢糧十分之三。惟念經過各州縣，尚有節年因災出借米穀各項，若仍令一併帶徵，小民輸將，未免拮据。著再加恩將大興、安肅、新樂、正定、定州、望都、清苑、新城等八州縣未完節年因災出借米、麥、穀三萬四千五百五十四石零，概行豁免，用示朕惠愛黎元、有加無已至意。該部即遵諭行。

《東華續録》乾隆一一五　甲申，諭軍機大臣等：福康安統領大兵，勦辦廓爾喀賊匪，特授爲將軍，與外省駐防將軍體制、稱謂相同，究覺等威莫辨。此次福康安應稱爲大將軍，遇有檄諭行文等事，竟以大將軍列銜，更覺威嚴尊重，足使番衆生畏，賊匪破膽。

《高宗實録》卷一三九九　庚寅，諭：朕向來每遇巡幸，所有經過地方，俱加恩蠲免地丁錢糧十分之三。五臺非清蹕常臨之地，此次巡幸駐蹕，尤宜逾格施恩，用敷渥澤。所有五臺一縣，本年地丁錢糧，著加恩蠲免十分之五，其大同、朔平二府屬，未完糧一萬八百四十八石零，和林格爾廳未完米九百八十九石零，亦著全行豁免，以示朕惠愛黎元、省方行慶至意。該部即遵諭行。

《高宗實録》卷一四〇〇　夏四月庚子，諭：據明興等奏，審明克里雅城之阿奇木伯克、邁瑪特尼雜爾，攢收小回子等布匹事，分别治罪請旨等語，摺内已批該院議奏矣。去歲五月内回子邁瑪沙，控告邁瑪特尼雜爾，勒令十五户回民移居之事，因彼時李侍政等並未參奏嚴行辦理，姑息完結，是以邁瑪特尼雜爾始致驕矜，復有攢收屬下回民等布匹之事。李侍政、錦格雖俱有應獲之咎，但李侍政去歲二月前往巡查各城，並未查出邁瑪特尼雜爾所爲之事，此次邁瑪特尼雜爾騷擾屬下回子、攢收布匹等事，又係錦格一人聞知轉告李侍政，李侍政甚屬怠玩，竟不以事爲事，著交部嚴加議處，錦格亦著交部議處。

《東華續録》乾隆一一五　丁未，命截留南漕六十萬石，備直隸、河南賑。

丁卯，免河南通省歷年逋賦。

閏四月癸酉，命京城設廠平糶。

甲申，諭軍機大臣等：福康安等奏，聶拉木、濟嚨、絨轄等處，賊匪添人拒守，分據要隘。福康安等進兵時，擬先於聶拉木等處，酌派巴圖魯侍衛等，帶兵前往，作爲偏師。福康安等會合大兵，由濟嚨直入攻勦等語。所辦俱好。

《高宗實録》卷一四〇三　蠲免河南湯陰、汲縣、輝縣、淇縣、滑縣等五縣上

年旱災額賦有差。

《東華續録》乾隆一一五　庚寅，諭：河東鹽務，從前籛商承辦，徒滋地方官勒索之弊，商力屢形疲乏，是以議將鹽課改歸地丁，以期利歸於下，商民交便。但立法之初，朕尚慮未能立時奏效，乃自改定章程以來，晋省業已行之有驗，而河南、陝西二省行銷河東引鹽地方，節經穆和藺、秦承恩奏稱鹽價日減，商民俱獲利益。兹又據馮光熊奏，見在該省鹽池産鹽旺盛，兩三月内發販鹽數，較往年多至加倍有餘等語。是鹽課改歸地丁一事，效驗甚速，竟可永遠遵行，商民均資利賴矣。此議實蔣兆奎所倡，朕不淹人之善，是以自甘肅調彼至山西，俾身任其事，今果始終承辦，已著成效，甚屬可嘉。蔣兆奎著加恩賞戴花翎，以示獎勵。

《高宗實録》卷一四〇三　丁酉，諭軍機大臣等：昨朕親覽仲巴呼圖克圖攜來達賴喇嘛、班禪額爾德尼呼畢勒罕所給噶勒丹錫、勒圖呼圖克圖等書，猶望令仲巴回藏。仲巴乃前輩班禪之兄，非他人可比。賊匪侵擾扎什倫布時，伊正當率領衆喇嘛看守廟宇，乃於賊匪到時，孜仲喇嘛等求乞，龍單即向伊告知，伊反倡率衆人逃避，其罪比孜仲尤重。蓋扎什倫布地方，有班禪額爾德尼數輩塔座在彼，皆因伊首先逃避，以致塔上鑲嵌物件俱被賊匪刧掠，此其忘背祖師，即爲悖亂佛法。【略】著鄂輝、和琳接奉此旨，親到布達拉傳集達賴喇嘛、班禪額爾德尼，及前後藏衆呼圖克圖喇嘛人等，告以大兵進勦廓爾喀賊匪，特爲護衛黄教起見，並將仲巴、孜仲分别治罪，亦欲使衆喇嘛通知大義，尊持黄教之故明白曉諭，俾伊等咸知朕意。

《東華續録》乾隆一一五　五月辛丑，諭：軍機大臣會同禮部議覆，安南國王阮光平請定貢期、防務一摺。

甲辰，賞山東德州等十州縣衛貧民一月口糧。

丁未，上啟鑾秋獮木蘭。免經過地方本年額賦十分之五。

戊申，召馮光熊來京，以長麟爲山西巡撫，奇豐額爲江蘇巡撫。

《高宗實録》卷一四〇六　六月丙子，諭軍機大臣等：據福康安等奏，官兵攻克擦木要隘，全殲賊衆情形一摺。

丁丑，又諭曰：福康安等奏，行至瑪噶爾轄爾甲山梁，殲戮賊匪一摺。

《東華續録》乾隆一一五　戊寅，調王懿德爲浙江布政使，鄭源璹爲湖南布政使，以吴璥爲河南布政使，陳文緯爲河南按察使。

《高宗實録》卷一四〇六　己卯，諭曰：福康安等統領大兵，攻克濟嚨，痛殲賊衆一千餘人。

《東華續録》乾隆一一五　辛巳，姚棻丁憂，調陳淮爲江西巡撫，以馮光熊爲貴州巡撫。

《高宗實録》卷一四〇七　丙戌，諭軍機大臣曰：福康安等奏，攻克熱索橋，進臨賊境一摺。

《東華續録》乾隆一一五　乙未，命京城附郭增設五廠煮賑。

《高宗實録》卷一四〇七　丁酉，據福康安奏，攻克協布嚕賊寨。

《高宗實録》卷一四〇八　秋七月辛亥，又諭曰：福康安等奏，進攻東覺山梁並雅爾賽拉、博爾東拉等處，將賊匪營寨、木城、碉卡，全行攻克，痛殲賊衆。又據奏：成德等攻克扎木、鐵索橋等處，已令嚴守要隘，量力前進等語。

《東華續録》乾隆一一六　癸丑，諭軍機大臣等：鄂輝奏，沿途查催軍火、糧石情形一摺。

《高宗實録》卷一四一〇　八月辛未，諭軍機大臣曰：【略】又據奏，成德一路官兵，攻克多洛卡、隴岡等處。又諭：【略】現在糧運，經福康安大加整頓，糧員兵丁等，自不敢仍前弊混。福康安因鄂輝辦事稍軟，和琳能駕馭番民，認真振作，飛咨和琳，即赴濟嚨一帶督辦。所見甚是。【略】此旨到時，孫士毅業經起程回途，著仍速赴前藏辦事。至濟嚨以外糧運，據惠齡奏籌辦背夫，於東覺、普東寨等處添設等語。所辦亦好。

《東華續録》乾隆一一六　壬申，再撥漕米二十萬石備賑。

癸酉，諭：【略】福康安著加恩實授爲大學士，孫士毅亦著加恩實授爲大學士。所有吏部滿尚書員缺，著金簡調補，其工部尚書員缺，即著和琳補授。和琳未回京以前，工部尚書事務，仍著金簡兼署。吏部漢尚書員缺，著劉墉調補，紀昀著補授禮部尚書。都察院左都御史員缺，著竇光鼐補授，所遺禮部侍郎員缺，著劉躍雲補授。

庚辰，諭：從前普福駐藏時，廓爾喀遣大頭目蘇必達多、喇拉木等來稱，拉特納、巴都爾等業經封王，請賞俸禄、地方。經普福飭駁，並曉示：天朝特封王爵，並優加賞賚，已屬格外施恩，且見在納貢之國甚多，從無賞給地土、俸禄之例。所辦尚屬得體。此等關繫外藩之事，應據實奏聞，乃當時既未入告，及陛見時又未面陳，實屬錯謬，不便稍爲寬宥。著博興馳往庫倫代理事務，傳旨將普福革職，拏送刑部治罪。

《高宗實録》卷一四一〇　又據孫士毅奏：廓爾喀差人懇求賞給俸禄、地方一節，詢係普福任内之事，經普福嚴行斥回。普福告知雅滿泰，雅滿泰又告知俘習渾，普福到京後，並未奏聞，亦未告知軍機大臣，殊不可解。已派博興馳往庫掄辦事，即傳旨將普福革職拏問，解交刑部治罪。至俘習渾、雅滿泰，既經聞知此事，亦並未奏及，其昏憒糊塗，更不可解。俘習渾、雅滿泰，著孫士毅監看重責四十板，以示懲儆。

《東華續録》乾隆一一六　丙戌，諭：據理藩院奏，喀爾喀公銜台吉達瑪琳缺出，達瑪琳並無頭等台吉之處等語。此等賞銜，係朕格外恩施，非行陣勤勞，得有錫賚者可比。嗣後儻有曾襲二次、查明另有勞績者，候朕定奪，如係尋常賞銜，即著削去，止令承襲本職。著爲令。見在達瑪琳遺缺，即照此辦理。

《高宗實録》卷一四一一　丁亥，諭軍機大臣曰：福康安等奏，攻克噶勒拉、堆補木，奪橋過河，打仗殺賊情形一摺。【略】又稱：成德一路，攻得利底、大山賊卡。

戊子，本日據福康安等奏：七月初八日接到拉特納巴都爾來稟，所有諭令交送扎什倫布什物，並呈獻沙瑪爾巴骨殖等款，俱已一一遵奉。稟内語意，多係感戴恩德，自行認罪，凡自稱之處，俱改爲小的，惟於親來一節，祇婉陳感畏之意，未敢切實稟覆等語。【略】著福康安等，即傳朕旨，赦其前罪，准令納表進貢，悔罪投誠。福康安等亦即徹兵回至内地。

《東華續録》乾隆一一六　命福康安爲武英殿大學士，兼吏部尚書。孫士毅爲文淵閣大學士，兼禮部尚書。

《高宗實録》卷一四一一　己丑，又諭：據哈當阿等奏，六月二十二日，臺灣府城及鳳山、嘉義、彰化等處，同時地震，所有民間倒塌房屋、壓斃人口，現在分别給銀，按數撫卹等語。臺灣地方，遠隔重洋，居民猝遭地震，倒壞房屋、壓斃人口，殊堪憫惻，所有該提督等具奏按數給銀撫卹之處，俱著加恩，加倍給予，以示體卹。該提督等務宜督飭所屬，實力妥辦，俾被災户口，均霑實惠，以副朕軫念災區至意。

《高宗實録》卷一四一二　九月己亥，諭：廓爾喀滋擾衛藏，肆行搶掠，【略】福康安等爲統率大臣，調度布置，悉協機宜，亦應加以甄敘。福康安著賞給一等輕車都尉，即令其子承襲。海蘭察本係二等公爵，著晉封一等公。至孫士毅由打箭鑪馳赴前藏，督辦糧運，和琳自到藏後，催趲積滯，整飭頹習，均能認真督率，惠齡在濟嚨一帶，辦理軍需，亦屬奮勉，並著交部議敘。

丙午，諭軍機大臣曰：【略】大兵徹回，必經過裏塘，軍威壯盛，匪徒自即歛戢，孫士毅竟當遵旨速回，與福康安等會商善後諸事宜。再前經降旨，令達賴喇嘛等會同駐藏大臣，將呼畢勒罕名姓，並生年月日，各書一籤，貯金奔巴瓶内，對衆拈定，作爲呼畢勒罕。是此項金瓶，關係鄭重，現派御前侍衛惠倫、乾清門侍衛阿爾塔錫第敬謹賫往。

《東華續録》乾隆一一六　己酉，定各省疏脱遺犯加倍處分例。

冬十月戊辰，諭軍機大臣等：拉特納、巴都爾等，屢次差頭目赴營，哀懇投誠，進表納貢，情詞俱爲恭順，是以准其乞降。今又差人呈送犒軍食物，並求伺候福康安等直至前藏。看此情形，實屬真心慴伏，出於至誠，非特目前蕆功完善，並可保邊境敉寧，衛藏無事。

《高宗實録》卷一四一四　己巳，賑卹河南安陽、湯陰【略】等十六縣本年旱災貧民，蠲緩新舊錢糧、倉穀，及應徵漕糧，並借給耔種、銀兩。

《東華續録》乾隆一一六　辛未，諭軍機大臣等：福康安等奏，官兵撤回，見在協布嚕地方一摺。覽奏欣悦。

崗噶勒塔則西在軍營甚爲出力，屢經酌賞，見在廓爾喀投誠，該賊目不便遣回，應請解京，入於健鋭營降番佐領下安插。且其人頗通廓爾喀文義，即可令其在京教習，以備通譯。得旨：是。

癸酉，諭：阿迪斯在鑾儀衛行走，止屬照常供職，念伊係大學士阿桂之子，阿桂年逾七十，阿迪斯著加恩補授户部侍郎，仍兼鑾儀衛使行走，以示體恤。

諭：原任大學士范文程，在國初時勛庸懋著，其子范承謨又殉難捐軀，今伊裔孫内見無文職大員，殊堪軫念。所有鄒奕孝工部左侍郎出差員缺，著加恩以范宜恒署理。

《高宗實録》卷一四一五　壬午，加賑直隸河間、任邱、景州、青縣、慶雲等五州縣本年旱災極次貧民，並蠲免順天、保定、河間、天津、正定、順德、廣平、大名、冀州、深州、定州、易州、遵化等十三府州屬被災旗民地畝額賦有差。

《東華續録》乾隆一一六　乙酉，諭軍機大臣等：郭世勳等奏，據洋商蔡世文等稟，有英吉利國夷人啵啷啞嗹嚌哐等來廣稟稱，該國王因前年大皇帝八旬萬壽未及叩祝，今遣使臣嗎嘎嘯呢進貢，由海道至天津赴京等語。並譯出原稟進呈，閲其情詞，極爲恭順懇摯，自應准其所請，以遂其航海嚮化之誠，即在天津

進口赴京。但海洋風帆無定，或於浙閩、江蘇、山東等處近海口岸收泊，亦未可知。該督撫等如遇該國貢船到口，即將該貢使及貢物等項，派委妥員，迅速護送進京，毋得稍有遲誤。

《高宗實録》卷一四一五 丁亥，賑卹陝西咸陽、臨潼【略】等十四州縣，本年旱災貧民，並緩徵乾州、武功、邠州、長武、永壽、鄜州、洛川、中部等八州縣被災地畝攤徵鹽課，及民欠常社倉穀。

《東華續録》乾隆一一六 戊子，諭軍機大臣等：福康安等奏，遵旨受降、撤兵回藏，及廓爾喀懍遵約束情形一摺。

癸巳，定旗人犯竊子孫削職爲民例。

《高宗實録》卷一四一六 十一月己亥，諭：據英善等奏，拏獲扶乩惑衆、編造悖逆詩序之重犯，審明定擬一摺，已交軍機大臣會同該部覈議速奏矣。此案饒述修等犯，借扶乩爲名，編造詩句，妄稱劉萬宗爲漢室後裔，與陳斅賜等犯，附和悖逆，糾夥結盟，實屬不法已極。臬司聞嘉言於該縣稟報後，即馳赴該處，督同府縣，將案内各犯，全行拏獲，所辦可嘉。

《東華續録》乾隆一一六 甲辰，諭：各省駐防滿洲兵無嗣入官田畝，仍賞該營養贍孤寡。著爲令。

丙午，諭：【略】前發去金奔巴瓶，原爲籤掣呼畢勒罕之用，但不必俟該處大呼圖克圖轉世方行試用，或見在藏内，不拘何呼圖克圖應出呼畢勒罕，即可將金奔巴瓶先行籤掣。如此辦理數次，定爲章程後，該處僧俗人等共相遵奉，將來遇有大呼圖克圖轉世，照此掣籤，更可堅衆人崇信之心，而從前私相傳襲積弊，亦可不動聲色，藉以革去。

庚戌，定武職改歸原籍，不准升遷寄籍例。

壬子，諭軍機大臣等：福康安等奏稱，行抵前藏，將善後章程大意告示達賴喇嘛察看，達賴喇嘛感戴出於至誠，一切惟命是聽，斷不敢稍形格礙等語。

癸丑，弛貧民出關禁。

乙卯，命督撫於殺死一家二命以上重案，專摺奏聞。

十二月庚午，諭：福康安等奏，酌定唐古特番兵訓練事宜，藏内鼓鑄銀錢各摺。所稱新設番兵經費，止須商上給番目錢糧二千六百餘兩，其餘俱係以沙瑪爾巴仲巴貲産，及丹津班珠爾家繳出之項支給等語。【略】所鑄銀錢，其正面用漢字，鑄乾隆寶藏四字，背面用唐古特字，亦鑄乾隆寶藏四字，以昭同文而符體制。已另行模繪錢式，發去遵辦。

乙亥，諭：本日召見盛京户部侍郎禄康，清語平常，一切事件未能明白陳奏。盛京户部事務較繁，禄康恐不能勝任，著調補盛京兵部侍郎。所遺盛京户部侍郎，著伯麟調補。

丙子，諭：福崧著來京候旨，所有浙江巡撫員缺，著長麟調補。向來山西巡撫係兼提督職銜，用武職頭品頂帶、補服，今長麟調任浙江，著加恩仍帶一品職銜，並准用文職補服。蔣兆奎著補授山西巡撫，所遺山西布政使員缺，著善泰補授，其山西按察使員缺，著祖之望補授。

免伊犂回民本年額穀。

《高宗實録》卷一四一九 壬午，加賑陝西臨潼、咸陽【略】等十四州縣本年旱災貧民，並蠲緩額賦有差。

癸未，加賑河南安陽、湯陰【略】等二十五縣本年旱災貧民，並蠲緩額賦有差。

丙戌，又諭曰：善德年已及邁，著留京補授正紅旗蒙古都統，所遺廣州將軍，著富昌調補，富昌所遺荆州將軍，著永琨補授。

辛卯，諭軍機大臣曰：福康安等奏，審訊壓擱廓爾喀表貢、匿不具奏一摺。鄂輝於許給廓爾喀銀兩一事，或尚可諉爲不知，至五十五年廓爾喀呈進表貢，壓擱不奏。現經福康安等面加詰訊，鄂輝雖輾轉支飾，而此事係其主見，已屬百喙難辭。今福康安等並未按律定擬請將鄂輝等解京治罪，試思解到後，即交軍機大臣覆訊明確亦不值，即將伊三人概行立寘重典，若交部監禁，是伊等身獲重譴，轉藉此回京安坐囹圄，殊不足以示儆。計此時鄂輝起解在途，亦距藏不遠，著傳諭惠齡、英善接奉此旨，飛飭沿途，不拘鄂輝解到何處，即於該處截留，仍解回前藏，交與和琳，將伊永遠枷號，與俘習渾、雅滿泰同爲在藏辦事大臣，不肯用心妥辦、致藏地不靖者戒。

《東華續録》乾隆一一六 是歲，朝鮮、安南、暹羅、廓爾喀來貢。

乾隆五八年（癸丑、一七九三）

《高宗實録》卷一四二〇 春正月庚子，以四川提督觀成爲成都將軍，川北鎮總兵彭承堯爲四川提督。

《東華續録》乾隆一一七　乙巳，賜安南國王阮光平敕。

《高宗實録》卷一四二一　丙辰，諭軍機大臣等：據郭世勳等奏，安南國王阮光平，於上年九月内在義安身故，世子阮光纘，年已十五，現在暫權國事，定於五十八年正月内，專遣陪臣恭齎表貢、赴京告報等語。

賜安南國世子阮光纘襲封安南國王勑書。

《東華續録》乾隆一一七　二月庚午，諭：嗣後捕役未經得賄、潛通信息、致罪人逃避者，若所縱之囚係軍流以下罪，與囚同科，不准減等。著爲令。

《高宗實録》卷一四二四　三月丁酉，諭：朕此次巡幸盤山，所有沿途經過地方，本年應徵地丁錢糧，著蠲免十分之三。

《東華續録》乾隆一一七　癸卯，以本年直隸輪免錢糧，命撥部庫銀五十萬兩，以資經費。

《高宗實録》卷一四二四　戊申，諭曰：達賴喇嘛、班禪額爾德尼，係宗喀巴大弟子，世爲黄教宗主，衆蒙古番民，素相崇奉。近年因指認呼畢勒罕之古爾登巴等，法術無靈，不能降神，且徇情妄指，或出自族屬姻婭，或出自蒙古汗、王公等家，竟與蒙古王公、八旗世職官襲替相似，論以佛法，必無此理，甚且至噶布倫丹津班珠爾之子，亦出有呼畢勒罕，以致衆心不服，沙瑪爾巴遂乘機起意，謀占班禪遺産，唆使廓爾喀搶掠扎什倫布，遠煩大兵聲罪致討。朕護衛黄教，欲整飭流弊，因製一金奔巴瓶，派員齎往，設於前藏大昭，仍從其俗，俟將來藏内或出達賴喇嘛、班禪額爾德尼及大呼圖克圖等呼畢勒罕時，將報出幼孩内擇選數名，將其生年月日名姓，各寫一籤入於瓶内，交達賴喇嘛念經，會同駐藏大臣，在衆前籤掣，以昭公當。

《東華續録》乾隆一一七　辛亥，諭：福崧在浙江巡撫任内，驕縱乖張，膽敢向鹽道婪索多贓，以致柴楨虧缺，庫項那移填補。浙省紳士或尚可推爲此係地方官私相授受之事，無由知悉，至福崧之母玩遊西湖，派令鹽道豫備食用、鐙綵船隻等項，每次費銀數千兩，劣蹟彰著，浙省紳士則不得諉爲不知矣。其籍隸杭州者，近在同城，共見共聞，尤無不知之理。該省科道雖在京服官，但本省地方大吏似此任意妄爲，其親友往來，斷無不互相傳説，何以總未據一人參奏。【略】所有籍隸浙省杭州府屬之給事中、御史，俱著停升二年，籍隸浙省外府者，俱著停升一年。所有此案未經參奏之藩、臬兩司，除歸景照已改發伊犂、效力贖罪示罰外，顧長紱係本省臬司，【略】著交部嚴加議處。王懿德到任，係在福崧一案發覺以前兩月之久，豈無見聞，乃亦未參奏，不得謂爲無過，王懿德著交部議處，以示薄懲。

乙卯，以譚尚忠爲刑部右侍郎，調馮光熊爲雲南巡撫，以英善爲貴州巡撫，閏嘉言爲四川布政使，田鳳儀爲浙江按察使，調阿彰阿爲湖南按察使，以羅煐爲山東按察使。

《高宗實録》卷一四二五　己未，以和郡王綿循爲正白旗蒙古都統。

《東華續録》乾隆一一七　壬戌，諭：海蘭察【略】加恩著入祀昭忠祠，以示朕軫卹軍營效力大臣之意。

夏四月辛未，諭軍機大臣等：此次福康安帶兵遠討，廓爾喀畏罪投誠，所有前後事宜，又遵照朕旨，逐一清釐整頓，從此邊隅永靖，衛藏敉寧。【略】督撫原有在任守制之例，見在廣西邊隘關繫甚重，而兩廣總督一時亦難得其人，福康安應倣照舊例，在途次成服，辦理廣西事竣後，即赴廣東在任守制。

乙亥，諭：顧長紱在臬司任内有年，乃於福崧肆意婪索，劣蹟多端，並無一言劾奏，非尋常瞻徇可比，著照部議革職，俟服滿後，發往軍臺效力贖罪。王懿德雖到任未久，但伊係内務府人員，加恩備用藩司，調任浙江已有兩月，乃亦扶同容隱，實屬辜恩溺職，亦著照部議革任，賞給道員職銜，前往哈密辦事，换回增保，以示懲儆。

丁亥，賜潘世恩等八十一人進士及第、出身有差。

戊子，命於乾隆五十九年秋，特開鄉試恩科，六十年春，爲會試恩科。

諭：順天鄉試及會試，正、副考官閲卷，毋迴避本省。

宥雅滿泰、鄂輝罪，令回京。

《高宗實録》卷一四二八　五月乙未，調鑲紅旗漢軍都統蘇凌阿爲正藍旗滿洲都統，以寧夏將軍隆興爲鑲紅旗漢軍都統。

《東華續録》乾隆一一七　壬寅，諭：嗣後屯土官弁隨征陣亡者，照緑營例給予世職，襲次完時給予恩騎尉，世襲罔替，遇有屯土員弁缺出，儘先拔補。

《高宗實録》卷一四二九　丁未，諭：朕此次巡幸木蘭、駐蹕熱河，所有經過地方，著蠲免本年地丁錢糧十分之三。

《東華續録》乾隆一一七　辛亥，諭：從前阿桂平定金川時，係封四字公爵，福康安勦辦臺灣賊，由嘉勇侯晉封公爵，此次辦理廓爾喀，跋涉險阻，艱苦備嘗，蕆功完善，著於嘉勇二字尚再加忠鋭二字，以示酬庸懋賞。

《高宗實録》卷一四二九　丙辰，諭曰：伍拉納覆奏，未將福崧貪縱各款，早爲參奏，懇請交部，從重治罪等語。伍拉納身爲總督，浙省是其所轄，乃於福崧劣蹟昭彰，並不據實參劾，其咎本無可逭，第念該督近年督緝洋匪，尚屬認真，閩浙總督員缺緊要，一時亦不得其人，是以前經慶桂參奏，部議上時，已從寬改爲革職留任。此時如再交部議，亦不至遽予罷斥，而該督轉得邀恩留任，坐享厚廡，不足示懲，伍拉納毋庸交部，著停支三年養廉，以爲封疆大臣徇情、漫無覺察者戒。

《東華續録》乾隆一一七　六月戊辰，諭：此次征勦廓爾喀，運送糧餉、軍器，【略】和琳著加恩賞給雲騎尉，即令伊子良輔承襲，仍授爲三等侍衛，在乾清門學習行走，以示獎勵。

甲申，諭：明興前已照部議降四級，仍留庫爾喀喇烏蘇辦事。所有吏部右侍郎員缺，著諾穆親調補。景安著調補倉場侍郎，不必前來謝恩，其工部右侍郎員缺，著伊齡阿調補，仍兼管錢法堂事務，所遺兵部侍郎員缺，著成策補授。

《高宗實録》卷一四三一　丙戌，諭軍機大臣曰：徵瑞奏，六月二十日，探明有大、小夷船五隻，在外洋拋碇，詢問即是嘆咭唎國貢船，隨與天津鎮、道等，乘船探量水勢，設法引至近口，有攔江沙一道足以依靠，無虞風浪，於二十二日停泊定妥等語。所辦甚好。

戊子，諭軍機大臣曰：梁肯堂奏，據天津道稟稱，嘆咭唎通事錫拉巴等登岸求見，其意欲於通州起旱，現已雇有南船四十隻備用等語。所辦好。又據奏：俟抵天津，會同徵瑞恭宣恩旨，設備筵宴等語。前有旨令不必在彼筵宴，但該貢使等航海遠來，經過天津，地方官設筵款待，亦禮節所當然。如該督等接奉此旨，該貢使業經過津則已，如尚未過津，仍著就近先行筵宴。至接待遠人之道貴於豐儉適中，不卑不亢，若該貢使等於進謁時行叩見之禮，該督等固不必辭却，倘伊等不行此禮，亦祇可順其國俗，不必加之勉强。該督等務宜留心款待，不可過於優待，轉爲所輕，以示懷柔而符體制。將此傳諭知之。

《高宗實録》卷一四三二　秋七月癸巳，至達賴喇嘛商上出入，前亦有旨交駐藏大臣一體稽察，但恐商卓特巴等因官爲查察，不能任意侵漁，藉稱商上用度不敷，此則不可。現在所添番兵，已將抄産賞給，支用尚有寬餘。至達賴喇嘛用度，藏内本有賦税，且各蒙古番衆，布施亦復不少，即有進益稍少之年，亦可裒多益寡，如經理得宜，自必有盈無絀，不至缺乏，和琳等惟當留心稽覈也。

癸卯，諭軍機大臣曰：徵瑞奏，嘆咭唎使臣等，深以不嫻天朝禮節爲愧，連日學習，漸能跪叩。徵瑞隨時教導，俾臻妥善等語。【略】將貢物起撥，擡送至圓明園，暫令貢使人等在宏雅園居住，俟貢物普行檢看齊全，將應行留京者，交代金簡、伊齡阿，分別安設。

《東華續録》乾隆一一八　己酉，以旱命刑部清理庶獄，減徒以下罪。

丙辰，以河南河内等二縣水災，命將例應民築、民修之堰工，官爲補築開銷，借給籽種、口糧、葺屋銀兩。

八月甲子，諭軍機大臣等：和琳奏，拉特納、巴都爾接到敕書，恭表謝恩一摺。内稱，拉特納、巴都爾稟稱，該部落向來不識漢字，今既屬天朝子民，懇准遣人赴藏學習漢字，以便具稟事件，更得明晰。經和琳檄諭該國王，奏明請旨，應否准其學習漢字，抑止令學習唐古特字等語。【略】自應准其所請，令其遣人到藏，習學漢字。

庚午，上御萬樹園大幄次，英吉利國正使臣嗎嘎嘰呢、副使臣嘶噹㖮等入覲。

辛未，諭：見在辦理廓爾喀事竣，一切軍需奏銷，均須四川總督覈辦。【略】福康安著調補四川總督，俾其控制邊陲，駕馭屯土番衆，督辦軍需銷算，更足以資倚任。長麟在巡撫任内，諸事尚能留心，著補授兩廣總督，一切地方邊關事宜，俱應循照福康安立定章程，認真妥辦。至浙江省經福崧因循廢弛諸事，正須整頓，吉慶自簡任山東巡撫以來，辦理地方事件尚能妥協，著調補浙江巡撫。惠齡雖才具較短，但伊曾任山東巡撫，於該省情形較爲熟悉，且距京甚近，可以隨時指示，所有山東巡撫員缺，即著惠齡補授，以資駕輕就熟。

乙亥，諭軍機大臣等：前據富綱奏，緬甸貢使孟幹稟請賞給舊印一節，兹該使臣孟幹到來，又經稟請。【略】著富綱接奉此旨，傳諭該國王，將孟幹前此所請舊印，係前明廢印，未便賞給。該處木邦土司，即係天朝頒給印信，今另給孟幹鑾賚宣撫司之印，與木邦土司同受天朝恩典，仍爲該國所屬，更增榮寵。詳晰檄知該國王，俾其益加感戴，免致生疑，方爲妥善。將此諭令知之。

己卯，賜英吉利國王敕書。【略】至爾國王表内，懇請派一爾國之人住居天朝，照管爾國買賣一節，此則與天朝體制不合，斷不可行。自應仍照定例，在嶴門居住，方爲妥善。

又據稱，爾國船隻，請照例上税一節。粵海關徵收船料，向有定例，今既未

便於他處海口設行交易，自應仍在粵海關按例納税，無庸另行曉諭。至於爾國所奉之天主教，原係西洋各國向奉之教，天朝自開闢以來，聖帝明王，垂教創法，四方億兆，率由有素，不敢惑於異説，即在京當差之西洋人等，居住在堂，亦不准與中國人民交結，妄行傳教，華夷之辨甚嚴。今爾國使臣之意，欲任聽夷人傳教，尤屬不可。【略】爾國王當仰體朕心，永遠遵奉共享太平之福。若經此次詳諭後，爾國王或誤聽爾下人之言，任從夷商將貨船駛至浙江、天津地方，欲求上岸交易，天朝法制森嚴，各處守土文武恪遵功令，爾國船隻到彼，該處文武必不肯令其停留，定當立時驅逐出洋，未免爾國夷商徒勞往返，勿謂言之不豫也，其懔遵毋忽。特此再諭。

戊子，以慶桂爲兵部尚書。

《高宗實録》卷一四三六　九月辛卯朔，暎咭唎商船來粵，較之西洋别國爲多，將來該國貨船出入，固不便遽减其税，亦不得絲毫浮收，致該夷商等得以藉口。並著傳諭蘇楞額督率稽查，公平收納，務與西洋别國相同，不可獨露市惠紅毛之意，轉使驕矜長智也。將此傳諭各該督撫，遵照妥辦，並諭沿海各提鎮知之。

《東華續録》乾隆一一八　丁酉，諭：長麟自簡任封疆以來，辦事認真，著加恩兼太子少保銜。

甲辰，調福寧爲山東巡撫，惠齡爲湖北巡撫。

丙午，諭：據保寧奏，新疆應用鋼鐵、銅錫等物，請將禁止出關之處停止，准令販賣等語。新疆民人所有種地應用器具鋼鐵銅錫等物，在所必需，既非本地所産，而内地又不准其販賣，於生計未免有礙，即照所奏准，由内地販賣，其禁止出關之處，著停止。但不可使哈薩克布魯特等外夷轉相貿易，著保寧等不時留心稽查，儻有賣給哈薩克布魯特等夷之處，即當嚴行辦理。

以安徽無爲等三州縣水災，賞給口糧有差。

《高宗實録》卷一四三八　冬十月癸亥，又諭曰：陳用敷奏，恭進安南國王阮光纘謝恩表文摺内，稱該藩請將前此貢品二分，於下届例貢之期，一併呈進，應否准其所請，候旨遵行等語。【略】著陳用敷，再照會該國王，以前次所備貢品二分，業有旨諭令收回，即一分亦可不必呈進，今大皇帝念該國王再三籲懇，俯准呈進一分，已足表爾誠心，該國王務宜恪遵諭旨，祇將一分，隨例貢呈進，不必再行懇請也。

《東華續録》乾隆一一八　丁丑，諭：州縣身任地方，緝捕是其專責，嗣後承緝盜案四參限滿人員，經部議處具題，内閣止須票擬依議，無庸票送部引見雙籤。如平日居官實能留心民事，熟悉地方情形，督撫欲留本省者，准專摺具奏，仍送部引見。著爲令。

《高宗實録》卷一四三九　庚辰，賜中式武舉一甲徐殿颺、鮑友智、周自超三人武進士及第，二甲卓麟圖等五人武進士出身，三甲李萬傑等二十九人同武進士出身。

戊子，諭軍機大臣曰：長麟奏，管帶暎咭唎貢使，趱出浙境日期，及該夷使等悦服恭順情形一摺，覽奏俱悉。又據奏，該貢使向護送之道將等稱，該國王此次進貢，實是至誠，我們未來之前，國王曾向我們商議，此次回去，隔幾年就來進貢一次，是早經議定的，惟道路太遠，不敢定准年月，將來另具表文，再來進獻。若蒙恩准辦理，即將表章貢物，呈送總督衙門轉奏，也不敢强求進京，只求准辦，就是恩典等語。此尚可行，著長麟即傳知該使臣，以爾國王此次差爾航海遠來，紓誠納賮，大皇帝原深爲嘉許，賞賚優加。嗣因爾等不諳中國體制，冒昧瀆請，天朝定例綦嚴，應准應駁，無不按例而行，爾等所請於例不合，是以未准，大皇帝並無嗔怪爾等之心，爾等不必害怕。今據爾禀稱，將來尚欲另具表文，再來進貢，大皇帝鑒爾國王恭順悃忱，俯賜允准。但海洋風信靡常，亦不必拘定年限，總聽爾國之便。貢物到粵，天朝規矩，凡外夷具表納貢，督撫等斷無不入告之理，届時表貢一到，即當據情轉奏，大皇帝自必降旨允准，賞賜優渥，以昭厚往薄來之義。爾等回國時，可將此意告知爾國王。

《東華續録》乾隆一一八　十一月甲午，駐藏大臣、尚書和琳等奏，廓爾喀王子、叔姪讋服天威，諸事稟命，昨於八月初遣頭人稟稱，哲孟雄所有各寨落俱歸我國已有十餘年，哲孟雄止有日尼柞及岡多二處，作木朗全境亦歸廓爾喀多年，該部落止存該部長之叔蘇班色一人，見在聞其往各部落借兵，希圖恢復。各部落俱未出兵，我國亦未出兵窮追，誠恐蘇班色造作語言，致生事端，求天朝勿聽，並請差官與定交界。【略】今和琳並不聽信噶布倫等浮言，實屬可嘉，即向廓爾喀所差頭人明諭，既不准其欺陵弱小，亦不復更爲分定疆界，既不聽藏中覬覦之譖，亦足以悦服廓爾喀之心，而哲孟雄等部落聞知天朝剖斷公允，亦必益加感畏，辦理實爲得當。嗣後接任之員，遇有此等事件，俱當堅持定見，倣照辦理，勿爲浮言所惑，邊界自可永臻寧謐也。

《高宗實録》卷一四四〇　諭曰：成德在外已久，年力就衰，且非能辦事之人。陝西布政使和寧，係蒙古人員，人尚明白，亦稍諳衛藏情形，著賞給副都統職銜，即由彼處馳赴西藏，更換成德，幫同和琳辦事。

《東華續録》乾隆一一八　癸卯，諭：鄂輝、雅滿泰、孚習渾因辦理藏務不善，【略】孚習渾著發往黑龍江，交該將軍委以苦差，效力贖罪。鄂輝、雅滿泰，著在拜唐阿上行走。

乙卯，諭：據保寧奏，哈薩克王杭霍卓之弟阿哈岱懇請入覲，經伊斥駁，所見甚是。向來哈薩克汗王等遣子弟入覲，俱准行，儻汗王等並未差遣，其子弟擅自請覲，輒允所請，不惟互相效尤，易啟僥倖之習，且致汗王等心存猜疑。保寧著賞給大荷包一對、小荷包二對，以示獎勵。

丙辰，以入冬無雪，命刑部將緩決三次人犯分別減等。

《高宗實録》卷一四四一　(丁)〔己〕未，諭軍機大臣等：向來安南、緬甸、南掌等國，俱有例進象隻，因其遠道抒忱，均予收納。現在鑾儀衛有象三十九隻，爲數已多，若年復加增，不但象房不敷豢養，抑且虚糜稟給。著傳諭雲貴、兩廣督撫等，嗣後外藩所獻方物内，如有象隻一項，該督撫接到咨會，即可檄知該國，以天朝梯航畢集，現有象隻甚多，除别項貢品俱准其呈進外，所有象隻不必收受送京，在各省既可免長途伴送之費，而該國亦可省購覓之勞，實爲兩便。

《東華續録》乾隆一一八　十二月乙亥，諭：海蘭察所遺頭等公爵，已令伊長子安禄承襲矣，復念伊勞績夙著，著加恩授伊次子安成爲藍翎侍衛，俟十八歲時再行當差，以示朕軫恤勳臣至意。

丁亥，諭：定郡王緜恩爲皇長子永璜之子，皇長子爲皇考長孫，緜恩於見在諸皇孫中年又最長，自派管旗營諸務以來，謹慎妥協，甚爲得力，著加恩晉封親王。緜恩當益思勤勉，倍矢虔恭，以期仰承恩眷。

是歲，朝鮮、琉球、緬甸、英吉利、安南來貢。

乾隆五九年（甲寅、一七九四）

《東華續録》乾隆一一九　春正月庚寅，免直隸、山東、河南三省節年因災緩徵銀兩十分之三。

壬寅，命於陝西藩庫支銀六萬四千八百兩，發商人生息，每年搭解伊犁，賞給察哈爾兵丁公用。

《高宗實録》卷一四四五　乙卯，諭曰：恒秀著革職，吉林將軍員缺，著寶琳調補。寶琳接奉諭旨，將杭州將軍印務，交吉慶暫行署理，寶琳即馳驛速赴吉林新任。

是月，兩廣總督、覺羅長麟，廣西巡撫陳用敷奏：黎維祁緦服族叔黎維治，隨人張廷眷，由安南薙髮改裝内投，懇求安置。查該夷既係黎氏近支，自不便送回本國，致滋衅端，若即留於兩廣州縣，而疆域毗連，黎氏族人，若俱聞風内竄，亦屬不成事體。批：所見是。又奏：從前黎維祁内投時，其隨從人皆分撥浙江、江寧等處安插。批：當。又奏：今黎維治不過主僕二人，請照前例，解送江南，妥爲安置。得旨：如所議行。

《高宗實録》卷一四四六　二月辛酉，以正紅旗蒙古都統善德爲杭州將軍，兵部尚書慶桂爲正紅旗蒙古都統。

壬戌，調鑲藍旗滿洲都統永琅爲正黄旗滿洲都統，正紅旗漢軍都統弘旿爲鑲藍旗滿洲都統，以正白旗漢軍副都統徐績爲正紅旗漢軍都統。

《東華續録》乾隆一一九　壬申，諭：原任廣西提督許世亨，前出師安南，奮勇捐軀，且能深明大體，忠藎可嘉，特加恩賞給伯爵，令伊子許文謨承襲，在頭等侍衛上行走，見在已滿三年。該員籍隸四川，著交部以鄰近之湖廣省參將即用，以示眷念藎臣、恩施無已至意。

辛巳，豁免内外各官攤賠、代賠銀兩，及兵丁應代祖父坐扣餉銀五十五萬九千兩有奇。

《高宗實録》卷一四四八　三月庚寅，諭軍機大臣曰：孫士毅奏拏獲倡教惑衆、騙錢、讐殺、放火之匪犯，審明定擬一摺。此案杜朝舉等倡立邪教，惑衆騙錢，並因保正程範受赴州首報，膽敢將伊家殺死四命、放火燒房，又復兩次拒捕，不法已極。該署督一接稟報，即派令臬司等先後帶領兵役，前往搜捕，當將拒捕首犯四名，立即擒拏，又續獲匪犯八十三名，親提審訊，分別辦理，甚爲迅速。

《東華續録》乾隆一一九　癸巳，裁哈密印務處辦事，防禦蒙古領催，增設主事一。

《高宗實録》卷一四四八　丁酉，諭：朕此次巡幸天津，所有經過地方，及天津闔府所屬本年應徵錢糧，著加恩蠲免十分之三。

《東華續録》乾隆一一九　庚子，上啟鑾巡幸天津。

免天津府屬逋賦，並免大興等十三州縣逋賦十分之四。

辛亥，免楊柳青夾洞地方本年額賦。

甲寅，賞天津召試舉人姚文田内閣中書。

夏四月甲子，諭刑部：【略】嗣後如有夫被毆危急、其妻情切救護毆死人者，疏内分别減等、援例請旨。其或夫與人口角，至令其妻毆人致斃，或夫先與人尋釁，其妻踵至、共毆斃命，仍照各本律科罪，不得援例槩予減等。

《高宗實録》卷一四五一　丙子，調鑲白旗滿洲都統弘暢爲正藍旗蒙古都統，正紅旗滿洲都統福長安爲鑲白旗滿洲都統，鑲藍旗漢軍都統德明爲正紅旗滿洲都統。

《東華續録》乾隆一一九　五月庚子，諭：【略】福寧著銷去加一級，免其降調。江蘭著降補山東按察使，仍帶降一級留任。羅煐著降補山東運河道，仍帶降二級留任。此案各該上司，於所屬獲盜任意因循，致淹禁十年之久，要犯監斃多名，實爲近來未有之事，非尋常失察可比。江蘭、羅煐本應悉照部議革任、降調，但念係統轄之員，姑加恩從寬，僅予降補。

甲辰，郭世勳以病免，調朱珪爲廣東巡撫，陳用敷爲安徽巡撫，以姚棻署廣西巡撫。

丙午，以直隸保定等八十三州、縣旱，命賞給一月口糧。

《高宗實録》卷一四五三　辛亥，諭：朕此次巡幸木蘭、駐蹕熱河，所有經過沿途地方，古北口以外雨澤早霑，收成可期豐稔，著將本年應徵地丁錢糧照例加恩蠲免十分之三。其口内地方，因雨澤較少，麥收歉薄，著加恩將本年地丁錢糧蠲免十分之四，以示體恤。

《東華續録》乾隆一一九　六月丙辰朔，以山東歷城等五十一州縣旱，賞給一月口糧。

丁巳，上詣熱河文廟行禮。上駐蹕避暑山莊。

戊午，户部侍郎巴寧阿以監修熱河寺廟工程不實，革職。

《高宗實録》卷一四五四　庚午，又諭曰：【略】唐古忒地方，毗連外番，向因界址不甚分明，易致争擾。此次經和琳帶同遊擊張志林等，由沿邊一帶親自履勘，悉心講求，一律堆設鄂博，所有唐古忒西南外番布魯克巴、哲孟雄、作木朗、洛敏湯、廓爾喀各交界均已畫然清楚，邊界可期永遠寧謐。

《東華續録》乾隆一一九　癸酉，諭：阿桂等奏請，申明例禁、嚴禁小錢一摺，已交步軍統領衙門、五城、順天府一體查禁矣。據稱，小錢之弊節經飭禁，乃見在派人持銀至市易錢，親加檢閱，每串内攙用砂板、鵝眼等錢數十文，京城如此，外省不問可知，顯係該督撫奉行不力等語。【略】著該督撫等實力稽查、一體嚴禁，除額設各役外，其餘濫行冒充白役者，槩行革逐。儻並不認真辦理，以致滋生事端，一經發覺，除該州縣從重治罪外，必將該上司一體治罪，恐不能當其咎也。將此通諭知之。

秋七月丁亥，以湖南零陵等二縣水災，倍給葺屋銀兩。

戊子，永定河溢。

庚寅，命刑部清理庶獄，減徒以下罪，承德府如之。

甲辰，諭：【略】書麟著革職，摘去翎頂，即行來京，候部定罪。所有兩江總督員缺，著富綱調補。

福康安著即調補雲貴總督。所有四川總督員缺，即著和琳補授。松筠即升授工部尚書，前往駐藏辦事。

丙午，諭：大學士嵇璜【略】兹遽聞溘逝，加恩晉贈太子太師。

以直隸水災，命截漕十四萬石，撥部庫銀四十萬兩備賑。

召孫士毅入閣辦事。

八月丁巳，諭：董椿於巴寧阿前在兩淮鹽政任内，與商人交結婪索各款，曾經降旨詢問，並不查明參奏，是以革職拏問。本應從重治罪，第念商人供應鹽政一節，係兩淮積年宿弊，若非董椿據實陳明，則此弊無由釐革，因此一事，尚可從寬。董椿著免其交部治罪，加恩賞給拜唐阿，在熱河效力贖罪。

戊午，永定河漫工合龍。

丙寅，諭軍機大臣等：據成德來京奏稱，和琳辦事甚妥，且見達賴喇嘛不行叩拜，達賴喇嘛惟命是聽等語。和琳如此舉動，甚爲得體。【略】著傳諭松筠，抵藏後接見達賴喇嘛等不可叩拜，即使遵奉黄教，俟年滿回京之日再行禮拜，亦無不可。

《高宗實録》卷一四五九　己巳，諭曰：所有六十年各省應徵漕糧，著再加恩普免一次。

《東華續録》乾隆一一九　辛未，起書麟爲古城領隊大臣。

甲戌，命再撥部庫銀二十五萬兩，通倉米二十萬石，於直隸備賑。

調福寧爲河南巡撫，穆和藺爲山東巡撫。

辛巳，命以兩金川閒曠地畝，給降番等開墾耕種，免其賦税。

壬午，諭：前福康安奏，拏獲傳習邪教之大寧縣民人謝添繡等，與湖北竹溪縣之王占魁、陳金玉，往來傳授靈文，經川省委員前往湖北查拏，於拏獲後竟有夥黨在途搶回，毆斃差役之事。畢沅於所屬地方有此等案件，並未奏及，業經降旨嚴行申飭，並令該督親赴各該處嚴密查拏。茲據畢沅等奏，接到陝省咨會，當即飭屬馳赴襄陽地方，拏獲樊學鳴一犯，並將首犯宋之清拏獲，及究出同教各犯劉喜等十八名，搜獲經卷等語。【略】畢沅著嚴行申飭，並著交部嚴加議處。

甲申，畢沅著摘去花翎，罰交湖廣總督養廉五年，即行完繳，以爲浙江海塘工程之用。再罰山東巡撫養廉三年，分坐六年扣繳，俾伊每年仍得支領一半，以資辦公，於懲創之中，予以自新之路。所有湖廣總督員缺，著福寧補授。穆和藺著仍留河南巡撫之任，所有畢沅參奏之知縣李秉中、遊擊楊化禄，即著革職，留於該處協緝。

免直隸通州等三十三州縣逋賦。

九月乙酉，諭：布顔著調補山東按察使，即赴新任，其雲南按察使員缺，著江蘭調補，俟畢沅到山東接印後，江蘭即行速赴新任，不必來京請訓。

辛丑，彭元瑞著加太子少保銜。

甲辰，諭：惠齡兩任湖北巡撫，於該省邪教重案未能覺發，咎實難辭，且伊母年逾七旬，惠齡著來京供職，俾得就近侍養。姚棻著調補湖北巡撫，其廣西巡撫員缺，著成林補授。

《高宗實録》卷一四六二　冬十月丁巳，賑卹山東臨清、德州、冠縣、館陶、恩縣、邱縣、夏津、武城并德州、臨清十州縣衛本年水災貧民。

《東華續録》乾隆一一九　庚申，諭：巴寧阿前在兩淮鹽政任内貪婪不職，而與商人聯宗一事，尤爲卑鄙，是以定擬絞候。第所犯款蹟止於卑鄙無恥，其罪尚不至於死，且念其平日辦理工程尚屬諳習，著加恩釋放。但伊情罪較重，非如董椿之僅止徇庇者可比，不便即邀録用，反覺在董椿之上，著賞給拜唐阿，前往熱河，同董椿在工程處，自備資斧，效力贖罪。

壬戌，諭軍機大臣等：福寧奏，審明王應琥、宋之清二犯，係邪教一案倡首惑衆之人，其所稱牛八及彌勒轉世，提訊各犯已一百二十餘名，無不逐加窮詰，聞有聽聞牛八之語者，加以刑夾，均無指實等語。所辦好。

《高宗實録》卷一四六二　諭軍機大臣曰：【略】劉松一犯，昨據穆和藺奏，訊據宋顯功等供，俱稱爲老教主，是該犯必係此案倡教之人。宋之清所傳邪教，尚得自劉之協，劉之協又得自劉松，乃宋之清在湖北，經福寧再四嚴審，並未將劉松、劉之協據實供吐，實爲狡猾可惡，自應從重究擬，以示懲儆。現經勒保訊出劉松舊徒劉之協，又係安徽太和縣人，恐安徽一省，習其教者又復不少，此事著交與蘇凌阿、陳用敷，督飭所屬，務將劉之協密速查拏，嚴加審鞫，該犯如何爲劉松傳教斂錢，並將訊出入教之人，一併嚴拏，仿照陝西之例，分別定擬具奏。其劉之協一犯，亦即遴委妥員，解赴襄陽，交福寧歸案辦理。

癸亥，諭軍機大臣曰：長麟等奏荷蘭國遣使賫表納貢，懇求進京叩祝一摺。此是好事。

《東華續録》乾隆一一九　乙丑，福建龍溪縣被水，獄壞，獄囚安静守法，命將死罪減等，軍流以下咸釋之。

《高宗實録》卷一四六二　丁卯，賑卹直隸霸州、保定【略】九十二廳州縣，本年水災貧民。

戊辰，諭：據恒瑞等奏，遵旨查勘，將威豁爾等七卡移駐原處北界，餘地請賞給瑪克素爾扎布、阿扎喇等游牧等語。威豁爾等七卡移駐原處北界，既便於會哨，於烏梁海等游牧，毫無關礙，蒙古等亦有裨益。著照恒瑞所請，將餘地加恩賞給瑪克素爾扎布、阿扎喇等游牧，以示體恤衆蒙古之意。

《高宗實録》卷一四六三　辛未，以正黄旗護軍統領富鋭爲正藍旗蒙古都統，鑲藍旗護軍統領巴克坦布爲正紅旗蒙古都統。

《東華續録》乾隆一一九　丙子，停止鄉試覆試。

命將安南内投之黎維治、張廷眷入於黎氏佐領下編管。

賜安南國王阮光纘敕。

己卯，諭：陳用敷著調補湖北巡撫，所有安徽巡撫員缺，即著惠齡調補。安徽距京較近，因惠齡見有老親，是以將伊調補，以便就近迎養，用示體恤。

《高宗實録》卷一四六四　十一月丙戌，又諭曰：蘇凌阿等奏，邪教案犯劉之協，先經河南另案關審，於十月初九日解至扶溝，該縣不即收禁，僅交差管押，以致該犯乘間免脱，轉捏禀劉之協與安省差役于姓一同潛逃。現提訊太和縣原解縣差余洛供，該役解犯至扶溝收管之後，取有該縣印信回照爲憑，是該犯之逃，係在解到扶溝收管之後等語。並據穆和藺奏，請將扶溝縣知縣劉清鼒革職，留於地方協緝，並自請與藩司吴璥、臬司陳文緯，一併交部議處等語。【略】劉清鼒

著即革職，拏交刑部治罪。穆和藺、吴璥、陳文緯及該管道府，俱著交部嚴加議處。

諭軍機大臣曰：穆和藺奏，劉之協到扶溝縣後，乘間潛逃等語。該犯既自知罪重，脱逃後必潛赴同教匪犯家内，輾轉藏匿，總須在流傳邪教省分，通行嚴緝，方能弋獲。除已明降諭旨，著落穆和藺等親身嚴緝，務獲外，著傳諭各該督撫，嚴飭各屬，並遴選幹練妥員，分投躧緝，務期迅獲，毋得視爲海捕具文，致要犯稽誅漏網。若拏獲該犯後，訊出在何省逗留，即惟該地方官是問，恐不能當此重戾。劉之協於何省就獲，即於何省審辦，從嚴定擬具奏，不必往返解送，再有疎虞。

《東華續録》乾隆一一九　己丑，諭：張承勳之高祖張勇，前在軍前奮勉，張謙、張承勳又内廷行走多年，著加恩准其所請，將近派一支歸入正黄旗漢軍旗分。

辛卯，諭：穆和藺奏，審明傳教邪習各犯，分别定擬一摺。【略】穆和藺著再交部嚴加議處。

癸巳，諭：福康安奏，貴州按察使西成係伊教習清書之師，例應迴避，請旨酌調等語。西成著調補湖南按察使，其貴州按察使員缺，即著阿彰阿調補。

辛丑，諭：原任禮部侍郎胡煦，苦志讀書，究心理學，著有《周易函書》，採入國庫全書經部，尚爲績學之臣。從前因其官止侍郎，例不予謚，第念伊曾在上書房行走，今伊子胡季堂用至刑部尚書，胡煦已得尚書封典，著加恩補行賜謚，以示眷念耆舊、奬勵儒臣至意。尋予謚文良。

壬寅，諭：富綱來京陛見，據奏伊母年届八十，懇請留京供職。見在蘇淩阿於署兩江總督任内，有緝拏邪匪要犯事件，所有刑部尚書事務，即著富綱署理。

丙午，諭：宜興著補授刑部右侍郎，所有奉天府尹事務，著伯麟兼管。至盛京刑部侍郎員缺，著傳森調補，所遺盛京工部侍郎員缺，著泰寧補授。

《高宗實録》卷一四六六　十二月乙卯，賑山西代州、五臺、繁峙三州縣本年水災貧民。

《東華續録》乾隆一一九　癸亥，專立四川秀山縣學額。

丙子，金簡卒，以保寧爲吏部尚書。

《高宗實録》卷一四六七　諭曰：保寧著補授吏部尚書，所遺伊犁將軍員缺，著明亮補授。

己卯，調西安將軍舒亮爲黑龍江將軍，綏遠城將軍圖桑阿爲西安將軍，寧夏將軍永琨爲綏遠城將軍，以熱河副都統保成爲寧夏將軍。

《東華續録》乾隆一一九　是歲，朝鮮、荷蘭來貢。

乾隆六〇年（乙卯、一七九五）

《東華續録》乾隆一二〇　春正月甲申朔，日有食之。

丙戌，諭：蘇淩阿自署理兩江總督以來，辦理事務尚無貽誤，但念伊年已八十，兩江事務殷繁，精神究恐不能周到，兩江總督員缺，著福寧調補。畢沅前因竹谿縣邪教案犯毆差一案降補山東巡撫，咎在失察，尚非不可原宥之過，著加恩仍補授湖廣總督。畢沅當感激朕恩，倍加認真奮勉，以贖前愆。所遺山東巡撫員缺，著玉德補授，其刑部左侍郎員缺，諸穆親著給都統銜調補，都統而爲侍郎者，向所有也。富綱前在雲貴總督任内，於銅務、錢法未能整頓，其咎較重，姑念其咎止因循無能，尚能别項情弊，所有吏部右侍郎員缺，加恩著富綱降補，仍帶革職留任之案。

戊子，調陳用敷爲貴州巡撫，英善爲湖北巡撫。

辛卯，諭：【略】所有李侍堯子毓秀見襲伯爵，著即革退，仍留侍衛當差，交該旗查明應襲支派，另揀承襲，以爲督撫大員孤恩溺職、有心貽誤者戒。

《高宗實録》卷一四六九　己亥，勅諭荷蘭國王噉啉嗶囒咥哪嗖。

《東華續録》乾隆一二〇　庚戌，免江西五十七、八、九等年緩徵銀穀。

二月癸丑朔，廣西巡撫員缺，即著成林補授。

《高宗實録》卷一四七〇　又諭曰：【略】阮沅、郭彦忠，與劉之協在扶溝私相往來，同路行走，明有聞風通信情弊。【略】陳用敷辦理此案，顛倒錯謬，實屬可笑可恨，殊出意料之外，著革職，解交刑部治罪。所有貴州巡撫員缺，著姚棻調補。

戊午，調任湖廣總督福寧奏：臣於正月二十九日途次，據署辰州府知府朱紉蘭禀報，乾州城已被圍，倉庫亦被搶刦，並探聞署乾州同知宋如椿、巡檢江瑶俱已殉難。各路苗人，約有數千，鎮筸鎮臣明安圖在永綏鴉酉地方被阻。當即飛飭提臣前調沅靖各府兵，速赴鴉酉地方應援，又檄調湖南撫標，及岳州、長沙、常德、澧州等營兵二千名，令該管將備帶領前往會勦。臣即督同提鎮，相機勦

捕。諭軍機大臣等：此事前據劉君輔奏到，朕尚以爲不過該處苗民互相仇殺，毋須大辦。今閱福寧所奏，竟係逆苗等聚衆不法，膽敢搶城傷官，必須痛加勦除，以儆兇頑而彰國憲。福康安久嫻軍旅，屢著勳績，雲南距湖南較近，且黔省亦有苗人石柳鄧滋事之處，想福康安一接稟報，早已馳赴該處督辦。貴州兵力素爲勇健，著福康安於路過貴州時，即酌量情形，調撥帶往聽用，如軍營有需員差委之處，滇、黔兩省道府內，亦不乏人，福康安可酌選帶往，沿途加緊行走，以便迅速到彼，相機勦捕。此時總以剪除逆苗，擒拏首惡，離散黨與，並安撫別寨苗人，勿致驚疑煽惑爲要。畢沅係該省總督，雖未經接印，接奉此旨，亦即速赴荆州、常德等處適中之地駐劄，籌辦糧餉軍火等件，以期源源接濟。

庚申，諭：本年京察届期，吏部開列在京各部院三品以上大臣，及各省督撫，請旨甄别具題。朕詳加酌覈，阿桂、和珅、王杰、福長安、董誥在軍機處行走，或近日書諭不能稱旨，或繕寫事件率多錯誤，其各部院大臣，亦並無出力奮勉，且有曾經獲咎加恩原宥之人。況届三年京察一次，大臣中有勤奮供職者，予以甄敘，原係朕格外施恩，而各大臣等勤慎稱職亦分所當然，若每次照前甄敘，視爲泛常，不但不足以示奬勵，亦非三載考績之道，此次俱著毋庸議敘。【略】福康安、勒保、和琳、李奉翰、管幹珍、秦承恩俱著加一級。

辛酉，調任湖廣總督福寧奏：途次接據鎮筸鎮遊擊田起龍稟報，貴州鎮遠鎮總兵珠隆阿，被圍正大營城内，差丁持文來筸請援。該處兵力單薄，勢難分救，並偵知黔苗石柳鄧、楚苗石三保等，實係糾串起事，脅逼苗衆共有數千人等語。【略】著該督速行帶兵到彼，遵照前旨，先行勦殺，並將一切實情，嚴密訪察，據實奏聞。福康安一接黔省地方文武稟報，想不待朕旨，先已起程前行，並著福康安即速帶領黔省勁兵，加緊行走，到彼督辦，以期迅速竣事。此次苗人石三保等，勾結滋事，各寨苗衆，被其煽誘脅逼者人數不少，官兵進勦時，所有緊要賊首賊目，及糾串搶刦之人，原應悉數殲擒，其逼脅衆苗，如能自行投出，尚可予以自新，藉以離其黨與。但此等苗人，究屬心懷叵測，一時震懾軍威，不敢從逆，恐官兵徹後，復生反側，或在途次邀阻，不可不豫行防範。著傳諭福康安、福寧，於投出苗民，加倍留心爲要。

丙寅，著傳諭和琳，暫緩來京，即接受督篆，帶印速赴酉陽，一面密派官兵，以巡邊爲名，豫備應用。此時且到酉陽駐劄，遥爲聲援，安撫該處附近苗民，勿得被其煽誘，如有湖南逆苗竄入者，立即截拏究辦。孫士毅交卸督篆後，仍著暫留四川省，辦理報銷。

《高宗實録》卷一四七一　己巳，湖廣提督劉君輔奏：本月初七日，據永綏協馬兵高明瓏面稟，正月二十九日，鎮筸鎮臣明安圖、副將伊薩納、永綏廳同知，及守備三員、巡檢二員，帶兵五百名，行至鴉酉寨，與苗匪接仗，至夜半全寨已失，次日苗勢更大，明安圖等均於盤打扣地方被害等情。

辛未，保靖爲永順門户，瀘溪爲辰州門户，賊苗在兩處攻擾，而保靖地方，有永順苗匪張廷仲父子，聚集數千人，撲城奪卡，勢尤緊急。雖經福寧檄調兵丁，令宜昌鎮總兵張廷彦帶兵前往應援，究恐途遠，緩不濟急，福寧當酌量事機，如永順、保靖一帶，有急須策應之處，福寧即行親帶官兵，前往應援勦捕。

《東華續録》乾隆一二〇　乙亥，諭軍機大臣等：福康安奏，行抵鎮遠，飛調官兵會勦一摺。所見均爲得要。

《高宗實録》卷一四七一　丙子，諭：前經降旨，普免天下積欠錢糧，令各督撫查明具奏。茲據蘇凌阿等奏，安省節年民欠，及因災緩帶地丁錢糧正耗，並借給及出借社倉，穀米、秫豆未完各數，開單呈覽。所有安徽省各州縣衛，節年民欠、因災帶緩未完地丁漕項正耗，並借給等銀一百三十五萬五千四百七十六兩零，漕南正耗等米麥一十二萬六千二十石零，未完災緩歸補常平米三千四十二石零，未完出借社倉穀米秫豆二萬三千八百六十三石零，俱著加恩豁免，以示朕普惠閭閻、恩施無已至意。

《東華續録》乾隆一二〇　辛巳，諭軍機大臣等：福寧奏，勦殺賊苗、奪梁拏卡一摺。此奏略强人意，速盼捷音之至。

《高宗實録》卷一四七一　壬午，據福康安奏到情形：松桃、嗅腦、正大等處賊匪，尚肆出滋擾，而思南、印江及鎮遠四十八溪地方，均有賊匪窺伺之事，自當先行勦浄，俾後路肅清，方可帶兵前進。

據孫士毅、和琳奏：松桃苗匪，擁入秀山縣境，將村莊汛地燒燬搶掠等語。是逆苗已延及川境，和琳到秀山後，亦當將該處苗匪，剿除浄盡，以清後路。派德楞泰帶領巴圖魯侍衛、章京十餘員，由驛即日起程，徑赴黔省。

《高宗實録》卷一四七二　閏二月乙酉，諭軍機大臣等：黔省苗匪，與楚省苗匪勾結，蔓延滋擾，梗塞道路。今福康安一到銅仁，不待兵齊，即帶現在官兵，分路進攻，立解正大營之圍，痛殲賊衆，將盤塘坳地方苗寨焚燬數處，斃賊多名，實屬快意之至。

庚寅，又諭：鑲黄旗漢軍都統員缺，著保寧補授，伊未來京以前，仍著慶桂署理。明亮係新授伊犁將軍，職銜較大，管理外藩，足資威鎮。明亮從前曾在軍營奮勉出力，現在徐績所遺正紅旗漢軍都統員缺，即著明亮補授，仍賞戴雙眼花翎。

《東華續録》乾隆一二〇　壬辰，諭：見在貴州銅仁府屬地方苗匪滋擾，馮光熊辦理一切軍需事宜尚皆妥協，著即留貴州巡撫之任，俾令一手經理。其雲南巡撫員缺，即著姚棻調補。

諭軍機大臣等：據福康安奏，督領官兵於二月二十六日，分路進攻，伐木開柵，殺斃賊匪數百，燒毁賊寨二十六座，並搜獲糧食萬餘石。見在籌勦松桃一帶賊匪，即行前赴鎮筸等語。覽奏欣慰，其籌辦一切甚合機宜，可謂用心之至。

雲南巡撫員缺，將姚棻調補。

《高宗實録》卷一四七二　又諭：前因貴州銅仁府屬之松桃、正大等處，猝被逆苗滋擾，於農功不無妨礙。【略】所有銅仁府，及松桃正大等處，本年應徵秋糧，及改折米共六千七百餘石、地丁正耗等銀九百八十餘兩，銅仁縣本年應徵秋糧改折米共二千六百餘石、地丁正耗等銀三百餘兩，俱著加恩全行豁免。

乙未，諭：此次恭謁兩陵，所有沿途經過地方，著加恩蠲免地丁錢糧十分之三。

《高宗實録》卷一四七三　庚子，諭軍機大臣等：正大營嗅腦等處屯聚賊匪，已經福康安先後勦散，即可進攻松桃。和琳惟當將秀山一帶賊匪剿捕净盡，即督兵前往松桃，會合攻擊，肅清黔境，直趨楚界。

《東華續録》乾隆一二〇　壬寅，諭軍機大臣等：和琳奏，見飛催前調漢屯各兵到齊，先將屯聚賊衆痛加勦殺，以清後路，酌留弁兵，由孫士毅派撥分守營卡，旋即調選精鋭，直抵松桃會勦等語。一切運籌布置，俱與福康安意見適相符合，深中窾要。

《高宗實録》卷一四七三　乙巳，諭軍機大臣等：據福康安奏，於殺散嗅腦賊匪後，即乘兵威勝勢，攻克石城，並連夜進兵，將旁路、後路苗寨岩洞賊匪，悉行焚燒痛勦，盡數殲除，實屬可嘉。

戊申，大學士、公管雲貴總督福康安奏：臣由嗅腦進勦，奮力追出，【略】賊匪蜂擁直趨松桃，迅飭官兵分路圍殺，將賊衆截爲兩段，竟被殺盡，並將松桃城外賊苗窩棚燒燬。城内都司孫清元等望見火光，即帶兵民出城會合進勦。

《高宗實録》卷一四七四　三月乙卯，諭軍機大臣等：川河蓋一帶，爲秀山後路，和琳出其不意，帶兵勦捕，所殺賊匪，雖尚不及福康安之大加殲戮，然該賊衆經此一番勦殺，情形震懾，且後路廓清，設卡防堵，亦不致有乘虚抄襲之慮，更可安心前進。【略】和琳現帶兵前往松桃，與福康安會勦。

己未，諭軍機大臣等：正大、松桃一帶，經福康安勦通後，賊匪雖已心懷震懾，而該處附近苗寨尚多，自應廓清後路，方可放心前進。今福康安探知大寨營地方，聚有賊衆，遂派額勒登保等帶兵分翼前進，將長沖塘賊匪奮勇圍殺，直追至卡落塘，逃竄賊匪盡奔大寨營而去。嗅腦盤垛地方，有楚苗三、四千前來攻撲，經都司德寧帶兵勦殺，賊皆逃散，殺賊共有六百餘名，實爲可嘉。

《高宗實録》卷一四七五　己卯，諭曰：據福康安、和琳奏，痛勦土空一帶各寨苗匪，並迅解永綏圍城，實堪嘉尚。

《高宗實録》卷一四七六　夏四月辛巳朔，免山西代州、五臺、繁峙三州縣乾隆五十九年水災額賦。

《東華續録》乾隆一二〇　辛卯，諭：昨據伍拉納、哈當納等奏，臺灣賊匪陳周全等糾衆滋事，已有旨令該提督等速往查拏。兹又據伍拉納等奏，該處漳泉、廣東各村莊俱起義民，賊匪多被擒獲，餘黨紛紛竄散。陳周全等三月十五日攻擾民莊，有義民首楊仲舍、許暢舍、施邁舍、金鋪觀等，招集義民二千餘名，假意投入賊夥，與賊飲酒，出其不意，殺死賊匪百餘人，將賊首陳周全拏獲，裝入木籠等語。覽奏欣悦。

癸巳，諭：朕辦理庶務，往往天牖朕衷，幾先洞燭。本年會試榜發第一名王以銛，係浙江人，二名王以銜，亦係浙江人，朕披閲之下，以各直省應試舉子不下數千人，豈無真才足拔？王以銛、王以銜同籍聯名，儼然兄弟，恰居前列，殊覺可疑。【略】竇光鼐著即解任，聽候部議，所有都察院左都御史員缺，著朱珪補授。廣東巡撫員缺，一時尚未思得其人，朱珪著暫留巡撫之任，其未回京以前，著紀昀兼署左都御史事務，俟朕簡放巡撫有人到廣東任，朱珪再行來京供職。

丁酉，諭：前因邪教案内劉之協一犯未獲，節經降旨嚴緝，至今並未弋獲。所有河南、安徽兩省之巡撫、藩臬，於劉之協未獲以前，槩不准其支領養廉，以示懲儆，庶俾激發天良，各知愧奮，於地方及緝捕事務認真辦理，或不至再涉因循，用昭小懲大戒至意。

諭：臺灣奸民陳周全等糾衆滋事一案，伍拉納身爲總督，一聞匪徒肆擾之

信，自應即日渡臺，前赴鹿仔港一帶督率辦理，據實詳查，乃僅派烏蘭保帶兵前去，而伍拉納竟在内地安坐。【略】伍拉納著即遵旨速赴臺灣查辦一切，仍交部嚴加議處。至前據哈當阿奏，鹿耳門外有船十餘隻在洋游奕，似非商船形狀，當即連放兩礮，各船四散等語。實不成話，【略】哈當阿亦著交部嚴加議處。

戊戌，《平定廓爾喀紀略》成。

己亥，諭：閩省近年以來吏治廢弛已極，【略】所有福建巡撫員缺，著姚棻調補，即赴新任，其姚棻未到之前，著魁倫署理巡撫印務。江蘭曾任藩司，前在山東於曹縣盜案久未完結，降補臬司，實爲公過，念其見在隨同福康安等辦理軍務，不辭勞瘁，實屬可嘉，江蘭著加恩超補雲南巡撫，以示嘉獎。江蘭惟當倍加奮勉，於銅務、錢法，隨同福康安認真整頓，用副委任。

諭：此次湖南苗匪滋事，姜晟辦理軍需一切均屬妥協，著加恩賞戴花翎。

諭軍機大臣等：福康安、和琳攻克椰木陀山梁等處，董率官兵冒雨前進，且時值霧氣瀰漫，對面不見，各官兵扳巖越坎而上，出其不意，痛加擊殺，殲賊甚多，洵屬可嘉。

庚子，賜王以銜等一百十一人進士及第、出身有差。

癸卯，賞會試薦卷内文理較優之舉人徐炘等三人内閣中書。

免貴州官兵經過地方本年額賦有差。

丁未，諭：錢受椿見有應行待質之處，未便令其仍赴廣西新任。西成、尼堪巴圖魯見在軍營，隨同福康安等辦理軍務及防守地方，頗爲出力，前曾均已賞戴花翎，所有廣西布政使員缺，著西成補授，即行由驛馳赴新任，所遺湖南按察使員缺，著尼堪巴圖魯補授，以示獎勵。

戊申，諭軍機大臣等：黄瓜寨爲逆苗巢穴，負嵎固守，福康安、和琳躧探路徑，由間道用奇，密派官兵分路繞道進攻，將黄瓜山大梁占據，復乘夜進發，將黄瓜寨一帶焚燒五十六處，將士争先效命兩晝夜，不遺餘力。實屬可嘉。

己酉，以福寧、惠齡經理湖廣軍務未竣，以蘇凌阿仍署兩江總督，費淳爲安徽巡撫。

《高宗實録》卷一四七七　庚戌，免福建龍溪、南靖、長泰、海澄四縣乾隆五十九年水災額賦有差。

《東華續録》乾隆一二〇　五月甲寅，飭禁達爾達、木圖等處開金廠。

除西藏三十九族番民每年貢馬銀。

《高宗實録》卷一四七八　丙辰，諭：據魁倫查奏，閩省近日洋盜增多，由於漳、泉被水後，糧價昂貴，浦霖等辦理不善，以致貧民流爲匪黨，伍拉納現住泉州，饑民圍繞乞食。又伍拉納素性躁急，加以錢受椿、德泰迎合慫恿，辦理各案亦多未協等語。上年漳、泉二屬，偶被水災，經朕特降諭旨，加倍賞卹，寬免秋糧，並屢飭該督撫加意撫綏，務俾窮黎均霑實惠，乃浦霖等並不董率所屬，實心經理。甚至總督駐劄泉州，饑民圍繞乞食，尚不認真籌辦，又無一字奏聞，伍拉納之罪，此節尤爲重大，殊出情理之外。該督現赴臺灣辦事，著先行摘去翎頂，俟回至内地，即行革職，交與魁倫等質審。其閩浙總督印務，著長麟就近馳驛，速往接署，長麟未到之前，著交魁倫兼署。

又諭：朕此次巡幸熱河，所有經過地方，著蠲免本年地丁錢糧十分之三。

丁巳，又諭：昨已降旨將伍拉納革職，交魁倫等審辦。閩省吏治廢弛已極，現在清釐查辦一切，正關緊要，非福康安前往，不足以資整頓，福康安著即調補閩浙總督。計此時逆苗賊首石三保等，當已就擒，福康安於拏獲賊首後，著即馳赴新任。伍拉納回至内地，聽候魁倫等質訊明確後，即著派員解送來京，交軍機大臣嚴行究訊。所有雲貴總督，著勒保調補，其陝甘總督員缺，著宜綿補授。

《東華續録》乾隆一二〇　諭：昨據奇豐額奏，五德在蘇州織造任内辦理不善，以致稅銀虧缺一摺。業經降旨，將奇豐額交部嚴加議處矣。【略】奇豐額著即革職來京，交與軍機大臣究詢，所有江蘇巡撫員缺，著費淳調補，費淳未到江蘇之前，著布政使張誠基暫行護理。惠齡雖有老親，但安徽巡撫員缺見在一時不得其人，惠齡著仍留安徽巡撫之任，俟簡放有人，再行回京侍養，以示體恤。

諭：福康安、和琳奏，四月二十、二十一等日進勦苗匪，攻克蘇麻寨一帶賊巢，偪近西梁一摺。其此次打仗之緑營官兵及屯番等，俱著賞給一月錢糧，以示朕獎勵勤勞、恩加無已至意。

《高宗實録》卷一四七八　癸亥，諭曰：福康安、和琳奏，官兵攻克上下西梁等處苗寨一摺。

《東華續録》乾隆一二〇　甲子，諭：額勒春、僧保住見往新疆換班，所有吏部左侍郎員缺，諸穆親見署吏部印鑰，即著諸穆親兼署左侍郎，其刑部右侍郎員缺，目下辦理秋審事務正資熟手，刑部尚書、侍郎中，除胡季堂外亦少諳習刑名之人。前因查拏劉之協關繫緊要，是以將阿精阿補放河南巡撫，今該犯日久未獲，是阿精阿在豫亦屬無益，念其由刑部司員出身，於刑名自爲練習，阿精阿著

署理刑部右侍郎，並著接奉此旨，即將河南巡撫印篆交與吴璥暫行護理，即行來京供職。所有河南巡撫員缺，著景安補授，景安曾任該省藩司，於一切情形素所諳悉，伊見往陝西、山西審案，著俟所辦各案完竣、拜發奏摺後，即由該處徑赴新任，將地方事件部署妥協，秋汛過後，再行請旨來京陛見，亦不爲遲。

丁卯，諭：見在户部左、右滿侍郎俱已出缺，惠齡家有老親，著補授户部右侍郎，俾得就近奉侍，以示體恤。户部見無滿洲侍郎，而錢法堂事務尤關緊要，惠齡接奉此旨，即將湖北巡撫印篆交與布政使汪新護理，即行迅速來京供職。

戊辰，以汪新爲安徽巡撫，調祖之望爲湖北布政使，以態枚爲雲南布政使，康基田爲江蘇按察使，仍幫辦河道事務。

辛未，諭：昨閲國史館進呈于敏中列傳，【略】今雖已身故，若仍令其濫邀世職，又將何以示懲。于敏中之孫于德裕，見官直隸知府，已屬格外加恩，所有承襲輕車都尉世職，著即撤革，以爲大臣營私玷職者戒。

撥湖北、江西銀一百萬兩，解黔備用。

六月壬午，命惠齡仍署湖北巡撫。

庚寅，諭軍機大臣等：福康安、和琳奏，官兵攻克沙兇寨等處苗寨一摺。【略】所有此次攻克沙兇等寨及鎮草打仗兵丁，俱著賞給一月錢糧，以示獎勵。

戊子，以早命刑部清理庶獄，減徒以下罪，承德府(知)〔如〕之。

辛卯，命閩浙兩省會緝洋盜。

乙巳，諭：留京王大臣會同六部議，將各省題奏事件畫一辦理一摺，應依議。

戊申，諭：姚棻見有應訊事件，著解任候質。福建巡撫印務，仍著魁倫兼署，其閩浙總督印務，仍著長麟署理。

諭軍機大臣等：魁倫參奏姚棻前在漳州道府任内，所屬三縣虧空庫項二萬餘兩，姚棻著解任，交長麟等嚴切訊問，據實具奏。又據長麟等奏，閩省米價平減，無須浙米協濟。查浙米十萬石，見在僅運到六千三百餘石，餘米俱請停止等語。所有浙江運閩米石，及江西撥運之米，一體停運，行抵何處著即於何處截留，起貯候撥。將此並諭陳淮、吉慶知之。

秋七月庚申，諭：玉德奏，審擬兗沂曹道德明擅發傳單、縱容家人陳錦擾累驛站一案，將德明擬發伊犁效力贖罪，陳錦發往黑龍江，給披甲人爲奴。所辦大錯。【略】玉德著交部嚴加議處，並著將明德車輛所載何物、係作何用，詳細查明，據實具奏。

《高宗實録》卷一四八三　乙丑，蠲免湖北江陵、監利、潛江、天門、京山、荆門、沔陽、漢川等八州縣，并沔陽、荆州、荆左、荆右等四衛乾隆五十九年分被水災民額賦。

《東華續録》乾隆一二〇　丙寅，諭：據福康安、和琳奏，貴州提督彭廷棟，自駐紮正大營以來，統率將弁，晝夜巡防，不辭勞瘁，染患時證，猶復力疾在城樓駐紮防守，醫藥罔效，旋即身故等語。彭廷棟於本年苗匪滋事時，即馳時證，經福康安等屬令前赴銅仁調養，而該提督堅意不肯，仍復力疾駐守，竟在正大營身故，實堪憐憫。著加恩追贈太子太保，並賞銀一千兩，俾令料理喪葬，其長子著賞給頭品廕生，所有餘子等著甘肅總督查明，年已長成、才具較優者，一併送部引見，以示軫恤而嘉忠藎。總兵花連布隨同福康安等，節次攻解圍城，打仗殺賊，極爲奮勇出力，所有貴州提督員缺，即著花連布補授。副將那丹珠此次隨征苗匪，亦爲奮勇，所有貴州安籠鎮總兵員缺，亦著那丹珠補授，用示獎勵。

《高宗實録》卷一四八三　甲戌，緬甸貢使大頭目亞扎覺蘇、細利遂動等入覲。

乙亥，南掌國正使叭猛先、副使叭整哄等入覲。

《東華續録》乾隆一二〇　八月癸未，賜南掌國王召温猛、緬甸國王孟隕敕。

乙酉，諭軍機大臣等：本日玉德奏，革職道員德明上省時，帶有如意朝珠、蟒袍等物，爲送巡撫司道之用，已降旨通行訓飭矣。

丙申，諭：劉峩奏，染患瘡疾日久，驟難痊癒，請解任在京調理等語。劉峩歷任内外，供職有年，著施恩加太子少保銜，以原品休致。目下天氣凉爽，伊復步履艱難，即令回籍調理，不必在京等候接駕謝恩，以示體恤。其兵部尚書員缺，著朱珪補授，朱珪見留廣東巡撫之任，俟簡放有人交代後，朱珪再來京供職。所有都察院左都御史員缺，著金士松補授。

戊申，諭：常齡奏，請嚴禁鐵觜尖挑、以靖兇徒一摺。【略】此皆地方官分内應辦之事，又何必瑣屑入告，奏請飭禁，常齡著傳旨申飭，並著通諭各省督撫等，如地方遇有此等應行查禁之處，皆當隨時留心辦理。

《高宗實録》卷一四八六　九月辛亥，上御勤政殿，召皇子、皇孫、王公、大臣等入見，宣示恩命，立皇十五子嘉親王顒琰爲皇太子，以明年丙辰，建元嘉慶元年。

壬子，諭曰：本日皇太子，及王、貝勒、貝子、公，暨内外文武大臣、蒙古王公等，各具摺籲請俯順羣情，俟朕壽躋期頤，再舉行歸政典禮。【略】今若因羣情依戀，勉遂所請，則朕初心焚香告天之語，轉爲不誠，是實難以聽許，毋庸再行瀆請。

《東華續録》乾隆一二〇　乙卯，諭軍機大臣等：長麟等奏，福建鹽務，有湊送經費一款，自乾隆四十四年起，歷任總督收受銀二萬兩至五萬兩不等。五拉納任内，共收過銀十五萬兩，巡撫浦霖於五十七年索銀二萬兩，均係按引攤派。等語。【略】長麟、魁倫著再傳旨嚴行申飭。

丙辰，諭：昨據長麟等奏，查富勒渾前在閩浙總督任内，亦曾索取鹽商等銀五萬五千兩等語。富勒渾身爲總督，乃向鹽商等索取銀兩，甚屬不堪，理應從重治罪，若仍令伊在家安居，太覺徼倖。但富勒渾家産業經查鈔，且已年老，著加恩發往熱河，效力贖罪，即令起程前往。

丁巳，諭：據長麟等奏，查出雅德前在閩浙總督任内，曾向鹽商索銀四萬五千兩等語。雅德身爲總督，乃向鹽商索取銀兩，殊屬不堪，今不將伊補行正法，即係格外之恩，若仍令伊在新疆要任辦理事務，不足以示儆戒。著新調之員即赴該處傳旨，將雅德革職，發往伊犁，自備資斧，效力贖罪。

《高宗實録》卷一四八六　己未，又諭：【略】據福康安、和琳奏，官兵進剿茶宅、柳夯等處苗寨，痛殲賊衆，苗匪紛紛乞降者已有七十餘寨，現在剿撫兼施，擒捕首逆等語。看來首逆勢窮力蹙，已如釜底游魚，無難一鼓悉擒，指日膚功迅奏。福康安、和琳運籌佈置，悉合機宜，福康安著加恩仍帶榮賞四字佳號，晉封貝子爵銜。和琳著封爲一等宣勇伯。

《東華續録》乾隆一二〇　上閱健鋭營兵。

庚申，諭軍機大臣等：松筠等奏，廓爾喀貢使到藏起程一摺。内稱，巴都爾、薩野住廟焚修，所有部落中事務，俱係該王拉特納、巴都爾自行管理等語。此等邊徼外藩，歸誠向化，天朝懷柔體統，不過示以羈縻，至其部落中事務作何辦理，原無事深求，已於摺内批示。嗣後松筠等止可行所無事，不必過問也。將此諭令知之。

壬戌，諭：【略】尋軍機大臣等議，已革遊擊楊天相，應改依官司故入人斬決罪例，擬斬立決，即行正法。已革外委沈春發、把總林朝相，隨同誣拏報解，應於楊天相斬決罪上量減，擬絞監候，入於本年秋審情實辦理。陳大用、亓九敘知情取巧，應請於海口各枷號三箇月，發往伊犁，充當苦差。得旨：楊天相依擬應斬，著即於海口正法示衆。沈春發、林朝相俱依擬應絞，著監候，秋後處決。餘依議。

《高宗實録》卷一四八七　乙丑，又諭：黑龍江將軍員缺，著永琨調補。圖桑阿著授爲正白旗漢軍都統，調補烏里雅蘇臺將軍，圖桑阿接奉諭旨，將將軍印信交副都統署理，由彼馳驛赴烏里雅蘇臺任。永琨交代圖桑阿後，亦即由彼馳驛赴黑龍江任，俱不必來京請訓。西安將軍員缺，著恒瑞調補，所遺綏遠城將軍員缺，著烏爾圖納遜補授，其察哈爾都統員缺，著博興補授，博興遺缺，著調特克慎往庫倫駐劄辦事，特克慎遺缺，著調策巴克往西寧駐劄辦事。策巴克現在出差，俟伊回至西寧，特克慎交代後，再赴庫倫更换博興，博興至張家口，烏爾圖納遜交代後，再赴綏遠城將軍任。永琨係朕之姪、最近宗室，想應顧惜體面，至黑龍江時，務須痛懲陋習，實心辦事。

己巳，又諭：據福長安等奏，審明舍爾圖所控之事，分别定議具奏。舒亮、安慶身爲將軍、副都統，並不潔己奉公，膽敢任意勒索貂皮等物如許之多，甚屬鄙陋不堪，舒亮、安慶著即行鎖拏，交策巴克押解來京，交宗人府、軍機處、刑部大臣等，分别從重治罪。

又諭：正紅旗漢軍都統員缺，著德明調補，所遺正紅旗滿洲都統員缺，著八阿哥儀郡王補授。保寧現補授伊犁將軍，鑲黄旗漢軍都統員缺，著慶桂調補，其所遺鑲藍旗滿洲都統員缺，著十一阿哥成親王補授。

《東華續録》乾隆一二〇　辛未，皇太子奉上命，恭詣泰陵、泰東陵行禮。

以奉天、山西、四川、湖南、貴州、廣西向無積欠，免本年徵賦十分之一。

丙子，諭：本日皇太子率同王大臣等具奏，恭進乾隆六十一年時憲書，豫備内廷頒賞之用一摺。覽奏具見悃忱。【略】朕已俯從所請，用備頒賞内庭皇子、皇孫及曾元輩，並親近王大臣等，俾得遂其愛戴之忱。其分頒各直省外藩，仍用嘉慶元年時憲書，以符定制。【略】特豫行降旨，將上尊號一事停止，此即朕效法皇祖之心。

諭：孚習渾前欲棄藏一事，固屬乖謬，但念伊係糊塗懦怯無識，未至僨事，著加恩釋回。富勒渾於閩浙總督任内，收受相沿陋規，其咎雖重，但念其年老，亦著加恩釋回。

諭：據宗人府奏，晉封福康安貝子，或世襲罔替，或令降等承襲，請旨等語。

福康安前在臺灣、廓爾喀等處軍前，甚屬奮勉，即應照軍功出力之員，准其世襲罔替。但福康安係孝賢皇后之姪，究非宗室可比，其貝子爵著承襲三世後，再行照例降等，列爲不入八分公，令其世襲罔替。

丁丑，免江西山陽等十州縣借糶攤徵銀兩。

《高宗實録》卷一四八八　冬十月戊寅朔，頒嘉慶元年時憲書。

庚辰，諭曰：福康安、和琳訪得首逆吴半生從鴨保寨來至高多寨，即四面攻圍，不遺餘力，將首逆吴半生擒獲，現在乘勝長驅，直攻鴨保等處賊巢。【略】福康安、和琳著再交部從優議敘。福康安之子德麟，前已承襲恩賞輕車都尉，加恩賞給副都統職銜，在御前侍衛上行走。和琳賞繫黄帶，以旌勞勩。【略】打仗出力之滿漢屯土官兵，著普賞一月錢糧，其守卡護糧兵丁，著查明賞給半月錢糧。

《東華續録》乾隆一二〇　癸未，諭：回民女子婚嫁安集延，例應不准攜歸，但此内有遺嫁至今、相沿數世之家，此次姑聽其攜往，其邁瑪特什哩布之妻，亦照此辦理。嗣後，將回女嫁安集延爲妻之處嚴行禁止，永以爲例，違者從重治罪。

《高宗實録》卷一四八八　甲申，諭：前據長麟、魁倫查出伍拉納、浦霖在督撫任内，得受鹽規及抽詳銷案等款，【略】現交軍機大臣會同刑部從重定擬具奏外，【略】所有伍拉納、浦霖、伊轍布、錢受椿之子嗣，如係官職生監，概行斥革，俱著照王亶望之例，發往伊犁，充當苦差，以昭炯戒。長麟向好沽名取巧，而於此案始終迴護，袒庇瞻徇，意存化大爲小，殊負委任深恩，斷難望其改悔振作，豈可復膺海疆重寄，長麟著革職。

丙戌，又諭：軍機大臣會同刑部審訊伍拉納、浦霖婪索鹽務陋規，屬員餽送贓累鉅萬，以致通省倉庫錢糧，虧空纍纍，地方、洋面盜案一切廢弛，將伍拉納、浦霖問擬斬候，請旨即行正法一摺。【略】伍拉納、浦霖俱著照擬即行處斬，並派倉場侍郎、宗室宜興，刑部侍郎阿精阿，監視行刑，以爲封疆大臣貪黷營私、廢弛侵虧、負恩昧良者戒。

《東華續録》乾隆一二〇　辛卯，諭軍機大臣等：魁倫等奏，審明械鬭斃命各犯一摺，已交軍機大臣會同該部速擬具奏矣。錢受椿身爲臬司，種種營私，甚至延案勒賄，拖斃多命，罪不容誅。【略】交該署督撫親視刑夾二次、重責四十板，再傳集在省官員，監同正法，俾觸目儆心，以爲骫法營私、謬妄貪黷者戒。

《高宗實録》卷一四八八　壬辰，額勒登保、德楞泰屢經出師，此次勦捕苗匪復倍加奮勇，實爲可嘉，著加恩俱授爲内大臣。

《高宗實録》卷一四八九　乙未，軍機大臣等議奏：丙辰舉行傳位大典，所有各該衙門，並各直省應行遵辦各事宜。

丁酉，賜中式武舉一甲邱飛虎、陳崇韶、馮元三人武進士及第，二甲鄒鳳翔等五人武進士出身，三甲關瑞龍等二十四人同武進士出身。

《東華續録》乾隆一二〇　戊戌，諭軍機大臣等：長麟等覆奏，庫吏周經與伍拉納等通同分肥一摺。周經以微末庫吏，侵虧帑項多至八萬餘兩，實屬目無法紀，審明後即於該處正法，以示炯戒。

庚子，命直隸人員迴避順天府治中員缺。

《高宗實録》卷一四八九　癸卯，著於明年正月初吉，再舉千叟宴盛典。

《東華續録》乾隆一二〇　甲辰，册贈令儀皇貴妃爲孝儀皇后。皇太子恭奉孝儀皇后神牌，升祔奉先殿，奉安孝儀皇后神牌於孝賢皇后陵享殿。

十一月丙辰，諭：【略】嗣後，各該衙門保送滿、漢御史，初次引見，未經記名者，下次不得再行保送。著爲令。

《高宗實録》卷一四九〇　丁巳，又諭曰：福康安、和琳攻撲天星寨山梁，統率大兵，不避風雪，於黑暗之中覓徑進發，立時撲開木城七處、石卡五處，復乘勝將垂藤、董羅等處苗寨，全行攻克。

庚申，賑奉天金州、熊岳、錦州三城，寧海、錦縣、寧遠三州縣旱災旗民，並蠲緩額賦有差。

《東華續録》乾隆一二〇　癸亥，諭軍機大臣等：吴八月係乾州首先起事之犯，爲賊中緊要頭目，官兵四面攻圍鴨保，勢在危急，復敢聚黨抗拒，並挾制吴隴登不令投出，可惡已極。今福康安、和琳設法首先擒獲，實爲得計，所有將領、弁兵奮勇倍常，降苗百户寨長人等，亦各争先踴躍，皆當從優獎賞。其百户隴老觀，即著賞給五品頂戴，换戴花翎，以示鼓勵。又據奏，請撥川、黔兩省軍餉各一百萬兩，照所請，敕部行知撥給。傳諭孫士毅、馮光熊，如川、黔兩省有項可動，即先行動支墊發，俟餉項解到，再行歸款。

乙丑，諭：皇太子生母已追封孝儀皇后，其家例宜晉封公爵，但孝儀皇后居孝賢皇后之次，著加恩暫賞一等侯爵、世襲罔替，交該旗照例揀選，帶領引見。尋予世管佐領花沙布一等侯爵如例。

己巳，諭：明年舉行千叟宴，所有官員仍照上次之例，年至六十以上俱准

入宴。

甲戌，諭軍機大臣等：據福康安、和琳奏，擒獲起釁裝癲之緊要賊目，並督兵痛勦抗拒苗匪情形。

《高宗實録》卷一四九二　十二月戊寅朔，諭：朕於明年歸政後，凡有繕奏事件，俱著書太上皇帝，其奏對著稱太上皇。

庚辰，諭：喀什噶爾等城，兵民、回子雜處，大臣特多有袒護内地旗民之處，著傳諭各城大臣等，務須秉公辦事，毋令回民負屈，以示朕中外一體至意。

《東華續録》乾隆一二〇　甲申，諭：長麟著加恩賞給副都統職銜，令其自備資斧，前赴葉爾羌辦事，更換明興。

《高宗實録》卷一四九二　戊子，諭軍機大臣等：據福康安、和琳奏，賊匪在附近天星一帶山坳屯聚攢集，經福康安、和琳董率官兵，將大小天星寨攻克，復連克黄冲口賊卡十三處，直抵得盤山梁，可嘉之至。

《東華續録》乾隆一二〇　辛卯，定革職留緝人員獲犯後分别開復例。

癸巳，諭：朕紀年周甲，於丙辰元旦舉行授受大典，王公等及文武百官慶賀禮成，本應筵宴。但是日朕御太和殿授寶後，嗣皇帝御殿登極，若於是日復舉行筵宴，儀節未免繁縟，是以初四日特舉千叟宴盛典，臚歡申慶，宣愷頒酺，即以示元正授政於寧壽宫，初御皇極殿錫賚受賀，普逮春祺，諸慶俱備，其餘繁文不必行矣。

丙申，命義民購獲要犯多名者，量予職銜不過得七品。

丁酉，諭：西成著調補山西布政使，其四川布政使員缺，著林儁補授。【略】所遺四川按察使員缺，楊揆亦係軍營得力之員，前經賞給按察使銜，著加恩補授，以示獎勵。

《高宗實録》卷一四九二　壬寅，諭軍機大臣曰：朱珪奏暎咭唎國呈進表貢一摺。【略】天朝撫有萬國，琛賚來庭，不貴其物，惟貴其誠，已飭諭疆臣將貢物進收，俾伸虔敬。

甲辰，勑諭琉球國世孫尚温。

《東華續録》乾隆一二〇　乙巳，諭軍機大臣等：福康安、和琳奏，於積雪未化之時，督率將弁等分路進攻，將高斗山梁搶占，奮勇追趕，並即趁勢撲入苗寨，縱火焚燒，斃賊甚多，將爲首賊目寥老暮、隴老西二犯擒獲正法。可嘉之至。

《高宗實録》卷一四九二　丁未，上以來歲丙辰元旦傳位皇太子爲嗣皇帝，前期遣官告祭天、地、社、稷、太廟、奉先殿。

《東華續録》乾隆一二〇　是歲，朝鮮、緬甸、南掌、暹羅、安南、琉球、英吉利來貢。

清仁宗部（起公元一七九六年，迄公元一八二〇年）

《東華續録》嘉慶一　仁宗睿皇帝，高宗第十五子也。母孝儀紀皇后魏佳氏，原任内管領加封承恩公清泰之女，以乾隆二十五年庚辰十月初六日丑時誕上於　御園之天地一家春。上隆準豐頤，舉止凝重，神明内藴，睿慮淵通。自六齡就傅，受舊於兵部侍郎奉寬。年十三，通五經。學今體詩於工部侍郎謝墉，學古文古體詩於侍讀學士朱珪。天藻睿發，英詞炳蔚援，筆立就，動成典則。性尤純孝。七齡時，謁　孝聖憲皇后於盤山行殿，渥承　飴愛。事　高宗純皇帝孝儀純皇后婉愉孺慕，典愜　歡心。三十八年癸巳，十四歲，上元前夕，宴親藩，特命奉觴上壽。是年，高宗遵密建　家法，親書　上名，緘固藏　乾清宫正大光明扁上。長至，南郊大祀，復以　上名默告，祈加　睿佑。是日，復　命祀東陵，隱然以神器攸歸，面稽　天　祖。三十九年甲午，賜成大婚禮。是爲孝淑睿皇后。上定省之暇，懋學稽古，日居書室，惟究心治法源流古今得失，參稽考證，寒暑罔閒。所居書室五楹，嘗取三餘之義，顔以「味餘」。摛藻抒文，卷軸日富，後所刊詩文全集四十卷是也。尤喜讀諸史，通鑑上下三千年治蹟，瞭然貫徹。御極後，幾餘遺與，依史分題製詠，遂成全帙。自乙酉六齡時隨　駕至木蘭，高宗巡視江浙，祇謁闕里，及歲行秋獮，恒侍　行幄，賡　天章，數蒙　獎賚。四十八年癸卯，高宗詣盛京，恭聞　祖陵命，　上隨侍行禮。復以宗祐有託，敬告　太祖、太宗之前，仰祈　臺爽式憑，永垂昭鑒。五十年乙巳，耕耤，特命徒耕播種五。十四年，己酉，封嘉親王。自是每歲　兩陵，春祀，壇　廟薦祈，多　命恭代行禮。紫微東偏曰毓慶宫，上養正時所居也。分邸後移居擷芳殿。至建儲未宣諭之前，又重葺是宫，復　命居之，並賜「繼德」堂額。與從前避署山莊松鶴齋後　賜額同名，蓋密遇趨庭，祇承　堂構，早寓付託深心。

嘉慶元年（丙辰、一七九六）

《高宗實録》卷一四九四　春正月戊申朔，上御太和殿，親授皇帝之寶於皇太子。皇太子受寶，即皇帝位，尊上爲太上皇帝。御乾清宫，同皇帝賜宗室王公等宴。

是日，【略】太上皇帝傳位詔書頒行天下，詔曰：【略】所有合行事宜，條列於左：【略】天下之本農爲重，各府州縣衛果有勤於耕種、務本力作者，地方官不時嘉獎，以示鼓勵。

己酉，勅諭：前降諭旨，以丙辰年爲始，内外大臣年節三貢，毋庸備物呈進。但王公大臣等年節呈進如意，乃自雍正年間奉行至今，以聯上下新年喜慶之意，是以仍准其呈進分賜，用迓吉祥。乃昨日貝勒、貝子、公等及部院侍郎、散秩大臣、副都統紛紛呈進如意兩分，殊覺繁瑣，不可不定以限制。嗣後凡遇元旦及朕與皇帝壽辰慶節，宗室親王、郡王、滿漢大學士、尚書始准呈進如意，其餘概不准呈進。至外省督撫，止准按例呈進土貢。其鹽政、織造、關差俱有得項，所有年例辦進備賞之物，均仍照向例，按次備進一分，以備賞用，不得復有增添。倘伊等私自備物呈進，一經查出，必當重治其罪，以節糜費，而示體恤。

《仁宗實録》卷一　庚戌，諭軍機大臣等：福康安、和琳奏攻克擒頭坡、騍馬硐等處險要賊寨，痛殲苗匪，覽奏欣悦。擒頭坡山路險窄，賊匪木城石卡愈多，福康安、和琳密爲布置，出其不意，奪險而入。並令額勒登保分兵前往，遏其歸路，大加殲戮，將騍馬硐各大山梁全行奪據。擒頭坡、騍馬硐爲平隴乾州門户，門户既破，官兵乘勝長驅直抵平隴。

辛亥，立嫡妃喜塔臘氏爲皇后。

《高宗實録》卷一四九四　太上皇帝同皇帝御重華宫，召大學士，及内廷翰林等茶宴。以舉千叟宴於皇極殿禮成。

《東華續録》嘉慶一　鑄嘉慶錢。

壬子，太上皇帝同皇帝御紫光閣，賜蒙古王、貝勒、貝子、公、額駙、台吉、哈密郡王品級貝勒額爾德錫爾等，及土爾扈特來使博多克等，杜爾伯特來使察罕博埒克等，朝鮮國正使閔鍾顯、副使李亨元等，安南國正使阮光裕、副使杜文功、阮促等，暹羅國正使丕雅梭挖粒巡段押撥蕀昭突、副使廊窩們蓀泥霞屋撥突等，廓爾喀正使噶箕迺爾興等宴。

《高宗實録》卷一四九四　丙辰，勅諭：前經降旨，令内外大臣年節無庸備物呈進，惟遇朕及嗣皇帝壽辰慶節，准在京王公大臣等僅遞如意，藉以聯情抒悃。今思本年係朕歸政之初，爲嗣皇帝登極之始，或恐内外王公大臣等未喻朕

意，又思於八月及十月，朕與嗣皇帝壽辰時，備物祝嘏。殊不知朕御宇六十年來，國家昇平昌阜，大内存貯珍物駢羅，即佛像亦無供奉之處，而嗣皇帝方當以儉樸爲天下先，原不宜貴奇異奢華之物，是用再行通諭。此後除鹽、織、關差向有公項購辦備賞物件外，其餘内而王公大臣，外而督撫，不但貢物不必進呈，即如意亦不許備進。其土貢惟麥麪、果品、茶葉、藥材等項，准其照例呈進，以備薦新分賞之用，不得額外增添陳設紬緞各物，以示體卹而節繁費。如有違例瀆進及奏事處濫行接收者，必當一併治罪。俟朕九旬大慶，嗣皇帝四旬壽辰，届時應否准其抒忱祝嘏之處，另候勅旨遵行。將此通諭知之。

丁巳，太上皇帝同皇帝御山高水長，賜王公大臣、蒙古王、貝勒、貝子、公、額駙、台吉等，及外藩各國使臣等食。

壬戌，太上皇帝同皇帝御正大光明殿，賜朝正外藩等宴。

丁卯，又勅諭：向來兩淮鹽政例進土物風猪肉一百塊、皮糖八匣，本日蘇楞額呈進風猪肉、皮糖均加一倍，殊屬非是。鹽政、織造、關差等備進備賞之物，早經明降諭旨，祇許照例呈進一分，以備賞用。乃蘇楞額轉加倍進呈，其意何居？其多進之風猪肉一百塊、皮糖八匣，俱著擲還。蘇楞額著傳旨嚴行申飭，並交部議處，以爲挾私取巧者戒。

戊辰，勅諭廓爾喀額爾德尼王喇特納巴都爾，又勅諭班禪額爾德尼之呼畢勒罕，又勅諭達賴喇嘛曰：近因藏中事務，噶布倫等措置乖方，以致廓爾喀滋釁。朕命大將軍福康安率師征討，旋准籲罪輸忱，復命尚書和琳整飭章程，一切革其舊習。派松筠等在彼駐劄辦事，務期利濟僧俗，藏地永遠安寧。

《東華續録》嘉慶一　壬申，湖北枝江、宜都二縣白蓮教匪聶傑人、劉盛鳴等糾衆滋事，命惠齡勦之。

《仁宗實録》卷一　户部侍郎署湖北巡撫惠齡奏：枝江、宜都二縣民人聶傑人、劉盛鳴等，密謀不軌，帶兵搜拏情形。奏入，諭軍機大臣等：惠齡駐劄荆州，本爲策應湖南軍務，今枝江等處，適有逆民聚衆搶劫之事，惠齡得以就近查拏，事機實爲順利。但該犯等以防範苗匪爲名，見鄉民願從者多，遂密謀不軌，未必不因荆州、宜昌等處文武官員，大半派往軍營，兵丁等亦多有徵調，存城兵少，以致心生窺伺，乘閒滋擾，延及四縣。雖現在拏獲多名，而聶傑人等尚未就獲，其餘夥黨尚多，若不探明該犯等實在藏匿所在，悉數圍拏，盡法處治，何以戢奸宄而浄根株。但荆州亦屬緊要，德福未便遠離，可不必帶兵同往。惠齡務將首從各犯搜拏浄盡，嚴行懲治，俾奸民共知儆懼，不可將就了事。將此傳諭知之。

癸酉，朝鮮國王李祘遣使表賀萬壽、冬至、元旦三大節及歲貢方物，賞賚筵宴如例。

甲戌，本日召見伴送安南國貢使之廣西泗城府知府朱禮，人甚頽憊，經朕詢問一切情形，奏對全不明晰。因檢閱該省督撫節次所奏該員考語，俱係中下，自難勝方面之任，朱禮著即以原品休致。又諭：伴送外藩貢使，自應於屬員中擇其才具强幹、心地明白、堪以管束者，派令護送，何得以衰庸之員率行派委，轉爲外夷輕視。即該撫因地方緊要須明幹之員留辦地方事務，但伴送貢使亦關緊要，豈該省屬員中，舍朱禮外别無可派之人？成林著傳旨嚴行申飭，仍交部議處。至各省督撫遇有派委護送外藩之事，往往漫不經心，率以庸材充數，寧不思伴送使臣乃外藩觀瞻所繫，豈容率意濫委！此後各督撫如不慎加遴選，再經朕召見看出，惟各督撫是問，並著通諭各督撫知之。

《東華續録》嘉慶一　二月丁丑朔，釋奠先師孔子。

《仁宗實録》卷二　戊寅，本日覆勘試卷大臣進呈廣東、四川等省鄉試各卷。朕披閲各該省所出四書題五經題，多涉頌聖，詩題亦係習見語，殊屬非是。試官簡掄人才，出題考試，固不可競尚新奇，然亦須擇其題句足以發揮義理、敷陳經術者，方可徵實學而獲真才。若祇將頌聖語句命題試士，何足以覘底藴？且四書五經内字句冠冕語近頌揚者皆可豫擬而得，並易啓揣摩宿搆之弊，於士習文風均有關繫。嗣後各省鄉試派出試官及各省學政所出題目，務將四書五經内義旨精深，及詩題典重者，課士衡文，用副朕敦尚經義、崇實黜華至意。

湖廣總督畢沅奏：枝江匪犯連及四縣，分投撲滅，以速爲貴。現在祇惠齡一人在彼，恐難兼顧，現飭鎮臣袁敏相機迎會。臣於正月二十二日馳往枝江，會同勦辦。又札荆州副都統德福挑派滿營兵三百名，前赴枝江。報聞。

辛巳，諭軍機大臣等：福康安、和琳奏：官兵攻克連雲山巖硐寨等處，大兵深入重地，前後防範尤宜嚴密，官兵分撥調遣，尚覺未能足用等語。現在功届垂成，自不便稍涉冒昧，福康安等奏步步安營，所見甚是。如接到此旨，賊首石三保、石柳鄧等業經全數就獲，不須再添兵丁，固屬甚善。儻賊首雖已就獲，餘黨尚須分投搜捕，即於就近添調兵丁萬餘，四路搜擒，蕆事自更迅速。將此諭令知之。

壬午，本年恩詔，普免各直省地丁錢糧。甘肅省所屬府州縣有止徵糧草者，

又蘭州、鞏昌、西寧、涼州四府徵收番民糧草，雖不在蠲免地丁之内，第念該省地處邊陲，著一體加恩，將應徵番民糧草全行蠲免。屯糧草束，蠲免十分之三，俾邊徼民番，共臻樂利。

壬辰，調四川、雲南、廣西兵一萬名，廣東陸路兵一萬名，勦辦苗匪，從欽差大學士福康安請也。

癸巳，諭軍機大臣等：畢沅等奏，督率將弁直入山内，奮力勦殺，斃賊多名。所辦差强人意，但該賊匪等四處勾結嘯聚多人，斷非起自近日。畢沅兩任湖廣總督，惠齡亦兩任湖北巡撫，均係伊等及福寧三人任内之事，實難辭咎。此時若能督率官兵奮力攻勦，將首逆剋期全獲，餘黨搜捕净盡，尚可將功抵罪。儻辦理遲緩，或致賊匪蔓延，伊二人自思當得何罪。所有該管地方官，並著畢沅等於事竣後，查明據實參奏。

丁酉，諭軍機大臣等：南陽、興漢與襄陽、鄖陽毗連，該督等所調兵二千名，順流而下，行程便捷。現已傳諭景安、秦承恩照料遄行，並派總兵阿克東阿、德光帶兵前往，兵威壯盛。畢沅、惠齡惟當併力前進，專辦枝江、宜都之賊，急將聶傑人、劉盛鳴二犯擒獲。渠魁既得，餘黨勢必紛紛解散。不可因匪徒分路滋擾，將官兵零星派撥，轉致疲於奔命。至湖廣地方，上年雖屬豐收，但枝江、宜都、長樂、長陽、東湖、當陽、遠安七縣，現經匪徒四出滋擾，未便照舊開徵。除就近諭知户部外，並著畢沅、惠齡即行謄黄出示，將此七縣應徵錢糧，俱先予緩徵，俟平定後，再降諭旨。其被賊焚搶之處，並妥爲綏輯，勿任少有失所。使知肆逆者法所必誅，安分者恩所必逮，以副朕廑念災黎、嘉惠善良至意。

畢沅奏：痛勦灌灣腦太和山賊匪。升任安徽巡撫署湖北布政使汪新奏：賊匪攻破當陽縣城，縣令黄仁被害。奏入，諭軍機大臣等：此次畢沅、惠齡所辦，尚屬奮勉，但首犯聶傑人等尚未就獲，而當陽又有匪徒戕官之事，未便即將該督撫交部議敘。命西安將軍恒瑞，率滿洲兵二千，進勦當陽教匪。命熱河總管鄂輝馳赴湖北軍營勦賊。

丙午，諭軍機大臣等：惠齡生擒首逆聶傑人，並連奪賊卡，所辦俱好。但現據聶傑人供，尚有傳習白蓮邪教之張正謨，係此案爲首之犯，未經就獲，而餘黨亦未搜查净盡，未便遽行降旨議叙。

是月，福州將軍署閩浙總督魁倫奏辦理洋面情形。並覆奏，御史宋澍陳奏，蔡新家信内，述及閩省洋盜充斥，並勾結安南夷船等因。查閩省近來洋盜充斥，兼漳、泉被水後，失業貧民，不無出洋爲匪。但此等匪徒隨聚隨散，而粤省匪船，遂有假裝服飾，稱爲安南夷人，乘風入閩。臣以海洋爲閩省最要之事，不敢稍有疏懈，亦不敢過於張皇。現添派水師，扮作商船，嚴密緝獲。至蔡新家信内稱盜匪脱逃者，責其家長村衆共擒，不獲亦並治罪，能獲者賞之一節。現在村衆有將逃回洋匪紛紛縛送，臣俱賞給銀牌獎勵。如不獲即予治罪，恐其心存疑懼，反多隱匿。又戰船無風亦動，船動則放礮不準一節。向來係用哨船，船身笨重，現飭官兵駕坐商船，誘令賊船較近，施放鎗礮，更可使洋匪遇見商船，疑係官兵，不敢肆行剽劫。得旨：汝所辦尚好，實力實爲，毋懈。

《仁宗實録》卷三　三月丁未朔，湖南勦辦苗匪，自用兵以來，經福康安、和琳等臨陣殲擒，及各後路搜拏正法者，已不下數千名。其爲首及有名賊目謀逆之犯，均須逐一查辦，固不可稍有疏漏，致日久遺孽復萌。但苗匪滋擾，延及川、黔、湖南三省，其中被賊脅誘者亦復不少，若概予誅夷，人數過多，朕心實有所不忍。著傳諭福康安、和琳：於石三保、石柳鄧、吴廷禮等擒獲後，除各路爲首賊目及實係黨惡者，均須悉數嚴辦，此外脅從附和之苗衆，尚可從寬者，應免其一死，分發伊犁、回疆、黑龍江等處爲奴。

《東華續録》嘉慶一　己酉，命烏嚕木齊都統永保往湖北鄖陽會勦教匪。

庚戌，停四川續徵廓爾喀軍需津貼銀，其已徵者悉還之。

壬子，上侍太上皇帝啓鑾，謁東陵、西陵。免經過地方額賦十分之三。

丁巳，免湖北教匪滋擾之枝江等二十州縣、四川逆苗滋擾之酉陽州額賦。

壬申，留保住以疾免，以烏爾圖納遜爲理藩院尚書。

癸酉，恒瑞奏收復湖北竹山縣。

《仁宗實録》卷四　夏四月丙子朔，鄖縣、鄖西俱在漢江以北，勢難回顧。宜綿駐劄商州，距彼不遠，所有鄖縣、鄖西一帶賊匪，著責成宜綿督飭百祥等實力勦辦。其自竹谿以至保康一帶賊匪，即責成永保、恒瑞勦辦。當陽、遠安、東湖一帶賊匪，責成畢沅、成德阿克東阿、舒亮勦辦。枝江、宜都一帶賊匪，責成惠齡、富志那勦辦。襄陽、穀城、均州、光化賊匪，即交鄂輝同彭之年等辦理。來鳳與四川接壤，該處一帶賊匪，即責成孫士毅督辦。總之，賊匪蟻聚蜂屯，官兵分投掩捕，辦一處必須肅清一處，不得因賊匪逃散潛匿，即爲完事，以致兵過之後，遺孽復萌，又復潛出滋擾。

《東華續録》嘉慶一　丁丑，皇后行躬桑禮。

辛巳，命直隸提督慶成率兵二千名，往河南南陽堵勦湖北竄匪。以勦來鳳縣小坳賊匪功，晉孫士毅爵三等男。

《仁宗實録》卷四　景安奏：探聞湖北峪山賊匪尚在張家集等處屯聚，而吕堰驛又被賊匪焚燒，文報阻隔，已諭知梁肯堂即於附近之正定、順德、廣平、磁州各營挑選兵丁二千名，先派將弁帶領起程，並命直隸提督慶成即日由古北口馳赴南陽一帶統領進勦。所有派往巴圖魯侍衛二十員，於經過南陽時，並著景安酌量情形，若南陽需人帶兵，即酌留數員在彼帶領協勦。

甲申，河南巡撫景安奏：鄧州新野地方，現有匪徒滋擾，兵力不足，已調河北兵五百名，前來南陽。奏入，諭軍機大臣等：景安所調河北彰衛二營弁兵五百名一節，尚欠斟酌，河北地方亦關緊要，不應輕有調動。所有慶成帶往直隸官兵二千名，俱著留於南陽一帶，以資分路堵截。其河北之兵，如尚未起程，著景安飛飭停止。儻已起程，即於直隸後起官兵内酌撥五百名，留於河北，交張文奇分撥彈壓。南陽地方被賊滋擾之處，著該撫即先行謄黄曉諭，將本年應徵錢糧，概予緩徵。

乙酉，惠齡奏：長陽縣地方，有逆匪林之華糾衆滋事，已飛咨恒瑞，令文圖帶兵往勦。奏入，諭軍機大臣等：長陽一帶賊匪，乘虚蟻聚，不可不速行撲滅。恐文圖一人，尚不足以資董率，著傳諭恒瑞、永保二人，酌分一人帶兵速赴襄陽，一人即赴長陽一帶，督率勦辦。此時惠齡軍營已得勝勢，長樂、長陽之賊，俱係張正謨黨與，思往接應。惠齡惟當倍加奮勉，將賊首張正謨拏獲，其餘匪黨自必紛紛瓦解。將此傳諭知之。

丙戌，福康安等奏報：攻克納共山等處城卡，殲戮苗匪。

庚寅，蔣兆奎奏：挑兵二千名，令總兵德齡帶領，暫駐澤州，聽候河南調用。豫省河北地方，近聞亦不甚安静。此項挑備之兵，著蔣兆奎即行知德齡移駐衛輝。並著景安酌量情形，設南陽鄧州一帶需兵堵勦，而進勦襄陽尚須添兵，即將晉兵調撥，自可更期得力。

戊戌，恒瑞、永保奏：三里坪一帶賊匪，俱係文圖勦浄，而永保、恒瑞僅將白雲寺山賊匪，追至黑龍溝地方，並未能速行掃蕩。所辦何事？著傳旨申飭。仍著速將該處賊匪勦浄，即馳赴襄陽會勦。儻賊匪負嵎固守，亦當酌一人速赴襄陽，斷不可二人株守一處也。

宜綿奏報：與柯藩、明亮攻克孤山大寨，擒獲賊首王全禮等。

恒瑞等奏報：攻勦鬼谷子溝等處賊匪。

庚子，賜一甲趙文楷、汪守和、帥承瀛三人進士及第，二甲戴殿泗等四十人進士出身，三甲邱超等一百一人同進士出身。

《東華續録》嘉慶一　己丑，布顔以疾免，以李廷敬爲江蘇按察使。

辛卯，諭：【略】嗣後，喀什噶爾、葉爾羌等處回疆所進馬匹竟行停止，其伊犂所進馬匹，亦著照伍彌烏遜所奏，由阿爾台一路護送。如此辦理，既於馬匹有益，而内地驛站亦可永免煩擾矣。

壬辰，惠齡奏：攻奪灌灣腦、内坡等九處賊卡。得旨獎賚。

癸巳，頭等侍衛鄂輝奏：勦殺襄樊賊匪。得旨嘉獎，賞副都統銜。

乙未，撥内庫銀二百萬兩，備河南軍需。

己亥，福康安等奏：攻克結石岡山梁、石城，殲賊毁寨。得旨嘉獎，下部議敘。又奏：苗匪吴隴登投誠。得旨：欣慰，覽之。

辛丑，畢沅奏：攻圍當陽，誘賊出城、設伏痛勦，並截殺援賊多名，良民縋城投出者絡繹不絶。命妥爲安撫。

《仁宗實録》卷五　五月乙巳朔，〔諭〕此次惠齡等帶領官兵分投直撲天井湖等處，雖未能將賊匪痛殲，而三路賊卡俱已攻克，所辦尚好。至所請山西兵二千催令赴楚一節，此項兵丁已據景安奏分撥防勦。惠齡處兵力不敷，莫若令恒瑞、文圖帶兵先助惠齡，將灌灣腦之賊悉力攻圍，擒拏賊首爲是。至施南府屬之恩施縣有賊屯聚，經知縣尹英圖等率領鄉勇分路擒捕，殲斃多賊，洗蕩賊巢。知縣尹英圖著以同知升補，其經歷蔣遇春及把總、外委等俱著酌量升用，以示獎勵。至豫省近楚邊界多有教匪，景安當駐劄南陽新野一帶督率彈壓，不必深入楚境。慶成、富成會合永保、鄂輝，即速將襄樊一帶賊匪勦浄。再，來鳳賊匪在茶園溪一帶屯聚，爲數甚多。孫士毅現兵無多，不可存欲速之見，輕於深入。若能將茶園溪一帶賊匪先行勦除，固屬甚善，但須悉心籌酌，如兵力不敷，不妨畧爲停待。

《東華續録》嘉慶一　丙午，諭軍機大臣等：永保等所奏，不必以先到之兵零星輕試，一俟兵力齊集，商同並進。所見甚是。

庚戌，諭軍機大臣等：福康安、和琳攻克火蔴營一帶險要山梁。緩徵河南承辦兵差之唐縣等三十六州縣新舊額賦。

甲寅，諭：宜縣查明逆首王全禮、徐良等滋事緣由，實力搒捕，全行授首，復派委員弁於二鄖一帶搒勦、擒殺，漢江以北悉就肅清，並將善後事宜詳悉籌辦。

實屬可嘉，宜綿著賞戴雙眼花翎，並加太子太保銜，以示優獎。

乙卯，緩徵湖北附近災區、晝夜禦賊之宣恩等五縣新舊額賦。

辛酉，免湖南苗匪滋擾之乾州等四廳縣苗糧十分之二。

壬戌，上侍太上皇帝啓鑾，秋獮木蘭。免經過地方額賦十分之三。

《仁宗實録》卷五 甲子，據福康安、和琳奏：官兵攻克廖家沖連峯坳山梁，痛殲賊匪，目擊乾州平隴賊巢，遠近在望。現值大雨傾注，一俟稍晴，即當直抵乾州，迅擒渠逆等語。福康安、和琳自勦捕苗匪以來，備經艱險，懋著勳勞。今大兵進逼賊巢，將緊要山梁，俱已攻克，業距平隴、乾州不遠，諒日内天氣晴霽，自可直擣賊巢，擒拏渠首，成功當在指日。允宜特沛恩綸，各加懋賞，福康安已晉封貝子，並賞戴三眼花翎，恩無可加。因念其父傅恒宣力有年，屢著勞績，未得身膺貝子封爵。向來宗室襲封王爵，如其父未經封王者，例得追贈，傅恒著加恩照宗室追封之例，晉贈貝子，以光泉壤而昭寵錫。和琳前經晉封伯爵，並賞戴雙眼花翎，著再加恩賞用紫韁，以示優獎。俟大功告成，捷音奏到，再將福康安、和琳及在事出力各員，交部優敘。

《東華續録》嘉慶一 再免蹕路經過缺雨之懷柔等二縣額賦十分之五。

乙丑，諭：據彭之年、文圖奏，勦滅白雲寺黑龍溝之賊，追至喇叭洞山，全行勦除一摺，所辦好。

丙寅，以富綱爲漕運總督，調玉保爲吏部右侍郎，以特成額爲兵部侍郎。

《仁宗實録》卷五 辛未，敕諭：據松筠奏：達賴喇嘛、班禪額爾德尼、濟嚨呼圖克圖等，因朕傳位嗣皇帝，請嗣後加倍呈遞丹書克並佛像等語。具見伊等誠悃，朕嘉悅覽之，但衛藏距京遥遠，伊等如年班遣堪布喇嘛等加倍呈遞丹書克，不無糜費，且朕與嗣皇帝本無區别，照進一分，亦儘足以抒其慶讚之誠，著松筠傳諭達賴喇嘛、班禪額爾德尼等，遵照向例，仍進一分，毋庸加倍，示朕體恤至意。

《東華續録》嘉慶一 壬申，大學士、閩浙總督、貝子福康安卒於軍。【略】著晉贈郡王爵銜，賞内帑銀一萬兩經理喪事，並賞給陀羅經被，仍著於伊家宗祠之旁建蓋專祠以時致祭。並推恩伊父傅恒，亦追贈郡王爵銜，其子德麟著加恩晉爵貝勒。派固倫額駙豐紳殷德迎往奠祭，【略】謚文襄。

癸酉，諭：魁倫奏，海洋盜首獺窟舵即張表，帶領首夥各犯四百七十三名自行投首，並呈繳船隻、礮械等物一摺。【略】獺窟舵著賞給守備職銜，並賞戴藍翎，仍賞大緞二匹，用示獎勵。【略】再，獺窟舵既經投出，其船内存貯米糧應儘數先給伊等食用，俟此項米石食竣，即照兵丁之例一體賞給鹽菜、口糧。獺窟舵既令其出洋捕盜，即照守備分例賞給。將來捕盜事竣，此等投出之人，豈能日久官爲廪給，或令其散歸本籍，各謀生業，或令其當兵，以免伊等乏食，又致故智復萌。總之，宜散不宜聚，方爲妥善。

《仁宗實録》卷五 和琳奏：石三保現已擒獲。

《東華續録》嘉慶一 甲戌，諭：凡兇殺二命者，遇停句之年仍立決。

《仁宗實録》卷六 六月乙亥朔，〔諭〕魁倫自署理閩浙總督以來，查拏洋盜及辦理地方事務，俱能實心整飭，所有閩浙總督一缺即著魁倫補授。姚棻獲咎甚重，今自護理以來，尚知湔悔奮勉，仍著護理福建巡撫，停支三年養廉，以補伊從前虧缺。朱珪著補授兩廣總督。英善著調補廣東巡撫。現在孫士毅勦辦來鳳賊匪，英善仍暫在四川代辦，此時不必即赴廣東，俟四川總督簡放有人，到任後再赴廣東新任。英善未到以前，其廣東巡撫印務，仍著朱珪兼署。汪新現在湖北督辦軍需，一切已爲熟諳，著即調補湖北巡撫，以資駕輕就熟之益。其安徽巡撫員缺，著張誠基補授。調禮部尚書紀昀爲兵部尚書，都察院左都御史金士松爲禮部尚書，以吏部左侍郎沈初爲左都御史。

《東華續録》嘉慶一 日有食之。

《仁宗實録》卷六 丙子，又諭：福州將軍員缺，著富昌調補，所遺員缺，因一時不得其人，明亮新獲重譴，棄瑕録用，伊前屢次出征，現又派往湖北帶兵効力，著加恩賞給副都統職銜，署理廣州將軍。俟明亮到廣州時，富昌再赴新任。其富昌未到以前，福州將軍印務，仍著魁倫兼署。

《東華續録》嘉慶一 諭：江蘇布政使員缺，著西成調補。西成見在軍營，其江蘇布政使印務，仍著熊枚署理，俟西成到任後，熊枚再赴雲南本任。所有陝西布政使員缺，著倭什布署理，俟服闋後再行實授。

《仁宗實録》卷六 丁丑，除山西代、五臺、繁峙三州縣水衝田七十五頃四十九畝額賦。

《東華續録》嘉慶一 轉伍彌烏遜爲兵部左侍郎，以特成額爲兵部右侍郎。

《仁宗實録》卷六 甲申，定大逆緣坐法。諭内閣：向來刑部定擬大逆緣坐等犯，請旨斬決者，皆改爲監候，秋審時率免其子勾。原以案犯如編造逆詞等事，其父兄子弟，情尚可原，是以寬其一線。至如現在湖北邪教，乃公然造反重

案，該匪等糾集多人，肆行劫掠，甚至戕官攻城，與官兵公然抗拒，實爲大逆，不法已極，無論其父兄子弟，皆當概予駢誅，方足以彰國憲。但因其子不法而遽置其父於重辟，朕心究有所不忍，有違以孝治天下之意。所有此案向文魁、張成勳、張成榮、張成瑶、真大貴皆係逆犯弟兄，著即處斬，其逆犯之父向朝德、張文學、真典章，俱著從寬改爲應斬監候，永遠牢固監禁，遇赦不赦。嗣後湖北逆匪案内，例應緣坐人犯，俱照此辦理。

乙酉，諭軍機大臣等：現在審訊解到賊犯曾世興等，據供劉之協、姚之富、張富國爲邪教首犯，都在襄陽彭家疃左近居住，爲賊匪主謀。看來首逆竟在襄陽一帶勾結屯聚，不可不速爲擒捕。永保等須將供出有名賊首，悉數擒獲，則渠魁已得，其夥黨自必瓦解，可以不攻而潰。至棗陽賊匪勦散後，首逆劉之協等，或聞湖北查拏緊急，潛入豫境，亦未可定。著景安督率所屬，留心偵緝爲要。再昨已降旨，專交永保總統督辦，以期事權歸一，今恒瑞、景安懇留永保督辦，適與朕旨相合，而永保並不拘泥，亦能知事體緩急，均堪嘉奬。行軍之道，全在和衷。今永保等能以公事爲重，同心併力，自可剋期集事。但勦捕賊匪，總以擒獲首逆爲要。雖據奏鎗箭斃賊，不計其數，究有若干？如劉之協等曾否殲斃，若徒將被裹平民殺戮，雖多何益。且賊首竄往他處，仍可勾連煽聚，豈能一鼓撲滅。此次因彼此和衷，加之奬賚，並非因殺賊之功也。將此各傳諭知之。

《東華續録》嘉慶一　丁亥，命查禁新疆産金之地，毋令聚衆生事，其貧民竊穵者，寬之。

戊子，和琳奏報：攻克得鋒山、全壁嶺等處。得旨：奬賚。

庚寅，蠲免湖南、湖北二省教匪滋擾各州縣明年額賦。

《仁宗實録》卷六　諭内閣：湖北教匪滋事，肆行劫掠，焚燒村莊，業經官兵屢加勦殺，而該省紳士百姓等能知大義，團練鄉勇，隨同官兵打仗殺賊，實屬可嘉。湖南省勦捕苗匪，現在首逆就獲，官兵即抵乾州，指日大功告蕆。第念附近苗疆地方，多被苗匪蹂躪，占種田土，民人不免失業，即較遠各州縣運解糧餉軍需等事，亦不無有資民力，朕心實爲軫念，宜加渥澤，以示體卹。除該二省被賊擾累地方業經加恩分別蠲緩外，著再加恩將湖南、湖北二省來歲應徵錢糧，俱行豁免。俾被擾失業者，得以復其生計；而急公出力者，亦可更資温飽。並著該督撫速行謄黄宣示，務令鄉村僻壤，咸使聞知。

壬辰，孫士毅奏報：攻克旗鼓寨賊營頭卡。

《東華續録》嘉慶一　乙未，蠲免湖南鄰近苗疆之永綏等十一廳縣額賦。

丙申，惠齡等奏：連克灌灣腦賊卡。得旨：嘉奬。

《仁宗實録》卷六　撫卹湖北荆門、潛江、沔陽、天門、監利、江陵六州縣被水災民，並免本年額賦。

《東華續録》嘉慶一　丁酉，和琳奏：連克廖貢坡、馬鞍山苗寨。得旨：嘉奬。

己亥，調台布爲户部右侍郎，成德爲工部左侍郎。

《仁宗實録》卷六　癸卯，孫士毅歷任封疆，屢著勞績。此次因湖北教匪滋擾來鳳，即帶兵督勦，連得勝仗。朕原欲俟大功告竣加封公爵，乃因勞成疾，難以就痊，如竟因病身故，即加公爵，並賞銀五千兩，交藩司林儁料理身後之事，俱照公爵辦理，並委員護送靈柩回至原藉，屆期再降諭旨，令伊長孫承襲伯爵。現在旗鼓寨勦捕賊匪，正在緊要，急須大員督率，所有四川總督印務，及該處勦捕事宜，均著福寧接辦。至永保在張家塆一帶痛勦賊匪，乘勝進擊，湖北軍務，現交伊督率調度，所有湖廣總督印務，即著福寧派員送交永保署理。召兩廣總督朱珪來京，以浙江巡撫吉慶爲兩廣總督，仍兼署廣東巡撫事。調山東巡撫玉德爲浙江巡撫，以刑部右侍郎伊江阿爲山東巡撫。

是月，刑部尚書署兩江總督蘇凌阿奏：湖北逆匪，日竄而南，現在督率定住，於安豫交界地方堵截，又酌派安慶協副將德楞帶兵就近赴孝感協勦。再查孝感等處，與安省之英山接壤，當經調江寧協副將常懷義駐劄。

《仁宗實録》卷七　秋七月甲辰朔，和琳奏報：督率額勒登保等連克黄蓮坡、曬各坡等處，收復乾州。

《東華續録》嘉慶二　戊申，調陳奉兹爲安徽布政使，孫曰秉爲江甯布政使，以康基田爲山東布政使，調張長庚爲山東按察使，以高杞爲湖北按察使。

己酉，以軍興緩徵湖北、湖南全省額賦。

《仁宗實録》卷八　庚申，調湖南按察使尼堪巴圖魯爲貴州按察使，以湖南衡永郴桂道清安泰爲按察使。

《東華續録》嘉慶二　辛亥，副都統銜、署廣州將軍明亮奏：勦平孝感胡家寨賊匪。得旨：嘉奬，賞輕車都尉世職。

大學士、署四川總督、三等男孫士毅卒，賜祭葬，贈公爵，賞治喪銀五千兩，謚文靖，以其孫均襲伯爵。

《高宗實録》卷一四九五　壬子，前經降旨朱珪來京另候簡用。現在黄河漫溢，下游俱係山東所屬，玉德仍須駐劄東省，同伊江阿籌辦一切，未能即赴浙江。是吉慶亦未能交代赴粤，兩廣總督仍應朱珪署理，俟吉慶到後，再行來京。將此各傳諭知之。

《東華續録》嘉慶二　戊午，著和琳即於湖南苗疆各卡隘及後路防守兵内酌撤二三千，派委鎮將帶領，由水路順抵荆州，交永保調度，其糧運、軍火等項，著汪新豫爲備辦。

辛酉，逆首石三保解京伏法。

壬戌，諭軍機大臣等：【略】至湖廣督篆，前令永保暫署，永保見帶兵勦捕，地方事務未能兼顧，著仍交畢沅接管。其湖北軍營調度事宜，著永保統率辦理，以專責成。

《高宗實録》卷一四九五　戊辰，免湖北孝感、宣恩二縣本年額賦，緩徵漢川、黄陂、雲夢、應山四縣新舊額賦。

壬申，賑江南豐、沛、碭山、銅山四縣，山東單縣被水災民，並蠲緩新舊額賦。

《東華續録》嘉慶二　以勦平紅土山賊匪功，加永保太子太保、慶成太子少保。

己巳，和琳奏：鴉溪、大坡壟等處苗村苗寨逐加搜捕，所有歸降之苗及乾州民逃避河溪者，妥爲經理，見擬解散餘匪，密籌撤兵，並設法進取平隴。

八月甲戌，諭軍機大臣等：永保奏，分路堵勦鍾祥賊匪，所辦皆合機宜。以勦平旗鼓寨賊匪功，加福甯、觀成太子少保。

《仁宗實録》卷八　乙亥，蘇淩阿等奏：會勘豐汛六堡漫口籌辦堵築、展寬引河一摺。覽奏俱悉，惟閲所進圖内，引河雖已展寬，於吸溜究恐不能得力。或於引河頭再爲展寬，俾順溜東注，以歸正河，豈不更爲暢達。再缺口漫水，現據該督等於食城河向東處所挑挖溝渠，何不將該處遥隄接築，使漫水徑直東注歸荆山橋宣洩，以免微山湖受淤。至微山湖雖已澄清，但由湖下注必須穿運河行走，是否不致淤墊，其下游宣洩之路，能否暢達。所有駱馬湖尾閭五壩自應一律啓放，俾由六塘等河歸海。又豐、沛一帶地方，現經黄河漫過，自必多有停淤，將來是否可以耕種。該處地勢本低，今有此淤泥停積，必加高遥隄，藉資培護，是否得有裨益。著一併查明具奏。又據奏：南運河佘家莊漫口於七月十九日堵閉斷流，前此漫溢之水，下游一帶自必被淹，現在如何設法疏消其被淹地方，亦著查明撫卹。

丙子，給河南永城縣被水災民一月口糧。

《東華續録》嘉慶二　丙子，以雨詔停秋獮。

丁丑，和琳奏：三岔坪爲平隴門户，該處苗衆懇請投誠，臣諭令前驅殺賊，適平隴苗匪糾衆前來，欲燒三岔坪苗寨，降苗奮力殺賊，官兵乘勢迎擊，生擒吴八月之姪吴老二，斃賊無算。得旨：嘉奬，賞賚降苗吴廷試等有差。

《仁宗實録》卷八　又諭：滇省威遠廳所屬猓黑，糾搶拒捕，該鎮道等辦理不善，著勒保即速同珠隆阿馳回滇省，相機妥辦，并將湖南軍營前調滇兵酌量徹帶二、三千名，以資彈壓。將此諭令知之。

《高宗實録》卷一四九五　戊寅，太上皇帝同皇帝御清音閣，賜扈從王公大臣、蒙古王、貝勒、貝子、公、額駙、台吉及年班外藩等食，至庚辰皆如之。

《仁宗實録》卷八　己卯，伊江阿奏豐汛漫水淹及魚臺、濟寧村莊一摺。已降旨令蘇淩阿等趕築漫口，並於下游設法疏消矣。今思豐汛堵築事宜，現有蘇淩阿、蘭第錫督辦，康基田在彼亦未另有所見。現在東省因漫水漾入昭陽、微山等湖，復因大雨連日，湖内不能容納，致穿入運河，兩岸間有漫溢，於運道甚有關繫，亟須設法疏消。康基田係本省藩司，竟當回至東省妥爲經理，務使運道不致阻礙，而被水村莊早得退涸。俟料理妥協後，再赴南河幫同蘇淩阿等堵築斷流，方爲妥善。將此諭令知之。

乙酉，費淳奏查辦豐、沛二縣撫卹疏消事宜及分勘各屬災地情形一摺。豐、沛城内，現有積潦，自應趕緊集夫車戽，俾漫水消涸，居民早葺舊廬。其被淹村莊亦應設法疏消，以期地畝及早涸出。至山陽、清河等十二州縣被淹窪地，雖不過一隅偏災，但秋成業已無望，自應亟爲撫卹，俾窮民早沾實惠。現在淮、徐各處積水未消，皆由豐汛漫口尚未堵築，以致下游著重。著再傳諭蘇淩阿等，將引河勒限挑挖，趕築壩基，相機進佔，毋得稍有遲緩。

己丑，賑山東濟寧、魚臺二州縣被水災民，並蠲緩新舊額賦有差。緩徵金鄉、嘉祥、鄒、滕、嶧五縣水災新舊額賦，並給一月口糧。

乙未，和琳奏：攻克竹山坡都魯溪後，乘勝將强虎哨山梁搶據，距平隴賊巢更近。有勞神寨苗目吴老巖等，詣營投降，願縛獻石柳鄧等贖罪。諒石柳鄧等此時自易擒獲，但思湖南自勦辦苗匪以來，降苗不下二十餘萬，頭目亦不下百餘人，其居心究難深信。著和琳於勦捕事竣後，悉心籌畫，或將此項緊要頭目，酌

給頂帶，攜往他處，或設法移置，俾離巢穴，不可仍留該處，致滋萌蘖。將此傳諭知之。

丁酉，給湖北荊門州被水災民一月口糧。

《東華續録》嘉慶二　戊戌，和琳奏：連克後坡、麻里灣等苗寨，擒賊目石代噶。得旨：嘉獎。

福甯等奏：攻勦湖北來鳳縣指甲坡山梁，擒賊首楊子敖等。得旨：嘉獎。

己亥，惠齡奏：勦平灌灣腦賊匪，生擒首逆張正謨、劉洪鐸等。得旨：嘉獎，加太子少保，予輕車都尉世職。以勦除當陽賊匪功，賞畢沅輕車都尉世職。

《仁宗實録》卷八　給湖北江陵、監利、公安、石首、松滋五縣被水災民一月口糧。

辛丑，諭內閣：吉慶現已補放兩廣總督，其廣東巡撫係在同城，總督既係滿洲，則巡撫應用漢員。今英善亦係旗人，所有廣東巡撫員缺，著張誠基調補，其安徽巡撫員缺，著朱珪補授。現在刑部滿侍郎僅止阿精阿一人，僧保住於刑部事務，素未熟諳，本不稱職，著以副都統留於哈密辦事。英善係刑部司員出身，所有刑部右侍郎員缺，著英善補授，俟林儁軍需事竣接任後，即來京供職。

《東華續録》嘉慶二　壬寅，四川總督、一等伯和琳卒於軍，贈一等宣勇公，子豐紳宜緜襲，入祀昭忠賢良祠，仍建專祠於其家。

《仁宗實録》卷九　九月癸卯朔，賑甘肅皋蘭、金、靖遠、隴西、寧遠、伏羌、安定、會寧、通渭、漳、洮、平涼、鹽茶、隆德、静寧、固原、平番十七廳州縣，並沙泥州判所屬被旱災民。緩徵安化、合水、環、涇、靈臺、鎮原六州縣新舊銀糧草束。

《東華續録》嘉慶二　丁未，永保等奏：勦平鍾祥縣賊匪。得旨：嘉獎。晉提督慶成太子太保，加副都統鄂輝太子少保，並都統銜總兵官阿克東阿太子少保，賞兵丁一月錢糧。

《仁宗實録》卷九　賑安徽宿、靈璧、鳳陽、泗、盱眙五州縣被水災民，緩徵本年額賦。又緩徵壽、鳳臺、懷遠、定遠、亳、太和、天長七州縣本年額賦。

《東華續録》嘉慶二　己酉，上奉太上皇帝命，御出入賢良門，率皇子、諸王等習射。

《仁宗實録》卷九　辛亥，諭軍機大臣等：昨據馮光熊等奏，青溪縣有聚衆戕官之案。此等教匪，倉猝糾合，人數諒屬無多，易於辦理。該縣王懋德係屬漢員，未察虛實，冒昧前往，致被戕害。現在花連布帶兵往捕，伊係本省提督，且久歷戎行，而馮光熊又調撥附近兵勇，親往查辦，想無難剋期撲滅。但必須將戕官之犯嚴拏務獲，詳悉問明，從重辦理，方足以儆兇頑而伸國憲。將此諭令知之。

壬子，姜晟等奏和琳病逝，此時勦捕苗匪喫緊之際，不可無人督率，明亮、鄂輝著即就近馳赴湖南。

《東華續録》嘉慶二　甲寅，貴州巡撫馮光熊奏：攻勦小竹山賊，奪獲墮河坡要卡。得旨：嘉獎，賞兵丁一月錢糧。

丙辰，惠齡奏：勦殺涼山賊匪，奪獲獅子山等五處要卡。得旨：獎賚，賞兵丁一月錢糧。

丁巳，福甯等奏：勦平宣恩縣龍馬山賊匪。得旨：獎賚。

己未，停本年秋決，情重者仍正法。

辛酉，以河南巡撫景安堵勦教匪、籌辦軍需無誤，加太子少保。

壬戌，大學士阿桂以耳聾辭兼管兵部，允之。

乙丑，荆州副都統成德等奏報：奪獲蓼葉口長沖賊卡，將弁等下部議敘，賞兵丁一月錢糧。

《仁宗實録》卷九　緩徵湖北江夏、嘉魚二縣水災新舊額賦。

《仁宗實録》卷一〇　冬十月丁丑，諭軍機大臣等：英善奏，達州亭子鋪地方，有教匪熊泳霞等，邀集千餘人在彼屯聚。先派川北將弁帶兵協捕，英善即親帶兵五百名前往勦辦。又據秦承恩奏，前往漢中一帶巡防，另挑鄉勇同弁兵分撥堵禦等語。所辦俱好。惟英善所帶兵五百名，爲數較少，著傳諭福寧、觀成自行斟酌，如該處勦捕事宜完竣，無須伊二人在彼督辦，即一同速回川省，帶領各標營及屯土兵丁，迅赴達州，與英善會商進勦。該省兵丁，回至本籍勦捕賊匪，自必倍加踴躍，尤爲得力。儻滋邱賊匪，一時尚未能净盡，福寧應暫留該處，會同成德、惠齡等辦理。觀成係成都將軍，久歷戎行，應先酌帶兵丁，迅赴達州，會同英善實力速辦。如達州教匪，業經英善、秦承恩會勦完竣，福寧、觀成又不妨暫緩回蜀，以期將梛坪賊匪迅速勦净蕆功。至襄陽一帶，現在雖無賊匪，但該處爲全楚要路，今川省達州地方，又有教匪勾結滋擾等事，畢沅駐劄襄陽，仍當加意留心，毋得稍有懈弛。

《東華續録》嘉慶二　福甯等奏：勦辦楚省巴東譚家村賊匪。得旨：嘉獎。

己卯，大學士王杰以足疾辭南書房、軍機處及禮部事務，允之。命大學士董誥兼管禮部事務。

辛巳，贈征苗陣亡貴州提督花連布太子少保，予世職。

癸未，諭軍機大臣等：額勒登保等率將弁分路進攻，連奪巖人坡、大壩角等處十寨。所辦尚好。

《仁宗實録》卷一〇 甲申，諭軍機大臣等：宜綿此時已由西寧回省，現在川省達州有教匪滋事，秦承恩業經馳赴漢中防堵，宜綿當探聽信息，如川陝毗連地方有應須添兵防堵之處，即酌量情形，或派撥將弁帶兵前往協助，或親赴邊界督率彈壓，自更得力。如秦承恩在彼足資防範，甘肅地方亦屬緊要，宜綿自當在省静鎮彈壓，不必遠赴邊界。將此傳諭知之。

乙酉，勒保奏：途次面詢威遠辦事道府，稱牛肩山猓匪，因前此兵練進攻，未及圍困兜捕，復竄往西大黑山。該處山深箐密，人跡罕到，並恐竄入緬寧、景東邊界，及南線、猛迺等處，糾煽生事，更難著手。惟有趕莅威遠，設法籌辦等語。所奏未免隱躍其詞，殊屬非是。此等猓黑，俱屬徼外野夷，散居各處，並無頭目，非如湖南之苗也。不過因一時乏食，搶掠近邊夷民村莊，原不值大辦。勒保到彼後，祇須曉諭各夷莊互相保守，如猓黑復敢潛來搶掠，即可幫同勦殺。設各村人數較少，即於山外要隘地方，酌派官兵防守，則猓匪等見有防備，自不敢復行出山滋事。並將土司土兵酌加獎賞，令其回巢，仍探聽湖南勦捕苗匪，及貴州青溪教匪情形。如尚須伊前往會辦，即順道先赴貴州，上緊趕辦，以除餘孽而靖地方，再赴湖南未遲。如青溪教匪，業經馮光熊、珠隆阿勦净，而石柳鄧已經就獲，勒保於布置防範猓黑後，即可回省辦理地方事務，不必再駐威遠，致猓黑疑畏，别滋事端，方爲妥善。將此傳諭知之。

丙戌，雲南巡撫江蘭奏報勦降猓黑。

免江蘇蕭、邳、睢寧、宿遷、桃源、海、沭陽、清河八州縣水災額賦有差。

明亮雖久歷戎行，但甫抵該處，於苗疆形勢尚未周知，而額勒登保、德楞泰在彼年餘，較爲熟諳。明亮、鄂輝雖經朕派令前往接辦，但不能如前此福康安、和琳之總統軍務，帶兵大員俱受其管轄者可比。而額勒登保、德楞泰在彼熟悉情形，亦必不肯因明亮等到彼稍存推諉，伊等能和衷辦事，甚屬可嘉。至摺内稱，探訪平隴苗匪，現欲從馬鞍山捧風坳一路撲出，邀約上下麻沖等處未降苗寨，以爲救援等語。何不將計就計，故寬一面，任其竄往他寨，或於途次邀截擒拏，或爲設法離閒未降各寨。並鼓勵降苗，石柳鄧等逃至該寨時，立即擒獻，豈不更爲省事。再辰溪一帶爲糧餉轉運總路，湖南軍營，現有明亮、額勒登保、德楞泰、鄂輝四人，足資料理，姜晟應仍回辰州一帶照料。將此各傳諭知之。

《東華續録》嘉慶二 己丑，撥部庫銀二百萬兩，備湖北軍需。

壬辰，以趙佑爲工部右侍郎。

賜黄仁勇等三十五人武進士及第出身有差。

《仁宗實録》卷一〇 丙申，賑陝西膚施、安塞、靖邊、定邊、懷遠、綏德、米脂七州縣被旱災民。

《東華續録》嘉慶二 己亥，以孫玉庭爲廣西按察使。

惠齡奏：攻克馬王廟賊卡。得旨：嘉獎，下部議敘。

《仁宗實録》卷一一 十一月壬寅朔，明亮等奏報攻克平隴賊巢。

《東華續録》嘉慶二 丙午，命董誥爲東閣大學士，管理户部。

《仁宗實録》卷一一 丁未，涼山賊匪，經惠齡設計攻進，將賊首覃士潮等生擒，所辦實屬可嘉。闞騰帶兵由九鼎埡進攻，亦屬可嘉，著署理宜昌鎮總兵印務。投出之張添富等五名，爲官兵内應，放火困賊，不但可免其死罪，併當酌賞金頂，如五人内有爲首者，著惠齡查明賞給六品頂帶，俾知感激。如此格外施恩，使黄柏山賊衆見之，心生豔羡，必有紛紛投出者，亦解散賊黨之一法，於勦捕不無有益。

己酉，撥部庫銀四百萬兩，分解湖北、湖南，以備軍需。

癸丑，降浙江布政使汪志伊爲江西按察使，調山西布政使謝啓昆爲浙江布政使，以江西按察使司馬騊爲山西布政使，調安徽布政使陳奉兹爲江蘇布政使，江蘇布政使西成爲安徽布政使。

乙卯，此次福寧等乘賊人雪夜無備之時，派慶溥、諸神保分路攻進，趁勢渡河，連破賊寨，奪住山梁，甚屬可嘉。現在官兵得勝，緊逼賊巢，況惠齡此時亦當到彼，正當乘此勝勢，上緊攻勦，先擒林之華、覃加耀，殲净餘匪，以靖地方。

《東華續録》嘉慶二 丙辰，豐汛漫工合龍。以陸有仁暫署陝甘總督。

戊午，再緩徵河南防卡運餉出力之鄧州等三十六州縣新舊額賦。

永保等奏：連破賊屯十一處。得旨：獎賚，賞兵丁一月錢糧。

庚申，諭：【略】嗣後，軍營脱逃兵丁被獲，及在軍務以後投首者，仍照舊例辦理外，其在軍務未竣以前投首者，槩行定擬監候，永遠牢固監禁，俾知儆懼，庶足以嚴紀律而肅戎行。著爲令。

姚學瑛緣事解任，以倭什布兼署陝西按察使。

壬戌，諭軍機大臣等：吉慶奏，訪出洋匪聚集並藏匿船隻各處，在安南境內，且有該國隱匿賊匪情事，此時若行文該國，反致賊匪聞信潛逃。所見尚是。刻下暫且無庸行文曉示該國，俟派往訪查官員呈報到日，吉慶當不露聲色，妥爲辦理，即將賊首擒獲，以絶根株。

乙丑，通政使司參議初彭齡參奏：江西巡撫陳淮居官貪黷，信任南昌縣知縣徐午，串通舞弊各款。命解淮任，以署兩江總督蘇凌阿兼署江西巡撫，偕户部右侍郎台布往鞫。嗣訊明徐午代淮墊發贏價、修造廟宇，勒派屬實，革職逮問。

命河東河道總督李奉翰赴豐汛堵築。

丙寅，明亮等奏：攻克菜沖、土貫坡、湖耳坳等處石卡。得旨：獎賚，賞兵丁一月錢糧。

戊辰，宜綿等奏：勦除興安賊匪。

《仁宗實録》卷一一　以賊匪偷渡滚河，西竄失機，革永保、恒瑞、慶成太子太保，花翎，舒亮巴圖魯名號、花翎，並革延綏鎮總兵官楊秀等職，留軍前効力贖罪。

《東華續録》嘉慶二　雲貴總督勒保等奏：勦擒大鬼坉教匪首夥。得旨：嘉獎，下部優敘，賞兵丁一月錢糧。

撥湖南各州縣倉穀六十六萬三千石，備軍糈。

庚午，永保逮京治罪，以惠齡代統軍務。以故貝勒綿惠繼子奕綸襲封貝子。以常明署貴州按察使。

《仁宗實録》卷一二　十二月壬申朔，加賑陝西膚施、定邊、靖邊、甘泉、安塞、懷遠、米脂七縣旱災貧民有差。

《東華續録》嘉慶二　甲戌，明亮等奏：奪據馬頭山賊卡。

內閣學士扎郎阿以讀本錯誤，降贊禮郎。

乙亥，調富俊爲兵部侍郎，仍兼理藩院侍郎。

丙子，青海郡王納罕逿爾濟等五旗被生番搶掠，乞移回尚那克舊遊牧。允之。

丁丑，宜綿等奏：勦滅將軍山賊匪。

己卯，以景安魏家集被圍，兵僅四百，堅守無失，得旨：獎賚出力員弁，令查明奏報，賞兵丁兩月錢糧。

福甯等奏：奪占九洲等處要卡。得旨：獎賚。

免教匪滋擾之四川達州等四州縣、陝西西鄉等四州縣明年額賦。

壬午，宜綿等奏：勦克米溪等處賊巢。得旨：獎賚，將弁下部議敘，賞兵丁一月錢糧。

癸未，雲南猓匪扎杜等糾衆滋事，命江蘭等勦之。

乙酉，諭軍機大臣等：觀成係成都將軍，本省滋擾星回勦辦，惠齡往替永保總統軍務。黄柏山之賊擠捕恐需時日，調度止有福甯一人，勒保著不必前往四川，於何處接旨即取道赴黄柏山，酌帶貴州得勝之兵前往。

丙戌，明亮等奏：攻克貴魚坡、本城石卡。得旨：獎賚，將弁下部議敘，賞兵丁一月錢糧。

丁亥，以薩彬圖、書敬俱爲內閣學士。

《仁宗實録》卷一二　戊子，明亮等奏：官兵連日奮勇殺賊，斬梟首逆石柳鄧，並生擒石柳鄧之子石老喬，蕆功獻馘。

《東華續録》嘉慶二　明亮著封爲襄勇伯，額勒登保著封爲威勇侯，德楞泰著賞給子爵，鄂輝著賞給男爵。諭：苗疆善後事宜最關緊要，此時大功告蕆，著傳諭畢沅即馳往湖南，會同鄂輝、姜晟，悉心籌辦。

申禁八旗官員、軍民，不得與王公大臣同名。

辛卯，諭軍機大臣等：前魁倫拏獲盜犯，內有安南總兵及該國兵丁。該犯等既在洋面行劫，即與內地盜犯無異，是以按律正法。此次吉慶拏獲盜船，票照內有寶玉侯字樣，自係前在浙洋陳阿寶匪夥，嗣後洋面盜匪無論內地、外夷，一經緝獲，即按律嚴辦。

甲午，緬甸入貢，勒保檄止之。上以本年國慶，勒保拘泥常貢之期，阻其向化，嚴飭之。特賚緬甸國王蟒錦四端。

乙未，英善等奏：攻克馬鞍山賊卡。

丁酉，福甯奏：攻克西流溪賊卡。得旨：獎賚，賞兵丁一月錢糧。

《仁宗實録》卷一二　明亮等奏報生擒首逆吴廷義等，苗疆悉平。

《東華續録》嘉慶二　是歲，朝鮮入貢。

嘉慶二年（丁巳、一七九七）

《仁宗實録》卷一三　春正月癸卯，李奉翰奏：豐汛壩工，合龍在即，乃西壩

後身，又忽蟄裂。此亦無可如何之事。據稱壩基係於灘上起築，口門收窄，水長陡蟄。但向來漫工，多係灘上起築，此次究係鑲築未堅所致，該河督等不可稍存怨尤之念，惟當督率員弁，趕緊於初十日内合龍穩固，尚可將功抵過。將此諭令知之。

免湖北漢川、公安、石首、松滋四縣元年水災額賦。加賑荆門、潛江、天門、沔陽、江陵、監利六州縣被水災民。加賑江蘇豐、沛、銅山、碭山、邳、蕭、睢寧、宿遷、桃源、海十州縣，板浦、中正、臨興三場，山東單、魚臺、濟寧、金鄉、滕、嶧六州縣，臨清、濟寧二衛，陝西膚施、安塞、靖邊、定邊、懷遠、綏德、米脂七州縣，元年被水災民有差。

乙巳，宜綿等奏：洞、汝二河賊匪恃衆抗拒，經宜綿等分路攻剿，冒雪前進，殺賊多名，將首夥各犯悉數殲擒，並無漏網。辦理實屬可嘉。宜綿、秦承恩、柯藩、索費英阿除另加獎賞外，俱著交部議敘。索費英阿於賊寨迤南進兵，連奪五卡，官兵得以乘勢下壓，尤爲出力，著賞給提督銜，以示獎勵。再，向來鄉勇人等，多無職銜，其因打仗陣亡者，尚不得與兵丁等一體邀卹，殊不足以勵其忠義之心。即如此次官兵進勦洞、汝二河賊匪時，鄉勇吳繡才、鍾萬周，與弁兵等首先奪卡，中矛被礮身死，此等能知大義、殺賊捐軀之人，實堪憐憫，自應格外施恩。嗣後除尋常堵禦助勢被害之鄉勇，仍照舊例辦理外，其奮勇出衆、臨陣被戕，如吳繡才、鍾萬周者，均著照外委例議卹，以示優獎，而昭激勸。

諭軍機大臣等：明亮等拏獲首逆石三保家屬，並查拏賊目隴得保等，分別辦理。所奏甚是。

《東華續録》嘉慶三　丙午，命兩江總督蘇凌阿回任，以台布署江西巡撫。

己酉，調傳森爲兵部侍郎。

庚戌，諭軍機大臣等：吉慶等審辦海洋盜犯一摺，内稱察訪江坪地面，係閩粤民夷雜處，句結爲匪，如有應行知會安南之處，臨時再繕發照會等語。【略】吉慶等惟當於閩、粤、浙江三省洋面飭屬會擒，遇有外洋駛入夷匪，無論安南何官，即行嚴辦。再，此後拏獲安南盜匪，審明後當即正法，毋庸解京，以省驛站解送之煩。

癸丑，諭：據吉慶等奏，校閱各標營官兵一摺，内稱見的冬深閱兵之期，查閱内河水師弁兵駕駛便利，在船施放槍礮尚屬熟練，鳧水爬桅亦屬嫻習等語。此語不通。粤東氣候雖屬和暖，但水性寒冷，且正届隆冬之時，令人赤身入水，究未免不近人情。【略】嗣後，沿海地方如尋常操演爬桅等技藝，仍照常演習外，至冬令鳧水斷不可行，以示朕體恤水師、準情酌理之意。將此通諭有水師省分各督撫知之。

福甯等奏：攻奪黄柏山賊卡。得旨：獎賚，賞兵丁一月錢糧。

乙卯，姚學瑛革職逮問，以先福爲陝西按察使。

《仁宗實録》卷一三　丁巳，李奉翰等奏：豐汛壩工，於本月初九日，東西兩壩同時並蟄，口門共寬十四丈餘尺。

庚申，惠齡奏：安襄一帶，賊人生長熟習，因思軍營雇募鄉勇甚多，且百姓中必有素屬良善切齒賊匪者，何不令作爲鄉導，訪明偏僻小路，或聲東擊西，或出其不意，邀截迎擊，即於賊人竄逸小路，豫爲埋伏計誘。用兵之道，在於出奇制勝，並有以少擊多，以寡勝衆者，豈賊匪萬餘，必須官兵數倍攻圍，方能勦浄乎？

《東華續録》嘉慶三　庚申，調德瑛爲盛京刑部侍郎，以寶源爲盛京禮部侍郎。

《仁宗實録》卷一三　壬戌，明亮等奏報：擒獲首逆吳廷玉、吳廷英等，押赴平隴正法。

《高宗實録》卷一四九六　甲子，此案初彭齡參奏陳淮摺内所稱，歌詞有中缺八千大缺一萬五之語，自非無因，隨命蘇凌阿等查審具奏。昨據奏審訊陳淮，信用首縣徐午，任其倚勢驕縱，以致人皆嫌怨，編造歌詞。而於婪賄營私等事，並無確據，僅以與首縣評論字畫，忘分結納，將陳淮、徐午均擬發往新疆効力贖罪。經軍機大臣會同該部覈擬具奏，以陳淮雖訊無别項劣蹟，但罔顧大體，殊屬卑鄙，僅發新疆，不足蔽辜，應令罰繳巡撫養廉五年示儆。

《東華續録》嘉慶三　張朝縉緣事革職，以楊揆爲甘肅布政使，張繼辛爲四川按察使。

乙丑，宜綿奏：攻克太平通天觀，斬賊首黄自榮等。得旨：獎賚，賞兵丁一月錢糧。

《仁宗實録》卷一三　丁卯，馮光熊奏：南籠府狆苗滋擾，馳往查辦。該處狆苗糾衆焚搶，自係與湖南苗匪氣類相通，勾結竊發。此時馮光熊雖已前往，但貴州苗疆關繫緊要，一切調度機宜，恐馮光熊一人照料難周。現在黄柏山賊匪，已經官兵連奪賊卡，即日殲除，無須勒保在彼幫辦，著即輕騎減從，馳赴南籠，不

必再帶攻勦黄柏山之兵。至黔省現調官兵，尚恐不敷，並著珠隆阿、張玉龍即將應徹回貴州之兵，速行帶領前赴南籠，或再將他省應徹之兵，酌帶一二千名，總當星速勦捕，以期蔵事。

戊辰，勅諭暹羅國王鄭華。

《東華續録》嘉慶三　庚午，成都將軍觀成等奏：逆首徐添德自焚掠東鄉後，近又密行句結巴州所屬之方山坪、王家寨等處賊匪，將達州至太平大路阻塞。諭軍機大臣等：見在索費、英阿帶兵由太平前至達州，城池、糧道均可無虞。

二月癸酉，以曹城爲内閣學士。

江南豐工合龍，加李奉翰太子太保。

甲戌，調熊枚爲安徽布政使，以陳孝昇爲雲南布政使，孫藩爲雲南按察使。

戊寅，未刻，皇后崩。

惠齡等奏：獲首逆劉起榮，解京。

《仁宗實録》卷一四　諭軍機大臣等：南籠苗匪滋事，前已諭令勒保、珠隆阿、張玉龍先後帶兵速往督勦。成林、江蘭遠在鄰省，而於軍旅之事，皆所未嫻，若辦理過涉張皇，恐本省民苗見而驚疑。著傳諭成林、江蘭，祇須留心妥辦，於緊要隘口，嚴密防範，毋任竄逸勾連。至此時勒保、珠隆阿自已前抵該處，務即督率官兵，將苗匪奮勇殲擒，早爲撲滅，毋稍遲延。將此並諭令知之。

己卯，加賑甘肅狄道、河、環三州縣及莊浪縣丞所屬元年被旱、被雹災民。

《東華續録》嘉慶三　辛巳，景安奏：擒勦淅川、内鄉未及起事教匪首逆王佐臣等。

《仁宗實録》卷一四　壬午，加賑山東濟寧、單、魚臺、臨清四州縣衛元年被水災民。

《東華續録》嘉慶三　癸未，原任陝西按察使姚學瑛以贓伏法。

《仁宗實録》卷一四　戊子，馮光熊奏：擒獲狆苗夥黨，集兵撲勦情形。奏入。諭軍機大臣等：該處狆苗糾衆滋事，而同類苗人，即有能幫助官兵，率衆坐卡，並拏獲賊苗多名。可見狆苗中安分守法、能知效順者，實不乏人，其滋事賊苗，不過一二桀驁不馴之徒，藉端煽惑，希圖乘閒搶掠，看來尚易辦理。此等良善狆苗，務須加之獎勵，較之出力鄉勇等，更當從優，俾益加踴躍，幫助官兵，不爲賊匪所用，賊勢日孤，官兵可收以苗攻苗之益。將此傳諭知之。

撥部庫銀三百萬兩，解往湖北，以備軍需。

《東華續録》嘉慶三　辛卯，予陝西興安府屬被賊難民口糧、籽種，並修屋銀。

乙未，廣西西隆州惡稿苗匪滋事，命吉慶等勦之。

惠齡等奏：勦殺襄陽鄭家河賊匪。

丁酉，緩徵湖北承辦兵差之武昌等十九州縣新、舊額賦。

宗人府奏請：貝勒德麟世襲封爵。得旨：德麟所襲之爵，伊子承襲貝子，伊孫承襲鎮國公，減至不入八分公止，世襲罔替。

《高宗實録》卷一四九六　三月甲辰，巡幸盤山，所有沿途經過地方，本年應徵地丁錢糧，著加恩蠲免十分之三。

《仁宗實録》卷一五　乙巳，諭軍機大臣等：馮光熊奏勦殺賊匪，祇係攻克卡寨數處，斃賊五六百人，且所奏亦不實。該處狆苗不過烏合之衆，乘閒焚搶，前據馮光熊等奏狆苗糾衆不過數千，屢經官兵勦殺，何以現在各路屯聚之賊，似有數萬之多？馮光熊究係書生，又已年老，亦無足深責。至珠隆阿由總兵擢用提督，帶兵打仗，是其專責，乃勦辦日久，並未能將賊匪速行搜捕，著傳旨嚴行申飭。此時勒保自已前抵南籠，著即督同珠隆阿等，鼓勵將士奮勇進勦。馮光熊著即回駐省城，彈壓地方，辦理軍需事件。

《東華續録》嘉慶三　乙卯，畢沅等奏：湖南投誠入伍苗兵，不下三萬餘人，均仰給於官，爲日已久。此時大功告竣，自應裁撤，令其耕耘復業。臣等酌議量予牛具、籽種，俟秋收後再行，以次酌裁。仍擇其出力較著、艱苦最甚者，酌留萬餘名，派給各苗弁管領，以供差唤，每名月給工食銀五錢，一二年後再逐漸裁革。從之。

己未，以惠齡爲理藩院尚書。

壬戌，諭：近因喀申和卓揑病不肯當差，是以革去公爵，交刑部監禁。伊之公爵並非軍功所得，覈其罪原應削奪，但念伊父、伊叔自投誠以來奮勉行走，著加恩將伊鎮國公爵作爲輔國公，令伊從弟巴巴克和卓承襲，以示朕矜恤回奴至意。尋命將喀申和卓釋放，交該旗管束，不許滋事。

癸亥，上親耕耤田。

董誥丁母憂，命劉墉爲體仁閣大學士，調沈初爲吏部尚書，以朱珪爲兵部尚書，調張誠基爲安徽巡撫，以吉慶兼署廣東巡撫。

《仁宗實録》卷一五　調正白旗滿洲都統和珅爲鑲黄旗滿洲都統，鑲白旗滿洲都統福長安爲正白旗滿洲都統，鑲紅旗滿洲都統綿恩爲鑲白旗滿洲都統。

乙丑諭軍機大臣等：惠齡所奏，不過分路兜勦情形，殲賊亦屬無多，殊不滿意。並爲恒瑞乞恩，有何緊要？恒瑞前曾獲咎，今既能知過自奮，伊本係將軍，著加恩照例准戴花翎。至據奏現獲匪犯，多係姚之富之徒，且獲有姚爽一名，訊係姚之富堂姪，想姚之富總在此股賊匪内等語。但據巴克坦布等奏，由南召竄入大山賊匪，逆首王廷詔、李全、姚之富俱在其中，此時恒瑞帶兵截勦此股賊匪，巴克坦布、慶成等先經馳赴南召一帶，正可兩面夾擊，痛加勦殺，總須將各首逆設法擒拏，不可坐待惠齡，有稽時日。將此傳諭知之。

《仁宗實録》卷一六　夏四月壬申，定苗疆善後事宜。諭内閣：畢沅等奏，既經苗疆添設營汛官兵，及修城築堡，酌給新設苗弁餉銀各摺。此等善後章程，既經畢沅等分摺具奏，自應覈議施行。但地方事件，有治人，無治法。從前湖南省苗疆各鎮，一切設汛安兵，何嘗不係前人妥爲布置規模，祇因地方大小各官，因循廢弛，不能實力整頓，以致苗匪勾結滋事，邪教乘隙作亂。即如湖北省邪教肆擾，本係民人，該省豈無文武官管束彈壓，乃任其煽誘蹂躪，輾轉奔竄，至今尚未埽除净盡。可見楚省地方滋擾不寧，總由封疆大吏等日久懈弛，未能撫輯得宜所致。此次定議之後，若不實力奉行，仍屬具文塞責，何以垂永久而靖苗疆？除該省從前貽誤各員，再降諭旨查辦外，所有畢沅等奏到各摺，著交軍機大臣會同各該部，詳悉覈議具奏。

《高宗實録》卷一四九六　丙子，勅諭曰：【略】陳用敷前在安徽巡撫任内，因劉之協一案失察獲咎，特命前赴湖南軍營効力。伊自到湖南幫辦軍需，前據和琳等奏尚知奮勉出力，是以加恩録用，陳用敷當益加感激，勉圖報効。湖南現在辦理銷算各事宜，本有該省司道，尚不乏員，陳用敷接奉此旨，即速赴廣東新任。張誠基將巡撫印務交與陳大文接收，即赴安徽調任，朱珪俟張誠基到後，即可交代起程，來京供職。

《仁宗實録》卷一六　甲申，免湖北被賊滋擾之應山、黄安、黄陂、應城、安陸五縣本年額賦。

諭軍機大臣等：上年邪教起自長陽、當陽，未幾鄖、襄一帶相繼滋擾。雖經以次撲滅，而巴東、歸州之賊，竄入黄柏山，近又匿芭葉山。其達州教匪延及興安、紫陽等處者，亦已肅清，而金莪寺、清溪場賊巢迄今尚未勦滅。至襄陽之賊，先在鍾、宜、棗、隨一帶屯聚，近又由盧氏竄入陝境商、雒一帶，東奔西竄，往來無定，所過邨莊，焚掠爲害，若不亟籌掃蕩，僅事尾追，使未經蹂躪之區，復遭擾累，日復一日，伊於何底？各路領兵大臣，俱係朕特派前往，寧不知賊匪多過一處即多擾一處，多一日搶掠，則百姓多一日顛連，而糜費帑金，尚爲餘事。伊等身列行間，目擊情形，何以漫無籌畫。若云軍營事權不能歸一，則襄陽一路原責成惠齡，達州一路責成宜綿，黄柏山一路責成額勒登保、福寧。若云兵力不敷，已節次派調隣省各兵、京營勁旅，並湖南撤回勝兵，共至數萬，軍威不爲不壯。即軍餉一項，各省撥解以及特發部帑，不下三千餘萬，豈尚不敷支給。即此外尚有礙難情形，伊等亦應據實奏聞，或自揣才力不能辦賊，更當奏明，使朕另派大臣前往督勦，乃諸處大員，並無一字奏及。況明季流寇横行，皆緣其時紀綱不整，朋黨爲奸，文恬武嬉，置民於不問，以致壞事。方今吏治肅清，勤求民隱，每遇水旱偏災，不惜多費帑金，蠲賑兼施，百姓具有天良，均應知感。此次邪匪煽誘，不過烏合亂民，國家威棱遠播，凡在荒徼，無不賓服。若以内地亂民，糾衆滋擾，不能立時殄滅，其何以奠九寓而服四夷耶？伊等若再不知激發天良，速擒首逆，掃除餘匪，以致流毒蔓延，多耽時日，自思應得何罪！再湖北賊匪，前在荆、宜、施、襄、鄖一帶，其焚掠處所，在各府縣中統計若干處，合之湖北一省，約有十分之幾，又襄陽之賊竄入豫境，由桐柏至嵩縣、盧氏、内鄉、淅川一帶，被搶邨莊若干，現復竄至陝西商雒，及達州教匪闌入興安、紫陽一帶，被賊蹂躪處所若干，及達州之賊在該州境内，焚掠邨莊若干，川、陝二省各有十分之幾，並著查明覆奏。至被擾各該省州縣難民復業者已有若干，現在如何安輯，並著各督撫妥爲撫綏，勿使失所，去而從賊，方爲妥善。朕以有功自加懋賞，有罪亦予嚴懲，信賞必罰，惟在各路領兵大員自擇耳，勿謂言之不豫也。慎之！勉之！

《東華續録》嘉慶三　丁亥，勒保奏：殲勦南籠下山塘等處苗匪。得旨：奬賚，賞兵丁一月錢糧。

召成林來京，調台布署廣西巡撫，張誠基爲江西巡撫，以朱珪暫攝安徽巡撫。以羅國俊爲内閣學士。

戊子，勒保奏：獲雲南威遠猓首扎杜。

辛卯，予四川達縣等三州縣被賊難民三月口糧及修屋銀。

宜綿等奏：攻克清溪場、金莪寺等處賊寨。得旨：奬賚，賞兵丁一月錢糧。

甲午，諭：詹事府各員京察既歸翰林院掌院辦理，而該衙門事務又仍係

該堂官自行，未歸畫一，原辦未免疏漏。所有詹事府衙門事務，嗣後均著翰林院掌院管理。

賜予告大學士蔡新子舉人本俊内閣中書。

丁酉，命疏濬安徽宿州靈壁縣濉股河、鳳臺縣裔溝河、江蘇豐、沛二縣順隄河、食城河。

己亥，宜綿奏：攻克四川王家寨賊寨。

五月庚子朔，上奉太上皇帝命，賜安南國王阮光纘敕諭。

《仁宗實録》卷一七 辛丑，江蘭奏：狆苗竄至滇省之補董洒、馬邑等處，經官兵堵勦，殲戮仙達賀金崙一名，擒獲仙姑一名，審明正法。所辦尚好。苗匪愚蠢無知，自改土歸流以後，與漢奸往來，遂有此等仙達、仙姑名目，惑衆滋事。醜類衆多，誅之原不可勝誅，但必有主謀爲首之人，務須設法生擒。此外被脅苗衆，得勦則勦，得撫則撫，以期迅速蕆事，勿令再有蔓延。將此傳諭知之。

乙巳，撥部庫銀二百萬兩，解往四川，以備軍需。

丙午，諭軍機大臣等：八渡一帶苗匪，經吉慶等殄除，而平廣、亞稿、遮蓬、那地等處，屯聚尚多。此次吉慶所帶兵本少，但前奏調廣東兵二千名，吉慶寧不當催令速至，乃在彼坐待耶？至軍糈關繫緊要，成林等自當早爲籌運，況百色附近州縣，與西隆相距不遠，何至輾運不前，此非成林辦理遲誤而何？且向知廣西多米，粵東常向該省買食，今軍行需用，轉向湖南購運，舍近求遠，殊無此理。看來廣西倉貯空虛，巡撫、藩司平日不以爲事，吉慶係該省總督，務須查明虧短，據實參奏，儻稍存迴護，恐該督不能當此重咎也。

戊申，重石子、香爐坪等處賊匪，經宜綿等伏兵邀擊，賊首王三槐假冒出降，狡詐已極。幸宜綿窺破賊情，乘機勦殺，不致墮其奸計，實屬可嘉。惟此次殺賊僅數百名，又未獲首逆，宜綿等所帶兵勇，共有二萬餘人，賊匪即號稱二萬人，其中迫脅附從者不少，究係烏合之衆。今以二萬官兵，勦此二萬窮竄之賊，有何難事？又據奏，將甘肅所調各營兵丁，及撒拉爾回兵，俱令全赴興安，交柯藩相機堵勦。所辦甚是。但秦承恩現在採玉窑勦賊，即係姚之富一股，急須搜捕。前據奏，飛調寧夏、涼州並莊浪土司兵，星赴孝義川，是秦承恩一路，尚須此項兵力。著秦承恩酌量情形，一面檄催，一面分撥，以期速得勦捕之用。將此各諭知之。

《高宗實録》卷一四九六 癸丑，前據定邊左副將軍圖桑阿參奏參贊大臣額勒春牟利營私各款，當經將額勒春革職拏問，派豐紳殷德前往嚴審。續據喀爾喀王薩木丕勒多爾濟呈遞理藩院公文，控告額勒春縱子妄爲，及苦累蒙古各款。覈對所發月日，始知圖桑阿已聞薩木丕勒多爾濟業經呈控，難以掩飾，始行補參，而於額勒春肆意妄行諸重款，仍未據實奏出，復降旨將圖桑阿革任，一併交豐紳殷德審明治罪矣。所控條内有烏梁海例進貢馬到烏里雅蘇臺，額勒春令家人向索馬四十匹，伊即挑存二十匹，又勒索羊一百隻，烏梁海衹應付五十隻一節。可見額勒春貪鄙已極，實難寬宥。向來派往各路大臣，於所管部落尚多有備帶賞需散給者，豈有轉向所部等人勒索之理，大失滿洲大臣顔面。況額勒春曾任巡撫司道，養廉豐厚，積有鉅萬家貲，經朕派往烏里雅蘇臺辦事，自應於所屬部落，體恤賚予，方不失特遣大臣撫馭外藩之道。乃額勒春轉肆行勒索，殊出情理之外，雖各該處大臣需用馬匹、牛羊、土物等項，不能不向各該處買用，其中稍知大體者自必多給價值購買，即貪小之輩亦不過官價給值，何至有藉端勒取等事。似此不肖貪黷劣員，不特新疆各路爲然，即督撫中亦曾有敗閑蕩檢者，朕實以爲慚也，何以肅綱紀而儆官邪。即如前歲黑龍江將軍都爾嘉、明亮、舒亮索取貂皮，以至激而上控，從前高樸之私賣玉石，格綳額之勒索回子，而督撫中則有伍拉納國泰等，營私貪黷者不一而足，一經敗露，俱已分別正法發遣，從重治罪。並節經降旨明白通諭，各大臣等寧不知之，自應益懷儆惕，共勵廉隅。乃諄諄訓諭，不啻至再至三，今額勒春復有向烏梁海索取馬羊之事，伊等不知自愛，甘蹈刑辟，固不足惜，而大臣等每有此等不肖之事，玷辱滿洲，朕實引以爲愧。即以私帶玉石一事而論，曾經降旨嚴禁，於守卡侍衛起程時，人給一紙，俾知提撕儆戒，立法不爲不周。而上年仍有守卡侍衛恒義等夾帶私玉之事。在此等窮苦微員，一經犯法，尚當嚴辦示懲，若大臣等出此，更當從重懲治。著將此旨通諭各省新疆將軍大臣及督撫等知之，並著各照録一通，揭之衙門大堂，入於交代，俾各觸目警心，共知戒懼。倘經此次訓諭之後，復有仍前骫法者，必當加倍治罪，伍拉納、高樸、額勒春等皆前車之鑒，毋謂朕不教不誡也，凛之慎之。

《仁宗實録》卷一七 甲寅，撥部庫銀二百萬兩，解往陝西，以備軍需。

《東華續録》嘉慶三 乙卯，緩徵河南教匪滋擾之鄧州等二十一州縣，及原辦兵差之南陽等二十三州縣，並堵禦出力之伊陽等九州縣新、舊額賦。

《高宗實録》卷一四九六 己未，皇后不幸薨逝，朕甚悼焉，今已逾百日，不但皇帝中宮不可久曠，即晨昏定省子婦之職缺如，朕心亦頗不愉。但皇后薨逝

甫經百日，雖不便即舉行繼立皇后典禮，自應爲皇帝先行册封皇貴妃。今貴妃鈕祜禄氏，係朕從前選擇賜皇帝爲側福晉者，觀其人品端謹莊重，且能率下，即將貴妃鈕祜禄氏册封爲皇帝之皇貴妃，表率宫庭。上以孝養朕躬，佐皇帝以綏福履，襄成内治，俟二十七個月後，再舉行册立皇后典禮。

壬戌，賑卹貴州狆苗滋擾之南籠府，並所屬普安、永豐二州，普安、安南二縣，册亨州同，安順府屬朗岱、歸化，普定、永寧，鎮寧五廳州縣，又貴陽府屬之羅斛、廣順各邊界郎寨貧民三月口糧。免南籠府屬州縣，及普定、朗岱、鎮寧、永寧、廣順定番、長寨七廳州縣元年未完銀穀，及二年應徵正耗秋米。緩徵貴陽、都匀、大定、平越、銅仁、鎮遠、思州七府未完額賦。

己巳，擬内庫銀二百萬兩，解往湖北，以備軍需。

《東華續録》嘉慶三　乙丑，諭：前因陸有仁將撤拉爾回兵暫停循化，以致遲誤軍行，【略】陸有仁即著革職，拏交刑部治罪。至四川軍需事務，本有該省司道董率辦理，且宜綿見在川境帶兵，所有總督事務即著宜綿就近兼辦。英善即馳驛前赴甘肅新任，藩司楊揆見在川省，未即赴甘，英善著仍以刑部侍郎兼攝藩篆，並代理總督事務。

戊辰，上侍太上皇帝啓鑾，秋獮木蘭。免經過地方額賦十分之三。

《仁宗實録》卷一八　六月，辛未，額勒登保等奏：始則進攻二垅口，復於次日進攻大垅口，兩次並未痛勦賊衆，而將弁兵丁，轉致受傷數人，且官兵既經徹回，所拏分水嶺卡座三處，自必仍爲賊有。用兵之道，全在統兵大員相度機宜，出奇制勝。賊既負嵎死守，自當設計籌辦，或攻其無備，或聲東擊西，或絶其糧食，或斷其樵汲。即不然，亦當用計離閒賊黨，豈有專恃官兵衆多，冒險進攻之理。以國家有用官兵，與一二匪徒，輕生併命，殊爲不值。即摺内所稱山上糧食有限，不能久支，亦不足信。早經伊等奏稱，芭葉山四面俱經官兵圍住，試思賊匪甫由黄柏山奔逃至彼，非在彼起事之處，得以豫儲糧食，即倉卒裹帶，亦必無多。而山内荒僻，何從得食，非下山掠取，即有奸黨暗地資送，額勒登保總當出奇設計，剋期勦净。將此諭令知之。

癸酉，勒保奏勦克水烟坪隘卡，擒獲賊目。再，勒保奏：訊據獲犯供稱仙達、仙姑内，有光仙、囊仙二人爲首，號召衆苗，在大王公之上，並有僞總兵將軍等號。苗匪等膽敢揑造僞官，不法已極，必須按名拏獲解京，盡法處治。

《東華續録》嘉慶三　丁丑，免湖南逆苗滋擾之乾州等四廳、州、縣苗糧。

《仁宗實録》卷一八　癸未，吉慶與彭承堯分兩路前進，將隆或賊寨攻克。西隆邊界苗寨，惟亞稿、隆或二處，聚集苗匪較多。今隆或既經攻克，止有亞稿一處，現在吉慶等乘勝進攻，諒可即日掃蕩，肅清後路，帶兵渡江，進赴南籠，與黔省會合夾擊。勒保、吉慶等務將爲首之仙達、仙姑，及漢奸人等，按名擒獲，其餘夥黨，得勦則勦，得撫則撫，早一日蕆功，則地方早一日寧帖。將此傳諭知之。

丙戌，加賑陝西膚施、安塞、靖邊、定邊、懷遠、綏德、米脂七州縣元年被旱災民，並蠲緩額賦有差。緩徵甘泉、延長、延川、宜川、安定、保安、榆林、葭、神木、府谷、清澗、吴堡十二州縣額賦，並借欠倉穀。

《東華續録》嘉慶三　癸巳，諭軍機大臣等：額勒登保統領官兵，連克大垅口、木城石卡，殺賊四百餘名。

《仁宗實録》卷一八　丙申，諭軍機大臣等：宜綿等奏，分兵布置，堵勦各路竄入楚匪情形。調度尚爲得宜，其竄往太平城口，及漁渡壩、竹峪關等處之賊，因見各處攔截，不敢肆行窺伺，而竄至秋波梁之賊，又爲朱射斗截殺多人。其通江分竄至黑山子賊匪，若果與方山坪賊匪會合，正是自投陷穽，該處現有百祥帶兵在彼，儻兵力尚有不敷，著宜綿派鎮將帶兵前往協勦，更易撲滅。看來川省防堵嚴密，賊匪不能直前奔竄，惠齡等務遵照宜綿調度，即帶官兵及撤拉爾回兵，或覓徑繞出賊前，或從賊後衝擊，與朱射斗兩面夾攻。至所稱酌留官兵五六千名，豫防賊匪折回興漢，宜綿未免過慮。現在惠齡一路官兵，共一萬二千餘名，若再留五六千名防堵興漢，則兵力又單，不敷勦賊之用。惠齡奉到此旨，即將所留之兵，全數調往軍營勦賊，不可稍有遲誤。再，城口賊匪，距大寧遠至八九百里不等，賊匪揚言欲向該處，明係牽掣官兵奸計，宜綿等料其不能聯絡，所見甚是。將此諭令知之。

丁酉，諭軍機大臣等：魁倫等奏，琉球國王世孫尚温，因傳位大典，於常貢外備物申賀，忱悃可嘉，未便駁回，致阻其向化之誠。至朝鮮難民李唱實等，出洋遭風漂至琉球國，該國給與衣食，並將難民等附搭貢船至閩，所有護送之人，著該督撫等量加奬賞。

《東華續録》嘉慶三　閏六月己亥朔，諭軍機大臣等：觀成奏，官兵攻克九龍池賊巢。

庚子，以攻克西隆州亞稿苗寨功，加吉慶太子太保，彭承堯太子少保，均賞雙眼花翎。

《仁宗實録》卷一九 諭軍機大臣等：此次吉慶等因亞稿正路，急切不能得手，由小路繞至亞稿之後，乘夜踹山而進，直抵亞稿，焚燒寨屋，將賊巢蕩平，實爲出力可嘉。至首逆龍登連務須上緊搜拏，以期必獲。將此諭令知之。

丙午，勒保奏報：解南籠城圍。得旨：嘉奬。勒保奏官兵至南籠城内，難民男婦數萬均來迎接，當將裹帶糧食，及連日所獲賊糧，按名散給，並即派員賑撫等語。南籠府城，受困半載，賊匪日來滋擾，民食已罄。城内紳士民人等，深明大義，晝夜備禦，捐助薪米，得以同心協力，固守無虞。今勒保解圍到郡，見城内難民口食不敷，情形已極疲憊，實堪憫惻。所有南籠應徵錢糧，著該督查明蠲免一年，其餘被賊滋擾地方，如永豐、册亨、捧鮓、黄草壩，及粤滇邊界被擾各處，亦均著該督撫查明，各免一年錢糧，俾閭閻元氣漸復，民力寬裕，用副軫懷。其守城兵勇，均著加恩賞給一月錢糧口糧，以示奬勵。

《東華續録》嘉慶三 庚戌，撥内庫銀四百萬兩，備四川軍需。

壬戌，諭：大學士王杰因骰疾不能入直，著不必在軍機處行走，即回京供職。【略】吴熊光、戴衢亨在軍機章京上行走有年，自爲熟習，念其職分較小，著加恩各賞三品卿銜，照松筠、台布之例，隨同軍機大臣學習行走。兵部右侍郎傅森，亦著一體學習行走，庶可漸資造就。

《仁宗實録》卷一九 癸亥，吉慶奏：亞稿首犯龍登連，經族姪龍起鳳諭以官軍聲勢，率其子龍朝鳳投誠。

《東華續録》嘉慶三 丁卯，勒保奏：殲戮洛美學莊等處苗匪，解黄草壩城圍，滇黔路通。展賑貴州狆苗滋擾之興義府各屬民苗。

《東華續録》嘉慶四 秋七月己巳，直隸永定河溢。

庚午，田鳳儀丁憂。調費淳爲福建巡撫，以康基出爲江蘇巡撫、兼管南河事。調司馬騊爲山東布政使、兼管東河事，賀長庚爲山西布政使。以常明爲貴州布政使，調張繼辛爲貴州按察使，先福爲四川按察使，陳用敷爲陝西按察使，以常齡爲廣東按察使。

太子少保、湖廣總督畢沅卒，晉贈太子太保。

癸酉，以雨詔停秋獮。

己卯，命喀什噶爾、英吉沙爾二城儲糧一萬石備荒。

《仁宗實録》卷二〇 辛巳，賊匪齊王氏、姚之富等，欲往歸州巴東，與長陽賊匪合夥。明亮等現繞出賊前，相機迎擊，著汪新酌帶兵勇迅往緊要處所，幫同堵拏。其界連歸州之竹山、竹谿等處，亦當嚴密防堵，毋使勾結煽惑。所有帽子山城口子屯聚賊匪，著額勒登保等專心勦辦，斷不可使與歸州巴東賊匪合夥。至開縣、萬縣、雲陽新起之賊，業經宜綿等派令分股兜捕，自不致與前起之賊合夥，即使歸併一處，更可聚而殲洗。再竹山、竹谿、興山、房縣、保康等處，恐有伏而未動餘匪，此等匪徒，若果附和響應，自當速爲勦辦。如尚伏而未動，即紛紛搜捕，必致堅其從賊之心，且各處人數衆多，概予誅夷，朕心亦有不忍，惟在明亮等酌量機宜，隨時勦捕，以期速靖地方。將此傳諭知之。

癸未，予四川軍營病故都統巴克坦布祭葬世職，如陣亡例。

乙酉，免四川運辦軍務之奉節、巫山、雲陽、萬、開、大寧六縣次年額賦。

丙申，免雲南苗猓滋擾之羅平、平彝、師宗三州縣，及邱北縣丞、五嶆州判所屬本年額賦，并賑卹有差。

《東華續録》嘉慶四 丁亥，予貴州降苗一萬七千八百八十餘户安撫銀米。

庚寅，賞投首洋盜林發枝七品銜，來京安置。

甲午，撥内庫銀一百萬兩，備湖南軍需。

八月丁酉朔，江南碭山境内楊家鋪河溢，命蘇凌阿等馳往堵築。

《仁宗實録》卷二一 戊戌，免甘肅皋蘭、金、靖遠、隴西、寧遠、伏羌、安定、會寧、通渭、漳、洮、平涼、静寧、固原、隆德、鹽茶、平番十七廳州縣，并沙泥州判所屬元年旱災額賦。

撥内庫銀三百萬兩，解往湖北，以備軍需。

免陝西被賊滋擾之商、商南、雒南、山陽、鎮安、孝義、洵陽、漢陰八廳州縣本年額賦，緩徵石泉、南鄭、城固、洋、畧陽、寧羌、沔、褒城、鳳九州縣本年額賦，并咸寧、長安【略】二十州縣帶徵乾隆六十年舊欠額賦。

《東華續録》嘉慶四 甲辰，永定河漫口合龍。

丙午，緩徵黔苗滋擾之雲南羅平等三州縣逋賦。

《仁宗實録》卷二一 丁未，邇來川楚各路賊匪奔竄，官兵分投勦捕，日久未能蕆事，總由分撥堵截，以致兵力分而見單。現在添調官兵，不下八千名，著傳諭統兵大員，不可隨到隨撥，務須全數齊集，相度機宜，探明首逆齊王氏、姚之富現在何路，即專向此路併力圍拏，肅清一路，再以次遞勦，無難逐漸蕩平。

賑四川被賊滋擾之通江、開、萬、雲陽、奉節、巫山六縣貧民。

甲寅，緩徵湖北武昌、漢陽、黄州、荆州、荆門五府州歉收州縣新舊漕米，並

本年漕項等銀，及荆州各衛所屯餉耗羨銀糧。截留湖南本年漕糧二十萬石，分貯武昌、荆州，以備軍糈。

《東華續録》嘉慶四　丁巳，勒保等奏：攻克安有山梁。得旨：賞賚。

《仁宗實録》卷二一　己未，調正黄旗領侍衛內大臣和珅爲鑲黄旗領侍衛內大臣，鑲黄旗領侍衛內大臣額勒登保爲正黄旗領侍衛內大臣。

大學士誠謀英勇公阿桂卒。

賑安徽宿、靈璧、泗、五河、盱眙五州縣被水災民，並緩徵鳳陽、懷遠、壽、鳳臺四州縣村莊新舊額賦。

《東華續録》嘉慶四　丙寅，緩徵廣西省及各土司苗匪滋擾地方額賦。

《仁宗實録》卷二二　九月戊辰，勒保奏報：攻克洞洒當丈苗寨，生擒首逆王囊仙、韋七綹鬚，殺賊千餘，燒斃賊衆萬餘，生擒男婦千六百名口。得旨：此時首逆既擒，其附和苗寨，自必望風震懾，官兵乘勝直前，永豐册亨之圍，自可不攻而解。但王抱羊一犯，與王囊仙俱係起事首逆，必當一併擒獲。勒保應趁此兵威，曉諭降苗，令其搜捕縛獻，以净根株，其餘被脅悔罪苗民，妥爲駕馭安撫，俾安生業。將此諭令知之。

《東華續録》嘉慶四　晉封勒保三等侯。

《仁宗實録》卷二二　己巳，諭軍機大臣等：秦承恩奏，賊匪由竹山、竹谿竄至白河一摺，現在陝省兵力無多，雖有鄉勇一、二萬人，總須大員帶領，【略】該處帶兵大員有惠齡、慶成等多人，莫若令恒瑞帶兵馳赴白河，秦承恩與恒瑞併力迎擊，扼其北竄漢江之路，防護白河、洵陽。將此諭令知之。

庚午，賑江蘇碭山、蕭二縣被水災民，並蠲緩地丁漕糧有差。免淮安、徐州二府屬應徵米豆蘆課。

《東華續録》嘉慶四　壬申，以薩敏爲盛京工部侍郎。

《仁宗實録》卷二二　諭軍機大臣等：宜綿奏，攻克方山坪，初閲似已得手，及閲至首逆俱向通巴一路奔逸，仍未就獲，所奏多係空言。此次打仗陣亡員弁多人，兵勇亦有傷亡，徒損兵力，著傳旨嚴行申飭。此時賊首既向通巴一路，思與徐添德合夥，宜綿惟當緊躡賊蹤，設法圍擒，勿令會合。【略】至額勒登保攻破帽子山，實不過因賊去後佔據空山，而首逆在逃，賊匪四竄，轉須處處派兵堵截，又致百姓遭其蹂躪，實堪憤懣。

《東華續録》嘉慶四　癸酉，諭：【略】嗣後，婦人因他故起釁故殺其子者，自當仍照舊例辦理外，其因姦殺子者，無論嫡母、親母、繼母、嗣母，俱照例分别斬、絞，不論其夫有無子嗣，皆入於秋審情實辦理，其永遠監禁之條，即著删除。此案廖氏已飭照此旨改擬，以示防維名節，懲創邪淫至意。著爲令。

陝西巡撫秦承恩奏：請蓋棚棲截留難民，給銀䘏被害良民。從之。

《仁宗實録》卷二二　魁倫奏：投首洋盗李發枝，現委員送京。

撫䘏浙江臨海、寧海、黄巖、太平、定海、象山、玉環七廳縣被水災民，並緩徵新舊額賦。緩徵歸安、德清、烏程三縣水災本年額賦。

乙亥，免直隸良鄉、宛平、通、寶坻、武清、霸、文安、固安八州縣水災本年額賦十分之一，並緩徵新舊額賦。緩徵涿、香河、薊、三河、東安、永清、保定、清苑、新城、雄、高陽、蠡、安、冀、衡水、武邑、寧晉、隆平、獻、肅寧、安平、大城二十二州縣本年額賦。

戊寅，勒保奏報：進攻巴林苗寨，擒獲首逆王抱羊。

吉慶奏報：勦除賊苗，收復册亨。

《東華續録》嘉慶四　辛巳，勒保等奏：洞灑、當丈兩處逆苗勦除净盡。晉一等威勤侯。

《仁宗實録》卷二二　甲申，命兩江總督蘇凌阿爲大學士，調河東河道總督李奉翰爲兩江總督，兼管南河事。以江蘇巡撫康基田爲河東河道總督。

《東華續録》嘉慶四　乙酉，定大逆緣坐人犯發黑龍江給索倫達呼爾爲奴例。

《仁宗實録》卷二二　丁亥，調雲貴總督勒保爲湖廣總督，以湖廣提督鄂輝爲雲貴總督。

戊子，黔粤狆苗業已全行戡定，其搜捕零星餘匪，及安撫各處苗寨，易於辦理。狆苗自滋事以來，人數衆多，誅之不可勝誅。其餘附從各苗寨，如有反側難信之人，亦應分别發往黑龍江及回疆地方安插，不可留於本處，若實係投誠可信，即當加之撫輯，以靖苗疆。將此諭令勒保、吉慶知之。

庚寅，四川、陝西、湖北交界處所，曾經賊匪滋擾，而甘肅地處邊陲，河南與陝楚毗連，防兵較少，自應酌量增添。況現在鄉勇日支口糧，與兵丁相同，而繩以部伍，究非紀律之師，其有畏縮不前，或未便遽治以軍法，轉不若挑充入伍，既於經費不致虚糜，而於軍令亦可整肅。且多一兵丁，便少一鄉勇，即遊手無藉之徒，一經招募入伍，可資約束。如軍務告竣，或挑補營額，或散令歸農，其事尚屬

易辦。四川著交宜綿，湖北交勒保、汪新，陝西交秦承恩、柯藩，即照所請之數招募。其河南、甘肅，著景安、英善體察情形，酌量增添，必須實力訓練，可期實效，儻將來不能得力，則惟該督撫是問。

癸巳，撥部庫銀二百萬兩，解往陝西，以備軍需。

甲午，諭内閣：此次川省奉節賊匪竄入楚北利川境内，經汪新派令副將樊繼祖統兵堵剿，並令恩施、利川二縣約會川省奉節縣曉喻居民，同心併力，會合奮剿。旋經各該縣尹英圖、陳春波、周景福會同千總等共相激勸，督率三縣士民，殺死賊匪一千數百餘名，生擒賊目四十餘名。又因賊分兩股奔竄，兵勇亦分兩路追剿，復殺賊二千餘名，生擒二百二十餘名。所辦實屬可嘉。除汪新等已另加優賚外，該省錢糧，前已有旨普行寬免。此次恩施、利川二縣及川省奉節縣鄉勇士民，均能齊心奮勇，同深敵愾，著加恩將該三縣應徵錢糧再行蠲免一年，以示奬義推恩至意。

《清仁宗實録》卷二三　冬十月丁未，賑湖北江陵、監利、荆門、當陽四州縣被旱災民。

《東華續録》嘉慶四　己未，惠齡奏：堵勦漢江一帶賊匪。得旨：奬賚，賞還雙眼花翎，賞兵丁一月錢糧。

《仁宗實録》卷二三　庚申，賑安徽合肥、定遠二縣被旱災民，並緩徵巢、來安、全椒、壽四州縣衛新舊額賦。

辛酉，著勒保交代後，即由驛馳赴川省總統軍務。

《仁宗實録》卷二四　十一月丙寅朔，予四川陣亡散秩大臣佛住祭葬世職，如都統例。湖北陣亡護軍統領阿爾薩朗祭葬世職如例。

戊辰，撥内庫銀四百萬兩，解往四川，以備軍需。

《東華續録》嘉慶四　丙子，貴州苗匪首逆王囊仙、韋七綹鬚等伏誅。

丁丑，緩徵貴州苗匪滋擾之平遠等三州縣額糧及逋賦。

庚辰，賜霍罕伯克那爾巴圖敕諭。

癸未，蔣兆奎以老疾乞休，允之。以倭什布爲山西巡撫，陸有仁爲陝西布政使，馬慧裕爲陝西按察使。

《仁宗實録》卷二四　戊子，以伊犂將軍保寧協辦大學士。

《仁宗實録》卷二五　十二月己亥，調鑲紅旗滿洲都統慶桂爲正藍旗滿洲都統，正黄旗漢軍都統淳穎爲鑲紅旗滿洲都統，以伊犂將軍保寧兼正黄旗漢軍都統。

《東華續録》嘉慶四　壬寅，賜高年頂帶八千四百七十九人。

癸卯，雲貴總督鄂輝奏：攻勦捧鮓至黄草壩，一路苗匪全行肅清。

《仁宗實録》卷二五　戊申，調河東河道總督康基田爲江南河道總督，以山東布政使司馬騊爲河東河道總督。

己酉，魁倫等奏臺灣民食現在不致缺乏等因。臺灣猝被颶風，吹損晚稻，閒被偏災，屢經降旨該督撫體察情形，量爲接濟。今該督等專派道員，齎帶藩庫銀二十萬兩，前赴該處，以備賑卹，災民自必早霑實惠。又，該地方糧價較前尚不致過昂，商販來船，仍屬源源内渡，漳、泉一帶皆資接濟，是現在臺灣民食，尚不致於缺乏，朕心稍慰。至來春青黄不接之時，應否展賑，仍著該督撫等遵照前旨，察看情形，酌量奏明辦理。至閩省洋盜近雖少息，但轉盼即交春令，風轉東南，亦難保其不從廣東洋面竄入閩省。魁倫自應在彼督飭水師將弁，實力嚴查堵緝，其請將赴浙盤查等事，展至來年冬令，自當如此辦理。

丙辰，諭軍機大臣等：川省竄匪，由烏林埡折入南江，而沔縣、寧羌一帶賊匪，先從南鄭奔入南江境内滋擾。宜綿處兵力無多，尚能派兵堵勦。至明亮一路，統領勁兵數千，又有各項官兵數萬，何難將賊匪截住，乃復予賊以暇，任其竄至通江。此次滋擾南江賊匪，即係陝境竄往之賊。明亮、德楞泰著傳旨嚴行申飭。

癸亥，湖廣總督總統勒保奏：訪察各路軍情，審度賊勢，所以不能得手者，蓋緣賊匪隨處焚掠，即隨處勾脅，是以日久愈多。而川、陝、楚三省，犬牙相錯，綿亘數千里，崇山峻嶺，處處有險可恃，有路可逃。及官兵擇隘堵禦，賊又向無兵處滋擾，以致有賊之地無兵，有兵之地無賊，並有賊過而兵猶未來，有兵到而賊已先去者。東勦西竄，南擊北馳。以言兜勦，即數十路難以圈圍；以言堵禦，雖數十萬兵亦不敷分佈。再四思維，現在陝、楚兵多賊少，川省則兵少賊多，若陝、楚各路，截勦嚴密，使賊匪不能北竄歸入川境，誘令散者漸聚，則官兵層層逼勦，轉覺易於爲力。通盤籌劃，惟有從川東進勦，清一路再進一路，以期與各路領兵大員及早會合，一鼓掃蕩。奏入，諭軍機大臣等：勒保所稱勦辦情形，切中向來各路帶兵諸人之弊。勒保既能周知暢論，自當力除積習，大加振作，況總統責成較重，倘帶兵大員，從前實有因循怠玩，此時仍不聽指示調遣，即當據實嚴參，不可稍徇情面，庶可迅勉成功。所有明亮處欽差關防，著即迅速送交勒保接

收蓋用，以專責成。

《東華續録》嘉慶四　是歲，朝鮮、暹羅、琉球入貢。

嘉慶三年（戊午、一七九八）

《仁宗實録》卷二六　春正月丁卯，加賑江蘇碭山、蕭、睢寧、豐、沛、銅山、邳七州縣，山東曹、單、濟寧、金鄉、魚臺、嘉祥、城武、鄒、滕、嶧十州縣，臨清、濟寧二衛，上年被水災民有差。加賑貴州狆苗滋擾之興義、貞豐二州縣，並册亨州同、黄草壩州判、新城縣丞、捧鮓巡檢所屬難民。

戊辰，賑安徽宿、靈璧、泗、盱眙、五河、合肥、定遠七州縣上年被水被旱災民。

庚午，命陝西巡撫秦承恩在任守制。以直隸總督梁肯堂爲刑部尚書，刑部尚書胡季堂爲直隸總督。

《東華續録》嘉慶五　壬申，兵部侍郎兼鑾儀衛鑾儀使阿迪斯，以請轎偏側，革侍郎職。

甲戌，貴州苗匪首逆查得物伏誅，苗疆平。

《仁宗實録》卷二六　明亮、德楞泰於川省竄匪高均德一股折回漢中，即置姚之富等大夥賊匪於不顧，輒帶全隊官兵至陝追勦，所辦乖謬已極。業經降旨拔去花翎，所有明亮、德楞泰前得世職，及優賞紫韁，俱著概行革去，祇留本任職銜，俾其戴罪圖功，以示懲創。諭軍機大臣等：昨因明亮等所辦乖謬，降旨訓飭。今再四思維，明亮等即欲留烏爾圖納遜在寧羌防堵，伊係帶黑龍江官兵之人，亦應將其原帶兵丁，酌量派撥，庶可收指臂之效。乃輒將緑營官兵給伊帶領，以致兵將不能相識，是令其以素不相識之兵，禦大夥猖獗之賊，豈非置之死地，焉望得力？看來明亮、德楞泰全不以軍務爲重，惟知自擁强兵，爲護衛之計。此次勦除教匪以來，帶兵大員往往各自爲計，競擇勇健之兵留爲自衛。賊退作爲勦敗，賊竄惟事尾隨，虚報斬獲，坐糜糧餉，以致經年累月，迄未成功。從前永保等即蹈此弊，今伊二人非擁兵自衛而何？若以誅心而論，即照軍法從事，亦所自取，姑予曲貸。至烏爾圖納遜，當明亮、德楞泰令帶緑營兵堵勦大夥賊匪之時，竟無一言。現在能否堵截，不令北竄，並是否先與高均德一同偷渡，明亮等前奏有無迴護，著烏爾圖納遜據實速奏，不可代人受過也。將此傳諭知之。

《東華續録》嘉慶五　甲申，諭：川省軍務正當緊要之時，不可無總督大員督率調度。勒保見係總統，著即調補四川總督，俾呼應較靈，得以迅速蕆功。宜綿本係陝甘總督，且陝西亦有應辦軍務，著宜綿酌量情形，或回駐西安，或赴甘肅，以資彈壓。其川省糧運事宜，亦不可無大員督辦，並著專交福甯、英善悉心經理，儻有遲延貽誤，惟伊二人是問。

丁亥，額勒登保著降爲三等伯爵，並降戴單眼花翎。福甯著革去官銜、花翎，以示懲儆。仍各留本職，令其圖功自贖，以觀後效。

《仁宗實録》卷二六　己丑，額勒登保、汪新奏：擒獲首逆覃加耀，埽蕩楚北餘孽。

辛卯，朝鮮國王李祘遣使表賀萬萬壽、萬壽、冬至、元旦四大節，及歲貢方物，賞賚筵宴如例。琉球國中山王尚温遣使表貢方物，賞賚筵宴如例。

壬辰，諭軍機大臣等：勒保甫抵川境，初次攻勦，即殺賊一千四五百名，生擒賊目三名，將新起賊匪，全數洗蕩，此入川第一功，可嘉之至。此時勒保統領勝兵，迅赴開縣一帶進勦，乘此威勢，將王三槐等速行擒獲，殲盡餘黨，廓清全境。將此傳諭知之。

《東華續録》嘉慶五　明亮奏：吉林、黑龍江官兵擊敗賊匪。

《仁宗實録》卷二六　癸巳，勅諭琉球國中山王世孫尚温。

《仁宗實録》卷二七　二月丁酉，黑龍江將軍額勒伯克以病解任，調江寧將軍那奇泰爲黑龍江將軍，以寧古塔副都統慶霖爲江寧將軍。撥部庫銀二百萬兩，解往陝西，以備軍需。

癸卯，以勦平雲南開化滋事儂人功，總兵官扎郎阿等下部議敘。

甲辰，勒保奏：舒亮、穆克登阿勦辦白巖山賊匪疏防貽誤，請旨革職治罪一摺。舒亮、穆克登阿帶兵六千餘名，既未能將該處賊匪速行勦辦，又未能嚴密圍堵，致令逸出，與他路賊匪合夥，其罪實無可逭。著將舒亮、穆克登阿所有官職全行黜革，作爲兵丁，留於軍營効力贖罪。並將伊二人家産查抄示儆，仍著勒保留心察看，若伊二人再不知奮勉報効，即於軍前正法示衆。如此嚴行懲創，俾各路帶兵大員，咸知儆惕，庶足以肅軍紀而飭戎行。

己酉，明亮、德楞泰勦辦高均德一股賊匪，未能速竣，致齊王氏等又復渡江竄合。節據明亮等奏，前後殺賊已及萬餘，如果屬實，賊勢早就窮蹙，何至以數倍賊匪之精兵，勦窮敗無多之餘匪，總未能擒拏賊首。明亮曾任將軍，屢次出

兵，自當倍加勇往，乃曠日持久，惟事尾追，疊經嚴飭，總不知愧懼。二人之罪，以明亮爲尤重。宜綿此時自應到陝，當速赴明亮軍營，將所帶官兵悉行統領，督率德楞泰等實力勦辦，並傳旨即將明亮革職，拏交刑部治罪。

《東華續録》嘉慶五　壬子，胡高望卒，以吴省欽爲左都御史。

乙卯，諭：内閣學士那彦成係翰林出身，人尚明白，且係原任大學士阿桂之孫，著在軍機處學習行走。侍郎傅森著仍回户部辦事。

《仁宗實録》卷二七　丁巳，前令宜綿赴明亮軍營督辦軍務，今思宜綿究屬年老多病，明亮在彼日久，若將伊拏問，轉少一人帶兵。著傳旨將明亮作爲領隊帶兵，聽宜綿調度。此係朕於無可寬貸之中格外施恩，儻仍前因循，則二罪俱發，不能再邀曲貸。又潼關、商雒一帶，逼近豫境，前倭什布派兵前赴蒲州駐守，著再添調兵丁，凑足二千，親自帶赴蒲州防堵。

《東華續録》嘉慶五　辛酉，御試翰林、詹事等官，擢陳琪等二員爲一等，餘升黜、留館有差。以成書爲内閣學士。

三月辛未，改貴州平越府爲平越直隸州，裁平越縣，設興義縣於興義府黄草壩。

《仁宗實録》卷二八　丁丑，德楞泰奏：殲除首逆齊王氏、姚之富，並將此股全行勦蕩。覽奏欣悦。但兩地逆均係情急投崖垂斃，雖經臠割示衆，究未能生擒解京，盡法處治，不爲滿意。計此時陝省竄匪中緊要首逆，係高均德、李全，其次即張添文、阮正通，務須按名設法生擒，不可再令情急自斃，倖逃顯戮。將此傳諭知之。

辛巳，免四川被賊滋擾之長壽、梁山、營山、儀隴、廣安、渠、大竹、鄰水、巴、通江、南江、蒼溪、廣元、達十四州縣本年額賦。

癸未，以殲斃首逆齊王氏、姚之富功賞明亮副都統銜並花翎。

己丑，觀成、劉君輔勦辦老木園賊匪，已閲年餘，迄未蕆事，實屬玩誤遷延，觀成著即革職，劉君輔著革去提督銜，均仍留該處帶兵贖罪，以觀後效。所有成都將軍員缺，即著富成補授。

辛卯，撥部庫銀四百萬兩解往四川，以備軍需。

《仁宗實録》卷二九　夏四月壬寅，加賑江蘇豐、沛、銅山、邳四州縣及徐州衛被水災民，給宿遷縣災民一月口糧，緩徵海、沭陽二州縣新舊額賦。

《東華續録》嘉慶五　庚申，實授伯麟山西巡撫。

五月丙寅，免福建全省遠年逋糧。

《仁宗實録》卷三〇　己巳，命截留江西漕米四十萬石，分貯山東濟寧等處，接賑曹、單、濟寧、金鄉、魚臺、嘉祥、鄒、滕、嶧、城武十州縣，並臨清、濟寧二衛上年被水災民。

《東華續録》嘉慶五　甲戌，上侍太上皇帝啓鑾，秋獮木蘭。免經過地方額賦十分之四。

《仁宗實録》卷三〇　乙亥，實授永慶爲綏遠城將軍，以涼州副都統富楞泰爲寧夏將軍。

免陝西藍田、南鄭、寧羌、城固、洋、褒城、沔、白河、石泉、咸寧、長安、寧陝、鄠、盩厔、寶雞、岐山、扶風、郿、武功十九廳州縣被賊村莊上年未完額賦。寶雞、岐山【略】二十五廳州縣本年額賦。並緩徵南鄭、寧羌【略】四十七廳州縣帶徵元年額賦。

丙戌，撥内庫銀二百萬兩，解往陝西，以備軍需。

《東華續録》嘉慶五　庚寅，以台費蔭爲兵部右侍郎，那彦成爲工部右侍郎。

辛卯，諭：觀成、劉君輔此次帶兵追賊，首逆陳崇德被勦緊急，自行戳傷斃命，餘匪悉就殲除。所辦尚好。

六月癸巳朔，諭軍機大臣等：長麟等奏，薩木薩克輸誠向化，懇請内投一摺。覽奏俱悉。

丁未，諭軍機大臣等：宜綿奏陝省後股賊匪勦洗净盡，首逆張添倫業經淹斃。

撥山西、河南藩庫銀各三十萬兩，備甘肅軍需。

《仁宗實録》卷三一　己酉，德楞泰前此勦辦賊匪，遷延貽誤，本與明亮同罪，因明亮列名在前，是以未將德楞泰一體治罪。今伊追勦高均德等一股賊匪，未能即行擒獲，又任竄入川境，是其種種遲誤之罪，與明亮相埒，德楞泰亦著將御前侍衛、署領侍衛内大臣、都統一併革去，仍留副都統職銜，戴罪圖功，以觀後效。

癸丑，諭軍機大臣等：英善等奏，陝省賊匪竄至兩當、略陽一帶，所有甘省運川麥石暫行停運。其撥川餉銀四百萬兩，因棧道賊氛未靖，未經轉運。是棧道尚未疏通，軍需糧餉，最關緊要，豈可稍有阻滯。宜綿、秦承恩係該省督撫，務須實力搜勦，肅清道路，俾得通行無阻。至糧餉入南棧後，勒保亦應派兵迎護。

將此傳諭知之。

《東華續録》嘉慶五　甲寅，雲貴總督、三等男鄂輝卒，予祭葬，入祀賢良祠，謚恪靖，以其子鄂彌善襲。以富綱爲雲貴總督，梁肯堂爲漕運總督，董誥署刑部尚書。

勒保奏：勦除川匪龔懷仁全夥。

《仁宗實録》卷三一　丁巳，諭軍機大臣等：景安等追勦竹溪一股賊匪已除三分之二，而賊匪仍由竹溪竄入陝省平利縣境，豈非驅入隣境，所辦何事？景安、額勒登保、興肇，著傳旨嚴行申飭。現在額勒登保、興肇已帶兵三千餘名由鎮坪入陝追勦，當與宜綿兩面夾攻，若再任蔓延陝境，伊等自思當得何罪！至川匪王三槐等夥黨一股現已竄入大寧，難保不闌入房縣、歸、巴一帶，景安已帶兵馳往攔截，並令文圖等分路嚴防，務須實力堵截，勿再任竄入楚界，慎之。至勒保勦辦川東賊匪，仍任王三槐、徐添德等竄合一處，今又任賊匪由大寧一帶分竄，似此往來竄擾，何日始能勦竣？勒保亦著嚴行申飭。現在勒保已赴開縣督兵進勦，並令觀成等於大寧、奉節一帶迎截，務須策勵雲貴新兵鼓勇直前，將各股竄匪一律殲除，勿任復竄楚、陝。勒保係總統大員，所有陝、楚各股賊匪，皆應通盤籌畫，悉心調度，豈得專管川省一路，而各省竄匪，聽各省自行勦辦，以致彼此各不相顧，東擊西奔，迄無成功，如此又安用總統爲耶？今將各路帶兵大員，爲之分定責成：陝省令宜綿與額勒登保、興肇爲一路，專勦現竄平利之劉成棟等一股。楚省令景安興王凱、文圖爲一路，專堵現欲竄入楚境之川東賊匪。惠齡、德楞泰等，勦辦李全、高均德、阮正通等賊匪。如已與冉文儔、羅其清合夥，則惠齡、恒瑞、明亮、德楞泰作爲一路，併力兜勦，若賊首等尚在分竄，則惠齡、恒瑞專勦冉文儔等一股，明亮、德楞泰專勦李全、高均德等一股。如此，則各勦各股，庶責有攸歸，無可諉卸，而勒保勦辦王三槐等一股賊匪，仍當察探各路賊情，相機布置，爲之聲援策應。不拘何路，能將賊首拏獲，俱係總統之功。若賊匪由何路竄逸，不特此一路領兵大員責有攸歸，即總統亦無可諉罪。而各路領兵大員，仍不得推卸總統，稍存觀望，必須各加策勵，合力堵勦，賊匪方不致往來奔竄。若各股賊匪於何路逸出，即惟該路領兵大員是問。經此番訓諭之後，若仍前觀望，不知同心協力，奮勉圖功，必將伊等從重治罪，再不能曲爲寬貸也。將此各傳諭知之。

《東華續録》嘉慶五　辛酉，撥部庫銀一百萬兩，備湖北軍需。

《仁宗實録》卷三二　秋七月庚午，以正黃旗滿洲副都統崇尚爲廣州將軍，正白旗滿洲副都統德勒格楞貴爲寧夏將軍。

庚辰，諭軍機大臣等：景安奏，鎮筸黑苗糾衆數千，將三角巖等處營卡攻破。苗性本多反覆，此次搶割民田，不過欲圖掠食。現在勦捕教匪喫緊之際，不值因此興兵。姜晟、王柄此時惟當飭令苗弁自行曉諭解散，將爲首苗匪縛獻，其事即可完竣。儻怙惡不悛，姜晟、王柄亦惟當督率官兵於要隘分佈，懾以軍威，不使四出滋擾。俟川省勦辦完竣，再酌移勝兵搜勦，不可輕率舉動，又致激成事端。將此傳諭知之。

《東華續録》嘉慶六　甲申，上奉太上皇帝命，以雨停秋獮。

《仁宗實録》卷三三　八月癸巳，諭軍機大臣等：勒保初抵川境，尚能振作，自專勦王三槐以來，迄未擒獲首逆，至大神山賊匪雖經惠齡等勦散，而首逆高均德又向龍鳳坪大包山奔逸，明亮等追勦多日，總未成擒，尤屬遲玩。

丁酉，復加賑山東曹、單、城武、濟寧、魚臺、金鄉、嘉祥、鄒、滕、嶧十州縣，臨清、濟寧二衛被水災民有差。

《東華續録》嘉慶六　戊戌，諭軍機大臣等：據姜晟奏，黑苗解散情形，及令苗備吴隴登擒獻首從各犯緣由，與王炳所奏大略相同。

庚子，勒保奏：攻克安樂賊巢，生擒賊首王三槐。得旨：嘉獎，晉勒保及軍機大臣、大學士、伯和珅公爵，封户部尚書福長安侯爵，大學士王杰、董誥、户部尚書沈初、户部右侍郎戴衢亨、工部右侍郎那彦成，均下部優敘。

辛丑，諭：從前永保勦辦湖北賊匪時，不能設法兜圍，任令竄逸，獲咎甚重，將伊革職交刑部監禁，並將其子甯志、甯怡革去侍衛，發往熱河。今伊兄勒保生擒賊首王三槐，著有勞績，著加恩將永保釋放，甯志、甯怡亦著加恩釋回，在上虞備用處拜唐阿上行走，以示權衡功罪，推恩曲宥至意。

湖北巡撫高杞奏：勦平蒲圻縣洋泉團餘匪，擒斬賊首王添萬等。得旨：獎賚，下部優敘。

《仁宗實録》卷三三　己酉，張誠基奏：江西寧州陳坊地方，有習教匪徒，在彼糾衆滋事。該撫接據稟報，即督同總兵寧泰帶兵馳往，上緊勦辦，將起事首犯劉聯登槍斃，其餘首夥各犯，全行擒獲正法，地方俱經寧謐。所辦可嘉。張誠基、寧泰俱著加恩賞戴花翎，仍著交部從優議敘。其餘在事出力文武各員弁，並著張誠基會同寧泰，查明咨部分別議敘，以示獎勵。

《東華續録》嘉慶六　壬子，免貴州猓苗滋擾之興義府晉安等四州縣，並册亨州同等所屬額賦，緩徵郎岱等六廳州、縣新舊額賦。

《仁宗實録》卷三三　乙卯，革惠齡、德楞泰花翎，以箕山賊復逼陝境故也。

丁巳，革明亮、興肇花翎，以賊匪竄至石泉故也。

己未，諭軍機大臣等：現在各股賊匪，仍折竄郭家溝一帶，與羅其清株守之箕山相近，而羅其清又分遣夥黨攻撲營山縣城，徐添德一股又奔逃舟口，可見賊匪來去自如，毫無攔阻。惠齡等務須親率官兵嚴密攻圍，按名擒獲。若一時不能將各股賊首全數擒縛，與其東西馳擊，兵無定向，莫若併力攻勦羅其清一股。此股賊衆較多，各賊藉其聲勢，如將羅其清擒獲，餘賊自必瓦解。至勒保所勦冷添禄、林亮功兩股賊匪，儻畧需時日，該處賊匪無多，何不於得力提鎮將領内酌留數人，帶兵在彼勦辦，勒保當統領勝兵速赴箕山，督同惠齡等將大股賊匪勦淨，更爲得力，仍在勒保酌量而行。將此傳諭知之。

庚申，山東巡撫伊江阿奏：曹、單等處前被水災，請截留漕糧米豆二十七萬七千餘石，以資賑濟。從之。

《仁宗實録》卷三四　九月壬戌，諭軍機大臣等：哈當阿奏，拏獲洋盜審明正法，並因盜首蔡牽遠颺未獲，請交部治罪。

甲戌，加賑江蘇豐、沛、銅山、邳、睢寧、宿遷、安東、桃源、海、沭陽十州縣本年被水災民，並蠲緩額賦有差。緩徵上元、句容、六合、上海、華亭、奉賢、丹徒、山陽、清河、阜寧、鹽城、泰、東臺、興化、寶應十五州縣額賦。

己卯，予廣東故明遼東總制袁崇煥入祀鄉賢祠。

《東華續録》嘉慶六　乙酉，以河南水災，截留祥符縣米豆十二萬石有奇，備賑。

冬十月辛卯朔，日有食之。

《仁宗實録》卷三五　甲午，賑盛京、承德、遼陽、海城、鐵嶺、開原、廣寧六州縣被水災民。

丙申，緩徵江蘇青浦、婁二縣晚棉歉收地方本年額賦，並撥江蘇徐州漕糧四萬七千石備賑。

《東華續録》嘉慶六　壬寅，以李舟爲山西按察使。

《仁宗實録》卷三五　丁未，貸吉林松花江被水旗民口糧，並免額賦十分之一。

乙卯，諭軍機大臣等：川省賊匪，因被勦緊急，分投奔竄寧羌城一帶，俱經宜綿等擊退，未令竄近漢江，所辦尚好。漢江一帶，仍應嚴密防堵，勿使乘間闌入。惠齡等既未能將緊要賊首羅其清等速行拏獲，又任各股賊匪四處分竄，所辦何事？明亮等勦辦張漢潮一股，亦未擒獲賊首。惠齡、恒瑞、明亮、興肇等，均著再傳旨嚴行申飭。至明亮等一路所帶兵丁，祇三千餘名，在川祇二十餘日，何至需銀十四萬餘兩，所帶長騾長夫，亦何須用至一、二千之多。若非任意多索，即係藉端開銷。但帶兵大臣，俱係欽差，違例多索，糧員等自不敢不行應付，是濫應固所不免，而濫支之弊爲多。著勒保、福寧會同據實嚴查，將任意浮支各員即行嚴參。如係糧員濫應冒銷，亦即查明劾奏，毋得稍有瞻徇。

《東華續録》嘉慶六　十一月甲子，魁倫丁憂，以富昌署閩浙總督。

《仁宗實録》卷三六　賑安徽亳、蒙城、太和、懷遠、鳳陽、五河、盱眙七州縣，并鳳陽、長淮、泗州三衛被水災民，緩徵壽、宿、定遠、鳳臺、靈璧、泗、天長七州縣新舊額賦。

《東華續録》嘉慶六　癸酉，撥部庫銀二百萬兩，備陝西軍需。

癸未，以教匪滋擾，免四川夔關短收額税之半。

《仁宗實録》卷三六　丁亥，以吏部左侍郎成德爲都察院左都御史，仍兼鑲黄旗蒙古都統。鑲紅旗護軍統領永碩爲正藍旗蒙古都統，正黄旗滿洲副都統永琦爲鑲白旗護軍統領。

《東華續録》嘉慶六　十二月戊戌，撥部庫銀八十萬兩，備湖北軍需。

己亥，撥部庫銀一百萬兩，備貴州善後事宜。

《仁宗實録》卷三六　乙巳，諭軍機大臣等：惠齡等奏，生擒首逆羅其清等，痛殲匪衆，覽奏稍慰。

丙辰，諭軍機大臣等：據魁倫等奏，洋盜畏罪，率夥投首一摺。盜首沈振元、沈弗桃二犯，在洋疊次行劫，情罪甚重，今既知畏懼悔過，率夥投出，並呈繳船隻器械，與始終怙惡者，稍有可原。該督等業經賞給頂帶，著照從前張表、李發枝等投出之例，將沈振元、沈弗桃委員押送赴京安插。其餘小盜首，及夥盜等，分別辦理，勿令再行滋事。至盜首蔡牽一犯，潛匿浙洋，仍著玉德嚴飭各舟師，上緊查拏，以清洋面。

《東華續録》嘉慶六　戊申，申禁各督撫年節進幣，并減各鹽政、關差進幣十分之二。

是歲，朝鮮、琉球、暹羅來貢。

嘉慶四年（己未、一七九九）

《仁宗實録》卷三七　春正月庚申朔，加賑江蘇豐、沛、銅山、邳、宿遷、安東、海、沭陽八州縣衛被水災民，及兩淮板浦、中正、臨興三場被水竈户。貸安徽亳、蒙城、太和、懷遠、鳳陽、五河、盱眙七州縣衛被水災民口糧。賑山東曹、單、城武、濟寧、金鄉、魚臺、嘉祥、鄒、滕、嶧十州縣，及臨清、濟寧二衛被水災民，並貸口糧有差。

壬戌，太上皇帝崩。

《東華續録》嘉慶七　召朱珪來京，以陳用敷署安徽巡撫，恩明署安徽布政使。

癸亥，命議行三年喪制，卻羣臣以日易月之請。

《仁宗實録》卷三七　乙丑，諭：皇考龍馭上賓，普天哀痛，所有己未、庚申文武鄉會試恩科，著停止舉行。

調正紅旗漢軍都統德明爲鑲黄旗漢軍都統，以榮郡王綿億爲正紅旗漢軍都統，科布多參贊大臣策拔克爲正黄旗滿洲副都統，調正黄旗蒙古副都統那彦成爲鑲白旗滿洲副都統，以參領恭阿拉爲正黄旗蒙古副都統，頭等侍衛富成爲鑲黄旗蒙古副都統，頭等侍衛果勒敏色爲正白旗蒙古副都統。

《東華續録》嘉慶七　丙寅，軍機大臣等奏請新封郡王永璘封號。得旨：著封爲惠郡王。

丁卯，命改惠郡王永璘封號爲慶郡王。

以科道列款糾劾，奪大學士和珅、户部尚書福長安職，下於獄。

《仁宗實録》卷三七　命成親王永瑆，前任大學士、署刑部尚書董誥，兵部尚書慶桂在軍機處行走。户部侍郎那彦成、戴衢亨仍留軍機處，户部尚書沈初年老，無庸在軍機處行走。命儀親王永璇總理吏部，成親王永瑆總理户部，兼三庫。調兵部尚書慶桂爲刑部尚書，以工部右侍郎盛住兼署工部尚書。睿親王淳穎管理理藩院，定親王綿恩管理步軍統領。調户部左侍郎傅森爲刑部侍郎。以户部右侍郎那彦成兼翰林院掌院學士，兵部左侍郎布彦達賚、上駟院卿永來，爲總管内務府大臣。以刑部尚書慶桂爲御前大臣，儀親王永璇爲鑲黄旗領侍衛内大臣。貝勒綿懿爲正白旗領侍衛内大臣，兼鑲白旗滿洲都統。成親王永瑆爲鑲黄旗滿洲都統，禮部尚書德明爲鑲藍旗滿洲都統，定親王綿恩爲正白旗滿洲都統。武備院卿阿蘭保爲正紅旗護軍統領，乾清門行走喀喇沁公丹巴多爾濟爲鑲紅旗護軍統領。兵部左侍郎布彦達賚，管理鑾儀衛事。

戊辰，命伊犁將軍協辦大學士保寧爲大學士，刑部尚書慶桂協辦大學士，爲國史館總裁官。以烏嚕木齊都統書麟爲吏部尚書。駐藏大臣松筠爲户部尚書，成親王永瑆暫署。以鑲藍旗蒙古都統富鋭爲兵部尚書。調兵部侍郎布彦達賚爲户部侍郎，刑部侍郎英善爲兵部侍郎。命睿親王淳穎爲御前大臣，慶郡王永璘在内廷行走。以正藍旗滿洲副都統綿佐爲正白旗漢軍都統，吏部尚書書麟兼正紅旗漢軍都統，鑲紅旗漢軍副都統永玉爲正白旗護軍統領。以直隸天津鎮總兵官蘇寧阿爲甘肅提督。

己巳，以安徽布政使陳用敷爲巡撫，實授恩明爲布政使。

庚午，以鑲藍旗滿洲副都統斌寧爲鑲黄旗漢軍都統。調鑲白旗蒙古副都統積拉堪爲鑲藍旗滿洲副都統。以内閣學士文寧兼鑲白旗蒙古副都統，不入八分公綿志爲正白旗蒙古副都統。

辛未，諭内閣：吴省欽條奏摺内，請將監禁賊首王三槐即行正法一條，何待爾言，前此未即辦理之故，欲俟川北首逆羅其清解到，一併交軍機大臣會同刑部審辦。豈有將此等首惡重犯釋放，令其招降同夥之理。至所稱候補知府李基，曉諳兵法，有手車火雷列卦圖，又舉人王曇，能作氣按掌，辟易多人，請加試看等語，殊屬大謬。前此特頒諭旨，廣開言路，吴省欽爲風憲之長，於和珅、福長安二人並無一言舉劾，自係畏其聲勢，及將和珅、福長安革職拏交刑部後，伊尚心存畏怯，緘默不言。兹見各科道等紛紛密封陳奏，伊任總憲，不能不以一奏塞責，而所言竟屬荒謬。試問伊所稱李基所著手車火雷列卦圖，較之本朝訓練之九進連環，孰爲得用。其作氣按掌之語，即稗官野史所謂掌心雷者是也，係屬邪術。現當勦辦教匪之時，正當將妖言左道，痛絶根株，方嚴禁之不暇，豈可轉引而試驗。吴省欽身爲臺長，不知政體，惑於邪言，妄行瀆奏，與學習邪教者何異耶！吴省欽著交部嚴加議處。

諭軍機大臣等：有人條奏，近來洋盜充斥，皆由搶掠商船糧食，暗地勾通行户，重價購來，得以久留，請一律禁止，並於海口陸路添設重兵等事。此種情節，沿海各地方諒所不免，但應如何設法辦理，朕難以懸斷，著傳諭凡有海疆將軍督

撫等，各就該處地方海口情形，悉心確覈，務使洋面日漸肅清，而於商民仍無妨礙，各抒所見，據實奏聞，候朕指示施行。其水師各營，作何訓練整頓之處，亦著一併詳議具奏。

又諭：近聞京師步軍統領衙門，及巡捕五營所管步甲兵丁，在和珅宅内供厮役者，竟有千餘名之多，實出情理之外。其兩翼步軍協尉及司員筆帖式等官，亦有坐甲十數名，以致步甲之數日少，盜賊肆意夜行，殊屬不成事體。國家設立兵額，原資捕盜緝匪之用，豈可任大小營員，冒食空糧，甚至將歸伍之兵供私宅之役，無怪乎兵數日少，盜賊肆行也。京師輦轂之下，耳目甚近，營制廢弛尚復如此，則此種情弊，各直省自所不免。著傳諭各該將軍、督撫、提鎮等，即秉公據實查明，如有似此情弊，各按照原設額數一律補足，不准冒食空糧，亦不許大小營員私役兵丁，以昭覈實而靖地方。至養兵原以衛民，自應平昔勤加訓練，則調遣時庶可得力。近聞各省營務，如提鎮大員，一味養尊處優，全不習勞，將營務委之將備，而將備又復委之千把，因循玩愒。所謂訓練操防，全屬有名無實，又安用此兵制爲耶！兹特明白示諭各該將軍、督撫、提鎮，務須力除前弊，嚴飭各屬，一體認真訓練，俾生疏恇怯之兵，技藝純熟，悉成勁旅，以備應用。儻經此次訓諭之後，不知悛改，仍蹈故轍，則不能逃罪，毋謂教之不豫也。

又諭：張家口稅務監督和精額，前經餽送和珅銀兩，既經查出，著傳諭察哈爾副都統錦良即行派員押解和精額來京候旨。

壬申，諭内閣：本日伊江阿由驛遞到奏摺，有寄和珅書信，業經聞知大行太上皇帝龍馭上賓，信内惟諄勸和珅節哀辦事等語，而於朕遭罹大故，並無一字提及。即以常情而論，寄書唁問，自當以慰唁人子爲重，今伊江阿於和珅則再三勸以節哀，而於朕躬僅照常具一請安之摺，轉將尋常地方事件陳奏，不知其是何居心。昨吴熊光一聞皇考升遐之信，即專摺瀝陳哀悃，敦勸朕躬，情詞真切，似此方合君臣之義。吴熊光係漢人，又祇係布政使，尚有良心。伊江阿身爲滿洲，現任巡撫，又係大學士永貴之子，且曾在軍機處行走，非不曉事者可比，乃竟如此心存膜視，轉於和珅慰問殷勤，可見伊江阿平日不知有皇考，今日復不知有朕，惟知有和珅一人。負恩昧良，莫此爲甚。伊江阿著傳旨嚴行申飭，並交部嚴加議處，仍著明白回奏。

《東華續録》嘉慶七 領隊大臣惠齡等以元日攻克麻壩寨，生擒逆首冉文儔，埽蕩賊巢情形入奏。賞惠齡副都統銜，德楞泰頭等輕車都尉世職。

癸酉，諭：吏部議處左都御史吴省欽一摺。昨因吴省欽條奏摺内語多不經，以伊平日學問而論，尚不至如此迂誕。蓋伊自揣係和珅私人，且在學政任内聲名甚屬平常，恐被人列款彈劾，故爾避重就輕，先爲此荒謬之奏，藉得罷官回籍，遂其田園之樂，其居心取巧，大率不出乎此。但此係誅心之論，吴省欽劣蹟既未敗露，朕亦不爲已甚，姑免深究，即論其陳奏荒謬，已難勝臺長之任，吴省欽著即照部議革職回籍。

《仁宗實録》卷三八 甲戌，申禁呈進貢物。

乙亥，諭内閣：軍機處爲機密要地，向來行走章京，未定額數，俱由軍機大臣挑補，並不帶領引見。因思各衙門各旗官員，即筆帖式、驍騎校、護軍校等微員，無不由引見補授，軍機章京職事較重，豈有轉不帶領引見之理。嗣後滿漢章京各定爲十六缺，由内閣、六部、理藩院堂官於司員、中書、筆帖式等官内擇其人品端方，年力富强，字畫端楷者交軍機大臣帶領引見，候朕簡用。其記名人員，遇有缺出，按次陸續充補。此次應挑之滿漢章京，即照新例辦理。

《東華續録》嘉慶七 丁丑，諭：大學士、九卿、文武大員、翰詹科道等定擬和珅、福長安罪名，請將和珅照大逆律凌遲處死，福長安照朋黨律擬斬，請即行正法等因一摺。【略】免其肆市，和珅著加恩賜令自盡，此朕爲國體起見。【略】福長安亦著從寬改爲應斬監候，秋後處決，並著監提福長安前往和珅監所，跪視和珅自盡後，再押回本獄監禁。【略】和琳公爵自應照議革去，至配享太廟尤爲非常鉅典，和琳何人，乃與開國功臣同列，著即照議撤出太廟，並將伊家所立專祠一併拆毁。著加恩仍留伊伯爵，即令豐紳殷德承襲，在家閒住，不許出外滋事。豐紳伊綿亦著革去公爵，斥退侍衛，不准在乾清門行走，仍加恩賞給雲騎尉，在本旗當閒散差使。

以曹城爲禮部侍郎，初彭齡爲兵部侍郎。

戊寅，諭軍機大臣等：從前和珅意圖專擅，用印文傳知各省鈔送摺稟，因此帶有投遞軍機處另封事件，業經降旨飭禁，並隨摺批諭。今和珅業經伏法，所有隨帶文書，當永遠停止。儻經此番飭禁之後，尚有仍蹈前轍者，必當重治其罪，決不姑貸。

《仁宗實録》卷三八 又諭：上年十二月間，都爾嘉將由葉爾羌採解大塊玉石運送艱難之處，寄知和珅，和珅匿不陳奏，現經軍機大臣查出具奏。葉爾羌離京路途甚遠，運送玉石倍覺費力，彼時和珅據情陳奏，斷無因此勞役回衆之理。

今閲都爾嘉原書，得知回衆勞苦情狀，朕心甚爲憐憫。將此速諭所經各城大臣，接奉此旨，所解玉石，行至何處，即行拋棄，不必前解。惟是由葉爾羌採取遞送之回子伯克以及衆回人費力良多，著寄諭奇豐額並所過各城大臣，酌定賞賜伯克頭目緞匹，衆回人銀兩，一面具奏，一面賞給，以示朕矜卹回奴之意。

《東華續録》嘉慶七　己卯，大學士、九卿等恭擬上大行太上皇帝尊謚徽稱曰：法天隆運至誠先覺體元立極敷文奮武孝慈神聖純皇帝，天下萬世稱曰：高宗純皇帝。奏入，上曰：諸王大臣議上尊謚徽稱詳慎公允，足以昭垂萬世，甚愜朕心。

〔伊江阿〕著即照部議革職，來京候旨。所有山東巡撫員缺，著陳大文調補，速赴新任。陳大文未到之前，著宜興暫署山東巡撫，其倉場侍郎事務著傅森署理。至廣東本係督撫同城，所有巡撫印務即著吉慶兼署，俟簡放有人，再降諭旨。

《仁宗實録》卷三八　又諭：教匪滋事以來，今已三載，尚未蕩平，揆厥所由，總因和珅壓擱軍報，諸事擅專，於軍務每多掣肘，以致各路軍營不敢以實入奏，觀望遷延，日久不能蕆事。今和珅業經伏法，此後斷無從中牽制之人，朕可力保。帶兵大臣等，自當咸知奮勵，勉贖前愆。但恐勢不相下，無所統屬，各懷自私自利之心，易啓爭功諉過之弊。勒保初到川省時，尚能振作，近來號令不行，惟以專勤冷添禄一股爲詞，稽延數月，迄未擒渠。其餘各路軍營，更難兼顧。此即事權不一之明證。今特申明軍紀，勒保著授爲經畧大臣，賜以印信，所有各路帶兵大臣及總督宜綿、景安、巡撫倭什布、秦承恩、高杞等悉受節制。

庚辰，命户部尚書、駐藏大臣松筠來京供職，以兵部侍郎英善爲駐藏大臣。以户部左侍郎那彦成爲工部尚書。以定親王綿恩、正藍旗護軍統領永琦、右宗人晉昌、烏里雅蘇台將軍永琨、禮部尚書德明爲内大臣。

《東華續録》嘉慶七　辛巳，嗣後，都統、副都統等，著由馬甲内挑取，前鋒統領、護軍統領及管理各營大臣，皆由前鋒護軍内挑取，每人止准挑選二名作爲親隨跟班，其挑選驍騎校、護軍校之例永行禁止。著爲令。命嗣後各部院堂官跟班不准用覺羅筆帖式。

癸未，以童鳳三爲内閣學士。

甲申，以達椿爲内閣學士。

《仁宗實録》卷三八　丁亥，朝鮮國王李祘遣使表進方物，除年貢照例賞收外，其恭進大行太上皇帝萬萬壽貢一分，並進萬壽、冬至、元旦貢三分，准其留抵下次正貢，賞賚如例。暹羅國王鄭華遣使表進方物，賞賚如例。

又諭：從前已故御史曹錫寶，曾經參奏和珅家人劉全倚勢營私，家資豐厚一事。彼時和珅正當聲勢薰灼之際，舉朝並無一人敢於糾劾，而曹錫寶獨能抗辭執奏，殊爲可嘉，不愧諍臣之職。今和珅治罪後，查辦劉全家産，竟有二十餘萬之多。是曹錫寶前此所劾信屬不虚，自宜加之優奬，以旌直言。曹錫寶著加恩追贈副都御史銜，並將伊子照加贈官銜給予廕生。該部照例辦理。

《東華續録》嘉慶七　是月，浙江巡撫玉德奏：甘雨普霑，糧價平減。四川布政使林儁奏報得雪，民情安貼。

《仁宗實録》卷三九　二月己丑朔，以户部尚書松筠爲陝甘總督。

辛卯，諭内閣：自川楚邪教逆匪滋事以來，所過地方劫掠良民，焚燒村落，迫脅萬狀，輾轉煽惑，良民不得已從賊，日以寖多，奔驅三載不能自拔者數逾十萬。室廬焚蕩，田畝拋荒，欲返則無所歸，即歸亦無所食，其勢不得不託賊巢爲棲身之所，藉盜糧爲糊口之資，此非徒作招撫之空談所能收解散之實效者也。國家哀憐赤子，累歲流離，敷脅從罔治之仁，播咸與維新之治，前經降旨，勦撫兼施。大約謂自古惟聞用兵於敵國，不聞用兵於吾民，自相攻擊，屠戮生靈，朕日夜哀憐，幾至寢食俱廢。百姓極困思安，久勞思息，諒必一見恩旨，翕然來歸。第思既歸之後，目前則何以食之，將來則何以居之，務使此番安集，即成永遠規模，設非慮及他時，恐倍難於今日。凡從各股賊匪中受撫來歸者，應如何綏輯之處，令勒保就近傳唤同知劉清及川省有清名之州縣，俾其悉心妥議具奏。

甲午，諭軍機大臣等：教匪不過烏合之衆，乃自勦辦以來，時日則已閲三年，經費則數逾七千萬，總緣伊等各路軍營，全不認真勦辦，惟知苟延歲月，軍中宴樂。【略】國家經費，惟期實用實銷，如果軍營情形，實有難照常例報銷之處，原不惜多費帑金，無如各路軍營以正項錢糧供娛樂之費，試令清夜捫心，天良何在！

《東華續録》嘉慶七　弛私售葉爾羌、和闐等處玉禁。

《仁宗實録》卷三九　丁酉，四川教匪首逆王三槐、羅其清、羅其書伏法。

己亥，加大學士保寧，前任大學士、署尚書董誥協辦大學士，尚書慶桂、直隸總督胡季堂太子太保，大學士劉墉、吏部尚書書麟、朱珪、陝甘總督松筠太子少保。

辛丑，至秦承恩勦辦賊匪以來，從未身親督率，上年賊匪逼近西安時，焚掠村莊，百姓受害者不下十餘萬。秦承恩以防守省會爲名，並不出城殺賊，且平日居官聲名亦屬平常，若僅令回籍守制，無以示儆。恒瑞署陝甘總督，即著恒瑞將秦承恩革職解京，交軍機大臣會同刑部審訊。

甲辰，吏部尚書、烏嚕木齊都統書麟奏：請於庫貯兵丁馬價銀兩内，動用二萬兩交商生息，作爲養贍鰥寡孤獨之項。從之。

乙巳，定准宗室鄉會試例，並增各部司員宗室額缺。

戊申，漕運總督梁肯堂以年老命來京另候簡用，以前任山西巡撫蔣兆奎爲漕運總督。

《東華續録》嘉慶七　壬子，諭：見在會試届期，士子文、藝、詩、策内，於朕名自應敬避，如遇上一字，著將頁字偏旁缺寫一撇一點書作𦒲字，下一字將石旁第二火字改寫又字，書作琰字，其單用禺字、頁字、炎字俱毋庸缺筆。至乾隆六十年以前所刊書籍，凡遇朕名字樣不必更改，自嘉慶元年以後所刊書籍，著照此缺筆改寫。

《仁宗實録》卷三九　癸丑，諭軍機大臣等：朕聞武昌府同知常丹葵前歲因奉文查緝劉之協，任意嚇詐村民，連累無辜至數千人，非刑拷打，極爲慘酷，及聶傑人約謀拒捕，常丹葵尚不知收斂安慰，以致激成事端，是邪匪所稱官逼民反，皆由該同知起釁，實爲罪首，不可不確切審訊，嚴行懲治。著傳諭景安，即將常丹葵革職拏問，派委妥員迅速解京，交刑部嚴審定擬具奏。

《東華續録》嘉慶七　乙卯，以鐵保爲盛京兵部侍郎。

《仁宗實録》卷三九　丁巳，撥部庫銀二百五十萬兩，解往四川，以備軍需。

戊午，文安、大城二縣，年前被水淹浸，現在低窪處所，積水未消，自應量爲接濟。著照所請，將查抄和珅家人呼什圖米麥穀豆雜糧一萬一千六十五石零，以八成撥給文安縣，以二成撥給大城縣，賞給被水村民，作爲口糧。其已涸之地，無力購種者，即於此内借給耔種，均俟豐收年分，再行免息交倉，俾東作之際，早資耕種，民力得就寬舒。

《仁宗實録》卷四〇　三月己未朔，命協辦大學士、刑部尚書慶桂爲大學士。

辛酉，以河南布政使吴璥署河東河道總督，江西按察使顔檢爲河南布政使。

壬戌，以湖南岳常澧道邵洪爲江西按察使。

癸亥，命吏部尚書書麟、協辦大學士爲閩浙總督。以閩浙總督魁倫，署吏部尚書。

甲子，調江寧將軍慶霖爲福州將軍，福州將軍富昌爲江寧將軍。

丙寅，以鑲黄旗漢軍都統斌寧爲寧夏將軍，調鑲黄旗蒙古都統成德爲鑲黄旗漢軍都統，以寧夏將軍德勒格楞貴爲鑲黄旗蒙古都統。

丁卯，諭軍機大臣等：有人條奏民間供輸漕糧之弊。向來漕糧按畝徵收，功令本有踢斛淋尖之禁，而州縣因以爲利，多有每石加至數斗及倍收者，所收未至三分之一。本色已足，則變而收折色。小民不肯遽交折色，則稽留以花消其食用，呈驗以狼籍其顆粒，使之不得不委曲聽從。慮上司之參劾也，則饋送之。又慮地方訟棍之控告也，則分餉之。又承辦採買之弊，上司發價既剋減於前，納倉又浮收於後，美其名爲出陳易新，覈其實則倍出倍入。而上司知其然也，領價則多方扣之。吏胥利其然也，交價又從中侵之等語。此等積弊，實所不免。著傳諭有漕各督撫，務須督飭所屬，留心查察，毋使州縣藉端勒揹，朘削累民。儻有前項情弊，即行據實嚴參辦理。

戊辰，許直省道員密摺上奏。

庚午，諭軍機大臣等：川省賊匪徐添德、冷添禄等分股奔竄，【略】勒保駐劄達州，務須悉心調度，將二逆逼歸一處，以期聚而殲旃。其張映祥一股，由廣元竄至寧羌，阻塞棧道，該處係文報往來之地，尤當及早疏通，肅清驛路。此時賊匪已竄近文縣，務須奮力堵勦，毋任蔓延甘境。其夔州一路分竄之賊，勒保派令七十五等繞前截勦，未經闌入楚境，而各股賊匪，仍未能歸併一處，勒保尤當通盤籌畫，不可顧此失彼爲要。又據奏安撫難民一摺，所辦俱爲周到。各路軍營藉端花費，浮支濫用，自應嚴行飭禁；至此等撫卹難民，給資安插，使民生既獲安全，賊黨又可解散，爲一勞永逸之計，是用所當用，朕原不靳此費。此時撫綏安集，最爲緊要，勒保慎勿視爲具文，徒形章奏也。至川、楚、陝各省流寓之民甚多，占籍已久，各有産業，自應就近安插，不必勒令回籍，轉滋紛擾。朕以此事委汝，必不遥制。總之，邪匪不可不誅，良民不可不撫，而受撫者必使之畏威懷德出於至誠，方爲盡善。將此諭令知之。

辛未，以山東登萊青道述德爲江蘇按察使。

《東華續録》嘉慶七　丙子，諭：據勒保奏，官兵勦捕肅占國、張長更兩股賊衆，全數殲獲净盡一摺。

《仁宗實録》卷四一　丁丑，又諭：昨据奇豐額將從前在葉爾羌採取不堪用

之大玉二塊補送情節咨報軍機處。此項玉料，初採得時，因瑕裂處頗多，奇豐額始另行尋採，將此二塊酌量琢開，再爲運送等情，請示和珅，乃和珅竟未請旨，私札奇豐額，令其補送，顯係和珅有豫存肥己之見。昨已降旨將從前運送之大玉二塊停止運送，并賞賚出力回衆矣。著速行諭令駐劄各回城大臣等，此二塊玉料運至何處，即行擲放該處，所有經過地方，運送之伯克回衆等，仍照前賞賚。

《東華續録》嘉慶七　戊寅，定侍衛軍政考試。

癸未，諭：據勒保奏，官兵勦捕冷添禄一股賊匪，首夥全行埽蕩一摺。

《仁宗實録》卷四一　免河南被賊滋擾之鄧、唐【略】二十州縣新舊額賦。

《東華續録》嘉慶七　夏四月丁酉，免陝西教匪滋事之孝義等三十五廳、州、縣新舊額賦，並近賊之咸陽等二十四廳州縣新、舊額賦十分之三。

《仁宗實録》卷四二　戊戌，諭内閣：本年正月朝鮮恭頌大行太上皇帝遺詔。

《東華續録》嘉慶七　己亥，免四川教匪滋擾之奉節等三十一廳州縣、近賊之石砫等五廳州縣額賦，及未完二年、三年額賦十分之三。

庚子，著通行曉諭八旗内務府三旗，嗣後，未經選過者秀女私行字人者，永行禁止。

以陳萬全、莫瞻菉俱爲内閣學士。

辛丑，所有恩科文、武鄉試，著於庚申年舉行，其文、武會試，著於辛酉年舉行。

癸卯，以清保爲内閣學士。

《仁宗實録》卷四三　辛亥，撥部庫銀一百五十萬兩，解往陝西，以備軍需。

《東華續録》嘉慶七　癸丑，賜姚文田等二百二十八人進士及第，出身有差。

是月，和闐辦事大臣徐積等奏：和闐向來玉禁綦嚴，回民等日用一切什物，俱赴葉爾羌採買。今既弛禁，應將各卡官兵撤回歸伍，免致藉端擾累。更請每年官玉採竣後，准商民請票出境，互相售買玉石。得旨：所辦甚是。總宜恩養回民，疆宇甯静，是朕之至願，玉之多少有無，何足重輕耶。

五月己未，禁直省河工調州縣協辦。禁各直省攤扣官員養廉、兵丁月餉。

庚申，諭：本年各宗室等准用部署司員，遇考試年分一體考試，監禁者俱令釋放。

諭：嗣後宗室内有逃走者，派司員赴伊家詢問，不必將該逃人之妻傳至宗人府。

壬戌，恒傑緣事降内閣學士，以達椿爲禮部右侍郎。

甲子，薩彬圖著加恩賞給七品筆帖式銜，前往萬年吉地工程處，自備資斧，隨同盛住、明德效力行走。

免湖北教匪滋擾之孝感等四十七州縣衛所新舊額賦，緩徵蒲圻等十六州縣新舊額賦。

己巳，又據奏：見在新餉將到，請於餉銀二百五十萬兩撥出五十萬兩，爲賑濟之用。川東、川北難民甚多，自應隨時撫恤。將此諭令知之。

《仁宗實録》卷四四　又諭：前次勒保奏川省各股賊匪，俱已驅歸一處，在開縣東鄉邊境，機會甚好，正可聚而殲旃。乃本日奏到徐添德、龔建、樊人傑、包正洪、張子聰等股，又經官兵勦散，紛紛四竄。額勒登保、德楞泰等復分投追勦，兵力見單。勒保不趁賊匪聚集之時，爲一鼓殲擒之計，又致稽延月日，咎實難辭。著傳旨申飭。廣西兵丁已據勒保奏明，留交楚省防堵，其抽换之貴州兵丁，計近日已可到川，若尚不敷分派，自當酌量情形，再行添調。

《仁宗實録》卷四五　甲申，命服闋大學士董誥爲大學士，仍兼署刑部尚書。

《東華續録》嘉慶七　丙戌，諭軍機大臣等：台布奏：代進安南國王阮光纘請進例貢表文一摺。【略】著台布行文該國王，令其不必遣使赴京進香。至此次豫進庚申年例貢，著同上次應行併進例貢，俱於壬戌年應進例貢時一併呈進，以示體恤遠藩至意。

以禁城曠班，革内閣學士、副都統恒傑職。

《仁宗實録》卷四五　丁亥，以都察院左都御史阿迪斯兼正紅旗蒙古都統。

《仁宗實録》卷四六　六月戊子朔，以故琉球國王尚穆孫温襲爵，命翰林院修撰趙文楷爲正使，内閣中書李鼎元爲副使，往封。

庚寅，諭軍機大臣等：朕聞從前湖北教匪竄赴孝感時，經過各處，多被焚掠，獨隨州一處未被賊擾，因該處民人於賊匪未來之先，豫掘深溝，堆疊土山，賊既不能踰越溝濠擾害村莊，而該民人據占土山，足資捍衛。是村莊守禦既嚴，賊匪亦無由肆掠，復有官兵追躡其後，未有不窮蹙潰敗者。此亦保護地方之良策，行之已有成效，若川、陝、河南等省各處村堡，俱能照此豫爲防範，何至任賊恣意蹂躪乎？著勒保、松筠、吳熊光等飭令所屬地方，曉諭居民，相度地形，或可倣照辦理。令鄉勇人等加意防護，堅壁清野，以期賊蹤斂戢，不敢肆行侵擾，於堵勦

機宜，自爲有益。

《東華續録》嘉慶七　丙申，廣厚奏：官兵偪勦白號賊匪，已出甘境。

丁酉，發伊江阿伊犁效力。

己亥，轉英善爲吏部左侍郎，調達椿爲吏部右侍郎，文甯爲禮部右侍郎，降惠齡爲兵部右侍郎，以烏爾圖納遜爲理藩院尚書。

《仁宗實録》卷四七　癸卯，此次用兵以來，各路領兵大臣，惟額勒登保每遇打仗，必奮勇争先，督兵冒險進擊，故所向克捷，朕心實深欣慰。但伊前任領隊侍衛時，先登陷陣，奮不顧身，固所當然。今職司參贊，乃國家倚重之大臣，所關緊要，嗣後凡遇擊賊，宜加慎重愛身，惟當相機指示，不可仍前争先冒險，此爲至要。將此傳諭知之。

《東華續録》嘉慶七　己酉，著再行通諭各直省駐防將軍、副都統及提鎮各員，嗣後，如再有違例乘轎者，或經參奏，或經訪聞，必治以應得之罪。如駐防城守尉以下、緑營副参以下有犯，尤當從重治罪，決不寬貸。

《仁宗實録》卷四七　癸丑，諭軍機大臣等：福寧奏：川省賊勢除舊有賊目徐添德等外，復新添譙城等十名，其黄號、藍號、白號、黑號零星股匪尚多，較之上年實屬有增無減。朕前屢經降旨，諭令勒保察看情形，將應否添兵之處，據實具奏。據勒保奏稱賊勢漸窮，儘此兵力勦賊，毋須再請添兵。【略】今福寧所奏，匪徒愈勦愈熾，賊衆兵單，與勒保前摺大相逕庭。摺内羅列賊目，俱係確指姓名，斷無憑空捏造之理。勒保與福寧俱駐達州，若賊股日漸增多，福寧知之，而勒保毫無聞見，則是昏憒糊塗，大負委任。勒保於行軍大事，竟爾粉飾入告，是誠何心？著傳旨申飭。此時黄號、藍號、白號、黑號及各股賊匪約計究有若干，勒保曾派何人勦辦？何時可以尅期完竣？又前摺何以並未將此增添賊股奏明，有何把握，輙稱賊勢漸窮，無須添兵？著勒保逐一據實明白覆奏。

〔是月〕，貴州巡撫馮光熊奏：查明司庫耗羡銀兩，均屬實貯在庫，並無挪移虧短情弊。得旨：黔省苗民甫定，宜嚴禁土司横徵科斂，并漢民重利盤剥等事。若土司不知體恤窮苗，誅求無已，奸民加利放債，算及錙銖，是上困於本官，下困於漢奸，進退維谷，有不激而生變者乎！此皆朕所深知，汝應留意焉。

《仁宗實録》卷四八　秋七月辛酉，調山西兵三千名，赴湖北勦賊。

癸亥，勒保奏報：總兵官朱射斗殲斃賊首包正洪。

丁卯，諭軍機大臣等：張漢潮一股入山東竄，明亮抄道馳往商州截擊。昨有旨諭令慶成、永保與明亮併力合勦，本日據恒瑞奏，已由城固、洋縣山内趕赴明亮軍營。是張漢潮一股，前此明亮尚可藉口一人獨辦，今恒瑞、慶成、永保三人幫伊勦辦，聲威壯盛，明亮等若能趁此機會將張漢潮擒獲，朕必加之懋賞，伊等斷不可心存畛域，互相猜忌，致干疏縱之咎。將此傳諭知之。

撥安徽、江西藩庫銀各五十萬兩，解往湖北，以備軍需。

《仁宗實録》卷四九　壬申，諭軍機大臣等：勒保自任經畧以來，已及半載，於勦辦賊匪機宜，總未通盤籌畫。【略】，上負皇考及朕簡用之恩，此而不加懲治，軍紀安在？勒保著革職拏問，所有經畧事務，著明亮接辦，並授爲正紅旗漢軍都統，其四川總督員缺，著魁倫署理。

乙亥，免甘肅被賊滋擾之隴西、寧遠【略】十四州縣，及西固、三岔二州同所屬新舊額賦、民欠耔種口糧。鄰近賊氛之臯蘭、金【略】四十廳州縣，及沙泥州判、紅水縣丞所屬新舊額賦、民欠耔種口糧十分之三。

《東華續録》嘉慶八　革景安伯爵，發伊犂效力。

《仁宗實録》卷四九　丙子，諭内閣：宜興奏革除漕弊一摺。據稱，向來民户完糧，原不免有升合之浮，以備折耗，後則日漸加增，竟有每石加至七、八斗者。民户因浮加日甚，米色即不肯挑選純潔，又恐官吏挑駁，開徵之初，躲避爾納，一俟兑運在邇，則蜂擁交倉。且有刁生劣監廣爲包攬，官吏因有浮收，被其挾制，不能不通融收納，迨覈計所收之米已敷兑運，即以廒滿爲詞，藉收折色，分肥入己。而幫弁、旗丁，因見米色不純，遂爾藉端需索。從前每船一隻，不過幫貼一、二十兩，後則加至一百數十兩及二百餘兩，稍不滿欲，即百計刁難，不肯開兑。及幫費既足，間有醜雜之米，亦一概斛收。請嗣後盡革有漕州縣浮收之積弊，裁除漕員弁丁需索之陋規，通飭民户一律揀選好米上倉，俾包户無从挾制等語。此等積弊，朕聞之已久，實爲漕務之害。【略】著通諭有漕各督撫，嚴飭經徵監兑各員，務須將以上積弊實力革除，妥爲經理。況此後有何多費，如敢仍前浮折，得受漕規，致正供米色攙雜不純，惟該督撫等是問，必當重治其罪。其漕運總督及倉場衙門，亦須一體嚴行禁止。儻此次通諭之後，仍敢復蹈前轍，一經發覺，朕惟有執法從事，決不姑貸。

丁丑，撫卹江蘇蕭、碭山、銅山、崇明四縣被水災民。

戊寅，撫卹直隸涿、定興【略】十九州縣被水災民。

辛巳，又諭：自教匪滋事以來，三載有餘，輾轉奔逃，沿及川、陝、楚、豫等

省，迄今尚未蕆事。或因官兵祇知勦捕，未曾出示招撫，賊匪等自知罪大，不敢解散投誠。又以各處村莊散漫，不能堅守，賊匪遂得肆其擄掠，而帶兵各員，向無經畧爲之統轄，彼此遷延，事權不能畫一。賊匪日久未平，未必不由于此。朕于正月親政之後，即下詔明白宣示，宥其脅從，並爲賊中投出者謀及身家之計，是勦撫兼施之策已行。又令川、陜、楚、豫各督撫，諭令各村民守堡結寨，刨挖溝濠，悉力保護，是堅壁清野之策已行。特授勒保爲經畧大臣，居中調度節制各路，以重事權，與前此之漫無統率者迥不相同。乃數月于兹，投出之人甚覺寥寥，而各路帶兵大員，亦皆惟事尾追，未曾殲浄一股賊匪，實不可解。難民等畏賊一時兇暴，冀免須臾之死，不得已受其束縛，豈肯甘心從賊，始終不渝。即此日賊匪黨與，亦無非從前被誘村民，天良具在，目覩朝廷寬大之詔，自必亟思改悔，脱身賊中。何以經此番謄黄宣示之後，賊黨仍固結如前？朕宵旰焦思，反復推求其故，必因連年地方官朘削脂膏，激成事變，小民等困于誅求，遂爲賊所誘脅。今見貪墨之員，尚未盡黜，恐投歸後仍遭侵虐，不能各遂其生。且當室廬焚燬，蕩析離居之時，無良吏爲之撫綏，仍難安業，是以觀望逡巡，未敢即行投出。著松筠、魁倫、倭什布、吴熊光、高杞、永保即行查明所屬州縣，有如戴如煌之貪縱虐民者，不妨嚴參數人，以洩公憤。如一時乏員補用，即由京揀選發往。其素得民心之員，如劉清、諸以謙、方積、林嵐等，即行奏請升擢，用示風勵。庶被脅之人，聞知貪墨屏退，吏盡循良，自必幡然來歸，紛紛就撫。如有自賊中投出者，不但脅從罔治，即爲首者，亦當施浩蕩之恩，概予赦宥。即如從前湖南苗匪吴隴登原與石三保、吴半生等一同滋事，投誠後免其一死，仍賞給五品頂帶，約束苗民，數年來甚屬安静。今教匪之罪，與苗匪相等，但能及早歸誠，吴隴登前事具在，朕必特加寬宥。如此剴切曉諭，俾賊匪知叛則必誅，降則必赦，予以自新之路，釋其死守之心，未必非解散賊黨之一法。將此由五百里分寄陜甘、四川、楚、豫各督撫等，並通行曉諭知之。

甲申，撥山西藩庫銀四十萬兩，解往四川，以備軍需。

《東華續録》嘉慶八　述德以年老降補内務府司員，調張帥誠爲江蘇按察使，完顔岱爲河南按察使，以同興爲直隸按察使。

《仁宗實録》卷五〇　八月壬辰，調盛京兵二千名、吉林黑龍江兵各一千名赴湖北勦賊。

《東華續録》嘉慶八　癸巳，富綱丁母憂，以長麟爲雲貴總督。

《仁宗實録》卷五〇　甲午，免調派盛京、吉林、黑龍江兵丁經過沿途州縣本年額賦，直隸自山海關至磁州十分之三，河南至湖北十分之五。

乙未，勒保奏報：德楞泰生擒首逆龔文玉。

丙申，免貴州興義府屬苗匪滋擾地方本年糧米。申嚴呈進貢物之禁。

丁酉，撥内庫銀四十萬兩，交河南藩庫存貯，以備軍需。

《東華續録》嘉慶八　戊戌，倭什布奏：勦捕湖北歇馬河竄匪。賞雲騎尉世職，兵丁一月錢糧。

《仁宗實録》卷五〇　癸卯，傳旨：將勒保革職拏問，即將所齎諭旨一道，並經畧印信，俱交額勒登保帶領兵丁。賞參贊大臣額勒登保都統銜，爲經畧大臣。

撥内庫銀二百萬兩，命副都御史廣興、副都統托津押送四川達州，以備軍需。

密諭四川總督魁倫知悉：川省之賊起於達州，而王三槐、徐添德早經知州戴如煌緝獲，婪索無厭，始行激變。宜綿、英善復因循貽誤。勒保始尚有爲，今又委靡不振。川省東北困於兵，疲於賊，西南又苦派累轉輸。若本年之内，不能全平，再拖延至明年，則四川一省不可問矣。朕日夜焦思，訪得川省清官貪官數名，今特列名于後，卿應留心訪求實績，清官即行越格保薦，貪官立予降革。若得貪婪實蹟，奏請拏問，破其積奸，伸民之怨，大功可計日而定，卿其勉諸！

《東華續録》嘉慶八　乙巳，勒保奏：生擒首逆卜三聘並各逆家屬。

丙午，定各省刑，其式有私創及非法濫用者，罪之。

戊申，以江西布政使萬寧爲太常寺卿，甘肅按察使廣厚爲江西布政使，甘肅鹽法道姜開陽爲按察使。

《仁宗實録》卷五〇　己酉，著那彦成齎朕諭旨，先於慶成、永保軍營，將伊二人傳旨革職拏問。命工部尚書那彦成爲欽差大臣，馳赴陜西督辦軍務。

賑雲南石屏、建水二州縣地震災民。

《東華續録》嘉慶八　庚戌，命東省漕糧仍照舊例，冬兑春開。

辛亥，革翰林院編修洪亮吉職，命軍機大臣會同刑部審訊。

壬子，諭：據朱珪、劉權之奏，伊等未將洪亮吉投遞原書並詩句進呈，自請交部嚴加議處各摺。洪亮吉書詞荒唐，朱珪、劉權之既經拆閲，自應即時呈進，乃經奉旨查訊始行交出。【略】得旨：改爲降三級留任。

申諭各督撫整飭營伍。

九月戊午，以江南洪澤湖決，命截留徐州屬七州縣漕糧備賑。

己未，定伊犁駐防兵婦守節已屆年限，照內地旌表例。

庚申，再免經過地方明年額賦十分之三。

《仁宗實録》卷五一　壬戌，晉太子少保、工部尚書彭元瑞太子太保，加禮部尚書德明太子少保。

丙寅，諭內閣：禮部奏，朝鮮國王李祘因恭上高宗純皇帝尊謚，遣使呈進表文方物，具見該國王恭順悃忱。所進方物停其收受，著存留准作年貢，以示體恤。

《仁宗實録》卷五二　壬申，諭軍機大臣等：前因李淑等股竄入二竹，急需勦辦，諭令額勒登保赴湖北會同倭什布協勦。今李淑、徐添德竄回川境，而王登廷與鮮大川、苟文明、冉添元合夥肆擾，又有張世隴、阮正漋二股竄至廣元，以現在而論，川省尤重。今額勒登保酌量緩急，即在川省督兵攔截，深合機宜。現已授額勒登保爲經畧，各路皆其統領。【略】此後當將伊一路勦賊情形隨時速奏，其餘各路，可無需代爲奏報。當以勒保爲鑒，不可如彼之安坐軍營，惟知彙報塞責也。將此傳諭知之。

甲戌，賑安徽宿、靈璧、泗、鳳陽、懷遠、盱眙、五河七州縣被水災民，並緩徵定遠、壽、鳳臺三州縣本年額賦。

《東華續録》嘉慶八　乙亥，諭軍機大臣等：倭什布奏，將楚省竄匪勦逐出境，湖北肅清。倭什布係守土之臣，固以楚省肅清爲幸，而自朕視之，陝、楚何分畛域。三年以來，各省皆自顧疆域，以逐出爲邀功，從不肯實力痛勦。【略】此次將賊匪驅入陝境，尚不足抵疏防之咎，若再任辛聰等復行折回，必當併前罪治之。

《仁宗實録》卷五二　丁丑，現在賊匪竄入川陝，楚省不過防堵事宜，何必復留晉兵守卡。倭什布接奉此旨，即將晉兵二千，令其全數遠赴德楞泰軍營。將此諭令知之。

庚辰，經畧大臣額勒登保奏報：殲斃賊首阮正漋。

撥部庫銀一百萬兩，解往陝西，以備軍需。

癸未，昨據倭什布奏到，胡齊崙動用軍需底帳，慶成、永保俱經得受餽送銀兩，因降旨將伊等家產查抄。今據布彥達賚、盛住等將抄出慶成、永保家產開單呈覽。

賑兩淮丁溪、草堰、劉莊、伍佑、新興、廟灣、中正、板浦、臨興九場被水竈户有差。並緩徵栟茶、角斜、豐利、掘港、金沙、呂四、餘東、餘西、石港、富安、安豐、東臺、梁垛、何垛十四場新舊額賦。貸富安、安豐、東臺、梁垛、何垛五場草本。

《東華續録》嘉慶八　辛巳，諭：【略】畢沅既經貽誤地方，復將軍需帑項任意濫支，結交餽送，骫法營私，莫此爲甚。若畢沅尚在，必當重治其罪，今雖已身故，豈可復令其子孫仍任官職。所有承襲畢沅輕車都尉世職之長孫畢蘭慶及承廕畢沅廕生之次子畢嵩珠，俱著革去，不准承襲。

壬午，革疏縱張漢潮之參贊大臣、都統明亮職，賞副都統銜勦賊。

癸未，申禁直隸漕糧積弊。

賜賢良後裔故大學士朱軾曾孫生員晉麟、知縣振聲、景華舉人。

冬十月丙戌朔，封貝子奕純子載錫爲三等鎮國將軍，賞頭品頂帶花翎。

《仁宗實録》卷五三　丁亥，以直隸長新店地方鋪户被劫，革總督胡季堂太子太保，並花翎。

《東華續録》嘉慶八　己丑，【略】明亮、興肇俱著革職拏問，交與松筠嚴審，定擬具奏。

《仁宗實録》卷五三　壬辰，調吏部尚書朱珪爲户部尚書，都察院左都御史劉權之爲吏部尚書，户部尚書范建中爲左都御史。

癸巳，諭內閣：本年正月內，遣副都統張承勳爲正使、禮部右侍郎恒傑爲副使，恭頒高宗純皇帝遺誥於朝鮮時，朕曾面諭張承勳等，以此次奉使朝鮮，非如常時之勅封國王及世子可比。如該國王有餽送使臣禮儀，不得收受。是以張承勳等將國王餽送禮物，卻而不受，復經該國王將原奉高宗純皇帝准收正禮諭旨呈出閱看，伊等仍不敢收受。然不應令差人將禮物齎至鴨綠江濱，囑令原使帶回，以致該國齎送禮物人員遠道攜隨，徒勞驛站，辦理殊屬錯誤。因將張承勳、恒傑交部議處，並將拘泥錯誤緣由，降旨諭知該國王。又令軍機大臣當面傳諭該國使臣知悉，該國王自應欽遵朕旨，將禮物收回。乃事隔數月，該國備譯官李邦華攜帶私書，令齎咨官李光稷向副都統張承勳宅內投遞，經張承勳將李邦華原書進呈，朕閱書內所敘情形，其前此齎送土儀物件，似尚在江邊守候，殊屬非是。李邦華此信或係未經呈明該國王，竟自攜帶來京，而天朝法令森嚴，人臣從無外交之事，斷不敢將屬國陪臣書信匿不奏聞，亦無將已卻之土儀又復私相授受之理。該國王應將李邦華、李光稷各加嚴飭，並約束陪臣，嗣後不得帶呈私

書。至所留土物，即遵前諭收回，不必再瀆，俟該國遇有喜慶事件，遣使到彼，該國王仍可敬遵高宗純皇帝諭旨辦理，以盡事大之禮也。

《東華續録》嘉慶八　丙申，命二十七月內停閲冰嬉。

《仁宗實録》卷五三　丁酉，諭內閣：胡齊崙身爲道員，經手湖北襄陽局軍需四百一十九萬餘兩，並不按例支發，於奉文扣平之外，復又私扣銀至二萬九千餘兩，任情餽送，其罪甚重。因將胡齊崙革職，拏解來京，交軍機大臣，會同刑部嚴行審訊，並傳集人證質對。今據審明屬實，照侵盜錢糧入己數在一千兩以上例，問擬斬監候。

《東華續録》嘉慶八　庚子，命各督撫實力編查保甲。

辛丑，截留湖北漕米六萬石，備軍糈。

《仁宗實録》卷五三　壬寅，德楞泰奏報：勦除高家營賊匪，生擒首逆高均德、高二等。得旨：獎賚，封德楞泰二等男，授參贊大臣、副都統銜。温春等議敘，賞賚有差。

以都察院左都御史范建中爲杭州將軍。

《東華續録》嘉慶八　癸卯，諭：朕莅紫光閣閲武進士騎射，路過實録館，因念在館人員值此天氣漸寒，朝夕纂辦，著加恩於例支柴炭外，所有冬、臘、正三月，每月賞銀五十兩，以爲鐙火薪水之資，在廣儲司庫內支領，並著爲例。

《仁宗實録》卷五三　乙巳，加賑江蘇崇明縣風潮災民。

《東華續録》嘉慶八　丁未，諭：本朝自設立軍機處以來，向無諸王在軍機處行走。正月初間因軍機處事務較繁，是以暫令成親王永瑆入直辦事，但究與國家定制未符，成親王永瑆著不必在軍機處行走。見在軍機處大臣人少，傅森著仍在軍機處行走。

賜李雲龍等六十四人武進士及第、出身有差。

《仁宗實録》卷五三　壬子，勒保著從寬改爲應斬監候，著魁倫接奉此旨，將朕格外施恩之處，向勒保宣諭。即派委妥員，將勒保解交刑部監禁，並將辦理緣由通諭知之。

《東華續録》嘉慶八　十一月戊午，調恩明爲奉天府府尹，以王秉韜爲河南布政使。

《仁宗實録》卷五四　庚申，免雲南石屏州地震災民本年額賦。

壬戌，實授吴璥爲河東河道總督。

《東華續録》嘉慶八　丙寅，命科道官引見接連告假三次者，照規避例題參。

丁卯，申命薦舉賢員，各大臣除所舉犯大奸惡者罪坐舉主外，餘悉寬免毋顧慮，以致湮没。

庚午，增設步軍統領衙門郎中。

免葉爾羌挑河回民次年額徵普爾錢十分之五。

《仁宗實録》卷五五　辛未，【略】各省州縣多有浮收之弊，如江蘇有徵收條銀，官設銀店，每一兩浮收銀三、四錢不等；其將錢折交者，每一兩收大錢一千四五百文不等。

癸酉，以殲獲賊首張漢潮、李潮功賞侍衛桑吉斯塔爾副都統銜，參將傅雲、遊擊羅全亮、守備王成傑花翎，千總李國杰等藍翎，餘升擢有差。

諭內閣：現届長至圜丘大祀，高宗皇帝升配禮成後，自應仰推皇考恩慈，用敷惠闓。因思乾隆六十年以前，各省積欠緩徵地丁耗羨及民欠耔種口糧漕糧銀兩，並積欠緩徵民借米穀草束等項，現在應徵者尚復不少。著該部通行各省，詳悉查明，將以上各款，自乾隆六十年以前，普行豁免。俾寰宇羣黎，同霑遺澤。於乾隆年間逋欠銀米等項，永免追呼，用仰副皇考六十年來子惠元元至意。即將此二條入於升配恩詔款內。

又諭：各省旗丁押運赴通，沿途用度甚多，糧道又將旗丁應領各項，不行如數發給，以致旗丁向州縣加增幫費，而州縣遂得任意浮收，積弊已非一日。前經降旨清釐漕弊，並令各督撫將一切陋規開單進呈，又酌增旗丁貼費。據各督撫將運丁津貼籌款增添，節次交部議行，並據岳起、荆道乾先後奏到。應禁陋規，自當概行裁革。現在幫船沿途濫費，既已删除，而旗丁又得增添津貼，用度寬餘，自不致仍前支絀，不能復向州縣索費，而州縣更不能藉口浮收。從此漕務肅清，諸弊可期盡絶。著將岳起、荆道乾兩次奏到清單，交該部通行有漕省分督撫及總漕、巡漕、倉場衙門，將一應陋規永遠禁革。

丁丑，額勒登保奏報：圍勦徐添德等股賊匪，擒賊目賈正舉等。

撥部庫銀五十萬兩，解往河南，以備軍需。

戊寅，興肇著改發烏嚕木齊効力贖罪，交與興奎嚴加管束。慶成著改發伊犂効力贖罪，交與保寧嚴加管束。

《東華續録》嘉慶八　己卯，富綱任意貪婪，實爲卑鄙無恥，富綱著革職拏問，交書麟嚴審，定擬具奏，並著查鈔家産，以爲大員貪黷者戒。

庚辰，撥部庫銀一百五十萬兩，分備四川、陝西軍需。

《仁宗實録》卷五五　以恭奉高宗純皇帝配天禮成，頒詔天下。

是月，兩廣總督吉慶等遵旨覆奏：西洋夷商來粵貿易，向係以貨易貨，或有不敷價值，亦係互用番銀，尚無攜帶紋銀出洋之事。惟販來鐘表玻璃等物，以無用易有用，未免稍損元氣，若內地不以此等爲要物，夷商自無從巧取。得旨：朕從來不貴珍奇，不愛玩好，乃天性所稟，非矯情虛飾。粟米布帛，乃天地養人之物，家所必需，至於鐘表，不過爲考察時辰之用，小民無此物者甚多，又何曾廢其曉起晚息之恒業乎？尚有自鳴鳥等物，更如糞土矣！當知此意，勿令外夷巧取，漸希淳樸之俗。汝等大吏共相勸勉，佐成朕治。

《東華續録》嘉慶八　十二月丁亥，賜故琉球國中山王尚穆祭一次、絹五十匹。

《仁宗實録》卷五六　壬辰，蔣兆奎竟難勝漕督之任，所有漕運總督員缺，即著鐵保補授。蔣兆奎仍暫留該處，俟費淳、鐵保查辦完竣後，再降諭旨。

甲午，諭內閣：前因福寧在旗鼓寨勦賊時，曾殺降人三千，謬報平賊一股，因降旨令該督等据實查奏。兹據魁倫奏：前此福寧辦理此案，係副將呂朝龍經手，當即調到面加詢問。據稱，嘉慶元年七月間官兵攻破旗鼓寨，餘匪竄至謝家營，無路奔逃，俱跪地乞降，福寧允准。該匪等即行投出，男婦老幼約有三千餘人，一併帶至龍山縣城外分紮。福寧以該犯等係臨陣窮蹙始降，非豫先投出者可比，因將女犯及老幼釋放外，假意受降，將其餘男犯誘以帶同打仗進城給與號掛、口糧，於夜間陸續殺死，約計共有二千餘人等語。是福寧前此勦辦旗鼓寨，竟係殺戮降人至二千餘名之多，殘忍已極。【略】似此既降復殺賊匪紛紛傳播，則被賊裹脅之人，自知投出仍不免於一死，又焉敢束身歸命。是驅之從賊，無怪乎安心不降。賊匪亦人，何殘忍若斯之甚。【略】是賊匪至今投出者少，皆由福寧辦理此事，失人心而傷天理所致，其罪甚重。福寧業經革職，著魁倫即將尹拏問，令與呂朝龍質證明確，按殺降律定擬具奏。並著通諭各路領兵大臣，嗣後勦辦賊匪，如有臨陣乞降，及從賊營自行投出者，即屬畏法之人，總不必究其既往之罪，皆當准其自新，交地方官妥爲安頓。俾脅從附和之徒皆知得有生路相率投誠，于勦撫大局庶有裨益。至呂朝龍係福寧使令，殺降非伊之罪，於質訊明確後，即令速回本營効用。

《東華續録》嘉慶八　乙未，以德文爲内閣學士。

《仁宗實録》卷五六　丙申，額勒登保奏報：生擒首逆王登廷。

庚子，免河南儀封、睢二廳州，漕薊、常平、義社等倉被水漂失微爛穀石。

辛丑，姜晟奏報：擒斬苗匪首惡吴陳受，餘苗安静回寨。得旨：嘉獎，加姜晟太子少保。

《東華續録》嘉慶八　乙巳，諭軍機大臣等：富綱奏，官兵克復霧龍山等處村寨，及酌籌分兵進勦情形一摺。覽奏俱悉。

丁未，諭：本日召見顔檢，將雲南抱母、恩耕等井被水一事詳悉詢問。【略】江蘭諱飾之咎實所難辭，著交部嚴加議處，以爲封疆大吏玩視災務者戒。

《仁宗實録》卷五六　又諭：朕恭閲皇考前降諭旨，曾將打牲烏拉東珠，自乾隆四十六年至五十一年，停採五年。至今又經十五年，不惟每歲勞苦採撈人等，又復多傷物命。朕仰體皇考好生至仁，其打牲烏拉採珠河，著自明年起停採三年，以資長養；俟三年滿後，由該將軍等再行具奏請旨。當此停歇之際，交吉林黑龍江將軍等於水陸隘口，安設卡倫，嚴行查拏偷採之人。此朕憐惜物命，並非珍愛其珠也，勿得仍任偷採，負朕愛物之至意。

《清朝柔遠記》卷六　廣南酋阮福映禽獻海寇。詔暴安南納叛之罪。

安南王阮光平父子以兵篡國，國用虛耗，商舶不至，乃遣烏艚船百餘、總兵十二，以採辦軍餉爲名，多招中國海盜爲嚮導，入寇閩、粤、江、浙各省。奏禽海賊，屢有安南兵將及總兵敕印，詔移知安南，初不謂國王預知也。會黎氏甥農耐王阮福映乞師暹羅，克復農耐，奪其富春舊都，並縛海賊莫扶觀等來獻，皆中國奸民受安南僞職者，又上攻克富春時所獲阮光纘封册、金印，詔以「阮氏父子臣事天朝，乃招納叛亡，藪奸誨盜，負恩莫大，今國都、册印不保，滅亡已在旦夕，足徵傾覆之不爽。其命兩廣總督吉慶赴鎮南關勒兵備邊，俟阮福映攻復安南全境以聞」。

《東華續録》嘉慶八　是歲，朝鮮、暹羅來貢。

嘉慶五年（庚申、一八〇〇）

《東華續録》嘉慶九　春正月甲寅朔，上啓鑾謁裕陵。再免經過地方額賦十分之三。

《仁宗實録》卷五七　戊午，諭軍機大臣等：此次高姓等四股賊匪，竄入城

固、南鄭等處，祇因川省無糧可掠，希圖由漢江上游，搶入甘境覓食。陝省兵力較單，不能堵御，額勒登保酌量緩急機宜，帶領兵勇，即由保寧、廣元一帶取道入陝，不辭勞瘁，力疾遠涉，實堪嘉慰。前因川匪竄入寧沔一帶，德楞泰相距不遠，是以令其速赴陝境堵勦。今額勒登保親自前往，更爲得力。川省各股賊匪，即責成德楞泰、魁倫剿辦。魁倫係本省總督，川境賊匪，係伊分内應辦之事，伊二人務當督率將弁分投截擊，將冉添元、徐添德等股，以次殲除。至川東賊匪，專交七十五勦辦，勿任東竄楚境。其川北之通江一路賊匪，專交朱射斗勦辦。將此傳諭知之。

辛酉，命大學士伊犁將軍保寧，來京供職。以陝甘總督松筠爲伊犁將軍，仍留陝省幫辦勦賊事宜。調閩浙總督長麟爲陝甘總督，實授玉德爲閩浙總督。

加賑直隸霸、河間、任邱、隆平、寧晉、定六州縣水災、蟲災飢民，並貸文安、清苑、蠡、雄、安、新安六州縣災民籽種口糧，免大城、文安二縣無地貧民應還官穀有差。加賑江蘇蕭、碭山二縣被水災民。加賑安徽宿、靈璧、泗三州縣衛被水災民，並貸鳳陽、懷遠、盱眙、五河四縣衛貧民口糧。貸湖北荆門、潛江、天門三州縣被水軍民籽種口糧。

丙寅，諭内閣：據户部奏，各省積欠，自嘉慶三、四年以來，不下二千餘萬，此項銀兩豈盡實欠在民？外省地方官於應徵錢糧，往往挪新掩舊，以徵作欠，每遇有協撥之項，輒以本省現有急需爲辭，其實正項虛懸，是以不得不爲挪移掩飾之計。似此年復一年，伊於何底？各省内如現在用兵省分，需用浩繁，或可暫緩查辦，其餘各省，並無緊要事件，自應將連年積欠，實力清查，歸還款項。著通諭各督撫，將各省積欠，認真查辦，分别在民在官，覈實清釐，妥爲經理，務使年清年款，將應留貯者即行留貯，應撥解者即行撥解，不得仍前懸宕。

《東華續録》嘉慶九　命長麟馳往陝西會辦軍務，命慶成效力陝西軍營。

《仁宗實録》卷五七　丁卯，諭軍機大臣等：此時川省賊匪，既由寧羌奔竄畧陽，已入徽縣。那彦成分派吉林官兵並帶貴州固原等兵同札克塔爾、綸布春等取道五郎、洋縣探明賊蹤，取捷追勦，此行甚是。現在額勒登保已離川省，那彦成由陝入甘，彼此同在一處勦賊，無分畛域，那彦成務與額勒登保同心協力，繞出賊前，迎頭堵截，不可徒事尾追。此時川省竄匪爲數不下二萬，甘省地係曾經賊匪滋擾之處，賊匪未必能多有搶掠，斷不可任其深入，致未經被賊地方又遭蹂躪也。將此諭令知之。

《仁宗實録》卷五八　己巳，撥部庫銀一百萬兩，解往陝甘，以備軍需。

辛未，諭内閣：自川楚教匪滋事以來，所過地方，焚燒搶掠，迫脅萬狀，民人不得已而從賊，日以寖多。經朕節次降旨，令領兵大員剴切曉示，如賊匪中果能有歸命投誠者，仍係朕之良民，令地方官妥爲收卹。自降旨以後，據川陝各督撫先後奏到，被脅之人，悔罪投出者甚多。但伊等俱已早失生業，室家田土，蕩然一空，名曰回籍，仍受流離顛沛之苦。每一念及，朕心爲之惻然。雖撫卹之旨屢下，特恐地方官未能妥爲安置，而胥役人等，又不免因其曾經從賊加以陵虐，任意索詐，是伊等雖脱身賊中，冀求生路，而仍不能各遂其生，所謂安撫者，皆有名無實。即實在傳授邪教之徒，若能去逆效順，即屬良民，皆許其自新，一體收卹，斷不以其曾經入教，又復罪其既往。倘地方官經此次傳諭之後，不能仰體朕心，妥爲辦理，以致伊等稍有失所，或任胥役從中訛詐，一經查出，必當重治其罪，決不寬貸。現在户部侍郎周興岱赴川祭告嶽瀆，著于所過川陝曾經被賊處所，將此旨宣布謄黄，並面告地方官遵照妥辦，以副朕矜卹愚氓，脅從罔治至意。

《東華續録》嘉慶九　以倭什布不能辦賊，召來京。以姜晟爲湖廣總督，祖之望爲湖南巡撫，調莫瞻菉爲刑部右侍郎，蔣曰綸爲工部右侍郎，以劉躍雲爲禮部右侍郎。命松筠馳赴湖北，督兵勦賊。

壬申，申禁沿海弁兵縱盜養奸。

甲戌，復翰林編檢等官輪班引見例。

《仁宗實録》卷五八　己卯，朝鮮國王李祘遣使表賀高宗純皇帝、孝賢純皇后、孝儀純皇后升祔禮成，並謝恩，及進貢方物。賞賚如例，停止筵宴。琉球國中山王世孫尚温遣使奉表謝恩，及進貢方物。賞賚如例，停止筵宴。

《東華續録》嘉慶九　庚辰，緩徵教匪滋擾之甘肅隴西等十四廳、州、縣，及西、固等二州同所屬，並湖北竹山等各州縣春季額賦，荆州等八州縣衛逋銀。

撥部庫銀四十萬兩，備湖北軍需。

癸未，江蘭以雲南巡撫任内諱災奪職。轉劉秉恬爲兵部左侍郎，以陳萬全爲兵部右侍郎。

二月甲申朔，以賊匪擾及川西，命德楞泰帶兵由廣元、昭化赴川西，會同魁倫勦辦。

《仁宗實録》卷五九　乙酉，命明亮自湖北馳赴四川軍營，帶兵勦賊。

丁亥，那彦成既與經畧額勒登保同在甘省辦賊，自應受其節制，今那彦成自

行懇請並稱和衷協力，所見甚是。前次軍營參贊原有二員，明亮之缺，將那彥成補授。

《東華續録》嘉慶九　戊子，富綱以婪贓擬絞，上改爲監候。

《仁宗實録》卷五九　以河南布政使王秉韜爲河東河道總督。調陝西布政使馬慧裕爲河南布政使，廣西布政使台斐音爲陝西布政使，以山西按察使李舟爲廣西布政使，甘肅安肅道瑺亨爲山西按察使。調雲南按察使公峩爲廣西按察使，廣西按察使楊長桂爲雲南按察使。

己丑，免四川被賊滋擾之巫山、雲陽【略】二十七廳州縣本年額賦。緩徵石砫、劍【略】十四州縣營並南坪巡檢所屬本年額賦。

《東華續録》嘉慶九　〔壬辰〕，諭：魁倫奏，審擬福甯前在旗鼓寨殺降一案，請將福甯發往新疆，自備資斧，效力贖罪等語。【略】著加恩免其發遣，自備資斧，前赴額勒登保軍營，作爲兵丁，效力贖罪。

癸巳，嚴誡督撫諱災。

《仁宗實録》卷五九　乙未，又諭：嘉陵江西岸繁庶之區，賊匪久經窺伺，自額勒登保、德楞泰俱離川省，以致賊匪搶渡西竄。魁倫行走遲緩，又未妥爲調度，在蓬溪屯劄，僅派朱射斗等往文井場追勦，衆寡不敵，陣亡官兵如此之多。是額勒登保、德楞泰率行赴甘，俱有應得之罪。現在甘省竄匪，有額勒登保、那彥成在彼督勦，又有廣厚、吉蘭泰、慶成等帶領甘涼兵數千協勦，德楞泰應即迅速由階、文一帶過白水江徑赴川西，幫同魁倫勦辦。所有川西之賊，責成德楞泰、魁倫、勒保三人併力同心迅速截勦。將此各傳諭知之。

撥部庫銀一百萬兩，解往陝西，以備軍需。

丁酉，諭軍機大臣等：伯麟奏，山西省各營兵丁俱挑補足額。現在陝匪尚未勦淨，著伯麟即抽撥精兵數千名，揀派將弁管領，駐劄蒲河一帶地方，聽候諭旨派往何處，即便就近起程。該處離省較近，此項生力兵丁，暫住沿河晉省邊界，亦足藉資保障也。

戊戌，姜晟奏：抽調兵一千名馳赴襄、鄖一帶。該處現有賊匪滋擾，姜晟宜加意持重，惟當與松筠、明亮相機籌酌，儻尚需兵力，姜晟仍於湖南各營再調一千名，前赴湖北，以資勦辦。將此傳諭知之。

《東華續録》嘉慶九　庚子，諭：據理藩院奏，回子郡王銜貝勒哈迪爾之母請旨給予誥封等語。【略】今哈迪爾已入鑲黃旗蒙古旗分，見在御前行走，著加恩照旗人例賞給誥封，其餘回子王公仍照舊例，不必給予。

辛丑，福甯以率裁鄉勇，仍發伊犁效力。

《仁宗實録》卷六〇　丁未，諭內閣：教匪滋事，起于湖北，沿及河南、陝、甘、四川地方，往來逃竄，迄今四載有餘，尚未蕩平，朕心日深焦廑。【略】至惠齡係接辦永保總統之事，帶兵總不出力。因其在湖北時，曾將聶傑人、張正謨、劉啓榮生擒，在四川時，曾將羅其清、冉文儔拏獲，尚有微勞可録，且在軍營尚無婪索贓私之據，前已降爲侍郎，姑免追問。此外貽誤諸人，除永保業經定擬應斬監候外，景安現已拏問，俟解京時，交軍機大臣會同刑部審訊，定擬具奏。秦承恩前已革職，著費淳傳旨，將秦承恩發往伊犂効力贖罪，押令即由籍起程。英善著革去吏部侍郎，加恩賞四品頂帶，隨同和寧仍在西藏辦事。宜綿若仍令以三等侍衛辦理烏里雅蘇臺參贊事務，不足示儆，著綿佐傳旨，將宜綿革職，發往伊犂効力贖罪，即由該處發往。以上各員經朕此次分別懲辦，罪狀昭著，嗣後各路領兵大員督撫等，任勦賊之責者，總須在本境將賊匪殲盡，不得縱令他竄，任堵御之責者，亦須在本境嚴密防守，不得任賊闌入。當以永保、景安、秦承恩、宜綿等爲戒，以期共知儆惕，奮勉成功，無負諄諄告誡至意。將此通諭知之。

諭軍機大臣等：此時陝、甘、川、楚賊匪分投奔竄，來往靡常，著責成各路領兵大員，自奉到諭旨之日爲始，各將專辦賊匪即於本境勦盡。如甘省賊匪專交額勒登保、那彥成勦辦，陝省賊匪專交台布勦辦，四川賊匪專交德楞泰、魁倫、勒保勦辦，湖北賊匪專交松筠、明亮、倭什布勦辦。務將本境專辦之賊設法兜截，殲滅無遺。倘因勦捕緊急，竄逸出境，遂爲了事，不但不能邀功，必當治以縱賊之罪。若各該省邊界堵禦不嚴，致賊竄入，亦必當重治疏防之咎。並著經略額勒登保查明堵勦不力之員，即行據實參奏。總之堵勦各有專司，則賊匪所到之地，即不能復行竄越，而領兵大員責成既專，亦無從推卸諉咎，庶各齊心併力，以期剋日竣事。

戊申，陝甘總督長麟奏：臣自入陝西潼關以後，沿途體察軍務情形，領兵各大員皆受恩深重，非不争先恐後，而賊氛尚未消除，其故非盡由勦捕之不力，實半由於堵禦之無方。蓋賊匪並無裹帶，奔竄捷而出没無常，官兵各有軍裝，步伐齊而追尋自緩。且官兵不能追獲之日，賊匪則合夥以掠鄉閭，官兵甫將追及之時，賊匪又分股以竭兵力。官兵逐日追賊，總無停歇，賊匪方肆張狂，官兵已多疲憊，此賊匪之計也。地方官吏，毫無籌畫，百姓商賈，毫無防備，一遇賊至，官

則束手不能救援，民則棄業悉行逃避，以致賊到處得志，到處得食，此賊匪之利也。欲破其計而絶其利，有地方之責者，非修築堡寨、團練鄉勇不爲功。若果堡寨處處修築，鄉勇團練整齊，能使百姓同心，則賊到一處，一處有守禦，既不能恣意搶食，又不能迅速奔竄，官兵易於追尋，何患難於殲戮。臣酌定章程，由平涼至隴西各州，傳集紳士百姓等，親身勸諭，共知利害，傾心樂從，自必衆擎易舉。現又札飭各州縣，毋得稍存畏難苟安之見，致失機宜，將應行堵禦處所，一併妥爲勸諭。奏入。諭軍機大臣等：長麟奏賊氛未消，由於堵禦無方，切中軍營情弊，朕已早經見及，長麟到處曉諭百姓築堡團勇，派員於川陝豫楚各交界，一體遵照，所辦皆好。額勒登保病亦痊愈，現已帶兵前進，尤爲欣慰。甘省賊氛，不日可就肅清，長麟務當將糧餉悉心籌辦。將此諭令知之。

陝西巡撫台布奏報：官兵連殲安康一帶賊匪，鎗斃首逆王金桂。

《東華續録》嘉慶九　三月丁巳，以平恕爲内閣學士。

《仁宗實録》卷六一　免山西口外渾津河等處荒地三百三十七頃四十六畝額賦。免雲南猓匪滋擾之順寧府屬緬寧地方上年額徵秋米。

《東華續録》嘉慶九　庚申，上啓鑾謁東陵、西陵。免經過地方額賦十分之三。

《仁宗實録》卷六一　辛酉，又諭：陝境漢江南北有鮮大川、苟文明、楊開甲、辛聰等股，分竄滋擾，而鳳、寶一帶亦有賊匪奔竄，棧道梗阻。目前陝省賊勢鴟張，較甘省自爲著重。

《東華續録》嘉慶九　壬戌，以勦殺川西賊匪、擒首逆陳得俸等功，授德楞泰内大臣。以截勦甘肅教匪功，予慶成三等侍衛。

《仁宗實録》卷六一　四川軍營奏報：參贊德楞泰連得勝仗，生擒首逆，川西將次肅清。又據甘省軍營奏報，經畧額勒登保、參贊那彦成截勦邪匪，不令入川，擒獲僞元帥，殲戮千餘名。

癸亥，諭軍機大臣等：川西賊匪屢經官兵痛加殲戮，江岸防守嚴密，無從竄逸，自可期漸就肅清。

乙丑，成都將軍阿迪斯擁兵玩誤，實出情理之外，著德楞泰即行催令阿迪斯前赴德楞泰軍營，傳旨解任。【略】將伊革職定擬具奏，派員解交刑部候旨，所有成都將軍員缺，即著勒保暫行護理。

丁卯，諭内閣：德楞泰奏，連日截勦渡江各股賊匪，大獲全勝，生擒著名首逆冉添元等。

《東華續録》嘉慶九　戊辰，免經過地方曾辦兵差之宛平等三州縣額賦十分之五、房山等三州縣十分之三。

《仁宗實録》卷六二　癸酉，川北一帶尚有賊匪竄入，亟須大員帶兵進勦，勒保著格外加恩，以四品翎頂補授四川提督，仍帶革職留任，八年無過，方准開復。勒保即當徑赴川北，將各股賊匪，以次殲除，用副棄瑕録用之意。

《東華續録》嘉慶九　甲戌，德楞泰奏：痛勦川西竄匪，生擒賊目多人。得旨：獎賚，授御前侍衛。

《仁宗實録》卷六二　辛巳，魁倫係本省總督，於防堵事宜，漫無覺察，不能妥爲布置，致川西完善地方，遭賊蹂躪，已屬罪無可逭。今又任聽賊匪竄過潼河，情罪重大，魁倫即著革職拏問。【略】勒保已加恩授爲提督，著仍以四品頂帶，實授提督，暫署四川總督事務。

又諭：楚省竄匪尚多，倭什布節次所奏，未爲確實。松筠現因患病不能帶兵截勦，奏請來京，業已准行。所有湖北勦賊之事，專交明亮督辦，其防堵卡隘，並攔截賊匪等事，交倭什布辦理。明亮著加恩授爲藍翎侍衛、領隊大臣，楚省軍務一切情形，俱著隨時奏報，列銜在倭什布之前。

壬午，又諭：自辦理軍務，數年以來，各路撥發部庫銀兩已不下七千餘萬，上年朕親政以後，又撥給銀一千餘萬，通計不下萬萬，而各路帶兵大員等，惟事東追西逐。帶兵者既不認真勦殺，守土者又不實力防堵，一任賊匪輾轉奔竄，日久稽誅。似此因循玩誤，即再有六七千萬餉銀發給，伊等亦不過坐食虚糜，賊匪何日得平。朕近聞由甘竄回陝境之賊，時往時來，肆行滋擾。東則黄牛舖、草涼驛、五星臺等處，屋宇被焚，居民戕害者，相望於道。西則九子溝、瓦房壩、陳倉溝等處，亦多焚掠，賊匪均有五、六、七千人，每日報馬數十，搜山捉人，裹糧搶商，山中居民，分投奔散，傷心慘目，有不忍言。而各路官兵，並未追捕，一任賊匪盤據山岔險要，餉運文報，以及商旅，皆有梗阻。其帶兵官員，惟以兵勇俱係湊集，不便以少擊衆，藉詞推諉，以致有賊處無兵，有兵處無賊。額勒登保身爲經畧，陝、甘、川、楚勦賊之事，皆伊統轄，著額勒登保將各路防守大員如王文雄、柯藩、額勒亨額、愛星額、劉之仁、觀祥、索費英阿、札勒杭阿、長春、慶溥等查明現係防守何處，如地當要隘，不能分身，自當仍留防守。如並非必不可離之地，即將該鎮將等調赴經畧大營，派令勦賊。如有虚言推卸，不聽調度者，即令傳旨

鎖拏，解京正法。【略】茲特再行明白申諭經略額勒登保、參贊那彦成、總督長麟、巡撫台布等，將陝西勦賊之事，通盤籌畫，必須如何布置，何時始能辦竣，爲一舉成功之計。辦賊無過兵餉二端，此時各省所調官兵，爲數不少，若有須添兵力，遠省則緩不濟急，自不如即在本省多募鄉勇，以資協助。伊等若以添募鄉勇必須多添餉項，亦無可吝惜，與其遷延時日而費多，不如併力一舉而費省。著額勒登保、那彦成等接奉此旨，自定限期，並將每日在何處勦辦何股賊匪及在途日行若干里，因何事停住，開具節略，隨報具奏。

撥部庫銀五十萬兩，解往陝西，以備軍需。

《東華續録》嘉慶九　夏四月癸未朔，日有食之。

《仁宗實録》卷六三　乙酉，德楞泰奏報：勦擒潼河竄渡賊首雷世旺等。得旨：嘉奬。晉封子爵，實授成都將軍。

諭内閣：昨據魁倫奏，賊匪在太和鎮上游之王家嘴地方，搶渡潼河，朕因此深刻焦廑，幸德楞泰帶兵踵至，無分晝夜，盡力追擊，擒殄首逆要犯及大小頭目，共殲賊匪一千三四百名，生擒匪犯一千三百餘名，並救出被圍四寨難民萬數千人。川西竄匪指日即可肅清。而魁倫前此即縱賊渡過嘉陵江，今又縱賊竄渡潼河，不特川西繁庶之區，遭賊蹂躪，而荼毒生靈，又不知凡幾。若不將魁倫治罪，則貽誤封疆者何以示儆？魁倫前已有旨革職拏問，其四川總督已令勒保暫行署理，魁倫即著交勒保審明，按律定擬具奏，在成都監禁候旨。

《東華續録》嘉慶九　丁亥，以文霈爲山西按察使。以貽誤軍務，革山西按察使瑺亨職，遣戍伊犂。

《仁宗實録》卷六三　撥廣儲司庫銀十萬兩，熱河銀十萬兩，廣東銀三十二萬兩，分解陝西、湖北，以備軍需。

戊子，加賑安徽宿、靈璧、泗三州縣衛被水災民。

己丑，諭軍機大臣等：陝西南山老林一帶，山徑僻雜，延袤廣遠，與其置之空閒，莫若酌爲經理，安置難民，務令得所。將山内老林量加砍伐，其地畝既可撥給流民，自行墾種，而所伐材木，即可爲建蓋營廨民廬。設良吏，行保甲，以實心經理，仿照前明原傑辦理鄖陽之制，其實在幽仄險峻人跡罕到之處，竟當查明封禁。如此分別辦理，則南山老林内，不致仍爲盜藪，而失業流民，日久即可作爲土著，既有恒産，必有恒心，於招徠安撫及因地制宜之道，兩有裨益。著長麟、台布歸入善後事宜内，認真妥辦。

辛卯，加賑江蘇蕭、碭山二縣被水災民有差。

《東華續録》嘉慶九　乙未，緩徵甘肅近賊之皋蘭等二十一廳州縣，並沙泥州判紅水、莊浪二縣丞所屬新舊額賦。

庚子，德楞泰奏：勦殲川西竄匪於盤龍驛等處。得旨：嘉奬。擢德楞泰子三等侍衛，蘇沖阿爲二等侍衛，賞兵丁一月錢糧。

《仁宗實録》卷六四　書麟奏報：猓黑投順，夷境廓清。得旨：嘉奬。晉書麟太子太保。免雲南經過兵差之威遠、景東二廳額徵民屯條編公耗銀。思茅廳、寧洱縣、順寧府、順寧縣、雲州五屬額徵條編地畝差發公耗銀十分之五，官莊學租十分之三。緩徵景東廳、順寧府、順寧縣、雲州四屬帶徵三年公耗銀。

辛丑，大學士九卿等會審景安、永保，將景安問擬斬立決，永保仍擬以斬監候一摺。【略】景安著改爲應斬監候，秋後處決。永保仍照原擬牢固監候。著額勒登保、那彦成飛咨長麟、伯麟，速調甘凉兵二千名、大同兵二千名，並知照參贊德楞泰，酌分一路官兵，繞至東面，將賊匪向西逼勦，勿令竄入豫境。吴熊光接到額勒登保等知會，務須督飭鎮將田永稠、常林等，認真堵禦，並確探湖北均州、鄖縣各處賊匪，是否距豫已遠？仍當轉飭臬司完顔岱等，於沿江一帶，嚴密巡防。將此各傳諭知之。

壬寅，命江南提督定住馳赴河南，協同堵禦。調直隸、山東兵各一千名，赴河南勦賊。

《東華續録》嘉慶九　癸卯，釋永遠監禁枷號情輕人犯。

《仁宗實録》卷六四　乙巳，添調直隸兵一千名，暨山西大同兵二千名，赴河南盧氏縣堵禦。

丙午，革額勒登保、那彦成、長麟、台布花翎，以陝西賊逼近豫省故也。貸陝西被賊滋擾之盩厔、孝義【略】二十一廳州縣耔種。

《東華續録》嘉慶九　己酉，諭：王大臣等請將魁倫照例擬斬立決，即於川省正法。所擬甚爲允當。【略】仍交此次派出會議之王大臣等同赴刑部，復加審訊，照原擬罪名具奏，候朕再降諭旨。

《仁宗實録》卷六五　閏四月癸丑朔，撥部庫銀一百萬兩，分解河南、陝西，以備軍需。

《東華續録》嘉慶九　甲寅，命五城設廠平糶。

《仁宗實録》卷六五　命刑部查明久並發遣新疆永遠不准釋回者，開單進

呈，酌量加恩。

《東華續録》嘉慶九　乙卯，命宗人府查永遠圈禁及發軍臺年久者，寬減之。

《仁宗實録》卷六五　傳諭：署伊犂將軍、大學士保寧，將洪亮吉釋放回籍，仍行知岳起，留心查看，不准出境。

《東華續録》嘉慶九　丙辰，釋刑部監禁安南人黎侗、鄭憲、黎值、李秉道，安置火器營，賞馬甲錢糧。

《仁宗實録》卷六五　戊午，額勒登保奏：痛勦商雒賊匪。得旨：嘉奬。賞還額勒登保、那彦成、長齡、台布花翎，賞提督楊遇春雲騎尉世職，副都統衔，格布舍恩騎尉世職，擢三等侍衛傅陞爲頭等侍衛，並賞巴圖魯名號。

《東華續録》嘉慶九　庚申，命各督撫定有司官自理詞訟期限，並禁書吏賄充。

以擊敗榖城賊匪功，授明亮三等侍衛。

丙寅，申諭各督撫：毋濫用驛遞。

丁卯，以王汝璧爲江蘇布政使，方維甸爲山東按察使。

戊辰，阿迪斯著照勒保所奏發往伊犂充當苦差，此尚係朕憐念阿桂，不忍重治其子之罪，亦欲令勳舊大臣之後嗣不能承受恩眷者知所儆也。

嚴飭督撫，毋回護州、縣處分。

《仁宗實録》卷六六　嚴飭大吏因循迴護。又諭：朕前聞廣東博羅縣知縣丁大松，因下鄉催糧，該處百姓有與衙役爭鬧，强拉牛隻，致將婦女拖落河内，該縣庇護衙役，致被百姓打碎所坐之轎一事。又聞昌化縣知縣張聚奎，派役催糧，徵收過刻，經民人呈控本府，批縣將書役等枷責，該縣並不遵辦，仍派令催徵，致民人騰怨，聚集多人，拆毁書役住房，該縣聞信往拏，見人勢衆多，輒令兵役放鎗，打死民人四名一事。當經密諭吉慶，查明據實覆奏。今據該督奏到，此二事俱係屬實，可見朕所訪聞，均爲確實。【略】特此通諭各該督撫等，務須共知儆省，實心任事。遇有地方案件，惟當無隱無欺，據實入告。即辦理偶有錯誤，亦應於朕前直陳，轉可邀免處分，不得慮干部議，有心弊混，欲求救過，轉致自蹈重愆，負朕委任也。將此通諭知之。

諭：那彦成著退出軍機大臣，不必在南書房行走，亦不准在紫禁城騎馬。伊如此猶豫無能，亦斷難兼理各處事務，所有原充之實録館正總裁，國史館副總裁，文淵閣提舉户部三庫、總管内務府大臣、茶膳房、造辦處、總理工程處，均著革去，祇留工部尚書、鑲白旗漢軍都統，及經筵講官銜。

《東華續録》嘉慶九　辛未，申諭各部院及各督撫，嚴察書吏。

癸酉，以秦瀛爲浙江按察使。

甲戌，申禁京城内外及各直省民人越境酬神。

盛住緣事革職，以額勒布爲户部右侍郎。

己卯，以攻勦楊開甲等賊匪功，賞恒瑞雲騎尉世職，扎克塔爾恩騎尉世職。

《仁宗實録》卷六六　以三等侍衛明亮爲湖北宜昌鎮總兵官。

庚辰，撥部庫及廣儲司庫銀四十萬兩，解往四川，以備軍需。

《東華續録》嘉慶九　五月壬午朔，定將軍、副都統親隨領催兵丁額。

癸未，嗣後，四、五品京堂及翰、詹、學士等官，即照三品京堂之例，一體帶領引見，不必由王大臣驗看。著爲令。

《仁宗實録》卷六七　己丑，以殲浄陝西逆首劉允恭、劉開玉，擒獲賊目王洪儒功，晉經畧大臣、一等男額勒登保爲三等子。

丙申，免四川被賊滋擾之射洪、鹽亭【略】十七廳州縣本年額賦，並緩徵安岳、樂至、石泉、金堂、茂、簡六州縣本年額賦、鹽茶課税有差。

《東華續録》嘉慶九　戊戌，撥部庫銀五十萬兩，備陝西軍需。

《仁宗實録》卷六八　額勒登保奏報：追勦伍金柱大股賊匪。

《東華續録》嘉慶九　甲辰，定刑部覈議命、盜案期限。

丁未，諭：工部尚書員缺著琳甯補授，鑲白旗漢軍都統員缺著張承勳補授，張承勳所遺正黄旗漢軍副都統員缺著那彦寶補授。

《仁宗實録》卷六八　那彦成在外不能決勝千里，在内不能運籌帷幄，洵爲無用之物，分宜置散投閒。著革去尚書、都統、講官、花翎，格外施恩，用爲翰林院侍講。

戊申，免陝西被賊滋擾之渭南、畧陽、鳳、華四州縣額賦鹽課。

《東華續録》嘉慶九　庚戌，諭軍機大臣等：阮元等奏，艇匪竄入浙境，即馳赴台州督飭防勦一摺。

《仁宗實録》卷六九　六月丙辰，諭軍機大臣等：費淳等奏，蕭、碭二縣被水災民及徐州衛軍丁，自四月起至合龍之日止，約需賑銀三十餘萬兩，請於江蘇藩庫，及淮、揚、蕪、鳳各關庫，共酌撥銀三十六萬兩，並酌撥碭山、銅、豐、沛、宿等縣倉貯麥豆一萬七千石，以資展賑之用等語。

丁巳，命江西碾米十萬石，運赴陝西興安，以備賑糶。

壬戌，額勒登保奏報：殲斃逆首楊開甲。

署四川總督勒保奏：【略】糧餉事宜。川省每年額徵正雜各款，計算支發滿漢官兵俸餉、新疆臺費等項，尚有不敷；近年被賊州縣，屢蒙蠲緩，僅有十分之五，倍形支絀，辦理軍需，唯有民間津貼。但所謂津貼者，如運糧脚價，臺站夫馬，官價不敷，由百姓出貲幫貼。而川東川北，悉經賊匪蹂躪，已逐漸停止；迨賊過潼河，川西完善之區又去其半，其未經被賊之處，不過四十餘州縣，未免漸形拮据。所幸本年雨水應時，收成豐稔，川省民田寬廣，賦比他省較輕，量加津貼，尚屬可行；亦應責成地方官，妥爲經理，無許吏胥稍有影射。奏入，諭軍機大臣等：【略】民間津貼之事，原屬不得已之舉，但如川西川南等處，素稱繁富之區，今歲則嘉陵江、潼河附近各州縣，被賊焚掠之處甚多，地方情形，迥不如前，若一切費用，咸取資於津貼，恐不肖州縣吏胥，辦理不善，或致藉詞勒派，别生釁端。雖該省軍需浩繁，不能不稍資民力，然必須酌覈情形，妥協經理，不可專恃此項辦賊，尤不可任聽屬員需索，侵漁肥己。

《東華續録》嘉慶九　丁卯，命董誥以大學士管理刑部，調張若渟爲刑部尚書，以汪承霈爲兵部尚書，馮光熊爲左都御史，轉陳萬全爲兵部左侍郎，以平恕爲兵部右侍郎。調陸有仁爲刑部右侍郎，莫瞻菉爲工部右侍郎。

《仁宗實録》卷七〇　甲戌，魁倫著照楊應琚之例，免其肆市，著刑部堂官傳旨監視，賜令自盡。【略】魁倫之子完顔扎拉芬並著發往伊犂，効力贖罪，以示懲儆。特將辦理此案緣由，通諭中外知之。

撥浙江商捐銀五十萬兩，解往陝西，以備軍需。

《東華續録》嘉慶九　台斐音以貽誤軍務降調，以温承惠爲陝西布政使，王文湧爲陝西按察使。

乙亥，申嚴赴京越訴罪。

《東華續録》嘉慶一〇　秋七月戊子，改山東糧船爲冬兑春開。

辛卯，貴州巡撫琅玕奏：擒勦廣順等寨滋事青苗楊文泰等。得旨：嘉獎，加總督銜。

《仁宗實録》卷七一　命京營右翼總兵長齡爲領隊大臣，領吉林、黑龍江兵，赴湖北軍營，協同勦賊。

癸巳，以各路軍營連獲勝仗，並擒獲首逆劉之協，加軍機大臣慶桂等軍功一級、紀録三次，軍機章京下部議敘，賞兵部尚書傅森花翎。

《東華續録》嘉慶一〇　甲午，諭：各省督撫每年奏報收成分數，後續有旱澇蟲傷致減分數者，仍據實入告。

《仁宗實録》卷七一　諭軍機大臣等：前據馬慧裕奏寶、郟地方有匪徒焚掠之事。旋據葉縣禀報，盤獲首犯劉之協。本日馬慧裕馳奏，已將寶豐等處匪徒千餘名悉數殲除，並提到眼目，認明劉之協屬實。劉之協爲教匪首逆，勾連蔓衍，荼毒生靈。乃該犯仍敢在豫省糾結，潛謀起事，並欲爲陝、楚教匪接應，實堪痛恨。仰賴昊穹垂慈，皇考默佑，俾豫省新起教匪一千餘人，立時勦捕淨盡，擒獲首逆，明正刑誅。可見教匪劫數已盡，從此各路大兵定可剋期蕆事。

丙申，調鑲紅旗漢軍都統傅森爲鑲藍旗滿洲都統，以鑲白旗滿洲副都統書敬爲鑲紅旗漢軍都統。

《東華續録》嘉慶一〇　戊戌，定各省駐防生員仍歸佐領約束，文藝由府學教授課閲。

甲辰，德楞泰等奏：督勦樊人傑等四股賊匪，殺賊四千餘人。得旨：奬賚，實授勒保四川總督，賞二品頂帶。

丙午，諭：裘行簡已補授太僕寺少卿，著仍在軍機章京上行走。嗣後，軍機章京有升任通政司副使、大理寺少卿者，即著軍機大臣奏明，不必在軍機章京上行走。

丁未，賜暹羅國王鄭華敕諭。

《仁宗實録》卷七一　己酉，諭軍機大臣等：陳傑一股賊匪，雖爲數無多，但越過棧道，若竄入南山，不特搜捕費力，恐致牽綴官兵。今額勒登保將陳傑生擒，掃除餘黨，所辦甚好。現在陝甘東北一帶，賊匪已盡，止餘伍金柱、張世龍、冉學勝等股，向西和、成縣西南一帶奔逃。額勒登保自東而西，長麟等自西而東，兩面夾擊，務將陝甘兩省賊匪，一律肅清。

明亮奏報：追勦賊匪徐添德，殺賊千餘。

撥山西藩庫銀五十萬兩，解往陝西，以備軍需。

《東華續録》嘉慶一〇　（壬戌）〔庚戌〕，命各督撫甄别知府、直隸州知州。

《仁宗實録》卷七二　八月甲寅，德楞泰奏報：儀隴鄉勇鮮文芳等殲斃賊首鮮大川。得旨：嘉奬。賞鮮文芳六品頂帶，陳朝會七品頂帶並藍翎。

丙辰，又諭：賽沖阿現在德楞泰軍營隨同勦賊，此時川省各股賊匪，勢已窮

蹙，軍威大振。著德楞泰即令賽沖阿速赴西鄉，並酌分兵丁千餘名帶往，會同綸布春等，專辦高二、馬五戴家營各股賊匪。

丁巳，額勒登保奏報：勦捕階州賊匪。得旨：嘉獎。擢二等侍衛愛星阿爲副將，總兵官穆克登布等下部議敘。

給陝西朝邑縣被水災民口糧有差，仍貸籽種，並緩徵本年額賦，及新舊未還倉穀。

庚申，台布奏報：截勦高二、馬五等賊偷渡漢江情形。賞千總孫榮守備銜，鄉勇王大才等千總銜並藍翎。

甲子，河南教匪首逆劉之協伏法。

《仁宗實録》卷七三　丁卯，額勒登保奏報：殲斃石子溝賊首伍金柱。

壬申，給山西永濟縣被水災民一月口糧，房屋修費，並貸籽種，緩徵本年額賦。

乙亥，額勒登保奏報：殲斃麻池溝賊首宋麻子等。得旨：獎賚，賞四品頂帶慶成三品頂帶。

《東華續録》嘉慶一〇　乙亥，定謀財害命有關服制者斬梟例。

《仁宗實録》卷七三　丙子，加賑安徽宿、靈璧、泗三州縣被水災民，並緩徵懷寧、桐城【略】二十四州縣新舊漕糧額賦。

戊寅，以都察院左都御史書敬爲廣州將軍。

《仁宗實録》卷七四　九月庚辰朔，撥山西藩庫銀三十五萬兩，解往陝西備賑。

《東華續録》嘉慶一〇　壬午，命經過地方額賦已蠲免十分之八者，全行蠲免。

丙戌，申諭各督撫：毋奏留升任他省人員。

《仁宗實録》卷七四　丁亥，賑江西寧都、雩都、廣昌、南豐四州縣被水災民并蠲緩額賦有差，緩徵石城、瑞金、南城、永豐、吉水、豐城、南昌、新建八縣水災額賦。

戊子，貸山西朔州被雹村莊籽種口糧，並緩徵本年額賦。

《東華續録》嘉慶一〇　辛卯，命貴州總兵官以下聽巡撫節制。

《仁宗實録》卷七四　甲午，德楞泰等奏：殲斃逆首唐大信。賞寨首龐閶龍把總並藍翎。

乙未，撥山西藩庫銀七十萬兩，解往陝西，以備軍需。

《東華續録》嘉慶一〇　庚子，命武鄉、會試不拘翼分，派副都統一員入場彈壓。

《仁宗實録》卷七四　辛丑，賜故朝鮮國王李祘謚恭宣，以其世子玜爲朝鮮國王。命署散秩大臣明俊爲正使，内閣學士納清保爲副使，往封。

癸卯，賑甘肅永昌、武威、鎮番三縣被旱災民，並蠲緩額賦有差。

《仁宗實録》卷七五　冬十月辛亥，諭軍機大臣等：此次德楞泰、勒保分勦劉朝選、湯思蛟等股賊匪多有斬獲，復會勦趙麻花等，將該逆戳斃，並殲淨餘匪，實爲奮勇可嘉。前據姜晟奏，楚省藍、黄、白線賊匪，俱將折回川境，已令明亮跟蹤緊勦。此時德楞泰、勒保在雲陽一帶，正係折川來路，可與明亮兩面夾擊，一鼓殲擒，轉不必將賊匪截回楚境。再，徐添德一股，已竄赴安康、平利一帶，今摺内又稱王珊等欲赴太平接取，可見該首逆亦有入川之勢，並將派委得力鎮將前往迎截，漸次逼往川境。雖川、陝、楚均屬緊要，但賊匪竄至陝、楚，必致散漫，不如聚集川境，殲除較易。德楞泰、勒保不可不知此意。將此諭令知之。

《東華續録》嘉慶一〇　丁巳，胡季堂以疾免，以顔檢護理直隸總督，同興署直隸布政使，喬人傑署直隸按察使。

戊午，諭軍機大臣等：王珊一股匪衆，經德楞泰、勒保督率將領分路兜截，殲擒淨盡，川東腹地肅清。所辦甚屬可嘉。

《仁宗實録》卷七五　庚申，諭軍機大臣等：高二、馬五二逆，狡詐異常，奔越數省，今長齡探得該匪屯聚洵陽之王家坪一帶，分派滿漢官兵同時並進，奮勇衝殺，殲擒賊匪七百餘名，所辦可嘉之至。【略】此時賊鋒大挫，正當乘勢搜捕。現已諭知額勒登保，毋庸令長齡前赴大營，所有高二、馬五一股賊匪，即責成長齡協同勦辦，務將此股逆匪，在洵陽地方速行勦淨。如不能即時勦滅，亦應逼向西面，以便額勒登保迎頭截擊，或向西南逼入川境，斷不可令其折竄楚省二竹一帶，亦不可令其越過漢江西北，逸入商雒等處，致搜捕又稽時日，總須將此股迅速勦除。若賊已垂敗，不可又棄而之他，如那彦成前此不將高、馬餘孽勦竣，貽釁至今也。將此傳諭知之。

癸亥，湖北宜昌鎮總兵官明亮，以不能勦賊，降藍翎侍衛。以領隊大臣長齡，爲宜昌鎮總兵官。

《東華續録》嘉慶一〇　甲子，以張標餘黨就獲，復原任直隸總督胡季堂太

子太保。

《仁宗實録》卷七五　德楞泰等奏報：盤獲首逆張子聰。

撥部庫及廣儲司庫並山西藩庫銀各二十萬兩，解往四川，以備軍需。

《東華續録》嘉慶一〇　戊辰，太子太保、原任直隸總督胡季堂卒，贈太子太傅。

《仁宗實録》卷七五　調湖廣總督姜晟爲直隸總督，雲貴總督書麟爲湖廣總督，以貴州巡撫琅玕爲雲貴總督。

賑直隸文安、大城、武清、高陽、新安、河間、静海、隆平、寧晉、霸、雄、安、景、青十四州縣被水災民。

庚午，調湖北按察使張長庚爲貴州按察使，貴州按察使成寧爲湖北按察使。

《東華續録》嘉慶一〇　調文霈爲陝西按察使，王文湧爲山西按察使。調秦瀛爲湖南按察使，百齡爲浙江按察使。

《仁宗實録》卷七五　辛未，諭軍機大臣等：現在各股賊首，徐添德、曾芝秀，並先經奔竄之張添倫、辛聰、魏棒棒、顔勝可、戴家營等，俱已逸入川境，祇有龍紹周、高二、馬五、王廷詔及冉、張等逆，尚在陝楚交界之竹山、白河一帶游奕。高二、馬五係賊中最兇悍者，王廷詔亦屬教匪要犯，額勒登保務當督催慶溥等趁賊窮蹙之時，奮力截擊，悉數殲除，總以去疾務盡爲要。此事已遲至五年之久，早完一日，百姓早受福一日，此朕所昕夕企望者。至漢江以北，祇有伍懷志一股，竄入南山老林，不過四五百人，務當趕緊搜勦，斷不可令其竄匿。若各匪俱能勦盡，額勒登保自當振旅入川，會合德楞泰、勒保等將川省各匪於年内一律蕩平。將此諭令知之。

甲戌，撥山東、江西藩庫銀各二十五萬兩，解往陝西，以備軍需。

截留江南銅山、睢寧、碭山、蕭、豐、沛、邳七州縣本年漕糧四萬餘石，備賑徐州府屬災民。

乙亥，賑浙江金華、永康、武義、麗水、縉雲、諸暨、遂昌、松陽八縣被水災民有差。

丁丑，調正黄旗蒙古副都統慶傑爲熱河副都統，以内閣學士德文兼正黄旗蒙古副都統，上駟院卿圖默慎爲正紅旗護軍統領。

加給福建浦城、建寧、寧化、清流、長汀五縣被水災民一月口糧，並蠲緩浦城、建寧、寧化、清流、長汀、沙、永安七縣沙壅石壓田新舊糧米有差。

《東華續録》嘉慶一〇　十一月乙酉，多永武以引禮舛錯降調，調范建豐爲吏部右侍郎。以那彦寶爲兵部右侍郎，吉綸爲内閣學士。

《仁宗實録》卷七六　睿親王淳穎薨。以成親王永瑆爲宗人府左宗正，調定親王綿恩爲右宗正兼正黄旗領侍衛内大臣，鑲紅旗滿洲都統布彦遠賚爲正黄旗滿洲都統。以大學士保寧，兼鑲紅旗滿洲都統。

《東華續録》嘉慶一〇　己丑，嗣後，除業經開坊之翰、詹等官及修撰，京察一等記名外用者，遇有道、府缺出仍開列請旨外，其編修、檢討、京察一等記名外用者，遇有同知、直隸州知州缺出，開列簡放。著爲令。

庚寅，嗣後，編、檢各員遇有坊缺，著將京察一等記名之員，於引見排單緣頭牌及開列本内詳細註明，如各該員開坊後遇有道、府缺出，即一體開入簡放。著爲令。

癸巳，賜賢良後裔、原任大學士吴琠四世孫拔貢生沆，福建巡撫潘思榘曾孫、監生福舉人。

丙申，飭京察保薦崇實黜華。

以軍機處宜嚴密肅清，命科道一人進内稽查。

丁酉，諭軍機大臣等：大學士、九卿議駁費湻等奏，請將江蘇、浙江應徵輕齎折色銀兩改徵本色一摺，已依議行矣。

戊戌，命詹事府京察及一應事宜，仍照舊例辦理，無庸翰林院掌院學士兼管。

癸卯，邵家壪工合龍，加費湻、吴璥太子少保。

甲辰，諭：向來挑選秀女，皇后、皇貴妃、妃、嬪之親姊妹，俱應備挑，於體制殊有未協。嗣後，自嬪以上，其親姊妹著加恩不必備挑，户部、内務府即遵照辦理。著爲令。

《仁宗實録》卷七七　十二月甲寅，倭什布仍著革去頂帶，暫留巡撫之任，以觀後效。德楞泰一等子，本應斥革，姑念今春在嘉陵江以西，勦賊尚爲出力，著加恩降爲一等男，稍示薄懲。勒保前經賞給二品頂帶，亦著降爲四品頂帶，暫留川督之任，以觀後效。

撥山東、江西藩庫銀各二十萬兩，解往湖北，以備軍需。

《東華續録》嘉慶一〇　丁巳，德楞泰等奏：殲首逆楊開第、齊國謨。命晉德楞泰三等子爵，賞勒保三品頂帶。

甲戌，長齡奏：擒勦瓦房口逆匪。

是歲，朝鮮、琉球來貢。

嘉慶六年（辛酉、一八〇一）

《仁宗實録》卷七八　春正月己卯，加賑直隸霸、文安、大城、安、新安、河間、景、寧晉、隆平九州縣被水被雹災民，並貸雄、高陽二縣災民籽種口糧。加賑江蘇蕭、碭山二縣，及徐州衛被水災民。加賑安徽宿、靈璧、泗三州縣衛被水災民。加賑江西寧都、雩都、廣昌、南豐四州縣被水災民。賑河南武陟、孟二縣被水災民。賑陝西咸寧、長安、三原、涇陽、臨潼、咸陽、興平、藍田、乾、武功十州縣被旱災民，並貸渭南、同官【略】二十二廳州縣貧民倉穀。加賑甘肅武威、鎮番、永昌三縣被旱災民。

辛巳，長麟等奏報：截勦辛聰等股賊匪，殲賊多名。

壬午，調兵部尚書傅森爲户部尚書，以正白旗滿洲副都統明安爲步軍統領，轉都察院左都御史禄康爲兵部尚書，以工部右侍郎西成爲左都御史，調盛京户部侍郎成書爲工部右侍郎，以内閣學士德文爲盛京户部侍郎。西寧辦事大臣台費蔭爲内閣學士兼禮部侍郎銜，並署理藩院侍郎。禮部左侍郎英和兼總管内務府大臣，户部左侍郎豐紳濟倫兼掌鑾儀衛事。命定親王綿恩爲御前大臣，調正藍旗滿洲都統慶桂爲正黄旗滿洲都統，鑲紅旗漢軍都統豐紳濟倫爲正藍旗滿洲都統。

乙酉，以户部左侍郎戴衢亨兼署吏部左侍郎，兵部右侍郎平恕兼署吏部右侍郎。命禮部左侍郎曹城提督順天學政。以安徽按察使福慶爲布政使，前任和闐辦事大臣恩長爲安徽按察使。

戊子，所有嘉慶三年以前領發軍需，著各該督撫先行題銷，務須逐款詳悉覈查，如有浮冒分肥情弊，即行據實嚴參治罪，並著落照數賠繳。

己丑，諭軍機大臣等：本日據額勒登保奏，督師截勦新過江北大股賊衆，節次痛加斬戮，並楊遇春等連日趕勦股匪各情形，殺賊共一千五百餘名，生擒一千餘名。經略等督兵打仗，竟至露處，辛苦備嘗，可謂不遺餘力，但首逆如高三、馬五究未擒獲，不能辦净一股。且洵陽地方，又有竄過漢江北岸之賊，奔竄稽誅。推原其故，總由於防堵不力，必須有兵勇加意防範，俾匪無處竄逸，勦辦方可得力。長麟、陸有仁身爲督撫大員，堵禦是其專責，自應將各處防守兵勇詳細查覈，如實有殘廢無用者，兵則另行抽换，勇則招募添補。現在陝省兵餉，每月需用五十萬兩，與其曠日持久，零星多費而不能集事，莫若厚集募勇，一舉成功，所費咸獲實效。將此傳諭知之。

《東華續録》嘉慶一一　辛卯，命大理寺少卿窩星額等齎銀十萬兩，赴額勒登保、德楞泰軍營，頒賚將士。

《仁宗實録》卷七八　壬辰，撥部庫廣儲司及浙江解京銀六十萬兩，解往陝西，以備軍需。

《東華續録》嘉慶一一　丁酉，以截勦陝西山陽賊匪功，復德楞泰一等子爵。

《仁宗實録》卷七八　命截留湖北漕糧六萬七千七百餘石，備卹被賊難民。

《東華續録》嘉慶一一　己亥，賜賢良後裔、原任刑部尚書魏象樞六世孫煜舉人。

庚子，禁鄉、會試卷引用隱僻子書及書寫卦篆字體。

《仁宗實録》卷七八　轉吏部右侍郎錢樾爲左侍郎，調禮部左侍郎曹城爲吏部右侍郎，轉禮部右侍郎劉躍雲爲左侍郎，以内閣學士潘世恩爲禮部右侍郎。

勒保奏報：七十五與頭等侍衛武隆阿，勦斃賊匪多名，並殲斃首逆張世隴等。

壬寅，命湖南碾米十五萬石，解往陝西，以濟兵糈。

《東華續録》嘉慶一一　癸卯，定宗室廕生引見例。

《仁宗實録》卷七八　甲辰，德楞泰奏報：殲斃高二，生擒僞先鋒王儒等。

乙巳，勒保奏報：勦捕黄、藍、白三號賊匪，殲斃首逆徐萬富等。得旨：嘉獎。賞勒保二品頂帶花翎。

轉工部右侍郎成書爲左侍郎，調理藩院右侍郎和寧爲工部右侍郎，以内閣學士佛爾卿額爲理藩院右侍郎。

《仁宗實録》卷七九　二月甲寅，諭内閣：據御史新柱奏，普免錢糧一事，有田富户可霑重恩，其無田貧民，仍不能普霑恩澤。請以三十年爲率，如果帑藏充裕，遇有喜慶鉅典，再爲舉行。而摺内並稱，普免錢糧，徒爲史册美觀，祇屬虚名等語。所奏大屬非是。【略】該御史乃以國家實惠及民之鉅政，徒爲史書紀載之虚文，立言實屬非體。且行慶施惠，係屬隨時酌辦，豈可限以年載？況現在本無應行普免之事，又何必鰓鰓過計。該御史所奏，意近言利。新柱著傳旨申飭，並

將原摺擲還。

乙卯，勒保奏報：擊勦碑灣寺等處賊匪，射死首逆王士虎等。

《東華續録》嘉慶一一　丙辰，湖廣總督書麟等奏：長齡會同明亮，殲斃僞總兵卜興昂等。得旨：嘉獎，下部議敘。

戊午，賜賢良後裔、原任禮部尚書楊名時曾孫景曾、江蘇巡撫徐士林孫從旭舉人。

《仁宗實録》卷七九　以都察院左副都御史繼善爲盛京禮部侍郎。

壬戌，以詹事府詹事玉麟、戴聯奎爲内閣學士，兼禮部侍郎銜。

乙丑，賑湖北被賊滋擾之竹谿、竹山、房、保康四縣貧民。

丙寅，免四川被賊滋擾之達、東鄉【略】三十五廳州縣及南坪營本年額賦。並緩徵南充、定遠、鹽亭、劍、蓬溪、射洪、蓬七州縣本年額賦，及石砫、巴、黔江、西充、璧山、安岳、樂至、石泉、金堂、茂、萬十一州縣新舊額賦有差。

諭内閣：和寧等奏，駐防外委蒲順，殺傷兵丁段貴等，核擬具奏一摺。【略】蒲順著即在該處正法。

庚午，以湖北宜昌鎮總兵官長齡爲提督。

辛未，以山西按察使王文湧爲甘肅布政使，直隸霸昌道朱紹曾爲山西按察使。

《東華續録》嘉慶一一　癸酉，定守護陵寢王、貝勒、貝子、公三年更代例。准烏里雅蘇台、塔爾巴哈台幫辦領隊大臣專摺奏事。

《仁宗實録》卷七九　調刑部尚書成德爲户部尚書，命在軍機處學習行走。兵部尚書禄康爲刑部尚書。以户部左侍郎豐紳濟倫爲兵部尚書，奉宸苑卿蘇楞額爲總管内務府大臣。調正紅旗蒙古都統綿課爲鑲藍旗滿洲都統，以工部左侍郎明安兼正紅旗蒙古都統。

乙亥，額勒登保奏報：生擒首逆王廷詔。

丙子，諭軍機大臣等：川、陝、楚大功將次告竣，善後事宜，以撫輯難民、飢民、安置鄉勇爲最要。湖北省饑民不下數萬，川、陝亦所不免，其裹脅之人，紛紛投出，不可勝計，除查明叛産分别賞給外，或另有安撫之法，著該督撫通盤籌畫，詳議具奏。至鄉勇常與賊匪接仗，技藝素嫻，若不妥爲安插，更易流而爲匪，當收其器械，或令入伍，充當民壯，妥爲散遣。

《東華續録》嘉慶一一　三月己卯，申嚴匿名文書坐罪例。

《仁宗實録》卷八〇　命：嗣後挑選八旗秀女，公主之女，停止挑選。

《東華續録》嘉慶一一　癸未，初彭齡以親老請改京職，允之。調伊桑阿爲雲南巡撫，以孫曰秉爲貴州巡撫，同興爲江甯布政使，調福瞻爲直隸按察使，以喬人傑爲福建按察使。

《仁宗實録》卷八〇　乙酉，以大理寺少卿窩星額爲太僕寺卿。

《東華續録》嘉慶一一　丙戌，申禁步軍統領、左右翼總兵官私役步甲。

《仁宗實録》卷八〇　實授楊遇春爲甘肅提督。

丁亥，以江蘇按察使張師誠爲山西布政使，調江西按察使阿林保爲江蘇按察使，以廣東鹽運使永慧爲江西按察使。

庚寅，以太僕寺少卿裘行簡爲太僕寺卿。

《東華續録》嘉慶一一　辛卯，長麟奏：勦滅汧陽新起賊匪。得旨：嘉獎。

《仁宗實録》卷八一　壬辰，德楞泰奏報：追勦龍逆賊匪，生擒賊目趙志成等。

甲午，琉球國王尚温以册封王爵，遣使奉表謝恩，恭進方物。命留抵下次正貢，賞賚如例。

《東華續録》嘉慶一一　乙未，書麟等奏：孫清元等槍傷首逆苟文明，並殲擒賊匪多名。得旨：嘉獎，下部議敘。

丁酉，賜賢良後裔、原任工部尚書湯斌四世孫、生員念曾舉人，廣西巡撫傅宏烈六世孫縣丞徵瓏知縣。

己亥，諭：入春以來，雨暘時若，畿輔麥苗暢發。見值謁陵釋服之期，凡蹕路所經，先令大臣等管護民田，毋許隨從人等踐踏禾苗，以副朕保護民食至意。

辛丑，上啓鑾謁裕陵。免經過地方額賦十分之三。

福長安著即革職，發往盛京，作爲披甲，交晉昌嚴行管束，數年後再觀後效。福長安之子錫麟，亦著隨往盛京，即以該處防禦補用。綿億、弘謙、成林俱著交該衙門嚴加議處外，綿億著革去都統及管圍大臣，隨同王公等照例上朝。正藍旗蒙古都統員缺，著弘曧補授，管圍大臣員缺，著額勒登保補授。成林著拔去花翎，革退内務府大臣、馬蘭鎮總兵，補授盛京副都統，即著於本日押帶福長安起程，福長安在途如有他故，惟成林是問。成林所遺内務府大臣兼馬蘭鎮總兵員缺，著興長補授，興長所遺正紅旗漢軍副都統員缺，著慶溥調補，三姓副都統員缺，著額勒亨額調補。永碩到陵時，福長安業經具呈，永碩並未阻止，亦隨同列

銜具奏，永碩著交宗人府議處。

《仁宗實録》卷八一　乙巳，免陝西被賊滋擾之商州、商稅缺額銀。

《東華續録》嘉慶一一　夏四月戊申，停圓明園軍機處值日之科道官。

《仁宗實録》卷八二　以太僕寺卿裘行簡爲河南布政使。

撥廣東鹽課銀二十萬兩，解往四川。兩淮鹽課銀五十萬兩，分解湖北、陝西，以備軍需。

《東華續録》嘉慶一一　壬子，諭：禮部奏，琉球國使臣呈稱，該國此次恭進謝恩方物，懇予賞收，免抵下次正貢。【略】著照所請，此次所進萬物准予賞收，下次正貢届期，該王國遣使來京時，再當優嘉賞賚，用昭柔惠遠藩至意。該部即傳諭該使臣，令於回國時，轉告該國王知之。

乙卯，賜故大學士蔡新孫、舉人行達進士。

戊午，賜賢良後裔、原任大學士李光地元孫維翰舉人。

己未，以四川民人輸貲急公，免遂甯等八十六廳、州、縣明年額賦。

額勒登保等奏：生擒首逆高二、馬五及馬五之子，餘黨悉平。

辛酉，禁羣臣捐養廉銀辦公。

書麟有疾，命來京，補授吏部尚書。以倭什布爲湖廣總督，仍戴三品翎頂，全保爲湖北巡撫。命那彦成交軍機處，以副都統記名。

《仁宗實録》卷八二　上御太和殿，宣制册立皇后，王以下文武大臣官員，及朝鮮、琉球國使臣等行慶賀禮。命文華殿大學士董誥爲正使、内閣學士普恭爲副使，持節齎册寶册立皇貴妃鈕祜禄氏爲皇后。

《東華續録》嘉慶一一　壬戌，倭什布即著解任來京候旨。所有湖廣總督員缺，著吴熊光補授，即馳驛前赴新任。其河南巡撫員缺，著顔檢補授，亦著馳驛速赴新任，以便吴熊光交卸赴楚。

協辦大學士、吏部尚書書麟卒，晉贈太子太傅，賞一等男爵。

命長齡暫署湖廣總督，俟吴熊光到任後，仍赴軍營帶兵。

《仁宗實録》卷八二　調江寧布政使同興爲直隸布政使，河南布政使裘行簡爲江寧布政使，以河南按察使完顔岱爲布政使，南汝光道陳鍾琛爲按察使。以廣東按察使吴俊爲山東布政使，湖南岳常澧道陳文爲廣東按察使。

德楞泰等奏報：勦辦紅花垛等處賊匪，礟斃賊首張允壽。得旨：獎賚，賞還德楞泰雙眼花翎。

《東華續録》嘉慶一一　丙寅，以生擒高二、馬五、王廷詔各功，晉額勒登保二等子爵，賞雙眼花翎，提督楊遇春騎都尉世職。

貴州巡撫伊桑阿奏：攻勦石峴苗匪，擒獲黔楚各要犯。得旨：獎賚，賞還常明二品頂帶、花翎。

《仁宗實録》卷八二　丁卯，策試天下貢士。

戊辰，命兩廣總督吉慶協辦大學士，仍留兩廣總督任，大學士慶桂管理吏部。調工部尚書琳寧爲吏部尚書，以兵部左侍郎緼布爲工部尚書。轉兵部右侍郎那彦寶爲左侍郎，調工部左侍郎成書爲兵部右侍郎，轉工部右侍郎和寧爲左侍郎，以鑲紅旗滿洲副都統蘇楞額爲工部右侍郎。

《東華續録》嘉慶一一　己巳，勒保著從寬革去頂翎，暫留四川總督之任，以觀後效。

辛未，賜顧臯等二百七十五人進士及第、出身有差。

《仁宗實録》卷八二　壬申，遣散秩大臣松齡爲正使，内閣學士吉綸爲副使，往朝鮮國頒册立皇后。

《東華續録》嘉慶一一　五月戊寅，諭：勒保奏，分兵入山，將湯思蛟等股轟出老林，打仗得勝一摺。

己卯，賜賢良後裔、故大學士王熙曾孫元洪舉人。

《仁宗實録》卷八三　壬午，以通政使司副使蔣予蒲爲太僕寺卿，大理寺少卿善寶爲光禄寺卿。

《東華續録》嘉慶一一　癸未，緩徵湖北教匪滋擾之竹谿等五十九州縣屯衛額賦。

丙戌，命各省總兵官輪班入覲。

《仁宗實録》卷八三　戊子，免安徽宿、靈璧、泗三州縣衛本年水災額賦有差。

《東華續録》嘉慶一一　辛卯，以奉天府丞兼學政，定三年更换例。

《仁宗實録》卷八三　癸巳，德楞泰奏連日追勦徐、樊等股賊匪，逼過漢江南岸，現在趕勦各情形一摺。所辦甚好。此次徐、樊二逆經德楞泰督率賽沖阿等分投追勦，即奔高冠峪，有入南山之勢。經劉之仁、雒昂帶領兵勇由高冠峪内突出截殺，不能入山，折竄兩河。復經慶成帶兵前來接應，多有斬獲，賊勢極爲狼狽，遂由大洋灘踹淺渡過漢江南岸，慶成亦過江追勦，前後殲擒賊匪一千五百餘

名，現所存馬步賊匪，不過千餘人，俱極疲乏，德楞泰緊躡前往，與慶成分路夾擊，定可剋日悉數殲擒，實深欣慰。

癸卯，以太常寺卿窩星額爲大理寺卿，國子監祭酒多慶爲太僕寺卿。

《東華續録》嘉慶一一　乙巳，諭：吴熊光奏，查出湖北辦理糧餉種種貽誤情形一摺。

《仁宗實録》卷八三　以都統銜經畧大臣額勒登保爲理藩院尚書，兵部尚書豐紳濟倫署理藩院尚書。

《仁宗實録》卷八四　六月丁未，撫卹廣東省城颶風災民。

《東華續録》嘉慶一一　癸丑，德楞泰等奏：追勦青號賊匪，淹斃首逆徐添德。得旨：奬賚，下部議敘。

《仁宗實録》卷八四　額勒登保奏：勦辦陝省各股竄匪，楊遇春、札克塔爾等殺賊二千餘名，生擒一千餘名。

《東華續録》嘉慶一一　甲寅，撥局錢二千緡，撫恤永定右安門外災民。命户部左侍郎高杞、武備院卿巴甯阿堵築永定河決口，兵部右侍郎那彦寶、工部右侍郎莫瞻菉分赴下游查勘。

《仁宗實録》卷八四　免大興、宛平二縣水災本年額賦。

《東華續録》嘉慶一一　乙卯，起丁憂在籍巡撫陳大文署直隸總督。賑永定門外飢民。命順天府尹率屬，收葬淹斃災民。

丁巳，額勒登保等奏：督勦冉逆等股匪，並生擒首逆張添倫。得旨：奬賚。

《仁宗實録》卷八四　壬戌，命截留漕米六十萬石，存貯天津北倉備賑。

癸亥，撥廣儲司銀二千兩，賑永定、右安門外災民。

《東華續録》嘉慶一一　額勒登保奏：生擒首逆伍懷志，餘匪肅清。得旨：奬賚。

甲子，命五城照冬月例，煮賑一月。

《仁宗實録》卷八四　撥大興、宛平二縣常平倉穀備賑。免被災較重之宛平縣來年額賦，涿、良鄉、保定、固安、三河、房山、順義、通、武清十州縣本年額賦，被災稍輕之懷柔、昌平、薊三州縣本年額賦十分之五。

《東華續録》嘉慶一一　丙寅，諭軍機大臣等：黔苗滋事一案，前因伊桑阿奏稱親往石峴，攻克苗寨，擒獲首逆多人，苗匪俱皆畏罪懾伏，業經辦竣，當將伊桑阿等分别奬敘。

《仁宗實録》卷八四　撥直隸藩庫銀十萬兩，撫卹災民。

己巳，發京倉稉米二千四百石，局錢千緡，賑永定、右安門外災民。免直隸被災較重之香河、霸【略】三十八州縣本年額賦，被災稍輕之密雲、正定【略】十九州縣本年額賦十分之五。

庚午，湖廣總督吴熊光奏：勦辦黄號首逆張萬林等。

《東華續録》嘉慶一一　壬申，軍機大臣、刑部審擬姜晟等貽誤河上，分别治罪。【略】免姜晟等罪，均發往永定河上效力。

勒保奏：勦辦東鄉青、藍兩號賊匪，悉數殲除。得旨：嘉奬，賞四品翎頂。

《仁宗實録》卷八四　命再撥大興倉穀一千石、銀二千兩，接賑被水災民。

癸酉，撫卹天津被水災民。

《仁宗實録》卷八五　秋七月乙亥朔，署直隸總督熊枚奏：此次被水災區較廣，請將截留漕米六十萬石，分貯鄚家口、泊頭及天津北倉三處。得旨：著達慶、鄚地方官就近撥用。炳泰飭令該幫運弁，即在三處分别存貯，交撥京倉米二千四百石，於長新店、盧溝橋等處設廠煮賑。

《東華續録》嘉慶一二　丙子，上步詣社稷壇謝晴。

吴熊光等奏：殲斃白號賊首王鎮賢。得旨：嘉奬。

《仁宗實録》卷八五　壬午，以江西鹽巡道衡齡爲按察使。

癸未，以貴州布政使常明爲巡撫，浙江按察使百齡爲貴州布政使，山東濟東道阿禮布爲浙江按察使。

甲申，勒保奏報：督同阿哈保、薛大烈，痛勦徐逆各股，生擒徐添壽、王登高等。得旨：嘉奬。賞還勒保二品頂帶花翎。

以正黄旗蒙古副都統阿哈保爲正紅旗護軍統領。

撥廣東藩庫銀二十萬兩，兩淮運庫銀二十萬兩，解往陝西，以備軍需。

壬辰，免山西代、應、渾源、山陰、大同、繁峙、五臺、忻、朔、定襄、崞、懷仁十二州縣水災額賦。

《東華續録》嘉慶一二　乙酉，命濬京師護城河，以工代賑。

丙戌，禁各省官員私役遣犯。

己丑，撥部庫及廣儲司庫銀各五十萬兩，購永定河工料。

庚寅，增右安門外賑米。

壬辰，撥内帑濬紫禁城内外及圓明園各河道。

《仁宗實録》卷八五　癸巳，以光禄寺卿善寶爲大常寺卿。

《東華續録》嘉慶一二　乙未，展賑五城災民一月。

《仁宗實録》卷八五　免直隸寧河、唐【略】二十八州縣水災本年額賦，青、唐山、棗强、獲鹿、欒城、南樂、遵化、蔚、東光九州縣本年額賦十分之五，薊州次年額賦十分之三。

丙申，撥廣東藩庫銀二十萬兩，兩淮運庫銀二十萬兩，解往四川，以備軍需。

戊戌，撥山西藩庫銀六十萬兩，山東、河南藩庫銀各三十萬兩，賑卹甘肅被旱災民，並免皋蘭、狄道【略】四十四廳州縣，並西固、三岔二州同，沙泥州判，紅水、東樂二縣丞所屬，節年新舊額賦草束有差。

《東華續録》嘉慶一二　己亥，調和甯爲户部左侍郎，那彦寶爲工部左侍郎，高杞爲兵部左侍郎。調蔣曰綸爲工部右侍郎，管錢法堂事。劉躍雲爲工部左侍郎，莫瞻菉爲禮部左侍郎。

辛丑，命山東採買米麥十萬石，河南採買小米五萬石，備直隸明年平糶。

《仁宗實録》卷八五　諭軍機大臣等：本年直隸各州縣地方，被災較廣，現在加恩賑卹。將來青黄不接之時，糧價自必昂貴，亟應先爲籌撥，以資調劑。

《東華續録》嘉慶一二　壬寅，展賑永定、右安門外災民。

八月丙午，以初彭齡署吏部右侍郎。

己酉，撥部庫及兩淮銀一百五十萬兩，於直隸備賑。

《仁宗實録》卷八六　庚戌，撥湖南米三萬九千石，解往陝西，以備軍糈。

辛亥，以前任河南布政使先福爲光禄寺卿。

壬子，以禮部左侍郎英和兼署吏部左侍郎，調署吏部右侍郎初彭齡署兵部右侍郎，以户部左侍郎戴衢亨兼署吏部右侍郎。命順天府府丞胡長齡爲奉天府府丞，兼學政。兵部侍郎平恕提督江蘇學政，户部員外郎湯藩提督安徽學政，内閣學士李鈞簡提督江西學政，吏部右侍郎文寧提督浙江學政，都察院左副都御史恩普提督福建學政，山西道御史何學林提督湖南學政，太常寺卿劉鳳誥提督山東學政，通政使司通政使陳霞蔚提督山西學政，翰林院侍讀吴芳培提督河南學政，吏部郎中康綸鈞提督陝甘學政，河南道御史錢栻提督四川學政，翰林院修撰姚文田提督廣東學政，翰林院侍讀學士張綬提督廣西學政，江西道御史葉紹楏提督雲南學政，翰林院編修陸以莊提督貴州學政。

《東華續録》嘉慶一二　癸丑，緩徵長蘆鹽課十分之五及直隸、河南各引地課銀。

《仁宗實録》卷八六　甲寅，諭軍機大臣等：特清額奏，窮民出口分別驗放章程一摺。各處關口定例，稽查出口民人，自當一律給票驗放，何以祇山海關一處由臨榆縣給票，而古北口、張家口等處並不給票，辦理殊未周密。至所稱嗣後民人出口，如查係攜帶老幼妻子者，自係良民，應准放出，如無眷流民，年當少壯，無論隻身結伴，概不准出關一節，所議亦未妥協。本年直屬被水地方較多，窮民出口謀生者自必不少，並恐奸匪易於溷迹，若祇查其帶有眷屬放行，其年壯未帶眷屬者，或向守關兵役許給錢文，攙混出關，均屬事之所有。況口外即係蒙古地方，若内地窮民紛紛到彼覓食，竟似内地不能存活，而蒙古等又必以侵占伊等游牧爲詞，致生枝節，殊屬不成事體。總之中外之界，不可不分，稽查關隘，寧嚴毋濫。其應如何立定章程給放驗票之處，著陳大文會同特清額具奏。尋覆奏：查例，凡出口旗民，俱係飭令給票驗放，日久奉行不力，遂致有名無實。惟該災民等若非流離失所，必不肯輕去其鄉，惟有諄諭府廳州縣，將大賑實心妥辦，廣爲出示曉諭，令其安心待賑，切勿擅離鄉井。仍通飭地方官，各遵定例，凡商民出口，給與印票，至口對驗相符，給准放行，造册報部。得旨：凡人莫不繫戀鄉井，若非萬不得已，孰肯輕去。實力辦賑，爲探本正辦。勉之。

釋遣戍伊犁、已革陝西巡撫秦承恩，命來京候旨。

《東華續録》嘉慶一二　乙卯，除浙江海島遷移民户棄地額賦。

《仁宗實録》卷八六　丙辰，以太僕寺卿多慶爲内閣學士兼禮部侍郎銜。

撥江西藩庫銀三十萬兩，解往四川，以備軍需。

《東華續録》嘉慶一二　丁巳，命五城所屬災民，向不列入大興、宛平户口册者，歸順天府一體予賑。

額勒登保奏：生擒首逆王士虎、冉添泗等。勒保奏：七十五一路官兵在桑樹坪獲劉朝選弟劉清選、湯思蛟弟湯步武。均得旨：奬賚。

庚申，命採買奉天米石，備直隸明年平糶。

《仁宗實録》卷八六　甲子，勒保奏報：分派鎮將殲勦高、魏二股賊匪，生擒首逆冉學勝等。得旨：奬賚。賞還一品頂帶，封三等男爵。

《東華續録》嘉慶一二　乙丑，以三省大功將蕆，撤盛京兵歸伍。

《仁宗實録》卷八六　己巳，以大理寺少卿汪日章爲江寧布政使。

辛未，免雲南易門縣水災本年額賦。

癸酉，撥江西、廣東藩庫銀各二十萬兩，解往陝西，以備軍需。

《仁宗實録》卷八七　九月乙亥朔，調禮部左侍郎英和爲户部左侍郎，轉禮部右侍郎扎郎阿爲左侍郎，以都察院左副都御史恩普爲右侍郎。

己卯，調鑲紅旗漢軍都統西成爲鑲藍旗蒙古都統。以工部尚書緼布兼鑲紅旗漢軍都統。

《東華續録》嘉慶一二　甲申，上閱健鋭營兵。

左都御史馮光熊卒，予祭。

《仁宗實録》卷八七　以刑部左侍郎熊枚爲都察院左都御史，轉刑部右侍郎祖之望爲左侍郎，以署兵部右侍郎初彭齡爲刑部右侍郎。

己丑，命續修《大清會典》。

《東華續録》嘉慶一二　己亥，以河南召募練兵，增設副將、參將、遊擊、都司、守備、千總、把總官。

庚子，定管理户部三庫事務大臣按年更换例。

《仁宗實録》卷八七　以通政使司通政使萬寧爲都察院左副都御史，大理寺少卿廣泰爲太僕寺卿。

辛丑，免直隸滄、冀、衡水、交河、寧河、河間、天津、静海、寶坻、武清、薊、豐潤、青、東光十四州縣被水雹地本年額賦有差。

壬寅，以榮郡王綿億爲正紅旗蒙古都統。

《仁宗實録》卷八八　冬十月甲辰朔，以山東按察使方維甸爲河南布政使，山東運河道策丹爲按察使。

賑卹山東臨清、館陶、武城、邱、夏津、聊城、堂邑七州縣及坐落各衛屯被水災民有差，並緩徵漕項銀米。貸清平、莘、朝城、東阿四州縣衛貧民口糧，給陽穀、博平、高唐、恩四州縣貧民一月口糧。

丙午，那彦寶、巴寧阿、陳大文等奏：北上頭工合龍，全河水勢復歸故道。

《東華續録》嘉慶一二　諭軍機大臣等：台布奏，籌辦河南、河北事宜一摺。内稱蒙古强實爲中國之患，蒙古弱乃爲中國之福，以番制蒙誠爲良策數語，甚屬錯謬。

《仁宗實録》卷八八　丁未，調河南按察使陳鍾琛爲山東按察使，山東按察使策丹爲河南按察使。

癸丑，額勒登保奏報：生擒首逆辛斗、僞總兵蘇啓志。又穆克登布等勦辦樊苟等逆。

乙卯，撥廣東藩庫銀二十萬兩，解往湖北，以備軍需。撥江西藩庫銀十一萬兩，解往陝西備賑。

《東華續録》嘉慶一二　丁巳，德楞泰奏：殲斃首逆龍紹周，全股掃蕩。得旨：獎賚，下部議敘。

《仁宗實録》卷八九　癸亥，額勒登保著加恩晉封三等伯，德楞泰著加恩晉封二等伯，賽沖阿著加恩賞騎都尉世職，温春著賞雲騎尉世職。

《東華續録》嘉慶一二　甲子，予近畿災民棉衣。

丙寅，諭軍機大臣等：英善、福甯奏，接據哲孟雄來禀，當即籌度檄諭緣由一摺。内稱廓爾喀喇特納巴都爾與噶箕等不和，借披楞之兵與廓爾喀打仗等語。

《仁宗實録》卷八九　戊辰，以太常寺卿善寶爲通政使司通政使。

《東華續録》嘉慶一二　壬申，諭軍機大臣等：慶成奏，生擒楊開甲之子楊麟生及僞先鋒張文喜等。所辦甚好。

十一月甲戌朔，加賞五城賑米。

乙亥，諭：御史鄭敏行奏，請定觸犯父母發遣人犯不准援赦之例一摺。**【略】**所有觸犯父母發遣人犯，如遇恩赦，傳詢各犯祖父母、父母，有願伊子孫回家者，仍欽遵皇考諭旨，准其釋回，以符孝治天下之義。儻赦回後再有忤逆情形，一經呈告，即當加倍治罪。

《仁宗實録》卷九〇　丙子，調福建水師提督李長庚爲浙江提督，浙江提督蒼保爲福建水師提督。

《東華續録》嘉慶一二　丁丑，召長麟來京，以惠齡爲陝甘總督。調和甯爲山東巡撫，以李殿圖爲安徽巡撫。

《仁宗實録》卷九〇　以甘肅按察使姜開陽爲福建布政使，甘肅蘭州道蔡廷衡爲按察使。

《東華續録》嘉慶一二　戊寅，賜姚大甯等五十四人武進士及第、出身有差。

己卯，命侍郎高杞、莫瞻菉疏濬通惠河。

《仁宗實録》卷九〇　辛巳，以大學士王杰、慶桂、劉墉、董誥爲會典館總裁官。吏部尚書劉權之、户部尚書朱珪、禮部尚書紀昀、兵部尚書豐紳濟倫、刑部尚書禄康、工部尚書彭元瑞爲副總裁官。

壬午，免陝西商、隴二州節年商税缺額銀。賑陝西高陵、耀、咸陽、興平、醴泉、乾、武功七州縣被旱災民，並緩徵本年額賦。

《東華續録》嘉慶一二　甲申，諭：琅玕等奏，審訊伊桑阿驕縱勒索，及勦辦苗匪並未親赴石峴軍營，捏飾具奏，各欵屬實，定擬斬候一摺。

《仁宗實録》卷九〇　伊桑阿著改爲絞立決，【略】以爲甘心欺君、不顧性命者戒。

《東華續録》嘉慶一二　丁亥，諭軍機大臣等：吉慶等奏，洋盜陳添保攜眷内投，並將繳出安南印敕進呈。據摺内稱，陳添保因捕魚遭風，於乾隆四十八年經阮光平擄去，封爲總兵等語。可見積年洋盜滋擾，皆由安南窩留所致。【略】本應聲罪致討，惟該國見與農耐搆兵，轉不值乘其危急，加以撻伐。揆諸天理，該國滅亡亦在旦夕，更無庸以文誥化誨，亦毋庸給予照會。

《仁宗實録》卷九〇　戊子，額勒登保奏報：督勦通江一帶殘匪，擒獲僞元帥冉添璜、賊目龐思宇等。賞勦賊奮勇積勞成疾之甘肅提督穆克登布雲騎尉世職。

《東華續録》嘉慶一二　己丑，撥兩淮運庫銀四十萬兩，分備陝西、四川軍需。

《仁宗實録》卷九一　庚寅，諭軍機大臣等：現在賊匪情形，以西北爲重，川陝連界西北一帶，上游江水淺涸，恐零匪乘間竄越，關繫匪輕。此時張、魏兩股，並楊逆餘匪，所剩不過二百餘人，慶成務當督飭吴亨衍等上緊搜捕，如能在該處殲除浄盡，即屬慶成等之功。倘一時未能辦竣，總須將該逆截向川境，以便經畧等合兵勦辦，斷不可令其闌入陝界。將此傳諭知之。

《東華續録》嘉慶一二　壬辰，以三省教匪漸次蕩平，命增移要隘營伍，以資控制。

《仁宗實録》卷九一　癸巳，諭軍機大臣等：現在軍務即日告蕆，其善後事宜内，惟安插鄉勇一事最爲緊要，屢次諭令該督撫或酌給叛産絶産，或令充伍食糧，原爲伊等豫籌生計。但聞叛産一項爲數無多，蓋各省匪黨，皆係無籍之徒，鋌而走險，其甘心從賊，如龐洪勝之家産饒裕者寧有幾人？至被賊裹脅各村民，其本有田産者，一經散出，自必歸家各認己業。且各處尚有散出難民，均須安插，是叛産絶産亦豈能徧給無遺。況自賊中投出者，即屬良民。此等多係無業之徒，若不妥爲安撫，仍令流離失所，亦恐滋生事端。因思川、陝、楚地方遼闊，儘有官山未經開墾荒地，與其爲客民占據，何如撥給鄉勇，令其自安耕作。此外若有可興之利，不妨奏明辦理。如川省銅鹽等項，或有可以資借謀生，無礙於官而有便於民者，各就該省現在情形，量爲措置。至鄉勇隨同官兵勦賊日久，其中傷病者諒亦不少，現在各省所調官兵，其因傷病未痊及隨征日久者，均以次徹歸原伍，而鄉勇之傷病者轉未議及，是官兵之裁撤者多，而鄉勇之冗食者不少，殊非覈實之道。且有由省調派隨征者，此時即應先行裁徹，以節糜費。將此傳諭知之。

撥廣東商捐銀十三萬三千兩，解往陝西，以備軍需。

《東華續録》嘉慶一二　甲午，諭軍機大臣等：吉慶等奏，安南保樂州夷人農福連，幫同農耐與阮光纘打仗，見在三路進攻黎城等語。【略】外夷彼此搆兵，與内地無涉，吉慶等當持以鎮静，不必過問，止須飭令内地各邊隘，嚴加防範，並密爲偵探。

乙未，額勒登保奏：生擒首逆高見奇、僞帥周萬友等。得旨：嘉奬。

湖北巡撫全保等奏：進勦戴家營賊匪，殲擒僞軍師鄭三元、僞元帥褚貴等。得旨：奬賚，全保、長齡下部議敘。

《仁宗實録》卷九一　丙申，七十五著即解任，交額勒登保、德楞泰將沿途如何逗遛延緩之處，訊明參奏治罪。

戊戌，七十五縱賊殃民，【略】著革職拏問。

壬寅，免雲南建水、浪穹二縣水災本年額賦。

《仁宗實録》卷九二　十二月癸卯朔，長麟奏報：慶成等帶兵在階州牛頭寺草川子等處，殲擒苟文明一股賊匪。

丙午，免直隸青、東光、正定、深澤四縣水災本年額賦。加賑直隸大興、宛平【略】六十州縣被水災民。

己酉，以福建漳州鎮總兵官胡天格爲廣西提督，福建延平協副將李慶雲爲漳州鎮總兵官。

《東華續録》嘉慶一二　癸丑，定四川打箭鑪税額。

《仁宗實録》卷九二　甲寅，截留湖北江夏等州縣帶徵漕米四萬七千八百餘石，以備軍糈。

加賑甘肅皋蘭、狄道【略】四十廳州縣，並西固州同、沙泥州判、莊浪、紅水二縣丞所屬被水被旱災民。

乙卯，加賑直隸薊、三河、定興、望都、高陽、滿城、滄七州縣被水災民。

丙辰，諭軍機大臣等：前此各股賊匪，經官兵疊次勦殺，勢極殘敗，不敢與官兵接仗。馬騾皆少，衣服凋零，惟到處逃避，苟延殘喘。今苟文明一股，糾合張士龍餘黨及各股老賊遺孽大小男婦，約有三千餘人，馬騾四、五百頭匹，衣帽整齊，並有鳥槍弓箭撒袋等物。德楞泰所帶俱係屢次得勝勁旅，極爲趫健，素爲賊匪所畏懼。乃此次苟文明等匪，竟敢搶占山梁，併力抗拒，並兩次下壓，勢極兇悍，官兵僅殲賊一百餘名，未能得手，實爲可恨。【略】苟逆在李家壩地方，攻破大寨，擄掠七八百人，並衣服鎗箭等物。其寨中百姓，遭賊慘殺者，更不知凡幾。此皆七十五縱賊殃民之罪。【略】已將七十五革職拏問。德楞泰於兩三日內即可與額勒登保會合，伊二人當遵照節降諭旨嚴審定擬具奏。此時大股兇悍賊匪，祇有苟文明一股，額勒登保、德楞泰務當督率將弁等，併力合擊，以期滅此朝食。

己未，撥兩淮商捐銀二十萬兩，解往四川，以備軍需。

辛酉，七十五著加恩免其正法，作爲兵丁留於軍營，在前敵効力贖罪，以觀後效。所有四川提督員缺，著豐紳補授。其所遺甘肅肅州鎮總兵員缺，著張績補授。

戊辰，福建巡撫汪志伊因病解任。調安徽巡撫李殿圖爲福建巡撫，以江蘇布政使王汝璧爲安徽巡撫，調江寧布政使汪日章爲江蘇布政使，以光禄寺卿先福署江寧布政使。

《東華續録》嘉慶一二　己巳，諭：據禮部奏，朝鮮國貢使曹允大等齎貢至京，另齎奏本一件，鈔録進呈。該國王以沖年襲封，奉職屏藩，適該國邪匪糾連、謀爲不靖，即董率臣工，殄除魁黨，甯謐國都，並將辦理顛末臚章入告。所奏已悉。【略】已降旨飭令沿邊大吏一體嚴查，設遇該國匪徒潛入關隘，一經盤獲，即發交該國自行辦理，以示朕撫輯懷柔至意。著禮部將此旨行令該國王知之。

《仁宗實録》卷九二　壬申，額勒登保等奏報：勦辦通江賊匪苟文明一股，斬獲多名，並殲斃賊目苟朝獻等。

《東華續録》嘉慶一二　是歲，朝鮮、暹羅來貢。

嘉慶七年（壬戌、一八〇二）

《東華續録》嘉慶一三　春正月癸酉朔，上啓鑾謁裕陵。免經過地方額賦十分之三。予經過通州等四州縣貧民棉衣二萬件。

丙子，以順天府文安縣地窪水積，永減額賦十分之三。

《仁宗實録》卷九三　展賑陝西興平、武功、醴泉、乾四州縣，甘肅臯蘭、渭源【略】四十一州縣，及西固州同、沙泥州判、紅水縣丞所屬上年旱災貧民。

壬午，命大學士、伊犂將軍保寧來京供職，以伊犂領隊大臣松筠爲將軍。

《東華續録》嘉慶一三　癸未，以三月謁西陵，豫予經過涿州等五州縣貧民棉衣一萬件。

甲申，以關槐爲内閣學士。

《仁宗實録》卷九三　撥湖南藩庫銀十五萬兩，解往湖北，以備軍需。

戊子，撥山西藩庫、兩淮長蘆運庫銀各十萬兩，解往陝西，以備善後事宜之用。

己丑，參贊大臣德楞泰奏報：督兵痛勦苟文明，斃賊多名，及賽沖阿搜捕劉朝選匪衆完竣。

撥河南藩庫銀十萬兩，解往陝西，以備善後事宜之用。

《東華續録》嘉慶一三　辛卯，諭：山西巡撫伯麟奏，請晉鹽行銷地界給票驗放，以杜偷越一摺。【略】遂欲明立限制、給票稽察，勢有難行，應無庸議。

《仁宗實録》卷九三　轉兵部右侍郎李鈞簡爲左侍郎，仍留學政任。以内閣學士劉鐶之爲兵部右侍郎。

《東華續録》嘉慶一三　甲午，額勒登保奏：生擒首逆辛聰，殄除餘黨。得旨：獎賚。

吴熊光等奏：搜勦邊境匿匪，生擒首逆張允壽子得貴，並將青號餘匪全數撲滅。得旨：獎賚，全保、長齡下部議敘。

《仁宗實録》卷九三　乙未，以直隸按察使瞻柱爲布政使，熱河道慶章爲按察使。

《東華續録》嘉慶一三　丙申，發明安伊犂效力。

丁酉，禄康著專辦步軍統領事務，仍兼正黄旗漢軍都統，所遺刑部尚書員缺，著德瑛補授。瑚圖靈阿著轉補刑部左侍郎，所遺刑部右侍郎員缺，著賡音調補。繼善著調補盛京刑部侍郎，所遺盛京禮部侍郎員缺，著多慶補授。

《仁宗實録》卷九三　諭軍機大臣等：此次德楞泰將苟逆截回西南，勢已窮蹙，現飭薛大烈帶兵狠追。德楞泰因川東零匪滋事，前赴大寧之通城一帶，督飭

搜捕，自應如此辦理。川東零匪，專交德楞泰就近勦辦，斷不可任其竄入楚境。苟逆一股，雖有薛大烈等分路追擊，但德楞泰既不克兼顧，著額勒登保督同薛大烈等奮力殲洗。陝省竄匪宋應伏、李貴成、劉永受等爲數不過四、五百人，額勒登保務須上緊轉催楊遇春、慶溥等尅日勦淨，將此傳諭知之。

己亥，額勒登保奏報：苟逆由西鄉向七星壩搶船偷渡，殊出意料之外。七星壩一帶本設有防兵，額勒登保前因賊氛已遠，遽行徹去，是以苟逆探知無兵備禦，遂肆無顧忌，搶船偷渡。

庚子，以太常寺卿劉鳳誥爲内閣學士，兼禮部侍郎銜。

《仁宗實録》卷九四　二月癸卯，撥安徽藩庫銀十萬兩，解往湖北，以備軍需。

又諭：各路軍營奏報，皆稱賊匪窮蹙，不成股數，指日即可蕩平。乃近日節據額勒登保、德楞泰、勒保等奏報，苟逆竄過漢江，其餘巫山、大寧、奉節、雲陽、梁山、新寧及興山、巴東等處賊匪，四出滋擾，賊數較前頓增數倍。此等賊匪，皆係從前勦剩各股餘孽，如陳朝觀之兩子及宋應伏等，向來本未著名，今忽湊聚成股，隨處竄擾，若不亟爲撲滅，必致又成大股。【略】此時各處賊匪，既已出山紛竄，雖係餘孽，皆當隨時隨地，上緊截勦，掃除淨盡。六年以來，勦賊之法，總係跟蹤追勦，【略】迄無成效，自宜亟籌變計，各專責成，勉圖奏績。此時陝境苟逆及各處零匪，專交額勒登保督同楊遇春等辦理。川東一帶之賊，專交德楞泰辦理。川北之賊，專交勒保、賽沖阿等辦理。楚省興山等處各匪，專交吴熊光、全保、長齡等辦理。務將各人專辦之賊，即在本境内就地殲除，不得以驅逼出境了事，如有他省竄至之賊，亦即當隨時截殺。俾賊匪所到之地，皆有兵截勦，無從逃逸，可期以次肅清。並各於要隘處所添撥兵勇，嚴密防範，務使聲勢聯絡，互相接應，於勦捕方爲有益。再統計各處竄匪不過萬餘，而額勒登保所帶征兵數倍於賊，諒敷勦辦；但恐官兵日久疲勞，應須酌换，或分則見單，不敷撥遣，不妨量爲添調，不得以前此奏請徹兵意存迴護。特此傳諭各路領兵大員及各督撫知之。

《東華續録》嘉慶一三　乙巳，發京倉稜粟米二萬五千石，於五城平糶。

丁未，釋奠先師孔子。

《仁宗實録》卷九四　戊申，以詹事府詹事那彥成爲内閣學士，兼禮部侍郎銜。

《東華續録》嘉慶一三　己酉，召長麟來京，命賽沖阿回陝西協勦教匪。

《仁宗實録》卷九四　辛亥，撥河南、山東藩庫銀各五十萬兩，山西藩庫銀一百萬兩，解往四川，以備善後事宜之用。

乙卯，實授博興爲理藩院尚書，以刑部尚書德瑛兼正白旗漢軍都統。

庚申，撥雲南積存錢一百萬緡，解往四川，以備軍需。

甲子，以江西鹽法道李亨特爲湖南按察使。

《東華續録》嘉慶一三　丙寅，雲南維西廳猓匪首逆腊者布恒乍綳，句結猓猓夷匪滋事，命琅玕勦之。

《仁宗實録》卷九四　額勒登保奏報：道員劉清生擒首逆李彬及辛聰之弟辛文，殲斃餘匪多名。

《東華續録》嘉慶一三　丁卯，展賑廣甯門外普濟堂、德勝門外功德林留養貧民一月。

己巳，勒保等奏：疊次痛勦陳自得一股賊匪，殲擒殆盡。田朝貴追勦張、魏二逆，及宋國品等連次斃賊多名。得旨：獎賞。

《仁宗實録》卷九四　免四川教匪滋擾之大寧、太平【略】二十五廳州縣本年額賦有差。並展緩梁山、達【略】十九廳州縣帶徵銀，及大寧、太平、廣元、通江、南江五州縣鹽茶税銀。

《東華續録》嘉慶一三　三月癸酉，勒保奏：殲斃首逆張添倫、魏學盛及僞元帥陳國珠等。得旨：嘉獎，下部議敘。

《仁宗實録》卷九五　丙子，吴熊光奏報：長齡帶兵追勦王、曾兩股賊匪，射中首逆曾芝秀，斃賊多名。

免湖北被賊滋擾之鄖、鄖西【略】四十二州縣本年額賦有差，並展緩帶徵舊賦。

丁丑，德楞泰奏報：截勦線號賊匪，殲斃首逆龔其堯，生擒老教師李世漢、李國珍等，全股洗淨。

癸未，命翰林院侍講學士汪廷珍提督安徽學政。

《東華續録》嘉慶一三　戊寅，上啓鑾謁西陵。閱永定河工。免經過宛平縣明年額賦十分之五，良鄉等五州縣額賦十分之三。

庚辰，展賑京城内外災民一月。

《仁宗實録》卷九五　甲申，禮部以宗室會試中額請，得旨：取中三名。

《仁宗實録》卷九六　丙戌，以大學士慶桂兼署户部尚書。

庚寅，嚴禁有漕省分浮收折色。

《東華續録》嘉慶一三　辛卯，以四川民人續輸津貼軍賞銀，免温江等三十三州縣地丁銀十分之三，華陽等三十三廳州縣十分之二，成都等二十五廳州縣十分之一。

《仁宗實録》卷九六　撥浙江商捐銀四十萬兩，解往陝西，以備善後事宜之用。

《東華續録》嘉慶一三　壬辰，户部尚書成德卒，贈太子少保，予祭葬，謚恪慎。以禄康爲户部尚書。

《仁宗實録》卷九六　癸巳，以詹事府少詹事鶴林爲光禄寺卿。調正白旗漢軍都統德瑛爲鑲藍旗滿洲都統，以理藩院尚書博興兼正白旗漢軍都統。

己亥，諭軍機大臣等：歸、巴、巫山等處有黄、白、青等號賊股約三千餘人，又有藍號一股約二千餘人，相距江岸均不甚遠。川楚邊界，犬牙相錯，在在毘連。賊匪朝川暮楚，原無定向，在川即爲川匪，在楚即爲楚匪。德楞泰身爲參贊，斷不可心存畛域。現在既由水路順流而下，抄出賊東，自應遇賊即剿，先清江岸，帶領勝兵赴楚協勦，俾楚境一律肅清，竚膺懋賞。將此傳諭知之。

庚子，撥江西藩庫銀十萬兩，解往湖北，以備善後事宜之用。

是月，協辦大學士、兩廣總督吉慶奏：住居澳門之大西洋夷人稟稱，有嘆咕唎夷船灣泊零丁洋，距澳甚近，欲登岸借居夷房，恐其滋事，懇求保護。當即飭諭嘆咕唎夷船回國，毋許登岸，澳門夷人情形安静。

《東華續録》嘉慶一三　夏四月辛丑朔，陳大文因疾乞解任，允之。以熊枚署直隸總督。

《仁宗實録》卷九七　壬寅，以遣戍伊犂、已革陝甘總督宜綿年老，釋令回旗。

乙巳，諭軍機大臣等：據費淳、岳起同日覆奏，上年江蘇省徵收漕糧情形等摺，朕詳加披閲，其意總以江省有漕各州縣，徵收時不能顆粒無浮者，實爲彌補虧空起見。該省即有虧項，自應屏除浮費，撙節補苴，原不得藉此爲名，於收兑漕糧任意加增，致閭閻有所朘削。但此項漕餘，各地方官如果實係歸補積年虧空，尚屬因公，與私肥囊橐者有間。現在有漕省分，亦有如此酌量籌補者，然何以外間並無物議，而獨於江省嘖有煩言。可見該省竟藉口彌補虧空，其中不肖州縣，實不免以所得贏餘，恣其侵蝕中飽，即云各屬將漕餘解交歸公。以朕所聞，江省原有提取三十萬兩彌補虧欠之議，而岳起片稱，清查以後，追補銀五萬餘兩外，現又陸續解交銀十萬餘兩，是否即在提取三十萬之内，該省虧空究有若干，何時方可彌補完竣，焉有任聽州縣以彌補爲名肆意浮收，年復一年，總無補足之期。是借彌補之名，巧歸私家，與冒賑何異耶。至岳起摺内稱，漕船實在疲丁，若不畧爲津潤，誠恐遷延水次，所關匪細等語。旗丁津貼款項，自蔣兆奎、鐵保任漕督以來，先後奏請調劑，經朕節次加恩，每船准多帶土宜，並劃給曬颺米石，撥給漕費錢文，多方接濟，不一而足，是丁力已屬寬裕。如各該州縣果無浮收積弊，則旗丁等於嘉慶四、五兩年，均照新定章程妥速辦理，又何敢向州縣借詞勒掯乎。至該督等所稱有較往年多收一、二成不等之處，諒必不止此數。即如松江、奉賢等縣多有浮收，此次該督等摺内並未見指名參奏。近又聞蘇、太等屬比上年亦有加增，大概總在加二以上，何以費淳等竟毫無聞見。在費淳、岳起平日居官廉潔，朕所深知，但屬員則未必皆然，若大法而小不廉，於事何益。乃岳起摺内，有不但可以自信並可信人之語，是不免爲人所愚弄矣。看來伊等此次所奏情節，仍係輕聽屬員之言，被其朦混。現在費淳業已前赴蘇、松一帶查閲營伍，著即會同岳起遵照前旨，將浮收最多縣分徹底嚴查，並此外各州縣等，稍有浮收之處，亦應一體查究。如有私肥入己情事，即據實參辦，不得稍有徇縱，自干咎戾。

戊申，轉兵部右侍郎成書爲左侍郎。以署吏部左侍郎長麟爲兵部右侍郎、兼鑲白旗滿洲副都統，仍署吏部左侍郎。以河南巡撫顔檢帶兵部侍郎銜、署直隸總督，調湖南巡撫馬慧裕爲河南巡撫，以兵部左侍郎高杞爲湖南巡撫。

壬子，以杭州將軍普福爲都察院左都御史兼鑲藍旗蒙古都統，調荆州將軍弘豐爲杭州將軍，以正藍旗滿洲副都統積拉堪爲荆州將軍。

《東華續録》嘉慶一三　癸丑，以京師缺雨，展賑京城内外災民。

甲寅，免直隸旗租逋銀。

《仁宗實録》卷九七　撥河南藩庫銀二十萬兩，解往陝西，爲寧陝鎮建造營汛兵房之用。

辛酉，撥江西、河南藩庫銀各二十萬兩，解往湖北，并准湖北藩庫動支銀十萬兩，以備軍需。撥四川米一萬石，解往陝西，以備軍糈。

乙丑，賜一甲吴廷琛、李宗昉、朱士彦三人進士及第，二甲李仲昭等八十四

人進士出身，三甲林紹龍等一百六十一人同進士出身。

丁卯，慶成奏報：生擒首逆魏洪升、張喜，僞先鋒白庸等。

己巳，密諭勒保知，朕風聞川東、川北一帶，自去年秋冬以來，有一種棍徒，名爲土豹，聚數十人，搶掠婦女，用綿塞口，裝入口袋，背負而奔，號爲開堂子。由川江用船滿載，掠往湖北販賣，所過關口，長隨、胥役得錢私放，路人目擊，不敢過問，州縣雖知，亦皆緘默不辦。此等棍徒，皆假冒教匪，肆行無忌，州縣不敢追捕，關口受賄任行，成何世界耶？汝係受恩深重之大臣，當嚴密先行查訪的確，若祇有一二起，責成有爲之守令，迅即查拏，按律究辦。儻人數衆多，不可畏難將就，竟用兵捕緝，亦無不可。總之惡不可留，留則益形滋蔓，若稍存畏事姑息鄙見，以致養癰成患，惟汝是問。輕重權衡，斟酌至善，辦理此事，究竟情形若何，查明先行覆奏，併此硃諭繳回。特諭。又密諭吴熊光、全保。

《東華續録》嘉慶一三　五月丁丑，諭：八旗回子身後遺孤不願歸原處者，照八旗例給錢糧一分。

《仁宗實録》卷九八　勒保奏報：追勦青、白等號餘匪，殲斃首逆劉朝選。

辛巳，琅玕奏報：擒獲首逆腊者布。

《東華續録》嘉慶一三　壬午，勒保奏：生擒首逆庹向瑶，並老教掌櫃徐添培、張思從賊目多名。得旨：獎賚。

《仁宗實録》卷九八　丁亥，撥河南藩庫銀十萬兩、廣東藩庫銀三十萬兩，解往陝西，以備軍需。

己丑，琅玕奏報：攻克康普賊寨，將北路猓匪勦净。

庚寅，諭軍機大臣等：費淳等覆奏，訊明任兆炯於徵收漕務並無營私情弊，請仍將該員送部引見一摺，已准所請。至另片奏稱，因蘇屬積虧不能即時彌補，計州縣收漕貼費外，尚可盈餘，飭令按照缺分大小，交出歸公，現已提補三十七萬有零等語，自屬實情。但地方倉庫短少，如果係實欠在民之款，一經該督撫等確查具奏，朕無不加恩豁免。若係官侵吏蝕，自當據實參奏，著落追賠。至設法彌補，原係各省權宜辦法，豈可公然以此爲名，令各州縣向百姓浮收漕米，設立漕餘名目，提取歸公。試思正供原有定額，今設立漕餘名目，使百姓等於額外輸將，此非加賦而何。況州縣等知本任倉庫有虧，可以浮收漕糧彌補，勢必將公項私自挪移，作爲虧空。百弊叢生，皆由於此。所辦已屬非是，該督等所稱嗣後設法撙節，不復取之漕餘，自應如此辦理。至所稱蘇、松、太等屬地處低下，米色不純，折耗較多，收數不能不寬，即貼費不能不重等語，無此情理。東南産米之鄉，蘇、松尤爲沃壤，與浙省杭、嘉、湖相等，從未聞有蘇、松米色低下之語。即間因水旱地方，偶有青腰白臍米色，亦不過百中之一二，焉有同郡一律低下之理。況此三處，近年並未被水旱之災，米色何由低薄。至旗丁等多索貼費，自因聞知該州縣浮收漕糧，遂爾心存挾制，與米色有何關涉。若云米色不純，即須多加貼費，豈旗丁索費兑收，沿途私買好米到通交納乎。且旗丁等向來沿途使費，早經降旨裁革，復經節次加恩，准其多帶土宜，並劃給曬颺米石，撥給漕費錢文，多方接濟，不一而足，丁力已屬寬裕。何至江蘇一省，每年尚須貼銀三十餘萬兩之多。所奏殊不確實。【略】費淳、岳起身任封圻，不思仰體朕愛惠黎元至意，輕信屬官愚弄，公然以大干例禁之浮收折色諸弊，視爲不得不行，率爾密陳，妄爲嘗試，本應將費淳、岳起照例治罪，姑念伊二人向來辦事尚屬清慎，著傳旨嚴行申飭。

辛卯，諭内閣：前此岳起、鐵保等，因上年江蘇徵收漕糧辦理不善，及不能約束旗丁藉端勒索，均經自請議處，曾降旨俟全案審結後，再降諭旨。兹據費淳、岳起等覆奏，查明各屬徵收漕務，尚無侵肥入己情事，惟據稱各州縣因運丁有需貼費，徵收時不無津潤等語，可見該省收漕不能無弊。【略】至知府任兆炯，漕務本非專責，何以岳起派令攙越，鐵保亦令其親赴淮安，面加委任，以致外間嘖有煩言。岳起係本省巡撫，當此肅清漕弊之時，既不能實心整頓，又復委用非人；鐵保管轄全漕，於旗丁需索幫貼，並不留心約束，且將彈壓漕務委之知府，致滋物議，亦屬不合。岳起、鐵保，俱著交部嚴加議處。費淳係屬統轄大員，漫無覺察，亦難辭責，著交部議處。

壬辰，德楞泰奏報：痛勦蒲添寶股匪。

甲午，慶成奏報：勦捕張、魏餘匪，生擒僞元帥康二麻子及僞總兵張昌元等。得旨：獎賚，加慶成太子太保。

《東華續録》嘉慶一三　六月癸卯，琅玕奏：挑勦康普葉枝夷匪，西、北兩路全境疏通。

己酉，德楞泰奏：冒雨趕勦樊、曾賊股，淹斃首逆樊人傑等，並將樊人傑妻子、弟姪全行殲斃，餘匪掃蕩。得旨：獎賚，晉封德楞泰三等侯，將軍賽沖阿等下部議敘。賞提督長齡雲騎尉世職。

勒保奏：殲斃首逆楊步青。得旨：獎賚。

甲寅，命劉權之、德瑛軍機處行走。

乙卯，額勒登保奏：拏獲首逆苟文明家屬。開復革職留任處分。

《仁宗實録》卷九九　調工部左侍郎那彦寶爲兵部右侍郎，轉工部右侍郎蘇楞額爲左侍郎，以内閣學士吉綸爲工部右侍郎。調正黄旗漢軍都統禄康爲鑲黄旗漢軍都統，以京營左翼總兵恭阿拉爲正黄旗漢軍都統，以兵部右侍郎長麟爲禮部尚書兼翰林院掌院學士。

《東華續録》嘉慶一四　秋七月辛未，勒保奏：殲除黄、白、青、藍四號賊匪，生擒首逆劉朝選。得旨：奬賚，晉一等男。

丙子，繼善緣事降調，調穆克登額爲盛京刑部侍郎，以花尚阿爲盛京兵部侍郎。

《仁宗實録》卷一〇〇　己卯，以湖北布政使孫玉庭爲廣西巡撫，賞還二品頂帶，候補布政使同興署湖北布政使。

庚辰，以奉天府府尹明志爲内閣學士兼禮部侍部銜。調福建按察使喬人傑爲湖北按察使，湖北按察使成寧爲福建按察使。

癸未，撥河南藩庫銀三十萬兩，解往陝西，以備善後事宜之用。

《東華續録》嘉慶一四　甲申，允大學士王杰致仕，加太子太傅，在籍食俸。

《仁宗實録》卷一〇一　以廣東督糧道邱庭漋爲按察使。

丙戌，諭軍機大臣等：清安泰奏，安南阮藩被農耐侵逼，欲叩關投納。想吉慶接到稟報，自必馳赴鎮南關，督辦一切。現在清安泰已奏明前往，兹又諭令孫玉庭速赴廣西，會同妥辦。如阮光纘率屬内投，即應照從前黎維祁之例，妥爲安置。儻籲請助兵，吉慶應據實奏聞，候旨至。農耐知阮光纘入關，或指名求索，儻敢稱兵境上，自不可稍爲容貸。若情詞恭順，亦當馳奏，朕再爲區處。吉慶當熟籌妥辦，並於各關隘飭屬嚴防，不可示外夷以弱。如孫玉庭已到，即令清安泰回省理事。將此傳諭知之。

《東華續録》嘉慶一四　戊子，上啓鑾，秋獮木蘭。免經過地方額賦十分之五。

《仁宗實録》卷一〇一　壬辰，調甘州提督楊遇春爲固原提督，以湖南永州鎮總兵官穆克登布爲甘州提督，正紅旗漢軍副都統慶溥爲湖南永州鎮總兵官。

《東華續録》嘉慶一四　甲午，額勒登保等六百里加緊奏報：官兵殲斃首逆苟文明，並擒斬餘黨。【略】額勒登保著加恩晉封一等伯。和甯著即解任，來京候旨。所有山東巡撫員缺，著祖之望補授。所有刑部左侍郎員缺，著初彭齡轉補。姜晟著加恩賞給四品頂帶，補授刑部右侍郎。

乙未，諭軍機大臣等：清安泰奏，接據太平府知府王撫棠等稟報，農耐、阮種攻打昇隆城，阮光纘敗走被獲，阮種入城自立等語。邊關緊要，吉慶、孫玉庭應查看情形，督率文武各員小心防守。至外夷自相吞噬，與内地無涉，不必過問。如阮種有納款之事，或另有別意，再行奏聞請旨。

《仁宗實録》卷一〇一　諭軍機大臣等：此時川陝軍務，均可尅期告竣，惟楚省蒲逆等匪，尚延殘喘。德楞泰或用勦撫兼施之法。諭以教匪起事七年以來，所有著名首逆俱經官兵擒斬，老教匪徒，已無噍類，爾等伎倆，斷不能如老教之兇狡，更難倖免；且俱係近來後起，罪亦較輕，我皇上如天好生，憐爾等愚頑，誤投陷阱，是以屢降恩旨，凡有悔罪自新者，概予寬宥，爾等應及早投出。若經曉諭之後，仍不改悔，即當殲戮無遺。生死所關，急宜猛省。如此剴切曉諭，庶賊匪等相率來投。但此爲一時權宜，一面出示，一面仍當搜捕，於八月内速蕆大功。將此諭令知之。

《東華續録》嘉慶一四　丙申，勒保奏：迎勦楚省竄匪，斃首逆賴先鋒，撲滅全股，並兜截張長青一股。得旨：奬賚。

丁酉，刑部尚書張若渟卒，贈太子少保，賜祭葬，謚勤恪。

《仁宗實録》卷一〇一　丁酉，以太僕寺卿良貴爲奉天府府尹。

戊戌，轉户部右侍郎平恕爲左侍郎，調吏部左侍郎錢樾爲户部右侍郎，轉吏部右侍郎曹城爲左侍郎，調兵部左侍郎李鈞簡爲吏部右侍郎，轉兵部右侍郎劉鐶之爲左侍郎，調禮部右侍郎潘世恩爲兵部右侍郎，以内閣學士關槐爲禮部右侍郎。轉都察院左都御史熊枚爲刑部尚書，調兵部尚書汪承霈爲左都御史。以户部左侍郎戴衢亨爲兵部尚書，兼管順天府尹事。

《清朝柔遠記》卷六　本月，蘊端多爾濟請巡俄羅斯邊界。時喀爾喀親王蘊端多爾濟請巡查恰克圖東西卡倫，奏諭：俄羅斯交界四十七處卡倫，向來未定巡查之例，今蘊端多爾濟奏稱明年四月親查恰克圖西十九處卡倫，後年再查恰克圖東二十八處卡倫，逾十年與庫倫辦事大臣輪流一次往查，亦屬嚴肅邊界之意，著照所請行。但俄羅斯人等多疑，著蘊端多爾濟於巡查卡倫以前，明白曉諭，使俄羅斯固畢爾納托爾等知巡查原欲永清二處交界，並無別故，自不至心生疑懼也。

《東華續録》嘉慶一四　八月己亥朔，日有食之。

《仁宗實録》卷一〇二　庚子，命户部尚書朱珪協辦大學士，加太子少保。

撥河南藩庫銀三十萬兩、兩淮鹽庫銀二十萬兩，解往湖北，以備軍需。

《東華續録》嘉慶一四　辛丑，吉慶從寬免其革任，仍註册。瑚圖禮著從寬改爲革職留任。

《仁宗實録》卷一〇二　免直隸定興、安肅、清苑、滿城、景、交河六州縣蟲災本年額賦十分之五。

《東華續録》嘉慶一四　癸卯，諭軍機大臣等：吉慶奏，農耐遣使恭進表貢，並縛送莫觀扶等三犯來粤正法各情形。覽奏俱悉。

《仁宗實録》卷一〇二　以長蘆鹽運使嵇承志署河東河道總督。

乙巳，撥安徽米四萬石、湖南米三萬石、河南小米二萬石，解往湖北，以濟軍糈。

己酉，調四川按察使董教增爲貴州按察使，以四川建昌道劉清爲按察使。

撥河南藩庫銀三十四萬兩、浙江藩庫銀二十六萬兩、廣東藩庫銀四十萬兩，解往陝西，以備軍需。

壬子，以大理寺少卿長琇爲太僕寺卿。

《東華續録》嘉慶一四　辛酉，德楞泰奏：殲斃蒲添寶，擒斬藍、黄、白三號賊目多名。得旨：獎賚。

《仁宗實録》卷一〇二　壬戌，以光禄寺卿王懿修爲内閣學士兼禮部侍郎銜。

勒保奏報：殲滅首逆賴先鋒賊匪。

《東華續録》嘉慶一四　乙丑，諭：祖之望等奏，審明金鄉縣皁孫冒考一案，分别定擬一摺。【略】和甯著照部議革職，藩司吴俊除已另案革職外，臬司陳鍾琛職任刑名，未經秉公督辦，著交部嚴加議處。餘著交刑部覈議具奏。

九月己巳朔，實授顔檢直隸總督。

癸酉，廣東博羅縣會匪滋事，命吉慶勦之。

甲戌，定蒙古留孤養親例。

《仁宗實録》卷一〇三　丁丑，以安徽布政使福慶爲貴州巡撫，江蘇按察使阿林保爲安徽布政使。調湖南按察使李亨特爲江蘇按察使，以湖南岳常澧道韓崶爲按察使，解任貴州布政使百齡仍署原官。

丁亥，撥兩淮倉穀十萬石，運往江西平糶。賑安徽望江、宣城【略】十五州縣被水被旱災民。並緩徵懷甯、桐城【略】二十二州縣，安慶、宣州等衛本年額賦。

己丑，諭軍機大臣等：熊、戴、崔、胡股匪，經孫清元等追勦，均有斬獲，賊勢日蹙。額勒登保現又到楚，與德楞泰會合，分路搜擒，如熊翠、熊方青、戴四、崔宗和、胡明遠五逆，概行殲戮，其零匪不過百人，即可馳奏大喜黄摺。

辛卯，兩廣總督吉慶奏報：攻破博羅縣羅溪營賊巢，擒獲僞元帥張錦秀等。

乙未，諭軍機大臣等：額勒登保奏，王姓股匪並彭光俊帶領六七百人，經富翰、孫清元追入陝境，喜明、穆克登布分路截勦，連接五仗，將該匪擒斬過半，餘向川省逃遁。額勒登保以刻下賊匪窺伺陝境，擬暫紮安、紫一帶，東顧楚境，西策川界。自應如此辦理。惠齡於帶兵打仗，竟不足恃，可將南山零匪交伊搜捕，所有陝境事宜，仍專交額勒登保督辦，湖北專交德楞泰督辦，川省專交勒保督辦。額勒登保等當遇賊即勦，嚴防邊境，務於十月内蕆功。然不可因朕萬壽慶節有心迎合，草率竣事。總應於迅速之中，辦理完善，以期一勞永逸。

《東華續録》嘉慶一四　丙申，吴熊光奏：興山縣寨勇殲斃黄號首逆唐明萬。

《仁宗實録》卷一〇三　免雲南猓匪滋擾及兵差經過之維西、麗江【略】二十二廳州縣本年額賦有差。

丁酉，諭軍機大臣等：楚境賊匪，昨已專交德楞泰督辦。該參贊當督飭將領，尅日埽除，如果境内肅清，川省未净，德楞泰係成都將軍，應移師入川，協同捕净。目下功届垂成，以勦爲正，不可徒事招撫，耽延時日。將此傳諭知之。

戊戌，賑江蘇海、沭陽二州縣被水災民，並免本年漕糧額賦。

《仁宗實録》卷一〇四　冬十月己亥朔，賑安徽宿、靈璧、泗、盱眙、五河五州縣被水災民。

庚子，以通政使司副使邵自昌爲光禄寺卿。

癸卯，吉慶馳奏：將博羅縣結會滋事之首惡陳爛、屐四擒獲，凌遲正法，餘匪即就肅清。

乙巳，給江蘇碭山、豐、沛、銅山、蕭五縣被水災民一月口糧。

丙午，撥兩淮運庫銀二十二萬兩、浙江運庫銀二十八萬兩，解往河南，以備軍需。

己酉，以鑲白旗漢軍都統張承勳爲杭州將軍，禮部尚書長麟兼鑲白旗漢軍

都統。

庚戌，免江西湖口、彭澤二縣旱災本年額賦十分之一，餘分兩年帶徵。

辛亥，賑兩淮板浦、中正、臨興三場被水竈户，并蠲緩新舊鹽課。又緩徵丁溪、草堰、劉莊、伍佑、新興、廟灣六場旱災本年鹽課。

《仁宗實録》卷一〇四　辛亥，禁番役子孫出仕應試。

《東華續録》嘉慶一四　壬子，勒保奏報：擒獲白號賊首張簡。

《仁宗實録》卷一〇四　甲寅，以湖廣總督吴熊光兼署湖北提督。

乙卯，申禁軍營賞項入軍需報銷。

《東華續録》嘉慶一四　勒保奏報：殲除白號餘匪，擒獲藍號賊首湯思蛟。

《仁宗實録》卷一〇四　賑盛京廣寧、牛莊、白旗堡、小黑山、遼陽、巨流河、承德等處水災旗民有差，並貸籽種口糧。

丙辰，免黑龍江齊齊哈爾水災本年額賦，並蠲緩舊借糧石有差。

丁巳，德楞泰奏報：殲斃白號賊首戴四，生擒賊目趙鑑。

撥兩淮運庫銀三十萬兩、粵海關税銀二十萬兩，解往四川，以備軍需。

《東華續録》嘉慶一四　辛酉，賜李白玉等六十人武進士及第、出身有差。

壬戌，諭軍機大臣等：英善奏，廓爾喀王吉爾巴納租塔畢噶爾瑪薩野呈進例貢。

甲子，召孫曰秉來京，以初彭齡署雲南巡撫，百齡護理貴州巡撫。

《仁宗實録》卷一〇四　丙寅，諭軍機大臣等：黄、藍、線字等號餘匪尚有千餘人，向川陝交界之官壩地方竄走。此起餘匪，從前由楚入川，皆由該處官弁不能實力堵截，以致闌入。又不能迅速殲除，僅將該匪等轟出川境，實屬督勦不力，勒保著傳旨申飭。該匪等闌入陝境，即距南山不遠，設又竄匿老林，轉瞬嚴寒，勦捕復形棘手。昨經降旨，令額勒登保帶兵入川，與德楞泰、勒保三面兜逼。茲該匪已有入陝之勢，額勒登保自當迎頭截擊，即或未能勦凈，亦當截回川省，跟蹤追捕，斷不可令其竄往南山，又致稽滯。至惠齡係該省總督，節據奏稱，陝省緊要各隘口，俱已派兵嚴禦。若令闌入，甚至竄匿南山，必將惠齡及防堵之員一併治罪。凜之，勉之。

以正黄旗漢軍都統恭阿拉爲都察院左都御史，工部右侍郎吉綸署倉場侍郎，以經略大臣額勒登保爲鑲藍旗蒙古都統。

《東華續録》嘉慶一四　丁卯，封已革克勤郡王恒謹爲不入八分輔國公。

《仁宗實録》卷一〇五　十一月戊辰朔，德楞泰奏報：殲擒首逆陳侍學等。

庚午，調山東巡撫祖之望爲陝西巡撫，以山東布政使倭什布爲巡撫，按察使陳鍾琛爲布政使。內閣侍讀學士金光悌爲山東按察使。

吉慶辦理博羅會匪一案，節次奏報，種種張皇冒昧，糊塗草率，不勝協贊綸扉之任。吉慶著革去協辦大學士，仍暫留兩廣總督，以觀後效。

免雲南鄧川州被水災民本年蠲剩條公等銀十分之七，及應徵秋糧。

辛未，免雲南新興州水災本年額賦。

《東華續録》嘉慶一四　甲戌，諭軍機大臣等：本日烏大經奏稱，獖匪經官兵屢次痛勦後，業已畏懼乞降，其首逆恒乍綳逃匿江外。

《仁宗實録》卷一〇五　丙子，勒保奏報：生擒黄號賊首唐明萬。

己卯，額勒登保奏報：截勦川界竄匪，生擒首逆葉二。

丙戌，額勒登保奏報：追勦黄、藍、線等號賊匪，生擒首逆景英等。

《東華續録》嘉慶一四　庚寅，所有兩廣總督員缺，著長麟補授，加恩賞戴花翎，即馳驛前往。長麟未到任以前，兩廣總督印務著瑚圖禮暫行署理，廣東巡撫印務著那彦成暫行署理，俟長麟到粵後，瑚圖禮仍回巡撫本任，那彦成即來京供職。張誠基著革職解京，交軍機大臣會同刑部審擬治罪。秦承恩著加恩以三品頂帶，補授江西巡撫。初彭齡以母老，命來京。命永保以三品頂帶爲雲南巡撫。

《仁宗實録》卷一〇五　命吏部尚書琳寧協辦大學士，加太子少保。以鑲白旗蒙古都統永慶爲禮部尚書，户部左侍郎英和兼翰林院掌院學士。調鑲白旗蒙古都統永慶爲鑲白旗漢軍都統。以正紅旗漢軍副都統丹巴多爾濟爲鑲白旗蒙古都統，賞還公爵。以散秩大臣敬敏爲正紅旗漢軍副都統。以烏里雅蘇台參贊大臣永保爲雲南巡撫，葉爾羌辦事大臣富俊爲烏里雅蘇台參贊大臣，葉爾羌幫辦大臣多善爲葉爾羌辦事大臣。賞已革山東巡撫和寧藍翎侍衛，爲葉爾羌幫辦大臣。

辛卯，以廣東巡撫瑚圖禮署兩廣總督，漕運總督鐵保爲廣東巡撫，工部右侍郎吉綸爲漕運總督。總管內務府大臣明德爲工部右侍郎，兵部右侍郎那彦寶兼署倉場侍郎。以前任禮部尚書長麟署鑲藍旗蒙古都統，調正藍旗漢軍副都統那彦成爲正紅旗滿洲副都統，內閣學士明志兼正藍旗漢軍副都統。

《東華續録》嘉慶一四　壬辰，劉烒因病解任，調清安泰爲浙江布政使。

《仁宗實録》卷一〇五　以安徽按察使恩長爲廣西布政使，安徽廬鳳道珠隆阿爲按察使。

丁酉，賑江蘇豐、沛、銅山、碭山、蕭五縣被水災民，並緩徵新舊額賦，借給耔種口糧有差。

《東華續録》嘉慶一四　十二月戊戌朔，安徽宿州賊匪滋事，費淳等勦平之。

辛亥，湖廣總督吴熊光奏：拏獲在逃首逆崔宗和。

《仁宗實録》卷一〇六　壬子，兩江總督費淳等奏報，勦平宿州戕官賊匪王朝名等。

《東華續録》嘉慶一四　癸丑，諭：本日申刻，據額勒登保、德楞泰、勒保、惠齡、吴熊光等聯銜遞到六百里加緊奏報，川、陝、楚勦捕逆匪，大功戡定一摺。

《仁宗實録》卷一〇六　額勒登保著晉封一等侯，世襲罔替，並授爲御前大臣，加太子太保。德楞泰著加恩晉封一等侯，加太子太保銜。勒保著加恩晉爲一等伯，並加太子少保銜。明亮著加恩賞封一等男，西安將軍賽沖阿、固原提督楊遇春，著加賞輕車都尉世職。

《東華續録》嘉慶一四　甲寅，著將豐紳殷德賞給民公品級，仍在散秩大臣上行走。

《仁宗實録》卷一〇六　乙卯，又諭：川、陝、楚及河南、甘肅等省被賊、近賊各州縣應徵地丁漕米等項，前經隨時降旨，分别蠲緩，以紓民力。現在大功戡定，地方全就肅清，小民等復業歸農，漸臻樂利，所有遞年積壓未完各款，自必踴躍輸將。但念該地方經積年蹂躪之餘，元氣未復，此時甫經安集，生計尚艱，正當加之培養，俾得永慶盈寧。著四川、陝西、湖北及河南、甘肅各督撫，即查明所屬各州縣廳衛，自嘉慶元年至本年爲止，其因被賊、近賊，不能完納，現在帶徵、緩徵、民借、民欠一切銀米等項，分别開單奏聞，候朕施恩豁免。該督撫等務當實力詳查，毋得稍有遺漏，亦不可任官吏等從中隱冒，以副朕軫念黎元慶成施惠至意。

《東華續録》嘉慶一四　丙辰，諭：【略】阮福映能爲天朝緝捕逋逃，縛獻請旨定奪，並將安南舊領敕印遣使呈繳，深爲恭順。兹表陳搆兵顛末，本係爲伊先世復讐，雖得其國土，不敢擅專，虔遣陪价，納貢請封。除將表文請賜建國名號之處，交大學士會同六部尚書議奏外，所有安南阮光纘獲罪覆滅及阮福映恭順出力緣由，先行通諭中外知之。

丁巳，諭軍機大臣等：昨據孫玉庭奏進阮福映請封表文，朕詳加披閱，所請以南越二字錫封一節，斷不可行。【略】顯有恃功要請情事，恐其心存叵測，所有廣東、廣西一帶海道、邊關，俱著密飭地方官留心防備，不可稍涉懈弛。

戊午，以巴甯阿爲盛京工部侍郎。

辛酉，諭：據初彭齡奏，滇省辦理維西軍務，動用司庫銀兩，布政使陳孝昇、迤西道薩榮安通同弊混，並提存關税私支養廉，及管理關廠縱僕横行各款，必須徹底根究。陳孝昇、薩榮安俱著解任開缺，著派兵部侍郎那彦寶、大理寺少卿章煦，馳驛前往查辦。那彦寶即著署理雲南巡撫印務，初彭齡著俟那彦寶到後，即行來京供職。

《仁宗實録》卷一〇六　以理藩院左侍郎貢楚克扎布署兵部右侍郎，户部右侍郎額勒布署倉場侍郎。調貴州布政使百齡爲雲南布政使，以廣西按察使公峩爲貴州布政使。

壬戌，以山西歸綏道齊布森爲廣西按察使。

《東華續録》嘉慶一四　是歲，朝鮮來貢。

嘉慶八年（癸亥、一八〇三）

《仁宗實録》卷一〇七　春正月庚午，以山東巡撫倭什布爲兩廣總督，署兩廣總督瑚圖禮仍爲廣東巡撫。調廣東巡撫鐵保爲山東巡撫。

免直隸宛平、文安二縣六年水災應徵旗租，文安、大城、新安、安四州縣節年應還口糧耔種穀米，並折色銀。貸江蘇海、沭陽【略】二十二州縣，并坐落各衛所上年水災旱災民丁耔種口糧。免安徽宿、靈璧、泗、盱眙、五河五州縣，鳳陽、長淮、泗州三衛連年水災應還二年口糧銀。並給鳳陽、宿【略】二十州縣上年被水被旱災民一月口糧。展賑江西南昌、瑞州、袁州、臨江、吉安、撫州、建昌、廣信、饒州、南康、九江十一府屬各州縣被水被旱災民。免湖北潛江、公安【略】三十八州縣並各衛所上年水災旱災額賦有差。又免荆州、荆左、荆右、沔陽四衛，緩帶元二三年漕運各款銀。加賑陝西渭南、華、華陰、潼關四廳州縣被水災民，並貸朝邑、大荔、汧、漢陰、安康、石泉、榆林八廳縣常社倉糧。貸甘肅寧夏、寧朔、平羅、中衛、靈五州縣被水災民耔種口糧。

壬申，免雲南河陽縣鹽井溝等七村被雹災民條公銀，並緩徵夏秋租米。

《東華續録》嘉慶一五　丁丑，命伊犂廣開屯田，其無耕牛者，官給之。

《仁宗實録》卷一〇七　前因姜晟奏到，查審張誠基於勦辦義寧州滋事匪徒

一案，實未親身督戰，係屬飾詞陳奏。【略】張誠基著從寬改爲絞監候。

《東華續録》嘉慶一五　乙酉，予五城老病貧民棉衣。

《仁宗實録》卷一〇七　戊子，命翰林院編修帥承瀛提督廣西學政。

甲午，朝鮮國王李玜遣使表賀萬壽、冬至、元旦三大節，進貢方物。

《東華續録》嘉慶一五　乙未，以琉球國貢船漂没，詔免補進土貢。

《仁宗實録》卷一〇七　丙申，免四川大寧縣鹽場被水竈户課羨銀，並緩徵節年未完課銀有差。

《仁宗實録》卷一〇八　二月壬寅，欽差内閣學士那彦成等奏報：攻破廣東鐵籠嶂賊巢，生擒首逆黄亞程。

《東華續録》嘉慶一五　癸卯，賞故大學士蔡新子本份舉人。

己未，上啓鑾謁東陵。免經過地方額賦十分之三。

《仁宗實録》卷一〇八　辛亥，免四川連年被賊滋擾之太平、大寧、廣元、通江、南江、巴州、蒼溪、奉節、巫山九廳州縣額賦有差。緩徵雲陽、萬【略】十六廳州縣額賦，並太平、大寧、廣元、通江、南江五廳縣鹽茶課税。

甲子，額勒登保奏報：搜捕通江縣餘匪，殲斃首犯姚欣祖，生擒陳文海。

《東華續録》嘉慶一五　閏二月丁卯，以戴均元爲工部右侍郎，王汝璧爲内閣學士，阿林保爲安徽巡撫。調邵洪爲安徽布政使，以廣厚爲江西布政使。

《仁宗實録》卷一〇九　庚午，免陝西渭南、華、華陰、潼關四廳州縣水災未完額賦。

《東華續録》嘉慶一五　癸酉，以請轎校尉行急脱肩，革豐紳濟倫掌鑾儀衛事、兵部尚書，以長麟爲兵部尚書。

《仁宗實録》卷一〇九　額勒登保奏報，生擒首逆宋應伏，殲盡餘黨。

《東華續録》嘉慶一五　丙子，以江西上年歉收，命減價平糶。

《仁宗實録》卷一〇九　甲申，諭内閣：據初彭齡奏，雲南縣、賓川州地震情形較重等語。該二屬猝遭地震，城垣房屋多有倒塌，壓斃人口共有二百餘名之多。雖經初彭齡派員前往查勘撫卹，但該處被災較重，深爲廑念。著該督撫再行詳細確查，如有應行蠲緩之處，即速查明具奏，候朕加恩，不可稍有諱飾，用副朕軫念災區、不使一夫失所至意。

乙酉，定親王綿恩等拏獲潛匿禁門逞兇拒捕之逆犯陳德。

《東華續録》嘉慶一五　丙戌，德楞泰奏：剿捕四川老鴉寨竄匪。得旨：嘉獎，下部議敘，賞還其子蘇沖阿副都統銜。

《仁宗實録》卷一〇九　己丑，諭内閣：朕所慙懼者，風化不行，必有失德，始有此警予之事。當謹身修德，勤政愛民，自省已咎耳。逆犯陳德及其子禄兒、對兒伏法。

庚寅，御史費錫章奏請肅門禁。

德楞泰奏報：搜捕竄匪，殲斃著名首逆曾芝秀。

那彦成等奏報：續獲會匪首逆温亞利，永安全境肅清。

癸巳，德楞泰奏報，殲斃首逆劉渣鬍子。

《仁宗實録》卷一一〇　三月丙申，以通政使司副使周廷棟爲太僕寺卿。

壬寅，免福建積年民欠社穀，龍溪縣被水漂失倉穀。免陝西民欠鹽課，貸漢中、興安、商三府州屬貧民折色口糧。

《東華續録》嘉慶一五　己酉，命病痊來京、原任直隸總督陳大文，以頭品頂帶署吏部右侍郎。

《仁宗實録》卷一一〇　甲寅，免湖北被賊滋擾之蒲圻、崇陽【略】四十二州縣、各衛所，及鄰近賊氛之江夏、咸寧【略】十六州縣並各衛所，緩帶借欠銀米有差。緩徵武昌、興國、大冶、通山、蘄水、羅田、蘄、廣濟、黄梅九州縣及各衛所借欠銀米。

《東華續録》嘉慶一五　庚申，皇后行躬桑禮。

《仁宗實録》卷一一一　夏四月乙丑朔，免陝西被賊滋擾之南鄭、孝義【略】三十七廳州縣七年以前民欠額賦、鹽課、常社倉糧。承辦軍需之咸陽、興平【略】二十七廳州縣舊欠銀糧十分之五，並沿邊轉運軍火之膚施、安塞【略】二十三廳州縣未完常社倉糧籽種十分之五。

《東華續録》嘉慶一五　丙寅，賞已革廣東布政使常齡藍翎侍衛，爲烏里雅蘇台參贊大臣，命改名常安。

庚午，諭軍機大臣等：孫玉庭奏，接到阮福映回稟請旨遵行一摺。覽奏俱悉。【略】至所請以南越名國之處，該國先有越裳舊地，後有安南全壤。天朝褒賜國封，著用越南二字，以越字冠於上，仍其先世疆域，以南字列於下，表其新錫藩封，且在百越之南，與古所稱南越不至溷淆。

《仁宗實録》卷一一一　勒保奏報：參將桂涵於高灘場擒獲賊首宋國品。

免甘肅被賊滋擾之隴西、寧遠【略】二十七廳州縣，並西固州同、三岔州判所

屬，及鄰近賊氛供應軍糧之臯蘭、河【略】二十廳州縣，並沙泥州判、紅水縣丞所屬歷年民欠銀糧草束有差。

《東華續録》嘉慶一五　壬申，諭軍機大臣等：琅玕奏，江外夷人圍拏首逆、擒戮賊黨各情形一摺。

《仁宗實録》卷一一一　乙亥，賑陝西渭南、華、潼關、華陰、朝邑、大荔六廳州縣上年被水災民，並貸榆林縣被雹災民耔種。

丙子，諭軍機大臣等：本日大理寺卿窩星額，由盛京差竣來京。召見時，據奏，伊於關外路上，見出關民人或係隻身，或攜帶眷屬，紛紛前往傭工貿易。緣關外地方傭趁工價比內地較多；若遇偏災年分，山東、直隸無業貧民，均赴該處種地爲生，漸次搭蓋草房居住，是以愈集愈衆。現在一應物價，因生齒日繁，未免增貴，惟米價較之內地尚爲平減。至該處旗人，近因無業貧民出口種地者多，究於生計不能充裕等語。看來關外民人，聚積日多，物價較前昂貴，即所産米石有餘，食之者衆，其價亦必至增加，於旗人生計未免有礙。總由旗人等怠於耕作，將地畝租給民人，坐獲租息，該民人即借此牟利。著晉昌勸諭旗人，或將現有地畝自行耕種，或將未種荒地以次開墾，俾各自食其力，漸臻饒裕。斷不可圖得一時租息，將自有地畝盡租佃民人，轉致生計缺乏。至民人等出關後，定例不准私墾私典旗人地畝，並當出示查禁，勿得陽奉陰違，視爲具文。晉昌等務當公同商酌，將如何妥爲辦理之處，據實奏聞。

《仁宗實録》卷一一二　壬午，諭軍機大臣等：此次臬司劉清派令軍功臧青雲探賊追勦，有藍號張場、黄號何悠然、白號吴青揚三起賊匪共九十三名，一見兵勇，棄械投誠。匪徒等從賊日久，均屬罪無可赦，今念其悔罪來投，貸其一死，原屬格外施恩，仍當隨時留心防範，勿涉大意。

《東華續録》嘉慶一五　癸未，命八旗及地方官，化導旗民，敦行孝弟。

辛卯，德楞泰奏報，生擒首逆張士虎。

《仁宗實録》卷一一三　五月乙未，禁貧民攜眷出口。山海關外，係東三省地方，爲滿洲根本重地。【略】該民人等當各在本籍安業謀生，不得輕去其鄉，希圖出口謀食，相率赴關，以致半途而返，庶民人知干例禁，不致徒勞跋涉也。

庚子，以吏部左侍郎那彦成兼署户部右侍郎，署都察院左副都御史汪志伊改署刑部左侍郎。

《東華續録》嘉慶一五　辛丑，召姜開陽來京，以裘行簡署福建布政使。調温承惠爲河南布政使，方維甸爲陝西布政使。

《仁宗實録》卷一一三　免河南被賊滋擾之唐、泌陽【略】十九州縣舊欠丁耗鹽課社穀。並供應軍需之南陽、鎮平【略】二十一州縣舊欠丁耗鹽課耔種銀及未完常社漕薊穀十分之五。

丙午，加賑陝西渭南、華、潼關、華陰四廳州縣上年被水災民。

戊申，調正藍旗漢軍都統阿克棟阿爲鑲藍旗蒙古都統，以經畧大臣額勒登保爲正藍旗漢軍都統。

庚戌，額勒登保奏親督官兵勦賊，【略】將賊目齊國典、僞元帥靳思慶、僞先鋒路紹成殲斃。

癸丑，命江寧將軍富昌來京候旨，調吉林將軍秀林爲江寧將軍。以署鑲紅旗漢軍都統富俊爲吉林將軍。

戊午，德楞泰奏報，總兵官色爾滾等擒獲首逆趙聰觀。

辛酉，命甘肅提督阜保留京，以提督銜爲京營右翼總兵。調直隸古北口提督特清額爲甘肅提督，以京營左翼總兵長齡爲古北口提督，轉右翼總兵范建豐爲左翼總兵。

《仁宗實録》卷一一四　六月丙寅，諭內閣：國家承平不忘肄武，每歲木蘭行圍，簡蒐軍實，兼以綏懷藩服，意至深遠。

辛未，諭軍機大臣等：川省零匪不過四百人，此時若仍以數萬兵勇，稽時糜帑，誠屬不值。【略】朕思現在官兵儘敷派撥，且鄉勇所得分例較多，莫若先將各處鄉勇裁徹，則節費已屬不少。額勒登保惟儘現有之兵，分派鎮將，將餘匪搜勦净盡，然後再議徹兵。【略】額勒登保等總當將成羣合夥之賊，全數辦竣，所剩不過一二竄匿之徒，彼時自應責成地方官緝捕。將此諭令知之。

乙亥，免江蘇海、沭陽、碭山、豐、沛、蕭、銅山七州縣，大河、徐州二衛上年水災地丁屯折河租漕項麥折等銀米。

《東華續録》嘉慶一五　六月戊寅，額勒登保奏：生擒戕害穆克登布之首逆熊老八。

《仁宗實録》卷一一五　戊子，調兵部尚書戴衢亨爲工部尚書，充會典館副總裁官。以兩江總督費淳爲兵部尚書，署工部尚書陳大文爲兩江總督。調刑部左侍郎初彭齡爲工部右侍郎，轉刑部右侍郎姜晟爲左侍郎，以工部右侍郎戴均元爲刑部右侍郎。

諭軍機大臣等：額勒登保等督率將領分路搜剿，多有斬獲，共計殲擒賊匪百十人，並將僞帥趙金友拏獲。額勒登保、勒保於拜摺後即分東西兩路進發，分投督辦，俟川匪排搜淨盡，額勒登保親至湖北周歷巡查，所見亦是。【略】至另摺奏籌商裁徹客兵及酌擬留防搜捕章程，所議悉合機宜。鄉勇一項隨征日久，半係無業可歸之人，朕節次降旨總以安頓鄉勇爲亟，額勒登保現咨商德楞泰請將現無家業情願歸營之人，准照川省所設新兵之例，各給守糧一分，俟有制兵缺出，隨時撥補，所見甚是。【略】此外，如先徹外省及東三省馬隊之兵，請留本省官兵分路防剿，每月所費餉銀，不過十四五萬，並於川、陝、楚三省分駐大員，以資統率各款，均照所議。

己丑，改安南國爲越南國，封阮福映爲國王。

辛卯，諭内閣：前因山海關地方，多有内地民人攜眷出口，經兵部議定章程具奏。當即降旨飭令直隸、山東各督撫，出示曉諭居民，明定限期禁止出口。近聞内地民人前往山海關守候出關者，尚復不少，蓋緣前旨經督撫接奉後，刊刻宣布，一時閭閻未及周知，貧民亟思移家謀食，相率赴關，係尚在未經定限以前。若令仍回原籍領票，該民人等力有不能，如任其擁擠關口，概不放行，則日聚日多，成何事體。著策拔克即馳驛前赴山海關，會同來儀，查點欲行出口之户現有若干，逐一放行。仍著直隸、山東各督撫再行定限，出示曉諭該民人等，自此次定限之後，斷不得攜眷出口，致干例禁。仍各將如何出示定限緣由，先行具奏。

《仁宗實録》卷一一六　秋七月己亥，諭軍機大臣等：額勒登保由七里坪向大寧山内進發，派令將弁分道排搜，斬獲一百數十名，並招出零匪多名。現在大寧開太等處，達斯呼爾岱追剿之匪，尚有三四十人。田朝貴、羅思舉所剿之匪，各有數十人。此外零匪或數名，或數十名，統計不過一百餘人。惟應督飭鎮將，尅日悉數殄除。據摺内稱俟與德楞泰、勒保等會晤，察看情形，當會同馳奏六百里喜摺。當此全局將蕆之際，額勒登保自不得不持以慎重，但馳遞喜摺後，亦難保無一二殘孽，在深山老林潛藏，乘間逸出，不可信地方文武官禀報，不加嚴察。總之，勦辦教匪已延至八年，務須實在勦除淨盡，方不至遺孽復萌，倘稍有草率，或致別生事端，則欲速轉遲，成何事體？如此次發遞六百里奏摺之後，設有一二餘匪，不妨據實聲明，上緊辦淨。若以馳報蕆績在前，稍有粉飾，一經發覺，額勒登保等轉不能辭咎矣。至太白山内既有竄出零匪，雖經楊芳等緊躡搜剿，究恐不足深恃。楊遇春在陝帶兵多年，素稱奮勇，且係該省提督，著額勒登保即飭令楊遇春迅速前往，督同楊芳、吴廷剛等將南山内排搜數次，勿憚勤苦，以期早就廓清爲要。將此諭令知之。

辛丑，以署江寧布政使先福爲江西布政使，調江西布政使康基田爲江寧布政使。

癸卯，諭内閣：策拔克、來儀奏，查閱攜眷出關民人各情形一摺。【略】此次小民等因不知新例，紛紛到關，經朕施恩准放，但恐此外各處愚民聞知不持票引，仍可出關，未免心存希冀，相率前來，不可不明示限期。著定以本年十月初一日爲限，除限内到關者仍准放行外，如限外到關並無票據，即當遵例停止，毋許擅放。

乙巳，以内閣學士、署吏部左侍郎那彦成爲禮部尚書，都察院左都御史汪承霈署兵部尚書，刑部左侍郎瑚圖靈阿兼署吏部左侍郎。轉禮部右侍郎恩普爲左侍郎，以内閣學士玉麟爲禮部右侍郎，充經筵講官，内閣學士王懿修爲禮部右侍郎，命兵部右侍郎潘世恩教習庶吉士。以兵部尚書長麟兼正紅旗蒙古都統，鑲白旗蒙古都統丹巴多爾濟爲正黄旗領侍衛内大臣。

《東華續録》嘉慶一六　丙午，命安徽巡撫兼提督銜，改江南提督所轄壽春鎮及六安等十營，兩江總督所轄之安慶協遊兵營及池州分防把總並歸統轄，仍聽兩江總督節制。

己酉，定文武官失察邪教會匪滋事者降級、不准抵銷例。

《仁宗實録》卷一一七　辛亥，免安徽望江、宣城【略】二十州縣，並新安、宣州、建陽、安慶、鳳陽、長淮、泗州七衛上年被旱被水災民額賦。

《東華續録》嘉慶一六　壬子，上啓鑾，秋獮木蘭。免經過地方額賦十分之三。

甲寅，以富星額爲内閣學士。

《仁宗實録》卷一一七　庚申，諭軍機大臣等：鐵保奏定限停止出口民人一摺，内稱山海關稽查既嚴，恐無識愚民，於登、萊、青各海口攜眷偷渡等語。向聞山東民人前赴奉天，多由海道行走，較之陸路，尤爲徑捷。今山海關定例綦嚴，民人既不便於攜眷出口，則此後乘桴者必衆，自不可不防其漸。著該撫督飭沿海口文武員弁，於所管地方，實力稽查，毋許民人私行偷渡爲要。

《東華續録》嘉慶一六　壬戌，贈故江蘇巡撫岳起太子少保，予祭葬。

《仁宗實録》卷一一七　是月，署福建布政使裘行簡奏：【略】閩省風氣，俗

悍民刁，向稱難治。然臣察訪閭里小民，最畏官勢，亦甚有良心，官長如果清廉，即聽斷偶誤，亦皆心服，以爲官長未得錢也。自貪吏輩出，以詞訟爲取利之源，以械鬬爲斂財之藪，不但不能養之，並其所養者而奪之；不但不能教之，並其服教者而誣之，而民心始離矣。始而怨官，繼而仇官，遂至抗糧械鬬之風，日益滋甚。罪豈在民，實地方官有以啓之也。得旨：平心之論，即從前教匪之事，亦由官逼民反也。

《仁宗實録》卷一一八　八月甲子，諭軍機大臣等：川、楚、陝三省賊數不滿二百人，無難尅期殲盡，從前川省嘓匪動輒數百爲羣，較之此時勦剩零匪尚多，今餘氛業將淨盡，仍應力爲掃蕩，即嘓匪餘孽，亦可趁此辦淨。至三省地勢，犬牙相錯，深山窮谷，誠恐有散匪零星藏匿。額勒登保等將三省應留兵勇均勻散撥，責成各將領分投梭巡會哨，並繪圖貼説進呈，自應如此辦理。該處地方情形，伊等經歷數年，最爲熟悉，果能逐段嚴搜，自不虞再有餘匪潛匿。其所留兵勇則全在伊等酌量情形，以次裁撤。

丙寅，諭軍機大臣等：貢楚克扎布等奏帶兵辦理番案，該番等親見天兵臨巢，將占住蒙古地方業已讓出，搬回番境。並央同番目尖木贊來營乞恩，情願交還贓畜，並各處訪緝案内正賊，一經尋獲，即當縛獻。

丁卯，越南國王阮福映遣陪臣表貢方物。

免安徽疊被水災、復經賊匪滋擾之宿州，並長淮、宿州二衛舊欠漕項額賦。

《東華續録》嘉慶一六　瑚圖禮因病解任，調祖之望爲廣東巡撫。以方維甸爲陝西巡撫，慶章爲陝西布政使，傅修爲直隸按察使。

丁丑，諭：刑部奏，將參領寶善與黎侗質訊明確，定擬具奏一摺。安南人黎侗等在藍靛廠居住，參領寶善係專管之員，乃於黎侗等懇假迎探貢使並不稟明，該管大臣輒准其告假，已屬專擅。【略】寶善著即革職，發往烏嚕木齊效力贖罪。

《仁宗實録》卷一一九　乙酉，撫卹琉球國進貢難夷如例。

壬辰，免陝西被賊滋擾並屢被偏災之咸陽、興平【略】十八州縣六年以前蠲剩銀糧，並緩徵上年額賦，及鄰近賊氛之潼關、郃陽、華陰、韓城、麟遊、永壽、邠、長武、淳化九州縣節年蠲剩銀糧。又免被賊滋擾及鄰近賊氛之寧陝、孝義【略】六十四廳州縣，及運送軍火之膚施、安塞【略】二十三州縣六七兩年應還常社倉糧。

《仁宗實録》卷一二〇　九月丙申，免安徽涇、青陽、銅陵、建德、東流、鳳陽、定遠七縣旱災學田額賦。

丁酉，諭軍機大臣等：策拔克等奏拏獲正犯陳曰雷。

戊戌，諭軍機大臣等：方維甸奏：賊匪於八月二十一日由辛口峪、黑水峪内竄出景峪，經堡長李進才集勇進勦，殺賊數名。二十二日，賊匪由嶗峪入山，徑趨八里坪瓦子溝，過嶺南竄。楊芳現在帶兵跟追。並據鄠縣訊據逃出難民李更法供稱，此股零匪，約共男婦二百餘人，且有騾馬等語。南山零匪，從前祇剩二三十人，節經諭令楊芳督兵追擊，乃遲延日久，以致該匪復有裹脅，湊聚二百餘人，皆由楊芳勦辦不力所致。著先拔去花翎，仍責令帶兵速勦，以觀後效。【略】額勒登保在西鄉安置兵勇尚非緊要，著即馳赴南山，將此股零匪上緊辦淨。德楞泰於初九日啓程回任，已諭令於過陝時前赴南山。

《東華續録》嘉慶一六　癸卯，命旌陝西、四川、湖北婦女爲教匪迫脅、被戕及完貞自盡者。

《仁宗實録》卷一二〇　甲辰，以禮部右侍郎玉麟、通政使司通政使曹振鏞爲實録館副總裁官，並命曹振鏞敬勘藁本。

《東華續録》嘉慶一六　丙午，祖之望賞假省親，調孫玉庭爲廣東巡撫，以百齡爲廣西巡撫，阿禮布爲雲南布政使，金應琦爲浙江按察使。

戊申，予告尚書彭元瑞卒，贈協辦大學士。遣乾清門侍衛孟住，帶領侍衛十員往奠茶酒，賞銀一千兩治喪，予祭葬，謚文勤。

《仁宗實録》卷一二一　壬子，諭軍機大臣等：南山餘匪裹脅至二百餘人，公然竄至鎮安，焚燬兵房，肆行無忌，已有遺灰復燃之勢。看來馳奏肅清以後，不特帶兵人員心存懈弛，即額勒登保亦未免急思凱旋，稍有松勁。且所稱零匪二百餘人，係得自方維甸來信，而楊遇春、楊芳竟未將賊數據實具稟。即川、楚二省，均尚有零匪數十人。額勒登保此時尚係經略，各路搜捕情形，摺内並未提及，似未經得有信息。可見各路鎮將並不上緊追捕，即其明驗。【略】現在楊遇春已抵鎮安，額勒登保亦已親往督辦，著即嚴飭該提鎮等合力兜圍，務於十月内將此股零匪殲盡。【略】此時額勒登保尚有搜捕事宜，即德楞泰到陝，亦不准即行來京，俟辦竣此股零匪，即當由五百里馳奏，候朕諭令進京，再行起程。若再有怠忽，不特將楊遇春、楊芳、吳廷剛等嚴行懲治，即額勒登保亦不能辭罪矣。凜之，勉之。

《東華續録》嘉慶一六　通恩因老病留京，以成甯爲湖南布政使，調文霈爲

福建按察使，以朱勳爲陝西按察使。

《仁宗實録》卷一二一　癸丑，以鴻臚寺卿誠存爲光禄寺卿，詹事府少詹事觀誠爲詹事。以福建按察使成寧爲湖南布政使，調陝西按察使文霈爲福建按察使，以陝西陝安道朱勳爲按察使。

《仁宗實録》卷一二二　冬十月癸亥，又諭：上次吴熊光奏稱，首逆王世輝等帶領刀矛手二十四人往竹山奔竄。此次摺内又稱，陸續湊合，共有四十多人。數日又復增添，看來軍營所報賊數，總不確實。此時該逆既分兩起奔竄，其竄往川省者，吴熊光當嚴飭麻光裕等上緊尾追，與川兵夾擊。其逃往順水溪一帶者，即飭李東宣等迅速搜捕，務於十月一律蕆事。將此諭令知之。

乙丑，又諭：額勒登保奏三省蕩平以來已逾三月，而南山零匪今復有二三百人，且到處掠食，搶船渡江，肆行無忌。現在竄至西鄉，已與川省毘連。額勒登保當速行知會勒保，札令田朝貴帶兵迎勦，兩面夾擊。若能在陝境就地殲浄，更爲妥善。額勒登保當知愧知奮，毋再因循，致干重譴。將此諭令知之。

丙寅，命酌留山東菏澤、濮、范、鄆城、曹、定陶、壽張、陽穀、東昌等州縣衛應運米麥豆十一萬餘石於本省備賑。

己巳，雲貴總督琅玕奏：生擒賊目别的扒，並首逆恒乍綳家屬。

庚午，免河南封邱、滑、祥符、蘭陽、考城、陽武、延津七縣水災新舊額賦。

壬申，雲貴總督琅玕奏報：生擒首逆恒乍綳。

免直隸長垣、東明、開三州縣水災額賦，已徵者作爲次年正賦。

《東華續録》嘉慶一六　戊寅，上啓鑾謁西陵。孝淑皇后梓宫至山陵，暫安於享殿。免經過地方額賦十分之五。

丁亥，軍機大臣等議准欽差侍郎貢楚克扎布奏定青海蒙古野番諸制。

戊子，以托津爲倉場侍郎。

《仁宗實録》卷一二三　己丑，以内閣學士王汝璧署吏部右侍郎。

《仁宗實録》卷一二三　十一月壬辰朔，賑山東齊東、霑化二縣及東平所被水災民並蠲緩額賦。給青城、惠民、海豐、濟陽四縣水災貧民一月口糧。緩徵城武、鉅野、單、長清、齊河、歷城、鄒平、長山、禹城九縣額賦有差。

《東華續録》嘉慶一六　甲午，召珠隆阿來京，以鄂雲布爲安徽按察使。

丙申，申禁番役子弟出仕應試。

《仁宗實録》卷一二三　丁酉，以大理寺卿榮麟爲内閣學士兼禮部侍郎銜，鴻臚寺卿通恩爲大理寺卿。

戊戌，調湖南按察使韓崶爲福建按察使，浙江按察使金應琦爲湖南按察使，福建按察使文霈爲浙江按察使。

《東華續録》嘉慶一六　戊申，以薩彬圖爲盛京工部侍郎。

己酉，申禁上控案件發原審官。

《仁宗實録》卷一二三　諭軍機大臣等：福建汀、邵二府所屬，與江西石城等縣地界毗連，雖首逆李天奇等業已就擒，尚有廖廣周及夥黨在逃，恐交界各縣境，亦有匪徒勾結煽惑。玉德接奉此旨，即馳赴汀、邵一帶，相機妥辦。如探聞江西匪徒勢尚猖獗，即酌調閩省官兵協勦。儻江西將次辦竣，玉德應暫駐汀、邵一帶，擇要嚴防，總須持以鎮静，不可過事張皇。江西避難民人，現在搬入閩省者，應飭所屬，妥爲收卹。但須於撫綏之中，密加盤詰，恐有奸徒混迹在内。俟江西寧謐，再酌量將難民遣回。至閩省有無匪黨勾結，亦應不露聲色，嚴密訪拏，不可擾累株連，激滋事變。將此諭令知之。

丙辰，諭軍機大臣等：川省零匪，全數肅清，勒保由綏定起程回省，經過渠縣、營山、蓬州、南部、閬中一帶地方，極爲寧貼，且年歲豐稔，糧價平減，勒保惟當督飭該處地方官加意撫綏，俾元氣早復爲要。現在陝境零匪未清，嘉陵江防兵關係緊要，此次防兵，著侯德楞泰到川巡查後，實無一名餘匪，回至成都，方可會商撤回原營，此時切勿輕散。將此諭令知之。

己未，諭軍機大臣等：額勒登保等自督兵勦辦以來，前後各股賊匪數十萬，俱以次殲除。額勒登保身係經略，全功告蕆後，餘匪可歸入善後事宜，交本省官兵搜捕。況此時統計所剩僅及百餘零匪，又現有德楞泰可以接辦，經略自不必日久帶兵於外，著額勒登保於接奉此旨之日，即帶印起程，所有未經辦浄賊匪，著交德楞泰督率搜緝。德楞泰俟明歲春融實在肅清，再回本任。其竄入川境之零匪四五十人，著交楊遇春專辦。

辛酉，以河南按察使策丹爲雲南布政使，陝西鳳邠道台斐音爲河南按察使。

《仁宗實録》卷一二四　十二月癸亥，命禮部右侍郎王懿修提督順天學政，以内閣學士關槐署禮部右侍郎。

甲子，轉吏部右侍郎李鈞簡爲左侍郎，仍留江西學政任，命兵部右侍郎劉鐶之兼署。調户部右侍郎錢樾爲吏部右侍郎，工部右侍郎初彭齡爲户部右侍郎，禮部左侍郎莫瞻菉爲工部右侍郎。轉禮部右侍郎王懿修爲左侍郎，實授關槐爲

右侍郎，以通政使司通政使曹振鏞爲内閣學士，兼禮部侍郎銜。太常寺卿趙秉沖爲通政使，光禄寺卿邵自昌爲太常寺卿，候補京堂姜開陽爲光禄寺卿。

己巳，諭軍機大臣等：本日秦承恩奏，江西奸民賴達忠、廖幹周等傳習邪教，糾衆一千五百餘人，約會起事，因雨阻，夥匪不能如期畢至，經地方官掩捕，悉數殲擒，據供多係福建李凌魁傳授，其徒現有杜世明、甯金鼇密約賴達忠等起事。李凌魁一犯，前據玉德拏獲處絞。其傳教之逸犯吴子祥、吴韜二人，現據秦承恩摺内有吴子祥身故之語，著玉德密派幹員訪緝，務期獲此三犯。吴子祥是否身故，務得確信，一經就擒，即取供奏辦，其餘不必株連，庶足安善良而消奸宄也。

實授裘行簡爲福建布政使。

庚午，以鴻臚寺卿多永武爲内閣學士，兼禮部侍郎銜。

甲戌，以詹事府詹事王綬爲内閣學士，兼禮部侍郎銜。

《東華續録》嘉慶一六　乙亥，以雲南夷疆戡定，於維西、麗江四路各設頭人二名，給把總、外委頂帶，約束猓衆。

《仁宗實録》卷一二四　戊寅，以察哈爾都統觀明爲黑龍江將軍，理藩院右侍郎佛爾卿額爲察哈爾都統。署熱河副都統明興爲理藩院右侍郎，兼正黄旗滿洲副都統。調正白旗漢軍副都統達沖阿爲鑲紅旗蒙古副都統，以正藍旗漢軍副都統本智爲鑾儀衛鑾儀使。調墨爾根副都統額勒琿爲齊齊哈爾副都統，以副都統衛達斯呼勒岱爲墨爾根副都統。以甘肅布政使王文湧爲光禄寺卿。甘肅按察使蔡廷衡爲布政使，安肅道崇禄爲按察使。

庚辰，免雲南被賊滋擾之維西、麗江兩廳縣本年地丁税秋銀米，及麗江府官莊租米。並免集勇防堵之中甸、劍川、鶴慶、雲龍四廳州，及兵差糧運經由之大理、雲南、永昌三府，及太和、趙【略】二十九廳州縣條公銀有差。

《東華續録》嘉慶一六　癸未，命貢楚克扎布、戴均元馳往山東，查勘張秋運河並衡工漫口。

《仁宗實録》卷一二四　丁亥，諭軍機大臣等：德楞泰追賊至横山大梁，雪夜襲勦，沖鋒前進，忽前敵鄉勇，袖手不動，賊匪距巖下壓，以致張應貴、彭家棟身受矛傷陣亡。旋據前營三旗鄉勇來禀，接仗時，看見多是同當過鄉勇的弟兄親友，説是受了冤屈，是以不肯動手，願求諭帖，叫他們出來伸冤。德楞泰因鄉勇人多，恐激變釀事，從權辦理，頒給諭帖，令鄉勇魏忠才等持往招諭。看此情形，實爲可恨。鄉勇現在竟有挾制官兵之意。魏忠才往諭，即使竟從招撫，而此等桀驁狡黠之徒，亦難保其不再生反側。且不獨此數百人未可盡信，即現在隨征之鄉勇四五千人，散之亦難，尤須豫籌萬全，以資控制。著方維甸體察情形，應如何設法安置鈐束，如有所見，即行詳悉具奏，總期不致激而生變，亦不致姑息養奸，方爲妥善。

諭内閣：兵部議駁來儀具奏出關民人就近給票一摺。所駁甚是。【略】嗣後凡商民出關，仍須遵照奏定章程，或在原籍或在貿易處所起票驗放，即攬載車夫，亦應將其年貌姓名同商人總注一票，以憑查覈放行，毋得再任其冒干例禁，致滋弊混。

《東華續録》嘉慶一六　戊子，諭軍機大臣等：本日召見額勒登保，據稱伊在軍營即聞鄉勇等因散遣時得項較少，未遂所欲，或窮而無歸，不免心生觖望，此外實別無抱屈之事。該匪等既經從逆戕害大員，自當嚴行懲辦，不可稍存姑息等語。

《清朝柔遠記》卷六　本月，封阮福映爲越南國王。

阮福映復破東京，盡有安南，遣使入貢，備陳搆兵始末，爲先世黎氏復仇，其舊封農耐本古越裳地，今兼并安南，不忘世守，乞以越南名國。詔封福映越南國王，而歸黎維祁遺櫬及黎臣懷故土者還國。蓋新阮篡黎十餘年而復滅於舊阮。

《東華續録》嘉慶一六　是歲，朝鮮、越南來貢。例仍六年兩貢並進。

嘉慶九年（甲子、一八〇四）

《仁宗實録》卷一二五　春正月，甲午，以散秩大臣明俊爲杭州將軍。

展賑直隸長垣、東明、開三州縣被水災民。展賑山東菏澤、濮、范、壽張、東阿、齊東、濱、利津、霑化九州縣並東昌衛被水災民。貸陽穀、平陰、東平、鄆城、肥城、蒲臺六州縣並東平所耔種口糧。展賑河南封邱、祥符、蘭陽、滑四縣被水災民。展賑雲南浪穹縣被水災民，免上年税秋麥米暨條公耗羨銀，並貸常平倉穀。

戊戌，撥廣東關税銀一百萬兩解往四川，備善後事宜之用。

諭軍機大臣等：前據德楞泰奏，前敵鄉勇代訴從賊鄉勇受屈，經德楞泰發

給諭帖，令魏忠才等持往招撫。今據奏獲賊李思貴供稱，都被衆人殺死，經德楞泰派令弁兵將魏忠才等屍身起獲驗明等語。可見該匪等甘心叛逆，從前所稱受屈之語，全不必究。德楞泰誤聽其言，辦理失之過軟，然以事勢而論，此正極好機會，設該匪等竟受撫投出【略】辦理轉未免棘手。今該匪既將魏忠才等殺死，德楞泰正當趁此激怒鄉勇，上緊勦辦，尅期殲滅，以靖地方。

《東華續録》嘉慶一七　辛丑，以臨幸翰林院，晉掌院學士協辦大學士、尚書朱珪太子太傅，加侍郎英和太子少保，並賞一品補服。

《仁宗實録》卷一二五　丁未，調西安將軍興奎爲寧夏將軍，寧夏將軍賽沖阿爲西安將軍。

戊申，諭軍機大臣等：勦辦邪匪，自前年臘月奏報大局戡定，上年七月又續奏三省肅清。而敗殘零匪至今仍輾轉奔逃，總未淨盡，現在已屆春融，賊匪必思到處掠食，即已散之鄉勇，聞伊等夥黨尚在各處搶掠，互相效尤，愈集愈多，豈不又成大股劇賊？即如元年賊匪初起時，原不過數百人，後來到處裹脅，人數日衆，遂至猖獗。此時統計零匪，雖不過三百餘人，若不上緊辦竣，必致遺灰復燃。德楞泰務於二月內，將此起賊匪，速行勦洗無遺，以贖遷延之咎。若以帶兵乏人，各路兵丁業經陸續裁徹，現在兵力實屬未敷，應即時奏聞，朕必俯如所請。每思元、二年帶兵大員，曾請京兵，不即發往，以致賊勢鴟張，遷延時日，深以爲前車之鑒。總之辦理軍務，最忌因循粉飾，如果零匪未淨，需調多兵，亦無可諱飾。德楞泰接奉此旨，即將是否需用領兵之員及尚須加添兵力之處，速行覆奏。並著傳諭楊遇春，令其前赴南山一帶，將各要隘及江防嚴密防禦，緊顧北面，毋令零匪一名逸入。所有陝省南山隘口及江防，專交楊遇春堵禦，其未盡零匪，專交德楞泰一手辦竣，俾各專責成，以期毋負委任。將此各諭知之。

《東華續録》嘉慶一七　庚戌，調戴均元爲户部左侍郎，以祖之望爲刑部右侍郎。

《仁宗實録》卷一二五　以前任廣東巡撫瑚圖禮署禮部左侍郎，兼鑲藍旗漢軍副都統。命兵部左侍郎劉鐶之提督江蘇學政。

《東華續録》嘉慶一七　癸丑，命詹事府詹事照翰林院掌院學士例，坐充日講起居注官，著爲令。

《仁宗實録》卷一二五　甲寅，以四川重慶鎮總兵官馬瑜爲江南提督，陝西神木協副將劉芬爲江南蘇松鎮總兵官。以葉爾羌幫辦大臣達慶爲辦事大臣。

《仁宗實録》卷一二六　二月丁卯，又諭：閩浙總督玉德前因江西石城等處匪徒滋事，與閩界毗連，當令玉德馳往建寧一帶查辦，已據奏將首犯吴韜、甯金鼇等緝獲到案，尚屬勤勉，著賞還花翎。江西巡撫秦承恩當該省匪徒廖幹周等滋擾時，即帶兵趕往督捕，全數掃除，特因其奏報遲延，是以未即加恩，但念糾衆鉅案，該撫能尅期辦竣，其功足録，著賞給二品頂帶，餘俱著照舊供職。

《東華續録》嘉慶一七　癸酉，遣編置佐領及安置各處安南人回國賚銀有差，並許黎維祁歸葬。改授吐魯番領隊大臣藍翎侍衛玉衡爲四等侍衛，以宗室向無藍翎故也。

《仁宗實録》卷一二六　甲申，撥廣東商捐銀四十萬兩、兩淮鹽課銀二十萬兩，解往陝西，以備善後事宜之用。

免四川太平、大寧、通江、巫山四廳縣額賦有差，並緩徵鹽茶課税銀。

《東華續録》嘉慶一七　丁亥，上親耕耤田。

戊子，上啓鑾謁東陵。免經過地方額賦十分之三。

三月甲午，以阿禮布署雲南布政使。

《仁宗實録》卷一二七　戊戌，撥山西糧三萬石，解往陝西，以備兵糈。

《東華續録》嘉慶一七　壬寅，上謁明成祖陵奠酒。以明後裔延恩侯朱敏瑞爲散秩大臣，並賞守陵人銀。

《仁宗實録》卷一二七　癸卯，德楞泰等奏報，殲斃賊目苟文華。

《東華續録》嘉慶一七　戊申，賞阿克蘇賽哩木貧回地五千畝有奇。

庚戌，諭軍機大臣等：據英善、福甯奏，廓爾喀老王子喇特納巴都爾見在回，至陽布與伊子同住，有噶箕乃爾興差人來至邊界，告知意欲攜家逃入唐古特境内，已飛飭該處番營官明白宣諭，不准收留等語。所辦甚是。

《仁宗實録》卷一二七　給山東菏澤縣被水災民一月口糧。展賑陽穀、鄆城二縣續淹災民。貸壽張、東阿、平陰、東平、曹、定陶、城武、鉅野八州縣暨各衛所，并鹽河下游各州縣耔種口糧有差，緩徵本年額賦。

《東華續録》嘉慶一七　辛亥，邱庭漋以母老請回京侍養，允之。以秦瀛爲廣東按察使。

以催趲船迅糧速，加鐵保太子少保。

夏四月己未朔，召陳鍾琛來京，以策丹爲山東布政使。

己巳，上閲健鋭營兵。

《仁宗實録》卷一二八　庚午，四川總督勒保奏報：查辦黑嗎溪猓匪，生擒首犯庚兒。

甲戌，以新授大理寺少卿、原充實録館提調官玉寧爲總纂官。

諭軍機大臣等：秦承恩奏，續獲逆匪審擬具奏一摺，覽奏俱悉。此案素習老母教之王添組即王瑞忠，捏稱彌勒佛轉世，煽惑鄉愚。上年廖幹周起事之時，懇其幫助，許爲上清宫教主，該犯輒自稱瑞忠法中皇，寫入旗内，號召衆人，實爲罪大惡極，若日久潛逃，必致養癰貽患。秦承恩於訊出之後，能不動聲色，設法鉤致，密將該犯及助惡之曾啓三、周仲祥、王添保一併拏獲，搜出旗式底稿，究訊得實，將該犯等分别首從，問擬凌遲、斬決，即請王命正法，傳首示衆，俾地方匪徒，知有儆戒。所辦甚好。其各教内安静守法未經滋事之人，秦承恩並不紛紛查拏，免致驚擾，所見亦是。該撫仍當出示曉諭，以王添組係教内爲首之犯，伊自稱彌勒佛轉世，能知過去未來，人有災難皆可藉伊解救，今伊已經地方官拏獲正法，是該犯本身即不能自免災難，又何能解救人之災難乎？可見邪説斷不可聽，徒自罹法網耳。爾等鄉愚無知，受其哄騙，紛紛斂錢施捨，隨同入教，今亦不加深究，但爾等見該首犯如此被拏伏法，亦當共知猛省，悔悟前非，從此安静家居，勿再從教滋事，庶可免罹重罪。儻尚執迷不悟，廣招醜類，播造謡言，則憲章具在，不能稍爲曲貸。如此詳明曉諭，示以利害，民人等自必畏懼警省，勉爲善良。將此諭令知之。

以光禄寺卿誠存爲太常寺卿，前任大理寺卿通恩爲光禄寺卿。以浙江温處道李鑾宣爲雲南按察使。

乙亥，調江南提督馬瑜爲雲南提督，以京營右翼總兵阜保爲江南提督。調直隸天津鎮總兵官福會爲右翼總兵，以候補總兵官薛大烈爲天津鎮總兵官。

《東華續録》嘉慶一七　四川總督勒保奏：來谷夷目縛獻聽從黑瑪溪猓匪，糾約搶掠六翕堡，滋事兇夷辦理全竣。總兵張志林等下部議敘。

丙子，召嵇承志來京，賞江南淮徐道徐端三品頂帶，署河東河道總督。

《仁宗實録》卷一二八　癸未，賑陝西涇陽、大荔、蒲城、郃陽、白水、永壽、淳化、中部、洛川九縣蟲災，及鳳翔縣被雹災民。並貸蟲傷較輕之咸寧、長安【略】三十二廳州縣常社倉穀。

乙酉，以河南開歸道胡克家爲湖北按察使。

《東華續録》嘉慶一七　五月丙申，諭軍機大臣等：伯麟等密奏，增定禁截口鹽章程，並緩籌官辦池鹽一摺。【略】惟中國自然之利，若任外藩圖占，此則所關非細，自應禁其水運，方可嚴杜偷越。至摺内稱前與旺沁班巴爾會商章程，並無違抗不遵，請於旺沁班巴爾之弟襲封後，再行開導，令其自願改歸陸運。所見亦是。

丁酉，諭：吏部議奏，請將辦理虧賠倉穀錯謬之原任巡撫高杞照違制例革職一摺。【略】高杞妄更成議，實屬乖謬，著照部議革職，仍來京候旨。

戊戌，以瑚圖禮爲工部右侍郎。

庚子，諭軍機大臣等：本日據孫全謀奏稱，上年十一月内，在雷州洋面探聞盜首鄭一、烏石二等竄回粤洋，共有匪船二百餘隻，聚泊遂溪縣廣州灣洋面，其餘六七十隻分投各洋面游奕。孫全謀督率兵船五十八號，於十二月二十等日馳赴攻勦，賊船隨拒隨逃，官兵傷斃二十名。緣孫全謀所帶兵船内，有九號小料民船，配兵無多，其餘各兵船在洋駕駛日久，船底滲漏，僅有兵船三十九號跟蹤追捕。詎盜船百餘隻，竄至平海黄茅洋面，見官兵稀少，膽敢放礮迎敵，傷斃千總一員、兵丁四名，俱經扎達、倭什布具奏外，並自請交部治罪等語。【略】倭什布係該省總督，文武皆其統轄，著即嚴切查明，分飭所屬，痛改積習，和衷辦公。若陽奉陰違，仍前貽誤，或稍有諱飾，一經朕訪聞得實，或别經劾奏，惟倭什布是問。所有孫全謀自請治之處，此時且暫緩交部，仍著該提督上緊督緝，務淨根株。

甲辰，免齊齊哈爾貧民逋糧。

丙午，諭軍機大臣等：【略】德楞泰勦辦最久，其貽誤之咎尤重，著降爲二等侯，革去内大臣，降戴單眼花翎，革去紫韁。賽沖阿以西安將軍幫同勦賊，且係聯銜奏事之員，非專聽調遣鎮將可比，其獲咎亦重。伊前賞輕車都尉世職，著降爲騎都尉，並拔去花翎。額勒登保會同督勦，雖不似德楞泰等爲時已久，但到軍營後毫無振作，咎已難辭，著降戴單眼花翎，並革去紫韁。

乙卯，定身犯二罪，均應斬決者，加梟示例。

以遣戍釋回，賞給員外郎、前任陝甘總督宜綿前奏鄉勇情形，切中時弊，命以四、五品京堂候補。

六月戊午朔，命那彦成馳赴河南，查看河工。

《仁宗實録》卷一三〇　以貴州按察使董教增爲四川布政使，山東登萊青道李長森爲貴州按察使。

己未，以兵部尚書長麟兼署禮部尚書。

《東華續録》嘉慶一七　甲子，諭軍機大臣等：玉德、李殿圖奏，蔡牽匪船竄至鹿耳門滋擾，見在調遣官兵赴臺協勦情形一摺。【略】鄰近省分尤宜不分畛域，協力嚴拏，閩、浙兩省均係玉德所轄，應通飭營汛，並知照阮元、李長庚等上緊圍擒。其濱海如粤東、江蘇等省，亦著飛咨各該督撫，一體嚴拏，毋任日久稽誅。

《仁宗實録》卷一三〇　丁卯，諭軍機大臣等：從前額勒登保等，總稱賊匪往往四散潛竄山林，官兵無從圍勦。此次該匪等前來偷撲營卡，正當率兵奮力殲旃，乃祇斃賊三名，生擒一名，豈非坐失機會？若云昏夜莫辨，則賊匪既能行走，何獨官兵不能追捕？用兵機宜，全在乘賊之隙，或霧雨交作，或昏夜之中，出其不意，一鼓制勝。若必俟天色晴霽，又須於白晝時方可督兵勦賊，萬無是理。

調正黄旗漢軍都統恭阿拉爲正藍旗滿洲都統，正藍旗滿洲都統琳寧爲正黄旗漢軍都統。

撥九江、龍江、淮安、滸墅等關税銀五十萬兩，解往陝西，並撥陝西實存雜項銀十萬兩，備軍營善後之用。

戊辰，命户部尚書禄康協辦大學士。調刑部尚書德瑛爲吏部尚書，兵部尚書長麟爲刑部尚書。以鑲藍旗蒙古都統明亮爲兵部尚書，調兵部尚書費淳爲吏部尚書。

《東華續録》嘉慶一七　先是，吏部書吏舞弊，將告病治中趙曰濂虚選運同事覺，上命大學士保甯等會同刑部查辦。【略】阿勒經阿、貴徵二人選司掌印，失察作弊，混行搪塞，即行革職，發往伊犁效力。吏部尚書琳甯老邁無能，難期振作，著革協辦大學士、吏部尚書。范建豐、錢樾每日入署辦事，毫無覺察，俱著革去侍郎，三人仍交都察院議處。瑚素通阿究係署理，不必兼署吏部，初彭齡亦不必兼署，俱交都察院嚴加議處。劉權之調補兵部尚書，仍交都察院嚴加議處。慶桂究係總理，又在軍機，著仍管吏部事務，亦交都察院嚴加議處。戴衢亨心爲除弊，激於公忿，毫無不是，惟失察書吏用印，補畫、催稟，實不能爲之諱，著不必兼管府尹，交都察院議處。閻泰和亦爲除弊，惟失察書吏私用印信，又受同鄉屬託標畫先行，其咎較戴衢亨爲重，然究爲除弊，情尚可原，罪不至於革職，著降補四、五品京堂，仍交都察院議處。英和年力當强，人有出息，著在軍機處學習行走，伊所管事務較多，又係内務府人，著不必兼理總管内務府大臣。

減直省各官盈餘税課，緩徵湖北教匪滋擾及近賊之江夏等二十五州縣衛逋賦。

調恩普爲吏部右侍郎，轉玉麟爲禮部左侍郎，以扎郎阿爲禮部右侍郎。降錢樾爲内閣學士，調劉鐶之爲吏部右侍郎，轉潘世恩爲兵部左侍郎，以劉鳳誥爲兵部右侍郎。

庚午，諭：新疆謀故自首之案，毋從重立決。

癸酉，諭：吏部書吏舞弊，將告病治中趙曰濂虚選運同一案，【略】本日錢樾復聲敘例案，具摺申辨。【略】錢樾於吏部書吏舞弊一案嘵嘵置辨，並有意爲堂司官開脱，本應照都察院所議革職，姑念伊向在内廷行走有年，尚屬勤慎，著加恩賞給編修，在該衙門行走。

乙亥，陝甘總督惠齡卒，贈太子少保，二等男。以那彦成署陝甘總督，琳甯爲禮部尚書。

癸未，〔孫全謀〕著從寬拔去花翎，降爲都司，戴罪效力，留於該省，以水師之缺補用。據奏魏大斌曾經在洋獲盗多名，尚爲出力，所有廣東提督原缺，即著魏大斌署理。

甲申，諭軍機大臣等：玉德等奏，温州鎮兵船追勦蔡牽，被盗匪擲火焚燒，官兵俱遭戕害一摺。覽奏不禁髮指。【略】所有捕盗舟師，應即派提督李長庚總統，並著知會江浙、江南各督撫提鎮派撥弁兵，於所在洋面一體緝捕，通飭各海口要隘，禁止奸民接濟米水柴薪，以清盗源。

乙酉，以飛蝗集御案，御製《見蝗歎》，敕直隸總督顔檢嚴率所屬撲捕。

《東華續録》嘉慶一八　秋七月丁亥朔，諭軍機大臣等：玉德等奏，議勒限嚴拏蔡牽章程。

戊子，以阿隆阿爲内閣學士。

壬辰，加禄康太子太保。

甲午，劉躍雲以御前誤班降内閣學士，轉莫瞻菉爲工部左侍郎，以曹振鏞爲工部右侍郎，茅元銘爲内閣學士。

丁酉，轉戴均元爲户部左侍郎，調潘世恩爲户部右侍郎，轉劉鳳誥爲兵部左侍郎，以陳霞蔚爲兵部右侍郎，周廷棟爲左副都御史。

己亥，琅玕卒，以伯麟爲雲貴總督，同興爲山西巡撫。台斐音爲湖北布政使，慶格爲河南按察使。

庚子，諭：【略】初彭齡之罪，本應革職發往新疆，姑念其見有老親，著革職，加恩令其在家養親，閉門思過。〔高杞〕著照議發遣伊犁，令其自備資斧前往，交與將軍松筠，派委苦差，效力贖罪。魏耀惟知迎合上司，以毫無影響之贓私重情污衊總督，著即照擬總徒四年。除將與議大臣等面加調飭外，著將此案辦理緣由通諭知之。

辛丑，以尋常覆奏輕用急遞，革欽差、户部侍郎額勒布、河南巡撫馬慧裕、護理河東河道總督徐端花翎。

癸卯，調德文爲禮部右侍郎，花尚阿爲盛京户部侍郎，以榮麟爲盛京兵部侍郎。轉賡音爲刑部左侍郎，以英善爲刑部右侍郎。

丙午，上啓鑾，秋獮木蘭。免經過地方額賦十分之三。

《仁宗實録》卷一三二　諭軍機大臣等：額勒登保等自奏報分路勦賊情形後，迄今已閲旬日，朕盼望之殷，刻深焦廑。本日四百里報到，所叙連日分兵探勦情節，不過殺賊一名，生擒被擄民人十名，賊匪除二百三四十人外，又新擄百姓一二百人，賊數竟添至一倍。現據摺内稱，官兵連日爲大雨所阻，一俟天色稍霽，奮力進攻，倘賊匪他遁，亦即設法趕勦等語，殊不成話。如此大雨，官兵既寸步難進，賊匪又何能遠遁？若賊匪竟能冒雨前行，官兵自亦可跟蹤追躡，何至不能奮力進攻？額勒登保等不過又爲將來追賊遲延自占地步。此等敗殘零匪，不但不能殲除，又復輾轉奔逃，致增裹脅，均由伊等辦理延誤所致。上年冬間，德楞泰接辦時，朕以該處零匪祇剩一二百人，無難克期辦浄，乃德楞泰誤聽鄉勇詭計，欲事招降，予賊以暇，坐失事機，不得已又令額勒登保到彼幫辦。額勒登保在京時，即再三婉辭。及至到陝後，聞德楞泰於三月初二日得有勝仗，又欲避分功之嫌，不即會辦。逮德楞泰屢次不能得手，伊自知難以坐視，始行前往。今自與德楞泰會合以來，又閲月餘，老師糜餉，一籌莫展。此而不加黜罰，何以肅軍紀而勵戎行。此起零匪，德楞泰勦辦最久，其貽誤之咎尤重，著降爲二等侯，革去内大臣，降戴單眼花翎，並革去紫繮。賽沖阿以西安將軍幫同勦賊，且係聯銜奏事之員，非專聽調遣鎮將可比，其獲咎亦重。伊前賞輕車都尉世職，著降爲騎都尉，並拔去花翎。額勒登保會同督勦雖不似德楞泰等爲時已久，但到軍營後，毫無振作，咎亦難辭。著降戴單眼花翎，並革去紫繮。

《東華續録》嘉慶一八　己酉，以木蘭鹿少，詔停秋獮。

庚戌，調那彦寶爲户部右侍郎，貢楚克扎布爲兵部右侍郎。轉明興爲理藩院左侍郎，以和甯爲理藩院右侍郎。

德楞泰奏：捕獲四川餘匪首逆羅思蘭等。得旨：獎賚，賞還額勒登保、德楞泰紫繮、雙眼花翎。

甲寅，以觀誠、廣興俱爲内閣學士。

八月癸亥，嚴定盜決隄防罪。

《仁宗實録》卷一三三　甲子，命太常寺少卿粱上國爲奉天府府丞兼學政，工部右侍郎曹振鏞提督江西學政，大理寺卿邵自昌提督福建學政，禮科給事中王麟書提督河南學政，翰林院侍讀學士周兆基提督安徽學政，右春坊右中允吴烜提督湖北學政，光禄寺少卿馬履泰提督陝甘學政，都察院左副都御史周廷棟提督四川學政，刑部員外郎祁墳提督廣西學政，禮部郎中譚光祥提督雲南學政，翰林院修撰顧皐提督貴州學政。

壬申，賑甘肅西寧、碾伯、大通三縣被水貧民，並緩徵靈、中衛二州縣本年額賦。

《東華續録》嘉慶一八　辛巳，邵洪以病解任，以朱紹曾爲安徽布政使，景安爲山西按察使。

乙亥，德楞泰奏報：殲斃首逆苟文潤等。

《仁宗實録》卷一三四　九月庚寅，賑陝西澄城、韓城二縣被旱災民。

辛卯，諭内閣：本日德楞泰由六百里遞奏餘氛掃蕩，三省全功告蕆一摺，覽奏曷勝欣慰。【略】額勒登保、德楞泰前此奏報殲獲餘匪多名，節經加恩賞還雙眼花翎、紫繮并原有爵職，其將領等世職翎頂并所得升銜，亦均一體賞還。此次奏報全捷，除額勒登保現已遵旨啓程回京外，德楞泰著加恩再交部從優議叙並加恩賞。將軍賽沖阿、提督楊遇春、豐紳、馬瑜、慶成，總兵田朝貴、喜明、王兆夢、慶溥，著再加恩俱交部議叙。副將吴廷剛著軍機處記名，遇有總兵缺出，即行簡放。並發去法瑯翎管五個，瑪瑙鼻烟壺五個，翡翠玉扳指、瑪瑙扳指各五個，大荷包五對，小荷包十個，鑰匙袋五個，著交德楞泰分賞出力各官員。又發去一兩重銀牌一百面，一兩重銀錁一百個，五錢重銀錁二百個，並交德楞泰查明兵勇内出力者酌量賞給。其摺内硃筆圈出勦賊出力之都司朱承受、守備朱福壽、外委寧顯文、李洪春、兵丁王進叙、蕭貴六人，著德楞泰查明伊等應如何升擢之處，即分別保奏，候朕加恩，以示鼓勵。

《東華續録》嘉慶一八　乙未，命嗣後諭查事件應行速奏者，諭旨内註明由

驛字樣，該督撫方可由驛具奏，此外不得任意動用驛馬，一節郵傳。

丙午，全保丁母憂，以瑚圖禮爲湖北巡撫。

庚戌，汪承霈以不稱職，降二品銜休致。調熊枚爲左都御史，以姜晟爲刑部尚書，轉祖之望爲刑部左侍郎，以劉烒爲刑部右侍郎。

甲寅，免順天府文安縣窪池上年額賦，東安縣減則地畝上年額賦十分之四。

冬十月戊午，命嗣後順天武鄉試外場，改於十月初七日開弓，十二日出榜。著爲例。

《仁宗實録》卷一三五　丁卯，加賑江西德化縣被水災民，緩徵南昌、新建、豐城、進賢、鄱陽、餘干、星子、瑞昌、宜黄九縣新舊額賦漕糧。

《東華續録》嘉慶一八　癸酉，諭：前因百齡參奏，承辦屈抑武緣縣革生黄萬謬等毀屍誣告、寃擬絞候一案。【略】孫廷標著即處絞，以昭炯戒。黄鸞翽亦著即行處絞。公峩著即革職，發往烏嚕木齊，效力贖罪。以衡齡爲貴州布政使，許兆椿爲江西按察使。

《仁宗實録》卷一三五　賑黑龍江墨爾根打牲烏拉等處被水災民。

《東華續録》嘉慶一八　十一月壬辰，琳甯以疾免，以恭阿拉爲禮部尚書，英善爲左都御史。調貢楚克扎布爲刑部右侍郎，德文爲兵部右侍郎，以多永武爲禮部右侍郎。

壬寅，諭：御史王瑶臺奏，請定升遷人員引見限期，以防流弊一摺。所奏甚是。

《仁宗實録》卷一三七　戊申，以署陝甘總督那彦成爲兩廣總督，調兩廣總督倭什布爲陝甘總督。

《東華續録》嘉慶一八　壬子，以玉甯爲内閣學士。

《仁宗實録》卷一三七　癸丑，諭軍機大臣等：漕糧爲天庾正供，積貯本宜寬裕，朕因本年江浙等省各有蠲緩漕米，諭令户部查明來年支放數目是否敷用。據户部查覈具奏，現在各倉存貯米石可以支放至明年六七月，江南河口業已通暢，明春新漕重運，銜尾北來，足資接續。惟明歲新漕因災蠲緩共有一百餘萬石，其實在抵通者，計算祇敷支放至嘉慶十一年三月之用，而是年糧船到通總須在五六月閒，此數月内俸米、甲米必須百餘萬石方足以供支放，亟應早爲籌備，以免臨時缺誤。本年四川、湖南收成均屬豐稔，四川本係産米之鄉，著傳諭該督通計所屬收成分數，共可採買米幾十萬石，由水路運至湖北，或交湖北軍船灑帶，或由漢口換船裝載，徑行運送通州。其湖南除收兑本年漕糧外，著該撫酌量仍可採買若干石，如能於本年糧船未經開行之先，採辦齊備，即交令均匀搭運最爲妥協，否則隨後雇覓船隻，接運來京。至江蘇、浙江、江西、安徽、湖北，雖各該省閒有被水州縣，嗣據該撫等具奏，晚稻均各豐收，並聞浙江因商販雲集，尚有囤積糧石，著各該督撫悉心體察，各省除交兑新漕此外每省尚可收買米石若干，以備京倉之用，不可因辦理稍難，意存推諉，亦不可令地方官減價抑派，致令米價騰貴，有妨民食。該督撫等各按地方情形酌定數目，即各先行由驛具奏，並將如何解運之處，籌畫周妥，一併奏明。一面動用正項銀款，妥速購辦，能於明年八九月以前，陸續解運抵通即可不誤。其河南、山東二省漕船，向係小米、麥豆等項，除本年被災各州縣此外，豐收之處尚多，並著酌量採買若干石，就近解通，亦足以資搭放。現在各省正當收兑新漕，再加此項採買，設爲數過多，恐有穀貴傷民之弊。各省均有常平倉貯，或先於此内碾動成數，如期解京，該省再陸續分限補額，亦無不可。各督撫皆係受恩深重之人，此事當密誌於衷，盡心妥辦，不可宣揚。既須於國家倉儲有裨，又須於閭閻民食無虧，其糧石之多寡，及運解如何妥速之處，朕亦不爲懸定，務各籌畫爲善，迅速奏明辦理。將此各傳諭知之。

《東華續録》嘉慶一八　甲寅，調百齡爲廣東巡撫，孫玉庭爲廣西巡撫。

十二月戊午，以明志爲兵部左侍郎，廣興、戴聯奎爲兵部右侍郎。以王汝璧爲兵部左侍郎，長齡爲安徽巡撫。

《仁宗實録》卷一三八　壬戌，諭内閣：那彦成等奏籌辦寧陝及漢南各鎮、協營新兵借項，置買地畝情形一摺。據稱，陝安鎮營、漢中協營並陽平關、寧羌、略陽等處新兵與寧陝新兵，皆須一律置買地畝，俾裕生計。統計馬步戰兵八千六百一十七名，每名給與十兩價銀之地，共應需地價銀八萬六千一百七十兩，請於嘉慶八年地丁項下先行借支，在於節省馬乾項下扣還，並交寧陝總兵楊芳等趕緊置買，兼令提督楊遇春督率辦理等語。寧陝及陝安等處新兵，多係無業鄉勇，應募入伍，生計未免竭蹶，自當先令衣食充裕，方可一律訓練。且深山老林，逐漸開墾，則汙萊日闢，耳目易周，亦不致有藏垢納污之事。所奏自屬可行。著照所請，每新兵一名，借給地價銀十兩，共銀八萬六千一百七十兩，在於九年地丁項下借支，並准其於節省馬乾項下分年扣還，至嘉慶十五年冬季全數歸款。至提督楊遇春、總兵楊芳等，平素帶兵打仗，最爲勇往，惟當責以訓練新兵。至於買地、納糧、丈量、踏勘等事，必須詳細經理，且伊等所用，不過營中字識等，於

一切事件，恐不能諳悉，此事著派臬司朱勳，或其餘道員内，熟悉地方情形辦事結實者，令其會同該提鎮詳悉籌辦，務臻妥協。

《東華續録》嘉慶一八　乙丑，吴璥以疾召來京，以徐端爲江南河道總督，李亨特爲河東河道總督。調鄂雲布爲江蘇按察使，以楊頀爲安徽按察使。

庚午，以廣敏爲内閣學士。

乙亥，諭：本日據軍機大臣會同刑部奏，審明贊禮郎清安泰所控盛住款蹟，分别定擬，將盛住照例問擬斬決，請旨定奪一摺。【略】盛住加恩免死，發往烏嚕木齊，自備資斧，效力贖罪，限於二十四起程，毋許逗留。

尋奏請：嗣後，凡在紅樁以内盜砍樹株、取土取石、開窯燒造、放火燒山者，仍照舊例辦理。其在紅樁以外、白樁以内，所有民間取土取石不及一丈，自種私樹，槩不禁止外，其開山採石、掘地成濠、開窯燒造、放火燒山者，即照紅樁以内減一等，爲首發近邊充軍，從犯杖一百、徒三年，白樁以外、青樁以内再減一等辦理。從之。

己卯，調裘行簡爲直隸布政使，瞻柱爲福建布政使。調景安爲直隸按察使，傅修爲山西按察使。

庚辰，體仁閣大學士劉墉卒，晉贈太子太保，入祀賢良祠，【略】予祭葬，謚文清。

《仁宗實録》卷一三八　免四川野夷滋擾之雷波廳本年額賦。

《東華續録》嘉慶一八　是歲，朝鮮、暹羅來貢。

嘉慶一〇年（乙丑、一八〇五）

《東華續録》嘉慶一九　春正月丁亥，命：嗣後，各省及新疆等處慶賀元旦摺，統限於十二月初十日以後、二十五日以前，半月内一律遞到。

《仁宗實録》卷一三九　辛卯，展賑江蘇高郵、寶應二州縣被水災民。給安徽貴池、青陽、銅陵、東流、當塗、蕪湖、繁昌、無爲、廬江九州縣被水災民一月口糧。展賑江西德化縣桑落、赤松二鄉被水災民。給湖北黄梅縣被水軍民一月口糧。給甘肅西寧、碾伯、大通、皐蘭、金、靈、寧朔、中衛八州縣被水災民口糧有差。

《東華續録》嘉慶一九　辛丑，諭：向例貝子之子年已及歲者，賞給三品頂帶，年未及歲者不賞。今綿志之子奕績、奕紹之子載銓雖未及歲，但前業經賞給四品頂帶，著加恩俱賞三品頂帶，以示朕篤厚親支至意。

《仁宗實録》卷一三九　己酉，諭軍機大臣等：近聞廣東洋匪較多，皆因兵丁等多與聲氣相通，每遇出洋巡緝，不但不能出力，並與私通消息，致令遠颺。文員雖欲設法擒捕，無計可施，武官呼應不靈，是以動形掣肘。今朕特調那彦成、百齡大加整飭，綏靖海疆，接任後自能熟察情形，妥爲籌度，先以得人爲要，切不可過於急切，轉致激成事端。至緝捕盜賊，必須經費充裕，從前粤東原有關税及鹽務盈餘銀二十餘萬兩，作爲捕盜經費。吉慶任廣東總督時，洋面尚爲安静，遂將此項銀兩提出歸公，現在粤東情形較前不同，捕盜經費，自不免於支絀，所有從前提出歸公之款，自應仍留該省，作爲捕盜公費。或此外别有可籌款項，亦不妨奏明辦理，庶防捕有資，盜匪漸次肅清，則裨益於國計民生者甚大，不可惜小費而忘遠計也。將此諭令知之。

《東華續録》嘉慶一九　庚戌，嗣後，禁城及圓明園等處，遇有應行放進匠役修整活計等事，著太監呈明總管内務府大臣派員查點明晰，將某處放進次數、人數按月具摺，隨月摺彙奏，毋許太監等任意傳唤，擅自出入，以昭嚴肅。所有乾隆四十一年二月内原奉聖諭及此次所降諭旨，均著該館敬謹纂入宫史，垂示久遠，遵行勿替。

辛亥，全保署山東巡撫，玉甯爲理藩院右侍郎。調戴均元爲吏部右侍郎，劉鐶之爲户部右侍郎。

《仁宗實録》卷一三九　命協辦大學士、户部尚書朱珪爲大學士，管理工部事務，禮部尚書紀昀協辦大學士，加太子少保。轉都察院左都御史熊枚爲工部尚書，仍暫署刑部尚書。以兩江總督陳大文爲左都御史。調户部右侍郎戴均元爲吏部右侍郎，仍暫署刑部右侍郎。吏部右侍郎劉鐶之爲户部右侍郎。以山東巡撫鐵保爲兩江總督，理藩院右侍郎全保署山東巡撫，内閣學士玉寧爲理藩院右侍郎。

甲寅，以大學士朱珪爲會典館總裁官，理藩院右侍郎玉寧爲實録館副總裁官。

《東華續録》嘉慶一九　二月辛酉，調王汝璧爲刑部右侍郎，轉戴聯奎爲兵部左侍郎，以吴璥爲兵部右侍郎。

《仁宗實録》卷一四〇　諭軍機大臣等：據倭什布等奏，嘆咕唎國呈進表

貢，請旨遵行一摺。該國王重譯輸誠，情詞恭順，從前乾隆六十年閒，曾經附進表貢，蒙皇考高宗純皇帝俯賜賞收，加以錫賚，賜之勅書。此次既據該國王備進方物，自應照例賞收，著那彦成等查照辦理，並將貢品齎京呈遞，再行頒給勅書賞件，俾遂忱悃而示懷柔。

《東華續録》嘉慶一九　己巳，協辦大學士、禮部尚書紀昀卒，【略】予祭葬，謚文達。

辛未，調劉權之爲禮部尚書，協辦大學士，加太子太保。以陳大文爲兵部尚書，鄒炳泰爲左都御史。調吴璥爲倉場侍郎，以劉躍雲爲兵部右侍郎。召策丹來京，以文霈爲山東布政使，景敏爲浙江按察使。

乙亥，以瑚素通阿爲内閣學士。

庚辰，緩徵四川屢被教匪滋擾之太平等四廳縣額賦並鹽課茶税。

三月丁亥，上親耕耤田。

乙未，免經過地方額賦十分之三。

庚子，以吉林三姓積年災歉，發倉穀一萬石平糶。

丙午，上閲健鋭營兵。

壬子，以萬承風爲内閣學士。

夏四月壬戌，以故質郡王綿慶子奕綺襲封貝勒。

辛未，諭：御史蔡維鈺奏，嚴禁西洋人刻書傳教一摺。【略】嗣後，著管理西洋堂務大臣留心稽察，如有西洋人私刊書籍，即行查出銷燬，並隨時諭知在京之西洋人等，務當安分學藝，不得與内地民人往來交結。仍著提督衙門、五城、順天府將坊肆私刊書籍一體查銷，但不得任聽胥役藉端滋擾，致干咎戾。

癸酉，嗣後，旗員如果有親年已逾七十、家無次丁，及其親年未合例、素有疾病者，均應於在京補放時即行呈明留京當差。儻於到任後，一、二年閒遽行呈請回京者，俱不准行。著爲令。

以蘇沖阿爲内閣學士。

《仁宗實録》卷一四二　戊寅，賜一甲彭浚、徐頲、何凌漢三人進士及第，二甲徐松等九十六人進士出身，三甲葉申萬等一百四十四人同進士出身。

《東華續録》嘉慶一九　己卯，撥廣儲銀十萬兩，給隨從盛京官員、兵丁製備行裝。

癸未，諭：據刑部奏，審明廣東民人陳若望私代西洋人德天賜遞送書信、地圖，並究出傳教，習教各犯，分别定擬一摺。【略】所有寄信人陳若望、在堂講道之漢軍周炳德、會長民人劉朝棟、趙廷畛、朱長泰、漢軍汪茂德，或往來寄信，或展轉傳惑，著照刑部所擬發往伊犁，給厄魯特爲奴。仍先用重枷枷號三箇月，以示懲儆。民婦陳楊氏以婦女充當會長，尤屬不安本分，著發往伊犁給兵丁爲奴，不准折枷收贖。【略】德天賜著兵部派員解往熱河，在厄魯特營房圈禁，仍交慶傑隨時管束，毋許與内地旗民往來交涉，以杜煽惑。儻再有與西洋人往來習教者，即照違旨例，從重懲究，決不寬貸。

《仁宗實録》卷一四三　五月甲申朔，諭内閣：向來西洋堂事務，俱派總管内務府大臣管理，而歷任該管之大臣等，不能實心經理，其派委司員亦不常川稽查，大率有名無實。即如近日德天賜等，妄行刊書傳教，煽惑旗民，此皆由歷任該管大臣官員等平日不能認真查察，以致伊等敢於私通書信，往來交結。現在管理西洋堂事務之常福，著無庸兼管，改派禄康、長麟、英和管理，其應如何設立章程，嚴加管束之處，著禄康等悉心妥議具奏。尋議奏：酌派司員到堂稽查，設立堆撥輪流巡綽，徹毁堂額天主字様，禁止旗民彼此往來，封禁該堂女堂房屋，稽察海淀各堂寓所，譯驗該國投寄書信，編造服役人數册檔，示諭習教治罪條款，禁止收買藥材洋草。

《東華續録》嘉慶一九　己亥，陳大文因疾乞休，允之。以鄒炳泰爲兵部尚書，王懿修爲左都御史。轉關槐爲禮部左侍郎，調戴聯奎爲禮部右侍郎，轉劉躍雲爲兵部左侍郎，以趙秉沖爲兵部右侍郎。

《仁宗實録》卷一四四　加賑浙江仁和、錢塘【略】十五州縣上年被水災民，並緩徵本年額賦及未完耗羨銀。

《東華續録》嘉慶一九　庚子，諭：佟瀾、色克舒敏、李慶喜因傳習天主教，革職交刑部審辦。玆據刑部奏，佟瀾等到案，俱各供情願出教，請革職，免其治罪等語。【略】仍著在刑部羈禁，將伊等家屬傳至，令其當面告誡，各將洋教不祀祖先、不供門竈等事全行改革。仍交各該旗查明伊全家出教屬實，由該管參、佐領具結詳報，再行釋放。如釋放後，再敢私行習教，即加倍治罪，決不寬貸。

癸卯，召慶章來京，以景安爲陝西布政使，調慶格爲直隸按察使，以方受疇爲河南按察使。

《仁宗實録》卷一四四　戊申，今三省全境肅清，閭閻安堵如常，揆厥所由，實得力於堅壁清野之策。勒保首先倡議，洞悉機宜，得以蕆功完善，允宜懋賞酬

庸，勒保著加太子太保銜。明亮著加恩晉封爲一等子。

《東華續録》嘉慶一九　己酉，嚴禁生監把持漕務。

壬子，調景安爲福建布政使，以朱勳爲陝西布政使，調敦柱爲陝西按察使，以李鉉爲山西按察使。

《仁宗實録》卷一四五　六月甲寅，以江蘇揚州一帶水大米貴、浙江春花蠶絲歉收，命截留四川運京米三十萬石，分撥平糶。

《東華續録》嘉慶一九　己未，命：嗣後，國子監漢祭酒缺，照翰林院詹事府各官升、轉例，開列請簡。

庚申，所有直隸總督員缺，著吴熊光調補，該督到任後，當督同裘行簡實力整飭吏治。

諭：本日吏部條奏升、選各事宜一摺。内有道、府選缺不准改爲在外題調一款，所議是。

以百齡爲湖廣總督，調孫玉庭爲廣東巡撫，以汪日章爲廣西巡撫。調張師誠爲江蘇布政使，以金應琦爲山西布政使，史積容爲湖南按察使。

壬戌，改江南提督所轄川沙、吴淞二營歸蘇松鎮水師總兵官兼轄。

甲子，命：嗣後，漢御史缺出，以翰林部屬記名各員輪班引見。

丙寅，劉躍雲以年老休致，調戴聯奎爲兵部左侍郎，以王綬爲禮部右侍郎。

戊辰，關槐以病解任，轉王綬爲禮部左侍郎，以萬承風爲禮部右侍郎，顧德慶爲内閣學士。

《仁宗實録》卷一四五　辛未，德楞泰奏報：勦捕餘孽，殲斃首逆王世貴。

《東華續録》嘉慶一九　丁丑，直隸永定河溢，命那顔寶馳往堵築。

閏六月壬午朔，轉那顔寶爲户部左侍郎，調恩普爲户部右侍郎，托津爲吏部左侍郎，賡音爲倉場侍郎。調玉麟爲吏部右侍郎，轉多永武爲禮部左侍郎，調文甯爲禮部右侍郎。命托津軍機處行走。

癸未，諭：保甯等奏議處劉權之等一摺。請將劉權之照溺職例革職，英和照不應重私罪例降三級調用等語。【略】著加恩降爲編修，仍帶革職留任，遇有國史等館纂修缺出，令其充補。【略】[英和]著加恩降補本日長琇所遺太僕寺卿員缺，從前所賞一品補服、黄馬褂、紫禁城騎馬、緑牙縫靴，俱著革去，此次不進隨往盛京。

以吏部尚書費淳協辦大學士。以王懿修爲禮部尚書，秦承恩爲左都御史，清安泰爲江西巡撫，秦瀛爲浙江布政使，吴俊爲廣東按察使，以瑚素通阿爲刑部右侍郎。

甲申，諭：綿課、額勒登保奏，三等侍衛成齡託病曠班，請將成齡革去侍衛，撥回本旗等語。【略】嗣後，御前侍衛、乾清門侍衛如有曠班誤差者，即照阿隆阿等之例治罪。各項侍衛、拜唐阿等如有曠班誤差者，即照成齡之例治罪。著爲例。

《仁宗實録》卷一四六　丙戌，給湖北鍾祥、天門二縣被水災民一月口糧，並緩徵鍾祥、荆門、京山、天門、潛江、沔陽、漢川七州縣及屯坐各衛所新舊額賦。

《東華續録》嘉慶一九　己丑，以鄂雲布爲安徽布政使，遇昌爲江蘇按察使。

辛卯，以周兆基爲内閣學士。

戊戌，永定河漫工合龍。

乙巳，阮元丁父憂，調清安泰爲浙江巡撫，命秦承恩仍暫署江西巡撫。

《東華續録》嘉慶二〇　秋七月壬子，覲誠緣事休致，以策丹爲内閣學士。台斐音緣事降調，以章煦爲湖北布政使。

乙丑，御史申瑶奏：年例解京段匹、顔料等項，請於崇文門查驗後，即移會各該管衙門，限五日内交收完竣，面給回批，以杜書吏舞弊。從之。

《仁宗實録》卷一四七　丁卯，上以詣盛京恭謁祖陵，先期祗告奉先殿。

《東華續録》嘉慶二〇　戊辰，上啓鑾詣盛京，謁祖陵。

壬申，以秀甯爲内閣學士。

甲戌，免經過順天府大興等六州縣、直隸遷安等七州縣額賦十分之五。

庚辰，調許兆椿爲浙江按察使，景敏爲江西按察使。

《仁宗實録》卷一四七　免山西臨汾、襄陵【略】二十六州縣旱災本年額賦有差，緩徵二十六州縣蠲剩及帶徵額賦，並毗連災區之浮山、岳陽、汾西、鄉寧、吉、隰、大寧、永和、蒲九州縣新舊額賦，分别賑給銀穀口糧。

《仁宗實録》卷一四八　八月庚寅，朝鮮國王李玜遣陪臣於道旁跪迎，表貢方物。

《東華續録》嘉慶二〇　甲午，閱盛京官員等射。

丙申，閱吉林官員等射。調榮麟爲户部侍郎，以廣敏爲盛京兵部侍郎。

己亥，定奉天府屬義州、廣甯、開原、鐵嶺四州縣專用滿洲人員，遼陽、甯遠、復州、海城、蓋平、甯海六州縣專用漢員。

乙巳，御前大臣都統公額勒登保卒，【略】予祭葬，謚忠毅，建祠京師。

《仁宗實録》卷一四九　丙午，賜朝鮮國王李玜御書扁額曰禮教綏藩。

免盛京、興京【略】十五處旗地應納本年米豆草束十分之五，并九年以前積欠。給盛京承德、遼陽、廣寧、海城、鐵嶺五州縣被水及正紅旗界内三家寨等五處村莊被雹災民一月口糧。

〔諭〕：昨日又據儀親王奏，呈遞匿名揭帖，控稱内務府佐領延福等派令壯丁攢湊出銀，辦理差務。當交軍機大臣傳詢該佐領等。據稱此次盛京宫内陳設鋪墊及辦事公所一切器具多有損壞，均須收拾黏補，向無支銷，是以回明將軍，酌定壯丁每名出銀八錢，共湊交銀一萬二千餘兩屬實。并經延福等呈出饋送内務府大臣官員及各等處太監猪、羊、酒、米等件清單，據稱亦於此項開銷等語。朕鑾輅經臨之所，每戒飭地方官毋許絲毫擾累，即扈從人等早經嚴諭禁絶饋遺。上年富俊到京時，曾屢加面詢，據稱此次辦差，一無派累。今即因盛京宫内陳設鋪墊及公所器具什物有須修補之處，計需費亦屬無多，朕此次派令巴寧阿前來辦理一切工程，支用銀十三萬餘兩。此等修理工程，亦係公需，富俊既早經查明，即應併計銀數，奏明動款支用。乃率聽該佐領等科派壯丁，致有匿名呈控之事。而於該佐領等致送内務府大臣官員食物之處，又不能管束禁止，任聽花銷，皆係富俊辦理不善之咎。除將與受各員另行降旨議處、太監等治罪外，富俊著將恩詔内加一級扣除，仍交該部議處。所有本日降旨將盛京文武官員因公處分開復之處，并著該部查明，富俊任内降罰處分，均不准其開復。

《東華續録》嘉慶二〇　九月丁卯，嗣後，外省題本案件，遇有似此不引本律定擬，妄行援照別條者，著刑部堂官即將本案改正，並將該督撫、臬司奏參，無庸再行駁令另擬也。

乙亥，以英和爲内閣學士。

《仁宗實録》卷一五〇　丁丑，給安徽鳳陽、鳳臺、五河、懷遠、壽、泗、天長七州縣水旱災民一月口糧，並緩徵桐城、潛山、蒙城三縣本年額賦。

戊寅，賑卹河南上蔡縣被水災民，並蠲緩本年額賦。又緩臨漳、内黄、武安、涉、延津、滑、考城、洛陽、偃師、鞏、孟津、登封十二縣帶徵舊欠漕糧。

《東華續録》嘉慶二〇　冬十月戊子，召秦承恩來京供職。以温承惠爲江西巡撫，齊布森爲河南布政使，朱爾漢爲廣西按察使。

己丑，賜張聯元等六十人武進士及第、出身有差。

庚寅，召秦瀛來京，以崇禄爲浙江布政使，吴沂爲甘肅按察使。以金光悌爲山東布政使，李奕疇爲山東按察使。

甲午，命戴均元馳往河南，查勘閘壩各工。

丙申，賜英吉利國王敕諭。

《仁宗實録》卷一五一　庚子，免湖北天門、漢川、潛江、京山、鍾祥五縣本年額賦十分之一，緩徵沔陽、荆門、江陵、監利四州縣新舊額賦，貸天門縣屬兩次被水災民籽種。

《東華續録》嘉慶二〇　辛丑，諭軍機大臣等：本日辰刻，先據孫玉庭馳奏辦理投首洋盜未臻妥善一摺。内稱那彦成辦理投首盜匪，酌賞頂帶並每名賞銀十兩，計海盜不下數萬，若盡行招撫，經費爲難。其殺賊投首之人，未可盡信，且此等盜犯罪皆淩遲、斬梟，今准其投首，槩置不問，榮以頂帶，加以重賞，以致民間有爲民不如爲盜之謡。揆諸事理，殊屬未協，曾與那彦成再三辨論，意見不同等語。是那彦成於洋盜投首一事竟屬辦理錯謬。

調吴熊光爲兩廣總督，加裘行簡兵部侍郎銜，署直隸總督。以慶格爲直隸布政使，楊志信爲直隸按察使。調衡齡爲廣東布政使，以李長森爲貴州布政使，宋鎔爲貴州按察使。

癸卯，飭大吏嚴查屬員交代。

定本年秋審情實人犯覃恩歸入緩決、過二次再行減等例。

丁未，祖之望以親老乞養，允之。以金光悌爲刑部左侍郎，邱庭漋爲山東布政使。

十一月甲寅，諭：【略】初彭齡平日官聲尚好，本日所出右庶子一缺，著加恩以初彭齡補授。示朕終不廢棄敢言之臣，以期有俾政治至意。

丙辰，王汝璧以疾免，以周廷棟爲刑部右侍郎。以全保爲湖廣總督，調長齡爲山東巡撫，以成甯爲安徽巡撫，韓對爲湖南布政使，袁秉直爲福建按察使。

己未，諭：京城滿洲、蒙古八旗生齒日繁，而國家經費有常，甲兵設有定制，勢不能於額外增添餉項，俾資養贍。

壬戌，以劉大懿爲甘肅按察使。

《仁宗實録》卷一五三　戊辰，給雲南昆明、昆陽、晉寧、呈貢四州縣被水災民一月口糧，並緩徵本年額賦。

《東華續録》嘉慶二〇　甲戌，增八旗滿洲、蒙古養育兵三千三百三十名。

《仁宗實録》卷一五三　己卯，兩廣總督那彦成奏：廣東甲子地方修建礮臺望樓，捐貲出力紳士，賞候補縣丞劉家耈等升銜有差。又奏報拏獲洋匪李崇玉，並夥黨一百餘名。道員蔣攸銛下部議叙，餘升賞有差。

《東華續録》嘉慶二〇　十二月庚辰朔，定廣東陸路鎮協各營屬廣州將軍節制。

辛巳，陳希曾爲内閣學士。

《仁宗實録》卷一五四　乙酉，賑安徽鳳陽、鳳臺、五河三縣，加賑宿、南平、蒙城三廳州縣被水災民。

丙戌，諭内閣：據御史花良阿奏，西城居住回民甚多，販賣牛肉爲生者不少。查入口牛隻，在京師無耕用之處，與素習耕犁者有間。請嗣後將口外販賣牛隻，令各該坊官驗明，准令回民宰賣等語。花良阿又非回教中人，矢口亂言，荒謬已極。【略】向來私宰牛隻，地方官雖出示嚴禁，尚恐視爲具文，該御史簡派巡城，正當實力禁止，今乃倡爲開禁之説，欲使回民等人人宰殺自便，其意何居。其中或竟有受託别情，亦未可定。花良阿不可復任御史，著降用爲六部員外郎，仍著交部議處，以示懲儆。嗣後著地方官遵照定例，通行查禁，凡有私宰牛隻者，均著即予懲辦。儻地方官失於查察，亦著照例議處。

丁亥，兩江總督鐵保等奏報：官兵殲斃宿州首逆佘連，餘匪全數擒獲。

《東華續録》嘉慶二〇　壬辰，諭軍機大臣等：貢楚克扎布奏，遵旨驅逐番帳大槩情形一摺。

甲午，諭：昨因延豐於㗂咭國商船至粵擅令交易一事辦理麤率，已降旨申飭，並因延豐摺内有札商那彦成及會商孫玉庭之語，是以將延豐交部議處，那彦成、孫玉庭交部察議。本日據那彦成奏，稱於陸豐途次，接准延豐咨稱㗂咭國即俄羅斯商船二隻來廣懇請貿易，咨商會銜具奏。那彦成正在議駁間，適接延豐來字，以新任監督阿克當阿抵粵，延豐即日交卸，以將此案事宜會銜具奏，那彦成接信後已阻止不及，因飛札新任監督暫止開艙卸貨，以免日後滋弊等語。那彦成所見甚是。

庚子，調文甯爲工部右侍郎，多慶爲禮部右侍郎，以德文爲盛京禮部侍郎。

《仁宗實録》卷一五五　辛丑，以内閣學士英和、光禄寺卿初彭齡爲實録館總校官。

《東華續録》嘉慶二〇　丙午，諭：軍機大臣會同刑部議奏，侍郎托津等審擬已革湖廣總督百齡截留批摺、製造非刑，及令屬員代辦供應，致家人任二借端需索等情。請旨將百齡發往伊犁效力贖罪一摺。【略】百齡著免其發往伊犁，加恩在實録館效力行走。

是歲，朝鮮、英吉利來貢。

嘉慶一一年（丙寅、一八〇六）

《仁宗實録》卷一五六　春正月壬子，諭軍機大臣等：玉德奏稱，蔡逆豎旗滋事，自稱鎮海王，於上年十一月二十三日，搶入鳳山縣城。

又諭：賽沖阿久歷行陣，於勦捕事宜，素爲諳練，現發去欽差大臣關防一顆，交該將軍行用，不拘何處接奉此旨，即由該處馳驛前赴閩省。玉德現駐之常武海口，於該督豫備兵力内，擇精練强壯者，帶領放洋，悉力督勦，該處提鎮自李長庚、許文謨以下各將弁，均受該將軍節制調撥。

展賑河南新鄉、汲、輝、獲嘉、河内、濟源、修武、武陟、上蔡九縣被水被旱災民有差，並貸耔種口糧倉穀。貸淇、原武、林、陝、靈寶、閿鄉六州縣被旱災民耔種口糧倉穀。展賑山西臨汾、襄陵【略】三十一州縣被旱災民，並緩徵新舊額賦。展賑江蘇山陽、阜寧、鹽城、清河、桃源、高郵、泰、東臺、江都、甘泉、興化、寶應十二州縣被水災民。

乙卯，展賑江蘇長洲、元和、吴三縣歉收貧民。

《東華續録》嘉慶二一　丙辰，諭軍機大臣等：臨安府所屬六猛地方久隸版圖，從前安南黎維祁、阮光平時兩次懇請申畫地界，俱經駁飭有案。今該國輿化鎮目忽遞送傳詞，欲其外附，實屬無知妄爲。伯麟等接據稟報，一面飭令鎮道等將六猛掌寨妥爲撫慰，嚴諭各邊界加意巡防，並令該掌寨等自行具文，先行回覆越南鎮目；一面擬繕照會該國王文稟進呈。所辦皆是。

丁巳，定免死改遣罪犯分别年限減釋。

調托津爲户部左侍郎，轉玉麟爲吏部左侍郎，調和甯爲吏部右侍郎，以英和爲理藩院左侍郎，調蘇楞額爲户部右侍郎，那彦寶爲工部左侍郎。

《仁宗實録》卷一五六　降兩廣總督那彦成藍翎侍衛，爲伊犁領隊大臣。廣東布政使廣厚三等侍衛，爲庫車辦事大臣。

《東華續録》嘉慶二一　壬戌，以那彦寶爲直隸泰甯鎮總兵官，調英和爲工

部左侍郎，轉玉甯爲理藩院左侍郎，以特克慎爲理藩院右侍郎。

戊辰，諭：據吴熊光等奏，查明嚕呢國來廣貿易情形一摺。嚕呢國即俄羅斯國，向例止准在恰克圖地方通市貿易，本有一定界限。今該國商船駛至粤東，懇請越開卸貨，自應照例駁回。【略】延豐著即革職，仍令在萬年吉地工程處效力行走。【略】嗣後，遇有該國商船來廣貿易者，惟當嚴行駁回，毋得擅准起卸貨物，以昭定制。

《仁宗實録》卷一五六　丙子，四品頂帶等級較崇，那彦成輒以賞給投出盜首，實屬任意妄爲，那彦成豈復能勝領隊大臣之任？著革職。伊現在行抵何處，即著該督撫派員押送來京，交軍機大臣會同刑部審訊具奏。

《東華續録》嘉慶二一　二月庚辰，諭：李長庚等因蔡逆大船在鹿耳門内，小船分泊洲仔尾一帶，與岸匪句聯，當即豫備火具攻燒，將賊船燒燬多隻，生擒賊匪一百六十八人。

《仁宗實録》卷一五七　辛巳，諭内閣：據户部奏，議覆江省不能接運滇銅，請仍循照舊定章程辦理。

《東華續録》嘉慶二一　甲申，以桂芳、扎郎阿俱爲内閣學士。

辛卯，上啟鑾謁東陵。免經過地方額賦十分之三。

己亥，調李殿圖爲江西巡撫，温承惠爲福建巡撫。

《仁宗實録》卷一五七　辛丑，諭軍機大臣等：臺灣賊匪滋事，商船販運自稀，不但兵米恐有支絀，民食亦未必寬裕，亟應早爲籌備。因思四川、湖南、江西三省，均係産米之區，應行豫備撥往，著該督撫於本省倉穀，先行碾動。四川省豫備二十萬石，湖南、江西二省各豫備十萬石，俟有旨諭知撥運時，即行派員運往。將此諭令知之。

撥廣東關税銀三十萬兩，解往福建，以備軍需。

《東華續録》嘉慶二一　壬寅，以姚令儀爲四川按察使。

甲辰，諭軍機大臣等：李長庚、愛新泰、慶保奏，許松年、王得禄在柴頭港口勦賊，臺郡文武派兵協助，將盜夥殲獲多名，得有勝仗。【略】蔡逆謀爲不軌，總由玉德在閩有年，營伍廢弛，巡哨緝捕視爲具文，以至如此。是玉德養癰貽患之罪已無可辭，著降爲二品頂帶，拔去花翎，先示薄懲，以觀後效。賊匪句結生番，生番頭目諦寓蘭不肯從逆，能知大義，甚屬可嘉。如本無頂帶，即賞給六品頂帶，並賞藍翎，如本有頂帶，即加等賞給。

乙巳，兹再派德楞泰爲欽差大臣，同護軍統領扎克塔爾、温泰、提督薛大烈，並帶領巴圖魯侍衛、章京五十員名，馳驛前往勦辦，於三月初四日由京起程，酌分二起行走。所有經過地方，著該督撫等將應行支應事宜妥爲豫備，俾行程迅速，以期剋日蕆事。

《仁宗實録》卷一五七　免福建臺灣府屬被賊滋擾地方本年額賦。

《東華續録》嘉慶二一　丙午，以初彭齡爲内閣學士。

丁未，轉多慶爲禮部左侍郎，調德文爲禮部右侍郎，以成格爲盛京禮部侍郎。

三月己酉朔，命挑濬江蘇淮揚下游歸江河道。

庚戌，福建臺灣鎮總兵官愛新泰等奏，攻克洲仔尾等處賊寨。

辛亥，上親耕耤田。

壬子，命百齡赴福建襄辦軍需。

乙卯，諭軍機大臣等：吴熊光奏，查明那彦成招致洋盜緣由，並海洋防堵情形一摺。粤省招致洋盜一事，查明並非楊楷慫慂，自係那彦成師心自用，與伊無涉。至降盜黄正嵩四品頂帶業經撤回，見换給千總頂帶，自未便再行撤回，致滋疑懼。

召李殿圖來京，以景安爲江西巡撫，景敏爲福建布政使。

丙辰，諭軍機大臣等：李長庚等奏稱，自正月二十六日起，督率鎮將，先將附近屯聚賊匪之洲仔尾賊船、賊寮分投燒燬，斃賊多名。蔡逆因此不能存留，旋將大船駛近口門，又經李長庚揮令各船南北攻打，許松年等亦帶兵夾攻，擊斃賊匪百餘名，拏獲盜船四隻，燒燬五隻。至二月初七日，該逆潛乘風潮拌命衝出，兵船復大加攻勦，又擊沈盜船六隻，燒燬九隻，擊斃、淹斃盜匪不計其數，殲擒二百餘名，該逆向南逃竄，見在督兵追勦等語。【略】玉德著先革去頂帶，仍將見在軍需責令經理。以蔣攸銛爲江西按察使。

戊午，諭：本日軍機大臣會同刑部奏，審擬那彦成，請旨發往伊犁效力贖罪一摺。【略】著即照所擬發往伊犁效力贖罪，交與松筠嚴行管束，如果守分安静，數年後再行具奏。

《仁宗實録》卷一五八　辛酉，諭軍機大臣等：本日許文謨奏稱，二月十六、十七等日，賊匪數千人，攻撲鹽水港營盤。前往救援，勦殺甚多，并擊斃穿紅褂騎馬賊匪二名，生擒二名。嗣後賊匪復竄入鹽水港街搶掠，又殺死五十六名。

許文謨探聞賊匪即在附近屯聚，帶領兵勇圍勦，將賊匪殺傷不計其數，當將竹園尾太史宫莊賊巢四百餘間，概行焚燬。敗陣餘匪向沿海沿山竄去。又據探聞，蔡牽匪船於十九夜北竄至王耶莊海邊停泊等語。此次許文謨在鹽水港一帶連次痛勦賊匪，止賸五百餘人，分投逃竄，現在附近各處，並無賊匪，自郡城至嘉義一帶，道路業已疏通。惟蔡牽匪船復敢竄至王耶莊海邊停泊，總須將該逆擒獲，方可杜絶根株。再，朕聞淡水滬尾以北山内，有膏腴之地，爲該逆素所窺伺，此時或又竄往，亦未可定，賽沖阿可派兵前往，相機辦理。將此傳諭知之。

乙丑，福建臺灣鎮總兵官愛新泰奏報，克復鳳山縣城。

丙寅，諭軍機大臣等：朱濆盜船從前多在粤洋遊奕，現在忽竄閩洋，上年聞該匪曾有被蔡逆糾約之事，設防堵稍不周密，或致聯幫滋擾，必仍思窺伺臺郡，殊爲可慮。玉德當嚴飭杜魁光、丁紹奉，上緊圍捕，如能將朱濆弋獲，功固不小，即不能擒捕，務當嚴密堵截，使之不能與蔡逆合夥，及駛向臺灣附近地方爲要。將此傳諭知之。

戊辰，展賑山西臨汾、洪洞【略】二十八州縣上年被旱災民。

庚午，諭軍機大臣等：蔡逆匪船因鹿仔港不能進口，乘風逃回内洋，竄至惠安縣屬之尖峯洋面。玉德現往沿海一帶，著一面嚴飭在洋兵船會合擒捕，一面董率内地員弁，將口岸礮臺慎密把守，嚴杜接濟之路，勿任稍有透漏疏虞。將此諭令知之。

《東華續録》嘉慶二一　辛未，撥京倉米麥各五萬石，於五城平糶。

《仁宗實録》卷一五八　甲戌，諭軍機大臣等：李長庚奏，在東港洋面追遇盜船，官兵衹擊沉盜船一隻，斃匪百餘名，仍令蔡逆往北竄逃。該提督又以風浪狂大，未經窮追，復任駛近鹿港，竄至崇武，與朱濆合幫，此皆由李長庚督勦不力所致。現在賽沖阿業已到臺，該提督放洋追勦，亟當探蹤緊躡，如能將蔡、朱二逆一併殲獲，不但可贖前愆，仍當懋加恩賞，若再有遲誤，必當併計重治其罪，不能再邀寬貸矣。李長庚務當倍矢愧奮，設計擒殲，並曉諭將弁兵丁人等，如能將蔡牽擒獲者，賞銀二千兩，擒獲朱濆者，賞銀一千兩。其洪四老、陳棒、吴三池三名均係盜船首犯，每獲一名，賞銀五百兩，仍奏明分別賞給官職，如本係職官，即予加等升擢。儻舟師與盜船相遇，或有退縮不前，縱令該二逆竄逸者，官弁即行拏問，兵丁等立置重典。至蔡、朱二逆或仍合幫竄至臺郡一帶，李長庚固當跟蹤急追，即或駛向粤東、江浙鄰省洋面，李長庚亦當不分畛域，帶兵直前。儻二逆或又中途分幫，李長庚可緊逼蔡逆，窮追務獲，其朱濆盜船，即咨報玉德等另行籌勦。將此諭令知之。

《東華續録》嘉慶二一　丙子，命德楞泰回京。

皇后行躬桑禮。

《仁宗實録》卷一五九　夏四月乙酉，展賑奉天承德、遼陽、海城、廣寧四州縣上年被水災民。

《東華續録》嘉慶二一　戊子，實授阿禮布雲南布政使。

辛卯，上閲健鋭營兵。

癸巳，李亨特以挾私妄爲奪職逮問，以吴璥爲河東河道總督。

己亥，宋鎔以母老請留京，允之，授太僕寺少卿。以朱棟爲貴州按察使。

《仁宗實録》卷一五九　復展賑山西襄陵、太平、臨汾、洪洞四縣被旱災民。

丁未，賑甘肅漳、岷、兩當三州縣被水災民，并給房屋修費。

《東華續録》嘉慶二一　五月己酉，英善緣事鐫級，以賡音爲左都御史，調和甯爲倉場侍郎，德文爲吏部右侍郎，以桂芳爲禮部右侍郎。

甲寅，【略】尋議，違例保舉之員，如犯貪贓骫法應擬斬、絞罪名者，將原保之督撫革職，司、道、府降三級調用。如犯軍流私罪者，督撫降三級調用，司、道、府降二級調用。如犯杖徒私罪者，督撫降二級調用，司道府降一級留任。如不由司、道、府申詳者，止將督撫議處。其有違例題請，既經部駁，奉旨依議後，督撫復專摺奏請特旨允准者，如犯有前項事故，原保之上司獲咎較重，應加等議處。從之。

調李鈞簡爲倉場侍郎，轉戴均元爲吏部左侍郎，調潘世恩爲吏部右侍郎，趙秉沖爲户部左侍郎，以劉鳳誥爲兵部右侍郎。

《仁宗實録》卷一六〇　定違例揀調處分。

《東華續録》嘉慶二一　己未，諭軍機大臣等：玉甯等奏，探聞廓爾喀國王喇特納巴都爾被戕緣由一摺。該國王以殘殺啟釁，致被戕害，未據敂關稟報，自不必差人往探。所見甚是。【略】各卡隘加意防範，勿令該國逃人竄入界内，以靖邊圉爲要。

癸亥，調熊枚爲左都御史，秦承恩爲工部尚書。

乙丑，康基田以年力就衰，並督催鉛船不力，降六部郎中。以許兆椿爲江甯布政使，朱理爲浙江按察使。

丙寅，玉德著即革職、回旗調理，俟病痊之日另降諭旨。所有閩浙總督員缺，著阿林保補授。李殿圖係巡撫，任聽各口岸偷漏水米、火藥，不知禁止，實屬無能，豈可仍留二品頂帶，著降爲四品頂帶，俟來京時以四、五品京堂補用。

以慶惠爲內閣學士。調景安爲湖南巡撫，以張師誠爲江西巡撫，胡克家爲江蘇布政使，調袁秉直爲湖北按察使，以慶保爲福建按察使。

戊辰，定殺死一家二命、分別謀故鬬及一故一鬬致死例。

庚午，諭軍機大臣等：温承惠奏，遵旨詢明閩省改造同安梭船一事，並會晤李長庚面商，請另造大同安梭船六十隻，以資緝捕等語。【略】著照所請。先於司庫借項應用，統在道、府以上各官養廉內，分年攤扣歸款。該撫見行知各屬，嗣後新造、拆造商船，梁頭均以一丈八尺爲率，不許製造大船，以防蔡逆劫取。自當如此辦理。

甲戌，諭軍機大臣等：本日據同興奏到，籌議河東鹽務、招商辦理情形一摺。

李奕疇緣事降調，以石韞玉爲山東按察使。

乙亥，嗣後，吏、兵二部辦理議處案件，務當屏除積習，詳細覈例，公同悉心定議，不得輒用請旨定奪字樣，爲調停兩可之説。

宗人府、刑部會議，審訊宗室徒義等私給民船執照，准令投充。

丙子，諭：本各案分別定擬各摺。【略】索特納木多布齋失察之咎較輕，前已革去護軍統領、罰職任俸一年，已足示懲。德昌、福珠、隆阿、舒憫均經得贓，著枷號三箇月，滿日發往伊犁當差。德成未經得贓，著枷號兩箇月，滿日發往烏嚕木齊當差。

阿拉善王瑪哈巴拉請獻吉蘭泰鹽池。得旨：嘉獎，賞三眼花翎，在乾清門行走。

六月戊寅，調姜晟爲工部尚書，秦承恩爲刑部尚書。

庚辰，慶成著革職發往黑龍江效力贖罪，並著乾清門侍衛格布舍阿那保、軍機章京福緜押交兵部，令其即日起身。

《仁宗實録》卷一六三　甲申，又諭：刑部議駁，裘行簡奏審擬參革都司官禄藉端科斂出關客民錢文因公支用一摺。此案官禄於出關客民到營驗票掛號，每張索紙筆費東錢二百，覈制錢三十三文。雖據裘行簡奏稱，審係官禄以遞解人犯、修葺官廳、並置備鳥鎗等項需費無措，藉端科斂，但營中幫貼公用，自有定例應行報銷之款，即或例不開銷，亦當詳明，籌款辦理，何得藉口公用，率意索取錢文？況官禄係於上年春間始令客民出錢幫貼，則前此營中公用之項，又從何支發。其爲需索入己，情弊顯然，何得故爲開脱，避重就輕，又蹈軟弱因循之惡習矣。再，定例因公科斂，係專指有司官吏科斂所屬財物，管軍官吏科斂軍人錢糧而言，今官禄係管軍之官，所斂錢文，俱係出關客民，並非營中所屬，裘行簡援照科斂例坐贓論罪，所辦殊未允協。著即查照部駁情節，提集案內人證，詳細研訊，另行定擬具奏。

《東華續録》嘉慶二一　甲申，以劉權之爲內閣學士。

乙酉，陳嗣龍緣事降調，以蔣予蒲爲左副都御史。

丙戌，江南王家營減壩河溢。

己亥，諭軍機大臣等：貢楚克紮布奏驅逐番帳淨盡，並酌議安插野番緣由一摺。

《仁宗實録》卷一六三　庚子，諭軍機大臣等：據吴熊光等奏，請將查獲難夷阮如權等，發交該國江坪夷目，令其轉解該國王阮福映查訊辦理，並擬照會呈覽等情一摺。難夷阮如權等，竄居海島，現因越南派兵搜查，不能安居，情願投赴內地，固係一面之詞，但阮如權不過阮光纘陪介遺孽，並非切近支派，阮福映自受封以來，於天朝固極恭順，然若如該督等所奏，將阮如權解送該國查辦，轉似天朝爲伊等擒送逋逃，亦非統馭外藩體制。現在該難夷等逃竄內地，自斷不可收留，亦不必解送前往，吴熊光等惟當曉諭，以從前黎氏舊臣安置內地者，均奉旨發回該國安插，此時自不便將爾等留居內地。爾等衹係逃竄難夷，前此天朝曾將貢使黎德敬等截回，發交阮福映收管，其時原以阮光纘負恩背叛，竄留內地匪徒，是以大皇帝震怒，將伊貢使截回。今爾等難夷，亦不值如此辦理，現已奏明大皇帝施恩，聽爾等即乘坐現有船隻，不拘何處，自行前往謀生，斷不許在內地逗遛，如敢潛匿內地，別滋事端，彼時查獲，必將爾等械送該國處置，決不寬貰。如此明白曉諭，斯爲正辦，所有擬呈照會，著不必發往。將此諭令知之。

《東華續録》嘉慶二二　秋七月乙卯，減直隸新安等六縣積水地賦則。

《仁宗實録》卷一六四　己未，撫卹盛京承德、廣寧、遼陽、海城、蓋平五州縣被水旗民，並給房屋修費。

又諭：富俊等奏邊外墾地農民出入邊門酌請定制一摺。據稱科爾沁該管旗界常突額勒克等處，自嘉慶七年奏准墾種閒荒地土，經今四載，流寓已有數

萬。該民人等呈稱，日用農具等項，邊外並無市集，均須至開原縣購買，計由法庫邊門出入，往返四五百里，由威遠堡邊門出入，更屬紆曲，實於農民不便。查該處徑對開原，有路可通，相距僅二十餘里，設有邊柵，恐農民避遠偷越，請於法庫、威遠堡兩邊門適中另設一門，以便出入等語。所奏不可行。邊門申畫界限，定制已久，豈有因一二處民人行走紆繞，即議請增設之理。若此例一開，各處相率傚尤，又將如何辦理。其常突額勒克等處地界，距開原縣甚近，現在流寓民人已有數萬，一切命盜田産等事，自應設官經理，彈壓稽查。著富俊等詳悉會勘，或倣照吉林長春堡事例，妥議章程，另行具奏。至蒙古各部落，因有閒荒山場，懇請招民開墾，及墾種日久，民户衆多，又懇請驅逐，案牘纍纍，殊非情理之平。應酌量定制，凡蒙古王公該管界内，有荒地先經奏明招民開墾者，係該王公情願招墾，即日久人數漸多，亦不得以侵佔等情紛紛訐告。如仍前瀆擾，概不申理，惟原請之王公是問。其有從前未經懇奏私自招墾者，雖與奏明者有間，但既已招墾於前，亦不得於墾熟之後藉辭脅逐，以息訟端。且民人出口後，該王公等若不行招致給與地畝耕種，伊等無業可圖，必不能久留邊外，是流民出口之多，總由該王公等招墾所致。嗣後若再有私行招墾者，一經查出，定將該王公等一併議處。著理藩院即酌定處分，奏明，載入條例。其内地民人，均有土著版籍，設地方間遇災荒年歲，朕必優加撫卹，州縣官果能勤宣德意，勞來安集，小民又何肯輕去其鄉。至出口墾荒者，動輒以千萬計。嗣後著邊門章京留心稽查，遇農民相率出口者，查係何州縣人户，詳細造册，報明該管大員，據實入奏，將原籍官議處，交該部定議。以流亡之多寡，分處分之輕重，俾司牧者咸知盡心撫字，以安民爲急務。若邊門官員容隱不報，並著該管大員查參，交部議處。

《東華續録》嘉慶二二　辛酉，諭軍機大臣等：方維甸等奏，甯陝鎮標兵丁二三百名滋事搶掠，前往查辦一摺。

《仁宗實録》卷一六四　壬戌，賑江蘇興化、東臺【略】十五州縣被水災民。

癸亥，寧陝鎮新兵糾約放火搶掠，署總兵楊之震、署遊擊羅全亮力竭被戕，都司黨順身受矛傷七處。賊匪約有三四百人，由孫家梁竄向甘家砭等語。該犯放火戕官，肆意搶掠裹脅，竟當悉力勦捕，大示懲創。且甘家砭距四畝地華陽江口甚近，該處各營汛，均有新兵，若該犯等竄往勾結，更爲可慮。此時方維甸等令楊芳於原調兵丁二百名外，再挑兵一千三百名，游棟雲帶兵一千五百名，總兵張鳳亦經調派豫備，所辦俱是。但恐賊匪增多，不可無大員督勦，已令德楞泰同扎克塔爾馳往督辦。方維甸、楊遇春惟當嚴密圍捕，迅速殲除，不可專候德楞泰到彼，致有稽延。方維甸俟德楞泰到後，如無需伊在彼，即回赴省城，料理糧餉等事。至被戕之楊之震、羅全亮，受傷之黨順，著方維甸等查明。此數員内如有尅扣等事，業已被戕，毋庸置議，儻平日居官尚好，實因變生倉猝，力竭被戕，即當奏明給予卹典。署同知李晶曉諭賊匪，未被傷害，如果所稟屬實，即可免議，設該犯等滋事之時，該員避匿偷生，迨賊衆竄逃之後，該員又復捏詞粉飾，方維甸等即當一併嚴叅，治以應得之罪。將此諭令知之。

乙丑，諭内閣：郭爾羅斯地方，從前因流民開墾地畝，設立長春廳管理，原議章程，除已墾熟地及現居民户外，不准多墾一畝，增居一户。今數年以來，流民續往墾荒，又增至七千餘口之衆，居此時概行驅逐，伊等均係無業貧民，一旦遽失生計，情亦可憫，著仍前准令在該處居住。但國家設立關隘，内外各有限制，該處流民七千餘人，非由一時聚集，總由各關口平日不行稽察，任意放行，遂至日積日多。今事隔數年，其經由各關口，亦難一一追查，所有失察各員，姑從寬免究。嗣後各邊門守卡官弁，務遵例嚴行查禁，遇有出口民人，均詢明來歷呈報，不得任聽成羣結夥，相率流移。若仍前疏縱，定按例懲處不貸。至所墾地畝，均係蒙古地界，毋庸官徵丁賦，所出租銀，仍聽蒙古徵收，亦不必官爲經理。

《東華續録》嘉慶二二　丁卯，上啟鑾秋獮木蘭。免經過地方額賦十分之五。

庚午，大學士慶桂等議覆侍郎英和等會議山西等省鹽務情形。

癸酉，命：嗣後秋獮，如遇雨水稍大，密雲、古北口内外潮河各橋座，著密雲副都統、古北口提督、熱河副都統率領官兵幫同修搭。著爲例。

以素納爲陝西按察使。

《仁宗實録》卷一六五　八月丁丑，諭軍機大臣等：全保等奏，接據總兵呢瑪善稟報，陝西寧陝鎮新兵戕官不法，飭屬嚴密防範緣由一摺。寧陝新兵陳達順等，藉停止米折爲名，糾衆戕官，焚燒衙署，種種不法。現經方維甸會同提督楊遇春，調派多兵，前往勦辦，朕復特派德楞泰馳往督勦，其首夥祇三四百人，不日自可辦理淨盡。現在賊蹤係由西南之甘家砭、四畝地一帶奔竄，已傳諭豐紳等迎頭截勦，諒不至有竄往楚省之事。全保等祇須飭知地方文武，不動聲色，嚴密防範，切不可輕於調兵，稍涉張皇，轉滋驚擾。現在該處本有總兵呢瑪善在彼，全保等又經飛咨提督慶溥辦理，若邊界地方，有必須大員督辦之處，即著慶

溥馳往。將此傳諭知之。

壬午，諭軍機大臣等：倭什布在秦州途次所發之摺，據稱叛賊現在洋縣留壩一帶，分股焚掠，意欲勾結各營新兵，竄入棧道，因河水盛漲，各處戒嚴，未能偷渡，尚在華陽及二郎壩等處滋擾等語。

《東華續録》嘉慶二二　癸未，浙江提督李長庚奏：拏獲蔡牽幫另船盜首李按，並夥匪盜船礮位器械。

《仁宗實録》卷一六五　又諭，方維甸等奏稱，賊匪於上月初七日夜間，到四畝地營焚掠，千總何斌伏受傷。十二日至毛坪汛，經制外委馬萬春被害。是夜竄華陽營，參將何占鼇登城守禦，被矛傷墮落堡外，印信遺失。現在賊匪竄至二郎壩地方，所過營汛，皆係勾結内應，賊數有一千數百名。該逆等竄到華陽恣意焚掠，並處處勾結内應，傷害官員，可恨已極。所有節次被害之官員兵丁内，如查有由鄉勇充當新兵，在營拔用者，當加一等賜卹。並著德楞泰等，通諭各處新兵，踴躍戰守，不爲叛賊所惑。將此諭令知之。

撥山西藩庫銀四十萬兩，解往陝西，以備軍需。

《東華續録》嘉慶二二　乙酉，諭：承德府爲每歲巡幸木蘭駐蹕之區，民物豐饒，駸駸向學，【略】著加恩於承字號中額一名外廣額二名，每科鄉試取中舉人三名，以示朕仰承教澤、嘉惠烝髦至意。

丙戌，諭軍機大臣等：據阿林保奏，蔡逆幫匪船復竄回閩，飛催許松年統帶舟師迎頭截擊各緣由。辦理均屬得宜。

庚寅，姜晟因病解任，以汪志伊爲工部尚書。調汪日章爲江蘇巡撫，以恩長爲廣西巡撫。李鋐爲廣西布政使，常明爲山西按察使。

辛卯，以豐紳濟倫爲盛京兵部侍郎。

乙未，諭：本日裘行簡奏，藩司查出司書假雕印信，串通銀號虛收解款，舞弊侵用緣由一摺。並據慶格同日具奏，究出司書私雕假印、句串舞弊緣由。

丙申，諭軍機大臣等：方維甸等奏，洋縣知縣曾彰泗於賊匪攻城時，經軍功等掖令逃避，該令堅不肯行，旋被賊匪執縛，脅令同行。該令大罵賊匪，縛赴城隍廟湯泡火烙，身受多傷，罵不絶口而死。曾彰泗深知大義，慘遭戕害，實可嘉憫。著加恩照知州例咨部賜卹，並著於事竣後設立牌位於城隍廟之配殿，春秋官爲致祭，載入祀典。

庚子，定殺死一家三命分均卑幼斬、梟例。

癸卯，明志緣事降調，轉廣興爲兵部左侍郎，調多慶爲兵部右侍郎，薩彬圖爲禮部左侍郎，以策丹爲盛京工部侍郎。

《仁宗實録》卷一六五　甲辰，又諭：此次李長庚探明賊蹤所在，追及蔡逆坐船，奮不顧身，直前攻擊，以致身受數傷，實屬勇往，不得復疑其恇怯逗遛。至蔡逆此次當兵船駛攏之時，先用火器長鎗抵禦，繼復用瓷椀抛擲，可見盜船火藥漸少，不能如前接濟。近來各海口辦理防堵，尚屬嚴緊，但該逆當此鋌走之際，船上火藥既盡，其望接濟更殷，自必多方設法，欲圖透漏。該督撫尤當嚴飭各海口地方文武員弁，加意巡緝，有犯必懲，無許絲毫透漏，方爲有益。儻有透漏者，從重治罪，首犯即行絞決，餘犯定擬具奏。再，李長庚稱，該提督所坐之船爲通幫最大，及並攏蔡逆之船，尚低至五六尺，是以不能上船擒捕，致被免脱，殊爲可惜。閩省兵船，前據該督撫等先後奏到，添造大號同安梭船，以資勦捕，並因大同安梭船一時趕造不及，請將大號商船先行雇用，均即降旨准行。現當勦賊喫緊之際，該督撫一面上緊籌辦大船，派委將弁，送交李長庚，俾令乘坐追勦，庶擒渠不致久稽。將此諭令知之。

《東華續録》嘉慶二二　九月己酉，諭：費淯、長麟奏，審訊大槩情形並究出串通舞弊之各州縣，請旨革職、拏問一摺。廣興緣事降調，轉多慶爲兵部左侍郎，以扎郎阿爲兵部右侍郎。

庚戌，諭軍機大臣等：本日清安泰奏到，查明李長庚在洋捕盜並無因循懈玩一摺。所論甚屬公正。

辛亥，刑部侍郎莫瞻菉緣事降調。

《仁宗實録》卷一六六　壬子，撥山西藩庫銀三十萬兩，解往陝西，以備軍需。

《東華續録》嘉慶二二　癸丑，諭：據費淯、長齡奏，連日審辦直隸省官吏句通侵帑一案，除州縣短解司書銀匠侵蝕之外，尚有知情分臟之各幕友、長隨人等，見已咨部斥革，分別提拏押解歸審。【略】顏檢著革職，發往烏嚕木齊效力贖罪。同興照議革職。姜晟、陳大文、熊枚降四品京堂。裘行簡革職留任。吴熊光交部議處。

調成甯爲山西巡撫，以初彭齡爲安徽巡撫。

《仁宗實録》卷一六六　甲寅，撥江蘇清河、鹽城、海、安東四州縣倉穀十萬石備賑。

《東華續録》嘉慶二二　丁巳，轉周兆基爲工部左侍郎，以蔣予蒲爲工部右侍郎，邵洪爲左副都御史。

庚申，以劉權之爲左都御史。

壬戌，諭軍機大臣等：德楞泰奏，新安擊勦叛賊，並解到縣城圍一摺。

《仁宗實録》卷一六七　撫卹雲南浪穹縣被水災民。

甲子，賑甘肅寧夏、寧朔、平羅三縣被水災民，緩徵寧夏、寧朔、平羅、皋蘭、西寧五縣新舊額賦，並貸耔種口糧。

《東華續録》嘉慶二二　丁卯，賑江蘇淮安、揚州、徐州、海各府州屬濱臨湖蕩被水災民，並緩徵減則田地本年額賦。

《東華續録》嘉慶二二　己巳，以成書、汪滋畹、周興岱俱爲內閣學士。

壬申，侍郎銜、署直隸總督裘行簡卒，予祭葬如總督例，謚恭勤。賞其子元善舉人，一體會試。以秦承恩署直隸總督。

《仁宗實録》卷一六七　賑直隸安、新安、雄、博野、任邱五州縣被水災民，並免新舊額賦。貸霸、保定【略】十九州縣被水災民耔種口糧，並緩徵新舊額賦。

《東華續録》嘉慶二二　冬十月丙子，永定河漫工合龍。

《仁宗實録》卷一六八　丁丑，諭軍機大臣等：德楞泰奏，賊匪見大兵雲集，四面環攻，賊首蒲大芳、王文龍等，環跪痛哭乞命，將首先謀逆之陳達順等三人，捆縛送出。其逃赴留壩等處賊匪一千餘名，又經該逆隨同官兵截回，將賊夥四千餘人，在彼屯紮，懇請分別造册，聽候覈辦。看此情形，其畏懼乞降，自屬可信，此時賊營首夥自無概予駢誅之理，惟當將叛賊游匪及乘閒脱逃之軍流人犯等，分別酌覈，按律問擬，即至輕者亦當遣戍。一面將各犯照例監禁，一面奏聞候旨辦理，若實係被裹難民，著先行釋放回籍。至方維甸前因勦賊之時，無須伊在彼同辦，是以諭令回省，現在善後事宜，關繫地方者甚多，著該撫帶同臬司素納，馳往德楞泰軍營，悉心商酌，務期妥善，其地方事務，著仍交朱勳在省督辦。將此諭令知之。

《東華續録》嘉慶二二　己卯，諭：各省巡撫中，兼提督銜者有節制各鎮、統轄闔省營員之責，前曾准令帶用花翎，以資表率。見在山東巡撫長齡、河南巡撫馬慧裕，俱先經賞戴花翎，其江西巡撫張師誠、安徽巡撫初彭齡、山西巡撫成甯，均准其戴用花翎。嗣後，此五省巡撫簡任時，即准其照例戴用，如調任他省，有旨賞帶，方准帶用。

壬午，命已革山西巡撫同興赴河南效力。

甲申，諭：甯陝叛賊滋事一案。【略】德楞泰著退出御前侍衛、領侍衛內大臣、管理兵部事務、管圍大臣，將上次所給議敘撤回，仍傳旨嚴行申飭，交部議處。所有陝甘總督員缺，著全保調補。該督接奉此旨，不必來京請訓，著即馳驛前赴新任，會同德楞泰、方維甸妥辦一切事宜，俟半年後再行奏請入覲。其湖廣總督員缺，著汪志伊補授。汪志伊俟到京請訓後，再赴新任。汪志伊未到之前，其湖廣總督印務，著瑚圖禮暫行兼署。全保到陝尚需時日，所有陝甘總督印務，即著方維甸兼署，迅即馳往軍營接收督篆，並先行會同德楞泰，將乞降叛賊二百餘名遵照前旨，定擬應得罪名具奏請旨。此外，在逃監犯及軍流人等勒緝務獲。所有善後各事宜，德楞泰等惟當悉心經理，詳細會商，務臻妥協，以期地方永遠甯謐。將此通諭知之。

以曹振鏞爲工部尚書，調劉鳳誥爲吏部右侍郎，以邵自昌爲兵部右侍郎。

《仁宗實録》卷一六八　丙戌，免齊齊哈爾、黑龍江、墨爾根、打牲烏拉被霜災民應徵糧石，仍給七月口糧，并緩徵舊欠糧石。

《東華續録》嘉慶二二　丁亥，以温承惠署直隸總督，起阮元署福建巡撫。

己丑，諭：兵部會同吏部奏，議處德楞泰、倭什布均照溺職例革職請旨一摺。所議甚是。【略】〔德楞泰〕著加恩改爲革職留任，但此事非尋常錯誤可比，仍俟八年無過，方准開復。至伊子蘇沖阿，【略】著退出內閣學士、上駟院卿，退出乾清門。伊父德楞泰先曾管理健鋭營，即著伊以副都統管理健鋭營事務，前往香山值班。倭什布【略】著加恩降爲二等侍衛，前往科布多辦事，仍帶革職留任，八年無過，方准開復。將此旨通諭中外知之。

辛卯，以恒伯爲內閣學士。

癸巳，調薩彬圖爲倉場侍郎，轉桂芳爲禮部左侍郎，以普恭爲禮部右侍郎。

乙未，諭：阿林保、李長庚奏，舟師勦捕得勝，擊斃著名賊目等情。

己亥，以哈甯阿爲內閣學士。

癸卯，阮元以病解任，調張師誠爲福建巡撫，以金光悌爲江西巡撫，轉周廷棟爲刑部侍左郎，以韓封爲刑部右侍郎，史積容爲湖南布政使，巴哈布爲湖南按察使。

十一月乙巳，諭：兵部奏，遵旨議處扎克塔爾，請照有意隱諱革職例革職一摺。

戊申，以常明爲陝西布政使，張映漢爲山西按察使。

丁巳，諭軍機大臣等：玉甯奏，驅逐廓爾喀竄出逃人，並廓爾喀國王呈進表貢一摺。

己未，命禄康爲東閣大學士，以刑部尚書長麟協辦大學士。調德瑛爲户部尚書，以瑚圖禮爲吏部尚書，章煦爲湖北巡撫，調阿禮布爲湖北布政使，以蔣攸銛爲雲南布政使，陳預爲江西按察使。以文甯爲步軍統領，成書爲工部右侍郎。

《仁宗實録》卷一七一　丙寅，展賑雲南浪穹縣被水災民，並免本年應徵秋糧及條公銀。

《東華續録》嘉慶二二　壬申，增八旗及内務府三旗、圓明園、包衣三旗養育兵四千四百名。

發倭什布烏嚕木齊效力。

十二月戊寅，太子太保、大學士朱珪卒，晉贈太傅，入祀賢良祠。

乙酉，以恒伯爲西甯辦事大臣，凱音布爲内閣學士。

《仁宗實録》卷一七二　庚寅，降前任陝西提督楊遇春爲寧陝鎮總兵官。

癸巳，楊芳著革職，發往伊犁，交與松筠，派令効力贖罪。

《東華續録》嘉慶二二　己亥，改福建糧儲道爲分巡甯福，海防兵備道移駐福甯。改定陝西陝安、甯陝各鎮營制。

《仁宗實録》卷一七二　辛丑，定陝西寧陝各鎮營善後事宜。

《東華續録》嘉慶二二　是歲，朝鮮、琉球來貢。

嘉慶一二年（丁卯、一八〇七）

《東華續録》嘉慶二三　春正月丙午，命費淳爲體仁閣大學士，以户部尚書戴衢亨協辦大學士。調鄒炳泰爲吏部尚書，以劉權之爲兵部尚書，周廷棟爲左都御史，轉韓封爲刑部左侍郎，以秦瀛爲刑部右侍郎。

《仁宗實録》卷一七三　展賑奉天承德、廣寧、遼陽、海城、蓋平、復、錦、鐵嶺八州縣上年水災旗民。展賑江蘇山陽、阜寧【略】十八州縣上年被水災民。展賑河南温、孟二縣上年被水災旗民。貸内黄、安陽、湯陰三縣貧民籽種口糧，並平糶倉穀有差。展賑雲南浪穹縣上年被水災民。

乙卯，四川總督勒保奏報：綏定府新兵滋事，官兵分路進勦，生擒首惡王得先、孔傳世、劉金定，殲除夥黨。得旨：嘉奬。

癸亥，諭軍機大臣等：從前勦辦邪匪，三省雇募鄉勇過多，迨大功告蕆，一時難於散遣，就其中情願入伍者，概予安插歸營，辦理本未妥協。今陝之寧陝、川之綏定，皆係新兵糾衆滋擾，可見此等匪徒，究屬獷悍不馴。楚省鄉勇入伍者，亦復不少，總督、提督均係統轄大員，當飭知營員等妥爲駕馭，留心稽察。如遇新兵等有一二不安本分，或犯酗酒滋事等案，即應懲處斥革，或與以發遣，其有稍涉桀驁、情罪較重者，奏明辦理，均無不可，總須隨時懲創，俾伊等知所畏懼，不致別生事端，保全者衆，惟在該督等時刻留心，不可稍存大意爲要。將此各諭令知之。

《東華續録》嘉慶二三　丙寅，賞那彦成三等侍衛，爲伊犁領隊大臣。

戊辰，西安將軍德楞泰奏：陝西西鄉營瓦石坪汛新兵滋事，督兵截勦，殲擒首逆周士貴等並夥黨多名。得旨：嘉奬。

《仁宗實録》卷一七三　辛未，賑四川綏定府難民，並給房屋修費。免達縣本年額賦。

《東華續録》嘉慶二三　二月甲戌，移建福建鳳山縣城。

丁丑，諭軍機大臣等：阿林保奏，蔡逆匪船因沿海斷絶接濟，奔竄入粤，見催舟師過境會勦一摺。

戊寅，禁新疆官吏越級僭用頂帶。

壬午，諭：初彭齡奏，壽州三命重案審有請託情弊，據實參奏一摺。

甲申，諭：直省督撫清查積案。

丙戌，嗣後，皇后、妃、嬪之姊妹及親弟兄親姊妹之女，於挑選秀女時仍一併備挑，著户部、内務府聲明另爲一班，不必拘定年歲，作爲各本旗頭起帶領。著爲令。

申禁廷臣與諸王交接。

《仁宗實録》卷一七四　諭軍機大臣等：據休寧縣耆民程元通呈控棚民盜租山場，糾衆釀命一案，已有旨交初彭齡查辦矣。地方外來游匪，聚集多人，擾害居民，自應隨時禁止；但此項搭棚墾地遊民，究係起自何年，現在聚集實有若干人，若一時概行驅逐，恐辦理不善，失業者衆，或致別生枝節，轉屬不成事體。著初彭齡即選派廉明曉事文武大員，前往查勘，或設立禁約，責令逐漸遷移；或勘定界址，就地妥爲安插。不致無籍之徒愈聚愈多，日久爲害地方；亦不致驅

迫過驟，激成事端。該撫侯委員勘明詳稟後，再悉心體察，斟酌盡善，奏明斷結立案，以期永杜争端，輯寧民業爲要。將此諭令知之。

丁亥，諭内閣：勒保奏，綏定叛匪勦辦完竣，一切應辦事宜，俱次第經理，民情已極寧帖。

《東華續録》嘉慶二三　辛卯，免陝西西安等營歷年借款官弁十分之二、兵丁十分之三。

壬辰，上啟鑾謁東陵、西陵。免經過地方額賦十分之三。

戊戌，免直隸天津乾隆五十三年以前缺徵海税盈餘銀。

三月戊申，江南王營減壩大工合龍，賞戴均元、徐端太子少保。

丁巳，高宗純皇帝實録、聖訓告成。

戊午，以楊志信爲山東布政使，調方受疇爲直隸按察使，朱棟爲河南按察使，以查濬爲貴州按察使。

丁卯，定内務府京察一等人員覆行引見例。

《仁宗實録》卷一七六　己巳，諭軍機大臣等：本日都察院衙門奏，直隸寧晉縣民人張夢榮，具控該縣知縣藉差科派一案，已明降諭旨，交温承惠將該縣解任審訊，嚴切根究矣。此案據張夢榮控稱，寧晉縣知縣，因辦理淀津差務，於上年十月内，向民間派銀四千兩，已斂收二千，其餘二千，本年出示張掛，限於四月内如數交納，並因張夢榮之父生員張廷扆控告保長，即行掌責，嗣又痛責收禁，情急上控等語，並將所揭告示一併進呈。朕閲該縣告示語句，其科派收銀，竟係指稱淀津支應差使而言，殊不可解。巡幸淀津一事，上年雖曾向該督等諭及，亦尚未明降諭旨，地方官何得輒藉此爲名，出示科派。況朕每遇巡幸，一切行宫坐落，以及橋梁道路，均係發帑興修，例有支銷之款，並不絲毫累民，又不許該督等呈進貢品，其所進果菜食物，不過留以備賞，所值無多。【略】温承惠到直隸未久，上年州縣科派錢文，亦非伊任内之事，無可迴護，且現在無不可達之下情，不可稍存諱飾。著即據實查明，究竟凡遇巡幸之時，必須地方官支應者，係屬何款，實需若干，是否扈從人等舊習未悛，尚有違例需索之事。如果實有其事，即係近派王子及御前大臣、軍機大臣等，亦不妨指明直奏，不容稍有瞻徇。

《東華續録》嘉慶二三　辛未，命：嗣後，拜唐阿有係貢、監生員者，准其應試。

壬申，以百齡爲湖南按察使。

《仁宗實録》卷一七七　夏四月癸酉朔，諭軍機大臣等：阿林保等奏，舟師攻捕朱濆，並訪拏鳳尾幫盜首各情形一摺。

《東華續録》嘉慶二三　甲戌，皇后行躬桑禮。

以甘肅大通縣番衆肆劫，命提督百祥勦之。

丙子，以王家賓爲廣西按察使。

壬午，諭：玉麟等奏，訊明江蘇州縣承審壽州三命重案徇情故出情節，按律定擬，並將該總督、臬司分别參奏一摺。【略】遇昌著革職，發往烏嚕木齊效力贖罪。至總督鐵保【略】著革退宫保銜，拔去花翎，仍交部嚴加議處，俟奏上再降諭旨。尋議：革職。得旨：降爲二品頂帶，仍帶革職留任。

癸未，以貢楚克紮布爲察哈爾都統，轉瑚素通阿爲刑部左侍郎，以廣興爲刑部右侍郎。調百齡爲江蘇按察使，以曾燠爲湖南按察使。

丙戌，上閲健鋭營兵。

壬辰，命五城設廠平糶。

己亥，申禁地方官擅造非刑。

《仁宗實録》卷一七九　五月癸卯，諭軍機大臣等：初彭齡奏，休寧縣耆民程元通控告棚民佔踞山場一案。經該撫派員勘明山場，酌斷租價，令棚民拆棚回籍，該棚民等均各繳價拆棚，情願攜帶丁屬回籍等語。此案既經勘明酌斷，該七村棚民俱情願遷移，即著照此辦理。惟據查休寧除此七村外，尚有山棚七百餘座，歙縣、祁門、婺源、黟縣、績溪等邑，亦各有山棚數百座及百餘座不等。各該處棚民人數衆多，且向山户租地墾種，搭棚居住，相安已久。若此時概令退地拆棚，紛紛飭逐回籍，不特吏胥等因緣爲奸，或致從中滋擾，並恐此等客民，大半皆無籍可歸之人，一旦驟令失業，提挈親屬，流離轉徙，或至激生事端，殊有關係。初彭齡當體察情形，聽其各安生業，不必概行查辦。將此諭令知之。

《東華續録》嘉慶二三　丁未，定各直省奏咨案件違限處分。

初彭齡丁母憂，以董教增爲安徽巡撫，姚令儀爲四川布政使，方積爲四川按察使。

《仁宗實録》卷一七九　諭軍機大臣等：清安泰奏，平陽縣刁徒抗糧奪犯一摺。此案前日據阿林保奏稱，知縣徐映台奉温處道轉奉撫臣清安泰札飭，以武舉陳步高具控自行赴匱納糧，莊以莅等因包攬不遂，將陳步高毆傷，奪其錢物一案，飭令會營拏究。隨會同營弁前往，將莊以莅拏獲。有莊以莅之子等糾集二

三百人先後圍繞，先將兵役毆傷，嗣將知縣外委毆打，並劫去糧銀行李，將莊以莅奪去等語。而本日清安泰摺內，則稱該縣奉義趕徵錢糧，因莊以莅包攬不完，並因莊以莅上年有被控之案，節奉道府催令會營查拏，隨督帶兵役前往等語。是此案起事根由，已與阿林保所奏互異。又摺內稱，該縣將莊以莅拏獲之後，伊子等糾約多人，上前奪犯肆毆，以致該縣外委等多有受傷等語，亦並無如昨日阿林保摺內所稱，其夥衆至有二三百人之多。地方有此等重大案件，具報督撫，其所敘情節自應脗合，乃此案阿林保、清安泰同係接據知府楊兆鶴等禀報，何以案由輕重迥不相侔，實不可解。刁民逞兇肆惡，敢於拒捕奪犯，並且肆毆官弁，不法已極，自應嚴行懲辦。但地方官是否另有別情，激成事端，有無裝點情節，其所帶兵役究有若干，所云受傷兵役四十餘人，是否確實，現在有無因傷斃命。又摺內所稱，被兵役傷斃之張阿葉等四犯，是否確係在場搶毆之人。均當詳悉究明，據實審辦，俾無枉縱。此案情節甚重，昨已有旨著清安泰馳往督同百齡審辦。今清安泰摺內奏稱，伊派朱理前往督拏案犯，該撫現已回省等語。清安泰接奉此旨後，仍當迅即啟程，親往該處詳查明確，督同百齡審辦，並查明實在情形，該督撫所接稟報孰爲確實，先行詳悉具奏。其臬司朱理，即飭令回省辦事可也。將此諭令知之。

丙辰，增福建臺灣府至字號舉人中額一名，以該府學原設廩生、增生二十名，專歸閩籍生員充補。增設粵籍廩生、增生八名，府學閩粵兩籍，與臺灣、鳳山、嘉義、彰化四縣學，各加學額一名，並准各學生員報優，册送學政，與內地優生一體考試。

《東華續録》嘉慶二三　己未，命八旗仍設官圈養馬。

全保以病免，以長齡爲陝甘總督，吉綸爲山東巡撫，薩彬圖爲漕運總督。

庚申，申禁地方官諱盜及胥役勒索。

甲子，諭：吴熊光奏，馳赴東路，督催舟師撈捕蔡逸緣由一摺。

丙寅，以珠隆阿爲內閣學士。

丁卯，諭軍機大臣等：興奎等奏，酌調官兵、相機進勦賊番一摺。

《仁宗實録》卷一八〇　戊辰，諭內閣：初彭齡奏請將現任通判、捐升知府高廷瑶，留於安徽以知府補用一摺。外省現任捐升人員，各督撫每以熟悉地方爲詞，將該員奏留本省補用，此端一開，不但於銓政有礙，且易啟屬員巧爲趨避之漸。前經兩次降旨，通飭各督撫不得濫行保留，所有初彭齡請將捐升知府高廷瑶留於安徽補用之處不准行，仍著該部照例銓選。

《東華續録》嘉慶二三　六月壬申，石韞玉緣事降調，調朱棟爲山東按察使，以諸以謙爲河南按察使。

《仁宗實録》卷一八一　免甘肅被賊滋擾之大通縣番民本年應納糧石及貢馬銀，並貸口糧有差。

甲戌，閩浙總督阿林保奏報：官兵擊沈蔡牽船隻，并生擒賊夥王松。

丙子，諭軍機大臣等：本日據楊志信奏，近日東省民人紛紛赴京呈控，固屬民風健訟，亦由各州縣怠惰偷安，不即速爲訊結，閒有一二狡展案情之輩，又不能悉心研究，折服其心，以致相率傚尤。

緩徵福建被賊滋擾之臺灣、鳳山、嘉義三縣正供穀，及官莊租銀十分之五。并免淡水、彰化二廳縣帶徵上年額賦十分之五。

《東華續録》嘉慶二三　癸未，禁直省各督撫幕友捐職奏留本省。

甘肅官兵勦卓色勒番族，克之。

乙未，命：京察三等人員不得保送知府。

《東華續録》嘉慶二四　秋七月癸卯，嗣後，著於每届恩科、正科鄉試之年，仍將修撰、編檢等官輪班帶領引見。朕得識記其人，以備簡用，其尋常年分，不必帶領引見。著爲令。

甲辰，賡音著退出左都御史，伊於旗務尚所諳悉，著加恩留正藍旗漢軍都統之任。所有降三級調用處分，著改爲降二級留任。潤祥、長琇、邵洪、陳崇本四人應行降三級留任處分，著改爲降一級留任。所有左都御史員缺，著宜興補授，宜興未到任之先，著德瑛暫行署理。

乙巳，以故琉球國中山王尚温孫灝襲爵，命翰林院編修齊鯤、工科給事中費錫章往封。

《仁宗實録》卷一八三　辛亥，諭內閣：董誥等奏，詳查翰林官員告病起俸各例案一摺。

《東華續録》嘉慶二四　癸丑，以常安爲湖北布政使。

戊午，上啟鑾秋獮木蘭。免經過地方額賦十分之三。

《仁宗實録》卷一八三　己未，免直隸安、新安【略】十七州縣積欠額賦。

《東華續録》嘉慶二四　乙丑，以江蘇、安徽水災，命截留江西、湖南、湖北漕米三十萬石備糶。

以科布多杜爾伯特等出卡遊牧，命烏里雅蘇台將軍成寬籌建卡倫，以杜侵佔。

《仁宗實録》卷一八四　八月丙子，行在刑部議覆浙江巡撫清安泰審擬平陽縣民莊以涖抗糧毆官分别治罪一案。得旨：此案莊以涖先因挾嫌糾搶陳步高洋錢衣物，飭緝未獲，繼復阻撓花户自納錢糧，其平昔肆横鄉里，已屬目無法紀。迨被獲解官，伊子莊正甸輒敢糾衆截奪，甚至毆傷官弁，搶劫糧銀，該犯乘機喊救，扭鎖脱逃。是莊以涖實爲此案罪魁，即案内問擬斬絞及監斃、鎗斃各犯致死根由，亦皆由彼起釁。此種刁民，必應嚴辦示儆。今起意爲首奪犯毆官重罪，已坐伊子莊正甸，將該犯照刁民抗糧聚衆逞兇毆官爲從例，擬絞監候，尚覺情浮於法，莊以涖著改爲絞決。其許君善一犯，執械打破該縣轎頂，致縣令落轎受傷，情節較爲兇横，亦著改爲絞決。現距秋録之期已近，莊以涖、許君善均著即行正法。其餘阿商、林阿旦、陳玉祥三犯，係在場助毆，致傷兵役家丁，俱著照擬絞監候，入於明年秋審情實辦理。首犯莊正甸罪應斬梟，著嚴拏務獲，按律抵罪，餘俱照所擬完結。

戊寅，諭内閣：廣厚奏，查明喀喇沙爾地方應行更正事宜一摺。喀喇沙爾所轄布古爾、庫爾勒兩城回地，租與内地漢民種植棉花，由來已久，若禁止不准租種，勒令退地繳錢，未免徒涉紛擾，自應仍聽其便，嗣後著准其照舊租種。

庚辰，免直隸安、新安、隆平、寧晉、新河、南宫六州縣積水地畝額賦。免四川達縣被難民户本年條糧。

丙申，阿林保奏：舟師過臺，攻擊朱濆，大獲勝仗。

《東華續録》嘉慶二四　九月壬寅，諭：據成格奏，伊族弟清安見補盛京禮部員外郎，請旨回避，著交吏部，將清安與盛京别部員外等籤掣調補。嗣後，盛京五部官員有似此應行回避者，即著與别部掣籤對調。著爲令。

諭軍機大臣等：興奎奏，官兵攻破沙卜浪番族，焚燬賊巢，勦捕殆盡，並收撫投誠番族一摺。

《仁宗實録》卷一八五　欽差察哈爾都統慶怡、通政使司副使文孚奏：遵旨查勘大青山馬廠，先後奏墾地六千餘頃，尚餘草地二萬餘頃，今若招墾數百頃，於遊牧尚無妨礙。惟恐招墾以後，無業遊民逐漸偷開，請交該將軍查明頃數四至，嚴禁偷開，庶兵糈足敷支放，而馬廠仍留有餘，俾資遊牧。下部議行。

《東華續録》嘉慶二四　甲辰，福州將軍賽沖阿奏：官兵在雞籠洋截勦朱濆，大獲勝仗。

《仁宗實録》卷一八五　乙巳，諭内閣：據額勒布奏，淮南通州、泰州等處鹽場，向來辦運引鹽，由各場河運出閘口，入運河轉江達岸。本年場河淺涸，鹽船阻滯，覈查乾隆五十年運行舊案，請將通州之吕四、餘東、掘港三場，泰州之伍佑、新興兩場鹽斤，由海轉江運行，以濟民食等語。

《東華續録》嘉慶二四　丁未，以方受疇爲直隸布政使，調素納爲直隸按察使，以陳祁爲陝西按察使。

《仁宗實録》卷一八五　勑諭暹羅國王鄭華：嘉慶十二年九月，據兩廣總督吴熊光奏稱，有船商金協順、陳澄發，裝載暹羅國貨物，來粤貿易，並請於起貨後，裝載粤省貨物，回赴暹羅。經地方官查明，金協順係福建同安縣人，陳澄發係廣東澄海縣人，飭傳暹羅國貢使丕雅史滑鰲詢問，據稱金協順、陳澄發二船，委係由該國新造來粤，因該國民人不諳營運，是以多倩福潮船户代駕，並非冒捏，呈遞譯書稟結等情。【略】特降勑諭知該國王，宣明例禁，嗣後該國王如有自置貨船，務用本國人管駕，專差官目，帶領同來，以爲信驗，不得再交中國民人營運。若經此次勑禁之後，仍有私交内地商民冒託往來者，經關津官吏人等查出，除不准進口起貨外，仍將該奸商治罪，該國王亦難辭違例之咎。

《東華續録》嘉慶二四　甲寅，上閱古北口兵。

諭：興奎等奏，查番族震懾軍威，投誠歸命，並番目尖木贊來營投首，邊境敉甯一摺。

實授温承惠直隸總督。

己未，命：嗣後，遠支宗室總族長照近支例，以王公充補。

壬戌，諭軍機大臣等：伯麟奏，緬甸遣使投文懇求援助，遵旨曉諭該國王一摺。所辦甚是。天朝撫綏外藩，一視同仁，斷無偏助之理。

乙丑，嚴禁八旗抱養民子爲嗣，紊亂旗籍。

《仁宗實録》卷一八五　戊辰，賑直隸高陽、任邱二縣被水災民，並免本年額賦。

緩徵大名、南樂【略】十四州縣水災旱災新舊額賦，並借給耔種口糧有差。

《仁宗實録》卷一八六　冬十月辛未，頒賜南掌國王召温猛緞匹，並賞賚使臣叭竜官鼎叭竜洒嗎叭官洪等有差。

《東華續録》嘉慶二四　癸酉，禁民人私入番地及蒙古人改用番子服色，並清查户口。

辛巳，撥龍江西新關稅十萬兩，於江蘇備賑。

《仁宗實録》卷一八六　甲申，賑江蘇阜寧縣被水災民，並蠲緩鹽城、東臺**【略】**十四州縣新舊額賦米麥有差。

《東華續録》嘉慶二四　辛卯，加長麟、恭阿拉太子太保。

甲午，以貴慶爲内閣學士。

乙未，罷武鄉、會試内場策論，改令默寫《武經》。

十一月壬寅，朝鮮國王李玜懲處其國與邊民私市之商人並繳貨物，上嘉其恭順，優賚之。

《仁宗實録》卷一八八　丙辰，諭軍機大臣等：方維甸奏刁民訐告山内地畝，呈請丈量，查明實在情形，請旨辦理一摺。據稱，南山廣袤千餘里，漢南巴山界嶺亦綿亘千里有餘，若逐處丈量，吏胥勒索追呼，刁民訛詐訐告，勢所必至。懇請特頒諭旨，將南山、漢南各山内地畝，除現在例徵正賦之外，免其升科，俾刁徒無所藉口等語。方維甸此奏，固爲息事寧人起見，但陝省南山，各省貧民前往開種地畝，從前節經各省督撫奏報升科，相安已久，若如方維甸所奏，請朕特頒諭旨，將山内續墾地畝，概免升科，此端一開，將來各省貧民前往開墾者，聞風踵至，恐藏垢納污，日久滋生事端，不止於互相訐告，不可不籌及久遠。所有陝省南山、漢南各山内地畝，現除墾熟者仍照例徵納正賦外，著無庸再行丈量升科，不必特降諭旨，著該撫即曉諭山内居民，俾其各安生業而息訟端。至將來續墾地畝概免升科之議，無須提及，總在該撫飭令地方官隨時留心，妥協經理可也。

《東華續録》嘉慶二四　丙寅，定漢教習三年考試例。

王綬以病解任，轉萬承風爲禮部左侍郎，調戴聯奎爲禮部右侍郎，轉邵自昌爲兵部左侍郎，以阮元爲兵部右侍郎。

十二月癸未，以周興岱爲兵部右侍郎，馬慧裕爲内閣學士，調清安泰爲河南巡撫，以阮元爲浙江巡撫。

《仁宗實録》卷一九〇　丙戌，又諭：據秀林奏，查出伯都訥所屬拉林河西岸地方，流民私墾田地一千九百餘畝，聚集人一千餘户，請將失察之副都統、協領等，交部分别議處等語。伯都訥之拉林河西岸等處地方，流民私墾田地至一千九百餘畝，聚集人一千餘户之多。若一時全行逐回原籍，該流民不惟棲止失所，恐不免於饑寒。著加恩將此項查出私墾之田，分給流民，仍照前次辦過成案，入於紅册，於明年起徵。

《東華續録》嘉慶二四　己丑，章煦請假葬親，以董教增署湖北巡撫，鄂雲布護理安徽巡撫。

是歲，琉球、朝鮮、南掌入貢。

嘉慶一三年（戊辰、一八〇八）

《東華續録》嘉慶二五　春正月己亥，以來歲五旬萬壽，詔舉恩科鄉、會試。

《仁宗實録》卷一九一　加賑江蘇阜寧縣被水災民，並展蘇州府城煮賑。加賑安徽壽、六安、霍邱、鳳臺、鳳陽、懷遠、天長七州縣被水被旱災民。貸宿、南平、定遠、靈璧、泗、盱眙、五河、當塗、繁昌、蕪湖、全椒十一廳州縣，及滁州、鳳陽、長淮、泗州、建陽五衛災民耔種。

《東華續録》嘉慶二五　甲辰，閩浙總督阿林保奏：拏獲蔡牽義子蔡三來等。

《仁宗實録》卷一九一　乙巳，諭軍機大臣等：伯麟奏，緬甸夷人將戛于腊追逐遠遁後，進至車里土司界内住劄，現在妥爲諭遣，並派兵彈壓緣由。

《東華續録》嘉慶二五　丁巳，轉廣興爲刑部左侍郎，調穆克登額爲刑部右侍郎，以馬慧裕爲盛京刑部侍郎。

《仁宗實録》卷一九一　戊午，又諭：浙江提督李長庚，宣力海洋，忠勤勇敢，不辭勞瘁，**【略】**李長庚奮勇攻捕被賊船礮子中傷咽喉額角，竟於二十五日未時身故。**【略】**著加恩追封伯爵。**【略】**以閩粤南澳鎮總兵官王得禄爲浙江提督。

《東華續録》嘉慶二五　二月己巳，命山東運河各工，仍歸沿河各州縣衛疏濬。

定新疆卡倫回京侍衛、章京六年更派例。

癸酉，四川總督勒保奏：嚨隴麻里野番嚮化投誠，請入版圖，賞給長官司印信。得旨：允行。

乙亥，諭：據長齡等會議，青海辦事大臣請照舊制仍駐紮西甯一摺。所議是。

諭軍機大臣等：特清額奏，途次接奉諭旨，馳赴西藏，頒賜達賴喇嘛等賞件，並遵旨明白宣示一摺。所論俱是。

丙子，予告大學士、公保甯卒，**【略】**予祭葬，謚文端。

戊寅，定湖南鳳凰、乾州、永綏、保靖四廳縣鄉試苗生中額一名。

《仁宗實録》卷一九二　諭軍機大臣等：吴熊光摺内稱，粵省土匪，設與閩匪勾結，自應一併勦辦，儻並未聯幫，則應專辦蔡牽爲第一要著等語。所言甚是。此時張見陞等因探有閩匪往西逃竄之信，已統領舟師西下追捕，並有王得禄、錢夢虎等師船，先在西路探勦，星羅碁布，正可聚而殲旃。該逆罪惡貫盈，惟當趁其窮蹙之時，剋期俘馘，以彰憲典而快人心。總之蔡逆爲海洋著名巨憝，該逆一日不除，則海洋一日不靖，無論賊蹤在粵在閩，總當併力攻圍，並當明立賞格，俾士卒敵愾同仇，咸知激勸。著吴熊光、阿林保遍行曉諭閩粵水師將弁兵丁等，務須專注蔡牽坐船攻擊，如兵丁等有能首先跳過蔡逆船内捕捉者，賞給銀二百五十兩，其次賞銀二百兩，又其次賞銀一百五十兩。至官弁等首先跳上蔡逆船内捕捉者，即加一等拔補録用，先换頂帶，以勵先登，若能將該逆擒獲，更當破格升賞，一俟奏到，立即施恩。如此剴切曉示，多方鼓勵，將領士卒等畏法感恩，自必争先効命，於海洋捕務自有裨益。將此傳諭吴熊光並孫玉庭、張師誠知之。

《東華續録》嘉慶二五　甲申，調蔣予蒲爲倉場侍郎，以陳希曾爲工部右侍郎，錢樾爲内閣學士。

戊子，以顧德慶爲内閣學士。

《仁宗實録》卷一九二　加賑甘肅皋蘭、靖遠、安定、涇、平番五州縣被旱災民，貸河、金、鎮原、寧遠、西和、崇信六州縣貧民耔種口糧。

《東華續録》嘉慶二五　己丑，以慶格爲江蘇按察使。

《仁宗實録》卷一九二　乙未，又諭：朕自臨御以來，嚴飭各督撫等於任土作貢之外，不得別有進獻，各督撫等日久遵循，罔敢違逾，自已咸知朕意。惟來年爲朕五十誕辰，該督撫等承受渥恩，情殷祝嘏，或以五旬慶節，非常年萬壽可比，輒欲競獻珍奇，用申誠悃，或督撫本無此意，而屬員等藉端慫慂，希圖見好，且可從中獲利，亦情事之所必有。在封疆大吏共礪廉隅，斷不至因祝釐進獻致有簠簋不飭之事。但恐此端一開，則争長見巧，誇多鬬靡，其弊有不可勝言者。況宫府所藏，百物充牣，朕躬行節儉，凡珍異華美之物皆所不取，實由天性，初非出於矯强，諒亦諸臣所共喻。明年五旬慶辰，除該督撫等應進土貢，仍准循例進獻備賞外，所有金珠玩好各物，概不准呈進。若督撫中有准其屆期來京申祝者，祇准呈遞如意，或係科甲出身素工詞翰者，並准其進獻詩册書畫，俾展慶忱。

《東華續録》嘉慶二五　三月己亥，上親耕耤田。

庚子，上啟鑾謁東陵，並巡幸天津。免經過地方及天津府屬額賦十分之三。

壬子，上閱視千里長隄。免經過州縣及天津府屬十一年以前逋賦，並直隸通省十一年以前逋賦十分之二。

丙辰，戴均元因病解任，以徐端爲江南河道總督。賞那彦成三品頂帶，爲江南副總河。

戊午，賚畿南老民、老婦。

召史積容來京，以朱紹曾爲湖南布政使。

己未，上閱天津鎮兵。

《仁宗實録》卷一九三　庚申，兩廣總督吴熊光奏報：殲斃洋匪，生擒盜首鍾得高。

《東華續録》嘉慶二五　辛酉，王嘉賓年老休致，以梁敦懷爲廣西按察使。

壬戌，賜召試一等龍汝言等六人舉人。廣直隸歲試學額。

癸亥，免直隸民欠旗租銀。

夏四月癸酉，以汪廷珍爲内閣學士。

庚辰，上閱健鋭營兵。

丙戌，皇后行躬桑禮。

《仁宗實録》卷一九四　辛卯，賜一甲吴信中、謝階樹、石承藻三人進士及第，二甲朱棨等一百十五人進士出身，三甲侯鈐等一百四十三人同進士出身。

《東華續録》嘉慶二五　五月丙申朔，諭軍機大臣等：勒保奏，峩眉縣歸化汛卡外野夷滋事，派兵查辦緣由一摺。

己亥，授八十五歲之三甲進士王服經翰林院檢討。

《仁宗實録》卷一九五　癸卯，諭内閣：長麟、戴衢亨奏，勘明毛城鋪毋庸修復，並另籌宣洩之路，以利漕運而防盛漲一摺。據稱毛城鋪滚水壩，因啟放日久，河水下趨著重，前經掣動大溜，致成漫口，經年累月，始行堵合。現在該壩東西相距五十餘丈，口門寬廣，一經啟放，恐黄水建瓴而下，不能循軌前進，大隄難保無潰決之虞。兹據康基田告稱，天然閘迤東數里地名十八里屯，有前河臣靳輔所建石閘二座，足以減黄利運，當往勘明。【略】適有老民張姓指認，帶領人夫刨挖，已得原舊壩基。該二閘每閘過水僅寬三丈有餘，山石夾峙，可保無奪溜衝決之患，應請旨興修，其毛城鋪石壩毋庸辦理等語。所辦甚好。【略】所有十八里屯修復舊閘，並開挑引河、打築隄岸等事，俱著交該督等確估具奏，於本年大

汛後即行辦理，務須認真督辦，期收減黄利運之益，不可草率。

《東華續録》嘉慶二五　甲辰，以宜興爲步軍統領，特克慎爲左都御史，慶惠爲理藩院右侍郎。調成書爲兵部右侍郎，以常福爲工部右侍郎。

乙巳，調多慶爲禮部右侍郎，普恭爲兵部左侍郎。

戊午，命甄别各部院行走及直省試用各捐職人員。

己未，命：嗣後吏、兵二部議處罪案，除私罪不准查抵外，如有實係公罪、經特旨交議者，其應否准抵之處，於摺内聲明，請旨裁奪。

癸亥，以鄂勒哲依圖爲理藩院額外侍郎。

閏五月丙寅朔，命工部左侍郎英和軍機處行走。

壬午，齊布森緣事降調，以錢楷爲河南布政使。

《仁宗實録》卷一九六　又諭，户部奏，議覆吉林將軍秀林奏長春廳開墾地畝、流民仍准入於該處民册一摺，所奏是。此次續經查出流民三千一十户内，有開墾地畝者，亦有未經開墾者，若概行驅逐，未免失所。著再加恩准照前次諭旨，入於該處民册安插。自此次清查之後，該將軍務遵照原議，除已墾之外，不准多墾一畝，增居一户，如將來再有流民入境，定即從嚴辦理。

《東華續録》嘉慶二五　癸巳，免四川夷匪滋擾之馬邊廳屬額賦。

《仁宗實録》卷一九七　六月甲辰，諭内閣：朕惟農桑爲致治之原。一夫不耕，或受之饑，一婦不織，或受之寒。惟人君震動恪恭於上，斯小民趨事赴功於下。《七月》之什，《無逸》之圖，重民事所以固邦本也。我朝列聖相承，惠愛黎元，勤思本業，聖祖仁皇帝詔刊《耕織圖》四十六幅，作爲詩章分冠其上，其於農事自浸種以至祭神，於蠶事自浴蠶以至成衣，形橅藻繢，纖細畢陳，恭繹睿謀。蓋以人主生長深宫，恐於小民作苦之事未能洞悉，用是被諸詠歌，垂型奕禩。皇祖世宗憲皇帝依題成什，皇考高宗純皇帝繼復恭和元韻，均以聖祖之心爲心，敬念民依，後先同揆。乾隆二年，曾命詞臣纂輯《授時通考》一書，内列《耕織圖》二卷，三朝御製詩，依次恭載，煌煌聖訓，萬古維昭。朕紹承前烈，日以民生爲念，惟思爲閭閻廣衣食之源，俾之含哺挾纊，永慶盈寧。近於幾暇，續題《耕織圖》，成五言律詩四十六章。檢閲《授時通考》，係刊於乾隆七年，其《耕織圖》卷内，恭載聖祖御製於前，次列世宗御製，又次列皇考御製，則書皇帝御製恭和聖祖仁皇帝原韻，當時體例應然。今朕續有題詠，應補行編載。原書篇頁内餘幅甚寬，著交文穎館總裁等，恭查《耕織圖》各幅前皇考御製詩，俱敬謹改書高宗純皇帝御製恭和聖祖仁皇帝原韻，再將朕詩次列於後。標目書皇帝御製，繕册進呈，交武英殿補刊，以示朕祗遹成謨，重民務本至意。並將此旨載入，以紀補編年月。

《東華續録》嘉慶二五　乙巳，以吴璥爲刑部尚書，馬慧裕爲河東河道總督，崇禄爲盛京刑部侍郎，慶格爲浙江布政使，緐圖爲江蘇按察使。以章煦爲刑部左侍郎，常明爲湖北巡撫，慶保爲陝西布政使，王紹蘭爲福建按察使。以許兆椿爲刑部右侍郎，楊護爲江甯布政使，李奕疇爲安徽按察使。

《仁宗實録》卷一九七　庚戌，諭軍機大臣等：據汪日章奏，海州車軸河等處間有蝗孽，已撲滅净盡。又沭陽、宿遷二縣有飛蝗過境，並未停落，現飭查明從何處飛來，令地方官實力搜捕等語。山東蘭山、郯城二縣，間有蝻孽，據吉綸屢次奏到，江境州縣與之毘連，飛蝗自所不免，但汪日章所稱止於過境並未停落之語，殊不可信，蝗蝻豈能千里飛空，晝夜不止，竟無暫時停落覓食之理？此時秋禾正在長發，一經停落，即恐傷稼，亟應隨地撲滅。但撲捕之法，若官爲督辦，又恐胥吏等從中滋擾，踐踏田禾，轉致無益有損。惟當勸諭百姓，令其自行撲打，官用錢米收買，庶可早期净盡。該撫即妥爲飭屬辦理，設或田禾間有傷損之處，即行據實奏聞，毋稍諱飾。將此諭令知之。

《東華續録》嘉慶二五　癸丑，以玉福爲内閣學士。

乙卯，以博慶額爲内閣學士。

庚申，調英和爲户部右侍郎，慶惠爲工部左侍郎。以景禄爲理藩院右侍郎，以多慶爲直隸泰甯鎮總兵官，秀甯爲禮部右侍郎。以阿明阿爲工部右侍郎。

《東華續録》嘉慶二六　秋七月辛未，召常安來京，以張映漢爲湖北布政使，劉清爲山西按察使。

《仁宗實録》卷一九八　癸酉，申戒科場嚴查弊竇。

乙亥，撫卹琉球國遭風難夷如例。

《東華續録》嘉慶二六　丙子，以齊布森爲内閣學士。

《仁宗實録》卷一九八　丁丑，四川總督勒保奏報：攻克牛心山等處滋事嶺夷，殲獲賊首，餘匪乞降。

戊寅，諭軍機大臣等：給事中周廷森奏請嚴懲聚衆匪徒一摺。據稱，近日江南之潁州府、亳州、徐州府，河南之歸德府，山東之曹州府、沂州府、兖州府一帶地方，多有無賴棍徒，拽刀聚衆，設立順刀會、虎尾鞭、義和拳、八卦教名目，横行鄉曲，欺壓善良。其滋事之由先由賭博而起，遇會場市集，公然搭設長棚，押

寶聚賭，勾通胥吏，爲之耳目。請飭下三省督撫認真踹緝，清查保甲，密訪爲首棍徒姓名，聚賭械鬬之案拏獲盡法懲治，並責成地方官嚴定黜陟等語。江南、安徽、河南、山東毗連各州縣既有此等匪徒，自應嚴行懲辦，以靖閭閻，不可養癰貽患。至清查保甲，雖屬緝匪良法，但地方官寄耳目於里胥保正，設里保之中皆其黨類，仍不肯據實舉報，總在府縣各官平日留心體訪，隨案查拏，將首犯嚴辦，使脅從者知懼，不敢隨同爲匪，自不至釀成巨案，株累多人。若胥吏等以在官人役，敢於通同包庇，尤應密拏重辦，剔除積蠹。著交江南、安徽、河南、山東各督撫，認真查辦，所有潁、亳等處各府州縣，遴選廉明幹練之員，取其才堪治劇，而又能寬猛得宜，通曉事體者，責令隨時整頓。如此内有舊係簡僻缺分，而地方今昔情形不同，初任之員，難資治理者，不妨奏明更調，果能化俗宜民，著有成效，加以獎勸，闒茸不職者，立予糾參。將此諭令知之。

《東華續録》嘉慶二六　庚辰，上啟鑾秋獮木蘭。免經過地方額賦十分之五。

壬午，四川總督勒保奏：生番縛獻首逆烏卜乞降，凉山軍務全竣。得旨：獎賚。

《仁宗實録》卷一九九　癸未，撫卹日本國遭風難夷如例。

《東華續録》嘉慶二六　辛卯，諭：軍機大臣會同行在刑部奏，審訊仙鶴林等分別定擬一摺。【略】著加恩免其發往烏嚕木齊，仍與石先幾一律問擬滿徒。

《仁宗實録》卷一九九　壬辰，給安徽潛山、懷寧、霍山、和、全椒五州縣被水災民一月口糧，並緩徵新舊額賦。

《仁宗實録》卷二〇〇　八月庚子，賑甘肅臯蘭、金【略】十三廳州縣被水被雹災民，並緩徵新舊額賦。

《東華續録》嘉慶二六　戊申，諭：留京王大臣每日交代合符，方准散直。

《仁宗實録》卷二〇〇　辛酉，減免直隸安、河間、新安、南宫、隆平、寧晉、新河七州縣積水地畝額賦有差。

《東華續録》嘉慶二六　癸亥，免巡幸淀津經過之天津府各州縣旗租十分之三。

九月甲戌，楊志信因病解任，以百齡爲山東布政使，陳若霖爲山東按察使。

《仁宗實録》卷二〇一　丁丑，撥部庫銀二十六萬兩、天津北倉米二十萬石，運赴直隸備賑。

《東華續録》嘉慶二六　甲申，以常恪爲甘肅按察使。

《仁宗實録》卷二〇一　丙戌，賑江蘇鹽城、興化【略】十四州縣，淮安、大河、揚州三衛被水災民。並蠲緩十四州縣三衛及上元、江寧【略】十三州縣水災雹災新舊額賦。

己丑，諭軍機大臣等：吴熊光等奏，暎咭唎國夷兵擅入澳門一事。暎咭唎國夷人藉稱大西洋國地方被咈嚹哂占踞，該國因與大西洋鄰好，恐西洋人之在澳門者被咈嚹哂欺阻貿易，輒派夷目帶領兵船前來幫護，所言全不可信，而且斷無此理！現在先後到船九隻，皆帶有礮械、火藥等物，竟敢灣泊香山縣屬雞頸洋面，並有夷兵三百名公然登岸，住居澳門三巴寺、龍嵩廟，分守東西礮臺，實屬桀驁可惡。該督等現將該國夷船停止開艙，派員剴切曉諭，俟夷兵退出澳門，方准起貨，並稱該夷人若再延挨，即封禁進澳水路，絶其糧食。所辦尚是。但究竟如何嚴切曉諭，及現在作何準備之處，全未奏及，所辦太軟。邊疆重地，外夷敢心存覬覦，飾詞嘗試，不可稍示以弱。此時如該國兵船業經退出澳門則已，如尚未退出，吴熊光即著遴派曉事文武大員，前往澳門，嚴加詰責，以天朝禁令綦嚴，不容稍有越犯，大西洋與咈嚹哂彼此搆釁，自相争殺，原屬外夷情事之常，中國並不過問，即如近年緬甸、暹羅二國互相仇殺，節經敂關求援，大皇帝一視同仁，毫無偏向。至於中國外藩，自有一定疆界，試思中國兵船，從無遠涉外洋，向爾國地方屯劄之事，而爾國兵船，輒敢駛進澳門，登岸居住，冒昧已極。若云因恐咈嚹哂欺侮西洋，前來幫護，殊不知西洋夷人既在中國地方居住，咈嚹哂焉敢前來侵奪，以致冒犯天朝？即使咈嚹哂果有此事，天朝法令具在，斷不能稍有姑容，必當立調勁兵，大加勦殺，申明海禁，又何必爾國派兵前來代爲防護？若云洋匪未浄，欲思効力天朝，尤屬無謂，海洋盜匪屢經勦辦，不過東竄西逃，既經兵船四路擒拏，不日即可殲盡餘孽，又何藉爾國兵力乎？看來竟係爾國夷人見西洋人在澳門貿易，趁其微弱之時，意圖占住，大干天朝厲禁矣。爾國臣事天朝，平素遣使進貢，尚稱恭順，乃此次無知冒犯，實出情理之外，本當即行拏究，姑先明白曉諭。爾若自知悚懼，即速徹兵開帆，不敢片刻逗遛，尚可曲恕爾罪，仍准爾國貿易，若再有延挨，不遵法度，則不但目前停止開艙，一面即當封禁進澳水路，絶爾糧食，並當調集大兵前來圍捕，爾等後悔無及。如此逐層曉諭，義正詞嚴，該夷人自當畏懼凜遵。吴熊光等仍當密速調派得力將弁，統領水陸官兵，整頓豫備，設該夷人一有不遵，竟當統兵勦辦，不可畏葸姑息，庶足以伸國威而清海澨，

此於邊務夷情大有關繫。該督撫不此之慮，而唯鰓鰓於數十萬稅銀往復籌計，其於防備機宜，全未辦及，吴熊光、孫玉庭均懦弱不知大體，且吴熊光充當軍機章京有年，曾經擢用軍機大臣，尤不應如此憒憒。吴熊光、孫玉庭著傳旨嚴行申飭，伊等此次來摺僅由馬上飛遞，亦屬遲緩，此旨著由五百里發往，著吴熊光等即速遵照辦理，並傳諭常顯知之。

《東華續録》嘉慶二六　以章煦爲貴州巡撫，轉許兆椿爲刑部左侍郎，調周兆基爲刑部右侍郎，轉陳希曾爲工部左侍郎，以顧德慶爲工部右侍郎。以陳預爲貴州布政使，調查涫爲江西按察使，以敦柱爲貴州按察使。

《仁宗實録》卷二〇一　壬辰，户部議覆：盛京將軍富俊等奏嚴禁流民出口私墾章程。嗣後民人出山海關至奉天屬各處者，令由原籍起關照一張，填註姓名及前往處所，到關驗明放行。仍令在原籍起隨身護票一張，填註所往地方，繳官備查。如出山海關至威遠堡、法庫邊門外，令由原籍起關照二張，一照山海關存留，一照邊門存留。應如所請。至所稱自嘉慶十四年正月爲始，將該處現在民人户口地畝，責成通判、巡檢、地保等分別立限詳報，以防續有流民前往藉户詭添情弊，尚未周密，請飭令該將軍按季另派妥員，詳查結報，將有無增添之處，具結送部備查。其前次出口民人衆多，該管章京等並不力爲阻遏，應令查取職名，送部覈議。得旨：户部議覆盛京將軍富俊等奏邊外農民出入邊門酌請定制一摺，均著照所議行。盛京地方設立邊門，原所以稽查出入，用昭慎重，若任聽流民紛紛出口，並不力爲攔阻，殊非嚴密關禁之道。嗣後著照該部奏定章程，交該將軍等嚴飭守口員弁，實力巡查，並出示曉諭，各處無業貧民，毋得偷越出口私墾，致干例禁。其失察前項出口民人之該管章京，咎有應得，乃富俊等未經查明參奏，亦屬疏漏。著將應議各員查取職名，補行送部覈議具奏。

《東華續録》嘉慶二六　冬十月癸巳朔，日有食之。

《仁宗實録》卷二〇二　諭軍機大臣等：前因吴熊光等奏暎咭唎國夷兵擅入澳門，吴熊光等僅令停止開艙，若延挨不退，即封禁進澳水路，絶其糧食。所辦懦弱不知大體，當經降旨嚴飭，並令軍機大臣將奏到暎咭唎國所遞原稟繙譯進呈。【略】該督等接閲夷稟早當驅逐駁飭，乃衹以停止開艙、封禁進澳水路、絶其糧食虚言，由尋常馬遞入告，且該督等具奏後，該國夷船曾否退去，亦未據續行馳報，吴熊光不應如此糊塗懈怠，實出意想之外。試思邊防重地，任令外夷帶兵闌入，占據礮臺，視爲無關緊要，不知有何事大於此事者？該督等接奉此旨，即著將夷船現在情形及如何密飭籌備之處，速行奏聞。將此諭令知之，無論退去未退去，即由五百里具奏。

《東華續録》嘉慶二六　甲辰，調永保爲廣東巡撫，章煦爲雲南巡撫，孫玉庭爲貴州巡撫。

《仁宗實録》卷二〇二　諭軍機大臣等：粤東有暎咭唎國夷兵擅入澳門一事，特降諭旨，將永保簡調廣東巡撫，俾資協理，永保接奉此旨，著即由驛馳赴新任。此事先據吴熊光等奏稱該國夷船九隻，駛至雞頸洋面，計有夷兵三百名，登岸居住，占據東西礮臺，本日又據稱，該國夷船續到四隻，夷兵連前共有七百餘人，一任逗遛觀望，並未嚴行驅逐，竟不調兵防守，所辦錯謬已極，疊經降旨嚴飭。雖據該國夷人稟稱，係因咈囒哂占踞西洋，該國與大西洋鄰好，派兵前來幫護，殊不可信。永保曾經從事戎行，到粤後如該國夷兵尚未退去，即應示以軍威，俾知震懾，惟當酌量情形，熟籌妥辦，以期綏靖海疆。至該撫職任封圻，於一切地方事務，固應實心整飭，而緝捕洋匪，尤爲該省要務，所有水陸營伍，並著協同總督認真整頓，用副委任。

《東華續録》嘉慶二六　乙巳，調衡齡爲江西布政使，先福爲廣東布政使。

戊申，以王綬爲内閣學士。

《仁宗實録》卷二〇二　壬子，賜中式武舉一甲徐華清、尚永德、王世平三人武進士及第，二甲李景淮等六人武進士出身，三甲王布德等四十三人同武進士出身。

乙卯，諭軍機大臣等：山西左雲縣生員郭億呈控該縣家人張五、蕭三浮徵錢糧，勒折科斂，並拏車派草一案，已降旨交成寧審辦矣。此案郭億所控該縣管門家人張五、蕭三，串通書吏等，折收錢糧，浮收脚價，並派買穀石等款，種種骫法病民，大爲地方之蠹。該省現無應辦差使，而該家人、書吏等公然藉辦差爲名，向地方鋪户派草至七萬餘斤，折收錢文，又硬拏車馬索詐，擾累閭閻，殊爲可惡。並恐該縣等有主使營私情弊，本日刑部具奏上時，本欲特派廷臣馳赴該省嚴鞫，因部院辦事需人，且此事未經在本省控告，是以發交成寧審辦。該撫接奉此旨，即與欽差無異，當照欽差審辦案件，親加提訊，據實查明。務期水落石出，以成信讞。倘視同尋常控案，轉委屬員，任其揑飾朦混，以致案情不實，翻控無已，則惟該撫是問。將此諭令知之。

庚申，諭軍機大臣等：吴熊光奏，暎咭唎夷兵進入澳門，占據礮臺，已有旨將永保調任廣東巡撫。本日據吴熊光五百里奏報暎咭唎夷人現在情形，仍係一派空言，並未能將該夷人逐去，亦未見有調度，看來吴熊光一味輭弱，全不可靠，永保接奉此旨，即著晝夜加緊馳赴廣東，徑赴澳門督辦。朕專派永保前往，即係欽差，永保到省後，且無庸接管巡撫印務，惟專心辦理此事，諭知該夷人等，以爾等此次擅自帶兵進澳，占據礮臺，大屬冒昧，原應立加懲辦，姑念爾國向來臣事天朝，尚爲恭順，是以不肯遽事勦除。現在大皇帝派我前來督辦，業將水陸各路官兵調集若干，如果斂兵早退，將來尚可准令貿易，儻遲迴觀望，即當統領大兵，分路勦捕，爾等不但身被誅夷，並將來永遠不准朝貢貿易。中國物産富饒，豈藉爾等區區貨物，爾等慎勿自貽後悔。如此義正詞嚴，剴切曉諭，該夷人能早退去，固屬甚善，如必須示以兵威，其應如何酌籌調遣，已諭知吴熊光不得掣肘，永保當悉心經理，一面調派，一面速行馳奏。

《東華續録》嘉慶二六　十一月戊辰，以蘇沖阿爲内閣學士。

丁丑，調蔣繼勳爲廣西按察使，梁敦懷爲雲南按察使。

《仁宗實録》卷二〇三　壬午，諭軍機大臣等：昨據吴熊光等奏，暎咭唎夷兵，全數退出澳門一摺。此次該國夷人自七月來至澳門，住守數月有餘，夷情叵測，必有所爲而來，何以又無故而去？且所稱見聖諭嚴明，兵威壯盛，業已不敢抗違之語，所見係何諭旨？所派係屬何兵？並未一一聲敘。况夷稟尚未呈遞，吴熊光輒稱夷船風信一過，即不能開行，如果切實懇求，即准其開艙，俾夷船不致遲留等語，竟欲以開艙見好於夷人，豈非示之以弱乎？外夷來至内地貿易，輸納税課，原因其恪守藩服，用示懷柔，並非利其財貨，若沾沾以徵榷爲重，無怪該夷人肆意居奇，意存輕視也。永保馳抵粤東，即會同韓崶，詳查暎咭唎夷船因何擅入内地，自七月至今，呈遞夷稟幾次，吴熊光如何批示，所稱水陸兩途嚴密布置官兵，所派係屬何兵，節次奏稱派員剴切曉諭，並聖諭嚴明之語，所見係何諭旨，所派係屬何員，因何全行退出，有無豫准開艙貿易之事，逐一奏聞。仍嚴切曉諭暎咭唎夷人，以爾等擅入澳門，實屬冒昧，斷不能仍准貿易，儻自知悔罪畏服，倍加恭順，於二三年後再行懇請，彼時爾國貨船亦衹准在澳門以外停泊，俟奏聞大皇帝候旨遵行，設再欲攜帶兵船，即當永斷貿易，聲罪致討。儻永保到彼後，吴熊光等業已准令開艙，即當查明因何允准，是否係該國夷人具稟懇求，抑係吴熊光先行准令開艙，該夷人始行退去之處，一併據實具奏，不可稍有隱飾。

《東華續録》嘉慶二六　革吴熊光職，以永保爲兩廣總督，韓崶爲廣東巡撫，調陳若霖爲廣東按察使，以朱錫爵爲山東按察使。

甲申，轉穆克登額爲刑部左侍郎，調景禄爲刑部右侍郎，策丹爲理藩院右侍郎，以博慶額爲盛京工部侍郎，明志爲内閣學士。

《仁宗實録》卷二〇三　丁亥，給安徽盱眙縣被水災民一月口糧。

《仁宗實録》卷二〇四　十二月癸巳，諭軍機大臣等：吴璥、托津會同鐵保等奏勘明海口情形一摺。據稱海口改道之説，溯查前明及本朝康熙年間舊案，所有灌河入海之路，覆轍具在。現在周歷履勘，北潮河匯流馬港口、張家莊等處漫水，業已數月，尚在壅積，可見去路不暢，且又不能刷出河槽，而此外又無另闢海口之路，仍請修復故道，將雲梯關外大隄接築，收束水勢，使東注得力。並據鐵保等另片奏請，共需撥銀二百九十萬兩，務於歲底春初到工等語。北潮河漫水去路不暢，又無河槽，伊等以現在情形，證之昔年誤改成案，論據確鑿，是由灌河入海之説，斷不可行，自應挽歸故道。至所稱雲梯關外水勢散漫，必須接築兩岸大隄，收束水攻沙之效，並稱較原估丈尺可以稍減，其十八里屯，及減壩工程，均停止緩辦，揆之目前情事，亦止可照議辦理。惟是國家帑項實在支絀，河工連年請撥之項，數已不貲，迄未一勞永逸，詢之部臣，此時各省實已無項可撥，不能俯從所請。况天下經費甚多，豈能以天下全力專理一工乎？萬不得已，衹得姑照所請，降旨阿克當阿，令將商捐項下撥銀一百五十萬兩，趕緊解往，至於兩浙運庫、河南、山東、江西、浙江四省藩庫，雖亦降旨籌撥，有無尚不可知。伊等衹可就現有餉銀，將目前緊要各工内，擇其尤急者，先爲趕辦。試思撥餉如此之難，而伊等此次請撥之後，能不再行請撥否？河患未除，帑項日絀，實不可不撙節辦理。鐵保等惟當激發天良，督飭在工大小各員，實心經理，若稍有浮混，則不但王法具在，而天理更屬難容，衹得在工所正法示衆，決不輕恕，伊等身家性命所關，不可不慎之又慎。將此諭令知之。

諭内閣：據御史常文奏請申禁浮收錢糧一摺。錢糧一項，朕於嘉慶四年親政之初，即經明降諭旨，嚴飭各地方官不得稍有浮收，致滋擾累，自應實力奉行。乃比年以來，各省赴京縣控浮收錢糧者仍復不少。雖節經詳覈案情，隨時分别懲辦，而欲息訟源，必先嚴杜貪墨，自前次頒諭之後，迄今已及十載，恐各省督撫不免視爲具文，而不肖州縣以及奸胥蠹役遂各陽奉陰違，每届開徵，輒思從中侵肥，恣行朘削。控瀆之繁，未必不由於此。今特重申例禁，諭令各省督撫轉飭所

屬，於錢糧正項務當按額徵收，如有侵浮舞弊之員，一經訪聞，立即指名參辦，毋得以日久生息，致干咎戾。

《東華續録》嘉慶二六　乙未，命吴熊光赴河南效力。

丁酉，嚴禁直省督撫奏留丁憂人員。

《仁宗實録》卷二〇四　辛丑，諭軍機大臣等：連次吴璥、托津等奏到查勘海口河口，及高堰應辦各工，鐵保等俱附摺請餉，已需銀三百數十萬兩。朕恭閲《聖祖仁皇帝實録》，從前康熙年間，河患更甚於今日，維時靳輔、于成龍籌辦此事，其所往復辯論者，大抵皆辦工之法，並未見其將需用餉銀，瑣瑣奏撥。試思彼時三藩方定，徹兵未久，當亦在帑藏支絀之時，諒不能源源發給，而靳輔等於議定之後，自行妥辦，迄未嘗以撥帑一事，上煩聖心，迨不數年而河患頓除，國用並未耗竭。今伊等籌辦河務，每一工必先論需餉若干，每一摺幾於欲請餉一次，無往而非要工，動稱迫不可待。抑知國家經費有常，度支有定，如俸工兵餉等項，按數給發，不能逾時，而各處旱潦偏災，必須隨時賑貸，豈能以天下之全力，專辦一處河工？又豈能因一處河工，停止天下經費？朕廑念及此，宵旰焦勞，幾同從前籌辦邪教，其難更甚。著吴璥、托津，會同鐵保、徐端、那彦成三人盡心籌畫，此後河工餉銀應如何設法布置，除加賦一事係病民秕政，斷不准行，又如藩庫各項錢糧，以及鹽課關税，並商捐等項，皆不在計議之列，即現在已行之土方事例，亦無庸再歸籌計外，伊等當從長計議，有可以資助國用，不致病民滋事者，即行詳悉奏聞，候朕酌量施行。

《東華續録》嘉慶二六　諭：據吉綸奏，書吏蘇芝芳冒領糧照，承審各官改供出罪一案，見經審明各節，分别定擬一摺。【略】得旨：此案朱棟於舞弊得贓之司書不據實審辦，輒因案已遲延，改輕外結，著發往烏嚕木齊，效力贖罪。楊志信於朱棟改擬杖徒時未行阻止，復照詳會轉，著發往軍臺，效力贖罪。

《仁宗實録》卷二〇四　壬寅，諭内閣：吉綸等奏訪查廣興在東省審案劣蹟大概情形一摺，覽奏深爲駭異。朕勤求民隱，惟恐閭閻疾苦壅於上聞，或官吏貪黷營私，病民骫法，必須徹底研究，是以於各省控告案件，核其情節重大者，特派大臣馳往鞫訊。該大臣仰蒙委任，宜如何秉矢虚公，潔清自愛。乃不料廣興前次兩赴東省審案，任性作威，供頓必須華美，稍不如意，即肆行呵斥。伊與周廷棟同在東省審案，周廷棟全無主持，以致民間竟有「周全天下事、廣聚世間財」之謡。【略】廣興著拏交刑部，交軍機大臣會同刑部嚴審定擬具奏。【略】周廷棟著交部嚴加議處。托津與廣興同赴濟寧審案時，於伊劣欵亦毫無覺察，且據開各公館食用每日通計銀一百七八十兩至二百餘兩，托津公館均在此内，亦不免浮費，托津著交部議處。

《東華續録》嘉慶二六　乙巳，以周興岱爲左都御史，調萬承風爲兵部右侍郎，轉戴聯奎爲禮部左侍郎，以邵洪爲禮部右侍郎，戴均元爲左副都御史。

《仁宗實録》卷二〇四　諭内閣：前日據吉綸等奏到，廣興兩次往山東審案時，任性作威，苛求供頓，日向地方官藉端呵斥，暴戾恣睢，以致通省攤派差費多至數萬餘兩，並於臨行時收受餽送，種種劣蹟，實堪駭異。當經降旨將廣興拏問，查抄家産，交軍機大臣會同刑部嚴審。現據廣興供認，收受知府嵩山餽送銀一千兩，並搬移公館，開池養魚等欵，俱已確鑿，其餘尚在狡賴。而本日據長麟、英和等奏，查抄廣興家内，不但房地甚多，財物尤夥，除現銀及借出存帳銀七千餘兩不計外，又訪出存放帳局銀三萬七千兩，並整玉如意多至六柄，洋呢羽緞等料多至一千餘件，他物稱是。此外又有代廣興寄存銀兩之盛師曾、盛時彦二人，查其家内，現有存銀取利確據，現在訊問之下，盛時彦等尚堅不吐實。廣興贓私纍纍，其由來實不可問，伊屢次出差山東、河南多次，恐不但得受餽送，或竟於審案之時，向地方官威嚇取索，甚至將案情顛倒，婪贓鬻獄，均未可知，亟應徹底根訊，以期水落石出。此案關係甚大，著添派大學士等會同刑部堂官，嚴行審訊，務得確情，按律定擬具奏。其解任之員外郎盛時彦，著革職，同盛師曾一併拏問，歸案審辦。

《仁宗實録》卷二〇五　又諭：欽差大臣仰承簡命，赴各省審辦案件，理宜秉公持正，潔己爲先，一切夫馬供頓，應從簡約。地方大吏，自揣果無瑕疵可指，設遇欽差有縱恣勒索情事，原當據實揭參，豈可私行結納，轉相饋遺。乃近年廣興出差河南、山東，供出阮元曾送過公幫銀一千兩，齊布森等曾送過公幫銀二千兩，長麟曾送過銀三百兩，此在廣興貪污狼藉，其所得自尚不止此，而地方官吏輒相率攢湊幫費，任意苞苴，此風實不可長。阮元、齊布森、長齡均著交部議處。

癸丑，四川總督勒保奏報勦擒果羅克賊番竣事。

嘉慶一四年（己巳、一八〇九）

《東華續録》嘉慶二七　春正月辛酉朔，上以五旬萬壽，頒詔天下，覃恩有

差。加慶桂、董誥太子太師，戴衢亨太子少師，鄒炳泰、王懿修、明亮太子少保。

《仁宗實録》卷二〇六　壬戌，展賑直隸雄、安、高陽、新安、任邱五州縣上年被水災民。展賑江蘇山陽、阜寧、清河、桃源、安東、鹽城、高郵、泰、東臺、江都、甘泉、興化、寶應、沭陽十四州縣上年被水被雹災民。給安徽潛山、盱眙、天長、五河、全椒、和六州縣上年被水災民一月口糧。展賑甘肅皋蘭、金、隴西、平羅、靖遠、中衛、寧夏、西寧、巴燕戎格九廳縣上年被水被雹災民。

《東華續録》嘉慶二七　乙丑，諭軍機大臣等：本日據吴璥、托津會同鐵保等奏，籌議南河經費一摺。據稱，查鹽斤一項，乃民間日用所必需，而每口日食不過三錢，請於見行鹽價，每斤酌加三釐。統計兩淮、長蘆、山東、河東、兩浙、兩廣、福建、陝西、甘肅九處，約計每年共可得銀四百餘萬兩，似與民生無損，而經費少充實，於要工有裨等語。

諭：伯麟奏，接到緬甸四大萬頭目來文，飭令永昌鎮府駁回緣由一摺。所辦甚是。邊徼地方設有定界，斷無天朝、外夷均相管轄之理。

丁卯，兩廣總督永保卒，【略】予祭葬，謚恪敏。以百齡爲兩廣總督，調吉綸爲山東巡撫，以先福爲江西巡撫，調衡齡爲廣東布政使，以袁秉直爲江西布政使，調曾燠爲湖北按察使，以傅鼐爲湖南按察使。

庚午，諭軍機大臣等：阿林保等覆奏，查明泉州糧價較貴緣由摺內，據稱漳、泉地方向賴臺米接濟，近年洋匪未靖，臺灣商販較少，泉州米價稍昂，委無通盜濟匪情事。見在蔡、朱二逆常到淡水一帶劫掠商船，該逆劫得一船，即用之不盡，往往放回勒贖，其無須内地米糧，已可槩見等語。

壬申，諭：吉綸等奏，查明嘉慶十一年廣興來東審案，經知府張鵬昇、金湘聯銜，向前任藩司邱庭瀠於庫存節省項下，借領銀四萬九千九百餘兩，以備供應等語。【略】至前任高唐州孫良炳、前署滕縣之禹城縣董鵬翱，雖遭廣興呵斥，並不遵攤差費，忿激告病，殊屬可嘉，伊二人於病痊後，著該撫給咨送部引見，候朕降旨。

諭：清安泰奏，密查廣興從前赴豫審案、婪索款蹟一摺。【略】已降旨將廣興處絞。【略】廣興之子蘊秀，見係通政司學習經歷，並著革職，發往吉林，充當苦差，以示懲戒。

癸酉，所有自嘉慶十一年以後籍隸山東之科道，均著交部議處，以示懲儆。

庚辰，諭：吴璥、托津奏，遵旨將荷花塘工程辦理不善之錢澐、李亨特，審明定擬具奏一摺。【略】著加恩改發熱河，效力贖罪。

辛巳，諭：吏部奏，嚴議馬慧裕等餽送廣興盤費、銀兩，請分別降、革一摺。【略】齊布森、諸以謙、吕昌會、阿勒景、阿巴哈布均著照部議革職。至馬慧裕兩次餽送廣興盤費銀一千兩，已屬不合，又失察所屬司道湊送銀兩，亦難辭咎，姑念伊所送銀兩係自出己貲，較之齊布森等公同攤湊，尚屬有間，所有部議降四級調用之處，著加恩改爲革職留任。

鰲圖緣事降調，以穆克登布爲江蘇按察使，馬書欣爲河南按察使。

乙酉，諭：松筠等奏，遵旨辦理叛匪緣由一摺。

丁亥，諭軍機大臣等：董教增奏，查明安省虧空情形，請酌改彌補章程，以收實效一摺。

二月壬寅，諭：大學士會同刑部，將山東省那借庫存養廉、濫行供應之前任藩司、知府等分別定擬一摺。【略】邱庭瀠著改發黑龍江效力贖罪，到戍後枷號三箇月。金湘亦著改發黑龍江效力贖罪，到戍後枷號半年，用示懲儆。張鵬昇聯銜稟借庫項、支應差費，咎亦難寬，著改發吉林，效力贖罪。

《仁宗實録》卷二〇七　給陝西漢陰、安康【略】十六廳州縣上年歉收地方，並就食留壩、鳳、寶雞三廳縣貧民一月口糧。

《東華續録》嘉慶二七　丁未，上啟鑾謁東陵。免經過地方額賦十分之三。

癸丑，琉球國中山王尚灝，遣使表謝册封，並奏該國餽送册使宴金，請旨敕賜收受。得旨：此項宴金使臣等卻還，原屬仰體朕意，不欲滋擾外藩，今仍不必收受，令來使帶回。

丙辰，諭軍機大臣等：韓崶奏，查閱澳門夷民安堵，並酌籌控制事宜一摺。

《仁宗實録》卷二〇七　丁巳，閩浙總督阿林保奏報：殲斃盜首朱濆。

《東華續録》嘉慶二七　以廣玉爲福建按察使。

三月辛酉朔，達慶緣事降調，以福慶爲倉場侍郎。蔣予蒲緣事降調，以許兆椿爲倉場侍郎。轉周兆奎爲刑部左侍郎，以胡克家爲刑部右侍郎。調蔣攸銛爲江蘇布政使，以梁敦懷爲雲南布政使。賞同興四品頂帶，爲雲南按察使。

癸亥，上親耕耤田。

上啟鑾謁西陵。免經過地方額賦十分之三。

丁卯，上謁泰陵、泰東陵，至孝淑皇后陵奠酒，回鑾。再免經過州、縣十分之二。

甲戌，上閱健鋭營兵。

丙子，西安將軍、三等公德楞泰卒，遣内閣學士玉福迎奠茶酒，賞銀五千兩治喪，予祭葬，謚壯果，入祀昭忠祠，並命四川省城建立專祠。以其子蘇沖阿襲一等侯。

《仁宗實録》卷二〇八　己卯，諭内閣：本年正月間，先據松筠奏稱，在塔爾巴哈台安插之寧陝叛兵蒲大芳等三十一名，謀爲不軌，被人首告，當於拏獲之後，悉行正法，此其孽由自作，松筠所辦尚無不合。但未將該犯等謀叛實據，詳悉查明，又未將到案供詞奏聞，已覺草率。至於塔爾巴哈台，尚有安插叛兵馬友元等二十四人，並非與蒲大芳等同謀，而松筠續又奏稱馬友元等於查拏蒲大芳之時並無恐懼，因飭令調至伊犁，派色爾衮迎赴中途，即行正法。此外尚有分戍南路三城之王文龍等一百三十五名，與蒲大芳等相隔尤遠，更不能知蒲大芳等謀逆情事，而松筠本日又奏稱，恐其聞知蒲大芳等信息，心生疑懼，或敢妄逞桀驁，戕害人民。伊等當日本係蒲大芳等同惡罪犯，今因蒲大芳株連，不能寬貸，已俱令各城送至伊犁，仍派色爾衮迎赴前途，分起正法，約計此十日内外，可以全數辦結等語。實屬草菅人命，暴戾殘忍，荒謬已極。【略】松筠於此一事，辦理輕率冒昧至此，看來伊竟胸無把握，此外一切事務，又安望其能經理妥協、寬嚴得當乎？松筠不勝伊犁將軍之任，著傳旨嚴行申飭，交部嚴加議處，即來京候旨。

《東華續録》嘉慶二七　夏四月壬辰，長齡實屬有負委任，罪無可辭，著即由甘省發往伊犁，效力贖罪，以示懲儆。邱庭瀊見無應行質對事件，不必留羈刑部，著遵照前旨，即行發遣。

癸巳，轉阿明阿爲工部左侍郎，以蘇楞額爲工部右侍郎。

丁酉，以多福爲内閣學士，以朱理爲光禄寺卿，調慶保爲山東布政使，以常格爲陝西布政使。

戊申，松筠平日操守尚好，熟悉新疆情形，著加恩賞給頭等侍衛，授爲喀什噶爾參贊大臣。回疆事務緊要，松筠職司總轄，仍當認真整飭，辦理諸事寬嚴得宜，無負委任。積拉堪著即回京，另候簡用。

諭軍機大臣等：景安奏，傅鼐升任臬司，苗弁等聞信後，欲行懇留一摺。【略】該苗民自不得越例攀留，況傅鼐未離本省，距苗疆不甚相遠，仍可就近經理。傅鼐上年甫經展覲，此時不必來京，著於三年後再請陛見。每年於秋審事竣，或秋成之時，前赴苗疆查閲一次，既可慰苗民愛戴之情，亦可藉資彈壓，如果接任之員經理得宜，傅鼐於二三年後即可停止前往。

壬子，清安泰卒，調恩長爲河南巡撫，以許兆椿爲廣東巡撫，秦瀛爲倉場侍郎。調廣厚爲廣西按察使，蔣繼勳爲浙江按察使。

《仁宗實録》卷二一〇　甲寅，賜一甲洪瑩、廖金城、張岳崧三人進士及第，二甲黄安濤等一百人進士出身，三甲范炳士等一百三十八人同進士出身。

《東華續録》嘉慶二七　戊午，孫玉庭著革職回藉，所遺貴州巡撫員缺，著初彭齡補授。吴熊光辦理此事示弱失體，其咎實無可辭，著照擬發往伊犁，效力贖罪。

諭軍機大臣等：百齡奏，俟本年英吉利國貨船到時，先期偵探各情形。所見甚是。

《仁宗實録》卷二一〇　諭内閣：各省封疆大吏，守土是其專責，遇有關涉外夷之事，尤當立時親往勘辦，務臻妥協，方爲無忝厥職。

《東華續録》嘉慶二七　五月庚申朔，調福慶爲理藩院侍郎，秦瀛爲左副都御史，以玉甯、戴均元爲倉場侍郎。

辛酉，初彭齡以疾留京，以鄂雲布爲貴州巡撫。調慶格爲安徽布政使，以廣厚爲浙江布政使，調敦柱爲廣西按察使，以翁元圻爲貴州按察使。

《仁宗實録》卷二一一　癸亥，又諭：禮部奏，請將新定時憲書，如何發交琉球國祇領之處勅下，福建巡撫詳議章程一摺。【略】所有琉球應領之時憲書，竟可毋庸頒給，祇將該國星度、節候詳細推準，增入時憲書内，以垂久遠，該部即遵諭行。

《東華續録》嘉慶二七　丁卯，實授和甯陝甘總督。

庚午，諭軍機大臣等：阿林保奏，朱渥幫船救護道員清華，並欲投首一摺。

戊寅，諭：軍機大臣會同長麟議覆，百齡等酌籌民夷交易章程，分别應准、應駁具奏。所議甚是。嗣後各國護貨兵船，俱不許駛入内港，夷商銷貨令即依限回國，並令洋商早清夷欠，其澳内西洋人，不准再行添屋，民人眷口亦不准再有增添，引水船户給照、銷照，俱責成澳門同知辦理。英綸處絞。

《仁宗實録》卷二一二　諭内閣：前據董誥奏，有肥鄉縣知縣萬永福，差人投遞禀帖，内有奏摺一封，求爲代遞。董誥未敢啟封，當即進呈。朕閲後，因降旨令將該員解任來京，交軍機大臣詢問。兹據萬永福稱，伊於上年秋差，派辦密

雲道路，時值大雨，屢經修墊，除資民力用銀二千兩外，仍賠用銀八百餘兩。又，天津差務，由省派令該縣出大戲十番，費銀三千兩，已交藩庫二千兩，尚有一千兩未解，屢奉文催。因思承辦差務，州縣力不能捐辦，不能不借用民力。聞將來尚有五臺差事，道路較長，恐資用民力更多，因此冒昧陳奏，懇求治罪等語。朕躬舉時巡，凡以修國典勤民事，原非爲侈遊觀，如每年率行秋獮，經過畿輔各州縣，事關綏藩肄武，時值暑雨塗濘，即官民稍効勞費，均屬分所應爾。至上年巡幸天津，省方觀民，兼以閱視隄工，屢降明諭，飭誡疆吏，一切繁文糜費，概事擯除。乃該督等不知仰體朕心，沿途設有戲臺點綴等項，朕當即訓斥其非。該督等總以自行捐備，藉申忱悃爲辭。今據萬永福所言，仍係派之各州縣，即肥鄉一縣，已派至三千兩，則此外各縣所派，諒亦大畧相倣。此皆該省辦差官吏，下及官親家人長隨，藉以爲名，人人希圖從中霑潤，遂不顧貽累地方。朕若徹底根究，該省大吏豈能當此重咎。念其事屬已往，姑免嚴辦。惟該總督藩司辦理不善，不可不加以懲儆。温承惠著拔去花翎，褫去黄馬褂，方受疇，亦著拔去花翎。用示薄懲。今年朕五旬萬壽，即日啟鑾前赴熱河，若該督等再於沿途踵事增華，但多建一牌樓、添一綵飾，必將該督等革職示懲。至巡幸五臺，尚未定期。即將來有旨前往，設直隸、山西途間有建設戲臺等項點綴者，亦必褫革不貸。朕言出法隨，彼時毋悔。萬永福越職言事，本有應得之罪，念其所言尚正，且事有實據，著免其治罪，加恩發往山西，以知縣即補。其肥鄉任内未交銀一千兩，並不許再向催交。

《東華續録》嘉慶二七　六月壬辰，以秦瀛爲内閣學士，温汝适爲左副都御史。萬承風以學政任内、請開缺來京祝嘏，降内閣學士。以秦瀛爲兵部右侍郎。

《仁宗實録》卷二一三　乙未，又諭：漕儲爲天庾正供，每歲徵收七省漕糧，連檣轉運。自漕運總督以下，分設多官專司其事，經由大江河湖，運道遇有汛漲淺阻，多方疏導，需費帑金，不下數十百萬。誠以京師王公百官禄糈，及八旗官兵俸餉，胥仰給於此，且舟行附載南省百貨，若遇行走迅速，貨物流通，商賈居民，咸資其利。偶值糧艘中途阻滯，則商船均不得越渡，京師百貨亦因以昂貴。每年自春徂秋，申誡漕臣疆吏，經營催趲，不遺餘力，是漕糧爲國家重大之務，勞費孔繁，乃趲運如此其難，而自抵壩貯倉以後，該倉場侍郎以及監督等官，均不知慎重職守，歷任相沿，因循廢弛，怠忽疲玩，遂至攙和抵竊，百弊叢生。前因上年所運北倉米石潮溼蒸變，將辦理不善之倉場侍郎達慶、蔣予蒲革懲，並將坐糧廳監督等分別降革著賠。旋因清理倉儲，特派大臣侍衛等分班盤驗，查出虧缺數目，其從前短收、浮出、重領、偷竊等弊均由此破案，歷任倉場侍郎、總司積貯毫無整頓，咎無可辭。其中雖間有一二素稱明察留心防範者，亦總未能查出積弊及早剔除，亦不過虚有其名，毫無實蹟，皆屬誤國負恩，必應懲治。今奸胥蠹役，種種贓私全行敗露，自應將歷任倉場侍郎，按照年月久暫及失察弊竇重輕，分別懲處，現就該花户甲斗等供明舞弊年分扣算，特令自嘉慶三年以後，將歷任各侍郎職名查明開單。

給福建閩、侯官二縣被水災民一月口糧並房屋修費。

己亥，免江蘇山陽、阜寧【略】十四州縣，淮安、大河、揚州三衛上年水災旱災額賦。緩徵上元、江寧【略】二十七州縣，淮安、大河、徐州三衛各項銀糧。

庚子，除宜興、傅森、劉秉恬均已病故，達慶、蔣予蒲先已黜革懲治外，鄒炳泰、賡音、托津在任較久，著交部嚴加議處。薩彬圖、德文、吴璥、李鈞簡任内均有黑檔重領米石之事，失察較重，亦俱著交部嚴加議處。貢楚克紮布、吉綸額勒布在任均止數月，著交部議處。和寧到任在一月以上，那彦寶不及一月，著交部察議。其該倉監督，著交部詳查在任年月，另行奏明，分别懲處。

《東華續録》嘉慶二七　丙午，諭：朕素聞南糧在途，往往盜賣米石，並於虧短之後，有用藥發漲情弊。見因查辦通倉虧米一案，嚴詰已滿倉書高添鳳，據稱米糧用藥發漲，多在天津一帶地方，其藥名爲五虎下西川等語。直隸自安陵以北，道路綿長，糧船行走需時，必有盜賣之弊。著温承惠即詳細挨查，勿稍疏縱，並著密派能事妥員，將賣藥之人一併拏獲。

諭：【略】自嘉慶三年以來，歷任倉場侍郎，俱各怠玩因循、毫無整頓，以致已革倉書高添鳳，竟敢在彼盤踞，串通甲斗、花户、攢典、倉書人等，一氣把持，無弊不作。見在研訊之下，據該犯等逐層供吐，始而多出斛面、少收斛面，既而乘運送土米出倉之時夾帶好米，以致將王、貝勒、貝子等俸票重支冒領，加以鈎扇、偷竊，甚至私出黑檔蒙混、盜領，出米尤多作弊尤大，而監督等亦復通同舞弊、得賄分肥，明目張膽，毫無顧忌。

諭軍機大臣等：據百齡等奏，接據太平府齎到越南國王阮福映表函，並咨呈恩長公文一件，内稱：南掌國王召温猛於乾隆六十年錫封後，因被伊伯召蛇榮佔據，未敢歸國，自懷敕印，流寓越南昭晉州地方十有餘載。迨嘉慶十二年，召温猛自詣興化州申訴，該國王以敕印不敢存留，遣員齎送前來，並將召温猛與

家屬送至諒闕口候旨等語。

賞松筠二品頂帶爲陝甘總督。以胡克家爲漕運總督，朱理爲刑部右侍郎。調桂芳爲吏部右侍郎，轉秀甯爲禮部左侍郎。調成格爲禮部右侍郎，以凱音布爲盛京禮部侍郎。

庚戌，緼布以疾免，以蘇楞額爲工部尚書。調福慶爲工部右侍郎，轉策丹爲理藩院左侍郎，以蘇沖阿爲理藩院右侍郎。

戊午，諭：昨江南省將王伸漢等解到，當令軍機大臣會同刑部連日熬訊，據王伸漢供認，向李毓昌商量虛增户口不允，欲行稟揭，因而謀害。又質之先行到案之李毓昌家人馬連升，供亦相符，殊堪駭異。江南省竟有如此奇案，督撫大員毫無覺察，朕知人不明，誤用汝輩，誠朕之咎。【略】著將申轉李毓昌自縊身死一案各職名查明參奏，鐵保、汪日章俱著明白回奏，汪日章先摘去頂帶，並俱著自行議罪，俟奏到時候朕降旨，亦不必交部議。

《東華續録》嘉慶二八　秋七月己未朔，諭：前因直隸肥鄉縣知縣萬永福違例投遞奏摺，解任來京，詢出天津差務派該縣出戲技銀三千兩，係前任總督裘行簡、藩司慶格派定章程，温承惠等循照辦理，特降旨令慶格明白回奏。茲據奏稱，曾分派冀州、肥鄉、深澤、平山四州縣，三千、二千及一千餘兩不等，辦理不善，自請交部從重懲處等語。【略】除裘行簡業經身故外，慶格著交部嚴加議處。尋議，降四級調用。從之。

諭：昨據已革山陽縣令王伸漢供認謀毒情實，爲從來未有之事，王伸漢承辦賑務，捏開浮冒，從中侵飽，甚至將不肯扶同舞弊之委員李毓昌起意毒害，實屬兇狡。李毓昌詢無子息，今王伸漢將伊謀斃，不獨害其身，抑且絶其嗣，情尤可慘。著將王伸漢任所原籍家産鈔没，伊見有幾子、查明年歲，俱發往伊犁，交該將軍分置各城，以洩幽憤。又諭：昨據已革山陽縣令王伸漢供，查賑各員分肥飽槖，均屬目無法紀，所有得銀之同知林永陞、從九品温南峰、州同龔國烜、訓導言姓、知事余姓，俱著革職拏問，一面將任所原籍貲財鈔查，一面派員押解來京，歸案審辦。其餘五員著鐵保秉公確查，如亦有侵蝕情弊，一併嚴參，即照此辦理。

庚申，詔停本年秋決。

甲子，以同興爲安徽布政使，岳慶爲雲南按察使。

丁卯，諭：前日給事中花杰參奏戴衢亨各款，業經逐一詳查，毫無影響，該給事中亦自認冒昧。【略】戴衢亨著以協辦大學士調補工部尚書，其户部尚書員缺，即著曹振鏞調補。

戊辰，以常英、和世泰爲内閣學士。

己巳，諭：李毓昌秉公查賑，不肯扶同捏報，致被王伸漢毒斃一案，李祥、顧祥、馬連升俱著凌遲處死，包祥著即處斬。王轂以本管知府，於屬員冒賑謀害委員，不即舉發查辦，竟敢力爲庇獲，且收受王伸漢銀一千兩，骫法營私，通同一氣，其罪甚重。王轂已有旨革職，除俟解到時再行嚴審、定擬外，應先行籍没示儆，著鐵保等即將王轂任所及安徽原籍資産一併嚴密查鈔，無任隱匿寄頓。

壬申，鐵保著革職，發往烏嚕木齊，效力贖罪。汪日章著革職回籍，江甯布政使楊護著留河工效力，兼署按察使。胡克家於此等重案，並不詳細指駁、反復推求，草率詳請具題，亦著照部議革職，留河工效力，以觀後效。

調阿林保爲兩江總督，以方維甸爲閩浙總督，調成甯爲陝西巡撫，以金應琦爲山西巡撫，劉清爲山西布政使，積朗阿爲山西按察使。以蔣攸銛爲江蘇巡撫，調慶保爲江蘇布政使，以朱錫爵爲山東布政使，張彤爲山東按察使。以史積容爲江甯布政使。調馬慧裕爲漕運總督，以陳鳳翔爲河東河道總督。

癸酉，花杰已因失察黑檔，降三級調用，又因參款虚誣，降三級調用，著即釋回，照例在部候選。劉承澍業因此案革職，著即飭令回籍。

丙子，上啟鑾秋獮木蘭。免經過地方額賦十分之三。

庚辰，諭：王伸漢之子四人，本應全行遣戍，姑念年皆幼穉無知，著將伊長子恩觀收禁，俟及歲時發往烏嚕木齊，其餘三人加恩釋回，以示法外施仁之意。

癸未，以雨詔停秋獮。

頒發書籍於盛京各學。

以南河河工穩固，復吴璥二品頂帶。

《仁宗實録》卷二一六　丁亥，免直隸安、河間、新安、隆平、寧晉、新河、南宫七州縣積水地畝上年額賦。

《東華續録》嘉慶二八　八月己丑朔，以故哈薩克汗博羅特子托霍瑪襲爵。

乙巳，諭：吉綸奏，查明故員李毓昌服姪李希佐承繼爲嗣一摺。李毓昌前此委查山陽賑務，居心公正，立品端方，慘遭毒斃，情殊可憫，除已疊加恩卹外，其繼子李希佐並著加恩賞給舉人，准其一體會試，繼紹書香，以示獎忠至意。

丙午，金應琦以疾乞假，以初彭齡署山西巡撫。

庚戌，調周兆基爲吏部右侍郎，轉朱理爲刑部左侍郎，以初彭齡爲刑部右侍郎。調蔣攸銛爲浙江巡撫，章煦爲江蘇巡撫，以同興爲雲南巡撫，素納爲安徽布政使，福昂爲直隸按察使。以方積爲四川布政使，常發祥爲四川按察使。

《仁宗實録》卷二一七　乙卯，諭軍機大臣等：前據百齡奏到，越南國王阮福映表奏，現將南掌國王召温猛，並乾隆六十年頒給該國王勑印，送至諒山關一摺。當經降旨諭將勑印速行送京，仍著越南國王將召温猛等暫留該國候旨，並令軍機大臣詳查檔案。南掌國自乾隆六十年至嘉慶十年，召温猛所進蒲葉表文，向不鈐蓋印信，復降旨令雲貴總督伯麟，將該國咨呈督撫印文，查明印送，以便與禮部印模覈對。兹據伯麟奏，南掌國是否被召蛇榮占據，僞託召温猛進貢，抑係召温猛潛赴越南阮福映處，冀得印信之處，於沿途各土司，與南掌接壤地方，詳細察訪，得有確情，再行馳奏，並將六十年該國王召温猛咨呈督撫用印公文二件呈覽等語。召温猛於乾隆六十年錫封後，年稚無援，既經播遷在外十有餘載，則嘉慶五年、十年兩次遣使進貢，究屬何人僞託？昨越南國王表文内開現在之召温猛，是其的身，自不難向其根究。著百齡知照越南國王，將召温猛等送至關外，即派明幹大員，出關面詢，召温猛於何年接奉勑印，何年出奔？何以未能歸國？伊國中何人占據？令其逐一登荅，俟奏到時再降諭旨。將此諭令知之。

《東華續録》嘉慶二八　九月己未，諭軍機大臣等：阮元奏，舟師勦捕蔡逆，得有勝仗，該逆向南竄逸，見在飛咨緊追一摺。

癸亥，以何銑爲江西按察使。

丁卯，刑部奏：浙江鄉試舞弊之徐步鏊等，先行分別定擬一摺。得旨：此案劉鳳誥身爲監臨，聯號舞弊，雖訊無受賄得贜情事，但嚴廷燮爲徐步鏊關説時，曾有事後報恩之語，如果徼倖中式，自必盡情酬謝，則劉鳳誥等獲罪尤重。此案總由徐步鏊起意舞弊，嚴廷燮玩法請託所致，該部將伊二人議以近邊充軍，尚不足以示儆，徐步鏊、嚴廷燮均著改發邊遠充軍。餘依議。

《仁宗實録》卷二一八　己巳，又諭：張師誠等奏，殲除海洋積年首逆蔡牽，將逆船二百餘犯，全數擊沈落海，並生擒助惡各夥黨一摺。

辛未，賑直隸安、新安、雄、任邱、高陽五州縣被水災民，緩徵霸、大城【略】三十廳州縣水災雹災新舊額賦。

《東華續録》嘉慶二八　丁丑，以五旬萬壽，加恩内外一、二品文武大臣，凡降革、留任處分，在五案以内者開復一案，十案以内者開復兩案，過此按數遞加。晉封尚書明亮三等伯，賞還尚書鄒炳泰、總督温承惠、松筠、百齡一品頂帶，漕運總督馬慧裕、布政使方受疇二品頂帶，將軍晉昌雙眼花翎。

辛巳，賞孫玉庭、阮元編修。

壬午，賞已革總督長齡藍翎侍衛，爲科布多參贊大臣。

癸未，諭軍機大臣等：綳武布奏，俄羅斯固畢爾納托爾遣使齎書，請於明年冬令冰凍時，在哈克圖地方來會，講辦一切事宜一摺。

冬十月辛卯，越南國王阮福映表賀萬壽，貢方物。

丙申，上御正大光明殿，賜皇子及王以下文武大臣、蒙古王公、外藩使臣等宴，並賞賚有差。

《仁宗實録》卷二一九　庚子，賑福建臺灣、鳳山、嘉義、彰化四縣被蝗災民，並給械鬬被搶貧民口糧。

《東華續録》嘉慶二八　壬寅，蔡廷衡緣事革職，以陳祁爲甘肅布政使，陳桂生爲甘肅按察使。

甲辰，發劉鳳誥黑龍江效力。調素納爲山西布政使，以李奕疇爲安徽布政使，廣泰爲安徽按察使。

丁未，賜汪道誠等五十七人武進士及第、出身有差。

十一月戊午，諭軍機大臣等：吳璥等會議漕務章程一摺。

《仁宗實録》卷二二〇　免河南温、孟、陝三州縣坍没地四百九十八頃八十一畝有奇額賦，並節年未完各項銀糧。

庚申，諭内閣：朕恭閲《聖祖仁皇帝實録》，開載山東運河，全賴衆泉灌注微山諸湖，以濟漕運。今山東多開稻田，截湖水上流之泉以資灌溉。上流既截，湖中自然水淺，安能濟運等因。仰見聖慮周詳，熟籌利濟至意。因思微山湖附近處所，多被民人開墾，不惟侵占湖地，勢必將上流泉水截注，以資灌溉；是近日湖水漸少，河身日淺，其弊未必不由於此。著山東巡撫吉綸，會同河東河道總督陳鳳翔，派明幹大員前往履勘，如所墾之地已經成熟者姑聽耕種外，其餘未墾及已墾復荒地畝，出示嚴禁，毋許再行私墾。庶瀕湖一帶，泉流灌注，毫無阻滯，湖水愈蓄愈深，於運道方有裨益。儻此次示禁之後，仍有不遵，查明嚴行究辦，以利漕運。

壬戌，撥黑龍江倉穀賑被旱災民。

丙寅，又諭：給事中趙佩湘奏各省虧空，輾轉清查，多致懸宕，並提解節省銀兩，私增漕餘名目，請嚴行飭禁一摺。所奏俱是。【略】嗣後各省清查名目，務當永遠革除，如各州縣續有虧缺，即責令接任及監交之員據實稟揭，勒令前任如數交納。儻逾限不交，即監追治罪。有漕各省，務當嚴飭各州縣，無許借漕餘爲名，稍有浮收，以清弊源。將此通諭知之。

《東華續録》嘉慶二八　丙寅，周興岱卒，以邵自昌爲左都御史，轉秦瀛爲兵部左侍郎，以萬承風爲兵部右侍郎。

乙亥，孫全謀以捕盜延玩，奪職逮問。

戊寅，以金應琦爲刑部右侍郎，實授初彭齡山西巡撫。

癸未，以吴芳培爲内閣學士。

《仁宗實録》卷二二一　甲申，又諭：方維甸奏，洋盜朱渥悔罪乞降，率領夥衆三千餘人投出，並將船隻礮械全數呈繳，請旨辦理一摺。朱濆一幫匪船爲海洋巨寇，本年朱濆被官兵用礮擊斃，伊弟朱渥接管賊船，即心懷悔懼，亟思投首，因候風停泊外洋。今親身登岸，率衆三千三百餘人全行投出，并呈繳海船四十二隻、銅鐵礮八百餘門，其餘器械全數點收。海洋盜賊，其初本係内地良民，或失業爲匪，或被脅入夥，日久自知罪重，不能湔洗自拔。今朱渥真心悔懼，率衆投誠，與始終怙惡者不同，朕仰體上天好生之德，念此三千餘衆悔罪求生，加恩悉予矜全，准其投首，且洋面早一日除此巨寇，免致爲害商民，所全亦復不少。著即照該督所請，查照舊例，分別遣散回籍安插，交地方官查傳鄉保親族人等，嚴加管束，並遍行曉諭伊等身犯重罪，今准首更生，從此倍當安分，如再犯法，定行加倍治罪。其情願隨同緝捕者，經該督等挑出精壯一百五十餘人，同頭目四十餘人，著准其分派兵船，隨同出洋緝捕。

《東華續録》嘉慶二八　十二月庚寅，漕運總督馬慧裕以前在河東河道總督任内不能蓄水濟運，致回空漕船凍阻，降三品頂帶。尋命來京，以三品京堂補用。

辛卯，以許兆椿爲漕運總督，錢楷爲廣西巡撫，蔣繼勳爲河南布政使，陳觀爲浙江按察使。

壬辰，兩江總督阿林保卒，予祭葬，謚敬敏。調松筠爲兩江總督，以那彦成爲陝甘總督。

丁酉，諭：那彦成著兼兵部侍郎銜。嗣後，凡遇以二品頂帶授爲總督者，均著兼侍郎銜，俟加恩給予頭品頂帶，吏部再行奏請兼兵部尚書銜。著爲例。

戊戌，諭：軍機大臣會同刑部審訊，書吏王書常等私雕假印，捏指工程，冒領庫銀一案。【略】蘇楞額、阿明阿俱著即行革職，仍交軍機大臣會同刑部議罪。英和、常福、和世泰俱著先行拔去花翎，仍交部嚴加議處。

辛丑，諭：軍機大臣會同刑部，將書吏王書常等嚴加究鞫，又訊出該犯等於嘉慶十一年至本年九月止，復先後朋謀，僞造印文，捏款移咨户部，經户部憑文辦札及交庫，陸續冒領三庫銀兩、物料共計六次，更堪駭異。【略】長麟久患目疾，已閲半載，未能剋期痊癒，著將協辦大學士開缺。禄康著革去太子少保銜，降補協辦大學士，授爲户部尚書。德瑛著革去太子少保銜，降補工部左侍郎，俱仍交部嚴加議處。【略】禄康所出大學士一缺，著勒保補授，仍留四川總督之任，所有工部尚書員缺，著秀林補授。

癸卯，特克慎以年老休致，以王集爲左都御史。

乙巳，成甯以巡撫山西時擾累州縣革職，調初彭齡爲陝西巡撫，以衡齡爲山西巡撫。曾煥爲廣東布政使，周季堂爲湖北按察使。調陳桂生爲山西按察使，積郎阿爲甘肅按察使。

己酉，諭：初彭齡等奏，晉省士民望幸情殷，籲請允舉巡幸一摺。【略】自應俯如所請，著於嘉慶十六年春三月，朕恭謁西陵後，即便道巡幸五臺。所有一切應行事宜，各該衙門照例敬謹豫備。

庚戌，諭：吏部等衙門奏，議處失察假印冒領庫款案内，户、工二部及管理三庫各堂官二摺。【略】工部左侍郎員缺，著福慶轉補，右侍郎員缺，著榮麟調補，正紅旗漢軍副都統，並著榮麟兼管。盛京户部侍郎員缺，著馬慧裕補授，奉天府尹事務，即著馬慧裕兼管。此案甚奇，朕所恨者不在書吏誆騙多次，而在諸大臣及衆司員之因循疲玩，方今大弊，無出此四字者，若不各加儆省，其患更百倍於此案矣。朕惟思艱圖易，以待諸臣之洗心滌慮，助朕成一代令主，亦無可再諭矣。將此旨通諭中外知之。

刑部奏，毆斃婢女、革職擬徒前任編修汪庚呈請贖罪。得旨：汪庚鞭毆十歲婢女致斃，情殊殘忍，特以主僕名分，罪止杖徒。茲呈請贖罪，若准令納贖，則官員恣行酷暴者無所懲戒，汪庚著不准其贖罪。

《仁宗實録》卷二二三　開豁安徽年遠無據世僕名目，准其捐考。又諭：禮部議，董教增奏遠年世僕，請分別開豁一摺，所議尚未允協。安徽省徽州、甯國、

池州三府，向有世僕名目，查其典身賣身文契，率稱遺失無存，考其服役出户年分，亦俱無從指實。特遇其有捐監應考等事，則以分別良賤爲辭，叠行訐控，而被控之家，户族蕃衍，又不肯悉甘污賤，案牘繁滋，互相仇恨，允宜覈實持平，以端風化。前據董教增奏，世僕惟以現在服役爲斷，現在服役者，如主家放出三代後所生子孫，方准捐考，若事在前代，即曾經葬田主之山，佃田主之田，而出户已百餘年及數百年者，一體開豁爲良。立論甚爲允當。今禮部議令自國初以後，雖現在不與奴僕爲婚，並未報官存案者，令地方官隨案查明，從立案之日起，限俟三代後，所生子孫方准捐考，恐紛紛查辦，胥吏從中掯勒，轉滋流弊。著仍照董教增所奏，該處世僕名分，統以現在是否服役爲斷，以示限制。若年遠文契無可考據，並非現在服役豢養者，雖經葬田主之山及佃田主之田，著一體開豁爲良，以清流品。

癸丑，百齡等奏，洋匪郭婆帶率同夥衆五千餘人，擒獻張逆匪夥三百餘名，呈繳船九十餘隻、礮四百餘位，悔罪投誠一摺。

《東華續録》嘉慶二八　是歲，朝鮮、琉球、越南、暹羅、南掌來貢。

嘉慶一五年（庚午、一八一〇）

《仁宗實録》卷二二四　春正月己未，展賑直隸安、新安、高陽、雄、任邱五州縣上年被水旗民。展賑江蘇安東縣上年被水災民，並貸山陽縣貧民耔種口糧。展賑安徽盱眙、天長、宿、鳳臺、靈璧、泗、五河七州縣上年被水被旱災民。

庚午，諭軍機大臣等：百齡奏派員出關，傳詢南掌國酋長召温猛出奔遷徙情形一摺。據稱召温猛巽懦無能，不克凝承錫命，不即聲罪，已足示矜卹亡酋，今流寓夷邦，祇可聽其去住等語。所見俱是。召温猛前於乾隆五十九年請封時，已在播遷之際，迨祇受勑印後，又未能返其國都，力圖恢復，祇在外潛匿，流徙越南國境。且於召蛇榮設謀索害時，倉猝逃遁，竟致遺棄勑印。似此懦弱不振，豈能復掌國事？伊既與阮福映有舊，自應聽其在越南國居住。著百齡傳諭阮福映，以召温猛既受錫封，不克自立，輾轉播遷，褻棄天朝勑印，本有應得之罪，姑念其流離失所，不加聲責，但内地不應收留，應聽越南國自爲安置。至所稱南掌國於嘉慶五年、十年進貢，係何人僞託，請交滇省督臣查覆一節。該國虔修職貢有年，並無得罪天朝之處，此時亦可不必逐細追究也。將此傳諭百齡，並諭伯麟知之。

《東華續録》嘉慶二九　辛未，刑部侍郎金應琦以巡撫山西時失察屬員貪劣，降三品京堂。

乙亥，增廣東廣州駐防漢軍養育兵一千一百餘名。

以兵部尚書劉權之協辦大學士，以德泰爲廣西按察使。

丁丑，調秦瀛爲刑部右侍郎，轉萬承風爲兵部左侍郎，以費淳爲兵部右侍郎。

庚辰，命勒保爲武英殿大學士。

辛巳，諭：刑部等衙門奏，審擬王府太監李來喜串通書吏韓振邦揑造匿名揭帖，訛詐本府親王一案。【略】李來喜著即處絞，派刑部侍郎朱理前往監視，先將該犯於法場重責三十板，再行正法，並著親郡王等各將本府太監内，擇素不馴良者一二人遣往環觀，俾知儆懼。

《仁宗實録》卷二二四　癸未，朝鮮國王李玜遣使表賀萬壽、冬至、元旦三大節，及歲貢方物。賞賚筵宴如例。

《東華續録》嘉慶二九　二月辛卯，所有刑部尚書員缺，著瑚圖禮調補，其吏部尚書員缺，著秀林調補，所遺工部尚書員缺，著托津補授。托津未到京以前，其工部尚書事務，仍著秀林兼署。轉英和爲户部左侍郎，調桂芳爲户部右侍郎，榮麟爲吏部右侍郎，馬慧裕爲工部右侍郎，以貴慶爲盛京户部侍郎。

甲午，以趙宜喜爲河南按察使。

丙申，命大學士勒保來京供職，以常明爲四川總督，調同興爲湖北巡撫，賞孫玉庭三品頂帶爲雲南巡撫。

戊戌，嗣後，如無頂帶之廢員經朕擢用，著即用新銜頂帶，赴宫門謝恩，儻遇朕赴園、進宫及傳膳、辦事之日，俱於道旁掽頭後，再用頂帶豫備召對。著爲令。

《仁宗實録》卷二二五　己亥，諭軍機大臣等：百齡、韓封奏，各路洋匪悔罪投誠，分別辦理，又海洋巨寇張保仔稟懇投誠各摺。盗匪張保仔兩次具稟開呈大小船二百七十餘號，大小礮一千餘門，頭目夥衆共一萬四千餘人，懇乞投首。此事尚未可信，如果該匪真心來投，自應將船隻器械全數呈繳，何必呈懇留匪船至數十號之多？若因隨同官兵出洋勦捕，贖罪立功，投首後豈無師船派撥，又安用該匪豫爲籌計？自係該匪以近日各口岸嚴禁接濟，無以爲生，勢窮力絀，假意投誠，冀作緩兵之術。該匪等素性狡猾，反側靡常，儻情形稍涉可疑，仍當乘勢

攻勦，以期浄絶根株，切勿輕信疏防，致蹈賊人鬼蜮伎倆。所謂受降如受敵，不可不慎之又慎，即使該匪真心畏罪，率衆來投，亦須分別安插，使之散而不聚，聲勢無由聯絡，再飭各地方官密加鈐束，庶不致有疏虞，若祇圖一時苟且將就，不顧將來流弊滋多，非萬全之策也。所有此次奏明歸籍之各股投誠賊匪，亦須一律妥爲經理，不可稍有疏忽。

《東華續録》嘉慶二九　丁未，以多福爲内閣學士。

三月丙辰，諭：慶桂等奏，據廣甯門巡役人等盤獲，楊姓身藏鴉片煙六盒，請交刑部審辦一摺。【略】著步軍統領、五城御史於各門禁嚴密訪查，一有緝獲即當按律懲治，並將其煙物毁棄。至閩粤出産之地，並著該督撫關差查禁，斷其來源，毋得視爲具文，任其偷漏。

調董教增爲陝西巡撫，以廣厚爲安徽巡撫，穆克登布爲浙江布政使，靈保爲江蘇按察使。

辛酉，博興以疾免，以佛爾卿額爲理藩院尚書。

《仁宗實録》卷二二七　諭軍機大臣等：據蘊端多爾濟等奏，伊等在恰克圖交界，會見俄囉斯固畢爾納托爾。據云俄囉斯人等欲遣使納貢，仍請答使，伊等已置之不問，蘊端多爾濟即回庫倫等語。俄囉斯人等性情詭詐，不可深信，是以節次降旨，令蘊端多爾濟等於遣使之事斷不可俯就。今閲蘊端多爾濟等所奏，會見俄囉斯固畢爾納托爾情形，不特現在暫不遣使，仍希冀天朝先遣使臣前往，此事斷不可行，蘊端多爾濟等既已置之不問，自應聽伊等如何呈請。至此時固畢爾納托爾若遣人探問蘊端多爾濟等，即云爾俄囉斯國若遣使納貢，儘可呈請大部轉奏，大皇帝亦必恩准，不惟爾來使往返妥爲照料，中國亦必格外俯賜爾來使佳品。今來會時甚屬恭順，爾使臣入京瞻覲，自必尤爲恭順，爾使臣至庫倫時，亦不筵宴，亦不令行三跪九叩謝恩禮，爾等若不遣使呈請，我等不敢冒昧具奏。俄囉斯等若言及天朝遣使赴該國之事，蘊端多爾濟即云天朝入覲納貢屬國甚多，從無遣使赴外國之例，此等邊疆之事，王大臣等斷不敢瀆請。如此曉示，徑行駁飭，俄囉斯等如果恭順呈請納貢遣使入覲，蘊端多爾濟等一面斟酌具奏，一面仍遵前旨辦理。儻呈請文内仍有答使之語，即以不敢具奏飭駁，再行奏聞，斷不可令其遣使也。將此諭令知之。

《東華續録》嘉慶二九　癸亥，上親耕耤田。

甲子，上啟鑾謁東陵。免經過地方額賦十分之三。

《仁宗實録》卷二二七　丁丑，諭軍機大臣等：百齡等奏，粤洋巨盜張保仔、香山二等，畏罪乞降，先令鄭一嫂即鄭石氏來省，繼將各家口送省一併安置。現據稟報，幫船二百七八十號，夥黨一萬五六千人，全赴香山縣之芙蓉沙海口，聽候收驗投誠，並百齡親往查辦緣由一摺。

《東華續録》嘉慶二九　庚辰，增福建福州駐防滿洲養育兵一百六十名。

《仁宗實録》卷二二八　夏四月甲午，雲貴總督伯麟等奏，拏獲賓川州聚衆謀逆奸民陳老么等首夥多名。

《東華續録》嘉慶二九　丁酉，上閲健鋭營兵。

庚子，諭軍機大臣等：張師誠奏，洋盜悔罪投首、分別辦理一摺。洋盜沈帶悔罪投誠，並將船隻礮械呈繳，尚非怙惡不悛，可以寬其一綫。所有沈帶等首夥三百一十名，著加恩均免其治罪，即照該撫所請，酌留三十名出洋配緝，餘俱妥爲安插。

《仁宗實録》卷二二八　辛丑，諭軍機大臣等：百齡等奏，盜首張保率衆投誠一摺。張保懇乞内投，出於真情，現據該督等准其投首，祇可如此辦理。惟張保請賞留船隻隨同舟師緝捕一節，此斷不可行，該降匪等果欲立功報効，應俟首繳船械後，將伊等另配兵船，派赴前敵，既資其力，又可藉以鈐制。

《東華續録》嘉慶二九　己酉，召李鉉來京，以齊布森爲廣西布政使。

《仁宗實録》卷二二八　又諭：御史甘家斌奏請實行編户成法等因一摺。向例各州縣鄉鎮村莊，設立門牌保甲，俾其互相識認稽察，原所以詰奸宄而弭盜賊。而每歲編户審丁，彙册報部，間遇水旱偏災，發帑賑卹，按册而稽，自不至於浮冒，立法最爲詳密。乃奉行既久，竟同具文，不但容留匪犯，無人舉發，致令日久潛匿，恣爲不法，而偶遇偏災散賑，則奸吏蠹胥浮開户口，較歲報丁册往往增多，任意弊混，殊不成事體。嗣後各省督撫於編設户甲一事，務須飭屬實力舉行，俾奸匪不得潛藏。即申報晴雨及約收實收分數等事，並與編審丁册認真稽察，則户口多寡，年歲豐歉，隨時覈對，不致浮混，亦可杜捏灾冒賑之弊。將此通諭知之。

《東華續録》嘉慶二九　乙卯，皇后行躬桑禮。

五月壬戌，諭軍機大臣等：温承惠奏，直隸河淀淤墊情形一摺。畿輔水利關繫民生，必須盡心講求，通盤籌辦。

癸亥，諭：本日吏部奏，議處勒保照例應行降三級調用，無級可降，請旨革

任一摺。【略】著革去大學士，念伊究有軍功，暫降補工部尚書，以觀後效。〔禄康〕著加恩仍復還東閣大學士、太子少保銜，著管理吏部事務。慶桂著管理户部事務，明亮著以兵部尚書協辦大學士，其禄康所遺户部尚書員缺，著托津調補。托津未回京以前，著瑚圖禮暫行兼署。因思漢大學士一缺亦應補放，戴衢亨即著加恩補授大學士、兼理工部事務，仍掌翰林院事。費淳上年亦係因三庫冒領銀物案内失察降調，所有工部尚書員缺，著加恩即將費淳補授。至勒保未到京以前，所有工部滿洲尚書事務，亦著秀林兼署。以宋鎔爲兵部右侍郎。

庚午，諭：大學士慶桂等奏，會議江南總河吴璥等通籌南河全局，請次第修復舊規一摺。

辛未，岳慶緣事降調，以顔檢爲雲南按察使。

癸酉，命戴衢亨爲體仁閣大學士。

乙亥，以德文爲左副都御史。

《仁宗實録》卷二二九　壬午，諭軍機大臣等：方維甸奏，查明蛤仔欄即噶瑪蘭地方情形一摺。噶瑪蘭田土膏腴，米價較賤，民番流寓日多，若不官爲經理，必致滋生事端。現在檢查户口，漳人四萬二千五百餘丁、泉人二百五十餘丁、粵人一百四十餘丁，又有生熟各番雜處其中。該處居民大半漳人，以强凌弱，勢所不免，必須有所鈐制，方可相安無事。其未墾荒埔，查明地界，某處令某籍民人開墾，某處令社番開墾，尤須分劃公平，以杜争端。至所設官職，應視其地方之廣狹，酌量議添，或建爲一邑，或設爲分防廳鎮，俱無不可。其應設官長及營汛等事，該督於回省後，俟楊廷理等查禀到時，即會同張師誠悉心詳議具奏。至臺灣窵處海外，諸務廢弛，今方維甸到彼，於地方營伍力加整頓，酌改章程，若地方官謹守奉行，自可漸有起色。第恐日久生懈，且該處俱係漳、泉、粵民人雜處，素性强悍，總須時有大員前往巡閲，使知儆畏。嗣後福建總督、將軍，每隔二年，著輪赴臺灣巡查一次，用資彈壓。將此諭令知之。

《東華續録》嘉慶二九　六月辛丑，以山西旱，發倉穀平糶。

秀林以在將軍時不能查禁秧薓，降副都統。調瑚圖禮爲吏部尚書，勒保爲刑部尚書，以馬慧裕爲工部尚書，常福爲工部右侍郎。

壬寅，以甘肅旱，撥四川等省銀一百萬兩備賑。

壬子，釋吴熊光回京，以六部主事用。復那彦成一品頂帶。

《仁宗實録》卷二三一　諭内閣：百齡奏，生擒積年巨寇烏石二等首夥各犯，並幫匪帶船投誠，及盗首東海霸等悉數乞降，海洋肅清。

《東華續録》嘉慶三〇　秋七月甲寅，諭軍機大臣等：本日松筠、吴璥等奏，漕船全數渡黄，並趕辦要工，請撥銀兩各摺。以漕船全數渡黄，復吴璥太子少保、花翎，徐端二品頂帶、花翎。

癸亥，諭：方維甸、張師誠奏，小仁等幫首夥率衆投誠，分别辦理一摺。

壬申，上啟鑾秋獮木蘭。免經過地方額賦十分之三。

癸酉，秀林以侵用薓餘銀，奪職逮問。

乙亥，普恭緣事降調，轉成書爲兵部左侍郎，調成格爲兵部右侍郎，以德文爲禮部右侍郎。

辛巳，吴璥以疾免，以徐端爲江南河道總督，裁副總河缺。以修復雲梯關外海口，命工部尚書馬慧裕督辦。

八月丁亥，命嗣後凡有指定額駙者，無論貢、舉各項出身，均不准再應鄉、會試，著爲令。

吏部侍郎榮麟緣事降調，貴慶緣事降調，以薩彬圖爲盛京户部侍郎，以哈魯堪爲盛京兵部侍郎。

《仁宗實録》卷二三三　撥奉天運京小米二十萬石，並飭户部籌撥近省銀三十萬兩，賑直隸被水災民。

己丑，諭軍機大臣等：據許兆椿奏，【略】駱馬湖濟運引渠日漸淤高，並請嚴禁私墾一節。駱馬湖蓄水濟漕，爲邳、宿運河扼要機宜，豈可任其逐加淤墊。著該河督會同該督撫，派委明幹大員，妥爲清理。其墾種已久、無礙河渠者，仍循其舊；如有私墾湖灘、致防水道者，申明定例，嚴行禁止。其堵閉尾閭及收蓄泉水，悉依定制辦理，庶於通漕利運之道，不至有名無實也。

《東華續録》嘉慶三〇　庚子，調秀甯爲吏部右侍郎，轉德文爲禮部左侍郎，以哈甯阿爲吏部右侍郎。

壬子，諭軍機大臣等：百齡等奏，籌議分船巡緝洋面章程一摺。【略】其所議派員分設巡哨、挑用船隻以及酌給捕盗口糧等項章程，均照該督等所請行。增設廣東水師提督，駐虎門。改左翼鎮總兵官爲陽江鎮水師總兵官，移駐陽江。

九月乙卯，諭軍機大臣等：興安大嶺於塞北諸山最爲崇峻，且靈應素著。【略】尋議，照列鎮之例，每歲仲春，派熱河都統望祭。至仲秋行獮木蘭，由行在禮部奏派王大臣致祭，儻遇停止進哨之年，仍令都統致祭。從之。

壬戌，諭：本日召見廣東學政程國仁，詢知該員係截取御史，業經保送繁缺知府，將來遇有應選之缺，吏部仍行銓選。此項出差人員，聞向例本不歸選，惟從前吴蔭暄在陜甘學政任内，曾選補直隸州知州，辦理殊屬錯誤。學政係特派之員，職任較重，若仍照原職歸班選用，地方官轉將學政開缺，於體制未爲允協。程國仁著停其銓選，俟任滿後，再照常歸選。嗣後應行外選人員，有簡任學差者，應照此辦理，著爲令。

允方維甸回籍養親，調汪志伊爲閩浙總督。以馬慧裕爲湖廣總督，調恭阿拉爲工部尚書，以福慶爲禮部尚書，轉常福爲工部左侍郎，調成格爲工部右侍郎，以明志爲兵部右侍郎。

甲子，永定河漫口合龍。

以文甯爲内閣學士。

庚午，以榮麟爲内閣學士。

乙亥，增南河稭料價銀。

辛巳，復山東漕船春兑春開。

冬十月己丑，理藩院侍郎策丹緣事解任。

乙未，著通諭將軍、都統等，該管地方凡有官常人犯、發往爲奴及當差者，俱遵照定例派撥，令其服勤習苦，其納貲贖身惡習，嚴行禁止。經此次飭禁之後，如有再犯者，加倍治罪，查係該管大臣徇私廢法，從嚴究治，如原給之主私行賣放者，交該管官查明，一併懲處。朕祇循成憲，誥誡諄諄，爾將軍等，其各懔遵毋忽。

丙申，轉蘇沖阿爲理藩院左侍郎，以成林爲理藩院右侍郎。

己亥，以廣玉爲浙江布政使，劉大懿爲福建按察使。

戊申，以禧恩爲内閣學士。

《仁宗實録》卷二三五　己酉，賑安徽泗、盱眙、天長、五河、靈璧五州縣，鳳陽、泗州二衛被水被旱災民，並蠲緩泗、盱眙【略】二十一州縣新舊額賦有差。

《東華續録》嘉慶三〇　十一月壬子朔，諭：賽沖阿等奏，查辦吉林、長春兩廳流民一摺。

壬戌，賜秀林自裁。

甲子，徐端以不勝任革職，留工效力。以蔣攸銛爲江南河道總督，調同興爲浙江巡撫，錢楷爲湖北巡撫，以成林爲廣西巡撫，本智爲理藩院右侍郎。調張映漢爲山西布政使，素納爲湖北布政使。

乙丑，調陳預爲廣西布政使，齊布森爲貴州布政使。

庚辰，温承惠以給賑延玩，降二品頂帶，褫花翎。

十二月甲申，秦瀛以疾免，調宋鎔爲刑部右侍郎，以胡長齡爲兵部右侍郎。

甲午，調福昂爲江蘇按察使，靈保爲直隸按察使。

《仁宗實録》卷二三七　丁酉，欽差、湖廣總督馬慧裕奏，雲梯關外馬港口大工合龍，黄河復由正道歸海。得旨：嘉獎，下部優敘。

《東華續録》嘉慶三〇　己亥，所有江南河道總督，著陳鳳翔調補，其河東河道總督，著李亨特補授。貴州巡撫鄂雲布見已年老，著來京另候簡用，其員缺即著同興調補。

辛丑，《勦平三省邪匪方略》成。

是歲，朝鮮、暹羅來貢。

嘉慶一六年（辛未、一八一一）

《仁宗實録》卷二三八　春正月甲寅，展賑奉天承德、遼陽【略】十三處上年被水旗民。展賑直隸霸、保定【略】十四州縣上年被水災民。展賑安徽泗、盱眙、天長、五河、靈璧五州縣及屯坐各衛上年被水被旱災民。展賑甘肅皋蘭、金【略】十五廳州縣，及花馬池州同、沙泥州判、紅水縣丞所屬上年被水被旱災民，並貸耔種口糧。

戊午，以巡防南河馬港口河岸新築長隄，添設淮海道一員，駐劄中河，以桃北、中河、山安、海防四廳屬之，並設海安、海阜同知兩員，守備兩員，把總兩員，協辦把總兩員，河兵三百七十五名，堡夫一百二十五名，並移海州州同、阜寧縣縣丞分駐南北兩岸，鑄給印信。

《東華續録》嘉慶三一　癸酉，以百齡爲刑部尚書，調松筠爲兩廣總督，以勒保爲兩江總督。

二月丁亥，上釋奠先師孔子。

《仁宗實録》卷二三九　乙未，諭内閣：御史李培元奏，請禁民間私鎔制錢一摺。私銷制錢，例禁綦嚴，乃奸民冒法趨利，巧將官鑄錢文鎔化，改製器皿，總由地方官查禁不力所致。著通飭直省各督撫嚴飭所屬，留心察訪，如有招匠設

局，私收制錢，潛行鎔化者，一經訪獲，即將爲首奸民緝拏到案，從重治罪。俾匪徒知所儆畏，庶積弊漸除，官錢日加充溢，但不可令蠹役借名搜查，貽累商賈，致滋流弊。

《東華續録》嘉慶三一　丁未，諭：向來耕耤典禮，於親耕後升觀耕臺閣視從耕之三王九卿以次俱畢，然後順天府府尹等率父老、耆民等謝恩。維時父老等散佈耕田，招集需時，行禮忽遽，不足以肅觀瞻。嗣後著該府尹等，豫飭父老、耆民整齊排列，於親耕後升觀耕臺時，即率領至臺下先行謝恩，朕俟謝恩禮畢，再閲從耕，用昭整肅。

《仁宗實録》卷二四〇　三月己酉朔，諭内閣：錢楷奏，外洋鴉片烟透入内地，貽害多端，請飭嚴禁一摺。所奏甚是。鴉片烟一項，流毒無窮，無賴匪徒，沈迷癖嗜，刻不可離。至不惜以衣食之資，恣爲邪僻，非特自甘鴆毒，伐性戕生，而類聚朋從，其蹤跡殆不可問，大爲人心風俗之害。前經降旨飭禁，而奸商販鬻如故，流行浸廣，皆由濱海各關查禁不力，縱容偷越所致。著責成各處海關監督，嚴加禁遏，並交廣東、福建、浙江、江蘇沿海各督撫認真查察，嗣後海船有夾帶鴉片烟者，立行查拏，按律懲辦。如委員胥吏有賣放情弊，均予重懲。儻竟透入内地貨賣，一經發覺，著窮究來從何處，買自何人，不得以買自不識姓名商船，搪塞朦混，當將失察賣放之監督，及委員吏役人等，一併懲辦不貸。

《東華續録》嘉慶三一　辛亥，上親耕耤田。

《仁宗實録》卷二四〇　壬子，諭軍機大臣等：來儀等會奏查禁民人私墾牧場一摺。【略】該將軍等既有此奏，即著妥爲經理，仍一面嚴飭地方官及守口弁兵，遵照舊例，遇有出入民人，如係隻身，驗票放行，其移眷之户概行禁止，庶偷越者少，私墾之源可冀漸除矣。將此諭令知之。

《東華續録》嘉慶三一　壬戌，諭軍機大臣等：本日勒保、陳鳳翔奏報：開放禦黄壩，幫船行走順利一摺。

丙寅，上啟鑾謁西陵，並巡幸五臺山。免經過直隸州縣額賦十分之三。

壬申，免經過順天府大興等五州縣、直隸清苑等十七州縣逋賦。

乙亥，工部尚書費淳卒，賞還大學士銜，予祭葬，謚文恪，以其子户部主事履升爲員外郎。以王集爲工部尚書，崇禄爲左都御史，和甯爲盛京刑部侍郎。

《仁宗實録》卷二四〇　戊寅，免山西五臺縣本年額賦十分之三。

《仁宗實録》卷二四一　閏三月庚辰，免山西全省州縣本年額賦十分之二。

《東華續録》嘉慶三一　辛巳，廣山西歲試學額。

壬午，賜召試舉人龍汝言等三人内閣中書，附生李堂棟等六人舉人。

癸巳，上閲正定鎮兵。

戊戌，上閲直隸督標兵。幸蓮池書院。

丁未，以本智爲泰甯鎮總兵官，吉綸爲理藩院右侍郎，調同興爲山東巡撫，以顔檢爲貴州巡撫，巴哈布爲雲南按察使。

夏四月戊申朔，皇后行躬桑禮。

太子少師、大學士戴衢亨卒，晉贈太子太師，【略】入祀賢良祠，予祭葬，謚文端。

丙辰，以河南開封等十一府州屬旱，發倉穀平糶。

辛酉，上閲健鋭營兵。

甲子，太子少保、協辦大學士、刑部尚書長麟卒，予祭葬，謚文敏。

《仁宗實録》卷二四二　壬申，賜一甲蔣立鏞、王毓吴、吴廷珍三人進士及第，二甲毛鼎亨等九十二人進士出身，三甲王禹功等一百四十二人同進士出身。

《東華續録》嘉慶三一　癸酉，召錢楷來京，以張映漢爲湖北巡撫，陳桂生爲山西布政使，錢臻爲山西按察使。

五月辛巳，命劉權之爲體仁閣大學士，以吏部尚書鄒炳泰協辦大學士，劉鐶之爲兵部尚書，錢楷爲户部右侍郎。

甲申，以甘肅旱，發倉穀平糶。

丁亥，嗣後，有似此曾經身犯重罪、得邀寬宥録用之人，遇有一切壇、廟祭祀差，俱不准派充執事，以昭誠肅。著爲令。

戊子，諭：圖薩充當天神壇典儀，於應唱贊送神時，輒唱贊送燎，實屬褻越不敬。刑部擬以斬立決，自爲罪所應得，但念伊年幼糊塗，因伊父扎郎阿平素不行管教，飾詞妄譽，且徇私派充典儀，以致唱贊錯誤，經刑部審訊尚昏然不知，是其身罹大辟，實由伊父溺愛之故，其罪尚可末減，圖薩改爲斬監候，秋後處決。

《仁宗實録》卷二四三　以米價昂貴，命五城設廠平糶，派都察院左副都御史潤祥等十員監糶。

《東華續録》嘉慶三一　庚寅，命五城設廠平糶。

乙未，恩長以廢弛降調，以長齡爲河南巡撫。

癸卯，調百齡爲左都御史，崇禄爲刑部尚書。

《仁宗實録》卷二四三　丙午，諭内閣：刑部議覆，御史甘家斌奏請嚴定西洋人傳教治罪專條一摺。

《東華續録》嘉慶二一　六月甲寅，召勒保來京，以百齡爲兩江總督，德文爲左都御史，轉哈甯阿爲禮部左侍郎，調凱音布爲禮部右侍郎。

丙辰，加劉權之、鄒炳泰、托津太子少保。以松筠協辦大學士，仍留兩廣總督任，調恭阿拉爲兵部尚書。

丁巳，命勒保爲武英殿大學士，以吉綸爲工部尚書，貢楚克紮布爲理藩院右侍郎。以花尚阿爲盛京禮部侍郎。以穆克登額爲直隸泰甯鎮總兵官，轉景禄爲刑部左侍郎，以成甯爲刑部右侍郎。

乙丑，湖南按察使傅鼐卒，上念其經理苗疆功，予祭葬如巡撫例，並加賜奠一次。以沈長春爲湖南按察使。

丙寅，諭軍機大臣等：景安奏，臬司傅鼐因病身故一摺，已明降恩旨、加銜賜卹矣。傅鼐辦理苗疆屯防一切事務，綏撫得宜，該苗民等畏威懷德，聞其溘逝，自必同深哀悼，儻有願至其靈前祭奠者，不必禁止，或有請爲建祠者，即許其建設，並著景安書扁懸挂。至湖南辰州、永順二府三廳一帶苗民雜處，爲邊疆要地，從前傅鼐鎮撫有法，久臻甯謐，著景安傳諭見任道員姚興潔，於該處應辦各事宜，惟當以傅鼐爲法，所有傅鼐舊定章程自皆妥協，務遵照辦理。

丁卯，以榮麟爲倉場侍郎。

《東華續録》嘉慶二一　秋七月戊寅，調陳希曾爲户部右侍郎，錢楷爲工部左侍郎。加光禄寺少卿盧蔭溥四品卿銜，命在軍機大臣上學習行走。邵洪以疾免，以帥承瀛爲禮部右侍郎。

已卯，以茹棻爲内閣學士。

壬午，景安以病乞解任，允之。調廣厚爲湖南巡撫，以錢楷爲安徽巡撫，轉顧德慶爲工部左侍郎，以初彭齡爲工部右侍郎。

甲申，以景安爲内閣學士。

《仁宗實録》卷二四六　賑江蘇清河、安東、海三州縣被水災民。

壬辰，嚴禁西洋人潛住内地。

《東華續録》嘉慶二一　癸巳，以慶炆爲湖南按察使。

乙未，嗣後遇有兵丁故殺本官之案，若兵丁亦係犯罪之人，與本官犯罪同者，著照例問擬斬候，仍請旨即行正法。

丙申，上啟鑾秋獮木蘭。免經過地方額賦十分之三。

癸卯，諭軍機大臣等：百齡具奏查勘海口情形，審度全河局勢一摺。所奏甚爲明晰。

乙巳，以慶祥爲理藩院右侍郎。

八月甲寅，衡齡丁母憂，以成甯爲山西巡撫。

己未，諭：鐵保等奏，查拏指稱叛裔名目斂取錢物，並捏寫回經、妄添不法語句之首、從各犯，審明辦理一摺。【略】所有案内首、從各犯，俱著照所奏辦理。

庚申，增四川成都駐防養育兵九十六名。

《仁宗實録》卷二四七　諭内閣：伊犁將軍呈進馬匹，以備天閑之選，自平定西域以來，歷年遵辦已久。昨據察哈爾都統興肇奏，此次伊犁進馬，共帶有一百八十五匹，沿途多索支應。當交軍機大臣會同行在刑部將派來進馬之總管佐領等提訊。據供將軍晉昌原交進貢馬五匹，備用馬四匹。此外多係該將軍及領隊大臣等帶來分送各大臣官員者，下及總管佐領以至隨從兵丁，均各有私帶馬匹，或沿途售賣，或分送親友，以故馬數增多，并將該將軍等分送王大臣等馬匹數目開單進呈。朕披閲單内，御前大臣及御前侍衛華聘、阿那保均各得有饋送馬匹。每年貢馬僅止五匹，備用之數亦略相等，而私帶分送者，竟加至數十倍，殊屬不成事體。且御前侍衛多人，何以獨華聘、阿那保二人得有饋遺，明係華聘、阿那保爲派出試馬之人，是以該將軍進馬恐其挑剔，先行致送，以杜其口。此等風氣，亟應飭禁。嗣后伊犁將軍每年進馬，除例貢五匹外，再備進五匹，派委妥員送到，一同交上駟院驗收，此外不許多帶一匹。至官兵等所供，附帶馬匹售賣，添補盤費，亦係託詞支飾。如該官兵遠道隨行，盤費實有不敷，著該將軍給發充足，毋令藉口滋弊。

《東華續録》嘉慶二一　戊辰，加松筠太子少保。

九月丁丑，諭軍機大臣等：百齡等奏，籌計南河工用一摺。

《仁宗實録》卷二四八　給江蘇碭山縣被水災民一月口糧。

乙酉，給河南永城、夏邑、虞城三縣被水災民一月口糧。

《東華續録》嘉慶二一　乙未，瑚圖禮以吏部銓選錯誤降調，以松筠爲吏部尚書，蔣攸銛爲兩廣總督，鐵保爲浙江巡撫。

《仁宗實録》卷二四八　撥長蘆運庫銀五十萬兩，分解河南、安徽備賑。免河南被水之永城縣額賦三年，夏邑縣二年，虞城縣一年。

又諭：御史楊懌曾奏請嚴申停徵蠲免事宜一摺。向來各省偶遇水旱偏災，由該督撫報明分數，降旨分別蠲緩。其各省蠲免，以奉旨之日爲始。奉旨之後，部文未到以前，已輸在官者，准作次年正賦。惟奉旨日期，以及蠲免分數，村野小民無由周知，而不肖官吏藉以因緣爲奸，或於部文未到之前催比更急，私圖肥己，且有奸猾書役，藉名墊納，加倍索償等情。即各督撫頒示恩旨通諭各州縣，而各州縣尚有隱匿不急爲懸掛者。嗣後著各督撫嚴查，飭令各州縣遇恩旨頒到之日，即將奉旨日期偏行曉諭，並刊刷實徵額册串票等註載明晰，俾小民得知蠲免分數，官吏無從欺隱。務期實惠及民，以副朕愛育黎元至意。將此通諭知之。

《東華續録》嘉慶三二　戊戌，諭軍機大臣等：百齡等奏，查明李家樓漫水，安、豫兩省被災情形，籌議辦理緩急次第，又與挑減壩以下河身淤墊各一摺。免被水之江蘇碭山縣額賦三年，蕭縣一年，安徽泗州額賦三年，宿州靈璧縣二年，五河縣一年。

調史積容爲廣西布政使，陳預爲江甯布政使。調福昂爲雲南按察使，巴哈布爲江蘇按察使。

辛丑，諭：據豐紳常明奏，嶺夷嚮化、改土歸流一摺。據稱，嘉定府峩邊廳通判所屬十二支嶺夷，自嘉慶十三年夷目約列等震讋天威，率衆投誠，奏准即令約列等充當頭人，管束十二支夷衆，認納糧石。兹該夷人約列等，以川省所轄各路土司向有改土歸流之例，情願一心嚮化，永作盛世良民，並請升科納糧，更名易姓，一體當差等語。該夷人僻處窮邊，不通聲教，自歸服業經數載，漸通內地語言，畏法奉公，飲和食德，今具詞環籲，輸忱內附，願列齊民，著加恩准其改土歸流，以遂其臚誠慕義之懷。所有户口、册籍及升科糧數，著該督覈明，分別題咨辦理。

玉麟以吏部選補錯誤革職，以鐵保爲吏部左侍郎，高杞爲浙江巡撫。調凱音布爲吏部右侍郎，秀甯爲禮部右侍郎。

乙巳，景德著即革職，並發往盛京，交觀明差遣，派當苦差。盛京風氣樸質，俾景德在彼覽觀服習，當自知其識見庸鄙，愧恧無地也。

《仁宗實録》卷二四八　賑安徽宿、泗二州水旱災民。

《仁宗實録》卷二四九　冬十月甲寅，給陝西神木、府谷、大荔、潼關、華、華陰六廳州縣被水被雹災民一月口糧。

乙卯，免甘肅各屬貧民元年至十五年積欠籽種口糧及折色銀，並寧夏府屬未完渠夫口糧。

《東華續録》嘉慶三二　丙辰，調劉大懿爲山東按察使，以王紹蘭爲福建按察使。

《仁宗實録》卷二四九　丁巳，諭內閣：户部議覆吉林將軍賽沖阿查奏伯都訥流民納丁入册一摺，已依議行矣。【略】著通諭直隸、山東、山西各督撫，轉飭各關隘及登萊沿海一帶地方，嗣後內地民人有私行出口者，各關門務遵照定例，實力查禁，若有官吏互相容隱，私行縱放，一經查出，即據實參處。如此各省關禁一律申明，使出口之人漸少，則私墾之弊，當不禁而自除。該將軍仍督令該管官，隨時嚴查保甲，互相稽考，俾得各專責成，毋致日久生懈。

《東華續録》嘉慶三二　壬戌，建福建臺灣噶瑪蘭城，設通判、縣丞、巡檢各一員，守備、千總各二員。

《仁宗實録》卷二四九　甲子，賑江蘇清河、安東【略】六州縣被水災民，蠲緩清河、安東【略】二十三州縣，及淮安、大河、徐州三衛水災旱災新舊額賦。

《東華續録》嘉慶三二　乙丑，賜馬殿甲等四十九人武進士及第、出身有差。

《仁宗實録》卷二四九　甲戌，給浙江宣平、麗水、縉雲、青田四縣被霜歉收貧民一月口糧，並蠲緩宣平、麗水、縉雲、青田、仁和、歸安、烏程、德清、武康、仙居十縣，及台州衛旱災霜災新舊額賦有差。

《東華續録》嘉慶三二　十一月丁丑，內閣學士常英以讀本錯誤降調。

辛巳，轉慶祥爲理藩院左侍郎，以景安爲理藩院右侍郎，玉麟爲內閣學士。

己丑，周季堂緣事革職，調陳若霖爲湖北按察使，以溫承志爲廣東按察使。

辛卯，轉初彭齡爲工部左侍郎，調帥承瀛爲工部右侍郎，以汪廷珍爲禮部右侍郎。以成甯爲刑部右侍郎，衡齡署山西巡撫。

庚子，諭：【略】嗣後江南、山東河運挑濬事宜，著仍循舊章、復歸河員辦理，以專責成。

十二月庚戌，兩江總督百齡等奏：減壩合龍，下游諸工完竣。召袁秉直來京，調陳預爲江西布政使，以胡克家爲江甯布政使。

癸丑，以和甯爲盛京將軍，富俊爲盛京工部侍郎。以貴慶爲盛京刑部侍郎。

《仁宗實録》卷二五一　賑奉天岫巖、復寧、海三州縣被風災民。

《東華續録》嘉慶三二　甲寅，以廉善、阮元俱爲內閣學士。

庚申，以普恭爲内閣學士。

己巳，以潤祥爲盛京户部侍郎。

是歲，朝鮮、暹羅、琉球、緬甸來貢。

嘉慶一七年（壬申、一八一二）

《仁宗實録》卷二五三　春正月丙子，展賑江蘇、碭山、蕭、清河、安東、海、沭陽六州縣上年被水災民，貸桃源、邳、睢寧三州縣災民籽種口糧。展賑兩淮板浦、中正二場上年被水竈户。展賑安徽宿、靈璧、泗三州縣上年被水災民，給五河、盱眙、霍邱、全椒、桐城、合肥、廬江、天長八縣被水被旱災民一月口糧，貸鳳陽、壽、鳳臺、懷寧、太湖五州縣被旱災民籽種。展賑河南永城、夏邑、虞城三縣上年被水災民，並貸籽種牛具銀。借糶孟津、孟【略】二十二州縣倉糧。展賑陝西神木、府谷二縣上年被水被雹災民，並貸籽種口糧。貸朝邑、大荔【略】十三廳州縣災民口糧，並寧羌、南鄭、略陽、鳳、沔、定遠、留壩、石泉、米脂九廳州縣常社倉糧。

辛卯，給陝西留壩、定遠【略】十二廳州縣山内貧民兩月口糧。

《東華續録》嘉慶三三　癸巳，諭：陽春等奏，廓爾喀國王禀懇，仍照向例，專遣噶箕頭目進京，呈進表貢一摺。【略】著准其遣噶箕頭目來京呈進表貢，陽春等接奉諭旨，即傳諭該國王，並計算日期，令該貢使到藏，派員護送起程，於本年封印前後到京，隨班瞻覲。

丙申，諭：御史陳超曾奏，本年三月舉行大閱典禮，各省營伍請降旨通行一體整飭一摺。

《仁宗實録》卷二五三　庚子，給直隸灤、樂亭、昌黎三州縣上年被水災民兩月口糧。

《東華續録》嘉慶三三　二月癸丑，以蘇沖阿爲内閣學士。

己未，調胡長齡爲禮部左侍郎，戴聯奎爲兵部右侍郎。

丙寅，予新疆駐防八旗兵屯種田二萬畝有奇，以資養贍。

三月癸酉朔，兩江總督百齡等奏：李家樓大工合龍，河歸故道。

乙亥，上親耕耤田。

丙子，上啟鑾謁東陵。免經過地方額賦十分之三。

《仁宗實録》卷二五五　諭軍機大臣等：和寧等奏，接據朝鮮國義州府尹馳報，該國境内有土賊滋擾，當即飛飭鳳凰城城守尉福寧，密派官兵，於邊門及沿江各卡巡查防守，嚴密堵禦等情一摺。

《東華續録》嘉慶三三　庚寅，諭：前據陽春等奏，布魯克巴頭人等，因貨物進關漏稅，經帕克哩營官查詰，有策忍敦柱輒同跟役郭結卜璦等，將正、副營官揪毆。經伊等訊供，將該頭人等問擬斬梟、斬決，具奏。【略】陽春、慶惠二人辦理此事，欺隱舛謬，糊塗不堪，厥咎甚重，著交部嚴加議處，即來京聽候部議。尋革職。

壬辰，上御晾鷹臺，大閱八旗官兵。

庚子，以章煦爲刑部左侍郎，朱理爲江蘇巡撫。

《仁宗實録》卷二五六　夏四月甲辰，諭軍機大臣等：八旗生齒日繁，京城各佐領下户口日增，生計拮据，雖經添設養育兵額，而養贍仍未能周普，朕宵旰籌思，無時或釋。【略】因思東三省原係國家根本之地，而吉林土膏沃衍，地廣人稀，聞近來柳條邊外，採蔘山場，日漸移遠，其閒空曠之地，不下千有餘里，悉屬膏腴之壤，内地流民，並有私侵耕植者。從前乾隆年閒，我皇考高宗純皇帝軫念八旗人衆，分撥拉林地方，給與田畝，俾資墾種，迄今該旗人等甚享其利。今若仰循成憲，斟酌辦理，將在京閒散旗人，陸續資送前往吉林，以閒曠地畝撥給管業，或自行耕種，或招佃取租，均足以資養贍。將來地利日興，家計日裕，該旗人等在彼儘可練習騎射，其材藝優嫻者，仍可備挑京中差使，於教養之道，實爲兩得。

《東華續録》嘉慶三三　辛亥，皇后行躬桑禮。

丙辰，上閱健鋭營兵。

辛未，諭：【略】嗣後，謀殺幼孩除十一歲以上者仍照律辦理外，其逞忿謀殺十歲以下者，首擬斬立決，若有圖財或因姦情事，加以梟示。加功之犯俱擬絞立決，從而不加功者仍照本律杖流。從之。

五月戊寅，調景安爲户部左侍郎，以普恭爲理藩院右侍郎。調趙秉沖爲工部右侍郎，初彭齡爲户部左侍郎，轉帥承瀛爲工部左侍郎。

己卯，以文孚爲内閣學士。

《仁宗實録》卷二五七　辛巳，給山東登州、萊州二府屬貧民一月口糧。

戊子，諭軍機大臣等：温承惠奏，訪獲傳教惑衆邪匪，嚴拏究辦。

《東華續録》嘉慶三三　己丑，召顔檢來京，以景敏爲貴州巡撫，積朗阿爲福建布政使，遇昌爲甘肅按察使。

戊戌，以王宗誠爲内閣學士。

六月丁巳，温承惠以讞獄失實，奪太子太保，褫花翎、黄馬褂，降二品頂帶。降靈保三等侍衛，以慶格爲直隸按察使。

甲子，命八旗額駙職銜人員，不准應試，革退後仍准應試。著爲例。

《東華續録》嘉慶三四　秋七月戊寅，復設雲南緬甯等要隘土練一千六百名。

己卯，諭軍機大臣等：百齡等奏，江境、黄運兩河伏汛安瀾，工程平穩一摺。

戊子，上啟鑾秋獮木蘭。免經過地方額賦十分之三。

乙未，申諭直省督撫，嚴查所屬私造非刑。

《仁宗實録》卷二六〇　八月癸丑，諭軍機大臣等：百齡等奏，阜寧縣境内救生河一道於該處農田利賴，且洩水保隄，添渠運料，均有裨益。今淤塞日久，應行挑復，請先於河庫存款内撥銀估辦。將來查辦蕩務有增出餘柴應行估價之款，即以此項分年陸續歸還等語。國家度支自有常經，取民亦有定制，昨據百齡等奏，籌辦河工善後工需，援引靳輔舊議，於江南江北按畝徵銀，可得銀三百餘萬兩。朕以事近加賦，雖靳輔當日辦有成案，然自康熙年間至今百有餘載，久未舉行，小民難以家喻户曉，恐辦理諸多未便，當即降旨停止。至本日所奏阜寧縣境内挑挖河淤，此等河渠水利，向係應用民力之事，即使民力一時不逮，先行借帑興挑，事後攤徵還款，已屬國家惠民之舉。今遽請支用帑項，雖此一處渠工，不過需銀三萬餘兩，而該省河渠水道，似此應修者甚多。若此例一開，將來他處士民紛紛援此呈請，又將何詞飭駁。若概予准行，國家焉有如此帑項足供支用，所謂惠而不知爲政矣。所有阜寧縣挑河一款，應仍照舊例借帑興修。其如何分年攤徵歸款之處，著該督等另行酌議奏請，再降諭旨。

《東華續録》嘉慶三四　甲寅，以許兆椿爲工部右侍郎，阮元爲漕運總督。

丁巳，諭：【略】百齡於奉旨之日，傳旨將陳鳳翔在禮壩工次枷號兩月示衆，如禮壩剋期堵合，再移往他工，限滿疏枷，發往烏嚕木齊效力贖罪，俾通工大小員弁共知，總河大員一經貽誤，尚如此重懲，庶怵目儆心，羣知炯戒。

乙丑，安徽巡撫錢楷卒，予祭葬。以胡克家爲安徽巡撫，陳觀爲江甯布政使，楊頀爲浙江按察使。

九月甲戌，給移住盛京宗室每户田三十六畝。

乙亥，調趙宜喜爲廣東按察使，以諸以謙爲河南按察使。

《仁宗實録》卷二六一　己丑，賑雲南禄豐縣被水災民，並免沙壓田畝本年秋糧及條公銀。

壬辰，賑江蘇高郵、興化、甘泉、寶應四州縣被水災民，蠲緩高郵、興化【略】十六州縣並屯坐各衛水災旱災新舊額賦。

《東華續録》嘉慶三四　甲午，以慶桂年老，罷軍機處並領侍衛内大臣，仍爲内大臣。命松筠仍在軍機處行走。以何銑爲甘肅布政使，盛惇崇爲江西按察使。

《仁宗實録》卷二六一　是月，四川總督常明奏籌定編查漢民私佃夷地章程。一、查夷地在萬山之中，佃耕漢民，各自成家，相距數里、十數里不等，勢難編連十甲一牌，但所佃之地各有業主，如係土司地方，即以土司爲綱，列佃耕漢民於後；夷人地方，即以夷人爲綱，列佃耕漢民於後；各以道里遠近，挨順編連，將户口填入牌内。如有在彼窩匪滋事者，同牌之人赴地方官呈首。儻該佃民情願搬回内地，責成土司夷人投明立案，准其退佃註册，但不准將所佃之地轉佃他人，土司夷人亦不得將所退出之地再招漢佃，違者照私入夷地例治罪，夷人一律究懲。若土司有蹈前項情弊，更當從嚴懲治。【略】一、查建昌各營從前分別汛地，原爲防邊而設，今汛地之外，增添場市，防邊汛地轉在場市以内，現在編連保甲，責重巡防，須擇扼要之區，將原安各營汛移查，分撥駐劄，以資控制。得旨：此皆汝應辦之事，持之以久，行之以勤，毋託空言爲要。

《仁宗實録》卷二六二　冬十月辛丑，免直隸安、隆平、寧晉、新河四州縣積水地畝額賦有差。

《東華續録》嘉慶三四　丙辰，以陳希曾爲内閣學士。

丁卯，調恭阿拉爲禮部尚書，福慶兵部尚書。

十一月辛未，佛爾卿額以疾免，以景安爲理藩院尚書，調成甯爲户部左侍郎，以文孚爲刑部右侍郎。

壬申，嗣後軍民人等控訴事件，俱令向該管官露呈投遞，儻有將呈詞封固者，即令本人開具控情略節，一併進呈。如所開略節與原呈相符，而所告又得實者，照衝突儀仗、妄行奏訴例加一等，發邊遠充軍。若所控虚誣，除罪應斬、絞立決者，無可復加外，原犯斬、絞監候、秋審應入緩決者，改爲情實。應入情實者，

改爲立決。原犯軍、流、遣罪，無論已未到配，即照本年議定在配遣犯、遣人遞摺之例，分別治罪。如係應擬笞杖、枷號、徒罪者，即發極邊足四千里充軍。儻呈遞封詞之人不肯開寫控情略節，即行擲還，無庸具奏。如已開具略節，接收官員不爲具奏、別經發覺者，即將從前接收不奏之員，照應奏不奏例議處。從之。

辛巳，嗣後，宗室如有身後追封公爵者，俱作爲未入八分公。著爲令。

萬承風以疾免，轉戴聯奎爲兵部左侍郎，以吴烜爲兵部右侍郎。

《仁宗實録》卷二六三　丙戌，給山東禹城、齊河、濮、鄆城、東平、汶上、壽張、菏澤八州縣，濟寧、東昌、臨清、德州、東平五衛所被旱災民一月口糧。

《東華續録》嘉慶三四　巳丑，以英和爲内閣學士。

《仁宗實録》卷二六三　癸巳，諭内閣：御史李培元奏調劑八旗閒散人生計，請酌令下鄉種地一摺。八旗生計固應調劑，但近畿入官旗地，民人佃種已久，今若逐户查撥，不特紛紛滋擾，且奪其世業，亦非朕一視同仁之意。況旗人下鄉，一時棲止無所，又不諳耕種，既納官租，復令自贍身家，恐亦力有不給。該御史所奏多格礙難行之處，著無庸議。

乙未，諭内閣：百齡等奏請借項挑濬劉河以資水利一摺。劉河係太倉等六州縣民田水利攸關，且爲商船出入要津，今因潮沙灌積，年久淤淺，自應疏濬，以惠農商。據該督等委員確勘估計，共需銀九萬八千六兩零，并請循照歷次成案，借項興挑。著照所請，於司庫内先行借給，分派承挑，工竣後覈實驗收。其所借銀兩，准其分限三年，隨同地丁徵收歸款。

《東華續録》嘉慶三四　百齡陳奏不實、意存欺飾，較之失察屬員，其咎更重。百齡著革去太子少保銜，拔去雙眼花翎，准帶單眼花翎，降爲二品頂帶，仍交部嚴加議處。陳鳳翔著即日疏枷，仍照前旨，發往烏嚕木齊效力贖罪。

丙申，諭：【略】史靈科著改爲絞監候，入於明年朝審情實。嗣後有似此兄收弟妻，審明實係鄉愚無知、誤蹈瀆倫之罪者，俱照此案辦理。餘依議。

丁酉，免雲南防守外夷之思茅等二廳縣所屬土司額糧。

十二月庚子朔，諭：東三省爲我朝龍興之地，因吉林、黑龍江二處地氣苦寒，從前定例，將獲罪人犯發往該處，給兵丁等爲奴。【略】嗣後各省案犯，有例應發該二處爲奴者，量爲區別，酌留數條，其餘洋盜、會匪人數較多之案，均酌擬改發新疆及煙瘴等處，奏明條款，纂入律例遵行。

《仁宗實録》卷二六四　辛亥，諭内閣：御史王澤奏，請刊刻《治河方畧》，以重河防。

《東華續録》嘉慶三四　壬子，恭阿拉以疾免，封三等公爵。以鐵保爲禮部尚書，轉凱音布爲吏部左侍郎。調成甯爲吏部右侍郎，以玉麟爲户部左侍郎。金光悌卒，以祖之望爲刑部尚書。邵自昌以病免，調王集爲左都御史。以潘世恩爲工部尚書，轉周兆基爲吏部左侍郎，調帥承瀛爲吏部右侍郎，轉許兆椿爲工部左侍郎，以茹棻爲工部右侍郎，盧蔭溥爲内閣學士。

己未，内大臣、三等公恭阿拉卒，贈太子太保。

壬戌，緩徵安徽全省積年逋賦。

是歲，朝鮮、暹羅來貢。

嘉慶一八年（癸酉、一八一三）

《清仁宗實録》卷二六五　春正月，庚午，展賑盛京承德、廣寧、牛莊、錦州、遼陽、復州、熊岳、鐵嶺、蓋州、金州十處上年被水旗民。加賑山東禹城、齊河【略】十六州縣上年被旱被水災民，並貸歷城、章邱【略】十八州縣貧民籽種，及德州、濟寧、東昌、臨清四衛，東平所災民口糧。展賑安徽宿、泗、盱眙、天長、五河五州縣，及泗州衛上年被水被旱災民。

《東華續録》嘉慶三五　廓爾喀額爾德尼王古爾巴的租塔畢噶爾瑪薩野，遣使進貢方物。

辛未，調許兆椿爲吏部右侍郎，以蔣予蒲爲工部左侍郎。

乙亥，以松筠爲御前大臣，罷軍機處行走，命勒保軍機處行走。

己卯，諭軍機大臣等：伯麟等奏，檄調邊外不法之土目張輔國，抗違不來，見督各土司集練會勦一摺。

二月辛丑，諭：從前挑選八旗女子，官員、兵丁閒散之女，均經一體挑選，自嘉慶十一年增經降旨，令將自筆帖式、驍騎校以上之女備選。見在八旗滿洲、蒙古女子，自護軍、領催以上女子，仍照舊備選外，其各項拜唐阿、馬甲以下女子，著不必備選。著爲令。

癸卯，以誠安爲盛京禮部侍郎。

甲辰，以果齊斯歡爲内閣學士。

庚申，諭軍機大臣等：伯麟奏，埽蕩賊巢及躡緝首惡、招撫各寨情形一摺。

乙丑，以朱紹曾爲太常寺卿，調陳豫爲湖南布政使，以袁秉直爲江西布政使。以梁敦懷爲太僕寺卿，李長森爲雲南布政使。

《仁宗實録》卷二六六　賑山東聊城、堂邑【略】二十二州縣被旱災民。

《東華續録》嘉慶三五　三月辛未，轉成甯爲吏部左侍郎，以文甯爲吏部右侍郎，轉秀甯爲禮部左侍郎，以英和爲禮部右侍郎。

甲戌，景敏卒，以許兆椿爲貴州巡撫，調戴聯奎爲吏部右侍郎，轉吴烜爲兵部左侍郎，以盧蔭溥爲兵部右侍郎。轉茹棻爲工部左侍郎，以陳希曾爲工部右侍郎。以高杞爲刑部左侍郎，方受疇爲浙江巡撫。調素納爲直隸布政使，以巴哈布爲湖北布政使，楊懋恬爲江蘇按察使。

乙亥，上親耕耤田。

丁丑，以王紹蘭爲福建布政使，調遇昌爲福建按察使。

壬午，免經過地方額賦十分之三。

庚寅，以黑龍江、吉林遣犯衆多，命嗣後俱發新疆。

甲午，上閲健鋭營兵。

《仁宗實録》卷二六八　夏四月戊戌朔，雲貴總督伯麟奏報：拏獲土目張輔國等，邊境肅清。

《東華續録》嘉慶三五　己亥，以色克精額、阿隆阿、王鼎、吴璥俱爲内閣學士。

《仁宗實録》卷二六八　甲寅，賑直隸邢臺、沙河【略】三十五州縣被旱災民。

《東華續録》嘉慶三五　庚申，命五城設廠平糶。

辛酉，皇后行躬桑禮。

以書敏爲盛京兵部侍郎。

癸亥，以富俊爲黑龍江將軍，廉善爲盛京工部侍郎。

五月甲戌，以瑞麟爲福建按察使。

《仁宗實録》卷二六九　庚辰，賑山東東平、東阿【略】十三州縣本年被旱災民，並緩徵新舊額賦。及濟陽、平原【略】十五州縣，德州、濟寧、東昌、臨清四衛，東平所新舊額賦。

《東華續録》嘉慶三五　戊子，賜直隸輸貲助賑廪生齊如鑲舉人。

己丑，以英綬爲内閣學士，賡泰爲左副都御史。

辛卯，截留江西漕米十萬石，分賑直隸、河南、山東旱災。

《仁宗實録》卷二六九　壬辰，給河南祥符、陳留【略】二十州縣被旱災民一月口糧。

《東華續録》嘉慶三五　乙未，復滿洲、蒙古旗人應武鄉、會試例。

六月甲辰，申禁宗室覺羅與漢人爲婚。

壬子，以穆克登額爲刑部右侍郎。

《仁宗實録》卷二七〇　癸丑，命撥奉天官倉粟米二十萬石，並截留湖廣漕船稜米五萬石，備賑直隸順德、廣平、大名三府被旱災民。

《東華續録》嘉慶三五　庚申，諭：【略】晉昌著革去領侍衛内大臣，斥退伊犁將軍，念其人尚不至廢棄，已令降清字諭旨，令其署理正白旗漢軍都統。晉昌俟新任將軍松筠到彼，再行交代，來京供職，仍將革職、留任處分帶於新任。哈芬布著照部議，降四級調用。

癸亥，准駐防子弟應各省文武鄉試，自丙子科始。

《東華續録》嘉慶三六　秋七月丙寅，諭：【略】尋議，發遣人犯，臣等於例内摘其情罪較重者五條，仍發黑龍江、吉林，其情罪稍重者十五條，改發盛京，情節稍輕者十五條，改發各省駐防，均給各該處官員爲奴。從之。

丁卯，以齊布森爲光禄寺卿，福昂爲貴州布政使，額特布爲雲南按察使。

甲戌，申禁私販鴉片煙，定官民服食者罪。

丙子，内閣學士色克精額緣事革職。

丁丑，諭：御史馮大中奏，京外各衙門辦事遲延怠緩，請旨設法稽覈，以符例限一摺。所奏甚是。

《仁宗實録》卷二七一　戊寅，加賑廣東三水、南海【略】十七州縣被水災民，並緩徵新舊額賦。

庚辰，賑河南祥符、陳留【略】十六廳州縣被旱災民。

《東華續録》嘉慶三六　以常格爲浙江布政使，繼昌爲陝西按察使。

壬午，上啟鑾秋獮木蘭，詔於禮成後，謁東陵。免經過地方額賦十分之三。

以張凱元爲陝西按察使。

甲申，以長齡爲烏嚕木齊都統，調方受疇爲河南巡撫，以李奕疇爲浙江巡撫，調蔣繼勳爲安徽布政使，賞台斐音三品頂帶，爲河南布政使。

己丑，方受疇乞假回籍，以高杞署河南巡撫。

《仁宗實録》卷二七一　庚寅，免湖南澧、沅江二州縣被水地畝節年緩徵銀，

並緩徵龍陽、武陵、澧三州縣本年額賦。

八月乙未朔，以瑪哈巴拉爲理藩院額外侍郎。

《仁宗實録》卷二七二　甲辰，諭內閣：前據弘謙等奏，東陵各莊園頭等，承辦祭品，因從前后妃以下各主位內，有未經議撥地畝者，未免拮据，懇請酌半賞撥。當經降旨，交禮部詳查具奏，並諭令綿譽等，恭查西陵莊園頭等承辦祭品情形是否相同。兹據奏稱，西陵皇貴妃園寢內主位，亦有八分未經撥給地畝者，與東陵事同一例，著禮部一併詳查檔册，奏明辦理。尋奏：東陵祭品，臣等按該貝子等所奏五十五分詳查檔册，內雍正七年以前奉安之后妃十一位，所有承辦祭品莊園頭等，業經雍正七年撥給地畝；乾隆八年以前奉安之妃嬪八位，所有承辦祭品莊園頭等，業經乾隆八年撥給地畝；今俱無庸再給。惟乾隆八年以後奉安各主位共三十六位，其承辦祭品莊園頭等，應遵旨酌半給與地畝。又西陵妃園寢主位八位，俱係乾隆八年以後奉安，其莊園頭等地畝，亦請酌半給與。從之。

辛亥，賑河南祥符、陳留【略】二十六廳州縣被旱災民，蠲免額賦有差。並緩徵寧陵、睢【略】三十四州縣新舊額賦，及倉穀漕項加價銀。

《東華續録》嘉慶三六　壬子，轉穆克登額爲刑部左侍郎，調成格爲刑部右侍郎，慶祥爲工部右侍郎，轉普恭爲理藩院左侍郎，以瑚圖禮爲理藩院右侍郎。以高杞爲熱河都統，台斐音署河南巡撫。

辛酉，調吴烜爲吏部右侍郎，轉盧蔭溥爲兵部左侍郎，以吴芳培爲兵部右侍郎。

九月甲子朔，上以陰雨減圍，改由伊瑪圍出哨，賞辦道兵丁半月錢糧，並免本日經過地方額賦十分之三。

丁卯，以直隸大名等三府旱，命都察院左副都御史佛住、鴻臚寺卿彭希濂查辦賑務。

《仁宗實録》卷二七三　賑直隸平鄉、隆平【略】十二州縣被旱災民，並給清苑、定興、新城、完四縣被雹災民口糧。

《東華續録》嘉慶三六　乙亥，諭：李亨特奏，沁、黄二河水勢異漲，南岸睢工、下汛二堡無工處所，大隄坐蟄過水，見竭力搶辦，自請治罪，並請將該管各道廳等分別懲處一摺。李亨特【略】著革職，留於工次效力，其河東河道總督員缺，著戴均元補授。

諭軍機大臣等：本日温承惠奏，河南滑縣老安地方，有匪徒黄興宰、黄興相兄弟，並宋姓爲首興天理會，於本月初七日聚衆滋事，滑縣已失，縣官被戕。直隸長垣縣亦有教習之人，並聞教匪竄往河南考城及山東曹縣一帶。以温承惠爲欽差大臣，偕古北口提督馬瑜，馳往長垣、滑縣勦賊。命陝西提督楊遇春來直隸協勦。命同興巡防山東邊境，勦捕賊黨。調初彭齡爲倉場侍郎，盧蔭溥爲户部左侍郎，以章煦署直隸總督。

丙子，諭軍機大臣等：據素納奏，接據東明縣朱煒稟報，縣屬齊五集鐵匠張文典首稱，有長垣縣南樂集人姜復興託伊打鋼刀十把，伊因情有可疑，赴縣呈首。

以高杞仍署河南巡撫。

《仁宗實録》卷二七三　又諭：【略】同興前次奏拏獲金鄉縣編造歌詞斂錢惑衆之匪徒李允魁、崔士俊、張文明等十八人，現據【略】温承惠奏，接據該撫札稱，教匪崔士俊等三十餘人供係長垣縣人徐安幗傳授，囑令密拏。今長垣縣又有戕官之案。東省與長垣接壤，該匪徒等同習邪教，聲息相通，於戕官搶劫之後，既經逃往東省，自係糾結黨與。山東曹、單、鉅野一帶，順刀會梟販匪徒甚多，且與直隸、河南現在滋事之處境宇毗連，現派令温承惠帶兵由北堵勦，【略】高杞在河南緊防西南，其東路專責成同興防堵。該撫即選派精鋭弁兵迅速親自帶赴東省邊界，嚴密偵緝，勿令匪徒乘間闌入東境，潛相勾結，致滋蔓延。再，前該省拏獲之崔士俊等三十餘人，現在監禁在獄，即嚴行訊鞫，是否與黄興宰等係屬一黨，一面録供具奏，即一面將該犯等先行正法。並多發告示，剴切曉諭居民，所有查拏懲辦者，俱係鄰省滋事亂民，斷不株連無辜，以靖民心爲要。將此傳諭知之。

丁丑，又諭：本日據色克通阿奏稱，滑縣匪徒牛亮臣等十餘人，在該縣大伾山之東坡聚集匪徒數百，打造軍器，殺入縣署，劫放獄囚，現帶兵前往勦辦等語。昨已有旨令高杞接署河南巡撫印務，帶兵前赴滑縣查拏防堵。現在色克通阿已帶兵五百名前來，著高杞即迎合一處，統率弁兵前往勦捕，若兵力尚少，著即添調豫省官兵，併力殲除。其防堵機宜，滑縣南距黄河，迤西即太行山徑，該撫務周密布置，嚴防西南兩路，勿使渡河奔竄，亦勿令竄入山谷，滋蔓難圖。惟當堵勦兼施，蹴之於平原曠野之地，則兵力易展，四面兜圍，不難一鼓勦滅净盡。

戊寅，諭軍機大臣等：本日同興奏，金鄉匪犯崔士俊供稱，該犯先從城武縣

民劉燕傳習八卦離字教，上年八月間，又從直隸長垣縣陳家莊人徐安幗改習震卦教。徐安幗曾告以今歲九月以後要交白洋劫，屆時老教首送給白布小旗一面，插在門首，可免殺戮。又據獲犯張建木同供，本年二月間，徐安幗亦曾到過伊家，迨崔士俊被拏，該犯曾寫信知會徐安幗躲避等語。徐安幗一犯，前據温承惠奏稱，接據同興知會，已派副將舒凌阿前往密拏。現在長垣縣聚衆滋事，是否即徐安幗爲首，著温承惠於勦捕時，確實查明具奏。

又諭：本日辰刻遞到同興審訊匪犯崔士俊等一摺，並據片稱，接據禀報，聞長垣縣匪徒抗官滋事，調兵堵截等語。正在飭諭該撫嚴防邊境，並傳諭朱錫爵、劉大懿將崔士俊等犯速提審擬，即行正法。兹於未刻遞到該撫奏摺，據稱已獲之匪徒首惡崔士俊等七名先行正法，俾免奸人窺伺，所辦甚是。並據奏定陶縣城於初十日黎明被陷，文武各官存亡未保。又於申刻據該撫奏到，毗連定陶之曹縣於十一日亦被賊匪占據。看來賊勢鴟張，自係直豫匪徒闌入東境，肆行劫掠。該撫現在調集多兵，前往勦捕，著即迅速前進。若能就地擒捕，早爲撲滅，固屬甚善；如不能剋期殲除，該撫務由東北將賊匪逼向西南。豫省現有高杞帶兵防堵，直隸温承惠督率大兵前往勦辦，現已有旨，諭令徐州鎮總兵沈洪選帶兵一千名，迅速由東南迎頭北上，正可併力兜圍，將賊匪聚而殲旃。該撫所轄地方遼闊，務須布置周密，不可令匪徒再向東竄，致滋蔓延。

《東華續録》嘉慶三六　轉吴芳培爲兵部左侍郎，以温汝適爲兵部右侍郎。

《仁宗實録》卷二七四　己卯，諭内閣：旻寧、綿愷奏：本月十五日午刻突有賊人擅入蒼震門，經總管太監擒獲。未刻，内右門西，又有賊匪越牆入内。旻寧見事在倉猝，取進鳥槍撒袋腰刀，先用鎗將牆上一賊打墜，又有手執白旗之賊在牆上指揮，復用鎗擊斃，實出無奈大膽等語。旻寧係内廷皇子，在上書房讀書，一聞有警，自用鎗擊斃二賊，餘賊始紛紛潛匿，不敢上牆，實屬有膽有識。【略】二阿哥著加恩封爲智親王，於皇子歲支分例，加倍歲給俸銀一萬二千兩，以示優獎。三阿哥綿愷隨同捕賊，亦屬可嘉。

又諭：現在查緝匪犯最關緊要，都城滿洲、蒙古、漢軍二十四旗各有所轄地方，著托津等到城後即傳諭滿洲、蒙古、漢軍八旗正署各都統、副都統迅即督率本旗章京兵丁等各在本管地面嚴密搜查，八旗正署護軍統領各在本管三旗地面搜查，兩翼前鋒統領、督同所管官兵，在紫禁城内外詳細挨查，勿任一名漏網。亦毋許擾累居民，一有拏獲之犯，一面具奏，一面將犯人交與托津等嚴審。如本管地面實無匪犯潛匿，伊等自信可以出結，即各自具奏。其管理圓明園之大臣，著飭令俱赴圓明園，督率該管章京兵丁等將御園四面附近村莊烟户以及清河等處地方逐細訪查。香山藍靛廠等處，著派明亮前往專司查察，各該處如有潛匿匪犯，俱即按名緝獲，一面具奏，一面將犯人交托津等嚴審。所有諭派各大員，飭令各矢天良，盡心查辦，不可稍有疏忽，自蹈重譴。

又諭：昨同興具奏：據濟南知府凝圖禀稱，訊據匪犯張建木供出教首劉真空現住京南二十八里大陸邊沙河地方，收徒聚衆等語。正在降旨飭辦間，本日據玉麟等奏，十五日未刻，忽有賊匪二百人潛入紫禁城内滋擾，當經王大臣及各營官兵會同擒捕，立時悉數殲斃，並生擒帶傷賊匪宋尚忠、李二格二名。訊據宋尚忠供稱，係天理教，約同二百人，於本日巳時動手等語。該逆匪膽敢突入禁門，不法已極。朕聞信後，暫緩謁靈，於十七日即由白澗迴鑾進京，親訊此案緣由。

《東華續録》嘉慶三六　己卯，諭軍機大臣等：本日申刻，儀親王等遞到勦辦賊匪，事已大定一摺。

以懈弛門禁，奪步軍統領吉綸、左翼總兵銜玉麟職。

命托津、英和先回京師，查辦諸逆匪。

命陝甘總督那彦成，酌帶勇幹將備，馳驛來京。

命江南提督烏爾卿額駐徐州，安徽壽春鎮總兵官喀勒吉善赴潁、亳一帶防守。

以成甯爲工部尚書，轉文甯爲吏部左侍郎，調秀甯爲吏部右侍郎，瑚圖禮爲禮部左侍郎，以禧恩爲理藩院右侍郎。以佛住爲禮部右侍郎，蘇楞額爲户部左侍郎。

《仁宗實録》卷二七四　庚辰，頒硃筆遇變罪己詔。

《東華續録》嘉慶三六　命那彦成爲欽差大臣，督兵勦河南賊匪，温承惠等專辦糧餉。調曹振鏞爲吏部尚書、協辦大學士。潘世恩爲户部尚書，以章煦爲工部尚書，陳預爲刑部右侍郎，翁元圻爲湖南布政使，伊湯安爲貴州按察使。

辛巳，諭軍機大臣等：據托津等奏，訊據賊犯陳爽供出，太監劉得才等夥同入教等語。覽奏實堪駭異。

撥京倉米五萬石，備大名軍糈。

《仁宗實録》卷二七四　諭内閣：本年九月初六日，豫東交界地方有亂民戕

官滋事，拏獲匪犯，供係天理會邪教。並據同興奏稱，會内首逆林姓，又捏名劉林在近京藏匿。正在降旨飭拏間，十五日忽有賊匪潛入紫禁城，持械逞兇。經王大臣及文武官兵協力圍捕，殲擒浄盡，嚴究首犯，據英和等選派番役，於近京之宋家莊地方拏獲林清一犯，供稱前生姓劉，所有十五日潛入禁城賊匪，均由伊派撥屬實。該犯傳習邪教，糾衆謀逆，罪大惡極。今夥黨殲除，首逆旋即就獲，仰承天祖恩祐，欽感實深。除將該逆按律懲辦外，英和督拏要犯尅日就擒，厥功甚鉅。英和著交部從優議叙。其原拏之官員番役人等，著英和分別等第，開單呈覽，候朕明日進宫，再降恩旨。將此通諭知之。

壬午，諭軍機大臣等：前日拏獲突入禁城滋事各逆犯，究出首逆劉真空，即林清，已在黄村拏獲。訊據該逆供係八卦教，今改名天理教。其黨與散佈各處，磁州頭目係趙得一，長垣頭目係賈士元、羅文志，鉅鹿頭目係楊遇山，又饒陽、南宫縣、喜峯口並滑縣之頭目劉玉瀧、馮克善各有五百多人等語。長垣、滑縣賊首，自已隨同起事，其磁州、饒陽、鉅鹿、南宫、喜峯口賊匪，仍伏而未動。著章煦即選派妥幹員弁前往密訪嚴拏，務將賊首緝獲，訊明由驛速奏。如有抗違拒捕情事，即飛咨温承惠派兵勦捕，就地殲除，毋任竄逸勾結。

又諭：首逆林清現經拏獲，訊據供認八卦教，今改名天理教，人數衆多，散布各處。山東東昌府一路，係李萬成爲首；曹縣一路，係徐安幗爲首；德州一路，係宋躍瀧爲首；金鄉一路，係崔士俊爲首，手下各數百人等語。崔士俊已正法，徐安幗已在長垣滋事，其東昌之李萬成、德州之宋躍瀧，尚伏而未動。著同興即選派妥幹員弁分往東昌、德州，不動聲色，密訪嚴拏，獲犯後，訊供由驛速奏。倘有抗違拒捕情事，即速調兵就地勦捕，毋任竄逸勾結。

又諭：前日據同興密奏，拏獲金鄉教匪張建木訊據供稱，傳教大頭目劉幗明告知這教山西最多，先收集山西多年，如今續收山東。其收西邊的人，係于克敬，係山西人，現在河南滑縣等語。又，現在拏獲突入禁城滋事匪犯之總教首林清供稱，八卦教今改爲天理教，有艮卦頭目王道瀧，在歸化城傳教等語。河南滑縣及山東定陶、曹縣等處教匪滋事，連陷數縣。于克敬一犯雖在河南滑縣，此時或潛回山西。其王道瀧一犯，現在歸化城。著衡齡即速選派妥幹員弁，不動聲色，密訪嚴拏務獲。拏獲後訊取供詞，由驛速奏。先須密爲布置，不可使聞風蠢動，倘有糾約拒捕情事，著即派兵立時撲滅，勿任竄逸勾結。

又諭：，有乾卦頭目華姓，現在宣化府，兑卦頭目王忠順，現在潼關，坤卦頭目魏正中，現在安慶。著貢楚克紮布、朱勳、胡克家即速選派妥幹員弁，密訪嚴拏務獲，拏獲後訊取供詞，由驛速奏。

《東華續録》嘉慶三六　甲申，首逆李文成等據滑縣，並屯縣屬之道口鎮，命温承惠赴河南，與高杞合兵勦之。同興專勦山東賊匪。

命松筠爲東閣大學士，仍留伊犁將軍。曹振鏞爲體仁閣大學士，托津、百齡爲協辦大學士。調鐵保爲吏部尚書，以德文爲禮部尚書，明亮爲左都御史。以胡長齡爲禮部尚書，轉汪廷珍爲禮部左侍郎，以王宗誠爲禮部右侍郎。調章煦爲吏部尚書，以周兆基爲工部尚書，轉吴烜爲吏部左侍郎，以吴璥爲吏部右侍郎。以周系英、鮑桂星俱爲内閣學士。

予獲匪被劫遇害河南滑縣知縣强克捷祭葬、世職。

《仁宗實録》卷二七四　諭軍機大臣等：本日温承惠奏，直隸長垣、東明、開州三處賊匪，俱在邊境滋擾，現已拏獲數十人，防堵尚易。惟河南濬縣有被攻之信，衛輝府城亦在危急，滑縣被賊占踞，另有千餘人分起屯聚，偷渡衛河。山東賊匪現亦竄入金鄉、濮州一帶等語。【略】又據素納奏稱，河南滑縣界内之賊，多於長垣，其爲首之犯，似在滑縣之内等語。看來河南賊勢甚張，尤當先往痛勦。著温承惠親統大兵隨路將直隸邊界肅清，即速馳赴河南，與高杞約會，將滑縣、濬縣及大伾山一帶之賊，合力夾擊，務將賊匪就地殲除，勿使與山東之賊連合。滑、濬之賊勦浄，即與同興、高杞會兵將曹，單之賊兜圍，一鼓殄滅。

乙酉，又諭：台斐音奏報，官兵連次痛勦賊匪，濬縣圍解，現在進攻滑城，尅期收復各緣由一摺。據稱本月十六日色克通阿率領將備行抵濬縣石羊村，有賊匪百餘人迎敵，官兵鎗礮齊發，登時打死數十人，生擒二人，餘匪逃逸。次日卯刻，色克通阿督兵行三里許，遇賊千餘人與官兵拒敵，經參將張拱辰、陳弼直前搏戰，賊衆驚潰，官兵追殺三十餘里，殲賊六七百人。午後趕赴濬縣城外，該匪約有二千餘人，占據山梁，縣城被圍，運河石橋阻隔，復經參將張拱辰、陳弼奮勇先登，搶過石橋，賊人抵死抗拒，官兵鎗箭齊發，打斃賊匪一千七八百人，擒獲活賊一百餘人。濬縣圍城立解，奪獲馬騾鎗刀旗幟甚多等語。所辦俱好。豫境賊匪嘯聚搶劫，兹官兵甫經接仗，即將該匪殲斃二千五百餘人，生擒一百餘名。可見該匪等不過烏合之衆，經此番殄戮，業已喪膽，指日大兵會集，四面兜圍，無難一鼓殲除。

軍機大臣會同刑部奏：審出太監楊進忠從逆。得旨：此案續獲從逆太監

楊進忠係由巡視南城御史及副指揮等偵捕嚴密，先行拏獲同謀之林四、趙增，從此究出楊進忠，俾要犯不致漏網，實屬可嘉。

《仁宗實録》卷二七五　丙戌，又諭：本月十五日首逆林清潛遣逆夥數十人突入禁城滋事一案，嚴訊現獲賊犯，據供太監内竟有逆賊六人與謀引路。其引賊入東華門者係劉得財、劉金二犯。引賊入西華門者係張太、高廣幅二犯。又，王福禄、閻進喜二犯在内接應。續據南城御史緝獲賊夥林四，又究出楊進忠一犯，亦由西華門引賊入内。該逆賊等罪惡滔天，爲從來所未有。除高廣幅一犯於是日經官兵殲斃外，其劉得財等六犯俱按名捕獲，無一漏網。【略】嗣後嚴諭總管首領太監等，俱不得任各處太監藉詞告假，獨自私出禁門。其有不得不暫時給假者，並著首領太監查問確實，限以時刻，必須兩三人同行，方准放出。如違，除本人治罪外，將該管首領太監一併治罪。至此數犯梟獍性成，本非常有。現在訊問明確，别無同黨之人，此外各太監等當感戴主恩，照常當差，安静守法，不必心生疑畏。倘有狡譎之徒，挾嫌誣扳，查明從重治罪，斷不冤及無辜。將此旨交總管内務府大臣轉交總管太監，通諭各等處太監知之，並著載入宫史。

《東華續録》嘉慶三六　丁亥，以果齊斯歡爲兵部右侍郎。

戊子，以寶興、黄鉞俱爲内閣學士。

己丑，諭：高杞奏，濬縣賊匪經前次官軍殲擒數千名後，餘匪竄回道口、滑縣等處，連日仍敢前來窺伺。該署撫督同色克通阿、張拱辰、陳弼，帶領備弁、兵丁，槍礮齊發，賊匪抵死抗拒，官兵奮勇直前，殲斃賊匪三百餘人，生擒六十一名，奪獲羸馬、器械甚多，搜出册檔四本，首葉開載有後天祖師林清字樣。提犯嚴審，内蔡成功一犯，衆賊呼爲蔡四大王，其僞職即係林清所封，濬、滑一帶聽伊句結、調遣，並有被獲之徐夢林一犯，亦受林逆僞封宰相。該署撫於審明後，即將該犯蔡成功等臠割示衆等語。

《仁宗實録》卷二七五　辛卯，免直隸長垣、開、東明三州縣未完新舊額賦，及口糧倉穀。

壬辰，撥長蘆運庫銀二十萬兩，解往直隸省城，以備軍需。

又諭：本日據高杞奏稱，滑、濬一帶屯聚賊匪約有二萬人，其附近村莊尚多潛匿。豫省兵力單弱，不敷勦辦。現已有旨傳諭富僧德，先帶西安馬隊官兵一千名馳赴高杞軍營，幫同勦捕。並諭穆克登布另派西安兵一千名，豫備軍裝等項，那彦成行抵西安，即自行統率續派官兵，或添調緑營兵五百名、一千名徑赴河南滑、濬一帶，相機進勦。彼時温承惠軍營亦近在該處，那彦成即接受欽差大臣關防總統辦理。將此傳諭知之。

《東華續録》嘉慶三六　癸巳，諭：【略】禮部尚書兼管太常寺事務德文，太常寺卿書興、朱紹曾，少卿舒甯、鮑勳茂，均應革職。從之。調成甯爲禮部尚書，以英和爲工部尚書。

《仁宗實録》卷二七六　冬十月甲午朔，賑直隸鉅鹿縣被旱災民，並給順德、廣平、趙三府州屬貧民兩月口糧。

又諭：現在未獲各逆李文成、劉幗明、徐安幗、于克敬、王學禮、馮克善六犯俱係震卦教大頭目，又前次突入禁門逆犯内祝現、劉第五係林清手下大徒弟，現在查拏尚無下落，必應嚴拏，盡法處治。此内李文成、徐安幗自係在滑縣、長垣起事匪徒股内，或潛赴直省勾結，亦未可定。其祝現、劉第五二犯於滋事後或逃往直隸一帶投歸夥黨。著章煦飭知地方文武員弁，嚴密查拏，勿任漏網。

乙未，又諭：温承惠等調集直隸、河南、山東三省大兵分投勦辦，其江南、陝、甘各路官兵，亦皆次第調發。近日復又由京簡派慶祥等帶同巴圖魯侍衛多人，統率火器、健鋭兩營官兵，前往進勦，尚有吉林、黑龍江勁兵啟程在途。即日數萬王師星馳雲集，諒此烏合之衆，何難一鼓殲除。【略】惟念真正賊匪本屬無多，其裹脅良民，被其逼迫，勉强隨行，若不爲區别，全罹鋒刃，大兵所到，玉石俱焚，於朕心實有不忍。今朕特施寬大之恩，凡有被賊裹脅入夥者，如果悔罪投誠，或聞官軍將至，各自散歸，或臨陣不敢抗拒，自行投出者，其從前陷賊之罪，概置不問。官軍等不得妄戮一人，地方官亦不得妄拏追問。若伊等能殺賊自效，將首逆及著名賊目，或生擒來獻，或割取首級投赴大營，一經驗明屬實，則不但赦其已往之罪，並當奏聞以恩賞。伊等具有天良，轉禍爲福，惟其自擇，切勿迷而不悟，久陷賊巢。此朕保全良善之苦心。若聞此諄諄誥誡，猶不知改悔，則是冥頑不靈，自取誅夷，罪在不赦。以上諭旨，著温承惠、高杞、同興等均即速謄黄，於所在地方遍爲張掛曉示。官軍接仗時，亦明白宣諭，使賊黨聞風解散，彼此離心，而真正賊目，亦必自相猜疑，其勢日孤，勦捕更易爲力。

《東華續録》嘉慶三六　丙申，祖之望以疾免，以韓崶爲刑部尚書，調董教增爲廣東巡撫，以朱勳爲陝西巡撫，慶炆爲陝西布政使。

丁酉，以恒敏爲湖南按察使。

辛丑，命温承惠、高杞、同興，俱受那彦成節制。

癸卯，山東鹽運使劉清勦賊於扈家集，大破之，賞布政使銜。

《仁宗實録》卷二七六　乙巳，同興奏：勦平曹、定賊巢十一處。

《東華續録》嘉慶三六　以攻克山東定陶、曹縣賊巢功，副都統銜蘇爾慎等下部議敘。

丙午，諭：逆賊林清滋事一案，温承惠【略】著革去總督，拔去花翎，賞給五品職銜，責令辦理那彦成一路軍營糧餉，以示薄懲。【略】其直隸總督員缺，著那彦成補授，那彦成未到任以前，仍著章煦署理。

諭：張鵬展奏確陳百姓平日不敢首告邪匪緣由，並見在裹脅情形，請區分良莠，聯民攻賊一摺，所論皆是。

調慶格爲山西按察使，錢臻爲直隸按察使。

《仁宗實録》卷二七七　己酉，密諭那彦成：本日接汝摺奏，憤恨極矣。大逆林清，勾結滑縣李文成，謀危社稷。現在李逆株守滑縣，機不可失，朕日夜焦急，寢食俱廢，望汝速勦大逆，奠安民社。不想汝到衛輝，遲疑不進，逗遛觀望，以等兵爲詞，大失朕望，具何肺腸，忍心病狂，天良何在？非阿桂之孫，非朕之臣，任汝爲之可也。近因温承惠遲迴貽誤，所以用汝，孰意汝之因循疲玩，更甚於彼。汝以世家滿洲，不及一山西人，有何顔面立於天地之閒乎？賊匪一日不滅，良民一日不安，汝一日不進兵，賊匪多裹脅一日。若等兵齊進勦，須至臘月，彼時賊匪又增數萬矣。況汝安坐衛輝，有何良策不令賊匪裹脅，又有何策不令賊匪竄逸，將此二策明白具奏。直入大内之逆黨，爲覆載所不容，稍有人心者，孰不思滅此朝食？而汝漫不關心，可恨之極！可恨朕屢用庸臣，敗壞國事，今日之旨，是汝生死關頭，信與不信，憑汝自議，擲筆付汝，好自爲之。三路進兵攻打桃源道口，以重兵圍住滑縣，勿令一賊潛逃，此爲上策。勉力辦理，稍贖重咎，朕計日以待捷音，汝若再有遲疑，朕永不見汝之面矣。

庚戌，諭軍機大臣等：昨因那彦成辦賊遷延，降旨嚴行申飭。本日同興奏，據獲賊目曹光輝供稱，豫省賊匪實係李文成爲首，滑縣城中是徐安幗掌管，裹脅約有二三千人，李家莊屯聚亦有二三千人，李文成被强知縣拏去，腿受重刑，現在李家莊養病等語。計滑縣城中、李家莊兩處之賊，道口桃源再有屯聚，總不過萬人，何以那彦成摺内云有三萬人？明係屬員捏報。現在帶兵已有萬餘人，以之進勦，何至棘手？著傳諭那彦成遵照諭旨，鼓勵將領弁兵，刻期進勦，勿稍延緩。李文成一犯，係極惡首逆，現因腿傷養病，正可乘其不能動移，設法擒獲。徐安幗亦係緊要賊目，若速將該二逆擒獲，則賊心渙散，定可一鼓殲除。該二逆擒獲後，若受傷不重，著派侍衛等管押解京，以便盡法處治，用彰國憲。

癸丑，又諭：豫親王裕豐所屬桑岱村居住之包衣閒散陳爽等黨惡多人，率先肆逆，於九月十五日在紫禁城内滋事。裕豐平日形同木偶，毫無知覺，非尋常失察可比，理宜革去王爵。但念此爵係裕豐之高祖多鐸由軍功所封，著施恩免其革爵，罰親王俸十年，以示懲戒。將此通諭各王及貝勒、貝子、公等，嗣後各將所屬包衣佐領人等留心稽查，倘有似此不守本分兇徒，即行拏報，斷不可姑容隱匿。

甲寅，給直隸開、長垣、東明三州縣被賊難民兩月口糧，並避難客民回籍路費。

《東華續録》嘉慶三六　命托津赴河南督辦軍務，户部右侍郎桂芳暫在軍機處學習行走。以海慶爲安徽按察使。

《仁宗實録》卷二七七　乙卯，又諭：巡視五城御史嵩安等奏公同辦理編查保甲一摺。都城爲搢紳萃集之區，編查保甲，自應視外省城鄉畧爲變通。所有五城地方，王公及大小文武官員第宅，著遵照前旨，令該本家自行嚴查。其餘軍民商賈吏役人等，以及庵觀寺院，均令一體編次，添設門牌，註明人口數目，責令互相稽察。客民投住鋪店寺廟者，令該屋主詢明來歷，填註循環號簿，送官查驗，儻有隱飾，別經發覺，從重治罪。至外城地方開設戲園，本無例禁，但演唱淫詞豔曲，及好勇鬬狠戲劇，於人心風俗大有關繫，著該御史等嚴行查禁，以端習尚。並著出示曉諭居民人等，如有家存奸盜邪淫小説及違礙經卷，或自行燒燬，或呈繳到官，巡城御史衙門彙送軍機處驗明查銷。

賑河南魯山縣被旱災民，給洛陽、鞏、登封、偃師、光五州縣災民一月口糧。緩徵林、涉【略】二十州縣新舊額賦。給安徽亳、蒙城、懷遠、宿、鳳陽五州縣被水災民一月口糧。

《東華續録》嘉慶三六　諭軍機大臣等：東省賊匪經同興督兵勦辦，悉數殲除，地方甯謐，辦理俱妥。惟聞東省因年歲歉收，兼遭賊匪焚掠，災民逃避四出，見聞本境安静，有由河南、江南、直隸轉回者，沿途甚多。該民人等蕩析離居，情殊可憫，著同興飭知地方官認真撫恤，務使糊口有資，不致轉徙失所，事定後各歸本業，用副朕軫恤災民至意。

《仁宗實録》卷二七七　己未，又諭：前因正黄旗漢軍兵丁曹幅昌從習邪

教，與知逆謀，該管都統等均有失察之咎，降旨將禄康、裕瑞革去都統、副都統，仍加恩賞給宗室四品頂帶。禄康以宗人府副理事官用，裕瑞以宗人府筆帖式用。茲據訊明曹幅昌之父曹綸聽從林清入教，經劉四等告知逆謀，允爲收衆接應。曹綸身爲都司，以四品職官習教從逆，實屬猪狗不如，罪大惡極。該管都統、副都統漫無覺察，其咎尤重。禄康、裕瑞著革去宗室四品頂帶，副理事官、筆帖式，即日俱發往盛京派令管束移居宗室各户，即在小東門外新建公所居住，永不敍用，以示懲儆。其該管之參領、副參領、佐領、驍騎校等不必交兵部議處，著即拏交刑部治罪。

庚申，諭内閣：京師編查保甲一事，節次降旨，飭諭順天府、五城實力辦理。並令步軍統領衙門認真稽查，現在各該衙門，均已恪遵妥辦。

又諭：八旗漢軍都統綿億等奏請酌定稽查屯居漢軍旗人一摺。八旗漢軍在屯居住者，散處於直隸各州縣，距京較遠，該管佐領等，例不准離城遠出，勢難查察。而該州縣官又以漢軍等身係旗人，向不歸其管轄，遂致此項旗人任其作奸犯科，毫無約束，不可不更定章程，以專責成。著直隸總督通飭該州縣，嗣後屯居漢軍旗人，一切户婚田土事件俱歸所隸州縣一體管理。

《東華續録》嘉慶三六　辛酉，以直隸籍及漢軍各科道失察林清謀逆、曹綸父子從逆，下部議，俱降調。

壬戌，兵部議奏：兵部尚書福慶等前任都統，失察曹綸謀逆，請照例革職。

十一月甲子朔，濬山東運河。

那彦成勦平道口賊巢，進圍滑縣。

《仁宗實録》卷二七八　丙寅，又諭：據初彭齡奏，定陶以北、城武、鉅野、鄆城等縣，近日仍多土賊，數十人成羣，搶奪村莊。武城縣並有欽賜檢討劉洙爲土賊頭目。又，嶧縣之常泥溝、郯城之馬頭鎮，均被土賊燒搶等語。山東曹縣、定陶賊匪，均已勦除净盡，而附近州縣尚不免有土賊乘機燒搶，著同興遴派文武幹員前往嚴密查拏。果有欽賜檢討劉洙潛充賊目，即拏獲究辦。其焚掠村莊之土賊，並著督率地方官嚴拏重懲，勿任煽聚擾害，又滋事端。

戊辰，又諭：逆犯林清滋事一案，現訊據夥黨各犯供稱，該逆勾引夥匪，皆先以財利引誘入教，久乃商謀逆情，該逆等並非無業之人。著直隸總督、順天府尹將此案審明首從各逆犯，如林清、曹綸等，按照旗籍，將各名下叛産悉行籍没入官，其每年應得租銀若干，詳細造册報部，歸入旗租項下，以備每年加賞八旗兵丁之用。該督等督飭所屬，實力清查，毋任吏胥等隱匿侵欺，致滋弊竇。

《東華續録》嘉慶三六　辛未，給河南濬、滑二縣難民兩月口糧，及避難客民回籍路費。

壬申，上廷訊逆犯曹綸等，磔於市。

命山東截留漕糧六萬石備賑。

調陳觀爲山西布政使，陳桂生爲江甯布政使。

癸酉，定順天府屬州縣官歸府尹考察、升調。

乙亥，命在京各部院甄汰衰庸官。

《仁宗實録》卷二七八　丙子，諭軍機大臣等：前日據那彦成奏，訊據獲賊供稱，馮克善於八月内已往德州。本日據方受疇盤獲賊犯車得新等，亦據供稱，大頭目馮克善因與李文成不和，現已前往德州等語。該逆係與李文成、牛亮臣商同起事之人，爲賊緊要頭目。此次前去德州，斷非在彼潛匿，必係勾結同教之人又圖滋事。【略】該處本有教首宋躍漋一犯飭拏未獲，今馮克善又復潛往，看來山東逆夥尚多，並聞附近州縣時有焚搶村莊之事，難保無匪徒互相糾應，不可不加意防範。同興駐劄德州，著即迅速遴派文武幹員星夜馳赴德州嚴查馮克善及宋躍漋蹤跡，務得切實下落，設法擒獲。

又諭：據同興奏，拏獲武城縣土賊辦理一節。此案拏獲國子監助教銜劉竹一犯，自即係初彭齡所奏之劉洙，該犯膽敢乘邪教滋事，編造狂悖詩句，縱令子姪糾搶，可惡已極。著該撫親提嚴訊，是否曾入邪教，與匪徒勾串？如止於糾搶，已當斬決梟示，如滋擾地方，戕害多人，即照叛逆之律問擬。其子劉昆起等，現均在逃，即嚴緝務獲。其蘭峰一帶匪徒，並嚴飭文武官認真稽查，毋稍大意。

《東華續録》嘉慶三六　丁丑，托津奏：勦滅開州賊匪。

戊寅，以文孚、齊布森俱爲内閣學士，扎拉芬、蔣予蒲俱爲左副都御史。

己卯，命直省督撫舉劾道、府以下官。

《仁宗實録》卷二七九　壬午，免安徽亳、蒙城、懷遠、鳳陽、宿、盱眙、五河七州縣水災旱災額賦，並緩徵靈璧、定遠【略】十九州縣新舊漕糧額賦有差。賑亳、蒙城、懷遠、鳳陽、宿五州縣災民。給泗、盱眙、五河、鳳陽、靈璧五州縣暨屯坐各衛一月口糧。

《東華續録》嘉慶三六　甲申，李文成奔輝縣之司寨山，那彦成分兵躡之。

乙酉，申命直省各督、撫甄别藩、臬以下官。

賑山東曹州府、濟甯州被賊難民。

丙戌，申嚴誣告叛逆之禁。

丁亥，以明亮爲户部尚書。調景安爲左都御史，和世泰爲理藩院尚書。

《仁宗實録》卷二七九　以緝獲山東逆犯宋躍漋，同知武隆阿等下部議敘。

戊子，諭内閣：那彦成等奏，官兵截勦輝縣竄匪，全數殄滅，殲斃逆首李文成及賊首劉幗明一摺，所辦可嘉之至。【略】該將領及滿漢官兵等倍常奮勇，宜加優奬。色爾袞、德寧阿著加恩各賞加都統銜；楊芳、特依順保著加恩各賞加提督銜，即先换一品頂帶。該四員仍俱賞給雲騎尉世職。其本有世職者，准其再兼一雲騎尉。乾清門三等侍衛伊勒通阿身受六傷，賈勇力戰，著加恩超陞爲乾清門頭等侍衛，仍賞給勁勇巴圖魯名號，著加賞四喜玉搬指一個，花大荷包一對，小荷包二個。又發去玉柄小刀十把，珐瑯翎管十個，瓷翎管十個，瓷搬指套十個，分賞出力官弁。一兩重銀錁二百個，五錢重銀錁二百個，一兩重銀牌一百面，五錢重銀牌一百面，分賞出力兵丁。仍著那彦成等秉公查明官弁兵丁内，奮勇出力應行奬擢者，據實保奏，候朕施恩。陣亡之吉林委參領福林德著加等照參領例賜卹。逆首李文成著於剉屍後傳首河南、直隸、山東滋事地方示衆，劉幗明亦著剉屍梟示。其餘擒獲賊目韓得衆等審明即於該處正法。此股竄匪洗蕩净盡，殲厥渠魁，滑城長圍已合，餘賊聞風喪膽，著那彦成等迅速進攻，竢俟捷音，再加懋賞。將此通諭中外知之。

諭軍機大臣等：據同興奏拏獲逆黨宋躍漋，訊供逆首馮克善從滑縣走出，於十一月初十日到該犯家中，十五日該犯送至景州，由獲鹿前赴山西等語。該逆馮克善甫於十一月十五日自景州起身，前赴山西，由直隸境内行走，計尚未能遠颺，該署督迅飭各屬，按照所供年貌，嚴密查拏。逆匪李文成、劉幗明等俱已殲斃，滑縣指日克復，惟查拏潛逸匪徒最關緊要。所有著名逸犯徐安幗、牛亮臣等現在滑縣固守，此外馮克善一犯，即係最要逆目，該署督當督飭各地方文武員弁認真設法踹緝，如能弋獲，必將獲犯之人優予恩施，勉之毋怠。將此傳諭章煦知之。

《仁宗實録》卷二八〇　十二月丙申，賑河南祥符、陳留【略】六十七廳州縣，疊被水旱災民。給封邱、陽武、新鄉、獲嘉、輝、林六縣被賊難民兩月口糧。

《東華續録》嘉慶三六　辛丑，申禁民間聚衆結會。

以東三省官兵技藝優嫺，命五年一次挑送京營。

壬寅，以直隸獻縣捕獲馮克善，加章煦太子太保，擢知縣張翔爲知府。

《仁宗實録》卷二八〇　撥兩淮鹽課銀一百二十萬兩，解往河南備用。

《東華續録》嘉慶三六　甲辰，詔：奬直隸等三省團練、義勇，及防護各地方紳士、耆民。

《仁宗實録》卷二八〇　乙巳，諭軍機大臣等：本日據朱勳奏報，前月二十九日陝西岐陽縣三才峽地方有匪徒四五百人，持械掠食，旋經竄至盩厔縣山内獨獨河一帶，裹脅民人東竄，計有八九百人。又小王澗亦有賊三百餘人搶掠糧食，並有旗幟刀矛。現經該撫派員與總兵吴廷剛兩面堵勦等語。陝省地方又有匪徒滋事，雖據奏係饑民掠食，但已有千人之衆，現已有旨諭令長齡帶兵來陝督辦。一俟滑城攻克，著高杞即帶領西安滿兵並酌帶陝甘兵一二千名，由潼關取道速赴南山，幫同長齡勦辦。

《東華續録》嘉慶三六　丙午，那彦成奏：攻克滑城，賊渠宋元成、劉宗順、馮相林伏誅，牛亮臣、徐安幗、王道漋就擒。

諭：突入禁門逆案，軍機大臣等晝夜宣勞，除勒保病假在家、近甫銷假入直外，董誥、盧蔭溥著交部從優議敘。桂芳自托津出差、派令入直，奉職克勤，著即在軍機大臣上行走，仍交部議敘。松筠、曹振鏞職任綸扉，俱著加恩，晉加太子太保銜。劉鐶之、英和督緝認真，俱著加恩，賞加太子少保銜。百齡、同興辦理防勦事宜，奮勉出力，俱著加恩賞加太子少保銜。軍機章京、通政使司參議姚祖同，著交部從優議敘。此外各章京，著軍機大臣查明尤爲出力者，保奏數員，交部從優議敘，其餘各員並著交部議敘。所有此次議敘各員，均照軍功例議給。

命吴璥赴東河查勘湖河事宜。

《仁宗實録》卷二八〇　丁未，給直隸元城、大名、南樂、清豐四縣被旱災民兩月口糧。給安徽靈璧、鳳臺、盱眙、泗、五河五州縣被水被旱災民一月口糧。

戊申，又諭：御史卓秉恬奏嚴禁吏役索詐一摺。編查保甲，原爲除莠安良，各地方官若果親身查察，自不致有吏役索詐之弊。著步軍統領、順天府、五城暨直省督撫等各飭所屬，將簡明條約刊示閭閻，如胥吏甲長有斂錢抑勒等情，令該户民即時首告，查明從重懲處，庶良法奉行，日久無弊。

《仁宗實録》卷二八一　己酉，諭軍機大臣等：滑城業經攻克，逆賊首夥，殲獲無遺，軍務大局已定。惟陝省山内匪徒糾衆搶糧一案，前已降旨令長齡即速帶兵查辦。【略】該匪等因乏食滋擾。先衹聚衆四五百人，今已有一千二百餘

人，長齡等當迅速辦理，或曉諭解散，或整兵撲滅。一經辦竣，先由六百里奏聞，以慰廑注。

《東華續録》嘉慶三六　庚戌，以徵瑞爲工部右侍郎。

山東教匪首逆朱成貴伏誅。

《仁宗實録》卷二八一　定傳習邪教治罪條例。

辛亥，又諭：現在軍務甫蕆，人心尚未能十分安定，東省此時留兵三千名，分駐曹州、東昌等處彈壓，自應如此辦理。其善後最要機宜，全在撫卹饑民，東省連年荒歉，兵燹之餘，十室九空，饑寒交迫，聚而掠食，恐所不免。若成羣結隊劫奪村莊地方，安能不拏此等饑民與叛民迥異？叛民如林清、李文成等謀爲不軌，即概予誅夷，無可矜憫。至饑民因救死覓食，若不加收卹，使之激而生變，哀哀赤子，困於歲復困於兵，朕體天地好生之心，思之實爲不忍，同興不可專顧軍需，遂忘盡心民瘼。伊等本有分設粥廠之議，但小民流離轉徙，道路遥遠，或酌帶銀米沿途散給，更爲有益，多盡一分心力，即多活無數生靈。將此傳諭知之。

壬子，諭内閣：昨諭京城内外編查保甲，聞前三門外各街巷辦理頗爲嚴密，其附近圓明園一帶地方，僅立門牌，至今並未清查編次。該御史等家在都城，辦公即以自衛，於稍遠之處，即意存玩視，豈實心任事之道？著都察院堂官即傳知該巡城御史，限十日内，將圓明園附近之南海淀、陳府水磨、蕭家河、樹村、清河一帶地方，逐户挨查，詳審編排，不得草率遺漏。如有逾限未辦及草率從事者，都察院堂官據實劾參，限内辦竣者，將辦理情形依限奏聞。其近京各村莊，凡隸五城所屬者，俱著一體上緊編查。

又諭：本日禮部等衙門年終彙奏稽察廟宇一摺。京城内外各廟宇，不准外來遊方僧道，及來歷不明之人潛行居住。向由禮部等衙門派員稽查，年終具奏一次，現當編查保甲之時，所有京城内外大小庵觀寺院，尤應稽察嚴密，勿令宵小潛蹤。

《東華續録》嘉慶三六　癸丑，以岐山縣賊勢漸張，命楊遇春率吉林、黑龍江兵往勦之。

《仁宗實録》卷二八一　給陝西孝義、寧陝【略】二十四廳州縣被水災民口糧。貸南鄭、城固、洋、西鄉、寧羌、留壩、褒城七廳州縣倉糧有差，並平糶安康、平利、白河、紫陽、洵陽、石泉、漢陰、鄜、洛川、中部、宜君十一廳州縣倉穀。

諭軍機大臣等：本日朱勳等奏，南山匪徒裹脅至三千餘人，且鳥槍器甚多，沿途放火傷人，勢漸鴟張，若不迅速撲滅，恐裹脅愈多，辦理又致費手。除已飛飭長齡帶甘肅兵一千名前往督辦外，楊遇春熟悉該處情形，聲威素著，此旨到後，著該提督即日挑帶吉林、黑龍江兩處馬隊六百名，令色爾衮、達斯呼勒岱二人管帶，隨同前往，迎頭協勦。

《東華續録》嘉慶三六　戊午，免河南被賊滋擾之滑、濬二縣新舊賦額。

是歲，朝鮮、琉球、暹羅、越南入貢。

嘉慶一九年（甲戌、一八一四）

《仁宗實録》卷二八二　春正月庚午，展賑直隸平鄉、南和【略】十二縣上年被水被旱被雹災民有差。貸邢臺、沙河【略】十五州縣口糧有差，並給籽糧牛具。展賑河南祥符、陳留【略】三十二廳州縣上年被水被旱災民。給洛陽、偃師【略】九州縣歉收及被霜貧民一月口糧。並貸虞城、安陽【略】三十七州縣貧民籽種口糧。展賑安徽亳、蒙城、懷遠、鳳陽、宿五州縣上年被水被旱災民。

癸酉，諭軍機大臣等：汪志伊等奏，閩省牌甲保長，人多畏避承充，皆由易於招怨。今擬將緝拏人犯、催徵錢糧二事，不派牌甲保長，專責成以編查户口、稽察匪類，凡有匪徒藏匿，令其密禀地方官，作爲訪聞，俾免招怨等語。人果存心公正，何慮怨尤，惟私心不免，遂喜市恩而畏招怨。近日内外臣工竟成通病，此等微末牌長，又何足責。所有緝拏人犯、催徵錢糧二事，自無庸再派伊等管理。至既責以稽查户口，即當予以糾察之權，如果地方藏匿匪徒，正當令其指名首報，俾匪黨共知畏憚，不敢潛蹤，若令密禀地方官作爲訪聞，則匪徒不懼甲長，何以除莠安良乎。至所稱甲長等三年後果有成效，加以獎賞，其怠玩者，隨時革究，自應分別懲勸。其畬民熟番，久與齊民無異，俱當一律辦理。又沿海及内河大小船隻，藏奸濟匪，均所不免，所議設簿登記、按季查點以昭嚴密之處，亦應照所議行。將此諭令知之。

甲戌，河南滑縣首逆牛亮臣、馮克善悉凌遲處死。

《東華續録》嘉慶三七　丙子，諭軍機大臣等：長齡等奏，連日痛勦賊匪，拏獲僞軍師、僞先鋒，及催兵分路進勦緣由一摺。

壬午，諭：上年冬間，據陝西巡撫朱勳奏稱，岐山縣三才峽地方有饑民聚衆滋事之案，查係萬五爲首，該逆等因木商停止工作，無處傭工，輒敢糾人焚掠，不

法已極，當派長齡、楊遇春前往督辦。本日據長齡等奏稱，萬五股匪經吴廷剛帶兵連次追剿，殲獲匪黨多名，該逆窮蹙奔潰，由太白老林竄入盩厔山内。長齡復派副將達凌阿、參將丁永安帶兵協剿，於山内設伏以待，該逆竄出寛溝，伏兵槍箭齊發，該逆身帶槍傷，經眼目、縣役江貴認明擒獲，餘匪剿除浄盡等語。

以戴均元爲吏部右侍郎，吴璥爲河東河道總督。

癸未，以許兆椿爲刑部左侍郎，慶保爲貴州巡撫，調常格爲江蘇布政使，福昂爲浙江布政使，以常發祥爲貴州布政使，調陳若霖爲四川按察使，以嚴烺爲湖北按察使。

命：自立春以後，定擬逆犯情節次重者，量從輕減。

《仁宗實録》卷二八三　現在各省編查保甲，實爲除莠安良要務。其收繳練勇器械，並安設塘汛堆卡，酌派弁兵盤詰奸宄各事宜，惟在該督撫實力奉行，自足以收成效。

《東華續録》嘉慶三七　甲申，諭軍機大臣等：長齡等奏洋縣竄匪踹淺過江，分別督辦一摺。

《仁宗實録》卷二八三　又諭：上年審辦林清逆案，經軍機大臣會同刑部，將緝獲案犯鞫訊定擬，分别情罪最重次重，奏明辦理。此等梟獍之徒，糾謀倡亂，覆載不容，必當盡法處治，以快人心。但人數衆多，其實係鄉愚無知，被誘脅從者，亦所不免，一經與知逆謀，不得不按律懲辦。朕每於無可寛宥之中，求其有一綫可原者，量爲改減。自去年九月以後，節次審辦，計已二百餘犯。本年正月十二日，又辦理牛亮臣、馮克善等犯，仍在立春以前，現當春陽應候，宜乘時布澤，以迓祥和，著傳諭軍機大臣、刑部堂官，自立春以後審擬各逆犯，如祝現、劉第五、劉呈祥、支進財、董伯旺、劉成章等，仍按律寸磔，以彰國憲。其餘情節最重者，問擬凌遲；情節次重者，即改爲斬決；情節又次重者，即改爲斬監候，分別定擬具奏。

《東華續録》嘉慶三七　丁亥，諭軍機大臣等：蘇楞額奏，嚴禁海洋私運一摺。

己丑，諭軍機大臣等：長齡等奏，剿浄麻大旗等股匪，寶隴肅清。其尤九、陳四一股，經吴廷剛等追至甯陝地方，冒雪進攻，殲擒七百餘名，並生擒僞元帥尹朝貴等。嗣賊匪分起東竄，又經參將張起鰲剿斃三百餘人，賊勢已就衰敗。

庚寅，諭軍機大臣等：本日據賽沖阿奏稱，該將軍追剿渡江竄匪，於本月十九日追至木竹壩地方，適遇該匪由老漁壩竄至，該將軍親身督戰，將賊首楊榮翠獲，殲斃賊匪五百餘名，其後隊苗小一所帶緑號匪衆千餘，竄回漢江北岸，該將軍仍帶兵緊躡等語。

《仁宗實録》卷二八三　辛卯，諭軍機大臣等：陝省山内匪徒滋事緣由，上年十二月間，朱勳初次奏報，即稱該匪等係木厢傭工之人，因停工乏食，糾夥搶糧。以後每次奏報，亦均以饑民爲詞。而焚掠傷人，擾害日甚，且裹脅人數，動輒數千，旗幟鎗礮，無所不有。試思鎗礮二項，豈能倉猝製辦？今計每次接仗，官軍搶獲者爲數不少。又如騾馬一項，楊遇春剿殺麻大旗一股，即奪獲七百餘匹。該匪等沿途搶劫，亦豈能如此之多？看此光景，恐非盡屬饑民，地方官迴護平日失察處分，托詞卸過，必須大加懲創。著長齡詳細確查，此事如係饑民，則地方官有諱災之罪，如係邪教，則地方官有失察之罪，務將確情秉公具奏，毋稍含混。

《東華續録》嘉慶三七　壬辰，以成書爲泰甯鎮總兵官，轉果齊斯歡爲兵部左侍郎，調普恭爲兵部右侍郎，轉禧恩爲理藩院左侍郎，以那彦保爲理藩院右侍郎。

《仁宗實録》卷二八四　二月丁酉，長齡奏：生擒首逆陳四，並尹朝貴零匪全數殄滅。

戊戌，賽沖阿奏：追剿漢江北岸紅號、緑號股匪，並生擒首逆羅懷等。

《東華續録》嘉慶三七　壬寅，以哈甯阿爲内閣學士。

《仁宗實録》卷二八四　賽沖阿等奏：剿除青、藍、紅、緑四號股匪，將首逆苗小一殲斃一摺。

又諭：向來雲南土貢，例進銅鑪，浙江歲進嘉鑪，湖鏡，兩淮歲進銅火盆。相沿已久，歷年所積，宫内存貯者甚多。朕愛惜物力，思以有用之銅斤，庋之無用之地，殊爲虚擲。現在錢局官銅，未爲豐裕，若省此耗費，俾廣爲流通，於鼓鑄不爲無益。著傳諭該督撫鹽政，此數項銅器，嗣後無庸呈進。則鑄造者少，而地寶胥歸利用矣。

癸卯，諭軍機大臣等：長齡等奏，剿滅吴抓抓股匪，並將首逆吴抓抓、吴奇殲斃一摺。

甲辰，諭軍機大臣等：據御史傅棠奏稱，浙江各府屬山勢深峻處所，多有外來遊民租場斫柴，翻掘根株，種植苞蘆，以致土石鬆浮，一遇山水陡發，衝入河

流，水道淤塞，瀕河隄岸多被衝決，淹浸田禾，大爲農人之害。其遊民多係來自福建、江西、安徽等省，成羣結伴，自數十以至百數，散處各山，無人稽察，不可不嚴行禁止等語。此等無籍遊民，租場開墾，既有礙水利，兼之百十爲羣，往來無定，難保日久不滋生事端。初彭齡、董教增前任安徽巡撫時，曾將安徽省租典山場遊民奏定章程，嚴立限期，勒令退山回籍。今浙省租場開墾情形，與安省稍有不同，著李奕疇倣照安省奏准之例，察看情形，酌量變通，將此項遊民如何定限勒令退山回籍之處，妥議章程奏明，分飭所屬，認真辦理。將此諭令知之。

《東華續録》嘉慶三七　丙午，諭軍機大臣等：松筠等奏，駮飭霍罕來使，見已傾心感服一摺。

《仁宗實録》卷二八五　戊申，諭内閣：御史孫汶奏，請申明舊例，嚴禁奸商，以裕民食一摺。囤積之弊，例禁綦嚴，而奸商牟利居奇，巧爲緣飾，或分囤數處，或集夥販運，避囤積之名，而陰居其實，糧價昂貴，職此之由。著地方官認真訪查，勿任壟斷網利，其胥吏等有賄縱訛詐者，一併嚴拏懲辦，毋稍寬縱。

《東華續録》嘉慶三七　辛亥，以生擒逆首龔貴，殲盡餘匪，賞長齡騎都尉世職。

以周系英爲兵部右侍郎。

《仁宗實録》卷二八五　壬子，給陝西被賊滋擾之洋、西鄉、城固、褒城、留壩五廳縣村莊兩月口糧。

《東華續録》嘉慶三七　丙辰，諭：松筠奏，查明喀什噶爾已革阿奇木伯克玉努斯邀功妄殺四命，並其餘苦累回衆各款一摺。【略】鐵保著革職，發往吉林，交該將軍富俊等派撥當差。其原任喀什噶爾幫辦大臣、伊犁總兵哈豐阿，著革職發往烏嚕木齊當差。當日隨同審辦之額外主事豐安、主事銜拜淩阿，均著革職，發往伊犁效力。

命陝西被賊地方各幼孩無家可歸者，官爲收養。

調英和爲吏部尚書，以蘇楞額爲工部尚書，調果齊斯歡爲户部右侍郎，轉普恭爲兵部右侍郎，調常福爲兵部右侍郎，轉徵瑞爲工部右侍郎，調穆克登額爲工部右侍郎，轉成格爲刑部左侍郎，以成林爲刑部右侍郎，台斐音爲廣西巡撫，調慶汶爲河南布政使，以盛惇崇爲陝西布政使，徐炘爲江西按察使。

丁巳，王集以疾免，以戴均元爲左都御史，顧德慶爲吏部右侍郎。

壬戌，諭：賽沖阿等奏報，南山老林内外、漢江南北全行肅清一摺。

閏二月甲子，勒保以病乞解任，命仍留大學士，在家食俸。以和甯爲禮部尚書，文甯爲熱河都統，轉秀甯爲吏部左侍郎，調佛住爲吏部右侍郎，穆克登額爲禮部右侍郎，那彦寶爲工部右侍郎，以英綬爲理藩院右侍郎。

乙丑，以姚文田爲内閣學士。

丁卯，諭：散秩大臣並無辦事之責，嗣後無論正委，如有擢至都統者，俱無庸兼散秩大臣。著爲令。

戊辰，上閲火器營兵。

庚午，諭：滑縣知縣強克捷猝遭逆匪搆亂，慘及全家，殊堪矜憫，著於韓城縣爲之建立專祠，將強克捷並伊家從難者一併列祀，以旌藎節。又據章煦奏稱，逆匪馮克善於上年劫出李文成、突入縣署時，將強克捷戕害，強克捷有女挺身罵賊，不受汚辱，慘被賊匪倒釘廳柱，臠割斃命，並著查明，據實聲敘，奏請建坊，以慰貞魂。

辛未，諭：侍講學士蔡之定奏請行用楮鈔一摺。此奏泥古迂謬，斷不可行。

甲戌，諭：松筠奏，審明玉努斯邀功捏報、妄殺四命，及擡價賣糧、苦累回衆各款，分别定擬一摺。【略】玉努斯著加恩免死，解往伊犁永遠監禁。

丙子，展賑陝西被賊滋擾之盩厔等八州縣，並予修屋銀。

《仁宗實録》卷二八六　諭内閣：長齡等奏籌辦善後事宜一摺。陝省南山匪徒，現當勦除淨盡之後，所有撫綏彈壓各事宜，自當加意整飭，俾地方益臻寧謐。【略】又所奏木商傭工給予執照一款，此次山内滋事匪徒，大抵皆木廂傭工之人，該商等平時招募工作，不分良莠，以致藏垢納汚。此後稽查約束，自當嚴定章程。著照所請，令州縣查明境内木廂紙廠處所，發給該商執照，將所雇工匠姓名鄉貫，造册交鄉約甲長查察。其外來傭工，亦令先投鄉保等，問明姓名鄉貫，另册呈報，按照保甲之法，認真稽查，以時增删，日久毋懈。

丁丑，撥湖北安陸、應城、黄岡三縣倉穀四千石，運赴應山縣平糶。撥房縣餘存秋米，運赴鄖陽、竹山、竹谿、保康、房、鄖西六縣平糶。

《東華續録》嘉慶三七　戊子，以恩甯、玉福、熙昌俱爲内閣學士。予死事河南滑縣教諭吕秉鈞、巡檢劉斌、典史陳寶勳世職。

調盛惇崇爲甘肅布政使，何銑爲陝西布政使。

纂輯《全唐文》告成。

三月己亥，上親耕耤田。

諭：宗室鄉、會試取中用一文一詩，已屬優異，若不加以覆試，無以鑒别真才。著自本科爲始，宗室會試中式者，傳集在圓明園正大光明殿覆試，届期禮部奏明，另定試期，無庸與本科中式貢士同日，其試題仍用一文一詩。著管理宗人府之王公等，先期傳示應試各宗室舉子，俾共聞知。

癸卯，以長齡爲伊犂參贊大臣。加都統銜先福爲陝甘總督，阮元爲江西巡撫，桂芳爲漕運總督。調常福爲户部右侍郎，以禧恩爲兵部右侍郎，轉英綬爲理藩院左侍郎，以玉福爲理藩院右侍郎。以朱理爲内閣學士，調張師誠爲江蘇巡撫，以陳預爲福建巡撫，調陳希曾爲刑部右侍郎，以鮑桂星爲工部右侍郎。

甲辰，加明亮太子少保，賞雙眼花翎。

己酉，諭：莊親王緜課等奏會議裕豐罪名一摺。裕豐上年九月初十日聞知祝海慶等首告謀逆，若立時奏報，迅將匪黨查拏，則十五日禁城之變可以先事消弭。【略】裕豐賦性懵愚，不能復列屏藩，業已革去王爵，加恩免其圈禁，即令在王府外間房居住，不准出門閒遊，令其閉門思過。

庚戌，齊布森以讀本錯誤降調，以常亮爲内閣學士。

甲寅，調明亮爲左都御史，和甯爲兵部尚書，景安爲禮部尚書。

戊午，皇后行躬桑禮。

夏四月壬戌朔，以直隸米價翔貴，撥天津北倉米二萬二千石有奇備糶。

丁卯，諭軍機大臣等：常明等奏涼山生番出巢滋事會商勦辦緣由一摺。涼山生番因夷地歉收，分股四出，於銀廠溝、那裏溝、東鄉縣一帶焚掠滋擾，自應懾以兵威，迅速勦辦，毋令蔓延爲患。

庚午，李亨特著先在部枷號半年，再發往黑龍江效力贖罪。

辛未，以福勒洪阿爲内閣學士。

乙亥，上閲健鋭營兵。

己卯，以裕豐弟裕興襲豫親王爵。

以陳奏掩飾解尚書任，以瑚圖禮爲兵部尚書。轉穆克登額爲禮部左侍郎，以寶興爲禮部右侍郎。

庚辰，調徐炘爲湖南按察使，恒敏爲江南按察使。

壬午，［桂芳］著加恩晉贈太子少保、加尚書銜，【略】予桂芳祭葬，謚文敏。以李奕疇爲漕運總督，許兆椿爲浙江巡撫，轉陳希曾爲刑部左侍郎，以朱理爲刑部右侍郎。

丙戌，賜龍汝言等二百二十六人進士及第、出身有差。

丁亥，諭：朱勳奏，查明强克捷二子先經回籍，並隨任被戕親屬一摺。【略】强克捷著加恩賜謚忠烈，賞給騎都尉世職罔替。伊長子强逢泰即著承襲騎都尉，服闋後送部引見。次子强望泰著賞給舉人，文武聽其自便，准其一體會試。强克捷長媳徐氏抗節不辱、挺身罵賊，致被活釘、臠割，抛棄遺骸，尤爲可慘，著賜謚節烈，誥贈恭人，照例建坊旌表。並著朱勳遵照諭旨，在韓城縣爲强克捷建立專祠，前層設强克捷牌位，後層設節烈恭人牌位。其從難三十五人，俱分次設牌從祀，地方官春秋致祭，以慰忠貞。初次致祭著巡撫朱勳親詣拈香，至韓城縣地方登仕籍者知强克捷之忠良。前大學士王杰正色立朝，亦籍隸該縣，士風湆茂，宜示優旌，著加恩賜祭一壇，仍將韓城縣文、武學額各增五名，永著爲例，用示朕獎忠勵俗之至意。

己丑，以王以銜爲内閣學士。

五月乙未，諭軍機大臣等：松筠等奏，吐魯番回衆交糧當差，頗覺苦累，必須量爲調劑，該處地方宜種木棉。

成林革職逮問，調那彦寶爲刑部右侍郎，英綬爲工部右侍郎，轉玉福爲理藩院左侍郎，以熙昌爲理藩院右侍郎。

丙申，許兆椿以疾免，調陳預爲浙江巡撫，以王紹蘭爲福建巡撫。調李長森爲福建布政使，以額特布爲雲南布政使，史致光爲雲南按察使。

《仁宗實録》卷二九〇　諭内閣：長齡等奏，籌撥寧陝裁兵餘地，請由營員經理，備支公用，並酌添兵食一摺。陝省寧陝鎮及漢中協籌撥營田，原照舊額兵數置買，嗣將寧陝鎮裁徹，漢中協改鎮，其裁去兵丁餘出地畝，交地方官招佃，收租變價，以備營中公用。兹據長齡等奏，漢中鎮各營，均係折色餉銀，全賴營地租糧藉資接濟。各營地畝，歷年水衝沙壓，租糧多有豁免，馬步兵丁得項較優，尚可支持，守兵關餉最少，生計維艱。著加恩將寧陝裁兵餘出地畝，自嘉慶十九年起，仍歸各營招佃收租，除每年營中公項變價動支外，餘糧匀給領糧最少之兵，俾資接濟，仍著地方官監放，將收支細數按季報明督撫，以杜侵蝕。

《東華續録》嘉慶三七　丁酉，調慶炆爲山東布政使，以諸以謙爲河南布政使，和舜武爲河南按察使。以程國仁爲山東按察使。

辛丑，予死事河南濬縣從九品徐沅世職。

丙午，以阿隆阿爲内閣學士。

《仁宗實録》卷二九一　戊申，又諭：據富俊特依順保等奏，郭爾羅斯副盟長公固嚕紮布，所請分定蒙古地方交界，礙難辦理，請旨等語。

庚戌，以蔣予蒲、穆彰阿俱爲内閣學士。

丁巳，成都將軍賽沖阿等奏，進勦涼山番賊，殲斃爲首兇夷畢格等。

六月庚申朔，日有食之。

壬戌，福昂緣事降調，調額布特爲浙江布政使，以劉清爲雲南布政使。調史致光爲貴州按察使，伊湯安爲雲南按察使。

甲子，史積容緣事革職，以葉紹楏爲廣西布政使。張凱元緣事革職，以趙慎畛爲廣西按察使。

甲戌，四川涼山逆番平。

辛巳，潘世恩丁母憂，調劉鐶之爲户部尚書。以初彭齡爲兵部尚書，仍署江蘇巡撫。蔣予蒲爲倉場侍郎。

《仁宗實録》卷二九二　甲申，以刑部尚書崇禄、吏部左侍郎吴烜、禮部右侍郎寶興充經筵講官。户部右侍郎黄鉞署經筵講官。

《東華續録》嘉慶三八　秋七月己丑朔，以彭希濂爲内閣學士。

庚寅，諭：宗室普庭准其減等，令回至盛京，在該處移居宗室公所酌給房屋居住。嗣後，緣事發遣宗室，其由盛京釋回者，即令回京，由吉林、黑龍江釋回者，即令在盛京居住。著爲令。

調李長森爲江甯布政使，陳桂生爲福建布政使。

癸卯，蔣繼勳緣事降調，以康紹鏞爲安徽布政使。

辛亥，諭：劉清上年在山東帶兵勦賊，民情甚爲愛戴，雲南布政使一缺與伊不甚相宜，著以二品頂帶，仍留山東鹽運使之任。雲南布政使員缺，著趙宜喜補授。調陳預爲山東巡撫，以顏檢爲浙江巡撫。調和舜武爲廣東按察使，以韓克均爲河南按察使。

壬子，以熙昌爲工部右侍郎，蘇沖阿爲理藩院右侍郎。調韓克均爲雲南按察使，伊湯安爲河南按察使。

丁巳，以楊頀爲江蘇布政使，廣慶爲浙江按察使。調慶格爲江蘇按察使，楊懋恬爲山西按察使。

八月癸亥，免河南被賊滋擾之滑縣等二縣新舊額賦。

甲子，諭軍機大臣等：初彭齡奏查辦虧空，嚴禁密奏之弊一摺，所奏甚是。以安徽合肥等四十州縣水旱災，撥藩庫銀二十萬兩，採買米穀平糶。

戊辰，調成格爲工部右侍郎，轉那彦寶爲刑部左侍郎，調熙昌爲刑部右侍郎。

辛未，大學士勒保再以疾乞致仕，允之，予食伯爵全俸。命托津爲東閣大學士，管理户部。以明亮爲兵部尚書，協辦大學士。調瑚圖禮爲户部尚書，以伊沖阿爲左都御史。

乙亥，胡長齡以疾免，以戴均元爲禮部尚書，茹棻爲左都御史。

丙子，以王以銜爲工部左侍郎。

戊寅，上啟鑾謁東陵。免經過地方額賦十分之三。

辛巳，召素納來京，以錢臻爲直隸布政使，李鑾宣爲直隸按察使。

丁亥，以曹師曾爲内閣學士。以何銑爲太僕寺卿，瑞齡爲陝西布政使，納福爲福建按察使。

《仁宗實録》卷二九五　諭軍機大臣等：據御史何彤然奏，廣西省南寧、太平、慶遠、思恩、鎮遠五府管轄土司四十六處，皆與各府屬州縣地址相錯，並非化外邊氓。其土民考試事宜，前經奏准，除承種番哨隸置私田，身充賤役不准考試外，其正民、雜民承種官田者，恐其入學抗糧，退田後仍准應試。乃各土官辦理未能畫一，往往借退田一説影射民田爲官田，含混阻考，以致各土童控訴紛紛，有乖撫綏之意等語。該省役田、官田、民田，布政司俱有册檔可稽，其應如何查覈明晰，俾各土民考試不致受土官抑勒之處，著蔣攸銛、台斐音會議具奏。將此諭令知之。

又諭：御史何彤然奏請嚴禁重徵一節。國家惟正之供，原不准額外絲毫多取，擾累閭閻。乃近日州縣中，骫法營私，將收糧串照内印寫，如有重徵，准其更正字樣，於徵收正課之外，復借追積欠爲名，多方抑勒，即控告上司，仍發交本官審辦，莫爲申理。似此横加苛索，罔上病民，害何可言。據該御史奏稱，此事山東爲甚，湖北、江蘇等省亦間有之。著該督撫嚴行查察。如有似此重徵巧取者，指名嚴參究辦，並將糧串内重徵更正字樣，通行飭禁，勿任影射，以懲貪墨而安黎元。

《東華續録》嘉慶三八　九月戊子朔，諭：百齡、初彭齡參奏藩司不將新虧之弊實力剔除，請先行革去頂帶一摺。

禁直省督撫以下官延屬員襄理幕務。

調瑞齡爲福建布政使，以楊懋恬爲陝西布政使，調訥福爲山西按察使，以習振翎爲福建按察使。

辛卯，以賡泰、慶明俱爲内閣學士。

癸巳，諭：李鴻賓奏微山湖水收復舊規一摺。

加托津太子少保。調景安爲户部尚書，瑚圖禮爲禮部尚書。

《仁宗實録》卷二九七　甲辰，又諭：御史陶澍奏湖南山田旱歉一摺。據稱該省澧州、慈利、桃源、安化及寶永所屬，歲旱歉收，沅陵、瀘谿、麻陽等處尤甚，米價騰踴，穀多之家不肯零糶，沿江無賴游民，阻守米船搶奪等語。地方偶遇歉收，全賴商販流通，俾小民得資口食。……若囤積遏糶，甚至乘機攘奪，殊干例禁。著該撫即飭各該地方官查明，出示曉諭積穀殷户毋許居奇，嚴禁匪徒阻遏米販，如有搶奪情事，立拏重懲。

己酉，又諭：御史申啟賢奏，請嚴禁賭博以靖民風一摺。

庚戌，賑奉天遼陽、牛莊、廣寧、承德、鐵嶺、開原、蓋平等城被水旗民。

《東華續録》嘉慶三八　壬子，調普恭爲倉場侍郎，轉禧恩爲兵部左侍郎，以恩甯爲兵部右侍郎。

癸丑，命河東副總河歲支養廉銀四千兩。

《仁宗實録》卷二九七　乙卯，賑江蘇句容、上元【略】二十二州縣被水被旱災民。並緩徵吴、華亭【略】三十五廳州縣，及各衛民屯額賦。

《東華續録》嘉慶三八　冬十月甲子，召伊湯安來京，以琦善爲河南按察使。

乙丑，以伊沖阿爲烏里雅蘇台將軍，慶溥爲左都御史。常福緣事解任，調成格爲户部右侍郎，穆克登額爲工部右侍郎，轉寶興爲禮部左侍郎，以穆彰阿爲禮部右侍郎。

丁卯，以安徽廬州、鳳陽等府水災，撥藩庫銀一百一十五萬兩備賑。

庚午，以那丹珠、常英、敬徵俱爲内閣學士。

《仁宗實録》卷二九八　壬申，賑安徽合肥、廬江【略】二十二州縣，及屯坐各衛被水被旱災民。給亳、壽【略】十五州縣災民一月口糧，並蠲緩額賦漕糧有差。緩徵懷寧、太湖【略】十六縣新舊額賦。

丁丑，賜中式武舉一甲丁殿寧、史鴿、楊定泰三人武進士及第，二甲閻麟閣等五人武進士出身，三甲杜文爐等四十人同武進士出身。

辛巳，諭内閣：那彦成奏，酌定覆查保甲章程一摺。

又諭：御史孫世昌奏清釐緩徵積弊一摺。【略】嗣後各省遇有被災緩徵處所，該督撫一經接奉恩旨，即飭知藩司，勒限行知該州縣謄黄曉示，俾小民及早周知，該藩司仍密行查訪，勿任不肖官吏，得間舞弊。儻有任意延擱，私自催徵者，立即嚴參究辦。至漕米令民赴倉完納，錢糧令民自封投匱，本係定例，務各實力奉行，將里書糧班等蠹吏，嚴行禁革，以除積弊。將此通諭知之。

《東華續録》嘉慶三八　丙戌，以慶格爲貴州布政使，毓岱爲江蘇按察使。

十一月壬辰，徵瑞緣事革職，轉穆克登額爲工部左侍郎，調潤祥爲工部右侍郎，以德文爲盛京户部侍郎。

壬寅，調潤祥爲倉場侍郎，普恭爲工部右侍郎。以陳若霖爲四川布政使，曹六興爲四川按察使。

丁未，命英和暫在軍機處行走。

戊申，諭軍機大臣等：御史陶澍奏，紅鬍匪徒日熾，敬陳緝捕事宜一摺。河南南、汝、光一帶，以及安徽潁、亳等處，向多紅鬍匪徒，屢經降旨飭緝，總未斂戢。今據該御史奏稱，近來日聚日多，横行益甚，每一股謂之一捻子，小捻子數人數十人，大捻子一二百人不等，成羣結隊，公肆搶劫，或奪人貲財，或奪人妻女，甚至剜人目睛，且有頭目指揮。河南之息縣、光山、正陽、羅山、汝陽、項城爲尤甚。

己酉，命開墾伊犁養息牧廠、荒地。

癸丑，命開墾吉林所屬拉林東南夾信溝荒地。

乙卯，諭軍機大臣等：朕聞本年八九月間，有英吉利護貨兵船違例闖入虎門，又有英吉利夷人哃嘧嗹，前於該國入貢時曾隨入京師，年幼狡黠，回國時將沿途山川形勢俱一一繪成圖册，到粵後又不回本國，留住澳門已二十年，通曉漢語。定例澳門所住夷人不准進省，哃嘧嗹在粵既久，夷人來粵者大率聽其教誘，日久恐致滋生事端，著蔣攸銛等查明哃嘧嗹有無教唆、句通款蹟，如查有實據，或遷徙安置，奏明妥辦。

丙辰，李長森以疾免，調慶格爲江蘇布政使，以史致光爲貴州布政使，張暉古爲貴州按察使。

十二月戊午，諭軍機大臣等：蔣攸銛等奏，密陳夷商貿易情形及酌籌整飭洋行事宜一摺。所奏俱是。粵省地方瀕海，向准各國夷船前來貿易，該夷商遠

涉重洋，懋遷有無，實天朝體恤之恩，然懷柔之中仍應隱寓防閑之意。近來，英吉利國護貨兵船不遵定制停泊外洋，竟敢駛至虎門，其詭詐情形甚爲叵測。蔣攸銛示以兵威，派員詰責該大班，始遞稟謝罪，此後不可不嚴申禁令。該夷船所販貨物，全藉内地銷售，如呢羽、鐘錶等物，中華儘可不需，而茶葉、土絲在彼國斷不可少，儻一經停止貿易，則其生計立窮。書云不寶遠物則遠人格，該督等當深明此意，謹守定制，内固藩籬，不可使外夷輕視。嗣後，所有各國護貨兵船，仍遵舊制，不許駛近内洋，貨船出口亦不許逗留，如敢闌入禁地，即嚴加驅逐，儻敢抗拒，即行施放槍礮，懾以兵威，使知畏懼。所有該督等請嚴禁民人私爲夷人服役，及洋行不得搭蓋夷式房屋，鋪户不得用夷字店號，及清查商欠，不得濫保身家淺薄之人承充洋商，並不准内地民人私往夷館之處，均照所議行。

以浙江杭州、嘉興、湖州三府旱災，命濬西湖，以工代賑。

《仁宗實録》卷三〇〇　己未，撥江蘇省城附近倉米六千石備賑。

《東華續録》嘉慶三八　辛酉，瑚圖禮卒，以穆克登額爲禮部尚書，景禄爲工部左侍郎。

《仁宗實録》卷三〇〇　壬戌，諭内閣：御史陶澍奏，外省州縣積習請治其源以端吏治一摺。

《東華續録》嘉慶三八　乙丑，以王鼎爲工部右侍郎。

《仁宗實録》卷三〇〇　己巳，賑陝西神木、府谷、懷遠、榆林四縣被霜災民。

《東華續録》嘉慶三八　壬申，以湯金釗爲内閣學士。

癸未，以吏部尚書章煦協辦大學士。

是歲，朝鮮、琉球來貢。

嘉慶二〇年（乙亥、一八一五）

《仁宗實録》卷三〇二　春正月丁亥朔，展賑奉天遼陽、牛莊、廣寧、承德、鐵嶺、開原、蓋平七處上年被水旗民。展賑江蘇句容縣上年被旱被水災民。賑安徽蒙城、懷遠【略】三十州縣上年被水被旱災民，並貸籽種，並緩徵托克托城舊欠米石。給河南睢、寧陵、商邱、鹿邑、柘城五州縣上年被水災民一月口糧。

《東華續録》嘉慶三九　丁酉，諭：托津、景安奏，遵旨查辦初彭齡原參百齡、張師誠一案，據實查明分別參奏一摺。【略】初彭齡尚不至廢棄，著加恩照所降之級，以内閣學士來京候補。餘依議。

癸卯，以吴璥爲兵部尚書，李鴻賓爲河東河道總督。

戊申，户部議准四川總督常明奏，清溪縣松坪土司馬駱氏，並所轄枏木園等處二十八堡夷衆，請改土歸流，以其地之深溪溝爲界，東北牛心山、枏木園一帶夷民八百四十三户，歸峩邊廳管轄，西南松□、上堡、下堡一帶夷民九百九十户，歸清溪縣管轄。照例納糧，該土司仍世給土千户職銜。從之。

己酉，諭：【略】初彭齡前經部議革任，經朕施恩以内閣學士補用，此次復蹈愆尤，本應即予褫革，姑念伊由翰林出身，尚堪以文學自效，著加恩以翰林院侍讀、侍講降補。

辛亥，以陳桂生爲甘肅布政使。

二月戊午，調陳桂生爲江甯布政使，楊懋恬爲甘肅布政使，慶炆爲陝西布政使，以和舜武爲山東布政使。調李鑾宣爲廣東按察使，以盛泰爲直隸按察使。

甲子，慶炆緣事降調，調陳觀爲陝西布政使，以吴邦慶爲山西布政使。

丙寅，以海慶爲河南布政使，敦良爲安徽按察使。

甲申，台斐音卒，調慶保爲廣西巡撫。以曾燠爲貴州巡撫，趙慎畛爲廣東布政使，廉敬爲廣西按察使。調廣慶爲貴州按察使，張暐吉爲浙江按察使。

三月丁亥朔，上親耕耤田。

庚寅，上啟鑾謁東陵。免經過地方額賦十分之三。

辛卯，榮郡王緜億薨。

甲午，諭：百齡等奏，覆查茅豫劣蹟並初彭齡各款一摺。【略】初彭齡著革職，施恩免其發遣，令在家閉門思過，不准出門，若再妄爲，定不輕恕。

己酉，諭：蔣攸銛等奏，酌定查禁鴉片煙章程，請於西洋貨船到澳門時，先行查驗，並明立賞罰，使地方知所懲勸等語。鴉片煙一項，流毒甚熾，多由夷船夾帶而來。嗣後，西洋貨船至澳門時，自應按船查驗，杜絶來源。

《仁宗實録》卷三〇四　甲寅，諭軍機大臣等：本日王紹蘭奏，審明結會首從各犯，分別定擬一摺。已降旨將爲首之歐狼即行正法，餘俱依議行矣。此案歐狼創立父母會名目，糾衆斂錢，傳授口訣暗號，誑惑鄉愚，實爲可惡。現在案内從犯有三十餘名之多，可見小民貿貿無知，受愚罔覺。著該督撫會同學政汪潤之，即倣照御製邪教説酌擬簡明告示，將現在辦理此案緣由，廣爲示諭。

《東華續録》嘉慶三九　夏四月甲子，皇后行躬桑禮。

轉蘇沖阿爲理藩院左侍郎，以成甯爲理藩院右侍郎。

丁卯，以伊湯安爲内閣學士。

己巳，上閲健鋭營兵。

戊寅，以姚文田爲兵部右侍郎。

《仁宗實録》卷三〇五　壬午，頒御製《官箴》二十六章。

《東華續録》嘉慶三九　五月庚寅，調朱理爲倉場侍郎，以彭希濂爲刑部右侍郎。

癸巳，李鴻賓丁憂，以李逢亨爲河東河道總督。

甲午，以嚴烺爲甘肅布政使，周光裕爲湖北按察使。

《仁宗實録》卷三〇六　諭軍機大臣等：御史王維鈺奏荒田涸復，准令居民墾種納糧一摺。直隸瀕臨河淀各州縣，自修築千里長隄之後，河流順軌，淀水消除，被淹地畝涸出者甚多，著那彦成飭令該管道廳州縣等，將所築長隄隨時保護，勿令衝塌損壞，以資捍衛。所有涸出地畝，除原有業户者仍令照舊管業，其歷年久遠，失迷業户者，即准令附近居民報墾承種，按畝納糧。此項地畝收歉無常，若遇水占之年，仍准其報明停徵。該督務飭州縣等實心經理，毋得任聽親友胥吏等從中舞弊。如有包户影射招租者，即行懲辦，以裕民食而息訟端。將此諭令知之。

《東華續録》嘉慶三九　戊戌，命開墾吉林所屬拉林雙城子荒地。

以毛謨爲内閣學士。

庚子，以姚祖同爲河南布政使。

壬寅，以博啟圖、陳嵩慶俱爲内閣學士。

甲辰，諭軍機大臣等：常明等奏官兵攻克藏多山梁及多隆武馳抵鑪城一摺。

六月乙卯朔，日有食之。

丙辰，調顧德慶爲兵部左侍郎，以帥承瀛爲吏部右侍郎。

戊午，以祝慶承爲廣西按察使。

甲戌，原任閩浙總督方維甸卒，贈太子少保銜。【略】予祭葬，謚勤襄。

己卯，諭軍機大臣等：常明等奏官兵進抵河西，力攻賊寨一摺。

辛巳，予死事山東曹縣知縣姚國旃世職。

《仁宗實録》卷三〇八　秋七月甲午，以勦辦四川逆番事竣，提督多隆武、總兵官羅思舉下部議敘。

辛丑，諭内閣：御史葉申萬奏，各省藩庫借款易滋弊混，請旨嚴飭清釐一摺。所奏是。

《東華續録》嘉慶四〇　癸卯，上啟鑾秋獮木蘭。免經過地方額賦十分之三。

八月甲寅，予死事山東定陶縣知縣賀德瀚、典史孫世縉世職。

壬戌，諭軍機大臣等：方受疇奏設法嚴拏紅鬍匪徒一摺。【略】紅鬍匪犯劫掠姦淫，情罪本重，昨已降旨，令刑部倣照各省辦理啯匪之例加重，另立專條奏明，頒發遵行。該嗣後審擬紅鬍等項匪犯，即照新例審擬，並准專摺具奏。

乙丑，貴慶以疾免，以永祚爲盛京刑部侍郎。

《仁宗實録》卷三〇九　免直隸寧晉、新河二縣積水地畝上年額賦。

《東華續録》嘉慶四〇　丁丑，廣厚卒，以巴哈布爲湖南巡撫。訥福爲湖北布政使，調習振翎爲山西按察使，以李賡芸爲福建按察使。

庚辰，諭：本年春夏閒，據湖北、江西、安徽、江蘇等省各督撫先後奏報，拾獲匿名揭帖，字體怪異，語句悖逆，上印九龍木戳，共有十餘紙。此等不法之徒，敢於光天化日之下，編造逆詞，散播數省，煽惑人心，實屬罪大惡極。節經飭令各督撫一體嚴緝，速獲逆犯，以正刑誅。兹據百齡派委文武員弁，先於和州地方，緝獲散布逆帖人犯嚴士隴，究出僞造逆詞首犯方榮升，即於巢縣拏獲，並於窩藏方榮升之朱上信家，起獲九龍木戳及僞造時憲書、違悖經卷字蹟四箱。所辦甚好。

辛巳，以玉輅爲甘肅按察使。

九月辛卯，諭軍機大臣等：據成甯奏，塔什密里克回匪孜牙墩，句引布嚕特等，焚燒馬廠，戕害官兵。永芹帶領官兵及回兵追捕，賊衆奔竄出卡，逃往僞塔克地方固守。永芹在附近回莊山僻等處搜捕餘匪，令侍衛、副護軍參領永明等帶兵與回兵協勦，見拏到逆匪，訊據供稱，孜牙墩於十九年二三月閒，即説要奪南八城、作王子等語。【略】〔永芹〕著即革職，自備資斧回京，無庸留彼效力。

《仁宗實録》卷三一〇　壬辰，諭内閣：給事中申啟賢奏，請將民閒因荒契賣子女，照直隸、河南等省因荒賤賣地畝奏准照原價回贖之例，飭下各督撫廣出示諭，許依契賣原價贖還等語。民閒年歲荒歉，將子女契賣，因一時口食不能兼顧，原非獲已。但人口與地畝不同，地畝確有故址可據，子女則或帶往他鄉，存

亡不一，其聽贖與否，祇可從民之便，若一概官爲出示，准令回贖，恐因此藉詞索詐，轉滋訟端。該給事中所奏不可行，原摺著發還。

《東華續録》嘉慶四〇　癸巳，以拏獲首逆方榮升，賞兩江總督百齡三等男，賜其子六品蔭生扎拉芬五品蔭生。

《仁宗實録》卷三一〇　甲午，諭内閣：蔣攸銛等奏，暹羅國王聞上年貢船被風損壞，復備副貢船遣使補備方物到粤一摺。暹羅國所進嘉慶十八年正貢船在洋焚燒，其副貢船所賫貢品業經進呈。十九年該國王敬補方物分裝正副船入貢，適遇颶風漂散，現在正副船已先後收泊，其表文方物由該貢使賫送赴京。該國王因聞貢船遭風之信，復備補貢方物來粤，其恭順實屬可嘉。該國向係三年一貢，明年又届入貢之期，著加恩即將此次賫到方物，作爲嘉慶二十一年例貢，交粤省藩庫存貯，俟明年委員解京。其使臣巧鑾紋是通留於粤省，俟本年進京各貢使旋粤時一體筵宴，俾令回國並傳知該國王，明年無庸另備表文方物，航海遠來，以示懷柔至意。

《東華續録》嘉慶四〇　己亥，前任喀什噶爾參贊大臣成甯等奏，逆回孜牙墩就擒，回莊照常安業。得旨：嘉獎。

《仁宗實録》卷三一〇　辛丑，諭内閣：常明奏，拏獲潛入川境傳教之西洋人審明辦理一摺。西洋人徐鑾牧即李多林，前在内地傳教，獲案定罪後釋回出洋，膽敢仍來内地，潛至四川，變易姓名，輾轉傳教，復創造不經之言，煽誘愚氓，以致川省習染西洋邪教者日多。常明能督飭所屬，將該犯訪獲訊明，即恭請王命正法，俾習教者羣知警戒。

《東華續録》嘉慶四〇　甲辰，調玉輅爲江西按察使，以屠之申爲甘肅按察使。

《仁宗實録》卷三一〇　乙巳，賑江蘇高郵、寶應二州縣衛被水災民，並蠲緩本年額賦漕糧有差。緩徵上元、江寧【略】二十州縣，並淮安、大河、徐州三衛額賦漕糧。

丙午，賑直隸永清、霸、東安、武清、雄、安、高陽七州縣被水災民。

《東華續録》嘉慶四〇　丁未，張暉吉以年老命留京，以明山爲浙江按察使。

冬十月庚申，召大學士松筠回京，以長齡爲伊犁將軍。

《仁宗實録》卷三一一　癸亥，蒲州府解州及所屬各縣同時地震，壓斃人口，飭藩司督同委員分投查勘撫卹。

《東華續録》嘉慶四〇　丁卯，河南陝州等屬地震，命方受疇撫卹之。

《仁宗實録》卷三一一　辛未，又諭：御史孫升長奏，清釐漏賦匿税田地、分別報墾升科，酌追花息一摺。直隸、湖北、廣東屢有墾荒田畝，其餘各省或亦有之。但漏報税課，小民多誤於不知，若概令入官，貧民未免失業。著各督撫飭知所屬州縣，查有此等田地，俱分別勘丈，按則升科，酌追花息，免其入官。期於國課民生，均有裨益。

《東華續録》嘉慶四〇　壬申，諭：翁元圻奏，訪獲西洋人潛至内地傳教、訊明大槩情形一摺。此案蘭月旺以西洋夷人，潛入内地，遠曆數省，收徒傳教，煽惑多人，不法已極。著翁元圻嚴切訊究，審明後將該犯問擬絞決，奏明辦理。其供出之犯，按名查拏務獲，並飛咨各該省一體嚴緝究辦。

十一月丁亥，以失察孜牙墩謀逆，降喀什噶爾參贊大臣成甯三等侍衛，爲烏什辦事大臣，幫辦大臣永芹二等侍衛，爲喀喇沙爾辦事大臣。以喜明爲理藩院右侍郎。

己丑，諭軍機大臣等：蔣攸銛等奏，查明洋商拖欠夷人貨帳銀兩，業經停利歸本，請勒限分年清還一摺。

《仁宗實録》卷三一二　癸巳，交納錢糧時，州縣官私加名色，有短封、補水、補平、投匱、上票等項，每兩定數之外，私加銀六七錢不等。

戊申，免山東積年歉收，並被賊滋擾之曹、定陶二縣積欠額賦漕糧。

《東華續録》嘉慶四〇　十二月壬子，諭：浙江西湖厝棺被賊燒竊一案。【略】[浙江巡撫顔檢]著照部議革職。調孫玉廷爲浙江巡撫，以陳若霖爲雲南巡撫，李鑾宣爲四川布政使，劉珏爲廣東按察使。以李堯棟爲貴州按察使。

甲寅，調姚祖同爲山西布政使，吴邦慶爲河南布政使。調明山爲廣東按察使，以魏元煜爲浙江按察使。調李堯棟爲江蘇按察使，毓岱爲貴州按察使。

丁巳，諭：宗人府、軍機大臣會同刑部，審明昭槤被訐各款，分别定擬具奏。昭槤妄自尊大，輒敢陵辱大臣，此一款情節最重。【略】嗣後各王公等，田租永不准咨部催追，各令自行辦理，如有違旨咨部者，該部除駁回不理外，仍即指名參奏。

《仁宗實録》卷三一三　撥江寧藩庫銀三萬三千五十兩，賑高郵、寶應二州縣被水災民。

《東華續録》嘉慶四〇　辛酉，諭：松筠等奏，辦理孜牙墩謀逆案内各犯一摺。松筠前經派往喀什噶爾查孜牙墩一案，孜牙墩係謀逆首犯，經朕降旨飭令嚴刑審

訊，即行淩遲處死，乃松筠到彼將兩月，始將該犯正法。至圖爾第、邁莫特，前據松筠奏稱，係與孜牙墩同謀，定擬斬梟，請旨辦理。朕覈其情節不符，降旨令長齡覆訊，松筠既經請旨，自應候旨遵行，乃忽又奏報已將圖爾第、邁莫特與孜牙墩一同淩遲處死。松筠辦理此事實屬錯謬，著革去太子太保，仍交部議處。

壬戌，以輔國將軍麟趾襲禮親王爵。

丙寅，諭軍機大臣等：那彦成奏，查明石佛口王姓實係邪教總匪惡根，已將傳教之人拏獲審訊，大槩情形一摺。所辦甚好。

丁卯，以貴慶爲禮部左侍郎，常福爲兵部右侍郎。

壬申，諭：甘肅藩庫私借無著銀至二十萬餘兩之多，皆由歷任藩司瞻徇情面、私借私那，毫無顧忌。所有歷任正署各藩司，除王文湧、揚揆、廣厚、陳祁、積朗阿、盛惇崇業經病故，蔡廷衡業已革職外，銑何、德克精阿俱著即革職。

貴慶以繕摺錯誤降調，以文甯爲禮部右侍郎。

乙亥，諭：陳預奏，查明東省泰、兖、沂、登四府屬十五年以後續虧數目一摺。【略】吉綸著即發往吉林，同興著發往盛京，交普恭等派在工程處效力。朱錫爵係該省藩司，厥咎尤重，伊名下共有罰賠銀十一萬五千六百餘兩，除已繳過三萬六千兩外，尚有未完銀七萬九千餘兩，著勒限三年完繳後，發往烏嚕木齊充當苦差，如限滿不完，交部治罪。

《仁宗實録》卷三一四　丙子，又諭：汪志伊奏，福建尤溪、古田二縣，有匪徒興復雙刀會，糾夥横行，經知縣諭令鄉民，偵知首犯下落，親帶兵役馳往拏獲等語。此案匪徒侯二八雄，膽敢興復雙刀會，糾人入夥，拆毁民房，强取食物，並搜有悖逆簿據，現已捕獲，著即審明，按律定擬具奏。建安縣知縣李孔均，平素認真編查保甲，兹緝獲首犯，實屬勤能，著加恩於事後送部引見。里長謝雲臺、練鐘英偵緝出力，俱著賞給八品頂帶，如情願入伍，著隨營差委，酌量補用，如不願入伍，即以頂帶榮身。

《東華續録》嘉慶四〇　是歲，朝鮮、暹羅、琉球來貢。

嘉慶二一年（丙子、一八一六）

《仁宗實録》卷三一五　春正月甲申，展賑奉天承德、鐵嶺、金州、牛莊、岫嚴、廣寧、巨流河、撫民廳八處上年水災旗民。展賑江蘇高郵、寶應二州縣上年被水災民，並貸上元、江寧【略】二十州縣銀穀有差。給安徽南陵縣上年水災貧民一月口糧。給陝西乾、鄜【略】十七廳州縣上年被雹被水災民口糧。並貸安塞、膚施、定邊、榆林、懷遠、神木六縣倉穀。

《東華續録》嘉慶四一　丙申，諭軍機大臣等：百齡等奏淩汛工程平穩一摺。

壬寅，諭軍機大臣等：喜明奏，接到廓爾喀來禀，遵旨駁飭一摺。此次廓爾喀來禀内，有見在於天朝進貢，若投誠披楞，就不能容我與天朝進貢等語。其詞實屬狡詐，喜明等所與檄諭，措詞猶未得當，應指出紕繆之處，責以大義，以該國久經投誠，即爲天朝臣僕，如届期不行進貢，即屬背叛。

《仁宗實録》第三一五　又諭：朱勳奏查明伯克過境、委員接護交替日期一摺。

《東華續録》嘉慶四一　二月乙卯，諭：向來各項引見人員内有大員子弟皆不聲明，朕無由知悉，逮簡用後，其父兄具摺謝恩，朕始知之。嗣後，無論京察軍政之京外各項引見人員内，凡滿漢文武二品以上大員子弟，俱著自行呈報，引見時於緑頭籤内註明。如有漏報者，查出交部議處。

甲子，諭：前據那彦成奏，在樂陵、甯津交界地方，拏獲次要逆犯劉玉漋，見已解部審訊，實係正犯。本日陳預奏，接據樂陵縣禀報，訪得該縣境内小宋家莊有來歷不明之劉姓，會營率領兵役前往查拏，已被直隸甯津縣差役獲去。當將窩留劉姓之宋五、吕廷等拏獲，並起獲畫虎一幅、鐵鎚一箇等語。

《仁宗實録》卷三一六　戊辰，諭内閣，御史王松年奏，嚴飭各督撫，慎揀首邑，並繁缺州縣一摺。

《東華續録》嘉慶四一　甲戌，上啟鑾謁東陵。免經過地方額賦十分之三。

己卯，以繼昌爲雲南布政使，恆敏署陝西按察使。

三月癸未，以同麟爲内閣學士。以陳觀爲太僕寺卿，徐炘爲陝西布政使，海齡爲湖南按察使。

《仁宗實録》卷三一七　御史盧浙奏：編查保甲請加保結一摺。

甲申，諭内閣：百齡奏，禁止鬻妻溺女一摺。

《東華續録》嘉慶四一　丁亥，上親耕耤田。

庚寅，上啟鑾謁西陵。免經過地方額賦十分之三。

壬辰，調帥承瀛爲刑部右侍郎，戴聯奎爲吏部右侍郎。

乙巳，上閱健鋭營兵。

戊申，曾燠以母老乞養，允之。以文甯爲貴州巡撫，多甯爲禮部右侍郎。

《仁宗實録》卷三一七　諭内閣：御史盛唐，奏嚴查户口一摺。【略】

《東華續録》嘉慶四一　夏四月乙丑，王宗誠以親老乞養，允之。調姚文田爲禮部右侍郎，以曹師曾爲兵部右侍郎。

辛未，以松甯爲理藩院左侍郎。

癸酉，皇后行躬桑禮。

乙亥，諭：張師誠奏，伊父病勢危篤，見將江蘇巡撫印務交藩司代辦，即日起程歸省，由驛具奏一摺。實屬絶無僅有之事，誕妄極矣。【略】張師誠著交部嚴加議處。尋革職。調胡克家爲江蘇巡撫，以康紹鏞爲安徽巡撫，韓克均爲安徽布政使。賞廣慶四品頂帶，爲雲南按察使。

五月庚辰朔，以陳觀爲内閣學士。

甲申，誠安以失察其子和慶包訟得贓，降左副都御史，以昇寅爲盛京禮部侍郎。

丙戌，以穆彰阿爲内閣學士。

辛卯，以馬慧裕爲左都御史，孫玉庭爲湖廣總督。調張映漢爲浙江巡撫，以楊頀爲湖北巡撫，調陳桂生爲江蘇布政使，以李堯棟爲江甯布政使，伊什克木素爲江蘇按察使。

《仁宗實録》卷三一八　丙申，諭内閣：昨經降旨令内外緝捕衙門將派出訪緝逸犯委員概行徹回，責成該地方官各就本境認真緝拏。原以齊民編户比櫛而居，由一甲一里以至州縣府廳，境址愈近，則耳目愈真。不似各委員越境訪查，徒勞罔益。即如本案首逆林清，係步軍統領衙門官役擒獲。其宋家莊、董村等處從逆各犯，亦皆由本管文武衙門按名捕誅。至李文成、牛亮臣、徐安幗則係官兵殲捕。馮克善一犯逃至獻縣，亦由本管知縣張翔立時盤獲。其各衙門越境四出之委員，三年以來，從未獲一正犯，其間誣指妄拏者，轉不一而足。朕不忍以爲民除害之心，致成擾民之舉，特行降旨停徹。此視民如傷之心，當亦天下黎元所共見也。爾小民共有天良，食毛踐土，久享太平，於此等梟獍之徒，諒必矢切同仇，懷不共戴天之憤。著各該督撫轉飭各州縣編行曉諭，凡保甲册内十家爲牌，一牌十户，令其互相稽查，如有形跡可疑之人，即行首報到官。能將逆犯捕獲，不但首報之人賜金授職，其同牌十户一併酌加賞賚。若窩留逆犯，不行舉首，經地方官訪聞捕獲，窩藏之家即與叛逆同罪，其同牌十户一併連坐。即有先曾習教之家，現經悔悟，能將逆犯縛送，或指告到官捕獲者，其習教之罪一切弗問，仍給予厚賞。若容隱窩留，別經發覺，則罪上加罪，刑兹無赦。

戊戌，諭軍機大臣等：賽沖阿等奏，商辦廓爾喀、披楞交兵瀆稟一案，先行馳檄詰責，隨帶兵前赴邊境，脅以兵威一摺。所奏實屬妄誕紕繆之至。此次令賽沖阿帶兵赴藏，原爲嚴防邊界，並令該將軍到藏以奉旨詢問達賴喇嘛呼畢勒罕爲名，不可稍露風聲。乃賽沖阿竟不欽遵辦理，輒首先出名，將讓路阻貢之詞分馳二檄，詰責廓爾喀、披楞。其詰責廓爾喀之詞，已屬糊塗無理，至詰責披楞，則謬妄更出情理之外。如披楞接到檄諭，該國王以讓路阻貢之言係廓爾喀捏稟，懇請天朝發兵，其將何以應之！若恃其險遠，竟承認伊向廓爾喀曾有此言，又豈能因此一言即大興師旅窮兵黷武乎！至廓爾喀屢次投稟請兵請賞，今接到檄文，即回稟以前此屢稟駐藏大臣，未蒙轉奏。今聞大皇帝特差將軍帶兵前來，感恩懽喜，其讓路阻貢之言，實係披楞所説，懇請天朝發兵，萬里遠征，國家何所爲而出此。若如賽沖阿等檄諭所言，我兵兩路進搗陽布，檄飭披楞攻其南面，則廓爾喀臣順多年，不卹其難，轉率同外夷夾攻其地，堂堂天朝大體安在？賽沖阿此舉，首鼠兩端，進退無據，朕惟自恨誤用無能奴才之咎，曷勝憤懣，看來伊因朕派令赴藏，即妄起貪功之心，欲搆成邊釁以邀爵賞，而置國家大局於不顧是誠何心！太不度德量力矣。況如此重大軍情，不待奏聞，先行馳檄，其專擅之咎，亦無可辭。賽沖阿著傳旨嚴行申飭，先拔去雙眼花翎，降爲二品頂帶。喜明珂什克並不阻止，隨同會銜，俱著降爲三品頂帶，喜明並拔去花翎。現在檄諭已發，料難追回，惟有静候該二國回稟，再行覈辦。其回稟齎到時，賽沖阿等即將原稟譯出，不准增減一字，候朕指示辦理。彼時邊疆静謐，賽沖阿即帶兵徑回成都，喜明自回前藏。此時惟有嚴防邊境，待以鎮静，不許輕舉妄動。若賽沖阿等再妄發檄諭，或帶兵擅出邊界，激成釁端，朕必將賽沖阿革職拏問，從重治罪。將此諭令知之。

《東華續録》嘉慶四一　丙午，原任禮部尚書王懿修卒，遣慶郡王永璘往奠茶酒，予祭葬，謚文僖。

丁未，御前大臣、喀爾喀賽因諾顔扎薩克親王、固倫額駙拉旺多爾濟薨。

六月庚申，調那彦寶爲户部右侍郎，轉熙昌爲刑部左侍郎，調成格爲刑部右侍郎。調盧蔭溥爲户部右侍郎，姚文田爲户部左侍郎，黄鉞爲禮部右侍郎。

壬戌，調張映漢爲湖北巡撫，楊護爲浙江巡撫。

癸酉，寶興緣事降調，轉多山爲禮部左侍郎，調廉善爲禮部右侍郎，以恩甯爲盛京工部侍郎。

丁丑，佛住、吴烜著照部議，即行革職，以爲滿漢侍郎不實心任事者戒。調普恭爲吏部右侍郎，以誠安爲工部右侍郎。轉戴聯奎爲吏部左侍郎，調王鼎爲吏部右侍郎，陳希曾爲工部右侍郎。轉帥承瀛爲刑部左侍郎，調朱理爲刑部右侍郎，以陳觀爲倉場侍郎。

原任大學士慶桂卒，【略】予祭葬，謚文恪。

戊寅，欽差、户部尚書景安等，奏參甘肅前任總督那彦成，商同藩司浮銷賑銀，並運送糧石脚價蒙混具奏各情弊一摺。得旨：著托津、禧恩馳驛前赴保定，傳旨將那彦成革職拏問，解京交大學士、户部、刑部會同嚴審，定擬具奏。那彦成之子容照、容恩，俱著革職。以方受疇爲直隸總督，調阮元爲河南巡撫，以錢臻爲江西巡撫。調姚祖同爲直隸布政使，以習振翎爲山西布政使，富綸爲山西按察使。

閏六月甲午，以茹棻爲内閣學士。

壬寅，調章煦爲禮部尚書，戴均元爲吏部尚書。

《仁宗實録》卷三一九　丙午，諭軍機大臣等：本年暎咭唎國遣使入貢，其貢船於本月初開行抵天津海口，嗣貢使人等陸續登岸赴津。其原貢船五隻，併船内官役水手等五百八十餘人，並未報明。忽於二十日放洋東去，可惡已極。經蘇楞額廣惠詢問該貢使等，據稱船隻先回粤東等候回國，未將緣故先行告知，是伊等不是等語。該國夷人居心狡詐，雖稱貢船駛往廣東，恐於經過江南、浙江洋面時，又欲乘便在該二省海口收泊，俱不可不防。著百齡、胡克家、額特布，豫飭沿海口岸文武員弁，如該貢船駛至，欲行停泊，即諭以該國貢使已奉大皇帝諭旨令由廣東回國，該貢船應速往廣東等候，此處不准停泊。傳諭後即飭令開行，不准一人上岸。斷不可令其寄椗逗遛，並著蔣攸銛、董教增、祥紹不時差探，一俟該貢船抵粤，即派委妥員將其船隻覊留，先行具奏。飭令安静守候貢使等到粤，仍乘原船歸國。切勿疎懈，又似在津時縱令私自開行，以致辦理諸多窒礙也。將此各傳諭知之。

《仁宗實録》卷三二〇　秋七月癸丑，諭内閣：前因暎咭唎國貢船在天津海口，私自開行南去，降旨將祥啟革職。昨祥啟到京，經軍機大臣訊問具奏，其過尚有可原，特賞給三等侍衛，前往新疆换班。此次暎咭唎國貢使，仍令由天津乘坐原船回國，屢經諭知蘇楞額廣惠，並未有旨傳諭祥啟。本日召見祥啟，據奏伊接准蘇楞額等來札，祇令防範夷船進口，並禁止夷人登岸滋事。其貢使等仍乘原船回國之處，蘇楞額等亦未行知，是該貢船私自放洋，非祥啟意料所及。朕於臣工功過，賞罰一秉至公，祥啟之過，尚不至於斥革，是以加恩録用，並非曲爲寬貸也。

乙卯，勅諭暎咭唎國王。

《東華續録》嘉慶四二　以和甯爲工部尚書。

丙辰，以戴聯奎爲左都御史，轉王鼎爲吏部左侍郎，以茹棻爲吏部右侍郎。

丁巳，以馬慧裕爲禮部尚書，以慶溥爲理藩院尚書，景禄爲左都御史。以張映漢署湖廣總督。

《仁宗實録》卷三二〇　己未，諭内閣：此次暎咭唎國遣使入貢，其在天津謝宴不能如儀，匆遽帶領登舟北來，乃蘇楞額廣惠之咎。及至通州，未曾演禮，含混具奏，徑帶來京，乃和世泰穆克登額之咎。追初七日朕傳旨升殿，召見來使，該貢使等由通州起程，行走竟夜，未至館舍，先抵宫門，因朝服未到，不敢瞻覲，彼時和世泰若據實奏聞，朕必降旨改期，俾達其萬里來庭之意。乃以失體之詞，連次入奏，以致遣還來使，不能成禮，和世泰辦理舛誤，固咎無可辭。

《東華續録》嘉慶四二　辛酉，諭軍機大臣等：賽沖阿等奏，據廓爾喀國王來禀，已與披楞講和，趕辦貢物，禀求示期進獻，情詞極爲恭順等語。

壬戌，以程國仁爲甘肅布政使，張五緯爲山東按察使。

乙丑，上啟鑾秋獮木蘭。免經過地方額賦十分之三。

辛未，以汪守和爲内閣學士。

《仁宗實録》卷三二一　八月戊子，諭内閣：給事中張源長奏漕務切弊一摺。漕糧歲輸天庾，爲國家惟正之供，例係徵收本色，有漕州縣勒收折色，向干嚴禁。現值年豐穀賤，若令小民以賤價糶穀，交納折色，是閭閻終歲勤劬，所得升斗，大半糶以輸官，以有限之蓋藏，供無窮之朘削，其爲病民，實相倍蓰。著通諭有漕省分各督撫轉飭所屬，徵收漕糧，概以本色交納，毋許勒折滋弊。如有專利虐民者，即據實嚴參，勿稍徇縱。

《東華續録》嘉慶四二　己亥，禮部尚書馬慧裕卒，贈太子少保，予祭葬。以成甯爲禮部尚書。

九月丁未朔，復松筠太子太保。

壬子，那彦成著加恩暫免發遣，即行釋放，令其在家終養。

戊午，上閱古北口兵。

己未，陳曾希以疾免，以陸以莊爲工部右侍郎，彭希濂爲左副都御史。以瑞弼爲直隸按察使。

庚申，調瑞麟爲浙江布政使，以李賡芸爲福建布政使，麟祥爲福建按察使。

丁卯，諭軍機大臣等：賽沖阿等奏，廓爾喀王專遣噶箕恭進表貢，披楞部長頭人遵檄稟覆，見在兩國講和，邊界甯謐，並遵旨撤兵回川各一摺。覽奏欣慰。

《仁宗實録》卷三二二　甲戌，諭内閣，陳預奏，買補動缺倉穀一摺。

《東華續録》嘉慶四二　冬十月丙子朔，諭軍機大臣等：蔣攸銛等遵旨覆奏，辦理英吉利貢使到粤回國事宜一摺。英吉利國貢使不能行謝宴禮儀，乾隆五十八年到粤時，並未給與筵宴，此次自無庸强令入宴行禮。該督等所奏，頒賞使臣筵席三桌，仍賞給牛羊等物，所辦甚是。

《仁宗實録》卷三二三　戊子，兩江總督百齡因病乞假，允之。以大學士松筠署兩江總督。

《東華續録》嘉慶四二　己亥，潘世恩著降爲侍郎，准其終養，俟養親事畢後來京，以侍郎補用。命協辦大學士、禮部尚書章煦軍機處行走。

甲辰，調恩甯爲盛京刑部侍郎，以多福爲盛京工部侍郎。

《仁宗實録》卷三二三　又諭：御史孫世昌奏，棚民滋害，請嚴申議准章程一案。安徽徽州府屬棚民，於嘉慶十二年議定章程，以租種山場契約年限爲斷，限滿退山回籍，其未載年限者，亦不能過十年。迄今已届年限，據該御史奏，該處老棚不退，新棚日增，恐限滿棚民仍在彼佔種滋事。著康紹鏞督飭該地方官詳查，現在棚民業經限滿者，概令退山回籍，仍按年造册報部查覈。再，棚民限滿，地方官延不查辦，應予議處。如從前未經定有處分，著該部明定處分，奏准後，由該管上司照例查考。

《仁宗實録》卷三二四　十一月丁未，賑直隸安、新安、雄、高陽四州縣被水被雹災民，並蠲緩雄、高陽【略】三十四州縣，及津軍同知所屬新舊額賦有差。減免直隸文安縣窪地額賦十分之五。

《東華續録》嘉慶四二　壬子，諭：【略】李逢亨於黄河情形既未能熟悉，著仍回永定河道之任，伊在河東河道總督任内並無咎愆，著加恩賞戴三品頂帶，其河東河道總督員缺，著葉觀潮以三品頂帶補授，俟明年三汛安瀾後，再行施恩。又，兖沂曹道斌良於河務情形亦未諳悉，著發往江南，以地方道員補用，其所遺員缺，著張鼎補授。

調孫玉庭爲兩江總督，以阮元爲湖廣總督。調文甯爲河南巡撫，以朱理爲貴州巡撫，彭希濂爲刑部右侍郎。

兩江總督百齡卒，贈協辦大學士，【略】予祭葬，謚文敏，以其子扎拉芬襲男爵。

癸丑，調繼昌爲江甯布政使，李堯棟爲雲南布政使。

《仁宗實録》卷三二四　丙辰，賑雲南鄧川、鶴慶二州被水災民，並蠲緩額賦有差。己未，賑安徽宿、靈璧、懷遠、鳳陽、泗、五河六州縣及屯坐各衛水旱災民。並緩徵宿、靈璧【略】二十六州縣，及鳳陽、長淮、泗州、建陽四衛新舊額賦有差。

《東華續録》嘉慶四二　己巳，韓崶丁父憂，賞治喪銀三百兩。調章煦爲刑部尚書，周兆基爲禮部尚書，以茹棻爲工部尚書，吴芳培爲吏部右侍郎。

庚午，調熙昌爲吏部左侍郎，秀甯爲刑部左侍郎。

《仁宗實録》卷三二五　十二月丁丑，諭内閣：衡齡奏，審明邪匪王寧、葉生寬等，分別定擬一摺。王寧倡立先天教名目，斂錢做會，傳徒多人，葉生寬慫慂王寧分字惑人，圖利教誘。經該撫審明，將該二犯俱照傳習邪教惑衆爲首絞立決例，問擬絞立決。惟葉生寬曾供，有從傳濟傳授《老子歌》，並經傳濟給與《龍華經》一部，前經孫玉庭等提訊傳濟，祇認曾傳葉生寬點香治病，並未給與經卷，與葉生寬原供不符。王寧、葉生寬俱著暫行監禁，俟傳濟解至晉省，當面質對。如傳濟實有傳教並給與經卷情事，質證明確，即將王寧、葉生寬先行處決，並將傳濟一犯，亦照邪教爲首例問擬絞決具奏，俟奉到諭旨，再行處決。其餘各犯，俱著照所擬完結。廩生衛君選，僞投入教，探聽得實，到官呈首，甚屬可嘉，著加恩賞給舉人，准其一體會試。教諭張珵，帶同衛君選呈報，著加恩交部議敘。

《東華續録》嘉慶四二　己卯，以廉敬署江西按察使。

辛巳，以莫晉爲倉場侍郎。

《仁宗實録》卷三二五　乙酉，又諭：孫玉庭等奏，傳習牛八邪教案犯，先後赴官投具悔結，懇請免罪一摺。湖北省傳習牛八教之邵元勝等，經地方官宣諭

開導，具結改悔投案者，共有三百六十四名，湖北一省如此，可見各省傳習邪教者尚復不少。鄉民妄聽邪説，信從入教，本應治罪，但人數過多，愚民無知，一時被誘，若不予以自新之路，朕心實所不忍。惟是此内真心改悔者，固不乏人，恐亦有希圖免罪，暫時投首者，閱時既久，難保其不故智復萌，應酌定條例，以示警戒。著阮元、張映漢飭令地方官，將此次具結改悔之人，再行曉諭，以該犯等本係有罪之人，現奉恩旨准予自新，係屬法外施仁，若改悔之後又復習教，則是怙惡不悛，定當加等治罪，責令各出具再犯習教情願加等治罪甘結，方准免罪。該地方官仍將具結之人開造名册，申送臬司衙門存案。儻將來册内之人再有傳習邪教者，一經訪獲，即將該犯按律加一等治罪。各直省俱照此一律辦理。將此通諭知之。

《東華續録》嘉慶四二　戊戌，調富倫爲安徽按察使，以汪如淵爲山西按察使。

是歲，朝鮮、琉球、英吉利來貢。

嘉慶二二年（丁丑、一八一七）

《仁宗實録》卷三二六　春正月丙午，給直隸安、新安、雄、高陽四州縣上年被水被雹災民一月口糧，貸任邱縣被水災民籽種。給江蘇沛縣上年被水災民一月口糧。給安徽泗、五河、鳳陽三州縣上年被水被旱災民一月口糧，貸宿、靈璧、懷遠、盱眙四州縣及各衛所貧民籽種。

己酉，諭内閣：張映漢奏，各屬編查保甲完竣，請將辦理認真之員懇恩奬勵一摺。編查保甲，係各省通行辦理之事，不獨湖北一省爲然，此乃地方官分所應爲，若因此遂加鼓勵，恐各省紛紛保奏，不免失之太濫。江夏縣知縣劉琴拏獲鄰境劫盗四名，没有微勞足録，著照所請，劉琴遇有知縣應升缺出，儘先奏請升署。漢陽縣知縣裘行恕僅止稽查保甲，無功可敘，其所請遞捐分發在任以直隸州知州候補之處，著不准行。

諭軍機大臣等：上年十二月間，據孫玉庭等奏，湖北省傳習牛八邪教先後赴官投具悔呈者，共有三百六十四名。本日據張映漢奏，該省沿習天主教具結投悔，將經卷十字架圖像等件交官者共三十七名。又交出《大乘經》卷具結改悔者十餘名，均降旨准其免罪。

《東華續録》嘉慶四三　諭：湖北民人向習邪教，經該地方官宣諭開導，具結改悔者三四百名，可見能知大義，化莠爲良，所全者多矣。直隸、山東、河南向來邪教最多，山西近亦有傳習者，愚民無知，苟圖目前小利，不顧日後大害，若不導以湔洗之路，蚩蚩者氓畏罪隱匿，是仍不能化其汙俗，咸與維新，實堪憐憫。

甲寅，定地方官疏脱軍流人犯加等議處例。

《仁宗實録》卷三二七　二月丙子，諭軍機大臣等：文寧奏，遵旨飭屬化導教匪勉爲良善一摺。

《東華續録》嘉慶四三　丁丑，釋奠先師孔子。

庚辰，諭：【略】嗣後，京城外七門以内尋常竊盗案件，三月限滿題參，如有執械嚇禁强劫之案，一月無獲即行題參。其九門以内尋常竊盗案件，二月題參，强劫之案一月無獲即行題參。著爲令。

壬午，諭：和甯等查明西甯縣私運倉糧，並捏報採買大槩情形一摺。【略】先福著先行革去頂帶，交部嚴加議處，即在蘭州聽候部議。所有陝甘總督印務，著和甯署理。

癸未，以長齡爲陝甘總督。以明山爲福建布政使，韓文綺爲廣東按察使。

甲申，以常英爲理藩院左侍郎。

乙酉，奪先福職。

《仁宗實録》卷三二七　庚寅，諭内閣：御史蕭鎮奏清釐賦税以裕國課一摺。直隸順天府所屬州縣内，沙壓地畝並入官抵帑、退差、退耕各地，均應招佃報墾，乃延擱多年，廢置不辦，一任奸胥蠹役隱匿欺占，間有小民呈請認種，輒往返駁查，多方勒措，以致國課日久虚懸。著直隸總督、順天府尹即將前項地畝，分飭各該地方官趕緊清釐，照例招佃報墾。如有胥役影射把持情弊，立即查明，從嚴懲辦，以除積蠹而清田賦。至酒税一項，應如何稽察以杜包攬偷漏之弊，著崇文門監督妥議章程具奏。

辛卯，給山東濟寧、魚臺二州縣上年被水災民一月口糧，並貸籽種有差。

《東華續録》嘉慶四三　丙申，以英綬爲内閣學士。

三月甲辰朔，汪志伊以疾免，以董教增爲閩浙總督。調陳若霖爲廣東巡撫，以李堯棟爲雲南巡撫，祝慶承爲雲南布政使，程卓樑爲廣西按察使。

丁未，皇后行躬桑禮。

戊申，諭：上年，大學士會同兵部議奏，天津添設水師，請將新添水師兵一

千名分爲左右兩營，歸天津鎮總兵統轄。該鎮向係專管陸路，且每年有催趲漕運差使，事務本煩。今將水師兩營歸其統轄，恐洋面一切巡緝操防未能兼顧。著再添設天津水師總兵一員，將添設水師營弁兵丁令其管轄，以專責成。其應給敕印、俸廉及建蓋衙署各事宜，著各該衙門迅速具奏，照例辦理，若因循疲玩，定行重治不赦。

辛亥，上親耕耤田。

壬子，上啟鑾謁東陵。免經過地方額賦十分之三。

《仁宗實録》卷三二八　癸丑，諭内閣：方受疇奏，遵限查明奏銷册内虧空銀款一摺。【略】

《東華續録》嘉慶四三　己未，諭：伯麟等奏，確查臨安邊外夷匪滋事情形、分別招撫堵勦一摺。逆夷高羅衣膽敢自稱窩泥王，並將附從漢奸等僞封官職，裹脅至萬餘人，搶擄江外土司地方，復率衆搶渡，窺伺地方，實屬罪大惡極。

戊辰，周兆基卒，以盧蔭溥爲禮部尚書。調姚文田爲户部右侍郎，黄鉞爲户部左侍郎，以湯金釗爲禮部右侍郎。

己巳，調禧恩爲户部左侍郎，轉常福爲兵部左侍郎，以穆彰阿爲兵部右侍郎。

辛未，章煦因病解任，以吏部尚書戴均元協辦大學士。調吴璥爲刑部尚書，盧蔭溥爲兵部尚書，以戴聯奎爲禮部尚書，汪廷珍爲左都御史，王引之爲禮部左侍郎。以汪如淵爲順天府府尹，承光爲山西按察使。

夏四月甲戌朔，日有食之。

壬午，賜强克捷子望泰進士。

丁亥，上閲健鋭營兵。

庚寅，停伊犂仲夏進馬。

辛卯，諭軍機大臣等：伯麟等奏，勦平江外逆夷、邊境肅清一摺。【略】趁此出示曉諭，嚴飭沿邊各州縣，凡内地民人，不准私往夷地貿易，侵奪夷人生計。若有私越邊境者，查明嚴禁、治罪，務令弭患未形，勿再滋生邊隙爲要。以勦平夷匪高羅衣首夥各犯，加伯麟太子少保。

壬辰，軍機大臣會同刑部議奏，已革知州沈仁澍侵盗倉糧運腳一案。【略】先福著照議發往伊犂效力贖罪。前署陝甘總督高杞，率准沈仁澍領運倉糧，黄方承領運腳，署藩司德克精阿私發庫銀數萬餘兩，並不查究，實屬溺職，高杞著即革職。餘依議。

以伊沖阿爲理藩院尚書。

甲午，以吴其彦爲内閣學士。

《仁宗實録》卷三二九　戊戌，賜一甲吴其濬、淩泰封、吴清鵬三人進士及第，二甲孫如金等一百人進士出身，三甲伍紹詩等一百五十二人同進士出身。

《東華續録》嘉慶四三　五月丙午，諭：向來新進士朝考，以論、詔、疏、詩四項命題，其詔題多係擬古。朕思士子文藝試以論、疏、詩三項，其優劣已可槩見，擬作古詔不過臨時强記、敷衍成篇，況可擬古詔本屬無多，歷科命題幾徧。嗣後，新進士朝考著裁去詔一道，以論、疏、詩三項命題。著爲令。

《仁宗實録》卷三三〇　戊午，諭内閣：御史謝崧奏請，飭禁外省於應行請旨之缺，違例保奏一摺。所奏是。

《東華續録》嘉慶四三　辛酉，以博啟圖爲理藩院右侍郎。

丁卯，諭：熙昌等奏，審訊朱履中稟訐道府收受陋規，藩司李賡芸被偪自縊等情，分別定擬一摺。【略】涂以輈著發往黑龍江充當苦差，到配之日再加枷號二箇月，以示懲儆。

庚午，諭：王紹蘭身任巡撫，刑名案件是其專責。此案朱履中誣訐道府收受陋規，藩司李賡芸被偪自盡，固由於汪志伊刻覈苛求，王紹蘭係同審之員，果能持正商阻，汪志伊或不偏執己見，涂以輈必不敢肆意陵偪，李賡芸亦不至憤激輕生。極或汪志伊執拗難回，王紹蘭儘可據實單銜陳奏，乃一味隨聲附和，釀成巨案，實屬溺職。王紹蘭著即照部議革職。

以史致光爲福建巡撫，毓岱爲貴州布政使，玉輅署貴州按察使。

六月甲戌，命明亮爲武英殿大學士，以伯麟協辦大學士，仍留雲貴總督任。調和甯爲兵部尚書，伊沖阿爲工部尚書，以晉隆爲理藩院尚書。

戊寅，以舒甯爲内閣學士。

辛巳，加明亮太子太保，戴均元、和甯、盧蔭溥太子少保。

丙申，諭盛京每歲派員巡緝海口。

《仁宗實録》卷三三一　庚子，諭軍機大臣等：蔣攸銛奏，拏獲詐搶咪唎㗎夷船匪犯李奉廣等，分別斬決梟示，並另片奏將噢吔夷人，量加賞卹等語。此案咪唎㗎國噢吔夷船，在香山外洋停泊，蜑民李奉廣等詐搶拒捕，殺傷夷人五命。該督將李奉廣等拏獲，恭請王命，分別斬梟，並傳齊該國在粵夷商，環視行刑，俾

知天朝法度森嚴，咸知畏服。所辦甚是。至將嘆咄夷人量加賞卹一節，則辦理錯誤。嘆咄夷船，如係裝載該國貨物，運赴粵省銷售，被内地奸民搶劫殺傷，除將匪犯正法外，自應優加賞卹，以示懷柔。兹該夷人所帶鴉片烟坭，是例禁之物，如該夷人私運入口，即應按律治罪。今因其横被劫奪，戕害數命，不行究治，已屬恩施，何得再加賞卹？

《東華續録》嘉慶四四　秋七月壬子，定宗室覺羅養贍孤寡例。

癸丑，以周光裕爲山西布政使，嚴烺爲湖北按察使。

丙辰，調和甯爲禮部尚書，伊沖阿爲兵部尚書，以蘇楞額爲工部尚書，果齊斯歡爲工部左侍郎。

戊午，諭：御史李振祜奏，請禁考試騎射頂替積弊一摺。所奏甚是。【略】嗣後，遇有考試，著報明御前大臣，奏派乾清門侍衛二人，至放馬處監視。

庚申，上啟鑾秋獮木蘭。免經過地方額賦十分之三。

乙丑，諭：成格等奏，審擬陽曲縣派差苦纍一摺。【略】衡齡著革去山西巡撫，另降清字諭旨，賞給藍翎侍衛，前往新疆换班。以和舜武爲山西巡撫，廣慶爲山東布政使。調廉敬爲雲南按察使，以邱樹棠爲江西按察使。

戊辰，調邱樹棠爲山西按察使，承光爲江西按察使。

《仁宗實録》卷三三二　又諭：蔣攸銛奏請嚴禁茶葉海運一摺。

《東華續録》嘉慶四四　己巳，晉隆以失察宗室習教從逆奪職，以和世泰爲理藩院尚書。以裕恩爲内閣學士。

八月丙戌，似故和郡王緜循子奕亨降襲貝勒。

辛丑，頒御製訓管理宗人府王公及諸族長文。

九月癸丑，四川總督常明卒，贈太子少保，予祭葬，謚襄恪。調蔣攸銛爲四川總督，阮元爲兩廣總督，以慶保爲湖廣總督，葉紹楏爲廣西巡撫，富綸爲廣西布政使，嵩孚爲安徽按察使。調玉輅爲廣東按察使，韓文綺爲貴州按察使。

《仁宗實録》卷三三四　丙辰，賑直隸大興、宛平【略】二十九州縣被旱被霜被雹災民，並蠲緩新舊糧租借欠倉穀，及文安、固安【略】二十州縣新舊糧租倉穀有差。

《東華續録》嘉慶四四　辛酉，劉鐶之著加恩降爲侍郎候補，以觀後效。汪如淵雖辦理遲延，召對時叩頭引罪，並未隨同巧詞支飾，著加恩改爲革職留任。調盧蔭溥爲户部尚書，以章煦爲兵部尚書。

甲子，撥京倉米三千石，於大興、宛平二縣煮賑。

乙丑，胡克家卒，調李堯棟爲江蘇巡撫，以李鑾宣爲雲南巡撫，曹六興爲四川布政使，富信爲四川按察使。

丁卯，以哈甯阿、載銓俱爲内閣學士。

己巳，再撥倉米八千石，於大興、宛平二縣煮賑。

冬十月辛未朔，日有食之。

癸酉，加賞五城貧民棉衣。

辛巳，李鑾宣卒，以李堯棟仍爲雲南巡撫，陳桂生爲江蘇巡撫，伊什扎木素爲江蘇布政使。調麟祥爲江蘇按察使，以麋奇瑜爲福建按察使。

《仁宗實録》卷三三五　癸未，諭軍機大臣等：前曾有旨諭知松筠，已離伊犁將軍之任，嗣後不准貢獻馬匹。乃松筠自到察哈爾都統任後，又復進馬，該處副都統棍楚克策楞亦進馬二匹。張家口素不産馬，該都統等向無進馬之例，此次必係松筠自出主見，又約會棍楚克策楞一同進獻，作爲陪伴，甚屬無謂。松筠著傳旨申飭。

庚寅，賜中式武舉一甲武鳳來、馬維衍、王志元三人武進士及第，二甲張肇泰等六人武進士出身，三甲錢殿甲等三十七人，同武進士出身。

《仁宗實録》卷三三六　十一月乙巳，給安徽五河、鳳陽、靈璧、宿、懷遠、泗六州縣，及屯坐各衛被水災民一月口糧。並蠲緩五河、鳳陽【略】二十州縣，及建陽、泗州、鳳陽、長淮四衛新舊額賦，借欠籽種口糧有差。

《東華續録》嘉慶四四　辛酉，調韓文綺爲四川按察使，富信爲貴州按察使。

乙丑，調和甯爲兵部尚書，以穆克登額爲禮部尚書。

十二月乙未，文甯以縱容僕從需索解任，調和舜武爲河南巡撫，以成格爲山西巡撫，調廉善爲刑部右侍郎。

是歲，朝鮮、越南、琉球來貢。

嘉慶二三年（戊寅、一八一八）

《東華續録》嘉慶四五　春正月庚子，調德文爲禮部右侍郎，多福爲盛京户部侍郎，以明興阿爲盛京工部侍郎。

辛丑，諭：文甯係棄瑕録用之人，復擢至巡撫，由貴州調任河南，乃一入豫

境，沿途挑斥供應，縱容家人需索站規，實屬溺職。文甯著即照部議革職。

壬寅，定盛京大凌河墾種牧地額賦。廓爾喀額爾德尼王熱尊達爾畢噶爾瑪薩野遣使貢方物，賜敕賞賚如例。

丙午，上以來歲六旬萬壽，詔舉恩科鄉會試。

《仁宗實録》卷三三八　展賑奉天復州、寧海、寧遠、金州四處上年被旱旗户，並貸貧民口糧。給直隸大興、宛平【略】十七州縣上年被旱災民一月口糧。展賑江蘇高郵、寶應、甘泉、沛、睢寧五州縣上年被水災民。給安徽五河、鳳陽、靈璧、盱眙、天長五縣，及鳳陽、長淮、泗州三衛上年被水災民一月口糧。

丁未，諭内閣：兵部議駁松筠奏請調劑牧廠馬匹一摺。

《東華續録》嘉慶四五　庚申，以方體爲湖北按察使。

二月庚午，命協辦大學士、吏部尚書戴均元、兵部尚書和甯軍機處行走。實授恒敏陝西按察使。

己卯，張五緯緣事革職，以温承惠爲山東按察使。

庚辰，英綬著革退内閣學士並護軍統領，止留副都統及右翼總兵，逐出乾清門，仍交部議處，用示薄懲，以觀後效。

《仁宗實録》卷三三九　壬午，諭内閣，御史蔣詩奏請嚴查保甲，肅清海禁各一摺。

《東華續録》嘉慶四五　乙酉，調德文爲工部左侍郎，以哈甯阿爲禮部右侍郎。

丙戌，以奕經爲内閣學士。

己丑，上閱火器營兵。

癸巳，調伊什孔木素爲浙江布政使，以楊懋恬爲江蘇布政使。

三月己亥，上親耕耤田。

庚子，上啟鑾謁西陵。免經過地方額賦十分之三。

《仁宗實録》卷三四〇　壬寅，諭軍機大臣等，蔣攸銛奏，奉旨飭查中瞻對逆酋洛布七刀，未經焚斃一事。

庚戌，命協辦大學士、兵部尚書章煦爲大學士，仍管理刑部事。調禮部尚書戴聯奎爲兵部尚書，轉都察院左都御史汪廷珍爲禮部尚書，以吏部右侍郎吳芳培爲左都御史，署兵部左侍郎周系英爲吏部右侍郎。

《東華續録》嘉慶四五　丙辰，雲南臨安邊外夷匪高老五等糾衆滋事，命伯麟等勦之。

丁巳，上閱健鋭營兵。

辛酉，以那清安爲内閣學士。

甲子，撥京倉麥一萬石，於大興、宛平二縣平糶。

夏四月戊辰朔，日有食之。

戊寅，諭：給事中盧浙奏風沙示儆，請禁緝捕員弁貪功冒賞、擾纍平民一摺，所奏甚是。

己卯，諭：匿名訐告，最爲人心風俗之害。【略】嗣後，凡有拾獲匿名揭帖者，著即將原帖銷燬，不得具奏。惟關係國家重大事務者密行奏聞，候旨密辦。

《仁宗實録》卷三四一　壬午，命撥京倉粟米一萬石，交順天府減價平糶。撥天津北倉備賑餘米，給直隸歉收地方減價平糶。

《東華續録》嘉慶四五　丁亥，陳預以不能整頓地方，降三品京堂。調和舜武爲山東巡撫，陳若霖爲河南巡撫，以李鴻賓爲廣東巡撫。

《仁宗實録》卷三四一　庚寅，以雨澤愆期，免順天良鄉、固安【略】二十四州縣本年旗租，並緩徵節年地糧旗租。

《東華續録》嘉慶四五　五月己(丑)〔亥〕，皇后行躬桑禮。

《仁宗實録》卷三四二　給山東海豐、霑化、利津三縣被水災民並竈丁一月口糧。

壬寅，給山東樂安縣被水災民一月口糧。

《東華續録》嘉慶四五　癸卯，轉廉善爲刑部左侍郎，調穆彰阿爲刑部右侍郎，明興爲兵部右侍郎，以同麟爲盛京工部侍郎。

甲辰，同麟以親老命留京，補禮部右侍郎。調多山爲盛京工部侍郎，轉哈甯阿爲禮部左侍郎。

再撥京倉粟米六千石，命順天府於四路分廠平糶。

丁未，再撥京倉麥五千石、粟米五千石，於大興、宛平二縣平糶。

《仁宗實録》卷三四二　戊申，諭軍機大臣等：阮元奏，再陳豫防㘎咭唎事宜一摺。

《東華續録》嘉慶四五　丁巳，予告理藩院尚書博興卒。

戊午，以琦善爲江甯布政使，敦良爲河南按察使。

乙丑，再撥京倉麥五千石、粟米五千石，於順天府四路接續平糶。

《仁宗實録》卷三四三　六月丁卯朔，諭内閣：伯麟奏，勦平臨安江外逆匪，拏獲逆首逆目，按律辦理一摺。

《東華續録》嘉慶四五　戊辰，以英惠爲内閣學士。

丁亥，申禁州縣等官赴省干謁。

《仁宗實録》卷三四三　減免直隸安、隆平、寧津、新河四州縣二十二年積水地畝額賦有差。

《東華續録》嘉慶四五　戊子，免雲南夷匪滋擾及辦理兵差之建水等四十二廳州縣並貴州威甯州額賦。

《仁宗實録》卷三四三　給河南武陟、修武二縣被水貧民一月口糧，並房屋修費。

諭内閣：伯麟奏續獲臨安江外緊要賊目及從逆餘匪分別辦理，並參奏從前辦理不善臨時畏葸之鎮將等各一摺。

《東華續録》嘉慶四五　乙未，諭：據理藩院奏駁原任巴林公賽尚阿之妻固山格格呈請進京，與例不符等語。定例，凡在游牧居住之格格等，如有呈請進京者，十年後方准進京。但此内格格等之父母若年近六旬，十年後方准與格格等相見一次，爲期太遠。嗣後，格格等之父母如有年逾六旬者，著五年准其進京。見在原任巴林公賽尚阿之妻固山格格未進京城已逾三年，俟届五年之期，再行進京。著爲令。

《仁宗實録》卷三四四　秋七月戊戌，諭内閣：慶保奏沔陽州垸田積水，請借項修建閘座一摺。湖北沔陽州低窪田畝，全賴隄垸保護，每遇伏秋盛漲，江水浸灌垸内，無路疏消。兹據勘明，該州龍王廟地方，添建閘座引渠，可資宣洩，於農田大有裨益。著照所請，准其於該處建立石閘，挑空引渠，以時啟閉。所有估需銀二萬八千九百九十一兩零，加恩先於司庫商捐隄河沙洋籌備善後工程款内借支給領；勒限完工，照例保固十年。所借銀兩，於工竣後，分作五年，在於受益各垸業户名下，按數攤徵歸款。

《東華續録》嘉慶四六　壬寅，予告大學士劉權之卒，予祭葬，謚文恪。

辛亥，楊護緣事降三品京堂，以程國仁爲浙江巡撫，屠之申爲甘肅布政使，方載豫爲甘肅按察使。

己未，吏部奏，外任旗員遇有事故回旗，日久逗留即應嚴議一摺。【略】嗣後，外任旗員丁憂回籍，除正展限期外，如起程遲延半年以上者，著降一級調用，一年以上者，著革職。

《仁宗實録》卷三四四　辛酉，免山東章邱、鄒平二縣被水村莊積年額賦。

《東華續録》嘉慶四六　甲子，上啟鑾詣盛京，謁祖陵。免經過州縣額賦十分之五。

八月丁卯朔，諭：連日經過道路，多由民田開築，時届西成芟刈禾稼，不免有傷農業。嗣後，凡蹕路經臨處所，務循照舊途修墊，不得取道農田。

甲戌，免經過奉天、承德等四州縣額賦。免經過奉天新民廳額賦。

己丑，閲盛京官員等射。

河南沁河漫口合龍。

庚寅，閲吉林官員等射。

壬辰，再閲吉林官員等射。

《仁宗實録》卷三四五　乙未，免山東章邱、鄒平二縣水災本年額賦。

《東華續録》嘉慶四六　九月丙申朔，臨奠宏毅公額亦都墓，並加恩後裔。命散秩大臣、公那蘇巴圖在乾清門行走。加尚書和世泰太子少保，大理寺少卿成甯副都統銜。起已革尚書福慶爲郎中。調穆彰阿爲兵部右侍郎，以文孚爲刑部右侍郎。調明興阿爲盛京户部侍郎，以當起爲盛京工部侍郎。

戊戌，予移駐盛京宗室每户歲增倉米二十二石。

己亥，釋發遣盛京、吉林、黑龍江情輕各官犯。釋發遣盛京等處宗室、覺羅情輕各犯回京，分别免罪録用。再免奉天所屬府廳、州、縣明年額賦。

庚子，朝鮮國王李玜遣陪臣至盛京表貢方物，賜御製詩章、御書福字。

辛丑，免盛京、興京等旗地額賦十分之三，並上年逋賦。

癸卯，廣奉天等府各屬歲試學額。免盛京官員借支俸餉銀。

壬子，再免奉天承德縣、新民廳二十五年額賦十分之五。

庚申，召巴哈布來京，以吴邦慶爲湖南巡撫。調琦善爲河南布政使，以恆敏爲江甯布政使，特通阿爲陝西按察使。

辛酉，定特派大學士等覆覈朝審人犯情實緩決例。

《仁宗實録》卷三四七　乙丑，諭内閣：御史馮清聘奏，嚴禁地方官交結紳士一摺。

《仁宗實録》卷三四八　冬十月丁卯，給江蘇蕭縣被水災民一月口糧。

《東華續録》嘉慶四六　辛未，賞辦差兵丁半月錢糧，免經過州縣額賦十分

之二。

丁丑，予告太保大學士董誥卒，晉贈太傅，入祀賢良祠。遣定親王緜恩帶領侍衛十員往奠茶酒，賞銀二千兩治喪，予祭葬，謚文恭。賞其子淯四品京堂。

《仁宗實録》卷三四八　庚辰，諭軍機大臣等：伯麟等奏，緬甸國與普洱府屬邊外土司搆釁，經該督等指示地方官反覆開導，緬夷業將所遣緬目徹回本國。並順寧府屬邊外耿馬土司自相内鬨，並未侵犯内地邊境，亦經妥爲區處等語。

甲申，諭内閣：御史王允輝奏，嚴禁順天鄉試冒籍一摺。

《東華續録》嘉慶四六　乙酉，葉紹楏以與布政使富綸互參解任，以趙慎畛爲廣西巡撫。魏元煜爲廣東布政使，左輔爲浙江按察使。以張志緒爲廣西按察使。解富綸任，以繼昌署廣西布政使。

丙戌，轉普恭爲吏部左侍郎，以成甯爲吏部右侍郎。

吏部左侍郎熙昌卒於湖南差次，贈都統銜，賞銀五百兩治喪，予祭葬，謚敬慎。

戊子，調穆彰阿爲工部左侍郎，德文爲兵部右侍郎。

《仁宗實録》卷三四九　十一月乙未朔，諭軍機大臣等：阮元等奏，暹羅國進貢正船在洋遭風，副船先已抵粵一摺。

庚子，又諭：御史馮清聘奏，各省械鬭重案，請飭立限速辦一摺。

免安徽宿、靈璧、泗三州縣，鳳陽、長淮、泗州三衛，旱災水災本年額賦有差，並緩徵來年額賦，及舊欠耔種俸工等項。緩徵五河、盱眙【略】十八州縣，及建陽衛本年額賦，並積欠銀米耔種口糧有差。賑宿、靈璧、泗三州縣災民，給靈璧、泗、五河、盱眙、天長、鳳陽、懷遠七州縣貧民一月口糧。

《東華續録》嘉慶四六　辛丑，調成甯爲倉場侍郎，德文爲吏部右侍郎，以英惠爲兵部右侍郎。

丁巳，諭：額駙揚古利乃開國勳臣，故其世世子孫之中，均賞一領侍衛内大臣。福克津承襲公爵，經朕加恩賞給散秩大臣，年來察看福克津人尚諄樸，當差亦勤。著加恩將緜志所出正白旗領侍衛内大臣員缺，即著福克津補授，以示朕眷念勳舊後嗣至意。

《仁宗實録》卷三五二　十二月乙亥，普免天下民欠錢糧。

諭内閣：【略】明歲嘉慶二十四年，爲朕六旬正壽，宜先蠲除積逋，俾小民户免追呼，共享含哺之樂。所有各省節年正耗民欠及因災緩徵帶徵銀穀，著各督撫詳析查明，按照該省所屬之某州某縣實欠在民銀穀若干，速行開單具奏，以次降旨豁免。並著先將此旨謄黄，宣示城鄉村鎮，咸使聞知，俾官吏胥役，無從影射侵欺，以期膏澤下究，用副朕惠鮮懷保、仁壽斯民至意。該部即遵諭行。

《東華續録》嘉慶四六　癸未，增甘肅鎮西、迪化二府州鄉試中額一名。

庚寅，以穆克登額、劉鐶之俱爲左都御史。以松筠爲禮部尚書。

《仁宗實録》卷三五二　是月，四川總督蔣攸銛奏：遵查非刑器具，嚴飭一律銷燬。惟川省最多滋事游民，川東爲尤甚，匪徒蹤跡，視州縣之寬嚴爲去住，稍存姑息，則水懦之患，甚於火猛。

《東華續録》嘉慶四六　是歲，朝鮮、琉球來貢。

嘉慶二十四年（己卯、一八一九）

《東華續録》嘉慶四七　春正月甲午朔，上以六旬萬壽頒詔天下，覃恩有差。封皇三子緜愷爲惇郡王，皇四子緜忻爲瑞親王，皇長孫奕緯爲貝勒。晉封貝勒緜志、緜懃郡王銜，賞三眼花翎。貝子奕紹爲貝勒，鎮國公緜偲、輔國公緜敏爲貝子。晉封科爾沁貝勒鄂勒哲依圖郡王銜，賞三眼花翎。予托津雙眼花翎，加章煦太子太保。

《仁宗實録》卷三五三　丁酉，給直隸清河、宣化二縣上年被水被雹災民一月口糧。展賑奉天遼陽、廣寧、承德、海城、寧海、鳳凰、岫巖、牛莊、小黑山、白旗堡、巨流河十一處，及錦州撫民同知所屬上年被水旗民。給江蘇蕭、高郵、寶應三州縣，及徐州衛上年被水被旱災民一月口糧。展賑安徽宿州上年被水被旱災民，給靈璧、泗、五河、鳳陽四州縣，及長淮、鳳陽、泗州三衛災民一月口糧。

《東華續録》嘉慶四七　戊戌，以常起爲吏部右侍郎，明敘爲盛京工部侍郎。

丁巳，調崇禄爲兵部尚書，和甯爲刑部尚書。罷和甯軍機處行走，命刑部右侍郎文孚在軍機大臣學習行走。

《仁宗實録》卷三五三　諭内閣：三載考績，爲國家激揚大典。朕於諸臣中察其奉職恪勤，尤爲出力者，方給予甄敘。其有年老而精力尚不至衰頹者，仍可留任供職。

己未，諭軍機大臣等：康紹鏞奏，安省民情刁健，訟案繁多，總以控准提省拖纍多人爲得計，現經分别審辦等語。

《東華續録》嘉慶四七　二月辛未，左都御史兼管太常寺穆克登額以少卿善禄贊儀錯誤，降工部右侍郎，以誠安爲左都御史。

乙亥，以四川無逋賦，免明年額賦十分之二。免江蘇、浙江各鹽場逋課。

以色克精額爲内閣學士。

《仁宗實録》卷三五四　丁丑，諭内閣：御史袁銑奏，考試請飭恪遵功令一摺。

丁亥，諭内閣：御史余本敦奏，鄉會試外簾滋弊，請飭查禁一摺。

《東華續録》嘉慶四七　壬辰，以貴州無逋賦，免明年正賦十分之二。

三月甲午，諭：昨降旨，將鄉、會試點派考官密本屆期派乾清門侍衛齎至午門前拆封宣旨。著自本科會試爲始，禮部於三月初四日將題本送閣，初五日進呈，初六日發下，即交捧本侍衛齎往。至鄉試遇朕巡幸之年，著該部豫行計算，發報日期扣至八月初六日黎明到閣，即早亦必於初五日到閣，初六日黎明齎至午門前，照新定規制拆封宣讀，考官等即刻入闈，不准在内閣先行拆封。著爲令。

丙申，定各省咨報各缺限期。

《仁宗實録》卷三五五　又諭：本日據御史李遠烈條奏四款，天主教實爲人心風俗之害，惟應嚴禁傳徒，若將其置典取租房屋，概行掣出入官，召民認買，事屬難行。嗣後著嚴行稽查，如有借租屋爲名，被誘習教者，一經查出，將傳教與入教之人，一體嚴行治罪。

《東華續録》嘉慶四七　己亥，上親耕耤田。

上啟鑾謁東陵、西陵。免經過地方額賦十分之三。

癸卯，免山東銅廠逋銀。

丙午，山東巡撫和舜武卒，贈總督銜。調程國仁爲山東巡撫，陳若霖爲浙江巡撫，以琦善爲河南巡撫，糜奇瑜爲河南布政使，彭希濂爲福建按察使。

《仁宗實録》卷三五五　戊申，諭軍機大臣等：玉麟等奏，藏中僧俗人等，求定達賴喇嘛呼畢勒罕一摺。甚屬非是，從前各處呈報呼畢勒罕出世，每多附會，争端漸起，弊竇叢生。

《東華續録》嘉慶四七　夏四月癸酉，朱理卒，以韓克均爲貴州巡撫。嵩孚爲安徽布政使，鄒翰爲安徽按察使。

丁丑，諭：考試試差人員，自此次爲始，四書題、文二篇内著減去一篇，添五經題文一篇，仍用五言八韻排律詩一首。著爲令。

以山西解州二十五廳州縣上年歉收，撥倉穀平糶。

庚辰，上閲健鋭營兵。

《仁宗實録》卷三五六　丙戌，賜一甲陳沆、楊九畹、胡達源三人進士及第，二甲孫起端等九十九人進士出身，三甲陳嘉謨等一百二十二人同進士出身。

《東華續録》嘉慶四七　己丑，方體因病乞休，以陳廷桂爲湖北按察使。

閏四月壬辰，以李鴻賓爲漕運總督，調康紹鏞爲廣東巡撫，以姚祖同爲安徽巡撫，調祝慶承爲直隸布政使，以玉輅爲雲南布政使，劉寶第爲廣東按察使。

癸巳，德麟以誤班削爵，命其子慶敏仍襲貝子。

甲午，調廉敬爲廣東按察使，劉寶第爲雲南按察使。

乙未，修山東運河西岸隄工。

庚子，廣慶緣事解任，以岳齡安爲山東布政使，祥泰爲直隸按察使。

庚戌，吴璥因病解任，以韓崶爲刑部尚書，調王鼎爲刑部右侍郎，轉周系英爲吏部左侍郎，以吴芳培爲吏部右侍郎。

乙卯，訥福以病解任，以海齡爲湖北布政使，嚴士鋐爲湖南按察使。

丙辰，免河南睢工、衡工攤徵逋銀。

調敦良爲湖南按察使，嚴士鋐爲河南按察使。

己未，定繙繹鄉、會試覆試例。

五月戊辰，調李堯棟爲福建巡撫，史致光爲雲南巡撫。

辛未，禁旗人抱養民人及户下人爲嗣。

以誠安爲熱河都統，普恭爲左都御史，成甯爲吏部左侍郎，那彦成爲倉場侍郎。

《仁宗實録》卷三五八　又諭：御史希寧奏請清釐户口一摺。八旗生齒日繁，近日竟有希圖冒領錢糧，抱養民人之子或以户下人之子爲嗣者，不可不嚴行清釐。著八旗都統、副都統發現天良，通飭參佐領等詳加查察，不可姑息，不可畏難，如有抱養等弊，責令該族長隨時呈報究辦。如扶同徇隱，别經發覺，定將該族長治罪不貸。

辛巳，又諭：御史黄中模奏，請嚴藩司胥吏舞弊一摺。

壬午，又諭：孫玉庭等奏參縱容幫丁索費捐勒米結之運弁並違例濫給之知縣，請分别革職解任究辦一摺。各幫船兑運，本有例給銀米。前因丁力疲乏，准

令酌給津貼，已屬格外優施。乃江蘇太倉後等幫運丁，在崑山縣需索幫費，每船洋銀九百餘圓至一千餘圓之多。蘇州後等幫運丁，在新陽縣需索幫費，每船洋銀六百餘圓至一千餘圓之多，仍稱未滿其欲，將通關米結捐勒留難，實屬任意索詐，毫無忌憚。該運弁等，不行禁止，轉將米結交丁，赴縣喧鬧，顯係通同一氣，上下分肥。若不嚴行懲辦，漕弊何由肅清。所有該幫米石，著飭令糧道斌良督押各運弁，迅速輓運抵通，沿途嚴查攙和等弊。交兑後，著倉場侍郎即傳旨將運弁胡泉、高峯雲、王復一、楊經士、柯鵬翥、錢佐六員先行革職，同頭伍人等，一併鎖拏，解往江蘇，交該督等嚴審定擬具奏。其崑山縣知縣李珏著解任，同降調知縣馮秉泰一併歸案質訊；李奕疇前在漕運總督任内，漫無約束，以致該弁丁等肆意索擾，李奕疇不勝郎中之任，著以主事降補。

乙酉，又諭：董教增等奏，審明抗糧奪犯首從各犯分别定擬一摺。此案林彌高斂錢抗糧，復糾衆奪犯，煽惑鄉民，抗官喧鬧，實屬大干法紀。董教增等於審明後，即將該犯正法，所辦甚是。並著查明該犯之妻，發遣别省駐防，該犯之子發遣新疆，以示懲儆。

《東華續録》嘉慶四七　六月癸巳，海齡以親老乞改京職，命以三品京堂候補。以承光爲湖北布政使，童槐爲江西按察使。

癸卯，調松筠爲兵部尚書，崇禄爲禮部尚書。調恩甯爲吏部左侍郎，以和桂爲禮部左侍郎。

《仁宗實録》卷三五九　丁未，諭内閣：伯麟等奏，南掌國王遣使進貢，並呈懇頒賜勅印，據情代奏一摺。南掌國自内附以來，乾隆五十九年曾經頒給勅印，嗣因該國王召温猛愞懦不振，流徙越南，經越南國王將勅印恭繳，念其流離，不加聲責，該國事聽其以召蛇榮代辦。現據召蛇榮之子召蟒塔度臘虔修職貢，籲懇再頒勅印，著加恩俯允所請，再行頒給，以示懷柔。

《東華續録》嘉慶四七　壬子，調李堯棟爲湖南巡撫，吴邦慶爲福建巡撫。

《東華續録》嘉慶四八　秋七月庚午，以雨詔停秋獮，仍詣避暑山莊。

甲戌，以德奎爲河南按察使。

《仁宗實録》卷三六〇　己卯，諭内閣：李鴻賓奏，漕標分發員弁過多，請將掣發武舉、捐發備弁暫停一年等語。所奏甚是。

《東華續録》嘉慶四八　庚辰，英惠以管道嬾惰降三等侍衛。調常英爲兵部右侍郎，轉博啟圖爲理藩院左侍郎，以裕恩爲理藩院右侍郎。

免經過地方額賦，由京至古北口十分之四，由古北口至熱河十分之五。

壬午，直隸永定河溢，命吴璥、那彦寶馳往堵築。

乙酉，撥廣儲司銀一萬兩，撫恤南苑被水災民。

《仁宗實録》卷三六〇　丁亥，免直隸灤平縣被水地方本年額賦十分之五。

《東華續録》嘉慶四八　己丑，撥廣儲司庫銀三千兩，撫恤灤平縣被水民。

八月辛卯，以河南蘭陽、儀封北岸河溢，奪葉觀潮職，命吴璥馳往，會同琦善堵築。

壬辰，以善慶爲工部右侍郎。

癸巳，以李鴻賓爲河東河道總督，成甯爲漕運總督。

乙未，命順天府於大興、宛平二縣設廠平糶，並簡京卿監放。

《仁宗實録》卷三六一　丁酉，命直隸固安、永清、東安、霸四州縣被水地方設廠賚賑。

《東華續録》嘉慶四八　戊戌，命李鴻賓赴河南督辦漫口工程，程國仁兼辦山東運河事。

《仁宗實録》卷三六一　己亥，免直隸固安、永清、東安三縣水災本年額賦，並折給口糧有差。

《東華續録》嘉慶四八　壬寅，予告大學士、威勤伯勒保卒，晉贈一等侯，【略】予祭葬，謚文襄。

撥北倉米十萬石，於直隸備賑。

《仁宗實録》卷三六一　戊申，諭内閣：阮元奏請調海疆要缺知縣一摺。

《東華續録》嘉慶四八　己酉，河南黄沁廳屬武陟汛河溢，命葉觀潮搶築贖罪。

癸丑，命嗣後盛京户部官莊六品官缺出，三陵衙門筆帖式准一體揀選。

《仁宗實録》卷三六一　甲寅，賑河南濱河各州縣被水災民。

《東華續録》嘉慶四八　乙卯，諭：程國仁奏參臬司温承惠日益橫恣、事多窒礙一摺。【略】温承惠著即革職，飭令回籍，並不准來京逗留。調童槐爲山東按察使，以孫爾準爲江西按察使。

戊午，上至古北口閲兵。

九月丙寅，諭：都察院議處周系英以本省案件致書巡撫，請照因事屬託例革職。所擬甚是。【略】周系英著革去侍郎，加恩以編修用。調顔德慶爲吏部左

侍郎，以王宗誠爲兵部左侍郎。調孫爾準爲福建按察使，以誠端爲江西按察使。

《仁宗實録》卷三六二　庚午，減免直隸隆平、寧晉、新河、任四縣積水地畝本年額賦。

《東華續録》嘉慶四八　壬申，以恆齡爲内閣學士。

癸酉，上閲火器營兵。

以松筠爲盛京將軍，調和世泰爲兵部尚書，以賽沖阿爲理藩院尚書。

壬午，永定河漫口合龍。

《仁宗實録》卷三六二　展賑直隸固安、永清、東安三縣被水災民。

《東華續録》嘉慶四八　癸未，以六旬萬壽，開復内外文武一二品大臣降革、留任處分有差。

戊子，以六旬萬壽，寬免王、貝勒、貝子、公等降罰處分有差，賞已革禮親王昭槤、豫親王裕豐四品頂帶。以禮部堂官於萬壽旬慶期内忌辰服色未經聲請，降尚書崇禄、汪廷珍爲左侍郎，左侍郎和桂、王引之，右侍郎周麟，署右侍郎王宗誠，以正三品京堂補用。以穆克登額爲禮部尚書，那請安爲禮部右侍郎。以黄鉞爲禮部尚書，轉姚文田爲户部左侍郎，調王鼎爲户部右侍郎，以吴邦慶爲刑部右侍郎。調韓克均爲福建巡撫，以毓岱爲貴州巡撫，富信爲貴州布政使，程贊甯爲貴州按察使。轉曹師曾爲兵部左侍郎，以吴其彦爲兵部右侍郎。

《仁宗實録》卷三六二　給安徽亳、蒙城、太和、鳳臺、懷遠、鳳陽、靈璧、五河八州縣被水災民一月口糧。

《東華續録》嘉慶四八　己丑，賞已革侍郎鮑桂星編修，已革巡撫張師誠中允贊善用。已革尚書初彭齡、巡撫顔檢、都統高杞以六部員外郎用，已革尚書吉綸、侍郎凱音布、翰林院侍讀學士恒福、廣西按察使張凱元，以六部主事用。

冬十月丙申，命戴均元、那彦寶馳往河南查看河工，那彦寶留駐馬營壩督理。

丁未，諭：李鴻賓奏，不勝河督重任，請另賜簡放一摺。【略】李鴻賓著革去河東河道總督，給予郎中銜，留於河南，專司大工錢糧。【略】葉觀潮平日尚諳河務，加恩著即疏枷，補授河東河道總督。

《仁宗實録》卷三六三　己酉，賜殿試武舉一甲秦鍾英武進士及第，二甲楊録之等五人武進士出身，三甲陳大魁等三十五人同武進士出身。

《東華續録》嘉慶四八　辛亥，諭：周汝楨係副榜貢生，不知讀書安分，乃因湘潭士民、客民互毆一案，致信在籍給事中石承藻等，干與公事。總由周系英前曾寄信吴邦慶，以致伊子傚尤，其失於約束，咎無可辭，周系英著即行革職，周汝楨著交軍機大臣會同刑部定擬具奏。尋奏上，得旨：周汝楨著照部議杖六十、徒一年。周系英輕聽浮言，於召對時屢次面陳，又復致書本省巡撫，以致伊子效尤，因而獲罪，周系英業經革職，不准在京逗留，著即勒令回籍，安分家居，閉門思過。如到籍後再有干與公事之處，定行治罪不貸。

癸丑，諭：慶保奏，見回長沙，審訊湘潭縣商民互毆一案。犯供旋認旋翻，王調松等所供情形及被殺幼孩年貌、服色，俱有互異等語。此案江西客民與湖南土民因此事勢同仇敵，非尋常訐訟之案可比。慶保係滿洲大員，江西、湖南兩無偏袒，惟當嚴究虚實，以成信讞。至王調松、鄧士湖等於殺人祭符一節旋認旋翻，又焉知非聞知周系英見已降黜，頓思翻案，總不可稍存成見。該督即會同李堯棟虚衷研鞫，使兩造之心俱已折服，方可定案，不至再有翻控也。

《仁宗實録》卷三六三　給陝西潼關、華、華陰、朝邑、大荔五廳州縣被水被雹災民一月口糧，貸給籽種房屋修費，並緩徵本年額賦，及榆林、懷遠二縣額賦。

《東華續録》嘉慶四八　乙卯，以黄水溢入運河，命程國仁豫籌明年運道。

《仁宗實録》卷三六三　諭軍機大臣等：程國仁奏籌辦明年重運經行事宜一摺。

《東華續録》嘉慶四八　丁巳，命嚴覈河工議敘人員。

十一月庚申，以海齡、杜堮俱爲内閣學士。

辛酉，命文孚馳勘山東運河，並河南馬營壩引河督催工料。

甲子，以齡椿爲盛京工部侍郎。

《仁宗實録》卷三六四　戊辰，又諭：御史黄大名條陳粤東積弊一摺。據稱，粤東有三合會名目，即從前之添弟會，招黨呼羣，多在廣州府屬之清遠、從化，韶州府屬之英德及廣西之梧州、北流、遷江、百色等處，且有入會之在官人役豫爲通信包庇，擾害閭閻。著該督隨地隨時留心察訪，並飭屬認真緝拏，從嚴懲辦，以靖地方。

《東華續録》嘉慶四八　己巳，晉封明亮三等侯爵。

《仁宗實録》卷三六四　庚午，給山東濮、范、利津、壽張、東阿、東平、陽穀、霑化、蒲臺、濱、惠民十一州縣被水災民一月口糧，及房屋修費，並蠲緩本年額

賦，及菏澤、肥城、聊城三縣額賦有差。

《**東華續録**》**嘉慶四八**　壬申，諭：朕本年六旬萬壽，普免天下歷年正耗、民欠及緩徵、帶徵銀穀，節經各督撫查明具奏，以次降旨。豁免内惟四川、貴州二省並無絲毫帶欠，特加恩寬免該二省明年正賦十分之二，以示嘉獎。

壬午，除山西岢嵐等二州缺額丁銀。

《**仁宗實録**》**卷三六四**　諭：御史蔣雲寬條奏慎重河防一摺。所奏俱是。

《**東華續録**》**嘉慶四八**　戊子，調誠端爲甘肅按察使，以程祖洛爲江西按察使。

《**仁宗實録**》**卷三六五**　十二月庚寅，給河南延津、滑二縣被水災民一月口糧，蠲緩本年額賦、河工加價等銀，並緩徵汲縣被水村莊額賦。

《**東華續録**》**嘉慶四八**　辛卯，嚴禁直省州縣諱盜。

乙未，諭軍機大臣等：慶保奏湘潭土民互毆一案見審情形一摺。

《**仁宗實録**》**卷三六五**　戊戌，諭内閣：張聖愉條奏修武備，除盜賊，理獄訟一摺。

《**東華續録**》**嘉慶四八**　庚子，吴邦慶以湖南巡撫任内於湘潭商民互鬬一案不能親往查辦，案縣多日，降通政使。調吴芳培爲刑部右侍郎，以王引之爲吏部右侍郎。

《**仁宗實録**》**卷三六五**　免直隸固安、永清、東安三縣水災旗租。免湖南鳳凰、乾州、永綏、古丈坪、保靖、麻陽、瀘溪七廳縣旱災額賦。

《**東華續録**》**嘉慶四八**　癸卯，撥兩淮商捐銀一百七十萬兩，備河南工需。

《**仁宗實録**》**卷三六五**　乙巳，諭内閣，御史黄玉衡條陳直省積弊一摺。書吏舞弊，黠詐百出，如該御史所奏，於衙門左近，設立私館，傳遞消息，粤省現有外馬、放光、收光渡期等項名目，各省恐亦不免。著各督撫嚴行查察，一經訪獲，從重究辦，以肅關防。

壬子，命截山東泰安等三十八州縣漕米麥豆十萬三千六百石有奇，留於本省備賑。給直隸大興、宛平二縣被水災民口糧有差。

《**東華續録**》**嘉慶四八**　癸丑，免雲南銀廠逋銀。

甲寅，免甘肅西甯口外番族逋銀。

是歲，朝鮮、琉球、越南、暹羅、南掌入貢。

嘉慶二五年（庚辰、一八二〇）

《**清仁宗實録**》**卷三六六**　春正月戊午朔，展賑奉天開原、遼陽、廣寧、鐵嶺、承德、海城、金州、牛莊、小黑山、白旗堡、巨流河十一處，及錦州撫民同知所屬，上年被水災民。展賑直隸大興、宛平【略】十七州縣上年被水災民，並貸籽種口糧，緩徵糧租倉穀，及安肅、青【略】二十九州縣，及津軍同知所屬災民糧租倉穀。給江蘇沛、睢寧二縣上年被水被旱災民口糧。展賑安徽亳、蒙城、太和、懷遠、鳳陽、鳳臺、靈璧、泗、五河九州縣上年被水災民。給鳳陽、懷遠、靈璧、泗、盱眙、天長六州縣，及鳳陽、長淮、泗州三衛軍民口糧。展賑河南新鄉、獲嘉、封邱、延津、滑、武陟、原武、陽武、滎澤九縣上年被水災民。

《**仁宗實録**》**卷三六七**　二月戊子，諭内閣：御史龔鏜奏請清查糧户賦額一摺。國家惟正之供，則壤成賦，自應糧隨地轉。若如該御史所奏，江蘇省有貧民地無一廛，每歲納糧銀數兩至數十兩不等，有地祇數畝，每歲納糧田銀十餘畝至數十畝不等者，皆因業户從前售賣時，未將糧銀全數過户，以致轇轕不清。著江蘇巡撫嚴飭各州縣調查遠年糧册，秉公考覈，現在執業之户，有地若干頃畝，按照則例，應納糧若干。其貧民無著虚糧，一概推收，勿任隱混。該管上司仍嚴行稽察，不得任聽官吏藉端索詐，致滋擾纍。

《**東華續録**》**嘉慶四九**　戊戌，諭：甘肅西甯衙門所辦案件，多有與蒙古番子交涉事務，乾隆六十年，曾奉高宗純皇帝諭旨，將該道專用滿洲、蒙古人員，著爲令。後經那彦成以龍萬育奏調，遂相沿兼用漢員。嗣後西甯道一缺，仍遵照成憲，專用滿洲、蒙古人員，不用漢員。

癸卯，命戴均元爲文淵閣大學士，加太子太保，管理刑部。調吴璥爲吏部尚書，協辦大學士。

丁未，以哈甯阿爲内閣學士。

戊申，上閲火器營兵。

《**仁宗實録**》**卷三六八**　三月庚申，諭内閣：御史李肄頌條陳民欠積弊一摺。直省糧户完納錢糧，例應自行交納，如有交通胥役，日久掛欠者，著該州縣官實力勾稽，一經查出，將包攬之胥役斥革嚴懲，並將糧户一併懲處，以免拖延。其民間典當地畝，未經過糧者，因應徵錢糧，仍係原業户收回交納，遂不免有豫

支侵用情事，並有年限已滿，匿不投税過糧者，並著地方官一體清釐，以杜影混。至按地徵糧，相安已久，該御史所稱糧地不符，請飭各直省按某里某段逐一清查，其事紛擾難行，著毋庸議。

《東華續録》嘉慶四九　甲子，上啟鑾謁東陵。免經過地方額賦十分之三。以兵部遺失行印，命明亮降五級留任，毋庸管理部旗，仍留内務府大臣。戴聯奎以三品京堂用，曹師曾、常英以四品京堂用，常福賞給四品頂帶，管理圓明園。

戊辰，以劉鐶之爲兵部尚書，汪廷珍爲左都御史，王宗誠爲禮部左侍郎。以阿克當阿、吴邦慶俱爲兵部左侍郎。以哈甯阿爲兵部右侍郎。

癸酉，上幸盤山。

程國仁因病解任，調錢臻爲山東巡撫。以瑺弼爲江西巡撫，韓文綺爲江西布政使，章凱爲四川按察使。

丁丑，河南馬營壩漫工合龍，加吴璥太子少保。以那彦寶爲鑲藍旗漢軍都統，調禧恩爲户部右侍郎，文孚爲户部左侍郎，以海齡爲刑部右侍郎。

己卯，調吴芳培爲兵部左侍郎，吴邦慶爲刑部右侍郎。

甲申，諭：豫省南岸儀封三堡復刷成漫口，續塌至一百三十餘丈。吴璥等於北岸合龍後，遲延十一日，並不趕赴南岸迅速籌辦，均難辭咎。吴璥著革去太子少保銜，以協辦大學士、吏部尚書署理河東河道總督，那彦寶革去都統，降補内閣學士，署理河南巡撫，均撤回議敘。葉觀潮著革去河道總督，留於工次效力贖罪。琦善著革去巡撫，賞給主事銜，隨同吴璥等辦理大工，俟合龍後回京，以刑部主事用。

夏四月丙戌朔，翁元圻以年老命留京，以左輔爲湖南布政使，葉汝芝爲浙江按察使。

癸巳，諭：吴璥年老不能耐勞，河督事務較繁，精力恐難周到，河東河道總督著張文浩以道銜署理，專駐豫省籌辦大工及黄河隄岸各事宜。其山東運河事務，仍著李鴻賓署理，分任其事。吴璥俟張文浩到任，將豫省應辦工程籌畫周妥交代後，即馳驛前往江南，查勘高堰水勢工程情形，回京供職。

丙申，以舒甯爲内閣學士。

己亥，上閲健鋭營兵。

調姚祖同爲河南巡撫，以吴邦慶爲安徽巡撫，程國仁爲刑部右侍郎。

乙巳，松筠著革去盛京將軍，降補山海關副都統，仍帶革職留任，俟新任將軍松甯到任交卸後，即赴山海關本任，不准來京謝恩。和世泰著革去宫銜、紫禁城内騎馬、御前侍衛、兵部尚書、正藍旗滿洲都統。

戊申，以伯麟爲兵部尚書，仍協辦大學士。調慶保爲雲貴總督，以張映漢爲湖廣總督，調毓岱爲湖北巡撫，以明山爲貴州巡撫，孫爾準爲福建布政使，舒靈阿爲福建按察使。

《仁宗實録》卷三六九　己酉，賑河南儀封、蘭陽、杞、睢、柘城五廳州縣被水災民。

庚戌，賜一甲陳繼昌、許乃普、陳鑾三人進士及第，二甲龔文煇等一百人進士出身，三甲勞逢源等一百四十三人同進士出身。

《東華續録》嘉慶四九　辛亥，松筠著革去山海關副都統，以該旗公中佐領用，有缺補授，無缺在旗候補。裕恩上年署理行在兵部侍郎，咎亦難辭，著退出乾清門，革去侍郎、前鋒統領、副都統，仍留鎮國將軍，隨旗上朝。俞廷輝著加枷號一月，滿日發往伊犂，給種地兵丁爲奴。鮑幹著枷號兩月，滿日改發黑龍江，給兵丁爲奴。以那彦寶爲理藩院右侍郎。

五月壬戌，調張志緒爲四川按察使，章凱爲廣西按察使。

戊辰，以耆甯爲内閣學士。

《仁宗實録》卷三七一　丙子，諭軍機大臣等：錢臻奏酌擬整飭章程一摺。據稱東省積習，民不畏官，官轉畏民，畏民之弊，更甚於不愛民。究其致弊之由，皆緣上司不能正本清源，以致官愈怯而民愈驕。此時欲加整飭，先在辨上下、定民志，使民不敢犯上等語。所奏俱是。

《東華續録》嘉慶四九　六月壬辰，以韓文綺爲刑部右侍郎，賞張師誠四品頂帶，爲江西布政使。

甲午，諭：向來在京發遣官犯，俱於奉旨之日即時押令起程，乃外省發遣官犯，往往藉交代未清爲詞，經年纍月任其逗留，啟其刁訐，實屬延玩。著通諭直省文武大員，嗣後發遣官犯，於奉到諭旨之日，即勒令起解，不許片刻停留，如有交代未清事件，該管上司另行覈辦。其官員革職者，奉旨之日即行摘去頂帶。拏問者奉旨之日即令上鎖收禁，均照定例遵行，儻有仍前市恩寬縱者，一經查出，即行革職不赦。懔之。

調張師誠爲安徽布政使，嵩孚爲江西布政使。召鄒瀚來京，調德奎爲安徽

按察使，賞琦善四品頂帶，爲河南按察使。

《仁宗實録》卷三七二　乙己，諭内閣：御史沈學廉奏，稽查化導邪教一摺。

《東華續録》嘉慶四九　丙午，松筠著以本旗驍騎校降補。以承光爲盛京刑部侍郎，麟祥爲湖北布政使，明安泰爲江蘇按察使。

甲寅，轉那清安爲禮部左侍郎，以和桂爲禮部右侍郎。

《東華續録》嘉慶五〇　秋七月庚申，特通阿卒，以斌良爲陝西按察使。

《仁宗實録》卷三七三　甲子，給河南儀封、杞、睢、鹿邑、蘭陽、柘城六廳州縣被淹災民口糧有差。

《東華續録》嘉慶五〇　乙丑，以李宗昉爲内閣學士。

己巳，命督撫，屬員有劣迹顯著及才不勝任者，據實劾參，不許勒令告病。

壬申，上啟鑾秋獮木蘭。免經過地方額賦十分之三。

戊寅，上駐蹕避暑山莊，聖躬不豫。

己卯，以朱士彦爲内閣學士。

《仁宗實録》卷三七四　上不豫。【略】嚮夕，上疾大漸，召御前大臣賽沖阿、索特那木多布齋，軍機大臣托津、戴均元、盧蔭溥、文孚，總管内務府大臣禧恩、和世泰，公啟鐍匣，宣示御書嘉慶四年四月初十日卯初立皇太子。戌刻，上崩於避暑山莊行殿寢宫。

《宣宗實録》卷一　辛巳，諭内閣：朕纘承大統，母后應尊爲皇太后。又諭：朕弟惇郡王綿愷，著晉封爲惇親王，綿愉著封爲惠郡王。

癸未，奉皇太后懿旨：【略】嗣位尤爲重大，皇次子智親王，仁孝聰睿，英武端醇，現隨行在，自當上膺付託，撫馭黎元。但恐倉猝之中，大行皇帝未及明諭，而皇次子秉性謙沖，素所深知，爲此特降懿旨，傳諭留京王大臣馳寄皇次子，即正尊位。

《宣宗實録》卷二　八月乙酉，又諭：據阮元等奏，越南國王阮福映身故，該嗣阮福晈遵例繕表告哀，並遣陪臣詣闕叩陳，該陪价現於關上候命一摺。

丙戌，著將承德府及所屬州縣，併經過畿内之宛平、順義、懷柔、密雲、昌平等州縣，明年應徵錢糧，全行蠲免。

賑河南許州地震災民。

乙未，諭軍機大臣等：阮元奏，越南國王嗣子遣使齎表告哀一摺。另片稱，傳聞該國有叔姪争立之議，外藩之事，聽其自爲，天朝一概付之不見不聞。該督惟當飭知邊關文武各員，不動聲色，密爲偵探，静守邊境可也。將此諭知阮元。

丁酉，御史袁銑奏：皇上親政之始，四海仰觀，當先定規模，明正好惡：一，清君心。一，遠姦諛。一，裁冗費。一，停捐例。一，嚴賦課。一，平刑罰。一，廣教化。得旨：規模制度，典册具存，朕曷敢更易，一守成憲，猶懼不及，何好惡之有？又批：論古得實言實意，不避忌諱，深得言官之道。

《宣宗實録》卷三　癸卯，加直隸總督方受疇太子太保。

《仁宗實録》卷三七四　乙己，奉移梓宫至京。

戊申，大學士九卿等，恭擬上大行皇帝尊謚徽稱，曰：受天興運敷化綏猷崇文經武孝恭勤儉端敏英哲睿皇帝。齎大行皇帝遺詔，頒給朝鮮國。

清宣宗部（起公元一八二〇年，迄公元一八五〇年）

《東華續録》道光一　宣宗成皇帝，仁宗第二子也。母孝淑睿皇后喜塔臘氏，原任總管内務府大臣副都統追封承恩公和爾經額之女，以乾隆四十七年壬寅八月初十日寅時，誕上於擷芳殿中所。天表挺奇，宸儀協度，頎身隆準，玉理珠衡。自六齡就傅，雜時編修奏承業、檢討萬承風先後侍學，經史融貫，奎藻日新。追學問已成，猶復時敏修來。與禮部右侍郎汪廷珍、翰林院侍讀學士徐頲朝夕講論，聖業益精。幼即神武，智勇天錫。乾隆辛亥秋，侍高宗純皇帝行園，威遜格爾，引弓獲鹿，喜動天顔，黄褶翠翎，寵賚優渥。御製詩「堯年避暑，奉慈甯，樺室安，居聰敬聽。老我策聰尚武服，幼孫中鹿賜花翎。是宜誌事，成七律所，喜争先早二齡。」蓋高宗以十二歲時木蘭從獮初園，得熊，上則初園得鹿，年甫十齡也。詩又云：「家法永道緜奕葉，承天恩貺慎儀刑。」則期勖之意深。密定儲貳後，仁宗保愛彌至，屏窺測杜猜疑，用意深遠，見於毓慶宮題詠者不啻再三。而辰夏延涼，則有瀛臺讀書之　命，仲春肄武，則有南苑習圍之命。以及經筵聽講，紫閣程材，乃武乃文，心傳若揭。至於郊壇之祈報，陵廟之薦享，時復主鬯代行，靈承景福。

嘉慶二五年（庚辰、一八二〇）

《仁宗實録》卷三七四　八月庚戌，上即皇帝位於太和殿。【略】以明年爲道光元年。

《宣宗實録》卷四　九月己未，定仁宗睿皇帝山陵名曰昌陵。

庚申，【略】除托津、戴均元俱已年老，毋庸在軍機處行走，並不必恭理喪儀，與盧蔭溥、文孚，一併交部嚴加議處。盧蔭溥、文孚年力尚强，與托津、戴均元行走班次在前者有間，仍留軍機大臣。遺詔布告天下，爲萬世徵信，豈容稍有舛錯。故將此諭令知之。

又諭：據斌静等奏，圖舒克塔什卡倫外之沖巴噶什愛曼布嚕特比蘇蘭奇，串通薩木薩克之子張格爾滋事。【略】著慶祥接奉此旨，即日選派得力將備兵丁，星夜兼程，馳赴該處，將爲首滋事賊匪，奮力拴捕，訊明謀叛情由，按律嚴辦。其餘脅從之犯，不可株連，妄加殺戮，致令各回衆相率惶懼，别滋事端，是爲至要。

甲子，給河南蘭陽、睢、柘城、鹿邑四州縣被水災民一月口糧。

《宣宗實録》卷五　庚辰，加賑河南儀封、蘭陽、睢、柘城、鹿邑、杞、祥符七廳州縣被水災民，並蠲緩儀封、蘭陽、睢、柘城、鹿邑、杞、寧陵、淮寧、太康九廳州縣被水各村莊新舊額賦有差，給坍塌房屋修費。

乙亥，又諭：御史張聖愉奏，請查禁漕糧積弊一摺。漕糧爲天庾正供，必須乾圓潔浄，始堪久貯，若如該御史所奏，不肖旗丁，以石灰灑入米上，暗將温水灌入船底，復藉飯火薰蒸，希圖米粒發漲，每石餘出數升，盜賣獲利，以致貯倉之後，易於黴變，不可不嚴行懲治。著通諭有漕省分各督撫，暨漕運總督，嚴飭督運道廳等，認真查驗，並令巡漕御史隨時訪察，倉場侍郎督率坐糧廳，於驗收時，一體詳查。如有前項情弊，將該旗丁從重治罪，並將容隱之押運官弁，一併參處。

諭軍機大臣等：本日據斌静等奏，色普徵額帶兵出卡勦捕，賊匪蘇蘭奇等帶領匪衆，由山僻處奔竄，追至巴勒滚山内，殺賊三十餘名，拴獲活賊二十餘名，訊供後俱已正法。又拏獲布嚕特岳哈西第一名，訊據供稱係圖爾第邁莫特之堂弟，因孜牙墩謀逆案發，逃至安集延愛瑪爾地方。本年七月間，會同張格爾等犯卡，殺傷官兵。因官兵追捕，奔出卡外。色普徵額將該犯解交斌静審辦。斌静將前此拏獲逆匪八十餘名，均於取供後即行正法等語。此案蘇蘭奇等，糾結謀逆，僅有賊衆三百餘名，連次據斌静等奏報，勦殺生拴者已有一百餘名，其餘賊衆無多，何以至今尚未撲滅浄盡，逆首蘇蘭奇、張格爾亦無下落。其所獲活賊，自應先將起釁緣由，訊問明確，並查明孰爲起意，孰爲脅從，分别辦理。乃色普徵額將卡外所獲之賊，全行正法，但云俱係情罪重大，並無切實犯供。恐係斌静等因事激變，此時轉妄行殺戮，希圖滅口。邊陲重地，所關甚鉅，慶祥接奉此旨，自己帶兵馳往，即迅速前進，趕抵該處，連將賊首蘇蘭奇等設法拴獲，埽除餘氛，並細訪起事根由。該處回民衆多，必不能掩人耳目，慶祥察訪真確，如實有激變及妄殺情事，即行據實嚴參，不可瞻徇諱飾。斌静等摺，著發給閲看，將此由六百里諭令知之。

《宣宗實録》卷六　冬十月丁亥，諭内閣：朕恭閲皇祖高宗純皇帝實録，内載雍正十三年十一月奉聖諭：朕聞外省百姓，有生計稍裕之家，每遇喪葬之事，多務虚文，侈靡過費。其甚者，至招集親朋，開筵劇飲，謂之鬧喪。且有於停喪處所，連日演戲，舉殯之時，又復在途扮演雜劇者。從來事親之道，生事死祭，皆必以禮，得爲而不爲，與不得爲而爲之者，均爲非孝。況當哀痛迫切之時，而顧聚集親朋，飲酒演劇，相習成風，恬不知怪。非惟於禮不合，抑亦於情何忍，甚有關於風俗人心，不可不嚴行禁止等因。欽此。仰見我皇祖崇儉去奢，風世勵俗之至意。近日京師及外省風氣，競尚浮誇，亦不獨喪葬一事爲然。國家定制，凡婚葬祭祀，官員士庶，各有一定規制，若以侈靡互相矜詡，動致非禮僭越。記云：喪具稱家之有無。以一事之趨於習尚，蕩費資産，不念生計，甚至務虚文而蹈侈踰，其有關於風俗人心者甚大，亟宜嚴申禁令，以挽結習。著步軍統領及直省督撫，各飭所屬，將民間婚喪等事，悉照會典所載規條刊發，徧行曉諭，務令祇遵，不得習尚浮華，有違定制。仍著該管各衙門隨時稽察，如有不遵例制者，嚴行究辦，以副朕敦本務實至意。

乙未，免齊齊哈爾、黑龍江、墨爾根、布特哈、茂興墨爾根等處被水田畝十一萬二千八百七十餘晌應徵額糧，並貸旗民銀米。

《宣宗實録》卷七　辛丑，諭軍機大臣等：錢臻奏，酌籌曹、沂等處緊要事宜一摺。曹、沂等處，民風不醇，邪教鹽梟掖匪等，根株未斷，亟宜整頓，使之革面革心，不致養癰貽患。

又諭：本日據斌静等奏，綏福馳抵喀什噶爾，會同酌辦情形，所奏殊未明晰。斌静等發此摺時，距張格爾蘇蘭奇等滋事之日，已一月有餘，其何以起釁緣由，豈有仍未查明之理？色普徵額既已率衆勦殺賊衆多名，追出卡倫，何以張格爾、蘇蘭奇忽杳無下落？前此色普徵額所獲活賊二十餘名，及解交斌静八十餘名，正可根訊確供，又何以全行正法？究竟所殺是否逆賊，抑係無辜布嚕特，或係無辜回民？斌静等一味濫殺，以期滅口，從前屢傳薩木薩克滋事，及經查辦，皆無其人。此次張格爾稱係薩木薩克之子，何以突如其來？蘇蘭奇祖父著有勞績，伊亦賞加翎頂，素爲出力，何以遽萌異志？且賊衆僅三百餘人，輒敢圖爲不軌，均非情理，其中必另有激變緣由。又或斌静等恇怯無能，一聞訛言，遽爾張皇失措，辦理乖方，以致邊人驚竄。此時張格爾、蘇蘭奇二人，毫無蹤影，斌静等此次之奏，但稱山内雪深草枯，兵難行走。看來伊等之意，竟係全無把握，希圖含糊了事。前已有旨，令慶祥馳赴喀什噶爾查辦，著即迅速前往該處，查明起事根由。或應帶兵追捕逆首，或應傳檄諭令縛獻，一面撫定邊疆，一面將實在情形，據實奏聞，以憑覈辦。至綏福本係慶祥派往之員，慶祥到彼後，即隨同慶祥辦事，不可再與斌静等會銜奏事，扶同支飾。將此由六百里諭知慶祥，並傳諭綏福知之。

癸卯，諭軍機大臣等：據孫玉庭等奏，現因審訊命案，究出匪棍胡大成，自立仗頭名色，在海州邊境地方，私設鹽關，聚集夥黨，帶有火器刀械，架護私梟，抽錢漁利，致釀人命。業將著名仗頭胡大成及夥黨李成幅等各犯共三十五名，全行拴獲，並起出鐵礮鳥槍刀械火藥等項，委員迎提審辦等語。江南海州地方，與山東沂州所屬毗連，向爲鹽梟盤踞之區。該匪徒私立仗頭名號，聚集多人，竟敢收藏槍礮軍火刀械，以備拒捕，此不但有妨鹺務，若因循不辦，其勢漸張，爲害甚鉅。昨據錢臻奏，已將山東委員等會同拏獲案内首夥各犯，解歸江省審辦。孫玉庭即督飭嚴行審訊，並嚴究槍礮軍火來歷，是否營伍中不肖員弁，有通同舞弊之處，尤宜嚴究，按律懲辦。該督等仍不時查訪，聞有此等大夥梟徒，立即派員嚴密查拏，務令畏法歛戢，漸净根株，不致養癰貽患，以静地方，是爲至要。

《東華續録》嘉慶五〇　甲辰，恭上尊謚曰：受天興運敷化綏猷崇文經武孝恭勤儉端敏英哲睿皇帝，廟號仁宗。

《宣宗實録》卷七　賑江南海州被水被旱災民。蠲緩安東、沛【略】二十九州縣，淮安、大河、徐州三衛新舊額賦，並給貧民一月口糧。

《宣宗實録》卷八　十一月戊午，諭内閣：英和等奏，各省攤捐流弊，請定限制一摺。

己未，諭軍機大臣等：據慶祥奏，馳赴喀什噶爾，查辦布嚕特等滋事一案，接奉兩次諭旨，先行覆奏一摺。慶祥於途次接奉連次所降諭旨，現已兼程前往，計前月二十日後，已可抵喀什噶爾。此案張格爾等起事根由，前據斌静等三次奏報，總未明晰，且將所獲多犯，全行誅戮。昨斌静等又有奏留糧員摺報，於前事竟未提及，伊等之意，以爲業已顢頇了事。究竟張格爾等是否實有糾衆謀叛情事，抑係始而張皇，繼而激變？斌静等回護前奏，不敢據實陳明。慶祥務遵照歷次所降諭旨指示之處，將起釁根由，詳細確查。如斌静等實有辦理錯謬之處，該將軍即行據實參奏，不可稍有瞻徇諱飾。現在各首逆俱已逃竄出卡，卡倫外冰雪在地，難以駐兵，該將軍將豫派官兵二千名停止前往，所辦甚是。該將軍如

查明張格爾實有其人，胡則實有叛謀，蘇蘭奇實經助逆，訪明各犯下落，或應購線緝拏，或應傳檄拴捕，該將軍自行斟酌辦理。邊疆以外，萬不可深入窮追，別生枝節。慶祥接奉諭旨，即將查辦實在情形，先行據實覆奏。將此由五百里諭令知之。

壬戌，又諭：王得禄奏，臺灣陸路免死夥盜，請從嚴辦理一摺。

諭軍機大臣等：王得禄奏巡查臺灣，並督緝獲盜情形一摺。臺灣嘉義縣地方，盜夥多人，連劫店鋪，爲害居民。先經該鎮道查拏，王得禄渡臺後，督飭將弁，曉諭紳耆，將逸盜拏獲八十餘名，所辦尚好。其未獲各盜犯，仍應飭令鎮道，勒限嚴緝，以淨根株。至所稱淡水之滬尾、雞籠及噶瑪蘭一帶洋面，又有匪船遊奕等語。從前洋面大幫賊船，往來肆劫，勦捕多年，始行淨盡，比年洋面肅清，何以忽又有匪船遊奕？王得禄係水師提督，洋面皆伊所轄，責無旁貸，此等匪船若不及早撲滅，聽其勾結，又成大幫，必致滋蔓難圖。著該提督即分飭舟師，出洋拴捕，查明遊奕盜船，共有幾隻，責令悉數埽除。儻遷延不辦，再令擾及内洋，該提督不能辭其咎也。將此諭令知之。

《宣宗實録》卷九　癸酉，諭軍機大臣等：本日英和等奏，據民人龎德恭密首李昂等邪教惑衆、謀爲不軌情事，並呈出李昂家所藏槍法書本。此案所控李昂精於數學，從前滑縣滋事，李昂與張漢才等常通書信，並李昂自造藥箭軟甲，一切兵器俱已完備。又有即墨縣人周神童子，能騰雲駕霧，本年九月二十日必有動手作亂者進城，謀官劫庫，四五人即能成事各情。其言頗覺怪誕，但事關謀逆重情，不可不查明虛實。著錢臻即督同琦善，遴派精細員弁，密赴泰安縣，按照呈内所開村莊住址，確切查訪，並查起李昂家有無藥箭、軟甲、兵器等件。如其事屬實，必當從嚴究辦，不可稍存姑息，致令漏網。若事無影響，亦不可擾纍無辜，激成事端，即究明龎德恭因何誣陷情由，照例治罪。原摺、原呈及槍法書一本，俱著發給閲看。將此諭令知之。

庚辰，諭軍機大臣等：據慶祥奏，查明張格爾糾同蘇蘭奇等謀逆大概情形一摺。此案逆裔張格爾，欲圖搶復喀什噶爾，與蘇蘭奇潛通信息，糾結謀逆。蘇蘭奇煽惑回衆，首先接應，燒燬卡倫，殘害官兵，是該逆等久蓄逆謀，尚無激變枉殺情事。現在賊氛四散，餘黨殲拴，惟有張格爾、蘇蘭奇竄逸未獲，斷無有因一二逋賊，帶領大兵深入夷地，窮追大索之理。慶祥所辦甚是，即曉諭衆伯克，及布嚕特、安集延等，協力訪拏，並懸賞購線，設法誘拴，以正刑誅，而靖邊圉。【略】又另摺參奏，斌静被衆伯克公同控告行止不端，並回務章京綏善、廢員賈炳，與斌静家人張得幅結拜弟兄，倚勢婪索，淩辱伯克等款。朕早已料及，實爲可惡，大干法紀。斌静、綏善均著革職拏問，交慶祥嚴行審訊，其家人張得幅已經該將軍截留帶回，廢員賈炳另降諭旨飭拏，迅速解往。慶祥即提同人證，徹底嚴究，務將所控各款，逐一訊明，按律定擬具奏，不可稍有寬縱。

《宣宗實録》卷一〇　十二月甲申，上尊號曰恭慈皇太后。

乙酉，恭上皇太后徽號禮成，頒詔天下。奉皇太后懿旨，立繼妃佟佳氏爲皇后。

戊子，諭軍機大臣等：據孫玉庭等會議查辦江蘇省漕務情形，酌予限制各款一摺。直省漕賦，以江南爲最多，而積弊亦最甚，若將一切陋規，全行裁革，徒務虛名而不求實濟，原恐不免有格礙之處，今欲返積重之勢，必自去其已甚始。如該督等所奏，旗丁幫費，不能遽裁，沿途陋規，不能盡革，州縣浮收，不能盡去，自係實在情形，均即照所議。旗丁幫費，准其計米津貼，照每石五錢四錢遞減之數給發，此外不准絲毫浮索。沿途陋規，照舊有之數，酌減一半。州縣收漕，照每石餘米二斗五升，無分紳民，概定八折收納。此係該督等因地制宜，酌量調劑，朕是以允其所請。但此事惟在該督等嚴飭官吏旗丁，實力遵行，不可名爲裁減，實則仍前濫索浮收。其現裁之數，仍期遞年量減，不可再有增添。至糧道、知府收受漕規，本干例禁，該督等即當嚴行飭禁。

又諭：孫玉庭等奏，請停止淮南北口岸鹽斤加價一摺。據稱辦理鹽務，減價乃可敵私，銷引方能裕課，今因加價而鹽不能銷，不如勿加而銷鹽較暢。請將現在淮南北綱食各岸，加賣鹽價三釐，援照從前停止楚西餘息之例，自辛巳綱起，均予停止，此後可令專心趕辦課賦，於食課兩有裨益等語。【略】著孫玉庭、延豐等再行通盤籌畫，總期每歲引課，永遠年清年款，毫無短絀，務得正本清源之道，行之日久，俾鹽法日有起色，漸復舊規，不致又議加增。

己丑，又諭：廣泰奏，浙商課本繁重，轉輸不繼，懇請量予調劑一摺。浙鹺近年引目壅銷，商力日形疲乏，昨特降諭旨，將每年應交玉貢折價銀十萬兩，停其交納，並節年未解玉貢折價銀俱行豁免。茲據奏，引銷遞有積壓，其每年俸餉雜費等銀，墊發過多，不免清前積後，而商人成本較重，轉運不前，必須量爲變通。積墊銀兩，責成該鹽政督同運司，飭商先行提前歸補外，加恩著照所請，將本年帶課銀一百十一萬六千三百餘兩，原限庚辰綱起，分五年完繳者，

展俟銃引賠課完繳之後，於壬午綱起，依限接徵。其未完報效各餉銀一百五十二萬餘兩，原限辛巳綱起，分五年完繳者，准其於原限上加展五年，分限十年完繳。

壬辰，諭軍機大臣等：據慶祥奏，審擬從逆各犯情罪，附參失察之該管伯克，並參奏斌靜、色普徵額辦理草率各一摺。此案張格爾與蘇蘭奇潛通信息，糾結回衆謀逆，現訊各犯供詞，均稱係張格爾因窮苦起意搶復喀什噶爾。但該逆等糾集賊衆，僅三百餘人，一經官兵接仗，即已張皇逃竄，是該逆等鼠竊情形顯然，何以遽敢圖爲不軌？恐另有激變情事。該將軍因斌靜等已有辦理不善之咎，即存化大爲小之見，欲將就完案，輒將起釁根由，匿不奏聞。朕辦理庶獄，原無成見，不爲已甚，亦不能將就了事。第斌静縱容委員家人等，苦纍回衆，前據慶祥等訪察，並該回人控告，已有端倪。此時若顢頇定案，不將罪狀明白宣示，該回衆等必心懷不服，以爲天朝辦事，如此朦混草率，其何以伸國法而震邊陲？且使後來派往之人，益無所儆戒，於新疆全局，大有關係。斌静前已降旨革職拏問，色普徵額將捕獲各犯，不問名姓，全行正法，辦理乖謬之至，並著革職拏問，歸案審辦。該將軍務再詳細嚴究，並密加訪察，秉公據實審擬具奏，不得稍有不實不盡，自蹈欺隱。其邁瑪特里提普等應行正法、發遣、留質各犯，均著照所擬分別辦理。專管回莊之六品哈孜伯克邁瑪第敏、七品明伯克岳和普、五品阿奇木伯克特木耳和卓，於蘇蘭奇糾人策應，毫無覺察，均著革去伯克。統轄回莊之喀什噶爾三品阿奇木伯克額依默爾、四品伊什罕伯克阿布拉，失於查察，額依默爾著降爲五品伯克，阿布拉著降爲六品伯克。至布嚕特蘇雲都克，一聞蘇蘭奇謀逆，勸阻被傷，霍罕伯克愛瑪爾不敢助逆，該將軍或當堂奬賞，或傳諭奬勵，所辦俱是。仍即曉諭該回衆等，訪查張格爾蘇蘭奇等下落，一經偵探確實，務設法誘捦，審明治罪，以彰國憲。將此由五百里諭令知之。

又諭：本日卓秉恬奏陳，川、陝、楚老林情形。據稱由陝西之略陽、鳳縣，東經寶雞等縣，至湖北之鄖西，中間高山深谷，統謂之南山老林。由陝西之寧羌、褒城，東經四川之南江等縣，陝西之紫陽等縣，至湖北之竹山等縣，中間高山深谷，統謂之巴山老林。老林之中，地方遼闊，宜種包穀、蕎豆、燕麥，徭糧極微，客民給地主錢數串，即可租種數溝數嶺。江、廣、黔、楚、川、陝之無業者，僑寓其中，以數百萬計。墾荒種地，架數椽即可棲身，謂之棚民。種地之外，多資木箱、鹽井、鐵廠、紙廠、煤廠傭工爲生。惟人聚既多，則良莠莫辨，不安本分者，一遇旱澇之時，糧價昂貴，傭作無資，一二奸民倡之，以喫大户爲名，蟻附蜂起，無所畏忌。山内州縣，大者周圍一二千里，小亦五六百里，遇有事必數日聞報，數日始至其處，糾結者既難以輕動，遠颺者又莫可追捕。且省各有界，賊或踰境而免，官難越境而謀。各處距會城甚遠，若三省大吏，往返咨商，州縣奉飭，恆在數月以後。故區畫老林之策，當合三省共議，於扼要之地，專設大員控制。如福建之臺灣、廣東之雷瓊、湖南之鳳凰、永綏等廳，皆有道員駐劄其地，況老林險隘，棚民聚散無定，雖陝安道、川東道、安襄鄖荆道，未嘗不分轄其地，而地界既分，官易推諉。查鄖陽地方，明季曾設撫治大員，嗣經裁撤。現經生齒日繁，若不妥爲措置，必致日久生事等語。川、陝、楚老林，地連三省，幅員遼闊，山川險阻，棚民易致滋事。宜如何彈壓撫綏之處，著蔣攸銛、朱勳、毓岱，確勘情形，悉心籌畫，會同定議具奏，卓秉恬原摺，著鈔寄閲看。將此各諭令知之。

癸巳，加上孝敬憲皇后、孝聖憲皇后、高宗純皇帝、孝賢純皇后、孝儀純皇后尊謚。

甲午，諭軍機大臣等：斌静等奏，喀什噶爾坐卡副護軍參領音德布被戕，護軍校明順病故，此二缺請照前奏裁撤一摺。向來新疆各部落人等，俱屬安静，無多事端，擬將各處坐卡侍衛員缺酌撤，以省京中多派人員。近因逆回張格爾與沖巴噶什部落布嚕特比蘇蘭奇等，密商滋事，圖舒克塔什坐卡侍衛音德布被戕，可見該卡乃爲要隘。著寄知慶祥，查明圖舒克塔什坐卡侍衛員缺，究屬應否裁撤，酌定具奏，再降諭旨，明順所遺員缺，即照原擬裁撤。尋奏，圖舒克塔什卡倫，界連外夷，實屬要隘，坐卡侍衛不應裁撤，仍請由京派往。從之。

乙未，諭内閣：朕初自熱河回京時，召見英和，詢以政治。據奏各省府州縣養廉，不敷辦公，莫不取給陋規，日益加增。不若通諭督撫藩司，逐一查明，分別應存應革，定以限制。【略】著即明白宣示各督撫，停止查辦，惟在各大吏正己率屬，奬廉黜貪。如有苛取病民之事，立加黜革釐正，斯吏治澄清，民生日臻饒裕矣。至英和此奏雖誤，然其心究係爲公起見，但於外省情形，未能周知，以致冒昧建言。朕於科道條陳之事，有窒礙難行者，尚不加以譴責，此時若將英和遽下吏議，恐在廷大臣，以言爲戒，轉非朕虚衷延訪之意，惟若仍留樞密之地，恐不足以服衆心。英和著毋庸在軍機大臣上行走，其餘一切管項，俱照舊供職，英和非無天良之人，自必知感知奮也。

浙江道御史梁中靖奏，錢法日弊，請敕部嚴立科條，以絶私銷盜賣，並酌改

賞罰，以昭平允。下部議。尋議私銷盜賣，實於錢法有礙，向來例禁本嚴，自當按律究辦。

道光元年（辛巳、一八二一）

《宣宗實録》卷一二　正月丁巳，諭軍機大臣等：慶祥奏，設法拴捕逆匪並密陳回疆情形各一摺。張格爾既實有其人，藉名和卓後裔，冀圖煽惑回衆。蘇蘭奇、胡則二犯豫知逆情，巴依巴哈什、蒙達拉克等倡先助逆，均應按名捕獲，以正刑誅。

《東華續録》道光三　戊午，先是，御史陳鴻奏，鹽政衙門需索規費，請將兩浙長蘆鹽政衙門裁歸督撫管理。命大學士、軍機大臣、户部會議。至是議上。得旨：托津等會議浙省鹽務改復舊制一摺。浙省鹽法敝壞，不能不隨時變通。著照所議，將浙省鹽務仍歸浙江巡撫兼管；其浙江鹽政一缺，仍改爲杭州織造兼管。南北新關税務廣泰著補授杭州織造。其鹽務正雜各款及關税數目，著新任巡撫帥承瀛會同廣泰分別交代清楚，運使以下等官及一應改復事宜，並著帥承瀛於履任後妥議具奏。至長蘆鹽政，立法已久，無庸更議更張。

《宣宗實録》卷一二　庚午，諭軍機大臣等：據成齡、陳若霖奏，會議辦理浙江漕務一摺。浙省漕額較多，其徵漕之杭、嘉、湖三府州縣與江蘇接壤，其漕弊大約相似。【略】旗丁幫費准其津貼銀三錢四錢，不得有逾四錢之數。其從前調劑錢米，兑費、加兑、峯尖、撲米各名目俱永遠裁革。沿途陋規，總須照舊有之數實加删減，至少亦須裁去十之三四。州縣收漕，每石餘米二斗五升，無分紳士農民概以八折交收，此外不得浮加顆粒。此緣積弊已深，一時不能驟革，不得已且示以限制。

甲戌，諭軍機大臣等：據户部會同吏、兵兩部議覆給事中孫世昌奏請照舊例禁止江海關茶船出洋一摺。商販茶船，向由海道運至内地銷售，嗣經蔣攸銛奏請禁止出洋，令其由内河販運；上年復經陳桂生以江海關税課短絀，奏請仍准茶船出口，嚴查偷漏。當經降旨准行。兹該給事中復以禁止茶船出洋杜絶夾帶通洋情弊爲請。海關商販出口船隻必不止於茶葉一項，是否禁止茶船出口即可盡絶偷漏之弊？著孫玉庭、魏元煜詳查明確，務使商民胥便、奸弊悉除。

辛巳，山東巡撫錢臻奏，遵旨查辦孫維京控邪教一案。嚴搜張書笏、張夢蘭、王世焯、王廷驊、王家桐五家，俱無存置槍刀器械及不法邪教經卷等件。訊之孫維胞弟孫洮、伊子孫士貞，亦稱被控之張、王二姓委皆安分紳士。查孫維上次京控，訊係瘋迷。咨結收管，應俟遞解到省，再行摘提覆鞫，務得實情。得旨：孫維解到後，明白質審定擬，務期無枉無縱。所控若全屬子虚，必應重懲，慎毋虆及無辜。

《東華續録》道光三　二月乙酉，諭：各直省修復社倉、義倉。

《宣宗實録》卷一三　戊子，諭軍機大臣等：據童槐奏，前在山東臬司任内，訪聞海州、宿遷、邳州一帶私梟聯結竟有千餘人之多，分作二十四撥，每隔數十里安設一撥，俱係劉三毛爲首，膽敢豎立旗號，書寫「替天行道」字樣。所有拏獲之胡大成，僅止管領一撥，並非首匪，且該犯就獲後，隨經劉三毛補設一撥，另派一人管領等語。

又諭：據張聯奎奏，登州鎮水師營額設戰艍船十二隻出洋巡哨，其船每届三年小修一次，又三年大修一次，再三年驗拆修造。現在查明祇有南汛戰船二隻修好適用，其餘應修十隻俱隨時會驗，報明交廠。迄今遲至數年並十數年之久，並未據登萊青道委員興工修造。每年逢出洋巡哨及水操之期，係該道飭令州縣雇覓商船頂替出洋等語。

庚寅，新授安徽巡撫李鴻賓奏，南行途次接奉諭旨查辦該省虧空，先行恭摺覆奏，俟抵皖後督同藩司張師誠悉心察覈。

《東華續録》道光三　辛卯，雲南永北廳屬夷匪滋事，命總督慶保勦之。

《宣宗實録》卷一三　己亥，又諭：孫玉庭等奏，查明淮商辦運情形，請停止淮南北口岸鹽斤加價一摺。【略】著照所請，自辛巳綱爲始，所有淮南北綱食各岸鹽斤加價概行停止，以紓商力。

舉行嘉慶二十五年大計：直隸，卓異官十四員，罷輭官一員，年老官八員、才力不及官二員；南河，卓異官一員，年老官一員，有疾官一員。

《東華續録》道光三　庚子，命孫玉庭協辦大學士，仍留兩江總督任。

加陝甘總督長齡太子少保。

辛丑，以故怡親王載坊弟載垣襲爵。

《宣宗實録》卷一三　癸卯，諭：御史王家相奏，請申明募充書吏舊例一摺。在京各衙門書吏均有承辦公事之責，其年滿考取吏典即爲進身之階，自應循照

舊例招募保結承充。若如該御史所奏，各衙門書吏缺出，並不出示募充，有已退而重役者，有已革而冒名者，有索取缺底錢者，又有身後辦事者，以致舞文玩法，諸弊叢生。著部院各衙門於選充書吏時，均各查照舊例招募。

修山東運河廳屬魚臺縣五汛隄工，從署河道總督張文浩請也。

乙巳，疏安徽靈璧縣減黄引河並築隄堰，從協辦大學士總督孫玉庭請也。

《東華續録》道光三　丙午，撥廣東陸路提標外委二，歸善縣守備一、老隆汛外委一，分駐連平州河源縣、龍川縣城。移龍川汛千總駐老隆汛，並撥兵隸之。

《宣宗實録》卷一三　丁未，諭内閣：御史郭泰成奏，請嚴禁晉省私販鴉片煙一摺。鴉片煙一項，敗壞民風，久經飭禁。兹該御史奏稱山西太谷、介休等處，竟有富商大賈販此牟利者。著成格飭屬嚴查，將販賣之人拏獲按律懲治，勿令漸染成風，有害民俗。

《宣宗實録》卷一四　三月癸丑，諭内閣：阮元奏酌撥廣東商捐公用銀兩津貼廣西捕費一摺。粵西案犯繁多，緝捕經費不敷，係屬實在情形。該督奏請酌籌津貼，著照所請，將粵東洋商捐輸公用存款内撥銀二萬兩，交粵西鹽道庫存貯，遇有拏解會匪、盗匪及獲解大起案犯，即於此内動支津貼。年終詳明該督撫查覈，毋庸咨部報銷。

甲寅，以山西岢嵐、興、大同、陵川、榆社、和順、河津、忻、定襄、薩拉齊十廳州縣上年歉收，糧價增昂，命糶貸倉穀並緩陽曲、太原【略】十四州縣應買節年動缺穀石。

丁巳，諭内閣：毓岱奏，湖北寶武局缺鑄卯錢請免補鑄一摺。著照所請。

戊午，諭：那清安等奏，審明王履泰等挾妓飲酒分别定擬一摺。此案已革知府王履泰於國服期年内傳唤女檔進署唱曲，干犯禁令，事發後復串供誘卸，實屬謬妄狡詐。著即發往黑龍江充當苦差。【略】據稱大名府城接壤東豫，常有女檔班往來流寓等語。此等惰民攜帶幼女沿途賣唱漁利，最爲風俗人心之害。直隸、山東、河南境内時有女檔班流寓，甚至出入官署，不可不嚴行禁止。

《東華續録》道光三　辛酉，仁宗睿皇帝梓宫發引，上奉皇太后恭送。

癸亥，諭軍機大臣等：慶保奏，馳抵大姚，與提臣札商，分别勦辦永北、大姚兩處夷匪情形一摺。此案永北逆夷傳添貴等哄動愚夷假託妖言，句結滋事，見在已有七八千人，其偷渡過江在大姚焚劫滋擾者亦有三四千人。雖其中多有裹脅烏合之衆，然賊數已爲不少。先因各處派調官兵未集，自不便輕率進勦。該督等續調官兵合計先後已有八千餘名，更加以土練四千，兵勢亦不爲不厚。該督當知會提督張鳳，相度機宜，分路進勦，仍一面防護完善地方，安撫夷民，勿使再有裹脅。總須一鼓作氣痛加勦辦，使賊匪震懾兵威，則脅從者自必聞風解散，首逆勢孤，易於成擒，斷不可遷延時日，致令滋蔓難圖。

丙寅，上謁泰陵、泰東陵、昌陵、隆恩殿，恭奉册寶，上孝淑睿皇后尊謚曰「孝淑端和仁莊慈懿光天佑聖睿皇后」。

癸酉，午刻大葬仁宗睿皇帝於昌陵。

甲戌，加托津、曹振鏞太子太傅。

《宣宗實録》卷一五　命工部左侍郎穆彰阿爲内務府大臣。

《東華續録》道光三　己卯，以升祔太廟禮成，頒詔天下，覃恩有差。

《宣宗實録》卷一五　庚辰，諭：前有旨令羅思舉即赴貴州提督新任，現在雲南永北廳及大姚一帶夷匪滋事，裹脅幾及萬人，不可不速爲撲滅。貴州與雲南境壤毗連，該提督久歷戎行，著接奉此旨即馳驛兼程速赴大姚軍營幫同慶保、呢瑪善、李錦麟督兵勦辦。

《宣宗實録》卷一六　四月辛巳，禮部議覆廣西巡撫趙慎畛等疏請添設興安縣猺民學額。得旨：廣西興安縣應試猺童人數在十人以上，准其酌取一名；二十名至三十名准其酌取二名，不必作爲定額。

甲申，諭：御史馬步蟾奏請禁外城開設戲園戲莊一摺。京城前三門外居民輻輳，歲時伏臘，戲園演劇聚醵，原不在例禁之内。若如該御史所奏，士民挾優醵飲，耗竭資財，曠廢職業，則因此導侈長惡，不可不嚴行飭禁。現當遏密之時，均已不禁自止，但恐嗣後仍蹈舊習。著步軍統領五城豫行示禁，將來仍有前項徵逐歌場招摇侈肆者，隨時嚴拏懲辦，以杜奢靡而端習尚。

諭軍機大臣等：據御史李德立奏稱，山東近日盗賊公行，劫竊事件多於他省，而盗竊耕牛之案爲尤甚，總由地棍土豪敢爲窩主如高苑之孫家集、齊東之王家寨，【略】類多窋造地屋，豢藏盗匪，爲之銷贓分肥。不逞之徒賴其容留，乃能四出滋擾，甚且闖入村莊，硬牽牛馬，公然聲留住址，令事主持錢回贖。【略】著錢臻督同琦善，遴選文武幹員，分投查訪得實後設法捡捕按律嚴懲。【略】惟是曹、沂一帶民俗强悍，掖刀紅鬍匪類實繁有徒，不可張皇搜捕，致令聞風驚竄，聚集多人，別生事端。

又諭：趙慎畛奏，審明編造逆示結會未成並究出另有拜會匪徒分別辦理一摺，已交刑部議奏矣。此案廖五桂所造逆示内，有地方官横行訛詐剥削良民之語。地方官賢愚不一，粤西地居邊遠，恐該州縣竟有貪黷虐民，上司稽察不周之處，該撫不可因犯供内訊無其事，即將就完案，不加深究。著再行詳加查訪，如該地方官實有朘削民膏，肇釁激變情事，即行據實嚴參，執法懲辦，不可稍涉徇縱。至粤西地方匪徒拜會之風甚熾，總在府州縣官留心查察，一有糾結之事，迅即捕治，則人數無多，不致養癰貽患。

乙酉，兩廣總督阮元等奏，廣東新設卹嫠公局，請撥糧道庫貯間款接濟。從之。

《東華續録》道光三　庚寅，授呢瑪善爲欽差大臣，督辦雲南永北軍務。實授那清安左都御史，調阿克當阿爲工部右侍郎，以成書爲兵部左侍郎由太常寺少卿遷。

《宣宗實録》卷一六　癸巳，諭内閣：御史李肄頌奏，請飭禁奢侈積習一摺。直省州縣等官有倉庫錢糧之責，自當潔己奉公，撙節用度，庶不致虧短公項，貽害身家。

《東華續録》道光三　裁陝西提鎮所屬遊擊一、都司五、守備四，增設千總二、把總一。

甲午，增設山東曹州鎮營守備一，千總、外委各二，把總、額外外委各四，單縣營參將、守備、千總、把總各一，外委二，額外外委四，隸曹州鎮轄。撥鉅野營所轄單縣汛弁兵，歸新設之單縣營。補還鉅野營把總一，並額兵歸單縣營參將兼轄。添設曹州桃源營守備、外委、額外外委各一，改原設千總爲守備，隸曹右營兼轄。添設曹州劉家口汛千總、外委各一，隸曹中營轄。添設兖州鎮營千總三、把總四，沂州營把總二、外委、額外外委各一，郯城縣紅花埠汛千總、外委各一，隸臺莊營轄。

甲辰，慶保等奏，勦洗大姚拉古賊巢，全境肅清，永北首逆瞎眼唐老大就擒。

《宣宗實録》卷一七　戊申，以翰林院編修吴敬恒爲雲南鄉試正考官，湖廣道御史宋其沅爲副考官；翰林院編修王維詢爲貴州鄉試正考官，内閣中書繆玉銘爲副考官。

己酉，諭：山西通省州縣向來丁徭、地糧分款徵收，嗣因貧民輸納維艱，節經奏准將丁徭銀兩歸地糧攤徵，已有八十一州縣，惟盂縣等二十州縣未經議改。疊經縣民以苦累呈控，現經户部查明該省編丁已久，若照原額催徵，其一丁頂完一二十丁及逃亡故絶之户，勢難完納。請循照成案，將盂縣丁銀歸入地糧攤徵，著交成格秉公查辦，勿聽州縣官回護朦詳，罔恤民瘼。

《東華續録》道光三　五月丁巳，諭：吏部奏，查明在部候選未入流人數過多，請將直隸省暫停分發，未入流一項仍照舊例發往一摺。【略】夫佐雜之職雖微，亦爲佐理民事而設，與其兼容並包而聽其壅塞，何如嚴覈約選俾就疏通。著直省督撫各將試用佐雜人員詳加甄别，其實在庸猥陋劣不堪造就者，槩行沙汰，則才能出衆之員自可及時自效，即分發續往者亦不至受積壓之纍。行之數年，將試用候選均可不虞宂滯，豈不愈於穀稗糅雜陳陳相因乎？其直隸未入一項，仍著暫停分發。

戊午，撥江南藩庫銀四十五萬六千兩給海州等州縣展賑。

己未，以長齡協辦大學士，仍留陝甘總督任。

《宣宗實録》卷一八　庚申，以大學士伯麟管兵部事，禮部尚書文孚署兵部尚書。

辛酉，諭：蔣攸銛奏，川省額兵無可裁汰，並請將紅白賞需仍作正開銷一摺。川省幅員遼闊，内連六省，外接蠻荒，所設營汛本多，額兵三萬三千九百餘名，並無宂曠。著照該督所奏，無庸再議裁減，其紅白賞需准其仍循舊例作正開銷。

壬戌，以翰林院修撰陳沆爲廣東鄉試正考官，編修傅綬爲副考官；編修韓大信爲廣西鄉試正考官，檢討胡國英爲副考官，户部員外郎彭浚爲福建鄉試正考官，翰林院編修趙柄爲副考官。

《東華續録》道光三　癸亥，詔停本年秋決。

《宣宗實録》卷一八　甲子，吏部以大學士伯麟應定何殿閣請。得旨：伯麟著授爲體仁閣大學士，曹振鏞著授爲武英殿大學士。

丙寅，賞還安徽布政使張師誠二品頂帶，山東按察使琦善三品頂帶。

《東華續録》道光三　命廣西按察使潘恭辰册封越南國王阮福皎。

《宣宗實録》卷一八　丁卯，命卓哩克圖親王噶勒藏棟囉布爲科爾沁扎薩克。

《東華續録》道光三　己巳，以松筠爲兵部尚書由熱河都統遷。裁北郊大祀翊衛官二十八員、兵四百名，雍和宫翊衛官十五員、兵四十名。

庚午，調廉善爲吏部左侍郎，成書爲户部右侍郎，轉哈豐阿爲兵部左侍郎，調常英爲兵部右侍郎，以裕恩爲理藩院右侍郎由副都統遷。

《宣宗實録》卷一八　諭内閣：孫玉庭等奏，查明未運殘引懇請一體停免加價一摺。【略】著加恩准其將辛巳以前未銷殘引一律停免三釐加價，以歸畫一。

以吏部尚書那彦成爲翰林院掌院學士。

癸酉，諭：呢瑪善等奏，永北軍營節次拏獲首夥匪犯，分别辦理，地方安謐，並大姚搜獲餘匪究出緊要賊目各一摺。雲南永北廳土司所屬野夷，因該土司目把將地土典賣與漢民耕種，生計艱難，各懷怨恨。首逆唐老大即唐貴糾同逆目陳添培等，以驅逐漢民爲辭，煽惑夷衆，於本年正月起事，焚搶村寨，劫殺漢夷，裹脅至七八千人，渡江擾及大姚，分股恃險抗拒。慶保自黔省審案回滇，途次接據稟報，即馳往調兵督辦，先將大姚一股夷匪勦洗浄盡，捦獲賊目陳添培等。其永北賊匪亦檄飭官兵，攻破賊巢，生捦首逆唐老大及賊目逆夷數百餘名，埽蕩賊氛，兩處地方悉臻安謐。慶保調度有方，蕆功迅速，著加恩賞加太子少保銜。【略】呢瑪善遵旨赴滇，比到軍營，雖已埽穴捦渠，尚有零匪竄匿山谷。該將軍不事貪功，分派員弁入山搜捕，深合機宜，著加恩交部議敘。

又諭：呢瑪善等奏，會籌善後事宜先清理漢夷典賣地土酌擬章程一摺。【略】著照所議，除漢民現居夷地者自願退地歸籍外，餘俱暫令照原典買之地土耕種餬口。飭令土司等將歷年典賣折準地土分晰清查，造册呈送到官，遴派公正明幹之員會同該廳，按寨確勘，分别等差，責令依所定初限、二限、三限設法取贖，以便漢民陸續歸籍。如過期不能取贖，則將原地斷歸漢民執業，該廳另造納糧漢户清册報查。其無業漢民溷跡生事者，概行遞籍管束。至山箐地土，嚴禁砍賣樹木，先俾夷人生計有資。

《東華續録》道光三　以顧皋爲内閣學士兼禮部侍郎銜由詹事遷。

《宣宗實録》卷一八　乙亥，以京畿道御史沈學廉爲湖南鄉試正考官，翰林院編修但明倫爲副考官；編修程恩澤爲四川鄉試正考官，内閣中書徐瀚爲副考官。

丙子，以直隸提督徐錕爲西安將軍，調甘肅提督楊芳爲直隸提督，以陝西陝安鎮總兵官齊慎爲甘肅提督，安徽安慶協副將達淩阿爲陝安鎮總兵官。

丁丑，諭内閣：孫玉庭等奏，查議海關茶船出口情形，仍請照例納税放行一摺。江省江海關向准茶葉出口運往北省銷售，嗣因防其載往閩廣禁止販運，上年經該撫奏請弛禁，而給事中孫世昌又以事多流弊，請仍飭禁。兹據該督等詳查江海關出口茶船與閩廣浙省之船可以利涉深洋者不同，舵水人等又不能諳習南洋沙線，勢難偷越，自係實在情形。著照舊例，凡北赴山東、天津、奉天等處茶船，仍准其納税放行；其向由内河行走輸税者，著照舊禁止出洋，不容紊越。

戊寅，諭：【略】班禪額爾德尼等援照前例咨請代奏，著准其恭備貢物交年班堪布一併帶京恭進，一切均照乾隆年間成例辦理可也。

調廣東陸路提督許松年爲福建水師提督，以廣東雷瓊鎮總兵官李增階爲陸路提督，南雄協副將閔懷希爲雷瓊鎮總兵官。

調四川提督何君佐爲貴州提督，貴州提督羅思舉爲四川提督。

《東華續録》道光三　六月辛巳，召康紹鏞來京，以張師誠爲廣東巡撫，調曹六興爲安徽布政使，以張志緒爲四川布政使，陳中孚爲四川按察使由福建遷。

《宣宗實録》卷一九　壬午，諭内閣：前據松筠奏，回疆軍臺回民差使繁重，請將商民租種棉花官爲收税量行分給。當經降旨令慶祥會同烏嚕木齊都統、喀什噶爾參贊大臣、喀喇沙爾辦事大臣、吐魯番領隊大臣查議具奏。兹據覆稱新疆南北兩路，惟南路回民勤於種植，回民自種者十居八九，漢民租種者十之一二。若將棉花概行抽税，則回民於當差納糧之外又添税課，竟同加賦，無此政體。如專抽漢民花税，則爲數無多，易滋影射。一經頒帖，假手牙行，官役倚勢横徵，漢回交受其纍。種棉者日少，必致棉價日昂，徒飽官吏之私橐，實苦耕織之良回。且據查明軍臺當差回子，十數年始輪一次，各有鹽菜口糧，或撥給地畝，養贍不致苦纍，無須調劑。慶祥慮及遠大，所奏甚是。回疆抽收棉税一事斷不可行，所有軍臺一切章程，均著照舊辦理，不可輕議更張。

《東華續録》道光三　癸未，添築山東韓莊閘、上朱姬閘、南攔河大壩。

甲申，以湖北當陽縣沮漳匯流處偪近關帝陵，詔建石隄保護。

乙酉，諭：軍機大臣會同刑部議奏奉天省旗民事件，請仍照舊章，悉歸州縣審理一摺。所議是。

《宣宗實録》卷一九　丙戌，諭内閣：方受疇奏直隸寶直局缺鑄卯錢，請免補鑄一摺。直隸寶直局鼓鑄卯錢，自嘉慶十七年以後疊有缺鑄，因節次停鑪，不能趕符原限。著照所請。

辛卯，諭軍機大臣等：申啓賢奏請通飭各州縣撲捕蝗蝻，不得互相推諉，並録呈從前户部通行章程及酌擬增添各條款請一併頒示等語。地方官捕蝗不力，

現有飛蝗之處即予處分，毋庸查究來蹤，致生推諉。

調福建布政使孫爾準爲廣東布政使，以山東按察使琦善爲福建布政使。

以吏部右侍郎王引之爲浙江鄉試正考官，工部郎中吴孝銘爲副考官；大理寺卿劉彬士爲江西鄉試正考官，翰林院編修廖文錦爲副考官；翰林院侍讀學士史致儼爲湖北鄉試正考官，吏部主事素博通額爲副考官。

《東華續録》道光三　壬辰，以册謚孝穆皇后禮成，頒詔天下。

調琦善爲山東布政使，以徐炘爲福建布政使，羅含章爲山東按察使由兖沂曹清道遷。

《宣宗實録》卷一九　改江蘇淮安、徐州二府爲題缺，從協辦大學士總督孫玉庭等請也。

《東華續録》道光三　癸巳，諭軍機大臣等：御史王家相奏收漕加米事類加賦，八折收漕之議有十不可，如經費尚須調劑或酌量加銀尚屬易於限制等語。漕糧爲國家正供，果能顆粒無浮，照額兑運，直達天庾，誠爲盡善。無如近年百弊叢生，日甚一日，幾於積重難返。前降旨令有漕各督撫悉心籌議，嗣據孫玉庭等以幫費不能盡裁、陋規不能盡革、浮糜不能盡去，議以八折收漕，減半給費，先去其太甚，期於積弊以漸而除，官民胥免於纍。業經降旨允行。兹據該御史復力陳其不可，著將原摺發交孫玉庭等閲看。孫玉庭係原奏之人，魏元煜、李鴻賓、帥承瀛則前此並未與議，江浙漕務情形大略相同，其各悉心體察，上爲國計下爲民生。如果八折之議實有窒礙，難行之處不妨奏明更正，不可回護前議。

《宣宗實録》卷一九　增定族姻迴避例。

《東華續録》道光三　乙未，定皇孫、皇曾孫、皇元孫，暨各福晉服色等差。

《宣宗實録》卷二〇　戊戌，命漕運總督成齡來京，以安徽巡撫李鴻賓爲漕運總督，廣東布政使孫爾準爲安徽巡撫。

庚子，諭内閣：慶保等奏籌辦永北、大姚善後事宜。

辛丑，定子爲慈母丁憂例。

癸卯，以内閣學士毛謨、詹事府詹事奎照監臨順天鄉試。

以翰林院侍講廖鴻荃爲陝西鄉試正考官，編修李煌爲副考官；吏部左侍郎湯金釗爲江南鄉試正考官，翰林院編修熊遇泰爲副考官。

甲辰，降山東巡撫錢臻爲湖南布政使，以山東布政使琦善爲巡撫，調湖南布政使程祖洛爲山東布政使。

《東華續録》道光四　七月己酉，裁貴州貴陽府分駐長寨同知屬吉羊枝土千總。

庚戌，刑部尚書和瑛卒，贈太子太保，賜祭葬，謚簡勤。

調那彦成爲刑部尚書，松筠爲吏部尚書，晉昌爲兵部尚書，以穆克登布爲理藩院尚書由都統遷。

辛亥，調那彦寶爲吏部左侍郎，廉善爲刑部左侍郎。

《宣宗實録》卷二一　乙卯，先是吏部奏，准京官翰詹科道以上、外官藩臬以上革職留任一體捐復，定爲常例。因移咨户部查覈銀數，至是户部奏，常例所載革職留任准其捐復，原自郎中道府以至微末之員，因情有可宥，故予以自新之路。若翰詹科道暨藩臬以上等官，其功過悉秉聖裁，是以常例並無此項人員。所有吏部移咨查覈銀數之處，應毋庸議。從之。

調工部左侍郎穆彰阿爲户部右侍郎，轉工部右侍郎阿克當阿爲左侍郎，以署户部右侍郎果齊斯歡爲工部右侍郎兼管錢法堂事務。

丙辰，以京畿道御史陳鴻爲河南鄉試正考官，禮部員外郎尹濟源爲副考官；詹事府詹事徐頲爲山東鄉試正考官，刑部主事何增元爲副考官；國子監司業陳玉銘爲山西鄉試正考官，翰林院編修吴坦爲副考官。

己未，河東河道總督張文浩丁憂，命河南河北道嚴烺以三品頂帶署河東河道總督。

《東華續録》道光四　壬戌，吴烜以病免，以初彭齡爲禮部右侍郎署禮部左侍郎。

《宣宗實録》卷二一　甲子，諭軍機大臣等：福森奏，陸續緝獲私鹽並連獲大起囤犯分别辦理一摺。天津沿河一帶，軍船夾帶私鹽，向爲弊藪。該鹽政委員協同場官實力巡緝，拏獲私鹽九起，連獲大起囤犯，辦理甚爲認真。囤犯薄榮太等，著即先行枷號河干示衆，俾知儆畏，俟軍船過竣再行疏枷，交地方官照例懲辦。該鹽政仍督飭所屬會同地方文武員弁加意巡查，不可日久生懈，並嚴查胥役人等藉端擾纍，務當行之以實，不可徒托空言。

丁卯，調湖北巡撫毓岱爲江西巡撫，以江蘇布政使楊懋恬爲湖北巡撫，調湖北布政使廉敬爲江蘇布政使，以安徽按察使德奎爲湖北布政使，安徽廬鳳道惠顯爲按察使。

《東華續録》道光四　辛未，以杜堮爲兵部右侍郎由内閣學士遷。

癸酉，諭：史致光奏，首逆傅添貴就擒，照例辦理一摺。傅添貴係首先過江肆擾大姚之犯，永北、大姚兩處早經肅清，惟該犯潛匿稽誅，此次經派緝之千總趙鵬等在龍潭山頂搜獲。該犯逞兇拒捕，被馬兵張連仲用矛戳傷，滚崖就擒，移時身死，經該督委員查驗確實，剉屍梟示。緝捕甚爲認真，千總趙鵬已加恩以守備即升，馬兵張連仲著以外委即行拔補，以示獎勵。

《宣宗實録》卷二一　甲戌，諭内閣：朕聞京城内外時疫傳染，貧民不能自備藥劑，多有倉猝病斃者，其或無力買棺斂埋，情殊可憫。著步軍統領衙門、順天府、五城慎選良方，修和藥餌，分局施散，廣爲救治。再掩骼埋胔，王政所存，並著設局散給棺槥，勿使暴露，俟疫氣全消之日停止，分别報銷，用示朕救災恤民至意。

《東華續録》道光四　八月己卯，以海齡爲刑部右侍郎候補侍郎。

以時疫流行，發銀三千五百兩，分給五城及大興、宛平二縣，製備藥料棺槥。

《宣宗實録》卷二二　庚辰，諭内閣：本年八月天氣尚覺暑熱，京城内外兼有時疫流行，因念貢院中號舍湫隘，士子等萃處鬱蒸，恐致傳染疾癘，非所以示體恤。今科順天鄉試，著展期一月，於九月舉行。

又諭：御史李德立奏請嚴除會匪一摺。所奏甚是。京師爲首善之區，五城地面自應稽查嚴密，不容宵小潛匿。今如該御史所奏，正陽、宣武門外，竟有把棍會名目，十百爲羣，殊屬大干例禁。著步軍統領、順天府、五城各飭所屬嚴查，已犯案者按名拏獲究辦，未犯案者訪查驅逐，勿任容留。至輦轂之下，營汛司坊星羅棊布，此等莠民若非番役皁快私行包庇，安敢棲身？伊等平日無事則得錢賣放，有事則拖纍無辜，種種惡習，朕所深知，並著該管官實力整頓，如有前項情弊，執法重懲，以詰奸慝而安善良。

丁亥，命吏部尚書松筠在軍機大臣上行走。

以兵部尚書晉昌、户部左侍郎禧恩爲御前大臣。

戊子，諭内閣：琦善奏，東省短少驛站飯食銀兩，請歸歷任臬司攤賠一摺。此項驛站奏銷應解兵部兵科飯銀，缺額一年，溯查前案，歷年已久。著即照該撫所議，除前任臬司童槐自行查出毋庸攤賠外，其自乾隆四十四年以後接收交代未經查出之歷任臬司，各按在任月日，分别賠繳，以符年額。

諭軍機大臣等：成格奏請將巡撫衙門裁存鹽規一萬二千兩，每年撥給河東道署六千兩等語。晉省巡撫鹽規，向資爲辦公之用，今若撥給河東道六千兩，或恐辦公不敷，至河東道衙門設立已久，此時無庸添給此項幫費，飭令撙節辦理可也。

己丑，諭軍機大臣等：御史梁中靖奏請河東鹽課仍歸地丁輸納一摺。解鹽行銷晉省及河南、陝西引地，自乾隆五十七年改歸地丁徵課，嗣於嘉慶十一年復改依舊制，設商行運。今該御史復以改歸地丁爲請，國家定制，期於永遠可行，此在立法之始，通盤籌畫，計及萬全。晉省鹽務三十年來屢更其制，究竟歸商歸民，何者爲便，著成格督同藩司葉世倬詳悉確查，並體訪地方情形，驗之已往，熟籌將來，虛衷商搉，如何定制可以經久無弊，據實覆奏。

辛卯，諭軍機大臣等：史致光等奏，參酌原議漢民典買夷地章程略爲變通一摺。前據呢瑪善等會議清理地土章程，時值夷民甫經滋事懲創之後，其逞殘圖占之心不可不加遏抑，議令分限取贖、限滿不贖斷歸漢民，係爲因時制宜起見。現已出示曉諭，自不便朝令夕更，著照史致光所議，俟限滿不能取贖應斷歸漢民執業時，再行奏明，將原議量爲變通。查明係盤剥折准有據者，無論杜賣典押，覈計漢民所出本息，將應得田土分予執業，餘田給還土司，與夷民耕種。其係平價交易者，除杜賣無庸議外，典押之田，令該管流土各官公同勘估，覈計漢民原典價銀，將應得田土分予執業，餘田給還土司，與夷民耕種。

癸巳，以禮部右侍郎初彭齡爲兵部尚書，太常寺卿戴聯奎爲禮部右侍郎，仍留浙江學政任。

命吏部右侍郎王引之爲國史館副總裁官。

己亥，諭内閣：帥承瀛奏，查明運庫動墊銀數分别追繳輸補一摺。浙鹺近年引目墮銷墊發銀款過多，前據廣泰奏明提前歸補。兹據帥承瀛逐款查明，實墊銀一百七十三萬兩零，請分别追繳輸補，覈實辦理。著照所請，將各商溢領銀兩勒限嚴追，如逾限不完，分别覈辦。其墊缺銀兩按引帶輪，統限五綱歸補足額。現在報存餘價銀七十三萬一千餘兩，户部暫緩撥解，一俟追補足數，即行咨部聽撥，嗣後總不許以内款墊發外款，務令年清年額，均歸實貯，以肅鹺政。

壬寅，諭軍機大臣等：據御史李德立奏，東省瘟疫流行，比户傳染，德州等處有匪徒乘間倡言，七月初一、二日，有鬼打門，應者必死，遂致居民互相傳惑，終夜倉皇。東昌一帶又傳有邪匪偷翦辮髮，採割幼童幼女，及途遇菜挑麪擔，乘間抛散藥包之事。又有居住濟寧州東關之光棍黄二，平素畫符治病，綽號黄半仙，於七月初十日前後起意乘災詐財，揑造連毛僧、妖鬼名目，夥同惡匪炫人聽

聞，夤夜入人院宇，自稱妖鬼，肆意奸盜。嗣因匪黨分贓不均，自相毒毆，經地保送官，該州公出，無人訊辦，旋即解釋等語。東省時疫傳染，匪徒等竟敢乘間倡布邪言，致居民傳惑驚惶，已干法紀，更有兇惡棍徒假稱妖鬼，夤夜入人院宇肆行奸盜，其情節尤爲可惡。著琦善督同臬司羅含章派委妥員，訪拏散布邪言爲首之犯，嚴行懲治。其濟寧州棍徒黄二等，既經查拏送官，何以不俟該州回任訊辦，旋即寢息？該撫等即飭拏黄二到案，究明夥黨，審有奸盜實情，即行按律治罪，無稍寬縱。

《東華續録》道光四　甲辰，以唐仲冕爲陝西布政使，調陶澍爲福建按察使，程贊清爲山西按察使，以景謙爲貴州按察使由雲南迤南道遷。

調誠端爲陝西按察使，陳廷桂爲江蘇按察使。

丙午，調張師誠爲安徽巡撫，孫爾準爲廣東巡撫。

《宣宗實録》卷二三　九月己酉，又諭：秦承業前在上書房行走，學問尚優，人亦爽直，朕履位之初，即宣召來京，加以遷擢，仍令在上書房行走，冀其有所匡助，及今半載有餘，其所敷陳，非迂闊難行，即執謬不通，率皆市井之談。昨據汪廷珍奏，伊在上書房言語不謹。及加詰問，汪廷珍不肯指實，因降旨令秦承業不必在上書房行走。嗣後召詢惇親王、瑞親王，初亦未肯直言，經朕反復開導再三詳詢，二王無可如何，始據稱秦承業曾責備顧臯督責大阿哥，所言甚爲荒誕狂悖，因令軍機大臣等面問大阿哥，亦稱實有其語。上書房爲養正之地，爲師傅者應以孝弟睦友子愛時加訓迪，今秦承業如此老誖，若不加以懲創，何以示誡？秦承業著革職，即令回籍，此係朕從寬懲辦，若按名定讞則罪在不赦矣。汪廷珍、顧臯既聞其言，即應據實參奏，乃汪廷珍陳言含糊，顧臯則並未具奏，均屬不合，著罰俸半年，以示薄懲。

《東華續録》道光四　癸丑，諭：給事中盛唐奏，檢拾匿名揭帖，請飭訪拏究辦一摺。甚屬非是。律載匿名文書告言人罪，見者即爲銷燬；若將送入官者杖八十；官司受而爲理者杖一百；被告者雖實，不坐定例，久經著明。嘉慶二十三年復奉皇考仁宗睿皇帝諭旨，以匿名揭告最爲風俗人心之害，凡有黏貼匿名揭帖，即將原帖銷燬不准具奏，惟關係國家重大事務者，密行奏聞。是惟叛逆重情乃准入告，此外皆應遵旨銷燬。聖諭煌煌，至爲嚴切，該給事中豈無見聞，乃以匿名呈控土棍細故，違例具奏。除所告無庸查辦外，盛唐著交部議處。尋議革職，命加恩仍以編修用。

以鄭裕國爲江甯布政使，蘇明阿爲廣東按察使由浙江糧道遷。

《宣宗實録》卷二三　以大學士戴均元爲順天鄉試正考官，刑部尚書那彦成、内閣學士顧臯爲副考官。

以工部尚書穆克登額署刑部尚書，鑲白旗蒙古都統索特納木多布齋署正藍旗滿洲都統。

甲寅，以前任廣東巡撫康紹鏞署禮部左侍郎。

丙辰，命吏部尚書松筠署禮部左侍郎，康紹鏞馳往浙江查辦事件。

以户部尚書英和署吏部尚書。

以大學士伯麟署鑲藍旗滿洲都統，正黄旗蒙古都統阿那保署鑲黄旗蒙古都統。

己未，命河南按察使斌良來京，以江南江安糧道祥德爲河南按察使。

壬戌，浙江巡撫帥承瀛奏，酌定兩浙鹽務章程：一，運使各官毋庸改復舊制；一，巡撫兼管鹽政，毋庸另給養廉；一，竈課錢糧，仍由場員徵解；一，正引未經銷竣，不准請配餘引，餘照一項亦應永遠停止；一，缺銷引鹽，改撥暢地銷售，其課項如撥銷之地重於絀銷，即照撥銷重地完納，如有改撥輕地代銷者，亦應令仍照重地完交，以符原額；一，卯摺月報，應將銀引細數及商名課則等項逐一填註，按卯按月由庫官造册申送鹽政綜覈；一，嚴查奸商加斤夾帶，以及灌包飛渡、一程兩運等弊；一，禁革掣規供應等弊；一，按照舊例夏冬兩季掣驗；一，杭、嘉、紹、松四所，每所酌留甲商一名以資辦公，嗣後不得再行增設，其在外詳充之經巡等商，亦應慎選，毋任冗濫。下軍機大臣等議行。

《東華續録》道光四　癸亥，以嵩溥爲廣西布政使，常德爲湖南按察使由直隸熱河道遷。

戊辰，暹羅國王鄭佛遣使進香貢方物，温諭止之。

己巳，召長齡來京陛見，以朱勳署陝甘總督，盧坤署陝西巡撫由甘肅布政使署。

《宣宗實録》卷二三　丙子，福建巡撫顏檢奏參互相稟訐之文武各員弁。得旨：浮折勒派，煮熬鴉片，均係大干禁令之事，必須徹底嚴究，按律定擬。

大學士正白旗滿洲都統托津因病賞假，以定親王綿恩署正白旗滿洲都統。

《東華續録》道光四　十月己卯，上御乾清門聽政，自是以爲常。

以奎照、陳嵩慶俱爲内閣學士兼禮部侍郎銜。奎照由詹事遷，陳嵩慶候補内閣

學士。

召曹六興來京，以陶澍爲安徽布政使，蘇兆登爲福建按察使由江南淮陽道遷。

《宣宗實録》卷二四　壬午，諭内閣：近有御史奏請嚴查門牌、户册以防隱匿遺漏等弊。京城内外居民稠密，設立門牌户册，原以稽查姦宄，勿使溷迹。但恐該管官日久視爲具文，漸就廢弛，行之有名無實。著申諭步軍統領衙門、順天府、五城各督所屬，於鋪家業户門牌户册，隨時嚴密稽查，如有遷徙增減，按照章程逐一更正，務使耳目常周，勿擾勿漏，輦轂肅清，以收戢暴安良之效。

甲申，以理藩院尚書穆克登布爲滿洲繙譯鄉試正考官，左侍郎博啓圖爲副考官，内閣侍讀學士長旺爲蒙古考官。

乙酉，命新授駐藏幫辦大臣那丹珠仍留原任，西寧辦事大臣素納、烏里雅蘇台參贊大臣達祿、庫爾喀喇烏蘇領隊大臣佛住來京。賞内閣侍讀學士保昌頭等侍衛，爲駐藏幫辦大臣；太僕寺卿松廷副都統銜，爲西寧辦事大臣；伊犁協領穆克登布頭等侍衛，爲庫爾喀喇烏蘇領隊大臣；以頭等侍衛八十爲烏里雅蘇台參贊大臣。

丁亥，調廣東巡撫孫爾準爲安徽巡撫，以浙江布政使嵩孚爲廣東巡撫，直隸按察使阿霖爲浙江布政使。

《東華續録》道光四　戊子，調常德爲直隸按察使，蘇明阿爲湖南按察使，陳中孚爲廣東按察使，以戴三錫爲四川按察使由建昌道遷。

《宣宗實録》卷二四　命調任貴州提督何君佐仍爲四川提督，以山西大同鎮總兵官劉榮慶爲貴州提督。

命廣西提督馬應國來京，調雲南提督李錦麟爲廣西提督，四川提督羅思舉爲雲南提督。

壬辰，諭内閣：杭州織造向例額設養廉銀兩以資辦公，現在浙江鹽政仍改爲織造，兼管南北新關税務，著准其仍照舊例，每年額給養廉銀一萬兩，在於關税盈餘項下動支。

《宣宗實録》卷二五　甲午，吏部奏，酌改則例四條：一，滿洲官員報缺定例，應照漢官及筆帖式之例辦理；一，漢軍筆帖式京察一等記名外用人員升用班次，宜量爲調劑；一，丁憂服滿人員赴補之例，宜量爲變通；一，官員生、祖母病故，宜分别承重治喪，以重報本。得旨：各省起復人員文結内遺漏赴補字樣，原係本省官吏之誤，非本員之咎，著吏部通行各督撫，嗣後起復人員，除另有事故不能赴補者，均於文内聲明外，其餘概不准遺漏赴補字樣。

《東華續録》道光四　甲辰，諭：本日有兵部筆帖式和書在乾清門呈遞奏摺，自陳管見五條。朝廷設官分職定有等差，不容越分言事。其末職下僚如有確知利弊及冤抑求伸者，或在都察院申訴，或在本衙門呈遞，該堂官亦斷不敢壅於上聞。若不論品秩、崇卑，紛紛競赴宫門建言奏事，尚復成何體制？此次筆帖式和書所遞條陳，尚無悖謬之處，但違例擅遞奏章，著交刑部治以應得之咎。

《宣宗實録》卷二六　十一月壬子，諭内閣：孫玉庭等奏請動項籌辦土石工程並展寬河面一摺。江境黄河水勢，自清口以下，經清水暢出，刷滌深通。惟徐城上下河身窄狹，本年伏汛盛漲，兩岸河灘，淤高七八尺不等。該督等請於冬令水落之時，及早籌辦。著照所請，銅沛一廳，及毗連豐、蕭、邳、睢四廳上下，將隄工加培，並添築土壩。徐城北門石工一律加高，徐城對岸河道展寬四十丈，所有估需銀六十萬兩。現在兩淮運庫積欠河庫銀一百一十餘萬兩，著該鹽政即於年内解還銀三十萬兩。其不敷銀三十萬兩，著户部於就近藩關各庫照數借撥。該督等派員趕緊興工，務於來年桃汛以前辦理完善。其借撥之銀，飭令兩淮陸續解還歸款。

戊午，又諭：陳若霖等奏，籌議查辦苗疆事宜一摺。前據張映漢奏，籌議苗疆事宜各條，當降旨交陳若霖、左輔會同詳議。兹據該督等查明妥議覆奏，鳳凰等五廳縣額設屯丁，原定章程，應於均田本户及出力丁勇内挑補。其委員屯官等，有以隨帶私人頂充者，著悉令退田開缺，並永杜侵占，以安屯業。至屯防佃租，該處地本磽瘠，原額過重，現將各項浮費删裁，則租額自可輕減。著照所議，於民苗佃種田土内，按則減去租穀一萬八千石，並將鳳、永二廳最瘠之區，再減去租穀二千七百七十石，以紓佃力。嗣後責成該道等，撙節支銷，年清年款，毋任虚糜。其苗疆積貯銀穀，歷年動缺，現已加恩准其借款歸補，務各認真經理，以裕儲備。屯防委員概行裁撤，所有一切經費出納，即著該道等按限徵解，逐層稽覈，嚴禁侵漁。至兵役擅入苗寨，本有例禁，嗣後務遵照舊章，凡有勾攝公事，由苗弁傳唤。其兵役藉詞擾纍者，查出按律重懲，毋稍寬貸。苗舉人有願赴京會試者，即照本省舉人之例，給與公車銀兩，仍嚴禁書吏需索，俾令踴躍觀光。再苗疆遠處邊隅，如遇淮鹽不能接濟，著准其照湖北歸州等州縣之例，聽民買食川鹽，不得過十斤之數。如有大夥私販，仍責成該地方官嚴拏，以杜侵灌。

《東華續録》道光四　辛酉，諭：英和等議駁，武隆阿等奏請各省緑營馬兵

分半作爲旗缺，並令駐防子弟一體挑補緑營守戰馬糧一摺。所議甚是。【略】武隆阿、秀堃均著交部嚴加議處，以爲荐言亂政者戒。尋部議革職。得旨：武隆阿著加恩降爲二等侍衛，仍留參贊大臣之任；秀堃著加恩降爲藍翎侍衛，仍留幫辦大臣之任，俱帶革職留任處分，八年無過，方准開復。

諭軍機大臣等：武隆阿等奏，英吉利夷人給葉爾羌阿奇木伯克遞字，求來貿易買馬，見經駁斥一摺。英吉利係海外夷人，向在廣東貿易。温都斯坦一帶地方並非伊國泊船口岸，今愛孜圖拉執有夷字，據稱係英吉利頭目果迺爾展轉所遣，要到西北一帶買馬貿易，並欲到布噶爾地方先來給葉爾羌阿奇木伯克邁哈默特鄂散遞字，求向葉爾羌、喀什噶爾一路行走。武隆阿等令邁哈默特鄂散以己意作字駁斥，所辦甚是。至所稱英吉利據有温都斯坦已五六十年，其旁克什密爾音底亦皆聽從等語。外夷部落荒遠難稽，疆圉以外原可置之不問，惟葉爾羌、英吉沙爾、喀什噶爾一帶卡倫均與外夷接壤，地方緊要，總當留心稽察，嚴密防範，不可大意。武隆阿見已飭向在葉爾羌貿易之克什密爾回人分起探訪其事，該夷人究有多少，其來意何居？一俟探有確情，即行迅速奏聞。

壬戌，以河防乂安，加江南河道總督黎世序太子太保，賜御製詩章。

《宣宗實録》卷二六　癸亥，又諭：有人條奏驛站藉端纍民一摺。向來雲貴舉人每科會試例得由驛進京，歸入正項奏銷，於民間毫無派纍。茲據奏近來驛號夫馬多不足額，遇會試之年，猾胥蠹役藉此科派鄉民，任意需索，河南省石固、滎澤等驛，其弊尤甚。現在會試期近，雲貴舉子陸續來京，著沿途各省督撫嚴飭各州縣，照例應付驛馬，毋得仍前濫派，其有驛馬缺額藉端科派纍及閭閻者，查出嚴參懲辦，以祛夙弊。

丙寅，又諭：阮元奏請將徇隱夾帶鴉片之洋商摘去頂帶一摺。鴉片流傳内地最爲人心風俗之害，夷船私販偷銷例有明禁。該洋商伍敦元並不隨時稟辦，與衆商通同徇隱，情弊顯然。著將伍敦元所得議敘三品頂帶即行摘去，以示懲儆。仍責令率同衆洋商實力稽查，如果經理得宜，鴉片漸次杜絶，再行奏請賞還頂帶。儻仍前疲玩，或通同舞弊，即分別從重治罪。

庚午，諭内閣：孫玉庭奏請籌撥書院經費一摺。江南鍾山、尊經兩書院爲教育人材之地，近年膏火不敷，著照所請，除動用上年充公銀兩餘賸銀一萬八百六十兩零外，准其於司庫新淤召買充公款内，撥給銀一萬三千一百三十八兩零，發典生息，以裕經費。

《宣宗實録》卷二七　十二月己卯，諭軍機大臣等：楊芳奏，教演兵丁練射、練槍、練騎、練矛，均須隨時隨地旦暮爲之，方收實效。並擬於常操之外，另加車騎、合步、連環三項，融結參合，日操一隊，以五隊更番演習，六日合操爲一陣。直隸額兵按四成挑派，可得兵一萬五千三百三十名，計成二百四十隊，現在先挑二成兵七千二百名，限來春將器械整頓齊全，再趕辦二成器械，按式操演等語。

壬午，調盛京兵部侍郎佛住爲禮部右侍郎，禮部右侍郎書銘爲盛京兵部侍郎。

以署刑部左侍郎玉麟爲兵部左侍郎。

《東華續録》道光四　甲申，以吴榮光爲福建按察使由鹽道遷。

《宣宗實録》卷二七　吏部尚書劉鐶之因病賞假，以禮部尚書汪廷珍署吏部尚書，兵部尚書初彭齡署兼管順天府府尹事。

丁亥，班禪額爾德尼等因仁宗睿皇帝大故，既特遣使來獻供物。著即派尚書穆克登布、侍郎博啟圖、敏珠勒呼圖克圖等，俟噶勒丹錫呼圖薩瑪第巴克什所遣之使堪布等到京時照料，一同遣往恭謁昌陵。來使等所齎供物，屆期仍交原來照料之候補知府忠禄等，妥爲照料送往。

戊子，命翰林院編修錢寶琛提督貴州學政。

命署山西巡撫陝甘總督長齡來京，以江西布政使邱樹棠爲山西巡撫，湖北按察使鄧廷楨爲江西布政使，山東運河道陸言爲湖北按察使。

命山西按察使程贊清來京，以四品京堂候補，以甘肅安肅道常文爲山西按察使。

賞河南等省鄉試年老諸生傅靈瑞等二十三名舉人，副榜有差。

《東華續録》道光四　癸巳，調盧蔭溥爲吏部尚書，初彭齡爲工部尚書，以戴聯奎爲兵部尚書，調王以銜爲禮部右侍郎，轉陸以莊爲工部左侍郎，以顧皋爲工部右侍郎，周系英爲内閣學士兼禮部侍郎銜由翰林院侍講學士遷。

命吏部尚書盧蔭溥不必在軍機處行走。

《宣宗實録》卷二七　乙未，據孫玉庭等奏，江境河工兼用碎石連年，已著成效。豫東黄河向未拋護碎石，以致漫決頻仍。請飭東河河臣體訪情形，仿照江境兼用碎石，即創始之初多費數十萬金，而日後工固瀾安，不惟節費，實可利民等語。南河險工於埽壩之外，拋護碎石業經歷著成效，隄工既資鞏固，錢糧亦歸節省。該署河督曾任南河，熟悉此事情形，且曾經黎世序反覆籌商，以爲必須倣

照江境，並用碎石，工程方資鞏固。著即將豫省黄河應否倣照江境辦理之處，確加體察，詳細訪問，或酌量試辦一二段工程。

庚子，以吏部右侍郎王引之充經筵講官。

以内閣學士奎照、詹事府少詹事史致儼、翰林院侍讀學士白鎔充文淵閣直閣事。

癸卯，又諭：魏元煜奏，寶蘇局缺鑄卯錢請免鼓鑄一摺。著照所請，江蘇省嘉慶二十四、五兩年卯額缺鑄錢文，俱准其停免補鑄。其現在存貯銅鉛，即作爲道光二、三年正鑄之用，以歸覈實。

乙巳，諭内閣：各省督、撫、鹽政、織造、關差，向有呈進方物之例，前將各貢目大加删減，示以限制，令於二十七月後遵照呈進。所降諭旨甚明，乃該鹽政、織造、關差，本年即行備物呈遞，實屬拘泥糊塗，不曉事體。除將如意及彩繡等件發還留俟明年再行呈進外，延豐、七十四、嘉禄、福德、阿勒精阿均著傳旨申飭。

又諭：理藩院轉奏，扎薩克喇嘛羅卜桑噶勒藏因所轄喇嘛門徒衆多，呈請可否賞給印信請旨一摺。扎薩克喇嘛羅卜桑噶勒藏，所轄喇嘛門徒等七百餘名，若給予印信，則於管束有益，即照該院所奏，扎薩克喇嘛羅卜桑噶勒藏著賞給印信辦理事務。

《東華續録》道光四　是歲，朝鮮、越南、琉球來貢。

道光二年（壬午、一八二二）

《宣宗實録》卷二八　正月辛亥，命貴州布政使富信來京，調河南布政使麋奇瑜爲貴州布政使，以山東按察使羅含章爲河南布政使，兩淮鹽運使楊健爲山東按察使。

壬子，諭内閣：朕辦理庶務咸遵舊制，從前皇祖高宗純皇帝每次挑選八旗秀女，皆指配與聖祖仁皇帝派衍近支宗室；皇考仁宗睿皇帝每次挑選八旗秀女，皆指配與世宗憲皇帝派衍近支宗室。今朕挑選秀女自應遵照此例，按代指配與高宗純皇帝派衍近支宗室。著交欽派之王等，嗣後呈進宗室等名單時，著將高宗純皇帝派衍近支宗室名單呈進，候朕將挑選之秀女量爲指配。著爲令。

又諭：近來查出旗人抱養民人之子爲嗣者，俱已另記檔案矣。此等子嗣日後皆入民籍，伊等之女即不應與旗人一併入選，著交户部本年挑選八旗秀女時，將八旗滿洲、蒙古、漢軍内另記檔案之女，俱不必入選。著爲令。

癸丑，直隸總督方受疇因病解任，以福建巡撫顔檢爲直隸總督，山西布政使葉世倬爲福建巡撫，江西按察使戴敦元爲山西布政使，浙江鹽運使史譜爲江西按察使。

命協辦大學士、陝甘總督長齡署直隸總督，福建布政使徐炘暫護巡撫。

丙辰，户部尚書英和因病賞假，以禮部尚書文孚署户部尚書，大學士伯麟署步軍統領。

戊午，諭内閣：阿哥等年至十五歲，著學習騎射，每月演習二三次。在京城内，則於紫光閣；在圓明園，則於閱武樓。阿哥等演習騎射時，著内廷諳達二人輪流隨往。年十六歲，學習鳥槍，每年春秋二季，在山高水長，一月演習一二次。嗣後阿哥等及皇孫皆照此學習。著爲令。

諭總管内務府大臣等：嗣後皇子皇孫一經指婚，其福晉父家置備妝奩，不得以奢華相尚，一概務從儉約，復我滿洲淳樸舊俗。將來呈進妝奩清單，如有靡麗浮費之物，經朕看出，不惟將原物發還，並加議處。此旨著内務府大臣存記，俟經指婚之後，即將此旨交福晉之父家閲看。敬謹遵循，不得逾制。至向來俗例有開箱之禮，福晉應進朕與皇后衣服各九套，著不必豫備呈進，以示黜華崇實之意。

壬戌，諭内閣：錢臻奏，州縣交代拖延請嚴定章程一摺。向來州縣交代本有一定例限，據錢臻查明，湖南省州縣交代逾限，轇轕甚多，皆由各員卸事後，不俟交代清楚即擅自進省，接任之員無憑覈算，以致輾轉遲延，幾成錮習，自應亟加整頓。嗣後該省州縣交代，責成該管府州就近督催，依限結報，如交代未清，即將該員扣留，勒限覈算，不准擅自回省。其例限已逾，除咨部照例查議外，將該員委署補缺概行停止。儻接任之員刁難勒掯，亦即據實懲辦。如府州偏徇玩視，查明一併參處。先將虧項責令各半分賠，即查無虧空，亦將督催不力之府州查參，以重帑項而杜積弊。

命浙江按察使葉汝芝來京，以四品京堂候補。以陝西潼商道朱桂楨爲浙江按察使。

甲子，諭軍機大臣等：葉世倬奏，查辦丁歸地糧及民間實在情形一摺。

山西省州縣丁徭銀兩，歸入地丁攤徵者，除已有八十廳州縣外，尚有盂縣等二十一州縣未經議改。兹據該護撫查明，平定州、盂縣二處情形相同，所有盂縣丁徭銀兩，著自道光二年起即攤入地糧項下徵收，其平定州丁銀亦著一律歸併辦理，造册咨部。至興縣等十九州縣情形不一，自應次第確查，分别覈辦。

戊辰，諭内閣：本年係應行查閲山東、河南、江蘇、安徽、江西營伍之期，山東著即派琦善，河南著即派姚祖同，江蘇、安徽、江西著即派孫玉庭逐一查閲，務各認真簡校。如查有訓練不精、軍實不齊者，即將廢弛之將弁據實劾參，毋得視爲具文。

《東華續録》道光五　申諭廣東閩浙嚴緝洋盜。

《宣宗實録》卷二八　庚午，諭内閣：錢臻奏，查辦衿棍把持漕務情形一摺。湖南醴陵縣生監楊清枚等爲積年包户，攬納漕糧，其在逃之匡光文等因包攬不遂，輒行挾制官吏，阻遏花户上米，復敢詐傳詔旨，騙斂訟費。經該縣差拏，又復藐法抗拒，情節實爲可惡，必應嚴加懲辦，以儆刁風。

浙江巡撫帥承瀛覆奏操練章程。浙省各營每有市井無賴及衰弱之人濫充，應飭各將弁於初召募時互相保結，方准收營。得旨：最係緑營惡習，必應力加整飭。

命烏里雅蘇台將軍特依順保來京，調黑龍江將軍奕顥爲烏里雅蘇台將軍，盛京將軍松箖爲黑龍江將軍，以兵部尚書晉昌爲盛京將軍。

以都察院左都御史那清安署兵部尚書。

以上駟院卿廣泰爲總管内務府大臣。

辛未，轉吏部右侍郎常起爲左侍郎，調禮部右侍郎佛住爲吏部右侍郎，兵部左侍郎玉麟爲禮部左侍郎，工部左侍郎果齊斯歡爲兵部左侍郎，理藩院右侍郎明志爲禮部右侍郎，以正白旗滿洲副都統舒明阿爲工部左侍郎，内閣學士色克精額爲理藩院右侍郎。

以户部右侍郎王鼎爲都察院左都御史，調工部左侍郎陸以莊爲户部右侍郎，以内閣學士周系英爲工部左侍郎，降補侍郎顧德慶爲兵部左侍郎。

以吏部尚書松筠爲閲兵大臣，仍管總理行營大臣事。

癸酉，又諭：據慶保等奏，閩省沿海各澳零星土盜爲害商旅，皆因奸民接濟水米，不肖兵役得規縱放，且有荒僻村崖接水消贓，以致易於藏匿，現在嚴密查辦等語。

命協辦大學士、署直隸總督長齡回陝甘總督任，以吏部尚書松筠署直隸總督，刑部尚書那彦成署吏部尚書。

甲戌，以工部左侍郎周系英爲實録館副總裁官，吏部左侍郎湯金釗爲國史館副總裁官。

《宣宗實録》卷二九　二月辛巳，浙江提督王得禄覆奏操練營伍章程。得旨：各營操練務要認真，斷不可日久生懈，視爲具文。至於洋面巡緝尤不可稍形疏懈，以副委任之意。

壬午，諭内閣：孟住等奏請借項生息資助旗籍舉人會試一摺。廣東距京遥遠，駐防八旗文武舉人進京會試，資斧維艱。加恩著照所請，准其於扣存兵丁馬價存貯藩庫銀内，賞借一萬兩發商行息，遇會試之年，每名除例賞水脚銀二十兩零外，加賞銀三十兩。賞賸餘銀，俟積有成數，陸續歸還原款，年終報部覈銷。其驍騎校、領催、前鋒，及筆帖式進京引見各員，除原賞銀二十兩外，亦著加恩在籌備軍裝息銀内每名加賞銀三十兩，以示體恤。

《東華續録》道光五　癸未，准八旗抱養民人爲子之繙譯舉人、生員，改作文舉人、生員，歸入民籍考試。

乙酉，命奉天暫停海運糧石。

申禁民間私藏鳥槍火器。

《宣宗實録》卷二九　戊子，黑龍江將軍奕顥等覆奏操練章程。

辛卯，諭：御史黄中模奏請嚴禁海洋偷漏銀兩一摺。所奏是。定例廣東洋商與夷人交易，祇用貨物收買轉貿，不准用銀，立法甚爲周備。近因民間喜用洋錢，洋商用銀向其收買，致與江浙等省茶客交易作價甚高，並或用銀收買洋貨，實屬違例病民，不可不嚴行查禁。著廣東督撫，暨海關監督派委員弁，認真巡查出口洋船，不准偷漏銀兩。仍不時查察，如有縱放之員，即行參革治罪。至洋商與外夷勾通販賣鴉片煙，重爲風俗之害，皆由海關利其重税，隱忍不發，以致流傳甚廣。著該督撫密訪海關監督，有無收受黑煙重税，據實奏聞。

《宣宗實録》卷三〇　癸巳，以禮部右侍郎、江西學政王宗誠爲兵部尚書，内閣學士李宗昉爲禮部右侍郎。

命工部左侍郎周系英提督江西學政。

甲午，兵部奏改銓選題調例四條：一，題升調補官員，遇有事故，應分別公罪私罪，以定准駁；一，豫保人員掣補，應照題補之例，一體分別准升停升，以昭畫一；一，推選官員，亦應一體分別應升停升，以便遵循；一，漢藍翎侍衛行走期滿，應與營用武進士，分班選用，以示平允。從之。

乙未，諭内閣：松筠奏整頓直隸省書院一摺。所辦甚是。各省府廳州縣分設書院，原與學校相輔而行，近日廢弛者多，整頓者少。如所稱院長並不到館，及令教職兼充，且有並非科第出身之人，靦居是席，流品更爲冒濫，實去名存，於教化有何裨益？著通諭各直省督撫，於所屬書院務須認真稽察，延請品學兼優紳士住院訓課，其向不到館支取乾俸之弊，永行禁止。至各屬教職，俱有本任課士之責，嗣後亦不得兼充，以專責成。並著各飭所屬，如有書院房屋坍塌應修之處即行修整，俾各士子聚處觀摩，以收實效，用副朕振興教化至意。

丙申，又諭：英海之女指爲大阿哥福晉，著該衙門選擇吉期舉行指婚典禮。

己亥，以三等侍衛敬徵，候補内閣學士朱士彦，詹事府詹事徐頲爲内閣學士兼禮部侍郎銜，通政使司副使張鱗爲太僕寺卿。

甲辰，諭内閣：理藩院請定口外喇嘛章程，酌議條例具奏。

《宣宗實録》卷三一　三月丁未，上啟鑾，恭謁東陵。

庚戌，諭内閣：工部承辦壇廟工程，關係重大，理宜敬謹從事。承修司員法克精額等，得受官匠分送成頭銀兩，復徇情囑託看册司員，蒙混銷算。該堂官漫不經心，以至估辦參差；司員朋比受贓，又復毫無覺察。吏部分別議以革職降調，實屬咎所應得。姑念人數衆多，一時簡用乏人，著加恩將部議革職之曹振鏞、穆克登額、盧蔭溥、王以銜、陸以莊，均改爲降四級留任，八年無過，方准開復；部議降三級調用之穆彰阿、果齊斯歡，均改爲降三級留任；部議降一級調用之阿克當阿、那清安、裕恩，均改爲降一級留任。

又諭：工部堂官失察，司員等得贓冒銷一案，其在任較久之員，已降旨加恩改爲降四級留任，但仍當示以區別：曹振鏞、盧蔭溥，彼時俱在軍機處行走，不能常川到署。其餘各員，均係專辦部務，迺於司員朋比得贓蒙混銷算，毫無覺察，其咎較重。工部爲工程總匯，穆克登額年力衰老，稽察未能周密，著調補禮部尚書，其工部尚書員缺，著文孚調補。陸以莊著調補兵部右侍郎，其户部右侍郎員缺，著湯金釗調補，兼管錢法堂事務。王引之著轉補吏部左侍郎，杜堮著調補吏部右侍郎。

辛亥，以户部尚書英和爲會試正考官，禮部尚書汪廷珍、户部右侍郎湯金釗、禮部左侍郎李宗昉爲副考官。

壬子，諭軍機大臣等：阮元奏，暎咭唎國護貨兵船停泊外洋伶仃山，夷人赴山汲水與民人鬬毆，互有傷斃。飭諭該國大班及該國兵官，交出兇夷。彼此互相推諉，當將貨船封艙，禁止貿易。該夷兵狃於該國被傷後致死無須抵償之例，延不交兇，旋即畏罪潛逃。該大班寄信本國，奏知國主，照例究辦。現仍著落交兇，並諭飭辦理等語。

庚申，福建水師提督許松年奏，酌擬訓練水師六條：一，操演宜認真；一，水務宜練習；一，鳥槍宜訓練；一，刀械宜兼習；一，召募不容徇私；一，紀律時須申明。得旨：所議六條，均係應爲之事，可即督飭所屬認真訓練。

甲子，諭内閣：御史朱爲弼奏請敕删各部册籍一摺。各直省彙送六部册籍，日積日多，往往名實不符，俱成具文，無關政要。而胥吏等乘機舞弊，轉致難於稽查，自應酌加删減，以歸簡易。著六部堂官各將外省造送該衙門册籍，逐一查明，分別應存應删，悉心妥議，開單奏明請旨。

乙丑，禮部以宗室會試中額請。得旨。取中四名。

賞江蘇等省辛巳恩科鄉試年老諸生王柱等四名舉人副榜有差。

己巳，諭内閣：琦善奏參玩視漕運未修官剥之州縣，請先摘去頂帶，並酌定添雇剥船等語。

《東華續録》道光五　辛未，命江西推廣社倉成法，准民間質押穀石。

壬申，以辛從益爲内閣學士兼禮部侍郎銜由太常寺卿遷。

《宣宗實録》卷三二　閏三月丁丑，諭軍機大臣等：據富俊等明白回奏開墾伯都訥屯田情形一摺。吉林乃我朝根本之地，若因伯都訥開墾屯田，招集流民耕種，日久流弊不可勝言。今該將軍等覆奏，原議係由吉林現有納丁納糧民人認墾，並非招集流民，將來不必另籌安置，於事尚無窒礙。惟現在雙城堡屯田尚未墾竣，且移駐京旗甚少，何必亟亟籌辦，俟將雙城堡辦竣，獲有成效，再行議及開墾，亦未爲遲。

己卯，詔諭班禪額爾德尼，前因達賴喇嘛未出呼畢勒罕，降旨命爾加意訪尋。兹據駐藏大臣等奏，班禪額爾德尼訪得察木多等處幼孩三人。此内裏塘之七歲幼孩名噶勒桑建燦者，容貌端重，舉止大方，能識前代達賴喇嘛供用佛

尊什物。爾甚尊服，誠心念經禱祝，會同駐藏大臣，在布達拉廟内供奉高宗純皇帝聖容前行禮畢，由金奔巴瓶内將伊名掣出等語。此事甚屬吉祥，朕深欣悦，降旨將噶勒桑建燦作爲達賴喇嘛之呼畢勒罕。今爾奏請於八月初八日令噶勒桑建燦在布達拉廟内坐牀，所辦甚是。特派駐藏大臣文榦、成都副都統蘇沖阿、章嘉呼圖克圖等，頒給達賴喇嘛之呼畢勒罕詔書，及賞賜物件外，爾能仰體朕意將呼畢勒罕尋得，可嘉之至，今特問爾好，頒給詔書，並賜蟒緞二端、閃緞一端、片金緞一端、八絲緞六端、大哈達五方、小哈達十方，到時祗領。特諭。

《東華續録》道光五　壬午，申禁福建、廣東械鬭積弊。

《宣宗實録》卷三二　癸未，諭内閣：順天武鄉試大典，乾隆年間定於十月初五日開弓、十一日出榜；至嘉慶九年，始改爲十月初七日開弓、十二日出榜。因思校藝時日，自應稍從寬裕，嗣後順天鄉試外場著仍照舊例，於十月初五日開弓、十一日出榜。著爲例。

乙酉，引見庚辰科散館及補行散館人員。

以户部左侍郎禧恩爲理藩院尚書。

《東華續録》道光五　申諭京城内外嚴緝劫案。

《宣宗實録》卷三二　丙戌，調兵部左侍郎果齊斯歡爲户部左侍郎，以鑲紅旗漢軍副都統常福爲兵部左侍郎。

以吏部尚書松筠爲滿洲繙譯會試正考官，刑部右侍郎海齡爲副考官。

以刑部尚書那彦成署吏部尚書，鑲白旗蒙古都統索特納木多布齋署鑲黄旗蒙古都統。

〔丁亥〕，以都察院左都御史那清安爲武英殿總裁官，户部右侍郎穆彰阿管武英殿御書處事。

己丑，賞會試年老舉人劉遇恩等六名檢討、學正職銜有差。

辛卯，命長蘆鹽政福森來京，調兩淮鹽政延豐爲長蘆鹽政，以服闋巡撫曾燠爲兩淮鹽政，仍用二品頂帶。

以前任烏嚕木齊都統貢楚克扎布署正黄旗滿洲副都統。

予明臣劉宗周從祀文廟，從御史馬步蟾請也。

乙未，以大學士曹振鏞、伯麟、吏部尚書盧蔭溥、工部尚書初彭齡、吏部左侍郎王引之、刑部左侍郎韓文綺、工部右侍郎顧臯、内閣學士奎照爲殿試讀卷官。

以禮部尚書穆克登額署工部尚書，吏部尚書松筠署正黄旗領侍衛内大臣，鑲藍旗漢軍都統綿志署鑲藍旗蒙古都統。

丙申，策試天下貢士吕龍光等二百二十三人於保和殿。

庚子，賜一甲戴蘭芬、鄭秉恬、羅文俊三人進士及第，二甲陳嘉樹等一百人進士出身，三甲郭彬圖等一百十九人同進士出身。

癸卯，更定犯罪婦女實發例。

又諭：曹振鏞等會議，孫玉庭等覆奏籌議封禁山巡防稽察章程一摺。江西封禁山，界連浙閩，地方遼闊，最易藏奸。據各該督撫等，委員會同確查，並無流民潛匿，惟既有附近居民樵採，恐將來不免匪徒溷跡，自應設法豫防。著照所議，嗣後各該督撫等，無分畛域，務督文武員弁，實力巡防，俾附近士著民人不敢進山樵採，如有外來流民立即嚴拏究辦。

調江寧布政使鄭裕國爲直隸布政使，廣東布政使程國仁爲江寧布政使，以廣東按察使陳中孚爲布政使，直隸霸昌道黄鳴傑爲廣東按察使。

甲辰，安徽巡撫孫爾準奏，訪察地方利弊，屬員賢否，隨時興革整頓。得旨：慎選廉能，一力整頓，不可復行因循，致難救藥。總之稂莠不除，嘉禾不植，其盡心焉。人材固宜愛惜，設若闒茸不職者，必當去之勿疑也。任封疆大吏者，能不徇隱，能不姑容，甚屬難得。

以户部右侍郎湯金釗署吏部右侍郎。

《宣宗實録》卷三三　四月丙午，命禮部尚書汪廷珍、户部右侍郎穆彰阿教習庶吉士。

丁未，授一甲一名進士戴蘭芬爲翰林院修撰，二名進士鄭秉恬、三名進士羅文俊爲翰林院編修。

己酉，諭内閣：近來京外各官遇有遷擢，皆於召見及接奉批摺後，始換升銜頂帶，本非舊制。嗣後京外升任人員，京官自奉有諭旨、外官自接到部文後著即換用升銜頂帶。

以貝勒綿志、大學士托津、刑部尚書那彦成爲内大臣。

《東華續録》道光五　庚戌，長齡等奏，剛咱等族番賊向西南逃竄，官兵馳赴托里地方截擊獲勝。

癸丑，允户部議，京倉米石以放代盤。

《宣宗實録》卷三三　江西巡撫毓岱因病賞假，以布政使鄧廷楨暫護巡撫。

甲寅，又諭：英和等奏，米石例禁請循照舊章等語。嗣後著仍照舊例，細米一石以内，實係鄉民買食者，准其出城，其粗米顆粒不准出城。城外之米，無論粗細概不准其出境。城内責成城門領等，城外責成各營汛員弁等，分别實力巡查，如有得錢賣放，失察偷漏，即行據實究辦。如管門官兵，將鄉民買食細米索詐阻拏，照例治罪，至米店碓房，如有違例囤積至五百石以上者，查明照例嚴辦，以除積弊。

《宣宗實録》卷三四　丁卯，諭：孫玉庭等奏，查明三省交界營汛，酌定會哨章程一摺。江南徐、海二屬，與山東、河南壤地相接，奸宄最易潛蹤，自應會哨巡防，俾聲勢足資聯絡。據該督撫查明具奏，著照所請，嗣後山東曹、兖兩鎮所轄及河標各營汛，與江南徐、海等屬營汛連界地方，均著於每年春秋二季，酌令各該營將領選帶弁兵，在兩省交界適中處所定期會哨一次。仍飭連界各專管汛弁，一月會哨一次，互换印照，結報該上司查考。其河南歸德營參將所屬分防夏邑等汛，與徐鎮所轄蕭、宿二營，及亳州營都司分防連界各汛地，亦著於每年春秋二季，令各該營都司酌帶弁兵，與歸德營將領，定期在兩省交界適中處所會哨一次。接壤各汛弁，亦一月會哨一次，换照結報。其豫東連界各營，俱著一體照辦，並責成各該鎮營密加查察。

庚午，諭：慶祥奏，訊明遣犯悔過出教一摺。魁敏因習西洋教，發往伊犁當差。兹據慶祥訊明，該犯業已改過出教，並從十字架跨過，實係真心改悔。魁敏著准其釋回，交該旗嚴加管束，不時查察，毋許出外滋事。

諭軍機大臣等：前據武隆阿等奏，嘆咭唎夷人給葉爾羌阿奇木伯克遞字，求來内地貿易買馬，業已駁斥，當經諭令查探該夷人情形具奏。兹據奏稱於本年三月間，差委回人孟幹等，前赴推巴特地方，探得嘆咭唎二人，一名木爾齊喇普，一名鐵里伯克，隨帶跟役，約有二三十人，均係温都斯坦、克什密爾等部落，在推巴特居住貿易，尚屬相安。現又據該夷人差人遞字，求由葉爾羌一帶行走，赴布噶爾等處貿易，且稱從前曾有該國夷人，到過葉爾羌地方，聯名出具保結作證，查詢並無其事，現擬仍行駁斥等語。布噶爾等處地方，從無與嘆咭唎夷人交通貿易之事，武隆阿等所辦甚是。其所擬駁諭一件，及代阿奇木伯克邁瑪薩依特等擬成回諭二件，朕俱已閲覽，批改數處發給，著武隆阿等即遵照繙譯各諭，交差來夷人齎回。該夷等求向内地行走之處，斷不可行。武隆阿等惟當督飭各卡倫官兵小心防範，嚴密稽查，勿令潛入内地，以靖邊圉。

癸酉，諭：盧坤奏，文縣地方地震，摇塌房屋七十餘間，壓斃男婦二十名口、過客三名，受傷男婦二十餘名口等語。覽奏深爲可憫。該藩司現已委員查勘，分别撫卹，捐資辦理，第恐被災人民或致失所。著再行確查，如有應行動項接濟之處，即據實奏明辦理。

《宣宗實録》卷三五　五月甲戌，以翰林院編修周祖培爲雲南鄉試正考官，工部主事朱壬林爲副考官；翰林院編修姜堅爲貴州鄉試正考官，刑部員外郎光聰諧爲副考官。

丙子，諭軍機大臣等：前因御史陳鴻條奏請修營田水利，交軍機大臣等議覆，請於北省多闢水田，兼收南方秔稻之利。當經降旨，令直隸總督委員相度各河淀水勢，倣照雍正年間成規，設法經理並多方勸導。迄今已越年餘，該省現已查辦若干處，是否著有成效，朕聞直隸沿海曠地，豐潤、寶坻、天津等處窪地，可倣南方開爲水田栽稻，一二年後即可漸成肥沃。著顔檢飭委妥員查勘該地方情形，如可興修水田，實於民生有裨，即行據實奏明辦理。

己卯，諭内閣：内外臣工陳奏事件，原不應有副封關會，該管衙門自嘉慶四年欽奉聖諭飭禁之後，各省督撫提鎮等，俱各懔遵，將另咨軍機處副封奏底，悉行禁革。乃理藩院衙門，向有新疆西北兩路將軍、都統大臣，及駐藏大臣等，將奏事摺底，另用副封關會者，至今尚未裁革，殊屬非是。著再通行曉諭該將軍都統大臣等，嗣後陳奏之事，除審案供招，應咨該衙門查覈外，概不准以副封摺底仍前關會，儻不祗遵，理藩院堂官即據實參奏，將關會之員交部議處。

庚辰，予故四川布政使前任梁山縣知縣方積入祀名宦祠，從總督蔣攸銛請也。

壬午，以浙江布政使阿霖爲江西巡撫，降補六部主事前任山西巡撫成格爲浙江布政使。

科布多參贊大臣富和緣事革職，以吐魯番領隊大臣那彦寶爲科布多參贊大臣，哈密幫辦大臣長慶署吐魯番領隊大臣。

以勦捕番賊功，予提督齊慎優敘西寧辦事大臣。

甲申，諭内閣：大學士、軍機大臣，會同九卿覈議具奏，倉場盤查利弊章程一摺。倉儲爲天庾重地，欲杜虧那，立法必臻妥善。大學士等議請隨時派員抽查，不爲無見。朕思剔奸釐弊之法，總須按照倉廒實貯清册，逐廒查驗見底，俾

新陳不能牽混，難於掩飾，自不如以放代盤，事歸簡易。仍照户部原議，自本年七月爲始，務使盤放之三倉陳米顆粒不存。驗明，再進新糧，以後挨次盤放，遞至三年，即可全竣。果能實力奉行，不特目前那移可杜，即後進新糧，册檔可稽，衆目共覩，如有虧缺，責有攸歸。如此立定章程，於倉儲實有裨益。

調刑部右侍郎張映漢爲倉場侍郎，以兵部右侍郎陸以莊署刑部右侍郎。

乙酉，又諭：文幹等奏請派達賴喇嘛呼畢勒罕之師傅一摺。著照所請，准其以噶勒丹錫呼圖薩瑪第巴克什，作爲達賴喇嘛呼畢勒罕之正師傅；以噶勒丹舊池巴阿旺念札，及榮增班第達嘉木巴勒伊什丹貝嘉木磋二人作爲副師傅，俾令傳習經典。

丁亥，諭内閣：刑部奏，酌議風水重地，青椿外官山界内盗伐樹株，及弁兵疏防賄縱罪名各條。官山界址，道里遠近不同，自應倣照白椿青椿舊制，立定界限，俾附近居民不致再有誤犯。至弁兵專司防守，亦宜明定科條。

以刑部左侍郎、鑲黄旗滿洲副都統廉善爲熱河都統，調禮部左侍郎玉麟爲刑部左侍郎，轉禮部右侍郎明志爲左侍郎，調盛京工部侍郎齡椿爲禮部右侍郎，以都察院左副都御史齊布森爲盛京工部侍郎，兼管奉天府府尹事。

《宣宗實録》卷三六　己丑，閩浙總督慶保等奏，浙江省歷久封禁之南田地方，擬專委大員，選帶員弁周歷查勘，酌覈辦理。得旨：此係必應辦理之事，查覆後悉心妥議，務期經久無弊，方爲至善。

庚寅，以翰林院編修祁寯藻爲廣東鄉試正考官，吏部主事程德潤爲副考官；兵科給事中許乃濟爲廣西鄉試正考官，翰林院編修陳澐爲副考官；侍講學士沈維鐈爲福建鄉試正考官，編修周之楨爲副考官。

癸巳，又諭：兵部議處徐錕率行奏添養育兵，請照妄行條奏例，降一級調用。著該部照例註册。

甲午，以大學士托津爲閱兵大臣，工部尚書文孚管總理行營大臣事。

丁酉，定三旗侍衛鑾儀衛章京輪用營員例。

戊戌，諭：嵩孚奏參，拏獲鴉片希圖變賣分肥之千總等，請旨分别革職解任一摺。碣石鎮右營千總黄成鳳，在洋盤獲鴉片，輒將人船縱放，商同署守備曾振高希圖變賣分肥，實屬膽玩卑污。黄成鳳、曾振高俱著革職。

其另片奏稱，督飭員弁查禁紋銀出洋，及嚴禁鴉片進口，並密訪海關收受黑烟重税各條，所奏甚是。該督等惟當實力奉行，不得徒託空言，日久生懈，終致有名無實也。

以欽差工部尚書文孚署陝西巡撫。

以山東布政使程祖洛爲陝西巡撫，湖北按察使陸言爲山東布政使，陝西按察使誠端爲江西布政使，調山西按察使常文爲陝西按察使。

己亥，兵部奏陵寢禁地盗樹處分。

命詹事府少詹事白鎔提督廣東學政。

調直隸按察使常德爲山西按察使，以廣東鹽運使盧元偉爲直隸按察使，調廣東按察使黄鳴傑爲湖北按察使，以廣東督糧道李澐爲廣東按察使。

辛丑，以翰林院編修李浩爲湖南鄉試正考官，内閣中書裴鑑爲副考官；翰林院編修張岳崧爲四川鄉試正考官，沈巍皆爲副考官。

《東華續録》道光五　河南漳河決。

壬寅，停止巡漕御史。

《宣宗實録》卷三七　六月甲辰，諭：御史尹濟源奏請飭拏訟棍一摺，所奏是。各省訟棍，潛匿京師招摇生事，恃有蠹役奸胥通同容隱，以致京控案件日多，不可不嚴拏懲辦。著步軍統領、順天府、五城選派明幹員弁，密行察訪，將積慣訟棍上緊緝拏，究明何處窩頓，一併按律處治，以清訟源。

丙午，諭内閣：姚文田奏，教官鄉試請仍照例考送一摺。教官願就本省鄉試者，例應與生員一同考送，嗣後無論候補現任，著仍由學政普律考送，以歸畫一。

諭：刑部奏，酌議煤窑鍋伙章程。著直隸總督派員前赴西山一帶查勘共有煤窑若干處，有無關門連夏鍋伙，嚴申例禁，妥爲辦理。

己酉，命户部左侍郎果齊斯歡爲國史館清文總校官。

辛亥，新授長蘆鹽政延豐以病解任，命福森仍爲長蘆鹽政。

《東華續録》道光五　壬子，定漢軍親老人員改近終養例。

《宣宗實録》卷三七　癸丑，以大學士戴均元管刑部事。

甲寅，又諭：御史梁中靖奏請除五城捕役繳票積弊一摺。刑部各司現審案内有應緝之犯，票傳五城捕役緝拏，其有無緝獲，向由該捕役自行赴部呈繳。兹據該御史奏稱，刑部書吏往往刁難勒索錢文，以致捕役守候需時，實屬大干法禁。嗣後五城有應繳刑部之票，著該巡城御史查明咨送刑部，不准由該部書吏經手，以杜弊端而重捕務。

丁巳，以工部右侍郎顧皋爲浙江鄉試正考官，翰林院編修陳鑾爲副考官；禮部左侍郎李宗昉爲江西鄉試正考官，翰林院編修祝慶蕃爲副考官；內閣侍讀聞人熙爲湖北鄉試正考官，刑部主事趙炳言爲副考官。

戊午，以兵部左侍郎顧德慶署工部右侍郎，兼管錢法堂事務。

己未，以户部尚書英和署吏部尚書，都察院左都御史那清安署刑部尚書，理藩院尚書禧恩署兵部尚書。

命刑部右侍郎海齡專辦鑲黃旗蒙古副都統事，以貴州巡撫明山爲刑部右侍郎。

調廣東巡撫嵩孚爲貴州巡撫，以河南布政使羅含章爲廣東巡撫，調廣東布政使陳中孚爲河南布政使，以湖南按察使蘇明阿爲廣東布政使，山東兖沂曹濟道訥爾經額爲湖南按察使。

庚申，以户部尚書英和署翰林院掌院學士。

壬戌，以協辦大學士、陝甘總督長齡爲閱兵大臣，肅親王敬敏署鑲黃旗蒙古都統，以署鑲藍旗蒙古都統綿志署正黃旗領侍衛內大臣，貝勒奕紹爲總理行營大臣。

《東華續録》道光五　甲子，申禁直省各衙門額外增置書役。

丁卯，定誣竊致死治罪例。

《宣宗實録》卷三七　以山東道御史吴傑爲陝甘鄉試正考官，翰林院修撰陳繼昌爲副考官；户部右侍郎穆彰阿爲江南鄉試正考官，翰林院編修徐士芬爲副考官。

戊辰，命協辦大學士長齡爲大學士，兼管理藩院事，户部尚書英和協辦大學士。調工部尚書文孚爲吏部尚書，理藩院尚書禧恩爲工部尚書，仍署理藩院尚書。以都察院左都御史那清安爲兵部尚書，兼署刑部尚書，刑部左侍郎玉麟爲都察院左都御史，未到任前以户部左侍郎果齊斯歡兼署。轉刑部右侍郎明山爲左侍郎，以署吏部右侍郎恩銘爲刑部右侍郎，賞還二品頂帶。調工部右侍郎裕恩爲吏部右侍郎，禮部右侍郎齡椿爲工部右侍郎，兼管錢法堂事務，理藩院侍郎博啓圖爲禮部右侍郎，鑲黃旗蒙古副都統海齡爲理藩院侍郎，以兵部右侍郎常英署户部右侍郎，兼管錢法堂事務。

以太常寺卿長旺、順天府府尹申啓賢監臨順天鄉試。

己巳，以吉林將軍富俊爲理藩院尚書，調黑龍江將軍松箖爲吉林將軍，以烏嚕木齊都統德英阿爲黑龍江將軍，正紅旗漢軍副都統英惠爲烏嚕木齊都統。

《宣宗實録》卷三八　七月癸酉，諭內閣：松廷奏請將訪出幼孩二名咨行西藏入瓶掣籤，擬定棟廓爾呼圖克圖之呼畢勒罕請旨一摺。著照松廷所奏，棟廓爾呼圖克圖之徒弟商卓特巴喇嘛楚圖木吹木丕勒等，訪出番族達什車凌之子名濟爾噶勒，民人王志之子名桑濟扎布，咨行駐藏大臣眼同達賴喇嘛，入於大昭所供之金奔巴瓶內，掣出一人作爲棟廓爾呼圖克圖之呼畢勒罕。

《東華續録》道光六　丁丑，命琦善治衛河，姚祖同治漳河。

《宣宗實録》卷三八　庚辰，以陝西道御史楊希銓爲河南鄉試正考官，翰林院編修許乃普爲副考官；國子監祭酒何淩漢爲山東鄉試正考官，翰林院編修牛鑑爲副考官；山西道御史龔綬爲山西鄉試正考官；翰林院編修吴文鎔爲副考官。

甲申，河南巡撫姚祖同緣事解任，調陝西巡撫程祖洛爲河南巡撫，以江寧布政使程國仁爲陝西巡撫，四川按察使戴三錫爲江寧布政使，雲南迤南道魏元烺爲四川按察使。

以都察院左都御史王鼎暫署河南巡撫。

乙酉，命嗣後現任官員不准加捐職銜。著爲例。

丙戌，諭軍機大臣等：本日都察院奏，廣東新安縣民人黃奕通，呈控洋商故縱夷匪，兩命莫償一案。已明降諭旨，交阮元審辦矣。此案前據該督奏稱，上年十一月，嘆咭唎國護貨兵船停泊外洋伶仃山，夷人赴山汲水，與民人鬬毆，互有傷斃，因兇夷駛逸，飭令該國王按名查出，附船解粤，聽候究辦。今黃奕通復以夷人上岸打水盜穵番薯，挾村人斥逐之嫌，即於次日統兵百餘人持械擄掠，又用大礮轟擊。黃奕明、池大河身死，合村房屋都被打毁，搶奪衣物計贓一萬餘兩。禀經該縣知縣准報人命，不准報擄搶等情具控。該督前奏摺內，均未將此等情節詳細聲敘，是否該民人架詞捏控，抑竟係該縣有意消弭，與該商等朦混禀詳。著該督即行確查，據實明白覆奏。

辛卯，更正關税賠項例。户部奏，管關月日，久暫不同。乾隆年間奏定處分則例徵收關税，扣足一年爲滿，其管至一年零數月者，將一年奏報，其零月歸於下屆，俟扣足一年匯奏。如接任之員，業經出結，不得復將短少緣由，推諉前任。迨後辦理賠項，亦按照處分之例，遂將前任短少，歸於後任，究屬失平。請仍照各按各任月日，計成覈算。從之。

壬辰，增減吏部則例。

以吏部尚書文孚兼總管内務府大臣。

甲午，賑直隸霸、文安【略】二十一州縣被水災民。

丙申，諭：慶保等奏，閩洋米艇船隻，緝捕未能得力，請分別裁汰改造一摺。

戊戌，諭内閣：御史宋其沅奏，請革除賑弊。所奏甚是。各直省偶遇偏災，一經該督撫等奏報，朕無不立沛恩施，無如地方官並不認真經理，以致積弊叢生。

以候補人員壅滯，命改癸未科大挑於丙戌科會試後舉行。

己亥，諭貴州巡撫嵩孚：據御史陶廷杰奏，黔省拐匪，大爲民害，聲敘甚屬明晰，必應嚴行懲辦，以靖閭閻。

庚子，諭内閣：孫玉庭等奏，宣洩黄水，大隄穩固，及閘河埝工，長水漫缺情形一摺。

辛丑，直隸總督顔檢奏，守護後龍風水青椿以外樹株，嚴飭文武員弁會同稽查辦理緣由。得旨：隨時認真稽查，斷不可日久生懈。

《宣宗實録》卷三九　八月丙午，諭：王鼎奏，據正陽縣知縣等查驗頓家岡地方，於朱麻子住房内搜出桿子槍，並經卷、白布帽、白布馬褂等物，拏獲楊得元等六名，續獲楊灼等六名。又安徽潁州府訊據朱麻子供稱，起意興立邪教，於七月十三日起事，欲從潁州蔓延至宿州、亳州等處。又據新蔡縣録送阜陽縣移開，七月十三日，係阜陽人邢名章，糾同王興仁等，潛赴朱麻子家興復白蓮教，屯聚阜陽縣岳家寨，當經勦捕撲滅等語。著程祖洛嚴行根究，此外伏匿夥黨，共有若干，並將供出各犯按名查拏搜浄根株，毋使一名漏網，以靖地方。

丁未，以户部尚書黄鉞爲順天鄉試正考官，刑部右侍郎恩銘、左侍郎韓文綺爲副考官。

以禮部尚書汪廷珍署户部尚書，吏部左侍郎王引之署刑部左侍郎。

命雲貴總督史致光來京，以刑部左侍郎明山爲雲貴總督。

修湖北江陵縣倉廒，從巡撫楊懋恬請也。

戊申，命閩浙總督慶保來京，以廣西巡撫趙慎畛爲閩浙總督，甘肅布政使盧坤爲廣西巡撫，浙江按察使朱桂楨爲甘肅布政使，調福建按察使吴榮光爲浙江按察使，以江西督糧道蘇成額爲福建按察使。

以内閣學士敬徵署刑部左侍郎。

調兵部右侍郎陸以莊爲刑部右侍郎，以内閣學士朱士彦爲兵部右侍郎。

庚戌，又諭：定例各衙門書役人等，於役滿後不准復充，原以杜積蠹把持之弊，無如奉行不力。近來各處吏役，往往於滿役後，改名復充，甚至暗中盤踞，任意舞弊。即如興平倉已滿花户劉瑞，因希圖指借公事，開銷官錢，輒進倉幫同身後辦事，隨將官錢侵蝕情節，實爲可惡。嗣後著倉場侍郎督同各監督等，隨時認真稽察，役滿者即照例飭令退役，毋許逗留。

丙辰，又諭：前據曾燠奏，淮北行鹽，請復三併引舊章，當交户部覈議具奏。兹據查明，淮北行鹽章程，從前本係三引併爲一包。嘉慶二十五年，改作兩引併爲一包。該鹽政因行之年餘，商力益疲，請仍復舊章，係爲恤商節費起見。自應量爲變通，所請三引併作一包行運之處，著照所議辦理。

《宣宗實録》卷四〇　丁巳，諭内閣：各省庫貯銀兩，遇有動撥之款，均應隨時報部，俾有稽覈。

戊午，命本年武殿試改於十月初一日以次舉行。

庚申，順天府以宗室鄉試中額請。得旨：取中八名。

壬戌，諭軍機大臣等：本日據那彦成奏，查西安省城自七月二十八日以後，陰雨連綿，十餘日未見開霽。南山各州縣所種包穀，一經久雨，子粒青空，收成歉薄。木廂等處工作游民，恐因糧貴失業滋事，現在委派員弁分投確看，酌借資本，仍令安業等語。所奏是。

《東華續録》道光六　丁卯，河南沁河溢，命程祖洛勘辦。

《宣宗實録》卷四〇　〔戊辰〕諭：御史郭泰成奏，請疏通河渠以工代賑一摺。據稱直隸入夏以來，大雨時行，田禾被淹，由河渠淤淺，水無所歸【略】今歲直隸一百四十三州縣被水者有八十州縣之多。

庚午，諭内閣：糜奇瑜奏，查辦黔省倉儲情形一摺。

撥廣東、江西解部銀各十萬兩，截留直隸，以備賑需。

《宣宗實録》卷四一　九月壬申，諭軍機大臣等：孫玉庭等奏報，根究教匪餘黨，督飭查拏，以靖地方一摺。此次安徽阜、潁地方，教匪由豫竄入滋事。孫玉庭等飛飭文武各員弁，勦捕妥速，前屢經降旨，令其飭屬提訊現獲各犯，根究餘黨，悉數搜捡。

甲戌，撥通倉米十萬石，賑直隸被水州縣災民。

乙亥，諭軍機大臣等：御史程喬采奏，豫省教匪朱麻子等，由新蔡糾衆竄入阜陽滋事，若非潁屬匪徒勾結，該犯等何敢輕入其鄉。查潁州强悍成風，爲匪黨逋逃淵藪，向有捻匪私梟，雖非習教傳徒，聲勢最易聯絡。風聞艾亭集在阜陽縣西南，距城一百六十里，捻匪最多，即朱麻子等犯竄匿之所。艾亭集北十五里有馬家店，爲馬姓盤踞之區，素不安分。盜首馬皮顯，即馬二，係該處捻頭，夥黨殆難數計【略】著孫玉庭、孫爾準、程祖洛嚴飭地方官，不分畛域，密速按名掩捕，毋任遠颺漏網。仍須不動聲色，不可稍涉張皇，别滋事端，總期匪徒浄盡，大夥悉就殲除。

以詹事府詹事史致儼爲内閣學士，兼禮部侍郎銜。

己卯，調四川布政使張志緒爲江寧布政使，江寧布政使戴三錫爲四川布政使。

添建陝西榆林府盈樂倉廒二座，從署巡撫那彦成請也。

庚辰，以廣東雷州、瓊州、高州、廉州、潮州五府所屬州縣，距省較遠，命嗣後遣軍流徒人犯，由各該管巡道就近審轉，限期處分，如臬司例。從總督阮元請也。

壬午，以兵部右侍郎朱士彦知武舉，户部右侍郎湯金釗爲武會試正考官，刑部右侍郎陸以莊爲副考官。

甲申，山西巡撫邱樹棠奏，請暫停山西寶晋局鼓鑄。從之。

乙酉，諭内閣：軍機大臣會同户部議覆給事中王家相條奏，五城散給棉襖，易錢分賞，並減價糶賣土米章程。每年冬間，五城散賞棉衣，額少人多，貧民未能周徧。著照所議，即將應用製備棉襖生息銀三千六百兩，由内務府咨交五城巡城科道，嚴飭司坊官，詳查人數，照市價易錢，按大口小口分别散給，毋許軍民閒雜，有業之户，混迹冒領。嗣後即責成巡城科道督率司坊官，嚴定章程。

丁亥，諭内閣：給事中王松年奏，請慎選闈中謄録，並同考官隨薦加批一摺。春秋闈試爲掄才大典，自應倍加詳慎，以肅功令。闈中謄録一項，向係順天直隸各州縣，照例於書吏内選送，因日久視爲具文，每將不能書寫之人，率行充數，以致硃卷字畫模糊，難於校閲。嗣後著順天府、直隸總督嚴飭各州縣，務須遴選正身書吏，充當謄録。

直隸布政使鄭裕國年老休致，調山東布政使陸言爲直隸布政使，以山東按察使楊健爲布政使，調直隸按察使盧元偉爲山東按察使，以山東督糧道福綿爲直隸按察使。

戊子，以大學士托津爲滿洲繙譯鄉試正考官，工部右侍郎齡椿爲副考官。

己丑，兩廣總督阮元奏，遵查新安縣民黄奕明、池大河被嘆咭唎國夷人致傷身死一案。因嘆咭唎國夷兵，赴島汲水，將黄奕明等田薯取食，黄奕明等向奪，致相争毆，夷人被傷跑回。越日，夷人復趕往黄奕明等住處，砍碎門扇，彼此互鬭。夷人施放鳥槍，黄奕明與其女壻池大河均被傷身死。其受傷夷兵，於跑回時因見黄奕明等多人追逐近船，曾於上船後點放一礮嚇唬，並未傷人，亦未毁擊村屋。至黄奕通所控，擄搶計贜一萬餘兩一節，查黄奕通兄弟等種薯爲食，安有萬餘金之物被夷人擄掠？且案經提省審訊，均未供及被搶情由。即黄奕通呈控詞内，並無毁打合村房屋，及擄搶衣物萬餘兩之語。

庚寅，以四川總督蔣攸銛署刑部尚書，命來京供職。調湖廣總督陳若霖爲四川總督，漕運總督李鴻賓爲湖廣總督，以江蘇巡撫魏元煜爲漕運總督，刑部左侍郎韓文綺爲江蘇巡撫，吏部左侍郎王引之署刑部左侍郎。

辛卯，命撥湖北襄陽、鄖陽兩府入官叛産租息爲書院膏火。

舉行本年軍政。步軍巡捕五營，卓異官三員、才力不及官一員、年力就衰官一員，分别議敘處分如例。

癸巳，命福建布政使徐炘來京，調雲南布政使誠端爲福建布政使，以江西按察使史譜爲雲南布政使，調四川按察使魏元烺爲江西按察使，福建按察使蘇成額爲四川按察使，以山西冀寧道邱明泰爲福建按察使。

丙申，刑部等衙門議奏懲辦械鬭章程。

《東華續録》道光六 戊戌，申禁生監包漕。

《宣宗實録》卷四一 庚子，諭：孫玉庭奏，緝獲私販多起，分飭審明究辦一摺。江省多有夾帶私鹽，販至沿江銷賣者，前經孫玉庭等派員於沿河隘口嚴密巡查，以杜透漏。

轉刑部右侍郎陸以莊爲左侍郎，以陝西巡撫程國仁爲刑部右侍郎，調廣西巡撫盧坤爲陝西巡撫，以浙江布政使成格爲廣西巡撫，山西按察使常德爲浙江布政使，江南鹽法道齡住爲山西按察使。

《宣宗實録》卷四二 十月壬寅，頒道光三年時憲書。

試中式武舉程三光等五十五名於太和殿前。

《東華續録》道光六　乙巳，賜張雲亭等五十五人武進士及第、出身有差。

《宣宗實録》卷四二　丙午，又諭：程祖洛奏，河南項城縣貢生應含章之母張氏，現年百歲，四世同堂，請旌一摺。已批交部議奏矣。向例各省壽民壽婦，均係具題，該撫專摺入奏，殊屬不合。著仍照例題報，無得率行奏請。程祖洛著傳旨申飭。

長蘆鹽政阿爾邦阿奏，本年雨水較多，商運鹽引滯銷，請緩繳殘票殘引。從之。

賑安徽宿州被水災民。

緩徵河南儀封、陳留【略】二十三廳縣被水村莊新舊額賦。

緩徵山東濮、博平【略】四十六州縣，德州、東昌、臨清、濟寧四衛被水被蟲村莊新舊額賦，及各項銀穀，並給濮、博平、恩、利津、蒲臺五州縣災民一月口糧，坍塌房屋修費，免本年額賦十分之一。

己酉，諭内閣：禮部題請於冬至次日行慶賀禮。本年十月二十五日，始滿二十七月服制。朕甫經釋服，若於冬至次日御殿受賀，爲時甚近，朕心實有不安。所有本年冬至行禮，著即停止，於明歲照例舉行。

諭軍機大臣等：那彦成奏，確查青海現在情形，並酌安卡隘，嚴拏漢奸一摺。【略】那彦成所奏，乃正本清源之道，然必須辦理周妥，計出萬全，以期一勞永逸，不可稍有疏失。

實授那彦成陝甘總督，蔣攸銛刑部尚書，以協辦大學士英和兼翰林院掌院學士。

兵部左侍郎常福因病解任，以户部左侍郎果齊斯歡署兵部左侍郎。

湖南布政使錢臻以年老休致，調山西布政使戴敦元爲湖南布政使，以前任西寧辦事大臣廉敬爲山西布政使。

庚戌，諭内閣：御史宗文銓奏，請革除部費名目一摺。所奏是。六部綜理各省事件，應准應駁，自有定例，原不許私自關通。若該督撫任聽所屬，向部中書吏，賄託營求，成何政體。【略】著通諭各直省督撫查明所屬，如有倡爲部費名目者，即指名參奏，並根究京中賄託何人，一併從嚴懲辦。【略】一切部費名目，概行禁革，以除積習而飭官方。

壬子，以協辦大學士、翰林院掌院學士英和充日講起居注官。

甲寅，加築黃河兩岸隄堰，並修上河廳屬通濟閘。從河東河道總督嚴烺請也。

乙卯，上以三年服闋行釋服禮，奉皇太后啓鑾恭謁昌陵。

以刑部右侍郎程國仁爲順天武鄉試正考官，内閣學士史致儼爲副考官。

《宣宗實録》卷四三　丁巳，命嗣後正月初一日、四月初八日、八月初十日、十月二十五日，各寺廟均著停止獻戲。

壬戌，轉刑部右侍郎恩銘爲左侍郎，以署工部右侍郎奎照爲刑部右侍郎，署刑部左侍郎敬徵爲工部右侍郎兼管錢法堂事務。

癸亥，上奉皇太后還宫。

《東華續録》道光六　甲子，申禁收漕州縣書役侵漁各弊，並禁漕總名目。

《宣宗實録》卷四三　乙丑，又諭：曾燠奏，查明運庫懸墊各款，請先行清理著追一摺。兩淮運庫節年懸墊各款，因餉多事繁，尚未歸補銀二百餘萬兩。此外淮南北銃引各案，正雜錢糧分賠分帶及當年應用外支雜項等款，共借墊至九百餘萬之多，以致應解户部内務府各處，及京外各帑利鹽規匣費並生息等項，皆成懸宕。著該鹽政即行覈實著追，以清解款。惟現在各商辦運竭蹷，所有甲申綱以後捐帶解借各款，勢難同時措繳，著准其次第清理，仍分限先後按引勒追，無致日久虛懸，以重庫貯。

丙寅，修浙江省會城垣，從巡撫帥承瀛請也。

丁卯，諭軍機大臣等：阮元奏，廣東省新城西門外，於九月十八日亥刻，店鋪失火，因風大火猛，至十九日亥刻始熄，延燒千餘家，現在飭查撫卹等語。

以翰林院侍讀學士朱方增署日講起居注官。

己巳，諭内閣：御史馬步蟾奏，嚴查柵欄啓閉一摺。京城内外街道設立柵欄，暮閉晨開，盤查形跡可疑之人，其有公務急速等事，仍即時放行，立法至爲周備。現當一律修整之後，著步軍統領衙門，嚴飭堆撥兵役，並該地方司坊等官，認真稽查，按時啓閉。如有脫損，立即修補，毋得堆積泥穢，致滋斷朽。

又諭：本日朝審勾到刑部將逆犯林清滋事案内，董幗太等六名，請照原擬凌遲處死，本屬法無可寬，惟董幗太一犯，前因監禁質對，將逆犯指認多名，著從寬改爲絞決。劉輩兒、劉喜兒、宋玉林、劉興庭、王四即王庭瑞，俱已監禁多年，亦著從寬改爲斬決，以示朕法外施仁至意。

《宣宗實録》卷四四　十一月辛未，賞順天等省鄉試年老諸生鄒廷顯等二十五名舉人副榜有差。

《東華續録》道光六　壬申，定恩封王公等佐領額數。

《宣宗實録》卷四四　辛巳，諭：文幹奏，查明後藏定琫，私頂冒充情弊，請將該管戴琫及兼管營弁，分别降補議處等語。前後藏設立如琫甲琫定琫各弁，遇有缺出，向由駐藏大臣考驗補放。兹查明該管定琫，私頂執照冒充，除將頂冒之定琫追繳執照，責革示懲外，所有該管戴琫普布策忍汪甲，俱著降補甲琫，以示懲儆。兼管之駐防後藏四川瀘州營都司周履鑑，升任遊擊前駐防後藏都司盧全孝，漫無覺察，俱著交兵部議處。其戴琫二缺，著文幹等揀選合例番弁，奏請補放。

《東華續録》道光六　壬午，申諭各督撫，毋得勒令州縣接收虧空，代爲彌補。

《宣宗實録》卷四四　癸未，諭内閣：顔檢奏，各鎮應值年班，可否飭令進京叩賀一摺。向來每遇元旦，直隸各鎮同密雲副都統，輪派二人，於封印後來京作爲年班。惟念該總兵等俱有彈壓地方之責，著自本年爲始，所有大名、正定、宣化三鎮，及密雲副都統每歲輪班來京祝賀之處，永遠停止。

撫卹廣東省城火災貧民、蛋户。

乙酉，以都察院左都御史玉麟爲禮部尚書，鑲白旗蒙古都統慶保爲都察院左都御史。

《宣宗實録》卷四五　丙戌，命大學士長齡爲正使，協辦大學士户部尚書英和爲副使，持節齎册寶，册立繼妃佟佳氏爲皇后。

丁亥，皇太后御慈寧宫升座，上率王公大臣官員等行慶賀禮。

以册立皇后禮成，頒詔天下。

庚寅，諭内閣：御史程邦憲奏五城米價騰貴，請申嚴例禁以平市價一摺。京師五城地方於本年七八月以後，各項糧價加增，或因近京各州縣被潦歉收，亦不應較前翔湧，幾至加倍。自因奸商囤積過多，高擡時價，各門疏於防範，即私行販運牟利居奇，不可不嚴申例禁。

辛卯，又諭：元旦令節，萬壽慶辰，王大臣等呈遞如意，藉伸頌祝，應示以限制。自明歲元旦爲始，親王、郡王，無論内廷外廷行走，俱准呈遞；貝勒、貝子、公，惟内廷行走者准其呈遞；軍機大臣、内務府大臣，無論品級俱准呈遞；南書房翰林，惟一二品大員准其呈遞，其三品以下翰林遇萬壽大慶之年准其呈遞；上書房行走總師傅、師傅遇萬壽大慶之年亦准其呈遞，其餘年分概不准呈遞；大學士、尚書、領侍衛内大臣，俱准呈遞；都統在内廷行走者方准呈遞；侍郎、副都統俱不准呈遞；御前侍衛一品者准其呈遞；乾清門侍衛概不准呈遞；年班來京文武大員亦惟一品者方准呈遞。著通行曉諭，其各恪遵毋違。

移建湖南省城城南書院，並頒給御書扁額曰「麗澤風長」，從巡撫左輔請也。

丙申，以加上恭慈康豫皇太后徽號，遣官告祭天、地、太廟、社稷。

丁酉，恭上皇太后徽號册寶。

諭内閣：楊懋恬奏，拏獲妄指教匪讎殺良民多命之逸犯，審明辦理一摺。此案均州逸犯向志恆，圖分財産，聽從向志榮，殺害良民左明倫等家一十八命，逃匿在外二十餘年。兹經該撫嚴飭各屬編查保甲，適該犯行至均州與鄖西縣交界地方，即被該州盤獲審明正法，仍傳首犯事地方示衆，所辦甚是。可見編查保甲辦理認真，甚屬可嘉。

諭軍機大臣等：孫玉庭奏緝獲洋盗多名，究出積年盗首潛逃浙省，現在跟拏咨緝一摺。江蘇海洋遼闊，經孫玉庭督飭文武拏獲洋盗及販私各犯共八十餘名，起獲大小匪船十隻，槍礮刀矛器械及火藥等項數十餘件，辦理甚好，可嘉之至。

戊戌，以加上恭慈康豫皇太后徽號，上御太和殿，王公大臣文武官員行慶賀禮。禮成，頒詔天下。

庚子，命和闐辦事大臣文弼來京，調喀什噶爾參贊大臣秀堃爲和闐辦事大臣，賞前任伊犂領隊大臣布彦泰頭等侍衛，爲喀什噶爾參贊大臣。

《宣宗實録》卷四六　十二月壬寅，工部議准前任陝甘總督長齡疏請開採甘肅安西州普城山鉛廠，以備軍儲。從之。

以磺斤足敷儲備，封閉甘肅玉門縣牛尾山磺廠。從總督那彦成請也。

癸卯，加築黄河兩岸隄工，並重建祥符、五瑞二閘，昭關壩、義字河頭石壩。從協辦大學士總督孫玉庭請也。

甲辰，禮部奏，明年元旦舉行慶賀筵宴，謹遵會典成案，酌議與宴章程。

添設雲南白馬河防汛一所，並猛連、拉古、魚麽、官房四塘，撥楚雄協外委一員、兵三十名分駐；江頭、苴卻、者車三塘，撥大姚縣兵九名分駐。從總督史致光請也。

撥黑龍江呼蘭地方倉穀二萬五千石，運至齊齊哈爾城，存貯備用。

《東華續録》道光六　乙巳，諭各督撫，慎覈州縣，不得率請改教。

《宣宗實録》卷四六　戊申，又諭：御史尹佩棻奏，請嚴禁私食鴉片煙。辛亥，粤海關監督達三奏謝留任恩。得旨：税課豐盈，固是職守當然，然查禁鴉片，尤是洋口要務。果能實力禁絶，能無偷漏包庇之弊，方爲不負委任。勉之。

壬子，諭内閣：阮元等奏，商夷被災，懇恩調劑一摺。廣東省城西關，本年九月内，不戒於火，延燒洋行夷館。據該督等查明被災情形較重，商夷拮据。所有粤海關本年徵收税銀，除出口餉銀，及各口徵銀，並船鈔銀兩，仍督飭徵齊解部外，其進口餉銀六十六萬四千四百兩零，若照例於滿關後徵齊起解，實屬力有不逮，著照所請，加恩將該夷人應交税銀十四萬二百四十三兩零，全行豁免，以示體恤。其該商等應交税銀五十二萬四千一百五十六兩零，著於明年先交銀二十六萬二千七十八兩零，所餘一半，自道光四年起，行館未燒、棧房被災者五家，分爲三限；其行館棧房俱被燒燬者六家，分爲五限，帶徵歸款，以紓商力。

賞江蘇等省鄉試年老諸生李步雲等二十六名舉人副榜有差。

癸丑，山東巡撫琦善丁憂，以布政使楊健護巡撫。

調廣東巡撫程含章爲山東巡撫，以兩廣總督阮元兼署廣東巡撫，河南布政使陳中孚爲廣東巡撫，雲南按察使楊國楨爲河南布政使，直隸清河道吳廷琛爲雲南按察使。

甲寅，諭内閣：本日大學士、軍機大臣會議給事中袁銑奏，嗣後遇有慶典請無議蠲一摺。【略】給事中袁銑言利亂政，妄更祖宗成憲，致朕於不仁不惠，是誠何心，豈可復任言官？著以六部主事降補。

《宣宗實録》卷四七　丙辰，調禮部左侍郎穆克登額爲户部左侍郎，轉禮部右侍郎博啓圖爲左侍郎，調理藩院右侍郎舒英爲禮部右侍郎，以内閣學士耆英爲理藩院右侍郎。

以禮部尚書汪廷珍管國子監事，刑部左侍郎恩銘管光禄寺事。

戊午，舉行本年軍政。盛京將軍所屬，卓異官五員，患病官一員，才力不及官一員。

庚申，定出口私販騙馬例。

乙丑，諭内閣：本月二十四日亥刻，内閣漢票籤處不戒於火，當經王大臣，及步軍統領衙門、内務府官員，督率兵丁撲救，刻即止熄。

丁卯，兩淮鹽政曾燠奏，津貼織造絲價，請於鹽務每綱按年籌解銀一萬二千兩。報聞。

己巳，福建巡撫葉世倬奏，臺灣艋舺營添撥水陸弁兵，應配軍裝礮械，請於鹽課盈餘銀内動支給製。從之。

道光三年（癸未、一八二三）

《東華續録》道光七　正月辛未，免莊郡王緜課、大學士托津等本任前任鐫級處分有差。

《宣宗實録》卷四八　癸酉，諭軍機大臣等：那彦成等奏，河北野番及察罕諾們汗全數回巢，並酌移河南四旗蒙古各一摺。青海黄河以北屢經番族占據，察罕諾們汗一旗，復勾結漢奸，夥同搶掠，經那彦成等設卡防堵，斷絶糧茶，並訪獲漢奸巨盜，及偷窆金沙各犯，分别懲治。現據察罕諾們汗稽顙乞命，所屬蒙番全數押回河南貴德原牧，各族野番，勢已窮蹙，自可寬其一線。惟河北不可復留野番一人，使漢奸蒙古無可假借，方爲正本清源之道。所有偷住河北之貴德循化各番族，共一萬七八千人，現已全數回巢。著該督等派委幹員，即將河南各族野番逐一編查，設立千户、百户等，分别管轄。仍各按户口，與蒙古一律易買糧茶，由各族千户就近代爲請票。如有爲匪不法，及偷渡河北之人，即不准請票易糧。並著於野番南渡時，查明本係何族，即交該族千百户遞管安插。各處渡口，分派把守，儻有一人私渡，即將該千百户一律治罪。

福建巡撫葉世倬年老休致，調安徽巡撫孫爾準爲福建巡撫，以安徽布政使陶澍爲巡撫，甘肅按察使徐承恩爲安徽布政使，浙江鹽運使蔡炯爲甘肅按察使。

丙子，展賑直隸霸、保安【略】三十六州縣上年被水災民，並緩徵開、元城、【略】五十五州縣歉收村莊本年額賦。

緩徵山東恩、夏津【略】六十六州縣，並德州、東昌、臨清、濟寧、東平五衛上年被水被雹被蟲災民新舊額賦，給恩、夏津、武城、范、濮、博平六州縣災民一月口糧。

丁丑，命江蘇按察使陳廷桂來京，以淮海道林則徐爲按察使。

戊寅，諭内閣：宗人府奏，遵旨加等嚴議惇親王，請革去王爵等語。惇親王於伊福晉乘轎徑由神武門中門行走，設法剖辨，巧爲脱卸，宗人府照違制革職例，議以革去王爵，實屬咎所應得。惟念惇親王究係甫經分府，諸未諳習，著加恩改爲罰親王俸五年，每年仍准支領一半，分作十年坐扣。

修浙江海鹽縣石塘。從巡撫帥承瀛請也。

己卯，又諭：孫玉庭奏，自陳年力較衰，請簡賢能，以重東南要任一摺。孫玉庭歷任封圻，經朕授爲協辦大學士，仍留兩江總督之任，雖年逾七旬，而精力未衰，正當爲國宣勤，永承眷注。茲該督奏精神漸不如前，每遇事亢，輒有遺忘，恐滋貽誤。一片公誠之意，朕已深悉，尚其益加懋勉，努力奉公，以副委任，所請不允，當體朕心。

《東華續録》道光七　壬午，上幸圓明園，奉皇太后居綺春園。

甲申，撥河南、山東漕十八萬石，備直隸省南賑需。

丙戌，陸以莊以病免，轉程國仁爲刑部左侍郎，以史致儼爲刑部右侍郎由內閣學士遷。

戊子，戴均元等會勘漳河，請仍濬舊河。允之。

《宣宗實録》卷四八　諭內閣：凡聘與蒙古額駙之宗室王公等之格格，定例過十年方許進京歸省，所定年限太多，著加恩嗣後聘與蒙古額駙之宗室格格等，毋庸拘十年之例，果有正事情願來京者，即報明理藩院，由該院察覈，如無捏報情節，即照所呈，准其進京。

庚寅，以四川成綿龍茂道裕泰爲湖南按察使。

甲午，諭：秦承業前經朕宣召來京，加以超擢，令仍在上書房行走。因伊老詩言語不謹，不能不治以應得之罪。朕睠懷舊學，秦承業究係上書房行走多年之人，此時年近八旬，著加恩賞還翰林院侍講學士銜，不必來京謝恩，以示體恤。

又諭：本年係應行查閱直隸、山西、陝西、甘肅、四川營伍之期，直隸著即派顏檢，山西著即派邱樹棠，陝西著即派盧坤，甘肅著即派那彥成，四川著即派陳若霖，逐一查閱，務各認真簡校。如查有訓練不精，軍實不齊者，即將廢弛之將弁據實劾參，毋得視爲具文。

乙未，命大學士長齡在軍機大臣上行走。

以前任雲貴總督史致光爲都察院左都御史，調刑部左侍郎恩銘爲兵部左侍郎，以署兵部左侍郎廉善爲刑部左侍郎。

以兵部左侍郎恩銘、工部右侍郎敬徵兼總管內務府大臣，命吏部尚書文孚毋庸兼管。

以翰林院編修鄂木順額充日講起居注官。

戊戌，以刑部左侍郎廉善爲國史館清文總校官。

《東華續録》道光七　庚子，申諭孫玉庭，嚴捕鹽梟。

《宣宗實録》卷四九　二月辛丑，諭內閣：國家定制，諸臣中有勤於王事，功在社稷者，列入祀典，用示酬勳，【略】大學士公阿桂【略】著配饗太廟，以示朕崇奬藎臣至意。

湖南巡撫左輔年老，命來京，調貴州巡撫嵩孚爲湖南巡撫，以刑部左侍郎程國仁爲貴州巡撫，湖南布政使戴敦元爲刑部左侍郎，貴州按察使景謙爲湖南布政使，調四川按察使蘇成額爲貴州按察使，湖南按察使裕泰爲四川按察使，以福建鹽法道王楚堂爲湖南按察使。

癸卯，命右春坊右中允程恩澤提督貴州學政。

甲辰，以通政使司副使特登額、頭等侍衛吉倫泰、候補內閣學士汪守和爲內閣學士兼禮部侍郎銜，國子監祭酒武忠額爲詹事府詹事。

丙午，諭軍機大臣等：朕御書「海表同文」扁額，賜朝鮮國王；「屏翰東南」扁額，賜琉球國王；「永奠海邦」扁額，賜暹羅國王。

戊申，命翰林院編修許乃普、田嵩年在南書房行走。

修湖北監利縣櫻桃垸，及荆門州沙洋隄工。從總督李鴻賓請也。

庚戌，班禪額爾德尼遣使呈進貢物，賜敕褒奬，賞賚如例。

命惇親王綿愷仍在內廷行走，並免前罰俸三年。

以詹事府詹事武忠額充日講起居注官。

《東華續録》道光七　辛亥，諭：禮部議覆通政司參議盧浙奏請以湯斌從祀文廟一摺。原任尚書湯斌，學術精醇。【略】著從祀文廟東廡，列於明臣羅欽順之次，以崇實學而闡幽光。

《宣宗實録》卷四九　乙卯，調河南按察使祥德爲貴州按察使，貴州按察使蘇成額爲河南按察使。

丙辰，以先賢言子後裔良愛，襲五經博士。

己未，濬直隸吳橋縣老黄河。從總督顏檢請也。

庚申，諭：葉世倬奏，籌議承修戰船章程一摺。閩省戰船駕廠本應隨時修理，近緣木料短少，未能剋期興辦，以致歷年積壓，自係實在情形。著照所請，准將福、泉、漳三廠應辦戰船，自道光二年正月爲始，按月修船一隻，遇閏多修一隻。其集成字號大船，以一隻抵修兩隻。至遭風擊碎補造之船，即著落奉到行知之員造補，不在額修之內。

壬戌，諭内閣：奉皇太后懿旨，和嬪晉封爲和妃，全嬪晉封爲全妃，祥貴人晉封爲祥嬪。所有應行事宜，著各該衙門察例具奏。

乙丑，諭内閣：嵩孚奏，籌議苗疆情形一摺。前據糜奇瑜條奏，黔省苗疆應辦事宜，經朕降旨，諭令嵩孚逐一體訪，悉心籌議。兹該撫將各款確覈情形，分別具奏，所有漢苗交涉田土事件，既係從前承買，相安已久，毋庸另立章程，致滋煩擾。如呈控典賣田産之事，該管官秉公訊斷，仍嚴禁漢民引誘侵欺。至科派夫役，向來役使苗民，擅動苗夫，本干例禁，嗣後該處一應差事，俱不准向苗寨籤派。儻兵役藉端擾纍，立即嚴懲究辦。其審斷詞訟限期，據稱定例已屬周密，若僅計離城遠近，限五日、十日、二十日審結，爲期太促，恐該州縣草率完事，轉啓訟端，殊不足以昭覈實。著仍照舊例行。

丙寅，達賴喇嘛之呼畢勒罕，遣使呈進貢物，賜敕褒奬，賞賚如例。

《宣宗實録》卷五〇　三月庚午，定商民與蒙古貿易章程。

壬申，貴州巡撫嵩孚議准御史陶廷杰奏請嚴禁黔省拐買婦女一摺。查黔省山多田少，民人日用維艱，婦女不習鍼黹，以致生計日窘，鬻賣與人。各省拐匪，前往夥買，藉此漁利，情殊可惡。現嚴飭地方官先後拏獲著名之官老二、官老三等，復剴切曉諭該處民人，務令婦女勤習女工，以固根本而免蕩析。報聞。

《東華續録》道光七　癸酉，堵築直隸文安縣屬漫口。

撥豫漕一萬石，發直隸霸州等六州縣平糶，並命保定等六縣平糶倉穀。

乙亥，上親耕耤田。

《宣宗實録》卷五〇　以大學士曹振鏞爲會試正考官，禮部尚書汪廷珍、吏部左侍郎王引之、户部右侍郎穆彰阿爲副考官。

戊寅，東省水患，年甚一年，總因大小河道無不淤塞之故。查上年被水者七十四州縣衛，以通省計之，三分滲二。總計五年之内，國家賑卹及蠲緩銀兩，已有二百餘萬，民間被淹糧食，更不知幾千萬石，必須早爲疏通。

刑部奏，請改男子拒姦殺人例，分別徒流，並絞候、斬候之犯，如無起釁別情，無論謀故鬬殺，均入緩決。從之。

《東華續録》道光七　辛巳，再撥南糧六萬石，及通倉米四萬石，發直隸霸州等州縣平糶。

《宣宗實録》卷五〇　壬午，伊犂將軍慶祥奏，伊犂歷次遣犯，人數衆多，漸形壅積，請量爲分撥，以肅邊地。下刑部議。尋議奏，遵照嘉慶十七年奏定章程，查明該犯等到配年分久暫，分別改發内地減流。報可。

癸未，兩廣總督阮元等奏，拏獲鴉片煙人犯。得旨：總要日久無懈，認真察查，勿被屬員商人朦混，方爲至善。

甲申，兩廣總督阮元奏，官員子孫，仰蒙予蔭，原係非常曠典，豈容漫無區別。查故閩安協副將張保，原係粤洋大盜，經官兵勦捕，於嘉慶十五年投誠。其子嗣若一體予蔭，殊不足以重名器，應請撤除。得旨：不必撤除蔭生，著賞給千總，毋庸送部引見。

丙戌，以翰林院侍講沈岐充日講起居注官。

己丑，停鑄湖北寶武局卯錢。

《東華續録》道光七　以山東濟甯等十九州縣糧價增昂，命平糶倉穀。

《宣宗實録》卷五〇　辛卯，以山西襄陵、太平【略】二十一廳州縣糧價增昂，命平糶倉穀，並緩買陽曲、太原【略】十三州縣節年借碾兵米。

甲午，上奉皇太后御演武廳閲健鋭營操。

戊戌，江西巡撫阿霖年老，命來京。調山東巡撫程含章爲江西巡撫，起丁憂在旗之前任山東巡撫琦善署山東巡撫。

命前任江蘇按察使陳廷桂以三四品京堂候補。

己亥，安徽巡撫陶澍奏，清查皖省章程十條。

又奏，暹羅國使私買内地子女，應行查禁。得旨：本日據陶澍奏稱，暹羅國使，入安徽境時，攜有幼稚子女。詢係前途所買奴婢，當飭將子女八名截留覈辦。

《東華續録》道光七　四月甲辰，諭：顔檢自簡任直隸總督以來，辦理均無貽誤，惟年近七十，究恐精力不逮，有失整頓，著來京另候簡用。蔣攸銛著補授直隸總督，不准以身係旗人世居寶坻爲辭。再族人衆多，難於約束，必然據情懇請。蔣攸銛受兩朝知遇厚恩，惟當力圖報效，國而忘家，無論旗民事務，一秉大公而已。況伊歷任督撫，皆能公幹廉明，政聲彰著，朕所素知，設令再四懇求，亦不能俯從所請也。

調那清安爲刑部尚書，玉麟爲兵部尚書，以穆克登額爲禮部尚書由户部左侍郎遷。

調楊健爲甘肅布政使，朱桂楨爲山東布政使。

丙午，轉穆彰阿爲户部左侍郎，調恩銘爲户部右侍郎，轉常英爲兵部左侍

郎，調耆英爲兵部右侍郎，以明志爲理藩院右侍郎，松廷爲內閣學士兼禮部侍郎銜服闋西甯辦事大臣。

己酉，河南漳河漫口合龍。

《宣宗實録》卷五一　著江西、湖北、湖南等三省，將額船一百二十七隻，同堪用一年之船四百六隻，趕緊成造，務於本年秋間解送直隸。其餘挑留堅固堪用二年之船一百六十七隻，亦著次第趕造，於明春解至直隸，以濟剥運。

以大學士長齡爲滿洲繙譯會試正考官，刑部右侍郎奎照爲副考官。

庚戌，以元聖周公後裔姬守禮襲五經博士。

以宋儒朱子後裔福建朱雲鐸、安徽朱有基襲五經博士。

《東華續録》道光七　免福建勦辦臺匪案內節次覈減攤扣未完銀一百七十九萬餘兩。

辛亥，撥奉天復州、甯海縣倉穀一萬五千石，備承德縣民食。

《宣宗實録》卷五一　癸丑，諭內閣：御史程喬采奏，籌議平糶事宜一摺【略】著各督撫飭令平糶州縣，將價銀儘數解貯司庫，不許解交本管府州兑收，更不得以秋後即須領回，藉詞封貯。統俟秋成豐稔，再行領銀採買，以實倉儲。

甲寅，召丁憂回籍將次服闋之前任河東河道總督張文浩來京。

乙卯，明山等奏，查明黔屬倉穀缺數，勒限歸補一摺。黔省各屬常平倉額貯穀石，現經該督等徹底清查，實在短缺穀二十萬九千六百七十五石零。【略】著照所請，將該省未經完攤穀二十萬九千六百七十五石零，俱限於五年內，照部價每石作銀五錢，攤繳清楚。

丙辰，諭：兵部議覆雲貴總督明山等奏，黔省隨營世職，赴滇考驗，請就近交貴州巡撫甄別一摺。

丁巳，兩廣總督阮元奏，上年廣東城外失火延燒甚重，現擬防火救火章程。應飭該鋪户等分段鑿井，多備缸桶，及水槍撓鉤、蜈蚣梯等件。得旨：依議妥行，不可日久廢弛。

戊午，引見壬午科散館及補行散館人員。

己未，以大學士長齡，吏部尚書盧蔭溥、户部尚書黄鉞、兵部尚書王宗誠、刑部尚書那清安、兵部右侍郎朱士彦、刑部右侍郎史致儼、內閣學士陳嵩慶爲殿試讀卷官。

庚申，策試天下貢士杜受田等二百四十六人於保和殿。

辛酉，調署工部左侍郎陸以莊署禮部左侍郎，以前任直隸總督顔檢署工部左侍郎。

癸亥，命於黑龍潭、覺生寺設壇祈雨。

協辦大學士、兩江總督孫玉庭奏報，續獲梟犯胡大成等。得旨：查緝甚屬認真，除惡務本，勿留餘孽。

甲子，上御太和殿傳臚，賜一甲林召棠、王廣蔭、周開麒三人進士及第，二甲杜受田等一百七人進士出身，三甲汪封渭等一百三十六人同進士出身。

丙寅，修補福建臺灣中左右三營軍裝礮械，並於鹽商應徵息銀內，每年撥銀一萬兩，爲陸路緝捕經費。從總督趙慎畛請也。

《宣宗實録》卷五二　五月己巳，諭軍機大臣等：御史龔綬奏，請查禁私銅以裕鼓鑄一摺。【略】近來滇銅漸形短絀，各省採辦不及。本年貴州、湖北先後奏請暫停鼓鑄，固由物産豐歉有時，亦由私銅充斥，積弊未除之故。如該御史所奏，滇省奸商盤踞各廠，鑄銅爲鑼鍋，轉發各處行銷，每件重三四十斤，形質粗具，謂之鑼鍋銅。鑄器之外，又鑄小錢，攙雜使用。各衙門胥役，多與勾通，地方官欲查拏私錢，鋪户徒受其纍。而奸宄之徒，從無一人獲案，自係該省實在情形，不可不嚴行查禁。著明山等隨時嚴密稽查，通飭文武員弁嚴緝私銅。尤在遴委明幹廠員，令其平日留心訪察，俾奸商咸知斂戢。私銅漸息，則官銅自裕，於各省採辦，可期無誤。

庚午，命翰林院編修祁寯藻提督湖南學政。

辛未，前任湖南巡撫左輔年老，命休致。

展徵直隸霸州等三十六州縣上年被災貧士口糧有差。

甲戌，命協辦大學士户部尚書英和、吏部左侍郎王引之教習庶吉士。

授一甲一名進士林召棠爲翰林院修撰，二名進士王廣蔭、三名進士周開麒爲翰林院編修。

命湖廣、江西兩省前經停解京通各倉鋪廒本色松板，自本年爲始，按年全解。從倉場侍郎和桂等請也。

《東華續録》道光七　乙亥，諭：嗣後直省徵收錢糧，將墊完民欠名目永遠革除。

《宣宗實録》卷五二　丁丑，引見新科進士。

己卯，自本年爲始，將衛灘地畝，仍給大河衛丁領墾，俾收穫籽粒，以資津貼

贍運，其地租即令衛丁完納。至黄河南岸長隄護隄地十五頃零，現已歸官，所有租價銀四兩零，著准其豁免。

《東華續録》道光七　壬午，以内閣學士松廷爲西甯辦事大臣。

《宣宗實録》卷五二　癸未，以江蘇淮安、徐州、海三府州距省寫遠，命嗣後秋審及遣軍流徒人犯，由各該巡道就近審勘，限期處分，照臬司例。從協辦大學士、總督孫玉庭請也。

丙戌，諭内閣：户部奏，請飭催各省節年未完雜税銀兩，分別開單呈覽。朕詳加披閱，除盛京、山西、湖南、浙江、四川、陝西、貴州等省，年清年款，甘肅、雲南兩省未完銀兩，爲數無多，由該部隨案咨催外，所有直隸、山東、河南、江蘇、安徽、江西、福建、湖北、廣東、廣西等省，節年積欠銀兩，自道光元年奏催後，尚未完銀一百八十三萬四千一百二十二兩零，嘉慶二十五年並道光元年復有未完銀四十八萬一千六百二十三兩零。各省雜税銀兩，向係隨同地丁錢糧奏銷，自應儘收儘解。乃各該省歷年積欠，竟至數十萬兩之多。地方官恃無展參處分，任意遲玩，延不報解，其中顯有虧那情弊。著各該督撫即飭各藩司，查照户部單開未完銀數，勒限六箇月，嚴提解司報撥，無任宕延。

《東華續録》道光七　丁亥，移四川太平廳駐城口，爲城口廳，定文、武學額各三名。改太平廳仍爲太平縣，以巴州所屬鍋團園等處地方隸之，定文、武學額各六名，裁巴州文武生額各一名。

《宣宗實録》卷五二　庚寅，諭軍機大臣等：程國仁奏，訪聞貴州黎平府下江廳屬，有生苗與紅苗挾讐械鬭，殺斃多命之事，現在分飭妥員馳往查辦等語。苗民彼此讐殺，必有起釁根由【略】先經生苗將紅苗吴老扣殺斃，紅苗往向講理，復被生苗糾毆，率衆焚燒紅苗烏臘鳥吉等寨多處。該撫查辦此事，切不可過於張皇，務將首從各犯嚴密緝拏到案，詳究互鬭確情，剖斷平允，使兩造之心，自然折服。

癸巳，以宋儒程頤後裔秀實襲五經博士。

《宣宗實録》卷五三　六月己亥，諭：向來各處訪尋呼圖克圖之呼畢勒罕，俱由蒙古番子等幼孩内訪查，將名送至西藏，入於金奔巴瓶内掣籤。上年西寧辦事大臣松廷，並未循照舊章辦理，率由棟廓爾呼圖克圖之徒弟呈報，將當噶爾民人王志之子桑濟扎布，咨送西藏掣出，甚屬非是。除將此次掣出民人王志之子，不准作爲呼畢勒罕外，嗣後務照舊章，斷不准在民人幼孩内尋訪。

庚子，修山西申家堰、青龍堰等工。從巡撫邱樹棠請也。

辛丑，修福建漳州、泉州二廠戰船。從總督趙慎畛請也。

緩徵浙江建德、淳安二縣被水村莊新舊額賦。

《東華續録》道光七　壬寅，命署工部侍郎張文浩，會同蔣攸銛查勘南北運河，並永定、大清、滹沱各河。

《宣宗實録》卷五三　命户部右侍郎湯金釗無庸兼署吏部右侍郎，調署禮部左侍郎陸以莊署吏部右侍郎，署工部左侍郎顔檢署禮部左侍郎，以前任河東河道總督張文浩署工部左侍郎。

丙午，修山東泇河廳屬十五空橋，滚水石壩。從河道總督嚴烺請也。

丁未，命軍機處將直省各督撫節年密奏清查彌補章程，移咨户部，以憑查覈。從大學士曹振鏞等請也。

戊申，以兵部尚書玉麟兼署都察院左都御史。

降廣東碣石鎮總兵官陳元標爲都司，以福建臺灣協副將陳化成爲碣石鎮總兵官。

庚戌，諭内閣：向來各倉放米章程，該監督將各旗所領米樣送部，各旗於領米完竣，亦呈送米樣覈對，辦理本屬周詳，惟日久懈生，仍致有名無實，自應稍爲變通，以歸覈實。著照户部所議，嗣後各倉收米時，令監督將各廒貯米，按廒包取米樣，鈐印送部。將來各旗赴倉領米，如果米色平常，即報明查倉御史，並將米樣專案送部。該部提取原送米樣覈較，如有不符，即行照例參辦。

命山東按察使盧元偉來京另候簡用，起丁憂在旗之前任湖南按察使訥爾經額署山東按察使。

癸丑，又諭：藴端多爾濟等奏，俄囉斯固畢爾納托爾、策依特勒爾呈稱，明年遣人齎送住京俄囉斯喀喇喇嘛學生等盤費，與例不符，請旨飭駁一摺。乾隆二十八年，雖照俄囉斯所請，准過一次來京，未爲定例。今藴端多爾濟查照舊例飭駁，所奏甚是。著寄知藴端多爾濟等，於答覆俄囉斯時，即稱報部與例不符，是以駁回，並未具奏，作爲伊等意見，咨覆俄囉斯。下次俄囉斯齎送喀喇喇嘛等盤費，仍照嘉慶年間，即雇恰克圖貿易回民，解部轉交。

甲寅，又諭：蔣攸銛奏，永定河水勢異漲，北三工、南二工漫溢情形一摺。【略】據蔣攸銛奏報，北三工十二、三號，溜勢洶湧，水高隄頂，漫口約寬四五十丈；又南二工二十號，復漫口約寬五六十丈，現在各工均甚危險。

《東華續録》道光七　允蔣攸銛截留江廣漕米四十萬石，存津倉備撥。

《宣宗實録》卷五三　丁巳，諭内閣：據盧蔭溥等奏，順天府屬固安等各州縣，因河水漫溢，多有田禾被淹之處。著即飭通永、霸昌兩道，及各該同知州縣，詳悉查明所屬境内被淹處所，是否不致成災，並趕緊設法疏濬，如有應需撫卹之處，據實奏明辦理。

戊午，諭内閣：陶澍奏，勘辦被水州縣情形一摺。安徽銅陵、無爲、繁昌、蕪湖、當塗五州縣，因本年雨水過多，加以上游江水漲發，以致圩堤漫溢，民田廬舍被淹。經該撫親往履勘，損傷人口無多，業經飭令掩葬。居民避居土埂，亦經地方官搭蓋篷席，散給饝餅，窮黎食息有資。惟户鮮蓋藏，殊堪憫惻。著加恩將被水軍民一體給予撫卹。

緩徵直隸青、静海二縣被旱被水村莊新舊額賦，並給災民兩月口糧。

己未，諭内閣：禮部議覆河南學政吴慈鶴酌改管束撥府文武生員章程。著照所議。

庚申，以北運河盛漲，浙江寧波後幫軍船沈失米石，人力難施，准旗丁分六限賠繳。

《東華續録》道光七　壬戌，北運河決。

《宣宗實録》卷五三　癸亥，添撥河南藩庫銀三十萬兩，解赴東河，以裕工需。

《東華續録》道光七　乙丑，添設甘肅循化廳主簿、貴德廳照磨各一，裁按察司照磨、臯蘭縣河橋主簿各一。

《東華續録》道光八　七月戊辰，史致光以疾免，以陸以莊爲左都御史由署吏部右侍郎遷。

《宣宗實録》卷五四　己巳，修陝西鄜州倉廒。從巡撫盧坤請也。

甲戌，陝西巡撫盧坤奏，遵諭確查南山包穀雜糧收成，併各廂廠静謐情形。南山各屬奉行妥協者尚不乏人，總之親民之官得其人則百廢興，不得其人則百弊興。得旨：此論甚是。然不可徒託空言，總在督撫大吏能破除情面，秉公甄別，方收實效也。

戊寅，據御史尹佩棻奏，滇省應辦事件。【略】其嚴禁鴉片煙一條，迤西迤東一帶，將罌粟花熬爲鴉片，最爲風俗之害。該御史原奏，並有文武衙門幕友官親武弁兵丁亦食此煙等語。著該督撫嚴飭該管文武，在關津隘口，留心查緝，並令地方官實力稽查。如本省私種罌粟花，採熬鴉片，及開設煙館，即嚴拏究辦，不得假手書役，致滋索擾。其買食鴉片，無論官幕營弁兵役，一經拏獲，照例懲辦。

修廣東南海、香山、陸豐、德慶、合浦五州縣塘汛營房。從總督阮元請也。

《東華續録》道光八　庚辰，以直隸霸州等十州縣被淹較重，飭撥銀米，先行撫恤。

壬午，撥京倉米五萬石，給五城平糶。

《宣宗實録》卷五五　諭：文幹所出駐藏大臣員缺，著松廷調補，即由西寧馳驛前赴新任。

《東華續録》道光八　癸未，免直隸嘉慶十八年軍需攤廉未扣銀七十餘萬兩。

《宣宗實録》卷五五　修山東泇河廳屬沛汛楊莊閘座，泉河廳屬戴村壩迤北官隄，并添築碎石壩四道。從河道總督嚴烺請也。

給江西德化縣被水貧民一月口糧。

乙酉，諭内閣：内廷向存各省道府名單，以備查閲。朕因歷年已久，不符者居多，將名單另鈔一分，面交軍機大臣等，諭令查明更换。並未向奏事處太監等提及一字，乃曹進喜妄逞己見，輒敢在勤政門外向軍機大臣等查問，聲稱吏部疲玩，詞色俱厲。經軍機大臣面奏，朕特派綿課、汪廷珍、那清安將太監曹進喜面訊。據曹進喜供認，係伊自出主見，令吏部開單送伊閲看，並欲定以期限，如到期不换，伊須查問，併欲向兵部堂官要武職各册等語。我朝列聖相承，家法極爲嚴肅，太監不過供宫廷灑掃奔走之役，從不許干預朝政，所以杜漸防微者至深且遠。曹進喜在内廷豢養多年，於伊職分内不應辦之事，輒敢越分干預，出言無狀，實屬狂妄可惡之至。此風斷不可長，曹進喜著革去五品總管，交乾清宫總管太監重責二十板，另派差使，並將此旨載入宫中現行則例。

《東華續録》道光八　分設京城外蘆溝橋四處飯廠，並飭直隸被水各州縣設廠煮賑。

《宣宗實録》卷五五　以翰林院侍讀學士朱方增充日講起居注官，左春坊左中允易元善署日講起居注官。

丙戌，諭内閣：前因京畿市集糧價增昂，降旨令五城設廠平糶。本日户部具奏，撥米減價各章程。著照所議，即於海運倉撥給粳米三萬石、稄米二萬石，分給五城平糶。粳米每石著減制錢五百文，以一千八百文出糶；稄米每石著減

制錢六百文，以一千二百文出糶，仍照向例，無許逾數多買。

《東華續録》道光八　己丑，撥部庫及各關税銀一百八十萬兩，備直隸賑需，並永定河工需。

河南漳河溢。

《宣宗實録》卷五五　壬辰，諭内閣：國家設官分職内外並重，外省道府州縣等官，固有察吏安民之責，在京各部院司員，綜覈外省奏咨事件，政務殷繁，亦須明幹勤慎，方資治理。乃近年以來，各省督撫率請將衰庸之員以京職改補，將來人數增多，必致庶司曠誤，於吏治大有關係。嗣後外任道府以下、知縣以上各官，如有才具平常，及年力衰邁者，著該督撫等遵照定例，甄别改簡降補，及勒令休致，概不得奏請以京職改補。儻違例請改，該部即奏明更正。

《東華續録》道光八　癸巳，命五城先期兩月開廠煮賑。

改廣西平樂府通判爲平樂縣縣丞，駐沙子河。

乙未，以江蘇水災，免各關商米税銀。

丙申，免河南應攤川楚及衛案軍需銀四百六十餘萬兩。

八月丁酉朔，再截撥江西九江等三幫漕米，備直隸賑需。

戊戌，諭：本日據吏、兵二部奏，請酌定失察鴉片煙條例。鴉片煙一項，流毒甚熾，總由地方官查拏不力所致。向來地方官止有嚴參賄從之例，並無議處失察之條。且止查禁海口洋船，而於民間私熬煙片未經議及，條例尚未周備。嗣後如有洋船夾帶鴉片煙進口，並奸民私種罌粟煎熬煙膏，開設煙館，文職地方官及巡查委員如能自行拏獲究辦，免其議處；其有得規故縱者，仍照舊例革職。若止係失於覺察，按其煙片多寡，一百斤以上者，該管大員罰俸一年；一千斤以上者，降一級留任；五千斤以上者，降一級調用。武職失察處分，亦照文職畫一辦理。其文武官拏獲煙斤議敘，均著照舊例行。至滇省迤西迤東一帶將罌花熬爲鴉片，必須嚴爲禁止。

庚子，命孫玉庭委員採買四川、湖廣、江西米石，備安徽災區平糶。

《宣宗實録》卷五六　辛丑，又諭：趙慎畛等奏，臺灣府屬軍流等犯請歸巡道就近審轉一摺。閩省臺灣一府，離省窵遠，兼隔重洋，招解人犯，每因風雨阻滯，輾轉稽延，自應量爲變通。嗣後臺灣府屬廳縣審辦尋常案内，罪止發遣軍流，及命案徒犯，該府廳縣於審明後俱著招解臺灣道勘定移司，毋庸將犯解省。並令該道繕具文册二副，於鹿耳門、鹿仔港兩處口岸配船分遞，不拘何處文書，先到即由臬司覆覈詳咨。儻有犯供翻異，該道即就近提人質審，庶案件得以迅結。至應擬斬絞，並斬絞案内遣軍流徒餘犯，及由斬絞減爲遣軍流徒者，仍著照向例解司審轉，以昭慎重。

癸卯，賞還都察院左都御史松筠頭品頂帶。

乙巳，諭軍機大臣等：御史程矞采奏，直隸貧民出口謀生，請飭各關口詢明來歷放行一摺。所奏甚是。向例民人出口，憑票放行，原以杜奸匪而嚴管鑰。至遇饑饉之年，貧民車載襁負或依倚親族，或出口傭趁，亦屬事所恆有。從前乾隆、嘉慶年間，辦理荒政，俱聽其出口謀生，係一時權宜之政。此等窮黎，勢不能紛紛請票，但當問明來歷，並詢其將往何處投止，即行知所往地方，俾得有所稽覈。本年直隸災區較廣，如該御史所奏，風聞各處關口留難向阻，一概不准放行，該民人甫抵關門，又復長途紆折，其情極爲可憫。該督接奉此旨，即迅速行知直隸所屬各關口，除商賈行旅，及形跡可疑之人仍照舊例驗票放行外，其實係覓食災民，祇須問明來歷，以備稽查，毋得概行攔截。俟來歲春融，情願回籍耕種者，即任其復業可也。

《宣宗實録》卷五七　壬子，諭軍機大臣等：前據蔣攸銛片奏，此次恭辦大差，未便仍照往年借資民力，現給發銀兩，敬謹辦理。至冬春需用車輛，係出自民間，州縣不能全數賠墊，亦應量與津貼，共約需銀十萬兩。先於運庫生息項下借墊，分年攤廉歸還等語。已批示，依議妥辦矣。

癸丑，諭軍機大臣等：本日據琦善奏，訪獲平原縣匪徒周添明等，捏設大乘教會名目，斂錢惑衆。又於獲犯孫文治家内，起出悖謬經卷，及木印、木戳等件。並據任荆氏供出周添明有徒弟四十餘人，約八月初四日，在臨清州滋事等情。業將周添明等拏獲究辦。又據教夥崔貴供出同教之吴法道等三名，在直隸清河縣居住；朱法魁等八名，在獻縣居住。已開列各犯年貌，飛咨直隸嚴緝。

《東華續録》道光八　甲寅，命蘆溝橋等四廠外添設二廠，並折米散放。

乙卯，以浙江杭州等三府屬水災，免海運商米船税，並留各關税銀備賑。

《宣宗實録》卷五七　修浙江海鹽縣濱海坍卸塘工，並添建隨塘坦水。從巡撫帥承瀛請也。

丙辰，以湖南省局存磺充裕，停採湘陰縣磺礦。從護巡撫景謙請也。

修萬安東西二倉。從倉場侍郎和桂等請也。

丁巳，諭軍機大臣等：本日據蔣攸銛奏，訪獲東明縣習教匪犯王二大嘴，在

家内搜出鐵槍、鐵叉。該犯供認與山東菏澤縣人王札根即王景元，同拜鉅野縣人路宗染爲師，學習四宫四卦之教。路宗染告知，伊在河南扶臨山或伏牛山居住之朱法桑處習教。嗣又續獲王希犯，業經東省拏獲，並供出路宗染係齊建隴之徒，齊建隴在河南朱仙鎮居住等語。著琦善於接奉此旨後，即將王景元、王景信、王振功三犯，派委妥員嚴密管押，解往直隸，交蔣攸銛歸案審辦。

甲子，命署禮部左侍郎顔檢署兼管順天府府尹事。

《宣宗實録》卷五八　九月丙寅，修廣東肇慶府礮臺。從總督阮元請也。

《東華續録》道光八　丁卯，撥浙江鹽庫銀三十萬兩，買米平糶。

《宣宗實録》卷五八　戊辰，諭：松箖等奏，遵旨酌議查禁私蔆章程一摺。蔆山藏匿私人，夾帶私蔆，律有明條，總在該將軍等督飭員弁兵役，嚴密巡查，自能立除積弊。茲據松箖等查照舊章，酌加改擬具奏，著即照議辦理。

《東華續録》道光八　己巳，命浙江暫弛海禁，招商赴臺販米。

《宣宗實録》卷五八　庚午，刑部奏，林清逆案内逸犯，弋獲無期，其家屬久禁囹圄，可否發交地方官取保管束。得旨：在逃逸犯辛百歲之妻辛王氏，張齡兒之母張李氏，並其兄張拴兒，張文才之妻張陸氏，路得山之母路趙氏，俱已監禁年久，著准其發交地方官，取具切實的保，嚴加管束，俟獲到辛百歲等，再行訊明各家屬。

辛未，諭：户部議覆慶祥等奏，新疆行茶情形，請照陝西甘肅之例辦理。【略】著照陝西、甘肅設有茶商由引之例，即添在新疆地方，令該商人承領輸課，引内有新疆字様，自可杜朦銷而疏積滯。

《東華續録》道光八　壬申，命浙江平糶倉穀。

《宣宗實録》卷五八　以都察院左都御史陸以莊爲國史館副總裁官，户部左侍郎姚文田署吏部右侍郎，署禮部左侍郎顔檢爲户部右侍郎，兼管錢法堂事務。

《東華續録》道光八　癸酉，免領運奉天賑米船帶商米二成税。

《宣宗實録》卷五八　丙子，以兵部右侍郎朱士彦知武舉，吏部左侍郎王引之爲武會試正考官，都察院左副都御史韓鼎晉爲副考官。

《東華續録》道光八　丁丑，永定河漫口合龍。

《宣宗實録》卷五八　戊寅，以浙江布政使常德、太僕寺卿張鱗爲太常寺卿。以湖北按察使黄鳴傑爲浙江布政使，調浙江按察使吴榮光爲湖北按察使，以山西冀寧道伊里布爲浙江按察使，調廣西布政使嵩溥爲江西布政使，江西布政使潘恭辰爲廣西布政使。

《東華續録》道光八　辛巳，撥部庫及江蘇各庫銀一百萬兩，備江蘇賑需。

丁亥，免直隸通州等二十七州縣水災額賦。

庚寅，命五城飯廠加米煮賑。

《宣宗實録》卷五九　壬辰，諭：戴均元奏，查勘紅花隄情形及籌議疏宣事宜一摺。【略】據戴均元率同該道府等逐加履勘，有大缺口一處，約長四十丈，係上年漳河漫水衝缺。其餘歷年漫開大小缺口，尚有六七處，惟漳河上游，從何處漫缺下注，必須將來路究明，方可疏治。

以都察院左都御史松箖爲吉林將軍，户部左侍郎穆彰阿爲都察院左都御史，調吏部右侍郎裕恩爲户部左侍郎，刑部右侍郎奎照爲吏部右侍郎，以都察院左副都御史多福爲刑部右侍郎。

《宣宗實録》卷六〇　十月丙申，頒道光四年時憲書。

己亥，諭軍機大臣等：琦善奏，訪獲一炷香教犯查訊大概供情一摺。山東歷城縣鄭家馬頭三官廟道人孫大鳳等，傳習一炷香教，煽惑鄉愚。據該署撫飭屬訪拏，獲犯多名，並生員鄭升甫，呈出搜獲抄白舊書一本，先將提訊大概供情具奏。所辦甚好。著琦善督同署臬司訥爾經額，提集各犯，嚴切審訊，悉心定擬，並根究教内餘匪。

癸卯，諭内閣：戴均元等奏，會勘新刷衛河一摺。前因内黄縣袁村地方，將地畝刷成河形，現在鹽運商民各船，均改從新河行走。經朕特派大學士戴均元，會同程祖洛，將有無妨礙之處，詳加查勘。茲據奏稱，衛水向係經竇公河下注，因漳水挾洹而來，將衛水頂阻，旁決袁村。今漳水業經北趨，改由慶豐莊歸入正河，其竇公河上游，祗係洹水，較前此漳洹合流衝衛，情形迥異。衛水自袁村決口，刷有河槽，則漳衛分流，輕減水患，實爲可乘之機，自應通籌全局，開治新河。惟衝刷處所，間有淤淺，兩岸亦恐旁溢，應行挑穵深通，並築隄捍衛。著一併相機妥辦。

己酉，以前任西寧辦事大臣武隆阿爲内閣學士，兼禮部侍郎銜。

《東華續録》道光八　撥安徽關税及捐監銀十萬兩並本省耗羨銀，備無爲等三十三州縣衛賑需。

《宣宗實録》卷六〇　庚戌，試中式武舉劉國榮等五十一人於太和殿前。鑄福建巡緝兵船礮位。從總督趙慎畛請也。

《東華續録》道光八　辛亥，撥龍江等關税銀三十三萬兩，備江蘇太倉等四十七州縣衛賑需。

《宣宗實録》卷六〇　壬子，分青海、蒙古、河北二十四旗爲左右翼，每翼添設正副盟長各一員，每六旗設扎奇嚕克齊一員，每三旗設梅楞一員，每旗設扎蘭一名。從陝甘總督那彦成請也。

癸丑，安徽學政、内閣學士徐頲因病解任，命太僕寺少卿張鱗提督安徽學政。

調廣東碣石鎮總兵官陳化成爲福建金門鎮總兵官。

《東華續録》道光八　甲寅，帥承瀛奏，浙商捐銀備賑。上不許，仍准應完各款加展五綱。

撥浙江運庫銀三十萬兩，備海甯等二十州縣衛賑需。

乙卯，賜張從龍等五十三人武進士及第、出身有差。

《宣宗實録》卷六〇　丙辰，添設河南睢寧廳蘭陽汛額外外委一員。從巡撫程祖洛請也。

丁巳，諭内閣：果勒豐阿等奏，烏里雅蘇台地方，請准商民仍循舊規馱載甎茶，前赴古城兑换米麪一摺。【略】照所請，准其令商民等，每年馱運甎茶七千餘箱，前赴古城兑换米麪。如有不敷，令其湊辦雜貨銀兩，添補採買以資接濟。仍照例給發印票，祇准該商等前至古城兑换米麪，不准另往他處售賣。嚴飭軍營兵部司員等，詳細登註號簿，照數給發，不准逾額。

己未，命正黄旗漢軍都統孟住、工部右侍郎敬徵，管圓明園八旗包衣三旗官兵進班；正紅旗漢軍都統載銓、鑲藍旗蒙古都統奕顥、鑲白旗蒙古副都統闊齡阿，管火器營進班；鑲紅旗漢軍副都統音登額、内閣學士武隆阿，管健鋭營進班。

庚申，撥河南、山東兩省藩庫銀二十七萬九千二百兩有奇，培築黄河兩岸隄堰壩戧等工。從河道總督嚴烺請也。

癸亥，以太僕寺卿那丹珠爲都察院左副都御史，貴州布政使糜奇瑜爲太僕寺卿。

以湖北按察使吴榮光爲貴州布政使，浙江鹽運使宋如林爲湖北按察使。

甲子，又諭：程國仁奏，酌籌苗疆善後章程一摺。前因黔省下江廳屬生苗與紅苗有挾讎鬭殺之案，節經諭令該撫飭屬查辦，已將紅苗遞籍安插，生苗各歸原業，苗寨俱臻安堵。惟恐日久玩生，亟應籌議善後事宜，俾不至再啓釁隙。兹據該撫擬定章程具奏，所有開泰、永從等八寨，丹江、荔波等廳州縣境内山徑僻路，即著添設卡座，派役巡察。並令古州、下江等寨鎮協營，分飭塘汛弁兵，常川巡邏，毋許紅苗復入生苗寨落滋事。至古州所屬俾拉山，荔波縣屬馬背山，平地村、都江八寨兩廳，均有紅苗户口，著各歸土司轄屬。如無土司地方，就近交苗寨頭人管束，並責成地方官不時稽查。其生苗各寨頭人，向係自行接充，無從知其能否辦理，嗣後飭令苗衆公舉誠實者，官給腰牌承充。遇有命盗鬭毆，及争執户婚田土等事，仍著官爲剖斷，不准擅自讎害。年終分别勸懲，以示策勵。又漢奸擾害，久干例禁，著飭該管官隨時查拏，嚴行究辦。該撫務當督飭苗疆各屬，遵照此次奏定章程，實力奉行，妥爲綏馭，俾苗民各安生業，以靖邊圉。

《宣宗實録》卷六一　十一月丙寅，以安徽按察使惠顯爲福建布政使，調山西按察使齡住爲安徽按察使，以候補四品京堂盧元偉爲山西按察使。

辛未，裁貴州普定縣屬桐運、叮噹土千總二缺，阿樹隴、灑井、多糯、岩上、六志土把總五缺。從巡撫程國仁請也。

修直隸古北口兵米倉廒。從總督蔣攸銛請也。

癸酉，諭：據蘊端多爾濟等，將偷竊俄囉斯牛隻賊犯拏獲定擬具奏一摺。喀爾喀蒙古等，越境偷竊俄囉斯牛隻，情殊可惡。著照例一倍罰出十倍，給予俄囉斯，將賊犯扎雅圖棍布扎布帶至邊界地方，重責示儆外，仍從重枷號兩箇月；滿日再行帶回庫倫，嚴加管束。

乙亥，諭内閣：御史楊九畹奏，請重倉儲職守，以杜弊端一摺。京通各倉監督，有管理糧儲，約束花户之責，各衙門自宜遴選精明幹練之員，秉公保送，俾資整頓。嗣後各該衙門保送倉監督，不許將京察三等人員濫行保送，一經查出，必治以應得之咎。至各倉毗連牆圍，儻有傾圮，原應趕緊修築，以昭慎重。如該御史所奏，將各牆一律加築高峻，徒滋糜費，無益倉儲，著無庸議。其各倉土米，停止發坊糶賣，隨時篩颺，作爲正米搭放一條，著交户部會同倉場衙門覈議具奏。

命廣西巡撫成格來京爲刑部左侍郎，以江西布政使嵩溥署廣西巡撫。

丙子，以病痊巡撫毓岱爲廣西巡撫。

《東華續録》道光八　庚辰，再撥銀二十餘萬兩，備直隸賑需。

《宣宗實録》卷六一　辛巳，命禮部左侍郎博啓圖爲國史館清文總校官。

癸未，修浙江山陰、會稽、蕭山、餘姚、上虞五縣柴土簍石塘工。從巡撫帥承

瀛請也。

《宣宗實録》卷六一　戊子，又諭：户部軍需局係因辦理軍務而設，此自無庸設立專局。著照户部所議，將該部需局裁汰一切檔案，酌量分派陝西、山西司承辦，以復舊制。其嘉慶年間軍需未結各案，亦責成兩司司員上緊清釐，以銷塵牘而重帑項。

議覆廣東巡撫陳中孚咨稱，匪徒捉人勒贖致傷身死，無治罪明文，請嗣後廣東、福建兩省，如有人勒贖，將被捉之人拒傷身死，或於擄捉謀故毆殺者，首犯俱擬斬立決，爲從謀殺功者擬絞監候。若係拒殺毆殺爲從幫毆刃傷及手足他物至折傷以上者，俱擬絞候。傷非金刃又非折傷及謀殺並未加功者，實發雲貴、兩廣極邊煙瘴充軍。未經幫毆成傷者，發極邊足四千里充軍。從之。

以拏獲倡立邪教匪犯，免直隸、山東文武各官從前失察處分。

免山東海販奉天雜糧稅課。

《東華續録》道光八　己丑，晉封和嬪那拉氏爲和妃，全嬪鈕祜禄氏爲全妃，祥貴人鈕祜禄氏爲祥嬪。

《宣宗實録》卷六二　十二月丁酉，四川總督陳若霖奏，查四川關稅，從無短絀，仍檄飭藩司嚴飭管關各員，裁家人以節糜費，約吏胥以絶弊竇，儘徵解以杜侵蝕，速驗放以順商情，務期商販流通，充裕國課。得旨：所奏俱悉，要在實力奉行，不可日久生弊也。

戊戌，諭内閣：和桂等遵旨將海運倉黴變豆石情形，明白回奏。各倉收貯米麥豆石，均應一律乾潔。海運倉本年新收之豆，既有潮溼，該侍郎等於查驗時即當奏明駁回，不應收貯。乃不據實具奏，率將潮豆貯倉，並自捐銀二百兩，作爲挑晾之費，向來無此辦法。可見該倉監督花户等，偷換攙和，通同舞弊，在所不免。該侍郎等或明知弊混，故爲彌縫，實屬辦理不善。和桂、張映漢俱著先行交部議處，俟定案時吏部再行具奏。

己亥，諭内閣：御史黄德濂奏，請慎重選拔等語。各學選拔貢生，朝考後取入一二等者，即分別録用小京官及知縣、教諭等職。其登進之階，視他途爲較捷，自應遴選得人，方足以資任使。且考試時並不糊名易書，該學政按試州郡，於士子根柢，見聞較爲真切。夫士先器識而後文藝，一州一縣之中，必有行誼敦篤，素爲鄉里矜式之人。有校士之責者，固宜比較文詞之高下，與字畫之工拙，而尤必以器識爲先，若專憑文藝，是舍本而逐末矣。現當選拔屆期，著通諭各直省學政，務求經明行修，堪備國家任使者，於現在舉行歲科兩試時，豫爲察訪，以充是選。至該御史奏稱，不得輕聽教官之言，致啓奔競營求之漸，所奏甚是。

壬寅，調署山東按察使訥爾經額署安徽按察使，以浙江鹽運使劉斯嵋爲山東按察使。

命湖南提督祝廷彪來京，調直隸提督楊芳爲湖南提督，以内閣學士武隆阿爲直隸提督。

癸卯，命撥山西地丁銀十八萬五千七百兩有奇，解往甘肅，以濟兵糈。

《東華續録》道光八　乙巳，添設京城南鄉飯廠煮賑。

又白鎔爲内閣學士，兼禮部侍郎銜。

《宣宗實録》卷六三　庚戌，以内閣學士辛從益爲禮部右侍郎。

頒賞皇子、王公大臣、内廷翰林，暨直省督撫，《御製養正書屋詩文全集》。

壬子，諭：邪教案内，軍流以下人犯，俱經刑部奏定章程，分別查辦。其同案之永遠枷犯，大理寺向不開單具奏，以致該犯等有情罪相同而寬嚴互異者，辦理殊涉兩歧。著刑部將邪教軍罪以下，何案准其援釋，何案不准援釋，並同案之永遠枷犯，一律查明，分別釋否，奏交該寺遵照辦理，以歸畫一。

甲寅，改江蘇淮安府檢校爲清河縣巡檢。

濬直隸通惠河。從署倉場侍郎博啓圖等請也。

丁巳，實授博啓圖、顏檢倉場侍郎。轉禮部右侍郎舒英爲左侍郎，調理藩院右侍郎明志爲禮部右侍郎。以内閣學士色克精額爲理藩院右侍郎。調工部右侍郎顧皋爲户部右侍郎，兼管錢法堂事務。兵部左侍郎顧德慶爲工部右侍郎，兼管錢法堂事務。轉兵部右侍郎朱士彦爲左侍郎，以都察院左副都御史賈允升爲兵部右侍郎。

以都察院左都御史陸以莊充經筵講官。

己未，吏部奏，酌改銓選則例四條：一，筆帖式掌稿年滿奏留，遇有升缺，仍與各項筆帖式等一律選題，不得與候補主事較俸；一，考試盛京各省駐防筆帖式，試卷進呈後，應由吏科封固，鈐印送部，到部限三箇月奏派覆校，不得遲逾；一，進士分發直省即用知縣，如補題調要缺，應酌量才具，分晰聲明，不必按甲第名次挨補；一，鹽運司經歷，改歸鹽大使補用人員，應以改捐銀兩上庫之日，作爲到省日期，不得仍以從前到省之日計算。報可。

庚申，諭軍機大臣等：琦善奏，訪獲臨清州等處邪教，飭委臬司馳往拏獲六十餘名，訊出妄易姓名，僞封官職各逆情一摺。查拏甚屬認真，可嘉之至。此案馬進忠，學習乾卦教，並有坤卦旗幟，傳徒惑衆，謀爲不軌，已據該署撫派委臬司訥爾經額馳往臨清，會同各員弁獲犯，訊出大概情形。該犯等肆意謀逆，徒黨必多，其始稱數十人，繼稱百餘人，迨後又稱人數衆多，不能記憶。且稱所捐米石，不過虚寫簿内，並非實捐，供詞殊爲狡展，不可不嚴切根究。

命調任安徽按察使訥爾經額仍留山東按察使任，調新授山東按察使劉斯嵋爲安徽按察使。

辛酉，諭内閣：回子阿布都哈里，從前曾經賞給原任大學士傅恆使令，今平定回疆，已越多年，各回子王公等，俱極恭順出力，著加恩將阿布都哈里及伊子博巴克阿布都色默特，伊孫阿錫木，俱著賞給馬甲錢糧，入於正白旗蒙古當差。

命四川總督陳若霖來京，四川布政使戴三錫以二品頂帶署總督。調直隸布政使陸言爲四川布政使，以直隸按察使福綿爲布政使，通永道董淳爲按察使。

道光四年（甲申、一八二四）

《宣宗實録》卷六四　正月，丙寅，展賑直隸通、三河【略】三十八州縣上年被雹災民一月，緩徵本年額賦，並緩涿、昌黎【略】七十二州縣暨清軍廳應徵本年額賦有差。

己巳，修江西德化、建昌、南昌、新建四縣圩隄。從巡撫程含章請也。

給浙江仁和、錢塘【略】十二州縣上年被水災民，及横浦、浦東、袁浦、青村、下砂頭二三等場竈丁一月口糧。

癸酉，頒福建省城新建鳳池書院御書扁額曰「正學明道」。

甲戌，陝西巡撫盧坤奏，陝省社穀缺額六十餘萬石，關中遼闊，轉運維艱，須以足食爲先，乘此年穀順成，諭令各屬捐輸，務期儲備有資。得旨：必應辦之事，貴在詳慎妥實，勉爲之。

丁丑，署山東巡撫琦善奏，謝承襲侯爵恩。

《東華續録》道光九　癸未，停奉天採買粟米。撥户部銀四萬八千兩貸直隸貧民口糧。

《宣宗實録》卷六四　甲申，諭軍機大臣等：本日據黎世序奏，患病請假調理，已明降諭旨，給假兩月，並賞人葠五兩，俾得安心調養，河督事務，令孫玉庭暫行兼署矣。朕思河務一切事宜，與地方情形不同，非熟諳修防，實心任事之員，不能得力，總在平日留心察看，儲養人才，方足以資任使。孫玉庭兼轄河務，黎世序職任總河，均已歘歷多年，於河務人員自必周知有素，著於兩江及豫東兩省司道各員中，有通曉河務、結實可靠者，即密保一二員，據實具奏。

丁亥，諭内閣：本日據軍機大臣、大學士，會同户部議奏，保送倉監督激勸章程一摺。所議是。各倉花户骫法，總由監督約束不嚴，自應慎加遴選，明示勸懲，不可僅應故事，務從其實，以收得人之效。嗣後各衙門保送監督，欽天監、太常寺、鴻臚寺、鑾儀衛各衙門司員，俱著毋庸保送。現任各員，不必撤回，仍責成該侍郎等隨時甄別，未補各員，概予註銷。其餘各衙門，仍照向例，令各該堂官擇其明白體面，兼有才具者，秉公保送。其結實可靠之員，准其奏留再任三年，儻始終奮勉，隨時奏請，即予升途，至京察之年，並著添保一員。滿漢相間輪保，務擇才守俱優者，列爲一等，不得先儘坐糧廳、大通橋監督，以昭公允。各倉監督，除舞弊得贓，隨時嚴辦，將原保堂官交部議處外，其不實心任事者，著該侍郎隨時參處，庸懦無能者，咨回原衙門行走，並著停升三年，雖俸滿亦不准保送外任。至花户舞弊，係監督自行查出者，即專治花户應得之罪，監督失察處分，概予寬免。向例倉監督，給予養廉，祇領半俸，嗣後並賞給全俸，用資辦公，即自本年春季爲始。其萬安、海運二倉，事務本繁，著該侍郎於各監督内揀員調補。自此次立定章程之後，務各秉公選擇，實心整頓，以杜積弊而慎倉儲。

辛卯，以大理寺卿劉彬士爲都察院左副都御史。

《宣宗實録》卷六五　二月，乙未，展緩河南安陽、湯陰【略】二十八廳州縣接徵河工加價銀。

丙申，諭内閣：朕聞京畿近來市集糧價騰貴，貧民口食維艱，亟應量爲接濟。著於五城分設廠座，發給倉貯米五萬石，平價糶賣。

丁酉，諭：本日據軍機大臣會同户部堂官議覆松筠等奏葠務章程一摺。所議是。吉林葠務，節經定立章程，而攬頭刨夫尚形苦累，自應量爲調劑。所有綏芬烏蘇里産葠山場，住山過冬刨夫，著准其仍復舊規辦理。並令各攬頭舉熟悉刨夫，令在蘇城蘇子海訥思屯呢滿口等處尋採，按額交上等好葠，挑賸餘葠，方准賞給售賣。如有成色朦混情弊，即著落賠換，重責示懲。

諭：穆彰阿著補授理藩院尚書，松筠即補授左都御史。

以署工部左侍郎張文浩爲江南河道總督。

贈故江南河道總督黎世序尚書銜，晉太子太保。

《東華續録》道光九　戊戌，撥北新倉粳米三萬石、稜米二萬石，給五城平糶。

禁江蘇滸、揚兩關濫徵商課，並申定榷税章程。

《宣宗實録》卷六五　以理藩院尚書穆彰阿兼署都察院左都御史，並鑲紅旗漢軍都統。

以前任福建布政使誠端署江蘇布政使。

辛丑，諭内閣：禮部將原任河道總督黎世序應得卹典，察例具奏，覽之倍覺惻然。黎世序宣力河防，十餘年來，懋著勤勞，克盡職守，允宜特予恩施，以昭勳績。著加恩賜謚襄勤，入祀賢良祠，並照部議，給與祭葬碑價銀兩，由該衙門撰擬碑祭文，一體頒給。

甲辰，以詹事府詹事武忠額、正藍旗護軍統領福勒洪阿、太常寺卿張鱗爲内閣學士兼禮部侍郎銜。

命江西巡撫程含章來京，署工部左侍郎，辦理直隸水利；以江西布政使嵩溥護巡撫。

《東華續録》道光九　改福建艋舺營遊擊爲水師參將，駐噶瑪蘭。添設噶瑪蘭營都司、千總各一，外委二，都司駐伍圍；移伍圍守備駐頭圍，頭圍千總駐三貂。

《宣宗實録》卷六五　己酉，緩徵江蘇上元、江寧【略】四十七廳州縣，及淮安、大河【略】七衛上年被水災民額賦有差。

庚戌，修直隸保定府南關河閘。從總督蔣攸銛請也。

《東華續録》道光九　壬子，借撥直隸通永、霸昌兩道庫款展賑飢民。

乙卯，以直隸水災，命平糶倉穀。

《宣宗實録》卷六五　辛酉，諭：趙慎畛等奏，請暫停鼓鑄一摺。閩省寶福局鼓鑄錢文，係爲搭放兵餉之用。據該督等查明現在市價銀貴於錢，局鑄成本，折耗甚多，其各州廳縣捐款津貼，需用銅鉛，運費辦理亦多掣肘，且兵丁等領餉後，以錢易銀，覈計每兩短錢二百餘文，殊形支絀，自應量爲調劑。著照所請，自道光四年夏季起，將局鑄暫行停止，其應搭兵餉，亦自夏季起，停搭餉錢，統以銀兩全支。

癸亥，禮部議奏，四川綏定府由州改府，應添拔貢一名；綏定府屬之新寧縣、忠州屬之梁山縣，向額共拔一名，應令輪流選拔。其歲貢向係三年輪流兩貢，應改爲三年自行一貢。允之。

《宣宗實録》卷六六　三月甲子，調廣西巡撫毓岱爲江西巡撫，以署禮部左侍郎康紹鏞爲廣西巡撫。

《東華續録》道光九　丁卯，頒御製《養正書屋全集》於國子監。

戊辰，以裕陵隆恩殿工竣，復綿課親王爵、戴均元太子太保。

《宣宗實録》卷六六　諭：阮元等奏，請定洋米易貨之例一摺。廣東粵海關，向准洋米進口糶賣，免輸船鈔，糶竣回國，不准裝載貨物。近年以來，該夷等因回空時無貨壓艙，難禦風濤，且無多利可圖，是以米船來粵者少，自應將成例量爲變通。著照所請，嗣後各國夷船來粵，如有專運米石，並無夾帶別項貨物者，進口時照舊免其丈輸船鈔，所運米穀，由洋商報明起貯糶賣，糶竣，准其原船裝載貨物出口，與別項夷船一體徵收税課，彙册報部，以示體恤。

己巳，諭内閣：魏元煜奏，議禁糧船水手滋事章程一摺。近年漕船水手，肆惡逞刁，凌虐商民船隻，必應嚴定章程，隨時懲辦，以期各知斂戢。兹據該漕督酌擬具奏，向例各幫船水手，以本軍内諳練者充當，嗣多雇用本地人夫，及外來無藉之徒，往往恃衆不法。著責成頭舵分别雇用，確知姓名籍貫，保結存案，毋任滋事潛逃。至隨幫匪棍，勾串水手，互相包庇窩盜，應飭令運弁將頭舵水手年貌籍貫，造册呈送，每名給發腰牌，停泊時按船查驗，如仍虚應故事，即行參辦。

《東華續録》道光九　乙亥，禁直隸屯居旗户私設總催、領催名目。

己卯，築直隸新開衛河隄埝，並添建壩座。

《宣宗實録》卷六六　庚辰，盛京刑部侍郎同麟因病解任，以理藩院左侍郎海齡署盛京刑部侍郎。

轉理藩院右侍郎色克精額爲左侍郎，以都察院左副都御史凱音布爲理藩院右侍郎。

辛巳，諭内閣：據户部奏，各省關税銀兩除本省扣充兵餉，及部議准其動撥外，餘俱解交部庫，以供京營兵餉及一切經費，請飭各督撫毋得自行指撥等語。國家薄賦輕徭，各項錢糧，從不輕加銖黍，歲入歲出，俱有定額，並非務爲封殖。各省關税銀兩，解存部庫，原以備庶政之需，若任聽外省自行指撥，在各關監督不過節省運費，而庫項漸少，歲支各款，又將何項應用？嗣後各省督撫，如有迫

不及待之項，仍准其聲敘實在情形，奏明辦理。其非迫不及待之款，遇有需用，或另籌閒款，或飭部酌撥，毋得率行指撥關稅，以符定制。

以翰林院侍講沈岐充日講起居注官，左春坊左中允易元善署日講起居注官。

《東華續録》道光九　丁亥，上閲健鋭營兵。

以河南省新開衛河支流上游築壩，給居民地價，並免額賦。

初彭齡以年老乞休，允之，賞半俸。以陳若霖爲工部尚書前任四川總督。

《宣宗實録》卷六七　四月丁酉，修直隸南北運河隄壩，並清苑、蠡【略】二十二州縣橋道隄埝各工。從總督蔣攸銛請也。

辛丑，諭内閣：趙慎畛等奏，臺灣鹿耳門等處請毋庸添建礮臺一摺。臺灣鹿耳門等處，從前因海洋未靖，經該省議請添建礮臺，並建復卡堆雉堞望樓等項，原係因時制宜。兹據該督等查明鹿耳、淡水兩口，並無地基堪以建築礮臺。其鹿耳門口兩旁沙汕，海潮衝漲靡定，亦難建築。且該處前已添造守港快船，由臺灣水師歷年派定中左右三營知字號船十隻，每船各配兵五十名，俱駕赴鹿耳門，常川在港巡防。其鹿港北岸地基，早已衝成港道，亦無餘地可以建復。現由該廳捐雇巡船，在彼常川哨探，俱各周備。至淡水海口滬尾地方，原有礮臺，本屬堅固，足資守禦。所有前議添建礮臺兵房卡堆雉堞望樓等項，著照所請，毋庸建造，以節糜費。

《東華續録》道光九　壬寅，命程含章會同蔣攸銛籌辦直隸河工。

《宣宗實録》卷六七　丙午，改父母毆子誤殺旁人例。

戊申，諭内閣：御史蔡學川奏，請嚴禁幕友濫邀議敘一摺。所奏是。朝廷議敘之典，原所以鼓勵人材。至幕友襄理幕務，由本官自行延請，與在官供職者不同，若以有職人員舍官就幕，遂得濫邀甄敘，既難免大員市恩瞻徇等弊，且開各項人員規避取巧之端。嗣後各督撫鹽政等，奏請一切議敘，概不准將幕友保列，以杜冒濫。

己酉，濬安徽靈璧縣減黄引河，並培築隄埝。從協辦大學士總督孫玉庭請也。

《東華續録》道光九　癸丑，恭纂《仁宗睿皇帝實録聖訓》成。

《宣宗實録》卷六七　諭：孫玉庭等奏，地方紳耆請以原任河督入祀名宦，並建專祠一摺。黎世序前在江南河道總督任内，宣防盡力，遺愛在民，除入祀名宦，循例具題外，著准該紳耆等捐建專祠，以順輿情而彰勳績。

丙辰，諭内閣：武隆阿奏，閲看提標四營演習梅花車礮陣式，未能如式整齊，請旨裁撤等語。所見是。

庚申，諭軍機大臣等：朕因順天府五城飯廠，饑民就食者衆，令各廠分別土著、流民人數，報明軍機處。兹據各廠報到，本月二十三日廠内人數，除土著外，共計流民七千三百八十餘名。朕上年因直隸被水，發帑拯濟各項，至一百八十萬兩，並截撥漕糧粟米數十萬石，所以撫卹災民者不爲不厚。如果地方官認真妥辦，俾災民均霑實惠，何至舍近就遠，輕去其鄉，四散覓食。現查保定府所屬各縣流民，即有三百餘名之多，是該督不能督率地方官妥爲經理，已可概見。京中飯廠開放已久，截至五月二十日即應停止，勢斷不能再展。

《東華續録》道光九　辛酉，定緇譯進士出身之小京官、筆帖式推升漢字堂主事例。

以寶興爲左副都御史由通政司參議遷。

五月癸亥，裁貴州貞豐州屬羅炎司士外委。

《宣宗實録》卷六八　甲子，以左春坊左中允易元善充日講起居注官。

乙丑，又諭：趙慎畛等奏，閩洋米艇戰船緝捕不能得力，請全行裁汰一摺。閩洋米艇船隻，前因慶保等以船身遲笨，駕駛未能得宜，奏請裁汰十五船。當經降旨准行，並令將裁賸船隻，俟應拆修之時，照同安梭船式一律改造。兹據趙慎畛等查明，現存米艇各船，仍難適用，現届大修小修，若仍舊修造，未免帑項虚糜，自應全行裁汰。著照所請，除已改造之勝字六號等米艇八隻，堪資得力，毋庸議裁外，所有現在届修駕廠之勝捷兩字號，同擊碎之捷字六號十二船，俱著即行裁汰。其存營駕駛之勝字一號、十號，並甫經修竣之勝字三號等三船，仍俟届修之時，一律全裁，分別變價報撥，以節糜費。

《東華續録》道光九　庚午，准江蘇留解部銀十五萬兩濬太湖下游水道。

戊寅，申諭浙江、江蘇、安徽等省編查棚民保甲。

《宣宗實録》卷六八　辛巳，吏部奏，官員爲生祖母治喪，請仍照舊例，無論嫡祖母是否現在，概令治喪一年，許其離任。從之。

丙戌，諭内閣：晉昌等奏，宗室覺羅學生不敷應考額數，請展限考試一摺。盛京宗室覺羅學生，現届五年應行考試之期，據該將軍等查明額數不敷，請展限辦理。著照所請，准其展限五年，俟届期足敷應考額數，再行咨報宗人府，奏請

考試。

《東華續録》道光九　添建廣東省垣監獄，改河泊所大使爲管獄官。

《宣宗實録》卷六八　庚寅，諭：陶澍奏，查審安徽捐職州同佘蟠，呈控廩生等阻考，定擬請旨一摺。此案佘蟠曾祖佘漢功，於康熙年間，由定遠縣遷居六安州。至佘蟠、佘步蟾子弟出應州試，該州生童，均以佘姓家世卑賤，不敢承保，先後遞相攻訐。佘蟠復赴禮部呈請歸入寄籍，當經發交陶澍親提查辦。茲據該撫詳加察覈，比例定擬，所有佘蟠等入籍捐考，著准其照削籍之樂户、丐户，以報官改業之人爲始，下逮四世，清白自守，方令報捐應試。惟佘蟠、佘步蟾等，距伊祖佘通海改業尚止三世，著仍不准捐考，所捐職員監生，即行一併斥革。其佘蟠之子姪，現已年例相符，著准在六安州入籍，報捐考試，毋許該士民再有阻撓。

《宣宗實録》卷六九　六月癸巳，展緩直隸所屬州縣節年舊欠糧租，並緩徵順天府屬通、三河【略】九州縣被水歉收額賦。

《東華續録》道光九　丁酉，申諭各督撫詳鞫京控案件。

《宣宗實録》卷六九　壬寅，諭内閣：富俊奏，酌議雙城堡移駐京旗閒散章程一摺。朕詳加披閲，内出京時日，豫定準期一條，所奏是。嗣後京旗閒散有願赴雙城堡者，著各旗於十月内報齊户部具奏，十一月初即知照順天府尹、直隸總督、盛京吉林將軍等處，定期於每年正月初五日以後、初十日以前啓行。該地方官即計程籌備。又治裝銀兩，改俟抵吉林後發給一條，所奏亦可。現在移駐京旗，大都無力覓工，嗣後將户部應發銀兩，俟抵吉林後，由將軍衙門備用銀兩項下發給，作爲覓雇工價之用，俾得全獲地利，其荒地五晌，亦可隨時墾種。又彈壓大臣改派年班一條，所奏可行，嗣後移駐京旗，即於東三省年班入覲之將軍、副都統，簡派數員，順帶彈壓。仍令各該地方官，備店隨同護送，又給予車輛，分段遞送一條，所奏甚爲周詳。該閒散等行李無多，著計口給車，節次遞送，祇給例價，毋庸津貼車户。旋時可以載貨，不致賠纍，務令旗民無虧，地方無纍，經久可行。

乙巳，以服闋巡撫張師誠爲山西巡撫，調福建按察使邱鳴泰爲山西按察使，以降調山西巡撫邱樹棠爲福建按察使。

《東華續録》道光九　庚戌，諭各督撫不准擅動地丁正項，修理各工。

壬子，建雙城堡義學，並禁屯丁過江樵採。

乙卯，命户部籌撥銀一百二十萬兩，興辦直隸水利。

《宣宗實録》卷六九　諭：程含章等奏，治水大綱，請發銀辦理一摺。直隸全省水利，經程含章會同蔣攸銛，督率各道將緊要處所逐一查勘，奏請先理大綱，興辦大工九處。如疏通天津海口，疏濬東西淀大清河，及相度永定河下口，疏子牙河積水，復南運河舊制，估辦北運河，修築千里長隄，均著照所議分別估辦。其請先籌撥銀一百二十萬兩以作工需，並請於八九月間解到四五十萬兩先行擇辦，著户部查明廣東、江西、浙江等省封貯，及新收捐監銀共有若干萬兩，可先撥若干萬兩，分晰迅速具奏，再降諭旨。至秋汛後或尚有變更，俟辦理時隨估隨奏，妥議章程，責成分辦。

《東華續録》道光九　庚申，調邱樹棠爲江西按察使，魏元烺爲福建按察使。

《宣宗實録》卷七〇　七月壬戌，閩浙總督趙慎畛奏，商運臺米，請專赴天津，無庸兼販浙江。停止上年暫弛海禁之案，嚴查各海口，毋許小船私載偷越。並飛飭廈門商船乘此南風司令之時，趕緊裝運。報聞。

丁卯，諭：御史李逢辰奏，請嚴禁淫祠邪説一摺。【略】其一切創立邪説，哄誘愚民，燒香斂錢等事，隨時訪拏，嚴加懲治，以維風俗而正人心。

庚午，户部奏，覈議江蘇巡撫韓文綺清查倉庫虧墊章程。一，墊完民欠，分年勒限催追；一，本省外省官欠，分别立限追補；一，本省外省追賠銀兩，酌展限期完繳；一，領變價銀款，勒限追補；一，攤捐銀款，分别流攤追補；一，書役欠項，分限嚴追歸款；一，無著銀兩，仍提羨餘彌補；一，存倉米穀，勒限買補足額。

《東華續録》道光一〇　壬申，撥福建閩安營都司、千總各一，駐閩縣琅琦島。

《宣宗實録》卷七〇　癸酉，調户部左侍郎裕恩爲吏部左侍郎，禮部右侍郎明志爲户部左侍郎，吏部右侍郎奎照爲禮部右侍郎，以鑲白旗漢軍副都統百春署吏部右侍郎。

丙子，刑部尚書韓封因案解任，調工部尚書陳若霖爲刑部尚書，以都察院左都御史陸以莊爲工部尚書，兼管順天府府尹事。

丁丑，以户部左侍郎姚文田爲都察院左都御史，調工部左侍郎周系英爲户部左侍郎，仍留江蘇學政任，實授程含章工部左侍郎，以禮部右侍郎辛從益兼署吏部右侍郎。

《東華續録》道光一〇　己卯，大學士托津等奏，訊明解任侍郎恩銘等，請交部嚴議。得旨：此案解任侍郎恩銘、常英，與董椿銀錢借貸往還，經托津等訊明覆奏，皆由董椿借名影射。惟該侍郎等以二品大員，不知自愛，乃與市井匪人往來交結，以致董椿向其屬託公事，又不即時舉發，均屬有玷官箴。至常英於董椿事發投案之前，至伊家内，該侍郎不立即奏明送案，意存徇隱，咎無可辭。恩銘、常英，俱著交部嚴加議處，飭令回家聽候部議。尚書那清安，前在左都御史任内，董椿曾以侯際清贖罪之事懇其託情，當時並不奏請究辦，及刑部訊出此案書吏得贓，戴均元等請旨回避時，該尚書又不據實陳明。迨蘇仁壽到案供出，諭令明白回奏，始據奏稱董椿曾向託情，雖未允許，亦有應得之咎，那清安著交部議處。尋革恩銘、常英職，那清安降四級留任。

命禮部增定通禮服制。

《宣宗實録》卷七〇　辛巳，大學士戴均元以年老籲請解職。允之，賞食全俸。

壬午，調工部右侍郎敬徵爲户部右侍郎，兼管錢法堂事務。轉兵部右侍郎耆英爲左侍郎，兼國史館清文總校官。調理藩院右侍郎凱音布爲兵部右侍郎，以内務府大臣廣泰爲工部右侍郎，兼管錢法堂事務，都察院左副都御史那丹珠爲理藩院右侍郎。

癸未，福建巡撫孫爾准奏，臺灣商民運米十四萬石前赴天津，請准其半糖半米匀載。目前臺灣米價並無增長，嗣後應截止招募，爲海疆民食留其有餘。報聞。

甲申，大學士托津等奏，原任刑部尚書韓崶親供，與盛思道、董椿原供全不相符。大員未便質證，恐其堅不吐實，請暫行革職，以便提同質對。得旨：尚書韓崶，著暫行革職，交托津等即提同盛思道、董椿三面質對。

戊子，諭内閣：前據程含章等奏，直隸治水大綱請先籌撥銀一百二十萬兩，當經部議奏准，於廣東、江西、浙江三省共撥銀四十萬兩，餘銀八十萬兩俟廣東等三省續收捐監銀兩，儘收儘解，以備支用。

《宣宗實録》卷七一　閏七月辛卯，諭内閣：户部奏，籌撥直隸水利不敷銀兩。著照所請，在撥給直隸兵餉，改解部庫之長蘆鹽課内，撥銀二十萬兩，再撥本年山西地丁銀十萬兩，山東地丁銀五萬兩，河南地丁銀五萬兩，共撥銀四十萬兩。著各該撫鹽政，派委妥員，務於今冬解到直隸藩庫，以備工需。

己亥，命大學士曹振鏞充上書房總師傅。

辛丑，諭内閣：本日吏部將侯際清贖罪案内，前任刑部堂司各官，分別嚴議議處。那彥寶等，於道光元年五月内具奏時，並未查出紅供，又於司員書吏得贓，毫無覺察。韓崶業經革職，在萬年吉地工程處效力贖罪。那彥寶等同爲堂官，率行畫諾，厥罪惟均，雖韓崶有嗣子知情，親戚撞騙情事，然定稿同在一堂，若專恃韓崶，又安用諸侍郎爲耶？著照部議，頭等侍衛那彥寶著於職任内降四級用；盛京刑部侍郎海齡、江蘇巡撫韓文綺，著降四級調用；候補主事張映漢，著於補官日降四級用。戴均元等，僅畫八月奏稿一次，惟未能查出弊端，亦屬疏漏，致仕大學士戴均元著降頂帶一級。陝甘總督那彥成，著加恩改爲降二級留任。其失察書吏舞弊之原任直隸口北道德恩，著於補官日降三級用。廣西左江道重倫、河南河北道鄒錫淳，俱著降三級調用。原任廣東惠潮嘉道惠豐，並未聽從囑託咎止謊言回覆，著降一級留任，均不准其抵銷。

改搶奪婦女爲從例。

調刑部右侍郎多福爲盛京刑部侍郎，未到任前以盛京户部侍郎明興阿兼署。調兵部右侍郎凱音布爲刑部右侍郎，以都察院左副都御史寶興爲兵部右侍郎。

調山西巡撫張師誠爲江蘇巡撫，以山東布政使朱桂楨爲山西巡撫，廣西按察使費丙章爲山東布政使，山東兗沂曹濟道賀長齡爲廣西按察使。

《東華續録》道光一〇　丙午，予告大學士戴均元回籍，賜御書御製詩章，並命沿途地方官在二十里内者護行。

丁未，成都將軍呢瑪善卒，贈太子少保銜，賞銀一千兩治喪，賜祭葬，謚勤襄。

《宣宗實録》卷七一　命協辦大學士、兩江總督孫玉庭爲大學士，直隸總督蔣攸銛協辦大學士，均留總督任。

庚戌，又諭：户部奏，湖南省各屬常平倉穀，共計短缺二十九萬餘石。據該撫查明致缺之由，並無官侵吏蝕情弊，分別有著無著，勒限追賠。

《東華續録》道光一〇　命翰林院編纂嘉慶十八年逆匪滋事案内殉節入祀昭忠祠各員列傳。

《宣宗實録》卷七一　壬子，吏部以大學士孫玉庭應授何殿閣請。得旨：著爲體仁閣大學士。

丙辰，調盛京禮部侍郎昇寅爲盛京刑部侍郎，正黄旗漢軍副都統善慶爲盛京禮部侍郎。

丁巳，諭：博啓圖等奏，查明五閘水脚情形，懇請暫行調劑。倉場衙門所管五閘水脚，專司屯養人夫，搬運米石，向例每米一石，給抗價銀三釐，嗣於乾隆八年奏准，酌減三毫，遵行已久。本年御史薩斌等以役力拮據，奏請仍復舊制，經户部議駁。兹據該侍郎等奏稱，近年漕糧減少，脚價不敷辦公，兼之起卸間斷，人夫閒空屯養，工食不免賠累，自應量爲調劑。著照所請，五閘水脚抗價，准其暫復舊制，每石添給銀三毫。

《東華續録》道光一〇　八月壬戌，命江蘇按察使林則徐籌濬江浙水道。

《宣宗實録》卷七二　甲子，諭内閣：前據户部議覆御史條陳採買臺米，降旨令福建巡撫孫爾準察看情形辦理。兹據該撫在臺灣招募商民，運米十四萬石，陸續抵津。本年直隸秋收，一律豐稔，糧價已平。今米石全數運津，市價自必更減，該商等自備資本遠涉重洋，若仍照該部原議，令其自行投行，按照市價糶賣，必致賠纍，且不能趁秋汛回南，守候尤形苦纍，自應照此次户部籌議，官爲收買，以惠遠商。

《東華續録》道光一〇　己巳，御試翰林詹事等官，擢朱方增等五員爲一等，餘升黜留館有差。

庚午，續纂《通禮》成，御製序文。

《宣宗實録》卷七二　諭内閣：奉皇太后懿旨，全妃晉封爲全貴妃，祥嬪晉封爲祥妃。所有應行事宜，著各該衙門察例具奏。

《東華續録》道光一〇　甲戌，諭：王府官員有過犯應行參革者，五品以上交兵部專案具題；六品以下咨部彙題。著爲令。

《宣宗實録》卷七二　庚辰，諭：江蘇臬司林則徐現在丁憂，所有江浙兩省水利正屆勘估緊要之時，必須另行委員接辦。著孫玉庭、張師誠、帥承瀛於江浙兩省人員内，會同迅速保舉一員具奏，飭委辦理，以專責成。

以兩淮鹽運使葉紹本爲江蘇按察使。

壬午，引見直隸等省保舉孝廉方正人員。得旨：王萱齡、王導庥、汪學源、吴慶鍾、夏淳鏞、韓修桐，著以知縣用；陸耀遹、張繼昌、裘元淳、張文賓著以教職用。

癸未，貴州巡撫程國仁以病解任，以廣東布政使蘇明阿爲貴州巡撫。

甲申，諭内閣：御史陳肇奏，請飭禁徵收錢漕積弊一摺。名省漕務積弊相沿，土豪蠹役壟斷把持，遂有以完作欠之弊。又收漕時，委員以查漕爲名，實爲調劑候補人員起見，不過勒索陋規，均不可不嚴行飭禁。著各省督撫嚴飭所屬州縣，每季徵收完解時，將實欠花户名姓，送該管道府用印，仍發回本地張貼，如有以完作欠者，許該花户指控究辦。其各省查漕委員，概行停止，毋許仍沿積習。

調山西布政使蘇成額爲廣東布政使，以陝西按察使錢寶甫爲山西布政使，直隸通永道鄧廷楨爲陝西按察使。

丁亥，轉刑部右侍郎凱音布爲左侍郎，以都察院左副都御史常文署刑部右侍郎。

江西巡撫毓岱以疾解任，以刑部左侍郎成格爲江西巡撫。

戊子，以翰林院侍講學士陳用光、編修文慶、檢討受慶、右春坊右中允姚元之充日講起居注官。

《宣宗實録》卷七三　九月庚寅，以尊藏《仁宗睿皇帝實録聖訓》於皇史宬，上親詣行禮。

癸巳，諭：延隆奏，查辦南北商税偷漏出海之弊，請嚴申禁令一摺。滸墅關南北商船每多偷漏出海，以致内河各關税課不能足額，且於稽查洋禁，亦形懈弛。現經延隆將沿江鋪户裝回北貨，申明章程，嚴禁囤積轉運出海。其南北商船，除册内掛號舊商，仍准照常行運外，其有新立字號，呈報海運，希圖影射者，概行截留，以清弊源。

《東華續録》道光一〇　甲午，飭修直隸千里長隄。

乙未，翰林院奏，請將嘉慶十四年以後出洋淹斃官兵，雲南、四川、陝甘陣亡弁兵，一體立傳。允之。

丙申，調葉紹本爲廣西按察使，賀長齡爲江蘇按察使。

己亥，諭軍機大臣等：慶祥奏，領隊赴哈薩克游牧旋回，未能成禮一摺。伊犂領隊大臣樂善赴哈薩克游牧封汗賜奠，行抵巴彦烏拉地方，愛畢勒達前來迎接，離巴彦烏拉七十里，被俄羅斯勒索租賦，將愛畢勒達截去。外夷交易起釁，本屬常有，疆外之事原可不須過問，天朝亦斷無派員再往之理，俟其前來請領敕書，再行發給。至該將軍奏，請飭理藩院轉諭薩納特衙門，詢問俄羅斯之處，意可不必。惟應嚴飭沿邊卡倫謹守邊界，如有哈薩克投誠内附者，妥速辦理，毋許

私入開齊，以安邊徼。其樂善另摺自請議處之處，著加恩寬免。

《宣宗實録》卷七三　辛丑，諭軍機大臣等：據阮元等奏，小西洋啞咻國吱嗖噓夷船一隻，載有胡椒、檳榔等貨，來至零丁洋面寄碇。該國從前並未來過，詢係夷商各自合夥，並非該國主遣令貿易，暫令停泊候旨等語。該夷遠涉重洋，此次姑照嘉慶年間成案，暫准貿易，以示體恤。該督等即飭令洋商傳諭該夷商等，此次暫准易貨回國，係天朝特恩，不得援以爲例，嗣後斷不准再來通市。

以浙江布政使黄鳴傑署巡撫，調湖北布政使伊里布爲浙江布政使，山東布政使費丙章爲湖北布政使，湖北按察使王維詢爲浙江按察使，浙江按察使富呢揚阿爲湖北按察使，以山東按察使訥爾經額署布政使，降調前任江蘇巡撫韓文綺爲山東按察使。

《東華續録》道光一〇　癸卯，免安徽無爲等十一州縣上年被災學田租銀。

《宣宗實録》卷七三　丁未，諭軍機大臣等：前據陳若霖議覆，湖廣行銷淮鹽無須照舊封輪，當降旨，仍行開輪銷售，俟試行一二年，再將情形奏明辦理。

甲寅，諭軍機大臣等：永芹等奏，聞報逆裔前來滋事，密派將弁防捕一摺。逆裔張格爾，由霍罕糾約布嚕特多人，欲來喀什噶爾滋事。該大臣等陸續派員偵探明確，隨派官兵，同阿奇木邁瑪薩依特派出之伯克護衛回兵出卡堵截，永芹在城調度一切事宜。巴彦巴圖復帶領官兵，前往英吉沙爾，與領隊大臣色普徵額定議防守，即馳赴烏魯克等卡倫設法捦拏。該大臣等布置悉爲妥協。張格爾豺野性成，膽敢仗和卓名色，摇惑回衆，殊屬可惡。著永芹等督飭將弁，於各卡倫嚴密防範，將該逆犯張格爾，及伊弟巴布頂，迅速掩捕務獲，永絶根株，方爲萬全。若該逆犯等行蹤靡定，亦不可遠帶兵役，出卡窮追，總在該大臣等相機妥辦，實力防守，勿涉張皇，以靖邊圉。

《宣宗實録》卷七四　十月壬戌，伊犂將軍慶祥奏，准喀什噶爾參贊大臣咨稱，逆回張格爾與其弟巴布頂由霍罕逃出，糾約多人，欲由圖木舒克、烏魯克卡倫來搶喀什噶爾。永芹已派官兵出卡截堵。

乙丑，諭軍機大臣等：永芹等奏，守卡官兵輕敵，致有傷亡，並將弁即時擊賊紛竄卡外，分路追勦情形一摺。張格爾自阿賴地方，膽敢糾合二百餘人，到烏魯克卡倫焚搶滋擾，官兵傷亡三十餘人之多，經遊擊劉發恆排隊放槍，連斃數賊，紛竄卡外。現經巴彦巴圖派人追探賊蹤，將卡倫趕緊整頓，帶兵出卡，色普徵額亦帶兵追賊出卡。張格爾一見官兵，即行遁逃，諒不出喀拉他什山左近。【略】儻該逆等杳無蹤跡，亦不必帶兵深入，總在該大臣等相機妥辦，以靖邊圉。

丁卯，以吏部左侍郎裕恩署户部右侍郎，兼管錢法堂事務。宗人府右宗正定親王奕紹署管理欽天監事，内大臣和世泰署正藍旗蒙古都統。

辛未，諭軍機大臣等：前據魏元煜奏，立冬後黄水未消，糧船守候情形，降旨令孫玉庭等會籌減黄蓄清，俾糧船及早歸次。續據孫玉庭、張文浩奏到，現在籌啓減黄閘座，以便開放禦黄壩，趲渡回空漕船。迄今又閲旬餘，未據續奏黄水消落情形，並幫船曾否渡黄，朕心實深廑念。本年黄水來源，雖較上年稍旺，然當此水落歸槽之後，何至黄水高於清水一尺三寸之多？孫玉庭係兼轄河務大員，張文浩身任河督，黄、運兩河，是其專責，豈不知此事所關甚鉅！務各激發天良，迅速將清水設法擎托，俾回空軍船足資浮送。儻欲守待黄水自行消落，全無把握，坐失機宜，貽誤新漕，咎將誰諉，朕惟該督等是問。

乙亥，大學士托津等奏，俄囉斯學官生，誦習俄囉斯文字。乾隆二十九年以前，有在京學習滿文之俄囉斯協同教授，迨後僅用本學人員。迄今日久，俄囉斯來文，頗有支離承繙事件，無從考查。請仍於駐京學習滿文俄囉斯内，挑取一名，協同教授，以資校正。從之。

丙子，諭軍機大臣等：永芹等奏，官兵勦賊，連獲助逆賊目多名，審明懲辦，並酌量撤兵一摺。【略】現探明張格爾僅帶二十六人，困乏已極，奔投喀拉提錦部落，苟延殘喘。其近卡喀拉提依特部落助逆頭人那爾巴他，並其弟西爾就獲，搜出官鳥槍五桿，及侍衛花山布所戴花翎。又捦獲爲張格爾執旗之頭人阿玉巴什，供出巴哈提拜尖胡里圖爾底等。經永芹等訊明後，將六犯斬梟。其雅曼提依特部落頭人西爾噶孜，即係孜牙墩作亂助逆之犯，業已傷死，並殲斃賊匪四十餘名，甚爲妥善。

《東華續録》道光一〇　丁丑，准山西絳州等二十六州縣丁銀攤入地糧。

《宣宗實録》卷七四　〔乙酉〕署户部右侍郎、吏部左侍郎裕恩，因病賞假，以户部左侍郎明志暫署右侍郎，兼管錢法堂事務。

《宣宗實録》卷七五　十一月癸巳，諭：琦善奏，各州縣墊兑漕米，劃抵作賠名目，請永遠禁止等語。山東省嘉慶二十四年查辦各屬墊解民欠銀兩，在已徵未解銀内，劃抵作賠，以致各州縣交代案内，將墊兑無著漕米，率行援照劃賠，易

滋牽混。著照所請，將各州縣墊兑漕米，劃抵作賠名目，永遠禁止，以杜觀望。

乙未，户部議奏，嗣後各關徵收税課，仍照舊例，統以一年爲期。無論兩任三任，儻有短少，按照在任月日匀攤分賠。請將道光二年所定，各按各任賠補新例更正。從之。

壬寅，諭：前據趙慎畛奏，臺灣營弁，請照海疆久任之例，計俸升補，當交兵部議奏。玆據奏稱，駐臺守備以上，久停更調，而千把總以下，仍係紛紛更换，於海疆情形，未能周知，不足以資約束。嗣後臺灣千總、把總、外委、額外外委等弁，三年期滿，俱著毋庸調回内地。其留臺分别保題升補之處，均著照所議行。至該督奏請千總俸滿，先加升銜，未免過優，且留臺將備等，向無此例，亦覺兩歧。所請著不准行。該處營員，現雖更定章程，而班兵仍照舊三年更换。惟兵丁内亦有由臺招募土著入伍者，一經著有勞績，不得不加以甄拔。若年久拔補漸多，則營弁半屬臺地之人，易滋流弊，殊非杜漸防微之道。著該督等遇有千把外委等缺，仍按嘉慶九年兵部奏定章程，凡由臺募兵丁甄拔，並招募臺地土著兵丁，均不得過十分之一，以符定額。

丁未，諭内閣：吏部奏，議處江南河道總督張文浩等，請分别革職降調等語。【略】張文浩綜理南河，於一切修防，是其專責，乃並不隨時查勘，豫爲設法妥籌，以致延誤漕行，【略】張文浩著拔去花翎，降爲三品頂帶，仍留河督之任，以觀後效。

己酉，禮部奏，定例節婦三十歲以内守節，如未逾五十身故，必守節已届十五年者，方准旌表。今安徽已故民婦王楊氏，守節十三年，例不准旌。惟節婦貞女，情事略同，乾隆三十六年題准，旌表已故貞女，不拘年限。應請嗣後已故節婦，改照現存節婦二十年例限之半，已及十年者旌。從之。

以先賢顓孫子後裔樹勳襲五經博士。

壬子，調河東河道總督嚴烺爲江南河道總督，賞河南開歸陳許道張井三品頂帶，署河東河道總督。

《東華續録》道光一〇　甲寅，諭軍機大臣等：前據孫玉庭等奏，堰盱大隄被風暴掣塌過水，見在趕籌堵築，特派文孚等前往查勘實在情形。朕思此事固由張文浩辦理不善所致，然孫玉庭以大學士節制兩江兼轄河務，自應及早參奏，乃意存徇隱，欲爲消弭，此時若仍留兩江總督之任，文孚等查辦恐多掣肘之處。著文孚等到清江日，即傳旨將孫玉庭解任，張文浩革職，所有兩江總督事務著魏元煜署理。文孚等當細心密訪，務使功罪分明，毋得稍有畸重畸輕之見。

諭吉林伯都訥阿勒楚喀等處，開墾荒地，移居京旗閒散。

《宣宗實録》卷七五　命兵書尚書玉麟在軍機大臣上行走。

丙辰，户部左侍郎、江蘇學政周系英因病解任，調禮部左侍郎李宗昉爲户部左侍郎，仍留江西學政任。以吏部左侍郎王引之兼署户部左侍郎，工部右侍郎顧德慶兼署吏部右侍郎。轉禮部右侍郎辛從益爲左侍郎，命提督江蘇學政。以内閣學士汪守和爲禮部右侍郎，候補内閣學士翰林院侍讀學士朱方增爲内閣學士兼禮部侍郎銜。

戊午，江蘇巡撫張師誠奏，飭令地方官實力宣講《聖諭廣訓》。得旨：所見皆是，但須行之以實，若徒作外飾，仍屬無益，一力勉之。

《宣宗實録》卷七六　十二月己未，諭内閣：御史楊煊奏，請禁五城錢鋪攙扣錢文一摺。向例奸徒私鑄錢文，及攙和行用，久干禁令。況京師户、工二部錢局，每月按卯鼓鑄，均係一律大錢，支放流通，藉便民用。各該鋪户自應恪奉功令，遵照行使，何得任意攙雜扣減，罔顧法紀。玆據該御史奏稱，近來錢鋪，每於制錢内夾入小錢，且又短少錢數，似此種種滋弊，殊於窮民生計有礙。著順天府、五城一體出示嚴禁，如有牟利之徒，仍前攙私短數者，立即查拏究辦，毋得視爲具文。

大學士、前任兩江總督孫玉庭奏，此次堰盱湖工掣通過水，實由暴風狂猛，人力難防，張文浩但爲節省啓閉錢糧，堵遲禦黄壩，蓄清過旺，轉致棘手，請另簡賢能，令該河督留工效力贖罪。得旨：風暴由天，蓄清過旺，亦由天乎？若因節省一二萬金起見，朕斷不信，總由任性自用，不守前規，不恤人言，以致坐令僨事。此等剛愎自用，誤國溺職之人，朕斷不能姑息也。

辛酉，以江蘇山陽、清河二縣猝遭水患，截留淮安各縣漕糧一萬五千石，以備賑需。

癸亥，以理藩院尚書穆彰阿兼鑲紅旗蒙古都統，仍署鑲紅旗漢軍都統。

戊辰，河南巡撫程祖洛代奏，正二品廕生黎學淳，謝故父江南河道總督世序賜謚等恩。

實授魏元煜兩江總督，以倉場侍郎顔檢爲漕運總督，調工部左侍郎程含章爲倉場侍郎，禮部左侍郎辛從益爲工部左侍郎，仍留江蘇學政任，轉禮部右侍郎汪守和爲左侍郎，以都察院左副都御史劉彬士爲禮部右侍郎。

《宣宗實録》卷七七　丙子，諭軍機大臣等：魏元煜奏，淮河洪澤湖水勢情形，並催重運趕緊兑開一摺。據稱高堰隄工掣通，水勢旁洩南趨，湖中所存無幾。現雖上緊籌堵，而冬令來源不旺，收蓄無多，是藉黄濟運，誠屬不得已之權宜。所慮河道今昔不同，並黄水長落變遷，非如清水能用人力節宣。且淮河自清江上下，以至平橋一帶，亦多間段淤淺，非大加挑濬，一律寬深，則引黄入運，無以爲受淤之地。現經估計興挑，如果一律寬深，趁黄水不甚渾濁之時，竭力趲挽，尚不至十分掣肘。仍不論省分幫次，先到瓜洲口者，先提北上。如黄水入運暢行，即可加緊趕催；設黄水入運較小，亦可相機起剥等語。本年高堰掣塌，湖水宣洩過多，明春重運北上，清水浮送，不能得力。漕糧關天庾正供，斷不能任其阻滯，借黄濟運，本屬下策，此數月内能將閘壩趕緊集料，次第堵閉，收蓄清水，來春出口之路，普律深通，使重運得以趲行，自屬甚妥。現據魏元煜奏，淮水洪澤湖水勢情形，兼籌及清江上下，一律挑濬寬深，引黄入運，不致受淤，意在權宜辦理，朕亦不爲遥制。但河漕全局，關係重大，若祇顧目前之計，將來運河受病愈深，挑濬愈難，誰執其咎？文孚等接奉此旨，即著會同細心察看，通盤計畫。

《東華續録》道光一〇　戊寅，移直隸長垣縣縣丞、唐縣主簿，駐千里長隄；改寶坻、豐潤、玉田、獻縣、正定、元城專河主簿，爲兼河缺，分管捕務。

己卯，召明山來京，以長齡爲雲貴總督。

孫玉庭奏，高堰漫口合龍。

《宣宗實録》卷七七　癸未，諭内閣：文孚等奏，遵查堰盱要工潰決情形一摺，甚屬明晰。前因洪湖蓄水過多，高堰掣塌口門二處，並坍卸石工至一萬一千餘丈，實爲從來所未有之事。【略】張文浩著在工次枷號一箇月，滿日發往伊犁效力贖罪，以爲河員負恩溺職者戒。孫玉庭節制兩江，兼轄河務，明知堵壩遲延皆由張文浩辦理失當，不早嚴參，至朕降旨詢問，始行具奏，有心徇隱回護，咎實難辭。孫玉庭著交部嚴加議處，即行來京聽候部議。

《東華續録》道光一〇　以那清安爲熱河都統，明山爲刑部尚書前任雲貴總督。

甲申，命奉天採買粟米二十萬石，籌備京通各倉。

《宣宗實録》卷七七　丙戌，諭内閣：吏部奏，嚴議大學士、前任兩江總督孫玉庭，降級調用，因有革留之案，請旨革任等語。【略】孫玉庭著加恩改爲革職留任，八年無過，方准開復，並著革去太子少保銜，用示朕宥過從長權衡至當之意。以大學士托津管理藩院事。

道光五年（乙酉、一八二五）

《宣宗實録》卷七八　正月癸巳，命孫玉庭暫留江南，會辦漕運事宜。

丙申，諭内閣：御史楊煊奏，請撲殄蝗蝻一摺。上年直隸省偶被蝗災，節經撲滅，惟入冬以來，雪澤較少，天氣晴暖。據該御史奏稱，直隸霸、安肅、定興等州縣，蝗蝻業經蠕動，出土者約長二三分不等，其未經出土之蝻子，正復不少，並恐此外尚有萌生之處，自應防患未然，即行刨挖净盡。著陸以莊、申啓賢、蔣攸銛，迅即查明有蝻孽地方，嚴飭各該州縣，趁此農隙之時，實心設法撲捕，限十日内將蝻子全行刨挖，毋任滋蔓爲害。

《東華續録》道光一一　丁酉，命浙江修治河道水利。

己亥，命修復陝西河渠水利。

《宣宗實録》卷七八　庚子，諭内閣：魏元煜等奏，要工並舉，請飭調監催各員一摺。南河運口，及禦黄壩内外疏築各工，並修復堰盱湖隄，工段既多，必得公正大員，及諳練勤幹各員，分段監催，以期妥速蕆事。著照所請，原任江蘇按察使丁憂回籍之林則徐，降調河北道現賞同知銜發往直隸差遣之鄒錫淳，俱著准其飭調來工，專任督催。原任徐州府丁憂知府俞顥達，現任浙江玉環同知王鳳生，原任蘇州府總捕同知候補直隸州知州倉斯升，現任東河下北河同知鄭炳文，原任淮安府外南丁憂同知王貽象，俱著准其飭調來工，分任監催。原任安徽宣城縣知縣楊德塤，揀發東河知縣借補陽封縣丞張泰青，俱著准其調工，稽覈工程錢糧。該督等即檄催各員迅速赴工，妥爲經理。除籍隸江蘇之鄒錫淳、楊德塤，工竣再行具奏外，王鳳生、鄭炳文、張泰青，及服闋例應赴選直隸州知州倉斯升，均著留於南河差委補用；其林則徐、俞顥達、王貽象三員，工竣仍著回籍終制。

壬寅，諭軍機大臣等：永芹等奏，逆裔張格爾竄至喀拉提錦，近日屢經布嚕特等探報，該犯流移不定，招集匪類，名曰格得勒沙一種，潛往喀拉霍爾罕地方，距卡倫遠近不過數日之程。附近布嚕特等，因其嚇詐摇惑，生計不安，每以風聞報信等語。【略】永芹等務當剴切曉諭布嚕特人衆，如果能將該逆等悉數擒獻，固屬盡善，否則飭令各卡倫，隨時嚴密防範，毋稍疏懈。儻該逆等愍不畏死，仍

來窺伺，立即相機拴捕，以浄根株。

辛亥，諭内閣：三載考績，大典攸關，諸臣中實能爲國家宣勤，自當甄敘，年老而精力尚健者，仍堪留任。本年京察届期，吏部將京外各大員，開單具奏，朕詳加裁定。大學士托津，大學士雲貴總督長齡，奉職多年，恪恭乃事；大學士曹振鏞，吏部尚書文孚，户部尚書黄鉞，管理部務，均臻妥善，而承書諭旨，獻替劻勷，尤爲出力；協辦大學士、户部尚書英和，管理部旗諸務，俱能盡職；禮部尚書汪廷珍，品行端方，部務熟習；協辦大學士、直隸總督蔣攸銛，封疆重任，克稱職守，自調任直隸總督以來，通省事務，日見起色；陝甘總督那彦成，辦理西寧番案，甚屬得宜；江南河道總督嚴烺，前在東河任内，宣防盡力，歲慶安瀾，俱著交部議敘。署山東巡撫琦善，明幹有爲，任勞任怨，前辦馬進忠逆案，不動聲色，誅捕浄盡，尤爲卓著，著加恩賞加總督銜，仍留山東巡撫之任。都察院左副都御史德奎，人甚平庸，不稱風憲之任，著以四品京堂降補。餘俱著照舊供職。

撥山東籌備銀六十一萬七千兩，解往江南，以濟工需。

《東華續録》道光一一 乙卯，予明臣黄道周從祀文廟。

《宣宗實録》卷七八 戊午，貴州按察使宋如林以病解任，調廣東按察使李澐爲貴州按察使，以廣東南韶連道容海爲按察使。

《宣宗實録》卷七九 二月己未，諭内閣：本日松筠到軍機處，告知軍機大臣代爲奏請，帶内閣中書徐松，隨往熱河審案。向來各部院大臣，經朕派令出差，例帶本衙門司員，或本衙門無熟悉刑名之人，准將刑部司員奏明帶往。此次濟克默特扎布及色楞旺楚克互控一案，係蒙古事件，前經松筠奏帶理藩院司員，尚屬可行。松筠係都察院堂官，中書非其所屬，率請隨帶徐松，又不於召見時面奏，跡近專擅，任意妄爲，不知檢點。且此端一開，將來出差大臣，皆可於所屬意之人，奏請帶往，夤緣奔競，尚復成何政體？松筠所請不准行，著傳旨嚴行申飭。

辛酉，湖廣總督李鴻賓奏報，楚岸設立公局，行銷淮鹽，銷引較暢，例價無增，商民均有裨益，請永遠遵行。從之。

修湖北省會江隄。從總督李鴻賓請也。

癸亥，諭軍機大臣等：上年江南高堰漫口，清水宣洩過多，高寶至清江浦一帶，河道節節淺阻，於本年重運漕船，大有妨礙。屢經諭令欽差尚書文孚等，會同兩江總督及河漕諸臣妥商籌辦，均以清水來源本緩，一時難期暢注，而重運瞬即前進，未便停待，懇請引黄入運，藉其浮送，此固不得已權宜之計。雖添築閘壩，鉗束盛漲，自可無虞泛溢。第黄水挾沙而行，過後必致淤墊，恐目前偶資濟運，日久貽患滋深，終非善策。從前海運之説，歷據臣工條議，有謂可以試行者，亦有謂斷不可行者，迄無定見。果係河流順軌，漕船自可照常由内河行走，如必欲捨河運之成規，輕冒洪波之鉅險，一切更張舊制，固屬勢所不能。然漕糧爲天庾正供，所關非細，設將來運道竟至淤滯，各幫船因而遲誤，該督撫等身任地方，豈有束手無策，不爲設法運京之理？自應未雨綢繆，另籌妥辦。朕思江蘇之蘇松常鎮，浙江之杭嘉湖等府屬，濱臨大海，商船裝載貨物，駛至北洋，在山東、直隸、奉天各口岸卸運售賣，一歲中乘風開放，每每往來數次，似海道尚非必不可行。朕意若將各該府屬應納漕米，照常徵兑，改雇大號沙船，分起裝運，嚴飭舵水人等小心管駕，伊等熟悉水性，定能履險如夷。所有風濤之警，盜賊之事，亦可無慮。惟事係創始，辦理不易，然不可畏難坐視，漠不相關。著魏元煜、顔檢、張師誠、黄鳴傑，各就所屬地方情形，廣諮博採，通盤經畫，悉心計議，勿存成見。務將如何津貼沙船，旗丁不至苦累，雇用船隻，有無騷擾閭閻，抑謹隨船均須派委員弁，照料護押，及各該屬由何處水次兑運開行，抵北時灣泊何所，以便起卸運通之處，一一熟籌，據實具奏，候朕裁酌施行。至江廣幫船，應否同江浙漕糧一體轉運海口，俟江浙等幫海運著有成效，再行歸併籌辦，亦著一併議奏。

戊辰，長蘆鹽政福珠隆阿覆奏，鹽斤加價，以濟工需，不至病民，請照内務府大臣阿爾邦阿所奏辦理。得旨：依議妥爲辦理。

乙亥，湖廣總督李鴻賓奏，湖北監利縣江隄，襄陽府老龍石隄，被水坍塌，請借項興修。從之。

丁丑，諭：富俊奏，請賞發書籍清文條例。吉林乃我朝根本之地，俗厚風醇，八旗臣僕於國語騎射而外，自當教以清漢文藝。近來該將軍衙門遇有旗民交涉事件，定擬罪名立案，多用漢文，必至清文日漸生疏，自應更正以敦舊俗。其滿洲、蒙古官學，並未頒發書籍，坊間購買，訛舛甚多，亦應頒發官刻善本，以資矜式。著武英殿查照該將軍單開各種書籍，裝釘齊全，豫備該將軍派員祗領。

壬午，諭：御史熊遇泰奏，江海關商船出口，請照定例納税放行。江海關商販貨船除例禁出洋者，向准其納税放行，前因運往北省銷售茶船，不諳南洋沙線，勢難偷越，亦經該督等議請弛禁，不必概令由内河行走，原所以體恤商旅。兹據該御史奏稱，嘉善、松江交界一帶地方，有江蘇織造衙門胥吏人等，私雇巡船，藉端訛索，遇有重載商船，逼令由内河行走，是以關榷爲胥役營私之地，不可

不加以嚴禁。著該督撫等詳查確訪，除向例禁止出洋船隻，飭令沿海口隘嚴查禁止，仍令由內河行走外，所有販往北省茶船，及不在出洋例禁商販貨船，一體實力稽查，於出口時驗明，照例納稅放行，仍嚴禁夾帶違禁等物，毋許偷漏。並著該督撫及織造等嚴查胥役，如有假借巡查各色，留難商船，滋事紛擾者，即嚴行懲治，以安行旅。

《東華續録》道光一一　癸未，諭：本日據已革御史捐納員外郎蔣詩呈進《畿輔水利志》一百卷，著發交蔣攸銛詳細閱看，如有可採擇之處，據實具奏。

《宣宗實録》卷八〇　三月辛卯，湖南布政使景謙因病解任，以署江蘇布政使誠端爲湖南布政使，馬蘭鎮總兵官繼昌爲江蘇布政使。

壬辰，調盛京刑部侍郎昇寅爲工部右侍郎，兼管錢法堂事務。未到任前，命左侍郎舒明阿兼署。

以內閣學士武忠額爲盛京刑部侍郎。

乙未，江蘇巡撫張師誠奏報，嘉興幫教匪占駕糧船，殺斃多命情形。得旨：實力細心妥辦，勿致疏虞。

丙申，諭內閣：御史隆勛奏，請定南營巡察章程。【略】如該御史所奏，近來報竊之案，幾無虛日，移營會緝，視同具文，甚至街巷堆撥，僅存空屋，疲玩已極。著步軍統領衙門，嚴飭該營參將、遊擊等官，督率各汛員弁，無分畛域，嚴密稽查，有犯必懲，緝拏務獲。

《東華續録》道光一一　壬寅，諭各督撫飭禁獄卒陵虐監犯。

《宣宗實録》卷八〇　甲辰，安徽巡撫陶澍奏，淮隄經費浩大，無從籌措，須督勸百姓設法辦理，自可漸著成效。得旨：興水利，除水患，莫大之善政也，總要督率認真，勸導有方，固不可徒費周章，亦不可始勤終怠，詳慎勉之。

命署山東巡撫琦善以總督銜實授山東巡撫。

以順天府府尹申啓賢爲倉場侍郎，順天府府丞朱爲弼爲府尹。

丁未，諭軍機大臣等：寄諭兩江總督魏元煜、江蘇巡撫張師誠、山東巡撫琦善，前據黃鳴傑奏，嘉興白糧幫水手，因争駕新船，糾衆互毆一案，已明降諭旨，按名查拏究辦矣。此案該幫糧船水手，因争船起釁，糾衆兇毆，傷斃多命。並聞該幫有老堂、潘堂諸教名目，各船內刀槍器械不少，並有紅布繫腰者，不法已極。據該署撫祇奏明滋事水手席明、韓禿子、蘇當家【略】數人，並有李明秀、馬文德二名，在逃未獲。朕聞該幫六十九船，水手有一千餘名，結成一氣，其心甚齊。此等兇犯俱籍隸徐州、山東一路，素行兇悍。現當漕運渡黃喫緊之際，若此時沿途截拏，必致脱幫遲誤，所關匪細。該督撫等，惟當飭令沿途文武，嚴密防範，無許在途報復滋事。

甲寅，調刑部左侍郎凱音布爲吏部左侍郎，實授百春吏部右侍郎，以鑲黄旗蒙古副都統英瑞爲刑部左侍郎。

丙辰，諭軍機大臣等：孫玉庭等奏，趲渡漕船幫數，並裏河淤墊，現在籌辦情形。本年因洪澤湖存水無多，不得已引黃濟運，權宜辦理，原與嘉慶十六年借黃濟運，尚有清水鋪底者，情形不同。其一切啓放機宜，該督等即應豫籌妥善。現在啓放禦黃壩一月之久，重運挽渡，僅及三分之一，而裏河運口一帶，已形淤墊，漕船間段阻滯，孫玉庭等自當設法籌辦，豈能稍有推諉？此次所奏，將通湖各閘全行啓放，使河流暢速下達，以免裏河墊淺，及應行築壩逼束之處，由孫玉庭等相機辦理，朕亦不爲遥制。

《東華續録》道光一一　免河南積年民欠，並河工加價攤徵銀。

四月戊午，撥直隸河屯協左營額外外委一並各營兵歸茅溝汛把總協防。

《宣宗實録》卷八一　己未，刑部奏，審擬太平倉廒座失火人犯。得旨：嗣後每逢開倉，著倉場侍郎嚴飭各倉監督，督同各花户，將領米宄筲人等，逐細搜查，毋許攜帶煙火進倉，仍於封倉時逐廒檢點。並著倉場侍郎隨時嚴查，如再有攜帶煙火者，即從重治罪不貸。

壬戌，諭內閣：前據程祖洛覆奏鹽斤加價章程，當令候旨遵行，嗣各督撫鹽政先後奏到，兩淮成本較重，兩浙額引現未暢銷，已降旨無庸議加。其行銷蘆鹽之直隸、山東，據稱加價尚不至病民，並諭令依議辦理。豫省祥符等五十三州縣，行銷長蘆引鹽，商邱等九州縣行銷山東引鹽。現在鹽價本不甚昂，每斤加價二文，尚屬平價，仍可敵私。民間計口買食，所增無幾，不至食貴病民，於工需亦屬有濟。著即照所請，覈實辦理，隨時報解。至該省行銷淮鹽之光州等十四州縣，著照兩淮奏准章程，無庸議加。

癸亥，以本年鄉試考試，應開列試差人員於圓明園正大光明殿。

丙寅，伊犁將軍慶祥奏，查探張格爾在塔什霍爾罕地方，窮蹙已極，隨行祇十數人，已不敢回霍罕，欲赴喀什噶爾自投，又恐被獲就戮，游移無定，遂至奈曼部落，與布嚕特比伊滿，抱經起誓，欲行投誠。伊滿已赴喀什噶爾禀報各等情。

調工部右侍郎昇寅爲刑部右侍郎，兵部左侍郎耆英爲工部右侍郎，兼管錢

法堂事務，轉兵部右侍郎寶興爲左侍郎，以内閣學士奕經爲兵部右侍郎。

《東華續録》道光一一　庚午，晉封全妃鈕祜禄氏爲全貴妃，祥嬪鈕祜禄氏爲祥妃，珍貴人赫舍哩氏爲珍嬪。

《宣宗實録》卷八一　辛未，以浙江布政使伊里布爲陝西巡撫，未到任前以布政使鄂山護理。調江蘇布政使繼昌爲浙江布政使，以江蘇按察使賀長齡爲布政使，山東運河道慶善爲江蘇按察使。

壬午，以翰林院侍講學士穆馨阿充日講起居注官。

癸未，八旗都統英和等奏，會籌旗人疏通勸懲之法，並申明舊例：一，閒散旗人告假，但令告明佐領參領，給與圖記，即准外出營生，如有事逗留，報明地方官，行文該旗，回京之日，仍准挑差，或在外年久，願改民籍者，准其呈改；一，犯竊刺字，寡廉鮮恥，甘心下賤，銷除旗檔各例，宜實力奉行；一，漢軍有考職捐職之例，滿洲、蒙古，宜畫一辦理；一，雙城堡移駐京旗，原定每年二百户，現在每年移駐總未及一百户，應飭參佐領等，將利害明白宣示，逐户諭知，俾各樂移駐，以期足二百户之數。從之。

《東華續録》道光一一　乙酉，創修《安徽省通志》。

《宣宗實録》卷八二　五月丁亥，以翰林院編修邵甲名爲雲南鄉試正考官，内閣中書端木坦爲副考官；翰林院編修曾元海爲貴州鄉試正考官，刑部主事陸堯松爲副考官。

戊子，諭軍機大臣等：琦善奏，豫東軍船不敷接運南糧，請添雇民船，統在濟寧以北接運一摺。此次豫東軍船，堪調者五百四十餘隻，按額滿載，不及三十萬石。各船板薄釘稀，歷年兑運，總在濟寧以北，自須添雇民船，俟南河剥船至彼，接卸代運。其南河剥船，俟運足漕米四十萬餘石，仍裝載南糧，長運抵通。至該撫酌議接運水次時日，及軍船應給運費口糧食米，民船雇值津貼，及閘座隨時啓放章程十七條。當此接運喫緊之時，孫玉庭等必須商榷熟籌，計出萬全，俾彼此俱無窒礙，南來弁丁，不至藉口賠纍，豫東軍船民剥，均資津貼，無誤本年南糧抵通，仍不誤來年豫東兑運，方爲至善。著孫玉庭等，即會同悉心妥議，具奏辦理。

《東華續録》道光一一　甲午，諭：我朝家法嚴明，從不准太監與外人交結，至差往各省之事，尤屬從來所未有，此内外諸臣無不知者。前據張師誠等，於滸墅關盤獲在逃太監馬長喜，竟敢假冒頂帶，捏寫奉旨進香，黄旗標插坐船。並經軍機大臣會同英和等，究出該犯行至丹陽，住宿公館，令該處家人代雇船隻，官爲給價。似此招摇恣肆，更非潛蹤溷迹者可比，尤屬可惡。沿途文武各員，何竟毫無聞見？若非滸墅關盤獲，竟令長途供頓，任意妄爲，尚復成何事體！見已將該犯按律治罪，其失察過境之地方官，此次姑免深究。

《宣宗實録》卷八二　丁酉，諭：慶祥等奏，嚴定回疆斂錢條例一摺。新疆回部地方，往往有代逆裔寄信斂錢之事，甚屬可惡，不可不嚴立章程。著照所議，嗣後如有代逆裔寄信斂錢者，一經審實，將傳遞信物之人，即行正法。其出錢幫助之人，發極邊煙瘴充軍，遇赦不赦。

《東華續録》道光一一　己亥，以海口停淤，命魏元煜、嚴烺履勘雲梯關外長隄。

《宣宗實録》卷八二　庚子，以翰林院侍讀毛樹棠爲廣東鄉試正考官，吏科給事中陶廷杰爲副考官；翰林院編修周作楫爲廣西鄉試正考官，王煜爲副考官；右春坊右中允翁心存爲福建鄉試正考官，翰林院編修陳兆熊爲副考官。

甲辰，諭：御史萬方雍奏，請飭刑部將辦理秋審改擬情實緩決等案出語，豫行知照九卿詹事府科道一摺。所奏甚是。秋讞爲明刑鉅典，與議諸臣，原應公同集議，以昭詳慎。其案情有介於可實可緩之間者，尤關罪名生死出入。若如該御史所奏，刑部辦理秋審各案，向祇摘敘略節，刊刻招册，分送九卿詹事科道，屆期會議。其由緩改實，由實改緩；或由緩改矜，由矜改緩之案，並不將擬定看語方簽，豫行知照，僅於會議上班時，令書吏宣唱一次。會議諸臣，於悤遽之時，僅聽書吏宣唱看語，焉能備悉案由，從而商榷。是徒有會議之名，而無覈議之實，豈國家矜慎庶獄之意乎！嗣後著刑部將議定改擬各案看語，彙齊繕刻，於會議上班前五日，分送九卿詹事科道，俾豫行查對招册案情，是否改擬允協，會議時得各攄所見，以重刑獄而昭覈實。

調江蘇巡撫張師誠爲安徽巡撫，安徽巡撫陶澍爲江蘇巡撫。

戊申，命大學士前任兩江總督孫玉庭、漕運總督顔檢來京，調兩江總督魏元煜爲漕運總督，以山東巡撫琦善爲兩江總督，調陝西巡撫伊里布爲山東巡撫，以陝西布政使鄂山爲巡撫，陝西按察使鄧廷楨爲布政使。

辛亥，定滿洲、蒙古考職例。由恩拔副貢生考取一等者，以州同用；二等、三等，以州判、縣丞用。由歲優貢生，及考中監生、捐納貢監生，考取一等者，以主簿用；二等以吏目用。均在旗候選，毋庸赴部投供。

壬子，以通政使司參議貴慶爲內閣學士，兼禮部侍郎銜。

以翰林院編修張日晸爲湖南鄉試正考官，內閣中書石綸爲副考官；翰林院編修李棠階爲四川鄉試正考官，兵部員外郎周炳緒爲副考官。

乙卯，改湖南永順府古丈坪督捕同知爲撫民同知，移桑植縣下峝巡檢爲古丈坪廳巡檢，均定爲苗疆要缺。從調任總督陳若霖等請也。

《東華續録》道光一一　六月戊午，諭：吏部將大學士孫玉庭等分別議以革職降級調用。朕惟國家用人之道，貴在賞罰嚴明，而賞罰之平尤在權衡功過。朕自臨御以來，於內外諸臣無不傾心委任，從不以其人之功過豫存成見，意爲寬嚴。孫玉庭經朕特旨留駐清江督辦漕運，並不通盤籌畫，勉贖前愆，乃一味虛詞塞責，臨事周章，糜帑病民，孤恩溺職，本應照部議褫革，念其曾任督撫，宣力有年，著加恩賞給編修休致。顏檢經朕特簡漕督，漕務是其專責，乃不能妥速辦理，有負委任，且年力就衰，著加恩改爲降二級以三品銜休致。魏元煜、嚴烺經朕屢次飭諭，均未能籌辦妥協，即照部議降調亦屬咎所應得，姑念魏元煜甫經簡授兩江總督，到任未久；嚴烺職司河務，此次漕運遲延，非盡關河工辦理未妥，尚可稍從末減。魏元煜著加恩改爲降四級從寬留任，嚴烺著加恩改爲降三級從寬留任，以示朕甄覈功過，務昭平允至意。

命蔣攸銛爲體仁閣大學士，仍留直隸總督任。以禮部尚書汪廷珍協辦大學士。

《宣宗實録》卷八三　壬戌，諭軍機大臣等：御史王世紱奏，請防糧船水手設教斂錢流弊一摺。據稱各幫糧船舵水，設有三教，一曰潘安，一曰老安，一曰新安。所祀之神，名曰羅祖。每教內各有主教，名曰老官；每幫有老官船一隻，供設羅祖。入其教者，投拜老官爲師。各船水手，聯名資助，統計三教不下四五萬人，沿途縴手，尚不在此數。水手雇值，向例不過一兩二錢，近年挾制旗丁，每名索二三十千不等。及銜尾前進，忽然停泊，老官傳出一紙，名曰溜子，索添價值，旗丁不敢不從。水手滋事，必送老官處治，輕則責罰，重則立斃，沈入河中。沿途招雇縴手，必推曾經械鬬受傷者爲頭目。遇有爭鬬，以紅箸爲號，人即立聚。新安一教，尤多匪徒，此次欲在江南衆興集地方，招人報復，因船未渡黃而止。此案水手滋事，宜設法嚴辦。

《東華續録》道光一一　乙丑，命加濬雲梯關外引河，並接築兩岸新隄。

丁卯，申禁湖南洞庭湖濱圈築私垸，並復派員巡湖。

《宣宗實録》卷八三　吏部以大學士蔣攸銛應定何殿閣請。得旨：著爲體仁閣大學士。

《東華續録》道光一一　戊辰，撥甘肅西甯鎮外委一，駐康家寨堡；添設日蘭木塘汛，撥巴燕戎格外委一更替稽查。

以常文爲盛京户部侍郎由左副都御史遷。

《宣宗實録》卷八三　己巳，以署户部右侍郎王鼎爲浙江鄉試正考官，户科給事中趙柄爲副考官；大理寺卿福申爲江西鄉試正考官，京畿道御史李逢辰爲副考官；司經局洗馬許乃普爲湖北鄉試正考官，江南道御史王贈芳爲副考官。

《宣宗實録》卷八四　癸酉，諭軍機大臣等：據琦善奏，接印任事，察看黃運兩河淤墊，幫船淺滯，盤運艱難情形，及籌辦河湖剥運事宜各摺。覽奏具悉，所有查勘湖河工程，及東省船隻儘數裝運諸事，已諭知嚴烺、訥爾經額照辦矣。漕河敝壞，一至於此，現已另降諭旨，飭令孫玉庭等留江，將運河淤墊之處，著落賠挑。琦善即督飭孫玉庭等照估興挑，一律寬深如式，俾資湖水暢出，提挽浮送。其豫東接運之四十萬石，務令設法如期盤竣，不誤豫東新船受兑新漕爲要。現在河面有水之處，既被民船擁塞，剥船難以轉運，即派員設法催那，騰空河面，俾軍船提前一里，即省一里之糜費。其渡黃間斷淤阻之紹興後幫船隻，亦須及早設法催挽北上，方可起卸回空。

山東巡撫伊里布丁憂，以布政使訥爾經額護巡撫，按察使劉斯嵋署布政使，鹽運使王檢署按察使。

甲戌，淮關監督文連奏，河路淤淺，封船接運漕糧，以致關稅短徵。

乙亥，以理藩院尚書穆彰阿署漕運總督，前任江寧將軍普恭署理藩院尚書。

諭軍機大臣等：前據英和奏，通籌漕河全局，請暫雇海船以分滯運，酌折額漕，以資治河，當交各該督撫等悉心議奏。茲據程含章查照英和原奏，詳晰籌議，所奏俱悉。浙江乍浦海口，內河外海，中隔石塘，塘外積有鐵板沙塗，海船不能停泊。其寧波府甬江口，可以收泊海船，惟由有漕州縣剥運至寧波，中隔兩江三壩，必須盤剥五次，耗費甚鉅。浙江明年之米，該撫請仍由運河運送入京。

己卯，諭：陶澍奏，勸設義倉章程一摺。國家養民之道，足食爲先，而裕民之原，積貯尤重。前年安徽偶遇荒歉，賑撫兼施，該撫請設立義倉，爲未雨綢繆之計。所議章程，如州縣中每鄉村公設一倉，秋後聽民捐輸，歲歉酌量散給，出納悉由民間經手，不假官吏，防侵蝕以禁騷擾，矜貧寡而杜爭端各條。著即移交

新任巡撫，照議妥爲經理，仍督飭各州縣實心實力，勸導有成，總期經久無弊，不必另立倉名。

以禮部右侍郎劉彬士爲江南鄉試正考官，翰林院侍講學士陳用光爲副考官；詹事府少詹事龔守正爲陝西鄉試正考官，翰林院編修李泰交爲副考官。

《東華續録》道光一一　壬午，添設山西河東鹽池巡查弁兵，如淮鹽緝私例。

《宣宗實録》卷八五　七月戊子，調四川布政使韓文綺爲雲南布政使，以直隸按察使董淳爲四川布政使，長蘆鹽運使張青選爲直隸按察使。

庚寅，命大學士托津管刑部事。

辛卯，以翰林院編修朱襄爲河南鄉試正考官，邵正笏爲副考官；内閣學士朱方增爲山東鄉試正考官，翰林院侍讀文慶爲副考官；編修馮贊勳爲山西鄉試正考官，蔡賡颺爲副考官。

甲午，諭内閣：蔣攸銛奏，京縣承辦鄉會試科場，請籌加津貼一摺。順天貢院，辦理文鄉會試，一切供給器具，向由直隸藩庫地糧項下給發，大興、宛平兩縣分領承辦，作正開銷。惟需用浩繁，近年物價昂貴，例銷銀兩不敷，若由該二縣那移墊用，易滋虧缺之弊。該督等奏請籌加津貼，俾得經理裕如，著照所請，除繙譯及武鄉會試，並各項考試，均有例支正項，毋庸津貼，及文鄉會試科場例銷一切，仍舊支領，毋庸加增外，嗣後准於初次鹽斤加價水利生息項下，犒賞兵丁餘賸銀内，每届文鄉試津貼銀四千兩，文會試津貼銀二千兩。如遇接辦恩科文鄉試酌減爲三千兩，文會試酌減爲一千五百兩。飭令大、宛兩縣各半分領，即自本年乙酉科爲始，撥給備辦。此係在外不報撥之款，著毋庸造册報銷。

丙申，調正白旗領侍衛内大臣奕紹爲鑲黄旗領侍衛内大臣，以御前大臣賽沖阿爲正白旗領侍衛内大臣。

丁酉，諭軍機大臣等：琦善等奏，黄河自上年倒灌後，堰盱失事，並無清水刷黄，淤墊更遠。立秋後，河隄出水，僅止五尺，情形險要。著照該督等所請，將外南北山海等廳隄堰卑矮之處，搶加子埝，勒限於月内趕完，以資捍禦。

《東華續録》道光一二　戊戌，移湖北提標中營外委駐隨州雙河集，撥鄖陽、施南、武昌、漢陽各營兵隸之。

辛丑，諭：訥爾經額奏，通籌軍船接運情形，議請展限一摺。本年東省接運南糧，前經琦善奏准展至七月十五日爲止，儻再過期即行原船長運抵通。兹據訥爾經額查明，江省剥運各幫米船，見在尚有未入東境者，計算程途斷不能於限内一律趕到。著照所請，准其再行推展半月，以本年七月底爲止，所有江省運到之米，先由豫東軍船接運，隨兑隨行，毋任停延。其續剥米石，再交封雇民船接運，仍趕緊嚴催。首進幫船回空，接運江廣漕糧，務使本年全漕早抵通倉，不許稍有遲誤。至回空限期既緊，歸次收兑亦關緊要，著該護撫隨時察看情形，妥速辦理。

以興科爲四川按察使由湖北荆宜施道遷。

《宣宗實録》卷八六　癸卯，以翰林院侍讀學士許邦光充日講起居注官。

乙巳，諭：御史黄德濂奏，請禁無故改委州縣一摺。州縣爲親民之官，管理刑名錢穀，職任緊要，向例委署各員，不准託故改委，所以杜鑽營而慎交代也。如該御史所奏，近來州縣出缺，實缺人員未經到任，上司委員署理，甫署簡缺，旋調繁缺，更替無常，弊端百出。【略】著通諭各省督撫，嗣後州縣出缺，委員署理，應責成一手經理，不得託故輒行改委，仍按季報部查覈。

戊申，諭軍機大臣等：前飭令各該督撫籌議海運折漕事宜，原爲來年疏治河道之計。現據陸續覆奏，海運一事，惟江蘇可以試辦，然亦不過運米一百五六十萬石。其餘各省漕米，既不能概由海運，而折漕亦多窒礙紛擾。是浙江、江廣額漕，及江蘇海運餘賸漕米，皆須籌畫河運。惟本年高堰石工竣後，將來收蓄清水，情形若何，尚難豫定。【略】朕思海運而外，惟盤壩接運，既可使漕糧悉數抵通，而禦黄壩不開，亦可免湖河受病。黄水不倒灌入運，即可並力東驅，以收刷沙之益。彼時湖瀦亦當充裕，俾專刷運河之淤，以濟漕行。【略】琦善等接奉此旨後，會同體察情形，悉心覈議。

己酉，江蘇巡撫陶澍奏，蘇省大挑等班，知縣輪補無期，現在六十八州縣中，由捐班補、由佐貳升者不少，而沿河各縣，以縣丞署理者十居其七，進階太雜，難免倖進之輩，濫厠其間。始基未立，安望其留心民事，有益地方，此吏治之不可不亟爲整頓者。江、鎮、蘇、常等處，衣冠文物，燦然可觀，而浮靡之餘，漸流詐僞。以致市井訛騙，則有搭臺之目；生監把持，則有破靴之稱。良楛難齊，日滋獄訟，此民風之不可不亟爲整頓者。得旨：朕所以調任江蘇者，觀汝頗可幹濟，藉資整頓，汝其實力實心，以漸而入，通省吏治民風，全繫於汝一身，而用人更爲當事之急。勉之慎之！

辛亥，諭内閣：朕因宗室生齒日繁，諭令綿課等議立章程，用昭懲勸。前經綿課等條奏各事宜，復交大學士、軍機大臣會同各該衙門詳議。兹據托津等分

別准駁具奏，朕詳加披閱，内嚴辦滋事一條，向例宗室罪犯，止分別折罰圈禁。惟法輕則日久生玩，必應嚴定律令，庶辟以止辟，多所保全。嗣後著管理宗人府王公等，隨時稽查彈壓，並出示曉諭，凡被害之人，即據實向問刑衙門呈訴，並飭番役等一體查拏，送官究治。其犯笞杖軍流徒等罪，審係不安本分者，即照此次議定科條，分別加責實發。如有釀成命案者，先行革去宗室，照平人一律問擬斬絞，分別實緩。其進呈黄册，仍著由宗人府辦理，以示區别。

《宣宗實録》卷八七　八月丁巳，又諭：明山精力頗形衰頹，刑部事務殷繁，難以勝任，著專理旗務。嵩孚著來京補授刑部尚書，其未到任以前，仍著托津署理。

吉林將軍富俊等奏，請於雙城堡添設驛站，酌於吉林所屬，南北兩路三十八站内，抽撤官馬十匹，牛十頭撥給，仍歸北路站監督管理。並設筆帖式一員，委領催一名。所有站房及站丁住房棚槽鞍轡器具，均籌款捐辦，不動公項。得旨：所辦好，依議速行。

以户部右侍郎顧皋署兵部左侍郎，都察院左副都御史韓鼎晉署刑部右侍郎。

調廣西巡撫康紹鏞爲湖南巡撫，以廣東布政使蘇成額爲廣西巡撫，福建按察使魏元烺爲廣東布政使，調直隸按察使張青選爲福建按察使，以直隸通永道王庭華爲按察使。

《東華續録》道光一二　己未，以陳中孚爲漕運總督，調成格爲廣東巡撫，以武隆阿爲江西巡撫由内閣學士遷。

《宣宗實録》卷八七　庚申，以兵部尚書玉麟爲順天鄉試正考官，都察院左都御史姚文田、户部右侍郎顧皋爲副考官。

以都察院左都御史松筠署兵部尚書，吏部左侍郎王引之署户部右侍郎，兼管錢法堂事務，都察院左副都御史韓鼎晉署禮部左侍郎，命已革刑部尚書韓對來京，賞三品頂帶，署刑部右侍郎。

諭軍機大臣等：據博啓圖等奏稱，本年南糧抵通遲滯，現在各倉應放甲米俸米，惟粳粟二色均屬有餘，至稜米則三進江廣幫船載運最多，一時尚無運到之期，各倉派貯稜米，均不能充裕，不能搭放。

《東華續録》道光一二　壬戌，晉封珍嬪赫舍哩氏爲珍妃。

《宣宗實録》卷八七　癸亥，諭内閣：前據英和奏，通籌漕河全局，請暫雇海船以分滯運，酌折額漕以資治河，當交有漕省分各督撫等悉心議奏。【略】其折色一節，據程含章奏，窒礙難行，請仍收本色。琦善、李鴻賓、陶澍、楊懋恬、嵩孚等，均以爲弊竇叢生，請收本色，由州縣變價歸工。惟成格、張師誠因全收折色，不便於民，請以本折各半徵收。朕以漕糧爲天庾正供，徵收本色，由來已久，改收折色，易滋弊端。所有江蘇、安徽、浙江、湖廣折漕一節，已降旨毋庸議。

辛未，諭内閣：本年乙酉科順天鄉試，皿字號應廣額十五名。南北皿著各廣額七名，其零數一名即作爲中皿廣額。

癸未，諭内閣：御史王雲岫奏，申明海防事宜一摺。巡緝洋面設有章程，必應實力奉行，以靖奸宄。如該御史所奏，巡哨將弁，不過屆期而行，及界而返。有高竪官軍旗號，俾蹤跡可疑之船，旁道暫避者；有途遇可疑之船，並不盤詰者；至匪徒棲泊之區，尤弗暇問，此皆巡洋不力，相安偷惰。於奸匪藏匿處所，既未周知，何能捡辦？著近海省分各督撫提鎮等，嚴飭巡洋將弁，實力稽查，於匪船停泊巢穴，密偵搜捕，毋稍疏縱。如有前項情弊，即行據實嚴參，至偷漏之弊，尤應剔除。【略】來年辦理海運，各該提鎮出哨巡查，尤應倍加周密。

《宣宗實録》卷八八　九月乙酉，命陝甘總督那彦成來京陛見，以陝西巡撫鄂山署總督，布政使鄧廷楨護巡撫。調大學士雲貴總督長齡爲陝甘總督，閩浙總督趙慎畛爲雲貴總督，以福建巡撫孫爾準爲閩浙總督，調雲南巡撫韓克均爲福建巡撫，以前任山東巡撫伊里布署雲南巡撫，調江西巡撫武隆阿爲山東巡撫，以雲南布政使韓文綺爲江西巡撫，湖南按察使王楚堂爲雲南布政使，河南河北道吴光悦爲湖南按察使。

《東華續録》道光一二　丁亥，以嵩溥爲貴州巡撫，降蘇明阿爲江西布政使。

戊子，申諭步軍統領督率五營將備勤習技藝。

己丑，以寶興爲泰甯鎮總兵官，韓奕經爲兵部左侍郎，以貴慶爲兵部右侍郎由内閣學士遷。

《宣宗實録》卷八八　刑部奏，現行舊例，酌加修改二條：請嗣後勘問謀殺人案内，爲從同謀下手助毆加功者，俱依從而加功律，擬絞監候，不得以被逼勉從，尚未成傷，量予減等；至械鬭案内，聽從糾鬭下手斃命之犯，仍各依本律擬抵，秋審時照共毆謀毆之案，將致斃四命以上者，擬入情實，其隨從傷人及未傷人之犯，亦各按律問擬，不得減等科斷。從之。

壬辰，又諭：琦善等奏，浙江等省滯漕，全數盤運完竣，即飭長運抵通一摺。

浙江、安徽及江廣各幫漕糧，前此滯留禦黄壩以南者，共一百九十餘萬石，經琦善等設法盤運，現已全數剥竣，長運抵通，所辦甚好。

甲午，緩徵山東濮、觀城【略】四十四州縣，及德州、濟寧、臨清、東昌四衛被旱被蟲莊屯新舊正雜額賦。

丙申，諭内閣：向來督撫等奏摺，有關地方公務，例俱稱臣，從前乾隆年間，屢奉聖諭，通飭各省，自應永遠欽遵。近日各省奏摺，不能畫一，殊屬未協。嗣後各省旗員督撫藩臬，除請安謝恩外，凡奏事具摺，具著一律稱臣，以符體制。

《東華續録》道光一二　庚子，實授張井河東河道總督。

《宣宗實録》卷八九　甲辰，諭内閣：御史賀熙齡奏，請釐積弊以清庶獄一摺。朕勤恤民隱，惟日孜孜，明慎用刑聽訟，尤期於無訟。乃近來訟獄滋繁，如該御史所奏，生監滋訟，藉端誣告，訟師播弄，以及胥役作奸，積案不結，俱爲切中時弊，不可不嚴行飭禁。士爲四民之首，欲正民風，先端士習，著各省學政，嚴飭各學教官，隨時稽查詳報，毋使身列膠庠，恃符滋事。如有刁生劣監，即分别戒飭褫革，至巧搆訟端，潛身局外者，必應嚴行懲辦。

丁未，諭内閣：御史楊煊奏，各省營伍廢弛，兵額不足，請除積弊一摺。【略】近來外省營伍，凡遇年老病廢革退等項出缺者，懸缺日久，並不招募。每届操演之期，則那移彼營之兵，充此營之額。【略】著通諭各該將軍、督撫、提鎮等，嚴飭將弁等，勤加操練，於所轄兵丁，嚴行管束，隨時稽查。

《東華續録》道光一二　庚戌，申定世職人員犯贓革職，子孫不准承襲例。

改直隸順德府同知爲水利鹽捕同知，保定府通判爲兼河鹽捕通判。

《宣宗實録》卷八九　壬子，諭：永芹奏，逆夷張格爾糾約夷匪滋事一摺。逆夷張格爾，糾約布嚕特夷匪汰劣克拜巴哈什等在卡外滋事，經幫辦大臣巴彦巴圖帶兵出卡勦捕，已殺賊百餘名，於撤退時誤入山險被圍，致與隨往官兵同時陣歿。

《宣宗實録》卷九〇　十月甲寅，貴州布政使吴榮光請解任回籍省親，允之。以湖北按察使富呢揚阿爲貴州布政使，浙江杭嘉湖道源溥爲湖北按察使。

己未，又諭：慶祥奏，俄囉斯私入邊界建房，請飭查詢一摺。俄囉斯素形驕悍，今於哈喇塔拉地方，私蓋房間，霸取哈薩克牲畜租賦。現據阿布拉稟稱，往見其頭人，傳述察罕汗賞給物件，欲擇哈喇塔拉水草好處築城種地收租，是否係其屬下頭人所爲，抑係該察罕汗教令所致，自應查覈明確，再行辦理。現已由理藩院行文薩納特衙門查詢，俟其如何回覆，再行諭知該將軍相機妥辦。

甲子，以吏部左侍郎王引之爲順天武鄉試正考官，翰林院侍講學士潘錫恩爲副考官。

庚午，諭内閣：琦善等奏，堰盱石工完竣，請酌添保固年限一摺。高堰山盱兩廳石工，上年被風掣塌，當經飭派監催各員，分段估修，現已依限完竣。據該督等查明工程尚無遲誤，惟新砌石料，内多敧斜空隙，僅恃灰漿錠鋦，難資抵禦，其從前舊工尤多偷減等語。洪湖石工，原以蓄水濟運，保衛民生，前此在事工員，辦理草率，誤運殃民，殊堪痛恨。此次堰盱石工，長至一萬一千餘丈，用銀至九十餘萬兩之多，非尋常工程可比。若僅照例保固，將來工員得以置身事外，糜帑滋多。著於例限三年外，再加保固一年，如限内稍有掣塌，即令原辦之員賠修示懲。

《東華續録》道光一二　以舒明阿爲杭州將軍，奎照兼署工部左侍郎由禮左署。

以運河挑竣，准孫玉庭、顔檢回籍。

《宣宗實録》卷九〇　辛未，又諭：山東省具題恩縣、嶧縣、萊陽、平原等處，撫卹口糧，免造花名圖册四本，内將英和名字，並不全書，祗寫臣英字樣，殊失君前臣名之義。訥爾經額在部行走多年，豈不諳習體制，乃漫不經心，任聽書吏率行書寫，實屬疏忽。著傳旨嚴行申飭。

壬申，諭軍機大臣等：前據永芹奏，逆夷張格爾在卡外滋事，巴彦巴圖於撤兵時誤入山險被圍，與官兵同時陣歿。當降旨由五百里諭知永芹，令偵探該逆確實信息，並督率官兵嚴加防範矣。迄今又閲兩旬，未據永芹續奏，究竟該逆是否遠竄？該參贊大臣如何防範？朕心日深懸盼。乃慶祥於本月初六日，已續奏喀什噶爾情形，而永芹至今未見續奏，杳無音信，殊不可解。所有被圍陣歿官兵、伯克、回子名數，及巴彦巴圖屍身，是否查有下落？各處卡倫，是否安静？該逆遠竄，是否探有蹤跡？所有喀什噶爾一切善後事宜，現在如何辦理之處？即著迅速覆奏，以慰廑注。將此由四百里諭令知之。

丁丑，倉場侍郎申啓賢奏，滯漕全抵直境，北倉足敷截卸，無容另處囤貯。得旨：所奏均悉，妥慎爲之。

庚辰，以大學士、陝甘總督長齡署伊犂將軍，陝西固原提督楊遇春署陝甘總督，命署陝甘總督鄂山回陝西巡撫任，調湖南提督楊芳爲陝西固原提督，以前任

湖北提督閻俊烈爲湖南提督。

以翰林院侍讀廖鴻荃署日講起居注官，編修聶銑敏充日講起居注官。

辛巳，命大學士、直隸總督蔣攸銛來京，以前任陝甘總督那彦成爲直隸總督。

命甘肅按察使蔡炯來京，以四品京堂候補。調湖北按察使源溥爲甘肅按察使，以山西歸綏道岳祥爲湖北按察使。

《宣宗實録》卷九一　十一月丙戌，以詹事府詹事鍾昌爲内閣學士，兼禮部侍郎銜。

丁亥，貴州按察使李澐因病解任，以陝西陝安道嚴如熤爲貴州按察使。

戊子，兩江總督琦善奏，航海究非全策。得旨：原非可以久行之策。又奏，實力整頓河漕，以期河治漕行，民安吏察。批：能不忘此八字，實力行之，方爲不負委任。廢弛已久，言之深堪憤恨，卿其努力焉。

《東華續録》道光一二　壬辰，以暹羅國貢船漂没詔免進土貢，封世子鄭福爲暹羅國王。

《宣宗實録》卷九一　戊戌，山東巡撫武隆阿奏，定回空軍船守凍章程六條：一，擇沿河副將等駐劄河干，分段彈壓；一，在船水手，責令頭舵出具聯名保結，以資查覈；一，借給各船銀兩，分飭押空千總，查明頭舵實收確數，加具鈐結，以憑查驗；一，防守官兵，酌加津貼；一，搪凌器具，寬爲豫備；一，排列船隻，毋許擁擠。得旨：實力妥爲之，勿成具文。

庚子，命大學士托津無庸管刑部事，以大學士蔣攸銛管刑部事，並在軍機大臣上行走。

癸卯，諭内閣：昨據慶祥、永芹先後奏報，喀什噶爾地方安静，偵探逆夷張格爾等，竄至碩拉地方，距卡倫約有五六百里。現在卡外已有冰雪，勢難進勦，派兵嚴守邊備等語。

《東華續録》道光一二　命慶祥總辦喀什噶爾軍務。

《宣宗實録》卷九一　丁未，諭内閣：户部奏，明歲海運米石到津，請豫定卸運章程一摺。著直隸總督，督同藩司、天津道，並著倉場侍郎，督同坐糧廳等，查照該部前奏，及此次所議各條，逐一詳定章程，於本年封印前妥議會奏，俟具奏到時，再交該部覈議。至海船到津，爲日甚速，著兩江總督於初次兑竣沙船將次開行時，由四百里馳奏，到日即請欽派大員前往天津查辦。其初次沙船在上海兑米，著即儘船受兑，不必拘定分勻二次配運，以免滯誤。

戊申，諭内閣：御史劉尹衡奏，請嚴禁文武鄉會試積弊一摺。國家設科取士，必先嚴除弊竇，方能拔取真才。如該御史所奏，文闈士子，越號換卷；武闈士子，向王大臣跪求加一枝箭，添一力弓，不可不嚴行飭禁。嗣後文闈鄉會試，令巡號御史，會同滿漢監臨，及至公堂監試御史，按號分查，並責成監臨等常川認真巡查，以防弊混。其武闈鄉會試，外場仍按定例，弓箭刀石務期合式，不得含混取中，並著兵部先期出示，剴切申禁。

《東華續録》道光一二　壬子，永芹病故，以慶祥爲喀什噶爾參贊大臣，實授長齡伊犂將軍。

《宣宗實録》卷九二　十二月甲寅，諭：博啓圖等奏，籌議剥船轉運章程。據稱明年河凍初開，先儘北倉囤貯滯漕，趕緊運通，隨到隨卸，計平斛六十餘萬石，二月底可以運完。其餘存倉未運之十餘萬石，即令東豫卸空之船趕回北倉剥運，約用三百餘隻，即可竣事。著照所議妥速辦理。

嚴定私入陵寢重地偷牲失火例。

撥淮北甲申綱未運額鹽二十六萬六千六百四十二引，融入淮南，分乙酉、丙戌兩綱代運。

《東華續録》道光一二　丙辰，恭修《仁宗睿皇帝本紀》成。

《宣宗實録》卷九二　己未，命工部尚書陸以莊、理藩院尚書穆彰阿、正黄旗蒙古都統明山、正藍旗漢軍都統普恭在紫禁城内騎馬。

庚申，命圖觀呼圖克圖之呼畢勒罕班第駐京，賞静修禪師名號，及副扎薩克達喇嘛職銜。

辛酉，添設蒼震、後右二門章京各二員。

乙丑，諭内閣：慶祥奏，查訪喀什噶爾官兵出卡失利實在情形一摺。【略】兹據查明，張格爾於七月間至薩雅克部落居住，跟隨僅十八人。經該阿奇木邁瑪薩依特，帶同貿易回子及小布嚕特等禀報，永芹即令巴彦巴圖帶兵二百名，以查卡倫爲名，前往搜拏。行至都爾伯津地方，將汰劣克及伊屬下人等之家口男女大小百餘名，全行殺害。詢知張格爾已於前五六日潛匿拜巴哈什處，汰劣克帶同衆布嚕特追圍官兵，力戰一夜，勦殺布嚕特百餘人，官兵多有陣亡，巴彦巴圖旋因臂中槍傷，自刎身死。是張格爾窮蹙餘生，甚好機會，轉致措置乖方，重損聲威，實堪痛恨。永芹身爲參贊，既已調度失宜，又復奏事不實，若使其身尚

在，必當革職拏問，按軍法治罪。前已降旨將永芹革去都統，不足蔽辜，其子綿焕、綿星，俱著革去輔國將軍、二等侍衛，降爲奉恩將軍，永不准挑選别項差使，以爲貽誤軍務者戒。巴彦巴圖輕率出卡，妄殺多人，轉致逆夷張格爾先期竄匿，罪有應得。姑念其被圍受傷，事急捐軀，究係歿於王事，尚堪憐憫，著加恩仍留都統銜，及加賞世職，其餘應得卹典，著概行停止。

《東華續録》道光一二　丙寅，命刑部將緩決三次以上人犯，減等發落。

戊辰，定查城都統、副都統三年更代例。

《宣宗實録》卷九三　辛未，調貴州布政使富呢揚阿爲湖南布政使，以山東按察使劉斯嵋爲貴州布政使，江南淮海道梁章鉅爲山東按察使。

甲戌，諭：那彦成奏，酌定各營修製器械章程一摺。各營額設器械例應查覈年限，隨時修補，以昭軍實。據該督查明直隸各營請修軍械，覈明銀數，分别奏咨，俟准部覆後，由該營員具領回營，自行製造。僅據空文詳報，恐不免有彌縫虧那情弊。嗣後凡遇此等請修各案，所估銀數，統俟奏咨覆准，一面飭知該營赴司具領，一面呈報該督派委妥員，會同該營員，就近在省如式監製，由該督親加點驗，儻有偷減情弊，即行參辦著賠，以杜揑冒而嚴武備。

《東華續録》道光一二　丁丑，容海因病解任，以周錫章爲廣東按察使由浙江鹽運使遷。

戊寅，以福建歉收，准暫弛海禁販運浙米。

道光六年（丙戌、一八二六）

《宣宗實録》卷九四　正月甲申，以籌辦吉林雙城堡移駐屯田事宜妥協，加將軍富俊太子太保。

丙戌，緩徵山東濮、觀城【略】二十八州縣，並德州、東昌、臨清、濟寧四衛，及永阜場民佃竈地本年上忙錢漕河銀倉穀。

庚寅，諭内閣：程含章奏嚴立整頓海塘章程一摺。浙江杭州府屬東西海塘密邇省城，爲保護民間田廬而設。現在東塘坦水，及西塘柴埽各工，均有潑損，總由從前承修工員辦理並不認真，以致旋修旋壞。該撫請嚴定章程，酌擬六條，開單呈覽，朕詳加披閱，所有海塘工程，嗣後著杭嘉湖道每逢大東西兩廳同知守備均駐劄工所，親身修防，無許潛回省城居住，違者以擅離職守論。應住衙署，准令分别修補建復，至酌加保固限期。所奏亦是。所有坦水石工，著保固四年；柴埽工，著保固二年，以驗收之日爲始。責令承辦工員隨時鑲修，交汛弁加意防守。又修築塘工，無論限内限外，間有潑損，潮退即應補修。如有偷取柴椿之人，嚴拏治罪。官弁藐視要工，及包與書吏，諉託家人者，即行參辦。該撫仍隨時稽查，以昭覈實。其認真估計柴石各工一條，所奏甚是。嗣後著責成杭嘉湖道親勘，總以實在倒塌丈尺爲準，不容稍有浮溢。又西塘柴埽各工，請添用竹纜，堆砌塊石，著該撫留心察看。如果經久無弊，亦准其陸續改辦。至酌改防汛千總、把總、外委，及移撥汛兵，俱係因時制宜，著照所請辦理。

《東華續録》道光一三　甲午，調劉彬士爲刑部右侍郎，史致儼爲禮部右侍郎。

《宣宗實録》卷九四　癸卯，又諭：御史黄德濂奏，直省學政覆試新進童生，請仍照舊辦理一摺。各省新進童生覆試舊例，先期赴學填册畫保，原以杜槍冒，及身家不清等弊。嗣經禮部奏准新生覆試，改由提調造册申送。該提調管轄既多，公事亦繁，於各童生有無槍冒，及身家清白與否，不能如教官切近周知，必致朦混滋多，教官轉得諉責。且書役門丁串通勒索印卷册費，較各學書斗，其弊尤甚。本年爲各直省舉行歲試之時，所有覆試取進童生，著各省學政仍照舊例辦理。

乙巳，以吏部右侍郎貴慶、内閣學士張鱗知貢舉。

丙午，命翰林院編修祁寯藻仍在南書房行走。

丁未，諭：松廷等奏，籲懇賞給達賴喇嘛副師傅名號一摺。達賴喇嘛副師傅嘉木巴勒伊什丹貝嘉木磋，自道光二年傳授達賴喇嘛經典以來，已經三年有餘，勤慎教習，著有成效，著加恩賞給諾們汗名號。其敕書印信，此時且毋庸賞給。

《東華續録》道光一三　壬子，岳祥以病免，調興科爲湖北按察使，以吉恒署四川按察使前任四川按察使。

《宣宗實録》卷九五　二月癸丑，諭内閣：御史陳肇奏，請飭禁鹽商浮舂鹽斤一摺。鹽務積弊已久，近年屢經嚴緝私梟，官引仍未暢銷。如該御史所奏，山東鹽引，每引浮舂多至三五十斤至百餘斤不等，通計山東每年五十萬引，多舂五千萬斤，抵官引二十餘萬道。一經控告，或將鹽包戳漏，或澆水滲消，官吏得規袒護。一省如此，各省恐亦不免。果有此弊，必當嚴行剔除。著山東巡撫認真

飭禁，並著有鹽省分之督撫、鹽政、運使各官嚴行查辦。

以山西按察使邱鳴泰爲湖北布政使，安徽廬鳳道戴聰爲山西按察使。

丙辰，調工部左侍郎博啓圖爲户部左侍郎，以總管内務府大臣阿爾邦阿爲工部左侍郎。

調烏嚕木齊緑營官兵五百名、馬五百匹，赴喀什噶爾差遣。

丁巳，以刑部右侍郎昇寅爲國史館清文總校官。

以越南境内夷匪安静，撤雲南開化留防兵一百名，土練七十五名。從署總督韓克均請也。

戊午，免雲南銅廠民欠無著工本銀。

辛酉，山西布政使錢寶甫因病解任，以直隸按察使王庭華爲山西布政使，江南河庫道戴宗沅爲直隸按察使。

壬戌，諭内閣：琦善奏，海運漕糧，儘船受兑，現到商船九百餘隻，足運米八十餘萬石。所有兑竣船隻，先開赴十滧候風。初運沙剥到津卸米後，前往奉天買豆，催令南歸等語。販豆係該船商常年本業，且海船利於壓重，不能駛放空船，自應准其照常往販。惟尚有二次兑運，必應迅速南下。著奉天府尹飭各該地方官，俟商船到彼，即令置貨開行，無得勒捐，並飛咨經過直隸、山東各省，轉飭沿途海口，催令南歸，勿任逗留貽誤。

《東華續録》道光一三　癸亥，諭軍機大臣等：據陶澍奏，海船初運米石，見已儘船儘兑，陸續開出十滧地方，候過二月初八日風信開行，若遇順風，旬餘即可抵津等語。海船乘風開行，抵津迅速，必須將應用剥船，及一切事宜，豫爲布置周妥。著那彦成，即飭陶樑、鄭祖琛等，遵照節次奏定章程，即日籌備妥協，以便海船隨到隨剥，勿稍遲滯。

調邱鳴泰爲安徽布政使，徐承恩爲湖北布政使。

《宣宗實録》卷九五　甲子，山東巡撫武隆阿奏，本年海運，經臨沿海島嶼，現查明最要處所，應添撥兵一百五十一名，每名日給口糧銀二分，由外籌款動支。報聞。

盛京兵部侍郎書銘休致，以都察院左副都御史惠端爲盛京兵部侍郎。

丁卯，諭内閣：據琦善奏，初次海運，計可裝米一百二十萬石，縴夫雇價剥船口糧等項，約需銀三萬餘兩，商船到津，即須動給等語。著那彦成轉飭天津縣，豫集人夫，由天津運道二庫墊發價值，俟事竣由江省籌還歸款。

辛未，又諭：戴三錫奏，籌議民捐義田租穀章程一摺。四川省各屬民間捐資積貯，以備賑卹，統計買田收租者，共有一百十八廳州縣，九姓一土司。内成都府屬中十四州縣田畝，向賴都江堰水灌溉。前經奏准，將義田歲取租穀，變價作爲歲修堰工不敷之用。其餘各廳州縣土司收貯之穀，著照所請，准其按照各該地方歲收租穀之多寡，及現在積穀實數，自三千石至一萬石止，作爲定額，以備賑卹動支。此外新收租穀，易换陳穀出糶，將價解貯司庫，留爲買穀還額及加賑之用，毋庸添買民田。此項租穀，本係民捐民管，嗣後遇有動用，無庸造册報銷。

《宣宗實録》卷九六　三月甲申，諭軍機大臣等：陶澍奏，海船初運兑竣，仍接續趕辦一摺。本年初次試行海運，據該撫奏，截至二月二十一日止，共兑過正耗米一百一十二萬二千餘石，事機極爲順利。惟海運米石，除正耗漕白等米，尚有給船耗米，通計米數有一百六十三萬三千餘石，各船不敷裝載，不能不分兩次運送。【略】本日據天津鎮總兵克什德奏報，長洲縣第十三號船一隻，於二十九日早潮引進天津海口，日内諒已陸續前來。穆彰阿等接奉此旨，即飭該鎮道等遇有海運抵津，隨到隨剥，不准片刻延滯。

乙酉，以浙江按察使祁𡎴爲貴州布政使，四川鹽茶道周之琦爲浙江按察使。

丙戌，諭内閣：據禮部奏，直隸咨送會試之齊介眉，該生係道光二年賞給副榜，上年並未賞給舉人，輒以乙酉科賞第二名舉人，由本省起文會試，殊屬不合。著交那彦成查明該生因何錯誤？東光縣知縣何以並未詳查，率行詳請給咨，據實覆奏。如有吏胥撞騙朦混情弊，照例懲辦。副貢生齊介眉著自行回籍聽候查詢。

丁亥，以大學士蔣攸銛爲會試正考官，工部尚書陸以莊、署工部左侍郎王鼎、署禮部右侍郎湯金釗爲副考官。

《東華續録》道光一三　癸巳，諭：據張井奏，熟籌早啓禦黄壩一摺。張井會勘南河情形，悉心講求，不分畛域，甚屬急公，於河務亦頗有識見，著即調補江南河道總督。嚴烺調任南河，正當河湖交病之時，一籌莫展，致禦黄壩至今不能啓放，實屬辦理不善。姑念其前在東河任内修守尚無貽誤，著降三品頂帶，署理河東河道總督，以觀後效。張井、嚴烺俱各即赴新任，無庸來京請訓。

丙申，移甯古塔防禦四員駐拉林，添設筆帖式二員。

《宣宗實録》卷九六　戊戌，諭：陶澍奏，請嚴懲刀械匪徒一摺。江蘇省徐、

邳、淮、海一帶，與皖、豫、山東境壤毗連，匪徒出沒，每以佩刀持械爲能。始則三五成羣，藉端嚇詐，繼則肆意横行，兇搶讐殺，最爲地方之害。兹據該撫以此等佩執兇器匪徒偶然挾詐逞兇，平日又無犯法實蹟，按照本例，僅止枷杖。既未便照拽刀匪徒結夥搶奪及棍徒生事行兇之例，强相比附，而責釋之後，故智頓萌，轉以輕於嘗試，長其犯法之心。援照四川、廣東懲辦綹匪棍徒之例，鎖繫鐵桿，以期小懲大誡。著照所請，嗣後江蘇徐、淮、海三屬匪徒，如有佩帶兇器刀械，挾詐逞兇者，一經拏獲，每名鎖繫鐵桿一枝，重四十斤爲度，定限一年。果能改悔自新，即予釋放；若不悛改，再繫一年；儻仍始終怙惡，即按其情節，照棍徒屢次擾害行兇例，分别從嚴究辦。其接近江蘇之山東兗、沂、曹三府，河南汝、陳、光等府州，安徽潁、鳳、泗三屬，民情强悍，地界相連，並著一體倣照辦理，以挽頹風而安良善。

己亥，命浙江布政使繼昌來京，調湖南布政使富呢揚阿爲浙江布政使，以安徽按察使裕泰爲湖南布政使。

庚子，諭内閣：海運現已陸續到津沙船，餘米不下十萬餘石，前經降旨，照南糧餘米例，聽天津民人照市價收買。兹據英和奏，沙船宜令速歸，趕運二次米石，恐該商等希圖賤價售買，觀望不前，請由部動用銀二十萬兩官爲收買。著順天府即派委妥員，赴部領銀，分起解往天津暫存道庫。並著穆彰阿等，於正米收竣後，即傳諭江南委員，如有船户願賣餘米，聽該處民人照市價收買。

以陝西潼商道岳良爲安徽按察使。

《東華續録》道光一三　甲辰，移福建閩安營都司、千總各一，並撥兵駐琅嶠島。

《宣宗實録》卷九六

己酉，以大理寺卿福申爲都察院左副都御史。

《東華續録》道光一三　四月丙辰，諭：武隆阿奏，校閲東省營伍，據稱各營將弁年力弓馬均尚强壯，惟登州鎮標右營都司夏存宇弓馬生疏，萊州營千總金洪烈步箭平常，應請分别降革。金洪烈著以把總降補，夏存宇著革去都司。惟念該都司之父，於嘉慶三年在湖北當陽縣巡檢任内，堵禦川匪，殺賊陣亡，一門十口同日盡節，加等予襲，賞給雲騎尉世職。該都司先由館班議敘未入流改補營員，弓馬非所素習，夏存宇著加恩以府經歷縣丞改補，歸部銓選，仍留雲騎尉世職。此係朕垂念忠藎，量予恩施，嗣後不得援以爲例。

戊午，晉封静貴人爲静嬪。

賞南河副總河潘錫恩右副都御史銜。

《宣宗實録》卷九七　庚申，改江蘇運河營邳運汛把總缺爲千總，蕭南營蕭汛千總缺爲把總。從前任河道總督嚴烺請也。

辛酉，引見癸未科散館及補行散館人員。

壬戌，以翰林院侍讀毛樹棠充日講起居注官，詹事府少詹事沈岐署日講起居注官。

乙丑，諭内閣：户部奏，海運沙船陸續到津，據驗收大臣咨送米樣，查驗實係一律乾潔。著倉場侍郎嚴飭各倉監督，加謹收貯，板席鋪墊妥協，氣筒如數安置，開放時如有黴壞，定行重懲不貸。並著直隸總督轉飭沿途押送剥船各員，實力催趲，不致稍有停留，所需苫蓋之席片等物，務須一律齊備，毋任滲漏潮濕干咎。

庚午，諭内閣：琦善等奏，海運漕糧到天津用項不敷，請籌款續解等語。本年辦理海運，事屬創始，一切用款均無成例可循。前經該督等兩次籌款解往天津，尚不敷縴夫露囤等款銀二萬餘兩，此外恐仍有續增之項，自應酌量籌撥。著照所請，准其在蘇糧道庫節省漕項内，再行動撥銀五萬兩，迅即委員解往天津，以資應用。俟全漕完竣後，按照前後解過銀數，查明在通倉支用者，由倉場衙門覈銷，在天津支用者，由直隸省覈銷。

賞丁憂在籍前任江蘇按察使林則徐三品卿銜，署兩淮鹽政。

壬申，策試天下貢士王慶元等二百六十五名於保和殿。

甲戌，命安徽巡撫張師誠來京，以陝西布政使鄧廷楨爲安徽巡撫，内閣侍讀學士徐炘爲陝西布政使。

乙亥，又諭：逆夷張格爾等，上年滋事潛逃私聚勾結，兹復派頭目赫爾巴什，潛赴綽勒薩雅克愛曼一帶，糾合夷衆，經慶祥選派將弁分起探拏。復曉諭布嚕特比那帕斯等，帶領百餘人，隨同官兵，密往堵拏。適赫爾巴什前來，率衆格鬬，官兵回子等揚威齊進，該逆旋即逃竄。經薩底克追及捦獲，並戮斃從逆七名，拏獲一名，餘俱帶傷遠竄。赫爾巴什係上年戕害主事職銜法里那之要賊，罪大惡極，兹被捦獲，足以彰國憲而紓義憤。慶祥自調任參贊以來，於一切堵防事宜，辦理認真，事機極爲順利。著頒賞白玉四喜搬指一箇，黄辮荷包二箇，以示嘉獎，如能將各首逆設法殲捦，必當加以懋賞。

丙子，上御太和殿傳臚，賜一甲朱昌頤、賈楨、帥方蔚三人進士及第，二甲麟魁等一百十人進士出身，三甲熊炳離等一百五十二人同進士出身。

辛巳，命兵部尚書玉麟，協辦大學士、禮部尚書汪廷珍教習庶吉士。授一甲一名進士朱昌頤爲翰林院修撰，二名進士賈楨、三名進士帥方蔚爲翰林院編修。

《東華續録》道光一三　五月壬午，改福建彰化縣海豐港口歸嘉義縣笨港縣丞轄，烏石港口歸頭圍縣丞轄。

《宣宗實録》卷九八　甲申，諭内閣：逆夷張格爾，前因人多糧缺，遣奇比勒迪帶領多人，潛赴巴雅爾一帶，意圖種地聚糧。當經降旨，以該逆現離巢穴，正可設法捡捕。本日慶祥奏到，派委員弁，密探奇比勒迪出入蹤跡，經占帕拉特率其屬衆，就山設伏，鐵雜克拜帶人前往引誘。該逆帶領多人，甫進山口，官兵回子槍箭齊施，該逆惶急奔逸，鐵雜克拜奮勇仰追，將奇比勒迪登時槍斃，餘逆悉數就殲。奇比勒迪係巴斯奇斯愛曼大頭人，與汰劣克勾結滋事，上年首先率衆戕害官兵，其手下人，復槍斃巴彦巴圖。茲復與張格爾聚謀種地，實屬大逆不法。此次旬日之内，將助逆首犯節次捡誅，所辦甚合機宜，允宜懋加恩賚，以示獎勵。

乙酉，引見新科進士。

壬辰，以前任浙江布政使繼昌爲江西布政使。

甲午，緩徵河南祥符、陳留【略】二十八州縣被旱村莊新舊額賦，並漕項雜款銀，貸臨漳、内黄【略】十二縣貧民籽種口糧有差。

乙未，諭内閣：福申奏考試文童，有以該童生親父、胞兄作爲認保廪生者，請飭各省一體嚴禁。向來各省童生應試例，有認保派保廪生，互相糾察，原以防槍倩匿喪等弊。若如該學政所奏，江西省相沿舊習，有以該童生親父、胞兄作爲認保廪生者，縱有情弊，豈能責令攻舉？江西如此，他省恐亦不免，殊於立法之意未協。著各省學政通飭該省各府州縣，凡有前項情事者，悉令於府州縣考試時，嚴行禁止，以清弊竇而肅科條。

《東華續録》道光一三　穆克登額以病免，以松筠爲禮部尚書，那清安爲左都御史由熱河都統遷。

《宣宗實録》卷九八　丁酉，吏部議准，御史但明倫條奏京官銓選事宜。内閣中書除捐班人員補缺後仍照六年截取。其庶吉士散館，翰林大考，及新進士以中書用人員，補缺後改爲五年截取。單月知州遇京升無人將俸滿記名外用之内閣中書，與十五項小京官科甲出身者，按記名先後分班抵升。從之。

戊戌，調兩廣總督阮元爲雲貴總督，湖廣總督李鴻賓爲兩廣總督，以刑部尚書嵩孚爲湖廣總督。

《東華續録》道光一三　己亥，截留漕米五萬石，備直隸大名府屬賑需。以山東東昌府屬旱災，暫免利津、海豐二海口商販糧税。

《宣宗實録》卷九八　庚子，宗人府奏，請嗣後宗室覺羅婦女遇事應行控訴，飭令抱告具呈，禁止自行呈控。從之。

《東華續録》道光一三　乙巳，濬山東泇河廳屬河渠。

《宣宗實録》卷九八　定吉林將軍副都統年班，每年按新舊輪替一員進京。

《東華續録》道光一三　六月乙卯，諭軍機大臣等：孫爾準奏，臺灣匪徒分類焚搶，檄調鎮將帶兵圍捕一摺。臺灣嘉義、彰化地方，有匪徒糾衆焚搶。據奏係賊匪李通與粤民黄文潤挾嫌糾鬬起釁，何以數日之間即蔓延兩邑，地方糾夥甚衆，竟敢抗拒官兵，是否即係李通、黄文潤爲首？抑另有著名首惡乘機哨聚，以致附和之衆日益增多？必當就地殲除，迅速撲滅，庶不至滋蔓難圖。昨據許松年奏報，已馳往查辦。該督見飭該鎮道出示曉諭，散其黨與，並檄調副將邵永福等帶兵在艋舺堵禦，防其北竄。並調總兵陳化成帶兵會同許松年、蔡萬齡三面究擒，所辦悉合機宜。該督務即檄飭在事各員，一面迅速勦捕，一面訪察爲首匪徒，嚴拏究辦，勿得稍留遺孽。該督前此奏請，俟韓克均到任後來京陛見，見在臺灣有匪徒滋事之案，著暫緩起程，俟此案查辦完竣，再行前來可也。

丁巳，改盛京、奉天府屬岫巖理事通判爲岫巖鳳凰城海防通判。

《宣宗實録》卷九九　戊午，免山東省軍需攤廉未扣銀九十五萬一千七百兩有奇。

庚申，内務府奏，定逃走太監治罪例。

濬山東汶、泗兩河，並添築衛河草閘草壩。

《東華續録》道光一三　慶祥奏，奇比勒迪之子胡達巴爾底、姪伊斯瑪依爾，潛至奇里克愛曼一帶，遊奕窺伺，派兵擒獲正法。得旨：嘉獎。

《宣宗實録》卷九九　辛酉，新授倉場侍郎韓鼎晉因病乞假，允之，以署禮部右侍郎湯金釗署倉場侍郎。

乙丑，諭内閣：觀喜等奏，荊州大隄被水衝決，現飭地方官趕緊堵築一摺。

荆州萬城迆西上逍遥湖隄身，被水衝决二處，山水與江水接連，勢如建瓴，直向隄内灌注，居民田廬被淹。現經該地方官設法搶堵，並捐辦饝餅，散給災民。

丁卯，考試己酉科拔貢，以都察院左都御史姚文田、吏部左侍郎王引之、兵部右侍郎武忠額、内閣學士朱方增、大理寺卿楊懌曾爲閲卷官。

以海運抵津，辦理妥順，予兩江總督琦善議敘，賞江蘇巡撫陶澍花翎，文武員弁升敘有差。

戊辰，以新授署兩淮鹽政林則徐在籍患病，賞福建按察使張青選三品卿銜，爲兩淮鹽政，以廣東鹽運使翟錦觀爲福建按察使。

辛未，以服闋都察院左副都御史李宗瀚爲都察院左副都御史。

《東華續録》道光一三　乙亥，慶祥奏，擒斬助惡逆首邁瑪呼里。得旨：嘉奬。

庚辰，命嵩孚編查苗疆客民保甲。

《宣宗實録》卷一〇〇　七月壬午，署禮部尚書兼署都察院左都御史普恭因病解任，以户部左侍郎博啓圖署禮部尚書，大學士托津署都察院左都御史。

丙戌，諭軍機大臣等：本日許松年奏，續據各營縣稟報，淡水南坎大甲等莊，閩粵民人互相焚殺，並彰化之四張犂、葫蘆墩等處，連日焚殺，淡、彰一帶道路梗塞，文報稽遲。該鎮督同將弁追捕，竟敢抗拒，被兵丁格殺數人，始各竄散。其殿仔等莊被焚最甚，難民每莊不下數千。該提督飭委彰化縣知縣李振青，搭寮招集難民，仍督營縣查明滋事爲首匪徒，務獲懲辦等語。所奏祇屬空言，殊欠明晰，究竟該處匪徒滋事，約有若干人，滋事村莊若干處，係何人主謀，何人勾結，現在是否合爲一股，抑竟分投滋擾，均須確切查明，相機辦理。據奏金門鎮總兵陳化成帶兵五百名，副將邵永福帶兵三百名，均已渡臺，其續調各處兵丁定亦不日可到。

丁丑，諭：御史但明倫奏，籌辦黨匪一摺。據稱貴州地僻山深，向有紅尚、黑尚兩種賊匪名目，結黨行强，民遭擾害。甚至勾結外來游民，盤踞各州縣交界，及雲南、四川、廣西等省接壤之處，出没無常。其地近廣西之貴陽、安順、興義、都匀等府所屬地方，爲害尤甚。匪徒恃强滋事，擾纍平民，自應嚴行查辦。著貴州巡撫嵩溥，派委妥幹員弁，嚴密查拏，務期根株净盡。至各州縣交界，及鄰省接壤地方，會同設法協緝，無許彼此推諉，以靖閭閻而安良善。

《東華續録》道光一四　壬辰，命武隆阿爲欽差大臣，督辦臺灣勦匪事。

以陳中孚署山東巡撫，穆彰阿署漕運總督。

召楊懋恬來京，以嵩孚兼署湖北巡撫。

癸巳，諭軍機大臣等：本日據慶祥奏，張格爾率領安集延布嚕特五百餘人由開齊山路突進，經舒爾哈善等帶兵迎截，共殺賊四百餘名，生擒四十餘名，賊分路竄回，見請添兵防堵。又據慶廉奏，接到英吉沙爾咨文，喀城回子全行變亂，道路不通，萬分緊急。

命楊遇春爲欽差大臣，督勦逆回。以鄂山署陝甘總督。

庚子，以浙江樂清、慶元二縣糧價漸增，發倉穀平糶。

《宣宗實録》卷一〇一　辛丑，諭軍機大臣等：長齡奏，喀什噶爾及葉爾羌各臺站逆回滋事情形，覽奏實堪憤恨。喀什噶爾、葉爾羌，尚未得實在信息。伊犂援兵二千，計七月望間可抵阿克蘇；烏嚕木齊官兵四千，計八月初旬纔可到彼。現在賊勢甚衆，斷非六七千兵力所能痛勦，萬一輕率前進，轉致腹背受敵，墮賊奸計。著長齡即飭祥雲保、碩隆武、達淩阿等，沿途偵探，何處可以駐紮，即在何處會齊，等候大兵雲集，會合前進。現已飭寧夏將軍格布舍帶兵二千名，前赴哈密駐紮，以壯聲援，諸事與楊遇春商辦。楊遇春帶領陝甘兵五千五百名，計八月中旬可抵哈密，相機堵勦。又另降諭旨令富俊、禄成挑吉林、黑龍江兵各一千名，派副都統帶兵，不日前赴軍營，聽楊遇春調遣。又諭武隆阿來京陛見，即令帶巴圖魯侍衛前往會辦。

壬寅，命御前大臣、領侍衛内大臣，於三旗侍衛、前鋒參領、護軍參領、護軍校内，揀選年壯技優者七八十員，帶領引見，簡派三十員，發往回疆軍營差遣。

甲辰，諭軍機大臣等：現降諭旨授長齡爲揚威將軍，勦辦逆回，軍營大小官員，悉聽節制。派楊遇春、武隆阿俱爲欽差大臣，參贊軍務。並已飭德英阿速赴伊犂參贊之任，長齡將將軍印務交德英阿署理，即前往督辦軍務。

乙巳，命前任陝西巡撫盧坤馳往甘肅，會同署陝甘總督鄂山，總理軍需糧餉事宜。

丙午，命管理火器營、健鋭營王大臣等，會同參贊大臣武隆阿，於兩營内各選兵一百名，並章京數員，隨往回疆軍營。

戊申，諭内閣：逆裔張格爾，恃有白帽回子爲之接應，竟敢糾同布嚕特突入卡倫，屯集回莊作亂，經慶祥先期訪獲奸細，究出謀逆情由，豫派領隊大臣烏淩阿、穆克登布帶兵迎擊，殺傷賊匪四百餘人，已將該逆裔圍入回莊大瑪雜内。因

夜雨昏黑,草深樹密,逆裔張格爾捨死突出逃逸,官兵正在追捕。該逆回等聞風響應,分路迎拒,官兵腹背受敵,烏淩阿、穆克登布竟被槍傷陣亡。

《宣宗實録》卷一〇二 八月庚戌,撥山西、河南、四川、山東、湖北、江西司庫銀二百萬兩,解往甘肅,以備軍需。

辛亥,參贊大臣武隆阿,率巴圖魯侍衛、章京等陛辭,上御出入賢良門訓示方略。

以陝西按察使顔伯燾署布政使,陝安道何承薰署按察使。

諭:本日據長齡奏,籌派官兵及伊薩克回兵,由草地前往葉爾羌救援一摺。同日又據印登額等奏,拏獲逆匪辦理。及長清奏,偵探葉爾羌賊匪漸逼,催兵救援。並奕湄等奏,派兵聽候調遣各摺。覽奏俱悉,和闐草地,既可通達,自應亟發官兵,出其不意,前往救援。

乙卯,諭軍機大臣等:富俊奏流民無籍可歸,一時難令遷移,籲懇免其驅逐,仍嚴行查禁,不准再有潛住等語。吉林爲我朝根本之地,該將軍等既聽流民潛住,漫無覺察,迨積漸增多,輒以窮民無籍可歸,難令驅逐失所,妄思乞恩。朕撫有寰區,豈不知恫瘝在抱,惟此等無業流民,始而爲傭工遠出,投身服役,繼則漸向旗人佃種田畝,迨佃種既多,旗人咸圖安逸,不知力作,必致生計日蹙。且耳擩目染,習成漢俗,不復知有騎射本藝,積重難返,其害豈可勝言。【略】該流民等,違禁潛往居住,本應照例究治,此時即概行驅逐,亦屬格外恩施。惟念該流民無籍可歸,未忍遽令失所。該處東近蔓山,西近圍場,斷不容令其仍前居住。該將軍當不憚繁難,另籌善策,於吉林所屬各廳,或盛京所屬各廳州縣,酌分户口,指出地方,即令遷移,務使分隸散處,不致聚集一處,方爲妥善。

丁巳,諭:新疆回部,向隸準噶爾,悉索敝賦,不堪苦纍,其附近布嚕特者,搶劫剽掠,尤不勝其欺淩。自我朝平定回疆以來,各城回子,咸隸版圖,納賦交糧,輕減者奚啻倍蓰,而布嚕特亦震懾天威,不敢入卡滋擾,八城回子安居樂業者垂六十餘年。【略】現在張格爾糾約回子布嚕特,逞其兇狡,其中甘心從逆者,諒必無多。回子素性多疑,將來大兵雲集,未必不以爲玉石難分,羣生畏懼,或更爲逆裔等煽誘裹脅。該將軍進兵之始,即當用揚威將軍銜,廣張告示,豫行曉諭,【略】凡前被逆裔煽誘者,果能解甲迎降,投誠乞命,皆當量予寬貸,仍令各復舊業。如能將張格爾縛獻軍前,無論回子、布嚕特,俱當奏明大皇帝錫封王爵,賞賜十萬金。【略】儻敢始終執迷不悟,則大兵進勦,必應殄滅醜類,俾無遺種。

《東華續録》道光一四 頒示硃諭行軍紀律十條。

《宣宗實録》卷一〇三 辛酉,以正藍旗蒙古副都統阿勒罕保爲領隊大臣,統領黑龍江續調官兵,馳赴軍營。

壬戌,諭軍機大臣等:楊遇春奏,統計現調大兵一萬八千五百名,用勦即不敷防,留防又不敷勦,請添調西安滿兵一千名,固原、甘州提屬,延綏、寧夏、西安、肅州、涼州鎮屬,各兵共六千一百名,及四川附近陝甘標營添調三千名,統共續添兵一萬一百名。

諭:據果良額等奏,達淩阿行抵庫車,適接阿奇木伯克伊薩克來稟,有英吉沙爾失守之語。並據阿克蘇咨報,所屬之都齊特軍臺被焚,參將王鴻儀被圍,庫車城内存兵無多,請於達淩阿所帶官兵四千名内,酌留一千名防守庫車等語。

甲子,又諭:那彦成奏,兵行日需口糧等項,請旨辦理一摺。喀什噶爾逆回滋事,前經降旨派調東三省官兵,馳往勦辦。所有兵丁日需口糧,按例每名每日給銀五分,不敷食用。據該督奏,若照嘉慶十八年勦辦滑縣匪徒成案,每兵一名,加銀一錢,又未免過多,本年直隸秋收豐稔,物價較爲平減,著照所請,每兵准加銀五分,每日共給予口糧銀一錢,以示體恤。

《東華續録》道光一四 辛未,臺灣逆匪李通就擒。

《宣宗實録》卷一〇四 乙亥,諭軍機大臣等:前此節經降旨諭長齡等於進兵時,籌畫奇策,要截兜勦,斷其歸路,務將首逆張格爾設法殲捦,勿令竄逸爲要。昨據奏報,賊匪擾及阿克蘇地界,經長清派額爾古倫帶領官兵,過渾巴什河堵勦,殺斃賊匪一百餘名,餘賊即已退散。可見該逆回等性本恇怯,又復狡黠異常,乘大兵未集之先,烏合鴟張,肆行無忌,一經戰敗,即紛紛鼠竄,彼此不能相救。看來大兵雲集之後,若僅由大路直前進勦,張格爾及附近之布嚕特等,勢窮力蹙,必思竄出卡倫。彼時既不便懸軍深入,亦難久駐防堵,縱將惰蘭回子全行勦洗,而首逆業已遠颺。試思經此番大舉之後,仍不能殲厥渠魁,永除後患,成何事體!【略】長齡與楊遇春會齊時,先將該處道里山川通盤籌計,於未經進軍之前,即將何處捷徑,可以分兵抄出前路,兜轉夾擊之處,籌商周妥,必須胸有成局。俟進軍時即酌分大員,出其不意,潛師抄截。一面由臺站統領大兵進發,務期前後會合,一鼓殲捦,毋任竄匿。

以前任安徽巡撫張師誠署禮部左侍郎。

丁丑,禮科給事中郭泰成奏,請勸諭捐輸以儲軍需。得旨:所奏不可行。

工部右侍郎顧德慶以病解任，調户部左侍郎李宗昉爲工部右侍郎，兼管錢法堂事務，以署工部右侍郎湯金釗爲户部左侍郎。

《宣宗實録》卷一〇五　九月庚辰，户部尚書黄鉞因病解任，以署工部左侍郎王鼎爲户部尚書，以前任福建布政使惠顯爲太僕寺卿。

癸未，諭軍機大臣等：長齡奏，前調兵力不敷分撥，請添調西安滿兵二千名，塔爾巴哈台廠馬五千匹，並查探布嚕特阿坦台汰劣克，並未進卡助逆等語。現在賊氛日熾，原須厚集兵力，一鼓殲除。前據楊遇春奏，請續調官兵一萬一百名，内已有西安滿兵一千名，業經奏報起程。今該將軍復請添調，除已調一千名外，准其續調一千名，即令副都統卓爾琿保管帶前進，無庸等候帶領黑龍江官兵。其請調塔爾巴哈台廠馬五千匹，已據該將軍咨會彦德挑備，著即傳諭該參贊務揀膘壯之馬，分起速解阿克蘇，勿得遲誤。

戊子，又諭：阿爾邦阿奏，請仍復鹽斤加價，以濟要需一摺。據稱現在軍需與河工並舉，需用浩繁，請將兩淮、兩浙、廣東等省鹽價，按照嘉慶十四年成案，照舊一體加價等語。【略】著各該督撫、鹽政體察情形，查照舊例，妥議具奏。總期實有裨於國用，仍不致累商病民，方爲妥善。

己丑，命工部右侍郎李宗昉爲武會試正考官，内閣學士白鎔爲副考官，兵部右侍郎賈允升知武舉。

轉户部右侍郎敬徵爲左侍郎。調工部右侍郎耆英爲户部右侍郎，兼管錢法堂事務，工部左侍郎阿爾邦阿爲右侍郎，兼管錢法堂事務，禮部右侍郎奎照爲工部左侍郎，以前任吏部左侍郎裕恩爲禮部右侍郎，工部右侍郎李宗昉兼署兵部左侍郎。

《東華續録》道光一四　辛卯，召穆彰阿來京，以楊懋恬署漕運總督由湖北巡撫署。

《宣宗實録》卷一〇五　壬辰，命五城於冬、春二季設廠賚賑。

《宣宗實録》卷一〇六　乙未，諭：前因阿克蘇係回疆要隘，當防堵喫緊之際，念及長清未歷新疆之事，故以特依順保爲阿克蘇辦事大臣，長清作爲幫辦大臣。現在長清指揮官兵，防守城卡，調度悉合機宜，實堪勝任。今特依順保既已署理甘肅提督事務，無庸赴阿克蘇，長清即作爲阿克蘇辦事大臣，益當始終奮勉。

和闐一城，已據兵丁王相泰供稱，於八月二十日失守。葉爾羌、英吉沙爾，現無的確信息。著長齡等一併查明具奏。

丙申，倉場侍郎韓鼎晉因病解任，調署禮部左侍郎張師誠爲倉場侍郎，以内閣學士白鎔署禮部左侍郎。

癸卯，江西巡撫韓文綺覆奏，遵查南安、贛州、吉安各屬先後拏獲會匪唐興通等，盜匪周三女子等，梟匪曾泳英等，賭匪陳萬等，均經陸續分别問擬，訊無疊劫商販五十餘起，及郭姓被劫萬餘金之事。至選舉鄉耆，並擇要移駐文武員弁，現已隨時斟酌辦理。得旨：總要認真查辦，勿蹈摸棱徇庇之習，戒之勉之！

《東華續録》道光一四　十月己酉，諭：昨據户部會同吏部議奏，推廣常例，酌增事例條款一摺，已依議行矣。同日又據御史黄德濂奏稱，滿漢廕生世職，及各正途出身之子孫弟姪，俱准報捐，易滋流弊，更恐新例一開，且將常例條款議增，必不能及每年常捐之數等語。古人籌備軍儲，原有輪粟於邊之議，見值勦辦逆回，軍需繁重，雖口外存糧充裕，而轉運一切，經費必須寬籌，斷不能以内地歲入之常經，盡出爲荒徼行軍之用。玆經部臣會同議奏，於見行常例之外，不得已推廣酌增條款，專爲見在軍興而設，仍嚴定限制，以免流品溷淆。其常捐事例，參酌情形，分别應增應減，並未一律加增，更與另開新例者不同。御史職司言路，凡遇臣工議奏之事，有未允協者，原可於具奏通行後，據實直陳。如果所言可採，即已經施行，亦不難飭令改議。乃該御史於該部會奏時，同日陳奏，試問該衙門所議條款尚未具奏通行，該御史何由得知？非有意沽名，即近於取巧，此風斷不可長。黄德濂本應重究，念係言官，著從寬交部議處。

《宣宗實録》卷一〇七　辛亥，諭内閣：各省將軍，俱給有養廉。惟烏里雅蘇台將軍，衹月支鹽菜銀兩，不足以昭畫一。著自道光七年起，每年給予養廉銀一千五百兩，其鹽菜銀兩，停其支給。

甲寅，諭軍機大臣等：長齡奏，籌撥阿克蘇進兵後路運脚經費銀兩，及覆奏條陳各款，並訊邁哈默特鄂對供詞各摺。覽奏均悉，長齡由那拉特草地，於九月十六日繞出喀喇沙爾大道，計九月杪十月初可到阿克蘇。楊遇春於九月十七日抵吐魯番，計遲到不過旬日。武隆阿計程亦十一月中旬可到，一俟兵力壯盛，糧餉敷足，該將軍當與楊遇春等熟商進勦。

乙卯，諭内閣：御史續齡奏，請嚴禁八旗官學積弊一摺。國家設立官學，月給廩餼，所以造就人材。各教習自宜勤加董率，俾肄業生徒認真講習，以收師儒之益。

丙辰，諭內閣：舊例會試中式武舉，因覆試不能合式，罰停殿試一科者，下屆仍令覆試，積至覆試三次不能合式，即行斥革，本覺過重。自嘉慶六年，改照文會試覆試停科之例，下屆即准殿試，不再隨新科覆試，原所以示體恤而昭畫一。惟近年補行殿試者，往往技藝仍不合式，以致再行罰停殿試，亦覺紛繁，其應如何酌中定議之處，著軍機大臣會同兵部妥議具奏。

庚申，諭軍機大臣等：據長清等奏，傳詢自喀什噶爾前來兵丁閆義、巴蘭供稱，喀什噶爾漢城，於八月二十五日被賊攻破。慶祥自縊身死，舒爾哈善不知下落。賊將官兵商民從城內攆出，約有六七百人，活捉去官兵三百餘人，盡行圈起，將髮辮翦去，脅令投降。並將城牆及衙署兵民房屋全行拆毀，止留鋪民房屋二處，作爲辦事地方。旋有張格爾辦事回子，將伊等帶至城內去看，見城牆房屋俱已拆毀，又帶至英吉沙爾、葉爾羌，和闐三處看明，衙署民房，均被焚燬，惟留葉爾羌西府衙門樓房。

署河東河道總督嚴烺奏，籌辦運河各工。得旨：所奏均悉，現在西路用兵，軍需浩大，一切河工，斷不可緩者，自宜隨時奏辦，無誤漕行。其中若有可緩者，亦不可任聽屬員濫報。總之可減則減，可停則停，慎勿動輒有另案工程也。

贈喀什噶爾殉難參贊大臣慶祥太子太保，賞銀一千兩治喪，予祭葬卹廕，謚壯直，入祀昭忠祠。

《東華續録》道光一四 壬戌，免兩淮富安等十四場水災竈課。

《宣宗實録》卷一〇七 癸亥，試中式武舉丁麟兆等五十一人於太和殿前。

《宣宗實録》卷一〇八 甲子，諭內閣：朕以兩淮鹽務，敝壞已久，曾燠前任兩淮運使十餘年，又歷任巡撫藩司，特命以二品頂帶補授鹽政，期資整頓。朕御極之初，已將每年玉貢折價銀兩停其交納，並免節年未解未報玉貢銀一百六十餘萬兩。迨曾燠抵任後，又奏請將商捐未解銀五百十四萬餘兩，全行豁免，其餘隨時奏請調劑，無不加恩俞允。原冀科則減少，從此認真清釐，庶鹺務日有起色，且令久於其任，俾得從容辦理。乃曾燠在任四年有餘，並未能設法整飭，一味因循了事，若稍有天良之人，斷不至此。此時任滿回京，豈能復邀對品録用，曾燠著以五品京堂候補，以示薄懲。

《東華續録》道光一四 撥江蘇藩關道庫銀一百四十五萬兩，賑高郵等三十州縣衛水災。

《宣宗實録》卷一〇八 戊辰，上御太和殿傳臚，賜中式武舉一甲李相清、崔連魁、丁麟兆三人武進士及第，二甲張琴堂等五人武進士出身，三甲周自超等二十三人同武進士出身。

辛未，皇次子奕綱生。

丁丑，添設直隸大名鎮中營遊擊一員、守備一員、千總二員、把總三員、經制外委三員、額外外委六員，馬步守兵六百九十一名。裁天津鎮水師營參將一員、守備一員、千總二員、把總三員、外委六員、水師兵四百九十一名，順廣磁等營馬步守兵二百名。從總督那彥成請也。

《宣宗實録》卷一〇九 十一月辛巳，據李鴻賓等奏稱，進勦逆回需費較繁，請將粵東藩庫封貯，及運庫鹽本項下，動支銀三十萬兩，解甘備用，於該督撫及司道知府養廉內，分作十年匀扣歸款等語。各官額設養廉，原以資辦公之用，若因邊陲偶有軍興，輒紛紛奏請攤扣，於用度未免支絀，且亦不成政體。所有該督等奏請動支銀兩解甘，扣廉歸款之處，著不准行。

《東華續録》道光一四 准粵東洋鹽各商捐輸銀一百萬兩，備回疆軍需。

《宣宗實録》卷一〇九 壬午，諭：著傳知奏事官，如各省將軍、督撫等，有因誕生皇子呈遞賀摺者，即行駁回，不准接收。

乙酉，諭內閣：長齡等奏，撤回不諳夷情之烏什辦事大臣，並委員接辦一摺。慶廉於七月間因回子失去馬匹，將布嚕特比噶爾察庫圖魯克傳到，革去翎頂，圈禁數日，嗣尋獲馬匹，始行釋放，辦理已屬錯謬。此次又令阿奇木伯克木薩，催逼庫圖魯克來城，致該布嚕特比心存疑懼，不敢前來，並將木薩砍傷。慶廉辦理不善，咎無可辭，現又患病，慶廉不勝辦事大臣之任，著即撤回，交部議處。念其數月以來，籌辦防守等事，尚爲出力，仍令前赴大營，交長齡等差遣，以觀後效。多貴著署理烏什辦事大臣，會同祥雲保辦理一切，並著伊犁協領扎克桑阿前往幫辦。

戊子，諭內閣：長齡等奏，官兵將柯爾坪回莊逆賊勦洗淨盡一摺。覽奏嘉悅。阿克蘇官兵，前將渾巴什河南岸賊匪勦殺淨盡。該逆裔復派賊目，帶領喀什噶爾葉爾羌賊匪，並糾約柯爾坪南北兩莊從逆餘匪，通計三千餘人，恃險踞守，並阻截大兵進勦之路。該將軍等飭令楊芳督率官兵，前往勦辦。該逆匪抵死迎拒，經楊芳分派將備，兩路抄截，賊勢洶湧，副將胡超身先步戰，斃賊數人，衆力隨攻，殺賊過半。餘賊潰竄南莊，復兩路夾擊，追殺十餘里，直至大郝紫爾卡倫以外，將賊匪全數殲除，並無一名免脱。生捦活賊七十三名，搜獲婦女五十

四口。於賊屍中據活賊認出賊目約勒達什、伊瞞、玉努斯、熱依木、托胡坦五名，割取首級，並奪獲槍矛、腰刀、撒袋、鉛丸、火藥，及馬牛羊隻無算。

《東華續録》道光一四　己丑，以臺灣餘匪悉平，加孫爾準太子少保。

癸巳，以昇寅爲熱河都統，特登額爲刑部右侍郎由内閣學士遷。

《宣宗實録》卷二一〇　諭内閣：我朝皇子皇孫，及近支宗室命名，自聖祖仁皇帝親見曾孫，以永字肇錫嘉名，迨我皇祖高宗純皇帝繼見曾元，慶衍五代，即依派系，以永綿奕載四字排序成文，按字開支，洵足兆奕世雲仍之慶。此後宗支蕃衍，瓜瓞綿延，亦當光紹前徽，豫擒吉語，以迓禎祥，俾世世子孫引用勿替。著大學士、軍機大臣公同撰擬十字，候朕酌定。其載字以下輩分，即照現定衍派之字命名。我國家景祚延長，繩繩繼繼，遵兹令典，接續擬增「億萬斯年，永承篤祜」。

玉牒館總裁官大學士托津爲督催官，禮部右侍郎裕恩、署左侍郎白鎔、内閣學士鍾昌、張鱗，爲副總裁官。

丙申，以禮部右侍郎裕恩爲國史館清文總校官。

癸卯，調浙江巡撫程含章署山東巡撫，未到任前，以布政使訥爾經額暫行護理。以刑部右侍郎劉彬士署浙江巡撫，未到任前，以布政使富呢揚阿暫行護理。調山東按察使梁章鉅爲江西按察使，以山東兗沂曹濟道鍾祥爲按察使。

丙午，步軍統領衙門奏，直隸總督那彦成請將各省駐防閒散，遇有緑營外委、千把缺出，一體考校，奉旨允行。查巡捕營事同一例，請嗣後巡捕營外委、千把缺出，將旗兵與緑營兵一體考校，遞行拔補。從之。

《東華續録》道光一四　准淮南捐輸銀二百萬兩，備回疆軍需。

十二月戊申，晉封静貴人博爾濟吉特氏爲静嬪。

御定宗室世次命名，用「溥毓恆啓」四字。「載」字輩分下，近支宗室内舉字輩，著改用「溥」字。

《宣宗實録》卷二一一　己酉，封貝勒永珔子綿巃、永鋆子綿浸、鎮國公永康子綿興，二等輔國將軍；肅親王敬敏子華莊、莊襄親王綿課子奕叡，二等輔國將軍；鄭親王烏爾恭阿子肅和、端華，莊襄親王綿課子奕賟，鎮國將軍禧恩子榮壽，三等輔國將軍；奉國將軍哲鳳子奎樂，奉國將軍、輔國將軍愛仁子恩至，三等奉國將軍；貝勒永鋆子綿洵、綿瀞、綿浚，奉國將軍哲麟子奎陞，奉恩將軍；輔國將軍綿命子奕俊，三等奉恩將軍。賞肅和三等侍衛，綿巃、綿浸、綿瀞三等侍衛。

癸丑，以甘肅布政使楊健爲湖北巡撫，仍留甘肅辦理軍需。未到任前，命湖廣總督嵩孚兼署。

以山東布政使訥爾經額爲漕運總督，未到任前，命兩江總督琦善兼署。調江蘇布政使賀長齡爲山東布政使，以江西按察使梁章鉅爲江蘇布政使，浙江鹽運使福珠隆阿爲江西按察使。

甲寅，諭内閣：前據户部奏，各省節年未完地丁正耗銀兩，請飭該督撫藩司勒限嚴催，並飭將經徵督催復參處分，按限查參一摺，已依議行矣。直省地丁錢糧，若非災歉緩徵，豈容任意拖欠。乃自嘉慶二十二年普免民欠後，又歷年積欠至三百八十餘萬之多，總緣地方官經徵不力，各上司不認真查催所致。即因災緩帶錢糧，亦節年積至八百四十九萬有奇，國家經費攸關，皆當依限徵完報撥。

戊午，命大學士曹振鏞在南書房行走，調工部尚書禧恩爲户部尚書，理藩院尚書穆彰阿爲工部尚書。

《東華續録》道光一四　庚申，以桂輪爲内閣學士，兼禮部侍郎銜由奉宸苑卿遷。誠端爲左副都御史由大理寺卿遷。

《宣宗實録》卷二一一　辛酉，諭内閣：朕前聞喀什噶爾歷任參贊辦事大臣，種種乖謬，節經降旨，交長齡等據實確查。兹據奏自嘉慶二十年起，該處歷任大臣内，如松福聲名平常，各城皆知，雖查無實在劣跡，其辦理不善，已可概見。松福著革去三等侍衛，永不敘用。斌静在任，事事妄爲，姦宿回婦，及安集延回子薩賴占之女，致薩賴占氣忿自行劃傷，幾致釀成人命，荒淫已極，若於在任時早經發覺，即應照乾隆年間高樸之案，立予正法。該員業經發往黑龍江釋回，兩目俱瞽，亦不能竟予寬貸，著拏交宗人府會同刑部嚴行治罪。色普徵額，於嘉慶二十五年八月内張格爾入卡滋事時，令參將玉森帶領步隊迎敵，該員挑帶滿營馬隊繼進，彼時賊衆不過一二百人，該員等追至霍爾罕莊，若使趕緊撲捕，即可永除後患，乃逗留不進，貽誤事機。若即時發覺，亦應立正典刑，兹已事逾數年，色普徵額著革去三等侍衛，拏交刑部嚴行治罪。伊子博勒洪武，並著革去二等侍衛，逐出乾清門。至上年張格爾在卡外游奕，永芹與巴彦巴圖並未確探情形，又不詳慎勦辦，巴彦巴圖率將汰劣克家屬妄行誅戮，旋致全師被害，若使其身尚在，亦應從重治罪，現已身故，著革去都統銜及加賞世職。永芹於巴彦巴圖在外妄殺無辜，雖未豫知，伊身任參贊大臣，辦理率忽，咎無可辭。伊子綿

焕、綿星，前已降爲奉恩將軍，著將綿星再行革去奉恩將軍，以示懲儆。

《東華續録》道光一四　丙寅，以福建各屬歉收，准暫弛海禁，販運浙米。

《宣宗實録》卷一一二　己巳，大學士揚威將軍長齡等奏，烏什卡外皆布嚕特遊牧，卡内亦有布嚕特居住。此時大兵漸次雲集，正當分剳，鎮撫回夷。前聞張格爾有遣賊前來烏什之説，雖不足信，亦不可不防。况我兵將來進勦喀什噶爾，應由該處出卡，取道潛往，此時正可揚言撥兵駐守，將後路糧運陸續豫運存貯。現飭提督齊慎，帶同侍衛蘇清阿，及馬步官兵三千六百餘名，前赴該處，將祥雲保原帶之伊犂官兵一千名，即與巴哈布、蘇清阿分帶，再於前次撥往之烏嚕木齊滿洲兵内，撥出五百名，選派諳練協領一員管帶，均交齊慎統領，於卡内卡外，擇要分營駐剳防守。其餘尚有烏嚕木齊官兵一千名，以五百名留爲守城，以五百名另派協領一員帶領，於卡内各處，常川往來，梭織巡查。再前因阿克蘇地方緊要，駐防官兵無多，經長清奏明，就近調撥喀喇沙爾官兵三百名，飭令參將存柱帶領來城防守，喀喇沙爾另調烏嚕木齊官兵二百名前往代防。現在阿克蘇已有大兵駐剳，前調喀喇沙爾官兵，臣等即飭該參將帶回喀喇沙爾，其該城所調烏嚕木齊官兵，亦即飭令回營歸伍。報可。

道光七年（丁亥、一八二七）

《宣宗實録》卷一一三　正月乙酉，諭軍機大臣等：據長齡等接奉密諭，覆奏回疆八城形勢，甚屬明晰。覽奏俱悉，著該將軍等留心物色，妥爲辦理。現在武隆阿前往烏什查看道路情形，長齡到阿克蘇已經三月，自必詳審熟籌，或分正奇兵爲三路抑或分爲二路，當已早有定見。至奇兵行走，意在掩其不備，從後攔截，勿令竄逸，不拘一路二路，總在該將軍等相機辦理，斷不可令正兵先入，而奇兵未到，轉驅該逆使遁也。吉林、黑龍江頭起馬隊官兵二千，計正月初必到。各官兵裹帶行糧，諒已充足。征兵馬匹疲乏之者，當亦餧養膘壯，交春後自可迅速進兵。計此時該將軍等，奏報進兵日期之摺當已在途。固不可輕率前進，更不可日久耽延，致令老師糜餉。進兵時，何路係某某管帶，每起滿漢兵若干，阿克蘇後路存留若干，務即詳細奏報，以慰廑注。至現在從逆之伯克博巴克阿布都拉等，既訪探伊等之心，已不向張格爾，正可趁此機會，設法用間，收爲我用，或令爲内應，或密爲拘絆。

《東華續録》道光一五　丁亥，張師誠以病免，調朱桂楨爲倉場侍郎，由署禮部左侍郎調。

戊子，諭：大學士、九卿會同宗人府議奏，遠支宗室仍入黄檔，釐定章程，與覺羅分別辦理一摺。

《宣宗實録》卷一一三　辛卯，諭内閣：奉皇太后懿旨，静嬪晉封爲静妃，所有應行事宜，著各該衙門察例具奏。

乙未，諭内閣：琦善等奏，籌墊淮南商捐銀兩一摺。前因軍需、河工同時並舉，該商等懇請捐輸銀四百萬兩，當經賞收銀二百萬兩，飭令琦善等籌墊聽撥。兹據覆議具奏，著准其將運庫續徵應入道光七年春撥報解，及外支雜款項下，借墊銀一百萬兩，聽候撥用，由該商等於本年三四五等月繳完歸款。其餘銀一百萬兩，該商等於八九十等月繳齊貯庫，報部候撥。俟全數繳完，該商等著交部照例議敘。

丁酉，諭：長齡等奏，和闐回衆縛賊投誠，派遣官兵前往撫守一摺。上年逆裔張格爾滋事，派賊目約霍普等占踞和闐，並僞封和闐王子等職。經長齡等派令年班回至阿克蘇之五品伯克伊敏前往查探，該回衆因大兵雲集，震懾天威，約會民人，將賊首約霍普、捏克托胡達，及從賊阿布都、克里木等四名，縛獻軍營，並將附賊一百餘人，全行擊斃。復據阿布拉，繳到和闐大臣印信。該將軍安設陣亡大臣官員牌位，將七犯凌遲正法，致祭忠魂。

乙巳，諭内閣：嵩溥奏，酌議辦理匪徒章程一摺。前據御史但明倫奏，籌辦黔省黨匪，當交嵩溥派委妥幹員弁，嚴密查拏，並會同鄰省設法協緝。兹據奏，黔省民苗雜處，外來無籍遊民，勾結土棍滋事。該匪往來蹤跡靡定，若僅於鄰省接壤地方分投查拏，必至聞風遠遁等語。匪徒形跡詭祕，總當嚴飭各該管文武協力查拏。如係文員訪聞，即知照武營協力會拏；若武弁偵知緝獲，即移交文員認真審辦，不可稍分畛域，各存意見。該撫仍明立勸懲章程，無得委員分投查拏，徒滋紛擾，轉致無益有損。著照所請，除各州縣地方，偵有匪徒蹤跡，立即迅速查拏外，其遠鄉僻壤，民人即責成鄉約保長，苗人即責成土弁寨頭，實力稽查，遇有爲匪窩匪，立時密報拏究，如能隨同緝捕，量加獎賞。

《宣宗實録》卷一一四　二月癸丑，命改南府爲昇平署。

甲寅，皇次子奕綱薨。

丁巳，賞四等侍衛古城領隊大臣恩銘頭等侍衛，爲哈密辦事大臣；命前任

江西布政使蘇明阿以頭等侍衛，爲古城領隊大臣。

戊午，以詹事府少詹事沈岐充日講起居注官，翰林院侍講何彤然署日講起居注官。

《東華續録》道光一五　庚申，撥浙鹺商捐銀一百萬兩，備回疆軍需。

《宣宗實録》卷一一四　乙丑，以都察院左副都御史福申爲内閣學士，兼禮部侍郎銜，仍留江西學政任。

舉行道光六年大計。

戊辰，諭：百春等奏，查明經紀承辦漕糧脚價内，支銷公用，請仍循舊制辦理。軍白糧經紀，承運漕糧，向例按米數給發脚價。所有油艌席片、船頭工食，及題定書役飯食等銀，即在脚價内支放。自道光四年奏准，將脚價每石劃出銀五釐一毫，支銷各項工用，以致糧少之年，尚不敷支放。該經紀等不得不溢支銀兩，且纍年牽算，易滋弊混，自應仍照舊章辦理。著准其將油艌席片、船頭工食、題定書役飯食等銀，仍於經紀脚價内發給。至經紀多支銀七千七百六十七兩零，若一時遽令繳還，辦理未免拮據，著自本年起，分作六年攤扣，全完歸款。

壬申，諭内閣：長齡等奏，籌定大兵進勦日期，並請將熟悉道路情形之阿奇木伯克帶赴軍前一摺。現在吉林、黑龍江勁旅，及原調續調官兵，已陸續到齊。該將軍等定於二月初六日，統領大兵分隊進勦。據奏，阿克蘇阿奇木伯克伊薩克自軍興以來，屢次出力，近復辦運兵糈，採購牛羊馬匹等事，均能迅速妥協，且熟悉道路情形，准其帶赴軍前，以資差遣。該阿奇木前已疊加獎擢，著加恩在乾清門行走。伊子六品伯克愛瑪特，已另降清字諭旨，照例授爲二等台吉，並著賞戴花翎，即令協同阿克蘇伊什罕伯克色提巴爾第，代辦阿奇木事務。

癸酉，刑部奏，向例聚衆奪犯殺差之案，其從犯在凡人則擬絞決，在卑幼及奴僕、雇工則止擬滿流，似涉輕縱。嗣後如遇尊長率領卑幼，家長率領奴僕、雇工奪犯殺差，止斃一命者，仍照本律問擬；其有致死差役二命以上者，爲首之尊長家長，仍擬斬監候，爲從之卑幼、奴僕、雇工俱擬絞監候。從之。

《東華續録》道光一五　三月庚辰，兩江總督琦善等奏，減工啓放正河掣溜通暢，兩壩趕緊鑲築，即可合龍。得旨：所奏俱悉，尤當倍加慎勉，永慶平成也。又奏，見在黄水落低，已飭廳營將禦黄壩啓放，催挽重運軍船迅速渡黄。得旨：禦壩已啓，漕行順利，朕心深爲嘉慰。

《宣宗實録》卷一一五　壬午，哈密辦事大臣恆敬奏，查托克遜地方，尚有兵糧百餘萬斤，軍火十餘起，未經轉運，當與賡音泰、湯鼐會商，即將關内解到駝隻，迅速解運。至夏令駝隻不堪負重，必須豫籌車輛。托克遜一帶，尚有舊存鐵輪車一千一百輛，因馬疲不能應用，現已委員分赴各處採買馬匹，多雇牛驢，並飛咨英惠，於烏嚕木齊雇備商民車輛前來，以資接濟。報聞。

乙酉，安徽巡撫鄧廷楨奏，地方緝捕之法，固在提比之嚴緊，尤在賞罰之分明。現在辦理命盜各案，於僉差緝捕時，先行酌給盤費，追獲到人犯，再行從優給賞，以鼓其志氣。得旨：所辦甚好，除暴安良，敉亂於未形，地方大吏之責也。汝能如此認真，可嘉之至，一力勉之，以副委任。

己丑，諭：琦善等奏，減壩合龍穩固，全黄挽歸正河一摺。前因黄流淤墊，回空阻隔河北，經該督等籌議啓放王營舊減壩，將正河大加疏濬，以冀河流漸次掣深。兹據奏挑工完竣，全黄挽歸正河，併力趕堵減壩，俾溜勢不致分洩，於本月初三日掛纜合龍，堵築穩固，下游被水村莊，立見涸復，舉耜翻犁。

庚寅，諭内閣：阿揚阿奏，蘆東各商情殷報效一摺。長蘆山東商人，因回疆大兵進勦，籲懇捐備賞需銀四十萬兩，分限完納，具見忱悃。惟念該商等素稱疲乏，非他省可比，所請蘆商捐銀三十萬兩，東商捐銀十萬兩之處，著不准行。

甲午，諭：福綿奏，地震壓斃人口，委勘查辦一摺。山西省平陸縣地方，本年二月二十六日地震。該縣盤南三十三村莊，共塌窑房五十五間，壓斃男婦大小八十四名口，此外間有被壓受傷之人，實堪憫惻。著福綿即飭委員會同該州縣，迅速確切查勘，加意安撫。其掩埋壓斃人口，修理房間，並受傷人口酌給醫藥，露處貧民搭棚棲止，俱著照例妥速辦理，務令實惠及民。該撫現赴省南查閲營伍，即就近妥爲督辦，如查有應行撫卹之處，著再行據實奏聞，候朕施恩，勿致一夫失所。

戊戌，諭内閣：琦善等奏，禦壩驟難啓放，現將漕船倒塘灌運，並自請從重治罪各一摺。【略】該督等又並未豫爲籌計，縱使本年重運均可北來，而河底未能深通，將來又費周章，數百萬帑金，竟成虚擲！若將該督等立予罷斥，重治其罪，轉得置身事外，其何以專責成？琦善著拔去花翎，張井降爲三品頂帶，潘錫恩降爲四品頂帶，姑示薄懲，令其戴罪自贖。所有倒塘灌放各費，即著落該督等按成賠補，不准開銷。

己亥，諭内閣：長齡等奏，官兵續獲勝仗一摺。覽奏欣悦之至。逆裔張格爾，自洋阿爾巴特被大兵痛勦，復糾約十餘萬賊匪，於沙布都爾莊外，臨渠排列，

並決水乞坎，用馬衝突，仍據險施放槍礮。我兵用連環槍礮轟斃甚多，仍敢撲渠下壓。我兵奮勇搶上，飛渡渠水，短兵相接。長齡等復派馬隊，由左右淺渠抄擊，賊匪難支。安集延大頭目色提巴爾第，猶擊鼓馳騁，死力抵拒。該將軍等督令馬隊横截入陣，衝作數段，槍箭如雨。馬甲貝洪阿，箭斃色提巴爾第；馬甲圖明阿，奪獲賊馬鳥槍鐵甲，賊始潰散。長齡等復派員督催各路滿漢馬步官兵，分投掩殺，逼至渾水河邊，趕勦三四十里，殘匪都盡。突有援賊數千，自西北林來，復經楊遇春等趕往迎勦，斃賊千數百名，餘衆紛竄。河西有馬步賊匪二千，擁橋策應，官兵用大礮轟擊，賊始潰竄。統計捡戮賊匪不下四五萬人，奪獲槍礮器械馬匹無算，並於首級中認出回子大頭目素丕卡克、安集延頭目占巴克等，俱已戮斃。

《東華續録》道光一五　壬寅，以張鱗署禮部右侍郎由内閣學士署，惠顯爲左副都御史由光禄寺卿署。

癸卯，以惠顯爲駐藏辦事大臣，保昌署左副都御史由太僕寺卿遷。

《宣宗實録》卷一一六（四月丁未），嚴定京城兵役窩賊及包庇科條。刑部奏，凡捕役兵丁地保等，自行犯竊罪應軍流徒杖，無論首從，各枷號兩箇月，兵丁仍插箭遊營。若勾通豢養竊賊，及搶劫各匪，坐地分臟，或受賄包庇窩家，俱發極邊煙瘴充軍。窩藏竊盜一二名者，杖一百，徒三年；窩藏竊盜三名以上，及强盜一名者，俱發近邊充軍；窩藏竊盜五名以上，及强盜二名以上者，發極邊煙瘴充軍。窩留積匪，無論有無造意，但經容留分贓代賣者，亦發極邊煙瘴充軍，其應擬死罪者，仍各從其重者論。從之。

戊申，諭内閣：長齡等奏，官兵三獲勝仗一摺。【略】斃賊二三萬衆，生捡二千餘名，於賊屍中認出安集延大頭目阿瓦子邁瑪底那爾巴特阿渾，奪獲馬匹槍礮器械無算。追至洋達瑪河，四散逃竄，隨將沿河一帶回莊匿匪，搜勦净盡。

壬子，諭軍機大臣等：長齡等奏，大兵克復喀什噶爾，捡獲賊目，逆裔張格爾已乘間竄逸。

戊午，兩江總督琦善等奏，敬陳感悚，戴罪自贖。得旨：大汛以前，漕船務要渡竣，全河務保安瀾，回空不可遲滯，三者有一不妥，爾等自問當得何罪。懔之又懔！

己未，以鑲白旗漢軍副都統賡音通阿爲巴里坤領隊大臣。

辛酉，諭内閣：【略】本日馳報官軍收復英吉沙爾，張逆尚無實在蹤跡。長齡等未能仰體朕宵旰憂勤之意，致有疏縱，辦理不善，自應加以懲創。長齡著革去紫韁；楊遇春著撤去太子太保銜，仍留太子少保銜；武隆阿著撤去太子少保銜。

甲子，諭内閣：長齡等奏，官兵收復葉爾羌。

《東華續録》道光一五　乙丑，晉封静嬪博爾濟吉特氏爲静妃。

《宣宗實録》卷一一六　壬申，諭内閣：琦善等奏，重運軍船全數渡黄。

《東華續録》道光一五　乙亥，張鱗丁憂，以韓鼎晉署禮部右侍郎病痊倉場侍郎。

《宣宗實録》卷一一七　五月丙子，以陝西按察使顔伯燾爲甘肅布政使，服闋按察使林則徐爲陝西按察使。

己卯，以候補侍郎潘世恩署工部左侍郎。

庚辰，諭内閣：長齡等奏，和闐克復。

諭：從前嘉慶年間辦理滑縣賊匪凱旋時，官兵曾有攜帶幼孩之事。經兵部嚴定科條，頒發各營，一體遵照。此次回疆用兵，本日據長齡等奏，已將和闐收復，軍務剋期告竣。將來凱旋，恐沿途帶兵官弁，約束不嚴，兵丁等私行攜帶子女，不可不豫爲申禁。著鄂山等於官兵進關時，嚴加稽察，儻有私攜男女幼孩，查明即行參辦，按律治罪。

《東華續録》道光一五　壬午，陸以莊以病免，以王引之爲工部尚書，潘世恩爲吏部左侍郎候補侍郎。

《宣宗實録》卷一一七　癸未，以内閣學士朱方增爲玉牒館副總裁官。

丙戌，諭内閣：前因河湖交敝，經琦善等再三熟商，始定啓放王營舊減壩之議。據奏挑乞正河，引清刷滌，將來挽復故道，既可掣溜通漕，而河身亦可日漸深通。並稱遲至八九月間啓壩，彼時秋稼登場，小民更可無虞失所。朕以該督等既爲此奏，自必確有把握，是以不惜帑金，不爲遥制，悉照所議辦理。乃始因湖水異漲，大啓閘壩宣洩，迨宣洩不暢，趕開減壩，以爲迅啓禦壩暢洩湖漲之計，致下游州縣田廬俱被淹浸，居民蕩析，已屬辦理不善。然果能一舉奏效，尚當權利害之輕重，不復深責。及至本年堵閉減壩，而黄水仍未消落，運道依舊不通，並將下游挑工，前功盡棄，是不但將數百萬帑金，輕付一擲，且使數州縣生靈，徒受災浸，流離遷徙。該督等議舉大工，不知集思廣益，竟輕聽唐文睿一人謬論，致誤事機，糜帑殃民，莫此爲甚。使該督等捫心自問，尚有何顔對數百萬災黎

耶！兹經吏部議將琦善等照溺職例革職，本應悉照部議，即予褫革，姑念琦善平日辦事尚屬認真，在山東巡撫任内，頗知整頓，河務本係兼轄，著即開缺，加恩降爲二品，來京另候簡用。張井、潘錫恩專司河務，種種貽誤，其咎更重，惟此時若遽將伊等罷褫，轉得置身事外，豈反令他人代爲補救乎？張井、潘錫恩，俱著革去頂帶，仍留河督之任。

以大學士托津管刑部事。

以大學士蔣攸銛爲兩江總督。

《東華續録》道光一五 丁亥，命穆彰阿在軍機大臣上學習行走。

己丑，調奕經爲工部左侍郎，奎照爲兵部左侍郎。

以申啓賢爲内閣學士，兼禮部侍郎銜降調倉場侍郎。

《宣宗實録》卷一一七 壬辰，諭内閣：那彦成奏，剥船限滿，例應排造一摺。直隸北運河商捐剥船一千五百隻，已屆十年限滿，自應照例排造。著准其循照成案，交江西巡撫、湖廣督撫一體派員購料造辦，分四限解交直隸。

己亥，調江寧布政使張志緒爲山西布政使，以陝西按察使林則徐爲江寧布政使，前任甘肅按察使方載豫爲陝西按察使。

《東華續録》道光一五 閏五月乙巳，免回疆被賊滋擾之八城新舊額賦。

《宣宗實録》卷一一八 諭軍機大臣等：長齡等克復喀什噶爾，已經三月，朕無時不懸盼捦獲逆首捷音。今既拏獲奸細巴依莫特等，搜出逆匪潛通信字，究訊張逆現在木吉地方潛匿，該將軍等派令安福等四人帶兵二千餘名，出卡掩捕，惟恐兵力尚單，應再於楊芳、齊慎二人内添派一人。其周志林所帶官兵五百名前往接應，必須聲勢聯絡，期於前敵有濟。【略】此時四城已經克復，從逆零匪搜捕殆盡，逆酋窮蹙逃竄，指日就捦，未便仍留全師，久駐荒徼，虚縻軍餉。喀什噶爾現有該將軍、參贊等在彼駐劄，葉爾羌辦事大臣著派蘇清阿前往署理，巴哈布著署理幫辦大臣，英吉沙爾領隊大臣著派達淩阿前往署理，和闐領隊大臣著派成玉前往署理，史善載暫令幫辦。該三城祇宜酌留官兵鎮撫，無須多兵駐守。著該將軍等悉心籌畫，或將省分較遠之四川省原調續調官兵，酌撤數千名，及東三省官兵三千名内酌撥二千名，派令帶兵大員，先行統帶各回原營。其餘官兵，應先撤若干，酌留若干，該將軍相度情形，一面妥辦，一面奏聞，不必俟奉到諭旨，再令起行。其善後事宜，亦應熟商妥籌，豫爲辦理。

戊申，諭内閣：各直省延致幕賓幫辦文案，必須駕馭防閑，務絶弊竇，若以劣幕久占一署，情僞愈熟，舞弊愈工，以致罔顧聲名，把持公事。朕風聞各直省幕賓盤踞省會，聯絡聲氣，招攬事權，所在多有，並有招致親串，布散黨羽，或倚仗上司，借聲援以圖影射，或勒薦屬吏，分脩脯以遂私謀，甚至以不諳律例者指名推薦，亦必重資聘請。遇有重案，則包封送省代辦。如各員另有延請，遇案件上詳，多方駁飭，或行提官吏，藉圖拖纍，遂令幕友別圖一館，必先與伊等關通；各官别延一幕，必先託若輩照應。此等劣幕，本係無職業游民，一經盤踞，大爲地方之蠹，不可不嚴行飭禁。著各省督撫大吏破除情面，密加訪查，遇有此等劣幕，立即逐令回籍，不得以辦事熟諳爲詞，致若輩互結黨援，肆行無忌也。

丙辰，諭内閣：御史阿成奏，請飭禁凱撤官兵沿途騷擾一摺。前因回疆四城收復，剋期凱撤，特諭該將軍等先期嚴行申禁，毋許該兵丁等沿途滋生事端。兹據該御史奏，大兵歸伍，道路綿長，恐帶兵官員約束不嚴，致兵丁有肆擾閭閻，及攜帶子女等事。著再嚴切申諭帶兵各官，務須宣示律令，恪守科條，并著沿途各督撫等隨時嚴加稽察。

戊午，諭内閣：昇寅奏，請禁蒙古各旗招民開採煤窑一摺。所奏是。蒙古地方遼闊，開採煤窑，匪徒聚集，每易滋生事端，自應嚴行禁止。著理藩院轉行喀喇沁、土默特等旗，除前經奏准開採煤窑，仍准照舊開採外，其未經奏准出煤山場，著永遠封禁，不准私招民人開採，以杜流弊。

《東華續録》道光一五 辛酉，徐承恩以病免，以吴光悦爲湖北布政使，龔鯤爲湖南按察使由廣西左江道遷。

《宣宗實録》卷一一九 壬申，諭軍機大臣等：前據蕭福禄奏，上年十一月内，仁和縣民鬧漕滋事，程含章派撥杭州協等營官兵，前往彈壓，並不知照提督。在任時所屬將備黜陟委署，均係自主，並不先事商酌等語。當降旨令程含章明白回奏。兹據奏稱，仁和縣民聚衆鬧漕，近在省城，事起倉卒，派兵彈壓，當時未及知會，追奏稿擬定，即用印文知會總督、提督，移送奏稿有案可查。

《宣宗實録》卷一二〇 六月庚辰，諭内閣：昨據工部奏，匯查各省工程未完各案，請分别年限查辦。各省工程未結案件，自嘉慶二年起，至道光五年止，共有三百九十六案。上年六月内，經該部查明具奏，行令分別查參催結，嗣據各該督撫陸續造報，該部照例覈覆，准銷者九十八案，現在覈議者二十案，已奏未

估者四十五案，已估未銷者二十五案，復行駁查者二十八案，歷年駁查未據題覆者一百八十案。又道光六年分各省新案共五十八案，内已奏未估者五案，已估未銷者十八案，駁查未結者二十九案，現在覈議者六案。各省動用錢糧及工程報銷准駁，俱有定限，乃各該督撫於奉文後，不即剋期辦結，實屬因循疲玩，著即將該部駁查新舊各案，逐一查明。未經逾限者，按限催辦完結。其已經逾限者，查取承辦遲延及督催不力各職名參奏議處，仍嚴催辦結。嗣後各該督撫務當隨時逐案查覈，依限催辦，毋任再有延宕，致干咎戾。

戊子，諭内閣：百春等奏，查驗浙江漕糧，米質不齊，請覈實分别辦理。

《東華續録》道光一五　己丑，源溥卒，以薩迎阿爲甘肅按察使由蘭州道遷。

《宣宗實録》卷一二〇　辛卯，諭内閣：朱士彦奏，浙省廪生向有告遊學開缺，各省所無等語。向例廪生告遊學，限三月補考，過限不補考者，於出貢時扣算作曠，何以該省相沿開缺，著禮部覈議具奏。至佾生縣試時既未服闋，何得令其混考，自應照童生之例，不准册送，以杜弊混。尋奏，嗣後廪生呈報遊學，俱遵定例勒限補考，逾限不補者，開糧不作缺，限外補考者，查明逾限月日，均扣算作曠。其上届開報，下届歲考無故不到者，即照例斥革。如果係遊學未歸，由該教官確查詳請展限。至三次歲考以外，竟行斥革，以符定例而杜弊竇。從之。

丙申，諭軍機大臣等：蔣攸銛等奏，來年新漕，請仍行海運盤壩一摺。【略】所有江蘇省來年新漕，除江寧、揚州、淮安、徐州、通、海等四府二州，照舊各歸本幫兑收轉運外，其蘇州、松江、常州、鎮江、太倉等四府一州，仍雇用海船運赴天津。一切海運事宜，除成案可循外，此内如須量爲變通，著漕運總督、直隸總督、山東巡撫、江蘇巡撫通盤籌畫定議，俟奏到時，再降諭旨。

癸卯，協辦大學士禮部尚書汪廷珍，因病賞假，以都察院左都御史姚文田署禮部尚書。

《東華續録》道光一六　七月己酉，頒御製四體字《憫忠詩》，勒石喀什噶爾昭忠祠。

《宣宗實録》卷一二一　甲寅，命兵部尚書玉麟爲上書房總師傅。

以工部尚書王引之爲武英殿總裁官，户部右侍郎顧皋管國子監事。

乙卯，以署兵部右侍郎鍾昌爲盛京禮部侍郎，内閣學士福勒洪阿署兵部右侍郎。

以克復回疆四城，烏嚕木齊迆西至伊犂一路軍臺，差務較簡，撤洛克倫臺至托霍木圖十六臺，增設馬八十四、兵四十八名。從都統英惠請也。

《東華續録》道光一六　丙辰，以姚文田爲禮部尚書，湯金釗爲左都御史，轉顧皋爲户部左侍郎，調李宗昉爲户部右侍郎，以白鎔爲工部右侍郎由内閣學士遷。

《宣宗實録》卷一二一　丁巳，命吏部尚書盧蔭溥協辦大學士。

戊午，命惇親王綿愷、定親王奕紹、協辦大學士盧蔭溥、禮部尚書松筠、工部尚書王引之、吏部右侍郎貴慶、户部左侍郎敬徵、工部右侍郎阿爾邦阿，盤查户部三庫。

武英殿校刊《仁宗睿皇帝聖訓》漢文告成，提調官等升敘有差。

《東華續録》道光一六　辛酉，以那清安爲熱河都統，松筠署左都御史由禮部尚書兼署。

《宣宗實録》卷一二二　癸亥，以兵部尚書玉麟兼翰林院掌院學士，協辦大學士富俊兼理藩院尚書閱兵大臣。

甲子，諭内閣：武隆阿著賞給副都統銜，作爲喀什噶爾參贊大臣。誠端、蘇清阿俱著作爲喀什噶爾幫辦大臣，那桑阿著作爲英吉沙爾領隊大臣，恆敬著前往葉爾羌作爲辦事大臣，扎克桑阿著作爲葉爾羌幫辦大臣，果良額著調補和闐領隊大臣，富昇阿著作爲和闐幫辦大臣，多貴著作爲烏什辦事大臣，容安著仍留阿克蘇幫同長清辦事，巴哈布著即回喀喇沙爾本任。此内有未戴花翎者，俱著照例賞戴花翎。

諭軍機大臣等：長齡等奏，喀拉提錦布嚕特比來營效順，並卡倫外近日籌捕情形，及保奏各城參贊辦事大臣各摺。【略】長齡等接奉此旨，著即將出卡之將領官兵，全行撤回。仍檄諭外夷各部落，以張格爾入卡肆逆，荼害生靈，實爲元惡大憝，罪不容誅。現在各部落既多輸誠效順，情願截拏，諒該逆飄泊遊魂，不難擒縛來獻，以邀封賞。大皇帝因官兵出卡駐劄，恐爾恭順各部落，不無驚懼，並恐官兵不無滋擾，特降恩旨，曲加體恤。即將大兵全行撤回卡内，爾等部落，益當勉竭誠悃，商同設法，將逆酋張格爾迅速擒拏，或獻馘軍門，必當奏明大皇帝，照前懸賞格，懋加封賞。該將軍等一面繕發檄諭，一面即將大兵暫留八千名，其餘均即分起凱撤。

乙丑，以前任陝西巡撫盧坤爲山東巡撫。未到任前，仍命布政使賀長齡護理。

壬申，諭内閣：逆裔張格爾，自去歲夏秋之間，勾結内外回匪侵擾邊境，戕

害官兵，竊據四城，賊勢甚熾。【略】計逆裔犯順一年有餘，凡一切軍報，承書諭旨，軍機大臣等夙夜殫心，勤勞懋著，允宜特沛恩施，以昭奬勸。大學士曹振鏞著晉加太子太師，大學士新授兩江總督蔣攸銛、尚書文孚著晉加太子太保，尚書王鼎，玉麟著加太子少保。所有軍機章京等，著軍機大臣保奏尤爲出力者數員，候旨施恩。特諭。尋賞光禄寺少卿吴孝銘四品頂帶，餘分別升補，並照軍功例議敘有差。

癸酉，以降調兩江總督琦善爲内閣學士，兼禮部侍郎銜。

《宣宗實録》卷一一三　八月丙子，倉場侍郎百春因病賞假，以内閣學士琦善暫署倉場侍郎。

庚辰，以河南按察使阿勒清阿爲廣東布政使，四川建昌道桂良爲河南按察使。

壬午，户部議准護山東巡撫賀長齡奏，東省閘内有漕州縣，向係冬兑冬開，距水次既遠，時日又迫，勢不能不買米墊兑。旗丁藉此刁難勒索，苦累實甚。請嗣後准閘内各州縣，届期有徵未足數，及趕運不及者，即於各水次就近買補墊兑。仍飭不得藉此概行折徵，並嚴禁旗丁挾制擾累。從之。

乙酉，調盛京禮部侍郎鍾昌爲刑部右侍郎，刑部右侍郎特登額爲盛京禮部侍郎。

《宣宗實録》卷一一四　己丑，諭内閣：長齡等克復四城，距今已六月之久，張逆愈竄愈遠，不能立定主見，籌辦萬全，轉頓兵荒徼，虚延時日，糜費兵餉，致零星殘匪，傷及官兵。雖據奏斬擒一千五六百名，脱逃僅百餘人，究屬長齡等辦理不善，咎無可辭。本應照部議革職，姑念道路遼遠，一時難以更换。長齡、楊遇春、楊芳、武隆阿俱著從寬改爲革職留任，以觀後效。

辛卯，以兵部尚書王宗誠署刑部尚書。

壬辰，大學士兩江總督蔣攸銛等奏，酌擬新漕海運章程。

調盛京刑部侍郎多山爲盛京工部侍郎，盛京工部侍郎海齡爲盛京刑部侍郎。

甲午，以詹事府詹事龔守正爲内閣學士，兼禮部侍郎銜，仍留山東學政任。

《東華續録》道光一六　丙申，百春以病解任，命福緜以三品頂帶爲倉場侍郎，調盧坤爲山西巡撫，以琦善爲山東巡撫由内閣學士遷。

《宣宗實録》卷一一四　丁酉，諭：孫爾準等奏，巡洋兵船，請酌量分別裁改一摺。臺灣洋面，今昔情形不同，巡防各船必須因時制宜，方資駕駛。據該督等查明，臺澎水師各營原存戰船内，善字號船隻過於笨重，知、方兩字號船隻不利深水，均於巡防不甚得力。查有白底艍船駛風折戧，最爲靈便，以之追捕可期得手，請酌量分別裁改，自係實在情形。著照所請，將善字號船九隻，並知、方兩字號船三十二隻，一併裁汰，照商船白底艍式樣另造三十二隻，以抵知、方兩字號船之額。合計臺澎各營戰船足敷應用，該督等即飭臺灣廠道，將舊船估變，完解司庫報撥，雇覓工匠趕緊估計造辦，以資配緝。

《東華續録》道光一六　九月丙午，諭軍機大臣等：蔣攸銛等奏，籌備來年接運新漕，請先行借撥銀兩爲盤壩經費一摺。本年大汛已過，見交霜降，水勢有消無長，黄河經汛水刷滌，較前暢順。洪湖存水一丈五尺餘寸，見將壩河全行堵閉，不至宣洩過甚。看此情形，明年新漕抵壩，正可乘黄水未漲之前，照常開壩放船，則趲渡一幫即免一幫之阻滯。儻或江廣重船到時，汛水業已長發，不能啓壩放行，亦可仍用倒塘灌放之法，俾令原船北來，省卻無數周折。況今春倒塘渡船均已全數抵通，有早無遲，何不可以倣照辦理，而必亟亟議及盤壩？雖據奏水勢長落靡常，恐致臨時貽誤，爲萬不得已之請，無非先占卸責地步，豈實心爲國之道！若沾沾目前，並不爲國是經久計，止圖自卸干係，則兩江重任盡人皆可爲之，何必特加簡畀耶！該督惟當遵照前旨，與訥爾經額等會同妥辦，不得再議盤壩。所請先於江蘇藩關各庫借撥銀六十萬兩，豫備應用之處，著不准行。

《宣宗實録》卷一一五　戊申，大學士、揚威將軍長齡等奏，前蒙豁免回疆八城上年本年糧石貢賦，查和闐回衆，前已交布二萬匹，請准作爲道光八年正供。伊犁現需布匹購换哈薩克牲畜，即發交運往應用。報聞。

癸丑，以刑部右侍郎鍾昌暫署工部右侍郎，兼管錢法堂事務。

乙卯，命湖北按察使福珠隆阿以三品卿銜巡視兩淮鹽政，以兩淮鹽政張青選爲湖北按察使。

命五城於冬春二季設廠煑賑。

丙辰，實授伊里布雲南巡撫。

實授嚴烺河東河道總督，賞還二品頂帶。

《宣宗實録》卷一一六　己未，諭：張青選奏，商捐下半銀一百萬兩，援案請於丙戌綱課款内先行墊解，分作兩綱歸款。本年淮商因軍需河工需用，籲請捐銀二百萬兩，前撥軍餉銀一百萬兩，已准由春撥款内墊解，限於三四五等月完繳

歸款。其未完銀一百萬兩，既經奏准於八九十等月按限完繳，茲復懇恩於丙戌綱課款内先行墊解，分綱歸款。可見奏限之時，無非侈觀。現計部撥必用，又爲此奏，實屬取巧之至，所請不准行，張青選著交部議處。

庚申，貴州巡撫嵩溥奏，編查附居苗寨客民保甲完竣，並酌擬隨時稽覈章程：一，禁續增流民；一，禁續置苗産；一，禁盤剥準折；一，禁加租逐佃；一，禁棚户墾占。得旨：依議妥爲之。

《東華續録》道光一六　己巳，添設馬蘭鎮額外外委一。

庚午，程祖洛丁憂，以楊國楨爲河南巡撫，陸言爲河南布政使由左副都御史遷。

《宣宗實録》卷一二六　壬申，江蘇巡撫陶澍覆奏，蘇省新漕因河道尚阻，仍擬暫分海運。

《宣宗實録》卷一二七　十月乙亥，禮部議覆大學士、兩江總督蔣攸銛奏，請變通江南鄉試迴避成例。應如所請。嗣後籍隸江、安兩省者，除巡撫、兩司、學政、省城道府、省縣，仍照向例辦理外，其總河巡道等官，遇所屬開送簾員，亦應照例迴避。如所屬並無入簾之官，其子弟親族，准一體鄉試。從之。

《東華續録》道光一六　己卯，諭：清語、騎射爲滿洲根本，人所應習。各省駐防滿洲人等，原係由京分駐，非緑營可比，亦應一體習學清語。昨據廣州將軍慶保等具奏甄别官員一折，竟用漢字書寫，而請安摺亦用漢字，成何事體！廣州駐防官兵，不下五千餘人，豈無一寫清字之人！乃慶保等於循例事件，竟亦率用漢摺，深染漢人習氣，殊爲可笑！若不加以整飭，久之，滿洲舊業必致廢弛。慶保、巴杭阿、花沙布俱著傳旨申飭，並著曉諭各省將軍、副都統，嗣後如係人命詞訟以及奏銷錢糧數目等事，尚可用漢摺陳奏，其滿營循例應辦事件，俱著以清摺具奏。各省將軍、副都統等，其仰體朕意，將所屬滿洲官兵教以清語騎射，俾各精熟，毋得漸染漢人習氣，廢弛滿洲舊業。

庚辰，以甘肅應付兵差，免嘉慶二十三年至道光五年通省民欠正雜銀兩。

《宣宗實録》卷一二七　諭軍機大臣等：【略】阿克蘇著留兵五百名，葉爾羌准其留兵二千名，和闐、英吉沙爾准其各留防兵五百名。喀什噶爾留兵一萬，亦覺過多，准其以伊犂馬隊二千名留用，再留緑營兵二千名，足資鎮撫。其吉林索倫官兵一千名，及其餘官兵仍遵前旨，即行撤回。

丙戌，以都察院左都御史湯金釗爲禮部尚書，吏部左侍郎潘世恩爲都察院左都御史，轉吏部右侍郎杜堮爲左侍郎。調工部左侍郎辛從益爲吏部右侍郎，仍留江蘇學政任，未回京前，命工部右侍郎白鎔署理。以署禮部右侍郎韓鼎晉爲工部左侍郎，仍兼署禮部右侍郎。

予故禮部尚書姚文田祭葬如例，謚文僖。

《宣宗實録》卷一二八　戊子，以正紅旗漢軍副都統裕誠爲内閣學士，兼禮部侍郎銜。湖北布政使吴光悦爲都察院左副都御史，翰林院侍講學士陳用光爲詹事府詹事，前任哈密辦事大臣頭等侍衛嵩惠爲光禄寺卿。

調山東布政使賀長齡爲江寧布政使，以山東按察使鍾祥爲布政使。調湖北按察使李文耕爲山東按察使，以四川成綿龍茂道尹濟源爲湖北按察使。

以廣東按察使周錫章爲湖北布政使，候補四品京堂姚祖同爲廣東按察使。

己丑，諭内閣：惇親王綿愷，著先行退出内廷行走，其一切差使無庸管理。宗人府宗令著奕紹補授，所遺右宗正員缺著尚格補授，武英殿御書處著派穆彰阿，暢春園事務著綿偲管理。

庚寅，諭内閣：昇平署太監苑長青脱逃潛匿一案。惇親王於該太監私投入府，理應即時送交内務府照例治罪，乃任其潛匿，直至該衙門行文傳提，尚不即行交出，轉令人帶出，冀圖掩飾。現經内務府將該太監拏獲，究訊明確，據實具奏，所有案内人犯，除由該衙門按律定擬外，惇親王狎比匪人，不自檢束，著交宗人府嚴加議處。

辛卯，命科布多參贊大臣巴琫阿，和闐辦事大臣果良額，伊犂領隊大臣恩緒、祥雲保，塔爾巴哈台領隊大臣巴雅爾來京。以正紅旗蒙古副都統額爾錦爲科布多參贊大臣，賞前任巴里坤總兵官多隆武副都統銜，爲和闐辦事大臣，以乾清門頭等侍衛孝順岱、前任正藍旗蒙古副都統阿勒罕保爲伊犂領隊大臣，乾清門頭等侍衛德勒格爾桑爲塔爾巴哈台領隊大臣。

《東華續録》道光一六　癸巳，免哈密回民春借麥石。

《宣宗實録》卷一二八　戊戌，諭：宗令定親王奕紹，嗣後恭擬恭代壇廟差使，著諸王輪流恭代。

庚子，諭軍機大臣等：據户部奏，甘肅地處極邊，儲備尤關緊要。向係額貯銀三十八萬兩，分貯銀二十二萬兩，爲數本少，節經動用，所存無幾。請於藩庫貯銀二百萬兩，先在山西秋撥地丁款内撥銀五十萬兩，解甘收貯。其餘於陝西、河南、山西、山東、湖北及甘肅捐監應解部銀兩，並該省舊貯實存銀兩，共陸續湊

足二百萬之數，責成藩司加謹封貯，不准率請動支等語。【略】俟該省藩庫共收足二百萬兩之數，即由該督奏請停止。

《東華續録》道光一六　十一月癸卯，諭：前因英和面奏步軍統領衙門番役緝捕得力，曾經降旨，凡番役子孫准其應試武場，出仕武職，仍不准由文途考試出仕，以示限制。茲據御史沈巍皆奏，番役入仕，及番役子孫應試，請仍改歸舊制等語。番役專司緝捕，原與各項執役人等無異。從前嘉慶年間，節經欽奉皇考仁宗睿皇帝諭旨，番役中得過頂帶者，止准暫用頂帶，不准實缺補用。其子孫不准選用官職，此後亦不准再行應考等。因仰見我皇考澂敘官方慎重名器之至意，該番役投充之初，原不問其身家清白與否，一經准其出仕，則凡身家不清者，或藉此爲進身之階，不可不防其漸。此等人役，畀以戎行重任，既非素習，操防亦復難資表率，嗣後番役人等除著有勞績，特旨獎賞録用外，該番役及其子孫均不准應試武場，出仕武職，以符舊制而清流品。

《宣宗實録》卷一二九　協辦大學士、理藩院尚書富俊奏，吏部雜項考試，多在朝房等處，防範難周，請以後概入貢院。如一項報考，不足二百人之數，以兩項歸併一場。更請酌定三月初以後，九月底以前考試，不致呵凍給燭。下部議奏。尋議，各項考試，情形不同，御史、孝廉、方正、廕生、翰林院孔目、托忒學、俄囉斯學學生等項，當日完場，毋庸覆試，應仍照舊辦理。助教、學正、學録、候補貼寫中書、各項候補筆帖式、候補庫使、譯漢官、繙譯謄録官、候補隨印外郎、貢監考職等項，俱應覆試，數日始克完場，應如所請，歸入貢院考試。其例應覆試者，如人數已在百名以上，亦歸貢院，毋庸兩項歸併一場。至考試之期，請嗣後將人數較多、例應覆試者，何項用膹一二人，即酌量日期，先行奏考，毋庸限定三月初以後九月底以前，致多窒礙。從之。

以翰林院編修祁寯藻充日講起居注官，右春坊右贊善祝慶蕃署日講起居注官。

乙巳，喀什噶爾參贊大臣武隆阿，因病乞解任，命即在喀什噶爾調理。賞庫車辦事大臣那彦寶副都統銜，爲喀什噶爾參贊大臣。以和闐辦事大臣果良額署庫車辦事大臣。

丙午，命直隸總督那彦成來京，以刑部尚書明山署直隸總督，協辦大學士、理藩院尚書富俊署刑部尚書。

庚戌，給直隸總督那彦成欽差大臣關防，馳往喀什噶爾，會同揚威將軍、大學士長齡籌辦善後事宜，並命乾清門頭等侍衛舒倫保等隨往差委。

命直隸布政使屠之申護理總督，刑部尚書明山無庸往署。以按察使戴宗沅署布政使，清河道陶樑署按察使。

辛亥，諭：前據長齡等奏，西四城及阿克蘇、烏什酌留滿漢官兵一萬八千名，著照所請行。

《東華續録》道光一六　甲寅，飭禁丁憂人員，毋許逗留他省，並投效河工軍營。

《宣宗實録》卷一三〇　丁巳，命喀什噶爾阿奇木伯克郡王阿布哩敦更名阿克拉依都。

《東華續録》道光一六　戊午，裁回疆額設守卡侍衛三十員。

《宣宗實録》卷一三〇　辛酉，命兵部尚書王宗誠、工部尚書王引之、户部左侍郎顧皐在紫禁城内騎馬。

《東華續録》道光一六　辛未，申禁武職衙署僕役濫占名糧。

十二月甲戌，命嗣後新疆地方遇有懷挾私讐，殺害本管官之案，請旨即行正法。

《宣宗實録》卷一三一　諭軍機大臣等：本日另降清字諭旨，將彦德補放烏里雅蘇台將軍，那彦寶調補塔爾巴哈台參贊大臣，飭令即赴新任。所遺喀什噶爾參贊大臣員缺，著長齡察看武隆阿病勢，如已將次就痊，即傳旨仍令接印任事；儻尚未能痊癒，即著長齡暫行兼署，以便那彦寶交卸速赴新任。

辛巳，敕諭哈薩克公阿布拉，據伊犂將軍德英阿等奏，接據揚威將軍、大學士長齡咨稱，探明張格爾要由布嚕特哈薩克路徑，逃往布噶爾之信，即發諭帖，給阿布拉，務將張格爾圍住，以便官兵督同拏獲。據阿布拉禀稱，今年秋收後，有霍罕伯克帶人在皮斯格克築城，寄信哈薩克前去遊牧，並未允從，情願拏獻張逆，特差台吉伊賴里與將軍遞馬等語。情詞恭順，具見悃誠。【略】儻張格爾竄至附近地方，爾能偵獲，縛送伊犂，朕必照賞格賞爾元寶二千錠，晉封爾以王爵，永承恩眷，延及子孫。爾既受茲寵錫，益當感恩出力，永爲天朝屏翰，仰副朕撫遠綏來至意。

戊子，以賽因諾顔扎薩克親王車林多爾濟爲烏里雅蘇台參贊大臣。

壬辰，諭内閣：給事中托明奏，訪聞州縣差役，借端科斂，擾害閭閻，請飭嚴禁一摺。州縣差役，因公科斂，已屬大干功令，況並未奉差，因所欲不遂，輒敢鎖

拏鄉民，肆其苛索，尤爲地方之害。如該給事中所奏，京師西北一帶州縣差役，藉官倚勢，除應派差徭外，每年額外勒索盈千纍萬之多。其宣化府之懷來縣南山村八處，更有添派月柴月炭豆石，及縣署需用果品等項錢文，按月苛斂，致窮黎日不聊生。是否該州縣知情縱容，抑係該役等假名影射，均應切實查辦。著盧蔭溥、何淩漢、屠之申嚴飭所屬道府認真詳察，如有前項弊端，立即查明懲辦，偏行出示曉諭。除例辦差徭外，一切悉行裁革，不得稍有派纍，以杜積弊而卹民隱。其懷來縣南山村等八處，如果按月派纍，尤不難逐處訪察，嚴行參究，儻不認真查辦，將來或經告發，或被人糾參，惟該護督是問。

甲午，以協辦大學士、理藩院尚書富俊、户部尚書王鼎、禮部尚書湯金釗、户部左侍郎顧臯、右侍郎李宗昉充經筵講官。

《東華續録》道光一六　乙未，召福緜來京，調松廷爲倉場侍郎，保昌爲兵部右侍郎，誠端爲盛京工部侍郎署左副都御史。

《宣宗實録》卷一三一　丁酉，以工部尚書穆彰阿署步軍統領，户部左侍郎敬徵署管理錢法堂事務，工部左侍郎奕經爲對引大臣。

己亥，吏部右侍郎、江蘇學政辛從益因病解任，調工部右侍郎白鎔爲吏部右侍郎，以内閣學士申啓賢爲工部右侍郎，兼管錢法堂事務。

命内閣學士朱方增提督江蘇學政。

道光八年（戊子、一八二八）

《宣宗實録》卷一三二　正月乙巳，諭宗令定親王奕紹：嗣後瑞親王、惇郡王、惠郡王之子女應指婚，其餘不必指婚。

丙午，命熱河都統英和馳往江南，會同兩江總督蔣攸銛查勘湖河應辦工程。以禮部尚書松筠署熱河都統，都察院左都御史、那清安署禮部尚書，鑲黄旗漢軍都統富俊署鑲白旗滿洲都統。

賞候補四品京堂敦良二等侍衛，爲烏嚕木齊領隊大臣。

丁未，刑部奏：滿漢司獄年滿升選無期，請量予調劑。下吏部議。尋議，嗣後刑部滿洲漢軍司獄年滿人員，其應升知縣之七品筆帖式，擬俟即升五人輪用三班後，升用一人；應升通判、州同、州判、縣丞等官之八九品筆帖式，擬俟即升五人輪用一班後，升用一人。均不積缺，若有改捐品級者，按其充補司獄時品級升用，不准照改捐品級升用。從之。

《東華續録》道光一七　實授劉彬士浙江巡撫，以邱樹棠爲刑部右侍郎。

《宣宗實録》卷一三二　壬戌，揚威將軍、大學士長齡等，紅旗捷報，生擒首逆張格爾。上遣首領太監詣綺春園請皇太后安，賀喜。

癸亥，諭：長齡等奏，生擒首逆，由八百里加緊馳報紅旗一摺。覽此捷奏，實深嘉悦。【略】長齡著加恩錫封威勇公爵，世襲罔替，【略】授爲御前大臣，賞用紫韁。【略】楊芳，著加恩錫封果勇侯爵，世襲罔替，並賞用紫韁，换戴雙眼花翎，在御前侍衛上行走，【略】其子有無官職，現年若干，著查明具奏。長齡、楊芳，並開復一切處分。【略】楊遇春、武隆阿，任内一切處分，悉予開復。總兵胡超，著加提督銜，賞給騎都尉世職。【略】所有在事出力官弁兵丁，著查明秉公保奏，候朕施恩。【略】現據該將軍派誠端等押解張逆來京，進關後，著沿途督撫，派令文武大員，帶兵按站接替護送，無稍疏虞。

諭：我朝定鼎以來，關帝屢彰靈佑，【略】仰賴關帝威靈顯赫，默褫賊魄，用克生擒巨憝，永靖邊圉，必應加展誠敬，以期億萬年護國安民。著禮部擬加封號數字具奏，用答神庥。尋議上，得旨，加「威顯」二字封號。

以武隆阿病痊，仍授爲喀什噶爾參贊大臣。

賞伊犂協領湍多布副都統銜，爲領隊大臣。

乙丑，諭内閣：自道光六年喀什噶爾用兵以來，軍機大臣曹振鏞等，佐朕運籌軍務，夙夜勤勞，承書諭旨，巨細無遺。去歲因四城雖復，首逆未獲，曾經稍示恩榮，朕意未愜。兹元兇生獲，紅旗報捷，軍機大臣等尤當再沛恩施，用昭奬勸。大學士曹振鏞，著晉加太傅銜，賞用紫韁；吏部尚書文孚，著晉加太子太傅銜，賞用紫韁；户部尚書王鼎，著賞戴花翎；兵部尚書玉麟，著晉加太子太保銜；工部尚書穆彰阿，著晉加太子少保銜，即在軍機大臣上行走。仍俱著照軍功交部議敘。其滿漢軍機章京等，著軍機大臣編列一二三等，候旨施恩。

諭：楊遇春自簡署陝甘總督以來，辦理諸務悉臻妥協。前因逆回滋事，授爲參贊大臣，差赴軍營，上年進兵克復喀什噶爾、英吉沙爾、葉爾羌，皆係楊遇春身親統率，其派委將領收復和闐，亦復調度有方，實爲盡心出力，著加恩實授陝甘總督。

《東華續録》道光一七　定回疆員弁管轄考覈章程，並增給養廉。

丙寅，晉蔣攸銛太子太傅，復英和太子太保。

命那彦成仍帶欽差大臣關防赴喀什噶爾，偕楊芳辦理善後事宜。

《宣宗實録》卷一三二　以工部右侍郎申啓賢署禮部左侍郎。

丁卯，嗣後烏里雅蘇台參贊大臣、科布多參贊大臣，俱著每年支給養廉銀七百兩，無庸再領鹽菜。庫倫辦事大臣每年應支盤費銀七百二十兩，亦著改爲養廉名目，以昭畫一。

《宣宗實録》卷一三三　二月甲戌，諭軍機大臣等：長齡等奏，訊明拏獲賊目，分别辦理一摺。此次在喀爾鐵蓋山生擒賊目，及陸續搜獲活賊，概予駢誅。並將賊目邁瑪特玉素普等九犯，於昭忠祠前盡法處治，摘心致祭忠魂，庶可稍紓積憤。惟叛逆伯克博巴克與邁瑪特呢雅斯等，俱係逆裔親信夥黨，得受僞職，前由霍罕逃出，往尋張逆，又於途次迎拒，傷及官兵，必應查拏務獲，盡法懲辦，以申國憲。

庚辰，諭：朕惟此次回疆用兵，首逆就擒，西陲底定，仰荷天祖垂佑，迅奏膚功。現在軍務告蕆，該將軍、參贊等輸忠奮勇，各將士效力行間，其端委曲折，非紀載詳明，無由稽考。且朕於此事始終經畫，宵旰焦勞，不可不垂之方策，著照歷屆辦理成案，編纂方略，以示成功而昭奕禩。

《東華續録》道光一七　癸未，以慶敏、陳用光俱爲内閣學士，兼禮部侍郎銜，慶敏由散秩大臣，陳用光由詹事遷。多山、楊懌曾俱爲左副都御史。多山候補四品京堂，楊懌曾由大理寺卿遷。

《宣宗實録》卷一三三　乙酉，諭：奕顥等奏，會議查禁民人私藏鳥槍，並請將雜項壯丁私藏鳥槍一律禁止一摺。【略】著自奉旨之日爲始，予限半年，凡土著流民，及雜項壯丁等，私藏鳥槍，一概赴官呈繳，給予例價銀兩。

壬辰，諭軍機大臣等：【略】此次平定回疆，生擒逆裔，軍務蕆功，自應照從前成例，將在事功臣，繪像紫光閣，紀實銘勳，用示酬庸懋典。除長齡、楊芳、楊遇春、武隆阿四人應行列入外，其餘戰功最多、勞績最著，及隨同轉戰各員，分别功績，開具銜名，詳註事實，迅速覆奏，候朕酌定，並將前降諭旨所繪戰圖作速呈覽。

丁酉，諭：琦善奏，請添雇衛河剥船一摺。【略】著照所請，准其於例雇民剥船三百隻之外，添雇船五百隻，即於司庫發銀五千兩，交臨清州具領承雇。

《東華續録》道光一七　三月癸卯，准慶祥入伊犁祠祀。

《宣宗實録》卷一三四　甲辰，諭内閣：現在回疆底定，軍務蕆功，所有直隸審辦獻縣教匪案内擬發回疆爲奴各犯，無庸復行監禁，著即照例發遣，以清囹圄。

庚戌，諭内閣：鄧廷楨奏，本年戊子科江南鄉試，輪應安徽巡撫入闈監臨，惟籍隸江寧，住居省會，據實陳明請旨等語。本年戊子科江南鄉試，著派陶澍入闈監臨。

戊午，命内閣學士桂輪在御前侍衛上行走。

己未，諭内閣：阮元等奏，滇鹽溢餘銀兩，懇恩酌留，以濟邊費一摺。滇省辦理邊務需費，向無閒款可支，遇有巡防彈壓事件，皆係隨時設法，湊墊供用，往往不能應手。據該督等奏稱，該省鹽務，現在極力整理，大有起色，上年鹽課奏銷，溢出餘課銀一萬五六千兩，覈計本年，竟可較上年溢餘數倍之多，請將此項銀兩，酌撥量濟邊費。所辦甚好。嗣後著於每年五月奏銷時，查明鹽課溢餘銀共有若干兩，不必限以定額，以一半造收報部，一半存於藩庫，以備沿邊諸事之用。並將所留銀數，及動用款目，隨同奏銷，造具清册報部，以憑查覈。

庚申，大學士、兩江總督蔣攸銛等奏，挑濬吴淞江工程完竣。奏，故松江府知府贈太僕寺卿周中鋐，捍潮效靈，請於吴淞江岸建立專祠，列入春秋祀典。從之。

辛酉，賞前任倉場侍郎福綿頭等侍衛，爲庫車辦事大臣。

壬戌，以吏部左侍郎凱音布署户部右侍郎，兼管錢法堂事務。

甲子，調正紅旗滿洲都統賽沖阿爲正黄旗蒙古都統，以大學士長齡兼正紅旗滿洲都統。

《東華續録》道光一七　以回疆平定，頒御製詩勒石喀爾鐵蓋山。

《宣宗實録》卷一三四　乙丑，以故喀爾喀郡王蘊端多爾濟子多爾濟喇布丹襲爵。

以翰林院侍讀學士胡開益爲詹事府詹事，太常寺卿桂齡爲大理寺卿。

己巳，禮部奏玉牒告成。得旨：照康熙五十四年之例，在宫中恭覽，不必升殿。

《東華續録》道光一七　諭：試差年分，停翰林院輪班引見例。

《宣宗實録》卷一三五　四月壬申，命工部尚書穆彰阿在南書房行走。

修浙江海寧、仁和二州縣東西海塘坦水柴埽各工。從巡撫劉彬士請也。

戊寅，諭内閣：給事中吴傑奏，請將新疆免罪釋回遣犯，飭交該地方官稽查

管束一摺。新疆遣犯，或隨赴軍營效用，或在該城隨同官兵防堵出力，節經該將軍大臣等奏請准予免罪釋回，飭交地方官妥爲安插，嚴加管束。該犯等既經得有軍功執照，即應革面自新，乃屢有免罪回籍，身帶軍功執照，復出外疊次行竊之案。著該督撫嚴飭該州縣隨時稽查，認真管束，毋許一名出境。該犯等如果在籍安分守法，所給軍功執照尚可存留，儻敢恃符玩法，或稍滋事端，即將執照追繳塗銷，嚴行懲辦。經此次申諭之後，該地方官無得視爲文告故事，自取咎戾。

命葉爾羌辦事大臣恆敬來京，賞長蘆鹽運使扎隆阿頭等侍衛，爲葉爾羌辦事大臣。西安協領德惠頭等侍衛，爲烏什幫辦大臣。伊犂領隊大臣布彦泰副都統銜，爲烏什辦事大臣。調烏什辦事大臣多貴爲伊犂領隊大臣，庫爾喀喇烏蘇領隊大臣常格爲庫車辦事大臣，庫車辦事大臣福綿爲庫爾喀喇烏蘇領隊大臣。

《東華續録》道光一七　庚辰，以長齡凱旋，命其子内閣學士桂輪馳驛往迎，並頒賞珍玩。

《宣宗實録》卷一三五　丙戌，諭軍機大臣等：御史曹宗瀚奏陳河工積弊四款：如堆築料垛，外實中空；錐試隄工，灌水舞弊；堆積土牛，以舊作新；隄内植柳，日漸廢弛，皆係河工例辦之事，儻查察不嚴，即不免玩誤滋弊。著嚴烺、楊國楨嚴飭廳營員弁，於每年購料辦工之時，務期遴用得人，無得任聽兵弁及辦工幕友，仍前滋弊。其土牛隄柳，尤不可視爲具文，不加督責，漸形廢弛。該河督等仍當隨時留心查察，迨至親往驗收，不得任其蒙蔽。總期認真覈實，以重河防而除積習。該御史摺，著鈔寄閲看，將此諭令知之。

《東華續録》道光一七　以全漕渡黄，蔣攸銛、訥爾經額下部議敘，賞張井三品頂帶，潘錫恩四品頂帶。

戊子，新修玉牒成。

《宣宗實録》卷一三五　庚寅，諭内閣：蘇成額奏，清查各屬種山游民一摺。前據御史周炳緒奏，廣西各屬外來游民，請旨飭查，編入保甲。當經諭令蘇成額，飭屬認真辦理。兹據奏酌定規條，嚴飭各府廳州縣，及苗疆土司，將現在種山客民，逐細清查，除來歷不明形跡可疑者，即行遞籍管束外，其餘概令詳載户口、姓名、年貌、籍貫，各舉誠實之人，作爲客長，令其約束，一體編入保甲册内，由地方官隨時稽察，毋許滋事。其有退佃回籍者，所蓋篷房，無人居住，立即拆毁，仍嚴禁書差籍端需索，及里保私租官地。

辛卯，諭：那彦成奏，回疆大概情形，所奏俱是。向來安集延進卡貿易，轉販内地大黄、茶葉、硝磺，接濟外夷漁利。其流寓各城者，均已私行置産安家，與卡内回民無異，乃相率助逆，戕害官兵，蹂躪回民，實屬可惡。現在各城寄居安集延之人，自數十户至數百户不等，那彦成已委員確查，驅逐出卡。朕思此項人數較多，相沿已久，固不可姑息容留，任其盤踞貽患，但欲全行逐出，設辦理不善，轉恐激成事端。【略】應照伊犂貿易亭，派官經理，只准來卡交易而退，不准在各城安家置産，永絶後患。

諭：普爾錢以一當五，行用多年。兹那彦成等請改鑄當十錢，相間通行，事屬創始，必須試行無弊，方爲妥協。

《東華續録》道光一七　添設阿克蘇防兵，並移所屬拜城營弁兵隸之。

《宣宗實録》卷一三五　以國子監司業胡達源爲雲南鄉試正考官，刑部主事瞿溶爲副考官；翰林院編修丁善慶爲貴州鄉試正考官，陳官俊爲副考官。

《東華續録》道光一七　五月乙己，以淮鹽滯銷，申諭江蘇、安徽、湖廣各督撫飭屬緝私。

己酉，以逆裔張格爾解送至京，遣官告祭太廟、社稷，行獻俘禮。

庚戌，上御午門樓受俘，逆裔張格爾交王大臣刑部嚴訊。

晉長齡太保，賞三眼花翎；加楊芳太子太保。

《宣宗實録》卷一三六　壬子，御廓然大公殿，廷訊逆俘張格爾罪狀畢。諭内閣：逆裔張格爾，著即寸磔梟示。派協辦大學士、尚書富俊，尚書明山，侍郎鍾昌、奕經，前往監視行刑。慶祥以喀什噶爾參贊大臣，遭變被困，力竭捐軀；領隊大臣副都統烏淩阿，因帶兵圍捕，臨陣陷歿，皆由該逆倡亂，以致傷我大臣，殊堪髮指。著慶祥之子侍衛文輝、烏淩阿之子侍衛忠泰，同往市曹看視，俾抒積憤。並將該逆摘心，交文輝於伊父慶祥墓前致祭，用慰忠魂。

以翰林院編修田嵩年爲廣東鄉試正考官，李鈞爲副考官；編修陳憲曾爲廣西鄉試正考官，刑部主事史致蕃爲副考官；翰林院修撰戴蘭芬爲福建鄉試正考官，户部主事張祥河爲副考官。

《東華續録》道光一七　乙卯，命奉天、吉林圍場添設卡倫，以資巡緝。

《宣宗實録》卷一三六　丁巳，命繪平定回疆勦捦逆裔功臣【略】四十人像於紫光閣。

諭：前據長齡等奏，移建葉爾羌城垣。並據恆敬等奏，勘定舊城迤西罕那

里克地方界址。當經諭令侯那彦成到彼，相度形勢，再行辦理。兹據該督查明，該處滿城，原建在回城之西隅，形勢逼仄，不足以壯觀瞻而資捍禦。復將恆敬等所勘舊城迤西三里許之罕那里克地基，詳加履勘。該處地勢高阜，渠流環繞，移建城垣衙署，形勢亦復相宜。著照所請，准其在罕那里克地方另建新城，所需工費，即著在該城查抄逆産變價項下支撥，毋庸動用正項。

戊午，命翰林院侍講學士、湖南學政程恩澤回京供職，編修汪世樽提督湖南學政。

己未，以光禄寺卿蔣祥墀爲太常寺卿。

甲子，以翰林院編修沈兆澐爲湖南鄉試正考官，山東道御史牛鑑爲副考官；刑部員外郎馬光瀾爲四川鄉試正考官，翰林院編修卞士雲爲副考官。

戊辰，諭内閣：向例七品以下人員頂帶，各有等差，不得違例僭用。從前嘉慶年間，欽奉皇考仁宗睿皇帝諭旨，飭查嚴禁違例，及失察之該管官應得處分，均經載入則例通行。乃近日陋習相沿，八九品及未入流人員，往往不按品級，僭用素金帽頂，殊於體制有乖。著大學士九卿，詳查《會典》所載歷届奏准成案，悉心參酌，妥議具奏，務期等秩分明，經久遵行，毋致稍有淆混。

《宣宗實録》卷一三七 六月庚午，正黄旗蒙古都統内大臣賽沖阿因病請開缺，命留内大臣任。以大學士、威勇公長齡爲閲兵大臣。總諳達右翼前鋒統領富僧德爲正黄旗蒙古都統，正白旗蒙古都統格布舍爲管理健鋭營大臣。

以鑲黄旗護軍統領奕經爲右翼前鋒統領，調鑲白旗護軍統領高喀鼐爲鑲黄旗護軍統領，以刑部左侍郎英瑞爲鑲白旗護軍統領。

辛未，命湖北學政王贈芳來京，以京畿道御史賀熙齡提督湖北學政。

癸酉，諭：德英阿等奏，請撤卡倫侍衛，改派駐防官員接替一摺。伊犂等處卡倫，由京城侍衛派往防守，未能熟悉口外情形，難期得力。該將軍等請照南路章程畫一辦理，所有伊犂卡倫侍衛十一員，塔爾巴哈台卡倫侍衛八員，著照所請全行裁撤，俱改用本處駐防官員。

《東華續録》道光一七 乙亥，免喀什噶爾回民正雜地賦。

移建喀什噶爾、英吉沙爾城。

《宣宗實録》卷一三七 丙子，命大學士托津毋庸兼管理藩院事，以大學士威勇公長齡管理藩院事。

《東華續録》道光一七 裁減回疆添防兵額。改甘肅涼州鎮總兵爲喀什噶爾換防總兵。移莊浪協副將駐涼州，涼州中營遊擊駐莊浪，改涼州鎮爲協。

《宣宗實録》卷一三七 庚辰，諭：楊遇春奏，新疆駐防旗員，補署丞倅牧令，請照例迴避一摺。口外府廳州縣等官，向由陝甘兩省實缺旗員内揀選調補。兹據該督奏稱，近年率多以該處駐防年滿之員，輒令補署，與例不符。著照所請，嗣後新疆駐防旗員，當差年滿，經烏嚕木齊都統保奏堪膺民社者，悉令迴避近地，准其咨送口内，對品酌量補署，不得仍留該處，以杜瞻徇而符定制。

以前任浙江布政使富呢揚阿署福建布政使。

辛巳，以工部左侍郎李宗瀚爲浙江鄉試正考官，陝西道御史但明倫爲副考官；詹事府詹事胡開益爲江西鄉試正考官，兵部郎中王貽桂爲副考官；翰林院編修吴文鎔爲湖北鄉試正考官，孫瑞珍爲副考官。

己丑，諭軍機大臣等：楊國楨奏，接徐炘信稱，四川查辦青蓮教匪，究出夥犯尹正、劉曰瑚，由西安取道，逃赴河南孟津，渡河北上，當即飭屬於孟津下古鎮地方拏獲。訊明尹正改名潁克明，劉曰瑚改名游順，均係四川華陽縣人，曾拜青蓮教犯楊守一爲師，傳習十參四報經語。因楊守一破案，該犯等與同教之方運紅，一同外出躲避。因西安地方，川陝人多，恐被識破，改名潛赴河南。方運紅因盤費不敷，並未同來。並據陝西差役齊稱，方運紅、徐會先已在陝省拏獲。

庚寅，命奉天府府尹盛泰來京，以三品京堂候補；以江西按察使興科爲奉天府府尹，兩淮鹽運使鄭祖琛爲江西按察使。

辛卯，以翰林院編修池生春爲陝西鄉試正考官，内閣中書易長華爲副考官；刑部右侍郎鍾昌爲江南鄉試正考官，翰林院編修黄爵滋爲副考官。

壬辰，以吏部左侍郎凱音布、順天府府尹何淩漢監臨順天鄉試。

《宣宗實録》卷一三八 七月辛丑，諭：前因伊薩克實心出力，忠勤可嘉，諭令那彦成等看其能否堪勝幫辦大臣之任，據實覆奏。兹據奏，伊薩克遇事奮勉，頗具忠誠，其才實屬可用。伊薩克著即以喀什噶爾阿奇木伯克，加恩作爲該處幫辦大臣。仍照伊斯堪達爾幫辦之例，一切營制軍民交涉事件，不准干預，凡遇回務與邊外各事宜，准其會銜具奏，名列幫辦大臣之次，以示優奬。

甲辰，以翰林院編修張日晸爲河南鄉試正考官，户部主事劉夢蘭爲副考官；國子監祭酒何彤然爲山東鄉試正考官，翰林院編修帥方蔚爲副考官；編修吴式敏爲山西鄉試正考官，繼志爲副考官。

乙巳，以工部左侍郎奕經署步軍統領。

丁未，以熱河都統英和爲寧夏將軍，吉林協領伊勒東阿爲寧夏副都統，前任熱河都統昇寅爲熱河都統。

以禮部尚書松筠署熱河都統，都察院左都御史那清安署禮部尚書，協辦大學士、理藩院尚書富俊署鑲白旗滿洲都統。

《宣宗實録》卷一三九　戊午，諭：敬徵奏，請將繙譯科場同考官裁撤一摺。繙譯科場，專論清文。清字易於辨認，非若鄉會文場之有謄録對讀，關防嚴密。向來同考官銜名，先期由各衙門咨送。而各部院精通繙譯之員，爲數無多，半皆熟手，易啓揣摩夤緣之弊，不可不防。且試卷至多不過一千餘本，閱卷大臣無難全數閲看。嗣後凡遇繙譯科場，此項同考官，著即裁撤。届期該部將應試人數，奏明請旨，候朕酌派大臣，公同校閲，以拔真才而杜弊端。

乙丑，諭：福建莆田縣治，於宋治平元年，有長樂錢氏室女，傾資築陂，該處士人立廟崇祀。據孫爾準等奏稱，現在尚著靈異。著照所請，即將長樂縣錢氏室女列入祀典，每年於東作方興之時，飭令地方官致祭一次，以慰輿情而昭祈報。

准成都將軍瑚松額來京陛見，以四川總督戴三錫署成都將軍。

丙寅，諭：德英阿等奏，籌酌稽查北路茶葉、大黄章程一摺。所議詳細周妥。前據那彦成奏稱，張格爾滋事，悉由安集延内外勾結，請嚴禁安集延貿易茶葉、大黄出卡。降旨飭令體察情形，嚴立章程，實力稽查，以杜偷漏。【略】欲禁安集延交通之弊，必先禁外夷所用之茶。現在出卡者多係細茶雜茶，皆北商自歸化城私販，由古城轉運伊犁等處，爲安集延偷販出卡之用。著即嚴行禁止，不准販入伊犁及塔爾巴哈台境内，以絶安集延私販之弊。其大茶斤茶，安集延外夷向不興販，亦係北商運賣，便於兵民，嗣後准其販運。其副茶一項，向由伊犁置辦官貨時，搭買三萬餘斤，聽官兵領買。著自明年爲始，再加置副茶數萬斤，隨時酌定數目，即配官引運至伊犁，存貯備用，毋使奸商居奇，以致兵民食貴。至大黄一項，兵民歲需無幾，著一律稽查，妥爲辦理。所有行茶之法，應安設官商經理，著烏嚕木齊都統、陝甘總督酌定伊犁、塔爾巴哈台兩處行商，無論蘭商北商，均屬便於稽察。其未定官商以前，商民所販之茶葉、大黄，著於經過烏嚕木齊時，由該都統發給印票，註明名色斤數，以便查察，並於緊要隘口，派委官兵驗明，與票相符，方准放行。【略】現在安集延因不能私販，無利可謀，大半自願出卡，各歸部落。所有寄居伊犁之安集延，内有願歸該部落者，給與路票，分起解送。其居住在十年以外者，准其編入伊犁種地回子户籍，一體耕種當差，不准婚娶置産。

《宣宗實録》卷一四〇　八月己巳，命定親王奕紹署理上駟院事。以協辦大學士、理藩院尚書富俊署工部尚書，刑部尚書明山署鑲白旗漢軍都統，户部右侍郎耆英署鑲黄旗滿洲副都統，兵部左侍郎奎照署鑲黄旗漢軍副都統。

庚午，諭内閣：【略】嗣後無論何處，凡豫備次起召對之人，及奏事處帶領之總管首領太監等，俱著在廊下祇候，不准擅進明殿。【略】著將此旨於宫内、圓明園、軍機處、奏事處各録一通，敬謹懸挂，永遠遵循毋忽。

命大理寺少卿沈維鐈提督順天學政，工部右侍郎申啓賢提督江蘇學政，詹事府詹事胡開益提督安徽學政，工部左侍郎李宗瀚提督浙江學政，内閣學士陳用光提督福建學政，翰林院編修吴文鎔提督河南學政，國子監祭酒何彤然提督山東學政，翰林院編修周之楨提督陝甘學政，郭尚先提督四川學政，徐士芬提督廣東學政，曾元海提督廣西學政，王煜提督雲南學政，國子監司業胡達源提督貴州學政。奉天府府丞兼學政彭浚、江西學政吴孝銘、山西學政李煌、湖北學政賀熙齡、湖南學政汪世樽仍留任。

以吏部右侍郎白鎔署工部右侍郎，兼管錢法堂事務。户部左侍郎顧皋署禮部右侍郎。

癸酉，以協辦大學士、吏部尚書盧蔭溥爲順天鄉試正考官，户部尚書王鼎、右侍郎李宗昉爲副考官。

以兵部尚書王宗誠署兼管順天府府尹事。

乙亥，以都察院左都御史潘世恩署吏部尚書。

丙子，命國子監祭酒程恩澤仍在南書房行走。

《東華續録》道光一八　己卯，以成格爲熱河都統，調盧坤爲廣東巡撫，以徐炘爲山西巡撫，史譜爲陝西布政使前任雲南布政使。

召戴聰來京，以烏爾恭額爲山西布政使由貴州貴東道遷。

《宣宗實録》卷一四一　癸未，以工部尚書王引之署户部尚書。

甲申，命軍機大臣穆彰阿無庸兼内務府大臣，以馬蘭鎮總兵官寶興爲總管内務府大臣，福建漳州鎮總兵官黄文煜爲馬蘭鎮總兵官，服闋總兵官唐文淑爲漳州鎮總兵官。

乙酉，諭軍機大臣等：李鴻賓等奏稱，咈蘭哂國夷人十四名，並福建客民十

二名，同搭福建廈門綠頭船，自越南國開行放洋，於六月二十三日，駛至老萬山外洋寄椗。福建客民，轉雇漁船，先到澳門。該綠頭船舵工水手，於二十四日夜，將夷人殺死十二名，另有二名鳧水逃走，一名已經淹斃，一名遇救得生，逃至澳門禀報。現將搭船之福建客民李生等十二名查獲，訊據供稱，該綠頭船主名劉亞五，現住廈門，並不在船。其船上代管之人名吴捆，舵水林亞亨等約五十餘人，該船尾刊刻「源榮」二字等語。該夷人被害處所，雖在黑水夷洋，並非濱海營縣所轄，惟該夷雇覓内地船隻，竟被舵水人等中途謀害，殊有關於國體。【略】著李鴻賓督飭水師提鎮，嚴飭出洋舟師並陸路營縣，一體迅速查拏務獲。

丁亥，又諭：那彦成等奏，請更調各城辦事幫辦大臣一摺。蘇清阿著來京供職，喀什噶爾幫辦大臣員缺，著額爾古倫補授。那桑阿著調補烏什幫辦大臣。多隆武著調補英吉沙爾領隊大臣，所遺和闐領隊大臣員缺，著德惠調補。至喀什噶爾幫辦大臣，向祇辦理本城事件，嗣經慶祥奏明，將八城事件協同參贊經理。兹據那彦成等奏稱，該幫辦大臣，與各城大臣相等，若亦隨同參贊節制各城，於體制未協。著照所請，嗣後喀什噶爾幫辦大臣，祇辦本城事件，不得干預别城公事。

又奏，各城現充伯克之回子等，均因伊薩克得蒙恩獎，紛紛請留髮辮，以表愛戴之忱。但漫無區别，轉不足以示優奬，應請嗣後凡阿奇木伯克以下至四品伯克，及盡忠有功伯克之子孫方准蓄留髮辮，以昭寵榮。其餘均不准妄自蓄留，以示限制。從之。

戊子，以庫爾喀喇烏蘇領隊大臣福綿爲喀喇沙爾辦事大臣，喀喇沙爾辦事大臣巴哈布爲庫爾喀喇烏蘇領隊大臣。

庚寅，諭：阮元等奏，籌議增給運銅經費銀兩一摺。滇省歷年運員，沿途借支水脚銀兩，雖經隨時報部，於報銷找領銀内扣還，但找領之項，不敷撥抵，仍應於運員名下著追，往往有名無實，以致借款虚懸。該督等議請增給運費，即將借支之例停止。計每年正運每起增給銀二千五百兩，加運每起增給銀一千五百兩，正加六起，共需銀一萬三千兩。

壬辰，命直隸承德府屬刑錢案件，改歸熱河都統辦理。從護總督屠之申請也。

甲午，以肅親王敬敏爲宗人府左宗正，大學士長齡爲正黄旗領侍衛内大臣，禮部尚書松筠爲閲兵大臣。

定喀什噶爾城名恢武，葉爾羌城名嘉藝，英吉沙爾城名輯遠，和闐城名威靖，阿克蘇城名普安，烏什城名孚化，庫車城名鞏平，喀喇沙爾城名協順。命繕滿洲、蒙古、漢文、回子四體字頒發。

乙未，調鑲黄旗漢軍都統富俊爲鑲紅旗滿洲都統，以正紅旗滿洲副都統耆英爲鑲黄旗漢軍都統，總管内務府大臣寶興兼正紅旗滿洲副都統。

《東華續録》道光一八　九月庚子，諭：那彦成等奏，請建貿易亭，控馭外夷通商杜弊一摺。喀什噶爾、葉爾羌，地臨極邊，卡外各部落商販往來均必由霍罕經過。該部落皆以貿易爲生，未便因禁絶霍罕不與通市，而令恭順各部落生計缺乏。兹據該督等查明要隘處所，請照伊犂與哈薩克貿易章程辦理，係爲因時制宜起見。著照所請，於喀浪圭卡倫外明約洛地方建設貿易亭，修展堡卡，派都司、守備一員，帶兵二百名，前往彈壓稽查。一切貿易置貨，均照伊犂官鋪章程辦理。惟所奏嗣後貿易各物當議定價值，以貨易貨，永禁内地元寳出卡。商民回子中有以銀置貨者，一經查出，將所置之貨概行入官，仍從重治罪。果能如此辦理，自係籌邊良法，但恐有名無實，日久玩生。嗣後該大臣等，總當認真查禁，永遠遵守，毋任玩法滋弊。餘俱照所議行。

《宣宗實録》卷一四二　丁未，諭内閣：前據奕緒等奏，孝穆皇后陵寢木門外牆根潮溼情形。【略】寶華峪地宫新建，甫經夏令，即有由内浸水之處，迨經擦拭，隔宿又復普行積水二分，據敬徵等查明情形若此。【略】總監督内閣侍讀學士牛坤，及始終承辦後段監督内務府郎中百壽、員外郎延鳳，併接辦後段監督郎中慶玉、監修主事定善、候補筆帖式長淳、副司庫瑪彦布，俱著革職，交留京辦事王大臣會同刑部嚴審。牛坤現在隨扈，著行在刑部派員押令回京，聽候審辦。英和承辦萬年吉地之工，始終其事，其罪尤重，著先行革去頂帶，拔去花翎。其餘先後承修各員，查明在工年月具奏，再降諭旨。

戊申，以刑部尚書明山爲滿洲繙譯鄉試正考官，詹事府詹事穆馨阿爲副考官，國子監司業嵩安爲蒙古考官。

己酉，諭内閣：【略】綿課之子莊親王奕賨著降爲郡王，戴均元著即革職，英和之子兵部侍郎奎照、通政使奎耀，俱著革職，作爲拜唐阿，交敬徵等帶赴工次效力。

調盛京户部侍郎常文爲兵部左侍郎，以都察院左副都御史多山爲盛京户部侍郎，盛京工部侍郎誠端管奉天府府尹事。以兵部右侍郎保昌兼署工部右侍

郎，兼管錢法堂事務。

《東華續録》道光一八　辛亥，諭：嗣後殺死一家三四命以上之案，審明被殺之家實係絶嗣，將兇犯之子年未及歲者，送交内務府閹割。奏明請旨分賞，著刑部纂入例册，循照辦理。

丙辰，添設伊犂錫伯索倫部落防禦各二，撥兵隸之。

己未，定回疆防兵操練行圍。

准回疆駐防人員挈眷。

《宣宗實録》卷一四三　壬戌，諭内閣：【略】除英和、戴均元等業經降旨查抄家産，拏交刑部究訊，恩銘在任時，尚未興工，敬徵接辦，在地宫工竣之後，均無庸議外，其餘在事各員，均應照例分别罰賠，以示懲儆。綿課辦工最久，著罰賠銀十萬兩；穆克登額係相度之員，著罰賠銀三萬兩；阿克當阿亦係相度之員，兼派辦工，著罰賠銀四萬兩；其接辦未久之穆彰阿，著罰賠銀八千兩；阿爾邦阿，著罰賠銀二千兩；至前任馬蘭鎮總兵兼辦工程之嵩年、繼昌，著各罰賠銀三萬兩；廣泰，著罰賠銀六千兩；慶惠，著罰賠銀八千兩；寶興，著罰賠銀二千兩。所有此項罰賠銀兩，俱著按限完繳。

癸亥，諭：孫爾準等奏，拏獲在洋謀害夷人多命之首從兇犯，審訊大概情形一摺。

甲子，諭内閣：我朝掄才取士，於定立制科之外，復設繙譯科目，既以廣八旗士子登進之階，亦識不忘本業，立法洵爲至善。無如近日旗人力學者少，轉視科目爲迂途，不復勉圖進取，即如從前乾隆年間，繙譯鄉試，滿洲約五六百人，蒙古約五六十人。本年應試人數，計考滿洲繙譯者僅一百三十餘人，蒙古繙譯者僅二十餘人，人數既較前多寡懸殊，取中之卷自係簡拔其尤，乃昨日覆試中式滿洲繙譯舉子八名，内即有文理欠通、錯誤太甚者四名，罰令停科。其餘未經中式之卷，文義字畫，概可想見。【略】八旗人等，嗣後務當父教其子，兄誡其弟，勤加策勵，共效觀摩，期於精研本業，以備旁求。

《宣宗實録》卷一四四　十月庚午，諭内閣：奕紹等會同嚴審英和等辦理吉地工程草率，分别定擬一摺。【略】英和著加恩發往黑龍江充當苦差，以示朕法外之仁。伊現患病未愈，伊子奎照、奎耀，亦不必交敬徵等帶赴工次效力。著即隨侍前往黑龍江，伊孫麐生候補員外郎錫祉，著即革職。牛坤，【略】著發往伊犂效力贖罪。已革監督百壽、延鳳，【略】俱著發往烏嚕木齊效力贖罪。已革監修定善、長淳、瑪彦布，監工是其專責，目擊工程草率，所司何事，俱著發往軍臺效力贖罪。已革監督慶玉，到工接辦，在地平落成之後，免其發往軍臺，著在工次效力。

甲戌，諭：德英阿等奏，籌款增給伊犂各員養廉、鹽菜銀兩。

諭：英惠奏，籌款酌加章京、筆帖式等鹽菜銀兩。

丁丑，以都察院左都御史潘世恩爲順天武鄉試正考官，内閣學士龔守正爲副考官。

庚辰，諭内閣：嗣後凡遇朕御養心殿召見時，除内廷諸臣，例得由内右門行走者，仍照舊行走外，其餘文職三品以上、武職二品以上，各大臣内有年逾六十五歲者，均加恩著奏事處官員，帶領一體由内右門出入，以示體恤。

辛巳，命翰林院編修池生春在南書房行走。

以兩淮鹽運使佟景文爲廣西按察使。

《宣宗實録》卷一四五　癸未，又諭：那彦成等奏，移改軍臺道路，並擇地改建軍臺一摺。所辦俱是。阿克蘇至葉爾羌，向設軍臺處所，近年渾河水大，東注不暢，每當漫溢，大路不通，而河形遷徙，日久難免衝刷。兹據那彦成等查明，葉爾羌境喀拉塔克軍臺迤北，舊有徑路一道，與阿克蘇之渾巴什河相通，請動項遷移，爲一勞永逸之計。著照所請，所有阿克蘇境内移設軍臺二處，葉爾羌境内移設軍臺四處，裁撤軍臺二處。

《東華續録》道光一八　丙戌，諭：直隸總督那彦成，經朕派赴喀什噶爾辦理善後事宜，歷次具奏，籌畫諸務，悉臻妥協，雖未經親歷戎行，其勞績實爲卓著，那彦成著加恩賞太子太保銜。

《宣宗實録》卷一四五　辛卯，諭内閣：惠郡王綿愉本日分府，年歲尚幼，前已派内務府大臣阿爾邦阿管理家務。著阿爾邦阿管束首領太監，並府中一切事務。其長史、護衛官員人等，著派定親王奕紹稽查管束。

壬辰，諭内閣：琦善奏，遵旨籌議條規，禁阻出海流民一摺。【略】著照所議，將越度關塞，私出口外，及夾帶流民，私渡奉天，分别問擬流徒各律例，由登萊青道摘敘簡明告示，就近徧行曉諭，並刊板刷印。每有商漁船隻，俱發給一張，實貼船上，俾各知禁令，如有故違，照例究辦。至牌頭保甲等，嚴飭該地方官責令就近稽查，遇有出口民人，曉以禁令，實力勸阻。【略】其有久在奉天等處種地成家挈眷貿易者，或隻身回籍，准其據實呈明地方官，給予印照出口，將所呈

情由於照內敘明，不准於本籍出口時，增添人數。至奉天等處海口營縣，凡遇船隻收口，逐加查驗，如有無照流民，即行嚴拏，同夾帶船户照例分別治罪。自此次奏定章程，著該撫督飭登萊青道總司其事，會同地方文武各員弁實力奉行。

甲午，諭：松筠奏，承德府屬一州五縣，請仍專用旗員，以符舊制一摺。所奏甚是。

《東華續録》道光一八　十一月戊戌，英瑞以病免，調海齡爲刑部左侍郎，特登額爲盛京刑部侍郎，凱音布爲盛京禮部侍郎，轉貴慶爲吏部左侍郎，調裕恩爲吏部右侍郎，色克精額爲禮部右侍郎，轉那丹珠爲理藩院左侍郎，以寶興爲理藩院右侍郎由副都統遷。

以嵩惠爲左副都御史由光禄寺卿遷。

《宣宗實録》卷一四六　壬寅，諭軍機大臣等：御史張曾奏，風聞廣東省行使錢文內，有光中通寶、景盛通寶兩種最多，間有景興通寶、景興巨寶、景興大寶、嘉隆通寶，謂之夷錢，攙雜行使，十居六七，潮州尤甚，並有數處專使夷錢，內地奸民，利其錢質澆薄，依樣倣鑄等語。廣東、福建濱海地方，俱與外夷接壤，各該夷人通市貿易，自應以銀易換制錢，豈可令外夷錢文，公然於內地攙雜行使，且有奸民利其錢質澆薄，依樣倣鑄。著該督撫嚴飭所屬確切查明，如有前項弊端，立即嚴拏究辦。

《東華續録》道光一八　甲辰，恭上皇太后徽號曰恭慈康豫安成皇太后。

乙巳，以加上皇太后徽號禮成，頒詔天下，覃恩有差。

《宣宗實録》卷一四六　命惇親王綿愷在內廷行走。

《宣宗實録》卷一四七　己未，諭內閣：奕紹等奏，會同嚴審戴均元，帶同堪輿相度寶華峪情形一摺。此案戴均元相度福基，自應倍加詳慎，乃既未將石毋滴水處所，豫爲測量詳明。迨目擊地盤壙幫滴水情形，仍商同用土攔護，並未據實奏請，及早籌辦，僅於會奏摺內，聲明間有石塊，有意增減緊要情節。現經奕紹等訊明，比例擬斬監候，實屬罪所應得，即減等量予遣戍，亦是從輕寬貫。惟念戴均元尚未始終經手工程，且已年逾八旬，毫不加刑，著加恩免其死罪，併免發遣，即行逐回原籍，用施法外之仁。其子戴詩亨著革去員外郎，其孫戴嘉秀著革去知縣，戴嘉會著革去鹽大使，戴嘉德著革去舉人，以示薄懲。

《東華續録》道光一八　甲子，申諭明年前詣盛京辦差官員，毋得任意科派，並禁內監執事人等藉端需索。

《宣宗實録》卷一四八　十二月辛未，又諭：那彥成等奏，查明西四城先後抄獲逆產，並叛產變價銀兩，動支城工衙署各工費一摺。喀什噶爾、英吉沙爾、葉爾羌新建城垣衙署兵房等項工程，及和闐修補城工，先後完竣。所需工費，經那彥成等於抄獲逆犯資財及叛產變價銀內，共支銀十六萬六千餘兩，尚餘銀一萬四千九百餘兩，留爲未辦各工及官鋪資本之用。

諭：刑部議覆順天府奏，傳習天主教犯張成善等於改悔後，仍用舊時邪教音樂，收藏經卷一案。請照原擬，將張成善等八犯，於聽從入教，不知悛改，改發回城爲奴例上量減；張文恭一犯，於收藏經卷發邊遠充軍例上量減，俱減爲杖一百徒三年，殊覺過輕。此案張成善等既經改悔，何以仍敢沿用邪教音樂，且張文恭家復有藏匿未繳之經卷十字架，是其未能真心改悔，已可概見。即不照本例定擬，亦不應遽減杖徒，著刑部詳查成案，另行酌中妥議具奏。尋奏，改擬杖一百流二千里，於犯事地方加枷號三箇月。從之。

安徽巡撫鄧廷楨奏，各屬編查保甲情形。得旨：立法不爲不周，總要持之以久，行之以實，勉之！

癸酉，諭：御史奇成額奏，請嚴禁蠹役以肅漕務一摺。【略】糧船抵通時，倉中兵丁書役，及倉場侍郎、坐糧廳各衙門在官人役，輒向旗丁需索使費。兑米時，又以給費之多寡，爲遷船之後先。旗丁等所費既鉅，勢不得不勒索州縣，州縣無所取給，亦即浮收升斗，以供兑費。【略】著倉場侍郎各衙門，嚴查在官書役等，定額足敷辦公，其餘悉皆裁汰，毋使冒濫滋弊。

乙亥，以翰林院侍讀學士隆文爲詹事府詹事，國子監祭酒鐵麟爲光禄寺卿。

戊寅，諭內閣：禧恩等奏，勘估石道工程，請派員承修一摺。所有西直門至圓明園，及阜成門、西便門、福園門、西南門、扇子河南岸，並佟府柵欄內外石道橋座涵洞等項工程，著派盧蔭溥、那清安、王宗誠、王引之、貴慶、裕恩、白鎔、耆英、達三，鬮分段落，於今冬備料，明歲分別乘時興修。工竣造册咨報原估大臣驗收，俟查驗覆奏後，仍將查過丈尺做法，移咨承修大臣，據實奏銷，照例保固。限內如有損壞，著落原辦官賠修，並責成耆英派步軍統領衙門官員，於石道甫經修竣，灰漿未乾時，嚴切稽察，不准車馬踐踏，以致壓損。

《宣宗實録》卷一四九　癸未，諭軍機大臣等：據御史王兆琛奏稱，山東省近年徵收錢糧，折錢日加日多，如寧海州每銀一兩，折收京錢四千二百；諸城縣

每銀一兩，折收京錢四千二百六十。本年黃縣以加增錢糧滋事，則藉銀價昂貴爲辭，現在他州縣亦皆持此説，巧爲掩飾。年來通省銀價，庫平一兩，值京錢二千五六七百文不等。

丙戌，命翰林院侍講許乃普仍在南書房行走。

丁亥，以都察院左都御史潘世恩署經筵講官。

頒賞皇子及王公大臣、内廷翰林、各省督撫《仁宗睿皇帝聖訓》各一部。

《東華續録》道光一八　乙未，准福建臺灣另編田字號中額一名。

道光九年（己丑、一八二九）

《宣宗實録》卷一五〇　正月丁酉，緩徵山東臨邑、陵【略】二十州縣，並德州、濟寧、臨清三衛上年被水被雹屯莊本年額賦。

《東華續録》道光一九　壬寅，諭軍機大臣等：張井等奏，南河見在清高於黄，開放禦壩日期一摺。前因禦黄壩日久未啓，節經降旨令該河督等將河湖全局設法妥辦，期收刷黄去淤之益。兹據奏，年來堅閉上游各閘，不使分流，力守禦壩，不使倒灌，正所以杜致病之源，使大溜挾沙，併力趨海。特受病太深，爲效較遲。見在較量内塘清水已高黄水尺餘，即於二十二日啓除臨黄堰，放清水外出，禦壩内外河口淤沙稍資刷滌。計見存水誌比上年底水落低二尺一寸，是於黄河不無小效等語。

《宣宗實録》卷一五〇　乙巳，吏部尚書文孚因病賞假，以禮部尚書松筠署吏部尚書。

《東華續録》道光一九　丁未，諭軍機大臣等：據那彦成等奏，差人赴卡外籌辦各逆犯情形一摺。朕命那彦成前往喀什噶爾，止爲籌辦卡内善後事宜。業經將八城善後諸大端籌辦周妥，即爲不負委任，是以疊經賞賚，前降恩旨甚明。至逆夷家屬及從逆餘黨潛匿卡外，原無足重輕，止可檄諭外夷各部落，如能擒獻固佳，否則任其偷生視息，亦不過釜底游魂，有何緊要？在我示以寬大，無意購致。尚恐外夷居爲奇貨，若屢次差人赴彼暗索窮搜，終不能得，豈不爲外夷所竊笑？其布嚕特各愛曼有來歸附者，止可撫戢羈縻，亦不必特地招致，指給游牧地方。設日久谿壑難盈，又將如何籌辦？前經屢諭及此，該督何以總未領會？豈非必欲邀功，轉生出許多枝節？見在善後諸事業經辦竣，已另行飭諭武隆阿等遵旨鎮静辦理。該督接奉此旨，著即迅速起程來京，勿再遲留。

《宣宗實録》卷一五〇　丁巳，諭内閣：楊國楨奏，請旨升補糧鹽道以裨漕運等語。河南糧鹽道員缺，例歸部選。兹據該撫以新漕緊要，必須人地相宜。著照所請，准以栗毓美補授河南糧鹽道。該部知道。

戊午，諭内閣：朕因宗室近來積習往往以不干己事具控，藉端訛詐，降旨令軍機大臣會同宗人府、刑部酌議條例具奏。兹據查明定例，分別從嚴酌議。嗣後宗室覺羅人等告訐之案，察其事不干己、顯係詐騙不遂者，該管衙門立案不行，仍將該原告咨送宗人府，照違制律杖一百，實行重責四十板。如敢妄揑干己情由聳准，及至提集人證質審，仍係訛詐不遂，串結揑控者，即將該原告先行摘去頂帶，嚴行審訊，並追究主使教誘之犯。儻狡辯不承，照例先行板責訊問。審係控款虚誣，除坐誣罪應斬絞者，仍照向例請旨辦理外，其餘誣控之案，無論詐贓多寡，已未入手，但經商謀揑控，不分首從，俱實發吉林安置，到配仍重責四十板，以示懲儆。其主使教誘以及添威助勢之犯，無論軍民人等，不分首從，均照例發近邊充軍，仍先加枷號三箇月，滿日再行發遣。係旗人照例銷除旗檔，一律辦理。即使所控得實，但因串詐不遂揑情圖准者，亦即照此例定擬，不准以事出有因，量爲援減。著宗人府刑部即各纂入例册，永遠遵行，並由宗人府刊刷條例，通傳近支遠支各族，及八旗滿洲旗分，咨行步軍統領衙門出示曉諭，務令周知。

《東華續録》道光一九　己未，命楊芳叩謁東陵、西陵。

庚申，諭：昨日兵部將擬補甘肅甯遠堡守備楊發、陝西撫標左營守備田大武帶領引見。該二員年力精壯，均堪造就。著交楊芳臨時訓練，策勵成材。並著兵部將楊發、田大武俱調補固原提標營守備，俾得就近隨同學習，用示朕培養人材之至意。

諭軍機大臣等：御史章沅奏，粤洋通市不得違例私易銀錢，請旨飭議章程一摺。向來外洋與内地通市，止准以貨易貨，例禁綦嚴。近日洋商貨物務爲奇巧炫惑，漁利取值不啻數十百倍。據該御史奏稱，該洋人賦性狡黠，純用機心，賣物則必索官銀制錢，買物則槩用番銀夷錢。銀低錢薄，僅當内地銀錢之什七。或仍以番銀給還，則斷不收納。是以番銀之行日廣，官銀之耗日多。至鴉片煙一物，流毒尤甚。該處僞標他物名色，夾帶入粤，每歲易銀至數百萬之多，非尋常偷漏可比，若不極力嚴禁，弊將何所終極！嗣後該省通市，務當恪遵定例，止

准易貨，毋許易銀。其番銀之在内地者，行用已久，自難驟加遏絶。至内地官銀，則分毫不准私出。其違禁貨物，尤應隨時稽察，不准私入。著李鴻賓、盧坤、延隆會同詳查，妥議章程具奏。

壬戌，以劉斯嵋爲山東布政使服闋貴州布政使。

二月乙丑，諭：前據那彦成等奏，請將黑帽回子挑補伯克。當降旨飭查，各城是否向有成例，籌議具奏。兹據奏稱，向來伯克挑用黑帽回子居多，白帽回子歷久相安，其阿渾向不當差，亦不挑用伯克。各阿渾子孫人多者，止有一二人充當阿渾，其餘或自謀生理，或充當伯克，均聽其便等語。著通諭各城，以後無論何項回子當阿渾者，止准念習經典，不准干預公事；其阿渾子弟有當差及充當伯克者，亦不准再兼阿渾，以昭限制。

諭：寄諭署喀什噶爾參贊大臣扎隆阿、幫辦大臣額爾古倫伊薩克，據那彦成等奏，差人前往霍罕要出黑帽阿渾奈瑪特等四人，並霍罕伯克差人請安遞伯勒克等情。朕命那彦成前赴喀什噶爾籌辦善後事宜，並未責成伊於卡外搜捕要犯，及逆裔家屬。乃那彦成有意邀功，屢次遣人赴卡外刻意搜求，殊大負委任之意。本日復據奏報設法要出黑帽阿渾奈瑪特等四人，給予翎頂，及賞給元寶、紬段、茶葉等物，並有諭霍罕伯克説帖，欲其將逆屬弋獲送出，斷絶根株。如此布置，殊可不必。見在善後奏定章程業已周妥，該大臣等務當遵照前旨，嚴密稽察，勿任大黄、茶葉偷漏出卡，亦不得仍令該夷隱混貿易，即爲妥善。至於卡外各犯，既已畏罪遠竄，總當置之不問，斷不可意存招致，妄生邊釁。如辦理稍有不善，或致大黄、茶葉仍有偷漏，惟伊等三人是問，恐不能當此重咎也！

《宣宗實録》卷一五一　丁卯，以平定回疆，勒捡逆裔，告成太學，命勒石於大成門外。

辛未，諭内閣：給事中吴敬恆奏，請嚴定緝捕章程一摺。京師爲輦轂重地，理宜肅清，豈容宵小潛跡，屢經降旨，諭令各該衙門認真緝捕，並嚴禁捕役縱庇。乃近來五城竊案，愈積愈多，即間有報獲之犯，亦贓物微細，暫爲搪塞，其計贓逾貫、情節較重者，迄無弋獲。總由該捕役等縱容包庇，平日利其贓物，臨事得錢賣放。此等積弊，實爲可惡！著通諭步軍統領、順天府、五城，嗣後務當嚴行督緝，有犯必獲。每年將報竊各案，統計已獲、未獲，及獲犯過半各若干，於春秋二季開列清單具奏，分别勤惰，照例覈辦。如捕役等仍復豢賊養奸，立即從重究治。儻該管官視爲具文，漫不經心，或隱漏規避，致蹈故習，即著嚴參，照例懲處，毋稍寬貸。

戊寅，諭内閣：那彦成等奏，請重申抽收外夷税課定例一摺。回疆自開闢以來，曾經奏定章程。外夷貨物，入卡貿易，每三十分抽税一分，原非重科，特藉以稽察各夷出入，慎重邊防，立法本爲至善。乃近年以來，各城大臣，往往因外夷懇求免税，即量准減免，且有全行免税者，殊屬不知大體。著通諭喀什噶爾、葉爾羌、烏什各城大臣，嗣後各夷入卡販易，務當遵照舊制，每三十分抽税一分，無論何處部落，概不准絲毫減免。如各城大臣濫行減免税課，著該參贊大臣據實參奏。儻參贊大臣有減免情事，著伊犂將軍及各城大臣據實參奏。均照違制例，交部嚴加議處，毋得日久玩視，以肅法令。

《宣宗實録》卷一五二　丙戌，諭内閣：前歲回疆軍興，口外轉運糧餉，需用駝隻較多，曾經烏里雅蘇台蒙古王公進駝三千二百隻、科布多蒙古王公進駝八百三十二隻。該蒙古等踴躍急公，軍需益資迅速，洵堪嘉獎。現在大功告成，糧運已停。據英惠查奏，各處按成賠交官駝共有五千九百一十五隻。著加恩於此項駝隻内，照該王公等前次所進之數，分别賞還，收回遊牧，俾資生計。即著該處將軍大臣，飭令該蒙古派人前往烏魯木齊自行收領，用示朕體恤外藩之至意。

己丑，諭内閣：各部院學習行走人員，才具優劣，差使勤惰，並其平素行止若何，該堂官俱當留心察看，於其行走年滿時，嚴定去取，分别咨留，始無浮濫。近來各衙門報滿之員，該堂官多係保留，而咨回吏部者甚少，未免無所區别。著通諭各部院堂官，嗣後務將所屬賢否秉公查察，於應留者准其奏留，不應留者即據實咨部，不准姑容。並著吏部詳加稽覈，除各該衙門奏留人員不計外，其咨出之員，於每年年終彙奏一次，以資查考而昭覈實。

甲午，命吉林將軍博啟圖來京，在御前大臣上學習行走，署鑲紅旗漢軍都統。調成都將軍瑚松額爲吉林將軍，寧夏將軍昇寅爲成都將軍，以歸化城副都統富爾嵩阿爲寧夏將軍，調鑲黄旗蒙古副都統桓格爲歸化城副都統。

《東華續録》道光一九　三月己亥，上親耕耤田。

《宣宗實録》卷一五三　庚子，以大學士曹振鏞爲會試正考官，兵部尚書玉麟、右侍郎朱士彦、户部右侍郎李宗昉、光禄寺卿吴椿爲副考官。

以禮部尚書松筠署兵部尚書，工部尚書穆彰阿署翰林院掌院學士。命四川布政使董淳來京，以河南按察使桂良爲四川布政使，山東兖沂曹濟道惠吉爲河南按察使。

《東華續録》道光一九　辛亥，諭軍機大臣等：惠顯等奏，拉達克部長呈遞奏書、哈達、花紬，謝恩一摺。前因拉達克拏解逆回，加恩賞給該部長及小頭目薩莫等頂翎紬段。兹據惠顯等奏，該部長敬備奏書一分、哈達一方、花紬一匹，祈爲代進。因與體制不符，未敢遽行呈進，亦不便即行駁回，見將遞到各件暫爲收存，請旨辦理等語。西藏沿邊小部落遇有事件，向未呈遞奏書。拉達克本非廓爾喀之列在藩封者可比，今呈遞奏書等件謝恩，原與向來體制不合，該大臣等所見尚是。但該部長究因賞給頂翎備物謝恩，且奏書等件業已遞到收存，若遽行駁回，轉恐該部長別生疑慮。所有此次呈遞之件，著該大臣等遇便呈進，並著傳諭該部長以爾部落原不應呈遞奏書，兹經本大臣據情奏聞，大皇帝嘉爾恭順，姑准呈進，此乃格外施恩，並示體恤之意。

《宣宗實録》卷一五四　戊午，命山東巡撫琦善來京，以漕運總督訥爾經額爲山東巡撫，倉場侍郎朱桂楨爲漕運總督，未到任前，命大學士兩江總督蔣攸銛兼署。調刑部右侍郎邱樹棠爲倉場侍郎，以貴州布政使祁墳爲刑部右侍郎，福建按察使鄂順安爲貴州布政使，調安徽按察使岳良爲福建按察使，以山東濟東泰武臨道恩特亨額爲安徽按察使。

庚申，命禮部尚書松筠、吏部右侍郎白鎔馳往直隸，審新城縣白馬氏控案。以都察院左都御史那清安署禮部尚書，大學士長齡署兵部尚書，以刑部尚書明山署鑲白旗滿洲都統，以詹事府詹事隆文爲内閣學士，兼禮部侍郎銜，翰林院侍讀學士德興爲太僕寺卿。命太常寺少卿程德楷提督江西學政。

《東華續録》道光一九　四月癸酉，召戴三錫來京，以琦善爲四川總督。

丙子，諭：孫爾準等甄别府廳知縣一摺。知縣改補教職，從前定例，除自行呈請改教者不拘年限外，其由督撫甄别之員實任已逾半年，即以原品休致，槩不准復行改教。道光二年復經御史趙丙陳奏，降旨通行。兹該督等以宣德縣知縣李瓊標才識迂拘，難膺民社，因係舉人出身，請以教職改用。該員在任已及四年，既係才不勝任，即應勒令休致，所請以教職改用之處，著不准行。嗣後各省督撫甄别屬員，務須遵例覈辦，如有蒙混具奏者，定即重懲不貸。

《宣宗實録》卷一五五　己卯，諭内閣：松筠奏，拾獲匿名揭帖，因關係通省政治官方，據實密奏一摺。匿名告訐，最爲風俗人心之害，曾奉皇考仁宗睿皇帝諭旨，有拾獲者即行銷燬，不准具奏。兹松筠因揭帖内指控該省大吏，不敢不密行陳奏，摺内已將定例聲明，尚無不合。惟揭控各款，如果屬實，何不出名呈控？逞此鬼蜮伎倆，甚爲可惡！著將所拾揭帖發交松筠，即行銷燬。嗣後凡有拾獲匿名揭帖者，仍照定例將原帖銷燬，斷不准率行入奏，致干吏議。

壬午，以禮部尚書松筠署直隸總督，調甘肅布政使顔伯燾爲直隸布政使，未到任前，命按察使戴宗沅署理，以天津道李振翥署按察使。

癸未，以故奉恩將軍文彦子祥來襲職。

以大學士長齡、協辦大學士盧蔭溥、内閣學士朱方增、吏部左侍郎杜堮、户部尚書王鼎、兵部左侍郎寶興、刑部尚書陳若霖、都察院左都御史潘世恩爲殿試讀卷官。

甲申，策試天下貢士劉有慶等二百二十一人於保和殿。

乙酉，引見丙戌科散館，及補行散館人員。

丙戌，户部左侍郎顧皐以病解任，調禮部左侍郎汪守和爲户部左侍郎，轉禮部右侍郎史致儼爲左侍郎，以都察院左副都御史楊懌曾爲禮部右侍郎。

戊子，上御太和殿傳臚，賜一甲李振鈞、錢福昌、朱蘭三人進士及第，二甲朱淳等一百六人進士出身，三甲何俊等一百十二人同進士出身。

《東華續録》道光一九　五月，丁酉，奉移孝穆皇后梓宫於寶華峪正殿，神牌於東配殿，命皇長子奕緯行禮。

己亥，諭：每年恭祭太廟祝文内敬書列后徽號，向不恭讀。嗣後祝版除敬將列后廟號、尊謚照常恭繕外，無庸再書徽號，以昭敬慎。

己未，諭：内外各衙門題奏事件，遇有地名字面，理應遵照全寫。如熱河之但稱爲「熱」，多倫諾爾之但稱爲「諾」，烏嚕木齊止稱爲「烏」，順天府節稱爲「順」，乾隆嘉慶年間歷經聖諭訓飭，並載入則例。凡遇地名字面，不得率用省文，各該衙門自宜永遠恪遵。本日據扎隆阿等奏請，將餘糧酌改折色摺内，「葉爾羌」書寫「葉城」，並有「阿烏喀三城」字樣，實屬簡率不成文理。著再行通諭各衙門，嗣後於應載地名字面，務遵定例，全行書寫，斷不可任聽幕友胥吏止圖省便，致於體制有乖。

《宣宗實録》卷一五六　辛酉，諭軍機大臣等：李鴻賓等奏，越南國差官護送廣東遭風生監回省，順帶貨物來粵售賣，並請通市貿易一摺。此次越南國王因内地生監遭風漂收到境，恤給衣糧盤費，護送回粵，實屬恭順可嘉。所有帶來各貨，及將來出口貨物，均著加恩免其納税。至該國王請由海道來粵通市貿易一節，自當照例駁回，但須妥爲曉示。著李鴻賓等傳諭該國王，現據爾國王請由

海道來粤通市，業經奏聞大皇帝，以爾國王久列藩封，素爲恭順，爾國地界毗連兩廣，向與内地商民有陸路交易處所，貨物流通足資利用，非他國遠隔重洋，必須航海載運者可比。外夷諸國如有於各海口越界求通貿易，例禁綦嚴，今若允爾國王所請，誠恐各外夷船隻偶有攙越混入，以致滋生事端，於爾國王諸多未便，轉非所以示體恤。是以仍令爾國王恪守舊章，於廣東欽州及廣西水口等關各陸路往來貿易，毋庸由海道前來。此係大皇帝格外恩施，曲加優眷，爾國王其善體此意，敬謹遵循爲要。如此明白宣諭，於示以限制之中仍寓撫綏之道。該督等接奉此旨，即行遵照，妥爲辦理。將此諭知李鴻賓、盧坤，並傳諭延隆知之。

壬戌，又諭：據彦德等奏，審訊齊默特多爾濟控告科布多解任參贊額勒錦遣人索取馬匹，擾纍各愛曼一案，所控多係傳聞之詞。若照所供人證遠道調取，更滋拖纍。欲行文科布多，轉行該愛曼，確切查明聲覆，即行定擬，與車林多爾濟意見不合。同日據車林多爾濟奏請簡派大臣前往提集案内人證，審明辦理等語。彦德等既各存意見，必須派員秉公查辦。朕欲派松筠前往，著將彦德等清字、漢字各摺，鈔寄松筠閲看。昨已有旨，令那彦成於經過保定時，接受督篆。松筠俟交卸後，即行來京請訓，届時降旨派令馳驛前往。將此先行諭令知之。

《東華續録》道光一九　六月，丁卯，以桂齡爲左副都御史由大理寺卿遷。

《宣宗實録》卷一五七　戊辰，諭内閣：鄧廷楨奏，創修《安徽省志》告成一摺。安徽自分省以來，未經輯有通志。道光五年，陶澍奏准，予限纂輯。現據鄧廷楨奏稱，業經修輯完竣，並繕寫正本呈覽。此書由陶澍具奏創修，鄧廷楨督辦蕆事，陶澍、鄧廷楨均著加恩交部議敘。

辛未，又諭：御史宋劭穀奏，請嚴禁拐販人口，並出差過黔官員買帶子女一摺。

甲戌，命禮部尚書湯金釗爲上書房總師傅。

命工部尚書穆彰阿爲翰林院掌院學士。

調禮部尚書松筠爲兵部尚書，未回京前命都察院左都御史那清安署理，以内大臣博啓圖爲禮部尚書。

命都察院左都御史那清安爲武英殿總裁官。

以兵部尚書玉麟爲伊犂將軍，大學士長齡署正藍旗滿洲都統。

乙亥，諭内閣：湯金釗昨已派充上書房總師傅，大阿哥師傅著即派龔守正。

戊寅，諭内閣：長齡等奏，查獲私帶鴉片煙及煙具各犯一摺。鴉片煙久經嚴禁，該犯等竟敢攜帶煙土煙膏至一百七十餘兩之多，並捆載煙具等件，實屬目無法紀。陳姓、林姓、陸姓，俱著交刑部嚴行審辦。長齡、舒英查拏甚屬認真，俱著交部議敘。查出人役，著長齡等酌量獎賞。

《東華續録》道光二〇　七月癸巳，命張井籌辦南河蕭南廳等工，並改建運河滚水壩。

辛丑，諭：朕召見武隆阿，詢及喀什噶爾軍務情形，伊奏對時詞多掩飾，特令御前大臣、軍機大臣公同詢問。據稱，伊在軍營聞張格爾復來卡外窺伺，曾向長齡言及欲行前往，長齡向其阻止，伊云尚可勉力督帶馬隊。武隆阿前於大兵進勦打仗三次，旋即患病，至張格爾復行進卡時，伊尚不能乘騎，安能督帶馬隊？其派令黑帽回子截拏張逆，本係長齡在彼公商定議，出示曉諭，乃伊在朕前口稱係伊指派，實屬有心含混，不知愧懼！且於陝甘凱撤征兵一事，又復辦理不善。武隆阿著降爲頭等侍衛，在大門上行走；伊子侍衛慶安，著逐出乾清門，亦在大門上行走，以示懲儆。

以周之琦爲廣西布政使，王定柱爲浙江按察使由兩淮鹽運使遷。

《宣宗實録》卷一五八　癸丑，諭内閣：御史常恒昌奏，外城街道，請飭管理各員認真查辦一摺。京師爲萬方輻輳之地，五城街道自應隨時修治平坦。其工部及步軍統領衙門派出司員，應與滿漢御史會商辦理，以昭慎重。據該御史奏稱，近來外城街道，每遇雨雪，泥淖不除，隨處皆成坎窞。且派出司員，往往遇事推卸，一切户民呈詞等件，從不到署與御史會商，殊非覈實辦公之道。著責成管理街道御史，協同各該司員，如遇有停潦及車轍傾陷之處，即時撥役修墊，毋得日久因循。所有該廳一切公事，並著該員等到署，會同商辦，不得稍有推諉。

諭軍機大臣等：此次隨往盛京之總管首領太監等，人數衆多，恐有不法之人，沿途生事，業經諭令總管内務府大臣，定立章程，嚴查需索訛詐之人，按例究治矣。因思壽康宫，及壽康東宫、儲秀宫、鍾粹宫之首領太監等，恃無見證，難保無假捏指稱諸弊。著隨扈之總管内務府大臣等，隨時嚴密稽查。此四處之首領太監内，如有向隨扈大臣官員，或地方官員指稱傳行情事，無論事之大小，著禧恩等即行指名封奏，立將該首領太監鎖拏，交慎刑司重責八十板，即日發黑龍江給兵丁爲奴，遇赦不赦。該管之總管，罰月銀半年；首領罰月銀半年，革退首領。如係首領犯法，其該管之總管，罰月銀一年，決不寬恕。

以工部尚書王引之署吏部尚書，户部右侍郎李宗昉署管理順天府府尹事。

丁巳，諭内閣：外夷各國進貢，或由水路，或由陸路，定制遵行，未可輕言改易。越南國遣使來京進貢，自康熙年間議定由陸路行走。今該國陪臣於進表後，在禮部呈遞禀啓，欲改由廣東水路。該部以事涉更張，實不可行，議駁甚是。所有該陪臣禀請改由水路以省勞費之處，著毋庸議。

戊午，諭内閣：御史王贈芳奏，會匪鹽梟，蔓延滋害，請嚴飭捕勦一摺。會匪鹽梟，最爲地方之害。據該御史奏，江西吉安府屬泰和、萬安等縣，向爲私梟出没之所，加以會匪繁多，與私梟合而爲一，或名添弟會，或名添刀會，又稱千刀會，均自南贛延入吉安。其初猶知畏法，近來黨與日多，地方官懼滋事端，惟思苟且調停，即釀成巨案，猶復一味姑息，草草了結。甚有鄉勇拏獲送官之匪徒，仍從寬免，縱之歸家。似此選懦因循，化大爲小，不過規避處分，而縱匪養奸，爲害日深，必應明定考成，以靖地方而安良善。著蔣攸銛、韓文綺通飭所屬，各就地面，嚴密躧緝，遇有此項匪徒，立即弋獲，明正典刑，毋稍輕縱。沿河添設巡船，專捕劫盗，盡法處治。其實由挾制入會者，取具族鄰切結，准其自首。若能縛送積惡首匪，仍予重賞。其匪徒繁多之處，責成明練有爲之員，撫勦兼施，毋許稍有諱飾。如果實力奉行，地方肅清，舊任准免處分，新任即予擢遷。儻有仍前將就了事者，立即嚴行參奏，加等懲處，不稍寬貸。

《東華續録》道光二〇　八月壬戌，禁隨行校尉等沿途滋事，犯者照搶奪例治罪。

《宣宗實録》卷一五九　乙丑，諭内閣：御史張曾奏，請飭禁刊刻落卷，以端士習一摺。所奏是。掄才大典，棄取一秉至公，在士子果有屈抑，原許赴該管衙門控訴。若於未發榜以前，鈔録闈文，送人批點，並榜後刊刻落卷，均干例禁。兹據該御史奏稱，本科有浙江舉人顧宗伊刊刻落卷，散布流傳之事，是否屬實，著禮部查明具奏。

庚午，調正白旗蒙古副都統鍾昌爲鑲白旗滿洲副都統，以乾清門侍衛奕紀爲正白旗蒙古副都統。

丁丑，諭：工部奏，查明張井奏道光七年另案工程，銀數比較單内，共用銀二百九十七萬三千二百二十九兩零，内稱專案辦理各工，用銀六十五萬二千三百四十五兩零，均非常年所有之工，不入比較。南河道光六七兩年，增培堰盱大隄，用銀一百四十八萬五千八百餘兩，該河督奏内並未聲明。堰盱缺口善後係奏明增培，或難統歸比較。其餘均係常年另案工程，該河督何得於此内復行剔出銀六十五萬二千三百餘兩，以爲專案辦理，非常年所有爲詞，殊非覈實辦公之道。國家經費有常，自宜加意撙節，若每年比較懸殊，於另案之外，復添專案名目，豈非爲開銷地步？著該河督嗣後彙奏一年另案銀數單内，除歲修搶修定額外，如實係興舉大工，應於摺内奏明，不入比較。其餘常年奏明另案工程，均合併入單内開明，將上三年用過銀數，聲明比較，毋得另立專案辦理名目，以杜虚浮而昭覈實。

《東華續録》道光二〇　己卯，諭：禮部查明御史張曾奏參浙江舉人顧宗伊刊刻落卷屬實，並檢查所刻卷内附載致同考官袁衣祥書，大肆譏評，此風斷不可長。考試爲掄才大典，士子若實被屈抑，原有准赴該管衙門控訴之條。乃該舉人不安義命，妄生怨尤，輒刊刻傳布，且附載譏評該同考官原札，實於士習人心大有關係。顧宗伊著即褫革舉人，以示懲儆。至檢討袁文祥閲看試卷，如僅將士子頭場三藝點看起講即行棄置，實屬草率。見在顧宗伊已將原卷領出回籍，著劉彬士即飭屬追取攜回場卷，送禮部查驗。如果屬實，再將該檢討袁文祥移咨吏部議處，其批點之内閣學士朱方增、翰林院修撰朱昌頤、工部候補主事顧椿，俱著交部照例議處。

辛巳，定江蘇沿江沿海新漲沙洲召佃章程。

丁亥，諭：睿忠親王多爾衮，當太宗文皇帝時，統師征明，戰功甚多。厥後首先率師入關，將流賊立即驅除，大勳耆定，恭迎世祖章皇帝定鼎燕京，忠誠懋著。乾隆四十三年，我皇祖高宗純皇帝特降諭旨，復爵予謚，配享立後，用敘成勞。朕此次祗謁祖陵，路經永平，指日出關，皆係當時殄滅流賊之地。王之大勳偉績，實堪嘉尚，著賜祭一壇，派惠郡王緜愉前往王墓代奠。睿親王仁壽著加恩賞戴三眼花翎，在内廷行走，御前大臣户部尚書禧恩，著加恩賞戴雙眼花翎，以示朕眷念勳親至意。

九月，戊戌，上詣北鎮廟行禮。

《宣宗實録》卷一六〇　甲辰，諭軍機大臣等：扎隆阿奏，接據布庫愛曼布嚕特比卻喇，遣五品頂翎巴喇特到卡禀報，汰劣克現被誘獲，當令伊薩克飭令巴喇特旋回，遵照前發諭帖傳示，並未遣人出卡察探，並咨會烏什辦事大臣常德等，一律辦理等語。汰劣克從前雖爲張逆助勢，未敢進卡，近因釋放其子，遣人叩謝，感激天恩，今卻喇與之自搆釁隙，將其扣獲，意圖賞賚，藉洩私仇，該參贊大臣鑒其肺肝，拒絶不問，所見正大之至。該大臣有如此安邊之略，朕嘉奬之

餘，別無可諭。著發去玉翎管一件、玉雙喜佩一件、小荷包四箇，交該大臣祗領，以示恩賚，將此諭令知之。

己酉，行在吏部議奏，御前大臣、禮部尚書博啓圖，照約束不嚴例加等請降三級調用。得旨：博啓圖著革去尚書都統，降補兵部右侍郎，仍降三級留任，不准抵銷。

以户部右侍郎耆英爲禮部尚書，兼管太常寺鴻臚寺事；調兵部左侍郎寶興爲户部右侍郎，兼管錢法堂事務；轉兵部右侍郎保昌爲左侍郎。

《東華續録》道光二〇 甲寅，行大饗禮。上至盛京，詣太廟尊藏寶册前行禮。

遣官祭長白山、遼陽太子河、巨流河、渾河、北海、松花江諸神，及遼太祖陵。免盛京、興京等十五處旗地額賦十分之五，及積年逋賦。

乙卯，定喀什噶爾西北邊界添設八處卡倫，弁兵輪巡章程。

庚申，諭：那彦成奏，州縣自理詞訟，請仍責成道府稽查，以符定例一摺。前據松筠奏，清釐案牘覈定功過章程，令各州縣將已結未結控案按月具報，統計三箇月奏聞一次。見據該督奏稱，已届彙奏之期，查明各屬詳報自理詞訟，月計不下數千案，積至三月纍牘甚至萬有餘件，瑣細繁多，殊於政體未協。至考察州縣記功記過，向止飭司存記，並不具奏，亦不報部，若即以此定爲勸懲，形諸奏牘，是又於議敘處分之外，復添條款，實屬紛雜。著照所請，除題奏咨部外，及內控上控案件逾限照例參處外，其各州縣各理詞訟，仍照定例，責成道府廳州縣嚴查循環簿籍，將已結未結寢息續控案數，按季造册，報明督撫衙門，及藩臬兩司查考，仍比較勤惰，分別功過，歸於年終甄别案內，彙總覈辦。如有過多功少才不勝任者，奏明分別降改，以符體制。所有松筠議請三箇月具奏一次之處，著即停止。

十月壬戌，兩淮鹽政福森奏，查明鹽務大槩情形。得旨：兩淮鹽政弊壞已極，皆由歷任鹽政自顧身家，不以公事爲重，或苟且因循，不知天良爲何事，實堪痛恨！汝係朕特用之人，必當奮發有爲，力挽積習，盡心整理，任勞任怨，諄記勿忘。如有起色，何患不承朕恩？若同前任依樣葫蘆，汝自知之。勉之又勉！

《宣宗實録》卷一六一 頒道光十年時憲書。

乙丑，諭內閣：那彦成奏，換防兵丁告留，請明定限制，以重營伍一摺。烏里雅蘇台、科布多二處換防弁兵，前經那彦成奏准，止留一二人，嗣據彦德以差委不敷，奏准酌留三四人。兹據那彦成查明，彦德於應換千總等官內，咨留五員；馬兵保升把總外委人員內，咨留八員；兵丁四百名，咨留三百七十三名，似此漫無限制，於內地營務，殊有關係。嗣後該二處弁兵，每届班滿之期，把總外委內每項酌留不得過三人，兵丁不得過十人。所留弁兵均不許過兩班，以杜規避而嚴考覈。該部知道。

丁丑，諭內閣：慶保等奏，駐防旗人生齒日繁，請借項生息，俾資養贍一摺。廣東省城駐防滿洲漢軍閒散旗丁，食指浩繁，生計日形竭蹷，自應酌量籌款調劑。據該將軍等查明，該處司庫報部雜項各款內，有扣貯平餘一款，可撥銀三萬二千兩；武職空缺養廉一款，可撥銀二萬五千兩；米耗糶價盈餘一款，可撥銀二萬二千兩。著照所請，准其於此三款內如數借撥，發商具領，週年一分行息，遇閏不加。每年所得息銀八千兩，按季提存藩庫，以三千兩歸還原本，以五千兩解貯旗庫，酌量分給閒散旗丁，以資養育。

戊寅，諭內閣：容安奏，籌禁大黄、茶葉潛通外夷，詳酌現行實在情形一摺。庫爾喀喇烏蘇所屬奎屯地方，設卡稽查，不准細茶雜茶販入伊犂塔爾巴哈台境內。一年以來，西北兩路私販之源已絶，而安集延交結偷漏之弊亦除，伊犂、塔爾巴哈台兩處所需附茶，及大小斤茶，該商民等照常販運，食用無虞缺乏。現在邊境相安。著該將軍、參贊，嚴飭奎屯派撥官兵認真稽查，嚴禁細茶雜茶私販入境；並奎屯及塔爾奇第一臺卡房兵弁，毋許勒索留難，違者准商民等控告懲辦，加等治罪，其沿邊各卡倫，隨時加意巡防。

己卯，以福建按察使岳良爲江西布政使，調甘肅按察使程矞采爲廣東按察使，以直隸霸昌道惠豐爲甘肅按察使。

庚辰，調河南按察使惠吉爲福建按察使，以河南開歸陳許道麟慶爲按察使。

甲申，以都察院左副都御史吴光悦爲江西巡撫，江西巡撫韓文綺爲都察院左副都御史。

乙酉，上奉皇太后還宫。

《東華續録》道光二〇 庚寅，諭：御史姜梅奏，書吏役滿飭令回籍，原因該書吏等充役有年，熟悉衙門事務，易啓句通賄屬之弊，是以役滿不准逗留在京，立法至爲嚴密。如該御史所稱，近來役滿書吏回籍者，不過十之一二，並有因役滿之後，又有冒入大興、宛平籍貫，改名捐納微職，以候選爲名，遂得潛留京中，串通綫索，或説事過財，或指名撞騙，或造作假僞，或幫同訛詐，其弊不一而足。

至户部捐納房書吏，向係本衙門貼寫充補，亦俟五年役滿另行更换。該書吏等，雖係貼寫，亦應與役滿經承一體飭令回籍。嗣後各該衙門書吏役滿後，著隨時行知順天府五城，勒限即回原籍。其充役將及五年，無故具呈告退者，亦著督飭回籍。儻有役滿後，改名冒入大興、宛平籍貫，捐納職官，並户部捐納房役滿貼寫，著一併嚴查，照例辦理，不准在京稽留，以除積弊。

十一月辛卯，賜吴鉞等三十六人武進士及第、出身有差。

戊戌，諭：御史何輝綬奏，請定保舉御史章程一摺。所奏甚是。御史爲風憲之官，必當慎重遴選。此次保送御史内，兵部郎中李熉，曾任湖北荆州府知府，因才不勝任，改用今職；刑部郎中錢學彬，前在福建泉州府知府任内有意規避，以才不勝任請改京職，部議革職，旋經捐復員外郎，推升郎中，復蒙混截取繁缺知府，部議降調又經捐復郎中，此等人員何得濫行保送御史？李熉、錢學彬均著該部即行扣除，無庸帶領引見。嗣後各部院堂官於所屬司員内，凡因私罪降補京職，及不勝外任特旨改用人員，不准保送御史，並不得截取外用。

《宣宗實録》卷一六二　乙巳，命署禮部尚書都察院左都御史潘世恩、户部左侍郎汪守和、禮部左侍郎史致儼，在紫禁城内騎馬。

丁巳，命烏嚕木齊都統英惠來京，調熱河都統成格爲烏嚕木齊都統，以吏部右侍郎裕恩爲熱河都統，調兵部左侍郎保昌爲吏部右侍郎，轉兵部右侍郎博啓圖爲左侍郎，以内閣學士桂輪爲兵部右侍郎。

調正白旗漢軍副都統欒善爲鑲黄旗滿洲副都統，以兵部左侍郎博啓圖兼正白旗漢軍副都統。

庚申，調正白旗蒙古副都統容照爲正黄旗蒙古副都統，正黄旗蒙古副都統安福爲正白旗蒙古副都統。

《宣宗實録》卷一六三　十二月甲子，雲貴總督阮元奏，緬甸國王孟既遣使表賀生擒逆裔張格爾，恭上皇太后徽號，照例宴賚。報聞。

乙丑，諭軍機大臣等：李鴻賓奏，嘆咭唎夷船延不進口，及曉諭防備各緣由等語。所奏甚是。各國夷船來粤貿易，惟嘆咭唎夷商最爲桀驁。現在該國大班等，因洋行連年閉歇，拖欠夷銀，疊次呈控，並臚列條款，具禀查辦。該督業經咨提商人訊追，並將所禀各款，飭司妥議，諭令洋商轉諭恪遵。該夷船仍然觀望，停泊澳門外洋，延不進口，輒敢摭拾前陳各條，嘵嘵瀆辯，語言不遜。該國貨船，每言在粤海關約納税銀六七十萬兩，在該夷以爲奇貨可居，殊不知自天朝視之，實屬無關毫末。且該夷船私帶鴉片煙泥入口，偷買内地官銀出洋，以外夷之腐穢巧獲重貲，使内地之精華潛歸遠耗，得少失多，爲害不可勝言，必應實力嚴查。此次該夷等業經該督將來禀嚴行批飭，如果漸知悔悟，相率進口，即可相安無事。儻仍以所求未遂，故作刁難，著即不准開艙，嚴行驅逐。即少此一國貨税，於國帑所損無幾，而夷煙不入，官銀不出，所全實多。至該夷各船現泊澳洋，夷情叵測，不可不豫爲之防。該督已密行咨會李增階，飭令各營將弁等不動聲色，整齊防備，所辦甚是。此事交涉外夷，有關國體，該督等務當鎮静防閑，詞嚴義正，折其桀驁之氣，杜其貪詐之謀，斷不可稍涉遷就，致失大體。其該夷人禀内夷船規銀，不論船隻大小，一律徵收，懇請分别納餉等款，尚可量爲變通。著該督等妥議具奏，將此諭令知之。

戊辰，以回疆軍務，暨高堰隄工告竣，命停止兩淮鹽斤加價。

己巳，以福建臺灣道劉重麟爲江西按察使。

《東華續録》道光二〇　辛未，定科布多各卡並滿洲、蒙古、緑營各臺站屯田官兵糧穀分别折給銀兩章程。

諭軍機大臣等：朕聞外夷洋錢，有大髻、小髻、蓬頭、蝙蝠、雙柱、馬劍諸名，在内地行使，不以買貨，專以買銀，暗中消耗，每一文抵换内地紋銀計折耗二三分。自閩、廣、江西、浙江、江蘇，漸至黄河以南各省，洋錢盛行，凡完納錢糧，及商賈交易，無一不用洋錢。番舶以販貨爲名，專帶洋錢，至各省海口收買紋銀，致内地銀兩日少，洋錢日多，近年銀價日昂，未必不由於此。又鴉片流行内地，吸者日衆，鬻者愈多，幾與火菸相等。耗財傷人，日甚一日。皆由番舶裝載鴉片駛至澳門、廈門等處附近關津停泊，或句通書差暗中抽税包庇進關，或巡哨兵役游奕往來私爲奸人夾帶代爲發販，或得規容隱任聽番舶分銷各省商船，載往各處售賣。行銷之路既多，來者日衆。該兵丁等且藉以抽分吸用，賤價留買，南北各省情形如出一轍，較洋錢之害爲尤甚！若不究明弊源，嚴行查禁，不特徒滋紛擾，轉使作奸犯科之輩益復無所顧忌。前因内地間有夷錢攙雜行使，曾經降旨飭禁，然尚不似洋錢行使之多、折耗之甚。至鴉片煙泥，則又以外洋之腐穢，潛耗内地銀兩。昨據李鴻賓等密陳，英吉利請改貿易章程摺内，亦經籌議及此。該督等通達治體，深悉積弊，必須將如何截其來路，如何禁其分銷，期於言出法隨，不至徒爲文告故事，有名無實，方爲妥善。該督等素稱曉事，當能仰體朕意。

戊寅，以聯順爲内閣學士，兼禮部侍郎銜由頭等侍衛遷。

壬午，穆克登額卒，以長齡署禮部尚書。

道光一〇年（庚寅、一八三〇）

《宣宗實録》卷一六四　正月戊戌，命奉天府府尹興科來京，以山西按察使烏爾恭額爲奉天府府尹。

丙午，福建布政使程含章因病解任，以服闋布政使魏元烺爲福建布政使。

庚戌，諭軍機大臣等：寄諭大學士兩江總督蔣攸銛、湖廣總督嵩孚、江西巡撫吳光悅、河南巡撫楊國楨，兩淮鹽務，現在弊壞已極，固由歷任鹽政辦理不善，而引滯課虧，亦未必不由於私梟之侵越。上年福森奏請本年開印後馳赴楚省，會同該督撫設法疏銷。朕以江西口岸，現亦滯銷，諭令該鹽政酌量便道至江西一併查看。惟淮鹽之累，總由引積，而疏引之法，首在緝私。私鹽之爲害，不獨有妨引課，且梟徒聚集，擾害地方，尤爲可惡。淮鹽引地最廣，各口岸私販衆多，該地方官或以事涉鹽務，意存畛域，並不實力緝拏，必致梟徒毫無顧忌，愈積愈多，勢將何所底止。著各該督撫嚴飭所屬文武員弁認真巡查，遇有大夥私販，立即嚴拏懲辦，務期奸徒斂跡，鹽務日有起色。儻因循不辦，以致私梟充斥，惟各該督撫是問。將此各諭令知之。

癸丑，粤海關監督中祥奏，咦咭唎商船仍不進口，恃强觀望。臣雖職司榷務，裕課爲先，而國體所關，亦斷不敢稍存遷就，惟有會同督臣相機籌辦，以肅功令而杜狡謀。得旨：此事總要同李鴻賓妥商辦理，斷不准祇圖裕課，妄行作主，懔之慎之。

甲寅，諭本年係應行查閲山東、河南、江蘇、安徽、江西營伍之期。山東著即派訥爾經額，河南著即派楊國楨，江蘇、安徽、江西著即派蔣攸銛，逐一查閲，務各認真簡校。如查有訓練不精，軍實不齊者，即將廢弛之將弁據實劾參，毋得視爲具文。

《東華續録》道光二一　乙卯，定喀什噶爾等處商回私越卡倫出入交易罪例。

丙辰，以徐鏞爲貴州按察使由四川成綿龍茂道遷。

丁巳，暹羅國王鄭福以回疆底定，遣使表賀貢方物。

二月壬戌，上御經筵。

乙丑，諭：御史王瑋慶奏，六部重修則例，宜率舊章，如有更改，應專摺奏明通行一摺。各衙門頒行例令，原期垂諸久遠，其有今昔異宜者，固應隨時酌改，然不必定限十年即開館重修一次。若如該御史所稱，各部則例十年一修，往往不能依限告成，每遲至六七年始刊刻完竣，又未能即時頒發。其閒數年之久，各省官員既無新例可遵，又謂舊例已改，茫無所措，而書吏得以高下其手。及至刊刻頒行，將届則例重修之時，新例又成廢本，無所遵循。且有舊例本屬美備，因回護辦法兩歧，或致舍例就案，輕爲更改，甚或因開館爲書吏邀請議敘地步，種種情弊，實不能保其必無。嗣後各部已頒成例，毋得輕議更張，如有因時制宜必應更正之處，隨時專摺奏明改定，立即通行各省，一體遵照，以免書吏影射弊混，不必定限十年開館重修，致滋流弊。

《宣宗實録》卷一六五　辛未，以步軍統領耆英，署鑲紅旗滿洲都統。

壬申諭：孫爾準等奏，請定臺灣道出巡章程一摺。臺灣地處海外，漳、泉、粤三籍民人雜處，動有械鬭搶掠之事，經前任道孔昭虔奏定章程：道員與總兵，每年親歷巡查一次，藉資彈壓。兹據該督等奏稱，該道事務殷繁，巡查往返需時，若遇將軍督撫及水陸提督過臺巡閲例期，請將該道停其出巡。著照所請，嗣後該道除常年照例巡查外，如届將軍等過臺巡閲，即無庸出巡，以免煩擾。其臺灣鎮總兵，仍著每年出巡一次。

甲戌，諭軍機大臣等，楊遇春奏，懇免口外梨貢一摺。口外梨貢，向例由陝甘總督衙門差派弁兵，赴吐魯番採買進呈。該處距内地數千餘里，所辦梨果仍交伯克代爲採購，惟念該處窮苦回子，咸藉所藝梨果爲生，每年差往弁兵，雖經嚴立期限，飭令照額採辦，毋許擾累，誠恐道遠稽察難周，其承辦之大小伯克，輾轉假手，亦不免有藉端滋擾之弊。著自本年爲始，將此項梨貢，即行停止，以杜滋擾而示體恤。將此諭令知之。

以大學士長齡署步軍統領，定親王奕紹署鑾儀衛掌衛事大臣。

乙亥，以鄭親王烏爾恭阿署正黄旗滿洲都統，肅親王敬敏署鑲黄旗漢軍都統，大學士托津署鑲紅旗滿洲都統。

丁丑，命兵部左侍郎朱士彦提督安徽學政，以禮部右侍郎楊懌曾署兵部左侍郎。

戊寅，舉行道光九年大計。

《東華續録》道光二一　丁亥，建喀什噶爾死事諸臣祠，賜名「彰忠」。

三月庚寅，追予江蘇宜興、荆谿二縣明季殉節士女祠祀。

癸巳，諭軍機大臣等：李鴻賓等奏，妥議酌減夷船進口規銀一摺。各國夷船來粤貿易，於船鈔貨税之外，另有進口規銀一項，原與正餉不同。據該督等查明，懇請量爲變通。著照所請，嗣後各國夷船進口規銀，倣照康熙二十四年酌減洋船鈔銀二分之例，將一二三等各船規銀，均減去十分之二，以示體恤。

《宣宗實録》卷一六六　乙未，諭内閣：御史王鑄奏，請嚴禁州縣書差擾害一摺。

諭：御史范承祖奏，刑部現審案件，請按限審結，以免拖累。刑部現審事件，例有定限，如有逾限不結者，視其遲延月日，定以處分之輕重，載諸令甲，原以刑部總理庶獄，不准例外拖延，致滋弊竇。近來該部於奏交之案，尚不致過於稽延，而尋常咨送案件，藉端延宕，在所不免。該堂官從未將承審逾限司員，查明參處，定例幾成虚設，該御史所奏不爲無因。嗣後該堂官於現審案件，不特奏交之事，當飭承審司員趕緊鞫訊，即各衙門咨送事件，亦須依限審結。如有人證不齊，或正犯患病，必須展限者，務即呈堂存案，不准藉端扣展，儻逾限不結，或藉詞延宕，即將承審司員參處，以清訟獄而免羈纍。

己亥，上耕耤。詣先農壇行禮。更服。至耤田所，躬耕三推，復加一推。

壬寅，上奉皇太后啓鑾，恭謁西陵。

甲辰，調吉林將軍瑚松額爲盛京將軍，以察哈爾都統福克精阿爲吉林將軍，泰寧鎮總兵官武忠額爲察哈爾都統，調鑲紅旗蒙古副都統額爾登爲盛京副都統。

《東華續録》道光二一　飭逐盛京城内外戲班雜劇。

丙午，上謁泰陵、泰東陵、昌陵，回鑾。

戊申，上恭送皇太后還京師。

甲寅，上還京師。

《宣宗實録》卷一六七　四月甲子，以大學士托津署户部尚書，工部尚書穆彰阿署總管内務府大臣，定親王奕紹署管理鑾儀衛事，肅親王敬敏署管理圓明園八旗内務府三旗官兵事，兵部尚書松筠署正黄旗滿洲都統。

己卯，諭内閣：那彦成奏，勘明渾水淤淀刷隄，請動項估辦土埽各工一摺。前據那彦成奏，永定河渾水南徙東淀，直逼千里長隄，恐防運道，降旨令該督於親往履勘時，籌議覆奏。兹據奏，疏挑永定河下口，此時趕辦不及，惟有就杜家溝隄身大加幫培，並多鑲埽段，以資抵禦。著照所請，將現辦各工，責成天津道李振翥、永定河道張泰運，分別購料集夫，督辦工程，如有短缺草率，惟該二道是問。務於端午以前，普律全完，工竣覈實驗收奏報。所有估需工料銀三萬六千八百五十兩零，即著在司庫水利本款内照數動撥。

庚辰，諭内閣：江西南安、贛州二府所屬廳縣，界連閩粤，民情獷悍，前經該撫以該地方拜會搶劫、訛詐逞兇之案，層見疊出，請加重治罪，當交刑部速議。兹據議如所奏辦理。著照所議，嗣後南安、贛州二府所屬地方，如有拜會搶劫訛詐等案，除實犯死罪，及外遣爲奴，罪無可加，並捆人勒贖，已照閩粤兩省之例問擬，均各照舊例辦理外，其餘軍流以下各犯均於本罪上加一等定擬。該省現獲各案犯，即照新定章程辦理，以示懲儆。該撫當嚴督所屬，認真稽察究辦，俟數年後此風稍息，再行奏復舊例。

又諭：此案鄧八興販鴉片煙已成，刑部照收買違禁貨物例擬軍，併以該犯供明親老丁單，請交該督查辦，固係照例定擬。惟鴉片煙貽害民生，屢經嚴禁，而奸徒仍敢藐法販賣，罪既無可復加，若再以親老丁單，准其留養，殊不足以儆藐玩。鄧八一犯，著枷號一箇月，發近邊充軍，不准留養。嗣後遇有興販鴉片煙之犯，供明親老丁單者，著將此案聲敘請旨。逸犯鄧三、李觀及承買鴉片煙之王姓，著步軍統領、順天府、五城，並直隸總督、山西巡撫，飭屬嚴拏，務獲究辦。

以禮部左侍郎史致儼署兵部左侍郎。

乙酉，諭軍機大臣等：御史張曾奏，里紳義捐生息濟運，請飭遵奏定章程辦理一摺。據稱江南省江淮、興武二衛幫丁，有運快之分。快丁素不諳運，專僉運丁，令快丁貼繳運造二費，向來徵解此項，胥役每多勒索。自道光二年後，上、江二縣等處紳民，呈請代快丁捐銀生息濟運，奏准遵辦。各縣本銀共止數萬，按典分領，爲數無多。歷年以來，息不病商，運不纍快。近聞奸胥蠹役，陰慫各商，藉詞脱卸，意在更張，以爲需索快丁地步，請飭兩江總督嚴諭該商等，恪守成規辦理。又據稱嘉慶十九年，江郡紳民，因官賑災農，城廂向不得預，捐銀十七萬兩零，分別散給，餘銀二萬九百餘兩，亦經奏明交商生息，永作城内備荒之用，請飭地方官不得以别項公需，遽行那動等語。江南上、江二縣等處紳民，代快丁捐銀交商生息，原以濟運，著蔣攸銛查明此項銀兩，仍飭屬照舊發商分領生息，俾丁民均安，毋任紛更，致令誤運。其江郡紳民自捐賑餘存貯生息銀兩，係爲城内備荒之用，並著嚴飭地方官照舊辦理，不得因别項公需，輒將此項那用，以期經久。

將此諭令知之。

以刑部左侍郎海齡爲泰寧鎮總兵官，兼總管内務府大臣。轉刑部右侍郎鍾昌爲左侍郎，以廣東布政使阿勒清阿爲刑部右侍郎。

《東華續録》道光二一　閏四月戊子，諭軍機大臣等：有人密陳兩淮巨梟黄玉林，以儀徵老虎頸水次爲匪聚運籌之所，以湖北之陽邏、江西之藍溪爲屯私發賣之處，大者沙船載數千石，三兩連檣，由海入江；小者猫船載百石，百十成幫，由埸河入瓜口。器械林立，轆轤轉運，長江千里，呼吸相通。甚則劫掠屯船轉江之官鹽，每次以數百引計。各路關隘，俱有賄屬巡役，明目張膽，任其往來。貲本既多，黨與益衆。公然立有約束，於販私之外，不許有劫盜客商等事，以爲要結人心之計。且聞該犯於大小衙門，俱有句結耳目，凡有舉動，無不先知。上官爲屬員蒙蔽，或陷於不知；下僚以畏葸偷安，相期於苟免。且恐釀成事端，反蹈辦理不善之咎，以致上下相蒙，惟恐多事。所獲者不過肩挑負販零夥小梟，藉此爲敷陳張大之詞、官弁升遷之地，苟且塞責而已。近見該督撫所奏，以儀徵爲私梟窩踞之所，請將王用賓調補，是督撫等亦慮及於此。王用賓前在沭陽任内，勤於緝捕，自係能事之員。然此等巨梟，聲勢已重，豈縣令一人所能制服？而巨梟不除，又何以清鹽務，而杜後患等語。江南爲腹心重地，此等巨梟肆行無忌，地方官豈竟毫無聞見？若恐查拏激變，不及早翦除，相率容隱，是不第爲害鹺務，日久養癰貽患，必致釀成他變。蔣攸銛接奉此旨，務當不動聲色，密速掩捕，一面將辦理情形，先行由驛覆奏。惟該犯聲勢既重，黨與必多，江海船隻時常往來，在官人役皆其耳目，若稍露端倪，或聚衆拒捕，或聞風遠竄，尚復成何事體？著該督酌量情形，如須藉用兵力，即當隨宜調度。儻江省文武員弁，於辦理此事不能得力，他省文武各員内，如有該督稔知其可備任使者，亦即據實奏明，飭調前往。總期將黄玉林一犯，先行拏獲，嚴究黨與，盡絶根株。既不得輕率僨事，亦不可任令潛逃，懔之慎之！

禁各省實缺人員赴省逗留。

《宣宗實録》卷一六八　癸卯，以兵部左侍郎博啓圖署正白旗領侍衛内大臣，鄭親王烏爾恭阿署正紅旗蒙古都統，調正藍旗蒙古副都統蘇清阿爲正紅旗滿洲副都統，以署正藍旗滿洲副都統八十爲正藍旗蒙古副都統。

乙巳，諭軍機大臣等：蔣攸銛覆奏，現在查辦梟匪情形一摺。梟匪黄玉林，蹤跡詭秘，該督已委署遊擊金萬全，密往誘捦。自以該遊擊素稱能事，派令前往，惟該犯夥黨衆多，出没無定，金萬全所帶兵勇無多，設布置未能周密，致令乘間遠颺，甚或恃衆拒捕，衆寡不敵，稍有挫折，則更不成事體。該督恐多調弁兵，走漏風聲，然亦須酌量情形，妥爲籌畫。是否應添派兵力，分路堵緝之處，蔣攸銛自能隨宜調度，慎密辦理，朕亦不爲遥制，斷不可畏難，以致養癰貽患，總期力能捦捕，務在必獲，嚴究黨羽，盡絶根株，勿任逃匿漏網，是爲至要。將此諭令知之。

《宣宗實録》卷一六九　五月戊午，諭内閣：托津等會奏，議駁伊犂將軍玉麟等請添巴燕岱鳥槍步甲一摺。

《東華續録》道光二一　辛酉，河南、直隸毗連十四州縣地震，命加意撫恤。

甲子，諭：御史王瑋慶奏，請裁革州縣白役一摺。直省州縣額設官役，原有定數，即使繁要州縣，事務較多，不能不量招散役以供使令，然須定以限制，豈容影射滋弊，擾纍閭閻？【略】所有白役，槩行禁革，儻仍私自容留，該管官漫無覺察，從嚴參處。如該管上司，及該督撫，查察不周，仍屬有名無實，將來別經發覺，必當執法嚴懲，決不寬貸。

《宣宗實録》卷一六九　壬申，諭軍機大臣等：寄諭直隸總督那彦成、兩江總督蔣攸銛、江蘇巡撫陶澍、安徽巡撫鄧廷楨、江西巡撫吴光悦、山東巡撫訥爾經額、河南巡撫楊國楨、浙江巡撫劉彬士，據户部奏，查出假照案内舞弊書吏賞濬、姚鳳山，業經降旨，令步軍統領衙門、順天府、五城一體嚴拏矣。賞濬即賞四，現名賞淳，原籍浙江山陰縣。前據案犯供伊於告退書吏後，捐納布政司經歷，分發山西，係前與龐煐夥辦假照之人，已飭令徐炘委員提解。該犯或聞風逃匿鄰近各省，或私回原籍，均未可定。其姚鳳山，係浙江慈谿縣人，於前月二十六日由京逃逸。任松宇，籍隸浙江紹興府，在府城外東關居住，現據案證供伊已逃赴蘇州。並浙江蕭山縣人現住杭州城内之蔡繩祖，及紹興府人現赴江蘇金典史處之劉東昇，先經諭令各該督撫飭拏。所有以上各犯，或於潛逃後尚在沿途逗留，著那彦成等分別派委妥員，嚴密查拏務獲，解交刑部歸案審訊。將此諭令知之。

丁丑，諭：蔣攸銛等奏，逃流販私帶同夥犯船隻鹽斤，赴官自首，情願效力贖罪一摺。黄玉林一犯，本係福建省逃流，在儀徵等處販賣私鹽，現在帶同夥犯伍步雲等八名，並船隻鹽斤，赴官投首，情願效力贖罪。據該督等奏，現值兩淮亟籌靖私之時，懇恩寬其仍發原配流罪，責令指引緝私，並將伍步雲等一併免其

治罪，留作眼線等語。兩淮鹺務凋敝，多由私梟充斥，黄玉林既熟習販私之路，又相識販私之徒，自願隨同官弁引拏。並據淮南總散商人僉稱用以緝私，定能見效，官引必可暢銷，情願聯名結保。且前此查拏斬犯賀三虎，係該犯指引拏獲，久有悔罪自贖之心，其情亦尚可原，自無妨寛其既往，予以自新。但黄玉林本有應發原配流罪，現在責令指引緝私，即能拏獲巨窩積梟，官引得以暢銷，亦祇可免其流罪，不得冀倖格外恩施。如該犯但圖苟免一時，不能立功自贖，仍當從重加等治罪。至伍步雲等八名，隨同黄玉林販私，不記次數斤數，業經畏罪投首，照律應免治罪，該督等現擬留作緝私眼線，如稍不安静，即當嚴行究辦。惟該犯等本非善類，將來應如何稽查安置之處，亦當豫爲籌及，毋得稍貽後患，此事係屬權宜辦理。朕因緝私緊要，且據查明該犯等於私梟出没路徑最熟，緝捕可以見功，是以姑允所請。該督等務當隨時體察，籌計萬全，總期私梟斂戢，官引暢銷，不令該犯等别滋事端，始於該處鹺務實有裨益，斷不可遷就一時，轉滋流弊。將此諭知蔣攸銛、陶澍，並傳諭福森知之。

《東華續録》道光二一　戊寅，纂《平定回疆方略》成，御製序文。

《宣宗實録》卷一七〇　六月戊子，諭内閣：給事中吴式敏奏，各省督撫等查辦假照，請於奉到諭旨後刊刻謄黄宣示一摺。前因各省查辦假照，恐多牽纍，降旨令該督撫府尹等，追溯至嘉慶二十一年爲止，詳辨部文真僞，覈實查辦，原不必調驗該捐生執照。兹該給事中以各省州縣，並無册籍可稽，茫然莫辨，勢必將真照亦並調驗，猾吏奸胥，及不肖州縣，或藉此勒索刁難，在所不免。著各該督撫府尹等務當遵照前旨，詳辨部文真僞，將漏取身家清白册結字樣者，送部覈辦，毋庸查驗捐照，以免擾纍。並將奉到諭旨，刊刻謄黄，徧行曉諭，俾衆咸知，勿任官吏籍端滋弊。

己丑，諭内閣：兩江總督兼轄江西，該省相距遥遠，文武屬官，未能接見，恐有鞭長莫及之勢。各省巡撫所管地方，亦有未隸總督兼轄者，若江西一省，無庸兩江總督兼轄，一切事宜，有無格礙，著大學士九卿會議具奏。

《東華續録》道光二一　辛卯，禁回空漕船夾帶私鹽。

蔣攸銛有疾，以陶澍署兩江總督。

甲午，諭：托津等奏，會議稽察役滿書吏回籍章程一摺。【略】均著依議行。並著都察院堂官、滿漢科道，留心查察，如有役滿逗留，及地方官容留疏縱等弊，隨事隨時，據實嚴參懲辦，不得日久視爲具文。

《宣宗實録》卷一七〇　乙未，命湖南巡撫康紹鏞來京，以署工部左侍郎程祖洛爲湖南巡撫。

丁酉，又諭：陶澍奏，拏獲假照案内要犯解京審辦一摺。任松宇、劉東昇，均與蔡繩祖等同惡相濟，係假照案内最要人犯。該撫接奉諭旨飭拏，即遴派幹員分路踹緝，迅即就獲，甚屬可嘉。陶澍著加恩賞加太子少保銜，以示獎勵。清河縣知縣加知州銜張心淵、試用府經歷顧毓奇、未入流金寶山，俱著送部引見。其任松宇、劉東昇二犯，現經該撫委員解京，沿途所過地方，著各該督撫酌派員弁，按程護解，迅速來京，勿稍疏虞。

癸卯，諭内閣：李鴻賓等奏，會議查禁紋銀出洋，及鴉片分銷各弊章程。前因外夷海舶，有以洋錢私易内地紋銀，及夾帶鴉片行銷之弊。當經飭交李鴻賓等將如何絶其來路，如何禁其分銷，詳籌妥議。兹據覈議章程六條具奏，所議尚爲詳悉。鴉片流毒内地，較紋銀出口爲尤甚。該督等既經釐定章程，自應認真查察，務當嚴飭所屬實力奉行，有犯必懲，無得視爲文告故事，日久又致有名無實。該部知道。

《東華續録》道光二二　乙巳，諭：蔡繩祖、龐烘、任松宇、劉東昇等，以户部捐納房貼寫，膽敢私辦假照，得受多贓，目無法紀已極。見在業已破案，將該犯等拏獲，自必徹底根究，以儆奸徒而清積弊。惟該捐生等，多係受其欺騙，如有知情攬捐者，自應提究懲辦；其實係被騙捐生，一槩不必傳訊，仍當遵照前旨，無庸調驗假照，以免拖纍。並著該督撫府尹等，曉示各該捐生等，不必暗生疑懼，妄聽邪言，將來定案後，分晰辦理，亦不致令屈抑。並責成該地方官，隨時查察，如有猾吏奸胥，藉端嚇詐勒索，立即從嚴究辦。著將此旨，即行刊刻謄黄，徧行曉諭，俾衆咸知，以杜紛擾。

乙卯，以林則徐爲湖北布政使服闋布政使。

《東華續録》道光二二　七月丁巳，諭：前因兩江總督兼轄江西，相距遥遠，恐有鞭長莫及之勢，降旨令大學士九卿會議具奏。兹據托津等奏，不歸總督兼轄，並無格礙；曹振鏞等奏，請將兼轄之處仍循其舊；松筠並於會議摺外，另摺具奏。朕詳加披閲，所議均屬明晰。惟江西地方，武備尤爲緊要。曹振鏞等，查明兩江總督兼轄三省，兵額幾及七萬；巡撫專任江西，合撫鎮標營兵額僅止一萬二千數百名，除留防省城及各府州縣倉庫各標營防汛外，兩鎮可調官兵不過數千名，儻遇應行水陸分道並進，實慮兵力不敷，總督若不兼轄，該巡撫必須一

面具奏，一面咨調鄰省官兵，臨事耽延時日，所關甚鉅。兩江總督兼轄，原爲控制，以期聯絡聲勢，徵調官兵，呼應較靈。所有江西一省，著仍循其舊，統歸兩江總督兼轄，毋庸另議更改。

己未，移江蘇揚州營守備駐高郵，改原設千總爲城守千總。

乙丑，定外任改補京職人員不得保送倉差例。

丁卯，改建浙江蕭山縣西江石塘。

《宣宗實録》卷一七一　乙亥，諭內閣：禮部奏，朝鮮國王李玜，差齎咨官李應信，赴京投咨，稱該國王世子李旲病故，請照例備物遣官致祭等語。朝鮮國王恪守藩封，歲修職貢，於屬國中最稱恭順，今聞其世子病故，深爲悼惜。著加恩於例賞祭品之外，加一倍賞給，以示優卹。該國王正在壯年，亦不必過傷，俟得有子嗣，即行奏明册封世子，承續宗祧，用延國慶。

丙子，調吏部右侍郎保昌、禮部左侍郎史致儼爲倉場侍郎。刑部左侍郎鍾昌爲吏部右侍郎，盛京刑部侍郎特登額爲刑部左侍郎，轉禮部右侍郎楊懌曾爲左侍郎，以內閣學士龔守正爲禮部右侍郎。

以大理寺卿吴椿爲都察院左副都御史。

以盛京兵部侍郎那丹珠兼正黄旗漢軍副都統。

丁丑，以工部尚書穆彰阿兼署兵部尚書，定親王奕紹署鑲白旗滿洲都統。

以駐藏辦事大臣理藩院左侍郎惠顯爲盛京刑部侍郎，未到任前，命盛京禮部侍郎凱音布兼署。轉理藩院右侍郎常文爲左侍郎，以武備院卿容照爲理藩院右侍郎。

戊寅，諭內閣：御史豫益奏，各省幕友盤踞舞弊一摺。【略】著通諭各直省督撫，嗣後屬員到省，不准薦舉幕友。如有屬員被參，革職降調者，並查究該幕友實有情弊，按律加等治罪，以杜朋比而肅吏治。

己卯，諭內閣：托津等會同刑部奏，審訊蔡繩祖等私雕假印，夥辦假照，將已獲案犯，先行定擬一摺。【略】蔡繩祖、龎煐著先行處斬，派長齡、戴敦元前往監視行刑，並傳集六部書吏各數人，前往環視，俾共知儆懼。任松宇、劉東昇二犯，著照擬斬決，暫留備質，一俟無可質訊，奏明即予處決。賞淳著絞監候，秋後處決，趕入本年朝審情實辦理。至户部捐納房司員，既失察貼寫私辦假照，又於該犯等勾串書吏，偷稿扣換，漫無覺察，迨假底捐生加捐率據偷改稿件批准，並不詳查照簿庫收，即有各省送到身家清白册結，亦從不覈對，以致該犯等肆行無忌。現派湯金釗等詳查稿案，俟查對明確，與失察之該堂官，及各該衙門應議各員，再降諭旨，分别懲處。

《東華續録》道光二二　八月戊子，諭軍機大臣等：據張井奏，確勘歸江各河道情形。年來淮水歸海之路不暢，每遇來源極旺之時，若不將山盱各壩全開，則歸江各路難以分減盛漲，下游多被淹浸。請於揚糧廳東岸八塔鋪及商家溝二處，各斜挑一河，匯流入江，可以分減漲水。又請將揚糧廳境內芒稻河東西兩閘拆除，挑挖淤灘，可抵新闢一河之用等語。淮水去路不暢，自應早籌宣洩。茲據該河督確勘歸江各河道情形，請將揚糧廳境內之芒稻河東西兩閘全行拆除，再加挑深丈餘，並將引河抽挑增寬河面，連金灣四壩挑挖淤灘，可以抵闢新河一道，不至多用帑項。著該河督即將河庫存項，於霜降後派員趕辦，無庸另請錢糧。俟明年試放後，如果減水下注歸路暢消，即無須再闢新河，以歸撙節。

《宣宗實録》卷一七二　辛卯，西寧辦事大臣穆蘭岱因病解任，調哈密辦事大臣布彦泰爲西寧辦事大臣，賞候補三四品京堂松廷頭等侍衛，爲哈密辦事大臣，以散秩大臣常喜爲鑲黄旗漢軍副都統。

癸巳，諭軍機大臣等：陶澍覆奏，兩淮鹾務，投首各犯情形。儀徵鹽梟黄玉林，據陶澍查明，自投首後兩月以來，尚屬安静守法，亦未别滋事端，並拏獲梟犯李玉良等十二名，且有聞風投首多人，陸續在運司處聽候指使。擬擇其足資緝私者，酌留鹽務充巡，其餘分别編入營伍保甲等語。兩淮鹾務，敝壞已極，原不止私販一節。即以私販而論，亦不止黄玉林一起。前此准令黄玉林效力自贖，原係權宜辦理，若因有自首免罪之條，遂將販私之人，紛紛招集，成何政體。且現在黄玉林等一起，陶澍等已不能妥爲安置，儻再有心招致，日積日多，又將如何安插。黄玉林一犯本有應發原配流罪，其夥犯伍步雲等八名，隨同販私，不記次數斤數，亦有應得之罪。現已准令指引緝私，即能拏獲巨窩積梟，官引得以暢銷，亦祇可寬其既往，不得冀倖格外恩施。即入伍食糧，亦斷不准行。如但圖苟免，不能立功自贖，仍當從重加等治罪。陶澍等務當隨時體察，籌計萬全，斷不可遷就一時。遇有投首者濫行收納，使奸徒無所儆畏，儻辦理未能妥協，於鹾務既無裨益，轉致養癰貽患，别滋事端，陶澍等自問當得何咎，懍之慎之。至商人既充總商，即當一體辦運。若並不辦運，復藉辦公爲名，攤派散商，所獲之利，轉加於辦運者數倍，乘機壟斷，不可不嚴行飭禁。該處總商鄒同裕、鮑有恆，據陶澍奏，均不辦運，著即行革退，不准暗中影射，身後辦事。陶澍等即督飭運司另

招殷實之商充補，並明定章程，刪除浮費，以肅鹺政。將此諭知陶澍，並傳諭福森知之。

《東華續録》道光二二　丁未，移福建漳州左營守備駐赤湖，並添撥弁兵换防。

《宣宗實録》卷一七二　庚戌，命大學士、兩江總督蔣攸銛來京供職，實授陶澍兩江總督，兼署江蘇巡撫。

辛亥，以乾清門侍衛奕紀、候補内閣學士張鱗爲内閣學士，兼禮部侍郎銜。順天府府尹何淩漢爲大理寺卿，大理寺少卿沈維鐈爲太僕寺卿，仍留順天學政任。

壬子，調廣東巡撫盧坤，爲江蘇巡撫，未到任前，命江蘇布政使梁章鉅護理。以漕運總督朱桂楨爲廣東巡撫，未到任前，命兩廣總督李鴻賓兼署。命貴州按察使吴邦慶以三品銜署漕運總督，調山東按察使李文耕爲貴州按察使，以光禄寺卿趙盛奎爲山東按察使。

《宣宗實録》卷一七三　九月戊午，諭軍機大臣等：本日據楊遇春由六百里加緊馳奏，據喀什噶爾等處大臣咨報，喀什噶爾有安集延賊匪撲入卡倫，與官兵打仗滋事，幫辦大臣塔斯哈追擊至明約洛地方，遇伏陷歿，並將帶兵策應之副將賴允貴一併被困，勢甚危急，葉爾羌亦有不靖情形等語。回疆各城，戡定未久，乃安集延回匪復敢入卡滋事，並傷陷大臣官兵，現在喀什噶爾嬰城守禦，勢在危急，葉爾羌亦有不靖情形。阿克蘇等各城，兵力無多，且尚須防守本境地方，斷難兼顧，自應調集内外官兵，前往合勦，以期迅就肅清。伊犂、烏嚕木齊，以及喀喇沙爾所轄之土爾扈特、和碩特等處官兵，相距喀什噶爾葉爾羌等城較近，業經降旨，飭令玉麟、容安、成格、薩迎阿等，即照該處所調兵數，各一二千名，派員迅速馳往救援。琦善選調四川官兵三千名，馳赴肅州。並令固原提督楊芳、甘州提督胡超，迅速出口，一路迎探情形，至阿克蘇再行相機進勦。所有挑帶各鎮官兵，及西安滿洲營馬隊一切事宜，均著照該督所請行。陝甘總督，已降旨令鄂山馳驛前往署理。著楊遇春將應需官兵糧餉一切事宜，與藩臬兩司籌商料理後，即挑帶督標官兵一千八百名，並委員蘭州道圖明額等，馳赴肅州，即在彼駐劄，妥辦後路事宜，毋庸出關。其軍需銀兩，著即在甘肅藩庫封貯銀内，先行動支應用。將此由六百里加緊諭令知之。

以山西巡撫徐炘署陝西巡撫，刑部右侍郎阿勒清阿署山西巡撫。

己未，頒給陝甘總督楊遇春欽差大臣關防，辦理軍務。

命鑲紅旗蒙古都統哈哴阿馳往新疆，會同甘肅固原提督楊芳、甘州提督胡超，辦理軍務。奏事，哈哴阿列名在前。

癸亥，又諭：前據玉麟奏，喀什噶爾逆夷犯卡，勢甚緊急，已飭領隊大臣額爾古倫等帶兵前往，並飛咨提督哈豐阿，管領烏嚕木齊官兵救援。當降旨令玉麟、容安，均在伊犂嚴密防範，無庸前往。本日又據奏，容安已督兵前進，自已加緊遄行，與哈豐阿先後抵阿克蘇，會同長清相機妥辦。惟是一切防守進勦事宜，務須和衷商榷，不可各執己見，致有疏虞。將此由六百里加緊各諭令知之。

《宣宗實録》卷一七四　丁卯，諭軍機大臣等：寄諭陝甘總督楊遇春，署陝甘總督鄂山、成格奏，豫籌糧餉脚力一摺。據稱此次調派官兵，所需糧餉，俱遵上届奏准章程，悉照征兵例支給，費用繁多。該處道庫備貯銀兩，動用以後，尚未撥還歸款。昨因軍行緊急，將道州庫貯餉銀經費，先爲支用，並令迪化州於商民暫匯兑標銀三萬兩，解往喀喇沙爾，而後路運糧，一切所費更鉅。現又准伊犂將軍咨調銀二十萬兩，阿克蘇咨調銀五萬兩，實在無款可籌。著該督等先於安肅道庫内就近撥銀二十萬兩，迅速解往應用；再由司庫籌撥銀五十萬兩，分起撥解，俾資源源接濟。其駝脚一項，據稱該處自上次軍興以來，地方元氣未復，民間車駝短少，此時勉力支應，嗣後續調官兵愈多，勢難接濟。並著該督等豫行籌商，計添兵之多寡，倣照上届採買駝隻之例，一面咨令山西、陝西各該撫，廣爲採買，及早解送，以資輓運；一面奏聞，毋稍貽誤。將此由六百里加緊各諭令知之。

頒給大學士公長齡欽差大臣關防，馳往新疆，督辦軍務。賞鑲黄旗護軍統領桂輪、正黄旗護軍統領阿勒罕保、正白旗蒙古副都統安福、左翼前鋒統領奕經、密雲副都統佈勒亨銀各一百兩，隨同馳往。

以工部尚書穆彰阿署正黄旗領侍衛内大臣，刑部尚書明山署管理理藩院事，協辦大學士富俊署管理户部三庫事理，藩院左侍郎常文署正白旗蒙古副都統，刑部左侍郎特登額署正紅旗滿洲副都統，鑲白旗蒙古副都統闊齡阿署鑲藍旗滿洲副都統，吏部左侍郎貴慶署左翼前鋒統領，正藍旗漢軍副都統六十五署京營左翼總兵，正白旗漢軍副都統恆敬署鑲黄旗護軍統領，内閣學士聯順署正黄旗護軍統領，鑲藍旗漢軍副都統倫忠署鑲白旗護軍統領。以户部尚書禧恩爲總諳達。

《東華續録》道光二二　癸酉，諭軍機大臣等：蔣攸銛等奏，查出投首效力梟犯，復圖私販，審明定擬一摺。前經降旨，令蔣攸銛等緝獲儀徵縣私梟黄玉林，嗣據該犯帶同夥犯並船隻鹽斤赴官投首，經蔣攸銛等奏請寬其既往，責令指引緝私，效力贖罪。朕即覺其辦理未善，疊經降旨查詢，無非敷衍具奏。因兩淮亟籌靖私，姑允所請，原係權宜辦理。兹據蔣攸銛等奏，該犯故智復萌，於伊跟人懷内，搜出寫給隨同投首之伍步雲等書信，有恐人占去老虎頸馬頭，致伊進退無路，屬令仍回儀徵，守定巢穴之語。見已審訊明確，擬發新疆。蔣攸銛復片奏，請將該犯交陶澍即行處絞，不知是何居心？該犯前因發遣，遇赦後復犯，罪擬流，逃回販私，乃准令自贖，後仍不知悛改，反覆無常，實屬自外生成，若不明正典刑，必致奸徒藐法，爲害地方，益復無所顧忌。黄玉林著即行正法，以示懲儆。蔣攸銛於黄玉林投首，率行奏請，迨屢次降旨詢問，並不據實陳明。見在訊明罪狀，既與陶澍聯銜具奏，將該犯改發新疆；復恐其到配潛回，致貽後患，請即行絞決，單銜密奏。朕綜理庶政，光明正大，一秉至公，蔣攸銛辦理此案，事前既無主張，事後又復苟且，以大學士膺封疆重寄者，固應若是耶？著交部嚴加議處。福森身任鹽政，於鹽梟投首，並不慎重詳查，輒行奏請免罪；王鳳生明知私梟充斥，不即實力查拏，轉出示招致投首，詳請具奏辦理，均屬謬誤之至。福森、王鳳生著一併交部嚴加議處。陶澍於黄玉林投首會銜具奏，屢次降旨訊問，又不確切查明，咎亦難辭，著交部議處。

戊寅，命盧蔭溥爲體仁閣大學士。以李鴻賓協辦大學士，仍留兩廣總督任。調湯金釗爲吏部尚書，王引之爲禮部尚書，以潘世恩爲工部尚書，朱士彦爲左都御史，蔣攸銛爲兵部左侍郎。

辛巳，諭軍機大臣等：據玉麟奏，接據長清信稱，喀什噶爾、英吉沙爾，固守尚存。此次賊匪，皆前次從逆之博巴克爲首，葉爾羌回衆尚無從賊之心。又烏什報稱，上屆從逆阿奇木薩達特之兩子，暨明伯克之弟胡達巴爾底等，俱係賊目。並布嚕特比遣人，至喀什噶爾邊外，探得霍罕伯克並未親來，先遣愛薩依閔察克率衆，句結阿坦台汰劣克入卡，攻城未破。賊目玉都克素皮帶人，在樹窩子潛匿，令賊匪往阿克蘇探聽大兵信息。其餘各賊，均在喀什噶爾新城附近回莊居住，因攻城未能得手，遣人至霍罕求援。阿坦台汰劣克復行出卡，仍回薩雅克愛曼等語。此次喀什噶爾、英吉沙爾，被逆賊滋擾，先後調派官兵不下三萬有奇，原欲痛加勦辦，永靖邊陲。惟逆犯博巴克、阿坦台汰劣克等，本屬張逆餘黨，倖逃法網，狡譎異常。若大兵經臨，聞風先遁，迨兵撤後，又復前來，實屬不成事體，必應大加懲創，以期浄絶根株。著長齡於途次面晤楊遇春，到軍營見楊芳，總須從長計議，務將博巴克、阿坦台汰劣克，及愛散伊閔察克、胡達巴爾底等犯，悉數就擒。應如何截其歸路，毋致竄逸，熟籌制勝之策，以杜後患。儻該逆犯等竟已逋逃，尤當相度機宜，探明藏匿確切地方，如須加以兵威，前往追捕，或懸賞格購綫設法擒渠，方爲不虚此舉。該逆匪等，無論由我兵擒獲，及各夷回縛獻，不得就地遽行正法，俱著解京訊辦。若該賊匪逃竄卡外，勢有難行之處，亦毋庸徒託空言，仍歸無益，反致爲所輕視。長齡等務當通盤籌畫，計出萬全，以副委任。

《宣宗實録》卷一七五　癸未，命江蘇巡撫盧坤毋庸來京，即赴新任。署陝西巡撫顔伯燾馳往肅州，會同署陝甘總督鄂山，辦理軍需。陝西布政使史譜護理巡撫。

《東華續録》道光二二　十月乙酉，諭軍機大臣等：前以該犯玉素普，在布噶爾地方種地念經度日，是以未經搜捕。此次竟敢糾約回夷，入卡逞逆，佔據回城，顯係倚恃和卓後裔，煽惑愚回，復敢書寫回字逆信，妄思句結。見據阿布都爾滿查獲送信回人，究出逆情，業已降旨加恩，以爲忠順者勸。玉素普父子，爲逆種禍根，一日不除，則邊疆終未能永靖。該都統等，當設法擒拏，斷不可使竄逸。無論何人，臨陣生擒，或計令縛獻，必立加懋賞。此時當以合兵進勦，長驅直入，其圍自解。如能内外夾攻，尤可聚而殲旃。朕計日以盼捷音之至。

《宣宗實録》卷一七六　戊子，諭内閣：朕聞劉彬士性情多疑，遇事游移不決，降旨令孫爾準於前赴浙江查閲營伍時，就近密訪該撫聲名辦事若何，據實具奏。兹據奏，劉彬士遇有應委應調缺出，既經懸牌委調後，旋又換人，率以爲常。於屬下情形未能諳悉，信用紹興府南塘通判吴嵊，不赴本任，歷署繁缺知縣，近更常住省城，盤踞招摇，致滋物議等語。是劉彬士辦事不能決斷，又復信用非人，豈能勝巡撫之任？著來京以三四品京堂候補。

以吏部尚書湯金釗署户部尚書，兵部左侍郎博啓圖署户部右侍郎，兼管錢法堂事務。協辦大學士富俊署都察院左都御史，兼正藍旗滿洲都統。貝子綿偲署鑲白旗蒙古都統。

以盛京工部侍郎富呢揚阿爲浙江巡撫，未到任前，命浙江布政使慶善護理。

辛卯，諭内閣：國家歲縻錢糧，養育兵丁，原以偶遇兵戎，共奮勦賊，保衛善

良。近來逆回安集延、布嚕特等，深負曲宥重恩，糾合霍罕，偷入卡倫，在喀什噶爾等處猖獗，戕害官兵，實爲罪大惡極！爰命大學士長齡，督率三萬有餘官兵勦辦。復調吉林黑龍江二千兵丁，此屬俱係精鋭，一至軍營，烏合賊衆，自必計日除滅，功竣凱撤。該官兵等受朕恩施，何榮如之。惟經由四省地方，恐有無知之徒，偶因車輛食物細故，肆向驛站争鬧，沿途擾累閭閻，衛民而害民，烏乎其可？儻有此等不知體統，妄爲滋事者，該領隊副都統等，即一面拏交地方官嚴行圈禁，一面據實參奏，朕必將犯法之徒，按軍法辦理，決不寬貸。領隊副都統等，徇庇不行奏聞，致被督撫參奏，不惟犯法之人從重治罪，必將該副都統等，一併嚴加議處。著此次監放官兵賞食王等，於吉林、黑龍江官兵到日，即將此旨，自副都統以及官兵，按名明白曉諭，俾各遵行。

《宣宗實録》卷一七七　乙未，諭軍機大臣等：玉麟奏，探得逆酋是玉素普，及其一子。尚有張格爾在布噶爾所屬布哈拉地方所生一子，年已二十，不知其名。霍罕從逆者依薩、木薩、胡什伯克，布嚕特從逆者阿坦台、汰劣克、沖莫得特、奇布勒得依，並糾結巴倈斯、希布察克、沖巴噶什等愛曼人衆，説有七萬人到喀什噶爾打仗。塔什坦伯克雖未同往，却將搶得哈薩克之馬匹，幫助賊匪。此外布嚕特不肯從逆者尚多，喀什噶爾黑帽回子，多不從逆，有逃往阿克蘇者，其白帽回子亦不盡從等語。逆回玉素普父子，前經獲賊邁瑪特供明，在喀什噶爾七里河子回莊目睹，惟張格爾祇有一子名布素魯克。今據鄂勒吉拜所聞，張逆先在布哈拉生有一子，現已長大，是否屬實，著確切訪查。如果隨同玉素普進卡滋事，正可乘機捕獲。著長齡迅速行知軍營帶兵大員，將玉麟所奏逆回家屬，並著名逆匪依薩、木薩等犯，設法捦拏，毋任聞風逃遁。前據長齡奏稱，喀什噶爾黑帽回子，誠心恭順，今玉麟訪察情形，與長齡面奏之言相符。此次黑帽回子戮力同心，多不從逆，甚屬可嘉。著長齡飭知帶兵各員，務須加意撫卹，毋許兵丁稍有騷擾。該回子等如能奮勉出力，著即奏明加以恩賞，以示朕鋤逆安良之至意。將此由六百里諭令知之。

《東華續録》道光二二　仍授長齡爲揚威將軍，命哈哴阿、楊芳參贊軍務。

庚子，諭軍機大臣等：陶澍奏，遵旨將鹽梟黄玉林正法，並辦理大槩情形一摺。

乙巳，諭：本月十三日，朕進宫時，大阿哥因病未痊，住圓明園，皇后亦未進宫。昨據該總管太監奏，儀親王於十八日前往看視，徑入福園門，至大阿哥所内，當時值班官兵及太監等，攔阻不聽等語。國家體制，門禁森嚴，不准擅行闌入。即如惇親王、惠郡王，係大阿哥之叔，及内廷行走之慶郡王緜慜、定親王奕紹，自必俱爲繫念，然亦止能差人探問，不敢自行擅入。乃儀親王率行進門，不聽阻止，殊屬不合，想係年老神昏，故習未悛。伊子緜志，不能從旁勸阻，甚屬非是。其宗人府右宗正，及正白旗漢軍都統，俱著開缺。所有圓明園駐班之阿爾邦阿等，並該門值班官兵，及太監等，不能力阻，俱有應得之咎，此次姑免懲辦，嗣後務當遵照門禁章程，慎重恪守。如再有似此擅入禁門之事，定當分别嚴懲不貸。

《宣宗實録》卷一七八　戊申，諭：據慶保等奏，查有暎咭唎國大班唦喱，攜帶番婦來至省城，到公司夷館居住。又該夷商由船登岸，坐轎進館。並因訛言有派兵圍逐之説，心懷疑畏，通信黄埔灣泊各夷船，令水手百餘人，乘夜將礮位數座，及鳥槍等件，收藏艙内，偷運省城夷館。經慶保等密飭文武員弁，留心防範彈壓，該夷等業將鳥槍搬去，水手散回。其礮位尚藏放夷館門内，並浼洋商代求稍寬時日，再令番婦回澳。現在嚴飭速將番婦押往澳門，礮位運回各船，妥爲辦理等語。向例番婦不准來省居住，夷商不准坐轎進館，其攜帶鳥槍礮位，止係外洋備防賊盜，尤不得私運進城。今該夷等擅違舊制，慶保等務當嚴切曉諭，令其遵守舊章，嗣後不得稍有違犯，致干禁令。儻仍敢延抗，即當設法驅逐，示以創懲。亦不可稍存遷就，總須酌籌妥辦，於懷柔外夷之中，仍不失天朝體制，方爲至善。將此諭知慶保、李鴻賓、朱桂楨，並傳諭中祥知之。

《宣宗實録》卷一七九　十一月丁巳，又諭：前因七品以下人員，違例僭用素金帽頂，經大學士九卿議定章程，降旨嚴申例禁。兹據給事中陶廷杰奏，違例僭用者，現尚不免，朝廷制用頂帶，章别等威，何得濫行僭越？況經降旨申諭，並責成科道等據實糾參，豈容視爲具文，不加察劾。朕思吏部月選官驗看時，每次遴派各部堂官八員，科道各四員，其驗看官内，有八九品未入流等項人員，如違用素金頂者，著即指名嚴參，嗣後若再有七品以下人員，僭用素金帽頂者，併著科道等隨時糾參，按律懲處，以重名器。

《東華續録》道光二二　辛酉，定欽派大臣揀選五城兵馬司指揮、副指揮、吏目例。

《宣宗實録》卷一七九　丙寅，湖北巡撫楊健以年力就衰，並辦理公事隨聲附和，降三品頂帶休致。以禮部左侍郎楊懌曾爲湖北巡撫。

《東華續録》道光二二　丁卯，定户部防範假文及覈對册稟章程。

轉龔守正爲禮部左侍郎，以桂齡爲禮部右侍郎由左副都御史遷。

《宣宗實録》卷一八〇　癸酉，諭：松筠等奏，查訊徐炘被參各款一摺。解任山西巡撫徐炘前經御史葛天柱奏參各款，兹據松筠等奏，該御史所奏查閲營伍，家丁勒索，及題升調補委署各缺，任意營私等款，查明均無其事。其門丁顧鴻如之服役人劉泳成，已將屍棺開驗，復提集人證，詳訊供情，實係因瘋自戕，並無謀斃情事。惟徐炘當時既不派臬司相驗訊辦，又不專摺奏明，致滋物議，殊屬錯謬。其秋審過堂時，徐炘之家屬在堂後隔簾看視，管教不嚴，亦咎無可辭。徐炘著交部嚴加議處，即行來京聽候部議。

丙子，兩廣總督李鴻賓奏：㖫咭唎夷人歷逞校黠，俱由内地漢奸暗中唆使。查廣東洋行司事謝五即謝治安，爲人奸猾，熟習夷語，素與該國夷商交結。前月夷人乘坐肩輿，即係謝五送給。現拏獲收禁，飭該府縣嚴切根究，務得確情，按律定擬具奏。得旨：所辦甚好。尋奏，謝五因夷商吩唥患病不得行走，送給肩輿乘坐，冀圖買賣賺利，尚無教唆不法情弊，應革去州同職銜，發往伊犂充當苦差。下部議，從之。

壬午，諭内閣：嵩孚在湖廣總督任内，倚任繼德、胡源爲心腹。繼德紈袴性成，前在同知任内，與商人往來宴會，自捐升道員，遇有差委等事，不能慎密，或竟先事漏言，無識之徒，因此羣相趨奉。胡源行止卑鄙，拜在繼德門下。嵩孚於此等劣員，不行參劾，轉加信用，且任聽劣幕盤踞省城，毫無覺察，豈復能勝總督之任！嵩孚著賞給副都統銜，作爲喀喇沙爾辦事大臣，即由湖北前往，不許來京請訓。至繼德前於道光五年在江西同知任内，經成格保舉，此等人員，豈宜濫膺薦牘，成格著交部議處。

以江蘇巡撫盧坤爲湖廣總督，調湖南巡撫程祖洛爲江蘇巡撫，廣西巡撫蘇成額爲湖南巡撫，以刑部右侍郎祁墳爲廣西巡撫，河南布政使戴宗沅爲刑部右侍郎。

湖北學政賀熙齡以親老乞養，允之。命翰林院編修許應藻提督湖北學政。

《東華續録》道光二二　癸未，以阿勒清阿爲山西巡撫，調鍾昌爲刑部右侍郎，奕經爲吏部右侍郎，那丹珠爲工部左侍郎，常文爲盛京兵部侍郎，以嵩惠爲理藩院左侍郎由左副都御史遷。

調林則徐爲河南布政使，以額騰伊爲湖北布政使，調夏修恕爲山西按察使，降徐炘爲湖南按察使。

《宣宗實録》卷一八一　十二月丁亥，諭内閣：明年朕五旬萬壽，各省督撫及將軍提鎮等，俱不准奏請來京祝嘏。

己丑，諭軍機大臣等：寄諭兩江總督陶澍、江蘇巡撫程祖洛、江西巡撫吴光悦、安徽巡撫鄧廷楨、河南巡撫楊國楨，據陶澍奏，查明安徽霍邱縣漢回械鬭一案。是日回民逞兇，實止殺斃漢民王三等四命，同時被傷較重之民人張席珍等六名，業已醫痊。此外受傷尚輕者旋即平復，未經報驗，其不知去向之王陳氏、宋學義等，俱有著落，實無另有致斃之人。惟潁州等處回民，向來兇很好鬭，一呼成羣，視漢民如仇。此案被殺之王三等，及受傷之張席珍等，多非同謀對敵之人，乃回民殺機既動，遷怒旁觀，亂刀混扎，槍火轟焚，竟有逢人便傷之勢，情形兇横，與尋常鬬毆誤殺旁人之案不同。而糾人尋釁釀成重案之在逃兇回白姓，尤爲案内巨惡，土人言之，猶爲切齒，必須拏獲，一併按律重辦。【略】著陶澍等即飭所屬一體認真訪查，嚴拏務獲究辦，毋任遠颺。將此各諭令知之。尋奏，在湖北沔陽州拏獲白秀即白姓，審明回民楊松山等與漢民王三等鄰居戲謔，楊松山被駡不甘，糾毆洩忿，各持械争鬭，並放火槍，因槍筒炸裂，誤然集民王得順店内花爆，延燒草屋九十餘間，白秀在場並未傷人。僅將班耀先等糾往，應發極邊煙瘴充軍，到配折責安置。楊松山扎傷王三致死，擬絞監候。下部議，從之。

《東華續録》道光二二　丙申，諭：哈豐阿等奏，援兵追賊西進，已將英吉沙爾、喀什噶爾二城解圍一摺。稱十一月十四日，帶領伊犂、烏嚕木齊滿漢官兵民遣壯勇等，跟蹤勦賊。馳抵英吉沙爾，賊匪先經聞風西竄，回城已空。面見棍楚克策楞，詢知阿奇木伯克斯底克久已從逆。官兵疊次打仗得勝，賊匪灌水乞城，計無所施，困守數月，至是圍解，人人歡忭。即於是日戌刻拔營，飭令伊犂委佐領賡音泰，率領滿洲營馬隊，沿途在各莊搜捕追勦。該提督等，率領馬步官兵及民遣壯勇，順路跟追，殺賊多名，生擒三百餘名。追至距喀什噶爾十數里地方，適扎隆阿、多隆武帶領城内官兵齊隊前來。詢悉賊匪俱往西北一路逃竄，隨即將兵會合一處，同至喀什噶爾，安撫夷回，守護城池。一面偵探賊情，密拏餘匪，俟胡超統兵到時勦洗等語。【略】哈豐阿著賞給雲騎尉世職，進勇巴圖魯名號；孝順岱著賞給副都統銜，仍均著交部從優議敘，以示鼓勵。幫辦大臣塔斯哈，前因賊匪滋事，出卡追擊；副將賴允貴，帶兵前往，一併俱被陷歿，情甚可憫。塔斯哈著照都統銜賜卹，賴允貴著照總兵例賜卹，俾慰忠魂。扎隆阿、多隆武督率

官兵困守三月有餘，終保孤城，不失國體，可嘉可憫，著交長齡查明該大臣等守禦情形，據實具奏，再行降旨施恩。至哈豐阿等單開尤爲出力之官員兵勇，及另片奏請施恩之伊犂遣勇九百六十九名，並著長齡一併查明，候旨辦理。

己亥，胡超奏：行抵距木蘇里克莊，整隊前進，賊匪七八百人抗拒官兵，經副將張國相等迎敵，殺賊一半，餘俱逃竄。官兵趕向回莊，四面圍攻，生擒百餘，殲斃數十。訊據賊供，薩漢莊有賊千餘，該副將等前後夾擊，賊披靡四散，追殺三十餘里，統計殺賊六七百，生擒五百餘。報聞。

《宣宗實録》卷一八二　辛丑，諭内閣：從前内外八旗大員之弟兄子孫，每逾五年查閱一次，挑取侍衛、拜唐阿當差。原因侍衛、拜唐阿係體面差使，大員子弟挑取侍衛拜唐阿後，伊等益得演習清語技藝騎射，差委得人。自道光六年查辦以來，已届五年，又應查辦之期。惟念該大員子弟内各有不同，或因身弱，馬上平常；或因自幼讀書，一時不及學習騎射，似此之人，縱使挑取侍衛、拜唐阿，焉能得力？理宜量加調劑，嗣後在京文職三品以上，武職二品以上，外任文職自總督起至按察使止，武職自將軍、提督起至總兵止，該大員之弟兄子孫内，如有年已及歲，堪任侍衛，拜唐阿差使，每遇五年查辦之期，情願挑取者，該大臣等仍照上届呈報本旗，由該旗造册咨送軍機處彙題，經朕指出，帶領引見。儻身弱有疾，或弓馬平常，不稱侍衛、拜唐阿者，該大臣等即據實報明該旗，轉行軍機處，聽其自便。該旗亦無庸催取名字，以示朕培養旗僕，因材器使之意。

壬寅，諭：盧蔭溥等奏，議覆孫爾準奏，嚴禁内地種賣鴉片煙章程一摺。

【略】各督撫即責成該管道府，督飭各屬實力查禁，乘抽查保甲之便，於春間赴鄉稽查一次，將有無私栽鴉片煙，出具印結，年底由司會齊咨部，並著各督撫於每年具奏編查保甲摺内，一併詳晰聲敘。如有拔除不盡，仍任流毒地方，即遵照道光三年部定處分分别參辦，毋稍徇隱。將此通諭知之。

《東華續録》道光二二　乙巳，諭：據王鼎、寶興奏，請將兩淮鹽務改歸總督管理一摺。兩淮官引滯銷，鹾務疲敝，見據王鼎等奏稱，由該鹽政無管轄地方之責，文武員弁均非所屬，疏銷巡緝難期令行禁止。著將兩淮鹽務，改歸兩江總督管理，所有鹽政一缺著即裁撤，鍾靈著回京當差。

《宣宗實録》卷一八二　戊申，諭軍機大臣等：據户部奏，此次回疆軍務，歷届奏撥過部庫銀二百萬兩，甘肅封貯銀一百六十萬兩，各省地丁鹽課關税等銀四百四十萬兩，共銀八百萬兩，均經陸續起程，解交甘肅轉解。又駄運軍火等項，需用駝隻，據各處採買雇備及蒙古王公等呈進，計報部有案者，共駝四萬一百七十餘隻，亦經分起解赴應用。現在二城之圍已解，請飭管理糧餉大臣分别覈辦等語。著楊遇春等即查明各省所撥銀兩，按照應支款項數目，撥解備支。如有盈餘，俱著截留甘肅藩庫。至駝隻一項，是否均須應用，亦著覈實酌辦，其雇覓者，分别飭還留備。其採買呈進者，分别停止截留，以省脚價餧養之費。將此諭知楊遇春、鄂山，並傳諭顔伯燾知之。

道光一一年（辛卯、一八三一）

《東華續録》道光二三　正月，戊午，上以五旬萬壽，詔開恩科，於本年八月、十二年三月，舉行鄉會試；移正科鄉會試於十二年八月、十三年三月舉行。

《宣宗實録》卷一八三　乙丑，諭内閣：長齡奏，遵旨審擬容安等罪名一摺。前因英吉沙爾、喀什噶爾二城待援甚亟，容安統領伊犂官兵，於九月十二日，全抵阿克蘇，儘可趕緊由葉爾羌進發解圍，乃遷延觀望，坐失機宜。且先據奏明由大路進兵，嗣復欲由和闐前往，以有用之兵，轉於無賊之處繞道行走，以致耽延一月之久，無謀無勇，措置乖方。並欲厚集兵力，防守阿克蘇、烏什，再行前進。身爲統兵大員，不知緩急輕重，任意延宕，喪心昧良，莫此爲甚！當降旨將容安革職拏問，嗣以此等怯懦無用之人不值如此辦理，復諭長齡將容安解赴阿克蘇看守，旋又數其四罪，令長齡到彼後，逐層嚴審，按律定擬，並將長清等分别擬罪。兹據長齡審明容安等罪款，定擬具奏。容安坐擁重兵，畏葸不前，辜負國恩，貽誤事機，本應照軍法從事，在阿克蘇即行正法，姑念現在二城之圍已解，尚可寬其一線。容安著加恩照長齡所擬，依軍臨敵境違期三日斬監候律，斬監候，秋後處決，即派妥員押解刑部監禁，趕入本年朝審情實辦理。長清但知留兵防守，並不通盤籌畫，催令進援，亦屬咎有應得。惟該大臣究非奉派帶兵之員，而撫馭夷回，尚爲安静，且於扎隆阿信致令將伊什罕伯克托克托呢雜爾等家産查封，並將緣坐人犯一併拘禁，該大臣均未照辦，頗有識見。長清著加恩革去副都統，賞給二等侍衛，仍作爲阿克蘇辦事大臣。哈豐阿係烏嚕木齊提督，本不應受容安節制，乃聽其指使，迂道前行，稽延日久，實屬錯誤，姑念此次進援，究係該提督帶兵先到，雖未接仗殺賊，惟令賊衆一聞兵到，即行遠竄，得以解圍。哈豐阿著加恩改爲革職留任。額爾古倫、貴成、孝順岱進兵究屬遲延，著一併交部

議處。

庚午，命湖南按察使徐炘來京，以四五品京堂候補，以江蘇蘇松糧儲道楊簧爲湖南按察使。

壬申，調刑部右侍郎鍾昌爲吏部左侍郎，吏部左侍郎貴慶爲刑部左侍郎，刑部左侍郎特登額爲右侍郎。

以鑲白旗滿洲副都統裕誠爲鑲藍旗護軍統領。

調鑲紅旗蒙古副都統布彦泰爲鑲紅旗滿洲副都統，以理藩院左侍郎嵩惠兼鑲紅旗蒙古副都統。

丙子，轉兵部右侍郎張鱗爲左侍郎，以都察院左副都御史吴椿爲兵部右侍郎。

調盛京禮部侍郎凱音布爲盛京户部侍郎，以都察院左副都御史鐵麟爲盛京禮部侍郎。

命兵部右侍郎吴椿提督浙江學政。

以福建布政使魏元烺爲巡撫，浙江按察使孔昭虔爲福建布政使，廣東鹽運使陳鑾爲浙江按察使。

《東華續録》道光二三　諭：三載考績，實爲激揚大典，滿漢諸臣有能盡心所事、任勞任怨者，自應甄敘；有年老而精力不衰者，仍當留任。兹京察届期，該部將京外各大員開單，題請朕詳加酌定。大學士曹振鏞、吏部尚書文孚、户部尚書王鼎、工部尚書穆彰阿，久任軍機大臣，贊襄勤慎，承旨詳明；大學士長齡，中外宣勤，懋績顯著，兹又奉命再莅回疆；協辦大學士、兩廣總督李鴻賓，歷任封疆，實心任事；陝甘總督楊遇春，身經百戰，絶域宣勞，畀以封疆，克勝鉅任；陝西巡撫鄂山，兩次總辦軍需，誠實精詳，毫無貽誤，俱著加恩交部議敘。兵部左侍郎賈允升、盛京户部侍郎多山，俱年力就衰，著以原品休致。福建巡撫韓克均，辦事遲緩，不能振作，尚無劣迹可指，亦著以原品休致。餘著照舊供職。

戊寅，調吴椿爲工部左侍郎，以何淩漢署兵部右侍郎由大理寺卿署。

己卯，召葉紹本來京，調邱鳴泰爲山西布政使，以恩特亨額爲安徽布政使，色卜星額爲安徽按察使由甯池太廣道遷。

辛巳，刊御製文初集成，御製序文。

《宣宗實録》卷一八四　二月甲申，諭内閣：前據御史周作楫奏，江西會匪之案，每多誣扳妄拏，請飭各該姓族長紳士出結捆送。當經降旨令吴光悦體察情形，據實覆奏。兹據該撫奏稱，該省向立族正，原係編查保甲良法，歷經照辦。近年緝獲贛州匪徒，多有訪自紳士及由該户族捆送者，惟舉充不得其人，又恐轉滋流弊。著該撫通飭各屬，切實選舉公正族長紳士，教誨族衆，如有爲匪不法，即行捆送究懲。儻因匪黨較多，力難捦送，亦即密禀官司嚴拏。如有挾私妄誣別情，照例坐罪。仍責成地方文武各官，一有各項匪徒竊發，先行派撥兵役，實力堵拏，不得藉有族長紳士捆送，置身事外，坐誤事機。其獲案各犯，實有牽纍者，許族長紳士具結保領，立時訊釋，以靖閭閻而安良善。

丁亥，引見各衙門保送京察一等人員。

以兵部左侍郎博啓圖、都察院左都御史朱士彦、户部右侍郎申啓賢署經筵講官。

《東華續録》道光二三　己丑，上御經筵。

壬辰，諭：長齡奏，查訪逆回起釁根由一摺。此次逆回滋事，前疊經降旨，令該將軍查明起釁根由，據實具奏，不准含混。兹據奏，行抵阿克蘇後，詢據布嚕特比等，僉稱霍罕、安集延逆賊入卡滋事，由於鈔没貨物，驅逐出卡，以致懷恨句結，與沿途所訪輿論相符。復據各城咨覆，均與傳訊各供無異。是起釁根由，顯係驅逐安集延，查鈔家財，斷離眷口，禁止大黄所致。那彦成上届係特奉諭旨前往辦理善後事宜，乃不能體察情形，籌畫妥善，行之未及二年，又有逆回滋擾之事，誤國肇釁，罪有攸歸，著先行革去太子太保銜，拔去雙眼花翎，並革去紫韁，交部嚴加議處。伊子容照，著逐出乾清門，並革退理藩院右侍郎、鑲白旗護軍統領、正黄旗蒙古副都統、國史館清文總校，著賞給三等侍衛，在大門上行走。

《宣宗實録》卷一八四　癸巳，調盛京刑部侍郎惠顯爲理藩院右侍郎兼正黄旗蒙古副都統，以貴州布政使鄂順安爲盛京刑部侍郎，以正白旗滿洲副都統安福爲鑲白旗護軍統領，未到京前，以鑲白旗蒙古副都統闊淩阿署理。

調福建布政使孔昭虔爲貴州布政使，以福建按察使惠吉爲布政使，湖北荆宜施道光聰諧爲福建按察使。

甲午，諭内閣：陶澍奏，恭繳鹽政養廉，裁減浮費一摺。所奏甚是。兩淮鹽政每年額支養廉銀五千兩，向在雜款應解項下動支，現在鹽務改歸總督管理，其應支總督養廉優厚，足敷辦公，所有鹽政應支養廉銀兩，著歸入節省項下，解交户部充用。至鹽政衙門浮費較多，除緝私賞號及經書人等工食，均裁減四成，巡捕匠作等項全行裁汰。此外執事人役，應需辛工紙張飯食，分別裁併酌留。統

計前後裁減每年費用銀十六萬兩有零，其外支浮費，及運司衙門濫支各項，俱著查明，一併删減。該督務當隨時整頓，以節浮費而暢引銷。

乙未，調四川總督琦善爲直隸總督，未到任前，以欽差户部尚書王鼎署理。以陝西巡撫鄂山爲四川總督，未到任前，以成都將軍那彦寶署理。以陝西布政使史譜爲巡撫，調湖南布政使裕泰爲陝西布政使，以服闋布政使吴榮光爲湖南布政使。

己亥，以詹事府少詹事廖鴻荃爲内閣學士，兼禮部侍郎銜。通政使司通政使普保、大理寺卿何淩漢爲都察院左副都御史，翰林院侍讀學士姚元之爲詹事府詹事。太僕寺卿沈維鐈爲宗人府府丞，仍留順天學政任。

辛丑，上啓鑾，恭謁西陵。

諭軍機大臣等：前因徵調各路官兵，均經撤回，諭令楊遇春、鄂山、顏伯燾各回本任。昨降諭旨將鄂山補授四川總督，現在肅州軍需局自已裁撤，著楊遇春即回陝甘總督本任，以便鄂山交卸起程。至上届蘭州軍需局報銷，係顔伯燾一手經理，此次該處辦理報銷，是否祗須該督督率司道大員覈辦，抑仍須顔伯燾在蘭州辦理，著楊遇春酌量據實具奏。將此諭令知之。

《東華續録》道光二三　乙巳，上謁泰陵、泰東陵、昌陵。

丙午，清明節，上再謁昌陵，行敷土禮；隆恩殿行大饗禮，回鑾。

己酉，上還京師。

《宣宗實録》卷一八五　三月甲寅，以詹事府詹事文慶爲通政使司通政使，雲南布政使王楚堂爲大理寺卿，候補三四品京堂劉彬古爲太僕寺卿。

己未，諭内閣：前據給事中邵正笏奏，近年内地奸民，種賣鴉片煙，地方官並不實力查禁，當經降旨通諭各省督撫查明嚴禁，妥議章程具奏。兹據阮元等奏，滇省沿邊山僻，民夷土司中間有偷種漁利之事，即應明定章程，嚴行懲創。乃該督等僅以飭屬查禁空言覆奏，何以使地方官實力奉行，奸民知所儆懼。著該督等恪遵前降諭旨，妥議章程，奏明後通飭所屬隨時嚴禁，並於每年年終具奏一次，毋致日久生懈。

《東華續録》道光二三　廣東黎匪滋事，命李鴻賓等勦之。

辛酉，諭軍機大臣等：有人奏，廣東貿易夷人，日增桀驁。英吉利自恃富强，動違禁令，其餘各國相率效尤。道光十年，該夷等違例乘坐綠呢小轎，又帶夷婦入城在洋行居住，當經兩廣總督及粤海關監督出示申禁，而英吉利大班等統領各夷，向該督監督等衙門屢次遞禀，語多誕妄。經該督調兵彈壓，膽敢統率水手，搬運槍礮器械到館，儼有抵敵之勢。是直以有恃無恐之情，行其有挾而求之計，不可不嚴爲防範。又稱漢奸從中唆使，傳遞消息，簸弄是非，以遂其肥己之計。澳門居民半通夷語，其各洋行服役之人，及省城之開設小洋貨店，此内均易藏奸。更有匪徒練習快蟹船隻，爲夷人運私偷税，賄通兵役，朋比爲奸，俱應嚴密查拏，盡法懲治。又稱夷人違例八條：一，致斃漢民，藏匿正兇，抗不交出；一，在省城横行街市，漢民不敢與較；一，夷婦生子，多雇漢乳媽服役，及向漢奸私買婢女；一，内地書籍例不出洋，近日漢奸多爲購買，並有課其子弟者；一，上年夷人在洋行門外私設臨水馬頭，以爲偷税地步；一，上年該督等所出告示，皆被夷人塗抹，夷人擅出告示，禁止洋商坐轎，洋商不敢不遵；一，向例夷人不准進靖海等門，上年二三百人以探聽批禀爲名，擅自擁入，莫敢攔阻；一，夷人銷貨完竣，不准逗留，近則往往在粤省過年等語。以上各情節，於海疆重地，大有關係，豈可一味因循，長其窺玩。著朱桂楨逐款嚴密訪查，據實具奏，毋許含混，並查明地方官如有苛虐夷人情事，亦當一併參處示懲，勿稍隱飾。

癸亥，上親耕耤田。

《宣宗實録》卷一八五　丁卯，調户部右侍郎寶興爲吏部左侍郎，兵部左侍郎博啓圖爲户部右侍郎，兼管錢法堂事務。轉兵部右侍郎桂輪爲左侍郎，調工部左侍郎那丹珠爲兵部右侍郎，理藩院右侍郎惠顯爲工部左侍郎。

《宣宗實録》卷一八六　戊辰，諭軍機大臣等：據李鴻賓等奏，上年春間崖州黎匪黎那雞等，因歉收乏食，出至民村搶掠，經瓊州鎮道府督兵圍捕，旋即悔罪自殺，首犯投首。迨十一月内，復有黎匪糾集多人搶劫滋擾，經該督檄調瓊州鎮總兵孫得發，帶兵會同該府普祥馳赴查拏。迨官兵衆集，該匪等已紛紛逃匿，拏獲韋只定、韋第二、陳亞納、李亞二等，訊止隨衆夥搶，供出首犯韋色容、張紅鬚、張亞基數人等語。該處黎人，素係頑悍，甫經拏辦，自知悔罪，復敢糾搶拒殺，實屬瞀不畏法。前據該督奏，於二月十六日，前赴瓊州督辦，業經降旨諭令迅速辦理。該督務將逃逸各犯悉數捦拏，並究明起意，糾搶首犯是否實係韋色容等數人，按名捕獲，從重究辦，速行竣事，以靖閭閻。將此諭令知之。

又諭：李鴻賓等奏，申明防範外夷舊章，並酌議變通增減以便遵守一摺。嘆咭唎夷商，前此因求減輸規銀，延不進口，上年又有私帶番婦住館，偷運槍礮至省城等事，旋即自知悔悟，不至始終抗違。惟夷情詭譎，必須嚴申禁令，以重

防閑。舊定章程，今昔情形不同，亦有因時異宜之處，該督等酌量增減，俾共相遵守，並責令員弁兵役實力巡防，行商通事認真稽察，以資控馭。該夷商前此屢違禁令，因自知悔悟，從寬免其懲辦，但必須責令遵守舊章，豈得再有違犯？若任其日增倨傲，玩視法度，恣意抗違，漸至益形驕縱，莫敢誰何，尚復成何事體！該督等嚴内地之成規，杜外夷之滋事，總當於撫馭綏來之中，不失天朝體制，方爲至善。儻辦理不能妥協，將來該夷商輒敢再違禁令，致生事端，惟該督等是問！

《東華續録》道光二三　壬申，兩江總督陶澍奏，捕獲盜匪侉梟分別懲辦。得旨：可見廢弛已久。汝係朕特加信用之人，能如此存心爲國宣力，不但汝永承恩澤，朕亦得知人善任之名，當勉之又勉，有加無已，以副朕望。

辛巳，重修《康熙字典》成。

《宣宗實録》卷一八六　諭：盧坤等奏，遵旨查禁種賣鴉片煙一摺。據稱通查湖北屬境，現在尚無種賣鴉片煙之事。但該省爲水陸通衢，商賈輻輳，外來奸民易於流傳貽害，不可不認真查禁，以净根株。著該督撫嚴飭所屬，於每年春秋二季編查保甲時，親赴各鄉，留心查察。如有將田地種植罌粟花者，立即嚴拏，照興販鴉片煙例，擬以枷號充軍，田地入官。仍責令保甲隨時稽查，儻容隱不舉，即照爲從例問擬杖徒。買食之人，無論官民，分别參究，一例治罪。並派撥丁役隨同汛員，於各關隘常川巡查，遇有商民夾帶煙土，拏獲嚴辦。仍出示曉諭，俾各知猛省，毋蹈法網。該州縣於春秋兩次巡查之後，如境内實無種賣，即出具印結，由該管道府確切覈明，詳報督撫。該督撫於年終具奏一次，毋得日久視爲具文，致干重咎。

《東華續録》道光二三　四月丁亥，諭：内監潛逃，例有應得之罪。嗣後各直省督撫府尹等，遇有逃走太監，一經地方官盤獲，無論有無滋擾情事，著一面具奏，一面解交内務府。

《宣宗實録》卷一八七　諭内閣：王鼎等奏，會議糧船買帶食鹽，嚴禁夾私一摺。天津爲運道總匯之區，糧船往返，每於例准買帶食鹽四十斤外，多帶鹽斤，以致妨礙蘆綱，亦且侵佔淮引。兹據王鼎等查明，軍船私帶之弊，以江廣各幫爲最重，實亦不獨江廣爲然；其透漏鹽斤之弊，以天津爲最甚，亦不獨天津爲然。沿河一帶囤梟，每於幫船將次抵境，先向議定價值，追船一到，即用小艇賫夜裝載。與其搜獲於既帶之後，不若嚴禁於未帶之先。現添派天津分司運同暨天津府知府同知總司稽察，並於于家堡、楊柳青、獨流各處添派鹽務官各一員，其甎河地方，添派滄州知州就近督率辦理。鹽務正當整飭之際，該署督等既經派委多員，沿途防範，尤當嚴飭各該員等實力巡防，認真搜查，一面堵截河干囤販，一面嚴拏小艇載私，有犯必懲，毋致有名無實。如有差役兵目人等得規徇庇，即行從重治罪。其派出各員，如不出力查辦，著即參處，以清積弊而肅鹺政。

辛卯，以本年鄉試，考試應開列試差人員於圓明園正大光明殿。

《東華續録》道光二三　甲午，諭：大阿哥奕緯，自上年秋間遘疾，至今春甫經就痊，兹復患病旬餘，竟爾不起，深爲悼惘！著追封多羅貝勒，所有應行典禮，著照皇子例辦理，並派總管内務府大臣寶興經理喪事，其一切事宜著各該衙門察例具奏。

《宣宗實録》卷一八七　乙巳，諭：鄧廷楨奏，遵旨嚴定查禁鴉片煙章程一摺。據稱安徽省現在尚無私種罌粟花，熬煙販賣之事，惟徽州、寧國、廣德等屬，毗連江浙，山地居多，恐有外來棚民串通該處業户，私種分肥，不可不豫定章程，杜其萌蘖。

諭軍機大臣等：陶澍等奏，清水敵黄，重運漕船行走順利，惟洪澤湖水勢浩瀚，暫消復漲，及下游揚糧啓壩洩水各情形一摺。覽奏均悉。本年三月底，清高於黄，將禦黄壩啓通之後，黄水旋長旋消，重運漕船，均係順流渡送，無須倒塘灌放。臨清、攔黄兩堰，免於啓閉，行走尚爲順利。其挽上三閘，因上水高於下水三尺有餘，逆流縴挽，較爲費手。經該督等分委員弁，併力趕辦，該督等時往督催，現在三進幫船，截至四月十二日止，已渡黄六百二十餘隻，下餘幫船一千一百數十隻，可以計日渡竣。惟洪澤湖水勢已長至一丈九尺餘寸，刻當夏令，雨水漸多，以東清壩及仁河、信壩三處分洩，尚停積不消，儻此後再有增長，勢必不能容納。該督等擬俟在後幫船全過邵伯鎮，即將上游洪澤湖之智壩，義、禮二河，下游運河之灣頭、壁虎、人字等河，刻日啓放，騰空湖面，以備續漲。著該督等督同工員，務須認真加意防守，俟漕船渡竣後，應如何宣洩盛漲，並隄堰掣塌各工，應行修築之處，即當妥爲籌辦，毋致稍有疏虞。將此諭令知之。

己酉，以捐辦上年回疆口糧，並防守出力，免葉爾羌、和闐二城回户本年應徵普爾錢文，並減運布匹有差。

庚戌，以翰林院編修李品芳爲雲南鄉試正考官；禮部主事王藻爲副考官，翰林院編修賈楨爲貴州鄉試正考官，内閣中書彭作邦爲副考官。

《東華續録》道光二三　李鴻賓奏，黎匪韋色容等伏法，地方肅清。

《宣宗實録》卷一八八　五月乙卯，諭軍機大臣等：寄諭兩廣總督李鴻賓、閩浙總督孫爾準、湖廣總督盧坤、雲貴總督阮元、浙江巡撫富呢揚阿、福建巡撫魏元烺、湖北巡撫楊懌曾、湖南巡撫蘇成額、廣東巡撫朱桂楨、雲南巡撫伊里布，御史馮贊勳奏，廣東瀕海通洋，向有匪徒拜盟結黨，伊祖籍該省，習聞會匪之風。近又訪獲圖樣一紙，聞匪徒糾結多年，勾連凡五六省，名曰三合會。其黨分爲五房，福建爲長房，廣東爲二房，雲南爲三房，湖廣爲四房，浙江爲五房，每房各有頭目，以五色分爲旗幟，入會者授以口號，各執圖一張。愚民多墮其局中，吏役兵丁，半皆羽翼，請飭嚴密訪拏等語。會匪結黨聚衆，久干例禁，如該御史所奏，勾結五六省，執有旗幟，授以口號，尤應嚴行查辦。著各該省督撫通飭所屬，不動聲色，密訪嚴拏，務將爲首匪徒緝獲，按律懲辦，散其餘黨，以絶根株而安良善。

實授鍾祥雲南布政使。

《東華續録》道光二三　己未，諭：陶澍奏，淮北商力積疲，請暫籌借項官督商運等語。淮北商力疲纍已久，此時招商僉辦，難得其人，且各處需鹽孔迫，不得不先籌運濟。據該督查明，永豐壩見有存貯歷次運庫發銀收買官鹽九萬一百七十二引，應擇誠實商人，借給水腳領運，分赴各岸，並遴員督運。俟其到岸售有課銀，收回應完錢糧，及鹽價借項，繳庫歸款。其各滯岸，銷鹽無多，即由附近暢岸，隨時撥往接濟，所需運腳銀兩，著照所請，准其在於已丑殘引加斤案内帶徵課銀，催商趕緊交完。先行酌動銀二十萬兩，以十二萬兩爲前項運腳之需，其餘八萬兩，因海州分司所屬板浦、中正、臨興三場運商，久不捆鹽，竈户困苦，著查照上年原奏辦理，趕緊收買，即將收買之鹽存貯各場，俟本年秋單發運至壩，飭商領運，繳價還庫。所有收買發運事宜，即責成淮北監掣同知陳在文妥爲經理。仍趕緊招商接辦，以肅鹺政。

《宣宗實録》卷一八八　甲子，移直隸鳳河汛把總爲永定河南八工下汛把總，移駐河兵二十四名，添設河兵十名。從總督琦善請也。

丙寅，命户部左侍郎汪守和提督江蘇學政。

以翰林院編修丁善慶爲廣東鄉試正考官，孫日萱爲副考官；湖廣道御史徐廣縉爲廣西鄉試正考官，内閣中書花詠春爲副考官；通政使司通政使文慶爲福建鄉試正考官，翰林院編修羅士菁爲副考官。

調工部尚書潘世恩爲吏部尚書，以都察院左都御史朱士彦爲工部尚書，吏部右侍郎江蘇學政白鎔爲都察院左都御史，調工部右侍郎申啓賢爲吏部右侍郎。以都察院左副都御史何淩漢爲工部右侍郎，兼管錢法堂事務，兼署禮部左侍郎；通政使司通政使姚祖同爲都察院左副都御史。

降上書房總師傅吏部尚書湯金釗爲兵部右侍郎，上書房行走禮部左侍郎龔守正爲通政使司通政使。

《宣宗實録》卷一八九　丁卯，諭内閣：楊遇春奏，遵旨查禁鴉片煙章程，開單具奏。

乙亥，諭：訥爾經額奏，訊辦興販鴉片煙人犯一摺。鴉片煙流毒最甚，前降旨通諭各省督撫實力查禁，並妥議章程。兹據訥爾經額奏，飭屬確查，節據歷城縣暨膠州會同委員，訪獲藏匿興販鴉片煙人犯張啓育、法夢書等二十二名，起獲煙土四千六百餘兩。查拏甚屬認真。惟該犯等興販煙土至數千兩之多，隨地銷售，夥黨必衆，且恐此外奸商興販，及買食之人，正復不少，尚須嚴定章程，杜絶弊端。並嚴究現獲人犯，買自何處，販自何人，毋得任令狡供，以買自不知姓名之人，不復究詰，僅將本犯擬罪完結，致涉寬縱。現在東省雖無種植罌粟葵花收漿熬煙之事，但恐外來奸徒煽誘，不可不豫爲周防，杜其萌蘖。著飭令各州縣隨時認真訪查，按季稟報，每届年終由該管道府出具並無種賣鴉片煙切實印結，詳報該撫，具奏一次。不得日久視爲具文，致干重咎。

《東華續録》道光二三　丙子，諭軍機大臣等：有人奏，鴉片煙積弊，請杜絶來源一摺。據稱洋船私帶煙土來粤，於附近虎門之大魚山洋面，另設夷船囤積，稱爲鴉片躉。並有夷目兵船，名曰護貨，同泊一處，句通土棍，以開設錢店爲名，暗中包售煙土，呼爲大窯口。如省城之十三行聯興街，多有此店。奸商到店，與夷人議價立券，以憑到躉交貨，謂之寫書。又有包攬走漏之船，名曰快蟹，來往如飛，呼爲插翼。其船星夜遄行，所過關津，遇有巡丁追躡，竟敢施放槍礮，關吏莫敢誰何，又不報官懲辦，是以肆無忌憚。此種快蟹，見有一二百隻之多，凡由躉送貨至窯口者，皆係此等船包攬。各巡船通同作弊，按股分贜，包庇行私，其弊尤甚。其銷售各路，如福建之廈門，直隸之天津，廣東之雷、瓊二府，皆由窯口立券，到躉交貨。其餘各省，私販入口出境，均係快蟹船包送。出境必由之口，如南海屬之仙館汛、闌石汛、紫洞口、落松海口，香山屬之黄圃，三水屬之西南汛、蘆包埠等處。其由大窯口分銷内地，悉因奸民串同各衙門蠹役，開設私局，

名爲小窯口，各處城鄉市鎮，所在皆有。查煙土一項，私相售賣，每年紋銀出洋不下數百萬，是以內地有用之財，而易外洋害人之物，其流毒無窮，其竭財亦無盡等語。鴉片煙流毒最甚，前已屢降諭旨，通飭各直省督撫各就地方情形，設立章程，嚴行查禁。惟鴉片煙多係來自外洋，實聚於廣東，若不杜絶來源，是不揣本而齊末，雖內地嚴定章程，於事究無裨益。見經有人條奏所陳各弊，是否實在情形，著李鴻賓等確加查覈。如何使煙土不能私入洋面，不能私售；各夷於貨船之外，不得另設船隻之處，悉以酌議。務將來源杜絶，以浄根株；勿令流入內地，以除後患。該督等若能盡心盡力除中原一大害，厥功不小矣！勉益加勉！

《宣宗實録》卷一九〇　六月壬午，調陝西布政使裕泰爲安徽布政使，安徽布政使恩特亨額爲陝西布政使。

丁亥，兵部尚書松筠奏，喀什噶爾一帶，現駐官兵不下萬計，業經調餉八百餘萬，若仍多駐官兵，不但轉運維艱，該處回户供應苦累，難保不復滋生事端。此次籌辦善後，必須計出萬全。所有喀什噶爾參贊大臣，請仍遵舊制，駐劄烏什。其喀什噶爾應改設正副大臣二員，辦事之司員筆帖式等，並卡倫滿兵、緑營官兵，由烏嚕木齊各城派往，年滿更換。各卡倫派侍衛一員，輪班駐守。其卡倫以外布嚕特霍罕等，無論有何事故，嚴禁官兵毋許出卡查探，以杜釁端。英吉沙爾毋庸專駐大臣。安集延回衆，向以貿易爲生，請明降諭旨，永弛茶葉之禁。至南路各城回衆，向與安集延結姻，應循舊聯姻，以順夷情。回户安居樂業，雖邊疆重地，亦可無煩兵旅矣。得旨：著交長齡等於會議善後時，悉心妥議具奏。

己丑，今上皇帝生，上之第四子也。母孝全皇后鈕祜禄氏。

命浙江布政使慶善來京，調陝西布政使恩特亨額爲浙江布政使，以陝西按察使楊名颺爲布政使，調雲南按察使李羲文爲陝西按察使，以服闋按察使何煊爲雲南按察使。

庚寅，諭內閣：吴邦慶奏請嚴定查禁回空糧船夾帶私鹽章程一摺。回空糧船，經由直隸、山東、淮揚一帶裝載私鹽，最爲鹺務之害。前飭該署漕督等妥議章程，兹據奏稱，空船夾帶總在私鹽旺産之區，請於各該處多派幹練之員，會同押運各弁，認真防範。並據查明天津以南之于家堡、楊柳青、獨流、磚河等處，天津以北之北倉、丁字沽、西沽、海口，及故城縣之鄭家口、頭望、二望、三望，直東兩省交界之油坊渡口驛，並山東境內七級閘、阿城閘、張秋一帶，均係私鹽裝載之地，總由營汛員弁得規包庇，以致私販越境而行，深堪痛恨。著直隸總督責成天津鎮總兵，嚴督沿河營汛弁兵，上緊訪拏巨梟窩囤。飭令該管州縣，多派幹役，一體會緝。並著山東巡撫揀派明幹副參大員，酌帶弁兵，會同該管州縣，在油坊渡口驛等處，分投上下實力查拏。至江境黄林莊以南，著兩江總督飭令徐州鎮道嚴密巡查，兼防河北漏私，並於揚州上游河寬之處，酌派文武員弁，帶同兵役，照例搜檢放行。再派瓜洲、儀徵委員，至九江、蕪湖等處，會同各關監督，按船嚴查。其餘濱江等處，一體訪緝。如搜獲私鹽，訊係何處偷漏，除將丁舵人等從重辦理外，即將該管地方文武員弁，及失察之押運廳弁，分别嚴參，以示懲儆。

癸巳，以工部右侍郎何淩漢爲浙江鄉試正考官，翰林院侍講王炳瀛爲副考官；國子監祭酒陳官俊爲江西鄉試正考官，翰林院編修錢福昌爲副考官；編修李儒郊爲湖北鄉試正考官，費開綬爲副考官。

《宣宗實録》卷一九一　丙申，諭內閣：刑部覈議給事中劉光三奏，請酌加買食鴉片煙罪名等情，嚴定條款具奏。著照所議，嗣後軍民人等，買食鴉片煙者，杖一百，枷號兩箇月，仍令指出販賣之人，查拏治罪。如不將販賣之人指出，即將食煙之人，照販賣爲從例杖一百、徒三年。職官及在官人役買食者，俱加一等治罪。仍令各該督撫，及地方道府州縣等官，出具署內並無買食鴉片煙各甘結，於年終彙奏一次。如本官徇隱不究，從嚴參處。該部即移咨吏、兵二部，查照辦理，並通行各直省督撫一體遵照。

辛丑，諭：蘇成額奏，遵旨查禁湖南省種賣鴉片煙一摺。

《東華續録》道光二三　丙午，諭：阮元等覆奏查禁鴉片煙章程一摺。

《宣宗實録》卷一九二　七月壬子，以定親王奕紹署鑲藍旗滿洲都統，禮部尚書耆英署鑲紅旗滿洲都統。

癸丑，江西鄉試正考官陳官俊丁憂，以都察院左副都御史毛式郇爲江西鄉試正考官。

調河南布政使林則徐爲江寧布政使，江寧布政使陸言爲河南布政使。

《東華續録》道光二四　高郵湖河溢。

戊午，命陶澍偕程祖洛籌辦江蘇災賑，並偕張井勘辦漫口隄工。

《宣宗實録》卷一九二　以翰林院編修俞東枝爲河南鄉試正考官，福建道御史梁萼涵爲副考官；翰林院侍讀許乃普爲山東鄉試正考官，檢討徐思莊爲副考官；編修王廣蔭爲山西鄉試正考官，高枚爲副考官。

《東華續録》道光二四　己未，命留安徽藩庫正項及鳳陽、蕪湖關税銀五十萬兩，備安徽賑需，並免各關米税。

辛酉，改直隸豐潤霸州營田仍歸地方官經理。

《宣宗實録》卷一九三　丁卯，命翰林院修撰吴其濬在南書房行走。

《東華續録》道光二四　己巳，命白鎔查勘江南災賑。

《宣宗實録》卷一九三　癸酉，調任江寧布政使林則徐謝恩。得旨：莅任後，一切查災辦賑，實心實力，務臻妥善，以副簡調之意，毋忽！又奏，遵旨迅速起程，順道履勘災區。批：辦此等事，首在實惠及民，嚴查胥吏舞弊，一力勉行。

大學士托津因病賞假，以工部尚書穆彰阿署正白旗滿洲都統。

以辦災遲緩，降湖北布政使額騰伊爲江蘇按察使，以江蘇按察使衍慶爲湖北布政使。

《東華續録》道光二四　丙子，頒御製文初集。

己卯，命穆彰阿、朱士彦馳往江南查辦災賑。

調鄂順安爲盛京户部侍郎，凱音布爲盛京刑部侍郎。

八月庚辰，諭各督撫慎選州縣查辦災賑，並緝拏會匪。

《宣宗實録》卷一九四　辛巳，命順天府府丞龔鎧爲奉天府府丞，兼提督學政，光禄寺卿劉彬士提督順天學政，工部右侍郎何凌漢提督浙江學政，福建道御史鄭瑞玉提督江西學政，兵部左侍郎張鱗提督福建學政，江西道御史岳鎮南提督湖南學政，江南道御史周作楫提督河南學政，光禄寺少卿盛思本提督山東學政，翰林院編修俞東枝提督山西學政，編修黄琮提督四川學政，編修李泰交提督廣東學政，編修錢福昌提督廣西學政，編修李品芳提督雲南學政，編修陳憲曾提督貴州學政。江蘇學政汪守和、安徽學政鄂木順額、湖北學政許應藻、陝甘學政戴蘭芬仍留任。

以禮部右侍郎桂齡署兵部左侍郎，刑部右侍郎戴宗沅署工部右侍郎，兼管錢法堂事務。

乙酉，以大學士盧蔭溥爲順天鄉試正考官，吏部左侍郎寶興、户部右侍郎李宗昉爲副考官。

《東華續録》道光二四　己丑，賞曹振鏞雙眼花翎。

辛卯，晉長齡太傅。

壬辰，諭：上年户部堂官失察，蔡繩祖等私辦假照一案，吏部等衙門，按照本任年月久暫，及失察名較多寡，分别議以降級調用。朕因人數過多，一時簡用乏人，加恩酌降頂帶，分别留任。本年因係朕五旬萬壽慶辰，特降旨將各該管堂官頂帶賞還，並將降留處分悉予開復。

《宣宗實録》卷一九五　乙未，兵部尚書兼鑲白旗滿洲都統松筠，因病解任。調工部尚書兼鑲白旗漢軍都統穆彰阿爲兵部尚書，兼鑲白旗滿洲都統，未到任前，以户部尚書禧恩兼署兵部尚書。調理藩院尚書富俊爲工部尚書，未到任前，仍以都察院左都御史那清安署理。以户部右侍郎博啓圖爲理藩院尚書。調兵部左侍郎桂輪爲户部右侍郎，兼管錢法堂事務，未到任前，以户部左侍郎敬徵兼署。轉兵部右侍郎那丹珠爲左侍郎，調盛京禮部侍郎鐵麟爲兵部右侍郎，以已革直隸總督那彦成爲盛京禮部侍郎，調鑲白旗蒙古都統寶興爲鑲白旗漢軍都統，以正黄旗滿洲副都統高喀鼐爲鑲白旗蒙古都統，吏部尚書文孚署管理三庫事。

癸卯，熱河都統裕恩因病解任，以倉場侍郎保昌爲熱河都統，湖南巡撫蘇成額爲倉場侍郎，湖南布政使吴榮光爲巡撫，調浙江布政使恩特亨額爲湖南布政使，以四川按察使吉恆爲浙江布政使，調直隸按察使花杰爲四川按察使，福建按察使光聰諧爲直隸按察使，以服闋按察使鄭祖琛爲福建按察使。

甲辰，以大理寺卿德厚爲都察院左副都御史。

戊申，以浙江米價昂貴，命暫停海禁，招販臺米。從總督孫爾準請也。

《東華續録》道光二四　九月庚戌，揚河廳永安汛十四堡漫工合龍。

《宣宗實録》卷一九六　丙辰，諭内閣：給事中王雲錦奏，請嚴辦囤積以裕民食一摺。前據御史琦琛等奏，盧溝橋附近之黄土鋪地方，有奸商販運接濟回漕等情，當降旨令順天府遴選幹員，嚴拏懲辦。兹該給事中奏，京師米價之貴，由於運米出外，豫備回漕，囤積地方，必不止黄土鋪一處，自應嚴申門禁，以絶其販米出城之路。著步軍統領、順天府、五城，認真查辦，再有米石出城，惟守門弁兵是問。其京城以外，天津以北，便於回漕之處，著順天府仍遵前旨，遴選幹員，並責成地方官，密訪查拏。如兵役有隱庇賣放者，即行從重懲辦，以清弊竇而絶根株。

丁巳，諭軍機大臣等：程祖洛奏，籌辦撫卹流民情形等語。本年江蘇省被災情形較重，無家無室之人，四出謀生，勢不能全行截回。凡現在資送之法，與將來留養之方，必須豫爲籌計。據該撫奏，該災民甫離鄉土，先過揚州，經該府

縣督勸紳商，捐資賑濟，旋即渡江而南，沿途俱已議備資送。計一月以來，災民過蘇州境者，已二萬餘人，現在陸續來者，日數百人，或一二千人不等。伊等見江南亦屬歉收，皆不願留養，均已計口資送，聽其於江南各州縣，暨浙江省境內，到處謀生，情形均甚安謐。至江北下河等處，向遇被災之時，必有劣生土棍，以領賑爲資生，以逃荒爲長策，名爲災頭，引領合村男婦，冒開人口，到處需索。泰州城外，近有匪徒王玉林等，自稱災頭，率領民船數十隻，號稱災民數萬，並私設正副總管名目，又有伙食等船，直入州署，倚衆滋鬧，勒索路牌路費。經該州王錫蒲處以鎮靜，密查爲首姓名，設法查拏，當時拘獲二人，始各紛紛逃散。該州知州王錫蒲，實屬能事之人。著即飭查拏王玉林等，從嚴懲辦。其裝載私鹽之艒船，向例不許入境，近則內裝私鹽，外坐被災男婦幼孩，一經入境，即串誘災民，賣鹽放搶。該撫已檄行鎮江府營嚴查，如有此等船隻，但放災民入口，官爲雇船資送，不准艒船進口，現已行之有效。又災民所到，議定按站雇船，官爲給價，該船户無利可圖，悉皆避匿，甚有災民於中途得錢賣放者，遂至徒步成羣，易形擁擠。是資送一事，不難於發口糧，而難於覓船隻。該撫現已飭屬設法招徠，所辦均屬妥協。江南四府一州，田禾情形已定，大約處處皆有歉收，以之安集江北流民，已費周章。而本年漕糧蠲緩，場竈停煎，此等停運水手，與乏食之竈丁，及各種私梟匪棍，本非善類，若溷跡於災民之中，尤易滋生事端，不可不嚴行稽察。該撫務當與陶澍悉心籌畫，計出安全，督率所屬，認真經理。所有一切章程，著查照成案，斟酌損益，務臻周備。一俟留養章程議定，即行分晰具奏。至沿海風潮驟漲，崇明縣、海門廳等處，均有淹斃人口之事，而崇明爲尤甚。又常州府屬靖江縣，沿江一帶低窪處所，業已成災。該撫已飭藩司委員分別往勘，著查明奏辦。瞬交冬令，天氣嚴寒，災民衣食無資，務當妥爲撫卹，毋使一夫流離失所，以副朕軫念災黎至意。

庚申，以理藩院尚書博啓圖爲滿洲繙譯正考官，署理藩院右侍郎彥德爲副考官，兵部尚書松筠爲蒙古繙譯主考官。

《宣宗實録》卷一九七　乙丑，調刑部左侍郎貴慶爲吏部左侍郎，轉刑部右侍郎特登額爲左侍郎，調盛京刑部侍郎凱音布爲刑部右侍郎，以安徽布政使裕泰爲盛京刑部侍郎。

以兵部尚書松筠兼鑲白旗漢軍都統，仍署正藍旗滿洲都統。

以廣西按察使佟景文爲安徽布政使，浙江鹽運使多容安爲廣西按察使。

《宣宗實録》卷一九八　十月己卯，頒道光十二年時憲書。

庚辰，轉吏部右侍郎奕經爲左侍郎，調户部右侍郎桂輪爲吏部右侍郎，工部右侍郎阿爾邦阿爲户部右侍郎，兼管錢法堂事務，兵部左侍郎那丹珠爲工部右侍郎，兼管錢法堂事務，以内閣學士裕誠爲兵部左侍郎。

乙酉，河東河道總督嚴烺因病解任，以江寧布政使林則徐爲河東河道總督，山東按察使趙盛奎爲江寧布政使，雲南鹽法道經額布爲山東按察使。

丙戌，大學士托津等，遵旨會議整頓場規十條：一，甎門內東西左右四路，用木攔截，各不相踰，以防擁擠；一，添派左右翼總兵一員，酌帶弁兵，分巡督率，以嚴稽察；一，士子點名不到，須通場點完後，方准補點；一，照入籤上，應各註明牌數，以便查對；一，士子入場，不准攜帶木櫃木盒坐褥，以杜懷挾；一，八旗及南皿士子，人數衆多，動輒喧鬧，應分歸四門點名、四路領卷，以便彈壓；一，士子領卷後，立即催入號舍，不許復出；一，封門後，監臨等官，須按號親查，或分段抽查，八旗號舍，並由彈壓副都統親身巡察；一，號口柵欄封開須用鎖鑰，士子交卷後，不准復入；一，號板以鋪滿爲度，板標號記，責令號軍看守，遇有破壞不平者，准向委官换用。得旨：前據給事中劉光三奏，科場士子恃衆玩法，亟宜嚴加整頓，當令大學士、軍機大臣會同禮部議奏。該給事中原摺所陳十條，已屬詳備，茲大學士等復查照舊例，悉心參酌，分別准駁，逐條議覆，所奏俱甚周密。鄉會試爲掄才大典，必須科條整飭，弊竇肅清，方足以拔真才而端士習，豈容視功令爲具文，任令擁擠喧譁，致啓懷挾槍替之弊。著自明年會試爲始，即照新定章程，認真妥辦。仍將各條先期出示，嚴切曉諭，俾衆士子各知懔遵。儻不實力奉行，仍有擁擠等弊，著責成科道，據實嚴參懲辦。

《東華續録》道光二四　乙未，命截留江西漕米八萬石，於南昌、九江府屬設廠煮賑。

暫免喀什噶爾上年被賊滋擾回户應徵布匹。

《宣宗實録》卷一九九　丁酉，閩浙總督孫爾準因病賞假，以福建巡撫魏元烺兼署閩浙總督。

《東華續録》道光二四　甲辰，左副都御史德厚、蔣祥墀，以職司糾儀失儀遲誤，又不具摺請罪，降二級調用。

《宣宗實録》卷一九九　丁未，諭内閣：前因刑部審訊太監張進幅買運鴉片煙土一案，頗有不實不盡，降旨交内務府大臣再行嚴訊。經禧恩等訊出，回子貝

勒克色布庫，有同太監吸食鴉片煙情事，並究出同食之太監熊來幅、于鄹、何進禄、楊幅、民人朱玉鳳等五名。所有審訊此案不實不盡之刑部堂官，及刑部承審司員，著吏部查取職名，分别議處。

《宣宗實録》卷二〇〇　十一月己酉，以理藩院尚書博啓圖署兵部尚書，吏部尚書文孚署管理三庫事，貝勒奕繪署管理欽天監事，吏部左侍郎奕經署户部右侍郎，兼管錢法堂事務，内務府大臣克蒙額署管理織染局事。

壬子，以哈密辦事大臣賽尚阿爲内閣學士，兼禮部侍郎銜。

癸丑，諭軍機大臣等：林則徐奏，接奉補授總河諭旨，具摺謝恩。所稱向未諳習河防形勢，及土埽各工做法，俱屬真情，並非有意推諉。朕因林則徐由翰林出身，曾任御史，出膺外任，已歷十年，品學俱優，辦事細心可靠，特畀以總河重任。據稱伊於河防工程，未經講求，朕原恐熟悉河務之員，深知屬員弊竇，或意存瞻顧，不肯認真查出，林則徐非河員出身，正可釐剔弊端，毋庸徇隱。該河督惟當不避嫌怨，破除情面，督率所屬，於修防要務，悉心講求，親歷查勘，務合機宜，以副重寄。著即前赴新任，毋得再以不諳河務爲辭也。

丙辰，實授吴邦慶漕運總督。

《東華續録》道光二四　壬戌，以鄂木順額、劉彬士，俱爲左副都御史。鄂木順額由大理寺卿，劉彬士由光禄寺卿遷。

乙丑，諭：特登額等奏，審訊蔣兆璠致書徐寅第列款詆毁一案。訊據徐寅第供稱，松筠前在直隸交卸督篆進京時，言及前赴科布多審案，需用茶葉、哈達備賞，屬伊遣人赴張家口代買。伊隨差家人帶銀購買，用銀五百八十兩，松筠發還銀五百兩，係屬買在先發價在後，覈與松筠原奏不符，著松筠據實明白覆奏。

丙寅，諭：松筠於交卸直隸總督後，派赴科布多，係審案差使，何以率辦茶葉、哈達賞需？即欲自行置辦，亦應遣家人購買，何得率屬直隸道員代辦？前經降旨，諭令松筠據實覆奏，又未將屬買在先發銀在後詳晰聲敘，與特登額等審訊情節不符，種種錯謬，咎無可辭。松筠著交部嚴加議處。尋議，革職。得旨：革内大臣，賞三品頂帶休致。

《宣宗實録》卷二〇一　壬申，諭内閣：長齡等奏，請安設腰臺一摺。阿克蘇之齊蘭臺，與葉爾羌之雅哈庫圖克臺接壤，均係戈壁，程站較長。據該將軍等查明，請於適中之地分設腰臺二處。著照所請，沙井子地方，分設腰臺一處，即令齊蘭臺筆帖式兼管；色瓦特地方，分設腰臺一處，即令雅哈庫圖克臺筆帖式兼管。並著於兩腰臺各派外委一名、字識一名、兵丁五名、官馬十五匹、官牛十隻、回子二十户、回子馬二十匹，以資接遞運送。該將軍等即移咨該二城，各按所勘地址，多空井眼，於來歲春融，建蓋臺房，所需工料無多，即由該大臣自行籌辦。

《宣宗實録》卷二〇二　十二月乙酉，命協辦大學士工部尚書富俊爲大學士，管兵部事，毋庸帶領引見。吏部尚書文孚協辦大學士，調兵部尚書穆彰阿爲工部尚書，以都察院左都御史那清安爲兵部尚書，仍署都察院左都御史。綏遠城將軍昇寅爲都察院左都御史，鑲紅旗漢軍都統彦德爲綏遠城將軍，内閣學士奕紀署理藩院右侍郎。

丁亥，命大學士長齡管兵部事，富俊管理藩院事。

戊子，轉禮部右侍郎桂齡爲左侍郎，以内閣學士陳用光爲禮部右侍郎，未到任前，以内閣學士陳嵩慶署理。

以烏里雅蘇台參贊大臣恩銘爲理藩院右侍郎，未到任前，仍以内閣學士奕紀署理。

庚寅，吏部以大學士富俊應定何殿閣請。得旨：富俊著爲東閣大學士。

《宣宗實録》卷二〇三　乙未，諭軍機大臣等：寄諭兩江總督陶澍、湖廣總督盧坤、江蘇巡撫程祖洛、安徽巡撫鄧廷楨、江西巡撫吴光悦、湖北巡撫楊懌曾、湖南巡撫吴榮光，據給事中邵正笏奏，江湖漲灘，占墾日甚，請飭查酌辦，以弭水患而衛民生一摺。本年江蘇、安徽、江西、湖廣等省，水漫成災，如果平日講求水利，江湖通暢，何至釀成水患，積久未消？如該給事中所稱，近年長江一帶，沙洲日增，多被居民占墾，以致阻遏水道。且地方官所報升科者，不過十之一二，而豪强之兼并，奸蠹之侵蝕者，不知凡幾，自應將積弊悉除，以收實效。著陶澍等各飭所屬，於瀕臨江湖地方，詳細履勘，如有沙洲地畝，實在無礙水道者，方准居民認墾，毋得任令豪强勾通奸蠹霸佔，以多報少，而無力貧民，轉致向隅，仍無裨益。其有壅遏水道之處，必當設法查禁，使漲水得資宣洩，則害除而利可興。該督撫等當認真妥辦，固不可以空言塞責，亦不可任令地方官假手吏胥，乘機舞弊，以致利不能興，害不能除，百姓轉受其騷擾，殊失弭患衛民之意。著將該給事中原摺，鈔寄該督撫等閲看，酌議具奏。將此各諭令知之。

《東華續録》道光二四　己亥，長齡等奏，覈計兵餉經費。得旨：兵雖不虚增，帑雖歸實用，總是分損内地精華，置於邊外之極邊，以禦去來不定之醜夷。

我大清統壹寰區，修明武備，凡滿洲緑營，分布天下，認真教養，以固邦基，而有天下。若如此長征遠戍，即獲保平安，無非代内地回衆看守家園，如有不妥，立費周章。況重兵布列，彼必不來，是空竭精力也。若守禦不足，伊又逞其伎倆，是仍勞救援也。更恐日久奸夷探知吾意，故爲牽制，使我去守兩難，勢不得已，必致多加兵力，耗竭糧餉，於奸夷毫無損傷，試問成何事體？又虞久駐多兵，將領或失教練，保無騷擾回衆者？若内地回衆稍有離貳，彼同聲同氣，更不可不思及也。是以總須得一外示羈縻，暗收以夷制夷之道，斯爲至善。朕屢次所降諭旨，無非在是。

庚子，陶澍奏，開綱以來，淮北止捆二萬餘引，較定額不及十分之一。本年將官收竈鹽督商辦運，均擇暢銷之岸，先行運往，以冀早收庫項。而滯岸仍無鹽濟售，民間既無官鹽，不得不買向民販，竈丁積有餘鹽，亦不能不賣與民販等語。著照所請，淮北暢岸，仍歸商運，其餘滯岸，即倣照山東、浙江票引兼行之法，於海州所屬之中正、板浦、臨興三場，分設行店，聽民投行購買，運往售賣。擇各場要隘之地，設立税局，給與照票，註明斤數，及運往何處字樣。凡無票及越境者，仍以私論。著陶澍即飭運司妥議條款，酌量試行。

《宣宗實録》卷二〇三　乙巳，以漕運總督吴邦慶爲江西巡撫，倉場侍郎蘇成額爲漕運總督，蘇成額未到任前，以江南河道總督張井兼署。

丙午，調雲南布政使鍾祥爲江西布政使，以服闋布政使潘恭辰爲雲南布政使。

調浙江布政使吉恒爲廣東布政使，以廣東按察使程矞采爲浙江布政使，浙江鹽運使楊振麟爲廣東按察使。

道光一二年（壬辰、一八三二）

《東華續録》道光二五　正月，癸丑，諭：向來盛京五部侍郎，及各省將軍、都統、副都統、城守尉、總管等，有年班輪替進京之例，嗣後著自到任之日起，扣滿三年，奏請陛見，俱無庸年班進京。至直隸總督、古北口提督，每遇鑾輅巡幸時，得以扈從召見，其年班進京之例亦著停止。

《宣宗實録》卷二〇四　庚申，山東巡撫訥爾經額奏，遵旨酌裁兗州鎮屬兵一百二十名，登州鎮屬兵一百二名，曹州鎮屬及撫標兵一百四十六名。下部知之。

乙丑，實授沈維鐈都察院左副都御史，以大理寺卿王楚堂署都察院左副都御史。

丁卯，刑部尚書陳若霖年老休致，以刑部左侍郎戴敦元署尚書。

揚威將軍、大學士長齡等奏，查勘喀什噶爾等城，應行修築，並添建滿城衙署兵房，即將叛産變價興工。下部知之。又奏，遵查明巴什阿哈胡里，又稱明伯克，係霍罕管事頭人，滋事梗化，皆其主謀。今既照常貿易，明巴什有利可圖，自不致如前倔强，從此卡内卡外可期静謐。報聞。

《東華續録》道光二五　庚午，裁山西撫標及太原、大同二鎮兵額。

《宣宗實録》卷二〇四　辛未，以甘肅按察使惠豐爲湖南布政使，廣東鹽運使慶林爲甘肅按察使。

癸酉，以户部左侍郎、江蘇學政汪守和爲禮部尚書，吏部尚書潘世恩兼署工部尚書，命内閣學士廖鴻荃提督江蘇學政。

甲戌，調兵部左侍郎裕誠爲工部左侍郎，刑部左侍郎凱音布爲兵部左侍郎，盛京户部侍郎鄂順安爲刑部左侍郎，盛京工部侍郎嵩惠爲盛京户部侍郎，盛京刑部侍郎裕泰爲盛京工部侍郎兼管奉天府府尹事，盛京兵部侍郎常文爲盛京刑部侍郎，以都察院左副都御史德興爲盛京兵部侍郎。

調吏部右侍郎申啓賢爲户部左侍郎，兵部右侍郎湯金釗爲吏部右侍郎，以署都察院左副都御史、大理寺卿王楚堂爲兵部右侍郎。

《東華續録》道光二五　二月戊寅，諭軍機大臣等：本日據盧坤及海凌阿由驛馳奏，湖南江華縣錦田猺匪糾衆滋事，起程前往督辦各一摺。上年十二月二十九日，江華縣錦田鄉猺人趙金隴聚集九沖猺人五六百人，在兩河口等處劫殺男婦二十餘名口，經遊擊王俊帶兵往捕，格殺猺匪男婦十四名口，拏獲猺匪五名。本年正月初五六日，猺匪復至洪江寨、黄竹寨傷斃兵丁一名，及書差民人男婦共四十五名口。又總兵鮑友智正月初十日馳抵江華，查明猺匪趙金隴聚集長塘坪各寨糾衆約有千餘，均給紅布數尺裹首爲號。該總兵飛飭營縣，派撥弁兵鄉勇，將各衝路口概行防堵，陸續拏獲應援奸匪二十餘人。猺民向稱安静，自入版圖以來，百數十年從未滋事，今事起倉卒，定有起釁激變之由。是否與毘連村民懷有夙讐，抑被漢奸盤剥窮極變生，必須將爲首要犯趙金隴生擒，嚴訊其因何糾衆搶劫，務得確情，並將抗拒殺人之猺匪盡法懲辦。先行出示曉諭，散其脅

從，不得稍涉張皇，致滋擾纍。其安分猺人，仍設法撫綏，俾免驚擾。吳榮光已於十九日帶同長沙協副將嵩齡，前往查辦。但湖南省城甚爲緊要，不可無大員彈壓，盧坤見已帶兵赴彼，吳榮光著即折回省城，無庸前往。海凌阿見已在彼督辦，朕思羅思舉久歷行陣，更爲得力，並著盧坤酌量檄令該提督迅速前往。至擒獲之猺匪盤生堂所供，趙金隴提劍作法，銜水變火，結草變牛，顯有妖言煽惑情事，總須趁此勢未燎原，迅就撲滅，或四面兜擒，聚而殲旃，勿令竄往他處，方爲妥善。其廣東、廣西毘連處所，見又飛飭該督撫提鎮於交界地方一律防堵，其各府州縣凡有猺民雜處地方，一律嚴密防範，妥爲撫綏，俾免煽惑句連，別生枝節，以致滋蔓。儻須添撥弁兵，即於湖南就近營分酌調，以期捷速而免糜費。

裁東河河標兵額。

調經額布爲河南按察使，以蘇廷玉爲山東按察使由江蘇蘇松太道遷。

《宣宗實録》卷二〇五　壬午，諭：李鴻賓等奏查禁鴉片煙來源一摺。鴉片煙來自外洋，必應遏止來路。現據該督等查明載運銷售各路，嚴定章程，絶其洋面私售之由，著照所請。嗣後夷人來粤貿易，該督等剴切出示曉諭各夷，並嚴飭洋商向各夷開導，勿將煙土夾帶貨艙。儻經查出，不准該夷開艙賣貨，立即逐回。並嚴諭以貨船之外，毋許另設船隻，以杜私入之源。仍於省河禁止走私快艇，潮瓊各屬商船不得攏近零丁洋面。並著直隸、閩、浙等省各督撫嚴飭海口各地方官，凡出洋販貿船隻逐一給與牌票，查驗出入貨物，毋許仍前偷販情弊。該督等務當隨時查禁，有犯必懲。

辛卯，實授戴敦元刑部尚書，調倉場侍郎史致儼爲刑部左侍郎，工部右侍郎那丹珠署刑部左侍郎，劉彬士爲倉場侍郎，工部左侍郎裕誠爲右侍郎兼管錢法堂事務，盛京刑部侍郎常文爲工部左侍郎，以盛京副都統祥康爲盛京刑部侍郎。

壬辰，諭內閣：鄉會試爲掄才大典，必須整肅場規，嚴防弊竇，方足以端士習而拔真才。上年給事中劉光三陳奏，科場士子，恃衆玩法，亟宜嚴加整頓，當令大學士軍機大臣會同禮部，議覆該給事中所陳十條，尚屬周密。本年會試届期，立法伊始，除知貢舉遵照前降諭旨先期出示嚴切曉諭外，恐不肖士子尚不免恃符藐法，作奸犯科，用再剴切誥誡各省士子，務各滌慮洗心，恪遵功令，點名時魚貫而入，毋得仍前混行擁擠。如有遲誤，静候補點。其不遵約束，肆行喧閙者，著彈壓總兵拏究。已接籤者，不許復出輒門，已領卷者，不准復出號舍。如有懷挾，立即懲辦。誤帶者雖免治罪，仍不准其入場。其八旗士子，令彈壓副都統親身巡查，不准越號。並著責成搜檢王大臣，稽查接談換卷，彈壓副都統、兩翼在城總兵、會試知貢舉，遵照妥辦。如不實力奉行，著監試御史據實指名參奏。本年鄉試，即照此次會試一律辦理。

《宣宗實録》卷二〇六　乙未，以江蘇巡撫程祖洛爲閩浙總督，河東河道總督林則徐爲江蘇巡撫，江西巡撫吳邦慶爲河東河道總督，廣西布政使周之琦爲江西巡撫，福建按察使鄭祖琛爲廣西布政使，湖南督糧道鳳來爲福建按察使。

贈故閩浙總督孫爾準太子太師，予祭葬，謚文靖。

《宣宗實録》卷二〇七　三月己酉，諭內閣：湖南提督海凌阿，因江華縣逆猺趙金隴聚衆滋事，率同寶慶協副將馬韜，帶領官兵進勦。行至池塘墟地方，官兵奮勇爭先，殺賊無數。該匪放槍抵禦，馬韜被傷墜馬陣亡。海凌阿衝入賊羣勦殺，因山徑崎嶇，雨水路滑墜馬，亦被戕害。此次該提督等雖未探明賊情，遽行迎勦，不免輕進，惟此等鬼蜮逆猺，竟傷提督大員，深堪髮指。海凌阿等究係爲國捐軀，盡心王事，朕心實爲悼惜，允宜立沛殊恩，以酬忠藎。海凌阿、馬韜應得卹典，著兵部察例具奏，並查明該員等子嗣，奏請恩施。仍著盧坤等確查該員等是何旗籍，迅即派委妥員，送柩旋回。至被害之遊擊王國華、守備吳鑑，及傷亡兵丁，著盧坤等咨部一併照例賜卹，用示朕嘉獎忠貞至意。

調貴州提督余步雲爲湖南提督，以福建漳州鎮總兵官唐文淑爲貴州提督，調四川川北鎮總兵官松青爲漳州鎮總兵官，以甘肅鎮海協副將周佐勝爲川北鎮總兵官。

《東華續録》道光二五　辛亥，上親耕耤田。

壬子，上啓鑾謁東陵。

以栗毓美爲河南布政使，朱樹爲湖北按察使由甘肅甘涼道遷。

《宣宗實録》卷二〇七　癸丑，以吏部尚書潘世恩爲會試正考官，刑部尚書戴敦元，工部尚書穆彰阿、朱士彦爲副考官。

以大學士盧蔭溥兼署吏部尚書，兵部尚書王宗誠兼署工部尚書，都察院左都御史白鎔兼署翰林院掌院學士。

甲寅，以湖北按察使栗毓美爲河南布政使，甘肅甘涼道朱樹爲湖北按察使。

《東華續録》道光二五　乙卯，上謁昭西陵、孝陵、孝東陵、景陵、裕陵，回鑾。

癸亥，上還京師。

《宣宗實録》卷二〇八　戊辰，諭軍機大臣等：據李鴻賓等奏，廣東連山一

帶猺匪解散，仍於楚粵交界各處，派兵防堵一摺。覽奏均悉。廣東連山廳屬黄瓜沖等處，間有猺匪搶劫，業經該督等調撥各營官兵前往防勦，此時均已聞風畏懼，羣相解散。該處八排猺人俱屬安静，其搶劫各匪，實係八排外各沖散猺。該督等分别良莠，自應出示剴切曉諭，以官兵齊集，專爲拏辦匪猺，凡屬良善猺民，均毋驚恐，妥爲撫馭，俾安衆心。至連山搶劫各猺，現雖潛匿，仍恐被楚猺誘脅，或與彼潛通消息，不可不於各隘口僻徑，逐處嚴防，堵絶往來要路。現經該督等前後調兵共三千六百餘名，又團練鄉勇一千餘名，兵力不爲不厚，務當嚴飭將備兵弁，分投堵禦，毋令楚猺乘間竄入，不得稍有疏懈。並該督等現飭督標暨高州鎮標籌備兵丁，以資調撥。應俟盧坤咨調到粵，儻需協勦，再遴派得力員弁，管帶前往。至廣西富川、賀縣、灌陽、全州一帶，與湖南接壤，現經提督蘇兆熊等駐彼督辦，務飭一併嚴密巡防，實力堵緝。將此各諭令知之。

辛未，以協辦大學士、吏部尚書文孚兼署户部尚書。

《宣宗實録》卷二〇九　四月辛巳，協辦大學士、兩廣總督李鴻賓等奏，遵旨籌議崖州善後事宜。漢奸入黎盤剥，及攢充糧總，浮收勒索，最爲黎人之害，應申明定例嚴禁。至黎人設立黎總峝長哨管，原所以專責成，應飭大小各黎村公同充選。如有黎丁不遵管束，及漢奸放債滋擾，許立即捆送究治。黎人犯事，除劫奪謀殺重情，向由地方官飭差協拏外，其餘情罪稍輕，即著落黎總等交出審究，概不許差役擅入勾拘，藉端索擾。黎人食鹽，及牛羊器具等物，應准其照常售買，不得擾價阻買，以杜釁端。至鐵器除應用外，如鳥槍利刃近於軍械者，俱不准賣給，並不准鐵匠代爲製造。黎俗不通有無，田無溝洫，應出示曉諭，責令黎總峝長等，諭以通力合作，多開溝渠，庶旱澇有備，歲豐境謐。得旨：著照所議實力奉行。

丁亥，諭内閣：據户部奏，自道光十年分以來，陸續撥給各省軍需賑卹河工各項銀兩，加以被災省分緩免錢糧，並兩淮短徵鹽課，統計一二年間，多出少入，已逾二千餘萬兩。雖現在酌撥尚無支絀，惟不能不先事豫防，寬爲籌備等語。國家經費有常，自宜加意節用，量入爲出。著各督撫責成各藩司，於一切工程河工，及各項借墊雜支銀兩，務須大加撙節，覈實動用，毋得任意開銷。至各該省經徵錢糧，總須認真督催，按期撥解，並將上年該部奏准飭催之節年未完積欠，及咨催各項應解未解銀兩，迅速趕緊催徵完報，分别入撥解部。經此次降旨後，儻再催徵不力，仍前延宕，該督撫即將該藩司及徵收各員，據實嚴參，按律懲辦。若完報入撥後，或爲數短絀，著户部即將該督撫指參懲處，決不寬貸。將此通諭知之。

以都察院左都御史昇寅爲滿洲繙譯會試正考官，工部右侍郎裕誠爲副考官。

辛卯，以本年鄉試，考試應開列試差人員於正大光明殿。

《東華續録》道光二五　甲午，盧坤等奏，白水洞、楊家鋪兩股賊匪，會合常甯黄峝猺匪，同竄至羊泉地方。該處街長數里，賊即盤踞固守。三月二十二日，蜂擁攻奪羊臯營卡，都司郭宏升等帶兵斬獲無算。羅思舉令官兵層層兜圍，於二十九日三鼓，乘其不備，冒雨進攻。逆猺四五千人併力死守，經官兵殲斃百餘，羅思舉親督將弁盡力攻圍四晝夜，殲斃約共八九百人，擒獲緑袍頭目黎阿四等，供稱趙金隴見已被圍。惟功在垂成，需用大礮，見飛催趕運，一鼓作氣，埽數殲除。得旨嘉勉。

《宣宗實録》卷二一〇　以宗人府府丞朱爲弼爲都察院左副都御史，詹事府少詹事帥承瀚爲太常寺卿，翰林院侍讀學士何彤然爲詹事府詹事。

丙申，諭：科道風聞言事，原應以重大事件入奏，於國計民生俾有關係，方爲不負厥職。所有會匪王老頭子即王法中等習教一案，係給事中隆勛於上年冬間訪聞奏請拏辦。兹據軍機大臣等會同刑部審出該犯等拜師傳徒，斂錢惑衆實情，分别定擬。復究出尹老須、姬三白等犯習教重情，尚在研訊。此等匪徒，任其潛匿煽惑，日久蔓延，爲害閭閻不小。若非隆勛奏請懲辦，該犯等反得倖逃法網，實非戢暴安良之道。且所關甚鉅，消惡於未萌，實有裨於國家非淺，足見隆勛於此種重大案件，頗能留心訪察，不愧言官，殊堪嘉尚。隆勛著加恩超擢太常寺卿，以示獎勵。

以大學士曹振鏞、富俊，吏部右侍郎湯金釗，户部右侍郎李宗昉，刑部右侍郎恩銘，工部左侍郎吴椿，理藩院右侍郎奎照，都察院左都御史白鎔，爲殿試讀卷官。

命碾運山東倉穀，接濟江南上年被水各屬災民。

丁酉，策試天下貢士馬學易等二百六人於保和殿。

己亥，引見已丑科散館及補行散館人員。

辛丑，上御太和殿傳臚，賜一甲吴鍾駿、朱鳳標、季芝昌三人進士及第，二甲趙德潾等一百人進士出身，三甲趙長齡等一百三人同進士出身。

《東華續録》道光二五　乙巳，諭：本日盧坤等由五百里馳奏，攻勦逆猺，大獲勝仗一摺。覽奏欣慰。逆猺趙金隴等，佔聚羊泉地方，經我兵四面圍攻，斃匪千餘。該逆起意詐降，總兵霍隆武帶兵堵羊泉西北兩面，羅思舉率副將祥福等自街東進攻，參將王錫朋等自街南進攻。我兵奮勇争先，冒險直入，約斃逆猺千餘，生擒頭目康發林等。餘逆閉門拒守，羅思舉激勵弁兵，都司郭宏升等，帶領弁兵争搗賊巢，斫門爇火，攻破十餘宅，斃匪二千餘，生擒趙金隴之子趙幅金、趙滿仔，及趙金隴之弟趙金旺，頭目趙文鳳、李德明等，連逆黨五十餘人，奪獲大礟七位、刀槍器械三千餘件。自四月初六日起，至十六日止，計擒殺逆猺六千餘人，餘匪不及十分之一，首逆計日可以生擒。勦辦甚屬可嘉之至，盧坤、羅思舉、余步雲，俱著先行交部從優議敘。

丙午，諭：三載賓興爲掄才大典，各直省主試經朕特加簡任，宜何如滌慮洗心，認真校閲，務求爲國得人。順天同考官及會試同考官，俱係翰詹科道部屬，該員等甲第本高，又經朕親加校試，尚無荒謬之人充選，所以得人較盛。各直省同考官，則年老舉人居多，勢不能振作精神，悉心閲卷，即有近科進士，亦不免經手簿書錢穀，文理日就荒蕪。各省督撫雖照例考試簾官，仍恐視爲具文，全恃主試搜閲落卷，庶可嚴去取而拔真才。【略】嗣後各直省督撫務將簾官認真考校，不得以年老荒謬之員濫行充數，其典試各員，必須將闈中試卷全行校閲，不得僅就薦卷取中，方爲不負委任。見届簡放雲南、貴州考官之時，剴切詳明，特申誥誡，儻各省正副考官草率從事，一經朕别有訪聞，即將該主試嚴懲不貸。

《宣宗實録》卷二一一　五月庚戌，引見新科進士。

壬子，諭：盧坤等由六百里加緊馳奏，連日焚勦逆猺，埽數蕩平，首逆趙金隴業已殲斃一摺。覽奏欣慰。【略】盧坤、羅思舉俱著加恩賞戴雙眼花翎，並賞給一等輕車都尉世職；余步雲著加恩賞加太子少保銜，仍交部從優議敘，以示奬勵；其總兵副將以下各員，著該督等擇其實在尤爲出力者，酌量保奏，候朕施恩；其餘將弁兵丁，及在事出力文員，並著細覈等第，奏請分别鼓勵；所有羊泉陣亡千把總三員、兵一百五十八名、受傷官二十二員、兵五百九十二名，即著分别題咨，照例辦理。

《東華續録》道光二五　庚申，兩江總督陶澍奏，籌議淮北試行票鹽章程。民販納税請票，應自十引至百引以上爲一票，每鹽四百斤爲一引。於板浦、中正、臨興三場適中處，建立局廠，由運司遴委妥員，每局一人，於三六九日，各照票引發鹽，眼同民販逐包稱驗。再於水陸交通之海州房山、大尹山、吴家集，設立三卡，由運司委員督查，如有查出多帶，惟局員是問。卡員亦不得稽留需索。其餘經過各關，及鹽捕衙門驗票放行，毋得擾纍稽延。至臨興場所屬唐生、興莊、柘汪三疃，向設青口食鹽店，今既改行票鹽，應即裁撤。如有地棍土豪私立鹽關，索費包送，應嚴飭文武地方官，認真查拏。如有私梟偷渡黄河，應責成黄河北岸之邳北、宿北、桃北、外北、山安、海安，南岸之宿南、桃南、外南、海防、海阜等十二廳營，督率文武汛官，即將渡船水手加重治罪。暢岸運商，如有願認旁近滯岸者，其暢岸應仍按原引完課，以免虚占票地，轉致暢岸缺銷。至文武衙門，往往私設陋規，書役更多需索，一經商販訐告，或别經發覺，即嚴行究辦，以除積弊而肅鹽政。從之。

《宣宗實録》卷二一一　辛酉，以候補國子監祭酒程恩澤爲廣東鄉試正考官，翰林院編修邢福山爲副考官；編修汪世樽爲廣西鄉試正考官，張琴爲副考官；大理寺卿文蔚爲福建鄉試正考官，工科給事中邵正笏爲副考官。

《東華續録》道光二五　癸亥，諭：嗣後凡遇貢院考試，奏派都察院滿漢堂官各一員，專司稽查。

乙丑，諭：各督撫遇有題調缺出，先儘正途，不得以佐雜應升人員超越。

己巳，詔刑部清釐庶獄。

乙亥，諭：在京部院及旗營，於所屬文武員弁，嚴行激汰。

六月戊寅，命曾勝帶兵二千名，馳赴廣東，協辦猺匪。

庚辰，上步詣社稷壇祈雨，御製祝文。

《宣宗實録》卷二一三　辛巳，諭軍機大臣等：京師入夏以來，甚形亢旱。現在節過夏至，望澤彌殷。月前兩次設壇，並親禱三壇，小雨廉纖，未慰農望。昨經躬祀社稷壇，虔誠步禱，風威雖斂，尚未渥沛甘霖，朕甚懼焉。因思致旱之由，必有所自。本年辦理王法中，吉三白、尹老須、孟老藏等案，節經各該省緝拏犯證，委員差役，紛紛四出，擾及閭閻，亦難保其必無。百姓皆吾赤子，若一身習教，纍及一家；一家習教，纍及一鄉。即此恐已上干天和。朕夙夜兢兢，遇災而懼，思除莠本以安良。若莠未必除，良善轉因之擾纍，朕心非特有所不忍，實有所不敢。現在渠魁已明正典刑，嗣後除實在逆情已露，有確實憑據，爲國法所不宥，仍行嚴辦外，其前次令該督撫查拏案内餘犯，著琦善、陶澍、訥爾經額、楊國楨、林則徐、鄧廷楨善體朕意，妥爲辦理，無枉無縱。

丙戌，諭軍機大臣等：據梁章鉅奏，嘆咭唎國夷人，乘坐大船一隻，夾板小船一隻，約共百餘人，由浙省鎮海乘風駛至江省大洋邊境，二十日停泊江南羊山洋面。現經該護撫派委太湖協副將鮑起豹、候補知府程銓，馳赴海口，協同該鎮道驅逐，不任逗留。並督飭該管營縣於各出口處所，嚴密稽查，毋使偷漏交接，其疏防各營縣員弁，另行參辦等語。所辦甚好。嘆咭唎夷船，向不准其赴江浙等省貿易。今值南風司令，飄入内洋，希圖獲利，前經閩浙兩省驅逐出境。茲又突入江南洋面，情殊可惡，斷不容任其片刻停泊，稍滋事端。著林則徐嚴飭所屬營弁，嚴密巡防，認真稽察，如有夷船進泊，立即驅逐出境。並責成地方官一體嚴查，出示曉諭沿海居民，毋許與之交接。如有内地奸民，及不肖將弁，冀圖獲利，私與勾結，即嚴行懲辦。將此諭令知之。

戊子，以户部右侍郎李宗昉爲浙江鄉試正考官，陝西道御史諱大信爲副考官；國子監祭酒羅家彦爲江西鄉試正考官，吏部員外郎許球爲副考官；翰林院編修賈克慎爲湖北鄉試正考官，京畿道御史卞士雲爲副考官。

《宣宗實録》卷二一四　戊戌，以吏部右侍郎湯金釗爲江南鄉試正考官，翰林院檢討龔文焕爲副考官；編修王玥爲陝西鄉試正考官，趙光爲副考官。

《東華續録》道光二五　己亥，命五城設廠平糶。

壬寅，上乘馬至天壇門外，步詣南郊齋宿。

癸卯，上自齋宫步詣圜丘，行大雩禮。

是日雨。

甲辰，諭軍機大臣等：本日據禧恩等奏，詳查逆猺案内審訊各情節，並粵猺竄入楚境，迅即撲滅，擬事竣前赴連州各摺。覽奏均悉。據禧恩等奏，提到兵丁熊生發等，訊明在洋泉街殺斃之猺匪，所指面貌各情節，似與逆猺趙金隴年紀面貌尚屬脗合，其各處搜捕零匪並無該逆藏匿蹤迹，其爲實係殲斃之處，似屬可信。該逆之妻趙盤氏，已被官兵勦斃，趙幅銀妻子見飭屬嚴拏，此外並無逆屬竄出。趙文鳳之弟趙文彪，趙文鳳之妻趙盤氏，無庸解京，應即照律擬罪。至稱粵猺三四百人一起在蘭山之爛泥坳，至江華之豪江沖聚集裹脅，已有二千餘人，由大小林崗沖劫掠斷錦田糧道。經禧恩等飛檄文武員弁防堵，余步雲、曾勝於五月二十一日到錦田，飭參將興安泰帶兵五百名至豪江堵截。猺匪衝出撲營，該參將施放槍礮，將賊目擊斃。二十三日，副將張必禄、參將王錫朋、興安泰在前探勦，余步雲、曾勝率隊繼進，跟追四十餘里，至銀匠沖。猺匪佔據三處山頭，張必禄、王錫朋奮力上攻，曾勝督同興安泰等向賊占右山仰擊，余步雲向賊占左山鈔殺，立斃猺匪數十名。賊奔退逃竄，殺斃不計其數。尚有賊一二百人，欲由葛藤沖竄回廣東，經防堵大橋之都司色成額、守備楊昌凱攔頭勦殺，擒獲五十餘名，餘向麻崗沖逃竄。復飭將弁嚴加搜捕，據報在麻崗地方，將該匪趙仔青暨該匪妻子女擒獲。趙仔青訊明淩遲處死；其妻楊氏，子趙狗兒、女趙三妹，由盧坤歸入逆犯案内，照例辦理各等語。【略】粵省當逆猺趙金隴滋事時，並不速爲籌辦，以致猺匪滋蔓，竄入湖南境界，已屬玩延。見在連州等處猺匪仍復跳梁，尚未蕆事，禧恩、瑚松額請前赴該處妥籌勦撫之策，所見甚是。抵粵後，即確查該省辦理情形，何以數月之久，尚復蔓延如此，從嚴參辦。

《宣宗實録》卷二一五　七月丙午，諭軍機大臣等：據訥爾經額奏，嘆咭唎夷船，乘風駛至山東洋面，現在巡防押逐一摺。嘆咭唎夷船，前已駛至福建、江蘇、浙江等省，曾經驅逐，已降旨直隸、山東等省，如該夷船到時一律驅逐。茲據奏，登州鎮總兵周志林咨稱，六月十八日，劉公島洋面有夷船一隻，乘風駛至。詢係前在江蘇等省被逐之船，帶有羽毛大呢等物，欲求在該處貿易，並有刊刻通商事略説二紙。該夷船前經福建、江蘇、浙江等省驅逐，尚敢乘風駛至山東，情殊可惡，斷不容其進泊，致滋事端。該撫現已飛咨該鎮，親督舟師彈壓，不許夷人上岸。如遇南風，不准起碇開行。所辦甚是。一俟南風稍息，即飭將弁督押南駛，驅出東境。仍著飛咨兩江總督、江蘇巡撫，派撥水師將弁，於交界洋面巡防接護，一體押令南行。並咨直隸總督，飭令天津水師，在直隸山東交界洋面，認真防堵，以免乘風闌入。又另片奏，該國夷人定例在廣東貿易，乃明知故違，此次可以一船徑至，將來無難多船駛入，若臨時攔截，已覺較遲，請飭兩廣、閩浙各督，妥籌防堵等語。所見是。已降旨諭令廣東、福建兩省督撫等妥籌辦理。將此諭令知之。

頒賞皇四子、皇五子、王公大臣、内廷翰林、各省督撫《欽定平定回疆勦捦逆裔方略》各一部。

《東華續録》道光二六　丁未，大雨。

己酉，諭：昨日吏部將滿洲二品廕生分部學習期滿以主事補用之庚長一員帶領引見，因念伊祖托津以大學士管理部務，宣力有年，人甚謹飭，庚長著加恩准其留部，遇有主事缺出即補。

庚戌，撥米二千二百石，交五城開廠煮賑。

壬子，撥户部銀一百萬兩、常平倉穀二十萬石、江西新漕三十萬石，備直隸賑需。

癸丑，命順天府分設七廠平糶。

《宣宗實録》卷二一六　庚申，以失察直隸清河縣民尹老須等習教傳徒，革總督琦善花翎，降三品頂帶留任；歷任總督、布政使、按察使、道府州縣，革職降罰有差。

《東華續録》道光二六　乙丑，廣西賀縣猺匪盤均華等滋事，祁𡒉遣兵勦平之。

《宣宗實録》卷二一六　庚午，以大理寺少卿許邦光爲光禄寺卿。

命翰林院侍讀許乃普仍在南書房行走。

癸酉，直隸總督琦善奏，永定河南六工上汛漫溢奪溜。得旨：相機妥辦，查看明確，即行具奏。

《宣宗實録》卷二一七　八月乙亥，陝甘總督楊遇春覆奏，訊明民人朱田趙，因習天主教發遣；李盛榮等，均内地貿易民回，前在喀什噶爾隨同守城，曾受槍傷，城破被擄，逼脅未從，經張逆送至霍罕，分給各處回子服役，時被磨折。因先後乘間逃出，由布噶爾至俄囉斯所屬之哦林布格爾邊界，經該夷目回明本國王子送回。伊等在霍罕時，言語不通，不知所服役者是否張逆親屬。聞張逆生有一子，現在霍罕，並未見過。霍罕人雖高大，作事蠢鈍，前恐大兵征勦，遣人向布噶爾借兵，聞布噶爾以不敢輕惹天朝之言回覆。該民人等所供未經從逆之處，矢口不移；惟朱田趙仍不願出教，請旨遵辦。下部議。尋議，朱田趙仍發回城爲奴，交伊主嚴加管束；李盛榮等，應照被擄來歸免罪例，令該督查明遞回原籍，交地方官嚴加管束。從之。

丁丑，以疏防直隸永定河南六工漫溢，總督琦善下部議處，餘革職留任及摘頂帶有差。

庚辰，以户部尚書王鼎爲順天鄉試正考官，兵部尚書那清安、都察院左都御史白鎔、刑部左侍郎史致儼爲副考官。

以禮部尚書汪守和署户部尚書，理藩院尚書博啓圖署兵部尚書。

甲申，裁長蘆滄州運判、興國場大使，山東膠萊運判，登寧場、信陽場大使五缺。移天津運同駐滄州。從鹽政鍾靈請也。

乙酉，上臨儀慎親王永璇第賜奠。

《宣宗實録》卷二一八　壬辰，以通政使司通政使德春爲都察院左副都御史。

《東華續録》道光二六　甲午，諭：逆猺趙金隴前在湖南潛蓄異謀，聚衆滋事。廣東界屬毗連，不過小醜被其煽結，若果早事攻勦，必不至日久蔓延，半載有餘，尚未蕆事。李鴻賓始則觀望遷延，坐失事機，及赴連州督師，仍未能相機趕辦，妥速完結。朕覺其籌辦不實不善，當降旨交禧恩、瑚松額確切查明，據實具奏。兹據禧恩等奏，李鴻賓於五月間始抵連州，定計分路進勦，山深箐密，偵探未確，即行進兵，墮賊設伏奸計，將弁兵勇多有傷亡，辦理已屬失宜。兩月以來，雖間有斬獲，亦僅一二搶掠匪徒，並未搗穴攻巢，擒渠斬馘。且意主招安，猺匪正在鴟張，非大加懲創，安能帖然就撫，實屬懦弱無能，毫無布置。節次所奏軍情，與禧恩等所查情形，亦有未符，是其含混入奏，不肯從實，誤事之罪，更無可辭。又據禧恩等奏，該省調至軍營戰兵六千餘名，不慣走山；沿海各營兵丁，多有吸食鴉片煙者，兵數雖多，難於得力。該省營伍，皆屬總督統轄，如果平素整頓，操防實心，訓練一兵，得一兵之用，何至臨陣恇怯，有名無實，徒致虚糜糧餉。且以該省兵丁，在該省山路行走，尤應熟習，何得謂之不慣？平日廢弛，臨事畏葸，訓馭種種乖方，李鴻賓著革職來京，交部治罪。已革休致提督劉榮慶，營伍乃其專責，進勦又不得宜，厥罪惟均，亦著來京，交部一併治罪。

命阮元協辦大學士，仍留雲貴總督任。

調盧坤爲兩廣總督，以訥爾經額爲湖廣總督，鍾祥爲山東巡撫，陳鑾爲江西布政使，張岳崧爲浙江按察使由鹽運使遷。

乙未，調陳鑾爲江蘇布政使，桂良署江西布政使。

《宣宗實録》卷二一九　九月甲辰，以四川布政使尹濟源爲山西巡撫，未到任前，以山西布政使邱鳴泰護理。以江西按察使劉重麟爲四川布政使，廣東鹽運使程懷璟爲江西按察使。

調山西按察使夏修恕爲安徽按察使，安徽按察使色卜星額爲山西按察使。

《東華續録》道光二六　丙午，諭軍機大臣等：本日據張井由驛馳奏，奸民聚衆强挖官隄，掣動全黄，大溜入湖，急籌堵閉一摺。本年淮、黄並漲，均經隨時搶護平穩。八月二十一日，龍窩汛十三堡，有湖内奸民駕船攜帶鳥槍器械，攔截行人，綑縛巡兵，將大隄刨挖。見在口門已寬九十餘丈，水深三丈以外，大溜已掣七分，勢將全黄入湖，殊出情理之外。據張井就見獲從犯孫在山訊出，係民人

趙步堂雇令㐌隄，此外認識者尚有本縣生員陳堂、監生陳端、陳光南、劉開成，及海金周之子。並稱陳端等均有地畝多頃，濱臨湖邊，連年被水，欲㐌放黄水，希圖地畝受淤等語。見在首犯未獲，所供止圖放淤肥地之語，殊不足信。且奸匪不止此數，自必另有爲首之人，别圖不法情事，均應徹底根究。陶澍見赴安徽、江西等省閲伍，何處接奉諭旨，即著迅速折回，將案内人犯嚴審，定擬具奏。所有全案逸犯，務須飭屬密速掩捕，細心嚴鞫，盡法懲治，毋任一名漏網。儻有不實不盡，致將來另生事端，惟陶澍是問。再見在黄河勢將全行入湖，並著陶澍察看水勢，應如何相機鑲築，其本年回空軍船尤關緊要，是否不至阻滯，著陶澍體察情形，設法令軍船銜尾歸次，毋稍疏虞。

命穆彰阿馳往江南，會同陶澍查辦事件。

調奎照爲工部左侍郎，以奕紀爲理藩院右侍郎由奉宸苑卿遷。

以岳良署山西布政使前任江西布政使，怡良爲安徽按察使由山東鹽運使遷。

張井以河隄盜決奪職，暫留河道總督任。

《宣宗實録》卷二一九　甲寅，調工部左侍郎奎照爲刑部右侍郎，刑部右侍郎恩銘爲工部左侍郎，兼京營右翼總兵。

命伊犂將軍玉麟來京，調西安將軍特依順保爲伊犂將軍，以理藩院左侍郎桓格爲西安將軍。

《東華續録》道光二六　戊午，諭：禧恩等由五百里馳奏，分别勦撫各排沖，見經縛獻首匪率衆投誠，猺山全境肅清，酌量留撤官兵，並確查起釁根由，地方官辦理遲延據實奏參各一摺。辦理迅速，可嘉之至，朕心欣慰。【略】禧恩著加恩賞戴三眼花翎，伊本係鎮國將軍，並著封爲不入八分輔國公；瑚松額著賞戴雙眼花翎，並賞給一等輕車都尉世職；余步雲前在湖南認真勦辦，及調任廣東，奮勇出力，一切機宜，俱臻妥協，著加恩賞戴雙眼花翎，並賞給一等輕車都尉世職；曾勝先派帶兵到廣東，屢著勞績，勇敢可嘉，著加恩賞給提督銜，並賞給雲騎尉世職，以示獎勵。其在事出力人員，著查明覈實保奏，候朕施恩。傷亡兵丁，照例咨部辦理。其辦理遲延文武各員，除李鴻賓、劉榮慶已降旨押解來京交部治罪外，所有軍需例准開銷銀兩内，自五月二十二日起至八月二十九日止，一切支銷銀款，著落李鴻賓賠繳三成。陽江鎮總兵余得彪著降爲水師營都司，留粤候補；撤任南韶連鎮總兵得志，著以都司守備降補；署臬司慶林，著革去按察使，以道員用，仍交部議處，以示懲儆。失察文武各員，查取職名，送部照例議處。曾勝著調補廣東南韶連鎮總兵；其高州鎮總兵恒安著送部引見，所遺員缺，著阿精阿調補。

《宣宗實録》卷二二〇　己未，調山西按察使色卜星額爲甘肅按察使，甘肅按察使龔綬爲山西按察使。

丁卯，以泰寧鎮總兵官貴慶爲倉場侍郎；刑部右侍郎奎照，爲泰寧鎮總兵官，兼總管内務府大臣，管理萬年吉地開工事宜。調刑部左侍郎鄂順安爲右侍郎，兼正藍旗蒙古副都統；兵部左侍郎凱音布爲刑部左侍郎。轉兵部右侍郎鐵麟爲左侍郎，調理藩院右侍郎奕紀爲兵部右侍郎，以奉宸苑卿聯順爲理藩院右侍郎，吏部左侍郎奕經署户部右侍郎，兼管錢法堂事務，貝勒奕繪署管理欽天監事。

辛未，湖南逆猺趙幅金、趙幅銀、趙金旺、李德明、鄧庭興伏誅。

《東華續録》道光二六　閏九月甲戌，諭軍機大臣等：林則徐奏，拏獲㐌隄重犯一摺。桃南廳屬奸民聚衆㐌隄，見據林則徐奏稱，已將趙步堂、劉開成、海金周，並海金周之子海東樓，陸續拏獲，並獲到供出之犯證十餘名。著穆彰阿等嚴行審訊，務得確情，分别究辦。此外有無知情同謀之人，著向該犯等根究，設法緝拏，毋許一名漏網。至陳端、陳堂、陳光三名，尤爲案中要犯，著按名拏獲歸案審辦，不得稍有疏縱。

《宣宗實録》卷二二一　戊寅，安徽巡撫鄧廷楨奏，潁州、鳳陽、廬州等府，及六安州等處，有匪徒專習火器，名爲槍手，糾毆者必雇爲保護，因此火器傷人之案，層見疊出。嗣後此等命案，請照舊例從重問擬。槍手受雇，應照自號教師例，杖一百流三千里；雖未受雇而學習已成者，應杖一百徒三年。又潁州府兇徒，結夥傷人，如有槍手，應照舊例加重：三人以上者，發極邊煙瘴充軍；十人以上者，發新疆給官兵爲奴。下部議。尋議，該撫酌定各條，係爲因時懲創起見，應如所議辦理。惟回民結夥，與潁匪情罪相同，亦應一律加等問擬。嗣後安徽省回民結夥鬭毆，除罪在滿徒以下，仍按本例從重定擬外，如結夥罪應擬軍，即將該搶手加等問擬，發往雲貴、兩廣極邊煙瘴充軍，到配加枷號三箇月，以示懲儆。從之。

丙戌，諭内閣：陶澍等奏，江西鹺務亟須整頓，請遴員分往疏緝一摺。江西鹽務疲敝已久，自應亟爲整頓。該督等酌議倣照舊例，略爲變通，請就江西本省丞倅知縣佐雜中選派分辦。著照所請。

《宣宗實録》卷二二二　庚寅，諭内閣：禧恩等奏，籌議辦理排猺善後章程，臚列八條呈覽。粤東排猺，賦性剽悍，時爲地方之害。此次因趙金隴勾煽匪徒，蔓延滋事，經禧恩等調集官兵，大加剿辦，既懾猺膽而張國威，惟戢匪雖在一時，而弭患當謀久遠。所有善後章程，應如所請。

《東華續録》道光二六　丁酉，飭河南、湖北等省，會拏捻匪。

以直隸永定河漫口合龍，開復道員張泰運等處分。

戊戌，飭江西巡撫嚴拏會匪。

《宣宗實録》卷二二三　十月癸卯，頒道光十三年時憲書。

辛丑，撥安徽等庫及各關税銀三十萬兩，備湖北賑需。

《東華續録》道光二六　乙巳，廣東曲江、乳源兩縣土盗句結，猺匪滋事，盧坤派兵剿平之。

《宣宗實録》卷二二三　丁未，命工部尚書朱士彦、户部左侍郎敬徵，馳往江南查辦事件。

以都察院左都御史白鎔署工部尚書，吏部右侍郎桂輪署户部左侍郎，貝勒奕繪署管理欽天監事。

乙卯，諭内閣：前壁昌奏，請將喀什噶爾等處班滿撤回防兵，酌給鹽菜口糧；並西五城换防官兵，作爲三年班滿，當交户、兵二部速議具奏。兹據該部查明，此次班滿撤回之喀什噶爾、英吉沙爾舊額防兵，自道光七年調赴征剿善後，就近留防，在戍多年，情形不無拮据。且隨同守城打仗，著有微勞，與尋常换防不同。該官兵等鹽菜口糧，著加恩自肅州以西，按軍營例支給；肅州以東，俱照凱撤之例辦理。嗣後换防各兵，並此外各城非征兵留防者，不得援以爲例。至喀什噶爾、英吉沙爾防兵，前經改爲三年班滿更换，其葉爾羌、和闐舊額防兵，若仍定以五年，未免向隅，且巴爾楚克一城初設，地方瘠苦，調度不免有所趨避。所有西五城换防官兵，著一律作爲三年班次，以歸畫一。

以盛京兵部侍郎德興兼署户部侍郎。

丁巳，試中式武舉張金華等七十三人於太和殿前。

《宣宗實録》卷二二四　庚申，裁廣東廉州府同知、肇慶府通判、長寧縣始興縣訓導、高州府廉州府司獄、南海縣河泊所大使七缺。

壬戌，上御太和殿傳臚，賜殿試武舉一甲李廣金、張金甲、郝騰蛟三人武進士及第，二甲鳴起等十二人武進士出身，三甲馬騰蛟等五十八人同武進士出身。

丁卯，諭内閣：國祥等奏，暎咭唎夷船業經開導南旋，特參巡查不力之水師各官，請交部議處一摺。巡查海面，爲水師專責，乃盛京巡查夷船佐領徐士斌等，於十月初二日，在隍城島遥見夷船一隻，當即駕船追逐，初十日尚未追至蓋州，稽延怠玩已極！佐領徐士斌、驍騎校韓兆鳳、總巡佐領金立綱、協巡驍騎校徐廷芝、協巡防禦方珍等，俱著交部議處。仍責成該員等管帶弁兵，查明該夷船下落，尾追押令出境，與鄰省海面巡查官明白交替。如再有疏懈，即著據實嚴參。

《東華續録》道光二六　戊辰，福建臺灣嘉義縣匪徒陳辦等滋事，命程祖洛馳往剿辦。

以文蔚爲左副都御史由大理寺卿遷。

《宣宗實録》卷二二四　庚午，命都察院左都御史昇寅、刑部右侍郎鄂順安，馳往西安查辦事件。以鄭親王烏爾恭阿署鑲紅旗漢軍都統，定親王奕紹署正黄旗滿洲都統，兵部尚書那清安署都察院左都御史。

以閩浙總督程祖洛兼署福州將軍。

《宣宗實録》卷二二五　十一月乙亥，命盛京將軍瑚松額馳往福建，署福州將軍。

《東華續録》道光二六　以剿辦猺匪功，加祁墳太子少保。

戊寅，命署福州將軍瑚松額爲欽差大臣，都統哈哴阿爲參贊大臣，馳往臺灣剿賊。

《宣宗實録》卷二二五　辛巳，諭内閣：和福奏，查辦暎咭唎夷船不力，特參隱諱捏報，及擅離汛守各員弁兵役，請交部分别議處，並自請嚴議一摺。蓋州屬連雲島海口守汛卡官驍騎校富明阿，巡查防範，是其專責，自應帶領兵役，梭織巡邏，何得任意擅離汛守，以致夷人登岸入城？蓋州防守尉集成，於同城官兵擅離汛守，不能查出揭報於前；蓋平縣知縣張攀桂，扶同隱諱病斃夷人，及夷人入城，會報守汛兵役盤獲，意存規避，捏報於後，均屬咎無可辭。驍騎校富明阿著革職，領催兵等著革役，防守尉集成、知縣張攀桂著交部分别嚴加議處，和福著改爲交部議處。

癸未，以兵部尚書那清安署翰林院掌院學士。

甲申，諭軍機大臣等：本日據平慶由六百里馳奏，嘉義逆匪圍攻縣城，鎮臣連次接仗，及臺灣縣匪犯豎旗滋事，當即拏獲正法一摺。據奏，初七日以後，自

郡城至嘉義一帶，道路照前梗塞，與劉廷斌音信難通。前委代辦嘉義縣事之署佳里興巡檢施模，聞出莊追賊，不知去向。十一日據探差禀稱，十月初三日賊匪圍攻嘉義縣城，劉廷斌在下加冬聞信，帶領將備於初四日前往救援，沿途與賊接仗數次，殺賊甚多，弁兵亦有傷亡。又據嘉義縣典史張繼昌，雇夫齎禀來郡稱，劉廷斌於初四日馳抵縣城內外衝擊，賊匪退避。初五、初六、初七等日，賊匪連日攻城，該典史隨同鎮臣竭力守禦，用礟斃賊多人。初八日賊匪從南北兩路退去，縣丞朱懋與呂志恆同時被戕。又據探稱，賊匪中尚有劉仲、劉港、黄番婆等，各自爲首，彼此相通，逼脅良民入夥。距郡城十數里外，劉仲、劉港等賊匪數千，屯聚窺伺，郡城内僅有參將一員、守備二員，不能帶兵出勦。又據彰化縣禀稱，境内尚無賊匪，但與嘉義壤地相接，已雇募鄉勇保護。又據鳳山縣禀稱，境内尚無北路賊匪竄入，惟本地零星賊匪乘勢截搶，請添兵防守，當即於澎湖兵内酌撥一百名，同新到換班兵丁一百二十五名，交千總許日高帶往協同巡防。又據臺灣縣禀稱，郡城迆南舊社莊，有賊匪林海，糾人竪旗，强封民人縠石，當即派同知王衍慶、沈欽霖，帶兵捦獲陳雹、林隴、黄祥、李典四名，林海中箭脱逃，餘匪四散。訊據陳雹供稱，林海聽陳辦等戕官攻城，起意竪旗響應，糾約該犯等入夥，共有一百餘人，於審明後即行斬決梟示。又據探稱，賊匪衆多，道路阻隔，該弁兵恐將餉銀軍火遺失，不敢輕進，現駐該處防守，餉銀撤回，另行籌運各等語。所辦尚屬得宜。前已屢次降旨，令程祖洛迅速赴閩渡臺督辦，該督自必趕緊前往。提督馬濟勝已奏報十月十八日自泉州帶兵二千赴臺，計此時總可到臺，探聽劉廷斌駐劄何所，即會合勦捕。昨又頒給瑚松額欽差大臣關防，哈哴阿授爲參贊大臣，並派侍衛巴清德、華山泰、齊克唐阿、凱隆阿，馳驛前往。揀派曾經出兵之巴圖魯侍衛章京等三十員名，一同馳驛。又調河南、西安、貴州、四川兵，俱令揀派得力將弁管帶，迅速起程。現在該省所調兵數，已不爲不厚，平慶務當督率員弁紳士，管帶兵丁鄉勇，加意防守臺灣郡城，以固根本。仍令開通道路，若探知劉廷斌、馬濟勝駐劄何所，並鈔録諭旨，諭劉廷斌、馬濟勝知之。將此由五百里傳諭知之。

《東華續録》道光二六　己丑，諭：朕沖齡就傅，時原任侍郎贈禮部尚書銜萬承風、原任翰林院侍講學士加三品卿銜秦承業，先後在上書房課讀，盡心講貫，深資啓沃，即朕之今日尚能兢兢自守者，兩師傅之功也。眷懷舊學，特沛恩施，萬承風著晉贈太傅，其子童生萬方棶著賞給舉人，准其一體會試，其孫候選府經歷萬長齡著遇缺即補。秦承業著晉贈禮部尚書銜，其子候選員外郎秦繩曾著賞加四品卿銜，嗣子監生秦象曾，著賞給舉人，准其一體會試。用示朕誼篤師儒，有加無已之至意。

癸巳，皇六子奕訢生。

《宣宗實録》卷二二六　丁酉，諭内閣：大學士長齡等會奏，請將李鴻賓等從重治罪一摺。已革協辦大學士、兩廣總督李鴻賓，辦理連州猺匪，節次所奏軍情，訊無含混情形，尚非故意遷延，而辦理不善，耽延月日，罪實難逭。至連州督師，五路進兵，夤夜遇賊，致傷兵弁，所奏率多粉飾。又兵丁吸食鵶片煙，難於得力，雖隨同禧恩等辦理猺匪完竣，僅罰賠三成軍需銀兩，尚不足以示懲。李鴻賓著從重發往烏嚕木齊效力贖罪。已革休致廣東提督劉榮慶，廢弛營務，致兵丁吸食鵶片煙，臨事不能得力，平素毫無整頓，其五路進兵，猝遇賊匪，傷亡兵弁，伊係統兵大員，厥咎較重，雖年逾七十，不准納贖，著從重發往伊犂充當苦差。

辛丑，諭内閣：盧坤等奏，防勦事竣，酌議善後章程一摺。

《東華續録》道光二六　十二月甲辰，撥浙江、江西倉穀二十萬石，濟福建民食。

《宣宗實録》卷二二七　丁未，諭軍機大臣等：陶澍等奏，夷船驅逐開行，飭舟師押赴浙洋，分别飭查防範一摺。此次暎咭唎夷船，向營船聲稱在洋搭救商船，將梢篷折損，求賞木板鐵釘修艌，經蘇松鎮總兵關天培等酌賞，已於十一月十五日起椗開行。著該督等責成該鎮，督率將弁兵船押逐，與浙省舟師，明白交替，毋許含混，並飛咨浙江省押逐回粵。第夷情狡獪，或於押赴東南深水外洋後，仍復繞越過北，著飛咨山東，分飭沿海縣營，嚴行堵截。再此次夷船，比𠲜嗄咪船小至二丈有餘，樯桅亦少一道，據甲利稱𠲜嗄咪坐原船回去，伊搬劉羅船上，其爲包攬指引，已屬顯然。𠲜嗄咪曾否回國，尚未可定。該督等仍飭水師將弁，押送浙省交替後，在洋瞭探，儻復有夷船竄至，立即堵截回南。沿海縣營，隨時防範，仍遵前旨，不許停泊登岸，將貨物與民人交易，米糧尤不許沿海居民賣給。並著咨會廣東，查明𠲜嗄咪及劉羅船果否回粵，統飭該國大班管束。將此諭令知之。

《東華續録》道光二六　戊申，撥浙江沿海州縣漕米十萬石，接濟福建。

《宣宗實録》卷二二七　丙辰，諭内閣：京城内外河道淤淺，間有全涸處所，前降旨派耆英等履勘，穆彰阿等覈估，經工部奏請興修，尚未派員辦理。因思本

年夏令亢旱，民力拮据，現在節氣較早，明歲二月即可興工，著派耆英、博啓圖、恩銘、達三，再行履勘，擇要興修。於要工既有裨益，貧民亦藉資餬口，用示朕軫念民艱，以工代賑至意。

丁巳，諭内閣：京師五城飯廠，每年十月初一日起，每廠每日賞米一石，率以爲常。本年夏間亢旱，收成歉薄，京外貧民入城謀食者，較往年加多，所領之飯，不足充腹。現在雖交春令，天氣尚寒，謀生匪易，著封印後，五城十廠，均於常賑例外，每廠每日各加米一石，俟來春三月二十日常賑期滿，再行停止。俾窮黎餬口有資，均霑實惠。儻有無賴匪徒，冒充貧民，藉端搶奪，著各該衙門嚴拏究辦。

《宣宗實録》卷二二八　壬戌，實授文慶禮部右侍郎，松筠理藩院左侍郎。

丁卯，貴州按察使李文耕年老休致，以廣東鹽運使吴傑爲貴州按察使。

《東華續録》道光二六　庚午，諭：本日據馬濟勝、劉廷斌由驛馳奏，勦捕嘉義賊匪，拏獲要犯多名，撥兵前赴南路勦捕各摺片。覽奏欣慰。此次臺灣匪徒聚衆滋事，戕害府縣，實堪痛恨。提督劉廷斌帶兵馳赴嘉義，該匪四面圍攻，該提督督率守禦，沿途打仗殺賊，奪獲旗幟器械，生擒僞帥吴貂、柯和尚、賴牛，僞軍師林世治、黄寅，僞先鋒邱樣，並賊夥一百餘名。事經三月之久，一切奮勇出力。馬濟勝渡臺後，在茅港尾屢獲勝仗，生擒股首詹通、陳連、陳皎、黄網、林景和，拔營進屯鹽水港，會同劉廷斌分派弁兵四處截拏，獲股首黄番婆，賊夥謝成、陳清山，其股首劉港、劉仲，經官兵等先後縛送。又獲賊目戴闊，匪犯黄水來等六十四名；逆首張丙、黄城，賊目廖花，匪夥李略等十一名。見赴南路勦捕，均臻妥速，俱屬可嘉之至！馬濟勝、劉廷斌俱著先行加恩賞戴雙眼花翎，並交部從優議敘。前任臺防同知代理臺灣府事王衍慶，於防堵機宜，辦理周密，著加恩賞戴花翎，交部從優議敘。

道光一三年（癸巳、一八三三）

《宣宗實録》卷二二九　正月，丁丑，諭軍機大臣等：本日據劉廷斌由四百里奏報，生捦逆首陳辦，並拏獲僞帥股首，分别辦理一摺。所辦甚合機宜，朕心嘉悦。此次嘉義紳民，困守五十餘日，兵勇屢次殺賊，奪礮焚巢，官民依繫若家人父子，該縣紳民深堪嘉尚。著瑚松額、程祖洛，查明候旨施恩。所有拏獲僞帥賴和尚，及羅雲章、黄城，暨逆首陳連，及在彰化拏獲張臨等各犯，俱著瑚松額、程祖洛確切查明員弁兵丁義勇，候朕懋賞。其嘉義新南港總理林振賢等，督率莊民林欽瑞等生捦逆首陳辦，可嘉之至。現在四逆俱捦，張丙前已有旨解京，其陳連、陳辦二犯，著即派委妥員迅速解京，盡法懲治，以彰國憲而快人心。其詹通一犯，據劉廷斌奏，同張丙一處管押，亦著一併解京。其匿匪應搜捕者，務須盡絶根株，著瑚松額會同劉廷斌、馬濟勝，妥爲辦理。其善後事宜，最關緊要，本係地方官之責，其焚燬村莊，應安撫者務須妥爲安輯，若不趁此時辦理妥協，將來大兵歸伍，或尚有餘匪竊發，朕惟程祖洛是問。至劉廷斌於該處安輯後，應赴廣東新任，即著劉廷斌自行酌量，察看該處地方安静無虞，再行起程前往可也。

調吏部右侍郎湯金釗爲户部左侍郎；工部右侍郎浙江學政何淩漢爲吏部右侍郎，兼管順天府府尹事，命來京供職，未到京前，以户部尚書王鼎署兼管順天府府尹事；内閣學士姚元之爲工部右侍郎，兼管錢法堂事務，仍兼署兵部左侍郎。

《宣宗實録》卷二三〇　丙申，諭：本年輪應查閲廣東、廣西、浙江、福建營伍之期，並應補查陝西、甘肅營伍。廣東、廣西著即派盧坤，浙江、福建著即派程祖洛，陝西、甘肅著即派楊遇春，逐一查閲，務各認真簡校。如查有訓練不精軍實不齊者，即將廢弛之將弁據實參劾，毋得視爲具文。

丁酉，湖北巡撫楊懌曾因病解任，以貴州布政使麟慶爲湖北巡撫，江蘇按察使額騰伊爲貴州布政使，調安徽按察使怡良爲江蘇按察使，以安徽廬鳳道蔡世松爲按察使。

《東華續録》道光二七　庚子，方載豫年老休致，以光聰諧爲甘肅布政使，陳崇禮爲直隸按察使由長蘆鹽運使遷。

辛丑，諭：本日朱士彦等由四百里馳奏，桃南廳于家灣合龍壩工蟄鑲穩定，關門邊埽堵閉情形，並將在工出力人員懇請鼓勵一摺。向來辦理河湖各工，遇有潰決處，委係險工疊出，猝不及防，人力難施，事竣後在工人員，著有勞績，自應給予議敘。至上年龍窩汛十三堡奸民聚衆强穵官隄，該管各官漫不經心，疏於防護，以致奸民陳端等明目張膽執持器械，攔截行人，捆縛巡兵，將大隄刨穵，殊出情理之外。此次壩工穩定，邊埽堵閉，各該員縱有微勞，亦屬分所應爲之事，非歷次大工可比，若濫邀議敘，尚復成何事體！朱士彦等所請懇予鼓勵之處，著不准行。首犯陳端起意糾衆穵隄，日久未獲，殊屬延玩，著陶澍、林則徐嚴

飭所屬，勒限緝拏，務獲審辦，不得以于家灣業經合龍，河身已復故道，置之度外。如緝捕鬆懈，致要犯日久稽誅，陶澍、林則徐恐不能當此重咎也！張井等若無頂帶，不足以資彈壓，張井著加恩賞給四品頂帶，王貽象、張兆、薛朝英著加恩賞給五品頂帶，均著仍帶革職留任，八年無過，方准開復。

《宣宗實録》卷二三一 二月壬寅，以貴州按察使吴傑爲順天府府尹，江蘇常鎮道王瑞徵爲貴州按察使。

己酉，以廣東南韶連道楊殿邦爲貴州按察使。

乙卯，諭軍機大臣等：朕聞京城米價日漸增昂，每石竟須制錢四千數百文，小民日用倍形拮據，城外恐市儈囤積居奇，或竟有回漕情弊，不可不防其漸。著耆英等於各城門嚴行查禁，如有回漕弊端，即著嚴拏懲辦。將此諭令知之。

《東華續録》道光二七 戊午，撥江甯藩庫銀三十五萬兩，備淮揚等屬展賑。

己未，四川越巂廳等處夷匪滋事，命那彦寶、桂涵等勦辦。

已革直隸總督那彦成卒，贈尚書銜，予祭葬，謚文毅，釋其子容安回旗。

《宣宗實録》卷二三二 庚申，舉行道光十二年大計。

壬戌，以禮部尚書汪守和兼署吏部尚書。

甲子，以詹事府詹事恩桂爲内閣學士，兼禮部侍郎銜。

《東華續録》道光二七 乙丑，賑臺灣被賊滋擾閩粤難民。

再發京倉粟米五十石，加賑大興、宛平兩縣，並添設粥廠。

三月壬申，盧坤奏，擒獲粤洋盜首楊就富等。

乙亥，上親耕耤田。

《宣宗實録》卷二三三 丙子，諭：富俊奏請將各部院衙門條例定議畫一，俾知遵守，並請飭臣工認真辦公一摺。各部院衙門例案隨時酌量增改，自須各定專條，俾知遵守，原不應界涉兩歧，致書吏得以藉端舞弊。嗣後各衙門於纂修則例時，務須悉心酌議，將兩歧例案，悉予删除，總不得彼此通融，互可援引，致令不肖吏胥從中舞弄，庶足以昭畫一。又所稱臣下辦公，不當虚應故事，如有顢頇怠玩者，當即懲儆等語。現在諸大臣中認真辦事者並不乏人，即偶有未能振作者，朕亦隨時訓飭，未嘗稍事姑容。諸大臣尤須體朕勵精圖治之心，實力奉公，各盡厥職，以熙庶績而臻上理。

允大學士盧蔭溥致仕，加太子太保，賞全俸。

丁丑，以大學士曹振鏞爲會試正考官，協辦大學士雲貴總督阮元、兵部尚書那清安、工部左侍郎恩銘爲副考官。

以理藩院尚書博啓圖署兵部尚書，吏部右侍郎桂輪署京營右翼總兵，鑲紅旗蒙古都統哈哴阿署鑲藍旗漢軍都統，肅親王敬敏署正藍旗滿洲都統。

乙酉，調甘肅提督胡超爲固原提督。

贈故四川提督桂涵太子少保，賞銀五百兩，予祭葬，謚壯勇。

《東華續録》道光二七 丙戌，展五城飯廠煮賑一月。

己丑，命直隸興修水利，以工代賑。

癸巳，予臺灣死事縣丞方振聲謚義烈，署守備把總馬步衢謚剛烈，陳至威謚勇烈，均加銜給世職，入祀昭忠祠，並命建專祠於斗六門。以罵賊抗節，振聲妻張氏、步衢妻唐氏，均謚節烈，及從難幕友家人附祀。

《宣宗實録》卷二三四 乙未，禮部以會試中額請。

丙申，諭内閣：盧坤等由驛馳奏，生擒越南巨盜陳加海，匪巢盡埽，華夷洋面肅清一摺。

己亥，調工部右侍郎姚元之爲刑部右侍郎；以内閣學士廖鴻荃爲工部右侍郎，兼管錢法堂事務，仍留江蘇學政任。以工部左侍郎吴椿兼署錢法堂事務，禮部左侍郎桂齡兼署兵部左侍郎。

江南河道總督張井因病解任，以湖北巡撫麟慶爲江南河道總督，刑部右侍郎鄂順安爲湖北巡撫，調盛京工部侍郎裕泰爲刑部右侍郎。

《宣宗實録》卷二三五 四月壬寅，調湖北巡撫鄂順安爲山西巡撫，山西巡撫尹濟源爲湖北巡撫。

調福州將軍慶山爲烏里雅蘇台將軍，烏里雅蘇台將軍樂善爲福州將軍。

丙午，贈故太子少保前任伊犂將軍玉麟太保，予祭葬，謚文恭，入祀賢良祠，賞銀一千兩治喪，並賞其子候補員外郎恆昌服闋後即補。

戊申，命成都將軍那彦寶來京，調盛京將軍瑚松額爲成都將軍，吉林將軍寶興爲盛京將軍，以熱河都統保昌爲吉林將軍，漕運總督蘇成額爲熱河都統。

以倉場侍郎貴慶爲漕運總督，調工部左侍郎恩銘爲倉場侍郎，理藩院左侍郎松筠爲工部左侍郎，轉理藩院右侍郎聯順爲左侍郎，以内閣學士賽尚阿爲理藩院右侍郎。

己酉，諭軍機大臣等：前因直隸地方糧價騰貴，降旨令裕泰等撥項採買，並動碾倉穀，運京協濟。兹據查明奉天各海口積存糧石内，高粱最多，粟米僅有二

萬餘石，未便採買。現在各廳州縣倉貯粟米，實存十二萬六千八百餘石，除酌留備用外，籌撥米六萬石，派員運赴災區接濟等語。直隸所屬地方，曾否得雨一律深透，著琦善體察情形，如現在尚需協濟，即一面奏明，一面循照成案，派委妥員，雇備船隻，前赴奉天海口，將該處籌撥米石，裝載撥運，以期迅速濟用。儻已得透雨，糧價漸平，小民無虞食貴，著即據實具奏，並飛速行文該省，停其動碾撥運，以重倉儲，將此諭令知之。

命吏部尚書潘世恩爲大學士，管户部事。調工部尚書朱士彦爲吏部尚書，以都察院左都御史白鎔爲工部尚書，户部左侍郎湯金釗爲都察院左都御史，調吏部右侍郎何淩漢爲户部左侍郎，户部右侍郎李宗昉爲吏部右侍郎。兵部左侍郎張鱗爲户部右侍郎，兼管錢法堂事務，仍留福建學政任；以都察院左副都御史朱爲弼爲兵部左侍郎。

《宣宗實録》卷二三六　丙辰，諭内閣：嗣後凡遇各項考試，派出閲卷大臣，試卷内如有違式錯誤等處，俱著黏簽註明進呈。

己未，引見壬辰科散館人員。

吏部以大學士潘世恩應定何殿閣請。得旨：著爲體仁閣大學士。

以理藩院尚書博啓圖署工部尚書，兵部尚書那清安署翰林院掌院學士，鑲藍旗漢軍副都統哈哴阿署鑲白旗滿洲都統。

庚申，以大學士富俊、户部尚書王鼎、吏部右侍郎李宗昉、兵部左侍郎鐵麟、朱爲弼、刑部左侍郎史致儼、工部左侍郎吴椿、内閣學士恩桂，爲殿試讀卷官。

以告病江南河道總督張井暫署江南河道總督。

辛酉，策試天下貢士許楣等二百二十二人於太和殿。

壬戌，以光禄寺卿祁寯藻爲内閣學士，兼禮部侍郎銜。

甲子，御勤政殿，召讀卷官入，親閲定進呈十卷甲第。

《東華續録》道光二七　己巳，皇后崩，上親臨視。酉刻詣澹懷堂大行皇后梓宫前，奠酒。諭：皇后正位中宫，事朕二十六年，柔嘉維則，孝敬無違，此宫中府中所共知者。今抱沈疴，竟成長逝，失此内佐，痛何忍言！著派惇親王緜愷、總管内務府大臣禧恩、禮部侍郎文慶、工部侍郎裕誠，總理喪儀。

《宣宗實録》卷二三七　五月辛未，至澹懷堂大行皇后梓宫前奠酒。至丙子皆如之。

諭内閣：各部院等衙門，政事殷繁，遇有應奏事件，若因在素服不辦事期内，不行陳奏，勢必積壓。著各部院等衙門，於一切應奏事件，仍隨時呈遞，毋稍稽遲。至引見各官員，著於五月二十六日後，各衙門照例帶領引見。

賜一甲汪鳴相、曹履泰、蔣元溥三人進士及第，二甲司徒煦等一百人進士出身，三甲陰豐潤等一百十七人同進士出身。

癸酉，調盛京兵部侍郎德興爲盛京户部侍郎，以都察院左副都御史德春爲盛京兵部侍郎。

乙亥，以雲南鹽法道劉韻珂爲浙江按察使。

戊寅，廣東按察使楊振麟因病解任，以安徽寧池太廣道郭承恩爲廣東按察使。

《東華續録》道光二七　壬午，上詣澹懷堂大行皇后梓宫前行啓奠禮，酉刻奉皇太后臨奠。

諭：王以下、有頂帶官員以上，百日後薙髮；軍民人等，一月後薙髮，均百日内停止宴會音樂。

刑部覆奏，兩江總督陶澍等議覆給事中孫蘭枝奏紋銀出洋請明定例案一條。查白銀一項，雖非銅鐵製造軍器者比，惟内地物産應供内地之用，若私運出洋，則内地轉形支絀，應如該督所議，另立治罪專條。嗣後紋銀出洋一百兩以上，請照偷運米穀一百石以上例，發近邊充軍；一百兩以下，杖一百、徒三年；不及十兩者，杖一百，枷號一箇月。爲從知情不首之船户，各減一等問擬。纂入則例，永遠遵行。從之。

癸未，上詣澹懷堂大行皇后梓宫前奠酒，奉移大行皇后梓宫於觀德殿。

《宣宗實録》卷二三七　丁亥，倉場侍郎劉彬士因病賞假，以兵部左侍郎朱爲弼署倉場侍郎。

以奉宸苑卿倭什訥爲内閣學士，兼禮部侍郎銜。

《東華續録》道光二七　己丑，楊芳奏，四川峩邊廳夷匪首逆桑樹格等就擒。

乙未，上詣觀德殿大行皇后梓宫前行大祭禮。

丁酉，諭：本日吏部會同宗人府嚴議惇親王緜愷等，分別降調罰俸，均屬咎所應得。前據惇親王緜愷面奏，與禧恩等共商軍民人等薙髮停止宴會音樂之處，於義未協，並未體察註義，妄加援引，不學無術，信口亂談，糊塗紕繆已極！朕若將伊等照大不敬律治罪，伊等能當此重咎耶？試觀見在大行皇后之事，較之嘉慶二年儀文，已有過當之處，因時制宜，實不得不然耳。朕心深覺不安而抱

慟，且朕孝養皇太后，時祝無疆之慶，即朕之春秋亦未甚衰，乃緜愷等嘵嘵以天下應百日不薙髮爭辯，是何肺腑，實出情理之外！惇親王緜愷，著革去內廷行走，並革去都統，罰親王俸十年，分作二十年坐扣，每年仍賞給親王半俸。禧恩著革退御前大臣、户部尚書，所有總管內務府大臣印鑰，交耆英佩帶；並著耆英管理奉宸苑事務，禧恩毋庸管理。文慶係翰林出身，虞書二語註義深切著明，若竟不知，則學問亦太淺薄；若知而不言，大臣遇此等事不肯開誠布公，隨聲附和，尤屬非是，文慶著革去副都統，降爲三品頂帶。裕誠著革去護軍統領，退出乾清門。禧恩、文慶、裕誠部議降三級調用之處，俱著加恩改爲降四級留任，六年無過，方准開復。此係朕姑從寬典，僅予薄懲，惇親王緜愷等，當知感知懼，勉圖後效，無負朕諄諄訓誡之至意。

調穆彰阿爲户部尚書，博啓圖爲工部尚書，以禧恩爲理藩院尚書。

《宣宗實録》卷二三八　六月庚子，命大學士潘世恩、户部尚書穆彰阿教習庶吉士。

辛丑，倉場侍郎劉彬士因病解任，調兵部左侍郎朱爲弼爲倉場侍郎，轉兵部右侍郎王楚堂爲左侍郎，以都察院左副都御史龔守正爲兵部右侍郎。

《東華續録》道光二七　乙巳，申禁各省將弁等違例坐轎。

《宣宗實録》卷二三八　戊申，調甘肅布政使光聰諧爲直隸布政使，以甘肅按察使色卜星額爲布政使，廣西左江道戚宗彝爲甘肅按察使。

《東華續録》道光二七　庚戌，申禁粵洋民人以紋銀易貨，洋人以洋銀易貨。

《宣宗實録》卷二三九　乙卯，諭：御史朱嶟奏，請慎重名器一摺。所奏甚是，可嘉之至。國家設科取士，三年大比，録其文藝優長者，試於禮部，量才而後官之；並於正科之外，開設恩科，原以嘉惠士子，甄拔真才，以備朝廷任使。上年畿輔荒旱，收成歉薄，節經賑糶頻施，而春雨未透，百姓嗷嗷待哺。該地方官倡議勸捐，適有直省紳士捐輸，經該府尹等奏請，朕因花翎以待軍功，未便率行賞給，而該員等不分畛域，急公好義，亦不能不量予獎勵，是以倣照年老諸生未經登第賞給舉人副榜之例，分别辦理，姑允所議。原係一時權宜，未嘗著爲定例也。若如該御史所奏，未登仕版者，將可報捐中書；已列部曹者，又將保送御史；甚至買通關節，雇倩槍替，識趣日卑，術業漸廢，生富人僥倖之心，阻寒儒進修之志，亦不可不防其漸。嗣後各直省督撫及順天府尹等，偶遇水旱偏災，如有抒誠捐輸，應須嘉獎之處，在士庶或酌給扁額，或議敘職銜；在官紳或准其加級，或予以升途，概不准請賞舉人，即使援引成案，妄行瀆請，亦斷不能仰邀允准。其已經賞給者，如有關節槍替等弊，國法具在，亦不能因加恩在先，概予寬宥。朕於勸善之經，求賢之道，總期並行不悖，該士子等務須經明行修，敦崇實學，自然登進有階，無妄生冀倖之心也。將此通諭知之。

《東華續録》道光二七　丙辰，諭軍機大臣等：楊芳奏，十二地熟夷投首，峩邊全境廓清，擬即進兵曲曲烏石圈子，勦辦野夷情形一摺。據稱遊擊王連元、包相卿等，分路進兵，並抵鹽井溪。該夷匪遁入石圈子老林，該提督率領參將樊豐年等，帶兵渡河至鹽井溪，包相卿等帶領夷人男婦千數百名伏地跪迎。慮及夷性狡黠，兵撤復叛；若驟加勦洗，又恐其投匿抗拒。密派義勇混入曲曲烏夷巢，宣示利害；又遣投誠熟夷潛入二十六地，曉諭恩威，散其黨與。該夷匪見兩路官兵，同時鈔到，據其腹心；又見先來投誠之賊目海潮舉等未加誅戮，遂出投誠。念其尚知悔懼，且有竄入曲曲烏石圈子等餘匪，或意存觀望，自應網開一面。因將巨憝海色汪等十數人扣留，隨營暗爲管押，擬即進兵曲曲烏石圈子搜捕餘匪等語。該夷匪海潮舉、海色汪，及鹽井溪投首之夷匪等，雖已投誠，然狼子野心，殊難深信。其前次順江場等處慘殺居民，乞掘墳墓，戕害兵丁周國棟等多名，實屬窮兇極惡，且未經官兵懲創，雖出投首，難保其不終反覆。該提督久歷戎行，必能情僞周知，務須力加鈐束，毋稍疏虞。至見在進兵曲曲烏石圈子等處，該夷匪等如果冥頑梗化，自應迅速勦辦，毋得稍有遲延，以致老師糜餉。

《宣宗實録》卷二三九　乙丑，福建臺灣逆犯張丙、詹通、陳辦、陳連伏法。

《宣宗實録》卷二四〇　七月庚午，諭內閣：御史趙敦詩奏，請禁奔競以維氣節一摺。國家設官分職，長以率屬，相見皆有儀注。從前乾隆、嘉慶年間，節經明降諭旨，遇有公事，衹應侍立回堂，毋許屈膝請安，以肅體制。乃近來又復相習成風，堂官不肯明正其非，司官不知自厲其節，於吏治大有關係。本年京察屆期，各部院堂官，尤宜洗心滌慮，破除積習，遴選心地醇正、才能出衆、平素能知自重者，列之上考，不得以奔競之員充數，庶足維氣節而肅官常。

丙子，調户部右侍郎何淩漢爲吏部右侍郎，仍兼署户部右侍郎，管錢法堂事務。禮部左侍郎桂齡爲户部左侍郎，轉禮部右侍郎陳用光爲左侍郎，以內閣學士陳嵩慶爲禮部右侍郎。

《東華續録》道光二八　丁丑，諭：五城坊官拏獲鄰境逃犯，必須本任無承緝未獲之案，方准奏請議敘。

定陪祀不到參處例。

《宣宗實録》卷二四一　甲申，大考翰林院詹事府各官於圓明園正大光明殿。

己丑，諭内閣：此次考試翰詹各員，經閲卷大臣校閲進呈，朕復詳加披覽，親定等第，一等五員，二等四十八員，三等五十八員，四等五員，不列等三員。

《東華續録》道光二八　定大考翰詹臨期告病即行開缺例。

壬辰，册謚大行皇后爲孝慎皇后。

《宣宗實録》卷二四一　癸巳，廣東巡撫朱桂楨因病解任，調廣西巡撫祁𡎴爲廣東巡撫，以福建布政使惠吉爲廣西巡撫，四川按察使花杰爲福建布政使，調山東按察使蘇廷玉爲四川按察使，以雲南糧儲道牛鑑爲山東按察使。

《東華續録》道光二八　乙未，諭：富俊奏請禁陋習以端仕進一摺。國家鄉會兩試，原係求賢大典，其主考、同考各官，特經簡派，於文藝之優劣即可知其品學之高下，使得士皆砥行立名，方合以人事君之道。在獲中者，感主司知遇，拜認師生，原屬例所不禁。衡文者總當以品學相規，不得徒以恩情相接。若如該大學士所奏，科甲所認師生，凡遇一切事件，無不暗爲關照。及門生外升道府州縣，於師生同年處所必須留贈銀兩，名曰「别敬」，以致不計利息重輕，甘受奸商盤剥，是服官之始，已負重纍，尚安望其能清白自守，克爲廉吏耶？至在京部院司員，經堂官保薦，京察簡放外任；及外任各員，經督撫保舉，皆當秉公遴選，務在得人。其拜認師生，久經嚴禁，儻以保舉爲市恩酬報地步，是受爵公朝，拜恩私室，此風斷不可長。嗣後内外臣工，於考試所取之士，及保舉所屬人員，務當破除情面，力挽頽風，如有仍前餽送别敬者，一經發覺，定予嚴懲，決不寬貸。

八月辛丑，上詣觀德殿孝慎皇后梓宫前，行百日祭禮。

《宣宗實録》卷二四二　癸卯，諭：《會典》内載皇后母家例俱應封公爵，其不係嫡后，及誕聖推恩所封，侯承襲時請旨等語。若是轉致參差不能畫一，且無限制，嗣後嫡后之父，及誕聖推恩所封者，俱著封爲三等承恩公；其不係嫡后者，著封爲一等承恩侯，皆世襲罔替，並著將此旨纂入《會典則例》，永遠遵行。

甲辰，諭内閣：張井前因患病，懇請開缺，當降旨以麟慶補授江南河道總督。麟慶旋丁母憂，仍命張井署理。現在麟慶已百日孝滿，著即前往署理江南河道總督，張井著俟麟慶到任後，再行回籍調理。

丁未，以詹事府詹事何彤然爲内閣學士，兼禮部侍郎銜。

《東華續録》道光二八　癸丑，奉皇太后懿旨，晉封全貴妃鈕祜禄氏爲皇貴妃，攝六宫事。

乙卯，鍾祥奏，拏獲盜乞蜀山湖首犯邵方有等。

《宣宗實録》卷二四二　調陝甘學政杜受田提督山西學政，山西學政羅文俊提督陝甘學政。

丁卯，四川總督鄂山覆奏，遵旨詳查楊芳於四月二十八日，統領漢屯官兵前赴峩邊，因夷匪藏匿深山腰峒，督令兵勇設法攻破，並節次拏獲首逆桑樹格等數名。迨移師十二地，夷人率衆乞降，楊芳詳加開導，所有倡亂夷匪十餘名，先行設法羈縻，令其運糧修路，以爲招服曲曲烏等支夷之計。嗣楊芳戡定曲曲烏後，隨將倡亂各夷匪駢誅。至曲曲烏石圈子等處夷匪，楊芳督兵進攻，殲殺甚多，該夷衆始行乞降。楊芳密查滋事夷匪一百二十餘人，招撫後將該夷匪等傳至大坪軍營正法。其間阻雨阻水，造橋修路，不無少延時日，實非有意濡滯，前後奏報，亦無不實情弊。現在帶兵由新建橋前赴越巂之棵棵溝，查辦滋事各案，並搜捕大樹堡一帶逸匪，遵即飭催該提督速籌竣事。至吴傑所奏，除漢奸、清地界、改官制數條，誠爲善後要務，統俟籌辦善後章程，再行參酌議奏。又楊芳所保各員，查原任彭水縣巡檢朱維垣，本非四川省官員，即冕寧縣知縣魏煜等勞績，較之此次派委供辦糧餉，清查夷地户口各員，辛勤究有未逮，容將文武各員，詳加確查，再行覈實具奏。報聞。

《東華續録》道光二八　九月己巳，上詣觀德殿孝慎皇后梓宫前，行啓奠禮。

庚午，奉移孝慎皇后梓宫於田村，上親臨目送。

《宣宗實録》卷二四三　壬申，以工部左侍郎松筠署户部右侍郎，兼管錢法堂事務。

戊寅，諭内閣：漕糧爲天庾正供，節經降旨令有漕各省督撫，早兑早開，剋期渡黄，不許延緩。乃本年漕船，遲至六月二十四日始行全數渡黄，以致回空尾幫，遲至八月二十九日始催過天津關，疲玩已極。現在節交霜降，水勢漸消，著該漕督及沿途督撫嚴行催趲，晝夜銜尾前行，不准停泊，庶幾以速補遲，及早歸次。至來年辦理新漕，必須迅速兑開，趁黄水未漲之前，趕早完渡。著有漕各省督撫，飭各糧道早兑早開，總令於四月初十日以前，全數趲至清江，剋期抵壩，以便渡黄北上，毋許稍有延誤。儻仍因循疲玩，漫不經心，致逾期限，必將誤漕督撫嚴行懲處，決不寬貸。將此通諭知之。

以兵部右侍郎龔守正知武舉，工部尚書白鎔爲武會試正考官，詹事府少詹事胡達源爲副考官。

《東華續録》道光二八　乙酉，展緩福建全省逋賦。

《宣宗實録》卷二四三　丙戌，以詹事府詹事張岳崧爲湖北布政使。

以阿克蘇辦事大臣興德仍爲葉爾羌幫辦大臣，葉爾羌幫辦大臣薩迎阿仍爲哈密辦事大臣，調烏什辦事大臣常恆爲阿克蘇辦事大臣，哈密辦事大臣興科爲烏什辦事大臣。

辛卯，以長蘆鹽運使李恩繹爲廣東按察使。

壬辰，熱河都統蘇成額因病解任，以漕運總督貴慶爲熱河都統，貴州巡撫嵩溥爲漕運總督，調陝西巡撫史譜爲貴州巡撫，以陝西布政使楊名颺爲巡撫，調山西布政使何煊爲陝西布政使，以大理寺卿徐鏞爲山西布政使。

以倉場侍郎恩銘署漕運總督，刑部左侍郎凱音布署倉場侍郎。

《東華續録》道光二八　丁酉，諭：陶澍奏，查緝漕船夾私，正以速趲回空，未便任帶蘆鹽，致使鹽漕兩誤一摺。所議甚是。前據貴慶奏，籌議江廣回空軍船，酌增食鹽給課交票章程五條，朕即覺其不可行，惟以鹽漕並重，不厭精詳，當交部議。旋據户部奏，增買蘆鹽有妨淮引，降旨令陶澍悉心妥議。茲據該督於未奉諭旨之先，接該漕督咨文，即力陳誤鹽亦且誤漕，甚爲明晰。漕船回空帶私，爲歷來之痼弊，並有隨幫風客，除本分利，坐占淮南數十萬引綱額，句引梟匪，肆行無忌，漕船停泊買私，尤有誤於趲運。前經陶澍派委文武大員，於黄河南北，及淮揚等處，嚴密迎查，並令漕員會同押空幫弁，於直隸、山東隘口認真堵緝，即寓催趲於查緝之中，回空歸次亦較前迅速。糧私既絶，官引自銷，江廣等省雖連值水災，銷數尚增。本年漕船實由兑運艱難，以致稽緩，儘可嚴行催趲，以速補遲。若將漕弁撤退，則幫丁舵水人等，俱知禁令已弛，必致放膽買鹽，明縱透漏，既害鹺綱，欲速反遲，尤誤漕運。至該漕督請於例買食鹽四十斤外，請在長蘆加買，過揚納課，不但有誤回空，並且有誤重運。漕務水手，素稱桀驁，加以順帶官鹽，必有梟犯出貲附和，以天庾正供之船，爲聚集匪黨之藪，且所賣盡長蘆之私，所缺盡淮南之課，實爲自壞藩籬。至丁情苦纍，准帶土宜津貼，以鹺綱爲丁舵沾潤之計，國家無此政體。著直隸總督、山東巡撫、長蘆鹽政、天津鎮總兵，仍嚴督沿河營汛州縣，查拏梟匪窩囤堵截私鹽透上漕船。並著漕運總督，仍派幹練漕弁，於各要隘，會同幫弁堵截搜查。其有已經議撤者，仍行添設，不准帶私停留，務期迅速南下。其楚西綱岸，不至於歉歲滯銷之後，再受糧私侵占。並著責成陶澍實力整頓，以期鹽務日有起色，不至滯銷，庶鹽漕均有裨益。

《宣宗實録》卷二四四　十月戊戌，頒道光十四年時憲書。

辛丑，諭軍機大臣等：有人陳奏，浙江杭州府屬，有不安本分士子，恃符滋擾，名曰韡黨。其衆著者，則有舉人徐廷策，廩生邱宗憲，附生龔潤、吴必祥，職員許祖興，吏員吴葆生即小漁，尤爲鄉閭側目。此輩或藉詞因公，聯名挾制；或事非干己，挺身扛訟；或先後互尋其釁，或彼此相助爲攻；或陰爲挑唆，陽爲調處；或名爲息事，實爲埋根；甚至設爲影射之詞，汙衊婦女之名節，巧構株連之局，傾覆良懦之身家。地方官循謹者惟恐攖其鋒，而公事爲之掣肘；其貪墨者且將利爲媒，而從中慫其勒詐。蠹胥猾吏，奸奴劣幕，聯爲心腹，請將著名韡黨密切究辦等語。案關士子干預教唆，最爲惡習。事隸浙省，該撫富呢揚阿忠厚有餘，剛斷不足，朕所稔知，若交該撫懲辦，雖不敢化有爲無，必致受屬員朦蔽。程祖洛現任總督，浙江亦所兼轄，接奉此旨，不必親往杭州，於所屬各員中，不拘道府廳縣，總須結實可靠之人，密行派往，暗訪明查，是否實有其人，實有其事？如有確據，即將韡黨指名查拏，按律懲辦，毋稍姑息。此外各州縣各案，如舉監生員，及捐職人等，有干預教唆者，一律懲治，以儆刁風而清訟源。將此諭令知之。尋奏，正在遴委妥員查辦，適浙撫已經訪拏，查明龔潤是錢塘縣舉人，訊係附生龔自泰託名嫁禍，餘俱按名弋獲，究出滋擾訛詐多案，請照辦訟棍例，發極邊煙瘴充軍。下部議，從之。

丙辰，諭内閣：朕本日殿試中式武舉弓刀石，内滿洲隆山、廣西歐陽豹二名，俱弓不符，著罰停殿試一科；補行殿試之滿洲郭興阿、陝西王文裕二名，俱弓不符，著再罰停殿試一科。除郭興阿、王文裕原園監射較射之王大臣，業於前此議處外；此次中式武舉隆山、歐陽豹原園監射較射之王大臣，著交部議處，覆試之王大臣，著交部察議。

《東華續録》道光二八　丁巳，賜牛鳳山等三十八人武進士及第、出身有差。

命訥爾經額等，飭緝湖北濱江等處盜匪。

《宣宗實録》卷二四四　辛酉，以都察院左都御史湯金釗爲工部尚書，刑部左侍郎史致儼爲都察院左都御史。

壬戌，轉刑部右侍郎姚元之爲左侍郎，以江寧布政使趙盛奎爲刑部右侍郎，湖南按察使楊簧爲江寧布政使，廣東惠潮嘉道趙炳言爲湖南按察使。

《東華續録》道光二八　甲子，陶澍奏，獲盜決官隄首犯陳端，命與待質案犯陳欽、劉開成等，質審明確，押赴犯事地方正法。

乙丑，諭：本日據吏部奏，嚴議武會試正副考官白鎔等分别降調降留，均屬咎所應得。【略】白鎔著降補大理寺卿，胡達源著降補翰林院侍講，以示薄懲。御史蘇芳阿、給事中黄爵滋，部議降二級留任之處，均著加恩改爲降一級留任，不准抵銷。

十一月丁丑，盧坤奏，越南國黎維良糾合北勝土司，在清化起事，保樂州農文雲聚黨攻打牧馬。九月初，諒山鎮夷官黄文權帶兵救援敗績。沿途雖設有排栅，地方遼闊，兵力少單。見派兵嚴防隘口。報聞。

庚辰，復琦善頭品頂帶。

《宣宗實録》卷二四五　浙江學政陳用光奏，浙江士習好訟，而嘉、湖尤甚。嘉興有紅帽子，湖州有白帽子之謡，謂嘉興則生監，湖州則鄉民也。先事訪聞，已時加諄誨。得旨：既有紅白帽子之稱，必應擇其最不安分之徒，隨時懲辦，以一儆百。空言諄誨，何益之有？朕看汝德有餘而才不足，嗣後務當加以振作，勿徒博寬厚也。

甲申，諭内閣：御史尚開模奏，請飭禁幕友濫邀議敘一摺。朝廷甄敘之典，所以鼓勵人材。其襄理幕務，由本官自行延請，與在官供職不同，朕曾通諭各督撫鹽政等，概不准將幕友保列，以杜冒濫。前據盧坤奏，請將襄辦文案出力之幕友候選州同宋緒，加以奬勵，朕因係五品虚銜，與受職稍有區别，是以降旨准行。今據該御史奏，此端一開，各省相率效尤，將有職人員延入内署，商摧公事，以爲將來保薦地步，其需次各官，藉此夤緣招摇，均所不免，實不可不防其漸。所有候選州同宋緒賞給五品銜之處，著即撤銷。盧坤違例奏請，並著交部議處。嗣後各直省督撫，概不准以本省屬員入幕襄理，如再有以幕友濫行邀請議敘者，著吏部查明參奏，以重名器而肅官常。

丙戌，以貴州巡撫史譜爲光禄寺卿，刑部右侍郎裕泰爲貴州巡撫，調盛京工部侍郎恩特亨額爲刑部右侍郎，以奉天府府尹烏爾恭額爲盛京工部侍郎兼管奉天府府尹事，雲南按察使圖明額爲奉天府府尹，長蘆鹽運使錢寶琛爲雲南按察使。

以陝西按察使李羲文爲四川布政使，廣西右江道莫爾賡阿爲陝西按察使。

壬辰，兩江總督陶澍等奏，審明穵隄首犯陳端，押赴桃源縣龍窩汛地方正法。下部知之。

乙未，山東道御史常大淳奏，湖南苗生鄉試，宜與邊卷漢文生隔别號舍，以杜代倩，下部議行。

辛丑，命升任刑部右侍郎江寧布政使趙盛奎，暫留江蘇辦理災務。

《宣宗實録》卷二四六　十二月，己亥，以禮部右侍郎文慶署刑部右侍郎，鑲黄旗護軍統領安福署鑲紅旗蒙古副都統。

《東華續録》道光二八　乙卯，諴禧皇貴妃薨。

丙辰，諭：前據保昌等奏，吉林三廳紳士捐貲建立考棚，請令學臣按臨考試一摺。朕即覺其不可行，當交禮部議奏，意該部必將該將軍等所奏議駁，方爲正辦。乃本日據禮部奏，該處自設立學額以來，見在民字號及滿合字號應試生員若干名，童生若干名，均未詳細聲明。儻人數較少，驟令學臣前往考試，不獨來往跋涉，尤屬徒擾驛站。所有該處各廳，見在捐建考棚，及讀書應試者共有若干人，應飭交該將軍查明分晰，開單咨送到部，再行覈議等語。殊屬非是。【略】今欲添設考棚，無論文風未必遽優，即使絃誦日增，而弓馬轉致輭弱，大非朕教育旗人之意也！保昌等率爲此奏，殊屬忘本，關係不小。保昌、倭楞泰、禮部堂官，俱著傳旨申飭，所奏著不准行。

《宣宗實録》卷二四七　辛酉，諭軍機大臣等：麟慶奏，近年河湖交敝，欲復舊制，不外古人蓄清刷黄一法，其關鍵全在運口。本年空運，仍用灌塘，自屬權宜濟運。但河底淤高，非清莫刷。湖水連年北行，祇以運河爲熟路，一旦黄水落低，闢展束清、禦黄二壩，暢放湖水，運口無所箝制。古人引導清水濟運刷黄，全在致力磨盤埽。自廢棄後，河務漸壞。嘉慶年間，建築蓋壩，旋又塌短，不能得力。今擬隱復磨盤埽舊制，以備引清刷黄之用。至湖堰水寬工險，臨湖各壩，蓄水之時，多封柴土，至盛漲動輒損壞另建，糜費不資，應倣照滚壩成法，分别勘辦。又山盱五壩，分消湖水下游，車邏等五壩，分洩來源，河水長符定制，即次第啓放，水勢一定，亦即堵合。至於黄河情形，查工時體察平險，節可緩之埽段，辦緊要之土工，以收刷深實效。漫灘暗險，用堵截支河之法，飭屬照辦。至黄河底淤，非人力所能强刷，疏濬器具，祇可備運河挑穵之用。黄河惟儲備料土，遇險即搶，以防爲治等語。所論頗爲正當。該署河督務當體察河湖大局情形，相度機宜，隨時妥辦。至河身淤墊日高，如果清高於黄，即當啓放禦黄壩，挾溜攻沙，以資刷滌。嗣後務須酌量情形，於盛漲以前，或將禦黄壩早放數月，即多收數月

之功。至秋冬以後，水勢歸槽，更宜相機啓放，俾河身日益深通。近年倒塘灌運，究非正辦，斷不可年復一年，因循遷就，致失事機。又另摺奏，查明葦蕩右營産柴短絀情形，並籌議築圩蓄水，以期足額。蘆葦爲工程必需之物，右營蕩地荒廢，額柴不足，亟須設法蓄水，俾免斥鹵之傷，且得滋潤之益。據該署河督籌辦，擬就右營地勢較低之處，培築圩堰，並估填港槽八道，所有估需方價銀一萬五千餘兩，著即分年籌款辦理，毋庸另行請撥。該署河督身膺重寄，莅任伊始，即能隨事隨時，悉心查訪，擇要籌辦，日久果能得效，不止汝爲一代名臣，能承朕恩，而朕亦獲知人之明。勤實慎勉而外，朕無可諭矣，勉之！

癸亥，諭内閣：御史劉誼奏，請嚴禁直省鄉試積弊一摺。直省鄉試爲掄才大典，必須嚴剔弊端，拔取真才。如該御史所奏，近來州縣調簾入省，並不遵照定例，徑赴公所，往往在外居住，以致不肖士子，夤緣干謁，拜爲師生，私通關節。且並賄囑禮房，勾通内簾收掌書吏，豫傳紅號，竟將某卷直送某房，以便呈薦。該書吏等當未揭曉之先，輒窺探消息，寄信出闈，私相傳播。似此積弊相沿，殊屬大干法紀。士子之夤緣干謁，總由州縣之防檢不嚴；即書吏之窺探舞弊，亦由州縣之轉相賄囑，若不嚴行飭禁，何以肅功令而拔真才？著通諭各直省督撫，於明年舉行甲午正科，遇州縣調簾入省，務令遵照定例，徑入公所，不得在外居住，與人交接往來，致啓士子鑽營之習。如該州縣不知檢束，或招致士子，私通關節，或賄託書吏，指認紅號，該督撫當不時查察，一經發覺，即嚴參懲辦。至入場監臨之日，尤當飭令提調暨内外監試各員，慎密關防，嚴查弊竇，以杜倖進，用副朕興賢育才至意。

道光一四年（甲午、一八三四）

《東華續録》道光二九　正月丁卯，諭：大學士長齡、曹振鏞、富俊，俱年在八旬内外，襄贊綸扉，精神强固，朕心實深嘉悦。長齡歷任封圻，由大學士總理部務，前在回疆宣力，克奏膚功，並辦理善後事宜，俱臻妥協，敭歷中外，懋著勳勞；曹振鏞由乾隆年間供職詞垣，嘉慶年間洊擢至大學士，朕御極之初簡授軍機大臣，承旨詳明，倍加勤慎；富俊前在將軍任内宣力有年，迨朕簡畀大學士，耿介公勤，克稱厥職，均經歷事三朝，爲朕股肱心膂之臣。念其夙夜趨公，宣勤佐治，允宜特沛殊恩，以節勞勩。長齡、曹振鏞、富俊均著加恩在紫禁城内乘坐車轎，用示朕優禮耆臣至意。

以科爾沁扎薩克郡王僧格林沁、輔國公載銓爲御前大臣。

《宣宗實録》卷二四八　壬申，諭軍機大臣等：臺灣遠隔重洋，人情浮動，前年逆匪張丙等滋事，甫經平定，一切善後事宜，均須次第籌辦。該地方積習疲玩，營伍廢弛，必須專閫大員實力整頓，時刻留心防範，方可爲長治久安之策。該鎮張琴由四川調往，伊抵任時，程祖洛尚未内渡，曾督飭該鎮周歷履勘，其能勝任與否，諒已得其大概，仍當隨時察看，究竟能否勝任，據實覆奏，不可稍有將就。將此密諭知之。

《東華續録》道光二九　庚辰，廣東儋州黎匪滋事，盧坤飭屬查辦綏靖。

《宣宗實録》卷二四八　壬午，調福建布政使花杰爲廣西布政使，廣西布政使鄭祖琛爲福建布政使。

丁亥，命大學士潘世恩在軍機大臣上行走。

戊子，諭内閣：三載考績，大典攸關，滿漢諸臣中，有爲國宣勤，盡心職守者，允宜甄敍；年老而精力未衰者，仍應留任。本年京察，吏部將京外各大員具題請旨，朕詳加酌定。大學士長齡，功宣絶域，同德同心；大學士曹振鏞，久任軍機，克勤克敬，年登八袠，精力如常；大學士富俊，宣力有年，公勤清慎，年已八十有六，精神頗健，洵爲盛朝人瑞；協辦大學士文孚，户部尚書穆彰阿、王鼎，承旨精詳，匡襄是賴；禮部尚書耆英，管理步軍統領事務，諸事認真，頗知振作；兩江總督陶澍，辦事實心，兩淮鹺務，日有起色；陝甘總督楊遇春，中外宣勞，功勳懋著，俱著加恩交部議敍。工部左侍郎松筠，年過八十，精力大減，著以都統銜休致。餘著照舊供職。

轉工部右侍郎裕誠爲左侍郎；調理藩院右侍郎賽尚阿爲工部右侍郎，兼管錢法堂事務，仍兼署刑部左侍郎；以都察院左副都御史奕澤爲理藩院右侍郎。

《宣宗實録》卷二四九　二月丙申，諭内閣：長清等奏，屯田試種有效，請定則升科一摺。巴爾楚克之毛拉巴什賽克三一帶荒地，前經奏准開墾。茲據長清等奏，查明該處統計開田二萬四千餘畝，共招種地民人三百六十餘名，水暢土肥，夏秋二禾收成，均在九分以上，請自十四年起，按畝升科。所辦甚好。著照所請，所有巴爾楚克新墾地畝，准其倣照北路升科則例，及民屯認墾各成案，酌中輕定科則，同喀什噶爾屯田，均自道光十四年啓徵，以供兵糈。並著造具新招屯民年歲、籍貫，認種地畝總數清册，咨部備查。所有辦理巴爾楚克、喀什噶爾

兩處屯田各員，著長清等將認真出力者覈實具奏，量予鼓勵，毋許冒濫。此次開墾屯田，試種業有成效，所辦尚屬認真。惟此外可墾之地尚多，該參贊等務飭委辦各員設法招徠，妥爲經理，俾認墾之民，源源踵至，庶草萊日闢，田畝日增，足以實邊儲而壯聲勢，毋許日久懈怠，致令屯務廢弛，以收寓兵於農之實效。勉之又勉！

吏部尚書朱士彦乞假省親，允之。以工部尚書湯金釗兼署吏部尚書。

己亥，以詹事府詹事史譜爲内閣學士，兼禮部侍郎銜。

癸卯，以户部左侍郎敬徵署都察院左都御史。

甲辰，調安徽按察使怡良署江蘇按察使。

《東華續録》道光二九　丙午，以江蘇糧價增昂，免四川、湖廣商米各關船税。

乙巳，釋遣戍新疆已革協辦大學士兩廣總督李鴻賓、廣東提督劉榮慶回籍。

《宣宗實録》卷二四九　戊申，命翰林院侍講王植提督廣東學政，未到任前，以光禄寺少卿前任廣東高廉道許乃濟留粤代辦考試事。

《東華續録》道光二九　己酉，諭：吴邦慶奏，詳議查泉章程，以備蓄水濟運一摺。東省運河本無來源，全恃引泉瀦蓄。泉河通判見准復設，查泉事宜自應酌定。據該河督妥議各條，朕詳加披閲，内泉務宜遵舊例，責成道府兼管。山東有泉十七州縣，非泉河通判所屬，嗣後仍責成兖沂曹濟道，兖州、沂州、泰安各知府兼管，就近督率各州縣實力妥辦，並令隨時抽查，於泉務更爲有裨。其地方管泉佐雜等官，除東平州同、甯陽主簿、嶧縣縣丞向歸運河道應管轄外，其濟甯州同，泰安、沂州二府經歷，汶上、鄒縣、滕縣、泰安、滋陽各縣丞，及新泰縣巡檢，著照所請，俱歸泉河通判管轄。所有管泉佐雜十二員，嗣後均責成該廳於春秋查泉時，察其勤惰，分别功過。該河督會同巡撫，三年覈計，始終奮勉，優加鼓勵；始勤終惰者，歸入甄别辦理；其廢弛不職者，隨時撤參。

《宣宗實録》卷二四九　辛亥，以通政使司通政使寶善爲都察院左副都御史。

丁巳，諭内閣：御史劉誼奏，請嚴禁越境燒香一摺。前據步軍統領衙門拏獲形跡可疑人犯，經刑部訊係直隸、河南、山東進京燒香之人。【略】著直隸、山東、河南各督撫，轉飭地方官，出示剴切曉諭，該民人等各安本業，即可受福，斷不許結隊成羣，越境來京燒香。

庚申，諭内閣：御史俞焜奏，請申明例禁，以培風俗一摺。自來民俗之淳漓，由於平時之漸染，國家型方訓俗，必將孝弟忠信禮義廉恥大爲之防，方可正人心而維風俗。如該御史所奏，近來傳奇演義等書，踵事翻新，詞多俚鄙。其始不過市井之徒，樂於觀覽，甚至兒童婦女，莫不飫聞而習見之。以蕩佚爲風流，以强梁爲雄傑，以佻薄爲能事，以穢褻爲常談。復有假託誣妄，創爲符呪禳厭等術。惷愚無識，易爲簧鼓，刑訟之日繁，奸盗之日熾，未必不由於此。嗣後各直省督撫及府尹等，嚴飭地方官實力稽查，如有坊肆刊刻，及租賃各鋪，一切淫書小説，務須搜取板書，盡行銷燬，庶幾經正民興，奇衺胥靖，朕實有厚望焉！將此通諭知之。

辛酉，調工部尚書湯金釗爲吏部尚書，禮部尚書汪守和爲工部尚書，以都察院左都御史史致儼爲禮部尚書，吏部右侍郎何淩漢爲都察院左都御史，仍管順天府府尹事，調户部左侍郎桂齡爲吏部右侍郎，轉户部右侍郎張鱗爲左侍郎，調工部左侍郎吴椿爲户部右侍郎，兼管錢法堂事務，轉工部右侍郎廖鴻荃爲左侍郎，以内閣學士程恩澤爲工部右侍郎，兼管錢法堂事務。

乙丑，大學士富俊卒，贈太子太傅，命成郡王載鋭帶領侍衛十員，往奠茶酒，賞銀二千五百兩治喪，予祭葬，謚文誠，入祀賢良祠。

《東華續録》道光二九　三月丙寅，以實缺人員告假捏飾規避，申嚴出結官處分。

《宣宗實録》卷二五〇　庚午，諭内閣：前據盧坤奏，將勷辦文案出力之幕友候選州同宋緒，懇恩賞給五品銜，實屬違例。業經降旨撤銷，並將盧坤交部議處。兹又據奏，查明定例，據實直陳，並將該幕友勷辦軍務，與尋常幕務不同，且非本省屬員，率以五品虚銜與受職有間，曉曉瀆請，甚屬非是。國家賞以勸功，所以策勵人材，懋奬勞績。然賞不可濫，務當一秉至公，使人心翕服。【略】所奏著不准行，盧坤著傳旨嚴行申飭。

刑部尚書明山因病解任，以烏嚕木齊都統成格爲刑部尚書，兼正黄旗漢軍都統，未到任前以兵部尚書那清安署刑部尚書；貝勒奕繪署正黄旗漢軍都統。

辛未，諭内閣：所有内大臣戴花翎穿黄馬褂之處，《會典》並未載明，該大臣礙難奉行。嗣後遇有補授内大臣人員，俱著准戴花翎。至行在隨鑾之内大臣，俱著准穿黄馬褂。如離内大臣之任，仍著毋庸戴花翎穿黄馬褂。

《東華續録》道光二九　癸酉，上啓鑾謁西陵。

詣田村孝慎皇后殯宮前奠酒。

丁丑，上謁泰陵、泰東陵、昌陵，回鑾。

庚辰，上還京師。

《宣宗實録》卷二五〇　壬辰，贈故刑部尚書明山太子太保，予祭葬。

《宣宗實録》卷二五一　四月，丁酉，諭内閣：鐵麟等奏，陳明清查太平倉積弊，部議格礙難行，請仍以放代盤一摺。太平倉虧缺米石，盈餘參差不一，必應徹底清釐，以清弊混。兹據該倉場侍郎等奏，通盤量驗，人夫扛運斛量，工飯所費甚鉅，米石又多損耗，至丈量覈算，現已查明有那移多寡之弊，即難保無堆墊遮掩之虞，於盈虧實數，易滋蒙蔽。若照常輪流支放，該倉一時未能放竣，即不能坐派新漕等語。著照所請，准其以放代盤，自六月爲始，八月放竣。如彼時該倉尚未騰空，應進新糧，著於附近之裕豐、萬安、儲濟等倉暫行寄貯。俟陳糧放竣，再飭進運，以符定例。並責成該倉場侍郎等，嚴行查察，不准那新掩舊，以防弊竇。又另片奏，該倉現貯米石，粳米較多，其不敷搭放之稄米，應於別倉抵放之處，著該部照例辦理。

又諭：給事中黄爵滋奏，綜覈名實一摺。朕詳加披閲，如書院所以育材，今州縣書院，率多廢圮，或以無品無學之人濫充山長。保甲所以察奸，今則州縣率以虚册申報，任聽胥吏需索門牌錢文。近年東南各省，水患特甚，總由隄防失修，或修築不能堅固。常平義社等倉，地方官侵那掩飾，虧缺既多，荒歉無備。營弁剋扣兵餉，私役兵丁，又何以約束訓練？海洋巡邏兵卒，率多勾通夷商，偷漏違禁税物，私自貿易。上官於屬員不能盡心教導，難期振作。國家陳綱立紀，治具彰明，至爲詳備，必須實力奉行，方能百事畢舉，斷不容因循苟且，視爲具文，以致漸形廢弛。著通諭各直省督撫，嚴飭地方官興復書院，選擇山長；稽查保甲，不得任聽胥吏騷擾；修復水利，費歸實用；籌備積貯，以備偏災，毋許稍有虧缺；嚴禁扣餉派兵積弊，閲兵時尤應稽覈兵數之虚實；查究巡兵偷漏洋税，嚴禁紋銀出洋，及私鑄洋銀。並盡心教導屬員，加意造就人材，總須實心督飭，實力整頓，有弊必禁，有禁必嚴。要在隨時講求，認真查辦，斷不准以奉行虚文了事，務期吏治民風，蒸蒸日上，無負朕諄切誥誡之至意！

丁未，命惠郡王綿愉，帶領侍衛十員，往奠故儀郡王綿志茶酒，賞銀二千兩治喪，予祭葬，謚曰順。

《東華續録》道光二九　己酉，以史評爲内閣學士，兼禮部侍郎銜由少詹事遷。

添設喇嘛印務處貼寫筆帖式二、學習筆帖式四。

《宣宗實録》卷二五一　辛亥，湖南巡撫吴榮光奏，嚴拏興販鴉片煙人犯，並查廣東至湖南僻路紛歧，迅催營縣嚴緝私越，從重懲辦。得旨：必當認真辦理。

《東華續録》道光二九　戊午，命各督撫嚴查驛站缺額，並擅遞供應積弊。

《宣宗實録》卷二五一　癸亥，以翰林院編修李嘉端爲雲南鄉試正考官，汪振基爲副考官；左春坊左贊善德誠爲貴州鄉試正考官，翰林院編修李熙齡爲副考官。

甲子，廣西巡撫惠吉奏，拏獲越南國煽亂内竄夷匪阮克鑅等，解回該國自行辦理。得旨：嘉奬。

《宣宗實録》卷二五二　五月戊辰，以兵部左侍郎王楚堂署户部左侍郎。

己巳，以漕運總督嵩溥署兵部左侍郎。

壬申，以刑部左侍郎凱音布爲察哈爾都統，轉刑部右侍郎恩特亨額爲左侍郎，調盛京刑部侍郎祥康爲刑部右侍郎，以病痊都統貴慶爲盛京刑部侍郎。

丙子，以翰林院編修朱蘭爲廣東鄉試正考官，工部郎中徐堪爲副考官；翰林院編修王慶雲爲廣西鄉試正考官，刑部主事朱國淳爲副考官；翰林院修撰吴鍾駿爲福建鄉試正考官，編修李國杞爲副考官。

《東華續録》道光二九　乙酉，諭：積貯爲民食所關，各省倉儲務令足額，原爲地方偶有水旱，得資接濟。秋成之後，照數買補，出陳易新，法至善也。乃近年有司奉行不善，積弊相沿，一經動用，多視買補爲具文，每於交代時折價抵穀，而積貯遂致有名無實。直省額設倉穀多至二三百萬石，少亦百餘萬石，如果實貯在倉，何至一遇荒歉，即致左支右絀？總由各地方官不肯認真經理，豫爲籌畫，獨不思民閒既鮮蓋藏，而倉庾又無儲備，一旦年穀不登，其何賴以無恐乎？著直省各督撫嚴飭各州縣，將額設倉穀見存若干，據實報明。其私行侵那者，固法在必懲；即有因公動碾者，亦著於每年所報收成分數摺内，查其年歲豐稔，立令買補還倉。並將實存數目隨時造册報部，庶於各省倉儲多寡瞭如指掌，一遇賑糶之需，即可由部照册指撥。經此次訓諭之後，各督撫務當隨時稽查，盡心釐剔，儻仍有虧短虚懸等弊，一經查出，不特將各州縣嚴行治罪，並將各督撫從重懲處，決不寬貸！

丙戌，諭軍機大臣等：有人奏，近聞英吉利國大舶，終歲在零丁洋及大嶼山

等處停泊，名曰蔓船。凡販鴉片煙者，一入老萬山，先以三板艇剥赴蔓船，然後入口省城。包買户謂之窯口，議定價值，同至夷船館兑價給單，即雇快艇至蔓船憑單交土。其快艇名快蟹，亦名扒龍，礮械畢具，每艇壯丁百數十人，行駛如飛，兵船追拏不及。各洋呢羽等貨，税課較重，亦多由蔓船私行售買等語。海防例禁綦嚴，豈容售私漏税？且鴉片煙流毒内地，疊經降旨，嚴行飭禁，自應實力查拏，務使根株净盡。若如所奏，蔓船之盤踞不歸，快蟹之飛行遞送，灌輸内地，愈禁愈多，各項貨物恃有蔓船售私，紋銀之出洋，關税之偷漏，未必不由於此。著該督等飭屬，即將蔓船設法驅逐，快蟹嚴密查拏，勿任仍前停泊，致啓售私漏税等弊。如或驅此泊彼，巧爲避匿，即責成巡哨水師認真巡緝，從嚴懲辦，勿得稍有諱飾。

《宣宗實録》卷二五二　辛卯，宗人府奏，近來宗室覺羅婚娶，無論繼至數室，皆得給賞，未免毫無限制。請嗣後宗室覺羅三娶及休妻再娶者，不准給與。至禄精較優之鎮國將軍、輔國將軍、外任城守尉，本身妻室子女紅白賞項，擬應裁減。其曾經犯案折圈釋放，本身婚喪事件，亦應裁減。自溺者往往託詞失足，應一概不准支領。從之。

以翰林院編修李星沅爲四川鄉試正考官，宗人府主事彭作邦爲副考官；翰林院編修徐雲瑞爲湖南鄉試正考官，許乃安爲副考官。

《宣宗實録》卷二五三　六月，庚子，諭内閣：琦善奏，監犯嚇詐同因，淩虐受贓，分别定擬一摺。此案直隸通州監犯童三，因毆斃人命，審擬絞候監禁，膽敢在監號充牢頭，私開錍鐐，訛索錢文，商同監犯梁三，設立兜三折等項非刑名目，屢次將同囚張斌等恣意淩虐，嚇詐多贓，實屬兇惡顯著。梁三係强姦幼女已成擬斬，秋審入實遇赦，改緩監候之犯，該犯自稱鎖頭，因童三向其商謀訛索同囚，輒授以磨折之方，幫同虐詐。雖訛索係童三起意，究由該犯教令童三設立種種非刑，厥罪惟均。童三即童幗俊，著照該督原擬絞決，即行絞立決；梁三即小梁三，該督原擬將該犯依原犯斬罪，趕入本年秋審情實，將來秋審時亦必予勾，梁三著改爲斬立決。

壬寅，准山東已革大學士孫玉庭重赴鹿鳴宴，賞四品頂帶。

癸卯，諭軍機大臣等：有人奏，貴州興義等府一帶苗疆，俱有流民混跡。此種流民，聞係湖廣土著，因近歲水患，覓食維艱，始不過數十人散入苗疆，租種山田，自成熟後獲利頗豐，遂結蓋草房，搬運妻孥前往。上年秋冬，由湖南至貴州一路，扶老攜幼，肩挑背負者，不絶於道，均往興義等處，應行查禁等語。【略】著阮元、訥爾經額、裕泰、尹濟源、吴榮光，各飭所屬，確切查明，現在貴州地方外來遊民有無租種苗田之事？是否均係湖廣土著民人？一經查出，即行設法妥爲遣歸原籍，交地方官管束，毋許一名逗留，致滋弊竇。並著該督等即妥議章程，據實具奏。將此各諭令知之。

《東華續録》道光二九　丙午，禮部議准浙江學政陳用光奏，宋臣孫覿品行不端，出處至不足道，請將奉祀生裁汰。從之。

癸丑，廣西巡撫惠吉奏，探得越南撤兵後，農文雲仍占住高平所轄農通地方，該國調兵進勦，飭各隘卡嚴密巡防。報聞。

《宣宗實録》卷二五三　丁巳，以兵部右侍郎龔守正爲江南鄉試正考官，掌廣西道御史趙光爲副考官；翰林院編修孫日萱爲陝西鄉試正考官，户部員外郎況澄爲副考官。

己未，以刑部左侍郎姚元之兼署户部右侍郎，兼管錢法堂事務；吏部右侍郎桂齡兼署兵部右侍郎。

壬戌，實授恩銘漕運總督，鐵麟倉場侍郎；轉兵部右侍郎奕紀爲左侍郎；以漕運總督署兵部左侍郎嵩溥爲右侍郎。

癸亥，以吏部右侍郎桂齡管咸安宫官學事，禮部右侍郎文慶管國子監事，兵部左侍郎奕紀充國史館清文總校官。

《東華續録》道光三〇　七月乙丑，飭查漕運虧短積弊，並申禁京城私販接濟回漕。

《宣宗實録》卷二五四　丁卯，以正黄旗蒙古都統奕顥署工部尚書，以御前大臣僧格林沁署正白旗領侍衛内大臣。

戊辰，又諭：寄諭哈密辦事大臣薩迎阿、幫辦大臣長明、陝甘總督楊遇春，本日據興德奏稱，霍罕伯克因准令通商免税，實深感激，遣額爾沁愛連巴依等恭齎表貢，懇求年班入覲等語。現已准其隨同年班各伯克來京瞻覲矣。該額爾沁愛連巴依等，由葉爾羌啓程來京，所有經過哈密、陝甘各地方，著該大臣並該督等照例妥爲辦理，並派員沿途護送，務使安静悦服。其入境出境各日期，仍著隨時具奏。將此各諭令知之。

己巳，以京畿道御史許球爲河南鄉試正考官，翰林院編修李光涵爲副考官；大理寺少卿朱嶟爲山東鄉試正考官，右春坊右庶子麟魁爲副考官；翰林院

編修劉源灝爲山西鄉試正考官，易長楨爲副考官。

賞遣戍釋回已革協辦大學士、兩廣總督李鴻賓翰林院編修。

《東華續録》道光三〇　庚午，命蘇清河查勘巴爾楚克、喀什噶爾試墾屯田。

甲戌，四川峩邊廳十三支赤夷内雅扎等支夷滋事，命瑚松額、楊芳等查辦。

《宣宗實録》卷二五四　丙子，調禮部尚書耆英爲工部尚書，以都察院左都御史昇寅爲禮部尚書，未到任前以正黄旗蒙古都統奕顥署理。以户部左侍郎敬徵爲都察院左都御史，調吏部左侍郎奕經爲户部左侍郎，轉吏部右侍郎桂輪爲左侍郎，調兵部左侍郎奕紀爲吏部右侍郎，轉兵部右侍郎嵩溥爲左侍郎，以都察院左副都御史寶善爲兵部右侍郎。

調正藍旗蒙古都統敬敏爲正藍旗滿洲都統，實授僧格林沁正白旗領侍衛内大臣，兼正藍旗蒙古都統。

贈故工部尚書博啓圖太子太保，命御前侍衛哈哴阿帶領侍衛十員往奠茶酒，賞銀五百兩治喪，予祭葬，謚敬僖。

壬午，河南巡撫楊國楨以母病乞養，允之。以江西布政使桂良爲河南巡撫，未到任前，以布政使栗毓美護理。以江蘇按察使怡良署江西布政使，湖北荆宜施道裕謙爲江蘇按察使。

命雲南布政使潘恭辰來京，以河南按察使經額布爲雲南布政使，前任廣東按察使楊振麟爲河南按察使。

丙戌，以吏部右侍郎奕紀兼總管内務府大臣。

《東華續録》道光三〇　戊子，東河朱家灣漫口，命鍾祥堵治之。

庚寅，申禁各州縣佐雜丞倅擅受詞訟。

《宣宗實録》卷二五五　八月甲午，命翰林院侍讀學士吴文鎔提督順天學政，兵部右侍郎龔守正提督江蘇學政，内閣學士史評提督浙江學政，翰林院侍講學士許乃普提督江西學政，太僕寺卿吴孝銘提督福建學政，翰林院編修朱蘭提督湖北學政，編修龔維琳提督湖南學政，户科給事中趙光提督河南學政，兵科給事中李振庸提督四川學政，翰林院編修李嘉端提督雲南學政，編修賈克慎提督貴州學政。安徽學政沈維鐈、山東學政季芝昌、山西學政杜受田、陜甘學政羅文俊、廣東學政王植、廣西學政池生春、奉天府府丞兼學政田嵩年，仍留任。

乙未，新授四川學政兵科給事中李振庸，以兩耳重聽，回原衙門行走。命翰林院編修王篤提督四川學政。

丙申，諭：有人奏，粤東沿海地方械鬭頂兇之案，相習成風，莫如潮州爲甚。而械鬭之最甚者，莫如連鄉糾衆，總由土棍訟師，勾串播弄等語。著盧坤、祁墳嚴飭該府屬地方官，密速查拏，從嚴懲辦。遇有械鬭頂兇之案，務究明首禍及主唆之人，嚴緝確查，盡法懲治，不得以抵命有人，即置主謀之首犯於不問，致與定例不符。

戊戌，以户部尚書穆彰阿爲順天鄉試正考官，禮部尚書史致儼、工部尚書汪守和、刑部左侍郎姚元之爲副考官。

《東華續録》道光三〇　戊申，諭各直省將軍督撫等：遇有應奏事件，自應隨時陳奏，以免積壓。近來萬壽年節等日，各省奏章甚少；迨數日後紛至沓來，轉形擁擠。朕日理萬幾，縱奏章坌集，披覽固不憚煩。然該將軍督撫等，觀望揣摩，任意延閣，必致漸滋叢脞。嗣後各省奏章，務須隨到隨遞，不得因值萬壽年節等日，稍存成見。儻仍前拘泥，意爲遷就，是不能仰體朕懷，殊失覈實辦公之道也。

癸丑，以嵩溥爲熱河都統，調聯順爲兵部左侍郎，轉奕澤爲理藩院左侍郎，以隆文爲理藩院右侍郎由駐藏辦事大臣遷。

甲寅，賞左副都御史文蔚副都統銜，爲駐藏辦事大臣。

庚申，諭軍機大臣等：盧坤等奏，英吉利自公司散局，各自貿易，事無統攝。本年六月内，有該國夷目律勞卑來粤，稱係查理貿易事務，至省外夷館居住。當即飭令洋商查訊，不肯接見呈遞，致盧坤書信一函，係平行款式，寫大英國字樣。盧坤等以體制攸關，申明例禁，反復曉諭，違抗不遵，總不將辦理何事説明原委，又不將兵船開行回國，請照例封艙，將該國買賣暫行停止，量加懲抑。如果改悔，即准其奏請開艙。見在密派員弁，在省城内外及澳門一帶，分投布置，鎮静防範，仍飭該府縣訪查漢奸，嚴拏懲辦，並查明該商等有無情弊，嚴參究處。其澳門附近洋面等處，所有密派弁兵，豫爲籌備等語。所辦尚妥，所見亦是。英吉利國，向與中華不通文移，未諳例禁，自應先行開導，及早改悔，照常恭順，懇求貿易，即准奏請開艙，但能無傷大體，毋庸過事苛求。儻陰蓄詭謀，不聽約束，則驅逐出省，不能不示以兵威。其省城内外及澳門一帶大嶼山礮臺等處，務須密派弁兵加意巡邏，不動聲色，鎮静防範。至外夷在内地通市，如能照常安静，自當一視同仁，曲加體恤。況天朝嘉惠海隅，並不以區區商税爲重。該國貿易百數十年，諸事均有舊章，總當通盤籌畫，設法整頓，固不可稍事遷就，亦不准稍涉

張皇。至内地漢奸暗中唆使，必應嚴飭該府縣密速訪拏，從重懲辦。其貿易係洋商專責，兹該商等既不先行禀報，節飭傳諭，又無一能爲，殊屬玩忽，著該督等查明有無情弊，嚴參究辦。其見在籌備防範各處，該督等當約束弁兵，密飭稽查防守，以備不虞。不准輕啓釁端，致煩兵力。仍將辦理情形隨時據實具奏，毋稍含混。

《宣宗實録》卷二五六　九月，癸亥，諭内閣：近日朕看八旗前鋒護軍各營章京步射，見其一體穿用藍色袍服，由此觀之，率多競尚虚文，何所取意。夫八旗營員，惟期技藝嫺熟，衣服無關緊要。著管理八旗各營大臣等明白曉諭所屬官兵，嗣後遇有射布靶及引見人員，惟期騎射嫺熟、弓箭齊整，所穿袍服，紬布俱可，不必再拘顏色。縱使不甚鮮明，亦無不合之處。該管大臣等務令所屬章京兵丁，各期騎射精强操練，衣服毋尚奢華，以副朕敦本崇實之意。將此通諭遵行。

《東華續録》道光三〇　乙丑，諭：本日據盧坤等由驛馳奏，英吉利兵船闌入内河，調兵驅逐一摺。此次律勞卑來粤貿易，不遵法度，兵船二隻番梢共三百數十人，寄泊外洋。經該督於六月間，即咨會水師提督李增階，派委參將高宜勇前往海口防範，並檄行提標將弁督飭礮臺嚴密看守。迨該督等照例封艙以後，又復咨令防堵，乃竟疏於防禦，致該兵船於八月初五日乘潮水漲發闌進海口。各礮臺弁兵開礮轟擊，隨拒隨行，於初九日駛至離省六十里之黄浦河面停泊，見經該督等調派水師概行驅逐。廣東水師提標中軍參將高宜勇，於六月間即經派往海口堵禦，輒任該兵船駛入内河，已屬疏玩，復據稱，乘潮駛風阻擋不及，更難保非有心掩飾，高宜勇著先行革職，枷號海口示衆。仍著該督查明，如有玩縱掩飾情弊，即行從嚴參辦。再降諭旨，所有守臺怠玩各弁，既經派人接替，俱著先行枷號各礮臺示儆。仍查明疏縱情形，一併嚴參。水師提督李增階，海防是其專責，看來各礮臺俱係虚設，武備廢弛一至於是，該提督平日所司何事？李增階既因病請假，亦斷不堪起用，著先行革職，事定後再降諭旨。兩廣總督盧坤，既稱於六月間咨商防堵，並非措手不及、事出意外者可比，自應遴派得力將弁，嚴行備禦，何至令駛入内河，不能防阻？是該督無謀無勇，咎無可辭，有損國威，深負委任！盧坤著革去太子少保銜，拔去雙眼花翎，先行革職，暫留兩廣總督之任，戴罪督辦。如果辦理迅速，諸臻妥協，尚可稍從末減。儻因循貽誤，致滋後患，定當以軍法從事，決不寬貸，懔之慎之！

《宣宗實録》卷二五六　庚午，以禮部尚書奕顥爲滿洲繙譯鄉試正考官，刑部右侍郎祥康爲副考官，禮部郎中巴彦達賴、兵部郎中文德和爲蒙古考官。

甲戌，以通政使司通政使受慶爲都察院左副都御史。

《東華續録》道光三〇　丁丑，永定河溢，命琦善督辦。

以明訓爲内閣學士，兼禮部侍郎銜由詹事遷。

戊寅，諭：各部院援引舊案，分別存銷，覈實確對，以杜弊混。

《宣宗實録》卷二五七　壬午，諭内閣：鐵麟等奏，請減通州石壩囤米十萬石，並籌追囤費一摺。本年三進漕糧，到壩過遲，前經降旨允准，於石壩附近囤米三十萬石，以期剥船迅速往返輪載。兹據奏稱，石壩囤米已足二十萬石，現在各幫米石，全數起剥完竣，自係實在情形。所有續請再囤十萬石之數，著毋庸續囤，以節糜費。至囤米每石費銀四分，計囤米二十萬石，實需費銀八千兩。此項銀兩係於通濟庫内先行墊發，應照嘉慶十五年成案，著落山東省經管河員分賠歸款。著東河河道總督、山東巡撫，責令各河員分別追賠，解交通濟庫，以清帑項。又另片奏，浙江温州後等幫，多有短交粳米，請以稜米抵交。惟粳稜例價不同，每石飭按例找銀一錢等語。著照所請，所有應交找價銀兩，即覈明數目，行知該管糧道，於本年冬間各丁應領新運錢糧内照數扣繳，次年搭解來通，入於奏銷案内。併飭坐糧廳收兑後，於將來奏銷册内，註明此項米石，係以「稜抵粳」字樣，庶免與漕册兩歧。

《東華續録》道光三〇　乙酉，命敬徵、吴椿馳往浙江，會勘海塘工程。

《宣宗實録》卷二五八　十月，壬辰，頒道光十五年時憲書。

甲午，諭：盧坤等奏，查明番舶販賣鴉片，及查辦情形一摺。廣東夷船私帶鴉片，多在外洋售賣，即有内地匪徒，勾串販運，經盧坤等嚴飭舟師，將在洋停泊夷船，隨時催令開行。並禁民船蜑艇，與夷船交易，嚴拏走私土棍。但洋面衆船聚集之時，難分玉石，惟有於各國商船回帆以後，查明如有在洋躉私船隻，即調集水師，大加兵威，嚴行驅逐。仍飭令該管將弁派撥巡船二隻，在夷船灣泊洋面，常川巡查。一切民蜑艇隻，均不許攏近夷船，私相交易，以杜接濟。儻有土棍駕駛快艇，向夷船興販鴉片，及私買貨物，即查拏解究，從重治罪。並責成内河營縣派撥巡船，在各海口及一切通海港汊，分定段落，晝夜輪流巡緝，如有奸販偷越進出，即行拏解。各關口一體實力嚴查，無論外海内河，拏獲走私漏税人臟船艇，即照例奏請，分別獎勵。儻員弁疏於查緝，或兵役得規故縱，除兵役照

例治罪外，將該管官從嚴參辦。仍飭地方官訪拏開設窑口土棍，查抄嚴懲，如不認真辦理，別經發覺，從重參處。並令洋商傳諭嘆咭唎夷商，互相查察，如有一船偷漏，即將衆船一概不准貿易，使其彼此自相稽察，防閑更爲周密。盧坤等遇有此等案情，有犯必懲，不准姑息，更不可日久生懈，視爲具文。

諭軍機大臣等：有人奏，粵商近增私税，拖欠夷錢，請定章程，杜絶弊端等語。【略】著盧坤等確切查明，儻有前項情弊，立即從嚴懲辦，毋稍徇隱。並著悉心籌議，將如何稽覈之處，妥立章程，據實具奏。總期夷情悦服，而奸商不敢恣其朘削，方爲不負委任。將此諭知盧坤、祁墳，並傳諭彭年知之。

《東華續録》道光三〇　己酉，册立皇貴妃鈕祜禄氏爲皇后，翌日頒詔天下，加恩有差。

壬寅，以吏部右侍郎桂齡爲順天武鄉試正考官，内閣學士龔鐙爲副考官。

壬子，恭上皇太后徽號曰「恭慈康豫安成莊惠皇太后」，翌日頒詔天下，覃恩有差。

《宣宗實録》卷二五九　庚申，加培直隸永定河大壩新土，並築越隄。從總督琦善請也。

辛酉，兵部尚書那清安因病解任，以都察院左都御史敬徵爲兵部尚書，署禮部尚書奕顥爲都察院左都御史，仍兼署禮部尚書。

《宣宗實録》卷二六〇　十一月癸亥，諭内閣：本年武鄉試，特派桂齡、龔鐙爲正副考官，自當認真考覈，遵例去取。乃於内場取中試卷，置雙好而中單好，辦理錯謬，復蹈上年白鎔、胡達源等前轍。當降旨將該考官等交都察院、吏部，分别嚴議議處。茲據奏請將桂齡、龔鐙降四級調用，八十二降二級留任。桂齡，著降爲從三品候補；龔鐙，著降爲正四品候補；其不具摺參奏之監試御史八十二，著降二級留任，不准抵銷。

贈故兵部尚書那清安太子太保，予祭葬，謚恭勤。

《東華續録》道光三〇　甲子，命晉封静妃博爾濟吉特氏爲静貴妃，彤嬪舒穆嚕氏爲彤妃。

《宣宗實録》卷二六〇　乙丑，調工部尚書汪守和爲禮部尚書，禮部尚書史致儼爲工部尚書。

丙寅，以户部尚書穆彰阿管咸安宫官學事，禮部右侍郎文慶爲武英殿總裁官，添派吏部左侍郎奕經總理工程處。

實授奕顥禮部尚書，以漕運總督恩銘爲都察院左都御史兼鑲紅旗漢軍都統，倉場侍郎朱爲弼爲漕運總督，調兵部左侍郎王楚堂爲倉場侍郎，轉兵部右侍郎龔守正爲左侍郎，實授史譜兵部右侍郎。

贈故禮部尚書昇寅太子太保，賞銀三百兩治喪，予祭葬，謚勤直。

癸酉，刑部尚書戴敦元因病解任，以工部尚書史致儼署刑部尚書，服闋尚書王引之署工部尚書。

戊寅，諭：科場條例，内外簾筆色，例有一定；其戳記薦條，應用何色，例無明文。此次山東、山西、河南、陝西四省硃卷，經覆勘大臣等查明薦條戳記，或用紫色、朱色、藍色，殊屬參差。嗣後應如何畫一辦理之處，著禮部酌定章程具奏。尋奏，嗣後房考第幾房次第，統用紫戳；薦條用藍戳；内收掌戳記用藍色；外收掌、受卷彌封、謄録、對讀各官戳記用紫色。印用錯誤，照例議處。從之。

己卯，實授史致儼刑部尚書，王引之工部尚書。

以詹事府詹事陳官俊爲内閣學士，兼禮部侍郎銜。

贈故刑部尚書戴敦元太子太保，予祭葬，謚簡恪。

乙酉，兩廣總督盧坤奏，嘆咭唎兵船回國日期。得旨：海洋寥闊，夷船雖報歸帆，仍當加意查探，毋再生事，不可坐受欺誑也，慎之！

丙戌，命協辦大學士、吏部尚書文孚爲大學士，管吏部事。户部尚書穆彰阿爲吏部尚書，協辦大學士、調工部尚書者英爲户部尚書，兵部尚書敬徵爲工部尚書，禮部尚書奕顥爲兵部尚書，以領侍衛内大臣載銓爲禮部尚書。

予故工部尚書王引之祭葬，謚文簡。

《東華續録》道光三〇　命瑚松額、鄂山緝查四川文武衛署蠹役積弊。

《宣宗實録》卷二六〇　丁亥，以都察院左都御史何淩漢爲工部尚書，户部右侍郎吴椿爲都察院左都御史，調刑部左侍郎姚元之爲户部右侍郎，兼管錢法堂事務，吏部右侍郎劉彬士爲刑部左侍郎，户部左侍郎張鱗爲吏部右侍郎，兵部左侍郎龔守正爲户部左侍郎，以内閣學士沈岐爲兵部左侍郎。

工部左侍郎廖鴻荃因病解任，以都察院左副都御史沈維鐈爲工部左侍郎，仍留安徽學政任。

《宣宗實録》卷二六一　十二月辛卯，諭内閣：御史承光奏，請飭禁廢員攻訐上司一摺。據稱近來各省已革廢員，挾制上司，揑款上控之案，層見疊出，查其心跡，實非爲公。或勒借盤費，或訛索捐復銀兩，稍不遂意，即行攻訐。各上

司受其挾制，暗中消弭，以致此風日熾。請嗣後有列款控告原參上司者，無論虚實，概行飭禁等語。【略】嗣後各省大吏，平日於屬員之賢否，留心考察，遇案參劾，一秉大公，自不致被參劣員有妄行控訐之事。儻舉劾任意，不足服衆，又安能禁被枉之員，不行控告？致屬員被枉，本有准揭部科之條，若不肖劣員被參之案，本無不公，或因需索不遂，臚列多款，圖洩私忿，一經審出虚誣情弊，定當照例加等治罪，決不寬貸，以懲刁頑而肅官方。將此通諭知之。

吏部以大學士文孚應定何殿閣請。得旨：文孚著爲東閣大學士。

《東華續録》道光三〇　癸巳，諭：瑚松額等奏，提臣辦理夷案不善，據實參奏一摺。四川峩邊夷匪，本年出巢焚搶，經提督楊芳統率官兵團勇前往籌辦。乃甫及月餘，該夷匪又復出巢搶擄，輒以求釋前獲之雙甲爲詞。是楊芳辦理不善，以致夷人復出。從前所稱事有把握，全不足信。楊芳著交部嚴加議處，即來京聽候部議。瑚松額、鄂山雖未親往查辦，惟率據楊芳之言會奏，未能控制合宜，均著交部議處。

《宣宗實録》卷二六一　丙申，諭内閣：【略】楊芳節次辦理此案，總未妥善，毫無把握，鋪飾妄奏，本應照部議革職，姑念前在回疆著有勞績，稍示懲儆，以觀後效。楊芳著降爲二等侯，革退御前侍衛，以總兵前往甘肅候補，毋庸來京陛見。瑚松額、鄂山部議降二級留任，本屬咎所應得，念其於該夷匪滋事，雖未親往督辦，於楊芳辦理夷案不善，尚不瞻徇情面，據實參奏，著加恩改爲降一級留任，不准抵銷。

庚子，以順天府府尹吴傑爲内閣學士，兼禮部侍郎銜；服闋都察院左副都御史毛式郇爲都察院左副都御史；山東按察使牛鑑爲順天府府尹，未到任前，以吴傑兼署；以陝西督糧道程楙采爲山東按察使。

壬寅，以宗人府府丞卓秉恬爲内閣學士，兼禮部侍郎銜。大理寺少卿朱嶟爲詹事府詹事，太僕寺卿溥治爲通政使司通政使。

甲辰，命杭州將軍富祥來京，調西安將軍桓格爲杭州將軍，黑龍江將軍富僧德爲西安將軍，以户部左侍郎奕經爲黑龍江將軍，吏部右侍郎奕紀兼左翼前鋒統領，轉京營右翼總兵桂輪爲左翼總兵，以兵部左侍郎聯順兼京營右翼總兵。

乙巳，調吏部右侍郎奕紀爲户部左侍郎，禮部右侍郎文慶爲吏部右侍郎，兵部左侍郎聯順爲禮部右侍郎。

《東華續録》道光三〇　甲寅，申禁雲南流民租種苗田。

道光一五年（乙未、一八三五）

《宣宗實録》卷二六二　正月壬戌，皇太后六旬萬壽，命於本年八月舉行恩科鄉試，來年三月舉行會試。

壬申，諭内閣：朕勤求上理，惟日孜孜。用人行政，總求一實字。各直省督撫皆係朕特加簡擢大員，察吏安民，是其專責，非徒潔己奉公，遂云稱職也。爲大吏者，果能振刷精神，以整飭官方爲己任，遇有不肖屬員，劣跡昭著，一經訪聞，即當隨時叅劾，立予重懲。若徒博寛厚之名，見好屬員，多方徇隱，必致該屬員等積久生玩，相率效尤。於吏治官常，大有關繫。况回護一不肖屬員，市惠甚小，而一方隱受其害，何可勝言！該督撫等深受國恩，所司何事，問心能無愧乎？即如湖南湘潭縣知縣靈秀謀娶捕役之女爲妾，又復輾轉售賣；已革通判葉起鵬收受部民壽禮，並誣指紳民爲鬧漕兇棍。前經御史劉誼叅奏，經朕特派賽尚阿等前往查辦，現已審明屬實，已將靈秀、葉起鵬分别發往伊犂、烏嚕木齊充當苦差矣。該二員一則行止鄙劣，一則居心貪詐。既已遠播京師，該省大吏若謂毫無聞見，則是形同木偶，若竟有心容隱，更屬深負委任。且該撫保薦靈秀，旋因訪有劣跡，將該員奏叅，而於謀娶民婦重情，未經查明具奏。葉起鵬雖經另案叅革，而於誣稟鬧漕，既經委查明確，並不從嚴懲辦，祇知代爲彌縫，不肯據實叅覈，其自爲謀則善矣，豈以實心行實政者之所爲耶？湖廣總督統轄兩省，湖南巡撫及藩臬兩司爲本省大吏，均有統率之責。何以於該二員種種貪劣款跡，漫無覺察？湖南一省如此，恐他省亦所不免，積習相沿，殊堪痛恨！所有此案失察之湖廣總督、湖南巡撫及藩臬兩司，俱著交部查取職名，分别照例議處，以示薄懲。因思天下之大，兆民之衆，一人耳目，豈能周徧？儻事事必待朕訪聞，或經科道糾叅，始能水落石出，則此外未經訪聞，未經糾叅之事，各督撫置之不辦者，正不知凡幾。國家設官分職，各有攸司。若外省事件，動煩派員查辦，不特無此政體，又安用爾督撫爲耶？嗣後各直省大吏務當激發天良，不避嫌怨，於屬員之賢否，認真訪察。一有貪劣款跡，立即指叅，重治其罪。庶可懲一儆百，俾不肖各員，不至肆無忌憚，貽害地方，方爲不負委任。儻經此次諄諭之後，仍復狃於錮習，輒存官相護之見，不能破除情面，有犯必懲，一經發覺，朕惟知執法從事，定將該督撫等嚴行懲處，決不寛貸，勿謂誥誡之不豫也。懍之慎之！將此通

諭知之。

癸酉，諭内閣：朕親政之初，見大學士曹振鏞人品端方，學問優長，特授爲軍機大臣，用資啓沃。十四年餘，靖共正直，歷久不渝。雖身躋崇要，小心謹恪，動循矩法，從未稍蹈愆尤。凡所陳奏，均得大體，老成持重，懋著忠勤，實朕股肱心膂之臣。從前乾隆年間大學士劉統勳、嘉慶年間大學士朱珪仰蒙皇祖高宗純皇帝、皇考仁宗睿皇帝鑒其品節，賜謚文正，易名之典，備極優隆。曹振鏞實心任事，體用兼優，外貌呐然，而獻替不避嫌怨，朕深倚賴而人不知。揆諸謚法，實足以當正字而無愧。兹據該衙門奏請予謚，著加恩賜謚文正，用示朕眷懷良輔、寵錫嘉名至意。

庚辰，以都察院左都御史恩銘兼署兵部尚書，吏部右侍郎文慶兼署工部右侍郎，管錢法堂事務，科爾沁扎薩克郡王僧格林沁署鑲紅旗蒙古都統，正紅旗滿洲副都統達哈布署正藍旗護軍統領。

壬午，諭内閣：新疆西北兩路各城將軍大臣等鎮守地方，統馭夷衆，向遇有夷使致送馬匹等物，准其量爲收受，加恩賞賚。原係於因時制宜之中，寓懷柔遠人之意。至在京文武大臣等義無外交，自應深知大體，概絶餽遺，以避嫌疑，庶令各外夷羣知天朝法令森嚴，不容妄瀆，用以杜請託夤緣之弊。前因大學士長齡於霍罕夷使餽送葡萄，並不正詞曉諭，率行收受，並將原呈代奏，殊屬不合，特降旨交部議處。兹據該部議以降三級調用，原屬咎所應得。姑念長齡前在喀什噶爾軍營著有微勞，著加恩改爲降四級留任，仍革退御前大臣，毋庸管理户部事務，以示薄懲而昭炯戒。

乙酉，廣州將軍哈豐阿等奏，遵旨查澳門礮臺番梢係西洋夷人設立，起自前明，並非咦咭唎夷商建設等語。得旨：所奏甚屬明晰。京師傳言，原難憑信。第有人陳奏，豈能不降旨查詢？且揀查舊存圖籍，造辦處現存乾隆初年洋畫澳門圖一幅。朕詳加披閲，其門户墻垣，宛然在目，並有高臺數處，俱設有礮具。其三巴門等名目，俱係清書標識，與卿等所奏大同小異，自可毋庸查辦，仍循其舊。惟諸夷貨船暨澳門居住夷人，均當隨時留心，照例妥辦。天朝體制，斷不可失，外夷釁端，斷不可啓。爲此特諭卿等知之，勿忽。

丙戌，以成都將軍瑚松額爲陝甘總督，四川總督鄂山兼署成都將軍。

《宣宗實録》卷二六三　二月丙申，命廣東布政使吉恆以三品頂帶休致，以廣西按察使阿勒清阿爲廣東布政使，浙江鹽運使宋其沅爲廣西按察使。

乙亥，命協辦大學士、雲貴總督阮元爲大學士，管刑部事，户部尚書王鼎協辦大學士。

庚子，以大學士文孚署户部尚書，協辦大學士、吏部尚書穆彰阿署步軍統領，定親王奕紹署鑲藍旗滿洲都統，禮部尚書載銓署管理户部三庫事，理藩院尚書禧恩署管理奉宸苑事。

丁未，以大學士長齡管理藩院事，文孚管户部事，潘世恩管工部事，阮元管兵部事，協辦大學士、户部尚書王鼎仍管刑部事。

壬子，諭内閣：上年後藏班禪額爾德尼遣使堪布噶沁羅桑班第彦來京呈遞貢物。該堪布途遇果洛克生番，被劫受傷。現於本月初五日到京，腿疾尚未痊愈。著俟其醫治痊愈後，再行示期令其呈遞丹書克，其貢物即以現有物件呈遞，毋庸另行備辦。至應給例折等賞，仍照向例賞給。

《宣宗實録》卷二六四　三月乙丑，以協辦大學士、吏部尚書穆彰阿爲會試正考官，工部尚書何淩漢，吏部右侍郎文慶、張鱗爲副考官。

《東華續録》道光三一　兩廣總督盧坤等奏，防範貿易洋人酌增章程八條：一、外洋護貨兵船不准駛入内洋；一、洋人偷運槍礮及私帶番婦至省，責成行商一體稽查；一、洋船引水買辦由澳門同知給發牌照，不准私雇；一、夷館雇用民人，應明定限制，嚴防句串作奸等弊；一、洋人在内河應用無篷小船，禁止閒遊；一、洋人具稟事件一律由洋商轉稟，以肅政體；一、洋商承保洋人商船，應認派兼用，以杜私弊；一、洋船私賣税貨，責成水師查拏，嚴禁偷漏。得旨：所議俱妥，務須實力奉行，斷不可日久又成具文也。勉益加勉。

甲戌，知貢舉都察院左副都御史惟勤等奏，查出代領試卷之湖南澧州舉人，請交刑部審訊。得旨：舉人王大相交刑部審訊。此次會試湖南省點名時，甄門御史及散卷御史係屬何人，著知貢舉都察院堂官查明具奏。至受卷官户部候補主事劉鎔短收甘肅舉人鮮新德試卷一本，雖據自行檢舉，究屬疏忽，著交部照例察議。

乙酉，諭内閣：御史袁文祥奏，請飭申明鴉片煙例禁一摺。鴉片煙來自外洋，流毒内地，大爲民害。前經降旨，諭令各直省督撫嚴行查禁，並於年終將有無吸食及栽種之處，彙奏一次。兹據該御史奏稱，貴州風俗素爲淳樸。近日漸有吸食鴉片煙之人，及栽種煙草，開設煙館之事。良民子弟，一爲所誘，受毒不可復離。敝俗病民，莫此爲甚。著貴州巡撫嚴飭各州縣，於所屬地方申明例禁，

責成保甲牌長人等查緝糾察，隨時舉報，認真禁止。並約束胥役人等，不得徇隱包庇，尤不得藉端詐索，騷擾閭閻，以祛流弊而正民風。

《宣宗實録》卷二六五　四月壬子，諭内閣：盧坤等奏，越南内訌平定，防兵分别撤回，邊地照常安静一摺。越南國内訌以來，將及兩年。太平、鎮安二府所屬，均與越南邊界毗連，其三關百隘，亦處處有路可通。節經降旨，諭令該督等嚴飭沿邊文武員弁加意防範。茲據該督等奏，越南渠魁殄滅，夷地悉平，邊境乂安，毫無驚擾。内地陸續拏獲該國夷匪共八十八名，均已解交該國辦理。添防弁兵，業經分别撤回。以及雇募鄉勇，調集士兵，均著照所議辦理。其防邊文武員弁兩年以來，悉臻妥協，尚有微勞，著該督等擇其尤爲出力者，酌保數員，斷不准人數過多，稍滋冒濫。

甲寅，上御太和殿傳臚，賜一甲劉繹、曹聯桂、喬晉芳三人進士及第，二甲張芾等一百十七人進士出身，三甲吴逢甲等一百五十二人同進士出身。

《宣宗實録》卷二六六　五月甲子，引見新科進士。

己卯，以湖北按察使朱樹爲河南布政使，福建汀漳龍道程銓爲湖北按察使。

乙酉，又諭：本日據樂善等奏，暎咭唎夷船闌入閩省熨斗洋面，並用小船竄入内港，妄遞呈稟，業經該將軍等派委員弁，嚴行驅逐出洋。並據副將文通等呈到夷人所遞夷書，確係内地刊印之本。業諭樂善等嚴密飭查閩省各州縣有無代刊夷書鋪户，密拏辦理。並據樂善等奏稱，咨明粤省一體飭查。著盧坤等於廣東各屬嚴飭稽查，有無此項夷書，並著查出代刊夷書鋪户，嚴拏究辦。至此次夷船已由閩省驅逐出境，難保其不駛入粤洋。盧坤等務當嚴飭沿海文武員弁，加意防範稽查。

又諭：本日御史陳功奏，請申嚴閩省海禁，以裕民食一摺。據稱福建省城地狹人稠，産米不敷民食，全賴臺米接濟。向例臺灣客米，不准販運浙江、廣東各省，原所以籌備民食。自道光四年前任總督孫爾準招商採買臺米，販運天津，海禁一開，雖奏明事竣仍照舊停止，而數年以來，臺米散出，犯禁圖利，來省甚少，閩中深受其害。推原其故，皆由海口奉行不力，文武員弁利其偷漏，以爲分肥之地等語。臺米不准越口販運，例禁綦嚴，著程祖洛等通飭各海口申明例禁，實力稽查。如文武員弁奉行不力，即著嚴參懲辦，不得有名無實，日久生玩。將此諭令知之。

《宣宗實録》卷二六七　乙丑，諭軍機大臣等，前據樂善等將暎咭唎夷人所遞夷書，咨送軍機處，當經呈覽。朕詳加披閲，首頁標明道光甲午年夏鐫字樣，並有圖章，中引用經書等語，斷非外夷所刻。該國在粤東貿易來往，必有内地奸民通同勾引刊刻傳播，殊屬可惡。且此書刻自上年，何以今春即由該國傳至閩省？從此嚴切追究，不難得其確情。著該督撫等密速訪查，務將代刊夷書之鋪户，拏獲到案，究明此項夷書係由何人編造，何人送交該鋪刊刻，確切指明，以憑查辦，不准稍有諱飾，致干重戾。將此諭知盧坤、祁𡊳並傳諭彭年知之。夷書二本，著一併發給閲看。尋總督鄧廷楨等奏，拏獲刻字匠屈亞熙，供稱暎咭唎國住粤夷人雇伊父屈亞昂並梁亞發與伊三人刊刻夷書。其底本不知來歷，伊並無勾串夷人傳教情事。復據該夷商供稱，此書由來已久，該國刊刻漢字不能工緻，故攜至澳門刊板，並非内地編造。至外洋駛風，瞬息千里，故此書刊自上年夏間，今春即可傳到閩省。屈亞昂、梁亞發聞拏逃匿，獲日另辦。屈亞熙按律擬杖徒，下部知之。

乙酉，諭内閣：御史許球奏，請嚴澄敘以重部務。所奏甚是。六部爲綱紀庶務之地，責任匪輕。欲剔弊釐奸，必勸勤懲惰，豈容年力衰邁、才具平庸者溷跡其間，無所區别？既不足以淬勵人才，尤非所以整飭部務。近年各部書吏舞弊之案，層見疊出，皆由各該司員不能認真辦事所致。朕思司員之賢否勤惰，總在各該堂官之留心考覈。不獎賢能，何以理庶務；不去衰庸，何以拔真才？各該堂官專示優容，不肯以直任怨，隨時嚴加甄别，以致衰庸者既可藏身，賢能者轉生退阻，殊非澄敘官方之道。所有該御史指出之禮部郎中羅宸、户部郎中嵩峻，均係精力就衰，著該堂官查明具奏。六部中似此者恐復不少，正須力加甄别，以示懲勸。著各該堂官查明所管部院中，如有衰庸戀棧，不堪供職者，秉公據實參劾。一經查出，即行具奏，以副朕用人行政、黜陟公明之至意。若心存奉有此旨，即參劾司員，跡涉迎合，則轉非朕勤求治理，整飭官常之意也。將此通諭各部院知之。

丙辰，諭内閣：朕因滿洲侍郎以下，至五品京堂人數衆多，其能否通曉清文，未能概知，是以特命分日進内考試。其中繙譯通順，及能繙而有錯誤者，不過十之三四，竟不能落筆者過半焉，此則甚屬非是。清語乃滿洲根本，並非分外之事，無論何項出身，俱應熟習。況辦理部旗諸務，皆有清文事件，若不通曉，將何異於漢官？豈止爲人所笑，不有忝於乃祖乃父耶？嗣後我宗室覺羅暨八旗臣僕，務勤修本業，勉紹家聲，斷不可不曉清語，不識清字，以副朕務本成全、諄諄

誥誡之意。將此通諭知之。慎勉毋忽！

又諭：御史岳鎮南奏請嚴禁科場謄録積弊一摺。鄉會試爲掄才大典，糊名易書，立法極爲周密。乾隆五十二年，嚴定謄録所防弊規條，責成知貢舉監臨隨時查察，理宜永遠遵行，以除弊竇。若如該御史所奏，近來科場多有包攬謄録之人。場前議定記號，擇其書寫精工者，給銀修卷，甚至私帶黑墨，代改詩文，於科名大有關繫，不可不嚴加防範。嗣後鄉會試著遵照舊章，責成知貢舉監臨實力奉行。嚴飭謄録各所官員，加意查覈，但有夾帶黑墨、代改文字諸弊，立即嚴拏究辦。儻不認真查察，一經發覺，定將知貢舉監臨一併懲處，決不寬貸。

《宣宗實録》卷二六八　六月甲戌，諭內閣：國家分設部院大臣，紀綱庶務，全在振興人才。欲剔弊蠹奸，必勸勤懲惰，舉錯公允，則英俊既資造就，而中材亦可奮興。賢否混淆，則庸碌藉可藏身，而才能亦生退阻。各部院司員人數衆多，豈能盡皆稱職之人？全在各該堂官留心考覈，隨事試其能否，勉迪兼施。儻有衰庸不職者，溷跡其間，自應隨時甄別，不得稍事優容。前據御史許球奏，請澄汰司員以重部務。當降旨飭令各該堂官秉公察覈，隨據各部院將衰庸不職者，或一二員，或三四員，陸續查明，據實參劾，均經照議准行。嗣後遇京察之年，固當考其勤惰，第其賢否，舉劾並行，以昭激勸。即在平日，於各司員之賢否勤惰，秉公覈實，隨時察看。其有闒茸無能，怠惰自安者，一經查出，即行據實參劾。斷不可因此次甫加甄別，遽示姑容，又蹈因循故轍，以副朕勤求治理、整飭官常之至意。

《宣宗實録》卷二六九　七月甲辰，以大學士潘世恩管户部事，協辦大學士、吏部尚書穆彰阿管工部事。命刑部右侍郎趙盛奎、工部右侍郎賽尚阿在軍機大臣上學習行走。

癸丑，浙江巡撫烏爾恭額覆奏，紋銀出洋，本干例禁。近奉部議，黄金白銀，概定出洋治罪之例。惟洋銀一項，未便一併禁絶客商攜帶。從之。

《宣宗實録》卷二七〇　八月癸亥，調刑部右侍郎趙盛奎爲户部左侍郎，户部左侍郎姚元之爲刑部右侍郎。

丙寅，以大學士長齡兼署禮部尚書，兵部尚書奕顥兼署都察院左都御史，兵部右侍郎史譜署管理順天府府尹事。

癸酉，諭內閣：鍾祥奏，夷船駛至山東洋面，現飭候風南回一摺。此次暎咭唎夷船駛入東省劉公島洋面，經鍾祥派委員弁巡堵驅逐，不准進口，所辦俱妥。該夷人麥發達始則欲求通商，繼又欲散佈夷書。雖據稱未在閩、浙、江蘇內洋寄椗，殊難憑信。著鍾祥即嚴飭所屬各員弁，一俟風發，驅令啓椗南還。並將各島口嚴加防範，毋許內地奸民，交易接濟。東省洋面，界連直隸、奉天、江南，甚爲遼闊，海洋風信靡常。其沿海各處，均當一律防辦。著直隸、奉天、江南、山東、福建、浙江各督撫、府尹等，嚴飭沿海文武各員弁巡防堵截。不准該夷船越進隘口。並嚴禁內地奸民交易接濟，甚至受其誑惑，無得稍有疏懈。

丁丑，漕運總督朱爲弼因病賞假，以刑部左侍郎恩特亨額署漕運總督。

己卯，諭軍機大臣等：前據鍾祥奏，暎咭唎夷船駛至山東洋面，當降旨著直隸、奉天、江南、山東、福建、浙江各督撫府尹嚴飭文武員弁，巡防堵截，毋得稍有疏懈。茲據馮贊勳奏，暎咭唎夷船肆行無忌，請飭廣東大吏嚴諭該夷目，俾永遵約束，以肅國體而杜後患等語。暎咭唎夷人在粤通商，素稱强悍狡黠，歷來督撫大吏每存寬厚，過於優容。【略】著祁𡎴等即明白曉諭該夷目等，天朝制度准其在粤通商，即是格外天恩。嗣後當與各夷同遵約束，不可駛入各省，妄思冀倖。儻再任意妄爲，即行驅逐出口，不准通商。憲典難干，毋自取罪戾，以貽後悔也。將此諭知祁𡎴，並傳諭彭年知之。尋奏，已飭澳門西洋夷目派兵巡查，勿任登岸滋事，儻有不遵，即驅逐回國。報聞。

又以安徽巡撫鄧廷楨爲兩廣總督，甘肅布政使色卜星額爲安徽巡撫，病痊布政使梁章鉅爲甘肅布政使。

《東華續録》道光三二　甲申，上啓鑾謁西陵。是日奉移孝慎皇后梓宮由田村啓行。免經過地方額賦十分之五。

九月戊子，上謁泰陵、泰東陵、昌陵，詣龍泉峪閲視寶城。

己丑，孝穆皇后、孝慎皇后梓宮至龍泉峪，奉安於饗殿，上親臨奠酒。

庚寅，上回鑾。

《宣宗實録》卷二七一　壬辰，諭軍機大臣等：程祖洛等覆奏，查禁臺灣米石越口販運一摺。據稱臺灣産米，素稱饒裕，漳、泉地方，賴以接濟民食。本年據各口報稱，運到臺米二十萬石有奇，覈計該郡民食，所餘不過此數。並查明沿海鄰省米價，與臺灣不相上下，客販無利可圖，自不捨近行遠，似無違禁偷漏之事等語。

乙卯，以吏部左侍郎申啓賢爲山西巡撫，調禮部右侍郎陳嵩慶爲吏部左侍郎，以內閣學士卓秉恬爲禮部右侍郎，調盛京刑部侍郎貴慶爲刑部右侍郎，刑部

右侍郎特登額爲盛京刑部侍郎。命盛京禮部侍郎普保來京，命山西布政使徐鏞來京，調雲南布政使經額布爲山西布政使。

《宣宗實録》卷二七二　十月庚申，駐藏大臣文蔚奏，本年皇太后六旬萬壽聖節，達賴喇嘛等請在大昭寺傳集喇嘛，唪經祝嘏。得旨：嘉奬，並賞銀二百兩。

《宣宗實録》卷二七三　乙亥，諭内閣：鄉會試爲掄才大典，士子讀書，當知自愛。其有因人數衆多，儌幸亂號，以身試法者，雖設有號單底簿，互相覈對，誠恐稽查未清，轉不無遺漏舛錯。其亂號士子或託人代填，或捏寫詭名，即欲杜絶弊端，無從查對，事屬有名無實，自無容稍存遷就。兹據禮部將查號之法，遵旨覈議具奏，於認真辦理之中，立法仍歸簡易。嗣後著仍照定例辦理。其士子進號，既經看柵官役認明卷面字號相符，如號數已滿，即將號柵鎖閉。封門後監臨、監試等，仍分段入號親查。如監臨、查號不力，責成監試。監試查號不力，責成監臨。互相指參，毋許稍有徇庇姑容，致滋弊混。其八旗號舍即著彈壓副都統親身巡查，以專責成。士子如有亂號，即行扶出。設爲時已晚，未便開門，即將試卷扣除，並將該士子交至公堂，派員看守，俟放牌時扶出。其有挺身肆鬧者，照例治罪。

癸未，太子太傅予告大學士托津卒，晉贈太子太師。命慶郡王綿慜帶同侍衛十員往奠茶酒，賞銀一千五百兩治喪，入祀賢良祠，予祭葬，謚文定。

《東華續録》道光三二　十一月壬辰，以文德和爲内閣學士兼禮部侍郎銜。

《宣宗實録》卷二七五　十二月癸亥，諭内閣：御史張琴奏，請飭禁濫派委員，勒薦幕友，以除積弊一摺。各省候補佐雜人員，原資差遣。然流品既多，賢否不一。若濫行委用，則弊竇叢生。至幕友幫辦稿件，必須妥實練達，方克有濟，斷不准屬託長官，倚勢勒薦，以致誤公。若如該御史所奏，近來各省差委名目甚繁，名曰冬差。未委以前，候補者百計鑽營；得委後，不過遣家丁走收規禮，即可銷差。甚有貪婪之輩，包帶貨物，偷漏關税，以所帶之物昂價託銷。至新選州縣到省，即有盤踞該省之幕友屬託長官，倚勢勒薦。州縣慎重公事，另延幕友，其長官所薦者空給束脩，名曰乾館等語。似此濫派勒薦，於地方吏治殊有關繫，不可不大加整飭。著通諭各直省督撫，凡委員必須擇審，無得營私濫派。其有輕忽公事，偷漏關税者，一經查明，即行撤委參辦。至各該州縣延請幕友，聽其自信擇取，無得倚勢勒薦。其有包攬滋弊，遷延誤公者，嚴行參處，以清吏治而肅官常。將此通諭知之。

刑部奏，審擬邱喜在莊親王府聚賭一案。得旨：此案邱喜在莊親王府内聚賭至一月有餘，莊親王奕賨毫無覺察，非尋常失察可比，著交宗人府嚴加議處。尋議，莊親王奕賨應革爵。得旨：著加恩改爲罰親王俸五年。

《宣宗實録》卷二七六　乙亥，諭内閣：國家設立營制，修明武備，原爲折衝禦侮之用，全在平日實力整飭，勤加訓練。從前立定章程，分年分省，每遇輪應查閲之期，或專派大臣前往，或即令本省督撫查閲，期於戎政實有裨益，營伍不致廢弛。總督統轄戎政，巡撫職兼提督，簡稽軍實，具有責成，均屬分内應辦之事，必須不時考覈，方有實效。各省營伍，經朕特派查閲之大臣，即無異親臨閲視。其有派該省督撫查閲者，原所以示體恤，免該省供應之煩，各督撫等稍有天良，當知實心任事，豈可漫無查察，怠忽因循，陋習相沿，罔思設兵衛民之意？其閲兵大臣，特派前往，即當以公事爲重，與派往各省審案，事同一律，均應破除情面，一秉大公，甄覈嚴明，不避嫌怨。若一味顢頇搪塞，草率了事，是簡派大臣全不足信，所謂實心任事者安在？今山西營伍如此廢弛，前降旨將哈哴阿、祥康、鄂順安交部嚴加議處。兹據各該部分别降調革職，嚴議具奏，均屬允當。哈哴阿著革去都統，退出御前侍衛，降爲二等侍衛，在乾清門行走，照部議罰世職半俸十二年，免其降調世職，仍留管理上虞備用處火器營虎槍營差使，其餘一切管項，概行革退。祥康著降爲四品頂帶，補授盛京副都統，仍帶降三級留任處分。鄂順安著降爲藍翎侍衛，作爲駐藏幫辦大臣，到京後，不准請訓，以示懲儆。癸巳上還京師

道光一六年（丙申、一八三六）

《宣宗實録》卷二七七　正月庚戌，又諭：本日據祁墳等奏，上年十一月洋商伍紹榮等轉據嘆咭唎國夷商稟稱，夷人來粤貿易，必須傳遞書信。今有港腳煙船，能行逆風，欲行進省遞信，恐沿途礮臺關口，疑慮驅逐，信達轉稟，飭行知照等情。該督等飭令洋商傳諭該夷人不准進口，並訪聞此船係爲包攬各夷商送信而造，此次到來，欲將船賣給澳夷，因無人承買，是以尚未回國，亦不敢進口等語。外夷遞送書信，向有章程，自應循照辦理，何可以詭異不經之船，擅入海口？嘆夷素性詭詐，雖現據查明煙船並無滋事情形，惟既已飭禁不准進口，乃仍

欲駛入内洋，實屬藐玩。著鄧廷楨等嚴飭各營縣及虎門各礮臺，隨時查察，嚴行禁阻防範。並諭飭澳門西洋夷目派撥夷兵，在南灣一帶巡查，勿使煙船水手人等登岸滋事。仍即驅逐開行回國，毋令久泊外洋。儻該夷人不遵法度，竟肆桀驁，立即懾之以威，俾知儆懼。該督等務當熟籌妥辦，循照舊章，不得稍有疏懈。將此諭知鄧廷楨、祁墳、關天培，並傳諭新任粵海關監督文祥知之。

《宣宗實録》卷二七八　二月丙辰，湖北巡撫尹濟源因病解任，調江西巡撫周之琦爲湖北巡撫，以江蘇布政使陳鑾爲江西巡撫，調江西布政使怡良署江蘇布政使，以陝西按察使李恩繹爲江西布政使，廣東鹽運使李振翥爲陝西按察使。

《東華續録》道光三三　癸酉，上啓鑾謁東陵。免經過地方額賦十分之三。

丙子，上謁昭西陵、孝陵、孝東陵、景陵、裕陵。回鑾。

己卯，上還京師。

《宣宗實録》卷二八〇　三月庚寅，以大學士文孚兼署户部尚書，京營左翼總兵桂輪護步軍統領。以工部尚書何淩漢兼署吏部尚書，總管内務府大臣敬徵署户部右侍郎，兼管錢法堂事務。

乙酉，大學士長齡等會同户部議奏約束糧船水手章程。一、嚴查藏匿兇器，一、嚴責頭舵保結，一、嚴定兇徒罪名，一、嚴治游幫匪類，一、酌寬地方處分，一、沿途派兵防緝。得旨：漕船水手人等類皆無業游民，獷悍性成，劫奪是其故技，全在漕河及地方文武員弁認真查察，嚴行懲治，庶兇頑群知斂戢，而漕政得以肅清。此次會議各條俱臻詳備。惟是防弊之法，不患立法之不善，而患行法之無人。果能實力奉行，不致日久生懈，則懲一警百，自可立挽頹風。著有漕各省督撫、漕運總督及沿河各督撫，務當遵照奏定章程，嚴飭各該糧道，遇案即辦，有犯必懲，並隨時查察押運員弁，及地方文武催趲各員等。儻敢仍前玩泄，虛應故事，不能認真查拏，即指名嚴參，從重懲處，不得稍存姑息，致日久又成具文。

《宣宗實録》卷二八一　四月癸酉，諭内閣：鴻臚寺卿黄爵滋奏，請查究州縣弊蔽命盜一摺。州縣爲親民之官，於命盜重案，務獲正兇正賊，按律究辦，方足以服民心而伸國法。若如所奏，近年以來，命盜大案層見疊出，除京控各案外，其未及上陳，狡展稽遲者，每省多或千餘，少亦數百。牽引多人，拖累多載，命案則百計宕延，盜案則公然賣放，尚復成何政體？其各省州縣逃軍，擾累地方，勾通差役，結連匪黨，關繫命盜案件，尤爲緊要。著各直省督撫遇有命盜之案，必先明查暗訪。如所屬州縣得贓縱兇，飾詞延擱，即據實嚴參。其逃軍人犯，除加等治罪外，配所及本籍印官疏縱容留，亦著分别參處，庶命盜理而刑政肅，吏治日有起色矣。將此通諭知之。

丁丑，上御太和殿傳臚，賜一甲林鴻年、何冠英、蘇敬衡三人進士及第，二甲張錫庚等七十二人進士出身，三甲孔繼鑅等九十七人同進士出身。

《宣宗實録》卷二八三　五月戊戌，以都察院左都御史吴椿爲禮部尚書，吏部左侍郎李宗昉爲都察院左都御史，轉吏部右侍郎龔守正爲左侍郎，調禮部左侍郎卓秉恬爲吏部右侍郎，轉禮部右侍郎陳官俊爲左侍郎，以内閣學士史評爲禮部右侍郎，仍留浙江學政任。

以廣西布政使花杰護巡撫。

《宣宗實録》卷二八四　六月丙辰，諭内閣：嗣後凡緣事革職降調，應行離省之員，該督撫於交代清楚後，不給咨令其回籍；及回籍候補，赴部候選，轉將該員留省差委，藉端保奏者，著照委署别缺之例，定爲降一級調用私罪。該部即載入則例，通行各直省，著爲令。

乙亥，諭軍機大臣等：鴉片煙來自外洋，流傳内地，爲患甚鉅。前經太常寺少卿許乃濟具奏，當降旨著鄧廷楨等會同妥議。本日據姚元之奏稱，現今銀貴錢賤，推其致匱之由，大抵爲販賣鴉片煙土出洋之故。並聞有伍姓洋行暗與交通，立有照票，包攬買賣等語。著該督等將摺内所指各情節，逐款悉心妥議，務當通盤籌畫，力塞弊源，毋令奸商骫法營私，於民生國計兩有裨益，方爲盡善。鄧廷楨經朕特簡總督大員，品學素優，前在巡撫任内，頗能辦事，若能將夷商現在情形立法周密，期於久遠無弊，庶不愧爲國出力大臣。儻顢頇了事，但顧目前，日後更滋流弊，該督不能當辜恩溺職重咎也。原摺著鈔給閲看。將此諭知鄧廷楨、祁墳，並傳諭文祥知之。

《宣宗實録》卷二八五　七月癸未，以山東巡撫鍾祥爲閩浙總督，山西布政使經額布爲山東巡撫。

甲申，以貴州按察使楊殿邦爲山西布政使，調山西按察使唐鑑爲貴州按察使，山東按察使慶林爲山西按察使，陝西按察使李振翥爲山東按察使，以甘肅蘭州道劉鴻翱爲陝西按察使。

《宣宗實録》卷二八六　庚子，命協辦大學士、吏部尚書穆彰阿爲大學士，管工部事直隸總督琦善協辦大學士，仍留總督任。調户部尚書耆英爲吏部尚書，

兵部尚書奕顥爲户部尚書，理藩院尚書禧恩爲兵部尚書，以都察院左都御史武忠額爲理藩院尚書。

乙巳，諭内閣：御史萬超奏，本年正月二十三日，黄村車夫孫大刀兒在田村以南地方受傷身死，並搶去贏車一輛，半年之久，正兇未獲。著步軍統領衙門、順天府、五城一體嚴拏，務獲究辦。至所稱京控各案，擇其情節較重，省分較近，曾在該省各上司衙門呈控冤抑未伸者，請將要證卷宗，提解刑部審訊等語。京控案件總以冤抑爲詞，其間實在冤抑者，原不能保其必無，而架詞聳聽，希圖拖累者，亦復不少。國家設官分職，各有攸司。直省督、撫、司、道及地方各官，伸冤理枉，是其專責。其有不能秉公審斷，致有屈抑者，朕必隨時予以懲處。儻一切案件，必待紛紛提解刑部審訊，則外省問刑各衙門不幾成虚設耶？若謂近省控案尚易提解來京，則遠省控案又將如何辦理？該御史所奏，事屬難行，著毋庸議。

丁未，吏部以大學士穆彰阿應定何殿閣請，得旨：著爲武英殿大學士。

又諭：給事中許球奏請實力稽查保甲一摺。弭盜詰奸，保甲實爲良法。京師市廛雲連，居民稠雜，奸匪最易潛藏。向來編次門牌，設立循環號簿，附近圓明園一帶，復派令揀發司坊官分駐查察。立法本極周密，乃行之日久，奉行故事，視爲具文，不可不嚴加整頓。著步軍統領衙門、順天府、五城各按地界，挨户周查，務將牌内填註姓名之人，覈對年貌，不得含混了事。其客店寓所仍照舊例，按月點卯，酌量分定日期，俾得逐一查照循環號簿，詳細詰問，毋許容留來歷不明之人。所有内外城偏僻菴觀寺院，查有面生可疑者，嚴加盤詰。鄉莊村鎮，由順天府派委妥員，五城派委揀發司坊官，各按界址，勒限逐一清查。其附近圓明園一帶村莊，責成分駐司坊認真查察，並著該城御史前往抽查。總期不擾不漏，俾奸匪無託足之區，庶地方益臻安謐。經此次飭諭之後，勿視爲申明舊例之舉，仍前玩泄，不能實力奉行，則責有攸歸，一經破露，必照溺職例從重懲處，決不寬貸。

《宣宗實録》卷二八七 八月庚申，諭軍機大臣等：據内閣學士朱嶟奏，申嚴鴉片例禁，並給事中許球奏敬陳管見各一摺，又另片奏嚴治漢奸等語。鴉片煙來自外夷，流毒内地，例禁綦嚴。近日言者不一，或請量爲變通，或請仍嚴例禁。必須體察情形，通盤籌畫，行之久遠無弊，方爲妥善。著鄧廷楨等將摺内所奏，如販賣之奸民，説合之行商，包買之窑口，護送之艓艇，賄縱之兵丁，嚴密查拏各情節，悉心妥議，力塞弊源，據實具奏。至許球另片所稱洋夷情形，是否實有其事，亦著一併議奏。原摺片俱著鈔給閲看。將此諭知鄧廷楨、祁𡎴，並傳諭文祥知之。

戊辰，調直隸布政使陳崇禮爲福建布政使，以前任直隸布政使顔伯燾爲直隸布政使。

《宣宗實録》卷二八八 九月辛巳，諭軍機大臣等：本日據鄧廷楨等奏，議覆姚元之所奏紋銀出洋一摺。據稱傳到怡和行商伍紹榮等八家，及代製木箱各匠人，隔別嚴訊，並查起帳簿，逐加覈對。每年每店所造大小木箱，自數千隻至一二萬隻不等，不止伍姓一行爲然。所造木箱，大約係裝貯茶葉、湖絲等貨之用，裝銀之箱，均係分往閩、浙、安徽採買貨物，並非運銀出洋。其夷人餘賸花銀，例准帶三成回國，亦用木箱裝貯，皆係木匠代製，伍紹榮查無勾串包攬情弊等語。紋銀出洋，久干例禁，全在地方文武各官認真查察，方能杜絶偷漏。現在雖據該督等查明木匠代製箱隻，係爲裝貯貨物，並採買各貨及夷人自帶餘銀之用。惟每年每店所造，既有盈千累萬之多，難保無不法奸徒，從中影射，巧爲裝點情形，暗中偷漏紋銀情事。該督等惟當隨時隨地，實力稽查。儻有前項弊端，一經訪有蹤跡，立即嚴拏重懲，不得日久視爲具文，致滋寬縱，以肅功令而杜弊源。將此諭知鄧廷楨、祁𡎴並傳諭文祥知之。

又諭：本日據鄧廷楨等奏，議覆御史沈鑅所奏外省行用洋錢一摺。據稱洋錢一項，江、浙、閩、粤之間，輾轉貿遷，行使最便，流佈已久，一旦驟行禁止，實亦勢所不能。惟洋錢之弊，在不計分兩之輕重，不較成色之高低。廣東現在通行，謂之爛板，以之兑换紋銀，每百兩必補足銀水三四兩及五六兩不等。至江浙行使，則全用鏡光新面洋錢，以爛板兑换鏡面，每百兩竟須補水六七兩之多。審勢揆時，當立鈐制之法，以平遠邇之情等語。洋錢流佈東南，已非一日。雖未能遽行禁止，若任其價值增昂，不爲平減，或致内地紋銀偷漏出洋，實屬不成事體。該督等惟當申嚴厲禁，遇有商夷交易，取具洋行總保各商並無偷漏紋銀甘結備案。儻有私用紋銀購買夷貨，及向夷商兑换洋錢者，將總保各商及交易之商從重治罪，按數倍罰充公。鋪户居民有犯，加等問擬。並嚴飭守口員弁實力稽查，毋許包庇故縱。並著該督等即行文移知沿海行使洋錢各省督撫，務須嚴飭所屬，曉諭商民人等，嗣後行使洋錢，必以成色分兩爲憑，不得計枚定價。其以洋錢易换紋銀，或以紋銀易换洋錢，無論爛板、鏡面，每百兩止准洋錢補紋銀之水，

不准紋銀轉補洋錢之水。如此明定限制，惟當實力奉行，認真查察，以平市價而杜弊端。將此論知鄧廷楨、祁𡎴，並傳諭文祥知之。

《宣宗實録》卷二八九　丙申，諭軍機大臣等：御史黄仲容奏，請將地方私用外國錢文，一律嚴行查禁。據稱廣東潮州府一帶洋面，海船到日，攜帶外國景興、光中二様錢文，錢質薄小，每一千文計重不過三斤，較之制錢分兩輕至一半。廣東省紋銀一兩，市價換制錢一千四百餘文，在外國換景興、光中錢，每兩可換二千餘文。鄉愚貪其多換，相沿成風。始則攙雜制錢並用，今則止用景興、光中暨私鑄小錢。並有將制錢銷燬，攙和沙泥，私鑄景興、光中小錢各等語。外省私鑄，屢經降旨嚴飭地方官查拏懲辦。其銷燬制錢，私鑄小錢者，已屬大干例禁。如該御史所奏，廣東省有私鑄景興、光中小錢者，更爲目無法紀。著鄧廷楨等嚴飭所屬，務須明定章程，設立官局，計值收買，將外國錢文盡行銷燬，明切曉諭，俾小民共知懔遵。儻有仍蹈前愆，即行從嚴懲辦。並轉飭文武員弁，在南澳大汕頭奄埠一帶地面，海船到日，實力稽查。如有偷帶景興、光中錢文，立即緝拏究辦。儻敢奉行不力，或受賄縱容，並藉端需索，即著指名嚴參懲處，以絶弊源而清錢法。將此諭令知之。

己酉，諭内閣：耆英以一品大員於太監人等懇求之詞不行拒絶，經都察院遵旨，將耆英議以革職，自屬咎所應得。姑念其平日辦事無誤，此案情節尚輕，惟履霜堅冰，不可不防其漸，耆英著革去尚書、都統、步軍統領、内務府大臣，加恩以侍郎降補，以示薄懲。朕綜理庶政，一秉大公，議過之條，務期允協。在廷諸臣其各體朕心，勿事瞻徇，勉副朕諄諄誥誡至意。

《宣宗實録》卷二九〇　十月壬子，以工部尚書載銓兼署禮部尚書。

甲子，以禮部尚書吴椿兼署户部尚書。

《宣宗實録》卷二九一　十一月乙未，諭軍機大臣等：「本日據興德等由四百里馳奏，色哷庫勒地方，被賊滋擾一摺。據稱十月初三日，霍罕列什格爾胡什伯克帶領賊人到色哷庫勒地方，將城垣用礮打開。阿奇木伯克庫爾察克率衆抵禦，互有殺傷。庫爾察克帶傷被捦，其餘伯克被傷身死逃亡者，尚復不少，伊什罕伯克邁熱木等家眷均被搶去。大約賊有二千餘人，現籌防禦等語。霍罕夷人犬羊性成，貪黷無厭。現在胡什伯克既將色哷庫勒地方占據，難保不由彼進卡，肆行滋擾。計廉敬到彼，尚需時日。奕山接奉此旨，著即迅速馳赴葉爾羌，並與特依順保妥商，於領隊大臣内，酌派一二員隨同前往，將興德等摺内所稱各情節，詳細確查。先行知照喀什噶爾辦事領隊大臣等，將胡什伯克差來之阿布都爾滿等六人，嚴行看守，毋許放令出卡。務當體察現在情形，儻該夷人等膽敢肆意擾亂，勢須調兵，該大臣即一面調派官兵，一面據實奏聞。並嚴諭各城一體防範，如該夷人等進卡滋事，自當實力勦捕。惟不准擅行出卡，致開邊釁。並著該大臣馳抵葉爾羌後，即書寫諭帖，曉諭霍罕伯克。以該伯克素稱恭順，並能約束卡外夷人，具臻安静，是以大皇帝加恩，准予通商，並免納税。色哷庫勒係屬天朝地方，今聞胡什伯克帶領多人在彼滋事，該伯克諒不知情，是以屬下之人敢於擾我邊陲，妄行抗拒。該伯克深受天朝浩蕩之恩，務即查明此次進卡滋事之人，自行懲辦。並嚴諭所屬，嗣後務當各守藩籬，永遵約束。儻再擅入邊界，致生事端，恐大皇帝聞之，天威震怒，絶其貿易，不准通商。是該伯克不能承受天恩，自貽伊戚也。如此剴切宣諭，該伯克果能悔罪輸誠，自可不煩兵力。儻竟執迷不悟，該大臣即行通盤籌畫，將應如何辦理之處，據實具奏。固不可示之以弱，亦不可過事張皇，是爲至要。至前交查辦各件，著俟廉敬到葉爾羌時，再行會商辦理。興德等原摺，著鈔給閲看。將此由五百里諭令知之。」

庚子，實授惇親王綿愷宗人府宗令，以大學士穆彰阿署管理户部三庫事。都察院左都御史敬徵爲工部尚書，理藩院尚書武忠額爲都察院左都御史，户部左侍郎奕紀爲理藩院尚書，轉户部右侍郎文慶爲左侍郎，調工部右侍郎賽尚阿爲户部右侍郎，兼管錢法堂事務，以京營左翼總兵奎照爲工部右侍郎，兼管錢法堂事務。

甲辰，調雲南提督李國棟爲甘肅提督，齊慎爲四川提督，直隸提督周悦勝爲甘肅提督，以直隸正定鎮總兵官唐倖爲〔直隸〕提督，服闋總兵官曾大觀爲正定鎮總兵官。

《宣宗實録》卷二九二　十二月庚戌，諭内閣：昨日召見新放察哈爾總管穆精額，既不通曉蒙古文義，並不能解蒙古語，難勝總管之任。著即撤回本任，所遺察哈爾總管，著桑旺扎木蘇補授。各該處總管有統轄一旗之責，道光十年、十四年兩次降旨，令各該旗營揀選總管，務須通曉滿洲、蒙古文義，或能蒙古語者，帶領引見。此次仍復濫行保送，殊屬不合。所有值年旗及該旗保送大臣，俱著交部議處。

己巳，諭軍機大臣等：本日據鄧廷楨等奏，籌議杜絶鴉片流弊一摺。鴉片流傳内地，以致紋銀日耗，今欲力塞弊源，惟杜絶紋銀出洋最爲要著。若能於從

出之地，必出之途，實力稽查，俾漢奸夷人兩無所施其伎倆，自可漸塞漏卮。該督等所奏，能見及此，著即同心協力，認真巡察，懲漢奸之勾串，杜夷商之貪饕，總期銀不出洋，行之有效，毋得徒託空言。將此諭知鄧廷楨、祁墳，並傳諭文祥知之。

癸酉，以山西按察使慶林爲奉天府府尹，奉天府府尹圖明額爲山西按察使，安徽按察使周天爵爲陝西布政使，廣西右江道徐寶森爲安徽按察使。

道光一七年（丁酉、一八三七）

《宣宗實録》卷二九三　正月己卯，以理藩院尚書奕紀爲御前大臣。

壬辰，以署吏部尚書朱士彦爲兵部尚書。未到京前，以吏部左侍郎卓秉恬署理。

丙申，諭軍機大臣等：據鄧廷楨奏稱，暎咭唎國公司散局以後，大班不來。上年十一月内，該國特派遠職來粤，總管本國前來貿易之商賈水手等語。該國來船絡繹，自應鈐束得人，以期綏静。今該夷既領有公書文憑，派令經管商梢事務，雖與向派大班名目不同，其爲鈐束則一。著准其依照從前大班來粤章程，至省照料。並飭令粤海關監督，給領紅牌進省，以後住澳住省，一切循照舊章，不准逾期逗留，致開盤踞之漸。該督等正可藉此責成該夷小心彈壓，不准干預滋事。仍應密飭該管文武及洋商等，隨時認真訪察。儻該夷越分妄爲，或有勾結漢奸、營私骫法情事，立即驅逐回國，以絶弊源。將此諭令知之。

庚子，諭内閣：三載考績，乃激揚大典，滿漢諸臣有能實心實力，克稱厥職者，自當甄敘，平庸不能勝任者，亦難姑容。兹届京察之期，吏部將京外諸臣開單題奏，朕詳加酌覈。大學士長齡宣力多年，年登八十，而精神强健；大學士潘世恩、穆彰阿，協辦大學士王鼎，克勤克敬，不愧贊襄；吏部尚書湯金釗品學醇正，奉使公明；刑部尚書史致儼精力如常，刑名詳慎；協辦大學士、直隷總督琦善辦事認真，營伍整飭；陝甘總督瑚松額不露鋒鋩，細心任事；雲貴總督伊里布熟習邊務，鎮撫得宜；江南河道總督麟慶修防無誤，獲保安瀾，俱著加恩交部議敘。内閣學士桂森粗率無能，不堪造就，著以二等侍衛降補。盛京工部侍郎奕澤才具平庸，不勝侍郎之任，著以頭等侍衛降補。湖廣總督訥爾經額，兩省文武是其統轄，乃么麿小醜，日久不獲，既失察於前，復玩泄於後，實屬無能，著降補湖南巡撫，再予限一年，緝拏藍正樽務獲，以觀後效。餘著照舊供職。至兩江總督陶澍辦事勇敢，但監務尚未大見起色；閩浙總督鍾祥精明沈細；兩廣總督鄧廷楨才學俱可，山西巡撫申啓賢辦事實心，皆履任未久，諸臣務當清慎持躬，公勤莅事，朕有厚望焉。

以江蘇巡撫林則徐爲湖廣總督，調江西巡撫陳鑾爲江蘇巡撫，湖南巡撫裕泰爲江西巡撫。

《宣宗實録》卷二九四　二月己未，命山西按察使圖明額留京，以四五品京堂候補，以福建督糧道瑞元爲山西按察使。

《宣宗實録》卷二九五　三月丁亥，以大學士穆彰阿署直隷總督。

《東華續録》道光三五　庚寅，上奉皇太后啓鑾幸𡸣髻山。免經過地方額賦十分之三。

癸巳，回鑾。

甲午，上奉皇太后還京師。

乙未，上啓鑾謁明陵。

丙申，上詣明長陵、獻陵、泰陵、景陵、永陵，奠酒。

丁酉，上還京師。

甲午，福建布政使陳崇禮因病解任，以候補四品京堂吴榮光爲福建布政使。

《宣宗實録》卷二九六　四月甲子，雲南巡撫何煊因病解任，以直隷布政使顔伯燾爲雲南巡撫，福建按察使張澧中爲直隷布政使，光禄寺少卿常恆昌爲福建按察使。

《宣宗實録》卷二九七　五月戊寅，禮部尚書貴慶因病解任，調理藩院尚書奕紀爲禮部尚書，以都察院左都御史武忠額爲理藩院尚書，工部右侍郎奎照爲都察院左都御史，調禮部右侍郎聯順爲工部右侍郎兼管錢法堂事務，以内閣學士道慶爲禮部右侍郎。

庚辰，以河南按察使楊振麟爲陝西布政使，山東督糧道張祥河爲河南按察使。

甲申，調山西布政使陳繼昌爲直隷布政使，直隷布政使張澧中爲山西布政使。

《宣宗實録》卷二九八　六月己酉，諭軍機大臣等：鄧廷楨等奏，查明廣東地方積弊籌議辦理章程，開單呈覽。朕詳加披閲，所議各條尚屬周妥，俱著照所

議辦理。惟紋銀出洋，實爲東南一大漏卮。紋銀之出，即爲鴉片之所從入，視以銀易貨之害爲尤大。節經該督等派委員弁先後拏獲匪犯陳亞二、丁亞三等，起獲走私船隻、洋紋銀兩，奏明懲辦。可見奸徒詭祕，情僞百端，現在查拏認真，自覺暫爲斂跡，若稍形鬆懈，難保不肆行偷漏，仍蹈前轍。著該督等乘此辦理稍有頭緒之時，加意整頓。嚴飭各該文武員弁於關隘緊要地方往來巡查，嚴密購緝，有犯必懲，久而勿懈。務使中國財力不致爲外夷所耗，方爲不負委任。將此諭知鄧廷楨、祁𡎴，並傳諭文祥知之。

辛亥，諭內閣：御史朱成烈奏銀價昂貴，流弊日深，請飭查辦一摺，所奏甚是。銀錢價值兩得其平，方於國計民生均無窒礙。近來錢價日賤，自係紋銀不足所致。推原其故，固由於風俗奢侈，耗於內地，而禁煙一物，貽害尤甚，耗銀尤多。若如所奏，廣東海口每歲出銀至三千餘萬，福建、浙江、江蘇各海口出銀不下千萬，天津海口出銀亦二千餘萬。一入外夷，不與中國流通，又何怪銀之日短，錢之日賤也。前據鄧廷楨奏，拏獲出洋紋銀，業有旨，將出力各員弁量加鼓勵，並准其將所獲之銀全數充賞。惟所拏之數尚不及百分之一，且此等奸民情變百出，難保不因廣東查拏甚緊，遂暗與浙、閩諸處交通，巧爲透漏，是一處之摻拏，不足戢衆奸之偷越。著直隸、山東、江蘇、浙江、福建、廣東各省督撫並海口各監督，嚴飭所屬文武員弁統於沿海要隘處所隨時隨地，認真稽查。遇有出洋快蟹等船，務當實力巡查。儻敢裝載紋銀，妄冀偷漏出洋，立即設法截拏，按律懲辦，毋稍輕縱。除將摻獲銀兩全數分別充賞外，並著查明實在出力各員弁，據實保奏，請旨鼓勵。如有疏縱，亦即嚴叅懲辦。

又諭：御史劉夢蘭奏，外省緑營兵丁多染吸食鴉片習氣，請飭查辦等語。國家設立營伍，訓練兵丁，原期悉成勁旅，巡防禦侮，方能得力。道光十二年間，連州猺匪滋事一案，因兵丁吸食鴉片煙，臨事不能得力，降旨將李鴻賓、劉榮慶革職發遣，用昭炯戒。若如該御史所奏，近來各省兵丁多染此習，積重難返，虛縻糧餉，是此風尚未盡戢，若不嚴行查禁，何以肅營務而勵戎行？著各直省督撫提鎮振刷精神，加意整飭，申明律令，嚴行訪拏。該兵丁等有犯此弊者，即著按名裁革，照律懲辦。各營員弁如有染此習氣者，亦著嚴行叅辦，毋稍徇縱。務使營伍肅清，一兵得一兵之用，方爲無忝厥職。儻視爲具文，不肯認真查禁，致兵丁疲弱，不能得力，李鴻賓等即其前車之鑒。朕惟知執法從事，不能曲爲寬貸也。將此通諭知之。

《宣宗實録》卷二九九　七月庚寅，諭軍機大臣等：本日據訥爾經額奏，湖南衡、永、郴、桂等處與粵東壤地緊接，鴉片煙最易偷越入境。現飭府縣會營先後緝獲廣東煙販九起，人犯二十餘名，鴉片煙三千餘兩等語。鴉片煙流毒最甚，全在地方文武隨時嚴密查拏，庶不至蔓延各省。著鄧廷楨、祁𡎴嚴飭出粵入楚所在地方文武員弁一體實力截拏，有犯即懲，毋稍疏縱。將此諭令知之。

癸巳，諭軍機大臣等：有人奏，廣東省城包攬私販鴉片煙泥之處名曰窯口，皆係積匪亡命之徒。有赤沙廣一名姓徐，番禺縣沙灣司人，年五十左右，高顴無鬚。先曾私鑄小錢犯案，現住省城韭菜欄興隆街尾暗開窯口。又王振高一名，亦係沙灣司人，走私起家，曾捐都司職銜，投香山營效力，緣事告退。道光十五年冬間，與久慣走私之蘇魁大等夥開窯口一座，在省城永清門外向北，店名寶記。又關清即信良一名，係南海縣九江人，曾犯盜案自首，後掛名廣州府差役。與莫姓夥開窯口一座，在靖海門外城根利順行後樓店，名仁記。又梁忠一名，廣州府佛山人，曾充南海縣差役，告退，現住海珠礮臺左側紫洞艇，專管窯口走私帳目。以上四名皆係多年走私，起家鉅萬。因恃兵差通同一氣，久未破案等語。此等匪徒蹤跡詭祕，不惜重賄，勾結兵差，最爲可惡。著鄧廷楨、祁𡎴即密派明幹大員嚴緝究辦，以靖奸宄而塞弊源。

丙申，諭軍機大臣等：據鍾祥等奏稱，暎咭唎國夷官名肱，以小船三隻入口投稟，請將遭風難夷交給，自帶回國。經該督等明白諭示，飭令趕歸大船，一齊起碇，不准片刻停留。該夷船開往東南大洋而去，並無違抗等語。所辦甚是。暎咭唎夷性詭譎，膽敢撥用小船，進口遞稟，以請給難夷爲詞，雖情形恭順，一經諭飭，遵照啓行，而臨行復將原稟暗置廟內桌下，其鬼蜮伎倆已可概見，難保其日後不再生希冀。該督等惟當嚴飭沿海文武員弁隨時認真查察，設該夷船復有似此藉詞入口者，儻竟不服驅逐，即當懾以兵威，俾知天朝例禁綦嚴，不容抗玩。即或外託恭順，卑詞懇求，亦當以理拒之，不得稍有遷就，致釀事端，是爲至要。將此各諭令知之。

庚子，諭內閣：御史巫宜禊奏，振興學校一摺。直省儒學書院之設，所以教學造士，培植人材，立法極爲周備。若如該御史所奏，近來教官大率不能振作，竟有干預地方公事。劣生莠士因之傚尤，以致包抗錢糧，起滅詞訟，士風人才，日益汙下，尚復成何政體！著直省督撫學政嚴加整頓，通飭教官，務當敬教勸學，無負乃職。其不能砥礪士節，扶持名教者，即行嚴叅懲辦。至各省書院，延

請院長，原爲激厲人材而設。近日竟有薦而不到館者，有甫經到館旋取脩金以去者，並有不到館而上司代取脩金轉付者，殊屬有名無實。著直省督撫各體察情形，覈實整頓。務使館無虛曠，士有師承，勉副朕崇重實學至意。將此通諭知之。

癸卯，直隸布政使陳繼昌因病解任，以按察使托渾布爲布政使，山西冀寧道熊常錞爲直隸按察使。

《宣宗實録》卷三〇〇 八月乙亥，諭軍機大臣等：有人奏廣東地方日形疲弊，敬陳六款，懇請整飭一摺。據稱該省盗案疊出，會匪居多。有添弟會、三合會各名目，聯結黨羽，種種擾害，一涉詞訟，需索多端。又該省州縣徵收糧米，聞有每石折銀六七兩之多，縱容書差，受賄包庇。至積貯便民，莫如設立義倉，以民捐充貯之穀，備歲歉不時之需，於官民均有裨益。若巡船之設，原爲捕盗堵私，近來各船隻圖收受地面陋規，並未緝獲私匪，水陸營汛漸至有名無實。該省監務宜杜私侵，必須隨時體察，設法疏銷。至榷税一節，尤宜釐剔弊竇。其坐省奸夷喳噸等及零丁洋已造之躉船，均須驅逐各等語。著鄧廷楨等即將摺内所指各款，逐加確查。如有似此弊端，務須破除情面，認真懲辦。總期吏治戎行，均有實效，方爲妥善。原摺著鈔給閲看，將此諭知鄧廷楨、祁𡌗並傳諭文祥知之。尋奏，遵查各款：一、粤東負海依山，向爲匪類淵藪。綜計兩年來，前後獲犯幾及五千人，其中間有結拜弟兄者，然並無添弟、三合名目。至民間詞訟，土音實屬難解。但初到之員，學習一半年後，亦可漸通，並不盡憑書吏傳達。其有串供詐騙者，一經查出，即當據實嚴辦。一、粤省徵米，係供兵糈之用，從未折銀解司。其自願折納小户，仍按照便民章程，酌量妥辦。儻書差土棍，敢於浮收包攬，立拏懲治，州縣據實糸處。一、省城向無義倉。前值歲收中稔，因偕司道等首先捐廉，並紳商富户隨同踴躍樂捐，共建蓋東西兩倉，現已工竣，即令買穀存貯。其平糶賑卹一切章程，倣照社倉事例，妥議立案，似可經久無弊。一、通省水陸兵丁，按營覈計，兵數足額，並無減剋情事。且武職人員缺無肥瘠，亦無所用其鑽謀。至考覈各營，老弱庸劣，沙汰殆盡，所有節次具奏，拏獲各匪得自營弁者居多，尚無被控收受陋規，得賄放行之案。一、現當遵拏紋銀出洋，鴉片入口之時，陸續獲解匪徒，均係本犯自認出洋，並無妄拏商船之案。惟潮州、瓊州各府商民每圖捷徑，航海往來，應請查照原奏，通行曉諭，令各商船概走内河，不許出洋行走。如有必須經洋之處，須領有新給船照，及各關税單，驗明放行，亦不得妄拏勒索。一、粤省鹽務分别省潮引地，省河各埠歷經嚴定緝私章程，潮橋各埠或有埠無商，或有商無本，以致各路私侵，自應盡力查拏，力籌補救。至潮鹽由海運至郡城，一路河道淤塞，前經該商捐資挑濬，輓運已通，或可漸期起色。一、躉船寄泊外洋，業經將驅逐情形具奏在案。其喳噸即喳噸、並嗹哋兩夷，因行商積欠未清，控經發司確審，俟審明後即勒限回帆，以免久留滋弊。得旨：一切認真勉力爲之。

《宣宗實録》卷三〇一 九月，又諭：鄧廷楨等奏，請復承商舊例一摺。粤東洋商自嘉慶年間，設立總商經理。其選充新商，責令總散各商聯名保結。後因夷船日多，行户日少，照料難周，易滋弊竇。是以量爲變通，准以殷户自請充商，暫行試辦，停止聯名保結之例。兹據該督等查明，現在招補缺商，已復舊額，足敷辦公，自應仍復舊例，以示限制。嗣後該商遇有歇業，或緣事黜退者，方准隨時招補，此外不得無故添設一商，亦不必限年試辦，以歸覈實。其承商之時，責令通關總散各商，公同慎選殷實公正之人，聯名保結，專案咨部著充。並著該督等隨時查察，毋許該總商等仍蹈從前推諉壟斷惡習，俾保充者務求覈實，而走私漏税諸弊，亦責有攸歸，以裕課餉而杜奸私。該部知道。

戊戌，又諭：前據訥爾經額奏，拏獲粤東透越入境煙販，當諭令鄧廷楨等嚴飭截拏。兹據奏稱，廣東省接壤湖南之瀧河一道，實爲楚粤咽喉。現經飭行南韶連鎮道督屬緝拏，並查有北界江西之大庾嶺，尤爲客商要路，亦應責成一體稽察等語。鴉片煙流毒最甚，果能於扼要各關隘，實力盤查，即有走私匪船，斷難飛渡。南韶連鎮道駐劄韶關，實爲兩路扼要之所，著即責成該鎮道督率員弁，晝夜巡查。遇有奸徒販運，或商船夾帶，立即拏獲，從嚴辦理。仍飭禁藉端需索，儻員弁兵役，得規包庇，即嚴行治罪。其經由之州縣營汛，亦著概予糸處。似此嚴定章程，儻再經他省拏獲煙販，定將該鎮道等懲處。

《宣宗實録》卷三〇二 十月戊辰，内務府大臣奏，遵議逃走太監治罪章程。太監逃至河南、山東、山西及東三省，枷號一年，發往黑龍江給官員爲奴，遇赦不赦，如逃至各省，即係越省遠颺，永遠枷號禁斃，另有案情，從重辦理，仍將容留之人治罪。如止逃回順天直隸本籍者，照舊例辦理。逃往别州縣，離本籍五百里以外，枷號六箇月，發往打牲烏拉給官員爲奴，三年釋回。如復行逃走，即照逃往河南、山東、山西、東三省之例治罪。從之。

甲戌，調廣西布政使花杰爲江西布政使，江西布政使李恩繹爲廣西布政使。

《宣宗實録》卷三〇三　十一月庚辰，甘肅布政使趙炳言緣事降調，以浙江按察使梁萼涵爲甘肅布政使，調直隸按察使熊常錞爲浙江按察使，以直隸大順廣道陸費瑔爲按察使。

《宣宗實録》卷三〇四　十二月己巳，以吏部左侍郎、浙江學政卓秉恬爲都察院左都御史，命來京。轉吏部右侍郎陳官俊爲左侍郎，調户部左侍郎龔守正爲吏部右侍郎，轉户部右侍郎祁寯藻爲左侍郎，調兵部左侍郎吴其濬爲户部右侍郎，兼管錢法堂事務，以内閣學士朱嶟爲兵部左侍郎。

道光一八年（戊戌、一八三八）

《宣宗實録》卷三〇五　正月乙亥，以吏部尚書奕經管户部三庫事，兵部尚書禧恩管理藩院事。

《宣宗實録》卷三〇六　二月乙巳，刑部尚書史致儼因病解任，以廣東巡撫祁墳爲刑部尚書，未到任前仍以刑部左侍郎劉彬士署理。以兵部尚書朱士彦兼管順天府府尹事。以江蘇布政使怡良爲廣東巡撫，未到任前以兩廣總督鄧廷楨兼署。調浙江布政使程矞采爲江蘇布政使，以貴州按察使唐鑑爲浙江布政使，調江蘇按察使李象鵾爲貴州按察使，以服闋按察使裕謙署江蘇按察使。

壬子，吏部以大學士琦善應定何殿閣請，得旨：著爲文淵閣大學士。

辛未，調浙江布政使唐鑑爲江蘇布政使，以廣西按察使宋其沅爲浙江布政使，降調布政使趙炳言爲廣西按察使。

《宣宗實録》卷三〇七　三月戊寅，宗人府等衙門會奏：審擬習教人罪後，復供奉十字架圖像，同伊子文廣習教念經，實屬怙終不悛。圖四即圖升阿、文廣均玉牒末除名，著即發往伊犂充當苦差。嗣後拏獲習教各犯，訊係改悔免罪後仍復奉教者，無論當堂情願跨越十字木架與否，均著照本例治罪，不准援免，以爲奸狡怙惡者戒。其緝捕出力之西城副指揮郝昇榮、揀調副指揮許之瑞、正指揮李運亨均著交部議敘。

丙戌，諭軍機大臣等：本日據耆英奏，請將興販鴉片煙土及攜帶符呪人犯，解交盛京審辦。已明降諭旨，交寶興、麟魁審訊矣。奉天爲我朝根本重地，風俗淳樸，向無吸食鴉片煙及念經習教惡習。兹據耆英訊明，現獲之程樸需、戴宏佑、薛方淙、陳作霖四犯，或興販鴉片煙土，或攜帶符呪，均隸奉天。可見該省染此惡習，由來已久，不可不嚴行拏究。所有程樸需等供出興販煙土之錦州人馬姓即馬老八，薛方淙供出海城縣騰鼇鋪開福盛館之王老五，又陳作霖供出新民廳開設藥鋪之張裕源，著該將軍等就近查拏，嚴行究辦，不得回護前任及各該地方官失察處分，致滋諱匿。嗣後該將軍等務當嚴飭所屬，隨時隨地，認真訪查。儻有開設鋪面，暗藏煙土，轉相售賣，及無識匪徒被人煽惑，念經習教者，立即按名查拏，照律懲辦，净絶根株。總期瀋陽重地，軍民人等咸知儆惕，不至漸染澆風，方爲不負委任。將此各諭令知之。尋奏，審明程樸需、戴宏佑、馬治遠興販鴉片煙，均照例擬枷號一箇月，發近邊充軍。薛方淙買食鴉片煙，照例擬杖一百，枷號兩箇月。朱振東鈔寫違禁符書，陳作霖隱匿收藏，均照違制律擬杖一百，折責遞籍管束。下部議，從之。

《東華續録》道光三七　戊子，上奉皇太后起鑾謁西陵。免經過地方額賦十分之三。

壬辰，上謁泰陵、泰東陵、昌陵，詣孝穆皇后、孝慎皇后陵寢奠酒，臨奠端順固倫公主園寢。回鑾。

乙未，皇太后還京師。

丙申，上幸南苑行圍。

庚子，上還京師。

《宣宗實録》卷三〇八　四月甲子，以河南糧鹽道李鈞爲陝西按察使。

《宣宗實録》卷三〇九　癸酉，以廣東按察使王青蓮爲山東布政使，甘肅鞏秦階道喬用遷爲廣東按察使。

閏四月辛巳，鴻臚寺卿黄爵滋奏，請嚴塞漏卮，以培國本。近年銀價遞增，每銀一兩，易制錢一千六百有奇。非耗銀於内地，實漏銀於外夷。蓋自鴉片煙土流入中國，粤省奸商勾通巡海兵弁，運銀出洋，運煙入口。查道光三年以前，每歲漏銀數百萬兩；三年至十一年，歲漏銀一千七八百萬兩；十一年至十四年，歲漏銀二千餘萬兩；十四年至今，漸漏至三千萬兩。此外福建、江浙、山東、天津各海口合之亦數千萬兩。日甚一日，年復一年，誠不知伊於胡底。耗銀之多，由於販煙之盛；販煙之盛，由於食煙之衆。今如實力查禁，必先加重罪名。聞紅毛國法，有食鴉片煙者，必集衆環視，繫其人竿上，以礮擊之入海。外夷如是，何況中國？應請嗣後内地有吸食鴉片者，限一年内，務各斷絶煙癮。如一年後仍然吸食，是即不奉法之亂民，俱罪以死論。並嚴飭各督撫，轉飭各府州縣，

清查保甲，豫先曉諭居民，定於一年後，取具五家鄰右互結。如有犯者，准令舉發，給與優獎。儻有容隱，一經查出，本犯照新例處死，互結之人，照例治罪。得旨：著盛京、吉林、黑龍江將軍、直省各督撫各抒所見，妥議章程，迅速具奏。

乙丑，調刑部尚書成格爲兵部尚書，以四川總督鄂山爲刑部尚書，盛京將軍寶興爲四川總督，熱河都統耆英爲盛京將軍，刑部右侍郎惠吉爲熱河都統。

庚寅，調禮部尚書奕紀爲户部尚書，仍兼管太常寺鴻臚寺事，户部尚書奕顥爲兵部尚書，兵部尚書成格爲禮部尚書。

丙申，諭軍機大臣等：有人奏，内地人民不盡皆食鴉片，而茶葉、大黄爲外夷盡人必需之物，請酌定價值，祇准以紋銀交易，不准以鴉片及洋貨抵交等語。自鴉片流毒中國，紋銀出洋之數逐年加增，以致銀貴錢賤，地丁漕糧鹽課，因而交困。若不及早防維，力圖籌復，將以中國有用之財，填海外無窮之壑，於國計民生，大有關繫。所奏似屬可行。著鄧廷楨、怡良，會同豫堃，揣時度勢，密計熟籌，於復還財用之中，隱寓震懾外夷之意。其各省出産茶葉、大黄地方，應如何稽查轉運，設立票據，歸沿海地方官員兼管，及絲斤出洋，一律辦理之處，著即悉心籌畫，妥議章程具奏。不得任聽屬員，率以積重難返爲詞，一味因循，阻撓不辦。原摺著鈔給閲看。將此諭知鄧廷楨、怡良，並傳諭豫堃知之。

《宣宗實録》卷三一〇　五月庚戌，命江寧布政使楊簧來京，調江蘇布政使唐鑑爲江寧布政使，以服闋布政使牛鑑爲江蘇布政使。

癸丑，命協辦大學士、户部尚書王鼎爲大學士，仍管刑部事，調吏部尚書湯金釗爲户部尚書，命協辦大學士、兵部尚書朱士彦爲吏部尚書。以都察院左都御史卓秉恬爲兵部尚書，刑部左侍郎、浙江學政姚元之爲都察院左都御史。姚元之未到任前，以卓秉恬兼署轉刑部右侍郎，吴文鎔爲左侍郎。以内閣學士許乃普爲刑部右侍郎，命無庸在南書房行走。命工部右侍郎廖鴻荃提督浙江學政。

丙寅，吏部以大學士王鼎應定何殿閣請，得旨：穆彰阿著爲文華殿大學士，潘世恩著爲武英殿大學士，王鼎著爲東閣大學士。

《宣宗實録》卷三一一　六月己卯，以廣西按察使趙炳言爲江西布政使，服闋按察使劉韻珂爲廣西按察使。

丙申，前任盛京將軍寶興等奏，拏獲興販鴉片。興販者嚴拏，吸食者懲處，斷不可令其傳染，致成積重難返之勢。所辦甚好，嗣後尤當盡力辦理。並諭新任將軍耆英知之。

《宣宗實録》卷三一二　七月庚子，山西巡撫申啓賢奏，遵議四川總督寶興奏禁用錢票。查民間貿易貨物用銀處少，用錢處多。是以江、浙、閩、廣等省行用洋錢，直隸、河南、山東、山西等省則用錢票。若一旦禁絶錢票，勢必概用洋錢，更受外洋折耗。再各省藩庫所存制錢無多，民間藏錢亦不充足。今將錢票禁止，則現錢必日見其少，恐致商民交困。至兵餉、河工所發均係銀兩，錢貴則例價不敷，勢須另籌加增。即如山西省標兵米向係本折兼支，本色按月給米，折色按月給銀。前因折色之銀不敷買食，籌款生息，作爲津貼。此在銀貴錢賤之時，尚屬不敷，儻銀賤錢貴，則不敷之數益多。現查晉省行用錢票，有憑帖、兑帖、上帖名目，均係票到付錢，與現錢無異，毋庸禁止。此外又有上帖、壺瓶帖、期帖名目，均非現錢交易，應請禁止。報可。

丁未，以四川總督寶興爲刑部尚書，兼正藍旗漢軍都統，布政使蘇廷玉署總督，廣西按察使劉韻珂爲四川布政使，山西河東道郭文匯爲廣西按察使。

丙寅，諭軍機大臣等：據鄧廷楨等奏，暎咭唎國巡船駛泊外洋，現在密爲防範，諭逐回國，候風開行一摺。所見是。前因暎咭唎公司散局，大班不來，曾經諭令循照舊章，仍派大班前來，以資經理。行之將及兩年，何以該國忽有夷船駛入内地？並求呈遞事件，免用稟字。又欲派官傳諭，種種妄瀆。現經該督等將原呈擲還，並密派文武員弁加意防範。但該夷等犬羊性成，難以恆情測度。據稱守候風信，届期開行回國。此數十日内羈留内地，仍當不時偵察，毋得疏懈。時届北風，即飭令迅回本國，不可任其北駛。或竟藉端停留，自當加以兵威，嚴行驅逐，並停止該國買賣，用昭懲創。著鄧廷楨等酌量相機籌辦，總宜外示鎮静，内謹修防，以戢夷匪而靖閭閻。將此各諭令知之。尋奏，查暎夷巡船現已得風駛去。惟夷情叵測，是否去不復來，殊難臆度。惟嚴飭巡洋將備，加意防範，毋稍疏懈。凡各國非貿易貨船，即驅逐出洋，不准停留，以免滋事。報聞。

丁卯，諭軍機大臣等：有人奏天津洋船夾帶鴉片煙土，鋪户代爲囤積分銷一摺。據稱，兩廣、福建商民雇駕洋船，轉販雜貨，夾帶鴉片煙土，由海路運至天津，向有潮義、大有等店，及嶺南棧房，代爲包辦關稅。山陜等處商賈來津銷貨，即轉販煙土回籍。至洋船入口時，並無官役稽查。抵關後，委員欲入艙搜查，該船户水手勢將抗拒。煙館隨處皆有，煙具陳列街前。該處府縣家人書役等，向多得規包庇等語。吸食鴉片，例有明禁。昨經降旨，飭令各直省將軍督撫嚴拏

開館販煙之人，京師開設被局，影射售私，亦經嚴禁。天津爲海口要隘，奸商囤積興販，勢所不免。現當整頓之時，尤當扼其要害，以清弊源。若果海口搜查淨盡，則京師轉販亦少。著琦善即照摺内所指各情，派委明幹妥員，嚴密查拏，按律懲辦。並根究夥黨，杜絶來源，毋得視爲具文，致有不實不盡。原摺著鈔給閲看，將此諭令知之。

戊辰，以湖南按察使楊慶琛爲山東布政使，廣東督糧道王藻爲湖南按察使。

己巳，以江南河庫道梁寶常爲陝西按察使。

《宣宗實録》卷三一三　八月甲戌，諭軍機大臣等：本日據琦善覆奏，遵旨查拏鴉片煙囤積情形一摺。覽奏均悉。此等匪徒由洋船潛運至津，冒險嗜利，意在必售。始而聞風隱匿，繼而勾串鋪户，賄囑胥役，暗地銷賣，事所必有。天津爲京師貿易來路，查拏不浄，根株何由斷絶？據稱派委文武各員前往誘緝，自係遴選明幹之員。惟奸商之鬼蜮，胥役之朦蔽，不可不防。該匪徒等營私射利，由洋船捆載而來，儻能杜絶來源，不令將煙土移運上岸，則牟利之徒自無所施其伎倆。即該處起運蘇木、檳榔及各項糖包，雖難一一開驗，然不能因此遂令奸徒借以夾帶售私，該地方官等轉得藉口不辦。著琦善密商鹽政鍾靈，立定章程，嚴密查拏，總不准煙土上岸。現在整頓積習，該署督等斷不可稍涉因循，致貽後患。將此諭令知之。

庚辰，諭軍機大臣等：西北兩路爲邊防要地，該處將軍大臣等固當廉明表率，即員弁兵丁亦應操防練習，屏斥嬉游，方爲有備無患。朕聞該處近多演劇游戲，以唱太平歌爲名，綵服登場，歡呼取樂。竟有兵丁扮作戲劇，蕩檢踰閑，不成事體。兵弁習勤講武，日久自成勁旅。似此違例骫法，尚安望其折衝禦侮耶？著奕山、廉敬、恩特亨額等細加訪察，如有此種惡習，立即嚴行懲辦，毋使相沿日久，漸染澆風，是爲至要。將此各諭令知之。

丙戌，又諭：林則徐、錢寶琛奏查拏煙販，收繳煙具情形各等語。鴉片煙流毒中國，爲害已久。現經該督撫等剴切曉諭，嚴行禁止，設局收繳煙具。數月以來，軍民人等咸知畏法，該地方官等亦能力加振作。現在湖北省拏獲及首繳煙土煙膏共一萬二千餘兩，收繳煙槍一千二百六十餘桿。湖南省報獲煙販十餘起，收繳煙槍三千五百四十餘桿，均已分別劈燬。所辦甚屬認真。可見地方公事，果能振刷精神，實心查辦，自可漸有成效。該督撫等惟當督飭所屬，乘機諭戒，有犯必懲。呈繳者予以自新，隱匿者力加搜捕，斷不准始勤終怠，日久視爲具文。總期骫靡積習立即挽回，方爲不負委任。所有拏獲煙土爲數最多之湖北漢陽縣知縣郭觀宸，著加恩賞加知州升銜，以示鼓勵。

《宣宗實録》卷三一四　九月壬寅，諭内閣：此案莊親王奕賨、輔國公溥喜各赴尼僧廣真廟内吸食鴉片煙，鎮國公綿順帶同妓女赴廟唱曲，均屬不知自愛，卑鄙無恥。著交宗人府分别嚴加議處。

辛酉，調湖南巡撫錢寶琛爲江西巡撫，未到任前以布政使趙炳言護理，調江西巡撫裕泰爲湖南巡撫。

乙丑，調户部尚書湯金釗爲吏部尚書，禮部尚書吴椿爲户部尚書。

贈故吏部尚書朱士彦太子太保，予祭葬，謚文定。

《宣宗實録》卷三一五　十月甲申，諭軍機大臣等：有人奏，江蘇所屬上海縣，爲東南數省販賣鴉片煙口岸。向有閩粤奸商雇駕洋船，就廣東口外夷船販買雜貨並鴉片煙土，由海路運至上海縣入口，轉販蘇州省城，並太倉、通州各路，而大分則歸蘇州，分銷全境以及鄰境。省外州縣地方設有信船、帶貨船各數隻，遞送書信，凡外縣買食鴉片煙者，俱託該船代購，大縣每日計銷銀五六百兩，小縣每日計銀三四百兩等語。現在查拏煙販，正當喫緊之時。如直隸、山東等省俱已拏獲大起，嚴行懲辦。惟近畿各處查拏嚴緊，洋船原帶煙土不能起岸，或徑赴上海售賣，不可不防。各該省大吏原應不分畛域，認真緝拏。況上海爲江蘇所屬，責有攸歸。著陶澍、陳鑾即遴派幹練文武員弁，自蘇州至上海一帶，設法偵察，跟蹤密緝。儻經拏獲奸商到案，即根究夥黨多寡，分路堵拏，勿任絲毫偷漏。並著查勘海口確實情形，妥議章程具奏。將此各諭令知之。

乙酉，諭内閣：昨據御史狄聽奏稱，江蘇上海縣地方爲東南數省販賣鴉片煙口岸，請飭查拏。當降旨，令陶澍、陳鑾分别派員查辦。本日據陶澍等奏，稱在上海東關外起獲窩頓煙土數起，爲數甚鉅。復於蘇州、揚州、江寧等府屬盤獲販賣窩頓各犯，共計煙土一萬六千餘兩。並諭令海船繳出煙土四萬一千餘兩，免其治罪。是該御史所奏屬實，而該督等於所屬地方有犯即懲，辦理認真，可嘉之至。著陶澍、陳鑾即提集各案人證，分别追究夥黨多寡，按名弋獲，從嚴懲辦，毋使漏網。所有緝獲出力各員，自應量予恩施，以示鼓勵。蘇州府知府汪云任著賞加道銜，署揚州府、坐補常州府知府李璋煜著免其坐補原缺，遇有該省知府缺出，即行補用知府銜。蘇州府督糧同知黄冕著遇有該省題缺、知府缺出，奏請升補。知州銜署上海縣知縣練廷璜著以知州升用。署提標右營守備千總王嘉

謨著以守備升用，先換頂帶。陶澍、陳鑾督率有方，均著交部議敘。該督等仍當嚴飭所屬，循照現辦章程，認真查辦，不准稍有疏懈。果能力除痼疾，朕必嘉悅。既往之事，付之不咎矣，勉之。餘著照所議辦理。

丙戌，諭內閣：御史淳貴奏，請將各省拏獲鴉片煙土解京查覈，以杜濫邀議敘之弊。該御史所奏，自係因覈實起見。但各省距京程途遠近不等，若紛紛解京，委員稽察難周，必致沿途偷漏，又滋流弊。該將軍、督撫等經朕委任，斷不疑其查禁錮習，有冒濫各情。即該將軍、督撫等亦萬不敢欺飾邀功，自取咎戾。惟查拏日久，該州縣等難保不生覬覦，希冀恩澤，以致影射欺飾，亦不可不防其漸。著各直省將軍督撫於所屬拏獲煙土煙具，務當秉公覈實，查檢數目，當堂目擊銷燬，無得任聽屬員抽換隱匿，以少報多。儻有浮冒不實，及銷燬不盡等弊，一經查出，即行從嚴叅辦。至拏獲煙土煙膏，嗣後應如何匯總查驗，銷燬淨盡，以杜弊竇之處，著大學士、軍機大臣會同各該衙門一併議奏。

又諭：琦善奏請將私給保單之會館董事飭拏訊辦等語。已革山東樂昌縣知縣廖炳奎充當天津閩粵會館董事，輒敢私行出具保單，給付閩粵商民，令經過關津海口查驗放行，殊屬任性妄爲。並於雙峯等棧容留煙販及吸煙人犯，已據伊子供認知情，尤屬大干法紀。廖炳奎現赴山東德州候補未入流費宗禮及曲阜縣知縣王大淮任所。著經額布即飭嚴拏，解赴直隸，交該署督訊明究辦。至閩粵會館董事有稽查約束之責，嗣後著責成天津府飭令閩粵商民公舉老成公正之人，報明承充，取具甘結存案。如有販賣鴉片、煙土、煙具者，該董事不行舉首，或竟通同舞弊，即著照例加等治罪。尋奏，拏獲廖炳奎，審供不諱。擬杖一百，流二千里。下部議，從之。

壬辰，又諭：鴉片煙流毒傳染日深，疊經降旨，飭令嚴拏懲辦。各該衙門拏獲人犯，或咨或奏，俱陸續送交刑部審訊定擬。是該部爲匯總之地，必當認真推鞫，務令水落石出，不致漏網。該堂司各官自應倍加慎重，嚴行訊勘，方能立除痼習。但案犯衆多，承審司員或草率了結，或積壓遲延，甚至聽信囑託，吏胥需索，種種滋弊，在所不免。著刑部堂官嚴飭承審司員，於解到案犯，立時研鞫，切實根究，分別懲治，不得稍有不實不盡，以期淨絕根株。該堂官仍當不時查察，督飭覈辦。儻有草率積壓，及聽情消弭等弊，即行指名嚴叅。如任其延玩滋弊，別經發覺，或被糾叅，不但將該司員等從重治罪，並將該堂官等一併重懲不貸。懍之！慎之！

《宣宗實録》卷三一六　十一月乙巳，以山東按察使李宗傳爲湖北布政使，服闋按察使邵甲名爲山東按察使。

乙酉，諭內閣：鴉片煙流毒傳染日深，實堪痛恨。屢經降旨，飭令中外嚴拏懲辦。乃近來此種痼習，不但軍民人等紛紛漸染，即世職官員竟亦相率玩法。節據步軍統領衙門查獲犯案之男爵特克慎、候補鹽大使春齡、伯爵貴明，均經刑部分別按律治罪。該員等身任職官，輒敢蹈此惡習，玷辱官常。嗣後文武官員軍民人等，儻仍不知悛改，一經查拏，定行嚴辦，決不寬貸。將此通諭知之。

壬子，以刑部尚書寶興爲四川總督，都察院左都御史恩銘爲刑部尚書。

乙卯，又諭：御史萬超奏，請嚴查吸食鴉片職官一摺。京外大小官員均有率屬臨民之責，必使咸知自愛，方可望其正己正人。近來鴉片煙流毒日深，不特軍民人等共相吸食，即現任職官亦多染此惡習，殊堪痛恨。各部院堂官及直省督撫各上司，果能破除情面，留心訪察，所屬各員內如有吸食鴉片者，不難於察言觀色之間，立爲指出究辦。嗣後該堂官上司等務當隨時認真查察，遇有此等劣員，立即指名叅奏，照例治罪。至內而京察，外而卓異，尤屬三載考績大典，斷不容以卑鄙無恥之員濫竽充數。即平日一切緊要差使，亦當慎加遴選，任使得人，方於公事無誤。儻平時一味姑容，不能早爲甄覈，仍將吸食鴉片屬員濫列京察、卓異，及委派差使，將來別經發覺，或經朕看出，查究得實，除將本人治罪外，定將原保原派之各堂官上司嚴行懲處，決不寬貸。懍之！慎之！將此通諭知之。

丙辰，諭軍機大臣等：朕因近年鴉片煙傳染日深，紋銀出洋銷耗彌甚。屢經降旨，飭令該督等認真查辦。但錮蔽日久，恐一時未能盡行破除，若不清查來源，則此患伊於胡底。昨經降旨，特派湖廣總督林則徐馳赴粵省，查辦海口事件，並頒給欽差大臣關防，令該省水師兼歸節制。林則徐到粵後，自必遵旨竭力查辦，以清弊源。惟該省窯口快蟹，以及開設煙館，販賣吸食種種弊竇，必應隨地隨時淨絕根株。著鄧廷楨、怡良振刷精神，仍照舊分別查拏，毋稍鬆懈，斷不可存觀望之見，尤不可有推諉之心。再鄧廷楨統轄兩省地方，事務殷繁，若專責以查辦鴉片，以及紋銀出洋，恐顧此失彼，轉不能專一心力，盡絕弊端。現派林則徐前往專辦此事，該督自當益矢勤奮，盡泯畛域。應分辦者各盡己責，應商辦者會同奏聞。趁此可乘之機，力救前此之失，總期積習永除，根株斷絕。想卿等必能體朕之心，爲中國祛此一大患也。將此諭令知之。

《宣宗實録》卷三一七　十二月己巳，諭內閣：御史郭柏蔭奏請嚴禁栽種罌粟花一摺。內地栽種罌粟花熬煙吸食，既妨農業，復戕身命，向來例禁綦嚴。茲據該御史奏稱，廣西、四川、雲南、貴州等省番舶不通之處，皆由本地民田徧栽罌粟，熬鍊成土，地利民生，兩受其害，必當嚴申例禁，以除積習。著各該督撫嚴飭該管道府，督率各該州縣，於所管地面剴切曉諭，實力稽查。遇有違例栽種，立即拔毀懲治。如此遞加稽覈，自不難淨絶根株。並著該督撫於明春派委明幹大員周歷各屬，清查一次。如仍有栽種情弊，即將該地方官嚴行叅辦，以示懲儆。將此通諭知之。

道光一九年（乙亥、一八三九）

《宣宗實録》卷三一八　正月甲子，兩廣總督鄧廷楨等奏，遵旨力除鴉片，共矢血誠，俾袪大患。得旨：卿等同欽差大臣林則徐若能合力同心，除中國大患之源，不但卿等能膺懋賞，即垂諸史册，朕之光輝豈淺鮮哉？而生民之福、政治之善，又非淺鮮，諒卿等亦不煩諄諄告誡也。勉之！勉之！朕拭目待之，此摺給林則徐看。

《宣宗實録》卷三一九　二月壬午，又諭：據鄧廷楨奏，外洋鴉片躉船屢經派員堵截驅逐，內有港脚㖡船及嚀吐船各一隻，於上年十二月起碇駛去，業已遠颺。其尖沙嘴等處洋面，現尚泊船二十二隻，內港脚吔噸船一隻，亦經整理桅帆，似有開行之意等語。此次諭逐夷船，既有可乘之機，著該督務即妥速防維，一力整頓，使現泊各船銜尾開行，毋任稍有覬望。總期洋面肅清，奸宄絶跡，以副委任。將此諭令知之。

《宣宗實録》卷三二〇　三月戊戌，又諭：此案吸食鴉片煙之吏部筆帖式覺羅鍾禧，著發往軍臺效力贖罪；工部員外郎鍾瑞，雖已戒止，惟曾經吸食，著即革職。四川總督寶興於伊子吸食鴉片煙，失於約束，本有應得之咎，姑念其到京未久，即簡放外任，著加恩免其議處，仍罰俸一年，不准抵銷。

《東華續録》道光三九　庚子，上啓鑾謁東陵。免經過地方額賦十分之三。

辛丑，户部尚書吴椿因病解任，調工部尚書何淩漢爲户部尚書，仍兼署吏部尚書，以都察院左都御史龔守正爲禮部尚書，吏部左侍郎陳官俊爲工部尚書。

乙巳，兩江總督陶澍因病解任，調欽差大臣湖廣總督林則徐爲兩江總督，以河南巡撫桂良爲湖廣總督，河南布政使朱樹爲巡撫，湖北按察使鄂順安爲河南布政使，長蘆鹽運使卞士雲爲湖北按察使，以江蘇巡撫陳鑾署兩江總督，布政使牛鑑署巡撫，按察使裕謙署布政使，淮徐道朱襄署按察使。

庚申，諭內閣：向來越南國二年一貢，四年遣使來朝一次，合兩貢並進。琉球國間歲一貢，暹羅國三年一貢。在各該國抒誠效順，不敢告勞。惟念遠道馳驅，載塗雨雪，而爲期較促，貢獻頻仍，殊不足以昭體恤。嗣後越南、琉球、暹羅均著改爲四年遣使朝貢一次，用示朕綏懷藩服之至意。該部即遵諭行。

乙卯，又諭：本日據林則徐等由驛馳奏，查辦躉船儘數呈繳煙土一摺，所辦可嘉之至。躉船私販煙土，希圖脱逃，經林則徐等截回躉船二十二隻，起獲煙土二萬二百八十三箱。該夷等畏法自首，情尚可原，著免其治罪。該督等奏請酌賞茶葉之處，著照所議辦理。至此項煙土爲數甚多，俟收繳完竣，即查明實在箱數，派委明幹員弁解京，以憑覈驗。林則徐等查辦妥協，自應量加獎勵。林則徐、鄧廷楨著交部從優議敘，怡良、豫堃、關天培著交部議敘。

壬戌，諭內閣：前據林則徐等馳奏，躉船鴉片盡數呈繳，請解京驗明燒燬。當降旨允行。本日據御史鄧瀛奏稱，廣東距京程途遼遠，所繳煙土爲數較多，恐委員稽察難周，易啓偷漏抽换之弊等語。林則徐等經朕委任，此次查辦粵洋煙土甚屬認真，朕斷不疑其稍有欺飾。且長途轉運，不無借資民力。著毋庸解送來京，即交林則徐、鄧廷楨、怡良於收繳完竣後，即在該處督率文武員弁，公同查覈，目擊銷燬。俾沿海居民及在粵夷人，共見共聞，咸知震讋。該大臣等惟當仰體朕意，覈實稽查，斷不准在事員弁人等稍滋弊混。

乙丑，諭軍機大臣等：御史步際桐奏，查辦夷船鴉片，取具切結，不足永斷根株等語。夷船販運煙土，經此次盡數呈繳以後，自應妥籌善法，杜其復來。若但以切結爲憑，仍屬有名無實。且夷船停泊大海，難保無暗遞消息，漢奸前往運取等弊。著林則徐、鄧廷楨悉心籌畫，務使弊源盡絶，永杜含混之端，方爲不負委任。原摺著鈔給閲看。將此諭令知之。

《宣宗實録》卷三二一　四月庚午，命福建巡撫魏元烺來京，以刑部左侍郎吴文鎔爲福建巡撫。

丁丑，以漕運總督周天爵爲河南巡撫，河南巡撫朱樹爲漕運總督。

庚辰，諭軍機大臣等：據林則徐等奏，收繳夷船鴉片，乘勢清理東路等語。粵洋躉船存貯鴉片二萬二百八十三箱，前經林則徐等諭令駛至虎門，陸續隨繳。

茲據奏稱，剥船與蔓船高下懸殊，煙土起至一半，蔓船水跡浮高，風信靡定，不免終日坐守。現在所繳鴉片，覈之原報數目，已逾十分之八。又稱東路南澳地方，間有數船至長山尾等洋遊奕。雖經該鎮隨時驅逐，而旋去旋來。是中東兩路，實屬一氣相生。其三板等船分載煙土駛往南澳，亦不可不乘此機關，一概招回，悉數呈繳。著林則徐等悉心籌畫，相機妥辦。不但原報二萬餘箱之内，不准稍有短少，如此外尚有多餘，亦應儘數收繳，總期一律浄盡，毋留餘孽。又另片奏，查明喳噸實已回國，而現住省城義和行之映噸，即係喳噸之弟，又映呀吔咂、㕥呀吔咂，皆喳噸之外甥。並有代伊管帳之呀吔喑，亦在該行居住等語。該夷盤踞既久，黨羽必多。若不儘數驅除，難保不死灰復然，仍貽後患。著即將摺内所指各該夷等與著名之噸吔等，一併驅逐，不准任意逗留。並嚴諭領事義律、夷目嘍嘐哆等，確切查明。此外如有該夷夥黨，務即設法驅令回國，毋許再有隱匿，以除錮弊而絶詭謀。將此各諭令知之。

欽差大臣林則徐奏，鴉片貽害中華，勢成積重。奉到硃批，欽遵辦理。得旨：來源外斷，栽種内除，雖不肖之徒處處皆有，無從購覓，勢亦不禁自絶也。奈因循日久，釀成奸患，言之寒心痛恨也。

癸巳，諭軍機大臣等：林則徐等由驛馳奏，收繳鴉片煙土有贏無絀。又另片奏，請將夷人帶鴉片煙來内地者，定例治罪等語。該夷人違禁帶物，並暫時首繳免罪，自應專定條例。已明降諭旨，交軍機大臣會同刑部議奏矣。此次收繳煙土二萬餘箱，據林則徐等逐一查驗，不准稍有留遺。著仍遵前旨，親督銷燬，毋許別滋流弊。至本年貿易夷船，開行在數月以前，未必遽知嚴禁。此次來船，如有夾帶鴉片，亦著責令一併繳官，以絶根株。將此各諭令知之。

《宣宗實録》卷三二二　五月己亥，宗人府宗令敬敏等會議，查禁鴉片煙章程三十九條。一、沿海奸徒開設窰口，勾通外夷，囤積鴉片，首犯擬斬梟，爲從同謀及接引護送之犯，並知情受雇船户，擬絞監候。該管官知情故縱者革職，失察者分別議處。一、沿海員弁兵丁受賄故縱，擬絞立決。知情徇縱，俱發往新疆，官弁充當苦差，兵丁爲奴。失察者，員弁分別議處，兵丁杖徒。一、合夥開設窰口，並合夥興販者，以造意者爲首，餘俱以爲從論。一、沿海奸徒，寄囤夷船煙土，照開設窰口從犯治罪。一、官役拏獲販煙吸食之犯，得財賣放者，與犯同罪，贓重者計贓，以枉法從重論。失察之該管官分別議處。一、收禁人犯，如有禁卒人等，將鴉片煙私行傳遞，或爲代買者，發極邊煙瘴充軍。其解遞之犯，解役人等有犯前項情弊，發近邊充軍。贓重者計贓以枉法論。失察之該管官，分別議處。一、兵役匪棍，以查煙爲由，肆行搶奪，並挾讎誣賴者，俱發邊遠充軍。贓一百二十兩以上者，爲首，擬絞監候。失察之該管官，分別議處。一、鴉片煙案内流罪以上人犯，告稱留養者，概不查辦。一、事未發而自首者免罪。聞拏投首者減一等；首後復犯，如一等治罪。一、吸食之案，止准官弁訪拏，不許旁人訐告。一、開設煙館，首犯擬絞立決，從犯及知情租屋者，發新疆給官兵爲奴。兵役包庇，與犯同罪。有贓計贓，准枉法從重論。失察之該管官，分別議處。一、栽種罌粟，製造煙土，及販煙至五百兩，或興販多次者，首犯擬絞監候，爲從發極邊煙瘴充軍。興販一二次，數不及五百兩者，爲首發新疆給官兵爲奴，爲從發極邊足四千里充軍。兵役賄庇，與首犯同罪。贓重者計贓，以枉法從重論。其知情租給房地之業主，受雇之船户，一年以外者，發邊遠充軍，一年以内杖流，半年以内杖徒。州縣官知情故縱者，革職，永不敘用。失察之該管官，分別議處。一、栽種罌粟，尚未製煙售賣，及收買煙土煙膏未售賣者，爲首發極邊煙瘴充軍，爲從杖流。一、吸煙人犯，均予限一年六箇月，限滿不知悛改，無論官民，概擬絞監候。一、平民吸煙在一年六箇月限内者，擬杖流。如係旗人，銷除旗檔，一體實發。一、在官人役並官親幕友等，一年六箇月内在署吸煙者，照平民加一等治罪。該管官知情故縱者，革職，失察者降調。一、職官吸煙，在一年六箇月内者，發新疆充當苦差。一、兵丁吸煙，在一年六箇月内者，發近邊充軍。該管官知情故縱者革職，失察者分別議處。一、開設煙館、栽種罌粟、製煙興販，首從各犯，除現擬死罪外，其餘俟一年六箇月後，均擬絞監候。一、吸煙人犯，雖經改悔戒絶，但存有煙灰者，杖一百。一、製賣鴉片煙器具者，照造賣賭具例分別治罪。失察及拏獲之該管官，分別議處議敘。一、同居子弟有吸煙者，家長照不能禁約子弟爲竊例治罪。一、職官因吸煙發往新疆者，概不准各城大臣因事保奏。一、宗室覺羅吸煙者，發往盛京，嚴加管束。如係職官及王公，均革職革爵，發往盛京，永不敘用。如犯在一年六箇月限滿後者，照新定章程，加重擬絞監候。宗人府會同刑部，恭進黄册請旨。一、太監内如有從前吸食者，限一箇月内自首免罪。再限三箇月内，令總管太監認真搜查。如有收藏煙具者，審明從重治罪。如三箇月限滿，半年以内，有在禁門以内各值房吸食者，均擬絞監候。在外圍值房吸食者，枷號六箇月，發極邊煙瘴永遠枷號，遇赦不赦。失察之總管首領及同屋太監奏請分別降革治罪。如係首領吸食，均照禁門以内新擬罪

名辦理。失察之本管總管奏請發遣。究出販煙之人，若係太監，與吸煙之人同罪。若係民人，交刑部加等治罪。至陵寢首領太監等有吸食者，照外圍辦理。其王公門上及各大臣宅中之太監等有吸食者，交慎刑司永遠枷號不赦。如半年以後，仍有吸食，在宫門以内者，擬斬監候，外圍等處及陵寢當差並王公門上、大臣宅中，並已爲民太監等，擬絞監候。各項失察處分，仍照前議辦理。一、夷商住澳住行，賣貨完竣，即飭遵照定限起程。如逾限久留，照違制律治罪。一、官兵查拏鴉片煙，遇有大夥拒捕者，准放鳥槍，格殺勿論。一、銷燬煙土，令督撫親驗真僞，以防偷换。一、沿海各省洋船進口，督撫派公正大員實力搜查。一、各省海關監督，於洋船帶煙進口，知情縱放者革職，失察者分别議處。一、各省拏獲煙販，將由何處購買，何人包庇護送，及經過地方，逐一根究，分别懲辦。該管官受賄故縱者，革職治罪，知情者革職，失察者分别議處。一、拏獲吸煙人犯，承審官徇情開脱，照故出人罪例治罪。一、吸食已戒，平民例得免罪。惟職官爲民表率，如曾經吸食者，均勒令休致。一、拏獲囤積興販各犯，無論鄰境本境，均准給予議敘，仍分别送部引見。一、訪獲吸食者，亦准酌請議敘。一、在京各衙門及外省督撫，將吸煙之員列入京察卓異，即將原保舉官議處。一、京城地面，五方雜處，稽察尤應嚴密。應責成步軍統領衙門、順天府、五城隨時訪察。仍嚴禁番役等訛索擾累。一、各省保甲，飭地方官認真編查。如牌長有受賄知情等弊，一體懲辦。一、地方官朔望宣講後，即將吸食鴉片之害傳集衆人，明白宣示。庶父誡兄勉，咸知自愛。奏入，得旨：上年黄爵滋條奏鴉片積弊，請旨設法嚴禁，當交各將軍督撫等各抒所見，妥議以聞。嗣經陸續奏到，並據科道等官先後條陳，特降諭旨，交大學士、軍機大臣會同各該衙門議奏。兹據詳議章程，會同奏入。朕詳加披閲，尚屬周妥，俱著照所議辦理，並著纂入則例，永遠遵行。各該衙門即速行刊刻，頒發各直省將軍督撫等，轉行所屬地方文武員弁，一體遵照，明白出示曉諭，咸使聞知。朕惟姑息非所以愛民，明刑即所以弼教。鴉片來自外夷，日甚一日。兼以内地栽種罌粟，影射漁利，軍民人等受其毒者，始則被人引誘，繼乃習爲泛常，甚至蕩産戕生，罔知悛改，關繫於人心風俗者甚鉅。若不及早查禁，永杜弊源，則傳染日深，其害伊於胡底！朕恫瘝在抱，欲爲天下除此禍患，不憚再三訓誡，特議刑章，以期易俗移風，還淳返樸。因思海販窑口，實爲禍首罪魁，儻非一律從嚴，概置重典，不足以防偷漏而塞來源。至吸食之弊，一日不斷，則興販之來一日不絶，亦不得稍從寬宥。今定以死罪，立限嚴懲。此外種種流弊，尤應隨時隨地，實力稽查，歷久不懈，庶幾根株浄盡，力挽澆風。惟是有治人而後有治法。該將軍督撫等果能早爲查辦，何至流毒如今日之甚？朕姑寬其既往，自此次明定章程以後，其各激發天良，湔除積習，同心協力，仰體朕懷，爲民除害。其有不肖屬員諱飾不辦者，立即據實嚴參，重治其罪。儻仍意存玩泄，視條教爲具文，或畏難苟安，或始勤終怠，則是甘心骫法，自喪天良，朕言出法隨，決不寬貸。其各懍遵毋忽！

丁未，軍機大臣、大學士穆彰阿等奏，議覆欽差大臣兩江總督林則徐請定夷人攜帶鴉片煙土入口售賣治罪專條。擬請此後夷人如帶有鴉片煙入口圖賣者，爲首照開設窑口例擬斬立決，爲從同謀者，從嚴擬絞立決。由督撫審明，交地方官督同夷人頭目，將各犯分别正法。起獲煙土，全行銷燬，以杜貪頑而嚴法禁。仍行文兩廣總督，以奉文之日爲始，予限一年六箇月，如於限内將煙土全數呈繳者，免其治罪。從之。

壬戌，諭内閣：林則徐等奏訪獲刊賣假捏照會外國公文人犯一摺。廣東查辦海口，防堵躉船，業經各國夷商遵繳煙土。兹據該大臣等訪聞，廣州省城坊市忽有刊賣假捏照會嘆咭唎國公文之事。拏獲鋪户翁亞潍，據供係由外縣陳姓士人輾轉傳鈔等語。案關探聽事件，詐傳言語，必應按例究辦。翁亞潍著交林則徐等審訊確情，其供出之陳姓，著嚴緝務獲，究明假捏刊賣實情，照例分别治罪。

又諭：林則徐等奏，外洋駛到夷船，停泊累日。請將因循不振之鎮將分别勒休降補一摺。南澳地方爲閩粤兩省關鍵，現在甫經清理，所有外洋來船，自應認真堵截，毋任停留。乃竟有雙桅夷船一隻，由西南外洋駛至長山尾寄椗。該署參將謝國泰既不能諭令呈繳煙土，又不立即驅逐，任其以風雨爲詞，停泊數日，始行開報。且年力就衰，巡防疏懈。著即勒令休致。南澳鎮總兵沈鎮邦於兩省交界洋面，一味因循，含糊飾稟，難勝水師專閫之任。惟年力正强，著降爲都司，仍留粤省水師酌量補用。並責令隨船出洋，以觀後效。

又諭：鍾祥奏，行寓被竊印信一摺。閩浙總督衙門公務緊要，所有應用關防，著禮部趕緊另鑄，奏明頒發。其現在該衙門一切公事，著准其暫用鹽政印信。鍾祥身爲總督，印信乃其隨身攜帶之物，而住屋又係外人難到之地，何至毫無覺察，被賊竊去？鍾祥著先行交部嚴加議處。仍著嚴飭所屬，將偷竊印信賊犯迅獲嚴懲。

諭軍機大臣等：林則徐等奏，請將偷渡夷船嚴行懲辦等語。外國商船來粤

貿易，必在該國請領牌照，頒給禁約，方許駛入内洋。乃近年暎咭唎港脚地方奸夷，並未領照經商，往往偷渡越竄。並因中國員弁遇有違禁來洋船隻，不過驅逐而止，膽敢虛張聲勢，以槍礮相恐嚇。似此違禁藐法，甚屬可惡。該大臣等奏，請遇有此等越竄船隻，即令師船奮勇勦除，及雇募善泅，駕船載草，備帶火器，占住上風，漏夜乘流縱放之處，著林則徐、鄧廷楨體察情形，相機籌辦，務使奸夷聞風懾服，亦不至驟開邊釁，方爲妥善。將此諭令知之。

《宣宗實録》卷三二三　六月丙寅，以河南巡撫朱樹署湖廣總督，周天爵爲閩浙總督，江蘇布政使牛鑑爲河南巡撫，江蘇按察使裕謙爲布政使，浙江鹽運使張晉熙爲江蘇按察使。

庚辰，廣西布政使李恩繹因病解任，以直隸按察使陸費瑔爲廣西布政使，鴻臚寺卿金應麟爲直隸按察使。

壬午，諭内閣：林則徐等奏，查辦鴉片，續獲人煙槍具，並銷化煙土完竣各一摺。覽奏均悉。著仍通飭各屬文武員弁，務將開窰設館、販賣吸食各匪犯，奮力查拏，不許稍有疏縱。所留様土四種，若解京後發交各省觀看，殊覺煩瑣，且易滋弊竇，著即於該處覈實銷燬，無庸解京。又林則徐另片奏稱，愚民無知，誤會前旨，謂槍土仍聽存留，免其呈繳等語。朕因拏獲煙膏煙具，恐有假造朦混，意在邀功，或既繳之後，官不復查，希圖塞責，故本年三月降旨，飭各督撫等實力查拏，不准以呈繳入奏。原以地方官既已拏獲吸煙人犯，其煙具煙膏，自應一併收繳，何必紛紛入奏，意存見好？非謂吸煙人犯拏獲之後，煙具煙膏即可毋庸收繳也。林則徐既有此奏，恐他省地方官誤會諭旨，並不認真查拏，殊非朕覈實辦理之意。著通諭各直省大吏，拏獲吸煙人犯，務將煙具煙膏銷燬淨盡。其有呈繳之後，仍復吸食，或地方官假造邀功，種種弊竇，均著詳查，從實嚴辦，毋得任其朦蔽。至所稱寓收繳於編查，以期除惡務盡，全在該地方官等不避嫌怨，實力嚴查，不許支飾畏難，稍涉懈怠。行之既久，自有成效。至自首一節，所頒新例，業有明文。將此諭知林則徐等，並通諭各直省將軍、督、撫、府尹等知之。

辛卯，調閩浙總督周天爵爲湖廣總督，湖廣總督桂良爲閩浙總督。

《宣宗實録》卷三二四　七月辛亥，諭軍機大臣等：據林則徐等奏，擬具檄諭暎咭唎國王底稿附摺呈覽。朕詳加披閱，所議得體周到。著林則徐等即行照録，頒發該國王，俾知遵守。其餘各國俱著先行諭知在粵夷目夷商，儻須移知各該國王，著奏明再行酌發。又另片奏，新定章程内，夷人帶煙入口，圖賣一條，請將例内入口字様，酌易爲來内地等字等語。著照所議，即於新頒例内改易，以杜趨避。將此各諭令知之。

庚申，又諭：前因鴉片煙流毒日甚，特命廷臣妥議章程，頒發各將軍、督撫、府尹等，一體祇遵，嚴行查禁。因思新疆西南北各城，地處邊陲，幅員遼闊，多與外夷接壤，難保無夷人入卡貿易，夾帶煙土，輾轉售賣之事。自應一律嚴禁，以挽頹風。著各該衙門即將新定科條，頒發各該處將軍、都統、參贊、辦事、領隊各大臣等，嚴飭所屬地方員弁，切實查拏。務將興販吸食各犯，按例懲辦，無許容隱。至新疆與内地情形不同，新定章程，如有格礙難行，應酌量變通之處，著各該將軍、都統、大臣等悉心體察，妥議具奏。

《宣宗實録》卷三二五　八月庚午，命烏里雅蘇台將軍保昌來京，調成都將軍廉敬爲烏里雅蘇台將軍。以山東巡撫經額布爲成都將軍，直隸布政使托渾布爲山東巡撫，調廣西布政使陸費瑔爲直隸布政使，以雲南按察使王惟誠爲廣西布政使，直隸霸昌道孫善寶爲雲南按察使。

《道光朝籌辦夷務始末》卷六　庚辰，諭軍機大臣等：林則徐等奏，督辦驅逐夷船，斷其接濟一摺。又另片縷陳該夷詭詐各情形等語。覽奏均悉。該奸夷等遷延不去，希冀在澳門交易，兼欲偷賣新來鴉片，並於毆斃民人之案，不將兇手交出，當此法令森嚴之際，膽敢肆意抗拒，實屬可惡！該大臣等現在禁絶柴米食物，撤其買辦工人，自應權宜妥辦，不可稍示以弱。至該夷等既以淡水爲養命之源，務當稽查漢奸，毋許私行接濟，其詭詐恫喝，固不值與之計較，而密爲防範，調度弁兵，亦不可稍涉鬆懈。著林則徐等悉心商酌，趁此警動之機，力除弊竇，所有該國大小船隻，遊奕洋面，跡有可疑者，均著驅逐出境。俟該夷等悔罪畏服，領賞回國，並將兇犯交出，彼時該大臣等再行酌量辦理，威德兼施，或可一勞永逸。總之，不可冒昧僨事，亦不得示弱長驕，惟在林則徐等相度機宜，籌畫盡善，毋負諄諄訓諭至意。將此諭知林則徐、鄧廷楨、怡良、關天培，並傳諭豫堃知之。

壬午，諭軍機大臣等：琦善奏查驗天津海口有洋船牌名金裕成，出海人名榮裕利，詢係廣東潮州府饒平縣人。據稱，船内裝載糖包，水淺難行。追經雇給剥船，而該船水手等又稱風路不順，即行起碇東往，似赴奉天、蓋平等語。該船既近海口，忽又東駛，情節可疑，難保非帶有煙土，恐被查拏，遠颺他處。著耆英等嚴飭錦縣、復州、海城、蓋平各海口，密速巡查，如有前項船隻到境，即行截住

搜拏。並著楊慶琛即飭所屬在利津、即墨及廟島一帶，一體查拏，毋令奸商售其鬼蜮伎倆，致滋流毒。將此各諭令知之。尋山東巡撫托渾布奏，遵飭，福山縣將該船户拏獲，查無夾帶煙土。惟因中途添雇水手，與原照不符，畏查起碇，委無别情。報聞。

《宣宗實録》卷三二六　九月乙未，以湖北按察使卞士雲爲湖南布政使，直隸永定河道文沖爲湖北按察使。

丁酉，又諭：據林則徐等奏，巡閲澳門，抽查華夷户口情形一摺。澳門爲夷商聚集之所。夷樓屯貯煙土，久成弊藪。乘此查辦之時，必當於該處先清其源，方爲盡善。該大臣等既委該地方官查明華夷户口，復由香山統領將備，整隊出關，宣佈恩威，申明禁令。並查西洋夷樓現無存貯煙土，辦理甚屬妥協。惟該處華夷叢雜，保甲之法難以施之夷人。且由同知、縣丞每歲編查，恐有名無實，易滋流弊。至督撫兩司分年輪往抽查之處，亦涉煩瑣。其應如何立定章程，以清弊竇而垂久遠，著該大臣等另行妥議具奏。將此諭令知之。

乙巳，諭内閣：魏元烺等奏，臺灣地震，委員查辦一摺。嘉義縣地方於五月十七十八等日地震，城垣衙署不無坍塌，並塌倒民房，傷斃人口，情殊可憫，亟應查勘撫卹，以惠災黎。著桂良等派委明幹大員，迅速前往查辦。除壓斃人口，業經該府縣捐給撫卹外，所有無力貧民塌倒房屋，著照例給與修費銀兩。其委員所帶司庫撥銀五千兩，如有不敷，即由該道庫籌款撥給。務令實惠均霑，無使一夫失所。事竣覈計造册，先由司庫籌款歸還，覈實報銷。倒塌衙署、倉廒、監獄飭縣擇要先行修葺，以資辦公。並勘明常平義倉米穀，如堪搭放兵米，即行風篩，計成搭放。儻須估變，亦飭該縣妥速經理。城垣廟宇以及各項工程，飭令該府縣分别緩急，次第估報興修，以重要工而資保護。至該郡孤懸海外，當此被災之際，尤宜督飭地方文武員弁加意巡查。如有匪徒乘間作奸，或造謡煽惑，或搶竊擾害者，立即嚴拏懲辦，毋稍疏縱。

甲寅，又諭：【略】。兹據咸齡奏喀喇沙爾地方，盤獲民人偷帶煙土。又於庫爾勒迆東，拏獲栽種罌粟花人犯。董孟徇等訊明首夥，分别定擬。該大臣查辦認真，甚屬可嘉。鴉片煙流毒日甚，遠至新疆等處，亦多傳染，殊堪痛恨。今復查有栽種罌粟情事，更出意想之外。總緣各城將軍、大臣等一味固循，不肯認真查辦之所致。因思各該城荒僻處所，隙地不少。儻查察不周，即不免有奸民射利，私行栽種，熬煙販賣，貽害兵民，實於新疆重地大有關繫。著各該將軍、都統、參贊、辦事、領隊各大臣督飭員弁，並回子伯克等，各於所屬地方，隨時實力巡查。有犯必懲，毋少疏懈，以副朕諄諄誥誡之至意。至此次除庫爾勒阿奇木伯克托胡塔功過相抵外，所有汛防把總趙忠明，於該犯等進山種花，毫無覺察，又於伯克等獲犯解城時，並不派兵護送，雖經拏獲三犯，不足蔽辜。城守營遊擊成琨督飭不嚴，著交部分别議處。

壬戌，諭内閣：鄧廷楨奏，查緝鴉片三載於兹，刁狡豪猾之徒，本厚利豐，一經確訪嚴拏，已獲者刑僇及身，未獲者逋逃亡命，身家既失，怨讟遂興。始而風影訛傳，繼而歌謡遠播，以查拏爲希旨，以掩捕爲貪功，以偵緝爲詭謀，以推鞫爲酷罰。甚至誣以納賄，目爲營私，譏廷議爲急於理財，訾新例爲輕於改律。種種狂悖，無非爲煙匪洩忿等語。朕因鴉片煙流毒傳染，貽害生民，特派林則徐會同鄧廷楨等嚴行懲辦，以挽頽風。乃該匪徒等輒因查拏嚴切，肆行詆毁，深堪憤恨。前於道光十六年間曾經降旨，以爲此等鬼蜮伎倆，實與匿名揭帖無異，飭令各直省大吏，遇有傳播歌謡，密拏懲治。乃申諭未久，該匪徒等竟復藐法作奸，阻撓新令。若不亟加懲辦，何以儆狡猾而息刁風？況林則徐、鄧廷楨、怡良等皆朕親信大臣，畀以重任。現在查辦鴉片正在喫緊之時，斷不可因羣言淆惑，稍形懈弛。林則徐等務當協力同心，勉益加勉。嚴飭所屬明查暗訪，將編造歌謡之人，拏獲到案，訊明起自何人，有無授意主使，從重定擬治罪，毋稍疏縱。

《宣宗實録》卷三二七　十月庚辰，諭内閣：御史萬啓心奏，請飭禁書吏把持一摺。各衙門額設書吏，例限五年期滿，飭令回籍，另募妥實之人承充，不准盤踞把持，致滋弊竇。前降諭旨甚明，自應認真辦理。若如該御史所奏，近來京師各庫及税務衙門書吏，當役滿告退之後，其接充者，非其子姪，即其親戚。如銀庫書吏大半皆係史姓，崇文門税務書吏大半皆係張、王等姓，盤踞把持，已可概見等語。此輩狡猾性成，易於作弊。似此子姪親戚，接續遞充，即與己身復充無異，不可不嚴行查禁。著管理各庫及税務衙門留心察看，嗣後書吏五年役滿，即行另募承充，並查明籍貫，取具保結，不准令其子姪親戚朦混接充。仍著隨時查察，如有身後影射等弊，即嚴行懲辦，務使奸猾儆懼，弊竇肅清。將此通諭知之。

又諭：有人奏蘇州地面，有婦人開設茶館，朱家莊尤多。其中設有煙具，招集吸食，並與賊匪結連，窩藏贓物等語。若果屬實，不惟風化攸關，兼爲奸民淵藪，必應查拏懲辦。著裕謙嚴行禁止，毋任胥役行規庇縱。將此諭令知之。

甲申，諭軍機大臣等：林則徐等奏，暎國躉船現已盡行驅逐，並飭取切結情形一摺。覽奏均悉。據稱，該夷駛出老萬山回國空船二十三隻，奸夷十六名，均經驅逐浄盡，並遵式取具切結等語。該夷等經此查辦懲創之後，自必畏服。惟大船六隻、小船十餘隻，潛回夷埠，距粤不過半月海程。恐日後私運入口，不可不嚴密防範。至嘩喻兵船，來自夷埠，雖名爲護貨，亦難保無叵測情形。前次犯案兇夷既不交出聽審，又不能究出正兇，狡黠可惡。著林則徐、鄧廷楨派委妥員，巡查各隘口，如夷埠船隻潛載煙土混入，即行查拏懲辦。其護貨兵船，果否安静？並飭令將毆斃林姓兇夷交出，無得藉詞逗留。儻有一事不遵，即當權變示威，爲一勞永逸之計。至該夷恐兵役搜查栽贓，雖係過慮，亦不可不防其漸。著鄧廷楨嚴飭該管文武員弁，剴切訓諭，如有栽贓等情，一經查出，定當從重治罪。務使兵役畏法，夷商知恩，是爲至要。若約束不嚴，稍滋弊混，外夷轉得藉口，尚復成何事體？懔之！將此諭令知之。

《宣宗實録》卷三二八 十一月甲午，諭内閣：前降旨，將越南國二年一貢改爲四年遣使朝貢一次，以昭體恤。茲據禮部奏稱，該國王以四年例貢，品數應否照舊遵辦，咨部請示。該部請照兩貢並進之數，減半呈進，並擬單呈覽。越南國向例每届四年兩貢並進，今既改爲四年一貢，所進貢物自應減去一次。其舊例兩貢並進之處，著即停止，用示朕綏懷藩服之意。該部即遵諭行。

庚子，諭軍機大臣等：林則徐等奏，轟擊夷船情形一摺，覽奏均悉。暎咭唎國夷人自議禁煙之後，反覆無常。前次膽敢先放火礮，旋經剴諭，僞作恭順，仍勾結兵船，潛圖報復。彼時雖加懲創，未即絶其貿易，已不足以示威。此次吐嘧夷船復敢首先開放大礮，又於官涌地方占據巢穴，接仗六次。我兵連獲勝仗，並將尖沙嘴夷船全數逐出外洋。該夷心懷叵測，已可概見。即使此時出具甘結，亦難保無反覆情事。若屢次抗拒，仍准通商，殊屬不成事體。至區區税銀，何足計論？我朝撫綏外夷，恩澤極厚。該夷等不知感戴，反肆鴟張，是彼曲我直，中外咸知。自外生成，尚何足惜？著林則徐等酌量情形，即將暎咭唎國貿易停止，所有該國船隻盡行驅逐出口，不必取具甘結。其毆斃華民兇犯，亦不值令其交出。當啣一船，無庸查明下落。並著出示曉諭各國，列其罪狀，宣佈各夷，俾知暎夷自絶天朝，與爾各國無與。爾各國照常恭順，仍准通商。儻敢包庇暎夷，潛帶入口，一經查出，從重治罪。其沿海各隘口，並距夷埠不遠之海島，均著林則徐等相度機宜，密派員弁兵丁嚴加防護，毋稍疏懈。此次攻擊夷船，提督關天培奮勇直前，身先士卒，可嘉之至。著賞給法福靈阿巴圖魯名號，仍交部從優議敘，以示奬勵。所有在事出力員弁，著查明保奏，候朕施恩。陣亡及受傷弁兵，著林則徐等查明咨部，照例辦理。將此各諭令知之。

辛丑，閩浙總督桂良奏報到任日期。得旨：閩省吏治武備廢弛已久，水師尤關緊要。汝若不加振作，一味因循，委過前人，自問天良何在？朕有見聞，斷不能曲爲包容也。懔之！勉之！

乙巳，調安徽按察使徐寶森爲山東按察使，以江蘇淮海道文麟爲安徽按察使。

《宣宗實録》卷三二九 十二月癸亥，調兩廣總督鄧廷楨爲兩江總督，兩江總督林則徐爲兩廣總督。鄧廷楨未到任前，以江南河道總督麟慶兼署。

實授裕謙江蘇巡撫，調安徽布政使邵甲名爲江蘇布政使，以江西按察使管遹羣爲安徽布政使，河南彰衛懷道劉體重爲江西按察使。

甲子，諭内閣：林則徐等奏請將道員暫行移駐澳門，查辦夷務等語。廣東澳門地方爲各國夷商貿易總匯之區，現在清釐積弊，控馭尤貴得人。該處雖設有同知、縣丞各一員，惟官職較小，尚不足以窮弊源而制驕縱。著照所請，即飭令高廉道易中孚暫行駐劄澳門，督同該同知等查辦夷務。所有前山寨内河水師都司一員，帶兵三百六十三名，著即歸該道節制。遇有緩急，聽其調遣。俟一二年後夷務肅清，再將該道撤回任所，以重職守。

諭軍機大臣等：前據林則徐等奏明轟擊夷船情形，曾經降旨，飭令將該國船隻盡行驅逐，絶其貿易，並諭以區區税銀，何足計論，想已遵辦。本日據林則徐等奏，察看暎夷反覆情形一摺，覽奏均悉。該夷反覆無常，早已洞見。現當嚴禁鴉片，豈容該奸夷陽奉陰違，希圖影射？著林則徐仍遵前旨，凡係暎咭唎夷船，一概驅逐出境，不准逗留。惟各國恭順，照常通商，難保該夷不潛行偷漏，混入他國，私帶煙土，妄冀銷售。即大黄、茶葉，亦恐他國加倍購買，轉相付給。是名爲禁止暎國貿易，而流弊益多，殊非覈實辦理之道。著林則徐即將種種弊竇，籌畫堵塞。其噹啣一船毋須招令入口，以歸畫一。林則徐現已簡調兩廣總督，責無旁貸。務當趁此警動之機，爲一勞永逸之策。至於區區關税之盈絀，朕所不計也。將此諭令知之。

癸酉，諭軍機大臣等：本日據曾望顔奏，夷情反覆，請封關禁海，設法勷辦，以清弊源一摺。又另片奏，澳夷互市貨物，亦請定以限制等語。著林則徐等悉

心妥議具奏。原摺片著鈔給閲看。將此諭知林則徐、怡良、關天培、郭繼昌，並傳諭豫堃知之。

乙亥，調禮部右侍郎黄爵滋爲刑部右侍郎，以都察院左副都御史毛式郇爲禮部右侍郎，前任福建巡撫魏元烺爲大理寺卿。

乙卯，調雲貴總督伊里布爲兩江總督，兩江總督鄧廷楨爲雲貴總督，鄧廷楨未到任前，以雲南巡撫顔伯燾兼署。

辛巳，又諭：惠吉奏拏獲鴉片人犯，並酌覈新定章程。現飭嚴禁栽種罌粟一摺。烏嚕木齊地方現已緝獲販煙吸煙人犯三十餘起，恐此外未經破獲者，尚復不少。著隨時嚴拏，即照新定科條，分别究辦。其塔爾巴哈台、葉爾羌等處，離卡倫較近各處夷人入卡貿易，現查有與販夾帶情弊。各該大臣飭屬一體嚴查，絶其來路。至栽種罌粟，尤不可不防其漸。著該都統於明歲春融時，酌量情形，或親赴各該處周歷巡查一次；或揀派親信可靠之員，前往詳細挨查。如有偷種人犯，立即嚴拏懲辦，並將該地方官從嚴參處。該都統務當實力奉行，認真查禁，不得視爲具文。

癸未，諭軍機大臣等：御史陸應穀奏，請禁夷地販煙一摺。鴉片煙流毒日深，現已頒行新例，嚴行禁止。惟欲絶外夷之煙，必絶內地之販。據該御史指出，栽種罌粟，熬煙售賣處所，並由外夷販煙入內要口，及由滇省販煙入川要路。著鄧廷楨、顔伯燾按照摺內指出處所，嚴加稽查，近邊要口，認真防堵。務使煙販無從偷渡，以期邊境肅清。原摺著鈔給閲看，將此諭令知之。

又諭：御史陸應穀奏請禁夷地販煙一摺。據奏，滇省栽種罌粟，熬煙售賣。內地奸民，勾結四川嘓匪，攜帶刀矛，前往販煙，往往釀成巨案等語。奸民販賣鴉片，大干例禁。若復勾結川匪，逞兇滋事，尤屬不法。著寶興確切查明，嚴行懲辦。又另片奏，四川查辦煙案寥寥無聞。著寶興通飭各屬，按照新例，從嚴究治。如果地方官視爲具文，苟且從事，或意存顧忌，不肯認真，著即嚴加參處，毋稍姑容。將此諭令知之。

又命：刑部尚書隆文在軍機大臣上行走。

甲申，諭軍機大臣等：據御史杜彦士奏，暎咭唎夷船攜帶鴉片煙土，在閩省海口銷售已非一日，現當廣東查辦喫緊之時，福建係接壤之區，必當一律嚴辦。聞漳、泉各處有夷船往來寄泊，水師員弁收受陋規，營弁包庇販賣，與奸民勾串夷人，接濟水米，水師哨船代爲交易，運送鴉片各處銷售各等語。鴉片現當嚴禁，廣東不能容留，必致轉趨福建。若不一體嚴辦，則來源未絶，紋銀仍不能不出洋。且由閩省浸灌各省，在所不免。現已降旨派祁寯藻、黄爵滋馳往福建查辦，並將鄧廷楨調任閩浙總督。鄧廷楨著會同祁寯藻、黄爵滋，將以上各款查明懲辦，毋許稍有徇隱。至另摺參金門鎮總兵竇振彪煙癮過深，精神不振，汀州同知齊承厚素食鴉片，喜唱崑曲；海澄縣知縣石彦恬吸煙怠惰，官聲平常。亦著查明參處。其另片奏，請將福建巡撫暫行駐劄泉州，以資彈壓。並著該督察看情形，是否可行，抑或即以該督暫行移駐之處，據實具奏。原摺交黄爵滋帶往閲看。將此密諭知之。

又調雲貴總督鄧廷楨爲閩浙總督，閩浙總督桂良爲雲貴總督，鄧廷楨未到任前，以福建巡撫吴文鎔兼署。

戊子，以都察院左都御史廖鴻荃爲工部尚書。

道光二〇年（庚子、一八四〇）

《東華續録》道光四一　正月壬辰朔，加王鼎太子太保。

己亥，調隆文爲户部尚書，以鐵麟署刑部尚書。

《宣宗實録》卷三三〇　己亥，諭內閣：昨因理藩院禁止哲布尊丹巴呼圖克圖設用旗傘，並未奏明。嗣經該呼圖克圖呈出乾隆年間案據，該堂官等又未具奏。當降旨將該衙門堂司各官交部嚴議。兹據該部奏，擬革職，實屬咎所應得。奕紀著革去御前大臣、户部尚書、總管内務府大臣，並革去紫韁，毋庸管理理藩院事務，姑從寬加恩，仍留都統。賽尚阿著革去都統，從寬降爲二品頂帶。奕紀、賽尚阿、吉倫泰、文德和，均帶革職留任處分，八年無過，方准開復。郎中惠麟著照部議革職。

以大學士穆彰阿管理藩院事。

壬寅，丑刻，皇后崩。

戊申，諭內閣：皇后鈕祜禄氏【略】謚爲孝全皇后。

又諭：向來帕克巴拉呼圖克圖每逾三年遣使進貢一次。惟念察木多地方，距京程途較遠，嗣後著加恩改爲間五年一次，即自道光十九年爲始，至二十五年再行遣使進貢。以後照此遞推，用示體恤。

《道光朝籌辦夷務始末》卷九　己酉，諭軍機大臣等：據林則徐奏，暎咭唎

國王另遣夷官曦吐噔嘰來粤，係因義律所爲不合，是以換人經理等語。該國距内地七萬里，當該國王遣官來時，斷不知内地斷其貿易，自應一併堅拒，勿與通商，以絶其逗留之念，消其叵測之情，庶幾大害永除，勿貽後患。該督於封港後，早經嚴飭洋夷各商，將各口貨船覈實查驗，確切結報，自不至再滋弊混。其水陸險要之地，皆當倍整軍威，嚴飭文武員弁，巡查防範，勿稍疏懈，以肅海疆而副委任。

《宣宗實録》卷三三〇　兩廣總督林則徐等奏，遵旨籌議御史駱秉章奏，請整飭洋務章程。一、新例嚴禁煙土。如查有夾帶分毫，即將該夷商及保辦之洋商一併斥革治罪。並訪查洋商，如尚有朋充負欠者，輕則革退，重則治罪。一、查夷語有孖氊名目，即華言所謂買賣人也，而漢奸即在其内，以致暗地勾通。現飭洋商，令通事、買辦等逐層擔保，如有營私舞弊者，惟保人是問。一、現在停止嘆國貿易，所有嘆夷，並不准一名住省。其各國貿易良夷，亦勒令遵例，依期回國。酌留一二夷人住冬，仍防閑出入，不准與内地人民交接。一、前因三板船向無定額，於十八年十一月設立順字三板七隻。現議將此項三板一併裁撤。給咪唎㗎等國護照一張，凡各國夷人進省，及寄信往來，均令另雇民艇，赴各礮臺、隘口驗明，方准内駛。一、夷人帶來洋銀，務令以銀準貨，不使餘賸帶回。下軍機大臣議，從之。

《東華續録》道光四一　二月癸亥，以阿勒清阿爲刑部尚書。

丁卯，户部尚書何淩漢卒，贈太子太保，予祭葬，謚文安。

調卓秉恬爲户部尚書，以祁寯藻爲兵部尚書，沈岐爲左都御史。

《宣宗實録》卷三三一　甲戌，以故克勤恪郡王承碩子慶惠襲爵。

丙子，伊犂將軍奕山等奏，請將新定鴉片煙章程就邊地情形，量爲變通。下軍機大臣會同刑部議。尋議：一、夷人有明知例禁，夥販煙土入卡者，應分别首、從，擬斬、絞立決。其僅止零星誤帶者，枷號示懲。一、伊犂等處奸民，有向外來夷人接買煙土，囤積發賣，及知情寄囤者，照新例分别辦理。一、伊犂等處遣犯在限内吸煙者，照軍犯在配復犯軍流調發之例辦理，給伯克爲奴，到配後枷號三箇月。在限外吸煙者，照在配罪犯絞候之例斬決。其開煙館、販煙土、製煙具、種罌粟者，查照新例，罪應擬死者，斬決，犯在徒罪以上者，斬候。禁卒解役等有傳遞代買，照新例辦理。一、各路夷貨入卡，派員查驗，並令夷人按限貿易，完竣出卡，逐層稽覈。一、各處愛曼距城較遠，令於四季出具並無栽種罌粟甘結，並飭文武地方按季具結。至伊犂東路卡臺，爲商賈必由之路，應飭官兵查驗登記號簿，註明有無私攜煙土，按月造册申報。境内五方雜處之地，令地方官按新例編查保甲之法，十家設一牌長，如有犯者，責令舉報。伊犂鋪户最多，亦令十家互保，設立鋪長，以備訪查。從之。

壬午，諭内閣：所有前藏堪布業已來京，其後藏著於道光二十二年入貢，輪至二十五年前藏再行入貢，此後每間二年入貢一次，以次遞推，用示恩施格外，體恤優加至意。

甲申，諭内閣：嗣後傳習天主教人犯於赴官首明出教，及被獲到官，情願出教，俱著遵照嘉慶年間諭旨，將該犯等家内起出素所供奉之十字木架，令其跨越，果係欣然試跨，方准免罪釋放。如免罪之後復犯習教，除犯該死罪外，餘俱於應得本罪上加一等治罪。已至遣罪無可復加者，即在犯事地方，用重枷枷號三箇月，滿日再行發遣。該部即纂入則例，永遠遵行。

《東華續録》道光四一　甲申，河東河道總督栗毓美卒，贈太子太保，予祭葬，謚恭勤，賞其子燿進士。

《宣宗實録》卷三三一　乙酉，諭内閣：楊國楨奏，查拏鴉片情形一摺。據奏，在官人役及官親幕友長隨人等，託足公門，勢必互相容隱，巧爲彌縫。請變通新例，准軍民人等告發等語。上年新定章程，止准官弁訪拏，不許旁人訐告，原以杜挾嫌誣控之弊。凡在官人役及官親幕友長隨人等，自應責成本管官隨時查察。遇有犯案，嚴究有無徇隱縱庇情弊，分别參辦。若准軍民告發，不但仍啓挾嫌誣控諸弊，且恐在官人役勾串徇隱，或至化有爲無，以實作虚，犯法者仍至漏網，首告者轉罹反坐。種種弊端，在所不免。該撫惟當督率所屬，破除積習，法行自近，有犯必懲，務令衙署肅清，以冀愚民觀感。所請軍民告發之處，格礙難行，著毋庸議。

《道光朝籌辦夷務始末》卷一〇　三月丙申，諭軍機大臣等：據吴文鎔奏，遵旨查明洋面夷船轟擊逃散一摺。並另片奏，現在辦理情形等語。福建大墜梅林等洋面，於上年十月間，有夷船停泊。經該提督帶領水師驅逐，用礮火攻擊，該夷船膽敢抵拒，致傷兵丁，不法已極。現雖據該署督查明夷船自轟擊之後，即已畏懼遠遁。而夷情狡詐，難保不由外洋闌入，斷不容稍爲懈弛，以致養奸貽害。著鄧廷楨、吴文鎔即飭所屬文武員弁，嚴密防禦。一經瞭有夷船，迅速相機擊逐，勿使逗留。至欲杜夷蹤，必先嚴察奸民勾結銷運之弊。閩省漳、泉二府，

濱海地方，港汊紛歧。晉江、惠安二縣，尤多小口，防範更宜周密。著照吴文鎔所奏，相機布置，嚴密防堵偵拏。仍著水師提督帶領兵船，巡歷洋面，遇有夷船竄入，即行攻逐。總期水陸交嚴，聲勢聯絡，俾洋面肅清，煙毒屏絶，勿負委任，是爲至要。

《宣宗實録》卷三三二　丙申，以大學士潘世恩爲會試正考官。以工部尚書敬徵兼署户部尚書。

《東華續録》道光四一　丁酉，諭軍機大臣等：見在英吉利國貿易業經降旨停止。所有粤海關每年例進貢物三次，呢羽、鐘錶等件，如有不能齊全之處，著該監督即行據實具奏，不必多方購求。

《道光朝籌辦夷務始末》卷一〇　己酉，諭軍機大臣等：前據御史杜彦士奏，請將福建巡撫駐劄泉州彈壓。當降旨令察看情形，據實具奏。兹據該尚書等奏稱，督撫均駐省垣，距漳、泉幾及千里，聲息既遥，奉行遂懈，自須大吏親往督辦，以收實功。惟巡撫爲通省刑錢總匯，政務較繁，勢難兼顧。請倣兩江總督前往清江浦之例，令閩浙總督暫駐泉州等語。通省文武，均歸總督統轄，著鄧廷楨於會辦事件完竣後，親赴泉州，駐劄督辦。嗣後每歲應行前往駐劄，由該督自行酌量，不必拘定何時，亦不必限以日月。餘著照所議辦理。

《東華續録》道光四一　辛亥，湖北提督羅思舉卒，贈太子太保，賞銀三百兩治喪，予祭葬，謚壯勇。

《宣宗實録》卷三三二　乙卯，葉爾羌參贊大臣恩特亨額等奏，阿奇木伯克伊斯瑪依爾探知各部落外夷有販煙之事，令各夷商繳出煙土十萬兩零，如法燒燬，俱各順從悔罪。得旨：務要令行禁止，勉之。

丁巳，兩廣總督林則徐奏，暎咭唎被逐之後，尚有嘵吐一船、啤哩嗎一船，在九洲遊奕，聲言有大號兵船將次到粤。現嚴檄員弁分往稽查，又拏獲通夷販煙之余阿盛等二起，煙土尤多。得旨：無論虚實，總當不事張皇，嚴密防範，勉之。

《宣宗實録》卷三三三　四月辛酉，御太和門。【略】册謚孝全皇后。

甲戌，諭内閣：載銓等奏，旁支襲爵王公追封三代應否給册、致祭，禮部例文未能賅備等語。著宗人府會同禮部妥議章程具奏。尋奏，嗣後凡追封親王以下、貝子以上，王福晉以下、貝子夫人以上，均給紙册。其追封親、郡王，無庸製給寶印。鎮國公及鎮國公夫人以下，均給誥命。追封親王以下、輔國公以上，王福晉以下、貝子夫人以上，均分别給與羊酒紙張，遣官一員致祭。親王至輔國公、王福晉至貝勒夫人，均用祭文。貝子夫人無祭文。鎮國公夫人以下，不遣官致祭。

乙亥，諭：祁寯藻等奏，查明漳、泉行使夷錢，並立限收繳一摺。前據御史杜彦士奏，福建漳、泉地方所用錢文多係安南土賊僞號，内地不應有此。近年以來，日積日多，兑换無非夷錢，沿海奸民遂多私鑄等語。當交祁寯藻等查辦。兹據查明奏稱，漳、泉二府行用夷錢有光中、景盛、景興等種，民間私圖便利，相沿成風，遂忘例禁。此項夷錢或由外夷流入内地，或由廣東潮州、嘉應州、福建漳、泉二府奸民私鑄。著該督撫等嚴飭沿海各府州縣，一面杜絶來源，一面設局收繳。嗣後海船進口，責成地方官嚴查夾帶。或有奸商囤積，奸民私鑄，立即嚴拏懲辦，並著出示曉諭，立限一年，凡有夷錢赴官呈繳，酌給制錢，俱照所議辦理。所繳夷錢，均著送局鎔鑄。該廳縣每日收繳若干，按旬結報，以憑查覈。逾限不繳者，照例治罪。並著廣東巡撫嚴飭潮州府、嘉應州等處，查明有無私鑄私販，不分畛域，一體嚴禁。斷不准日久生懈，以重錢法而杜奸弊。

《道光朝籌辦夷務始末》卷一〇　乙亥，諭軍機大臣等：祁寯藻等奏，確查閩省海口煙販情形，並籌辦水陸巡防事宜一摺。【略】海防之要，首在嚴辦漢奸，漢奸一日不除，則夷船一日不絶，務須一力嚴拏，不除不已。該督等即當嚴飭文武各員弁，一見夷船竄至，水師各兵船則奮力追拏，如敢拒捕，即行開礮轟擊，毋得稍有疏縱。陸路則嚴謹把守海岸，禁止奸民出海蹤跡。水陸交嚴，堅持勿懈，總宜猛以濟寬，禁絶根株爲要。

《宣宗實録》卷三三三　辛巳，策試天下貢士吴敬羲等一百八十人於保和殿。

壬午，山西巡撫楊國楨奏，查閲營伍情形，擡礮一項，每礮重五十餘斤，一位需兵五名，未免笨重。臣父楊遇春從前所演擡礮，每礮止需兵三人，甚爲便捷。現已籌款製造二百位，每位重三十斤，發給各營演習。又鳥槍一項，製造未能如法，現飭揀選如法改造。得旨：務須認真訓練，期收實效，不可有名無實也。

癸未，以故扎薩克圖汗瑪呢巴咱爾子車林端多布襲爵。

乙酉，上御太和殿傳臚，賜一甲李承霖、馮桂芬、張百揆三人進士及第，二甲殷壽彭等八十七人進士出身，三甲何其仁等九十人同進士出身。

《道光朝籌辦夷務始末》卷一〇　乙酉，諭内閣：林則徐等奏，籌議添建礮臺一摺。廣東尖沙觜一帶地方，爲夷船經由寄泊之區，又係該省船隻東赴惠、

潮，北往閩、浙要道。該督等相度情形，請於尖沙觜及官涌兩處，各建礮臺一座，聲勢既相聯絡，控制亦極得宜。著照所議趕緊建築，以資防制。其尖沙觜礮臺估需工料銀一萬七千九百五十一兩零，官涌礮臺估需工料銀一萬四千四十六兩零，准其在於商捐前山營生息銀內動支給辦，免其造册報銷。又另片奏，新添靖遠礮臺兵丁一百五十名操演大礮，及春秋兩次操演，請照虎門所設各礮臺一體發給口糧，每年共需銀一百二十兩，即在原定寬備經費項內，按次散給，以示體恤。亦著照所議辦理。

庚子，諭軍機大臣等：林則徐等奏，洋商捐繳銀兩，藉供經費一摺。廣東查辦鴉片，驅逐夷船，亟應籌措經費。現據洋商伍紹榮等呈請將茶葉一項應得行用銀兩，捐繳三年，按卯解庫，聽候提用等情。著即准其捐繳，俟年限届滿，由該督等覈明總數，奏請恩施。此項銀兩，著免其造册報銷，該督等務須撙節動用，覈實支銷。

《宣宗實録》卷三三四　己酉，諭內閣：達明阿奏，夷人呈繳煙土等語。安集延回子熱霍邁提、雅和普、巴拉特、胡達巴爾第等四名，夾帶煙土進卡。一聞查禁，即全行呈繳，尚知畏法，著照例免其治罪。嗣後夷人呈繳煙土，或拏獲到官，北路各城均著解赴伊犂，交布彦泰、關福驗明銷燬；南路各城均著解赴葉爾羌，交恩特亨額、圖明額驗明銷燬。以專責成而昭覈實。

諭軍機大臣等：鄧廷楨覆奏，查辦夷船在洋遊奕一摺，覽奏均悉。【略】著鄧廷楨即照籌議章程，水陸交嚴，無稍鬆懈，一面出示曉諭該夷，現在禁絶鴉片，洋面毗連內地，非該夷等船隻遊奕之所，自當遵懔王章，駛回本國。如抗拒不服，即開礮轟擊。其由粵所運礮位，正可妥爲安置，以壯聲威。儻有漢奸仍前勾串作弊，立即嚴拏懲辦，並於粵閩交界地方，多派文武員弁梭織巡查，毋任走漏。俟派查各案完竣，該督即親赴泉州一帶，兼查明漳州所屬洋面有無夷船蹤跡，認真設法防堵驅逐，以期弊端永絶，洋面肅清，是爲至要。

丙辰，江蘇巡撫裕謙奏，婦女出家爲尼，例雖不禁，然傷敗風化，褻瀆神明，深爲風俗人心之害。現酌定章程，嚴飭各地方官，將著名淫亂及幽僻小巷各菴全行拆毁。令四十以上老尼婦歸併居住，三十以下幼尼均勒令還俗。得旨：如此任勞任怨，可嘉之至。

賞還三品頂帶理藩院尚書賽尚阿一品頂帶。

《宣宗實録》卷三三五　六月辛酉，諭內閣：鄧廷楨等奏，哨船攻擊番舶，生擒黑夷，拏獲漢奸一摺。夷匪來至閩洋圖銷鴉片，奸民勾通販運，隨地蔓延。經鄧廷楨等督飭員弁，分路攻擊，夷人受傷落水無算，生擒黑夷二名，並截獲通夷匪船，人煙並獲。所辦認真可嘉，所有在事文武員弁，著鄧廷楨等擇其尤爲出力者酌保數員，候朕施恩，毋許冒濫。

癸亥，補造福建各廠戰船。從總督鄧廷楨請也。

《道光朝籌辦夷務始末》卷一一　庚辰，諭軍機大臣等：㖆夷因查辦煙土，絶其謀利之念，朕早料其必有竄入海口之舉，屢經訓誡有海口各省督撫提鎮嚴密防範，不許該夷駛入。本日據烏爾恭額奏，㖆夷致書定海鎮總兵，肆其狂悖，並知夷人俱已上岸，圍攻城池。覽奏之餘，實深痛恨！此等醜類，不過小試其技，阻撓禁令，仍欲藉勢售私，他何能爲！該巡撫提督果能認真防堵，水陸交嚴，何至縱令登岸有三四千人之多？似此偶遇事端，文武大吏即張皇失措，浙江營伍廢弛，不問可知。已另有諭旨，將烏爾恭額、祝廷彪交部嚴加議處。至定海縣孤懸海外，被圍甚急，該撫自應添撥水師馳往援救。而西駛夷船難保不窺伺寧波、鎮海等處要口，妄希占據。著即派委將弁分路嚴防，無許夷匪竄入。本日已降旨由四百里飭令余步雲酌帶弁兵前往勦辦，計日可到。該撫等務當悉心籌畫，稍贖前愆，儻再有疏虞，必當從重治罪！

壬午，諭軍機大臣等：昨據烏爾恭額奏，㖆夷致書定海鎮總兵，肆其狂悖，並登岸滋事一摺。【略】現據烏爾恭額奏稱，尚有船隻西駛，恐該夷等另有勾結，分竄他省情事。再用申諭該將軍督撫分飭將弁，認真操練巡察，加意防堵，總當先事豫籌，毋致臨事掣肘。儻稍有疏懈，致令該夷等竄入內洋，蹂躪擾害，朕惟該將軍督撫是問，恐不能當此重咎也。懔之！

《宣宗實録》卷三三五　甲申，諭內閣：本日據烏爾恭額等由驛馳奏，定海縣城失守，現籌堵禦一摺。【略】定海鎮總兵張朝發、署中營遊擊羅建功、護左營遊擊錢炳煥、護右營遊擊王萬年、署中營守備龔配道均著革職拏問，交部分別定罪。烏爾恭額、祝廷彪籌備不力，前降旨交部嚴議，玆據該部奏請革職，尚不足以蔽辜，惟現當防堵之時，若竟予罷斥治罪，轉得置身事外，烏爾恭額、祝廷彪著先行革職，暫留本任，戴罪圖功，以觀後效。署定海縣知縣姚懷祥、典史全福不屈投水，被害身死，實屬可憫，著該部加等議卹。

諭軍機大臣等：本日據烏爾恭額等由驛馳奏，定海縣城被㖆夷攻破。該撫等現駐鎮海縣防堵，瞭見夷船多隻，在笠山以外往來遊奕，距鎮海不過十有餘

里。現在鎮海官兵止有二千餘名，應俟大兵雲集，合謀攻擊等語。著鄧廷楨選派閩省大員，帶領舟師星飛赴浙，無論夷船在於何處，即會同浙江水師合兵會勦，以期一鼓成擒。

著伊里布遴派帶兵大員，揀選水師數千，豫備調遣。江浙相距較近，浙省儻有警報，該督一面奏聞，一面派兵迅速馳往應援，毋稍延誤。至江浙交界洋面，督飭水師認真防堵，毋令竄入。

《道光朝籌辦夷務始末》卷一一　丙戌，諭内閣：此次暎咭唎逆夷滋事，攻陷定海，現經調兵合勦，不難即時撲滅。因思該夷先經投遞揭帖，恣其狂悖，逆夷文字不通中國，必有漢奸爲之代撰。且夷船多隻闖入内洋，若無漢奸接引，逆夷豈識路途？以食毛踐土之民，敢於自外生成，爲夷匪主謀嚮導，實屬罪不容誅。至沿海弁兵，疏於防範，已非尋常失察可比，若竟勾通接引，尤堪痛恨！著盛京、直隸、山東、江蘇、廣東、福建各將軍、督撫、提鎮等，分飭各屬，嚴密查拏。如有内地奸民，潛蹤出入，一經獲案，嚴究有無通夷導逆情事，從重懲辦。其疏防縱奸弁兵，亦著一體嚴拏，加等治罪。務令奸宄浄盡，毋任一名漏網。

《宣宗實録》卷三三五　戊子，盛京將軍耆英奏，宗支繁衍，請添設總旗族長，與正副管一體升用。

《宣宗實録》卷三三六　七月己丑，諭内閣：周天爵等奏，收繳民間私藏軍器一摺。【略】收繳槍礮等項共二萬五千五百九十二件，計重十萬五百二十四斤。

《道光朝籌辦夷務始末》卷一一　癸巳，諭軍機大臣等：本日據長喜馳奏，夷船直逼乍浦海口，該副都統率兵堵禦，互相轟擊，滿洲緑營各兵傷斃十餘名，逆船畧爲駛遠等語。現在夷船雖衹一隻，難保不陸續而至，乍浦兵力單少，亟須撥兵赴援。惟現在杭州省城，不可無大員彈壓，著奇明保遴委將弁，選派兵丁，星夜赴乍浦海口接應，相機堵逐，毋稍延誤。

甲午，寄諭直隸總督琦善：本日據林則徐等奏，粤海暎夷兵船傳言有往天津之説，如係懇求貿易，懇恩優禮等語。天津通海各口，前據該督具奏嚴密防範，果有夷船駛入，自可有備無虞。惟夷船叵測，詭計多端，儻駛至天津求通貿易，如果情詞恭順，該督當告以天朝制度向在廣東互市，天津從無辦過成案，此處不准通夷，斷不能據情轉奏，以杜其覬覦之私。儻有桀驁情形，即統率弁兵，相機勦辦。

諭内閣：鄧廷楨奏，厦門攻擊夷船一摺。此次暎夷兵船駛近厦港，稱欲求和，經該文武阻斥，不許上岸。該逆夷膽敢换旗開礮，直撲礮臺。船頭一人，夷服華言，甘語嫚詞，經署水師中營守備陳光福放箭射中，洞胸斃命。兵丁連放鳥槍，擊中夷人二名落海。護參將陳勝元執矛刺中白夷一人，身死。哨船及岸上弁兵槍礮聯絡，中傷夷人甚多。所辦甚好。

《宣宗實録》卷三三六　丙申，諭内閣：烏爾恭額以封疆大吏遇有暎夷滋擾，事前既無準備，臨事不合機宜，且該撫奏報後，朕心方深廑注，乃相距已及半月，摺件仍照常由驛馳遞，實屬督率無能，糊塗不曉事體，著即革職，仍令隨營效力贖罪。浙江巡撫著劉韻珂補授。劉韻珂接奉此旨即著馳驛迅赴新任，毋庸來京請訓，其未到任以前，著鄧廷楨兼署。

丁酉，諭軍機大臣等：本日明降諭旨頒給伊里布欽差大臣關防，著馳驛前往浙江查辦事件矣。該督接奉此旨即將總督鹽政關防，交裕謙兼署。該督即行馳赴寧波察看情形，再定進勦。

戊戌，以故土爾扈特扎薩克貝子車林多爾濟弟烏爾圖納遜襲爵。

庚子，諭軍機大臣等：據鄧廷楨奏稱，夷船二十餘隻聚泊港口，勢類負嵎，内地師船恐難驟近，必須改造堅實大船，多配兵丁礮火，間道而進，一擁登山等情。但泉州商人私信所稱，恐未盡確。如果該夷占據定海，我兵竭力攻打，朕意分兵兩路：一路燒燬船隻斷其歸路，一路攻復定海聚而殲旃，庶足伸天討而靖海氛。惟夷情詭詐百出，海洋風汛靡常，著伊里布於到浙後，相機審勢，妥爲籌辦。

又諭：據琦善奏，馳赴天津海口親督籌備，並豫調兵丁，駐集防堵，其寧河等處海口亦一體防禦等語。所辦尚屬周妥。著該督督飭所屬嚴密防範，臨時仍相機辦理。如該夷船駛至海口，果無桀驁情形，不必遽行開槍開礮。儻有投遞稟帖情事，無論夷字漢字，即將原稟進呈。

《宣宗實録》卷三三七　甲辰，諭軍機大臣等：據鄧廷楨等奏，酌帶官兵，雇募水勇，赴浙協勦一摺。前因閩省緊要，已疊經降旨令鄧廷楨毋庸前往浙江，此時余步雲諒已領兵赴浙協勦。該督著遵前旨，毋庸親往，仍著馳赴泉州，督率將弁於各該處近海口岸，加意巡防，毋任夷船偶有竄入。所有省城防守事宜及鄉試監臨事務，均著吴文鎔妥爲辦理。

《道光朝籌辦夷務始末》卷一二　甲辰，諭軍機大臣等。本日據琦善由驛馳

奏，嘆咭唎夷人投遞字據，聲稱訴屈，尚無桀驁情形，現仍飭令在攔江沙外停泊，聽候奏奉諭旨遵行等語。辦理甚爲妥協。所有該夷呈遞該督字據，並給遊擊羅應鼇刊刻夷書一本，覽奏均悉。惟既據稱尚有別項公文應須呈遞，著琦善委員查問接收，一併進呈。仍飭該夷船不得妄越進口，俟奏奉諭旨，再行遵辦。

丁未，閩浙總督鄧廷楨奏，【略】夷船以全條番木，用大銅釘合而成之，內外夾以厚板，船旁船底，包以銅片。其大者可安礮三層，而船身不虞震裂，其礮洞安於艙底，夷兵在艙內施放，藏身既固，運轉亦靈。內地師船，廣東名爲米艇，船身較大，福建名爲同安梭船，以集成字號爲極大，然皆不敵夷船十分之五，向以杉板爲之，惟桅柁木較堅緻。船之大者，配礮不過八門，重不過二千餘斤，若再加多，則船身喫重，恐其震損。且礮位安於艙面，礮兵無所障蔽，易於受虧。此向來造船部定則例如此，其病不盡在偷工減料，是所謂勢不均而力不敵者，非兵之勢不敵，而船礮之力實不相敵也。至閩省師船，姑無論斷不可敵，即使勉强調用，而兵至二千，須用戰船十隻，聯綜北駛。夷船停泊定海，哨探必嚴，萬一被其瞭見，迎頭截擊，倉猝之際，更無把握。內地舟師豈可於洪波駭浪之中輕於一擲，致令再有挫衄。臣愚昧之見，此時逆燄方張，斷不值與之決勝於海上，計惟先固口岸，務保無虞。

《宣宗實録》卷三三七　壬子，兩廣總督林則徐等奏，續獲販煙人犯。得旨：外而斷絶通商並未斷絶，內而查拏犯法亦不能净。無非空言搪塞，不但終無實濟，反生出許多波瀾。思之曷勝憤懣，看汝以何詞對朕也。

癸丑，諭內閣：周天爵等奏，拏獲傳教惑衆之西洋人，並信習邪教各犯，分別審擬一摺。此案董文學以西洋人膽敢潛入內地傳習天主教，講經惑衆，實屬罪大惡極。該州縣即將該犯拏獲，並訪獲習教多人，功過尚足相抵，所有失察處分，著加恩寬免。至該犯等供出西洋人穆導沅曾至沔陽州南漳縣境內，現在查拏無蹤，難保不逗留傳教。著各直省督撫嚴飭各州縣查拏，務獲究辦。

甲寅，諭軍機大臣等：本日據伊里布奏，密陳江浙水師情形，請旨飭令閩廣督臣遣兵會勦一摺。又據該大臣由驛馳奏起程赴浙並帶員前往等語。覽奏均悉。現在余步雲已奏報帶兵赴浙，計此時已抵鎮海。該大臣所帶江蘇兵丁暨烏爾恭額所調浙江各營兵，併鄧廷楨所撥水勇千名，諒已雲集，不爲單弱。至閩廣兩省海口，隨在皆關緊要，若分兵赴浙，不獨鞭長莫及，且恐顧此失彼，未能計出萬全。總之，行軍之道謀略爲先，紀律之師以一當百。該大臣老成持重，必不至鋭意見功，或虞挫失。惟嘆夷現據定海，主客之勢既殊，若在洋面接仗，彼轉得用其所長。收復之策，務須通盤籌畫，確有把握，謀定後戰。如何布置之處，奏明後再行進勦。

《東華續録》道光四二　乙卯，琦善奏，連日查探，洋船全行起碇，自係前往山海關、奉天等處。節次派員前往，屢與面晤。據稱自廣東封港後，所帶貨物、資本賠累難支，是以各處尋覓馬頭，鋌而走險。窺其詞色，似有愧悔之心。見既由臣接其字據，即由臣傳旨曉諭，或冀取信。臣惟待其回至天津，隨機應變，詳細開導，令其返棹南旋。

《宣宗實録》卷三三七　丙辰，諭軍機大臣等：本日據伊里布奏，勦辦逆夷機宜一摺。據奏，嘆夷占住定海，其船聚於港口，分泊要隘，據險拒守。並於經由各島嶼設礮守兵，攔截抗拒等語。該夷船身堅大，槍礮便利，若在海洋接戰，驟難制勝。所請趕造船隻之處，恐緩不濟急，徒勞無功，著毋庸議。現有夷船駛至天津，投遞訴冤稟帖，已降旨令琦善妥爲辦理。該大臣於抵浙後必須訪察明確，謀定後動，斷不可急圖收復，冒昧輕進。該夷人如有呈遞字件，即著派員接受，將原件由驛馳奏。

調浙江定海鎮總兵官吴建勳爲福建海壇鎮總兵官，起丁憂總兵官葛雲飛署定海鎮總兵官。

《道光朝籌辦夷務始末》卷一三　八月庚申，諭：盛京爲根本重地，朕心尤爲廑注。該省港汊何處可進大船，該省洋面何處最關緊要，著耆英確切查明，先行奏聞。至現在作何籌辦，固不可先事張皇，亦不得不豫爲准備，以致臨事周章。如果夷船駛至盛京，該將軍即督屬堵禦，相機辦理，毋令逞志。

辛酉，諭軍機大臣等：耆英等奏，夷船潛入奉天洋面遊奕，帶兵督防一摺。據奏，嘆夷來船二隻，在八岔溝外洋遊奕，該將軍帶兵督防等語。覽奏均悉。此次夷船駛至奉天，如情詞恭順，另派小船投遞稟揭等件，該將軍不必遽開槍礮，仍遵前旨派員接收，將原件由驛馳奏。儻有桀驁情形，斷不准在海洋與之接仗。蓋該夷之所長在船礮，至舍舟登陸，則一無所能。正不妨偃旗息鼓，誘之登岸，督率弁兵奮擊痛勦，使聚而殲旃，乃爲上策。該將軍務當謹慎持重，相機妥辦，餘著照所請行。

丙寅，諭軍機大臣等：據琦善馳奏，遵旨曉諭嘆夷暨該夷登答情形一摺。嘆夷船隻來至天津，以訴冤乞恩兩大端爲詞。現在該督遵奉前旨，向該夷領事

義律反覆開導，所辦甚好。惟該夷具文登答則始終以賠償煙價等情，嘵嘵置辯。鴉片煙本係違禁之物，業經燒燬，豈有賠伊原價之理！惟當隨機應變，諭以天朝與各國通商，本係大皇帝格外施恩，凡外藩之來貿易者，稍有冤抑，無不查明懲辦。上年欽差大臣未能仰體大皇帝上意，以致辦理不善，現已恩准查辦，定當重治其罪，冤抑無難立伸。至煙土業經燒燬，斷無賠償之理。且該國往來貿易，所重原在圖利。試思自我朝恩准通商以來，該國所得利息不可以數計。如能照常恭順安静，俟欽差大臣到彼查辦後，或汝國乞恩通商，據情具奏，仰邀恩准，亦未可定。汝等從長計較，所得孰多。該督接奉此旨即照此向該夷人明白曉諭，令其返棹南還，聽候辦理。儻該夷始終堅執，該督總當相度機宜，妥爲措置。至此時堅欲索價，並請減價分年之説，不過該夷借此尋隙，志在通商。該督到粵後，惟當細加訪察，當日繳煙，究係作何辦理？或即作爲該督之意，密諭各洋商，以將來如許通商，不但夷人仍可得利，即該商人等亦可照常貿易，獲益良多。總宜從長計議，毋令該夷有所藉口，方爲妥善。

《宣宗實録》卷三三八 丁卯，諭軍機大臣等：本日據伊里布馳奏，抵浙籌辦情形一摺。覽奏均悉。【略】該夷所恃全在船堅礮利，一經登陸，其技立窮。該大臣總當鎮静持重，不可在海洋與之接仗，如敢登岸，即行痛勦。

癸酉，以理藩院尚書賽尚阿兼署兵部尚書。

甲戌，署兩江總督裕謙等奏，馳抵寶山縣，接辦防堵事宜。得旨：妥慎防之，斷不可躁妄失算。

丙子，諭内閣：據鄧廷楨馳奏，嘆夷兵船來至厦門滋擾，官兵併力攻退一摺。嘆咭唎夷船二隻，來至福建夏門滋擾。於七月二十五日懸掛紅旗，駛進青嶼，直趨水操臺。經該提督陳階平等督令水師員弁，開礮轟擊，疊中該夷船尾，並擊碎其杉板一隻。次日該夷船又駛向水操臺開礮，該副將靈德等連放大礮，打中夷船二次，旋即退出。該夷又放下杉板船隻，尾追商船。該遊擊謝國標等追及，逼進嶼仔尾山後小港，開礮擊中夷人五名，跌倒在船，旋即退去。現已起碇遠去無蹤。

戊寅，諭軍機大臣等：本日伊里布由驛馳奏，籌辦夷務情形一摺。據查，定海鎮額設水師兵二千六百餘名，又寧波府等募有水勇多名，若部勒有方，亦足抵水師之用等語。現在閩廣水師既不能分調，著即照該大臣所議，妥爲辦理。

己卯，命大學士、直隸總督琦善爲欽差大臣，馳往廣東，查辦事件。

辛巳，諭軍機大臣等：昨因琦善奏，嘆夷聽受訓諭，起碇南旋。當降旨將現辦情形諭知伊里布等，諒已遵照辦理矣。所有調至鎮海防堵兵丁，著伊里布妥爲約束，毋許滋擾閭閻。其羸弱無用兵丁，著即酌量撤回，以節縻費。

《東華續録》道光四二 辛巳，署兩江總督裕謙奏，英人呈遞書字，語句狂悖，本不敢據以上聞，因前次奉有諭旨，不敢不代爲具奏。得旨：所見大差，遠不如琦善之遵旨曉事，原字原書，一併封奏，使朕得辨別真僞，相機辦理。若似汝之顧小節而昧大體，必致僨事。殷鑒具在，不料汝竟效前明誤國庸佞之所爲，視朕爲何如主耶？試思我朝之所以興，開國時一切情僞，無不上達之故。前明之所以亡，事無巨細，率皆壅蔽，故國事日非，措置失宜，可不懍之又懍！在汝亦不值朕發此議論，遇事觸懷，信筆而作。

《宣宗實録》卷三三八 癸未，調烏里雅蘇台將軍廉敬爲成都將軍，荆州將軍德楞額爲烏里雅蘇台將軍，以西安左翼副都統布彦圖爲荆州將軍。

丙戌，諭軍機大臣等：據祁寯藻、黄爵滋奏，查明台、温兩府栽種罌粟情形一摺。已降旨將台州府知府潘觀藻革職，並著該撫將天台縣知縣高振宛及各府廳縣查辦不力各員，分别嚴行叅處矣。

《宣宗實録》卷三三九 九月庚寅，諭内閣：前因鴉片煙流毒海内，特派林則徐馳往廣東海口，會同鄧廷楨查辦。原期肅清内地，斷絶來源，隨地隨時，妥爲辦理。乃自查辦以來，内而奸民犯法不能浄盡，外而興販來源並未斷絶。甚至本年嘆夷船隻沿海遊奕，福建、浙江、江蘇、山東、直隸、盛京等省紛紛徵調，縻餉勞師，此皆林則徐等辦理不善之所致。林則徐、鄧廷楨著交部分别嚴加議處。林則徐即行來京，聽候部議。兩廣總督著琦善署理，琦善未到任以前，著怡良暫行護理。此次嘆夷各處投遞稟帖，訴稱冤抑。朕洞悉各情，斷不爲其所動。惟該督等以特派會辦大員，辦理終無實濟，轉致别生事端，誤國病民，莫此爲甚，是以特加懲處，並非因該夷稟訴遽予嚴議也。

辛卯，諭軍機大臣等：托渾布奏，嘆夷船隻一律由東洋南還一摺。據稱，夷船八隻，已先撥船三隻由大洋南回，現來船五隻亦由該省洋面開帆南駛，並該省撫馭夷人，酌賞食物，該夷情形極爲恭順等語。所辦俱合機宜。嘆夷船隻現俱起碇南旋，既據該撫查明，與天津夷船數目相符。著托渾布體察情形，將前調防守各官兵，酌量撤退歸伍，以節縻費。

命閩浙總督鄧廷楨來京，以雲南巡撫顔伯燾爲閩浙總督。

《東華續録》道光四二　乙未，革林則徐、鄧廷楨職，命赴廣東，備查問差委。

《宣宗實録》卷三三九　己亥，逮已革浙江巡撫烏爾恭額下部治罪。

壬寅，以前任伊犂將軍奕山爲正白旗領侍衛内大臣，並在御前大臣上學習行走。

乙巳，諭軍機大臣等：本日據伊里布奏，續接夷書，並據夷目叩關謁見，現在籌辦情形一摺。已降旨飭令伊里布相機妥辦，上之不失國體，下亦不開邊釁。

丁未，諭軍機大臣等：固慶奏，俄羅斯夷人越入卡倫，妥爲勸諭，令其歸國等語。此次俄羅斯夷人達噶瑪勒薩滿等所屬男婦大小一百二十餘人，越入科布多卡倫，聲稱伊國差重法嚴，逃出偷生。該大臣等曉諭盟長等，令其折回本國，所見甚是。

戊申，皇七子奕譞生。

《道光朝籌辦夷務始末》卷一六　乙卯，諭内閣：鄧廷楨、吴文鎔奏，請防堵經費一摺。閩省爲海疆重地，訓練兵勇，稽查要隘，原不因咦夷船隻往來遊奕，始行防守。至於咦夷占據定海，實因前撫臣未受該夷訴冤呈詞，以致激成事端。現在該夷僅袛困守，並未敢四出滋擾。鄧廷楨等所稱腹背受敵，未知所受何敵？該夷因閩浙疆臣，未能代爲呈訴冤抑，始赴天津投遞呈詞，頗覺恭順，現在特派大臣赴粤查辦，不日即可戢兵。鄧廷楨等所稱該夷猖獗，不知在何處猖獗？總因該革員等種種辦理不善，遂費周章。著吴文鎔即將本省各鎮弁兵，照常認真訓練，堅守海口。所需支發錢糧，著斟酌籌畫，裁汰浮糜，其應用款項，隨時奏聞。所有該省雇募水勇，租賃漁船，著酌量裁撤，以節浮費而昭覈實。

《宣宗實録》卷三四〇　十月辛酉，上御太和殿傳臚，賜中式武舉一甲趙雲鵬、王萬壽、李壽春三人武進士及第，二甲遮克敦布等十三人武進士出身，三甲馬振緒等五十五人同武進士出身。

丁卯，調荆州將軍布彦圖爲西安將軍，以署吉林將軍禄普爲荆州將軍。

庚午，諭軍機大臣等：佈勒亨奏，撤回防堵官兵一摺。現在江蘇境内並無夷船蹤跡，所有京口防禦旗緑官兵，著一併撤回歸伍。其雩山原設礮臺，仍令嚴加防守，毋稍疏虞。

《道光朝籌辦夷務始末》卷一六　丁丑，諭軍機大臣等：本日據伊里布馳奏，夷船擇期赴粤一摺。覽奏已悉。此次夷目懿律來文，據稱分船赴粤。惟該夷懿律是否親身赴粤？義律諸夷是否一併隨往？留在定海者又係何人？文内未經敘明，自應確探起碇日期，退去船隻數目，再行酌辦。惟該夷等既已赴粤，聽候查辦，何以尚有留住定海之人？伊里布前次所獲夷目夷婦等，仍著妥爲看守，俟該夷將兵船全撤，交還定海，再行放回。著將此意曉諭該夷，並究詰定海留人是何意見？

又諭：本日據伊里布馳奏，夷船現已擇期於十月中旬起碇赴粤一摺。已有旨令伊里布體察情形，俟退還定海之後，再將所獲夷人交還矣。

《宣宗實録》卷三四〇　己卯，諭内閣：朕因鴉片煙流毒中外，傳染日深，屢經降旨，飭令地方官嚴行查辦。上年頒發新定章程，嚴立科條，寬予期限，務使吾民湔除惡習，永絶根株。惟自定例以來，各省大吏奏報拏獲煙犯所在多有。誠恐薄海内外，必已父戒其子，兄勉其弟，咸知畏法自新。誠恐愚民狃於積習，尚存觀望冀倖之私，即日限期届滿，或以無知觸法，朕甚憫焉。著通諭各省將軍、督撫等，督飭所屬認真查拏。至京師爲首善之區，所有部旗文武大小各衙門尤當合力同心，嚴查究辦。若心存推諉，試問盡職乎？抑溺職乎？斷不可因罪名較重，稍存姑息之心，仍蹈養奸之習。如果實力奉行，不留餘孽，即從前查辦不嚴，原可寛其既往。儻因規避處分，仍前玩泄，以致錮習不除，朕必不能輕恕。是在内外滿漢諸臣訓諭督催，不遺餘力，轉瞬限滿，無一藐法干罪之人，用副朕除惡務盡之意。勉之！望之！

庚辰，以故喀爾喀鎮國公噶勒藏車淩子貢桑、科爾沁鎮國公多布沁旺丹弟烏勒濟濟爾噶勒各襲爵。

壬午，諭内閣：奇明保奏，乍浦赴援官兵可否撤歸杭州本營一摺。浙江乍浦海面現無夷船滋擾，該處駐防各兵足資守禦，所有前調杭州官兵二百餘員名，著即撤回歸伍。副都統恆興著回省城本任，毋庸在彼防守。潮神廟一帶屯戍之滿洲營緑旗官兵，亦著一律撤回。

《東華續録》道光四二　壬午，以孝全皇后梓宫奉安龍泉峪陵寢。上詣觀德殿，行祖奠禮。

癸未，孝全皇后梓宫啓行，命皇子奠酒行禮。

《宣宗實録》卷三四〇　甲申，諭軍機大臣等：據御史曹履泰奏，粤東澳門傳有夷人私信，請飭確探情形一摺。據稱，該夷占據定海之後，居民不與同住，亦不賣給食物，且水土不服，患病甚多等語。如果屬實，則該夷之不能久據定海，已屬顯然。惟係貿易私信，真僞莫辨。著琦善派員妥密查探，果否有此情

形，相機籌辦。

乙酉，烏里雅蘇台將軍德楞額年老休致，調荊州將軍禄普爲烏里雅蘇台將軍。

丙戌，以廣州滿洲副都統奕湘爲荊州將軍。

《道光朝籌辦夷務始末》卷一七　十一月丁亥，諭軍機大臣等：伊里布馳奏，嘆夷起碇赴粤一摺。覽奏已悉。此次夷目懿律等於十月十九日帶領兵船請咨赴粤。該大臣將前調防兵酌量撤退，商漁船隻照舊開港，均著照所議辦理。惟該夷撤兵已及一半，尚有留住定海之人。該大臣所留各營防兵按照口岸分駐，仍須加意防守，不得因該夷漸次撤兵，少形疏懈。至商漁船隻照常出入，雖據該夷聲明不敢滋擾，仍著嚴飭海口員弁，認真查察，毋致别滋事端。

又諭：伊里布馳奏，夷船業已起碇赴粤一摺。據稱，差弁探明懿律等實於十月十九日早帶領兵船八隻起碇由外洋而去，連前所撤六隻，合計在浙久駐之船所撤已及一半等語。該夷起碇赴粤，係爲求通貿易起見，自應將定海兵船全數撤退，何以仍留兵船一半在彼占據？著琦善到粤後，向該夷究詰，是何意見？隨時相機妥辦。

《宣宗實録》卷三四一　癸巳，諭軍機大臣等：本日據孟保等奏，廓爾喀國王呈遞夷稟等情，並將該國王原稟及檄諭稿底呈覽。披閲均悉。該國王素與披楞不睦，具稟請旨，其意不過藉圖報復該大臣。惟當諭以大皇帝撫馭外夷，一視同仁，蠻觸相争，從未過問。爾等各宜戢兵睦鄰，永受天朝恩澤。該大臣等仍當嚴飭所屬邊界營官，密爲防範。至所稱聶噶金那及京屬等處地方，究係何處部落？距何處爲近？著該大臣密行查訪，據實具奏。

戊戌，諭軍機大臣等：本日據怡良奏，撤防師船歸營，猝被嘆夷在洋轟擊，奪去米艇兵丁一摺。覽奏之下，不勝駭異！該夷性原詭譎，惟在天津業經約定前赴粤省，聽候查辦。並有沿海各處如不開礮，渠亦斷不滋擾等語。且據怡良奏稱該夷於天津情形，火輪船已爲傳説，是該夷不得諉爲不知，何以遽行開礮？琦善此時諒已抵粤，著傳諭該夷，天朝撫馭夷人從不失信，既已相約戢兵，且專派欽差大臣前往查辦，代爲昭雪，何以於撤防兵船猝加轟擊？如此反覆，是誠何心？著琦善一面詳加詰問，並向該夷要回擄去兵丁船隻，一面嚴飭文武員弁，密加防範，毋許夷船駛入内洋，是爲至要！

庚子，以理藩院尚書賽尚阿兼署刑部尚書，命都察院左都御史鐵麟毋庸兼署。

《東華續録》道光四二　辛丑，伊里布奏，英人起椗赴粤，尚有留住定海之人，惟恐兵船全撤，伊等無可挾持，是以仍將一半留住定海。命伊里布隨時密探。

《宣宗實録》卷三四一　癸卯，以烏里雅蘇台將軍禄普母老，調荊州將軍奕湘爲烏里雅蘇台將軍，禄普爲荊州將軍。

乙巳，諭軍機大臣等：本日據劉韻珂奏，探訪定海夷情一摺。覽奏均悉。已諭令劉韻珂於武闈事竣，馳赴鎮海，會同伊里布確查情形籌辦矣。夷情詭譎，早在意中。該撫所稱修築礮臺，開通河道等情，如果在定約赴粤，静候查辦以後，是其無意退還定海，或故爲此伎倆以圖挾制，已可概見。况夷船既已赴粤，何以十月下旬尚有六隻在象山洋面遊奕？著琦善即將各情詰問該夷，因何若此反覆。劉韻琦奏稱，未便以渠探問之詞爲據。著伊里布再行詳細確查定海情形，究竟若何？並著一面密咨琦善，一面據實具奏。

丁未，命正紅旗漢軍都統奕山工部尚書。

戊申，諭内閣：烏爾恭額以封疆大吏，責在守土。前因嘆夷斷絶貿易，朕早料其必於海疆要隘肆行滋擾，屢經降旨，飭令各督撫嚴加防範，勿任覬覦。乃烏爾恭額不能先事籌畫，以致定海倉猝失守，復調度無方，一籌莫展，似此昏憒無能，罪無可逭。現據軍機大臣會同刑部遵旨議罪，擬將該革員發往新疆充當苦差，尚不足以示懲儆。烏爾恭額著改爲絞監候，歸入明年朝審情實。已革署遊擊羅建功、護遊擊錢炳焕、王萬年業經罪坐主將，照原擬發往新疆充當苦差。已革署守備龔配道業經革職，應毋庸議。

又諭：吴文鎔奏，琉球國遣使來閩，籲請照舊間年進貢一摺。向來琉球國間歲一貢，上年降旨改爲四年遣使朝貢一次，原所以體恤外藩。兹據該撫奏，該國王遣使來閩，請照舊間年進貢，情辭極爲真摯。著如所請行，所有該陪臣子弟四名，准其隨同貢使北上，入監讀書。

己酉，諭：梁章鉅奏，拏獲鴉片煙案人犯衆多，請照現在廣東、江西一體辦理等語。嗣後審辦鴉片煙案内問擬遣軍流人犯，著一面由臬司具詳該撫覈明咨部，一面將各州縣監禁人犯，先行請咨解配，以免擁擠。

辛亥，撥盛京義州城兵一百二名，錦州等十城兵五十二名，駐金州城。添設興京、開原、遼陽、廣寧及鐵嶺等十路，法庫等十六邊門，鳥槍九百八十桿，並修

内外各城鳥槍。從將軍耆英等請也。

甲寅，諭内閣：吴其濬等奏，審明委員非刑斃命及總督信用屬員濫刑滋擾各情一摺。【略】該督以一品大員輒逞一時之忿，專尚酷毒，實屬負恩任性。周天爵著即革職，發往伊犂充當苦差。其該督署内伺候扛擡夫頭，永行禁革。所置非刑，即著盡行銷燬。並嚴禁問刑衙門傚尤私設。

以湖南巡撫裕泰爲湖廣總督。

丙辰，諭軍機大臣等：寄諭欽差大臣署兩廣總督琦善、欽差大臣兩江總督伊里布、盛京將軍耆英、署直隸總督訥爾經額、署兩江總督裕謙、山東巡撫托渾布、署閩浙總督吴文鎔、浙江巡撫劉韻珂、廣東巡撫怡良，御史蔡家玕奏，籌制嘆夷事宜一摺。該夷目等現往廣東，聽候查辦，尚屬恭順，毋庸遽議剿擊。所有該御史籌議各條，著暫爲存記。儻將來事有變更，再行體察情形。如各條内有可採擇之處，酌量妥爲辦理。

《道光朝籌辦夷務始末》卷一八 十二月戊午，諭軍機大臣等：本日據琦善馳奏，嘆夷回粤情形一摺。覽奏均悉。嘆夷此次自浙旋回，詞氣既形傲慢，難保不別懷詭計。該大臣以水師叅將出名，代撰發給夷人文稿，仍於虎門妥爲密防，所辦尚屬妥協。惟夷情叵測，包藏禍心，已非一日，彼欲肆無厭之求，我當有不虞之備。著琦善詳加體察，密行偵探，一面與該夷目善議戢兵，一面整飭營伍，遴選將弁，槍礮務須得力，船隻必堪駛駕，妥爲布置，毋少疏虞。如該夷實係恭順，退還定海之外，別無非禮之請，自可仍遵前旨查辦。儻敢肆鴟張，始終桀驁，有必須勦辦之勢，著即一面奏聞，一面相機辦理。總之，夷情不可信，事機不可失。該大臣受國厚恩，必當爲久遠之計。至懿律既稱患病回國，而派人前往投文，該夷出艙面見，並無病容，是其別有肺腸，已可概見。著琦善妥密訪探，務得確情，據實具奏。

《東華續録》道光四二 己未，申諭沿海各將軍、督撫嚴密海防。

《宣宗實録》卷三四二 庚申，諭軍機大臣等：給事中朱成烈奏，盛京地方腴田甚多，若查明墾種，以地利所入添補海防，實爲久遠之策。又奏，吉林、阿勒楚喀、雙城堡三屯，地畆共有九萬數千晌，曾移駐京旗閒散一千户，每户授田二十五晌。今聞移駐並不足額，此項未授熟田甚多，作何開銷？未墾荒田作何經理？伯都訥圍場有堪種荒田，大封堆地方，可墾之田六萬餘頃，均未開墾，請旨查辦等語。著耆英、惟勤即將所屬各地畆，派員詳細查明。未墾荒田果否堪以開墾？但使著有成效，則一勞永逸，實於屯田海防大有裨益。著該將軍等據實具奏。

壬戌，撫䘏浙江定海縣難民。

《道光朝籌辦夷務始末》卷一八 癸亥，諭軍機大臣等：本日據琦善奏，查明粤省夷務情形，逐條詳覆。覽奏均悉。又奏，夷情日漸迫切，現在籌辦一摺。該夷反覆譸張，難以理諭，匪特澳門等處緊要隘口不能准其貿易，即沿海各口岸，何處非海疆重地。今該夷挾定海爲要求之具，種種鴟張，殊爲可惡。況所索煙價，即令允給五百萬圓，而日後需索無已，逐漸增添，必至所求無厭，若不乘機痛勦，何以示國威而除後患。琦善現署總督，兩廣陸路水師皆其統轄，均可隨時調撥。第念該省陸路兵丁未必盡能得力，現已降旨，飭令湖南、貴州兩省各備兵丁一千名，四川省備兵二千名，聽候調遣。著琦善一面與之論説，多方羈絆，一面妥爲豫備。如該夷桀驁難馴，即乘機攻勦，毋得示弱。需用兵丁，著一面飛調，一面奏聞。

又諭：本日據琦善奏，【略】該夷兵船日增，駛近虎門，内有打央鬼船二隻，訪係該夷陸路兵丁名色，此係向來所無，其設心已可概見。

《宣宗實録》卷三四二 丙寅，諭：德全等奏，查明越境夷人現尚不能啓程一摺。哈密北山土葫蘆卡倫，有俄囉斯夷人逃難越入，經該大臣等按名撫䘏，諭令折回本國。據該夷訴稱天寒雪大，山路難行，懇俟明春起身折回等語。著該大臣等妥爲安置，並嚴密防範，毋使滋擾。一俟春融雪釋，迅即派兵護送出境，令其歸國。並著沿途一體護送，勿任逗留。

戊辰，以都察院左都御史鐵麟爲察哈爾都統，吏部右侍郎恩桂爲都察院左都御史。

諭：本日已降旨將祝廷彪休致，余步雲調補浙江提督矣。祝廷彪年已七十有五，調遣難期得力，交卸後著即飭令回籍。前有旨令余步雲回閩，現已調任，著即接印任事。並飭令認真操練兵弁，準備攻勦事宜，毋稍疏懈。

己巳，築直隸大沽、北塘、海口礮臺土壩，並建蓋兵房，添鑄礮位。裁提標及宣化、正定、大名鎮標兵共四百二十五名，如額募駐大沽等處。移霸州營遊擊爲葛沽營遊擊，葛沽營都司爲蘆臺營都司。永寧營守備駐霸州，滴水崖千總駐永寧。撥天津鎮把總、經制外委各一員駐北塘口，宣化鎮經制外委一員駐滴水崖。從署總督訥爾經額請也。

庚午，添鑄浙江杭州、嘉興、紹興、台州、温州五府海口礮位，從巡撫劉韻珂請也。

《道光朝籌辦夷務始末》卷一八 庚午，諭軍機大臣等：本日據琦善馳奏，籌辦𡂿夷情形一摺。覽奏憤恨之至！逆夷要求過甚，情形桀驁，既非情理可諭，即當大申撻伐。所請厦門、福州兩處通商及給還煙價銀兩，均不准行。逆夷再或投遞字帖，亦不准收受，並不准遣人再向該夷理諭。現已飛調湖南、四川、貴州兵四千名馳赴廣東，聽候調度。著琦善督同林則徐、鄧廷楨妥爲辦理，如奮勉出力，即行據實具奏。並著琦善整飭兵威，嚴申紀律，儻逆夷駛近口岸，即行相機勦辦。朕志已定，斷無游移。該大臣受國厚恩，責任綦重，固不可失之冒昧，尤不可稍有畏葸，務須計出萬全，妥爲籌辦。

又諭：本日據琦善馳奏，籌辦𡂿夷情形一摺。逆夷要求過甚，情形桀驁，不容不痛加征勦，以張國威！前據伊里布將擬撤防兵仍留浙省備防，所辦深合機宜。現在浙省兵力自足敷用。著伊里布確探情形，儻有夷船駛近口岸，即開放槍礮，痛加勦洗。其自粤回浙夷船及留屯定海逆夷，一有可乘之隙，不必俟廣東知會，即行相機勦辦。固須計出萬全，尤當一鼓作氣，諒該大臣必能仰副委任也。至逆夷在粤情形，既多桀驁，如在浙投遞夷書著即行拒絶，毋許收受，前所拏夷匪仍行羈禁。

又諭：前因𡂿夷反覆無常，豫籌堵勦，降旨令湖南、四川、貴州各督撫挑選兵丁，聽候調遣。【略】所有前派之湖南兵一千名著祥福帶領，四川兵二千名著張青雲帶領，貴州兵一千名著段永福帶領，迅速分起前赴廣東，聽琦善調遣，毋稍遲誤。

又諭：本日據琦善馳奏，𡂿夷要求過甚，現在籌辦情形一摺。前因逆夷到粤桀驁，疊降諭旨，令訥爾經額於天津海口嚴密防範。現在求請不遂，勢漸猖狂，難保不分投竄擾。天津密邇京畿，尤宜慎重防堵，著該署督迅即親赴天津，妥爲籌辦。該處現祇總兵陳金綬一人，著該署督於總兵、副將内酌派一員，前往駐紮要隘，協同防禦。惟添鑄礮位尚須春暖開工，已有旨於京師運往三十餘尊，令置天津、甯海等處，以備安設堵禦。該署督即行豫備車輛，沿途接運。

又諭：前因𡂿夷反覆無常，已飭令耆英等加意防範，豫備攻勦矣。本日據琦善奏，夷情益形桀驁，不可理諭，著再申諭該將軍督撫【略】固當謀定後動，不可稍涉鹵莽，尤不可稍形畏葸，坐失機宜。總期勝算先操，成謀共濟，是爲至要！

又諭：前因𡂿夷情形桀驁，降旨勦辦。盛京爲根本重地，尤關緊要，著惟勤等於吉林兵丁内挑選熟精鳥槍者五百名，豫備調遣，一俟接到耆英咨照，即時派帶啓程，毋稍遲誤。

又諭：現當勦辦𡂿夷喫緊之時，復州地方緊要，新任城守尉揚桑阿是否勝任？著耆英於該員到任時切實察看，如不勝任，即於各城遴選得力之員，奏請調補。再，【略】儻有夷船駛至奉天，著一面奏聞，一面即行調撥，以備攻勦。

《宣宗實録》卷三四三 甲戌，諭：文慶經朕派充江南鄉試正考官，理應嚴密關防，盡心校閲，輒敢私帶舉人熊少牧入闈，幫同閲卷，實屬違例，著即照部議革職。副考官胡林翼與文慶同在内簾，於熊少牧藏匿闈中，豈竟毫無聞見，既不據實奏參，迨經降旨詢問，又不據實回奏，該部議以降調，咎有應得，著即照部議降一級調用，不准抵銷。監臨官安徽巡撫程楙采、監試官江防同知周維新僅止失察，著加恩改爲降二級留任，不准抵銷。

丙子，諭内閣：吴文鎔奏，請將鴉片案内軍流人犯先行發配一摺。福建省各屬拏獲興販、吸食鴉片等犯人數衆多，監獄實形擁擠，所有照例問擬遣軍流罪人犯，著一面報部，一面先行定地發配。

辛巳，諭軍機大臣等：本日據伊里布馳奏，請調各省官兵一摺。著裕泰、吴其濬於湖北之提標、竹山協調兵一千八百名，湖南之鎮筸鎮、乾州協調兵一千名，選派曾經出師之鎮將備弁統領，迅速赴浙，聽候伊里布分撥調遣。

又諭：著裕謙、程楙采於安徽之壽春鎮調兵一千二百名，選派曾經出師之鎮將備弁，迅速統領赴浙，交伊里布差委調遣。

癸未，諭軍機大臣等：現據琦善疊次馳奏，𡂿夷情形詭詐，已降旨令乘機痛勦。著裕謙、錢寶琛即於江西南贛鎮選調精兵二千名，派委曾經出師之鎮將備弁統領，一俟琦善檄調，迅速管帶前赴廣東，聽候差遣。

《東華續録》道光四二 是歲，朝鮮入貢。

道光二一年（辛丑、一八四一）

《東華續録》道光四三 正月己丑，琦善奏，英吉利不等回文，於十五日早間起椗，分隊直撲虎門外沙角、大角兩礮臺，又有火輪船四隻直撲師船。我兵奮力

回擊，無分勝負，見拒守虎門，及於烏涌口堵禦，並增兵防守水中礮臺。命照議妥辦，並分諭沿海各處防守。

《宣宗實録》卷三四四　庚寅，以正白旗領侍衛内大臣奕山爲御前大臣。

辛卯，諭内閣：我朝撫馭外夷，全以恩義，各國果能恭順，無不曲加優禮，以期共樂昇平。前因西夷鴉片煙流毒日甚，特頒禁令，力挽澆風，惟嘆咭唎恃其驕悍，不肯具結，是以降旨絶其貿易。乃並不知愧悔，日肆鴟張，突於上年六月間，乘駕夷船數十隻直犯定海，占據城池。復於福建、浙江、江蘇、山東、直隸、奉天各省洋面任意往來，多方滋擾。該逆夷桀驁不馴，至於此極，原不難整我師旅，悉數殲除，因念該夷投遞書函，自鳴冤抑，不可不爲之查究，以示大公，特命大學士琦善馳赴廣東，據實查辦。儻該夷稍有天良，自應全數赴粤，静候辦理。乃一半起碇南行，一半仍留定海，是其狡黠情形，已堪髮指。近聞數月以來，姦淫婦女，擄掠資財，建築礮臺，開空河道，且令僞官出示諭民納糧。百姓何辜，罹此荼毒，興言及此，寢饋難安。迨琦善抵粤後，明白開導，仍敢要求無厭，既思索償煙價，又復請給馬頭。朕早料其反覆無常，斷非信義之所能喻，特於年前簡調四川、貴州、湖南、江西各路精兵前赴廣東，又調湖北、湖南、安徽各路精兵前赴浙江，豫備攻勦。兹據琦善馳奏，該逆夷於上年十二月十五日糾約漢奸，乘坐多船，直逼虎門洋面，開礮轟擊，傷我官兵，並將大角礮臺攻破，沙角礮臺占據。是其逆天悖理，性等犬羊，實覆載所難容，亦神人所共憤，惟有痛加勦洗，聚而殲旃，方足以彰天討而慰民望！現在所調各省勁兵計可趕到，著伊里布剋日進兵，收復定海，以蘇吾民之困。並著琦善激勵士卒，奮勇直前，務使逆夷授首，檻送京師，盡法懲治。其該夷之醜類，從逆之漢奸，尤當設法擒拏，盡殺乃止。至沿海各省洋面，疊經降旨嚴密防範，著各將軍督撫等加意巡查，來則攻擊，並曉諭官民人等，人思敵愾，志切同仇，迅贊膚功，共膺上賞，朕實有厚望焉。將此通諭中外知之。

辛卯，以大角、沙角礮臺失守，琦善交部嚴議，革關天培頂帶，戴罪立功。

甲午，欽差大臣大學士署兩廣總督琦善奏，查嘆夷進兵情形，向共知其僅長水戰，今詎料其並設有陸兵。戰船則大小悉備，火器則遠近兼施，占奪礮臺後，勢將直擊虎門，進攻省垣，拒守實難，不得已允其代爲奏懇，於外洋給寄寓一所。又該夷仍欲於廣州即行開港。俟發摺後，再將必須俟奏奉諭旨方可開港之處，備文照覆，向其竭力論説。儻該夷漸知改悔，固萬分之幸，如執迷不悟，再事狡逞，奴才祇得不避重罪，從權辦理。諭軍機大臣等：本日據琦善奏，嘆夷占奪礮臺，難於拒守一摺。又另片奏，籲懇恩施等語。覽奏十分憤懣。該大臣自因省垣倉庫重地，復因居民繁多，恐有激變，故爲此權宜之計，佯允所請，暫示羈縻。現已降旨授奕山爲靖逆將軍，隆文、楊芳爲參贊大臣，赴粤協同勦辦。又添派湖北、四川、貴州三省兵丁各一千名，迅赴廣東接應，一俟將備到齊，不難整頓戎行，亟籌攻勦。將軍阿精阿近駐省城，提督郭繼昌統轄陸路官兵，俱有守禦之責。著該大臣等趕緊團練兵勇，獎勸士卒，並儲備軍需糧餉槍礮火藥，俟奕山等到後，和衷共濟，協力進勦，克復海隅，以申天討而建殊勳，萬不可稍有畏葸，致失機宜。

乙未，諭軍機大臣等：現在粤東征勦逆夷，恐尚不敷調遣，著寶興於四川省再派兵一千名，裕泰等於湖北、湖南兩省各派兵五百名，桂良等於雲南、貴州兩省各派兵五百名，仍令曾經出師得力將弁管帶，迅速前赴廣東，聽候奕山、隆文、楊芳差遣。

《道光朝籌辦夷務始末》卷二一　丁酉，諭軍機大臣等：現在勦辦嘆夷必須厚集兵力，著惟勤於吉林派兵一千名，棍楚克策楞於黑龍江派兵一千名，牛鑑於河南省派兵一千名，富呢揚阿於陝西省派兵一千名，瑚松額於甘肅省派兵一千名，妥爲預備。一俟有諭旨調遣，即迅速派委曾經出師之得力將弁，管帶啟程，毋得遲誤。

《東華續録》道光四三　丁酉，琦善奏，英人情願繳還定海、沙角等處。諭軍機大臣：見已明降諭旨布告天下，昨復派奕山、隆文、楊芳帶兵赴粤，勢難中止。今據該大臣奏稱，恐係緩兵之計。儻甫經撤兵，旋復猖獗，是我兵進退反無所據。此時惟有密爲防範，不可稍有疏懈。至香港地方，離省遠近若干里，地形寬狹若何？在彼開港是否有關利害？著一併查明，迅速具奏，再降諭旨。

《宣宗實録》卷三四四　命理藩院尚書賽尚阿馳赴天津、山海關，會同署直隸總督訥爾經額，查辦礮臺事宜。

庚子，諭軍機大臣等：本日據扎拉芬泰奏，本月十一日，哨探夷船一隻在山海關秦王島海洋遊奕，旋向東南駛去等語。該夷行蹤詭祕，不可不防。現已派哈哴阿馳赴山海關，協同防禦，並飭令耆英、托渾布嚴密各防要隘。但恐該處兵丁單弱，著該署督迅派兵丁八百名，撥給火藥三四千斤，由驛遞送前往，以資捍衛。

辛丑，諭軍機大臣等：據孟保等奏，查驗呼畢勒罕出世幼子四名，均有靈異情形一摺。達賴喇嘛之呼畢勒罕出世，既據咨稱查驗幼子四名均有靈異切結。著孟保等即譯咨噶勒丹錫呼圖薩瑪第巴克什，並咨行四川總督，飭將各該處幼子，令該親丁師傅攜至前藏。由該大臣等照例會同班禪額爾德尼及噶勒丹錫呼圖薩瑪第巴克什等面加試驗，並令識認從前達賴喇嘛所用什物後，繕籤入瓶，對衆籤掣。俟掣定何人，再行奏明辦理。

《宣宗實録》卷三四五　乙巳，諭軍機大臣等：本日據伊里布奏，浙江宜暫緩進兵一摺。覽奏憤懣！似此畏葸，何能迅速奏功？裕謙平日辦事，尚屬勇往，著即作爲欽差大臣，兼程馳赴浙江鎮海軍營接印，會同余步雲專辦攻勦事宜。前所調安徽兵一千二百名，湖北兵一千八百名，湖南兵一千名，諒已先後到浙，務當一鼓作氣，克復定海，佇膺懋賞。裕謙到浙後，一面傳旨接受欽差大臣關防，一面將寄信諭旨親交伊里布祗領，原摺一併發去。兩江總督印信，著交給程矞采暫行兼護。另有寄信諭旨一道，著即加封交給程矞采，並令轉交陳化成祗領。

又諭：怡良奏，接辦粵海關務税課短絀一摺。據稱，粵海税課以夷税爲大宗。本年所到夷船不及往年十分之二，因各國之船爲𠸄夷攔阻，不能進口，是以六月後，正當徵輸暢旺之時，轉致短絀等語。廣東例准各夷通商，其恭順各國自仍照常貿易，𠸄夷强悍桀驁，阻撓各國生計，各該國豈肯甘心失利。著奕山、隆文、祁𡎴於先後抵粵時查明各該國情形。

命刑部尚書祁𡎴馳往廣東，督同江西布政使趙炳言、廣東布政使梁寶常辦理糧臺事務。

庚戌，請逆將軍奕山、參贊大臣隆文率巴圖魯侍衛章京等陛辭，上御勤政殿，訓示方略。

《道光朝籌辦夷務始末》卷二二　庚戌，諭軍機大臣等：寄諭靖逆將軍奕山，參贊大臣隆文、楊芳，本日據伊里布馳奏，粵省夷務查辦完竣，現飭繳還定海一摺。逆夷在粵猖獗，必得聲罪致討，聚而殲旃，方足以伸國法。此時雖有繳還之説，難保非逆夷詭計。奕山等經朕命往督辦，惟當一意進勦，無論該夷是否繳還定海，總須一鼓作氣，設法捦渠，斷不可爲其所惑，致誤機宜。且香港地方豈容給與逆夷泊舟寄住，務當極力驅逐，毋爲所據。即使該夷將來畏罪繳還香港，亦俟屆時奏明請旨。此時惟有整我師旅，悉數殲除，是爲至要。

《宣宗實録》卷三四五　辛亥，諭内閣：前因𠸄夷自浙回粵，復肆悖逆，攻陷礮臺，特授奕山爲靖逆將軍，隆文、楊芳爲參贊大臣，調集各路精兵聲罪致討。兹據琦善奏，𠸄夷獻出沙角、大角礮臺，並遣人赴浙繳還定海，懇請俯准所請，暫示羈縻等語。覽奏曷勝憤懣！不料琦善怯懦無能，一至於此！【略】著奕山、隆文兼程前進，迅即馳赴廣東，整我義師，殲兹醜類，務將首從各犯及通夷漢奸檻送京師，盡法懲治。其沿海各省將軍督撫等尤當加意嚴防，來即攻擊，務令片帆不返，同奏膚功。至琦善身膺重寄，不能申明大義，拒絶妄求，竟甘受逆夷欺侮，已出情理之外。且屢奉諭旨，不准收受夷書，此時膽敢附摺呈遞，並代爲懇求，是誠何心？且據奏稱，同城之將軍、副都統、巡撫、學政及司道府縣均經會商，何以摺内阿精阿、怡良等並不會銜？所奏顯有不實。琦善著革去大學士，拔去花翎，仍交部嚴加議處。

《東華續録》道光四三　辛亥，命楊芳迅赴廣東。

署兩江總督裕謙奏，宜乘時克復定海。得旨：已有旨命汝馳往鎮海，接受欽差大臣關防矣。正可相時而動，克成大功，用膺懋賞。朕惟竚望捷音耳。慎勉行之！

二月戊午，諭：四公主著指配奈曼王阿宛都瓦第扎布之子頭等台吉德木楚克扎布，授爲固倫額駙。

《道光朝籌辦夷務始末》卷二二　庚申，諭内閣：前因逆夷占據定海，特命伊里布爲欽差大臣，相機籌辦。並因該夷自浙回粵，日肆猖獗，屢經降旨，令伊里布迅速進兵，不必俟廣東知會，即行攻勦。乃伊里布不遵諭旨，惟知順從琦善，屢次奏報，始以兵礮未集，藉詞緩攻；繼以接得繳還定海之札，即信以爲實。已有旨令回本任，命裕謙馳赴浙江，作爲欽差大臣，會同提督余步雲迅速勦辦。伊里布未回任以前，所有兩江總督，著程矞采暫行兼護矣。本日據裕謙馳奏，逆夷未受懲創，飭兵仍行前進一摺。所奏均是。逆夷攻據定海之後，姦淫搶奪，荼毒生靈，凡我士民，自必志切同仇，人思敵愾。裕謙此次赴浙，以順討逆，以主逐客，以衆擊寡，必當一鼓作氣，聚而殲旃，朕佇望該大臣迅奏膚功，懋膺上賞。斷不可因該夷現有繳還定海之説，稍事遲回，又墮逆夷詭計，而蹈琦善、伊里布辜恩誤事之故轍。懔之！至伊里布身膺特簡，迭次催令進兵，並不遵旨勦辦，株守數月，觀望遷延，甚屬畏葸不堪。伊里布著交部嚴加議處。

《東華續録》道光四三　辛酉，諭：琦善到粵以後，節經諄切誥誡，迷而不

返。自稱專辦夷務，不令阿精阿、怡良等與聞，於一切防守勤堵事宜置之不問。並因有繳還定海之言，輒將義律呈遞伊里布文件及該目給留浙頭目信代爲由驛遞交伊里布，以致伊里布聽言順從，遲延觀望。香港地方緊要，前經琦善奏明，如或給予，流弊不可勝言，旋又奏請准其廣東通商，並給香港地方泊舟寄居。前後自相矛盾，已出情理之外，况此事並未奉旨允行，何以該督即令公然占據？朕君臨天下，尺土一民莫非國家所有。琦善擅與香港，擅與通商，膽敢乞朕恩施格外。且伊被人恐嚇奏報粤省情形，妄稱地利無要可扼，軍械無利可恃，兵力不固，民情不堅，摘舉數端，危言要挾，更不知是何肺腑！如此孤恩誤國，實屬喪盡天良！琦善著即革職鎖拏，派副都統英隆並著怡良揀派同知、知州一員一同來京，嚴行訊問。所有琦善家產即行查鈔入官。

《宣宗實録》卷三四六　辛酉，以刑部尚書祁塡爲兩廣總督。

實授訥爾經額直隸總督，恩特亨額陝甘總督。

己巳，諭内閣：前因暎夷在天津投遞夷書，聲稱訴冤。朕維仁育義正，無間華夷，特命琦善赴粤查辦，並諭知伊里布暫緩進兵。旋因該夷日肆猖獗，疊次降旨令伊里布迅速進兵，攻復定海。乃伊里布屢次奏報，總以兵礮未集爲詞，直至探明該夷願繳定海確信，始行遣將帶兵前往。本日據奏，定海業已收復，夷船全數起碇等語。逆夷占據定海已更數月，現因粤省命將出師，聲罪致討，方行繳還定海，全數起碇出洋，可見逆夷並無能爲。設使伊里布奉到進兵諭旨，熟審順逆主客之勢，密籌勦防攻取之宜，一鼓作氣，四面兜捦，復我故土，殲除醜類，庶足以伸天討而快人心。乃觀望遲延，株守數月，直至該夷聞有大兵，望風遠竄，始將定海收回，可謂庸懦無能之至！前將該督交部嚴議，該部議照溺職例革職，實屬咎所應得。姑念一時簡用乏人，伊里布著革去協辦大學士，拔去雙眼花翎，暫留兩江總督之任，仍帶革職留任處分，八年無過，方准開復，以觀後效。

命協辦大學士四川總督寶興爲大學士，仍留總督任。吏部尚書奕經協辦大學士。

《宣宗實録》卷三四七　戊寅，諭軍機大臣等：本日據琦善等奏，横檔礮臺據報失守。並另片奏，靖遠等礮臺據稟失守，關天培不知下落等語。覽奏深堪痛恨！現已添派齊慎爲參贊大臣赴粤會勦，並調廣西省兵二千名迅赴廣東，其前調赴浙之湖廣兵二千八百名亦令改道入粤，並諭知奕山等兼程前進矣。惟所奏失守情形皆由該弁兵探信稟報，並關天培有無下落，殊深懸念。計楊芳此時當已早抵廣東，著即會同阿精阿、怡良等確切查明，迅速具奏。

甲申，本日據裕謙馳奏，查探逆夷情形，豫籌防守一摺。據稱，夷船二十餘隻停泊定海外洋。現在廣東不准通商，難保不竄回定海，已撥兵四千八百餘名、礮五十位等語。所辦尚好。惟策應之兵，最爲要著。

《宣宗實録》卷三四八　三月己丑，福建水師提督陳階平以老病休致。調廣東水師提督竇振彪爲福建水師提督，以福建海壇鎮總兵官吳建勳爲廣東水師提督。

《東華續録》道光四三　辛卯，諭：楊芳奏，陣亡鎮將備弁三十一員，兵丁四百十五名。除業經降旨賜卹外，其餘均著該督撫查明分别奏諮議卹，以慰忠魂。至楊芳經朕特授參贊大臣，抵粤後即能相機布置，籌備合宜，危城立保無虞，各軍民等見在安堵如常，同心協力，指日大兵雲集，即可迅奏膚功。楊芳曉暢軍務，先聲奪人，深堪嘉悦，著先行交部從優議敘。

《道光朝籌辦夷務始末》卷二五　壬辰，諭内閣：各省驛站，馳遞文報，現當軍務緊要，必須按限行里數遞到，刻不可緩。前經降旨通諭各省督撫嚴加整飭，如該州縣有遲誤之處，立即嚴參，該督撫等諒必恪遵辦理。其廣東、江西兩省驛站，或山路崎嶇，或風水阻滯，尤宜豫爲籌辦。著該督撫等各飭所屬，不分水陸，多備夫馬船隻，遇有軍報，飛速接遞，毋得遲延干咎。

庚子，諭軍機大臣等：本日據楊芳馳奏，逆船駛進省河，旋即退出一摺。此次該逆大小兵船七隻，火輪船三隻，三板船二十餘隻，闖入省河，施放礮箭，因省城内外周密巡防，竄出白鶴灘中心下碇，旋即開離省河等語。所辦尚好。據奏咪唎㗆領事稟稱：到粤經年，被暎逆牽累，不能開艙，並暎國帶貨商船，請准一體貿易。並據洋商呈出義律筆據，代懇通商等情。此係該逆奸謀，懈我軍心，惟現在大兵未集，不敷調遣，著楊芳設法羈縻，俾不得遠遁外洋，致將來攻勦費手。其現在如何從權制馭之處，朕亦不爲遥制。奕山、隆文計已抵粤，著即妥籌密商，一俟續調官兵礮位足敷勦辦，水勇快艇足資遣用，著仍遵前旨，斷其後路，四面兜捦，克復香港，以副委任。

《宣宗實録》卷三四九　庚戌，諭内閣：前據海齡奏，請將沿海通商各馬頭暫閉，當降旨令伊里布、裕謙議奏。旋據伊里布奏，擬一律封閉。朕即覺所議窒礙難行，降旨駁斥。兹據裕謙奏，封港之議徒有礙於本分商漁，而於杜絶接濟仍未得要等語。所見極是。沿海通商各馬頭，著仍照舊准商民往來貿易，毋庸封

港。並嚴飭文武員弁於商漁船隻出入實力稽查，如有匪徒透漏消息，接濟該夷米糧硝磺等物，即著懲辦，以順輿情而杜勾結。

賞已革兩廣總督林則徐四品卿銜，命馳赴浙江聽候諭旨。

壬子，諭內閣：本日楊芳、怡良奏，請准港脚貨船通商一摺。又另片奏，省垣情形等語。覽奏憤懣之至！已明降諭旨將楊芳、怡良先行交部嚴議矣。逆夷情狀詭譎，反覆無常，早經窺破，非大加懲創，何以揚國威而除後患？現在各路徵調兵丁一萬六千有餘陸續抵粵，楊芳何以不痛加勦洗？乃遷延觀望，有意阻撓，汲汲以通商爲詞，是復蹈琦善故轍，變其文而情則一，殊不可解。前經奏請各國通商，朕因俯順輿情，勉從所請。今復以港脚船隻尚無助逆情事，敢於嘗試。若如此了結，又何必命將出師，紛紛徵調官兵？且該逆傷我提鎮大員，及陣亡兵弁爲數甚夥，此等忠魂何以克慰？楊芳等祇知遷就完事，不顧國家大體，殊失朕望。即所稱貨船附載洋米等語，全不可信。況鴉片來源即在於此，又何以示禁令而除流弊？此時更無他議，惟有進勦一法。奕山、隆文經朕面諭一切，必能仰體朕意，現已到粵，兵多糧足，自當與楊芳、齊慎協力同心，爲國宣勞，以膺懋賞，斷不准提及通商二字，坐失機宜。

《宣宗實録》卷三五〇　閏三月丁卯，命兩江總督伊里布來京，以欽差大臣、江蘇巡撫裕謙爲兩江總督。

甲申，諭內閣：前據僧格林沁奏，理藩院覈議幹珠爾巴諾們汗處分未能詳晰，當派載銓、奕經查明具奏。兹據查出歷年案據均無呼圖克圖字樣，請飭更正等語。幹珠爾巴諾們汗違例私開牧場，經該將軍等查辦，該諾們汗膽敢護庇狡展，不服聽斷，有意抗違，實屬咎由自取。著仍照原議，革去本身封號，飭回遊牧處所。綏遠城將軍色克精額及理藩院堂官未能詳細查明，究屬疏忽，均著交部議處。其册檔內呼圖克圖字樣，即著該衙門更正。

《宣宗實録》卷三五一　四月乙酉，諭內閣：因思各呼圖克圖諾們汗等向守清規，佐朕振興黄教，深堪嘉尚，每沛恩施。今該諾們汗不守清規，有違法制，朕不得已予以薄懲。嗣後各呼圖克圖諾們汗等務當仰體朕心，護持黄教，以綏藩服而受殊恩。此次該諾們汗革去封號，飭回遊牧地方，固屬咎由自取，朕猶望其改過自新，承受恩典。著交西寧辦事大臣詳加察看，如果安静悔過，著於一年後奏明請旨。其印敕等件，即著暫存該廟，交諾們汗徒衆妥爲封貯。

乙巳，策試天下貢士蔡念慈等二百二人於保和殿。

己酉，上御太和殿傳臚，賜一甲龍啓瑞、龔寶蓮、胡家玉三人進士及第，二甲何若瑶等九十六人進士出身，三甲吴榮楷等一百三人同進士出身。

辛亥，諭內閣：耆英等奏，兵丁等操演鳥槍，請示鼓勵一摺。盛京前鋒兵丁等自上年秋令以來演習鳥槍，均臻嫻熟。著照所請，嗣後准其於每旗前鋒內，擇其槍箭出衆者揀選二名，作爲委前鋒校，賞戴金頂藍翎。又盛京、滿洲、蒙古、漢軍領催馬甲，現於兩季常操外，均各加添操演，並學習鳥槍。著准其於每旗再添設金頂委官二名，仍食原餉，以示鼓勵而期振作。

《東華續録》道光四三　辛亥，諭：伊里布見已到京，著派睿親王、莊親王、惠親王、定郡王、大學士、軍機大臣、六部尚書，會同刑部傳訊家人張禧，著交刑部歸案審訊。

《道光朝籌辦夷務始末》卷二九　癸丑，諭軍機大臣等：奕山等奏，嘆夷船隻攻擊省城，督兵保護無虞，請權宜辦理一摺。覽奏均悉。嘆夷自我兵兩次擊退之後，計窮勢蹙，併力進攻，該夷性等犬羊，不值與之計較，況既經懲創，已示兵威。現經城內居民紛紛遞禀，又據奏稱，該夷免冠作禮，籲求轉奏乞恩。朕諒汝等不得已之苦衷，准令通商。該將軍等惟當嚴諭該夷目，立即將各兵船退出外洋，繳還礮臺，仍須懔遵前定條例，祇准照常貿易，不准夾帶違禁煙土，儻敢故違，斷不寬恕。並著該將軍等會同該督撫悉心籌議，妥定章程。夷性叵測，仍當嚴密防範，不得稍有疏懈。俟夷船退後，迅將各礮臺及防守要隘等處趕緊修築堅固。如嘆夷露有桀驁情形，仍當督兵勦滅，不得因已施恩，遂諸事任其需索。所另片奏，城外居民房屋多被焚燒，著祁墳、怡良即派委妥員，查明妥爲撫卹。所有借撥庫貯銀二百八十萬兩著即著落該商，分年歸補，不得延宕。餘著照所擬辦理。

癸亥，諭內閣：國家設立兵丁，勤加訓練，所以嚴武備而戒不虞。總督有統轄之責，必應於平時認真督率將備，加意練習，使之有勇知方，一旦猝遇外侮，何患不破敵摧堅，立功奏凱？道光十二年，兩廣總督李鴻賓、廣東提督劉榮慶因辦理軍務，臨事不能得力，平素毫無整頓，曾經遣戍。前任兩廣總督鄧廷楨，履任多年，懈惰因循，不加整頓，所設排鍊，空費錢糧，全無實用，以至該省兵丁，柔懦無能，諸多畏葸，虎門之役，竟有爲夷匪買通者，思之殊堪痛恨！前任兩廣總督林則徐，經朕特給欽差大臣關防，辦理廣東事件，繼復令其實授總督，全省軍務，皆其統轄。既知兵丁染習甚深，便應多方訓導，勤加練習，其於夷務亦當德威並

用，控馭得宜，乃辦理殊未妥協，深負委任。鄧廷楨業經革職，林則徐著革去四品卿銜，均從重發往伊犁，效力贖罪。即由各該處起解，以爲廢弛營務者戒。

《東華續録》道光四三　己卯，參贊大臣户部尚書隆文卒於軍，贈太子太保，予祭葬，謚端毅，賞銀二千兩治喪。

調敬徵爲户部尚書，賽尚阿爲工部尚書，以恩桂爲理藩院尚書，奕山爲左都御史。

壬午，調吴文鎔爲江西巡撫，錢寶琛爲湖北巡撫。

六月庚寅，革伊里布職，發軍臺效力贖罪。

《道光朝籌辦夷務始末》卷三〇　癸巳，諭：奕山等奏，官兵凱撤，請分別開行等語。著照所請，先湖南，次湖北，次雲南，次四川，次貴州，次江西，按省啟行，即飭沿途各地方官妥爲辦理。並飭帶兵員弁，嚴爲約束，毋許滋擾。

《宣宗實録》卷三五三　癸巳，奕山等奏，廣東省城神廟顯應，請頒給扁額一摺。據奏，此次𠸄夷肆擾，撲近城墻，正欲開礮，粤秀山觀音大士神像顯靈，居民共見，撲滅火箭，雷雨傾盆，衝没漢奸夷匪多名，夷人無不畏懼。現在海氛既熄，省垣安堵，護國庇民，仰邀神貺，朕實深寅感。著發去親書扁額，交奕山等祗領，虔詣廟中敬謹懸掛，以答神庥。尋頒御書扁額曰：「慈佑清海。」

以參贊大臣楊芳患病未愈，命回湖南提督任調理。

甲午，諭軍機大臣等：𠸄夷自懲創之後，兵船退出虎門，乞恩貿易，准令通商。昨據該將軍等奏稱，向來恭順夷商貨船聞風入港，告請驗貨，𠸄夷額慶歡忭，免冠感伏，聲言永不敢在廣東滋事等語。該夷人數衆多，貪利無厭，目前雖極恭順，難保日後不另生枝節。現當該將軍等辦理善後，必應計及久遠，一勞永逸，毋徒將就了事，後患潛萌。著奕山等即飭諭該夷仍須出具切實甘結，不得夾帶鴉片，勾串内地民人。其通商口岸及夷船應停泊何處，均照舊章辦理，不得妄生他念，另求馬頭。至貿易納税，向有定限，已歷年所，亦毋庸輕議覈減。各沿海省分俱有將弁防守，曉諭該夷目嚴飭各夷，毋許駕船分赴各處勾串銷貨。儻不遵約束，被兵弁攻擊或將該夷拴獲治罪，該夷目不得妄生觖望。其餘善後章程仍遵前旨周密妥辦，以副委任。

丁酉，諭軍機大臣等：據祁𡎴奏，籌辦機宜等語。現在夷船退出虎門，近省河道自應設法整理，各處礮臺必應趕緊修築，並撫卹難民，招徠遷徙，立於不敗之地，以俟其可乘之隙。所見甚是。其香港地方係屬中國土地，斷不准因琦善有准給寄居之説，任其陰圖盤踞。至漢奸通夷助逆最爲可恨，惟操之過蹙，轉恐逼令出洋，所奏亦非無見。前已有旨令奕山、齊慎、祁𡎴、怡良會商妥籌，祁𡎴、怡良係該省督撫，尤屬責無旁貸，其如何收復香港，如何解散漢奸，務須和衷商辦，斟酌萬全，以副委任。

修直隸大沽南北岸礮臺及土壩等工。從總督訥爾經額請也。

戊戌，琦善著交原審之王大臣會同刑部，定擬罪名具奏。尋奏，琦善以欽差大臣查辦夷務，宜如何計出萬全，該夷既形猖獗，即當奏請調兵勦除，乃妄冀羈縻，以香港地方許給，於一切防守事宜並不豫爲設備，以致該夷疊將礮臺攻陷，要隘失守，實屬有誤機宜。應照守備不設，失陷城寨者斬律，擬斬監候。得旨：著照所擬，秋後處決。

癸卯，諭内閣：文沖奏，黄河水勢異漲，疊出險工，設法籌堵一摺。據稱，本年入夏以來，黄河來源甚旺，各廳紛紛報險。所有下南廳祥符上汛三十一堡，灘水已過隄頂，漫塌二十餘丈等語。著該河督督飭道廳營汛委員趕集料物，設法籌堵，迅速蕆功，毋再貽誤。

辛亥，諭軍機大臣等：文沖奏，搶堵漫口，人力難施，現已掣溜一摺。前因下南廳祥符上汛三十一堡隄頂漫塌，疊經降旨，著該河督趕緊設法搶堵。兹據奏稱，現在漫缺之處已刷寬八十餘丈，掣溜七分，文沖身任河道總督，河務是其專責，乃未能先事防範，致有漫口，咎實難辭。文沖著即革職，暫留河東河道總督之任，戴罪圖功。即著督飭道廳營汛各員趕集料物，設法搶辦，儻能迅速蕆功，其咎尚可稍從末減，若再玩延貽誤，定當重治其罪，決不寬貸。所有口門以上兩岸四廳各處隄工，並著飭令文武員弁實力防範，毋稍疏虞。牛鑑著交部嚴加議處，所有漫工事宜，著協同趕緊辦理。

《道光朝籌辦夷務始末》卷三一　七月癸丑，諭軍機大臣等：本日據裕謙馳奏，帶兵赴浙防勦，請緩撤江、浙防兵一摺。前因奕山等焚擊夷船，逆夷退出虎門，降旨令各省酌撤防兵。現在奉天、直隸、山東等省，業已先後奏撤矣。粤省咨會，逆夷赴浙滋擾，既屬風聞，從何究其來歷？如果逆夷別有思逞，斷無先行傳播透漏之理。著裕謙仍遵前旨，會同劉韻珂、余步雲體察情形，於鎮海、定海緊要處所，酌量暫留弁兵外，其餘調防官兵，即著奏明裁撤歸伍。其江蘇防堵官兵，亦著會同程矞采、陳化成酌議撤回，不必爲浮言所惑，以致糜餉勞師。

《宣宗實録》卷三五四　乙卯，命遣戍伊犁已革兩廣總督林則徐折回東河效

力贖罪。

丙辰，命大學士王鼎、通政使司通政使慧成，馳往河南督辦大工。

《東華續録》道光四四　癸亥，諭裕謙奏，查明原任廣東水師提督關天培見有子孫，並該故員尚有親母等語。關天培次子關從龍見年已十八歲，著於服闋後，送部引見。伊母吴氏年逾八十，著地方官每月酌量給予銀米，以養餘年。

《宣宗實録》卷三五四　丁卯，諭内閣：達賴喇嘛呼畢勒罕於明年四月十六日坐牀。所有頒給敕書賞賚等件，著理藩院揀派司員二人馳驛齎往，沿途經過直隸、山西、陝西、四川等處地方，著各該督撫派委道府副參大員，妥爲護送。並著寶興於司庫提銀一萬兩，俟該司員等到省時，交給帶往，一併賞給達賴喇嘛。至打箭鑪以西，著該督知會前途，照例預備馬匹，勿致遲誤。

戊辰，賞前任寧夏將軍特依順都統銜，爲參贊大臣，馳赴廣東辦理夷務。

《東華續録》道光四四　己卯，予告户部尚書黄鉞卒，贈太子太保，予祭葬，謚勤敏，入祀賢良祠。

《宣宗實録》卷三五四　庚辰，諭内閣：各省實缺知縣到任在半年外，不勝民牧者，即予休致，不得因其正途出身，率請改教，道光二年所降諭旨甚明。本日據陝甘總督恩特亨額奏，請將難勝民社之成縣知縣陳大均以教職改用，覈其到任，已逾定限，所奏著不准行。陳大均著即以原品休致。恩特亨額著交部議處。

本日據顔伯燾等由驛馳奏，𠸄夷兵船突至福建，厦門失守各情形。逆夷貪得無厭，難保不乘風北駛，擾及沿海各省。天津附近京師，尤關緊要。前經降旨著該督嚴密防範，諒已各口均有準備。如有應添防兵，著酌量情形，一面奏聞，一面飛調。現在已調吉林兵一千名前赴盛京，交耆英派撥防守。又調黑龍江兵一千名暫留盛京，如直隸兵力較單，即可調撥應用。訥爾經額著即馳赴天津，相機籌辦，萬一夷船駛至，不可迎面攻擊，或於要口設伏，或兩面夾攻，方能取勝。

又諭：本日據顔伯燾奏，逆夷滋擾，厦門失守，著吴文鎔挑選江西省精兵二千名，令曾經出師之將弁管帶前往，迅速起程。

予故越南國王阮福晈祭一次，以其嗣福暶爲越南國王，命廣西按察使寶清往封。

《宣宗實録》卷三五五　八月壬午，前因夷船突至福建，厦門失守，當經降旨飭令沿海各督撫嚴加防範矣。茲據裕謙奏，浙江洋面夷船續有增添，請將各路官兵暫緩啓程等語。所奏甚是。逆夷在閩省滋事，情形兇很，深堪痛恨。浙江與閩省毗連，兵力不可單弱，所有前撤各兵未啓程者，著一概緩撤，其已經啓程者，亦著概行截回，以資防禦。如再不敷，即著該大臣酌量情形，於所轄安徽、江西二省兵内一面飛調，一面奏聞，毋稍遲誤。萬一夷船駛至，該大臣即督飭鎮將，激勵兵民，同心敵愾。雖據奏兵情踴躍，皆以未得立功爲恨，然不可存輕敵之心，總須謀勇兼備，方爲節制之師。該大臣身膺重任，其加意慎勉，以副朕望。至江蘇吴淞口一帶，地勢平衍，並無要隘可扼，尤宜妥爲布置，無稍疏虞，是爲至要！

癸未，怡親王載垣署正白旗領侍衛内大臣。

庚寅，以江蘇淮揚道朱襄爲河東河道總督。

壬辰，諭内閣：文沖身任河道總督，河務是其專責，乃未能先事豫防，致有漫口，當經降旨革職，暫留河東河道總督之任，責令戴罪圖功，以觀後效。乃遷延日久，並不趕緊搶堵，致大溜全行掣動，下游州縣多被漫淹，糜帑殃民，厥咎甚重，著即革任，交王鼎等傳旨，即將文沖枷號河干，以示懲儆。

丙申，諭内閣：户部奏，請飭催各省開鑄一摺。各省鼓鑄錢文，搭放兵餉，以便流通。現據該部查明，停鑄省分至十一省之多，且停鑄多年，恐錢法漸至廢弛，不足以資民用。著直隸、山西、陝西、江蘇、江西、浙江、福建、湖南、湖北、廣西、貴州各督撫，務照每年應鑄卯額，迅速開鑄。其有鉛斤不敷之處，亦著趕緊購辦，毋稍遲逾。

又諭：達賴喇嘛於明年四月十六日坐牀，屆期著派孟保會同成都副都統什蒙額及章嘉呼圖克圖看視。章嘉呼圖克圖由京馳驛前往，著由廣儲司賞銀三百兩，製辦行裝。所有頒給金册，即著章嘉呼圖克圖齎往。

《道光朝籌辦夷務始末》卷三三　己亥，諭内閣：前據顔伯燾奏，逆夷於七月初九日，闖進厦門青嶼口門，當經在事文武，擊沈火輪船一隻，兵船五隻，該逆蜂擁而進，分路上岸，以致厦門失守。當降旨責令顔伯燾迅速收復。本日據報，厦門各處街巷，並無夷人蹤跡，商民復業，臺米流通等語。逆夷沿海滋擾，厦門尤其垂涎之地，屢經諭知顔伯燾等嚴密防範。該督駐紮厦門半年之久，不能先事豫防，以致倉猝失事，本屬罪無可逭。姑念逆夷豕突而來，弁兵奮力抵拒，擊沈夷船六隻，此時厦門業已收回，著從寬免其治罪，仍著交部嚴加議處。

《宣宗實録》卷三五六　壬寅，諭内閣：福建提督竇振彪於夷匪滋擾厦門，

未能先事豫防，著交部嚴加議處。其防堵不力各員弁，例有處分，著顏伯燾查明參奏。

丁未，賞達賴喇嘛父策旺敦珠布公爵。

《道光朝籌辦夷務始末》卷三三　戊申，諭軍機大臣等：裕謙奏，定海失守一摺。已明降諭旨將該督交部嚴議，並將王錫朋、鄭國鴻、葛雲飛、舒恭受等交部賜卹矣。現在兵力單薄，著准其將調赴閩省之江西兵二千名截赴浙江，聽候調遣。其徐州鎮標官兵三百名早已到鎮海軍營，著一面嚴守各要隘處所，一面厚集兵力，廣募水勇，團練鄉民，相度機宜，乘時進攻，收復定海，切勿遲延觀望。儻再有疏虞，試問該督能當此重罪否耶？懔之！

《宣宗實録》卷三五六　己酉，諭内閣：兩江總督裕謙經朕特簡欽差大臣，駐劄浙江，專辦防海事務。乃會同提督余步雲，在鎮海軍營籌辦半年之久，未能先機布置，致定海縣城失守。昨已降旨將裕謙交部嚴議，余步雲亦著交部嚴加議處。浙江巡撫劉韻珂專在省城籌防，未能兼顧，與烏爾恭額尚屬有間，著交部議處。

《道光朝籌辦夷務始末》卷三四　九月壬子，諭軍機大臣等：保昌等奏，防守省垣情形一摺。據奏，收回廈門之後，尚有逆船數隻，盤踞廈港孤峙之鼓浪嶼，省城各處要隘現已截港設伏，逆船不敢闖入等情。布置尚屬周妥，仍著加意嚴防，無稍疏懈。前調江西兵二千名現經裕謙截赴浙江矣。另片奏，需用鉛子二十四萬斤，已咨各省督撫趕緊籌撥。但現在逆夷占據定海，浙省軍務緊要，硝磺鉛丸亦在所急需，如該省足敷應用，著即分給浙省，交裕謙分貯，以備應用。該將軍等酌量籌辦，無存畛域之見。

《宣宗實録》卷三五七　乙卯，杭州將軍奇明保等奏報，接據寧波府知府六百里稟稱，逆夷攻犯鎮海，欽差大臣裕謙督兵堵禦，不能抵當，隨即殉難，被百姓救護出城，送至郡城，昏迷不醒，鎮海業已失守。得旨：憤恨之至！

命協辦大學士、吏部尚書奕經爲揚威將軍，正藍旗蒙古都統哈哴阿、固原提督胡超爲參贊大臣，馳赴浙江辦理軍務。

丙辰，諭内閣：前經降旨將顏伯燾寬免治罪，仍交部嚴加議處。兹據該部議請革職，已屬從寬，姑念廈門業已收復，著加恩降爲三品頂帶，革職留任，以觀後效。本日已派廣東巡撫怡良作爲欽差大臣，會同顏伯燾、劉鴻翱辦理軍務。

以河南巡撫牛鑑署兩江總督。

釋已革大學士琦善，發往浙江軍營效力贖罪。

釋遣戍黑龍江已革户部尚書奕紀，發往廣東軍營效力贖罪。

己未，諭内閣：兩江總督裕謙功臣後裔，世篤忠貞。經朕擢任封圻，適當逆夷滋事，特派爲欽差大臣，辦理浙江軍務。該督鋭意圖功，方資倚畀，兹以鎮海縣城失陷，投水殉節，爲國捐軀，深堪憫惻。著加恩贈太子太保銜，照尚書例賜卹，任内一切處分悉予開復。伊祖班第於乾隆年間，在伊犂殉節，入祀昭忠祠。今該督臨危致命，不忝前人，著附祀昭忠祠，並俟軍務完竣後，再於鎮海縣建立專祠，以彰藎節。其靈柩回京時，著沿途地方官妥爲照料，並著伊弟裕恆前赴江蘇迎接，到京時准其入城治喪。應得卹典，該衙門察例具奏。

命參贊大臣特依順無庸前往廣東，改赴浙江辦理軍務。正藍旗蒙古都統哈哴阿無庸作爲參贊大臣，仍回山海關辦理防堵。

命户部尚書祁寯藻在軍機大臣上行走。

實授牛鑑兩江總督。

庚申，命已革户部尚書奕紀改發天津效力贖罪，不准進京。

辛酉，命已革大學士琦善發往軍臺充當苦差，無庸赴浙江軍營。

釋已革浙江巡撫烏爾恭額，發往軍臺充當苦差。

癸亥，諭内閣：自上年暎逆犯順以來，滋擾廣東、福建、浙江三省，沿海居民慘罹鋒鏑，或被搶掠一空，或致流離失所。朕統御寰區，恫瘝在抱，每閲各處奏報，爲之寢食不安。已命奕經爲揚威將軍，特依順、文蔚爲參贊大臣，調集各路精兵剋期進勦，大兵到浙，自必迅速蕆功。惟各路所調官兵經過郡縣地方，恐或約束不嚴，藉端騷擾。著責成該將軍等嚴飭管兵各員，分飭所屬，謹守紀律，秋毫無犯，違者即以軍法從事。如有縱容徇隱，別經舉發，惟該將軍等是問。其沿海各處鄉村，均宜自行團練鄉勇，聯絡聲勢，上爲國家殺賊，下即自衛身家。其有奇才異能，足備禦侮之用者，許赴軍營自行投效，該將軍等量才器使，遇有出力之處，隨時保奏，候朕施恩。【略】凡兹薄海臣民，皆係朝廷赤子。二百年來，食毛踐土，具有天良。當此逆夷不靖，自必志切同仇，斷不可爲奸夷所惑，自外生成。其或被脅陷賊，亦即宥其既往，予以自新，俾得同贊膚功，共享太平之福。著沿海各督撫刊刻謄黄，徧行曉諭，用示朕外攘内安至意。

《道光朝籌辦夷務始末》卷三五　丁卯，諭軍機大臣等：據劉韻珂奏，查探逆夷在甯波情形等語。該逆屢肆猖狂，不受撫馭，今在甯波，尚敢以報仇爲名，

並聲言欲至天津，懇求在浙通商。哄誘愚民，可惡之至！現在揚威將軍業已起程，該撫仍遵前旨，嚴密防堵，安輯民人，以待大兵之至。總兵謝朝恩、遊擊林亮光、縣丞李向陽、知縣葉堃或係陣亡，或係自盡，雖據該鄉勇等來省呈報，仍俟該撫飭查明確，再降諭旨。署定海縣知縣舒恭受既經内渡，即著派令在曹娥江招募鄉勇，隨同鄭祖琛等妥協防堵。其餘文武各員查無下落者，亦著分別查明具奏。

《宣宗實録》卷三五八　壬申，諭内閣：足兵所以衛民，各直省設立營伍，遇有徵調，每以老弱遊民充數。平日營伍本不足額，迨經調撥，遂致人數愈少，設有緩急，更安望其折衝禦侮耶？著各督撫飭令州縣，於添設民壯之外，召募土兵，勤加訓練，選其精鋭，收置營伍。既可保衛地方，兼可豫備徵調。該督撫務當行之以實，不得虛應故事，冒濫名糧，致滋流弊。

癸酉，諭軍機大臣等：寄諭盛京將軍耆英、直隸總督訥爾經額、兩江總督牛鑑、江蘇巡撫梁章鉅、閩浙總督顔伯燾、福建巡撫劉鴻翱、兩廣總督祁墳、署廣東巡撫梁寶常、浙江巡撫劉韻珂、山東巡撫托渾布，前因訥爾經額奏，天津等處海口酌籌添駐官兵，並建蓋墩臺營房，以資經久。當降旨令軍機大臣會同該部議准，即在直隸各營内抽撥三千二百名，外省簡僻營分抽裁二千八百名，飭令訥爾經額分佈坊堵，以資經久。因思沿海各省兵額無多，逆夷去來無定，欲爲經久之計，必先籌屯兵之方。計七省大小口岸險要處所，應行添兵防守，與直隸情形相同，自應一律籌添。著該將軍、督撫等將該省險要各海口，查明共若干處，何處應添兵若干名，即於本省各營内，或量爲裁撥，或分年換防，逐一詳細查明，妥議具奏請旨。庶額餉不至增添，而客兵亦可省徵調。至夷匪沿海滋擾，民間防守，莫善於團練，而拒礮之法，惟土堡最爲得力。【略】惟以土堡禦礮，尤須以人力守堡。大村團練數百人，小村百人或數十人，互相聯絡，置墩瞭望，鳴鑼相聞，一有警急，團練之民嚮至，而附近防兵亦可聞聲應援。由各村推之各縣，衆志成城，海濱自可安堵。著將軍督撫等遴選有守有爲，素得民心之州縣，廣爲勸諭，飭令築堡自衛，一切用項章程，聽民間自行捐辦，地方官隨時與之講論籌畫。【略】至各海疆省分紳士商民，果有捐資助餉，修建城堡，及雇募義勇，造船鑄礮，有益軍需者，其急公好義，即與出力將士無異，若仍照捐輸常例議敘，不足以示鼓勵。著覈實保奏，候朕破格施恩。此外各省士民，如有赴各海疆捐資助餉者，亦著一體請奬，無阻其嚮善之志。凡此團練鄉勇，建築土堡，行之於民則自衛其生，勸之於官則化行倍速，如能認真經理，日久不懈，靖夷氛而收實效，朕有厚望焉。

《道光朝籌辦夷務始末》卷三六　乙亥，又諭：寄諭揚威將軍奕經，據梁章鉅等奏，續調官兵，分布水陸各口防禦一摺。江蘇寶山、上海兩處爲江南全省門户，必應分駐重兵，而上海縣商賈雲集，尤爲逆夷垂涎之地，其餘廳縣洋面，亦俱毗連浙省。該撫等現已添調徐州等營兵一千七百名分別防堵。著該將軍等行抵江蘇時，與牛鑑、梁章鉅、陳化成熟籌妥議，應如何擇要防堵添兵守禦之處，體察情形，會商辦理。如浙江所調之兵，有可留備江蘇應用者，亦即隨時截留分撥。該將軍等務當因地制宜，先其所急，毋令逆夷竄入，是爲至要！

《道光朝籌辦夷務始末》卷三七　十月辛巳，諭軍機大臣等：前據裕謙奏，香港尚有夷兵房屋，降旨令奕山等覆奏。兹據奏稱，香港地方，逆夷藉以挾制，並不久居。現在填塞省河，並不阻撓，業已趕緊興工，建臺鑄礮等語。浙江命將出師，一經勦辦，難保不竄回廣東，復圖滋擾。現據奏稱，該夷以貨船改造兵船，其心叵測，該省礮臺礮位必須及早建鑄，方可有備無患。若此時稍存玩泄，臨事再有疏虞，惟該將軍等是問。該省各鄉團練義勇，紳士捐辦礮位，果能衆志成城，何患不捦渠殲醜！至招回漢奸，固當防其内應，若示以恩信，不特散其黨羽，即可藉以殺賊。著該將軍等明定賞格，剴切曉諭，有能焚燒夷船，捦斬夷目，即行據實具奏，候朕破格施恩。至香港地面，如有可乘之機，仍著相機收復爲要。

《宣宗實録》卷三五九　癸未，壽安固倫公主下嫁奈曼頭等台吉德木楚克扎布。

乙酉，上御太和殿傳臚，賜殿試武舉一甲德麟、王振隆、劉宗漢三人武進士及第，二甲張鳳春等十三人武進士出身，三甲吴德水等五十五人同武進士出身。

戊子，命御前大臣僧格林沁、工部尚書賽尚阿、正白旗護軍統領巴清德馳赴天津，查閱海口。

《道光朝籌辦夷務始末》卷三八　辛卯，諭内閣：達洪阿等奏，擊沈夷船，捦斬逆夷，奪獲礮位一摺。本年八月以來，夷船疊向臺灣外洋遊弈停泊，經該總兵等飭屬嚴防堵禦。是月十六日卯刻，該夷船駛進口門，對二沙灣礮臺發礮攻打。經該參將邱鎮功等將安防大礮對船轟擊，淡水同知曹謹等亦在三沙灣放礮接應。邱鎮功手放一礮，立見夷船桅折索斷，退出口外，沖礁擊碎，夷人紛紛落水，死者無數。其上岸及乘船駛竄者，復經該參將督同署守備許長明等，帶兵駕船趕往，生捦格殺黑夷多名。復經即用知縣王廷幹等，駕船出洋，幫同出力，生捦

黑夷多名，並見白夷自行投水。其時復經千總陳大坤等駕船開礟，擊沈杉板一隻，格殺白夷並生擒黑夷多名。又據曹謹等在大武崙港外，追獲外竄杉板船一隻，刺死白夷及生擒黑夷多人，並撈獲黑白夷屍身礟位，搜獲圖册。此次文武義首人等共計斬獲白夷五人，紅夷五人，黑夷二十二人，生擒黑夷一百三十三人，撈獲夷礟十門，搜獲夷書等件，辦理出力，甚屬可嘉！提督銜臺灣鎮總兵達洪阿著賞换雙眼花翎，臺灣道姚瑩著賞戴花翎。達洪阿、姚瑩及道銜臺灣府知府熊一本，均著交部從優議敘。其在事出力各員弁兵勇義首人等，著據實保奏，候朕施恩。傷亡兵勇，查明照例賜卹。已革候補同知前臺灣縣知縣托克通阿、丁憂候補同知前署澎湖通判徐柱邦、休致通判銜前福清縣知縣盧繼祖，均著准其留於臺灣差委，此因軍務緊要，是以允准，其餘不得援以爲例。該部知道。

辛丑，諭軍機大臣等：訥爾經額奏，請酌給防兵銀兩一摺。所有陝西兵二千名，著准其每名折銀二兩，自製禦寒之具。留防之吉林兵亦著照此賞給。其大沽、北塘至山海關一帶各海口，調防之本省弁兵一萬數百名，著准其將相去本營較近者，暫行酌撤三分之一，其留防兵丁，著一體每名折給棉衣銀二兩，以示優恤。

《東華續録》道光四四　戊申，余步雲奏，陸續收回散兵三千餘名。此項散兵自係定海、鎮海、甯波三處潰散之兵，即不能盡數誅夷，亦當分别懲治。若臨陣任其退縮，事後招回入伍，該兵丁等復何憚而不畏死偷生耶？

《道光朝籌辦夷務始末》卷三九　十一月甲寅，諭軍機大臣等：昨據奕經等奏，嘆夷有赴上海等處滋擾之説，該將軍等現與牛鑑商辦防堵。惟該逆詭詐異常，往往聲東擊西，令人不及準備。現在該逆株守甯波郡城，故作操演情形，安知不以數船游奕上海等處，使我移兵往援，而彼則水陸併力徑攻浙江？抑或在浙虚張聲勢，佯言攻擊杭、紹諸郡，而暗遣兵船潛赴上海等處滋擾？凡此種種詭謀，該將軍等不可不防，務當謀勇兼施，計出萬全，處處皆有準備，事事皆操勝算，是爲至要。前粤東辦理軍務，布置尚未妥協，該夷即肆其猖獗，漢奸乘間助逆，以致我兵倉卒應敵，不能得手。現在大兵尚未到齊，儻復用其故智，爲先發制人之計，將如何豫爲準備，總須反覆計較，確有把握，始足以破奸膽而張吾軍。至行軍之際，兵民雜處，人數衆多，一切機謀，尤宜慎密。凡奏報事件，某封有關繫重大者，即將某封用黄紙包封，蓋用揚威將軍印信，仍納入封筒内，朕親加拆閲。昨日所寄密諭一道，係朕面諭軍機大臣承旨繕發，即軍機章京等皆不得而知，可見慎之又慎矣。

《宣宗實録》卷三六一　甲子，户部奏：各省辦理軍需、河工、災賑一年有餘，請撥銀兩已至二千一百餘萬之多，除動用地丁、鹽課、關税外，實撥内務府廣儲司及部庫銀七百三十萬兩，請飭力求撙節等語。國家經費有常，自應量入爲出。現在軍需、河工、災賑先後頒發帑金，數已不少。著各將軍、府尹、督撫及漕運河道各總督於必不可緩之需，力加撙節，並嚴飭承辦各員毋許絲毫浮濫，事竣覈實報銷。嗣後遇有請帑事件，務須妥爲籌畫，不得率聽所屬詳稟，動輒援案聲請，以致漫無限制。其直省常平、義倉存穀，原備賑卹之用，並著各督撫等體察情形，覈實散放，毋庸概給折色銀兩，以裕民食而期節用。該督撫等受恩深重，當此制用孔亟之時，諒能仰體朕心，分别緩急，通盤籌度，不致視爲誥誡虚文也。

《宣宗實録》卷三六二　丁卯，諭内閣：前因祥符漫口，大溜全行掣動，下游多被淹浸。文沖身任河道總督，不能先事豫防，又不趕緊搶堵，糜帑殃民，厥咎甚重，降旨革任，交王鼎等傳旨枷號示懲。現在枷號已及三月，著王鼎等傳旨將文沖疏枷，發往伊犂充當苦差。

辛未，祁𡎴等奏，請再撥軍需，及截留關餉一摺。據稱，現在籌備防堵，約計所存軍需餉銀僅可支三四月之用。請再撥發銀一百五十萬兩，並請將粤海關庫現存税銀五十萬兩一併截存備支等語。著户部速議具奏。廣東自軍興以來，不惜帑金，撥給備用，原期捍患禦侮，迅蕆大功，乃合計動撥軍需及藩關運三庫銀已至二百七十餘萬兩之多，於夷務仍毫無所濟。該督撫身膺重寄，虚糜國帑，撫衷自問，何以克安？

乙亥，以怡親王載垣爲鑲黄旗領侍衛内大臣，喀爾喀親王車登巴咱爾署正白旗領侍衛内大臣。

丁丑，諭軍機大臣等：據劉韻琦奏，海口封閉日久，商民失業，請照舊開港，並酌定稽查章程等語。浙江省乍浦等處各海口，商船出入，貨物流通，貧民得資餬口。既據該撫奏稱，該處舵水人等屢次籲求開港，自宜俯順輿情，所有乍浦及温、台等處商漁船隻，均著准其照舊出入。

《宣宗實録》卷三六三　十二月癸未，諭内閣：用兵之道，貴乎紀律嚴明，賞罰必信，誠以紀律嚴則法度自昭，賞罰信則德威並濟。我國家承平垂二百年，各省將弁所以恩養而教育之者，至優極渥，偶遇徵調，宜何如争先思奮，爲國立功。乃自上年軍興以來，屢與嘆夷接仗，惟定海一役，力戰六晝夜之久，擊斃夷匪無

數。其餘各仗，帶兵各員不能申明紀律，激勵士卒，以致臨陣脱逃。非逆夷之兇燄竟不可當，實由統兵大臣一味姑容，故將士不能用命。若不亟加整頓，何以挽積習而勵軍心。著揚威將軍、參贊大臣等查明失守各城，首先逃走之將弁兵丁，嚴切訊明，即照軍法從事，毋稍寬縱。惟犯法者既正刑誅，立功者當膺懋賞，激勸以壯其氣，錫賚以獎其勞，全在該將軍等開誠佈公，勖以忠義，使人人有勇知方，同心敵愾。

《道光朝籌辦夷務始末》卷四一 乙酉，諭軍機大臣等：訥爾經額奏，遵旨招募雁户，派令雁户教演等語。該處習水打雁民人，鈂無虛發，前經降旨飭令廣爲招募。並據奏，此項水勇，若一色招募雁户，不能甚多，此時各海口招募新兵，亦有素識水性者，均可挑出教演。著該督責成沿海州縣暨該管道府，先儘雁户招募，如不能多得，即擇素識水性年力强壯之人，廣爲招募，派令雁户教演水中打鎗，務臻熟練。俟募有成數，即專派參遊以上大員管帶。所有船隻、木筏、硝磺、柴草一切器具，並著多爲預備。該督務當實力實心，勤加訓練，一經遣派，人人得力，方爲有益，不得濫行充數，以致有名無實，是爲至要。

丁亥，諭軍機大臣等：奕山等奏，查覆籌備情形一摺。據奏逆夷遣人回國，添調兵船，欲於來春分擾臺灣，並赴天津。廣東塞河鑄礮，修臺造船，均須曠日持久，且有逆夷攔阻。水陸壯勇三萬餘名，僅能分據把守，未能出洋攻勦。志切同讐者，不過紳衿數十人，此外非利不動等語。香港現有夷船十四隻，三板數十隻，漢奸海盜萬餘人，不時窺伺。該將軍等惟知填塞省河，此外别無長策，現在逆夷製造火滚，欲沈水擊打石樁，可見沈石填河，亦不能阻其内犯。且填河鑄礮團練鄉勇各節，皆地方官應辦之事，又何待將軍、參贊爲耶？摺内又稱，守爲上策，攻戰次之。是攻戰既無把握，萬一逆船復來侵犯，未知作何抵禦？儻戰既不敢，守又不能，經年累月，虛糜帑項，該將軍等自問當得何罪？至所稱不走私，不接濟，逆夷自可氣沮。粤中漢奸甚夥，現用何計可以斷絶，恐又係徒託空言，藉此延宕。再修復礮臺，究竟何時可以工竣？至前奏每月軍需，幾及三十餘萬。該將軍等擁兵坐視，但倖賊之不來，不求事之有濟，株守省城，何時方可蕆事？著奕山、齊慎、祁墳各抒所見，不必會商，分摺密奏。儻仍以浮詞搪塞，亦斷難逃朕之洞鑒也。

癸巳，諭軍機大臣等：奕經等奏，嘆夷竄入奉化，旋復退出一摺。甯波距奉化僅九十里，該知縣既探有夷船南駛之信，豫將監犯提出另行管押，並非意料所不及，何以尚令鄉勇散處四鄉，並不於衝要之處防禦？直待夷船駛近北渡，始行知會，以致該夷入城滋擾。現雖退出，而地方官及弁兵等，或則聞風潰逃，或則投河遇救，習成故套，甚屬可恨！著奕經等會同劉韻珂確切查明，嚴行懲辦。奉化縣知縣金秀堃，著先行摘去頂帶，該縣營員，一併摘去頂帶，均聽候查訊，毋稍寬縱。又據奏，先撥義勇暫屯海甯口岸，行營即日移駐嘉興一摺。夷情多詐，知大兵全行赴浙，或徑由大洋先趨上海，使我兵救應不及，亦不可不防。著即照議，選擇諳習水性健壯之人，在平湖、乍浦一帶，暗伏各處，設逆夷有犯上海之信，即乘虛攻其巢穴，使不能北渡，彼時水陸夾攻，甚易得手。至鼈子門逼近海甯，尤宜防守，著即撥往現募勇壯千餘名，以資策應。將來即由此地分遣潛赴甯、鎮，不致迂折。仍當嚴飭段永福，整飭官兵，加意防守曹江，不可使逆夷再進一步。該將軍等現赴嘉興，儻逆夷竟敢竄入錢塘江内，著奕經等即帶兵由乍浦追入江口，掩其歸路。此時兵勇僅敷調遣，自應先其所急，若再多派兵丁分赴奉化等處，恐他處兵力反單，該將軍等務須妥爲籌酌，毋令顧此失彼。前經降旨，諭以兵丁如不敷調撥，即奏調陝、甘所備精兵，迄今未據覆奏，著奕經等酌量現在情形，果否須調此項兵丁，速行據實覆奏。

《道光朝籌辦夷務始末》卷四二 丙午，諭軍機大臣等：本日劉韻珂奏，夷船竄至乍浦洋面，現已飛飭堵禦。及另片奏，逆夷火輪船，駛進海甯州尖山口内，旋即退出等語。該逆雙桅夷船四隻，小船數十隻，於本月十七日駛入乍浦所轄之彩旗門洋面，十八日復有火輪船二隻，駛進海甯州尖山口内，顯係窺探虛實，冀圖内犯。省垣爲根本之地，毗連海甯，而海鹽又與乍浦接壤，逆船已至乍浦，漸欲内犯，是欲固守内地，必先於扼要口岸併力防堵，勿令乘勢竄入。奕經前已派撥壯勇千餘名在鼈子門堵禦，現在又派兵押送器械前往策應，夷船或不敢内竄。至省城除本處滿洲、緑營各兵二千名，外又有客兵三千數百名，俱歸特依順、劉韻珂統領調遣，加以沙民義勇，人數雖已不少，未必悉爲勁旅。當此喫緊之際，自不可分其兵力，致令單薄，特依順、劉韻珂惟當激勵兵勇，諭以大義，儻能殺賊立功，必膺重賞。至奕經、文蔚現在因乍浦來有夷船，欲乘虛直擣甯波，自應集思廣益，斟酌盡善，然後一鼓前行。計此時各省所調弁兵，應已陸續到齊，務須確有把握，計出萬全，戰守悉得其宜，奇正皆可制勝，朕日盼捷音之至也。又另片奏，代理餘姚縣事司獄林朝聘，親赴夷船，諭以大義，斥令退回，以安黎

庶等語。以微員而能勇敢，尚屬可嘉，著將軍等查明，保奏施恩。至江西弁兵六名，既被逆夷獲去，何以復行折回？著查訊實在情形，是否係逆夷送回，抑係該弁兵乘間逃出？該逆曾交水勇陳美金夷字二紙，是何文理？亦著譯出，一併具奏。

《東華續録》道光四四　是歲，朝鮮、琉球、南掌入貢。

道光二二年（壬寅、一八四二）

《宣宗實録》卷三六五　正月丙辰，閩浙總督楊國楨因病解任，以廣東巡撫怡良爲閩浙總督。

《道光朝籌辦夷務始末》卷四三　辛酉，諭軍機大臣等：奕經等奏，大兵將次到齊，行營進駐杭城，並撥兵乍浦，兼資防勦一摺。奕經現領河南兵，馳赴杭州省城，調撥一切。文蔚亦馳赴曹江，督飭撤換，整頓後路，並擬分隊前進，督兵攻勦，布置甚爲周妥。惟乍浦濱臨大海，地勢散漫，甚爲緊要，本省守兵，大半輭弱，恐難深恃。除新募山東勇壯一千餘名外，已將陝、甘兵六百餘名，撥往乍浦，連前次撥往之山西、陝西兵四百名，一併飭令總兵德坤，督率扼要屯紮。著即嚴飭管帶將備，東顧上海，西援海甯一路，與浙江爲掎角之勢，不可顧此失彼。將來大兵前進，逆夷或從別路繞竄，是後路尤宜加意整勁。至逆夷船隻，沿海遊奕，並不停泊，並將財物搬運上船，似此行蹤詭秘，非欲往他處滋擾，分我兵勢，即係遠竄出洋。惟此次命將出師，必須將該逆大加懲創，方足以寒賊膽而杜後患。各處要隘，已經防堵周密，毋虞竄入，惟在該將軍等豫爲籌畫，乘機進取，俾逆夷首尾被擊，不致揚帆遠遁，庶可一鼓成擒，揚國威而膺懋賞，在此舉也。勉之！慎之！

《宣宗實録》卷三六五　甲子，以廣州將軍阿精阿年力就衰，命來京。調盛京將軍耆英爲廣州將軍，以内閣學士禧恩署盛京將軍。

《東華續録》道光四五　辛未，以故莊親王緜護弟緜譁襲爵。

《道光朝籌辦夷務始末》卷四三　丙子，諭軍機大臣等：怡良等奏，會勘金牌海口情形一摺。前據御史龔文齡奏，福州金牌海口緊要，降旨令怡良、劉鴻翱詳查議奏。茲據怡良進省會勘，該處水面寬一百十餘文，深十二三丈不等，其山脚直插水中，並無寬闊處所，不宜多設兵礮。惟距省三十里之少岐地方，河身稍狹，兩岸稍寬，可以屯兵設伏，業已用船載石沈塞，復用大石四面鑲築成堆，更於淺處釘樁設簰，大船不能闖入。烏龍江在少岐攔截之外，上通洪山橋，業已豫籌於距城二十里之洪塘河，釘品字木樁四層，藏兵護樁等語。覽奏均悉。金牌、長門地方，或限於地勢，或難容多兵，現在各處要隘皆有準備，著怡良、劉鴻翱督率員弁，時加測探，遇有坍卸卑矮處所，隨時增補，以期有備無患。仍不得過事張皇，致經費先已虚耗，是爲至要！又另片奏，臺灣防守事宜，業已逐節準備。惟該處地方緊要，逆夷屢經敗衄，難保無大幫逆船，乘潮駛入，冀圖報復。著怡良等飭知達洪阿、姚瑩並王得禄，嚴密防守，務操必勝之權，不可因屢獲勝仗，稍存大意。並著怡良等設法探聽，有無滋擾確信，隨時馳奏。

《宣宗實録》卷三六六　丁丑，諭内閣：本日據裕泰等由六百里馳奏，收復崇陽縣城，生擒首要各犯一摺。覽奏欣慰之至。湖北崇陽縣逆匪鍾人杰，本係在逃徒犯，膽敢聚衆戕官，連陷崇陽通城，設立鍾勤王僞號，並竪立都督大元帥紅旗，分設知縣千總僞職，遣令匪黨攻撲附近城邑，罪大惡極，覆載不容。經總督裕泰馳往咸寧，就近調撥官兵分守要隘，賊匪攻犯通山、蒲圻，均經官兵擊斃。嗣提督劉允孝帶兵會勦，調集官弁分兵五道同時並進。昨據報到，連奪賊卡，已降旨將裕泰、劉允孝交部議敘。本日據奏，大兵將次進攻，先遣前署咸寧縣知縣夏廷樾、前署崇陽縣知縣金雲門，懸賞招覓士民，羈縻首要各犯。劉允孝亦募紳民嚮導内應，自石盤山進攻，夏廷樾會同遊擊謝正國在黑橋接仗，陣殲賊匪三百餘名，追殺一百餘名。距賊巢白蟻橋五里地方，又殺賊五十餘名。該邑紳士乘機誘令首逆出城，經官兵義勇趕至合圍，立將首犯鍾人杰及要犯陳寶銘、汪敦族一併生擒。

《宣宗實録》卷三六七　二月丙戌，命東河差委已革兩廣總督林則徐仍發往伊犁，效力贖罪。

《道光朝籌辦夷務始末》卷四四　辛卯，諭軍機大臣等：奕經等奏，勦襲甯、鎮兩城，未能即時克復一摺。據奏正月二十九日四鼓，官兵潛赴甯波南門，内應接入，殺斃守門守礮逆夷，該逆等擕有手槍，並施放三尖火塊及火毬火箭等物。漢奸冒充鄉勇，黑夜不能辨認，人衆擁擠，礮械難施，仍行陸續退出。鎮海城内，亦經官兵衝門而入，擊殺夷匪，因火攻船隻未到，亦仍退回等語。逆㖆兇殺情狀，殊堪髮指。該將軍等現於甯波城外焚燒火輪船一隻，杉板船三隻，擊斷三桅大船頭桅，燒去上蓋。復於鎮海城外，焚燒三桅大船一隻，梅墟一帶，亦經開礮擊壞杉板夷船，又兩路擊斃夷匪四百餘名。現在我兵争先思奮，仍當激勵士氣，

以期剋日奏功，萬不可因其槍箭兇猛，稍形畏葸。此次官兵既進復退，或因樓高路窄，兵械未能施展，或因所備火船，未及臨期接應，尚屬有因。嗣後必須一鼓作氣，奮勇直前，毋許稍萌退志，仍蹈從前覆轍。是在該將軍等嚴申紀律，密運韜鈐，以副委任。此次出力員弁及傷亡兵勇，著即確切查明，據實具奏。鎮海火攻船隻，果能按期齊到，焚燒夷船，城内奸夷，自必驚惶無措，我兵更易得手，乃竟遷延不至，以致逆夷毫無顧忌，併力抗拒。此項船隻因何遲誤，並著一併查明具奏。該將軍等自請嚴議之處，此時暫毋庸議。諒該將軍等必能通盤籌畫，謀勇兼施，斷不因一時未能得手，自隳鋭氣。至定海十路尚無消息，朕心實爲懸念，一俟得有確信，即行馳奏。

《宣宗實録》卷三六七　壬辰，六百里諭知齊慎，令其兼程赴浙，並調陝甘兵二千名赴浙會勦矣。

甲午，現當海防吃緊之際，訥爾經額調度一切，必應擇要駐紮，呼應始靈。胡超帶領精兵，亦須屯紮海濱，方資捍衛。著訥爾經額即移駐葛沽，胡超移駐大沽，所有糧臺軍火一切俱著移近該督行營，以便隨時支撥。本日已降旨派穆彰阿前往天津，會同商辦事件，該督接奉此旨即著在天津府城静候穆彰阿到時，妥商一切。

《宣宗實録》卷三六八　乙未，諭内閣：王鼎等奏，祥符大工合龍一摺。上年六月河南祥符上汛漫口，當派王鼎、慧成前往會同朱襄、鄂順安籌辦堵築事宜。茲據奏稱，二月初八日，兩壩掛纜合龍，尚未盡行閉氣，恐有滲漏。經該大臣等駐工督率員弁兵夫，不停力作，現在大工完竣，層層壓實，涓滴皆無，十分穩固。引河亦通暢東注，全黄悉歸故道。更喜鉅工告蕆，在未交桃汛以前。此皆仰賴天恩默佑，河神應感，朕心實深敬慰。發去大藏香十炷，著朱襄虔赴工次各處河神廟，代朕敬謹祀謝，以答神庥。所請動項建造廟宇，著准其勘估派員監造。其封號扁額，俟奏到時再降諭旨。王鼎等在工實心實力，經理得宜，允宜特沛恩施，以示獎勵。王鼎著晉加太子太師銜，仍與慧成、朱襄、鄂順安交部從優議敍，並均著開復革職留任處分。所有一切善後事宜，著朱襄妥協經理，倍加詳慎，以期隄防鞏固，永慶安瀾。

丙申，諭軍機大臣等：寄諭欽差大學士穆彰阿，本日據劉韻珂馳奏勦辦逆夷情形，現已有旨，諭令伊里布前赴浙江軍營效力，並令耆英帶同前往矣。

癸卯，命直隸提督周悦勝帶兵赴天津辦理防堵，以江西南贛鎮總兵官長春署直隸提督。

命四川提督齊慎仍爲參贊大臣，馳往浙江辦理軍務。

賞已革協辦大學士、兩江總督伊里布七品銜，已革四等侍衛咸齡四等侍衛，交廣州將軍耆英帶往浙江差遣。

丙午，諭内閣：前因奇明保年逾七旬，精力就衰，降旨命耆英馳往浙江，署理杭州將軍。因念省城爲根本重地，防堵尤關緊要，將軍、參贊分駐各處要隘，祇有特依順一人帶兵在省，恐不足以資控制。耆英著頒給欽差大臣關防，馳驛前赴浙江省城，會同特依順嚴密防守。如兵力尚單，應調本省及他省官兵，即著斟酌情形，一面飛檄調取，一面由驛具奏。儻有疏虞，惟耆英、特依順是問。劉韻珂身任巡撫，守土是其專責，一切防堵事宜，亦著會同籌辦。至浙省沿海各處口岸，仍責成奕經、文蔚、齊慎擇要防守，相機攻勦，該將軍大臣等惟當同心協力，以期戰勝守堅，毋負委任。勉之！望之！

《道光朝籌辦夷務始末》卷四五　丁未，諭内閣：朕維攘外必先安内，禁暴即以愛民。近日逆夷犯順，不得已而用兵，每逢徵調，必諄諭各省督撫，嚴飭管帶員弁，毋任沿途滋擾。並因浙江命將出師，明諭該將軍等分飭所屬，謹守紀律，秋毫無犯，違者即以軍法從事。諒該將軍督撫等必能仰體朕心，不至重貽民困矣。本日據御史吕賢基奏，近海之區，藉防堵以派費，徵兵之境，借調發以索財，並各經過地方，以護送供給爲名，科斂無度。湖北、湖南、安徽等處皆有加派勒捐之事，浙江、直隸、山東亦然，請旨飭禁等語。地方遇有軍行，偶爾借資民力，各省士民，自必志切同仇，羣思報效。朕屢經降旨，將捐輸踴躍者破格施恩，所以嘉其急公慕義之忱也。儻地方官奉行不善，或至加派勒捐，是陽借辦公之名，陰圖肥己之槖。甚或縱令吏胥，藉端需索，致國家衛民之舉，先滋病民之弊，亦不可不防其漸。著各督撫諄飭所屬，遇有捐輸各項，務當覈實辦理，俾士民咸知所輸之款，一一皆歸實用，官吏毫無染指，庶使感奮之氣，上下相孚。並著該督撫等隨時密查，如有前項情弊，立即據實奏參，毋稍姑息，用副朕愛惜民力戢暴安良至意。

戊申，諭内閣：奕經等奏，查明接仗情形，並拏獲漢奸，訊取供詞一摺。逆夷竊據三城，肆行滋擾，又復勾結奸匪，窺探軍情，實堪髮指。茲據奏，逆首噗鼎喳，於上年八月定海打仗時，被葛雲飛用礮擊斃，現在夷船噗姓係屬假冒。並慈谿接仗時，礮斃逆夷頭目，甯波城内夷人，盡爲挂孝，據報即係逆夷巴姓。又逆

夷安突德臂受一槍，並有大夷目受傷甚重，死夷屍身共五船，運往定海埋掩。又最要漢奸陳秉均等五犯，現已拏獲訊明正法，其餘所獲夷目漢奸，人數甚多等語。現在著名緊要逆夷，或臨陣受誅，或被傷垂斃，其助逆肆惡之漢奸，亦經先後捡獲，是逆夷以漢奸爲爪牙，漢奸即以逆夷爲利藪，表裏爲奸，殊堪痛恨！該將軍等既經剴切曉諭於前，茲復查拏懲辦於後，想軍民人等，自當曉然於順逆利害之故，志切同仇，益加感奮。著奕經等激勵將士，相機進勦，其未獲奸匪，仍當嚴密查拏，毋稍疏懈。務期迅復郡縣，盡埽逆氛，以伸天討而警奸邪。

《宣宗實録》卷三六九　三月辛亥，諭軍機大臣等：訥爾經額奏，體察閩廣商船情形，續籌嚴密防範章程一摺。所議尚屬周妥。嗣後福州、厦門、潮州之洋船出口，該省地方官擇令天津有字號之商人，出具並無夾帶奸匪切結。到津之時，復責令原字號商人先行確查，如有來歷不明之人，即行呈報，仍令出結。以後如有發覺，兩處商人一體治罪。其廣州詔安之洋船出口，該地方官責令保船税行出結，由各處給照衙門鈐印，黏連船牌尾後，以憑到津查驗。如無加黏印結，不許進口。儻該船有夾帶奸匪情事，即將出結之税行治罪，鈐印之員叅處。至洋船未經裝載之先，雇定水手，呈報原籍州縣給發印照，註明年貌姓名，並每名發給腰牌，黏貼印花，以憑到津查驗。若由别處裝貨後，或須添雇幫駕之人，著持照赴所至州縣或丞倅衙門報明，黏單蓋印，仍發給印花腰牌。如有奸匪混匿，將黏單蓋印之員叅處，斷不准沿海口汛巡檢外委擅與護帖。其有客民臨時搭載來津貿易，亦應遵例赴廳州縣衙門請給印照，將年貌籍貫年月填註明白。如無印照，不許一名搭載。迨商船駛至海口，由天津鎮道督率文武員弁按照舊章逐加查驗。如有姓名年貌與印照不符者，即行嚴訊究辦。到津時船隻停泊，不准在城鄉人煙稠密之地，祇許離城三四里外寬闊處所，間段挨次下碇，不得擁擠一處。在船人等除與行户交易之商人准令上岸外，其餘水手均不准上岸。並於兩岸分段多派兵役彈壓巡查，催令早卸貨物，即速解纜出口，無任逗留。儻商船到口時夷船適亦到口，則商船自不准放入，以防混淆之弊。

壬子，諭軍機大臣等：奕山等奏，籌議戰守情形；並祁𡎴等奏，軍需數目應辦事宜各一摺。據奏，逆夷𠹭咭唎自浙駛回香港，添船自固，並邀他國貨船同泊。議戰實無把握，惟議守省城可保無虞。各處星羅棊布，密爲豫備，逆夷闖入必受大創等語。覽奏均悉。著即責成奕山等嚴密防範，慎固封守，儻有疏虞，惟奕山等是問。惟所奏添造兵船，曠日糜費，又係徒託空言，殊屬無謂。至虎門十處礮臺，據稱無船不能護修，若必待船隻造成，始行動工，爲日甚長，何時方可蕆事？其酌裁兵勇一節，准其將廣西兵一千八百名留東備防，貴州、四川、江西、湖北各兵著即分别盡撤，另挑本省兵勇防守。儻本省之兵勤加訓練，可資得力，即廣西之兵亦可隨時酌撤。再現存義勇二萬六千餘名，爲數亦覺太多，著該將軍等會同遴選，擇其精鋭得力者，令其協同官兵分地駐守。餘著酌量再行裁減，仍須妥爲安頓，毋任别滋事端。所奏每月需銀十三萬九千二百餘兩，如能將兵勇逐漸裁撤，經費自更節省，著祁𡎴、梁寶常力加撙節，毋任虚糜。

乙卯，諭軍機大臣等：奕經等奏，現辦防勦事宜一摺。【略】覽奏均悉。現在續調各路精兵，計可先後到浙，該將軍等惟當慎密籌商，固不可冒昧輕進，尤不可坐失機宜。其陝甘兵二千名前已有旨調撥，現又飛催河南、廣西省將前經有旨豫備各一千名，迅速赴浙。

己未，諭軍機大臣等：穆彰阿等奏，遵議籌項軍儲一摺。據奏，財賦所入，歲有常經，糧餉所資，用無定數，請飭各督撫體察輿情，熟籌良法等語。國家經費有常，必應量入爲出。現在軍務緊要，費鉅用繁，尤須妥爲籌畫。前據鄂順安奏，豫省城工，勸諭紳民捐輸興築。此外山東、兩淮、浙江、長蘆均經先後報捐，是在外籌畫一費，即在内省撥一項。著各該督撫體察輿情，熟籌良法，其應如何因地制宜，於經費實有裨益，而仍無拂於民情，即行條議具奏。至應徵一切新舊正雜錢糧，亦著統行查覈，轉飭按款依限徵收，無使短絀。

《東華續録》道光四五　己未，諭内閣：壽臧和碩公主，著指配二等男爵侍順之子閒散恩醇，作爲和碩額駙。所有派出偕老大臣，選擇吉期下嫁事宜，著内務府大臣照例辦理。

辛酉，太子太保、前任浙江提督、二等子王得禄卒，晉贈伯爵，並太子太師，賞銀五百兩治喪，予祭葬，謚果毅。

《道光朝籌辦夷務始末》卷四六　庚午，諭軍機大臣等：據奕經等奏，廣東送來通事二名，熟悉夷語，現派司員向逆夷等連日隔别詰問等語。白夷嘣布爾既屬頭目，必知該國一切情形，且現有通事二名，自可一面妥爲撫養，一面細詢該國底裏。著奕經等詳細詢以𠹭咭唎國距内地水程，據稱有七萬餘里。其至内地所經過者幾國？克食米爾距該國若干路程，是否有水路可通？該國與𠹭咭唎有無往來？此次何以相從至浙？其餘來浙之唖咖喇、大小吕宋、雙英國夷衆，係帶兵頭目私相號召，抑由該國王招之使來？是否被其裹脅，抑或許以重利？該

女主年甫二十二歲，何以推爲一國之主？有無匹配？其夫何名？何處人？在該國現居何職？又所稱，欽差、提督各名號是否係女主所授，抑係該頭目人等私立名色？至逆夷在浙鴟張，所有一切調度僞兵，及占據郡縣，擄括民財，係何人主持其事？義律現已回國，果否確實？回國後作何營謀？有無信息到浙？該國製造鴉片煙，賣與中國，其意但欲圖財，抑或另有詭謀？以上各條，該將軍等即分別詰問，詳晰具奏。

《東華續録》道光四五　丙子，以富呢揚阿爲陝甘總督，璧昌爲陝西巡撫。

丁丑，湖南提督楊芳以病免，賞食全俸。

《道光朝籌辦夷務始末》卷四七　四月癸未，諭内閣：本日達洪阿、姚瑩由五百里馳奏，逆夷復犯臺港，破舟殲逆一摺。據稱淡水同知曹謹、鹿港同知魏瀛、澎湖通判范學恆、彰化縣知縣黄開基、護副將關桂稟報：正月三十日，有三桅夷船及杉板船，在淡水、彰化交界之大安港外洋，欲行入口，見兵勇衆多，攻撲不進，復退出外洋。經猫霧揀巡檢高春如，及大甲巡檢謝得琛所募之漁船粤人周梓等，與夷船上廣東漢奸作土音招呼，誘從土地公港駛進，果爲暗礁所擱，其船欹側入水。該處埋伏兵勇齊起，關桂及署北路右營遊擊安定邦，督令署守備何必捷、千總何建忠、李青雲、把總翁標桂、林飛鵬等，施放大礮，奮力攻擊，其船遂破，逆夷紛紛落水，死者不計其數。復有數十人手持短械，跳上漁船。該廳縣將備，同大甲巡檢謝得琛、竹塹巡檢汪昱、外委蕭振輝、李吴魁等，及義首總理兵勇奮力圍擊，殺斃白夷一人，紅黑夷數十人，生擒白夷十八人，紅夷一人，黑夷三十人，廣東漢奸五名。奪獲夷礮十門，又獲鐵礮、鳥槍、腰刀、圖書各件等語。覽奏欣悦，大快人心！該逆上年窺伺臺灣，業被懲創，復敢前來滋擾，達洪阿、姚瑩以計誘令夷船淺擱，破舟斬馘，大揚國威，實屬智勇兼施，不負委任，允宜特沛殊恩，以嘉懋績。達洪阿著加恩賞加太子太保銜，並賞加阿克達春巴圖魯名號，姚瑩著賞加二品頂帶，達洪阿、姚瑩均仍交部從優議敘。所有在事出力文武員弁及義首義勇人等，均著開單保奏，候朕施恩。

甲申，諭軍機大臣等：本日據達洪阿等馳奏，遵旨嚴訊夷供一摺。上年雞籠、淡水海口生擒夷犯，現經黑夷頭目咀莉啌等供：係紅毛望結仔、咩勝油地方夷船，向屬暎逆管轄。因中國嚴禁鴉片，於檳榔嶼等處雇調兵船七十餘隻，大船用夷人八九百名，小船五六百名，分擾廣東、福建、浙江等處。伊等來臺窺伺，被官兵用礮擊破船隻，將伊等生擒。該逆打仗，最怕擱淺，最怕火攻等語。覽奏均悉。據奏稱，該逆等罪大惡極，若解省訊辦，洋面恐有疏虞，仍請在臺正法。所見甚是，著即照議辦理。再昨據奏報，逆夷復犯臺港，經該總兵等生擒白夷十八人，紅夷一人，黑夷三十人，漢奸五名。該逆夷中必有洞悉夷情之人，究竟該國地方周圍幾許？所屬國共有若干，其最爲强大不受該國統屬者，共有若干？又暎咭唎至回疆各部，有無旱路可通，平素有無往來？俄羅斯是否接壤？有無貿易相通？此次遣來各僞官，除噗鼎喳係該國王所授，此外各僞職是否授自國王？抑即由帶兵之人派調？著達洪阿等逐層密訊，譯取明確供詞，據實具奏，毋任諱匿。

辛卯，諭軍機大臣等：據御史蘇廷魁奏，傳聞暎逆本國爲孟啊喇攻破，緣孟啊喇爲夷船聚集之所，暎逆占據，盡收其税，孟啊喇怨之最深，乘虚擣擊，是以逆夷兵船，紛紛遁回救援等語。逆夷惡貫滿盈，上干天怒，現在浙江疊次受創，若復爲鄰國所襲，則首尾不能相顧，自必勢窮力竭。著奕經等趁此夷情窘迫之際，乘機進勦，大彰撻伐，以揚國威，斷不可坐失機宜。至福建省洋面鼓浪嶼等處尚有夷船停泊，亦宜及時攻勦，著怡良等相度情形，力加懲創，毋得稍存觀望。

《宣宗實録》卷三七一　甲午，諭軍機大臣等：奕經等奏，江面釘樁築壩阻截夷船，進兵攻取鎮海一摺。【略】令耆英即赴廣東將軍任矣，所帶伊里布、咸齡即交奕經留營差遣。

以參贊大臣特依順署杭州將軍。

《道光朝籌辦夷務始末》卷四八　乙未，諭軍機大臣等：耆英等奏，逆夷攻陷乍浦，現在省城及嘉興府危急一摺。據奏本月初九日，逆夷將大小各船排列陣勢，另用杉板船數十隻分撲西山觜、唐家灣等處。大船開放大礮，直向内逼，復由燈光山等處登岸，火箭齊發，城内漢奸接應，各兵紛紛潰散，乍浦失守等語。現在乍浦業已被陷，逆氛離省甚近，省中兵力單薄，地勢綿長，嘉興府城爲江、浙咽喉之地，設有疏失，兩省文報不通，關繫非細。甯波、鎮海俱係殘破之城，收復自可從緩。耆英等撥往嘉興之陝、甘兵一千名，不敷策應。著奕經等接奉諭旨，酌留參贊一人，在曹娥江一帶駐守，杜其竄入紹興之路。該將軍同參贊一人，迅即統得力弁兵，馳往嘉興駐紮，應援省城。儻該二處稍有疏虞，惟該將軍等是問，懔之！至此次逆夷攻撲乍浦，人數並不甚多，我兵果能人人思奮，勇往直前，何至遽被攻陷？可見官兵並未與夷接戰，一見賊船，遂爾紛紛潰散，此皆平日紀律不嚴所致，思之深堪痛恨！著奕經等查明，是日情形究竟若何？其首先逃散

弁兵，著一面即在軍營正法，一面據實奏聞，毋得稍存姑息。

《宣宗實録》卷三七一 庚子，諭内閣：【略】據奕經等奏稱，乍浦失守，不過數時之久。該處將弁兵丁不爲單弱，何至逆夷甫至，尚未交鋒，遽爾奔潰棄城，幾同兒戲。總因余步雲身爲提督，屢失城池，並未查究，遂人人各懷倖免之心，不思破敵之計，遲延觀望，坐失事機，若再不整飭紀綱，大申軍令，何以挽惡習而振軍容。余步雲著即革職，交奕經傳旨鎖拏，派委妥員押解送京，交軍機大臣會同刑部審訊治罪。至前次飭查失守定海、鎮海、寧波三城，及此次乍浦失事各文武員弁兵丁，除鎮海縣知縣葉堃著有微勞，功過尚足相抵外，其餘均著奕經分别查明，首先潰散之員弁兵丁，開單請旨。此後務當嚴申紀律，如再有臨陣退怯，首先潰散者，即以軍法從事，一面正法，一面奏聞，毋許仍存姑息，致令士氣不揚。該將軍等其整勵戎行，副朕委任。

調廣西提督段永福爲浙江提督。

《道光朝籌辦夷務始末》卷四八 甲辰，諭軍機大臣等：耆英等奏，馳抵嘉興體察情形一摺。據奏逆夷船隻，於十八日開放二十餘隻，駛向東南外洋，尚留四隻，收拾篷索，亦將開行。究竟駛往何處？著即確切偵探，迅速具奏。現在夷船既已開行，其奕經等送到夷俘，著該將軍等仍於杭城暫行收管。此時乍浦夷船業經退出，不值仍留重兵守此空城，轉令扼要處所兵力單薄。著即飭令該處文武，督同鄉勇嚴密防守。至鎮海城外，有無夷船在彼？亦著奕經等查探明確，據實具奏。

《宣宗實録》卷四七二 五月己酉，賞七品頂帶已革協辦大學士兩江總督伊里布四品頂帶，署乍浦副都統。

戊午，諭内閣：前因奕山等覆奏關天培陣亡時，兵丁走散情形，跡近欺詐，辦理錯謬，當降旨交部嚴議。兹據該部議以革職，實屬咎所應得。奕山著革去御前大臣、領侍衛内大臣、都察院左都御史，從寬仍留正紅旗漢軍都統，與祁𡎴、梁寶、常均著改爲革職留任，以觀後效。

《道光朝籌辦夷務始末》卷五〇 己未，諭軍機大臣等：牛鑑奏，吴淞海口逆船相持，現在防堵情形一摺。據奏，五月初一日，逆夷三桅船一隻，火輪船二隻，停泊吴淞口外，開放大礮。該督現飭備戰各船一百餘隻，横排口内江面，以防奸細竄入。並出示諭旨，各商船俟逆船退後再行進口。該逆船與强脅之商船二十餘隻，停泊口外，相持五日，不見動静。其停泊羊山、蕺山之十一隻，並黄家灣以東之三隻，亦未駛來等語。逆船停泊洋面，數日内開礮一百數十餘出，我軍並未施放一槍一礮，静以待動，不致爲其所誘，辦理甚合機宜。提督陳化成等設伏安礮，將士用命，民情固結，自無難收戰勝守堅之效。惟該逆夷詭詐多端，難保不因此處防守甚嚴，或分駛兵船，前赴崇明一帶海口，乘虚占據，意圖牽制，旋復窺伺吴淞，不可不處處防範周密，使彼無虚可擊。又另片奏，飛調壽春鎮總兵尤渤帶兵一千名，馳至上海應援等情。所見甚是，即照議辦理。又本日據奕經等奏，查探夷蹤，風聞閩、粤夷船，意圖北竄等語。該逆聲東擊西，伎倆最爲狡獪，各省海口，必應節節嚴防。所有前調赴蘇之山西大同等鎮官兵，該督即飭令管帶員弁，飛速途截留，赴天津聽候調遣。如頭起已行抵江南境界，該督即飭令沿折回赴津。此時蘇省防堵亦關緊要，如兵力尚單，不敷抵禦，著一面奏聞，一面即飛咨奕經，將浙省調到各路防兵内，擇其距江蘇較近者，速行飭往應援，毋稍遲誤。

壬戌，諭軍機大臣等：牛鑑奏，逆船闖入吴淞，提督陣亡，寶山失守一摺。據奏，初八日卯刻，驟聞塘岸礮響，知係開仗，該督親往督戰，遥見該逆將巨礮安於大桅之上，重叠施放，陳化成在塘對擊，轟壞夷船三隻，傷斃夷匪數十人。該逆仍疊放大礮火箭不止，將教場房屋將臺打破，旋報提督陣亡。該督退至嘉定，收集潰兵，馳抵太倉，防堵劉河，以遏入省要道等語。覽奏憤懣填胸！寶山爲上海屏蔽，現在失陷，該逆已有進口之船，自應竭力防守。著牛鑑一面將各營潰兵收集，一面查探逆艓，飭令員弁等，各就所守要口嚴密防範，勿使該逆乘勢内犯。此次該督身冒矢石，親自督戰，因該處地濱海口，無可捍蔽，以致有此挫失，著暫緩治罪。該督惟當振刷精神，力圖補救，不可稍挫鋭氣，以致再有疏虞。現已有旨飭令奕經酌派參贊一人帶兵赴蘇。並令耆英、伊里布馳赴上海，會同該督相機籌辦。江南提督已諭令劉允孝兼程赴蘇署理矣。

癸亥，諭軍機大臣等：據程矞采奏，逆船二隻駛入黄浦江内，蘇省防範加嚴一摺。逆夷侵犯寶山，縣城失守，現在逆船又已駛入黄浦，該處逼近上海，所有存貯上海縣城之軍火器械餉銀等項，著即趕緊移貯他處。省城爲根本重地，寶山、上海一水可通，更恐該逆裹脅商船，裝載夷奸，連檣駛入内河滋擾，不可不加意嚴行堵禦。所調漕河徐州等標兵，著該督撫等酌量調撥。其奏調在浙之壽春鎮兵二千名，即照議飭赴蘇城，毋庸前往上海。餘均照所議嚴密妥辦。至省城居民，務當剴切曉諭各安本業，儻有土匪乘間搶掠資財，即以軍法從事，毋稍姑

息。該撫自請嚴議之處，著暫緩置議。至該逆船隻儻有北駛之信，一經探明，即飛速奏聞，是爲至要！

《宣宗實録》卷三七三 丁卯，命工部尚書賽尚阿爲欽差大臣，馳往天津，會同直隸總督訥爾經額，辦理防堵事務。

戊辰，諭：昨據牛鑑奏，逆夷闖入上海，縣城失守。已降旨諭令極力防堵要隘。本日據程矞采奏，逆船駛近上海縣城，署遊擊封耀祖、守備王嘉謨等督兵守衛，力不能支，旋即失守等語。覽奏憤懣！該處兵弁究有若干，何以尚未交鋒，遽致失守？現在文武員弁作何下落？有無逃避情事？著查明具奏。其各郡縣餉銀文卷，現已運赴松江府，自不如運至省垣更爲妥協。

庚午，兩江總督牛鑑奏，逆夷船堅礮利，水上難與争鋒，請飭沿海專備陸戰。得旨：此朕早已料及，早經飭諭。奈沿海堵禦，總要海上交鋒，反致兇燄益張，徒損國威，爲之奈何。

《道光朝籌辦夷務始末》卷五二 辛未，諭軍機大臣等：牛鑑奏，吴淞逆船於十五日全數退出，距城十里之洋面停泊等語。逆夷前在浙江，退出乍浦，旋即入犯吴淞，攻陷寶山、上海。現在既由黄浦兩次欲犯松郡，並分艅駛入泖湖測量水勢，何以忽又全行退出？此必另有奸謀。寶山、上海兩縣，不必添設重兵，趕緊修復，其前此遷徙民人，此時若遽行搬回，難保逆夷不復再來，轉得肆其擄掠。該督惟當飭令文武員弁，小心防範。松江及省城一帶口岸，尤爲緊要，不得因夷船暫退，稍形疏懈。至此次吴淞退出之船，是否仍在該處洋面停泊，或已駛往何處？著即飭令各口探明，飛速奏聞。陳化成屍身，務當查明下落，妥爲棺斂。

甲戌，諭軍機大臣等：程矞采奏，逆夷全數退出吴淞口一摺。覽奏均悉。該逆雖已退去，詭譎萬端，情殊叵測。前此寶山、上海遷徙已空，是以逆夷旋入旋退，此時正可作堅壁清野之計。儻急於修復，又生逆夷覬覦之心，難保不去而復來，轉墮奸計。著仍遵前旨，曉諭居民，俾知利害。昨因牛鑑奏，水陸要隘業經分兵守禦，毋庸再事徵調。已有旨諭令耆英、伊里布相度現在情形，暫行扼要駐紮，以資接應。所有防堵事宜，仍著會同牛鑑商辦。至揚子江爲南北要道，關繫緊要，其餘各處港汊口岸，亦多與内地相通。著程矞采分派將弁，扼要防守，其有應行堵塞者，均著設法辦理，勿令逆夷内犯。該逆既有欲犯崇明之謡，該處孤懸海外，亦著互爲聲援，聯絡一氣，庶該逆不敢攻犯。又另片奏，接據寶山等處探報等語，逆夷大小船多隻現將北駛，已有旨諭令山東、天津一律防堵矣。

《宣宗實録》卷三七四 六月甲申，兩江總督牛鑑奏，逆夷情形日肆鴟張，從古制夷之道，不外羈縻，請倣照乾隆年間征緬罷兵，仍許朝貢事，准予通商。得旨：中伊里布之害不淺矣，曷勝憤懣！又批：朕之用兵，實出於萬不得已，若將征緬之事比擬，事不相類，儗甚不倫，想卿必爲伊里布簧惑矣。朕愈加憂憤！儻將士有所窺伺，稍有解體，將成瓦解，可設想耶。總因朕無知人之明，自恨自愧！

命署乍浦副都統伊里布回任，欽差大臣、廣州將軍耆英留江蘇，會同總督牛鑑等，商辦防勦事宜。

乙酉，欽差大臣廣州將軍耆英等奏：夷人於寶山地方張貼僞示，無非意在通商，情詞尚屬恭順。諭軍機大臣等：逆㖹犯順以來，屢肆猖獗，貪黷兇很，難以理喻，惟該逆肇釁，究不外牟利之心，此朕所深知。本日閲耆英等呈遞照鈔僞示，内有因該逆商船誤傷廣東商人三名，故中國不許通商，該國求和，不肯保奏朝廷等語。該逆如果真心求和，於通商而外別無妄求，朕豈不思保全沿海生靈，聊爲羈縻外夷之術。著耆英即作爲己意，諭以大皇帝恩威並用，大度包容，未有因誤傷人命不許爾國通商之事。爾國妄行滋擾，占我城池，傷我百姓，天道好還，衆怒難犯。似此行爲，揆之天理人情，順乎逆乎？亦安能常享貿易之利乎？今汝既有悔罪之意，如將各船全數退回廣東，我必奏明大皇帝降旨允和，同享太平之福。耆英得有覆信，即著據實密奏，斷不准走漏消息，致懈軍心。儻該逆執迷不悟，妄肆要求，出於情理之外，朕亦惟有一面防堵，一面攻勦而已。

《道光朝籌辦夷務始末》卷五五 甲午，諭軍機大臣等：牛鑑奏，逆船闖過京口，省城情形危急一摺。逆夷船隻，已乘大汛越過圌山關，現復由京口揚帆上駛，欲至江甯。該督因其來甚猝，省城兵力單薄，商同嬰城固守。著德珠布、興倫會同該督，竭力守禦，毋稍疏虞。該省城雖高厚，萬一該逆以小船攏岸，爬城而入，尤應嚴密防範。凡可以攀登之城堞，分別派兵拒守，並著相視攏岸處所，駕巨礮於城上向擊，著該將軍等會商妥辦。奕經現已有旨，諭令帶領將弁，星速赴援，保衛省垣。並諭齊慎、劉允孝，酌量一人，帶兵赴省協防。江南提督准仍以尤渤暫署。所請將聚寶、通濟兩門，留放米商，並任聽居民搬運出城等語，俱著照所議妥辦。該督務須遴委妥幹員弁，嚴密稽查彈壓，米石一經截卸，即趕緊催令米販出城，毋使奸匪得以溷跡，藉端滋擾，是爲至要！

《宣宗實録》卷三七五 乙未，已革湖廣總督周天爵四品頂帶，以知府候補，

迅赴江蘇，交欽差大臣廣州將軍耆英、兩江總督牛鑑差遣委用。

《道光朝籌辦夷務始末》卷五五　丙申，據耆英片奏，探見逆夷登岸，京口情形危迫。又據伊里布奏，馳往京口，會同耆英籌辦一摺。伊里布現往鎮江，著即會同耆英，妥籌商辦。前因該夷懇求三事：一、還煙價戰費，一、用平行禮，一、請濱海地作貿易所。已有旨密諭耆英：廣東給過銀兩，煙價礙難再議；戰費彼此均有，不能議給；其平行禮可以通融。貿易之所，前已諭知耆英：將香港地方，暫行賞借；並許以閩、浙沿海，暫准通市。該逆既來訴冤，經此次推誠曉諭，當可就我範圍。惟前據該逆照覆，似以耆英、伊里布不能作主爲疑。恐其心多惶惑，不肯遽斂逆鋒，著耆英、伊里布剴切開導：如果真心悔禍，共願戢兵，我等奏懇大皇帝，定邀允准，不必過生疑慮。該大臣等經朕特簡，務須慎持國體，俯順夷情，俾兵萌早戢，沿海解嚴，方爲不負委任；不必慮有掣肘，以致中存畏忌，仍於事無益也。

丁酉，諭軍機大臣等：耆英奏，逆夷攻陷鎮江府城一摺。京口爲江甯門户，鎮江既已失守，省城尤爲喫緊，劉允孝現已將湖北兵一千名帶往應援。惟該逆此次船多人衆，且用車推礮上岸，接仗實恐不能得力。著牛鑑等會同商酌，即於城内擇要分防，務使該逆無隙可乘，足資守禦。如省城勢在危急，該督即遵照昨日諭旨，暫事羈縻。儻該逆能就範圍，即聽候耆英等妥爲辦理。本日已有旨諭令奕經帶領兵弁，在嘉興之王江涇一帶駐紮，聽候消息。若該逆仍肆猖獗，萬難理喻，該督即飛咨該將軍，星馳赴援，協同防堵。該督等總當酌量情形，相機保衛，毋使省城稍有挫失。

《道光朝籌辦夷務始末》卷五六　癸卯，諭：程楙采奏，派兵防堵一摺。逆夷闖入大江，安徽界連江省，防禦極關緊要。該撫僅於南北對岸，派撥員弁，分兵設礮，照例防堵。所防之地既多，所派之兵復少，萬一該逆船隻，聯艅豕突而來，兵分力單，必致一無足恃。況江岸相對甚遠，所設礮位，據稱僅可致遠二三里，即兩翼齊心夾擊，亦恐礮力未必能及。似此分投堵禦，何如揀擇要隘，設法嚴防。著該撫速行酌量該省江路扼要之區，相機用計，設伏截擊，並於後路埋伏官兵，層層接應，務使該逆進有所扼，退有所制。大江之中，葦洲林立，儘可用商漁小船，裝載柴薪引火各物，暗藏洲内，乘夜突出，逼近賊船，縱火焚燒，當可制其死命。且沿江一帶船户居民，多善泅水，或以重價雇募，鑿其船底，壞其槳柁，亦足奪其所恃，不敢長驅直入。又或於沿江港汊，豫伏精兵，誘之深入，併力攻擊，方爲確有把握。如該省兵力不敷，著即照議續募勇健，隨營調用，並准於鄰省一面飛咨調取，一面奏聞。另片奏，署壽春鎮總兵觀保，不勝專閫之任。觀保著即來京引見，壽春鎮總兵已有旨令岱昌帶領精兵六七百名，由浙江前往署理，並著裕泰、吳其濬揀派得力副將一員，來皖協同防堵矣。

《道光朝籌辦夷務始末》卷五七　乙巳，諭軍機大臣等：朕思廣東兩年有餘辦理夷務，勦撫均不得手，總緣該省文武員弁不得其人，以致夷逆鴟張，一籌莫展。若沿海守令營弁，平時能得兵民之心，一旦有警，以之禦侮，則奮勇争先，以之守衛，則羣情固結，以之詰奸戢暴，則兵民相助，衆志成城。總在該督撫等平日留心人材，因地器使，俾得久於其任，各展所長。不但於海疆吏治營務日有起色，且可磨勵人材，豫儲大器，特恐爲資格所限，不能及時自效。當此需才孔亟之時，允宜破格用人，以資激勸。著祁墳、梁寶常、吳建勳、張青雲並傳諭存興、徐繼畬，各就所屬文武員弁，勤加訪察，如有才能出衆，民心愛戴，及洞悉夷情，深通韜略者，隨時酌量海疆地方，何人與何地相宜，不拘資格，即行奏請升調，候朕擢用。此係爲地方需才起見，該督撫等總當善體朕意，虚衷延訪，覈實保舉。如所保之人著有成效，朕必沛以殊恩，該督撫等亦蒙薦賢之賞。若虚應故事，無裨實用，不特將該員弁重加懲治，該督撫等亦難免薦舉不實之咎也。

丙午，諭軍機大臣等：齊慎奏逆夷現在情形一摺。據稱探明逆夷於二十二日，由鎮江北門出城上船，仍時令黑白鬼子漢奸數十百名，在城外巡遊，約計城内尚有逆夷漢奸二千餘名等語。覽奏均悉。該逆詭譎異常，既已退出鎮江，復留鬼子漢奸多名，難保不誘令我兵深入，别圖陷害。著齊慎曉諭兵民人等暫緩復業，免墮奸計。城内埋藏鐵礮木匣，仍須探明作何用處？逆船有二十餘隻，係從外洋甫經駛入，其開至儀徵三江口，究有若干船隻，意欲駛往何處？著一併查明具奏。該參贊大臣現駐紮丹陽以西，擇要防禦。又飭令官兵五百名前往新豐一帶屯紮，新豐爲内地緊要門户，務當嚴密防守，勿令該逆窺伺竄入，尤宜稽查漢奸，恐代爲探躧路徑。

丁未，諭軍機大臣等：盛京旅順口地方緊要，前經耆英籌議，派令水師雇船四十隻，遊奕洋面，藉名捕魚，專探夷人虚實，爲乘夜攻勦之計。旋經禧恩奏，所雇船駕駛不穩，無濟於用，業經撤散。惟是該處海面遼闊，礮力不足以及遠，又無船隻爲進攻之具，萬一逆船駛至，必將據爲巢穴。若於此處屯紮重兵，安設礮位，恐戰守均難得力，仍著該將軍酌量情形，或移向後面，庶兵力較厚，轉爲得

用。其沿海居民及海中各島民人，儘可勸其内徙，斷其接濟，俾逆夷無可劫掠。復將島内水井設法填塞，僅留數處，置毒其中，較之分兵防衛，更當有益。其如何斟酌辦理之處，著該將軍再行悉心籌議具奏。至金州、復州二處，距山海關較遠，前已諭知哈哴阿，設或有警，聽候禧恩知會，相機辦理矣。

《東華續録》道光四六 癸亥，諭軍機大臣等：耆英等奏，連日會議粗定條約一摺。朕因億萬生靈所繫，實關天下大局，不得不勉允所請，藉作一勞永逸之計，非僅爲保全江浙兩省而然也。所商各條内，尚有應行籌酌之處，即如退出長江、招寶山。其前請之通商貿易五處，除福州外，其廣州、厦門、甯波、上海四處，均准其來往貿易，不得占據久住。至藉詞索欠一節，該國與内地通商已二百年，從前貨物交易，銀錢往來，俱係自行經理，我國官員向不過問，且此中貿易曲折，價值低昂，甚爲瑣屑，況各國言語不通，斷非地方官所能經理。嗣後各處通商，自應仍照舊章，毋庸更改。經此次議定之後，該大臣等務當告以大皇帝相待以誠，允准通商，汝國亦應以誠相待，斷不准再啓兵端，違悖天理。不但業經滋擾各省不得復來尋釁，即沿海之廣東、福建、臺灣、浙江、江南、山東、直隸、奉天各省地面亦不准駛入，各省官兵應撤應留，我國自有斟酌。至内地舊有墩壘並礮臺等項，亦應次第修築以復舊規，並非剏自今日，此係爲防緝洋盗起見，不必妄生疑慮。以上各節，總在該大臣等深思遠慮，切實定議，永杜兵萌。

《道光朝籌辦夷務始末》卷五九 乙丑，諭軍機大臣等：本日牛鑑奏，佛郎西亞國夷目欲赴江甯，爲𠸄咭唎勸和息兵一摺。覽奏均悉。昨已有旨飭令耆英等妥商酌辦。現據奏稱，俟其到後，仍即委員面見該夷目，好言開導。著耆英等於則濟勒到時，即告以勸和息兵，具見該國恭順之意，此時𠸄咭唎國業已與中國和好，永不稱兵，該夷目自當速回廣東，照常貿易。至𠸄夷在京設立夷官辦事一節。從前乾隆年間既未能行，此時𠸄夷乞恩三條内，亦再不肯提及，而又與該國無干，自不必另生枝節。如此明白曉諭，該夷自必回帆遠去。並著遣員諭知噗鼎喳，以中國現與爾國和好，詳議條款，永絶兵萌。今佛郎西亞國夷目，不避險阻前來，口稱爲爾國勸和，究竟是何意見？如係真意，爾即與之説明，現已與中國和好，無煩夷目代爲陳説，務令則濟勒聞之領會，迅速回帆。況則濟勒此來，無非欲於中取利，爾當設法勸諭，破其妄念，庶不致令彼攙入債事也。另片奏，遣弁張攀龍赴𠸄咭唎夷船議事，該小夷目聲稱，佛郎西亞國如有船到，不難向其講解，勸令回去等語。種種奸謀，實難窺測，該大臣等惟當相機妥辦，切勿墮其術中，是爲至要！

《宣宗實録》卷三七八 壬申，欽差大臣廣州將軍耆英等奏，夷酋噗鼎喳先有請臣等出城面訂之約，亦知事屬冒險，惟該夷性悍多疑，拒絶不往易啓猜疑，當訂於十五日直至其三桅兵船，該夷酋貌甚恭謹，旋於十九日在城外静海寺行答拜禮，復因請入城面訂和約，詞甚諄切，不得不俯順其請，定於二十一日選擇公所委員妥爲照料，俟入城定議，再行録呈。此次酌辦夷務，勢出萬難，策居最下，但計事之利害，不顧理之是非。福州貿易一節，前與會議時，曾以既有厦門無庸兼及福州向其爭辯，兹復委道員鹿澤長再向熟商，該夷堅執不從，儻不允其所請，勢必復來攻奪，殘敝之餘，防守尤屬不易，定海之既得旋失，是其前車，勢不能遏其所請。諭軍機大臣等：耆英等奏，詳陳夷務情形，親往夷船妥爲招撫一摺。覽奏忿懣之至！朕惟自恨自愧，何致事機一至於此，於萬無可奈之中，不能不勉允所請者，誠以數百萬民命所關，其利害且不止江、浙等省，故强爲遏抑，照議辦理。惟該夷所請均已允准，即當迅速定議，全數退出大江，不得任其耽延，驚擾行旅。至此外一切緊要事件必應籌及者，均著責成該大臣等一一分晰妥議，不厭反覆詳明，務須永絶後患。該大臣既知善後之難於措手，他國之不免生心，即應思前顧後，豫爲籌畫，於勉從下策之中，力求弭患未然之計。儻稍留罅隙，日後有所藉口，以致别生枝節，辦理掣肘，是耆英、伊里布自詒伊戚，不惟無以對朕，更何顏以對天下！

《道光朝籌辦夷務始末》卷五九 八月戊寅，諭軍機大臣等：耆英等奏，夷務已定，和約鈐用關防一摺，並開列各條呈覽。該大臣既已從權允許，且摺内所稱，堅欲於福州貿易，並設立會館，攜帶家眷等款，均於七月二十六日所降諭旨内概行允准。該大臣等自請治罪之處，前已有旨毋庸議。洋商舊欠，不敢求官作保，修復礮臺墩堡，並無異説，此兩節似尚恭順。至單開各款，朕詳加披閲，俱著照所議辦理。惟尚有須斟酌妥協者：即如該夷赴各該口貿易，無論與何商交易，均聽其便一節。須曉諭該夷，一切聽汝自便，與地方民人交易，但日久難保民人無拖欠之弊，只准自行清理，地方官概不與聞。至分年給銀一節。爲數過多，究由何處措給，將來責成耆英一手經理，務當豫爲籌及，明晰具奏。單内所稱二十一年六月十五日以後，該國在各城收過銀兩之數，按數扣除等語。究係在何城收過銀兩若干，扣除若干？亦著查明具奏。其各國被禁人口，自應一律施恩釋放，以示格外之仁。又所稱，中國之人與該國來往，或跟隨伺候該國官

人，均准免罪一節。可告以此次既經和好，兩國民人視同一體，斷不致概行誅戮。儻該民人等別經犯法，我國自當照例辦理，與該國無涉。將來五處通商之後，其應納税銀，各海關本有一定則例，該夷久在廣東，豈有不知者？至中國商人在内地貿易，經過關口，自有納税定例。所稱銀兩未清以前，定海之舟山海島，廈門之古浪嶼小島，均准其暫住數船，候各口開關即著退出，亦不准久爲占據。以上各節，著耆英等向該夷反覆開導，不厭詳細，應添注約内者，必須明白簡當，力杜後患，萬不可將就目前，草率了事。其有應口講指畫該夷方能明白者，亦著飭令通事往返傳説，令其折服。據稱，𠸄夷船隻八月初十日前後，必可退出長江。著迅速妥辦，以慰廑念。

《宣宗實録》卷三七九　戊子，諭内閣：麟慶著即革職，暫留江南河道總督之任，戴罪圖功，以觀後效。牛鑑著加恩改爲革職留任。署江南淮海道事淮安府同知沈鎬、署淮安府事試用知府曹聯桂著一併革職，留工效力。署桃源縣事試用知縣段海鼇著革職，毋庸留工。江南河營參將吕邦治、淮揚河營遊擊季承章著一併革職，留工效力。

前據僧格林沁面奏，於哲哩木、卓索圖、昭烏達等三盟内自備精兵三千名，於近口地方駐劄，當經降旨著禧恩妥爲豫備。現在此項兵丁無需調遣，著即飭令各回該盟。其管帶之將弁著酌量賞給緞匹，兵丁三千名著每名賞給銀一二兩，由該署將軍擬定開單，由驛呈覽。

辛丑，昨據賽尚阿等奏，察哈爾官兵業已遵旨分起撤回。因思吉林、黑龍江官兵調赴各處備防，自應一體撤回，以節勞役。著賽尚阿、訥爾經額、禧恩、哈哴阿將調赴天津兵一千名、調赴山海關兵一千名、駐劄洋河口一帶兵一千名、留駐高橋兵五百名、留駐盛京兵五百名陸續分起撤回。

《道光朝籌辦夷務始末》卷六〇　九月己酉，欽差大臣耆英、署乍浦副都統伊里布、兩江總督牛鑑奏：江甯夷船前已開去三分之二，經臣等於八月十六日附片陳明。嗣後每日開行夷船二三四隻不等，計截至二十五日止，草鞋峽江面仍泊夷船十二隻，另有佛蘭西夷船一隻。兹據噗鼎喳照會内稱：現蒙大皇帝恩准通商，諸事均已議定，擬於二十六日率同兵船，迅速退出江口等情。旋因搬運壓艙石塊躭延二日，即於二十八日早間全數開行。其佛蘭西夷船亦隨同駛去。現經臣等委員查明草鞋峽至觀音門一帶江面，並無夷船停泊。

《宣宗實録》卷三八〇　癸丑，諭軍機大臣等：劉韻珂奏，夷務漸平，分別裁撤節費一摺。又另片奏，辦理諸務情形等語。所辦均屬得宜。𠸄夷業經受撫，自應將該省防勦各務陸續裁撤，以節糜費。

《東華續録》道光四六　己未，諭：牛鑑自升授兩江總督以來，屢經朕飭諭小心防範，不可稍涉大意。該督一味自恃，止知嚴防吴淞海口，迨夷船駛入，又不能守，以致直犯長江，進偪江寧省垣，是數月工夫毫無准備，糜餉勞師，令人忿恨！見在業經就撫船隻全數出江入海，朕軫念黎民塗炭，不得不曲意勉從耆英等所請，准令通商，俾吾民樂業安居，免罹鋒鏑。而追維前事，咎有攸歸，牛鑑以一品大員，封圻重寄，孤恩溺職，有傷國體，若不嚴加懲辦，何以昭國法而勵官常。牛鑑著即革職拏問，由耆英派員解京，交刑部治罪。程矞采亦有守土之責，究因防護蘇州省城，未經帶兵督戰，與牛鑑有間；德珠布於鎮江失守亦有防堵不力之咎，均著交該部分別嚴加議處。尋議均照溺職例革職。得旨：德珠布著加恩改爲革職留任，六年無過，方准開復。程矞采著降爲三品頂帶，加恩改爲革職留任，八年無過，方准開復。

以耆英爲兩江總督由廣州將軍遷。

召奕山來京，以伊里布爲欽差大臣、廣州將軍辦理善後事宜。

庚申，以防堵天津賞訥爾經額太子太保。

《道光朝籌辦夷務始末》卷六一　乙丑，諭内閣：𠸄夷現已就撫，一切通商章程，善後事宜，在在均關緊要。耆英現授兩江總督，所有江蘇省通商善後諸務，著會同程矞采、尤渤籌議辦理。其江北一帶善後，並著該督等會同李湘棻籌辦。至浙江、福建二省，雖非該督統轄之區，惟事期經久，法宜畫一，即有因地制宜之處，亦必會商妥議，俾夷商有所遵守，辦理不致兩歧。所有浙江省通商善後各事，亦著耆英會同劉韻珂、段永福一併妥議。其福建善後事宜，著怡良、劉鴻翱、寶振彪、普陀保悉心籌辦。至該省通商章程，仍著怡良等咨商耆英妥爲定議。現在夷務甫定，該督等務須因時因地，謀及久遠，總期夷民相安，盡善無弊，切不可將就目前，致貽後患。至兩江總督本有兼轄河防之責，耆英事務較繁，所有南河修築事宜，暫且毋庸兼管，俟各省會商事件辦理完竣，再行照常兼管。

《宣宗實録》卷三八一　戊辰，諭軍機大臣等：寄諭沿海各將軍、副都統、督撫、提鎮等，現在𠸄夷就撫，准令通商，各海口仍應加意防範。從前所設水師船隻，幾同具文，且今昔情形不同，必須因地制宜，量爲變通。所有戰船大小廣狹，及船上所列槍礮器械，應增應減，無庸泥守舊制。不拘何項名色，總以製造精

良，臨時適用爲貴。【略】至臨敵之際，礮位兵丁不可排列前面，後路應如何層層接應，或旁抄夾擊，出奇設伏，方可制勝。無論陸路水師，其兵丁應如何遴選技藝，勤加訓練，方臻純熟。船上與岸上施放槍礮，各有機宜，應如何分别講究。沿海大小島嶼，可否另有布置，儻仍視爲一概相同，臨時安能得力。至江海要隘，如何布置，方可扼要固守。種種善後事宜，著各就地勢，悉心講求，妥議章程具奏。

庚午，諭軍機大臣等：奕山等奏，製造戰船一摺。據稱，快蟹、拖風、撈繒、八槳等船僅可用於江河港汊，新造之船亦止備内河緝捕，難以禦敵。惟在籍郎中潘仕成捐造之船，極其堅實，駕駛演放，礮手已臻嫺熟，轟擊甚爲得力，並倣照咪唎㗀國兵船，製造船樣一隻。現擬酌照𠼦夷中等兵船式樣製造，並將年分例修師船暫停，節費爲改造大船之用各等語。朕思防海事宜，總以造船製礮爲要。各省修造戰船，竟同具文，以致臨時不能適用，深堪憤恨！此次所造各船，自不至拘守舊日式樣，有名無實。據奏，停造例修師船，改造戰船，所辦甚合朕意，均著照議辦理。惟海船大礮，係屬懸放，火藥發時，勢必向後坐掣，如何得有準頭？現據該督等奏，業已嫺熟得力，著將如何施放之處，再行詳晰具奏。所進圖説各五件，著再繕就三分，咨交江蘇、福建、浙江督撫。

甲戌，諭軍機大臣等：本日伊里布等馳奏，遵旨會議一摺。據奏，通商輪税則例案據俱在廣東，必須到粤後體察情形，方能酌辦。其商欠不求代還一層，已與該夷議定，載入條款各等語。著伊里布於到粤後，察看情形，將税課事宜妥行定議，萬不可稍存遷就，貽誤將來。其商欠一節，再與切實要約，不能官爲代還，免致日後藉口。所有應議各事宜，該大臣務當慎之又慎，不准稍留罅隙。

《宣宗實録》卷三八二　十月壬午，諭内閣：布彦泰奏，籌辦開墾地畝一摺。惠遠城東三顆樹地方，經該將軍親往履勘，派委各員辦理開墾事宜，計可得地三萬餘畝，就本地民户選擇，種地輸糧。又阿勒卜斯地方，亦經勘明，計可得地十七萬餘畝，即責成阿奇木伯克等籌計户口之數，酌量勻撥。至民户應如何選充授田，回屯應如何安插移住，以及籌備牛具籽糧各事宜，仍著該將軍飭令各委員等趕爲布置。俟全工告成後，准其確查督工捐工出力各員，奏請量加鼓勵，候朕施恩。

丙戌，諭内閣：國家命將出師，征討有罪，原以保疆土而申撻伐。該將軍、參贊等宜如何激勵將士，申明紀律，謀勇兼施，剋期奏績，以副朕委任之重。上年𠼦夷滋擾粤省，特命奕山爲靖逆將軍，授以重兵，前往攻剿。乃奕山抵粤未即入城，遲回觀望，迨夷兵圍困省城，又不能奮我兵威，勦除殄滅，及至夷船退出省河，占據香港，事閱年餘，一味因循，束手無策，以致該夷竄入閩、浙、江蘇，肆行滋擾，是以坐失事機，厥咎甚重。嗣因定海、鎮海、寧波相繼失守，爰命奕經爲揚威將軍，文蔚、特依順爲參贊大臣，前赴浙江，徵調各路精兵，俾得克復三城，用揚我武。乃奕經等駐劄蘇州省垣，籌畫數月，集兵募勇，以期一鼓成功。覽其所呈分路埋伏，水陸並進各圖説，其運籌非不周帀，無如謀事不密，先期漏洩，以致該夷處處豫爲準備，我兵到彼，不能得手，因之乍浦失陷，傷我兵弁，遂得直犯長江，毫無梗塞。是奕經祇知株守一隅，不圖收復，老師糜餉，誤國殃民。文蔚擁兵駐劄紹興，坐視夷氛日熾，但以退守爲計，一籌莫展，殊屬無能，又安用此將軍參贊爲耶？奕山、奕經、文蔚前已有旨飭令回京，均著交部治罪，以示懲儆。特依順，齊慎到粤在後，未與𠼦夷接仗，惟特依順在浙，於乍浦失守，不能設法救援；齊慎帶兵前赴江蘇，不能保守鎮江，事後又未能用兵收復，亦有應得之咎。均著交部嚴加議處。

諭軍機大臣等：據奕經奏，撤兵歸伍，並查辦漢奸，分别遞籍保釋各等語。漢奸被脅從逆，人數衆多，朕施恩法外，不忍概予駢誅。惟此等莠民，若不詳查情節，濫行保釋，又未免失之過縱。著劉韻珂等細加查覈，其有助逆抗拒官兵，及爲嚮導内應者，即與叛逆無異，天理難容，必應按律懲辦。其中情罪較輕者，即不加誅戮，亦應牢錮監禁，以杜後患。如查明實係脅從，並無逆跡，平日亦無爲匪犯案各情，方准保釋，分别遞回原籍，交地方官嚴加管束，取具鄰保人等甘結，造册查覈，並照軍流徒犯在配章程，按期查點，毋任脱逃。不得日久生懈，視爲具文。

《道光朝籌辦夷務始末》卷六二　己丑，諭軍機大臣等：達洪阿等奏，覆訊夷供分别辦理一摺。前因𠼦夷就撫，請釋俘囚，有旨諭令該總兵等，將臺灣所獲夷俘，除業經正法外，餘即解至省城，由怡良等轉交收領，計可先行接奉。本日據奏，覆訊各夷供詞，將夷目顛林等分别禁錮正法等語。著該總兵等仍遵前旨，將現在未經正法各夷人，派委員弁妥速解省，交怡良等轉交該夷目領回。該總兵呈進𠼦咭唎地圖及圖説一件，均已覽悉。

《宣宗實録》卷三八三　乙未，命户部尚書敬徵協辦大學士。調禮部尚書恩桂爲吏部尚書，兼步軍統領。以吏部左侍郎麟魁署禮部尚書，兼鑲藍旗漢軍

都統。

辛丑，諭内閣：兵部奏，遵旨覈議江蘇鎮江失守各員，分别辦理。鎮江城守營參將陳慶祥，先經該撫委赴鵝鼻嘴防堵，嗣經該督調回守城，該參將未及趕到，城已失陷，究屬策應遲延，著照部議革職，從寬免其治罪。守備盧萬春未能嬰城固守，乃因傷躲避，改裝出城。署京口水師副將孝順武，未能先事設法攔截，致夷船駛入長江，毫無阻滯。均著革職，交刑部覈其情節，分别治罪。

《宣宗實録》卷三八四　十一月己酉，諭内閣：訥爾經額奏，請大沽設立海防同知一員，作爲題缺，稽察入口出口船隻，查驗票照，有無夾帶違禁貨物，及兵民强買盜買漏税等弊，准理兵民客商詞訟，其命盜重案，仍歸縣辦，照海疆三年俸滿本例升轉，即於本省簡僻同知通判内酌裁一缺等語。著照所議辦理。

庚戌，諭軍機大臣等：現在天津新設總兵一員，應在何處扼要駐紮，昨已降旨令訥爾經額妥議具奏矣。兹據兵部奏，請裁撤伊犁一鎮，移置天津等語。著該督體察情形，詳加履勘。所有新設總兵，應於何處駐紮，足資控制？天津一帶既有兩鎮，其鎮名應如何區别？至應行管轄備弁，或由現在天津鎮總兵標下酌量分派，或將伊犁酌撤之備弁隨同移駐，以及一切未盡事宜，著一併詳晰妥議，先行具奏。

《道光朝籌辦夷務始末》卷六三　乙卯，諭軍機大臣等：祁𡎴奏，咪唎㗅夷人投遞文稟一摺。咪唎㗅國夷人向稱恭順，該夷伯理以伊熟習天文算法，懇求進京效用，業經祁𡎴正言諭止。其夷目咖呢所陳貿易事宜，著伊里布於到粤後，會同祁𡎴悉心籌議，總當循照舊章，不可有所增改。或洋商苛累該夷之處，著伊里布等查明示禁，以昭體恤。儻敢覬覦設立馬頭等事，務即剴切諭止，斷不准稍有遷就，總期於懷柔遠人之中，示以天朝定制，俾無滋生事端爲要。

戊午，諭軍機大臣等：耆英奏，接到閩、浙函報，覆奏夷情一摺。據奏九月十六日，淡水廳有遭風夷船一隻，救起白夷二十五人。十月初一日，又有夷船到臺，該道姚瑩傳見夷酋，已將五月内將夷俘正法之故，正言曉諭，並將遭風難夷准予領回。復親至該酋船上，夷目感恩設誓，執禮甚恭等語。覽奏均悉。計㴸嚹嗹此時已可到閩，著耆英接到閩信後，體察情形，如果始終恭順，即毋庸議。儻有要求挾制，仍遵前旨相機辦理。另片奏，咪唎㗅商船至浙貿易，已據該道鹿澤長諭回廣東，現在啓碇開行等情。前據祁𡎴等奏，咪唎㗅在粤呈請貿易事宜，已有旨諭令伊里布剴切曉諭該夷，仍循舊章辦理。儻洋商等有苦累該夷之處，查明禁止，斷不准有覬覦設立馬頭等事。兹該夷既至浙江，難保不至江蘇懇求，著該督諄飭所屬，詳察來意，妥爲撫馭，如有要求事件，即告以該國向在廣東貿易，由來已久，仍應回至粤省，照舊通商，天朝制度自有一定，不能少有改變，以示限制爲要！

《東華續録》道光四六　丁卯，諭：已革兩浙總督牛鑑身任封圻，辦理防堵半載有餘，既不能固守吴淞海口，又不能嚴守長江，以致寶山等縣及鎮江府城相繼失陷，犯及省垣，實屬防堵不密，貽誤機宜。牛鑑著照議定爲斬監候，秋後處決。

戊辰，諭軍機大臣等：劉韻珂奏，咪唎㗅國商船求在甯波報税通商，諭令仍回粤東，不得逗遛浙境，該夷旋即回船等語。咪唎㗅國向在粤省通商，本有一定馬頭，何得駛赴甯波希圖貿易？現在該商船自三江口駛出招寶山，復自招寶山駛往定海，是否業已開往粤東，著該撫委員確查。儻仍希圖在浙貿易，務當再行明白曉諭，並嚴行飭諭内地商民，毋許潛向該夷私售貨物，致啟日後來浙之漸。至該撫於屢次失陷地方，自請從重治罪。前次乍浦失陷，部議上時，業經明降諭旨，加恩改爲革職留任矣。此時毋庸再行議罪，該撫惟當激發天良，實心任事，於地方一切公務，認真辦理，以副朕委任之意。

《宣宗實録》卷三八六　十二月戊寅，福建水師提督竇振彪前因厦門失守，降旨交部嚴加議處，經該部議以革職，實屬咎所應得。姑念厦門失守之時，該提督巡洋外出，且厦門即時收復，八年無過，方准開復。

壬午，法豐阿奏，遵查喇嘛安静悔過一摺。前因幹珠爾巴諾們汗違例私開牧場，降旨革去該諾們汗封號，飭回遊牧，並令該大臣察看能否改過，於一年後奏明請旨。兹據奏稱，該喇嘛回牧後，一年以來，實在安静悔過，毫無違犯，幹珠爾巴著施恩准其開復。

《道光朝籌辦夷務始末》卷六四　辛巳，諭軍機大臣等：伊里布奏，途次接准夷酋照會，當即由粤東轉交覆諭，令其静候等語。該夷酋等以臺灣所戮夷人，稱爲遭風難夷，嘵嘵陳訴，居心叵測，不可不明白宣諭，以釋其疑。伊里布計日到粤，著仍遵節次諭旨，向該酋告以所戮夷人，係在未曾議撫以前，不當以此藉口。至臺灣九月間所獲夷人，因我朝與爾國業經修好，即已交還，爾等應知感激。現在因爾等陳訴，大皇帝已命閩浙總督怡良前赴臺灣，如查明達洪阿果有

冒功妄殺情事，一經奏到，自有處分。伊里布惟當熟籌妥辦，俾得專意通商，不致再生事端，是爲至要！

《宣宗實録》卷三八六　己丑，直隸總督訥爾經額奏，天津大沽南北兩岸暨迆南至狼坨子一帶，天津鎮總兵足資控馭。惟北塘五十餘里，距寧河縣城二十餘里之蘆臺地方，爲北塘後路，南界天津，東北毗連豐潤、永平府一帶，西北地接通州，實屬扼要之區。請以新添總兵駐劄蘆臺，名爲通永鎮總兵官，將北塘、海口、豐潤、玉田、采育、三河、寶坻、張灣等營，通州協、通州協右營暨提標山永協，並所屬山海、石門二路，蒲河、樂亭二營，共十五協營，均歸統轄。【略】下軍機大臣等議，從之。

戊戌，諭内閣：前據軍機大臣會同三法司議，請將已革提督余步雲依律擬斬，聲明情節較重，請旨即行正法。當令未經與議之大學士、九卿、科道再行詳議，兹據合詞覆奏，仍照原議定擬。

《道光朝籌辦夷務始末》卷六四　癸巳，諭軍機大臣等：耆英奏，連次接奉寄諭，酌度夷情，剴切照會一摺。現在該夷酋既有議定則例，開關通市之語。是在閩通商，已有成説，其開行赴粤，似非別有詭謀。該督籌辦江防，及會商浙省善後事宜，正當喫緊之際，且効力武舉張攀龍，既已前往廣東聽候伊里布差遣，所有廣東現在光景，並各省通市章程，自可由伊里布隨時飛咨商確酌辦，是伊二人消息常通，正不必同駐廣東始能定議也。著耆英體察情形，儻無必與伊里布面商之處，即著毋庸前往。又另片奏，咪唎㗼等國必欲在閩、浙通商，似可准其一併議定税則，爲因勢利導之計等語。昨已有旨諭令伊里布妥籌定議矣。該督所稱不得於閩、浙、江蘇之外另有覬覦，亦不准在閩、浙、江蘇專設馬頭，自應於俯順夷情之中，示以限制。著耆英函商伊里布，熟計萬全，具奏請旨。至該督籌議江防應辦各事宜，著仍遵節次諭旨，會同尤渤詳加布置，次第舉行，以期有備無患，是爲至要。

辛丑，諭内閣：前因耆英等奏，變通水師章程，並請將赴部之員，先行閲看鳥槍等語。當降旨著兵部妥議章程。兹據覈議具奏，嗣後水師將備各官赴部時，著無須閲看馬箭，如果練習水務，精熟槍礮，遇升補時，令該督撫出具切實考語，將例應引見各員，分作四季給咨，分限二、五、八、十一等月，按期赴部，該部即定於二、五、八、十一等月二十八日考驗。先期奏請欽派御前侍衛、乾清門侍衛一二員，會同該部堂官閲看槍礮。其演槍步數，著定爲四十弓，演礮以二出爲度，均於城外酌擇寬闊地面演試。如不能合式，即將該員退回本任，勒限演習，並將原保督撫提鎮分別議處。其中槍合式者，准其帶領引見，以示勸懲。惟水師駕舟出洋，施放槍礮，與陸路情形不同，全在帶領巡哨各員，平日加意講求，庶使該員弁等技藝精純，能於洋面施放有準。著江蘇、浙江、福建、廣東、山東各督撫、提鎮，嚴飭所屬，勤加訓練。於考拔弁兵題升將備時，即以此爲去取，庶幾有志向上之員，認真演習，日就純熟，不至視爲具文。餘依議。

《東華續録》道光四六　是歲，朝鮮、琉球來貢。

道光二三年（癸卯、一八四三）

《宣宗實録》卷三八八　正月庚戌，諭内閣：前據敬徵等奏，改河有礙運道，惟有堵築漫口，挽歸故道，爲守經不易之法，當經降旨准行。嗣據御史雷以諴奏，南河漫口，無庸堵築，請改舊爲支，以通運道。復令潘錫恩抵任後再行查勘。兹據奏稱，灌口非可行河之地，北岸無可改河之理，不敢輕議更張。並查明歷届改河不成各案，請仍堵築決口，漕船出重回空，仍由中河灌塘等語。所奏甚屬詳明，著即照議辦理，毋稍延誤。

《道光朝籌辦夷務始末》卷六五　己巳，諭軍機大臣等：前因㖊夷指稱臺灣所戮夷俘，實係遭風難夷。當命怡良渡臺查辦，計此時應已東渡。兹據達洪阿等奏：前年八月，夷船在臺灣洋面遊奕，是時並無風暴。該夷駛進口門，對二沙灣礮臺連發兩礮，打壞兵房，我兵隨後放礮回擊。九月又有三桅夷船至雞籠洋面，攻破我礮臺石壁，燒我哨船。上年正月，生擒顛林等夷衆，起獲礮械號衣旗幟及印文等件，均係浙江各營之物，實非遭風商船各等語。著怡良詳細查訪，儻該鎮道所奏情形竟有虛飾，即遵前旨辦理。如所奏皆係實情，亦當籌及大局，將達洪阿撤任，帶至省城，候旨辦理，一面即飭保芝琳接署鎮篆。惟是臺郡人情浮動，奸宄横行，當該鎮新舊交接之際，尤慮匪徒竊發，或生事端。該督務飭保芝琳會同道府加意防範，無得稍有疏虞，是爲至要。

《宣宗實録》卷三八九　二月壬辰，諭軍機大臣等：現在各省官兵均已撤回歸伍，因思兵可百年不用，不可一日無備，誠恐該官兵等於歸伍之後，貪圖安逸，怠於操防，以致技藝生疏，鋭氣不振。著寶興、富呢揚阿、桂良、李星沅、張澧中、賀長齡、布彦圖、舒倫保、廉敬、齊慎、胡超、周悦勝、汪道誠、張國相、文祥各就所

轄營分，倍加訓練，期於精益求精，斷不可存偷安姑息之見，稍弛備禦。至撬礮撬槍，爲軍中利器，尤宜寬爲儲備，勤加練習，俾聲勢相聯，施放有準，方可臨敵制勝。各該督撫、將軍、提督、副都統等均係受恩深重之人，務須先事豫籌，有備無患。儻稍存大意，任聽廢弛，將來遇有徵調，臨陣不能得力，朕惟該督撫、將軍、提督、副都統是問，恐不能當此重咎也！其各勉之！懔之！

《東華續録》道光四七　丁亥，實授李湘棻太常寺少卿，仍署漕運總督。

《宣宗實録》卷三八九　乙未，兩廣總督祁𡎴奏，欽差大臣廣州將軍伊里布因病出缺，所議通商輸税事宜，必須次第接辦。查洋面停泊夷船二隻，前據伊里布照會噗嘣喳，令其查明約束。據該夷目等聲稱，前次駛往福州，委因沙水未能熟悉，派船二隻沿海探量，斷無欲往登州之事。其咪唎㗔、咈囒哂寄泊定海貨船，現已駛回廣東，極爲安静。所有善後事宜，應督同藩司存興等委員妥辦。得旨：著即責成祁𡎴督同黄恩彤、咸齡二員趕緊妥辦，藩司存興著毋庸派令同辦。

贈故欽差大臣廣州將軍伊里布太子太保，予祭葬，謚文敏。

丁酉，調荆州將軍禄普爲廣州將軍，以寧夏副都統恆通爲荆州將軍。

《宣宗實録》卷三九〇　三月甲辰朔，諭内閣：御史蘇廷魁奏，各省搶劫肆行，請令督撫、提鎮嚴飭營伍，以除盜賊一摺。國家設立營伍，分防汛地，原所以禁暴詰奸，遇有宵小肆行，盜匪劫掠，必應實力查拏，跟蹤躧緝，庶足以安行旅而靖地方。乃近來搶劫頻仍，如河南汲縣盜匪，竟敢行劫參領官車，拒傷事主。廣東佛山盜匪，竟敢搶劫摺弁批回執照。此外如湖北之樊城、江南之王家營、湖南之宜章、廣東之樂昌、德慶，土匪成羣，藉端搶劫。總由地方文武員弁互相推諉，不肯認真偵緝，遂致縱盜殃民，大爲閭閻之害。著責成各省督撫、提鎮嚴飭所屬，無分畛域，四路兜拏。儻不肖州縣玩視捕務，不能將首要各犯全數弋獲，及各營汛分防武弁怠惰偷安，查緝不力，以致盜匪遠颺，即著該上司指名嚴叅，從重懲處，以爲廢弛捕務者戒。

乙巳，諭内閣：御史蘇廷魁奏，因災陳言，請虚懷求諫一摺。據奏，邇年暎夷犯順，黄河再決，近復有白氣一道，由西指東，隨星出没，請下罪己之詔，開直諫之門等語。朕君臨天下二十餘年，兢兢業業，日慎一日，即無上蒼垂警，豈敢稍涉怠荒。乃近年災患頻仍，朕深宫循省，負疚良多，自當刻意慎修，勉益加勉。在廷諸臣，其各盡心獻替，匡弼朕躬，毋辜期望。至求言納諫係朕本心，近來科道建言，凡有裨於實政者，無不立見施行，即如翰林院編修吴嘉賓、户部郎中湯鵬、主事丁守存等，以本無言責之人條陳事件，亦未嘗不虚懷聽納，是言路並無壅塞。況應天以實不以文，正不必特詔求言，反似虚應故事。

庚戌，諭軍機大臣等：耆英奏，接到夷酋照會，欲赴江浙與該督面定章程。業經飛諭該酋，令其在粤静候諭旨遵行等語。前因伊里布出缺，通商事宜，命祁𡎴督同黄恩彤、咸齡接辦。惟耆英係原議之人，爲該夷所信服，較之祁𡎴接辦更爲妥協。本日已明降諭旨，將耆英作爲欽差大臣，馳驛前往廣東查辦事件矣。該大臣即馳赴廣東，接受欽差大臣關防，辦理通商餉税章程，一切務臻妥善。

《東華續録》道光四七　庚申，改裁西安鎮總兵移置天津，爲通永鎮總兵。其西安鎮兵一千六百餘名撥歸撫標一千二百名，添設中營。原設左營參將改爲撫標中軍參將，右營遊擊改爲左營遊擊，應設右營遊擊即以鎮標左營遊擊改撥。其鎮標餘兵四百餘名，准其歸併西安城守營。原設城守參將改爲副將，移神木協副將並中軍都司歸西安城守營，移西安城守參將歸神木營。西安鎮原設官弁，一併裁抵通永鎮添設各缺。

《宣宗實録》卷三九〇　丙寅，命駐藏大臣海樸來京，以前任駐藏大臣孟保爲駐藏大臣。

丁卯，閩浙總督怡良奏，渡臺後沿途訪察兩次夷船之破，一因遭風擊碎，一因遭風沈擱，並無與之接仗及計誘等事。達洪阿、姚瑩一意鋪張，致爲夷人藉口，殊屬辜恩溺職，請從重治罪。命革職解交刑部會同軍機大臣審訊。尋奏上，得旨：達洪阿、姚瑩加恩免其治罪。

戊辰，諭軍機大臣等：【略】御史田潤奏，請團練鄉兵，以杜後患而節軍需一摺。現在暎夷雖經就撫，而思患豫防，不可不籌内固藩籬之計，與其臨時徵調，何如平日團練。惟此事一經官辦，流弊滋多。

己巳，諭内閣：户部銀庫設有管庫司員，專司出納，管庫大臣總領其事。復疊次派出王大臣盤查，近年又添設查庫滿漢御史，各該員等果能認真經理，覈實稽查，何至羣相朦混，釀成巨案。本年因庫丁張誠保偷盜庫銀破案，特派大臣將新舊各項逐一盤查。本日據惟勤等覆奏，新收常捐等款，均與應存之數相符。舊存正項飯銀，竟虧空銀至九百二十五萬二千餘兩之多，實屬從來未有之事。覽奏曷勝忿恨！以國家正項錢糧，膽敢通同作弊，任意攫取，似此喪心昧良，行同竊國盜賊，本應立置重典，以肅法紀。惟事閲多年，官非一任，即書吏丁役等亦人數衆多，儻不確切查明，恐致遺漏，倖逃法網。其自嘉慶五年以後，歷次管

庫及歷次派出查庫王大臣，皆係親信大員，亦復相率因循，毫無覺察，並無一人能發其奸，甚負委任。不知諸王大臣有愧於心否？朕自咎無知人之明，抱愧良深，均著交部查取職名，嚴加議處。此案著派載銓、穆彰阿、敬徵、裕誠、賽尚阿覈實查辦。所有歷任管庫司員、查庫御史並丁書人等，著逐細查明，嚴行治罪。其現在虧短庫銀，應如何分别罰賠及設法彌補之處，即著悉心妥議具奏。

《宣宗實録》卷三九一　四月丁丑，諭内閣：本日據御史陳慶鏞奏，琦善等三人起用爲刑賞失措，無以服民等語。前因琦善、奕經、文蔚先後辦理夷務，未能奏效，當將琦善等革職治罪。因思從前辦理不善，總由朕無知人之明，以致琦善、奕經、文蔚諸人喪師失律，迄無成功，朕惟有返躬自責，愧悔交深，何肯諉罪臣工，以自寬解。琦善等韜畧未嫻，限於才力，現在年力正强，是以棄瑕録用，予以自新。今據該御史剴切指陳，請收成命，覽其所奏，亢直敢言。朕非飾非文過之君，用人行政，一秉至公，初無成見，豈肯因業有成命，不便收還，自存回護耶？琦善、奕經、文蔚均著革職，即令閉門思過，以昭賞罰之平。

庚辰，諭内閣：載銓等奏，酌擬管庫司員、查庫御史罰賠銀數，並管庫、查庫王大臣管理盤查年分，分别開單呈覽。管庫司員、查庫御史均有收發稽查之責，乃喪心昧良，釀成巨案。著自嘉慶五年起至道光二十三年，歷任庫官、查庫御史各按在任年月，每月罰賠銀一千二百兩，已故者照數減半。其因此案先行降革之榮慶等六員，並甫經卸任之薩霖、宋林曙，均加一倍罰賠。其歷任管庫、查庫之王大臣，亦應覈其年月、次數分别罰賠。所有嘉慶五年以後管庫王大臣，著每月罰賠銀五百兩，查庫王大臣每次罰賠銀六千兩，已故各員按數減半。其應如何酌定限期及逾限不完作何治罪，並庫丁人等應如何究懲之處，著載銓、穆彰阿、敬徵、裕誠、賽尚阿明定章程具奏。此次單開各員内，有無遺漏舛錯之處，並著再行詳細確查，隨時具奏。

癸未，諭内閣：户部三庫總司出納事務較繁，著派户部滿漢左侍郎兼管。向來管理三庫大臣，僅派二員，著添派廖鴻荃、陳官俊。嗣後凡遇收放銀兩日期，六人中輪應一人親往監視，並專司啓閉，不准稍有曠誤。其管庫大臣統俟三年期滿再行奏請更换。所有銀庫司員，即責成管庫之大臣、兼管之侍郎隨時留心察看，如才具中平，不能得力，即咨回原衙門當差。儻查有骫法營私之員，著即嚴叅懲辦，無稍姑容。該大臣等務當振刷精神，力除弊竇。儻日久生懈，又復視爲具文，朕惟有執法從事，不能再邀寬典也。懔之！

辛卯，定郡王載銓會同軍機大臣等覆奏，酌擬罰賠管庫、查庫官員銀兩交納限期。

《宣宗實録》卷三九二　五月乙巳，諭内閣：劉重麟奏，請飭查倉儲一摺。【略】現在各省倉儲，竟係有名無實。著各督撫即將所屬各州縣常社諸倉應存穀米實數，確切查明，務令實貯在倉。其有存價未買者，即飭令趕緊買補，不准再以價值移交後任。或其價現已提存司道各庫者，亦即飭令具文請領，買補歸倉，毋許藉詞推諉。其有領價後那解别款，虚出倉收者，即著嚴行叅辦。經此次訓諭後，該督撫如再有瞻顧徇庇，並不認真查察，以致仍有虧缺，遇有緩急，辦理掣肘，除將該州縣嚴懲外，必將該督撫等一併懲處不貸。

丙辰，諭内閣：裕誠等奏，户部銀庫章程一摺。嗣後外庫著隔一年，奏派王大臣盤查一次。其内庫及緞匹、顔料二庫，著隔二年盤查一次。均著會同管理及兼管庫務之大臣，認真稽覈。

《東華續録》道光四七　戊辰，怡良以病免，以劉韻珂爲閩浙總督，調吴其濬爲浙江巡撫，以陸費瑔爲湖南巡撫。

六月庚寅，命敬徵、何汝霖赴江南覆勘河工。

《宣宗實録》卷三九三　乙未，諭内閣：前據壁昌等奏，請於福山地方添設水師總兵一員，當交軍機大臣會同該部議奏。兹據穆彰阿等詳議具奏，均著照所議辦理。所有福山鎮新設總兵准其以孫雲鴻調補，所遺蘇松鎮總兵准其以林明瑞升署，所遺京口協副將准其以汪士逵調補。

《道光朝籌辦夷務始末》卷六七　七月乙巳，諭軍機大臣等：耆英奏，酌定通商輪税章程。據奏，五月二十六日，帶同黄恩彤、咸齡輕裝減從，即坐火輪船前往香港，接見該酋噗鼎喳，已將通商章程及輪税事例釐定大局，换給和約。該夷酋極爲恭順帖服，即於六月初一日駛回粤省等情。有膽有識，甚屬可嘉！其粤海關進出貨物，現已議定棉花、茶葉税則，約計關課有贏無絀。因該夷急於通市，即照伊里布前定期限，於七月初一日先在廣州開市。權衡輕重，深合機宜，著即照議辦理。惟香港四面環海，舟楫處處可通，現已有内地民人零星買賣，必須明定章程，以杜走私漏税，並一切未定事宜，著耆英會同祁𡎴、程矞采、文豐通盤籌畫，固須俯順夷情，尤當慎持國體，永杜弊端，俾各省皆可照辦，方爲盡善。其咪唎㗋、咈囒哂等國請准照新定章程辦理，俟定議後，要約明白，另行辦理。

《宣宗實録》卷三九四　乙巳，命協辦大學士户部尚書敬徵、右侍郎何汝霖

改赴東河，查勘中河廳九堡漫口情形。

丁未，釋回遣戍已革閩浙總督鄧廷楨。

《東華續録》道光四八　戊申，諭：慧成著即革職，暫留河東河道總督之任。鄂順安著加恩改爲革職留任。中牟縣知縣高均著革職開歸。陳許道福敏到任僅止半月，開封府知府鄒鳴鶴見辦城工，均著改爲革職留任。

《道光朝籌辦夷務始末》卷六七　甲寅，諭軍機大臣等：祁墳等奏，籌畫礮臺，擬行屯田一摺。據奏虎門等處礮臺現經修復，必須重兵防守，而兵額未便請添。查出虎門附近及大角、沙角一帶，多有淤出沙坦，可以圍築成田，令人承種。其餘各臺，或後靠石壁，或傍依山麓，均可酌行屯田之法，藉以保護礮臺。惟上下兩横檔並無後路，必須大小兵船往來援應等語。以本地之田，養本地之民，即以種田之民，爲禦侮之兵，固屬守隘防虞，寓兵於農之計。現任糧道孔繼尹既經辦有端緒，著即責成該道一手經理，務使事可經久，不致有名無實。此次捐辦屯田紳士，准按所捐銀數，照築臺鑄礮一律奏請鼓勵。另摺奏，團練鄉兵於粤省情形相宜，附省各鄉，有昇平社學公所，爲團練總匯之地，東路復立東平社學公所，陸續舉行，聲勢聯絡等語。著該督等體察情形，隨時妥辦，務期有濟實用，永固邊防，是爲至要。

丁巳，欽差大臣兩江總督耆英、革職留任兩廣總督祁墳、三品頂帶廣東巡撫程矞采、粤海關監督文豐奏，竊臣耆英奉命來粤查辦稅餉事宜，當將抵粤籌議大略情形，及廣州一口定於七月初一日通市緣由，先後奏報在案。茲復會同臣祁墳等督飭委員將章程科則往返籌計，酌定通商章程十五條，並查照粤海關原定稅則，議增稅銀之貨五十六種，議減稅銀之貨六十四種，原例並未賅載現在查明添出者十三種，此外另有價值靡常之貨，品類不一。參用估價定稅之法，以歸簡易。臣等按册勾稽，截長補短，實屬有贏無絀。現届六月中旬，各國貨船業已雲集，不及聽候部覆。除廣州一口，已定於七月初一日，查照新定章程，開市貿易。其福州、厦門、甯波、上海四處，俟部覆到日，再行開關。但廣州既經開市，誠恐福州等口商船聞風駛至，相應請旨，敕下部臣迅速議覆，並由部迅咨各該省知照，俾有遵循。已將收稅科則，比較贏絀，分造清册，咨呈軍機處並户部，其餘未盡事宜，容臣等另行妥籌，分别具奏。硃批：軍機大臣會同該部覈議速奏。

《宣宗實録》卷三九四　戊辰，諭軍機大臣等：訥爾經額奏，運河水長，隄埝被衝。東光縣趙家隄汛工漫溢，衝決三十餘丈，故城縣鄭家口北民埝漫溢，衝決四十餘丈，並未掣動大溜等語。該二縣境内隄埝有關運道民生，必須趕緊堵合，以免衝刷逾寬。現據該督飭委該管知府熊守謙等督率趕辦，著嚴飭該員等先行裹頭盤護，並多購稭料，將被衝隄埝迅速堵築。儻有遲延，以致刷寬走溜，有礙漕運，即行據實奏叅。其被水各村莊，並著查明是否不致成災，如有應行撫卹之處，即著妥爲撫卹。

《東華續録》道光四八　閏七月壬申，諭軍機大臣等：據祁墳等奏，候選道潘仕成製造水雷已成。【略】得旨：潘仕成著賞加布政使銜，以示獎勵。

癸酉，以河南省城積水未消，命於十月舉行鄉試。

戊寅，直隸永定河溢。

《宣宗實録》卷三九五　甲申，諭内閣：國家分設八旗兵丁，駐防各省，立意至爲深遠。嗣因生齒日繁，披甲名糧，例有定額，勢不能概令食糧當差。而各弁兵子弟亦有讀書向上通曉文義者，聽其應試，以廣進取之階，所以造就人才，體恤旗僕者，無微不至。但思八旗根本，騎射爲先，清語尤其本業，至兼習漢文，亦取其文義清通，便於繙譯。乃近年以來，各駐防弁兵子弟往往騖於虛名，浮華相尚，遂致輕視弓馬，怠荒武備，其於應習之清語，視爲無足重輕，甚至不能曉解。【略】現在武闈鄉試，各省駐防一體與考，應試之人弓馬如果熟嫺，不患無登進之路。其應文試者，必應改試繙譯，庶不至專習漢文，轉荒本業。除本科各省文鄉試仍照例准其應考外，嗣後各處駐防俱著改應繙譯考試。俾有志上進者，咸知非熟習清文，不能倖邀拔擢，自必争相摩厲，日益精通。其各該將軍、副都統等尤宜隨時訓練，董勸兼施，毋得視爲具文，因循積習，以副朕崇實黜浮之意。其考試一切章程，及繙譯童試進額，鄉會試中額，應如何酌定之處，著軍機大臣會同該部，悉心詳議具奏。

乙酉，諭内閣：慧成身任河道總督，河務是其專責，乃並不先事豫防，致有漫口，前已降旨革職，暫行留任。現在口門塌寬至三百六十餘丈，下游州縣較之上次祥符漫口情形更爲寬廣，糜帑殃民，厥咎甚重。著即革任，交敬徵等傳旨，即將慧成枷號河干，以示懲儆。

《東華續録》道光四八　乙酉，以鍾祥爲河東河道總督。

甲午，命改河南武鄉試於次年三月舉行。

《宣宗實録》卷三九五　戊戌，諭：兩廣總督耆英奏，呈進洋槍。得旨：朕親加對合，大小均各有用。内一母大小二槍筩，大靶接小靶者，可稱絶頂奇妙之

品。又六眼小槍，靈捷之至，但惜其無大者耳。卿云倣造二字，朕知其必成望洋之歎也。

《道光朝籌辦夷務始末》卷六八　庚子，諭軍機大臣等：本日據耆英等奏，查辦咪唎㗆等國通商大畧情形，並粤海關開市以來，華夷安輯，貿易照常各一摺。覽奏均悉。西洋各國，以通商爲姓命，制馭之術，全在一切持平，務存大體，尤宜籌及久遠，勿得僅顧目前。所有咪唎㗆等國通商章程，著議定後即行具奏。至要約各條，現飭㖟酋另派通習漢文之夷目，迅速繙譯各等情。俱著妥商辦理。其撫約内交不足數加息之説，前曾諭令就近會商，從長計議。現在籌辦若何？如已定議，亦即速行具奏。

《宣宗實録》卷三九六　八月庚戌，諭内閣：山東曲阜縣先師林廟，係萬方觀禮之鄉，遇有祀典，必應致誠盡敬，以示尊崇。一切禮儀祭品，尤宜整齊蠲潔，用肅觀瞻。現在雖無不備之處，但恐日久懈生，稍失誠敬。著山東巡撫嚴飭地方官，隨時敬謹察看，每届祭祀之期，務須恪恭將事，毋得視爲具文，用副朕崇儒重道至意。

庚申，軍機大臣會同禮部議覆，駐防考試繙譯章程二十條。

《東華續録》道光四八　壬戌，諭：已革兩江總督牛鑑此次著無庸歸入朝審辦理。

諭：奕山著即釋放回家，閉門思過。

《宣宗實録》卷三九六　丁卯，諭内閣：户部奏議，南河豫購來年歲料銀兩一摺。著照議如數撥銀一百二十萬兩，即著該督撫、鹽政監督等於文到日，迅即派委妥員，解交江南河庫，以備工需。本年七月間，東河南岸漫口，下游斷流處所，工程較少，其春間所請豫防大汛銀兩，必有節省。此次請撥銀兩，業經如數撥給。著潘錫恩查明兩次節省銀兩，即作爲另案工程之用，報部覈銷。該河督總當力求撙節，毋任工員稍有冒濫，以重帑項。東河漫口現已興工，將來合龍後，河歸故道，水勢建瓴而下，所有各廳工程，如有卑薄之處，必須加高培厚。並著該河督確切查明，飭令各工員認真堅築，如有草率偷減，即行嚴參懲辦。

命欽差工部尚書廖鴻荃、河東河道總督鍾祥會同河南巡撫鄂順安，辦理中牟大工。

《道光朝籌辦夷務始末》卷六九　九月乙酉，諭軍機大臣等：據耆英奏，請派各口辦事人員，並請將咸齡留於江蘇委用等語。已明降諭旨，將咸齡以江蘇道員候補矣。現在五口通商章程初定，頭緒紛如，一切事宜，必須明幹之員，隨同該督撫辦理。廣東省著祁墳、程矞采督同藩司黄恩彤一手經理；江蘇省著璧昌、孫善寶督同咸齡、宫慕久覈實辦理；福建省著劉韻珂、劉鴻翺督同藩司徐繼畬妥爲籌辦。至浙江省規模甫定，海口紛歧，著劉韻珂、管遹羣遴派熟悉夷務大員前往各海口，協同該地方官，實心經理。該督撫等務當體察情形，因地制宜，嚴禁走私漏税，不准内地奸民勾串滋弊，以裕國課而順夷情。

癸巳，諭軍機大臣等：前據耆英等奏，酌定善後條約。當交軍機大臣速議具奏，兹據覈議各條，分晰具奏，俱著照所議辦理。惟香港通市一節最關緊要，該處爲售貨置貨之總匯，課税贏絀，全繫乎此，而出口進口之牌照，若僅責成九龍巡檢會同㖟官隨時稽查，恐辦理稍疏，即不免有偷越之弊。其應如何設法嚴查之處，著耆英等再行悉心妥議具奏。其各處出海船隻，仍著嚴飭各海口文武員弁，實力稽查，至五處通商口岸，並著一體知照各該省加意防範，勿任商船任意出入，以防偷漏而裕課税。

《宣宗實録》卷三九七　癸巳，諭軍機大臣等：據耆英等奏，議定咪唎㗆等國通商章程等語。覽奏均悉。現在㖟夷已准通商，所有咪唎㗆等國自應准其一體通商，以示撫綏之意。著照所議妥辦。總須籌及遠大，不可僅顧目前，致貽口實。至咪唎㗆有進京瞻覲之請，㖟咭唎又於善後條内添出沾恩語句，豫爲地步，安知非互相勾串，巧爲嘗試。著耆英等婉爲開導，諭以天朝撫馭各國，一視同仁，凡定制所應有者從不删減，定制所本無者不能增添。若各國紛紛請覲，觀光上國，不但無此政體，且與舊制有乖，萬難代奏。至現在已准一體通商，天恩高厚，爾等果能約束商人，公平交易，照例輸税，無稍偷漏，大皇帝聞之，必然嘉悦也。耆英接奉此旨，即飭黄恩彤等照此明白曉諭，斷不准稍有含混，别生枝節，是爲至要！

《宣宗實録》卷三九八　十月戊申，賞已革葉爾羌幫辦大臣奕經二等侍衛，爲葉爾羌參贊大臣。已革正紅旗漢軍都統奕山二等侍衛，爲和闐辦事大臣。

《道光朝籌辦夷務始末》卷七〇　己酉，諭軍機大臣等：耆英奏，通商事竣，夷酋懇請抽收鴉片烟税，該大臣以夷務甫定，操縱兩難，密片具奏。所見真切，朕反覆深思，鴉片烟雖來自外夷，總由内地人民逞欲玩法，甘心自戕，以致流毒日深。如果令行禁止，不任陽奉陰違，吸食之風既絶，興販者即無利可圖。該大臣現已起程，著於回任後，統飭所屬，申明禁令，此後内地官民，如再有開設烟館

及販賣煙土並仍前吸食者，務當按律懲辦，毋稍姑息。特不可任聽關吏人等，過事誅求，致滋擾累。總之，有犯必懲，積習自可漸除，而興販之徒，亦可不禁而自止矣。

《宣宗實録》卷三九八　庚戌，命駐藏大臣孟保回京。賞已革熱河都統琦善二等侍衛，爲駐藏大臣。

辛酉，諭内閣：國勒銘阿等奏，據伊拉固克森呼圖克圖羅布桑薩木都布，懇請前往喀爾喀庫倫學習經卷，轉奏一摺。呼圖克圖等學習經卷，爲喇嘛要務，即著照該呼圖克圖所請，予以假期，准其前往喀爾喀庫倫學習經卷。所派何項呼圖克圖住宿普安寺管理喇嘛之處，著國勒銘阿指定具奏。

諭軍機大臣等：前據耆英等奏，請改設巡檢，移駐附近香港之九龍地方，稽查出入牌照等語。朕以香港爲售貨總匯，若僅責成巡檢稽查，恐立法尚未周密，令該大臣等再行妥議。茲據耆英奏稱，體察情形，不在驗照官之大小，全在行之以實。所有前赴香港之船，既由給照口岸，按月報明粤海關，業已互有稽考。九龍巡檢不過查其已到未到，並無税銀可收，似可無虞偷漏等語。著照所議辦理。所有祁墳等前奏，廣東新安縣屬之官富司巡檢，請移駐九龍地方，改爲九龍巡檢，作爲海疆要缺。即照所請，准以試用從九品許文深試署。俟試署期滿，如果稱職，另請實授，並定爲在任三年，如經理得宜，即予保舉升擢，毋庸扣至六年俸滿。其現准試署之許文深能否經理得宜，仍著祁墳等隨時察看。如不勝任，即行撤回，另爲酌調，毋得稍事因循。至該巡檢雖無徵收税課之責，而稽查出入，務令華夷相安，斷不可任吏胥勒索，别生事端，是爲至要。

《東華續録》道光四八　甲子，予已革臺灣鎮總兵達洪阿三等侍衛，爲哈密辦事大臣。

十一月丁丑，諭軍機大臣等：孫善寶奏，辦理上海開市情形一摺。内地販運湖絲前赴上海，應查明赴粤路程，少過一關即補納一關税數。該領事求免補納，業經該道等告以定章不能更改，該領事無辭而退。著耆英、孫善寶諄飭該道等謹守見定章程，妥爲辦理，毋任妄意干求，致有增減。至開市伊始，商販之多寡，本不能官爲招徠，止可聽民自便。其走私漏税諸弊，尤須實力稽查，著即責成宮慕久、咸齡和衷商榷，認真經理，毋稍疏懈，致滋流弊。

《宣宗實録》卷三九九　戊寅，諭内閣：孟保等奏，西藏所屬地方，訪獲哲布尊丹巴呼圖克圖之呼畢勒罕聰慧幼孩，請旨入於金奔巴瓶内籤掣一摺。哲布尊丹巴呼圖克圖涅槃已逾二載，兹據孟保等奏，訪獲聰慧異常之幼孩三名，實屬祥瑞，朕心喜悦，著照所請。班禪額爾德尼著赴前藏，會同駐藏大臣、達賴喇嘛及伊徒達喇嘛羅布桑楚勒特木等，將此幼孩三名，入於金奔巴瓶内，唪經敬謹籤掣，擬定呼畢勒罕名號。

《東華續録》道光四八　十二月甲辰，程楙采卒，調梁寶常爲浙江巡撫。以崇恩爲山東巡撫，調陳繼昌爲江甯布政使。賞鄧廷楨三品頂帶，爲甘肅布政使。

乙巳，諭軍機大臣等：據程楙采奏，安徽徽州等府州所屬地方向有棚民，見在委員清查等語。徽州、甯國、池州、滁州、廣德等州所屬，山多閒曠，向有浙江温台等處民人搭棚棲止。該棚民等生齒日繁，兼有無業之民逗留溷迹，自應徹底清查。著王植飭令委員等前往該地方，認真稽查，編設棚頭，發給門牌。除歷年已久，確有册籍可憑者，免其驅逐外，其新添之户，一概逐令回籍，毋得養癰貽患，日久别滋事端。其毗連浙江、江蘇兩省交界地方，並著知照各該撫一體挨查，認真辦理，毋得視爲具文。

《宣宗實録》卷四〇〇　丁未，諭内閣：布彦泰等奏，開墾地畝，分安民户回屯，覈辦章程一摺。著該部議奏。尋議，該將軍奏稱，伊犁三顆樹地方及紅柳灣迤東，新墾地三萬三千三百五十畝，以五十畝爲一分，共地六百六十七分，安設正户民人五百七十一户，量借籽種。納糧每畝小麥八升，每年應徵小麥二千六百六十八石，以爲惠遠城續設壯丁一百六十名及孤寡養贍之需，通計有贏無絀，餘糧即歸正項，專款報部。又阿勒卜斯地方，共墾得地十六萬一千餘畝，分設回莊五處，共安回子五百户及商伯克等，每户撥地二百畝，所餘留爲歇乏换種，每户徵三色糧十六石，每石斛面三升，每年應徵糧八千一百四十石，作爲滿營操演馬隊之用，均應准照辦理。惟阿勒卜斯每年額糧八千石之多，日久儲蓄充盈，自宜豫籌抵撥，即可於兵餉之需，漸次減調。應請飭下該將軍等體察情形，酌量辦理。至阿勒卜斯添設五品商伯克、六品密拉普伯克、七品明伯克各一員，玉子伯克五名，理藩院查與道光二十年開墾塔什圖畢地渠分撥回子添設伯克一案，事同一體，應如所請添設。從之。

乙卯，賞哈密辦事大臣達洪阿副都統銜，爲伊犁參贊大臣。

戊午，命户部右侍郎柏葰爲正使，鑲紅旗漢軍副都統恒興爲副使，往祭故朝鮮國王妃金氏。

庚申，諭軍機大臣等：劉韻珂等奏，臺灣府屬民用茶葉、絲斤、紬緞請照舊

例販運輸税，並酌議稽查章程一摺。前據耆英奏，內地各省販賣茶葉、湖絲、紬緞不准涉海，如有願由海運者，即照西洋各國貿易章程，完納税銀。其臺灣等處地方，由該督撫妥議辦理。茲據該督等奏，臺灣一府，民間所需茶葉、紬緞、絲斤均由商民航海運往，若照外夷通商之例，一體增税，恐價值增昂，於小民日用有礙。請仍照舊例，按則輸税，免其增加，並嚴立稽查章程等語。商船載運茶葉等項前赴臺灣，如榷税照舊，難保奸商不藉端影射，運赴他處，或竟私與夷商交易，致滋偷漏，自應嚴立章程，以防弊混。該督等所請出口、進口各商民，均給印照，以憑查覈之處，著即照議辦理。至浙江之寧波、乍浦、江蘇之上海等口，均與臺灣一帆可達，各商民往來貿易，尤難保無走私漏税之弊。著耆英、孫善寶、梁寶常體察地方情形，是否可倣照閩省現議章程辦理，並應如何嚴密稽查之處，會同悉心妥議具奏。

《東華續録》道光四八　是歲，朝鮮、緬甸、暹羅入貢。

道光二四年（甲辰、一八四四）

《東華續録》道光四九　正月戊辰朔，以來歲皇太后七旬萬壽，詔開恩科，於本年舉行鄉試，來年舉行會試。

《宣宗實録》卷四〇一　癸酉，皇八子奕詥生。

乙亥，諭內閣：朕聞近來江南河工，時有過往官員及舉貢生監、幕友人等前往求助，該河督及道廳等官礙於情面，不能不量爲資助，以致往者日衆，竟有應接不暇之勢。不知河工銀兩絲毫皆關國帑，河員承領錢糧，均有購料修防之責。儻過往官員、舉貢生監、幕友等視爲利途，紛紛前往，該員等焉有自出己資之理，無非濫請支領，剋減工程，以爲應酬之費，於河務甚有關繫，不可不嚴行禁止。【略】著潘錫恩通飭各屬一律嚴禁，嗣後查有執信往謁意在干求者，著該河督即將其人暫行扣留，指名參奏。其有向道廳求助，業經幫助銀兩者，即將授受之人，一併參辦，概不得意存見好，稍事姑容。並著兩江總督明查暗訪，儻此後仍有前項情弊，該河督未即舉發，即行單銜奏參，庶幾懲一儆百，力挽頹風。南河既有此弊，東河亦所不免，著東河總督通行嚴禁，並責成山東、河南巡撫一體訪查。至各省鹽務衙門向來陋習相沿，亦應嚴行杜絶，著通飭各省鹽政一概禁止，毋任虛糜課餉。其兼管之各省督撫均著密行稽察，以期弊絶風清。經此次通飭禁止以後，兩河道廳及鹽務官員儻再藉口應酬，以致侵欺帑項，必當嚴加懲治不貸。

又諭：據祁𡎴等奏，越南國王遣使張好合等，將拏獲內地盜犯金二紀等八名並礮械等項，駕駛兵船，解省審辦。已有旨將該行价等壓艙貨物，免其納税矣。因念該國王拏獲內地搶掠匪徒，遣使解審，深明大義，甚屬可嘉。著俟該國下届應貢年分使臣到京，於正貢照例賞賜外，另行加賞，以示褒獎。

丁丑，諭軍機大臣等：禮部奏，緬甸貢使兩次遞稟，譯漢進呈，內稱車里土司刀正宗向與該國交好送禮，自該國王襲位以來並不送禮，經該國四大萬囑令該貢使等稟明雲貴總督到京再稟明禮部等語。緬甸與車里土司向來如何交好送禮之處，著桂良查明，仍照舊章辦理。

丙戌，兩江總督耆英覆奏，意大里亞國通商章程。前經軍機大臣等議駁，不准於澳門添造房舍，遇有修建，必須請領牌照，自係循照舊章辦理。惟查澳門地方，以關閘爲門户，自關閘至三巴門五里，三巴門以內，地勢湫隘，東西南三面濱海，並無尺寸之地可以擴充，不妨寬其禁令，免請牌照，以示體恤。如必遵照部駁，彼將藉口侵軼至三巴門外，似更無所限制。得旨：軍機大臣會同户部再行酌覈，速議具奏。

癸巳，諭軍機大臣等：穆彰阿等奏，遵旨再議意大里亞國通商章程一摺。朕詳加披閱，所有三巴門內免領牌照聽憑建造一節，准其照議辦理。惟該督等前奏，不得於三巴門外擅有建造，現據該督等面與要約，當不致遽有反覆。惟事涉外夷，必須籌及久遠，設使異時該夷以三巴門內無可駐足，又於三巴門外妄肆干求，該督如何防範遏絶，正宜遠慮豫籌。著耆英接奉此旨，函商廣東督撫，體察夷情，熟籌事勢，妥議具奏，總須確有把握，毋爲將就目前之計，方不負委任也。

丙申，諭內閣：前因御史舒明阿奏，請通查各省荒地。降旨令户部議奏。茲據奏稱，各省未經報部各荒地，有無私墾隱賦，殊難懸定。著各直省督撫、府尹、都統悉心體察，將所有荒地覈實查明，是否可以召買，均以有無情願認買之人爲斷，如辦有大概情形，即著先行據實覆奏。至有人承買荒地，著該督撫、府尹、都統酌量定價，收解部庫，仍將每年收納糧額，覈定報部造册。其無人認買各地，應俟承買有人，隨時辦理，仍催令照例升科，毋許延宕。

《宣宗實録》卷四〇二　二月戊戌，兩廣總督祁𡎴因病解任，調兩江總督耆

英爲兩廣總督，以福州將軍壁昌署兩江總督。

《東華續録》道光四九　辛丑，諭：六公主著封爲壽恩固倫公主。又諭：原任御前大臣一等公博啓圖之子景壽，著指爲壽恩固倫公主之額駙。所有應行事宜，著各該衙門照例豫備。景壽著施恩先賞頭品頂帶，在上書房讀書。

壬寅，以祈禱靈應封廣東故龍門協副將景懋爲忠顯伯。

《宣宗實録》卷四〇二　乙巳，諭內閣：桂良等奏，續獲匪犯，審明辦理一摺。雲南騰越廳南甸土目刀承緒等，上年糾匪滋事，節經該督等督飭獲犯多名，分別懲辦。【略】至漢民佃種夷田，相沿已久，自未便紛更滋擾。著即詳查各户應納土司田租，造册立案，以後照數交收。儻有額外加增及短少抗欠情事，立予懲究，以杜釁端。

丙午，諭內閣：户部奏，請將甘肅、新疆等處未墾地畝，飭查試墾等語。西陲地面遼闊，隙地必多，果能將開墾事宜，實心籌辦，當可以歲入之數，供兵食之需，實爲經久有益。前據伊犂將軍布彦泰奏報，於塔什圖畢等處開墾地畝，疊著成效，洵屬忠誠爲國之舉，均經分別施恩。而烏嚕木齊於道光二十年間開墾地止二萬餘畝，其未墾之地，未據該都統奏明續辦，著布彦泰會同惟勤體察情形，派員確勘，如有可墾之地，務須設法招徠，隨時奏明辦理。其伊犂已開地畝，業經照例升科，此外及各城地方，如有曠地可以招墾者，仍著該將軍等詳細飭查，一律奏辦。至甘省報明水衝沙壓案內，尚有七千五百餘頃未經墾復，著富呢揚阿遴委妥員確加履勘。遇有堪以墾復之處，即將應復地畝隨時咨報，不得任聽該委員等畏難捏稟，阻隔不行。務使野無曠土，人盡力田，俾民食邊儲，並收實效。

《東華續録》道光四九　己酉，以伊犂開墾督辦有方，加布彦泰太子太保。

《宣宗實録》卷四〇二　庚戌，諭內閣：前派麟魁、廖鴻荃督辦中牟大工，連日據奏將次合龍，方深殷盼。乃本日復據奏稱，於初七初九等日連次蟄失五占，自請從重治罪，並請簡派熟諳河務之大臣來工督辦等語。覽奏忿懣之至！從前若能趕緊辦理，於正月內合龍，則春水未旺，焉有此失。總係麟魁等辦事顢頇遷延所致，罪無可寬。惟遽予罷斥，另派大臣接辦，伊等轉得置身事外，諉過他人。麟魁、廖鴻荃均著革職，給予七品頂帶，仍留河工督率，儻能竭力挽回，尚可量從寬典。鍾祥任事未久，著革職，給予七品頂帶，暫留河督之任。鄂順安係兼管河工，著革職留任，降爲三品頂帶。所有全工事宜，仍著責成麟魁、廖鴻荃、鍾祥、鄂順安督飭在工文武員弁趕緊設法，相機妥辦。設若仍前玩泄，必皆重治其罪。所有應行陳奏事件，仍著照舊列銜會奏。此次失事之文武掌壩各員弁，著麟魁等查明嚴叅具奏。

實授特登額禮部尚書，以吏部左侍郎文慶爲都察院左都御史，調禮部尚書陳官俊爲工部尚書，以都察院左都御史李宗昉爲禮部尚書，户部左侍郎杜受田爲都察院左都御史。

辛亥，以户部尚書敬徵兼署吏部尚書。

壬子，諭內閣：牛鑑著加恩釋放，發往河南，交巡撫鄂順安差遣委用。

丁巳，諭軍機大臣等：孟保等奏，續接廓爾喀國王來稟及諭覆緣由一摺。覽奏均悉。廓爾喀國王稟詞內稱，噶箕因上年來藏懇求一切未准，不敢回國，並牽敘聶拉木噶隴地方，十年歸西藏管理，三年歸該國管理等語。實屬謬妄。該大臣等正詞曉諭，辦理尚爲妥協。儻該國再差頭目來藏，另有懇求，該大臣等仍當據理回覆，杜其妄念，是爲至要。琦善到任後，即著會同鍾方妥辦。但言語不通，文字不同，祇憑一譯，尤當加倍留心，勿致歧誤。

己未，諭內閣：【略】據奏稱，所需料物近處無可籌買，分投購運，愈遠愈遲，斷非一二月內所能備齊，水勢日增，補築萬難措手。且時方耕作，人夫多已歸農，一時難於招集，請援照儀封等工成案，展緩辦理。所稱種種棘手，自係實在情形，若仍令勉强趲辦，終歸無濟。著准其將現在壩工暫行緩辦，麟魁、廖鴻荃係特派督辦之員，遷延不力，咎無可辭，前已有旨革職，著將所給七品頂帶一併革去，即行來京聽候諭旨。鍾祥現留河督之任，鄂順安係兼管河務，所有全工事宜，著即會同悉心籌畫。將來興舉大工，即著鍾祥、鄂順安督辦，以專責成。此時惟有嚴飭工員將兩壩埽占設法保護，遇大汛經臨，尤須竭力防守，庶將來補築，尚易爲功。至被災處所，居民失業，朕心憫惻實深，著該撫加意撫綏，務令安輯。現在工次人夫半歸耕種，其無業貧民，均著妥籌設法安插，毋令一夫失所。鍾祥、鄂順安於河工修防地方撫輯事宜，均屬責無旁貸，務須實心經理，和衷共濟，不得游移推諉，以重前愆。麟慶、慧成、牛鑑均著留工，即交鍾祥、鄂順安酌量差遣委用。

《道光朝籌辦夷務始末》卷七一　己未，諭：本日據程矞采奏，咪唎㗼國使臣因未接到上次阻止札文，於正月初八日駛至九洲灣泊，欲來天津朝覲，經該護督反覆開導，令夷目傳知使臣，尚未回覆，並咈囒哂亦有巡船拋泊等語。西洋各

國向來不通朝貢，即北駛至天津，亦必諭令回粤，所欲商議章程，亦必仍交耆英等酌辦，斷無另遣大臣與議之理。著耆英接奉此旨，馳驛前往廣東，會同程矞采妥爲辦理。該督係各夷信服之人，抵粤後務當婉言開導，據理拒絶，控馭得宜，毋使另生枝節，方爲不負委任。

《宣宗實録》卷四〇三　三月己巳，諭軍機大臣等：麟魁等奏，體察新工情形一摺。據奏，黄河挾淤夾沙，勢甚雄猛，豫省又俗名坡河，伏秋盛漲非二百丈口門不能容納，現在口門僅寬三十餘丈，恐致下壅上潰，且引河頭之攔黄壩，亦慮刷塌受淤等語。著鍾祥、鄂順安即將挑水壩擇要加培，保護西壩埽占。其東壩出水埽面准其暫行拆除，展寬口門，仍擇可用料物，作爲加鑲之用。其攔黄壩即著竭力保守，無使引河淤墊，以致挑空過費。該河督等務須隨時相機設法補救，俾將來興辦堵合費省工速，以贖前愆。

壬申，諭内閣：耆英現已調任兩廣總督，各省通商善後事宜均交該督辦理，著仍頒給欽差大臣關防，遇有辦理各省海口通商文移事件，均著准其鈐用。

甲戌，諭内閣：前據斌良等奏，籌議調劑雙城堡移駐京旗一摺。當交該部會同各該旗妥議具奏。【略】尋奏酌擬章程十六條，下部議，尋議歸併八條：一、近屯荒地八千餘晌，准給三屯屯丁及官兵子弟領種，每晌交京錢五百文，每年共收京錢四千三百餘串，爲賞給工本、農具之用；一、未種之地，令屯丁認佃代種；一、到屯京旗，無論貧富，一律調劑，分三月、十月分給，五年停止；一、起租開種年分與原奏不符，令查明登覆；一、大封堆外，除本處陳民均有房屋外，其拉林、阿勒楚喀陳民有至彼墾地者，令自蓋窩棚棲止；一、調劑京旗，准於八里荒租錢撥給，無需另議籌款；一、准於阿勒楚喀等處伐木額兵内，抽撥四十缺，歸雙城堡中屯挑選，以資調劑；一、滿漢義學，照舊添設。從之。

諭軍機大臣等：據潘錫恩奏，黄流未復故道，急籌濟運，並宣洩湖水一摺。本年豫省大工合龍尚需時日，上游日報長水，匯流入湖，必應相機宣洩，而糧艘陸續北上，運道尤宜豫籌。該河督請將外南廳屬之順清河啓放，導引湖水入河歸海，軍船抵壩，即由該處放渡，並於外南北河身内舊築攔黄壩處，築鉗口土壩一道，以資擎蓄，均著照議辦理。仍著該河督隨時飭屬加意備防，於高家堰工程保護平穩，而漕船亦得暢行無誤，可以剋日抵通，是爲至要。

以兵部尚書許乃普兼署工部尚書。

《道光朝籌辦夷務始末》卷七一　乙亥，諭軍機大臣等：劉韻珂等奏，籌辦厦門通商事宜一摺。所議夷船按照銷數輸税，已據耆英咨履，將已經報驗起卸之貨按則徵輸，未驗未卸者免其納税。其住處一節，既將空房給令賃住，該夷復欲在鼓浪嶼棲止，亦經咨商耆英覆絶嚴拒。現在該夷另派夷目李太郭到閩接替，聞須三四月間方能到厦，藩司徐繼畬著即回省任事，仍著該督等隨時體察，俟李太郭到後，飭令該道等將住居鼓浪嶼一節，堅持原約，向其峻拒。該夷如已帖服，即行飭令妥辦。儻仍事瀆請，一面咨商耆英再向㗋酋申諭，一面仍飭徐繼畬馳往厦門，相機經理。

《宣宗實録》卷四〇三　甲申，諭内閣：孟保等奏，聞哲布尊丹巴呼圖克圖之呼畢勒罕出世，經駐藏大臣等會同達賴喇嘛、班禪額爾德尼、噶勒丹錫呼圖薩瑪第巴克什帶領喇嘛等衆唪經，由金奔巴瓶内，掣出番民綏那瑪之子聶爾阿，定爲呼畢勒罕，命名羅布桑巴勒墊丹拜佳木粲等語。洵屬祥瑞之事，朕心深爲暢悦。著加恩賞給該呼畢勒罕黄哈達一方，佛一尊，大緞四匹；並賞給班禪額爾德尼黄哈達一方，大緞四匹。至所奏留銀一千兩，給喀爾喀四部落之綽爾濟羅布桑巴勒丹等及呼畢勒罕之父母作爲口糧，並請將扎薩克圖汗愛曼諾們汗伊什當津等留藏奉侍呼畢勒罕，及達喇嘛羅布桑楚勒特木由北路草地行走，齋桑喇嘛羅布桑吉木畢勒等仍由南路行走，進邊之處，均著依議。

《東華續録》道光四九　丙戌，河東河道總督鍾祥奏，會籌全工事宜。得旨：一夫失所，辜在朕躬，爾等善爲之。

《宣宗實録》卷四〇三　戊子，諭軍機大臣等：據劉韻珂等奏，臺灣匪徒聚衆謀逆，經該鎮道等督兵勦捕，拏獲首逆各犯大概情形一摺。臺灣嘉義縣巨匪洪協等糾衆豎旗謀逆，並有已革武生郭崇高合夥起事，所糾匪黨約共二千餘人。經該鎮道等督同各員弁帶兵勦捕，接戰六次，殺斃賊匪一千餘名，將首逆洪協及股首林孕等先後拏獲。又嘉義縣匪徒李安等糾匪滋事，經營縣往拏捦獲多名。辦理尚屬妥速，所有已獲各犯，著飭該鎮道訊取確供，即在臺灣地方分別正法，以昭炯戒。其在逃之股首郭崇高、劉取葉、周余朝，仍著上緊嚴拏，務獲懲辦，毋任一名漏網。至此案郭崇高之謀逆，雖據稟因誆收民錢，代爲完糧，賤買壞穀上倉，經該縣查拏所致，而洪協等又因何事遽起逆謀，且何以能糾衆二千餘人之多，著該督等轉飭該鎮道向已獲各犯嚴訊實情，徹底究辦。其此次隨同勦捕之員弁兵丁何人尤爲出力，何人捦獲要犯，及嘉義縣匪徒李安是否就獲，均著飭令確查具奏，再降諭旨。

癸巳，以故貝勒綿譽子奕格降襲貝子。

甲午，諭内閣：此次麟魁等督辦中牟大工，未能堵合，其應行罰賠銀兩，著麟魁、廖鴻荃各賠一成，鍾祥分賠二成，鄂順安分賠一成，承辦壩埽之廳營等共分賠五成。

乙未，贈故四川提督齊慎太子太保，予祭葬，謚勇毅。

丙申，以故阿拉善額魯特扎薩克親王囊都布蘇嚨子貢桑卓爾默特襲爵。

《宣宗實録》卷四〇四　四月丁酉，諭軍機大臣等：前因回疆所用當五、當十錢文，行使便利，降旨令富呢揚阿等體察陝西、甘肅情形，倣照鑄行。兹據該督奏稱，普爾錢一項，惟南路八城通行，北至吐魯番，東至哈密，即不能行。其吐魯番所産棉花，亦不能以普爾錢收買。民間不能施行，在官即難搭放等語。回疆普爾錢文，藉可疏通圜法，惟欲自外而内，必須漸推漸近。著布彦泰、達洪阿體察南北兩路各城情形，能否一律行使，確加訪覈，據實具奏。將此諭令知之。尋奏，普爾錢係浄紅銅鑄造，倣鑄反增工費，其帶至東北各城，每箇只作一文之用，不能當五、當十。

《東華續録》道光四九　癸卯，雲南南甸首逆土目刀承緒伏法。

《宣宗實録》卷四〇四　乙巳，諭軍機大臣等：自古足國之道首在足民，未有民足而國不足者。天地自然之利原以供萬民之用，惟經理得宜方可推行無弊。即如開礦一事，前朝屢行，而官吏因緣爲奸，久之而國與民俱受其累。我朝雲南、貴州、四川、廣西等處，向有銀廠，每歲抽收課銀，歷年以來，照常輸納，並無絲毫擾累於民。可見官爲經理，不如任民自爲開採，是亦藏富於民之一道。因思雲南等省除現在開採外，尚多可採之處，著寶興、桂良、吴其濬、賀長齡、周之琦體察地方情形，相度山場，民間情願開採者，准照現開各廠，一律辦理，斷不可假手吏胥，致有侵蝕滋擾，阻撓諸弊。該督撫等必能仰體朕意，妥爲籌辦，固不可畏難苟安，亦不得抑勒從事，總期於民生國計，兩有裨益，方爲妥善。各省情形不同，不准彼此觀望。

壬子，諭内閣：現在各省駐防旗人一體改試繙譯，其已中之文舉人，因未與文闈會試，遂議定不准大挑。惟念該舉人别無進身之階，未免向隅，著各該將軍、副都統、城守尉等於各該駐防前經中式之文舉人科分在近三科，以前例准大挑者，詢明情願赴挑，即由該將軍等給咨送部，均令於本年九月内到京，聽候欽派王大臣照例大挑。如有不願赴挑者，仍聽其便。

丙辰，諭内閣：前據裕誠等奏，駐防試卷多不合式，不敢率行取中，當降旨令將文理尚可者四卷，進呈候旨。兹據該尚書等酌選呈覽，朕詳加校閲，實係不能合式。惟念該舉人等初次改試繙譯，誦習未久，體例尚疏，若概從擯斥，未免阻其登進之心，特於四卷中酌取一卷，令與京旗試卷一體取中，此係朕格外從寬，勉强節取。嗣後各該舉人必當勤加練習，以期日益精通，用副朕敦本崇實諄誥誡之意。儻仍狃於積習，視若具文，下科會試時仍復不能合式，必當一律擯棄，勿謂寬典可濫邀也。

以故阿巴哈納爾扎薩克貝子伊達木扎布子桑齊薩拉特多布襲爵。

丁巳，策試天下貢士焦春宇等二百九名於保和殿。

己未，諭軍機大臣等：據程矞采奏，咪唎㗼兵船退出外洋，並嘆咭唎使臣噗嘣喳退職回國，另换公使嚧吡時接辦等語。覽奏均悉。耆英此時當已行抵粵東，其嘆夷使臣噗嘣喳現已退職回國，即著耆英等與新到之嚧吡時申明條例，令其遵照辦理。至噗嘣喳係因何事退職，該國何以更换使臣，及新來之嚧吡時能否相安，並著耆英等密加偵探，務得確情，隨時具奏。將此由四百里諭知耆英、程矞采，並傳諭黄恩彤知之。尋奏，噗嘣喳因患病回國，嚧吡時曾於公司館未散時來粵，充當大班，粗通漢語，數月以來，尚無桀驁不法情事。報聞。

辛酉，上御太和殿傳臚，賜一甲孫毓溎、周學濬、馮培元三人進士及第，二甲王景淳等一百六人進士出身，三甲孫廷元等一百人同進士出身。

《道光朝籌辦夷務始末》卷七一　甲戌，諭軍機大臣等：據耆英奏，行抵粵東，並照會咪唎㗼使臣即赴澳門會晤等語。覽奏已悉。著該督率同藩司黄恩彤前赴澳門，先探該酋動静，設法控馭，然後與之會晤，剴切開導。如有請求，視其事之輕重，詳慎會商辦理，即行據實馳奏，斷不可别生枝節。又昨據梁寶常奏，接准程矞采咨稱，咪唎㗼領事派有烏兒吉軒理知在甯波港口辦理事務等情。該領事迄今並未到浙，亦無續到咪夷船隻。其嘆夷貨船、火輪船、兵船，現泊定海洋面，共有十三隻，人數增多，操演稍勤，情形尚屬馴順等語。並著該督將該撫片内所稱各節，隨時探訪，如有應議應辦事件，亦著據實具奏。

《宣宗實録》卷四〇五　庚辰，諭内閣：前因各省扣存藩庫應解部庫之款，久未報解，曾降旨著各該督撫等統限三箇月解部交納。兹據户部奏稱，各該省共應解銀六十六萬九千四百三十五兩零，現已限期届滿。其業經解部，及已報起解尚未到部者，共銀五萬五千七百六十餘兩零，尚有銀六十一萬三千六百六

十餘兩，仍未完解。請旨飭催。此項銀兩均已扣存藩庫，自應遵照奏定限期，全數解部，何以遲至限滿，報解仍復寥寥，實屬延玩。著各該督撫等嚴飭司道認真趕辦，將應解部庫銀兩迅即委員起解，赴部交納，並將起程日期，先行咨部查覈。如再遲逾，著即將延不解交各員據實奏参，毋稍徇隱，以示懲儆。

戊子，以故土爾扈特扎薩克輔國公巴彦克什克子滿積多爾濟襲爵。以故奉國將軍碩景子惠興降襲奉恩將軍。

《道光朝籌辦夷務始末》卷七二 六月戊戌，諭軍機大臣等：耆英奏，接見咪唎㗎使臣大概情形一摺。覽奏均悉。該夷使等所呈貿易條款，據該督詳閱，尚與新定章程約畧相仿，無礙通商大局，業經分别准駮，飭令藩司黄恩彤面與會議，計日自可議定。至其情詞閃爍，動以北駛爲挾制，殊屬詭詐，該督已剴切曉諭，阻其北行。若復嘵嘵瀆請，但當諭以北省並無通事，内地官員不能通曉該夷言語，且彼處並無專司夷務之大臣，必至徒勞遠涉，仍返廣東等語，切勿過於著跡，致令該夷使疑我畏事，愈生挾制之心，是爲至要。一俟如何定議，即行據實具奏。至該督查看噫哂爲人似尚明白，即諭以堅守成約，勿稍反覆。其大西洋舊兵頭吐喇喊啦㗐哆呈遞公文，亦有北上之請，業經該督曉諭阻止。惟咈囒哂使臣喇吃呢據咪夷聲稱約計一月後可以到粤，似與咪夷通同一氣。俟該夷到日，如亦遞呈求見，著耆英察看情形，一體設法羈縻，勿使别生枝節。

《宣宗實録》卷四〇六 壬寅，諭軍機大臣等：琦善奏，接據班禪額爾德尼等控訴諾們汗貪黷營私各情一摺，並將所遞各呈分繕呈覽。該諾們汗噶勒丹錫哷圖薩瑪第巴克什現在掌辦商上事務，如果實有狂妄貪奸各情，於黄教大有關繫。著琦善會同班禪額爾德尼並率同第穆濟嚨呼圖克圖哷徵諾們汗等逐款確查，據實条辦。其商上事務，著照議准令班禪額爾德尼暫行兼管，第穆、濟嚨、哷徵三人並令隨同學習，俟一二年後，由該大臣會同班禪額爾德尼酌保一人，掌辦商上事務。

癸卯，諭軍機大臣等：耆英奏，咪唎㗎夷使呈遞文書，停止北上，並會議條約情形一摺。覽奏俱悉。該夷使於北上一節，既已停止。【略】天朝撫馭外夷，一視同仁，現既諭阻該國使臣，自無准令他夷入覲之理。該夷志在通商，惟以條約爲急，自應相度機宜定議，斷不可稍爲遷就，别生枝節。該督總須統籌全局，妥立章程，以期經久無弊。

戊申，諭内閣：【略】兹據該督奏請專辦招墾，立限升科等語。荒地既多，其間私種者或漏未升科，抛荒者或憚於墾復，若非特派大員親加周歷，廣爲勸諭，則委員捏飾、州縣遷延種種弊端，終無實效。所有該省招墾事宜，著即責成鄧廷楨專心妥辦。其藩司篆務，著楊以增暫行署理。甘肅臬司，著富呢揚阿派員接署。鄧廷楨曾經歷任封疆，此次又棄瑕録用，簡任藩司，必能激發天良，仰體朕意，實力講求，著於接奉諭旨後，親赴各屬，逐一勘明，將堪以墾復之處，設法招徠，一律報墾。其有未經報明，私行墾種者，均即勒限照例升科。儻各州縣畏難苟安，藉詞阻撓，並著指名条奏。務使查辦之後，野無曠土，人盡歸農，以實邊儲而足民食，毋得仍照向年舊案苟且塞責。

《道光朝籌辦夷務始末》卷七二 戊申，諭軍機大臣等：敬敷等奏，㖿夷領事到省籌議開市一摺。據稱夷酋噫哌畤因福州通市未便再緩，派李太郭前來辦理，厦門因無人可换，仍令乩哩啼經管。李太郭到省後，經徐繼畬等在城外接見，詞語極爲馴順，惟通商事宜，以初到尚無頭緒，懇請緩議等語。福州爲議定互市之區，該夷現派領事前來，自應准其開市，所有通商事宜，著即督飭該藩司等遵守歷次定章，悉心籌議。該處通商事屬創始，民情地勢恐與他處不同，尤須詳察情形，斟酌妥善，方可經久無弊。如有應行變通之處，並著該督等隨時奏明，酌量妥辦。

己酉，諭軍機大臣等：耆英奏，咪唎㗎夷使呈出國書，停止北上，並議定條約一摺。所辦甚好。該夷使請求北上，意在親遞國書，經該督熟察夷情，反復曉諭，始據該夷使將國書呈出，求爲代奏，不復希冀進京。其所呈條約清册，亦經逐款議定，鈐印分執，以釋其疑而堅其信，辦理均合機宜。所繳國書，著俟譯出後，遇便呈覽。另片奏，探聞咈夷使臣喇吃呢帶兵船七隻，火輪船一隻，在小吕宋停泊，或來粤暫駐，或徑赴天津，均未可定。夷情狡譎，自當加意嚴防，但現在尚無端倪，不可先事張皇，轉致别生枝節。廣東爲往來要道，該夷船無論駛往何口，自必經過粤洋，著該督密飭委員加意哨探，見有該國來船蹤跡，即行飛速稟報，探其來意，相機辦理。如實有北駛情形，即一面奏聞，並飛咨沿海各省一體防範，妥爲撫馭，務於鎮静之中，仍不失豫防之意，是爲至要。

《東華續録》道光四九 壬戌，諭軍機大臣等：傳知前鋒統領、護軍統領等，著將該處所貯陰文合符五扇送交軍機處，貯大内永不動用。新頒陰文合符四扇，著交該統領等敬謹收貯。此旨著軍機處、該統領均各存記。

《宣宗實録》卷四〇七 七月丙寅，諭軍機大臣等：據琦善等奏，西藏駐防

弁兵，原係三年一换，例准雇役番婦，代司縫紉樵汲，迨後留防過多，更换日少，該弁兵姦生之子，在營食糧者現已十居二三。兼之因差來藏之弁兵，並無留防之例，亦准留藏候補，竟有待至二三年，方得輪補缺糧，各弁兵日形苦累等語。內地赴藏駐防弁兵，原以備緩急之用，此時若照例查辦，自必驟加厲禁，恐難相安。然仍舊因循，年復一年，不但帑項有虧，且恐在營弁兵漸成唐古特族類，儻偶有事端，難資得力。此事甚有關繫，自當漸次裁革。著該大臣等嗣後遇换防之期，即行照例更换，少准留防。其有欠項者，酌量給發，俾令餬口有資，餘均盡數扣還。如有兵糧缺出，即著慎加遴擇，凡身家不清者，概不准其挑入。並著揀擇兵丁若干名，暫留琦善署中，勤加教練，以收實效而杜弊端。總之，有虧帑項其弊小，成其族類其患大，懔勉爲之！

丁丑，諭內閣：鍾祥等奏，中牟壩工豫籌補築，將現在勘估情形及約需銀數，請旨辦理一摺。中牟大工口門一日不堵，則下游三省災黎一日不安，現在時逾立秋，自應豫爲籌計。該河督等親往勘估，所有應辦各工，著即照所議次第辦理。惟興舉要工，事關重大，此次全工事宜，著責成鍾祥、鄂順安仍遵前旨，實力實心，和衷辦理。其挑河購料諸事，不得任聽劣員冒濫估計，以重帑項。該河督等係朕特加委任，與欽派大臣無異，務當激發天良，認真督辦，斷不准游移推諉，貽誤要工。朕惟知賞功罰罪，別無可諭，其懔之！勉之！

《東華續録》道光五〇　甲申，湖南耒陽縣首逆陽大鵬就擒，檻送京師伏法。

戊子，湖北荆州萬城隄溢，命裕泰堵治之，並撫卹災民。

《宣宗實録》卷四〇七　庚寅，諭內閣：布彥泰等奏，墾復荒地，勘估興工一摺。開墾地畝，必先講求水利，來源暢旺，則灌溉有資。現在惠遠城東阿齊烏蘇廢地，據該將軍親往周歷相度，可以墾復十萬餘畝，擬引哈什河之水以資貫注，將塔什鄂斯坦回莊舊有渠道，展寬加深，即接開新渠，引入阿齊烏蘇東界，並間段酌空支渠，俾新墾之田便於澆灌。所議均屬合宜。該將軍等即飭承辦各員認真妥辦，務在因地制宜，順流利導，以期經久有益。仍著該將軍等隨時前往查驗督催，毋任稍有怠玩，其應需工費，現據勸諭捐辦，著俟全功告成後，由該將軍等查明捐工出力各員，覈實保奏，候朕施恩。

辛卯，命綏遠城將軍奕興來京，以察哈爾都統鐵麟署綏遠城將軍。

甲午，河東河道總督鍾祥等奏，遵旨密籌中牟大工，勢難緩辦者有四：一、查中河口門有關三省災黎，即以豫省災民而論，以工代賑尚可力作謀生，若一旦議停，則本年無計禦冬，民情益滋惶惑；一、口門原築四百二十餘丈，現在補進埽占圈築不過二百餘丈，若再緩一年，原築壩工稭料朽腐，必致前工盡棄；一、本年黄河來源尚不甚旺，而當六月盛漲之時，省城外劉寺支河所築埽壩已岌岌可危，若大工緩辦，明年伏秋水旺，劉寺河埽壩萬一不能保守，則省城有浸灌之虞。而全黄下注，江南洪澤湖高堰亦必喫重，不可不慮；一、查上年至今撫卹加賑約計費銀二三百萬兩，蠲緩錢漕尚不在此數之內，豫省如此，皖省亦然，若再緩一年，兩省賑撫之費仍需數百萬兩，與其蠲緩而聚失業之民，不若河復而收安全之益。以上四條，均係實在情形。【略】自應趕緊修築，現在時交白露，河勢不至大有變遷，所有挑河築壩購料各事宜，著即剋日興舉。前所請餉銀四百五十萬兩，業經户部如數籌撥，定可源源解工，著即將此項撙節動支，覈實稽查，斷不准辦料辦工之員稍有浮冒。鍾祥、鄂順安辦理大工，責無旁貸，惟當相度機宜，實心經理，於慎重之中，力求妥速，固不可草率從事，尤不可遷延玩泄，坐失事機，是爲至要。

《東華續録》道光五〇　八月丙申，免浙江、江蘇失事文武員弁死罪，遣戍新疆。

《道光朝籌辦夷務始末》卷七二　庚子，諭軍機大臣等：耆英等奏，【略】咪夷嚈嘘探有回國情事，並議令各國商船准赴澳門貿易各等語。覽奏均悉。澳夷久住中華，素稱恭順，現議以三巴門爲界，已於錯處之中示區別之意，礮臺居民，均毋庸遷建，澳中房屋近來多有空間，自不致於三巴門外妄肆干求。著即照所議，妥爲辦理。至該夷所請各國商船准令赴澳一體貿易，既據該督等查無流弊，藉可繫澳夷之心，並可分香港之勢，亦著照所議變通辦理。嘆夷夷書內查無將通市馬頭編立新州府名號之事，或係傳聞之誤，嚈嘘果否已回本國，其國中究有何事，務即密查明確，據實具奏。至外夷互相争勝是其常情，此次辦理夷務，給予條約，准其在各省通商，已屬格外施恩，該夷等惟當恪守章程，共享昇平之福，不得於議定各條之外，妄生覬倖。國家撫馭外夷，一視同仁，斷不使彼此稍分厚薄，致啟争端。如該夷等續有干求，該督等務當剴切曉諭，嚴加駁斥，毋得稍涉含混，又致別生枝節。

《宣宗實録》卷四〇八　庚子，兩廣總督耆英等議覆御史江鴻升奏，水師巡哨章程。廣東洋面遼闊，内分中、東、西三路，請每年分爲上、下兩班，定以三月間由中路虎門起巡至本省西盡頭之白龍尾止，九月間亦由中路虎門起巡至本省

東盡頭之銅山洋面止，其東路之南澳與西路之瓊州營，分定以六月間往中路，三面會哨。又南澳鎮兼轄閩粵洋面，應於六、九兩月會巡之外，再令該鎮右營將備每月分兩班輪巡，與閩省左營會哨，俱令取結詳報。下部議，從之。

辛丑，諭内閣：哲布尊丹巴呼圖克圖之呼畢勒罕本年年甫二歲，西藏距庫倫路途甚遠，該徒衆一切難以照顧，未迎至喀爾喀地方以前，與伊父母，均責成班禪額爾德尼看顧。俟呼畢勒罕年至五歲時，照舊由班禪額爾德尼受戒。

甲辰，烏嚕木齊都統惟勤奏，伊拉里克之地曾經查出，並訪得庫爾喀喇烏蘇所屬之奎屯地方，亦有荒地，似堪開墾。得旨：第一無礙蒙古生計，方可辦理。

辛亥，諭内閣：裕泰奏，查明李家埠老隄漫潰情形，請將防護不力之知府道員分別革職，摘去頂帶一摺。湖北荆州府知府程伊湄於修防大隄是其專責，既不能先事豫籌，迨漫缺之後，又不將隄頭妥爲裹護，以致刷寬至一百五十餘丈之多，實屬辦理不善。程伊湄著即行革職，仍留工效力，以示懲儆。荆宜施道李廷棨有兼轄之責，經該督奏委督防，不能搶護平穩，致有漫缺，亦難辭咎，著即摘去頂帶，責成監修。如不能妥速竣工，著一併嚴叅具奏。

《東華續録》道光五〇　辛亥，命寶興拏辦四川嘓匪。

《宣宗實録》卷四〇八　丙辰，諭内閣：兵部議覆恩桂等奏，變通升補步營協尉等官一摺。

己未，以詹事府詹事倭仁爲大理寺卿。

《宣宗實録》卷四〇九　九月丙子，諭内閣：布彦泰等奏，遵查伊拉里克地畝無礙蒙古生計，堪以開墾一摺。據稱，伊拉里克地方與喀喇沙爾所屬蒙古遊牧之地，以山爲界，界址甚明。該處河水一道，係由山之東面流出，距蒙古遊牧之地尚隔一山，相去甚遠，於蒙古生計毫無妨礙等語。該處地畝既無礙蒙古生計，著即由該將軍等會籌設法招户開墾，其挑空大渠支渠並洩水渠引用伊拉里克河水之處，均照所議妥行辦理。至附近之布拉克泉紅柳灘一帶，尚有可墾之地，著俟伊拉里克渠道開成後，體察籌辦。其奎屯地方未墾荒地，仍著確切勘明，覈實具奏該部知道。尋奏，奎屯一帶地方，甚屬寬廣，其中有河一道，係由庫爾喀喇烏蘇南山積雪融化，匯流成河，其近水地畝，早有營屯户民承種納糧。又蘇沁灘荒地，查有一萬餘畝，土脈肥潤，皆可開墾，祇須挑空渠道，引水入地，俱成沃壤。得旨：依議。惟積雪融化之水能否用之不竭，應詳酌。

《道光朝籌辦夷務始末》卷七二　壬午，諭軍機大臣等：據耆英奏，連日接見夷使大概情形一摺。覽奏俱悉。咈囒哂夷使到粵，經該督連次接見，詳加詰問，該夷使請頒嘆、咪兩國貿易章程，自應查照前議條約，令其仿照辦理，其越分妄求各情節，萬無允准之理。至所請進京朝見一節，著諭以天朝體制，大皇帝從不接見外夷，徒勞跋涉，即如嘆咭唎、咪唎㗆亦未進京朝覲，中朝撫馭外夷一視同仁，豈肯稍分彼此，該國自當與嘆、咪兩國共遵條約，不得於例外妄有干求。該夷使叵測情形，不可不密爲防範，該督務當設法羈縻，示以鎮静，不可别生枝節，諒該督必能仰體朕意，籌畫萬全也。

《宣宗實録》卷四〇九　乙酉，諭内閣：訥爾經額奏，永定河南七工大壩合龍，並請酌保捐資出力各員等語。此項工程，先後動用過滹沱河生息銀三萬兩，著照例造册報部，其不敷銀十二萬餘兩，免其造册報銷。所有捐數較多並在工尤爲出力者，著該督酌保數員，候朕施恩，毋許冒濫。革職留任之永定河道張起鵷、三角淀通判翟宫槐，現在辦工尚知奮勉，著俟來年三汛安瀾後，如果始終無誤，再行奏請開復。專汛東安縣主簿王錫震，前既疏防，辦工又不得力，著即革任，以示懲儆。

《東華續録》道光五〇　乙酉，申嚴武弁乘轎禁例。

《宣宗實録》卷四〇九　丁亥，諭内閣：阿克蘇辦事大臣輯瑞於該處開墾荒地，未經具奏，率即興工，所稱阿奇木伯克郡王愛瑪特等捐備口糧羊隻之處，恐有抑勒捐捐情事，所辦實屬冒昧，輯瑞著交部嚴加議處。該處開墾事宜，著暫行停工，候旨辦理。

兵部議覆，盛京將軍禧恩奏，請添設捕盜弁兵章程八條。

《道光朝籌辦夷務始末》卷七二　辛卯，諭軍機大臣等：耆英奏，設法籌辦夷務，漸有條理一摺。覽奏俱悉。所諭夷使各條，正大得體，亦是實理，甚屬可嘉。現在該國夷人咖嘮喇既向喇嘮呢逐款言明，自不至再有妄求。惟所請天主教弛禁一款，著諭以天主教係該國所崇奉，中國並不斥爲邪教，實爲我國習教之人藉教爲惡，是以懲治其罪，並非禁該國之人崇奉也。似此婉轉開導，定可帖然。該督務當堅持定見，折以大義，仍隨時體察夷情，妥爲駕馭，不可節外生枝。至通商事宜，俟商定條約後，再行具奏，請旨辦理。

《宣宗實録》卷四〇九　壬辰，伊犁將軍布彦泰奏，開墾阿齊烏蘇山地，大局已成，渠道全通。現將極東之哈什河引放入渠，皆已盈科遞進，水到渠成。旋又查看渠尾，則已瀠洄轉注，洩入烏合哩里克河，並無阻遏之處，十萬餘畝之地一

律灌溉，無誤春耕。得旨：所辦甚屬可嘉。

《道光朝籌辦夷務始末》卷七三　十月乙未，諭軍機大臣等：本日據耆英奏，咈夷請弛習教禁令一節。已有旨諭令耆英再向該夷使明白開導矣。該夷使果能聞言輒悟，固屬甚善。儻仍堅持前説，曉曉不已，竟有不肯轉移之勢，該督即相機辦理，諭以我朝於該國天主教本未嚴申禁令，且近年來中國亦無傳習此教之人，現在該國條約内既經載明祇於通商五口地方建堂禮拜，斷不越界傳教，即許以開禁，亦無不可。惟此事大有關繫，萬無明降諭旨通諭中外之理，其應如何措詞，曉諭該夷，准其弛禁之處，著該督細心籌度，既可令該夷輸服，且不至有傷大體，即行酌擬檄諭，迅速奏明，候旨遵行。

《宣宗實録》卷四一〇　戊戌，御太和殿傳臚，賜中式武舉一甲張殿華、錢昱劉、清江三人武進士及第，二甲王琴堂等十人武進士出身，三甲祥保等七十一人同武進士出身。

癸丑，諭軍機大臣等：據鍾祥、鄂順安奏，溝工、線工將次完竣，現在加挑引河及挑水壩興工日期一摺。此次中弁大工下游溝線工程，業已將次完竣。至挑空引河，爲全河最要關鍵，除積水較深之處，順勢搶挑外，其應估加挑之處，自應勒限趲挑，以期一律通暢。至接挑引河頭移建挑水壩及建築東、西二壩工程，均著照所議辦理。

壬戌，諭軍機大臣等：前因阿克蘇和闐等處辦理墾荒，酌給回户承種，並據烏什辦事大臣奏請裁屯撤兵，節經諭令達洪阿親往查勘，會同布彦泰妥議具奏。兹據達洪阿奏，舊疾復發，驟難就痊，已明降諭旨准其開缺，回旗調理矣。阿克蘇等城，民回雜處，現在開墾荒地，若令民户認種，究竟能否相安，及酌給回户承種，日後有無流弊之處，必須另行派員親歷各該城，體察情形，熟籌定議。伊犂前辦開墾事宜，經該將軍奏明委林則徐查勘辦理，尚爲妥協，著即傳諭林則徐前赴阿克蘇烏什、和闐周歷履勘。並著布彦泰選派明白曉事之協領一員，隨同前往勘視。仍由該將軍察覈情形，斟酌議定，奏明辦理。再本日據常清奏，查出庫車可墾荒地，捐廉興工，請給無業回子承種等語。著一併交林則徐就近往勘，由該將軍覈明具奏，務期日久相安，毋啓争占之弊，是爲至要。

《道光朝籌辦夷務始末》卷七三　十一月戊辰，諭軍機大臣等：前據耆英奏，咈囒哂夷使懇請將天主教弛禁，當經諭令詳細熟籌。兹據該督酌擬具奏，朕詳加披閲，所擬妥協周密，於俯順夷情之中，實能無失大體，可嘉之至。咈囒哂夷使於天主教弛禁一節，既經反覆開導，無可轉移，自不得不稍示變通，以消疑貳。該督另摺所擬，准將習教爲善之人免罪之處，於滋事爲非者仍治以應得罪名，於外國習教者仍禁其擅入内地，所奏自屬可行，已於摺内批明依議。著該督即將原摺行知該夷使，俾益感天朝寬大之恩。其通商各海口，並著該督轉行移咨各該督撫，一體遵照辦理。再據該督奏，遵擬頒給咪唎㗔詔書，詞意甚爲曉暢。著即照該督所擬底稿，用清文行書繕寫頒給，俟繕妥後，再行發交該督，轉給該夷使祇領。

《宣宗實録》卷四一一　庚午，諭軍機大臣等：長蘆鹽務日形疲敝，總由私梟充斥，以致官引滯銷，必須嚴加整頓。著訥爾經額、普琳按照摺内所指各地方，飭令該管文武員弁將私梟淵藪及分股占地之回民，實力查拏。其沿海私灘，尤應設法封禁。儻查有地方文武因循畏葸，巡緝懈弛，甚至得規賣放，即著該督指名糸奏，毋得稍事姑容。

丙子，諭軍機大臣等：前據耆英奏，咈囒哂夷使到粤，陳請各款，有中國所屬之琉球等國准予據守，亦有裨益之語。該督等設法勸諭，逐款言明，所有妥議各情，均即不復提起。旋據議定通商條約，業已照議准行矣。

己卯，諭内閣：前因查庫御史銀庫司員罰賠庫項，於限内及展限後陸續全完，降旨交軍機處存記，每届限時奏明請旨。兹據開單呈覽，所有歷任查庫御史，已革刑部侍郎黄爵滋著以員外郎用，已革頭等侍衛那瑪善、已革太常寺少卿成觀宣均著以主事用，已革降調鴻臚寺少卿孫日萱、已革降調御史殷德泰均仍著革職；歷任銀庫司員，已革江蘇松江府通判薩克慎著以九品筆帖式用，已革員外郎富通著以七品筆帖式用，已革降調三庫檔房主事奎弼仍著革職。

丁亥，諭内閣：壁昌等奏，籌議江南水師船政酌定章程，並陳明從前積弊一摺。江南水師營船，爲内外洋會哨巡防之用，關繫甚重。滋據該督查明，不堪應用者多至二百六十餘隻，歷任修造經管各員本難辭咎，惟歷年既久，物故者多，著毋庸查糸。經此次明定章程之後，如再蹈從前積習，著該督即行嚴糸治罪，决不寬貸。

庚寅，諭内閣：道光八年曾經降旨文武大臣内有年逾六十五歲者，於召見時，准由内右門出入。其帶領引見一節，未經分晰降旨。嗣後凡遇朕御養心殿召見，及各衙門帶領引見時，除内廷諸臣例得由内右門行走者仍照舊行走外，其餘王貝勒等及文職三品以上、武職二品以上各大臣内有年逾六十五歲者，均加

恩准其由內右門出入，以示體恤。

《宣宗實録》卷四一二　十二月癸巳，諭內閣：耆英等奏，酌議礮臺互換管理一摺。廣州旗營專爲駐防省城而設，所有城上神安礮臺，著准其改歸旗營撥兵防守。其鳳凰岡礮臺離城十餘里，旗營既難兼顧，著即改歸緑營駐劄，俾各就近經管，以昭覈實。

甲午，諭軍機大臣等：鍾祥、鄂順安奏，續得進占丈尺，並引河將次全完一摺。【略】總期於春前妥速蕆事，以慰廑注，斷不可遷延觀望，貽誤要工，勉之！慎之！

丙申，諭內閣：前因甘肅省荒地較多，特降旨令鄧廷楨親歷周勘，設法招墾。兹據奏稱，各屬履勘完竣，計共查出荒熟地一萬九千四百餘頃，又番貢地以段折畝一千五百餘頃，又寧夏鎮馬廠歸公地一百餘頃，分別差等，酌量升科。該藩司奉派專辦，所到之處勸諭詳明，妥速蕆事，甚屬可嘉，著加恩賞換二品頂帶，並交部議敘。其隨帶委員及各州縣，著擇其尤爲出力查地較多者，詳明該督，酌量保奏，候朕施恩，無許冒濫。

丙午，實授璧昌兩江總督，以福州副都統敬斆爲福州將軍。

戊申，命協辦大學士、吏部尚書卓秉恬爲大學士，調工部尚書陳官俊爲吏部尚書，協辦大學士，以都察院左都御史杜受田爲工部尚書，户部左侍郎祝慶蕃爲都察院左都御史。

庚戌，封莊親王綿譁子奕仁輔國公，輔國公奕禮子載茂、恆明子裕善一等奉國將軍，成郡王綿懃子奕綍，故貝勒奕繪子載鈞、奕綸子載綱一等輔國將軍，貝子綿清子奕權二等輔國將軍，克勤簡郡王尚格子承智、順承簡郡王倫柱子春瑞二等輔國將軍，倫忠子崇儉三等輔國將軍，蘇芬子承藩三等奉國將軍，鄭親王烏爾恭阿子寬略、奉恩鎮國公永康子綿亨、綿達、綿忠，輔國公禧恩子徵壽，故輔國公敬敦子恆訓，故二等鎮國將軍綿岷子奕桷，二等鎮國將軍吉恩子岳壽、敬斌子質淳三等輔國將軍，貝子綿清子奕榕，奉國將軍純惠子崇謙奉恩將軍，賞寬略、奕仁、奕綍、載鈞、載綱三等侍衛，奕榕、綿亨、徵壽、恆訓、奕桷、質淳四等侍衛。

《東華續録》道光五〇　甲寅，諭：禮部奏，遵旨查議一摺。趙景賢籍隸歸安，在烏程考試入學中式，實屬有違定例，著即革去舉人，免其治罪。趙炳言自行檢舉，著加恩改爲交部察議。至《學政全書》所載同省異府、同府異縣不准冒籍入學，其同城異縣是否准其通考之處並無明文，應如何酌定章程，著禮部妥議具奏。又另片奏，籍貫舛錯者，限一年內自行呈明等語。著照所議辦理。

《宣宗實録》卷四一二　己未，諭軍機大臣等：前據琦善等奏，商上布施請仍歸商上經理等語，當交該部議奏。兹據奏稱，商上布施出納向由駐藏大臣稽查覈辦，但憑商上呈開仍屬有名無實。嗣後商上及扎什倫布一切出納，著仍聽該喇嘛自行經理，駐藏大臣毋庸經管。

庚申，諭軍機大臣等：耆英等奏，勘驗虎門礮臺，量爲增改一摺。覽奏均悉。虎門險要之區所設礮臺，必須修築堅實，防護之法尤在調度得宜。現據該督親赴該處，會同該提督逐加履勘，將守禦之術、應援之方詳細籌明，量爲增改。均著照所議妥速辦理。惟設險固資地利，守險尤貴得人，仍著耆英督率提鎮及各將弁認真練習，嚴立章程，歷久不懈，務使操防得力，毋令視爲具文。礮臺現雖整完，如有應行修補之處，該督等仍當隨時察看辦理，以期經久。

《東華續録》道光五〇　是歲，朝鮮、暹羅入貢。

道光二五年（乙巳、一八四五）

《宣宗實録》卷四一三　正月乙丑，諭內閣：本日據鍾祥等馳奏，中牟大工合龍日期一摺。此次興辦大工，責成鍾祥、鄂順安專心督辦，節據該河督等將辦理情形隨時奏報，至上年十二月十八日，啓放引河，黄流東注，甚爲暢順。兹據奏稱，於二十四日兩壩同時挂纜，料土並進，追壓至底。復因水勢湧激，間有刷蟄，竭兩晝夜之力趕飭搶辦，所築埽占一律高整穩實，大工合龍，金門斷流，全溜悉歸故道，暢達東趨，順軌安瀾，此皆仰賴天神加佑，俾於春前一律蕆工。朕慶幸之餘，倍深寅感，發去大藏香十炷，著鍾祥虔赴各處河神廟，代朕敬謹祀謝，以答神庥。鍾祥、鄂順安經理得宜，迅速蕆事，洵爲不負委任，均著加恩賞還二品頂帶，並賞戴花翎，其從前革職處分，即予開復，仍各賞加二級，准及隨帶。慧成等在工差委各著勤勞，慧成著加恩以六部員外郎用，麟慶著以四品京堂用，牛鑑著賞給七品頂帶。其餘在工出力員弁，並著該河督等覈實保奏，候朕施恩，毋許冒濫。

《東華續録》道光五一　庚午，孫善寶以病免，調李星沅爲江蘇巡撫，惠吉爲陝西巡撫，以程矞采爲漕運總督，黄恩彤爲廣東巡撫。

《道光朝籌辦夷務始末》卷七四　壬申，諭軍機大臣等：前據劉韻珂等奏，

接准琉球國王密咨，有咈囒哂國船一隻，駛至該國，强留執事、通事各一人。並稱數月後，另有大船前來等語。當經諭令耆英確查具奏。兹據奏稱，咈夷咯嘆嘲一船探明上年三月間到琉球國一次，七月間已回廣東，並未復往，十二月即回本國，此外亦無另有兵船前赴琉球之事。琉球臣屬天朝，素稱恭順，該國因見有咈船懇請查辦，不容置之不問。現既探明咯嘆嘲兵船回國，並無續往之船，是其覬覦之心已息，自可彼此相安，不至再行滋事。惟所留執事、通事二人尚未查有確據，仍著耆英隨時察訪，並俟今春喇噂呢到粤設法探詢。如果該執事等尚在琉球，務須勸導該酋令將所留之二人撤回本國，以期永久相安，方爲妥善。

《宣宗實録》卷四一三　癸未，諭軍機大臣等：耆英等奏，遵旨酌議演放礮位章程，並捐辦火藥賞犒經費各事宜一摺。覽奏均悉。大礮爲防海利器，必應勤加演習，點放有準，方能制勝。所有虎門各臺著責成該提督等按月操演，內河各臺責成該副將等按季操演，不准虚應故事。仍著該督於公事稍簡之時，親赴戰船各臺，逐加試演，務令該弁兵等日臻熟練，毋任日久懈弛。

册封朝鮮國王李奐繼妃。

吏部以大學士卓秉恬應定何殿閣請。得旨：著爲體仁閣大學士。

乙酉，諭内閣：禮部奏，遵旨酌議應考章程一摺。據稱各省異縣同城者，即照同府異縣之例，均不准其通考。惟異縣同城與同府異縣者，究竟有無區别？至所稱土著良民初應童試，如兩縣各有糧税，以現在所居之室廬爲斷等語。各省士民室廬，遷移無定，有祖父本居是縣而子孫遷居他縣者，並有本身初則籍隸是縣後經遷徙他縣者，又將作何辦理？若概以室廬爲斷，難保不啓抑勒訛詐之漸。且各省考試文童，尚有商籍、竈籍、衛籍等名目，或其人在是省充商而室廬轉在鄰省，該文童取進時，經學政分撥府學、縣學，其父兄子弟籍貫即不能畫一，應如何明定章程，俾無窒礙之處，著禮部另行妥議具奏。

《宣宗實録》卷四一四　二月丁酉，諭内閣：理藩院奏，請换賞班禪額爾德尼金册一摺。所有班禪額爾德尼應换金册，著各該衙門於本年三月内趕辦完竣，即交該堪布等敬謹齎回，由駐藏大臣轉交祇領。至應换金印，著琦善等傳知班禪額爾德尼於下届後藏年班堪布進京時，將現用金印交該堪布齎京，以便照式鑄造，仍發給該堪布等領回轉給開用。

甲辰，諭内閣：禮部奏，遵旨另議同城異縣考試章程一摺。嗣後同城異縣父子籍貫舛錯者，著仍照該部前議，於文到日，限一年内呈明更正。如其父已故，間有兄弟異籍者，應令各入各籍，所生子孫，即以本身之籍爲籍，不得復行兩縣通考。至初應童試良民，祖父並未應試，於初届報考時，查明現在所居室廬，並取具各結送考，既考此縣，無論取進與否，以後縱有遷移，亦不得復考彼縣。至浙江商籍分撥縣學者，應如何辦理俾無窒礙之處，著由該部咨明浙江巡撫、學政詳查聲覆到日，再行覈辦。尋奏，浙江商籍童生，查係取進後，分撥杭州府、仁和、錢塘三學，以致父子籍貫未能畫一，嗣後商籍各生父子異籍者，限一年呈明更正。其應考童生，父兄曾撥何縣，應從父兄之籍。如初次報考，以現居室廬爲斷，卷面註明仁和、錢塘字樣，各按本籍，取進分撥。從之。

命都察院左都御史文慶馳赴四川，會同總督寶興審辦已革駐藏大臣孟保等濫提官物一案。

丙午，諭内閣：賽尚阿等奏，請重修呼圖克圖册檔等語。理藩院舊存呼圖克圖源流册檔年久失修，難昭信守，著理藩院會同章嘉呼圖克圖詳查妥辦，以資考覈。

己酉，諭内閣：廣東已故委員方玉達所解捐監等項餉銀，著王植迅即派委妥員接解來京。【略】嗣後委解京餉，應仍照舊制，十萬兩以上，委同知、通判管解；五萬兩以上，委州同、州判管解；五萬兩以下，委縣佐雜等官管解。

庚戌，舉行道光二十四年大計。

癸丑，諭内閣：前因仁壽、敬徵濫保孟保等堪勝副都統，有旨交該衙門議處。兹據該衙門照濫舉匪人例，議以降二級調用。【略】仁壽著退出内廷行走，革去宗正、領侍衛内大臣，仍折罰王俸六年半，不准抵銷。敬徵著革去協辦大學士、户部尚書、都統，以内閣學士候補，仍留總管内務府大臣。以爲濫舉匪人者戒。

轉宗人府右宗正烏爾恭阿爲左宗正，以左宗人綿偲爲右宗正，順承郡王春山爲左宗人。

命兩廣總督耆英協辦大學士，調工部尚書賽尚阿爲户部尚書，兵部尚書裕誠爲工部尚書，以都察院左都御史文慶爲兵部尚書，户部右侍郎成剛爲都察院左都御史。

以吏部尚書恩桂爲總管内務府大臣。

調正白旗領侍衛内大臣僧格林沁爲鑲黄旗領侍衛内大臣，以正紅旗蒙古都統車登巴咱爾爲正白旗領侍衛内大臣。

《宣宗實録》卷四一五　三月甲子，諭内閣：七阿哥於四月十一日入學讀書，著朱鳳標授讀。

《東華續録》道光五一　乙丑，諭軍機大臣等：耆英等奏，北爾日客國領事蘭瓦呈請貿易，有佛蘭西夷使剌萼尼來信代爲薦引，並查明該國即係曾經來粵通商之比利時國等語。該國停市已久，此次應否暫准貿易，所請五口貿易章程應否一體頒發，著該督體察情形，悉心妥酌辦理。

《宣宗實録》卷四一五　丁卯，以大學士穆彰阿爲會試正考官。

以禮部尚書李宗昉兼署兵部尚書，以吏部尚書恩桂署翰林院掌院學士。

丙子，諭内閣：鄉會試爲掄才大典，應試士子懷挾入場，自應照例黜革，從嚴治罪。至誤帶書本非本場應用之物，及誤帶前場所作文字，或以字紙包裹物件，情節各有不同，其作何分别辦理之處，必應詳明定例，以便遵循。現在科場條例内未經分晰聲敘，著該部將近年辦過成案，悉心參酌，畫一定議，即纂入條例，永遠遵行。其舊例内止係空言無從照辦者，著即酌量删除，俾從簡易，務使該士子等曉然於定例嚴明，無可避就，以歸覈實而革澆風。

丁丑，貴州提督張國相因病乞休，允之。以雲南昭通鎮總兵官王一鳳爲貴州提督。

辛巳，兩江總督壁昌、龍江關監督經文圖奏，遵查儀徵縣舊有税口，專收江廣漕船卸載木税，前任監督瑞長奏請改由龍江下關查驗，旋因有礙漕行，即行裁撤。查江廣幫船由長江北岸順流而下，有跨帶之木可禦風浪，過儀徵後，運河漸形窄淺，不能不在儀徵卸賣，令承買木商納税，以速漕行而裕國課，請仍復舊制，在儀徵抽收木税。從之。

陝甘總督富呢揚阿奏，訪獲傳習青蓮教匪徒夏長春等，按律懲辦。得旨：嚴密查拏，務要浄絶根株，不准稍有不盡之處。

《宣宗實録》卷四一六　四月壬辰，諭軍機大臣等：據李星沅奏，訊明現犯供情由四川素習青蓮教之李一原分途密遣，輾轉煽惑。又據裕泰等奏，緝獲匪犯陳依精等亦供有李一原勸令喫齋扶乩騙錢之語。是李一原布散妖言，轉傳徒衆，實爲此案教首。現雖據川省拏獲其弟及伊子到案，而該犯聞風潛竄，著各該督撫嚴飭所屬，無分畛域，迅速兜捦，務須剋期弋獲，盡法懲治。至陳汶海、彭超凡、郭建汶等主壇立教，詭稱總辦收圓大事，實屬法所難容，亦著一體嚴拏，毋任縱脱。

乙未，以河南勸捐中牟大工經費出力，予已革兩江總督牛鑑以主事用，餘升敘有差。

己亥，諭軍機大臣等：裕泰等奏，續獲習教從犯，究出夥黨潛匿處所，飛咨緝拏，並開具清單呈覽。【略】著訥爾經額嚴飭各屬密行訪查，如果有謝致良等私匿境内設教傳徒情事，即著嚴密掩捕，務期弋獲，仍須不動聲色，毋得累及平民，轉滋驚擾。

庚子，以户部尚書賽尚阿爲滿洲繙譯會試正考官。

《東華續録》道光五一　辛丑，壽恩固倫公主下嫁世襲一等公故工部尚書博啓圖子景壽。

《宣宗實録》卷四一六　癸卯，命雲貴總督桂良留京署鑲黄旗蒙古都統，以貴州巡撫賀長齡爲雲貴總督。

乙巳，諭軍機大臣等：劉韻珂等奏，籌辦福州、厦門兩處夷人住處情形。覽奏均悉。該督等既與該夷要約，自必確有把握，不至徒託空言。總之該夷酋等情既詭詐，性復貪刁，惟有妥爲駕馭，於一切機宜密之又密，不可稍露端倪。該督等身膺海疆重寄，責無旁貸，應隨時體察情形，相機辦理。

閩浙總督劉韻珂議覆御史江鴻升奏，水師巡哨章程。閩省南澳之盡頭，應令南澳鎮右營兵船於每年四月初一、八月初一兩日，與該鎮粵屬之左營兵船會哨於雲澳洋面。再於四月二十日，令水師提標南幫委巡兵船，巡至雞母澳洋面，帶同本處巡船，與南澳右營兵船會哨一次，均由南澳鎮取結繳報。其北洋之盡頭，應令烽火營兵船於每年三月初一、八月初一兩日，與浙江瑞安協兵船會哨於蒲門洋面。再於八月初十日，令水師提標北幫委巡兵船，巡至虎頭鼻洋面，帶同本處巡船，與瑞安協兵船會哨一次，由福寧鎮、温州鎮分别取結繳報。下部議，從之。

庚戌，諭軍機大臣等：據寶興奏，續獲邪教匪犯，訊取大概供情一摺。【略】據鄭子青供稱，現在總教主姓朱名中立，在湖北掌教，暗號八牛。並據吴懷琦供稱，有范秉書其人，係屬江南教主等語。著湖北、江南各督撫飭屬嚴密查拏朱中立、范秉書，務獲嚴審究辦。

《東華續録》道光五一　壬子，富呢揚阿卒，以惠吉爲陝甘總督，鄭祖琛爲雲南巡撫。

《宣宗實録》卷四一六　乙卯，上御太和殿傳臚，賜一甲蕭錦忠、金鶴清、吴

福年三人進士及第，二甲鍾啓峋等九十八人進士出身，三甲奎章等一百十六人同進士出身。

丙辰，以署鑲黄旗蒙古都統桂良署兵部尚書兼正白旗漢軍都統，户部左侍郎何汝霖爲兵部尚書，内閣學士敬徵爲工部尚書。

《宣宗實録》卷四一七 己巳，諭内閣：前據琦善奏，查辦已革諸們汗，並糾衆搶奪各犯罪名一摺。當交軍機大臣會同該部議奏，業已降旨分别辦理。兹據奏稱，上年冬間，拏獲糾搶人犯二百一十名内，除情節較重者分羈朗仔轄、碩里兩處外，其餘喇嘛一百八十名，暫交回寺拘管，俱極安貼。現據公遞甘結，自稱不敢脱逃，尚知畏懼，自宜量加末減。所有原議各犯罪名應如何酌擬從輕之處，著該大臣悉心酌覈，再行定擬具奏。

又諭：有人奏，江蘇上海縣至蘇州府一帶，有匪徒販賣鴉片，連檣載運，絡繹不絕。各船帶有火槍火礮，兵役畏其人多勢横，不敢查拏等語。販賣鴉片例應嚴禁，若如該御史所奏該匪等竟敢攜帶火器，意圖抗拒，地方兵役亦遂不敢查拏，尚復成何事體。著壁昌、陳繼昌等確切查明，如果實有其事，即嚴飭該管文武員弁遴派幹練兵役實力查拏，嚴行究辦，毋得畏葸養奸，致貽後患。

又諭：前據布彦泰奏，勘明庫車開墾地畝一摺，當交軍機大臣會同户部議奏。兹據覈議具奏，著即照所議辦理。因思回疆各城開墾荒地，朕意原以内地民人，生齒日繁，每有前往各城營生謀食者，如能將此項荒地，招致户民承種，則地無曠土，境鮮遊民，日久可成土著，俾得安所樂生，原非爲該處回户另籌生計，所以初降旨時，有查明具奏之語，乃各城隨奏隨辦，皆係輯瑞作俑，以致共相傚尤。現在庫車地畝既據全慶等往勘，請給回子承種納糧，復經布彦泰覈奏，自係因地制宜。惟事當創始，不可不豫防流弊，著布彦泰等體察各處回情，如有勒派苦累情事，即不可强以所難，稍存遷就。

以睿親王仁壽署正白旗領侍衛内大臣。

丙子，禮部尚書特登額等覆奏，鄉會試士子懷挾章程五條。

癸未，諭軍機大臣等：裕泰等奏，叅查拏教匪未能獲犯之沔陽州知州王毓濂，已明降諭旨摘去頂帶，勒限嚴拏矣。此案教犯朱中立既據州陝等省獲犯供指有總教主名目，而陳依精等又稱係彭依法之徒，是朱中立、彭依法皆案内要犯，必應迅速密拏，歸案究辦。該州王毓濂玩泄於前，安望其奮勉於後，躭延愈久，必至要犯遠颺。該督等僅照尋常案犯飭屬緝拏，殊屬不知輕重，顢頇從事，著裕泰等另委幹員嚴密躧緝，一有逃匿蹤跡即速捦拏，毋得稍有遲延，以致任其漏網。

丁亥，諭内閣：寶興奏，拏獲首要教犯一摺。四川省教首李一原，前因逃往重慶一帶，經該督飭屬嚴拏。兹據奏稱，該犯變易姓名，逃入樂山縣境，經該地方文武員弁督率兵役將該犯立時拏獲。所辦甚好。該犯李一原爲四川、陝西、甘肅三省行教之首，分遣其黨，四出傳徒，蔓延各省，實屬罪不容誅。著該督親提嚴訊，其習教傳徒始有何年，徒黨究有若干，現在藏匿何省，務令確切供指，毋任狡展，致有不實不盡。並著提同現獲各犯嚴切根究，毋留遺孽，所有未獲餘黨，仍著該督飭屬分路躧緝，以净根株。尋奏，李一原即李依微，先因習教改悔漏網，復捏造邪言傳徒煽誘，實屬教匪渠魁，審明後正法。王潛川等同惡共濟，除鄭子青、王化心、陳邦奎業經病故外，王潛川、李代照、王明寬即徐良請即正法，餘分别遣徒。下部議，從之。

《道光朝籌辦夷務始末》卷七四 六月甲午，諭軍機大臣等：耆英等奏，據稱吡嚹咀喀國商船爲數無多，今既遣領事蘭瓦求請照舊通商，若嚴行拒絶，難保其不潛附他國，仍來貿易。且據咈嚂哂夷使代爲請求，正可藉事羈縻，俾該夷使等同深感戴等語。該國領事蘭瓦現在小吕宋候旨，五月内即可赴粤。著俟詢查明確後，即將五口貿易章程，一體頒發，以示懷柔。

《宣宗實録》卷四一八 丙申，諭軍機大臣等：本日據訥爾經額奏稱，東省捻匪，夥黨衆多，慮被查拏，蟻聚不散，爲拒捕之計。業據該撫飭令曹州鎮派官帶兵分往濮州、鄆城兩路勦捕，濮州、鄆城、鉅野、定陶、城武等州縣各派捕役多名，隨同官兵在王家樓地方，與賊接仗等語。捻匪糾衆拒捕，恣行不法，必應及時勦辦，其直隸、山東連界各屬，尤恐此拏彼竄。著崇恩接奉此旨，即督飭員弁，選派兵役，並飭曹州鎮務與直隸所派員弁協力兜拏，總期羣匪不致漏網，地方日就肅清，是爲至要。【略】著訥爾經額揀派得力將弁，帶兵前往，擇要分駐，會同該地方官，不分畛域，四路兜捦，務將著名捻匪悉數弋獲，毋任此拏彼竄。如查明賊勢較衆，必須多集兵力，即著該督添調弁兵，相機妥辦，毋任日久蔓延，是爲至要。

辛丑，諭軍機大臣等：劉韻珂等奏，臺灣地方猝遭地震，情形較重，現已由省撥解銀兩，委員妥爲撫卹一摺。本年正月，臺灣府彰化縣地方陡遭地震，據稱統計坍塌民房四千二百餘户，壓斃男婦三百八十餘名口，此外被壓受傷者爲數

尚多，自應亟籌撫卹，以拯民困。現在已由該督等飭司在藩庫籌撥銀五千兩，委員解往，並委署同知史密會同該縣分别查勘，覈實散給。惟該處居民猝遭災患，情殊可憫，仍著該督等督飭臺灣道府親赴被災處所，逐加履勘，妥爲撫卹。如解往銀兩不敷應用，即於該道府庫内籌款添撥，務使實惠均霑，毋令一夫失所。

庚戌，諭軍機大臣等：崇恩奏，曹州府屬緝捕情形，及現在獲犯名數一摺。據稱，曹州府屬捻匪糾衆拒捕，經該地方文武員弁等督率兵役，拏獲捻匪四十六名，殲斃匪犯十一名，逃散餘匪分頭購緝，可冀陸續就獲等語。【略】該地方官既不能於未經起事之先迅速掩捕，以致蔓延數州縣，輒煩兵力，已屬辦理不善。儻再因循觀望，不將逃竄餘匪設法兜拏，致將來竄匿鄰境，復出滋事，惟崇恩是問，恐不能當此重咎也！懔之！

甲寅，以故奉恩將軍奕攀子載良襲職。

乙卯，工部尚書敬徵因病賞假，以正藍旗漢軍都統保昌署工部尚書，吏部左侍郎柏葰爲總管内務府大臣，禮部尚書特登額署管理欽天監事。

《東華續録》道光五一　戊午，諭軍機大臣等：有人奏，廣州府屬盜劫日滋，商民受害，請設法整頓一摺。據稱，廣州府一帶土匪劫掠爲生，結黨聚會數萬餘人。【略】似此盜劫横行，總由地方文武相率因循，以致肆行無忌，甚至持械戕官，擄官勒贖，殊堪駭異。著耆英、黄恩彤督飭所屬員弁，按照摺内所指各案及盜匪姓名確切查明，按名拏獲究辦，並寬籌緝捕經費，嚴定賞罰章程，務使盜賊肅清，農商安靖。

己未，江蘇中河廳桃源汛河溢，命潘錫恩堵治之。

《宣宗實録》卷四一八　己未，諭軍機大臣等：德興奏，總兵循例出口會哨，途次突遇番賊，打仗被戕陣亡，現派將領前往緝捕一摺。【略】連年番匪屢搶沿邊居民，今復聚衆戕害總兵大員，殺傷弁兵，必應痛加勦辦。

《宣宗實録》卷四一九　七月辛酉，諭内閣：欽天監奏，恆星表卷告成，繕本呈覽。著命名《儀象考成續編》，分修以下官生，交部分别議敘。

乙丑，諭内閣：御史岳慶奏，請飭督撫親提嚴訊上控之案，以安善良而懲刁頑一摺。【略】乃近來京控之案，不一而足，推原其故，總由民間詞訟案件州縣官不爲秉公審斷，甚至是非倒置，曲直混淆，骩法婪贓，無弊不作，以致小民含冤上控，而該督撫等復不爲親提究辦，仍發原審之員，該員等明知審斷錯誤，意存回護前非，又焉肯力爲昭雪，此京控之所以日多也。嗣後著各直省督撫等敬遵嘉慶年間諭旨，遇有所屬上控之案，務當力除積習，立即親提審訊。儻查有州縣任意妄斷，冤及無辜者，即隨時奏明懲辦，毋得徇庇屬員。此次飭諭之後，如再玩泄從事，必將該督撫等從重懲處，不稍寬貸。

辛未，諭軍機大臣等：據耆英等奏，丹麻爾國呈請設立領事，發給通商章程稅則等語。丹麻爾國既係向來通商之黄旗國，貿易最久，並未間斷。現請設立領事，發給章程稅則，係爲安分貿易起見，事屬可行。著即准其設立領事，經理一切，並頒給通商章程，貨物稅則，俾有遵守。該督等務即轉飭該領事於該國商人妥爲約束，毋得稍有販私漏稅情事，致滋弊端。

《東華續録》道光五二　辛未，命大學士卓秉恬管兵部事。

《宣宗實録》卷四一九　丁丑，諭内閣：兵部等衙門奏，議覆璧昌奏儲備水師人材，熟籌招募一摺。水師人材，自以熟悉海洋情形、精於駕駛爲重，舵工爲一船之主，必得深悉沙礁之隱見，潮流之順逆，方協機宜。該督請於商漁船上精選正副舵工，惟此項舵水人等，儻非嚴加查察，但取其熟諳水性，難保無匪類朦混冒充，别滋事端，所關匪細。著責成該地方及該管各官認真體訪，果係平日安分，衆所共知者，方准其出具切結，考驗充補。如充補之後，查有爲匪不法情事，即將出結官從嚴議處，毋得因循姑息，致誤海防。

庚辰，崇恩奏，續獲捻匪及地方情形一摺。前因曹州府境捻匪團結抗拒，未能盡數殲獲，降旨飭令兜拏，並將該匪私造擡礮根由，逐細查究。茲據奏稱，自鄆城縣棘承寺圍勦捻獲首犯之後，續經報獲多名，餘匪逃逸，居民現已安堵，自應酌撤官兵，無任紛擾。惟此項匪徒糾聚已久，總當就現獲各犯嚴行根究，按名查辦，斷不可將就目前，冀圖了事，致貽後患。至所獲犯内藏有軍械，自當盡數搜起，並究明何年私造私藏，分别加等治罪。其良民之家擅藏器械，例有明文，既據該撫出示曉諭，即著照舊辦理。惟不可任聽不肖胥役人等藉查禁爲名，紛紛擾累。

癸未，諭軍機大臣等：前據耆英等奏，裁撤守臺屯丁，改徵租息，募兵駐守一摺，當交該部速議具奏。茲據該部奏稱，該督等係爲海防緊要，因地制宜起見，裁撤屯丁，改添兵弁，足資捍禦，徵收租息，作爲兵食，亦屬有餘，應如所奏辦理等語。已降旨依議矣。

又諭：鄧廷楨等奏，官兵節次捕擊番賊，現在提鎮分駐要隘，會合勦辦一摺。覽奏俱悉。【略】著德興駐劄丹噶爾，督率官兵並蒙古等一併防範，毋得稍

有疏虞。並責成胡超督緝卡内之賊以清北路，站柱督緝卡外之賊以清南路，其餘防堵接應各事宜，俱著照所議辦理。

乙酉，大學士穆彰阿等議奏，據伊犂將軍奏稱，葉爾羌所屬之霍爾罕地方，新墾田九萬八千餘畝，現已開挑渠道，足資灌溉，但地處偏隅，與回莊雜錯，招民承種既多未便，不若分給回户，轉可相安。自係實在情形，應如所奏辦理。至巴爾楚克爲葉爾羌扼要之區，向無回莊夾雜，其未種餘地甚多，應令該城大臣設法招徠，將餘地全數招墾，務期糧足民多，漸成庶富，即以寓控制邊陲之意。此項工程係屬捐辦，總須妥爲經理，不得藉端勒派。其將來定則升科，應照葉爾羌歷年奏銷册報回子承種官地之例，將歲收糧石平分入官，仍悉心查覈，隨年豐歉，約計每畝歲收之數，酌定每畝徵糧之數，以杜收多報少之弊。應由伊犂將軍妥議章程辦理。從之。尋奏，應倣庫車、阿克蘇成案，每畝徵糧五升。但地係新畬，收成尚薄，請自道光二十八年升科起，是年徵收一半。至二十九年全數徵收，按照部價，每石折銀五錢，即留充該處經費。下部議，從之。

《東華續録》道光五二　八月庚寅朔，諭軍機大臣等：據鄧廷楨奏，官兵偵擊賊番，得獲勝仗一摺。此次賊番向硫磺溝腦衝突，經總兵站柱督率官兵占據山梁，殲斃甚衆，賊番業已畏懼，四散奔逃，正當趁其窮蹙之時，痛加勦洗。該賊番見雖逃遁，而卧牛河一帶爲向來賊匪出没之區，自應嚴飭防守，勿任竄逸，並於附近地面悉力窮搜，務期浄絶根株。此次打仗出力官兵，著惠吉查明保奏，候朕施恩，毋許冒濫。其陣亡外委一員及受傷兵丁，著與節次打仗傷亡弁兵，咨部請卹。

《宣宗實録》卷四二〇　壬辰，諭内閣：朕勤求民隱，子惠元元，自御極以來，蠲賦緩徵，恩膏疊沛，所願人安樂利，户裕蓋藏，俾閭閻日臻康阜。因念各省民欠錢糧，自道光十五年降旨蠲免後，計期已逾十稔。本年恭逢聖母皇太后七旬萬壽，海寓乂安，民物豐豫，允宜推廣慈恩，覃敷闓澤，用昭錫類之仁。所有各省節年正耗民欠錢糧，及因災緩徵帶徵銀穀，並借給籽重口糧牛具，及漕項、蘆課、學租、雜税等項，著各該督撫、將軍、府尹等將道光二十年以前實欠在民者，詳晰查明，該省所屬某州某縣銀穀若干，速行開單具奏，候朕降旨，全行豁免。並著先將此旨刊刻謄黄，徧行曉諭，務使城市鄉村咸喻朝廷德意，毋任官吏胥役等延擱侵漁，致滋弊竇。期吾民休養生息，孝弟力田，比户可封，催科不擾，用副朕延釐篤祜，申錫無疆至意。

癸巳，大學士、軍機大臣穆彰阿等奏，遵旨會議伊犂將軍布彦泰奏，喀什噶爾新開地畝事宜。原奏内稱，該處地畝分河東、河西兩處，河東之巴依托海，計地六萬七千二百畝；河西之阿奇克雅黑，計地一萬六千九十八畝。查河東毗連回莊，無民可招，不得不酌給回子耕種，仍宜予以年限，督令升科。至河西地畝既稱可招民户承種，自應設法速爲招徠，應請飭下該將軍等酌定限期，並升科引水各事宜，妥議奏明辦理。從之。

《道光朝籌辦夷務始末》卷七四　甲午，諭軍機大臣等：敬斆等奏，暎夷移寓厦門新館，鼓浪嶼全境收復一摺。覽奏均悉。該夷等既經遷入新館，鼓浪嶼前撥弁兵應即撤回歸伍。其避居難民亦應急爲招回，俾令復業。該將軍等仍須督飭該道妥爲安撫，剴切曉諭，務令該嶼民人各釋前嫌，毋得尋釁滋事。

《宣宗實録》卷四二〇　辛丑，調雲南巡撫鄭祖琛爲福建巡撫，山西巡撫梁萼涵爲雲南巡撫，福建巡撫吴其濬爲山西巡撫。

戊申，諭軍機大臣等：上年據劉韻珂奏，咈囒哂有船駛至琉球，强留執事、通事各一人在彼等語，當經降旨令耆英確切查明具奏。兹據耆英奏稱，詢據咈酋喇噂呢聲稱，係伊未到粤之先，兵頭嘞哂咡遣人前往，當於前赴通商各口之便，將該二人撤回，以後斷不再令前往。並稱尚有文書一件，續即送來等語。著俟耆英將該夷文書咨行到閩後，該督即轉咨琉球國王知悉。

《道光朝籌辦夷務始末》卷七四　戊申，諭軍機大臣等：耆英等奏，咈夷已就範圍，約册亦經互换一摺。覽奏均悉。此次夷使喇噂呢因聞内地學習天主教之人仍被查拏，忽生枝節，經耆英奏明前往商議。兹據奏稱，馳抵虎門與喇噂呢面晤。該夷使仍執前說，再四請求，經耆督同趙長齡等力與辯議，該夷使理屈詞窮，仍稱天主教實係勸人爲善，不應混行查拏等語。察其情詞迫切，迨經該督曉譬百端，於曲示籠絡之中寓嚴加拒絶之意。所請各條，如習教辨别善惡及習教辨罪之人概予釋放兩條，均已據理駁斥。惟所稱供奉十字架等項，既係天主教規矩，自可無庸查禁。其設有供奉天主處所，亦可聽從其便。但不得招集遠鄉之人勾結煽誘，並不法之徒藉稱習教結黨爲非，及别教之人溷跡假冒，俱屬有干法紀，仍各按舊例治罪。現在該夷使既已允從，該督業經定稿鈔給閲看。該國寄來約册各條，亦無更改，並有該國王印信，當經彼此互换。所有現議章程，均已飛咨各省查照。嗣後該督等惟當宣示恩威，優加撫慰，内存防範，外示肫誠，期於悉泯詐虞，免致再生枝節，是爲至要。

《宣宗實録》卷四二〇　甲寅，工部尚書敬徵因病解任，調禮部尚書特登額爲工部尚書，以正藍旗漢軍都統保昌爲禮部尚書。

《宣宗實録》卷四二一　九月庚申，諭内閣：吏部奏，酌議委員審案出力，議敘條例等語。嗣後各省命盗等案，委審官能將原問官審擬錯誤，有關生死出入大案，究出實情，改擬得當者，即照審轉官例，一體送部引見。如原問官擬罪有關出入，無關生死，委審官平反得實者，每案准其紀録二次。如原問官擬罪並無出入，止於未能審出實情，委審官研訊得實者，每案准其紀録一次。均由該督撫於定案時，將何官錯誤，何官駁正之處，隨案聲明辦理。其並無平反僅止研訊出力者，如係案情重大，人犯衆多，該委員果能秉公細心妥速研鞫，實在出力，仍准該督撫保奏，並著將該委員如何出力之處詳細敘明，不得以委審出力空言聲請，致滋冒濫。

戊辰，諭内閣：葉長春等奏，臺灣屬縣猝被風雨，動款急賑一摺。臺灣府境於六月初旬，大雨連宵，颶風間作，臺灣等縣海口淹斃居民三千餘人，殊堪憫惻。【略】著劉韻珂派委妥員，詳細查明被災輕重，妥速經理。

己卯，諭内閣：漕糧爲天庾正供，節經降旨令有漕各省督撫嚴飭所屬，早兑早開，剋期渡黄，毋稍延誤。乃近年重運漕船不能如期抵壩，以致到通歸次兑受新漕節節躭延，總緣各該督撫不肯破除情面，實力催趲所致。上年軍船回空，無須倒塘灌放，猶未能十分迅速。況本年因中河桃汛漫口，繞越北行，已躭延十有餘日，繼又因運河淺阻，剥運抵通，更形遲滯，若不趕緊催趲，及早歸次，儻誤新漕受兑，關繫匪輕。現已節屆霜降，水勢漸消，著漕運總督及沿途各督撫分飭所屬，嚴行催趲，務使連檣南下，銜尾遄行，不准片刻停留，庶幾以速補遲，如期歸次。來年新漕尤當趕緊辦理，按限兑開，統限於四月初十日以前全數趲至清江，剋期抵壩，以便渡黄北上，無許稍有延誤。儻意存怠玩，視爲具文，仍致臨事周章，有逾例限，定將該漕督及各該督撫嚴行懲處，決不寬貸。

癸未，諭内閣：德勒克多爾濟等奏，前因恰克圖迤北一帶地方俄囉斯城内失火，請將趕赴彼城救火之前任恰克圖部員鼓勵等因一摺。前任恰克圖部員色克通額前於俄囉斯城内失火，伊即帶領多人，幫同將火撲滅，尚知二國和睦之誼。色克通額著交部議敘。其隨往幫同救火之民人，著交德勒克多爾濟、成凱酌量鼓勵。

丙戌，諭内閣：布彦泰奏，查勘開墾事務，將次完竣等語。【略】各城開墾，九、十月間即可全局完竣。林則徐自飭派查勘以來，自備資斧，效力奔馳，將近一載，著有微勞，著飭令回京，加恩以四五品京堂候補。

調廣州將軍奕湘爲盛京將軍，以廣州滿洲副都統裕瑞署將軍。

《道光朝籌辦夷務始末》卷七四　丁亥，諭軍機大臣等：禮部奏，接准朝鮮國王咨文，稱暎夷船隻屢次移泊該國境内，量山測水，情形叵測，並問答中有交易之説，請轉奏飭禁等語。朝鮮臣屬天朝，恪守藩服，非他國之比。暎夷自定約以來，一切章程，均應遵守，何得復至天朝屬國別生事端。即云爲貿易起見，該國轄境無多，民貧地瘠，亦復無利可圖。著耆英即將此項情節，詳詢暎國使臣，究竟朝鮮所見之船是否係暎夷所遣，該酋是何主見，務須折以正言，婉加開導，令其心服。嗣後總當恪遵成約，彼此相安，不得復任兵船游弈該境，致滋驚擾，以明天朝綏柔藩封之意。

《宣宗實録》卷四二二　十月辛卯，上御太和殿傳臚，賜一甲吴德新、蕙椿、趙鴻舉三人武進士及第，二甲李省躬等五人武進士出身，三甲董玉龍等六十一人同武進士出身。

癸巳，户部奏，近年漕運抵通額數短少等語。嗣後歲漕開兑，總期足額運京，毋得任聽州縣捏報災荒，輒形短絀。所有二十一年以後，民欠未完尚有二百三十餘萬石，著各該督撫率屬督催，務當遵照分定年限帶徵，不准再有遞緩。

《東華續録》道光五二　甲午，以皇太后七旬萬壽，加上皇太后徽號曰：「恭慈康裕安成莊惠壽禧崇祺皇太后。」

戊戌，御製聖母皇太后七旬萬壽賦並序。

《宣宗實録》卷四二二　戊戌，諭軍機大臣等：賀長齡奏，查明永昌府屬回匪滋擾情形，現籌捕勦等語。該回匪等因教習拳棒被縣查拏，疑爲漢民舉發，輒敢糾衆報復，節經設法開導，仍復堅持相抗，擾掠附近村寨，實屬頑梗異常。現據該督飭委迤南道周澍會同提督張必禄嚴密堵禦，相機勦捕，務須諄飭該道等斟酌情形，妥慎籌辦，毋任稍有疏縱，亦不得過涉張皇，總期邊防永謐，漢回相安，方爲妥善。

辛丑，禮部尚書李宗昉因病解任，以都察院左都御史祝慶蕃爲禮部尚書，刑部左侍郎魏元烺爲都察院左都御史。

《東華續録》道光五二　癸卯，以恭上皇太后徽號禮成，頒詔天下，覃恩有差。

《宣宗實録》卷四二二　甲辰，皇九子奕譓生。

乙巳，正白旗領侍衛内大臣哈哴阿因病解任，以睿親王仁壽爲正白旗領侍衛内大臣。

丙午，諭内閣：前據訥爾經額奏，請將旗租積欠，並補徵銀兩一體豁免。【略】此項佃種旗地之民，近隸畿疆，同深望澤。所有直隸各州縣道光二十年以前民欠各項旗租並補徵銀兩，著加恩一體豁免，以普仁施。

庚戌，諭軍機大臣等：賀長齡等奏，督辦滋事回匪一摺。覽奏均悉。該匪等膽敢抗殺兵練，焚掠村莊，且逼近永昌郡城，猖獗已極。現經提督張必禄、王一鳳等分投帶兵，前往勦辦。

《宣宗實録》卷四二三　十一月戊午朔，諭内閣：前據御史田潤奏，前歲西寧會勦番賊，富呢揚阿及周悦勝等種種諱飾不實等語，當交惠吉、鄧廷楨、德興確切密查，各自繕摺具奏。【略】至富呢揚阿前奏接仗情形，雖非盡屬虛無，究不免於鋪張粉飾，周悦勝以統兵大員並未接仗，輒行揑飾入奏，若使其身尚在，均當重治其罪。富呢揚阿、周悦勝現皆身故，所有飾終之典，著一併撤銷。周悦勝厥咎尤重，並著將前賞太子太保銜及賜予謚號概行追奪，以爲欺罔冒功者戒。

庚申，諭内閣：理藩院奏，請將病故阿巴哈納爾扎薩克多羅貝勒彭楚克桑布所遺之爵，或令伊胞兄托音喇嘛德里克多爾濟承襲，抑或由該族四人内揀選一人承襲等語。彭楚克桑布所遺扎薩克多羅貝勒爵，著該孀婦鄂丹巴爾於伊夫近族四人内，酌其情願者，揀選一人承襲。德里克多爾濟既已領有度牒，著毋庸承襲。嗣後領有度牒之喇嘛概不准其襲爵。若身爲喇嘛，尚未領有度牒者，遇有應襲之爵，方准承襲。

辛酉，以伊犂將軍布彦泰爲陝甘總督，未到任前，賞候補四五品京堂林則徐三品頂帶，署陝甘總督。以熱河都統薩迎阿爲伊犂將軍，未到任前，以伊犂參贊大臣舒興阿署理。

壬戌，諭内閣：軍機大臣穆彰阿等奏，遵議伊犂將軍布彦泰奏，勘回疆新墾地畝情形。據稱，内地換防各城官兵例准告駐，班滿酌留十分之三。今因新墾地畝乏人耕種，請將嗣後換防告駐兵丁家有餘丁情願帶來領地承種者，准其徙眷常住，不必限以十分之三。又遣罪重犯例准眷屬隨配，原以有眷相隨較單身作配者，既易管束，亦免逃亡。請將嗣後發遣伊犂、烏嚕木齊等犯，擇其情有可原，攜有妻室者，撥赴回疆承種地畝。係爲酌量改防爲眷及羈縻遣犯、廣墾地畝起見，均應如所奏辦理。至稱陝甘等省暨關外各處文武官有能資送眷民到回疆領種地畝者，按户口多寡，道路遠近，分别獎勵。及發遣新疆廢員，如能捐資招徠户口，准減年限。事屬創始，其難易情形無從懸揣，應作何章程，請飭令妥議辦理，以免窒礙而昭覈實。從之。

庚午，諭内閣：賀長齡奏，勦辦永昌滋事回匪，連獲勝仗，餘匪逃散一摺。【略】該督督辦此案，妥速可嘉。

《東華續録》道光五二　丙子，諭：嗣後親郡王、貝勒、貝子例應在紫禁城内騎馬者，如年至六十五歲，俱准其乘坐二人椅轎。其文武大臣曾經賞馬者，滿洲人員年至六十五歲，漢員年至六十歲，亦俱准其乘坐二人椅轎，以示優恤。

《宣宗實録》卷四二三　丁丑，以禮部尚書特登額兼署兵部尚書。

《道光朝籌辦夷務始末》卷七四　庚辰，諭軍機大臣等：耆英等奏，接見夷酋，申明要約，並查詢夷船駛泊情形一摺。覽奏均悉。暎兵在舟山數年，現當交割接收之期，一切事宜必須預籌妥辦。經該督親赴香港接晤該酋，其請求各節，均據堅守條約，分别駁斥，該酋並無異言，所辦甚合機宜。舟山收回以後，斷無另給他國駐守之理，現經明白開導，該夷應亦釋然。惟求進廣州府城一節，雖經峻拒，仍有他日再議之語，恐難免希冀請求。該督等惟當持以鎮静，俟其續請時，即告以貿易之事期於彼此相安，今欲更舊章，人心必爲疑怪，粵民素稱强悍，且恐良莠不齊，儻或滋生事端，彼此均爲不便。如此反覆曉諭，該夷當不至堅執前言，藉端挾制，庶民夷兩不相擾，可以經久相安。

《宣宗實録》卷四二四　十二月己丑，諭總管内務府大臣等：舊例，宫内、圓明園挑補首領太監俱係進宫三十年方准挑補，立制本爲周妥，且行之年久，差使無誤。後經改爲二十五年即准挑補，究非舊制。著自明年爲始，仍照舊例，進宫三十年方准挑補。本年所挑宫内及圓明園各處首領太監，其已滿三十年者，方准用首領頂帶；其未滿三十年者，只准食首領錢糧，永遠爲例。

辛卯，先是欽差内閣學士全慶等奏，查勘伊拉里克地畝招民試種升科，酌籌經久事宜，下軍機大臣議。至是議奏，據稱伊拉里克地居吐魯番所轄托克遜軍臺之西，開穵渠道，引水灌輸，墾地十一萬一千畝，每年徵銀八千三百餘兩。二十六年試種，二十七年徵收一半，二十八年照額徵收。除採買經費，即於新賦款内動支，毋庸另撥，尚有贏餘抵充經費，此後永遠減調，於經費大有裨益。查喀喇沙爾徵糧，每畝七分五釐，此外徵糧自五升至九升六合三勺不等，今該處請以

七分五釐折徵，銀數與成案相符。至每年修理渠道及酌開卡井，責成户長約束稽察，並與山内蒙古分別界址，籌畫亦俱周備。惟在該都統大臣等實力奉行，庶於國家經久之計有當。從之。

甲午，以故土爾扈特扎薩克郡王那木扎勒車登子巴圖襲爵。

《東華續録》道光五二　戊戌，諭：本年皇太后七旬萬壽，前經降旨普免道光二十年以前民欠銀糧，令各將軍、府尹、督撫等查明開單具奏。據劉韻珂等另片奏，請將内地糧米及臺灣府屬供粟一體豁免。當交户部覈覆。兹據查明具奏，此次臺灣供粟、内地租穀十一萬一千五百八十八石零，内地糧米十四萬九千五百二十八石零，以上銀米内截至奉到諭旨以前，實欠在民未完之項，著加恩准其一體豁免。該督等即刊刻謄黄，徧行曉諭，並照例按户付給免單，嚴禁吏胥影射需索等弊，務期實惠及民，用副朕推恩布闓至意。其所奏借碾倉穀請項買補一節，既經該部查明奏銷案内，有前經行令撥充兵糈之米二十餘萬石，著即遵照前議，抵撥清項，餘米仍備兵糈，毋庸動項買補，期於倉庫兩有裨益，民閒仍霑實惠。

《宣宗實録》卷四二四　己亥，以翰林院侍講學士曾國藩充日講起居注官。

甲辰，諭軍機大臣等：董瀛山奏，請飭查拏邪教逸犯一摺。此案習學青蓮教匪徒，業據各該省將已獲各犯陸續審明，分別奏結。其未獲要犯，如朱中立即朱化無，林依祕即林周官，彭依法即彭超凡，朱依專即柳清泉，夏致温即夏繼春，葛依沅即郭建汶，徐傳貴、文先覺、鍾大環，仍著各該督撫分飭各屬嚴密查拏，務令按名弋獲，浄絶根株。不得以查緝無蹤，意存疏懈，任令匪徒漏網。

《道光朝籌辦夷務始末》卷七四　丁未，諭軍機大臣等：耆英等奏，接據嘆唎來文，仍申前請。又另片奏，弛禁一節，非張示曉諭不足取信各等語。覽奏均悉。前此習天主教之人已准免罪，該夷復以周歷海口，未見曉示，不免以有名無實爲慮。既據該督等奏稱，天主教係勸人爲善，與内地青蓮、白蓮、八卦等教迥不相同，自不妨俯如所請。該督等即行查照前奏弛禁等情酌定告示，諭以該教意主勸善，本非他教可比，儻人人皆知爲善，大皇帝亦所深樂。該督即一面通行五口地方張挂曉諭，一面將示諭底稿鈔録進呈，以歸簡易而順夷情。

諭軍機大臣等：耆英等奏，嘆夷仍執前説，要求進城一摺。覽奏均悉。該夷進城一節，本非條約所有，經該督屢次曉示，甚爲明晰，該酋何以仍執前説，瀆求進城，究竟是何意見。且粵東民情獷悍，設與情未協，稍有爭執，必致滋生事端，該酋豈無慮及之理。該督等仍當詳晰開導，諭以即使准其進城，而民情究難相安，儻因事爭競，或致互有傷損，民數衆多，非官兵向有額數者可以稽查，彼時若求代爲約束，地方官斷難查辦。如此豫爲明白定約，或該夷知其無益有害，妄念頓消，亦未可定。該督等惟當悉心體察，酌量妥辦，務令民夷兩不相擾，庶不致別生枝節。

《宣宗實録》卷四二四　辛亥，以國史館繕寫《大清一統志》成，予提調官翰林院侍讀杜翻等議敘有差。

《東華續録》道光五二　是歲，朝鮮、越南入貢。

道光二六年（丙午、一八四六）

《宣宗實録》卷四二五　正月辛酉，諭内閣：朕弟惇恪親王綿愷尚無承嗣之人，著將皇五子奕誴過繼與惇恪親王爲嗣，即襲封惇郡王，並著欽天監於本年三月内選擇吉期，移居府第，其一應章服仍照皇子分例服用，應領俸糈即於本年春季爲始，照例支領。

己巳，諭軍機大臣等：昨據布彦泰奏，查明哈密另有可墾地畝一摺。已批交軍機大臣會同該部議奏矣。其另片所稱，回子近日窮苦，由於該伯克等科派所致，自係實在情形。【略】著布彦泰、林則徐悉心妥議，據實具奏。至該扎薩克郡王伯錫爾將私墾地畝呈獻充公，擬安置民户等語。此項地畝，既據呈出，一經墾種，漸可擴充，是否足以安置民户，藉資控制。

甲戌，諭内閣：上年因派往朝鮮使臣向帶通官五六員，恐有騷擾需索等事，曾經降旨祇准隨帶一員。兹據禮部奏，該國王懇請酌加，以便擯接等語。嗣後派往朝鮮使臣，著准其隨帶通官二員，該部即纂入則例，永遠遵行。

戊寅，四川提督托明阿因病解任，以直隸天津鎮總兵官善禄爲四川提督。

己卯，諭内閣：三載考績，大典攸關，内外滿漢諸臣，有能克勤克慎，實心任事者，自當甄敘才具。凡庸年力衰邁者，亦難姑息，其間年齒雖老而精力不減者，亦當留任。兹届京察之時，吏部將内外諸臣開列具題，朕依次酌覈：大學士穆彰阿、潘世恩，户部尚書賽尚阿、祁寯藻，兵部尚書何汝霖，精勤襄贊，一德一心；吏部尚書恩桂管理諸務，頗見認真；直隸總督訥爾經額畿疆重任，諸臻妥善；大學士、四川總督寶興人品端方，有年宣力；協辦大學士、兩廣總督耆英殫

心竭慮，坐鎮海疆；廣東巡撫黄恩彤協力籌維，共成敉定，均著加恩交部議叙。餘著照常供職。

《道光朝籌辦夷務始末》卷七五　己卯，協辦大學士、兩廣總督耆英奏：臣前與合衆國夷酋[口璧]咡，訂於十二月初十日在虎門互換約册，嗣據該酋文稱：伊已來省，在城外十三行居住，守候換約，無須前往虎門等情。臣以該酋既來省守候，自應早與互換，以昭信守。隨經會同撫臣黄恩彤帶同署督糧道趙長齡、候選道潘仕成等，於十二月初三日在城外公所接見該酋，將約册五換，並備設筵席，優加欵待。據稱，伊國極知感激天恩，永當恪守條約，斷無異議等語。情詞甚爲恭順。

辛巳，諭軍機大臣等：前據耆英等奏，學習天主教爲善之人，請免治罪，其設立供奉處所，會同禮拜，供十字架圖像，誦經講説，毋庸查禁。均已依議行矣。天主教既係勸人爲善，與别項邪教迥不相同，業已准免查禁。此次所請亦應一體准行。所有康熙年間各省舊建之天主堂，除改爲廟宇民居者毋庸查辦外，其原舊房屋尚存者，如勘明確實，准其給還該處奉教之人。至各省地方官接奉諭旨後，如將實在習學天主教而並不爲匪者濫行查拏，即予以應得處分。其有藉教爲惡，及招集遠鄉之人，勾結煽惑，或别教匪徒，假托天主教之名藉端滋事，一切作奸犯科，應得罪名，俱照定例辦理，仍照現定章程，外國人概不准赴内地傳教，以示區别。

諭軍機大臣等：耆英奏，密察夷情，通盤籌畫一摺。覽奏俱悉。噗夷以求進粤城，與交還舟山二事，牽混爲詞。緩之既慮其藉口遷延，急之亦慮其别生枝節。現該夷於交地一層，未敢明言背約；其進城一節，亦以衆心不協，不敢擅進城門，是撫馭之方，正可迎機而導。該督惟當確權輕重，隨時斟酌妥辦。至咈夷於天主教弛禁之事，再三瀆求，自不得不俯順其情，以免更端之請。現已照該督等所擬大意，另行寄諭，該督等接奉後，著即照繕交該夷使賫回，並通行五口一體遵照。其附近五口省分，亦准酌量咨行，該督仍當剴切諭知，俾該夷益知感戢。至噗、咈二國雖稱挾有夙嫌，其實在情形，終難深曉，且夷情狡詐，變幻不常，究竟該二國是否另有譎謀，及咈夷果否實有覬覦舟山情事，該督仍當不動聲色，密加體察，於其可解可料者，相機妥辦，於其不可解不及料者，設法籌防。務在豫折奸萌，永遵成約，方爲不負委任。

《東華續録》道光五三　乙酉，諭軍機大臣等：達洪阿等奏，查明上年擊斃番賊確數一摺。【略】見在林則徐駐紮涼州查辦一切，不日即抵西甯，著會同達洪阿，將應辦各事宜和衷商量，妥爲籌辦。將來布彦泰到任後，林則徐仍著暫留西甯，與布彦泰、達洪阿公同會辦，期於集思廣益，以靖邊陲，是爲至要。

《道光朝籌辦夷務始末》卷七五　二月丁亥，諭内閣：耆英等奏，匪徒藉端滋擾，請將知府暫行撤任一摺。廣東廣州府知府劉潯，著暫行撤任，交該督撫確切查明，嚴拏匪徒，按律懲辦。

《宣宗實録》卷四二六　甲午，以正紅旗漢軍副都統奕格署行在正黄旗領侍衛内大臣。

己亥，諭：林則徐奏，搜捕番賊情形，並設法添製礮彈一摺。【略】至大礮爲該賊所憚，行軍利器，自宜以此爲先。該署督現鑄炸彈，試放得力，所辦甚好。著即設法多製，以資應用。惟該營弁於舊存礮位，從不演放，廢弛已極，實堪痛恨！著該署督明定賞罰章程，嚴飭勤加練習，務令施放有準，以除痼疾而振軍威。

《道光朝籌辦夷務始末》卷七五　己亥，諭軍機大臣等：有人奏，廣東匪徒滋事，因噗夷欲進省城設立馬頭，人心不服，地方官出示曉諭，致有聚衆滋鬧之事。該省設立馬頭，自應順民之情，不宜强民從夷等語。所奏各項情形，是否屬實，著該督撫悉心體察，一面慎重妥辦，一面據實奏聞。

《宣宗實録》卷四二六　甲辰，以吏部尚書恩桂兼署户部尚書。

壬子，命皇四子［奕詝］帶領侍衛十員，往奠故鄭親王烏爾恭阿茶酒，賞銀二千兩治喪，予祭葬，謚曰慎。

《宣宗實録》卷四二七　三月戊午，諭内閣：如貴妃侍奉皇考有年，淑慎素著，隨侍慈闈，允昭謹恪，兹年屆六旬，宜崇位號以介繁釐，著晉封爲皇貴妃。

戊辰，諭軍機大臣等：林則徐等奏，查明番賊勾結情形派兵出卡一摺。覽奏均悉。據稱，此次滋事賊番，查係玉舒所屬之雍希葉布番族，勾結果洛克賊番，屢在沿邊搶掠滋擾，並拏獲漢奸韓茂才訊出各情。現在派委站柱等先往查拏，并密咨胡超出卡會勦等語。【略】著林則徐等悉心籌畫，選派得力將弁帶兵前往，作爲後路接應，方免疏虞。至胡超所派游兵埋伏堵截之處，尤當飭令相機前進，會合兜捦，毋得有名無實，致令賊番竄往他處，是爲至要。

《道光朝籌辦夷務始末》卷七五　壬申，諭軍機大臣等：據耆英等奏，夷情漸有轉機，舟山約期交還，現擬親至虎門接見，面議事宜等語。覽奏均悉。該夷遲還舟山，爲求進粤城之計，經該督等再三開導，現已就我範圍。所請四條，該

督等自能酌量情形，妥爲定議。惟夷情叵測，難保不另有詭謀。該督此時自已前赴虎門與夷酋接見，惟不可持之過急，轉令彼妄意居奇，或致別生枝節，是爲至要。

乙亥，諭軍機大臣等：耆英等奏，接晤夷酋，重定條約一摺。並另片奏，詳細籌度，豫防詭計等語。據奏，曉諭夷酋，該酋聽受，頗爲馴擾。所有議定條約，著即照所議辦理。惟舟山雖定海一隅，一經交還，即不容復任他國垂涎。此時以夷制夷，自可豫杜奸萌，而將來暗相勾結，亦不可不防其叵測，所有約内載明不給兵費等語，尤爲周密。該督等總宜隨時籌度，不失機宜，不使於條約之外，別生枝節，是爲至要。

《宣宗實録》卷四二七 丙子，諭内閣：鄭親王烏爾恭阿殯送之日，著派成郡王載鋭前往賜奠。

丁丑，以順承郡王春山署正白旗領侍衛内大臣。

戊寅，諭内閣：我朝景運延長，雲礽衍慶，避名之典，我皇祖高宗純皇帝特降諭旨，以不經用之字改避，復諭以奕字輩以下，亦可推廣此意，永遠遵行。聖謨煌煌，洵爲萬世法守。朕御極初年，曾經降旨，豫示奕、載、溥、毓、恒、啓等字，缺筆書寫。因念國家燕翼相承，宗支蕃衍，依次命名者，久而愈多，自宜推廣前奉諭旨，援引二名不偏諱之義，用示折衷。將來繼體承緒者，上一字仍舊毋庸改避，亦毋庸缺筆，其下一字應如何缺筆之處，臨時酌定，以是著爲令典，俾我子孫繼繼繩繩，率循罔替。此旨著軍機大臣敬謹存記，並繕録二道，一交内閣封貯，一交上書房恭貯敬識，以垂永久。

《東華續録》道光五三 辛巳，諭軍機大臣等：給事中安詩奏，江蘇招商海運米石抵津，請嚴禁關口留難需索，弁役藉端擾累等語。本年招商運米事屬刱始，自應曲加體恤，嚴防流弊，方於商民均有裨益。【略】著訥爾經額飭知長蘆鹽政及天津道，查明此項米石見在已否進口。如東沽等六處俱有前項情弊，立即嚴參懲辦，毋許稍有擾累。至進口後或一時不能銷售，應由地方官按數收買，亦著籌議章程，迅速具奏。

《宣宗實録》卷四二七 乙酉，以三品頂帶署陝甘總督林則徐爲陝西巡撫，命籌辦番務事竣，再赴新任。

《宣宗實録》卷四二八 四月丁亥，諭内閣：訥爾經額奏，江省商米運津籌議收買一摺。江省招商買米，由海道運至天津售賣。現據該督查明，米船抵津已有數隻，白米銷售甚形踴躍。稉米一項，議定官爲收買，現已籌款辦理。

己丑，諭軍機大臣等：琦善等奏，近接廓爾喀國王來稟，復藉披楞與森巴交戰之事，懇請指示，現已於檄諭中反復開導等語。近年廓爾喀國王屢肆干求，雖節經飭駁，而乞恩之念，總不能已，茲復藉端請示，用意極爲狡獪。經該大臣等檄諭開導，使知保護南方門户，即保護該國疆宇，不致妄逞所欲，辦理甚爲妥協。惟夷情變詐，難保不再三瀆請，該大臣等惟當堅持前説，力加開導，折以正言，曉以大體，務令妄念全消，不復逞其譸張狡黠，是爲至要。

《道光朝籌辦夷務始末》卷七五 己丑，諭軍機大臣等：琦善奏，盤獲咈噸哂夷人，並起出夷書夷文，録供呈覽一摺。據稱該夷人等由福建、廣東等處至京，復由盛京會遇，經歷口外，同至西藏，冀圖傳教。現將該夷人等於訊供後，委員解川等語。該夷人於漢語、清文、蒙古文字皆能通曉，恐未必實係咈噸哂人，著寶興於解到川省時，將其來歷及經過處所，詳細研鞫，務得確情，即行具奏。

《宣宗實録》卷四二八 戊戌，諭：本日據惟勤履奏，查明喀喇沙爾渠道、壩隄等工，已有旨准其興辦矣。惟念該處現辦各事宜是否實有裨益？歷久無弊，其所陳章程四條是否妥善？著薩迎阿覆加查覈，悉心妥議具奏，原摺及清單均著鈔給閲看，將此諭令知之。尋覆奏章程四條：一、每年農隙，責令農官里長率民挑挖渠道，補修隄壩；一、北大渠龍口責令民夫防守，如有漫水刷隄，隨時搶護；一、墾地十萬畝之多，上下游多爭水利，每渠各設渠長一名，經理水利，以種田之多寡爲用水之等差；一、每年修防各事，徒委農官里長，難保無弊，應由該處辦事大臣派員稽查，仍隨時親往查察，庶可歷久無弊。下軍機大臣等議，從之。

乙巳，諭：喬用遷奏，請編查苗寨客民分居户口一摺。貴州附居苗寨客民，既經編入保甲，其分户另居者，自應一律編查。著該撫飭令各地方官督率村寨保長人等，將客民舊户遷徙若干，現存若干，其舊户内有子孫分户另居若干，逐一查明造報，毋得假手胥吏，致滋擾累。並令該管道府、直隸州就近覈實確查，不得日久生懈，致成具文。

《東華續録》道光五三 五月丙辰，諭：布彦泰奏，遵旨察看胡超一摺。甘肅提督胡超有統領邊疆，彈壓番夷之責，乃去秋由永固進兵之際，輒調極遠之漢中官兵，故爲延宕，旋又停止，以遂其苟安之計，其遷延迂緩，已可槩見。本年，林則徐密咨派兵至野馬川一帶堵截，該提督又不即行調往，節次添兵，並未辦有

成效，種種稽延畏葸，咎無可辭。胡超著交部嚴加議處。尋議上，得旨：胡超著照部議革職，惟念其曾經出師，著有微勞，著加恩仍留騎都尉世職，交布彥泰差遣委用，以觀後效。

《道光朝籌辦夷務始末》卷七五　丙辰，諭軍機大臣等：敬斆等奏，福州、厦門兩口，近日夷務情形一摺。據稱，本年三月間，福州民人因買賣細故，致與夷人争競，當經委員彈壓解散，並查拘鬭毆各犯，分別審辦，現在民夷安静等語。辦理尚爲妥協。福州等處民夷雜處，口角争執之事，自所常有，全在地方官隨時隨事，處置得宜，自不致釀成事端。該將軍等惟當督飭文武員弁，於平時認真稽查約束，遇有争競之事，處置務求平允，既以安民衆之心，復不令夷人有所藉口，是爲至要。

《宣宗實録》卷四二九　丁卯，諭軍機大臣等：據賽尚阿等奏，查勘江防各工完竣情形，並籌議看守礮隄訓練考覈章程一摺。此次查勘江防善後事宜，已據該尚書等將南岸之北固山等處礮隄等工查閲，均尚妥協。【略】惟江路六百餘里，後路接應之兵分佈要隘，斷難處處添兵，致形繁重，惟在該將領等平時勤加訓練，臨時酌量添調，以資抵禦。再，兵礮總期相習，其每季演放一次，不必拘定每年春季，兩江總督親往。著該督與提督及各總兵等輪流前往閲視，覈實獎劾。所有一切事宜，總責成璧昌認真督率，時加演習，務使兵威日振，衆志成城，一兵足資一兵之用，是爲至要。

《道光朝籌辦夷務始末》卷七五　丁卯，諭軍機大臣等：耆英等奏，𠸄夷遵約，即行退還舟山一摺。據奏，委員前赴香港，詳加開導，該酋聽受，甚屬馴擾。即日備文知會駐舟山夷目，即行撤退夷兵，並定於三日内，派船四隻，赴該處裝載夷兵，駛往印度等語。此時該夷情詞謙順，自不至別生枝節。惟所稱駛往印度之處，該督等前奏，有印度所屬之噻哥國與𠸄夷兩次搆兵等語，仍著密加偵探現在實在情形，遇便詳細具奏。

《東華續録》道光五三　戊寅，諭：刑部奏，已革職員供仍狡執，請欽派大臣會訊等語。刑部爲刑名總匯，凡遇重大案件無不由該部酌覈究擬，期協情法之平。此案已革吏部司員慶文等是否聽情受賄，如果悉心研鞫，自可水落石出。乃審訊已經數月，供證仍未符合，率請欽派大員會訊，將來遇有疑難重案，輒即紛紛瀆請，尚復成何事體。此案仍著責成刑部堂官，再行細心推鞫，務得確情，固不可失之寬縱，亦不可稍有屈抑，以昭慎重而成信讞。

《宣宗實録》卷四二九　己卯，諭軍機大臣等：訥爾經額奏，製造多爲製造存庫備用，仍於春秋二操演放，以資考覈等語。所造甚好，著照議製造備用。所需工費，准於永定河捐輸經費項下撥用。惟每歲操演時，衹須裝填尋常礮子，或但用火藥，總期施放習熟，臨事可資得力，無庸裝用炸裂礮子，以歸簡易而藏妙用。

《東華續録》道光五三　閏五月戊戌，命端華襲鄭親王爵，並在御前行走。

《宣宗實録》卷四三〇　辛丑，以貝勒綿偲年逾七旬，命無庸管領侍衛内大臣事。

以睿親王仁壽、鄭親王端華管鑲黄旗領侍衛内大臣事，怡親王載垣、定郡王載銓管正黄旗領侍衛内大臣事，科爾沁郡王僧格林沁、喀爾喀親王車登巴咱爾管正白旗領侍衛内大臣事。

《道光朝籌辦夷務始末》卷七五　乙巳，諭軍機大臣等：前據琦善等盤獲咈囒哂夷人，至藏傳教，將該夷人於訊供後，委員解赴四川，當降旨，令寶興於該夷解到時，將其來歷及經過處所，詳訊確情具奏。兹據奏稱，嚴訊該夷人等，所供與駐藏大臣所訊，大畧相同。察其鬚眉眼色確係夷人，並非内地奸徒假冒等語。該夷遠涉重洋，經歷數省，學習各處文字語言，意究何居？所供僅止勸人爲善，別無他意，所傳人數姓名，不能記憶，恐難憑信。至該國王發給戒表，持赴廣東，交與駐紥總管，前往各處傳教，是否實有其事？著耆英、黄恩彤於解到時，將該夷等詳細嚴鞫，並暗加體訪，該夷人是否實係該國所遣，及有無送銀接濟之事？並將匣内所貯夷信夷書等件，交通曉夷字之人，逐件譯明，庶可得其底細。如果確係咈囒哂夷人，僅爲傳教，並無別項情節，即著斟酌情形，妥爲辦理。

《宣宗實録》卷四三〇　戊申，前任駐藏幫辦大臣瑞元奏，自前藏起程，赴後藏三汛校閲營伍，訪詢各處邊界，均屬安靖。惟三汛所管地方，尚有偏僻捷徑數處，可通外番，即分飭該管員弁一體留心防範，毋得以山路崎嶇，遂行疏懈。報聞。

《宣宗實録》卷四三一　六月丁巳，諭軍機大臣等：賽尚阿等奏，統籌江南全局，密陳設防一摺。【略】著璧昌、李星沅、尤渤等密飭各鎮，不動聲色，總於無事之時，認真操練，悉心籌議，以期處處皆臻妥善，斷不可稍涉張皇。至蘇州一帶，提督相距較遠，其撫標兵丁，自當由該撫就近訓練，嚴密防守，無論何時，一經調用。儻有不能得力之處，惟該撫是問。該督撫提鎮等斷不可存目前苟安之

見，懍勤慎密，毋稍怠忽。

《道光朝籌辦夷務始末》卷七六　戊午，湖廣總督裕泰、湖北巡撫趙炳言奏：臣等接據署湖北安陸府知府王啟炳稟，據潛江、京山等縣稟稱：盤獲形跡可疑之西洋人，稱名納巴羅，即陸懷仁，並起獲經卷善書，及供奉天主十字木架等物，訊係由廣東香港地方，來至湖北沔陽、潛江、京山一帶。【略】諭軍機大臣等：據裕泰等奏，盤獲傳教之西洋夷人，解赴廣東等語。該夷因在沿海等處地方遊行，來至湖北傳習天主教，既能講説內地語言，且又薙髮，是否確係西洋人，抑係沿海匪徒飾混詐冒？著耆英、黄恩彤於湖北委員將該夷人解到時，詳加研鞫，如係匪徒假冒，即從嚴懲辦。儻實係西洋夷人，别無不法情事，即著斟酌情形，妥爲辦理。

《宣宗實録》卷四三一　丙寅，諭内閣：布彦泰等奏，官兵剿燬番莊，匪族四散，酌量撤兵一摺。所辦可嘉之至。【略】布彦泰、林則徐調度有方，達洪阿身先士卒，不遺餘力，均著交部從優議敘。在事員弁，著擇其尤爲出力者，據實保奏。傷亡兵丁，著交部照例議卹。

己巳，諭軍機大臣等：寄諭兩廣總督耆英、直隸總督訥爾經額、兩江總督壁昌、湖廣總督裕泰、閩浙總督劉韻珂、山東巡撫崇恩、江西巡撫吴文鎔：御史蘇學健奏，訪聞不法匪徒，術誑幼孩，傳佈寖廣一摺。據稱，此等匪徒起於浙江沿〔海〕及江蘇等處，於路上抛置食物，並於果餅鋪内售賣食物時，暗中更换，小兒食之即斃，斃後潛取腦腎心肝。有經拏送及訪獲到官者，熬審受刑，並無畏懼，總未審有端倪，以致流傳漸廣等語。果如該御史所奏，邪匪爲害地方，關繫匪淺，著耆英等各按摺内所指情形，選派員弁嚴密訪查，務期有犯必獲，並訊明此術起自何人？意欲何爲？按律懲辦，以除邪慝而衛民生，是爲至要。

《道光朝籌辦夷務始末》卷七六　庚午，協辦大學士、兩廣總督耆英奏：查九龍山地方，在急水門之外，與香港逼近，勢居上游，香港偶有動静，九龍山聲息相通。是以前經移駐大鵬營副將及九龍山巡檢，藉以偵察防維，頗爲得力。第山勢延袤，駐守員弁兵丁無險可據，且係賃住民居，並無衙署兵房堪以棲止。現值停工，又未便請動公項。唊夷雖入我範圍，不致復生枝節，而夷情叵測，仍應加意防備。今於該處添建寨城，用石砌築，環列礮臺，多安礮位，内設衙署兵房，不惟屯兵操練足壯聲威，而逼近夷巢，更可藉資牽制，似於海防大有裨益。溯查康熙五十六年，因西洋夷人受廛澳門，尚於距澳十五里之前山寨，建立城垣礮臺，駐兵列礮，堵扼咽喉，至今賴之。九龍山之逼近香港，與前山之密邇澳門，形勢無二，亟應建立城寨，以便防守。臣等不敢因各項捐輸均已停辦，稍事拘泥，致稽要工。惟粤東官紳雖素稱急公，究在疊次捐輸之後，勢須查照前辦礮臺戰船成案，給予優敘，方期踴躍樂輸，剋期集事。硃批：覽。酌量妥爲之。

《宣宗實録》卷四三一　壬午，以故土爾扈特貝勒盟長巴圖納遜子喀特納什第襲爵。

癸未，諭：布彦泰等奏，黑錯寺敗竄賊衆，聚匿果岔之險隘地方，復經官兵搜捕殲捦，大獲勝仗一摺。【略】現在拉布楞等寺僧衆，收合四溝散亡番族，帶到營盤匍伏乞命，經達洪阿宣布皇仁，嚴立條約，准令悔過自新，官兵即日凱撤。所辦可嘉之至！

諭：奕湘等奏，接據朝鮮來咨，嚴禁江邊蓋房墾地，查拏究辦一摺。内地與朝鮮交界之處，前已有旨，不准民人私越邊界，墾田構舍。果能認真查禁，何至甫越三四年仍有民人潛往結舍墾田之事？【略】著奕湘等遴派明幹之員，帶同兵役，分路前往嚴密搜查，將各犯按名拏獲，嚴行究辦。並將草舍田土全行平毁，不准仍留寸椽尺地。

《宣宗實録》卷四三二　七月甲申，以左翼前鋒統領奕格署正白旗領侍衛内大臣。

《道光朝籌辦夷務始末》卷七六　丙戌，協辦大學士、兩廣總督耆英、廣東巡撫黄恩彤奏：按據在浙委員常鎮道咸齡等稟稱：該道等於五月初七日接據駐舟山夷目嚜咇叻來文，約即交還舟山，請往收復。緣連日阻風，未能渡海，該夷目於十二日用火輪船前來迎接，當即帶同委員等東渡，行抵定海，與嚜咇叻接晤。該夷目執禮甚恭，請於十七日將舟山交還，現駐該處夷兵，俟香港派船到日，即行撤退。該道等當經移會署定海中營遊擊葉炳忠，帶領弁兵，於十七日會同署同知王丕顯，派撥兵役巡守，並分派委員嚴密稽查，地方甚爲安謐，夷情亦極馴擾。兹已到有該國載兵夷船一隻，城内黑夷即可退去，一俟嘚酋到後，當妥加撫馭，催令速將各兵掃數撤退等情前來。旋接嘚吡時文稱：該酋現已由舟山駛回香港，駐舟山夷兵，於閏五月二十八日全行撤退，所建房屋，一併點交委員等接收。其夷商在舟山者兩名，業經諭令即行帶同貨物撤去，不准一人逗留等情。並接嘁啘啦來信，大畧相同。臣等伏查舟山地方，前雖據嘚吡時報稱，於五月十二日繳還，夷兵亦即撤退。惟未接浙省委員確信，臣等正懸繫莫釋。兹據

該道咸齡等稟報舟山收復日期及該夷馴擾情形，與嘚酋前次來文無異。現復據該酋續報，於閏五月二十八日將夷兵全行撤退，不准一人逗留。是舟山全境，業已肅清，除札飭該道等將撫綏彈壓一切善後各事宜妥爲辦理外，理合恭摺馳奏。硃批：覽奏均悉。

《宣宗實録》卷四三二　丙戌，諭内閣：裕泰等奏，荆州滿洲營旗人糾衆毆毁漢城鋪户，移行查獲各犯，提省審辦一摺。據稱，此案荆州駐防旗人與漢城鋪户先因觀划龍舟争强互毆，頻年結怨未釋，以致本年閏五月初五日，有滿洲營旗人糾衆繞進漢城，專尋咸寧、武昌二縣鋪民滋鬧，將民人毆傷二十餘人之多，且有因傷斃命之人。復拆毁鋪面，棄擲貨物，並將咸、武客民會館放火燒燬，不法已極。現已委提旗人祖連等及全案人證至省。著裕泰、趙炳言親提嚴訊，務得確情，並究明糾衆尋毆起自何人？逸犯尚有若干？一併飭拏究辦，毋任一名漏網，以懲兇悍而靖地方。

辛卯，諭内閣：前據奕湘等奏，接據朝鮮來咨，内地與朝鮮交界之處，近日又有民人私越邊界，墾田構舍，查拏究辦一摺。當經降旨將未能實心查辦之將軍禧恩等交部嚴加議處，兹據該部議以降級調用。奸民越界，本干例禁，開墾田畝，尤屬意在久居爲業，宜如何認真查辦？乃禧恩履任數年，於此等外藩交界，經朕特旨交辦之件漫不經心，實屬辜恩，大負委任。禧恩著革去公爵，拔去雙眼花翎，仍戴單眼花翎，降爲鎮國將軍，以示懲儆。

甲午，諭軍機大臣等：恆通等奏，咸、武客民與旗人互相鬬毆，現將人犯解省審辦一摺。【略】著裕泰、趙炳言提同案内旗、民各犯隔别嚴訊，將起衅根由確切查明，秉公據實辦理，務得其平，不可稍有偏袒，意存消弭。【略】吉亮合依兇徒懷挾私讎放火燒燬房屋未傷人爲首例，擬斬監候。長元合依鬬毆殺人者不問手足他物金刃並絞律，擬絞監候。祖連、代昌、發克精阿等依兇徒因事忿争聚衆持器傷人例，發邊遠充軍。祖連、代昌首倡擾害，應從重發黑龍江充當苦差。餘分别問擬杖徒。下部議，從之。

《道光朝籌辦夷務始末》卷七六　戊戌，諭軍機大臣等：耆英等奏，沙船在洋被夷盗劫取物件，殺傷水手一摺。已飭令沿海各將軍督撫等確探嚴緝矣。此次夷盗肆劫並給與夷字一紙，雖經嘚酋辨認，實係唤字，該督等仍當確切查明，此項盗船是否確係夷盗？抑或有洋盗假冒之事？其船現已駛往何處？曾否追獲？至該領事所派兵船，自應仍遵條約，即速追回，以免日久遊奕，致沿海見而驚疑。該督撫等惟當不動聲色，嚴密防範，認真查拏，毋稍疎懈，是爲至要。

《宣宗實録》卷四三二　癸卯，諭内閣：賀長齡奏，漢回構隙，現辦情形等語。滇省漢回夙嫌未釋，或護其同類，或私設牛叢，偶有争端，遊匪慫慂附和，往往釀成鉅案，自應破除積習，永杜衅端。著賀長齡督率所屬，嚴禁牛叢，力行保甲，凡土著民人，無論漢回，悉聯爲一體。如有外來遊匪，即行驅逐，以絶其構煽之端。至遇漢回交涉事件，尤當秉公持平，一視同仁，無分畛域，庶令信義相孚，猜嫌悉化，以靖邊域。儻不能認真辦理，事事覈實，嗣後仍有滋事之處，惟賀長齡是問。懍之！

《宣宗實録》卷四三二　丁未，諭軍機大臣等：【略】前有人奏稱，近日多有匪徒迷毒幼孩之案。【略】朕思此等匪徒，行蹤詭祕，若如所奏，訪獲到官，熬審受刑並無畏懼，又何肯供吐實情？儻承審各官畏難遷就，且爲規避處分起見，勢將使匪徒等倖逃法網，殘害民生，關繫匪淺。著各該督撫接奉此旨，務即督飭所屬，於拏獲到案之犯，悉心研鞫，不可稍有成見。畸重畸輕，尤不得意存消弭，化大爲小，總期水落石出，按律嚴行懲辦，以祛邪慝而靖地方，是爲至要。

《道光朝籌辦夷務始末》卷七六　丁未，協辦大學士、兩廣總督耆英、廣東巡撫黄恩彤奏：【略】臣等伏查舟山雖地處一隅，而有關撫夷全局，唤夷有所請求，既假爲挾持之端，各國彼此效尤，復逞其窺伺之計。上年咈囒哂每懷覬覦，頗露端倪，而唤夷求進粤城，亦復藉作口實，居同奇貨。又界在南北海道之中，駐守夷兵一日不退，沿海各口一日不安。數年以來，臣等辦理夷務，千頭百緒，枝節横生，諸夷狡黠性成，屢欲借端敗約，幾致無從措手。仰賴皇上明見萬里，訓示周詳，臣等有所秉承，督同委員候補道趙長齡、潘仕成等相機撫馭，隨時妥商熟籌，剛柔互用，辯説百端，以杜咈夷之窺伺。【略】所有夷兵既經全撤，夷商亦已速遷，並令嘚吡時寫立告示字單，預杜將來，極爲堅確。而他國夷人亦一律搬移，無從逗留，是該道等辦理收復事宜，一切悉中窾要。現在舟山全境肅清，善後次第辦理，堪以稍慰聖懷。

《宣宗實録》卷四三三　八月丁巳，大學士、軍機大臣穆彰阿等議覆伊犂將軍薩迎阿奏，開墾烏嚕木齊地畝章程。查烏嚕木齊所屬籌辦開墾地畝，挑挖渠道，前經該都統惟勤奏稱，辦有成效。

壬申，諭軍機大臣等：寄諭盛京、直隸、江南、浙江、福建、山東、廣東七省將軍、督撫、提督等，軍機大臣等奏，密議耆英奏繕進陸贄守備事宜狀並練兵儲餉

等項事宜一摺。練兵儲餉爲邊防要務，洵宜準今酌古，實力講求。唐陸贄緣邊守備事宜狀一疏，於理兵儲餉，再三致意，曲盡邊防要領。著各該將軍、督撫、提督等咸録一通，置諸座右，務宜惕目警心，反覆尋繹，斟酌以求其當，變通以適其宜，於籌策邊防，自有裨益。【略】至儲餉以備非常，必須豫籌，方免支絀。著該督撫等轉飭各海關該管官，嗣後奏報徵收錢糧時，計一年税數贏絀，將徵納尾銀酌留數萬或數千，覈定數目，奏交各省藩庫，另款存貯，以資儲備。並著奕湘、訥爾經額、崇恩按照各該省情形，分别輕重緩急，酌量籌辦，務令積之既久，以裕軍實。

乙亥，諭内閣：上年雲南回匪滋事，經賀長齡親往督勦，辦理果協機宜，何至本年復有蠢動？【略】賀長齡不勝總督之任，雲貴總督著李星沅補授，即馳驛前赴新任，江蘇巡撫著陸建瀛調補。李星沅未到任以前，雲貴總督著陸建瀛兼署，俟李星沅到後，即馳驛前赴江蘇巡撫新任。陸建瀛未到任以前，江蘇巡撫著陸蔭奎署理。藩臬兩司，即著派員遞署。雲南巡撫著張日晸補授，亦著馳驛前赴新任。賀長齡著即降補河南布政使，均無庸來京請訓。

《宣宗實録》卷四三四　九月丙戌，諭内閣：耆英等奏，徵收關税請暫緩定額一摺。粤關税數定額，著准其展限一二年。

《道光朝籌辦夷務始末》卷七六　丙戌，諭軍機大臣等：耆英奏，遵旨訊明湖北獲解傳教夷人，飭發西洋夷目收管一摺。該夷納巴羅即陸懷仁，以外夷赴内地，希圖傳教，現據訊明實係大吕宋人，並無别項不法情事，亦非匪徒飾混詐冒。該國並無領事在粤，該督等已發交西洋夷目嚴加管束。惟該夷將來如何歸著？是否該夷目飭令回國，抑或仍留粤東？並如何妥爲安置，不至再出滋事之處？著耆英等斟酌情形，悉心妥議具奏。

《宣宗實録》卷四三四　辛卯，諭：御史朱昌頤奏，請籌款招商運米以濟倉儲等語。【略】尋兩江總督壁昌等奏，查本年商人王學敏等備價買米，運赴天津售賣，已有成效，自應倣照舉行。兹據商人沈杏堂、顧堃等具稟承認，買米販運到津，其有資本不敷，每石請借運本銀一兩，出具互保切結，於應給米價内扣還，萬一重洋有不測之虞，均攤賠補。現以老民節省銀兩内，實無存款可提。所有該商等請借運本，擬即於海關夷税項下，就近撥給，作正開銷，其銀以十萬兩爲率，以示限制，將來到通時，即行按價扣收，解歸部庫。至於帶徵展緩漕米爲數無多，仍應交幫灑帶，若令海船承運正供，恐該商等畏難觀望，裹足不前。該御史所奏緩漕海運一節，應毋庸議。

《道光朝籌辦夷務始末》卷七六　己亥，諭軍機大臣等：訥爾經額奏，盤獲咈囒哂傳教夷人，業已咨送兩廣督臣酌辦一摺。此等習教夷人，只准在五口地方建堂禮拜，不得擅入内地，條約所載甚明。兹據奏稱：該夷人牧若瑟與内地民人遥通信函，私相往來，盤獲到案。訊據供稱係咈囒哂七品神父，回明國王，來至中國傳天主教，同行共有神父九人，坐火輪船由江南闌入山東、直隸交界，冀往山西傳教，其同行八人，尚在上海一帶等語。雖查無不法别情，惟該夷不守條約，任意遊行，難免滋生事端。著該督於牧若瑟到粤後，即交該國領事官嚴行管束，並諭以五口傳教，載在條約，自宜永遠遵守。嗣後務當隨時稽查，自行約束，斷不可於五口之外擅至各省，致違成約，是爲至要。

《宣宗實録》卷四三四　辛丑，諭軍機大臣等：御史戴絅孫奏，四川嘓匪爲患日深，請飭州縣認真團練一摺。據稱，今年合州兩次劫案皆由民間團練拴獲。【略】團練之法，誠於緝捕大有裨益，然須與保甲相輔而行，居民既有捍禦之資，盜賊亦無藏匿之地。得旨：立法不難，行之不易，務蘄認真有效，言出法隨，安良善，誅奸慝，其妥議之。

癸卯，諭内閣：前據壁昌等奏，請將江蘇省各州縣歷年墊完民欠，懇恩豁免。當交户部議奏。兹據户部議駁，請旨飭查勒限追賠等語。國家蠲免錢糧，總期實惠及民，果屬民欠，雖鉅萬不惜蠲除，如係官虧，即絲毫不容混免。官墊民欠，久爲江蘇錮弊，此項若邀豁免，將來州縣任意侵那，毫無忌憚。且書役包攬，以完作欠，種種弊端，必至日甚一日。著該督等查照上届部議奏駁原案，仍遵前旨，不得有官墊民欠名目。並迅即查明原墊及接徵各員，按數分賠，勒限嚴追。儻逾限不完，及再有官墊名目，即行嚴參不貸，以重帑項而杜侵欺。

以户部尚書賽尚阿兼署吏部尚書。

戊申，諭軍機大臣等：梁寶常密奏，接奉寄信諭旨，現於練兵儲餉各事宜，事事認真講求一摺。覽奏均悉。練兵儲餉爲邊防要務，況浙省兵力素弱，加以舟山善後，及浙西續辦各工，均應及時籌議趕辦，全在事事從實，節節有備，方爲久遠之謀。【略】至寧波海口，通商未久，税課數目尚難覈計，原設浙海關税則仍有贏無絀，亦著於奏報徵收錢糧時，將尾數覈定數目，奏明辦理。此外各處，現辦船隻及礮位礮臺陣式一切事宜，均在該撫認真覈實，處處冀收實效，斷不可徒飾外觀，有名無實，尤不得稍涉張皇，是爲至要。

己酉，諭軍機大臣等：前據刑部奏，江蘇民人徐雲江呈訴夷務，情節較重，曾降旨令李星沅訊究確情。茲據李星沅奏稱，現已查悉，徐雲江曾於三月間潛至夷目巴富爾寓所，告以欽差來查夷館，並有驅逐之意，經該酋查明斥逐等語。徐雲江不安本分，無端構釁，可恨之至，必應訊明嚴辦。李星沅現已馳赴雲貴總督之任，著程矞采於行抵江蘇時，檢查此案卷宗，務即悉心研鞫，從重定擬，斷不可稍存成見，致有不實不盡，是爲至要。將此諭令知之。尋奏，訊明徐雲江呈控夷目巴富爾攤毁墳墓，暗造連營礮臺，毒害幼孩等情，全屬虚誣，且妄指閲兵大臣爲驅逐夷館之欽差，恐嚇外夷，無端構釁，殊爲可惡。徐雲江合依詐傳詔旨律擬斬監候，秋後處決。

《宣宗實録》卷四三五 十月癸丑，諭軍機大臣等：會議賀長齡奏，要犯軍前繳械投誠，願招餘黨一摺。此案回民張富兩次糾衆滋事，本屬律不准首，茲據帶同夥黨赴營投首，並呈繳器械，情願招出餘黨，籲求免罪。【略】著徐廣縉到任後，會同李星沅嚴密訪查，悉心體察，據實具奏，毋得稍涉含混，代人受過。儻所查不實，别經發覺，該撫等斷不能當此欺飾之罪也。懔之！慎之！

丙寅，諭内閣：柏葰等奏，請將江蘇省完漕大户、小户等名目概行禁絶等語。據稱查明江蘇向來完漕，紳富謂之大户，庶民謂之小户，以大户之短交，取償於小户。因而刁劣紳衿，挾制官吏，索取白規。大户包攬小户，小户附託大户，又有包户之名，以致畸輕畸重，衆怨沸騰，紛紛滋事。又旗丁津貼原有定額，近來總以米色爲詞，多方挑斥，逐漸加增，是幫船多取一分於官，州縣即多取一分於民，種種弊端，關繫非輕，若不及早整頓，貽患何所底止。著兩江總督、江蘇巡撫認真查察，所有前項大户、小户、包户各名目，概行禁絶，一律均收，尤不准旗丁額外多索幫費。儻敢抗違不遵，或州縣中竟有浮收入己情事，即行據實嚴參，從重治罪，毋稍瞻徇，以肅漕務而清弊源。

《道光朝籌辦夷務始末》卷七七 戊辰，諭軍機大臣等：耆英等奏，訊明至藏傳教之咈夷噶嗶哟唎、額窪哩斯塔二名，由川省咨解到粤，經該督等訊明，該夷人雖遠涉重洋，經歷數省，實止冀圖傳教，並無别情，亦非奸徒冒混。並將夷信等件交咪唎㗔夷目識認，旋據呈出譯漢刻本，查閲詞句，尚無違悖，自屬可信。現已將該夷等發交夷目管束，自應如此辦理。惟各國夷人不准潛赴内地傳教，載在條約，限制甚嚴，雖此次赴藏之噶嗶哟唎等，及前次由湖北拏獲之大吕宋夷人納巴羅，計期均在未定條約之先。以後惟當諭知各該夷人，除五口地方准其建堂禮拜外，斷不准擅至各省任意遨遊。務令各該夷目自行約束，恪遵成約，以息事端而免藉口，是爲至要。

耆英、黄恩彤又奏：臣等前因十三行地方，有暎夷與民人口角細故，互相争鬧，當將派員彈壓及地方照常安静緣由，附片具奏。【略】伏查本案起釁情由，實係暎夷理曲，而内地民人並不稟官伸理，輒即糾衆滋鬧，亦屬不合。【略】茲臣等督同司道等酌議，擬於十三行洋行會館及附近扼要處所，移駐弁兵，作爲專汛，在彼駐紮巡防。其弁兵除舊設之二十二名，再於廣州協抽撥七十八名，作爲一百名，遴委武職都守一員管帶，並委文職正印官一員，會同稽察。遇有民夷口角，立即驅逐解散，並將該夷動静時刻詗察，按日稟報。仍約束兵丁不得干預别項事件，庶中外可以永久相安。硃批：該部知道。

《宣宗實録》卷四三五 壬申，浙江巡撫梁寶常片奏，蠶稻豐稔，民情安帖，夏間毒斃幼孩，相傳妖異等語。當時本無其事，今亦竟無其言。批：朕早料及。

命服闋都察院左都御史沈岐以原品休致。

《東華續録》道光五四 甲戌，諭軍機大臣等：前因各省議覆銀錢兼用章程，或請分别款項按成搭放，或稱諸多窒礙請照舊章，歷經批令依議辦理，並交軍機大臣會同該部議奏。茲據奏稱，福建省前奏未盡事宜，請飭從長計議，江蘇各省亦令一律查辦，並山西巡撫請禁空票之處，亦應令其自行妥辦各等語。均已依議行矣。惟是銀貴病民，所關匪細，必應力求通變，前降諭旨甚明。乃各該督撫之已經議覆者，率皆無可通變，即所請按成搭放之處，爲數亦屬無幾，於銀貴錢賤殊未足以資補救。其尤甚者，河工人員但知用銀甚便，總以搭錢爲難，即謂歲修工程及豫購稭料、土方等項，責令以錢搭放，恐致貽誤要工。此外俸廉、盤費、書吏、倉役並雜交等款，何難量予搭放。仍著各該河督按照前項名目，悉心覈議，每年實可用錢若干，分晰奏覆，毋得固執成見，仍以窒礙難行一奏了事。其未經奏到之河南、陝甘、雲南等省，亦著各該督撫通盤籌畫，總期銀錢兼用，於收放並權之中，作推行盡利之計，以濟民生而裕國用，是爲至要。

《宣宗實録》卷四三六 十一月壬午朔，諭内閣：爲政首在愛民，安良即所以弭盜，朕軫念民依，凡各省遇有水旱偏災，無不恩膏立沛，蠲賑兼施。地方官果能認真辦理，實惠均霑，何至有失所流民，結隊成羣，轉徙他省，致令不法匪徒有所藉口。本日據穆彰阿等會議訥爾經額奏，請稽查匪徒影射流民一摺。覽奏

均悉。匪徒影射，輾轉需索，擾累閭閻，自應稽察截留，以免別釀事端。著江蘇、江西、湖北、山東、河南、安徽、山西各督撫一體嚴飭所屬，各就該地方情形土俗所宜，認真酌定辦理章程，咨部立案，以期行之久遠，不滋弊竇。其有一二實在災黎轉徙他方並非匪類者，仍當加意撫卹，隨時資送，毋令失所，總不准匪徒影射，恃衆滋擾。儻該地方官辦理不善，一經查出，著即指名嚴叅，以爲玩視民瘼者戒，用副朕軫恤民困，除莠安良之至意。

乙酉，調杭州將軍特依順爲烏里雅蘇台將軍，烏里雅蘇台將軍桂輪爲杭州將軍。

壬辰，以故一等公阿齡阿子祥保襲爵。

《道光朝籌辦夷務始末》卷七七 庚子，諭軍機大臣等：劉韻珂等奏，藩司接准琉球國王密咨，關涉夷務，現咨兩廣督臣，相機妥爲勸諭一摺。前年秋間，咈囒哂兵船駛至琉球，强留執事嘐嚹咖啲等在彼居住，曾降旨令耆英妥爲查辦。本年五月，已據該酋將前留執事嘐嚹咖啲等一併撤回，又另易伯多禄、亞臯德二人在彼居住，並仍諷以結好通商，其意殊難揣測。且暎咭唎船隻，自二十三年以後，屢至該國探水量地，並令伯德令攜眷逗留該國，設局行醫，更不知意欲何爲？惟念琉球臣服天朝，最爲恭順，且素稱貧瘠，咈、暎二國不值與之結好通商，況該二國既與天朝和好，即不應擾我屬國。著耆英等接奉此旨，即向咈、暎各酋曲加勸導，曉以成約之不可違，諭以小利之無可取，務使各將兵船及僑寓人等悉數撤去，以免驚疑而符定約，是爲至要。

《宣宗實録》卷四三六 丙午，諭内閣：京倉收貯歲漕穀石，自有一定額數，以收抵放，原屬有赢無絀。本日户部奏，比較歲漕數目開單呈覽，朕詳加披閲。近年漕糧運京多有短少，本年尤甚，較之全漕短至一百萬石，蘇松、江安兩糧道起運尤屬不敷。現届開徵兑漕之時，著通諭有漕省分各督撫，自今年爲始，漕糧一經徵齊，即將該省額徵若干，本年起運若干，緩缺若干，逐一比較上三届數目，據實奏明，迅即造具清册報部。俾得豫先覈計，不得沿向來舊習，於開兑以後始行咨報。儻比較有減無增，即由該省設法立將短數補足起運，方不致有誤支放。並著漕運總督一體遵照，悉心籌畫，實力稽查，總期湔除積習，按額收倉，庶漕政可肅而積貯常充矣。又片奏，前經奏准，勸諭商人買米由海運津，官爲收買。現在有無領運之商？未據奏報。著兩江總督、江蘇巡撫剴切曉諭，以此次商運米石，一經到津，特派大臣前往剋期收買，該處地方市儈人等概不經手，俾各商咸霑利益，毫無阻滯。如有運米較多之商，一俟收買完竣後，該督撫即查明奏懇奬敘，候朕施恩。其商運米船，著查照道光六年海運章程，每船准其八成載米，二成載貨，由該海關查明，免税放行，以恤商情而廣儲備。

諭軍機大臣等：近年以來各省歲運額漕逐年短少，江南一省江安、蘇松兩糧道所屬緩缺尤多。【略】著該督撫通盤籌畫，如可倣照前章，確有把握，即統覈漕糧實數，每歲酌分幾成，改由海運，於道光二十八年爲始，庶漕費可以節省，而州縣等亦不致藉此捏報災荒，致虧倉貯。至招商買米，由海運津事宜，已妥立章程，籌款備買。此外凡有可以實裁幫費籌補額漕之策，亦著該督撫等悉心籌度，迅速奏明，請旨遵辦，不得稍存畏難之見，任聽漕糧短缺，置國用於罔顧，毫無籌措。至現經降旨緩徵地漕，究竟確數若干，並現徵實數若干，著即查明，迅速報部，以備稽覈。其南米兵米，如有災缺，例應碾動常平倉穀，或於附近豐收地面採買，概不准率請截留漕糧，致缺京倉放款。

庚戌，陝西巡撫林則徐因病請解任，賞假三箇月調理，以布政使楊以增護巡撫。

辛亥，命户部左侍郎柏葰、都察院左副都御史陳孚恩赴天津督買海船商米。

十二月癸丑，諭内閣：昨因黄恩彤違例妄請賞給年老武生職銜，飾詞瀆奏，市恩邀譽。【略】黄恩彤著即行革職。

調雲南巡撫徐廣縉爲廣東巡撫，未到任前以兩廣總督耆英兼署。以漕運總督程矞采爲雲南巡撫，未到任前以雲貴總督李星沅兼署。

以倉場侍郎楊殿邦爲漕運總督。

己未，諭：户部奏，請推廣捐輸米石章程等語。京倉所貯米石果能足額無虧，則支放裕如，原不待另爲籌畫，無如近年起運漕糧缺額甚多，若但憑發價採買，誠恐緩不濟急。兹據户部設法豫籌，請於江蘇省倣照官員捐米之例，准令各省官民前赴江蘇捐辦米石，照捐輸銀兩議敘，由該督撫奏請奬勵。其運京路程，或附海船抵津，或由内河抵通，如何便易之處，著壁昌、程矞采悉心妥議。

辛酉，命大學士卓秉怡、禮部右侍郎倭什訥恭齎册寶，尊封仁宗睿皇帝如貴妃鈕祜禄氏爲如皇貴妃。

命協辦大學士、吏部尚書陳官俊爲正使，禮部左侍郎連貴爲副使，持節齎册寶，晉封琳妃烏雅氏爲琳貴妃。

命禮部尚書保昌爲正使，内閣學士慶錫爲副使，持節齎册，晉封成貴人鈕祜

祿氏爲成嬪。

庚午，命大學士、四川總督寶興留京，充上書房總師傅，翰林院掌院學士，管刑部事，兼署正白旗漢軍都統。賞駐藏辦事大臣琦善二品頂帶，爲四川總督。以刑部右侍郎斌良爲駐藏辦事大臣。

贈故山西巡撫吴其濬太子太保，予祭葬。

《道光朝籌辦夷務始末》卷七七 辛未，諭軍機大臣等：耆英奏，暎夷請於西藏定界通商，業經正言拒絶一摺。並密陳偵探夷情，及酌辦情形等語。西藏地方，本有一定界阯，無庸再行勘定，通商一事，更有原立成約，自應永遠遵守。兹該夷因與西刻夷人搆兵，據有加治彌耳山地，請與後藏交界地方明定界阯，並請與後藏通商，殊屬顯違成約。該夷居心狡詐，所稱照會駐藏大臣之處，尚未據琦善陳奏，至前往天津之語，尤屬虚聲恫喝，藉以要求。該督現已援據條約，正言拒絶，著仍堅守成約，持以鎮静，勿爲所摇惑，勿任其巧辯，總須示以大體，俾知成約甚明，無從狡執爲要。該酋回文如何，並加治彌耳夷人與西刻夷人復向攻擊之處，著確切偵探，得有實情，一併由四五百里馳驛迅速具奏。另片奏，接准閩省來咨，辦理照會等語。咈、暎二夷各留人在琉球國居住，並有請結好通商及設局行醫等事，前據劉韻珂奏，已降旨令耆英向該酋等確切曉諭矣。該督現已備文諭令即行撤回，並勿許暎夷再令兵船駛往琉球洋面探測。俟有覆文，一面相機辦理，一面即行由驛迅速覆奏。

《宣宗實録》卷四三六 丙子，諭軍機大臣等：昨據禮部奏稱，琉球貢使到京，呈遞稟帖，復以咈、暎二國留人在彼種種滋擾，該國王不勝疑慮，力求代奏等語。琉球臣服天朝最稱恭順，既據疊次懇請，若不爲之弭止驚擾，殊失撫馭外藩之意。然咈、暎各令執事人等逗留該國，又不知意欲何爲，此事既未便頒給咈、暎敕諭，令其撤回僑寓人等，又不值遣兵前往與之理論。惟在該督仰體此意，復向咈、暎各酋反覆曉諭，使知成約既不可違，小利亦無可取，務使各將逗留人等悉數撤去，以弭外侮而恤藩封，是爲至要。

丁丑，諭軍機大臣等：前據耆英奏，暎夷請於西藏定界通商，業經正言拒絶，當有旨著該督堅守成約，勿爲摇惑。兹據琦善奏稱，據唐古特西界堆噶爾本營官稟報，有披楞人投遞夷稟，據來人口述，係披楞戰勝，森巴已經歸附，並將所屬之拉達克、克什米爾分與管轄，欲向唐古特交易，定有章程，令人前往會議等語，與該督前奏大略相同。本日已降旨令琦善嚴密防範，並著曉諭該夷，以辦理夷務，係欽差大臣之事，應由該夷自赴廣東與耆英商辦。著該督仍遵前旨，申明條約，毋任狡執，俾知成約堅明，五口通商之外，不得再生枝節，是爲至要。

又諭：琦善奏，接據唐古特西界堆噶爾本營官稟報，有披楞所屬庫魯部落遣人投遞披楞兵目夷稟，並現在探聽籌辦情形。覽奏均悉。【略】惟暎夷詭譎異常，自應訓練兵丁，豫爲防範。【略】該大臣現已簡放四川總督，著暫緩前往，俟斌良到任時，儻所辦夷務尚未完竣，仍著留藏數月，再行前赴新任。

又諭：本日據琦善奏，唐古特西界營官稟報，有披楞人投遞夷稟，欲向唐古特交易等語。披楞即暎咭唎國，現經戰勝森巴，並森巴所屬之拉達克、克什米爾地方俱已歸披楞管轄。向來唐古特交易由拉達克轉賣，今披楞欲覿面交易，復私定章程，令人前往會議，其意殊屬叵測，難保無藉端尋釁情事。現在琦善即赴後藏閲伍，就近探訪信息，訓練巡防。

《東華續録》道光五四 是歲，朝鮮、琉球入貢。

道光二七年（丁未、一八四七）

《宣宗實録》卷四三八 正月辛巳，烏嚕木齊都統惟勤等奏，遵查扎薩克郡王伯錫爾呈獻之地，熟田五千七百二十畝，向有舊渠，足資灌溉；生地四千八百三十二畝，現擬接濬新渠兩道，添穵支渠三道，以資分灌，所需工費，趕緊勸捐辦理。其經理渠道，擬每十户設渠長一名，給地六十畝，每百户設總渠長一名，給地九十畝，專司其事。其餘招集耕種户民，每户給地三十畝，應共招户二百七十二户。熟田已令現招户民及時播種，每畝徵糧一斗，於二十七年照例升科；其生地俟新渠工竣後，再行覈辦。下部知之。

《道光朝籌辦夷務始末》卷七七 庚寅，諭軍機大臣等：耆英奏，暎夷定界通商之請，已有轉圜。又另片奏，請飭駐藏大臣，就近體察情形，酌量妥辦等語。覽奏均悉。暎夷定界通商之請，既係祇欲指明舊界，並非另立新界，通商係仍照舊章，亦不另議新條，與來五口通商之夷無涉等情。此皆該督信義相示，善爲開導，該夷屈於正論，妄念已息，似不致另生枝節。其西藏地方是否與加治彌耳毗連，有無舊界可循，及加治彌耳夷人是否向與西藏貿易之處，已諭知琦善體察情形，酌量妥辦，並將加治彌耳夷人等合謀聚衆，欲行驅逐夷酋等事，確切偵探，迅速覆奏矣。又另片奏，咈、暎兩夷留人居住琉球，前已諭令撤回，咈酋尚未覆

到；㖞酋覆，稱醫生前往，未便阻止，並琉球附近日本等語。夷情變幻難測，或其欲通日本，而借琉球爲東渡津梁，亦未可知。現在㖞酋既藉詞推宕，著俟咈酋覆文到日，如果尚無膠執，再向噫酋相機開導，務期易於轉圜。該兩夷遣往琉球之人，何時撤回？該督即隨時馳奏。又另片奏，解往湖北傳教夷人，已交西洋夷目收管，未便過事追求，該夷居住香港，甚爲安静等語。該夷現既安静，想係知所警畏，此後惟嚴飭地方官，於關津渡口隨時盤查，自不至任意混入。

《宣宗實録》卷四三八　辛丑，諭内閣：户部奏，珠爾山閒荒地畝，請照涼水泉舊案停止認種，一律封禁一摺。吉林一帶地方爲根本重地，官荒地畝，不准開墾，例禁綦嚴。所有珠爾山閒荒地五萬六千餘晌，除現在招墾地二千六百二十六晌，既經查明各民佃花費工本，姑准墾租交租外，實賸閒荒地五萬三千三百七十四晌，自應查照涼水泉地畝封禁原案，畫一辦理，著該將軍、副都統親往各該處統行查勘。此外尚有存賸閒荒共若干萬晌，一律自本年爲始，各於扼要處所，趕立封堆，永遠禁止，毋任彼此影射，稍涉含混，以致有名無實。並令各邊口嚴遏流民，毋許闌入。嗣後儻再有展越偷種情弊，除該地方官從嚴懲辦外，定將失察之將軍、副都統一併嚴行懲處，以肅官常而昭法守。

《東華續録》道光五五　壬寅，雲貴總督李星沅奏，緬匪聚散無常，不值勞師糜餉，擬行團練之法，人自爲衛，農即爲兵，既有裨於邊備，仍無藉於軍需。得旨：所見極是，妥實相機而行。

《宣宗實録》卷四三八　乙巳，諭軍機大臣等：寄諭雲貴總督李星沅，御史楊銘柱奏，滇省回匪不靖，請飭速辦一摺。據奏，滇省匪勢驕横，廠匪、川匪勾結益多，肆行擄掠，抗官殃民等語。匪徒糾衆滋事，自宜痛加懲創，毋令蔓延。著該督將摺内所指各情節確查，如果實有其事，務當嚴飭地方文武各官相機籌辦，毋稍延玩，斷不准遷就了事。

《宣宗實録》卷四三九　二月辛亥朔，諭軍機大臣等：昨據奕湘奏，請欽派大臣查勘山場一摺。已有旨派柏葰等會同奕湘前往履勘矣。此案流民越界潛往江邊墾田構舍，疊經降旨，令奕湘等派員搜查。嗣據奏稱，拏獲各犯，分別懲辦，並經朝鮮差官眼同委員平毀田舍完結。【略】嗣後不至再有流民潛往構舍墾田之事，尤當悉心妥籌，務收實效。

甲寅，江寧將軍岳興阿因病解任，以齊齊哈爾副都統英隆爲江寧將軍。

己未，諭軍機大臣等：李星沅奏，官兵籌勦雲州回匪情形一摺。雲州回寨匿犯拒捕，恃險負嵎，不法已極。雖據稱殲斃五六百名，並捆獻劫囚重犯，交出夥犯及礮械等件，而藏匿寨外勾結人數尚多，若非實力痛勦，示以兵威，遷就於目前，必致貽患於事後。該督等著即嚴飭鎮將激厲軍心，立加攻勦。

《道光朝籌辦夷務始末》卷七七　庚申，諭軍機大臣等：耆英奏，遵查夷人互相攻擊一摺。夷人種類繁多，披楞既係㖞夷，森巴即係噫酋所稱西刻，克什米爾即係加治彌耳，拉達克亦其族類，蠻觸相争，旋即和解，原可不必置問。惟㖞夷通商之請，雖因條約堅明，無從置喙，轉而就範，而夷情叵測，變幻多端，該督惟當示以大體，持以鎮静，隨時相機妥辦，以杜其非分之請，不致再有瀆求。至哈丁與噫酋信息時通，諒無異議，儻或哈酋來粵商辦，亦著向其申明條約，毋任狡執，俾五口通商之外，不得再生枝節。

《宣宗實録》卷四三九　壬戌，雲貴總督李星沅奏，緬匪已聞風散匿，其拒捕之回匪，現督官兵上緊勦辦。得旨：一鼓作氣，最忌姑息，醜類務盡殲除，毋留後患。勉之。

《東華續録》道光五五　癸亥，以鄭親王端華爲御前大臣。

《宣宗實録》卷四三九　壬申，以喀爾喀扎薩克輔國公班當扎布子濟克濟特多爾濟襲爵。

兩江總督壁昌等奏，遵議辨別洋面夷盜各船，必須隨時隨地，認真巡緝。其巢穴在岸者，責成地方州縣；其蹤跡在洋者，責成水師營汛。更須多設眼線，並察其船之式樣及行走遲速情形，則真僞似無難立辨。得旨：舍此亦無别法，務當認真查辦，斷不可稍有顢頇也。

丙子，諭軍機大臣等：向來閩海關徵收課税從無短缺，乃自近年以來據報徵收數目每不足額，是否敬斆未能認真稽覈，或用人不當，致有偷漏等弊，或任聽胥役串通朦混，種種侵蝕恐皆不免。著劉韻珂接奉此旨隨時留心密加訪察，如查有前項情弊，即行據實具奏，斷不准稍涉瞻徇。將此諭令知之。尋奏，遵查閩海關税務雖分六口，而廈門一口向居税額之半。厦門販海之船有透北、過臺、出洋、廣撥四項貨船，自五口通商以後，夷船所販之貨，即係出洋、廣撥兩項船隻所販之貨，以致出洋、廣撥二船收帆歇業，夷税日增，常税日絀。

《道光朝籌辦夷務始末》卷七七　丁丑，諭内閣：劉韻珂奏，洋盜刦殺夷商，現已咨行一體嚴拏，並將巡洋員弁先行摘頂棍責一摺。盜匪在洋刦擄，本爲商旅之害，兹復行刦夷艅，殺死夷人多名，情節尤屬兇殘，必應嚴拏懲辦。據奏，現

已飛咨閩省水師暨廣東、江南、浙江各督撫一體堵緝，仍著劉韻珂督飭員弁協力搜捕。【略】不得因刼係夷船少存歧視，以靖洋面而安商旅。

《宣宗實録》卷四四〇　三月癸未，李星沅奏，官兵圍勦回匪，首要各犯續行拏獲勒交，餘匪漸就肅清一摺。所辦甚好，可嘉之至。【略】著賞加太子太保銜，並賞戴花翎，以示優奬。

命署雲南提督蔭德布以總兵官留雲南候補，調湖北提督滎玉材爲雲南提督，以直隸正定鎮總兵官閔正鳳爲湖北提督。

《道光朝籌辦夷務始末》卷七七　丙戌，諭軍機大臣等：耆英等奏，夷船突入省河，堅請進城，現在防堵酌辦情形一摺。噗酋藉詞夷人被華民欺淩之嫌，輒帶領兵船突入省河，在十三行灣泊，並令夷兵潛上礮臺，釘塞礮眼。先經委員探詢，該督復前往面見，據該酋聲稱欲往佛山與華民較論，並堅請即行進城等語。該夷遵守成約，邇來頗爲安静，此次所請，殊爲意料所不及，抑或另有他故？至進城一節，本屬無關輕重，該督等惟當一面督飭文武員弁迅速布置，嚴密防堵，一面向該酋剴切曉諭，相機妥籌，固不可過事張皇，尤不可稍形疏懈。

已丑，諭軍機大臣等：耆英奏，夷情漸已就範，兵船陸續退出，現仍督率文武鎮静防備一摺。覽奏均悉。【略】現在夷船陸續退出，所辦甚屬妥速。此後該督惟當曉諭居民自相保衛，斷不可因境内偶有夷人輒即聚衆毆逐，致令該夷藉口細故，稱兵入境，殊非守約相安之道。該督尤當隨時開諭，事事務協公平，固不可任聽華民糾毆啟釁，亦未便縱令該夷忿争時來滋擾。總期民夷兩安，怨讟悉泯，以定民情而消夷釁，是爲至要。

《宣宗實録》卷四四〇　乙未，以兩江總督壁昌爲内大臣，管健鋭營事。調雲貴總督李星沅爲兩江總督，以陝西巡撫林則徐爲雲貴總督。

《道光朝籌辦夷務始末》卷七七　戊戌，諭軍機大臣等：耆英等奏，夷船一律退出虎門，省城安静如常一摺。覽奏均悉。此次夷船突入省河，所帶夷兵祇千餘名，若以粤省兵勇之衆，調齊攻擊，亦何難聚而殲旃。惟夷性陰險，以後時圖報復，勢將兵連禍結，延及各省，轉增滋蔓難圖之慮。此時該夷兵船既已歸退夷巢，原不妨姑爲息事安民之計。惟犬羊反覆無常，難保不歸巢以後，又復别生事端，不可不於安静無事之時，豫爲防範。惟在該督留心人材，勤加操演，練兵尤在練將，有勇更期知方，平日固結民心，以爲根本，臨事激揚士氣，以作干城，總期未雨綢繆，有備無患，方爲妥善，諒該督必能仰體朕意，不待再三誥誡也。

《宣宗實録》卷四四〇　戊戌，以盛京刑部侍郎廣林暫署盛京將軍。

庚子，諭内閣：從前鄉會試迴避士子，雍正年間曾於内閣另行考試，或將試卷另封進呈，派員校閲，均係出自特恩，並未著爲定例。迨乾隆年間，即經先後停止。嗣因御史眭朝棟率行陳請，瞻顧徇私，當奉嚴旨將該御史拏交刑部治罪。至嘉慶四年，復有御史郭儀長條陳此事，經部議准，仍奉特旨駁飭。是迴避士子另行考試，事屬難行。疊奉聖訓昭垂，豈容臣工任意瀆請。祝慶蕃現任禮部尚書，明知此事早經停止，乃因本科迴避士子人數較多，獨出己見，率行面奏，實屬沽名釣譽，冒昧瀆陳，著交部嚴加議處。嗣後鄉會試迴避士子，無論人數多少，其另行考試之處，並著永遠停止。

《道光朝籌辦夷務始末》卷七七　壬寅，諭軍機大臣等：前據耆英奏稱，噗夷前請已有轉圜，請飭駐藏大臣就近體察情形。已有旨諭知琦善遵照辦理矣。兹據琦善奏，查訪噗夷請於後藏通商實情一摺。覽奏併圖説均悉。堆噶爾本迆北峻嶺，下有金礦，又地盡斥鹵，乞即成鹽，該夷惟利是圖，自係垂涎此地，希圖居奇。其前請定界通商，繼復祇欲指明舊界，仍照舊章之處，未必非有意含混，潛肆貪求。著琦善仍遵前旨體察情形，就近酌辦，即於四月青草方生之時，派人前往探聽消息，相機辦理，一面仍教練弁兵，妥爲防備，毋有疏虞。

《宣宗實録》卷四四〇　乙巳，以都察院左都御史魏元烺爲禮部尚書，户部左侍郎賈楨爲都察院左都御史。

戊申，粤省近年以來，海氛甫靖，經朕再三訓諭，思患豫防。【略】徒恃本省兵力既恐防範難周，若向他省調兵又慮鞭長莫及，惟廣西地界毗連，且同屬該督管轄，呼應較靈。著耆英接奉此旨，即於廣西鎮將中留心察看，擇其實能訓練士卒者，責令不動聲色，認真操演。【略】此外各省，惟江西最爲切近，已諭知李星沅密爲經畫，以備不時調遣。

《宣宗實録》卷四四一　四月癸丑，以故杜爾伯特扎薩克貝子鄂綽爾呼雅克圖子貢噶綽克坦襲爵。

《東華續録》道光五五　戊午，賽什雅勒泰等奏，披楞即英吉利，回語呼爲排哴，向與音底接壤。見在訪聞排哴已將音底占據，駐兵努普爾地方。雖推依博特、克什米爾之歸附與否，尚在疑似之間，而音底見無總目，各部落多屬排哴，其説未必盡皆附會。報聞。

《宣宗實録》卷四四一　壬戌，新授雲貴總督林則徐奏，由四川取道前赴新

任。得旨：長途善養，以副簡任。

乙丑，吏部奏，改定赴任官員憑限章程：一、赴任官員中途患病阻風，覈計在正限以外，展限以内，應准其扣展；一、發往各省人員中途患病阻風，照赴任官員一體辦理；一、部選人員，該上司劄調闈差，有定限可計，准其照扣。其留省察看及派委各項差使，統限三箇月，不得分扣；一、留省察看及派委差使，該上司應分别奏咨立案，如未經立案，僅於繳憑文内聲扣者，本員毋庸置議，將該上司參處；一、中途阻風患病，或已報明，或未及報明，不准兩項分扣。統計阻風不得過三箇月，患病不得過兩箇月，仍按正限外，展限内覈辦；一、正限已滿，始聲扣阻風患病者，不准扣展。其正限内聲扣阻風患病，仍不得過三箇月、兩箇月之限。展限内聲扣者，仍不得過兩箇月、一箇月之限。至展限外不得再扣。即所扣限内，阻風尚不及三箇月，兩箇月，患病尚不及兩箇月、一箇月，亦不准將展限外日期補扣。

戊辰，以大學士寶興、協辦大學士吏部尚書陳官俊、禮部尚書魏元烺、吏部左侍郎季芝昌、禮部右侍郎吴鍾駿、兵部右侍郎朱鳳標、内閣學士黄琮、李嘉端，爲殿試讀卷官。

己巳，策試天下貢士許彭壽等二百三十一名於保和殿。

庚午，調江寧將軍英隆爲綏遠城將軍，綏遠城將軍奕興爲江寧將軍。

癸酉，上御太和殿傳臚，賜一甲張之萬、袁績懋、龐鍾璐三人進士及第，二甲許彭壽等一百十人進士出身，三甲李森等一百十八人同進士出身。

《宣宗實録》卷四四二　庚辰，諭軍機大臣等：李星沅密奏，辦理回務，體察情形等語。據稱，此次勦辦雲州回匪，揆度機要，内回富而外回貧，外回强而内回弱，與其濫殺而徒滋藉口，不如密計而先務攻心。且邊郡不知有法由來已久，莫如持平執法，俾漢回同體，犯則重懲。保甲以清内匪，團練以禦外匪各等語。著林則徐於到任後，詳加體察，酌量情形，悉心籌辦。

癸未，諭軍機大臣等：上年緩缺漕糧無可籌補，擬俟秋成後，責令各屬帶徵起運，即民力間有拮据，亦當酌量情形，分年展帶等語。此項短缺額漕於京倉積貯大有關繫，既據該署督酌請帶徵起運，仍著該督撫認真覈實，依限帶徵，總期缺額於前者皆可歸補，於後不致有名無實，是爲至要。

丙戌，調禮部尚書魏元烺爲兵部尚書，以都察院左都御史賈楨爲禮部尚書，户部左侍郎孫瑞珍爲都察院左都御史。

甲午，諭内閣：據理藩院奏，棟廓爾呼圖克圖來京當差，應賞給何等品級，給予何項錢糧，請旨一摺。棟廓爾呼圖克圖來京當差，著加恩賞給該呼圖克圖扎薩克喇嘛品級，賞達喇嘛錢糧，遇有達喇嘛缺出即補。

丙申，軍機大臣會同户、工二部議覆，給事中張修育奏，籌裕庫儲六條。【略】從之。

《道光朝籌辦夷務始末》卷七八　己亥，諭軍機大臣等：前因廣東虎門礮臺被夷人乘機爬上，釘塞礮眼，當降旨交耆英將疏防各營弁查明嚴參。茲據奏稱，虎門海口夷船出入，事所恒有，該夷就撫以後，毫無釁隙，此次爬上礮臺，釘塞礮眼，非意料所及。【略】蓋夷人就範之後，衹可禁其挑釁，斷不可懈於守防，若登臺釘礮仍復袖手旁觀，則將來何所不至耶！【略】凡與夷人交涉，固不可輕啟釁端，亦不得藉口撫綏，直視犯而不校，總須有備無患，能戰能守，方爲訓練之師。

《宣宗實録》卷四四二　壬寅，諭内閣：廉敬奏，遵旨議覆四川民人前赴回疆種地一摺。【略】現在四川安縣、彭縣二處，既有呈報願攜眷屬前往種地民人，著即照該署督所議，由該地方官印給路票，發交該民自行前往，庶辦理無所窒礙，而邊疆可望招徠。

乙巳，杭州將軍桂輪因病解任，調江寧將軍奕興爲杭州將軍，實授裕瑞江寧將軍。

丁未，以太常寺卿何桂清、翰林院侍講學士曾國藩爲内閣學士，兼禮部侍郎銜。

《宣宗實録》卷四四三　六月辛亥，大學士、軍機大臣會同吏部議奏，繙譯進士轉入翰詹章程九條。【略】從之。

《道光朝籌辦夷務始末》卷七八　戊午，諭軍機大臣等：耆英等奏，唤夷近日情形，所有租地建房等事，現經委員覓定地方，妥爲商辦，並責成地方文武及紳士等，勸諭居民，俾各相安，不致該夷有所藉口等語。覽奏均悉。惟此次夷船突入省河，其意原屬叵測，據稱夷商人等復從旁訕笑，殊非情理，令人不解。至香港夷兵又爲數加增，並有鑄造礮子火箭及演習礮車等事，該夷自加練習，或意圖蠶食諸國，亦意中事，但傳聞豈可盡信，必應加意籌防。該督等現已督飭委員及地方官，將租地建房等事速爲辦就。又嚴禁内地匪徒，不得無故尋釁，自可杜藉口之端。權宜之計，事勢相值，朕亦不爲遥制，然得隴望蜀，竟聽其涓涓不絶耶？著該督等仍督飭地方官，密爲籌畫，層層布置，並密飭水陸各

營，共備不虞，既不可遇事張皇，尤不得少疏防範。

《宣宗實録》卷四四三　戊午，理藩院奏，據住京俄囉斯達喇嘛佟正笏，呈請在塔爾巴哈台、伊犂、喀什噶爾三處通商。查例載俄囉斯除在恰克圖地方交易外，所有霍尼邁拉呼卡倫俱不准通商。

戊辰，諭軍機大臣等：乃近年留協省分屢有咨請改撥之事，部庫待用孔殷，每次各省改撥之款，皆例應解部之銀，非以蠲緩爲詞，即以留支藉口。殊不思水旱偏災事所難免，各省支款無歲無之，何以從前改撥之案尚少，近則日多一日。前數年軍務、河工需用緊急，不得不權其輕重，量爲改撥，而各該省恃有成案可循，幾至年年瀆請，若不及早示以限制，於京餉大有關繫，且恐各該省於應徵應解之款易啓那移虧空等弊。嗣後著留協省分各督撫於户部例撥乃因案指撥各款，務須激發天良，認真籌辦，不得因向有改撥成案率行援引瀆請，並著督飭藩司派委妥員照數按期迅速起解。

丁丑，諭内閣：禮部奏，酌議旌表建坊章程等語。嗣後各該部隨案請旌之烈婦烈女及年終彙題内之烈婦烈女均著建立專坊，以示奬異。餘俱著歸入總坊年終彙題，並著各該督撫等於題本内聲明彙建總坊字様，用昭區别。

《宣宗實録》卷四四四　七月辛卯，調四川提督善禄爲浙江提督，以直隸通永鎮總兵官向榮爲四川提督。

《道光朝籌辦夷務始末》卷七八　辛丑，諭軍機大臣等：耆英等奏，縷陳近日辦理夷務情形一摺。覽奏均悉。據稱，夷情反覆無常，海上傳聞不一。雖據探得該夷國中饑饉瘟疫，死亡過半，又據聞該國主以噗酋肇釁爲非，嚴行申戒，要皆未足憑信。該夷以通商爲本，夷情向背視乎貿易之通塞，税課之衰旺。本年五月以來征收税銀較前兩月不止加倍，夷情自不至決裂。惟所求租地建房等事，該夷每以成約爲辭，而粤民義憤所激，輒事阻撓，現經該督等督率委員地方官紳士等悉心籌畫數月之久，該夷僅得以重價承租新豆欄數丈之地，此外尚未定局。該夷或以衆意之難回漸消覬覦，或因所事之不就别啟紛争等語。該督等惟當持以公平，曉以情理，仍督飭地方官密爲籌畫，層層布置，並密飭水陸各營共備不虞，既不可過事張皇，尤不宜稍疏防範，仍一面選派員弁密探夷情，相機辦理，隨時具奏。另摺片奏，續接夷酋來文，仍請於西藏指明舊界，並接奉寄諭仍請飭隨時酌辦等語。該酋此次來文，語意尚不急切，所請亦與前説無異。惟究有無派遣夷目前往西藏之處，琦善現在總未奏到，已有旨諭知琦善隨時察看情形，酌量辦理矣。

《宣宗實録》卷四四五　八月丁未，諭内閣：本年河南省開封等府屬雨澤稀少，二麥歉收，疊經加恩撫卹。昨又據鄂順安奏到，該省亢旱異常，報災幾及通省。當即降旨飭户部發給銀十萬兩，並於鄰近省分籌撥銀二十萬兩，星速解往備賑。著領解各員無分晝夜，迅解該省驗收，無得延誤干咎。

《道光朝籌辦夷務始末》卷七八　丁未，諭軍機大臣等：耆英等奏，此次夷人釘塞礮眼，探明係該夷因偵知各臺弁兵近年以來點放便捷，故爲此陷害之計，欲令獲咎，易换生手，並無别故，或係實在情形。惟礮臺關係海防，實爲緊要，該督仍當諄諭弁兵實力巡防，嚴行偵守，如再有疏虞，斷難再邀寬典。至礮臺添兵防守之處，係因香港新到夷兵三千餘名是否屬實，仍當密行探訪。固是不得不加意防範，仍著該督密囑水陸兩提督諄飭各營員妥爲布置，勿露形跡，既不致示之以弱，又不致别啟猜疑，是爲至要。其粤省民夷不協一節，並經該督酌派在籍右庶子駱秉章等設法勸導，民夷尚屬安帖，此外仍應糾合良民互相保衛，亦著該督設法籌辦，務令悉臻妥協，固結民心。

《宣宗實録》卷四四五　己酉，調伊黎參贊大臣奕山爲葉爾羌參贊大臣，兼提督銜。

《道光朝籌辦夷務始末》卷七八　辛亥，諭軍機大臣等：前據耆英奏，續接噗酋來文，仍請於西藏指明定界，已有夷目前往一摺。業諭琦善隨時密探，酌量辦理。兹據琦善奏稱：差赴邊外查訪之人回稱：披楞界連各部落，如常安静，並無備辦兵馬消息。唐古特地方，亦無披楞之人。惟據聞披楞現與讀然部落打仗，又克什米爾與古浪森争戰，此外毫無動静。至令噶布倫向喇嘛番民設法開導，遇事早行内移，能否聽從等情，尚未稟覆等語。琦善赴任，自應將從前所辦各情節，告知斌良、穆騰額，俾心中了然。惟該夷詭譎多端，必宜豫爲防範，該督雖已將番土各兵教練熟悉，著仍遵前旨，沿途隨時密探，夷目果否前往？夷情有無動静？上年代營官寄信庫魯部長令其開導披楞，日後或有回信，斌良等接著後，飛咨琦善，商同覈辦具奏。至琦善將赴四川新任，所有藏内尋常事件，仍由斌良、穆騰額自行照例妥辦。如有關涉夷務及應作主張之事，並須知照粤東等情，著迅速知照琦善，一面商同辦理，一面具奏，毋得冒昧。

《宣宗實録》卷四四六　甲子，諭軍機大臣等：本日據布彦泰馳奏，喀什噶爾被回匪圍城，事甚緊急一摺。覽奏均悉。安集延等回衆，膽敢煽結近城回匪，

圍困喀什噶爾城垣，情形甚急。已明降諭旨，飭令楊以增暫署督篆，文慶前往接署，將該督授爲定西將軍，奕山作爲參贊大臣，頒給關防，帶兵前往勦辦矣。該督現已咨會提督，帶兵出關，一面親赴肅州調度，並豫調官兵、籌辦糧餉，自可一鼓殲擒。

以兵部尚書文慶署陝甘總督。

命御前侍衛鑲藍旗護軍統領珠勒亨、二等侍衛德沖額馳往軍營，隨同定西將軍布彦泰督兵勦辦。

命陝西按察使嚴良訓、甘肅鎮迪道明誼辦理糧臺事務。

乙丑，以禮部尚書保昌兼署兵部尚書。

戊辰，諭内閣：琦善等奏，請變通唐古特番目兵丁操練技藝一摺。西藏設立番兵，前於道光二十一年間，將刀矛一項裁撤。現據該督等查明，該弁兵近來熟習刀矛，可期得力，著照所請。嗣後番兵三千名准其以鳥槍、刀矛各五成，分别挑選。其該管弁目亦著照額選拔，施放礮位即於鳥槍兵丁中，擇人兼習，遇春、秋操演，即照現習陣勢。另呈該大臣閲看，所有舊設木弓竹箭一項，著即裁撤。

廓爾喀國王之子已遵伊父印書襲爵，現在揀派噶箕呈進貢物，足見恭順輸忱。惟據稱，尚有面稟苦楚，求祈教導之事，難保别無妄瀆。既據該督等頒給檄諭，俟該噶箕等到藏時，即當曉以大義，杜其妄念。如别無要求，著即宣示恩旨，賞給該嗣王寶石頂帶，令其恪守藩服，斷不可别生枝節，是爲至要。

調杭州將軍奕興爲盛京將軍，盛京將軍奕湘爲杭州將軍。

甲戌，諭内閣：户部奏，積欠案内未完各款，請旨飭催等語。各省應追、應扣、應估變各項，均屬帑藏所關，不容稍有虧短。【略】著各督撫督同司道認真查明，已完扣者，迅即報撥，未完扣者，勒限提催。如有屢催罔應，及已報徵完而侵那不解者，立即專摺嚴參。各該屬員自顧考成，豈敢不急公輸納，總緣各該督撫等或礙情面，或視爲通行具文，討好屬員，博取寬大之譽，左藏匱乏，何以度支。著再諭各直省督撫務當破除積習，激發天良，將逐款陸續嚴催解部，年終之時，朕將飭部稽查。

前因豫省災荒亟應籌款賑卹，曾降旨發給銀三十萬兩。因思河南被災甚廣，億萬赤子，嗷嗷待哺，若全待分款撥解，仍恐緩不濟急，無以速拯災黎。著再行先發廣儲司銀二十萬兩，造辦處銀十萬兩，星速解交該省，以備賑撫之用。此外仍著户部再行籌畫銀三十萬兩，就近撥解應用。該撫即嚴飭承辦各員激發天良，覈實認真散放，務期實惠均霑，勿令一夫失所。當此經費支絀之時，朕不惜内帑以延民命，該省紳民殷户諒念切桑梓，必有推解恐後者，該撫其善爲拊循勸誘之，毋失朕望。

丙子，諭軍機大臣等：本日據吉明等奏，英吉沙爾城垣被賊圍困，派往救援官兵中途遇賊，得獲勝仗，派兵接應。並動項支發官兵鹽菜口糧，請撥銀接濟各一摺。覽奏均悉。據稱，七月二十七日，有賊匪二三千人圍城放火，經我兵開礮擊退，旋經帶兵遊擊花沙布等，殺斃賊匪不計其數，賊兵敗後，復聚衆圍城，請調兵接應。

《宣宗實録》卷四四七 九月戊寅，諭軍機大臣等：本日據户部議奏，鄂順安奏，招商販運糧食，請給票免税一摺。已明降諭旨，照議准行矣。

己卯，命署陝甘總督、兵部尚書文慶、刑部右侍郎張澧中馳往河南，查辦賑務。

辛巳，諭内閣：本日吉明、舒興阿由六百里馳奏，續派接應官兵，協同前派官兵，中途遇賊，合力攻擊，大獲勝仗一摺。覽奏忻悦。【略】哈城雖無確信，然發軔之始即能令回衆膽寒，深堪嘉尚，必應加恩奬擢。遊擊雙來著以參將即行升補，賞戴花翎，並賞給法福哩巴圖魯名號。防禦愛陳布著以該旗佐領升用，遇缺即補；守備平喜著以都司升用，遇缺即補，均著賞戴花翎。署把總馬連科著以千總即補，並賞戴藍翎。吉明、舒興阿調度有方，甚合機宜，均著賞戴花翎，仍交部從優議敍。並發去花翎五枝，著吉明等祇領。所有奮勉出力之兩次派出官兵伯克等，著查明開單具奏，候朕施恩。其陣亡帶傷兵丁，著查明咨部照例辦理。

據吉明等陸續奏報賊情，關外調集官兵，足資防勦。布彦泰現在帶印駐劄肅州策應，楊以增著毋庸署理陝甘總督，仍回陝西巡撫本任。所有陝甘總督衙門日行事件，即著甘肅布政使寶清代拆代行。其未撤糧臺以前，所有肅州糧臺事務，即著布彦泰督飭嚴良訓、明誼辦理。【略】俟楊以增將總督關防交還時，所有定西將軍印，除已行文鈐用外，著暫行封貯勿用，仍用陝甘總督關防辦理一切。其所帶官兵一千名，與台湧現帶官兵一千五百名，著酌量情形，可止則止。其選派涼州、肅州各營兵，即著停止前進。至土爾扈特兵丁，據布彦泰奏，向爲回衆所畏，亦著奕山察看情形，分别進止。【略】所需軍餉，已由户部籌撥銀百萬

兩，著撙節動用，毋令稍滋糜費。關内糧臺原爲轉輸關外軍餉馱載而設，但目下情形，豈能倣照六年、十年光景，動云數百萬兩，著仍遵前旨加意籌畫，可撤則撤，以節虚糜。

《道光朝籌辦夷務始末》卷七八　癸未，兩江總督李星沅奏：咈囒哂欲赴通商五口查看貿易情形之啦唎咡，因在朝鮮國境損壞船隻，即由彼帶兵先自回粤，其餘黎峩、巴亞潞等帶回兵丁，前來吴淞口换船，夷兵並不上岸，黎峩等前赴上海，求見該道，情詞極爲恭順，當經臣等會同馳奏在案。兹據蘇松太道咸齡等稟稱：八月十五日，據黎峩等知會，即日回粤，並呈照會一紙，查閲均係感謝之詞。該道查照成案，犒給食物，該夷即於十五日未刻，由浦開行。該道等選派兵役，密加防範，護送至吴淞口。該夷即帶同兵船二隻起程，於十六日申刻出口，往西南大洋駛去。

《東華續録》道光五六　甲申，諭：直隸、山東、河南官吏會拏捻匪。

《宣宗實録》卷四四七　乙酉，兹據裕泰等奏稱，臨武、常寧等縣營，先後拏獲糾衆結會之匪犯唐幗通、郭志禄等共一百十餘名之多，訊據供認結盟拜會，種種不法情形。且刊刻字帖，沿襲悖逆語句，分途傳布，其所刻字帖，據供張老二在廣東望海山地方，遇一游方僧人所給。【略】唐幗通、郭志禄、張老二、唐大旺、黄壽松、歐先覺等糾人結拜添弟會，希圖搶劫，按律擬斬立決。該犯等結盟拜會，膽敢將舊有違逆字帖，肆行刊布，情節尤重，應加梟示。除張老二已被格斃，唐幗通於取供後，在監病故，應戮屍傳首犯事地方示衆，以昭炯戒外，郭志禄、唐大旺、黄壽松、歐先覺四犯，恭請王命斬梟示衆，餘犯分别問擬。所有交給張老二字帖之遊方不知姓名僧人，提訊唐大旺等不能指出地址姓氏，仍飛咨廣東省嚴密訪拏究辦。

丁亥，以兵部右侍郎黄琮知武舉，内閣學士曾國藩爲武會試正考官，翰林院侍講學士王慶雲爲副考官。

乙未，現在喀什噶爾回城已被攻破，葉爾羌各軍臺亦有賊匪竄擾，我兵雖連獲勝仗，而賊匪裹脅較衆，各路分竄，不免蔓延。吉明、舒興阿保護葉爾羌城池，仍可相機出勦，固不可孟浪從事，諒亦不至株守受困。

丁酉，諭内閣：兩江總督向有兼轄河務之責，自道光二十二年起因他務未能兼顧，嗣後仍著該督兼管，以符舊制。

辛丑，此次賊匪連次圍困喀、英二城，又將喀什噶爾回城攻破，嗣復擾斷臺路，傷我官弁兵丁，將賴里克二臺臺門燒燬，並將外委賈國相劫去。【略】喀、英二城被困日久，亟應厚集兵力，及早救援。即葉爾羌、巴爾楚克亦須先事防堵，奕山現已帶兵先進，台湧統帶甘州、涼州、肅州三處官兵三千餘員名，亦經布彦泰催令，全數出關，以爲奕山後路策應。

乙巳，據薩迎阿奏，葉爾羌、阿克蘇軍餉不敷，請速飭籌撥一摺。軍餉最關緊要，刻不可緩，著王兆琛、楊以增即將布彦泰所請籌撥銀兩，及部議撥解款項，迅速委員解往該處糧臺，轉運軍營。至所撥軍需之項，必須趕緊補還，將來緩急足恃，著再由户部籌議歸款。

《宣宗實録》卷四四八　十月己酉，諭内閣：齊承彦奏，京師重地，亟宜嚴行保甲一摺。

辛亥，上御太和殿傳臚，賜殿試武舉一甲李信、姜國仲二人武進士及第，二甲鄧鳳林等八人武進士出身，三甲楊登魁等五十八人同武進士出身。

甲寅，以鄭親王端華爲後扈大臣。

《東華續録》道光五六　己未，准江蘇蘇州等三府州明年漕白糧米改由海運。

《宣宗實録》卷四四八　戊辰，此次奕山由葉爾羌督兵前進，路遇賊匪數萬人，連獲勝仗，捦斬甚多，奮勇可嘉。已特頒恩旨，將奕山等優加懋賞矣。賊勢甚衆，經中途勦擊，以少勝多，賊膽已落。著奕山乘機進勦，務須恪遵疊次諭旨，督率兵勇出奇制勝，總宜設法斷其歸路，毋令首逆潛逃，致貽後患。儻首逆業經就捦，或已確實殲斃，即遵前旨，由八百里馳奏，以慰朕念。至從逆回衆，自應悉數殲除，其安分良回，必宜加意撫綏，俾無失所，斷不可妄加殺戮，致令玉石俱焚，是爲至要。

己巳，諭軍機大臣等：劉韻珂奏，福州、厦門夷情安帖，現辦情形等語。夷人入内地，應至處所，前經申明條約，議定界址，不准稍有踰越。兹暎夷有至福建連江縣所屬地方打鳥雀之事，又有花旗夷人疊次進城，租住房屋廟宇，雖經該委員等阻止，惟該夷等踰界遊行，究屬有違成約，並恐各居民無端肇釁，致釀事端，且恐有匪徒假冒滋事如廣東人陳恭倫者，均不可不防其漸。著耆英諭知各該夷酋，傳諭各口領事人等，嚴行約束，該夷人毋得擅違界址，任意遊行，務須恪遵成約，永杜釁端。

庚午，諭内閣：亦山奏，大兵復獲勝仗，賊匪分竄，英吉沙爾城垣解圍一摺。

英吉沙爾城垣久被賊匪圍遶，文報不通，經奕山於科科熱依瓦特地方連獲勝仗後，【略】重圍立解，殊爲可喜。

《道光朝籌辦夷務始末》卷七八　壬申，二品頂帶四川總督琦善奏，【略】唊夷在粵復遞夷稟，堅請於西藏地界通商，並稱伊已派員赴藏。令臣酌其可行者，通融辦理，並諭知斌良等將情形時相知會，商同具奏等因。欽此。伏查地方有中外之分，事理有重輕之別。西藏與外番本有交易部落，該唊夷既屢次懇求，未便爭不毛之寸土，獨令向隅。前因久待不至，時已雪降寒凝，該夷毫無消息，故臣遵照前奏，起程赴任。兹蒙聖諭，謹已恭録移咨斌良、穆騰額，如營官得有庫魯覆書，或唊夷差人前來，即迅速知會，商同籌辦。至臣籌辦一切，已向斌良等告知，所有文卷俱存衙署，其邊界圖形亦各行繪付，並以唊夷狡詐，設備則商酌綦難，弛防必要求更甚，雖番兵皆已訓練，但當慎圖萬全，不宜輕與角勝，亦向斌良談及。硃批：是。

《宣宗實録》卷四四八　癸酉，諭内閣：本日據奕山馳奏，喀什噶爾賊匪分竄，城垣解圍，並收復回城一摺。該參贊於兩次擊散賊匪後，督兵由英吉沙爾前進，未到喀什噶爾，即探知該賊匪先已聞風竄逸，盡數逃散出卡，官兵整旅入城，現在搜查回莊餘匪。

諭：現在大兵克捷，二城解圍，布彦泰著仍回陝甘總督本任，文慶著無庸前往署理。前頒定西將軍印信，著布彦泰遇便恭繳。該督帶往肅州弁兵，均著撤回歸伍。所有軍需局務，著即督飭經手各員覈實報銷，毋稍冒濫。

《東華續録》道光五六　十一月己卯，諭軍機大臣等：本日據崇恩奏，查明曹州府屬與直隸接壤各州縣境内並無計謀山，即鷄鳴山之名。惟《天下郡國利病書》載，直隸開州境内有雞鳴山，但别無計謀之名。又查濮州境内有金寶山，曾有匪徒聚衆劫掠，是否即係此山。見已派委文武員弁馳赴該處，確切偵訪等語。雞鳴山在直隸、山東交界之處，前此既有匪徒占踞，四出劫掠，即不論其山在何處境内，但有匪徒蹤迹，應不分畛域，協力查拏。著訥爾經額仍遵前旨，嚴飭派委各員會同山東委員迅往掩捕，嚴密搜查，務期搗其巢穴，盡法懲辦，毋得稍留餘孽，致滋後患。

《宣宗實録》卷四四九　庚辰，諭軍機大臣等：現在大兵克捷，二城解圍，賊匪業已遠竄，自無須出卡窮追。惟前據吉明等奏稱，訊據安集延回子熱孜克供稱，此次賊首係阿里瑪斯玉素普和卓之子布孜爾罕、愛林伯克巴布頂和卓之子倭里罕條列、加瑪爾密喇普張格爾和卓之子罕和卓斯底爾罕等勾結滋事。並據該參贊及各該大臣查奏，名目略同。【略】著奕山等遴派員弁伯克設法密訪，加意詳查，務得實在情形，據實具奏，將此各諭令知之。尋奏，探訪此次滋事賊首係張格爾之兄玉素普兩子邁買的明、阿布都拉，張格爾之弟巴布頂之子倭里，即倭里罕條列，由霍罕進卡滋事，實未聞有布孜爾罕、罕和卓斯底爾罕等名目。

甲申，調綏遠城將軍英隆爲黑龍江將軍，以烏嚕木齊提督成玉爲綏遠城將軍。

晉故黑龍江將軍棍楚克策楞太子太保，予祭葬。

乙酉，以病痊提督托明阿爲烏嚕木齊提督。

壬辰，諭内閣：前據御史陳壇、王東槐、毛鴻賓條奏山東省盜賊公行，捕務廢弛各款，當交柏葰、陳孚恩前往嚴密查辦。兹據奏稱，明查暗訪，統計查出搶劫之案，與原參相符者，共計十六件。另有九案，查無確據，仍請飭查等語。山東省本年夏秋以來，劫案之多，爲向來所未有。該省大吏，察吏安民，是其專責，如此捕務廢弛，實難辭咎。崇恩辜恩溺職，著來京聽候諭旨。所有該省失事地方之曹州、兖州兩鎮總兵，及該管各道員並知府等官，俱著新任巡撫張澧中於到任後，按照劫案多寡，詳細查明，分晰據實參奏。其搶劫各案即著張澧中嚴飭迅速緝捕，贓賊務獲，仍查明未經究出各案。

以故一等威勇公桂輪子麟興襲爵。

癸巳，以一等威勇公麟興爲委散秩大臣。

甲午，諭軍機大臣等：裕泰等奏，盤獲西洋人潛入内地傳教一摺。據稱，西洋人李若瑟、曜沅勒改換服飾，潛至湖北省，與民人馬五芝等會遇，勸允傳教。並有該省上年委員解粵領管之納巴羅一名，復行來楚，欲圖傳教等語。該國習教念經例不准赴内地傳習，以防蔓延滋弊，兹西洋人李若瑟等曾至山西、陝西等省，復先後至湖北傳教，既經該督撫解回廣東，著耆英照例妥辦。

《道光朝籌辦夷務始末》卷七八　丁酉，諭軍機大臣等：耆英等奏，民夷互鬭，毆斃夷人六名，該夷親屬亟求伸辦，現撈獲夷屍四具，趕緊查辦一摺。粵省民夷未協，屢經耆英等諭令該地方官設法勸諭，妥爲彈壓，無滋事端。兹復有居民與夷人互鬭之案，以致被害人親屬，刻欲前往黄竹岐地方滋鬧，該督等業經札飭該夷目安撫各夷，並照會夷酋噫吪晤，告以此案必爲查辦，著即明白曉諭以安其心。即一面嚴飭文武各員，務將此案正兇設法捕拏，分投細訪，按名弋獲，查

起各戸，從嚴懲辦，俾該夷無所藉口。仍一面密飭水師各營及守臺弁兵，加意防範。再據奏訪聞該處民人，有被夷人致死二命，是否屬實？亦著該督等確切查明，妥爲辦理，務使各得其平，勿令有失民心，是爲至要。

《宣宗實録》卷四四九　庚子，諭軍機大臣等：前據鄭祖琛等奏，官兵攻擊匪徒，槍斃首犯李世得。旋據陸費瑔奏，官兵生擒首犯雷再浩等。疊經降旨飭令會合進勦，並嚴拏餘匪矣。

《道光朝籌辦夷務始末》卷七八　壬寅，諭軍機大臣等：耆英等奏，民夷互毆，致斃多命，連日續辦情形一摺。覽奏均悉。此案民夷互毆，各斃數命，該酋嘚吡時坐駕兵船來省遞到覆文，懇將兇犯拏獲，即行正法，並將黄竹岐及毗近二村洗平等語。荒謬已極，自無允准之理。惟現當夷情憤激之時，必應設法開導，權宜辦理，庶不致驟啟釁端。至民人亦被該夷毆斃二命，查辦之餘，尤不可不加意撫綏。惟在該督等督飭弁兵嚴拏正兇，持平審辦，固不可失之過縱，致拂夷情，尤不可持以操切，有失民望，總期輕重適宜，民夷相安。仍一面密飭各營及各礮臺弁兵慎密防守，毋任稍有疏虞，是爲至要。

十二月壬子，諭軍機大臣等：耆英等奏，民夷互毆致斃多命一案，酌量辦理情形一摺。廣東黄竹岐地方民人毆斃夷命，現經緝獲兇犯，訊認不諱。該督等公同商酌，已應允該夷酋先將情重人犯四名正法。乃該酋猶復恃强挾制，毫無情理，業經該督等據理嚴駁，折其驕盈之氣，該夷始就馴服，已回香港，民夷安静如常。辦理尚屬妥協。惟此次民夷互毆，究係因何起釁？該夷因何來至黄竹岐地方，是否係伊應到之地，有無不法情事？該兇犯等慘殺夷人，傷多且重，因何懷恨至此？該夷致毆民人一傷一斃，實係何人？均著該督等詳細訪查，遇便據實具奏，餘著照所擬辦理。

《宣宗實録》卷四五〇　壬子，以故奉恩將軍綿淑子奕樺襲職。

丙辰，贈故前任熱河都統瑚松額太子太傅，予祭葬，謚果毅。

丁巳，以御前侍衛扎勒罕泰爲西安將軍。

《東華續録》道光五六　戊午，湖南乾州廳苗匪滋事，命裕泰等勦辦。

《宣宗實録》卷四五〇　己未，諭内閣：本年軍政届期，昨經兵部將各省駐防將軍、都統、副都統並伊犂領隊大臣、總管及各省提督、總兵等開單呈覽，除將軍布彦圖、副都統穆騰額、佛貴、法豐阿均年力就衰，業經降旨休致外，其餘各員均著照舊供職。至開送履歷遲延之呼倫貝爾總管副都統銜德昌、廣東碣石鎮總兵李賢，均交部照例議處。其遲延有因之四川提督向榮、臺灣鎮總兵武攀鳳及陝甘二省各提鎮，俱著免其議處。

庚申，以刑部左侍郎賡福爲荆州將軍。

予故荆州將軍鐵麟祭葬，謚文恪。

辛酉，諭内閣：户部奏，彙覈各直省道光二十六年徵收新舊錢糧，比較上三年完欠分數，開單呈覽。錢糧爲國家正供，豈容新舊相因，積年滯欠。各直省完納之多寡，全在各藩司督催之勤惰，自應分别懲勸，以重課賦。所有新賦欠數在一分以上之安徽、江西各藩司，新賦欠數在一分以上，舊賦欠數在九分以上之江蘇省江寧藩司並福建、甘肅、浙江各藩司，新賦欠數在二分以上之河南藩司，均著各督撫查取職名，咨送吏部，分别議處，並將未完銀兩，按限嚴催完報。新欠固易徵催，即舊欠亦豈容膜視，聽其拖欠至八九分之多，國帑攸關，各宜覈實督催，儻仍前玩泄，即著從嚴指叅。其四川、廣東、湖北三省應徵新舊二賦全完各藩司，督催認真，著各督撫查明，咨送吏部議敘。

庚午，諭：本日據耆英奏，續接暎夷嘚酋來文，仍請於西藏指明舊界一摺。此事前據耆英奏稱，該酋祇欲查明舊界通商，並不另議新條。又稱接據夷文，印度兵頭已派夷目前往等語。曾降旨交琦善等密探情形，酌量商辦。兹又據耆英奏稱，續接該夷嘚吡時來文，以印度兵頭文稱，該國業已派員前往，請中國委員立即前往等情。該夷必欲指明加治彌耳舊界，如果係照常通商，無不可行，特恐心懷叵測，不可不防。現在屢次瀆請，未便置之不答。著琦善、斌良、穆騰額商派妥員，前往訪查。如該夷實有夷目來至後藏，即眼同確查加治彌耳向與西藏通商舊界，詳慎辦理。若另生枝節，或别有假道詭謀，著琦善一面飛咨耆英，據理駁斥，折服其心，仍一面加意防範，由驛具奏可也。

辛未，湖廣總督裕泰奏，遵查乾州苗匪起釁緣由，實因無賴痞苗假屯田内間有水衝沙壓，及今秋偶被蟲旱爲名，復行合款抗租，藉端索詐，委非地方官另有激變情事。現在飛咨提督，並督飭地方各官激勵兵練，示以聲威，一面懸賞購捦各款頭，解散脅從，以勦以撫，似不難迅就肅清。得旨：妥速籌辦，毋稍玩延。

甲戌，諭軍機大臣等：本日已有旨著耆英來京陛見，所有兩廣總督印務及欽差大臣關防，均交徐廣縉署理矣。徐廣縉經朕簡用廣東巡撫，到任已及年餘，於地方情形及一切夷務，自應熟悉機宜，妥慎辦理。惟疆寄重在安民，民心不失，則外侮可弭，嗣後遇有民夷交涉事件，不可瞻徇遷就，有失民心。至於變通

參酌，是在該署督臨時加意權衡體察，總期以誠實結民情，方爲不負委任。

《東華續録》道光五六　是歲，朝鮮、琉球來貢。

道光二八年（戊申、一八四八）

《宣宗實録》卷四五一　正月丁丑，大學士潘世恩著加恩晉加太傅銜，並賞用紫韁；大學士寶興著加恩賞給太保銜；尚書保昌、阿勒清阿、李振祜，都察院左都御史成剛均著加恩賞給太子太保銜。

壬午，以兵部尚書文慶兼署吏部尚書，吏部右侍郎福濟署户部三庫事，户部尚書賽尚阿署步軍統領。以睿親王仁壽署正黄旗漢軍都統。

甲申，諭軍機大臣：等李星沅等奏，礮位一項最爲行軍利器。該督等查得沿江礮位係生鐵鑄成，體質笨重，於乘間出奇，轉運實用未便。擬將熟鐵鑄礮，炸彈靈捷，彈子炸裂，飛火四射，猛迅倍常。所見甚是。著即上緊多爲製備，分給各營演練。惟修明武備，總須精益求精。務即嚴飭各營將備弁兵認真演習施放，以期得心應手。一旦調用，方收實效。切不可議論多而譌言先起，成功難必而終是虛文，此則萬萬不可。卿等其勉之！慎之！朕切望焉。

《道光朝籌辦夷務始末》卷七九　乙酉，協辦大學士、兩廣總督耆英、廣東巡撫徐廣縉奏：竊照黄竹岐村民致斃夷人六命一案，經臣等將酌量辦理及審明餘犯議擬各緣由，先後奏明在案。嗣⿰口英酋⿰口德吡⿰口時疊次來文，屢請設法保護，將來如仍不護［獲］安全，即將夷目夷酋於十二月十五日撤回香港，並有討求賠補及不納税餉等語。一面查探在省夷商，實亦有將貨物搬赴上海及搬回香港之事。臣等以民夷彼此不睦，斷難永久相安，隨督同委員黄恩彤暨各司道及紳士許祥光等，再四熟商，派委妥員，分投前往省河一帶鄉村，均傳集紳耆人等，而加勸誨，令其約束子弟，凡遇有夷人安静遊行，切勿毆打傷害，致啓釁端。又飭地方官作爲手諭，開導愚民，並由省城紳士人等傳諭各鄉，務與夷人解釋嫌怨，勿得仍蹈前轍。均經刊刻刷印，沿村散給，各該村民人等頗知領悟。復以村民雖經勸諭，而夷人出外遊行，言語不通，舉動各别，仍難保不滋生他事，必有人眼同前往，陽爲防範，暗加鈐束，方可不致他虞。隨飭南、番二縣，派老成幹練差役十名，發交十三行附近之靖遠汛委員管帶，並飭通事派撥通曉夷言之人，輪流在汛聽候差遣，遇有夷人出外遊行，由該夷目通知該汛委員，每起酌派通事一名，差役二名，跟同前往，仍飭該通事差役等，不得藉端需索滋擾。業經委員等與夷目議有規條，經臣等覈定，所議尚爲周妥。

又省城衆紳士議與夷商公立條約，大致以夷人不得妄爲生事，民人不得挾忿相仇，以爲永久相安之計，通知⿰口德酋，該酋亦以爲然，現在尚未議定。其討求賠補及不納税餉之説，業經臣等正言駁斥，近接⿰口德酋來文，大致漸形馴擾。現已過十二月十五日之期，該夷目等並未撤回香港，其前將貨物搬往香港之夷商，間有仍將貨物搬回，夷情似已轉圜，地方民情亦俱安帖，查探香港情形，亦安静如常，堪以仰慰聖廑。

《宣宗實録》卷四五一　辛卯，諭内閣：廓爾喀貢使本年到京稍遲，未及與外藩筵宴。向來朝鮮、暹羅兩國使臣照例在部筵宴一次，在館筵宴一次。著將廓爾喀貢使附入，以示優禮。

《東華續録》道光五七　戊戌，越南國王阮福暶卒，奉表告哀，詔停本年呈進方物。

《宣宗實録》卷四五一　庚子，葉爾羌參贊大臣奕山等奏，霍罕遣夷使於十二月十二日至喀什噶爾。據稱帶有該夷明巴什木素滿庫里稟函，情詞恭順。得旨，彼此言語不通，文字難憑，斷不可信以爲實。加以反覆無常之性，惟有慎守邊疆，習練武備，善撫各城回衆，俾令心不外向，自能妥善也。慎勉爲之，毋忽毋怠！

《宣宗實録》卷四五二　二月戊申，上御文華殿經筵，直講官賽尚阿、賈楨進講《孟子》「善與人同」。講畢，上宣御論。

戊午，諭内閣，桂良之女著指與六阿哥爲婚，所有應行事宜著該衙門照例辦理。

辛酉，諭軍機大臣等，臺灣爲海疆重地，民情素稱浮動，且時有匪徒竊發，非熟悉情形得力之員，不足以資控馭。著劉韻珂於閩浙兩省總兵人員内，擇其材力勝任者，奏請調補。或副將中有出色之員，堪膺海疆專閫之任，亦著據實保奏，候朕簡用。

以勦辦湖南新寧縣會匪，予巡撫陸費瑔、提督王宗貴、總兵官英俊優敘。賞鹽法道楊炳堃、千總熊釗花翎，舉人江忠源等藍翎，餘升敘有差。

癸亥，諭内閣，前因御史戴絅孫奏，四川嘓嚕匪犯爲患，請飭州縣團練，當交四川總督妥議具奏。茲據琦善奏稱，團練事宜害多益少等語。四川省現辦匪徒

各案，率多充當團民團首之人，往往藉口練團，製造槍礮，流弊不可勝言。據該督體察情形，惟舉行保甲，實爲弭盜良法。朕思保甲歷久可行，如果認真編查，奸匪何由託足？豈獨四川所當遵行，中外皆不易此法。但恐日久生懈，視爲具文，遂將前人良法美意，盡行棄置，及欲別改章程，創立新意，行之不效，繼以廢弛，緝捕之疏，實由於此。著該督即照所議情形，嚴飭各屬覈實查辦。總期於除暴安良，行有實效，無得徒託空言也。勉之。

乙丑，諭内閣，朕此次恭謁西陵，啓鑾後，著派睿親王仁壽、定郡王載銓、大學士穆彰阿、卓秉恬留京辦事。

丁卯，諭軍機大臣等，據户部奏，密陳部庫情形，請飭直省大吏統籌全局以實京餉一摺。部庫每歲例支各款，均係京餉要需，萬難缺緩。各省積欠，其應解部庫及屬庫應解司庫各款，共銀八百萬兩有奇。前經户部奏催，立限完報。乃完解銀兩，以及報撥各款，甚屬寥寥。所有户部前奏應解部庫及屬庫應解司庫各款銀兩，著各直省督撫等，迅速按照户部前次單開數目，於此次接奉諭旨之日起，限三箇月埽數通完。其登記銀兩亦即催令入撥，屆期仍各專摺覆奏。並督飭藩運各司，各就所入酌盈劑虛，於支銷各項，統計覈減。各該督撫等惟當激發天良，視國事如家事，認真籌畫，務令應完解者速即完解，應覈删者立即覈删，庶幾部庫漸充，京餉悉裕，支款不致短絀，而要需無費周章矣。

《宣宗實録》卷四五三　三月戊寅，林則徐奏，匪徒勾結滋事，調兵勦辦，地方安静一摺。覽奏均悉。雲南趙州彌渡地方内外匪徒勾結滋事，焚殺擄搶，且敢圍署傷官。經該督調兵先往勦捕，將匪犯殲獲數百名，並撫卹受害良民，地方均已安静。現在酌留官兵堵拏逸犯。著該督嚴飭該弁兵等實力查拏，務將逸犯悉數捡獲，毋任一名漏網。此次在事人員，著該督擇其尤爲出力者，據實保奏，毋許冒濫。

己卯，諭軍機大臣等，李星沅【略】等奏，稱暎夷麥都思等三名違約至青浦縣地方散書，與看守減船舵工水手争毆受傷。該署臬司行抵上海，將滋事水手獲辦。該督現已飭委藩司等前往會同該署臬司查辦。著李星沅等，即先行飭令該藩司等覆加詳慎，體察情形，迅速查辦，及早完結。總期持平妥協，日久相安。至耆英係總辦夷務之員，著無論行抵何處，接奉此旨，即改道馳赴江蘇，就近查看大局。如李星沅等辦理未竣，即著耆英會同商酌，務得其平。陸建瀛所屬各海口，儻該夷有陳訴等情，即著飛速知會耆英、李星沅，以憑覈辦。至舊定界址，不准違約私行。著耆英致信廣東，令該夷酋申明約束，勿令該夷人再有越界散行，致啓争鬭之事。耆英所用文移等件，准其鈐用兩江總督關防。

庚辰，諭軍機大臣等，昨據李星沅等奏，夷目來省控訴，派委藩司道員馳往覆查一摺，已降旨，交耆英等妥爲辦理矣。本日據陸建瀛片奏，該夷小船赴省申訴。據署臬司等稟稱，前赴上海續獲互毆各犯，夷目帖服，已遣人將赴訴之船截回。陸建瀛到滬後，確查起釁根由，並聲明夷船果否中途折回，仍由該督查明妥辦等語。該撫此奏，係在會奏之前。該夷船前來申訴，只係一船，夷目已經李星沅接見。抑或另有一船，經地方官開導截回，著查明具奏。將此各諭令知之。尋奏，夷目啊唎嘓遣羅伯孫等來省控訴，旋回上海，此外並無夷船。現在民商均各相安。

調葉爾羌參贊大臣奕山爲伊犁參贊大臣，以葉爾羌幫辦大臣吉明爲參贊大臣。

《道光朝籌辦夷務始末》卷七九　甲申，陸建瀛奏密查青浦麥都思案摺：竊臣起程前赴上海，行抵野雞墩地方，密加查訪，麥都思係暎夷傳教之人，六吉係暎夷行醫之人，均屬該夷所推重，時常私往附近廳縣遊行，或與民人口角齟齬，回滬時輒諱匿不言，恐人知覺無顔。此次在青浦互毆，經青浦縣查知，護送回滬，該夷等再三攔阻，慮爲衆夷所知，是以一到即結。咸道以爲夷情恭順，越日致書麥都思等，問其傷痕曾否平復？該夷變羞成怒，以致領事阿利國遂謂該道不爲嚴辦鬭案，轉生輕侮，並欲阻止米船，遣人赴督臣衙門控訴。迨署臬司倪良燿督拏各犯，解滬審辦，候補道吴健彰又復明白開導，該夷目已極輸服，委無另有起釁别故。惟該夷遣人赴督臣控訴之船，内有通事夏巴，甚屬狡黠，恐其不即轉帆，已飭候補道吴健彰諭知阿利國，令作夷字信緘，由臣飛寄督臣，轉交夏巴閲看，俾免逗留。硃批：知道了。

《宣宗實録》卷四五四　四月乙巳，諭内閣：載銓等奏，宗室承襲世職，可否仍兼職任等語。向來宗室覺羅及滿漢文武内外各官，承襲世職，有承襲後仍兼本任者，有承襲後不兼本任者，又或先經承襲而後有職任，或已有職任而後得承襲，辦理殊未畫一。著吏、兵二部會同宗人府詳覈例案，妥議章程。此外如有應行覈議之處，著一併查議具奏。所有已襲奉恩將軍、宗室秀平應否仍留主事之任，著俟議定後，照議辦理。

乙卯，諭軍機大臣等，耆英等奏，拏獲傳教結拜匪犯【略】董言台及任振坤、

謝文灼三名，並起出經牌圖章等件。【略】訊據供認，先在江西地方，聽從入金丹教，禮敬無生老母，並邀誘多人，結拜天地會，改名關爺會，起意搶劫。嗣逃至廣東，復煽誘李紫榮等多人入教，並於民夷互毆之時，起意乘機煽惑，希圖滋擾。

《道光朝籌辦夷務始末》卷七九　乙卯，協辦大學士兩廣總督耆英、廣東巡撫徐廣縉奏：黄竹岐地方，毘近省河，距十三行不遠，夷人往來河面，因而上岸遊眺，事所時有，惟向不走近村前，故各相安無事。此次麥刻地等攜帶火鎗，走近村前打雀，以致居民驚擾，互有殺傷。【略】近屢接該酋等來文，祇求將黄竹岐案内定罪餘犯速爲辦結，餘尚無別項請求，當不致另生枝節，堪以仰慰聖廑。硃批：知道了。

《宣宗實録》卷四五四　庚午，贈故前任閩浙總督程祖洛太子太保，【略】謚簡敬。

壬申，諭軍機大臣等：據御史范承典奏，訪聞山東捻匪蹤跡，請飭查拏，並開單呈覽。山東捻匪爲害地方，雖經查辦，盜風復熾，自應跟蹤追緝，俾就肅清。若如該御史所奏，近日地方官又漸形疏懈，以致捕役任意包庇。鉅野縣總捕頭任昆平素豢盜，迨經盜犯陳青等供出，爲任昆、馬文超黨夥，業經降旨飭緝。而該犯等充役爲匪，均各如故。又鉅野縣廪生董維齋爲羣匪主謀，尤屬駭人聽聞。衣冠盜賊，其他各捻首相率效尤，更無忌憚。若不及早查拏，勢將日肆猖獗，貽患何所底止！著張澧中接奉此旨，迅即密委幹員，查照單開姓名，分途馳往各該處密訪嚴拏，務令悉數捡獲，按律懲辦，以靖地方，斷不准一名漏網。山東距京甚近，且係通衢，該地方官查辦認真與否，最易得實。懔之！

《宣宗實録》卷四五五　五月甲戌，諭軍機大臣等：徐繼畬奏，飭屬整頓聯甲等語。閩省延、建、邵三府民俗本淳，因外鄉遊民麕集，傭趁工作，搶劫結會之案甚多。該省此次拏辦會匪，深得聯甲之力。該撫現復派委幹員前往建陽縣，將聯甲章程整頓，俾客民土著聯爲一體，禁其相率入會。其泉州、漳州等府、永春州，廣東等處民人在彼居住者，大概搭棚，散居山谷，不連村社，勢難强爲聯合。該撫現飭就其地勢分段編聯，揀派聯首，專其責成，常川稽查。並通飭各府縣，遵照辦理。著該撫即嚴飭該地方官等，實心實力，嚴密稽查，認真妥辦。務使聯甲之法，持之永久，偏僻之地，毋令藏垢納汙。俾奸匪斂戢，地方綏靜。切勿日久生懈，奉行不力，轉成紙上空談，無裨實濟，是欲祛弊而適滋弊也。勉之！

辛巳，又諭：【略】南河每歲部撥及各省例解等項，共銀三百四五十萬兩。此内豫防大汛銀一百五十萬兩，即係專爲防險而設。乃近來一遇險工，無不另行請撥，竟以每年防險之銀，視爲例所應得，逐漸增添，何所底止！在部臣以河工平險無常，不得不議准請旨，多方撥給，致免藉口。然似此漫無限制，於另案之外，復添另案，無論帑項盈絀，日久將何以爲繼耶？推原其故，總由河員等奢靡相尚，揮霍性成，甚或假公濟私，侵帑肥橐，以報險爲恐嚇，濫支濫應，喪盡天良。【略】經此飭諭之後，每年除例撥款外，著户部存記，絲毫不准再撥。該河督惟當先事豫籌，力求節嗇。如查有劣員捏報險工，及濫領帑項者，立即嚴粂懲辦。儻藉詞偷減工料，有誤修防，朕定將該河督及道廳文武員弁從重治罪罰賠，決不寬貸。至南北往來官員人等，仍遵前旨，該河督等遇有往謁求助之人，即將其人指名粂奏，並著兩江總督明查暗訪，力祛弊源。東河亦著照此辦理。

《道光朝籌辦夷務始末》卷七九　乙酉，署理兩廣總督廣東巡撫徐廣縉奏：臣前赴虎門查看礮臺，正在起行間，接准暎酋吱翰照會，定期求見，當即照覆，約定二十六日，在虎門寨城提臣公署接見。是日該酋等十餘人前來，犒以筵宴。查吱翰人尚平静，詞色之間，亦頗爲馴擾。據稱該酋等遠涉重洋而來，易貨通商，全賴大皇帝推恩保護。臣當即宣布天朝德意，中外一家，斷不稍存歧視。惟當遵守條約，各輯商民，自可彼此相安，永保和好，貿易亦可日見興旺。該酋等聞之，頗爲欣感。後稱伊等現坐小火輪船進口，尚有大船一隻，寄碇沙角外洋，可否到其船上一看？當告以禮尚往來，正擬往答。即率同隨帶委員鹽運使趙長齡、候補知府銅麟、臣標中軍副將崑壽，並會同提臣賴恩爵，與之同舟駛往外洋，登其大船。該酋等亦陳設酒筵，殷殷款勸，並無要求等情，旋派小火輪船駛回虎門。其船製作精巧，無論順水逆流，皆可破浪而行，瞬息之間，往返已六十餘里。細察其意，特藉此以覘有無疑忌，今見以禮相待，處之坦然，不覺反側潛消。内有哪吐啦能作華言，素稱狡黠，屢陳從前照會措詞，每多失當，皆由前兵頭德酋所爲，伊本係其屬下，礙難力阻。大約因吱翰人素安分，不能播弄是非，且其國中連年貿易缺本，無力滋擾，是以故示恭順，將從前驕縱之行，盡歸咎於德酋，以自文其奸。然夷情難測，甘言可畏，臣惟有處以公平，示以限制，無事則固結民心，有事則激揚士氣，以修内爲捍外，庶幾稍慰聖主安民撫夷之至意。硃批：知道了。

《宣宗實録》卷四五六　六月甲辰，又諭：新授山東巡撫徐澤醇著仍照例兼

提督銜，毋庸戴用花翎。其現任各省巡撫兼提督銜者，仍著戴用花翎。嗣後遇有巡撫兼提督省分，更換之際，除特旨賞戴花翎外，餘俱毋庸戴用。

癸丑，命大學士卓秉恬毋庸管兵部事，以協辦大學士耆英管兵部事，命毋庸管禮部事。

庚申，諭内閣：國家設立營伍，原期一兵得一兵之用。若糧餉空虚，兵數缺額，廢弛日甚，何論操防？【略】著各直省督撫嚴行分別稽查，各營内如有前項空糧夥糧等弊，或名目不同，均即力加禁革。其兵弁衰弱庸劣，亦當隨時甄別，毋使濫竽充數。已往不咎，咸與惟新。自接奉諭旨後，各該督撫等務當有弊必除，事事力求實濟，以副朕整飭戎行之意。

又諭：琦善自簡任督撫以來，辦事向屬認真。此次以二品頂帶補授四川總督，到任後加意振作，於吏治營伍緝捕各事宜尤能實心整頓，不避嫌怨。著加恩賞還頭品頂帶，以示勉勵。

《宣宗實録》卷四五七　七月丙子，諭軍機大臣等：穆騰額奏，盤獲咈蘭哂夷人欲赴西藏傳教一摺。據稱，盤獲夷人羅啓禎，假稱貿易，欲赴西藏傳習天主教。請即於察木多臺，解交四川省審訊等語。所見甚是。該國夷人習教念經，意欲徧傳内地。各省及四川省辦有成案，皆係解交廣東。著琦善於該夷羅啓禎等解到時，詳細研鞫，妥爲解粤，咨交徐廣縉覈辦。

丁丑，諭内閣：各省地方大小官員辦理公事，關防首宜嚴密。不惟幕友家丁人等宜慎防閑，即往來親屬，亦應杜絶營私。向來吏部定有則例，凡官員縱容失察子弟親友在任所招摇詐騙，及失察子弟夤緣納賄犯法滋事者，俱有議處專條，功令森嚴，允宜遵守。

《道光朝籌辦夷務始末》卷七九　癸未，兩江總督李星沅奏：據代理蘇松太道吴建彰等先後稟報：六月初七日，有暎咭唎火輪船一隻駛至上海，稱係該國新到公使船隻。即據領事官阿利國帶同該公使吱咹，副領事官囋咂並繙譯官一名，前來道署。詢悉五月二十日，由廣東香港至厦門、寧波一路，查看五口貿易情形。並稱該商等在上海生理，深蒙保護，特來拜謝等語。情詞極爲恭順，體察亦無他意，即於初九日仍坐原船出口，駛赴浙江洋面而去，居民皆不驚疑等情。復查兩廣督臣徐廣縉先後函稱，該國新换公使係名吱嗡，曾在虎門接見，近復接准照會，將赴通商各口察看等語。今來上海公使係名吱咹，似由字音傳説之訛。

《東華續録》道光五八　庚子，諭：李星沅等奏，江蘇外海水師戰船不敷，請籌捐添造一摺。水師戰船，巡緝攸關，必應多爲豫備。著准其將江南善後存餘銀兩先行提撥，趕緊設廠添造。

《道光朝籌辦夷務始末》卷七九　八月甲辰，諭軍機大臣等：前據徐廣縉奏，暎夷現與咈蘭哂構釁，各存戒心等語。該夷等究係因何啓釁？傳聞果否的確，現在情形如何？又所稱粤海關收税日形短絀，因進口貨物較多，漸形塞滯，夷商又多折本，並因該夷等構釁，無暇兼顧貿易等語。關税歲有定額，何以忽形短絀？所謂以恤商爲通商，冀可以(嬴)〔贏〕補絀，意果安在？至前此暎夷求進廣州城，經耆英與該酋以二年後爲約。來春計已届期，現在耆英業已留京供職，該酋亦更换吱嗡，與從前情形不同。該督現膺重寄，此事諒必朝夕在念，斷無先期往問，無故示弱之理。惟吱嗡力改前轍，議論之下，如果畏粤民强悍不敢深入，該酋必以不入城滋擾爲見好之地。以上各情節，務即詳晰具奏。

《東華續録》道光五八　丁巳，以潘鐸爲河南巡撫。

《宣宗實録》卷四五八　辛酉，諭軍機大臣等：李星沅等奏，俄囉斯商船請在上海貿易，已飭開導回帆一摺。覽奏已悉。俄囉斯向在北路陸地通商，不比西洋各國，航海貿易。上海非該國應到之地，所請自難准行。已據該督等以事關通商大局，必應率由舊章，飭令妥爲勸諭。並諭暎夷領事啊唎嘓隨同開導。

《道光朝籌辦夷務始末》卷七九　九月庚辰，兩江總督李星沅、江蘇巡撫陸建瀛奏：竊照哦囉嘶夷商李□北，裝載狐皮麪粉等貨至上海地方，懇求驗卸，當經臣等將批飭開導及該夷遵奉出口緣由，先行具奏。一面札行蘇松太道督飭該管營縣，妥慎防護，毋許登岸，並禁止民船駛近夷船，私行交易，查明來踪去跡，稟覆查辦。兹據該道麟桂等稟稱：該夷船於出口後，趕緊修艙，並未登岸，亦無奸民勾串往來。隨經問明行期，賞給羊酒食物，該夷深爲感悦。已於八月十三日乘風起碇，望東南大洋而去，當即知會蘇松鎮總兵，派撥兵船，押護出境，第恐該夷船行駛迅速，兵船趕護不及，無從交替鄰省。該道等復向暎咭唎、咪唎㗄、咈蘭哂各夷詳加訊問，僉稱哦囉嘶邊界與西洋各國接壤，彼此互市多年，李噸北商船係由哦囉嘶泛海而來，止求通市，並無別故，其起碇之際，聲言仍回本國，各該夷亦皆稔知等情。臣等伏查哦囉嘶爲北地陸路通商之國，今復航海而來，□恐別有隱情，密加採訪，始知該國邊界與西洋各國毘連，船隻亦復相倣，覈與蘇松太道所稟無異，其爲來自西洋，似無可疑。先經纂求貿易，該道等遵照批飭明白曉諭，亦即俯首無詞，具限出口。兹將原船起碇，望東南大洋駛去，情形尚爲

馴順，惟該商船既至上海，難保不往沿海各省，希圖卸貨，除飛咨浙江、福建、廣東一律查探外，所有該夷船放洋駛去日期，謹合詞恭摺具奏。

《東華續録》道光五十八　乙亥，諭：全慶奏，歲試全竣，科試四府各場情形一摺。覽奏均悉。考試設有認保，原以糾察弊端。該學政考試嘉應州時，該童生竟有以其父兄作爲認保者，是查弊轉以滋弊，殊堪訝異。廣東如此，他省恐亦不免。著各該學政等認真查明，如相沿陋習，有以父兄爲認保等事，即行禁止。儻不更改，別經發覺，惟該學政等是問。至考試武揚，校閲技藝，總以馬步箭刀弓石爲重，果能演習精熟，自足致用。若如全慶所奏，廣東武揚校試竟有馬上舞刀，並射金錢各名目，是止求飾觀誇巧，毫無實際，於取士之道大相徑庭。著全慶亦槩行禁止。如各省有此惡習，並著嚴諭裁革，以副朕黜華崇實至意。至私造牌示，及以桶盛箭各弊，均著全慶隨時講求損益，力挽頹風。

《宣宗實録》卷四六〇　十月壬寅，諭軍機大臣等：徐廣縉等奏，接據嘆酋吺噏照會，來詢進城一事，當經剴切駁斥等語。此事前經耆英許以二年爲期，諒係一時權宜之計。今該夷備文切詢，經該督等照覆，令其揆情量力，無煩再爲辯論。復探聞該夷目等私相聚議，有欲赴天津呈訴之説。該督等惟當諭以天朝外則禮重懷柔，內則允孚輿論。入城之舉，雖非騷擾，無如粵民剽悍，一聞嘆夷進城之議，無不切齒同仇。即如上年黄竹岐一案，僅止夷目數人登岸嬉遊，即被毆斃。天朝辦理庶務，一秉大公，即時審擬兇犯抵罪。今以省城人民之衆，儻該夷等貿然入城，百姓衆怒沸騰，羣肆攻擊，官亦無從鈐束。即令事後查拏懲辦，而該夷之被創受辱，實覺無味。況該夷遠涉重洋，本爲通商易貨，並非爲進城而來。若必因從前曾有此説以實其言，未免拘執召悔。該夷自思，當亦無以自解。如此反覆開導，俾該夷曉然於有害無利，有損無益之故，諒必廢然而返，不復争執前説。該夷素喜誇張，但恐心内早已寢念，而一時未必遽肯聽從，該督等總須將利害剖晰詳明，確鑿定議，方爲妥善。

甲寅，大學士寶興卒，【略】謚文莊。以禮部尚書麟魁爲翰林院掌院學士，以鄭親王端華爲正黄旗漢軍都統。

《宣宗實録》卷四六一　十一月乙亥，兩江總督李星沅等奏：遵查吴淞口頻年互市，上海實爲要區。遊匪巨蠹，溷跡爲奸，誠難保其必無。密飭訪查，不動聲色，如有通夷唆使等弊，須得確據究辦。至馭夷之道，粵東在怵以所畏而牖其明，江南在示以不疑而嚴爲備。要在慎懍幾先，静以制動。得旨，所論皆是。總要行其所無事，而又免疏略噬臍之虞，是爲至要。

以故越南國王阮福暶嗣子福時襲爵，命廣西按察使勞崇光往封。

丙子，以協辦大學士、吏部尚書陳官俊充上書房總師傅。

己卯，命協辦大學士耆英爲大學士，署鑲黄旗蒙古都統。四川總督琦善協辦大學士，仍留總督任。

《東華續録》道光五八　甲申，諭：工部奏，應追各款完交甚少，請旨飭催等語。各省應賠各款，皆待用要需，自應依限完解。兹據工部查明，應追款項爲數甚鉅，完交甚少。當此紛紛籌賑，度支孔亟之時，各直省大吏宜如何趕緊催提，力籌國計，且賠項未交，多係見任實缺人員，並非盡係無力，乃竟積習因循，屢催罔應，緊要款項視爲具文，籌國疆臣捫心應如是耶？所有各省著賠分賠、攤賠、代賠溢領覈減之款，著各省督撫、河督於所屬實缺司道府廳州縣各員，無論本身應賠，及代賠各項，俱著照該部所開清單，勒限催追完繳，解交就近被災省分備賑，仍將完交數目起解日期奏報。各該大員受恩深重，於本身賠項更宜首先完繳，則屬員賠項亦必不催而自應，其無賠項者於所屬無所瞻徇，咸服公允，更形踴躍。或賠項過多，酌分成數，趕緊完納。經此次訓諭之後，如再仍前玩視，必將該督撫重懲。或各屬員不肯實力籌解，即著指名嚴參。該督撫具有天良，當不至仍前玩泄也。

《宣宗實録》卷四六一　丁亥，吏部以大學士耆英應定何殿閣請，得旨，著爲文淵閣大學士。

《宣宗實録》卷四六二　十二月庚戌，諭内閣：原任江南提督陳化成爲國捐軀，其被害甚烈。本日兵部將伊子帶領引見，朕追念遺忠，不勝悼惜。陳化成之子陳廷芳著遇有福建水師都司缺出，即行補用，毋庸學習。

庚申，以大學士潘世恩年登八秩，襄贊宣勤，賞其孫祖蔭舉人，一體會試。

辛酉，大學士潘世恩八十生辰，賞御書扁聯「福」「壽」字，並珍玩文綺。

乙丑，以都察院左都御史成剛爲禮部尚書，兼管太常寺鴻臚寺事；户部左侍郎柏葰爲都察院左都御史，以吏部尚書文慶爲翰林院掌院學士。

《東華續録》道光五十八　丙寅，以張祥河爲陝西巡撫。

《宣宗實録》卷四六二　丁卯，諭軍機大臣等：昨據吉明、德齡奏，霍罕遣使遞稟，譯出漢字，並將撰給回諭，一併進呈一摺。覽奏已悉。邊城密邇外夷，撫馭之道，自須恩威並用，然必於懾服之中，寓懷柔之意。若一味危詞恐嚇，殊失

安邊綏遠本意。況夷性譸張，每事嘵瀆，該大臣等惟當申明舊章，剴切曉諭，俾知非分要求，萬難邀准，自足絶其妄念。若能言而不能行，毫不度德量力，概以驅逐及興師問罪爲詞，所謂言大而夸，心不固矣。嗣後戒之！

道光二九年（己酉、一八四九）

《東華續録》道光五十九　正月癸未，諭：激揚大典，覈實爲先。滿漢諸臣有能精勤任事，不顧嫌怨者，允宜甄敘。或年力已衰，或無足録取者，亦難姑息。兹届京察之期，吏部將内外諸臣開單，題請朕詳加酌覈。大學士穆彰阿、潘世恩、户部尚書賽尚阿、祁寯藻、刑部侍郎陳孚恩贊襄庶政，矢慎矢勤。而潘世恩年逾八旬，精神强固，尤屬罕遇，朕甚嘉焉。大學士耆英數年以來總督任内諸臻妥協，直隸總督訥爾經額久任畿疆，克盡職守，毫無懈弛，均著加恩，交部議敘。

以曾國藩爲禮部右侍郎。

《宣宗實録》卷四六三　壬辰，諭内閣：本年輪應查閲廣東等省營伍之期，廣東、廣西著即派徐廣縉，福建著即派劉韻珂，浙江著派耆英、季芝昌馳驛前往，會同吴文鎔逐一查閲，認真簡校。

《道光朝籌辦夷務始末》卷七九　甲午，兩廣總督徐廣縉奏：香港咦夷近來情形，不時差人偵探，十一月半後，有帶信之火輪船駛到香港，言該夷地方頻年貿易缺本，虧折三萬萬有零，支用不給，現須裁減兵餉。並據新聞紙内載：夷兵每名按月須領洋銀八元，今止發六元。旋於二十日後駛到兵船一隻，約載兵七百餘名，臣等竊以該夷現因缺費裁餉，何以忽又添兵？復加探訪，知該夷因在外洋争占海口，與嚤嚕國打仗，爲其所敗，此船即往彼處救援之兵。特因明年二月之期將屆，藉此張大其勢，希圖要挾。溯查二十四年，花旗爲定條約，咈囒哂爲議行天主教，皆帶有兵船，是夷情素好矜張，動輒倚仗兵船，有挾而求，乃其慣技。惟間諜雖已常通，而防範不容稍懈，已密飭内河外海各礮臺一體嚴備，固不可先開釁端，俾得藉口，尤不得漫無防禦，猝爲所乘。並由臣等督同司道，分飭營縣，嚴查土匪，以免乘機煽惑，摇動人心。伏查該夷裁餉，既見明文，其勢難兼顧，並有確據，自當力求實惠，何尚務進城之虚名，損有利之貿易。大約藉此爲由，另有要求，未必非故智復萌，乞開煙禁，抑或因前定之税則，妄生異議，均未可知。夫馭夷之道，不外羈縻，即如廣西平南縣出産土桂皮，夷人買此物者甚多，向係聽商販運，並未請領牌照。自前關臣文豐會同前督臣耆英，始定以三十家，發給牌照。夷酋咬噸屢次來文，謂該商等把持包攬，求爲裁革。因内地定章未久，若據該酋一面之詞，遽予裁革，未免爲其所輕，不得不量加駁斥。惟查茶葉、湖絲俱無牌照，何獨於土桂皮一項辦理兩歧，致滋嘵瀆。密爲訪查，始知該桂皮商名爲三十家，其實並無此數，不但夷人謂其壟斷，即平南居民亦深苦其把持。通商首在便民，懷遠尤貴以德，特咨會關臣基溥將牌照裁革，以順民欲而洽夷情，中外均頗欣感。現又據咬噸來詢進城一事，當即謹遵前奉諭旨，反復開導，曉以利害，開誠布公，使其得有轉圜之機。復恐該酋於來往文件，一時未能深曉，並言明如尚有不釋然之處，不妨俟公務稍暇，面爲定議。

《宣宗實録》卷四六四　二月辛亥，穆彰阿、潘世恩、陳官俊均著毋庸充上書房總師傅。【略】祁寯藻、杜受田均著充上書房總師傅。杜受田著仍授四阿哥讀。

甲寅，各省地丁銀兩，國家正課攸關。乃已徵未解之款不可數計，不肖州縣每遇有覃恩年分，牽混災緩，串通請免，貪巧可恨。嗣後有以完作欠，恣意侵那，膽敢朦混請免者，悉照大學士等新議章程治罪。

《東華續録》道光五九　丙辰，諭：内閣學士載增於召見時，輒敢以家事冒昧陳奏，已屬膽大妄爲，復將妄奏之語，向伊家内之人洩漏。見經軍機大臣傳訊明白，載增著與伊弟載堪均革去内閣學士，退出乾清門。所管一切差使，全行革退。均加恩賞給頭等侍衛，在大門上行走。

《道光朝籌辦夷務始末》卷七九　己未，兩江總督李星沅奏：臣等接據蘇松太道麟桂、提標右營參將候攀鳳先後會稟：上年十二月二十九日，探報咈囒哂國派有公使大臣陸英，帶同水師總兵舒嗹、總礮兵官格那，駕坐兵船一隻，駛進黄浦江。該道等率同廳縣赴船查問，據該公使稱，由該國派來查辦五口事件，詞意極爲恭順，並無要求情事，亦無夷兵水手登岸，當即以禮相待。嗣據報於本年正月十九日起碇前赴寧波、厦門、福州、廣東等處，查看通省貿易情形。該道等查照向例，送給食物，該夷等意甚欣感，即於十九日辰刻，乘潮出口。該夷等在滬兩旬，居民亦無驚擾，現在上海地方，華夷安輯，堪以仰慰宸廑。

《宣宗實録》卷四六五　三月庚寅，諭軍機大臣等：本日據徐廣縉奏，熟籌進城一事，實屬萬不可行。又據葉名琛、穆特恩等奏，遵旨嚴防，並加意撫戢兵民各一摺。又據葉名琛片奏，進城有害無利，斷難隱忍坐視等語。覽奏均悉。

𠸄夷進城之約，在當日本係一時羈縻。現在該酋堅執前約，該督等前奏親赴虎門面晤情形。但稱該酋狡執不已，若再峻拒，勢將滋生事端。而於進城究竟可行與否，未能縷晰陳明。是以朕前經降旨，暫准入城一遊，亦不過權宜之計，期於少生枝節。若如該督等此次所陳，該夷必欲進城，其居心實不可問。婉阻之未必遽開邊釁，輕許之必至立啓兵端。層層奏明，朕始悉其底藴，自應照該督等所議酌辦。現在該省兵民互相保衛，共有十萬之衆。是衆志成城，自當勖其同仇，何可使之解體。

壬辰，以宋儒程頤後裔廣德襲五經博士。

《道光朝籌辦夷務始末》卷八〇　四月辛丑，兩廣總督徐廣縉、廣東巡撫葉名琛奏：臣等於本月初九日，以現奉諭旨，不准𠸄夷進城，備文照會去後，時加偵探。香港夷商均以大皇帝推恩保護遠人，無非通商便民，何必無端尋釁，攪亂貿易？頗有怨言。凡在省中咪、咈、吕宋以及𠸄夷各商，亦以呅酋堅欲進城，伊等必致大受擾害，均將所存貨物，開列清單，交𠸄夷領事噸吐嚹收存，如有損失，統令該領事照數賠償。噸吐嚹不敢擔承，飛速告知呅翰，該酋亦大爲窘促。現因中國既不受要脅，外夷復諸多怨咨，勢處兩難，較前已似有乘機轉圜之意。惟復據香港探事密禀：該夷於初七日到兵船一隻，初八、九等日，先後到火輪船兩隻，覈計先後存港夷兵共二千七百餘名。復坐華人小艇，分往外海可通内河各口測水探路。查各口河窄水淺，夷船乘潮始可駛入，潮退即至淺擱，該夷久居此地，豈尚不知？且果欲偷渡，自必倍加詭秘，何肯明目張膽，豫洩其謀？是其爲鬼爲蜮，特故作出没靡常之狀，以期摇惑人心。所幸官民固結，氣壯心堅，婦孺同聲，毫無驚畏。然防禦之道，閒時常若遇敵，況事當孔亟，何敢稍存大意？所有虎門外各礮臺，已調集香山協左營兵二百五十名，順德協左右營兵二百五十名，水師提標前左兩營兵各一百名，添配各臺。並雇募附近鄰村壯勇一千名，嚴防後路鈔襲。均由水師提臣洪名香相機調度，嚴密巡防，不得顧此失彼，稍有疎虞。内河要隘，以東固、東安各臺爲東路，大黄窖、沙腰各臺爲西路，調集增城營兵二百名，新會營兵二百五十名，提標前營兵一百名，雇壯勇二百名，以爲後路埋伏。西路爲順德協本汛，即調該協兵二百五十名，雇壯勇四百名，以爲兩翼策應。至於陸路各臺，皆在省城之北，小北門以東硯塘爲東路，大北門以西泥城爲西路，東路調督標兵三百名，東平、昇平兩社存壯勇一千名，西路調惠州提標兵五百名，潮勇六百名，均揀選幹員，分起管帶，於岡巒起伏之處，暗設伏應，以防衝突。臣等復密飭各路弁兵，必度槍礮實可及賊方准點放，儻有張皇先放空礮，以至賊來藥盡；畏葸争逃者，無論弁兵，均以軍法從事。並嚴諭彼不動手，斷不准貪功挑釁，致干重譴。總期防範加嚴，不動聲色，且俟其作何舉動，再行隨時馳奏。

《宣宗實録》卷四六六　壬寅，兩江總督李星沅因病解任，以江蘇巡撫陸建瀛爲兩江總督，調江西巡撫傅繩勛爲江蘇巡撫。

丁未，兩廣總督徐廣縉等奏，𠸄夷不敢進城，其計已決。得旨，所辦可嘉之至，朕心甚慰。如此棘手之事，卿不動聲色，使彼自屈，較之軍功，尤堪嘉尚。又奏呈廣東紳士公致𠸄夷呅酋信稿。批：遠勝十萬之師，皆卿胸中之錦繡，幹國之良謀。嘉悦之懷，筆難盡述也。

《道光朝籌辦夷務始末》卷八〇　癸丑，諭内閣：夷務之興，將十年矣，沿海擾累，糜餉勞師，近年雖略臻静謐，而馭之之法，剛柔不得其平，流弊愈出愈奇，朕深恐沿海居民有蹂躪之虞，故一切隱忍待之，蓋小屈必有大伸，理固然也。昨因𠸄夷復申粤東入城之請，督臣徐廣縉等連次奏報，辦理悉合機宜。本日又由驛馳奏，該處商民，深明大義，捐資御侮，紳士實力勸勷，入城之議已寢，該夷照舊通商，中外綏靖。不折一兵，不發一矢，該督撫安民撫夷，處處皆抉根源，令該夷馴服，無絲毫勉强，可以歷久相安。朕嘉悦之忱，難以盡述，允宜懋賞，以奬殊勳。徐廣縉著加恩賞給子爵，准其世襲，並賞戴雙眼花翎。葉名琛著加恩賞給男爵，准其世襲，並賞戴花翎，以昭優眷。

《宣宗實録》卷四六六　辛酉，定郡王載銓等奏，會議雲南礦廠章程四條。

《東華續録》道光五九　閏四月辛未，鍾祥卒，賞顔以燠三品頂帶，署河東河道總督。

《宣宗實録》卷四六七　癸酉，諭軍機大臣等：【略】現在𠸄夷罷議進城，照舊通商，以後民夷自可歷久相安。惟夷情好動，遇事生風，仍不可不防其漸。【略】近聞𠸄夷改裝易服，前歲有入蘇州遊玩之事。所有五口通商地方人煙稠密，難保不任意嬉遊，潛蹤混入，甚或藉端生釁，以致激成事端，所關匪細。著各該督撫密飭所屬，各於通商馬頭剴切密示，常川稽查。總以遵守舊約爲詞，毋令夷人越境閒遊，庶可永弭後患，是爲至要。

《東華續録》道光五九　陸費瑔丁憂，調趙炳言爲湖南巡撫，以羅繞典爲湖北巡撫，駱秉章爲貴州布政使。

《宣宗實録》卷四六七　壬辰，諭内閣：本日據吏部奏，查出外省捐輸假照。【略】著兩江總督、安徽巡撫即將此案僞造之人，密速查拏，按律嚴辦。並通行各督撫，一體查覈究辦，以懲奸僞而重名器。

《東華續録》道光五九　癸巳，申定浙江鹽務章程。

《宣宗實録》卷四六八　五月甲辰，兩江總督陸建瀛覆奏，遵查暎夷並無潛入蘇州省城遊玩之事。給事中曹履泰前奏，恐係傳聞之譌。但犬羊之性，逼處海濱，自應嚴密防範。現嚴飭各海口文武各員常川稽查，妥慎辦理。報聞。

《道光朝籌辦夷務始末》卷八〇　乙巳，諭軍機大臣等：徐廣縉、葉名琛等奏，酌移税口，現在試辦一摺。覽奏已悉。澳門税口，前因大西洋夷酋無知擾亂，業經該督等商令基溥、柏貴傳到衆商，諭知利害，該商等情願另立馬頭，議定規條，互相稽查，衆口同聲，斷不敢稍虧税課。現已勘明黄埔地本適中，即將澳門關口丁役人等，移此駐守，一遷徙間，既可俯順商情，並足使該夷坐困，且免麋帑興師，籌計較爲周妥，著即照議辦理。惟該酋等現雖自悔爲人所愚，不復譸張，而夷性貪詐，難保不狼狽爲奸，時生枝節。澳門縣丞一員，官卑難恃，恐耳目難周，該督等仍當選派妥員，隨時前往訪察，一有蠢動，務即相機開導，加意防維，總期夷情就範，而關税亦照常征收，乃爲妥善。

《宣宗實録》卷四六八　辛亥，諭内閣：【略】此次中瞻對野番滋事，經琦善督兵進勦。該處道路崎嶇，且風雪彌漫，糧運維艱。該督虔禱該處各廟所供護法神，軍行得無阻滯，自應酌加酬錫，以昭靈應。著發去御書扁額二方，交該督敬謹懸挂，用答神庥。

戊午，兩江總督陸建瀛奏：近日兩淮鹺務疲弊已極，推原其故，總由私鹽充斥，官鹽昂貴，商人成本過重，綱運滯銷。欲減價以售銷，而商本已折；欲顧價以保商，而官銷益絀。現飭運司但明倫嚴飭辦事商人趕緊捆運，並嚴禁官員書吏積壓需索等弊。此急則治標之計，若通盤籌畫，欲策萬全，非確有十分把握，斷不敢輕於一試。得旨：竭盡心力爲之，朕惟卿是望。

己未，山西巡撫王兆琛有受賕情事，【略】著陳孚恩、福濟督同隨帶司員等迅即親往王兆琛署内，將資財一切嚴密查封。

以倉場侍郎季芝昌爲山西巡撫。

《宣宗實録》卷四六九　六月己巳，諭内閣：陸建瀛奏，請將營求補缺之道員革職一摺。南河候補道陳韶、周際雲於該督委署淮海道缺，尚未擬補何員之際，竟敢函致藩司，囑爲探聽，居心殊屬巧詐。陳韶、周際雲均著即行革職，以爲卑鄙營求者戒。

癸未，諭内閣：本年入夏以來，江浙、安徽、湖北等省皆因雨多水漲，各屬漫淹較廣，災民蕩析離居，嗷嗷待哺，每一覽奏，焦慮殊深。現經各該督撫及時籌辦賑撫，凡有可以恤民之處，自無不盡心經理，力圖保全。惟是災區既寬，需費甚鉅。雖經官民等量力捐助，賑卹窮黎，尚恐未能周徧。當此哀鴻滿目，朕復何忍稍爲屯膏，致民困未能即蘇。

甲申，又諭：吴文鎔奏，遇災恐懼，懇予罷斥一摺。所奏冒昧糊塗，膽大之至。國家設官分職，責重牧民，一當其任。無論時之難易，事之能否，皆當盡心竭力，豈容任意諉卸？況巡撫統轄全省，疆寄攸關。值此天災流行，民生窮蹙，宜如何設法安撫，用以下蘇民困，上紓朕憂，方爲無忝厥職。今吴文鎔以災患異常，輒請迅賜罷斥，另簡賢能，是徒知引咎而不思盡職。時值艱難，使身任封圻者，皆如吴文鎔居心，竟置億萬災黎於弗顧，將求牧與芻之謂何耶？似此迂腐無能，率意上瀆，即立予罷斥，亦屬咎所應得。惟當辦災棘手之際，轉令置身事外，恐啟巧避之漸。吴文鎔著革去頂帶，暫留浙江巡撫之任。責令認真籌辦災賑，如能不辭勞怨，辦理妥速，尚可稍贖愆尤。儻復不知振作，查辦竟無成效，致災民轉徙溝壑，必當重治其罪。

《宣宗實録》卷四七〇　七月丁酉，諭内閣：前因各省災區米價增昂，降旨將湖北、江浙、安徽等處一體免商販米税。兹據裕泰等奏，請所有四川、江西商販米船運至湖北售賣，並本省請照出境採買者，經過關津，均免納税，循例祇收船料等語。著再申諭，如有米船至湖北省，著迅速驗明，不准關役人等留難阻滯，免税放行，以廣招徠而紓民困。

戊戌，調禮部尚書賈楨爲吏部尚書，以都察院左都御史孫瑞珍爲禮部尚書。協辦大學士吏部尚書陳官俊卒，【略】謚文慤，賞其孫厚鍾舉人。

己亥，命户部尚書祁寯藻協辦大學士。以江寧布政使馮德馨爲湖南巡撫，命候補大理寺少卿翁心存仍在上書房行走。

辛丑，裁江南揚州府揚運通判、丹陽縣縣丞、靈璧縣主簿、銅山縣吕梁洪巡檢四缺，改揚州府江防同知爲江運同知。從總督陸建瀛等請也。

己未，雲貴總督林則徐因病解任，以雲南巡撫程矞采爲雲貴總督，服闋巡撫張日晸爲雲南巡撫。

己丑，又諭：有人奏，湖北撤任知縣施均以辦災爲由，向本縣富室派捐銀數千兩，並不發賑，致饑民將首事各家房屋全行拆毁，該縣竟不敢辦等語。地方偶遇偏災，不肖州縣藉捐賑爲名，浮冒侵吞，以肥私橐，遂致匪類饑民，勾結爲患，可恨已極。著裕泰、唐樹義即將該撤任知縣施均被叅各情，確切查明，悉心研究，斷不准任其狡展，致有不實不盡。儻稍涉徇縱，經朕訪聞，或别經發覺，惟該督等是問。

甲子，户部議准陝甘總督布彦泰疏報，甘肅靖遠縣開墾地五頃五十五畝有奇，照例升科。從之。

《宣宗實録》卷四七一　八月丙寅朔，以大理寺少卿雷以諴爲奉天府府丞，兼提督學政，通政使司通政使程庭桂提督順天學政，内閣學士李嘉端提督安徽學政，吏部右侍郎張芾提督江西學政，禮部左侍郎吴鍾駿提督浙江學政，兵部右侍郎黄贊湯提督福建學政，翰林院編修車順軌提督湖南學政，編修胡瑞瀾提督山西學政，編修吴福年提督陝甘學政，左春坊左庶子許乃釗提督廣東學政，翰林院編修孫鏘鳴提督廣西學政，編修陳慶松提督雲南學政。命江蘇學政青麐、山東學政馮譽驥、河南學政俞長贊、湖北學政龍啓瑞、四川學政支清彦、貴州學政翁同書仍留任。

庚午，諭内閣：奕興、樂斌奏，宗室意圖訛詐，請從重懲辦一摺。此案宗室明德於官辦硫磺車輛，行抵邊門，膽敢率衆持械攔截，希圖訛詐。並將運磺車夫，看押數日，始行放出，實與棍徒擾害無異。明德著革去四品頂帶，實發黑龍江，交該將軍嚴加管束，以示懲儆。

丁丑，兩江總督陸建瀛等奏，現辦賑務及省城水退情形。得旨：臣民之福即朕之福，加以卿等殫心盡力，朕引領東南，方寸可慰也。

丙戌，命山西巡撫季芝昌來京署吏部右侍郎，以直隸布政使龔裕爲山西巡撫。

戊子，以禮部尚書孫瑞珍署翰林院掌院學士。

庚寅，諭内閣：據工部奏，查南河工用銀兩，前經署河督李星沅奏明，每年尋常例用，當以三百萬兩爲率。河督楊以增到任後，所奏亦同。乃甫經酌定，該河督現奏又謂不敷，殊覺矛盾，恐有受屬員朦蔽之處。本年五套吴城七堡漫口各工，均責令各該廳員全數賠修，甚覺覈實。其餘尋常工程，自宜撙節動用，無逾奏准之數，以符成議。嗣後南河於霜降後報銷之時，儻有數逾三百萬兩以外，無論分毫，即著概行議駁。並著工部於每歲南河報銷奏到，開列比較清單呈覽時，將曾否逾數，駁去若干，及實未逾數之處，覈實聲明，以防浮濫。並著户部存記。

辛卯，予故前任閩浙總督楊國楨祭葬，賞其子炘烜舉人，一體會試。

《宣宗實録》卷四七二　九月甲辰，陝甘總督布彦泰因病解任，以四川總督琦善署陝甘總督，成都將軍裕誠暫署四川總督。

丙午，賞顔以燠二品頂帶，實授河東河道總督。

戊申，命署吏部右侍郎季芝昌在軍機大臣上行走。

己酉，實授琦善陝甘總督，以山東巡撫徐澤醇爲四川總督，福建布政使陳慶偕爲山東巡撫。

壬子，諭軍機大臣等：本日據徐廣縉、葉名琛密陳暎夷追溯進城約期一事，懇乞代奏，並將照覆稿底呈覽一摺。覽奏均悉。進城一事本年春間，已據該酋照會，以後不復辯論。乃現在復以該國王函詢耆英定約，各國皆知，何以届期又經阻止，懇將此意速爲代奏。自緣進城未能如約，懷慚尋釁，加以噫酋回國，必藉口居功，歸怨哎噸，以致哎酋再三諄懇，其情已可概見。業經該督等酌理準情，剴切照覆，該酋自亦無可置辯。惟將來或再有所請，仍須照覆。該督等可作爲己意，諭以天朝撫馭外藩，向以誠實相待，入城之舉，揆諸事勢，百姓既不相容，夷人必受重創，豈肯不以實告？況罷議進城後，貿易漸旺，已有明徵，若復申前説，則商人之裹足不前，民人之同心共憤，又將如今春故事，該酋亦何苦自取困累耶？至前與定期，不過從俗從宜一時行權之語，日久相安，仍當以時爲大。該國最重貿易，現在貨物流通，又何必仍詢前約，致令商民疑慮，諸多窒礙。天朝惟知上順天心，下從民願，以懷柔爲本，斷不任民人稍事欺淩。該國亦當體會此意，安心貿易，勿生枝節。上而督撫提鎮，下而軍民人等，旁及諸國，斷無以不進城爲羞辱之事。否則春間暫停貿易，各國何以將積貯貨物全交公使，責令賠償？即此一節，可知諸國之心亦不以進城爲然也。經此剴諭之後，該夷自必就範，而闔城文武軍民勠力同心，屹然有不摇之勢，朕何憂乎？現在情形若何，即由驛奏來。至新領事咆嚧爲人是否曉事，一切能否循理，並著該督等隨時察看，遇便具奏。

戊午，命服闋尚書何汝霖以一品銜署禮部左侍郎，仍在軍機大臣上行走。

《宣宗實録》卷四七三　十月丙寅，以一品銜署禮部左侍郎何汝霖署户部

尚書。

庚午，以故朝鮮國王李奐子昪襲爵，命兵部左侍郎瑞常爲正使，內閣學士和色本爲副使往封。

丙子，閩浙總督劉韻珂六十生辰，賞御書扁額「福」「壽」字，並珍玩文綺。

壬午，兩江總督陸建瀛奏，淮南鹺務積疲，正課雖可敷衍，雜款仍費支持，挽回之法，莫先於減輕成本，將外支雜項及岸費浮冒兩節，實力裁減。乃猾吏刁衿，輒播散流言，希圖阻撓。候補運判侯辛竟敢授意捆工，憑空稟求，以爲挾制。請即行革職，嚴提全案到省訊究。得旨：不但不可稍存避就之心，必當猛以濟寬，誓除刁惡，方可辦理也，無恤其他。

王植奏：署任知府訪有劣跡，請撤任革審一摺。所參好。安徽署寧國府知府朱鳴雷前有人參奏種種劣跡，已交李嘉端查辦。兹據該撫訪查該員，果係辦事乖謬，並時常演戲，寵縱優伶，即難保無别有貪婪情事。朱鳴雷著即革職，交該撫嚴拏應訊人等，提省研究，務得確情，按律定擬具奏，以肅吏治而儆官邪。

癸未，諭軍機大臣等：朕於各省貢物，裁汰大半。惟河南地方向産百合，清潤可食，著潘鐸選擇四五桶，解京備用。嗣後每年均著按期呈進，即照此次之數，無庸加多。

甲申，諭內閣：本日據大學士潘世恩瀝情奏請開缺。朕思軍機大臣，夙夜在公，勤勞較甚，實非高年所宜。潘世恩年逾八旬，公勤素著，若仍令其入直，不足以示體恤。著俟來歲春融，赴閣辦事，毋庸開缺，以示朕逾格篤眷耆臣至意。

《宣宗實録》卷四七四 十一月甲午，又諭：據萬貢珍馳奏，匪徒戕官毀署，派兵勦捕一摺。湖南新寧縣地方，匪徒聚衆滋事，擁進縣城，戕害知縣，寄居該縣之前署縣家屬同時被害，打毀衙署監獄，實屬罪大惡極，殊堪髮指。該處界連廣西，前年猺匪雷再浩等勾結民人李輝等結會搶掠，即係新寧縣地方，經湖南、廣西兩省會拏勦辦，此次復敢進城戕官，必其餘孽復萌。且恐首犯李姓即李輝親屬，若不即行上緊緝獲，必致日久蔓延。現經飭委文武員弁帶兵前往，合力圍捕，相機督辦。計期馮德馨早已接印，著即馳赴該處，督率迅勦。帶兵遊擊劉國瑞安能獨當一面？著酌委威望較重之大員，兼程馳往督拏。所有毗連廣西各處，務即派兵堵緝，毋令此拏彼竄。總期全數弋獲，盡法懲治，以儆兇頑，不准一名漏網。並著鄭祖琛嚴飭該省文武員弁實力防堵，一有匪徒竄入，即嚴拏痛勦，不得稍分畛域，以期立盡根株。儻此次辦理稍涉寬縱，日後必致養癰貽患，不可不慮及也。

丙申，以工部左侍郎陳孚恩署刑部尚書。

太傅予告大學士阮元卒，謚文達。

丁酉，以大學士穆彰阿仍充上書房總師傅，命翰林院修撰李承霖在上書房行走。

《道光朝籌辦夷務始末》卷八〇 己亥，諭軍機大臣等：徐廣縉、葉名琛覆奏，嘆夷復詢進城一節，業經曉諭解釋，該國頗知畏服一摺。覽奏均悉。朕嘉悦之懷，筆難盡述。此次嘆夷復詢進城，原不過冀轉顏面，疊經該督撫反覆開導，已據該酋將粵民立碑紀功等情，寄知該國王，嗣接來文，詞意較前頗覺馴擾，所有前詢進城一節，並未提及。該督等又密購其新聞紙，備知該國王寄信吱嗡，諄諄以生意要緊，並傳知五港領事，一體察看民情，毋許多生别端。是其畏威懷德，信而有徵。其新領事咆嚧，人亦馴順安静，從此通商裕課，共享安平，該督等籌畫盡心，辦理確有把握，故能消其桀驁，俾就範圍。以後該督等仍當隨時體察，聯官民爲一氣，民心目固，斯夷情益服，商民共悦，實爲永久樂利之計，朕爲海疆生民慶，不僅爲得人慶也。勉之！勉之！

《宣宗實録》卷四七四 庚戌，諭軍機大臣等：劉韻珂等奏，接據琉球國來文，密咨兩廣總督查辦等語。嘆夷咱嚧吟等前往琉球國，已歷四載，仍未撤回。屢經該國懇請轉飭查辦，並據稱如得嘆酋吱嗡一言，該夷斷難推托。著徐廣縉即查照該督等所奏，再向吱嗡開導，諭將咱嚧吟等趕緊撤回，方足以恤藩封而免驚擾。

《宣宗實録》卷四七五 十二月庚午，諭軍機大臣等：裕泰馳奏，匪徒糾衆搶掠，派兵勦辦一摺。湖南道州等州縣，連界所屬之癩子山內，現有匪徒盤踞，四出搶掠。匪首黄三等，各有黨羽一二百人，膽敢負嵎踞險，鑄造軍械，並編造歌謡，徧貼煽惑。雖距新寧滋事地方較遠，難保非豫糾夥黨，謀爲不法，急應痛加勦辦。馮德馨、英俊、雙德現均駐劄新寧，著酌量緩急情形，分派弁兵，由該鎮管帶前往，會同地方文武協力兜拏。務期一鼓就捦，迅速撲滅。該處介在四邑之間，徑雜山深，易致竄越。務須於各要隘處所，嚴密堵緝，勿令與新寧匪徒往來勾結，蔓延滋擾。此時大兵聚集新寧，該處匪徒諒已搜捕。裕泰雖在湖北，而一切調度布置，必須籌畫萬全，遥爲策應。勿令湖南兵單，有顧此失彼之虞，方爲妥善。

清文宗部（起公元一八五〇年，迄公元一八六一年）

《東華續録》咸豐一　文宗顯皇帝，宣宗第四子也。母孝全成皇后鈕祜禄氏，原任乾清門二等侍衛、世襲二等男、追封承恩公頤齡之女。淑慎安貞仁慈恭儉。事宣宗成皇帝恪實内治，懋著坤儀。以道光十一年辛卯六月初九日丑時，誕上於御園之湛静齋，後更爲基福堂是也。上生有聖德，神志内充，發音鏗洪，舉步嶽重。十四年甲午三月，宣宗成皇帝恭謁昌陵，隨侍行禮。御製詩曰：「初攜幼子祈慈佑。」並識語云：「祥呈姬歷，福衍孫枝，慈佑無疆，欣感曷其有極蓋。」恩勤鞠育，隱然以祖武克繩，默祈詒翼，天章流播，已可知聖心之所屬焉。六齡就傅，受書於洗馬杜受田。聰明天亶，學問日新，經史淹通，聖藻炳蔚。履信書屋詩文積有卷帙，雖宸脩念典，不尚詞章，而春苑行蒐，則歌賡吉日，靈壇展祀，則句詠同雲，援筆成吟，胥垂則。陳經偶暇，練藝習勞，常製槍法二十八勢，曰「棣華協力，」刀法十八勢，曰「寶鍔宣威，」皆宣宗賜名。上在潛邸，時與恭親王奕訢所講肄者，博慈顔之愉悦，勖同氣以匡襄，惟孝惟友，乃武乃文，非甚盛德，其孰能與於斯？二十年庚子正月，當孝全成皇后大事，悲深罔極，擗踊哀傷。宣宗俯鑒肫誠，每值忌辰周年，必命躬親行禮，用展孝思。上孺慕銜悲，屢形章什，二十餘年如一日焉。十六年丙午六月十六日，宣宗遵密建家法，親書上名，緘置祕函，豫立儲貳。越戊申，祈穀大祀，特命恭代行禮。由是北郊禮神則代陳琮幣，東陵敷土則代謁橋山，以至太廟薦新，奉先展拜，寅承主鬯，聖眷日加隆矣。

道光三〇年（庚戌、一八五〇）

《文宗實録》卷二　正月己未，上即皇帝位於太和殿。【略】登極禮成，頒詔天下。【略】以明年爲咸豐元年。

庚申，大學士九卿等，恭擬上大行皇帝尊諡徽稱曰「效天符運立中體正至文聖武智勇仁慈儉勤孝敏成皇帝」，廟號曰宣宗。【略】上宣諭曰【略】謹據所奏，恭上尊諡廟號。所有應行典禮，該部敬稽成例以聞。

《文宗實録》卷三　二月戊辰，添派都察院左都御史柏葰、内務府大臣基溥恭辦昌西陵工程。

辛未，諭内閣：朕仰承皇考付託之重，兢兢圖治，深恐幾務紛繁，措置未能悉當。敬念列聖御極以後，俱頒詔旨求言。蓋一人之聰明智慮，或有未周，必公聽並觀，而後上下之情通，措施可期於允協。矧朕德薄，何敢不虚衷延納，博採讜言？特此通行曉諭，凡九卿科道，有奏事之責者，於用人行政一切事宜，皆得據實直陳，封章密奏。俾庶務不至失理，而民隱得以上聞。諸臣務須虚公詳慎，毋偏毋私。凡有裨於官方吏治，國計民生者，各抒所見，切實論奏，以副朕集思廣益之至意。

癸酉，諭軍機大臣等：向來奉安山陵，例由禮部奏派大臣官員前往守護。恭查道光二十八年，欽奉上諭，此例著永遠停止。交軍機大臣，敬謹存記。著傳知禮部恪遵辦理。

又諭：本日據裕泰馳奏，查探逆匪竄赴廣西，裹脅漸多，現派官兵分投迎勦，又據鄭祖琛片奏，湖南匪徒竄入粤境，現在籌辦情形各一摺。並據鄭祖琛片奏，咨會湖南、貴州分投截勦等語。此次湖南匪徒滋事，先經竄入廣西，經該省官兵擊退竄回。若使湖南兵勇得力，何至復由城步翻山竄至龍勝一帶？因思該匪等如此竄擾，實由湖南省文武各官圍捕不密所致。目下匪黨益肆兇殘，湖南員弁尚皆觀望不前。而粤省文武乃能不分畛域，越境窮追，以致瑪隆阿奮勇捐軀。湖南各官捫心自問，其能靦顔無愧乎？現在該匪等四路奔竄，該處山徑叢雜，若非各省協力兜拏，必至乘間逃逸。裕泰接奉此旨，務當激發天良，會同鄭祖琛督飭兵弁，激勵紳勇，解散脅從，併力夾攻。其龍勝一帶，現無提鎮大員，著廣西提督閔正鳳即日馳往，以期堵勦得力。至湖南之長安堡等處，可通懷遠之沙宜，並通貴州永從等處，該匪已欲覓路逃往，尤不可不嚴爲防堵。並著喬用遷遴委員弁，在於界連湖南地方，督率兵勇認真堵截，斷不可令其竄逸。本日已有旨，將向榮調補湖南提督，計日可到。至永州鎮一缺，裕泰即於孫應照、谷韞燦二員内揀選奏請補用。裕泰統轄兩省，當此防勦失機，匪蹤日肆之時，若再不奮力殲捡，致使蔓延爲害，該督其何顔以對鄰封文武及兩省士民耶？鄭祖琛、喬用

遷均久任封圻，目擊鄰匪衝突，亦必憤切同仇，協勤不遺餘力，無俟朕諄諄告誡爲也。

丙子，諭内閣：爲政以得人爲首務。我朝列聖御極建元，均於三年大比之外，特開鄉會恩科，廣羅俊彦。今朕纘承大統，宜遵成式，嘉會士林。著於咸豐元年舉行鄉試恩科，二年舉行會試恩科，用副朕作育賢才至意。

《文宗實録》卷四　己卯，賞工部尚書杜受田太子太傅銜，其父前任禮部侍郎塄御書扁額曰「達尊錫類」。

癸未，恭修宣宗成皇帝《實録》，命大學士穆彰阿爲監修總裁官，協辦大學士户部尚書祁寯藻、吏部尚書文慶、户部尚書賽尚阿、工部尚書杜受田爲總裁官，户部左侍郎阿靈阿、李芝昌、右侍郎福濟、兵部左侍郎瑞常、刑部左侍郎周祖培、工部左侍郎翁心存爲副總裁官，賽尚阿兼蒙古副總裁官。

壬辰，諭軍機大臣等：裕泰馳奏，賊匪竄聚黔楚交界，現復添調官兵並分派將領，相機進勦一摺。據稱賊匪大隊屢次衝突，雖經該處兵勇殲捦多名，該逆熟諳山徑，屢從間道逸出，焚搶村市，戕害官兵等語。該匪現已竄聚黔楚交界山内，若不乘機堵勦，致令四出奔突，爲害何可勝言。惟統兵貴專責成，軍餉尤應籌裕。本日已由五百里寄諭調任提督向榮，飭令兼程前赴軍營。並飭徐廣縉等迅即籌撥銀二十萬兩，委員星夜解交軍營，以濟要需。如兵力尚單，應如何添調官兵，著裕泰酌量檄調。總期兵精糧足，一鼓作氣，埽蕩餘氛。且有廣西、貴州追擊堵截，趁此機會，四路進勦，使該逆腹背受敵，自無難聚而殲旃。

《文宗實録》卷五　三月癸巳，以都察院左都御史柏葰爲兵部尚書，以正黄旗滿洲副都統惠豐爲正藍旗漢軍都統。

庚子，以工部尚書杜受田兼署吏部尚書。

癸卯，諭内閣：左副都御史文瑞奏陳四事，朕詳加披閲，所論剴切真摯，深協朕懷。並録進乾隆元年左都御史孫嘉淦三習一弊疏，其論爲君之道，洵屬切直精深，堪爲聽言臨政之助。

又諭：禮部侍郎曾國藩奏陳用人三策，朕詳加披覽，剴切明辯，切中情事，深堪嘉納。

甲辰，諭内閣：鄭祖琛、閔正鳳馳奏，楚匪竄至粵界，官兵大獲勝仗一摺。此次楚匪竄入三省交界地方，分投滋擾，拒捕戕官。前經裕泰奏獲勝仗，賊膽已落。本日復經鄭祖琛奏報，疊次接仗，大挫賊鋒。官兵紳勇，志切同仇，奮勇争先，不遺餘力，所辦甚屬妥協。鄭祖琛、閔正鳳調度有方，均著交部議敘。其餘在事文武員弁，有始終尤爲出力者，酌保數員，候朕施恩，毋許冒濫。

《文宗實録》卷六　丙辰，以雲南布政使駱秉章爲湖南巡撫。

己未，諭内閣：趙光奏陳時務四條，請亟爲整飭一摺。據奏，吏治日壞，武備不修，緝捕廢弛，虧空累積，均切中時弊。至所稱將帥惟耽安逸，養尊處優，以營卒爲厮役，不事操防以空名冒錢糧，專事肥己。沿海水師率皆畏葸無能等語，尤當痛懲其弊。著各直省督撫提鎮按照摺内所陳，認真講求，破除積習，務使吏治蒸蒸日上。

庚申，諭内閣：御史長秀奏，外藩入貢請肅體制，而重懷柔一摺。

《文宗實録》卷七　四月乙丑，諭軍機大臣等：内閣侍讀學士董瀛山奏，弭盜詰奸一摺。據稱邪教盜賊在在皆有，而避藏之巧，蔓延之多，惟交界處所爲最。【略】其直隸、山東、山西、河南、安徽、湖北、陝西、四川、江西、廣東、湖南、廣西各水陸交界之區，盜賊公行，此拏彼竄。地方官吏以界址轇轕，巧爲推諉之門。【略】著各直省督撫、順天府府尹等，於各教會名目嚴密察訪，將各匪犯餘黨遺孽，掩捕淨盡，從重懲辦，以彰國法而正人心。並隨時嚴飭各道府，督率該管州縣，會同營汛員弁，於交界處所加意偵緝，兩地均任責成。

庚午，諭内閣：太僕寺卿龔文齡奏，請飭部臣實心輔政一摺。國家設官分職，内外相維部臣疆吏，均有稽查督率之責。乃日久相沿，漸成怠忽。各部堂官或未能督飭司員嚴剔蠹弊，考覈限期。各省督撫於奉到部文後，亦往往以照鈔轉行，自謂了事，甚至受屬員蒙混。無怪利不興而害不除，安能漸收實效？嗣後内外大臣，務須大加振刷，遇事講求。如有司員屬吏怠惰因循者，即隨時甄覈，勿避嫌怨。其有蠹吏藉端索詐，立即拏辦，毋稍迴護。庶幾上以實求，下以實應，大法小廉，吏治蒸蒸日上，朕實有厚望焉。

癸酉，又諭：據户部覈復大學士耆英條奏，理財之要，以地丁、鹽課、關税爲歲入之大端，以兵餉、河工爲歲出之大端。得其弊之所在，認真革除，害去而利自見。著各直省督撫、河道總督、鹽政、各關監督，查照該部指出各弊，振刷精神，實力剔除。所有陋規浮費，全應禁革。並將現在如何整頓積弊，辦理之處，據實具奏。

《咸豐朝籌辦夷務始末》卷一　庚辰，諭軍機大臣等：據陸建瀛先後馳奏，嘆咭求遞公文，循案咨送；並該酋不肯守候，欲赴天津各一摺。覽奏均悉。嘆

夷以進城一事，復來嘵瀆，且動稱欲赴天津，虚聲恫喝，乃其故智，原可置之不理。惟該酋擅遞穆彰阿、耆英咨文，意在以後瀆請之件，竟不向廣東等省督撫投遞，若非剴切曉諭，於妄念初萌之際示以限制，勢必以無厭之詞，向在京各衙門紛紛呈投，成何事體！中外大臣非派令兼辦夷務，本無外交之義，除敕穆彰阿、耆英，將不能咨覆該夷之處，咨明陸建瀛轉告該酋外，仍著陸建瀛查照穆彰阿等咨文内各種情節，逐層詳加開導，俾該酋恍然於前説之不容堅執，文件之毋得妄投，俯首無詞，挂帆南駛，方爲妥善。諒該督必能仰體朕意，動以利害，曉以情理，使之廢然而返也。勉之！慎之！

《文宗實録》卷八　湖廣總督裕泰奏：拏獲逆匪李沅發案内夥黨李沅字等多名，訊明正法，並續行解到各犯，另行審擬。得旨：嚴行審辦。

乙酉，又諭：升任内閣侍讀學士董瀛山奏請嚴定交界協緝章程，降旨飭吏部妥議。兹據覆奏各條，緝捕處分，本已嚴密，例文亦屬詳明，自無庸另議添設。惟所奏兩地均任責成，其中界分輕重，易啟互相推諉之漸，恐致緝捕不力，亟應申禁。嗣後各該督撫，務飭各州縣於交界處所，嚴行巡緝，毋使疏防盜劫。

《文宗實録》卷九　五月壬辰，寄諭兩江總督陸建瀛：據訥爾經額兩次奏稱，四月十九日有㖅夷火輪船一隻，駛至天津。有夷目駕杉板船進口，求遞公文。自仍係前此所遞各書。已諭令訥爾經額接收馳奏，仍曉諭該酋速回粤東，照舊貿易。該夷初到天津，頗形桀驁。數日來風色不利，未見舉動，或因開導明白，大船不能駛入，無所施其伎倆。惟查從前耆英約以二年後入城，原係届時察看民情之意。迨民情不願，既已罷議，何以仍復嘵嘵？若粤東商民聞之，仍如上年各停貿易，於該夷又有何益？咴咹等現在上海，該督當以情理利害，剴切開導，令其回帆向粤，照常通商，是爲至要。至江海各口及泖湖等處，應如何設備，以防不虞，久已議立章程，行所無事。該督身膺疆寄，諒必不動聲色，嚴密巡防，無待朕之諄囑也。

《咸豐朝籌辦夷務始末》卷一　甲午，諭軍機大臣等：前任雲貴總督林則徐，經大學士潘世恩等先後保奏，已有旨令劉韻珂等，查明該員是否在籍？能否來京？該督等務即傳旨，敕令該員迅速北上，聽候簡用，毋稍延緩。如病體實未復元，諭令上緊調理，一俟痊癒，即行來京。

《文宗實録》卷九　丁酉，又諭：據裕泰、鄭祖琛、向榮由六百里馳奏，生捦首逆，殲除匪黨，地方一律肅清一摺。覽奏欣慰。此皆仰荷皇考在天之靈，俾首逆速就捦獲，黔庶得以稍安，思及此，敬感交縈。至湖南逆匪李沅發本係山野莠民，烏合小醜。自上年冬間結會糾黨，戕官踞城，竄擾三省，蔓延愈甚。迨裕泰親往督勦，數月之久，竟未蕆事。日盼捷音，何能稍釋。兹據裕泰等奏稱，該匪自屢次潰敗之後，東奔西突。經該督等設計，誘至金峯嶺山内，該逆仍復抵死抗拒。該督等復督率將弁，一鼓作氣，距踊登山，統計殲斃二百餘人，生捦大小頭目羅登爵等五十八名，滚巖跌斃者不計其數。首逆李沅發帶傷由後山滚落崖澗，當被鄉勇生捦縛獻，欃槍頓埽，地方一律肅清。裕泰接手辦理軍務，雖不免遲延，然首逆就捦，斬獲甚夥，著免其處分。三省所調官兵，均即裁撤歸伍。仍飭搜捕零匪，勿留餘孽。裕泰著妥辦善後事宜，不可只顧目前，因循草率。兇暴雖除而良善未安，該督必當體朕之心，爲久安之計。已革巡撫馮德馨、道員楊炳堃、提督英俊、總兵雙德等失誤事機，奏報不實，仍著裕泰遵奉前諭，查明根由，分别文武失事輕重，定擬具奏。不准因業已報捷，稍爲開脱，自干重咎。所有傷亡官弁兵勇，應行給予卹典之處，著裕泰查明分别題咨，照例辦理。該省失察之文武官員，本應議處，姑念首惡就捦，均著加恩寬免。

諭軍機大臣等：有人奏，廣西會匪猖獗，請飭嚴辦一摺。廣西向多會匪，近因楚匪竄入境内，各府匪徒乘間四起，地方官不能兼顧，以致蔓延爲患。【略】現在楚匪已經勦平，該撫鄭祖琛當督率文武員弁奮力嚴拏，分路掩捕，不得任其裹脅句結，坐使滋蔓難圖。

《文宗實録》卷一〇　庚戌，調工部尚書杜受田爲刑部尚書，禮部尚書孫瑞珍爲工部尚書，以署禮部左侍郎何汝霖爲禮部尚書。

辛亥，改山東登州鎮爲水師，兼轄陸路。

壬子，以陝甘總督琦善兼署青海辦事大臣。

己未，諭内閣：御史麟光奏，整頓學務一摺。國家建立官學，原以教養宗支及八旗子弟，自應循名責實，無令曠功。據稱，近日各學勤學者少，僅止按時呈交月課，多不入學，殊非認真教督之道。嗣後著管學王大臣，嚴飭各該學正副管、助教、教習等，督率諸生，勤加講課，以整學規，毋任虚糜餼廩也。

《文宗實録》卷一一　六月癸亥，諭軍機大臣等：據陸建瀛、傅繩勛馳奏，【略】夷目麥華陀於五月十六日由天津駛回上海，經蘇松太道等開導，現已情願回粤，定於五月二十七八日起碇等語。是該夷徒勞往返，其技已窮。惟夷性叵測，難保其不竄赴沿海各岸遊奕。著該將軍督撫等密飭各海口文武員弁，隨時

偵探，加意防守，不可稍涉張皇。如遇該夷船駛近口岸，仍當妥爲曉諭，勸令迅速回粵，不得違約恣行。設該夷因船隻未齊，啟程遲緩，陸建瀛等尤當飭屬嚴防。該督現在前赴江陰一帶，距海口甚近，務期隨時察看情形，妥爲防制，毋稍疏虞。該夷起碇出洋，即行奏報。並著徐廣縉、葉名琛於該夷船回粵後，具摺奏聞，仍遵前旨，持以鎮静，俾其安心貿易，不致更萌妄念，是爲至要。

命協辦大學士、户部尚書祁寯藻爲大學士，刑部尚書杜受田協辦大學士，調工部尚書孫瑞珍爲户部尚書，以都察院左都御史王廣蔭爲工部尚書。

戊辰，諭内閣：刑部奏，覈議御史涂文鈞條陳恤刑事宜一摺。州縣爲親民之官，自理詞訟，必當隨到隨審，使民間是非曲直，判決無遺。乃近來疲玩成風，率置民事於不問，懸案不結者日多，守候羈押者因之日衆。甚至有私息巨案，抑勒諱盜等情，殊屬有乖吏治，亟應申明禁令，以肅刑章。著各直省督撫嚴飭所屬，遵照例定期限，迅爲審理。務令案無留牘，庭無滯囚。如查有藉詞展緩，任意稽延，隨時叅劾，毋稍事姑息爲也。

庚午，吏部以大學士祁寯藻應定何殿閣請。得旨：卓秉恬著爲武英殿大學士，祁寯藻著爲體仁閣大學士。

《文宗實録》卷一二　己卯，諭軍機大臣等：有人奏，兩廣盜匪充斥一摺。據稱近日盜匪之多，莫如兩廣。一曰擄人勒贖，一曰分界打單，始於順德、新會，漸及番禺、東莞、廉州之欽州，靈山、廣西之横州等處，皆有著名巨盜，夥衆搶掠等語。盜賊擾害閭閻，殊堪痛恨。似此猖狂無狀，若非大加懲創，尚復成何事體？著徐廣縉、葉名琛、鄭祖琛按照摺内所指各情，迅速派委員弁，分路緝拏，合力圍捕，悉數殲捦，毋任一名漏網，以衛居民而安行旅。至所稱各鄉村團練壯勇，隨同官兵協捕之處，並著該督撫悉心籌議，實力辦理，勿致養癰貽患。

壬午，以禮部尚書惠豐署吏部尚書，兼署鑲白旗滿洲都統。

甲申，諭内閣：御史端昌奏，舉劾覈實一摺。督撫薦舉甄别，原以激勵人材，必須將舉劾各員實在事蹟，詳細臚陳，方足以昭懲勸。嗣後著各直省督撫於大計舉劾，及平時豫保，並叅劾之員，務將該員應舉應劾實蹟詳列具奏，不得以空言塞責，用昭覈實而飭官方。

己丑，御史何冠英奏，閩浙總督劉韻珂前以鹽務倒敝，疏請勸捐運本，改行官運。現在各省捐輸概行停止，未便獨留運本，爲閩省官員移東補西之計。應飭該督將勸捐運本，即行停止。【略】即著將該省捐輸運本，奏明停止。

《咸豐朝籌辦夷務始末》卷二　七月辛卯，諭軍機大臣等：寄諭直隸總督訥爾經額、兩江總督陸建瀛、閩浙總督劉韻珂、兩廣總督徐廣縉、山東巡撫陳慶偕等：安徽布政使蔣文慶奏，夷務仍宜修備等語。海疆防範，不容少疏，如該藩司所奏：無事之時，沿海各營將備弁兵，於海洋必親習風濤，於礮火必親習點放，於船隻器械火藥必力求堅緻精利，日日訓練講求。而其最要尤在沿海各郡守牧令，平時與紳民講求聯絡，力行團練之法。並稱：各省巡道，似可仿照臺灣定制，凡海疆道府皆得與聞兵事，以期緩急易於措手等語。著各該督撫按照該藩司原奏，各就地方情形，悉心體察，認真籌辦。總期海防嚴密，民氣奮興，無事則相安，有事則相衛，先聲可奪，衆志成城，方爲克盡厥職。其各該省如何酌覈妥辦，與道府與聞兵事果否可行之處，著一併籌議具奏。原片均〔著〕鈔給閲看。

《文宗實録》卷一三　癸巳，兩廣總督徐廣縉等奏，呅酋北行，早與各夷商熟籌密計，僉稱廣東官民一氣，衆志成城，上年甫經照會，不復辯論。此事勢難反覆，何必再申前説，互相推諉，不作主意？而呅酋總以該國既有來文，若不能投遞，恐無顔以對巴酋，是以不得已必須遣人赴津投文，伊專在上海候信，方見盡心盡力。現在來文既由江蘇轉奏，又專人赴津，復求呈遞。且業經大學士穆彰阿、耆英移咨兩江督臣陸建瀛，據理傳知，可見勢有難行，並非彼之不辦，該酋儘可卸責，似不至鋌而走險。況該夷從前屢次稱兵，全賴衆夷商簽費。今夷商既不附和，即有妄念，亦恐力有未逮。且粵省新茶雲集，將次開盤，正貿易興旺之時，各國商人皆出貲本，誰肯以必不可行之事，再至停貿虧貲，甘蹈覆轍？總之間諜雖已常通，而防維不可不豫。上年籌備舊規，一切具在，不至臨事周章。得旨：仍遵前旨，妥爲控馭。俟夷船回粵後，密查情形，隨時具奏。

乙巳，諭軍機大臣等：駱秉章奏【略】廣東英德一帶賊匪聚集多人，戕官滋擾，並有欲往湖南之語。湖南之永州、郴州、桂陽等府州所屬，多與廣東、廣西連界。該匪等一經粵省官兵兜捕，勢必竄入楚境。況現在該匪踞住之里松墟市，即距江華縣濠界卡所，僅止五十餘里，堵截尤關喫緊。該撫務即督飭鎮道管帶兵勇，於毗連各要隘處所，嚴密堵禦，加意巡防。並飭各屬士民互相保衛，遇有賊匪竄入，立即兜拏解究。總期官民聯絡，防守森嚴，俾匪徒無隙可乘，方免蔓延貽患。

《文宗實録》卷一四　乙卯，諭軍機大臣等：劉韻珂、徐繼畬奏，𠸄夷租賃城内房屋，現經設法籌辦等語。𠸄夷欲住福建省城之神光寺，俟官縣知縣遠將租

約用印，士民疊次呈控，並公給該夷書信勸阻等情。前有人奏及此事，已降旨令劉韻珂等妥爲曉諭矣。總之通商定約原期民夷兩安，若辦理稍有偏倚，必致激成事端。惟當恪守成約，不惟城内房屋未便聽其居住，即城外租賃地方亦須查照成約，妥爲安置。儻成約之外，稍爲遷就，不獨民心不服，即夷商亦有後患。該督等仍應密之又密，慎益加慎，勿存畏葸，勿涉張皇，務使夷釁不生，民心共順，方爲久遠之計。地方官查有辦理不善之處，即遵前旨嚴行叅辦，勿稍迴護。至所稱該夷欲求採購臺灣雞籠山煤炭一節，該督等以不應違約，正詞拒絶，自是正辦。仍當密飭文武加意防備，切勿稍存大意，致有疏虞。將此諭令知之。

丙辰，諭軍機大臣等：昨據劉韻珂、徐繼畬奏，嘆夷欲往臺灣採煤一節，已寄諭於拒止之後，加意防備矣。本日據徐廣縉、葉名琛奏，探得夷酋吱咹回香港後，連日在港與商人私議，福建港口虧折甚多，思換臺灣作爲港口等語。此説雖出自新聞紙，爲其生心設計之端，然與採煤之詞相合，其陰謀覬覦，必非無因。臺灣爲懸海要區，民番雜處，平時尚易生事，豈容奸夷到彼，借貿易爲窺伺？現已密飭徐廣縉等静俟其間，先折其萌。惟恐其侈心不肯中止，勢必向臺灣附近洋面尋釁，不可不豫爲之防。著劉韻珂等密諭臺灣鎮道，督率文武，嚴密防備。於從前夷船撞遇礁石之處，加意布置，勿存畏怯，亦毋得張皇。如該夷目有求換港口文書，即答以成約内通商五口，本無臺灣地方，斷難允准。該督等仍一面飛咨粤省，正詞駁斥，絶其妄念，慎勿稍涉游移，致貽後患，是爲至要。

調兵部尚書柏葰爲吏部尚書，以前任成都將軍裕誠爲兵部尚書，以户部尚書賽尚阿爲步軍統領。

戊午，諭軍機大臣等：前有人奏，嘆夷突欲借住福建省城神光寺，該縣遽於租約用印，並有帶兵護送入寺之説。復據劉韻珂、徐繼畬奏稱，現經設法籌辦。均經先後降旨，飭令該督撫加意防備，慎密辦理矣。本日又有人奏，官紳意見不合一摺。並鈔録往來信函，及該夷揭帖呈覽。該夷詭譎性成，固當示以鎮静。然過於遷就，必失民心。馭外之道，莫先安内，但不可稍露偏袒之意，致該夷轉有所藉口。該督閲伍，計將竣事，著即迅速回省，與該撫遵照前旨，妥密籌商。總宜恪守成約，凡該夷稍有違約之處，即當嚴詞拒絶，俾該夷感而知畏，不致遂生嫌隙。至民氣民情，尤須固結。閩粤之民皆吾赤子，該督撫身任海疆，若民意稍有不安，即係爾等辦理不善。務當曲體朕意，妥爲控馭，平心開導，毋得苟且目前，致貽後患。侯官縣知縣興廉於該夷賃住房屋何以不稟上司，遽將租約率爾用印，與成約不符，致令民夷兩相争執，著即查明嚴行叅辦，毋稍回護。

《文宗實録》卷一五　八月壬戌，又諭：前據給事中黄兆麟、候補四品京堂李蒓先後奏稱，廣西盜匪充斥，疊經降旨，交該撫嚴拏懲辦。兹據鄭祖琛覆奏查明，原奏各案獲犯究辦，並疊次拴獲首夥要犯多名，現在督飭文武各員分投拏辦情形各一摺。比年廣西盜風日熾，雖屢經懲辦，而匪徒仍復結夥肆行，此拏彼竄，若不大加懲創，何以戢奸暴而衛民生？該撫議請責成各道府，會營分投嚴拏各章程，均著照所請行。該撫仍當會同提督，嚴飭鎮道等，督率各屬晝夜巡防。並勸諭紳民團練保衛，遇有盜賊竊發，總當不分畛域，合力兜拴，不得以業經拏獲多名，稍形鬆懈。其劫案内逸犯必應按名捕獲，盡法懲治，勿留餘孼，致貽後患。

又諭：劉韻珂、徐繼畬奏，遵查夷船自上海起碇後，未至福、廈兩口，業經密飭嚴防，並嘆夷租賃神光寺房屋，現在相機勸諭各等語。夷船已由上海駛回香港，安静如常，惟防範不容少疏。該督等仍當密飭各海口文武員弁加意巡防，慎勿張皇漏洩。至夷人租住神光寺一事，疊有旨，諭令該督等密籌妥辦。兹據奏稱，講經、行醫兩夷人，現雖同住，而不時争論，其勢似難久處等語。該督等正可乘勢開導，務令及早遷移，俾各紳士等均無異詞，而民心亦可安帖。總之海疆要地夷釁固不可開，而固結民心，實爲制夷之本。權其輕重，寬猛兼施。該督等身膺重寄，惟當遵奉前旨，平心籌辦，以衛民生而弭夷患。儻因民夷争執，激成事端，朕惟該督撫是問。懔之慎之！將此密諭知之。

癸亥，又諭：以雲南布政使張亮基爲巡撫。

壬申，又諭：向來各衙門書吏因承辦稟件，往往藉端詐騙，影射婪贓，種種作奸犯科，雖經重懲嚴辦，無如此輩積習相沿，惟利是圖，肆無忌憚。即如刑部現審之書吏陳鴻輒敢寄信外省，任意索詐。此外未經破案者，尚不知凡幾。若不隨時查察，何以儆貪蠹而杜弊端？嗣後著責成各部院堂官嚴飭司員，認真查察。承辦書吏儻有身後辦事，及指騙訛索等情，一露端倪，立即回堂究辦。庶鬼蜮技窮，不致爲若輩所蒙蔽也。

《文宗實録》卷一六　丙子，諭軍機大臣等：寄諭兩江總督陸建瀛、閩浙總督劉韻珂、兩廣總督徐廣縉、山東巡撫陳慶偕等，據刑部奏，審擬民人丁光明赴大學士耆英宅内呈遞稟函一案，已照議將該民人發遣矣。惟該犯供稱，有大西洋國羅瑪府人羅類思曾至山東泰安府城外店内住宿，該犯與同教人郭四投往服

役。羅類思在廣東，隨耆英辦理夷務有功，後自山東赴上海，修蓋房屋居住。並於二十九年三月間，遣手下人高姓來京探聽，旋即出京等語。著各該督撫密委妥員，詳加察訪，有無羅類思及高姓其人，是否在内地居住，何時到過上海及泰安府，逐一查訪明確，據實密奏，毋稍張皇漏洩。

癸亥，湖南首逆李沅發伏法。

壬午，以江蘇布政使陳阡爲江西巡撫。

乙酉，河南巡撫潘鐸奏報秋收分數。報聞。

戊子，諭軍機大臣等：據徐廣縉馳奏，廣西修仁縣城失守，擬親往督辦一摺。廣西賊匪擁入修仁、荔浦兩縣城，旋即退出，踞守青山。復有另股賊匪分擾上林、明江、武緣等處。前據鄭祖琛先後馳奏情形，疊經降旨，令其酌調兵勇，剋日殲捡。並諭知徐廣縉帶兵籌餉，馳往會勦。計此時徐廣縉已應行抵粵西，著即與鄭祖琛督率文武，嚴防要隘，激勵紳民，散其裹脅之徒，堵其分竄之路，一鼓作氣，悉數殲除，勿任逃匿蔓延，方爲不負委任。本日又據都察院奏，廣西舉人李宜用、紳士莫子升等各遣抱告呈訴，並生員何可元自行呈控，逆匪横行各情。並著徐廣縉等按照原呈，及鈔單所開案由姓名，確切查明，指名嚴拏，斷不可稍有迴護。該舉人等原呈並鈔單，均著鈔給閲看。

《文宗實録》卷一七　九月壬辰，諭内閣：御史文光奏請飭查禁貪污一摺。據稱直隸易州知州朱家學署内有書吏胡人槤，在該州署外土地祠私立銀櫃，包攬租糧，任意折算錢文，糧銀租銀折錢，俱較市價增昂。該州錢糧本年三月間，降旨蠲免十分之七。該書吏竟敢捏稱梓宫經過道路兩旁，三里爲度，按三分蠲免，餘俱照舊催徵。似此蠹吏殃民，該州豈竟毫無知覺。若不嚴加懲辦，何以除積蠹而重民生，著訥爾經額提集人證，徹底根究。如該州有知情故縱情事，著一併從嚴叅辦。至勒折浮收，貽害閭閻，恐他省亦所不免。著各直省督撫隨地隨時嚴查密訪，如有蠹吏貪官，仍行浮收勒折，一經查出，即行叅辦，毋得姑息容隱。

諭軍機大臣等：陸建瀛等奏，俄囉斯國李頓北船本年七月二十二日來滬，寄泊海口，行文暎夷領事阿利國，轉求通商。該督等以上海非俄囉斯應至之地，轉飭該道查照成案，諭令回帆。旋於八月十二日起碇，向東南洋面駛去等語。俄囉斯國李頓北船前於道光二十八年曾至上海，亦係由暎夷領事，轉求通商，經李星沅、陸建瀛開導曉諭，起碇出口。今事隔一年，又復重來。是俄囉斯安念未息，亦難保非暎夷暗中招致。儻此次回帆以後，再來嘗試，該督等惟當堅守定例，飭令回國，並嚴禁内地民人與之交易，以杜事端而免覬覦。將此各諭令知之。

又諭：上年俄囉斯頭人私入邊界，阻攔查邊道路，當由理藩院咨文行知該國，並將咨文鈔給薩迎阿等閲看。現據該國薩納特衙門咨覆，稱接奉咨行後，當即劄交總理迆西錫畢爾邊界之官，令其查明回報，俟該處查來，再行咨覆。並稱必不至因此事有傷和好等語。所有薩納特原文，著鈔給薩迎阿等閲看。現在哈薩克邊外，該國帶兵頭人是否業已撤回，該將軍等仍當隨時密防，相機妥辦，俟庫倫接有續到咨覆，再行飭知，查照辦理。將此各諭令知之。

丙申，又諭：有人奏，廣西巡撫鄭祖琛釀亂欺飾，請嚴覈功罪一摺。據稱廣西盜匪充斥，該撫專務彌縫，迨經叅奏查問，覆奏尚涉含混。至失守二城以後，又復將僨事員弁奏請革職隨營。其八府紳民，航海叩閽。前此豈無見聞，何以不據實陳奏，種種跡近欺罔。著徐廣縉按照所叅各款，秉公查覈，據實奏叅。前有旨，令該督確查提督閔正鳳縱賊養寇，畏葸無能等情。著即將該提督如何玩誤之處，一併查明嚴叅，毋稍瞻徇。

己亥，諭内閣：兵部議奏，萬貢珍條陳練兵弭盜事宜一摺。練兵以火器爲重，弭盜以禁火器爲先。私造私藏，例禁至爲周密。惟地方官平日疏於稽察，浸至編號立册，視爲具文。即非濱海近山，亦多擅製，甚至不逞之徒收藏日衆，轉滋事端，於綏輯地方，大有關繫。著各省督撫嚴飭所屬，認真查禁。如有私藏私鑄，即照例懲辦，毋得日久生懈。

辛丑，諭内閣：廣西各屬盜匪充斥，前經竄擾修仁、荔浦兩縣，其另股匪徒復又闌入遷江縣城，各地方被其蹂躪，民不聊生，朕甚憫焉。業經降旨，令徐廣縉帶兵馳赴廣西，並起張必禄於四川，調向榮爲廣西提督，會同該撫鄭祖琛迅籌勦辦。並諭知湖廣、貴州各督撫，揀派精兵協勦。惟廣東亦有游匪滋擾，現經提督臬司前往勦辦，儻令該督久駐粵西，恐有顧此失彼之虞。朕睠懷南服，民生一日不安，朕心一日不釋。前任雲貴總督林則徐先經疊次宣召，尚未來京。著即作爲欽差大臣，頒給關防，馳驛迅赴廣西，會同鄭祖琛、向榮、張必禄督率藩司勞崇光，悉心勦撫。徐廣縉俟林則徐到後，會籌周妥，再回廣東，專辦該省游匪。其未到以前，仍著徐廣縉等認真堵勦，協力籌辦，不得以特派有人，稍存推卸之見。林則徐受皇考簡任重恩，前在雲南辦理漢回軍務，迅速蕆事，朕所夙知。著

即星馳就道，蕩平羣醜，綏靖巖疆，毋違朕命。

《咸豐朝籌辦夷務始末》卷三 乙卯，諭軍機大臣等：徐廣縉、葉名琛奏，遵查夷人情形一摺。夷酋哎唼前求採購臺灣雞籠山煤炭，該督接據照會，即力行斥駁，該酋在粵並未續陳，亦未聞在閩復申前説；其欲換臺灣地方作爲港口，現亦並無動静。惟夷情叵測，於成約之外稍准通融，此端一開，勢必妄生覬覦，昨已諭知劉韻珂豫爲籌防。該督撫仍當嚴飭文武，加意防備，持以鎮静，勿致别生枝節，是爲至要。

《文宗實録》卷一八 丙辰，諭軍機大臣等：郡王那木濟勒旺楚克呈報，該郡王於本年八月内啟程赴京，行至翁牛特旗地方，盤獲外夷二人，攜有夷書一本，及咈囒哂國文憑一紙。已將該夷人轉送熱河都統衙門等語。咈囒哂屢遣夷人，私赴内地，意圖傳教，遠至蒙古遊牧地方，實違成約。著惟勤即將該郡王所交咈夷二人解往直隸，並夷書及鈔録文憑，一併發交訥爾經額，派員轉解廣東。並咨明徐廣縉，飭交該國領回。並向該夷切實開導，嗣後除五口等處，不准私遣夷人潛赴游奕，致乖成約。

《文宗實録》卷一九 十月己未，諭内閣：穆騰額等奏，由西藏所屬地方訪有應得哲布尊丹巴呼圖克圖呼畢勒罕聰慧幼童，請旨歸入金瓶簽掣等語。哲布尊丹巴呼圖克圖涅槃已及二載，兹據穆騰額等奏稱，訪得聰慧異常，英靈夙著幼童二名，實屬祥瑞之事，覽奏實深欣慰。著班禪額爾德尼來藏，會同駐藏辦事大臣、達賴喇嘛及伊弟子達喇嘛羅布桑巴勒卓爾等，將此二童之名歸入金瓶，敬謹唪經，以便定掣呼畢勒罕。

辛酉，諭内閣：御史富興阿奏陳一摺，軍報發遞自應加意嚴密，著兵部查照舊例，慎重加封。傳知各省有驛地方，謹慎接遞，毋得稍有磨損，以致拆動滋弊。如查有何處損溼，及有拆動形跡，一面加封遞往前途，一面稟請該管上司查辦，毋稍玩忽。至所陳軍務改用清文，事涉紛更，著毋庸議。

壬戌，又諭：廣西逆匪連竄數城，疊據徐廣縉、鄭祖琛等馳奏情形，已屢經降旨交該督撫等妥籌迅勦矣。兹復據奏，盜匪擁入遷江縣城肆劫，將該縣及委員等拒傷，旋即退竄等語。與鄭祖琛前奏略同。該匪等肆行劫掠，實堪髪指。亟應厚集兵力，以期剋日殲除。現已降旨，分别飭令鄭祖琛、向榮督飭兵勇，及時追勦。林則徐兼程赴粵，並令程矞采、喬用遷等選派將弁，迅將前調雲貴官兵各二千名，管帶馳往。指日大兵雲集，林則徐、張必禄計將先後馳抵軍營，惟兵貴神速，現在賊勢狓猖已極，林則徐未到以前，不可令在事文武稍存觀望。徐廣縉務須通籌全局，隨時知照鄭祖琛、向榮督飭員弁，防勦兼施。既不可聽其分擾屬境，尤不可任其竄入鄰封。總期截拏兜捕，俾免蔓延，方爲萬全之計。

辛未，又諭：陸建瀛奏鹽務新章，試行有效等語。淮南鹽務新章，經陸建瀛督同聯英、劉良駒等埽除積弊。自開局至今五月有餘，已辦過上下兩半奏銷，約十一月内外，淮南全綱可清。合之淮北鹽課協餉，計應共收銀五百餘萬兩，辦理尚屬妥善。陸建瀛、聯英劉良駒、均著加恩，交部議敘。至楚西兩岸爲商販行銷要地，各該督撫務當飭屬一體督銷，毋因新章初立，稍存畛域。如果認真妥辦，日有成效，朕必加以鼓勵。儻藉詞觀望，致令滯銷，責有攸歸，勿謂能逃朕鑒也。

又諭：陸建瀛、傅繩勛奏，遵查西洋人羅類思曾於道光二十六年前來上海，二十七年九月即駕坐火輪船，望南洋駛去，此後並未重到上海，亦無高姓其人。既據查明，應無庸議。

壬申，諭軍機大臣等：御史姚福增奏，粵東防夷團練章程簡易可行，已著成效，請飭發廣西酌量施行，並鈔録章程呈覽。上年粵東籌防唊夷，由紳士議行團練，據稱不旬日間，得衆十萬，得餉八十餘萬。是廣東省城團練著有成效。現在該省韶州、廉州及廣西平樂等屬，均有盜匪滋擾，屢經飭令，激勵士民，舉行團練。據鄭祖琛覆奏，現已試行。並據徐廣縉等奏明，已照廣西横州、博白兩處團練章程，通飭辦理。該御史所奏上年省城章程，與該二省現在情形，諒可仿照變通辦理。著鄭祖琛督同藩司勞崇光悉心酌覈，並俟林則徐到後，會同熟籌妥辦。其廣東韶州等處，並著徐廣縉、葉名琛參酌辦理。總期因地制宜，仿堅壁清野之法，使游匪無從擄掠，閭閻得遂安居。行之既久，必有實效。

《文宗實録》卷二〇 丙子，又諭：朕聞唊夷强占神光寺，經福州、閩縣、侯官三學生員稟請驅逐。該督將此稟送給夷人閲看，告以城内未便多留，城外都不攔阻，以致夷情益肆，不惟神光寺不肯搬出，更將東門外之鼓山寺、西門外之西禪寺全行霸占，並南門外之銀鑲浦、水部門外之路通橋，强買民房，起造樓屋。甚至五虎門礮臺内，道光二十一年所鑄六千斤大礮，釘塞一尊，南門大樹下嘉慶二十五年所鑄四千五百斤大礮，順治十一年所鑄二千斤大礮釘塞二尊。其時守礮弁兵意存規避，因暗雇打銅匠名旺者，起釘修補。然火門釘壞，實已不堪施放。該督委永春知州王光鍔詣驗，乃以並未釘塞，含糊稟覆。又日有騎馬夷人四處踏勘，口出狂悖之言，鄉民協力驅斥，地方官反出示禁阻。又聞省南臺停泊

火輪船五六隻，向商船每隻索洋銀三百圓，代其護送，往來於閩浙間。又八月閒，夷人在南臺中亭街，用鳥槍打傷兩幼孩，衆人向該夷索償。該督委府經歷郭學典以查驗爲名，賄和了事各等情。該督撫身膺疆寄，撫馭之道，豈竟毫無主見，任令滋擾，何以並無一字奏及？其生員等公稟，又何以送給夷人閲看？殊不可解。以上各情節，著劉韻珂、徐繼畬逐一據實覆奏，不准再有迴護。其神光寺所住二夷，究於何時可以搬出，並著隨時奏聞，毋涉含混。

壬午，諭軍機大臣等：據徐廣縉奏，查覆廣西賊匪情形，並遵旨糸奏巡撫鄭祖琛各一摺。本日已明降諭旨，將鄭祖琛革職，令林則徐以欽差大臣暫署廣西巡撫事務矣。該大臣現計可以馳抵粵西，所有竄擾修仁等處盜首陳亞潰，業經拴獲正法，其同夥之鄭廷威一犯，尚在稽誅，難保不糾合餘黨，復圖分竄。况該省各郡賊匪尚多，著名頭目，亦必不少，亟宜迅速勦捕。著林則徐專辦廣西勦匪事務，督飭在事文武，務將鄭廷威並各股首匪設法購綫拴獲。庶夥匪易於解散，地方迅就蕩平。

乙酉，頒硃筆，罪穆彰阿、耆英。

丁亥，又諭：徐澤醇奏，查辦地震被灾情形一摺。四川西昌縣城鄉一帶於八月初七日地震，城垣、衙署、倉庫、監獄概行倒坍，壓斃男婦二萬六百餘名口。覽此情形，深堪憫惻。朕爲天下主，一夫失所，皆朕之過也。著該督迅委賢員確切查勘，按户給予賑卹。其被灾處所，應行蠲緩錢糧之處，迅速查明具奏。甯遠府教授曾習傳、西昌縣教諭滕昺甲，把總吴應貴、蔡福雲，騎尉賈志先、胡祥，外委馬坤、戴文熙同時被壓身死，著照例賜卹。其會理州屬，亦於同日地震，並著該督迅即委員查勘撫恤，據實具奏。餘著照所擬辦理。

《文宗實録》卷二一　十一月辛卯，諭軍機大臣等：徐廣縉奏，廣西永康州城失守，賊匪竄逸，現飭追勦一摺。廣西逆匪竄入永康州，劫獄放走人犯，殺斃該署州妻女。前據鄭祖琛奏報情形，已有旨，令林則徐等會籌勦辦。兹據徐廣縉奏，該署知州高汝霖據稱先在隴東地方防守，迨聞信趕回，賊已入城肆擾。是當時該員並未在城，究竟在隴東所防何匪，因何不知賊匪徑行入城，其城守各武弁有無在城堵守，均未切實稟報。且該匪等志在搶掠，從未占踞城池，該署州所稱親往各圖，勸集團練，四面火攻，賊始遁去等語，難保非逃避於前，裝點於後，以遮飾其失守城池之罪。所有廣西署永康州事即用知州高汝霖暨該州吏目時榮，均著先行革職。現在林則徐計已到粵，見聞較近。著將該署州及該吏目有無與城守各武弁臨時逃避情事，訪查明確，據實糸辦，毋許徇隱。至鄭祖琛咨會徐廣縉，所稱此股賊匪，即係前次擁入明江龍州之匪，何以與前奏太平文武節次攻勦，賊鋒大挫等語，前後情形不符。其賊匪頭目是否與滋擾修仁、荔浦之陳亞潰等同黨分夥，並著林則徐查覈確情，一併奏聞，不可稍涉含混。

乙未，署江西巡撫陸元烺奏：委員防堵粵匪情形。得旨，周玉衡於防堵事宜既爲可靠，即責成該員盡心防堵。如粵匪擾及鄰省，惟周玉衡是問。爾大吏亦難辭咎。

湖南巡撫駱秉章奏，遵旨會同防堵粵匪。得旨，隨時察看情形，速行奏聞，不可玩視。

戊戌，軍機大臣、大學士祁寯藻等奏：遵旨酌擬軍機處章程九條。

庚子，又諭：前任雲貴總督林則徐由翰林洊歷外任，疊蒙皇考簡膺疆寄，宣力有年。上年勦辦雲南保山匪徒，調度有方，渥荷恩施，賞加太子太保銜，並賞戴花翎，旋因病請假回籍。朕御極之初，知林則徐平素辦事認真，不避嫌怨，疊經降旨，宣召來京。嗣以廣西匪徒滋事，特授爲欽差大臣，頒給關防，令其速赴軍營勦辦。前據馳奏，已由本籍啟程。方冀迅埽邊氛，以綏南服，兹據徐繼畬馳奏，該大臣沿途勞頓，舊疾復發，於廣東潮州途次遽爾溘逝。念其力疾從戎，歿於王事，覽奏殊深悼惜。林則徐著加恩晉加太子太傅銜，照總督例賜卹。歷任一切處分，悉予開復。應得卹典，該衙門察例具奏。伊子編修林汝舟、文生林聰彝、文童林拱樞均著俟服闋後，由吏部帶領引見，候朕施恩。尋予祭葬，謚文忠。

又諭：廣西左右江各股逆匪情形現尚狓猖，兵貴神速，不容一日疏懈。李星沅、周天爵未抵粵西以前，著勞崇光、向榮、張必禄隨時妥籌堵勦。前調湖南雲貴之兵，計已到齊。該署撫等正可乘機殲捕，迅埽欃槍。地方責任綦重，慎勿遷延觀望，致有貽誤。將此由五百里各諭令知之。

命前任兩江總督李星沅爲欽差大臣，馳赴廣西，會同署巡撫周天爵、勞崇光、提督向榮、張必禄勦賊。

《文宗實録》卷二二　丙午，閩浙總督劉韻珂因病解任，調湖廣總督裕泰爲閩浙總督，未到任前，以福建巡撫徐繼畬署理。調雲貴總督程矞采爲湖廣總督，未到任前，以湖北巡撫龔裕署理。以浙江巡撫吳文鎔爲雲貴總督，湖北布政使常大淳爲浙江巡撫。

己酉，以禮部尚書惠豐暫署兵部尚書。

《文宗實録》卷二三　十二月己未，諭内閣吏部等衙門：會議廣西學政孫鏘鳴陳奏四條一摺。州縣爲親民之官，自應各守本任，俾得盡心民事。近日紛紛調署，雖云爲缺擇人，恐不免爲人擇缺。一存調劑之見，便開奔競之風，此種積習，於官方大有關繫。至佐雜微員，遽令署理正印，尤易貽誤地方。著各直省督撫力加整頓，破除積習。凡實缺州縣等官，不得無故調署，亦不得令佐雜濫署正印。其有實係人地相需，必須調署及委署者，務宜各按定例，秉公辦理，毋稍瞻徇，以杜倖緣而肅吏治。

京畿道御史長秀奏請湖南營制，仿照浙江、貴州、廣西三省之例，鎮將以下，就近由巡撫節制。下部議，從之。

辛酉，又諭：吏部奏，尋常捐輸議敘，請酌定限制，以杜冒濫一摺。各省官紳商民急公報效，捐輸銀穀，及捐辦各項工程，該督撫覈實具題，俱准分别給予議敘。乃近年各省尋常捐輸，每將歷年久遠之案，彙請議敘。其間官易數任，稽覈稍疏，難保無蒙混冒濫情弊，自應予以限制。嗣後各省尋常捐輸，著自事竣之日起，統限一年内，由該督撫查明覈實具題。如實有不能依限者，准其咨部，展限一年辦理。如再逾限，即毋庸議。並著吏部，於具題到部之日，趕緊覈辦。奉有諭旨，即咨行該省督撫速飭地方官，按名傳知各該捐生，俾得早邀奬敘，不得任令吏胥人等抑勒稽延，致滋流弊。

乙丑，諭軍機大臣等：劉韻珂、徐繼畬奏，接據琉球國來文，暎夷咟嘚呤尚未撤回，仍咨兩廣總督查辦等語。【略】著徐廣縉再向呅咹設法開導，妥爲勸諭，務令將咟嘚呤等及早撤回，免致該國驚擾。又據劉韻珂等奏，有大西洋葡萄牙國黑夷上岸，用刀戮傷民人林舉爲一案。福州並無該國領事官，現已移咨該督，並將兇夷唵波囉、吐啥嚜二名，解送廣東等語。夷人領事官住居澳門，著俟解到後，即飭發交該領事官，查照章程，秉公辦理，以符成約。將此諭令知之。

戊辰，又諭：前因有人奏閩省夷情叵測，漸至蔓延，當降旨交徐廣縉逐加訪查，據實奏聞。兹據該督奏稱，閩省督撫但知將就夷人，不思固結百姓，以致夷情愈驕，民心日離。現將發去摺内各情，繕札委員前往確查等語。著徐廣縉於該委員查明稟覆到日，即將閩省實在情形，是否内地奸人爲之句引，詳細縷陳。至呅酋與閩夷，有無暗通信息之處，著隨時密查具奏。

辛未，又諭：據向榮馳奏，敬陳管見一摺。廣西土匪滋擾，所陳現在辦理情形，不爲無見。該提督自抵粤後，身先士卒，屢立戰功，殊堪嘉尚。至請將現任陝甘總督琦善飭赴粤西，會同商辦等語。行軍命將，朕心自有權衡，豈容妄參末議，所請著不准行。

以順天府府尹陸應穀爲江西巡撫，未到任前以布政使陸元烺暫署。

《文宗實録》卷二四　己卯，諭軍機大臣等：勞崇光、向榮馳奏，進勦桂平金田會匪情形一摺。另片奏，勦捕思恩等縣匪犯，及殲捦首匪各等語。廣西桂平縣屬之金田村，有會匪屯聚。經署總兵周鳳岐等督率兵勇，分投防勦，並派副將李殿元等馳往堵禦。該署總兵等宜如何設法布置，奮勇争先，乃在思旺墟追擊，被賊分股回撲，官兵失利，以致副將大員陣亡，文武員弁被害。雖因賊勢猖獗，亦由調度無方，遂致墮賊術中，深堪憤恨！著李星沅等查明失機文武員弁，據實嚴參。向榮勦辦横州等處賊匪，屢獲勝仗。現據奏，稱督帶官兵，馳往桂平，督同周鳳岐及在事文武，激勵兵勇，合力兜捦。自當相度地勢，熟審賊情，將此股逆匪剋日殲除。至該匪詭裝壯練，溷入我軍，尤當豫爲設防，勿致售其奸計。所有思恩、羅城及昭平等縣捦捕賊匪多名，均分别從嚴辦理。出力之文武員弁查明保奏，未獲之賊首張晚、要犯鄭廷威等，仍著設法搜捕，無使稽誅。計此時周天爵當已抵粤，該大臣等雖分駐各處，聲息相通，務當共殫心力，運籌決勝，遇有奏報，著該大臣及巡撫、提督等，一併列銜會奏，以歸確實而免紛歧。

《咸豐朝籌辦夷務始末》卷三　癸未，諭軍機大臣等：前據劉韻珂奏：租住神光寺二夷，已經理諭搬遷各情，當降旨交裕泰確實詳查。兹據徐繼畬覆奏：該二夷以城外難得住處，先搬至道山觀暫住，即將神光寺交還等語。道山觀與積翠寺東畔相連，其去神光寺遠近若干，該撫並未確切指明。且同係福州城内廟宇，若止陽易其名，顢頇遷就，仍恐紳民不能相安。著裕泰到任後，遵照節次寄諭並徐繼畬現奏各情，逐一訪查，及該二夷應如何曉諭搬移，據實覆奏。至劉韻珂、徐繼畬等，頻年辦理夷務，有無措置失宜及遷延消弭之處，一併詳細密查具奏，毋得稍有不實不盡之處。徐繼畬密片，著鈔給閲看。

《文宗實録》卷二四　乙酉，諭内閣：向來每届年終，各直省督撫於所屬藩臬道府，出具考語，密封進呈。奉行日久，各省大吏往往視爲具文。本年各省密封考語率多空泛。【略】嗣後，各直省督撫於年終密考，務將各該員賢否實蹟，指出確據，臚列密陳，不得僅以空言含混了事。儻有保舉在先，而該員不能始終奮勉，亦著據實直陳，毋稍迴護。封疆大吏，朕寄以耳目腹心，旌别之公私，即以定勸懲之得失。若考覈不精，名實不副，是上以實求，而下不以實應，安用此虚文

爲耶？

咸豐元年（辛亥、一八五一）

《文宗實録》卷二五　正月戊子，調兵部尚書裕誠爲户部尚書，工部尚書特登額爲兵部尚書，以户部左侍郎阿靈阿爲工部尚書。

己丑，調正白旗滿洲都統惠親王爲鑲黄旗滿洲都統，正白旗漢軍都統薩迎阿爲正白旗滿洲都統，以户部尚書裕誠兼正白旗漢軍都統，調鑲紅旗漢軍都統桂良爲鑲白旗滿洲都統，以正白旗滿洲副都統阿靈阿爲鑲紅旗漢軍都統。

壬辰，又諭：據李星沅等奏，懇撥軍餉一摺，已諭户部速議具奏矣。【略】廣西潯州府屬之金田村賊首韋正、洪秀泉等恃衆抗拒，水陸鴟張，自應聚集精兵，全力攻勦，庶期埽穴擒渠，餘匪聞而膽落。該大臣所陳擇急勦辦，自應操有成算，與巡撫、提督隨時審度機宜，同心協力，會籌迅勦，朕亦不爲遥制。惟賊情狡譎，難保不揚言大夥所在，而分遣夥匪，襲我之所不備。江河分汊，山徑叢雜，尤須堵截周帀。鄰省毗連扼要處所，均須聲息相通，勿令竄逸。

庚子，又諭：貴州學政翁同書奏陳修水利、練水師二條。農田以畎澮爲先，戎政以海防爲重。水利不常修，則灌溉之區，轉多壅遏；水師不豫練，則巡緝所至，未盡肅清。亟宜實力講求，策頹振怠。著直省各督撫於境内應修塘堰陂障，認真修復宣瀦，以除害爲興利之要。其沿海地方，務當督率水師將弁，將礮械船隻，加意振新，隨時訓練。俾溝洫治而井里皆豐，島潊安而萑苻悉靖。朕於該大吏有厚望焉。

《文宗實録》卷二六　乙巳，又諭：李星沅、勞崇光奏，請分局收捐一摺。廣東暫開捐輸，原爲兩省勦匪之用。現在廣西需費較繁，既據奏該省紳民，及外省士商，捐貲助餉，情形踴躍。若必令赴廣東報捐，未免轉增周折。著准其於廣西省城設立分局，就近收捐，查照部行章程妥辦。

諭軍機大臣等：據李星沅等馳奏各摺件，已分别明降諭旨，均依議行矣。另片奏，縷陳籌勦事宜等語。解散脅從，誠用兵之良策。然須實在鄉愚無知，被賊裹脅者，自宜原其一綫，准予自新。其中詐僞情形，必當確加密察。儻係計圖内應，探我虚實，或爲利所動，暫時投誠，旋即反覆，賞盜之戒，不可不知。據稱辦理可有端倪，想該大臣等確察情形，不至墮賊奸計。且賊匪近來糧草火藥勢將不繼，正當趁此機會，官兵全力攻勦，壯練分段兜捦，以期迅就殄滅。古人用兵，有以多制勝者，亦有以少擊衆者，全在相地度機，用人得當，固不必盡出一轍也。現在賊匪究有幾股，每股頭目，確係何人，前次奏報均未詳悉開陳，朕心甚爲懸繫。所有前經添調之黔兵一千名，及所請調之廣東潮州兵，均著該大臣迅即分咨飛調會勦。仍當迅速籌辦，毋致老師糜餉，坐失事機。昨據喬用遷奏，訊出粤西盜匪股數，並差探情形一摺，鈔給該大臣等閲看。其所稱賊匪姓名圖章暗號，均著嚴密訪拏，悉數偵獲。該大臣即分咨雲南、貴州、湖南、廣東各鄰省，分飭各交界地方文武，協力同心，互相堵截。如有賊匪竄往，或各該省土匪與粤西賊匪句結，一經獲訊，得有該匪等股首盜窩真實情形。著各該督撫一面具奏，一面飛咨該大臣等，迅速掩捦，免致遲誤。前諭令查閔正鳳貽誤實在情形，並此外劣蹟，著即據實具奏。將此由四百里各諭令知之。

己酉，諭軍機大臣等：周天爵奏，馳抵粤西，探聞賊匪情形一摺，所論頗爲明晰。並以大黄江一股會匪，地險人衆，亟宜先事戡除。與李星沅等前奏擇要進攻，所見不謀而合。【略】李星沅、向榮謀勇兼施，自必將金田會匪埽穴捦渠。此處辦理得手，則右江各屬股數雖多，自然聞風瓦解，可成摧枯之勢。惟行軍之要，首在臨事而懼，好謀而成。粤西羣盜如毛，豕突鴟張，未可輕視。即使金田奏捷，尚待次第埽除。周天爵戇直樸誠，甚有血性，向榮亦勇敢過人，朕心深所嘉許。但恐過於勇往，所向無前，轉不免輕進疏率之失。李星沅計慮務出萬全，自屬老成持重，但恐過於慎重，又不免遲誤事機，行兵事勢機宜，所争間不容髮，需遲固屬不可，輕鋭尤屬非宜。李星沅既命爲欽差大臣，自宜總領戎行，專司籌辦。而周天爵、向榮各受知遇重恩，務各殫竭智力，相助爲理。現在周天爵甫抵桂林，向榮在潯，李星沅在柳，總須扼要分防，仍復和衷合辦，使三人如一人，協力同心，剛柔互濟，泯意見而杜推諉，於事方爲有濟。

壬子，諭内閣：翰林院自學士以下，詹事府自庶子以下，著該衙門將現任人員名單開列進呈，按月更换一次。

《咸豐朝籌辦夷務始末》卷四　諭軍機大臣等：據禮部奏稱：琉球國使臣在部呈遞稟函，復以𠸄夷在彼逗留，懇求開導撤回等語。此事前已疊次降旨，諭敕該大臣向呅酋設法開導，飭令撤回。兹復據該國稟稱：不惟啪嚧吟尚未撤去，且屢有𠸄夷船隻到彼，惡言驚嚇，來去靡常，以致該國日夕憂慮。琉球國臣服天朝，最稱恭順，況該王世子年幼初立，屬令使臣到京具稟，豈能匿之不問。著徐廣縉仍遵前旨，再向呅噏相機開導，諭令迅將啪嚧吟並其妻子人等一律撤回，以免驚擾而恤藩封。琉球使臣原稟，著鈔給閲看。

《文宗實録》卷二七　二月庚申，又諭：給事中汪元方奏請停增附捐納教職一摺。教職有考課諸生之責，增附生員學業尚淺，驟令司鐸，不足以示矜式。著即將增附捐教一條永行停止。至前項捐生，已經選補者，應不准其濫膺保薦。其應如何酌定限制之處，著該部議奏。尋奏，增附出身之教職，擬請俟二次六年俸滿，方准保升。其有續經中式舉人副貢者，照例扣滿六年，以知縣保升。從之。

署廣西巡撫周天爵奏請設局，收捐米石，以裕軍儲。從之。

壬戌，又諭：穆騰額等奏，將哲布尊丹巴呼圖克圖呼畢勒罕轉世之幼童驗看掣定一摺。上年十二月初九日，據駐藏大臣等會同達賴喇嘛呼徵阿齊圖諾們罕及伊徒達喇嘛等帶領衆喇嘛等唪經，由金瓶掣出番民密瑪爾之子烏金策仁之名，定爲呼畢勒罕達賴喇嘛。當據經理，將哲布尊丹巴呼圖克圖之呼畢勒罕名爲哲布尊阿旺吹濟旺渠車拉嘉木磋德。此事甚屬吉祥，朕心殊深忻悦。

庚午，諭軍機大臣等：李星沅等奏進勦金田，及上龍土司等地方賊匪各一摺。此次進勦金田大股賊匪，雖少有捦獲，弁兵亦有傷亡，急宜厚集兵力，設法兜捦，庶不至勞師糜餉。【略】周天爵前奏調各員内，江蘇候補道周壽朕聞係巡捕出身，專事鑽營，行止貪鄙。又廣東候補千總香山縣武舉韋允升於道光二十一年以團練義勇爲名，冒領帑項肥已。當此藉資羣策之時，既經該署撫奏請差遣，朕無不俯允所請。惟人不易知，儻用之不當，轉受欺蒙，恐貽後悔。朕既有所聞，特諭知李星沅、周天爵隨時查訪。如實係得力之員，自不妨舍其所短，用其所長。或喜事貪功，無裨實用，斷不可因已經奏調，稍存遷就之見。該大臣等忠君體國，和衷共事，因材器使，自必慎之又慎也。

又諭：寄諭兩江總督陸建瀛，據江蘇蘇松太道麟桂呈遞整飭海口一摺。據稱暎夷經費不足，其技已窮，宜乘此使其自窘，計在杜其取利，用其所忌。如鴉片土獲利最厚，但令無人買食，販賣者不驅自退。該夷商不能獲利，勢必不能久住。請將吸食之犯照例嚴辦，意在懲一儆百，不禁自止。又如夷人最忌粤人，請將福建之興泉永、浙江之甯紹台、江蘇之蘇松太各道缺，皆用廣東籍貫人員，使五口聲氣相通，俾該夷更生畏忌。又如咈囒哂專事傳教，習教之人遇與民人争訟，有在上海主教之趙方濟暗爲庇護，往往使領事官與地方官議論是非，爲結納衆心之計。請嗣後凡遇此等案件，該夷從中阻撓干預，概不准理。則習教之人無可仰藉於該夷，其教不攻而自解等語。該道員既任海疆多年，據情入告，諒必向該督稟明。所言夷情暨整飭事宜，現在辦理如何，其所稱海口道員，專用粤人，是否更滋流弊，該督體察情形，定有所見，著即據實具奏。如果洞中窾要，足以奪夷之魄，是該員熟悉情形，即責成該員妥爲辦理，以期得力。

《文宗實録》卷二八　丁丑，諭軍機大臣等：據李星沅、周天爵奏，廣西省大兵均駐潯郡，南太各路酌派防勦，並咨會廣東，一體堵拏等語。潯屬金田會匪，勦辦尚未得手，官兵齊集該處。南太二府地居上游，鞭長莫及，盜匪愈形猖獗。現在廣東提督陶煜文帶兵馳勦廉州一帶，若粤西無重兵合勦，勢必北竄蔓延，各股糾結屯聚，益恐難制。前因會匪與盜匪不相聯絡，如果金田匪徒負嵎堅拒，一時難以撲滅，而南太盜匪日熾，上游兵力單弱，不免顧此失彼，於大局深爲有礙。兵機操縱變化，不可執一，諒李星沅、周天爵、定能通籌全局，酌量緩急。【略】徐廣縉統轄兩省，亦屬責無旁貸，務當與周天爵、向榮等協力同心，會商合辦。於撥餉調兵，有應彼此通籌之處，均應不分畛域，推誠相與，一以國事爲重，庶幾速殄賊氛。太平等處均有通越南之路，儻賊匪由土屬竄逸，迫近該國，該大臣等應即豫先行文知會越南國王，告以土匪情形，令其自行保衛，以免越境滋擾。至廣西客兵雲集，待餉孔殷，前諭徐廣縉續撥廣西軍餉現解十萬兩，務即湊足三十萬兩，速解濟用，勿誤急需。

壬午，江蘇巡撫傅繩勛因病解任，以江甯布政使楊文定爲江蘇巡撫。

丙戌，諭内閣：朕每日御殿，召見内外大小臣工，詢事考言。固以通上下之情，尤當防漏洩之漸。【略】著内務府於乾清宫西階下之西添設板棚一座，嗣後豫備召對之大小臣工，即令在棚内憩息，藉蔽風雨，於挨次召見，亦可不致遲誤。

《文宗實録》卷二九　三月壬辰，諭内閣：廣西賊匪自蟻聚金田，負嵎抵抗，我師併力定謀，摧堅采入，屢破賊巢，殲其渠首，逆匪已畏鋒逃竄。必當乘此鋭氣，前截後追，分堵合勦。現在該省兵勇雲集，鄰省亦協力兜捦，朕睠懷南服，亟思一鼓蕩平。【略】至軍需糧餉，已命所司寬爲籌撥，源源接濟。惟望捷音疊報，全境迅就肅清。朕必立加懋賞，爾臣民其共勉之。

諭軍機大臣等：李星沅、周天爵、向榮奏，賊勢披猖，官兵不敷策遣一摺。李星沅、周天爵、向榮均經朕特簡，授以重任，深資倚畀，添兵籌餉，無不立允所請，毫無掣肘之處。況金田大股逆匪，已經焚毁賊巢，連獲勝仗。該大臣等勦辦已屬得手，正可乘機兜捕，即各屬報有夥匪，亦宜度地相機，分派員弁督勦，以期全境肅清，何以此次奏請特簡總統將軍來粤督辦？無論命將遠來，必致耽延時

日，且兵將等一聞另有遣將之諭，勢將紛紛觀望，設有貽誤，罪將誰歸？朕於軍旅之事任人勿疑，前經疊次訓勉，亦可見君臣一體之意。即諸臣意見偶有不同，無非因公起見。兵貴神速，間不容髮，豈可遽思諉卸，坐失事機？李星沅、周天爵、向榮俱著嚴行申飭。該大臣等務當勠力同心，滅此醜類。各屬地方賊情，應如何調派將弁統領，分勦合擊之處，朕亦不爲遥制也。昨有人奏，賀縣知縣鶴年因兵民逃散，力不能支，以致自縊。龍州同知王淑元合家被害，武緣縣知縣邵坦吞金自盡。除查明業經賜卹外，其餘各情，仍著該大臣確切查明，奏請議卹。原片著鈔給閲看，將此由四百里各諭令知之。

癸巳，以禮部尚書惠豐暫署兵部尚書。

甲午，諭軍機大臣等：裕泰奏，遵查夷情，並陳阡被參劣蹟，與定海鎮署總兵情形各摺片。據稱神光寺二夷搬入道山觀後，該省士民即無異説，並以觀内居住夷人，已歷多載，彼此相安，懇請從緩辦理。民夷果屬相安，自不宜操之過急。況該夷領事闢那，現既病故，著俟該夷更换新領事到閩後，遵照成約，夷商人等不准在城内居住一條，妥爲開導，隨時相機辦理。該領事闢那故後，經該督飭令地方官理諭夷目，不得在城内埋葬，控馭尚爲得體。所有劉韻珂、徐繼畬有無措置失宜之處，著仍遵前旨密查。並據裕瑞、黄贊湯奏，淡水同知史密於前署閩縣及海防同知任内，大不理於紳民之口。劉韻珂到任訪得該員聲名平常，曾經撤其署任，後又屢次保薦，以此致招物議。劉韻珂之於史密，前後訪察何以不符，著一併查明據實具奏。周士法署理定海鎮已閲年餘，前已有旨諭令該督即行察看具奏。並據稱提臣善禄，查明該署鎮於此缺尚屬合宜，是否確實。應准俟數月後，由該督察訪明確奏聞。至陳阡被參各款，前另有旨交陸建瀛、陸應穀查辦，應俟該督撫奉到後，再降諭旨，將此諭令知之。

乙未，諭軍機大臣等：廣西軍興以來，雖疊獲勝仗，而賊勢披猖，縱横皆是。現又添調滇、黔、楚、皖精兵，前往協勦，兵力既厚，需餉孔殷。設使轉運稽時，勦辦必至棘手。前有旨飭部，於江南、江西、湖北、湖南各省籌撥各款銀兩，委員解赴廣西。【略】著陸建瀛、陸應穀、龔裕、駱秉章各將歷次部撥軍餉，已起解者，沿途迅速催趲前行，未起解者，即日派委幹練員弁，星馳解往。各按所撥銀數，分起領運。務須接踵而至，源源接濟。

丙申，命大學士賽尚阿馳往湖南，辦理防堵事宜。鑲黄旗蒙古都統巴清德、鑲白旗滿洲副都統達洪阿隨往協同辦理。

丁酉，頒給大學士賽尚阿欽差大臣關防。

辛丑，賞欽差大臣大學士賽尚阿、鑲黄旗蒙古都統巴清德、鑲白旗滿洲副都統達洪阿緞四，並從征員弁兵丁銀有差。

《文宗實録》卷三〇　癸卯，諭内閣：朕因廣西勦匪半載以來，尚未埽除淨盡。誠恐匪黨滋蔓愈多，民生窮蹙益甚。特命大學士賽尚阿及都統巴清德、副都統達洪阿揀帶官兵馳往防堵。楚粤之交，地居扼要，必得重臣駐劄調度，既防竄擾，藉作聲援。當即寄諭李星沅、周天爵、向榮等，不得以特派有人，稍存觀望，仍當督率將士，激勵紳民，協力殲捦，剋期埽蕩。

又諭：前有旨派大學士賽尚阿等酌帶官兵馳往湖南，督辦防堵事宜。旋經賽尚阿等酌派征兵二百名，隨兵四十名，管帶火器，並章京司員等，不日由京分起前進。【略】從前征兵過境，往往包帶客貨，多用民夫，甚至廣占民房，陵辱州縣。種種弊端皆所不免。朕知賽尚阿向來出差，頗能約束。此次分起出都，特諭賽尚阿於最後啟程，著即沿途探訪，留心稽查。儻有滋擾各弊，無論係何人所帶兵役，立即截留，按律懲辦，並將管束不嚴之員，指名參奏，毋稍徇隱。

又諭：昨因賽尚阿出差，特旨將内閣侍讀穆蔭開缺，以五品京堂候補在軍機大臣上學習行走。【略】兹據給事中蘇廷魁奏稱，超擢太驟，易啟倖進之門，已不成話。併稱俟賽尚阿回京後，仍令該員回章京當差，黜陟自下，巧爲嘗試，尤屬亂道。該給事中人甚端方，此奏似不出其手。但所言尚無大謬，姑置不問。夫軍機大臣本爲要任，滿漢兼用，斷不應稍有區别。朕用人行政，一秉大公，從無分於滿漢。穆蔭人亦中材，朕本欲添派滿洲軍機大臣，惟内斷於心，親加選擢。黜陟大柄，朕自持之，非諸臣所可輕議也。用是明白宣示，使知朕意。

辛亥，諭軍機大臣等：李星沅、周天爵、向榮馳奏，進勦武宣逆匪未能得手情形，並周天爵瀝陳病狀，與向榮會籌勦辦事宜各摺片。賊匪滋蔓日久，股數既多，勢不能旦夕埽殄，自宜妥籌戰守，以冀奏功。

又諭：前有旨，令廣州滿洲副都統烏蘭泰馳驛前往廣西幫辦軍務。

壬子，又諭：廣西勦辦賊匪籌調兵餉，最爲先務。除該省陸續動用外，前經李星沅等，奏請飭部撥餉八十萬兩。【略】著再由内務府廣儲司給發内帑銀一百萬兩，作速解赴大營備用。

癸丑，諭内閣：周天爵著賞加總督銜，會同向榮專辦軍務。以順天府府尹鄒鳴鶴爲廣西巡撫。

《文宗實録》卷三一　四月戊午，諭軍機大臣等：奕山奏，俄囉斯國懇請於喀什噶爾貿易，先事籌度，並將德齡函稱礙難三條照繕呈覽一摺。前據該國來咨，派員於今春來赴伊犁，會商貿易章程。現在尚未前來。奕山以該國於哈薩克地方，久已收其租税，用其烏拉，今請於喀什噶爾通商，則路經伊犁西南之哈薩克，接連布魯特，亦必供應烏拉，兼收租税。所慮極是。德齡所稱礙難三條，亦能計及久遠。俄囉斯前請三處添設貿易，其心本屬叵測。因以近邊民人生計爲詞，未便拂其和好。准於伊犁塔爾巴哈台試行，而喀什噶爾則窒礙之處甚多，斷無准行之理。【略】其伊犁、塔爾巴哈台兩處，亦當妥議章程，面面顧到，以期經久無弊。前奏礙難照恰克圖之例，抵賠遺失貨物，此層尤關緊要。如有似此非分干求，即應據理駁斥。

壬戌，又諭：李星沅、周天爵、向榮奏會勦賀縣賊匪，將備遇伏陣亡，並續調黔兵會勦各一摺。另片奏，分勦陸川縣等處賊匪情形，續請籌撥軍餉各等語。覽奏，實深焦灼。【略】李星沅總統軍務，數月以來，未見所辦何事。現派賽尚阿督兵接應，尤不准稍形觀望，致干咎戾。該大臣等縱不自愛，其如吾民塗炭何？言之至此，憤悶殊深。至陸川縣一帶各股賊匪，尤當嚴飭該文武督帶兵勇，分投防勦，勿令淩十八及劉八等與武宣、賀縣大股逆匪合而爲一。【略】該省節次請調官兵不下一萬數千名，兩次由部撥餉一百八十萬，昨又特發内帑一百萬。是添兵增餉不爲不多，該大臣等宜如何合力同心，謀勇兼施，以期迅速蕆事，用副朕望耶！

甲子，諭内閣：前據徐廣縉查參，廣西巡撫鄭祖琛彌縫粉飾各情，當經降旨，將鄭祖琛革職。【略】茲據李星沅據實查明，並參覈衆論，鄭祖琛於通省文武員弁凡勦捕不力，泄沓苟安者，實不能早爲參劾，是闒茸無能，皆伊一人作俑。即如閔正鳳、盛筠等之畏葸延誤，鄭祖琛但知見好同官，周旋粉飾。朕察其設心，非第袒護大員，即屬吏亦不敢參劾。似此養癰貽患，以致吾民塗炭，糜餉勞師，僅予罷斥歸田，轉得置身事外，何以挽頹風而儆有位？鄭祖琛著發往新疆效力贖罪，以爲封疆大吏玩誤者戒。

丙寅，諭内閣：廣西盜賊横行，民遭塗炭，推原禍始，總由地方官不得其人，撫綏無術，而大吏又不能澄清舉劾，以致養癰成患。【略】其前此失事及庸懦各員，業據李星沅等陸續奏參外，所有守禦得力，及平日治民出色之員，自應秉公奏保，以昭激勸。現據周天爵特舉林士傳以下十餘人臚列勞績，開單具奏。現當用人之際，周天爵既破格請予獎勵，朕即不難破格給予恩施。各該員承受朕恩，宜如何力圖報稱，益加奮勉，【略】朕實有厚望焉。

辛未，撥江南鹽關銀六十萬兩解赴廣西，以備軍需。

《文宗實録》卷三二　辛巳，諭内閣：户部奏請飭定軍需章程等語。廣西各股盜匪滋擾，疊經頒發内帑，並飭撥各省銀兩以濟軍需，兼令附近廣西各省，添防設備。現在辦理糧餉，款項紛繁，必須豫定章程，方足以照覈實而杜浮濫。著該部即將軍需則例，頒給廣西等省。

又諭：本日據李星沅奏稱，移駐武宣，舊疾增劇，現在醫治。【略】李星沅著即回籍養病，毋庸留駐軍營。所有前頒給李星沅欽差大臣關防，著暫交周天爵收存，俟賽尚阿到日，即由驛遞繳還。

壬午，諭内閣：曾國藩條陳一摺，朕詳加披覽，意在陳善責難，豫防流弊。雖迂腐欠通，言尚可取。【略】所奏除廣西地利兵機，已令查辦外，餘或語涉過激，未能持平，或僅見偏端，拘執太甚。念其志在進言，朕亦不加斥責。

癸未，諭内閣：前任兩江總督李星沅由翰林敭歷外任，疊蒙皇考簡畀封圻。【略】

昨由柳州力疾進駐武宣，正擬親督將士，埽除羣醜。乃甫報病勢增劇，即聞溘逝。披覽遺疏，詞意憂憤，悼惜殊深。【略】著加恩照總督例賜卹。

《文宗實録》卷三三　五月戊子，又諭：本日據周天爵、烏蘭泰、向榮具奏，鎮將不受節制。又據周天爵單銜片奏，向榮曲徇其子向繼雄，軍不用命等語。湖南副將博春、和春統帶楚兵，何以時歷三日，並無一戰？向榮屢著戰功，何以周天爵參其曲徇伊子，致失人心？詳閲陳奏各情，皆因統兵大員不和，以致觀望貽誤。周天爵忠直素著，向榮奮勇争先，人所共知。而近日徐廣縉亦有參該提督諉卸觀望之奏，是否實情？秦定三之心地，朕未深悉。烏蘭泰甫到軍營，無所用其迴護，其所以不和實在情形，自已訪察周知。是否係周天爵不善馭衆，致失兵心，抑係向榮、秦定三等，各有徇私觀望之處，著即查明，據實密陳，毋稍隱飾。並將現查各情，於具奏後，一面迅速知照賽尚阿可也。賽尚阿未到以前，烏蘭泰必能仰體朕意，調和諸將，使之盡釋前嫌，共圖決勝。烏蘭泰朕素知其沈毅，諒必不負委任。況係密旨交查之件，尤不可洩漏。勉之慎之。

庚寅，諭軍機大臣等：周天爵奏編查保甲完竣，並將採取保甲説，開單呈覽一摺。保甲爲除暴安良之善法，該署撫刊有保甲章程，以除暴爲急務，自不至文

飾塞責。惟保甲行於無事之時，團練行於有事之日。現當粵匪未靖，保甲釐奸，團練禦侮，防守之道，兩皆緊要。著周天爵、鄒鳴鶴督飭所屬，實力辦理。俾宵小無自潛蹤，閭閻得以安堵。

丁酉，諭内閣：廣西軍務前已有旨，令烏蘭泰與向榮督率鎮將，相機籌辦。向榮係該省提督，本有節制鎮協之責。烏蘭泰係特旨派令幫辦軍務，所有廣西省鎮將以下，及各省徵調赴勦官弁，均著一併聽其節制。賽尚阿行抵軍營以後，著自巴清德、達洪阿、烏蘭泰、向榮以次，並通省文武，統歸節制，以肅軍紀。

己亥，諭軍機大臣等：賽尚阿奏，途次接周天爵信，將原函進呈，請添調湖北兵二千名一摺。【略】前奏金田匪衆萬餘，現竄出四千餘人，可見會匪除婦女老弱及裹脅外，人數亦不甚多。總因主帥各執意見，兵將解體，觀望推諉，以致老師糜餉，曠日無功。古人用兵，有以多勝少者，亦有以少勝多者。師克在和，總在統兵大員，善爲調度。若不能駕馭，如楚黔兵將前轍，兵雖多亦何濟耶？賽尚阿到後，事權歸一，自必節制嚴明，激勵將士，信賞必罰，力矯前此漫無紀律之惡習，俾各營將弁兵丁咸奉約束而遵號令，庶克殄除醜類，迅奏膚功。

《文宗實録》卷三四　乙巳，又諭：周天爵自上年派赴廣西辦理軍務，歷次署理巡撫，秉性忠直，不辭勞勩，朕素所嘉尚。第念其年近八旬，久居瘴癘之鄉，朕心時深眷注。現在賽尚阿已將抵粵，軍營事務統率有人，鄒鳴鶴計日亦可抵任。周天爵著於交卸巡撫篆務後，即行來京。調閩浙總督裕泰爲陝甘總督，以都察院左都御史季芝昌爲閩浙總督。

己酉，以陝西布政使王懿德爲福建巡撫。

壬子，以禮部右侍郎曾國藩兼署刑部左侍郎。

癸丑，又諭：廣西賊匪肆行，節經降旨。飭令通省居民舉行團練，互相保衛。並寄發大學士卓秉恬，録進龔景瀚所著堅壁清野各議，周天爵亦曾奏及保甲等法。兹復據前任太常寺卿唐鑑奏陳設立民堡，收恤難民二條。該員曾任廣西知府，熟悉該督情形，所論頗爲親切。著鄒鳴鶴按照摺内所擬設堡事宜，【略】妥速辦理。

《文宗實録》卷三五　六月丙辰，湖南巡撫駱秉章等奏，遵查賊蹤，扼要堵勦。得旨，仍應嚴密防堵，勿令蔓延。馳往協勦之處，不可稍示張皇，致輕進失機。

丁巳，諭軍機大臣等：據賽尚阿奏，馳抵長沙，統籌粵西勦辦事宜一摺。據稱粵西賊匪以象州爲最鉅。此股勦捕得力，則各股自成破竹之勢，並酌擬激勵鄉團，解散脅從，先行刊發告示，及慎重糧餉等情。所論均合機宜。

庚申，諭内閣：刑部奏，審擬攜帶腰牌滋事及賭博鬬毆人犯一摺。已將太監白三喜、周玉慶均交内務府定擬具奏，餘俱依議行矣。禁門重地理宜嚴肅，是以出入人等，均有腰牌，以憑查驗。其並無差使人役，概不准私行出入。

丙寅，諭内閣：前據周天爵等奏，進勦象州逆匪，大獲勝仗。當經降旨，將烏蘭泰交部從優議敘。兹據烏蘭泰奏稱，五月初九日，梁山村接仗，先已獲勝。次日因威甯鎮兵見賊退縮，以致將弁傷亡，自請治罪等語。此次我兵偪近賊巢，奮勇勦殺，逆匪已大受懲創。雖小有挫衄，究屬罪不掩功。且烏蘭泰尚能轉敗爲勝，所請治罪之處，著無庸議。其前經交部議敘，亦著毋庸註銷。烏蘭泰據實陳奏，具見不欺，若能迅速立功，仍當加以懋賞。

庚午，諭内閣：鄒鳴鶴奏，請鄉試展期一摺。現在廣西軍務未竣，各屬士子或因團練保衛，或因道路梗阻，未能如期應試，自應量加體恤。所有本年恩科廣西文闈鄉試，著展至十月舉行，武闈鄉試著展至來年四月舉行。

諭軍機大臣等：寄諭欽差大臣大學士賽尚阿，據駐勦辦，並添兵防守省城一摺。廣西勦匪，以韋正、洪秀泉等大股爲最急。而南、太一帶餘匪未淨，且地方窵遠，深恐鞭長莫及，轉致蔓延。該撫鄒鳴鶴擬請飭派藩司勞崇光分駐南甯、太平扼要處所，並咨商該大臣遴委勇幹將官帶兵會同馳往勦辦，諒已酌量調遣矣。現在續調各路官兵，均可到粵。如何分派合擊，前已有旨，諭令熟籌辦理。

《文宗實録》卷三六　壬申，又諭：禮部議覆護理浙江巡撫汪本銓題請敕賜祠額一摺。宋臣岳飛精忠大節，炳耀古今。其杭州、湯陰、武昌等處均有祠額表揚，惟嘉興金陀坊祠宇尚無題額。著内閣擬呈祠額字樣，俟朕親定頒賜，以示褒崇而光祀典。尋奏上，賜額曰「顯忠」。

乙亥，諭内閣：本日據賽尚阿奏，六月初四日，馳抵桂林。巴清德、達洪阿亦先後馳到。現在相機勦辦，並繪呈廣西全省地圖，單開賊首名數。所陳覈汰兵勇，申明紀律，多購間諜，解散賊黨，嚴斷接濟，實行團練，使賊無可掠之食，無可竄之路，籌畫均合機宜。該大臣等經朕特簡，畀以重任。到粵之始，即能通籌全局，條理秩然，深慰朕念。著發去黄馬褂二件，大荷包一對，小荷包一對，火鐮一箇，賞給賽尚阿祇領，黄馬褂二件，分賞巴清德、達洪阿祇領。

又諭：據賽尚阿馳奏，密訪湖南會匪情形等語。現在廣西賊氛未靖，湖南

境地毗連，若會匪潛相句引，所關非細。著程矞采即行馳赴湖南，督同文武大員於要隘處所加意防堵。仍不動聲色，訪查該省會匪實在情形，妥爲防備。總期弭患未然，斷不可稍涉張皇，致滋事端。至賽尚阿歷陳湖南吏治之廢馳，民情之浮動，自係確有聞見。該督兼轄兩省，本有應行查辦之責。著即按照所奏各情，亟圖整頓。其應如何察吏安民，激勵化導之處，諒該督必能酌量情形，隨時奏聞辦理也。

又諭：賽尚阿奏，請寬籌軍餉，以備撥用一摺。前經特發内帑銀一百萬兩，又經户部籌撥銀一百萬兩。嗣據江南奏撥鹽庫銀六十萬兩，昨復據廣東奏撥粵海關税銀二十萬兩，均解赴廣西軍營應用，計已可敷支發。惟糧餉至要，必當寬爲儲備，以免臨事周章。著徐廣縉、葉名琛仍於關税項下，按季扣存，連前次已經撥解之二十萬兩，統籌備銀一百萬兩，聽候賽尚阿咨撥委解，毋稍遲誤。

丁丑，又諭：寄諭兩江總督陸建瀛、湖廣總督程矞采等，有人奏，河南捻匪肆横，南陽府屬爲尤甚。匪徒結黨數十人，或數百人不等，賊巢甚多。【略】所有湖北、安徽、江蘇等省均與河南毗連，著各該督撫一體飭屬，於交界處所，不分畛域，合力堵緝，毋任此拏彼竄。其湖北省均州等處，現有賊巢更當嚴密搜查，認真懲辦，以期殄絶根株，勿貽後患。儻辦理不能妥速，或致釀成事端，惟該督撫是問。

《文宗實録》卷三七　七月丙戌，又諭：前據徐廣縉、葉名琛、許乃釗奏南海縣西湖書院暨東莞縣士子因公項命案之嫌，聲言罷考，已降旨暫停考試。兹據該督等奏稱，倡議罷考之人多係刁徒藉端生事，其安分生監，不在其列等語。現在鄉闈伊邇，多士有志觀光，未便因一二刁健之徒，致阻良善進身之路。著照所請，所有西湖書院及東莞一縣生監等，俱著准其一體鄉試。其倡議罷考之人，仍著嚴拏究辦，以示勸懲。

欽差大臣大學士賽尚阿奏：報粵匪情形，並請寬期勦辦。得旨，卿之調度甚合機宜，殊堪嘉尚，朕心已深慰矣。俟新兵到齊，從容妥辦。汝之性情稍急，身體須加意保重。至應何處添調，何處防勦，朕亦不爲遥制。卿之忠悃，朕鑒之，亦天下所共知者。

戊子，諭内閣：裕泰奏，福建省現辦保甲章程，參酌變通，開單呈覽一摺。保甲爲弭盜良法。閩省山海交錯，民貧地瘠，盜賊滋多。現在漳、泉會匪甫經懲治，尤宜力行保甲，以消奸宄而安善良。惟立法尤責得人。若地方官不能實力辦理，該管上司又不能實力稽查，必致良法徒託空言，且易起胥吏擾累等弊。著季芝昌、王懿德於到任後，按照原擬章程，督飭所屬，認真妥辦，務期漸收實效，不至仍前廢弛。儻或始勤終怠，日久視爲具文，即著指名嚴叅懲辦。

庚寅，又諭：給事中焦友麟奏，吏治因循，亟宜綜覈名實一摺。各省大吏有察吏安民之責，即如緝捕一端，已疊經申諭，力求整頓之方。若如該給事中所奏，近來四川之嘓匪、河南之捻匪、湖南之齋匪、湖北之痞匪以及山東兖沂曹、安徽廬鳳潁地方，匪徒結黨成羣，幾於所在皆有。若不力加搜捕，何以除莠安良？著該督撫等各飭所屬文武，嚴密查拏，以期消患未形，毋得因循坐誤。並著於年終將特旨交辦事件並拏獲盜案，除辦結外，其未完若干案，分晰開單，並將現辦情形具奏，以備查覈。

辛卯，浙江學政吴鍾駿奏稱，甯波府城諸夷雜處，左道易惑。現飭各學教官於鄉鎮中勸立義學，以正人心。報聞。

癸巳，諭軍機大臣等：【略】本日據吴文鎔、張亮基奏，粵西賊匪竄入滇省廣南府境，當經弁兵練勇勦殺多名，餘匪潰散。滇省既有粵匪竄擾，湖南毗連處所，尤爲喫重。前有旨令程矞采馳往湖南防勦。著即會同該撫嚴飭地方文武，於楚粵交界要隘，分投防堵，不得以兩粵逸匪距境稍遠，遂形疏懈。儻防堵不嚴，致賊匪乘閒竄入楚境，句結蔓延，惟該督撫是問。

《文宗實録》卷三八　乙巳，諭軍機大臣等：有人奏，湖南衡、永、寶三府，郴、桂兩州，以及長沙府之安化、湘潭、瀏陽等縣教匪充斥，有紅簿教、黑簿教、結草教、斬草教、捆柴教等名目。每教分温良恭儉讓五字號，每號總領數百人至數千人。又有齋匪名曰青教，皆以四川峨嵋山會首萬雲龍爲總頭目。所居之處有忠義堂名號，其傳徒皆用度牒，蓋以圖記，聲氣聯絡。往來各處皆供給銀錢飯食，每月按三六九期赴會。【略】又據片奏，該匪傳教惑人，有《性命圭旨》，及《水滸傳》兩書，湖南各處坊肆皆刊刻售賣，蠱惑愚民，莫此爲甚。併著該督撫督飭地方官嚴行查禁，將書板盡行銷燬。仍當嚴飭各屬，勿令吏胥藉端滋擾。

丙午，又諭：前因兩江總督陸建瀛奏請崇正學以黜邪教。當經降旨，飭令各省地方課士授徒，均以御纂《性理精義》、《聖諭廣訓》爲講習之本。良由士爲民倡，士習端則民風自歸淳正。

己酉，諭軍機大臣等：賽尚阿奏進攻新墟詳細情形，並提督向榮攻擊豬仔峽，得獲勝仗，另單奏各路勦匪情形。披覽均悉。紫荆山大股逆匪，經官兵四面

堵傴，勢漸窮蹙，自應隨時合力進攻。該大臣仍駐桂林，扼其由大樟北竄之路，所見甚是。

甲寅，諭軍機大臣等：陸建瀛奏，遵旨查拏捻匪情形等語。安徽壽州、合肥等處匪犯，節據王植、蔣文慶先後奏稱，拏獲高四八孜等犯多名。當經諭令蔣文慶嚴行審辦，務期盡絶根株。茲據該督奏稱，程六麻孜現已究出蹤跡，著即嚴飭地方官，迅速查拏，毋使漏網。

《文宗實録》卷三九　八月乙卯，諭軍機大臣等：本日，據賽尚阿由六百里馳奏，進攻新墟賊巢，並攻破雙髻山要隘，移營山頂各情形。此次進攻新墟，達洪阿、烏蘭泰等督率鎮將，分路進兵。若非韋允升誤遇伏匪被害，又值大雨，已可直擣賊巢，殲茲羣醜。雖小有挫衄，究屬奮勇争先。巴清德、向榮等由紫荆山後路越嶺前進，攻克豬仔峽，連破雙髻山險隘要口。一日之間，進佔山頂，又復窮追深入，斬戮多名。覽奏曷勝嘉慰。

庚申，諭内閣：禮部奏，敬擬恭送皇考宣宗成皇帝聖容，供奉盛京鳳凰樓禮節開單呈覽。著照恭送實録聖訓典禮敬謹豫備。

以鑲白旗滿洲都統桂良署吏部尚書，兵部尚書特登額署管户部三庫事。

壬戌，以兵部尚書特登額兼署禮部尚書。

癸亥，又諭：前據鄒鳴鶴奏，請將廣西鄉試展期舉行。當經降旨，令該撫察看情形，於八月初奏到。茲據鄒鳴鶴、孫鏘鳴奏稱，該省士子現多派令董理團練，保衛鄉里。該省文武各官因軍務未竣，各有應辦要務，礙難於本年十月舉行鄉試。自係實在情形。廣西自軍興以來，各屬士子等均能敵愾同仇，隨同地方文武各員勦賊立功，自應俯順羣情，曲加體恤。所有廣西省本年辛亥恩科文武鄉試，著准其展至來年，與壬子正科一併舉行，倍額取中。仍遵照恩詔條款，准予廣額。

河南巡撫潘鐸緣事降調，以甘肅布政使李僡爲河南巡撫。

丙寅，諭内閣：總管内務府奏，援案請將永遠枷示之逃走太監改爲發往黑龍江永遠監禁一摺。【略】尋奏，近來太監紛紛報逃，曁不畏法，應遵諭就近枷示。查番役衙門距慎刑司衙門較近，嗣後永遠枷號之太監，若積聚較多，擬即在番役衙門分禁枷示，責令管轄番役司員等妥爲稽察。從之。

戊辰，以成都將軍奕湘爲禮部尚書，未到任前，以工部尚書阿靈阿兼署。以兵部尚書特登額署吏部尚書。調福州將軍裕瑞爲成都將軍，以鑲白旗滿洲都統桂良爲福州將軍。

己巳，又諭：寄諭兩廣總督徐廣縉，此次德亮、吴德徵於地方著名賊目停留太平土州等處，並不實力勦辦，反行飾詞，咨送回籍，實出情理之外。其所稱兵力不足之處，是否飾詞推卸？抑係太平一帶兵力本屬單弱，仍宜酌撥弁兵協勦。現在勞崇光已抵該處，著該督飭令該司，察看南、太等郡賊勢，應如何添兵分勦。並知會賽尚阿，應酌派何處將弁兵丁前往會辦，務須通盤籌畫，不可稍分畛域。該督捡勦逆匪劉八之後，現在籌勦淩十八一股，若能速獲渠魁，即可移兵廉州，督同陶煜文等，與廣西太平等處文武會合，以全力兜捕，庶可漸就肅清。該督統轄兩省，當與賽尚阿隨時咨商，計出萬全。慎勿顧此失彼，致誤事機。

《文宗實録》卷四〇　甲戌，諭内閣：前經特召前任太常寺卿唐鑑來京，疊次召對，嘉其品學兼優，器識安定，欲令留京供職。念該員年逾七旬，力陳衰老。若使勉强服官，轉非所以示體恤。唐鑑著加恩賞給二品銜，仍留江南主講書院。江南爲人文淵藪，得老成碩學爲之教導，俾後進有所矜式，於士習民風當有裨益也。

乙亥，諭軍機大臣等：奕山、布彦泰奏，會議俄囉斯通商事竣，擬定章程，並開單呈覽一摺。此次俄囉斯使臣來赴伊犂會議通商事宜，該將軍、參贊公同酌定條款，内如卡外搶案，中國不管，及在内地竊案，分别酌辦等情，所議均屬周帀。並將喀什噶爾不准通商一層，據理折辯，該使臣無可置對。給予文憑，以爲回國銷差之據，文内仍正詞拒絶，杜其日後請求，辦理尚屬妥協。現在該使臣已回本國，所有伊犂、塔爾巴哈台二處貿易是否即自明春試辦，每年清明後入卡，冬至節停止其辦理，通商安静，情形如何，分别奏咨存案。並内地商民如何稽查約束，一切未盡事宜，仍著該將軍等悉心妥議具奏。

己卯，諭軍機大臣等：賽尚阿奏新墟前路進勦情形，並後路攻破風門坳，屢戰屢勝一摺。覽奏實深欣慰。以攻破廣西風門坳賊巢，欽差大臣賽尚阿、都統巴清德、副都統烏蘭泰、提督向榮下部優敘。

癸未，諭内閣：程矞采奏，湖南吏治廢弛，皆因大員未能表率，致各州縣相率因循。前任布政使、現任大理寺卿萬貢珍在任七年，馭下過於寬縱，因而屬員膽大妄爲，丁役營私舞弊，門丁書吏因緣爲奸，弊端百出，吏治所由日壞。現在告病之辰永沅靖道吕恩湛由捐納知府，在省數十年，專事逢迎，廣爲結納。辰沅道任内所管屯糧經費，虧欠甚多，交代難於結報。似此顢頇辦事，貽誤地方，若

不嚴行懲創，何以除積習而儆將來？萬貢珍、呂恩湛均著先行交部嚴加議處，即著程矞采查明該二員任内劣蹟，並呂恩湛虧欠屯糧，曾否交代清楚，據實具奏，毋稍徇隱。至現經查出各州縣門丁書吏因緣舞弊各案，亦即逐款嚴行究辦，以挽頹風。

又諭：鄒鳴鶴奏，密陳粤西積弊已深，擬次第籌辦一摺。據稱到任後，檢閲積案，至五百八十餘起之多，未完交代，亦積至二百數十起。餘如驛站稽遲，緝捕廢弛，種種弊習相沿，幾難挽救。廣西民貧地瘠，官斯土者率諉於邊荒僻遠，困苦異常，因而相率苟安，不思振作。然總由歷任大吏，因循粉飾，不能實力整頓，以致積弊日深。若不力挽頹風，何以飭官方而蘇民困？著即照該撫所請，次第籌辦。先將積案擇要清釐，萬勿再任積壓。尤須身先率作，以整飭廉隅爲本，劾去貪濁，興起循良，庶吾民瘡痍彫敝之餘，得所倚賴。而政貴有恆，事期覈實，勿徒空言美觀，或至始勤終怠。矢之以慎，持之以恆，朕實有厚望焉！

《文宗實録》卷四一　閏八月甲申，諭軍機大臣等：陸建瀛等奏，士民呈請嚴禁天主教，批准立案嘉獎，並酌擬章程數條，開單呈覽。該督等辦理此事，甚屬妥協。惟與須隨時應機通變，期於制馭得宜。

丙申，又諭：賽尚阿奏，新墟賊匪逃竄，官兵追勦情形一摺。廣西逆匪自竄踞新墟，疊經前後兩路官兵進勦，該匪勢漸窮蹙，焚巢而竄。八月十七、十八等日，我兵分路追勦，捦斬甚多。並生捦僞司馬楊繼倡，訊供僞軍師周錫能業已殲斃，現在該匪由藤縣和平墟等處逃逸。

諭軍機大臣等：寄諭欽差大臣大學士賽尚阿，新墟賊匪由藤縣和平墟竄逸，此路可通永安、修仁等處，爲入省要路。該大臣自應持以鎮静，嚴飭向榮一軍，激勵士卒，與烏蘭泰等聲勢聯絡，或前後夾擊，或設伏抄勦，總令該匪奔喘不暇，斷其搶掠之路。再此時賊匪分竄勢已涣散，正可乘此機會，立懸重賞，設法捦縛逆首數人，則賊膽自落，其勢更易解散。所募福勇、潮勇，即飭趕緊招募精壯者數千，以資堵截。

丁酉，刑部尚書阿勒清阿因病開缺，仍管正紅旗漢軍都統，以察哈爾都統恆春爲刑部尚書，吏部尚書柏葰署正紅旗漢軍都統。

《文宗實録》卷四二　己亥，雲貴總督吴文鎔奏，校閲省標六營官弁兵丁技藝情形。得旨：認真督率練習，乃疆吏分内之事。重文輕武，巨患潛伏，戒之戒之。

庚子，諭内閣：軍機處爲絲綸重地，滿漢章京繕寫諭旨，允宜慎重考選。【略】現當保送軍機章京之時，著各該堂官認真揀選，必須先取人品，並察看年力文字，照例咨送，毋許徇情冒濫。軍機大臣傳集考試，著將試卷彌封，公同校閲，擬定次第，帶領引見，候旨記名。

壬寅，諭軍機大臣等：賽尚阿奏，新墟賊匪竄入永安州城，我兵繼至，且追且擊。該匪逃入城中，閉門據守。現在巴清德、向榮、烏蘭泰等均已督帶各路兵勇，先後追至，務當嚴密堵禦，四面圍攻。城中賊匪是否有逆首在内，尤須探明，設法殲捦。

駐藏大臣穆騰額奏，達賴喇嘛採買緞匹逾限，懇准趕行採辦。得旨：著加恩准行，嗣後不得援以爲例。

以廣西永安州城被賊竄陷，欽差大臣大學士賽尚阿下部議處，革提督向榮、都統巴清德翎頂。

庚戌，又諭，據常大湻奏，七月間接兩江咨會，洋盗巴搭駕船十餘隻，欲在浙省之普陀山設壇打醮，當即飭屬嚴拏。旋據詳報，石浦洋面，探有大小廣東來板船十四隻，攜帶礮位，家眷皆廣東人口音，詭稱係黄富興雇募，前赴山東，往北駛去。

又諭：廣西賊匪竄擾，現在大兵雲集，所需兵餉尤關緊要，朕心甚爲懸念。前經降旨，准撥廣東關稅銀兩，并户部籌撥廣東各款，著徐廣縉、葉名琛按照所撥銀數，星速解赴廣西軍營，以濟要需。此外正雜各款，並閒款内，有可以通融協濟之項，著該督撫悉心籌畫，寬爲儲備。並著傳諭曾維於關稅應解項内，無論何款，酌量豫備，一面奏明，一面知照賽尚阿。如有急需，即行飛咨調撥。

壬子，又諭：徐廣縉等奏，進勦淩十八等各股匪徒情形一摺。據稱淩十八自疊受挫衄以後，該督復飭兩路兵勇，三次進勦，皆已獲勝。因該匪恃險固守，致未能立時攻破賊巢，其何名科一股仍入信宜縣境。現以兵力尚單，添調兵勇合勦等語。著徐廣縉、葉名琛嚴飭各路帶兵文武，相機設法，迅將淩十八一股勦滅，即移兵信宜縣境，務將何名科與梁二十大等匪黨悉數殲捦，勿留餘孽。

《文宗實録》卷四三　九月丙辰，諭軍機大臣等：昨面諭定郡王載銓、工部右侍郎彭藴章、内務府大臣基溥相度萬年吉地。聞陸應穀於地理之學，素所講求，本日已明降諭旨，令該撫來京陛見。陸應穀接奉此旨，交卸後即行來京，協同載銓等詳細相度。並著延訪江西紳民中精曉堪輿者一二人，帶同進京，以資

商酌。

命江西巡撫陸應穀來京陛見，以刑部左侍郎王植署江西巡撫。

庚申，又諭：御史福昌奏，請嚴飭訓練水師，慎重海防一摺。本年山東洋面盜匪占駕官船，上岸搶劫，疊經降旨，諭令陳慶偕督飭水師鎮將實力追勦，並諭令沿海各督撫分路兜拏。該匪現雖南竄，難保不乘機北駛。著山東巡撫及奉天等省嚴飭水師員弁，隨時認真防範，不得以盜蹤遠颺，互相諉卸，巡緝稍疏。至山東、河南、直隸等省陸路亦時有搶劫重案，瞬屆冬令，尤恐查拏不力，以致盜匪擾害商民。著各該督撫嚴飭地方官，不分畛域，一體嚴密偵緝，有犯必懲，毋得因循疏懈，致干重咎。

壬戌，諭軍機大臣等：前因廣西新墟逆匪分竄，降旨飭令徐廣縉等嚴守肇慶等處。本日據奏，水陸嚴防現辦情形，並如數撥解廣西軍餉等語。逆匪竄擾永安州城，尚未克復。昨據賽尚阿奏，現探該匪復於濛江一帶備有船隻，恐官兵一律到齊，又思竄越東下。肇慶各屬，爲東西兩省孔道，最爲喫重。該督等已添派員弁督，帶兵勇馳往交界處所，著嚴飭認真防堵，斷不可任其竄入。至藤縣距信宜不遠，現在淩十八、梁二十大等股尚未撲滅。該匪與廣西韋正等皆係會匪，結爲死黨。恐韋正等被勦窮蹙，南竄信宜合夥，必應於沿江一帶，扼要堵截，勿任句連糾結，轉致蔓延。再該督現駐高州，辦理淩十八等股匪，屢獲勝仗，計可指日勦除。一俟此股辦竣，即酌量移駐兩省扼要地方，合力堵勦，聲勢更爲聯絡，諒該督等已籌及此也。

癸亥，户部奏：上年奏准暫開捐例，擬請行文各省，遵照辦理。謹先酌議辦法二條。一、歷届奏開事例，捐生赴部報捐，零費甚爲繁重。應請將歸公飯銀照費並四分平餘，具呈領照諸費，概行裁撤。一、外省捐輸章程，有加無已。所捐銀數，動用並不報銷，無從稽覈。此次擬開事例，係在部庫交銀，應將外省捐輸一律停止。從之。

乙丑，閩浙總督兼署福建巡撫季芝昌因病賞假，以調任福州將軍裕瑞兼署閩浙總督，布政司慶端暫護福建巡撫。

《文宗實録》卷四四　辛未，諭内閣：軍機大臣會同户部議奏，奕山等會議新疆兵屯章程一摺。新疆換防兵丁，前據御史張廷瑞奏稱，多有倩人代替，老弱充數者。邊陲重地，彈壓撫綏，全資兵力。若任令老弱遊民，冒濫充數，於操防控制，尚安望其得力？著陝甘總督、烏嚕木齊都統於每届換防之時，務須挑選年力强壯，弓馬嫺熟兵丁，前往更替。如查有冒名代充，立即從嚴懲辦，以肅營制而重邊防。

丙子，諭内閣：御史王茂蔭奏，請振興人才，酌擬五條呈覽。

又諭：前因東南兩河工次，每有過往官員等干求資助，業經降旨嚴禁。茲聞各省鹽務衙門，亦有出京官員往求資助。試思鹽務銀兩，國帑攸關，豈容瞻徇私情，濫爲酬應？必當一體申禁，力挽頹風。嗣後如有官員人等，向各省鹽務衙門求助，及投遞書函逗遛不去者，即著該督撫等嚴查參奏，以除陋習而肅鹺政。

丁丑，諭内閣：各部院學習行走人員行走年滿，向由該堂官嚴定去取，分别咨留。近來各衙門報滿之員，奏留者居多，咨回吏部者甚少，未免無所區别。【略】著通諭各部院堂官，於學習行走人員，務當留心察看。如果當差勤慎，始准保留。儻有辦公疏懈，或於該衙門不甚相宜者，即照例咨回吏部候選，不得概行保留，致滋浮濫。其業經留部人員，或始勤終怠，亦著隨時淘汰，毋稍瞻徇，以副朕澄敘官方至意。

《文宗實録》卷四五　十月丁亥，諭軍機大臣等：陸建瀛、楊文定奏，追勦洋匪，盜首投誠等語。山東洋面盜匪，占駕官船南竄，經該督等督飭弁勇截拏。嗣在浙江石浦，探聞盜船，由温州三盤洋面駛往閩洋山嶼島停泊。守備周鼇率同勇目方翔等追勦，盜首布興有呈請投降，並懇請呈繳船隻印信及槍礮等物。該匪等挾黄富興之嫌，輒敢占船搶印，其目無法紀，已可概見。現在各路會勦，呈請投誠，未必非因被追窮蹙，爲苟延旦夕之計。著陸建瀛等即飭鎮將，將礮船印信先行押回，仍飭密察情形，儻稍有反覆，即併力勦捕，擣穴捦渠，毋令片帆逃逸，斷不可因一時乞憐，墮其奸計。並著閩浙各督撫迅派水師將弁，協力痛勦，以期浄絶根株。

欽差大臣大學士賽尚阿奏，進攻永安賊匪情形。得旨，目下軍務正當喫緊，汝斷不可過於焦急，若用心過度，轉致成病，是不能善副朕懷。【略】又奏，粤西股匪以金田會匪最爲頑狡。金田稱太平天國，匪首稱太平王。此時各匪徒未有李丹名姓，其麥二邱、二嫪各股匪，及顔品瑶餘黨，現飭兵練嚴密摻查。

戊子，諭内閣：本年南河豐工漫口，江蘇、山東被水災民，朕心實深繫念，疊經降旨，飭令各該督撫妥爲撫恤，諒必仰體朕懷，次第籌辦。茲據給事中袁甲三奏，請飭令江蘇、山東各督撫設局收養，勸諭各紳商捐貲助賑。如捐有成數，或自行設局經理者，事竣之日，迅速奏請優敘。並於交界地方，派員撫輯，大工處

所，嚴行彈壓等語。向來興辦大工，首先撫恤災民，並可以工代賑。第恐該地方官辦理不善，或有侵漁剋扣，實惠不能及民。其有情殷桑梓，急公捐賑者，又不能覈實請奬，以昭激勸。且於地方匪徒，聚衆逞兇等案，不能從嚴懲辦，何以戢奸宄而安善良？著江蘇、山東各督撫，並鄰省各地方官，按照該給事中摺内所陳，各就地方情形詳細體察，妥協籌辦。其捐貲助賑紳民，經該督撫奏請奬勵，朕必立沛恩施，以爲急公好義者勸。

諭軍機大臣等：本日據户部奏，粤省軍需孔亟，請准該省商民出貲助餉一摺。從前辦理夷務，粤東商民多有捐貲助餉之舉。現在東西兩省軍務方殷，均應寬爲籌備。著徐廣縉、葉名琛察看地方情形，如有急公好義，捐貲較多者，不妨專摺奏請，候朕破格施恩，以昭激勸。

己丑，諭内閣：前因御史雷維翰奏，湖南吏治廢弛，請飭徹底查究，當降旨交程矞采，嚴密訪查。茲據該督逐款查明覆奏，前任湖南巡撫陸費瑔雖查無受賄徇私實據，惟該撫在任多年，於地方事務未能整頓，又辦理習教匪徒，諸形寬縱，實難辭咎，陸費瑔著交部議處。前任湖南布政使萬貢珍、辰沅道呂恩湛既據查無別項劣蹟，業經革職，著毋庸議。知府銜前任桂陽直隸州知州俞昌會性近巧猾，且以應行送部人員，逗遛省垣，私置産業，殊屬不合，著革去知府銜，勒令休致，即飭回籍。

庚寅，以河南布政使蔣霨遠爲貴州巡撫。

壬辰，諭軍機大臣等：奕山、布彦泰奏，遵旨覆議俄囉斯通商章程未盡事宜一摺。據稱，前次俄囉斯來議通商使臣祇有明春遣夷商貿易之説。其到伊犂遲早，彼亦不能豫定，自係實在情形。著該大臣等於明年該夷商初到時，即將夷官是否同來，及入卡後沿途行走，果否恪遵議定章程，先行具奏。其如何蓋造房屋，及該夷交易一切情形，均俟初次試辦完竣時，詳細具奏。其應如何分別奏咨之處，亦俟辦過一次後，再行酌定。至此次議定章程，係於營務處協領等官内，專派二三員，令其照管通商事宜。如派委之員辦理妥協，自可令其一手經理，毋庸拘以年限。亦須試辦後，隨時察看情形，奏請酌定。該大臣等務當遵照前旨，遴委妥員，以期歷久。【略】尋奏俄囉斯商使到時，沿途安静，並無滋事，業已給與地址，聽其修房。

癸巳，兩廣總督徐廣縉奏，酌籌藩關兩庫各款銀三十萬，留備廣西軍需。下部知之。

《文宗實録》卷四六　辛亥，追予浙江陣亡總兵官葛雲飛、鄭國鴻原籍建立專祠。

己亥，以吏治廢弛，革前任湖南巡撫陸費瑔職。

庚子，諭内閣：廣西逆匪竄踞永安州城，現在大兵進勦，層層圍攻。賽尚阿駐劄陽朔，督辦所需軍餉，業經户部陸續撥解，源源接濟。蠢茲小醜，已如釜底遊魂，指日即可一鼓蕩平，搗渠埽穴。惟念兵勇雲集，需用浩繁，必應寬爲儲備。除現經户部撥解外，著再由内庫添撥帑銀一百萬兩，作速解赴廣西大營備用。朕睠懷南服，宵旰難忘，不惜疊發帑金數百萬兩，爲吾民除害。諒該大臣必能督飭文武紳民兵勇，殄滅醜類，迅奏膚功，以副朕綏靖巖疆至意。

癸卯，實授舒興阿陝甘總督。

庚戌，諭内閣：御史宗室英華奏，請肅清蹕路一摺。壇廟大典御路所經，自宜嚴肅。嗣後凡遇朕親行曲禮，自午門至大清門，及蹕路經由處所，著該管大臣等遵照定例，嚴行查察，毋得視爲具文。如有閒雜人等不遵約束，任意往來者，即著查拏懲辦，總期一律肅清，以崇體制。

諭軍機大臣等：前據户部奏，粤省軍需孔亟，請准商民出貲助餉，當降旨著徐廣縉、葉名琛妥協辦理。如有捐貲較多者，准其專摺保奏，並由户部行知山西、陝西等省，一律遵辦。茲有人奏，道光二十三年山西省曾勸捐銀二百餘萬，該地方官假公濟私，藉端滋擾者甚多。有因怨家揑指勒出重貲者，有因私賄夤緣脱身事外者，有因得優敘而索費始詳者，有棍徒句串假託者，種種弊端，不可勝言等語。國家經費有常，一時緩急，借資民力，不惜破格施恩，以爲好義急公者勸。惟在各該省大吏督飭所屬，開誠布公，妥爲勸諭。若如摺内所陳從前劣員，藉端舞弊，尚復成何事體？且山西一省如此，他省亦恐不免。著廣東、山西、陝西各督撫於接到部文之後，妥定章程，明白曉諭，務使上下相信，不得假手吏胥。並責成該管道府隨時稽察，儻有不肖官吏從中漁利，或辦理不善，致生物議，立即指名嚴叅。總期民不擾而事易集，於軍國要需方有裨益。

《文宗實録》卷四七　十一月癸丑，諭内閣：昨據徐廣縉、葉名琛奏，越境窮追，捦獲首匪一摺。逆匪何名科一股嘯聚數千人，奔竄兩粤交界地方，滋擾日久，罪大惡極。茲經廣東、廣西兩省官兵練勇合力兜勦，將首夥各匪悉數捦獲，訊明正法，餘匪翦除殆盡，辦理甚屬可嘉。【略】現在竄踞永安州之洪秀泉等及羅鏡墟之淩十八等均係著名會匪，豈容日久逋逃？該大臣暨該督等仍當激勵將

士，併力圍攻，迅速殲除，以慰朕望。

又諭：徐廣縉、葉名琛奏，勦辦淩十八股匪，先將吴三一股翦除一摺。逆匪淩十八、陳二、吴三分作三股，竄入羅鏡墟，經升任高廉道宗元醇、署肇慶府知府李敦業分飭弁兵前後迎擊，將吴三一股全數殲滅。逆匪三股已去其一，賊勢愈孤，兵心愈壯。該督仍當嚴飭將弁，趁此聲威，趕緊圍攻羅鏡賊巢。諒首匪淩十八等釜底遊魂，不難指日埽蕩也。

諭軍機大臣等：賽尚阿奏，連日進勦永安賊匪情形一摺。賊匪久踞永安，雖經官兵疊次攻勦，總未得手。豈逆匪死黨固結，我兵不免觀望耶？抑調度接應，設間用伏，帶兵大員不能布置得宜耶？烏蘭泰查出退走之兵六名，即於軍前正法，行兵紀律爲要，自應如此辦理。【略】軍餉又發去内庫銀一百萬兩，另由户部撥解一百萬兩，諒可源源接濟。惟據稱軍營每月需銀七十餘萬兩，值此國用支絀之時，儻再耽延，何以爲繼？該大臣諒亦顧慮及此，迅籌全局，以慰宵旰焦思也。

辛酉，又諭：穆騰額奏，達賴喇嘛於明年前往布啦濟綳及齊齊克塔拉等寺，請派駐藏大臣一員護送，抑或另派一官護送一摺。所有達賴喇嘛遵照前世達賴喇嘛前往舊建寺廟，敖茶布惠，化導下人，其意出於至誠，朕心甚爲嘉悦。惟是該達賴喇嘛現在年幼，且齊齊克塔拉距藏較遠，著照穆騰額所請，俟該達賴喇嘛明年擇吉前往齊齊克等寺講經之時，即派恩特亨額妥爲保護。

《文宗實録》卷四八　辛未，又諭：前據常大湻奏，布興有等匪船，現將山東勇船圍住等情，當諭令江南、閩浙各督撫、提鎮等，迅速會勦。並因該匪曾有投誠之稟，如果將黄富興送回，船礮亦均呈繳，即著押赴上海，交陸建瀛酌辦。昨據陸建瀛奏稱，現接常大湻來咨，已添雇勇船，前往接應。如該匪畏罪繳船，即由常大湻就近查辦，毋庸押回上海等語。除盗以勦捕爲先，間有盗勢窮蹙，悔罪投誠，因而准其自首者，亦未始非相機設計，權宜辦理之法。此案前據陸建瀛奏，守備周鼇帶勇追匪，該匪遣小船迎降，並據布興有呈遞稟帖，懇請繳還印信船礮。該督即飛飭葉常春，迅赴該島，將該匪及呈繳等件，押回上海，聽候查辦。朕以匪徒詭詐多端，總當察其情僞，仍一面飭催閩浙等省師船，迅速會勦。惟該匪投誠之説，本由江南鎮弁據情稟報，兹陸建瀛又以匪船本在浙洋，應由浙江查辦，恐辦理兩歧，盗匪或乘間遠颺，轉難措手。陸建瀛向於海疆操縱事機，頗有決斷，此事豈可稍分畛域。著即與常大湻密商合辦，仍嚴飭師船，併力追勦。儻該匪等窮蹙投誠，即可將計就計，令將船礮繳出，並將黄富興送還，再行奏明覈辦。

欽差大臣大學士賽尚阿等奏：永安尚未克復，現督全軍嚴密兜圍。得旨，一鼓作氣，埽數殲捡，豈容再耽時日？然斷斷不可孟浪，致再有挫折，更屬難圖。

丁丑，户部奏：廣西軍用浩繁，銀賤錢貴，糜費愈多。湖南、雲貴、廣東皆與該省接壤，應由各鄰省附近府分籌解錢文至粤，以平市價而裕軍餉。得旨，著諭知賽尚阿、鄒鳴鶴等悉心籌畫，妥速辦理，斷不可有名無實。

戊寅，諭内閣：通政使羅惇衍奏請崇儉禁奢一摺。國家承平日久，生物繁滋，官民競尚奢華，於風俗人心大有關繫。必當申明舊制，以復湻風。【略】著禮部查照道光八年頒行簡明條規，通行内外各衙門，遵照刊刻，出示徧行曉諭，俾民間知所遵循，漸歸湻樸，以副朕崇儉黜奢至意。

《文宗實録》卷四九　十二月癸未，諭内閣：御史周有篁奏，嚴杜奸販接濟，以靖洋匪等語。現在廣艇盗匪，於山東、閩、浙等省洋面游駛，肆行搶劫，總由各省水師訓練不嚴，緝拏不力所致。至内地粟米、硝磺等物，不准出洋，例禁綦嚴。若如所奏，沿海奸徒希圖重價，暗中接濟，地方官何以毫無稽察，任令洋匪游駛自如，無所顧忌，尚復成何事體！著沿海各督撫嚴飭所屬，遇有奸民偷販粟米、硝磺等物出洋，立即訪拏，嚴行究辦。務須實力整飭，不准稍有偷漏。儻地方文武查禁不嚴，致有吏役兵丁句串包庇等弊，即著該督撫等從嚴叅辦，以杜奸萌而清盗源。

丙戌，又諭：陸建瀛、楊文定奏，遵旨籌議海運一摺。前據尚書孫瑞珍奏陳從前海運成效，請將新漕援照辦理。並據御史張祥晉奏，請推廣成案，試辦海運。疊經降旨，諭令陸建瀛等體察情形，悉心妥議具奏。兹據該督撫籌覈大概情形，先行覆奏。所有來年蘇州、松江、常州、鎮江、太倉五府州漕白糧米，著准其一律改由海運。該督撫即查照成案，迅將籌辦章程，詳議奏聞。並著嚴飭各屬，覈實認真辦理，毋致滋生事端。

丁亥，陝甘總督舒興阿奏報謝恩。得旨，以實心辦公事，以慰朕望。永安城一事妥爲經理，不可張皇。蒙古固宜體恤，然不可受其欺蒙。總之操縱在我，毋遽認其哀告爲真也，密之。又奏，籌辦番務情形。批：妥籌辦理。緑營積習，廢弛粉飾，將不能馭兵，兵不知畏將。汝之辦法，尚屬簡易可行。第條款愈多，俾黠者益得滋其欺僞，老實者無所適從。惟有明定賞罰，懲勸兼施，責成各該員弁

等毋得稍存觀望推諉之心，寬其既往，觀其後效。

庚寅，四川總督徐澤醇奏，遵查峩眉山並無教匪總目萬雲龍其人，及忠義堂名號。得旨，仍應嚴密訪緝，勿稍鬆懈。

乙未，以户部右侍郎翁心存爲工部尚書。

丙申，又諭：培成奏參部員營求一摺。盛京工部筆帖式多隆阿於京察未經過堂之先，輒敢至該侍郎私第營求。迨該侍郎進署面斥，將其前次卓異一等銷除，該員仍敢當堂懇求，實屬有干功令。多隆阿著即革職，以爲妄事營求者戒。

《文宗實録》卷五〇　戊戌，浙江巡撫常大淳奏，浙省漕糧礙難海運，請仍循照舊章辦理。得旨，既屬窒礙，著暫停試辦。

庚子，諭内閣：廣西逆匪竄據永安州城，數月以來，官兵四面攻圍，尚未克復，朕心實深焦盼。昨據賽尚阿奏，現在南北兩路移營進偪，疊獲勝仗，蕞爾孤城，自不難指日攻克。行軍之道，賞罰爲先。朕已疊申訓誡，並於賽尚阿出京時，頒給軍營備賞各件，又特賜用遏必隆刀，期於信賞必罰，以振軍威而作士氣。當此大兵合勦，賊匪窮蹙之時，尤當號令嚴明，俾我將士知感知畏，併力争先，庶克一鼓殲捦，膚功迅奏。賽尚阿現駐陽朔，統率諸軍，晝夜籌辦，與朕同此焦勞。著再傳旨，諭知在事文武員弁兵壯人等，務各齊心協力，奮勉圖功。乘此屢勝軍威，機不可失，斷不得稍形疏懈，令逆匪日久稽誅。其出力將士，果有奮勇超羣者，除由該大臣據實保奏外，即將前頒賞件，傳旨賞給，以示褒榮。其有臨陣退縮，不能用命，或守禦不嚴，致賊竄逸，貽誤事機者，該大臣即用朕所賜遏必隆刀立正典刑，以肅軍紀，毋稍姑息。總期賞罰公允，迅埽妖氛，以慰朕望。

辛丑，諭内閣：户部奏，籌議節用各款一摺。理財之道，不外開源、節流二端，而節財之流尤爲濟時要務，如能實力經理，必可行之無弊。該部將現在應節各條，分晰具奏。朕詳加披閱，如嚴覈上下兩忙，分别藩司功過，以專責成；各省存賸款項，按年抵撥，以免牽混，驛站餘賸銀兩提存司庫以備封儲，嚴查交代，以杜新虧等語，皆係就國家自有之財，爲覈實經久之計，著即照所議辦理。該部即會同吏部，將上下忙全完未完省分各藩司，應如何分别議處議敘之處，妥議章程，通行遵照。

辛丑，陜甘總督舒興阿奏：遵查甘肅歉收地方，來春無庸接濟。報聞。

甲辰，諭内閣：前據禮部奏，江蘇舉人安徽黟縣訓導朱駿聲呈遞《説文通訓定聲》一書，當交南書房翰林詳加閲看進呈。朕幾餘披覽，引證尚爲賅洽，頗於小學有裨。朱駿聲著賞加國子監博士銜，以爲留心經訓者勸。

丁未，諭軍機大臣等：德齡奏密陳各城大臣考語一摺，並開單呈覽。朕詳加閲看，俱係八字空言，毫無實際。是該參贊大臣於所轄各城大臣，平素漫不經心，及至年終出考，不過循例敷衍，虚應故事，殊非循名責實之道。德齡著傳旨申飭，原摺單均著發還，交該參贊大臣另行詳細出考，臚列事實，密封覆奏，毋得仍以空言塞責。

己酉，又諭：前據陸建瀛、常大淳先後奏，廣艇盜匪畏罪投誠，疊經降旨，以該匪等前在山東登州海口膽敢占去船礮，竄回閩浙洋面游奕，亟應會督師船迅速勦辦。兹據常大淳會同陸建瀛、季芝昌察看情形具奏，並將該匪等繳出船礮開單呈覽。據稱該匪布興有等畏罪投誠，出自實心。其未即呈繳船礮，及在浙洋圍困守備黄富興勇船，均因盜匪陳成發恃係各船總管，從中阻撓，指使衆夥，搶占滋事。現將陳成發砍傷，捆縛交出，並將黄富興送回，繳出山東師船勇船共二十一隻，水勇二百餘名，商船船户水手一百八十餘名，並被擄難民，全數送出，大小鐵礮共三百餘位，及器械等件，一併呈繳。向來辦理盜匪，間有實心悔罪，繳械投首，亦姑網開一面，以示法外之仁。此次廣艇盜匪布興有等業經該撫等察其投首出自實心，其從中阻撓之陳成發現已戮首示衆，所有該匪等六百二十四名，著加恩，一概免其治罪。

咸豐二年（壬子、一八五二）

《文宗實録》卷五一　正月壬子，是日不御殿受賀，王大臣於乾清門外、衆官暨朝鮮國使臣等於午門外行禮。

又諭：綿悌之繼子奕劻，著加恩賞給貝子兼奉慶良郡王綿慜祭祀。

癸丑，緩徵直隸任邱、固安【略】二十九州縣上年被水被雹村莊新舊額賦，並給任邱、固安、高陽三縣被水災民口糧有差。

《東華續録》咸豐一三　乙卯，允舒興阿奏籌辦甘肅保甲。

《文宗實録》卷五一　庚申，甘肅提督索文奏報到任日期並飭所屬各標挑選精壯勤加操練，防緝番賊。得旨：務須言行相符，不可徒循故事，好好爲之，文武相濟，事克有成，斷不准自甘愚蠢，反畏文員。武弁習氣固壞，然較之不肖文吏猶爲彼勝於此，默識心存，不必形於言色，營伍若有應整頓者，隨時奏聞。

《東華續録》咸豐一三　辛酉，命裕誠爲大學士，以禧恩爲户部尚書，調德興爲户部左侍郎，以奕經爲工部左侍郎，以直隸總督訥爾經額協辦大學士。

《文宗實録》卷五一　壬戌，諭内閣：御史張煒奏，請嚴禁演戲奢靡積習等語。京師五城向有戲園戲莊歌舞昇平，歲時宴集，原爲例所不禁。惟相沿日久，競尚奢華，如該御史所奏或添夜唱，或列女座，宴會飯饌日侈一日，殊非崇儉黜奢之道。至所演各劇原爲勸善懲惡，俾知觀感，若靡曼之音，鬬很之技，長奸誨盗，流弊滋多，於風俗人心更有關繫。現在國服將除，必應及早嚴禁。著步軍統領衙門、五城御史先期刊示曉諭，届時認真查辦，如仍蹈前項弊端，即將開設園莊之人嚴拏懲辦，以振靡俗而除積習。

欽差大臣大學士賽尚阿等奏，大兵雲集永安，克復州城期在指顧，報捷後需費繁多，請籌撥餉銀二百萬兩，俾得迅速蕆事。下部議，從之。

乙丑，諭軍機大臣等：楊文定奏，江蘇錢漕積困日深，現籌整頓情形一摺。江蘇漕務疲玩與大户把持之弊，朕早有所聞，必當力求整頓，庶可漸挽頽風。【略】該省蘇松等屬漕糧現在改由海運，著該撫於漕務辦竣時，飭屬各就地方情形認真清釐，總期苛徵可息，民困可蘇。如有紳衿大户把持抗欠等弊，即行據實具奏，從重治罪，以儆刁風。至所稱興修水利，墾築荒廢淹浸田畝，均係地方要務，該撫惟當實力整頓。

《東華續録》咸豐一三　戊辰，允季芝昌等奏辦福建保甲章程。

《文宗實録》卷五二　庚午，諭軍機大臣等：據孫鏘鳴奏，廣西難平之患尚不在永安一處，其招募之廣勇及各處壯勇均不受節制，戰不向前，處不安静，並有暗中通賊者，閒與裁汰，遂肆劫掠，新到潮勇，尤節節滋事。經過梧州地方閉城數日，其招安之巨匪如大頭羊、大鯉魚等仍在潯梧一帶江面，包貨抽税，剽劫如常等語。向來召募鄉勇最難遣散，現因兵力不敷，不能不兼資練勇。將來事平之後或抽擇精壯充伍，其出力得功者留營拔用，其餘遣歸復業；或酌留若干人，派員管帶，撈捕土匪，防守地方，一二年再行全撤。必應先事妥爲籌計，務期萬全無弊，不致貽害將來。即現在各路募勇亦應嚴飭管帶之員，堅明約束。

《東華續録》咸豐一三　辛未，吏部以大學士裕誠應定何殿閣請，得旨：著爲文淵閣大學士。

《文宗實録》卷五二　甲戌，諭内閣：【略】茲届京察之期，吏部將京外各大員開單題請，朕詳加酌定：大學士賽尚阿、祁寯藻、禮部尚書何汝霖在軍機處行走有年，實力匡襄，殫心竭慮，自軍興以來夙夜在公，勤勞倍著。賽尚阿總統軍務，調度有方。工部侍郎彭蕴章自參樞務以來，克盡厥職。協辦大學士杜受田學醇品正，在上書房行走多年，深資訓誨，現承辦實録底本，詳慎纂輯，不遺餘力。户部尚書孫瑞珍辦理部務，事事實心，盡力籌維，任勞任怨。協辦大學士、直隸總督訥爾經額久任畿疆，於吏治營伍亦能整頓，辦事諳練。湖廣總督程矞采除暴安良，克膺疆寄。兩廣總督徐廣縉慎密有爲，操縱合宜，雖所轄兩省地方不靖，而平日辦理一切朕甚嘉許。均著加恩交部議敘。

乙亥，命吏部左侍郎張芾仍留江西學政任，以禮部右侍郎曾國藩兼署吏部左侍郎，工部左侍郎吕賢基兼署刑部左侍郎。

辛巳，又諭：賽尚阿奏，進攻賊巢連獲勝仗一摺。永安逆匪於上年十二月二十七、三十等日，疊次出巢窺伺，均經兵勇擊退。本年正月初一日向榮親督鎮將攻城之西礮臺，兵勇奮勇争先，並將東礮臺之賊擊傷多名。初二日向榮仍至西礮臺，用大礮對嶺轟擊，東礮臺之賊分股來撲，參將馬龍督兵追擊，立將賊匪擊敗。次日向榮督率鎮將先將東礮臺紅廟等處誘賊出巢，兵勇短兵衝殺，該匪竄回，乘勢追入，立奪小礮臺一處。烏蘭泰與開隆阿督帶兵壯攻西礮臺之南，並攻開賊寨，兵勇擁入，該匪被擡槍火彈擊斃甚多。許祥光、張敬修於初二日擊退賊匪，遂於松山立營，築礮臺於能六嶺頂，又於獨守廟及古眉峽口等處立三大營。十二日紅廟等處之賊冒雨撲我新營，亦經兵勇擊退。並據奏稱賊之礮臺望樓爲風雷擊毁兩處。該逆等罪大惡極，神人共憤，現在勢益窮蹙，定可即日蕩平，該大臣等當激勵將士，乘勝圍勦。

《東華續録》咸豐一三　是月，給直隸任邱等三縣、安徽宿州等七州縣及屯坐各衛、湖南安鄉縣被水災民口糧。貸江西德化縣、湖北漢川等三縣及屯坐衛所軍民耔種。緩徵直隸薊州等二十九州縣水災、雹災，展緩浙江海甯等十七州縣歉收新舊額賦。免江蘇淮安等七府州攤徵未完挑築河工銀。

《文宗實録》卷五三　二月壬午，以詹事府詹事俞長贊充日講起居注官，翰林院侍講汪振基、編修龍元僖署日講起居注官。

甲申，以宣宗成皇帝梓宫奉安山陵，恭奉神牌黄輿回京，免經過之宛平、良鄉、涿、房山、淶水、易六州縣地方本年額賦。

丙戌，諭内閣：朕於本月二十日啟鑾後，著派順承郡王春山、大學士卓秉恬、尚書禧恩、吉倫泰、都統禄普留京辦事。

丁亥，山東巡撫陳慶偕因病解任，調河南巡撫李僡爲山東巡撫，未到任前，以布政使劉源灝暫署。以廣東布政使柏貴爲河南巡撫，雲南按察使崇綸爲廣東布政使，安徽甯池太廣道張印塘爲雲南按察使。

癸巳，命協辦大學士、直隸總督訥爾精額在紫禁城騎馬。

《東華續録》咸豐一三 戊戌，兩江總督陸建瀛奏，前督臣陶澍於淮北極疲之時議改票鹽，一切規模數年而後定見。聞淮南議論紛紛，意欲更改章程，業經出示查禁，俾人心不至摇惑。得旨，慎勿爲浮言所惑，著傳諭劉良駒斷斷不准將就，若稍有摇惑則前功盡棄矣。

《文宗實録》卷五四 己亥，諭内閣：賽尚阿奏，南邕兵勇攻破那勤賊巢，殲捦多名一摺。粤匪顔品瑶餘黨在靈山縣新鋪那勤地方分踞日久，經兩省兵勇疊次圍攻，連獲勝仗。【略】著即督飭在事文武會合兩省兵勇乘鋭前進，將新鋪賊巢一律蕩平，並將帶傷逃竄之首匪蘇凝三嚴拏務獲，毋任遠颺。把總張鴻才疊次裹創力戰，奮不顧身，勇敢異常，著即以千總升用。此外出力官紳員弁兵勇，查明據實保奏。

庚子，諭軍機大臣等：本日據徐廣縉等奏，請撥粤海關税以濟廣東軍餉一摺。據稱接奉部行接濟團練章程，業經出示曉諭，一俟捐有成數，即行儘解廣西。惟自上年十月停止捐輸以後，一切經費計無所出，是該省自行動用之款已形支絀，而接濟西省之項亦關緊要。著該督等再行籌畫，如現在停止捐輸，於軍餉急需實有窒礙，即著查照該督等原議捐輸章程，一面迅速奏聞，一面妥爲辦理。

壬寅，頒浙江甯波府殉節兩江總督裕謙專祠御書扁額曰：忠藎承家。

癸卯，諭内閣：張祥河奏，紳民請建原任巡撫專祠一摺。林則徐前在陝西巡撫任内，居官慈惠，率屬廉明，其籌辦撫賑、培植學校、嚴懲奸宄諸政蹟均於地方有裨，現據該撫奏稱該省西安、同州、鳳翔等屬紳民公懇建立專祠，著准其擇地捐建，以表臣績而順民情。

甲辰，諭軍機大臣等：劉源灝奏籌辦海防情形一摺。本年海運，山東省水師將弁不敷巡防，自係實在情形。惟請飭江蘇遴派武職大員北來防衛一節，業據陸建瀛等奏定章程，並分咨山東、直隸等省沿途接護。又據稱飭令江蘇在籍員外郎王承基、安徽候補知縣沈譽來等雇募水勇，分爲頭尾兩幫，督押糧米起運，是江蘇已有勇船防護，不致漫無約束。况米船現經陸續開洋，若此時始令派委大員，轉恐遷延時日，緩不濟急。該署撫仍照現定章程妥爲辦理，毋庸再議更張。至登州鎮總兵武迎吉計日即可到任，該省水師情形應如何整頓之處，即著與該鎮隨時會商籌辦，實力操防，毋得稍存諉卸。

《東華續録》咸豐一三 乙巳，上謁泰陵、泰東陵、昌陵。詣昌陵饗殿孝和睿皇后梓宫前行饗奠禮。詣慕陵隆恩殿宣宗成皇帝梓宫前行饗奠禮。詣孝穆成皇后、孝慎成皇后、孝全成皇后寶城前行禮。畢，閲視寶城。

《文宗實録》卷五四 諭内閣：王慶雲、聯英奏，遵旨查明山西清查情形並叅員追款一摺。【略】嗣後州縣交代，該撫務當嚴飭該司，截清款項，禁止通融，斷不准以前任無著之款累及後任。儻該管上司抑勒接受及虚出通關，希圖掩飾，即著一併叅處。

丙午，命莊親王奕仁在御前行走。

賞已革刑部左侍郎寶清三等侍衛，爲駐藏幫辦大臣。

己酉，諭内閣：賽尚阿奏，進攻永安逆匪屢獲勝仗一摺，並片奏南、太一帶賊匪肅清等語。二月初七、初十、十三等日，我兵南北兩路進攻賊巢，斃匪甚多。惟因連旬暴雨，未即大舉深入，該大臣仍當激勵將士相機進勦，殄此醜類，無稍疏縱。至新鋪賊巢經兵勇攻破，首匪顔三臨陣斬獲，其甯明州及龍州一帶巨匪黄東太、翟二一並僞軍師陳樹禮均各就捦，南、太一帶業已肅清。廣西藩司勞崇光自赴南太以來，與東西兩省文武會督勦賊，調度有方，將匪黨悉數埽除，洵堪嘉尚。勞崇光著賞給頭品頂帶以示奬勵，所有出力之文武員弁兵勇人等，著該大臣查明保奏，候朕施恩。該省現有波山艇匪在梧州一帶滋擾，即著勞崇光乘勝帶兵馳赴該處，督率地方文武迅速翦除，勿令句結延蔓。

庚戌，兩江總督陸建瀛等奏，豐工引河放後，猝遇風暴，大壩門占蟄動，現仍竭力趕辦合龍。得旨，卿等竭盡心力，妥慎趕辦。

《東華續録》咸豐一三 是月，展賑山東濟甯等八州縣衛被水災民一月口糧。免湖廣荆州等五衛、湖南澧州等六州縣積欠錢漕銀米。

《東華續録》咸豐一四 三月壬子，大葬宣宗成皇帝於慕陵，命大學士裕誠、祁寯藻恭題神主，上就位行虞祭禮，畢，恭送神牌黄輿啟行。自是每日朝夕，詣黄幄行禮，至還宫皆如之。

命莊親王奕仁、鎮國公有鳳、輔國公恆明、協辦大學士杜受田、尚書奕湘、恆春、左都御史朱鳳標、侍郎杜翻、吕賢基、散秩大臣繼善、恩醇、乾清門侍衛載鶱

恭奉宣宗成皇帝神牌黄輿回京。

《文宗實録》卷五五　癸丑，以吏部尚書賈楨署翰林院掌院學士。

是日，回鑾，駐蹕秋瀾行宫。

《東華續録》咸豐一四丁巳，恭奉宣宗成皇帝、孝穆成皇后、孝慎成皇后、孝全成皇后神牌升祔太廟，安奉神牌於奉先殿。翌日，頒詔天下。

《文宗實録》卷五五　兩江總督陸建瀛等奏，江蘇海運漕糧續兑正耗米三十二萬三千六百石有奇，白糧正耗米二萬七千五百石有奇，委員查明各船隨帶器械，跟幫開行並派勇船護送出洋。報聞。

戊午，以升祔太廟禮成頒詔天下。

庚申，又諭：本日據鄒鳴鶴奏，克復永安州城，生擒逆首，先將辦理情形馳報。現在探知大廣地方及昭平之大洞龍寮、荔浦之天平坳等處，均爲賊匪逃竄之路，東西兩省毗連處所尤不可不豫爲堵截。著徐廣縉等迅派文武員弁，嚴密巡防，不准稍有疏虞，致滋延蔓。

《文宗實録》卷五六　辛酉，諭内閣：賽尚阿奏，收復永安州城，生擒逆首，並現在勦辦情形一摺。永安州城逆匪逃出分竄，我兵四面兜勦，疊有斬戮。現獲之洪大泉即逆首洪秀泉之謀主，現已派員檻送京師。此次統計殺賊不下二三千名，生擒百餘名，惟因連日大雨，山險路滑，以致總兵長瑞等同時陣亡。覽奏實深悼惜。烏蘭泰、向榮督兵追勦，雖殲擒賊匪甚多，究因鋭進失機，咎無可辭，著一併交部嚴加議處，賽尚阿調度失宜，著交部議處。

甲子，諭軍機大臣等：【略】又諭：前因軍需河工用度浩繁，經户部籌議，遵旨行知山西、陝西、河南、四川等省令各督撫勸諭官紳士民量力捐輸，以濟要需。現在廣西軍務未能剋期竣事，籌解軍餉仍當寬爲儲備，著户部於未經行知各省分體察情形，分别籌議。

乙丑，兩江總督陸建瀛等奏報，海運漕糧全數兑竣，計兑漕糧正耗米一百七萬八千石有奇，白糧正耗米八萬一千三百石有奇，委員查明各船隨帶器械，跟幫開行，並飛咨沿海各鎮營帶兵巡護，以聯聲勢。報聞。

賞前任吐魯番領隊大臣海枚藍翎侍衛，爲科布多幫辦大臣。

丙寅，改鑄浙江歸安縣儒學條記。從巡撫常大淳請也。

丁卯，命綏遠城將軍托明阿在紫禁城騎馬。

命禮部尚書何汝霖無庸在軍機大臣上行走。

戊辰，又諭：賽尚阿奏，逆匪竄擾省城，派兵防勦，現在移營陽朔督辦情形一摺。【略】著賽尚阿仍遵前旨，相機勦辦，與鄒鳴鶴、向榮等内外夾擊，務將分竄之匪迅速撲滅，以衛省垣，毋稍延玩。

命惇郡王奕誴帶領侍衛十員，往奠故喀爾喀扎薩克親王車登巴咱爾茶酒，賞銀一千兩治喪，予祭葬，以其子達爾瑪襲爵。

《東華續録》咸豐一四　己巳，以勦賊失律，降賽尚阿四級，革向榮、烏蘭泰職，均留任。拔烏蘭泰花翎。

《文宗實録》卷五六　庚午，禮部以宗室會試中額請。得旨，取中二名。

《文宗實録》卷五七　辛未，又諭：朕於四月初六日啟鑾後，著派睿親王仁壽、定郡王載銓、大學士裕誠、協辦大學士杜受田、尚書柏葰留京辦事。

甲戌，諭内閣：徐廣縉、葉名琛奏，封川江口堵勦廣西匪船，大獲勝仗，現在分派員弁會勦一摺。【略】。著徐廣縉即督飭兩省文武員弁無分畛域，合力勦辦，務將艇匪悉數殲除，無任竄逸。

刑部尚書恆春等覆奏，囤積私酒人犯，請仍照原擬辦理。得旨：著照所擬辦理，嗣後如再有囤積過數者必應嚴懲。恆春自任刑部以來，諸事廢弛，近日尤甚，著降爲三品頂戴，以觀後效。

《東華續録》咸豐一四　戊寅，王植以病免，以陸元烺署江西巡撫，調張芾爲刑部左侍郎，以沈兆霖爲吏部右侍郎。

《文宗實録》卷五七　己卯，諭内閣：昨降旨，令各部院大臣、九卿、科道各進直言以匡時政。本日據給事中陳壇遵旨陳言，懇請遇災而懼，益深惕畏，以召天和而固人心。披覽所奏頗合責難陳善之義，深契朕衷。

庚辰，諭内閣：勝保奏陳時務各條，朕詳加披閲，所論軍務、河工、明賞罰以振紀綱等語，與給事中陳壇所奏大畧相同，昨已明降諭旨宣示中外。其所稱近日硃批多而諭旨少，又云市井細民時或私論主德。朕因其語無確指，令軍機大臣傳旨飭令據實回奏。兹據勝保覆奏，所云諸臣條奏及交部重案議覆上時奉旨依議發下，外人不知，似宜通行宣示。此言未諳政體，向來各部奏事有依所議行者，即不另降諭旨。【略】嗣後有言責者惟當臚陳實事，不得摭拾空談，致負朕望。

《東華續録》咸豐一四　是月，貸山西遼州等十一州縣上年歉收貧民倉穀，並緩徵保德等九州縣買補節年動缺倉穀。蠲緩安徽無爲等三十四州縣及屯坐

各衛水災額賦。免浙江甯波無徵洋商税銀。免江西節年緩徵銀米。

四月壬午，常雩祀天於圜丘，恭奉宣宗成皇帝配享。

癸未，以恭奉宣宗成皇帝配天禮成，頒詔天下。

《文宗實録》卷五八　頒發朝鮮國宣宗成皇帝配享郊壇詔書，賞給該國王緞匹如例。

以翰林院侍講吴保泰、左春坊左中允史湝署日講起居注官。

丙戌，諭軍機大臣等：賽尚阿奏自請治罪一摺，已明降諭旨，暫令戴罪圖功，並派徐廣縉馳往粤西會辦矣。現在逆匪尚在圍攻省城，各處兵力聚於北路，該大臣駐劄陽朔，省南兵力稍單，萬一逆匪因省城固守，難於攻撲，復向南路竄突，該大臣現帶之兵僅有二千，儻致疏虞，更屬不成事體。本日已降旨，飭令四川、雲貴各再挑備精兵二千，該大臣如有應需調遣之處，即一面奏聞，一面飛調應用。鄒鳴鶴、向榮等守禦省城，現與該大臣聲息相通，除軍事隨機應變不及往返咨商外，其舉劾等事仍當統歸欽差大臣查覈具奏，以免兩歧。

《東華續録》咸豐一四　丙戌，上行釋服禮，恭謁慕陵，啟鑾。

《文宗實録》卷五八　丁亥，諭内閣：逆匪初撲省城，烏蘭泰督兵直至城下，已據將軍橋要隘，乃因礮傷入骨，甫及兩旬，遽致殞命，深堪憫惻。烏蘭泰著加恩照陣亡例議卹，以慰忠魂。尋予祭葬世職，如都統例。謚武壯，賞銀一千兩治喪。

《東華續録》咸豐一四　諭：恭親王奕訢於本月二十二日分府，著在内廷行走，仍在上書房讀書。

《文宗實録》卷五九　乙未，又諭：固慶奏，請飭禁無票流民私出邊卡一摺。吉林爲根本重地，向不准無業流民私往潛住，近聞各邊卡稽查疏懈，難保無逃亡人户溷迹潛蹤，冀圖私墾。若不嚴行禁止，於旗民生計風俗均有關礙。著山海關副都統、盛京將軍等嚴飭各屬，按照舊例，於要隘地方，往來行旅，認真稽查，概不准無票流民私往潛住，毋任因循積久，致滋弊端。

丙申，諭内閣：賽尚阿奏逆匪被勦分竄現在省城圍解一摺。據稱逆匪水陸被勦，於初一日夜分路逃竄。現在向榮駐守省城，余萬清、勞崇光均各趕到，著賽尚阿即飛催各路文武督率兵勇，分投追勦。並著程矞采、徐廣縉等飭令文武於交界處所嚴防竄越，勿令逆燄復張，現在徐廣縉計已帶兵馳赴廣西，正可合力攻勦，一鼓蕩平也。

丁酉，諭内閣：顔以燠奏，豫東黄運湖河現在受患情形一摺。【略】著與陸建瀛、楊以增隨時會商妥辦。至該省被水災黎今尚未能復業，朕心實深憫惻，著劉源灝派委司道大員周歷巡查，妥籌賑撫。

戊戌，又諭：太僕寺少卿徐繼畬奏陳釋服之後，三漸宜防：一曰土木之漸，一曰晏安之漸，一曰壅蔽之漸。援古證今，深切事理，於朕修身、制行、聽言、用人之道裨益良多。【略】徐繼畬此奏朕當置之座右，用資省覽。昨據副都御史李菡陳奏因循積習等弊四條，所論亦不爲無見，著并存之，以備採擇。

己亥，諭軍機大臣等：前據户部奏請復緑營兵制舊額以節糜費，並侍郎曾國藩條陳裁兵事宜。本日復據户部尚書孫瑞珍奏，豫籌庫餉請照前議施行等語。【略】嗣後武職官員如再有隱匿空糧等弊，即著該管大吏嚴參重處，以儆貪婪而肅戎政。至各該地方，今昔情形或有不同，不妨於裁汰之中寓變通之法，即有裒多益寡之處，統全省緑營而計，總不至逾舊額，各該督撫受恩深重，諒能各矢公忠，妥爲辦理也。

《文宗實録》卷六〇　辛丑，策試天下貢士孫慶咸等二百三十九人於保和殿。

《東華續録》咸豐一四　辛丑，特登額以病免，以桂良爲兵部尚書。

以前任閩浙總督怡良爲福州將軍。

《文宗實録》卷六〇　癸卯，命協辦大學士杜受田、福州將軍怡良馳赴山東、江南查辦事件。

乙巳，上御太和殿傳臚，賜一甲章鋆、楊泗孫、潘祖蔭三人進士及第，二甲彭瑞毓等一百八人進士出身，三甲何桂芳等一百二十八人同進士出身。

丙午，又諭：賽尚阿奏賊匪竄逸督飭諸軍追勦一摺。【略】朕即覺其張皇失措，一籌莫展，若非賽尚阿豫調向榮赴省守禦，幾誤事機。此次賊匪北竄，又欲將猛將精兵留以自衛，株守省城，實屬怯懦無能，大負委任，鄒鳴鶴著即革職以示懲儆。

又諭：大學士、軍機大臣會同刑部具奏，審明甘肅番案各員分別定擬一摺。已革陝甘總督琦善辦理雍沙番族並無搶劫確據，輒行調兵勦洗，已屬謬妄，且並未先期奏明，尤屬專擅，著發往吉林效力贖罪。

以廣西布政使勞崇光爲巡撫。

己酉，諭内閣：上年豐北決口，山東、江南各州縣被災較廣，疊經降旨，動撥

銀款酌籌捐項，賑撫兼施，俾災黎無虞失所。現在大工緩堵，時日方長，賑款所餘誠恐不敷支發，小民待哺嗷嗷，朕心時深軫念。昨已令户部籌議，截留漕米備賑，本日又據杜受田、怡良奏請派大員督辦賑務等語。所有山東賑務著派藩司劉源灝，江南賑務著派藩司祁宿藻率屬查勘，專司督辦。即著於江廣各幫漕糧内截留米六十萬石，分撥江南三十萬石，山東三十萬石，以備賑濟。其應如何撥運、存儲散放之處，即由各該藩司酌定章程，妥爲經理，仍隨時報明。

以刑部右侍郎陸應穀署河南巡撫。

《東華續録》咸豐一四　是月，貸伊犁被旱回民耔種。緩徵安徽無爲州積歉災區本年額賦暨壓徵蘆課。貸湖北荆州等四衛並湖南岳州衛幫丁辦運銀。

《文宗實録》卷六一　五月辛亥，奕山、布彦泰奏，庫存回布壅積過多，請暫停徵運一摺。伊犁庫存回布，連起運在途，多至四十七萬餘匹。每年需用不過二萬匹，若不及早變通，必至積久黴朽。著德齡會同奕山等查明葉爾羌、喀什噶爾、和闐等城每年回户布匹正賦，應如何變通折徵，仍不至苦累回户，悉心籌議，奏明辦理。其塔爾巴哈台分運布匹，著即暫行停運。

壬子，調四川、江西兵各二千名赴湖南勦賊。

《東華續録》咸豐一五　甲寅，召駱秉章來京，調張亮基爲湖南巡撫。以黄宗漢爲雲南巡撫，易棠爲甘肅布政使，長臻爲陝西按察使。

《文宗實録》卷六一　戊午，諭軍機大臣等：本日據程矞采馳奏，粤匪竄至永州城外，官兵堵禦獲勝情形，並請欽差大臣前赴湖南，以一事權等語。【略】著賽尚阿迅即統帶大兵，馳赴湖南，扼要駐劄。鎮將中孰應留粤，孰宜赴楚，自行酌量調遣。其粤西防勦事宜即著勞崇光籌辦，向榮前爲鄒鳴鶴留駐省垣，據賽尚阿奏，已飭劉長清赴楚勦賊，向榮回提督本任。此次賽尚阿移營湖南，是否仍需向榮前往，可資得力，抑或令其專辦廣西軍務，均由該大臣酌度辦理。現已派前任湖北巡撫羅繞典馳赴湖南，幫辦軍務。

《東華續録》咸豐一五　庚申，調常大湻爲湖北巡撫，黄宗漢爲浙江巡撫，未到任前，以布政使椿壽署理。以吴振棫爲雲南巡撫。

以湖南道州被陷，總督程矞采、巡撫駱秉章下部議處。

《文宗實録》卷六一　辛酉，又諭：據吴文鎔等奏，請飭廣西仿照嘉慶年間舉行築堡事宜，並鈔録明亮等原奏呈覽。上年粤匪滋事，疊經有人條奏堅壁清野之議，飭令實力舉行。現在賊竄楚境，已降旨飭令該督撫等勸諭紳民團練，自相保衛。著程矞采會同龔裕、駱秉章查照所奏，各就地方體察情形，飭屬認真試辦，總須隨地制宜，方爲妥善。常大湻、張亮基到任後，並著接續辦理。

《東華續録》咸豐一五　癸亥，命吏部左侍郎邵燦、户部右侍郎麟魁在軍機大臣上行走。

《文宗實録》卷六一　甲子，月食。

諭軍機大臣等：龔裕奏，籌辦防堵事宜請酌撥官兵軍餉一摺。粤西逆匪竄入楚境，湖北與湖南接壤，必應豫籌防堵。據奏，已調宜施各營兵一千名，派員管帶交將軍台湧分派嚴防，並咨明程矞采等迅派官兵堵截。即著嚴飭兩省帶兵文武於水路各要隘，認真堵截，毋任賊匪擱入，尤須察看地勢，扼要設防，嚴密偵探，但不得過事張皇，轉致人心摇惑。前已有旨，令提督博勒恭武暫緩來京陛見，所有湖北防堵事宜著與將軍台湧會同地方官，妥爲布置。

革湖北巡撫龔裕職，仍令戴罪籌辦防堵事宜。

調陝西兵二千名、河南兵一千名赴湖北防堵。

乙丑，以都察院左都御史花沙納署翰林院掌院學士。

《文宗實録》卷六二　丁卯，諭内閣：前已有旨令賽尚阿迅赴湖南籌辦軍務，其未到以前著程矞采督辦防勦。所有軍營提鎮以下帶兵大員統歸節制，該督其通盤籌畫，相機調度，以副委任。

壬申，以已革吏部尚書文慶、光禄寺卿許乃普爲内閣學士兼禮部侍郎銜。

癸酉，諭内閣：程矞采奏叅棄城失守文武各員並查明道州被陷情形。前任湖南提督余萬清，經程矞采派令帶兵防守道州，乃於逆匪竄入境内，輒先棄城而逃，又復捏詞支飾，遊擊瞿我謙亦係駐守州城之員，何以不知去向？余萬清、瞿我謙均著革職拏問，仍於查拏瞿我謙到案時嚴訊逃避情形，據實具奏。道州知州王揆一有守土之責，據奏受傷踰城，投河遇救各情節，殊屬支離，著一併革職拏問。

又諭：駱秉章奏請鄉試展期一摺。現在粤西匪徒竄擾湖南邊境，各屬士子團練保衛，未能如期應試，自應量加體恤。所有湖南省本年壬子科文武鄉試，著改於明年舉行。

丁丑，諭内閣：户部奏，旗民交産擬請量爲變通一摺，另片奏奉天旗地仍照舊例辦理等語。向來旗民交産，例禁綦嚴，無如日久弊生，或指地借錢，或支使長租，顯避交易之名，陰行典賣之實。此項地畝，從前免納官租，原係體恤旗人

生計，今既私相授受，適啟胥役人等訛詐句串等弊，爭訟繁多，未始不由於此，若仍照舊例禁止，殊屬有名無實。著照該部所請，除奉天一省旗地，盜典盜賣仍照舊例嚴行查禁外，嗣後坐落順天、直隸等處旗地，無論老圈自置，亦無論京旗屯居，及何項民人，俱准互相買賣，照例稅契升科。其從前已賣之田，業主售主均免治罪，一切應辦事宜，仍著該部妥議章程具奏。

己卯，諭軍機大臣等：御史梁紹獻奏請查辦沿海各關走私積弊一摺。【略】著各該將軍督撫及各關監督等按照摺內所指各情，認真查辦，事關交涉外夷，辦理之法先在嚴查內地商民，杜絕弊端，俾夷商無可藉口，斷不准稍涉張皇，別生枝節。

《文宗實録》卷六三　六月庚辰，以翰林院侍講學士訥爾濟、侍讀孫鼎臣、侍講廣鳳、編修晉康、詹事府少詹事王履謙充日講起居注官，翰林院編修卓檉、呂倌孫署日講起居注官。

壬午，以翰林院侍讀學士潘曾瑩爲光禄寺卿。

以先聖周公後裔東野茂嵩承襲五經博士。

丙戌，諭軍機大臣等：據賽尚阿馳奏，逆匪現踞道州，我軍圍勦情形，並通籌全局，現已馳赴永州督辦各一摺。據稱嚴斷接濟一節，最關緊要。昨已諭令程矞采認真查察，該大臣現已帶兵馳抵永州，著即將目前防勦事宜，會商妥辦。

《東華續録》咸豐一五　戊子，萬壽節，上御正大光明殿受賀。

《文宗實録》卷六三　己丑，以工部右侍郎錫齡爲浙江鄉試正考官，翰林院編修劉書年爲副考官。禮部右侍郎曾國藩爲江西鄉試正考官，江南道御史丁浩爲副考官。詹事府少詹事王履謙爲湖北鄉試正考官，翰林院編修許其光爲副考官。

癸巳，諭內閣：本日據端華、載垣等遵旨回奏各一摺。殿廷考試功令綦嚴，端華經朕特派監試，輒爲已革侍講學士保清修補試卷，實屬違例，著退出御前大臣，交宗人府議處。載垣未能阻止，著一併交宗人府議處。

《東華續録》咸豐一五　甲午，諭內閣：舒興阿奏，遵旨籌議番務章程一摺，並開單呈覽。朕詳加披閱，所稱分別地界以杜推諉，不分畛域以嚴堵擊，徵調營汛，發給令旗，裁撤零卡，統歸總隘，以及添派馬探，增築濠壘，各營會哨隨地搜查，番族歲賞仍復舊例，各條籌畫均屬周妥，著即照所議辦理。

《文宗實録》卷六四　丙申，又諭：程矞采奏請將前叅棄城失守各員交賽尚阿審辦一摺。革職拏問之前任湖南提督余萬清、遊擊瞿我謙、道州知州王揆一，著交賽尚阿會同程矞采將該革員等嚴行審訊，按律定擬具奏。

丁酉，廣東巡撫葉名琛奏報，馳抵羅定，籌勦淩十八股匪情形。得旨，籌畫尚爲周妥。

戊戌，又諭：顏以燠奏，患病增劇，勢難赴工一摺。本年豐北口門未經合龍，運河漫水未退，南糧北上已形艱滯。現在大汛經臨，黃河水長，濟運修防諸關緊要，該河督受恩深重，正當力圖報效。據稱手足麻木，係屬積勞舊疾。【略】顏以燠著即開缺，仍留東河，俟病痊後以道員降補。河東河道總督著慧成補授，即著馳驛前往，慧成未到任以前，著陸應穀暫行兼署。

辛丑，諭軍機大臣等：勞崇光奏通籌防勦情形一摺。據稱道州距桂林、平樂兩府屬之恭城、富川、賀縣、灌陽、興安、全州等州縣均祗一二百里，處處有徑路可通省城。該撫自應通籌全局，加意防堵。【略】賽尚阿現已移劄永州，所有廣西軍務即由該督撫悉心會議商辦，其有關涉楚省事務隨時咨明賽尚阿行營，庶可不致歧誤。提督向榮現在桂林，稱病累月，竟將公事委之代理，殊屬不成事體，著該督傳旨飭令接印任事，毋得藉詞觀望，致干重咎。

又諭：德勒克多爾濟等密奏請肅清邊界卡倫一摺。著照所請辦理，惟此事關繫外國，自應遵照舊章，鎮定辦理，斷不可紛紛起釁。

壬寅，駐藏辦事大臣穆騰額因病解任，賞科布多幫辦大臣海枚二等侍衛，爲駐藏辦事大臣。已革阿克蘇辦事大臣輯瑞三等侍衛，爲科布多幫辦大臣。

甲辰，命升任福州將軍桂良來京，以閩浙總督季芝昌兼署福州將軍。

丁未，先是福建巡撫王懿德奏籌行鈔法以濟急需，命軍機大臣會同户部議奏。至是奏稱民間行用鋪户銀錢各票乃取銀取錢之據。若用鈔，則鈔即爲銀，鈔即爲錢，與鋪户各票之持以取銀錢者不同，必致民情不信，滯礙難行。該撫所請改行鈔法之説，應毋庸議。報聞。

《東華續録》咸豐一五　是月，貸江蘇蘇、松等屬幫丁銀穀，湖南乾州等五廳縣屯丁穀石。緩徵雲南黑鹽井竈商應解續捐銀。展緩江蘇海州等四州縣被水地方，山東濮州等十五州縣衛被旱被雹莊屯新舊額賦。免浙江海甯等四十八州縣衛被災緩徵銀米。

《文宗實録》卷六五　七月己酉，諭內閣：給事中袁甲三覆奏定郡王載銓廣收門生一摺。據稱載銓曾繪《息肩圖》一卷，題詠甚多，凡屬門生皆係師生稱謂。

著載銓將所繪《息肩圖》即行呈進。

《東華續録》咸豐一六　壬子，裁貴州緑營逾額兵三千九百九十二名。

《文宗實録》卷六五　癸丑，又諭：賽尚阿、程矞采奏，道州賊匪分股句結土匪竄入江華縣城一摺，又片奏賊匪復撲永明，縣城失守等語。該匪於旬日之間，連陷兩城，殊堪髮指。地方文武何以毫無準備，帶兵大員何以不急籌援救，且江華失守後劉長清帶兵已抵永明，正當乘勢進攻，乃繞赴遠處劄營，實出情理之外。已革總兵劉長清著即拏問。永明縣知縣常連係守土之官，輒以請兵爲辭，擅離職守，著一併革職拏問，交賽尚阿、程矞采嚴訊定擬具奏。賽尚阿、程矞采、駱秉章、和春著一併交部議處。

《東華續録》咸豐一六　己未，諭内閣：兵部奏請將八旗及各省駐防官員，告休定例，改歸畫一等語。定例緑營官員，凡遇軍政之年不准告病乞休，八旗則例雖無專條，向俱照緑營辦理。惟各省駐防多有臨考告休，仍請食俸者，辦理殊未畫一。嗣後各省駐防旗員均著與在京八旗，按照緑營定例，如有於軍政之年告病乞休者，即行勒令休致，其出兵受傷非在三處以上，亦不得題請給俸，以杜規避而免歧異。該部即纂入則例，永遠遵行。

癸亥，諭軍機大臣等：徐廣縉奏，辦理廣西勦堵各事宜並量裁省局各摺片。【略】即酌派福興統兵，迅由間道馳往協勦，務須先其所急，速殄羣醜，無誤事機。另片奏，量行裁減省局支應一節，所見甚是。即著照所議覈實辦理，仍移咨勞崇光確切查覈，從前辦理糧臺官吏紳民等有剋扣冒領等弊，即著從嚴条辦。至湖南軍餉近又請撥三百萬兩，已由户部籌撥一百五十萬，其餘另行籌款，陸續撥給。【略】著徐廣縉、葉名琛於廣東省設法籌畫，無論關税錢糧及正雜各款，或於商棧暫行通融，如湖南待用甚急，即迅速酌撥，以濟要需。

乙丑，先是湖廣總督程矞采覆奏，湖北宜昌府爲四川入楚門户，堵巡私鹽應將向設隴旺冲等卡略爲改移，並添派宜昌府協同宜昌鎮督緝，以專責成，覈其功過，奏請議敘議處。下户部議。至是奏應如所議辦理，從之。

丙寅，諭内閣：協辦大學士杜受田秉躬端正，勵節直清，經術淵醇，體用兼備。【略】杜受田竟以感受暑溼觸發舊患肝證，於本月初九日遽至不起。披覽遺章，不覺聲淚俱下，悲痛實深。回憶書齋景況，如在目前，奉使陛辭，情尤眷戀，方冀贊襄帷幄，讜論常聞，詎料相暌兩月，晤對無期耶！著賞給陀羅經被，由驛發往，加恩晉贈太師、大學士，入祀賢良祠。即照大學士例賜卹，任内一切處分悉予開復，應得卹典，該衙門察例具奏。並賞給廣儲司銀五千兩，經理喪事，靈柩回京沿途地方官妥爲照料護送，准其入城治喪，屆時朕當親臨奠醊，用伸悲悃。

戊辰，又諭：前據給事中袁甲三奏条定郡王載銓、刑部尚書恒春、侍郎書元、直隸總督訥爾經額各摺片。【略】據載銓奏稱於保舉之人，欲以師生稱謂者不能豫爲攔阻等語，均屬不知避嫌，有違定例，載銓著交宗人府嚴加議處。【略】内閣學士載齡、内閣侍讀許誦恆均係師生稱謂，顯違例禁。載齡、許誦恆均著交部議處。其題圖之潘世恩、卓秉恬、祁寯藻、柏葰、周祖培、麟魁、吴鍾駿、黄贊湯、錫齡、文慶、慧成、富呢雅杭阿、潘曾瑩、潘曾綬、葉名灃等亦有不合，著一併交各該衙門，分别議處。

《東華續録》咸豐一六　辛未，諭内閣：宗人府奏，遵議定郡王載銓處分一摺。載銓著改爲罰王俸二年，不准抵銷，其所兼領侍衛内大臣著即開除，並無庸管理健鋭營事務。

《文宗實録》卷六七　壬申，又諭：本日據賽尚阿、程矞采馳奏，賊匪竄踞湖南郴州，已有旨，諭令徐廣縉由廣西帶兵馳赴湖南會勦。所有兩廣總督並欽差大臣關防著葉名琛署理，廣東巡撫即著柏貴暫署。楚粤交界地方防堵緊要，該署督務嚴飭提鎮及地方文武員弁，隨時偵探，扼要設防。儻須越境夾擊，毋稍拘泥，致失事機。至廣西、湖南兩省軍餉，如有緩不濟急之處，該署督撫仍遵前旨，無論何款趕緊設法籌備。

命四川總督徐澤醇來京，以成都將軍裕瑞兼署四川總督。

以勦賊無功，欽差大臣大學士賽尚阿、湖廣總督程矞采、湖南巡撫駱秉章下部議處。

甲戌，又諭：吏部等衙門奏，遵議恒春等處分一摺。刑部尚書恒春、侍郎書元均著改爲降四級調用，内閣學士載齡、侍讀許誦恆均著改爲降二級調用，潘世恩、卓秉恬、祁寯藻、柏葰、周祖培、麟魁、吴鍾駿、黄贊湯、錫齡、文慶、慧成、富呢雅杭阿、潘曾瑩、潘曾綬、葉名灃均著改爲罰俸半年，不准抵銷。

命安徽選兵一千名，河南選兵二千名，豫備湖北咨調。

乙亥，命内閣學士常志爲實録館副總裁官。

以吏部尚書柏葰署正藍旗漢軍都統。

《東華續録》咸豐一六　撥河南藩庫銀二十五萬兩備東河防險工需。

是月，免江蘇海運沙船旗丁應賠遭風漂失米、安徽和州借修官圩未完攤徵銀。緩徵廣東佛岡等十五廳州縣道光三十年被擾逋賦，浙江定海廳減徵額賦。

《文宗實録》卷六八　八月己卯，又諭：朕因向榮久歷戎行，才尚可用，於道光三十年八月特旨調任廣西。【略】乃本日據徐廣縉叅奏，向榮於六月二十七日先已接印，至七月初六日奉到飭令任事之旨，竟稱病難速痊，求該督奏請開缺。朕不料向榮喪心昧良，膽大藐玩至於此極。國家用人原期其才能幹濟，即使功過不掩，亦不妨舍短取長。【略】向榮著即革職，發往新疆效力贖罪，以爲辜恩巧避者戒。

《東華續録》咸豐一六　庚辰，吏部遵議，欽差大臣賽尚阿、湖廣總督程矞采、前任湖南巡撫駱秉章處分，請照溺職例革職。得旨，賽尚阿、程矞采、駱秉章均著加恩，改爲革職留任。

甲申，以羅繞典署江西巡撫。

調安徽兵一千名、河南兵二千名赴湖北勦賊。

《文宗實録》卷六八　丙戌，又諭：昨有旨，令羅繞典署理江西巡撫，就近由湖南馳驛前往。本日據羅繞典等馳奏，賊匪竄撲長沙省城，現在督率兵勇籌辦防勦等語。湖南省城防守現當喫緊之時，該署撫勢難剋期前赴江西，所有江西巡撫仍著陸元烺署理。該省吉安、瑞州、袁州各屬多與湖南毗連，且賊匪本有由醴陵竄越江西之謡，邊界地方防堵綦要，亟應嚴密布置，俾免疏虞。至團練保衛及地勢夷險情形，本省紳士尤爲熟悉，前任刑部尚書陳孚恩現告養親回籍，近在省城，即著幫同陸元烺辦理一切團練防堵事宜。

釋吉林效力已革陝甘總督琦善回旗。

戊子，諭軍機大臣等：現因粵匪竄擾湖南，其鄰近之湖北、江西兩省，防堵緊要。已有旨令安徽、河南各調精兵，迅赴各該省聽候調遣。惟豫、皖兩省調兵過多，須於鄰省備調接應以壯聲威。著舒興阿、張祥河於陝甘各標官兵內選備精兵三千名，豫派得力將弁，妥備軍裝器械，如安徽、河南等省咨調，即奏明派往。

又諭：陸建瀛奏，江西警報疊至，請將湖北省所調安徽官兵先行改赴江西一摺。【略】是現在情形，湖北尤爲緊要，所有前調安徽官兵一千名，著仍遵前旨飛速調赴湖北。至江西兵力不敷，著該督即會同楊文定、蔣文慶於江蘇、安徽二省官兵內，選調精兵二千名馳赴江西吉安、袁州、瑞州一帶，聽候署巡撫陸元烺會同在籍尚書陳孚恩酌量調遣。

《文宗實録》卷六九　己丑，諭內閣：前據羅繞典等奏，逆匪於七月二十八日由醴陵竄至省城，【略】何以半月以來並無奏章報到？殊出情理之外。賽尚阿、程矞采均著摘去頂帶，拔去花翎，仍著賽尚阿統帶官兵馳援長沙，徐廣縉此時當已督帶精兵行抵楚境，著即併力夾擊，使賊匪進退無路。

辛卯，又諭：張亮基奏，行抵湖南常德府籌辦堵勦一摺。【略】現在張亮基業已行抵常德府城，復調辰沅道所屬土兵一千名、鎮筸鎮兵八百名並前調之貴州兵一千名合力進勦，著該撫即親督將弁，與省城派出兵勇，內外夾擊，痛加勦洗。

癸巳，辦事大臣德齡奏報烏什、喀什噶爾二處，嚴防夷匪。得旨，若再進卡句結，務期全數殲捦，勿任遠颺。

《東華續録》咸豐一六　調常大淳爲山西巡撫，羅繞典爲湖北巡撫，以張芾署江西巡撫。

《文宗實録》卷六九　甲午，以右春坊右中允何廷謙、翰林院編修匡源署日講起居注官。

丙申，諭軍機大臣等：前據徐廣縉奏叅，向榮藉病規避，當有旨將向榮革職，發往新疆效力贖罪。茲據向榮奏，遵旨交卸赴楚援勦，並詳陳患病情形。【略】著徐廣縉再行察看，如向榮實係知感知懼，力疾自效，即由該大臣奏明，暫停發遣，留於軍營差遣委用。

《文宗實録》卷七〇　庚子，上御洞明堂，句到四川上年情實罪犯，停決斬犯二十人，絞犯二人，餘七十四人予句。

辛丑，諭內閣：賽尚阿、程矞采奏，逆匪分竄長沙，省城內守外援並督諸軍分勦各匪一摺。【略】茲據賽尚阿奏稱，前經檄調，向榮由粵赴楚，現已馳抵衡州，飭令統兵即赴長沙應援。該革員此次遵調來楚，尚爲迅速，著暫緩發遣，即令統帶四川、河南等處官兵，奮勉勦賊，戴罪圖功，以觀後效。

署江西巡撫陸元烺奏，楚氛不靖，派兵前赴吉安、袁州二府防堵。得旨，嚴密防堵，勿許闌入。

命四川提督蘇布通阿馳赴湖南軍營聽候調遣。

甲辰，諭內閣：前據張亮基奏，調貴州黎平府知府胡林翼前赴湖南差委，當

經降旨允准。兹據蔣霨遠奏，黎平毗連楚粵，防堵需人等語，胡林翼著毋庸調赴湖南。

諭軍機大臣等：【略】又諭：據陸元烺奏，江西需兵甚急，就近調撥閩浙精兵堵勦一摺。【略】前有旨令於江蘇、安徽兩省選調精兵二千名，馳赴江西。兹據陸元烺奏，蘇省相距較遠，兵到緩不濟急，著准其於福建汀州、浙江衢州兩鎮營内，就近各調精兵一千名，由各該督撫迅派得力將弁，飭令管帶，迅速馳赴江西。

又諭：程矞采奏，楚省軍務支發章程未便照粵西辦理，現在力求覈減一摺。據稱，查覈廣西省支發章程，凡屬鹽糧銀數無不例外加增，並有增至數倍者，兵丁鹽菜口糧每名日給銀米之數，已屬與例不符。【略】前任巡撫鄒鳴鶴督率糧臺大員，專司其事，何以任意開銷，毫無察覈？勞崇光在外勦辦匪徒，糧臺非其專責，無所用其迴護，著即確查據實具奏。並將細册迅速咨送户部，其浮冒侵吞各員，著即嚴參，毋稍含混。

乙巳，又諭：朕於九月十一日啟鑾後，著派惠親王大學士卓秉恬、尚書柏葰、禧恩、麟魁、侍郎奕經留京辦事。步軍統領著奕經暫行署理。

丙午，朝鮮國使臣徐念淯等三人於西安門内瞻覲。

《文宗實録》卷七一　九月己酉，又諭：自廣西軍興以來將及兩載，朕念生民塗炭，宵旰焦勞，無時或釋。前因大學士賽尚阿人尚樸誠，能任艱苦，特命爲欽差大臣前往督勦。【略】賽尚阿著革職拏問，由徐廣縉派員解交刑部治罪。程矞采總制兩湖，特命前往湖南督辦防堵一年之久，如果布置得宜，堵禦嚴密，何至任賊竄越。【略】程矞采著即行革職，仍留軍營辦理糧臺事務。駱秉章、鮑起豹均有文武地方之責，不能豫爲防範，咎亦難辭，惟念現在長沙城内守禦正當喫緊之時，著俟勦辦省城賊匪完竣後，再降諭旨。

辛亥，諭軍機大臣等：據賽尚阿等奏，連日戰守獲勝各情，又據羅繞典等奏會商進勦獲勝並郴州大股賊匪踵至各摺片。【略】昨已降旨，授徐廣縉爲欽差大臣並署湖廣總督，此時計已馳抵軍營，著即相度地勢，扼要駐劄，督飭福興所帶得勝兵勇，並各路援兵，迅赴長沙接應。

命協辦大學士、直隸總督訥爾經額爲大學士，仍留直隸總督任。户部尚書禧恩協辦大學士，充國史館總裁官。吏部尚書賈楨協辦大學士。

命大學士祁寯藻管户部事。

命兩江總督陸建瀛會同河道總督楊以增，勘辦洪澤湖仁壩工程。

壬子，命大學士卓秉恬管工部事，命協辦大學士、户部尚書禧恩管理藩院事，命理藩院尚書吉倫泰管雍和宫事。

甲寅，又諭：舒興阿奏，官兵兜勦番賊，大獲勝仗，全股殲除，並生擒首惡，現在撤兵歸伍一摺。【略】該督等督辦有方，洵堪嘉尚，舒興阿、索文均著交部議敘。所有鎮將備弁及兵練人等著擇其尤爲出力者，酌量保奏，候朕施恩。

《東華續録》咸豐一七　命前任湖南巡撫駱秉章暫留湖南，辦理防勦事宜。

戊午，上啟鑾謁東陵。

《文宗實録》卷七一　戊午，諭内閣：樂斌奏，遵查民回互鬭起釁緣由，請將緝捕不力之署同知懲處一摺。【略】兹據奏稱，民回互鬭係因争占廟攤地址及搶錢起釁，並無約期械鬭情事。署吐魯番同知薩斌泰訪拏案犯，未能全行弋獲，經該都統嚴飭，又僅獲一名，緝捕實屬不力。薩斌泰著先行革職留任，勒限三箇月，飭將案内兇犯悉數拏獲，嚴行審辦，如限滿無獲，著即嚴參。

諭軍機大臣等：據奕山、德齡、特克星額、桂齡等奏，夷匪四次竄入喀什噶爾所屬卡倫，復經官兵擊退各一摺。【略】據拏獲安集延、布魯特奸匪供稱，句結潛辦鉛子火藥，又探聽官兵數目，是該匪等蓄謀煽亂已久，現在卡内回子雖未被其煽惑，而賊匪總未大受懲創，仍在卡外窺伺，難保不去而復來。桂齡現在移營托古薩克，務與特克星額確偵嚴防，毋稍疏忽，並著奕山、布彦泰、德齡嚴飭所屬，並附近各城一體嚴密防堵。

己未，諭軍機大臣等：常大淳奏，賊欲北竄湖北，防禦兵單，請飭湖南速派官兵來岳助防，並懇添調官兵一摺。【略】著台湧、常大淳、博勒恭武、雙福等相機調度，扼要嚴防，仍宜示以鎮静，毋得稍露張皇，轉致居民驚擾。常大淳所請餉銀三十萬兩，已飭部速議具奏矣。

《東華續録》咸豐一七　調陝甘官兵三千名赴湖北勦賊。

《文宗實録》卷七一　辛酉，上恭謁昭西陵、孝陵、孝東陵、景陵、裕陵，俱未至碑亭，即降輿慟哭，步入隆恩門，詣寶城前行禮，躬奠哀慟。王以下文武大臣官員均隨行禮。

《東華續録》咸豐一七　壬戌，吏部以大學士訥爾經額應定何殿閣請。得旨：著爲文淵閣大學士。

甲子，上幸朱華山，酹酒回鑾。

《文宗實録》卷七二　丙寅，諭軍機大臣等：據賽尚阿奏，堵賊分竄情形並帶兵進省一摺。【略】前曾諭令徐廣縉抵楚後扼要駐劄，現在賊衆全在長沙，城外情形萬分喫緊，何以至今尚未見該大臣奏報抵楚日期？且賽尚阿業經獲罪，統帥無人，朕心甚爲懸繫，著徐廣縉迅速兼程前進，直赴省城，與羅繞典、張亮基、駱秉章、鮑起豹等督率文武，乘此賊夥聚集尚未潰散之時，合力攻勦，一鼓殲除。

己巳，調任山西巡撫湖北巡撫常大淳奏，湖北被淹各屬已成災象，先行動項接濟窮黎，俾免失所。得旨，汝現雖調任，籌賑事宜，不可不盡心經理。

辛未，諭内閣：程矞采奏請飭催各省撥解軍餉銀兩一摺。現在湖南軍務未竣，應需餉銀，必須源源接濟，不容稍有遲誤。兹據奏稱，兩淮等處部撥湖南軍餉，現尚未解到者共銀二百六十六萬兩零。著兩江、四川、陝西、安徽、浙江、河南、山東、山西各督撫及長蘆鹽政，迅將未經起解餉銀委員趕緊管解啟程。

甲戌，以協辦大學士、贈大學士杜受田靈柩到京，命恭親王奕訢帶領侍衛十員往奠茶酒。

丙子，命貴州提督善禄赴湖南軍營，交欽差大臣徐廣縉飭辦勦捕事務。

丁丑，諭軍機大臣等：户部奏請飭各省豫籌軍餉一摺。現在楚、粤軍務未能剋期竣事，應用軍餉浩繁，各省疆吏自應迅速籌畫，以資接濟。除湖南、湖北、廣東、廣西、江西、甘肅、雲南、貴州等省或用兵防堵，或地近邊陲，均毋庸議外，其餘各省著該督撫鹽政等督飭藩運各司，確查各該省可減可删之款及留支待用正雜等項，約計至本年下忙爲止，可以移緩就急者，每省或二三十萬兩，或一二十萬兩，各自體察情形，從寬籌備，迅速覈明數目。

《東華續録》咸豐一七　是月，蠲緩直隸保定四十二州縣被水被風被雹邨莊額賦並給口糧有差。

《文宗實録》卷七三　十月戊寅，頒咸豐三年時憲書。

己卯，諭軍機大臣等：逆匪攻擾長沙，已經五旬之久，【略】著即飭令合力會勦，毋稍延緩，如將弁有臨陣畏葸退避，仍蹈從前惡習者，該大臣即一面奏聞，一面於軍前正法，以肅軍律。逆首洪秀泉、楊秀青等是否均在妙高峯一帶，賊巢務須設法殲捦。

《咸豐朝籌辦夷務始末》卷六　壬午，庫倫辦事大臣德勒克多爾濟等奏，委員及黑龍江將軍所派協領等會同俄囉斯夷官審明槍斃俄夷人犯，供詞均與該將軍原審相符。該犯等搶奪俄夷馬匹銀錢等物，悉按原案贓照例加倍折罰銀七百餘兩，經委員等面交會審夷官收領，業經换寫字據，行文知照俄囉斯固畢爾那托爾。現將該犯五名分起由庫倫解送黑龍江，交該將軍遵候部議辦理。硃批：該部速議具奏。

《文宗實録》卷七三　癸未，諭内閣：僧格林沁奏，骽疾時發，步履維艱，一切差使恐有不敬，請開御前大臣、領侍衛内大臣之缺等語。僧格林沁毋庸開缺，嗣後凡遇隨從行禮差使，著加恩毋庸隨從，以示體恤。

壬辰，廣西巡撫勞崇光奏，遵查粤西軍營支發章程，惟優給壯勇雇值及加增武職鹽糧長夫，均與例案不符。係因軍務緊急，量爲變通，將來歸入外銷辦理，尚非任意糜費，得旨，汝摺内聲明外銷之款，若無此旨，則未免含混，速定章程，從實覈辦。

閩浙總督季芝昌以疾乞休，允之。調雲貴總督吴文鎔爲閩浙總督，以湖北巡撫羅繞典爲雲貴總督，廣東布政使崇綸爲湖北巡撫。

《文宗實録》卷七四　甲午，上御太和殿宣制，册立皇后，王以下文武大臣官員行慶賀禮。

命大學士裕誠爲正使，禮部尚書奕相爲副使，持節齎册寶，册立貴妃鈕祜禄氏爲皇后。

《咸豐朝籌辦夷務始末》卷六　乙未，庫倫辦事大臣德勒克多爾濟等奏，接閲俄囉斯固畢爾那托爾來文，内稱：請遵照原定條約，禁止夷商與華商互换金銀錢並互换錢票等語。當交恰克圖司員賽音博勒格圖查明此事，與華商有無妨礙之處，詳細稟報。兹據該司員報稱，向來華商與俄商貿易俱以錢票互换，並不知錢票爲俄國違禁之物，其金銀錢一項，據商民聲稱約計自道光二十一二年間换起，從此禁止，尚無窒礙。惟錢票一項，至今互换五十餘年，現在商民所存夷商錢票以銀計算，共合八萬餘兩。設驟行禁止，夷商不肯按票償銀，恐致苦累商民，易生枝節等情。應即行知俄囉斯固畢爾那托爾，嗣後金銀錢一項即行知停止互换。惟商民現存錢票應予限一年，令其全行交清，嗣後不准再换，俟該夷回覆再行覈辦。諭内閣：此案著交理藩院議奏。

《文宗實録》卷七四　丁酉，諭内閣：葉名琛奏，馳抵韶州，分兵截勦賊匪，疊獲勝仗，並各路圍拏多賊一摺。【略】亟應趁此聲威，痛加勦洗，毋留餘孽，並於楚粤交界各路，加意設防。如有應須協勦之處，該署督即飭令將弁越境，合力

殲捦，以綏邊圉。

戊戌，又諭：御史張澧翰奏，軍流徒犯動輒脱逃，逞兇肆擾，請嚴加管束一摺。【略】即如兵部前奏，烏嚕木齊脱逃遣犯竟至六百七十八名之多，其未經查出者尚不知凡幾。著各該將軍、都統、督撫、府尹暨新疆大臣等嚴飭所屬於各處安置人犯，嚴密防範，勿任潛逃。如有在配所滋事逞兇者，即行從重懲治，至發遣人犯經過地方尤當妥爲護解，不得稍有鬆懈。其遇赦釋回人犯，責令地方官嚴行約束，認真稽查。

己亥，又諭：禮部奏，據朝鮮國王咨稱，近年以來内地船隻前往該處沿海各島捕魚，每次漁船或八九十隻，或數百隻，船載多人並有鳥銃器械等件。其船號俱是登州、萊州、甯海、榮城、奉天、江南、蘇州各等處船隻，未便擅行驅逐等語。沿海居民越界漁採，例禁綦嚴。【略】著盛京將軍、奉天府府尹並沿海各督撫，飭屬一體嚴禁，認真編查。如有前項船隻越境漁採，即行照例懲辦，將該管官查參議處，並著該部行知該國王，遵照康熙年間諭旨嚴查辦理，以肅邊防而申禁令。

庚子，以勦獲福建臺灣匪徒洪紀，賞臺灣道徐宗幹、叅將常存花翎，餘升敘有差。

甲辰，諭内閣：徐廣縉奏，遵旨查明賽尚阿隨帶文武員弁兵丁飭令回京，開單呈覽。副都統銜頭等侍衛開隆阿，係朕特命賽尚阿帶往軍營之員，著仍留湖南軍營，交徐廣縉差遣委用，其餘士魁等文武各員及兵丁等均著飭令回京當差。

乙巳，定郡王載銓等奏，酌擬寬籌軍餉章程。

《東華續録》咸豐一七 是月，蠲緩山西托克托城被旱邨莊本年額賦，並給口糧。緩徵山東歷城等四十六州縣、德州四衛被災民屯並范縣被水邨莊新舊額賦。緩徵廣西、江西被賊各鹽埠道光三十年課餉之半。蠲緩湖北公安等二十八州縣、武昌等九衛被水被旱民屯新舊額賦。給鍾祥、公安、漢川、天門災民口糧。蠲緩奉天金、復等九廳州被水旗地本年額賦，貸遼陽牛莊旗户一月口糧。賑四川平山等八州縣災民。免江西撫州幫漕船遭風漂失米。

《文宗實録》卷七五 十一月己酉，諭内閣：通政使羅惇衍奏，一月之中日月並食，請嚴飭廷臣實力修省，以回天變，並請停止冬至慶賀等語。【略】現在盜賊未平，河決未堵，國用未足，民困未蘇，總由朕用人行政，多有缺失，適見於天，敢不自省，所有本年冬至升殿受賀典禮，著即停止。

又諭：羅繞典等奏，賊匪被勦竄逃，省城圍解一摺。【略】著徐廣縉、羅繞典、張亮基督飭各路將弁兵勇迅速兜截，合力追勦，務期埽蕩賊氛，毋留餘孽。

壬子，四川學政何紹基奏，請鑄用大錢以復古救時，並禁止民用銅器。得旨：所奏不爲無見，然小錢大錢，制雖異，用實同。現鑄小錢，銅尚不足，何況大錢乎？汝知一，未知二也。至器用多銅，原干例禁，本年曾經降旨，況古制亦非盡善，舉一事必欲復古，試問井田封建尚可復乎？此摺著户部存記，若有可行時，不妨採擇入奏。

甲寅，諭内閣：黄宗漢奏，浙江新漕試行海運，請飭江蘇委員幫同辦理一摺。來年浙漕海運係屬創始，豫雇船隻最爲緊要。除由該省自雇北運商船外，其不敷船隻應由上海添雇，著兩江總督、江蘇巡撫派委妥員幫同辦理。所有江蘇、浙江海運事宜，並著該督等責成按察使倪良燿總司其事，以資熟手，總期不分畛域，妥速籌辦，毋稍延誤。

《咸豐朝籌辦夷務始末》卷六 丙辰，庫倫辦事大臣德勒克多爾濟等奏，據俄國固畢爾那托爾咨稱，三月間庫博勒哲庫卡倫荒火突發，延至敝國地方，當即撲滅。貴國章京並未咨報，求飭所屬，如遇此等事件即行知照等語。當令總管貝子德濟特多爾濟查明，係蒙克托羅噶依卡兵與該處孩童於三月十六日在郊放荒頑耍，未能撲滅，以致延及俄國地界。查此次火發雖延俄夷境内，並無損傷，來文已經聲明，自與該國無所講論。惟蒙克托羅噶依卡倫章京朗棍札市遺漏未報，以致該夷咨詢，均屬不合。除將官兵等另行懲辦外，並嚴飭該員等，嗣後於邊界要卡，留心防守。

《文宗實録》卷七六 丁巳，諭軍機大臣等：據常大湻、雙福先後馳奏，逆匪竄入岳州，府城失守，湖北情形緊急各一摺。【略】提督博勒恭武受傷是否屬實，何以任兵潰散，著先行革職，仍著查明，據實具奏。岳州府城文武下落一併查明奏聞。湖南省城現有張亮基、鮑起豹駐守，羅繞典著暫留湖南，若有應行帶兵堵勦之處，著該大臣等酌量籌辦，毋誤事機。

戊午，以内閣學士許乃普署工部右侍郎兼管錢法堂事務。

賞已革陝甘總督琦善三品頂帶，署河南巡撫。

命前任湖南巡撫駱秉章留於武昌省城，幫辦防堵事務。

《東華續録》咸豐一八 調陝甘兵二千名、西安駐防兵一千名赴河南防勦。

《文宗實録》卷七六 庚申，兩江總督陸建瀛等奏稱，拏獲青浦縣毆官拒捕案犯王阿辛等八名，仍嚴緝首匪周立春等，務獲究辦。得旨：此等匪犯務期必

獲，不可任聽屬員蒙混，以遠颺無蹤爲辭。

壬戌，諭軍機大臣等：陸建瀛奏查明長江守禦一摺。【略】茲據陸建瀛所奏各節，該督籍隸楚北所奏自係實情，著徐廣縉、常大淳按照所陳，悉心體察水陸地勢，扼要設防。尤須派委得力大員前往督率，豫爲布置，鎮撫人心，毋至臨時猝辦，稍有延誤。

《東華續録》咸豐一八　乙丑，孫毓淮以病免，調蘇敬衡爲浙江按察使。以文煜爲四川按察使。

調山東、浙江兵各二千名赴安徽防勦。

丙寅，調山東兵一千名、山西兵三千名赴河南防勦。

《文宗實録》卷七七　戊辰，諭内閣：穆騰額奏，班禪額爾德尼七旬生辰，接受賞件呈請謝恩，並呈進吉祥丹書克乞爲轉奏一摺。班禪額爾德尼歷居後藏有年，深通經術，推演黃教，且其照顧喇嘛黑人爲年更久，茲又請進丹書克，其誠愨之忱，朕心尤爲歡悦。著照所請，准其交明年年班進京之堪布，代爲呈進。

辛未，諭内閣：軍興以來，將兩年矣，廣西瘡痍未復，湖南又遭塗炭，近乃逆氛更熾，擾及武昌、漢陽，所過郡縣悉被蹂躪。雖桂林、長沙兩省城幸保無虞，而我民之遷徙流離亦已不堪言狀。朕御宇三載，未能安輯四方，俾我民咸登衽席，深宮自省，豈止寢食不安！【略】前此被賊滋擾省分，疊經降旨令該督撫查明奏請，分别蠲緩撫恤。茲者岳州失守，擾及武昌、漢陽一帶，眷懷南服，憂思益深，若再令疆吏飭屬照常徵納，小民其何以堪？著該督撫悉心體察被賊地方，分别蠲緩，奏請恩施。其餘應行徵收錢糧之處，亦著嚴查各州縣，總期照舊開徵，毋得稍有浮勒，庶幾吾民於顛沛困苦之時，不至再受追呼迫切之累。該大臣督撫等即刊刻謄黃，徧諭閭閻，其各仰體朕意，速振軍心，用殲羣醜，毋再因循玩泄，致干重罪。

《東華續録》咸豐一八　賞署河南巡撫琦善二品頂帶。

《文宗實録》卷七七　壬申，諭軍機大臣等：寄諭欽差大臣署湖廣總督徐廣縉等，御史陳慶鏞條陳軍務一摺。朕詳加披覽，所奏不爲無見。【略】其有能捦斬逆首者，除賞銀十萬兩外，即封爵之榮、世職之賞，朕亦不吝。該大臣等即懸示賞格，俾人人曉喻，儻陷於賊營之人有能殺賊效命，自拔來歸者，亦可予以自新，加之重賞。其將弁兵勇有不用命及退避不前者，即分别嚴懲，無稍姑息。

癸酉，諭内閣：著派火器營官兵四十名，齎帶火箭二千枝並各旗營火藥二萬斤，由驛前往河南，交琦善差遣備用。

《東華續録》咸豐一八　是月，給安徽鳳陽等四州縣、浙江金華等五縣災民口糧。貸湖南安鄉縣貧民麥種。展緩兩淮富安等十四場被水竈地新舊額賦。展緩徵吉林三姓被水地畝上年銀穀，江西南昌等五縣水災旱災地畝本年額賦，並展緩新建等十一縣節年緩徵正雜額賦。蠲緩河南永城等二十七州縣、安徽靈壁等三十八州縣、宣州等三衛、山東滕、嶧等六州縣、濟甯、臨清二衛、浙江仁和等四十九州縣、杭、嚴等二衛、湖南武陵等九州縣並岳州衛水災、旱災、風災、雹災歉收地畝新舊額賦。

《文宗實録》卷七八　十二月丙子，停運湖南、湖北被擾州縣本年新漕。

《東華續録》咸豐一八　丁丑，命協領台斐音、保巴揚阿等管帶吉林、黑龍江兵各二千名赴河南，交琦善調遣。

《文宗實録》卷七八　己卯，諭軍機大臣等：昨據徐廣縉奏，軍營將弁及地方文武膽玩情形，已有旨令擇尤懲辦。本日復明降諭旨，將福興革職，和春等革職留任矣。【略】即責成徐廣縉、向榮二人專辦。本日復明降諭旨，頒給陸建瀛、琦善欽差大臣關防，所有江蘇、安徽、江西毗連湖北各要隘，責成陸建瀛妥爲布置，仍令於上游扼要堵勦，其河南各要路，即責成琦善帶兵進攻。

以提督銜幫辦軍務向榮爲廣西提督。

《東華續録》咸豐一八　庚辰，命正黃旗蒙古副都統明慶帶領吉林、黑龍江兵赴河南聽琦善調遣。

辛巳，禮部尚書何汝霖卒，贈太子太保，予祭葬，謚恪慎，並賞其孫承禧舉人。

以徐澤醇爲禮部尚書，慧成署四川總督，福濟爲河東河道總督。

《文宗實録》卷七八　壬午，直隸總督訥爾經額等奏，現調直隸各兵由琦善督催前行，續到官兵即由陳金綬管帶。得旨，琦善現已授爲欽差大臣，軍中有所統率，自可相機調度，一切應緩應急，朕斷不遥制。陳金綬忠誠素著，勇敢無敵，戰陣之事可與商酌。現在營員中經戰者甚少，大半皆怯懦之人，陳金綬雖精力未衰，究不宜仗仗在前，朕不放心。殲茲羣醜，在此一舉，朕惟有竭誠籲天以消民劫也。此旨著寄與琦善、陳金綬看。

《咸豐朝籌辦夷務始末》卷六　甲申，諭軍機大臣等：寄諭署兩廣總督葉名琛，季芝昌、王懿德等奏，暎咭唎夷人久羈琉球，該國王世子遣使來閩，求爲請諭

並鈔録原咨呈覽一摺。【略】著該署督再向該夷目咆吟相機開導，諭令將啪噫吟撤回，以示懷柔而杜他釁。並將該領事如何答覆之處，一面奏聞，一面咨會閩浙總督，諭知琉球使臣可也。

《文宗實録》卷七九　丙戌，又諭：逆匪紛竄湖北，圍撲武昌，疊經諭令，陸建瀛兼程馳赴九江上游一帶，迅籌江防，遏賊東下之路，並頒給欽差大臣關防，復命户部先撥庫帑銀三十萬兩，以濟軍需。

己丑，諭内閣：據户部遵旨議覆，崇文門徵收貨税向以茶酒煙布爲大宗，近來酒税日見虧短，總因奸商雇覓貧民私運，私背囤積，隱賣漏税日多，則正税日少。著步軍統領衙門、順天府將販運私酒各匪犯，隨時一體查拏，奏明懲辦。

癸巳，諭内閣：本日據徐廣縉馳奏，逆匪攻陷武昌，省城失守一摺。覽奏憤恨莫可言喻！【略】。徐廣縉著革去兩廣總督，拔去雙眼花翎，仍以欽差大臣暫署湖廣總督。向榮著革職，仍幫辦軍務，戴罪勦賊，以觀後效。武昌爲省會要地，乃竟被賊攻陷，官兵士民慘遭荼毒，朕自愧自恨，用人失當，不能迅速拯我生民，殄兹羣醜。顧瞻南服，寢饋難安。前已令琦善、陸建瀛爲欽差大臣各帶重兵馳往迎勦，又命陝甘總督拾興阿、四川將軍署總督裕瑞各選精兵馳往楚省交界，合力勦捕。

甲午，以前任湖南巡撫駱秉章暫署湖北巡撫。

以革職廣西提督向榮暫署湖北提督。

《文宗實録》卷八〇　丙申，諭軍機大臣等：青麐、楊以增奏辦理壩工一摺。【略】總期年内及早合龍，以副朕望。楊以增、查文經及在事員弁，經朕棄瑕録用，應如何感激思奮，急圖自效，儻再有疏失，其能當此重罪耶！青麐著仍遵前旨駐工督催，無任延誤。

《東華續録》咸豐一八　己亥，賞欽差大臣琦善都統銜專辦軍務，毋庸署河南巡撫。

實授葉名琛兩廣總督，柏貴廣東巡撫，陸應穀河南巡撫，張芾江西巡撫。

調山東緑營兵一千名赴荆州防勦，青州駐防兵一千名赴琦善軍營。

《文宗實録》卷八〇　庚子，諭軍機大臣等：徐廣縉奏，查明湖北署撫臣殉難情形一摺，已明降諭旨，將常大淳賜卹矣。【略】若竟以岳郡爲藏身之固，以全師爲自衛之謀，甘心失機，又蹈重罪，亦何面目對殉難官兵及數萬生靈耶！前有旨，令駱秉章署理湖北巡撫，並令於荆襄兩郡擇要駐劄。崇綸未到以前，所有湖北省一切事宜，即著會同徐廣縉籌辦。

命前任漕運總督周天爵協辦安徽團練防勦事宜，太常寺卿恆福赴河南軍營交欽差大臣琦善差委。

癸卯，户部遵議變通旗民交産章程。

乙巳，上御保和殿，筵宴朝正外藩科爾沁、喀爾喀【略】等，至御座前賜酒成禮。

又諭：昨據向榮奏籌勦情形。【略】徐廣縉但知自衛，全不以下游地方爲意，朕是以將其拏問治罪，專責向榮以勦賊，並派鎮將帶兵應援九江等處。張亮基已署理湖廣總督，統轄兩省，豈可再蹈徐廣縉覆轍，著仍遵前旨，飭令音德布、韓世禧、鄧紹良、慮應翔等統帶兵勇船隻，迅速前往湖北，聽候向榮調度，設有貽誤，朕惟該署督是問。至湖南籌辦撥兵募勇各事宜，即責成張亮基、潘鐸會同在籍侍郎曾國藩妥爲辦理。徐廣縉業經革職拏問，該署督派員解京時，即將朕前賜欽差大臣遏必隆刀一併繳回。至程矞采，現准回籍。

《東華續録》咸豐一八　是月，緩徵河南祥符等十五州縣節年積欠銀米。蠲減直隸隆平等七州縣被水邨莊額賦。緩徵甘肅靖遠等十九州縣及隴西縣丞所屬被水旱雹霜地方新舊額賦。蠲浙江仁和等十八州縣水旱地方漕米。蠲緩江蘇上元等五十五州縣、蘇州等五衛水旱莊屯新舊額賦，並截留漕米三萬二千石，賑豐、沛等十州縣二衛災民口糧。又截留漕米十萬五千石，賑浙江金華等八縣災民。蠲緩浙江海沙等九場歉收竈丁新舊額賦。蠲緩湖南嘉禾等十七州縣暨岳州衛被擾地方新舊額賦。

是歲，朝鮮、暹羅入貢。

咸豐三年（癸丑、一八五三）

《文宗實録》卷八一　正月丁未，命青州副都統常清統帶官兵馳赴豫楚交界地方，聽候欽差大臣琦善調遣。

以德州城守尉慶如署青州副都統。

戊申，又諭：張芾奏請調兵礮一摺。據奏，江西前調各兵陸續已到九江，經該縣添派下巢湖及上游各要隘駐劄。惟省城距九江甚近，自應豫籌防守，以資應援。所請咨調廣東省精兵二千名、閩浙五百斤西洋大礮二十尊守護南昌省

城，著即由該撫飛咨葉名琛迅即揀選精兵，如數配足軍火器械，派委得力將弁管帶星馳前赴南昌。

又諭：張亮基奏，查明逆匪蕭潮潰實已轟斃等語。蕭潮潰一犯係賊中著名兇悍首逆，僞號西王，經生擒賊黨羅五等供稱，該逆前在長沙城外被礮轟斃，屍埋老龍潭地方。現已起獲屍身，驗明梟剉，並將羅五等六犯剜心致祭陣亡將士。

命河南巡撫陸應穀駐劄南陽一帶，幫同欽差大臣琦善辦理防勦事宜。

辛亥，朝鮮國王李昪遣使表賀冬至、元旦二大節並進貢方物，賞賚筵宴如例。

暹羅國王鄭明遣使表貢方物，賞賚如例。

壬子，命前任貴州學政翁同書馳赴琦善軍營聽候差委。

癸丑，諭內閣：本月上辛祈穀大祀，朕詣壇齋宿，虔申默禱，惟願吾民同登衽席，永戢干戈。

乙卯，賞河南等省壬子科鄉試年老諸生葛圖南等九十六人舉人、副榜有差。

《文宗實録》卷八二　丙辰，欽差大臣琦善奏謝賞福字恩。得旨，逆賊現已東竄，汝應迅速督兵進勦，建奇勳，受上賞，在此行也。

以審辦葉爾羌控案出力，釋遣戍新疆已革湖南巡撫馮德馨回籍。

己未，頒硃筆，訓臣工，戒因循。

辛酉，諭軍機大臣等：現在賊由武昌東竄，大兵追勦需餉孔殷，各省撥解餉銀恐因驛路阻隔，致有稽延。惟自廣東至湖北轉運較便，上年十二月曾諭令葉名琛等籌款接濟，仍著迅速設法。無論庫款關税各項先行籌撥，派委得力員弁妥速解赴大營應用。或於廣東殷實商户，暫行借貸，以期有益要需。刻下向榮統帶重兵由武昌陸路跟蹤追勦，九江下游情形萬分喫緊，若停兵待餉，其勢更不可問，諒該督等必同此焦灼也。

癸亥，又諭：曾國藩奏幫辦團練查緝土匪情形，另片稱俟有頭緒，即當回籍守制等語。現在楚省土匪查緝尚未浄盡，各處團練保衛鄉閭最關緊要。該侍郎所奏訓練章程，宜仿成法，但求其精，不求其多。既可防守省垣，復可查拏土匪，辦理甚爲妥協。著張亮基、潘鐸會同該侍郎，悉心籌辦，毋任有司視爲具文。曾國藩係丁憂在籍大員，奉旨幫同地方辦理團練事宜，原爲保衛桑梓，所請不敢仰希恩敘並縷陳各情，具見悃忱。惟當此設團訓練勸捐籌辦之時，必須公正。紳士素爲鄉里信服者，會同地方大吏始終其事，庶克有濟。曾國藩籍隸湘鄉，距省不遠，即幫辦公事亦於定省不致疏闊，著俟辦理著有成效，再行具奏，遵例回籍守制可也。

甲子，諭軍機大臣等：本日疊據陸建瀛奏，賊匪東竄，九江危險，現擬折回江甯兩摺，又據蔣文慶奏安徽望援不至情勢緊急一摺。披覽十分憤恨，已明降諭旨，將陸建瀛革職，仍責令辦理地方事務，以觀後效矣。

《東華續録》咸豐一九　乙丑，以盛京刑部侍郎景淯爲吉林將軍。實授欽差大臣向榮湖北提督。

《文宗實録》卷八三　丁卯，諭內閣：大學士、軍機大臣會同刑部定擬賽尚阿罪名一摺。已革大學士賽尚阿經朕簡派欽差大臣，辦理廣西軍務，未能迅速勦賊，致令蔓延楚省，勞師糜餉，深負朕恩。賽尚阿著即照裕誠等所擬，按律定爲斬監候，秋後處決。並著將伊子鑾儀衛冠軍使崇緒、禮部主事崇熙、工部主事崇綺、吏部員外郎崇絢一併革職。

《東華續録》咸豐一九　命工部左侍郎吕賢基馳赴安徽，賞前任漕運總督周天爵兵部侍郎銜，並會同安徽巡撫蔣文慶辦理軍務。

《文宗實録》卷八三　己巳，命恭親王奕訢管中正殿武英殿事，命惇郡王奕誴管樂部事。

庚午，諭內閣：吕賢基奏，請帶員前往安徽一摺。翰林院編修李鴻章、刑部員外郎孫家泰、候補主事朱麟祺、五品銜武生張瑞慶均著准其隨帶前往。現在軍報絡繹，沿途差務紛繁，該員等毋庸馳驛。其在籍前任東河通判徐啟山並著蔣文慶飭令隨同吕賢基幫辦一切事宜，俟軍務告竣時，各該員如著有勞績，著該侍郎酌量保奏。

甲戌，諭內閣：周天爵馳奏，探聞安徽省城失守一摺。覽奏曷勝憤懣。蔣文慶於本月十七日尚在安慶發報奏事，兹據周天爵奏稱，據鳳陽府及舒城縣稟報，安慶省城即於十七日失守。省城重地，何以一日之間遽被賊匪攻陷？是否該撫蔣文慶及藩司以下文武各員先期退避，抑帶兵守城力竭殉難，著周天爵迅速查明，分晰馳奏。安徽巡撫即著周天爵署理。

命內閣學士許乃釗迅赴江南，幫辦防勦事宜。

乙亥，又諭：前有旨諭令各直省仿照嘉慶年間堅壁清野之法，辦理團練，以資保衛。誠以賊匪滋擾，奔竄靡定，與其賊至即逃，何如乘其未至設法自固，近來被賊各郡縣，本境已受其蹂躪，毗連各鄰境。【略】即著在籍之前任左都御史

沈岐、閩浙總督季芝昌、吏部侍郎侯桐、左副都御史程庭桂、宗人府府丞温葆湻、江西巡撫錢寶琛、湖南藩司王藻、浙江藩司汪本銓等會同地方官，邀集衆紳士，酌辦團練事宜。此外各省在籍紳士，著在京各部院堂官及翰詹科道各舉所知，總期通曉事體，居心公正，素繫人望者，責成倡辦，自必經理得宜，輿情允協。當此賊氛未靖，時勢孔艱，該紳士等身受厚恩，應如何自固閭里，爲敵愾同仇之計，所有勸諭、捐貲、濬濠、築寨各事總宜各就地方情形妥爲布置，一切經費，不得令官吏經手。如果辦有成效，即由該督撫隨時奏請獎勵。

《東華續録》咸豐一九　實授張集馨河南按察使，以江忠源爲湖北按察使。

是月，賑直隸景州保定縣、安徽宿州等四州縣及屯坐各衛水旱災民口糧。貸山西托克托城被旱災民耔種。緩徵山東德州等五十一州縣衛水旱風雹災，永利、永阜二場竈地額賦。展緩直隸薊州等四十一州縣水災新舊額賦並津軍廳葦漁等課。

《文宗實録》卷八四　二月丙子，諭内閣：京師重地，各旗營官兵共計十四萬九千有奇，素稱勁旅，若不勤加訓練，俾技藝日精，何以備干城之選。嗣後該管大臣於所屬之驍騎，護軍前鋒，步軍以及圓明園八旗健鋭、火器各營官兵，務須挑選精壯，實心簡練。雖有看守值班之責者，亦須輪流入操，並擇各該營差使較簡之大臣，常川督率。每月由閲兵大臣分班親閲，使馬步火器一律嚴整。儻各該營官兵或有技藝生疏，老弱充數等弊，一經查出，朕必將該管大臣從重懲處，决不寛貸。懔之勉之。

丁丑，諭内閣：本日據楊以增馳奏，豐北大工合龍穩固，全黄歸正一摺。【略】楊以增經理得宜，不負委任，著加恩開復革職留任處分，給還頂帶，賞加三級。其前次捐輸河工經費並著交部從優議敘。查文經襄辦大工，始終奮勉，更能認真稽覈，節省錢糧，著加恩開復處分，並賞戴花翎。其餘在工出力員弁，著該河督覈實保奏。

實授周天爵安徽巡撫。

以浙江瑞安協副將葉萬清爲江南福山鎮總。

以豐工合龍，予徐州道沈濂等開復處分有差。

辛巳，諭内閣：僧格林沁、花沙納奏，遵旨查抄一摺。已革大學士賽尚阿前在廣西軍營，勞師縻餉，日久無功。已革兩廣總督徐廣縉接受關防，督辦軍務，遷延不進，以致武昌、漢陽等府相繼失守。已革兩江總督陸建瀛帶兵防堵九江，一戰兵潰，置九江、安慶於不顧，遽回江甯，以致省城驚擾，賊船下竄。均屬罪無可逭，除將在京寓所貲財家産分別查抄，並賽尚阿之子先已有旨革職外，所有徐廣縉之子刑部員外郎徐叔喬、陸建瀛之子刑部員外郎陸鍾漢均著革職。徐廣縉、陸建瀛原籍家産及任所貲財，一併查抄。

壬午，命在籍前任兵部侍郎孫葆元、浙江巡撫梁寶常等辦理直隸團練事宜。命在籍前任廣西巡撫周之琦、内閣學士祝慶蕃、廣東布政使王庭蘭等辦理河南團練事宜。命在籍前任山西巡撫梁蕚涵、江蘇布政使李璋煜、河南布政使王簡、浙江按察使孫毓溎、湖南按察使王允中、四川按察使劉耀椿等辦理山東團練事宜。

《東華續録》咸豐二〇　癸未，命周天爵仍以兵部尚書銜辦理江北防勦事務，以李嘉端爲安徽巡撫。

《文宗實録》卷八四　甲申，命在籍前任閩浙總督劉韻珂、廣東巡撫黄恩彤、江蘇巡撫傅繩勛、湖南巡撫馮德馨等督辦山東團練事宜。

乙酉，以四川建昌道劉裕鈖爲安徽布政使，甘肅蘭州道清盛爲雲南按察使。已革湖廣總督程矞采，遣發新疆充當苦差。已革湖北巡撫龔裕，遣發新疆效力贖罪。

《文宗實録》卷八五　丙戌，命在籍前任兵部侍郎戴熙、内閣學士李品芳、朱蘭、湖南巡撫陸費瑔等督辦浙江團練事宜。

丁亥，以詹事府詹事孫銘恩爲内閣學士兼禮部侍郎銜。

戊子，先是太僕寺卿李維翰奏請暫停養廉以充軍餉，命軍機大臣等會同該部議奏。至是議上，武職自三品以上停給二成，文職自一品至七品暫給廉銀六成，八品以下免其停扣。此項銀兩，令各該省藩司覈明數目，提出另存，由督撫專摺奏報，聽候撥用，俟軍務告竣，仍復舊額。從之。

己丑，命在籍前任甘肅涼州鎮總兵官楊禄之等督辦直隸團練事宜。

庚寅，命貴州提督善禄馳往河南永城，會同巡撫陸應穀辦理防務。

命在籍前任江蘇布政使程焕采、大理寺卿邢福山等督辦江西團練事宜。

命在籍前任漕運總督李湘棻、江西巡撫陳阡等督辦山東團練事宜。

辛卯，又户部現因外省撥款，未能如期解到，奏請將俸銀分別暫停一年。朕思王公大臣俸入素優，即暫停給發，事尚可行。其文職四品以下，武職三品以下各員，仍著户部將本年春季暫停俸銀，照數補行給領。並著發内庫帑銀五千萬

兩交部庫收存，以備支放俸餉要需，並著步軍統領衙門、順天府、五城將此旨刊刻，徧行曉諭。

壬辰，又諭楊文定奏，探報江甯省城失守等語。覽奏不勝憤恨！【略】現已命怡良補授兩江總督，星馳赴任，楊文定駐守鎮江，著即暫署兩江總督事務，聯英著暫行辦理江蘇巡撫事務。向榮昨已繞至六合，刻下諒已渡江，著即相機攻勦，並督率前調師船，水陸扼要，與楊文定等合力夾擊，毋令蔓延。

《東華續録》咸豐二〇　以怡良爲兩江總督。

癸巳，命四川總督慧成馳往江南，會同漕運總督楊殿邦辦理防勦。

改派户部尚書孫瑞珍會同倉場侍郎前往天津，驗收海運漕糧。

《文宗實録》卷八五　甲午，命内閣學士許乃釗幫辦江南軍務。

命在籍前任漕運總督朱樹、陝西布政使陶廷杰、湖北布政使唐樹義等督辦貴州團練事宜。

《東華續録》咸豐二〇　頒朝鮮、琉球、暹羅國御書匾額。

《文宗實録》卷八五　乙未，命前任湖北布政使唐樹義赴湖北幫辦撫輯事宜。

《文宗實録》卷八六　丁酉，兼署四川總督成都將軍裕瑞奏陳捐鑄銅礮並飭巫山等縣選募團勇。得旨，辦理甚好。

以江蘇布政使倪良燿代辦巡撫事。

戊戌，命在籍前任太常寺卿廖鴻荃、光禄寺卿楊慶琛、浙江提督李廷鈺、江南福山鎮總兵官孫雲鴻等督辦福建團練事宜。

己亥，諭内閣：向榮奏叅違抗軍令之將官，請先行斥革一摺。湖南九溪營遊擊儘先，副將鄭魁士帶領兵船隨同勦賊，經該大臣持令往催，竟不遵行，自應立正軍法。據向榮奏稱，該員平素尚屬勇往，爲將備中得力之員，著暫從寬典，先行革職，責令戴罪立功，作爲前隊，以觀後效。如再稍有玩誤，即於軍前正法。此後軍營帶兵將弁，儻有仍蹈疲玩畏葸惡習，不遵調度，貽誤軍機者，該大臣等於查明後如係提鎮大員，即奏聞請旨正法，其副將以下各官，即著一面正法，一面奏聞，毋庸先行請旨，以肅軍律。

以福建巡撫王懿德兼署閩浙總督，以福州副都統東純暫署福州將軍。

《東華續録》咸豐二〇　癸卯，命前任江南河道總督潘錫恩赴安徽太平府一帶，辦理捐輸團練事務。

是月，免奉天金州等四廳州縣上年水災額賦。

《文宗實録》卷八七　三月乙巳，諭内閣：楊殿邦馳奏，揚州失守，自請治罪一摺。覽奏憤恨之極。【略】陳金綬著即摘去頂帶，戴罪圖功。琦善前已革去都統銜，此時若加重懲，轉得置身事外，著該大臣等迅督大兵，前往督勦。若再延誤，自問當得何罪？楊殿邦著革職留任，仍令會同楊以增極力防守，毋得再失機宜，致干重罪。

《東華續録》咸豐二一　壬子，命湖北按察使江忠源馳赴江南幫辦軍務。

以恩華爲理藩院尚書，以許乃釗暫署江蘇巡撫。

《文宗實録》卷八七　癸丑，諭軍機大臣等：楊文定奏瓜口鎮江失守一摺。【略】又諭：陳金綬、勝保馳奏，逆賊分股攻陷揚州，現由間道進勦一摺。該大臣等行抵六合，探聞賊竄揚州，盤踞郡城，四出滋擾儀徵等縣，文報不通，即由六合縣屬之樊家集、陳家集小路馳赴揚州，以圖克復。揚州爲北路咽喉，最爲喫緊，自應先其所急，若能迅埽逆燄，收復揚郡，以後何處緊急，即由何路進兵，斷不可稍有拘泥。

調盛京兵八千名來京，察哈爾兵四千名赴張家口備用。

《咸豐朝籌辦夷務始末》卷六　諭軍機大臣等：據葉名琛、柏貴奏，廣東省城自聞武昌、安慶失守，訛言紛起，人心頗覺震驚，㖞夷兵頭呅翰上年業經回國，頃復駛回香港，當此匪擾兵分之際，不可不密爲防範等語。現在逆匪猖獗，江甯、揚州、鎮江相繼失守，廣東人情浮動，更恐遇事生風。馮雲山之子馮亞養在外逃回，必非無故，該督等當嚴查奸細，消患未萌，尤當鎮定人心，勿爲流言所煽惑。致呅翰照會既未明言何故，自當示以鎮静，前定條約，許十二年後再行更易。現已届期，難保不別有要求，該督洞悉夷情，著與柏貴等密爲籌度，以備不虞，切不可稍露端倪，啟該夷窺伺之漸。

《文宗實録》卷八八　乙卯，諭内閣：保極奏請嚴查地面並請另議章程條款一摺。京師重地，五方輻輳，理應嚴密稽查，以昭整肅。疊經降旨，諭令步軍統領衙門、順天府、五城一體遵辦，其八旗地面向設有旗營堆撥官兵值班，第恐日久廢弛，視爲具文。著各該旗都統副都統等飭令該管章京，循照舊章，認真查察。

丙辰，命刑部右侍郎奕經，統帶密雲官兵前赴山東會辦防堵。

丁巳，署湖南巡撫潘鐸因病解任，以署湖北巡撫駱秉章署湖南巡撫。

命綏遠城將軍托明阿統帶歸化城等處官兵，前往山東會辦防堵。

命琿春協領雙成統帶西安官兵，馳往山東、江南地方備用。

《文宗實録》卷八九　乙丑，諭内閣：大學士、軍機大臣會同刑部定擬徐廣縉罪名一摺。已革署湖廣總督徐廣縉，經朕簡派欽差大臣接辦軍務，沿途行走已屬遲延，迨賊由湖南下竄，漢陽、武昌相繼失守，猶復株守岳州，一籌莫展，實屬調度失機。徐廣縉著即照裕誠等所擬，按律定爲斬監候，秋後處決。

丙寅，欽差大臣湖北提督向榮奏，續獲勝仗，奪回鍾山。得旨，有此捷仗，賊膽已落，然城外賊營分布現已奪獲之處，不可稍涉大意，復令該賊竄擾也。

丁卯，諭内閣：朕以軍興三載，需餉浩繁，特命大學士裕誠等並尚書柏葰、翁心存會同户部妥速議奏。本日陳奏各條均屬妥協，已依議行矣，並據奏請推廣恩綸，申勸捐輸，以裕軍餉。【略】著照大學士等所請，由各省督撫妥爲勸導，無論已捐未捐省分，凡紳士商民捐貲備餉，一省至十萬兩者，准廣該省文武鄉試中額各一名。一廳州縣捐至二千兩者，准廣該處文武試學額各一名。如應廣之額浮於原額，即遞行推展，儻捐數較多，展至數次，猶有贏餘者，准其於奏請時聲明，分别酌加永廣定額。加額銀數及如何歸併劃除之處，悉照大學士等所議辦理。

《東華續録》咸豐二一　陝甘總督舒興阿奏，陝省撤防，仍駐西安。得旨，該督仍應移駐西安，以資鎮守，俟大軍凱撤後，再回蘭州。

《文宗實録》卷八九　庚午，安徽巡撫李嘉端奏，請飭布政使劉裕鉁等迅速赴皖。得旨，著吏部飭催各員速赴安徽，如有借辭耽延者，著該部查明叅奏。

辛未，諭内閣：琦善等奏，查訪揚州失守文武員弁下落一摺。【略】楊殿邦、但明倫、劉良駒、張廷瑞並甘泉縣知縣梁園棣均著革職，交刑部分别定擬罪名具奏。楊殿邦仍著留於清江浦，隨同楊以增辦理防堵，戴罪自效。其江都縣知縣，著該部查明一併革職，交刑部治罪。

《咸豐朝籌辦夷務始末》卷六　甲戌，諭軍機大臣等：向榮等片奏，探有夷人火輪船隻駛過鎮江，徑往江甯，與本日楊文定所奏略同。著即密飭上海道吴健彰，令其設法曉諭，查得實情，再行覈辦。至楊文定所擬照會，朕詳加披覽，未盡妥愜，不可遽行。向榮所稱不便鈐用關防，所見甚是。現在惟當督飭礮船於大江上下游合力勦賊，先其所急，若能將江面賊船痛加轟擊，水陸夾功，迅殄羣醜，該夷無隙可乘，當不至别生枝節。且賊匪一經勦除，與上海通商馬頭毫無阻礙，該夷等亦可相安。至該夷動静仍當隨時詳加訪查，密爲防範，不可稍示張皇。

《東華續録》咸豐二一　是月，加賑山東濟甯等八州縣被水災民一月口糧，蠲緩江南蘇州等五府州被擾新舊額賦。

《文宗實録》卷九〇　四月乙亥，命駐藏幫辦大臣諄齡往奠故後藏班禪額爾德尼茶酒，賞銀五千兩治喪。

丙子，又諭：贈太師、大學士、原任協辦大學士杜受田靈柩回籍。前經降旨，派恭親王奕訢前往祖奠目送，著沿途地方官妥爲照料護送。茲聞初四日啟程回籍，著加恩於到籍後賜祭一壇，派散秩大臣承志前往奠醊，以示朕篤念師儒，有加無已至意。

諭軍機大臣等：前據穆騰額奏，班禪額爾德尼涅槃，已降旨，照例賞賚並加賞物件，由驛發去。派諄齡前往賜奠，其後藏事務，暫令扎薩克喇嘛朗結曲丕代辦矣。

己卯，諭軍機大臣等：寄諭欽差大臣都統銜琦善等，本日據周天爵、吕賢基、李嘉端奏，江北等處爲豫東各省門户，應厚集兵力，防賊北竄一摺。

《東華續録》咸豐二二　庚辰，調盛京兵一千名、黑龍江兵二千名往江南勦賊。

《文宗實録》卷九〇　癸未，諭内閣：户部奏請派大員督辦淮北鹽務等語。署兩江總督楊文定現在江南辦理軍務，新授兩淮鹽運使崇綸到任尚需時日，所有淮北鹽務著漕運總督福濟暫行督辦。一切應行事宜，著悉心體察，權宜辦理，務期於鹽課軍務兩有裨益。其淮南鹽務，著楊文定仍遵前旨，迅派道府大員署理，毋得以商販梗阻，藉詞延誤，致干重咎。

甲申，以内閣學士文惠爲滿洲繙繹會試正考官，翰林院侍讀學士訥爾濟爲副考官。

《文宗實録》卷九一　乙酉，又諭：前因軍餉浩繁，不能不借資民力，疊經降旨，令各省督撫妥爲勸諭捐輸，復允大學士等所請，推廣中額、學額，鼓勵人材，以昭獎勸。諒已刊布謄黄，徧行曉諭矣。【略】如該省富家大族，有能捐貲至百萬或數十萬者，即賞加五等封爵，其次賞加輕車都尉等官，並准予以襲次。俾民間咸知捐貲助餉，即與效力行間無異，如殷實之户，力能多捐，不願榮身者，即明白曉諭給予藩司印照，填寫借用銀數，俟軍務告竣，即行如數發還。

壬辰，命翰林院侍讀金國均、編修龔寶蓮在上書房行走。

《咸豐朝籌辦夷務始末》卷六　甲午，諭軍機大臣等：德勒克多爾濟等奏，據俄夷咨稱，恰克圖部院章京賽音博勒格圖聰明純直，克盡厥職，有裨夷務，該國人等均深欽佩等語一摺。覽奏均悉，恰克圖部院章京本因辦理通商及照料俄夷而設，兹固畢爾那托爾獎譽多辭，顯係該酋欽佩。惟部院章京賽音博勒格圖雖據該夷推稱，亦係職内應爲並非分外之事，前因幫同救火，已將該員交部議敘加一級矣。著德勒克多爾濟等將奏明之處，繕具覆文，曉諭知之。

《文宗實録》卷九二　乙未，策試天下貢士吴鳳藻等二百二十二人於保和殿。

又諭：奕相、恒春奏遵查礦山情形一摺。所爾經額、賡福奏請試採之處，業據該處商人承認予限一月，酌定升課，即著該督會同新任熱河都統毓書妥爲辦理。又據該尚書等奏，熱河金銀礦硐雖多，勢不能驟集人衆同時並開，除實係有礙風水。毋庸置議。

丁酉，諭内閣：僧格林沁等奏，遵演礮槍等件一摺。據稱試演山西解到礮槍，不及火器營並武備院所造之窩蜂槍。此項礮槍，著交火器營收存，毋庸照式製造。其藤牌一項，著僧格林沁等酌量製造。

己亥，上御太和殿傳臚，賜一甲孫如僅、吴鳳藻、吕朝瑞三人進士及第，二甲黄鈺等一百七人進士出身，三甲武驪珠等一百十二人同進士出身。

辛丑，諭内閣：琦善、陳金綬、勝保奏，轟塌揚州城垛並焚毁瓜州賊船一摺。四月二十日卯刻，琦善親督官兵出隊，槍礮環施，轟塌城垛十餘處，斃賊甚多。

甲辰，以安徽鳳陽府城被賊竄陷，革安徽巡撫李嘉端，署布政使奎綬職，均留任。

《東華續録》咸豐二二　是月，貸山西永甯等五州縣歉收貧民倉穀並緩保德等十州縣應買節年平糶倉穀。蠲緩湖南臨湘縣並茶陵等十八州縣被擾逋賦漕糧銀款。

《文宗實録》卷九三　五月乙巳，又諭：前因賊擾滁州，意圖北竄，當經諭令李僡派兵嚴防徐州要地，並期保衛糧臺。嗣據該撫奏稱，已派委副將武隆額帶領山西官兵一千餘名赴徐州河北駐劄，並飛咨總兵百勝帶領綏遠、熱河、吉林等處官兵二千四百餘名由韓莊改道，撥赴徐州，與武隆額南北兩岸互相策應，諒已督辦妥協，布置周密矣。現在鳳陽失守，徐州萬分喫緊，著李僡即督飭帶兵各員扼要駐劄，嚴密防堵，以爲皖省聲援。

丙午，命福建在籍尚書銜前太常寺卿廖鴻荃等籌辦團練事宜。

丁未，欽差大臣都統銜琦善等奏，攻擊揚州並商囑勝保帶兵赴皖。得旨，勝保既已帶兵馳赴安徽，甚妥。江南賊船陸續駛來江北，顯係東西兩路牽掣我軍，揚州城必須及早克復，以杜彼覬覦之心。

甲寅，諭内閣：禮部具題，六月初九日升殿慶賀禮儀，所有在京王公大臣官員著照例行禮，毋庸宣表，並著停止筵宴。

《咸豐朝籌辦夷務始末》卷六　甲寅，諭軍機大臣等：怡良奏，據蘇松太道吴健彰稟稱，本年亞美理駕國公使馬沙利面交致大學士文書一封，囑遞兩江總督寄達，該督現將原書咨送兩廣總督，另録底稿進呈等語。覽奏均悉，該夷呈遞文書向由欽差大臣兩廣總督酌量陳奏，本日已諭令葉名琛即將怡良遞往之該夷使文書拆看，酌量情形，奏明辦理。該國素守信義，著該督仍飭該道吴健彰妥爲曉諭，仍遵舊例，聽候欽差大臣兩廣總督覈辦可也。

《文宗實録》卷九四　丁巳，又諭：本日據户部奏，兵餉支絀，請飭附近籌款，移緩就急一摺。現在寶泉局雖經復卯兼鑄大錢，尚有不敷備支之勢。著訥爾經額速飭藩司於沿河州縣起運各款内，酌提錢文舟運至京，並派大員催提，毋任延宕。並著長蘆鹽政文謙即將本年鹽課，按照時價，全數改解制錢或覈明銀款。

戊午，諭内閣：前有旨，將賽尚阿、徐廣縉按律定爲斬監候，秋後處決。因思賊匪現已由安徽竄入豫省，各路帶兵大員奉命徵調星速赴勦，而該革員等以失律羈囚，置身事外，值此軍務緊急，豈容安坐待斃耶！賽尚阿著發往直隸，交訥爾經額差遣委用，徐廣縉著發往河南，交陸應穀差遣委用，均責令戴罪自效。

《東華續録》咸豐二三　戊午，實授長臻河東河道總督，命江蘇按察使查文經幫辦江蘇防勦事宜。調察哈爾馬五千匹赴直隸山西備用。

《文宗實録》卷九四　辛酉，河南巡撫陸應穀奏，河北防守宜嚴，請添精兵保衛京城。得旨，所見甚是，汝毫無粉飾處，亦是汝天良發現處，汴省能守與否，惟在天也，非人也。朕心不敢惶惑，亦甚定，或可挽回補救於萬一。嗚呼！汝不必念朕，竭力爲之。

以山西巡撫易棠署陝甘總督，實授哈芬山西巡撫，命刑部右侍郎雷以諴幫辦揚州軍務。調雲南、貴州兵各二千名赴湖南備撥。

壬戌，命御前大臣僧格林沁、步軍統領花沙納、右翼總兵達洪阿、內閣學士穆蔭督辦京城巡防事宜。命刑部主事楊熙回籍募勇投效軍營。

癸亥，命已革大學士賽尚阿襄辦巡防事宜。

調盛京步兵四千名、吉林馬兵二千名、大淩河馬二千匹，命錦州副都統維禄伯都訥、副都統倭克精額統帶赴天津備調。

《東華續録》咸豐三 乙丑，命兵部尚書桂良赴直隸省城督辦巡防事宜。以巴里坤鎮總兵官經文岱署河南河北鎮總兵官，幫辦河南軍務。

《文宗實録》卷九五 丁卯，又諭：趙光奏遵查礦山情形，開單呈覽各等語。所有宛平縣屬珠窩山等處業經招商開採，及此外單開各屬勘有礦苗處所，著直隸總督、順天府按照該侍郎所擬分別試行開採。至各商呈報之遷安縣屬桑園山，房山縣屬礦硐坡、匣兒嶺、毘盧寺溝，懷來縣屬之閻家石盆、牛站窪等處，既據奏稱風水攸關，不應試採，即著嚴行封禁。

癸酉，御前大臣僧格林沁奏，巡防京師請派旗營嚴行巡查。得旨，所籌甚屬周妥，著照所奏，五日內一律添派。

《東華續録》咸豐三 是月，貸湖南鳳凰等五廳縣屯丁口糧。

《文宗實録》卷九六 六月乙亥，命福州將軍有鳳兼署閩浙總督，杭州副都統巴彥岱署將軍。

以福建閩安協副將鍾寶三爲金門鎮總兵官，兩廣督標中軍副將慶寅爲福建建甯鎮總兵官。

《東華續録》咸豐三 丙子，調盛京兵四千名赴直隸防堵。撥河南司庫銀七千兩給托明阿軍營餉需。

《咸豐朝籌辦夷務始末》卷六 己卯，欽差大臣兩廣總督葉名琛奏，奉諭李芝昌、王懿德奏，𠸄咭唎夷人久羈琉球，該國王世子遣使來閩，求爲請諭，並鈔録原咨呈覽一摺等因欽此。臣當即欽遵相機開導去後，該領事咆吟尚未答覆。本年正月呅嗡已由該國駛回香港，復行照會，昨始據覆稱琉球國王世子咨請閩浙總督將醫生咱嚧吟速撤回國一節。查此事先經耆總督曾已照會前德公使，後接徐總督來咨亦復以此爲詞，並另據琉球國咨行本國，亦均已陸續咨覆。現准來咨仍應如前，請爲照覈，總之該國不入中國版圖之中，且醫生原爲行善起見，是以居住彼土，殊非本公使所能勉强撤回等語。竊𠸄夷咱嚧吟在琉球國居住，數年之久，總未撤回。溯查道光二十六年、二十七年前督臣耆英，二十八年、二十九年、三十年前督臣徐廣縉，先後接准福建督撫臣來咨，無不隨時照會德酋呅酋往返辯論。兹臣現接呅酋覆稱，琉球國已與該夷本國彼此早有文移，並未允行，其不能勉强撤令回國者，正非該酋所能自主也。硃批：該夷一切情形，密探奏來。

庚辰，諭軍機大臣等：德勒克多爾濟等奏請查庫倫所屬南北兩路二十五台站一摺。本年既届應查庫倫所屬南北二路台站之時，即照所請，著德勒克多爾濟、訥勒亨額俟將庫倫以南十四站查完後，再於查閱恰克圖十一站之便，照舊赴恰克圖，將該商民情形留心體察，務期彼此相安，不得滋事。

《文宗實録》卷九六 辛巳，命大學士、直隸總督訥爾經額爲欽差大臣，理藩院尚書恩華、江甯將軍托明阿幫辦軍務。

《文宗實録》卷九七 甲申，又諭：張芾奏省城勦守情形一摺。南昌省城自被賊匪攻撲以來，連日出勦獲勝並防守一切均臻嚴密。江忠源所帶練勇，尤爲出力，業已明降諭旨，將出力文武員弁分别獎勵，並將陣亡之把總等破格賜卹矣。張亮基現駐道士洑，昨已有旨，令其選派鎮將督帶兵勇，馳赴救援。本日復令駱秉章、曾國藩迅調鎮筸鎮兵八百名，並令曾國藩將團練得力之楚勇酌派數百名，遴委員弁管帶趕赴江西，交江忠源帶同攻勦。

《文宗實録》卷九八 乙未，以勦賊潰敗，革江南提督鄧紹良職，仍留軍營效力。以陝西延綏鎮總兵官和春暫署江南提督。

《東華續録》咸豐二四 是月，蠲緩湖北興國等十六州縣暨屯坐各衛被擾新舊額賦漕項銀米。

《東華續録》咸豐二五 七月乙巳，命前任山東布政使劉源灝仍留山東督辦團練。

丁未，以勦懷慶賊獲勝，命內閣學士勝保幫辦河南軍務。

《文宗實録》卷九九 己酉，以署湖廣總督張亮基兼署湖北提督，以湖南永綏協副將虎嵩林爲湖北宜昌鎮總兵官。福建漳州鎮總兵官郭仁布緣事革任，以興化城守營副將懷塔布署漳州鎮總兵官。

《文宗實録》卷一〇〇 甲寅，諭內閣：張芾奏，江南軍餉請由各省徑行解往，無庸由江西轉解一摺。向榮大營軍餉銀兩，前由各省解至江西省城轉解。現在南昌被擾，道路難免阻滯，所有各省應解軍餉著即由該省徑行解赴江南大營，無庸由江西轉解。

丙辰，又諭：昨因江西省城被圍日久，疊經諭令張亮基等飛催帶兵各員迅速馳往會勦。本日復據張芾奏稱，該逆於六月二十四日率衆數千突由得勝門外向東南直撲，永和門外官兵營盤雖經兵勇邀擊轉敗爲勝，連日續到賊船又有數百號，賊衆已逾二萬，我兵十分單弱，急待援兵早到，方可解圍。湖南距該省一水直達，前調之鎮筸等鎮官兵並所募湘鄉等縣練勇，著張亮基、駱秉章並曾國藩於接奉此旨後，迅即飭催管帶各員星夜馳赴南昌，會合勦賊，萬勿遲延，致誤事機。

《文宗實録》卷一〇一　甲子，諭内閣：自軍興以來，東南各省紳民練勇人等或協同官兵勦捕，或自行保衛鄉閭，均能深明大義。【略】兹據御史黄經奏，上年廣東股匪何名科等擾及茂名之新垌，經電白縣在籍候選知縣李景新親帶鄉勇子弟悉力捍禦，殺賊數十人，鄉勇及子弟陣亡者亦十餘人，該員旋以衆寡不敵被害等語。李景新奮勇捐軀，豈宜久任湮没。著該督撫迅飭查明該員死事情節，奏明請卹。此外被賊滋擾各地方，如有紳士團練殺賊遇害者並著統兵大員及各督撫查明具奏，候旨加恩。

《咸豐朝籌辦夷務始末》卷六　辛未，諭軍機大臣等：葉名琛奏，遵查夷酋所遞文書緣由並請飭兩江總督諭令該酋回粤一摺。據稱，馬沙利來粤爲接辦公使事務，非有他故，即前往上海亦爲護貨。後因江南有借雇火輪船之説，遂覺中國倚爲禦侮，因欲呈遞文書，意圖嘗試。現處上海已久，應飭回粤等語。本日已諭令怡良，即飭上海道吴健彰諭令該酋速行回粤矣。著葉名琛於該酋到粤後，即設法防維，相機控馭，或另有要求，仍當堅持定約，杜其妄念，不致別生枝節爲要。

《東華續録》咸豐二五　是月，緩徵山東臨清等十一州縣衛風雹各災，兩浙横浦等六場被擾竈户新舊額賦。

《文宗實録》卷一〇二　八月丙子，諭内閣：本日據訥爾經額、恩華、托明阿、勝保由八百里馳奏，官兵攻破賊巢，懷慶城圍立解一摺。【略】統計斬獲賊匪二千餘名，奪獲槍礮一百五十餘件，黄旗大小四百餘面，器械贏馬無算，懷慶城圍立解，零星餘匪倉皇逃潰。

《咸豐朝籌辦夷務始末》卷六　丁丑，諭内閣：所有俄國固畢爾那托爾近海一帶並無疆界，請建立界牌之處，著理藩院詳細查明舊例具奏。

《東華續録》咸豐二六　己卯，調吴文鎔爲湖廣總督。以慧成爲閩浙總督，未到任前仍以福州將軍有鳳署理。實授裕瑞四川總督。

《文宗實録》卷一〇三　癸未，以署湖廣總督張亮基爲山東巡撫，未到任前以山東布政使崇恩暫行署理。實授駱秉章湖南巡撫。

甲申，又諭：前經疊降諭旨，令葉名琛等雇備紅單船隻，載礮駛赴江南助勦，業已前後開行。兹據江忠源奏，製造戰船以廣東拖罟船爲式，著葉名琛等速將此號船式咨明各該督撫，仿照製造，即選派熟習工匠數名令赴兩湖南北，俾資製造。並著葉名琛等購備夷礮五百斤、三百斤重者，合千餘尊，剋期三月解至武昌，以便配搭船隻，分布水師各營，爲水陸夾擊之計。

丙戌，諭内閣：京師自七月以來，雨水過多，雖連日天氣晴明，而秋收未免歉薄，糧價稍昂，貧民度日維艱。向例京師每年十月初一日，開設飯廠，著加恩先期於九月初一日，各該城照舊設廠，煮飯散放，俾資接濟。

戊子，乃懷慶之圍甫解，而賊匪竟由西路竄入晉境，由垣曲、絳縣、曲沃擾及平陽。雖經勝保等跟蹤追勦，訥爾經額派撥官兵先後援應，而該大臣調度布置未能周密，實難辭咎。現已將山西巡撫哈芬革職拏問治罪，訥爾經額著即褫去黄馬褂以示薄懲，仍著懔遵前旨，嚴飭援兵，迅速前進。

《咸豐朝籌辦夷務始末》卷六　諭：昨據德勒克多爾濟等奏，俄酋來文以郭爾畢齊河未經設立界牌及懇請於近海地方定立界址等因一摺。本係例外之事，當寄黑龍江將軍英隆令其就近查明矣。此案關繫兩國界址，至爲緊要，著交德勒克多爾濟、訥勒亨額，於郭爾畢齊河東邊山之前後究係有無界牌，及該國近海未經立界地方應否立界之處，體察情形，循照舊例辦理。一俟英隆咨覆到時，再爲妥密查明辦理，俄囉斯原文著一併鈔給閲看。

《文宗實録》卷一〇三　己丑，諭内閣：前經降旨，令各直省督撫率同紳民等認真團練，保衛鄉閭，並刊刻嘉慶年間明亮、德楞泰築堡禦賊疏，龔景瀚堅壁清野議，頒發各省，諒已實力奉行。兹據光禄寺卿宋晉呈進鄉守輯要合鈔一書，朕詳加披閲，於團練事宜頗爲詳備，著一併交武英殿，刊刻進呈，候旨頒發。

《文宗實録》卷一〇四　癸巳，諭内閣：【略】兹據訥爾經額奏，請馳回正定一帶，嚴防各路要隘，與晉省相距較遠，一切調度勢難兼顧。著即授勝保爲欽差大臣，並著訥爾經額派員將欽差大臣關防齎送山西軍營，交勝保祇領。所有各路官兵及地方文武，統歸節制，著即嚴催追勦各兵，迅速接應，毋稍延緩。

以勦辦安徽石牌股匪出力，賞都司伍登庸花翎，翰林院編修李鴻章等藍翎，

餘加銜開復升補有差。

《東華續録》咸豐二六　是月，展緩湖南被擾各州縣上年逋賦。

《文宗實録》卷一〇五　九月癸卯，諭内閣：訥爾經額奏，賊匪竄越直境，催調官兵堵勦，桂良奏臨洺關被賊竄擾，勝保奏督兵星馳繞赴直隸截勦各一摺。**【略】**該督調度乖方，實難辭咎，訥爾經額著革職留任，並拔去花翎，以示薄懲。恩華會勦遷延，致賊東竄，著革職留任，仍責令帶兵迅速繞出賊前，會同勝保協力勦辦，以贖前愆。托明阿勦賊奮勇出力，身受槍傷，惟未能遏其竄逸，著降五級留任。勝保督催不力，咎亦難辭，著降二級留任，均著迅速會勦。

丙午，諭内閣：前因逆匪竄入山西，訥爾經額折回直隸，疊次諭令將各路要隘嚴密防守，乃賊匪竟由山口竄入直隸境内。**【略】**訥爾經額著即革職，仍留於直隸，隨同桂良辦理防勦事宜。直隸總督著桂良補授，務即悉心籌畫，與勝保等調派將弁兵勇迅速截勦，盡殄賊氛。

戊申，又諭：天津爲畿東保衛，現值逆氛未靖，一切防守關繫緊要，必須事權歸一，方足以資彈壓。長蘆鹽政文謙係朕特簡之員，所有地方防堵事宜即責成文謙會同鎮道大員妥爲籌辦，並隨時督率文武員弁及紳民練勇等實力巡防。

己酉，諭内閣：軍機大臣會同刑部定擬楊文定罪名一摺。已革江蘇巡撫楊文定奉旨前往江甯省城辦理防堵，乃因陸建瀛自九江退回，輒以鎮江爲蘇省門户，遽行出省。迨賊竄至鎮江，又不能嬰城固守，以致失陷，實屬罪無可逭。楊文定著即照祁寯藻等所擬，按律定爲斬監候，秋後處決。

庚戌，諭内閣：已革大學士、直隸總督訥爾經額，前奉旨督兵馳赴河南，於懷慶解圍，賊匪西竄後，疊經諭令嚴防直隸與山西毗連各路要隘，應如何周密布置，乃於臨洺關遇賊竄出山口，即退守廣平，毫無籌策。**【略】**訥爾經額著即拏問，由桂良派員押解來京，交刑部按律治罪。

《東華續録》咸豐二七　命工部員外郎耆英在巡防處效力。

《文宗實録》卷一〇五　辛亥，上御乾清宫，授惠親王奉命大將軍印，御前大臣科爾沁郡王僧格林沁參贊大臣關防，先期遣内閣學士載堪奉印奉關防陳於乾清宫案。大將軍、參贊大臣暨從征各官，咸蟒袍補服，竢於丹墀東。届時上御龍袍袞服，至乾清宫入座，大將軍、參贊大臣升自東階，從征各官從升，大學士裕誠、祁寯藻奉印奉關防，授大將軍、參贊大臣。大將軍、參贊大臣祇受，率從征將士行禮。禮成。

撥山西司庫銀三十萬兩，解赴直隸以備軍需。

《東華續録》咸豐二七　壬子，添派恭親王奕訢辦理巡防事宜。

《文宗實録》卷一〇六　甲寅，諭内閣：勝保奏，恩華現已趕到，可否責令戴罪自效等語。恩華業已革職拏問，惟當軍務需人之際，既據該大臣奏留，著暫緩解京，准其留於勝保軍營，戴罪圖功，以觀後效。

丙辰，諭軍機大臣等：勝保奏，由省進赴深州，並飛飭各路兜勦一摺。**【略】**惠親王現須留京調度京城内外一切巡防事宜，此次派出官兵均係僧格林沁統帶出京，僧格林沁、培成、多爾濟那木凱、達洪阿等所帶官兵俱駐涿州，保障京師。所有保定省城防守事宜，仍著桂良妥爲布置。恩華奏帶之文武員弁，即著勝保察看，分别去留。

庚申，諭内閣：惠親王等會奏，請頒行銀錢鈔法一摺。據稱，銀票以便出納，錢鈔以利流通，請令京師及各直省均由户部頒行銀票錢鈔，任聽民間日用行使，並完納地丁錢糧、鹽關税課及一切交官等項。俾文武官員軍民人等咸知銀票即是實銀，錢鈔即是制錢，覈定成數，搭放搭收，以期上下一律流通等語。自來制用常經，銀錢並重，用楮作幣，歷代通行，現在銀價昂貴，需用浩繁，民間生計維艱，必須與時通變，使鈔票與銀錢兼權並用，以裒多益寡，日見充盈。兹據巡防王大臣、大學士、軍機大臣、户部合詞籲請，實已詢謀僉同，著即照所議，由户部製造錢鈔頒發中外，與現行銀票相輔通行，其應如何搭收搭放，酌定成數，以昭限制。

辛酉，又諭：安徽巡撫李嘉端自到任以來，毫無布置，致逆匪竄跨安慶，無爲州、巢縣等處均被蹂躪，實屬調度乖方，有負委任，李嘉端著即革職。

《東華續録》咸豐二七　以江忠源爲安徽巡撫，未到任前以安徽布政使劉裕鈐暫署。

壬戌，調廣東兵一千五百名赴福建勦賊。撥廣東司庫銀十萬兩解往福建備軍需。

以英桂爲河南巡撫，厲恩官爲山東按察使。

《文宗實録》卷一〇七　戊辰，又諭：前據江忠源奏，田鎮失守，道員同時陣亡，當有旨令張亮基等設法趕緊堵截。兹據吴文鎔奏，賊匪擾及蘄州，距省甚近，咨調援兵一摺。該督歷任封圻，朕所倚賴，現值防勦喫緊之時，著與崇綸安撫省垣居民，勸令協同固守，並著台湧迅調荊州滿營官兵二千名剋日至省援應，

與唐樹義帶回廣濟兵勇並江忠源收集潰散之兵，先行分撥布置。

己巳，諭内閣：前任漕運總督、兵部侍郎銜周天爵由知縣擢任封圻，退歸田里。朕御極後，知其人秉性忠直，勇敢有爲，特命前赴廣西督辦軍務，嗣奉旨來京，疊次召對，議論均極樸實，其心地品行迥超流俗。本年特加兵部侍郎銜，旋補授安徽巡撫，辭職後復督帶兵勇，將捻首陸遐齡等拴獲，並將餘黨殲除。辦事甚屬認真，現在皖省土匪未靖方資勦捕，遽聞溘逝，軫惜殊深。周天爵著追贈尚書銜，即照尚書例賜卹，並著加恩，賜謚文忠。

《東華續録》咸豐二七　是月，給貴州鎮遠、松桃等府廳屬被水災民口糧籽種，並修屋費。

《文宗實録》卷一〇八　十月甲戌，又諭：前因江西賊匪竄擾湖北，偪近武昌省垣，當經諭令駱秉章、曾國藩派撥兵勇船礮駛赴下游會勦，諒已遵照籌辦矣。現在台湧所帶官兵及咨調江西官兵未知何日趕到，武昌兵單，實恐不敷勦捕。曾國藩團練鄉勇，甚爲得力，勦平土匪業經著有成效，著即酌帶練勇馳赴湖北，合力圍攻，以助兵力之不足，所需軍餉等項著駱秉章籌撥供支。

《咸豐朝籌辦夷務始末》卷七　丁丑，諭軍機大臣等：德勒克多爾濟等奏，俄囉斯欲於格爾畢齊河設立界牌，請旨，或先由部咨行薩納特衙門，俟咨覆到時再行派員。或照黑龍江將軍英隆所擬，立即行文俄酋，令其派員前來恰克圖一摺。著即照從前英隆所奏，俟明年冰泮時再派妥幹之員，會同俄夷使臣各盡和好商定。

《文宗實録》卷一〇八　戊寅，命恭親王奕訢在軍機大臣上行走。以禮部尚書麟魁爲總管内務府大臣，勿庸在軍機處行走。命户部右侍郎瑞麟、禮部左侍郎穆蔭均在軍機大臣上行走。以協辦大學士吏部尚書賈楨充上書房總師傅。

《文宗實録》卷一〇九　癸未，諭内閣：富興阿奏，請定正陽門啟閉時刻一摺。京城各門稽查理宜嚴密，全在值班人等實心任事，正不必更改舊章，轉致窒礙。富興阿所奏著毋庸議。仍著步軍統領嚴飭值班各官兵，無分晝夜，認真稽查，毋得稍有疏忽。

乙酉，又諭：前因安徽情形喫緊，諭令江忠源速赴巡撫新任。本日據吴文鎔等奏，賊踞漢陽漢口，省城困守，勢甚危急，已諭令江忠源暫留湖北，督帶兵勇迅速援勦，現在皖省防勦事宜，著劉裕鈐會同吕賢基及署藩司袁甲三悉心籌畫，嚴密布置。

戊子，諭内閣：惠親王軍機大臣會同刑部定擬訥爾經額罪名一摺。已革大學士、直隸總督訥爾經額，經朕特授爲欽差大臣，督兵馳赴河南勦辦逆匪，自懷慶解圍逆匪西竄後，所有直隸與鄰省毗連各要隘，宜如何嚴密防守，乃於臨洺關遇賊竄至，即退守廣平，毫無籌策，以致逆匪紛擾畿疆。該革督統轄全省，貽誤事機，實屬罪無可逭，訥爾經額著照惠親王等所擬按律定爲斬監候，秋後處決。

辛卯，上御太和殿傳臚，賜中式武舉一甲温長湧、王虎臣、許夢魁三人武進士及第，二甲蔡若珍等五人武進士出身，三甲强寅等十八人同武進士出身。

《咸豐朝籌辦夷務始末》卷七　壬辰，諭軍機大臣等：本日據怡良、許乃釗奏，上海之驟難克復，由於該城東北羅列夷館，該夷恐官兵向北門攻打，城中賊匪回放槍礮，夷館難免受傷，因阻止官兵免攻東北，並洋涇濱等處有夷人把守，該逆米糧火藥，難免由此路潛運接濟等語。上海爲海口通商重地，必須設法控制各夷，不令與逆匪句結，方可將城中麕聚匪徒四面兜圍，斷其接應。吴健彰於夷情素所熟習，著怡良、許乃釗即密飭該道，將各夷妥爲羈縻，曲加曉諭，俾知匪徒及早勦滅於通商事務方有裨益。各該夷與逆匪不至聯爲一氣，然後督兵勦辦，方可得手，總在該督撫妥速辦理，不可遷延時日，又致别生枝節。另鈔録擄獲逆書二件，亦俱覽悉，該督撫務即嚴飭各員弁明攻逆匪，暗防外夷，星速督兵進勦，剋期收復，毋再延誤。

《文宗實録》卷一一〇　戊戌，諭内閣：前據國子監司業崇福奏，請借徵山西省一年錢糧以濟軍餉。朕以事關民瘼，議屬創行，而軍餉急需，又難緩待，特命軍機大臣、大學士會同户部速議具奏。兹據恭親王奕訢等合詞議覆，該司業所奏，度地權時，亦係濟急之一策，其指陳除弊各條均尚周密。請照所議，責成山西巡撫藩司妥速辦理，並推廣陝西、四川一律照辦。朕惟軍興三載，徵調頻仍，各省被賊地方，或耕作失時，或蓋藏罄盡，加恩賑貸。

《東華續録》咸豐二八　是月，賑直隸保定等四縣被水災民。蠲緩安州等五十三州縣水災風災、廣西新甯等二十一州縣被擾地方新舊額賦。緩徵奉天牛莊各旗界水災新舊額賦。

《文宗實録》卷一一一　十一月癸卯，又諭：前因湖北賊匪滋擾，諭令舒興阿將所帶官兵由信陽前赴楚省，督同臬司唐樹義迅將陽邏一帶逆匪，合力兜拴。本日據吴文鎔奏，賊已下竄，武漢江面並無賊船，舒興阿所帶陸路之兵可毋庸來楚等語。現在賊匪盤踞皖省，非厚集兵力，不足以資勦辦，已疊次諭令江忠源星

速赴任，皖省情形實屬喫緊。舒興阿著毋庸赴楚，即日帶兵由豫迅往安徽，與江忠源會合進勦，將安慶郡城及集賢關、桐城等處賊匪迅速勦除，以期肅清江北。

丙午，補鑄江南鹽巡道、蘇松太道、江海關監督關防，青浦、上海、南匯三縣知縣印信。從總督怡良請也。

己酉，又諭：江忠源奏，舒城失守，侍郎吕賢基殉難等語。舒城逼近廬州，逆匪披猖殊甚，該撫現因感受風寒不能前進，朕心實深懸繫。現當防勦喫緊之際，督辦需人，本日已諭令福濟兼程馳赴廬州、六安一帶會同該撫及劉裕鈖督率地方文武辦理防勦事宜。該撫如尚未痊癒，所帶兵勇即可交福濟酌量調撥，如已就痊，著即與福濟相機籌辦，飭將桐、舒等處賊匪併力殲除，斷不可任令北竄。

辛亥，諭内閣：王茂蔭奏保本籍人員，回省帶勇防勦一摺。刑部郎中李文安著准其回籍督率練勇，協力防勦，所請賞加御史銜，准令奏事，殊屬非是，著毋庸議。吕賢基之子吕錦文並著回籍，幫同勦賊。至已革江蘇巡撫楊文定係因失守地方，拏問治罪，豈得以其曾在本籍招募壯勇，遽從寬典，所請飭令回籍帶勇協勦之處，著不准行。

《文宗實録》卷一一二　癸丑，又諭：本日據宋晉奏，曾國藩鄉望素孚，人皆樂爲效用，請飭挑選練勇，雇覓船隻順流東下，與江忠源水陸夾擊，速殄賊氛等語。前因湖北緊要，諭令該侍郎督帶楚勇駛出洞庭湖迎頭截勦，旋據該侍郎奏稱，武昌現已解嚴，擬暫緩赴鄂，即在衡州趕辦戰艦，添置礮位，教練水師各等情，諒已辦有頭緒。現在安徽逆匪勢甚披猖，連陷桐城、舒城，逼近廬郡。吕賢基已經殉難，江忠源又復患病，暫駐六安不能前進，皖省情形甚屬危急。總由江面無水師戰船，攔截追勦，任令賊艓往來自如，以致逆匪日肆鴟張。該侍郎前奏亦曾籌慮及此，著即趕辦船隻礮位，並將前募楚勇六千由該侍郎統帶，自洞庭湖駛入大江，順流東下，直赴安徽江面，與江忠源會合，水陸夾擊，以期收復安慶及桐、舒等城。

己未，諭内閣：莊親王奕仁奏，請諭外藩捐輸一摺。我朝撫馭外藩，恩義兼至，歲時朝覲，方且賞賚有加。前因籌備軍需，外扎薩克各蒙古部落呈請報效，朕嘉其忠悃，優予褒獎，不令捐輸。正期軍務及早告竣，與遠近藩服同享昇平之樂，豈有因其愛戴情殷不加體恤之理。奕仁妄言無知，不識大體，著傳旨申飭。

《咸豐朝籌辦夷務始末》卷七　辛酉，欽差大臣向榮奏，據該革員余萬清來文及水營各鎮將稟稱，十一月初四日酉刻，有火輪船一隻往上游駕駛，經已革署京口協副將張攀龍親駕划船趕詢，該船行駛甚速，時已深黑，未及趕上。又據江浦、六合二縣探報，火輪船於初六日停泊觀音門下關，時有賊人小船來往各等情，目下尚未回駛。硃批：知道了，若能及早收功，該夷自不敢再行窺伺。

《文宗實録》卷一一三　乙丑，諭内閣：前有旨令户部製造錢鈔與官票銀錢並行，頒發中外，酌定章程具奏。茲據該部覈擬條款，開單呈覽，並遵議克勤郡王慶惠奏請推廣鈔法一摺。【略】著照部議，凡民間完納地丁錢糧、關税鹽課及一切交官解部協撥等款，均准以官票寶鈔五成爲率，官票銀一兩，抵制錢二千，寶鈔二千，抵銀一兩，與現行大錢制錢相輔而行，其餘仍交納實銀，以資周轉。京外各庫應放之項，官票寶鈔亦以五成爲限。如此明定章程權衡出納，行之日久，中外俱可流通，總期官民交益，上下相孚。

戊辰，諭軍機大臣等：羅繞典等奏，緬甸國貢使入京請變通辦理一摺。朕念緬甸國王久列藩封，該貢使等遠道輸誠，具徵忱悃。惟現在粤匪未盡殲除，該國貢使向由貴州、湖南、湖北取道進京，若令繞道行走，殊非所以示體恤。即著該督撫傳旨，該使臣等此次無庸來京，仍優予犒賞。

《東華續録》咸豐二九　是月，賑山東濟甯等七州縣、山西太谷縣、浙江臨海縣，福建永定等三縣，廣東連州等二十二州縣被水災民，並給修屋費。蠲免直隸趙州等十七州縣，被擾甘肅甯朔縣水災雹災新舊額賦。蠲減江蘇川沙等四十三廳州縣，雲南尋甸等四州縣被擾被水地方額賦。蠲緩山西太谷縣、山東德州等六十七州縣、浙江海甯等五十九州縣衛、湖南澧州等十七州縣衛、甘肅静甯等二十一州縣暨隴西縣丞所屬水旱風霜蟲雹災並被擾地方額賦。展緩直隸祁州等十五州縣、兩淮富安等十四場竈地水災新舊額賦。免甘肅中衛縣上年地震應徵銀糧草束。

《文宗實録》卷一一四　十二月壬申，軍機大臣會同户部奏，議覆推廣京員捐輸章程，准令廕生旗員改捐對品文職。得旨，廕生一項不過滿洲大員之子弟，人數無多，徒令其盡改文職，殊非覈實之道。若改捐者少，有名無實，更屬不必，此條亦著毋庸議。

甲戌，諭内閣：本日據琦善、陳金綬奏，賊於前月二十六日夜間全股由東面竄赴瓜州，揚城業已克復等語。【略】馮景尼帶勇分守揚子橋，首先奔潰，必應從嚴懲辦，以伸國法，著即行正法。張翊國防守施家橋，棄而弗守，亦屬罪無可逭，著發往新疆充當苦差，以示懲儆。雷以誠、慧成與晉康、查文經均在揚州東路防

勦，督率無方，均難辭罪。琦善統領全軍，不能及早克復揚州，以致賊從東路竄出，陳金綬幫辦軍務一籌莫展，厥罪維均。琦善、陳金綬、雷以誠、慧成著革職，晉康、查文經著一併革職，戴罪自效，仍責令琦善等督率晉康、查文經並各營將弁，迅即將儀徵、瓜州逆匪，剋日勦除。

《咸豐朝籌辦夷務始末》卷七　諭軍機大臣等：怡良、許乃釗奏，俄囉斯夷船二隻停泊崇明東頭洋面，有夷目一名在花旗夷館借住，候船修好即回本國等語。該夷是否因在洋遭風暫泊海口，抑或另有別情，著怡良、許乃釗密飭吳健彰，妥爲駕馭。一俟船隻修好，迅速飭回本國，毋任日久逗留。

《文宗實録》卷一一四　乙亥，諭内閣：向榮奏，官兵請領餉銀並不稟知該管官辦理，輒赴營紛紛請領等語。此次貴州湖南官兵於擊退賊匪後，輒赴營請領口糧銀兩，並未由該管官豫爲稟知。雖經向榮提取糧臺銀兩發給不致滋事，究屬約束無方，向榮著交部議處。彭玉雯職司糧餉，未能先事豫籌，著一併交部議處。所有軍營餉銀著户部迅速再爲籌撥，以濟要需。

丁丑，前任禮部侍郎曾國藩奏，籌備水陸各勇，俟右江道張敬修解礮到楚，即馳赴安徽會勦。得旨，現在安省待援甚急，若必偏執己見則太覺遲緩，朕知汝尚能激發天良，故特命汝赴援以濟然眉。今觀汝奏，直以數省軍務，一身克當，試問汝之才力，能乎？否乎？平日漫自矜詡，以爲無出己之右者，及至臨事果能盡符其言，甚好，若稍涉張皇，豈不貽笑於天下？著設法趕緊赴援，能早一步，即得一步之益。

《文宗實録》卷一一五　戊子，欽差大臣都統銜琦善奏，請將已革前任大理寺卿恆福留營充當翼長。得旨，恆福著准其留營充當翼長，仍隨時察看，若不知奮勉，即奏明治罪。

《文宗實録》卷一一六　甲午，又諭：據舒興阿奏，本月十六日夜，廬州郡城失守，江忠源在水西門内禦賊陣亡等語。覽奏憤懣之至。江忠源以知縣調赴軍營，屢立戰功，超擢臬司，令其幫辦軍務。本年在江西守城尤爲出力，倍著忠勤，旋即授爲安徽巡撫，由湖北力疾赴皖，甫抵廬州，即值逆匪圍攻郡城，督率文武紳民兵勇竭力守護一月有餘，屢次出奇制勝，力捍危城，方資倚畀，乃因援兵不力，以致賊陷廬州，捐軀盡節，深堪悼惜。舒興阿統帶重兵既已行抵廬州，不能督兵竭力救援，又不遵旨撥兵交和春統帶調遣，以致郡城被陷，藎臣捐軀，實屬辜恩，大負委任，著即革職，戴罪自效。和春自徐州赴援帶兵無多，所有舒興阿管帶之兵，即著交和春統帶，各路援兵，均歸調遣。

《東華續録》咸豐三〇　是月，蠲緩直隸安州等十七州縣暨豐財等四場、浙江仁和等九場竈地水災風災，山西潞城等七縣被擾地方新舊額賦，並賑貧民口糧，貸倉穀籽種。緩徵山東樂陵等四縣衛、河南蘭儀等十六縣水災，吉林三姓歉收地方新舊額賦。

是歲，朝鮮、暹羅、琉球、緬甸、南掌、越南入貢。

咸豐四年（甲寅、一八五四）

《文宗實録》卷一一七　正月壬寅，諭内閣：前因舒興阿救援廬州不力，又不撥兵交和春統帶，以致郡城失守，降旨將舒興阿革職，令其戴罪自效。因思此等畏葸無能之員，即留置軍營，亦屬無益。著和春飭令舒興阿，即行回旗，不准逗遛。該革員所帶之兵，前已有旨統歸和春管帶。著即督率各路將弁兵勇，迅圖克復廬州。如有不遵調遣者，即著以軍法從事。

壬寅，諭：本日據袁甲三奏，請令曾國藩督帶兵勇船礮，由九江直赴安徽。安慶刻下賊數無多，或先克復安慶，亦可斷賊歸路等語。廬州爲南北要衝，現在爲賊所據，必須乘其喘息未定，趕緊進勦，遏賊紛竄之路。曾國藩製辦船礮，並所募楚勇數千人，此時諒已齊備。著即遵前旨，迅速由長江駛赴安徽，會同和春、福濟水陸並進，南北夾攻，迅殄賊氛，以慰廑念。

《文宗實録》卷一一八　壬子，諭軍機大臣等：據奉命大臣色楞瑞麟信函二件呈覽，知静海獨流逆匪全股西竄，僧格林沁已馳抵大城，與賊接仗。勝保疾趨霸州，遏其北竄。該大臣等奉旨勦賊，日久無功，致令乘虚奔突，即將該大臣等以軍法從事，亦不足惜。

壬子，以江蘇布政使陳啓邁爲江西巡撫。

己未，以福建巡撫王懿德爲閩浙總督，貴州布政使呂佺孫爲福建巡撫，甘肅鎮迪道炳綱署貴州布政使。

《文宗實録》卷一一九　辛酉，諭：上年據崇綸奏稱，賊踞巴河，屢勸督臣派兵攻勦，決意不從，閉城坐守。嗣據吴文鎔瀝陳，崇綸與該督齟齬，及吴文鎔遵旨帶兵出省，崇綸又稱俟兵餉充足，督臣再行親往。吴文鎔任性偏執，怱促即行。朕閲該督撫歷次奏報，無非彼此爭辯，顯係不能和衷辦事。督撫大吏責任

封疆，若各挾私意，當此防勦喫緊之際，必致貽誤地方。且吳文鎔摺内有崇綸駐守城上，每日回署就食，實欲避人吸食鴉片之語。著青麐將該督撫因何起釁不和緣由，秉公密察，據實具奏。崇綸是否吸食鴉片煙，著一併確查密奏，不准稍有迴護。尋奏，督臣吳文鎔因賊衆兵單，矢志堅守，撫臣崇綸屢迫其帶兵出城迎敵，而己居守，是以意見不合。至崇綸吸食鴉片，臣久有所聞，不敢爲伊諱飾。報聞。

甲子，諭：户部侍郎羅惇衍奏京倉支絀，請飭廣東採買米石，以資接濟一摺。前以江南等省漕糧到通，恐有梗阻，降旨令葉名琛、柏貴勸諭官紳捐銀辦米，運赴上海兑收，轉運天津。

《東華續録》咸豐三一　丙辰，諭内閣：户部奏，議籌浙江海運章程一摺。本年浙江省辦理海運，改由劉河口受兑，一切經理事宜，業經浙江巡撫黄宗漢派員妥辦。惟該處海口係江蘇所轄，若專令浙江委員催辦，尚恐呼應不靈，致有貽誤。著怡良、許乃釗立即派委大員，並熟諳海運之員駐紮劉河，會同浙江委員設局，妥速籌辦，不得稍分畛域。至海船駛抵天津以後應用剥船，著桂良督飭天津道府寬爲豫備，以濟剥運。其江蘇省海運事宜，仍著該督撫迅籌具奏，毋許藉口軍務因循延宕，致誤正供。

《文宗實録》卷一一九　丁卯，諭：崇綸、青麐奏，探聞黄州營盤被賊攻焚，兵勇全行潰散一摺。覽奏殊堪詫異。【略】台湧現駐德安，著即酌帶官兵，馳赴前路，確探賊蹤所向，盡力迎勦。

《東華續録》咸豐三二　二月己卯，諭軍機大臣等：怡良、許乃釗奏，轟塌上海城垣，並連日獲勝情形一摺。此次進勦，將弁如虎，嵩林、秦如虎等皆能奮勇争先，身受重傷，實屬出力。據該督撫所奏，逆匪接濟已斷，傷斃甚多，正可乘此聲勢，剋期殄滅。

《文宗實録》卷一二〇　兩江總督怡良、署江蘇巡撫許乃釗奏，江蘇接濟金陵軍餉未能懸定。得旨，向榮在江南日久無功，死有餘辜，猶謂其聲威夙著。琦善在揚州獨力支持，雖未能埽數廓清，而北面實賴爲屏蔽，尚百般造作蜚語，以逞談鋒。許乃釗祇知有江南，不知有全局；祇知有身家，不知有國家，真可謂喪盡天良，辜負深恩。且琦善同一軍營，因何未有一語題及？近來張芾之事，想汝已悉。汝若再不知悛，更甚於張芾之罪。所請停撥之處，著不准行。若仍行瀆請，必斷汝首！

《文宗實録》卷一二一　辛巳，諭：據户部奏，京倉亟宜籌備，請飭各省設法採買，以資接濟一摺。上年因運道梗塞，曾經飭令奉天等省酌量採買，是否辦有章程，至今尚未覆奏。京倉儲備支放攸關，自應亟爲籌畫。著盛京將軍、奉天府兼尹、府尹、直隸、山東、河南各督撫，於各該地方無論何項糧米，設法採買一二十萬石，迅速運至天津交局收買。各省米價，均著照户部所奏。

以荆州將軍台湧爲湖廣總督，仍兼署湖北提督。

癸未，諭：自逆匪竄擾以來，長江數千里，任賊往來遊駛。現在金陵未克，廬州復陷，而回竄武昌之賊，紛紛駛赴漢陽、金口一帶。逆蹤飄忽，非亟籌肅清江面之計，不能奏功。曾國藩現由湖南統帶舟師，順流迎擊，業於正月二十八日啓程，計期應可行抵楚北。【略】曾國藩聲勢聯絡上下夾擊，非但遏賊分竄南昌，且使皖楚紛擾之賊首尾不能相顧，庶勦辦可期得力。該撫等惟當妥速籌辦，不准遷延迂緩，致誤事機。陳啓邁著即兼程前赴新任，其未到任以前，即著陸元烺趕緊籌辦，勿稍遲延。

《東華續録》咸豐三二　丁亥，琦善奏請撥軍餉。得旨，揚州與別處同是軍營，甘苦不均，豈能復責其拌死疆場。況琦善營缺餉日久，非他營可比。著户部再爲籌畫，若仍前指款改撥，或復請飭下妥籌，俱屬畫餅，非濟急之策。設使部臣出外視師，身歷其艱，亦必知非易易也。

《文宗實録》卷一二二　辛卯，諭軍機大臣等：是山東情形尤爲緊急，兖州一帶平原曠野，無險可扼，儻勦辦稍遲，必至與徐州、歸德之賊，聯爲一氣，沿河一帶勢若燎原大局，幾不可問。已另有寄諭飭令善禄會同張亮基，星馳前赴山東南路迎勦。僧格林沁等所派之兵，即著飭令星夜啓程，毋庸俟慶祺來營，致滋延誤。

甲午，以禮部右侍郎青麐爲湖北巡撫。

乙未，内閣欽奉貴人那拉氏晉封爲懿嬪。

《文宗實録》卷一二三　三月丙午，欽差大臣勝保奏，暫駐鄭家口，派總兵桂齡馳赴臨清合勦。

貴州學政黄統奏，請收洋煙之税，並嚴禁銅錢出洋。得旨，所奏亦不盡非。

《文宗實録》卷一二四　辛亥，實授許乃釗江蘇巡撫。

壬子，諭：昨據張亮基奏，初七日督率兵勇，於黑家莊地方勦匪獲勝。本日據勝保奏，該撫玩視軍務，觀望逗遛，並欺飾冒功各摺片。覽奏曷勝駭異。【略】

不知張亮基是何肺腑，敢肆欺罔！若將其即行正法軍前，亦屬罪所應得。姑念其平日尚能辦理地方公事，張亮基前已革職留任，著即革任，發往軍臺效力贖罪。即交勝保派員押解啓程，不必再留軍營。俾軍務告竣後，轉得希冀邀恩也。

丁巳，又諭：前據駱秉章奏，收復岳州，賊船下竄，曾國藩已由長沙省城跟蹤追勦。【略】本日據曾國藩奏，搜捕湖汊，並勦辦崇、通股匪各情。是水軍雖已抵岳，而馳赴下游，尚無確期。現在湖北賊情喫緊，【略】鄂省兵勇如此單弱，豈可仍在上游遲滯。著懔遵前次諭旨，迅赴湖北。先清江漢與台湧等聯絡聲威，毋再延緩。其湖汊藏匿餘匪，想已無多，著駱秉章嚴飭地方文武，實力搜捕。崇陽通城各匪，盤踞未久，當易撲滅，著即飭胡林翼等分投勦辦。曾國藩所統水勇，既不准青麐等留守武昌，若駱秉章欲藉曾國藩爲保障，任意牽留，朕亦不能寬宥也。

《咸豐朝籌辦夷務始末》卷七 辛酉，兩江總督怡良奏：本月初九日，據吉爾杭阿稟報，初六日有游民冒稱兵勇，與嘆咭唎夷人争取木植，彼此争鬧受傷。夷人心疑兵勇滋擾，糾衆將觀音堂防卡兵勇營帳燒毁。經吴健彰函詢該夷領事，覆稱欲令川黔撫勇等營即行遷移，當向開導，許將滋事之人嚴拏重辦。初七日，逆匪衝出西門，虎嵩林、劉存厚出隊迎敵，該夷乘機施放槍礮火箭，將撫勇川兵等營焚毁，並延燒黔粵兵勇各營。經各帶兵官馳至救息，該署司候補府薛焕、候補府經歷田濤及湖南、浙江各營，均尚無恙等情。署撫臣許乃釗來信，所言大略相同。伏思嘆夷包藏禍心，已非一日。屢經設法羈縻，此次忽有燒營之事，是否兵勇不遵紀律，抑該夷藉端作梗？已咨明署撫臣許乃釗確查情形，徑行據實具奏。傳聞上海自初九日以後，逆匪屢次竄出，經我兵截擊，連獲勝仗，夷情亦尚安静。現經密飭吴健彰妥爲理諭，毋得再釀事端。

《東華續録》咸豐三三 癸亥，諭：雷以諴奏試行捐釐助餉，業有成效，請推廣照辦，以裕軍儲，並開列章程呈覽一摺。粵逆竄擾以來，需餉浩繁，勢不能不藉資民力。歷經各路統兵大臣及各直省督撫奏請設局捐輸，均已允行。兹據雷以諴所奏，捐釐章程係於勸諭捐輸之中設法變通，以冀衆擎易舉。據稱裏下河一帶辦有成效，其餘各州縣情形，想復不甚相遠。著怡良、許乃釗、楊以增各就江南北地方情形妥速商酌。

《文宗實録》卷一二五 甲子，河南巡撫英桂因病賞假，以布政使鄭敦謹暫署巡撫。

《文宗實録》卷一二六 四月甲戌，諭：王茂蔭奏，請將皖省徽郡暫歸浙江管轄一摺。【略】兹據王茂蔭奏稱，徽浙有脣齒相依之勢，保徽即以保浙。并因徽郡距廬郡窵遠，江路不通，恐皖省控馭不及，欲請暫歸浙省管轄。雖係因時制宜，惟地勢情形，仍須詳加體察。

戊寅，諭軍機大臣等：向榮奏，節次籌攻金陵，並請飭催楚粵礮船師船一摺。【略】所有廣東各船並著向榮與琦善會商，飛速分提，以資攻勦。

《文宗實録》卷一二七 壬午，諭内閣：本日勝保等由八百里馳奏，官兵勦辦賊匪，殄滅净盡，首逆伏誅一摺。【略】勝保著加恩賞加太子少保銜，並賞還花翎，開復降級，留任處分。

癸未，諭内閣：昨日新授國子監滿洲司業蘇勒布具摺謝恩，因繕寫伊名不成清語。【略】蘇勒布身係旗人，竟忘本業，可惡之至。著仍降爲編修，以示薄懲。

《東華續録》咸豐三四 乙酉，諭内閣：德齡奏，遵旨明白回奏一摺。前聞葉爾羌有建立德齡生祠，旋被兵民毁像等事，批令德齡明白回奏。兹據奏稱，咸豐二年，葉爾羌商民捐貲立祠，實不知情，訪明後即將原像拆毁等語。部民爲本官建立生祠，例干嚴禁。德齡既未能先行禁止，迨訪明拆毁後彼時又不據實具奏，實難辭咎。德齡著交部嚴加議處。

《文宗實録》卷一二八 辛卯，降調前任禮部侍郎曾國藩奏，靖江水師潰散，請交部從重治罪。得旨，此奏太不明白，豈已昏憒耶！汝罪固大，總須聽朕處分，豈有自定一拏問之罪，殊覺可笑！想汝是時心摇摇如懸旌，漫無定見也。

以株守無能革湖南提督鮑起豹職。以雲南騰越鎮總兵官常存爲湖南提督，未到任前以湖南補用副將塔齊布暫署。以廣東順德協副將通安爲雲南騰越鎮總兵官。

以湖南水師失利，革前任禮部侍郎曾國藩職，仍戴罪勦賊。以克復湖南湘潭縣城，賞副將塔齊布總兵銜巴圖魯名號，守備周鳳山、千總楊載福花翎，餘升敘有差。革前疏防知縣劉建德，守備傅步雲職。

《咸豐朝籌辦夷務始末》卷七 丙申，怡良又奏：再上年馬沙利呈遞圖書案内，欽奉諭旨，飭令迅速回粵，往見欽差大臣，此次自應遵照辦理。惟麥酋以葉名琛公忙支吾爲詞，奴才若絶之已甚，轉使該酋得以藉口，設或徑赴天津。現當直隸用兵，且值海運沙船陸續赴津之際，未免諸多窒礙。奴才此次批駮之後，該

酋如肯折回廣東，應毋庸議。儻再四求見，仍不准行，彼將謂奴才憚於一晤，殊覺非體。惟有欽遵上年所奉硃批，示以大方，相機辦理。若接見後，於商稅事宜輕議更張，或別有要求之處，奴才惟有仗義執言，仍令赴粵，聽候葉名琛查辦，以免另生枝節。

《文宗實録》卷一二九　五月庚子，諭軍機大臣等：諄齡奏，廓爾喀國王呈遞表文，請派兵隨同勦賊，已檄諭該國王恪遵定制，毋庸派兵助勦。自應如此辦理。該國王以邊外小邦，情殷敵愾，其悃忱亦自可嘉。但内地小醜跳梁，從無借助外夷之理。著諄齡再行檄知該國王，諭以表文業已上達，大皇帝亦獎其誠悃，惟念該國王久列藩封，不忍令其派兵遠道跋涉。且内地匪徒滋擾，天朝兵力所加，指日即可殄滅，亦無須該國王派兵助勦。務使寬嚴得中，俾該國王内知感戴，外絶覬覦，自不致別有干求。所呈表底各件均著留存。

《東華續録》咸豐三五　癸丑，諭軍機大臣等：許乃釗奏，轟塌上海城垣，因遇雨未能攻克一摺。覽奏曷勝焦急。許乃釗攻勦上海賊匪，師久無功。吴健彰所帶挖罾夾板等船，未能得力，徒以雨勢過猛，退潮奔放，不能上駛爲詞。是水陸兩軍，均屬毫無把握。似此糜餉老師，日復一日，貽誤遷延，罪將誰諉！據稱逆匪股數，既分頭目，遂多宜於用閒等語。可見該撫於勦辦事宜漫無定見，不過藉此躭延，希圖搪塞。前次誤聽撫議，致失事機，該匪詭譎異常，豈可再蹈覆轍！該撫惟當督飭水陸兵勇，奮力進攻，萬不可墮賊奸計。

《文宗實録》卷一三一　庚申，諭：官文等奏收復宜昌府城一摺。逆匪於上月占踞宜昌府城，經署宜昌鎮總兵訥欽、署宜昌府知府吴開陽等統帶兵勇，水陸進勦，連獲勝仗，傷斃賊匪甚多，生擒逆首胡得義、曾大範等七名。五月初一日復分路進攻，當將府城收復，訥欽等乘勝追殺，斃賊百餘名，並燒毁賊船九隻。現在餘匪被勦南竄，著貴陞督飭各員弁水陸並進，分頭堵勦，務將此股逆匪，悉數殲除。

壬戌，諭内閣：和春、福濟奏，勦毁廬州賊營，並連次大獲勝仗情形一摺。【略】該地方文武各官於匪徒惑衆謀逆，即時召募壯丁，會同兵役，悉數捦勦，不致蔓延，功過尚足相抵，均著免其議處。

《文宗實録》卷一三二　六月己巳，諭：寄諭黑龍江將軍奕格：英隆奏俄囉斯船隻由黑龍江下駛，進入内地，由江直下一摺。俄囉斯船隻已由黑龍江下駛，該坐卡官員未能攔阻，追趕不及。該俄囉斯呈稱，欲與咦咭唎侵擾，請由大島經過等語。該夷等彼此爭擾，雖與中國無涉，然其中恐有狡詐。著坐卡官員等不時嚴密防查，儻俄囉斯等有擾及内地情事，該將軍等惟當持以大義，辦理不可輕率。仍諭坐卡官員等妥爲防守，亦不可起釁生事。

《咸豐朝籌辦夷務始末》卷八　庚辰，江蘇巡撫許乃釗奏：上海賊勢，正在銀錢日缺，黨羽日離，辦理方有把握之時。本月望間，有暎國公使咆吟、提督賜德齡帶領大小兵船五隻來至上海，聲稱將赴日本、暹羅驅逐俄夷。隨有照會，欲請臣與吉爾杭阿相見，云有緊急面商之事。臣時正在感受風寒，據實辭之。吴健彰又因偕咪國公使麥蓮同赴崑山，謁見督臣吉爾杭阿，即於二十六日往晤。據該酋口稱，上海賊久未平，以致暎國貿易滯銷，玆願將賊黨驅逐，無論送往何處，不必過問，即將城池交還貴國等語。吉爾杭阿答以驅賊而交還城池，是貴國好意。惟戕官之潘小鏡子、謝安邦二犯，不便令其遠颺。且貴國將該逆另送一處，萬一再擾亂一處，轉非貴國要好本意，必須實有去向，方無後患。該酋云，果欲若是爲難，我當坐火輪船赴天津，奏聞大皇帝處置。

《文宗實録》卷一三三　庚辰，又諭：本日據許乃釗奏籌辦滬匪情形，並暎夷要求照會等語。許乃釗督師上海，日久無功，處處爲暎夷所挾制。此次率與照會，不啻授人以柄，尤屬不知大體，殊堪痛恨。已明降諭旨，將許乃釗革任，授吉爾杭阿爲江蘇巡撫矣。

癸未，諭内閣：台湧奏武昌省城失守一摺。【略】覽奏曷勝憤懣。台湧職任兼圻，毫無布置。前次暫予革職，尚望其自贖愆尤，乃一味因循，貽誤大局，實堪痛恨。台湧著即革職，交楊霈差遣委用。並著楊霈馳驛速赴新任，統帶各路官兵，迅籌勦辦，務將省城趕緊克復，以次埽除各屬賊匪，毋令該逆日久占踞，用副委任。所有武昌城内文武各員下落，即著迅速查明具奏。

《東華續録》咸豐三六　甲申，諭軍機大臣等：有人奏江蘇蘇松太道吴健彰，有侵吞關稅銀兩，由海船帶回廣東，並接濟海匪劉麗川等事。本日已將吴健彰革職拏問。該革員原籍貲財家産，著葉名琛、柏貴迅即派員嚴密查封，聽候諭旨，毋得洩漏，致有隱匿寄頓之弊。至吴健彰有無由海船帶回銀兩，數至累萬之多，並著查明具奏。

《文宗實録》卷一三六　七月壬子，諭：怡良奏，現辦夷務情形。據咪酋有欲偕暎酋赴津之説，該夷等藉端要求，是其慣技，其所言亦不過虛詞探試。本日已諭知葉名琛堅明約束，妥爲查辦。該督即飭夷酋等前赴廣東聽候辦理，勿生

枝節。至吉爾杭阿接任巡撫，責無旁貸，即應督兵迅圖克復上海縣城，以副重任。本日據該督所奏，尚未提及攻勦上海之事，殊深懸念。著吉爾杭阿迅即督率將弁，設法環攻，總期一鼓殲除，毋致該匪蹈隙他竄，別滋延蔓。

丁巳，諭：吉爾杭阿奏，三次轟坍滬城，大獲勝仗一摺。【略】該逆經此懲創，或仍負嵎死拒，或意圖他竄，均未可定。著吉爾杭阿仍嚴飭各營將弁，迅速進攻，務將縣城克復，首夥各犯悉數殲捦，毋令乘間竄逸。

《文宗實録》卷一三七　庚申，諭内閣：駱秉章、曾國藩奏水師克復岳州，湖南賊艅全數殄滅一摺。【略】此次克復岳州，大獲勝仗，湖南逆艅業就肅清，江路已通，重湖無阻。即著塔齊布、曾國藩會督水陸兵勇，乘此聲威，迅速東下，力擣武漢賊巢，以冀蕩平羣醜。

《咸豐朝籌辦夷務始末》卷九　庚申，江蘇巡撫吉爾杭阿奏：竊照暎咭唎夷酋咆吟、咪唎嘡夷酋麥蓮勒畢唵，於五月間前來上海。在奴才處呈遞節略，懇求欽差重臣，查辦變通貿易事宜等情。奴才當將節略擲還，遵旨飭令回粵，聽候兩廣督臣葉名琛查辦。並將該夷等種種狡詐情形，縷晰密陳。旋因該酋等逾期未至，又經附片陳明在案。乃前摺甫經拜發，咆、麥二酋與咈蘭哂夷酋咘爾啼嚨，於八月初七八等日聯檣而至。奴才即於初九日以禮接見，詢其來意。據稱咆、麥二酋，遵諭前赴廣東，與咘酋一體照會兩廣總督。不特葉總督未與相見，且咘酋處亦未接有回文，僅派知州張崇恪、知縣陳宜之，面見繙譯人，口稱葉總督並未奉有諭旨辦理變通事宜。旋接葉總督與咆、麥二酋覆文，僅云天朝臣下無權，但知護守成約，其重大事件必須奏明請旨，又無准與代奏之語。守候多日而回，不得不來一見。即欲前赴天津，求見大皇帝及大學士申訴一切。其前呈節略内所言事理，並未提及。但據咆酋云，十二年之期已過，前定章程皆不足爲據。又據麥、咘二酋云，伊等在香港，奉該國王之命，凡事皆由咆酋商定辦理等語。奴才因該酋等業已合而爲一，與七月中情形又已不同，當答以暎夷原定章程名爲萬年和約，本無十二年變通之文，即當永遠遵行，咆酋不應有此不經之談。咪、咘二夷，雖有十二年變通之約，而無另定新章之語。爾等欲赴天津，必須俟奏明大皇帝，准爾前去，方可開行。否則不過與天津鎮道一見而已，仍屬徒勞往返。或將前遞節略所求代奏，恭候欽定，亦無不可。辯論竟日，迄無成議。十二日，該酋等三人同繙譯人麥華陀等五人復來謁見。據云天津之行，伊等已奏明各該國王，若由貴部院代奏而大皇帝仍令回粵，爾時再赴天津。

《文宗實録》卷一三八　閏七月庚午，諭軍機大臣等：駱秉章等奏水師失利，陸路獲勝一摺。覽奏曷勝憤懣。我兵克復岳州，水師疊獲勝仗，方冀乘勢東下，直擣武漢賊巢。該提督等雖經屢勝，仍當於鋭進之中，力圖萬全之策。乃因輕進失利，致鎮道陣亡，失去船礮甚多。雖塔齊布陸路獲勝，究屬得不償失。曾國藩係在水路督戰，於陳耀龍出隊時不能詳慎調度，可見水上一軍毫無節制，即治以貽誤之罪，亦復何辭？惟曾國藩前經革職，此時亦不必交部嚴議，仍責令督飭水師將弁，奮力攻勦，斷不可因一挫之後，遂觀望不前。

丁丑，諭軍機大臣等：陳金綬等奏，琦善因病出缺一摺。已降旨，授托明阿爲欽差大臣，馳驛前往揚州督辦軍務矣。

《文宗實録》卷一三九　丙戌，諭：據陳啓邁奏，逆船竄擾吴城、建昌，偪近省城，兵力不敷調遣。【略】江西賊勢披猖，省垣兵力單薄，急須鄰省分兵援救。著駱秉章迅即選派精兵三四千名，馳赴江西，以資接應。

《文宗實録》卷一四一　八月壬寅，諭内閣：前因勝保圍攻高唐，未能克復，降旨拔去花翎，以示薄懲，原冀其感奮圖功，迅殄醜類，以贖前愆。乃圍勦已及四月，我兵雖偪近賊壘剳營，仍未能剋期收復。似此遷延觀望，糜餉老師，實屬大負委任。勝保著即革職，仍著督率將弁，迅圖克復。儻再玩延，朕必從重治罪。

《文宗實録》卷一四二　癸丑，諭軍機大臣等：葉名琛、柏貴奏，逆匪句結日衆，郡縣相繼失守，請調兵會勦一摺。覽奏曷勝焦急。江南逆匪潛遣夥黨回粵，句結醜類，同謀滋事。【略】此時省城情形更爲喫緊，閩楚官兵到粵尚需時日，該督等務當督率滿漢官兵，多募練勇，迅將近省一帶逆匪勦除淨盡。並設法力破賊巢，則各屬匪黨自必聞風解散。該省紳士素明大義，如果開誠布公，勸諭紳民，一體團練，較之征調客兵，尤能得力。海陽等縣賊匪蜂起，北礮臺已被賊踞；潮州郡城，勢極危險，該督等務嚴飭該地方文武實力防勦。一俟兵力可分，即當統籌兼顧。該匪事起倉卒，必多烏合之衆。該督等務於水陸兩路，迅籌勦辦，毋令日久蔓延爲患。

《東華續録》咸豐三九　庚申，吉爾杭阿奏：英吉利領事包呤、米利堅麥連勒畢唵、佛蘭西布爾布隆，先後駛抵上海，稱欲變通成約。因兩廣總督不肯接見，定期八月十八日前赴天津。堅執不移，勢難阻止，命文謙、桂良嚴密防範。

乙丑，諭軍機大臣等：本日據楊霈奏，克復武昌、漢陽等語。【略】即督飭兵

勇奮力圍攻，務當一鼓殲除，迅圖克復，毋致再有竄逸。安慶一帶賊匪尚未殄滅，即著飭令秦定三迅速勦辦，毋稍延緩。

《文宗實録》卷一四四　九月辛未，諭内閣：塔齊布、曾國藩奏，水陸大軍同日克復武昌、漢陽一摺。覽奏欣慰。【略】總督曾國藩著賞給二品頂帶，署理湖北巡撫，並加恩賞戴花翎。塔齊布著賞穿黄馬褂，並賞給騎都尉世職。

《咸豐朝籌辦夷務始末》卷九　丁卯，諭軍機大臣等：暎、咪二夷船隻，已於二十四日竟抵天津。經文謙接見開導，尚未回帆。昨又諭桂良，酌量應否前往，密爲調度。惟總督出省，地方不免訛言。此次夷酋之來，不過欲變通條約，並非用武之事。儻軍中或有傳聞疑懼之言，著僧格林沁持以鎮定，不可張皇。如有探聞情形，隨時密奏。

《文宗實録》卷一四五　辛巳，諭軍機大臣等：崇綸等奏咪、暎二國夷酋進口見面，詢出來意，並酌辦情形一摺。十三日崇綸等與夷酋麥蓮、咆吟接見，措詞尚屬得體。另片所陳各情，亦頗周密。至該夷呈出變通清摺，所開各條均屬荒謬已極，必須逐層指駁，以杜其無厭之求。【略】至民夷相争，原有成約可稽。近來地方官有無審斷不公，准其行查該督撫秉公辦理。上海匪徒滋事，貿易維艱，如果夷商因此賠累，欲免欠税，朕撫馭中外，柔遠爲懷，原不難稍從減免。但應如何覈減之處，亦須由該省督撫查明酌辦。至廣東茶税，據稱濫抽每擔二錢，天津亦無成案可考，必須由兩廣總督辦理。以上三款，尚可允其查辦。

《咸豐朝籌辦夷務始末》卷九　壬午，直隸總督桂良奏：本月十三日，暎、咪二酋來見，呈出節略數紙，内多難行之事，言詞尚屬恭順，現在出口聽信。又咈囒哂委員哥士耆，聲稱伊國公使與暎、咪二國，同心前來。因船破躭延，令伊前來，看在何處辦事。伊亦别無所求，伊國十二年之約，自二十四年起今已十年，約著單人前來，再訴委曲。奴才查夷酋呈出節略，該鎮道未經録送，計崇綸等當已入奏。硃批：知道了。

《文宗實録》卷一四五　癸未，以恭親王奕訢爲宗人府宗令。

《東華續録》咸豐四〇丁亥，曾國藩奏報謝恩，並懇辭署湖北巡撫。得旨，朕料汝必辭，又念及整師東下，署撫空有其名，故已降旨令汝毋庸署湖北巡撫，賞給兵部侍郎銜。汝此奏雖不盡屬固執，然官銜竟不書署撫，好名之過尚小，違旨罪甚大，著嚴行申飭。

丁亥，諭軍機大臣等：載齡、崇實奏。遵查總督收受陋規一摺，並巡捕官具供後自盡等語。已有旨，將裕瑞撤任，聽候查辦矣。

裕瑞緣事解任，以黄宗漢爲四川總督。未到任前，以成都將軍樂斌兼署，以何桂清爲浙江巡撫。

《文宗實録》卷一四八　十月癸丑，諭軍機大臣等：廣東自會匪滋事以來，僅接葉名琛等兩次奏報。現在已踰三月，肇慶府城並高明、順德、惠來等縣是否收復？攻撲省垣之賊如何擊退，海陽自北礮臺被占後作何勦辦？其花縣等十四州縣有無另被賊踞？文報遲延，尚未據該督撫等續奏。本日侍郎羅惇衍奏，大股賊匪仍在廣州北門外三元里地方屯聚，英德已陷，肇慶所屬已失去十一州縣，廣州屬之順德、清遠、花縣、增城亦皆淪没等語。朕心實深焦灼。該侍郎請用勦撫兼施之策，欲慎選賢令，使之收復各城。

《文宗實録》卷一四九　丁巳，兵部侍郎銜曾國藩等奏，南路陸軍大捷，斃賊萬餘，斫斷江中鐵鎖，水師繞出賊前，屢獲勝仗。得旨，獲此大勝，皆因汝等和衷共濟，調度有方，故能將士用命，以少擊衆。朕披覽之餘，感慰莫能言喻。

《文宗實録》卷一五一　十一月庚辰，諭内閣：楊霈奏官軍克復廣濟、黄梅，全楚肅清一摺。【略】該督現由黄州移兵援應後路，指日塔齊布與曾國藩水師會合，即可直達安慶，齊擣金陵賊巢。諒無難一鼓殲除，廓清餘孽也。

《文宗實録》卷一五二　戊子，以山西巡撫恒春爲雲貴總督兼署雲南巡撫，調陝西巡撫王慶雲爲山西巡撫，雲南巡撫吴振棫爲陝西巡撫。

《咸豐朝籌辦夷務始末》卷一〇　己丑，欽差大臣兩廣總督葉名琛奏：據該夷酋等照會，即以本年閏七月初六日係前定和約十二年届滿之期，必須在臣署中相見，復行定議。臣當即照覆，或在省河，或在虎門皆可接見。至於署在城内，進城之説，已於六年前罷議，豈有反覆再伸前説之理？旋即聞得該夷酋等前赴厦門、寧波、上海各口，察看貿易各事宜。迨至七月内，該夷酋等回粤，復來照會，並遣小夷目來省。據稱現有要事相商，必須先爲允准，始可面遞。臣當即照覆，凡事循照條約舊章而行，何待今日始行允准。儻其中稍有更易之處，一切均應奏明請旨，斷非臣下所敢擅專。嗣後亦並不知所要求者何事。現聞該夷酋等又於八月内復抵上海，傳聞有前赴天津之説。該夷酋等如果徑抵天津，無論所要求者何事，應請敕下直隸總督，仍令該夷酋等速行回粤，臣自當相機開導，設法羈縻，以期仰慰聖廑。硃批：已有旨。

庚寅，命協辦大學士賈楨爲正使，禮部左侍郎肅順爲副使，持節齎册晉封懿

貴人那拉氏爲懿嬪。

庚寅，祁寯藻因病乞休，命以大學士致仕。命協辦大學士賈楨爲大學士，管户部事，充實録館監修總裁官。命大學士卓秉恬稽察欽奉上諭事件處。調兵部尚書翁心存爲吏部尚書，以都察院左都御史周祖培爲兵部尚書。

《文宗實録》卷一五三　十二月壬寅，諭：現在曾國藩已駐軍九江城外，與塔齊布會合，扼守湖口内外要隘。又據楊霈奏，賊中凶悍頭目，皆在安徽、江西等處，長髮老賊亦多上竄，江寧等城勢必空虚，請飭乘機攻勦等語。所奏不爲無見。該逆死黨，半在楚皖，今既疊受懲創，即金陵等處賊匪亦必聞風破膽。若托明阿、向榮等能將金陵、鎮江等城攻破，並盡殲瓜州逆匪，即上游竄匪必思還救，楚師從而壓之，自成建瓴破竹之勢。向榮前奏金陵賊黨仍踞上方橋，雖經兵勇襲破木柵，未聞續獲勝仗。余萬清在鎮江僅能攻毁該逆礮臺，終未斷其往來之路。托明阿等攻勦瓜州，亦未得手。日復一日，伊於胡底。著該大臣等嚴飭水師，攻毁賊匪鐵鍊，埽除江上賊營，水陸並進，明攻暗襲，將金陵、鎮江、瓜州等處次第克復。如能先復一城，則賊匪已覺喪膽。而曾國藩等督兵東下勦，辦更易爲力。托明阿等與向榮現已聲勢聯絡，當不致互相觀望，重負委任也。

《東華續録》咸豐四三　壬子，諭軍機大臣等：本日據王茂蔭奏，大江南北捐局過多，官私錯雜，揚州以下沿江各府州縣設有十餘局，苛斂行商過客，假公濟私，包送違禁貨物，甚致聚衆斂錢，以錢聚衆。普安辥家港等局，竟至互圖併吞，大肆爭鬭，商民無不受害等語。雷以諴捌議捐釐協濟軍餉，原在揚州一帶辦理，尚屬妥協，何以普安等局竟有收捐未解糧臺之弊，著托明阿等確切訪查。如有奸徒藉端漁利，藐法營私，即著飭令該地方官嚴行究辦。其在大江以南者，並即移咨怡良就近查明，如係私設，即行嚴禁，務期濟餉安民兩無窒礙。

戊午，諭内閣：貴人他他拉氏著封爲麗嬪，索綽羅氏著封爲婉嬪。

庚申，諭：奕格奏，俄羅斯船隻過境，應否放行，請旨遵辦等語。俄羅斯與别國往來，自應由外海行走，不能聽其取道内地。惟本年五月閒，該國船隻過境既經放行，此時若阻其歸路，該國不免藉口又滋釁端。著奕格隨時查探，如該國前此次經過之船，仍由黑龍江等處駛回，果於沿途地方不至騷擾，即著聽其歸國，毋庸攔阻。若再有續來之船，並非前此經過船隻，即著妥爲開導，告以内地江面不能聽外國船隻任意往來，此後斷不可再從黑龍江行駛，致啓猜嫌，總以剴切曉諭。

咸豐五年（乙卯、一八五五）

《文宗實録》卷一五六　正月丁丑，以湖北按察使胡林翼爲布政使。

戊寅，諭内閣：文彩、李菡奏，北新倉米數虧短，請交部嚴訊。並給事中啓文奏，存倉米石，有虧短情弊，請旨究辦各一摺。北新倉應存粳籼稜米，虧短至數千石之多。該吏役等偷漏侵漁，藐法已極，必應徹底根究，以懲積蠹。書吏田子春、花户孔泰、張清仁均著交刑部嚴行審辦。撤任監督廣勤、尚政濟專司收放，亦難保無扶同隱飾情弊，均著先行交部議處，仍聽候刑部傳質。尋奏，審明孔泰等應照監守盜倉庫錢糧入己擬斬監候。田子春等應照蠹役詐贓十兩以上擬發近邊充軍。廣勤、尚政濟，查無扶同隱飾情弊，應令回任聽候部議。允之。

《東華續録》咸豐四四　丁丑，諭：吉爾杭阿奏，殲斃逆首，克復上海縣城一摺。覽奏欣慰。逆罪占踞上海，經吉爾杭阿督率兵勇克復縣城，首逆業已就戮，全股盡數殲除。在事員弁兵勇，洵屬奮勇可嘉，著該撫迅速查明保奏。其善後事宜，亟應妥爲辦理。著名惡逆陳阿林、潘小鏡子雖經獲犯供稱殲斃，是否確實據，仍應嚴密訪查，毋使漏網。該處兵勇有由向榮調派者，此時自應仍歸金陵大營，以資勦辦。吉爾杭阿見在幫辦向榮軍務，即著統帶前往。其浙江兵勇，在上海防勦頗爲得力，應否一併帶往金陵，或令歸伍，著向榮與吉爾杭阿悉心籌畫，酌量辦理。其餘兵勇或撤或留，並著該撫妥爲安置。至佛蘭西提督喇呢嘛，首先助順；英吉利領事阿利國，亦聽憑官兵築牆紮營，情形尚屬恭順。上次佛夷並有陣亡受傷之人，此時縣城克復，應否酌加獎勵，以慰其心，著怡良、吉爾杭阿妥籌具奏。務當斟酌盡善，以示懷柔。

《文宗實録》卷一五七　辛巳，諭：楊霈奏，賊由黄梅回竄漢鎮，現由德安相機進勦一摺。楊霈督兵廣濟，爲楚軍後路，致令逆賊回竄失利，節節退守，實屬調度乖方。楊霈著即革職，並拔去花翎，暫留本任，仍著收集兵勇，相機進勦，以贖前愆。並著官文、曾國藩、塔齊布迅速撥兵援應，毋令蔓延。

乙酉，又諭：本日已寄諭僧格林沁，命其帶兵馳往高唐，督辦軍務矣。該城餘匪本屬無多，勝保自任欽差大臣以來，志驕氣惰，將士未能用命，以致小醜數百，日久稽誅，被參各款甚多。朕以簡任乏人，一時未即懲辦，疊降諭旨，令其改

過自省，仍然不知愧懼，遷延日久，殊堪痛恨。著僧格林沁於到高唐後，將防勦事務布置妥協，即傳旨將勝保拏問，派員押解來京。一面訪查勝保劣蹟，並貽誤事機各情節，詳細奏聞。如革職不足蔽辜，應從重治罪之處，即著迅速密奏。

辛卯，諭：曾國藩、塔齊布先後奏報，陸軍渡江勦賊，並迎勦九江城中撲營逆匪，及籌辦情形各摺。覽奏殊深懸繫。【略】曾國藩等既定直擣金陵之計，即著迅速設法攻克九江，合軍東下，毋得再存顧慮。

《東華續録》咸豐四五　二月甲午朔，諭軍機大臣等：王懿德等奏，夷商販茶，請准租屋居住一摺。福建省因茶販不通，暫開海禁，各國夷商多來貿販。該督撫爲廣收茶稅，俯順輿情起見，准該夷領事承租南臺天安寺、雙江臺後空曠地基，並准夷商等承租大橋以南、觀音井下衕等處屋地六所，爲儲貨棲身之地。均係民夷兩願，並立租約，蓋用印信，係照從前和約辦理。該夷等向化遠來，自應處以館舍，用示懷柔。惟民夷雜居，必須嚴加約束。且南臺一帶，偪近省垣，既已租與屋地，著該督撫諭令該夷領事官金執爾等，稽查彈壓，務令與本地居人相安無事，免生嫌隙，方爲妥善。其續到夷商需租房屋，並著飭令該地方一律辦理。

《文宗實録》卷一五八　乙未，諭：吉爾杭阿奏，酌擬夷人獎賞等語。咈囒哂提督嚇呃嗮，於官軍攻勦上海逆匪情殷助順。吉爾杭阿請賞給該夷綢四卷，銀一萬兩，以示懷柔，尚爲妥協。著即照所擬辦理。

乙未，以克復安徽含山縣城，賞翰林院編修李鴻章知府銜、花翎。

《文宗實録》卷一五九　甲辰，諭軍機大臣等：本日據軍機大臣會同户部，詳議鈔法章程一摺。民間完納錢糧，自咸豐六年上忙起，凡應搭官票，改換寶鈔。議令直隸、山東、河南三省先行遵辦。內如部頒寶鈔，令各省藩司編立號簿，蓋用印信，再行解部。所用騎縫印信，篆文大略相同，恐小民難於辨認，應否添設簡明標識之處，著各該督撫斟酌奏辦。其各省收到寶鈔並准由各官銀錢號兑賣，事屬官民交涉，防範稍有未周，易啓勒措把持之弊。至酌給羨餘一層，應由該督撫體察所屬情形，通盤覈計，酌立定額，固未可過於苛刻，亦豈容稍涉冒濫。立法之始，不厭周詳。著桂良、崇恩、英桂各就該地方情形，悉心斟酌，妥擬詳細章程，迅速具奏。總期寶鈔得以流通，而兵民亦藉紓困累。

己酉，諭軍機大臣等：諄齡奏廓番舉動情形一摺。廓爾喀國前欲唐古忒認出幫兵使費，已屬有意尋釁，現復私給干布康松汪堆頂翎，到濟嚨傳集村民，欲接管營官事務。巴勒布舊頭人熱瑪松達爾又欲進藏呈遞表章，亦與由塘轉遞例案不符。該夷居心叵測，一切舉動甚屬謬妄。惟先後呈遞該大臣稟內，並無違悖之詞，此次差人赴藏呈遞表章稟信，亦似尚知名分。此時辦理機宜，總當不動聲色，嚴密設防。該大臣現派噶布倫汪曲結布及糧務張祺等，先後馳往後藏定日一帶，藉查辦案件爲名，暗爲布置。如該夷呈遞表文，即飛遞該大臣等照例譯閱；如有悖謬干求之語，一面據理駁斥，一面迅速具奏。萬勿示之以弱，啓該夷窺伺之心。所有藏屬要隘，密加防範之處，仍當處以鎮靜，不得過事矜張。

庚戌，諭軍機大臣等：前因有人奏吴健彰通夷養賊各款，當降旨交怡良、吉爾杭阿，按照所參情節逐一嚴審，定擬罪名具奏，並諭黄宗漢派員訪查。兹據黄宗漢奏稱，查明吴健彰實與賊首劉麗川同鄉，該逆起事時，吴健彰眷屬奔避夷館，庫中存銀，悉爲賊有。並與夷人夥開旗昌行，及所雇船勇俱係粤人，每有攻城之舉，往往漏洩，致船勇與滬城之匪暗通信息各情。惟道庫存銀是否三四十萬，吴健彰所雇挖罾船價曾否於關稅取償，其徵收關稅有無捏報隱匿，並與咪夷夥開旗昌行有無約據，其上火輪船與逆匪如何談論，貨船漏稅實有若干銀兩，未得確據。怡良近在蘇省見聞切近，吉爾杭阿與吴健彰同在上海日久，更難諉爲不知。該道拏問已久，尚未據該督撫將原參各款查明具奏。現在上海克復，所有應訊人證不難傳集，著即逐款查明，並此外有無別項劣蹟，一併確查，據實參奏，毋稍徇隱。

《文宗實録》卷一六〇　乙卯，諭內閣：惠親王、軍機大臣會同刑部，具奏定擬勝保罪名一摺。已革都統勝保，經朕特授爲欽差大臣，勦辦逆匪。自賊踞高唐州後，勝保帶兵圍攻九月有餘，未能克復，縻餉勞師，罪無可逭。惟念勝保前由揚州帶兵解懷慶之圍，追賊山西不遺餘力。其另股賊匪由山東臨清竄出後，復沿途追勦，直至江蘇豐縣，悉數殲除，尚屬著有勞績。勝保著照擬於斬罪上減等，發往新疆效力贖罪。

己未，諭軍機大臣等：英桂奏，楚北逆氛復熾，豫省邊防喫緊一摺。【略】著僧格林沁於所帶官兵及勝保前存兵丁內，挑選馬步兵三四千名，派委得力大員統帶，星速馳赴河南，交英桂調遣，毋得稍涉延緩。

辛酉，軍機大臣等、僧格林沁等奏圍勦逆匪情形一摺。逆匪竄踞馮官屯，經我兵用大礮轟擊，房屋坍塌。乃該逆在溝內穵窖潛藏，以避礮火，實屬狡悍異常。該大臣現擬由上河廳三孔橋挑開，引放運河，以水灌賊。此計未免迂緩，且

恐辦理稍不周妥，或有泛濫旁洩之虞，轉使該逆有險可恃。該大臣務當斟酌妥善，一面迅速辦理，仍一面設法進攻，毋令負嵎。

《東華續録》咸豐四六　三月甲子，諭：前據刑部議覆王慶雲奏發遣新疆官犯准其捐輸改發内地，當降旨令查明原案情節，奏明請旨。原以發遣官犯情節輕重不同，若概令犯罪較重之員紛紛捐請，寬典倖邀，尚復成何政體？兹據載齡奏請停止捐改内地章程一摺，所奏甚是。所有發遣官犯捐改内地章程，著即行停止。

《文宗實録》卷一六一　乙丑，諭：官文、楊霈奏，此次武昌失陷，雖因兵力飢疲，奸匪内應，究因漢川進攻之兵不能得力，以致省城孤立無援。【略】此時楚省賊勢南北蔓延，幾至無從著手。官文等分辦合辦，同係一事。大江以北，朕統以責之楊霈；荆州防守事宜，即責成官文布置；南岸攻勦事宜，即責成胡林翼妥辦。其如何互相援應，迅圖肅清之處，該將軍等務當熟計兼權，亦不能自分畛域也。

《文宗實録》卷一六二　丙子，諭内閣：怡良奏，查明鹽船積弊，並土匪私設鹽卡，擾害票法一摺。淮北綱鹽，行銷皖、豫二省，日形壅滯。據怡良查明，因各販運經由阜陽、霍邱、固始三縣交界處，所有船户等肆行舞弊，致虧客本。又信陽、羅山二處，爲行銷最暢之區，光山係必由之路，聞該境私設鹽卡，盤踞需索，以致往來客販畏葸不前。自應亟加整頓，以肅鹺政。著英桂、福濟嚴飭各該地方官，凡淮鹽經過處所，如船户人等有敢行盜賣，並水手攙和沙土等弊，一經查出，即行拏究，毋得稍分畛域。至土匪私設鹽卡，尤屬大干法紀，並著該撫等密速查拏，從重懲辦。斷不准稍涉疏縱，以除積弊而裕國課。

《文宗實録》卷一六三　乙酉，諭軍機大臣等，寄諭駐藏大臣赫特賀等：諄齡奏，接據廓爾喀國王先後來禀呈遞表章及邊界情形一摺。【略】該國此次動兵，不過要求唐古忒給與銀兩，亦未明言與中國抗拒。該大臣所擬檄諭，逐層指駁，自應如此辦理，但措詞必須得體。如違悖天朝，要將疆土讓爾等語，一經説破，恐該夷轉無顧忌。唐古忒、廓爾喀均隸我屏藩，自來一視同仁，毫無偏袒。如果唐古忒實有欺陵廓夷之事，必應迅速查辦，使兩造平允，該夷自不能藉端起釁。該大臣現在催調各路士兵，趕到邊界，但當暗地設防，不可稍露聲色。定日地方向設官兵稽查，斷無另行遠駐之理。仍一面密查該夷如何舉動，一面將所禀各案妥爲查辦，以折服該夷之心。總不得妄動兵力，致生枝節。該國所遞表文，毋庸給予敕書。該大臣即按此次諭旨大意檄諭該國，令將所派之兵趕緊撤回。

乙酉，諭：御史宗稷辰奏，大江南北設卡抽釐，收捐太雜，出入總數毫無稽覈。並有常鎮散勇與江面土豪，在江濱距圌山關相近地方，樹幟攔船，肆行盤踞。與營卡比列，莫辨公私。請將釐捐事宜，責成江督經理等語。江南省捐釐濟餉，雷以諴創議於前，文煜接辦於後。原期集餉安民，兩無窒礙。其揚、通一帶，設立各卡，均有章程可稽，豈容任意添設？若如所奏，官收捐項，已極繁瑣，復有匪徒冒名勒索，擾累行旅，更屬大干法紀。著托明阿等確切訪查，如有奸徒把持漁利，即著從嚴拏究。

戊子，諭軍機大臣等，寄諭直隸總督桂良：全慶、文彩奏海運漕船被劫一摺。據稱孫德茂等沙船，裝載江浙漕糧米石並公項銀兩，於二月二十五日行至山東黑水洋石島地方，被艇匪搶去銀米，並有勒銀贖船情事。已諭令山東、江蘇各督撫，嚴密防範，並將疏防之登州鎮總兵田浩然，摘頂示懲矣。本年海運米船，已到者未及十分之二，隨後各船尚有數百餘隻，並有隨帶公項銀兩，爲數甚多。著該督即飭天津鎮道，率同地方文武員弁，於附近口岸加意巡防。儻有奸徒溷跡，乘閒搶竊，立即嚴拏懲辦，毋稍疏虞。

《文宗實録》卷一六四　四月庚子，安徽學政沈祖懋奏，請將徽州府暫歸浙江管轄。得旨，尚有窒礙之處，汝未深悉。前據何桂清所奏，已允其請，仍歸浙經理，實與管轄無異。

辛丑，諭内閣：駱秉章奏，湖南南路官軍，勦辦廣東、廣西賊匪，疊獲勝仗，收復城池，並辦理本省土匪，拴獲逆渠匪目多名一摺。【略】其最爲著名之逆渠邱倡道即朱九濤、尹石保二犯經署郴州戚天保等，於該州之周源山及藍山縣拏獲正法。辦理均尚妥協。著駱秉章仍督該員弁等，實力堵勦，毋分畛域。並摎緝餘匪，務期净盡。【略】即選同知直隸州知州王鑫，勦辦富川股匪尤爲出力，著以知府遇缺即選，以示鼓勵。其餘在事出力弁勇，著該撫擇尤保奏，候朕施恩。

《文宗實録》卷一六五　庚戌，諭：現在馮官屯逆匪全股蕩平，北路一律肅清。軍機大臣贊襄軍務，夙夜勤勞，允宜分別加恩，以昭優眷。恭親王奕訢，著交宗人府從優議敘；尚書彭藴章、侍郎穆蔭、杜翰，均著交部從優議敘；侍郎瑞麟，著交部議敘；致仕大學士祁寯藻，前在軍機大臣上行走，懋著勞勩，著一併交部從優議敘。其滿漢章京各員，均著交部議敘。

《文宗實録》卷一六六　己未，諭内閣：湖廣總督楊霈，前因武昌失守降旨革職，仍暫留本任，責令戴罪自效。迨逆賊上竄德安，該革督以防守襄樊爲名，由隨州以至棗陽，節節退守。屢經嚴旨，催令進勦，復以兵勇未集，遷延觀望。迨西安將軍扎拉芬由陝帶兵，行抵隨州，於五里墩地方與賊接仗被圍。該革督坐擁重兵，近在數里之間，並不實力救援，反催調相去較遠之揀發知府崔蘭馨等前往接應，以致該將軍力竭陣亡。實屬懦怯無能，有心延誤。該革督自廣濟兵潰以後，湖北逆匪復肆猖獗，其貽誤之罪何堪悉數！朕僅予薄懲，方冀其振刷精神，力贖前愆。乃數月以來，毫無布置，辜恩溺職，實堪痛恨。楊霈著即革任，仍交官文差遣。儻再不知奮勉，即行從重治罪。

《文宗實録》卷一六七　五月壬戌，諭：昨據英桂奏探，聞湖北隨州被賊占踞，德安賊蹤未退。本日已授西淩阿爲欽差大臣，統兵赴鄂督勦。著桂良於直隸省挑選精兵三千名，崇恩於山東省挑選精兵二千名，配齊軍裝火藥，聽候調遣。命察哈爾都統西淩阿爲欽差大臣，馳往湖北，督辦軍務。

辛未，諭内閣：前因逆匪擾及畿疆，特授惠親王爲奉命大將軍，並派恭親王奕訢等辦理京城巡防事宜，復命科爾沁博多勒噶台親王僧格林沁爲參贊大臣，統兵進勦。現在北省軍務告蕆，河北一律肅清，本日舉行凱撤典禮。大將軍及參贊大臣均已恭繳印信關防，所有京城辦理巡防事務，著即裁撤。其在事出力之司員章京等，並著巡防王大臣酌量保奏，以示獎勵。

《咸豐朝籌辦夷務始末》卷一一　辛未，吉林將軍景淳奏：先後接准黑龍江將軍咨開，現有俄羅斯人等，乘船由黑龍江陸續經過。據稱前赴東海，防勦暎夷前來等因。隨咨三姓副都統圖欽，轉飭沿江各卡不時巡防，並查探有無經過人船。當據該卡領催淩春等報稱，四月二十日黎明，有俄囉斯大小船二隻，由黑龍江駛入松花江，順游東下。該領催帶兵尾隨，查得大船載有四十餘人，小船載有三十餘人。向其查詢，言語不通，看其手指之狀，似欲下駛，並有續來人船之意。現已安静東行等情，呈報前來。查該夷經過沿途，雖無滋擾情事，惟夷性詭譎，未敢稍事疏忽，仍令三姓副都統密飭嚴防。硃批：知道了。

《文宗實録》卷一百六十八　乙亥，諭：巡防王大臣奏，革員當差愧奮，可否免罪等語。賽尚阿前以大學士奉命督師楚粤，當賊匪困守山箐，坐擁重兵，不能立即撲滅。及賊竄永安，蕞爾州城，又不能剋期攻復。嗣後赴援桂林，力守長沙，只能獲全二城，未能扼其竄逸。以致該逆蔓延數省，荼毒生靈，勞師五載有餘，糜餉數千萬兩。揆其貽誤情節，較之其餘獲罪各員，實爲尤重。惟現據該王大臣奏稱，該革員自奉差委以來，尚知愧奮，自應量予減罪，以示法外之仁。賽尚阿著改爲發往軍臺效力贖罪。

丁丑，諭軍機大臣等：前因赫特賀奏廓爾喀尋衅，占踞濟嚨、聶拉木兩處地方。川境毗連藏界，諭令樂斌等偵探夷情，不得稍涉張皇。本日據赫特賀奏，該大臣由前藏行次曲水白地，知廓夷復於三月十四日攻占宗喀。所調午丫、察木多、類烏齊各處土兵尚未齊集，請飭調川省五屯官兵備勦等語。藏屬額設番兵，並催調各土兵，計數已有七八千名。惟隘口甚多，自應厚集兵力，以備調遣。著樂斌、黄宗漢於該省屯兵内酌撥三千名，由樂斌管帶，赴前藏察看情形，再定進止。

《文宗實録》卷一六九　六月辛丑，諭軍機大臣等，據載增等奏，鄢家灣等處勦賊獲勝，探聞逆情，圖竄荆襄並西淩阿。奏請飭督臣會勦德安，及胡林翼奏籌攻武漢各情形。所籌均尚周密。【略】著官文一面飭令湖北糧臺，將西淩阿軍營應需軍火等項隨時支應；一面酌量情形，親自督兵，與西淩阿會合，攻克德安。先清北面，以遏賊北竄之路。然後與胡林翼會合，水陸進攻武漢，於南北形勢，似屬相宜。著官文通籌大局，相機辦理，朕亦不爲遥制。

《文宗實録》卷一七〇　庚戌，諭：前因粤匪滋事，疊次諭令各直省督撫大吏，督飭地方官會同紳士舉行團練。比年以來，各該省紳民人等均能深明大義，志切同仇，其殺賊禦侮，著有成效。如直隸天津、河南許州、山東單縣及江南六合、安徽六安等處，經該督撫隨時保奏，均經降旨嘉獎。現在北路肅清，直隸、山東、山西等省距賊較遠地方，自應量予裁撤，以息民力。河南省除與皖、楚毗連之州縣，仍宜舉行團練，藉資捍衛，其餘各州縣所辦聯莊團練，著該撫出示曉諭，酌量裁撤，俾小民各安農業，無妨生計。並著直隸、山東、山西各督撫各就地方情形，斟酌妥辦。其辦理聯莊團練尤爲出力者，著各該省督撫查明，酌量獎勵，以昭激勸。

丙辰，諭：蔣啓敭奏，下北蘭陽汛三堡漫溢，請將疏防各員分別懲處一摺。【略】著桂良、崇恩、英桂趕緊派員籌款前往，確查黄水經由之處，將被水災黎妥爲撫恤，無令一夫失所。並著該署河督嚴飭道廳趕集料物，裹做盤頭，毋使再行坍寬，以致工程愈大，糜帑愈多。所有疏防專管之署下北河同知王熙文、署下北守備梁美、汛官蘭陽主簿林際泰、蘭陽千總諸葛元、蘭陽汛額外外委司文端，均

著即行革職，枷號河干，以示懲儆。兼轄之代辦河北道事務黄沁、同知王緒昆著交部議處。蔣啓勷以該管道員署理河督，未能先事豫防，實難辭咎，著摘去頂帶，革職留任，仍責成趕緊督辦，以贖前愆。

《東華續録》咸豐四九　己未，諭内閣：軍機大臣、大學士會同吏部、兵部議覆侍郎沈兆霖奏請暫設皖南巡撫一摺。安徽徽、寧、池、太、廣五屬，介在江南，當此軍務繁多，恐該撫鞭長莫及，自應專責文武大員，俾資督率。該侍郎原請暫設巡撫，既屬窒礙難行，著即照軍機大臣等所議，將安徽寧池太廣道，暫改爲徽寧池太廣道，加按察使銜，竝添設皖南鎮總兵一員，暫照臺灣鎮道之例，准其會銜專摺奏事。所有該四府一州地方軍務緊要機宜，均著責成專辦。俟軍務告竣，道員仍歸舊制，總兵即作爲額缺，以重地方而符定例。至該處距兩江總督、安徽巡撫駐紮處所較遠，所有見在協防籌餉事宜，仍著浙江巡撫不分畛域，暫行督辦。其餘應辦事宜，著該督撫分别妥議，迅速具奏。

《文宗實録》卷一七一　七月壬戌，諭惠親王綿愉等：朕維禮緣於義，首重慈闈之尊養；孝本乎誠，宜崇母範之鴻稱。欽惟康慈皇貴太妃侍奉皇考廿餘年，徽柔素著。撫育朕躬十五載，恩恤優加。雖懿德撝謙，而孝忱難罄。今謹上尊號爲「康慈皇太后」。福履無疆，長承愛日之暄；壽考有徵，永協億齡之慶。一切應行典禮，著該部察例具奏。

癸亥，諭内閣：曾國藩奏巡撫劣蹟較多。【略】陳啓邁著即革職，惲光宸著先行撤任，均聽候新任巡撫文俊查辦。該撫到任後，著即將曾國藩所參各情節逐款嚴查，據實具奏，不得稍有徇隱。

己巳，諭内閣：向榮奏水陸連獲大勝，攻克蕪湖縣城一摺。【略】蕪湖久陷賊中，地處江皖之衝。今既克復縣城，實爲全局關鍵。各將弁冒暑從征，累戰克捷，奮勇可嘉。所有在事出力各員，准向榮擇尤保奏，候朕施恩。

庚午，皇太后疾大漸，巳刻崩。上奉靈駕至慈寧宫。上翦髮成服，哀慟深至。皇后以下俱成服。酉刻，大行皇太后大殮，奉安梓宫於慈寧宫正中。上朝夕行奠獻禮。頒大行皇太后遺誥。

《文宗實録》卷一七二　壬申，又諭：黄宗漢奏請查禁販運黑鉛一摺。四川、雲南、貴州各省，多有産鉛之區，所採鉛斤半歸官賣，半歸商銷，向無例禁之文。惟黑鉛有關軍火，若任令行店市商照常販運，輾轉銷售，莫究歸宿，流弊滋多，必當嚴行禁止。嗣後除白鉛一項仍聽商人行運外，其黑鉛著四川、雲南、貴州各督撫分飭所屬地方各員一律嚴禁，不准出境。並飭各廠員及水陸各州縣、各關隘口，會同營汛查拏偷漏。儻有抗違，照私販銷磺例，加等治罪。仍須人鉛並獲，以杜妄拏訛詐等弊。

《文宗實録》卷一七三　壬午，頒硃諭：恭親王奕訢，於一切禮儀多有疏略之處，著勿庸在軍機大臣上行走。宗人府宗令、正黄旗滿洲都統，均著開缺，並勿庸恭理喪儀事務、管理三庫事務，仍在内廷行走，上書房讀書，管理中正殿等處事務。俾自知敬慎，勿再蹈愆尤，以副朕成全之至意。命吏部尚書翁心存恭理喪儀。命户部尚書文慶在軍機大臣上行走。以怡親王載垣爲宗人府宗令。

庚寅，諭：葉名琛、柏貴奏，遵旨查封吴健彰原籍貲産一摺，並聲明該革員並無由海船運回銀兩之事。此案前經黄宗漢查明覆奏，當降旨交怡良、吉爾杭阿嚴審定擬。現在上海早經收復，該革員被參各款，無難訪查確實，迅速定讞，何以至今尚未覆奏，吴健彰是否養賊通夷，有無侵呑關税，捏報隱匿各情，該督等前奏委員確查，諒已得有端緒。著怡良等仍遵疊次寄諭，按照所參情節，逐一嚴審，定擬罪名，即行具奏，毋再遲延。其由海船運回銀兩一節，有無寄頓，仍應嚴切根究，不得因廣東查無實據，稍涉遷就。

《文宗實録》卷一七四　八月甲午，諭内閣：英桂奏，勦辦光州所屬捻匪，捦獲首要各犯一摺。【略】所有在事出力員弁，著英桂擇尤保奏，候朕施恩。

《文宗實録》卷一七五　丙午，諭軍機大臣等：英秀等奏，土匪流民聚衆焚燒俄囉斯貿易圈子，並劫貨物一摺。已諭令扎拉芬泰派員前往會同查辦矣。該處土匪流民，將俄囉斯貿易圈子焚燒，搶劫貨物，理應將不法流民嚴行拏辦，以期息事。何遽張皇失措，紛紛咨調援兵？現在該國並未率衆前來，即使該國果有入卡報復情事，該大臣等亦祗當妥密防範，明白曉諭，許以嚴拏土匪，從嚴懲辦，切不可與之開仗，致該國得以藉口。儻或不知輕重，妄啓邊釁，朕惟英秀等是問。爲首流民五名現已拏獲，未獲要犯仍著嚴拏，並先行知照該國管貿易官，俟伊犂派員到時，會商妥辦。啓釁根由並著查明具奏。該大臣等惟當持以鎮静，並曉諭在城兵民無得慌亂，以安人心爲要。

甲寅，兩江總督怡良等奏，查明火輪船赴北洋原委，並諭嘆夷不得再由北洋開駛。一面曉諭商民，捐貲募雇内地勇船出洋巡緝，不准借資夷力。報聞。

《文宗實録》卷一七六　九月壬戌，諭軍機大臣等：塔爾巴哈台參贊大臣英秀，於俄囉斯交涉一案未免過涉張皇，恐難勝邊疆大員之任。本日已授明誼爲

塔爾巴哈台參贊大臣，令英秀即行來京。惟明誼到任尚需時日，若令英秀暫行留任，恐辦理未能妥協。著扎拉芬泰就近於伊犁斟酌妥員，前往署理，即令英秀交卸來京。該處搶案，俄羅斯是否藉端起釁，尚難豫料。所派署任之員，務擇明白曉事，能合機宜者，方足以資彈壓。俟揀派有人，一面奏聞，一面即令馳往。

甲子，調兵部右侍郎匡源爲吏部右侍郎。以兵部侍郎銜曾國藩爲兵部右侍郎，仍督辦軍務，未到任前，以署工部右侍郎沈兆霖兼署。

庚午，命户部尚書文慶、兩廣總督葉名琛協辦大學士，仍留葉名琛兩廣總督任。

《文宗實録》卷一七八　乙酉，諭内閣：德勒克多爾濟等奏，哲布尊丹巴呼圖克圖呼畢勒罕接受金印，叩謝天恩，呈進哈達，並欲特派喇嘛齋呈丹書克等情，乞爲轉奏一摺。哲布尊丹巴呼圖克圖呼畢勒罕坐牀感戴厚恩，捐銀四千兩，聚集喇嘛班第等將及萬衆，虔唪皇經，實屬誠悃可嘉。著賞給哲布尊丹巴呼圖克圖呼畢勒罕大哈達一塊，大荷包一對，小荷包四箇，黄緞二匹，蟒緞二匹，交德勒克多爾濟等，曉諭哲布尊丹巴呼圖克圖呼畢勒罕祇領。

丙戌，諭：赫特賀奏，廓番妄事要求，請飭四川官兵進勦一摺。【略】諭令該將軍暫緩啓程。現在都司戴廷超從陽布轉回，並該國噶箕呈遞夷稟，情詞愈加狂悖，自應示以兵威，杜其要挾。但四川與楚北接壤，辦理防勦正在緊要之際。若復派兵前往後藏，誠恐轉餉維艱，諸多窒礙。且節近冬令，天氣嚴寒，我兵斷難深入。藏屬番土各兵既有萬餘，挑選精壯堪用者，扼要防堵。不可擅啓兵端，亦不可不豫爲防範。

《文宗實録》卷一七九　十月壬辰，諭軍機大臣等：奕格等奏俄囉斯船隻凍阻内江一摺。俄囉斯上下往還船隻，於黑龍江城阻凍，不能行駛。該夷人請借馬乘騎，由驛路分送伊國公文。據該將軍等以夷情詭詐，難保無窺探別情，若陸路程途，復令通曉，設有事端，更難兩顧。所見甚是。所有俄囉斯夷人請借馬由驛行走之處，著不准行。惟該夷人既因阻凍在江邊居住，著奕格揀派幹員，帶領官兵，看守照料。所需口食帳房，妥爲籌給，毋許該夷人擅離江岸，致有他虞，一俟春融冰泮，即令開駛啓程。至内地江面，本不能聽外國船隻往來。前經諭令奕格曉諭該夷，杜其行駛。此項夷船於來年開行時，即著奕格遵照前旨，剴切曉諭。該國上下船隻，不得再由黑龍江往還，以符定制。

丁酉，諭内閣：和春、福濟奏，克復廬州府城，將逆匪殲戮浄盡一摺。【略】著該提督等督率將士，將舒、巢各屬賊匪乘此聲威次第迅速埽蕩，以靖逆氛。

《文宗實録》卷一八〇　丙午，諭軍機大臣等：景淳奏分界委員會晤夷使，先行稟報情形一摺。【略】黑龍、松花兩江皆係中國地界，何得請給？該國顯有窺伺侵占之意。至該夷使所稱，自格爾畢齊河長起，至興安嶺陽面各河長止，俱係該國地界，有無確據？上年景淳奏，欲令該委員等前往東海，將立碑分界處所查明。此時三省委員會同前往，如果查明立碑處所，即可杜其狡賴。至黑龍江、松花江左岸，其爲中國地界，確然無疑。該夷膽敢欲求分給，居心叵測，恐犬羊之性，難與理論。著景淳作爲己意，告以中國法制森嚴，守邊大臣於邊界事宜違例奏請，即應革職治罪，斷不敢據爾國無理之言，冒昧入奏，自干罪戾。其闊吞屯所蓋房屋，既以防堵暎夷爲名，止可暫行借住。至費雅哈人等居住年久，斷難令其移居。景淳俟會勘委員如何回覆，即一面剴切曉諭該國，一面將辦理情形密爲馳奏。切不可告以業經入奏，請旨辦理，以致該夷妄生覬覦之心，一旦有旨拒絶，轉或滋生事端。此事關繫重大，該將軍務當遵照此諭，斟酌盡善，相機妥辦，是爲至要。

《東華續録》咸豐五三　己酉，命恭親王奕訢恭捧孝静康慈皇后神牌升祔奉先殿。

庚戌，以恭上孝静康慈皇后尊謚並升祔奉先殿禮成，頒詔天下。

丁巳，諭内閣：道光三十年正月十四日，皇考宣宗成皇帝升遐，朕與顧命大臣敬啓密緘，欽奉硃諭：皇六子奕訢封爲親王，欽此。朕祇遵遺命，於十七日降旨，封奕訢爲恭親王，並於恭撰慕陵碑文内，敬謹敘述。惟是中外臣民，但知奕訢之封親王係朕即位後之推恩，未知係皇考遺命，不足以傳信後世。著將此旨宣付史館，於實録本紀内將皇考硃諭封奕訢爲親王纂入道光三十年正月十四日遺命各條之次，以昭信史。

《文宗實録》卷一八二　十一月甲子，諭内閣：怡良、吉爾杭阿奏遵查已革道員被參各款，嚴審定擬一摺。已革江蘇蘇松太道吴健彰被參各款，經怡良等遵旨嚴鞫，雖訊無通夷養賊，侵吞關税各實據，惟以現任職官，與本管地方夷行商夥往來酬酢，不知引嫌。至賊匪攻陷上海，該革員既不能堵禦，復避居夷行，捏報公出，情節較重。吴健彰著從重發往新疆效力贖罪。

《咸豐朝籌辦夷務始末》卷一二　丙寅，諭軍機大臣等：前據景淳、奕格等先後奏報俄夷欲分地界情形，諭令該將軍等作爲己意，公具文移，知照該國，聽

候勘定不可將入奏一層，令該夷聞知，致礙辦理。兹據奕格等奏，該夷阻冰登陸，已由陸路回國等語。夷情狡詐，雖現在經過江面，尚無滋事，而聲言明年仍有船隻前來，居心叵測，仍須密加防範。其存字跡七紙，並咨報理藩院公文一角，姑暫存留，俟該將軍等作爲已意，行文曉諭後，再由理藩院給予回文，亦衹可正言理諭，令其遵照舊章，如有非理之言，理藩院亦不敢據以入奏也。至現在該夷由陸路回國，恐其爲偵探路徑起見，抑或另有詭謀。著奕格會同景淳、德勒克多爾濟暗地設防，一面將界碑原文勘定從前分界處所，妥商辦理。

《文宗實録》卷一八三　丙子，諭軍機大臣等：御史倫惠奏蠹役舞弊，有礙錢法，請飭查禁一摺。據稱地方官於民間交納錢糧不收大錢，故近京百里以外，大錢不能行使。延慶州等處差役以買草豆煤炭爲名，按户勒派，且勒令折價交納。至當五當十大錢保安州行使已久，惟州署人役每持票向鋪户勒取制錢，運至張家口發賣，以致民間疑議等語。大錢與制錢相輔而行，地方官於民間交納錢糧，自應恪遵前旨，按成搭收。至胥役藉端科派，併勒索制錢，販賣漁利，尤屬大干功令。著桂良嚴飭所屬各州縣，於民間交納錢糧時，務遵前定章程，將當五當十大錢按成搭收。儻有陽奉陰違，不肯收受者，即著嚴行參辦。其延慶州、保安州懷來縣差役舞弊，並著桂良按照該御史所參各情，密速拏訪，盡法懲治。各該州縣等如查有縱容包庇情事，併著嚴參懲處，毋稍姑息。

《東華續録》咸豐五四　戊寅，諭内閣：英桂奏，截留漕糧請折色放賑一摺。前因豫省被水災黎亟宜撫恤，諭令英桂將應徵未完漕米五萬餘石截留，該省於應行給賑地方認真散放。兹據奏稱，體察民情，咸願散給賑銀，自應全放折色，以順輿情。著照所請。所有河南省截留滎陽等十二州縣未完四年漕糧五萬三百餘石，除濟源縣已解本色四千六百餘石留備展賑外，餘著按照每石一兩二錢五分折銀報解。該撫即飭屬覈實散給，蘭儀等六縣被水災民，先於前發帑銀内動給，俾窮黎早沾實惠。仍著該撫飭令各該州縣，趕緊徵收，以備賑需，無任遲延。

《東華續録》咸豐五五　十二月辛卯，諭内閣：怡良等奏請申明定例，嚴飭沿海地方不准私船出海等語。廣東潮州等府人民繁庶，素性獷悍。其失業游民每多覓食外省，千百成羣。近年以來，以充當潮勇爲名，紛紛航海，由乍浦、上海等處登岸，其中良莠不齊，往往聚衆滋事。本年蘇州地方即有搶奪行李之案，雖將該犯馬泳風等拏獲正法，而見在寄食游民尚不減少。著該督等嚴飭地方官，查明此項廣勇内，有並非官雇不受約束，或私販違禁貨物不安本分者，責成地方各官督同會館董事，清查懲辦。並著沿海督撫各飭所屬，於海船出洋時，務須悉遵舊例，給與執照，將在船商民年貌、籍貫註明，如有人照不符及照外夾帶，即行查拏治罪。並不准私造船隻，渡載人口貨物。責成守口員弁挂號驗照，如有無照人民私自渡海者，除將偷渡人船照例辦理外，並將失察私造船隻之地方官、查驗不力之守口員弁嚴參懲辦。得賄故縱者，從重治罪。

《文宗實録》卷一八六　辛丑，諭内閣：宗稷辰奏，平寇需才，請保舉備用一摺。現在用兵省分委用需人，如其才兼文武、膽識出衆之士，自應隨時採訪，或令隨營，或辦團練，以收實效。該御史所稱湖南之左宗棠、浙江湖州之姚承輿、江蘇常州之周騰虎、管晏、廣西桂林之唐啓華，才略各有所長，著江蘇、浙江、湖南、廣西各督撫悉心訪察。如其人果有經濟之才，即著出具切實考語，送部引見。此外衡茅伏處，不乏英奇，並著各省督撫廣爲諮訪，擇其素懷忠義、韜略過人者據實保奏，一併給咨，送部引見，候朕録用。總期保舉得實，毋尚虛聲。

乙巳，命大學士賈楨管工部事。命協辦大學士文慶爲大學士，管户部事。協辦大學士、兩廣總督葉名琛爲大學士，仍留總督任。命桂良爲直隸總督、協辦大學士，彭蘊章爲工部尚書、協辦大學士。以熱河都統柏葰爲户部尚書，未到任前以工部尚書全慶兼署。

戊申，命賈楨爲武英殿大學士，文慶爲文淵閣大學士，葉名琛爲體仁閣大學士。以翰林院侍讀學士龐鍾璐爲光禄寺卿。

《咸豐朝籌辦夷務始末》卷一二　乙卯，諭軍機大臣等：景淳奏防夷情形，並請撤回本省官兵守禦一摺。俄囉斯與三姓等處邊界毗連，兩年以來該夷以請分疆界爲名，陰懷叵測。景淳此奏，實屬思患預防。惟此時粵匪未平，正在攻勦之際，調出官兵萬難遽行撤回，衹可將備調餘丁勤加操練，以成勁旅。從來撫馭外夷，惟有設法羈縻，善爲開導，斷無輕率用兵之理。該將軍既已洞悉情形，定能處以鎮静，密加防範。儻該夷來春復至，別有要約，務須妥爲駕馭，勿啓釁端。並著嚴飭三姓等處官兵，認真防守，毋稍鬆懈。

《文宗實録》卷一八七　丁巳，命大學士文慶爲正使，署禮部尚書麟魁爲副使，持節齎册封麗嬪他他拉氏爲麗妃。

咸豐六年（丙辰、一八五六年）

《文宗實録》卷一八八 正月壬戌，諭軍機大臣等：英桂奏，捻匪竄回老巢，亟須添兵進勦一摺。捻匪張樂行等雖經柘城等縣團勇擊退，全數敗回雉河集，而拏獲奸細，有欲向會亭、馬牧等處招集夥黨，會合大股之語。自應趁各匪未出之先，厚集兵力，直擣賊巢，不得因豫境暫時安謐，專事防堵，致令蔓延。武隆額所稱調取壽春、固原、河州等兵均不能來，河南所派兵勇僅止數千，自嫌單薄。惟安徽省前有鄭魁士原帶兵一千五百名，已諭令和春等另委大員統帶，此外有容照、興慶所帶馬步隊兵及諭托明阿等酌派之吉林兵，並令官文於留駐德安馬隊中量撥數百名，又有和春等前派之戴世熙所帶兗州中正各兵勇，龔耀倫、武全之徐州、潁州兩處兵各五百名，爲數已屬不少。英桂現在督辦三省勦匪事宜，權有專歸，責無旁貸，著即遵旨嚴催各路兵勇，前赴雉河集會勦，儻有逗遛畏葸情事，即將帶兵各員從嚴參辦，以肅軍令，毋得任令遷延，致有貽誤。軍行糧餉，一面飭令藩司籌款接濟。

乙丑，諭內閣：內務府奏，訊明犯事太監大概供詞一摺。國子監祭酒彦昌、張家口理事同知恒俊聽信太監丁得禄輾轉請託，薦用家丁，殊屬有干例禁。彦昌、恒俊均著降一級調用。

《文宗實録》卷一八九 甲申，諭內閣：前據刑部議覆御史毓禄奏請變通辦理秋審，當經諭令江蘇、安徽等省各督撫將各該省秋審人犯，查照直隸章程辦理。兹據福濟奏，遵旨變通辦理一摺，所有安徽省咸豐四年及三年停辦秋審人犯，著福濟督同臬司遵照前旨，將例應情實者，立予正法；情有可矜及例應緩決各犯，按照應減罪名先行減等發配；至舊事情實免句，並新事例應情實向俱免句各犯，即由該撫開單奏請減等。其議減各犯及原犯軍流以下，有年力精壯、投營效力者，准其酌量收録，如能殺賊立功，奏請免罪，儻或别滋事端，即著從重懲辦。其餘變通各條，著刑部速議具奏。

《咸豐朝籌辦夷務始末》卷一二 庚辰，諭軍機大臣等：昨據德勒克多爾濟等奏，呈遞夷字之使臣面稟：上年因唊夷與俄夷接仗，旋回上海、廣東等處過冬，本年春融仍有前來接仗之意等情一摺。又據奕格等奏，前曾密派由回疆發遣之回民扒子哩偵探，據稱：俄夷本年春間，帶領夷兵數千，仍由內地，自黑龍江左岸至松花江闊呑屯築城安卡蓋房等語各一摺。著景淯、奕山詳查虚實，嚴防妥辦。至俄夷原文所稱，該夷與唊夷在海口接仗失利，並該夷如到黑龍江時，妥爲款待，必欲重謝，難保無另有詭詐之處。著該將軍將此情由查明具奏，並著嚴飭委員斷不可收受俄夷禮物，致被該夷藉口。

《文宗實録》卷一九〇 二月己丑朔，諭內閣：從前内外大員之兄弟子孫，每届五年考查一次，挑補侍衛拜唐阿，其侍衛拜唐阿係近御差使，必須通曉清語技藝，方爲得人。前於咸豐元年考查後，今已届五年，又應查辦之期。惟思該大員子弟，或身體輭弱、馬上平常，或自幼讀書、不暇學習騎射，似此挑補侍衛拜唐阿差使，又安能得力？自應量爲變通辦理。嗣後在京文職三品以上，武職二品以上，在外文職自總督至臬司，武職自將軍提督至總兵，該大員兄弟子孫内年已及歲，堪挑補侍衛拜唐阿差使，如遇五年查辦情願赴挑者，該大臣等仍遵前次查辦咨報本旗。該旗造册咨送軍機處彙總具奏，俟朕擬定，帶領引見。儻身體輭弱，素有殘疾，或騎射平常，不堪挑補者，該大臣等據實報明該旗，轉行軍機處，均聽其自便，該旗毋庸催取花名，以副朕教演旗僕之至意。

辛卯，諭内閣：前因御史李鶴年奏，敬陳管見各條，當交軍機大臣會同該部議奏。兹據文慶等會議具奏，向來月選揀發分發各員，原應依限赴省赴任，乃近來用兵省分揀發人員，往往經本籍及經過地方督撫大臣留營差委，或留辦團練防堵等事，甚至特旨簡放之員，亦復觀望徘徊，延不赴任。似此規避取巧，以致員缺久懸，尚復成何事體。著各省統兵大臣及各該督撫等查明從前奏留各員，如有已著勞績保奏有案者，仍准留於該處差委，其餘並無勞績者，自奉旨之日爲始，勒限飭赴本任，本省不得復行藉詞奏留，仍一面報部查覈。嗣後月選揀發分發人員，概不准經過地方督撫大臣奏留差委。其推升軍務省分人員應行引見赴任者，如原省本無軍務，尤不准奏留展限，如有藉端奏請者，即著該部查明奏參。至失守城池，罪名綦重，各省州縣賊至則稱出城堵禦，賊去又稱帶兵收復，紛紛開脱，何以申法紀而肅官常？嗣後失守城池各員，仍著照本例定擬罪名，必實係禦賊接仗，身受重傷，或真能督率兵勇隨同克復城池，情節實有可原者，方准各省統兵大臣及督撫等奏明請旨，不得概以功過相抵等詞曲爲開脱。至前任河南開歸陳許道周煦徵被參各款，雖據英桂查明並無實在劣蹟，請仍留該省另補，著送部帶領引見，再降諭旨。

壬辰，諭軍機大臣等：滿慶奏，達賴喇嘛圓寂，將商上事務暫交呼圖克圖掌

管一摺。據稱：呼徵阿齊圖呼圖克圖人尚穩妥，從前曾代辦商上事務數年，均無舛錯。現因達賴喇嘛圓寂，該大臣已將一切事宜令該呼圖克圖暫行代管。惟以後商上事務，該呼圖克圖掌辦能否勝任，著滿慶悉心察看，再行具奏。至唐古忒僧俗人等，現在是否照常安静，並著該大臣妥爲彈壓，毋令滋事。

《東華續録》咸豐五七　壬辰，諭内閣：前據駱秉章奏，湖南鳳凰廳勦匪出力之各苗備弁，請准撥入緑營一摺。當交兵部議奏。兹據裕誠等奏稱，見當黔匪滋事竄入該廳苗地，該苗備弁尚能約束良苗，兼資勦捕，誠屬深明大義，自應破格優獎。著准其於事竣後，將該苗備弁曾經賞給翎銜者，擇其尤爲出力之員，據實保奏，撥入緑營學習敘補，嗣後不得援以爲例。至其分營敘補如何限制章程，及補用後能否鈐束内地兵丁，杜絶苗匪句結之處，仍著該撫詳細體察，一併妥議具奏。

《文宗實録》卷一九〇　丁酉，諭：前因勞崇光奏，請飭催實任揀發各員迅速赴粤，並請將改省指省人員，酌議章程，定以限制，當交該部覈議具奏。兹據吏部遵議覆奏，現在廣西等省辦理軍務，在在需人差委，部選揀發各員正宜趕緊赴省，豈容任意趨避，以致委任乏人。嗣後用兵各省揀發分發人員，均著依限赴省，概不准報捐離省，改指他省。其實缺人員無論特旨簡放，以及月選推升，均著領憑後即行赴任，不准改捐降捐。如有遵例捐升者，統俟到省到任後，呈明該督撫酌覈辦理，不得於未到之先，捐升歸選。其軍務省分，告病人員亦不准於病痊後，捐免坐補原缺，改捐別省，以杜規避。至各該員中如有實心任事，不避艱險，於地方實有裨益者，並准該督撫不拘年限資格，切實保奏，請旨録用。

己亥，諭軍機大臣等：曾國藩奏，軍餉不繼，請於上海抽取釐金接濟等語。江蘇省抽取釐金，所有上海地方是否一律辦理？現在曾國藩在江西軍餉缺乏，但有可籌之款自應不分畛域，力籌接濟。惟上海爲夷人通商口岸，抽釐之舉於夷税有無窒礙，著怡良、吉爾杭阿體察情形，如該處各市鎮行貨，可以抽釐濟餉，即著酌量辦理。並照曾國藩所請，飭調在浙之前任杭嘉湖道顧椿會同松江府知府袁芳瑛專司其事，俟集有成數，奏明候撥。儻上海現在未辦抽釐，而於商情或有窒礙，亦著據實奏聞，毋庸勉强遷就。

壬寅，諭軍機大臣等：本日據英桂奏，捻匪全數竄擾豫境，請飭鄭魁士等帶兵馳赴歸德會勦。又據奏，官兵接仗失利，捻匪近偪歸德，請調北路精兵各一摺。捻匪分五大股，屯踞各村，邱聯恩、崇安等因衆寡不敵，各勇紛紛潰散，該匪直偪郡城，存城兵勇無多，勢極危迫，自應厚集兵力，以資防勦。本日已諭和春、福濟迅飭鄭魁士等由宿州帶兵馳赴歸德應援，徐州、蕭縣現在情形稍鬆，並諭邵燦飭令傅振邦由徐州進勦，復諭桂良酌調直隸精兵二三千名馳往歸德，交該撫調遣。目下匪勢披猖，急待援兵速至。該撫接奉此旨，著即飛提徐、宿兩路官兵，一面仍督飭邱聯恩等激勵兵勇，爲出奇制勝之計。該撫節制全軍，若坐困孤城，專待外援，該匪勢必愈行猖獗，設歸德稍有疏虞，則全省爲之震動。該撫身任封圻，貽誤之罪，斷難寬宥。所有現在歸德如何布置，省城一路如何防備，著即迅速妥籌，毋得徒涉張皇，致誤事機。

癸卯，湖廣總督官文奏，聞湖南舉人左宗棠有匡時平寇之才，請飭赴營聽候差遣。得旨：著咨詢駱秉章其人才具若何？能否赴湖北軍營？奏明請旨。尋奏，左宗棠已在駱秉章幕中，無須咨調報聞。

《東華續録》咸豐五七　甲辰，調陝甘兵二千名、山西兵一千名赴河南勦賊。

《咸豐朝籌辦夷務始末》卷一二　丙午，諭軍機大臣等：怡良、吉爾杭阿奏，咪、暎二夷欲求更改條約章程等語。咪酋咱嚂移文江蘇，有候船即赴上海重議條約之説。暎酋咘哂嘓亦有各國條約必求更改，廣東絶之已甚，各國公使萬不肯再向關説之語。是其意以欲赴上海爲挾制，而藉口於廣東之拒絶，情形顯然。從前五口通商條約，雖有十二年再行更定之議，不過恐日久弊生，或有窒礙之處，不妨小有變通，其大段章程，原未能更改。該夷前年在上海、天津要求各事，均屬萬不能行，經崇綸等面加駁斥，該夷酋亦自知理屈，不復争論。今云廣東絶之已甚，故赴上海。蘇省督撫本非總辦夷務，自不能允其所求，必至上赴天津，更屬不成事體。著葉名琛體察情形，妥爲駕馭，如該夷所欲更改之事，實止細故，不妨酌量奏聞，稍事通變；如仍似前年之妄事要求，即行正言拒絶。務宜恩威並用，絶其北駛之念，勿峻拒不見，轉致該夷有所藉口。

《文宗實録》卷一九一　丁未，諭内閣：前年逆匪渡河北竄，特命奉命大將軍惠親王、參贊大臣僧格林沁統帶京營勁旅、滿漢官兵及三盟蒙古官兵，克期進勦，業已悉數殄滅，捦首逆，方冀各路統兵大臣愧奮激發，迅速圖功，俾逆氛次第埽除，吾民得安衽席。乃金陵首逆日久稽誅，鎮江、瓜州尚未克復，安徽、江西、湖北賊蹤肆擾，雖捷奏頻聞，勢已漸蹙。而勞師數載，兵力漸疲，亟應厚集精兵，以期大舉。著内扎薩克哲里木、卓索圖、昭烏達、錫林郭勒、烏蘭察布、伊克昭各盟於所轄四十九旗内挑備驍健官兵，膘壯馬匹，備齊軍裝器械，聽候調遣，

一俟秋高氣爽，即當簡派重臣，統帥南下，加以京營勁旅、滿漢重兵分道出師，殄除羣醜，諒兹窮寇不難一鼓蕩平。各路統兵大臣仍當實力攻勦，將賊匪占踞各城迅圖克復。若俟大兵南下，始奏膚功，遲延觀望之罪，責有攸歸，其各懔之！

己酉，户部奏，遵覈酌增各直省文武官員養廉，福建業照減成原案議增，無庸再議。此外各省擬即自本年夏季起，文職一二品酌給七成，三四品酌給八成，五品以下及七品正印官與武職三品以上酌給九成，其餘文職六七品以下佐貳雜職、武職四品以下以及軍營帶兵效力各員，均照原額支給。得旨：所有各直省官員養廉，自本年夏季起，文職一二品、三四品、五品以下及七品之正印官，武職三品以上，均著照該部所議酌增成數支給，俾資辦公，以示體恤。

《文宗實録》卷一九二　三月壬戌，諭：現在托明阿全營兵丁大半潰散，即使收集散亡，亦難復振，設淮安、清江一帶稍有疏虞，大局何堪設想。邵燦兵練爲數無多，難資堵遏，豫、東兩省，毗連江境，亟應分兵應援。所有伊興額等馬隊千名，本日已有旨，飭令回至蒙、亳。此時淮揚情形緊急，著英桂即飭伊興額、德昌帶兵即日飛馳，由徐州一路前赴淮揚。崇恩出省防勦，所調各路官兵諒已到齊。著即酌撥勁旅，迅速馳赴清江、淮安一帶，力扼賊衝，均歸邵燦調遣，並確探賊情，隨時馳奏。

甲子，諭内閣：托明阿奏，瓜州逆匪撲出，自請治罪一摺，並另股逆賊竄入揚城等語。托明阿等督師江北一載有餘，瓜州蕞爾鎮城，不能力圖攻克，已屬大負委任。乃此次逆匪突圍出撲，由土橋一帶分股亂竄，二月二十九、三月初一兩日，遂致徐家集、新集子、薛家樓等地方均有逆匪上竄，各路兵勇紛紛潰敗，揚州府城復被闌入。托明阿先事既不能嚴防，迨逆匪撲出，復不能力爲扼截，雖經副都統德興阿督帶馬隊連日截殺，斃賊數千，而營盤連失，府城復陷，托明阿之調度無方，實堪痛恨。陳金綬、雷以諴以幫辦大員駐兵東岸，迨逆匪直撲三汊河營盤，並不派兵接應，現在退至何處，亦未與托明阿會合，均屬恇怯無能，厥咎甚重。托明阿、雷以諴均著先行革職，陳金綬業經革職，所有三品頂帶並著先行革去，聽候查辦。正白旗漢軍副都統德興阿著賞加都統銜，授爲欽差大臣，並著詹事府少詹事翁同書幫辦軍務，先就現存兵勇擇要嚴扼，毋令該逆擾及清淮一帶，其由揚州旁竄之路，亦即分投堵勦，毋稍疏忽。至失守營盤之總兵松齡、參將毛三元、遊擊滿禄、協領奇成額均著即行革職，仍留德興阿軍營戴罪自效，儻再不知奮勉，即行嚴參治罪。

乙丑，諭内閣：曾國藩奏，軍營保舉人員，請准給封典等語。曾國藩軍營節次保舉各員，選補尚無實缺，自應先被光榮。著援照羅澤南、李續賓給予封典前旨，准其擇保尤爲出力者數員，按照原保升階咨部給予封典，毋許冒濫。其有告假回籍者，概不准給，以示區别而勵戎行。

《東華續録》咸豐五八　丁卯，諭軍機大臣等：昨因惠親王奏，黄河險要，請派大員勘查。諭令瑞麟、慶祺分路，自潼關起至黄河決口止，親歷查勘。復思見在情形，蘭陽決口以下最爲緊要，著瑞麟、慶祺改由蘭陽漫流所至山東境内，分路繞行，詳細履勘，凡由江南山路、湖南至山東必經之所，何處扼險，以及附近鎮市場集，逐一繪繕明晰圖説，於到京之日呈覽。所有前諭由潼關查至黄河決口之處，著毋庸議。

釋遣戍軍臺已革總督訥爾經額罪，交直隸總督桂良差遣委用。

己巳，已革直隸提督陳金綬等奏，兵食不敷，久有解體之虞。得旨：軍餉不敷，各處皆然。安徽軍營數月未得餉者，尚能屢殲逆衆，方之揚營，何啻天淵。又奏，托明阿退守沙頭，三汊河營盤旋即失守。批：托明阿失律喪師，尚在彼極力挽回，不似汝等逃避無蹤。又奏，請飭部嚴催原撥淮關等處餉銀解赴糧臺。又批：始終以兵餒餉缺資爲口實，雷以諴何不自供平日簧鼓，以致軍心解體，近又因作賀生辰，漫無防範。又奏，吉爾杭阿派兵渡江助勦，見飭令暫紮沙頭，一俟到齊，即當相機進勦。又批：吉爾杭阿所派兵勇專爲救援揚城，今雖無及，自應迅催赴托明阿等軍營，何得擁爲自衛。

《文宗實録》卷一九三　己巳，兩江總督怡良等奏，暎夷司税李泰國呈請買辦火輪船，以備勦逆，現已密飭護上海道藍蔚雯隨機駕馭。得旨：近有廷寄詢問汝等能否雇用夷船，實與此事無涉，惟該夷既有此呈，前事更應斟酌，勿墮其術中，豫杜患萌。

丙子，諭軍機大臣等：昨據托明阿奏，金陵賊匪撲陷江浦縣城。本日據向榮奏，攻勦三汊河、棲霞、石埠橋一帶，賊壘踏毁，南岸肅清。聞賊船多隻於初十日由上河新江口登岸，竄撲江浦，援軍不及，城池失陷。十一日探報，浦口又有失守之信，已檄張國樑督同李發榮、蔡應龍各兵勇二千四百名前往攻勦。昨閲托明阿奏報，有飛咨鄧紹良馳往會同武慶克復之語。現在鄧紹良等甫經攻克揚城，於城外寶塔灣等處扼要駐守，正當令鄧紹良移得勝之師，將桂花莊、三汊河各賊營次第攻勦，以圖進取。鄧紹良著仍留揚州助勦，毋庸前往江浦。至江浦

地處要途，武慶係在浦口督辦大員，是否接仗失利，抑或先期退避？所有失事各情及文武下落，仍著德興阿等確查具奏。昨已諭令和春等迅速添撥精兵，遏賊北竄，今金陵南岸官軍疊次得手，若江浦、浦口不即攻復，設有蔓延，不但天長、滁、和、含山均可衝突，且慮與瓜賊北岸通聯。向榮既已派張國樑往援，德興阿身爲統帥，仍當南北兼籌，水陸並扼，飭令水營將弁於沿江一帶通達浦口之路，實力堵禦，無任蔓延。

丁丑，諭：胡林翼奏，道員力戰受傷殞命，懇恩加等賜卹等語。布政使銜浙江甯紹台道羅澤南，以在籍生員倡率生徒，辦理團練，嗣因楚省賊氛猖獗，率其鄉人自效戎行，轉戰湖南、江西、湖北等省，大小二百餘戰，克城二十。朕嘉其忠義奮發，屢著偉績，由訓導超擢道員，加布政使銜，方冀其攻復武漢，殄滅逆氛，克膺懋賞。兹因攻勦武昌，乘勝追賊，直偪城下，受傷殞命。覽奏之餘，深堪憫惻。羅澤南著加恩照巡撫陣亡例賜卹，伊父羅嘉旦著賞加頭品頂帶，伊子羅兆作羅、兆升均著賞給舉人，一體會試，以示朕褒恤藎臣至意。並著於湖南本籍及湖北、江西地方，建立專祠，其湘鄉縣士民弁勇打仗陣亡者，著一併附入羅澤南本籍專祠，以慰忠魂。尋予祭葬世職，謚忠節。

《東華續録》咸豐五八 庚辰，穆宗毅皇帝生，上之長子也，母懿嬪，今慈禧皇太后。

《文宗實録》卷一九五 四月庚子，諭内閣：葉名琛、柏貴奏，續獲洋匪審辦，並請將出力人員酌保一摺。廣東澳門洋面匪船竄出外洋，經官軍於上年夏間疊次勦捕，掵斬甚多，餘匪分路逃竄，復經提督吴元猷督飭水師及沿海各文武陸續圍捕，斬馘多名，並生掵三百四十七名，解省審辦。計自上年夏間起至本年春間止，各路殲掵洋匪不下二千餘名，奪獲並燒沈各匪船一百四十餘隻。辦理尚屬認真，所有在事文武員弁，著該督等擇其尤爲出力者秉公保奏，候朕施恩。

《文宗實録》卷一九六 辛亥，上御太和殿傳臚，賜一甲翁同龢、孫毓汶、洪昌燕三人進士及第，二甲鍾寶華等一百人進士出身，三甲孫彦等一百十三人同進士出身。

甲寅，諭：吴振棫奏，請將陝西攤徵鹽課變通辦理一摺。據稱，陝省鹽課改歸地丁併徵，諸形窒礙，請仿照河南鹽課，改行河東招販，先課後鹽之法，變通辦理等語。著王慶雲將前辦章程，悉心參酌，通盤籌畫，其有應行變通之處，即咨行吴振棫會商妥辦，以裕國課而便民食。

《東華續録》咸豐五九 丙辰，諭内閣：勞崇光奏，越南國正貢，届期據情代奏一摺。越南國王阮福時以丁巳年正貢届期，咨呈勞崇光奏請恭進方物等情，具見該國王誠悃可嘉。惟見在用兵省分尚未能一律肅清，若令繞程跋涉，轉非所以示體恤。所有越南國此次例貢，著緩至下届兩貢並進，用副朕懷柔遠方至意。

《文宗實録》卷一九七 五月辛酉，以京口副都統都興阿爲江甯將軍。

壬戌，諭軍機大臣等：胡林翼奏，水陸勦賊，連獲勝仗一摺。覽所奏情形，自三月十五至四月十六日，已踰一月，不過零星勝仗，於克復城池毫無把握。該署撫於三月初間疊次奏報，均稱旬日之間城池可復，又稱春漲初起，賊船可以盡燒。今已遷延數月，始稱水陸扼截斷賊貲糧，直似從前並未籌及，且所稱劄營洪山等處，斷賊陸運，劄營沙口，斷賊水運，而四月十六日賊船下駛，仍復窮追不及，是其布置實未周帀，徒以空言搪塞，直似無計可施。官文共事一方，亦不聞其互相匡救。著即嚴督水陸各營合力進攻，務將武漢城池剋期攻克，若再事遷延，朕必治其老師糜餉之罪。至江忠濟陣亡，岳州一帶何人扼守，本日已諭知駱秉章妥籌布置，該督撫亦當豫籌策應，不可專恃赴援江西之軍，以爲必能埽蕩賊蹤也。

《東華續録》咸豐六〇 癸亥，上諭内閣：江蘇巡撫吉爾杭阿【略】因勦賊煙墩山登高瞭望，中槍殉難，深堪憫惜。吉爾杭阿著追贈總督，即照總督陣亡例賜卹，賞給一等輕車都尉，世襲罔替，並准其入城治喪，任内一切處分悉予開復，應得卹典，該衙門察例具奏。伊子户部筆帖式文鈺，著俟百日孝滿後，由該旗帶領引見，用示朕褒嘉忠藎至意。尋予祭葬，謚勇烈。

《咸豐朝籌辦夷務始末》卷一三 壬午，諭軍機大臣等：奕山、景湻等奏，俄夷復由水路下駛，現在籌辦情形一摺。該夷沿途留有人船，寄存糧石，雖稱接濟伊國往來口糧，而不候允許，遽行占地建房，其心終屬叵測。現在該夷既無倨慢之跡，内地又無阻止之法，該將軍等所稱陽撫陰防，及俟木里斐、岳幅到時，正言向商之處，均尚操縱合宜，著即照所議辦理。惟防備之法，固不可稍示張皇，亦不可遽涉大意，仍當隨事相機，善爲駕馭，使目前勿啓釁端，而日後亦不致漫無限制，方爲妥善。至該夷屯糧地方，尤當曉諭居民，禁止與該夷往來交易，以防句結而杜生事。此後夷船續來情形若何，著隨時具奏。

癸未，福州將軍有鳳、閩浙總督王懿德奏，臣等疊准暎咭唎國夷酋咆吟照會，以上海地方已設立司税官，代爲稽查税務，並代徵税銀，於事甚爲有益，請福

州關口照依辦理。臣等以事屬創始，且各口關務，向歸福州將軍衙門兼管，各有專司，豈可聽其添設。嗣因屢次瀆求，不得已，將請立司税官一節，咨商兩廣督臣葉名琛，就近與該夷酋熟商，妥爲諭止。至今尚未接准兩廣督臣咨覆。第思關税一事，既歸臣將軍衙門兼管，此時若聽其添設司税官，夷情叵測，利之所在，難免不生覬覦。況該夷議請設官，而又不歸臣等管束，來去聽其自如，作僞不能過問，即所用之夷人，亦不容臣等查察，設或滋生事端，咎將誰諉。該夷此番提及福州關口有減税偷漏情事，未嘗不因臣等阻之至再，飾詞挾制。但未知上海從前如何設立？此時欲令福州仿照而行，臣等斷不敢輕許，致紊關政。硃批：俟葉名琛咨覆到日，再行酌量情形具奏，是時斷難允行。

《東華續録》咸豐六一　六月丙戌朔，向榮等奏，金陵逆匪糾衆撲陷營盤，自請從重治罪。得旨：向榮久歷戎行，素諳機宜，雖賊數過多而悍，何至如此大挫，一再敗退，展布全無，殊屬孤恩之至。著奮勉以補前愆，趁此梟獍萃集，未必不轉好機會。爾若遽存拏問發遣，以遂脱離之心，是真喪良也。料爾或不出此！

《文宗實録》卷二〇〇　癸巳，諭軍機大臣等：向榮奏連日布置情形，並請調廣東官兵助勦一摺。已有旨諭令葉名琛等挑選精兵四千名，由海道駛赴江南，其所請提督崑壽等統兵之處，並諭該督等斟酌辦理矣。至福建兵三千名，已由邵武至撫州，雖距江南較遠，然較之廣東兵到尚爲迅速，著該大臣即行催提，以資攻勦。至丹陽地方爲蘇杭緊要門户，我兵業已屹築營盤，收集兵勇，惟甯國、溧水尚未克復，而句容又被賊陷，内犯之路，幾不勝防。該大臣於丹陽一帶布置既定，仍當激勵弁兵，以勦爲防，毋得株守一隅，以致鞭長莫及，難資控馭。

《東華續録》咸豐六一　丁酉，伊犂領隊大臣勝保奏繳硃批，並陳前辦軍務情形。得旨：汝見雖非統帥，何妨歷陳所見所知，並舉汝素所信者。汝受朕厚恩，不料汝乃不實若是！此疏雖思自效，而云羣情不諒，是汝之獲咎，似誰爲傾軋，即使真有其人，朕豈肯明受彼欺。朕治汝之罪，亦非朕先存成見，皆汝之自取也。汝今棄瑕復用，不思自愧，仍作是不平之詞，事君之義顧當如是乎？豈尚未自悟耶，抑故態復萌耶。汝尚非無血性者，惟自是非人，回護己過。若云少年心性，年近四旬，亦不爲少。若畢生莫悛，非廢物而何！朕曾用汝信汝，故是時雖在邊荒，尚不惜詳細批諭，不知汝悔恨否？！

《咸豐朝籌辦夷務始末》卷一三　丁未，諭軍機大臣等：葉名琛奏，嘆、咪、咈各國請重訂條約，現已設法開導阻止一摺。據稱咪夷啗嗎照會内稱，條約章程第三十四條載，十二年後兩國派員酌辦，本年六月期滿，請代奏。嘆夷咆呤、咈夷顧思亦先後照會等語。【略】現在該夷酋等又以十二年屆期，懇請代奏，咪酋啗嗎並有起程赴京之語。雖經葉名琛力爲阻止，但恐啗嗎從中煽惑，約同咆呤、顧思等復行北駛，不可不防。各夷議定條約雖有十二年從公平酌辦之説，原恐日久情形不一，不過稍有變通。其大段斷無更改，故有「萬年和約」之稱。況前年到津，業已加恩酌免關税等項，天朝懷柔遠人之意，不可謂不厚。若再藉詞嘵瀆，斷難允准，葉名琛惟當據理開導，絶其覬覦之心。如其堅執十二年查辦之語，該督等亦只可擇其事近情理，無傷大體者，允其變通一二條，奏明候旨，以示羈縻。若該夷酋等競至上海等口有妄求代奏之件，著怡良等諭以兩廣總督爲辦理夷務之欽差大臣，無論何事總須回粤呈請，兩江督撫不能代奏。設有欲至天津之語，並著葉名琛等諭以天津本非通商口岸，爾等前往，顯背條約。上次天津所派大臣已與爾等言明，爾若再至天津，斷不能再派大員與爾等會晤，如此剴切曉諭，庶可杜其妄念。至啗嗎在粤既居心叵測，此時若到上海，怡良等務須暗中防範，毋令句通粤逆，別生事端。

《文宗實録》卷二〇二　庚戌，諭内閣：前因各直省大錢鈔票未能暢行，疊經諭令各該督撫剴切示諭，民間按成搭解錢糧，以期通行無滯。惟錢鈔之行，必自近及遠。本日據給事中仙保奏，直隸保定府清苑縣至今並未出示曉諭，以致商民無所取信，鈔票大錢仍多窒礙。直隸一省尚形阻滯，他省自更難流通。著桂良查明該省地方官，如果未經出示曉諭，其爲收銀買鈔，或買大錢搭交藩庫，營私肥己，情弊顯然，即著據實參奏。

《文宗實録》卷二〇三　七月戊午，諭内閣：桂良奏，永定河北岸漫溢，馳往勘辦一摺。直隸永定河南岸漫口後，大雨不止，河水疊次增長，各汛隄埽，紛紛被衝，大溜直漫隄頂，北四上汛，北三工隄工衝缺二十餘丈。該廳汛員弁當河水盛漲，並不加意防範，以致北岸復有漫溢，實非尋常玩誤可比。知府銜北岸同知婁煜，署北四工上汛涿州州同試用縣丞施成釗、北三工涿州州判朱秉璋、協防北岸把總蔡鐸著一併革職，仍責令隨工效力。永定河道宗祥，前因南岸漫口，業經革職留任，北岸又復漫溢，未能實力防護，著即行革任。桂良著再行交部議處，該督俟南岸查勘詳明後，即著馳赴北岸，嚴飭該管員弁趕緊堵築，被淹村莊應如何撫恤之處，並著桂良迅速查明具奏。

辛酉，諭軍機大臣等：前據葉名琛奏，咪酋伯駕與暎、咈二國夷酋在粵各遞照會，欲求重訂條約，伯駕並有欲行北上之語，已經葉名琛阻止，猶恐其各處要求，請飭嗣後該酋無論行抵何省，如有懇求代奏之件，總令其回粵查辦。已諭知怡良照議辦理，妥爲防範。本日據王懿德奏，咪酋呈遞國書，代爲呈進。覽其呈遞之件，大意仍在更定條約，其事萬難准行。王懿德接到此件，自應正言拒絶，告以一切夷務皆由廣東辦理，他省不能入奏，令其將原件賫回廣東，一面照鈔密奏，不使該夷知悉，方爲得體。前年該酋駛抵上海、天津，怡良、崇綸等皆係如此辦理，該酋始俯首帖服，起碇南還。今王懿德既已代爲呈遞，惟有設法開導，令其仍回廣東，告以此次雖經入奏，因非閩浙總督應行管理之事，不能據所奏查辦，已將原件發還。若再爲陳奏，必致上干重譴，與爾國仍無所益，只有前往廣東，聽候辦理。上年爾往天津，皆係徒勞往返，今福建事同一律，即具奏亦難邀允准。該夷狡詐成性，遇事生風，固不可過於峻拒，激成事端，亦豈可一味通融，授之以柄。所有代遞夷書各件，著原匣發還，嗣後不得再爲呈進。發還之後，該夷酋作何動静，是否遵諭赴粵？並著速行密奏。

癸亥，諭內閣：户部奏，遵旨酌定糧臺奏報支發各款，限期章程一摺。前因各路糧臺支發各款，奏報稽延，諭令户部酌定限期，妥議章程具奏。兹據該部奏稱，軍興以來，款目愈積愈多，若仍令各軍營每月一奏，誠恐趕辦不及，藉詞延宕。著照所議，於半年開單奏報一次，統以六月、十二月二十日作爲奏報到部定限，儻再遲延，即著户部查明參奏。經此次奏定章程，各路糧臺及各省總局大員，均當力杜冒濫積弊，無論征防軍需，支發各款，趕緊清釐，先行按照前定單款填註，並覈明放款例案，一併於本年十二月二十日以前限內，奏報到部，以憑查覈，毋得仍蹈故轍，因循玩誤。

己巳，諭內閣：御史毛昶熙奏，請嚴捐復之例，並飭督撫保舉廉能各等語。近年捐例疊經推廣，即如捐復一項，未免失諸過寬。嗣後除因公獲咎人員仍照例准其捐復外，其有事涉私罪，而覈其情節尚屬可原者，始准加成捐復。若廢弛不職、有玷官方，酷虐貪污、罔念民瘼者，不得率行奏請，以致漫無區別。其應如何分別條款，明定章程，以示限制之處，著該部妥議具奏。至澄清吏治，必先拔擢賢才。自用兵以來，各直省牧令或堅守城池，認真團練，或安輯難民，嚴拏土匪，一經奏請奬勵，無不立沛恩施。嗣後仍著各直省大吏認真考察所屬各員，如有治行廉能，內而安民、外而禦侮，著有成效者，隨時專摺保奏，候朕録用。進賢之賞，在所不吝。儻所舉非人，或失諸冒濫，亦必治以應得之咎，務當循名責實，勿徇虚聲，以副朕孜孜求治之至意。

《東華續録》咸豐六二

壬申，諭軍機大臣等：德興阿等奏，據張國樑稟報，向榮患病，於本月初九日在營病故。覽奏深堪憫惜，已諭知怡良暫署欽差大臣關防。向榮應得卹典，俟怡良報奏，到日再降諭旨。

癸酉，諭內閣：【略】向榮著加恩開復提督，賞還花翎，即照提督軍營病故例賜卹，並著賞給一等輕車都尉世職，任內一切處分悉予開復。應得卹典，該衙門察例具奏。伊孫向恩等三人，著俟服闋後，由吏部帶領引見。其靈柩回籍時，著沿途地方官妥爲照料，用示朕褒嘉忠藎至意。尋予祭葬，謚忠武。

《文宗實録》卷二〇四

癸酉，諭軍機大臣等：赫特賀、滿慶奏，廓夷議立合同，現據前後藏僧俗人衆懇准照議和息，並鈔呈檄諭稟底各件。廓夷與唐古忒尋釁，經我兵勦辦，屢次獲勝，遣人乞和，自應遵照檄諭，揀派頭目至邊界同委員妥議章程，俾得永遠遵行。乃逆酋藏格巴都爾竟敢擬含混合同，迫令宜瑪頓柱等在彼了結，似此居心詭譎，難保日後不別啓釁端。惟既據前藏呼圖克圖、後藏色本諾們罕並僧俗番目百姓等公同呈懇，准照所議合同完結，自應俯順輿情，從權辦理，以期息事安人。赫特賀繕給檄諭，以此次從權允准，係該大臣委曲成全，萬不敢據情陳奏，所辦尚爲得體。廓夷頑梗異常，必須令其循照舊例呈遞表文，方與和好，未可聽其桀驁不馴，毫無忌憚。至息事之後，所調各兵即可裁撤，一切善後事宜，著該大臣等詳細妥辦。

乙亥，諭軍機大臣等：何桂清奏，亢旱災象已成，現在查辦等語。據稱，浙省現在節過立秋，甘霖未沛，禾苗黄萎，災象已成，且河流乾涸，蘇杭舟楫不通，各屬並有鬧災滋事之案。覽奏廑念實深。該省旱象已成，禾苗未能插蒔，應行分別蠲緩事宜，自應酌籌辦理。惟刁民藉災紛紛滋事，其風亦斷不可長，所有嘉興各屬及龍游、桐廬等縣鬧災滋事之案，業據該撫飭委楊裕深、繆梓等分別查辦，著將爲首滋事之人嚴拏懲治，以儆刁風。其被災較重之區，並著委員會同地方官迅速詣勘具奏。江蘇界連浙省，前據趙德轍於六月內陳奏，望雨甚殷，現在被旱情形當與浙江無異。著怡良、趙德轍派委妥員，分詣各屬查勘，據實具奏，以副朕軫念災黎至意。

己卯，諭軍機大臣等：奕山等奏，俄夷人船行止情形一摺。據稱，俄夷前駕木簰停泊達雅爾昂阿等處，現已拆毁，夷人陸續折回。六月二十三日又有夷人

分駕大小船隻載糧下駛，並於霍爾托庫地方搭蓋房屋，黑河口、烏蘇哩口時有夷船來往，薛爾古一帶又有夷人搭蓋窩棚二所等語。俄夷行止詭譎，此時人船由邊境行走，尚爲安静，固不可輕啓釁端，亦不可漫無限制。該將軍等應如何善爲開導，外示羈縻，内加防範，俾狡詭之計無所復施，辦理方爲妥善。其下行船隻究竟駛往何處，亦須偵探明確，隨時具奏。

《文宗實録》卷二〇五　八月丙戌，諭：扎拉芬泰奏，伊犁地方出産茶斤，商民人等採取售賣，擬酌徵商税一摺。自係爲裨補經費起見，惟此種茶斤恐不自今日始行出産，向來何以並未議及收税？其每年計産茶斤若干，酌收税課若干，該將軍尚未能知其數。現擬試行收税，務須詳加體察，如果輿情稱便，並無窒礙，再行妥議章程具奏。伊犁地處邊陲，民間貿易多與外夷交涉，儻行之或有流弊，不可規目前之小利而貽患於後日也。

戊子，山東巡撫崇恩奏，泰安、兖州、沂州、濟甯及濟南、東昌等所屬各州縣，報有蝗孽，現嚴檄撲捕。得旨：成災較輕處所務須盡力撲捕，其已經成災之處尤須豫籌撫恤，地方官但能誠心勸導，紳商斷無不樂於輸將。

癸巳，諭軍機大臣等：本日據何彤雲奏，雲南回匪滋事情形，並以所獲匪徒往往身帶傳單，意圖句結他省回民，請飭四川、貴州於交界處所嚴查等語。雲南回匪攻撲省城後，屯踞海口、東川、楚雄等屬匪徒，所在響應，若再令句結川、陝、甘肅等處回民前往助逆，則勦辦更難措手。著樂斌、恒春、蔣霨遠於各該省與雲南交界處所一切關津要隘，嚴飭地方文武員弁設法盤查，如有回民欲赴雲南、形迹可疑者，即行截回，以杜其糾聚之謀。儻各該地方官不能實力稽查，致有回民三五成羣潛往雲南助逆，一經察出，即著樂斌等從嚴參辦。

乙未，諭軍機大臣等：據户部奏，請碾運四川米石以實京倉，並遵議龍啓瑞奏採買北省米石各一摺。本年江浙兩省雨澤愆期，來歲海運漕糧恐難足額，該部所請碾運四川成都等屬倉穀聚於重慶，由嘉陵江運至陝西鳳縣之南登陸，再由渭水運至潼關廳入黄河，沿河東下至河南孟縣之東北入淇河，又北入濟河入丹河，即由河南、山東運道以達通州，藉濟倉儲。並請照龍啓瑞所請於陝西省城設局勸捐，並先行籌款採買，由渭河運至潼關，沿河而東，以抵武陟。由武陟陸路運入衛河，即由臨清運通。其河南之懷慶、彰德等處皆有糧石可買，應請勸捐和糴等語，均爲亟籌積儲起見。惟川陝運米至京，事屬創始，該部所指運道有無阻礙，其舍舟登陸，雇船裝載，並一路應需經費若干，均應先爲籌及。著樂斌、吴振棫、英桂按照摺内所陳，詳細體察情形，妥速議奏。至四川倉穀現可碾運若干，陝、豫二省採買勸捐，就現在地方情形而論有無窒礙，並如何酌議章程辦理之處，著一併妥議具奏。京倉儲備關繫緊要，該督撫等務當實心籌畫，以濟時艱，毋得空言塞責，視爲具文。

《文宗實録》卷二〇六　壬寅，諭内閣：前據桂良奏，省南州縣得雨稀少，間有蝗蝻，尚未捕除浄盡，朕心方深軫念。昨日親見飛蝗成陣，蔽空往來，現雖節逾白露，禾稼漸次登場，尚有未經收穫之處，京畿一帶農田被災，諒必不少。著順天府府尹、直隸總督派委妥員，分投履勘，並飭該地方官迅即撲捕，以除民害。儻有怠玩不力者，即著嚴參懲辦，並將成災輕重，查明速奏，以副朕廑念民依至意。

丙午，諭：李鈞、崇恩奏，勘明微山湖新淤尺寸，請加收湖水，並繪圖呈覽一摺。微山湖爲宣濟山東八牐，及江南邳、宿運河水櫃，連年因豐工漫水灌注，淤墊深厚，若竟照新淤尺寸加收，不獨濱湖地畝恐多被淹，且湖隄喫重，防守不易。著准其酌量加收湖水一尺，統計湖底新舊淤墊，以誌樁水深一丈五尺爲度，以備接濟漕運。

己酉，諭：御史何桂芬奏，請平穀價一摺。本年京官俸糈及八旗兵米，均按季按月支放，京師民食本屬足敷周轉，何至旬日之間米價驟長，幾至加倍，雜糧亦復昂貴？顯係市儈奸商把持行市，射利居奇，實於小民生計大有妨礙，必應嚴加懲創，以儆刁風。著步軍統領衙門、順天府、五城先行出示曉諭米鋪各商人等，於米石雜糧務各均平糴糶。儻查有私行囤積、擡價居奇、把持行市，以致妨礙民食者，即著各該衙門嚴拏，交部治罪。亦不得任聽吏胥，藉端需索，致多擾累。

辛亥，諭軍機大臣等：怡良、趙德轍、何桂清奏，江浙旱災已成，請招徠臺米以資接濟一摺。本年江蘇、浙江兩省，入夏以來雨澤稀少，蘇、常、杭、嘉、湖等屬被旱尤重，早禾既皆黄萎，晚稻未能插蒔，以致米價騰貴，民食兵糈均虞缺乏，自應暫弛海禁，招徠臺米以資接濟。即著王懿德、吕佺孫飭知臺灣鎮道速即出示招商，販運米石，由海道運至江蘇之上海，浙江之乍浦、甯波等海口售賣。即由臺灣道發給執照，准其免税，以期商情踴躍，源源轉運，毋稍遲誤。

癸丑，諭内閣：前因直隸各州縣飛蝗爲災，並河南、山東各省次第奏報，疊次諭令該府尹、督撫嚴飭各屬，認真撲捕，刨挖遺孽，以除民害，並查明成災輕

重，覈辦蠲緩撫恤事宜。茲據給事中伍輔祥條奏，治蝗諸法，或先時搜掘蝻子，或臨時給價收買，並該管上司親往督捕，務須輕騎減從，不得因查災轉致擾民。所奏不爲無見，著各直省大吏飭令被蝗州縣實力奉行，其請行祭蜡之禮以消蝗害，亦屬古制，著該地方官勸率鄉民於歲暮舉行。至被兵處所骸骨暴露，厲氣所感，亦足以致災祲，著地方官隨時收瘞。所有京師梟示兇犯首級歷時較久者，即著步軍統領、五城飭坊掩埋，以消沴戾而迓祥和。

《文宗實録》卷二〇七　九月乙卯，諭內閣：赫特賀等奏，班禪額爾德尼呼畢勒罕現訪得靈秀二童等語。呼畢勒罕涅槃將及四載，今據赫特賀等奏稱訪得知覺異常靈妙二童，實屬祥瑞，朕心快悦。著照所奏，即照定例將此二童之名，入於金瓶内唪經，敬謹掣籤，以定呼畢勒罕。俟掣定後，由驛馳奏。

壬戌，諭內閣：上年河南省河工加價一款，久爲民累，特降恩旨全予豁免，永不攤徵，並令其將已徵在官者抵作本年正賦。原係朕念切民依，不惜捐帑金以頒曠典，該省大吏接奉此旨，自應速刊謄黄，俾家喻户曉，共沐恩施。乃本日據御史張守岱奏，河南各州縣，或隱匿謄黄不貼，照舊徵收，或年終始行張貼，或延至今春，始行張貼，迨謄黄既貼，上年正賦已完，攤徵加價一款，亦完納過半。本年春季開徵，百姓欲以前項抵完正課，州縣官復多方支吾，不肯作抵。似此不肖州縣，喪心昧良，骫法營私，實堪痛恨。英桂身任巡撫，於此等貪劣庸員豈竟毫無覺察，著即督飭藩司確切查明，如有蒙混徵收、抑閣謄黄、不行張貼情弊，即著嚴行參劾，治以應得之罪，毋稍徇隱，自罹重咎。至地方錢糧丁耗，止納惟正之供，儻經徵各員膽敢浮收抑勒，著一併認真訪察，嚴參懲辦，以肅吏治而安民生。

《東華續録》咸豐六四　壬戌，諭內閣：有人奏，黔省徵額加增，並勒令捐派，請飭嚴行禁革一摺。據稱，貴州州縣徵收錢糧，每於正額外加增平數，名曰「躧戥費」，民甚苦之。前桐梓縣革役楊瀠喜等倡亂，皆藉口除躧戥之害，糾衆滋事。銅仁府知府葛景萊亦以循舊加徵，致匪徒戕官踞城。桐梓縣知縣劉毅辦理善後，誅求未已，以致匪黨復行滋事。又該省州縣，每勒令苗民捐輸，罄其家産。該匪之不靖，實由官吏偪迫等語。州縣徵收錢糧，均有定額，似此額外加增，無怪民不聊生，激成事變。著恒春、蔣霨遠嚴查各州縣，如有前項情弊，即著嚴參示懲，並將「躧戥費」名色永遠革除。至苗民情願捐輸，原屬不禁，斷不准不肖官吏勒令派捐，即著於各州縣通衢村鎮出示曉諭，以安民心而除弊政。

《文宗實録》卷二〇七　丙寅，諭：怡良、趙德轍奏，請減免咪唎㗂未繳關稅一摺。上海通商各國應交江海關稅銀，因上年匪徒滋事，貿易未能照常，商情苦累，曾經諭令該督撫酌量覈減。茲據查明咪唎㗂國積欠稅鈔銀三十五萬餘兩，該國使臣情願繳銀八萬一千五百餘兩，又從前已納稅銀二萬七千六百餘兩，其未繳銀兩爲數尚鉅。惟念該國商力拮据，係屬實情，所有咸豐四年六月十八日以前咪唎㗂欠交稅鈔銀兩，除業經呈繳外，餘著加恩概行豁免，以示體恤。

《東華續録》咸豐六四　庚午，浙江巡撫何桂清奏報浙省軍情，並內防本境，外保鄰封，援勦助餉事宜。得旨：汝數載艱辛，實爲浙省保障，浙省獲全，則江南大營方無牽掣之患，汝功居多也。

《文宗實録》卷二〇八　壬申，諭：御史錢以同奏，請嚴禁官吏賣荒一摺。【略】江蘇省蘇松等屬州縣，每遇蠲緩之年，書吏輒向業户索取錢文，始爲填註荒歉，名爲賣荒。出錢者雖豐收亦得緩徵，不出錢者雖荒歉亦不獲查辦。甚至不肖州縣，通同分肥，以致開徵時有抗欠鬧漕等事，玩法殃民，實堪痛恨！本年江蘇被災被擾地方，除業經降旨分別蠲緩外，其餘各屬尚在查勘。著怡良、趙德轍嚴禁前項情弊，如有書差人等仍敢賣荒舞弊，該州縣不加查禁，任令向應蠲應緩之户，需索註荒使費者，除將書差從重治罪外，並將該州縣嚴行參處。其業户句通書吏以熟作荒，蒙混射利者，一併嚴懲，以清漕弊而紓民困。

壬午，陝甘總督易棠因病解任，以成都將軍樂斌爲陝甘總督。

調福州將軍有鳳爲成都將軍，以西甯辦事大臣東純爲福州將軍。調陝西提督鄧紹良爲浙江提督。

《文宗實録》卷二〇九　十月丁亥，諭軍機大臣等：怡良奏，移營進偪句容、溧水縣城，連日攻勦獲勝，並片奏金陵逆賊內亂等語。【略】現在洪逆殺死楊逆，雖探報情形不一，而賊匪內亂當屬可信。怡良等以石逆有前往報復之謡，若徑擣金陵，恐該逆急則復合，是以佯爲不知，力攻句容、溧水，先行翦其枝葉。所見甚合機宜。【略】和春等務當趁此機會，與江北德興阿等聯絡一氣，迅奏膚功，朕不勝盼望。

命署江甯將軍福興馳赴江西，會同兵部右侍郎曾國藩、江西巡撫文俊辦理軍務。以江南提督和春署江甯將軍。

《東華續録》咸豐六五　丙申，諭軍機大臣等：武漢逆賊負嵎已久，據官文、胡林翼奏報，疊次擊敗大股賊援，城中之賊勢已窮蹙，是兩城計日可克。乃南岸

自八月初七日擊敗石逆，以後兩月未見動静，北岸自八月二十七日擊敗下游援賊以後，亦但以嚴遏外援爲詞，何以於進攻機宜仍復漫無把握？見聞金陵城内賊黨相殘，楊逆被洪、韋二逆所殺，石逆不服逃出金陵，洪逆懸賞購石逆首級，是石逆之不返金陵已可概見。此等傳言湖北當有所聞，若不乘此機會迅拔一城，儻石逆不附金陵，自圖占踞，必至率其死黨或撲湖北，或走江西，皆屬可慮。見在餉需日缺，調撥維艱，所望克復上游，即可移師東下，由九江而至安慶，由安慶而至金陵，乘其内亂，次第削平，兵餉可不加增，而成功庶幾有望。官文、胡林翼身膺督師重任，須當統籌大局，謀勇兼施，何得以城堅賊悍爲詞，坐擁水陸重兵日久無功。若云斷絶接濟可以困賊，何以爲時已久尚未蕆功？恐沿江一帶港汊紛歧，接濟仍未能斷絶，不過藉口躭延，掩其遷延之咎。經此次剴切申諭後，該大臣等即當嚴督在事將弁，設法進攻，迅將兩城克復，俾得分兵東下，大局冀有轉機。如敢仍前延玩，必致師老力疲，别生變故，官文等不能當此重咎也！

甲辰，諭曾國藩：【略】聞石達開見因與韋逆不睦，頗有投誠之意，雖未必即係確信，而窮蹙思降，亦或事之所有。此輩狼子野心，原難輕議招撫，儻向曾國藩處乞降，應如何處置之法，或使先自立功贖罪，再邀重賞，亦當豫爲籌畫，經權互用，以收實效。

《文宗實録》卷二一二　十一月乙卯朔，皇考宣宗成皇帝《聖訓》、《實録》告成，朕祗肅受書，實深欣慶。【略】監修總裁大學士文慶雖甫經添派，惟開館之初本充總裁，當此盛典告成，銜名首列，著加恩賞御用袍一件，並賞加一級。總裁兵部尚書阿靈阿、副總裁兵部尚書周祖培、吏部侍郎瑞常均係始終其事，阿靈阿著賞加太子少保銜；周祖培續辦稟本，妥慎精詳，著賞加太子少保銜；伊子監生周文龠並著賞給舉人，一體會試；瑞常之子候選筆帖式文德，著以六部主事用。總裁户部尚書朱鳳標在館六年，著賞加太子少保銜。

辛未，諭：葉名琛奏，暎夷藉端起釁，我軍兩戰獲勝一摺。九月間，廣東水師兵勇因查拏划艇盜匪，暎國夷酋吧嗄哩欲藉此爲詞，復作進城之想，竟敢放礮攻擊城垣，焚燒鋪户。十月初一、初九等日我兵接戰，兩獲勝仗，夷匪傷亡四百餘名，並將該夷水師大兵頭殲斃。粤省紳團同伸義憤，夷膽已寒，所調水陸兵勇業有二萬餘名。該夷縱極狡横，經此挫敗，諒不敢再肆披猖。且咪唎㗎、咈㘓哂及西洋各國均知此事起釁曲在暎夷，未肯相助，其勢亦孤，當可悔禍罷兵。本日已諭葉名琛如果暎夷自爲轉圜，不必疾之已甚。儻仍頑梗如故，勢難遷就議和，復啓要求之漸，葉名琛久任粤疆，夷情素所諳熟，諒必能酌度辦理。因思江蘇、浙江、福建沿海地方，向爲該夷火輪船熟習之路，儻該夷不得逞志於粤東，復向各海口滋擾，亦當豫爲之防。著怡良、趙德轍、王懿德、何桂清密飭所屬地方官吏，如遇夷船駛至，不動聲色，妥爲防範。或來訴粤東搆釁情事，亦著據理折服，俾知無隙可乘，廢然思返，仍不可稍涉張皇，以致民心惶惑。

《咸豐朝籌辦夷務始末》卷一四　壬申，京畿道御史韓錦雲奏：【略】臣現接廣東省城及香港來信云：九月二十三日，暎夷貨船内有賊三名，官兵躡線，俟至内河，連水手漢人共十二名，一併拏獲。暎夷因制軍不早爲通知，極爲不平，投文七次，向制軍索人，制軍不收其文書，旋將所拏十二名送回該夷處。該夷説，此人内有假的，要制軍見面，分辨是非。制軍置之不理，亦未先爲防衛。該夷水師提督於二十五日，乘戰船三隻突入内河，將獵德、龜活及鳳凰岡、東安、西固、海珠等處礮臺盡行占踞，堅立紅毛旗號。二十七日，各街派丁巡緝，被暎夷鎗斃二命。因此人心忿怒，欲放火盡燒十三行，制軍飭令禁止。二十九日，夷兵在城外放礮，轟入靖海門内，礮火延燒鋪户數十間。三十日，夷兵扒入外城，搶至制軍衙門後街，被壯勇殺退。十月初二日，攻破外城，將制軍衙門燒毁，制軍走入内城。著紳士伍崇曜、蘇廷魁等出城向暎夷領事講和。該夷仍連日放礮攻城，船隻均不能出入。

《文宗實録》卷二一三　辛巳，諭軍機大臣等：【略】兹據怡良、趙德轍奏，暎夷領事赴蘇松太道投遞照會，仍係從前故智，既不可示以怯弱，長其驕志，亦不可絶之已甚，致激事端。夷人惟利是圖，重在貿易，怡良熟悉夷情，當飭該道等諭以從前萬年和約原爲永息兵端，今忽以細故稱兵，一經入奏，必致查辦，無論曲在何人，所有通商各口不得不暫停貿易，恐於爾等未便，是以未敢入奏。至該夷與上海並無嫌怨，仍宜安静通商，方爲正理。如此明白曉諭，或可杜其嘵瀆干求。至葉名琛辦理夷務已久，於一切駕馭之方，當不至毫無把握。該夷若悔禍求和，諒必仍事羈縻，不使決裂，但不可先行遷就，致啓要求。前據葉名琛奏，咪、咈各夷均知該夷理曲，不肯相助。兹怡良等奏，探報内有暎、咪二夷均踞礮臺之語，恐即暎夷造言聳聽，冀飾其獨啓釁端之罪，該督等勿爲所惑。又另片會同何桂清奏，火輪船入江，請暫行停緩等語。此時冬令水落，船行既多不便，又因粤東滋事，夷匠難招。著准其暫行停緩，俟明年春漲，足資浮送，察看夷情安帖，即可催令入江，不必俟粤事全定，始行辦理。

《文宗實録》卷二一四　十二月甲申，命大學士彭藴章爲正使，禮部尚書瑞麟爲副使，持節齎册印，晉封懿嬪那拉氏爲懿妃。

丙戌，諭内閣：赫特賀、滿慶奏，廓夷進表輸誠，邊界一律肅清一摺。**【略】**著赫特賀等傳諭該國王，嗣後但當謹守藩封，與唐古忒永敦和好，毋以小嫌微隙再起争端，以仰體朕柔遠推恩，一視同仁之意。赫特賀辦理此案調度尚合機宜，著加恩賞加都統銜，並賞戴花翎。滿慶虚衷商辦，持以鎮静，著加恩賞戴花翎，並交部議敘。所有一切善後事宜，仍著該大臣等妥籌辦理，以靖邊圉。

《文宗實録》卷二一五　甲午，諭：福濟奏，擬添備礮船，以資防勦一摺。**【略】**皖省勦匪，如果得有戰船，則水陸互相策應，較可得力。著曾國藩即揀派水師得力將弁一二員，帶同熟諳造船工匠數十名，前赴廬州，聽候福濟差遣。至製辦洋礮需款較鉅，蘇省軍務孔亟，深恐籌措維艱，惟事關行軍要需，未堪貽誤。現在安徽造船尚需時日，著怡良、趙德轍届時於上海關税内，撥款製辦五六百斤至二三百斤洋礮百餘尊，派員解往，以資攻勦。

庚子，諭軍機大臣等：慶祺等奏，會籌商户日捐釐捐試辦情形，請飭吉林籌辦一摺。盛京兵餉，待用孔亟，庫款支絀，該將軍等現擬釐捐鋪税二條，權行試辦，酌立章程，令店商於買貨之家，照所買價值，每東錢百千抽捐東錢一千，每糧十石捐東錢一千，不及者以次遞減；商賈鋪户，則量其生意大小，分晰等第，按户逐日捐東錢數十文至一千餘文不等。兩月以來，辦理已有成效。此項捐輸，本屬權宜之計，既據該將軍等奏稱該商等樂從，自應照議辦理，俾盛京兵餉，稍資接濟，惟不可稍有抑勒，致拂輿情，總期商賈樂輸，庶可行之久遠。至所稱奉天與吉林接壤，商販貨物，兩省流通，請飭吉林一體辦理等語。吉林地方是否能行釐捐鋪税？著景湻體察該處情形，酌量妥辦。並著慶祺等將奉天現辦章程，咨交景湻查照，俟辦有端緒，再行酌擬章程具奏。將此各諭令知之。尋奏，會籌商户酌量妥辦，分飭内外城遵照奉行。報聞。

壬寅，諭：赫特賀等奏，詳查班禪額爾德尼呼畢勒罕所遺幼子等簽掣定擬奏聞一摺。本年十一月二十三日，駐藏大臣等親往布達拉山，會同呼徵阿齊圖呼圖克圖、色呼本諾們罕率僧俗人等唪經，由金瓶内掣出番民丹擇旺結之子拉木結旺堆嘉木參之名籤，擬定爲呼畢勒罕。是日天氣清和，諸事祥瑞，闔藏僧俗人等皆大歡喜，呼徵阿齊圖呼圖克圖等按經理稱爲羅布藏班第衍垂濟扎克巴丹貝旺序，實爲祥瑞之事，朕心實深嘉悦。

《文宗實録》卷二一六　甲辰，諭：官文、胡林翼奏，請飭購礮，並加解火藥等語。湖北水師勦辦賊匪，自粤東運到夷礮六百尊，攻勦甚爲得力，現需再爲購運。著葉名琛即飭購辦四百斤以上夷礮三百尊、五百斤以上夷礮二百尊、六百斤至七百斤夷礮二百尊、八百斤以上夷礮五十尊、千斤至一千五百斤夷礮五十尊，統於來年春夏間，迅速由湖南運至武昌，聽候調用。並著吴振棫、譚廷襄、駱秉章於四川、陝西、湖南三省每月仍遵前旨各解火藥三萬斤外，四川、陝西按月各加解火繩三萬盤，鳥槍擡槍鉛子各一萬斤，湖南按月加解生鐵熟鐵合膛礮子十萬斤，委員趕解胡林翼軍營，以濟要需，毋稍延誤。

《東華續録》咸豐六七　是歲，朝鮮入貢。

咸豐七年（丁巳、一八五七）

《文宗實録》卷二一七　正月乙卯，内閣欽奉諭旨，懿妃晉封爲懿貴妃。

己未，兩江總督怡良等奏，上海煙税未便抽釐。得旨：若明給執照，抽收煙釐，必致處處受人挾制，擔虚名，受實害，甚非計之得也。

《東華續録》咸豐六八　丁卯，諭内閣：前因德勒克色楞於領放三盟兵丁賞銀内有隱匿掩飾情弊，降旨革去爵職，交理藩院會同刑部定擬罪名。兹據該衙門比照成例聲明請旨，德勒克色楞著發往熱河，交該都統嚴加管束，所遺貝子爵職，仍准其以德勒克色楞之子承襲，以示朕格外施恩至意。

《文宗實録》卷二一九　丁丑，諭：前因御史保恒奏，請疏通大錢，並聯順奏請定交納章程，暨轉運糧石。先後諭令御前大臣、軍機大臣會同户部妥速議奏。本日據載垣等會議具奏，京師行用銅鐵大錢，總由直隸省未能設法疏通，以致情形壅滯，自應亟籌變通。著照所議，順天、直隸各屬錢糧，即自本年上忙爲始，著以實銀四成，寶鈔三成，當十銅鐵大錢三成，按成搭交。其零星小户，應交錢糧不足寶鈔之數者，准以大錢抵交。所交寶鈔大錢數目，按照現定章程辦理，一切用項亦照成數搭放。該府尹、總督迅即刊刻謄黄，徧行曉諭，務使民間家喻户曉，按章輸納。

己卯，諭軍機大臣等：本日據葉名琛奏，防勦𠹌夷，水陸獲勝，現在夷情窮蹙一摺。**【略】**該夷屢經挫衄，各國俱知其計窮，又因延燒貨物，欲令賠償，不肯助逆，其勢似已窮蹙，此時若專力攻勦，原不難盡殲醜類。惟控制外夷，究非勦

辦内地匪徒可比，所稱該國有嗌咖喇等國與之搆釁，不能添兵來援，無論傳聞未可盡信，即使實有其事，而事平之後豈不慮其稱兵報復。從前林則徐誤信人言，謂暎咭唎無能爲役，不妨懾以兵威，致開釁端，迨定海失後，即束手無策。前車之鑒，不可不知。現在各國既知其無理，自有公論，日後暎國傳聞，或不致有所藉口。如果該酋自知理屈，悔罪求和，並罷議進城，祇可俯如所請，以息兵端。但不可意存遷就，致該夷故智復萌，肆行要挾。該督久任粵疆，熟悉夷情，必能設法駕馭，操縱得宜，勿貽後患，朕亦不爲遥制。至江蘇、閩、浙等處，上年業經諭令該督撫密加防範，如有夷船駛至控訴稱冤，自當諭令仍回廣東，聽候查辦也。

《東華續録》咸豐六八　二月辛卯，諭：英桂奏，捻匪南竄潁州，派兵追勦並各路堵截一摺。【略】著即飭令該總兵與勝保、穆騰阿馬步官軍四路會合，力挫兇鋒，該匪自不敢向西窺伺。徐州賊情見已稍鬆，袁甲三即可駐紮亳州，爲英桂、勝保後路聲援，並兼顧歸德門户。所派德楞額、托津阿等分赴潁州、懷遠之處，均照所議，速飭各員，分投前進，毋稍遲延。

丁酉，諭軍機大臣等：本日據福濟奏，桐城兵潰，廬州喫緊，請撥北路馬步精兵三四千名來皖等語。秦定三、鄭魁士等圍攻桐城，自正月二十五日賊匪大股屢次攻撲營盤，二十九、初一等日安慶賊黨四五萬人出撲，我軍飢疲已久，復因糧道梗阻，遂潰圍而出。見在廬州情形萬分喫緊，必須添調兵力以資堵勦。著桂良、雙鋭於景州駐紮之馬步官兵内抽撥一千名，派委妥員統帶，即日馳赴廬州。前因無爲被陷，即諭令官文等分兵一千名赴廬助勦，見在湖北荆、宜一帶如已就肅清，即著官文、胡林翼迅派陸路官兵一千名馳往協勦，並督飭水師沿江東下，以分賊勢。甯國已經收復，皖南軍務較鬆，兵力當可抽撥，著晏端書、鄧紹良迅速籌商，就近撥兵一千名或數百名渡江繞道赴廬州軍營，聽候福濟調遣。

己酉，諭内閣：駱秉章奏，統兵大員見丁父憂一摺。兵部侍郎曾國藩之父曾麟書在籍病故，該侍郎見在江西督師軍務，正當喫緊，古人墨絰從戎，原可奪情，不令回籍。惟念該侍郎素性拘謹，前因母喪未終授以官職，具摺力辭，今丁父憂，若不令其回籍奔喪，非所以遂其孝思。曾國藩著賞假三箇月，回籍治喪，並賞銀四百兩，由湖南藩庫給發，俾經理喪事，俟假滿後，再赴江西督辦軍務，以示體恤。

予故貴州提督孝順祭葬卹廕，謚壯肅。

《文宗實録》卷二二一　三月甲寅，諭軍機大臣等：據給事中龔自閎奏，訪聞通州所屬之張家灣地方，多有私鑄當五銅錢，輪廓大小與制錢等，獲利甚厚，運京甚近，以至京師當五錢頓形壅滯等語。奸徒晋不畏法，膽敢在近畿地方私鑄錢文，實於圜法大有妨礙，亟應從嚴究辦。著張祥河、黄宗漢遴派幹員嚴密躧緝，查拏懲辦，毋令漏網。

辛酉，諭軍機大臣等：扎拉芬泰奏，夷情叵測，急籌撫馭，請於伊犂等處舉行茶税一摺。塔爾巴哈台俄夷商貨被金夫等燒搶，曾諭令扎拉芬泰等，如銀數無多，或令華商分年減半貼補，亦須體察該商力量，方能酌辦。兹據該將軍奏稱，口外各商俱形蕭索，惟茶斤一項爲華商獲利大宗，請於伊犂、塔爾巴哈台、阿克蘇等處徵收茶税，豫爲華商貼補地步。所籌尚屬妥協，著即照議辦理。

《文宗實録》卷二二二　壬申，本日據和春奏，大營兵餉欠至四月有餘，兵丁時有鼓譟，情形急迫，請飭催協餉，以資接濟等語。該營需餉較鉅，本省解款不敷支放，全賴各省協濟。葉名琛等於奉撥款項，未即報解，自因本省用款較多，一時未能兼顧。惟江南一軍關繫東南大局，現在既有餉竭兵潰之虞，急應設法籌濟。著葉名琛將月濟江南餉銀並上年欠款迅速設法，陸續撥解。山東省應解銀五萬兩，除去年解過一萬兩外，尚短銀四萬兩，並京餉項下劃撥銀十萬兩，河南省應解銀五萬兩，著崇恩、英桂遵照前旨，分别籌解。該督撫等務當悉心籌畫，毋得稍涉推諉，致滋貽誤。

癸酉，諭：自粵匪東竄以來，江蘇省籌解大營軍餉皆取給於地丁關税，並由各省協撥之款，從無貽誤。現因荒歉，錢糧蠲緩居多，關税未能暢旺，各省撥款又因用兵之處較多，以致解數寥寥。現據和春、怡良等先後奏到，俱稱江南大營兵餉積欠四月有餘，兵丁時有鼓譟之事。雖經降旨嚴催廣東等省將欠解各款趕緊起解，恐一時未能即到，兵勇嗷嗷待餉，豈能枵腹荷戈，若再遲延，大局將不可問。因思用兵禦寇原以保全黎庶，且各省捐輸軍餉，朕無不立沛恩施，惟民力不齊，爲數零星，又無濟於大勢。咸豐四年間，陝西巡撫王慶雲曾有捐借兼行之舉，頗著成效，不獨江蘇省可以照辦，即浙省籌濟皖南、江西、江南等處餉需亦屬支絀，如能查照辦理，除本省供支外，亦可協濟江南軍餉。著怡良、趙德轍、晏端書督同省垣紳士，並派委妥員分赴各府州縣，會同各該紳士，查明上户若干，開報該督撫，即責成公正紳士委婉勸導，隨時請奬。其有爲數較多，自一萬數萬以至十萬兩者，自應分别等差，逾格施恩，或賞給鹽運使銜，或賞給副將銜，或加銜

之外另賞花翎，或賞給舉人一體會試，均准該督撫等酌量請旨，以期踴躍。其有力可多捐而不願請獎者，即由該督撫等飭由藩司按數給與借資印帖，自咸豐八年起分年給還，作正開銷，仍按照銀數多寡分別建坊給扁，以示優獎。

己卯，諭軍機大臣等：福濟奏，皖營兵勇缺餉，請飭於江南釐捐項下酌提撥解等語。皖省旱荒米貴，無款可籌，致各營兵勇索餉滋鬧，勢甚危急，所奏自係實情。惟江南大營近據和春奏到，因欠餉多月，兵勇亦有鼓譟之事，是江南與廬州情形同一緊迫。福濟所稱江南釐捐已收銀二百餘萬兩，不知隨收隨放，豈有鉅款存留？至廬州軍餉本年各省節次報解者，山西已有十萬兩，陝西已有五萬兩，河南九千餘兩，浙江於本月奏到解銀二萬兩，江蘇於本日奏到解銀三萬兩，爲數已屬不少。其或因道路梗塞，日久未達，福濟惟當派兵疏通，設法迎提前進，以濟急需，勿使已經起解之餉阻滯附近地方，自誤餉需。再前據庚長奏，籌米二千石解赴臨淮。秦定三現在帶兵赴臨淮一帶，原爲疏通糧道起見，如果臨淮一帶並無梗阻，則此項米石無難運到。又本日英桂奏，河南解赴廬州米麥六千石，尚在阜陽，因無路可通，不能前進。福濟當設法迎提，聊資接濟，毋得一籌莫展，以致坐困。安徽藩司已簡放李孟羣，該員現由湖北帶兵，前來援應廬州，諒計日可到矣。

辛巳，諭軍機大臣等：葉名琛奏，防禦嘆夷獲勝，並現辦情形一摺。嘆夷船隻自退出省河後，復經官兵連旬擊勦，疊次焚船斃匪，堵禦尚爲嚴密。該夷被勦後，兩旬之久既無動静，自應暫緩攻擊。至該國以咆呤、吧嗄哩不應與中國啓釁，另派夷酋來粤定議，係得自傳聞，虛實尚未可定。如果屬實，所派夷酋亦須夏間始能到粤，此時正可先定主見，以爲將來定議地步。儻此次派來之人尚講情理，即應以禮相接，勿使再有藉口，俾得自爲轉圜。至咪、咈兩國及各國夷商貨物停滯，洋樓焚毁，必有怨心，嘆酋不肯遽回香港，因恐各夷商索賠之故。則將來新酋到時，不特與中國定議，即與咈、咪各國亦必有一番理論。該兩國與中國並無嫌隙，此次吧嗄哩開釁情形爲夷人所共見，孰是孰非，定有公論。應派曉事之人先與咪、咈等酋，詳加開導，使其了然於胸，俟嘆酋到時，不致爲吧嗄哩等捏詞淆惑，更爲妥協。當此中原多故，餉糈艱難，葉名琛總宜計深慮遠，弭此釁端，既不可意存遷就，止顧目前，又不可一發難收，復開邊患。該督於夷務情形素所熟悉，諒能慎密妥籌，不負委任也。

《咸豐朝籌辦夷務始末》卷一五　四月甲申，諭軍機大臣等：據德勒克多爾濟等奏，俄囉斯欲遣使來京商辦密事一摺。覽奏均悉。俄囉斯狡猾性成，所稱嘆夷糾約各國欲往天津，伊欲來京密商等語，無非藉端恐嚇，欲與黑龍江外占踞地方，並索賠塔爾巴哈台夷國貨物起見。兹復據理藩院奏，俄囉斯達喇嘛巴拉第具呈，亦稱該國上司諭文，欲差大臣進京等語。著該大臣等明白曉諭，告以中國與爾國交好多年，從無差大臣前來商辦要件之事，本國但知遵守舊章，永遠和好。今爾國達喇嘛巴拉第在京，呈稱爾國因嘆夷等有窺伺之心，欲差大臣來商機密事件，已由理藩院具奏。大皇帝念爾國道路遥遠，向無差大臣進京之事，已諭理藩院行知該國照例但送學生進京，毋庸特派大臣前來。從前嘆夷滋事，中國自行禦侮，不借外國幫助之力，至外國互相争鬭，中國亦從不與聞，並無機密要事應與爾國相商。至爾國既誠心交好，從前只有恰克圖一處通商，今大皇帝又准在伊犁、塔爾巴哈台兩處通商，相待可謂優厚，爾國當知感激。現惟塔爾巴哈台焚燒夷國一事應行查辦，爾國既敦和好之情，即當派員會同該大臣等秉公辦理，速行了結，以後照舊通商，無傷和好。此外並無應議事件，毋庸特派大臣前來。如此明白曉諭，不至墮其詭計。儻該夷不遵曉諭，仍欲前來，該大臣即當據理攔阻，告以已奉諭旨，不敢專擅，勸其回國，不可又無主見，再請理藩院指示，致爲外夷看輕。惟該夷尚無開釁之端，但當密加防範，不可調兵防備，故事張皇，轉使該夷疑貳，是爲至要。

《東華續録》咸豐七〇　癸巳，怡良以病免，命何桂清以二品頂帶署兩江總督。

《文宗實録》卷二二四　戊戌，諭内閣：近年江、浙二省辦理海運，湖廣等省辦理折色。所有停運軍船，前經户部奏請，將年分較遠者迅即變價，並節次奏請飭催漕運總督查辦。兹復據該部奏稱，迄今年餘，尚未據該漕督奏明辦理。著邵燦即將現辦情形迅速具奏。並著有漕省分各督撫迅將各該省停運軍船，分别已未歸次，並年分較遠可以折變船隻數目，及節年應徵造船銀兩餘賸若干，統限兩箇月，詳細查明具奏，妥速辦理，以歸覈實而節虛糜。

戊申，諭内閣：總管内務府大臣裕誠等奏，請將世職幼官歸入兩翼幼官學肄業一摺。内務府承襲世職幼官，向不入官學肄業，及歲時復不分優劣，概准支食全俸，殊不足以廣造就而示勸懲。此後内務府世職幼官，著照八旗定例，歸入兩翼幼官學肄業，以昭畫一。

《東華續録》咸豐七〇　戊申，署兩江總督何桂清奏，送親北上宿遷道中，接

奉寄諭，即折回江南，所有籌防籌餉事宜，容莅任後與撫臣盡心經理。得旨：卿膺茲鉅任，一切展布，朕將拭目以待。惟汝父進京，有何人在側？可奏來，朕甚念焉。

《文宗實録》卷二二五　五月丁巳，諭御前大臣、軍機大臣等：今日引見後，著御前大臣、軍機大臣會同譚廷襄妥議流通大錢暨鐵制錢辦法，並將將來設有窒礙之處作何補救之方，一併議及，庶免京外情形有所隔膜，惟不必另立章程，徒涉紛更，總期潛移默運，益民生而裕經費也。尋御前大臣載垣等奏，疏通大錢並搭收錢糧，應先由直隸酌定章程，再由户部覈計，方能中外相符，不致隔膜。應請自本年下忙爲始，直隸徵收錢糧悉照銀七票三辦理。其大錢三成，即納在鈔票三成之内，交票交錢悉聽其便。仍於各府設立鈔局，准以鈔票與大錢互相易换，再以大錢分發各行店，按二八搭配行使。庶鈔票與大錢互相通融，以爲補救。再查鐵錢局及五字各官號、捐銅局、平糶處共存鐵當十錢五百餘萬吊，已足敷搭用，所有鐵錢局尚鑄二成大錢，應照現議停鑄。其停鑄銅制錢加鑄銅大錢，應由户、工兩部酌改卯額，分別奏辦，總以鐵制錢與銅大錢相輔而行，仍以寶鈔運實於虛，以便民利用。從之。

《東華續録》咸豐七〇　乙丑，諭：前因江南大營壯勇潛出滋事，並委員人數過多，諭令和春分別拏獲裁汰。連日復有人奏，江南抽捐名目過多，糧臺委員百餘，任意開銷，蘇、常兩府二三百里内設立抽釐局卡至數十處之多，稽查難徧，弊實百出。近復有捌爲畝捐、鋪捐、丁捐之説，科派紛繁，徒滋擾累。糧臺委員於兵糧則抵换醜米，於捐款則需索使費。鎮江潮勇二千名最爲不法，不服調遣，四出搶掠，擾害行旅。常州所駐督標新勇七百名亦多劫案，皆以營盤爲藏身之地，無從緝捕，又與收養之金陵難民恃衆横行，實爲心腹之患等語。因思勸捐一事原屬不得已之舉，若多設名目而利歸浮蠹，徒使上擔虛名，民受重困，既無裨正餉，尤恐別起事端。著何桂清、趙德轍將江南抽釐卡局擇其扼要之地歸併數處，其餘悉加裁汰，使便於稽察，不令委員漁利及土棍冒名擾及行商，轉致商人裹足，正課無收。江北之揚州、通、泰一帶，亦著派委妥員察訪，仍責成文煜及該地方官覈實辦理，毋得多派冗員，致滋流弊。其捐輸名目有瑣屑病民者，酌量裁撤，以歸簡易而杜侵漁。所有糧臺濫設之委員，著會同和春嚴加裁汰，其從中射利積慣侵吞者，嚴參懲辦。並將常州所駐兵勇滋事者分別查拏，無用者分別遣散，毋令與難民句結，致貽後患，以節浮費而靖地方。

《文宗實録》卷二二六　甲戌，諭軍機大臣等：湖南舉人左宗棠，前經曾國藩奏保，以郎中分發兵部行走。復經駱秉章奏，該員有志觀光，俟湖南軍務告竣，遇會試之年，再行給咨，送部引見。現當軍務需才，該員素有謀略，能否幫同曾國藩辦理軍務，抑或無意仕進，與人寡合，難以位置，著駱秉章據實具奏。

《東華續録》咸豐七〇　戊寅，諭内閣：我朝積德累仁，燕天昌後，皇考宣宗成皇帝於「載」字輩公以下續選「溥、毓、恒、啓」四字依次命名，洵足昭佑啓而迓蕃釐。朕惟雲礽遞衍，卜世延長，特命大學士軍機大臣續擬四字，同道光六年存記六字，開單具奏。茲據恭擬進呈，經朕選用「燾、闓、增、祺」四字，自啓字輩分以下，按字命名引用勿替，其餘六字，仍著軍機大臣存記，俟將來續擬時，再加四字，一併進呈，候朕酌定。我國家景祚延鴻億萬年，繼繼承承，永遵令典。此旨並著繕録二分，一交内閣，一交上書房封識。

《文宗實録》卷二二七　閏五月壬午，諭：前因俄羅斯欲遣人赴京，諭令德勒克多爾濟等明白開導，設法阻止。昨以該夷復有閏五月二十日前後即到天津之語，復諭譚廷襄、烏勒洪額妥爲覊縻，勿啓釁端。惟該夷此次決意來京，特以商禦暎、咈二夷爲詞，語多恐嚇，總未將實情吐露，其中藏叵測，已可概見。【略】咸豐三年夏間，普提雅廷曾到上海，聲稱欲進口貿易，此次遣來仍係此人，其中必有詭謀。況業經由理藩院行文知照該夷毋庸來京，而該夷不遵，回文言欲到天津，未便由京派員，與之講論。如果該夷到津，譚廷襄等密派曉事大員察其來意如何，再與理論。

《東華續録》咸豐七一　甲午，諭内閣：御史尹耕雲奏，軍營文員保舉太濫，請從嚴分別覈辦一摺。【略】該御史以文員在營當差不過辦理糧臺文案，並無攻堅陷陣之勞，奬勵未免過優，所奏不爲無見。【略】嗣後各路統兵大員保舉出力人員，務當秉公覈實，毋許冒濫，除打仗各員躬冒矢石，懋著戰功，准其從優請奬外，其餘辦理糧臺文案人員，必須隨營年久，始准録其勞績，酌量保舉，仍不得與親歷行陣之員，同邀優奬。其在營年分尚淺，濫竽充數者，概不准徇情保奏，以杜倖進之門。至從前所請記名簡放及指省補用各項文員，均著俟該省軍務事竣送部引見，再降諭旨。

《文宗實録》卷二二七　乙未，駐藏大臣赫特賀因病解任，以駐藏幫辦大臣滿慶爲駐藏大臣。

《文宗實録》卷二二八　丁酉，諭：有人奏，浙江杭州、湖州各府地方，近年

時有嘆咭唎夷人乘坐船隻潛入内河，往來窺伺，登高則圖繪形勢，入市則散布夷書，地方官並不查辦，遂至毫無顧忌。近復於烏程縣横塘橋開設繭行，意圖偷漏關税，有奸民吴香谷者從中句結包攬，請飭查辦等語。浙省所産絲斤，爲課税大宗，止准夷人於水次收買，即由商人於賣貨時代納税課。若聽其潛藏内地，購繭繅絲，則税銀必致短絀，於經費大有關繫。除已飭何桂清等於上海關各口申明例禁，不准該夷潛入内地外，著晏端書密派幹員，前往烏程縣横塘橋訪查句結包攬之吴香谷拏獲嚴辦，並曉諭夷商遵照成約，各赴海口收買貨物，不准在内地逗遛。其杭、嘉、湖各屬産絲處所偏僻地方，恐有奸民句通藏匿，著一體嚴行查禁。並嚴定章程，將内地民人導引夷人漏税者，從重治罪，以杜後患，毋得視爲具文。

庚子，諭軍機大臣等：奕山等奏，俄夷擁衆猝來，要求通商一摺。據稱五月二十八九等日，俄夷有七八百人分駕木簰，隨帶小船艑舯，駛至海蘭泡停泊，建房二十處，並安設礮位。協領巴達朗貴會晤木里斐岳幅，據稱請仿照恰克圖通商，或可彼此相安，並稱後起人數尚多等語。是該夷欲占地通商，已明言不諱。該將軍等辦理此事，固不可激生事端，亦不可不據理折辯。該夷餽送禮物，該將軍等自當嚴行拒絶，並密禁該處民人私與交易、接濟食物，再於要隘處所督飭弁兵密加防範，使該夷行糧斷絶，難以久居。仍揀派明幹之員告以中國與爾國和好有年，其地以興安嶺爲界，自五年夏間，爾國有人船由黑龍江、松花江行駛，並於闊吞屯地方蓋房留兵，聲言爲堵禦嘆夷，借由中國地方行走，中國大臣因念與爾國百餘年相好，未便據情入奏，致生争論。此次復在海蘭泡蓋房，聲言在此通商，是强占中國地方，並非爲堵禦嘆夷起見，不料中國以誠信相待，爾等乃不遵舊例，任意妄爲，恐非爾國王之意也。至通商一事，亦須爾國行文理藩院奏請，豈能憑爾等一言，我等即行入奏。況從前祇有恰克圖一處通商，道光三十年又准在伊犂、塔爾巴哈台兩處通商，原是大皇帝格外加恩，豈能屢次求請。況從前一處通商，百餘年相安無事，今加二處，而塔爾巴哈台即有爾國商人擅殺乞金民人，以致積怨報仇，燒毁圈子，此案至今未結。中國因要好加恩，反增口舌，以後未必肯再加通商之處。至吉林、黑龍江地方寒苦，並無出産，即米麪菜蔬亦祇敷本地民人食用，不能與人交易。又民情兇悍，動輒争鬭，既無利可圖，又恐約束不周，互生嫌隙，有傷和睦，爾等當及早將人衆撤回，以全和好。若久居此地，我等不敢不據實奏聞大皇帝，連闊吞屯之事亦不得不奏，彼時定由理藩院行知爾國，查明何人從中搆釁，欲起兩國争端，諒爾國王必當秉公懲辦也。如此剴切曉諭，察看該夷如何動静，如何回覆，一面密奏，一面妥爲防範，無涉張皇。

辛丑，怡親王載垣等議覆署直隸總督譚廷襄奏陳推行大錢鈔票章程：一、准州縣分設票局；一、持票取錢先儘餉票給發，餘仍照舊掣字辦理；一、票價隨銀長落；一、加卯鼓鑄，以資搭放。均應如所請辦理。從之。

壬寅，諭軍機大臣等：慶英奏，賊匪滋事，占踞回城，請飭籌撥餉需一摺。據稱五月間，有浩罕賊匪先在喀什噶爾之七里河沿官水磨一帶盤踞，圍城放火，延及英吉沙爾。該處伯克逃散，回城已被占踞。現經該大臣調集伊犂、喀喇沙爾官兵前往援勦。惟軍需浩繁，喀什噶爾、英吉沙爾兩處兵丁缺乏鹽菜已有八九箇月，葉爾羌庫款無存，雖有陝甘解來生息等項銀一萬六千餘兩，杯水車薪，難敷支給，亟須多爲籌款，以備攻勦。著樂斌在於該省無論何項設法籌撥銀數萬兩，迅速解往葉爾羌，藉資接濟，毋稍延誤。

《東華續録》咸豐七二　六月乙卯，實授何桂清兩江總督。以克復句容縣城，賞和春太子少保，張國樑黄馬褂。

《文宗實録》卷二二九　丙辰，諭内閣：御史陳慶松奏，米糧來源阻滯，請飭直隸總督曉諭商販接濟一摺。京師人煙稠密，民間糧食全賴近京一帶源源販運，以資接濟。本年春夏以來，雨澤應時，直隸各屬産糧處所，麥收亦屬中稔。乃近日糧價，逐漸加增，顯有商販把持，居奇牟利，或地方官强分畛域，不令米糧出境，於京師民食，殊有妨礙。著譚廷襄嚴查各屬，如有禁遏米石出境者，即行參辦。並出示曉諭商販人等，源源運京，儻敢囤積把持，即由地方官嚴拏懲辦，以廣招徠而裕民食。

己未，諭軍機大臣等：【略】兹據慶英、固慶奏稱，訪聞起釁根由，係烏爾清阿家丁串通回子通事，濫行攤派，以致釀成事端。【略】烏爾清阿任信家丁，淩虐回民，糊塗已極。特克慎到任尚需時日，庫車辦事大臣著固慶前往署理，到任後，即傳旨將烏爾清阿革職拏問，解赴葉爾羌，交慶英嚴訊確情，從重懲處。

《文宗實録》卷二三〇　癸酉，諭：本日據烏勒洪額、文謙、錢炘和奏，派員接見俄夷，據實密陳一摺。俄夷到津，聲稱有知照理藩院公文來津投遞，並就近等候覆信。業經烏勒洪額等派員相機開導，而該夷堅欲投文，不肯説明來意，詭譎情形已可概見。烏勒洪額等以不難於拒之使去，而難於去後不再生枝節，所慮亦是。但此次委員職分較卑，該夷恐未能深信，著派文謙親往夷船，諭以爾國公文例由庫倫咨照理藩院辦理，天津並非該國應到之地，我等斷不敢率行接遞

公文，自干冒昧之咎。惟念兩國素稱和好，爾等遠涉重洋，來此已經數日，未便拘泥成例，所有此次來文，如果我等接收後，爾等即行回帆，聽候理藩院行知薩納特衙門辦理，如此尚可勉強代爲呈遞理藩院查察。若欲在天津守候回文，我等既不知其中何事，實不敢接收代遞，致開辨論之端，我等實當不起。爾國與中國和好多年，豈可因投文一事有失和睦。如此曉諭，若該夷起碇回國，即將該夷文書進呈，仍諭以此次代爲投遞，已屬違例，若再至天津，斷不能照此通融辦理。儻該夷堅欲在津守候回信，即著文謙正詞拒絶，不許代爲投遞。該夷雖中藏叵測，若能據理折辯，當不至遽啓釁端也。

《東華續録》咸豐七二　乙亥，諭：舒興阿、桑春榮奏，督臣憤急自盡一摺。覽奏殊堪駭異！雲貴總督恒春敭歷中外，平日辦理尚屬認真。見因回匪偪近省城，雖事處危急，而城池並未失陷，該督自應力籌堵勦，乃甫經具摺自請嚴議，旋於六月初一日夜，與其妻博禹特氏在署自縊。封疆大吏當時事艱難之際，不思力圖挽救，輒以一死卸責，不惟無益國事，抑且貽誤大局，死出無名，與效命疆場者不可同日而語。惟覽其遺摺，因堵截計窮，自怨誤國殃民，一死不足蔽辜，且惓惓以國計民生爲念，無一語涉及家事，其情亦甚可憫。所有該督自請嚴議之處，著加恩寬免，仍無庸給予卹典，以昭平允。

《文宗實録》卷二三一　七月壬午，諭内閣：惠親王等奏，遵議散放八旗賑米一摺。著照所請。

癸未，諭内閣：上年入秋以後，近畿一帶時見飛蝗，旋據直隸等省奏報，亦各有飛蝗停落之處，疊經降旨嚴飭地方官吏認真撲捕。原慮蝻孽滋生，致傷禾稼，是以古來捕蝗之法或付之烈炬，或填之深溝，總以不留餘孽爲要務。近聞各省被災之處，民間訛稱蝗爲神蟲，不肯撲捕，鄉愚無知，殊爲可憫。著通諭各省督撫飭令地方官一體出示曉諭，如遇飛蝗入境，無論是否傷稼，務須盡力撲捕，勿得惑於俗説，任令蔓延。至《會典》所載，劉猛將軍爲驅蝗正神，於雍正年間曾奉諭旨飭令各省建廟致祭。上年飛蝗四起，秋稼未傷。今年春夏，各省奏到蝻孽滋生處所，或並未停落，或收捕潛消，並有經雷雨埽蕩無蹤者，此皆靈爽驅除，默爲呵護。應如何酌量加增致敬之處，著禮部覈議具奏。

《東華續録》咸豐七三　己丑，奕山、景淳等奏，俄羅斯國人自至黑龍江岸船隻紛紛往還，人數多至千餘，且欲令江左屯户移居江右，其爲圖占地方已可概見。【略】論理藩院行知俄國薩納特衙門查辦。

《文宗實録》卷二三一　庚寅，諭軍機大臣等：何桂清奏，遵籌各路軍務等語。【略】金陵向石逆求援不應，洪逆日夜不安，將有潛竄之意。惟蕪湖等處賊蹤飄忽，恐將來不犯江西，即擾皖南，自應通籌形勢，先事圖維。現在江南大營尚無可分之兵，著俟鎮江得手後，即與和春等商酌，分兵前往蕪湖、繁昌，聯絡水師，以清上游江面。賊勢既分，然後直擣金陵，使悍賊不致併歸池、太，以消後患。

《咸豐朝籌辦夷務始末》卷一六　甲午，大清國理藩院爲咨行俄囉斯國薩納持衙門事：【略】查兩國地界，自康熙年間議定，以烏倫穆河相近之格爾畢齊河及大興安嶺爲界，當時立定界碑，永垂不朽，無可商議。惟查有烏特河一處，從前作爲兩國公中之地，未曾分晰。咸豐三年，貴國欲會看界碑，曾令吉林、黑龍江、庫倫三處各委官員，會同貴國來使查看，日久未有查覆。今貴國既有大臣普提雅廷在此，本院已奏請大皇帝特派大員，會同普提雅廷將烏特河地方查看，分定界址可也。至海蘭泡、闊吞屯、精奇哩等處，向爲中國地界，所有木哩斐岳幅等帶領多人，自稱貴國差來，在彼蓋房占住，恐非貴國王之意。本院已行文知照，諒貴國必當查辦，以全交誼也。

《東華續録》咸豐七三　甲辰，命江甯將軍都興阿在欽差大臣官文軍營幫辦軍務。

《東華續録》咸豐七四　八月庚戌，諭：前因倭什琿布奏，商民籲求免徵鹽課一摺，當交户部議奏。兹據該部覈議，【略】係實在情形。所有此項鹽課，著概行免徵。其官交鹽課業經存庫備用，來歲即著停止。並鎮標各營未經完納者，毋庸催追，已經完納者，一併發還，以示體恤。

先是御史李培祜奏，請嚴定保舉限制，下吏部議。至是奏，該御史所擬條目多與欽奉諭旨奏定章程相符，仍應遵照辦理。至請賞翎枝，除軍營、河工出力，准請旨賞帶，尋常勞績，不准濫請；翰詹人員，如係軍營勞績出力，仍准保奏坊職，並准保奏道府，其餘各項勞績，止准保奏遇缺題奏；至庶吉士一項，應將嗣後無論何項勞績，止准保奏俟散館後以應升之缺升用，概不准保免其散館授職編檢，以符定制。從之。

《文宗實録》卷二三三　壬戌，諭：丁憂侍郎曾國藩，前經降旨准其暫行在籍守制，儻江西軍務緊急，或他省有需人之處，仍著俟旨前往。昨據給事中李鶴年奏，曾國藩自丁父憂，疊蒙賜金給假，褒獎慰留，此後墨絰從戎，宜爲天下後世

所共諒，豈容以終制爲守經，再三瀆請，請飭仍赴江西，及時圖報等語。軍務奪情原屬不得已之舉，朕非必欲該侍郎即入仕途，然如該給事中所奏，亦可見移孝作忠，經權並用，公論自在人心。現在江西軍務，有楊載福統帶，雖無須曾國藩前往，而湖南本籍偪近黔、粵，賊氛未息，團練籌防均關緊要，該侍郎負一鄉重望，自當極力圖維，急思報稱。

《東華續録》咸豐七四　乙丑，賡福以病免，以肅順爲理藩院尚書，瑞常爲左都御史。

《文宗實録》卷二三四　己巳，諭：奕山等奏，俄夷復於江右蓋房及越卡駛行一摺。前曾諭令奕山會同俄夷使臣普提雅廷勘定地界，並先行曉諭海蘭泡等處夷人。該國現有大臣前來，應即撤回人船，静候查勘。現在該夷復有在黑龍江左精奇哩開墾種菜，松花江右圖勒密添蓋房屋，並有船隻越卡西上之事，其爲圖占地方，欲謀久住，已屬顯然。著奕山等仍遵前諭，告以中國與該國和好有年，不應擅自蓋房占地。現既派有大臣與爾國使臣分勘界址，不得任意違例，致啓争端，一面妥爲駕馭，毋令開釁，一面密禁沿海奸民私通貿易，斷其接濟，使彼糧食匱絶，當必廢然思返。該將軍等勿因海濱地廣，難於稽查，致令奸民句結，自貽後患。

《東華續録》咸豐七五　九月庚辰，諭内閣：譚廷襄奏，請藉團助賑一摺。直隷大、順、廣等屬被水被旱，前經諭令該署督妥爲安撫。兹據奏稱，業經籌動倉穀，酌撥銀錢，先行散放。並稱辦賑之處，多係辦團之處，如寓賑於團，就各處地方勸諭紳商捐輸銀米，即挑選壯丁巡防盜賊，由董事經理，按期散放，可裕民食而靖地方等語。著照所請，所有捐辦紳商，准其照直隷捐米章程給奬，並准將前次部頒空名執照發給，即責成清河道董醇總司其事。所有已捐銀錢一併提充賑款，以今年冬三月爲度，俟年底再行察看情形辦理，毋得假手吏胥，致滋擾累，用副朕軫念民艱至意。

《文宗實録》卷二三五　庚辰，諭：王茂蔭奏，請飭外省廣鑄制錢，暫濟民急等語。

辛巳，諭軍機大臣等：有人奏，浙江捐款名目太多，請飭裁撤。據稱，浙江省前辦釐捐、茶捐尚無擾累。惟近年添設江運局、船捐局、房租局、串捐局等名目，委員董事多至百餘人，所得無多，而商民交困。並有幕友金樸齋從中煽弄，奸商胡錫年聯絡鑽營，毫無忌憚。又於省城各錢店勒令領帖繳銀，以致人心不服，幾至罷市等語。設局勸捐原非得已，前經疊降諭旨，令江南督撫裁撤歸併，原以體恤民生，浙江豈可轉行添設？況蠹幕奸商把持播弄，弊竇尤不可言。著晏端書詳加察覈，除釐捐、茶捐業已著有成效者，仍照舊章辦理外，其餘添設各捐局，酌量一律裁撤，以歸簡易。並查明幕友金樸齋等劣蹟，嚴行懲辦，毋稍瞻徇。

《東華續録》咸豐七五　丙戌，諭内閣：法福禮奏，官軍立解城圍，並收復回城一摺。官軍自克復英吉沙爾回城後，探聞餘匪逃往喀什噶爾，麕聚回城，引水淹灌漢城。八月初三日，法福禮督兵前進，行抵該城，該匪聞風逃散，官軍分路追勦，即將回城收復，邊境一律肅清。所有蒙古官兵，著先行凱撤歸伍，續調官兵即行停止。該回城被匪蹂躪，應辦善後事宜，即著法福禮等妥籌辦理，安輯回民，使無失所。

《文宗實録》卷二三六　甲午，諭軍機大臣等：前據法福禮奏，回匪逃竄出卡，邊境肅清。【略】另片奏，喀城貿易，安集延回子礙難令其仍住回城，請仿照伊犂等處安頓哈薩克章程，於距城二三里地方，擇一曠地，令其自行建房居住，以便貿易等語。自爲弭患未萌起見，著法福禮等籌商妥辦。

己亥，諭軍機大臣等：有人奏，閩省擅開煙禁，抽取釐金一摺。據稱，本年春間，福建省因防勦需費，經升任知府葉永元建議，開禁抽釐，改鴉片之名爲洋藥，於南台中洲設釐金總局，每箱裝煙土四十顆，每顆抽收洋銀一圓，其零碎煙土，每十斤抽銀四圓，均由總局發給照引爲憑，准其隨處行銷，並徧貼告示，稱係奏明辦理，以致興販之徒，敢於通衢開設煙館，懸挂招牌，誘人吸食。所抽釐金大半官役分肥，充餉者不及十分之一等語。鴉片煙例禁森嚴，前有人奏請弛禁，疊經大學士、九卿等議駁在案。該員葉永元等何得變易名目，擅行抽税，即或因防勦需費，姑爲一時權宜之計，亦不應張貼告示，駭人聽聞。且妄稱奏明，更屬荒謬。著王懿德、慶端查明，如有此等情事，即將該員等據實參處。

《文宗實録》卷二三七　十月甲寅，諭軍機大臣等：據法福禮奏，官兵出卡追勦賊匪，至黑孜倭依地方，大獲勝仗。因卡外道路迷漫，礙難深入，已飭業布冲額、巴哈善撤兵歸營，仍令錫拉那、伊綿阿退兵沿卡駐劄，密探賊蹤，並諭知浩罕伯克及布魯特，如倭里罕逃至該處，即行縛送各等語。賊首倭里罕如尚在卡外附近地方盤踞，恐其復圖進卡，自宜設法捡獲，以絶根株。今業已遠遁，儻日久並無蹤跡，即著飭令錫拉那等將駐劄沿卡官兵酌量撤回。法福禮等現在籌辦善後事宜，總須布置嚴密，自固藩籬，使卡内無奸徒句結，自可絶外匪窺伺之端。

庚申，諭：福濟奏，請飭購辦洋礮，藉資攻勦等語。安徽巢湖設立水師，必須船礮相資，攻守方能得力。該撫現已添造長龍舢板等船，惟礮位短少，亟應多爲籌備。江蘇省前購洋礮施放甚屬精利，著何桂清、趙德轍迅飭上海道再爲購買五百觔四十尊、八百觔三十尊解赴廬州應用，並著葉名琛、柏貴籌款採買五六百觔並七八百觔洋礮各一百尊，派員由海道運至上海，轉解福濟軍營，以資勦辦。

《東華續録》咸豐七六　甲戌，諭内閣：僧格林沁會同刑部等衙門奏，遵旨定擬大員被參各款及案内各犯罪名，並端華奏聯順等家産不應請抵各一摺。此案已革理藩院尚書、步軍統領聯順身任一品大員，不知自愛，於所屬錢糧有監臨之責，竟敢得受换銀餘錢及辦公錢文至三萬四千餘串之多，並有廢弛營務及信任慶陽納賄，縱容家人索贓，失察屬員侵蝕官項，濫保營員各款，實屬孤恩昧良，聯順著照擬斬監候，勒限一年完贓後，從重發往新疆，所鈔家産不准作抵。已革筆帖式藺森、廉保、恩錦、恩霈、穆克登額，已革員外郎毓量，已革主事德清，已革司務伊奇立，均照擬斬監候，勒限一年完贓後，從重發往新疆。已革郎中椿齡、已革主事常順，均著照擬杖流，限内完贓，發往軍臺，如逾限不完，即著發往新疆。以上各員，查封家産，一併入官，均不准作抵。已革筆帖式慶陽，著從重發往黑龍江，充當苦差，遇赦不赦，著落該革員家屬勒限追贓，亦不准以家産相抵。已革書吏章安瀾，著照擬斬監候，並即查鈔家産入官，亦不准作抵。吏部主事恩輝，著交都察院照例議處解任。中營副將李英，著即革職。參將李萬年、馬淮，游擊蘇恩綬、馬服襄、李炳業，都司王全山、肇春，守備程秀純、貴特通阿、周光恒、張海，筆帖式奎斌，均著分別交部議處。世襲雲騎尉蘇聯芳，著交部照例議處。筆帖式慶春，著交部察議。

《文宗實録》卷二三八　丁丑，諭軍機大臣等：吴振棫奏參紳士辦團不善一摺，並請頒發諭旨，以便勦撫兼施等語。雲南省漢回搆釁，以致省城日久被困，原應懾以兵威，使莠民知所儆惕，再議撫綏。惟現在東南各省軍務未平，兵力斷難厚集，餉需亦艱於籌措。且據吴振棫奏，回民之紛紛尋釁，實由官紳辦理失宜所致。此時匪徒蜂起，幾徧三迆，儻率行進勦，深恐於事無濟，徒損兵威。且曲靖及省城一帶，回民尚不肯自居叛逆，乘其有一綫可原，請旨剴切曉諭，冀有轉機。所奏不爲無見。本日已明降諭旨曉諭回民，如該回民悔悟自新，即可從公辦理，並著慎選良吏，加意撫綏，曲直分明，人心自定。儻仍負固不服，或面從心違，則是自外生成，國法所難寬宥，該督惟有統率官兵痛加勦辦，無得姑息養奸，爲所輕視。

《文宗實録》卷二四〇　十一月甲午，諭：滿慶奏，請達賴喇嘛之呼畢勒罕靈異幼童三名一摺。自達賴喇嘛涅槃已及二年，兹據滿慶奏稱，其穎悟異常、顯著瑞靈幼童三名，實屬祥瑞之事，朕心悦慕。著照所請，即遵成例，將此三幼童之名入瓶，敬謹掣定呼畢勒罕，由驛奏聞。

《東華續録》咸豐七七　丙申，以克復瓜州，賞欽差大臣德興阿雙眼花翎，騎都尉世職。詹事府詹事、幫辦軍務翁同書黄馬褂，以侍郎候補。總兵官鞠殿華加提督銜。

戊戌，以攻克鎮江府城，賞欽差大臣和春雙眼花翎，二等輕車都尉世職。幫辦軍務張國樑騎都尉世職。總督何桂清太子少保。按察使王有齡二品頂帶。幫三品頂帶幫辦軍務許乃釗、總兵官余萬清花翎。總兵官王浚等加銜升敘有差。

《咸豐朝籌辦夷務始末》卷一七　十二月庚戌，欽差大臣大學士、兩廣總督葉名琛奏：【略】查有候補通判南海縣縣丞許文深，常年管理夷務往來文件，前在九龍司巡檢任内，每與香港夷酋多有交涉事件，素稱信服。遂於二十七日午刻，先在白鵞潭河面守候，甫交未刻，果見有火輪船、三板船共三隻，乘潮而進，火輪船上四方大白旗一面，三板船上三角尖白旗各一面，皆大書免戰二字。㖊官係兵總一員，小兵總一員，譯字官一員；咈官係兵總一員，譯字官一員。迨各船攏近，即來船相見，各酋皆免冠佩劍，禮貌尚稱恭順，敘茶少坐，即將照會接收，各該酋亦皆回本船，揚帆而返。臣詳加披閲，文理鮮通，字句費解。大抵㖊酋照會内稱：中國五港口，獨廣東何以不准進城；並欲請中國特派平儀大員，與之另行商議條約；上年起事，所有㖊民及㖊屬受累，皆當照數賠補；並欲河南地方及各礮臺，駐紮㖊國軍士。以上數條，如能允准，即可將附近兵船全行退去，中外通商照常各等語。臣當即逐一照覆。【略】今廣東百姓既心齊志定，不願外國人進城，豈能徧貼謄黄，勉强曉諭？中國不能拂百姓以順遠人。【略】查上年九月間起事，中國因拏内地人犯，巴領事信聽划艇船主一面之詞，謂官兵到船拏匪，扯破㖊國旗號。不知官兵到船時，並未見有旗號，即據被拏之水手供稱：官兵往拏之時，因船未開行，旗號收在艙内。是旗號並未扯破，顯然無疑。該划艇係内地人蘇亞成所造，轉雇該船主代領牌照，故船内水手，皆係内地匪徒。所拏李明太、梁建富，均已供認在洋行劫，有吴亞認可證，該二犯委係巨盗。

疊接巴領事官來文，業將該犯十二名交還，已屬情理兼盡。而巴領事官不收，突然無故興兵，毁各路礮臺，連日開礮攻擊省城，並派唊兵放火三次，延燒各處房屋，中國商民受其慘害，較之貴國損累更重。【略】河南地方前次租造機房，尚且中止，何能駐紮軍士；其沿河各礮臺，均係紳民捐資起造，以防盜賊之用，貴國軍士欲駐紮該處，恐致釀成事端。【略】至咈國噶酋照會：傳教人馬神父經廣西西林縣被拏拷打致死一事。前接咈公使來文，已據廣西按察使稟稱：據署西林縣知縣張鳴鳳稟稱：咸豐六年正月十九日，並無拘拏馬神父拷打致死之案。至來文又稱：本國民人及所保護者，在省城所有行内物件，均被燒毁，照數賠銀等語。查上年九月内，唊國無故動兵，放火延燒西關一帶房屋，數十萬人皆在目睹，即各外國人亦無不周知。唊兵放火燒毁，各外國人自應向唊國理論，並聞巴領事官早已允其賠補，實與中國無干。

《東華續録》咸豐七七　丙辰，勝保奏，事權不一，請令皖衆悉歸節制。得旨：以一人之才力欲當數省兵柄之責，且視諸將概不如己，何自恃若此！朕何靳一帥符而違汝志，惟萬難之事，輒妄行瀆請耶！

庚申，晉封懿妃那拉氏爲懿貴妃。

《文宗實録》卷二四一　庚申，諭軍機大臣等：穆克德訥等聯銜具奏，夷人乘機入城一摺。覽奏實深詫異！唊夷搆釁，葉名琛節次奏報，辦理似有把握，本月奏稱唊、咈二酋呈遞照會，已據理回覆，方冀從此轉圜，可以照舊相安。不料該督剛愎自用，於唊夷請見堅持不肯，夷人兩次送來五衢照會，又不與將軍、巡撫等會商，復諭各紳毋許擅赴夷船，以致該夷忿激，將城内觀音山、北門内外各礮臺占踞，並將該督拉赴夷船，雖據稱斷不加害，已屬不成事體。葉名琛辦理乖謬，罪無可辭，惟該夷拉赴夷船意圖挾制，必將肆其要求，該將軍、署督等可聲言葉名琛業經革職，無足重輕，使該夷無可要挾，自知留之無益。該夷自言省城亦不久踞，但欲其自行退出，必有無厭之求。惟該夷與穆克德訥、柏貴等尚無宿怨，此時柏貴署理總督，著即以情理開導，看其有無悔禍之心。如果該夷退出省城，仍乞通商，該將軍、署督等即可相機籌辦，以示羈縻。儻該夷以索賠燒毁貨物爲詞，即告以中國礮臺及民間房屋被其攻毁者甚多，若論賠償，其數尚不足相抵，且係該夷首先開礮，曲直是非，各國自有公論。若竟不肯退出省城，仍肆猖獗，亦惟有調集兵勇與之戰鬭，勿使久踞城中。況廣東紳士咸知大義，其民亦勇敢可用，柏貴等當聯絡紳民，激其公忿，使之同仇敵愾，將該夷逐出内河，再與講理。該將軍、署督等辦理此事，固不可失之太剛，如葉名琛之激成事變，亦不可失之太柔，致生該夷輕視中國之心。黄宗漢由京赴粤，到任需時，軍務未可遷延，全在該署督等相度機宜，先行籌辦，俟辦有端緒，即行馳奏，以慰朕懷。所有關防印信是否遺失？並即查明具奏。

《文宗實録》卷二四二　丁卯，諭：王慶雲奏，四川省節年籌解京外各餉爲數甚鉅，擬請於咸豐八年再行勸諭紳董續辦津貼等語。川省按糧津貼一款，辦理已閲數年，民情踴躍，殊堪嘉尚。惟國家借資民力，原屬不得已之舉，儻或辦理不善，以致胥吏中飽，於餉需仍有名無實，甚非民間報效之本心。著該督飭屬嚴密稽查，剔除弊竇，於濟餉之中，仍寓恤民之意。如有不肖州縣藉端浮收，即著從嚴參辦，毋稍姑容。此項津貼銀兩，俟收解完竣，即由該督覈計多寡，奏請加增學額中額，用昭激勸而順輿情。

己巳，諭軍機大臣等：庚長奏，寶鈔驟形壅滯，竭籌鈔本一摺。近年南河工用，全賴寶鈔接濟，自部議京師五宇官號，不能應付外省之鈔，以致該處積存寶鈔驟形壅滯。該河督擬仿照京師官號，掣字付錢之法，期於流通，惟須豫籌鈔本，以資周轉。各省額解南河款内，以兩淮鹽課及節年工料生息等款，並兩江藩司地漕等項爲大宗。現在欠解至三百四十餘萬兩之多，雖因軍餉緊要，不能照常撥解，但河務工程，所以保衛民生，關繫亦重，豈能任其頹廢，致將來辦理愈難？著何桂清督飭藩運兩司，將應解南河各款，自咸豐八年起，仍按年起解，即或不能如數，亦須籌解一半，以作該處鈔本。其積欠之款，並著分年陸續補解，以重河防而免貽誤。

宗人府會同吏部、兵部奏，遵議推廣宗室升途，文職准用道府，武職准用各省城守尉，並分别支派遠近，請自高宗純皇帝位下之宗室，均爲最近，未便補用外，其餘各旗無分遠近，一體酌量外用。從之。

壬申，諭軍機大臣等：和春、何桂清、趙德轍奏，江南各營兵勇糧餉支放比例未符，據實陳明一摺。並何桂清等片奏，請明降諭旨量予加增等語。軍營餉需前經軍機大臣會同户部議令各路帶兵大臣查照舊章，征兵每名日支口糧米八合三勺，月支鹽菜銀九錢，並於出邊口之日加給鹽菜銀四錢，凱旋之日即行停止，自應遵照辦理。今江南軍營每兵所支銀數，不特浮於定例，且溢於成案，各勇所支銀數亦屬浮多，並於領銀之外，復支米石，似此濫支濫應，顯違定例。原應及時裁汰，惟據該大臣等奏稱，現在銀賤錢貴，若遽行覈減，兵勇難敷食用，此

時功在垂成，設因議減口糧，致軍心解體，貽誤非淺，請將江南軍營各兵勇領項照舊辦理，原係因體恤兵勇，望能迅速成功起見。本日據該大臣等奏，大軍直薄金陵城下，埽蕩賊壘，指日捷音將至。如果一月半月之間即能攻克賊巢，則所費尚屬無多，自不必遽加覈減，致失兵心。若仍曠日持久，則需用浩繁，何桂清等身任督撫，豈能任聽虛糜，不加裁抑。所請明降諭旨之處，各路軍營事同一律，豈宜獨厚於江南，實未便宣言，致他處轉生觖望。如果大功速蕆，將來報銷不能合例，該督等應得處分，自必加恩寬免也。

《東華續録》咸豐七七 是歲，朝鮮、琉球入貢。

咸豐八年（戊午、一八五六）

《咸豐朝籌辦夷務始末》卷一八 正月己卯，諭軍機大臣等：穆克德訥等奏，續陳夷務情形各摺片。覽奏均悉。此次唊夷顯背成約，稱兵犯順，陷我省會，劫我大臣，以情理而論，即當絶其貿易，調兵勦辦，方足申天討而快人心。前此諭知柏貴等，如該夷退出省城，尚可寬其既往；若久踞城垣，惟有調兵驅逐，然後與之置辯。今據奏稱：該夷欲俟議定章程，方肯退出省城。其爲要挾，已屬顯然，而柏貴等竟欲商建夷樓，先議開港，束手無策，何至於此？日内傳聞，該夷欲於河南地方建立夷館，又欲於海口抽釐，柏貴等均欲應允。朕意柏貴久在粵東，熟悉夷情，未必如此遷就，今覽奏報，傳聞竟非無因，豈因葉名琛在彼，故存投鼠忌器之心耶？葉名琛辱國殃民，生不如死，況已革職，有何顧忌？穆克德訥、柏貴等，亦皆有失守城池之罪，朕從寬議處，原欲汝等運籌補救起見，不料竟在夷人掌握之中，恨不即與通商，希圖目前了事也。現在黄宗漢未到，柏貴署理欽差大臣，該夷必與議論通商，多方要挾。若允其在河南建蓋夷樓，逼近省城，將來必不能相安。至中國抽釐，爲近日濟餉起見，軍務告竣，即當停止。今夷人欲抽釐，則無停止之日，恐均非商民所願。

又諭：前據駱秉章以逆夷襲踞廣東省城馳奏，當經諭令嗣後如有見聞粵省近事，即著隨時馳奏。本日據穆克德訥、柏貴等續報夷務情形，逆夷兵船二十餘號，仍排列省河，據稱須俟新放欽差大臣到後，方能退出省河，交回城垣。其爲要求無厭，已屬顯然。【略】今聞該將軍署督等仍有告示，言夷務已有辦法，令民間不可妄動等語。非所以激義憤而保地方。雖連次寄諭，均令其與前任侍郎羅惇衍、京堂龍元僖、給事中蘇廷魁商酌，激勵鄉團，以助兵威，將該夷退出省河，然後與之講理。該夷見衆怒難犯，當可少遏兇鋒，不至盡受挾制，於辦理之方實爲有益。兹有廷寄一道，諭羅惇衍、龍元僖、蔡廷魁等，令其密諭各鄉團，宣示朕意，妥爲辦理。著駱秉章於奉到時，即加封專差員弁迅速赴粵，妥爲投交，勿爲該夷知覺，致有阻撓，是爲至要。

《文宗實録》卷二四三 乙酉，又諭：勝保等奏，連破賊圩，擊敗竄匪等語。捻首劉狗即劉大淵，於渦河兩岸之酆家集等處，負嵎抗拒。黑旗捻首梁思任在喬家廟等處，添築兩圩。經侍衛伊興額等督率馬隊截殺殆盡，將梁思任拴獲正法。兵勇乘夜進攻賊圩，餘賊逃竄。史榮椿迎頭截擊，捻首劉狗被追乞降，亦經殲斃。其藍旗回竄股匪，經候選知府倪元灝等追勦，斬獲極多，餘匪逃散。

《文宗實録》卷二四四 癸巳，雲貴總督吴振棫奏：回民就撫，辦理已有端緒。惟漢回忿争不已，燒殺相尋，就撫一局深恐又有變更。得旨，應撫者自撫，違抗者必勦，固可並行不悖。勿憂其局有變更，惟在曉諭得宜，方能潛消反側。

丁酉，又諭：本日據駱秉章奏，密陳廣東民夷各情，並鈔呈信緘一摺。據稱，該夷將將軍、巡撫送回撫署，令夷目夷兵監守，收繳省城各標及近城各團軍器，省河礮船，亦歸夷人統帶。並分守城門，出示則夷酋與將軍等會銜等語。逆夷闌入廣東省城，迫脅大吏，柏貴與夷酋商辦，彼此同住一署，其所陳奏事件，必皆聽從夷人指使，一切不能自主。該署督及該將軍既並受挾制，在官無可用之兵，即紳士鄉團無官兵爲之援應，亦恐獨力難支。著黄宗漢迅速馳往，勿再遲延。該督所過地方，如查有可帶之兵，一面奏明，一面酌帶。到粵後，擇地駐劄，遥作聲援，切不可誤信人言，輕入省城，致蹈前車覆轍。安營後，即飛調水陸兵勇，召集各處團練，密籌攻勦，勿以柏貴等在城，心存顧忌，總以維持大局爲要。若如駱秉章所奏，傳聞近日情形，是該署督、將軍等辦理紕繆，與葉名琛無異。朕必另簡大員前往，會同黄宗漢分駐各處，相機勦辦，使該夷失其所恃，庶幾權操自我，尚可挽回。駱秉章奏此次真夷及漢奸人數不過數千，咈囒哂一股係其邀約而來，並非本志。果能經理得宜，逆夷何能爲患？又稱香山、東莞、新安三屬民氣最強，若得一二賢吏，暗爲布置，許以重賞，令其密相糾約，乘夷兵赴省之時，擣其香港巢穴，則逆夷回顧不遑，自難久踞省城。又夷酋吧嗄禮及廣東漢奸王道崇兩人不除，粵省無安静之日各等語。著黄宗漢豫籌妥辦。駱秉章所呈信緘，著鈔給閲看。將此由六百里密諭知之。

以安徽兵練勦捦捻匪出力，攻毁趙屯、酆圩賊巢，賞知州孫洪金、練總苗沛霖花翎，六品軍功王尚辰等藍翎，餘升擢有差。

己亥，諭軍機大臣等：連日疊據勝保等奏，固始被圍喫緊，並李孟羣奏請飭催餉銀，當經諭令英桂撥兵赴援，即親自督兵繼進，並先行籌餉，解赴李孟羣軍營，諒已遵照辦理。固始城圍未解，李孟羣派援兵勇雖多，未知接仗能否得力。英桂馳抵汝郡後，著即酌度情形，先其所急，多派兵勇與勝保等會合夾擊，迅解固始之圍。至阜陽等處土匪滋事，沈邱、項城所屬地方已被竄擾，亟應嚴密防勦。除飭該管地方文武，並候補知府蒯賀蓀督勇堵扼外，仍當遴派得力將弁前往勦辦，毋令蔓延。其甘肅赴皖官兵一百八十四名，准其暫行截留，以資助勦。惟此係福濟等奏補缺額官兵，未便久留豫省。著俟陳、汝情形稍鬆，即行飭赴安徽軍營。將此由六百里諭令知之。

癸卯，諭軍機大臣等：何桂清等密陳暎、咪、咈等夷酋投遞照會公文一摺。此次夷人稱兵犯順，占踞廣東省城，現又來滬投遞照會，並言欲赴天津，顯係虚聲恫喝，欲以肆其無厭之求。向來夷務皆由兩廣總督專辦，已派黄宗漢赴粤辦理。乃該夷酋等竟不候查辦，前來蘇州投遞照會，並有照會大學士裕誠公文。種種嘵瀆，皆係一面之詞，出乎情理之外。除飭裕誠將不能照覆該夷之處，咨明何桂清等轉諭該酋外，仍著何桂清等查照裕誠咨文内各情，逐層詳加開導，諭以上海本非籌辦夷務之地，中國自有專辦夷務之人，俾該夷駛回廣東，聽候黄宗漢秉公查辦，方爲妥善。

《東華續録》咸豐七八 甲辰，官文、都興阿、胡林翼奏：臣等欽奉諭旨，派兵出境迎勦，即飭調九江步軍三千名駐紮襄陽，舒保馬隊二百名馳赴麻城、羅田一帶。嗣接禀報，舒保先期移紮麻城，距襄較遠，而楚豫交界之隨州、棗陽久爲豫匪窺伺，臣等已咨行署提臣訥欽等加意防範，並酌留舒保馬隊百名協同扼守，以資策應。刻下楚軍水陸馬步全抵江皖，急切未能遠征。實因九江功在垂成，上游重鎮，攸關尤當，奮力攻擊，迅圖收復。臣等擬俟九江得手，除分援江省外，其餘楚軍專力豫、皖，先清長江北路，以防竄越。前此調來之吉林、黑龍江，西丹如訓練得力，亦當爲豫皖助征之用。再皖逆屢圖上犯，正月初一二等日，太湖逆衆數千乘我兵度歲之隙，竄近蘄州邊界。當派道員唐訓方會合各路兵勇，分投擊退。初七日，宿松股匪又竄近蘄州邊界之荆橋等處，築壘抗拒，臣都興阿飭鮑超等嚴密防守，並派多隆阿帶領馬步各隊分路進攻，斃賊甚衆，餘逆奪路狂竄。我軍追至太湖城邊，沿途殺賊四五百名，生捦三十餘名。十一日，進勦桃花鋪等處賊巢。我軍分三路直前，該逆抵敵不住，沿山逃竄，追殺三十餘里，斃賊一千餘名。惟據獲賊供稱，太湖渡船口石牌等處約計賊七八萬人，連營三十餘里。臣等仍激勵將士，奮勉圖功，務期尅日會合皖軍，盡殲醜類。上諭軍機大臣等：舒保此時諒已起程。惟所帶馬隊僅二百名，不成一軍，著官文等酌量情形，添撥步隊，相輔而行。見在勝保等援勦固始，雖屢獲勝仗，尚未解圍，仍須添兵助勦。舒保此時諒已起程。或即於駐紮襄陽兵内酌撥千名，交舒保統帶前進，較爲得力。太湖、宿松逆匪竄近蘄州，經都興阿等督兵迎勦，斬獲頗多。惟探聞太湖渡船口石牌等處尚有賊黨七八萬，連營三十餘里。逆勢如此猖獗，非下擾金陵，即上竄楚境。著都興阿督飭各軍，相機截勦，務將此股逆匪迅速殲除。九江功在垂成，何以尚無捷報，不勝殷盼。見在和春等正在圍偪金陵，安慶、蕪湖等處，賊黨尚多，時往金陵援應。所望九江早克，順流而下，與江南大軍兩路夾攻，使該逆不至他竄，方爲妥善。著官文等傳旨，令楊載福、彭玉麟等奮勇圖功，毋得遷延時日，坐失機宜。將此由六百里諭令知之。

《文宗實録》卷二四五 二月辛亥，密雲副都統勝保奏，河南尉氏縣地方拏獲捻首李兆受戚屬家口，設法羈縻。得旨，梟獍之性難以理喻，必須專意離間，使其自相殘殺。

壬子，又諭：蔣霨遠奏，教匪闌入思南府城一摺。據稱，上年十二月初四日，有教匪數千人於思南府距城數十里地方，肆行焚掠。該署知府福奎督同文武帶兵會勇出城勦捕，因衆寡不敵，又值城中火起，兵練驚潰，該署府被傷殉難，經歷鍾策勳等同時陣亡。匪擁入城，旋即退出，盤踞滋擾等語。此次貴州思南府城被擾，前經王慶雲探聞奏報，已有旨派貴州提督蔣玉龍統帶所部川兵，相機進勦。即著督同貴州兵練迅速撲滅，毋任久踞。

《咸豐朝籌辦夷務始末》卷一九 癸丑，諭軍機大臣等：前據何桂清等奏：暎、咪、咈各夷酋，投遞照會大學士裕誠各件，欲於上海更議和約。當令裕誠將不能照覆之處，知照何桂清等。並諭該督等，曉諭該夷令其仍在廣東聽候黄宗漢查辦。此時黄宗漢計已早抵常州，與何桂清會晤，一切情形，自已知悉。該夷等所訴各情，皆係一面之詞，明知稱兵肇釁其曲在彼，而處處以葉名琛爲詞，總欲歸咎中國，以遂其婪索之私。察其情形，似難理諭。前此寄諭羅惇衍等，令其聯絡統團，將該夷驅逐出城，然後與之理論。如果紳民合力，該夷稍知畏懼，黄

宗漢到後，外示兵威，內藉民力，與之講明利害，事機尚可轉圜。若該夷不遵曉諭，竟來上海，該處爲海運關税重地，非如廣東可以用兵，著即與何桂清妥籌設法，令其回粵，不可洩漏調兵消息，使該夷別生枝節。【略】該夷照會內各條，除於裕誠咨覆何桂清等文內分別酌覆外，其譯出夷字文內，復有商量打仗花費之語。此次釁端起自該夷，粵省民房貨物被其焚毀者，何止數千百萬，該省商民尚未與之索賠，而該夷轉欲索取兵費，尤爲無理。如果該夷議及此事，告以中國被焚貨物先須償還，即使大皇帝寬仁，不與計較，廣東商民亦決不甘心。況聞咈夷貨物，皆爲暎夷縱火焚燒，該酋不向暎夷索賠貨物，而向中國索取兵費，亦太不知情理。此係將來理論之詞，此時能否即議及此？尚須黃宗漢酌度機宜，次第籌辦也。

甲寅，諭軍機大臣等：前因俄囉斯欲請勘定分界，特派奕山與該國使臣普提雅廷會議，嗣因該夷久無折回確信，未經勘辦。上年冬間，暎、咈各夷稱兵犯順，占踞廣東省城，復欲赴上海議事。而普提雅廷忽於咪夷照會內，附呈咨照軍機處清、漢文及夷字各件，其中袒護暎、咈各夷妄行要挾之處，已敕理藩院行文該國薩納特衙門，據理曉諭，令其勿庸干預矣。

《文宗實録》卷二四五　庚申，諭內閣：御前大臣、軍機大臣會同刑部，議覆陝西官錢鋪局委員舞弊罪名一摺。各省設立官錢鋪局，原以軍務未竣，藉資協濟。派委管理各員，宜如何激發天良，實心經理。此案陝西官錢局委員已革知縣李應詔、已革未入流李洵於官鑄鐵錢，匿報至七萬餘串，李洵復虧短鐵炭本錢五萬餘串之多。官錢鋪委員已革知縣郭廷椿、管理鋪事已革未入流王迎科那移官項，夥開私鋪，以致虧欠銀錢，數逾巨萬。均屬營私骫法，喪心昧良。據曾望顔訊明，照監守自盜例，從重定擬，尚覺情浮於法。李應詔、李洵、郭廷椿、王迎科均著照載垣等所請，於應得斬監候罪上從重即行處斬，以昭炯戒。撤任陝西布政使司徒照之家人黃君任串通委員，朋比分肥，致令肆意侵那，毫無忌憚。若僅從重擬遣，尚屬輕縱，亦著照載垣等所請，改爲絞監候，入於本年秋審情實辦理。丁憂湖北知縣李應誥、管事人路萬大明知委員匿扣局錢，聽從指使，狼狽爲奸，均應從重懲辦。李應誥著照議改爲革職，發往新疆效力贖罪；路萬太著照議改爲杖一百，流三千里。【略】嗣後無論京外，有似此案情罪俱重者，必應從嚴懲辦，立予正法，著追賠項。俾現在京外局號大員、委員、吏胥等早知儆戒，或自顧身家者，不敢泯盡天良，將此通諭知之。

辛酉，諭軍機大臣等：前因福興奏，撫州進賢賊犯東路，當經諭令晏端書飭饒廷選，派兵前往廣信迎擊，並令福興等催提壽山援兵助勦。本日據福興奏稱，逆匪已竄踞河口鎮，圖犯廣信，其另股由胡坊竄至鉛山。該處與福建崇安縣接界，並可東由廣豐入浙之江山縣境，分竄旁竄，在在堪虞。現已飛咨耆齡及閩浙督撫，撥兵防勦等語。

《文宗實録》卷二四六　戊辰，諭軍機大臣等：福興奏，縷陳浙江喫緊情形，請飭迅籌重兵堵扼一摺。據稱洪逆以金陵危急，數次求援於石逆，石逆遂率撫、建、新淦之匪，傾巢而出。該逆自統大隊，號稱十餘萬，擬先據廣信，直犯蘇、杭，以分金陵之勢。現在逆匪已越廣豐而北，竄至大南橋，饒廷選已退劄玉山，福興所有之兵，只能專顧信郡。其旁竄浙疆之路，在在空虛，恐誤大局各等語。逆賊因金陵圍攻甚緊，率其大股旁竄浙疆，意圖分我兵力。設一旦令其闌入，不獨金陵功敗垂成，東南大局豈堪設想？著和春等即調撥勁兵二三千名，選派得力大員管帶，星馳前往常山、玉山一帶，扼要截擊，並與饒廷選會商進勦機宜，併力堵禦，保全浙境，即所以截斷金陵援賊，自顧藩籬。該大臣等當以大局爲重，毋稍延緩，致誤事機。將此由六百里加緊諭令知之。

辛未，諭軍機大臣等，彭蘊章等奏，會議海運米石，分成仍歸河運，請飭有漕各督撫籌畫試行一摺。海運漕糧本屬一時權宜之計，現在瓜鎮克復，江路已通，運河設法挑濬，人力可施。黃河一帶，商船停泊不少，自應將糧石酌分成數，河海並運，以圖經久之規。著何桂清、庚長、季鈞、邵燦、趙德轍、晏端書、崇恩按照所奏，各就地方情形，通盤籌畫。本屆如可試行，即於海運漕糧內分定成數，改歸河運。儻因趕辦不及，須俟來年，亦應豫爲籌定。惟所稱以三成試歸河運，以七成仍由海運，河運米數未免太少，能酌加成數，更爲妥善。至引水濟漕，雇船節費，並嚴禁地方加派河工開銷等弊，是在各該督撫認真稽查，並遴派妥員，實心督辦。一切章程，均著會同妥議，迅速具奏。原摺著鈔給閱看。將此由五百里各諭令知之。尋奏，江浙新漕仍請全由海運，毋庸另議更張。從之。

《咸豐朝籌辦夷務始末》卷一九　諭軍機大臣等：本日據何桂清、趙德轍奏：暎、咪二酋，於二月十二日已到上海，欲俟咈酋一到，即赴天津。截至十四日，共到暎、咪、(咈)〔俄〕三國兵船火輪船九隻，傳聞咈酋現赴小呂宋借撥兵船，併計有四五十號，夷兵四五千人。請敕直隸總督，儻有夷人到津，設法羈縻等語。逆夷駛赴上海，因欽差大臣黃宗漢業已過蘇，欲徑赴天津，何桂清等照會，

亦不即日答覆，情形實屬叵測。天津海口防堵事宜，業經譚廷襄嚴密布置，但該夷如果到天津，未必遽行滋擾。本日已派崇綸前赴天津辦理海運，著傳諭藩司錢炘和迅速赴津，會同崇綸豫商一切。上年俄酋到津，始而不收其來文，後乃令文謙等前往接見。此次各夷前來，如錢炘和等遽往接見，恐俄夷有所藉口。應先派明幹委員，諭以廣東大臣辦理不善，大皇帝業已另派欽差大臣赴粵查辦。並聞署總督柏貴因各國籲請，已准通商，爾等到彼，自能秉公會議，酌量辦理。天津既非通商之地，又無專辦夷務大員，到此無可商議。看其如何動静，再行奏明辦理。至俄囉斯上年至津，投遞公文，藉詞防堵暎夷，今則與該夷等同惡相濟，居心尤爲譎詐。但中國與俄夷和好已百有餘年，並無嫌隙，與暎、咈等夷不同，相待之禮，亦當稍有區别。如接晤普提雅廷，仍當以禮貌相待，諭以和好多年，不應干預暎、咈等國無理之事。咪夷在粵並未助惡，亦可嘉其守信，俾知感服。如先解散俄、咪兩酋，不至助逆，則暎、咈之勢已孤，再覩其要求何事，從長計議。暎夷罪無可恕，咈夷黨惡，亦屬可恨。惟現在中原未靖，又行海運，一經騷動，諸多掣肘，不得不思柔遠之方，爲羈縻之計。張殿元、達年等，此時當不動聲色，嚴密防範，若夷船到後，自當多撥兵勇，張大聲勢，使該夷不敢輕視。該督並密飭地方官，禁止沿海奸民私與貿易及接濟食物爲要。

《東華續録》咸豐七八　壬申，諭軍機大臣等，吴振棫等奏宣威勦匪獲勝，並省回就撫，散練滋事等語。吴振棫駐紮曲靖，與桑春榮籌辦省城安撫事宜，已漸有定局。乃宣城回匪竟敢裹脅漢夷各匪，撲攻州城。經張亮基督同司道簡選兵練，立即擊退。此等冥頑回匪，自當懾以兵威，使已經受撫者不敢相率效尤。仍不外分别良莠，勦撫兼施。至曲靖距宣威甚近，急應加意撫綏，不令煽惑句結。張亮基帶兵前進，吴振棫仍宜嚴防後路，不可大意。見在省城回衆既經具結，不復滋事，即係良民，豈容散練任意戕害？除已獲各犯業經正法外，著桑春榮將餘犯按名弋獲，執法重懲，以安衆回之心。將此由六百里諭令知之。

《文宗實録》卷二四六　癸酉，又諭：蔣霨遠奏，麻哈州城失守，現飭文武各員堵勦一摺。【略】著蔣霨遠督飭巴揚阿等迅將州城克復，勿致蔓延。該州文武各官下落，著查明據實具奏。

《文宗實録》卷二四七　三月丁丑，又諭，滿慶奏查驗達賴喇嘛之呼畢勒罕出世之幼子掣定奏聞一摺。本年正月十三日，駐藏大臣會同呼徵阿齊圖呼圖克圖堪布喇嘛率同衆喇嘛唪經，由金餅將番民朋錯測旺之子明珠爾丹測加木錯之名掣出。定呼畢勒罕之時，因班禪額爾德呢之呼畢勒罕尚未及歲，不能命名，是以呼徵阿齊圖呼圖克圖按佛道伊師達賴喇嘛之呼畢勒罕，即以阿旺羅布藏丹貝加木燦琛呼加木錯命名，甚屬吉祥。朕心不勝欣悦。

《咸豐朝籌辦夷務始末》卷二〇　諭軍機大臣等：前因俄囉斯使臣普提雅廷由上海附遞照會，内有分定界址欲以黑龍江左岸爲斷一節。已諭知奕山，如果該夷折回黑龍江，即著奕山據理拒絶，仍照前議將烏特河地方會同勘定。嗣據兩江總督何桂清等奏：普提雅廷仍在上海，欲與暎、咈、咪各夷酋前來天津。其果來與否，尚未可定，而據該國知照理藩院文稱：木哩斐岳幅現由額爾口城，水路赴黑龍江、松花江等語。内木哩斐岳幅銜名，自稱總管西(錫)畢爾大臣，似會勘地界一事，竟由木哩斐岳幅經管，普提雅廷未必即回黑龍江。本日奕山等奏，派員分辦夷務。自係木哩斐岳幅尚未行抵該處，如其前來，奕山得信後，即當遵照前旨，會同查勘。

戊寅，又諭：本日據何桂清等奏：上海各夷船，於二月二十二至二十四日，陸續駛赴天津，共有兵船火輪船十隻，尚有暎夷兵船數隻隨後赴津。復據烏勒洪額等奏：三十日，有俄夷火輪船來欄江沙七庹水以外，投遞公文，已派委員前往探詢各等語。俄夷船隻先到天津，既稱有善事面商，自不至遽起釁端，不過欲强爲説合，希圖從中獲利。該鹽政等既經派員前往，即著妥爲曉諭，探其意之所在。如其所商尚非袒庇暎、咈兩夷，於大體不至窒礙，即著密速奏聞，候旨定奪。至調兵集團，該夷儻有知覺，須告以專爲暎、咈而設，中國與該夷和好有年，斷不至稱兵尋釁。崇綸已諭令即日起程，錢炘和諒亦到津，譚廷襄著即出省，或駐紮天津府城，或暫駐天津附近地方，將來崇綸到時，商辦事件，即可就近會奏。儻有調兵防堵緊要事宜，該署督呼應亦較靈，惟不必親至海口，免致該夷要求請見。

《文宗實録》卷二四七　己卯，又諭，法福禮、裕瑞奏，浩罕遣使懇求通商，鈔録諭帖呈覽一摺。首逆倭里罕在喀什噶爾滋事，罪大惡極，現在逃赴浩罕，法福禮等諭令拏解來營，始准通商，自係正辦。惟據該浩罕伯克派額爾沁等聲稱，倭里罕鬧事後，曾派人擋路，禁人附從，又將倭里罕拏禁。如准其通商，即將逆首罪名照經典自行懲辦等語。情詞尚屬恭順。該夷經典既無捆獻霍卓之説，此時若不准通商，勒令獻出，恐致别生枝節。如果浩罕已將倭里罕等按照經典懲辦，即可准其通商。其如何懲辦之處，亦可無庸深究，著密訪奏聞。

癸未，鄭親王端華署步軍統領。

《咸豐朝籌辦夷務始末》卷二〇　甲申，諭軍機大臣等：譚廷襄奏，委員接見夷酋情形，恐其搶入内河，可否即行攻擊？請旨遵辦一摺。直隸委員接見俄夷普提雅廷問答情形，已據烏勒洪額等奏報，當即諭知崇綸等，畧遲五六日，派員給與回音，然後約期相見。譚廷襄到津後，崇綸等自應將此旨公同密看。該夷既有願就羈縻之意，似未必遽起釁端，前日駛進攔江沙内之火輪船，一經攔阻，旋即折回。嗣後仍當派員攔阻，彼若遽開槍礮，彼先無禮，然後可以回擊，不可先行用武，使有所藉口也。

丁亥，諭軍機大臣等：羅惇衍、龍元僖、蘇廷魁奏，夷情叵測，現在籌辦情形一摺。逆夷占踞廣東省城，負嵎據險，巢穴已堅。該侍郎等招募東莞、香山、新安三縣壯勇，及附近城北之三元里、石井、大朗等鄉，佛山之九十六鄉練勇，擬密用間諜，聲言直擣香港，設伏誘使出城。惟倉卒舉兵，軍火礮械無款可籌，自應向紳商先行借貸，一時未能集事。而黃宗漢未到，該紳等聲勢尚孤，衹可從容密爲防備，無須急切舉動。現在該夷已由上海徑赴天津，尚無滋擾情事，而海運漕船尚未全到，該夷之來，未始非有所挾持，不得不示以羈縻。已派倉場侍郎崇綸等前赴海口，察看該夷情形，以理曉諭矣。【略】所有捐輸未保紳民，即咨明黃宗漢迅速出奏，以慰人心。該侍郎等在局辦事，准其用木刻關防，此後情形，黃宗漢未到以前，仍遞交湖南，由駱秉章馳奏，以昭嚴密。其現在捐輸人員，即由羅惇衍等查照廣東事例，隨時奏請獎勵。各團得力之人，並准其由總局酌給六品以下功牌，俾知激勵。湖南郴州知州馮汝棻，准其留粤委辦一切事宜；候補主事陳桂籍等六員，均著交羅惇衍等差遣委用。

《文宗實録》卷二四八　己丑，實授譚廷襄直隸總督。

《咸豐朝籌辦夷務始末》卷二〇　署直隸總督譚廷襄、倉場侍郎崇綸、内閣學士烏爾棍泰、直隸布政使錢炘和奏：初十日，由臣崇綸等令署游擊陳克明等赴俄夷船上，見普提雅廷，告以前事業經奏蒙大皇帝欽差大臣出京查辦。該公使甚爲欣感，當欲駕坐火輪船前來，經陳克明以居民驟見火輪船，必多駭異，深爲不便。況欽差大臣尚在天津途次，今日未能相見，遂即中止，約於十一日先遣通事明常來見。届期明常到口，臣崇綸、臣烏爾棍泰以明常並非公使，未便即與晤面，當即令臣錢炘和與天津道英毓同往海口，先行接見，以禮相待。詢以所請何事，欽差大臣必能代奏。該通事答稱：前寄裕中堂文内業已敘明，此係全權大臣之事，不便輕言。臣錢炘和等即以已由理藩院行文回覆之言向詰，明常無詞可答，云於十二日，令普提雅廷來與欽差大臣相見，便知分曉。其時暎、咈、咪三國，各駕舢板船前來，當令陳克明等攔阻，未容上岸。該夷等各自投遞公文一件，臣錢炘和等初尚未肯接收，因明常再三代爲諄懇，遂假以詞色接收，並據俄夷亦投遞公文一件，統共四件。再，三月初九日亥刻，續到咈夷火輪船二隻，咪夷火輪船一隻，前後共計十三隻，同泊攔江沙外。

辛卯，諭軍機大臣等：譚廷襄等奏：俄國公使普提雅廷，於十二日已與崇綸等相見，並於十三日行文各該夷，察看動静，再行約期相見。該夷等必欲進京與京中大臣相見，其(截)〔事〕斷不能行。昨諭譚廷襄等曉諭該夷，告以中國從無便宜行事之官，現在崇綸等即是京中派出大員，有事可以代奏。諒崇綸等業已諭知俄夷。其添派譚廷襄一節，如尚未向該夷説及，即著無庸宣露。儻崇綸等再與俄夷相見，該夷吐出實情，即可與之定議，毋庸譚廷襄相見，更爲妥善。崇綸等可告該夷云：所遞文書，業經裕誠具奏，奉旨已派崇綸等辦理，京中無人再來。即命崇綸等告知該使臣，有話面商，即行具奏。至俄夷欲令該國住京喇嘛巴拉第等前赴天津，其意不過欲傳述言語，可告以該國現有明常等二人，通曉中國言語，可毋須巴拉第等前往。如其必欲該喇嘛前往海口相見，俟奏聞後再令前來可也。

《文宗實録》卷二四八　丙申，又諭，福興奏馳抵衢郡，擊退撲城賊匪，並晏端書奏衢州獲勝情形各一摺。江山之賊糾合玉山、廣豐各股匪，趨撲衢州，數至鉅萬。經饒廷選等先期布置，激勵民團，福興復親至督勦，稍挫兇鋒。衢郡爲浙東門户，得此勝仗，當有轉機。惟匪勢尚屬猖獗。據該撫奏，該逆於初七日夜間復偷築營壘二三十座，必得盡數攻毁，方可進復江山縣城。福興所部援軍已有六千餘名，加以三衢防勇，省城續調官兵，及周天受、明安泰等軍爲數約二萬有餘，足資埽蕩。所有金陵、江西兩路官軍，著歸福興調度，徽州、浙江兩路官軍，著歸周天受調度。該將軍等迅即併力會勦，先清附近賊壘，即日乘勝攻克江邑，再圖進勦。其常山、玉山等處，著仍遵前旨，分兵防堵，不可專顧一路。至界連浦城之處州所屬龍泉等縣，前經晏端書檄留赴衢防守之處標兵一百名，並抽調金、温兩營兵，著該撫嚴飭該地方官，力防内竄。江山之賊，亦恐由間道窺伺金華。余萬清所募鄉勇當能得力，即飭會合民團，扼守要隘。將此由六百里各諭令知之。

《咸豐朝籌辦夷務始末》卷二〇　諭軍機大臣等：譚廷襄等奏，體察夷情反覆不定，請旨將所求之事先行斟酌一摺。譚廷襄等因嘆夷十八日未曾來見，派員向俄夷探問，據云：嘆夷等所求，止有二事等語。譚廷襄等本約今日訂期見嘆、咈、咪夷，未知光景如何？諒必難與理論。惟有仍告俄夷云：嘆夷等在粵，占踞省城，劫擄大臣，行同叛逆，原不值與之講話。惟因俄國同來，從中說合，是以暫緩用兵，並准其與欽差接見，此即中國懷柔遠人至大至公之意。現在廣東省城尚未交還，葉總督尚未送回，豈有不加罪反與加恩之理？若嘆、咈二國自行前來，直可置之不理，亦不令其安然停泊海口。此時俄國既肯從中說合，亦須在中國而上下得去，方能兩全。若偏聽嘆、咈、咪一面之詞，而於中國不便，亦礙難辦理。即如通商一節，道光年間，立定萬年和約，原止五口，今欲於五口之外，另添交易地方，即是不遵舊約。中國自議和好以來，十餘年從未有背約用兵，又欲將通商之地另議增加。從前萬年和約皆是虛設，何能取信於中國？此事斷毋庸議。俄國既爲和好而來，祇可就五口貿易之中，有近來辦理不善之處，酌量更改。如嘆夷照會所云各貨運至內地，除納稅外，有勒索規賄者。若有其事，中國必當查禁。其因年來價值頓減，欲議減稅之處，亦在情理之中。但有減必有增，方爲公道，未可有減無增，止圖自利。此中辦法，必須通商海口方能知悉，此間不能懸擬。惟五口總匯，向在廣東，一切稅則皆由廣東原定。此時該省城池尚被占踞，中國豈能酌量加恩，亦不便先允其請。惟有煩俄國大臣，將此意告知嘆夷，勸其回粵；一面交還城池，送還葉總督，廣東民人消其怨恨，該二國不患受虧，即大皇帝加恩，亦屬有詞。至天主教，亦係從前議定，載在和約，或越界，或遠入內地，聽憑中國官查拏，解送近口領事官收管。我中國惟恪守舊章，數年來，遇有傳教夷人，俱經解回，交該國領事官收領，從無陵虐情事。今因廣東匪徒馬子農，在廣西西林縣犯案懲辦，咈夷疑爲該國傳教之馬神父，致生嫌隙。如果不信，亦惟有請旨再敕新任總督秉公查明，豈能因彼一面之詞，遂謂中國殘忍。即如該二國擄去葉總督，此時伊國公使登岸，我國何難報仇，因中國以信義待人，不作此等無理之事。以上各節，譚廷襄等可告知俄夷，令其轉告嘆、咈等夷，看其如何回覆，再行酌辦。

辛丑，諭軍機大臣等：譚廷襄等奏，嘆、咈兩酋投遞照會，並譯呈俄酋來文各摺片。均已覽悉。俄酋所請兩條，如黑龍江分界一節。前已諭知譚廷襄等轉諭該酋，已欽派奕山在彼相待。今普提雅廷欲遣人回黑龍江送信，繪圖定議，儘可允准。但告以從前節次耽延，皆因爾國不守往年興安嶺分界成議，強欲移我江左居民於右岸，以致日久無成。今爾既肯繪圖定議，但能一秉公道，彼處大臣斷無不從公勘辦之理。惟由旱路走恰克圖豫備槍礮一層，當妥爲阻止。一則由內地行走，中間經過蒙古地方，彼處人多愚直，恐其別生枝節；一則槍礮等項，無須代爲備辦，中國從不與各國海外爭鋒，軍器亦尚可恃。彼肯從中說合，即見和好之誼，無庸更助兵械。總令其仍由海道行走，較之旱路回國，轉形穩速。至通商一節。前令俟各國定議後再爲奏請，譚廷襄等既欲乘此牢籠，不妨即爲允准。告以業經奏准，惟嘆、咈、咪三國，請添口岸均未准行，爾若驟添五口，則合之恰克圖等三口，已成八處，設他國藉口要求，無可折服。現在大皇帝諭旨，准爾於五口之中，選擇兩口，其道遠而貿易無多者，自可不必，此非中國吝惜，當能體諒此意。看其擇定何處，即行奏聞，如必以爲未足，即三口亦尚可允許，即作爲譚廷襄等格外乞恩，使知欽差大臣並非不能了事也。至嘆、咈所投之文，悖謬可惡！昨諭令告知俄、咪轉諭該夷，勒限繳還廣東省城，如逾限不交，即一面封關；一面興兵。諒譚廷襄等接到後，當即告知俄、咪轉向述知。如嘆、咈兩酋藉此作轉圜之計，則便宜行事之說，亦未必再提。如必欲回文，可先告俄、咪囑爲轉達，再行文覆之。【略】至譚廷襄等慮其乘潮闖入內河，如仍止游駛，於我無傷，設或先開槍礮，則我之回擊爲有詞，務使釁端勿自我開，諒彼知我有備，必不敢狡焉思逞也。

乙巳，諭軍機大臣等：譚廷襄等奏，俄酋反覆，並二次接見咪酋情形一摺。俄夷所求各款，已允其五口通商，乃該夷於分界一層，又欲以黑龍江、烏蘇里河、綏芬河爲界，不肯遵興安嶺舊約。輒稱他國之事，彼此不能再管。實屬要求無厭，其情可惡！若太涉遷就，恐益啓驕心，譚廷襄等擬少緩再爲理論，所見甚是。惟從前以禮貌相待，今若遽置不理，恐其挑唆嘆、咈、咪三酋不肯受我羈縻，亦不可不慮。如日內俄夷或遣人探詢，或別有可乘之機，可告以大皇帝准令五口通商，恩意極優，儻此時因查勘地界，忽有異議，本大臣礙難入奏。查中國《會典》，原以興安嶺爲界，至烏蘇里河、綏芬河，我等不知其地，並不知其界址，難以懸斷。此事兩國已議論三年，尚未辦了，原須查勘明白，非一言所能說定。黑龍江現有欽差大臣專辦此事，貴國自應仍到黑龍江查勘辦理可也。如此曉諭，該夷或先往粵東辦理通商事務，其分界一事，另屬他人，仍可由奕山等查辦。不至目前過激，又肆鴟張，是在該督等體察，酌量辦理。至咪夷復來接見，該督等尚未

遽允其增添口岸，辦理亦有次第。現約二十九日再商，俟接見該酋後，再將情形具奏。咪夷國書即諭令進呈，聽候答覆。

《文宗實録》卷二五〇　四月辛亥，諭：軍機大臣等，福興奏衢州勦賊情形，並晏端書奏常山、開化被擾，現籌分路進兵各一摺。福興專辦江西東路軍務，不能力攻撫、建，致賊衆傾巢内犯，分擾浙疆。現在賊蹤擾及龍游，已在衢州之下，雖擊回遂昌，而旁竄金華、處州，皆可直達省城。福興擁重兵於衢州城外，而下游扼勦之兵僅止三千餘名，是又蹈從前株守信郡，不顧廣豐之故轍。本日已命周天受督辦浙江防勦事宜，會同晏端書通籌全局，分投布置。衢州守禦事宜，現有饒廷選、繆梓籌辦，而常開一帶尚屬空虚。李元度一軍在玉山駐劄，勝負未有消息，且已在常山之外，恐其兵力較單，未能進勦。著福興即將原帶官兵五千餘名酌留一半，交周天受調遣，其餘一半，即親自統帶，回駐玉山，以杜續來之賊，並著就近勦辦常山賊匪，儻再有貽誤，自問當得何罪。周天受既經統領全軍，事權歸一，即應擇要布置，會同晏端書妥爲調度，無稍疏虞。衢州存兵尚屬不少，即責成饒廷選嚴加防守，相機出勦，以清浙境。將此由六百里各諭令知之。

《咸豐朝籌辦夷務始末》卷二二　壬子，諭軍機大臣等：黄宗漢奏，探訪夷船欲赴天津，請勿加峻拒一摺。所奏與近日辦理情形適相符合。該夷自二月三十日起，陸續駛到火輪船二十九隻，艇船三隻，均在海口停泊，間有小船駛入攔江沙内，尚不滋事，亦不騷擾海運船隻。現派譚廷襄、崇綸、烏爾棍泰馳往大沽，與之接見，妥爲開導。復派國瑞、珠勒亨、富勒敦泰酌帶京兵前往，暗地設防，備而不用。疊據譚廷襄等奏報：俄、咪兩夷均來接見，嘆、咈夷酋則僅有照會來往。俄夷所要求者，一爲黑龍江分界；一爲請准五口通商。咪酋所要求者二條，以索賠平日損失貨物；請添浙江、福建、廣東口岸；欲補遞前年福建所遞國書三款爲大宗，其餘皆係枝葉。因其情詞尚屬恭順，且嘆、咈桀驁未馴，俄、咪欲從中説合，正可用以轉圜，是以始雖與之辯論，旋亦酌允數條。俄夷所請分界，許其往黑龍江查勘；五口通商，准與嘆夷等一律辦理。咪夷所遞國書，已准其呈進；並准於廣東、福建附近大口處所，各添小口一處；又欲減該國貨船噸鈔，皆准令回廣東酌議詳細章程。至咈夷所開十條，皆由俄轉述。其索賠兵費一條，欲於内地江河貿易一條，廣行天主教給與照票任其行走一條，派員進京一條，多與嘆夷來文相同，已令譚廷襄等據理拒絶。惟酌減税則一條，嘆、咈與咪皆有是請，尚可量准，亦令譚廷襄(等)諭知，令其回粤聽候酌議。至咈夷於廣西西林縣一案，猶嘵嘵不已，此則不過將來再費一番查辦，無足重輕。以上各條，自歷次理論後，嘆、咈兩夷尚無覆音，咪夷亦尚未滿志，而其藉口於必欲進京，即俄夷亦隨聲附和。兵船停泊，無非虚聲恫喝之意，該夷志在獲利，而所欲無饜，且俟其如何答覆，再作計較。斷不能使暢然滿志，惟有許其大畧，仍以廣東爲歸宿，俟有定議，再行諭知該督也。廣東已與開市，而夷人尚踞城中，穆克德訥、柏貴均爲所挾持，奏報及寄信諭旨，大約皆須該夷過目，不但不成事體，且控制機宜，無從下手，甚至與夷酋聯銜出示，尤不足服粤民之心。黄宗漢到粤後，斷不可入省城。其穆克德訥、柏貴等，應如何設法，令勿與夷人爲伍，然後可以辦事。前已諭譚廷襄等，與嘆、咈要約，令其於四月内退出廣東省城，如逾限不肯繳還，即調兵攻勦，絶其貿易。亦尚未遽回覆。然省城尚有夷兵踞守，何得先議通商？柏貴爲夷挾制，辦理毫無把握。此時若不動兵，則城中夷目斷不肯去，若與動兵，又與天津現辦情形不合，祇可先行懾以虚聲，再籌辦法。前據駱秉章奏：紳士團練，非經官司諭令不敢舉行，必俟新任總督到粤爲之主持。現在夷人不敢淩虐百姓，實畏粤民强悍。又據羅惇衍等奏，已招募東莞等縣及三元里等鄉並佛山九十六鄉練勇，密爲防備，而聲勢尚孤，未可舉動等語。是粤東民情，現在雖不舉兵，尚能足以自衛。儻該夷遵諭回帆，繳城候議，自可息兵；如因不遂其求，遽啓戎心，不得不與用武，候旨遵辦可也。

癸丑，諭軍機大臣等：譚廷襄等奏，代進咪夷國書一摺。披覽該夷所遞漢字夷字國書各一件，以修好問安爲詞，欲派其國全權大臣駐紮京師，與俄夷之意相同，礙難允准。現既准其呈進，自應賜函答覆，用示羈縻。若夷酋詢問回函日期，告以大皇帝嘉爾前在粤東未曾助逆，數日内必當修書褒答，不必吐露他詞。如該夷詢及進京一節，譚廷襄等即當如前答俄夷之語，告以天朝體制，凡外國人許其進京者，皆係朝貢陪臣。若咪唎𡁻既是與國，款待之禮，例所不載，既無章程可仿，即恐禮貌未周，轉傷和好之誼，此事恐難允准。其增口減税，業經有旨，但須嘆、咈局定，方能均霑利益。

甲寅，諭軍機大臣等：本日卯刻，譚廷襄等奏：夷船聯絡並進，復投遞逆文，即料該夷欲行肆擾，尚冀其虚聲恫喝。乃午刻該督等馳奏：逆夷開礮攻擊礮臺，雖經擊壞夷船四隻，拒該夷船聯絡直上，闖入内河，轟傷兵勇，礮臺被占。覽奏實深憤懑！現派托明阿馳往天津，會同該督布置一切，該員久歷戎行，可資臂助。該督等所調兵勇八九千人，並有馬隊分紮新河、新城等處，此時逆氣猖

獗，礮臺後路及天津前路水陸一帶，均宜節節嚴防。著嚴飭提督張殿元、副將達年扼要堵禦，一經得手，即設法攻擊礮臺，毋令久踞。崇綸、烏爾棍泰回至津郡，即督率團練，激勵民心，實力防守。漕船停泊内河甚多，尤應妥爲彈壓，毋令擾亂。譚廷襄現令錢炘和沿途設法沈船，阻其上駛。若於海河上游，築壩束水；或決口旁洩，使下游水勢淺阻，則逆夷輪船不能上竄，著譚廷襄酌量妥辦。屢據該督等奏軍威尚壯，不期一戰而潰，殊出意外。譚廷襄自請治罪之處，著俟查明失利情形具奏後，再降諭旨。

又諭：前經諭令西淩阿統帶察哈爾官兵二千名，前往山海關防堵，業經該都統等奏先後進口。本日據譚廷襄等奏：逆夷昨日闖入天津海口，礮臺被占，京畿東路，應須設兵防堵，著西淩阿查明營總珠克都爾帕木、那木濟勒多爾濟等，所帶三起四起兵一千名，現抵何處，即飭前往通州一帶，聽候僧格林沁調遣。至山海關防務亦關緊要，仍著西淩阿駐紮防守。

又諭：本日據譚廷襄等奏：夷船闖入海口，礮臺被占。已派僧格林沁等酌帶兵勇，赴通州一帶防堵。尚恐兵力不敷，著成凱迅挑綏遠城精兵一千名，配齊軍裝器械，派委得力協領等官管帶，剋日馳赴通州駐紮，聽候調遣，毋稍遲誤。

又諭：本日據譚廷襄等奏：逆夷闖入海口，占踞礮臺。該督等現在督兵防勦，尚恐兵力不敷分布。著英隆揀調精兵一千名，配齊軍裝器械，派委得力協領等官統帶，馳赴通州駐紮，聽候僧格林沁調遣，毋稍遲誤。

乙卯，又諭：前據黄宗漢奏：夷船欲赴天津，請勿峻拒。當將夷船到津後辦理情形，詳細寄諭矣。詎料𠸄、咈兩夷，於初八日投文，欲將礮臺交伊經管，並至天津，未及回文，已即開礮，我兵失利，礮臺旋被占踞，狂悖已極！前令譚廷襄等要約該夷，於四月内退出廣東省城，仍可相安無事；若不交出，五月中必當攻打省城，該夷城内兵丁必至受傷。該夷並無回覆，又在天津犯順，原應攻打廣東省城，以示懲創。惟一經用兵，彼必駛往他處，肆其報復，設被另占一處，更多掣肘。祇可暫緩進攻，且看俄、咪二夷日内有無投文説合之事，再作計議，該督仍候旨遵行。

《文宗實録》卷二五一　丙辰，以督辦防務調度無方革直隸總督譚廷襄職，拔花翎，仍留任。

《咸豐朝籌辦夷務始末》卷二一　諭軍機大臣等：譚廷襄等奏礮臺失事情形，並俄、咪二夷仍願説合，懇准羈縻等語。【略】此時夷船雖未前進，然逆燄鴟張，儻守禦不力，難保不乘虚深入。自應於礮臺後路築營，以爲前敵，未可退守府城，致前路空虚，毫無阻隔。所稱上海、寧波商人，情願自往夷船，告以不必開礮，以保船貨，有話再商等語。自係業經卸米回空出口之船，其未曾收口重載漕船，仍當遵昨日諭旨辦理。著仍由天津海口前進，恐被擄掠，或按船索費，得不償失，不如駛進偏僻口岸，再圖剥運爲妥。俄、咪前次説合，迄未定局，今既肯再爲説合，自可仍用轉圜，爲緩兵之計。添口一節，譚廷襄等尚未告知咪夷，此時自應告知。𠸄、咈所求各款，如遣使進京及傳教夷人准在内地游行兩事，在彼並無利益，無非擾亂中國，斷難允准。此外利之所在，尚可斟酌辦理，且看俄、咪轉述如何，再行奏聞。現調京兵一千五百名，在通州以南駐紮，取其距津不遠，距京亦近，設有緊要，原可馳往援應。此時大沽一帶兵勇，爲數尚屬不少，且本有京兵在内，全在布置得宜，方有把握。托明阿即日到津，可與商酌，即國瑞等亦當會商布置也。該督等前給𠸄、咈兩夷照會，著鈔録呈覽。

丁巳，諭軍機大臣等：前因𠸄、咈兩夷在天津要挾，尚有俄、咪兩夷説合，諭令黄宗漢，將攻打廣東省城之事，暫緩舉行，原恐一經用兵，則沿海地方，必有夷船尋仇報復，而與天津現辦情形事出兩歧也。本日據羅惇衍等奏：移紮花縣，激勵紳團，並密籌布置各情形。粤東士民敵愾同仇，忠義可用，當該夷攻城之時，地方大吏不能藉以爲力，轉行阻止，原屬坐失事機。現在天津雖仍議羈縻，廣東則係紳民義憤，與官兵暫緩攻打之意，本不相妨。且使該夷知衆怒難犯，而將來官爲轉圜，亦可使之知畏知感。

戊午，諭軍機大臣等：前因夷船駛入海口，礮臺被占，諭令文彩等，將未經進口沙船，妥籌辦理。並亦可使之知畏知感。前令譚廷襄等告知該夷，限四月内繳還廣東省城，一交五月，即興兵攻打，並絶𠸄、咈二夷沿海貿易。業已寄知黄宗漢，該督行抵粤境，定與羅惇衍等會謀此事。如該侍郎等業已舉行，該督到時，務當多調兵勇，嚴以自衛，防其報復；如尚未舉行，亦須與羅惇衍等密商，操必勝之權然後舉發，使該夷兇鋒稍挫，然後地方官出爲調停，較易就範。省城夷人無多，自不難於驅逐；香港爲該夷資貨所聚，兵船精悍，恐急切難圖。即使毁其巢穴，而將來肆意索賠，更難了局。著該侍郎等於克復省城後，作爲進攻香港之勢，然後黄宗漢出而調停，保全其貨物，將來該夷還粤，既畏紳民，仍感該督，庶可恩威並示。京師距粤東遥遠，文報遲延，其中操縱機宜，著黄宗漢與羅惇衍等密計施行可也。現在𠸄、咈二夷在天津，因要求不遂，已於初八日先開大礮，

奪我礮臺，雖未深入，仍用俄、咪二夷爲説合，以肆其要求。但其所欲無厭，故天津羈縻，亦未有把握耳。

另片奏，江國霖等媚夷情形，深爲可恨！柏貴種種畏葸，毫無振作，惟係巡撫大員，將來事定之後，朕自有權衡。至藩司以下，皆黄宗漢屬員，即可隨時懲辦。著將江國霖先行撤任，一面派員署理，一面據實嚴參；蔡振武本不合例，亦著一併撤參；已革道員俞文詔，以寄寓革員，冒用翎頂，甚至造作蜚語，通同夷人，情尤可惡，著黄宗漢即行查拏，從重懲辦。伍崇曜、潘仕成及潘斯濂、葉炳華等，均係著名紳富，著該督等即飭捐資助餉，以爲士民之倡。羅惇衍等摺片，著鈔給黄宗漢閲看。

《咸豐朝籌辦夷務始末》卷二三　辛酉，諭軍機大臣等：譚廷襄等奏，夷船直抵津關一摺。據稱十四日，逆夷火輪船直抵津關，在後之船亦相聯而進，並未上岸滋擾。該督等令府縣往見，該夷請另派大臣前往共議等語。逆夷駛抵津關，逼近郡城，猖獗已極！惟請另派大臣前往商議，未必非自願轉圜。現在天津設備，全不足恃，若再拒之，必至荼毒小民。本日已明降諭旨，派大學士桂良、尚書花沙納前往查辦。譚廷襄等接奉此旨，即可宣示該夷，告以大皇帝特派大學士尚書前來相見，即可毋庸進京。惟二十日以前恐不能到，須少遲一二日，必來會晤也。天津人煙輻輳，若令其在城内見面，恐居民惶恐；海口爲逆夷占踞，桂良等亦未便前往；可於離城二三十里，擇地相見，須陳兵防衛，不可大意。該夷既云先派之大臣，可不再見，譚廷襄等即毋庸與之接見，至委員人等往來其間，情形熟悉，仍可隨同桂良等前往。夷船既逼近郡城，該處人心難免驚惶，譚廷襄務當親督地方官，妥爲安撫，以固民心，仍須設法防其上駛，毋得以有欽派大臣，遂可卸責也。懔之！慎之！

《文宗實録》卷二五一　諭内閣：官文等奏，九江克復，逆匪盡數殲除一摺。粤逆占踞九江，負嵎久拒。自湖口攻克以後，官文等添募勁旅，空濠合圍，並分水師十餘營駐守北面江岸，賊援遂絶。本年二三月間，李續賓等督勇開挖地道，晝夜攻擊，轟塌城垣數次。本月初六等日，水陸各軍分攻北門及東南一帶，將弁等以梯登城，用火轟塌一百餘丈，伏勇城中，内外衝殺，殲賊淨盡。並將僞貞天侯林啓榮、僞元戎李興隆各賊目寸磔梟示，共斃賊一萬六七千名。九江府城即於初七日克復，其逃竄之賊，亦經官軍概行截殺，並無一名漏網。勦辦實屬奮勇。在事出力員弁兵勇，著官文等查明，擇尤請奬，候朕施恩。

以克復江西九江府城，加湖廣總督官文、湖北巡撫胡林翼太子少保，浙江布政使李續賓巡撫銜，按察使銜道員彭玉麟布政使銜。

《咸豐朝籌辦夷務始末》卷二三　諭軍機大臣等：僧格林沁、瑞麟奏，抵通布置情形，並調黑龍江等處官兵一摺。僧格林沁等於通州東關外運河兩岸紮營，布置水陸兩路，因所帶兵力尚單，擬豫爲借調。惟黑龍江、吉林兩處官兵，屢經各省請調，該將軍等均以餘丁湊數，並稱無可再調。今爲防堵京師起見，已諭令景淳、奕山各調五百名來京，聽候調遣；其哲里木盟、昭烏達盟蒙古兵各一千名，已諭理藩院咨調。但現在天時潮熱，恐該蒙古兵於水土不服，已令其暫駐熱河聽調；八旗礮位，亦傳知預備矣。

昨因譚廷襄等奏，已派桂良、花沙納前往天津，籌辦夷務。能否理諭，尚未可定。設該夷另換小船由運河北駛，我之礮力足以禦之，著僧格林沁等在沿河一帶，節節設防。托明阿現在楊村駐紮，並有珠勒亨馬步隊，正可聯絡堵截，以固藩籬。譚廷襄毫無布置，天津兵勇已不足恃，所稱北河横淺，業已決口洩水，層層阻滯。著僧格林沁等悉心體察，不可有名無實。其通州負米人夫，爲數甚多，著嚴飭地方官妥爲彈壓，毋令滋事，是爲至要。

《文宗實録》卷二五一　乙丑，又諭，前因楚軍攻克九江，諭令李續賓統領得勝之師，馳赴六安會勦，其宿、太一路賊匪，即令都興阿統兵勦辦。本日據官文等奏，九江、湖口等處由鄂省分兵防守，李續賓擬酌帶兵勇渡江，先清皖北，再議皖南，並於九江設立糧臺，轉運軍火等語。所籌進勦機宜，與前降諭旨相符。其以九江爲扼要，更屬切中形勢，即照所議辦理。惟九江道沈葆楨久在廣信，深得民心。現在江西賊匪竄入浙境，廣信郡城正當喫重，沈葆楨尚未可調回本任。所有九江設立糧臺，著官文、胡林翼另派廉幹大員，妥爲經理。至楚兵深入皖境，米糧軍火必須地方官員隨同照料，呼應較靈。即著福濟派員，繞道分赴都興阿、李續賓行營，設立隨營支應局，會同楚省委員辦理。其糧餉等項，恐皖省無從措辦，仍著由湖北籌撥接濟。至各州縣克復以後，自難處處留兵防守。著即責成福濟慎選賢良，安輯難民，辦理團練，自行保衛。儻有竄匪即由皖兵策應，方可以次肅清。福濟務當振刷精神，悉心籌畫，以期相與有成。將此由六百里各諭令知之。

《咸豐朝籌辦夷務始末》卷二三　又諭：本日據譚廷襄等奏，夷船退回三岔河待撫，惟探聞該夷船内，暗帶潮勇，且有步隊，近日海外又有續到之船。該夷

復因望海樓有空屋數間，堅欲暫住，禁阻不聽，情形實爲叵測，請嚴防陸路北竄。茲復據譚廷襄等奏稱，四國夷酋投遞公文，以現聞欽差來津，如果有全權便宜行事，或准或駁，皆可定議；否則伊等仍須進京，水路難行，必改陸路，儻有人攔阻，必行抵禦各等語。現已諭令桂良等，接見該夷後，如非不情之請，即可量爲斟酌辦理。惟逆夷要求多款，勢難悉如所請，一有不遂其欲，竟恐豕突狼奔，由陸來犯。現派伊勒東阿統帶京兵九百名前赴通州，著僧格林沁等速即查明何處爲天津赴通水路必由之路，俟伊勒東阿到營，即飭帶兵駐紮，作爲前敵。至僧格林沁營盤，似宜酌量移至後路，至八里橋一帶，相度要隘駐守。該夷設竟來犯，即著督飭將士截擊，該親王在後調度，仍宜格外慎重，不可輕於一試，致損國威。現在京中已派惠親王、怡親王載垣、鄭親王端華辦理城内一切防堵事宜。僧格林沁如有緊要情形，即著飛咨商辦可也。

《咸豐朝籌辦夷務始末》卷二四　丙寅，諭内閣：科爾沁博多勒噶台親王僧格林沁，著頒給欽差大臣關防，督辦軍務。

又諭：耆英著賞給侍郎銜，辦理夷務。

又諭：著派兵部侍郎王茂蔭、内閣學士宋晉，會同五城御史辦理國防事宜。

丁卯，昨降諭旨，賞耆英侍郎銜，辦理夷務。因道光年間，與暎夷等訂立和約等事，均係該員經手，故此次仍令前往辦理。桂良等可令委員傳知該夷酋等，並密探夷情若何？至該夷要求各款，一時自難説定，可否以俟耆英到津後，再爲酌辦？

又諭：昨降旨，派耆英前往天津辦理夷務。所有文武委員，即著於直隸地方營汛内調派委用。一切奏報文移，即借用直隸總督關防，以資便捷。所有議撫事宜，專歸耆英辦理，譚廷襄毋庸會辦。

《文宗實録》卷二五二戊辰，諭内閣：勝保、袁甲三奏，官軍克復州城，並追勦餘匪一摺。逆匪踞六安州城，經勝保等督兵圍攻。本月十一日，該逆出撲官軍新營，勝保親督穆騰阿等各率馬步兵勇分路抄截，繞至鳳凰橋、尚家廟一帶，迎斬悍賊百餘名，賊衆敗逃。次日，該逆又擁大股搶過河西，分撲鳳凰橋、新集等處營盤。副將王鳳祥等分督兵勇，開礮轟擊，賊衆潰走。官軍分途追殺，賊屍枕藉。另股接應之賊，亦經官軍擊退，乘勢趕殺四五百名。其撲擾河東營盤之賊，均經袁甲三督飭兵勇，擊斃甚多。十二日夜間，參將賽沙布等繞抵六安，搶過城濠，争豎雲梯而上。在城内應之許原如、楊邦本等將城門大啓，兵勇一擁而入，賊匪亡命分竄。未經逃脱之賊，經官兵沿街搒殺三千餘名，救出難民二千餘人，立將州城克復。餘賊擁船下竄，經兵勇兩岸截殺無數，並擊沈賊船一百餘隻，斃賊二千餘名，淹斃不計其數。生擒張樂行之叔張玉明，龔得之姪龔玉，及其戚黨多名。追勦亦屬得手。在事出力員弁紳練，著勝保等擇尤保奏，候朕施恩。

己巳，以頭等侍衛托明阿爲直隸提督，已革提督張殿元留營差遣。

辛未，又諭：何桂清奏，浙江軍情緊急，請飭和春督辦江南浙江軍務一摺。浙江賊勢東趨，處州既陷，逆燄益張。先後由金陵大營撥去兵勇五千餘名，徽、甯兩處援兵亦已逾萬。前經降旨，令總兵周天受督辦浙江防勦事宜。該員現在嚴守金華，恐難兼顧。江蘇、浙江，唇齒相依，設有疏虞，有礙大局。和春圍攻金陵，布置已屬周妥。著即馳赴浙江，督辦江南、浙江兩省軍務。總兵周天受著幫辦浙江軍務。所有江南、安徽、江西援浙各軍，均歸該大臣節制，以一事權。前命李續賓帶九江得勝之師赴浙援勦，亦著歸和春調度。和春赴浙後，所有江南軍務，即著張國樑、許乃釗暫行會辦。俟浙江軍務辦有就緒，即可責成周天受專辦，和春仍馳回金陵。該大臣聲威久著，現在竄浙之賊乘其巢穴未固，分飭各路帶兵大員，一鼓殲除，以保東南大局，朕有厚望焉。將此由六百里各諭令知之。

《咸豐朝籌辦夷務始末》卷二四　癸酉，諭軍機大臣等：本日據桂良、花沙納奏，接見各夷及現辦情形。覽奏已悉。所請頒給欽差大臣關防一節，業已敕部鑄造，兩三日内即可頒發。該夷酋等如果前來探詢此事，可告以業經奏請，如果允准，不日自可頒到。至咪夷前進國書，業經允其答覆，本日已將答覆咪夷璽書，由驛發去。桂良等於奉到後，即可傳知該公使令其祇領，俾得回至該國覆命。惟聞近日各該夷，有騎馬入天津郡城之事，並據前日桂良等奏，該夷輪船，圍逼津郡城下，槍礮迅利各等語。是津郡情形，非常緊迫，現雖以議撫爲羈縻，而該夷反覆靡常，難保不忽然生變。聞津民業已集團，人數不少，如果聯絡一氣，自可收衆志成城之效。此事未便明白出示曉諭，譚廷襄惟當密諭張錦文等，令其設法糾集團勇，暗中嚴密布置，以備不虞，不可冀倖撫局將成，稍涉大意。

甲戌，又諭：本日據桂良等奏，暎夷所求條款，連日派員面議，分別准駁，而該夷情形，似非全准不可等語。該夷要求各款内，如鎮江、漢口各處通商；並由江通海各處，任聽伊國隨時往來；要緊地方，由伊國設領事官，懲辦不法之徒等語。直欲以中國地方聽伊出入，所請斷屬難行，現已諭知耆英正言駁斥，另行設

法羈縻。惟該夷以此款爲最要，一經拒絶，其決裂實在意中。此時調撥各兵，漸可齊集，著僧格林沁相度要隘，妥速布置，不可遲緩。天津府城危在旦夕，該大臣諒亦探有消息。官軍挫敗以後，戰守兩難，惟有激勵民團，尚可冀其出力，保衛府城。僧格林沁如聞該夷内犯之信，或派委幹員，或頒發告示，激勵鄉團，以助兵力。現聞楊村、通州等處官兵，因食物昂貴，頗形苦累。當此防勦喫緊之際，若聽其飢疲，兵丁何能出力，所得口分，應如何酌量加增，俾得宿飽，並著該大臣迅速覈計，傳諭糧臺辦理。續調密雲兵五百名，由署副都統哈福那親帶來京，已令其歸僧格林沁調度，現應派往何處駐紥，即著量爲派撥。

《文宗實録》卷二五三　五月乙亥朔，諭内閣，譚廷襄奏遵查失事總兵各員一摺。署天津鎮總兵副將達年督同署副將德魁駐守礮臺，不能督率兵勇，認真抵禦，以致礮臺失陷，實屬畏葸無能。達年、德魁均著革職拏問，交譚廷襄嚴行審訊，按律懲辦。已革提督張殿元如何失事，都司訥勒和尚無下落，著譚廷襄一併查明具奏。

《咸豐朝籌辦夷務始末》卷二五　戊寅，諭軍機大臣等：前因俄夷於地界一節，言語反覆，曾諭知奕山，與木哩斐岳幅曾勘時，當查照從前界碑與之剖辯，不可遷就了事。兹據該將軍奏，會晤夷酋，酌議地界，該夷酋所請黑龍江左岸舊居屯户之外，所餘空曠地方，給與該夷安静存居，並江中准其行走等情。奕山因恐起釁，並因與屯户生計尚無妨礙，業已悉行允許。自係從權辦理，限於時勢不得已也。惟該處既給與俄夷，又恐民夷雜處，致滋事端，奕山當妥爲彈壓，毋稍大意。其松花江、烏蘇里、綏芬等河，界屬吉林，距興安嶺遠近，奕山不能懸揣。即著景淳迅速查明，如亦係空曠地方，自可與黑龍江一律辦理。儻該處本有居人，一旦爲夷占踞，與我國屯丁耕作均有妨礙，景淳當咨明奕山，仍應與該酋據理剖辯，不可一概允許，又滋後患。至該夷所請於黑龍江通商之事，即著奕山體察情形，妥籌條約；一面仍嚴密防範，設法駕馭，毋令該夷既遂所欲，更肆要求無厭也。

諭軍機大臣等：桂良等奏，領到關防，並陳現辦情形一摺。嘆夷嗜利逞强，專擇萬不能允之事，故肆刁難。桂良等遽爲所懾，竟將内地通商、游歷各省兩節，允俟軍務完竣後酌辦，輕爲許諾，但顧目前，必貽無窮後患。即兵費推交廣東，進京約俟再議，雖屬萬不得已，姑爲羈縻之計，惟日後不能踐言，轉致失信於該夷，釁端復起。

又諭：前據羅惇衍等奏：進紥花縣，激勵紳團，密籌克復省城。並片陳江國霖等媚夷各情。均經諭令黄宗漢，與該侍郎等密商舉動，並將該藩司等懲辦。計該大臣當已行抵粵省，所有調兵集餉，輯民攘夷各事宜，想能遵照諭旨，妥爲辦理。廣東文武各官，受夷挾制，殊堪痛恨！本擬俟黄宗漢查參懲辦，乃本日據江國霖奏，竟以籌勦西江軍務爲名，擅自出省。該藩司於夷人入城，失去庫項，咎已難辭；復敢抽身遠出，置夷務於不顧，更出情理之外。已降旨將江國霖革職，交黄宗漢審訊。其廣東布政使著畢承昭補授。畢承昭本係黄宗漢隨帶之員，現已擢任藩司，籌備餉需各事，即著責成督辦。江國霖素性貪巧，曾據羅惇衍等參奏，首鼠兩端，每月朔日，率各官與夷人會面，受其約束。曾到花縣求緩攻城，並有恐獲罪於夷，不回省城等語。此次藉詞勦匪，居心已可概見，黄宗漢務當嚴切審訊，無令遁飾。其前諭撤參之署臬司蔡振武及拏問之革道俞文詔，並著按照所參嚴辦。夷船到津攻奪礮臺後，逼脅要求，多不可准，撫局未易定議。廣東團練現辦情形若何？著該督隨時馳奏，以慰廑念。

己卯，硃批〔諭〕：耆英經朕棄瑕録用，委任辦理夷務，乃（長）〔畏〕葸無能，大局未定，不候旨擅自回京，不惟辜負朕恩，亦無顔以對天下，實屬自速其死。著僧格林沁派員將耆英鎖杻押解來京，交巡防王大臣、軍機大臣，會同宗人府、刑部嚴訊具奏。此次朕用耆英，原出於不得已，冀其有成，雖經惠親王等保奏，實係操縱自朕，無先見之明，愧恧殊深！惟王等贊襄無方，若不予以薄懲，曷以洽服衆議。惠親王著毋庸管理中正殿、雍和宫事務。載垣、端華均著開領侍衛内大臣缺，與惠親王一併交宗人府議處；彭藴章、柏葰、穆蔭、杜翰均著交部議處。

《文宗實録》卷二五三　庚辰，湖南巡撫駱秉章奏，瀝陳籌餉情形。一在釐剔錢糧宿弊以恤農，而輪將較前踴躍；一在杜絶釐金擾累以通商，而抽收較爲實際。得旨，汝久任封疆，所陳皆歷練有據之論，洵非以耳爲目者比。

《咸豐朝籌辦夷務始末》卷二五　甲申，諭軍機大臣等：桂良、花沙納奏，嘆夷將次就範，現擬從權辦理一摺。嘆夷所求各條，種種皆貽後患。如内地通商一節，原議軍務完竣再辦，而該夷即欲於鎮江先立馬頭，可見步步進占，所求無厭。現在該夷滋擾海口，海運已難踵辦，勢不可不改由河運。若復任其盤踞鎮江，則河運亦難辦理，實爲大患。可明白曉諭，告以鎮江地方，連年皆遭兵火，民情尚未安帖，亦無殷實商人在彼，若驟立馬頭，置棧積貨，不但不能銷售，且難保

無争奪口舌之事。設或彼此不能相安，轉致有傷和好，是以必須軍務完竣，方可定議，並非託故遲延。又如游歷各省州縣一節，雖議明持照前往，儻與民人口角鬬毆，或迷失傷亡，中國地廣人多，不能查察。須先與之言明，方免日後又費唇舌。至進京一節，他國所議，但言有事進京，而嘆夷必欲在京久駐，且自居欽差名目，其窒礙之處，尤不勝言。當告以有事進京，既經允許，則遇有大事，儘可來京面訴，何必留人遠駐京師？若必欲駐京，則俄夷成例具在，但能派學生留住，不能有欽差名目。須改中國衣冠，聽中國約束，專令學習技藝，不得與聞公事，於爾國亦無大益。況各口通商，各有督撫，嗣後若有要事，不拘何處，皆可由本省督撫代爲轉奏，不必向廣東欽差理論，自不至有蒙蔽之處，即與駐京同其便捷。以上各層，均可聽其自擇。桂良等已託俄夷代爲轉圜，無論如何爲難，必須將此事阻止。俄夷既感激出力，其好勝之心，當可激發。即與之言：爾國多年和好，尚止學生在京，從無欽差駐京之事。今嘆夷尚未交還廣東，如何先議入(城)〔京〕，豈不轉在俄國之上。託其從中設法，即不能罷進京之議，亦須廣東事了，再行詳細議定如何禮節，彼此允協，方能定約。至天津海口，斷不可許其往來，將來定議進京，亦止能自上海起，由內地北來，由中國派官護送，一切供應，俱由中國辦理，不必令其自備資斧。以後或三年一次，五年一次來京，不必年年跋涉。如能藉俄夷轉圜，其先來京城看定寓所，及在天津租賃房屋之處，俱毋庸議。至鎮江設立馬頭，於漕運有礙一層，不必向俄夷實告也。俄夷欲送槍礮，既出真心，可告以送來之時，必當收受，將來亦必以禮相酬。正可藉此籠絡，示以不疑，以冀爲我所用，不可露中國急需此項之意，致啓輕視之心。其欲令人來教導技藝，踹看礦苗，均著婉言回覆，勿許爲要。

丙戌，諭軍機大臣等：桂良、花沙納奏，密陳嘆、咈兩夷議論條約情形一摺。咈夷所求內地通商一節，該大臣等已許南京一處，現在逆(夷)〔匪〕占踞金陵，官軍克復之後，地方凋蔽，一切善後事宜，非兩三年不能妥辦，須俟辦妥後，方能議立馬頭。此事與嘆夷所求鎮江，同一窒礙，該大臣等務當明白開導，以免臨時饒舌。內地游行一節，該夷無非意在傳教，但中國民情不一，肯否習教，不能相強。儻將傳教之人暗中殘害，或迷失傷亡，中國地方人衆，不能紛紛代爲查辦。此層須向該夷先爲説定，以免將來因此起釁。至派員至京，看定房屋，留數人居住辦事一條。該夷留人在京，無事可辦，海口通商事宜，仍須由各省督撫察看地勢民情，京中礙難懸斷。若照俄夷成例，其隨從人等，須改中國衣冠，遵中國制度，不得與聞公事，於該夷有何裨益？此事仍須囑俄夷向嘆、咈二夷詳言阻止，方爲妥善。其賠償兵費數目至一〔二〕百萬，雖屬無理，原不足計較。惟廣東開税，五年之中能否扣出此數？況尚有嘆、咈二國，恐爲數不敷，必須俟廣東大局定後，方能覈算。桂良等若先行畫押，將來事有難行，反謂中國失信，又恐其復有要求，伊於胡底？若能藉俄夷之力，加以挽回，與説活動。該大臣等亦須示以誠信，以見不輕定約，爲定約後事必能行，其尚無把握者，不敢漫然應允，並非推諉也。

戊子，諭軍機大臣等：桂良、花沙納奏，【略】俄夷來文，謂將進京、內江兩事已代説明。詢之嘆夷，乃云並無其事。此中情節，或俄夷未曾轉達，或嘆夷故爲狡賴，均未可知。該夷所求鎮江馬頭，與咈夷之金陵，桂良等皆許其軍務告竣，再爲定議。原不過爲緩兵之計，他時尚費周章。若進京一節，亦須如其所請，是桂良、花沙納籌辦夷務，毫無主見，惟一味畏葸，竟未將初十日寄諭細心體會。嘆夷照會，謂我徒事遷延，若再無定説，惟(有)帶兵北竄等語。究竟何者未定，豈桂良等尚未分晰告知耶？連日據王大臣科道條奏，僉以該夷駐京及內江通商，萬不可准。桂良等豈不知貽患將來，惟應照初十日寄諭，妥爲籌辦，使該夷知非全行拒絶，又非概允該夷所請，如此羈縻，或可不至決裂。其咈夷所請，萬不能阻止，亦祇可仿照辦理。儻該夷定欲派欽差來京，建樓久駐。當告以此事斷難允准，我等若擅自允許，大皇帝必將我等從重治罪，所許各條，亦祇好均歸罷議。應如何辦理之處，聽嘆、咈兩酋照覆；一面告知俄、咪兩夷，令其將內河船隻及早退出，免致打仗時誤受損傷。並飛咨僧格林沁妥速籌備。似此決絶言之，看其如何動静，若竟用武，祇可與之決戰。儻其顧惜桂良等所許，利益已屬不少，必轉託俄、咪二夷出來説合，彼時再行酌辦，庶不致全爲挾制，貽患無窮。

《咸豐朝籌辦夷務始末》卷二六 庚寅，諭軍機大臣等：前於初十、十二、十四等日，疊次諭知桂良、花沙納，令將嘆、咈兩夷請駐京師，及鎮江、金陵先立馬頭之處，設法阻止。本日據桂良等奏：該夷自定條約五十六款，一字不令更易，並添出在津居住一層。俄夷既不足恃，咪夷又欲開船。照此情形，豈非有心決裂，志不在和。桂良等已令該夷幫辦筆墨之華人從中挽回。儻如所擬，該夷進京於一年之後，不稱欽差名目，或照俄囉斯學生之例；其鎮江通商，俟軍務完竣再辦；天津不至居住，則撫局即可定。事已至此，尚有何靳惜，必欲該大學士爲難，但恐並此不能，則其勢不得不用武。昨十四日寄信諭旨，令將何款已允，何款難允，分晰告知該夷，使該夷知我於所請各款，並非全行拒絶，自可漸就範圍。

該夷所謂五十六款一字不可更易者，恐尚係傳説之人，於中把持，果能分晰開導，何至如此堅執。桂良等所稱天津居住一節，或可易以他處。但當易與閩、廣等省距京較遠之處，若如奉天牛莊及山海關等處，則與天津無異，仍不可行。本日已密諭譚廷襄，密伏練勇，隨地布置，一面抵禦該夷；一面即爲保護桂良等之用。如其事機決裂，桂良等即當設法抽身，萬不可輕蹈虎口，致傷國體。桂良、花沙納、譚廷襄聲氣必須聯絡，勿至臨期遺誤事機。至俄、咪兩國條約，既稱已定，即可先行具奏，以備印證。

辛卯，諭軍機大臣等：羅惇衍等奏，夷人出城滋擾，迎擊獲勝，並瀝陳省城情形，請旨遵辦一摺。該夷四出滋擾，業經與之接仗，兵端既起，勢不能再有顧惜。前次諭令勿遽舉動，原恐黄宗漢一時未能到粤，該紳等聲勢尚孤。今據奏稱請以遏抑夷人之事，責成該紳等，而以轉圜之權歸之黄宗漢。所見甚是。黄宗漢何以日久未到？殊不可解。該侍郎等即當激勵團練，乘其公憤，實力攻勦，不必因城中尚有官吏，致存投鼠忌器之心。能將夷人逐出，將來轉圜之事，黄宗漢自能斟酌辦理。其出力之户部主事陳桂籍、千總鄧安邦，俟立功後隨時密保。該侍郎等雖係奉旨辦團，而勦夷之舉，仍當以民心義憤爲詞，不可自露帶勇打仗之名，免致將來指名報復，又增饒舌。摺内所參媚夷及僨事各官，除江國霖業經革職交黄宗漢訊辦外，其餘各員劣跡，著俟黄宗漢到後，詳細告知，聽候查辦。

《文宗實録》卷二五四　壬辰，諭内閣，官文等奏，官軍連克縣城，越境追勦一摺。皖匪竄踞湖北麻城，另股竄入黄安，經布政使李續賓馳抵黄安督勦，四面環攻。大股賊匪出撲，伏兵齊起，槍礮如雷。馬隊縱横衝截，生擒一百餘名，殲斃僞丞相、僞先鋒、僞檢點、指揮、司馬等數十名，乘夜逃竄。跟追三十餘里，殺賊無算，遂將縣城克復。麻城之賊亦於初四日夜間不戰而遁。道員李續宜、副將鮑超率馬步隊日夜窮追，勦辦甚屬妥速。著李續賓等乘勝追勦，節節埽蕩，以期肅清。

又諭，江國霖奏，勦辦廣西匪徒，克復梧州一摺。廣西匪徒竄踞梧州府城，匪船數百隻，圖竄東境。廣東提督崑壽督帶師船陸勇，於三月初旬泝流迎勦，已革梧州府知府陳瑞芝等自募潮勇，分起前進。三月十七日，水師先於德慶州河面接仗獲勝，副將衛佐邦等繞道迎擊。二十七至四月十一等日，封川各屬文武分投堵勦，疊有斬捦。將該匪江口礮臺焚毁，並攻破白田村、社學嶺等處匪巢，杜其牽掣。水陸大兵遂由封川前進，斃賊一千餘名。匪猶抵死抗拒，官軍揚帆直上，礮無虚發，匪艇破碎漂流，悉被奪獲，梧城羣賊，棄臺而走，十八日寅刻，遂將府城克復。著崑壽即飭水陸將弁會合廣西兵勇，將柳、潯各屬匪徒一律埽平，毋留餘孽。所有出力文武員弁紳士，著黄宗漢查明保奏，候朕施恩，陣亡兵勇，著查明請卹。

又諭，官文、胡林翼奏，請飭調江西下游之師就近援勦浙江等語。浙省自處州失守，衢州東門外營盤復陷，賊由縉雲竄入永康、武義，并從間道窺伺諸暨，軍情實屬緊急。李續賓克復黄安、麻城，已帶兵追勦潛、太賊匪，不能赴援浙江。惟據官文等探聞，江西建昌亦已收復，祇有吉安一府未復。現有曾國荃、劉鴻翱等軍足敷勦辦，蕭啓江所帶之勇均久經戰陣；其張運蘭、王開化、劉芳貴等所部勇丁，亦多精鋭。統計各軍不下萬餘，且距浙省程途較近。著耆齡即飭蕭啓江、張運蘭、王開化、劉芳貴等各率所部兵勇，就近由祁門、甯國一路兼程前進，馳援杭州，繞出賊前，竭力堵勦。石逆現踞常山，其鋒甚鋭。該撫務飭該將弁等並力攻勦，殲厥渠魁，是爲至要。將此由六百里諭令知之。

《咸豐朝籌辦夷務始末》卷二七　諭軍機大臣等：桂良、花沙納奏：呈遞俄、咪兩夷條約，並歷陳暎、咈所請，不得不從權允准一摺。桂良等所稱以後但當臥薪嘗膽，力圖補救。豈知和約一定，如何補救，即自請治罪，何補於事耶？俄、咪夷條約内，均有進京一條，皆無久駐京城之説，則暎、咈兩夷，豈能偏准，桂良等既言不妨權允，亦當與之約定，來時祇准帶人若干，到京後祇准暫住若干時，一切跪拜禮節，悉遵中國制度，不得攜帶眷屬。如咪夷條約内所載：每年不得逾一次，到京不得躭延。或由陸蹈，或由海路，不得駕駛兵船進天津海口。小事不得援引極請，從人不得過二十名。上京時先行知照禮部，公館自由中國豫備。暎夷若得照此，亦自可允，若必欲駐京，則前此業經諭及，必須更易中國衣冠，諒該夷亦所不願。其人數時日及禮節事宜，總須照咪夷約定，載入條款，方可允准。至鎮江通商，原許其軍務告竣後商辦，咈夷所請之金陵，現爲賊踞，不能即議通商，鎮江亦未便先立馬頭。仍許其俟長江一律肅清，各路軍務告竣，再行定議。天津一處，該夷必欲以登州、牛莊相易，牛莊究近京畿，且爲東三省貨物總匯，惟登州尚可酌辦。但須載明祇准貨船往來，不得於岸上建立夷樓；不得攜帶器械，駕坐兵船。以上三條，如其所議，即可將條約呈進。該夷原約既不肯更改，即作爲中國所添條款，與之更約，彼所要請，我已准至數十條，我國所定不過三條，豈能拒絶。閲俄國清字照會，有駐京及行駛内河已爲阻止之語，何以

桂良等仍以爲請？恐係哱嗪嘓輩從中播弄，噸嚩唫與中國人彼此語言文字均不通曉，遂致任其所爲。俄使既有此語，即可託其踐言，以破此疑義。況該使臣方以不能力阻噗、咈爲抱歉，祇此三條，又非更改已成之款，必當代爲妥議。另寄信諭旨一道，即宣示俄使可也。

癸巳，硃諭：前據惠親王等請，將耆英照軍法從事，因命解京嚴訊，嗣訊具供詞，復令恭親王奕訢等秉公定擬。茲據奏稱：耆英不候諭旨，糊塗冒昧，酌擬爲絞監候，朝審時入於情實。所擬尚無不協，惟其聲敍獲咎之由，殊非誅心之論，不得不明白宣示。【略】惟惠親王等原參，未免過重，即肅順所奏，仍擬正法，亦未爲是。朕之交議，正因其罪重，欲廷臣衡情酌斷，暴白於衆。若仍予正法，何必解京？又何必定擬？且謂其苟延歲月，儻以病亡，獲保首領，比擬更屬不倫，此乃盜案內斷語，難妄加諸耆英。朕數日詳酌，欲貸其一死，實不可得。即照奕訢等所擬，朝審時必予句決，尤不忍棄之於市。不得已，思盡情法兩全之道，著派左宗正仁壽、左宗人綿勳、刑部尚書德魁，迅即前往宗人府空室，令耆英看朕硃諭，傳旨令伊自盡，以示朕飭紀加恩之至意。

《文宗實録》卷二五五 乙未，諭軍機大臣等，前因江西賊匪竄入浙江之常山、開化，圍偪衢州府城，疊由江南徽州等處調撥援師，馳往救援。恐官軍無所統屬，特加漳州鎮總兵周天受提督銜，督辦浙江防勦事宜。嗣因處州失守，並攻陷金華所屬之永康、武義二縣，恐周天受資望較淺，未能統率衆軍，復諭和春前往督辦。茲據和春奏，現在患病未痊，刻難就道。東南大局攸關，必須聲威素著之大員督率各軍，方能措置裕如。曾國藩開缺回籍，計將服闋，現在江西撫、建均經克復，只餘吉安一府，有曾國荃、劉騰鶴等兵勇足敷勦辦，前諭耆齡飭令蕭啓江、張運蘭、王開化等馳援浙江，該員等皆係曾國藩舊部所帶口丁，得曾國藩調遣，可期得力。本日已諭令曾國藩馳驛前往浙江，辦理軍務。著駱秉章即傳旨，令該侍郎速赴江西，督率蕭啓江等，星馳赴援浙境，與周天受等各軍，力圖埽蕩。該侍郎前此墨絰從戎，不辭勞瘁，朕所深悉，現當浙省軍務喫緊之時，諒能仰體朕意，毋負委任，何日啓程，並著迅速奏聞，以慰廑念。將此由六百里各諭令知之。

《咸豐朝籌辦夷務始末》卷二七 諭軍機大臣等：桂良、花沙納奏，各夷條約已定，遵旨覆奏一摺。噗、咈兩夷條約內，前命囑俄夷挽回之處，已不能行，覽奏徒增憤懣！至俄夷欲派人修理礮臺、教演槍礮，前諭桂良等阻止，原係體恤該國，並非有猜疑之意。今該夷既謂祇派十人或五人前來，爲數不多，尚可允准，若桂良等即備文照會該夷，准其酌派數人前來，教演槍礮、條築礮臺，並加嘉獎，以堅其和好之心。所稱各國公使，均須各回本國。究竟該夷起碇時，言明先往何處？桂良等前奏，有在上海議定稅則之語。該夷等曾否約定何時往議？現在噗、咈、咪三夷船隻，是否離大沽海口已遠？即著桂良等務必偵探明確，密速奏聞。噗、咈兩夷條款業經議定，何以遲遲未奏？並著即日鈔録進呈，毋許延緩。

《咸豐朝籌辦夷務始末》卷二八 丁酉，諭軍機大臣等：前因桂良等呈遞俄、咪兩國條約，未將噗、咈兩國條約呈遞，迭經諭令速奏，本日始據桂良等鈔録呈覽。各國條約，經桂良等面議定見，蓋用關防，豈尚有不准之理？茲據桂良等奏稱：各國欲以奉到硃批爲信。所有該大臣等前奏俄、咪兩國條約，並本日所奏噗、咈二國條約，朕均批依議二字，發交桂良、花沙納閱看。著即將此旨宣示各國，照此辦理，從此長敦和好，永息兵端，共體朕懷柔遠人之至意。

己亥，諭軍機大臣等：前於四月初七、初十等日，將夷船到天津後大概情形，及該夷占踞大沽礮臺，未能即時用武各情節，先後寄知黃宗漢矣。嗣因羅惇衍等奏：夷人出擾村鎮，練勇迎擊，於四月二十二等日，連次獲勝。復經兩次諭知黃宗漢，大意總在勿阻民團義憤，而官爲轉圜，使夷人畏民感官，方可措手。現在天津議撫，已有端倪，自大沽礮臺被占後，夷船直逼天津城下，密邇京畿，勢難用武。已經桂良、花沙納將所請各條議准，業已用印畫押，彼此互換，其勢難於翻悔。噗夷約內，索賠兵費四百萬，咈夷約內，索賠兵費二百萬，分年由廣東關稅內扣抵，扣完之後，再行交還廣東省城。是黃宗漢本日所奏，該夷搭橋築臺，欲爲長久之計，未必無因。且該夷所築礮臺，能使十里內外不能駐足，此時羅惇衍等恐急切未能攻城。著黃宗漢懔遵前旨，如團練力可制勝，萬全無失，則聽其進攻，不必阻遏；儻勝負尚未可知，則不可輕於一試，設有疏失，轉令夷人窺破，從此用民勦夷之說，亦不足懾服夷人。況黃宗漢所帶兵勇無多，必須蓄民團之威，以爲局外調停之助，若並此不足恃，則黃宗漢愈無把握。此係慎重機宜，並非遏民義憤，黃宗漢當與羅惇衍等妥密商辦可也。

辛丑，諭軍機大臣等：昨據黃宗漢奏：入粵探訪夷情，有搭橋築臺，欲爲久計等語。當將天津近日議撫及所請各條業經用印畫押，勢難翻悔各情，諭知黃宗漢。並以廣東團練能否必操勝算，諭該督與羅惇衍等妥密商辦。原爲慎重機宜，並非遏民義憤，諒黃宗漢必能體察辦理。夷人占踞粵城半年之久，中國並未

發兵征勦，前黄宗漢奏，傳聞該夷向民間搜索軍器，並有擄掠等情，民團曾與打仗。乃本日桂良等奏，各夷因和約已成，漸次起碇，一二日各船俱可退盡。惟咪酋來晤，提及廣東之事，請桂良等回京奏明，如在粤喫虧，仍須帶兵來津。並咈夷呈遞照會，稱聞黄宗漢在省城内外出示，令百姓勦滅番兵，該民人遇外國獨行兵丁，即時斃死。是否總督所爲？或有假冒其名，招災攬禍等語。著黄宗漢就近照會粤省夷酋，告以大皇帝已允爾和好，斷無與爾構兵之理。廣州鄉團人數衆多，聞與爾國兵丁尋仇争鬭，或假冒本大臣之名出示，本大臣無從知悉。爾國但當約束兵丁，勿擾民間，自可相安無事，不致受虧。使該夷知起釁在彼，報復在民，與官無涉，庶不致於議和之後别生枝節也。

《文宗實録》卷二五五　癸卯，諭軍機大臣等，官文奏，楚軍水陸東征，籌策調度一摺。湖北官兵克復九江、黄安、麻城，軍威已壯。自應水陸乘勝，進勦皖豫，先清江北，爲直擣金陵之計。官文所籌各條尚屬周妥。九江地勢扼要，官文等已撥兵五千駐守。江西兵勇多赴浙境追勦竄匪，能否抽兵五千，同守九江之處，著官文等知照耆齡籌辦。楊載福師船下駛，會合蕪湖紅單船後，亦即知照和春、德興阿，飭令帶兵之員與楊載福和衷商辦。江北一帶，全、滁、和州之賊，急欲應援金陵，德興阿已飭各營勦辦矣。捻匪回竄懷遠，臨淮、鳳陽先後失守。勝保現駐懷遠，袁甲三亦折赴臨淮，亟應迅圖克復，節節南偪。李續賓由中路進攻，都興阿由宿、太進兵，楊載福直攻安慶，皖北之賊，當可次第肅清。所有楚軍馬步水師應需糧餉，仍由官文等豫籌撥解。至運送糧餉軍火等項，著何桂清、福濟、英桂、瑛棨先期派員攜帶經費，探明大軍進止，分段設站，隨時轉運，以利遄行。至所撥楚軍餉，項收支各數，在皖者咨送皖省，在豫者咨送豫省，入蘇境則咨蘇省，各該督撫即飭承辦之員，仍照湖北章程銷算，以便稽查而免轇轕。楚軍進勦皖豫，水陸各軍即責成都興阿、李續賓、楊載福統制。他省帶兵大員不得調歸統轄，以一事權而期得力。現在皖豫兩省賊勢蔓延，官文等分飭諸軍，水陸並進，實爲全局關鍵。勝保、袁甲三務與都興阿、李續賓同心勠力，迅殄逆氛，以收師克在和之效。將此由六百里各諭令知之。

《咸豐朝籌辦夷務始末》卷二九　六月戊申，諭内閣：著派瑞麟馳驛前往天津，查辦事件。

己酉，諭内閣：著派桂良、花沙納、基溥、明善，攜帶欽差關防，馳驛前往江蘇，會同何桂清妥議通商税則事宜。所有隨帶司員，著一併馳驛。

《文宗實録》卷二五六　癸丑，諭軍機大臣等，王懿德等奏，福建軍情緊急，請飭調兵援勦一摺。據稱浦城、松溪、政和等縣被賊踞守，邵武逆匪句結土匪，時圖下竄，建甯縣城失守，賊援踵至，情形萬分喫緊。江西、浙江毗連該省，自應不分畛域，實力兜勦。張運蘭、蕭啓江各軍前已諭令赴浙助勦，現在别無可調之兵。福興由玉山至衢州，屢失事機，本日已有旨，令其來京另候簡用。所有該將軍帶往玉山兵勇，著即交耆齡，會同周天受，酌派得力將領統帶，馳赴浦城等處援勦。將失守各屬，力圖攻克，不可稍有遲延，致誤事機。將此由六百里各諭令知之。

丁巳，諭軍機大臣等，德興阿奏，福濟辦理安徽軍務，不事攻勦，恐致貽誤。請飭翁同書前往安徽勦辦，並鈔録德安信函呈覽一摺。福濟徒知株守，日久無功，已降旨令其來京另候簡用，並授翁同書爲安徽巡撫，督辦軍務矣。翁同書接奉此旨，即酌帶官兵馳赴新任，務須力圖整頓，俾皖省軍務日有起色，方爲不負委任。德興阿軍營辦理文案需人，著即揀選妥實可靠之員，接手辦理爲要。此時金陵尚未克復，江北之防不容稍懈。若克復九洑洲後，該大臣移營赴皖，恐該逆乘虚北竄，實於大局有關。現在李續賓已由楚赴皖，埽蕩皖北賊匪；都興阿亦由宿、太前來廬州一帶，攻勦可期得力。德興阿請帶兵前往安徽之處，著毋庸議。此次鞠殿華攻勦全椒，身受重傷，實屬奮勇可嘉，著發去如意拔毒散四料，交該總兵祗領。將此由六百里諭令知之。

《咸豐朝籌辦夷務始末》卷二九　庚申，諭内閣：僧格林沁奏，遵旨查參天津失事大員一摺。革職留任護軍統領珠勒亨，馬隊傷亡，營盤不整；刑部侍郎國瑞，雖營盤未動，惟未能上前援應，各有應得之咎。珠勒亨、國瑞著交部分别嚴加議處。已革副都統富勒敦泰，統帶京營礮位，駐紮北岸，竟將礮位營盤全行失陷，著即拏問，同已革提督張殿元、總兵達年、副將德魁，一併押解來京，交惠親王、載垣、端華會同刑部嚴行審訊，按律定擬具奏。直隸總督譚廷襄，有統轄緑營之責，據奏兵力足恃，布置皆妥，乃一經開仗，即失礮臺，實屬督率無方，並據僧格林沁查取國瑞等供，是日該督坐轎奔走，尤爲恇怯無能，大負委任。譚廷襄著即革任來京，聽候查辦。

丁卯，諭軍機大臣等：扎拉芬泰奏，續接俄夷來咨，察其詞意，漸已就範，相機妥籌辦理一摺。俄酋普提雅廷本年在天津海口，所求五口通商，業已允准，其獲利甚厚。又俄酋木哩斐岳幅至黑龍江勘地，業經奕山如其所請，與以空曠之

地，該夷甚爲感激。普酋曾於天津許備槍礮，由該國送來。此次來文，並不執議賠償，僅以察看貨物商議完事爲詞，總爲中國優待之故。可即派委員與之議結，毋庸再加辯駁，諒必無起釁之心。惟天津、黑龍江之事，亦不必與之明言。至調兵示威，原可不必，著照該將軍所議，相機控馭，咨照明誼妥辦可也。該將軍四月所奏該夷咨文，當即諭理藩院行知薩納特衙門矣。

《文宗實録》卷二五七　己巳，又諭，前因晏端書奏，浙江軍務總統需員，當降旨將周天受賞加提督銜，督辦浙江防勦事宜。玆據張芾奏稱，周天受調度乖方，縱兵騷擾，在湯溪、蘭谿等處沿途焚掠，並有擅殺鄉團，指爲通賊情事。似此漫無紀律，本應從嚴懲辦。姑念武義、永康次第收復，該員尚有微勞，著從寬先行革去提督銜，毋庸總統浙江軍務，仍責令帶兵勦賊，以觀後效。張芾曾經奏保周天受赴浙援勦，既經自行檢舉，並著交部議處。現在金、衢、嚴各屬失陷地方，均已先後克復。儻有不肖兵勇於賊去之後，借端擄括財物，甚至焚毀城市村莊，帶兵將弁不能約束者，一經參奏，朕必按律嚴懲，決不寬貸！將此通諭知之。

辛未，辦理浙江軍務、前任兵部侍郎曾國藩奏報啓程日期，擬由水路至九江登陸，遄抵河口大營。得旨，汝此次奉命即行，足徵關心大局，忠勇可尚。俟抵營後，迅將如何布置進勦機宜，由驛馳奏可也。

《咸豐朝籌辦夷務始末》卷二九　諭軍機大臣等：據瑞麟奏：遵旨速籌防範，已咨商僧格林沁酌撥勁旅二千名備調，並由通州各營内撥大小礮位二十尊赴津等語。夷船有仍欲來津之説，想不過虚聲恫喝，即使果來探聽消息，瑞麟惟當好言開導，原無須多兵耀武。惟有備無患，自應豫爲籌畫，所需兵丁礮位，著僧格林沁酌量調撥應用。至礮臺營壘，均應次第修築，雙港地方既爲扼要，即著先行辦理。其餘各工，亦可陸續興辦，毋稍遲緩。

《咸豐朝籌辦夷務始末》卷三〇　七月甲戌，諭軍機大臣等：奕山等奏，俄夷狡執字約，漸至蔓延，現議派員查辦一摺。黑龍江左岸舊居屯户之外空曠地方，許俄夷居住，並江中准其行走，已非興安嶺舊界。奕山前次悉行允准，並未辯駁，辦理本覺太易，因限於時勢，從權允許。乃該夷闖越黑河口，欲由松花江西上，夷字内又寫烏蘇里河至海，爲中國與該國同管之地。肆意侵占，漫無限制。並在烏蘇里右岸圖勒密山向西安設礮臺，並欲在河内上下左右岸至忙牛河一帶，蓋房修道，其心尤爲叵測。該將軍等現派副都統富隆額、圖欽帶同佐領三隆，親赴綏芬、烏蘇里等處履勘。著奕山、景淳即飭該副都統等細心體察，除黑龍江左岸，業經奕山允許，難以更改，其吉林地方，景淳尚待查勘，本不在奕山允許之例，當與俄夷以何處爲界，即著該將軍等據理曉諭，儻夷酋有心狡賴，即著嚴行拒絶，毋庸先行請旨，徒勞往返，致稽時日，勘定後，再行繪圖貼説，詳細奏聞。該夷此次駛赴天津，業已許其海口通商，並經奕山將黑龍江左岸准其居住往來，即吉林各處未能盡如其欲，在我已屬有詞，在彼諒未必因此啓釁也。

己卯，諭軍機大臣等：前因夷人在天津議定和約，有索賠兵費扣完後，再行歸還廣東省城之語。已諭知黄宗漢，如團練力可制勝，不必阻遏；儻勝負尚未可知，不可輕於一試。並照會該夷，使知構兵之故，與官無涉。諒黄宗漢當已知照羅惇衍等，妥籌操縱。本日據羅惇衍等奏：六月十一日，進攻省城，因該夷防守甚嚴，不能得手。是攻城之舉，尚未能操必勝之權，儻徒傷損士民，轉使該夷有所藉口，亦未爲計出萬全。該侍郎等所稱，夷人焚燒房屋，捉殺無辜，拆毁石坊。如仍前肆擾民間，而紳團合力與戰，原係義憤，不能禁止。若挑釁生事，有意與之爲難，在我未必能勝，而在彼轉得有詞，亦當暫事緩兵，以顧沿海大局。惟各鄉團練糾集非易，若聽其涣散，不特夷人無所忌憚，即勦辦土匪，籌畫地方公事，黄宗漢失其所恃，亦恐難於措手。仍當與羅惇衍等聯絡激勵，使敵愾之心不至因而生懈，方爲妥善。黄宗漢行抵惠州，距羅惇衍等發報之時已經逾月，何以至今並無奏報？著將該省夷務並各路土匪情形及迭次諭查各件，詳細速奏，毋得任意延擱，又蹈從前故轍。再，前據徐澤醇奏：廣東駐防紀世材，精於籌造火器，曾著有鑄造火器等書。著該督查明，如果現在省城，即行飭令來京，以資差委。

辛巳，諭軍機大臣等：僧格林沁、西淩阿奏，催辦礮臺營壘，擬移營雙港一摺。現在購辦樁木，解赴天津，修整礮臺營壘，並撥運礮位，辦理漸有就緒。惟該夷船是否再來不能預定，該大臣可先赴天津，察看雙港營壘礮臺，布置周妥後，可仍回通州駐紥，不必常駐天津。如有應行辦理之處，不難隨時前往，總以通州後路爲要。如夷船到津，仍由瑞麟妥爲開導。僧格林沁赴津後，通州營壘礮位，即交副都統克興阿暫爲照料，應調官兵，即照所擬辦理。需用牛皮，已諭慶昀購辦，解赴天津。所需樁木，已派府尹梁同新，前往通州督辦。並諭户、工兩部籌撥銅斤，及步軍統領衙門修墊道路矣。再，前任漕運總督李湘棻，曾在僧格林沁軍營，其人是否堪以調赴天津軍營，藉資驅策？著查明具奏。

《文宗實録》卷二五八　又諭，前據李鈞、崇恩奏，豫籌明年分成河運事宜，

當經降旨，以全漕河運能否照辦，諭令籌商具奏。兹據奏稱，籌款挑河，設法趲運，並將應修各工擇要估辦。著照所議，即飭藩運二司將挑河例價津貼銀兩，趕緊籌備支發，以免臨時遲誤。李鈞等即飭該地方官認真挑穵，務使河身一律深通，輓運無阻。並將應辦各工需用錢糧，撙節估計，先行具奏，毋許任聽屬員藉端浮冒，以重帑項而歸覈實。

癸未，諭軍機大臣等，本日據和春、何桂清等奏，浙省軍務將竣，請飭曾國藩將援浙之師改道援閩一摺，所籌甚合機宜。福建地勢西接江西，北鄰浙江，若令賊勢蔓延，所關非淺。已諭曾國藩迅由鉛山直擣崇安，著晏端書迅飭饒廷選帶漳、福各兵勇馳往浦城等處援勦。其周天培所帶援浙兵勇内，並著挑選精鋭三千餘名，由龍泉一帶赴閩，與饒廷選會擣浦城。慶端現已出省，近駐延平督辦。著該署督飛飭在建甯帶兵之保泰等，迅速上勦，爲三路夾攻之計。周天培一軍，業據和春等奏稱，由江蘇月撥銀二萬兩解往該總兵軍營。援兵未到之時，慶端仍當就本省兵力督飭，在事文武實力堵勦，毋許延緩。再據福興奏，所帶援浙一軍衢圍已解，其出力各員弁請由晏端書彙覈請奬等語。著該撫確查，擇尤保奏，毋稍冒濫。將此由六百里各諭令知之。

丙戌，諭：吏部奏，遵議山西巡撫恒福等請停增、附捐教一摺。據稱，捐例變通原屬權宜之計，請俟軍務告竣，再行停止等語。教職有考課士子之責，增、附生捐教，前經停止，嗣因户部奏請，暫爲變通，究不足以示矜式。所有增貢、附貢報捐教職一條仍著停止，以重學校而勵真才。

《東華續録》咸豐八一　勝保奏，見據獲匪供稱，捻首張漋分遣奸細，潛赴紅心驛、店埠、定遠等處，探聽官兵虚實，欲攻定遠，竝遣人句結滁州髮賊，前來會攻等情。是東路情形十分喫重。見在塔思哈移兵關山，未能前進，黄元吉一軍勢成孤立，斷難奮擊大股竄匪。雖派遊擊唐玉輝駐軍鳳陽，但亦不能兼顧東南各處。李孟羣見紮店埠，臣即飭調，未卜能否前來，且恐緩不濟急。臣若不即日繞赴鳳臨，先爲布置，不但廬州後路梗塞堪虞，且恐全、滁、鳳臨髮捻又成一片，糾合滋蔓，江北大局收拾更難。李兆受一股兇燄尚熾，查其所領二十四軍，每軍實有二千五百人，以二十四軍計之，衆已數萬，賊中推爲勁卒，前擾江浦，即其餘黨。見又爲髮逆所偪，竄踞全、滁，勢極浩大。臣若徒以力爭，恐難遽操勝算。幸經臣前次設法羈縻，故兆受頓格頑梗之心，見欲輸誠納款。查其禀中所稱，先獻滁州，後圖他策。若能盡如所言，則其黨數萬不爲我敵，轉爲我用，即粵逆之勢愈孤，捻逆之氣亦奪，淮南皖北指顧肅清。是李兆受之向背，實爲全局之轉關。臣仰仗皇上德威，平日虚聲，尚爲李兆受所震慴。又以全家被獲，概未加誅，感戴之忱，浹於肌髓。而其前次旋撫旋叛，戕及大員，雖經屢次明白開示，究覺負罪甚大，疑畏難消，必須臣親往招撫，開誠布公，坦白相示，庶幾釋其疑貳，堅其嚮往。李兆受若果納土抒誠，率衆助勦，臣當臨時酌度而行。或先優給頂帶，示以寵榮，俾知我皇上仁施法外，准予自新。但能立功贖罪，上答高深，必不追理前愆，兼可策其後效。統俟臣到日，相機籌辦。得旨，招降李兆受一事，固應示以坦白，尤須倍加防範。

《咸豐朝籌辦夷務始末》卷三〇　諭内閣：惠親王等會同刑部奏：遵旨訊明天津海口失事各員，分别按律定擬一摺。

己丑，諭軍機大臣等：羅惇衍等奏：遵旨聽督臣議撫，俟夷務平定，請移練勇防勦西、北兩江等語。羅惇衍等接奉兩次諭旨，已傳諭各營不復進攻，惟該夷淫掠焚燒，依然如故，並欲盡勦東北兩路村莊，如果肆意騷擾，自應激勵團練，竭力保護，毋令人心解體。至通商雖有定議，而該夷一時未即將省城交出，著羅惇衍等先與黄宗漢籌商，將各團分撥西、北兩江助勦，毋令坐縻兵餉。羅惇衍等擬將木刻關防夷務二字，改爲團練，即著届時改刻，毋庸明降諭旨。

《文宗實録》卷二五九　癸巳，又諭：官文奏，撫臣丁憂，據請代奏，並以軍務緊要，請照軍營例改爲署理各等語。湖北巡撫胡林翼自邀簡任以來，時閲四載，於吏治兵事均能實力講求。現雖閤境肅清，而大軍水陸東下，進止機宜尚待調度，籌備餉糈亦關緊要。該撫現丁母憂，著照軍營例，穿孝百日，加恩賞銀四百兩，即由湖北藩庫給發，俾經理喪事。所有湖北巡撫印務，著官文暫行兼署。胡林翼俟百日後，仍著署理巡撫。如扶柩回籍，再行賞假兩箇月。俟軍務完竣，准其補行終制，以遂其孝思。

丙申，諭軍機大臣等，本日據李孟羣奏，賊匪圍撲廬州，情形危急，請催李續賓等迅速赴援。旋據翁同書奏，廬州兵潰，賊匪入城各等語。廬營將驕兵惰，實爲可恨。已頒給勝保欽差大臣關防，並令翁同書幫辦軍務，以重事權。翁同書由定遠前進，不日當可抵廬。著即嚴督各路兵勇，力圖克復。如有鎮將不遵約束，兵勇輒行譁潰者，即行從嚴參劾，按律重懲，使咸知儆畏，不至仍蹈故轍。李續賓一軍，據官文奏，已行入皖境，水陸東下。但由潛、太一路直攻安慶，係沿江進勦，恐其攻勦愈急，賊愈北趨。現已諭知官文，令其知照都興阿、李續賓，酌分

勁旅，由舒、桐一帶，赴援廬州，力扼賊匪上竄之路。惟楚軍繞越需時，即勝保督兵懷遠，亦未能克日抵廬。著翁同書咨商德興阿，先行酌撥馬步官兵前往協勦，俟勝保全軍到廬，或楚軍趕到，再行酌量撥回。勝保在滁州招撫李兆受後，仍擬回攻懷遠。著於布置停妥後，俟袁甲三馳抵懷遠，或亦至鳳陽，即將三省會勦事宜交袁甲三督辦，勝保即進攻廬州，不准避難就易。惟袁甲三究係文員，尚須武職得力大員幫辦。並著勝保、袁甲三會同商定一員，奏明請旨。至李兆受納款投誠，既經勝保傳旨賞給頂翎，但其舉事尚未定期。若先行降旨，泄漏事機，恐未遂投誠，先爲粵逆加害。是以待其獻城舉事，即行破格奬賞。勝保可將此意密諭知悉，俾無疑貳。至滁州城内既有僞國宗楊逆盤踞，何以任聽委員出入？而李兆受出城迎降，楊逆竟若罔聞，究竟有無奸僞，仍當隨時體察，不可稍存大意。李孟羣已革職留營，著即飭令收拾潰兵，力圖自效。將此由六百里加緊各諭令知之。

山東巡撫崇恩奏，派沂州協副將郝上庠勦辦郯城等處幅匪。得旨，該匪叛迹昭然，並有許多火器，若不認真勦捕浄盡，殊爲可慮。斷不准狃於粉飾積習，將就含混了事。

改定湖北漕務章程。

《文宗實録》卷二六〇　八月癸卯朔，以舉行仲秋經筵，遣官告祭奉先殿，上親詣傳心殿行禮。

户部奏清查五宇完欠帳目，分别催追。得旨，依議辦理。雖未能徹底根究，但可作此完局，尚屬可行。若必逐款清查該五宇私帳，徒興大獄，無裨大局。惟以後豫籌民鋪防制之法，務須慎益加慎，不可爲後人作俑，他日艱於補救也。

《咸豐朝籌辦夷務始末》卷三〇　諭軍機大臣等：瑞麟奏，請復設水師以重海防，並酌籌增餉各摺片。天津海口原設水師於道光元年、六年，先後將水師總兵及水師營裁撤。現值海氛未靖，自應亟籌復設，以重防務。本日已諭知黄宗漢、慶瑞等，於閩、廣省抽調大號戰船、艇船各二隻，備齊器械，派員管帶來津，以備操演。其瑞麟請設水師二千名，與馬步官兵共成三千名，除將原額抵補外，共添兵一千三百餘名及添蓋兵房等事，均著照議辦理。惟直隸提督移至大沽海口一節，從前立法，酌量通省形勢，安設提鎮，以資彈壓，自有深意。今專爲防夷起見，於形勢有無窒礙，著僧格林沁會同慶祺酌籌。或將天津鎮總兵加提督銜，准其專摺奏事，而提督仍駐古北口，以符舊制，著妥議具奏。至添設水師以後，每年增餉十餘萬兩，現在添建兵房營署及置備器械等項，復需銀十餘萬兩，據瑞麟奏，請將長蘆鹽引每斤減價制錢二文，除京引照常減價外，餘擬仍復舊價。並將緝私巡費復歸官辦，及閩、廣商船准其在大直沽地方起剥，每年捐交剥價錢數萬串，並勸辦抽釐等事，均爲協濟餉需起見。既稱商情悦服，自可無礙施行，並著酌定章程具奏。

《文宗實録》卷二六〇　甲辰，又諭，勝保奏，店埠、梁園相繼失陷，定遠危急；並翁同書奏，兵勇潰散情形，及飭潰勇歸隊各摺片。覽奏，實深憤懣。髮捻各逆紛擾皖北，自廬州失陷，南路粵匪與鳳、懷捻匪相去愈近，惟恃定遠一城爲之間隔，設再有疏虞，則賊勢蔓延，何堪設想！勝保經朕授爲欽差大臣，專辦皖省軍務；翁同書身任巡撫，現派幫辦，均屬責無旁貸。勝保自聞梁園失陷，已於懷遠各營撥兵三千餘名，分布殷家澗等處，以杜該匪等南北句結，兼爲定遠後路聲援。並飭穆騰阿率領馬隊，由定遠迎擊。懷遠攻勦事宜，暫令徐廣縉督同龍澤厚等輪流進攻，不使坐失機會。其東西兩路，復飛咨袁甲三等隨時偵探賊情，設法進偪。所籌均尚周密。惟賊勢鴟張，非速將廬州克復，恐難遏其北竄。此時勝保已移營鳳南一帶，著即督飭將士實力進勦，與翁同書和衷共濟，將失陷地方速圖克復。翁同書所請餉需，已諭令和春、何桂清、德興阿於江南北糧臺各撥銀二三萬兩，即日解往接濟。其所請調鄭魁士赴皖之處，亦已諭令和春斟酌調派矣。至李孟羣潰勇已由翁同書督令赴六安歸隊。軍中法令宜嚴，非獨潰勇無可姑息，即將弁中有畏葸不前，致誤事機者，亦當執法從事，庶使稍知儆懼。該撫既知皖省兵將疲玩積習，務宜力圖振作，毋負委任。李孟羣逃往六安，置廬州於不顧，即治以軍法，亦不爲過，姑念其平日尚屬勇往，業經革職留營，仍著勝保、翁同書調遣，如有玩誤，即著嚴參治罪。至此次店埠、梁園相繼失守，其帶兵各員有無臨陣退縮情事，並著勝保等查明參奏。將此由六百里各諭令知之。

戊申，以協辦大學士、户部尚書柏葰爲順天鄉試正考官，兵部尚書朱鳳標、署户部右侍郎程庭桂爲副考官。

《文宗實録》卷二六一　癸丑，欽差大臣江南提督和春奏，金陵窮寇外撲，勦辦獲勝。得旨，現在逆援未絶，尤應嚴防旁竄，能不使其逸出，再分勦援賊，自不難埽穴搗渠矣。

丙辰，又諭，勝保奏，皖省軍情緊要，請飭撥四川、湖南官兵等語。安徽自廬州再失後，店埠、梁園等處相繼告陷，定遠危急。該處勇多兵少，亟應裁勇添兵，

以資得力。四川、湖南兩省兵力素健，著王慶雲、駱秉章悉心籌畫，如存營兵力尚敷調遣，即著各挑選精鋭一千五百名，配帶軍裝糧餉，撥赴鳳陽一帶，交勝保、翁同書調遣。即使該省兵力不敷，亦應酌量調撥，勿得稍存膜視。將此由六百里各諭令知之。

丁巳，諭軍機大臣等，前因廬州失守，諭令官文知照李續賓、都興阿等分兵赴援。本日據官文奏，通籌大局，兵力難分一摺。擬俟太湖攻克，乘勢埽蕩舒、桐，再行趨赴廬州，會圖克復。並以俟吉安得手後，撤回劉騰鶴一軍，代防湖口、彭澤，然後調留防各兵，併交李續賓統帶，始能分兵沿江，以會楊載福之師。復因都興阿馬隊不及千名，方議由宿松進勦，遽難抽調。所籌雖係實在情形，俱恐緩不濟急。現在店埠、梁園、藉塘一帶均爲賊踞，定遠縣城萬分危急。翁同書挫敗之餘，軍械全失。即勝保拔營前進，仍慮兵力較單，恐難遏賊北竄。該大臣既稱應援淮北，如兵力不敷，擬由楚省另行籌募於勦捻機宜堪資補救。著即早爲籌募，並撥本省營兵，共合二三千名，即派得力大員統帶，徑赴廬州、定遠等處，以爲勝保等策應，並帶軍火器械，酌帶糧餉前往。著官文即行妥籌辦理。仍飭李續賓迅克太湖，即未能速克舒、桐，儻能與勝保等謀面會商，兩路夾攻，更爲得力。李續賓一軍係官文派出，原不必歸勝保調遣，而既經會同協勦，仍當不分畛域。都興阿一軍尚在宿松，能否兼顧北路，著官文酌量調度。此時鳳陽、定遠等處賊衆兵單，若但攻南路，恐驅賊北竄，勝保、袁甲三力難抵禦。該大臣務當統籌大局，使皖省危急情形早有轉機，是爲至要。將此由六百里諭令知之。

《文宗實録》卷二六二　癸亥，又諭，德興阿奏，皖逆撲及浦營，後路危急情形一摺。水師逼攻九洑州賊壘，續獲勝仗。乃滁州之賊占踞三界，竄至來安。李秀成、陳玉成各賊全股東犯，粵捻句結，衆各數萬，珠龍橋失守。該逆由烏衣直撲浦口，占踞東西葛地方，賊勢猖獗。鞠殿華督兵深入，身受矛傷，朕心殊爲繫念。亟宜整頓各軍，嚴密堵截。該大臣現調安勇，由石磧橋帶官兵二千餘名回守小店，尚恐兵力不敷。和春所撥援兵計已渡江，賊黨雖多，其中裹脅不少，如能連挫兇鋒，其勢亦易解散。一面督水師認真防勦，毋令水口之賊窺伺東路。至李兆受投誠，尚難深信。該大臣俟江南援兵到日，仍可分兵扼守來安，防賊詭計，是爲至要。將此由六百里諭令知之。

《咸豐朝籌辦夷務始末》卷三〇　乙丑，諭軍機大臣等：本日據明善、段承實奏：行抵常州，籌議辦理情形。所有全免税課一節，俟開導之後，看該夷光景若何，再作轉圜等語。所籌尚未妥協。此次桂良等前赴上海，應照原定辦法俾各夷感服，僅能消弭一二事，則該夷仍要賠償兵費，廣東省城即不即時退出。況待該夷堅執不允然後再以免税爲轉圜，則該夷必以我爲背約，愈多藉口。此時須將全免税課一層，明白宣示，使知中國待以寬大之恩，此後該夷獲利無窮，無須再赴天津伸訴冤抑，所許各項，全行罷議，此爲一勞永逸之計。若如明善等所擬辦法，即使該夷目前應允，日後必來饒舌，終無了局。至既全免夷税，則廣東兵費，自不應再向中國索賠，占踞省城，亦應即時退出。其查辦短收税課一節，因從前徵多報少，以致夷人藉口訴冤，今既免其税課，亦無慮該夷聞知。如查有冒收中飽之弊，並未入於國帑，無從索還，桂良等總應恪遵原議，妥爲辦理。前經諭知何桂清，如於地方情形有礙，亦衹可稱爲變通，而大局不可更改。仍當遵辦爲要。

《文宗實録》卷二六二　丁卯，伊犁參贊大臣法福禮等奏，議准浩罕通商以綏夷情而完善後。得旨，辦理尚屬得體。

《咸豐朝籌辦夷務始末》卷三〇　辛未，諭軍機大臣等：明誼奏，遣官與俄夷使臣會議，已定大局情形一摺。此次該夷不肯即領貨物，意在索賠，經委員等許以興修房屋，令華商賠補。復再三設法，分年以茶抵補，始得減省成數，該夷業已應允。所議均尚妥協，著明誼即行照辦，並令委員等趕緊與立合同條約，所有應付茶箱即行付給，俾夷使可早日離卡，勿致別生枝節。並著英蕴、武隆額於巡查卡倫之便，妥爲彈壓，毋令民夷於貿易時復滋事端，是爲至要。

《文宗實録》卷二六二　壬申，以江南浦口軍營失利，拔欽差大臣德興阿花翎，與幫辦軍務提督鞠殿華均革職留任。

《文宗實録》卷二六三　九月乙亥，諭軍機大臣等，前因浦口失利，東路危急，疊經諭令德興阿等，嚴扼六合，力保儀、揚。猶冀和春派往之援兵五千名攻勦得力，重振軍威。不意本日德興阿奏報，江南官兵竟至三次挫衄，僅餘二三百名，管帶渡江，馬隊潰敗，六合孤危。覽奏，曷勝憤悶。據奏，請簡派和春、張國樑一人渡江援勦。此時金陵逆黨時圖衝撲，正恐功敗垂成，該大臣等未必能分身北渡，已諭令再於南岸撥精兵二千迅速赴援。並諭知勝保、翁同書，令提督德安挑帶官兵，前往六合協勦。本日復據何桂清奏，已調上海火輪船入江助勦，並將浙江撤回之西安馬隊三百名，催赴江北。前派去吉林及直隸提標馬隊共四百五十名，諒已趕到。著德興阿、鞠殿華一面催提各路援兵，一面將收集各兵，即

交成明統帶，會同温紹原、羅玉賦等現有兵勇，並富明阿招回馬隊，實力堵勦，務期力保六合，以爲儀、揚屏蔽。若該縣未能固守，則江北大局不可收拾，清淮一路均難安枕。該大臣等雖抱病受傷，仍當勉力督率，不可稍形鬆勁。摺内所稱南兵二千接仗失利，是否和春等續派馬騰霄所帶之兵，其最後添派孔朝彪所帶之二千名，自應得力。即江浦存兵二千七八百名，既已全師而出，併入六合，亦著飭令協同攻勦，以厚兵力。昨經諭令保奏之武職大員，該大臣等如商定有人，即迅速具奏，一面先令統率各軍，俟德安到營會同督勦，毋誤事機。將此由六百里諭令知之。

以籌辦湖南軍務出力，賞在籍郎中左宗棠四品卿銜。

丙子，諭軍機大臣等：前因勝保軍營需用馬隊，諭令袁甲三於綏遠城馬隊到營後，以二百名留於徐營，其餘三百名即飭赴勝保軍營。本日據勝保奏，現在駐兵池河，適當逆匪北竄之衝，兵力實形單薄。請催前調馬隊馬匹，速即前往等語。所有綏遠城馬隊三百名，著袁甲三遵照前旨，即行如數撥往勝保軍營聽調。並帶所撥馬匹，一併催令迅速遄行，毋許延誤。至袁甲三軍營幫辦之員，據勝保奏，傅振邦、史榮椿均可勝任。已降旨，令傅振邦幫同袁甲三辦理勦匪事宜矣。將此由六百里諭令知之。

《咸豐朝籌辦夷務始末》卷三一　諭軍機大臣等：前因桂良等奏會商夷務大概辦法，並何桂清奏免税開禁，均於夷酋無涉等語，已於各摺片内，嚴切批示，並諭知何桂清，當力持定見，即或稍作變通，亦須將窒礙之處詳細陳明，不可自出己見。桂良等接奉批諭，自當確遵初定辦法。乃本日據惠親王等呈遞桂良等所致信函，竟云免税無裨大局，弛禁之説亦屬無裨，其駐京一節已有端倪，入江一節頗難挽回，惟有不准其將内地貨物即在内地販運，該夷無利可圖，其念可息等語。朕披覽之下，深爲詫異！何桂清以關税接濟軍餉爲慮，雖屬可原，然業經接奉寄諭硃批，諄諄告戒，已不應再有異説，況桂良等奉命而出，宜如何恪遵諭旨，力籌辦法，乃尚未與夷酋會晤，意已游移，是何意見？且免税即有窒礙，亦應條分縷晰，詳細陳明請旨，何得遽改辦法？況既准其入江，安能禁其將内地貨物在内地販運？桂良等前在天津，濫允該夷要求，至有今日補救之事。若再苟且了事，不爲一勞永逸之計，日後夷患迭起，即將桂良等從重治罪，於國事何補？至免税一節，據云夷商所樂，而夷酋並不知感。既有益於夷商，豈有夷酋不樂之理？此次在天津請户部堂官前往上海議定税則，豈非夷酋之意？況此時欲收華商之税，原以補償所免夷税，若如桂良等所擬辦法，又何必規此小利，而冒不韙之名，後患仍屬無窮，彼時悔之無及。著桂良等再行悉心妥籌，如能另議辦法，能否一勞永逸，日後保無夷患？苟非確有把握，朕亦斷難俯允，仍當恪遵原議，並細繹迭次批示，祇可稍爲變通，不可更改大局。並不准如前在天津擅自應許，謹以從重治罪四字爲塞責地步。懍之！

《文宗實録》卷二六三　辛巳，諭内閣，滿慶奏，查明呼徵阿齊圖呼圖克圖堪以辦理商上事務一摺。前世達賴喇嘛涅槃後，呼徵阿齊圖呼圖克圖辦理商上事務，甚屬妥協。著照所請，商上事務，著呼徵阿齊圖呼圖克圖敬謹辦理。現在達賴喇嘛之呼畢勒罕尚未及歲，著該呼圖克圖留心照管。

壬午，又諭，本日據德興阿奏，賊陷揚州，退扼萬福橋。又據楊能格奏，兵勇潰散，江北益加危急各摺片。覽奏，實堪憤懣！德興阿收集潰兵，移劄五臺山，方冀其重振軍威，力圖儀徵等處，爲進取之計。乃天長之賊直奔揚州，初三日攻破郡城。據楊能格奏報情形，縱火之賊數止七八十人，而各路兵勇望風潰散。是德興阿自浦營失陷之後，已不能成軍。現在退守邵伯，揚州南路已屬空虚。深恐賊匪渡江，而高郵又有賊蹤。設再有疏虞，北路亦不堪設想。德興阿現尚患病，鞠殿華受傷未愈，本日已降旨，令總兵毛三元幫辦軍務。該總兵即協同德興阿加意整頓，申明軍律，扼軍設防，以遏賊匪北竄爲要。現已諭勝保撥兵徑赴揚州，以助德興阿等兵力。復命和春帶兵駐劄鎮江，派兵北渡，爲攻取揚州地步。所有調回援浙之周天培所帶官兵，仍諭和春分半救援六合，分半攻取揚州。俟該官兵到後，即由和春調度。或親自督帶過江，攻勦揚州。屆時德興阿等務當會合夾攻，以圖恢復。楊能格現在裏下河，所有該處糧臺著妥爲保護，勿許疏失。將此由六百里加緊諭知德興阿、鞠殿華、毛三元，並傳諭楊能格知之。

又諭，本日據德興阿奏，揚州失陷，退劄邵伯埭，另股賊匪又向高郵竄撲各情。不圖江北各軍挫敗至此！覽奏曷勝憤懣。已降旨，令毛三元幫辦德興阿軍務，仍責令該大臣等力扼北竄。俟援軍到齊，即圖進取。惟軍心渙散，賊燄愈張。德興阿等退守邵伯，已在揚州北路，而南路無兵扼守。恐該逆復擾瓜州，即鎮江亦屬可危。金山峙立江心，尤爲扼要之地。雖據德興阿前奏，瓜州有副將鞠耀乾督帶師船駐守，並有和春所調黄彬師船駐泊鎮江，恐尚不足以資遏截。萬一瓜、鎮有失，則前功盡棄，實屬不堪設想。著和春暫將金陵攻勦事宜交張國樑妥爲調度，該大臣即酌帶官兵，前赴鎮江駐劄，就近調遣水營戰艦，嚴扼金山。

並另派勁兵渡江，駐劄瓜州，勿令揚城逆賊南竄。俟由浙調回之周天培各軍到後，即照前諭，分撥一半救援六合，其餘一半，和春即可督帶渡江，攻復揚州。此外，另諭勝保撥兵赴揚，以助德興阿等保守北路，届時即可爲南北合攻之計。何桂清前赴蘇州會辦夷務，現在賊勢猖獗，急應折回常州，藉資彈壓。俟和春渡江，即著該督移劄鎮江，以資控馭。至揚州失陷，在城文武如何下落，並著查明具奏。將此由六百里各諭令知之。

《咸豐朝籌辦夷務始末》卷三一　諭軍機大臣等：明誼奏，俄夷會議領貨貼補，互換文憑，照舊通商一摺。塔爾巴哈臺焚燒屯圈一案，經明誼等迭次開導，用茶箱貼補，分年賠償，現已互換文憑，通商和好，辦理尚爲妥協。所有一切籌備貼補各事宜，並所定條約，即著照所議辦理，令該夷即速帶兵離卡，以安民心。至伊犁委員哈布齊賢等，熟悉夷性，隨同辦理此案，已閱數年，尚屬著有微勞，著明誼咨會扎拉芬泰酌量保奏，候朕施恩。

《文宗實録》卷二六三　協辦大學士柏葰爲大學士，管兵部事，協辦大學士翁心存爲大學士，管户部事，官文以湖廣總督、協辦大學士，周祖培以吏部尚書、協辦大學士。

《咸豐朝籌辦夷務始末》卷三一　丁亥，諭軍機大臣等：本日據桂良等奏，夷務辦理棘手，非將黄宗漢撤任並撤羅惇衍等之權，必致決裂等語。桂良等未抵上海，即將内定辦法擅擬更改，已屬大負委任，業經嚴切批示，並迭次寄諭。乃甫經到滬，一切尚未會議，即已別生枝節，若必盡遂該夷之欲，則是中國黜陟之權，外夷得而操之，尚復何所底止？惟桂良等既有另片參奏黄宗漢之語，業經告知夷人，是以另發寄諭，將黄宗漢所辦原委，及羅惇衍現已停兵之處示明，使夷人聞之，知桂良等並非誑語，以安其心而示之信。至會議辦法，總須恪遵九月十二日諭旨，將派員駐京、内江通商及内地游行、賠償兵費始還廣東省城四項全行消弭，方可由從所請。若如所奏，衹將第一要事消弭，並於税務中將賠款按年擬還，令其交還廣東省城，其餘各事，從緩想法，是仍然貽患無窮，斷不能允。桂良等既已擅允於前，又不能挽回於後，轉於前議之外別起波瀾。何桂清身受重恩，於特命會辦之件，輒執一己之見，苟且了事，甚至有不忍言不敢言等語。試思利害所在，有何不可詳陳，而爲此隱約之詞耶？如再不能悉心妥籌，將四項要件挽回，朕亦別無他諭，桂良等自問當得何罪？

《文宗實録》卷二六四　壬辰，又諭，官文等奏，克復桐城一摺。官軍自攻克潛山縣城，及石牌賊壘之後，李續賓督軍進攻桐城。九月初一等日，派令副將趙克彰等各營先後繼進。至城外五里墩，賊衆萬餘，分路來撲。官軍分投衝擊，立斃悍賊多名，生擒賊目劉清桂等二十三名。初四日，賊復由西門出撲，趙克彰等整隊迎擊，賊分大股潛出包抄，李續賓親率後隊各營突前迎剿，賊大驚潰，兵勇奮力衝殺，斃賊二千餘名。官軍遂薄城下，乘夜進攻，賊遂開門分竄，趙克彰等伏兵齊起，前後夾擊，殺賊無算，當於初七日收復縣城。安徽桐城縣地方險要，被賊盤踞數年，此次進攻克復，迅速辦理，尚屬得手。仍著官文飭令李續賓等督率各軍，以次進克舒城等處，掃蕩逆氛。

甲午，諭内閣，德興阿奏，南北兩軍會同攻克揚州府城一摺。逆匪竄踞揚城後，屢由西北山焚掠，並於黄玨橋等處出没無常，圖犯邵伯。經張國樑由南岸督帶大兵渡江，九月十四日夜間，密諭各營挑選勇隊，進攻東南兩門。逆匪擁衆出撲，我軍勇氣百倍，轟斃逆匪無數，匪即敗退。遊擊馮觀勝、黄靖等帶領兵勇，分路殺至各門。突有騎馬悍賊由北門擁出，張國樑揮令兵勇，飛馬迎擊，並施放擡礮，連環繼進，轟斃黄袍賊首五名，賊隊驚亂。張國樑揮令四路馬步各官軍一齊搶進，鞠殿華、成明、富明阿等相繼追擊，逆賊自相踐踏，賊屍枕藉，殺斃淹斃轟斃不計其數。遂於九月十五日，將府城克復。此次賊踞揚城，旬餘即行克復，勦辦尚爲迅速。所有在事出力人員，著准其會同張國樑擇尤保奏。

《文宗實録》卷二六五　丁酉，諭内閣，德興阿奏，官軍收復儀徵縣城一摺。提督張國樑克復揚州後，即督率各軍拔營前進。成明、富明阿、毛三元先後馳抵儀徵縣屬茅家橋地方。該逆聞風驚懼，東北兩門賊壘全撤入城。張國樑飭令總兵李若珠等率領兵勇，由東門北門直入，並親督大隊繼進。該逆望見我軍旗幟，紛紛逃竄，各軍奮力疾追，乘勝擁入，斃賊數百名，轟斃淹斃賊匪甚多，奪獲槍礮器械無算，救出難民千餘名，遂於十七日將儀徵縣城收復。張國樑援勦江北，所向克捷，實屬奮勇可嘉。著即乘勝將六合等處賊匪一律掃除，迅速奏功，待膺懋賞。

戊戌，以江南提督和春爲江甯將軍，調湖南提督張國樑爲江南提督，以福建漳州鎮總兵官周天受署湖南提督，前任浙江衢州鎮總兵官富勒興阿爲福建漳州鎮總兵官。

己亥，諭軍機大臣等，昨據勝保奏，六合失守，當諭張國樑督兵進攻。本日據德興阿奏，接准張國樑函稱，十九日帶兵馳往陳板橋，十八日六合縣城已被地

雷轟陷，並稱溧水縣城亦於是日失守，已帶兵渡江南去等語。張國樑援勦江北，連克儀、揚，滿擬迅解六合之圍，而該城於大兵未到之先，業經被陷。該提督因溧水失守，折回南岸，自係先其所急。溧水偪近高淳，東壩及鎮江一帶，處處可虞。和春、張國樑務當體察賊情，妥爲布置。此時江南江北賊勢鴟張，情形俱屬喫緊。張國樑留兵二三千名協防北岸，尚恐不敷攻勦。胡興仁前奏，副將朱承先等管帶之兵勇一千七百餘名，副將陶茂森等所帶湖南兵勇一千二百名，曾諭德興阿飭赴張國樑軍營，現在該提督已赴江南，此項兵勇仍令馳赴揚州，由德興阿派員管帶，與張國樑留下之兵同攻六合，毋庸截留，並已諭知德興阿矣。將此由六百里加緊諭令知之。

《咸豐朝籌辦夷務始末》卷三一　壬寅，諭軍機大臣等：僧格林沁、慶祺奏，遵議提督改駐海口，並酌擬加價抽釐等章程，開單呈覽一摺。直隸提督駐紮處所，未容遽易更張，而海口復設水師，亟資整理。據僧格林沁等請令該提督於每年二月改駐大沽，至十月仍回古北口，自可與營務海防，兩有裨益。惟現在時令已交十月，而海口善後事宜尚未告蕆，該提督自不能遠離津郡。著俟督辦礮臺等工完竣，再行奏請，來年即照所定章程，按期來往，俾資兼顧。至所議鹽斤加價及設局抽釐各事宜，均著照擬辦理。其添設將弁等事，仍著勘議明確，隨時具奏。

《咸豐朝籌辦夷務始末》卷三二　十月甲辰，諭軍機大臣等：桂良等奏，瀝陳夷情，並辦理棘手情形一摺，總以夷人不肯罷棄條約爲言。在該夷自不肯輕棄前議，原欲桂良等竭力設法，以圖補救。乃歷次奏報，於內定辦法，業已置之不論，而此次摺內，竟並駐京一節，亦有不能挽回之勢，然則朕派桂良等前往上海，又命何桂清會同商辦，豈真專爲稅則計耶？桂良等接奉疊次嚴諭，既知惶悚，尚非全無天良，不過希圖了事。不知目前兵端固不可開，將來後患豈不可慮，所謂以該夷之財，制該夷之命，不過徒託空談，豈能確有把握。總須將前諭四事，盡力挽回，即不能照內定辦法，亦可勉從所請，若徒事作難，必欲邀朕允許，然後將就了局，一奏塞責。試思桂良等在津濫許該夷所求之事，據奏原思日後挽回，若至今仍無補救，不獨無顏對朕，其何以對天下？何桂清身任封圻，特命會辦要事，而堅執己見，竟於國計無裨，桂良等隨同附和，牢不可破，清夜捫心，亦當自愧。前據奏稱，該夷哮⿰口桼嘓，尚肯爲我出力，何以此時並未見其相助說合？即前在天津所覓內綫黄姓諸人，桂良等所恃爲轉圜者，何奏報中未見提及？如果似此情形，桂良等亦何所恃而輕許於前耶？至該夷欲赴漢口，尤須力爲阻止，此時沿江賊船充斥，若夷船誤被損傷，中國豈能任咎。若因夷船經過，而我水師停兵相讓，設或賊船跟蹤直上，豈不攪我長江大局。該夷既真心和好，豈有不可理論，著桂良等剴切止之爲要。迭次批示之後，本已無可再諭，朕不惜諄諄告誡，尚冀桂良等盡心圖維，以全大局。當此國家多難之時，盡一分心力，即爲天下消一分禍害，桂良等受恩深重，身在局中，責有攸歸，朕不能再爲曲諒也。

《文宗實録》卷二六六　乙巳，諭內閣，前據勝保奏，捻首李兆受請獻滁城，歸誠效順，當經准其免罪，並允所請，賞給三品頂帶花翎，俟立有戰功，再行保奏。茲據勝保奏稱，大兵進攻天長，李兆受分衆駐守來安，甚爲出力。旋復伏兵內應，克復天長，並赴滁州，率所部丁壯歸順，自願進襲全椒，以圖報效。實能輸誠歸正，奮勇立功，自應先給官階，以示嘉奬。李兆受著更名李世忠，以參將即行補用。如續有勞績，再由勝保奏請奬勵。其部下出力頭目，著該大臣查明覈實，奏請恩施。此後各路軍營遇有被陷賊中，棄邪歸正者，果能立功自贖，克復城池，亦當一體施恩，以昭激勵。

己酉，頒硃諭：御史孟傳金奏中式舉人平齡硃墨不符，物議沸騰，請特行覆試一摺。著派載垣、端華、全慶、陳孚恩認真查辦，不准稍涉迴護。並將摺內所指各情，可傳集同考官，一併訊辦。

庚戌，諭內閣：御史富稼奏，請飭嚴禁錢市賣空買空一摺。據稱錢市舊規各持現銀現錢，互相交易。近日市間多有憑空言買賣之人，並各官號影射買銀之弊，故銀價日昂，百物因之騰貴，小民生計愈艱，大爲閭閻之害。著順天府、五城迅即出示嚴禁，如查有空言買賣銀錢者，立即嚴拏，照刑部新定章程懲辦。失察官員，照例議處。並將代保之經紀，一併嚴懲，以儆奸商而平市價。

又諭，德興阿奏，招集諸軍奮勇進攻，擬嚴定章程，以示勸懲一摺。江北一軍自浦口潰敗後，儀、揚相繼失陷，馬步各軍節次退縮，深堪痛恨。現在揚州、儀徵先後收復，天長亦已攻克，而六合尚爲賊踞。若不嚴定章程，使各員弁知所勸懲，愧憤圖功，其何以奮勇勦賊，迅速廓清。各省軍營出缺，向儘軍營人員拔補，原以殺賊立功，用昭激勸。此次浦營潰敗，各將弁戰死行間，紛紛開缺，而畏賊全軀之輩，轉得唾手遷官，殊不足以昭公允。除德興阿另請拔補數員外，所出協領以下至驍騎校，副將以下至都司守備各缺，均著咨明直省將軍、督撫、提鎮，令

各歸本營按班序補。俟續有戰績，再復軍營拔補之例，以昭激勸。至兵勇之奮勉，全恃將領之倡率。若將領見賊先退，各員弁兵勇必更望風而靡。嗣後旗營自參領協領以下，緑營自副將以下，遇有臨陣退縮者，該統兵大臣一面奏明，一面即於軍前正法。副都統總兵以上，奏請嚴加治罪。其遇賊逡巡，情節稍輕者，亦著將累次保案，分別奏請撤銷，以肅軍令。至兵丁防勦數年，受傷患病，難期得力，自應將隨營最久之兵分别抽撤歸伍，仍由原營換調精壯，補足原額，庶不至以疲乏充數。軍營文案委員暨隨營糧臺委員，履險相隨，准其從優保奏。其後路總辦糧臺委員，止可與團練捐釐諸員分别請獎，不得過優，以杜僥倖。至所奏隨營出力文員，向來止准免補本班一次，未免阻其上進，應請准予免補兩次之處，著該部議奏。經此次嚴定章程之後，該大臣務當策勵將士，奮勉圖功，以贖前愆而觀後效。

《咸豐朝籌辦夷務始末》卷三二　丁巳，諭軍機大臣等：僧格林沁等奏，修理雙港海口等處礮臺營牆一律完竣，酌撤防兵，繪圖呈覽一摺。僧格林沁在大沽海口及雙港地方，修築礮臺，安設營壘，並置木筏以扼海口要隘，各項工程，已於本月十二日一律告竣。該大臣辦理海防，已逾數月，夙夜辛勤，自應暫行回京，以節勞勩。本日降旨，賞給御用巡幸袍一件，巡幸褂一件，即交伊子伯彦納謨祜齎往，交僧格林沁祇領。現在各工完竣，該大臣著即來京，所有操練水師、建蓋兵房等事，即交瑞麟、慶祺妥爲辦理。礮臺分設礮位，著即飭副將烏忠阿等，帶宜化鎮官兵一千名，協同大沽協官兵，小心守護，餘俱著照所議辦理。至所調吉林、黑龍江、察哈爾等處官兵，程途遥遠，未便令其歸伍，此次回京後，應在何處駐紮？著僧格林沁籌議具奏。

辛酉，諭軍機大臣等：桂良等奏，稅則議定，夷性漸馴一摺。覽奏實堪痛恨！已於摺内詳細批示，桂良等接奉後，當知自愧。㗼夷輪船，豈容輕令内駛，桂良等輒自允許，猶言示以不疑，朕若力持定見，必欲責令阻止，但恐桂良等既已允許，力不能阻，祇可聽其一行。若回滬後，又欲隨意往來，或他國效尤，跟蹤前往，斷不能再聽其便。

至鹽斤在内地本各有界限，豆石亦奉天等處貿易大宗，原當定以限制。其游歷内地，恃執照爲稽查，焉能周偏，係屬最下之策，朕此時不再加駮斥，不過恐桂良等力有不能，至於決裂耳，並非謂其可以勉從也。駐京一節，在該夷不過因廣東道遠，恐下情不能上達，前次寄諭，准其將欽差移至上海，正可以此爲詞，罷其駐京之議，若仍准其隨時往來，豈能日久相安？並著俟該夷回帆時，與之言明：若至天津，我兵即先開礮。使其有所顧忌，不至再逞詭謀。其廣東省城退出，則該處民人不致與該夷爲難，並可開艙貿易，實屬彼此有益。該夷回來，欲議此事，即著曲爲開導，俾有轉機。凡此數端，皆非無可措詞者，總在桂良等激發天良，力任其難，能罷去一事，即免一事之貽害。若徒以釜底抽薪爲詞，而實則於事無補救，桂良等其何顔以對朕耶？

《文宗實録》卷二六八　乙丑，又諭，吴振棫等奏請停鑄大錢一摺。鼓鑄當十大錢，與制錢配成搭放，原冀省銅而利用滇省兵餉廠本等項。既據該督撫體察情形，實形壅滯，自應隨時變通，著准其收回大錢，改鑄制錢。其請將制錢銅斤酌減之處，並照所議辦理。

丙寅，又諭，都興阿奏，李續賓分軍援廬，深入失利，現在辦理情形，並請飭東北兩路進勦各等語。覽奏，實深憤懣！李續賓克復潛山、桐城後，由舒城直擣三河，力援廬州。不意援賊大至，官營全失，賊衆已過舒城。都興阿現在圍攻安慶，官軍腹背受敵，亟宜力籌攻勦，以遏賊衝。該將軍業經飭令糧道唐訓方，將赴援徐、宿之兵由英、霍轉回潛山，力援桐城。並咨官文，派舒保帶馬隊，由武昌馳赴下游。調度尚屬周妥，本日已寄諭官文照辦矣。刻下賊勢披猖，意在救援安慶。該將軍務飭多隆阿、鮑超圍偪安慶，一面令趙克彰扼守桐城，並迅飭李續宜、唐訓方剋期往援，毋令稍有疏失。楊載福水師由樅陽繞進内湖，即可聯絡聲勢，以固楚軍全局。該逆大股由和州、江浦上竄，東路六合，北路定遠，各軍自應乘虚進勦，已諭令勝保、翁同書、德興阿等併力進攻矣。李續賓下落及失利情形，著即查明具奏。將此由六百里諭令知之。

戊辰，頒硃諭，本年鄉試主考、同考各官荒謬已極，覆勘試卷，應訊辦查，議者竟有五十本之多。該考官等，朕聞其中亦尚有不敢昧良者，除同考官有無情賄，逐案查訊外，其正考官柏葰著先行革職，聽候傳訊。副考官朱鳳標、程庭桂均著暫行解任，聽候查辦。至此案頭緒紛繁，著欽派王大臣等，毋得含混了事，認真研鞫，按例從嚴懲辦。

《文宗實録》卷二六九　十一月癸酉，諭軍機大臣等，德興阿奏，江北兵單，請飭黑龍江迅撥馬步兵丁等語。現在黑龍江官兵在德興阿軍營止二百餘人，不能成隊。著奕山挑選餘丁一百名，前赴揚州軍營應用，毋稍遲誤。又據奏，江北將領傷亡病撤者甚多，請調黑龍江得力各員前往等語。所有黑龍江協領富陞

阿、四品官托克托布、佐領額哲通額、富平阿、蘇楞額，著奕山酌調數員，派赴江北，交德興阿軍營差遣。將此由五百里諭令知之。

又諭，德興阿奏，官軍進攻六合獲勝，並請調直隸等處官兵各摺片。總兵成明督兵進攻六合，於猴子鋪、孟家店一帶，擊焚賊卡，捦斬多名。即可乘勝進攻，殄茲醜類。德興阿現已移營五臺山，扼要駐劄。著即督飭各軍，節節進偪，務將六合、江浦迅圖克復，毋再遷延。現在江南東自江甯鎮，北至采石磯，百餘里一律肅清。是南岸勦辦，正在得手。若該逆窮極思竄，則北岸防勦情形愈爲喫重。德興阿兵勇潰散之後，馬步僅止八千，且多傷病，自應量爲抽换。惟直隸、陝甘、黑龍江官兵未能照數調撥，致本地空虚。本日已諭慶祺飭調直隸官兵四百名，樂斌酌調陝甘官兵一千名，奕山調黑龍江餘丁一百名，馳赴該大臣軍營聽候調遣。至請調將領馬匹，除伊犂鎮總兵常英道途遥遠，毋庸調派外，其協領富陞阿等，已諭奕山、樂斌酌量派往。其甘州孳生馬匹，亦諭該督酌撥三四百匹，迅赴揚營矣。至朱承先等兵勇，前曾諭令和春酌量飭赴江北，並令將張國樑留下之兵，毋庸調回。德興阿惟當力圖振作，親督各軍，自東而西，將六合、江浦之賊次第埽除，並嚴扼該匪紛竄之路，是爲至要。將此由六百里諭令知之。

《咸豐朝籌辦夷務始末》卷三三　乙亥，又諭：昨據瑞麟、慶祺奏，酌擬撥添海口將弁，並招募水師足數各情，當交僧格林沁察覈具奏。本日據覆稱，該大臣所擬請裁移添設之將弁各缺，均甚妥協，其原設及新募之兵，足資守衛。業經明降諭旨依議辦理矣。

《文宗實録》卷二六九　辛巳，諭軍機大臣等：據廖鴻荃奏，福建省永豐官局前因提用局票過多，局夥倚恃委員護庇，買空賣空，致民閒不復信用局票，物價日昂，奸徒鼓煽，致有三月閒闖入督署之事。及鐵錢窒礙，議復銅錢，以二成錢票，一成現錢搭放市肆，未見分文，多被奸民運赴省外銷售。近因彌補票本，設局勸捐，怨聲載道。將來此項捐資，若復那移別用，更何以爲清釐官局之資。一朝潰裂，患不勝言等語。該省設立官局，原期酌盈劑虚，便民利用。若任令委員盤踞，奸夥營私，不思力加整頓，必至官民交困。王懿德現在出省督兵，所有該局倚勢作奸之委員，著東純會同慶端，嚴參懲辦。局夥奸民從中漁利者，一併嚴懲，以除積弊。至錢票與現錢分成搭放，該省銅錢本不敷用，不准奸民外運私銷，日久自堪補救。其勸捐一節，原屬不得已之舉，亦須俯順輿情，不得抑勒苛派，致滋怨讟。該將軍、巡撫務當通盤籌畫，剔弊釐奸，嚴定章程，飭屬妥辦，以資周轉而裕民生。將此諭令知之。

壬午，諭軍機大臣等，前因官文奏，胡林翼葬親事畢，當經諭令該署撫即赴湖北署任，籌辦軍務。本日據都興阿奏，扼勦上犯賊匪，兵力單薄，勢恐難支，請飭胡林翼駐劄黄梅督辦等語。都興阿撤安慶之圍，馳赴宿松後，賊隊大至。雖經連次擊退，而援兵未到，情形萬分危急。胡林翼前在湖北調度各軍，悉合機宜。此時該署撫諒已到省，即著前往黄梅一帶駐劄，將撥兵籌餉各事宜妥爲督辦。至都興阿身任將軍，且係幫辦軍務，除所部各營外，其餘兵勇亦應聽其調度。所有舒保、李續宜等馬步各軍，早經官文派出赴援，何以日久不至？即著該將軍速行催提前赴宿、太一路，協力攻勦。儻有躭延不進，以致貽誤機宜者，即著從嚴參奏。將此由六百里各諭令知之。

《文宗實録》卷二七〇　丁酉，諭軍機大臣等：昨據和春奏，鄧紹良大營被圍，當諭令周天培已抵甯國，即飭悉力應援。本日據胡興仁奏，探聞鄧紹良於本月十二日接仗陣亡等語。覽奏，實深憤懣！甯國爲江浙門户，鄧紹良一軍既已敗潰，恐朱承先、馮日坤等兵勇不敷堵勦。周天培諒已馳抵甯國，如果鄧紹良陣亡屬實，著和春等一面馳奏，一面傳旨將周天培署理浙江提督，令其督辦甯國軍務，迅將此股逆匪痛加勦洗，毋令蔓延。鄧紹良陣亡情形，俟奏到時，再行降旨賜䘏。甯國郡城是否尚保無虞，著該大臣等迅速撥兵救援。將此由六百里諭令知之。

己亥，諭軍機大臣等：朕聞張亮基初抵雲南，駐兵曲靖，連次勦辦回匪，屢獲勝仗，回衆頗知畏懼。嗣因吴振棫誤信回人之言，堅請該撫進省，張亮基遂撤曲靖之兵，輕騎赴任。甫經抵省，回匪即將張亮基之姪殺害。迨張亮基入城後，回人四處看守，出入均難自主，一切文報均須回人拆看，始能發遞。該回匪等復於省城之外築一小城抽税，所收税銀半月歸官，半月歸回人自用，以致居民遷徙，商賈裹足，省城貿易鋪户盡屬回人，米糧食物價加數倍。此等情形，雖係傳聞未確，而吴振棫等本日六百里奏報，並未敘及張亮基之姪被害一事，恐其受制於回人，不便入奏。此時若令張亮基查奏，亦恐事機漏洩，轉致生變。著王慶雲即選派精細幹員，改裝易服，前往雲南省城，面見張亮基，密訪確情，據實具奏。如果此事屬實，則張亮基等已有不能施展之勢，惟有仍借川省兵力以爲援應。或以助勦迆西爲名，酌派川兵駐劄宣威、曲靖等處，俾張亮基等緩急有恃，庶可漸有轉機。並著王慶雲一面馳奏，一面斟酌妥辦，毋致貽誤。將此由五百里諭

令知之。

《文宗實録》卷二七一　十二月乙巳，諭内閣：周祖培等奏，覆勘各省試卷，應議太多，開單呈覽一摺，並請將應查各卷交各省查明等語。

《咸豐朝籌辦夷務始末》卷三三　丁未，諭軍機大臣等：據桂良等奏，嘆酋將回上海，請將條約先行進呈一摺。前諭桂良等將條約進呈，原令其挽回四事，定議之後，即行呈閲。兹據奏請擬將兩次條約，先行專弁齎呈。著照所請，准其先將天津原約及現定税則條款進呈，俟挽回四事，另立專條進呈後，候朕酌奪如何准行，一併用寶發回，交桂良等與該夷互换。據奏該夷雖不長駐京師，而其隨時進京，尚未杜絶。即内江通商，游行内地及歸還廣東省城三事如何辦法，摺内並未切實聲明。其上海應派欽差，亦須俟一切定議後，再行簡放。此時夷船尚未回滬，究竟逗留何處？恐桂良等爲其所愚，稽延時日，一交春令，該夷又潛赴天津。前經疊次諭知：如果該夷北來，我兵必先開礮。條約内既未定有天津口岸，即非該夷應到之處，我若用兵，並非理曲。桂良等曾否將此言透露？儻不便向嘆嘛唫面説，或令委員道達，或由他國轉傳，使之聞知，均無不可。總之，既有欽差改駐上海之議，則進京一層，不但長駐不能允准，即隨時往來亦可不必。上海道路非廣東可比，何事不可上達，該夷必執前議，是誠何心？

《文宗實録》卷二七一　乙卯，諭内閣，前因載垣等奏，平齡案内訊出前任刑部侍郎李清鳳，有送給程庭桂條子之事，當令江蘇督撫取具確供具奏。兹據何桂清等訊明，李清鳳之子李旦華假托父名，私送條子，並有代同籍貢生王景麟致送條子之事。工部郎中李旦華著即革職，由該督撫派員解京歸案辦理。貢生王景麟據奏尚未回籍，著步軍統領衙門查傳到案，一併訊辦。李清鳳著交部議處。

丙辰，以安徽壽春鎮總兵官鄭魁士爲浙江提督，督辦甯國軍務。湖南岳州參將熊天喜署安徽壽春鎮總兵官，廣東羅定協副將劉季三爲直隸通永鎮總兵官。

《文宗實録》卷二七二　丁巳，諭軍機大臣等，本日據都興阿奏，移營進規太湖，分路布置情形一摺。復據奏稱，現患骽疾，請賞假調理，已降旨賞假一箇月矣。蓮花塘、楓香驛餘賊退至太湖等處，分茅嶺之賊退至石牌，增壘抗拒，另股復由潛山趨天堂、五河，皆可上犯英、霍。該將軍現派各軍，責成記名副都統多隆阿統帶移營前進，並由官文檄調九江防兵移劄黄梅。飭令李續宜添調四營，前往下游，兵力亦不爲單薄。惟都興阿告假在營調理，雖有多隆阿爲前敵，而後路尚無大員總統調度。胡林翼到省後，已馳往黄州，著即申明紀律，調度各軍。仍以多隆阿爲前敵，督飭李續宜等體察情形，節節進勦。胡林翼應否督兵前進，著與官文會商辦理。儻因兵力不敷，即著官文酌量調派，爲進兵圖皖之計，不致遲誤事機，是爲至要。將此由六百里各諭令知之。

戊午，諭軍機大臣等：王慶雲奏，四川省撥解京外各餉爲數甚鉅，請續辦按糧津貼，以資接濟一摺。

《咸豐朝籌辦夷務始末》卷三三　諭軍機大臣等：現在天津海口，業經僧格林沁添築礮臺營壘，以資守禦。其沿海各口岸，何處應行設防，尚須周歷履勘，方能布置周密。著慶祺傳旨諭知史榮椿會同格綳額，即由天津馳赴山海關，將沿海一帶口岸及扼要地方，詳加履勘。查明後，史榮椿即折回大沽海口，格綳額即在山海關駐紮，俟防兵到關，歸其統帶。並派署天津鎮總兵湯蘇、大沽協副將龍汝元，將由天津至山東海豐縣一帶，沿途海口各要隘，一體詳查明確。所有兩路查勘情形，均由慶祺繪圖貼説，詳晰具奏。

《文宗實録》卷二七二　壬戌，諭軍機大臣等：樂斌奏，甘餉緊要，請飭迅速籌撥一摺。

《咸豐朝籌辦夷務始末》卷三三　諭軍機大臣等：奕山等奏，遵查綏芬、烏蘇里地方，並俄夷具字要挾情形一摺。據稱：綏芬至三姓交界，寬廣千餘里，並無與俄夷接壤之處。烏蘇里河自北而南，相距一千四百餘里，距興安嶺甚遠，亦無接壤俄夷處所。是該二處不特距原定分界甚遥，且近接三姓、甯古塔等處，實已深入内地。據該將軍等查明，未便允許，自應正言拒絶。該夷要求黑龍江左岸居住，奕山遽爾允准，已屬權宜。此次無厭之求，著該將軍等妥爲開導，諭以各處准添海口，皆係大皇帝格外天恩，因兩國和好多年，是以所請各事，但有可以從權者，無不曲爲允准。此後自應益加和好，方爲正辦，若肆意侵占，擾我葠珠貂鼠地方，是有意違背和議，中國斷難再讓。況該夷在三姓地方，攪擾街坊，觸怒軍民，若日久占居，必致積怨成仇，羣起爲難。雖天朝法令森嚴，亦不能以非禮之事強制百姓，彼時有傷交誼，大非彼國之利。如該夷使聽受開導，不復以綏芬、烏蘇里爲請，即可與之議準界址，切實訂定，除所議之外，永不准肆行竄越。如有堅執不遵，即著將該夷狡執情形詳細具奏，當由理藩院行文該國薩納特衙門，與之理論。奕山等亦可行知木哩斐岳幅，據理所辯，曉以利害，勿任各夷官從中播弄。事關重大，不宜過於激烈，致啓釁端；亦斷不可一味輭弱，總宜

詞嚴義正，中其隱微，庶可漸戢驕心，歸於馴服。摺内所稱：夷文各件，封送軍機處。未據隨報遞到，恐有遺漏，著該將軍等即行補送，以備呈覽。

丁卯，諭内閣：本日據桂良等陳奏，嘆國咨文各件，内有僞造廷寄諭旨一道，據稱係嘆國人得自廣東者。披覽深爲詫異！中國自來撫馭各國，一秉大公，從無設計暗害之事。自葉名琛失事後，命黄宗漢爲兩廣總督，接〔授〕〔受〕欽差大臣關防，原以保守疆土，即侍郎羅惇衍等激於義憤，練勇自衛，亦紳士應辦之事。迨桂良等在天津和議已成，黄宗漢專辦本地軍務，羅惇衍等亦遵旨專辦土匪，並無與嘆、咈二國交兵之舉。該國現雖未交還廣東省城，但能約束兵丁，不擾居民，自可相安無事。乃有僞造廷寄，令羅惇衍等與該二國爲難，以致嘆國疑慮。著黄宗漢嚴拏僞造之人，盡法懲辦，使各國皆知我中國辦事光明正大，一經定議，盡釋嫌疑，造言生事之人，無從煽惑。至上海現辦通商事宜，與廣東相距較遠，著即授兩江總督何桂清爲欽差大臣，辦理各國事務，所有欽差大臣關防，著黄宗漢派員賫交何桂清祗領接辦。

庚午，諭軍機大臣等：桂良等奏，遵旨呈進俄夷條約，並將歧異之處黏籤開單呈覽一摺。詳閲單内所開歧異之處，均屬有因，從前既經普提雅廷斟酌看定始行畫押，則該夷此次狡賴，顯係恃無質證。桂良現令在津與晃明同議之參領張廷岳先行回京，當俟該員到時，與之辯證，自必無從狡執。如其仍欲任意更改，即不與之互换。原議本有一年之説，即俟上海事竣，再與理論，亦不爲遲。

至另片所奏：必須撤去黄宗漢，嘆夷始能帖服。試思中國大臣，豈能視外夷之喜怒爲黜陟。況欽差大臣關防，已改授何桂清，則海口通商事宜，已與黄宗漢無涉。至各省督撫辦理地方公事，該夷豈能干預。著桂良等向夷酋剴切曉諭。前因廣東有僞造寄諭之事，已明降諭旨，桂良等接奉後，諒已付該夷閲看。其挽回事宜，著仍遵前旨，竭力籌辦，毋再别生枝節。

咸豐九年(己未、一八五九)

《文宗實録》卷二七三　正月壬申，諭軍機大臣等：前因桂良等奏，廣東有僞造廷寄諭旨，致該夷疑慮。當明降諭旨，令黄宗漢嚴拏僞造之人，並將欽差大臣關防移交何桂清祗領接辦。原冀該夷見此諭旨，知海口通商事宜已與黄宗漢無涉，可以釋其疑慮。乃本日據桂良等奏，廣東夷、民互鬬，致礙和局。該夷必欲回粤措置，定於日内起身，自係未見前旨，故堅欲駛回香港。桂良等既不能阻止該夷，仍應將前旨鈔録，設法迅速知照該夷，並告以自議和之後，黄宗漢辦理本地土匪、紳士，羅惇衍等裁撤練勇，均未與嘆國搆釁。該夷照會内所稱，管帶壯勇之官紳錯立見解，各勇屢已胡爲等語。究竟何時何事，並未明言，恐係傳聞不確。又恐嘆、咈之兵出城擾害百姓，以致互相争鬬，其曲亦不在廣東百姓。現在欽差大臣關防已交何桂清接辦，黄宗漢既不能干涉通商事宜，嘆國到粤亦無可商議。若如照會内所言，恐傷和議，勸其折回上海，該大臣等仍可設法挽回各事。儻該夷業已先到廣東，肆行攻擊，是該夷等背約動兵，自起釁端，並非中國失信。將來該夷再赴上海，桂良等言明在先，即加拒絶，亦覺理直氣壯。至上海地方，城外東北兩面江岸全係夷人，形勢危險。桂良等於夷酋赴粤後即可暫駐蘇州，俟該夷回滬時再與計議。若事已決裂，難以理諭，即迅速馳奏，聽候諭旨。將此由六百里加緊密諭桂良、花沙納、何桂清，並傳諭段承實知之。

癸酉，諭内閣：朕自御極之初，特開恩榜，迄今已閲數年。緬惟皇考宣宗成皇帝五旬、六旬萬壽，均降旨特開鄉會試恩科。仰見宏敷教澤，行慶作人，有加無已。兹於咸豐十年届朕三旬萬壽，允宜特開慶榜，嘉惠士林。著於本年八月舉行恩科鄉試，明年三月舉行恩科會試，以副朕簡拔人材至意。

壬午，諭軍機大臣等：前據桂良等奏，請先行進呈兩次條約，當經降旨允准，並令俟挽回四事、另立專條進呈後，再行一併用寶發回。本月初九日，據桂良等專弁送到和約税則各件，業經軍機處代爲呈覽矣。惟挽回專條，俟嘆酋回滬後總須及早定議，迅速進呈，方能與現遞條約一併用寶發交各國，免致日久躭延。桂良等不得因條約業已進呈，含糊了事，有負委任。此時利害轉圜，全恃專條爲補救。著桂良等悉心籌畫，盡力挽回，即行馳奏。至十二月二十六日明發諭旨，桂良等奉到後如何傳示該夷，該夷接奉後作何情形，並嘆船駛到粤東有無消息，著一併具奏。將此由六百里密諭桂良、花沙納、何桂清，並傳諭段承實知之。

《東華續録》咸豐八五　甲申，諭軍機大臣等：前因廣東省僞造廷寄、諭旨，致英國疑慮，業經諭令黄宗漢查拏僞造之人。本日據羅惇衍等奏，該國懷疑，再擾北路，旋即退出，並鈔録奸民僞造諭旨，與桂良等前奏相符。羅惇衍等在粤辦理團練，曾申諭北路鄉民不與英、佛等國爲難，致開釁端。詎該國於上年十二月初一日率衆千餘，由三元里前進，一路焚燒，轟斃行人，鄉民始鳴鑼對仗。初五

日，復直趨石井，互有殺傷。皆由奸民僞造諭旨致該國疑慮，並非羅惇衍等不遵前旨仍與該國搆釁。本日已諭令黄宗漢、柏貴，昭會該國，令其盡釋前疑，不可爲奸民所惑。額爾金見已回粤，儻經查明，自必恍然知花縣之事由於奸民僞造諭旨，致懷疑慮，並非中國故違和約也。桂良等接奉此旨，即設法照會額爾金，告以此次與鄉民互鬬，雖由彼先啓兵端，究係因懷疑所致。一經説明，自當相安無事。如額爾金業已回滬，更可明白開導，以全議撫大局。羅惇衍等摺，著鈔給閲看。

《文宗實録》卷二七四　丁亥，諭軍機大臣等：胡興仁奏，徽、甯需餉孔亟，請飭江蘇省暫爲通那一摺。據稱江南所派援甯兵勇，業經何桂清由蘇發給十一、十二兩月口糧，本年正月即須由浙支放。現在鄭魁士將南陵西路之賊攻退，即可規復灣黄。援師四集，需餉萬分緊要，浙省勸捐現無起色，一時湊辦不及，擬請飭江蘇省於庫存項下暫借銀二十萬兩，以救目前之急，俟浙餉稍裕即行籌還等語。前因甯國缺餉，浙省未能接濟，曾諭何桂清不分畛域，就近籌撥，著該督仍遵前旨，即於蘇省庫款内，酌量撥銀二十萬兩，以濟甯防之餉，毋使飢兵潰散，又生意外之變。將此由五百里諭令知之。

庚寅，諭内閣：理藩院奏，扎薩克喇嘛嘉木磋與那木喀呼圖克圖口角忿争，並達賴自戕身死一案，著派惠親王、怡親王載垣、瑞麟、穆蔭提集全案人證，嚴行訊辦。那木喀呼圖克圖，著暫行勿庸掌印。嘉木磋著革去扎薩克，並達喇嘛，一併歸案鞫審。其扎薩克印，務著洞闊爾呼圖克圖署理。

《東華續録》咸豐八五　是月，緩徵山東臨清四十六州縣並德州等五衛，江西南昌等七縣，福建邵武等四府二十五縣並邵武等三廳，被水、被旱額賦，展緩浙江海鹽歉收白糧，賑安徽滁州等二州縣，山東東平等八州縣並東昌衛，被擾、被水貧民一月口糧。免貴州都匀等二十一府廳州縣並錦屏縣丞所屬被擾地方額賦。

《文宗實録》卷二七五　二月壬寅朔，諭軍機大臣等：此次各國議定税則内洋藥一項，從前未經定税之時，聞地方官多有影射抽收、侵吞入己情弊。現在既經議有定章，官爲收税，各省自應一律辦理。上海爲各商薈萃之所，尤應及早奉行。現經户部由驛通行，諒江蘇省當已奉到，曉諭商民一體遵辦。特恐地方官希圖掩飾，壓閣部文，不能及早奉行，或以多報少，藉肥私橐，皆所不免。著桂良、花沙納嚴密訪查，儻有前項弊端，即行會同該督撫據實參奏，毋稍徇隱。且使夷商知此次税則，業經通行，獲利已多。桂良等亦可藉此爲詞，消弭兵釁。將此由五百里密諭知之。

辛亥，又諭：勝保等奏，進取高旺及截勦回竄浦口各匪，均獲全勝，並片陳浦口等處攻守情形，咨商德興阿派兵守隘，令李世忠撤隊回皖。覽奏均悉。浦口被匪撲入，旋經李世忠等擊退，必須重兵屯駐，方保無虞。德興阿業經革任，江北各軍均歸和春節制。前諭和春等選擇謀勇兼優之大員前往江北統率德興阿一軍，並以張國樑現在江北受降，令其乘勝督兵進攻六合。又諭勝保，令李世忠隨同攻勦，俟六合克後，再赴和、全等處。該大臣諒已奉到諭旨，即行遵辦。惟此時浦口被賊撲入，幸未再失，所有江浦、浦口二處，必得和春等派兵前來守禦，方能令李世忠助勦六合，本日已諭和春酌辦。其薛成良降衆，亦著派令助勦六合，至江浦一城，江南派兵未到以前，即著勝保等酌撥官軍會合薛成良新附之衆，併力協守。該大臣素能不分畛域，著就近與張國樑商酌，通籌緩急，相機辦理爲要。將此由六百里諭令知之。

《文宗實録》卷二七六　壬子，諭軍機大臣等：何桂清奏，臚陳辦理通商機宜一摺。前因廣東距京寫遠，夷情不能遽達，致令藉端生事，欲赴天津，是以移欽差大臣於上海，並知何桂清才力能副斯任，援兩廣總督之例，授爲欽差大臣，辦理通商事宜。兹據奏請簡派專員，駐劄上海，議給養廉，以崇體制。至總督距上海較遠，事未親身目擊，恐措置失宜，並恐該夷遣人往來，似多窒礙等語。從前兩廣總督兼欽差大臣，遇有各國議事，先派員接見，原非事事與總督面議。葉名琛並不派員接見，相視太輕，而又不設備，故爾釀成此變。如果操縱得宜，亦不至蔑視督撫。況總督爲地方大吏，足資彈壓，若另設欽差，以京中大員任之，恐遇事呼應不靈。現在撫局尚未大定，所有應辦各事宜，俟互換和約後，朕當再行詳諭該督欽遵辦理可也。至該督已授爲欽差大臣，即當與桂良等設法阻止㖔夷進京，並入江等事，挽回得一件，即爲他時消去一件後患，未可徒託空言。至撫議已成，所有條約自須頒發通商各省一體遵行。然須仍歸欽差酌辦，以一事權，其有據情代奏之件，該大臣要當擇其無傷國體者，方准代爲上達，亦不得聽其所求，屢爲瀆請。再前據勝保奏，夷船有句通金陵逆賊之事，曾諭和春等豫防水師密訪。從前辦理夷務時，圌山關曾設礮臺，現在是否尚存，該處爲入江要隘，著何桂清察看形勢，酌撥兵丁，密加防守，以備不虞。將此由六百里密諭知之。

甲寅，諭曰：本日據載垣等奏，會審科場案内已革大員，並已革職員，定擬罪名，先行擬結一摺。朕詳加披覽，反覆審定，有不能不爲在廷諸臣明白宣示者。科場爲掄才大典，交通舞弊，定例綦嚴。自來典試大小諸臣，從無敢以身試法，輕犯刑章者。不意柏葰以一品大員乃辜恩藐法，至於如是，柏葰身任大學士。在内廷行走有年，曾任内務府大臣、軍機大臣，且係科甲進身，豈不知科場定例？竟以家人求請，輒即撤换試卷，若使靳祥尚在，加以夾訊，何難盡情吐露。既有成憲可循，朕即不爲已甚。但就所供情節，詳加審覈，情雖可原，法難寬宥。言念及此，不禁垂淚。柏葰著照王大臣所擬，即行處斬。派肅順、趙光前赴市曹監視行刑。已革編修浦安、已革舉人羅鴻繹、已革主事李鶴齡均著照例斬決，以昭炯戒。副考官户部尚書朱鳳標，於柏葰撤换試卷，闈中並未查詢，出場後又不即行參奏。若照舊例辦理，知情徇隱，即應治罪，即止於失察，亦應研訊。惟閲其供詞，尚無知情情弊，諒朱鳳標亦不敢公然徇縱，著從寬即行革職。

《文宗實録》卷二七七　壬戌，諭軍機大臣等：本日據僧格林沁遞到慶祺密摺一件，據稱，天津爲全局攸關，且當南漕北上之際，未便輕於議戰。如夷船駛到，宜先示羈縻，派員迎至攔江沙外與之理説，仍令往上海互换和約。儻肯回帆，即可毋庸啓釁。如竟闖進内河，再當觀釁而動。所見甚爲詳慎。著僧格林沁會商文煜，豫派委員，如果該夷船到，即往攔江沙外與之理論，勿令駛入内河。其理論之詞照慶祺所擬，亦尚寬嚴得體，惟所派之員，據慶祺所奏，不令紳士出面，固爲周到，但派委官員亦應詳慎遴選。上年派委各員，如卞寶書等，既已慑於夷酋之狡悍，且與之習熟，悉爲夷人所玩視。此次著另選明幹有才之員派往理論，以免貽誤。慶祺摺著發給閲看，將此諭令知之。

《咸豐朝籌辦夷務始末》卷三四　丙寅，又諭：昨據桂良等奏，夷情叵測一摺，所稱上海换約及另立專條之説，均未與該夷明言。是該大臣等辦理此事，至今尚無把握，現在噸酋到粤已久，如日内折回上海，該大臣等仍應與該夷議明，在彼互换和約。桂良等具有天良，自必竭力補救。惟夷情狡執，該大臣等迫於時勢，亦屬勢處兩難，該大臣之苦衷已在朕洞鑒之中。因思駐京一節，爲患最鉅，斷難允行；至進京换約，如能盡力阻止，更屬妥善。儻該夷堅執不肯，務須剴切言明，議定由海口進京時所帶人數不准過十名，不得攜帶軍械，到京後照外國進京之例，不得坐轎擺隊，换約之後，即行回帆，不許在京久駐。以上各條如肯遵辦，我等即一面奏明，一面先行回京，約定日期。俟我等到京後，爾國船隻方可前赴天津，庶不致在海口久候。如此明白曉諭，該夷自必俯首聽命，其餘三事即可乘勢開導。儻能消弭一事，即日後少受一事之累。如不能全行挽回，亦當於三事中予以限制，以杜該夷無厭之求。何桂清係五口欽差大臣，責無旁貸，一聞該夷酋回滬，即與桂良等同至上海，尤應盡心籌辦。王有齡、薛焕、吴煦均能熟悉夷情，著即先行派往，遵照諭旨，次第妥辦。如該夷堅欲進京换約，何桂清即於王有齡等三員中揀派兩員，隨同桂良等馳驛來京辦理，免致該夷藉口逗遛。桂良等上年在津，於夷人駐京等事率行允許，已屬咎無可辭，方冀前往上海可以逐漸挽回，乃數月之久，迄無實濟。此次准其進京换約，實萬不得已之舉，該大臣等若能仰體朕心，總須在上海互换和約，方爲妥協，諒不至因朕有此旨，桂良等即可將就諉卸也。將此由六百里密諭桂良、花沙納、何桂清，並傳諭段承實知之。

《文宗實録》卷二七八　三月辛未，命怡親王載垣往天津察看海防事宜。

丙子，諭軍機大臣等：前因鄭魁士奏，需餉甚鉅，請飭浙省月籌餉銀二十萬兩，當諭令胡興仁酌量加增。嗣據鄧瀛奏，甯國地方雕敝，按月三萬兩之數未能籌措，復諭胡興仁設法籌解，並諭何桂清協濟。兹據胡興仁奏，甯防餉需，足敷支放，並瀝陳辦理情形一摺。現在黄池鴉山已無賊蹤，甯防稍鬆，金陵等處援軍均已調回，所需軍餉自可較前撙節。甯國地方，被災被擾，所籌三萬兩已准其暫緩數月，此後仍應竭力徵收地漕釐捐等項，以供軍儲。著何桂清飭令該道認真辦理，不可徒恃浙餉，致有貽誤。該處係江南統轄，又爲浙省門户，著何桂清、胡興仁仍遵前旨，無分畛域，通籌協濟，毋誤要需。將此由五百里各諭令知之。

己卯，諭軍機大臣等：本日據桂良等奏，探聞夷情仍堅欲進京，並鈔録夷文各件，業經諭知桂良等再加開導，設法挽回矣。惟披覽照會各件，情詞桀驁，並據桂良等奏，探聞有暎夷帶兵二千名、船十餘隻，直赴天津，咈、咪兩夷各帶兵船之信。現在桂良等如能設法羈縻，令其即在上海换約，固屬妥善。如竟不能阻止，則到津後亦恐非口舌所能争勝。況既帶兵船必至用武，前諭僧格林沁於防海官兵内酌撥馬步精兵一二千名，赴黄河北岸扼劄，日内尚未據覆奏。現當夷氛甚惡，急宜厚集兵力，以資捍衛。此項官兵調出後，深恐海防不敷調遣，即著該大臣酌量各路預備官兵内應行調補若干，迅速具奏，以便早爲催調。將此諭令知之。

《文宗實録》卷二七九　庚寅，又諭：户部奏請飭籌辦淮南鹽務，酌擬條款，

開單呈覽一摺。淮南鹽課爲撥解大宗，近年因長江梗阻，經户部議令就場收課，辦理數年，稍有起色，尚未能復舊額，亟應設法籌辦，以裕課款。著照該部所議，如通、泰各場於適中之地駐劄武職大員，稽察出入，以杜偷漏。泰州總局及分局酌增税銀。淮鹽侵越浙岸，於京口等處地方設卡抽收税銀，抵補浙課。又事務較簡各場鹽官，酌量裁併。又川淮各私，由湖北闌入湖南者，必由岳州經過，於該府設局抽税，其餘毗連川粤處所，各設税卡，以防偷越。江西饒州、吉安、建昌、九江等府，各於適中地方設局，仿照湖北章程，一律收税。所議均尚周妥。各該督撫果能認真籌辦，於鹺務餉需，實有裨益。著兩江總督、江西、湖南各巡撫，悉心籌畫，妥速辦理。另片奏，淮北代納協貼懸課，綱運積壓，未據奏報等語。並著何桂清、庚長迅飭運司、運判等實力督催。即將乙卯綱課額全完奏報覈銷，並將臨淮等處各卡抽收鹽釐抵完協貼懸課數目，一併造報。丙辰綱各販停積之鹽，亦著飭令設法營運完課，毋誤要需。

《東華續録》咸豐八五　甲午，諭：本日據勞崇光奏，英、佛各國兵船駛至梧州，旋即退回廣東一摺。據稱，有英、佛各國火輪等船載兵一千餘名，由廣東省城駛至肇慶，並分出船隻於正月二十二日駛至梧州城外。其隨同前往之廣東番禺縣縣丞卓秉森稱，係由廣東巡撫柏貴派委，請見提督鹿壽，該國官員帶回兵丁二十餘人登陸遊行，並在城外步量街段登山繪畫地圖，旋於二十一日開船而去等語。見在各國和約尚未互换，其通商海口原准前往貿易，但從無攜帶兵船深入内地之事。況粤西並不在通商之列，該國人員遽帶火輪、兵船突如其來，該省民人不免驚疑，設或滋生事端，豈得謂中國有乖和好。此事黄宗漢、柏貴何以均未奏及。柏貴近在省城，以後英、佛等國如再有此等舉動，該撫務當竭力阻止，免致議和之後復有意外之變。至此次英國人，一名斯託賓齊、一名墨克福第；佛國人，名達博威，俱言語不通。又一名巴夏禮能通華語，均與崑壽相見，並稱秋冬再要出遊。著柏貴妥爲開導，使不至再蹈前轍。將此由五百里各諭令知之。

《文宗實録》卷二七九　丙申，諭軍機大臣等：奕山奏，遵查黑龍江通商事宜，仍請免徵税課一摺。據稱，前議條規原係專指黑龍江一處，因地屬邊疆，與伊犁、塔爾巴哈台事同一律，非海口輻輳之區可比，請仍准互相換貨，免徵税課等語。此款既經該將軍與木哩斐岳幅反覆辯論，應允在先，勢難更改，祇可俯從所請，互相换貨，免其徵税。其餘三條，著催令迅速定議，仍遵前旨，先行奏明，俟奉到諭旨，方准向該夷允許。至綏芬、烏蘇里兩處，事關疆土，尤爲緊要，俟木哩斐岳幅到時，該將軍務當正言拒絶，不可仍前輕率，自干重咎。現在俄國使臣丕業羅幅斯奇在京互换和約，已與言明，界址一事仍歸黑龍江、吉林將軍覈辦，與天津所定各口通商和約無涉。奕山不得向京中推諉。將此由五百里諭令知之。

《東華續録》咸豐八六　四月壬寅，諭軍機大臣等：瑛棨奏，擊退亳州捻匪，並調派兵勇堵剿一摺。亳州撲城捻匪，經朱連泰等督兵擊退，而五馬溝等處均築有賊圩，偪近豫境。且據稱竪旗聚衆，有俟雉河賊股齊集即行西竄之信。亟應迅速進剿，以遏逆氛。該撫抽撥歸、陳等屬防兵，派總兵朱連泰及承惠統帶出省進剿。所籌歸、陳等屬留守禦各節，布置均尚周妥。惟伊興額所帶豫省官兵業已改派關保統帶，督辦該省防剿事宜。見在調派各兵爲數不少，軍威已壯，進剿當可得力。俟關保馳赴永城接替後，即令馳赴鹿邑，督率豫軍相機攻剿，以期擣穴搜渠。至濉口一營，亦關緊要。傅振邦欲留兵勇，該撫仍當如數酌留，以均兵力。將此由五百里諭令知之。

《文宗實録》卷二八〇　甲辰，諭内閣：劉崐、崇綸奏，請將海運米石暫行截卸通倉一摺。天津運米剥船現已陸續抵通，若待上游放水下注，裏河水勢暢旺，挨次轉運，恐停船待驗，不能迅速回空。所有抵通米石，著照該侍郎等所請驗收後暫行截卸通州中西二倉，俾得迅速轉運，所有車脚等項准其作正開銷。惟經紀船户人等，起卸米石，向有偷漏攙和情弊。今既多一番起卸，更恐弊竇叢生。著該侍郎等督飭司員坐糧廳嚴密稽查，毋令藉端舞弊。

丙午，諭軍機大臣等：庚長奏，南北運河來源告竭，請飭山東迅即開壩一摺。據稱江蘇運河，以東省河水及微山湖爲來源，現因來源告竭，舟楫阻滯，於餉道商販釐捐税項，諸多窒礙。且兩岸民田灌溉攸資，自應量爲疏洩。新任河督黄贊湯到任需時，瑛棨暫行兼署，相距較遠，著崇恩就近督飭該管道廳察看實在情形，斟酌辦理，務使開壩之後，於江蘇境内實有裨益，而於東河蓄水設防各事宜，仍無妨礙，方爲妥善。庚長摺著鈔給閲看。將此由五百里諭令知之。

壬子，諭内閣：張亮基、徐之銘奏，兵練圍攻，城外回衆肅清一摺。雲南省回衆上年就撫後，於南城外江右館駐劄，時聚悍回搶劫訛詐，並劄營於碧雞關要路，經張亮基等飭署安甯州知州慶安，招集練目謝連科等暗襲碧雞關回營，擊斃回衆七百餘人。嗣官兵與各鄉團疊次分攻，將木柵攻破，殲斃首匪馬占魁，並賊

目十餘名；又攻破白馬廟彌勒寺回營，斃匪二百餘人。兵練遂進攻江右館，殲斃悍匪十餘人。回衆窮蹙，各分散歸籍。回匪久踞雲南省城外，諸多不法。該練目等轉戰兩月，將該匪全行驅逐，省城得以肅清，實屬著有微勞。著張亮基等擇其尤爲出力者，奏請獎敘，以示鼓勵。

《文宗實録》卷二八一　丙辰，又諭：僧格林沁等奏，俄夷運送軍器船隻抵津，應交何處；護送之夷，應否進京，請旨遵行等語。俄囉斯國運送槍礮，如果船隻到津，該大臣等仍遵前旨，令其停泊攔江沙外，另换内地船隻裝載進口。其槍礮應交何處，及護送之夷應否進京，届時奏明請旨。續調之吉林、黑龍江官兵陸續進關，已飭武備院將製造鳥槍弓箭等件趕緊造齊，解赴海口應用。將此諭令知之。

壬戌，以恭親王奕訢爲内大臣。

乙丑，諭軍機大臣等：奕山等奏，俄夷在烏蘇里口以下南岸添建房間，並該夷狡執履勘。又奕山、那敷德另摺奏，以後會奏夷務，請分别主稾各等語。綏芬河、烏蘇里江，皆係吉林地方，不在借給之例，屢經諭令奕山等據理拒絶。乃該夷潛在烏蘇里口以下南岸，舊居博力地方，添建房間，並於古克達蘇蘇等處建房，牧放牛馬。似此任意侵占，實屬不成事體。夷官奇薩羅幅復帶同通事到卡，聲稱會勘烏蘇里河源興開湖分界，有自行去占之語，尤屬狡執可惡。該夷占地建房，並欲會勘地界，總由奕山輕允黑龍江左岸地方，以致該夷肆意占踞。該將軍既已貽誤於前，並不思力圖挽救，乃輒奏稱事屬吉林，應由吉林主稾，免致往返貽誤，顯係因現在侵占之地均在吉林界内，有心推諉。惟奕山既輕諾於前，此時礙難阻止，宜其一籌莫展。著特普欽，督飭署三姓副都統富尼揚阿曉諭夷酋木哩斐岳幅：黑龍江左岸空曠地方，許其借住，已屬中國優待之意；吉林界内，係中國採捕蔆珠之地，斷不容爾侵占，若背約妄行，必致有傷和好。興開湖等處，本不與俄國連界，無可會勘，豈得以曾在黑龍江具文爲詞，意圖狡賴，該署將軍等務當正言拒絶，不可含糊了事。嗣後奏事，關涉吉林，著即由吉林主稾，一面會銜，一面具奏，免致往返札商，徒稽時日。至奕山、吉拉明阿，亦應力圖補救，不得因該夷現占地界俱屬吉林，希圖諉卸。將此由五百里各諭令知之。

《文宗實録》卷二八二　戊辰，諭内閣：惠親王、恭親王奕訢、工部尚書文彩，均著毋庸管理鐵錢局事務，其奏留襄辦各員，並著一併撤回。所有鐵錢局事務，著統歸户部右侍郎管理，並著户部總理滿漢尚書兼管。

《東華續録》咸豐八六　是月，蠲緩浙江杭州等三府暨衢州等各衛，河南光州等二十三州縣，山東濟南等五州，並臨清等二衛，被賊被擾地方新舊額賦，賑山東城武等六縣衛貧民一月口糧。

《文宗實録》卷二八三　五月庚午朔，諭軍機大臣等：本日據勝保、翁同書奏，逆匪占踞天長、汊澗，盱眙後路仍形危急，請飭催各路進兵一摺。前據勝保、傅振邦各奏撥天津馬隊，現因海防未撤，不能多撥，已諭僧格林沁調撥黑龍江馬隊一千名赴傅振邦軍營，此項馬隊到時即由傅振邦分撥五百名交勝保軍營調遣。除樂善現有經手事件，業經僧格林沁覆奏，不能令其帶兵來皖外，其江南大營已派熊天喜帶兵四千渡江援勦，復添派兵勇一千交張玉良調遣。現在擊退揚州撲城之賊，復分兵保守邵伯等處。本日復諭和春，即飭毛三元等與勝保合勦天長，無須另派鎮將帶兵赴皖矣。勝保不可專待天津馬隊，惟當就現有兵力分投堵扼，迅克天長，而解汊澗之圍，以期埽清北路。至湖北各營東下之師，雖已劄營於英、霍之間，祇能爲六安後路，須俟分援湖南馬步水師撤回，方擬力圖進取，一時固難移兵深入皖境。且都興阿、楊載福等軍，前據官文等奏明，即使東下，亦不能受他人節制也。將此由六百里各諭令知之。

癸酉，諭内閣：工部實源局奏，鑄辦鐵錢需用平鐵等語。寶源局所需鐵斤，由山西省採辦，按季解京。因上年所解潞鐵不堪鼓鑄，業經咨行山西巡撫，嗣後均應一律起運平鐵。兹據奏稱，山西應解該局秋運二批鐵斤，仍由潞安府辦運，恐誤鼓鑄。著山西巡撫將應解寶源局鐵斤一律均以平鐵運解，如平鐵或有不敷，即照鐵錢局三七成搭運，俾利鎔鑄。

乙亥，請派大員暫事羈縻。得旨，總以上海换約爲第一要義，即使不得已俯就下策，停泊攔江沙外，少帶從人，實爲妥協。尤必須該夷酋正身赴京，不得任其更替一兵頭之類，意存攙擾。抵京原爲换約，萬不能聽其久駐。該夷酋設欲駐京，必將薛焕留於京師作爲辦理之常人。此時清淮一路，雖恐有阻，然另派他人，不悉夷情，斷斷不能措施合宜。卿等艱辛備嘗，二載勤勞，亦必欲速觀厥成。所請毋庸議，正可藉兹赴津需日之語，爲羈縻换約之地步也。

己卯，諭軍機大臣等：俄夷在烏蘇里河以下博力、抓吉等處蓋房占地，前經奕山、特普欽奏到，當經諭令特普欽飭令富尼揚阿曉諭夷酋，阻其下駛，並嚴諭奕山督飭吉拉明阿力圖補救，不准推諉。本日據特普欽奏，該夷目等不聽理諭，動以木哩斐岳幅爲詞，而木哩斐岳幅之狡執貪亢，則恃前約内有烏蘇里河至海

爲中國，俄國同管之地一語，請飭吉拉明阿與之申明前約，分較明晰，俾免藉口等語。烏蘇里等處與俄國並不毗連，何以奕山等所議條約竟有與俄國同管之語？況該夷現欲開山修道，則其本不通海，已可概見。奕山等許其會勘，尤爲輕率。特普欽所奏，欲將前約分晰，言明烏蘇里河至海一節係專指江路行走，並非准其上岸。然既准其往來江路，則登岸亦難禁止，自應與之決絶，言明將前約中此語改去，方爲直截了當。著奕山傳知吉拉明阿，向木哩斐岳幅言明，從前初議之時未能深悉吉林地界，現在業已查明烏蘇里、綏芬河等並非俄國接壤，又與海道不通，自應將此語更正。不但圖勒密、博力、抓吉及三姓等陸路不可任意侵占，即綏芬、烏蘇里河路亦當與之約定，不准人船駛往。儻堅執不遵，惟有更進一步，告以爾既不講情理，則中國亦難事事曲從。除黑龍江左岸借與該國居住之地准其船隻行走外，其餘黑龍江下游及松花江内均不准其行駛。如肯更正前約，收回吉林境内人船，不復下駛，則黑龍江、松花江通海之路業經許其行走，中國亦決不負約。總宜將木哩斐岳幅折服，則其餘夷目無所藉口，後來人船方能斂戢。若謂地在吉林，意圖推諉，奕山、吉拉明阿恐不能當此重咎也。特普欽既經飭知富尼揚阿於三姓地方就近拒絶，其黑河口、忙牛河等處，並著轉飭各該副都統一體防範，務期兩省會商，合力阻拒，亦不可因貽誤由於奕山等遂謂難於籌辦也。將此由五百里各諭令知之。

丁亥，諭軍機大臣等：本日據桂良等奏，夷酋不遵開導，堅欲北行一摺。據稱，暎酋嘈嚕嘶、咈酋布爾布濺到滬，均不肯與桂良等相見，但堅執進京換約之議，決意北行，咪酋華若翰亦隨同前往。又稱，暎夷兵船已有六隻於初九日開行，其餘亦將陸續北駛。本日已諭知桂良等即行回京，並傳諭文煜，令其馳赴天津幫同恒福辦理夷務矣。各夷船隻如到天津海口，著僧格林沁、恒福即遵前旨，速派明幹委員前往，迎至攔江沙外，向其曉諭，告以桂良等在上海，已有照會告知，中國並無他意，兵船萬不可駛入攔江沙，現在大沽海口已節節設備，如輕易入口，恐致誤傷，反失和好之道。即將來進京時，亦須由北塘行走，至天津由水路進京。並告以去歲天津所定和約均係桂良等一手經理，此處無人深悉底裏，即使剋時進京，亦須等候桂良等到京方能互換，爲期亦不甚遲。儻該酋不肯在攔江沙外静候，即用内地船隻迎護，由北塘登陸至津。即著該酋在天津等候，一切豫備館驛派人護送，自當以禮相待，仍與言明兩國既係和好，互換和約不得隨帶兵船，不得多帶從人，其一切設備僧格林沁務當先行趕緊妥籌辦理。至備辦館驛等事，恒福即與文煜商同妥辦可也。將此由五百里諭令知之。

《文宗實録》卷二八四　庚寅，諭内閣：前因江南文闈鄉試，以軍務未竣，兩次停止，本年恩榜特開，該省督撫奏請借用浙省文闈舉行。該部議交浙江巡撫察看辦理。旋據胡興仁覆奏，聲稱號舍不敷，恐多窒礙等語。朕以江南士子未免向隅，復諭令江南、浙江各督撫妥爲籌畫。兹據何桂清、徐有壬、胡興仁會奏，據稱，咨商安徽學政，該省距浙較遠，賊氛未靖，且歲科兩試久停，士子等未能一律應試，擬分别辦理，以昭慎重。著照所請，本年江蘇省鄉試即定於十月内舉行，借用浙江文闈辦理；安徽省鄉試，著俟該省平定地方較多，應如何通融辦理之處，由該督撫屆時奏請補行，以示朕嘉惠士林至意。

癸巳，又諭：前因逆匪竄近粤西，諭令駱秉章撥兵援應。本日據該撫奏稱，自石逆竄楚以來，數省逆黨悉竄湖南，非勢極窮蹙，未肯舍楚入粤，廣西現可無須分兵往援等語。逆衆屬聚湖南，則粤西情形較鬆，此時自可無庸援勦。儻該逆窮蹙竄粤，仍著撥兵追擊爲要。再昨據官文奏稱，探聞石逆圖竄四川，蓄謀已久，或由資江、沅江以窺常、澧，掠荆、宜，或由辰、沅徑趨酉、秀，均應亟籌堵禦。當已諭令有鳳，於夔、巫及秀山、酉陽等處派撥重兵，嚴密設防。並諭令曾國藩，即統所部精鋭，由楚江直赴夔州，妥籌防範矣。逆賊竄擾數省，所至糜爛，若再令擾及蜀中，則不獨財賦之區悉遭蹂躪，且勢踞湖北上游，荆、襄等處皆爲震動，即陝西亦需設防，大局將不可問。著駱秉章悉心籌畫，務於辰、沅、常、澧等處調派重兵，嚴行扼截，以杜賊衆西竄蜀川之路，仍一面督飭弁兵，分投攻勦，將匪黨次第殲除，不可稍涉疏忽。另片奏，道員李續宜即可到籍，擬令統帶寶東兵勇，著照所請辦理。將此由六百里諭令知之。

《咸豐朝籌辦夷務始末》卷三八　甲午，欽差大臣大學士桂良、吏部尚書花沙納，兩江總督何桂清，五品卿銜刑部員外郎段承實奏：臣等臨行之際，先飭候選知縣黄仲畬，向暎夷喊啞嗎再三勸諭，令其仍留夷酋嘈嚕嘶在滬稍候，如果前赴天津，務將兵船寄碇攔江沙外。又飭護理蘇松太道吴煦，再令哮嗪嘓向該夷酋婉轉關説。兹於十六日行抵蘇州，舟次接據吴煦稟報，閲之不勝憤懣！謹將原稟鈔録，恭呈御覽。復查夷人之必欲進京换約者，實因從前廣東所换之約，未經進呈，該夷前在粤城搜得舊約，是以無論如何開導，決不肯信。【略】現在暎夷情急，難通商量，實不敢不據實直陳，恐有貽誤，關繫非淺。

《文宗實録》卷二八五　六月己亥，此次夷酉嘈嚕嘶等，以互换和約來津，帶

領兵船欲進大沽海口，已諭令在攔江沙外停泊，静候桂良等到京商辦。復恐夷情躁急，未肯久待，又諭僧格林沁、恒福等，令由北塘進口，暫在天津安設館驛，仍候桂良等到後辦理。詎該夷不收照會，不遵理諭，屢將海口所設鐵戧等件撤毁多件。五月二十五日，夷船闖入，先行開礮，官軍不得不回擊。夷船受傷多隻，猶以步隊搦戰，勢甚猖獗。我軍擊斃夷兵數百名，生捦二名，餘皆敗竄。計夷船入内河者，共十三隻，惟一船逃出攔江沙外。據生捦夷兵供稱，皆暎夷號稱提督之赫姓主見。是日赫姓因桅折壓傷，其艘不能轉動，現在各船仍泊攔江沙外。暎夷背約恃强，先行開釁，並非我中國失信。惟念古來駕馭外夷終歸議撫，若專意用兵，終非了局，現仍令僧格林沁辦理防勦事務，另派恒福督同文煜辦理撫局。暎夷背約稱兵，固難與之理論，其咪、咈雖與同來，未必幫同犯順，仍可善爲撫綏，令由北塘至津暫住，待桂良等到後再議該二國情形如何。尚未據恒福等覆奏。暎夷挫折之後，其兵船在天津海外者無多，計必或赴上海，或召廣東兵船重來報復。著何桂清密派妥員，赴滬查探，有何動静，暗中防範，其天津被創之事不可漏洩。儻該夷果有火輪船至上海，欲糾衆北犯，可令該處華商與夷商等聲言，若復用兵，則上年所議各條前功盡棄，豈不可惜？囑各商從中勸阻，或挽咪、咈二夷之在滬者爲之勸解，令暎夷弭兵息事，仍在天津等桂良等辦理。庶各國可以同沾利益，亦保全撫局之一道也。惟此意須出自商人，不可官爲宣露，更不可因此事先給照會。何桂清有辦理夷務之責，既有變局，不可不早令知悉。將此由六百里密諭知之。

辛丑，諭軍機大臣等：勝保等奏，粤逆由六合分股竄撲，盱眙危急，江南援兵尚未派往一摺。前因天長未復，賊燄甚熾，疊經諭令和春等就近於張玉良、熊天喜等所統各軍内派撥數千名前往，會同勝保攻勦。現在大股逆匪由馬家集等處竄撲天長各軍之後，勝保兵力過單，難於抵禦，所有張玉良等兵勇現俱駐劄揚州、六合等處。著勝保飛咨和春，催提所派鎮將，酌帶兵三四千人，馳赴天長，會同勝保兵勇將該城速籌克復。儻盱眙需兵，即提此項官兵，自北向南堵勦，更爲得勢。惟江南北軍務，均歸和春督辦。地方甚廣，需兵較多，前因和春未即撥兵赴援天長，業經諭令俟克復天長後，仍將所撥之兵回至江南北軍營，歸和春調度，勝保不得截留，致滋貽誤。至定遠南路喫緊，勝保已派馬隊援應，仍著翁同書督飭弁兵實力堵扼，毋稍疏懈。其黑龍江馬隊，並著該大臣等催提，以資助勦。將此由六百里諭令知之。

《咸豐朝籌辦夷務始末》卷三九　戊申，俄囉斯國大皇帝細閲早年所立新舊和約，確知其中條例，不能除兩國嫌隙，多因條説不合現相交之意，或有含混之處，或有宜增之處，以及重説等弊，必須講明。故議定補續數條，使時勢合而和好益固。下至庶民相交，雖人事日繁，亦無妨害。是以本官與貴國欽差大臣等商辦。一、定旱路貿易章程。一、按天津所立和約第九條，決定兩國東西分界。一、查對早年所立和約，爲指出增減各條。

《文宗實録》卷二八五　庚戌，諭軍機大臣等：恒福等奏，接晤咪酋情形，並擬緩訂日期，令該酋赴京一摺。咪酋華若翰於初九日在北塘地方與恒福等會晤，辭意尚爲恭順，此時既許其來京换約，或由北塘起旱赴天津，由水路進京，或由香河一帶進京，俱令該夷自行酌定，斷不可勒令由香河行走，以免生疑。惟不可多帶從人，並須飭令各該地方，嚴密防範，啓程在二十日以外，則到京之時桂良等計亦可到。惟薛焕及黄仲畬，前有旨，准其先赴天津，此時既由恒福派員護送該夷進京，薛焕等即可毋庸先赴天津。著恒福即沿途行知薛焕等遵照，令其即行來京，毋庸投赴僧格林沁軍營。至該酋所稱，暎、咈兩酋均往上海，原難憑信，惟咪酋和約内載有他國或有争端，該國應善爲調處之語，儻伊願爲該兩國調處，即可乘機轉圜。著僧格林沁等悉心籌度，相機辦理。本日亦已諭知何桂清，令其探聽暎、咈兩酋，如果在滬先給照會，將咈酋開導矣。咪酋所懇轉給俄夷書信，不必拂其所請。恒福等著遇便寄京，即可轉付俄夷。將此由六百里諭知僧格林沁、恒福，並傳諭文煜知之。

《文宗實録》卷二八六　丙辰，硃諭王大臣等：僧格林沁等先詢其來意，如無要事，即代爲接遞書信，如必欲進京，即令其少帶從人。俟咪夷起身後，再令其由北塘進京，抵都後更可與言明，常由海口往來，往返徒勞，一切事件各有地方官之專責，並可以踐丕酋所改專條之言，以釋其疑。至戰船一層，不必與較，可告以我國與貴國相好有年，今雖與暎國開仗，係彼自啓釁端，並不借貴國兵力代爲禦侮。此説妥否？王等酌之。

壬戌，琉球國王世子尚泰遣使表謝，並進貢方物。賞賚、筵宴如例。

《咸豐朝籌辦夷務始末》卷四〇　戊辰，欽差大臣科爾沁親王僧格林沁、直隸總督恒福奏：竊奴才僧格林沁前因南路軍情緊急，奏撥馬隊助勦，力扼北竄。奉旨：撥馬隊一千名赴山東，再撥馬隊一千名赴安徽，交傅振邦、勝保兩營協勦。當令黑龍江頭起與吉林二三四起爲一軍，交口名副都統總管德楞額統帶，

前赴山東；令吉林頭起與黑龍江二三四起爲一事，交佐領德永等管帶赴皖。

昨因暎、咈夷酋退回上海，奉旨：已諭令和春，嚴防該夷句結金陵逆匪等因。欽此。仰皇上燭照無遺，聖謨遠到。奴才愚見，江北逆匪悉金陵羽翼，惟逆首之言是聽，誠恐該夷授意互相句結，使粵、捻兩逆併力北來，以圖牽制重兵。而該夷率領救援，再圖赴津報復，使我應接不暇，詭譎情形，不可不先爲防範。所有江北及豫、皖、山左各軍，均應加意嚴防，實力堵勦，使奴才無南顧之憂，得以專心防海，則實大局之幸也。

《文宗實録》卷二八七 七月辛未，諭軍機大臣等：僧格林沁奏，俄夷船隻駛至山海關，捏稱暎夷一摺。俄夷大船一隻停泊距老龍頭十里以外，經副都統格綳額派人往查，有夷人四五百名，多係廣東口音，稱係暎國人，自上海、廣東來此，內有俄夷一名，爲防兵識認，恐係俄酋慕姓，前往山海關捏稱暎夷，意圖窺伺形勢。本日已飭肅順等照會在京之俄夷伊格那提業幅，告以中國現與暎夷接仗，各處口岸設防嚴密，如見伊船隻即行開礮，爾國船隻不得擅自停泊，亦不得與暎夷同船，恐致誤傷，轉失和好。僧格林沁仍嚴飭格綳額密加防範，如察係俄夷，自可以理開導，勿令停泊，設有暎夷船隻前往該處滋擾，即誘令登岸，俟其深入痛加勦擊，以期聚而殲旃。將此由五百里諭令知之。

乙亥，又諭：據崇恩奏稱，本年五、六月間有外國商船十二隻先後來至登屬，在煙臺海口停泊，奸民惟利是視，難保無私通買賣之事。並四月間，有廣東商人欲在煙臺買地蓋造公所，經該縣訪聞查拏，始行寢息等語。夷船私至登州及煙臺地方貿易，買地造屋，必有奸民暗與句通。地方官始因夷船往來私通買賣，藉圖漁利，繼聞奉旨查拏，懼干處分，難保不飾詞稟報。仍著崇恩嚴飭沿海地方各官，認真稽查，妥爲防範，並嚴拏粵人范姓，務獲究辦。登州雖係暎、咈兩國議增口岸，現經天津接仗後，兩夷條約未定，不應有夷船前往貿易，更不得任他國夷人私自與民間交易貨物。如有夷船停泊，當令迅速開行，毋許逗遛。地方文武有隱匿不報者，指名參處，毋稍徇隱。將此由四百里諭令知之。

《文宗實録》卷二八八 己卯，諭內閣：上年暎咭唎國船隻駛至天津海口，首先開礮傷我將弁，是以命科爾沁親王僧格林沁在大沽海口嚴行設防。此次各該國前來換約，業經桂良、花沙納在上海告以大沽設防須由北塘海口行走。乃本年五月暎國嚐嚕嘶到津不遵桂良等原約，竟欲闖入大沽口內毀我防具，五月二十四日，駛進雞心灘，用炸礮轟斷鐵鍊，我兵仍未與較。二十五日，火輪船十餘隻拉倒錢戧十餘架，皆豎紅旗，志在決戰。經直隸總督恒福等派員持天津道照會前往，暎國并不接收，竟敢先行開礮，轟擊礮臺。我軍始開礮回擊，沈毀該國戰船多隻，擊斃上岸步隊數百名。暎兵挫敗，實由自取，并非中國失信。其時咪唎㗆國使臣華若翰仍依桂良等原約，駛至北塘海口求准進京，呈遞國書。經恒福等具奏，該國照會情詞恭順，是以朕准令進京呈遞國書。本日據桂良、花沙納將咪唎㗆國使臣華若翰照會該大臣等公文呈閱，見其詞意甚屬恭敬，出於至誠，所有該國使臣齎來國書，准其進呈，即派桂良等接收。至換約一節，本應回至上海互換，朕念其航海遠來，特准將和約用寶發交恒福，即在北塘海口與該國使臣互換。自換約之後，永遠和好通商，以求朕懷柔遠人，敦崇信義至意。此旨即著桂良、花沙納宣示咪唎㗆使臣華若翰知之。

諭軍機大臣等：現在咪夷在京頗爲恭順，即日呈遞國書，所有該國和約已加恩准其在北塘海口互換。俟該夷啓程，即將和約由驛發交恒福。該督接到後，即在北塘海口與該夷互換可也。至前獲夷人蔣什坡一名，既係咪國之人，即可發還該國，以示懷柔；所獲暎夷人犯一名，曾受重傷，留之無益，或即交咪夷，令其由海船帶回上海交何桂清，由上海道交還暎酋嚐嚕嘶收明，亦可藉此稍示羈縻，著該大臣等斟酌辦理可也。將此諭知僧格林沁、恒福，並傳諭文煜知之。

癸未，諭軍機大臣等：寄諭湖南巡撫駱秉章，前據官文奏，湖南賊勢蔓延，恐其入蜀，諭令曾國藩親督所部赴蜀，並諭有鳳先於夔州正路及酉、秀一帶趕緊布置，扼要防守。本日據有鳳奏，湖南之辰州、常德水陸各路均可竄入川省，酉、秀、黔、彭尤爲緊要，涪州爲各路總口，現有阜陞等駐劄堵勦。楚南之劉長佑、江忠義、田興恕，皆爲賊所畏憚，請飭俟賊匪西竄蜀疆，即分道追擊等語。楚南賊匪現在麕聚寶慶，曾國藩先後派往之蕭啓江、張運蘭等軍陸續可到，即可與劉長佑等會同夾擊，但恐該匪乘隙旁竄，如果勢將入蜀，即著該撫於劉長佑等各員內酌量選派一二員帶兵嚴行堵截，毋令竄入川疆，亦爲上策。設或該逆竄入，有鳳所派阜陞等亦即出境迎頭堵勦，不難聚而殲旃。其楚南各軍如追勦入川，即由川省應付餉糈，免由湖南遠道運送。將此由五百里諭令知之。

《文宗實録》卷二八九 壬辰，又諭：本日據何桂清奏，上海民、夷互鬭，已派道員馳往查辦一摺。並將夷人照會及信稟各件，鈔録呈覽。吕宋夷人，用咈囒哂船隻，擄捉內地民人出洋種地非止一次。致令民情洶洶，激成忿怒，見夷人則羣相毆打，並誤傷暎咭唎、暹羅兩國之人，李泰國等均被誤傷。因此，民、夷各

懷疑懼。業經何桂清等派委喬松年馳往上海，會同吴煦妥辦。著即飭令一面訪拏代夷拐騙之匪徒就地正法，並一面查明下手誤傷夷人之人，照例治以應得之罪，以期情法兩平，無枉無縱。至暹羅係臣服之國，其朝貢使臣及遭風難夷，中國待之均有恩禮，此次該國民人誤被淹斃，著該督飭令地方官嚴緝凶犯，務獲究辦。俟辦理完竣具奏後，尚須給予敕書，以示撫恤遠人之意。至暎酋所請欲桂良等給噃嚕嘶照會以爲和解，但桂良等在上海，邀噃嚕嘶會面，竟不肯前往。今桂良等回京，已繳欽差關防，無從與聞其事。暎夷背約肇釁，咈夷同心附和，勢難先行遷就。前已將現擬辦法於七月初三、初七等日寄諭，何桂清業已接奉，自當遵照籌辦。如有轉圜之處，即可在上海辦理，毋得令其北上。至上年條約内萬不可行之事，正可藉此挽回。何桂清當堅持定見，不可再向關説，以致跡涉求和。如果該夷悔悟，自來説合，即須迎機善導，勿令坐失機宜。咪夷華若翰已於十八日在北塘與恒福换約，即於二十日起碇回南。應覆璽書，已由恒福驛遞，交何桂清轉付矣。將此由六百里諭令知之。

《東華續録》咸豐八七 癸巳，諭内閣：前給事中李培祜奏，山東曹州鎮總兵多隆武，於上年捻匪竄擾曹、單等縣時聞警逃回，致縣城相繼失守；本年四月，捻匪由徐州北竄，護兖州鎮總兵忠順未即接仗，隨即回兖等事情，當降旨交副都統德楞額詳查具奏。兹據奏稱，訪查并探聞確情，均與該給事中所奏大略相符。【略】調任河南南陽鎮總兵多隆武，前護理兖州鎮總兵參將忠順，均著摘去頂帶，革職留任，以示懲儆。山東巡撫崇恩，有督率之責，並不據實參奏，著交部議處。

《文宗實録》卷二九〇 八月庚子，又諭：僧格林沁奏，夷船在沿海口岸窺伺一摺。據稱，夷船三隻，一月以來，歷至老龍頭、秦王島、老母溝、清河口、澗河口等處，用小船探水，並查看地勢，復駛至大沽迆南之祁口、劉家河停泊，用千里鏡打看等語。暎、咈各船，前已駛回上海，現在夷船恐係俄夷多方窺伺，已於摺内詳細批示矣。該大臣現在調派成保等帶領馬隊分劄各處，防範尚爲周密。該夷如敢登岸滋擾，或在船上先行開礮，著即遵前旨，奮力轟擊，勿受彼欺，致落後著，如僅試探水勢及上岸尋覓食物，自不必先開釁端，致彼有所藉口。至前獲暎夷一名，現既物故，即爲棺殮，或即交沙船帶回上海，交何桂清轉交該夷，以爲轉圜地步；或暫存海口，俟該夷就撫後再爲交還。即著僧格林沁等，斟酌辦理。將此諭令知之。

《咸豐朝籌辦夷務始末》卷四二 丁未，山東巡撫崇恩奏：本年自夏徂秋，福山縣煙臺海口，時有夷船往來停泊，該夷一經收口，輒即逗留不去，即使開行，亦多半仍在北洋游駛。臣以該夷往來行駛，情殊叵測，深恐登屬稍有疏虞，謹遵諭旨嚴飭沿海地方官，先行欽遵查照辦理；一面遴委候補道明新馳往登州，會同登鎮暨該管道府，查明煙臺如現有夷船停泊，立即親往海口，催令迅速開行。仍督飭各屬認真嚴密巡防，儻有續到船隻，一體正言拒絕，勿許奸商句通貿易，致使久留。至於沿海各口，如界直隸之大沽河，曾於春間，經臣遵旨，派撥官兵三百名，前往該處附近之官莊地方駐紮防堵。其餘口岸，亦先後嚴飭所在文武，隨時小心防範；一面團練鄉勇，添募餘兵，以期有備無患。惟東省洋面三千八百餘里，其間港汊紛出，實係防不勝防。臣現飭該道再行相度地勢事機，如須添撥布置，亦即會議稟候酌辦。硃批：知道了。

《文宗實録》卷二九一 丙辰，諭軍機大臣等：勝保奏，沿淮西勦疊獲勝仗，並請飭傅振邦帶兵前進，及分撥馬隊各摺片。勝保收撫沿淮衆圩，圖攻懷遠我軍於三鋪地方，扼要劄營，斷賊糧道。該匪出撲，經水陸官軍連日勦擊獲勝，而大股捻逆糾合孫葵心匪衆，直奔三鋪官軍營盤，勢甚猖獗。該大臣分佈四路，兵力較單，自係實在情形。傅振邦前奏，粤、捻各逆有直撲徐、宿之謡，北路更形喫重，是以曾諭毋庸親往。惟現在勝保進攻懷遠，已有可乘之機，三鋪營盤正當喫緊，五河、張家溝一帶俱形震動，傅振邦自應趕緊抽撥馬隊，並親帶大兵馳往，會合勦辦，以期迅速殲除。但捻匪股數衆多，徐、宿一帶地方緊要，傅振邦一軍與關保、富新、黄良楷等爲犄角之勢，以固北路藩籬。設勝保將傅振邦調赴懷遠，而該匪由西路乘機北竄，亦不可不嚴爲之防。勝保督辦皖省軍務，粤、捻各匪，均歸勦辦，務當統籌全局，毋得顧此失彼。儻傅振邦進兵北路稍有疏虞，惟勝保是問。所調馬隊，已諭德楞額撥五百名前赴勝保軍營。山東爲畿輔門户，此項馬隊未可久調在外，致東境空虚。俟攻克懷遠後即可與翁同書合軍南勦，馬隊足敷應用，此項新調馬隊仍令折回韓莊駐劄，以資防守。將此由六百里各諭令知之。

《文宗實録》卷二九二 己未，諭内閣：禮部奏，江西官卷擬請比照江南，加倍取中一摺。本年江西鄉試係兩科歸併舉行，本省官卷著即照江南官卷，加倍取中，以歸畫一。其捐輸推廣之額，均歸民卷取中，不得加入官卷。嗣後兩科併舉省分，均照此辦理。另片奏，駐防繙譯鄉試兩科歸併，可否援照官卷，加倍取

中等語。嗣後凡兩科併舉省分，繙譯中額，准其援照官卷，加倍取中。

《東華續録》咸豐八八 是月，減免江蘇橫浦等六場被災竈地八年額賦十分之一，蠲緩河南睢州等二十三州縣被擾村莊新舊額賦。

《文宗實録》卷二九三 九月丁卯朔，諭内閣：福濟奏，番族投誠，地方肅清，並安插户口，善後章程開單呈覽一摺。甘肅野番連年滋事，經該大臣親督員弁出口查勘，開誠布公，殲厥渠魁，寬其脅從，隨處覈定界址，編查户口，妥爲安插。統計八族，共一千七百四十七户，男、婦、大、小一萬八千四百二十名口。該番族感激歡呼，交出認賠牲畜及被搶牛馬羊各物，呈出承保十事及分守要隘各甘結，地方得以肅清，辦理尚屬妥速。所有善後事宜，即照奏定章程十條妥爲辦理。嗣後每年巡查，禁通事之句引，防歇家之容留，賞罰必明，奉行必力，均責成該管廳營妥爲經理，以期日久相安。此次調撥兵勇所需經費，俱係在事官紳捐辦，著免其造册報銷。除捐貲人員，照例請奬外，其出力各員，著福濟擇尤酌保數員，毋許冒濫。

《文宗實録》卷二九五 丁亥，諭軍機大臣等：曾國藩奏，遵旨籌勦皖匪機宜，現已由鄂回駐巴河一摺。皖省賊氣甚熾，必須楚師東下方可埽蕩。曾國藩奏稱，以兩軍循江而下，規取安慶、桐城，兩軍循山而進，規取舒城、廬州。各軍所部兵勇，自即照官文前奏派撥，該侍郎獨任一路，尚擬將蕭啓江調回，派張運蘭留湘協防。但蕭啓江一軍已入粵西，現當桂林危急萬分，全恃此軍援應，急切未能調回。至湘中防堵，尚有兵勇可派，著該侍郎斟酌情形，即將張運蘭調取回鄂，亦可補蕭啓江之缺。再本日據袁甲三、庚長奏，現聞官文等籌議進兵勦辦皖逆，並議令勝保等於東北路截勦。惟勝保、傅振邦兵力單弱，一經楚師大舉，深恐驅賊北竄，請飭由光州、固始、潁州一帶繞赴北路進勦等語。曾國藩所奏北路一軍由商城前進，本去潁州不遠，惟須折赴六安，規取廬州，則蒙、亳等處，已難兼顧。此時捻、粵句結，設因南路不支，竟圖北竄，恐傅振邦、翁同書等不能堵遏。袁甲三等所慮亦不爲無見。著官文、曾國藩、胡林翼再行悉心籌酌，所有東下四軍内應如何派出一軍，取道光、固、潁州，繞出懷、蒙以北，與勝保等官軍會合南勦，俾逆匪不敢北犯，是爲至要。至此次官文等會籌大舉，關係全局利害，總須計出萬全，不妨稍遲時日，謀定後動也。將此由六百里各諭令知之。

己丑，諭軍機大臣等：據翁同書奏，攻勦捻逆情形喫重，請飭陝西月解協餉，勿再短絀等語。現在潁、亳一帶，捻逆鴟張，意圖攻撲壽州，亟應力圖勦洗。惟需餉孔殷，陝西協餉每月止解銀一萬兩，實不敷用，著曾望顔每月解銀二萬兩，務須如數籌撥，以濟要需。將此由五百里諭令知之。

《東華續録》咸豐八八 是月，蠲緩廣西永甯等四十三州縣，並歸德等十三土司被擾村莊新舊額賦；緩徵廣東德慶等七州縣被擾村莊新舊額賦。

《文宗實録》卷二九六 十月丁酉，又諭：本日據駱秉章奏，石逆經官軍勦敗後，已竄至義甯、永福等處，探聞柳州及平樂所屬，各股賊匪均有句結之意。該逆可南竄柳州，北竄黔省邊境。該撫現已飛飭署總兵田興恕，由東安、新甯、武岡前赴靖州截勦，且慮該逆由黔入蜀，必須隨時籌防等語。石逆狡悍異常，既經湖南、廣西官軍擊敗，難保不句引另股匪徒竄往他處，所有廣東、江西、湖南三省前已有旨，諭令各飭沿邊文武嚴密堵勦，並令蕭啓江帶兵出境窮追，諒可無虞竄擾。惟該逆蹤跡靡定，欲竄蜀疆，必取道黔省。此時田興恕尚未回黔，著駱秉章即飭該署鎮，詳加偵探。如該逆竄往黔省，務當實力截回，毋任闌入。劉長佑一軍，現經進至全州，並著探明賊蹤，前往追勦，必將石逆殲除，以杜後患。昨據有鳳奏，滇匪竄至川省，猝不及防，以致筠連等三縣失守。現在調兵出勦，請留藩司祥奎在川辦理諸務等語。已有旨令祥奎毋庸署理廣西巡撫矣。著曹澍鍾，俟廣西軍務漸平，賊氛已遠，堪以離省，即行奏聞，當令派員暫署巡撫印務，以便該撫回川經理喪事也。將此由六百里各諭令知之。

《文宗實録》卷二九七 辛亥，諭軍機大臣等：曹澍鍾奏，逆匪分竄柳州等處，請全留湖南援兵截勦，並先調張運蘭赴鄂等語。劉長佑所帶之兵，前已准留粵西勦匪，蕭啓江一軍，亦已諭令窮追石逆，毋令兔脱。並諭知曾國藩，現在蕭啓江未能調回，酌量另調張運蘭回鄂。兹據曹澍鍾奏稱，蕭啓江接奉曾國藩札調會勦皖匪，稟請拔營回楚，自係該侍郎尚未接奉前次諭旨。廣西賊勢，非蔣益澧所能獨支，該撫現擬分兵由柳北融縣、懷遠一帶繞出賊前，由雒容、柳城一帶包抄賊後，爲會合夾攻之計，著准其留蕭啓江一軍，與劉長佑會合勦辦，俟事竣酌撤回楚。至該撫請將張運蘭先調赴曾國藩軍營差遣，以補蕭啓江一軍之數，固屬兼籌並顧。惟據駱秉章前奏，張運蘭率所部由衡赴郴，獲勝後即飭由郴、宜越境追賊，急切未能更調，而皖境自廬以北粵逆句結捻匪，勢甚鴟張，曾國藩議分四路進兵之舉，亦屬不能稍緩，並須厚集兵力，方能大舉深入。蕭啓江、張運蘭既不能刻即回軍，除調回李續宜一軍外，有無别項兵勇可調。能否即日東征，著曾國藩妥籌調派，總期援皖勦粵，兩無貽誤，方臻妥善。至石達開逆蹤剽疾，

能即在粵境聚殲，固爲上策。據曹澍鍾奏，該逆欲由懷遠至洪江等處趨黔入蜀，急須豫籌堵勦，雖田興恕已由武岡、綏甯、靖州一帶扼截，但與其扼於黔蜀之交，不若控其奔黔之路。著駱秉章飛飭該署總兵，探賊所向，擇要防勦，迎頭截擊，勿致落後。將此由六百里各諭令知之。

《咸豐朝籌辦夷務始末》卷四四　丁巳，欽差大臣兩江總督何桂清奏：臣於十月初九日行抵崑山，該使臣亦帶同繙譯官秦鎮西等九員如期而至。臣即於是日在城隍廟公所，率同署蘇松太道吴煦、知府藍蔚雯等與之接晤。該使臣堅以前項三事爲請，臣與之再三要約，此外各條及上海善後章程税則，均照前議緩辦，即爲代奏乞恩，仍俟奉到諭旨遵行。如潮、臺兩口准先開市，中國亦應設關收税，並令地方官會同領事官妥議交易合宜之處，以期無礙大局。該使臣一一首肯，惟求恩膏速霈，俾得永久相安。覈與該使臣照會尚屬相符。如蒙俞允先行開市，並照新章完納船隻噸鈔，其餘新章税則等項，仍俟咦、咈兩國定議之後再議舉行。自應將咪國原定條約及辦理緣由，咨行各口知照。該使臣面見後，已無異詞，當不致有逾範圍。惟新章伊始，未敢擅便，可否加恩之處，伏候聖裁。

《文宗實録》卷二九八　辛酉，諭軍機大臣等：前據特普欽奏，俄酋繞越黑龍江城行走，未得會晤，擬回任另加偵探。當經諭令特普欽，必須與該酋會面，以免其有所藉口生釁。兹據奏，拜摺後得信，木酋復到黑龍江城，即令署副都統愛伸泰阻截木酋，木酋不答，驅車而去。復飭愛伸泰至海蘭泡，與之會晤，並詳加開導。該酋雖未聽信，而綏芬、烏蘇里等地方，中國不肯借給居住之意已明白宣示。特普欽尚未接到前次寄諭，所辦尚相符合。惟該夷虚言恫喝是其慣技，該將軍等須堅持定見，勿墮其奸詭術中，方爲妥善。現届江水凝結，愛伸泰船幾覆墜，諒該夷船隻亦難行走。惟明春必有續來船隻，且有於黑龍江城對岸建房安礮，並拆毁卡房之説，不可不嚴密防維。現距冰泮之時，尚有三月，特普欽等正當趁此暇日，豫籌布置，爲未雨綢繆之計，庶免臨時張皇。應如何布置之處，迅速奏明。至該酋既稱並無在黑龍江商辦之事，其意專在吉林，所有三姓地方，夷蹤屢往，明春恐别有舉動，必須加意防範，勿令該夷占踞後得有挾制。景淳、富尼揚阿等，仍遵前旨，密令城鄉團練，並趕緊招集攬頭人等，於明春先行開墾，作爲居民防守地方，特不可先行開釁，俟其肆擾方與相拒，但須誘之登陸，勿與沿江及舟中争鬭。我既人衆，彼必喫虧，然後官爲調處，使該夷知衆怒難犯。天朝仁義兼備，釁非我開，免致得步進步，要求無已，此中操縱機宜，全在該將軍等豫爲籌畫，斟酌辦理。至此次木酋經過黑龍江，並未與特普欽會晤商准，恐該夷復往吉林等處，或景淳見面，抑係派員前往開導，其如何情形及現在辦理團練招集攬頭等事，著景淳詳細具奏。將此由五百里諭令知之。

《文宗實録》卷二九九　十一月辛未，又諭：瑛棨、關保奏，回竄捻匪撲擾鹿邑，經官軍擊敗回巢，豫境肅清一摺。捻匪竄擾豫境，被勦東竄後，復撲周家口，經官軍併力衝殺，殲斃多名。該匪窮蹙狂奔，欲乘虚擾撲鹿邑，經關保派令王鳳祥等扼要堵截，適後股援賊踵至，官軍分兩翼掩殺，馬隊直擣中堅，賊勢奔潰，救出難民二千餘口，生擒李黑兒等五名正法。二十三日，逆捻全股擁至，直撲我軍，經官軍分隊抵禦，陣斬千餘人。該匪愈聚愈多，分股直撲縣城，經鹿邑縣知縣孫嘉臻等内外夾擊，賊勢不支，盡向東北狂奔。副將博崇武等跟蹤追勦，至亳州棗子集地方，擊斃馬賊數十名，生擒捻匪單和尚等三名正法。豫省全境一律肅清。勦辦尚屬得手。所有在事出力員弁兵勇，著准其查明彙案酌保。

《文宗實録》卷三〇〇　己未，諭軍機大臣等：有人奏，川省匪徒滋事，係地方官激變等語。據稱，本年九月間，有川省本地民人數起，自雲南購販煙土，致敍州府屬筠連縣地方。因該縣徵收税銀較多，未能如數應付，議留二人爲質，餘往措銀交納。該縣以報獲奸細解府，該府將二人駢誅，遂至糾衆踞城，分陷高縣、慶符二邑。如果屬實，是該府縣擾民激變，及至疊陷縣城，遂以滇匪闌入爲詞，重煩兵力，曾望顔甫經署任，無所用其迴護。著即查明據實嚴參，如係本省匪徒藉端滋事，即可設法解散。至該地方文武各員，並著查明下落，一併具奏，原摺著鈔給閲看。將此由五百里諭令知之。

《文宗實録》卷三〇一　辛卯，諭内閣：載華等奏，陵寢工程緊要，請由永濟庫發給錢糧一摺。孝陵東西琉璃花門工程緊要，著准其援照成案，即由永濟庫存款内照工部奏准工料銀數，按銀錢各半發給，内仍搭用銀票，並大錢二成，以期迅速而重要工。

《文宗實録》卷三〇二　十二月丁酉，諭軍機大臣等：僧格林沁、恒福奏，遵籌海防布置事宜，繪圖呈覽，並遵保山海關統兵大員各等語。用兵之道，不宜稍涉游移，僧格林沁等以夷情願和則應在滬，欲戰則必來津。大沽海口，仍以雞心灘爲界，儻夷船駛入，毁我防具，自應開礮轟擊，使官兵有所適從，不致懈怠；其或在外遊駛，即派員迎至北塘，告以彼處有人看待，看其如何情形，再行馳奏，隨機應變，均甚妥協。其北塘陸路，暗伏地雷，不使占踞礮臺，並有馬隊可以截擊。

又挑空環濠，布置事宜，亦屬周密。所請調察哈爾馬一千匹，本日已諭令慶昀速行照數挑選，於明年二月内解抵防所。所需調健鋭等營京兵二千名，亦已諭令各該營挑選候調。惟京營距津二百餘里，必令一日夜趕到，恐人馬疲乏，仍須先期數日奏調方妥。至此項京兵，宜選精鋭者列爲前敵，其次方令防守城濠。而所築環濠，據稱約三十五里，仍應揀選練勇之中可恃者協助兵丁，以資守禦。山海關地方緊要，自應謀勇兼優之員，方足以資捍衛，所保奕山、賽尚阿俱未愜朕意，仍著該大臣再行酌保，候旨派往。僧格林沁辦理夷務，竭盡心力，卓著戰功，勤勞在外，瞬閱一年，朕心嘉悦之餘，尤深廑繫。此時防務稍鬆，著該大臣於本月中旬即行來京陛見，以慰朕念，並可面授機宜，俟來春再行赴津。該大臣來京之前須將一切防務交明樂善、西淩阿暫行管理。恒福駐劄大沽，呼應較靈，並著暫緩回省，與樂善等妥爲防守。至該大臣等另片奏稱津沽布置情形，無妨令何桂清、勞崇光等告知該夷，令來決戰等語，雖爲先聲奪人起見，然辦理軍務惟當自籌善策，不必誇示敵人，轉似激之使來，所奏著毋庸議。將此密諭知之。

《文宗實録》卷三〇三　庚戌，諭内閣：郭嵩燾奏，請將辦理釐税含混之前任巡撫議處一摺。山東海口，辦理釐税，自應奏定章程，曉諭商民，妥爲辦理。前任巡撫崇恩，於奉旨交辦之件，僅札行各屬，以致州縣視爲具文，並不實力辦理。崇恩久任山東巡撫，於地方情形，必能熟悉，乃於各海口通商繁盛之處，並不據實奏明，殊屬玩泄。崇恩已補授内閣學士，著降補太常寺少卿，以示薄懲。

辛亥，又諭：滿慶等奏，達賴喇嘛之父，敬備貢物，懇請交附巴雅爾堪布恭進一摺。達賴喇嘛呼畢勒罕之父公彭錯策旺，呈進貢物，具見悃忱，著准其將貢物附交巴雅爾堪布恭進，並准其於達賴喇嘛及輔國公台吉扎薩克例貢之年，隨同進獻。

《咸豐朝籌辦夷務始末》卷四六　癸亥，欽差大臣兩江總督何桂清奏：咈夷三桅火輪兵船一隻，甫到上海三日，即於十二月初三日開行出口，探係前赴粤東。臣察覈新聞紙云：嘆、咈議定合兵前來。覈與前次探報，嘆、咈不願合兵，及因事失和之語，殊屬矛盾，犬羊反覆之性，難以理測。即將新聞紙所云西班牙即大吕宋，與摩洛哥構兵，嘆、咈亦干涉其事；咈夷又與安南互鬨；嘆、咪復因地界相争。此係各該夷所屬部落各自構釁，本與稱兵中華無涉。而傳聞咈夷現欲攻打澳門，與大西洋爲難，是以咈夷兵船不旋踵即已折回，復與新聞紙又不相符，廣東省亦無文報，尚不足信。硃批：覽奏均悉。

《東華續録》咸豐八九　甲子，胡林翼奏，楚軍征皖，侍郎曾國藩駐紮宿松，多隆阿、鮑超、唐訓方、蔣凝學馬步四軍圍守太湖，探聞逆首糾合粤匪，大股上犯，臣於十月二十八日自黄州移營至蘄州陳德園，籌商各路軍情，布置稍定。十二月初六日移營英山縣城南，距黄州約二百餘里，距羅田、蘄水約各數十里，控制潛、霍，規畫六、舒，可以捍蔽楚疆，兼顧豫境。查潛山縣屬之天堂，雄據山中，實爲舒、桐、英、霍之總要。臣先於九月密飭參將余際昌等奪此天險，移營駐紮。惟孤軍深入處，賊所必争之地，更當密查機宜，隨時策應，庶保無虞。報聞。

《文宗實録》卷三〇四　乙丑，上御保和殿，筵宴朝正外藩科爾沁、烏珠穆沁、喀喇沁、敖漢、阿巴噶、蘇尼特、浩齊特、四子部落喀爾喀、茂明安、郭爾羅斯、扎嚕特、翁牛特、烏喇特、柰曼、土默特、青海、伊克明安、土爾扈特、察哈爾、綽羅斯王、貝勒、貝子、公、額駙、台吉、塔布囊等，及朝鮮正副使等，隨文武大臣，依次就坐，諸樂並作。

《東華續録》咸豐八九　是月，給直隸開州等三州縣被水災民口糧，並緩徵額賦。江蘇海門等六十六廳州縣衛，高郵等四十七州縣；浙江海寧等六十八州縣衛暨杜瀆等四場；河南鄭州等五十三州縣；湖北沔陽等二十州縣被災地方，新舊錢漕、額賦。展緩陝西府谷縣，甘肅狄道等十六州縣暨沙泥州判所屬水旱霜雪雹災，舊欠兵糧、額賦；伊犂新溝、白陽溝、南渠被旱田地賦額。蠲免浙江衢州所屬被兵地方，上年津租囤餉。

咸豐一〇年（庚申、一八六〇）

《文宗實録》卷三〇五　正月丙寅，諭：本年朕三旬萬壽，各省督撫及將軍、提鎮等，俱不准奏請來京祝嘏。

丁卯，以江西南昌、新建、豐城【略】十二縣被災較重，命平糶倉穀。展緩直隸固安、永清【略】五十二州縣被災地方新舊額賦，給固安縣貧民口糧有差。

己巳，諭：都統勝保自簡任欽差大臣，督勦皖省捻匪，尚知奮勉，迨護城一挫以後，軍威不能復振，以致廬定不能克復，逆匪蔓延，日久無功，實有難辭之咎，著即撤去欽差大臣，以示薄懲。惟念該都統平素帶兵勇往，曾立戰功，現在豫省堵勦需人，著即馳往河南，督辦該省勦匪事宜，即派關保爲勝保幫辦。袁甲三仍著署理欽差大臣關防，督辦安徽軍務，除翁同書本係幫辦外，並派副都統穆

騰阿幫辦軍務。傅振邦著督辦徐、宿一帶勦匪事宜，仍著田在田幫辦。其山東勦匪事宜，即派德楞額督辦，並派乾清門三等侍衛哈勒洪阿幫辦，著即馳驛前往。傅振邦無庸幫辦袁甲三軍務，關保亦無庸幫辦傅振邦勦匪事宜，以期事權歸一，各有專司。自此次分派之後，儻有賊匪由何路北竄，即將何路督兵大臣，嚴加懲處，決不寬貸。

蠲緩山東臨清、齊東【略】五十七州縣被水被旱被蟲被雹村莊額賦有差。

庚午，諭軍機大臣等：昨因安徽捻匪，時常出擾徐、宿及河南、山東等處，【略】著何桂清嚴飭該地方官，認真團練，俾傅振邦等，可以合力勦辦，不至有兵力單薄之慮。河南歸、陳等屬，曾經辦理堅壁清野，山東曹、單一帶，團練向稱得力，著瑛棨、文煜再行嚴飭各該地方官，實心經理，不得因賊氛已遠，稍有懈弛。

《咸豐朝籌辦夷務始末》卷四七　壬申，辦理軍機處爲咨覆俄國使臣伊查照事。【略】烏蘇哩河右岸，雖無人居住，然係中國地方，豈能擅行借給外國占住？儻有人到貴國侵占地方，貴大臣等豈肯允從？至來文内稱，烏蘇河地方，已有貴國人數十處居住，即海口等處，亦有兵船停泊，蓋立房舍礟臺戍守，亦已數年，尤堪詫異！查貴使臣於咸豐八年間，方與黑龍江將軍商議地界，而今稱於數年前已蓋立房舍礟臺戍守，足見此處並不與貴國毗連，其爲侵占之實據，已屬無疑。況彼時並未言明，此時強欲定界，有是理乎？

《文宗實録》卷三〇五　乙亥，諭軍機大臣等：恒福奏，海口地方，防兵不敷，請添調官兵一摺。【略】直隸應調兵四千名，著恒福於該省北路各營内挑選精鋭，勤加操練，以備調遣。本日已諭户部由庫撥銀二十萬兩，分批解往天津海口，支發軍餉，以收飽騰之效。

命山東巡撫文煜、山西巡撫英桂，各挑官兵二千名；西安將軍托明阿，挑官兵一千名；綏遠城將軍成凱、青州副都統恩夔，各挑官兵五百名，備各路軍營調用。

命熱河都統常清、密雲副都統玻崇武，各再挑官兵五百名，備天津防所調用。

丁丑，諭内閣：吏部奏，遵議歷任河南巡撫藩司各員處分一摺。河南一省，歷年欠解京餉，爲數甚鉅，節經户部奏咨飛催，置若罔聞，實屬任意延宕。前任河南布政使今升河南巡撫瑛棨，著降補陝西按察使，仍帶降二級留任處分；現任河南布政使祥裕，著改爲降二級留任，並降爲三品頂帶；前任河南巡撫調任山西巡撫英桂、升任直隸總督恒福，均著照部議降二級留任。以上各員所得處分，均不准其抵銷。

《文宗實録》卷三〇六　癸未，諭：有人奏，各關税課，本有定則，近因洋藥收税關津處所，多設海役巡查，往往一衣一履之漏報，罰至盈千累百，且有得錢賣放之事，税款仍難足額，其弊各關皆然，而杭關爲尤甚，請明定罰款章程，無任胥吏舞弊。再地方水旱偏災，奉有蠲緩諭旨，州縣官必先期加緊催科，故意遲貼謄黄，以便侵蝕。【略】著羅遵殿按照所參情節嚴密查訪。

甲申，諭内閣：前據御史林之望奏，懷遠民人胡文忠呈稱，勝保酒色行樂，李世忠滋擾滁、來，翁同書保升降匪之知縣王啓秀等，並道員黄元吉不借餉銀，以致懷遠失守，及縱兵搶掠，設卡剥民等情，當經降旨交和春、何桂清查明具奏。【略】既經和春等查明，翁同書並無濫保匪人，黄元吉亦無不借餉需各情，均著免其置議。惟勝保退守蔣壩，正當軍務緊急之時，各將弁前往慶賀生辰，即當拒絶，乃復給以酒食，實屬不知遠嫌。勝保著降爲副都統候補，仍著督辦河南勦匪事宜，以觀後效。

諭軍機大臣等：和春奏，官軍攻克浦口沿江一帶賊壘，及九洑洲賊巢，逆勢窮蹙，請飭楚皖各路官軍乘機進勦各等語。【略】著官文、曾國藩、胡林翼、袁甲三、翁同書、張芾、周天受，各飭所部將士，剋期大舉，實力進勦。

命漕運總督袁甲三爲欽差大臣，督辦安徽軍務。

己丑，諭内閣：刑部候補主事何秋濤呈進所纂書籍八十卷，著賜名《朔方備乘》。此書於制度沿革、山川形勢考據詳明，具見學有根柢。何秋濤著加恩俟補缺後以員外郎即行升補，並著在懋勤殿行走，毋庸常川入直。

《咸豐朝籌辦夷務始末》卷四七　庚寅，諭軍機大臣等：有人奏，廣東夷人，占踞將軍等衙署，設立暎咈總局，不准地方官抽收釐金。城内奸細極多，官之動静，夷能周知；夷之情形，官難測探，勞崇光大有孤立之患。請飭巡撫耆齡，速即赴任，擇要駐紮外郡，以相控制等語。前因夷情詭譎，曾經諭令耆齡，於行抵粤境後，即派妥員入城，見勞崇光密商，或以勦匪爲名，帶印出省。儻勞崇光未能抽身，即留該撫在外調度，以免該夷挾制。

甲午，辦理軍機處爲咨覆俄國使臣伊查照事。【略】陸路通商一節，查通商處所，以《天津和約》爲憑。除恰克圖、伊犂、塔爾巴哈台已與貴國通商外，餘如庫倫、張家口等處，不但《天津和約》内所無，即乾隆嘉慶年間，均未准行，不應議

及此條。【略】再如烏蘇哩河至海口中間處所，應分清地界，屢次行文，【略】貴國使臣查照，何竟置若不聞，殊不可解！再如兵船前來，懇爲送信一節，【略】總須海口無事，方可前來。【略】況和約內，並未載有貴國之兵船前來，及送信接濟之條，礙難允行。

《文宗實録》卷三〇七　二月戊戌，命翰林院侍講黄倬提督四川學政。

庚子，以雲南布政使劉源灝爲貴州巡撫，雲南按察使姚錫華爲布政使，鹽法道鄧爾恒爲按察使。

《咸豐朝籌辦夷務始末》卷四八　辛丑，諭軍機大臣等：何桂清奏，探聞夷船四隻北駛，現仍設法轉圜，並録夷商所擬條款呈覽一摺。上海夷商，因華商徐昭珩等開導，開列八條，懇爲照准，其中窒礙甚多。【略】今有需銀一百萬兩之條，又有天津所定和約，不能更改一字之語，豈非多添百萬？況咈夷尚有兵費二百萬兩，亦未聞如何辦法，不可墮其奸計。【略】又有帶兵至大沽口外駐紮，及帶兵一二千至天津府城候旨，並請撤大沽之防各條，顯係藉此要挾，乘間滋擾，豈可爲其所愚。夷船四隻北駛，意在攔阻漕船，爲脅和之計。除頭二批業已放洋，其三四批漕船，著暫緩放洋，以防疏失。

著僧格林沁，俟山海關應辦事宜辦有眉目，即交增慶、格绷額、成保等接辦，以資守禦，僧格林沁即行馳赴大沽海口，嚴防礮臺後路，勿令該夷抄截，以豫杜其窺伺之心。

壬寅，諭軍機大臣等：本日據僧格林沁奏，分撥官兵防守城池一摺。山海關布置一切，現已辦有頭緒，分撥添調各官兵防守，認真操演，足資堵禦。該大臣已啓程回至大沽，將應辦事宜，交增慶等接辦。

《文宗實録》卷三〇七　甲辰，諭内閣：惠親王等會同軍機户部奏，酌加兵餉實銀，並變通鈔票出入章程一摺。京城各旗營兵餉，自上年歷次搭放實銀以來，該兵丁領項較前雖覺寬裕，惟念物價仍未平減，兵丁不免拮据，除二成錢、四成實銀照舊放給外，著加恩自三月爲始，將應折四成票鈔，改放三成實銀，以示體恤。至捐銅局收捐章程，向係以錢折銀，現在兵餉既加實銀，則捐項亦應稍爲變通。著准其於每兩内，改收實銀二錢，餘仍分別搭收鈔票等項。其前經奏定六條九條捐項，仍著照舊辦理。此外如鈔本改放現錢，及鈔票掣字停止，與官票酌給寶鈔，並停止民號寶鈔之處，均著照所請行。

《文宗實録》卷三〇八　辛亥，諭内閣：本年朕三旬慶辰，覃敷闓澤，中外均霑。【略】大學士桂良、吏部尚書許乃普、工部尚書張祥河，均著加恩賞給太子太保銜。

《咸豐朝籌辦夷務始末》卷四八　癸丑，諭内閣：江甯布政使薛焕，著賞加巡撫銜，幫辦五口通商事宜。

甲寅，辦理軍機處爲咨覆俄國使臣伊，查照事。【略】烏蘇哩地屬吉林，既不與俄國毗連，即無所用其分界，【略】正所以守定《天津和約》辦理也！【略】其烏蘇哩江岸，有人滋擾，貴使臣不肯行文查禁，將來設有釁端，皆由貴國背約所致，並非中國無禮也。

《文宗實録》卷三〇八　舉行咸豐九年大計。

丁巳，諭内閣：班禪額爾德尼呼畢勒罕，於本年十月初二日坐牀，著派恩慶會同色哷本諾們罕前往看視。所有頒給敕書賞齎等件，著理藩院揀派司員二人，馳驛齎往。

《咸豐朝籌辦夷務始末》卷四八　己未，諭軍機大臣等：【略】據何桂清奏，華夷各商，力圖轉圜情形，【略】而噗嚕嘶忽復稱兵，是該夷先行背約，並非中國前失信於外夷。此時兵威既振，豈能將前議之五十六款，悉行照辦。至兵費一層，中國既經得勝，即應該夷賠償，若兩抵不償，已屬通融，安有中國出銀之理？【略】至大沽設防，係海疆應辦之事，並非專爲暎咈，即使和約大定，亦未能遽行裁撤。

壬戌，辦理軍機處爲咨覆俄國使臣伊查照事。據稱，【略】至春融以後，有船數隻前來北塘，現有書信一封，求爲送至上海。並擬於三月二十日以後，由京派人赴北塘等候船隻等語。查向上海轉送書信，及兵船到北塘停泊，均係和約内所無，礙難允行，相應將原信發還。

《文宗實録》卷三〇八　以禮部尚書朱嶟兼署兵部尚書，協辦大學士、户部尚書周祖培署管理户部三庫事，刑部右侍郎文俊署户部右侍郎兼管錢法堂事務。

甲子，諭内閣：前因户部官票所官吏交通舞弊，當經降旨，令載垣會同刑部審訊，並將各官吏家産，派王大臣查封。兹據載垣等奏，已革官票所掌關防員外郎景雯等，先後聽受筆帖式常禄、書吏董桂庭等賄囑，用短號鈔換出長號鈔，得受謝錢。常禄等又聽從已故員外郎色卿額，自咸豐八年秋間，至九年春間，向换鈔商民勒索使費，與書吏俞俊等分用。該官吏等，交通婪贜舞弊，殊屬瞻玩！所

有已革員外郎景雯、崇貴，筆帖式常禄、鳳儀，郎中宗室奕還，主事豐瑞，書吏俞俊、歸瓚、董桂庭，各家産著原派王大臣前往先行查抄入官，俟結案時再行定擬罪名。色卿額起意勒索商民使費，雖已病故，其家産貲財，著派愛仁一併查抄入官。至短號整票，兑换長號零鈔，據忠麟、王熙震等供稱，曾經回堂議准，惟日久未能記憶，所回何堂，著七八兩年户部歷任各堂官據實明白回奏，不准稍涉推諉。

《文宗實録》卷三〇九　三月乙丑，諭：滿慶等奏，班禪額爾德尼坐牀受戒，請派照料一摺。班禪額爾德尼呼畢勒罕現届坐牀，又值受戒之期，達賴喇嘛尚屬年幼，未能前往。前班禪額爾德尼披剃，更取法名時，經呼徵阿齊圖呼圖克圖前往辦理，甚屬吉祥，仍著派令前赴扎什倫布照料坐牀受戒，以示朕振興黄教至意。

《咸豐朝籌辦夷務始末》卷四九　庚午，諭軍機大臣等：何桂清奏，暎咈各酋呈遞照會，意存挾制，並鈔録新聞紙呈覽一摺。暎咈各酋，呈遞大學士公文，有欲令中華認咎，派員赴津迎接，及長駐京城，賠償兵費各節，大致相同，所言狂悖已極，已由軍機大臣照會何桂清，轉覆該酋矣。所遞譯出該夷新聞紙，有暎咈增兵共有三萬之衆，攜帶礮械等具，仍攻天津，并有於北塘左右覓得水勢深處登岸，直抄津口礮臺之後等語。雖不足深信，然嘈嚕嘶與咘嚰咘嚧狼狽爲奸，其情兇狡，所言添兵及登岸攻我礮臺之後，亦不可不防。著僧格林沁、恒福，相度形勢，妥爲布置，務使防禦周密，計出萬全。【略】至在京俄酋聲稱，派人前赴北塘，難保不别生詭計。如果有俄夷由京來至北塘，著該大臣等，嚴密查訪拏獲，派人解京，毋令窺探虚實，是爲至要！

《文宗實録》卷三〇九　諭：和春等奏，派兵援浙，並江浦獲勝；及何桂清等奏，逆匪直撲杭州省城，請速派督辦大員各一摺。【略】所有浙江軍務，即著和春兼辦，並著候補提督張玉良總統援浙諸軍。其各省派出帶兵之員，及浙江各軍，均歸張玉良調度，以一事權。

命協辦大學士、户部尚書周祖培爲會試正考官，吏部尚書全慶、禮部尚書朱嶟、吏部右侍郎杜翰爲副考官。

以兵部尚書穆蔭署吏部尚書，都察院左都御史沈兆霖署户部尚書，吏部尚書許乃普署管户部三庫事，吏部左侍郎匡源署禮部尚書，刑部尚書趙光署兵部尚書，候補侍郎黄宗漢署吏部右侍郎，内閣學士載崇署刑部左侍郎，户部左侍郎文祥署工部右侍郎兼管錢法堂事務，候補侍郎李菡署禮部右侍郎。

壬申，諭軍機大臣等：昨據何桂清奏，夷酋意在脅制夷商，並接收暎咈各酋照會公文呈覽一摺。【略】照會言詞，諸多狂悖，而尤於駐京、賠費二層，嘵嘵置辨，可見其意所專注，强詞奪理。該大臣以覆文給予閲看後，即當飭令薛焕，督同吴煦等，密諭華商籠絡夷商，設法詳細開導，以期消患未萌。無論駐京一事，從前已説通融，斷不能再准，即擇地居住之説，亦不可行。【略】至索償兵費一節，暎夷釁由自啓，本無賠費之理；【略】至增添口岸一節，【略】如必不得已，暎國可再添其所請之瓊州一處，咈國可再添其所請之淡水一處。

《文宗實録》卷三一〇　丙子，據和春、何桂清等馳奏，二月二十七日，逆衆在清波門暗掘地道，將城轟塌三十餘丈，蜂擁入城，滿洲營官兵接仗殺賊，衆寡不敵，以致杭城失陷等語。【略】現派王有齡署理浙江巡撫，並著會同張玉良督飭諸軍，迅圖克復。

丁丑，諭内閣：和春、何桂清等奏，江南援兵，會同杭州駐防官兵，克復杭州省城。【略】署浙江巡撫王有齡密告機宜，籌濟軍火糧餉不遺餘力，著補授浙江巡撫。

蠲免福建甌甯、建陽【略】三十九府州縣，暨汀州、邵武、興化、馬港四廳，溪口州同、嵐下、麻沙、仁壽、永和里、泉上里、羅漢峽、陽縣丞所屬被擾地方新舊額賦。

甲申，諭内閣：前因翁心存、杜翻再行回奏，均稱司員並未將兑换寶鈔之事回堂，當諭載垣等，再訊忠麟、王熙震，有無質證確據。兹據奏稱，覆訊忠麟等，供稱約略記得回過翁心存、杜翻，並無證據等語。【略】是忠麟等回堂一節，雖無確據，而該堂官於部務漫不經心，實難辭咎。翁心存、杜翻，均著先行交部議處，無庸再行回奏，亦無庸傳訊。其餘失察之户部各堂官，著俟定案時，一併查取職名，交部分别議處。

以内閣學士慶英署兵部右侍郎。

《（咸豐朝）籌辦夷務始末》卷四九　甲午，諭軍機大臣等：何桂清奏，夷酋接到回文，報復之念益堅一摺。據稱三月十三日，嘈嚕嘶與夷商公議，先遣兩輪船赴北洋聽信，攔阻漕船，並阻南北往來商船。另遣輪船赴舟山聽信，占踞定海，以爲接應夷商等因。先經華商開導，再三勸阻未允。十四日，果有輪船二隻北駛；十五、十七等日，復有輪船二隻南駛。並聞暎咈兩夷，在日本等處買馬千

餘匹，送至上海之虹口地方餵養，製造叉式木架，鑽有多孔，欲用木人乘馬，中藏火器，以爲陸路衝突之用。又聞前遣輪船北駛，已於成山外之海山，紮有夷兵，專爲攔阻漕船、商船。噌嚕嘶之意，兵船到齊，概赴天津附近數處，一齊侵犯等語。夷商噌嚕嘶接到咨會，決意用兵，已有夷船北駛，自應嚴密防範。大沽海口，經僧格林沁、恒福布置周妥，著即時時偵探，相機堵禦。該夷既有同時侵犯各口之説，則山海關、盛京、山東各海口，亦應一體嚴防。著僧格林沁、玉明、文煜督飭在防員弁，認真守禦，毋稍大意。

《咸豐朝籌辦夷務始末》卷五〇　閏三月乙未，諭軍機大臣等：據何桂清奏，夷酋接到回文，報復之念益堅，現仍擬設法開導一摺。【略】著何桂清，即令薛焕等，傳諭夷商，使該夷知悉。至前諭通融辦理各條，總須在上海議定，毫無疑意，方准北來，不帶兵船，由北塘登岸進京换約。儻條款未定，貿然即至天津，無人與之會議，亦須堅執前説，勿涉游移。該大臣仍飭薛焕等，妥爲駕馭，相機開導，竭力挽回，不致驟然決裂。

丙申，諭軍機大臣等：有人奏，粤東省城近有匪徒拐擄良民，販與夷人，男女被擄者以數萬計。夷人於省城之西關、番禺縣屬之黄埔、香山縣屬之澳門，及虎門外之香港等處，設廠招買，每次買出外洋，皆滿載而去。該匪徒始猶暗用術誘，近則明用强搶，省城附近一帶村落，行人爲之裹足。地方官不特不爲禁止，且出示聽人自賣各等語。【略】著耆齡查明，即行嚴禁，從重懲辦。

《文宗實録》卷三一二　庚子，諭：和春奏，建平等處失守，自請議處一摺。廣德逆匪，竄擾建平。三月十八日以後，官軍與賊晝夜鏖戰，將賊匪所造浮橋，旋搭旋毁。復有浙西回竄之賊，益以皖南、江北新到各匪，我軍寡不敵衆，遂於二十一日失守。東壩、溧陽，相繼失陷。

甲辰，諭軍機大臣等：瑞昌、張玉良奏，衢防喫緊，蘇、常戒嚴，縷陳分兵援應各事宜一摺。賊匪由江西竄浙，常山、江山，已有賊蹤，情形實屬喫緊。瑞昌等業已挑選練勇，派員管帶，分起赴衢，聽候饒廷選調遣。著即責成該鎮，實力堵勦，毋稍疏失。儻兵力實有不敷，准其招集民團助勦。

《文宗實録》卷三一三　乙巳，以禮部右侍郎伊精阿爲繙譯會試正考官，工部左侍郎伊勒東阿爲副考官。

丙午，命署廣西巡撫曹澍鍾馳往四川，辦理軍務。

以廣西布政使劉長佑爲巡撫，按察使張凱嵩爲布政使，右江道華日新爲按察使。

辛亥，諭内閣：吏部具題，遵議禮部漏檢科場條例之堂司各官處分。此係嚴辦科場案内之事，禮部初次奏摺，實屬含混，迨經特派會同覈議，始行更正。【略】至麟魁等處分，著吏部照有意蒙混、尚非始終徇隱例酌擬具奏。尋奏，遵擬禮部郎中壽昌等，應照徇隱例減等降一級調用。尚書麟魁等，降一級留任，均不准抵銷。從之。

《咸豐朝籌辦夷務始末》卷五〇　壬子，諭軍機大臣等：本日據何桂清奏，夷酋復各呈遞照會，意在以兵脅和一摺。【略】該大臣惟當俟囒酋等到後，仍飭薛焕，督同吴煦，密飭華夷各商，迎機開導，俾就範圍。此時無庸再與噌酋嘵辦，轉令彼持之愈堅。至天津原定條約内，爲害最甚者，如夷船入江，海運河運，皆歸其掌握，挾制無窮。夷人駐京，則中國爲外夷所監守，自古無此體制，萬不可行。其餘各條，如無太窒礙之事，即不妨略予通融。【略】至該大臣此次已許噌酋等代奏，該夷必要索看上諭，爲此另寄諭旨一道，以便該大臣於奉到時，或摘録給予閲看，或傳述大意，令彼知悉。此密寄中言語，萬勿先行宣露爲要。

諭：何桂清奏，暎咈二國公使投遞照會，據情代奏一摺。【略】詎上年春間，又帶兵船到津，不遵理諭，毁我海口防具，首先背約，其損兵折將，實屬咎由自取，並非中國失信。【略】如其真心和好，朕亦必體恤中外各商，允其所請。然必於前議條款内，擇其道光年間曾有之事，無礙大體者，通融辦理，令其有以回報該國，保全顔面。仍須於上海定議，不得率行北來。儻再有兵船駛入攔江沙毁防守器具等事，必當痛加攻勦，毋貽後悔。

《文宗實録》卷三一三　癸丑，命河南學政李鴻藻來京供職，以右春坊右中允景其濬提督河南學政。

甲寅，以湖北按察使嚴樹森爲布政使，督糧道唐訓方爲按察使，實授恩錫安徽按察使。

《文宗實録》卷三一四　乙卯，實授毓科江西巡撫，調署福建布政使張集馨署江西布政使，以福建按察使裕鐸爲布政使，降調湖北布政使莊受祺爲福建按察使。

《咸豐朝籌辦夷務始末》卷五〇　丁巳，諭軍機大臣等：何桂清奏，夷人闖入定海廳城一摺。【略】該夷此次占踞定海，雖未肆擾，而以兵脅和，以地要和，情形殊堪痛恨！【略】該大臣係欽差辦理各國通商事宜，若在上海商議，尚可代

奏懇求，儻徑至天津，恐徒啓兵端，於事無益。並將本月十八日所寄諭旨，詳加開導，使該夷得一退步，或可望其轉圜，切不可意存推諉，激其決意北行。

《文宗實録》卷三一四　庚申，諭：本日據和春奏，金陵逆賊圍攻大營，官軍退守鎮江等語。【略】都興阿病已痊癒，著即督帶馬步各隊四五千名，馳赴皖北，或由舒、桐，或由霍、六進兵，與袁甲三等各軍，聯絡聲勢，駐劄江北，進攻六合、浦口、天長等處，以杜粤逆北擾。

以金陵營盤被陷，退扼鎮江，革欽差大臣和春職，拔去雙眼花翎，仍暫署江甯將軍，督兵攻勦。江南提督張國樑拔去花翎，革職留任。光禄寺卿許乃釗以四品京堂降補。

調江甯布政使薛焕爲江蘇布政使，以江蘇按察使王夢齡爲江甯布政使，福建督糧道甯曾綸爲江蘇按察使。

壬戌，署漕運總督聯英因病解任，以江甯布政使王夢齡署漕運總督。

命署浙江按察使義泰辦理省城糧臺。

《咸豐朝籌辦夷務始末》卷五〇　癸亥，諭軍機大臣等：僧格林沁等奏，俄夷持有寄京信函，求爲遞送一摺。【略】經恒福將該夷信件封送軍機處，已由理藩院轉交夷館矣。【略】一俟在京俄酋寄有回信，即飭令迅速開行。【略】夷務關繫緊要，該大臣等一切奏報文移，務當格外慎密，以免該夷探聽消息。即營中之人，亦宜加意嚴防，是爲至要！

《（咸豐朝）籌辦夷務始末》卷五一　四月辛未，諭軍機大臣等：俄囉斯伊格那提業幅，現定於初八日，由京前赴北塘。本日業經傳知順天府，專派妥員護送前往，並令將食宿之處，妥爲辦理矣。著僧格林沁、恒福，即行派委員弁，迅速探迎護送，並飭沿途地方官，照順天府一律辦理。俟該酋登舟後，即令開行，勿使在該處逗留。其經行道路，務須由北倉行走，不准前往天津及大沽礮臺後路等處，免其窺見，致令得我虚實，是爲至要！

《文宗實録》卷三一五　癸酉，又諭：據薛焕奏，夷情詭譎變幻，決意添兵北駛，並鈔録新聞紙各件呈覽。嘆酋嚹嘛唫道經咈國，因該國主一意添兵主戰，嚹酋已回覆該國主，不來中國，仍聽噌嚕嘶主持，有兵船不日北駛之説。夷情詭譎，本難懸揣，惟兩國相持，嘆既欲和，而咈又欲戰，足見欲戰亦非其本意，其中不無可乘之機。薛焕現已前往上海，即當設法令華商轉告夷商，向咘酋婉轉開導。【略】咘酋如能悔悟，或可阻其北駛之心，噌酋之勢既孤，更可設法令夷商等相機勸諭，俾就範圍。

諭：本日據薛焕奏，嘆咈仍圖北駛報復，並探聞咈兵欲分擾山東登州、萊州一帶，牽掣我師及兵船。【略】著文煜嚴飭該處將弁，暗爲防備，一面嚴飭地方，不准接濟食物。【略】如該夷登岸滋擾，該撫務須臨時酌量情形，妥爲辦理，切不可先行起釁，致令該夷有所藉口，於大局轉多窒礙。

《文宗實録》三一六　戊寅，諭軍機大臣等：勝保奏，道員苗沛霖欲帶練西來助勦，已令俟程圩得手後，由西路進兵專擣老巢，兼顧豫疆。並擬即日馳赴鹿邑，檄調該員前往，面授機宜，於皖豫兩省，均有裨益等語。【略】據勝保奏稱，該員與皖軍不睦，不願聽袁甲三、翁同書調遣，此次西來助勦，並非皖軍調之使來。苗沛霖疊經袁甲三等保奏，並無齟齬不合，究係因何稍有不睦，著袁甲三嚴密查明，據實具奏。

庚辰，命荆州將軍都興阿督辦江蘇江北軍務。

壬午，諭：【略】江南大營潰退以後，和春等退保常州，情形萬分危急。無錫爲蘇州屏障，如賊再越此而南，蘇州無險可扼，東南大局將不可問！曾國藩規取安慶，頓兵堅城，即使安慶得手，而蘇、常有失，亦屬得不償失。爲今之計，自以保衛蘇、常爲第一要務，著官文、曾國藩、胡林翼熟商妥議，統籌全局，即令曾國藩統領所部各軍，探明道路，赴援蘇、常，以顧大局。

癸未，諭軍機大臣等：昨因常州被圍，蘇城危急，當諭曾國藩赴援蘇、常，扼截江面，以顧大局。本日據何桂清奏，常州失利，和春等退至滸墅關，何桂清退守常熟。現在常州岌岌可危，無錫又有賊蹤，可以徑犯蘇城，江南大局，幾同瓦解。曾國藩接奉此旨，即統率所部兵勇，取道甯國、廣、建一帶，徑赴蘇州，相機兜勦，以保全東南大局，毋稍遲誤。

賞前任侍郎曾國藩兵部尚書銜，署兩江總督，未到任前，以江蘇巡撫徐有壬兼署。

命江蘇布政使薛焕署欽差大臣，辦五口通商事。

甲申，以大學士瑞麟、協辦大學士户部尚書周祖培、刑部尚書瑞常、都察院左都御史沈兆霖、吏部左侍郎匡源、户部左侍郎劉崐、署禮部左侍郎宜振、工部左侍郎潘曾瑩爲殿試讀卷官。

命兵部郎中左宗棠以四品京堂候補，襄辦署兩江總督曾國藩軍務。

《文宗實録》卷三一七　乙酉，策試天下貢士徐致祥等一百九十人於保

和殿。

諭：前因何桂清輾轉退至常熟，當降旨革職，來京聽候審訊。茲據徐有壬奏，何桂清自丹陽失守，即已膽落，立思逃避。【略】何桂清著即拏問，交徐有壬派員押解來京，聽候審訊。

茲據徐有壬等奏，逆匪攻犯常州府城，和春親自帶兵迎敵，胸前重受槍傷，衝圍而出，火毒内陷，嘔血身亡。【略】和春著開復革職處分，照將軍例賜卹，以慰忠魂。尋予祭葬世職，謚忠壯。

命廣西提督張玉良署欽差大臣，督辦江南軍務。

壬辰，上御正大光明殿傳臚，賜一甲鍾駿聲等三人進士及第，二甲黎培敬等八十二人進士出身，三甲崇謙等九十八人同進士出身。

癸巳，諭：本日據瑞昌奏，蘇州失守，請飭曾國藩來浙督辦等語。江南軍務，自和春身故，大營兵勇，全行潰散，不獨不堪任使，並且擾害民間，非有勁旅，不足埽蕩賊氛。【略】著曾國藩即遵前旨，兼程前進，由浙赴蘇，會同瑞昌調度各軍。

以兵勇潰退，革署欽差大臣廣西提督張玉良職，仍留營差遣。命杭州將軍瑞昌總統江南軍務，署湖北提督江長貴幫同辦理。

以江蘇布政使薛焕暫署兩江總督。

《文宗實録》卷三一八　五月甲午，諭：本日據何桂清奏，徐有壬照會㗋咈，欲借夷兵防守蘇州，該酋答以必須何總督來滬面商，方能定議，何桂清已坐輪船前赴上海商辦各等語。夷人欲入長江，我方必欲阻止，豈可招之使來？徐有壬此舉，紕繆已極，此事斷不可行。恐何桂清仍伸前説，著薛焕即飭吴煦等，告知該夷，徐有壬已死，此事毋庸再議。即或該夷情願入江相助，亦當婉言拒之，以杜後患。【略】何桂清業已革職拏問，於夷務軍務，均無干涉，著薛焕即派員起解赴京，聽候審訊，毋任逗遛。

以江蘇布政使薛焕爲巡撫，仍暫署兩江總督。

丁酉，以兵部尚書全慶充翰林院掌院學士。

以都察院左都御史綿森爲禮部尚書，吏部右侍郎愛仁爲都察院左都御史，調兵部右侍郎基溥爲吏部右侍郎，以内閣學士載崇爲兵部右侍郎，兼署刑部右侍郎。

以吏部右侍郎文祥兼左翼總兵，理藩院尚書倭什琿布兼正藍旗蒙古都統。

戊戌，以户部尚書肅順、户部右侍郎寶鋆爲總管内務府大臣，以大學士瑞麟、兵部尚書全慶爲内大臣。

己亥，諭：前因御史薛書堂及兩淮鹽運使喬松年參奏，庚長演戲宴客，退守淮安各情，當派文俊馳驛前往查辦。茲據該侍郎查明覆奏，請旨定奪。革職暫留本任江南河道總督庚長，當清江防堵喫緊之時，輒因酬神演戲，已屬不知緩急，猶復觀劇終日，迨聞賊警，倉惶出隊，迎勦失利，遽行退入淮城，尤屬畏葸無能，有負委任。庚長著即革任來京，聽候審訊。

以署漕運總督王夢齡兼署江南河道總督。

辛丑，以城陷脱逃，及先期出城，革署江蘇布政使蔡映斗、署蘇州府知府吴雲、元和縣知縣馮樹勳職，嚴行查辦。

《咸豐朝籌辦夷務始末》卷五二　諭：本日據薛焕奏，㗋咈聯爲一氣，狂悖愈甚一摺。據稱，何桂清到滬，見㗋嚕嘶，反覆開導，毫無悔悟。咈夷喝吐嗜所言，亦與㗋酋相同。又稱，噸嘣唵噶囉仍來中國，立即赴津辦事，咪酋嘩喏嗡亦要赴津等語。㗋咈兩夷，因江南大營潰退，愈肆恫喝。據稱，㗋兵已屯紮山東之成山，咈夷亦紮成山對峙之高麗洋島，一俟噸酋噶酋到來，即行北駛。著僧格林沁、恒福，隨時偵探，密爲防範。其山海關一帶，亦應一體嚴防。咈夷已占踞烟臺地方，文煜前派署青州府知府董步雲等，前往詢問來意，著即督飭該員妥速辦理，並於各海口認真嚴防，以免該夷登岸滋擾，是爲至要。原摺著鈔給閲看。

《文宗實録》卷三一八　以畏葸無能，降督辦河南勦匪事宜副都統勝保三品京堂，來京候補。以河南巡撫慶廉督辦勦匪事宜，副都統關保幫同辦理。

《文宗實録》卷三一九　甲辰，諭：前因江南逆燄鴟張，蘇、常失守，特命曾國藩署理兩江總督，並疊次諭令統帶各軍，兼程前進矣。本日據曾國藩奏，統籌全局，並辦理大概情形。又據胡林翼奏，敬舉賢才，力圖補救，並瀝陳四川軍情各摺片。曾國藩現在進兵安慶，已薄城下，驟難撤動，而蘇、常一帶，望援孔亟，亦須帶兵過江，先固人心。所稱平江南之賊，必據上游之勢。現已駐劄徽、池境内，分兵三路：一由池州進規蕪湖；一由祁門至旌、太，進圖溧陽；一分防廣信玉山以至衢州。並聞賊欲分竄江西、湖北，須俟湖南協防江西兵勇，布置妥協，約須八月，方能進勦各情。統籌全局，甚合機宜，即著照所擬辦理。至四川軍務，關繫緊要，本日據胡林翼陳奏各情，業經降旨，令東純兼程前往署理四川總督，並令暫時接辦軍務。【略】該撫所保之左宗棠一員，前已有旨，賞給四品京

堂，令其襄辦曾國藩軍務。【略】其沈葆楨一員，已諭慶端等，飭令前赴江西，俟李元度募勇到時，即可駐防一處。劉蓉一員，並諭知駱秉章，飭令募勇六千，前赴江、浙、皖南等省。張運蘭一軍，已令迅速前往，該員等到後，即著曾國藩、胡林翼分別差委調遣。

庚戌，諭内閣：户部奏，遵議曾國藩請設立糧臺釐局一摺。著兩江總督曾國藩，現在督兵進勦，所有該署督糧臺，即著札令江西布政使總辦，再派道府數員幫同辦理，由江西報銷。並准其將江西錢漕，仿照湖北章程，歸巡撫經收，以充本省兵餉。其通省牙税釐金，亦准其照湖南章程，另設一局，由該署督自行經收，以充征兵餉需。

《咸豐朝籌辦夷務始末》卷五三　壬子，諭軍機大臣等：昨因聞夷人於煙臺地方，有修築夷館礮臺等事，諭令文煜設法防範。

癸丑，諭軍機大臣等：前諭恒福，於直隸北路各營，挑選精鋭官兵四千名，勤加操練，以備調遣。

《文宗實録》卷三二〇　甲寅，諭内閣：前諭山東等省在京大小官員，各就地方情形，仿照河南辦理團練章程，直抒所見，並令各舉所知，候旨派往。兹據大學士賈楨等，酌擬辦理章程八條呈覽，均屬可行，自應一律籌辦。著派前任户部右侍郎杜翻，作爲督辦山東團練大臣，馳驛前往。並著山東登萊青道貢璜、登州府知府暫留濟甯州知州盧朝安，幫辦團練事宜。即按照所議條款，並參酌河南章程，體察情形，妥爲辦理。

丁巳，諭軍機大臣等：昨諭都興阿取道臨、鳳，馳抵江北，帶兵進勦，以免紆折遲誤。兹據奏，籌商調撥馬步各隊，催辦餉項情形一摺。據稱擬調余際昌所部三千餘名，胡林翼因此軍移動霍山，藩籬盡撤，深以北路空虚爲慮。且該營欠餉未能支領，尚須催辦。至抽調吉林馬隊，未見多隆阿咨覆，而舒保所撥西丹，又復疲弱不堪，現到英山馬隊，只有百餘名，實難得力等語。現在江北久無統帥，防勦喫緊，若該將軍因馬步兵單，繞道馳赴，則遷延日久，深恐有誤事機。著官文、胡林翼迅即飭令多隆阿、舒保，將所部馬隊，酌量調撥都興阿軍營，與該將軍現有馬隊，合計湊足四五百名，以資攻勦。並著調得力兵勇三四千名，派委鎮將大員一二人管帶，聽該將軍調遣。江北李若珠所部一軍，該將軍馳抵後，即可全歸統帶。都興阿仍遵前旨，酌量情形，取道臨、鳳，剋期馳往江北，督辦堵勦事宜，勿得再有遲誤。

《咸豐朝籌辦夷務始末》卷五三　諭軍機大臣等：本日據薛焕奏，嘓嘛唫、噶囉已到上海，即日北駛，並派員來津，聽候差遣等語。【略】即著恒福揀派善於詞令之人，詢其來意，如該夷稱欲進京换約，不肯遽言用兵，或投遞文書，該督亦不必拒絶。【略】雖僧格林沁責在防勦，然撫局亦當暗爲幫同恒福妥爲辦理。

《咸豐朝籌辦夷務始末》卷五四　六月，丙寅，軍機處爲照覆事。本日由禮部遞到貴使臣照會，内稱前换和約，未經鈔發通商各海口，請飭查辦。信札一封，求爲轉遞。並暎咈與中國有隙，願善爲説合各等語。【略】今貴國欲爲説合，足見貴使臣美意，在天朝並無失信於二國，又何勞貴國替中國從中調處！【略】今暎咈二國，如願誠心和好，若遵照咪國之例，前來换約，大皇帝亦必念彼此通商多年，仍可商酌辦理，斷不肯即行拒絶。

丁卯，諭軍機大臣等：勞崇光奏，探聞暎酋嘓嘛唫等，由香港、上海即赴天津，並購得新聞紙，知暎咭唎國王之意主和，惟適值江蘇軍務決裂，難保該酋不故作刁難等語。【略】亦與昨日薛焕所稱該夷欲於到大沽後，察中國舉動，再決戰和之語暗合，是該夷等志在求和之説，尚非無因。著僧格林沁、恒福，酌量情形，【略】設法辦理，不可坐失機宜。惟夷情叵測，亦恐借議和爲名，乘我不防，暗施詭計。僧格林沁仍當整飭防務，不可稍涉大意。

盛京將軍玉明奏，奴才前因夷船分泊金州各口，夷人登岸甚衆，添搭帳房較多，樹旗出示，演陣牧馬，漸肆滋擾。當經遵旨密咨希拉布揀派幹員，善爲開導，並飭屬嚴斷接濟，盤拏奸匪，於五月二十一日，由驛奏明在案。兹准金州副都統並旗民地方官，先後咨報，自十七日以後，羊頭窪、大魚溝、大孤山等處，續到夷船十五隻，連日復又駛出外洋者十二隻，現在分泊各口，實有輪船一百三十隻，夷人登岸者約五千餘名，將東西青泥窪民房，全行占踞。又在該處並大孤山、小孤山、二道河子、白石洞等處，前後共搭帳房一千餘架，馬七百餘匹，牛二百餘條。並卸槍礮器械，及馱鞍騎鞍多件，三輪四輪各樣車輛。夷人時赴岸上嘗水，脩墊道路，騎馬持械，尋掠牲畜食物。且在距城切近之三里莊山上，用千里鏡窺看城池。又有夷船帶來閩粵匪人，潛令上岸，分赴各城，偵探虚實等情。

《文宗實録》卷三二一　辛未，萬壽節，遣官祭太廟後殿。

御正大光明殿，受王大臣、蒙古王、貝勒、貝子、公、文武大小官員，及外藩使臣等，行慶賀禮。

壬申，諭軍機大臣等：前據薛焕奏，嘓嘛唫、噶囉即日北駛，並派員駕坐捕

盜輪船來津，聽候差遣。當諭令恒福，派善於詞令之人，俟該夷酋到時，詢其來意，因勢利導，並諭僧格林沁，暗幫恒福辦理撫局。茲據薛焕奏稱，捕盜輪船水手等，全被噌嚕嘶唤去，現飭藍蔚雯等，改由陸路行走，星夜北上。並稱上年天津開仗，係由噌酋與咈酋咘嚼咘嚨擅自主戰，並非該國主本意，是以另派嚁酋、噶酋前來辦理。其意原重在和，而不重在戰。惟噌酋恐一經議和，則益著其上年擅戰之失，是以堅稱國主主戰，豫爲布置。嚁、噶兩酋既至以後，阻使不令見薛焕一面，使無從說合，無非一片私心等語。此次薛焕探詢夷情，自係確有所見，暎咈兩國既另換使臣，並不令噌嚕嘶等赴津辦事，其意不專主用兵，已可概見。其所以帶兵前來者，亦處於不得不然之勢，此時若不迎機善導，不但激嚁酋等之怒，且中噌酋奸計，殊非撫馭外夷之法。【略】著恒福不必俟上海委員，先行照會該二酋，【略】推誠開導，則該酋等得有體面，必可稍爲轉圜，消彌兵釁，全在於此。想僧格林沁與恒福，必能揣測夷情，斟酌妥辦也。

命大學士彭蘊章毋庸在軍機大臣上行走。

《咸豐朝籌辦夷務始末》卷五五　己卯，諭軍機大臣等：昨因夷船在攔江沙外，諭令恒福先行照會該酋，令其少帶從人，來京換約。本日據僧格林沁等奏，夷船三十餘隻，駛至北塘河口，夷人登岸，占踞村莊。恒福現已照會咪酋，轉約暎咈二夷，進京換約，所辦尚爲妥善。惟當接咪酋照會時，即應立時照覆。今暎咈既已在北塘登岸，始行照覆咪酋，已屬落後一著。儻咪酋不爲即達暎咈，必至立起釁端，著恒福即趕緊分擬照會，徑行給與暎咈兩酋。其暎咈照會，不必提上年打仗之事，但告以汝等此次即到北塘，足見真心和好，有意換約而來，如願照咪國之例進京換約，必代爲轉奏，俟奉旨允准，即可由此北上。咈國照會內，告以上年爾國並未助暎國打仗，大皇帝深爲嘉奬，此次來至北塘換約，更可永敦和好。如此分別照會，看其如何答覆，迅即馳奏。

《文宗實録》卷三二二　庚辰，諭内閣：前據御史薛書堂、侍郎宋晉、御史福寬等奏請裁汰河員，並改設漕運總督，簡員駐守宿遷各摺片，當交御前大臣、軍機大臣，會同該部議奏。茲據載垣等奏，遵議裁汰河工文武官員，酌改操防營伍各事宜，開單呈覽。江南河道總督，統轄三道二十廳、文武員弁數百員，操防修防各兵數千名，原以防河險而利漕行。自河流改道，舊黄河一帶，本無應辦之工，官多闒冗，兵皆疲惰，虚費餉需，莫此爲甚。所有江南河道總督一缺，著即裁撤；其淮揚、淮海道兩缺，亦即裁撤；淮徐道著改爲淮徐揚海兵備道，仍駐徐州。所有淮揚、淮海兩道應管地方河工各事宜，統歸該道管轄。【略】添設總兵一員，作爲淮揚鎮總兵，駐劄該處，俟軍務平静，再行改駐揚州。

《文宗實録》卷三二三　乙酉，又諭：本日據薛焕奏，松江克復後，查獲賊匪僞諭一紙，内有兩粵兵勇三千餘人，欲由上海投誠字樣。廣勇通賊，爲害非鮮，請通飭各省軍營，裁汰驅逐，毋令入伍等語。各省軍營，招募廣勇，歷有年所，若如該署督所奏，該勇與逆匪句結，蓄意不良，本年江南大營潰敗，實由於此，不可不嚴爲之防。著袁甲三、翁同書、瑞昌、王有齡、慶廉、李若珠於各該營内，嚴密詳查此項勇丁。如有逆跡顯露，已得其通賊實據者，除將該犯立即正法外，並行文該逆本籍，夷其族屬，以儆兇頑而消反側。其尚無通賊實據，而平日素不安分者，亦須分別裁汰，嚴行驅逐，或資遣回籍，毋許再招入伍，以期盡絶根株。

丙戌，諭：【略】曾國藩現授爲欽差大臣，大江南北，水陸各軍，均歸節制，事權歸一，責無旁貸。著即飭催左宗棠、李元度、鮑超、張運蘭等到齊，由池州、廣德，分路進兵，規復蘇、常。

諭：前命都興阿馳赴江北，因馬步兵單，恐其遷延日久，有誤事機。【略】著官文、胡林翼，仍遵前旨，迅即添調馬隊，并得力兵勇三四千名，速赴都興阿軍營，以便該將軍統帶前進，馳赴江北督辦防勦，勿得再行遲延，致誤事機。所需餉項，仍著官文等寬爲籌備，毋令缺乏。本日已降旨，將曾國藩補授兩江總督，並授爲欽差大臣，督辦江南軍務，大江南北諸軍，均歸節制。都興阿與該大臣曾經共事，自可協同商辦。總之江北地方，軍務緊要，該將軍不得有畏難之心；官文、胡林翼，不得存畛域之見，惟期同心共濟，迅埽賊氛。

丁亥，以成都將軍東純兼署四川總督。

己丑，諭：【略】著駱秉章即馳赴四川督辦軍務，【略】駱秉章出省後，湖南巡撫著文格暫行署理。

辛卯，硃諭僧格林沁：握手言別，倏逾半載，現在大沽兩岸，正在危急，諒汝在軍中，憂心如焚，倍切朕懷。惟天下根本，不在海口，實在京師。若稍有挫大，總須帶兵退守津郡，設法迎頭自北而南截勦，萬不可寄身命於礮臺，切要切要！

諭：連日疊據僧格林沁等奏，暎咈等夷占踞北塘村莊，其大股分撲新河軍糧城，我軍接仗失利。本日據奏，唐兒沽亦被占踞，大沽礮臺萬分危急。現在夷氛猖獗，其或襲天津，或趨京師，均未可定，亟宜厚集兵力，以嚴捍衛而固畿疆。著托明阿於原調馬隊一千外，再行挑撥馬隊五百名，共一千五百名；成凱、德勒

克多爾濟、英桂於太原、綏遠、歸化各城內，挑選駐防兵一千名；春佑挑選熱河兵五百名；譚廷襄挑選陝西兵三千名；慶昀於原調馬隊一千外，再行挑選馬隊一千名，共二千名；文謙挑選直隸兵三千名；並文煜將本年原調之山東兵三千名；恩夔將本年原調之青德州兵五百名；玻崇武酌量於密雲調派若干名，均須趕緊調派，一律精壯，配齊軍裝器械火藥鉛丸，各派大員管帶，即日啓程，馳抵通州，聽候瑞麟調遣。

諭：本日派大學士瑞麟，統帶京旗各官兵五千名，於七月初一日啓程，前往通州；併尚書伊勒東阿，所帶官兵四千名，共馬步隊官兵九千名。

《咸豐朝籌辦夷務始末》卷五五　壬辰，諭軍機大臣等：昨據僧格林沁等奏，唐兒沽被夷占踞，大沽兩岸危急，當由六百里加緊發去硃諭一道，今該大臣總當以大局爲重，計本日已可接奉矣。茲據僧格林沁等奏，夷人占踞唐兒沽，並未出村擄擾，給與照會，亦尚未覆。並據恒福奏，密陳設法議撫之策各一摺。【略】著恒福一面再行給與照會，【略】若必欲由大沽行走，即可由我更換小船，令該夷乘坐；【略】如該夷萬難理諭，仍以全力向兩岸礮臺攻撲，我軍抵禦不甚得手，僧格林沁務須遵奉硃諭，酌派大員防守礮臺，該大臣即抽帶兵勇，迅保津郡，以固京師門户。諒僧格林沁必能仰體朕心，權宜辦理也。

《咸豐朝籌辦夷務始末》卷五六　七月乙未，給暎咭唎咨文：辦理軍機處爲咨行事。本日據貴大臣等奏，行抵天津委員送交暎國照會等語。又據直隸總督恒，呈遞暎國照覆内，據稱因二月間求要各節，致咨舉動等因。貴大臣應行照會暎國，現在已派出欽差大臣在京面議。所有和約内五十六條，既經定議在先，自應即照上年咪國之例，進京互換和約，以敦和好。至本年二月所定之四條，俟來京會晤派出之欽差大臣後，如所言均在情理之中，亦無不可商辦也。須至咨者。

《文宗實録》卷三二四　直隸總督恒福奏，夷情緊急，請將所請各條，俯賜曲從。得旨，戰機已決，挽回無術，現仍擬由文俊等轉覆該夷，不過希其萬有一得，以不改前年原約爲釣餌也。

協辦大學士、湖廣總督官文等奏，湖北軍情緊急，馬步兵勇無可撥赴都興阿軍營。得旨，近又有寄諭，仍飭籌撥，官文等自應懍遵。該將軍雖不甚習於步隊，已有旨飭令另派大員，隨同都興阿管帶。

丙申，命光禄寺少卿焦祐瀛、翰林院侍講學士張之萬馳驛回籍，辦理團練。

丁酉，命協辦大學士、户部尚書周祖培、兵部尚書陳孚恩、工部左侍郎潘曾瑩、右侍郎宋晉，會同五城御史，辦理團防。

命山西道御史陳鴻翊回籍，辦理團練。

庚子，命大學士桂良馳赴天津，會同直隸總督恒福辦理夷務，均授爲欽差大臣。

《文宗實録》卷三二五　甲辰，諭：前因蘇、常等處失守，當諭瑞昌、王有齡，將所調各軍酌派赴援。茲據薛煥奏，青浦官軍失利，松江府城復陷，上海情形危迫，請飭督師大臣兼程援救等語。【略】瑞昌因宜興之賊，直犯餘杭，偪近省城，未能前進，現在滬城危急，著該將軍即於馬得昭、彭斯舉、吴再升、饒廷選四員中酌派一人，統帶精鋭四五千人，前往救應。

乙巳，以通州辦理防務，命直隸、河南、山西各督撫，將備用軍械迅速解京。

賞已革大學士賽尚阿五品頂帶，交欽差大臣僧格林沁軍營差委。

丙午，硃諭惠親王等：僧格林沁勤於王事，朕深廑念，況近京一切布置，更必日夕勤劬。著惠親王等前赴通州傳旨，詢咨僧格林沁防守情形。並著僧格林沁激勵兵心，以期有備無患。

丁未，以駐藏大臣崇實署四川總督。

命督辦皖南軍務張芾來京，其軍務統歸欽差大臣曾國藩督辦。已革提督周天受，交曾國藩差委。

《咸豐朝籌辦夷務始末》卷五八　戊申，諭軍機大臣等：昨據桂良奏，籌商議撫各節，請旨遵行，業經詳諭該大臣隨機應變，權衡輕重辦理矣。本日復據桂良奏，接到暎咈照會，請旨遵辦一摺。該夷照會内稱，總以天津通商，賠償兵費，爲退兵息兵之關鍵。該大臣等前此給予照會，所云無不可商者，原指見面互相商辦，並非直言允許。現在該夷狂悖異常，固應示之以信，使其不疑。然仍須斟酌妥善，俾無後患，方合辦法。桂良馳抵津郡，與該酋晤面，如提及索賠兵費，若能相機開導，減去若干，固屬甚善，否則必不可減，亦應與之言明，寬定限期，並由何項扣還，庶可從容辦理。至天津通商一層，可告以不獨八年所定和約並無此條，即本年二月所要四款亦無此語，況八年和約，有牛莊而無天津，原係以此易彼，今何又多此款？如此辯論，看該夷如何回答。若仍不能挽回，亦應告以通商，雖無不可商辦，但該國既帶兵船，不獨大沽、天津民心驚疑，即商賈亦必裹足不前，實與爾等無益。如該夷允許不帶兵船駐紮，若欲建夷樓，與不退兵船無異，亦不可允許。總之賠費通商，即使允准，亦必將兵船退出海口，方能定議換

約。其舟山、烟臺二處，亦均須退出，始可辦理。

《（咸豐朝）籌辦夷務始末》卷五九　辛亥，諭軍機大臣等：據桂良等奏，夷務急迫，不得已將所求各款允准，及該夷索討賠項，設法商辦各摺片。並據載垣等軍機大臣，將桂良等所寄信函呈覽，該夷狂悖異常，動則虛聲恫喝，意圖挾制。桂良等照覆哄咈，將所求各款，概爲允許，固係暫示羈縻，然前屢降諭旨，如欲天津通商，及占踞海口，斷不可允許。【略】天津通商一層，【略】祇准每年來津通商幾次，【略】不准攜帶兵船，亦不准在大沽、天津建蓋夷樓；【略】至該夷進京換約，必須令其先將內河兵船、海光寺一帶馬隊撤回，並將兵船概行退出海口，按照咪夷少帶從人，方准來京換約；【略】索賠兵費一層，【略】該大臣等仍應與之言明，寬定限期，並由何項扣還，尤不可允其先付現銀；通州撤避防兵一節，即直告以爾國既帶有兵船來津，則中國防兵亦萬不能撤去。

《（咸豐朝）籌辦夷務始末》卷六〇　癸丑，諭：昨因夷人欲先派人進京，當諭僧格林沁等設法攔阻，並整軍設防，以備截擊。

甲寅，硃諭：中國以天下之勢，而受累於蠢兹逆夷，廿載於兹，戰撫兩難，誠堪浩歎！【略】索費一層，多方要挾，必遂其欲而後止，無論二百萬不能當時付與，即有此款，亦斷無此理。城下之盟，古之所恥，若再靦顔奉幣，則中國尚有人耶？帶兵換約，謂各有戒心，不得不防。【略】京師重地，尚可問乎？以上二條，若桂良等喪心病狂，擅自應許，不惟違旨畏夷，是直舉國家而奉之！朕即將該大臣等，立寘典刑，以飭綱紀，再與該夷決戰。【略】決戰宜早不宜遲，趁秋冬之令，用我所長，制彼所短。若遲至明歲春夏之交，則該夷又必廣募黑夷，舉四國之力，與我爭衡，再向通髮逆，遠近交攻，支持頗覺費手。

《文宗實録》卷三二六　乙卯，命怡親王載垣、兵部尚書穆蔭爲欽差大臣，往通州籌辦撫局。

命署户部右侍郎袁希祖往天津查辦團練。

《（咸豐朝）籌辦夷務始末》卷六〇　丙辰，硃諭：桂良等奏，夷務決裂情形。覽奏曷勝憤怒！朕爲近畿百姓，免受荼毒，不得已勉就撫局。乃該夷屢肆要挾，勢不決戰不能。況我滿漢臣僕，世受國恩，斷無不敵愾同仇，共伸積忿。朕今親統六師，直抵通州，以伸天討而張撻伐。著内廷王、御前大臣、軍機大臣、内務府大臣，迅速定議。並有僧格林沁密摺一封，一並閲看。本日奏事之外廷大臣，並著與議。特諭。

丁巳，硃批：覽奏一切均悉。現在議撫之王大臣，料已行至通州，不知此時已見仗否？若尚未決裂，僧格林沁等斷不可輕於一試，以期於撫局有絲毫之益，實爲萬幸也！

《文宗實録》卷三二六　以辦理夷務未能妥協，撤大學士桂良、直隸總督恒福欽差大臣，武備院卿恒祺幫辦大臣。命將欽差大臣關防，交怡親王載垣等祇領。江蘇委員藍蔚雯等，仍聽候差委。

《（咸豐朝）籌辦夷務始末》卷六一　戊午，硃諭：朕察時審勢，夷氛雖近，尤應鼓勵人心，以拯時艱。即將巡幸之豫備，作爲親征之舉，鎮定人心，以期鞏固。著惠親王等，傳諭京城巡守接應各營隊，若馬頭、通州一帶見仗，朕仍帶勁旅，在京北坐鎮。

己未，硃諭：從來中華之於外國，首重懷柔。【略】天津有事以來，我内外大小臣工，抗章請戰，不啻數十百上。總欲不使事之決裂，誠以中華多故，民力弗堪，搆怨興兵，非可了事，小民動遭荼毒，故有所不忍耳！乃桂良等奏，接該領事等照會，所請各條，必得概允，一有駁斥，立即用兵，兇狡情形，至於斯極！若再事含容，其何以對天下？惟有嚴飭統兵大臣，整頓師律，調集各路馬步諸軍，與之決戰。【略】城鄉軍民各色人等，務各敵愾同仇，無論明攻暗襲，事成獎卹，均各加等。

《文宗實録》卷三二六　辛酉，諭軍機大臣等：僧格林沁、瑞麟奏，夷人逐日前進，其意必至通州，現在嚴陣以待，以備截擊一摺。據稱載垣等接哄夷照會，仍欲赴通商議，經載垣等復又兩次給與照會，該夷並不照覆，仍往前進，載垣等現已折回通州。據探該夷前隊已至河西務，僧格林沁等現派格綳額督帶馬隊駐劄安平。俟該夷探馬到時，著即攔阻，毋令再行前進，如不聽從，即行拏獲。至夷人後隊，儻越過馬頭，即著僧格林沁等迎頭截擊，盡殲醜類。

《（咸豐朝）籌辦夷務始末》卷六二　八月乙丑，欽差大臣科爾沁親王僧格林沁、大學士瑞麟奏，竊奴才等，前因欽差大臣與吧嗄嚉等會晤，所議和約，漸有就緒，並准全在張家灣五里之外駐兵等情。奴才等當飭馬步官兵，移張家灣以後，以期和議有成。業經恭摺具奏在案。本月初三日，吧嗄嚉等復又來通，前議各條，雖無增改，惟夷酋進京時，須帶兵千名，並欲在大皇帝前親遞國書，經載垣等再三開導，該夷堅執不允，言語之間已經決裂。奴才當即連夜撥兵，仍往張家灣以南扼守。初四日，載垣等派恒祺前往馬頭，面見夷

酋。行至張家灣以南，即見該夷結隊前進，詢知夷酋尚在河西務，恒祺即已折回。奴才僧格林沁面飭恒祺，令其回稟欽差王大臣，事已決裂，應將吧嗄嚦等羈留在通。維時吧嗄嚦等已行至大隊不遠，因槍礮聲緊，後又折回通州，向載垣等查詢，因何用兵，言畢馳馬而回，當經馬隊官兵拏獲，解往通州。至該夷於午刻馬步各隊進前撲犯，經我兵槍礮齊施，斃賊無數，正分撥馬隊抄擊，該夷火箭數百枝齊發，馬匹驚駭回奔，沖動步隊，以致不能成列，紛紛退後。奴才等現在督帶官兵，退守八里橋，以扼赴京道路。並知會載垣等，迅即回京，即將吧嗄嚦等一併押解進京。奴才等，趕緊再振軍心，儻該夷由通上犯，奴才等惟有與之以死相拼。俟該夷到通後，如何情形，再行馳奏。

諭内閣：【略】現在嚴飭統兵大臣，帶領各路馬步諸軍，與之決戰。近畿各州縣地方士民，或率領鄉兵，齊心助戰；或整飭團練，阻截路途。無論員弁兵民人等，如能斬黑夷首一級者，賞銀五十兩；有能斬白夷首一級者，賞銀一百兩；有能捦斬著名夷酋一人者，賞銀五百兩；有能焚奪夷船一隻者，賞銀五千兩，所得資財，全行充賞。天津百姓，素稱義勇，務各敵愾同仇，明攻暗襲，以靖逆氛。朕非好武窮兵之主，凡此大不得已之苦衷，當爲天下臣民所共諒！至該夷所擄閩廣等處内地人民，皆朕赤子，如能自拔來歸，或斬夷首來獻，朕亦必予以厚賞。至該夷去國萬里，原爲流通貨物而來，全由刁惡漢奸，百端唆使，以致如此決裂，並當諭令各海口，一律閉關，絶其貿易。

《文宗實録》卷三二七　丙寅，命山東在籍已革閩浙總督劉韻珂、廣東巡撫黄恩彤、前任江西巡撫傅繩勛等，分辦本省團練。

戊辰，諭内閣：載垣、穆蔭辦理和局不善，著撤去欽差大臣。恭親王奕訢，著授爲欽差便宜行事全權大臣，督辦和局。

己巳，以秋獮木蘭，自圓明園啓鑾，皇長子隨駕。

《咸豐朝籌辦夷務始末》卷六三　庚午，諭内閣：留京辦事王大臣，著派豫親王義道、大學士桂良、協辦大學士户部尚書周祖培、吏部尚書全慶。義道、全慶著仍在禁城，周祖培仍在外城，桂良著仍在城外。

《文宗實録》卷三二七　辛未，恭親王奕訢等奏，夷務情形。得旨，覽奏均悉，以後情形，實難逆料，亦不便遥爲指示，祇有相機而行。

《文宗實録》卷三二八　壬申，諭軍機大臣等：本日據勝保奏，夷氛偪近闕下，請飛召外援以資夾擊一摺。【略】著曾國藩、袁甲三各選川楚精勇二三千名，即令鮑超、張得勝管帶；並著慶廉於新募彝勇，及各起川楚勇中，挑選得力者數千名，即派副將黄得魁、遊擊趙喜義管帶；安徽苗練，向稱勇敢，著翁同書、傅振邦，飭令苗沛霖遴選練丁數千名，派委妥員管帶，均著兼程前進，剋日赴京交勝保調遣。

癸酉，諭軍機大臣等：【略】現在尚議撫局，吧嗄嚦自應妥爲看管。儻撫局不成，該夷攻撲城池，著慶惠、綿森、奕山、賽尚阿等，悉力固守。萬一勢不可支，即將吧嗄嚦提出正法。並著奕訢等，先行知照慶惠等知悉。

丁丑，上至熱河。

《咸豐朝籌辦夷務始末》卷六三　欽差大臣恭親王、大學士桂良、户部左侍郎文祥奏，竊臣等奉命辦理夷務，數日以來，尚未開仗，一面設法議撫，一面知會城内巡防團防各大臣，嚴密防守，並知會軍營相機堵禦。但城中人心驚惶，臣文祥極力撫綏，人心稍定。惟兵力單弱，防守未能周備，實不足恃。至僧格林沁及瑞麟等所帶之兵，已潰散十之五六，存營之兵，均無鬭志，疲餒已極，堵禦實難得手。臣等於初九日，遣員給與㖿咈兩國照會，至十二日始有照覆前來，仍申前議，且須放還被獲之夷後在通州議和，進城換約，親遞國書，始行退兵天津，並有來春方回該國之説，詞意狂悖。

《文宗實録》卷三二八　戊寅，欽差大臣僧格林沁奏，夷情緊急，請飭趕辦撫局。得旨，力挽撫局，已屢諭恭親王矣。

己卯，諭軍機大臣等：本日據恭親王等奏，撫局難成，現仍竭力挽回一摺。夷人運送大礮、雲梯，顯係欲爲攻城之舉。城内外兵力疲餒，戰守皆無足恃。京師爲根本重地，儻有疏虞，大局何堪設想？據該夷等照會，無非欲送還吧嗄嚦等，始肯罷兵。轉圜之機，在此一綫，該夷如肯遵照恭親王等所給照會，退至張家灣一帶，酌定適中之地，定期各派委員將在津續定條約蓋印畫押，再將吧嗄嚦等送回，固屬甚善。如必不肯遵行，或並無照覆前來，不必待其進攻城池，莫若即將所獲吧酋等送還，以示大方，尚可冀其從此罷兵換約。不值爲此數十夷醜，致令億萬生靈俱遭塗炭。

以㖿咈逆夷入犯京師，命綏遠城將軍成凱、盛京將軍玉明、陝甘總督樂斌、山東巡撫文煜、河南巡撫慶廉、山西巡撫英桂，赴京合勦。

《文宗實録》卷三二九　壬午，諭軍機大臣等：本日據恭親王奕訢等奏，現

辦議撫情形各摺片。前因事機緊迫，諭令將吧嗄禮等放還，以示大方，原恐該夷即欲攻城，藉此保全億萬生靈之命。恭親王等現派恒祺、藍蔚雯等，與該酋商辦從前允許各條，如何派員會晤畫押，並覆給該夷照會，使知羈留該酋，原爲商辦和約起見，此中操縱，甚合機宜。【略】僧格林沁、瑞麟及城守大臣，昨已寄諭，令其悉心戰守。

《咸豐朝籌辦夷務始末》卷六四　丁亥，諭軍機大臣等：本日據恭親王奕訢等馳奏，夷人擾踞園庭，情形危急一摺。覽奏憤懣之至！連日接恭親王等奏報，方冀撫議有成，不料夷務決裂敗壞至此！據恭親王等奏稱，萬不能再議撫局，現在兵力，毫無足恃，若任令該夷盤踞日久，消息不通，以後更難措手。仍應於萬難之中，設法極力挽回，以冀維持大局。【略】勝保是否已到蘆溝橋，所有續到各省兵勇，即行留勦，俱著交勝保統帶，相機勦辦。俟兵力稍厚，亦可繞至東南，抄其後路。務須與恭親王等，鼻氣相通，不至有礙撫局。

己丑，諭軍機大臣等：本日據僧格林沁等奏，夷人退出園庭一摺。覽奏已悉。僧格林沁、瑞麟統帶重兵，節節退劄，已屬畏葸無能！此次夷人直犯圓明園，肆行焚搶，又不能馳往救護，實屬咎無可辭！僧格林沁著革去爵職，仍留欽差大臣；瑞麟著即革職，均仍留軍營，帶兵堵勦，保護京城。

《文宗實録》卷三二九　庚寅，諭軍機大臣等：本日據慶惠等奏，釋放夷首保全大局一摺。據稱，夷匪竄踞圓明園一帶地方，内外城人心十分驚懼。僧格林沁、瑞麟兩軍潰散，勝保手無重兵，城守事宜未可深恃。公同將吧嗄禮等，交恒祺送往該營，以示寬大等語。

《文宗實録》卷三三〇　九月壬辰，諭軍機大臣等：本日據勝保奏，齊集援兵，静以觀變一摺。足徵該大臣忠勇性成，赤心報國，著即授爲欽差大臣，並開缺以侍郎候補，總統各省援兵，相機勦辦。

甲午，諭軍機大臣等：【略】本日復據義道等聯銜具奏，夷人入城，現尚安静，專待辦撫王大臣親來換約等語。義道等不候恭親王等函商，輒即暫開一門，許其入城，雖爲保護城池起見，實屬冒昧。然事已至此，若再與決裂，勢必闔城生靈被其荼毒。此時若在城外畫押，該夷必不肯從，著恭親王等，迅即入城，與該夷將本年所議續約畫押蓋印，並將八年天津和約互换，令其退出京城，再商定駐京章程，方爲妥善。

《咸豐朝籌辦夷務始末》卷六六　己亥，欽差大臣恭親王、大學士桂良、户部左侍郎文祥奏：【略】初四日亥刻，接到暎咈兩夷照會，並暎夷僞將軍克酋照會一件。均藉口於前獲夷兵二十餘名，監禁淩虐。暎夷則稱欲賠恤銀三十萬兩，及拆毁圓明園宫殿；咈夷則稱給銀二十萬兩，及康熙年間，各省天主堂，並傳教人墳塋，查明給還。均定於初七日照覆，初九日給銀，初十日畫押换約各等語。種種狂悖情形，實堪髮指！

《咸豐朝籌辦夷務始末》卷六七　乙巳，欽差大臣恭親王、大學士桂良、户部左侍郎文祥奏，【略】據運司崇厚，帶呈暎夷續定條約，删去一條，增添三條；咈夷增添二條。其餘字句亦有異同，而大致尚無出入。暎夷所删，係准該國欽差入京，以禮相待一條。原其用意，嚬酋業已入城，無庸再立此條，以便另添條款，亦足見其鬼蜮伎倆，得步進步。暎夷所增三條：一，廣東九龍司地方，并歸暎屬香港界内；一，續增條約，請明降諭旨宣佈；一，華民出口赴暎，無庸禁阻。咈夷所增二條：一，照道光二十六年諭旨，准軍民學習天主教，給還各省學堂、塋墳、田土、房産；一，准華民出口。

諭内閣：恭親王奕訢奏，互换和約一摺。本月十一、十二等日，業經恭親王奕訢將八年所定和約，及本年續約，與暎咈兩國互换。所有和約内所定各條，均著逐款允准，行諸久遠，從此永息干戈，共敦和好，彼此相安以信，各無猜疑。其和約内應行各事宜，即著通行各省督撫大吏，一體按照辦理。

諭軍機大臣等：本日據恭親王奕訢等奏，辦理暎咈兩夷换約情形，並自請議處各一摺。覽奏具悉。據稱，暎咈兩酋，業已於本月十一、十二等日，互换和約。朕閲兩國和約内，大致尚無出入，所請明降諭旨一條，恭親王等奏稱，條約既已互换，不待降旨，自然宣布，自係慎重之意。朕思和約已换，似不如示之以信，使之不疑。本日明降諭旨一道，著恭親王等，宣示該夷，並交内閣發鈔，令中外不逞之徒，知和約已成，不敢乘機滋事，亦可定人心而杜奸謀。至换和約以後，夷兵退至津城，回鑾後能否不至再有要求，及任意往來，必須與之議定，以免再生枝節。其親遞國書一節，雖經吧酋與恒祺言及，作爲罷論，照會中究未提及，亦須得有確信。所議現銀一百萬兩，爲期甚近，著即於宗人府所存工程銀兩内，撥給四十萬，其餘六十萬，即飭令户部，迅令附近省分湊撥。如限内不能趕到，著由内庫先行墊撥，各省解到，再行歸還。恭親王辦理撫局，本屬不易，朕亦深諒苦衷，自請處分之處，著毋庸議。另片奏，俄夷照會，請派大臣商酌等語。該夷要求本在意中，所稱未了之事，若待其明言，轉恐又多需索，著即令瑞常等，

告以綏芬、烏蘇哩等處，均照崎咭闊呑之例，借與該夷居住，此外俱不必提及，以杜其得步進步。

《文宗實録》卷三三〇　諭：本日據恭親王奕訢等奏，㗋咈兩夷，已於本月十一、十二等日互换和約，雖現在俱未退兵，城外尚有勝保一軍，以備緩急。僧格林沁、瑞麟，著即赴行在。該大臣等軍營所調察哈爾蒙古三盟官兵，即著全數帶回遣撤。其餘各軍，均著交勝保統帶。

《文宗實録》卷三三一　戊申，諭：昨因用項浩繁，部庫未裕，業經諭局定議。㗋咈兩酋，業已互换和約，惟尚有償給兵費，部庫無款可籌，自應由各省迅速籌解，以濟要需。著直隸、山東、河南，各解銀二十萬兩；山西、陝西，各解銀三十萬兩；湖北、湖南、四川，各解銀十數萬兩，無論何款，趕緊著撥，委員星速兼程解京，赴庫交納。銀兩一日不到，即㗋咈一日不能退兵。京師根本重地，事繫安危，該督撫藩司等，共濟時艱，諒不能膜視也。

辛亥，諭：恒福奏，裁撤僧格林沁等大營糧臺，請飭部借撥銀兩，解交勝保糧臺應用等語。此時勝保一軍，兵多餉鉅，自屬實在情形，惟庫款自辦理夷務以來，用項浩繁。昨據户部奏，僅存銀二十餘萬，尚不敷下月兵餉。已寄諭各省迅速籌解，此時萬難借撥，著恒福仍飭該司道等，設法籌款接濟勝保糧臺，毋令缺乏。俟夷兵退後，即當將所調兵勇酌量遣撤，以省糜費。

諭：本日據曾國藩奏，請於該大臣與胡林翼二人中，欽派一人帶兵北上一摺。現在㗋咈兩夷，已於本月十一、十二等日互换和約，撫議漸可就緒。【略】曾國藩、胡林翼，均著毋庸來京。

《咸豐朝籌辦夷務始末》卷六七　癸丑，欽差大臣恭親王、大學士桂良、户部左侍郎文祥奏，【略】茲於十九日，咈夷之兵，俱已退去，現隨噶酋在京者，不過三四百人。惟噶酋須俟㗋夷退兵，與囒酋同行，並欲求見。臣奕訢等，旋於廣化寺接見。該酋所帶從人甚少，言詞極爲馴順，並稱該國向與俄國甚好，與㗋國本屬不協，此番之來，實非咈國本意，不過爲㗋夷牽制，且願爲中國攻勦髮逆等語。其言亦屬茫無實際，臣等以中國勦匪事宜，自不便與夷議論，致啓其窺伺之意，即以正言答覆。惟該酋既稱欲與囒酋同行，而囒酋必以奉到諭旨爲信，且須有無不批准永遠遵行等字樣，方無疑慮。臣等竊思㗋酋情形，較他國尤爲桀驁，儻該夷之兵一日不退，則所有應辦事件，在在俱形棘手，且土匪依草附木，更難保不另滋事端。茲於十八日，奉到明發諭旨，臣等即令恒祺等前往宣示，並交內閣發鈔，以示之信。該夷尚爲悦服，聲稱五六日內，即可退去。惟現在俄夷之事，總以八年所奉諭旨內，所載烏蘇哩河至海口等處，和約定議一節，藉爲口實，並呈出前换和約，擬定條目，將烏蘇哩江暨興凱河，至綏芬河、圖門江一帶地界，並西路雍正六年所立沙賓達巴哈之界牌，往西至齊桑淖爾湖，西南順天山之特穆爾圖淖爾，南至浩罕邊界爲界。請彼此各派信任大員，會同勘定，設立界牌碑碣，以爲憑據。並請於北京、張家口、庫倫、齊齊哈爾、喀什噶爾五處通商，以及給予地基，設立領事官等繁瑣條目。種種要求，心殊叵測。且㗋咈兩夷之來，皆屬該夷慫慂，儻或從中作祟，則俄夷之事，一日不了，即恐㗋夷之兵，一日不退，深爲可慮！

《文宗實録》卷三三一　乙卯，恭親王奕訢等奏，㗋夷允期退兵，並已接見囒酋等語。得旨，二夷雖已换約，難保其明春必不反覆。若不能將親遞國書一層消弭，禍將未艾。即或暫時允許作爲罷論，回鑾後，自津至京要挾無已，朕惟汝等是問！此次夷務，步步不得手，致令夷酋面見朕弟，已屬不成事體！若復任其肆行無忌，我大清尚有人耶？

丙辰，諭：本日據恭親王奕訢等奏，議定俄國條約，開單呈覽一摺。俄國使臣呈出條約十五款，經恭親王令瑞常等會同該國使臣伊格那提業幅逐層商酌定議，尚屬妥協，即著照所議辦理。惟兩國通商往來，必期永遠和睦，方於兩國有益。著恭親王仍飭瑞常等，與該使臣言明，彼此共守和約，毫無疑惑，即可定期畫押蓋印，以昭信義而敦和好。

丁巳，賞已革科爾沁親王僧格林沁郡王爵，並還三眼花翎；已革大學士瑞麟侍郎銜，並還花翎。

《咸豐朝籌辦夷務始末》卷六八　戊午，諭軍機大臣等：本日據寶山奏，夷船復泊老龍頭海口，派員驅逐防範等情。現在夷人業經换約講和，彼此罷兵，如有夷人登岸，惟當派員善言開導，不得擅啓釁端，致生枝節。

《文宗實録》卷三三一　庚申，諭：據恭親王奕訢等奏，夷人送到刊刻條約，通行各省，請密諭沿海各督撫酌辦等語。㗋咈兩夷，業經换約退兵，該夷送到刊刻通行各省條約告示，請鈐用欽差關防，由該酋等自行帶往各省，交府尹督撫宣布。恭親王等以事既通行，若不鈐印，恐爲藉口，業已照辦。此次該夷稱兵犯順，擾及京師，雖經互换和約，其條約中所載，多有窒礙難行之處。朕恐荼毒生靈，不得不保全大局，俯從所請。既經通行各省，勢難再有變更，全在各省封疆

大吏，設法覊縻，於條約外，不得任令另生枝節。如該酋等在各省請議詳細章程，仍可於權宜之中，寓限制之意，總期不至貽患無窮，庶可相安永久。

《文宗實録》卷三三二　十月辛酉，頒咸豐十一年時憲書。

諭軍機大臣等：本日據恭親王奕訢等合詞籲請回鑾一摺。此次夷人稱兵犯順，恭親王等與之議撫，雖已換約，此係萬不得已，允其所請。然退兵後，而各國夷酋，尚有駐京者，且親遞國書一節，既未與該夷言明，難保不因朕回鑾，再來饒舌。諸事既未妥協，設使朕率爾回鑾，夷人又來挾制，朕必將去而復返。【略】且木蘭巡幸，係循祖宗舊典，其地距京師尚不甚遠，與在京無異，足資控制。朕意本年暫緩回鑾，俟夷務大定後，再將回鑾一切事宜辦理。

《咸豐朝籌辦夷務始末》卷六九　欽差大臣恭親王、大學士桂良、户部左侍郎文祥奏：【略】親遞國書一層，【略】復經恒祺、榮綸，以臣奕訢係特旨派辦撫議，即可交出轉遞。該酋摇首不答，窺其意，似不遞則可，斷不肯由他人轉呈。現飭恒祺等，到津後設法消弭，如不允其請，該夷亦不至因此復起兵端。其屢求住京者，總謂外省大吏，不肯將實情代奏。其意必欲中國以鄰邦相待，不願以屬國自居，内則志在通商，外則力争體面。如果待以優禮，似覺漸形馴順。

《文宗實録》卷三三二　壬戌，兵部右侍郎李維翰因病解任，以内閣學士畢道遠爲兵部右侍郎，署户部右侍郎袁希祖兼署兵部左侍郎。

雲貴總督張亮基因病解任，以貴州巡撫劉源灝爲雲貴總督，雲南布政使鄧爾恒爲貴州巡撫，山東按察使陳景亮爲雲南布政使，長蘆鹽運使貢璜爲山東按察使。

癸亥，諭軍機大臣等：現在軍機處事繁人少，焦祐瀛著即赴行在當差。

丙寅，諭軍機大臣等：恭親王奕訢等奏，俄夷和約已换一摺。此次恭親王等於本月初二日，業將俄夷呈出條約畫押蓋印，與之互換。惟地圖一分，係綏芬、烏蘇里河分界之據，因前定條約，曾添入空曠之地，遇有中國人住，並漁獵之處，俄人均不得占之語。一經畫押，漫無限制，告以明春須派員互勘，未即畫押，自係爲慎重界址起見。其餽送槍礮一節，未知是否真誠，以後再當相機辦理。此次俄夷所换條約十五款，除吉林、黑龍江二處，已令軍機大臣鈔寄行知外，其餘各省，尚有應行文知照之處，著恭親王等一體知照，以便届時會同酌辦。

《咸豐朝籌辦夷務始末》卷六九　辛未，諭軍機大臣等：本日據恭親王奕訢等奏，接見夷酋各情形一摺。覽奏均悉。俄酋所稱伊國欲送中國槍礮一節，前已由理藩院行文，令其由陸路運至庫倫。此次欲派該國官數員，帶匠役來中國教導，在西北兩路距京較遠地方，請中國派員帶同兵丁數名前往，學習製造演放諸法。奕訢等恐夷言未必確實，請旨遵行等語。該夷既有此意，自係有心見好，未便遽行阻絶，著奕訢等一面行文知照俄酋，令其將槍礮送至恰克圖地方，即由内地派弁兵運回京師。

《文宗實録》卷三三三　癸酉，諭軍機大臣等：本日據恭親王奕訢等奏，遵旨會同密商西巡事宜，並開列條款呈覽。西巡事關重大，必須慎重圖維，以期悉臻妥善。現在不過先事豫籌，須俟明年二三月間，察看夷人如何舉動，再行酌量辦理。

丁丑，浙江巡撫王有齡奏，請留何桂清會辦浙防。得旨，所請斷不准行。

庚辰，諭：恭親王奕訢等奏，暎國欲於長江通商，業經給予照覆允准一摺。長江通商一節，八年原定和約内載明，除鎮江一年後立口通商外，其餘自漢口溯流至海各地，選擇不逾三口，准爲夷船出進貨物通商之區。今該國以撫局已成，欲先赴漢口、九江兩處開商，應納税餉，或在上海、鎮江各關，按照新章交納。並據該酋照會内稱，先向海關報明護船兵器火藥鉛彈等物，請給照單。該關口查明所報軍器數目，如在情理之中，即註明給發。儻有額外軍器，或並無照單，私行售賣者，即將該船所載貨物，全行入官，並驅逐。

以湖北布政使嚴樹森爲河南巡撫，未到任前，以河東河道總督黄贊湯暫行兼署。湖北按察使唐訓方爲布政使，廣東鹽運使裕麟爲湖北按察使，河南按察使邊浴禮爲布政使，南汝光道鄭元善爲按察使。

《文宗實録》卷三三四　辛巳，命荆州將軍都興阿督辦江北軍務，福建陸路提督李若珠幫辦。

戊子，以太常寺少卿鄭敦謹爲太常寺卿，仍留山東學政任。

命太常寺少卿焦祐瀛在軍機大臣上學習行走。

《文宗實録》卷三三五　十一月辛卯，河南巡撫慶廉奏，京餉無款籌解。得旨，所請萬難允准，仍應迅速籌解，此係專供京餉要需，屢奉嚴旨，尚如此遷延，殊屬可惡！

癸巳，欽差大臣袁甲三奏，夷患稍紓，亟宜力圖整頓，以杜禍患而固根本。得旨，精訓練、儲將才二條，著總理行營王大臣妥議具奏。又奏，燕京爲天下根本，不可輕議遷徙。批：所奏甚是！初因京師危在呼吸，原有此議，近則撫議已

成，斷無輕議遷徙，自就偏安之理。

《咸豐朝籌辦夷務始末》卷七〇　乙未，諭内閣：恭親王奕訢等奏，酌保隨同當差出力各員弁，開單請奬一摺。恭親王奕訢，辦理各國换約事宜，諸臻妥協，著加恩交宗人府從優議敘。大學士桂良、户部侍郎文祥，隨同辦理，著一併交部從優議敘。

恭親王等又奏，竊臣等前因夷酋親遞國書一層，審度夷情，似已確有把握，惟究未得該夷照會，可爲實在憑據，諄飭恒祺等，在津設法消弭。【略】昨因恒祺送到嘆酋照會，據稱泰西各國，通行既久，爲友國以禮往來之節文。本國君主以禮相待，大皇帝以禮相答，其要總在實存和誼。儻若召見，不由出自誠願，誠如來文所云，斷無勉强之理，貴親王亦可釋然等語。【略】是該夷親遞國書一層，作爲罷論，已有定據。

恭親王等又奏，據嘆國嚐嚕嘶遞到照會，内稱欲永租津地一區，爲造領事官署，及嘆商住屋棧房之用。現勘得津地迤南二三里許，坐落紫竹林至下園地一方，約四頃有餘，請查明津縣地丁原册，立契永租。【略】臣等查條約第十二款内載，嘆民在各口並各地方，欲租地蓋屋，設立棧房，均按民價，公平定議，不得互相勒掯。今該國係照條約辦理，自未便拂其所請，因飭天津府縣，查勘該處有無窒礙。據稟稱，該處多係空曠地畝，祇有零星土房，並無墳墓窒礙之處。臣等即將條約内所載不得勒掯等語，酌給照覆，以杜其侵越之意，並允咨直隸總督，轉飭地方官與該國領事官妥爲商辦，以期地方相安。

《文宗實録》卷三三五　丙申，又諭：陳孚恩奏，編修吴嘉善通曉外洋各國文義，江蘇臬司湯雲松與之同縣等語。著薛焕傳飭湯雲松，查明該員現在何處，即催令赴京，毋得延緩。將此由五百里諭令知之。

壬寅，諭：户部奏，請將欠解京餉等項之督撫、藩司、監督，分别議處一摺。山西等省，欠解京餉銀兩；直隸等省，欠解另案銀兩。各該督撫、藩司、監督等，延不報解，實屬玩泄。山西巡撫英桂、布政使常績、山東巡撫文煜、布政使清盛、前任河南巡撫慶廉、前任布政使賈臻、四川布政使祥奎，均著降爲三品頂帶，仍交部議處。署四川總督崇實、山西署布政使瑞昌、山東署布政使陳景亮、暨江海關監督，均著交部分别議處。仍著該督撫、藩司、監督等，將未解京餉於接到部文之日起，限一月内掃數報解。

以辦理各國和約出力，賞武備院卿恒祺頭品頂帶，候補京堂崇厚侍郎銜；復侍郎崇綸職，並下部議敘。

蠲緩山東濟甯、章邱【略】七十三州縣被水被擾莊屯，暨永利場竈地新舊額賦有差。

《咸豐朝籌辦夷務始末》卷七一　戊申，諭内閣：恭親王奕訢等奏，請派查勘邊界大員一摺。著派倉場侍郎成琦，於明年正月間，馳驛前往吉林，會同將軍景湻，辦理查勘俄國分界事宜。

《文宗實録》卷三三六　壬子，諭軍機大臣等：勝保奏，請訓練京兵，以備緩急一摺。京營兵丁，向例按期操演，多屬奉行故事。該大臣請將内外火器營、健鋭營，及圓明園八旗官兵，專派知兵大員，加以訓練，以期悉成勁旅，自係當務之急。惟是否變通舊章，抑須另籌經費，均應悉心妥議。若徒飾外觀，虚糜糧餉，轉恐有名無實。著勝保將練兵章程，先行詳細妥議，迅速具奏，再降諭旨。至將來訓練時，各營關支錢糧，及升補額缺等事，自應仍由各該管大臣辦理。

甲寅，諭軍機大臣等：前據恭親王奕訢等奏，接見俄夷换約各情一摺。内有該酋面稱，髮逆横行江南，願撥夷兵助勦，及明年南漕運京，或有阻礙，上海咪商粤商，情願領運臺米洋米運津二事。當經諭令曾國藩、薛焕、袁甲三等，公同悉心妥議具奏。嗣據袁甲三、薛焕先後覆奏，所陳均各有所見。【略】袁甲三謂借夷勦賊，有害無利，自是正論，但拒之太甚，轉啓該酋疑慮。果能因勢利導，操縱在我，於軍務漕運，不無裨益。曾國藩所奏，俟官軍陸路得手，再約其水路會勦，似尚可行。【略】其請幫運南漕一節，【略】薛焕慮其將來藉口漕糧歸其運辦，所見亦是。【略】著奕訢等，詳細妥籌，統俟議定章程，再與該國會商辦理。

《咸豐朝籌辦夷務始末》卷七一　十二月壬戌，欽差大臣恭親王、大學士桂良、户部左侍郎文祥奏，【略】臣等竭其顓蒙之力，必能有所補救，若就目前之計，按照條約，不使稍有侵越，外敦信睦，而隱示羈縻，數年間即係偶有要求，尚不遽爲大害。謹悉心參度，統計全局，酌擬章程六條，恭呈御覽，懇請飭下行營王大臣，公同商議。【略】硃批：惠親王、總理行營王大臣、御前大臣、軍機大臣，妥速議奏。

《文宗實録》卷三三七　乙丑，諭軍機大臣等：薛焕奏，請飭奕訢等，發給嘆人李泰國札諭，令其幫辦各口通商事務等語。【略】著奕訢等，即行發給執照，交李泰國收執，責令幫同各口管理通商官員籌辦。

己巳，諭内閣：惠親王等奏，會議恭親王奕訢等奏，辦理通商善後章程一

摺。據稱恭親王奕訢等，籌議各條，均係實在情形，請照原議辦理等語。京師設立總理各國通商事務衙門，著即派恭親王奕訢、大學士桂良、户部左侍郎文祥管理。【略】侍郎銜候補京堂崇厚，著作爲辦理三口通商大臣，駐劄天津，管理牛莊、天津、登州三口通商事務。【略】其廣州、福州、厦門、甯波、上海，及内江三口，潮州、瓊州、臺灣淡水各口通商事務，著署理欽差大臣江蘇巡撫薛焕辦理。

諭軍機大臣等：恭親王奕訢等奏，請由廣東、上海各派識解外國言語文字二人，來京差委。及各海口内外商情，各國新聞紙，應由各該大臣，暨各該將軍督撫府尹，按月奏報。【略】並准於八旗中，挑人學習外國言語文字。

命貴州提督田興恕爲欽差大臣，督辦全省軍務。

《文宗實録》卷三三八　癸酉，諭軍機大臣等：恭親王奕訢等奏，遵議借夷勦賊，並代運南漕各情一摺。【略】兹據奏稱，【略】借夷勦賊，流弊滋多，自不可貪目前之利，而貽無窮之患。【略】儻上海夷人，諄請助兵勦賊，著曾國藩、薛焕，量爲獎勉。儻有兵船駛入内地，即按照條約攔阻，並著該大臣等，就現有兵力，設法攻勦逆匪，毋再觀望。至咈夷槍礮，既肯售賣，並肯派匠役教習製造，著曾國藩、薛焕，酌量辦理。即外洋師船，現雖不暇添製，或仿夷船製造，或將彼船雇用，誘之以利，以結其心，而我得收實濟。若肯受雇助勦，只可令華夷兩商，自行經理，於大局或可有利無弊。並著該督撫，斟酌試行。【略】其代運南漕一節，亦照恭親王等所議，由薛焕出示招商運津，無論華商、夷商，一體販運，按照税則，完納税餉，官爲收買。

諭：前據勝保奏，訓練京兵章程一摺，並將章程十條，開單呈覽，當經逐條批示。兹據奕訢等奏，請令八旗兵丁，添習槍礮技藝一摺。據稱，現擬有技藝各營，兼習槍礮；僅習弓馬者，加習槍礮技藝。並挑選各旗營閒散餘丁，另立營伍，專習技藝擡槍。如果操演純熟，即挑補各營額缺等語。恭親王等所陳，訓練八旗兵丁，意在添習火器技藝。儻能認真操練精熟，自可有備無患。著勝保按照硃批各條，及本日恭親王等所奏，悉心妥議，酌定章程，詳細具奏。

丙子，以克復江西德興、安徽婺源二縣城，予四品京堂左宗棠以三品京堂候補。

丁丑，諭内閣：前因恭親王奕訢等奏，請將長蘆鹽政一缺裁撤，歸直隸總督兼管等語。【略】長蘆鹽政一缺，著即裁撤，所有督辦運課事宜，統歸直隸總督管理。【略】其原設鹽政衙署，及養廉銀兩，並著改歸新設辦理三口通商大臣，以資辦公。

《咸豐朝籌辦夷務始末》卷七二　癸未，諭軍機大臣等：恭親王奕訢等奏，遵辦新設衙門未盡事宜，酌擬章程十條，開單呈覽，並覆奏章京司員等兼行走各一摺。所有單開各條，經朕詳加披覽，尚屬妥協。惟内酌撥經費一條，所稱心紅紙張等項銀兩，擬於天津、上海酌提關税起解部款内，按各口提用數目，均勻酌提銀兩，由各該將軍、督撫、府尹、監督解總理衙門，以資辦公等語。此項銀兩，亟資辦公，恐各口酌提，一時未能應手，著即按照所定每月支領銀兩數目，徑由户部開支。將來各口解到酌提關税銀兩，統交户部，毋庸解交總理衙門。該衙門如有不敷之處，即奏明由户部支領。至各省機密事件，應照例奏而不咨，如事關總理衙門者，即由軍機處隨時録送知照，亦甚便捷，著無庸由各口先行咨報總理衙門，以歸劃一。其軍機章京，於滿漢各員内，挑取各四員，作爲總理衙門額外行走，專管交涉事件，及檢查機密文移，責任綦重。雖不必常川到衙門，而該章京等在兩處行走，恐日久有互相推諉之弊，其應如何酌定章程，以免曠誤之處，著再行妥議。餘著照所擬行。

《文宗實録》卷三三九　丙戌，又諭：前因袁甲三奏，苗沛霖與徐立壯等尋仇懷疑，業經明降諭旨，令袁甲三、翁同書秉公查辦。本日據勝保奏，苗沛霖遣弁赴營申愬徐立壯、孫家泰攻打苗寨，挾制巡撫等語，並將苗沛霖原稟信單，一併呈覽。苗沛霖所稟各情，雖未可深信，但既據孫家泰、徐立壯拘囚巡撫，不許官軍進城，强奪其印，明調官軍，暗句髮逆，與苗營打仗，如果實有其事，於皖北軍務大有關礙。著袁甲三一面嚴密訪查，一面將此旨密交翁同書，將徐立壯等，有無句通逆匪，挾制巡撫情事，據實具奏。至苗練與壽州練勇，彼此尋仇，孰是孰非，務須秉公查辦，兩得其平，不可稍有偏袒。

命協辦大學士、湖廣總督官文爲大學士，仍留總督任；協辦大學士、户部尚書周祖培爲大學士，管理户部事務；户部尚書肅順協辦大學士。

調兵部尚書沈兆霖爲户部尚書，以都察院左副都御史朱鳳標爲兵部尚書。

以光禄寺卿雷以諴署刑部右侍郎。

己丑，蠲緩江蘇長洲【略】三十九廳州縣，並蘇州、揚州、徐州、鎮江、太倉、鎮海、金山七衛被兵災區新舊額賦，及雜税銀。

咸豐一一年(辛酉、一八六一)

《文宗實録》卷三四〇　正月辛卯，諭内閣：朕於二月十三日回鑾。

《咸豐朝籌辦夷務始末》卷七三　壬辰，諭軍機大臣等：薛焕奏，暎國領事争辯賠款，並阻撓税捐，請飭奕訢等留心防範各等語。賠補一款，據暎酋密迪樂稱，嗜嚕嘶來文，係於海關總收數内，各扣二成，除洋商按貨完税外，尚有外國所完船鈔及海關所收罰充入官等款，一併覈扣，顯係藉詞狡執。本日已密諭恭親王等，照會嗜酋矣。至華商應交出口税銀，及内地商人販運洋藥應交捐款，該酋阻撓不准繳納，以致華商互相觀望。其私販洋藥之華商駱增美，該酋亦藉稱在伊租地界寓居，不令中國查拏各節，亦諭知恭親王等，隨時防範。薛焕係辦理通商欽差大臣，責無旁貸，密迪樂如不遵條約辦理，即應據理駁斥，不得盡諉之恭親王等辦理。所有華商應完税銀，由舊關稽徵，並完繳税捐，既與洋商毫無干涉，即不能任該國領事藉詞狡賴。著該撫仍督飭吴煦按照條款，與該領事逐層剖辯，務令中外應收税項，彼此胥歸公允，該領事無可藉口，方爲妥善。

《文宗實録》卷三四〇　癸巳，緩徵山東臨清、長清【略】四十八州縣，並德州、東昌、臨清、濟甯，四衛，永利、永阜、官臺三場被水被旱被雹被蟲被擾莊屯本年額賦。

乙未，諭：内閣總理各國事務衙門，挑取滿漢章京，前經降旨，毋庸再兼軍機處行走。嗣據恭親王奕訢等奏，請在額外行走專管交涉事件，復諭令再行妥議。兹據酌定章程具奏。著照所請，所有滿漢軍機章京，每班挑取各四員，在總理衙門額外行走，仍照常在軍機處值班，毋庸常川到署。

丙申，命安徽巡撫翁同書，布政使張光第來京，以按察使李續宜爲巡撫，前任河南布政使賈臻爲安徽布政使，候補道員張學醇爲安徽按察使。

辛丑，蠲緩江蘇桃源【略】三十三廳州縣，並淮安、大河、揚州、徐州、金山五衛歉收被兵地方新舊額賦。

《文宗實録》卷三四一　丙午，直隸總督恒福因病解任，以山東巡撫文煜署直隸總督；賞著陝西巡撫譚廷襄二品頂帶，爲山東巡撫，未到任前，以布政使清盛署理；調貴州巡撫鄧爾恒爲陝西巡撫，未到任前，以布政使瑛棨署理；賞貴州貴東道何冠英二品頂帶，署巡撫。

丁未，諭軍機大臣等：本日據僧格林沁等奏，官軍截勦東境捻匪失利一摺。此次捻匪竄入東境，屯踞金鄉之白福圖等處，旋向西北奔竄。僧格林沁等督隊跟勦，至菏澤縣屬之關李家莊地方，接仗失利，全隊潰散，軍械遺失。實屬調度乖方，業將該大臣等交部嚴加議處矣。

庚戌，諭：安徽一帶捻匪，擾及東豫，到處句結，裹脅良民，以致愈聚愈多，此勦彼竄。朕思此輩烏合雖衆，未必皆甘心從逆之人，若概予誅夷，朕心實有不忍。李世忠自投誠之後，屢立戰功，爲國宣勞，是以擢至提督。該員於捻衆頭目，多所素習，其中必有情願投誠，而自知罪重，意存觀望者，若能宣示朕意，使其自拔來歸，必當寬其既往。如有率衆歸誠，助兵勦賊者，更不難立沛恩施，以彰激勸。至怙惡不悛，負嵎抗拒者，惟有嚴飭各路官兵認真勦辦，亦不能任其猖獗也。

《咸豐朝籌辦夷務始末》卷七三　乙卯，諭軍機大臣等：本日據薛焕奏，暎國兵船，駛赴長江，前往漢口等處，路過金陵，欲見髮逆。並據巴棟阿奏，暎國商船，現抵鎮江，有輪船一隻，前往金陵上游，查看江面，欲使粤匪知其來往通商，毋得攔阻各摺片。覽奏均悉。暎夷於九江、漢口兩處開商，先與髮逆交結，該夷甫與中國换約，雖不助我勦賊，亦未必遂勾通粤逆，再啓兵端。惟此後該夷商船往來江面，恐金陵逆匪，借伊船隻，裝載賊匪，駛入天津海口，其患不可不防。此事若由中國稽查，恐該夷心生疑忌，不如向該酋告以現在漢口、九江通商各國船隻，往來甚多，恐粤匪假充商賈，混跡其中，竄入天津海口，中國無從稽查，應由貴國派人，將出口進口人數，嚴密查察。如有賊匪潛赴天津，務即代爲拏獲，以見彼此和好之道。著恭親王奕訢等，悉心籌議，或行文照會，或與喴妥嗎等當面言定之處，即行酌量辦理。至由海關查驗護船兵器，該夷前已照會恭親王，自必遵照辦理矣。薛焕、巴棟阿，各摺片，均著鈔給閲看。

《文宗實録》卷三四二　二月辛酉，諭軍機大臣等：前據僧格林沁等奏，黑藍二旗捻匪，復竄菏澤，擬親督鄉團，前往會勦。當經諭令該大臣等，宜嚴扼邊濠，不可輕臨前敵，致令再有挫失。本日據僧格林沁等奏，捻匪五旗併出，分股在定陶、曹縣、菏澤等處滋擾。該大臣行抵大義集，各州縣鄉團，因賊勢過衆，膽怯不能協勦，現在仍回唐家口，激勵官兵，防守河岸等語。此股捻匪既號稱十餘萬，兇悍異常，各屬鄉團，未能協助官兵，但各守村寨，必須互相聯絡，方能杜賊竄擾。該大臣等仍當激勵趙康侯等，令其分飭鄉團，遇賊即擊，毋令賊蹤北竄。

現在裁汰陝甘官兵二千餘名，兵力更單，惟有將牛頭河及運河等處各要隘，嚴密防守，以固北路藩籬。侯袁甲三會同田在田、伊興額等，分兵勦辦，將捻匪後路牽制，該大臣再當酌度機宜，督兵策應，此時宜仍遵前旨，不可鋭意輕進，再蹈從前覆轍。

《咸豐朝籌辦夷務始末》卷七四　丙寅，諭軍機大臣等：清盛奏，咈酋索還天主堂地基，請旨辦理一摺。據稱，咈囒哂主教江頰思等，赴省接見，口稱伊國舊有天主堂一座，在西門内尉斗隅，日久被占，現須交還，應否另查官地抵給等語。山東省城，有原設天主堂地基，自應給還該國，惟廢址又經改造民房，轉相承買，各執契據，勢難概令遷移。除塋地業經查出，應行交還外，著清盛按照該國天主堂原基畝數，另查官地抵給，聽其修造。如查無官地，即置買民地一段，給予該夷建立天主堂。其買地價值，如該夷情願歸還，即照數收回；如不肯給價，亦不必與之争辯，以示羈縻。嗣後該省地方，與各國交涉事件，遇有應辦者，即奏明辦理，不得盡諉之總理衙門及通商大臣，致令該夷紛紛進京，有所藉口。

《文宗實録》卷三四三　己巳，諭軍機大臣等：前據翁同書奏，苗練率隊攻撲壽州城廂下蔡，大隊復由菱角嘴渡河，當經諭令袁甲三，密商翁同書，察看情形，酌量妥辦。兹據袁甲三奏，苗練徑撲壽州，翁同書扶病登陣，咨請發兵撥餉情形。苗練因張學醇勸諭，雖暫行撤退撲城之練，而大隊已過淮立營，馬步數千向壽南竄擾，已襲踞堰口集民圩，並有欲攻正陽之説。種種兇横不法，叛跡已屬昭然，此時尚欲遷就羈縻，恐該練句結粤匪捻匪，聯爲一氣，勦辦更難措手。臨淮爲南北鎖鑰，現在上游河路已梗，亟應趕緊布置，毋稍疏虞。翁同書之兵，僅一萬餘名，尚恐不敷堵勦，該大臣督辦皖省軍務，責無旁貸，仍當與翁同書密商定計，撥兵夾擊，迅速殲除。

庚午，轉兵部右侍郎慶英爲左侍郎，以候補侍郎勝保爲兵部右侍郎。

《咸豐朝籌辦夷務始末》卷七四　壬申，諭内閣：常清、景廉奏，遵旨請派會勘地界大臣一摺。所有會同俄國使臣查勘西界事宜，著派明誼前往塔爾巴哈台，會同明緒，妥爲辦理。伊犂協領哈布齊督，著交明誼等差遣委用。明誼起程後，烏里雅蘇台將軍著平瑞署理。

丁丑，欽命總理各國事務恭親王、大學士桂良、户部左侍郎文祥奏，竊臣等前據崇厚事稱，嘆國嗜嚕嘶、咈國咘嘣咘嚨，由津起行日期，當經恭摺馳奏在案。嗣接崇厚稟稱，派人查知兩國起程人數：嗜嚕嘶，喊嗘嗎，均各帶有役從三十餘人；咘嘣咘嚨，並帶有家眷，其妻現在患病，乘坐該國四輪大車，隨有女役一名，統計兩國役從男女共六十餘名，轎二乘、小車二十餘輛、人推獨輪行李小車三十餘輛等語。臣等差往偵看之人，回稟數亦相符，並探知咈使於十五日抵京，嘆使於十六日抵京。

《文宗實録》卷三四四　己卯，諭軍機大臣等：李續宜奏，皖逆糾合大股捻匪，由英、霍上犯鄂邊，已於二月初六日，由青草塥率全軍而上，六安、壽州一帶，勢難兼顧等語。【略】前諭官文、胡林翼，調兵二千名駐劄三河尖，此時兵力如可分撥，仍著該大臣等酌量撥往，以壯皖北聲勢。

又諭：勝保奏，逆匪偪近直東邊界，擬派官兵馳赴河間防堵一摺。【略】勝保現由大營撥青州陝甘兵一千名，交總兵伊綿阿管帶，馳赴河間。所有天津鎮標官兵一千名，著文煜即如數調赴河間駐劄，統歸勝保節制。

庚辰，諭内閣：朕於正月間降旨，於二月十三日回鑾。繼因偶抱微疴，改於二十五日啓蹕。旬日以來，氣體雖稍可支持，仍須静心調攝。本日王大臣等，以朕躬尚未大安，奏請暫停回鑾，情詞懇切，不得已勉從所請，暫緩回鑾，俟秋間再降諭旨。

《咸豐朝籌辦夷務始末》卷七五　癸未，諭軍機大臣等：本日據恭親王奕訢等奏，接收俄國照會一摺。覽奏均悉。俄國以槍礮有應行修補之處，教演兵丁，護送臣役，於四月間方到。奕訢等擬先挑熟悉火器之兵丁數十名，前往試演，除留存鳥槍數十桿外，餘俱由庫倫辦事大臣運京。此項鳥槍，即在恰克圖演習，不可令其赴張家口教演。所挑熟習火器兵丁，即著奕訢等揀派妥員，奏明管帶前往。其礮位五十尊，准其運至天津海口交納，但不可令其在彼處安設，方爲妥善。至希冀開礦一節，流弊滋多，已諭令色克通額等，設法阻止，並於該國運送鳥槍時，嚴密防範矣。

《文宗實録》卷三四五　三月庚寅，命河南巡撫嚴樹森督辦勦匪事宜，順天府府丞毛昶熙幫辦河南勦匪事宜，仍督辦團練。

乙未，恭親王奕訢等奏，請赴行在，祗問起居。得旨，朕與恭親王奕訢，自去秋别後，倏經半載有餘，時思握手而談，稍慰廑念。惟朕近日身體違和，欬嗽未止，紅痰尚有時而見，總宜静攝，庶期火不上炎。朕與汝棣萼情聯，見面時迴思往事，豈能無感於懷，實於病體未宜，況諸事妥協，尚無面諭之處，統俟今歲回鑾後，再行詳細面陳，著不必赴行在。文祥亦不必前來。特諭。

丙申，内閣欽奉硃諭：大阿哥於四月初七日入學讀書，著李鴻藻充大阿哥師傅。

《咸豐朝籌辦夷務始末》卷七六　己亥，諭軍機大臣等：奕訢等奏，布魯西亞國通商事宜奉派崇綸赴津辦理，請由軍機處恭擬上諭一道，交崇綸賫往，給與該酋閲看，以免歧誤等語。各國公使於欽派大臣接見時，往往求看諭旨，以爲憑據。奕訢等所請擬給上諭，以免該公使生疑，或藉端希圖入京，亦爲先事防維起見。惟此次布魯西亞國赴津通商，一切事宜，仍應歸該大臣等籌辦。若另給崇綸諭旨，則必須有欽差字樣，於總理各國事務衙門，轉覺事權不一。且一國到津，即須派一欽差大臣，亦屬不成事體。崇綸赴津，似無庸給與上諭，或由奕訢等妥擬照會，告以各國通商事宜，均由總理各國事務王大臣辦理。現經奏派崇綸赴津，會同三口通商大臣崇厚辦理。如慮該酋以崇綸等非全權大臣，不肯商辦，或桂良、文祥兩人中酌量一人，帶同崇綸，前赴天津，諒該酋亦無可藉口。將來换約蓋用印信，即用總理衙門關防，較爲妥協。著奕訢等，將此兩節，斟酌妥善，奏明辦理。

《文宗實録》卷三四六　辛丑，命欽差大臣勝保，馳赴直隸山東，督辦防勦事宜。

《咸豐朝籌辦夷務始末》卷七六　壬寅，諭軍機大臣等：奕訢等奏，阻止俄國商人進京貿易，現辦情形一摺。前因俄國商人欲至京城貿易，並欲由獨石口行走，當經諭知奕訢等，據理阻止。【略】著文煜飭知該處地方官，儻有俄國商人到口，即據條約設法阻止，不得任令進口。至張家口地方，雖准其將零星貨物銷售，亦不得設立行棧等事。並著慶昀、廉至，轉飭張家口監督，於該國商人到口時，明晰曉諭，令照條約辦理。

《文宗實録》卷三四六　甲辰，命署倉場侍郎崇綸、武備院卿恒祺，爲總理各國事務衙門幫辦大臣。

乙巳，蠲緩山東滋陽、泗水【略】二十八州縣，東昌、臨清、濟甯、東平，四衛所被擾被旱被風被水被蟲新舊額賦並雜項銀。

丁未，諭軍機大臣等：克興阿等奏，勦匪獲勝，並生擒匪首正法各摺片。匪首李瀾漋，被獲正法，並據供，匪首劉豬業於桃花圖接仗時受傷身死，其餘黨與當不難即時樸滅。惟此徒供稱，有與義州官軍接仗，傷過官兵數十名之語。深恐其意圖竄逸，復致蔓延，著克興阿、成明，督率將士迅攻鳳凰山老巢，務將要路堵截，盡殲醜類。

《文宗實録》卷三四七　己酉，欽差大臣袁甲三奏，壽州城圍稍鬆，函致翁同書，並飭張學醇等分别籌辦。得旨，該練等結仇已深，恐非查辦所能了結，苗練既無歸路，若令進退維谷，不激而生變，其誰信之？莫若以毒制毒，今苗練即攻孫、徐，以贖前愆，兼洩私忿。此三人中互相格鬭，能殲除一二，官軍坐收其利，較之敷衍羈縻，似有把握。

《咸豐朝籌辦夷務始末》卷七六　庚戌，諭軍機大臣等：奕訢等奏，咈國哥士耆聲稱，現既和好，擬不俟繳款扣清，先行撤兵，將粤城讓出。惟藩司衙門，曾經伊國修葺，欲賃與領事官永遠居住。嘆國如賃居省署房屋，即咈國可代爲阻止。現與哥士耆議定，將來扣款交清後，所租藩司衙門舊地，一併交還。彼時如中國仍欲將此地租與咈國，任聽中國自便，並於契内載明。旋由噃嚕嘶、吶嗬吶嚨，將退出粤東省城照會遞到等語。嘆咈兩國，不俟扣款繳清，撤兵退出粤東省城，係爲和好起見。著勞崇光、耆齡，即照奕訢等所議辦理。設嘆國别有要求，即著勞崇光等，設法開導，一面知照總理各國衙門，照會哥士耆，令其阻止。並將嘆咈二國撤兵情形，隨時具奏。

《文宗實録》卷三四七　戊午，署安徽巡撫賈臻奏，苗練仍宜暫示羈縻。得旨，賈臻所奏不爲無見，著軍機大臣鈔與袁甲三閲看，斟酌妥辦。

《文宗實録》卷三四八　四月癸亥，諭内閣：伊精阿著充大阿哥滿洲諳達。

《咸豐朝籌辦夷務始末》卷七七　乙丑，諭軍機大臣等：恭親王奕訢等奏，接據艾林波照會，及崇綸等函商辦理情形一摺，並將原照會及崇綸等信函呈覽。布路斯國艾林波抵津，與崇綸等會晤，因該侍郎等未奉有全權大臣便宜行事之旨，照會奕訢等懇請代奏，方能會辦通商事宜。現據奕訢等於摘録諭旨内，加入全權等字，以免猜疑，即著照所擬，寄交崇綸等。

《文宗實録》卷三四九　己巳，前任户部右侍郎杜翻奏，捻教等匪四起，請飭勝保帶兵赴東勦辦。得旨，昨已有旨，令勝保由京趕緊啓程，相機前進，以固畿輔藩籬。兹覽汝奏，東省民團未盡得力，著趕緊策勵，以補兵力之不足。從前捻逆屢犯齊疆，無大兵扼守，只民團即可驅令回巢，何以有兵以後，反不如前？

庚午，諭：前因山東省匪勢猖獗，諭令勝保速赴直東交界，探明匪蹤，親自督勦。本日據聯捷奏，曲周收復，威縣解圍，惟探聞山東范縣賊匪，復有渡河之信，並在各村插旗裹人，聲言欲接南捻過河。濮州、觀城四鄉被脅，亦皆插旗。

莘、邱、冠各縣情形，如出一轍。並菏澤縣土匪蜂起，人數不下數萬。請飭勝保分兵三路，由西北兩面進攻，以除巨患。【略】勝保接奉前旨，諒已由京啓程，現在軍情喫緊，著即迅速前進，【略】酌量情形，妥速辦理。

《咸豐朝籌辦夷務始末》卷七七　壬申，諭軍機大臣等：此次成琦等與俄國會勘地界，設該國公使因諭旨内無全權等字樣，不肯會勘，必致臨期請旨，往返需時，著即發給全權大臣便宜行事字樣上諭一道。

《文宗實録》卷三四九　甲戌，諭軍機大臣等：有人奏，捐務亟宜覈實，請飭嚴定章程一摺。據稱江北糧臺，既有指捐、借捐、礮船捐、畝捐；而江南糧臺，又有米捐、餉捐、畝捐；漕河有礮船捐、隄工捐、餉捐；袁甲三軍營有米捐；此外有船捐、房捐、鹽捐、卡捐、板釐捐、活釐捐，所徵甚鉅，報解寥寥。候補投效，以及職員生監，營謀札委，目爲美差，四出騷擾。指借則任意訛索，卡釐則以多報少。糧臺漕河大員，多由情託，知而不問。並有擅自立卡，抽收商船捐銀，名曰「榔頭捐」各名目。請飭督辦大員，嚴定章程各等語。【略】著袁甲三、晏端書、王夢齡，並傳諭喬松年、江清驥，嚴密訪查，如有多設名目，及營謀差委，任意訛索，以多報少，并私自設卡收捐者，即據實嚴參，懲一儆百。

乙亥，命候補三品京堂左宗棠幫辦兩江總督曾國藩軍務。

《文宗實録》卷三五〇　辛巳，諭内閣：現在軍務未竣，亟須多儲將材，以備任使。近年帶兵各員，如羅澤南、李續賓、李續宜、左宗棠等，多係寒畯之士，經該督撫保奏，朕無不破格擢用。該員等效力戎行，均已著有成效。因思此外或寄迹末僚，或衡茅伏處，自必不乏才能之士，著各直省督撫，虚心諮訪，如實有秉性忠誠，素嫻韜略，堪勝將帥之任者，即著據實保奏，送部引見，候旨簡用。

《咸豐朝籌辦夷務始末》卷七八　癸未，諭軍機大臣等：王有齡奏，甯波設立新關，徵收外國税鈔一摺。據稱甯波税鈔，向由上海代爲收納，給發免單，但無關考成，易滋流弊。現在已設有新關，令外國人幫司税務，應請嗣後凡外國貿易進口，税鈔各歸各口，各自徵收，所有免單認單，概行停止等語。江蘇上海關代徵各口税鈔，原因有外國人幫同照料，從權辦理。現在甯波既設新關，且有外國人日意格爲副税務司，自應以各收各口税鈔爲正辦。已諭知薛焕，照王有齡所議辦理矣。

《文宗實録》卷三五〇　丙戌，諭：前據袁甲三奏，擬赴徐州勦匪，諭令仍駐臨淮，將苗練尋仇一事妥辦。【略】本日據袁甲三奏稱，【略】苗沛霖已將所受粵匪僞印等燒毀，大隊漸回下蔡各等語。【略】著袁甲三仍遵前旨，駐劄臨淮，即行確探苗練情形。如果大隊已回下蔡，其暫留許保清，係爲轉圜起見，自應乘其悔悟，亟加開導，令其速爲反正，以省兵力。儻反覆無常，仍欲攻取壽州，即調派官軍，星馳赴援，毋任壽州闔城生靈，慘遭毒荼。

《咸豐朝籌辦夷務始末》卷七八　五月辛卯，諭軍機大臣等：本日據恭親王奕訢等奏，嗜嚕嘶聲稱，廣東潮州府城，開辦通商，領事官欲往府城，惠潮嘉道不令進城，並呈遞照會，請飭廣東督撫酌量辦理等語。已諭知勞崇光等，體察民情，遵照條約，酌量辦理矣。奕訢等總理各國事務，如各省督撫辦理外國事務，有未盡妥協之處，經該國公使呈訴，即當酌量事之輕重，劄飭各該督撫，遵照施行，一面奏聞，使各國知總理衙門事權較重，遇事可以代爲辦理。若因該國所請，事事降旨，不但無此體制，且恐各國視總理衙門不過僅能轉奏，必啓輕視之心，於事無益。嗣後各國公使，如求奕訢等奏請諭旨，即告以應由總理衙門，劄飭各督撫，遵照條約辦理，未便據情奏請諭旨。如此則呼應較靈，亦可杜該國無厭之請矣。

《文宗實録》卷三五一　癸巳，諭：前因苗練尋仇一事，袁甲三辦理未有把握，諭令妥爲籌辦，並令賈臻會商具奏。本日據翁同書奏，【略】於二十三日，將徐立壯及主謀之徐立言，拴獲正法，並將孫家泰鎖拏監禁，已飛咨袁甲三、賈臻，派員訊辦等語。【略】著袁甲三、賈臻，即嚴飭張學醇等，前往壽州，將革員孫家泰擅殺啓釁一案，秉公審辦，務期毫無偏袒，並招撫苗練。

甲午，實授瑛棨陝西巡撫，以按察使吴春焕爲布政使，督糧道王承基爲按察使。

乙未，諭：前據劉源灝奏，懇赴京請訓，當經諭令不必來見，趕緊前往雲南。本日據徐之銘奏，調任巡撫鄧爾恒，行至曲靖府被賊戕害一摺。【略】劉源灝於接奉諭旨後，著即將鄧爾恒被害情形，密速訪查，據實詳晰具奏，務期水落石出，不准稍存徇隱消弭之見。

《文宗實録》卷三五二　壬寅，諭軍機大臣等：【略】藍逆大股，圍攻綿州，甚爲喫緊，並分股在潼川各場，肆行滋擾。【略】福濟現須趕緊赴防，所調陝西分劄甯羌駐守之甘肅官兵五百名，帶赴川北，尚覺兵力不敷勦辦。該將軍現已分咨崇實、駱秉章，各撥兵勇二千名，馳往援勦。現在川北情形喫緊，各路兵勇，如可勻撥，即著崇實，如數派赴福濟軍營，與所調滿洲官兵一千名，協力防勦，以清川

北一路，兼保陝西完善地方。

命署安徽巡撫賈臻、江南提督李世忠，幫辦欽差大臣袁甲三軍務。

甲辰，命福州副都統多隆阿，幫辦湖廣總督官文、湖北巡撫胡林翼軍務。

乙巳，諭內閣：瑞昌等奏，龍游、湯溪、金華府縣城池，及長興縣城，先後失守各一摺。瑞昌、王有齡督辦軍務，不惟毫無成效，而且屢失郡縣。已失者，久稽克復；完善者，未聞保障之方。即如本日奏到，又失一郡三邑。況屢次奏報，亦從未自請處分，殊屬膽大！瑞昌、王有齡均著革職留任，以示懲儆。

《文宗實録》卷三五三　丁巳，諭軍機大臣等：前因恭親王奕訢等奏，【略】據赫德稱，若用小火輪船十餘號，益以精利槍礮，其費不過數十萬兩。至駕駛之法，廣東、上海等處，可雇內地人隨時學習。【略】東南賊勢蔓延，果能購買外洋船礮，勦賊必能得力。【略】奕訢等現擬於上海、廣東各關稅內，先行籌款購買，俟將來洋藥印票稅收有成數，再行歸款。並給赫德札文，令其購買。

《咸豐朝籌辦夷務始末》卷七九　諭軍機大臣等：恭親王奕訢等奏，覆陳稅務事宜，併赫德呈遞清單，及稟呈內所陳各事宜，分別辦法各摺片。覽奏均悉。所有長江一帶通商，在上海總納稅餉，徵收子口稅，設立關卡，及請領印票執照。通商各口，每年應收洋稅銀兩，各口徵收費用各款，本日已諭令薛煥、崇厚查辦。其會緝私鹽，及洋藥、茶葉抽釐，有礙關稅各款，亦諭勞崇光等查覈覆奏矣。洋藥抽稅章程，前經王大臣會議稅則通行，但今昔情形不同，未便拘泥。赫德既稱收稅愈重，則走漏愈甚，其論尚可采擇，即著恭親王奕訢等，斟酌情形，妥議章程，總期稅務日有起色。將來如有窒礙之處，仍可由該王大臣等，隨時變通，不必令原議諸臣另議，反不能洞悉流弊。至內地貨物出口而復進口，條約稅則，未經分晰，輩混之語甚多。既經奕訢等照會暎咈兩國，擬令內地貨復進口時，完一正稅，准扣二成；若完一半正稅，不扣二成。完清之後，仍逢關納稅。應俟該二國照覆到時，再行妥商籌辦。此項貨稅，爲內地關稅大宗，易啓影射偷漏之弊。果能就我範圍，即可杜內地商民句串情弊，亦可杜外國人入內地通商藉端起釁。總在奕訢等悉心籌議，期於有利無弊，方爲妥善。

《咸豐朝籌辦夷務始末》卷八〇　六月己未，諭軍機大臣等：恭親王奕訢等奏，接收布路斯國照會，擬即酌定章程，並鈔録照會呈覽一摺。艾林波投遞照會，語多不馴，一經崇綸等駁詰，即知謝罪，並更改照會。惟駐京一節，仍執五年爲期，此時祇可從權允許，以示羈縻。所有該國派員駐京一節，著奕訢等即傳諭崇綸等，再爲開導，若能於章程交換後，過六年再辦，爲期自覺較寬。儻艾林波執意懇求，即准其於互換後，過五年再辦。

辛酉，諭軍機大臣等：【略】本日據成琦等奏，會辦分界事宜，現已作記畫押鈐印，一律完竣。已諭令成琦等，將記文牌文，咨行總理各國事務衙門存案矣。成琦等原摺，併鈔給閲看。

《文宗實録》卷三五四　甲子，諭內閣：前因壽州團練殺害苗練，諭令袁甲三，會同翁同書，秉公查辦。本日據翁同書奏，圍城練勇，現已撤退，請將被害各練議卹，並鼓勵出力各員等語。苗沛霖所部練勇，因勇目都司李學曾等被害，輒敢不候查辦，糾衆圍攻壽州。經袁甲三等，派令按察使張學醇等，往返開導，始行悔悟撤隊。當該練勇滋事之初，苗沛霖不能約束其衆，任令尋仇搆釁，幾至釀成鉅案，本應從重治罪。念其統帶練勇，隨同官軍勦賊，屢立戰功；現在各練總，因徐立壯正法，孫家泰監禁待訊，均情願撤隊，仍隨苗沛霖立功自贖；該員亦知感激圖報，惟約束不嚴，咎有應得，四川川北道苗沛霖，著交部議處，以示薄懲。仍責令聽候袁甲三等調度，勦賊自效，以贖前愆。前任安徽巡撫翁同書，於團練仇殺，未能速爲訊斷，實屬辦理不善，著一併交部議處。

乙丑，上以萬壽節御福壽園，賜王大臣、貝勒、貝子、公等食。

諭軍機大臣等：官文等奏，暎咈等國商船，經過長江，請嚴禁漢奸附載輪船，貪利濟匪一摺。據奏四月十六日，有洋船一號，至安慶城下停泊，次早始開赴下游，輕載而去。旋據投誠賊供，城內米糧將盡，因洋船來此，城內賊匪向買油鹽米糧，用小船接遞入城。【略】著奕訢等即照會暎咈兩國留京公使，嚴查奸人附載輪船，貪利濟匪。凡洋船由安慶等地經過，不得停泊城下，禁止漢奸與城賊句通接濟。其咪唎嘡、布嚕斯兩國，亦應一體照會。

《文宗實録》卷三五五　丁丑，諭：駱秉章奏，請飭劉嶽昭赴蜀援勦等語。據稱，藍逆巨股，竄踞川北綿州、龍安一帶；李逆巨股，蔓延川南眉州、嘉定一帶，各號十餘萬。零匪所在嘯聚，黄淳熙現已陣亡，請飭劉嶽昭兵勇，仍行赴川等語。川省匪勢鴟張，兵力未厚，官軍統領乏人。劉嶽昭現帶兵勇，圍攻隨州，著官文等體察情形，如楚北兵力，足敷調遣，即飭令劉嶽昭管帶所部兵勇，迅速啓程赴川，聽候駱秉章調遣，毋稍遲緩。

戊寅，諭內閣：户部奏，銀價日貴，設法辦理；並據翰林院侍讀學士綿宜奏，請嚴禁蠹商把持，並訪拏私銷各等語。京師銀價騰貴，於旗民生計，大有關

繫，總由各官號商人，始以户部官號爲名，暢開私票；繼以官款長開爲口實，意在挾持。因之奸商從中漁利，實堪痛恨！著照户部所議，所有該部長開官號票存，按上年十月奏准錢隨市價之日，統扣三成，作爲該商罰款。並變通捐銅局章程，收回該部長開官號票存，俟官款收清，將四乾字號，撤去官號字樣，作爲民鋪，交順天府管理。

乙酉，諭内閣：安徽捻匪，屢次出巢竄擾，急應調集官兵，剋期埽蕩。著欽差大臣兵部右侍郎勝保，督辦安徽、河南勦匪事宜，該兩省官兵，統歸節制。俟北路肅清，即行統帶大兵，馳往勦辦。

《咸豐朝籌辦夷務始末》卷八〇　七月戊子，諭軍機大臣等：明誼等奏，俄國使臣未到，先派委員查勘界址，改定地圖一摺。前據奕訢等奏，接准俄國照會，約定於咸豐十二年四月十二日，在塔爾巴哈台會商查辦西界，業經知照明誼等届期前往。著明誼等，即飭派出委員，按照地圖，詳細履勘，並將舊案地圖，檢查明白。如有疑似不清之處，查照更改。一俟地圖改定，明誼即行回任。俟明年會辦届期，再赴塔爾巴哈台，與明緒會同俄使查辦可也。

《文宗實録》卷三五六　己丑，欽差大臣袁甲三奏報，苗練定日薙髮撤兵，委博崇武赴壽州辦理善後。報聞。

丁酉，命協辦大學士户部尚書肅順署正黄旗領侍衛内大臣，以户部右侍郎寶鋆兼鑲紅旗護軍統領，内閣學士慶明兼鑲藍旗漢軍副都統。

庚子，諭内閣：官文、曾國藩奏，安慶圍師，埽蕩菱湖兩岸賊壘一摺。官軍圍勦安慶，經即用道曾國荃率所部各營，將關外逸賊擄捕淨盡。五月二十四等日，逆賊吴定才率悍賊數千，撲我東路横濠。我軍於齋壇埂、棋盤山等處，水陸進攻。曾國荃派令各營分率兵勇，直偪北門城下劄營。菱湖北岸之賊，與城賊數千來撲，我軍槍礮排擊，斃賊三百餘名，並斃黄袍賊首一名。西門援賊，亦經官軍擊斃數百名，北岸壘賊，乘夜紛紛争渡入城。曾國荃復率各營出濠轟擊，水師亦分投抄截，生擒賊衆五千四百餘名。菱湖南岸賊壘，亦爲水陸各軍同日攻破，斬賊一千餘名，統計兩岸賊壘十八座，一律蕩平。

辛丑，上不豫，皇長子朝夕侍側。

壬寅，上疾大漸，召宗人府宗令、右宗正、御前大臣、軍機大臣，承寫硃諭，立皇長子爲皇太子。

癸卯，上崩於避暑山莊行殿寢宫。

清穆宗部（起公元一八六一年，迄公元一八七四年）

《**東華續録**》**同治一**　穆宗毅皇帝，文宗長子也。聖母慈禧端佑康頤昭裕莊誠壽恭欽獻皇太后，那拉氏，前任安徽徽甯池太廣道追，封承恩公惠徵之女。稟粹通門，延釐天室。事文宗顯皇帝柔嘉維則，淑慎其儀，化佐坤元，祥符震索。以咸豐六年丙辰三月二十三日未時誕上於御園之儲秀宮。時孝貞顯皇后方切祈禖之禱，適符主器之占，聖懷慰悦，撫育恩勤，同一致焉。上之生也，文宗以天恩祖佑，喜溢丹毫，爰有「庶慰在天六年望，更欣率土萬斯人」之詠。由是常雩成禮，則有云「鴻恩幼子千春慶。」湛静升香則又云「喜見麟孫慰母思而且喜音之額，彪炳璇題。周歲之章，焜煌宸翰，固不待誕膺洪祚，早知世德克承已。上聰明天亶，氣度煒如，英毅外流，沈潛内藴。六齡就傅，文宗特命受書於翰林院編修李鴻藻。厥後大學士祁寯藻、翁心存倭仁、檢討徐桐、修撰翁同龢諸臣同心納誨，輔導聖功，盛德大業，富有日新逮。乎繼序之初，思齊作則。上稟承懿訓，念典逾勤。主善爲師，則殿開弘德，以古爲鑑，則書賜啟心。聖學既充，皇猷斯懋，積承謨烈，簡任賢親，文教誕敷，武功耆定，巍巍蕩，蔑以加已。上生有聖德，純孝性成奉。事文宗暨兩宮皇太后承顔養志，式洽聖心。恭讀御製詩有云：「繞膝堂前助笑顔。」蓋雖在幼齡，而宮寢追隨，庭闈拜舞，極天家樂事焉。歲在庚申，文宗三荀萬壽，賜宴臣工。時上甫五齡，稱觥祝壽，儀度備嫺，宸懷彌暢。特命上出見廷臣，凡瞻仰天表者，莫不稽首歡呼，益信聖聖相承，篤膺天眷，無疆之休基諸此矣。

咸豐一一年（辛酉、一八六一）

《**穆宗實録**》**卷一**　秋七月丁亥朔，命睿親王仁壽、豫親王義道、恭親王奕訢、醇郡王奕譞、大學士周祖培、協辦大學士户部尚書肅順、吏部尚書全慶、陳孚恩、工部尚書綿森、右侍郎杜翰，恭理喪儀。豫親王義道、恭親王奕訢、大學士周祖培、尚書全慶，仍在京辦事。

命署直隸總督文煜，前來熱河叩謁梓宮。

甲辰，諭内閣：朕纘承大統，母后皇后應尊爲皇太后，聖母應尊爲皇太后，所有應行典禮，該衙門敬謹查例具奏。

又諭：【略】皇考大行皇帝在山莊升遐，恭奉梓宮回京，除熱河都統本在熱河，直隸總督已諭令前來熱河叩謁梓宮外，其餘直隸各大員俱不必前來。

又諭：道光二十六年三月，皇祖特降諭旨，以二名不偏諱，將來繼體承緒者，上一字仍舊毋庸改避，亦毋庸缺筆，其下一字應如何缺筆之處，臨時酌定，以是著爲令典等因，欽此。今朕敬遵成憲，將御名上一字仍舊書寫，毋庸改避，下一字毋庸缺筆，凡臣工奏章内遇有此字，著用「湻」字改避。其奉旨以前所刻書籍，俱毋庸議。

丙午，實授駱秉章四川總督，仍督辦軍務。

命雲貴總督劉源灝來京，以成都將軍福濟爲雲貴總督。

以駐藏大臣崇實爲成都將軍，並接辦川陝交界防堵事宜。

戊申，以江蘇布政使毛鴻賓爲湖南巡撫，廣西按察使華日新爲江蘇布政使。

己酉，恭親王奕訢奏，請前赴熱河，叩謁梓宮。允之。

《**同治朝籌辦夷務始末**》**卷一**　八月庚申，諭軍機大臣等：曾國藩奏，請將上海現泊輪船駛赴上游，豫爲練習等語。據奏前兩江總督於美利堅租得大輪船二隻，一名「士只坡」，一名「可敷其」。「士只坡」一隻，現泊上海黄浦江，供護餉護運之用。該督擬先調此船由長江上駛安慶一帶，就近查勘試用，督令楚軍水師將弁，豫爲練習。俟明年洋船購到，庶易收駕輕就熟之功。其損壞輪船一隻，如可修理，亦令速修完好，駛赴安慶一帶。兩船上下輪皆更换，遇有軍務要件，該督撫往返函商，數日可達，不致如現在文報阻滯等語。現在籌買外洋船礮以資勦賊，而購到尚需時日，曾國藩請先將現泊上海洋船，令楚軍豫爲演駕，洵屬有益。著薛焕即將上海現泊之「士只坡」洋船，迅派幹員，剋日押令上駛安慶一帶，交曾國藩軍營，俾資演習。楚軍餉項缺乏，一切弁勇工匠口糧，仍照向章在於上海支領。其損壞輪船一隻，並著迅速修理完好，駕赴安慶，俾兩船更替輪轉，以資利用。

《**穆宗實録**》**卷二**　以醇郡王奕譞爲正黄旗漢軍都統，鑲藍旗滿洲副都統麟魁署鑲藍旗漢軍都統。

以吏部左侍郎匡源兼署户部左侍郎，管三庫事；都察院左副都御史王發桂

署兵部左侍郎；大理寺少卿潘祖蔭署宗人府府丞。

以太常寺少卿焦祐瀛爲太僕寺卿。

癸亥，諭軍機大臣等：勝保奏，北路軍務竣事，籲懇叩謁梓宫，再行統兵南下一摺。各路統兵大臣等，無庸奏請叩謁梓宫，業經明降諭旨，各該大臣等自宜恪遵。勝保受皇考大行皇帝厚恩，現因龍馭上賓，懇請叩謁梓宫，情詞出於至誠，且河北已就肅清，該大臣暫時離營，尚可無虞曠誤。勝保著准其前來行在，叩謁梓宫，叩謁後即赴軍營。

添派惇親王奕誴恭理喪儀。

戊辰，湖北巡撫胡林翼因病乞假，以安徽巡撫李續宜暫署湖北巡撫。

己巳，諭内閣：本日禮部奏，朕登極日期，及頒詔典禮一摺。覽奏，朕心益增感慟，惟念皇考以祖宗丕緒，傳付朕躬，勉從所請，依欽天監所擇吉日，於十月初九日甲子卯時，舉行登極頒詔鉅典。各該衙門遵照舊儀，敬謹豫備。

庚午，諭内閣：謹擇九月二十三日辰時，恭奉皇考大行皇帝梓宫回京；於二十二日辰時，行啓奠禮。各該衙門敬謹豫備。

《穆宗實録》卷三　甲戌，諭内閣：據載垣等奏，恭奉梓宫回京，因朕沖齡即位，合詞籲懇，於恭送登轝後，先行啓蹕回京。【略】九月二十三日，朕於麗正門外，跪送梓宫登轝後，【略】即啓蹕於二十九日還宫。所有梓宫沿途一切事宜，著恭理喪儀王大臣等敬謹將事。

諭：本日曾國藩馳奏，克復安慶省城等語。據稱即用道曾國荃稟報，八月初一日，官軍用地雷轟倒安慶北門城垣，踰濠登城，立將安慶省城克復，殺斃長髮老賊二萬餘人。該逆赴江内湖内鳧水遁竄，又經水師截殺，城内悍賊，無一得脱。逆首陳玉城等各股援賊，膽落退去等情。逆匪自咸豐三年，竄陷安慶省城，負嵎久踞。上年冬間，官軍合圍以後，逆首陳玉城疊次來援，我軍堅壁力戰，卒能克復城池，圍殺逆匪净盡，洵足以申天討而快人心！所有詳細情形，及在事出力人員，著官文等查明迅速具奏。

戊寅，以克復廣西潯州府城，賞按察使蔣益澧、道員劉坤一一品封典。

辛巳，諭：前據曾國藩奏，克復安慶省城，當經諭令官文等將詳細情形查明具奏。本日據官文、曾國藩等奏，攻勦詳細情形，並將勞績最著各員，開單呈覽。【略】官文著加恩賞加太子太保銜；曾國藩著加恩賞加太子少保銜；湖北巡撫胡林翼，首先畫策，身親督勦，厥功甚偉，著加恩賞加太子太保銜，並賞給騎都尉世職；安徽巡撫李續宜，前經隨同籌辦，著加恩賞穿黄馬褂；福建水師提督楊載福、福州副都統多隆阿，疊著戰功，均著加恩賞給雲騎尉世職。官文等另片奏，曾國荃等於圍攻安慶，智勇兼施，懇恩鼓勵等語。道員曾國荃，著賞加布政使銜，以按察使記名，遇缺提奏，並加恩賞穿黄馬褂，以示優奬。

追予安徽三河殉難道員曾國華謚愍烈。

癸未，諭内閣：大學士九卿會同議，上皇考大行皇帝尊謚曰「顯皇帝」，廟號曰「文宗」。

甲申，命户部右侍郎寶鋆爲正使，内大臣穆隆阿爲副使，恭賫大行皇帝遺詔，頒給朝鮮國。

《穆宗實録》卷四　九月丙戌，大學士桂良等奏，遵旨謹擬崇上母后皇太后徽號曰「慈安皇太后」，聖母皇太后徽號曰「慈禧皇太后」。得旨：是。

己丑，諭内閣：十月初三日，皇考大行皇帝靈駕至京，所有應赴蘭溝恭迎之王公以下一品大臣，及鎮國將軍等，均著在清河廬殿恭迎。

諭：本日載垣、端華、肅順面奏，因差務較繁，請將管理處所，懇恩酌量改派等語。著照所請，載垣著開鑾儀衛上虞備用處事務，端華著開步軍統領缺，肅順著開管理理藩院並鄉導處事務。

實授瑞常步軍統領，以鄭親王端華暫署行在步軍統領。

命御前大臣景壽掌鑾儀衛事，並管奉宸院事；兵部尚書穆蔭管理藩院事。

辛卯，諭内閣：曾國藩奏，水師克復池州府城一摺。官軍自攻克安慶省城後，提督楊載福派總兵王明山等進攻池州。八月初五日，趙三元帶兵先到，繞城攻擊，率水師奮勇登城。賊開西北門而遁，王明山等水陸各營趕到，殺賊無算，立將府城克復，辦理甚爲得手。

癸巳，以大理寺少卿崇厚爲大理寺卿。

乙未，諭内閣：前據御史卞寶第奏，失守地方免罪人員，續保官階，請飭議定限制，當經奉旨交吏、兵二部嚴定章程。茲據吏部等部遵議覆奏，並將嚴定罪名處分章程，開單呈覽。著照所議，嗣後各路統兵大臣，各直省督撫，於地方失事人員，均著照例覈辦，非素得民心，及實能奮勇殺賊者，概不准率請留營效力。其失守城池隨同克復之員，止准奏請免罪；續有勞績，准其請給虛銜頂帶；三次得有勞績，方准奏請開復原官。仍著補交捐復銀兩，不准奏請免繳，俟軍務完竣，送部引見，以示限制。其武職失守城池罪名處分，即著照兵部現定章程

辦理。

諭：駱秉章奏，官軍大破藍逆，蹋毀賊營七十餘座，川北肅清一摺。【略】駱秉章調度有方，深堪嘉尚，仍著督飭將士，將竄往綿竹一帶之藍逆餘黨，乘勝勦洗淨盡，毋留餘孽。

《穆宗實録》卷五　壬寅，諭：湖北巡撫胡林翼，秉性忠直，操守廉潔，【略】遽聞溘逝，披覽遺章，實深悼惜！胡林翼著追贈總督，即照總督例賜卹，任內一切處分，悉予開復。應得卹典，該衙門察例具奏。並加恩予謚，入祀賢良祠。並於湖北省及湖南原籍，建立專祠。伊子胡子勛，俟及歲時，由吏部帶領引見，以示朕篤念藎臣至意。尋予祭葬，謚文忠。

調安徽巡撫李續宜爲湖北巡撫，仍駐紮湖北、安徽交界地方，督辦軍務。

擢廣東按察使彭玉麟爲安徽巡撫，未到任前，仍以布政使賈臻署理。

癸卯，以記名按察使劉坤一爲廣東按察使。

《同治朝籌辦夷務始末》卷二　諭王公百官等：上年海疆不靖，京師戒嚴，總由在事之王大臣等籌畫乖方所致。載垣等復不能盡心和議，徒以誘獲英國使臣以塞己責，以致失信於各國，淀園被擾，我皇考巡幸熱河，實聖心萬不得已之苦衷也。嗣經總理各國事務衙門王大臣等，將各國應辦事宜妥爲經理，都城內外，安謐如常。皇考屢召王大臣議回鑾之旨，而載垣、端華、肅順朋比爲奸，總以外國情形反覆，力排衆論。皇考宵旰焦勞，更兼口外嚴寒，以致聖體違和，竟於本年七月十七日龍馭上賓。朕搶地呼天，五內如焚，追思載垣等從前蒙蔽之罪，非朕一人痛恨，實天下臣民所痛恨者也！載垣、端華、肅順著即解任，景壽、穆蔭、匡源、杜翰、焦祐瀛著退出軍機處。派恭親王會同大學士、六部、九卿、翰詹、科道，將伊等應得之咎，分別輕重，按律秉公具奏。

《穆宗實録》卷五　乙巳，諭：僧格林沁奏，追勦各股捻匪，連獲大勝，全行擊敗回巢，請將尤爲出力各員，先行獎勵一摺。【略】僧格林沁躬冒矢石，調度有方，著加恩賞還御前大臣，並賞還黄繮，以示優獎。

戊申，恭奉大行皇帝梓宫由山莊啓駕。

己酉，諭内閣：袁甲三奏，道員甘心叛逆，派兵進討一摺。四川川北道苗沛霖，以生員辦理團練。【略】據袁甲三奏，該練團攻壽州愈急，並令死黨張士端等，踞守懷遠，抗拒官軍，且受粤逆僞封，偪令練衆蓄髮，四出搶掠，是其甘心叛逆，自外生成，萬難寬貸。四川川北道苗沛霖，著即行革職，並拔去花翎，撤銷勇號。即著袁甲三、李世忠，調派官軍，並會合賈臻、田在田、嚴樹森、毛昶熙等各路兵勇，奮力進勦，以申國法。

甲寅，上奏母后皇太后、聖母皇太后還宫。

乙卯，諭内閣：本日據賈楨、周祖培、沈兆霖、趙光奏，政權請操之自上，並皇太后召見臣工禮節，及一切辦事章程，請飭廷臣會議。並據勝保奏，請皇太后親理大政，並另簡近支親王輔政各一摺。著王大臣、大學士、六部、九卿、翰詹、科道，將如何酌古準今，折衷定議之處，即行妥議以聞。

諭：醇郡王奕譞，著即來京。

諭：前因載垣、端華、肅順等三人，種種跋扈不臣，朕於熱河行宫，命醇郡王奕譞繕就諭旨，將載垣等三人解任。玆於本日特旨召見恭親王，帶同大學士桂良、周祖培，軍機大臣户部左侍郎文祥，乃載垣等肆言不應召見外臣，擅行攔阻，其肆無忌憚，何所底止！前旨僅予解任，實不足以蔽辜。著恭親王奕訢、桂良、周祖培、文祥，即行傳旨，將載垣、端華、肅順，革去爵職拏問，交宗人府會同大學士九卿翰詹科道，嚴行議罪。

《穆宗實録》卷六　十月丙辰，諭内閣：前因肅順跋扈不臣，招權納賄，種種悖謬，當經降旨將肅順革職。派睿親王仁壽、醇郡王奕譞，將該革員拏交宗人府議罪。乃該革員於接奉諭旨之後，咆哮狂肆，目無君上，悖逆情形，實堪髮指。且該革員恭送梓宫由熱河回京，輒敢私帶眷屬行走，尤爲法紀所不容。所有肅順家産，除熱河私寓，令春佑嚴密查抄外，其在京家産，著即派熙拉布前往查抄，毋令稍有隱匿。

授恭親王奕訢爲議政王，在軍機處行走。

命大學士桂良、户部尚書沈兆霖、右侍郎寶鋆在軍機大臣上行走，鴻臚寺少卿曹毓瑛在軍機大臣上學習行走。

命户部左侍郎文祥仍在軍機大臣上行走。

以恭親王奕訢爲宗人府宗令，肅親王華豐爲右宗正。

以惇親王奕誴爲閱兵大臣，並管武備院事。

以醇郡王奕譞爲御前大臣。

以醇郡王奕譞爲正黄旗領侍衛内大臣。

丁巳，以恭親王奕訢兼總管内務府大臣，並管宗人府銀庫。

戊午，大行皇帝靈駕至京，上詣德勝門外跪迎，慟哭盡哀。王公百官，均跪

迎舉哀。

庚申，諭内閣：大學士周祖培奏，建元年號，可否更定一摺。【略】前經載垣等擬進「祺祥」字樣，意義重複，本有未協。【略】爰命議政王軍機大臣恭擬「同治」二字進呈，仰蒙母后皇太后、聖母皇太后允行。本月初九日，朕御極頒詔，其以明年爲同治元年，布告天下。

辛酉，諭内閣：宗人府會同大學士、六部、九卿、翰詹、科道等，定擬載垣等罪名，請將載垣、端華、肅順照大逆律淩遲處死等因一摺。【略】兹據該五大臣等，按律擬罪，請將載垣、端華、肅順淩遲處死。【略】惟國家本有議親議貴之條，尚可量從末減，姑於萬無可貸之中，免其肆市。載垣、端華均著加恩賜令自盡，即派肅親王華豐、刑部尚書綿森，迅即前往宗人府空室傳旨，令其自盡。【略】肅順著加恩改爲斬立決，即派睿親王仁壽、刑部右侍郎載齡，前往監視行刑。【略】景壽著即革職，加恩仍留公爵，並額駙品級，免其發遣。兵部尚書穆蔭著即革職，加恩改爲發往軍臺效力贖罪。吏部左侍郎匡源、署禮部右侍郎杜翰、太僕寺卿焦祐瀛均著即行革職，加恩免其發遣。

壬戌，諭内閣：朕奉母后皇太后、聖母皇太后懿旨，各直省將軍、督撫等摺奏，向於呈遞之次日，硃批發還，其有應降諭旨者，亦即令軍機大臣繕擬，於進呈後即行交發。其各路軍營緊要奏報，則無論何時呈遞，均係即行辦理。現在一切政務，仰蒙兩宫皇太后躬親裁制，慈懷沖挹，深恐於披覽章奏，未能周詳。嗣後各直省及各路軍營摺報應行降旨各件，於呈遞兩宫皇太后慈覽，發交議政王軍機大臣後，該王大臣等悉心詳議，於當日召見時恭請諭旨，再行繕擬，於次日恭呈母后皇太后、聖母皇太后閲定頒發。應行批答各件，該王大臣查照舊章，敬謹繕擬，呈遞後一併於次日發下。其緊要軍務事件，仍於遞到時立即辦理，以昭慎重。

甲子，上即皇帝位於太和殿。

頒同治元年時憲書。

乙丑，諭：僧格林沁受三朝知遇之恩，宣力中外，功勳卓越，【略】著賞還博多勒噶台親王，以示朕優異藎臣至意。

《穆宗實録》卷七　丙寅，諭：袁甲三奏，苗練攻破壽城，並仍請就撫各摺。【略】著袁甲三、翁同書、李世忠，悉心斟酌，如苗練尚係真心求撫，則值此皖、豫多事之秋，不妨暫爲羈縻，從權辦理。儻必不可撫，即著據實具奏，毋稍遷就。

庚午，諭内閣：【略】命將歷代帝王政治，及前史垂簾事蹟，著南書房、上書房翰林等，擇其可爲法戒者，據史直書，簡明註釋，彙爲一册，恭呈慈覽。

辛未，諭議政王、軍機大臣等：有人奏東南軍務緊要，請嚴飭督兵大員速籌進勦，並請密查江浙撫臣能否勝任一摺。江、浙所屬郡縣，爲東南財賦之區，豈容任賊久踞？曾國藩駐軍安慶，規取金陵，若得江、浙兩省撫臣併力進攻，自不難將被陷城池次第收復。薛焕前在蘇州府任内，聲譽頗著，惟該省軍務正當喫緊，督帶兵勇，或恐非其所長，且前據有人奏，該撫在上海偏隅自固，日享安福等語。如果屬實，即不能勝此重任。浙撫王有齡，頗有才具，前任蘇藩時，雖尚能籌辦軍餉，惟於浙撫一缺，未知能否勝任。以上二員，均著曾國藩悉心察看，據實具奏。又另片奏，東南軍務，需才孔亟，請飭曾國藩酌量保奏等語。該大臣久歷戎行，見聞較廣，著擇其智勇兼全、堪勝封疆將帥之任者，酌保數員，聽候簡用。

癸酉，諭：欽差大臣兩江總督曾國藩，著統轄江蘇、安徽、江西三省，並浙江全省軍務，所有四省巡撫、提督以下各官，悉歸節制。浙江軍務，著杭州將軍瑞昌幫辦，並著曾國藩速飭太常寺卿左宗棠馳赴浙江，勦辦賊匪，浙省提鎮以下各官，均歸左宗棠調遣。

《穆宗實録》卷八　丙子，諭：予告大學士祁寯藻忠清亮直，學問優長，著即來京聽候簡用。

諭：予告大學士翁心存守正不阿，學問淹博；前任太常寺少卿李棠階學養深邃，方正老成，朕當御極之初，亟應延訪耆儒，以資輔翼。翁心存尚未出京，著即銷假，聽候簡用；李棠階現在河南辦理團練，亦著即行來京候旨，以副朕側席興賢、人惟求舊至意。

以克復安徽無爲州城，賞布政使銜按察使曾國荃頭品頂帶。

《同治朝籌辦夷務始末》卷二　諭議政王、軍機大臣等：穆克德訥等奏，英法兩國撤兵退出廣東省城，現在辦理地方善後事宜一摺。據稱英法兩國遵照前議，於九月初一等日次第撤兵出城，將省城各門交還，十八日一同登舟由黄浦向香港而去，均屬安静等語。該兩國兵丁撤退後，一切善後事宜，攸關緊要，所有省城空曠地方，防守更宜嚴密。其新城老城所需礮位，並派撥看守之旗營官兵，以及城樓兵房應行修葺各工，並城厢内外清釐户口、編查保甲等各事宜，均著妥爲辦理，以靖奸宄而備不虞。耆齡身任巡撫，不宜久住省外，此次英法兩國既已

退出省城，該撫應即回省，會同穆克德訥、勞崇光，經理地方一切事務。另片奏，英國巴夏禮欲令該國領事租住將軍衙門二堂後房屋並空園荒地，情願每年交租銀二百兩，仍約定一二年後即行遷移等語。既據該將軍等查無窒礙，著准其暫行租住，仍與訂明地段界址，並遷移日期，以符原議。

《穆宗實録》卷八　戊寅，諭：前因浙江軍情喫緊，諭令曾國藩即飭左宗棠帶領所部兼程赴浙，督辦軍務。【略】著曾國藩仍遵前旨，迅飭左宗棠帶領所部，星馳赴浙，督辦軍務。

庚辰，諭内閣：【略】著慶端、瑞瓀，傳諭沈葆楨，迅赴曾國藩軍營，聽候該大臣酌量奏請簡用。

辛巳，諭内閣：【略】本日據王大臣等，遵將交議各件集議以聞，並單開各事宜，恭呈慈覽。欽奉兩宫皇太后懿旨，據王大臣等所議，詳加披閱，援據典章，斟酌妥善，著即依議行。

諭：爲政以得人爲首務，我朝列聖御極建元，均於三年大比之外，特開鄉會恩科，廣羅俊彦。今朕纘承大統，宜遵成式，嘉惠士林，著於同治元年舉行鄉試恩科，二年舉行會試恩科，用副朕作育賢才至意。

《同治朝籌辦夷務始末》卷二　癸未，諭内閣：總理各國事務衙門，前經皇考大行皇帝特派桂良、文祥、崇綸、恒祺，隨同恭親王辦理，著再添派軍機大臣户部右侍郎寶鋆、户部右侍郎董恂，在總理各國事務衙門辦理一切事宜。

《穆宗實録》卷八　甲申，諭：【略】因思載垣、端華、肅順，權勢薰灼，肅順管理處所尤多，凡内外大小臣工，贈答書函，均恐難與拒絶。當兹政令維新，務從寬大，自今以後，諸臣其各滌慮洗心，爲國宣力，朕自當開誠相待，一秉大公，斷不咎其既往，稍有猜疑。所有此次查抄肅順家産内帳目書信各件，著議政王、軍機大臣，即在軍機處公所公同監視焚毁，無庸呈覽，以示寛厚和平禮待臣工至意。

《穆宗實録》卷九　十一月乙酉，上奉母后皇太后、聖母皇太后御養心殿，垂簾聽政。王以下大學士、六部、九卿，於養心門外行禮。

《同治朝籌辦夷務始末》卷三　丙戌，諭内閣：總理各國事務衙門奏，習教人衆，請分别良莠，飭令地方官妥爲辦理等語。據稱法國條約内載天主教原以勸人行善爲本，是以康熙年間曾經准行，惟近來各省習教之人，與不習教者往往彼此齟齬，若不持平辦理，殊不足以昭公允。著照所請，嗣後各該地方官於凡交涉習教事件，務須查明根由，持平辦理。如習教者果係安分守己，謹飭自愛，則同係中國赤子，自應與不習教者一體撫字，不必因習教而有所刻求。儻或倚恃教民，不守本分，干預别項公私事務，或至作奸犯科，霸地抗租，欺侮良民，則不獨爲中國之莠民，亦即係伊教中之敗類，斷難寛貸，必應照例治罪，決不能因習教而少從寛假。各該地方官務當事事公平，分别辦理，以示撫綏善良之至意。

《穆宗實録》卷一〇　乙未，開復前任大學士翁心存革職留任處分，命以大學士銜管工部事。

辛丑，又諭：王履謙奏，賊匪大股攻陷蕭山、諸暨、紹興府城相繼失陷一摺。覽奏曷勝憤懣！王履謙以在籍大員，幫辦團練，平時漫無布置，臨難蒼黄出城，厥咎已無可逭，【略】王履謙著即革職拏問。

壬寅，諭：福濟奏，懇請叩謁梓宫一摺。【略】諭各直省督撫，毋庸來京叩謁梓宫；迨該督具摺陳請，復批令毋庸前來。【略】該督於接奉後並未赴任，仍折回西安，專差遞摺懇請，仍准叩謁梓宫，並稱滇黔軍務諸多棘手，非奏牘所能罄述，必須泥首闕廷，詳細面陳。於拜摺後，竟自起程北上，而於查辦事件，並催令赴任諭旨，無一字提及，覽奏不勝駭異！【略】福濟著革去總督，賞給四品頂帶，仍飭迅赴雲南，交新任署總督潘鐸差遣，儻再不知愧奮，必當重懲治罪。

賞降調湖南布政使潘鐸二品頂帶，署雲貴總督。

癸卯，諭内閣：御史鍾佩賢、給事中孫楫奏，請將載垣等造作之諭旨銷除各摺片。載垣等假傳諭旨，造作贊襄政務名目，並於御史董元醇條奏一摺，擬旨時擅自改寫各情形，業經疊次降旨，明白宣示矣。【略】所有載垣等矯傳贊襄名目，及擅擬駁斥董元醇諭旨，著即銷除。惟此案係王大臣、大學士、六部、九卿等，於内閣會同刑部議定罪名，伊等造作之諭旨二道，即著内閣刑部，隨同本案檔册録存，以著信讞。並著軍機處即隨此次諭旨，照録一分存檔，另録一分交南書房收存。均著低二格書寫，以示區别，庶使奸邪逆跡，不得溷載方策，以重綸音而昭炯戒。

甲辰，命安徽巡撫彭玉麟幫辦欽差大臣袁甲三軍務。

《穆宗實録》卷一一　庚戌，命署漕運總督江甯布政使王夢齡來京，以五品京堂候補；擢江南淮徐揚道吴棠爲江甯布政使，兼署漕運總督。

辛亥，諭：致仕大學士祁寯藻奏，瀝陳末見一摺。所稱綏輯民心以清盜源，自粤匪跳梁，東南數省，蹂躪殆徧，推原其故，總由吏治廢弛，養癰貽患等語。所

奏不爲無見。

《同治朝籌辦夷務始末》卷三　十二月戊午，諭議政王、軍機大臣等：薛焕奏，英法洋商與賊匪往還等語。英法商人與賊往還，既與和約不符，且於該二國税務無益，巴夏禮等如由甯波赴滬，該撫自應據理詰責，設法離間，何得任聽自然，一籌莫展？

《穆宗實録》卷一二　諭：薛焕奏浙江賊匪竄踞紹興府城後，甯波府城已於十一月初八日失守，並陷鎮海縣城，現在擄掠釣船，以爲縱横海上之計，請嚴防吴淞口等語。【略】著都興阿、黄彬，即派得力將弁，管帶戰船數號，飛速駛赴吴淞口扼泊。萬一賊欲航海北趨，准薛焕隨時咨調。並著都興阿等務飭各鎮將，如聞有警，立即飛駛前往，堵截逆船，以固長江要口。

庚申，上素服詣太和門，恭閲大行皇帝尊謚廟號册寶。行禮畢，還宫。更縞素，詣觀德殿，恭候册寶至。上詣大行皇帝几筵前行禮，恭獻册寶、册文。【略】恭上尊謚曰「協天翊運執中垂謨懋德振武聖孝淵恭端仁寬敏顯皇帝」，廟號曰「文宗」。

癸亥，諭：御史任兆堅奏，大臣伏法，情罪未明，請旨昭雪一摺。科場條例，至爲慎重，如果主司舞弊行私，自應明正典刑，但亦當贓證明確，罪當情真，方成信讞。若如所奏柏葰一案，全由載垣等深文周内，置柏葰於重典，藉以盗竊政柄，若日久不予昭雪，何以持刑憲之平？此案即著禮、刑兩部，會同將原案悉心確查，秉公詳議具奏。

《穆宗實録》卷一三　乙丑，又諭：彭玉麟管帶水師，屢著戰功，由諸生蒙文宗顯皇帝疊加超擢，經朕簡任安徽巡撫。【略】兹覽所奏，瀝陳十載戎行，於水師稍諳駕駛，而刑名錢穀皆非所知，深恐於地方公事或有貽誤，籲請開缺，仍帶水師，一意辦賊。【略】彭玉麟隨同曾國藩出兵最久，知之必深，是否該撫實係不習吏事，於安徽巡撫能否勝任，著曾國藩據實迅速馳奏。

丁卯，諭議政王、軍機大臣等：曾國藩奏，接奉節制江、浙等四省軍務諭旨，瀝忱懇辭，並遵查江、浙撫臣參款，酌保人員，聽候簡用各摺片。前因江、浙等省軍情喫緊，特諭曾國藩統轄節制，以期事權統一，可以通籌全局。兹據該大臣瀝陳各情，謂遥制浙軍，不若以左宗棠專辦浙事，請收回成命各等語。謙卑遜順，具見悃忱真摯，有古大臣之風，深堪嘉尚。惟左宗棠業經降旨，令其督辦浙江軍務，並准其自行奏事。江、浙軍情，本屬相關一氣，凡該大臣思慮所到，諒無不協力同心，相資爲理。節制一事，該大臣其毋再固辭。【略】道員李鴻章，既據察看其才可勝重寄，著照所擬，即飭統帶水軍，並再由曾國藩撥給陸軍六七千，馳赴下游。

諭：前因東南軍務需才孔亟，以曾國藩久歷戎行，見聞較廣，諭令該大臣擇其堪勝封疆將帥之任者，酌保數員，以備録用。兹據奏稱，經濟以歷練而成，人材以獎借而出，去年常州之陷，該郡士民，尚能與賊相持，如候選主事周騰虎、候選同知劉瀚清、監生趙烈文、方駿謨、華蘅芳、議敘從九品徐壽等，令之閲歷戎行，擴其聞見，必可有裨軍謀等語。著譚廷襄、嚴樹森、左宗棠、薛焕，即將各該員速行訪求，咨送曾國藩軍營，俾該大臣悉心察看，是否均堪造就，由該大臣分别酌量奏請録用。

庚午，諭内閣：吏部具題推封外戚以光盛典一本。【略】母后皇太后、聖母皇太后母家，均著援照乾隆四十三年成案，推封公爵，以示尊崇之至意。

辛未，諭：慈禧皇太后母家，著擡入鑲黄旗滿洲。

擢前任江西吉南贛甯道沈葆楨爲江西巡撫。

壬申，諭内閣：前因宗人府奏，得碩鄭親王端華、怡親王載垣獲罪革爵，所遺之爵，應否承襲，聲明例案，並將該王等所得之册文勑書，另繕呈覽，請旨辦理一摺，當交大學士、九卿會議具奏。兹據桂良等奏稱，端華、載垣，跋扈不臣，既負國家豢養之恩，且爲乃祖勳名之玷，今既身罹重辟，厥罪惟均，均應永遠革削爵秩，以昭炯戒等語。朝廷賞功罰罪，一秉大公，册文勑書所載親賢褒寵，或早深爲狂悖之戒，或不忍有逆料之詞。而端華、載垣之罪大惡極，直不爲其祖宗少留餘地，即如該大學士、九卿等所議永遠革除爵秩，亦屬權衡至當。惟念鄭獻親王濟爾哈朗、怡賢親王允祥，功勳卓著，炳燿旂常，以端華、載垣之故，若遽使其支裔投閒置散，無歲時奉祀之人，九原有知，豈無餘痛？朕心究有不忍。端華、載垣世襲爵秩，均著降爲不入八分輔國公。照例於始封立官人之後裔内，擇其向有襲次房分，排列在前；僅止有分房分，排列在後；如各房分均屬相同，即以長幼之序排列，帶領引見。其端華、載垣子孫，及親兄弟姪，均不准其揀選。

《穆宗實録》卷一四　甲戌，諭内閣：近年江蘇、安徽、浙江地方，被賊蹂躪小民，流離失業，慘不忍言。疊經降旨蠲免錢糧，冀蘇民困。現在該三省失陷城邑，多未攻克，即令漸次規復，而田廬半遭兵燹，耕作未免失時，朕睠懷南服，深用惻然。所有江蘇、安徽、浙江失陷郡縣，明年錢糧糧漕，著一概蠲免，以紓

民力。

丁丑，以太常寺卿左宗棠爲浙江巡撫。

改安徽巡撫彭玉麟爲水師提督，調湖北巡撫李續宜爲安徽巡撫，河南巡撫嚴樹森爲湖北巡撫，以河南布政使鄭元善爲巡撫，擢候補道張曜爲布政使。

戊寅，諭：薛焕奏，據報浙江省城失守，代遞瑞昌、王有齡奏摺等語。浙江省城被圍，已逾兩月，卒以糧盡援絶，被匪攻陷，覽奏曷勝憤懣！閩浙總督慶端，身任兼圻，遷延不進，以致杭城失陷，實屬救援不力，慶端著即革職，暫留本任，仍責令帶兵，迅圖克復浙江失陷各城，以贖前愆。兩江總督曾國藩，有節制浙江全省之責，咎亦難辭，著交部議處。杭州將軍瑞昌、浙江巡撫王有齡殉難情形，及在城文武下落，著曾國藩、慶端、左宗棠查明具奏。

禮部尚書朱嶟因病解職，命前任大學士祁寯藻以大學士銜爲禮部尚書。

改水師提督彭玉麟以兵部侍郎候補。

《同治朝籌辦夷務始末》卷三　庚辰，諭議政王軍機大臣等：薛焕奏，江浙紳士呈請借調英法兩國兵衆勦賊，據情代奏，並將該紳等公稟信函呈覽。據稱逆匪有一得杭州，即圖上海之説，亟應早爲預備。而英國巴夏禮與該紳等論及賊情，頗以爲恨，固請該撫陳奏，飭下總理衙門會商英法兩國使臣，撥兵合勦各等語。逆匪竄陷杭城，上海一隅，久爲垂涎之地，該紳士等因有借助英法兩國兵衆合勦之請。第上年本有借兵勦賊之議，惟威妥瑪在京，前經恭親王等面商威妥瑪，有借兵勦賊，克復城池，即行占踞，係外國向章之語。雖其言未必盡確，而其不肯誠心相助亦可概見，因奏請停止。現在該紳等既與巴夏禮議及，自必深悉其情，本日已飭總理衙門與英法在京使臣妥爲籌商。但該使臣未必遽能順應，而英法向以商人爲重，並畏百姓，著薛焕密飭該紳等多集華商百姓，剴切開導洋商，令其轉求巴夏禮，以津商貨物在滬，須撥兵助勦，殄除粤匪，方足以資保護。

同治元年（壬戌、一八六二）

《穆宗實録》卷一五　正月甲申，聖母皇太后懿旨，恭親王以議政王在軍機處辦理一切政務，勤勞懋著，加恩著在紫禁城内坐四人轎，以示優異。

惠親王之子奉恩輔國公奕詳，恭親王之子奉恩輔國公載澂，均著加恩賞戴三眼花翎。惇親王之子載濂著加恩封爲二等鎮國將軍。以禮親王世鐸爲内大臣，並賞戴二眼花翎。命兵部尚書麟魁、兩江總督曾國藩協辦大學士。

癸巳，諭：前據薛焕奏，撲吴淞口，經法國輪船協同水師擊退。請飭總理衙門，與英法駐京使臣，將借師會勦商定，俾洋人益形鼓舞等語。至借師助勦一節，業諭總理衙門與英法駐京使臣商酌。上海爲通商要地，自宜中外同爲保衛，軍務至緊，若必俟總理衙門在京商酌，轉致稽遲，即著薛焕會同前次呈請各紳士，與英法兩國迅速籌商，尅日辦理，但於勦賊有裨，朕必不爲遥制，其事後如有必須酬謝之説，亦可酌量定議，以資聯絡。

《穆宗實録》卷一六　甲午，前因各路軍報，驛遞任意遲延，屢次嚴加申飭，現在各路軍報仍未能按照里數尅期遞至，事關軍務，豈容如此延玩。嗣後著兵部於接到後，按計日期里數，如有遲誤者，即行文各直省督撫沿途挨查，嚴行參處。

丙申，諭内閣：前因前任都察院左副都御史張芾、御史陳廷經、裘德俊，先後奏參陝甘總督樂斌各款，諭令麟魁、沈兆霖前往查辦。

英法兩國，自换和約後，彼此均以誠信相孚。此次在上海幫同勦賊，尤見真心和好，仍著薛焕督飭官軍認真防勦，力埽賊氛，嗣後英法文武各員，續有協同助勦之處，均著薛焕隨時迅速馳奏，不得没其勞勩，以彰中外和好，同心協助之意。

己亥，麟魁著加恩照大學士例賜卹。

調工部尚書愛仁爲兵部尚書，以都察院左都御史倭仁爲工部尚書。

《穆宗實録》卷一七　諭議政王、軍機大臣等：前因杭州、甯波府府失守，沿海各口宜加防範，諭令薛焕等將購買外國船礮速籌辦理。兹據總理各國事務衙門奏，購買船礮銀兩，與署總税務司赫德覈計，約需八十萬兩，請飭該撫趕緊與赫德商酌購買。並請飭閩粤兩關分籌銀兩，兩江總督撥派官兵前往上海聽調等語。即著薛焕督飭該税務司將應購船礮軍械等速爲購買，其船隻務須購覓兵船，不可以貨船、信船充數。其駕駛輪船應否雇用吕宋等國之人，以免臨時挾制，著薛焕商令赫德相機辦理。至酌配兵丁，及統帶大員，著曾國藩於水師官兵内遴派得力鎮將並兵丁等聽候調遣，一俟船礮購齊即行飭赴上海等處以資防勦。現在北洋防務尤關緊要，並著薛焕於購齊後酌分數隻駛赴天津。

丙午，恭親王自簡授議政王以來，首贊樞廷，親賢輔翼，公忠體國，於一切用

人行政，事無鉅細，綜覈靡遺，著交宗人府從優議敘。大學士桂良、户部尚書沈兆霖、都察院左都御史文祥、户部左侍郎寶鋆，在軍機處行走，實力匡襄，和衷共濟；順天府府丞曹毓瑛，自參機務，克任厥職，均著交部議敘。大學士、湖廣總督官文，久任封圻，虚懷延攬，於吏治戎行，均能整飭，著交部從優議敘。協辦大學士、兩江總督曾國藩，督軍勦賊，勤勞罔懈，於江皖地方疊復名城，戰功卓著，甄拔所部將士，賢能稱職，前經簡授協辦大學士，仍著交部從優議敘。四川總督駱秉章，前在湖南巡撫任内，勦辦賊匪，不分畛域，其所薦舉人才，尤爲有裨實用，自升任川督，辦理丹棱股匪，及整頓地方，均能妥速，著賞加太子少保銜，用示嘉奬。

所有江南、安徽、江西、浙江四省巡撫提鎮以下，仍悉歸曾國藩節制。

丁未，王有齡著照巡撫例從優賜卹，任内一切處分，悉予開復。應得卹典，該衙門查例具奏，用示朕篤念忠節至意。尋予祭葬世職，瑞昌謚忠壯，王有齡謚壯愍。

己酉，以大理寺少卿潘祖蔭爲光禄寺卿，華爾著賞給四品頂戴花翎，仍令在松江教習兵勇，協同官軍勦賊。並著薛焕傳旨嘉奬。至借助西兵一節，日來經總理衙門與英法兩國公使籌商，據英國公使言，事屬可行，惟可暫而不可常，當告以現因援兵未到，故須借助外國，一俟勁旅雲集，自可無須協助。至天津防務，則須俟購有輪船，兵力方厚，該使臣亦頗首肯，惟於松滬吏治軍務，頗多訾議。

壬子，諭内閣：御史興奎等奏，請飭吏部查辦職官冒名頂替，並嚴定出結官處分等語。著吏部認真查辦。

《穆宗實録》卷一八　二月乙卯，欽奉聖母皇太后懿旨，前因皇帝沖齡，亟宜典學，曾經降旨令議政王等保舉師傅，現諭欽天監選擇吉期，於二月十二日，皇帝在弘德殿入學讀書，祁寯藻、翁心存、倭仁、李鴻藻，均著在弘德殿授皇帝讀。惠親王之子奕詳，並著在弘德殿伴讀。

蒙古語言文字，及騎射等事，皇帝亦應兼肄，著派御前大臣等隨時教習。

丙辰，諭内閣：江蘇布政使著曾國荃補授。

諭：吳棠奏，馳勦東路捻股並回援清江，疊獲勝仗一摺。著吳棠嚴飭袁世功等，會同德楞額馬隊，將西竄捻股追勦净盡。

諭議政王、軍機大臣等：前因上海軍情萬分緊要，諭令曾國荃統領楚軍，赴滬援應。

丁巳，諭議政王、軍機大臣等：曾國藩奏，遵籌江浙軍務，並攻勦蘇、常未宜借助洋人等語。現已諭知馮子材俟李鴻章到後，再行酌量赴滬。

戊午，諭議政王、軍機大臣等：據御史朱潮奏，統籌東南大局一摺，覽其所奏，與現辦情形，均屬不相符合。

以户部右侍郎董恂兼署兵部左侍郎，光禄寺卿潘祖蔭兼署都察院左副都御史，大理寺少卿曹毓瑛兼署宗人府府丞。

己未，諭内閣：前因曾國藩奏，參前任安徽巡撫翁同書棄城逃遁等情，翁同書著即照王大臣等所議斬監候，秋後處决。

以大理寺卿宗厚爲内閣學士兼禮部侍郎銜，大理寺少卿阿克敦布爲大理寺卿。

庚申，諭内閣：前因全慶承審已革大學士柏葰科場一案，不能悉心覈議，輒附和載垣等妄擬罪名，【略】全慶著加恩免其革職，照議降四級調用。

辛酉，調户部尚書瑞常爲吏部尚書，以户部左侍郎寶鋆爲尚書。以工部尚書倭仁充翰林院掌院學士，以都察院左都御史文祥管國子監事。調鑲紅旗蒙古都統恭親王爲正紅旗滿洲都統。

癸亥，諭内閣：前因從征將士兵勇歷次陣亡者，其子孫甚可憫念，諭令各原籍地方妥爲撫恤。

《穆宗實録》卷一九　甲子，諭内閣：工部尚書倭仁呈進所輯古帝王事蹟，及古今臣工奏議二帙，著賜名啓心金鑑，並將此書陳設弘德殿。

乙丑，諭：據駱秉章奏，石逆偪近川疆，請飭催黔楚各軍，合力堵勦等語。【略】著官文、嚴樹森即飭劉嶽昭一軍，星馳赴夔。

丙寅，實授劉蓉四川布政使。

以四川按察使毛震壽爲陝西布政使。

丁卯，諭：曾國藩奏，遵旨通籌全局一摺。據稱，【略】與其急進金陵，無功而退，何如先清後路，再圖進取。籌畫甚屬穩妥。

己巳，諭内閣：御史卞寶第奏，辦理卹典，請除積弊一摺。嗣後陣亡殉難各員，子孫承襲世職，例由原籍縣府轉申督撫驗看具題，並應給咨赴部引見者，均著兵部詳查。

諭：薛焕奏，浦東逆匪偪近上海，會同英法兩國勦除高橋賊壘大獲全勝一

摺。【略】著薛焕隨時迅速馳奏，以彰中外和好之意。【略】白齊文著賞給四品頂帶花翎，與華爾一併在松江教習兵勇，協同官軍勦賊，並由薛焕傳旨嘉獎。

《穆宗實録》卷二〇　乙亥，著添派惠親王之子奕詢在弘德殿伴讀。

丙子，諭：御史佛爾國春奏，軍機章京與外官交結，私通信息。著議政王、軍機大臣，隨時嚴密稽查，以挽頽風而除積習。

諭議政王、軍機大臣等，王慶雲奏，江北地當衝要，現在督撫分駐，鞭長莫及，請就近暫歸漕運總督辦理一摺。【略】著曾國藩、都興阿體察情形，悉心會議具奏。

所有天津海防應辦事宜，及鎮道以下各官，均歸崇厚、成明督率調度，以一事權。

己卯，諭内閣：向來派閲殿廷考試試卷，均於即日閲畢，分别等第，開單進呈。昨派出閲看各省舉人補行覆試試卷之大臣賈楨等，何以遲至次日始行閲竣，殊非慎重關防之道。

庚辰，諭：據馮子材、魁玉奏，鎮江水陸各軍額餉，各處報解寥寥，著勞崇光於前撥三萬兩之外，再行添撥水師銀二萬兩，每月按數撥解。

《穆宗實録》卷二一　三月甲申，諭：都興阿奏，探報金陵逆匪派出僞護王等，率領黨與三四萬衆，屯聚下關江甯鎮一帶，聲稱渡江救援廬州，曾國藩惟當督飭多隆阿等，力圖攻拔。

丙戌，諭内閣：本年壬戌科會試場期已近，各省來京會試舉人，有因道途梗阻，到京遲誤，著加恩准其先行一體會試，俟場後再補行覆試。

戊子，諭：總理各國事務衙門奏，請飭地方官於交涉教民事件，迅速持平辦理一摺，著各督撫轉飭地方官，凡交涉教民事件，務須迅速持平辦理。

以都察院左都御史文祥署工部尚書，吏部右侍郎孫葆元署兵部尚書。

己丑，諭内閣：浙江按察使現在簡用乏人，著曾國藩、左宗棠於平日所知擇其才堪勝任，酌保數員，候旨簡放。

諭：王茂蔭奏，請飭議政王專心機務，事綜大綱等語。其議政王所管各衙門隨同辦事之大臣，亦均身列卿貳，遇有意見不同者，不妨獨抒己見，與議政王公同妥商。

《穆宗實録》卷二二　甲午，諭内閣：禮部奏萬壽禮儀一摺，著禮部查照乾隆宫行禮成案辦理。

乙未，諭議政王、軍機大臣等：有人奏，京外盜賊横行，文煜迅即飭令内邱縣知縣將此起賊犯，趕緊緝拏。

戊戌，諭：勝保奏，統籌皖豫大局一摺。【略】惟勝保性情驕恣，實所不免，恐李續宜不能與之共事，著曾國藩密屬李續宜不必有所避忌，如果勝保有意掣肘，貽誤軍務，李續宜或未便參奏，即著曾國藩據實密陳。

命安徽巡撫李續宜、河南巡撫鄭元善，幫辦欽差大臣勝保軍務。

己亥，諭：户部奏，奉天運米船隻，請仍由直隸雇備等語。著盛京將軍、奉天府尹、直隸總督隨時查察。

《穆宗實録》卷二三　甲辰，命委散秩大臣照祥、和碩額駙扎拉豐阿、德徽，在乾清門行走。

乙巳，萬壽節，遣官祭太廟後殿。朝鮮國使臣徐憲淳等三人於神武門外瞻覲。

丙午，調兵部右侍郎察杭阿爲禮部左侍郎，禮部左侍郎伊精阿爲兵部右侍郎。

丁未，賞土爾扈特親王策林喇普坦三眼花翎。

己酉，諭：沈葆楨奏，法國天主教堂均被拆毁，現飭查拏首要各犯懲辦。

命江蘇巡撫薛焕以頭品頂帶充辦理通商事務大臣，擢福建延建邵遺缺道李鴻章署江蘇巡撫。

以江蘇上海勦賊獲勝，洋將華爾、何伯等得旨優奬。

辛亥，諭内閣，前因惇親王奏，監試宗室貢士之王大臣，隨意更换試卷，著該部明定章程，以免歧誤。

《穆宗實録》卷二四　四月己未，諭：曾國藩奏，遵籌借助洋兵，攻勦蘇、常等處賊匪，並薛焕奏，借兵助勦情形各摺片。【略】現在洋兵在形空虚，況英國公使議及借兵助勦蘇、常，以爲借兵攻克城池，則主客易位，後患必多，此等言語，總緣中國以誠相孚，彼始肯傾心吐露，並非有意推諉。惟法國仍執前年之議，請前往勦賊。第法國雖性情好勝，然英國如不願前往，則法國亦斷不能獨主其事。此時李鴻章方帶兵到滬，自應仍與英法之兵，力籌守滬，以保餉源。但法國曾有願帶兵入江助勦之語，恐其冒昧前往，不可不防。曾國藩所稱勝必相讓，敗必相救，實能以恩信相孚，著隨時酌量辦理，以期周妥。至華爾一軍，因其尚能得力，諭令添募，兹據薛焕奏稱，察其才力，亦不過能帶三千人，且漸覺志滿氣驕，隱然

以常勝軍爲己所部，進止自爲主持，每戰必求重賞。是其屢勝之後，漸行驕恣，不可不豫爲裁制，現在李鴻章所帶湘勇到滬，即可將滬上各營，力加整頓，不必專藉華爾之軍方能勦賊，著薛煥、李鴻章酌量情形，如果兵力已敷堵勦，即可無須再添，以杜後患。

諭：薛煥奏，比利時國使臣來滬，投遞照會，懇請换約一摺。【略】著薛煥妥爲開導，告以該國既在各口通商，毋庸另立條約。

《穆宗實録》卷二五　甲子，以降調吏部尚書全慶爲大理寺卿。

丁卯，諭議政王、軍機大臣等，毛鴻賓奏，請借運粵鹽以裕軍餉等語。【略】著曾國藩、勞崇光、毛鴻賓各將地方情形通盤籌畫，妥議章程。

戊辰，諭：曾國藩奏，曾國荃一軍，克復巢縣、含山、和州並銅城牐、雍家鎮、裕溪口、西梁山等處。至曾國荃等宣力戎行，連克要隘，【略】頭品頂帶江蘇布政使曾國荃，著交部從優議敘。

辛未，諭：前因葉爾羌城攤派回衆銀錢，參贊大臣英藴依照經典，斬絞回子多名，並違禁演戲各節，疊經諭令常清、景廉確查具奏。此案葉爾羌三品阿奇木伯克回子郡王阿克拉依都，將發商銀兩私還商債，又復攤派回衆，濫行枷責，以致回子自行殘傷，實屬膽大妄爲。阿克拉依都著退出御前行走，革去郡王並散秩大臣銜。三品阿奇木伯克所犯情罪較重，本應從嚴定擬，姑念其祖父宣力有年，加恩改爲發遣，仍將欠交官項本銀一萬兩及應交利銀勒限完繳，俟繳清時，再行請旨。其陸續收過各回莊銀二萬二千三百五十兩零，著勒令與商同攤派之伊什罕伯克呢雅斯等三十員公同交出，給還原主，以安回衆。

《穆宗實録》卷二六　戊寅，以恭上慈安皇太后、慈禧皇太后徽號禮成，頒詔天下。【略】於同治元年四月二十五日，率諸王貝勒文武羣臣，謹奉册寶，恭上母后皇太后尊號，曰慈安皇太后，恭上聖母皇太后尊號，曰慈禧皇太后。

己卯，諭議政王、軍機大臣等：袁甲三奏，逆首陳玉城經苗練生擒，聲言解赴勝保軍營，餘衆亦投順苗練一摺。

《穆宗實録》卷二七　五月丙戌，賜一甲徐郙、何金壽、温忠翰三人進士及第，二甲陳彝等七十二人進士出身，三甲李江等一百十八人同進士出身。

《穆宗實録》卷二八　甲午，諭内閣：李鴻章奏，外國將士會同常勝軍攻克南橋賊壘，法國提督陣亡，懇請賞卹一摺。【略】著李鴻章遵旨派委道府大員，前往賜祭一壇，並著賞給庫存貂皮百張，彩緞四端，交議政王轉給卜羅德家屬祇領，用彰優異而慰忠魂。

諭議政王、軍機大臣等，傳諭實録館總裁官，所有自道光三十年正月十五日以後，至咸豐十一年七月十六日止，凡有交涉外國事件，著照皇祖宣宗成皇帝實録之例，另爲一書。

乙未，諭内閣：曾國藩、彭玉麟奏，克復太平、蕪湖兩城，並克金柱關、東梁山各要隘一摺。逆匪竄踞金陵，以蕪湖爲屏障，以東西梁山爲鎖鑰，尤以金柱關爲關鍵。經彭玉麟與曾國荃定計水陸併攻，曾國荃率馬步十五營近偪金柱關下，彭玉麟派李朝斌等從上下游奮攻環擊，曾國荃復率各營疾抵太平府北門，揮軍掩襲，斬卡突進。該逆駭走，閉關不及，相率狂奔。我軍擁進北門，遂將府城克復。彭玉麟分水師爲三隊，以二隊分扼江汊要隘，以一隊分攻金柱關，以大礮火箭連環轟擊，賊於烈燄中衝突而出，我軍躍上隄埂，短兵擊刺，積骸滿渠，即時攻克金柱關，並將三汊河上駟渡數十壘一律平毁。並據諜報，分撥之黄翼升等軍，往襲東梁山，亦已一戰而下，移軍進次蕪湖。曾貞幹自率所部循江而進，適與黄翼升等水師會合，萬礮同轟，羣賊内亂，棄壘潰奔，立將蕪湖克復。

《穆宗實録》卷二九　甲辰，諭：據總理各國事務衙門奏稱，接據法國照會，以稱貴州提督田興恕起意淩辱教人。去年屢次帶兵攻擊貴陽等處天主堂，並派團務道趙畏三等往青巖等處攻壞學堂，將該處習教張如洋等，並不審問即行處斬。何冠英與田興恕有致府縣公信，内云驅逐教人，並藉故處之以法。本年正月間，開州夾沙龍地方因偪脅教人，共祭龍燈，知州戴鹿芝將傳教人文乃耳及中國人吴貞相等拏去，用極刑處死，仍派團首撈尋奉教之人，拏獲嚴辦。現署巡撫韓超又不將和約張貼，知府多文、知州戴鹿芝，語言悖妄，駭人聽聞，請飭駱秉章等派員密查各等語。天主教弛禁，本係不得已之舉，第目前軍務孔殷，督撫大吏自當通籌利害，不僅爲洩憤一時之舉，況人命至重，即使傳習天主教而其人並未犯法，亦何得不加審問遽行斬決。田興恕本屬武夫，或不能無鹵莽之處，而戴鹿芝素稱循吏，何亦忽有是舉。韓超不將和約張貼，何冠英有驅逐天主教人之信，是否均有其事？多文等口出狂悖之語，是否係法國傳教人，及中國之習教者捏造激怒之詞，抑或實係不知檢點，信口而道。著駱秉章、勞崇光分派滿漢慎密妥靠大員前往貴州訪查確實，即行覆奏。

丁未，沈葆楨奏：查明教堂被毁，自請嚴議一摺。據稱法國傳教人初到江省，形蹤叵測，紳民不能無疑，時值生童雲集，衆情洶洶，遂將教堂拆毁，紳士夏

姓等関傳各節，經署南昌府知府王必達驗無左證，業經咨請總理各國事務衙門辦理。現在滋事之犯遠颺，即爲首爲從實係何人，無從訪問，自請交部嚴加議處等語。此事現經總理各國事務衙門與法國使臣商辦，俟該衙門如何定議再咨行該撫辦理。沈葆楨所請交部嚴議之處，身任其咎，自係爲權顧大局起見，著俟總理各國事務衙門與之剖辯，如何辦法再行酌定。至天主教弛禁原一時權宜之計，此時内患未平，豈容另生枝節。且該國在上海助勦逆匪，不得不暫示牢籠，所賴各地方大吏曲體朝廷不得已之苦心，當於羈縻之中默寓防範之意，斷不可操之過急，别搆釁端，是爲至要。

《穆宗實録》卷三〇　六月癸丑，諭内閣：前因蔣琦齡奏，請開屯田以恤旗僕等語，當交八旗都統會同該部妥議具奏。兹據户部會同八旗都統籌議覆奏，並請飭令吉林等處將軍、都統、府尹等將指查各件，迅速覆奏一摺。國家定鼎燕都，八旗兵丁，生齒日繁，丁雖增而兵額有定，不能因之加廣，自應開墾閒田，豫籌移屯，以資生計。道光元年，吉林將軍富俊奏辦雙城堡屯田，移居京旗閒散，除陸續移居三百七十六户，給田屯種外，餘田尚多。上年惇親王奏請籌議八旗開墾生理，經户部奏請，飭令吉林將軍查明前項餘地，可否推廣耕種，及房屋牛具等項，有無經費，據實奏明。

《穆宗實録》卷三二　癸酉，諭議政王、軍機大臣等：據滿慶等奏，稱呼徵呼圖克圖稟稱布賚綳寺所聚人等向惜德寺擲石，隨於附近該寺各廟宇房屋放槍，而商屬僧俗亦以呼徵喇嘛居心叛逆達賴喇嘛，合藏僧俗均聲稱要將呼徵及此案串謀主使之人一同埽滅等情。經滿慶等分飭兩造，不得妄肆，惟當静候諭旨辦理。兩造藐不聽信，商屬僧俗竟從布達拉山軍械庫内取出礮位藥鉛，調集前後藏江孜番營官兵藥鉛，所屬百姓等，將惜德寺圍攻。因惜德寺竭力守禦，殺斃商屬僧俗兵民不少，呼徵呼圖克圖忿極，擬調果洛克野番來藏助戰。雖是否聽從尚難逆料，惟西藏係達賴喇嘛駐紮處所，西南北三面均與外番毗連，該僧俗等同室操戈，不受漢官約束，經滿慶等面屬薩迦喇嘛向兩造勸解，並劄調已辭噶布倫江曲結布來藏理説，而兩造皆知防兵人少，藏臺餉乏，肆行無忌，以致藏中漢兵漢民俱恐誤遭殺害，懇飭由川委員管帶文武官員兵丁數百名及應用餉銀軍火兼程來藏，彈壓審辦等語。著駱秉章由川酌調妥幹文武官數員及兵丁數百名探明景紋行抵何處，即交管帶赴藏，以資彈壓。

《穆宗實録》卷三三　七月庚寅，諭内閣：京師内外時疫傳染，貧民不能自備藥劑，情形殊堪憫惻。除御藥房藥丸照舊祇領外，著由廣儲司發給實銀二千五百兩分交五城祇領，選擇良方，修和藥劑，於五城内外坊地面分段設局施放，廣爲救治。遴派妥實可靠之司坊等官經理，各該城御史，仍不時前往認真稽察，不准假手胥吏，偷減藥料，以致有名無實。

《穆宗實録》卷三五　丁未，禮科給事中卞寶第奏：軍務未平，請飭定逃官議罪章程。命議政王、軍機大臣會同刑部議奏。至是議上，嗣後各省督撫、提鎮除失守州縣仍照統轄兼轄舊例，交部議處外，如遇省城及駐紮地方不行固守，輒即聞警先逃者，即照失陷城寨本律擬斬監候，聲明情罪重大，應即處決，仍請旨定奪。儻情罪重大，必須於軍前正法者，應請旨即在軍前正法。如有必須研訊情節再行定罪者，仍拏問來京審訊。其尋常失守一城一寨，並無聞警先逃情事者，仍照各本律辦理。

《穆宗實録》卷三六　八月乙卯，諭内閣：滿慶、恩慶奏，呼徵呼圖克圖帶印逃走，請飭查拏究辦一摺。另片奏請賞加汪曲結布名號等語。呼徵呼圖克圖阿旺伊喜楚稱嘉木參自咸豐八年掌辦商上事務，不思維持地面，輒因布施小事激怒衆僧，致與布賚綳、噶勒丹兩寺互相仇殺，呼徵呼圖克圖一味負氣揚言已調果洛克野番來藏助戰。布賚綳等兩寺喇嘛互相攻擊，呼徵呼圖克圖見勢力不敵，攜帶掌辦商上印信圖記潛逃，實屬辜恩怙惡，有玷黄教。所有從前賞給阿旺伊喜楚稱嘉木參慧能名號，廣衍黄法阿齊圖呼圖克圖敕印，及黄韁等件，均著一併註銷，不准再令轉世。仍著理藩院衙門，沿邊各省督撫、口外將軍大臣、蒙古王公，一體查拏究辦，追出攜帶之掌辦印信圖記，送交西藏，以免招摇。達賴喇嘛公事緊要，既據藏中僧俗大衆公舉已辭噶布倫汪曲結布堪以輔佐辦理，著照滿慶等所請，即以汪曲結布協理西藏事務，並賞給諾們罕名號。

丁巳，諭議政王、軍機大臣等：御史裘德俊奏，門禁仍前廢弛一摺。據稱八月初五日進内奏事，行抵東華門前三座栅欄，甫經下車，忽來一人將馬奪去，查夜兵丁俱屬目睹等語。禁門重地，守衛宜嚴，疊經明降諭旨，不啻三令五申，該步軍統領等宜如何督飭弁兵，力加整頓，痛戒因循，乃於宫禁森嚴之地劫掠公行，膽敢將入直官員馬匹恃強搶去，情形極爲可惡。此外地面任令匪人肆行，不法不問，可知該直班官兵等怠惰偷安，形同木偶。總由該步軍統領等視諭旨若弁髦，並不認真整頓，以致玩愒成風，毫無畏憚，養癰貽患，實堪痛恨。著即查明該御史被搶馬匹地面之該管官及直班官兵等，分別究辦，加等治罪。

《穆宗實録》卷三九　閏八月甲申，諭内閣：都察院奏，請飭各省將咨交控案迅速審辦，並請將逾限未結之委審各員議處一摺。近來各省吏治因循，每遇京控案件，一經交辦，率皆視爲具文，久懸不結，以致吏胥夤緣爲奸，官員規避取巧。京控各件無論虚實，地方官均應速爲了結，方免拖累抑勒之苦。現據都察院單開，該衙門及步軍統領衙門咨交各省京控案件逾限未結，並上次展限已逾，仍未審結各案，共計一百五十六件之多，實屬疲玩已極。著盛京將軍，順天、奉天各府尹，熱河都統，閩浙、雲貴、福建、湖北、河南、山東、山西、江西各督撫暨同臬司，將各該省承審京控各案遲延職名，立即查明，送部議處，並嚴飭將未結各案迅速審結。

《穆宗實録》卷四〇　乙未，崇厚致總理各國事務衙門信函，内稱副將華爾於八月間進勦慈谿受傷身故，現在所部常勝軍暫交部將白齊文、法思爾德接帶，英國卻欲薦人，尚在未定。並據法國公使哥士耆函稱，甯波與餘姚勢甚危急，亟宜嚴加堵禦，所有前已議准該國副將拉伯拉德在甯波管帶本兵並訓練中國兵丁，請總理衙門行文李鴻章迅給憑劄，並令左宗棠轉飭甯波道將該處防務統交籌辦，必可竭力部署各等語。華爾以外洋歸誠之人，從前雖稍有驕悍，而此時既爲中國效力，禦賊捐軀，自應獎卹優加，以爲外國觀感，諒薛焕等必當奏請恩卹。惟常勝軍必需幹練之員方可接管，白齊文、法思爾德確係何國之人，是否勝任抑或徑用中國大員接管，著薛焕、李鴻章、左宗棠妥爲籌商，迅速辦理。

《穆宗實録》卷四一　丁未，前因都興阿奏，訪獲習教匪徒，當經諭令吴棠遴派員弁，前往泰州一帶查辦。兹據吴棠奏，查閲都興阿咨到經卷等件，並曹懷富等供，不過喫齋學道，拜師收徒，其經卷亦止是《華嚴》等經，尚無違悖不法，及創立邪教名號等語。愚民惑於果報之説，念佛持齋，寖成風俗，第傳徒聚衆，結會斂錢，黨與過多，必至爲地方之害。且據都興阿奏，訪聞該處入教者，男婦俱穿白衣，其家中祖先牌位一概劈毁，查詢稱爲新新教，匪犯左戎山即左城山，又供稱係普渡教。該習教民人如果立願修身，何必均穿白衣，手拏白扇等件，作爲記號？又何至劈毁祖先牌位？是否有新新教普渡教名號？均應逐一根究，以期弭患未萌。

《穆宗實録》卷四二　九月癸丑，諭：前因御史裘德俊奏，商賈人等止准捐虚銜雜職，不准報捐正印實在官階，當令吏部、户部會議具奏。兹據奏稱商人報捐，例所不禁。儻其中有通達事情，留心時務者，亦未便阻其上進。但文員正印官職，於民生國計關繫尤多，名器不得不益加慎重，該御史所奏不爲無見等語。著照該部所議，自此次奉旨之日爲始，凡由商賈出身者，止准其捐納虚銜頂帶，並州同以下佐貳雜職實在官階等項，以示限制。其在奉旨以前報捐者，均著免其置議。如官聲尚好，著有勞績人員，仍准予以正印升途，俾資觀感。

《穆宗實録》卷四三　癸亥，諭議政王、軍機大臣等：户部奏，京餉支絀，請飭催各省欠款，並請明定遲延處分各摺片。部撥要款，屢催罔應，以致庫儲極爲支絀。京師爲根本重地，年内非有實銀二百餘萬兩，斷不足以供支放。該督撫監督等，亟應激發天良，源源報解，豈容膜視。所有山西欠解銀六十五萬兩，湖南欠解銀五萬兩，湖北欠解銀七萬兩，福建坵折原撥未解銀十三萬兩，長蘆鹽課欠解銀五萬兩，廣東鹽課欠解銀十五萬兩，又鹽商捐輸京餉，除已解外欠解銀七萬兩，粤海關税除解到外欠解銀十萬兩，山海關除報起程外欠解銀八萬兩，均著儘數報解。又廣東地丁雜款等項内，著先提解銀五十萬兩，又運庫已繳及應繳舊息，著先提解銀十萬兩，河南地丁著先提解銀十萬兩，山東地丁著先提解銀五萬兩，山東鹽課著先提解銀五萬兩，河東加課羨餘著先提解銀十萬兩，福建起運、運銷兩項茶税著先提解銀十五萬兩，閩海關税著先提解銀十萬兩，又廣東另案捐輸米價應解部銀十八萬兩，以上專提各款，統限於十一月内陸續解齊。

《穆宗實録》卷四五　十月甲申，賜一甲史天祥、徐壽春、劉其昌三人武進士及第，二甲孟志遠等八人武進士出身，三甲趙景清等三十二人同武進士出身。

《穆宗實録》卷四六　甲午，諭：薛焕等奏，遵籌派員接管常勝軍，及優卹華爾各情，並曾國藩等遵籌俄國兵船助勦各摺片。常勝一軍，現據吴煦力薦白齊文材勇可任，已交其接管，將來能否勝任，及是否就我範圍，即著薛焕等隨時察看，酌量辦理。薛焕等現派李恒嵩協同管束，聞該副將尚能與之相處，即著傳諭李恒嵩，令其留心稽察，如與該勇丁熟習後，足以獨力鈐制，不妨密行稟聞，聽候李鴻章酌辦。現在調遣鈐制事宜，即責成吴煦、楊坊等轉飭遵照，不准稍涉諉卸。華爾所部本係數百名，現留松江者已有四千五百餘人之多，習氣漸形獷悍，吴煦等不爲限制，聽其自行添募，實屬漫無主見。即著嚴飭吴煦、楊坊將現存實數截止，止准陸續設法裁汰疲弱，斷不准再行添募。儻不能得力，應如何裁撤，即著薛焕、李鴻章隨時妥辦，不許稍存遷就。吴煦、楊坊經理此事，未能慎終圖始，嗣後若再有增添，及不遵調度約束之處，即著將該道等嚴參治罪。

乙未，諭：有人奏，粤東犯官陶昌培、章昇耀在粤數年，私設礮船，包攬私鹽

洋藥，每歲私蝕國帑約有數十萬，數年來私積當逾百萬，現計尚應有數十萬。當此軍餉支絀，與其取之於民，何如將該犯官等家産查抄，藉備軍儲。又另片奏，現捐廣東試用道史杰，自道光年間即捐鹽大使分發廣東，百計營謀美缺，在粤二十餘年，包攬私鹽，現復捐升道員，把持鹽綱，又使其弟史績懋捐鹽知事，指省廣東，以罔市利。統計該員數十年來私囊所積，數十萬不止，請飭一併查封各摺片。陶昌培、章昇耀横行於粤，上攘官款，下削百姓，摺内所稱約計該犯官等現當有數十萬贏餘，必非無所聞而云然。現值軍需支絀之際，得此鉅款，儘可藉充軍項，著劉長佑、晏端書密速派委妥員，特該犯官等財産一併查封，不准走漏消息。

《穆宗實録》卷四八　十一月乙卯，諭内閣：户部奏，通籌來年提撥京餉，開單呈覽一摺。京餉關繫緊要，若不早爲籌撥，必至臨時貽誤。兹覽户部擬撥同治二年分京餉數目，其中酌盈劑虚，於各該省軍務情形尚無掣肘之處，即著各該省督撫監督等按照户部單開各銀數，一體遵照，分爲兩限，五月以前解到一半，十二月以前埽數解清，不准藉詞抵撥。並著於來年開印後，陸續分批起解，如有遷延不到者，即著户部分别嚴參。另片奏，各直省地丁旗租關税，請一律停收鈔票。捐輸章程，除雲南、貴州兩省准其照常收捐，其餘各省報捐京外文武各員，止准捐足三班。其分發指省銀兩專歸銅局上兑，及各項捐復人員，一併令其赴京呈交銀兩。尚屬可行，均著照所議辦理。

戊午，諭議政王、軍機大臣等：御史劉其年奏，河工經費宜裁減以杜弊混一摺。另片奏，請將東河河道總督一缺裁去等語。據稱東河修防之費歲額百五十萬，近因庫儲告竭，欠發甚多，其支發各款，則河道藩司視廳員之交誼爲等差，各州縣以賤值購買河工印領，交庫彌補虧空。州縣河員，各圖便利，請飭該督撫體察各廳工程，酌留經費一二十萬兩，責成該員認真經理。

《穆宗實録》卷四九　乙丑，多隆阿奏稱：接據陝省紳士耆民等信函公稟各件，瀝訴勝保諱飾貪冒妄爲情形呈覽，續經僧格林沁將勝保被參各款，查覆具奏。【略】多隆阿業已行抵潼關，著該大臣即行傳旨將勝保撤去欽差大臣關防，革職拏問，即日派委妥員押解來京，交刑部治罪。並派步軍統領存誠，總兵崇綸、熙拉布將該革員京寓貲産查抄，其陝西軍營侵吞餉項，及寄頓各處貲財，即著多隆阿嚴密查抄，並著直隸、河南、山東、安徽各督撫查明該革員有無寄頓貲財，一併查抄。該革員跋扈貪污，欺罔無忌，實屬辜恩負職，罪由自取，若不嚴行懲辦，何以肅軍律而振紀綱。多隆阿既授爲欽差大臣，所有勝保統率各營兵勇，亦著併歸多隆阿節制調遣。

《穆宗實録》卷五〇　癸酉，閩省前因錢法疲敝，奏停永豐官局，嗣因兵餉不敷，復出準銀司票，標寫准納税課錢糧，實止茶葉、洋藥二項釐税可以搭交，入少出多，遞有減折，徒使牟利商民坐享其利，於國計民生毫無裨益，且恐商人與外洋交易，賤收司票，假手支銀，宜將已發司票定章收繳，永不再出，此司票之急宜停止也。全閩土産以洋藥、茶葉爲大宗，自添設釐金以來，微至手挈肩挑，亦皆層層抽税，商民交困，釐局有總督衙門承辦書吏分設局所飯食等費，名目滋繁，與小民争利，一以官勢行之，往往激而生變。如福州、興化、泉州各局，皆有闖關設卡之事，官亦無如之何，此雜項抽釐之亟宜裁革也。至茶葉、洋藥兩項，當於本行户中酌舉數人輪流承辦，不必多派委員等語。福建積弊已深，亟宜力加整頓，著耆齡、徐宗幹按照所奏各條逐一訪查，務使無弊不剔，有犯必懲。

丁丑，總理各國事務衙門奏：接據法國照會，謹將辦理情形並鈔録照會，照覆哥士耆所遞條款呈覽等語。法國於貴州殺害教民一事，嘵嘵不已，現復呈遞照會條款，萬難俯允。經恭親王給予照覆，雖屬詞義嚴正，惟今已數日，該公使毫無動静，已令由該衙門隨時相機開導。貴州殺害教民之案，辦理麤暴，田興恕、韓起均不能辭咎，是以先後將該二員撤任查辦。然無論其罪如何，亦斷無遽憑該公使一言，即令其抵償之理。

《穆宗實録》卷五二　十二月壬辰，諭：有人奏，江蘇知府俞斌初至上海貿易，並無貲本，得官後暴富，咸豐八年間，令其弟參將俞奎藉捕盗之名，裝載違禁貨物，出洋販賣，獲利數十萬，請將該員家産查抄等語。著曾國藩、李鴻章即將俞斌家産嚴密查抄，並按照所參各款徹底根究，從嚴參辦。另片奏，已革江蘇省藩司蔡映斗潛回上海等語。蔡映斗本係應行查辦之員，現由江西潛回上海，著即派員押解來京，交刑部治罪。

甲午，諭内閣：前據禮部奏，廣東舉人揀選知縣桂文燦，呈遞《經學叢書》四函，當交南書房翰林詳加閲看進呈，該舉人所呈各種，考證箋注均尚詳明，羣經補證一編，於近儒惠棟、戴震、段玉裁、王念孫諸經説多所糾正，薈萃衆家，確有依據，具見潛心研究之功。

《穆宗實録》卷五三　辛丑，崇厚業已起程，著即迅速前往幫同文煜辦理防勦事宜，一經到營即行馳奏。宋景詩狼子野心，若留之直隸或縱往山東，終爲異

日之患，該降衆如尚馴順安静，則不妨暫與羈縻，仍須隨時防範，儻不遵鈐束，即著知照成保薩薩布等軍圍而擊之，盡殲醜類，以除後患。此事若令文煜辦理，恐其拘泥貽誤，崇厚向來辦事明決，著即責成相機妥速辦理。有人奏，遮克敦布於張錫珠聚衆滋事，僅委參將帶兵前往，並全調秦聚奎馬勇擁以自衛，致該道兵單遇害。性耽安逸，日以鬬鵪爲樂。知縣李鴻埍把持營務，濫收降衆，殺害良民，遮克敦布甘爲所欺等語。著崇厚按照所參各情確切查明據實參奏。

壬寅，諭：勞崇光奏，遵派内地官兵練習外國兵法一摺。據稱派撥旗緑官兵教練外國兵法，派中國官一同演習，兼有大員專司督率稽查，今日同襄教練之勢，即豫儲他日統帶之任，止令中國師外國之長技，不令外國奪中國之兵權等語。所籌尚稱妥協。勞崇光現已交卸起程。晏端書權任兼圻，崑壽身膺專閫，均屬責無旁貸，即著按照現籌辦法，飭令派出各官督率兵丁逐日訓練，以期精熟，俟學有成效。旗緑兩營加至四千人爲斷，其餘各弁兵仍著照常操練中國兵法，不許偏廢。

同治二年（癸亥、一八六三）

《穆宗實録》卷五四　辛亥，諭議政王、軍機大臣等：都興阿奏，裁撤水師舊船並布置江防情形一摺。據稱江防師船，並新調紅單船，及在楚打造長龍船舢划，共四百六十三隻。兹酌覈裁撤朽爛紅單拖罾各船共一百二十九隻，以節糜費。惟師船月餉積欠甚多，紅單船既已裁撤，必應找給舊欠，由兩廣總督補發，並先由蘇撫籌給口糧，俾作川貲，拖罾等船亦應酌給遣散各等語。此項欠餉自係萬不可緩之需，著晏端書於所裁紅單師船到粤時按照糧臺細册查明積欠船價勇糧照數補發，並著曾國藩、李鴻章先行飭司籌給一月口糧，俾作回粤路費，其拖罾各船迅速籌給前欠，以資遣散。所有裁撤師船著責成統帶回粤之陳國泰，將船户夫役人等妥爲彈壓照料，免致沿途滋事。

《東華續録》同治一八　己未。諭内閣：前因御史劉其年奏，裁減河工經費，並請將河東河道總督一缺裁去，降旨交張之萬詳細妥議具奏。兹據奏稱，河東河道總督一缺，兼轄兩省黄運河工，關繫非輕，未敢率議裁撤，俟詳加體察再行奏請。惟南岸所屬四廳、北岸所屬三廳，河道均已乾涸，各廳員一無所事，均可裁撤。所有山東所屬之曹河、曹單二廳，著山東巡撫酌量辦理，其河南所屬之南儀、儀睢、睢甯、商虞、曹考五廳，著照該撫所請，即行裁撤，並著該部援照河南裁缺成案，查議具奏。

《穆宗實録》卷五五　癸亥，諭内閣：國家愛育黎元，體恤商民，從無苛刻之事。近因軍餉浩繁，設局抽釐，乃朝廷萬不得已之舉，疊經明降前旨，嚴禁擾累，並因御史丁紹周條陳江北釐捐積弊，復經通諭各直省督撫，於釐捐委員概行裁革，統歸地方官經理，按月申報實數，由該管督撫按照例限報部，並照部定章程，酌定簡明條款分晰開載，榜示通衢，以昭覈實。乃昨據富明阿奏稱，親赴裏下河一帶，南北糧臺設立捐卡，大小均有百餘處。有一處而設數卡者，有一卡而分數局者，委員既繁，局費尤濫，每月局用少者二百金，多者至千餘金，委員嚴遴等貪鄙不職。因降旨將嚴遴等革職，以示懲儆。

《東華續録》同治一八　甲戌，諭内閣：穆騰阿、瑛棨由六百里馳奏，直隸軍務喫緊，請飭勝保前往勦辦一摺。覽奏不勝詫異。勝保以軍營獲咎，革拏問罪之員，生殺予奪，朝廷自有權衡，穆騰同瑛棨何得輒爲此請，意存嘗試。且陝省軍務正在喫緊，而瑛棨由六百里馳遞摺報，並無一字提及。該將軍巡撫等於分内應辦公事置之不顧，而於瞻庇朋奸代爲乞恩之舉輒敢擅發急遞，若惟恐遲則不及者，舍己芸人，實屬膽大。穆騰阿從前在安徽軍營，曾經奏請簡派旗員協帶馬隊，爲勝保表暴功績，蒙文宗顯皇帝明燭其隱，降旨申飭，此次復以此等伎倆形諸奏牘，亦豈能逃洞鑒耶？上年勝保曾爲瑛棨請派幫辦軍務，今瑛棨即爲勝保瀆請，可見伊等互欲見好，不顧大局，此風斷不可長，穆騰阿、瑛棨均著傳旨嚴行申飭。

《東華續録》同治一九　二月壬午，諭：據曾國藩奏，代陳李世忠因勝保逮京治罪，懇請褫職，立功贖罪一摺。將帥爲國家大臣，貽誤軍務，罪有攸歸，刑章憲典，稟之列祖列宗，非朝廷所得而私。勝保以督率大員，種種貽誤，疊經中外參劾，猶恐被人誣毁，復密派大臣確切訪查，始行逮京治罪，此豈臣下所得代爲乞恩？曾國藩據李世忠之稟，率行具奏，揆諸體制，殊有未協。見在江南逆匪紛紛渡江，李世忠受恩優渥，官居專閫，自當迅速立功，以圖報稱，即前此該提督勝保拊循保全，亦由仰承文宗顯皇帝如天之度准其投誠，得以邀此異數，該提督自應力矢公忠，不得專顧私誼，如此瀆請。姑念李世忠本係武夫，不深責備，所有自請褫革之處，加恩改爲革職留任。曾國藩即轉飭該提督迅將九洑洲等處賊匪奮力擊勦，不使該逆旁竄。

乙酉，諭内閣：刑部奏，已革兵部侍郎勝保押解到部，請派大員會同審訊一摺。著派議政王、軍機大臣、大學士會同刑部審訊，按律定擬具奏。

丙戌，諭内閣：前因江蘇泗江口解圍，巡撫李鴻章之弟知縣李鶴章，擊退援賊，與在事員弁功足相埒，該撫意存引嫌，未經請獎，當經諭令李鴻章查明勞績，一體奏請獎敘。兹據該撫遵查，克復嘉定各案出力人員請獎，另片奏，李鶴章雖同勦賊，乃義分所當爲，仍不敢仰邀議敘等語。五品銜分發補用知縣李鶴章，戰功卓著，豈可没其微勞，著賞加四品銜，以知州用。

《穆宗實録》卷五九　乙巳，明誼奏：行文俄國約期分界，妥籌防守，並查勘木房等情各摺片。俄人蓄謀詭譎，必須杜其狡謀，豫爲籌備。前經總理各國事務衙門將議覆西北兩路分界事宜摺件，行文知照明誼。該將軍於接到行知後，即行劄諭厄魯特、烏梁海等部落，不得供俄人驅使，並不可貪利爲所摇惑，嚴密設防，以備俄人逞兵侵界，並行文科布多一體照辦。所籌甚屬妥協。即著明誼隨時知照塔爾巴哈台一律辦理，以期撫綏藩服，同心禦侮。

《東華續録》同治一九　丙午，僧格林沁、國瑞奏，臣等欽奉上諭，當於十八日遵旨，將逆首張落刑及其子張瀇等三犯在軍前極刑處死。該逆在潁州府一帶擾害最深，隨將張落刑首級解赴該府地方示衆，以儆兇頑而快人心。

《東華續録》同治二〇　三月癸亥，江南提督李世忠奏，【略】該提督仍遵前旨，迅速立功，毋得徒託空言，嗣後有應陳事件，仍著稟明曾國藩覈定奏聞，以一事權。

甲子，諭議政王、軍機大臣等：本日明降諭旨將耆齡補授福州將軍，左宗棠補授閩浙總督兼署浙江巡撫，並諭令耆齡即將所辦閩浙兩省防勦事宜及所部各軍移交左宗棠接辦。左宗棠接辦後，耆齡即赴福州將軍之任。左宗棠見駐浙省，軍務正當緊要，其浦城防所應即遴委大員前往，抑當如何接辦之處，即由左宗棠酌度奏明辦理。閩浙兩省軍務兵勇均歸左宗棠節制，耆齡所部廣勇並著左宗棠於閩浙軍營中選擇善於駕馭之員，派令統帶，如廣勇實係不能得力，有害無利，即著左宗棠酌量撤遣。浙省係左宗棠兼轄省分，既兼署巡撫，尤責無旁貸。曾國荃著仍統前敵之軍，駐紮雨花臺，一意相機進取，以圖金陵，毋庸以浙事爲念。

乙丑，飭禁商船濟金陵賊糧。

丙子，諭内閣：軍興以來，各直省百姓慘遭荼毒，凡有臨難捐軀守義殉節者，一經地方大吏奏聞，無不立沛恩施，優予卹典。因思漢回皆朝廷赤子，國家一視同仁，原無歧異。去年陝省逆回滋事以來，延及甘肅地方。【略】舊陝西、甘肅等省地方大吏及統兵大員等，於各該地方回民中確切訪查，如有實係良回，不肯從賊，被逆回偪脅奮身死節及合門殉難者，一體分别查明，奏請旌卹，毋得稍存漢回成見，以示大公。

《東華續録》同治二一　四月庚辰，以安徽治理需人，命吏部本科多掣知縣十六員分發差委。

癸未，諭内閣：前因浙江省金、嚴、甯、紹、台等府地方均爲賊踞，百姓慘遭荼毒，曾經降旨將浙東新復各府州縣均蠲免二年錢漕，以蘇民困。嗣因衢州一城雖未失陷，而西安縣各鄉亦俱被匪焚掠，復降旨將該縣錢漕照新復州縣一體蠲免。兹據左宗棠奏稱，同治元年分錢漕業於咸豐十一年冬間奉旨豁免，所有前奉恩旨請飭遵行等語。浙江被陷地方，同治元年分錢漕既已有旨豁免，即著將同治二年分應徵錢漕一體豁免，並舊於原降諭旨二年上添註同治二字，以示區别，而免牽混，該撫其迅即頒發，謄黄徧行曉諭。

《穆宗實録》卷六四　辛卯，諭議政王、軍機大臣等：前因御史吴台壽奏，奉省東邊閒曠之地多未開墾，錦州、廣甯、義州一帶官荒馬廠儘可設法變通，請飭實力履勘，以開利源，當經諭令恩合悉心查奏。兹據恩合奏，稱錦州牧馬之區，名爲西廠，水草豐茂，足敷牧放。此外則廣甯所屬之閭陽驛小黑山等界名爲東廠，地勢平坦，内有窪陷，於牧放不甚相宜，若將東廠裁撤一律開墾，可得田一百萬畝。惟東邊一帶近有流民在彼私墾，聚集日衆，查辦甚難，請派封疆大員詳酌籌辦等語。閭陽驛小黑山等界舊設牧廠，既據恩合奏稱地勢低溼，於牧馬不甚相宜，而大淩河西岸地勢寬廣，即官馬多至一萬餘匹，亦足敷用。即著照該副都統所議，將東廠裁撤歸併西廠牧放，遵照舊章妥爲經理。其應墾廠地即照恩合所擬令盛京六十六佐領下甲兵，按名分領，招佃取租，除交升科租銀外，餘資津貼常差，其按年應徵租銀，即責成各該佐領催交造報，以收裕餉便民之效。

《穆宗實録》卷六五　辛丑，賜一甲翁曾源、龔承鈞、張之洞三人進士及第，二甲周蘭等七十八人進士出身，三甲景善等一百十九人同進士出身。

《東華續録》同治二二　五月庚戌，諭議政王、軍機大臣等：劉長佑奏，東直交界肅清，擬仿南省營制，選練兵勇，並請飭崇厚籌畫兵餉及吴再升到營派令募勇訓練各摺片。

《清穆宗實録》卷六七　壬戌，諭內閣：吴棠奏，請將貪劣委員暫行革職等語。辦理申夏等港釐捐委員知縣吴維禧，自設局以來任意開銷，且需索票費，擡折銀價，種種擾累，經紳民呈控有案，現又與委員知縣張金釗互相稟訐。似此昏庸貪劣之員，亟應從嚴懲辦，以儆其餘。吴維禧著暫行革職，並著吴棠飭令該司道等提同張金釗質訊根究，分別勒賠追繳，以肅釐務而儆官邪。尋奏，遵查吴維禧辦理釐捐尚無侵吞情事，惟多設船隻任意開銷，擬請即予革職，勒追賠款，俟繳清省釋。從之。

《東華續録》同治二二　丙寅，諭議政王、軍機大臣等：本日已明降諭旨，授毛鴻賓爲兩廣總督，接奉此旨，計不日即可馳赴新任。粵東係財賦之區，餉源所出，洋務、釐務、軍務頭緒紛繁，關繫緊要，該督任大責重，不可無相助爲理之人，黄贊湯自簡任巡撫以來，尚未見有所設施，其人近於巧滑一流，而毁譽參半，著該督於到任後，留心察看，黄贊湯是否能實心任事，若令久於其任能否得力，據實密奏。將此密諭知之。

《穆宗實録》卷六八　戊辰，總理各國事務衙門奏：中國自置火輪兵船將抵海口，所有添買軍裝器械，豫籌月支經費，在各海關分撥，並酌定節制章程一摺。據稱此項輪船除前撥過銀八十萬兩外，並在英國借銀十五萬兩，在上海借銀十二萬兩，共計需銀一百零七萬兩。又應支糧餉軍火等項一切用款，每月統給銀七萬五千兩，均經該衙門向李泰國再四駁詰，酌定章程，及由中國選派武職大員，作爲該師船之漢總統，所延外國人阿思本作爲幫同總統，以四年爲定，用兵地方，聽督撫節制調遣。阿思本由總理衙門發給劄諭，俾有管帶之權，隨時挑選中國人上船學習各等語。著即照議辦理。此項輪船駛抵海口後，即著曾國藩、李鴻章節制調遣，並著派令武職大員作爲漢總統會同辦理。

《東華續録》同治二二　己巳，引見四品卿銜前任閩浙總督劉韻珂，得旨著以三品京堂候補。賞降調河南巡撫鄭元善知府，發往山東軍營，交署巡撫閻敬銘差委。

《東華續録》同治二三　六月戊寅，諭議政王、軍機大臣等：前因潘祖蔭、丁壽昌先後奏請，酌減江浙等處漕額，當交户部議奏。嗣據曾國藩等奏請，減蘇、松、太三屬漕額，因特降諭旨宣示，令曾國藩、李鴻章分別查後奏請，酌減江浙等處漕額，當交户部議奏。【略】著左宗棠通飭杭、嘉、湖三屬，將實在應徵漕糧稅則，詳細確查，各按重輕，分成量減，奏明辦理。

《穆宗實録》卷七一　甲辰，總理各國事務衙門奏：俄人在西界各處卡倫住牧搶掠，遵旨籌辦一摺。另片奏，紬繹條約與俄國住京公使剖辯窮詰，請飭伊犁將軍等相機妥辦等語。上年俄國會議西界，強執中國常住卡倫爲界一語極力狡賴，使中國不能定議，而彼得乘閒籠絡哈薩克、布魯特供其指臂，一面帶兵沿卡騷擾，冀遂其蠶食之謀，其情實屬可惡。現經總理各國事務衙門王大臣照會該國住京公使格淩喀，將伊國誤解條約內往西直至及常住卡倫兩層，往復駁詰，字字講解明白，使之無可置喙。又於把留捷克回國時，給與該國大學士照會一件，將亟須勘定疆界及亟須講明條約兩層，切實剖辯。現在格淩喀接到末次照會後，雖尚未照覆，而外國最重條約，理屈者詞必窮，諒亦難一味狡獪，竟置和約於不顧。第該國勘界大臣今年果否來塔會議尚無消息，明誼此時計已起程，馳赴塔城，著即會同明緒先事豫籌，相機妥辦。

《東華續録》同治二四　七月丙午，革瑛棨任，以劉蓉爲陝西巡撫。

戊申，諭內閣：理藩院奏，查明遠支王公之女格格額駙等所食俸銀等件，照例應請裁撤，開單呈覽，並請將辦理錯誤歷任堂司各官分別議處一摺。【略】念近來宗支蕃衍，譜牒愈繁，世次愈遠，亦應恪遵成憲，以次量爲變通，遞加裁制。嗣後各王公之女授封格格額駙，著自高宗純皇帝之子孫以下，各王公所生女均作爲近支，照例視爵，封授格格額駙，給予俸禄等項，其餘均作爲遠派，僅依王公之職，封授格格額駙虛銜，其下嫁外藩蒙古格格額駙，並著一律辦理。

庚戌，申禁各部院積壓案件。

壬戌，諭內閣：前因中外諸臣交章奏參勝保貪污欺罔各款，當經降旨將勝保革職拏問，交刑部治罪，【略】姑念其從前勦辦髮捻有年，尚有戰功足録，勝保著從寬賜令自盡，即派周祖培、綿森前往監視，所有案內牽涉人犯，即著刑部分別提審訊明奏結，以清積牘。

《穆宗實録》卷七五　八月丙戌，諭議政王、軍機大臣等：李鴻章奏，官軍克復江陰縣城並楓涇石壘詳細情形，及攻克嘉善縣之西塘鎮等處，擊敗蕩口援賊各摺片。江陰一城，介居江海之衝，最關緊要。現經官軍克復，該逆渡江北竄之路業已斷絶，從此乘勝進兵，則常州、無錫之賊亦必聞風膽落。李鴻章現由常熟前赴江陰察看軍情，所籌分路犄角，取遠勢以制敵，使賊大局不振，筋脈不舒，則蘇城遲早可克各等語，甚合攻取機宜，著即照所擬妥爲布置。李鴻章另片奏籌攻蘇郡常勝軍弁勇，戰守實未可靠，而戈登尚欲添雇英兵，經該撫准添洋兵百

名，戈登復有須與英國提督伯郎妥商之語。伯郎因該撫未回崑山會晤，遂聲稱赴京一行，即帶英兵攻勦蘇城等語。該撫慮及伯郎抵京後飾詞嚇詐，請飭總理各國事務衙門相機覈辦，已諭知該王大臣等查照辦理。將來伯郎到京時，如向總理衙門要求助順，一切均照該撫所議，以正言折之，俾免妄生覬覦。李鴻章計將回滬，仍當隨時密飭程學啓等，與戈登聯絡聲勢，以期迅拔蘇城。

《穆宗實録》卷七八　九月戊申，諭議政王、軍機大臣等：李鴻章奏，水陸官軍會攻蘇州省城，疊獲勝仗。攻克寶帶橋要隘，並蹋平無錫東南兩門賊壘賊卡各摺片。寶帶橋爲水陸要區，現經我軍攻克，則攻取蘇城已成破竹之勢。著李鴻章激勵將弁節節進攻，以期迅克堅城，仍須穩紥穩進，計出萬全，不可稍涉大意。至無錫一路攻勦正極得手，著李鴻章迅飭劉銘傳等軍趕緊進紥，與郭松林等軍聯絡聲勢，爲規取無錫之計。僞忠王李秀城已於八月十一日由金陵回蘇，所帶賊黨甚衆，意欲立解蘇城之圍。現在忠逆既回蘇郡，金陵老巢勢必空虚，我軍正可乘此機會迅圖攻取。著曾國藩督飭曾國荃等軍將如何乘虚進擣，圖拔堅城，俾金陵、蘇州之賊首尾不能兼顧，庶我軍於該二城或有一處可以得手之處，酌度機宜，妥爲辦理。將此由六百里各諭令知之。

又諭：李鴻章奏，上海學習洋人火器，現製開花礮自來火等件，粗具規模，必須好學深思之文員會同講求，始可推行盡利。查有江西候補知縣丁日昌在廣東高州軍營督辦火器業已告竣，請飭催赴滬等語。上海官軍刻下盡攻蘇州，偪城而壘，正形得手，所需軍火尤屬刻不容緩。著毛鴻賓、晏端書、郭嵩燾速即飭令丁日昌趕緊起程赴滬，督匠攢造，以資攻勦，毋稍遲延。

《東華續録》同治二六　癸丑，諭内閣：朕奉兩宫皇太后懿旨，軍興以來，需餉甚鉅，一切度支均從節省，八旗兵丁錢糧亦暫減成開放，每念及該兵丁等，仰事俯育，軫恤時殷，亟應量加撫恤，所有八旗兵丁，著加恩賞給一月錢糧。

甲寅，諭内閣：宋慳詩以屢降屢叛之賊，竄擾直東一帶地方，經僧格林沁、劉長佑等督軍勦洗，疊有斬獲。【略】朝廷所必欲誅者，惟宋慳詩一人，其餘被脅之衆概可從寬，務須及早歸順，切勿甘心從賊，自取滅亡也。著僧格林沁、劉長佑、閻敬銘將此旨刊刻謄黄，廣爲曉諭，以示朝廷法外施仁之至意。

《穆宗實録》卷七九　乙卯，諭議政王、軍機大臣等：多隆阿奏，收復高陵縣城，涇河迆北一律肅清，及雷正綰攻拔永樂店等處賊巢各摺片。現在軍威大振，該逆自必聞風膽落，亟宜乘勝進攻，以收破竹之效。著多隆阿督飭諸軍移營前進，節節埽蕩，迅將咸陽迆西乾、邠等處賊巢削平，並嚴杜該匪往西北奔竄之路，期於聚而殲旃，廓清全陝，以副委任。馬陞一軍曾否馳抵咸陽，如敢任意遷延，即著從嚴參辦。鳳翔被圍已久，望援急切，若赴救再遲，恐蹈漢中覆轍。該大臣當嚴飭陶茂林速將曹逆殄除，克日直達鳳翔，以拯倒懸之急。多隆阿亦當親督大軍，由高陵節節前進，爲之聲援。漢中失守以後賊勢若何，潰敗兵勇能否招集成軍，仍著該大臣速飭毛震壽就現有兵力扼要堵禦，毋令再行竄擾完善。該處兵將無所統屬，事權不一，多隆阿仍當妥籌兼顧。其子午谷一帶爲省垣門户，關繫甚重，著督同張集馨豫爲布置，毋稍疏虞。洛陽捻匪雖由東南竄去，惟該逆匪奔突靡定，且張總愚一股，勢甚慓悍，潼、商等處防務未可稍鬆。

《穆宗實録》卷八一　十月己卯，諭：總理各國事務衙門奏，博採衆論，請撤退輪船，以杜流弊。又密陳撤退輪船詳細情形，將李泰國革退等摺片。並鈔録曾國藩、李鴻章信函呈遞。採買輪船一事，前經内外諸臣詳議，不惜重價，原期利器歸公，操縱由我，使外洋頓失所恃。總理衙門因需款甚鉅，且駕馭洋人不易，遲久未即議行。嗣因甯波失守，海口設防，九洑洲尚未克復，髮逆亦有購船之説，【略】現經總理各國事務衙門王大臣與卜魯士等反復會商，因阿思本有遣散弁兵之語，即就其説，並將輪船撤退，買價仍由英國交還中國。卜魯士亦允照辦。惟弁兵薪工及來往經費，議由中國備給，並另賞阿思本銀一萬兩。該使臣等驚愕之餘，繼以感激。此項薪工經費等項雖糜費較多，然此後每歲省近百萬，且免日後另有要求，無厭之請，辦理頗爲決絶，亦欲以折服外國虚憍之氣。且輪船價值，該公使既允爲扣還，亦未至全行棄擲。至李泰國之爲人本極刁詐，中外皆知，久欲去之而不能。今以辦船貽誤，遽行革退，藉此驅逐，其總税務司一缺，派赫德辦理。且看該税務司能否稱職，再由總理各國事務衙門及該督撫等察看，具奏隨時辦理。

《穆宗實録》卷八二　辛卯，諭議政王、軍機大臣等：御史華祝三奏，撫臣引疾，假期將滿，請令照舊供職一摺。據稱沈葆楨年甫四十有餘，其病非難速痊，所以力求引退者，特以協餉用人兩端，與曾國藩意見不合，而營員乘間伺隙，飾非亂是，是以沈葆楨知難而退。現在該撫假期將滿，諭令毋庸固辭，沈葆楨與曾國藩意見不合，朝廷早有所聞，此奏不爲無因。曾國藩辦理東南軍務，需餉孔急，而沈葆楨值地方彫敝之餘，心存撫字，或致蠲緩多而協餉未能如數。至用人一項，沈葆楨爲地方大吏，甄刻不得不嚴，而曾國藩因軍營需才，葑菲無棄，亦恐

有耳目難周之弊。該御史所稱此輩一經得志，顛倒是非，任意播弄，亦所不免。在該大臣等，事屬有因，初非自便其私，惟天下事往往以小嫌而誤大局，不可不思。曾國藩、沈葆楨皆賢能卓著，公忠體國之臣，如果尚有畛域未化，各懷意見，東南民生何日可奠，朝廷尚安望二臣之共濟艱難耶。經此次訓諭之後，沈葆楨與曾國藩軍營協餉苟可設法，即當盡力籌措，並著該撫於假滿後即行銷假任事，毋稍耽延。

《東華續録》同治二七　癸巳，諭内閣：朕奉慈安皇太后、慈禧皇太后懿旨，【略】各省地方軍興日久，物力耗絀，正我羣臣上下艱難共濟之日，豈宜稍涉恬熙，致忘無逸之戒。矧皇帝沖齡在位，知慧漸開，尤應遜志典學，時以憂勤惕勵爲心，其於逸樂及玩好遊觀興作諸務，一切嚴加屏斥，即内廷服御亦當概從節儉，爲天下先。祁寯藻、倭仁、李鴻藻同心啓沃，其各朝夕納誨陳善閉邪，日以詩書牖迪，養成令德，以端治本而懋躬行。

辛丑，以英桂爲福州將軍，沈桂芬署山西巡撫。

《東華續録》同治二八　十一月丁未，諭内閣：僧格林沁等奏，督軍進援蒙城，斬馘首逆苗沛霖，生擒悍黨，踏平賊壘，立解城圍一摺。【略】僧格林沁甫抵蒙城，元兇授首，具見調度有方，深堪嘉尚，著交部從優議敘。

諭：李鴻章奏，督軍攻勦蘇州城垣，賊勢窮蹙。内應官軍乘勝進攻常州，會師金陵，埽穴擒渠，廓清江境。協辦大學士、兩江總督曾國藩，遣將助兵，克復名城，著交部從優議敘。李鴻章自簡任江蘇巡撫以來，悉心調度，謀盡萬全，疊下堅城，戰功屢著，此次督軍克復蘇州省城，尤堪嘉尚，著加恩賞加太子少保銜，賞穿黄馬褂，以示優獎。

乙丑，諭内閣：各省設立團練，原以助守望而禦寇盜，輔兵力之不足，其能協奏官兵保衛桑梓者，固不乏人，乃或有不肖團長以有寨可踞，藐視官長，甚至擅理詞訟，聚衆抗糧，挾仇械鬬，其尤甚者竟至謀爲不軌，踞城戕官。【略】著張之萬督飭各守令，實心實力辦理，不可有名無實。至各直省舉行團練，均須慎選賢能之員，悉心妥辦，務使收守望相助之效，而無藐法抗官之弊，以資捍衛，而立防閑，方爲妥善。

《東華續録》同治二九　十二月辛巳，諭議政王、軍機大臣等：前據僧格林沁遵旨覆奏，唐訓方於皖北軍務措置乖方，降旨交吏部議處。本日據吏部議以降三級留任，不准抵銷，尚覺從輕，已明降諭旨，將唐訓方以藩司降補，安徽巡撫令喬松年補授。

戊子，以載齡爲兵部尚書，全慶爲左都御史，調和潤爲工部右侍郎，以寶珣爲盛京户部侍郎。

丁酉，諭：僧格林沁奏遵旨密陳一摺，即著曾國藩迅將李世忠調赴該大臣軍營，一切遵照前旨，酌量妥辦，並由該大臣隨時密商僧格林沁，毋稍洩漏。

是歲朝鮮入貢。

同治三年（甲子、一八六四）

《穆宗實録》卷九〇　正月乙巳，諭議政王、軍機大臣等：前因滿慶、恩慶奏稱，呼徵捏詞誣控，並勦辦瞻對，及委員安稾等各摺片。當經諭令滿慶等以呼徵控訴各語，萬難憑信，令其傳知李玉圃迅速赴京質對，並曉諭明正土司安站通道，糧員嚴清榮撤回川省查辦矣。呼徵失察堪布剋扣布施，不能秉公辦理，致令藏中滋事，斷難復令回藏，所控情節亦難憑信。汪曲結布既爲藏中僧俗所服，即著滿慶等責令協同達賴喇嘛掌辦藏務，令其撫輯僧俗，務使各寺相安，永息争端，不准區分黨類，恃強陵弱，再行滋事，儻能全藏底定，尚當破格加恩。所有呼徵前控各情，並著無庸查辦。此係朝廷爲安輯全藏起見，特降此旨，即著滿慶等傳諭汪曲結布知悉，令其益知感激，倍加奮勉。前據駱秉章奏，瞻對匪衆現已回巢，此時所調藏兵自無庸再行進勦，以省兵力而示體恤，著滿慶即將此項兵丁撤退，仍歸藏地本境，毋庸越境會勦，並著崇實、駱秉章飭令史致康派撥兵丁查拏夾壩，以次疏通驛路。前據滿慶等奏稱，李玉圃在川候補十年未得署缺，並聲敘該員勞績，請破格録用。當以該員現辦軍務，俟有成效再行奏獎，現在瞻對既無須進勦，著滿慶等即將該員前次勞績查明，會同崇實、駱秉章、福濟、景紋保奏，令其赴川，由駱秉章送部引見，並由駱秉章察看該員才具，酌量委用。其嚴清榮被參之案，即著福濟等將該員撤回内地查辦。其明正等土司仍由滿慶等曉諭，令其照常安設驛站。呼徵事現在雖可無庸查辦，瞻對土匪回巢，能否與明正等土司日久相安，及洋人傳教能否阻止各節，事關緊要，福濟曾任封疆，辦理較滿慶等更當老練，福濟到藏後，即幫同景紋將該處實在情形辦理，一面迅速奏聞。其福濟行止，著俟藏務辦竣後，再行請旨。滿慶本係任滿赴京人員，著仍遵前旨起程回京，福濟等仍遵前旨迅速赴藏，毋稍延緩。

《穆宗實録》卷九二　乙丑，諭内閣：朕奉慈安皇太后、慈禧皇太后懿旨，三載考績，爲國家激揚大典，中外滿漢諸臣有能認真辦事克著勳勤者，允宜特加甄敘，其或衰庸不職，亦必立予罷斥。當兹多事未已，朝野望治孔殷，尤應黜陟幽明，用彰旌別。兹届京察之期，吏部開單題請，自當詳審，以爲舉錯。議政恭親王賢親最著，輔翼公忠，自首贊樞廷，於今三載，於用人行政，一切克盡匡襄，勤勞罔懈，著交宗人府從優議敘。工部尚書文祥、户部尚書寶鋆、工部尚書李棠階、兵部左侍郎曹毓瑛，同心協贊，克慎克勤，均著交部議敘。大學士、湖廣總督官文，敭歷封疆，宣勤最久，於軍謀吏治衆善靡遺；協辦大學士、兩江總督曾國藩，督軍勦賊，節制東南數省，盡心區畫，地方以次削平，舉賢任能，克資羣力；四川總督駱秉章，連年辦賊，疊平巨股，全蜀漸就肅清，於鄰省軍務及地方整頓各事宜均能實力妥籌，精勤罔懈；閩浙總督兼署浙江巡撫左宗棠，自簡任封圻以來，辦理軍務及地方事宜均能果敢嚴毅，克復浙東郡縣，卓著戰功；江蘇巡撫李鴻章親履行間，克復蘇州省城及各郡縣，功績殊彰；均著交部從優議敘。吏部左侍郎孫葆元才具平庸，内閣學士中常年力就衰，均著原品休致。餘著照舊供職。

丁卯，諭：前因麟興、車林敦多布奏，稱准分界大臣咨催，查勘安置唐努烏梁海人户地面一摺，當令總理各國事務衙門查議具奏。兹據該衙門奏稱，俄國議單所載唐努鄂拉達巴哈，雖據麟興等奏稱未能指定何山，而該處地方人户被其包去等情，則勢所必然。請飭明誼等援照東界條約，令俄人讓出數百里，安置此項人衆。如勢必不能，或仿照東界辦法，分界後仍准中國人照常遊牧，若俄使仍不允從，其被包去蒙古等部落中有堅心内附者，務與該國使臣言明，准其陸續内遷，不得攔阻，並先索憑據，以免日後藉口尋釁各等語。西界蒙古等部落百餘年來誠心效順，現雖因俄國分界駸駸被其包去，而朝廷實無委棄之意，明誼等與該國使臣議界時，能令其將烏梁海等處讓出數百里安置此項人衆，於該蒙古等生計庶有裨益。儻此節竟不能辦，即可仿照東界辦法與立字據，分界後該處仍准中國人照常遊牧，雖西界條約並無此語，而俄使前給明誼等照會，有從前阿勒坦淖爾、烏梁海蒙古等應由兩國商選好官等語，即可就此乘間而入，與之商照舊章辦理。惟俄性堅韌，萬一堅執條約，不肯通融，其被包去之蒙古等部落中有誓志歸誠者，即須趕緊查明妥辦。

《東華續録》同治三〇　辛未，諭内閣：爲政之要，首在足食。各直省州縣設立常平社倉，所以爲未雨綢繆之計者，法至善也。近來軍務繁興，盜賊所至，每以糧盡被陷，總由各州縣恣意侵那，以致守禦無資，生民塗炭。嗣後各省責成督撫大吏，認真整頓，廢者復之，缺者補之，未動之穀，不得變價提用，倘復任州縣侵漁虧缺，定一併從重懲處。

《東華續録》同治三一　二月丁丑，諭議政王、軍機大臣等：曾國藩奏，覆陳遵旨札調李世忠到營大概情形等語。所有李世忠部衆如何妥協遣散，所留二千人是否分隸各營，如何管帶調遣及交出各城，如何派營接防，均著責成曾國藩悉心籌畫，妥速辦理，不可稍涉大意，致留後患。

《穆宗實録》卷九五　己亥，諭議政王、軍機大臣等：平瑞奏，陝甘驛路梗塞，摺報阻滯，請暫行改道接遞一摺。邊疆重地值此多事之秋，摺報往還最關緊要，若因驛路梗阻致請旨遵行之件日久稽滯，必至貽誤事機。平瑞現擬暫行改道，由蒙古臺站行走，並將古城迪北之北套橋等處戈壁臺站添撥兵役，常川駐守，接遞文報，所籌均合機宜，即著准其暫行改道行走，以昭便捷。本日業經諭知兵部、理藩院轉傳各該處一體遵照辦理外，並著明誼、麟興、車林敦多布、錫霖、廣鳳、奎昌、阿克敦布等於烏里雅蘇台科布多及察哈爾各臺站實力整頓，督飭各該盟長總管等一體接遞，毋稍遲誤。此次麟興奏摺到京，不過一月有餘，視上年所遞各報，遲速迥殊，是西南各城亦可仿照辦理。即著烏里雅蘇台將軍咨行伊犁將軍、塔爾巴哈台葉爾羌參贊大臣，及所屬各城，嗣後奏報，均著暫行改道，由烏里雅蘇台科布多所屬蒙古臺站，挨臺遞送至張家口，轉遞進京，以期迅速。

《東華續録》同治三二　三月庚戌，命欽差大臣西安將軍多隆阿督辦陝西、甘肅兩省軍務。

甲寅，諭内閣：嘉興、杭州兩府先後克復，該府屬地方久爲賊踞，小民慘遭荼毒，蕩析離居，田土荒蕪，殊堪憫惻。所有杭州、嘉興兩府屬新復各州縣地方，著加恩將同治二年及三年分應徵錢漕悉行蠲免，其未經克復之湖州一府暨石門等縣，並著於克復後查照杭、嘉兩府蠲免章程一律辦理。該督撫即刊刻謄黄，徧行曉諭，並督飭各地方官吏安集流亡，妥籌撫恤，務使實惠及民。

庚申，左宗棠奏，杭州、餘杭兩城，經官軍於二月二十四日同時攻克。

諭議政王、軍機大臣等：本日已於明降諭旨内將德克碑一例賞給頭等功牌，並賞銀一萬兩，以示嘉奬矣。所有頭等功牌式樣，亦應與前賞戈登式樣一

律，即著左宗棠向李鴻章咨取前式仿照製造，並著左宗棠無論何款，動用銀一萬兩，一併賞給。其片内所稱，由該督另行籌給德克碑銀二萬兩，分賞所部常捷軍出力弁兵之處，與李鴻章前次另籌洋銀七萬元給與戈登犒軍辦法相符，即著照所議辦法，將來浙省軍務肅清後亦須將該洋將撤回。

癸亥，萬壽節，上詣慈安皇太后、慈禧皇太后前行禮，停止，升殿，御乾清宮，王以下文武官員行慶賀禮。自是每歲皆如之。

《穆宗實録》卷一〇〇　四月甲申，以故朝鮮國王李昇世子熙襲爵，命户部左侍郎皁保爲正使，正白旗漢軍副都統文謙爲副使往封。

《東華續録》同治三三　己丑，上諭内閣：江南提督李世忠，自任事以來，屢著戰功，上年春閒，髮逆沿江上竄，該提督力保滁州、全椒、天長、六合等城，逆不得逞，官軍乘勝克復浦口、江浦、九洑洲，江北得以肅清。迨苗逆復叛，該提督慷慨誓師，親統所部赴淮助平巨憝。此時江淮軍務大定，復能將所部弁勇發貲遣散，並願廣散貲財，捐助軍餉，實屬深明大義，誠悃可嘉。該提督見因傷病舉發，親柩未葬，懇請開缺回籍，若不允其所請，無以恤勤勞而慰孝思。李世忠著准其開缺回籍。

庚寅，諭内閣：欽差大臣西安將軍多隆阿，【略】著加恩追贈太子太保，照將軍陣亡例從優賜卹，賞給一等輕車都尉世職，任内一切處分悉予開復，應得卹典該衙門察例具奏，並准入祀京師昭忠祠。

《穆宗實録》卷一〇〇　諭内閣：御史富稼奏，運河一帶兩岸住户多於院落開掘地窖，藏竊銅米，比户皆然。聚衆搶糧之案，正犯聞拏遠避，完案復歸，怙惡不悛，作爲沿河之害。其慣竊銅米積匪，雖經拏獲多名，而竊藏之銅並未摻獲。今南漕尚未抵京，請豫除積匪，以清河運等語。著鍾岱、宋晉遴派員役實力摻查，將窖藏一律平毁，並飭各該管營汛及沿河委員節節梭巡，儻有棍徒夥竊及攙雜浸灌等弊，即行嚴拏，從重懲辦。廳橋各役，如有與賊通氣者，亦即嚴究革懲，以清積蠹而重運務。

《穆宗實録》卷一〇一　辛卯，户部奏：豫籌江南財賦以紓國課一摺。據稱東南地利素饒，自遭兵燹，一切應辦事宜均未舉行。現在皖北肅清，江蘇境内亦將剋期底定，亟宜釐定成規，以爲長治久安之計。查釐捐一項有礙正賦，應請將從前糧捐、畝捐、草捐、花布捐等項概行禁止，至正賦錢糧除蠲緩外，務令認真收納，年清年款。至灘地、沙洲二事爲利甚溥，懇請飭下督撫大吏遴員馳往查勘妥辦，以盡地利各等語。所奏係爲興利除弊起見，自應先事籌畫，以爲善後地步，著曾國藩、李鴻章按照該部所奏各節確切查明，實力興辦，以蘇民困而裕國計。

《東華續録》同治三三　丁酉，諭議政王、軍機大臣等：富明阿奏，江防下游肅清，擬裁師船節餉，並籌防天長一帶情形各摺片。江南一帶自蘇、常各郡及江陰、常、昭、丹陽等處相繼克復，【略】著曾國藩、富明阿隨時聯絡聲勢，互相策應，務期遏賊東竄，毋令擾及完善，是爲至要。

己亥，上諭内閣：各路軍營惡習，以少報多，諱敗爲勝，疊經通諭各該統兵大臣及督撫大吏，痛除積弊，不啻三令五申。兹覽僧格林沁所奏，是各路軍營積弊仍未革除，【略】嗣後各路營員及統兵大臣等，於賊勢之多寡，接仗之勝負，均須字字從實奏報，如仍任意鋪張，未能埽除積習，一經有人奏參，必將揑報軍情之營員及統兵大臣等，一併從嚴懲治。

《穆宗實録》卷一〇一　戊戌，諭：總理各國事務衙門奏，請派京營弁兵學製火器一摺。據稱練兵之要，製器爲先，洋人所製炸礮炸彈等項尤爲行軍利器，現在李鴻章軍營製造此項火器已有成效，擬請飭火器營於曾經學製軍火弁兵内，揀派武弁八名、兵丁四十名發往江蘇，一體學習等語。所奏自係爲思患豫防起見，本日業經諭令火器營照該衙門所請派撥矣。此起弁兵俟抵江蘇後，即交李鴻章差委，專令學習炸礮炸彈，及各種軍火機器。如能留心學習，著有成效者，准該撫從優奏請獎勵。其有怠惰偷安不遵約束者，即照軍法治罪。該撫務當明定勸懲，俾該弁兵等盡心講求，以期備得西人之妙。該弁兵等到蘇後，該撫務須加意稽察，妥爲防閑，俾祕妙之傳，不致稍有漏洩，方爲妥善。所有應給薪水等項，即由江蘇酌定支發，准其作正開銷。

《穆宗實録》卷一〇二　五月丙午，諭内閣：古今治亂得失之源，聖賢身心性命之學，莫備於經。君臨天下者，所當朝夕講求，期有裨於治理。著倭仁、賈楨選派翰林十數員，將四書五經擇其切要之言，衍爲講義，敷陳推闡，不必拘泥排偶舊習，總期言簡意賅，仿照《大學衍義》體例，與史鑑互相發明，將來纂輯成書，由掌院學士裝帙進呈，以備觀覽。

《東華續録》同治三四　乙酉，諭内閣：歷代史書皆以帝王本紀冠諸簡端，我朝列聖相承，均經國史館纂修本紀，敬謹尊覽。伏念皇考文宗顯皇帝至德鴻謨，耿光大烈，業經特命開館纂修實録，見已進呈至五年，允宜恭修本紀，垂示後昆，著國史館總裁遴派提調等官，督率謄録，詣實録館將業已進呈之書，照副本

恭繕一分，恪遵編纂，隨時進呈，於實録告成後，陸續辦竣，所繕實録副本，即恭藏史館，以資考證。

庚戌，諭内閣：戈登著賞穿黄馬褂，賞戴花翎，並頒給提督品級，章服四襲，以示寵榮。

《穆宗實録》卷一〇四　庚申，慈安皇太后、慈禧皇太后懿旨：據御史賈鐸奏，風聞内務府有太監演戲，將庫存進貢緞疋裁作戲衣，每演一日，賞費幾至千金，請飭速行禁止，用以杜漸防微等語。【略】著總管内務府大臣等嚴密稽查，如果實有其事，即著從嚴究辦，毋得稍有瞻徇，致干咎戾。皇帝典學之餘務當親近正人，講求治道，儻或左右近習恣爲娱耳悦目之事，冒貢非幾，所繫實非淺鮮。並著該大臣等隨時查察，責成總管太監認真嚴禁所屬，嗣後各處太監如有似此肆意妄行，在外倚勢招摇等事，並著步軍統領衙門一體拏辦。總管太監不能舉發，定將該總管太監革退，從重治罪。若總管内務府大臣等不加查察，别經發覺，必將該大臣等嚴加懲處，其各懔遵毋忽。此旨並著敬事房内務府各録一通，敬謹存記。

《東華續録》同治三四　壬戌，諭内閣：國家命將出師，翦除兇逆，原期與吾民共樂昇平。其甘心從賊者，固爲法所難容，而殲厥渠魁，脅從罔治，凡被賊偪脅而悔罪自新者，皆在可矜可赦之列，前經疊諭各路統兵大臣，令於誠心歸順者，無論從賊久暫，均准一律投誠，各該大臣亦能仰體朝廷好生之心，妥爲辦理，故大軍肅清蘇、浙兩省，收撫甚多，凡率衆來歸，殺賊反正者，類皆寬其既往，咸與維新，此被陷難民所當共聞共見。見在金陵合圍，指日可克，若俟城池既拔，則玉石俱焚，雖悔何及，亟宜及早省悟，自覓生機。惟念其閒有久陷賊中隱懷疑懼，未能自拔者，用是再行剴諭，嗣後如有設計獻城或捦斬首逆，即立予重賞。其有從賊已久，蓄髮較長，但能誠心歸順，均准薙髮免死，給予牌照路費，資遣回籍，攜帶眷口貲財，悉歸本人，兵勇不得搶奪，無籍可歸，妥爲安置。如私行殺害劫奪財物，即將該兵勇按照軍法從事，並將該本管官從重懲辦，各處投誠難民照此一律辦理。著各路統兵大臣、各省督撫，即將此旨刊刻張貼，徧行曉諭，務令身陷賊中者咸知朝廷寬大之政，益以堅其向化之心，用副覆幬生成之至意。將此通諭知之。

癸亥，諭内閣：朕奉慈安皇太后、慈禧皇太后懿旨，從來致治之源，端在以古爲鑑，凡用人行政之要，治亂得失之源，載在簡編，足資法戒。前於皇帝御極之初，命南書房、尚書房諸臣採擇前史事蹟，纂輯成書，進呈備覽，賜名《治平寶鑑》。其中採據往事，推闡敷陳，尚稱切要，若將此書講貫發明，於治理尤有裨益。著瑞常、寶鋆、載齡、李棠階、單懋謙、徐桐於本月二十七日起，每日輪派一人，由議政王帶領進講，瑞常等於進講之時，務當剴切敷陳，言必盡意，毋得稍有避忌，用副集思廣益至意。

《穆宗實録》卷一〇四　甲子，諭内閣：河南學政景其濬奏，請飭各省慎選孝廉方正等語。國家於科目之外設立孝廉方正一途，原以搜羅遺逸，振拔單寒。前經諭令各省採訪真儒，不得有名無實，乃近來各州縣視爲具文，不但所舉不實，甚至各衙門書吏任意勒索，致令砥節勵行之士，無力進身，而坐擁厚貲者反得濫竽充數，積習相沿，亟宜痛加釐剔。著各直省督撫、學政嚴飭各州縣，嗣後選舉孝廉方正，務當禁革陋規，痛除積弊，悉心採訪寒畯，以期名實相符，用副朝廷登明選公之至意。

《東華續録》同治三五　六月己丑，諭議政王、軍機大臣等：曾國藩奏，遵覆疊奉諭旨一摺。據稱李鴻章絶無避嫌之意，所稱助攻金陵即難協勦湖州，係屬實在情形。

《穆宗實録》卷一〇七　乙未，諭議政王、軍機大臣等：李鴻章奏，金陵克復，改派各軍分投堵勦一摺。前據曾國荃等奏，官軍克復金陵外城，不過一二日即可勦清餘匪等語。連日翹盼捷音，未據續報，殊深廑繫。該逆死黨尚有萬餘，曾國荃於攻克大城時即應一鼓作氣，將僞城儘力攻拔，生捦首逆。乃因大勢粗定，遽回老營，恐將士等貪取財物因而懈弛，萬一該逆委棄輜重，餌我軍士，而潛出别道，乘我不備，冀圖一逞，或伺閒奔竄，衝出重圍，均不可不慮。著曾國藩飭令曾國荃督率將士迅將僞城尅日攻拔，殲捦首逆，以竟一簣之功，同膺懋賞。儻曾國荃驟勝而驕，令垂成之功或有中變，致稽時日，必惟曾國荃是問。李鴻章於前日奏到，派出王永勝、劉銘傳等軍並攜帶炸礮隊助攻金陵，當經諭知，金陵外城已破而僞城未拔，仍令迅往助攻。乃本日遽奏，接曾國荃飛咨，金陵已於十六日午刻克復，是李鴻章於僞城未拔情形尚未知悉，軍情變幻，事機緊要，著李鴻章仍遵前旨，飭令派出各軍攜帶炸礮火器星馳前往金陵，協力攻勦，此外如有逸出之賊，仍著會合分守要隘各軍分投截勦，毋令一名漏網。

《東華續録》同治三五　戊戌，上諭内閣：本日據官文、曾國藩由六百里加緊紅旗奏捷，克復江甯省城，逆首自焚，賊黨悉數殄滅，並生捦李秀城、洪仁達等

逆一摺。覽奏之餘，實與天下臣民同深嘉悦。【略】曾國藩著加恩賞加太子太保銜，錫封一等候爵，世襲罔替，並賞戴雙眼花翎。曾國荃著賞加太子少保銜，錫封一等伯爵，並賞戴雙眼花翎。【略】李秀城、洪仁達二犯，即著曾國藩等派委妥員檻送京師，訊明後盡法處治，洪秀全屍身覓獲後，挫屍梟示，仍傳首被害地方，以洩衆憤。

諭：本日據官文、曾國藩由六百里加緊馳奏，克復江甯，全股悍賊盡數殲滅，【略】各路統帥疆臣，公忠體國，共濟時艱，【略】僧格林沁已疊次加恩晉封親王，世襲罔替，著再施恩加賞一貝勒，令其子伯彥諾謨祜受封。官文著加恩錫封一等伯爵，世襲罔替，賞戴雙眼花翎。李鴻章著加恩錫封一等伯爵，並賞戴雙眼花翎。

《穆宗實録》卷一〇八 七月庚子，諭：恭親王自簡授議政王以來，於今三載，適值東南等省兵事方殷，用人行政、徵兵、籌餉，一切深資贊畫，弼亮宣猷，忠勤丕著。軍機大臣文祥等翼贊樞廷，同心輔治，前於蘇杭省城克復，各案内屢欲降旨加恩，均經該王大臣等再三懇辭，不忍重違其意。兹當江甯省城克復，紅旗馳報殲捦首逆，本欲援照從前優獎成案，降旨施恩，乃該王大臣等仍復懇切力辭，鑒其誠悃，不得已酌中給予恩施，以獎勞勩。議政恭親王著加恩賞加軍功三級，仍加賞一貝勒，令伊子奉恩輔國公載澂受封，並封伊子載濬入八分輔國公，載瀅不入八分鎮國公。軍機大臣、工部尚書文祥著賞加太子太保銜，伊姪凱肇並賞給員外郎，分部學習行走。户部尚書寶鋆著賞加太子少保銜，並賞戴花翎。工部尚書李棠階著賞加太子少保銜，伊子李洊並賞給舉人，准其一體會試。兵部左侍郎曹毓瑛著賞加頭品頂帶，賞戴花翎，以示朕慶賞酬庸之意。此次辦理軍務十有餘年，軍報絡繹，事務殷繁，軍機章京等昕夕從公承書諭旨，均無貽誤，尚屬著有微勞，著議政王、軍機大臣分别等第酌量從優保獎，候旨施恩。

壬寅，諭内閣：御史景霖等奏，宗室覺羅潛住外城，請飭查禁一摺。據稱近來南城地面頗有宗室覺羅隱匿姓名居住者，行蹤詭秘，不安本分。及與民人口角争訟，始將真姓名説出，以圖挾制，司坊官傳訊，永不到案，請飭查禁等語。外城地面向不准旗人居住，至宗室覺羅更不應在外城溷跡，若如該御史所奏，詭託姓名與匪人爲伍，滋生事端，情尤可惡。著宗人府八旗嚴行飭禁，宗室覺羅人等概不准移居外城，如有先經移居者，即著查明，勒限遷回内城居住，毋任延玩。經此次飭禁之後，儻再有潛居外城，怙惡不悛者，即著該城御史等訪查確實，奏明究辦。

戊申，諭内閣：户部奏，請將軍需報銷變通辦理一摺。據稱軍需報銷向來必以例爲斷，然其間制變因時，亦有未能悉遵之處。各省軍需歷年已久，承辦既非一人，轉戰動經數省，則例所載徵調但指兵丁，而此次成功，半資勇力，兵與勇本不相同，例與案遂致歧出，在部臣引例覈案，往返駁查，不過求其造報如例。而各處書吏藉此需索，糧臺屬員借以招摇，費無所出，則浮銷苛斂等弊，由此而起。請將同治三年六月以前未經報銷各案開具簡明清單，奏明存案，並請飭禁勸捐歸補名目等語。所奏係爲因時杜弊起見。軍需報銷一事本有例定章程，惟近來用兵十餘年，蔓延十數省，報銷款目所在多有，若責令照例辦理，不獨虚縻帑項，徒爲委員書吏開需索之門，而且支應稍有不符於例，即難覈准，不得不著落賠償。將帥宣力行間，甫邀恩錫，旋迫追呼，甚非國家厚待勳臣之意。著照該部所請，所有同治三年六月以前各處辦理軍務未經報銷之案，准將收支款目總數分年分起開具簡明清單，奏明存案，免其造册報銷。此係朝廷破格施恩，各路統兵大臣、各省督撫具有天良，務須督飭糧臺委員覈實開報，不得因有此旨，任意影射浮冒，並著嚴禁勸捐歸補名目，及私設釐卡等弊。如有不肖委員仍以前項情弊巧爲嘗試，别經發覺，除將承辦各員嚴辦外，必將各該統兵大臣及各該省督撫等從重治罪。部中書吏如有在各處招摇撞騙，蒙混包攬者，並著嚴行拏辦，以懲奸蠹。其自本年七月起，一應軍需凡有例可循者，務當遵例支發，力求撙節。其例所不及，有應酌量變通者，亦須先行奏咨備案，事竣之日，一體造册報銷，不得以此次特恩妄生希冀。將此通諭中外知之。

《穆宗實録》卷一〇九 乙酉，諭内閣：江甯前明太祖陵寢，本朝每歲春秋致祭，並於江甯地方官内專委一人修理傾圮，設有陵户加意防護，所以敬禮前代者，極爲優渥。咸豐三年賊匪竄陷江甯，曾據向榮奏稱，明陵享殿被焚。前因逆燄鴟張，未獲以時展祀，緬懷前朝陵廟，良用惻然。現在紅旗奏捷，攻拔名城，地方已臻底定，而兵燹之餘，廟貌傾壞，若非重加繕治，殊不足以肅禋祀而昭優禮。著派曾國荃前往明太祖孝陵致祭，其有應行修葺之處，著曾國藩一面查明情形迅速奏聞，一面督飭地方官酌量興修，務令完固整齊，用副隆禮勝朝，有加無已至意。尋奏：遵查明陵毁傷過甚，修理維艱，擬俟修城挑河各工完竣再行籌辦。報聞。

丁巳，諭：張凱嵩奏，越南例貢届期，據情代奏，並密陳南太兩郡尚有梗阻，

可否照案暫行展緩各摺片。越南國王阮福時因現屆乙丑例貢之期，請將上二届丁巳、辛酉兩貢一併恭進，具見誠悃，亟應行令依期入貢，以遂其愛戴之忱。惟張凱嵩所陳左江南太兩郡道路尚多梗阻，繞越無從，自係實在情形，已照該撫所請准其暫行展緩矣。越南國例貢業經三届展緩，恐遠人或生觖望，著張凱嵩於軍務完竣、道路流通之時，即行奏明請旨，無庸遲至下届例貢之期，始行令其併進，並由該撫宣布朝廷德意，俾該國王知悉，以示體恤。

《穆宗實録》卷一一〇　癸亥，諭：滿慶等奏，達賴喇嘛從伊正師傅羅布藏吉饒汪曲，受格隆小戒，呈遞佛尊哈達等物一摺。本年四月十三日，達賴喇嘛從伊正師傅受格隆小戒，實有吉祥之事，朕心甚爲喜悦。達賴喇嘛嗣後尤應專習經咒，謹守黄教，永受朕恩。著加恩賞給達賴喇嘛黄哈達一箇，椰子捻珠一串，玉盌一箇，大荷包一對，小荷包二對。著滿慶接奉此旨諭知達賴喇嘛照數祗領。再達賴喇嘛仍將照例應進貢物，交班禪額爾德尼年班堪布來京呈進。即照所請辦理。

《東華續録》同治三七　八月己巳，諭旨，變通辦理，俯如所請，俾克盡友恭之義，藉以順秩敘之常，嗣後朝祭大典，内廷行走及各衙門請派差使，聯銜奏事摺件，恭親王均著排列在惇親王之次，以遂誠悃。

庚午，諭：常清等奏，回匪肆擾，失陷三城，伊犂危急一摺。【略】穆圖善前有請回湖北勦賊之語，具見勇往任事，甚屬可嘉，此時鄂省兵力厚於甘省，而甘省軍情較鄂省尤爲緊要，即著該將軍統帶所部馬步各營，兼程馳往甘省，會同都興阿、雷正綰妥籌勦辦。

《穆宗實録》卷一一一　辛未，都興阿奏：甘省難回過多，請派大員查辦，妥爲安置一摺。據稱陝西回衆前經大兵勦辦，望風逃入甘省，自平凉、固原、鹽茶收復後，兇悍之徒多就誅滅，其餘被脅之衆，扶老攜幼，尚不下數萬人，甘省無從安插。現經署臬司楊柄鋥等飭令該頭目等查明籍貫人數，造具清册，請派大員赴甘查明，准將該回衆解回陝西，原籍安插等語。前因陝西回匪煽亂，荼毒生靈，朝廷命將出師，無非欲除暴安良，登斯民於衽席。疊經諭令，統兵大臣但分良莠，不分漢回，初未嘗因回民中偶有逞兇藐法之人，即將安分良回，概行誅戮。兹據都興阿奏稱，陝省回民逃入甘省者，其中被脅難回尚盈數萬，此等回民大率因大兵進勦，惑於奸回謡言，被其偪脅，紛紛遠竄。此時天戈所指，疊克堅城，悍黨業就殲戮，而該難回等蕩析離居，嗸嗸待哺，朝廷一視同仁，豈忍令數萬生靈展轉溝壑。因思此等回衆籍隸陝西者已數百年，與該省漢民相安已久，且邱墓田廬均在原籍，該回衆等自必樂歸故土。即該省漢民亦斷不至因遭逆回荼毒，致與安分良回稍存嫌隙。總之漢民回民皆吾赤子，初未嘗稍存歧視，該地方官果能宣布朝廷德意，使漢回居民各安生業，永息争端，民雖至愚，豈有不爲感悟之理。著派陝西按察使張集馨馳赴甘肅，將陝省難回詳細查明。如實係被賊偪脅，現已投誠者，概准免罪，其有原籍可歸者，即分别解回安插。並著劉蓉於此起回民回籍時酌量情形，妥爲安置。儻該回衆等回籍後仍敢懷疑搆釁，不遵約束，或漢民中有意存歧視，逞忿尋仇者，均著該地方官分别從嚴懲辦。該督撫即刊刻謄黄，徧行曉諭，用示朝廷胞與爲懷，秉公辦理至意。

《東華續録》同治三七　乙亥，上諭議政王、軍機大臣等：據曾國藩奏稱，湘勇有業者多，無根者少，但使欠餉有著，當可安静回籍，即著責成該大臣妥速辦理。

戊子，諭内閣：所有同治三年六月以前各處軍需用款，准照新章奏報者，有統兵大臣責成統兵大臣辦理，無統兵大臣省分，責成各該督撫辦理。【略】如有吏胥人等，在外藉端撞騙者，著懔遵前奉諭旨，嚴行查拏，從重懲辦。

《東華續録》同治三八　九月壬寅，以馬新貽爲浙江巡撫，未到任前仍以閩浙總督左宗棠兼署，英翰爲安徽布政使，何璟爲安徽按察使。

丙午，四川總督駱秉章奏，蔡啓二逆合竄漢南，見籌防勦事宜，著即飛催唐友耕各軍偵探迎勦，並會合蕭慶高等軍夾擊，務期翦滅净盡。

癸丑，嚴飭各省迅解京餉。

丙辰，諭内閣：總管内務府大臣奏，統籌庫款全局，請飭部妥議章程一摺。嗣後宫内雖尋常工作，大不得已者亦著酌量停緩，以節縻費，其餘一切照例進御服飾器皿等件，並著總管内務府大臣等，懔遵疊次諭旨，覈實備辦，力求撙節，以示朝廷崇儉黜奢之至意。

辛酉，諭議政王、軍機大臣等：左宗棠奏，浙軍出境追勦，連獲勝仗，見籌勦辦情形一摺。【略】左宗棠惟當督飭閩浙諸軍，合力夾擊，毋任漏網，以竟全功。

癸亥，賞普濟堂、功德林煮賑米三百石。

丙寅，賞五城貧民棉衣銀。

丁卯，以孟冬時享太廟，上前期親詣行禮。

《東華續録》同治三八　十月戊辰，命刑部尚書綿森、户部左侍郎吴廷棟往

治察哈爾獄。

辛未，諭内閣：伊犂將軍常清，自到任以來，於邊防事務一切未能整頓。【略】常清著即行革職，仍留伊犂聽候查辦。

乙亥，諭議政王、軍機大臣等：保恒奏，烏魯木齊省垣失守，請派兵出關勦賊，並請於科布多揀員統轄蒙古官兵各摺片。烏魯木齊都統著保恒暫行署理，烏垣等處文武下落，著查明具奏，一面將見存蒙古官兵並烏科等處調到蒙兵妥籌調度。科布多地方亦關緊要，廣鳳已派往辦分界事宜，保恒所請由該城大臣揀調一員，來古督同辦理，著毋庸議。本日廣鳳、奎昌奏，續撥二起蒙兵起程赴古，嗣後無可再撥等語，自係實在情形，所有科城蒙兵，即著毋庸再撥，此項蒙兵到古時，即由保恒等分别調遣可也。

諭：新疆各城自庫車、喀喇沙爾、葉爾羌、烏魯木齊、滿城亦已失陷，見在甘肅軍務尚無就緒，道路亦未通暢，而湖北賊氛未淨，礙難騰出兵力赴甘援勦。是欲勦關外之賊，必須先清甘省；欲清甘省，非將竄擾楚、豫、皖三省之賊迅速殄除，則兵力實爲牽掣，不能鼓行而西。前諭曾國藩調派劉連捷等軍赴楚助勦，疊據奏報，業經陸續到皖。劉連捷一軍已由官文檄調赴鄂，此起官兵皆係曾國藩舊部，即鄂省水陸各營亦係楚勇居多，若得曾國藩前往調度，則兵將相習，必可收指臂之效。即著李鴻章前赴江甯暫署總督篆務，曾國藩俟李鴻章到後即行交代起程，江蘇巡撫著吴棠暫行署理。

丁丑，慈禧皇太后聖壽節，御慈寧宫，上率王以下文武官員行慶賀禮。

戊寅，諭：閩浙總督兼署浙江巡撫左宗棠，督師入浙，恢復浙東各郡縣，進規浙西，攻克杭州省城及湖州等府縣，肅清全浙，並派兵截勦皖南竄賊，蕩平巨股，卓著勳猷。兹當幼逆洪幅瑱就拴，殲除餘孽，東南軍務漸次底定，自應渥加懋賞，左宗棠著加恩錫封一等伯爵。浙江布政使蔣益澧隨同左宗棠統兵入浙，身先士卒，所向無前，先後立拔堅城，廓清浙境，懋著戰功，並著加恩賞給騎都尉世職，以示渥沛恩綸至意。

《穆宗實録》卷一二二　十一月庚申，諭：綿森、吴廷棟奏，請飭整頓馬政等語。國家設立牧羣，豢養弁兵，原以備臨時徵調，緩急可以應用。乃近年以來，該總管等並不認真牧放，遇有徵調，往往馬匹疲乏，不堪挑選，因而扣餉購馬，累及兵丁，甚至將馬駒變價，孳生日少，百弊叢生，殊堪痛恨。現在軍務未竣，需用馬匹尤多，豈容任意廢弛，著察哈爾都統等力加整頓，嚴飭總管翼長等認真牧放，隨時查驗，務期馬匹全無疲乏，馬駒覈實歸羣，以祛積弊而收實效。如遇有徵調，必須添買，及籌備供應各項，並著該都統等通籌全局，悉心妥議，奏明辦理。其攢扣兵餉，馬駒變價，及挑缺令兵丁出銀添補馬羣，一切積弊，務須全行革除。各衙門陋規及餽送查羣大臣程儀等項名目，並著永遠裁汰，毋得再蹈從前積習。

辛酉，諭總理各國事務衙門：户部奏，據美國公使蒲安臣在總理衙門呈遞照會，内稱咸豐八年，伍崇曜向美國旗昌洋行借銀三十二萬兩，經前任兩廣總督會同粤海關監督立揭銀單，由伍崇曜交與洋行收執。

《穆宗實録》卷一二四　十二月庚辰，諭：吴棠奏，東南軍務大定，擬試辦河運等語。據稱江北各屬，均以河運爲便，惟停運有年，漕艘久廢。若設法雇用民船，慮難鈐束，並沿河二路縴隄膈壩，浮送能否無虞，亦難逆料。現擬於清淮軍需捐款内動銀購米三萬石解赴通倉，試行河運等情。具見該漕督心存大局，辦事認真。江北各屬距滬較遠，如與蘇、浙、江、廣糧艘，一律由上海轉運，由北而南，殊多周折，著照吴棠所請。

癸未，諭：總理各國事務衙門奏，請飭各省地方官於中外交涉事件，按照條約辦理一摺。據稱江蘇麻莊地方，有英國人一名，布國人三名，搶取鄉村物件，與民人互鬬，傷死鄉民三人，被該處民人將該洋人等拏獲，縛送地方官辦理。乃該地方官展轉推諉，並不收理，以致延閣三日。該洋人等被捆致斃二人，已由該衙門咨行該省查辦等語。各直省地方遇有洋人不持護照擅入内地及與民人争鬬，或有不法情事，理應按照條約將洋人送交領事官懲辦。此次麻莊地方互鬬一案，若如所奏，該地方官並不查照條約迅速辦理，致洋人被捆多日，遂致殞命，實屬非是。儻各省皆似此互相推諉畏事不辦，尚復成何事體。著各直省督撫嚴飭該地方官，嗣後遇有外國人不持執照，擅入内地，及持有執照，而或有不法情事，抑或照内查有訛誤者，均著按照條約拏交領事官懲辦。其或官府未及覺察，先由民間受害之家拏送者，一經解到，亦著按約就近送交領事官懲辦。無論由官府民間拏送，中途拘禁不准陵虐，至中外一切交涉事件甚多，並著飭令該地方官平時將各國條約悉心檢閲，不准視爲具文，漠不關心。

《穆宗實録》卷一二五　乙丑，諭：禮部奏，琉球國使臣呈稱，該國世子此次恭進方物，懇照道光二年、六年、咸豐元年、五年准予賞收，免其留抵等語。該國世子因慶賀登極，並進文宗顯皇帝香品，專遣使臣呈進方物，前經降旨留抵下次

正貢，原以昭體恤而示懷柔。今據該使臣等呈稱，伊等臨行時，該國世子諄屬懇請准予賞收，免抵下次正貢，具見抒誠效悃，誠懇可嘉。著照所請，此次所進方物，准予賞收，下次正貢屆期，該國遣使來京時，再當優加賞賚，用昭柔惠遠藩至意。該部即傳諭該使臣，令於回國時轉告該國世子知之。

同治四年（乙丑、一八六五）

《穆宗實録》卷一二六　正月乙酉，漕運總督吴棠奏，遵議籌辦河運漕米章程十條。

庚子，兹據明緒等奏，伊犁救援巴燕岱之兵，中途失利，現在賊衆兵單情形，萬分喫緊等語。伊犁爲統領各城重地，設有疏虞情形，更難設想。該處盼望援兵誠屬刻不可緩，該督募勇一事如已辦有頭緒，即應整隊赴甘，以便都興阿、穆圖善之兵早日騰出鼓行而西，以收底定西陲之效。儻該督仍以勇未招齊赴甘稍遲一日，則援勦新疆亦遲一日，關繫誠爲不淺，著楊岳斌懔遵疊次諭旨，迅即料理起程，不得再事稽延。

壬寅，諭内閣：國家綏懷遠服，闓澤覃敷，於外藩各國朝貢進京無不體恤備至，恩禮有加。凡賞賚筵宴及一切典禮定例，本極周詳，第恐日久相沿，各該承辦衙門或致視爲具文，供應草率，殊非朝廷厚待遠人之意。現值朝鮮、琉球使臣來京朝貢，著各該衙門於一切應行事宜，務須懔遵定例，揀派妥員詳慎辦理，毋得任聽吏胥苟簡從事。該堂官等仍應逐一稽察，如查有辦理不能妥協之處，即將承辦之員據實參處，以昭慎重而示懷柔。

曾國藩奏：疊奉諭旨，恭摺覆陳一摺。所陳勦辦捻匪，宜用淮勇；西路軍務，宜併力先清甘肅，再及關外，並餉源日匱，必須多撤楚勇各條，均於時勢軍情確有見地。劉銘傳等軍前據李鴻章奏，所用洋礮軍火最爲笨重，運送頗難，當經諭令毋庸檄調赴豫，並令李鴻章與左宗棠籌商如閩省應需該營前往協勦，即檄飭劉銘傳統軍赴閩，聽候左宗棠調遣。此次曾國藩所奏各情均與前旨脗合。現在僧格林沁督兵偪賊立營，大獲勝仗，軍威已振，無須再俟淮勇助勦。所有劉銘傳所部即著咨商李鴻章恪遵前旨，酌量調赴閩省，以資厚集。甘肅軍務未清，原不能揚威塞外，第新疆南路各城大半淪陷，烏嚕木齊及古城之漢城先後爲賊占踞，北路亦形岌岌，若不迅圖埽蕩，恐全局淪胥，必至不可收拾。昨因伊犁危急，諭令穆圖善迅速帶兵出關，並令鮑超即日整隊西行。著懔遵前旨，趕緊辦理。至鮑超赴甘前因沈葆楨奏到，已有旨准其將所部八千人統帶前往。曾國藩所稱鮑超回蜀募勇，宜用川北保甯、龍安兩府之人一節，保、龍二府兵勇與甘肅風氣不甚相遠，且皆可徑達階州，自較川東之勇尤爲得力。著駱秉章傳知鮑超迅速馳赴川北，募勇成軍，剋期赴甘，一面檄調宋國永等軍由江西馳赴川東，管帶舊部續行入甘，毋稍遲誤。其所需軍餉一切仍著駱秉章源源籌解，以利師行。曾國藩以餉源日匱，擬請多撤楚勇，自係目前第一急務。即著將劉連捷、朱南桂、朱洪章三軍次第裁撤，以節糜費。至韋志俊等諸降衆尤應妥籌安插，善爲遣散，庶騰出有用之餉以供留防之勇，濟西征之軍，於大局實有裨益。

丙午，頒賞朝鮮國王李㷩扁額曰教敷箕壤，琉球國王尚泰扁額曰瀛嶠屏藩。

《穆宗實録》卷一三一　二月癸巳，諭議政王、軍機大臣等：左宗棠等奏，福建官軍擊賊大勝一摺。劉典、王得榜等軍進勦汪逆，疊破賊壘，續獲大勝，該逆痛哭逸去，幾爲官軍所獲。劉明珍等軍扼漳平一路，蹋毁丁逆賊卡三座。高連陞截勦漳州踞逆，大獲勝捷，李侍賢棄馬而逃，其悍黨亡失殆盡。現在汪逆勢窮，圖與侍逆合股。漳州南境地濱大海，賊勢窘蹙，難保不句結洋人計圖入海。左宗棠已飭提督劉清亮率所部由同安徑趨石碼以保漳州東南一路，令吴全美速雇紅單拖罾等船赴閩助勦以固海防，所籌均極妥協，著即激勵各軍覘賊所向，會師夾擊。該逆大敗之餘，其膽已寒，不難一鼓殄滅，左宗棠當督飭劉典、高連陞等分路布置，務須就地殲除，毋任他竄。汪逆、李逆逃往何處，責令帶兵各將弁追截，毋任合併一處。

甲午，諭内閣：沈桂芬奏，請嚴禁種植罌粟等語。三農畎畝服勞，以生九穀，自宜專務稼穡，藉爲仰事俯育之資。乃近年以來，山西人民多以種植罌粟爲業，始而山坡地角，偶爾試栽，繼且沃壤腴田，種植殆徧，遂致産米愈少，糧價增昂。設遇收成歉薄之年，民間儲蓄毫無，奚由得食。著沈桂芬即行刊刻告示，將種植罌粟嚴行禁止，並著各直省督撫通飭所屬一律嚴禁。

《穆宗實録》卷一三二　三月壬寅，命恭親王毋庸在軍機處議政，並撤一切差使。

《穆宗實録》卷一三七　四月癸巳，諭内閣：國瑞奏，官軍進勦髮捻，督師重臣遇伏力戰陣亡，現籌勦辦一摺。髮捻逆匪竄擾山東，由汶上縣之袁路口過河，竄至鄆城西北水套一帶，句結伏莽，糾約馬步數萬，勢甚兇悍。經僧格林沁督軍

迎勦，將賊擊退，復督馬步進追，猝墮賊伏。該親王督率諸軍奮力衝突，斃賊甚夥，乃該逆恃衆層層包裹，僧林林沁於四月二十四日夜閒率隊衝出，又被該逆大股猛撲，在曹州城西力竭陣亡，覽奏曷勝悲悼。【略】僧格林沁著賞給陀羅經被，照陣亡例，以親王飾終典禮從優議卹。應得卹典，該衙門詳查具奏。任内一切處分，悉予開復，准其入城治喪，其靈柩回旗時，著沿途地方官妥爲照料，並派乾清門侍衛克興阿、岳林、恩全、吉淩迅即馳驛前往該營迎護，賞給銀五千兩，由廣儲司給發，經理喪事，准其入祀京師昭忠祠。其死事地方及該親王出師省分，均著建立專祠，生前事功宣付國史館立傳。伊子伯彦訥謨祜俟百日孝滿後，即著承襲親王。該衙門無庸帶領引見，伯彦訥謨祜所遺貝勒，即著賞給伊孫那爾蘇以示篤念忠藎之至意。尋議上，賜祭葬，謚曰忠。

《穆宗實録》卷一三八　五月戊戌，命欽差大臣曾國藩督辦直隸、山東、河南三省軍務，地方文武員弁，暨旗緑各營，均歸節制調遣。

辛丑，諭：許彭壽、潘祖蔭奏，請飭江蘇巡撫解落地開花礮，並揀諳悉製造火器之員，由輪船北上一摺。本日據軍機大臣呈遞崇厚給總理各國事務衙門信函，内稱現帶洋槍隊赴景州，技藝陣勢，尚稱嫺熟，以之戰守，可望得力。現籌破賊之方，惟外國所製之開花礮尤爲制勝，聞戈登助勦時所練洋槍隊，上海尚有千名，請飭江蘇巡撫查明調派，戈登雖去，仍可邀外國人幫同統領等語。現在賊勢鴟張，如其鋭意北犯，以未經行陣之戰兵，當飄忽無常之悍寇，辦理毫無把握。疊經諭令李鴻章派隊北來，諒已認真籌辦。著即查明戈登所練洋槍各隊，尚有若干，酌量派撥，迅即由輪船赴津，並將落地開花礮多爲籌備，一併由輪船帶來。其帶隊洋人，應否酌派數員，隨同内地將弁管帶，如令其前來，必須妥籌章程，覈定餉項，以免臨時藉口、事後要挾等弊。丁日昌能否令其北上，如該員不能離滬，即另派妥員，帶領熟諳製造火器之匠役數人，趕緊前來。

《穆宗實録》卷一三九　己酉，諭軍機大臣等：李鴻章奏，遵派兵將航海赴津。閻敬銘奏，賊撲濟甯，籌辦省防河防，滋陽等境均有賊蹤，現擬籌添礮船各摺片。李鴻章恐賊北趨震驚畿輔，派常鎮道潘鼎新帶所部淮勇十營由海道赴天津，實能視國如家，顧全大局，深堪嘉尚。該道即日雇坐輪船赴津，入境必速。著劉長佑先派大員在津迎護，預備剥船往大沽接運，再酌雇船隻車輛由天津陸續裝運南下。其開花礮隊酌挑輕利者帶赴行營，其笨重者即留鎮津郡，軍情旦夕變遷，屆時何路緊要，即派赴何路防勦，均由劉長佑與該道酌商辦理，穩慎防勦。其在直隸時歸劉長佑調遣，俟曾國藩到東境，即歸曾國藩調遣，每月餉項著直隸、山東督撫按月各撥銀一萬五千兩，必須如數解濟，毋令缺乏。所有軍火一切要需仍著李鴻章督令丁日昌隨時籌撥應用，滬關應解夏季京餉五萬兩，著准其作爲該軍北援餉需，嗣後仍籌解十萬兩以符本年户部原派之數。

《穆宗實録》卷一四〇　庚申，諭：御史夏獻馨奏，請飭各省整頓保甲以清治源一摺。安良弭暴之方，莫善於保甲，地方官果能恪遵成法，實力奉行，奸宄何由匿跡。若如該御史所奏，近來州縣等官往往履任逾年，未曾編查鄉甲，或僅於城厢造册，虚應故事，甚至以無賴游民充當甲長，非但不能戢暴，而且多事擾民，以致良法美意，漸成具文，殊非實事求是之道。著各直省督撫、府尹嚴飭所屬講求舊章，認真辦理，不准吏胥等藉端需索，並於考覈牧令之時明示勸懲，隨時舉劾，儻敢陽奉陰違，仍蹈從前種種積弊，即著該督撫等從嚴參奏。

《穆宗實録》卷一四四　六月甲午，諭：八旗都統等會同户部等部奏，遵議沈桂芬條陳籌費移屯，恤旗民而實邊防一摺。據稱旗人聽往各省之法，道光年閒曾經籌辦有案，現擬量爲推廣，以裕旗人生計。請嗣後旗人有願出外營生者，無論降革、休致文武官員及未食錢糧、本食錢糧舉貢生監，暨兵丁閒散人等准由該都統給照前往，如願在外省落業，准其呈明該州縣編爲旗籍。其服官外省之降革、休致文武各員，及病故人員之子孫親族人等無力回京者，亦准一體辦理。所有詞訟案件統歸該州縣管理，如有不安本分滋生事端者，即由該地方官照民人一律懲治。其願入民籍者，即編入該地方民籍，文武考試章程，俟應試有人再由督撫體察情形奏交該部覈議。至八旗兵丁人等在外落業者，並准其調補緑營馬戰守兵各等語，所籌尚屬周妥，即著八旗都統將此次推廣辦法逐節出示曉諭，俾衆咸知，以裕生計而示體恤。

《穆宗實録》卷一四八　七月庚辰，軍機大臣等李瀚章奏：遵旨裁撤東征局，請酌留鹽茶二項歸本省局卡抽收，其餘各物酌留四成作爲協餉等語。所籌尚屬妥洽。本月初一日，據劉蓉奏，請飭撥湖南釐金協濟甘餉，當經寄諭李瀚章斟酌情形，儻能有裨國用，無損民生，即將東征局釐金照舊抽收，接濟甘餉數年，俟隴省軍務肅清再行停止。李瀚章此奏，自係尚未接奉前諭。鹽茶爲釐金大宗，著照所請毋庸議減，全數歸併湖南本省局卡抽收，其餘各色貨物據稱擬於向收東征釐税内一律酌留四成，增寫本省釐票内，作爲協餉。惟甘省兵多餉絀，待用孔殷，即使以酌留之四成專協甘省，尚恐爲數不多，不足濟事。著李瀚章仍遵

前旨悉心籌畫，儻能照舊抽收，接濟甘餉，於西陲大局，自有裨益。儻情形實有窒礙，或局面係屬已成，即著將鹽茶兩項及各色貨物酌留之釐金，儘力解甘，俾該省得此有著之款，可收實效，萬勿稍分畛域，致誤師行。

《穆宗實録》卷一四九　庚寅，諭：前據張亮基奏，法國主教胡縛理辦理興義回匪撫局執迷不悟等情，當將原摺批令總理各國事務衙門議奏。茲據奏稱，本年閏五月間曾經法國繙譯官豐大業以貴州興義府匪首求該省主教作保，俱願投降等詞，向該衙門呈遞，當經駁斥，並函致崇實、駱秉章令其密致勞崇光等慎重防維，毋爲所惑。嗣據崇實等覆稱，因恐中途洩露，未經函知。現經該衙門將張亮基所奏各情，與法國使臣伯洛内閲看，已商允該使臣函致胡縛理，不得干預該省軍務，是該公使亦以胡縛理辦理招撫之事爲非，並無異説。著勞崇光、張亮基、裕麟傳知胡縛理將法國傳教人向來所持諭單聲明開導，遇有地方公私事件及現在勦捕事宜，毋令從中干涉，致多棘手。

《穆宗實録》卷一五二　八月戊午，李瀚章奏：查明湖南米價增昂，銀價減賤，若將本年漕糧徵收本色納數倍增，民力實有不逮等情。所奏自係實在情形，所有該省本年漕糧，著准其仍徵折色，提充京餉，俟來年開徵時能否改收本色，該撫再行酌覈，辦理具奏。

壬戌，諭軍機大臣等：據總理各國事務衙門奏，廣東潮州府城尚未准英人進城，與條約不符，請派大員妥籌辦理等語。潮州府城准英人進城通商，載在條約，久已頒行，並奉文宗顯皇帝諭旨，令該省督撫按照條約辦理，何以五年之久尚未准該國人入城。現據英國照會，勢難中止，萬一該國不能忍耐，恃強入城，與國體更有關繫，何如曉諭紳民按照條約准其入城，略無痕跡之爲愈乎。瑞麟於接奉此旨後酌帶委員馳往潮州，揀擇通達事理之紳士斟酌情形，督飭該地方官曉諭開導，使知外國和好已久，彼此相安，此番照約入城係奉旨允行之事，斷難阻止，毋爲浮言所惑，俾該領事按約進城，用符定約，方可以示誠信。至華商曾源成虧欠英商銀二萬四千餘圓之多，即使内地民人交易亦當按律嚴追，詎得以事屬英商轉存歧視。從來地方官辦理中外事件，俱存此意，以致口實愈多，並著瑞麟查明，按照條約，將曾源成欠項嚴追歸款。儻再遷延不交，即著按律治罪，以昭平允。瑞麟出省後所有中外及地方應辦事宜均著郭嵩燾妥爲經理，用副委任。

《東華續録》同治五一　九月丁卯，諭内閣：劉蓉奏，發遣官犯呈請贖罪一摺。據稱已革左副都御史王履謙、已革前署浙江杭嘉湖道劉齊昂、已革從九品銜井維憲，均係發遣新疆官犯，援照新疆贖罪章程，捐銀贖罪，請旨定奪等語。王履謙前在浙江本籍辦團諸多貽誤，迨紹興府城失陷，該革員復蒼黄遠遁，諉罪於人；至劉齊昂係因浙江省城失守獲咎，井維憲在陝西商南有攤銀餽賊情事。該革員等從前所犯之罪情節較重，所請捐銀贖罪之處，著不准行，即著劉蓉迅將該革員等押赴新疆戍所，不許逗留。

戊辰，諭：昨據曾國藩等奏，髮捻各股見竄東境，官軍追勦各情形，當經諭令曾國藩仍駐徐州，就近督勦。特諭李鴻章督兵赴豫，與曾國藩兩路夾攻，俾髮捻股匪剋日殄除，直、東、皖、豫一律廓清，然後騰出兵力相機調遣，似於大局甚有裨益。曾國藩、李鴻章均以天下爲己任，諒必以此旨爲然，如或别有所見，亦不妨據實奏聞，以備採擇。至兩江總督事繁任重，李鴻章帶兵出省，不可無人署理，吴棠辦事認真，且在清淮駐守有年，於軍務亦能整頓，即著吴棠署理兩江總督，其漕運總督印務，即交與李宗羲暫行署理。江蘇巡撫與洋人交涉事件頗多，丁日昌籍隸粤東，熟悉洋務，以之署理江蘇巡撫，可期勝任。

丙子，署河東河道總督張之萬奏報秋汛安瀾，命詣河神廟祀謝，賞還張之萬二品頂帶，實授河東河道總督。

甲申，大葬文宗顯皇帝、孝德顯皇后於定陵。命大學士周祖培、協辦大學士吏部尚書瑞常恭題神主，恭親王奕訢恭代行虞祭禮。上跪送神牌黄輿，啓行，命豫親王義道，禮部尚書倭什琿布恭奉神牌黄輿回京。

諭内閣：朕奉慈安皇太后、慈禧皇太后懿旨，恭親王自襄辦文宗顯皇帝大事以來，五載於兹，盡敬盡誠，有條有理，定陵工程前經派令總司稽查一切，悉臻妥協。本日文宗顯皇帝、孝德顯皇后梓宫奉安，定陵禮成，瞻仰規制崇閎，典儀明備，悲慟之懷稍釋，在天之靈亦慰。自應仰體文宗顯皇帝誼篤友于之心，並參酌成案，渥沛殊施。以示優奬，乃據恭親王以盈滿爲懼，再四固辭，情詞懇摯，出於至誠，不得不勉從所請，僅交宗人府從優議敘。惟恭親王誼屬親藩，首參機務，近來事無巨細，愈加寅畏小心，深自斂抑，實能不負委任。本年三月初七日，所降諭旨原因其小節之疏，恐蹈愆尤之漸，期望既厚，責備不得不嚴，業於三月十六、四月十四等日，將辦理始末明白宣示，諒天下共見其聞，惟慮傳之久遠，後人不知原委，莫定是非，轉爲白圭之玷，殊無以釋羣疑而彰忠悃。所有三月初七日諭旨，著毋庸編入起居注，以示眷念勳勞，保全令名至意。

《東華續録》同治五二　十月甲午，命前任太僕寺少卿徐繼畬，以三品京堂候補，在總理各國事務衙門行走。

丙申，賜張蜀錦等八十四人武進士及第、出身有差。

庚子，諭内閣：馬新貽奏，覈減漕南浮革陋規以肅漕政一摺。浙省正漕，前經降旨分成覈減，並准部議，以漕項籌抵運費，皆所以軫恤民艱。

癸卯，諭内閣：左宗棠、徐宗幹奏，勦辦上下府各屬土匪情形一摺。福建興泉、永、漳各屬小刀會等匪黨，素爲民害，經左宗棠等派兵勦捕，將首要各犯次第捦斬，辦理甚屬認真，仍著督飭地方文武，實力搜捕，以消奸宄而安善良。

諭軍機大臣等：粵東軍務正當防勦喫緊之時，瑞麟於布置調度機宜，自當虚衷延訪，共濟時艱，郭嵩燾亦當和衷商酌，務求至當，不得偏執己見。此後該督撫遇有公商事件，總當以國事爲重，毋許各懷私見，再蹈前非。

辛亥，諭内閣：前據楊岳斌奏，陝西紳士候選道雷致福等稟稱，降調陝西巡撫劉蓉勦辦賊匪潰勇均能得力，藩司林壽圖實心任事不避嫌怨。劉蓉著仍帶革職留任處分，署理陝西巡撫。趙長齡即著赴山西，署理巡撫印務。降調陝西布政使林壽圖著來京另候簡用。

庚申，諭内閣：麒慶奏，熱河地方幅員遼闊，吏治不振，請將調補舊例量爲變通，並揀發州縣各員一摺。著熱河都統札飭該道，遵照定例，每届春秋二季，分巡各屬，以昭嚴密，不准性耽安逸，視爲具文。其熱河都統亦著於每年不拘時令，酌帶駐防官員兵丁，出巡一二次，以期盜賊斂迹。

《東華續録》同治五三　十一月癸亥，諭軍機大臣等：伯彦訥謨祜奏馳抵盛京沿途馬賊情形一摺。著恩合、恩錫查明嚴參懲辦，以靖盜源而肅吏治，毋稍徇隱。

甲子，命刑部右侍郎譚廷襄在總理各國事務衙門行走。

乙丑，調譚廷襄爲工部右侍郎，吴廷棟爲刑部右侍郎，汪元方爲户部左侍郎，宜振爲禮部右侍郎。

壬申，調萬青藜爲禮部尚書，以曹毓瑛爲兵部尚書，董恂爲左都御史，鄭敦謹爲户部右侍郎，李鶴年爲湖北巡撫。

《穆宗實録》卷一六〇　乙亥，據張亮基奏，各省歷年欠撥黔省軍餉鉛本等項，開單呈覽，請飭分年補還一摺。據稱貴州歲需兵餉鉛本等項，無不仰給鄰封。自咸豐四年楊逆倡亂，各省撥款概停，所入歲減百餘萬，而防勦之需歲增。屢經奏請撥款，奉旨嚴催，仍屬毫無實際，僅賴湖南勸捐一項苟延旦夕。本年糧價陡昂，數倍於前，又值防勦喫緊，練費軍火，在在均須籌備，即湖南、四川偶撥一二萬兩，亦屬杯水車薪，萬難足用，深恐兵潰援絶，貽誤大局。【略】所奏自係實在情形，該省地方瘠苦，需餉緊迫，若不趕爲籌解，恐軍務益形決裂。即著四川、湖北、湖南、廣東、江西、浙江、福建、山東、山西、河南、陝西各該督撫，暨福州將軍、粵海關監督，迅將單開積欠黔省兵餉鉛本，及文武不敷養廉兵糧米價等項，分作二十年清款，各照所欠總數，以奉旨之日爲始，按年撥還半成，不准稍涉延玩。

《東華續録》同治五四　十二月丁未，以疏防降賊恩合等下部議處。飭閻敬銘嚴查州縣浮收勒折等弊。

《穆宗實録》卷一六三　辛亥，諭：總理各國事務衙門奏，接據法國公使信函，密陳辦理黔省教務一摺。據稱法國公使遣繙譯官呈遞胡縛理稟函各件，内敘招撫回匪始末，並稱陸佑勤等造言捏謗，致張亮基屢屢尋釁。又稱永甯州有殺死司鐸教民之事等語。傳教一事原難保無好事之人從而附和，惟在地方大吏遇事持平辦理，有以折服其心，自可相安無事，僅或意存歧視，有意與之爲難，必至枝節横生，辦理諸多掣肘。

《東華續録》同治五四　丙辰，調督辦甘肅軍務西安將軍都興阿爲盛京將軍，未到任前，以正黄旗漢軍都統福興署理。命甯夏將軍穆圖善督辦甘肅軍務。

丁巳，諭内閣：李鴻章、劉郇膏奏，查明蘇、松等屬截除浮收實數，並請旨永禁大小户名目等弊一摺。該督撫務當督飭各屬秉公徵收，亦不准於例定折價之外，稍有浮冒抑勒，違則從嚴參辦。

同治五年（丙寅、一八六六）

《穆宗實録》卷一六七　正月乙酉，户部議覆陝西巡撫劉蓉奏墾荒章程：

一、正經界，叛絶各産，劃分段落，編立字號，客户應募者，查明來歷，給照承種。

一、定限制，叛産概令入官，絶産以三年爲期，業主逾期不返，即行截止，客民認墾者期至六年，租糧及額即爲永業。一、緩錢糧，水田初年免租，止納正糧，旱田租糧俱免，次年再升科。一、定租穀，每畝每年納取租穀，六年後統免租穀，照額輸糧。以上四條，均應如所請辦理。從之。

丁亥，諭内閣：景霖奏，請將弁兵應支廉餉，量加變通一摺。馬蘭鎮所屬遵化等營廉餉，向由通永霸昌道庫按實銀七成支領，較之馬蘭鎮左右兩營按八成實銀支領者，已覺向隅，況弁兵廉餉，均未能按季撥給，枵腹差操，殊堪憐憫。現當邊防緊要之時，自應量爲變通，以示體恤。所有遵化營等五營路弁兵應支七成廉餉馬乾等銀，准其援照左右兩營廉餉章程，一律按八成實銀徑向藩庫支領，即著直隸總督轉飭藩司，自本年春季起按季籌撥，毋稍延誤。

《穆宗實録》卷一六九　二月壬寅，諭：總理各國事務衙門奏，接據俄國公使照會，稱有土爾扈特數千名，爲首喇嘛一人、巴揚託孤子、桑扎二員，帶領闖入境内搶殺，巴揚託孤子復帶土爾扈特十一人往馬甘齒河兵卡，殺死八人，經該國將巴揚託孤子扣留，送至恰克圖辦理等語。土爾扈特越界殺人，有無其事，並未據武隆額奏及。該國公使照會内所稱爲首之喇嘛係屬何人？巴揚託孤子、桑扎二員係屬中國何官？曾否帶領土爾扈特往俄國境内搶殺哈薩克及該國所屬回人？其烏龍甲馬甘齒河等處是否俄國地界？所稱此事係塔城參贊主使，是否確有其事？其中有無別項回人，藉端挑唆搆釁？抑係俄人砌詞狡執？均著武隆額詳細查明，據實具奏，事關中外交涉，不可稍有虚飾，致啓邊釁。巴揚託孤子如已由俄國送至恰克圖地方，即著文盛、阿爾塔什達將其提至庫倫，務將以上各情節詢問確實，詳細具奏。此事固不可含混了結，亦不得鋪張生事，文盛等務當審慎妥商，秉公覈辦，仍將訊辦大概情形，先行速報總理各國事務衙門，以便覈覆該國公使，毋稍疏忽。俄國公使照會，均著鈔給武隆額、文盛、阿爾塔什達閲看。

《同治朝籌辦夷務始末》卷四〇　壬寅，諭軍機大臣等，總理各國事務衙門奏，據總税務司呈遞《局外旁觀論》，英國使臣呈遞《新議論略》，於中外情形，深有關繫，請飭交沿海沿江通商口岸地方各督撫大臣妥議一摺，並將總税司及英國使臣所遞論議照會各件，一併進呈，披覽之餘，有不能不豫爲籌畫者。中國軍務未平，帑項未裕，洋人即因此以生覬覦，詳閲總税司赫德所陳《局外旁觀論》，大旨有二，曰内情，曰外情，英國使臣威妥瑪所陳《新議論略》，大旨有二，曰借法自強，曰緩不濟急，其詞與《局外旁觀論》大意相同，而措詞更加激切，其所以挾制中國者，則以地方多故，不能保護洋商爲兢兢。

庚戌，諭軍機大臣等：總理各國事務衙門奏，請飭各省督撫將中外交涉事件迅速了結等語。洋人性多堅執，遇有交涉事件，必求悉如所願，惟在臨時揆度機宜，辦理迅速，方不至因遲生疑。

《穆宗實録》卷一七二　三月戊寅，諭内閣：翰林院檢討董文渙奏吏治廢弛，請飭内外臣工講求律例以資整頓一摺。律例有關政治，庶司百職，平日均應加意講求，精思熟習。乃近來内外臣工於律例漫不經心，以致劣幕奸胥得以把持蒙蔽，吏治廢弛，率由於此。著各部堂官於學習人員奏留時，考以本部則例，條對詳明者方准奏留，如不能諳習，或咨回吏部，或再留學習三年，由該堂官隨時酌定。其外省試用人員，亦著各該督撫於期滿時考以《大清律例》，察其能否熟習，分別繁簡補用，其不曉律意、文理荒謬者，即著嚴加甄劾，毋稍徇隱。經此次嚴諭之後，内外大臣務須通飭所屬各員，平日講明律例，於公事詳細剖決，毋得假手胥吏幕友，任意顛倒，以除積弊而整紀綱。將此通諭知之。

又諭：董文渙奏，京師五城地面窮民結羣，白晝搶奪，平民商賈均受其累，並有假裝厮僕撞騙財物，請飭妥爲彈壓安置等語。著五城御史、順天府會議章程，如查有無賴之徒肆行搶奪，即著從嚴懲辦。其老弱困苦者迫於飢寒情殊可憫，著於棲流所■養濟院等處酌加經費，妥爲撫恤，用副朝廷除莠安良至意。

《穆宗實録》卷一七四　四月甲午，諭内閣：前據刑部會同都察院、大理寺將盗墓案犯罪名從重定擬具奏，業經降旨允行。兹據御史林式恭奏請將發冢爲從人犯，分別酌定實緩章程一摺，仍著刑部會同都察院、大理寺悉心妥議具奏。尋奏，擬請嗣後發冢開棺見屍，爲從幫同下手者，不論次數，俱入情實。在外瞭望一二次者，入於緩決，三次及三次以上者，入於情實。其發冢見棺、鋸縫鑿孔，爲從幫同下手三次及三次以上者，入於情實，一二次者入於緩決。從之。

《穆宗實録》卷一七五　壬子，諭：景紋奏，布魯克巴與披楞搆釁，親歷隘口，相機籌辦一摺。布魯克巴前經殺傷披楞數千人，已成不解之仇。現在披楞大股出巢，號稱數十萬，三月中旬可齊抵隘口，意在報復前仇。布魯克巴雖一時獲勝，究難與披楞相敵。若令唐古特從中説合，既恐布魯克巴逞其無厭之求，如聽其自然，於唐古特關繫甚大，自應計出萬全，以弭釁端。該大臣現擬親歷隘口查辦，一面藉校閲春操爲名，暗中挑備精壯聽候調遣，布置尚屬妥協，均著照所擬辦理。景紋抵布魯克巴後，務當不動聲色，將各隘口密爲防範，仍相機籌辦，俾兩造消釋舊怨，斂兵回巢，永息争端，方爲妥善。將此由五百里諭令知之。

《穆宗實録》卷一七七　五月甲戌，諭内閣：御史朱鎮奏，廣東濱海州縣每於海潮退後，水涸成灘，名曰沙地，紳衿據爲私産，請飭清查丈量，以裕國賦而免侵漁等語。著兩廣總督、廣東巡撫嚴飭濱海各州縣將此項沙地認真丈量，悉數

造册，計畝升科，毋任該紳等壟斷弊混，其州縣各員果能辦理妥善，並准仿照近畿辦理黑地章程奏請奬敘。

《穆宗實録》卷一七八　六月己丑，諭内閣：御史書文奏，各省特交案件，請飭嚴定章程，迅速訊斷一摺。各直省於奉旨交審之案，自應遵照定章速行審訊。近來積習相沿，竟有拖至數年十數年案懸不辦者，小民負屈含冤，不能及早申雪，即兩造待質人證，亦因此淹滯，大受拖累，何以清訟獄而恤民生。嗣後各直省督撫、將軍、都統、府尹遇有京控發交案件，務須迅即親提，悉心研鞫，不得任聽承審各員捏稱人證未齊展轉延閣，致滋弊端。經此次通諭之後，儻仍蹈從前積習，任意遲逾，不能依限訊結，必將該督撫等從重懲處。將此通諭知之。

庚寅，諭：左宗棠奏，現擬試造輪船，並陳勦捻利用車戰各摺片。中國自強之道，全在振奮精神，破除耳目近習，講求利用實際。該督現擬於閩省擇地設廠，購買機器，募雇洋匠，試造火輪船隻，實係當今應辦急務，所需經費，即著在閩海關税内酌量提用。至海關結款雖完而庫儲支絀，仍須將此項扣款按年解赴部庫，閩省不得輒行留用。如有不敷，准由該督提取本省釐税應用。左宗棠務當揀派妥員認真講求，必盡悉洋人製造駕駛之法，方不至虚縻帑項。所陳各條，均著照議辦理。至所陳勦捻宜用車戰等語，捻蹤剽疾異常，飄忽靡定，日前鮑超曾有擬用獨輪車放礮之奏，能否合用制勝，尚未據該提督續陳。行軍之道，全在因地制宜，將來仍須諭令曾國藩斟酌辦理。所論調派習戰營官令赴豫秦一帶，挑選土著散丁，練成隊伍，赴甘聽用之處，事屬可行，即著該督遴選得力營員奏明調派。將此由五百里諭令知之。

《穆宗實録》卷一七九　庚戌，諭：劉蓉奏，甘省軍務實因餉源枯竭，軍無鬬志，現在逆回飢窘竄陝，如能就陝邊勦滅一股，即可爲甘省減除一股，惟添募馬勇，厚集兵力，而餉需無出，莫遂遠圖，請飭浙江月協餉銀六萬兩，廣東月協餉銀四萬兩，即從六月爲始，按月委解湖北藩庫轉解赴陝，酌量分撥陝甘各營等語。前據馬新貽奏，浙江月協甘餉銀二萬兩，目前閩餉停止，本欲移爲海塘之需，惟甘肅軍務緊要，不能不兼籌並顧，請自本年六月爲始添撥銀三萬兩，共銀五萬兩按月解鄂轉解等語。此次劉蓉所奏添兵增餉，與甘省通力合作勦辦回逆，實係目前至急之務，馬新貽能否於月協五萬兩之外，每月添撥若干兩？務當不分畛域，極力籌撥。其已經奏定餉數，仍當源源運解，不得稍有遲延。廣東軍務已竣，劉蓉請撥之月餉四萬兩，著瑞麟、蔣益澧設法籌措，自本年六月起，按月如數派員解赴湖北，轉解陝西，毋許藉詞推諉。劉蓉於各該省解到協餉，當督飭林壽圖酌量緩急，分撥陝甘各營，以贍飢軍，一俟陝邊軍務稍定，仍將此項協餉，撥歸甘省，俾收飽騰之效。

《同治朝籌辦夷務始末》卷四三　七月甲子，諭軍機大臣等：蔣益澧奏籌辦洋務情形，所陳亦頗中竅要，該督撫等惟當虚心實力，慎發徐圖。前據左宗棠奏，擬於閩省擇地設廠，購買機器，募雇洋匠，試造火輪船隻，當諭令該督照議辦理。茲據蔣益澧奏，擬於沿海省分建設鐵廠，製造輪船，或在福建設廠，或在廣東設廠等語，著瑞麟、蔣益澧咨商左宗棠會籌妥辦。

甲戌，總理各國事務恭親王等奏，軍機處鈔出廣州將軍兼署兩廣總督瑞麟等奏，英領事照約入潮摺片，奉旨該衙門議奏，片二件併發，欽此。臣等查英領事入潮州一事七年之久，辦理迄無就緒，良以潮州民風獷悍，素性椎魯，其拒洋人進城，乃係激於義憤，並非有心抗違，純用迫脅，而洋人堅欲入城，亦係遵照條約，並非格外要求，更萬難置之不辦，釀成釁端，是此案中止不能，過激不可，事處兩難，實乏善策。今該署督等欽遵歷次聖諭，督飭丁日昌、李福泰等，極力開導，實心經理，俾該領事安静入城，洵屬操縱得宜。

《穆宗實録》卷一八一　乙酉，諭軍機大臣等：張之萬奏，上南河廳猝出險工，分投搶辦，請飭豫省籌撥銀兩一摺。本年河流異常盛漲，上南廳緊抱南岸，溜勢側注，正當其衝，以致胡家屯等六堡隄埽蟄塌，情形極爲危險。現經張之萬相機搶護，而六堡之長一時同生巨險，鑲新補舊，需款甚繁。當此工程萬緊之時，若用項不敷，恐難一律穩固。著李鶴年迅飭藩司，將奉撥未解銀兩，源源撥發，毋許延宕，以固要工。張之萬仍當嚴督在工員弁，設法搶護，化險爲平，不得稍有疏懈。

《穆宗實録》卷一八三　八月辛亥，諭軍機大臣等：官文、曾國荃奏，拏獲冒充職官習教匪徒，録供呈覽，請通飭嚴密查拏等語。匪徒楊汶政等膽敢傳習白蓮邪教謀逆，並分往各省糾黨進京，希圖起事。楊汶政復在湖北冒充欽差職官，經署當陽縣知縣阮恩光將楊汶政及其跟隨丁僕一併拏獲。該犯供詞内習教黨與甚多，並有住居京城及分往各省，糾約夥黨多人姓名里居，及來往京城住址，均歷歷如繪。此事情節重大，非尋常案件可比，不可不切實根究，著都察院、五城步軍統領衙門、順天府密派明幹妥員，按照供單内所開各犯姓名住址，認真訪拏，務須全數弋獲，不准一名漏網。該文武員弁等有能迅破重案拏獲要犯者，准

該管衙門擇尤保獎，尤當嚴密查辦，不准稍有洩漏。儻不知慎密，任意傳播，致該匪徒等聞風遠颺，惟各該管衙門是問。白全爲案内最要首犯，著劉長佑、崇厚嚴拏務獲，毋任脱逃；其分往湖南等省之王升等各要犯，著各省督撫迅督各地方官嚴密查拏，務期必獲，毋得視爲具文，並准將拏獲要犯之地方官一體保獎。

《同治朝籌辦夷務始末》卷四四　甲寅，總理各國事務恭親王等奏，臣衙門於本年七月初六日具奏，直隸籌餉練兵事宜，附片内曾經奏明一切機器，尤應設局募匠，先事講求，或在都城，或在天津，派員專司製造。

《穆宗實録》卷一八三　乙卯，諭軍機大臣等：曾國藩奏，捻股東竄，派軍追勦，請寬疏防處分，令李鴻章等出省會勦；並劉長佑奏，請調余承恩一軍回直各摺片。曾國藩所奏捻首張、牛、任、賴四逆，合股東竄，河防無成，與李鶴年前奏大致相同。曾國藩現已飭令劉銘傳等分赴山東追勦，著即嚴檄各軍，視賊趨重處所，盡力追勦。閻敬銘尤當督軍嚴扼運河，毋任賊騎東渡。黄河爲畿輔屏蔽，防務尤關緊要，著劉長佑、閻敬銘嚴督水師礮船，梭織巡防，並飭陸軍實力堵遏。張秋、濮、范一帶，尤宜不分畛域，互相援應。余承恩於畿南情形較爲熟悉，即著李鶴年將余承恩一軍調回直隸，以固河防。賊股分合靡常，趨向無定，江皖邊境，亦須力籌堵截，並著吴棠、喬松年、英翰恪遵前旨，督軍扼守要略，以備迎擊。曾國藩現駐周家口，距濟甯、徐州較遠，難於兼顧。著李鴻章迅即攜帶關防出省，馳赴徐州駐紮，就近調度淮湘各軍防務，保衛淮徐以東各路，並與閻敬銘商辦山東軍務，互相策應。李鴻章未出省以前，淮徐防務仍著吴棠辦理，並著張之萬遵奉前旨，迅赴漕督新任。儻賊折向豫西，曾國荃亦當督率鄂軍，越境馳赴南陽，會同豫師合勦，並隨時與李鶴年商辦軍務，聯絡聲勢。總期合數省之力，迅埽狂氛，不可稍分彼此。曾國藩總領師干，尤宜統籌全局，毋得專諉地方督撫，致軍事散漫無紀。鮑超一軍，並著官文、曾國荃飭令趕緊赴豫，由曾國藩相機調遣，毋再遷延干咎。李鶴年疏防濠牆，前據該撫自行奏請議處，業已降旨交部議處矣。劉銘傳、潘鼎新到防雖遲，據奏分守濠牆，尚無貽誤，著從寬免議。汴省應修濠牆，仍著李鶴年實力興辦，防賊回竄，毋稍弛懈。至勦辦機宜，固須博采衆議，而軍情變幻無常，更當隨時酌度，内斷於心，朝廷總以辦理有無成效爲憑。該大臣督撫等惟當同心竭力，埽除餘孽，速竟全功，毋得各懷疑忌，致負委任。

《穆宗實録》卷一八四　九月丁巳，命户部左侍郎譚廷襄會同三口通商大臣崇厚辦理義大利亞國通商條約事務。

己巳，諭軍機大臣等：候補内閣侍讀學士鍾佩賢奏，海塘關繫東南大局，請派員督修，以策萬全一摺。【略】即著咨商該省督撫一體會籌興辦。

庚午，諭内閣：予告大學士祁寯藻學粹品端忠清亮直，由翰林入直南書房，洊擢正卿，贊畫樞務，簡任綸扉，總理部務，疊受先朝知遇之隆，遽聞溘逝，悼惜良深，著賞給陀羅經被，派鍾郡王帶領侍衛十員即日前往奠醊，加恩晉贈太保，照大學士例賜卹，入祀賢良祠，任内一切處分，悉予開復。

《穆宗實録》卷一八五　丙子，浙江巡撫馬新貽奏，辦理墾荒事宜，已有頭緒，並清理庶獄，以重農事。得旨，所奏墾荒事宜，尚屬詳盡，該撫惟當督飭各該地方官實心實力，次第興辦，不得視爲具文，苟且塞責。

《穆宗實録》卷一八六　十月戊戌，諭軍機大臣等：前因閩省設廠製造輪船，事關緊要，特經諭令吴棠接辦，復經諭令左宗棠將輪船事務辦有端倪，交英桂、吴棠、沈葆楨等經理。兹據左宗棠奏，請派重臣總理船政接管局務一摺。該督以輪船事在必行，不以去閩在邇，遽行閣置，實屬沈毅有爲，能見其大，著遵奉前旨，將設局造船事宜辦有眉目，再行交卸起程。沈葆楨辦事素來認真，人亦公正廉明，現雖守制家居，惟事關船政大局，必須經理得人，該前撫務當遵奉前旨，出而任事，不可稍行諉卸，所有船政事務即著該前撫總司其事，並准其專摺奏事，先刻木質關防印用，以昭信守。一俟局務辦成，再行奏請部頒關防，一切應辦事宜，並需用經費，均著英桂、吴棠、徐宗幹妥爲經理，仍隨時與沈葆楨會商，不可稍有延誤。道員胡光墉即著交沈葆楨差遣。左宗棠另奏請令劉典幫辦甘肅軍務，本日已明降諭旨，照所請行。前因劉典係丁憂人員，是以降旨令該員署理甘肅按察使，現在該員是否服闋，並著左宗棠查明具奏。將此由六百里各諭令知之。

《穆宗實録》卷一八七　丙午，諭軍機大臣等：馬新貽奏，開辦海甯繞城石塘，繪圖呈覽一摺。海塘爲東南農田要務，而海甯塘工貼近城垣，尤關緊要。既據馬新貽督飭道員陳璚等親加履勘，自應趕緊興辦，所有海甯魚鱗石工二百六十餘丈，即照該撫所請，揀用舊石。如有不敷，設法採辦。其建復坦水需用石塊椿木等件，務擇堅料，以期經久，雖採辦維艱，亦不可意存畏難，致涉草率，所需經費銀二十四萬兩，准其照數動用。該撫即嚴飭陳璚等認真興辦，不得稍有偷減。儻該道等不能得力，並著嚴行參辦。如或工料不能堅固，修成後未能經久，必將承修各員著落賠補，並從重治罪，毋稍玩忽。

己酉，諭軍機大臣等：左宗棠奏，籌辦臺灣吏事兵事，請責成該鎮道等經理一摺。臺灣一郡，遠隔大洋，番民雜處，易啓釁端。現當生齒日繁，洋船來往，尤宜加意整頓，以奠巖疆。該督以去閩在即，一切規畫未暇致詳，請飭該鎮道等妥辦，具見實心。所陳臺灣積弊，兵制則班戍之期已廢，有册無兵，戰船無一存者，而修費不減；吏事則官索陋規以取盈，民好械鬬以爭勝，錮習相沿，殊堪痛恨。該督擬復班兵舊章，三年更戍，復設道標，以重事權；申明鎮兵歸道察看之例，以互相維制；移修船之費，以製船巡洋；募練水兵，裁革陋規，別籌津貼，以資辦公各條，均屬因時制宜之策。總兵劉明燈、道員吳大廷既據該督遴選派辦，必須實力籌辦，以挽頹風，不得以該督遠行，玩忽於繼。並著吳棠、徐宗幹隨時督飭該鎮道等認真釐剔，所有一切情形，或詳由該督撫奏聞，或徑由該鎮道會銜陳奏，均著斟酌事之緩急，緩急辦理。生番既以不得内附爲憾，自宜相機駕馭，羈縻弗絶。其社會儲積等事亦應綢繆未雨，及早興辦。吳棠未到任之先，英桂、徐宗幹責無旁貸，必當善成該督之志也。左宗棠另摺奏，釐定閩省各屬進出款項，請將各廳縣應徵地丁糧米等款數目，出示勒石，以杜浮取。提款籌補流攤，以祛官累，酌提税餘，以充公費，所籌於吏治民生均屬有益。即著照所請行，其餘一切未盡事宜，該督未起程以前，仍當隨事規畫，以臻周密。將此由五百里諭知英桂、左宗棠、吳棠、徐宗幹，並傳諭劉明燈、吳大廷知之。

《同治朝籌辦夷務始末》卷四六　十一月庚申，總理各國事務恭親王等奏，【略】臣衙門於同治元年七月閒，設立同文館，延請英、法、俄三國教師，分館教習，各館學生，係由八旗咨取年在十四歲内外，迄今幾及五載，各館學生，於洋文洋語，尚能領略，惟年幼學淺，於漢文文義，尚難貫串，現仍督令該學生等，將洋文繙譯漢文，以冀精進。

《穆宗實録》卷一九〇　甲戌，諭軍機大臣等：左宗棠奏，請撥西征的餉以措危局一摺。據稱陝甘兵事難在糧餉不繼、轉運維艱，籌辦行糧等項，現已略有籌畫，然竊計西征大局，非增練馬隊車營，别無勝算。其上口買馬、招募土著、製造輪車、安置礮械火器、挑練贏馬等項，需費不貲。西北地多斥鹵，有水草可牧之地，半遭蹂躪，勢不得不擇地興屯，而籌給口食籽種農器牲畜等費，需款尤鉅。兩省制兵欠餉，並甘省兵勇百餘營，宜分别留撤，一切經費均不能不豫爲籌策。頻年部撥甘餉，解到無幾，若不豫籌的餉，恐西事益形決裂。除閩省每月協濟甘餉四萬兩無庸另籌外，從前曾國藩奏停西征軍餉時，江蘇每月協甘銀三萬兩，派浙江每月協甘銀二萬兩，馬新貽更請每月增解銀三萬兩，共銀五萬兩，嗣浙江又議解曾國藩馬隊協餉每月一萬兩，此項浙江協濟江南之餉，應即劃抵；江蘇月協甘餉銀一萬兩，方爲允協。廣東於前已定撥甘餉一萬兩外，再籌解銀二萬兩。又廣東、浙江本議輪船經費每月各一萬兩，應並劃解陝甘後路糧臺，請飭照准撥解等語。左宗棠督軍入甘，所籌銀兩均屬萬不可緩之需，即著瑞麟、英桂、吳棠、馬新貽、蔣益澧、周開錫將福建協餉銀四萬兩、浙江協餉銀七萬兩、廣東協餉銀四萬兩，按月源源解濟，以應急需。其江海關每月應濟甘餉，並著曾國藩、李鴻章、郭柏蔭嚴飭該監督按月接濟，按季具奏。經此次撥定之後，各該督撫等務當認真按期撥解，不得稍存膜視，致干重咎。其江西等省應濟甘餉，即著左宗棠於道出江西、湖北、河南時，與該督撫商酌籌辦，江蘇、湖南、四川、山東應協甘餉，即由左宗棠咨商各該督撫妥爲籌撥。將此由五百里諭知曾國藩、李鴻章、左宗棠、瑞麟、英桂、吳棠、馬新貽、蔣益澧，並傳諭郭柏蔭、周開錫知之。

《穆宗實録》卷一九一　十二月庚寅，諭軍機大臣等：劉長佑奏，黄河日漸北趨，請飭河督履勘，商同三省會辦一摺。本年黄水來源極旺，近年新修金隄概被衝刷，情形十分危急，直境被水之處，既寬且重，甚於往年，開州所屬地方，險工五段，自開、滑交界之杜家樓起，至開、濮交界之陳家莊止，隄工均須培高加厚。即著劉長佑督飭該地方官趕緊辦理，並將險工隄口一律修辦，以資捍禦，應需款項，並應調豫省河工員弁，均著劉長佑酌辦。直隸境内黄河經由處所，僅止開、東、長三處，其豫省上游及滑、濬等處，並東省濮、范、觀、館等縣，均宜接修長隄，以免罅漏，著蘇廷魁即行馳往各該處周歷履勘，並著會同劉長佑、李鶴年、閻敬銘、丁寶楨統籌合力興修。何處可由民辦，何處須實立專官修守，均著察度情形，妥議具奏。其自汶黄交匯以下，至武定入海一帶，應如何修防之處，並著蘇廷魁巡歷察看，會同閻敬銘、丁寶楨一體妥籌辦理。劉長佑所請將直隸境内隄工並歸河督管轄，作爲河、直、東三省河督之處，著俟三省會議具奏後，再行降旨。原摺著鈔給蘇廷魁等閲看。另片奏，直隸水災連年，民窮已極，請將前撥以工代賑銀兩，就款開除，免再扣抵，今冬及明春應須接濟之處，仍由該管道府體察，赴司領銀撫恤等語。著照所議辦理。本日復據丁寶楨奏，東綱災歉，鹽斤短絀，請借撥長蘆綱鹽應運等語。著劉長佑轉飭該場於東商赴津批買時，勿令商人擡價居奇，並將鹽船免其納税，查明何場堪以借撥，及由何路轉運，迅速議定章程，咨明丁寶楨辦理。將此諭知劉長佑、蘇廷魁、李鴻年、閻敬銘，並傳諭丁寶

楨知之。

辛卯，諭：本日據管理錢法堂事務崇綸、畢道遠、毓禄、王發桂奏，遵查户、工兩局鼓鑄情形各一摺。所稱近因滇省銅廠停開，專用收買銅斤鼓鑄錢文，質未純浄，錢形間有參差，工局現年所鑄錢數較少各等語。錢法關係民用，各該管堂官及監督自應認真籌辦，以期一律流通，豈可不加意講求，致啓挑剔之漸，辦理不善，咎實難辭，所有户、工兩部兼管錢法堂事務大臣及寶源、寶泉兩局監督，著先行交部分别議處。嗣後該堂官等務當遵循成法，認真督辦，期於裕國便民，永無流弊。儻再任意因循，致滋弊竇，定當從重懲處。摺内所稱應行酌定章程，仍著妥議具奏。尋奏，遵議章程七條：一、廣籌銅斤以裕鼓鑄。一、錢文分兩，酌量以三錢五分爲率。一、發廠銅斤，宜覈實計算，並停止配搭鉛斤。一、局廠各員，宜嚴加責成。一、四廠宜添設勇丁，幫同巡邏。一、四廠圍牆及鑪磨各房，宜加修葺。一、嚴拏私銷私鑄，以期官錢暢行。從之。

同治六年（丁卯、一八六七）

《穆宗實録》卷一九四　正月丙寅，諭：前因官文在湖廣總督任内動用捐款各情，當經降旨交部嚴加議處。兹據吏部議以革職，自屬咎所應得。惟念官文在湖廣總督任内十餘年，歷經會同胡林翼、曾國藩廓清江鄂，勳勞甚著，而被議各款，尚非貪污欺罔可比，若遽盡予罷斥，殊非朝廷保全功臣之意。大學士一等伯官文著革去湖廣總督，加恩仍留伯爵大學士，改爲革職留任，八年無過，方准開復，並罰伯俸十年，不准抵銷，即行來京供職。

《同治朝籌辦夷務始末》卷四七　丙子，總理各國事務恭親王等奏，查臣衙門現議添設學習天文算學館，咨取進士、舉人、恩、拔、副、歲、優貢生，並翰林院庶吉士、編修、檢討，及由前項出身之京外各官，考試録取留學，業經條議章程。

《穆宗實録》卷一九五　甲申，諭内閣：御史張盛藻奏，天文算學等事，宜歸欽天監、工部，毋庸招集正途學習一摺。前據總理各國事務衙門奏，請設同文館，專用正途科甲人員，學習天文算術，並擬章程六條呈覽，當經降旨依議。兹據張盛藻奏，科甲正途，讀書學道，何必令其習爲機巧，於士習人心大有關繫等語。朝廷設立同文館，取用正途學習，原以天文算術，爲儒者所當知，不得目爲機巧。正途人員用心較精，則學習自易，亦於讀書學道無所偏廢，是以派令徐繼畬總管其事，以專責成，不過借西法以印證中法，並非舍聖道而入歧途，何至有礙於人心士習耶。該御史請飭廷臣妥議之處，著毋庸議。

《同治朝籌辦夷務始末》卷四七　二月乙亥，總理各國事務恭親王等奏，竊照臣衙門辦理外國事務，應備知底細，方能動中窾要，從前偵探外國開設字館，搜訪各省及外洋事件，刊刻發賣，名曰新聞紙，雖未必盡屬可信，然因此推測，亦可得其大概，是以奏定章程，行令南北洋通商大臣，並劄飭各税務司，按月咨報。

辛亥，三口通商大臣兵部左侍郎崇厚奏，教練京營馬隊之洋人總教官薄朗，幫教官魯富、瑞克斯經奴才於同治四年冬間，延定在津逐日教練，年餘之久，無間寒暑，均能實心任事，薄朗著賞給副將銜，魯富、瑞克斯二員，著賞給都司銜。

《同治朝籌辦夷務始末》卷四八　三月丙辰，總理各國事務恭親王等奏，軍機處交出大學士倭仁條奏一摺。倭仁所奏，陳義甚高，持論甚正，臣等未曾經理洋務之前，所見亦復如此，而今日不敢專持此説者，實有不得已之苦衷。

《穆宗實録》卷一九八　壬戌，諭：總理各國事務衙門奏，遵查朝鮮與俄人交兵情形一摺。朝鮮國去年十二月間，有匪類渡江肆擾，並俄人疊赴該處擾累，立界牌，投書契各情。朝鮮臣服我朝，最爲恭順，越界之禁，定例綦嚴。上年十月間，既有中國人數百名，渡江搶掠，不過月餘，復有匪類過三洞山邊之事，恐係中國游民偷越爲匪，此等不法匪類，經朝鮮國官軍擊斃，實屬罪所應得，而中國亦當申明例禁，認真查拏，方爲妥協。即著富明阿、富爾蓀嚴飭沿邊各卡員弁，晝夜梭巡，遇有偷越赴朝鮮民人，即行嚴拏懲辦，並著按照朝鮮國王來咨，詳查覆奏，不准稍涉含混。其俄人築屋之處，究在何處界牌境内，並著禮部轉咨朝鮮國王，據實登覆，以憑考覈。嗣後中國匪徒私越邊境赴朝鮮搶掠者，該國不妨拏辦，以遏亂萌。現在朝鮮多事之秋，不得不從權辦理，以示體恤也。將此各諭令知之。尋富明阿等奏，據甯古塔佐領松恒稟報，會同琿春防禦永祥在接界一帶，細訪徧查，實無游民越界搬運朝鮮逃人財産，搶擄滋事等情。惟棘心河、嚴桿河二處，有朝鮮人千餘名，訊係因本國歉收逃出，所住之處，並非應管界内，但事關邊徼，自應嚴飭官弁，認真密查，以清疆域。下所司知之。

《穆宗實録》卷一九九　戊寅，諭内閣：前派大學士倭仁在總理各國事務衙門行走，旋據該大學士奏，懇請收回成命，復令軍機大臣傳旨，毋許固辭。本日復據倭仁奏，素性迂拘，恐致貽誤，仍請無庸在總理各國事務衙門行走等語。總理各國事務衙門公務，關繫緊要，倭仁身爲大臣，當此時事多艱，正宜竭盡心力，

以副委任，豈可稍涉推諉？倭仁所奏，著毋庸議。

《同治朝籌辦夷務始末》卷四八　四月丁未，禮部奏，准盛京禮部咨送朝鮮國王咨文一件。

戊申，陝甘總督左宗棠奏，入關後軍餉，專恃洋商借款，暫資接濟，原議由山西解州、運城匯兑，取其距秦甚近，現聞運城商銀尚多，可供匯兑，惟盼應協各省速發印票，交上海轉運局留問道員胡光墉領取，交洋商兑取現銀，付與票商，即可換取票商銀票，至運城收兑。

《穆宗實録》卷二〇二　五月戊午，諭内閣：鮑源深奏，請飭刊刻書籍，頒發各學一摺。江蘇等省自遭兵燹以後，各府州縣學中舊藏書籍大半散佚，經史板片亦皆毁失無存。現在地方已就肅清，亟應振興文教，士子有志讀書，而載籍難於購覓，其何以資講貫而惠藝林。著各直省督撫轉飭所屬，將舊存學中書籍廣爲購補，並將列聖御纂欽定經史各書，先行敬謹重刊，頒發各學，並准書肆刷印，以廣流傳，俾各省士子得所研求，同敦實學，用副朝廷教育人才至意。

《同治朝籌辦夷務始末》卷四九　丁卯，總理各國事務恭親王等奏，【略】臣等辦理各國事務，均未曾親歷各口，朝夕目睹情形，將來換約辯論之時，恐不免仍多隔閡，擬請旨飭下南北洋通商大臣，於平時辦理洋務各員中，擇其熟悉情形，通達政體，兼工才辯者，每處選派一員，於本年十月咨送來臣衙門，以備查詢一切，藉資得力。

六月己亥，禮科掌印給事中周星譽奏，適者朝廷以天時亢旱，下詔求言，凡在臣工，宜共體宵旰之盛心，思國家之至計，勉圖良策，以濟時艱。

《穆宗實録》卷二〇七　七月庚申，諭軍機大臣等：國家設立督撫，委任綦重，力矢公忠，和衷共濟，方於理財用人諸大端，綱舉目張，封疆庶期靖謐。兹據兩廣總督瑞麟參奏，巡撫蔣益澧，任性妄爲，劣蹟彰著，署藩司郭祥瑞，朋比迎合，相率欺蒙，恐誤大局一摺。著吴棠馳赴廣東，會同慶春秉公查辦。

《穆宗實録》卷二〇八　己卯，諭内閣：丁兵追勦一摺，捻逆盤踞山東萊陽等境，經李鴻章、丁寶楨調集各省兵勇，沿河築牆堵禦。朝廷以河牆本不可恃，疊諭李鴻章親赴前敵，防勦兼施，以期會合東軍，殲除巨患，【略】李鴻章總統諸軍，未能先事豫防，又未迅赴前敵，妥籌堵禦，以致逆匪竄渡，實難辭咎，著交部議處。山東布政使潘鼎新，帶隊堵勦未能得力，著一併交部議處。山東巡撫丁寶楨，在防守禦，未能調集各軍嚴密扼截，致賊飽颺，糜餉殃民，厥咎尤重，著即革職留任，並摘去頂帶，仍責令該大臣等督率兵勇，實力追勦。

《穆宗實録》卷二〇九　八月丙戌，盛京將軍都興阿奏，孤山勦賊，大獲勝仗。得旨，仍當督飭各軍，將匪徒勦除淨盡。

庚寅，諭内閣：前因太常寺卿石贊清奏，條陳黔省勦撫事宜。【略】四川省事務殷繁，原設總督一人，立法本極周密，近年秦、隴、滇、黔不靖，該省東南北三面防勦，已非尋常無事之時，且黔省上游勦匪，軍火餉糈等項，均由該省兼籌，若再責四川總督駱秉章，兼督滇、黔事務，深恐有顧此失彼之虞，於大局轉多窒礙，該京卿所請援照鄂爾泰成案，令駱秉章總制川、滇、黔三省之處，著毋庸議。

《穆宗實録》卷二一〇　乙巳，諭軍機大臣等：前據禮部接准朝鮮國王來咨轉奏，【略】都興阿等奉派查勘此事，關繫綦重，該游民開墾之地，東界朝鮮，若不謀畫萬全，殊失朝廷字小之意，該國王現已派員赴該地方，聽候辦理，著奕榕迅將勦匪事宜辦竣，剋期會同延煦等，帶領恩合進山查勘，就近與該國委員，將地方情形通盤籌畫，並與都興阿和衷商酌，以期中外兼籌，永杜後患。

庚戌，船政大臣前署江西巡撫沈葆楨奏，查看福州海口創修船塢工程，並豫行練習水勇。得旨，事屬創造，該大臣即當力任其難，妥籌辦理。

《穆宗實録》卷二一一　九月甲子，諭内閣：前據吏部奏，前任江西南昌府同知慶麟，以參劾不明等詞，在該部呈遞，當經降旨令曾國藩、劉坤一詳查覆奏。兹據劉坤一奏稱，慶麟前在江西通判、同知任内，大計卓異，軍務保舉，均係該撫未到任以前之事。上年九月，慶麟以俸滿併案給咨送部引見，其時該撫已先期出省閲伍，照例由藩司代填考語，該撫旋因慶麟於地方公事皆屬茫然，督辦錢局一任鑪匠人等舞弊，不知整頓，物議沸騰，據實參劾等語。是劉坤一於慶麟並無保劾兩歧之處，慶麟在省請咨，豈不知撫臣出省，係由藩司代行，輒敢藉詞呈訴，希圖牽混，居心尤屬狡詐，劉坤一原參該員才具疏庸，不知振作，尚未盡其劣蹟也。慶麟前已有旨勒令休致，不足蔽辜，著即行革職，永不敍用，以爲巧詐干進者戒。

《穆宗實録》卷二一二　壬申，諭：有人奏，晉省鹽務弊竇漸生，亟宜剔除一摺。據稱山西鹽務於奏改官運官銷後，各州縣需索商人陋規節壽，復添有季規月規及到任贄禮等名目，該商人等或厚餽送以求保全，或侵正課以爲苞苴，規費愈增，課項愈捐，請飭山西巡撫嚴行查辦等語。鹽課爲餉需所出，必須釐剔弊端，方能充裕餉源。著趙長齡按照所參，悉心訪查，如各州縣有任意婪索等情，

即行從嚴參辦，並將侵課行賄之商人，一併查辦，以整鹺綱。

甲戌，諭内閣：兵部奏，革職開復人員，往往將從前所得虚銜升階翎支勇號等項，含混戴用，請明定章程等語。著照所請，嗣後武職人員，得有虚銜升階翎支勇號等項，緣事革職者，一律註銷。如續立功績，保奏開復原官，除本案開復，或奉旨開復原銜升階，暨賞還翎支勇號，准其戴用外，如僅係開復原官，概不得含混戴用。降調人員所得升階升銜，亦應一律註銷，其花翎視所降之級在五品以上者，仍准戴用，降至六品以下，即不准戴用。如續立功績，升至五品以上，非奉特旨賞還及各督撫大臣奏請開復翎支，亦不得戴用。其藍翎勇號，無論降至何品，一概准其戴用。

《穆宗實録》卷二一三　十月壬午，諭内閣：給事中夏獻馨奏，請設立義倉以裕民食一摺。民生本計，足食爲先。歲之豐歉無常，惟在平時豫爲籌備，遇有偏災，方足以資接濟。向來各直省州縣設立常平倉以外，復設義倉，原以廣積儲而備災荒，立法本爲至善，自軍興以來，地方被賊擾害，舊有義倉，每多廢棄，亟應及早興復，以備不虞。著各直省督撫即飭所屬地方官，申明舊制，酌議章程，勸令紳民量力捐穀，於各鄉村廣設義倉，並擇公正紳耆妥爲經理，不准吏胥干預，該督撫等務當實力奉行，不得視爲具文。將此通諭知之。

《同治朝籌辦夷務始末》卷五一　甲午，總理各國事務恭親王等奏，同治六年十月初七日，准軍機處鈔交署伊犂將軍榮全具奏，現抵斜米，與俄官議辦收攬索倫人衆一摺。又具奏歸降俄國哈薩克滋生事端，妥爲籌辦一摺。

《同治朝籌辦夷務始末》卷五二　十一月庚戌，總理各國事務恭親王等奏，臣等公同酌議，花翎記名海關道志剛，樸實懇摯，器識開通，道銜記名繁缺知府禮部郎中孫家穀，老成勤謹，穩練安詳，堪以派令會同蒲安臣前往各該國，辦理中外交涉事務，遇有一切事件，詳悉由輪船寄知臣等，以便斟酌妥辦。

《穆宗實録》卷二一五　甲寅，諭軍機大臣等：户部奏，請飭濱臨江海各省解錢籌銅一摺。前因銅斤缺乏，鼓鑄當十大錢原爲一時權宜之計，行之日久，不無流弊。近來市廛行使暗中折減，於國用民生均有未便。惟欲規復圜法，必須籌備制錢。京師自通行大錢以來，所有制錢大都運往外省，若欲鼓鑄新錢，又非一二年所能驟復。户部議令濱臨江海各省籌解制錢，實爲便捷之法。前經譚廷襄函商湖北督撫，擬於鹽釐項下酌提制錢，由輪船運津。據稱事屬可行。此外如江西、江蘇、浙江、廣東四省，均有海船可通，各該省釐金較旺，自可一律提解。著曾國藩、郭柏蔭、英桂、馬新貽、瑞麟、蔣益澧、李瀚章、何璟、劉坤一各於鹽卡釐卡收款内，每年酌提制錢三十萬串，由輪船裝運天津，交崇厚擇地嚴密收存，聽候提用。酌提錢文，准照銀價劃抵應解京餉，其制錢一千合銀若干及運脚若干，即著各該督撫迅速議定具奏。所提之錢，務須年清年款，以兩年爲止，不准稍有短解。此項錢文即名爲天津練餉，以昭慎密，不可稍有宣露，致令外來商民傳播都城，有礙錢法。其湖北施、宜等處向多銅礦，著該督撫飭屬招商試辦，酌抽礦税，試行有效，即籌款收買商銅，以裕鼓鑄，並著妥議章程具奏。至濱海商賈，向有販運紅銅、條銅等項，應如何招商收買之處，並著各該督撫、三口通商大臣妥速議奏。將此密諭曾國藩、英桂、瑞麟、李瀚章、馬新貽、郭柏蔭、劉坤一、蔣益澧、崇厚，並傳諭何璟知之。

《同治朝籌辦夷務始末》卷五四　壬申，大學士兩江總督曾國藩奏，臣愚以爲與外國交際，最重信義，尤貴果決。

丙子，總理船政前江西巡撫沈葆楨奏，船政提調布政使銜福建補用道胡光墉到工。

《穆宗實録》卷二一八　十二月戊子，諭内閣：前因户部奏遵議右贊善徐申錫積穀條陳，當經降旨諭令江蘇、浙江督撫迅籌採買米糧數十萬石，由海運津。兹據太僕寺少卿彭祖賢奏，東南穀賤傷農，畿輔宜籌足食，請飭江蘇招商販運，以資調劑等語。向來沿海地方運米出口，例禁綦嚴，惟現在南北米價懸殊，若准内地商船接踵販運，畿輔民食，庶可藉資接濟，自應變通辦理。著兩江總督、江蘇巡撫轉飭蘇松太道，督飭沿海州縣出示招商，凡沙船、衛船及甯波、福建、廣東商船，均准其在上海等處運米赴天津售賣，隨時由地方官給予護照，所過關卡並准免納税釐，以廣招徠。

《同治朝籌辦夷務始末》卷五六　癸卯，總理各國事務恭親王等奏，前次奉派出使外洋各員，蒲安臣先行赴滬等候，兹志剛、孫家穀二員，於本月初十日跪聆聖訓後，即於十一日起程，柏卓安於十四日起程，在涿州一帶會齊南發，所有奏准頒給國書，初八日由軍機處交出。

丁未，總理各國事務恭親王等奏，伏查本年三月間，左宗棠奏借洋商銀一百二十萬兩，總税務司赫德曾論其以一分五釐行息，實爲重利。

同治七年(戊辰、一八六八年)

《穆宗實録》卷二二一　正月壬子,署閩浙總督英桂議覆浙江省減兵增餉章程,除海塘兵六百五十四名向來不與徵調無庸置議外,擬裁水陸額兵一萬三千八百二十九名,實存兵二萬二千五百七十六名。加馬兵月餉銀一兩,馬乾五錢;戰兵月加一兩,守兵月加五錢。添嘉興、湖州兩協水師兵五百名,均照《楚軍章程》選鋒操練,並增修器械,添造戰船,酌給備弁以下津貼,各營公需用費,下部議,從之。

己未,諭軍機大臣等:本日據官文馳奏,賊勢北趨,請飛調客兵入直各摺片;崇厚奏,派撥洋槍隊等軍助勦一摺。覽奏曷勝憤懣。張總愚等股匪前由陝省渡河入晉時,即經諭令李鴻章、李鶴年、英翰飭令張曜、宋慶並劉銘傳、程文炳等軍,迅速渡河,分由直豫迎頭截擊。李鴻章等各擁重兵,坐視觀望,毫無急難之意,是誠何心!捻股裹脅日衆,畿輔東北一路兵力未厚,設因客兵未齊,蔓延益甚,震及近畿一帶,尚復成何事體!劉銘傳、善慶、温德勒克西等軍勦平東捻,爲日已多,將士早可休息,並不趕緊前進,皆李鴻章督催不嚴之咎。著該大臣限日飭令迅赴直境,迎頭截勦。左宗棠現在行抵何處,劉松山、郭寶昌兩軍於初三日馳過漳河,追勦尚屬出力,仍著官文、左宗棠飛速催提,繞前迎擊,總期將賊偪出直境爲要。李鴻章、李鶴年均著先行交部嚴加議處,以示薄懲。

《穆宗實録》卷二二四　二月庚辰,諭:沈葆楨奏,報造船開工日期,並陳明船廠情形一摺。據稱開造輪船鐵廠,關繫最重,上年十二月間船臺造成一座,所運鐵器木料亦已附舶而來,當親率在事官紳工匠,前赴船塢開工,相機酌辦,惟需石、需木、需土、需匠,四者頗難。所奏均中竅要。輪船一事,所難在於經始,現在塢庀已有可觀,尤當矢以實心實力,期於必成。即著沈葆楨督飭周開錫等及日意格各員,盡心經理,毋以畏難自阻,庶日新月異,共觀厥成。

《同治朝籌辦夷務始末》卷五七　辛卯,署貴州巡撫張亮基奏,黔省教民事件。御批,多文於田興恕案内革職永不敘用,前據張亮基奏,請留該革員辦理籌餉帶練等事,不准干預教民事件,當因該革員前案情節較重,未經允准,何得顯違諭旨,仍令干預教務,所奏前後矛盾。

《同治朝籌辦夷務始末》卷五八　丁酉,總理各國事務恭親王等奏,布路斯國自換約以來,派使臣李福斯在京辦理該國事務,於十九日在臣衙門接見,李福斯呈出黄綾面紙所譯國書一分。

甲辰,總理各國事務恭親王等奏,查新疆各城,多與俄界毗連,前曾經分界大臣與俄國官員,於三年間會勘分定,原議於四年建立界牌鄂博。

諭軍機大臣等:呼圖克圖進攻哈薩克一案,址未清,俄國得以藉口,此時若不速籌建立,勢必釀成釁端,辦理更形棘手,著奎昌、福濟、車林多爾濟、李雲麟、明瑶、錫綸咨商麟興、榮全、錦丕勒多爾濟速將分界事宜,會同俄國邊界官員,查明三年所分界址,將應建界牌鄂博,概行建立,以固邊防。

《穆宗實録》卷二二六　三月庚申,諭:據理藩院奏,轉據吐爾扈特扎薩克卓哩克圖汗布彦烏勒哲依圖呈稱,請欽派大臣帶兵進勦烏嚕木齊回匪,該汗率所屬會同進勦,並請每年差人進京恭請聖安,祗領時憲書及自同治三年起應領十三旗俸銀俸緞,由京賞給。請旨遵行。著准其照所請行。其歷年應領俸銀俸緞,已加恩交户部速議。該汗所屬人數尚多,遊牧無貲,著傳諭該汗於領到時,即行分給各屬,以資養贍,毋庸由京置辦軍器,俟到布倫托海後,儻可會合進勦,所需軍仗,李雲麟等自當籌給也。

《穆宗實録》卷二二七　戊寅,諭軍機大臣等:恭親王等奏,捻逆由直豫邊境竄入山東,搶渡運河。捻逆既到東省,此後即責成李鴻章親督所部迅入東境,嚴飭諸將領將此股竄匪就地殲除,所有前敵各軍,均著李鴻章調度,以一事權。

《穆宗實録》卷二二九　四月丙申,諭内閣:翰林院侍講學士錢寶廉奏請嚴禁火葬一摺。火葬之習,久干例禁。近來浙江嘉、湖等府尚有此弊,若如該學士所奏,實於地方人心風俗大有關繫,亟宜嚴禁以挽頽風。著浙江巡撫出示曉諭,申明例禁,並恐他省沿此陋習,著各省督撫通飭所屬州縣一併嚴禁,如有仍前火葬者,即行按律治罪。其嘉興府向有惡棍阻葬等事,並著李瀚章飭令各州縣從嚴懲辦,以儆刁頑。

《穆宗實録》卷二三二　閏四月辛未,諭:崇厚奏派撥兵勇赴減河下游防守,並曾國藩等奏,調用閩省輪船赴津各摺片。天津減河上游,已經左宗棠抽派劉松山、郭運昌等營勻紮,其下游自吴莊至祁口一帶,現經崇厚派令劉景芳、余承恩、春霖三軍防守,並添募勇丁兩營,以資厚集。所陳於水淺處所,徧掘陷阬,穵斷岑子頭高埂,並雇雁艇槍勇巡防各節,籌辦尚屬周妥。著即認真辦理,不得有名無實。蘇省捕盗輪船不適於用,閩省之華福寶輪船現在上海,可以移調北

來，俟駛抵天津後，著崇厚飭令該督帶委員沈應奎等於津門沿海洋面一帶，實力巡緝，以杜洋人接濟捻匪，暗相句結之弊。

《同治朝籌辦夷務始末》卷六〇　六月癸亥，諭軍機大臣等：富明阿等奏，截勦竄匪獲勝，並與俄國會議情形一摺。俄界穵金匪人滋事，竄入甯古塔界，經富明阿派兵迎勦，將匪黨殲戮殆盡，並生捡匪首石才等三名。在逃餘匪，雖僅止三四名，匿入深林，難保不餘燼復燃，著富明阿等即飭令派出官兵，實力搜捕，不准一名漏網，以清邊境。烏勒興阿現赴摩闊崴地方，與俄官辯論邊境交涉事務，並會議現辦事宜五條，尚屬妥協，著俟俄人聲復後，奏明辦理。所有此次勦匪出力之官弁兵丁，准其俟邊界會議事竣，餘匪勦辦肅清後，彙案保奬，所陳分界圖説一件，留中備覽。

《穆宗實録》卷二三七　七月乙酉，諭：本日據李鴻章馳奏，勦辦捻匪，全股蕩平。覽奏之餘，實深嘉悦。捻逆自倡亂東南十有餘年，竄擾數省，生民受其荼毒，神人共憤，罪惡貫盈。上年派李鴻章爲欽差大臣，勦除任柱、賴汶洸等股匪。本年正月間，逆首張總愚復糾合匪衆，肆擾山西、河南、直隸，窺伺近畿，經官文、英翰、丁寶楨、李鶴年督兵防勦，並經左宗棠统軍追擊，朝廷復調李鴻章赴直東一帶督勦，以收衆志成城之效。現經李鴻章會同各軍，督率各將領蕩平捻逆，並將餘匪搜捕淨盡，具見該大臣督撫等協力同心，膚公克奏。前已賞還李鴻章雙眼花翎、騎都尉世職、黄馬褂，並開復處分；及左宗棠等降革處分，均予開復，自應分別再沛恩施，以昭懋賞。李鴻章著賞加太子太保銜，並以湖廣總督、協辦大學士。左宗棠著賞加太子太保銜，並交部照一等軍功議敘。丁寶楨、英翰均著賞加太子少保銜，並交部照一等軍功議敘。李鶴年著賞戴花翎，並交部照一等軍功議敘。崇厚當捻逆攻撲天津時督率兵勇紳團，力保郡城，並籌濟各營糧石餉需，源源不絶，實屬著有勞績，崇厚著賞加太子少保銜，頭品頂帶，並賞戴雙眼花翎。兩江總督曾國藩籌辦淮軍後路糧餉軍火，俾李鴻章等克竟全功，著交部從優議敘。

《同治朝籌辦夷務始末》卷六一　八月己酉，諭内閣：新授兩江總督馬新貽著充辦理通商事務大臣。

諭軍機大臣等：據總理各國事務衙門奏，請簡放上海通商大臣，已明降諭旨，令馬新貽充補矣。馬新貽新任兩江總督，丁日昌久在上海，於外國情形更爲熟悉，遇有緊要事件，著即幫同辦理。

乙卯，總理各國事務恭親王等奏：前綏遠城將軍裕瑞等奏，歸化城商人呈請由恰克圖假道俄邊貿易，並願照例納税加釐等因。【略】該商至恰克圖口，無論千兩茶珠蘭茶，應照張家口商民章程，每票不得過一萬二千斤之數。至票規銀兩，試辦之初，若按照張家口商民每票一張交票規銀五十兩，實不足以示體恤，自應比照張家口商民呈交票規銀兩數目酌減，請令歸化城商民赴恰克圖每票一張，呈交庫平足色銀二十五兩，此外不得濫行勒索浮費，以期踴躍而示區別，儻票外有勒索情事，准該商民呈明該管官，從嚴究辦。所交銀兩，照章由恰克圖司員解交理藩院存庫備放，其恰克圖司員應扣銀兩，比照前項數目，每票一張，覈減扣留銀一兩五錢，以資辦公。

壬戌，諭軍機大臣等：總理各國事務衙門奏，辦理中外交涉事件，關繫重大，請飭格外慎密一摺。西洋各國自入内地以來，辦理諸多棘手，凡遇中外交件事件，有關繫大局者，自宜慎密將事，不得稍有洩漏。乃曾國藩於密陳籌議條約事宜摺件，不能慎密，致被人傳鈔，業經交部議處，此事若再追究，誠恐欲蓋彌彰，轉於大局無益。第思各直省將軍、督撫、三口通商大臣等，均有中外交涉事件，遇有奉到密寄諭旨，及總理衙門密行文件，並該將軍、督撫等密奏摺件，若復稍涉大意，致有洩漏，則機事不密，咎有攸歸，嗣後務當格外慎密，以維大局，如有在事各員，不能體會此意，一經察出，定當從重懲處，決不寬貸。

《穆宗實録》卷二四一　戊辰，諭軍機大臣等：户部奏，吉林請開圍荒，宜防流弊，並歷年報墾尚未升科地畝及欠交租項請飭查追一摺。吉林圍場原爲長養牲畜以備狩獵之用，設堆置卡封禁甚嚴，乃該處游民借開墾之名，偷越禁地，私獵藏牲，斬伐樹木，迨林木牲畜既盡，又復竄而之他。有招佃之虚名，無徵租之實效。數百年封禁之地利，遂至蕩然無存。即如景綸前於咸豐十一年奏稱，尚有圍場二十一處，而此次富明阿奏稱該處南北十七八里，東西八十餘里皆無樹藏牲，其爲游佃偷越已可概見。此次該將軍辦理開墾事宜，自當嚴防流弊。即著親往履勘，嚴定界限，毋任委員弊混。並將新墾各地造具畝數四至，佃户花名清册，以及如何那移卡倫，添設封堆，暨布置員弁，逐處巡察各事宜詳細妥籌，迅行覆奏，以杜弊端。

己巳，諭軍機大臣等：前因左宗棠奏請議撥實餉，當諭令軍機大臣會同户部速議具奏。兹據奏稱，擬由各海關六成洋税内湊撥銀一百萬兩爲該督西征軍餉，並由該督酌量協濟甘省等語。著曾國藩、馬新貽、丁日昌於江海關撥銀五十

萬兩，英桂於閩海關撥銀二十萬兩，郭柏蔭、何璟於江海關撥銀十五萬兩，師曾於粤海關撥銀十萬兩，李瀚章於浙海關撥銀五萬兩，各該將軍、督撫、監督等務當迅速如數解往，以濟要需。廣東、福建、浙江、湖北、江蘇五省每月共計協撥左宗棠餉銀十九萬兩，扣至本年十月止，月餉全行扣抵借款。著各該督撫等自本年十二月起，各照原撥數目按月協濟。此外山東、山西、河南、湖南、四川、江西、河東等處每月共計協撥左宗棠餉銀十萬三千五百兩，各該督撫等尤當按照奉撥之數源源報解。

甲戌，諭：崇實奏，訊取匪首，確供正法，鈔録供詞呈覽一摺。教匪首犯劉儀順習教傳徒，謀反倡亂，秦崑崑相助爲逆，受其僞職，經官軍拴獲，解送成都省城，崇實親提研訊，供認謀逆不諱。該二犯罪大惡極，業經淩遲處死，傳首倡亂地方，以昭炯戒。該犯劉儀順供稱由湖南寶慶遷居四川宜賓，又有四川豐都人徐大川等代爲傳教，是其醜類散布，實繁有徒，若不悉數殲除，誠恐死灰復然，致貽後患。仍著崇實督飭所屬嚴密捕拏，毋任漏網。至所供兩湖、江西、浙江、河南、山東、廣西、雲貴、陝甘等省皆有黨與，互相句結，此時首逆既誅，人心涣散，亟應乘時速爲翦滅，免致散而復聚。著左宗棠等按照該逆犯所供情節，並各人犯住趾、姓名，嚴飭所屬認真摎緝，不得含混了事。

《同治朝籌辦夷務始末》卷六二　九月辛卯，諭軍機大臣等：曾國藩奏，新造輪船工竣，並陳上海機器局籌辦情形，及請奬上海通商委員各摺片。設局以來，各該委員等均屬著有微勞，所有尤爲出力各員，准由曾國藩會商李鴻章、馬新貽、丁日昌酌量奏保，其上海通商委員，辦理洋務亦臻妥協，並著曾國藩等擇尤請奬，以示鼓勵。

《穆宗實録》卷二四三　戊戌，諭：總理各國事務衙門奏，豫、蘇、閩等省現辦傳教各案，中外未能相安一摺。據稱河南省南陽教堂一案，民人傳帖聚衆，其勢洶洶。江蘇揚州聚衆毆辱教士，曾國藩咨報訊辦，觕有頭緒。臺灣壯勇殺死教民，英桂尚未將辦理情形咨報，而該國使臣屢請拏辦正兇，情詞迫切等語。傳教一事，既已載在條約，勢難顯爲禁止，惟在自端趨向，崇正黜邪。現在辦理各件，務須妥慎籌維，當行者就案完結，當拒者按約辨明，不至日久遷延，横生枝節，方爲妥善。著曾國藩、英桂、馬新貽、丁日昌、卞寶第、李鶴年各將現辦未結之教案，迅速設法了結，毋稍偏徇，致辦理不得其平，轉滋流弊。

《穆宗實録》卷二四四　十月戊午，諭：侍郎胡家玉奏請濬黄河故道以利漕運一摺。黄水遷徙以來，不遵故道，頻年泛溢堪虞，該侍郎擬請趁此時疏濬河身，高培河隄，令河循故道，由雲梯關入海，江廣之漕運可行，直東之水患可紓，並請將直隸、山東、河南、安徽等省及清淮一帶留而不撤之勇各數千人，仿古人發卒治河之法，令各營將領各帶所部，分段挑掘等語。果能如此辦理，將舊河深通，決上游之水，掣溜東行，自是一勞永逸之計，且勇非坐食，餉不虚糜，尤爲策之善者。著曾國藩、李鴻章、馬新貽、張之萬、蘇廷魁、李鶴年、丁寶楨、吴坤修各按該侍郎所奏，悉心體察，彼此會商，奏明興辦，以重河道而利漕運。另片奏，製造軍船，擬令江西等省先行試辦，酌徵本色，規復全漕等語。著曾國藩、李鴻章、馬新貽通盤籌畫，一併妥議具奏。原摺片均著鈔給閲看，將此諭知曾國藩、李鴻章、馬新貽、張之萬、蘇廷魁、李鶴年、丁寶楨，並傳諭吴坤修知之。

《同治朝籌辦夷務始末》卷六二　庚申，科布多參贊大臣奎昌奏，查哈薩克回衆，原居卡外有年，今被俄人不容，該官察幹瑪克里帶領五百餘户，移入烏梁海遊牧。

十一月辛未，閩浙總督兼理福州將軍英桂、福建巡撫卞寶第奏，伏查臺灣海外孤懸，民情強悍，自准各國通商以後，華洋雜處，時虞搆釁生端，並以臺屬所産之樟腦，洋商不願赴官廠買運，頻年争執，尤恐枝節横生。

《穆宗實録》卷二四七　辛卯，諭軍機大臣等：李鴻章等奏，分別遣撤留防各軍一摺。李鴻章抵德州後，陸續將所部兵勇遣撤共五十營至江甯省城，復與曾國藩等商定，以淮勇未可盡撤，酌留銘鼎兩軍分駐河北。

《同治朝籌辦夷務始末》卷六二　十二月庚戌，諭軍機大臣等：前據英桂等奏，臺灣洋人違約妄爲等情，著英桂、卞寶第即將辦理已未結教案起釁情由，及與該領事面議各節，並來往文件，趕緊詳細咨報該衙門覈辦，並將此案始末情形，據實咨報，不得稍有迴護粉飾，致滋口實。

《穆宗實録》卷二四八　甲寅，諭軍機大臣等：前據曾國藩奏請禁川私入楚，收復淮南引地，以復舊制，當交户部議奏。兹據該部遵議請旨辦理一摺，淮南引地，以楚岸爲大宗，從前因江路梗阻，淮鹽未能行銷，疊經湖廣總督奏明借撥川鹽，並抽收川私釐稅，原係一時權宜之計。近年江路早經暢通，自應規復舊制，雖節經酌減淮釐以輕成本，而鄰私未能盡禁，淮鹽總難暢銷。曾國藩所陳川私淮各節，自係實在情形。著吴棠、李鴻章、郭柏蔭、何璟即將川鹽行楚章程，妥籌停止。

《穆宗實録》卷二四九　庚申，諭内閣：御史游百川奏請飭嚴禁栽種罌粟以濟民生一摺。栽種罌粟之害，有妨民食，始於甘肅，延及陝西、山西，近復江蘇、河南、山東等省亦有漸行栽種者，小民貪利忘害，僅顧目前，勢必至膏腴之産盡種無用之物，於百姓生計大有關礙。前曾嚴行申禁，著各該督撫迅飭各地方官再行剴切曉諭，一體禁止。

《同治朝籌辦夷務始末》卷六三　甲子，奉旨：總理各國事務衙門奏，豫籌修約事宜一摺，除管理該衙門事務王大臣毋庸與議外，著派親郡王，會同大學士、九卿，公同妥議具奏，其各省將軍、督撫等歷次覆奏摺片，及總理各國事務衙門歷次奏咨往來照會節略等件，均著發給閲看。

諭軍機大臣等：總理各國事務衙門奏，接據英國照會，據實奏聞一摺。洋弁在臺灣違約妄爲，前經總理衙門照會英國使臣辦理，現據該國使臣阿禮國照覆，以一切情形，未據臺灣領事詳報，若確情果與所奏相同，必將該領事暨洋將責處，其索去之洋銀亦爲辦理退還。

辛未，睿親王德長等奏，臣等遵即訂期，逐日赴内閣公同閲看，詳細推求，所有朝廷不得已之苦衷，並數年來總理各國事務王大臣維持羈縻，不致決裂之意，均已略悉原委，其該衙門所致各將軍、督撫大臣密信中，有云不難據理直指其事之不可行，難在籌策使其事之可不行，實爲辦理洋務窾要。

同治八年（己巳、一八六九年）

《同治朝籌辦夷務始末》卷六四　正月辛巳，諭軍機大臣等：崇實等奏，酉陽民教仇殺，現飭查辦，請將署任知州暫行革職一摺。著崇實、吴棠飭令川東道會督該州文武，持平辦理，庶可折服民教之心，斷不可稍有偏重，致滋事端。署任知州胡圻，先事未能駕馭，臨事又不能彈壓，著暫行革職，留於地方協緝首先滋事之犯，以贖前愆。

壬寅，三口通商大臣兵部左侍郎崇厚奏，天津奉旨設立機器總局。

二月乙巳，諭軍機大臣等：總理各國事務衙門奏，四川酉陽州民教仇殺，現籌辦理情形一摺。著崇實吴棠，參酌情形，妥速籌辦。

《同治朝籌辦夷務始末》卷六五　戊午，諭軍機大臣等：總理各國事務衙門奏，分界事宜，請飭迅速辦理一摺。著榮全、奎昌、福濟按照定約，如期前往，各將應分地界，會同俄使妥速辦結。並著麟興、錫不勒多爾濟、明瑶、錫綸於該城分界事宜，隨時與榮全等商酌妥辦，毋稍膜視，儻該將軍等藉故耽延，致有貽誤，即著總理各國事務衙門，據實參奏。

壬戌，諭軍機大臣等：福濟、錫綸奏，籌辦安置索倫，阿爾泰山南地多閒曠，可以安插索倫人衆。著福濟等斟酌情形，妥速籌辦。一面咨商麟興等，將額魯特人衆趕緊分布，免與索倫雜居一處，滋生事端。

三月丁丑，總理各國事務恭親王等奏，將税務司狄妥瑪、吉羅福、美理登、馬福臣等四人，均賞給四品銜，惠達、滿三德、好博遜等三人，均賞給五品銜，杜德維、漢南、葛顯禮、包臘廷得爾等五人，各給一等金功牌一面。雷德、康發達二人，各給二等金功牌一面。幫辦萬德立、赫政、德益壽三名，各給銀功牌一面，以昭激勸。

《穆宗實録》卷二五四　乙酉，諭内閣：御史宋邦僡奏請整頓吏治，並請舉辦社倉、社學、普濟、育嬰各摺片。該御史所陳興教化、杜浮收、清案牘、省徭役、禁官價、除盜賊、修城池、禁賭博、治衙蠹、減僕從各條，均爲州縣官應行之事。著各直省督撫嚴飭各該州縣實心講求，並飭藩臬各司及本管道府隨時查察，如有廉勤素著者，即著列名保奏，其因循不職之員，並著破除情面，從嚴參處，以肅吏治而裕民生。至社倉、社學、普濟堂、育嬰堂皆有裨於吾民，惟日久弊生，各州縣不無廢弛，現除用兵省分外，即著各該督撫轉飭所屬地方官查照舊章，一律興復。

諭：御史徐景軾奏請飭用兵省分，安集流民，務農興利一摺。著各直省督撫於從前被兵現經收復地方，慎選賢良牧令，責令加意拊循，流亡有歸業者，爲之清還田産，緩其逋租，假以籽種之資，俾有歸農之樂，務使兵燹餘生，各安舊業，以恤民艱而固根本。

《穆宗實録》卷二五五　壬辰，兵部等部議覆調任兩江總督曾國藩酌改江蘇水師營制事宜：一、江蘇水師，應改爲内洋、外海、裏河三支，以資控馭。一、内洋、外海營數，應以蘇松鎮川沙、吴淞二營，改歸福山鎮管轄，並提督所轄南匯營，蘇松鎮中營、左營，狼山鎮掘港營爲外海六營；蘇松鎮右營、福山鎮左營、狼山鎮右營，並新設通州、海門二營爲内洋五營。一、裏河水師，應以原設提標右營、太湖左營、右營，並添設淞北、淞南二營爲五營，專歸提督管轄。一、狼山鎮新設通州、海門二營，應歸江南提督專管，並由長江水師提督兼轄。一、外海每

營撥廣艇二號，內洋每營撥三板十二號，太湖等營酌撥三板十三號至二十號不等，應即興修。一、續造輪船四號，分撥提督及蘇松各鎮，專巡外海內洋。一、江甯設立船廠，按年輪修戰船，輪船應由上海船塢整理。一、水師專以管船爲主，每船設一官，大者設兩官，其無船之弁兵，一律裁撤。一、裏河內洋兵糧，照長江章程給發，外海較爲辛苦，應遞加以示區別。一、前議設立淮揚水師，應行緩辦。一、太湖七營改爲裏河五營，應裁員弁，遇有裏河缺出，即行酌補。一、所裁內河外海及通州、海門兩營守備等員，分歸兩提督先行序補。一、蘇松鎮中軍，應仍其舊，狼山、福山裁去中營，應以通州營遊擊爲狼山鎮中軍，福山營遊擊爲本鎮中軍，各留陸兵百名，以備差遣。一、統計水師俸餉歲需十五萬餘兩，兵米雜費四萬餘兩，覈算歷年司庫實發銀兩，足敷支放，無庸另議款項。以上十四條，均應如所請辦理。從之。

《同治朝籌辦夷務始末》卷六五　四月甲辰，諭軍機大臣等：福濟、錫綸奏，查明分界內無塔城管轄之地，瑪呢圖噶圖爾幹卡倫，既在科布多地界，著奎昌、明瑶悉心經理，毋稍推諉。

《同治朝籌辦夷務始末》卷六六　五月丙申，總理各國事務恭親王等奏，玆於本年二月間，復據美國使臣呈遞臣衙門照會，稱本國書籍，業已披覽，尚未得覩中華之書，並議檢查中國民數册籍，由臣衙門購買中國書籍共十種，裝成一百三十套，裝成五十六匣，花于五十種裝成五十匣，一併發交該使臣祇領，以示酬答。

《穆宗實録》卷二五九　丙申，諭內閣：左宗棠奏，官軍搜捕各匪净盡，陝境肅清一摺。陝西官軍自埽平董志原回巢後，各路匪徒仍復暗相句結，肆行刦掠。經提督郭寶昌、劉松山等派兵搜捕，斬獲甚多，雲巖鎮巨逆袁大魁竄至保安縣屬之老巖窯，憑險結寨，經道員魏光燾、提督劉端冕等率兵攻勦，殲斃逆首袁大魁及賊目多名，餘匪悉數埽除，各處匪類，亦經官兵搜捕净盡，榆、綏、延、鄜各屬一律肅清。勦辦尚爲得手。惟陝西頻年疊遭兵燹，此時逆匪雖經勦净，而游勇土匪仍恐易滋嘯聚，且各屬地方賑撫窮黎，安插人衆，在在均關緊要。左宗棠現在振旅西征，所有陝省善後各事宜，劉典責無旁貸，即著悉心籌畫。

《同治朝籌辦夷務始末》卷六六　六月壬子，諭內閣：總理各國事務衙門奏，奧斯馬加國使臣到津，請派員互換條約一摺。著派總理各國事務衙門大臣兵部尚書董恂、三口通商大臣兵部左侍郎崇厚，作爲全權大臣，便宜行事，辦理互換條約事宜。

壬戌，通商大臣兩江總督馬新貽、江蘇巡撫丁日昌奏，臣等將上海購製機器，先行揀擇精要，於上年十月委解赴津，聲明其餘重大之件，俟今春再行解運。

丙寅，諭軍機大臣等：榮全奏，會立牌博俄官意圖侵越，奎昌奏，建立牌博情形各一摺。榮全、奎昌現與俄官分界，遵照紅綫條約，於博果蘇克壩塔斯啓勒山分建界牌鄂博兩處，未容俄官向內侵占，辦理尚爲妥協。其由珠嚕淖爾至沙賓達巴哈分界處所，原圖所載，險阻難行，俄官輒欲由珠嚕淖爾迆北數十里，唐努山之察布齊壩上，建立鄂博，由此直向西北，繞至沙賓達巴哈，按其地址，已將唐努烏梁海遊牧包去大半，該俄官藉詞欺蒙，意圖侵越，豈可遂其狡謀，榮全惟當按照條約，與之辯論，固不可過於決裂，致生事端，亦不得藉口從權，遷就了事，任令得步進步，貽誤事機，是在該大臣妥爲善辦，以副委任。奎昌現與俄官往立西邊牌博，亦著詳細履勘，照約辦理，是爲至要。

《穆宗實録》卷二六一　丙寅，諭內閣：御史徐景軾奏，興利宜重農桑，及請力興教化各摺片。農桑爲衣食之原，最關緊要，惟小民耕種，未免勤惰不齊，是在地方官隨時督率，予以勸懲。著各省督撫責成各該地方官認真考課，實力奉行，不得藉端滋擾，並著會同各省學政嚴飭州縣教職等官，訓迪士林，勸置義塾，以資觀感。

《穆宗實録》卷二六二　七月辛未，諭軍機大臣等：總理各國事務衙門奏，洋人在臺灣違禁滋事，現籌辦理情形一摺。洋人美利士等在臺灣大南澳地方伐木墾荒，私販軍火，交通生番，實屬違禁妄爲，業經該衙門照會英、布兩國使臣由中國自行拏辦，並知照該督撫酌覈辦理。此事英國使臣自知理屈，已據照覆，飭將英人名康撤回，而布國使臣則請將美利士暫行停辦，顯有袒護之意。此時該洋人等曾否撤回，抑仍在該處招募工作？如果不遵條約，任性妄爲，自應由該督撫查拏懲辦，惟事關中外交涉，必須有明幹大員隨時斟酌辦理。

《同治朝籌辦夷務始末》卷六七　壬申，諭軍機大臣等，文煜等奏，洋務日繁，請調員來閩差遣。前福州府知府丁嘉瑋、福建儘先補用參將王榮和，既據該將軍等奏稱，該員等熟悉詳情，自應俯如所請。

《穆宗實録》卷二六二　諭軍機大臣等：英桂、卞寶第奏請簡臺灣道員缺，並請以楊在元試署臺灣鎮總兵各摺片，本日已降旨令黎兆棠署臺灣道員缺，並批令楊在元試署臺灣鎮矣。臺灣孤懸海外，五方雜處，人心浮動，當此多事之

秋，必其人才識足以獨當一面，而又能實心整頓者，方能有益地方。著英桂、卞寶第於該鎮道到任後留心察看，如措置未能合宜，即行奏明撤回。

《同治朝籌辦夷務始末》卷六七　八月庚子，諭軍機大臣等：德英等奏，俄人越境要求通商各情，請飭總理各國事務衙門按約辦理一摺。德英等仍當密飭防卡官弁，如再遇俄人入境，即按照條約，設法攔阻，毋任其乘隙闖入，並一面嚴禁軍民私相貿易，以弭釁端。

《穆宗實録》卷二六四　癸卯，諭：丁寶楨奏，太監在外招摇煽惑一摺。據德州知州趙新稟稱，七月間有安姓太監乘坐太平船二隻，聲勢炫赫，自稱奉旨差遣織辦龍衣，船上有日形三足烏旗一面，船旁有龍鳳旗幟，帶有男女多人，並有女樂品竹調絲，兩岸觀者如堵。又稱本月二十一日係該太監生辰，中設龍衣，男女羅拜，該州正在訪拏間，船已揚帆南下，該撫已飭東昌、濟甯各府州飭屬跟蹤追捕等語。覽奏深堪詫異。該太監擅自遠出，並有種種不法情事，若不從嚴懲辦，何以肅宫禁而儆效尤。著馬新貽、張之萬、丁日昌、丁寶楨迅速派委幹員，於所屬地方將六品藍翎安姓太監，嚴密查拏，令隨從人等指證確實，無庸審訊，即行就地正法，不准任其狡飾。如該太監聞風折回直境，即著曾國藩飭屬一體嚴拏正法，儻有疏縱，惟該督撫等是問。其隨從人等有跡近匪類者，並著嚴拏，分别懲辦，無庸再行請旨。

《同治朝籌辦夷務始末》卷六七　甲辰，諭軍機大臣等：榮全奏，界務辦竣，俄國實無侵越，並議償俄人被擄錢數，暨請飭接濟索倫人衆各摺片。覽奏均悉。俄國立界事宜，久未定議，兹據該大臣奏稱，此次與俄官會議分立地界，將中原新立牌博八處，俱用清字註明，細閱紅綫，兩國圖形相符，與從前原圖紅綫，均屬相合，其唐努烏梁海蒙官等衆，皆結稱俄國實無絲毫侵越，該大臣經理此事，使俄人無所刁難，而蒙衆亦皆悦服，實屬不負委任。現在烏屬邊界，業經立畢，榮全已馳赴索果克卡倫，著奎昌迅將俄國印押圖記，如期送到，其善後各務，著榮全於回抵烏城後，會同福濟等悉心酌度，次第辦理。科城界務，是奎昌專責，此時正可乘機利導，該大臣當趕緊籌辦，毋稍稽延。

丁巳，諭軍機大臣等：總理各國事務衙門奏，民教仇殺案件，請旨飭催早結一摺。【略】李鴻章計已抵川，著即會同崇實、吴棠嚴飭該地方官，將殺死李教士一案，查拏真正兇手，按律審辦，毋任漏網，並著將民教互殺人數，秉公查訊，及早擬結。李國安是否即係李國，亦當確查聲覆，不可稍涉含糊。其覃教士率匪殺斃平民多命之案，李鴻章等亦即悉心籌辦，務期毋枉毋縱，以弭争端。

《同治朝籌辦夷務始末》卷六八　九月癸酉，諭軍機大臣等：總理各國事務衙門奏，遵義教士被傷殞命，請飭查明妥辦一摺。【略】著即派委通曉時務之員，馳赴貴州，會同曾璧光迅速查明，秉公辦理，據實具奏，不得稍有遷延袒護，以致别生事端。

辛巳，諭軍機大臣等：前因總理各國事務衙門具奏，貴州遵義縣教民互争一案，尚未辦結。【略】仍著總理各國事務衙門隨時咨催李鴻章、曾璧光，妥速辦結，其四川酉陽州教民相争一案，並著李鴻章會同崇實、吴棠懔遵前旨，秉公辦理。

乙未，諭軍機大臣等：沈葆楨奏，新造輪船赴津，請派大員勘驗一摺。福建新造第一號輪船，沈葆楨現派道員吴大廷監駛赴津，著派崇厚前往驗收，【略】並著詳細勘明，據實覆奏，至此號輪船，即著照沈葆楨前擬名爲萬年清。沈葆楨所繪輪船總圖，業由軍機處呈進，留中備覽。

《同治朝籌辦夷務始末》卷六九　十月辛丑，諭軍機大臣等：前因四川酉陽州民教仇殺，貴州遵義縣民教互争兩案，疊諭李鴻章等迅速查辦。諒該督等業已分别辦理。兹據總理各國事務衙門奏稱，法國使臣以酉陽、遵義兩案未結，【略】藉詞要挾。並聲稱會同該國提督攜帶兵船，前赴江西等處，急求各案了結等語。中外定約以來，各督撫於民教争訟各案，每以正兇未獲，人證未齊爲詞，纍月經年，案懸莫結，以致該使臣從而生心，所有酉陽、遵義兩案，著李鴻章、崇實、吴棠、曾璧光懔遵前旨，將酉陽案内劉幅、張佩超等，究係何人正兇，按律懲辦。

癸丑，諭軍機大臣等：總理各國事務衙門奏，布倫托海分界事宜，請簡員會同俄國勘辦一摺。布倫托海所屬地方，皆係塔爾巴哈台管轄之地。前據明瑶奏稱，塔城未經克復，道途梗塞，無地可分，兹據該衙門奏稱，俄國使臣擬於塔城安静地方，從北起首，先建鄂博，並稱無中國大臣會辦，亦可自行建立，是該處分界事宜，亟應迅速辦理。設俄國先自往建，則任意侵占，事後必啓争端。文碩係布倫托海辦事大臣，責無旁貸。

恭親王等又奏，臣等查此次蒲安臣與志剛、孫家穀出使，與中外一切交涉事件，頗爲有益，其在美國所擬八條，尚無窒礙難行之處，既經該使臣等與美國大臣畫押蓋印，現復遣柏卓安來京，請與互换，自應代爲奏請，准其照行，俾該使臣

等在外國辦事，得有把握。

諭内閣：總理各國事務衙門奏，出使大臣在美國續定條約，請派員互换一摺。著派總理各國事務衙門大臣户部尚書董恂，作爲全權大臣，便宜行事，辦理互换條約事宜。

乙卯，總理各國事務恭親王等奏，查總税務司赫德數年以來，尚無貽誤，此次議修英國條約，經臣等飭令該總税務司與章京委員等公同辦理，遇有中外情形，彼此尚未深悉者，辯難相持，令其從中排解，兩年以來，頗爲得力，亦未便没其微勞，可否仰懇恩施，逾格賞加布政使銜，以示鼓勵之處，伏乞訓示祇遵。御批：依議。

《同治朝籌辦夷務始末》卷七〇　十一月辛未，諭軍機大臣等：前因貴州遵義教士因傷殞命疊經諭令曾璧光妥速籌辦，並令李鴻章會同辦結。李鴻章前派道員余思樞，馳往查訪，計早抵黔，曾璧光諒已派員會辦，此案總以教士因何身死爲最要關鍵，必須質證明確，斷不可稍涉含糊。

壬申，諭軍機大臣等：前因總理各國事務衙門議覆富明阿等奏，朝鮮國人往俄界墾地，應由朝鮮早申禁令，當諭禮部行文該國王妥爲辦理。【略】著禮部迅即行文該國，申明禁令，嚴飭該國沿邊官弁，約束民人，毋許再有逃越，以重邊防，並著富明阿飭令訥木津會商俄國廓米薩爾，務將朝鮮越界民人，悉行逐回，不得久留俄界，以致别生枝節。

癸酉，諭軍機大臣等：英翰奏，辦理考董滋鬧教士公寓大概情形一摺。馬新貽等仍當懔遵前旨，嚴飭該府縣官，將領首滋事之夏姓等迅速查拏，持平審辦，並飭吴世熊等會同該地方官妥爲料理，斷不可稍涉偏縱，致啓釁端。

壬午，諭軍機大臣等：前因榮全奏，賠償俄國諾海牲畜銀兩，請於津海關或北洋三口，於俄國應納税餉内照數扣收，當交該衙門議奏。兹據總理各國事務衙門、户部奏稱，此項賠款，既經榮全議定，除委員薩碧屯已還過銀九千八百二十兩外，其餘銀十萬數千兩有零，按照原議三年補償，每年需銀三萬四千兩，自應籌款分年補償。惟北洋三口，山海東海兩關，並無俄國交納貨税，即天津一關，俄商陸運税銀，每年亦止一千餘兩，不敷抵扣，請於山西應解京餉内分年籌撥等語。著李宗羲飭令藩司於山西應解京餉内，自明年爲始，分作三年，每年撥銀三萬四千兩，交歸綏道轉解，務須提前於每年三月起解，四月解到烏里雅蘇台，交榮全收納，覈計三年，共應解銀十萬二千兩，於應賠俄國款項，有無盈絀，著福濟、榮全查明辦理。

《穆宗實録》卷二七二　十二月甲辰，諭軍機大臣等：貴州軍務日久未有起色，川楚援黔各軍頻年勦辦教匪，尚能克復城邑，迨進勦苗巢楚軍敗於黄飄，黔軍潰於羊安，從此一蹶不復再振。李鴻章威望素著，現在重慶暫駐，著即馳赴貴州，所有川、楚、貴州各軍均歸節制。該督即逐加揀選，申明賞罰，嚴檄各將領分投進勦，互爲援應，庶得同心協力，迅奏膚功。儻川楚各軍不能得力，即行裁撤。咨明崇實、吴棠、劉崐將此項兵糈仍解赴李鴻章軍營充餉。該督上年凱撤之師，其中不乏驍勇，著即酌量奏調赴黔，以備調遣。廣西防邊之兵如須調赴黔省會勦，並著李鴻章酌度辦理。至李鴻章進兵克復地方後，修治城池，招集流散，聯保甲，給籽種，仍著曾璧光隨時商同李鴻章妥爲經理。

《同治朝籌辦夷務始末》卷七〇　丙辰，諭軍機大臣等：李鴻章、崇實、吴棠奏，議結酉陽教案，李鴻章奏，遵義教案，派員會辦，暨起程回鄂各摺片。李鴻章現以酉陽教案已結，天門教案初起，即由川省起程東下，自係未奉到本月初七日諭旨。天門一案，前經郭柏蔭查明奏結，羅淑亞所帶兵船，自不至駛赴漢口，再圖滋擾，著即懔遵前旨，趕緊折回，入黔督軍進勦。

《穆宗實録》卷二七三　甲子，諭：曾國藩奏遵查畿南所屬災歉較重，應行賑恤一摺。直隸南路之大、順、廣三府地方本年雨澤稀少，災情較重，經曾國藩屬令臬司錢鼎銘親歷周查，以肥鄉、廣平、成安、邯鄲及永年毗連肥鄉之數十村莊及大名所屬之大名、元城爲最苦。該督現擬寓賑於貸，就各屬著名災重處所編定户口，酌借錢文，請飭部於天津存儲現錢項下撥出制錢十萬串，由天津運交錢鼎銘經理賑恤事宜等語。畿南災歉較重，自應設法補救，以靖地方。兹覽該督所陳一切具臻妥協，即著崇厚在天津存儲現錢項下撥制錢十萬串，由天津派員運至大名，交錢鼎銘收領，並著曾國藩飭令該臬司妥爲散放，以拯災黎。

同治九年（庚午、一八七〇年）

《同治朝籌辦夷務始末》卷七一　正月戊寅，諭軍機大臣等：李鴻章奏，法國使臣羅淑亞駛至漢口，由川趕回，與之商辦定議一摺。即照李鴻章所擬，令其設法遷移，以圖兩全，著崇實、吴棠妥籌辦理。

辛卯，諭軍機大臣等：總理各國事務衙門奏，俄國自立牌博，請飭查辦一

摺。瑪呢國嘎圖勒幹至哈巳爾阿蘇一帶，俄國分界事宜，前因布倫托海裁撤，統歸科布多大臣辦理，當經改派奎昌前往會辦。【略】昨因文碩到科需時，諭令榮全前往代辦，即著榮全懍遵前旨迅速前往，俟文碩到後，再回烏城。

《穆宗實録》卷二七六　二月辛丑，諭：左宗棠奏，提督劉松山陣亡後，該軍統率需員，查有布政使銜候選道劉錦棠膽略尚優，軍情翕服，堪以接統，請賞加京銜等語。劉錦棠著賞加三品卿銜，接統劉松山舊部，用資鎮率。

諭：英桂、卞寶第奏，查明臺灣洋案，請將主謀搆釁之蕭瑞芳等懲辦一摺。據稱英國領事吉必勳、洋弁嗞噹前在臺灣安平地方違約滋事各案，經該署道黎兆棠查係麇生許建勳、副將蕭瑞芳爲之主謀，以致洋人藉端生釁。現在許建勳冒開洋行，私販樟腦，日引洋人深入內山；蕭瑞芳私造戰船，希圖出海，請即拘案懲辦等語。臺灣爲商賈輻湊之地，人情浮動，今許建勳懷挾私嫌，膽敢重賂洋人從中搆煽，蕭瑞芳身任武職大員，竟至偷見嗞噹，煽其開礮占署，釀成巨案，實屬目無法紀，若不從嚴懲辦，何以禁遏內奸。蕭瑞芳、許建勳均著先行斥革，英桂等即密飭黎兆棠迅將該二犯一併嚴拏正法，以絶後患。

甲辰，諭軍機大臣等：劉典奏，停止廣東陝捐，並請飭催廣東協餉一摺。據稱陝西在廣東開設捐局，撥充西征軍餉，每年所收捐項無多，而貴州又在該省辦理黔捐，此招彼徠，辦法尤難一律，請停止陝捐，專儘貴州辦捐，以免轇轕，廣東每月應協陝餉請飭瑞麟等遵照前奏，按月彙解等語。所奏係爲清釐餉項起見，所有陝西設立廣東米捐分局，著即停止，並著劉典將前派之委員撤回。貴州所設捐局既經曾璧光派令臬司葆亨赴粵開辦，即著該撫檄飭該臬司認真辦理，以濟軍食。至廣東省每月應協陝餉一萬兩，自同治五年起至八年年底止，已欠銀四十餘萬兩。現在甘回屢擾陝邊，該省防勦各務仍不能鬆，需餉實形緊急，著瑞麟、李福泰查明該省欠解陝餉確數，即飭運司鍾謙鈞守催撥解，並將粵海關四成洋税銀兩，每月撥濟陝餉銀一萬兩，源源轉解，不得仍前推延。

丙辰，諭軍機大臣等：寄諭各將軍、督撫、南北洋通商大臣等，總理各國事務衙門奏，法國使臣藉兵要挾，漸不可長，請飭各省遇有外國案件，持平速結，並請飭地方官於傳教事件，先事防維，列入考成，及請飭江蘇、福建，迅辦英國未結各案各摺片。【略】著各該將軍、督撫、通商大臣等，嚴飭所屬，遇有中外交涉事件，即認真查辦，持平迅結。毋得仍前延宕，致外人得以藉口。況現在英國使臣威妥瑪，鈔録上海新聞紙，以羅淑亞催辦各省積案有效爲詞，則該國未結各案，豈可聽其遷延。著文煜、英桂、卞寶第、馬新貽、丁日昌將臺灣販運樟腦等案，剋日辦結，毋貽該國使臣口實。嗣後各該省遇有交涉案件，並著各該將軍、督撫，飭屬勒限完結，以弭後患。至傳教一事，流弊固多，而地方有司，如能先事圖維，經權互用，未嘗不可杜其干預，著各該將軍、督撫大臣等，密飭地方官，遵照前次總理衙門通行成案，悉心體察，豫爲經理，儻能辦理妥協，即准其與催科撫字，一例考成，以冀挽回積習，用弭釁端。

《同治朝籌辦夷務始末》卷七二　三月己卯，總理各國事務恭親王等奏，同治九年二月二十九日，准吏部咨，議奏內閣侍讀學士鍾佩賢奏請各項勞績保奬，宜示限制一節。【略】按照奏定章程，以二年爲限。擇其資格較深，辦事勤慎者，酌保數員，其保奬員數，總以差事之勤惰，定人數之多寡。

《穆宗實録》卷二七九　甲申，諭軍機大臣等：瑞麟、李福泰奏，派兵勦辦黎匪，殲捦首要各犯一摺。崖州黎匪劉振欣等，因外委洪雲章派貲修理土城，膽敢糾集多人將洪雲章戕斃，復突入內地，焚刦村莊。都司吴成龍等帶兵彈壓，該匪並句結各路黎匪，圍攻土城，吴成龍、黎桂香先後戰歿。經瑞麟等檄飭署總兵劉成元，督同地方文武前往勦辦，劉振欣等在大田一帶踞險抗拒，官軍進抵大田，疊破賊柵，生捦首匪多名，劉振欣由嶺背竄逸，副將王伯熊等追至五指山下河邊，將首犯劉振欣捦獲。現在東西兩路各村黎人，俱已投誠，劉振欣等均經訊明正法，在事員弁兵勇尚屬奮勉出力。著瑞麟等擇尤酌保，毋許冒濫。儋、崖、陵水各州縣所屬黎匪，獷悍性成，平日每易滋事，此次劉振欣等糾衆戕官，則由於營弁之科派啓釁，實屬不成事體。嗣後該府所屬文武，瑞麟等務須隨時遴選循良，安民戢暴，遇有貪劣不職之員，即行參劾，並嚴飭該管道府力加整頓，毋任文恬武嬉，致滋隱患。

《同治朝籌辦夷務始末》卷七十二　乙未，諭軍機大臣等：總理各國事務衙門奏，貴州遵義教案，請飭迅結一摺。至此案雖由李鴻章派員往辦，曾璧光係該省大吏，豈得置身事外，著即嚴督派出各員，悉心會辦，逐層確查，覈實持平，以自立於不敗之地。勿任教士肆意索賠，轉授該使臣以口實。

四月丙午，諭軍機大臣等：總理各國事務衙門奏，美國使臣蒲安臣病故，現籌辦理情形。美國使臣蒲安臣，前經派充出使各國大臣，與志剛、孫家穀前往有約各國，辦理中外交涉事務。該使臣周歷英、法、美暨瑞、丹、和、布諸國，遠涉重洋，不辭勞瘁，辦事諸臻妥協，本年正月間，行抵俄國病故，殊堪憫惻。該使臣身

後事宜，業由志剛等妥爲照料，兼撥銀兩經理喪事，著加恩賞給一品銜，並賞銀一萬兩，由出使經費項下撥給，交該使臣家屬祇領，以示優待之意。蒲安臣業經身故，出使事宜，甚關緊要，著該衙門飭令志剛等督同左協理柏卓安、右協理德善，悉心商酌，妥爲辦理。

己未，諭軍機大臣等：前因遵義教案未結，疊諭李鴻章等持平籌辦。【略】仍著迅飭余思樞會同該省官員，妥速籌辦，不得以他省派往人員，意存推諉。曾璧光身任黔撫，責無旁貸，著即懍遵前旨，迅令余思樞馳回遵義，並飭承辦各員，會商訊結，以期早息釁端。教士羅伯恩有無被團勇欺陵情事，亦著曾璧光切實查明，隨時約束，毋得故置不問，致生枝節。

五月癸酉，諭軍機大臣等：總理各國事務衙門奏，英國使臣威妥瑪，請於沿海水底，暗設通綫，謹將辯論各節據實密陳一摺。洋人以貿易爲本，時慮中國舟車遲滯，欲以外國之銅綫諸法，試行於中國。【略】著南北洋通商大臣，暨沿海各督撫，密飭各關道地方官，先事豫籌，嚴密稽查，遇有洋人安設通綫之處，祇准在沿海洋面水底，其綫端祇准在船隻内安設，即在沿海埠口，向來停泊各洋船碼頭之外，近海處所停泊，儻有將綫端牽引上岸，不遵定章辦理者，即照會領事官立時查禁，以杜將來流弊，而絶他國效尤之漸。

乙酉，諭軍機大臣等：英桂奏，拏獲句煽洋人搆釁之要犯，遵旨正法一摺。已革副將蕭瑞芳，即蘇阿成，先在廣東原籍煽惑洋人搆禍，繼在臺灣偷見洋弁，唆其開礮占著，釀成巨案，實屬罪大惡極。經黎兆棠將該員拏獲，遵旨即行正法。辦理深合機宜。

庚寅，三口通商大臣兵部左侍郎崇厚奏，竊天津一帶，自入夏以來，亢旱異常，人心不定，民間謡言甚多，有謂用藥迷拐幼孩者，有謂義塚内有幼孩屍骨暴露者，有謂暴露之屍均係教堂所棄者，遂有謂天主教挖眼剖心者，紛紛謡傳。【略】遂將豐大業羣毆斃命，傳鑼聚集各處民人，將該教堂焚毁。【略】諭内閣，曾國藩著前赴天津查辦事件。

《穆宗實録》卷二八三　壬辰，諭軍機大臣等：昨因崇厚奏津郡民教搆釁情形，當經密諭曾國藩前赴天津，與崇厚悉心妥籌，持平辦理。本日復據崇厚奏自請治罪，並將天津道府縣各官請分別嚴議革職，及查津郡現在情形各摺片。已明降諭旨，將崇厚等先行交部分別議處，並令曾國藩於抵津後確查奏參矣。匪徒迷拐人口，本干例禁，挖眼剖心之事，尤屬罪無可逭，人所共憤，全賴地方官平日嚴密稽查，隨時拏辦，如任民間擅自拏人，實屬不成事體。著曾國藩於抵天津後，與崇厚體察情形，妥爲辦理。

《同治朝籌辦夷務始末》卷七二　六月丙申，諭軍機大臣等：曾國藩奏，奉旨飭赴天津，恭摺覆陳一摺。【略】即著飭令派出之道員博多宏武等，會同天津道府，澈底根究，妥籌辦理，昨已特命崇厚充出使法國大臣，其三口通商大臣派成林前往署理，以冀潛伐敵謀，消弭隱患。曾國藩眩暈之症，現已十愈其八，日内如可支持，即著前赴天津，會同崇厚悉心商辦。至傳教習教之人，傷斃若干，中國外國之人，無故被害者若干，皆須切實查明，嚴拏兇手，以懲煽亂之徒，彈壓士民，以慰各國之意，尤爲目前要務。並著認真區畫，妥速籌辦。原摺著鈔給崇厚閲看。

《穆宗實録》卷二八四　戊戌，諭軍機大臣等：李宗羲奏，河東豫引積滯，請飭禁違章抽釐，並嚴緝私鹽一摺。據稱河東豫引滯銷，因蘆紅小土各鹽越境侵灌，豫省行銷引地各州縣未經會同委員認真協緝所致。且河東每年向有津貼河南銀二萬兩，不應再抽鹽釐。近來南陽府唐縣等處，仍復私抽釐金，遂致成本愈重，引銷愈行壅滯等語。著李鶴年嚴禁河南各府州縣，毋許違章抽收鹽釐，並飭行銷河東引鹽之各地方官會同委員認真巡查，遇有蘆紅小土各私鹽越入引地，立即嚴拏，私販人犯，照例懲辦，所獲私鹽一半歸公，一半充賞。

《同治朝籌辦夷務始末》卷七二　庚子，給法國照會：【略】特派太子少保、頭品頂帶雙眼花翎、鑲紅旗漢軍副都統、兵部左侍郎、三口通商大臣崇厚，奉命前往貴國，以著兩國實心和好，天津一案，祇由民間一朝之釁，定能迅速辦結，益昭睦誼。爲此照會。

《同治朝籌辦夷務始末》卷七三　癸卯，諭軍機大臣等：曾國藩奏，起程赴津籌辦情形一摺。據稱教堂牽涉迷拐之案，訊供稍有端倪，尚未能確指證據等語。此案啓釁之由，因迷拐幼孩而起，總以有無確據爲最要關鍵，必須切實根究，則曲直既明，方可再籌辦法。至於洋人傷斃多人，情節較重，若不將倡首滋事之犯懲辦，此事亦勢難了結。著曾國藩、崇厚悉心會商，體察事機，妥籌辦理，以期早日完案，免滋後患。

己酉，諭軍機大臣等：宋晉奏，和局固宜保全，民心未可稍失，請飭曾國藩速查起釁根由，據實覆陳。

諭：據宋晉奏，江南設立長江水師，原以控扼海口，巡邏江面，近聞水師遠

遜於前，營制漸形疏懈，並有不法水勇，假巡邏爲搶劫，江面盜案屢出，行旅戒嚴，地方官不敢捕拏，恐日久肆行，轉致貽害，請飭彭玉麟前往整理等語。【略】著馬新貽、李瀚章、丁日昌、英翰、劉坤一、郭柏蔭、劉崐，按照曾國藩所定章程，會同黄翼升時加整頓，務使士卒驍壯，號令嚴明，並一面檄飭各該地方官，遇有水勇搶刦案件，即行捕拏究辦，不准互相容隱，擾害商民。

《穆宗實録》卷二八五　庚申，諭軍機大臣等：曾國藩、崇厚奏，查明天津滋事大概情形一摺。著曾國藩斟酌情形，趕緊覆奏，再降諭旨。日來辦理情形若何，能否迅就了結，並著隨時馳奏，總之和局固宜保全，民心尤不可失。曾國藩總當體察人情向背，全局通籌，使民心允服，始能中外相安也。洋人動以兵船恐嚇，訛索多方，雖兵端不必自我而開，然暗中防維，實屬刻不容緩之舉，萬一事有決裂，斷不能任其肆意猖獗，不思未雨綢繆。現在各省沿江沿海口岸設立防兵，能否真實可靠，著馬新貽、英桂、瑞麟、李瀚章、丁日昌、英翰、劉坤一、丁寶楨、郭柏蔭、劉崐、李福泰、黄翼升、楊昌濬嚴飭各該處帶兵各員，隨時訓練，實力整頓。該督撫等務宜悉心辦理，不可徒託空言，以期有備無患。

癸亥，據崇厚奏稱，曾國藩觸發舊疾，病勢甚重，朝廷實深廑繫。此案關繫頗大，該督抱恙甚劇，恐照料或有未周。本日已諭令丁日昌星速赴津，幫同該督辦理。又以丁日昌由蘇赴津，即航海前來至速，亦須在旬日以外，因先派毛昶熙前赴天津會辦。該督等務當悉心籌畫，此案了結，總以愈速愈妙。至天津府縣等正法一節既難照辦，而爲首滋事之犯自應趕緊緝拏，如首犯緝獲，則據理辯駁，一切自易轉圜。崇厚摺内所稱曾國藩論及道光年間辦理洋務以來，時而主戰，時而主和，和戰兩歧，况目前情形尤與從前迥異，一國搆釁，各國連衡，沿江沿海防不勝防。曾國藩所論切中情事，著與毛昶熙、崇厚熟籌辦法，總以力保和局爲要。惟該國兵船業已到津，意在開釁，現亦不可不豫爲防範，以備不虞。本日已諭令李鴻章帶兵馳赴畿疆，候旨調派，並令傅振邦前赴天津，聽候該督調遣，其練軍及標營官兵已令傅振邦豫爲部署候調。

《同治朝籌辦夷務始末》卷七四　七月乙亥，諭軍機大臣等：李鴻章奏，酌帶各軍剋日起程。天津之事，現經毛昶熙前往，會同曾國藩辦理，旬日以來，法使羅淑亞仍復恃強逞忿。【略】該督馳抵直境後，應駐紮何處，届時再行請旨辦理。袁保恒現辦西征糧臺，情形較熟，未便遽易生手，所請赴直效力，著毋庸議。

甲申，諭軍機大臣等：本日據軍機大臣呈遞直隸按察使錢鼎銘稟函，據稱已革天津府知府張光藻因患病出省，在順德府調治，已革天津縣知縣劉傑，亦在密雲縣治病，已派員分赴守催等語。覽奏不勝詫異。張光藻、劉傑以奉旨治罪人員，即使患病屬實，亦應在天津聽候查辦。【略】著錢鼎銘懍遵前旨，星夜派員前往，將該革員等迅解天津，不准藉詞託病，仍著將起解日期，趕緊覆奏。曾國藩於張光藻等革職後，率行給假他出，實屬不知緩急，並著派員勒限催提，俟解到日，會同毛昶熙取具該革員等確切親供，以憑覈辦。

《同治朝籌辦夷務始末》卷七五　八月丙申，諭軍機大臣等：曾國藩等奏，提解已革天津府縣到津。總理各國事務衙門奏，近日辯論情形，並鈔録照會呈覽。【略】現在羅淑亞所遞洋文，業由該衙門譯出，即著曾國藩等按照所指各節，逐一詳訊，取具切實親供。【略】成林到津後，毛昶熙計已交卸，仍著暫留天津，會同曾國藩籌辦一切。丁日昌於洋務情形，素稱熟悉，此次兼程到津，籌畫各事，均極認真，即著幫同曾國藩等悉心妥辦，務協機宜，以副委任。

丁酉，諭軍機大臣等：據魁玉奏稱，兩江總督馬新貽，猝被行刺，因傷出缺，已將曾國藩調任兩江總督，直隸總督著李鴻章補授矣。兩江職任綦重，曾國藩前在江南多年，情形既多熟悉，布置尤爲得宜，刻下交卸在即，務當遵奉昨日諭旨，嚴飭地方文武員弁，將在逃首要各犯，儘數購獲，並會同毛昶熙、丁日昌、成林將現獲各犯詳細研究，審得實供。其羅淑亞照會内所指各節，該督等亦當逐一詳訊，取具張光藻、劉傑切實親供，以期及早結案，毋令枝節横生。李鴻章現在行抵何處，著即馳赴天津接篆，所部各軍，仍著分飭郭松林等，於直隸邊境獲鹿一帶，及河北彰德、山西平定等地方分紮，以防回匪竄擾爲名，不可稍動聲色。

《同治朝籌辦夷務始末》卷七六　辛亥，諭内閣：署兩江總督、江甯將軍魁玉，著兼署辦理通商事務大臣。

《穆宗實録》卷二八九　己未，諭：曾國藩等奏，審明天津案内各犯，分別定擬，開單呈覽，並天津府縣未能剋日解京各摺片。天津滋事一案，爲時已久，必應趕緊辦結。曾國藩等以此案棘手甚多，礙難拘守常例，不得不變通辦理。現據訊明各犯擬辦正法者十五人，擬辦軍徒者二十一人，既屬供證確實，情真罪當，即著照所擬辦理。其情節較重、訊有端倪、供證尚未確實之犯，仍著認真研鞫，迅速定擬具奏。未獲各犯並著上緊飭緝，歸案訊辦。至所稱將來第二批奏結，或再辦首從犯各數名，或與洋人訂定抵償實數，由總理衙門覈定行知等語。所奏殊屬拘泥。此次津民逞忿滋事，幾至釀釁，案情重大，自不得不嚴行懲辦，

但衡情定罪，惟當以供證爲憑，期無枉縱，豈能豫爲懸擬，強人就案。著曾國藩等審訊明確，持平定擬，不必拘定成見，至應行正法各犯，著侯刑部議奏。

庚申，諭内閣：御史劉瑞祺奏，請崇儉德，以維風化一摺。方今物力艱難，民生彫敝，允宜黜華崇實，力挽頹風。屢經明降諭旨，期與中外臣民力除浮靡，諒已共見共聞。茲覽該御史所奏各情，尤宜倍加儆惕，嗣後當益求撙節，爲天下先，中外臣民，亦應一體從儉戒奢，毋蹈從前積習，以副朝廷敦崇節儉至意。

《穆宗實録》卷二九〇　九月甲戌，諭内閣：前因天津府知府張光藻、天津縣知縣劉傑於民教啓釁一案，事前疏於防範，事後又不能迅速獲犯，均著從重改發黑龍江效力贖罪，以示懲儆。至津民因懷疑激忿，不遵地方官彈壓，輒敢逞兇殺害至二十餘命之多，且將其仁慈堂内貞女慘殺，尤爲兇殘。現經曾國藩等拏獲滋事人犯審明，分别情節輕重，將馮瘸子等十五犯擬以正法，小錐王五等二十一犯擬以軍徒，既屬情真罪當，即著照所擬，將馮瘸子等即行處決，小錐王五等分别發配安置。

《同治朝籌辦夷務始末》卷七七　辛卯，諭軍機大臣等：前因天津民教啓釁，疊諭沿江沿海各省督撫，嚴密設防，現在天津一案，業已辦理就緒。經此次訓諭後，務當實事求是，嚴密設防，毋再視爲具文。至各省民教交涉事件，亦應處處持平，不可專顧一面，若地方官操縱合宜，剛柔互濟，自可消患未形。著各直省將軍、督撫、府尹，於所屬州縣地方官，務須選擇有風骨而又通曉事務之員，遇教士非分之求，不得曲爲遷就，遇條約應辦之事，亦當妥爲撫綏，庶中外相信，不致再滋事端。

《同治朝籌辦夷務始末》卷七八　十月甲辰，諭軍機大臣等：崇厚等奏，天津機器局告成，動用經費各款，開單奏報一摺。著交李鴻章妥爲籌畫，奏明辦理。

壬子，諭軍機大臣等：總理各國事務衙門奏，遵議毛昶熙請撤三口通商大臣條陳一摺。洋務海防，本直隸總督應辦之事，前因東豫各省，匪蹤未靖，總督遠駐保定，兼顧爲難，特設三口通商大臣駐津籌辦，係屬因時制宜，而現在情形，則天津洋務海防，較之保定省防，關繫尤重，必須專歸總督一手經理，以免推諉而專責成。著照所議，三口通商大臣一缺，即行裁撤。所有洋務海防各事宜，著歸直隸總督經管，照南洋通商大臣之例，頒給欽差大臣關防，以昭信守。其山東登萊青道所管之東海關，奉天奉錦道所管之牛莊關，均歸該大臣統轄。【略】如天津遇有要件，亦不必拘定封河回省之制。李鴻章現任直隸總督，當懍遵此次改定章程，將洋務事宜悉心籌畫，海防緊要，尤須統籌全局，選將練兵，大加整頓。

諭軍機大臣等：總理各國事務衙門奏，請飭各省大吏，辦理中外交涉事件，加意慎密一摺。中外交涉事宜，非尋常日行事件可比，【略】乃本年因天津民教構釁，令劉坤一暗中防維諭旨一道，竟爲九江領事官鈔録，經威妥瑪照會總理衙門。此等緊要事件，劉坤一何以漫不經心，致有疏漏，其爲養尊處優，事事假手於人，已可概見。此件諭旨，究由何處漏洩，著即澈底查明，嚴恭懲辦，不准稍有迴護徇庇，致干重咎。嗣後南北洋通商大臣，暨各省將軍、督撫等，遇有中外交涉事件，務當加意慎密，不得稍有疏虞，無論是何等諭，均須親自拆閲。

庚申，諭内閣：前據總理各國事務衙門奏，遵議尚書毛昶熙請撤三口通商大臣條陳，當諭令李鴻章妥籌應辦各事宜。【略】惟中外交涉事務較繁，自應添設道員管理，著照所請，准其另設津海關道一缺，專管中外交涉各事件，及新鈔兩關税務，並責成該道督飭府縣，悉心妥辦，仍隨時稟請該督酌覈辦理。嗣後津海關道缺出，著由直隸總督揀員請補，其餘未盡事宜，著李鴻章迅速妥議。

《同治朝籌辦夷務始末》卷七九　戊子，諭軍機大臣等：英翰奏，津案暫結，隱憂方大，敬陳籌備事宜一摺。【略】並因直隸、江南爲南北洋總匯，以曾國藩、李鴻章分任其事，該督等爲國家股肱心膂之臣，想必能先事圖維，講求實際。

十一月己亥，諭軍機大臣等：李鴻章奏，酌議津海關道章程七條，已令該衙門議奏矣，此外如尚有未盡事宜，仍著該督體察情形，隨時陳奏。另片奏，天津機器局添購礮器，增建廠屋，並興造藥庫，該局事務，多與洋人交涉，擬派陳欽會同沈保靖辦理等語，著即飭令該員等認真經理，以期漸臻精熟。

癸丑，諭軍機大臣等：醇郡王奏，請飭辦理夷務諸臣，除徇夷之積習，舉驅夷之大局等語。自辦理中外交涉事務以來，時艱孔亟，本當懲前毖後，不可一息苟安，嗣後中外任事諸臣，遇有交涉事件，務當堅持定見，衆伐敵謀，勿令一事稍涉畏怯，致長敵人氣燄。至驅夷大局，目前雖未能遽見施行，亦當未雨綢繆，先機布置，爲自強不息之計，著總理各國事務衙門王大臣、及沿江沿海各將軍、督撫，實力實心，次第籌辦。

《穆宗實録》卷三〇〇　乙亥，諭：御史許廷桂奏，請整頓吏治一摺。向來捐納人員試用期滿，勞績人員到省一年，均由該督撫察看甄别，必須嚴定去留，

方足以示勸懲。近來該督撫於各項人員甄别時，大率填註籠統考語，概予留用，雖有繁簡之分，從無降斥之請，致定例皆屬具文，殊非覈實之道。嗣後著各直省督撫恪遵定例，於道府州縣等官到省時，無論捐納勞績，認真察看，如果係爲守兼優堪膺民社之員，即出具切實考語，分别繁簡奏明補用，如才具未能勝任，即秉公參劾，或酌量改補降補，毋稍姑容，其實缺及正途人員，亦應隨時考覈，以肅官方。

《同治朝籌辦夷務始末》卷七九　十二月丙子，諭軍機大臣等：户部、總理各國事務衙門奏，廣東徵收洋藥正税，請飭自行覈實辦理一摺。據稱接據赫德申稱，香、澳併徵洋藥正税，粤省既不承辦，該省洋藥税走私甚多，擬在附近香、澳等處，設立公所，代關納税，已將巡查洋税之輪船，調赴廣東，委副税務司專司其事，每月需經費銀一萬兩，年終計可多徵洋藥、税銀四五十萬兩等語。【略】惟華商納税，係該省應辦事件，地方官吏豈可置身事外，著瑞麟、崇禮按照赫德原申各節，及户部等衙門此次所奏，即於收釐處所，帶收正税，由該督等自行商辦。總在巡緝認真，嚴防偷漏，毋得任令委員蒙混，以除從前積弊。月需經費銀兩，准由該督等自行覈定，正税按三十兩之數徵收，仍於年終將總數報部。惟利源所在，洋人每生覬覦，現如自行商辦，必實無走私偷漏情弊，方爲覈實辦公，不致爲洋人所竊笑，該督等務即詳定章程，斟酌妥辦。

同治一〇年（辛未、一八七一年）

《同治朝籌辦夷務始末》卷八〇　正月甲辰，總理各國事務恭親王等奏，令柏卓安、德善隨辦出使事宜，擬請賞給各該員頭等寶星一面。

《穆宗實録》卷三〇三　己酉，諭：曾國藩奏，遵籌日本通商事宜，所陳派員駐紮日本，約束内地商民一節，與李鴻章前奏大意相同，至謂明定章程，不外體與税務兩端，仿照泰西之例，固無不可。但條約中不可載明比照泰西各國總例辦理，及後有恩渥利益施於各國者一體均霑之詞，以免含混等語。所慮頗爲周密。著李鴻章按照曾國藩籌議各情，豫行區畫，庶將來該國使臣到後，得以因時制宜，不至再蹈從前隔閡覆轍，是爲至要。原片著鈔給閱看，將此諭令知之。

癸丑，諭軍機大臣等：崇實、曾璧光奏，黔省教案，仍照原議歸結一摺。黔省教案九起，經在事各員與教士李萬美等商議妥協，一律議結，並由該教士出具甘結，照會銷案，是民教兩面，各無異詞，實有完案確據。此後遇有中外交涉事件，曾璧光務當督飭地方官秉公持平辦理，以期永遠相安。在事出力之道員余思樞著賞加布政使銜，知府馬應鏜著賞加三品銜，同知張鴻績著賞加鹽運使銜，州同湯中著俟補缺後以知州用，章紹濱著不論雙單月選用，副貢生華國輝著賞給五品銜。前署遵義府知府汪炳璈、前署遵義縣知縣劉肇觀、前署遵義協副將梁正春，於民教倉卒滋事，未能即時解散，實難辭咎，均著交部議處；外委范玉芳、把總陳雲龍，著一併斥革；前署永甯州知州尹樹棠，著摘去頂帶，一年無過，方准開復；前署綏陽縣知縣楊嘉禾、前署獨山州知州錢壎、前署桐梓縣知縣耿光祺，均著交部察議，以示勸懲。至賠款銀七萬兩，已由黔省籌發三千兩，其餘六萬七千兩，崇實等分咨各省於協黔軍餉内劃撥，固因黔省餉需支絀無可應付，惟與其令該教士自行走領，易滋事端，不如由川省先行籌款墊發，一面咨催各省於協黔餉内照數提出，解還四川，較爲直捷。著崇實、吴棠、曾璧光斟酌情形，設法籌辦。

《同治朝籌辦夷務始末》卷八〇　二月壬戌，禮部又奏，臣部於朝貢各邦，向皆按例咨行，從無轉遞書函情事，良以體統所係，不得不恪守舊章，此次美國封函一件，經總理各國事務衙門奏准，由臣部轉遞朝鮮，自是一時權宜之計，故臣部未敢拘泥。第恐各外國紛紛援照申請，將來必有窒礙難行之處，應請嗣後如有各國書函，臣部仍遵舊例，不爲代遞，以全體制。

《穆宗實録》卷三〇四　辛未，諭：丁寶楨奏，拴獲倡教謀逆重犯，審明分别辦理一摺。教匪郜四即高四，世習離卦教，因其父叛逆，緣坐充軍潛逃，仍復怙惡不悛，倡教授徒，煽惑鄉愚。咸豐九年間，與其徒張玉懷、宋景詩等豎旗謀反，焚掠攻城，旋經官軍勦敗，該逆脱逃。經丁寶楨派員訪拏，茲於直隸吴橋縣境内將該逆拴獲，審明後即行正法，實足以彰國法而快人心。至習教之徒，多係愚民無知被其煽惑，現在該逆郜四業已伏誅，其被惑之人，如能翻然改悔，即著概予免罪，用示朝廷咸與維新至意。

《同治朝籌辦夷務始末》卷八〇　三月癸卯，諭軍機大臣等：張之萬奏，署藩司應寶時，稔習洋人情形，擬將蘇省各屬民教交涉之案，派令應寶時綜理其事等語。華洋交涉事件，關繫緊要，即著張之萬會商曾國藩，督飭應寶時隨時妥籌辦理，以期中外相安。張之萬身任封圻，蘇省一切事宜，均屬責無旁貸，不得以洋務非所諳習爲詞，置身事外也。

《穆宗實録》卷三〇七　辛亥，兩江總督曾國藩等奏，籌辦廣德等處土客開墾事宜，擬先清查現墾之田，分别有主無主，認糧認租，嚴禁侵占，次即設立保甲，無論土客，一概編册，以爲除莠安良之計。得旨：著嚴飭該委員等悉心經理，俾土客各民恪遵約束，毋任再滋事端。

《穆宗實録》卷三〇九　四月乙亥，諭：左宗棠奏，南路官軍截勦竄匪獲勝一摺。前據左宗棠奏稱，撫回李德昌求赴河州曉諭，近日該處情形究竟若何，該大臣務當相度機宜，速籌攻勦，斷不可任其觀望遲回，致墮緩兵之計。金積堡收復後，北路有無餘孽潛藏，應否留兵駐紮，並如何調派各營分投西進之處，均著詳悉奏聞。

甲申，諭軍機大臣等：李鴻章奏，查閱海口礮臺，現籌布置情形等語。大沽海口南北兩岸礮臺，日就傾壞，李鴻章現令副將羅榮光督率兵夫，擇要興築，先將營壘加挑堅厚，添築夾牆，並擬於礮臺前加築護臺，復於牆外添築攔潮土壩一道，以免潮汐侵刷。又將蘇局舊存炸礮及江甯礮局製成洋礮陸續運津，並委員添購西洋新式巨礮數尊，以備更换操習。所籌均係未雨綢繆至計，即著該督妥爲經理，行之以漸，持之以恒，務令海疆要地屹若長城，方爲不負委任。至北塘與大沽犄角，關繫緊要，李鴻章已調周得勝帶遵化練軍一千名，移紮北塘，即著飭令該總兵實力操防，將應設礮臺次第修整，俾壯聲威。其各該處應需經費，並著該督悉心籌畫，期收得寸得尺之效，不可畏難中輟，致廢遠謀。將此諭令知之。

《同治朝籌辦夷務始末》卷八一　丁亥，總理各國事務恭親王等奏，當蒙欽派出使各國大臣志剛、孫家穀辦理中外交涉事務，並由臣等奏明頒給國書，交志剛等於行抵各國時，酌量情形，敬謹頒給。嗣後歷據志剛等呈報所到各國情形，並瑞、和、丹三國君主呈遞國書等因。旋於使竣回京後，據稱此項各國回書，均用該國洋文，加用蠟印，稱係本國君主印信，並各另繕回書底稟附送前來，據隨同前往之協理學生等譯出漢文，大指皆祝頌大皇帝國運常隆等詞，尚爲恭順。

《穆宗實録》卷三一〇　五月乙未，諭軍機大臣等：前據左宗棠奏，請禁絶回民新教摺。所稱乾隆年閒，逆回馬明心等創立新教，惑衆滋事，先後伏誅，根株未絶，至馬化漋之父馬二等復以新教私相傳授，遂至釀成變亂，皆由新教行爲詭僻，足以誘惑，愚回迷而不悟。現在馬化漋雖已伏法，而新教傳染漸廣，必須嚴加禁絶，以杜亂萌等語。所奏自爲思患豫防起見。惟回民散居各省，同隸編氓，各安生業，若因區别舊教新教設爲厲禁，地方官稍不加察，書吏藉此摎求騷擾，必至回衆驚疑，轉生枝節。從前乾隆四十九年回逆田五等滋事以後，欽奉高宗純皇帝聖諭：查辦此事，止當分别從逆與否，邪正之殊，不必論其教之新舊。欽此。嗣於乾隆五十四年經勒保奏稱新教爲回教之大害，擬令静甯等處頭人訪察稟首，復奉聖諭，令其設法化導，不可區别新舊之名，仰見垂訓周詳，具有深意。此次馬化漋倡亂及身既被刑誅，徒黨亦遭殲戮，正可借此剴切曉諭，俾該回衆等及早改悔，不至誤入迷途，自陷罪戾。該督現既出示所屬州縣禁習新教，並准自悔免罪，仍著嚴飭該地方官妥爲開導，不可操之過蹙，致激事端，所請飭令各省一體禁絶之處，可從緩辦理也。將此諭令知之。

《穆宗實録》卷三一二　辛亥，諭軍機大臣等：李鴻章奏，日本使臣將抵天津，請派大臣在津會議立約一摺，已另有諭旨派李鴻章爲全權大臣並派應寶時、陳欽隨同幫辦矣。該大臣俟日本使臣到津後，務當督飭應寶時、陳欽悉心籌畫，杜漸防微，總期周密妥善，免致將來窒礙，是爲至要。本日簡派全權大臣諭旨一道，一併發往，如該使索看憑據，即著李鴻章另行恭録，給與閲看，俟議約事畢，此旨仍繳還軍機處備查。

《同治朝籌辦夷務始末》卷八一　丙辰，恭親王等又奏，再查本年春閒美國使臣鏤斐迪前往朝鮮，臣衙門現據北洋通商大臣李鴻章咨報，朝鮮與美國兵船已接仗二次，並未聞有英國幫助美國之事。

《穆宗實録》卷三一二　戊午，兩江總督曾國藩等奏，續議長江水師變通章程五條：一、調操擬改爲巡哨閲操，並定營官月操、總兵季操、提督歲操，每年由長江提督閲畢，密咨總督會奏。一、調汛擬改爲本營就近互調，由營官察看辦理，按期造册通報。一、分防内河，勢難兼顧，擬將内河湖蕩，概歸地方文武管轄，俾營哨各官處分，不得藉口推諉。一、提鎮衙署，擬添設親兵二十四名，總兵以下各添十二名，俾軍火各庫有所守衛。一、守備以下哨官，請添設飛划一隻，以資急捕。下部議，從之。

《穆宗實録》卷三一三　六月丙寅，諭軍機大臣等：都察院奏，河南職員周文浚等遣抱赴該衙門呈稱，咸豐九年閒，商城縣知縣忽改徵收定例，將上下兩忙錢糧併爲一徵，每届二月初旬，糧差催比，勒令全完，始因軍需緊急，後遂沿爲定例，甚至糧差先代花户墊完，名曰備糧，加倍收取，任意勒索，請飭遵照定例徵收等語。徵收錢糧，向分上下兩忙，何以該縣擅改舊章，先期併徵，並任令糧差代

墊倍徵，藉端勒索？著李鶴年嚴飭該縣遵照定例辦理，並查明有無糧差勒索之弊，隨時懲辦，以蘇民困。

《同治朝籌辦夷務始末》卷八一　癸酉，恭親王等又奏，布國使臣李福斯現在請假回國，所有住京公使事務，該國派上海布國總領事安訥克來京接署。

《穆宗實録》卷三一四　乙酉，戌刻，有流星出天市垣。

《穆宗實録》卷三一五　七月壬辰，諭内閣：御史佘培軒奏，軍流等犯藐法潛逃，請飭查禁一摺。軍流徒罪及遞解回籍人犯，理宜依法管解，毋任乘閒脱逃。乃近來地方官吏往往視爲具文，致令前項人犯或中途疏脱，或到配潛逃，甚至爲匪滋事，怙惡不悛，殊屬不成事體。著各直省將軍、督撫、都統、府尹嚴飭所屬，遇有軍流徒罪及遞解回籍人犯過境，務當遴派幹役，認真管解，儻有鬆刑賄縱情弊，即將該管地方官從嚴懲辦，不得飾詞開脱。其已至配所及到籍者，尤應嚴加管束，毋任出外生事，仍照定例隨時按名點驗，如有脱逃，立即申報查拏，並著步軍統領衙門、順天府、五城一體稽查，遇有此等人犯潛逃來京，即行拏交刑部懲辦，以肅法紀。

《同治朝籌辦夷務始末》卷八二　丁酉，諭軍機大臣等：李鴻章奏，日本議約，漸有端倪，並將往返信函鈔録呈覽一摺。日本與中土最近，又自託於同文之國，現在議立修好條規，通商章程，自不必沿襲泰西各國舊套，該督督飭應寶時、陳欽與該使臣反覆辯論，大致均已允服遵照，惟章程内請添凡兩國准予別國優恩，及有裁革事件，無不酌照施准一條，仍是一體均霑之意，亟宜相機開導，使之就我範圍。應寶時等覆該使臣信函，頗足折服其心，即著李鴻章飭令應寶時等力持定見，悉心開導，總期妥爲酌定，以示區別而杜弊端，並將辦理情形隨時具奏。

丁未，大學士兩江總督曾國藩、大學士直隸總督李鴻章奏，擬選聰穎幼童，送赴泰西各國書院，學習軍政、船政、步算、製造諸學，約計十餘年，業成而歸，使西人擅長之技，中國皆能諳悉，然後可以漸圖自強。

《同治朝籌辦夷務始末》卷八三　八月戊辰，諭軍機大臣等：文碩奏，聞俄國收復伊犂一摺。俄人帶兵代爲收復伊犂，前據總理各國事務衙門奏及，已令榮全馳赴伊犂，妥爲布置，文碩現接土爾扈特親王車林拉布坦來文及委員探報，均有俄人收復伊犂之事，其是否將城池仍交中國接管，尚難遽定，榮全當懍遵前者，迅赴伊犂，與之會晤商辦。中國有人經理，庶俄人無所藉口，藉杜詭謀。

《穆宗實録》卷三一八　丁丑，諭：御史吴鎮奏，訪聞四川各州縣未經查禁私種罌粟，並將洋藥税一項按糧攤徵，請飭嚴禁一摺。民間栽種罌粟，地方官即應認真查禁，至洋藥税一項，取之商販，何得科派農民。若如該御史所奏，是四川省奉行不善，致有前項情弊，恐他省亦在所不免。著各該督撫嚴飭所屬，於徵收洋藥税務，止宜稽察商販，不准按糧攤徵，以免擾累，並隨時曉諭農民，不得違禁私種罌粟，致干功令。另片奏，軍務平定後，各省流寓孤寡，亟宜設法保全等語。著各直省督撫通飭所屬地方官，勸諭紳民，共成義舉，如何集貲設局妥爲養贍之處，即由該紳民自行籌辦，毋得假手吏胥，致滋流弊。

《同治朝籌辦夷務始末》卷八三　九月丁未，諭軍機大臣等：奎昌等奏，酌帶官兵起程前赴伊犂一摺。俄人襲取伊犂，已四閱月，急須大員前往經理，且轉瞬大雪封山，行途阻滯，自應迅速前進，以赴事機。榮全因所調官兵未集，現於烏里雅蘇台防守各營内，酌量抽調百餘名，定於九月初四日起程，該署將軍膺兹鉅任，遠道遄行，所有一切機宜，即著穩慎籌辦，隨時具奏，具後路糧運各事宜著奎昌、多布沁扎木楚、文碩妥籌接濟，俾榮全得以壹意前進，不致瞻前顧後。前諭李鴻章、何璟，飭令口北道、歸綏道各先辦糧十萬斤，由臺站解赴烏城，著嚴飭各該道趕緊如數籌解，並著定安、慶春督催趲運，毋任遲誤。

《穆宗實録》卷三二一　十月庚午，駐藏大臣恩麟等奏，訪出哲布尊丹巴呼圖克圖呼畢勒罕靈異幼童，例應掣瓶，惟現在班禪額爾德尼患病，不克前赴前藏，可否會同達賴喇嘛照例敬謹掣瓶。得旨：哲布尊丹巴呼圖克圖呼畢勒罕業經訪出，不可久稽，即著恩麟等會同達賴喇嘛敬謹掣定。

《同治朝籌辦夷務始末》卷八四　癸酉，諭軍機大臣等：文煜、王凱泰奏，閩省前辦洋務密摺，現有漏洩，澈查嚴辦一摺。上年七月間，英桂覆奏防範海口密摺，曾經咨行沿海文武各員，慎密籌辦，在事人員自應鄭重其事，不得稍有漏洩，何以漫不經心，致爲美國領事鈔録，實屬不成事體，是否沿途驛站偷拆，抑係該省文武各衙門收藏不慎，以致洩漏？著文煜、王凱泰澈底根查，嚴參懲辦，不准含糊了事。

《穆宗實録》卷三二三　十一月辛卯，諭軍機大臣等：曾璧光奏，餉項支絀，請飭撥實款一摺。據稱貴州軍務現當喫緊，近因川省荒歉，月餉不能如期解到，而各省奉撥月餉，僅收到實銀二十餘萬兩，官軍情形困苦，待餉彌殷，且收復各城辦理開墾各事宜，及撫恤由川入黔難民，需款均甚緊要，請旨飭撥實餉等語。

所奏自係實在情形。江西欠解黔餉，據稱積至七百餘萬兩之多，自應迅速籌撥，以資接濟。著劉坤一查明該省欠解數目，除新撥關餉一萬兩按月批解外，迅速提撥實銀五十萬兩，限於年内掃數解黔，以應急需，毋稍遲緩。此項銀兩到時，即著曾璧光與提督周達武分别支用。至各省奉撥協餉，廣東、湖北各二萬兩，湖南、四川各一萬兩，據曾璧光奏稱均因本省有事，未能解黔，請飭改撥，以符定數。著户部速議具奏，其山東、福建、江蘇、浙江等省報解分數，並著户部查明，酌定章程，奏請獎敘。

《同治朝籌辦夷務始末》卷八十四　己亥，總理各國事務恭親王等奏，竊前因朝鮮國王咨陳美國兵船滋擾情形一節，【略】臣等現給該使臣照會，仍以代寄書函，已由禮部奏明停止，凝難辦理等語覆之，並將照會内語意不符之處，明晰指駁。惟該國之於朝鮮，既不遂其所欲，未必終甘於心，嗣後難保其必不再求。

十二月己巳，諭軍機大臣等：宋晉奏，閩省製造輪船，經費已撥用至四五百萬，名爲遠謀，實同虛耗，且聞採買雜料，委員四出，雖官爲給價，民間不無擾動。江蘇上海製造輪船，情形亦同，請飭暫行停止。其每年額撥之款，即以轉解户部，已經造成船隻，撥給殷商駕駛，收其租價，以爲修理之費等語。製造輪船，原爲綢繆未雨，力圖自強之策，如果製造合宜，可以禦侮，自不應惜小費而墮遠謀，若如宋晉所奏，是徒費帑金，未操勝算，即應迅籌變通，著文煜、王凱泰通盤籌畫，應否將輪船局暫行停止之處，斟酌情形，奏明辦理，其上海輪船，應否一律停造，並著曾國藩、張之萬、何璟妥籌熟計，據實奏聞。

同治一一年（壬申、一八七二年）

《穆宗實録》卷三二七　正月庚寅，諭軍機大臣等：文碩奏，議辦臺站事宜，請將舊設卡倫變通辦理各一摺，並將會奏原摺呈覽。前據奎昌等奏分段整飭臺站，摺内聲明科布多第八臺阿爾噶朗圖起，至第十四臺哈拉烏蘇止，共七臺，交杜爾伯特、明阿特、扎哈沁各盟長總管等，由科布多大臣專辦。兹據文碩奏稱該七臺地址，多在扎薩克圖汗部落之内，與明阿特、扎哈沁、杜爾伯特等旗牧地無涉，請飭仍令舊駐官兵應差等語。著奎昌、多布沁扎木楚、常順、保英酌度情形，妥商辦理，總期無誤臺站，不可顧此失彼。至榮全前奏擬於烏梁海一帶安設臺站，直抵塔爾巴哈台，其科城所屬，自和碩特起至布倫托海應設十二臺。著奎昌等仍遵前旨，妥速籌辦。據文碩奏稱榮全所議各臺兵馬駝隻額數，恐不敷用，著榮全酌覈定議，咨會奎昌等妥爲辦理。文碩所議變通卡倫事宜，奎昌、多布沁扎木楚既未允聯銜會奏，如文碩果有所見，不妨單銜陳奏，以備採擇，何得仍聯奎昌等銜名，另摺繕遞，向來無此體制，著傳旨申飭，本日並已降旨將文碩照部議革職矣。至烏科兩城所屬卡倫，應否變通辦理之處，著奎昌、多布沁扎木楚、常順、保英妥議具奏，常順、保英現已行抵何處，著即迅速馳赴新任，以重職守。

《同治朝籌辦夷務始末》卷八五　丙午，恭親王等又奏，英國使臣威妥瑪，忽於十二月十九日，東皇城根翠花胡同西口外，有旗丁全喜與威妥瑪路遇，用棍毆傷該使臣一案，當時該使臣因恐傳播不甚體面，力請不必重辦。

辛亥，諭内閣：兵部左侍郎崇厚著在總理各國事務衙門行走，太常寺少卿總理各國事務衙門章京夏家鎬，著在該衙門大臣上行走。

《穆宗實録》卷三二七　壬子，諭軍機大臣等：圍場重地，自宜規復舊制。從前辦理開墾事宜，僅據各旗防禦出具甘結，任憑旗民各户紛紛請領展放，漫無限制，不顧正圍，且有書吏人等任意包攬情事。庫克吉泰於積重難返之際，力爲挽回，非慎選妥員辦理，必滋物議。著庫克吉泰嚴飭各員實心經理，總期日久相安，所有未盡事宜，仍著隨時酌度情形，妥爲籌辦。圍内遷出旗民，如實有無地可種以致失業者，並著該都統督飭地方官隨時設法安撫，以示體恤。常恩、童華即著率同隨帶司員回京供職。

《穆宗實録》卷三二八　二月丁巳，皇太后懿旨：皇帝沖齡踐阼，於今十有一年，允宜擇賢作配，正位中宫，以輔君德而襄内治。兹選得翰林院侍講崇綺之女阿魯特氏，淑慎端莊，著立爲皇后。特諭。又奉懿旨：皇帝大婚典禮，著欽天監諏吉於本年九月舉行，所有納采大徵及一切事宜，著派恭親王奕訢、户部尚書寶鋆會同各該衙門詳覈典章，敬謹辦理。又奉懿旨：員外郎鳳秀之女富察氏，著封爲慧妃。知府崇齡之女赫舍哩氏，著封爲瑜嬪。前任副都統賽尚阿之女阿魯特氏，著封爲珣嬪。

《同治朝籌辦夷務始末》卷八五　戊辰，諭内閣：署兩江總督何璟，著兼署辦理通商事務大臣。

《穆宗實録》卷三三〇　三月丁亥，諭軍機大臣等：有人奏，奉天金州地方，上年被水成災，協領書明額、署同知徐仲三匿災不報，災民赴副都統衙門控訴，反被鎖拏多名，拷訊禁錮，該衙門司員奎山扶同捏咨，徐仲三等復帶勇催徵，激

成衆怒，捏稱土匪聚衆抗糧，開礮擊斃災民數名，徐仲三所帶勇丁率皆亡命匪徒，官民相仇，恐釀巨患。又牛莊城防守尉果勒明阿不恤民災，横徵苛斂，私設釐局，抽收肥己，苛派兵車，借端詐索，收斂賭局錢，名爲官局，以致賭風日熾，馬賊肆起，刦案疊出各等語。地方遇有水旱偏災，該管官理應及早查勘，妥爲安撫，若如所奏各情，匿災偪徵，縱匪殃民，實屬荒謬已極。著都興阿、瑞聯、恭鏜將書明額等被參各節，確切查明，據實參辦。奉省賭風日熾，以致盜賊横行，亟應嚴行懲辦，豈可任聽官吏斂收賭局錢文。所有果勒明阿被參各款，並著都興阿、瑞聯一併確查具奏，毋稍徇隱。

《同治朝籌辦夷務始末》卷八五　癸巳，諭軍機大臣等：瑞麟奏，請調撥閩省輪船赴粵一摺。廣東欽州一帶海港遼闊，捕盜巡洋，極關緊要，必須大號輪船，方足禦風濤而資巡緝，瑞麟所請將福建輪船調赴該省應用，係爲綏靖洋面起見。著文煜、王凱泰即將閩廠已成之伏波輪船一號，派撥赴粵，即用原派管駕之弁兵水手人等，駕駛前往，其月需工費薪糧等項，蓋即知照粵省，由瑞麟飭局籌款支發，以節浮費而歸實用。

《穆宗實録》卷三三〇　壬子，諭：張廷岳、阿爾塔什達奏庫倫情形，今昔不同，請量爲變通一摺。據稱庫倫孤懸草地，無城無池，向未設兵戍守，遇有事務，須調取圖、車兩部落官員差委，往返需時。現在事務較繁，擬將圖、車兩盟之協理將軍和貝，飭令每年輪班在庫，聽候差委，該處近接俄疆，宜籌防範，請由圖、車兩盟蒙兵内每季輪派四百名，分駐四隅防守，與將軍和貝輪替休息。所有烏城駐班，即責成賽、扎兩盟將軍和貝，按季輪替，圖、車兩盟，無庸赴烏城駐班。其賽、扎兩盟所屬毗連俄國之卡倫，距庫較遠，請仍歸烏城將軍管理。遇有烏庫交涉事件，彼此咨商關照等語。所陳各情，係爲因時變通起見。惟如該大臣所奏，是否烏庫兩處均各得宜，並有無流弊之處，事當更改舊章，不厭詳求。著金順、奎昌、志剛、多布沁扎木楚、張廷岳、阿爾塔什達統籌全局，彼此悉心會商，據實覆奏。

《穆宗實録》卷三三一　四月甲寅，諭内閣：恩麟等奏，察看轉世之哲布尊丹巴呼圖克圖之呼畢勒罕靈異幼童，掣定奏聞一摺。上年十二月二十一日，駐藏大臣會同達賴喇嘛呼圖克圖羅布藏青饒汪曲並伊徒達喇嘛等率領衆喇嘛諷經，由金瓶掣出番民貢確策仁之子阿旺羅布藏成勒迥柰丹貝甲木參之名，定爲呼畢勒罕，當經達賴喇嘛遵依經文哲布尊丹巴呼圖克圖之呼畢勒罕，名之曰阿旺羅布藏吹璣呢瑪丹增旺楚克。洵屬祥瑞之事，朕心深爲欣悦，著加恩賞給該呼畢勒罕黄哈達一箇，佛一尊，大緞四匹，並著庫倫辦事大臣傳諭喀爾喀四部落汗王等，使相慶幸，所有迎接哲布尊丹巴呼圖克圖之呼畢勒罕一切應辦事宜，均著張廷岳等照例妥爲辦理。

甲子，諭軍機大臣等：御史袁承業奏，敬陳河東鹽務流弊一摺。據稱河東行鹽引地係晋、豫、陝三省分銷，豫、陝引票於每年掣籤時，扣留引票若干不行入筒，分給現任候補各官，以爲調劑屬員之計，山西引地各州縣招商代運，勒索分肥，私立官費，甚至幕友、家丁、佐雜、營員皆分其利。擬請將豫、陝引票統歸掣籤，其山西引地，即照代運之法，令該商取具保結領運等語。著鮑源深確切查明，酌覈具奏。如有前項弊端，即行認真釐剔，毋稍姑容。所擬辦法是否可行，並著妥籌辦理，原摺著鈔給閲看，將此諭令知之。尋奏，河東鹽行豫、陝二省，久經定爲官民並運，各有引張，未能統歸籤掣，至本省引地行鹽，查無勒索分肥等弊，現飭各州縣查明代運之夥，如確係殷實良民，准其具結領運。得旨：著該撫督飭河東道隨時體察情形，實力整頓，期於有利無弊，以肅鹺綱而裕民食。

《同治朝籌辦夷務始末》卷八六　庚午，諭軍機大臣等：瑞麟等奏，擬撥輪船巡緝，並籌議經費一摺。著文煜、王凱泰酌度情形，派撥小號輪船一隻，配齊舵工水手，委員駛赴奉天牛莊海口停泊，聽候調遣，並將船内經費章程，詳細咨明都興阿等覈實支給，俟輪船駛抵奉省，都興阿等當遴派得力弁兵，隨時出洋，認真巡緝。並可令該弁兵等隨同駕駛，以資練習。

《穆宗實録》卷三三三　五月丁酉，諭軍機大臣等：瑞聯、清凱奏，邊外賊匪滋擾，兵勇迎擊獲勝一摺。邊外大東溝突有由上江竄來賊匪五百餘名，雖經兵勇在榆樹房東甸子地方迎擊，捦斬多名，惟邊外地面遼闊，逆蹤出没靡定，仍恐去而復來，著都興阿、瑞聯、清凱嚴飭鳳凰城城守尉及帶兵各員在沿邊一帶勤加偵探，實力防勦，毋稍疏虞。此次出力員弁兵勇，准其擇尤酌保，毋許冒濫。此股賊匪係由海洋竄來，棄船登岸，分股肆擾，嗣後尤應嚴防海口，絶其登岸之路。瑞聯等前調福建輪船，已諭文煜等酌撥小號輪船一隻，駛赴牛莊海口聽調，此項船隻到後，即著都興阿等遴派得力弁兵，隨時出洋，認真巡緝，遇賊即擊，毋任逆蹤登岸，以靖游氛。

《同治朝籌辦夷務始末》卷八六　庚子，諭軍機大臣等：李鴻章奏，輪船未可裁撤摺，同左宗棠、沈葆楨前奏各一摺，一併交總理各國事務衙門議奏。

諭軍機大臣等：李鴻章奏，滬津機器各局，事體繁重，知府鄭藻如於本年春閒乞假回粤省親，現未銷假，廣東道員吴贊誠，精於算學，堪備督理製造之選，請飭該員等回滬來津等語。滬津兩局，辦理洋務機器，委用需人，著瑞麟即飭鄭藻如迅速回滬銷假，無稍延緩，並飭吴贊誠即行雇搭輪船，航海來津，隨同辦理洋務製造事宜，以資臂助。

《穆宗實録》卷三三五　六月甲寅，諭軍機大臣等：都興阿等奏，查勘邊地情形一摺。據稱查明鹻廠門外已墾熟地十二萬五千餘畝，俟北二邊地段查勘完畢，再行報部起科。邊外河岸山廠關繫捕漁採蜜地方，游民耕種多年，未便封禁，若於河渠山巖溝甸閒荒處所從權採辦，於貢物山場兩無窒礙等語。邊外地方，現當夏苗盛長，未能全行丈量，著都興阿等督飭委員，俟秋成後續行勘丈，妥籌辦理。至此項熟地，游民墾種已久，歷年呈進魚蜜等項，尚無不敷採辦之處，且游民人數甚多，若今將河岸山廠等處概行退出，該人衆無處安插，殊不足以示體恤。既據該將軍等奏稱，山巖溝甸河渠閒荒處所足敷採捕貢物之用，即著照所請辦理，並著知照盛京禮部、内務府，責成承辦之員，於各項貢物照常呈進，毋任有所藉口，致誤需用。

辛巳，諭内閣：巡視中城御史國秀等奏，五城捕務亟宜整頓一摺。京師地面理宜嚴肅，近來竊盜之案層見疊出，甚至持械傷人，肆行無忌，捕務廢弛如此，實堪痛恨，亟宜認真整頓，以挽頹風。著五城御史督飭司坊慎選捕役，嚴密巡緝，稍有疏懈，立予參處。並著步軍統領嚴飭營汛兵弁，遇有竊盜案件趕緊緝拏，以期共濟。緝獲盜犯解交刑部後，該承審司員總當研訊確情，按律懲辦，毋存姑息之心，致涉輕縱。至有罪人犯中途脱逃，往往潛回京城，流爲積匪，此等弊端尤應嚴禁。著該部申明舊章，責成各省督撫嚴爲稽查，於罪犯到籍到配，務當飭令地方官吏嚴加管束，其中途脱逃者解役如何治罪，官弁如何議處，實力辦理。庶盜源可清，盜風日息，毋視誥誡爲具文也。

《同治朝籌辦夷務始末》卷八七　辛巳，總理各國事務恭親王等奏，同治十一年五月二十七日，軍機處交出署伊犂將軍榮全等奏，面見俄官會議各摺片，【略】臣等業經詳細函知榮全，令其相機先與商辦。

恭親王等又奏，【略】李鴻章、左宗棠、沈葆楨諸臣，慮事周詳，任事果毅，意見既已相同，持論各有定識，且皆身在局中，力任其難，自必確有把握。其閒造商船以資華商雇領一節，李鴻章、沈葆楨俱以爲可行，應由該督撫隨時查看情形，妥籌辦理。

《穆宗實録》卷三三六　七月戊子，諭軍機大臣等：據御史袁承業奏，晉省時有游勇刦搶，多未破案，刻下鄰氛未靖，恐此輩乘機騷動，爲患地方。該省栽種罌粟，雖經鮑源深飭屬嚴禁，究未悉絶根株，並請將煙館一併禁革等語。游勇爲害閭閻，民閒私種罌粟，既妨農田，並壞風俗，均宜及時整頓。著鮑源深按照該御史所奏將游勇認真查拏，毋任藏匿。並禁止民閒栽種罌粟，開設煙館，飭屬一律遵辦，不得視爲具文。至所稱晉省停鑄多年，懇請減鑪鼓鑄一節，該省此時能否開鑄，著該撫酌度情形，妥籌具奏。

己丑，諭：恩麟、德泰奏，廓爾喀國王例貢届期，援案懇免，暨達木蒙古番族被災，請撥款撫恤各一摺。廓爾喀國王例貢届期，懇請赴京呈進，現在陝南一帶隴回未靖，道路通塞靡常，若准其來京，致該貢使阻滯中途，徒勞跋涉，殊非柔遠之道。所有此次該國王應進貢物，著照上届成案，免予呈進一次，以示體恤。至達木蒙古官兵及三十九族番民，據恩麟等奏稱，於同治九、十年閒疊遭大雪，人畜凍斃，遊牧乏所，藏庫無款那濟，請飭川省先行撥銀三四千兩等語。達木一帶連年被災，自應速籌賑恤。著恩麟等即於藏庫軍餉項下先行那用，派委妥員前往該處，查明被災重輕，覈實散放，毋令一夫失所，其那用餉項若干，由恩麟等覈明，行知吴棠，迅速照數籌撥，解藏歸款。

《同治朝籌辦夷務始末》卷八七　辛亥，恭親王等又奏，再奥斯馬加國使臣嘉理治，上年九月閒來京，請在上海互换同治八年所訂條約，臣等據情具奏。奉旨簡派江蘇布政使恩錫赴滬辦理。

《穆宗實録》卷三三八　八月丁巳，諭：豫師奏，辦理西甯撫局並擊賊獲勝情形一摺。陝回暨米拉溝西馬營回衆雖呈繳馬匹器械，其中尚有觀望不決、暗行出擾情事。西甯回衆所繳馬匹較多，據豫師奏稱近頗安分，仍當防其更變，未可稍涉疏虞。現在左宗棠已派提督何作霖等分統十六營赴湟，兵力厚集，豫師當隨時會同該提督等，將反側逆回痛加勦洗，其真心悔罪者方准投誠，斷不可一意主撫，致貽後患。此中操縱機宜，仍著咨商左宗棠妥慎籌辦。新添堡一帶突有陝回竄擾，經黄武賢派隊追擊，餘匪敗遁回巢，仍著督飭各軍加意嚴防，毋任賊蹤紛竄。另片奏，西甯專餉，已派員分赴各省坐催，在陝設立西甯運局，兑收轉解，無庸由西征糧臺催提墊發，以免拖累等語。即著照所請行，其各省解餉按月報部事宜，仍著袁保恒照舊辦理。

《同治朝籌辦夷務始末》卷八七　己巳，諭軍機大臣等：榮全奏，接閱俄國來文，其意不欲中國官兵前往伊犁，託詞以緩我師，居心實爲叵測。榮全已將接濟官兵銀兩，交克柯色本等運赴伊犁分給，以安衆心，自係權宜辦法，仍著懍遵疊次諭旨，妥慎籌辦，毋爲俄人所愚。

《穆宗實録》卷三四〇　九月乙未，寅刻，上禮服御太和殿，閱視皇后册寶，遣惇親王奕誴爲正使，貝勒奕劻爲副使，持節奉册寶詣皇后邸，册封阿魯特氏爲皇后。

又：遣大學士文祥爲正使，禮部尚書靈桂爲副使，持節齎册印，封富察氏爲慧妃。

《同治朝籌辦夷務始末》卷八八　丁未，大學士、直隸總督李鴻章奏，以閩局製造輪船，原爲備物制用，亟應分布海口，以期熟悉風沙，如直隸之天津等處，海道可通，若撥用閩省船隻，可節閩局薪糧，且不致以有用之船，置之無用。

《穆宗實録》卷三四三　十月戊辰，諭軍機大臣等：劉長佑、馮子材奏，各屬勦捕匪徒情形，暨整頓沿邊關隘各摺片。廣西各屬伏莽甚多，現經劉長佑等分派兵勇，會同地方官偵探摻捕，將隆安匪首盧成茂、岑溪匪首陳經謨、永甯逸匪韋之穩等及其黨與拴獲正法，並將西隆苗匪，痛加勦洗。其越南州布積匪及廣東靈山土匪，亦經官軍兜勦，斬馘多名。出力員弁，准由劉長佑等查明存記，彙案酌保。各處逃竄餘匪，仍當飭屬一體查拏，浄絶根株，以靖地方而弭後患。太鎮沿邊一帶關隘久廢，不足以固邊防，現在大軍將次入關，亟應及時修補，毋任荒廢。劉長佑已派道員覃遠璡前往，會同地方官周歷履勘，量加修葺，所籌甚是，惟當飭令該道認真經理，務臻周密，應如何布置兵勇，以資捍禦，即著覃遠璡就近幫同馮子材妥爲料理。

癸酉，諭：湖南學政廖壽恒奏，整飭録科事宜一摺。鄉試録科送考自當恪守成規，據奏湖南近來風氣，凡捐納保舉至州縣以上者，往往領卷出場，謄真後始行送進，並有生員貢監不由學官地方官申送，自行投卷考録者，實屬有違定例。考試事宜本係該學政專責，即著實力整頓，以挽積習。此等情弊恐不獨湖南一省爲然，並著各省學政於録科時，遇有前項各弊，一體認真釐剔，用副朝廷整飭士習至意。

《同治朝籌辦夷務始末》卷八八　甲戌，總理各國事務恭親王等奏，本年八月二十六日，法國使臣熱福理函稱，法國文學苑今備書籍，以備同文館肄業泰西文字之用，並述及中華喜窺泰西之事理，猶泰西喜窺中國之景物，深冀留納此書，彼此互讀，則友誼日厚，由該國繙譯官德微理亞送交同文館查收。

《穆宗實録》卷三四四　十一月乙酉：諭軍機大臣等：禮部奏，賊船侵擾朝鮮，據咨轉奏一摺。本年八月間中國商船四隻被賊船追趕，避入朝鮮東江地方，賊船竟闖入光城坊泊船島，該國發兵擊敗賊船，將中國商船救護出境。此起賊船雖經朝鮮勦散，而餘黨猶存，沿邊各海洋理宜一律嚴肅，豈容匪徒嘯聚，越界搶掠。況此次因匪船越境竄擾致朝鮮衛將受傷，衛士殞命，尤屬不成事體。著都興阿、瑞聯、恭鏜、丁寶楨檄飭沿海水師，查拏奸宄，勦滅餘孽，以靖海疆而綏藩服。並著禮部行知朝鮮國王，嗣後如有匪徒侵越滋擾，即照向章一體兜擊，格殺勿論，以期盡殲醜類。

甲午，諭軍機大臣等：丁寶楨奏，在粵製造師船，請飭派員駕駛來東，及調員赴東差委各摺片。前因山東整頓水師，該府委派道員李宗岱前赴粵東，製造大小拖罾船十四號，配齊洋礮軍械，就近在粵海等處，選帶熟諳水師員弁數人，遴募善於駕船之舵工人等隨船來東。據稱師船來春可以造齊，應於春夏之交乘風北上，惟遠涉重洋，與其臨時雇募無業閒人，莫若就近飭令粵省水師駕送，較爲可恃等語。即著瑞麟、張兆棟俟李宗岱師船造齊出水時，酌派該省水師營誠樸可靠將弁，酌帶兵丁，會同山東委員代爲駕送赴東，以免疏虞。至該弁兵到東後，即由丁寶楨籌給川貲，咨送回粵。廣東在籍候選員外郎温子紹、候選縣丞許應騵，並著瑞麟、張兆棟飭令該員等前赴山東，聽候丁寶楨差遣委用。

丙申，諭軍機大臣等：張樹聲奏，拏獲搶梟積匪，分別懲辦，並查拏哥老會匪各摺片。江浙交界處所時有搶匪出没，擾害地方。【略】著張樹聲、恩錫、楊昌濬各飭地方營汛員弁認真巡緝，協力兜拏，務絶根株。該匪等以聚賭藏身，乘閒句結刦掠，張樹聲已飭屬查拏賭局，清理保甲，隨時稽察，使匪徒無可容身，即著恩錫責成各州縣實力奉行，並著楊昌濬一體照辦，以靖盜源。至哥老會到處結黨拜盟，此風斷不可長，張樹聲現將羅淋保、譚啓思二犯查拏正法。其供出劉東伯、陳錦汶二犯，著王文韶檄飭所屬嚴密捕獲，毋任漏網，並將游兵撤勇悉數驅逐出境，不准逗遛。其沿江沿海軍民既水陸各營，不少此類溷跡，即照張樹聲所議，准其自首免罪，儻仍暋不畏法，一經發覺，即著重懲不貸。

《同治朝籌辦夷務始末》卷八八　丁未，大學士直隸總督李鴻章奏，【略】以海運難在雇船，今有招商輪船，以濟沙衛之乏，不但無礙漕行，實於海運大有裨

益，當嚴飭江海關道等和衷協力，勿致善舉中輟等語。是南北合力籌辦，華商輪船，可期就緒，目前海運，固不致竭蹶。若從此中國輪船暢行，閩滬各廠造成商船，亦得隨時租領，庶使我内江外海之利，不致爲洋人占盡，其關繫於國計民生，實非淺鮮。

《穆宗實録》卷三四六　十二月辛亥，諭：富和奏，籌畫新疆大概情形，整頓邊境，請飭撥馬匹軍火。景廉奏，錫綸需用軍火，請飭烏科兩城分撥各摺片。據富和奏稱，塔爾巴哈台城池難於整理，且距科布多古城較遠，不能接應，擬請緩修塔城，帶兵由古城沙子山一帶進勦，或暫紥布倫托海阿勒台山一帶，以資鎮壓等語。富和身任參贊大臣，所有塔城應辦事宜責無旁貸，自應竭力籌畫，勉爲其難，豈得意存諉卸。所稱帶兵進勦，亦未確有把握，且該參贊與榮全同在塔城，何以不會商該署將軍再行入奏，所陳各情於新疆大局有無裨益，著榮全酌度，迅速奏聞，如有應與景廉咨商之處，即著彼此妥籌具奏。至該署將軍參贊等同辦一事，必應和衷共濟，方於公事有裨，毋得各執意見。卡拉托羅蓋臺究竟是否俄國地面，富和以該處屢被俄人偪勒，擬將東南兩路十四臺暫行裁撤，但裁撤之後，道路恐致梗阻，著榮全、與富和會商妥辦。哈薩克肆行搶掠，逃避俄境，已諭令總理各國事務王大臣與俄使商辦，仍著榮全、富和派撥官兵，認真彈壓，遇有哈薩克搶劫之案，按照條約分別辦理。厄魯特索倫官兵需用軍械馬匹各項數目，該參贊何以不分晰奏明，著富和知照奎昌、多布沁札木楚、志剛將馬匹需用若干，酌量撥給軍械等項，應撥若干，並著知照奎昌等於前月十九日奏撥神機營軍械内分撥應用，該城如有不敷，再由奎昌等奏請撥補。錫綸前赴布倫托海募練勇丁，需用軍火，著奎昌、多布沁札木楚、志剛、常順、托倫布、保英豫爲籌備，以便就近撥用。富和另片奏，上年十一月二十八日奏奉諭旨豫撥俸餉銀二萬兩，迄今尚未解到等語，著户部查明前項撥款，迅即行催，毋令延緩。

《穆宗實録》卷三四七　丙寅，諭：張廷岳等奏，迎接哲布尊丹巴呼圖克圖之呼畢勒罕，可否照第六世、七世仍用黄布城黄車轎一摺。前世哲布尊丹巴呼圖克圖之黄布城黄車轎例應坐牀後始准乘用，惟哲布尊丹巴呼圖克圖累世均能闡揚黄教，保衛蒙衆，爲喀爾喀四部落同奉之大佛，此次迎接哲布尊丹巴呼圖克圖之呼畢勒罕，著加恩沿途准用黄布城黄車轎，其所用黄繖藍旗，亦准照舊賞用。

戊辰，諭：總理各國事務衙門奏，續與俄使辯論情形一摺。俄人代收伊犂一事經總理各國事務衙門王大臣等與之辦論，該使臣總持先議從交之説，一味狡展，心殊叵測，其派兵駐紥西湖阻止中國官兵前往各節，詰問再三，始允轉行該國，詳細聲復，能否照辦，尚無把握。似此情形，斷非空言所能有濟，必須中國兵力足以震懾，先發制人，方能操縱自如，杜其覬覦之漸。著榮全就現有兵力妥爲布置，穩紥穩進，前派英廉帶兵赴庫爾喀喇烏蘇能否紥定，儻能先復瑪納斯，再與景廉彼此聯絡，進復烏嚕木齊，毋使該國續有占越，庶可挽回大局。該使臣以邊界之事須兩國邊界官商辦，將來如與榮全會晤，即著該署將軍隨時相機辯論，毋使該國有所藉口。景廉前敵軍情若何，所調各隊及奏撥成禄處吉林、黑龍江馬隊，曾否迎提至巴里坤，錫綸抵布倫托海後，所招募者已訓練成軍否，著該都統通籌全局，設法進取，毋得坐失機宜。

《同治朝籌辦夷務始末》卷八八　己卯，諭軍機大臣等，榮全奏，請飭採運茶斤，擬招集華商，漸聚各城，冀復從前舊規，以免行使俄票之累。請於綏遠城代買挂錫裏箱，每箱約重六七十斤，紅梅茶八百箱，上細珠蘭茶二百箱等語。著定安即行照數購辦，派員解赴科布多存儲，聽候榮全調用。

同治一二年（癸酉、一八七三年）

《穆宗實録》卷三四八　正月戊戌，諭軍機大臣等：總理各國事務衙門奏，請派員辦理日本國换約事宜一摺。日本國通商條約，上年經李鴻章與該國使臣會同議定，茲該國派使臣來津换約，著派李鴻章將上年所立條約妥爲互换，其條規二本，即由總理各國事務衙門發交李鴻章，祇領照辦。其覲奉國書一節，著李鴻章於换約時體察情形，妥慎酌辦。

丙午，上親政，率王以下大學士、六部、九卿詣慈寧門行慶賀禮。御太和殿，王以下文武大臣官員行朝賀禮。

《穆宗實録》卷三四九　二月庚戌，諭軍機大臣等：前因喬松年奏，籌辦黄運兩河情形。文彬、丁寶楨奏，請仍挽復淮徐故道，並御史游百川奏，河運並治，宜詳籌妥辦等情，當經降旨交軍機大臣會同六部、九卿妥議具奏。茲據遵議會奏，請派大員前往山東查勘各等語。黄河自銅瓦廂決口改道北行後，汎濫山東境内，久爲漕運民生之害。現在淮徐故道既難規復，豈可聽其自然，不爲修治。李鴻章曾在山東勦辦捻匪，於黄運兩河情形閲歷既久，自必熟悉，著該督將喬松

年等所奏悉心體察，從長計議。應如何妥籌辦法，期於漕運民生兩有裨益，及辦理有無把握之處，據實詳細具奏。

《同治朝籌辦夷務始末》卷八九　庚申，山東巡撫丁寶楨奏，東省傳教之法國主教顧立爵擬於正月二十六日按照該國在該教堂衣冠敬謹行禮，默祝大皇帝萬壽無疆，是否可行。

《穆宗實録》卷三四九　丁卯，諭軍機大臣等：有人奏，游勇滋擾地方，亟宜整頓一摺。據稱本年正月，湖北差弁行至直隸保定府屬望都、滿城一帶，突遇騎馬賊匪搶去衣服銀物，並傷事主。容城等縣路刦重案層見疊出，傳聞半係游勇溷跡，肆行刦掠等語。近來各營散勇往往流爲盜匪，沿途搶刦，實爲閭閻之害，尤慮日久滋蔓，釀成巨患，亟宜認真拏辦。著李鴻章派委妥員會同地方文武嚴密巡察，實力查拏，嚴行懲辦，以安行旅而靖地方。

《穆宗實録》卷三五〇　三月己卯，諭軍機大臣等：張廷岳、阿爾塔什達奏，賊匪意圖竄擾，豫籌堵擊一摺。賊匪句結甘州、肅州逆黨，由阿拉善王旗竄至諾彦山一帶，圖犯庫倫暨額爾德尼班第達呼圖克圖及額爾德尼招等處，偪近庫倫西南。張廷岳等已檄齊默特多爾濟等各帶所部，分投防守，並飭宣古兩營會同蒙古各營，扼紮庫倫迆西，聯絡聲勢，以防賊匪奔竄，所籌尚妥，仍著張廷岳等隨時偵探盤查，毋任賊匪溷入。如遇匪蹤竄近，即著督飭各營相機前後夾擊，痛加勦洗，以期一鼓聚殲。諾彦山等處地方險阻，易於藏奸，其平原處所路路可通，並無要隘足扼，賊蹤飄忽靡定，各遊牧又路徑紛歧，尤虞伺隙肆竄，亟應一體防範，以遏妖氛。著定安、常順、多布沁扎木楚、志剛、杜嘎爾、張曜實力嚴防，遇賊即擊，毋任紛竄。

丙申，諭：榮全奏，伊犂兵民盼救，並陳伊犂等處情形一摺。俄人之在伊犂者現有一千餘衆，日向索倫錫伯蒙漢人等勒索銀糧，蒙漢人等窘苦，盼救甚殷。纏頭色得克等亦受俄人酷虐，情願反正歸誠，機有可乘，榮全當隨時設法，妥爲拊循，以便相機進取。【略】趙興體與瑪納斯回匪互殺，賊勢似可稍蹙，第首逆馬伏沅漏網，而投誠之説，又未可深信，榮全仍當妥慎籌辦，隨時咨商景廉，激勵士卒，設法進兵，速將烏嚕木齊及瑪納斯等處戡定，庶可併力西進。

《同治朝籌辦夷務始末》卷八九　丙申，恭親王等又奏，再查覲見之事，載在咸豐八年所定條約，即覲見二字而論，自係尊崇中國之意，從前各國使臣時嘗論及，臣等因中外禮節不同，難於定議。

《穆宗實録》卷三五〇　丙午，諭軍機大臣等：前據翰林院編修吴大澂奏，洋人懇請召見，未可允准。本日復據御史吴鴻恩奏，洋人請覲請飭開導，並酌定禮節各摺片。西洋各國使臣籲懇朝覲，蓄志已久，此次復向總理各國事務衙門屢次懇請，經王大臣力爲辯論，儻該使臣堅執前説，應如何豫籌辦理，期於朝廷體制及中外大局兩無窒礙之處，著李鴻章妥議具奏。原摺片均著鈔給閱看，將此密諭知之。尋奏，各國以朝覲爲修好第一事，今值親政大典，請准面申慶忱，措詞尚屬恭順。惟泰西各國見君向無跪拜之儀，本朝有待屬國一定之禮，而無待與國一定之禮，各使不從中國禮節，良由習俗素殊，儻寛其小節，示以大度，似尚無損朝廷體制。下所司知之。

《穆宗實録》卷三五一　四月戊子，諭軍機大臣等：景廉奏，遵旨通籌西路全局一摺。錫綸行抵布倫托海，察看該處地勢空曠，無險可據，暫赴阿勒台山南駐紮，擬調集蒙古喇嘛及未經回塔之厄魯特官兵，以壯聲威，惟該官兵等困苦異常，亟應籌給款項。即著常順、多布沁扎木楚、志剛、托倫布、保英就近籌撥銀一萬兩，以便錫綸派員分往迎提，毋稍延緩。該都統所奏，錫綸宜駐紮沙山子，或另擇善地，徐圖進勦，著景廉、錫綸隨時會商妥辦。趙興體等團勇，錫綸當妥爲撫馭，以資援應。景廉以榮全前赴伊犂，尚宜少緩，該署將軍所帶官兵莫若與錫綸會合，以全力規取瑪納斯，果能克復，庶聲勢聯絡，烏嚕木齊可期得手。彼時再議交還伊犂之事，辦理較易等語，所籌亦是。著榮全悉心酌度，妥籌辦理。景廉於三月内起程進紮古城，居中調度，該都統到古後，務當妥爲布置，穩慎進取，以挫賊鋒而維全局。巴里坤爲大軍後路，景廉計已拔隊，該處地方空虚，李天和等隊伍一時不能到坤，著文麟迅撥營勇填紮巴城，不得稍涉推諉。前經疊諭金順出關，即著星馳西進，餘令李天和所部三營及吉林、黑龍江馬隊迅赴景廉軍營，以厚兵力。肅州一城爲關内外樞紐，亟應迅圖攻克。著左宗棠檄飭徐占彪實力圍勦，搗渠埽穴，迅奏膚功，毋任逆黨疊竄邊外，致擾蒙古地方，是爲至要。

《穆宗實録》卷三五二　五月乙酉，諭内閣：德英奏，縷陳東省地方情形，請及時整頓一摺。盛京爲根本重地，吉林、黑龍江實爲陪都藩籬，自招墾荒地以來，藏奸匿匪，盜賊肆行，亟應及時整頓，以重邊防。東省官兵向稱勇敢，而黑龍江索倫愛曼騎射尤強，近來餉項短絀，殊不足以示體恤，嗣後每歲應給官兵俸餉，著户部咨令指撥，各省依限解清，不准稍有蔕欠。其歷年積欠之餉，並著催令陸續補解，毋得日久拖延，俾該將軍等得以隨時汰弱留強，勤加操練，以期漸

復舊觀。著該省將軍再行認真嚴禁，並著該部明定章程，將訪獲鑽營地畝之攬頭，照依土豪惡棍例從重懲辦，並將使費銀錢追出充公。其已經開墾之處，該將軍等務將户口編册，不時稽查，毋許容留外匪，以清盜源。東省馬賊横行，皆由兵役奸民句結容隱所致，前因綿宜及瑞聯等先後條陳辦法，已諭令盛京將軍等嚴定章程，實力籌辦。德英所擬各節與前旨大略相同，仍著該將軍、府尹等督率所屬員弁認真緝捕，毋得日久懈生。黑龍江新設呼蘭理事同知管轄遼闊，旗民雜處，公事繁多，德英因銓選之員，經年始能履任，請將此缺歸於奉天揀發人員内補用，遇有同知缺出，一面報部，一面咨奉天府府尹，於揀發應升人員内遴員試署，如果勝任，出考題補，三年任滿無過，照邊俸期滿例，調入内地升補等語，係爲邊地得人起見，即著該部妥議具奏。奉天旗民近年遷徙吉林、黑龍江者，竟有千餘户之多，是否因生計艱難謀生外出，著該將軍轉飭所屬地方旗佐隨時稽查，覈實辦理，毋許無故遷移，漫無限制。

《同治朝籌辦夷務始末》卷九〇　丁酉，諭内閣：總理各國事務衙門奏，住京各國使臣，籲請覲見呈遞國書一摺，現在齎有回書之住京各國使臣，著准其覲見。

《穆宗實録》卷三五三　六月壬子，日本國使臣副島種臣、俄羅斯國使臣倭良嘎哩、美利堅國使臣鏤斐迪、英吉利國使臣威妥瑪、法蘭西使臣熱福理、和蘭國使臣費果蓀於紫光閣前瞻覲。

《同治朝籌辦夷務始末》卷九一　甲寅，恭親王等又奏，查從前西洋各國使臣來京，齎有國書，雖由臣衙門代爲呈遞，均奉旨頒給回書，歷經遵辦在案。茲日本國使臣所遞國書，聲明專爲慶賀而來，與西洋各國住京者不同，可否查照成案，回給璽書一道，以示禮尚往來之意。【略】硃批，依議。

《穆宗實録》卷三五三　庚申，諭軍機大臣等：榮全奏，詳陳近日邊情，亟圖補救一摺。土爾扈特遊牧屢被哈薩克竊去馬匹，該蒙古未經報官，因認有原馬，即將哈薩克馬羣趕來作質。雖有不合，而俄官聽信哈薩克一面之詞，不問曲直，大肆搶掠，竟將貝子固山達等拘執赴伊，實屬非理。榮全現已行文俄國查詢此事，即著催令該國迅速咨覆，詳悉具奏。此事榮全務當妥爲辦理，毋任哈薩克倚勢妄行，以安蒙古。各處民團，榮全仍當設法鈐束，隨時招集安撫，俾爲我用，以輔兵力。該署將軍現擬派員赴庫爾哈喇烏蘇一帶，擇地安營訓練，保衛地方，即著實力舉行，不得有名無實。金順著懍遵疊次諭旨，迅速出關，與景廉之軍聯絡聲勢，相機進取，以靖邊疆。

癸酉，據文麟奏稱，回王邁哈默特等以哈密産糧僅足供本城兵民之食，呈請禁止販賣出境等語。自爲慮及乏食起見。惟現在景廉進紮古城，後路糧運必須源源接濟，巴里坤亦係瘠苦之區，所産糧石無多，尤非安敦玉一帶可比，文麟仍當酌度情形，妥籌兼顧，毋稍膜視。其有奸商私販出境，希圖牟利，或有暗中接濟賊匪等情，自當明白曉諭，設法禁止，但不可概行遏糴，致誤軍糈。

《穆宗實録》卷三五四　閏六月甲申，諭内閣：前據軍機大臣、六部、九卿會議，喬松年、文彬、丁寶楨並御史游百川所奏籌辦黄運兩河情形，當經諭令李鴻章妥籌辦法，據實詳細具奏。茲據奏稱，銅瓦廂決口後，舊河身淤墊過高，歲久乾隄，無從修治，勢難挽復淮徐故道，且於漕運無甚裨益。至借黄濟運，築隄束水工程，均無把握，與導衛濟運之法同一難行各等語。所奏頗爲詳盡。河流既難挽之使南，而利運又别無長策，李鴻章請仍由海道轉運，令各督撫酌提本色若干運滬，由海船解津，其餘仍照章折解，以省運費，並隨時指撥漕折銀兩，採買接濟，著户部通盤籌畫，妥議具奏。河流趨重山東，自應增立隄防，著丁寶楨酌度形勢，將張秋、利津一帶舊有民埝加培堅固，以資捍衛。其侯家林決口，現雖堵築合龍，仍恐民埝不能久恃，並著該撫於秋汛後詳悉勘估，酌籌款項，將侯家林上下民埝仿照官隄辦法，一律加高培厚，設法守護。沿河各州縣民人田地久被淹没，情殊可憫，即著查明，分别奏請蠲緩錢糧，並將海口鹽場商運各事宜酌量變通辦理，以示體恤。至銅瓦廂決口以下蘭儀、東明一帶，地勢平衍，不可無遥隄以防泛濫，著喬松年就近察看，應如何量築隄埝以資保護，即行悉心籌辦。淮徐故道涸出舊河身民間多有占種，該督所請酌議升科之處，著江蘇、河南、山東各督撫體察情形，妥籌具奏。另片奏，請停止河運採買糧石，推廣海運等語，著户部議奏。

辛丑，諭：李鴻章奏，永定河南四工漫口，在工各員分别參辦，並自請議處一摺。據稱本年伏汛，大雨連旬，山水暴發，河湖異漲，經該河道等晝夜搶險開放牐壩，險工已就平穩。自六月十一二日以後，大雨傾盆，各處山水匯注，牐壩宣洩不及，河不能容，南四工九號對岸又淤生沙觜，迴風倡溜，水勢撞高數尺，人力難施，遂至漫口各等語。【略】李鴻章督率無方，著交部議處。即著該督嚴飭在事員弁，迅將決口趕緊堵築，毋稍延緩。【略】吏部議，李鴻章應降一級留任，得旨准其抵銷。

《同治朝籌辦夷務始末》卷九一　辛丑，諭軍機大臣等：景廉奏請飭榮全進兵會攻瑪納斯片。俄商前赴瑪納斯貿易，該處正爲賊匪出没之區，貨物被搶，勢所必至，俄商遽指爲徐學功搶劫，未必非藉此圖詐，希冀官爲賠償，景廉現已劄調徐學功來營面詢，並派員前往查訪，虚實自無難根究，即著景廉查詢明確，將如何辦理之處，即行據實奏聞。俄人覬覦烏垣，已非一日，藉端生事，自在意中，官軍能將瑪納斯剋期攻拔，先發制人，兵機庶可得手。著榮全咨會錫綸，迅速會兵進攻，務將瑪納斯攻克，以期次第進取。

《穆宗實録》卷三五五　七月癸丑，諭内閣：奕榕等奏，阿勒楚喀地方失火，延燒衙署官民房屋，請將該管各官分别議處一摺。本年五月間，吉林阿勒楚喀地方不戒於火，由城南土圍門外，延燒圍内民房及衙署監獄官房，共燒毁房間七千有零，燒斃民人八名口。所有被災商民旗户，情殊可憫。著奕榕等查明，設法妥爲撫恤，毋令失所。副都統海英於該管地方被災，救護不力，實屬咎有應得，著交部議處。協領烏勒喜佈、委協領蘇勒通阿、雲騎尉年常阿、富祥先事未能防範，臨時又不能救止，尤難辭咎，著一併交部議處，以示儆傚。被災衙署監獄八旗兵房及各項官所，並著飭令該副都統等籌款照例賠修。

己巳，諭軍機大臣等：禮部奏，中國船隻往泊朝鮮，據咨轉奏一摺。據稱本年四月間有中國船三隻往泊朝鮮義州境内，經該國官弁逐捕，反持銃礮向發，旋被該國兜擊，格殺六人，始行退走等語。内地民人越境漁採貿易，本干禁止，上年十一月間業經諭令禮部傳知該國王，嗣後如有匪徒侵擾，即照向章一體兜擊，格殺勿論。此次復有民船偷越滋擾，實屬不成事體，亟應嚴行禁止，著都興阿、瑞聯、志和、恭鏜、丁寶楨分飭沿海各處，設法整頓，嚴密稽查。如有内地民船越境滋擾，即行嚴拏懲辦，毋稍寬縱，並著禮部行知該國王，仍懔遵上年十一月間諭旨，一體查拏逐捕，以清邊界。

《同治朝籌辦夷務始末》卷九一　八月丁丑，總理各國事務恭親王等奏，上年日斯巴尼亞國照請在廣州各處遵依二十二款章程，招工前往該國所屬之夏灣拏地方承工，臣衙門既經准行之後，旋閲新聞紙内載古巴夏灣拏有陵虐華工情事，並美國使臣暨美國領事，會同各國領事照會，均稱該處陵虐華工情形，因思現在選帶學生出洋肄業委員主事陳蘭彬，駐紮美國，距日國不遠，如令就近往查，尚屬簡易，擬即劄飭該員前往日國古巴夏灣拏地方，查明該處華工，是否實受陵虐，以便臣衙門酌覈辦理。

《清穆宗實録》卷三五六　癸未，諭軍機大臣等：崇實奏，詳陳圍場積弊並課銀不能依限起徵，懇請展緩一摺。熱河圍場自同治二年奏明招墾，委員辦理謬誤，奸佃從中漁利，以致弊竇叢生。崇實現擬將已騰正圍，永遠封禁，並將邊界卡倫修齊，所有新舊放出之地，逐次重修丈量，另换新照，其舊領紅照，一概繳銷，查明地畝，造册發交州縣承領，按畝徵糧，均著照所議辦理。查丈之舉，須俟秋禾登場，方能舉辦。著瑞聯、崇實體察情形，妥爲經理，以清圍地而垂永久，毋任再滋弊端。庫克吉泰前請自同治十二年爲始，圍場新舊課銀改由各府州縣徵解，此時尚難照辦，著准其暫行展緩，仍照舊章辦理，一俟圍地丈量清楚，糧籍可考，即將一切善後事宜酌籌具奏。

《同治朝籌辦夷務始末》卷九一　壬午，諭軍機大臣等：劉嶽昭、岑毓英奏，遵查馬如龍採辦外洋軍火情形。李玉墀本非雲南所派之員，與陳得貴有無不法情事，著劉長佑就近確查分别懲辦。馬如龍委令涂普義前往外洋採辦軍火，未經先行咨商劉嶽昭發給通關文憑，以致中途被阻，亦屬疏忽，馬如龍著交部察議。

《穆宗實録》卷三五六　乙未，盛京將軍都興阿等奏，朝鮮使臣被刦，請將地方官摘頂勒緝。得旨：慶麟、余文鳳均著先行摘去頂帶，勒限三箇月嚴緝務獲。

戊戌，諭軍機大臣等：内閣學士宋晉奏，近畿連年被水，請飭以工代賑一摺。據稱直隸河道漫溢，連歲水災，與其併力籌賑，不如擇要修工，請飭該督以現撥帑金，酌提一半拯恤災區，以一半趕擇河道緊要者，速爲修治，工賑兼施，兩收其效。至現撥帑金尚不敷用，並飭續撥款項，以成鉅工等語。近年以來直省河患頻仍，亟宜設法疏治，期於一勞永逸。至宋晉所陳辦法是否可行，著李鴻章統籌全局，悉心酌覈，迅速具奏。原摺著鈔給閲看，將此諭令知之。尋奏，直隸河患日深，亟應工賑並舉，擬明春開辦天津引河及上游隄河各工，俾災黎藉資傭趁，除撥用各省協款外，不敷之數請由藩庫提用，事竣報銷。從之。

《穆宗實録》卷三五七　九月乙丑，諭内閣：李鴻章、延煦、畢道遠奏，江浙漕糧海運抵津，擬請改令糧道自行運通一摺。向來江浙漕糧海運到津，用官剥船運通交納，乃行之既久，滋生弊端。本年海運白糧及輪船所載漕糧，改由糧道自顧民船運通，較用官剥船運送，米色尚爲乾潔。李鴻章等請將嗣後南糧變通辦理，係爲剔除弊端起見，著照所議。所有來歲江浙漕糧，即著改由糧道運通交納，毋庸在津驗收，並著户部、兩江總督、江蘇、浙江各巡撫一體遵照辦理。其應

行變通章程，著李鴻章、延煦、畢道遠悉心妥議具奏。

《穆宗實録》卷三五八　十月丁丑，諭：總理各國事務衙門奏，川省毆斃司鐸教士，現籌辦理情形一摺。據稱接准魁玉等函稱，法國主教范若瑟遣教士張紫蘭潛赴黔江縣私買民房，建堂傳教，致該縣民人將司鐸余克林、教士戴明卿毆斃，與法國使臣照會所述不符，請飭魁玉等迅速查辦等語。【略】著魁玉、吴棠將此案詳細實情，先行具奏。一面嚴飭該地方官將案内下手正兇及幫毆從犯嚴緝務獲，訊明起釁根由，分別按律懲辦，並將現在辦理情形隨時咨明總理各國事務衙門，以憑覈辦，不得稍涉遲延。

丙申，諭軍機大臣等：前據總理各國事務衙門奏，川省黔江縣民人毆斃法國司鐸教士，請飭查辦。【略】兹據魁玉等奏稱，法國主教范若瑟遣教士張紫蘭潛赴黔江縣私買民房，建堂傳教，該縣民人將司鐸余克林、教士戴明卿毆斃，與總理各國事務衙門前奏情形大略相同，現已拏獲正兇陳崇發等六名，飭令酉陽州知州羅亨奎等提犯研究下手正兇，稟候查辦，餘犯仍飭嚴緝，並飭涪州知州濮文昇前赴黔江，會同覆行相驗等語。【略】桂衢亨辦理不善，咎無可辭，著即行摘去頂帶撤任。仍著魁玉、吴棠懔遵前旨，將啓釁實情迅速查明具奏，並嚴究下手正兇，躧緝幫毆從犯，訊明分別懲辦，毋得一味拖延，任令該地方官含糊了事，並將現在辦理情形隨時咨明總理各國事務衙門，毋稍延緩。

《穆宗實録》卷三五九　十一月己未，諭軍機大臣等：禮部奏，越南使臣齎到該國王奏疏，鈔録呈覽一摺。據該國王奏稱，河陽、興化諸匪巢獨力攻勦，顧此失彼，山、興、宣三轄蔓匪仍復猖獗，請飭派兵會勦等語。越南國邊地被匪竄擾，前經諭令馮子材督飭官軍出關勦辦，嗣以兵勇不宜久駐外國，且慮有騷擾情事，是以疊准劉長佑等所奏，將各營陸續撤回。兹據該國王具疏籲請，朕睠顧藩封，殊深軫念，此時粵西官軍如令出境勦匪，究於該國有無裨益，且不至別滋事端之處，著劉長佑、馮子材悉心妥籌，迅速具奏，並著禮部傳令該國王知悉。

《同治朝籌辦夷務始末》卷九二　辛酉，諭軍機大臣等：劉長佑奏，越南各匪肆擾，現飭粵軍防勦，並籌保衛邊境一摺。越南各匪在宣光河陽一帶，分股擄刦，據報法國帶兵攻破越南河内省城。【略】著瑞麟、張兆棟迅即撥兵數千名，由欽州徑出關外，約會援勦。或繞赴西省南太地方，協同堵擊，並著劉長佑飭令劉玉成等軍，酌度情形，認真勦辦。仍著瑞麟等查照前次奏撥之案，按月籌解餉銀二萬兩，以資接濟，粵軍於邊關内外堵勦越南各匪，與法兵絶不相涉，著總理各國事務衙門即行照會法國使臣，轉飭遵照，毋令別滋事端。

癸亥，總理各國事務恭親王等奏，總理船政前江西巡撫沈葆楨奏，船工將竣，謹籌善後事宜一摺。【略】應請一併飭下南北洋通商大臣，並原議開設船廠之陝甘督臣左宗棠，與沈葆楨會商熟籌。

恭親王等又奏，【略】日意格與德克碑，前因船廠得力，業經賞予提督銜、花翎，現在工竣，又各給銀二萬四千兩，已足酬其勞勩，擬將日意格援照戈登、蒲安臣保奬，天恩再行賞加一品銜，並准其穿黄馬褂，仍與德克碑一體賞給一等寶星。

《穆宗實録》卷三五九　庚午，諭軍機大臣等：李宗羲奏，本年江北漕糧仍辦河運，東境河道阻塞，所有漕船經由戴家廟、馬家口一帶及張秋至臨清等處淤塞地方，又菏澤臨濮、菓汛各口民堰衝缺處所，亟應分別疏濬堵合等語。著喬松年、丁寶楨、文彬督飭所屬將漕船經行河道趕緊豫籌修理，以利轉運，毋稍延緩。

同治一三年（甲戌、一八七四年）

《穆宗實録》卷三六二　正月甲寅，諭：承繼等奏，達賴喇嘛下山唪經一摺。現在藏地清平，達賴喇嘛擬於本年正月閒下山，率領僧衆親赴大招，攢招唪經，爲國祈福，具見悃忱，洵堪嘉尚，即著承繼等前往布達拉山妥爲照料，並發去黄哈達一箇，銀曼達一箇，鈴杵一分，菩提念珠一串，玉盌一箇，玉杯一箇，小卷五絲緞二卷，傳諭該達賴喇嘛祇領，用昭恩賚。

丙辰，諭内閣：御史鄧承修奏，請飭禁抽收闈姓賭款一摺。據稱廣東省賭風甚熾，每届鄉試及歲科試期，開場設局，竟有巧立闈姓名目，抽收經費等語。賭博本干例禁，況考試届期，尤應嚴行禁止，若如該御史所奏，藉端抽收款項，殊屬不成事體。著瑞麟、張兆棟即行裁革，出示嚴禁，以肅政體而杜弊端。

丁巳，諭軍機大臣等：瑞麟、張兆棟奏，越南股匪與法國兵互相攻擊，情形未定，擬請固守邊圉，相機籌辦各摺片。法國與越南搆兵，踞其河内省城，股匪劉泳幅等乘機肆擾，與法兵互相攻擊，現聞法國已與越南議和，因股匪猖獗，回國添兵往勦。該國事勢紛紜，情形未定，中國自當扼要駐紥，固守疆圉，未便越境用兵，轉致生事。瑞麟等已檄鄭紹忠帶勇二千名馳赴欽州附近扼紥，著飭令該總兵隨時查探，遇有越南匪徒竄至邊界，立即會同地方文武實力堵勦，其洋面

交界處所，並著認真防堵，毋任竄越。粵西防軍向紮越南高平、諒山二省，已由瑞麟等知照法國領事，毋得進兵侵犯，該處粵軍亦不向河内轄境前進，免至互啓猜疑，有傷和好。著劉長佑飭令覃遠璡等遵照辦理，太、鎮、南甯三府均與越南毗連，該撫當妥爲布置，以固邊防，廣東按月應協廣西餉銀二萬兩，仍著瑞麟等隨時籌措，源源接濟，毋稍推諉。

《同治朝籌辦夷務始末》卷九三　辛酉，諭軍機大臣等：榮全奏，伊犂現在情形，請飭大兵迅速出關，伊犂一城，尚爲俄人占踞，耽延日久，必致枝節叢生，辦理更形棘手。前據左宗棠奏，擬令張曜、金順、額爾慶額各軍，分起出關。金順一軍，未知該軍現在行抵何處，著即迅速西進。並著左宗棠將糧運事宜，妥爲籌備。令張曜、額爾慶額等軍，陸續趲行。金順抵古城後，即著會同景廉各軍，速將瑪納斯、烏嚕木齊等城，剋期收復，兵威一振，則伊犂辦理較易爲力。該大臣務當嚴飭各軍，鼓行西進，迅赴戎機，速將回逆蕩平，得占先機，則俄人亦可杜其隱患。

《穆宗實録》卷三六三　二月丁亥，諭内閣：御史張觀準奏，請禁止私設釐卡等語。各省設局抽收釐金，係屬萬不得已，借資民力，豈容私自添設，苛斂民財，亟應嚴行禁止。著各直省督撫於所屬應設釐卡，嚴密稽察，儻有私設卡局情弊，即行從嚴參辦，並著遴派廉正之員經理局務，覈實報銷，以杜浮冒。

丙申，諭内閣：本日御史張觀準條陳江西丁漕摺内，聲稱本年正月間，劉坤一奏請緩徵錢糧，未將被災之都圖村社明白開列等語。該御史所指究係何州何縣之都圖村社劉坤一未經開列，著張觀準明白回奏。

《同治朝籌辦夷務始末》卷九三　諭軍機大臣等：岑毓英奏，探聞越南軍務喫緊，籌辦滇省邊防一摺。著總理各國事務衙門照會法國使臣，轉行現住越南之領事各官，俾知滇省派兵防邊，係堵勦越南各匪，與法國不相干涉。

《穆宗實録》卷三六四　三月戊午：諭軍機大臣等：醇親王奏，請飭密籌杜絶洋藥之策等語。自洋藥入中國以來，耗財害民，流毒不可勝言，李鴻章既有與該親王談及將此一端與夷辦理，力除巨患之意，應如何審度時勢杜絶洋藥之處，即著李鴻章妥議辦法，詳細密陳。

《同治朝籌辦夷務始末》卷九三　辛未，諭軍機大臣等：總理各國事務衙門奏，日本兵船現泊厦門，請派大員查看一摺。【略】著派沈葆楨帶領輪船兵弁，以巡閲爲名，前往臺灣生番一帶察看，不動聲色，相機籌辦。應如何調撥兵弁之處，著會商文煜、李鶴年，及提督羅大春等，酌量調撥。至生番如可開禁，即設法撫綏駕馭，俾爲我用，藉衛地方，以免外國侵越。

《穆宗實録》卷三六五　四月戊寅，諭軍大大臣等：前據總理各國事務衙門奏，日本兵船現泊厦門，聲稱借地操兵，福建布政使潘霨早經陛辭出京，即著馳赴臺灣，幫同沈葆楨將一切事宜妥爲籌畫，會商文煜、李鶴年及提督羅大春等酌量情形，相機辦理。潘霨現在行抵何處，並著張樹聲查明，催令迅速赴閩，兼程前往，不得稍涉遲延。

庚辰，諭軍機大臣等：總理各國事務衙門奏，俄人久踞伊犂，希圖侵越一摺。榮全前與俄官會議收回伊犂，迄無成説，近更多方要挾，肆意妄爲，不特久假不歸，並覬覦伊城附近地方，希圖侵越。該國住京使臣布策竟有違約背理之詞，雖經總理各國事務衙門與之剖辯，允爲行查彼國，其言未足深恃。伊犂久爲俄國所踞，蓄謀侵占，本在意中，現且有東犯之勢，若再不亟圖進取，先發制人，辦理更無把握。察哈爾馬隊計已馳抵塔城，榮全兵力稍厚，著即將各營力加整頓，先期布置，一面與景廉各軍聲息相通，妥爲籌畫，毋誤事機。瑪納斯、烏嚕木齊等城必須剋期收復，方免俄國生心，且可爲規復伊城進步。著左宗棠催令出關諸軍，迅速西進，會同景廉籌商進勦，迅將各城踞賊次第蕩平，期與榮全聲勢聯絡，以靖邊氛。

丙戌，諭軍機大臣等：總理各國事務衙門奏，日本國兵船已赴臺灣，各國船隻亦有駛往福建洋面情事，請旨責成前派大員妥速籌策一摺。【略】各國均有兵船駛往，以巡查爲名，因利乘便，心存叵測。臺灣道視爲番界尋釁，勢難禁止，實屬不知緩急。現在日本兵船已赴臺灣，且有登岸情事，亟應迅籌辦法，使彼族無隙可乘。沈葆楨著授爲欽差，辦理臺灣等處海防，兼理各國事務大臣，以重事權，所有福建鎮道等官均歸節制。江蘇、廣東沿海各口輪船，准其調遣，俾得與日本及各國按約辯論，而於征調兵弁船隻事宜，亦臻便捷。該大臣接奉前旨，計已馳赴臺灣一帶，著即體察情形，或諭以情理，或示以兵威，悉心酌度，妥速辦理，並與潘霨隨時慎密籌辦。一面會商文煜、李鶴年等督飭鎮道，妥爲布置。

癸巳，諭軍機大臣等：李鶴年奏，日本兵船已抵臺灣番境，密籌防範，並詳陳臺灣地利，日本詭謀各摺片。日本兵船不候照覆，即行駛赴臺灣，登岸紮營，顯係心懷叵測。李鶴年已派水陸各營分往鳳山、澎湖等處屯紮，並調集莊團水師防範臺境，藉壯聲威，以期有備無患。番地雖居荒服，究隸中國版圖，其戕殺

日本難民，當聽中國持平辦理，日本何得遽爾興兵，侵軼入境，【略】派往琅𤩝之員，與日本如何辯論，能否就我範圍，著該督據實奏聞。仍隨時會同文煜悉心布置，務臻周妥。沈葆楨計當起程，著懔遵疊次諭旨，與潘霨慎密籌畫，會商文煜、李鶴年妥爲辦理，毋稍大意。近日臺灣番境情形若何，著隨時詳細具奏。

丁酉，諭軍機大臣等：李鶴年奏，日本師船已與生番接仗，現籌防範一摺。日本並不遵約回兵，已與生番接仗，並擬即日移營進勦，其蓄謀尋隙意圖占踞已可概見。該國現到輪船七隻，尚有鐵甲船及堅固兵船未到，此時釁端已開，自應先事布置，嚴密設防，以期有備無患。江蘇、廣東沿海各口輪船前已有旨，准歸沈葆楨調遣，李鶴年亦擬添調直隸、江蘇輪船赴閩防範，應需輪船若干隻，即著李鴻章、李宗羲、張樹聲、瑞麟、張兆棟如數撥往，以壯聲勢。日本被傷者是否止係數人，至生番有無被傷被殺之人，未據該督奏及。生番既居中國土地，即當一視同仁，不得謂爲化外游民，恝置不顧，任其慘遭荼毒，事關海疆安危大計，未可稍涉疏虞，致生後患。著沈葆楨懔遵疊次諭旨，隨時與潘霨籌畫，會商文煜、李鶴年辦理，總當消弭邊釁，豫遏詭謀，方爲不負委任。李鶴年所籌自強之策，有無把握，是否辦有端倪，不得以空言塞責，致誤事機。

《穆宗實録》卷三六六 五月壬子，諭軍機大臣等：沈葆楨等奏，據報臺灣近日情形一摺。日本已分三路進攻番社，生番逃散，遂將牡丹社等處焚燒，並欲攻龜仔角社，是其乘隙尋仇，意圖深入，已可概見，若再不亟籌辦法，則生番更遭荼毒，該國必愈肆欺凌。沈葆楨已與潘霨起程赴臺，邀集各國領事公平曲直。日本興兵，顯背條約，固屬理曲辭窮，若能就我範圍斂兵回國，自可消弭釁端，儻仍肆意妄爲，悍然不顧，即當聲罪致討，不得遷就因循，轉誤事機，致將來辦理愈形棘手。沈葆楨與潘霨當相度機宜，悉心籌辦，應如何調撥官兵前往，藉壯聲勢之處，著會商文煜、李鶴年，妥速布置，以維大局。本日有旨，諭令王凱泰即行起程回任，毋庸來京陛見，該撫回任後，著李鶴年隨事和衷商辦，以期共濟時艱。

乙卯，諭：文麟、明春奏，回王邁哈默特呈請代懇賞借十年俸銀，以補修城垣，安輯難夷，另頒新印，以昭世守，並據聲稱該回王每年應支俸銀二千兩，該辦事大臣因餉項支絀，欠發三年等語。上年七月，陝回大股竄擾哈密，圍攻營城，該回王等深明大義，派選槍手隨同勦辦，逆匪因將回王等偪挾西行，經官軍搶救回營，該回王等困苦情形，殊堪矜念，自應優加體恤。著照所請賞借十年俸銀，由户部發給，交該回王所派通事領齎回哈。該回王採辦各物，准其由臺站運解，並著禮部另鑄該回王印信，由驛遞交文麟等轉給祇領。

壬戌，諭軍機大臣等：有人奏，近年川省匪徒日衆，聯名結社，有帽頂會、燈花教諸名目，聚衆連盟省垣附近地方，肆行搶刦。崇慶州、高縣、彭縣、鹽亭等處均有匪徒嘯聚，恐釀成巨患，請飭防患未萌等語。匪徒糾衆搶刦，實爲閭閻之害，且川省與滇、黔各省毗連，尤恐句結各處匪徒，乘機竊發，亟應認真拏辦。著吴棠派委妥員會同各該處地方文武，一體實力查拏，嚴行懲辦，以絶根株。

丙寅，諭軍機大臣等：沈葆楨等奏，到臺日期，籌辦大概情形，並番軍火等事。所籌均是，即著該大臣等分别妥速辦理。日本藉口他國積年舊案，違約稱兵，曲直是非，中外共見。沈葆楨等務當與之極力理論，斷不可任其妄爲，儻該國悍然不顧，亦當示以兵威，不得稍涉遷就，致誤事機。該國如何照覆，潘霨到琅𤩝後如何辯論情形，著隨時詳細奏聞，以慰廑繫。生番本隸中國版圖，朝廷一視同仁，疊諭該大臣等設法撫綏，不得視同化外，任其慘罹荼毒。現據各社目籲乞歸化臺澎防兵，擬另招精壯充補，請將臺灣課税等銀撥充經費各摺片。沈葆楨、潘霨先後行抵臺灣，察看該處情形，沈葆楨給與日本西鄉從道照會，詞義頗爲嚴正，潘霨於本月初八日親赴琅𤩝面加詰問，彼族狡詐性成，中藏叵測，設防之事，自屬萬不容緩。沈葆楨等擬於海口建築礮臺，安放巨礮，使不得停泊兵船，北路淡水等處，派兵駐紮，由提督羅大春督率巡防，並另招勁勇，多備番目，籲乞歸化即著該大臣等酌度機宜，妥爲收撫，聯絡聲勢，以固其心，俾不至爲彼族所誘。臺澎向用内地班兵，率皆疲弱，現在因時制宜，自不妨變通辦理。沈葆楨等擬將班兵疲弱者撤令歸伍，另招本地精壯充補，事平之後，察看情形，再行酌辦，即著照所議行。臺灣鹽課關税釐金等款，准其儘數截留，撥充海防經費，歸臺灣道衙門支銷，不敷之款，著文煜、李鶴年籌撥接濟，毋令缺乏。

辛未，諭軍機大臣等：總理各國事務衙門奏，日本兵紮番社，濱海防務，請飭先事籌辦一摺。日本有事生番，占踞臺灣牡丹社一帶，前據沈葆楨等奏擬於海口及北路淡水等處嚴密設防，當諭該大臣等妥速辦理。又據文煜等奏，馬祖澳等處已有日本兵船游弋，復諭該將軍等於沿海各口妥爲籌布，刻下辦理情形若何，及該國近日作何動静，著沈葆楨、文煜、李鶴年、潘霨詳細奏聞，以慰廑繫。各省沿海口岸甚多，亟應一體設防，爲未雨綢繆之計，並當聯絡聲勢，藉壯兵威，以期有備無患。著瑞麟、李鴻章、都興阿、志和、恭鏜、李宗羲、文彬、張樹聲、楊昌濬、張兆棟統籌全局，於各該省沿海地方形勢，詳細體察，何處最爲扼要，何處

必當設防，並如何聯爲一氣得操勝算之處，務當悉心會商，妥籌布置，奏明辦理。

《穆宗實録》卷三六七　六月丙子，諭軍機大臣等：文煜、李鶴年奏，布置海防，籌撥臺防餉銀軍火，並探報日本船隻在五虎口外游弋情形，請飭宋慶統兵赴閩各摺片。日本違約稱兵，昨據沈葆楨奏報，到臺後業經給與照會，向其理諭，並經潘霨親赴琅璠面加詰問，是否斂兵回國，尚未續有奏報。現據文煜等奏，福州五虎口百餘里外已有該國鐵甲等船在彼游弋，是福州、厦門等處海防甚爲喫緊，文煜等現擬擇要堅築礮臺，並飭副將楊廷輝將附近漁人招募成軍，免資寇兵，即著迅速妥爲布置，並飭總兵孫開華等認真辦理，以期有備無患。所需水雷及轉輪礮臺等，即著咨商沈葆楨，妥爲籌辦，以資要需。此外沿江沿海如尚有扼要之處，亦當豫爲防範，毋稍疏懈。臺灣近日情形自沈葆楨給與照會之後，日本官如何照覆，能否就我範圍，著沈葆楨等相機妥辦，仍隨時奏聞，以慰廑繫。至提督宋慶一軍，現在整理出關，雖尚未成行，而閩省海防緊要，該軍遠在甯夏，焉能濟急，閩、浙兩省皆李鶴年管轄，何至乏員調撥，如防軍需人統帶，即著另行揀派，以資得力，所請飭令宋慶帶兵赴閩之處，著毋庸議。

《同治朝籌辦夷務始末》卷九五　辛巳，諭軍機大臣等：李鴻章奏，遵旨籌派洋槍隊航海馳赴臺防，並請調駐陝銘軍東來，以備南北海口策應一摺。南北洋防務緊要，並著該督等悉心妥籌，詳細具奏。

諭：傳諭大學士文祥，數月以來，該大臣病體尚未就痊，【略】惟各國交涉事件甚繁，刻下日本與生番尋釁，辦理亦無頭緒，亟須該大臣前赴總理各國事務衙門，會同籌畫，著文祥不必拘定假期，隨時前往該衙門，悉心會商妥辦，共濟時艱。

癸巳，諭軍機大臣等：李鶴年奏，提督不遵節制，請旨嚴議一摺。提督羅大春，經李鶴年催令迅速東渡，仍未起程，實屬延玩，羅大春著革職留任，仍著文煜、李鶴年、王凱泰飭令該提督迅赴臺灣，駐紮蘇澳一帶。

《穆宗實録》卷三六八　七月丙午，諭內閣：李鴻章奏，職官報效木植，現在無從驗收轉解一摺。據稱候選知府李光昭報效木植，現與美法兩國商人互控結訟，轇轕甚多，其所買法商木植較之呈報內務府之數木價既多浮開，銀亦分毫未付等語。李光昭所辦木植，經李鴻章查明，係買自法商，其價僅議定洋銀五萬四千餘圓，而在內務府呈稱購運洋木竟敢浮報值銀三十萬兩之多，似此膽大妄爲，欺罔朝廷，不法已極，李光昭著先行革職，交李鴻章嚴行審究，照例懲辦，所有李光昭報效木植之案，著即註銷。

己酉。諭軍機大臣等：劉長佑奏，現籌勦撫越南匪徒及越南近日情形一摺。法人與越南會勦各匪之議未可遽信，則粵軍未可遽撤，匪徒未可遽招，劉長佑所籌各情，詳審周密，實爲切中竅要。現在法人原駐河內者，漸次退出，其大小洋船亦皆退泊左金港口，有俟涂普義來時，仍欲進紮省城，及勒令南官往勸劉泳幅讓出河路之説，用意殊屬叵測。粵軍駐紮高諒，既爲越南聲援，又可自固疆圉，現在黄崇英股匪屢爲劉泳幅所敗，復爲滇省開化練勇所截，機會大有可乘。劉長佑已飭徐延旭、趙沃體察越南賊勢軍情，籌辦勦撫，仍著該撫隨時密授機宜，以期於事有裨。粵東官軍，查辦積匪，漸次蕆事，即可進駐欽州，遥爲犄角。著瑞麟、張兆棟會商劉長佑，協力通籌，俾兩省邊防同臻鞏固，總期安本境而綏藩服，毋任他族欺陵，此中大有權衡，諒該督撫等必能籌畫盡善也。徐延旭等到防後如何辦理情形，著劉長佑詳悉具奏。

《同治朝籌辦夷務始末》卷九六　壬戌，署山東巡撫漕運總督文彬奏，【略】諭軍機大臣等，東省沿海各口岸防務，關繫緊要，文彬當督飭總兵陳擇輔等，嚴密布置，並將應築土城營寨礮臺等事，妥爲籌辦。

《穆宗實録》卷三六九　乙丑，諭軍機大臣等：總理各國事務衙門奏，上海新聞紙刊刻密寄諭旨，請飭查究等語。軍機處封發寄信諭旨，各省奉到後自應加意慎密，況係中外交涉事件，豈容稍有漏洩。乃本年三月二十九日密寄沈葆楨等諭旨，上海新聞紙內竟行刊刻，究係何人洩漏，著李宗羲嚴密確查，據實覆奏，毋得稍涉含混。嗣後各將軍督撫等奉到寄諭，務當格外嚴密，以昭慎重，儻有仍前漏洩致誤機宜，惟該將軍督撫等是問。

己巳，諭內閣：都興阿、桂清奏，查勘福陵應修各工，請擇吉派員興修一摺。著欽天監於本年八九月間，選擇吉期先行知照，即著盛京將軍會同工部侍郎届期敬謹興修。又諭：前降旨諭令總管內務府大臣將圓明園工程擇要興修，原以備兩宮皇太后燕憩，用資頤養而遂孝思。本年開工後，朕曾親往閲看數次，見工程浩大，非剋期所能蕆功。現在物力艱難，經費支絀，軍務未盡平定，各省時有偏災，朕仰體慈懷，甚不欲以土木之工重勞民力，所有圓明園一切工程均著即行停止，俟將來邊境乂安，庫款充裕，再行興修。因念三海近來宮掖殿宇完固，量加修理，工作不至過繁，著該管大臣查勘三海地方，酌度情形，將如何修葺之處，奏請辦理。

《穆宗實録》卷三七〇　八月壬申，諭軍機大臣等：沈葆楨等奏，臺灣近日情形，力籌防務，並北路倭案辦結，屯番槍傷生番，現飭嚴辦，及閩廠輪船懇准續造各摺片。日本兵船在後灣楓港一帶，日以蓋兵房掘濠溝竪竹圍爲事，意圖招誘番衆，恫喝村民，日久相持，情形漸怯。現在淮軍業經到臺，羅大春已抵蘇澳，夏獻綸招募楚勇亦已成軍，澎湖地方現借海關淩風輪船，駐彼教習，閩廠六船，隨同操練，防務漸臻嚴密。彼族自無隙可乘，惟中路水沙、連秀、姑巒一帶，爲全臺適中之區，地方最爲緊要，刻下該處社藔竟有教堂數處，並有逃匪逋匿其間，難保倭族不暗爲句通，肆其煽惑。沈葆楨等現擬募兵前往，即著與文煜、李鶴年、王凱泰、潘霨迅速籌商，妥爲調派。一面撫綏番衆，搜捕匪徒，一面開路設防，力求固守，毋使倭族得售其奸，斷我南北之路。安平礮臺，並著沈葆楨等設法興築。臺城倒塌千有餘丈，現經發款分修，著即飭令周懋琦等認真經理，務期修築鞏固，不准草率從事。

癸未，諭軍機大臣等：有人奏，福建臺灣府屬，民間置買田房税契，並不照章徵收，惟以契價銀數多寡爲斷，於定例之外浮收至三四倍七八倍不等，至典當田産，亦勒令照契納税等語。田産税契自有定章，若如所奏任意浮收，殊屬不成事體，著李鶴年、王凱泰確切查明，即行從嚴禁止，務令照章辦理，以杜弊端。

乙未，諭：前據御史袁承業奏，請酌裁釐金，申禁罌粟，當經降旨交户部議奏。兹據該部奏稱，請飭現辦抽釐省分，按照户部歷年奏案體察辦理，並請飭禁止栽種罌粟等語。同治八年十二月間，疊經户部具奏，令各督撫酌裁釐卡，嚴察局員，均有成案可循，所有現辦抽釐省分，設立收捐局卡，或量爲裁減，或覈實歸併，著各該省督撫查照户部奏案隨時體察情形，妥爲辦理，儻有不肖局員侵漁捐項，滋擾行商，即著嚴參懲辦。至栽種罌粟，例禁綦嚴，據袁承業奏稱，山西大同、汾州、代州尚知禁約，其餘州縣多未遵行等語。著山西巡撫分別飭屬確實勘明，即行剴切曉諭，嚴禁栽種。此等惡習，恐他省亦所不免，並著各直省督撫通飭所屬，隨時認真稽察，無論已種未種一律嚴行申禁，仍不得任令胥役人等藉端索詐，擾累民生。

乙亥，諭軍機大臣等：恩麟奏，護送呼畢勒罕行抵西甯，途遇野番搶擄一摺。恩麟護送照料呼畢勒罕回庫坐牀，行至通天河沿地方，突遇騎馬番夷，擁衆數百，聲稱求賞箱包駝馬各節，膽敢圍放槍銃，肆行搶擄，實屬不成事體。恩麟現已護送呼畢勒罕行抵西甯，將來出口赴庫，道路尚遥，著該前駐藏大臣沿途小心照料，飭令哨探弁兵勤加偵探，穩慎行走，毋得再有疏虞。

《穆宗實録》卷三七一　九月戊午，諭軍機大臣等：沈葆楨等奏，淮粤兩軍到臺及南北開路情形一摺。倭人句致近番，並蓋兵房，練槍礮，中雖怯弱，外仍示强。沈葆楨等惟當慎密防範，申嚴警備，不得稍涉疏虞。現在淮粤兩軍陸續到臺，即著分別布置，擇要扼紥，以壯聲威。臺南生番尚易招致，北路各社率多頑梗之徒，大南澳平埔等處有兇番糾集丁壯數千，意在抗違。沈葆楨等務宜悉心籌度，恩威並用，會同羅大春加意招徠，妥慎辦理，不可輕易進紥，致爲番族所乘，轉礙撫番大局。臺郡城垣關繫緊要，著督飭該地方官速行修葺，務期鞏固。沈葆楨另片奏，大雅安瀾輪船遭風損壞，自請議處等語。此次損壞船隻，即著分別設法修理，沈葆楨未能先事豫防，殊屬疏忽，著交部議處。製造輪船，工鉅費繁，嗣後務當飭令該管駕等隨時加慎。又片奏，訊結屯番槍傷生番一案，即著照所議辦理。

己未，諭：前據總理各國事務衙門奏，上海新聞紙刊刻本年三月二十九日密寄沈葆楨等諭旨，請飭查究，當諭李宗羲嚴密確查。兹據該督奏稱，查覈上海林華書院新報、上海匯報，均係照鈔香港華字日報。至香港華字日報内有臺灣消息一條，已載明由福州寄來字樣等語。此次密寄諭旨，究由何人洩漏，著文煜等嚴行查究，即將洩漏根由，確切查明，據實具奏，不准稍涉含混。

《同治朝籌辦夷務始末》卷九七　丙寅，諭軍機大臣等，總理各國事務衙門奏，海防亟宜切籌，將緊要應辦事宜，撮敘數條，請飭詳議一摺。【略】該王大臣所陳練兵、簡器、造船、籌餉、用人、持久各條，均係緊要機宜，著李鴻章、李宗羲、沈葆楨、都興阿、李鶴年、李瀚章、吴翰、張兆棟、文彬、吴元炳、裕禄、楊昌濬、劉坤一、王凱泰、王文韶詳細籌議，將逐條切實辦法，限於一月内覆奏，此外別有要計，亦即一併奏陳。

《穆宗實録》卷三七二　十月甲戌，上御太和殿傳臚，賜一甲張鳳鳴、趙瑞雲、劉雲會三人武進士及第，二甲黄兆晉等十七人武進士出身，三甲吉生等一百十五人同武進士出身。

《同治朝籌辦夷務始末》卷九八　庚辰，廣東巡撫張兆棟奏，據丁日昌呈稱，因見外海水師一切艇船，總不如輪船之堅捷，必須配駕大號輪船，方足以資巡勦，即沿海礮臺，亦應因地制宜，相度形勢，改式修築，以嚴捍衛，曾經參以西人築臺練兵之法，豫擬海洋水師章程六條。

《穆宗實録》卷三七二　丙戌，諭軍機大臣等：禮部奏，朝鮮國貢使被刦，據咨轉奏一摺。朝鮮國貢使回國，行至鳳凰城邊門以外，竟有匪類結夥持械，搶奪行裝，實屬不成事體，亟應嚴密查拏。著都興阿、志和、恭鏜派委員弁，前赴邊門以外，迅即緝拏懲辦，毋任遠颺。嗣後朝鮮貢使過境應如何妥爲防護，並邊外如何設法整頓，毋使奸徒滋蔓之處，並著都興阿等體察情形，悉心妥議，奏明辦理，以清貢路而靖邊圉。

壬辰，諭軍機大臣等：沈葆楨等奏，臺灣近日情形並淮軍到臺一摺。日本兵船尚未退出臺灣，刻下退兵章程業經定議，惟此後海防各事宜亟須認真講求，以期有備無患。現在淮軍三起均抵澎湖，應如何分紮要隘之處，仍著沈葆楨等酌度情形，妥爲布置。其南北開路以及郡城修築礮壘各事，並著該大臣等悉心經理，毋得以日本事已辦結，稍形鬆勁。刺桐腳莊民已與龜紋社釋嫌尋好，琅𤩝諸社均受約束，其餘亟須次第清查。惟入山愈深，番社愈雜。北路復有生番撲犯碉樓傷斃兵丁之事，亟應妥爲籌辦，俾番衆悉爲我用，藉可自固藩籬。著沈葆楨、文煜、李鶴年、王凱泰、潘霨飭令派出各員設法招徠，隨時撫恤。招墾事宜，仍須商同羅大春認真籌畫。臺郡城工業已過半，安平礮臺現擬設於三鯤身地方，一切工程，沈葆楨等務當悉心經畫，毋得畏難思阻。

丁酉，諭軍機大臣等：大學士文祥奏，敬陳管見一摺。臺灣之事，現雖權宜辦結，而後患在在堪虞。日本與閩浙一葦可杭，倭人習慣食言，難保不再生枝節。前因議買鐵甲船及水礮臺各節，倉卒莫辦，措手無從，不得不爲暫緩。目前之計。刻下事機已緩，亟宜趕緊籌畫，以期未雨綢繆，豈可仍蹈因循故習。著沈葆楨、文煜、李鶴年、王凱泰、潘霨悉心籌商，所有在臺兵勇應如何酌留，淮軍素稱得力，現在業已到臺，應如何分紮防堵，全臺事宜，應如何布置，該大臣等務當妥爲經畫，以善將來。並著李鴻章、李宗羲將前議購買未成之鐵甲船、水礮臺及應用軍械等件，迅速籌款購辦，無論如何爲難，務須妥爲設法，庶幾兵械精良，有備無患。

《穆宗實録》卷三七三　十一月己酉，諭內閣：朕於本月遇有天花之喜，經惇親王等合詞籲懇靜心調攝，朕思萬幾至重，何敢稍耽安逸，惟朕躬現在尚難耐勞，自應俯從所請，但恐諸事無所稟承，深虞曠誤，再三籲懇兩宮皇太后俯念朕躬正資調養，所有內外各衙門陳奏事件，呈請披覽裁定，仰荷慈懷曲體，俯允權宜辦理，朕心實深感幸。

壬子，諭軍機大臣等：沈葆楨等奏，日本遵約退兵，收回草房營地一摺。日本兵船盡數退出臺灣，其遺下營房草房板片均經點收完竣，該處已派官軍填紮。惟琅𤩝一帶善後機宜，亟須悉心籌畫，妥善經營。所有招撫生番及修城開路各事宜，仍當妥籌辦理，毋得以倭兵已退即形鬆懈，著沈葆楨、文煜、李鶴年、王凱泰、潘霨懍遵十月二十八日諭旨，妥爲布置，毋稍因循。倭人詭譎性成，此次退兵，原不可恃，沈葆楨等惟當於此時力圖自強之策，以期未雨綢繆，庶幾有備無患。另片奏，道員黎兆棠因病回籍等語。該員現經簡放津海關道，即著沈葆楨傳知黎兆棠，病痊後迅速赴任，以重職守。

《清穆宗實録》卷三七四　十二月甲戌，穆宗毅皇帝遘疾大漸，酉刻賓天。慈安端裕康慶皇太后、慈禧端佑康頤皇太后，御養心殿，召惇親王奕誴，恭親王奕訢，醇親王奕譞，孚郡王奕譓，惠郡王奕詳，貝勒載治、載澂，公奕謨，御前大臣伯彥訥謨祜，奕劻、景壽，軍機大臣寶鋆、沈桂芬、李鴻藻，總管內務府大臣英桂、崇綸、魁齡、榮禄、明善、貴寶、文錫，弘德殿行走徐桐、翁同龢、王慶祺，南書房行走黃鈺、潘祖蔭、孫詒經、徐郙、張家驤等入。欽奉懿旨，醇親王奕譞之子，著承繼文宗顯皇帝爲子，入承大統，爲嗣皇帝，特諭。

丙子，據王公大學士六部九卿等奏，請籲懇兩宮皇太后垂簾聽政一摺。朕恭呈慈覽，欽奉慈安端裕康慶皇太后、慈禧端佑康頤皇太后懿旨，覽王大臣等所奏，更覺悲痛莫釋，垂簾之舉，本屬一時權宜，惟念嗣皇帝此時尚在沖齡，且時事多艱，王大臣等不能無所稟承，不得已姑如所請，一俟嗣皇帝典學有成，即行歸政。

甲申，諭內閣，本日禮部奏，朕登極日期，及頒詔典禮一摺，覽奏益增感慟。朕惟念大行皇帝，以祖宗丕緒，傳付朕躬，勉從所請，以明年爲光緒元年，依欽天監所擇吉日，於正月二十日戊午卯時，舉行登極頒詔鉅典，各該衙門遵照舊儀，敬謹豫備。

清德宗部（起公元一八七五年，迄公元一九〇年）

《光緒朝東華録》一　德宗景皇帝，文宗嗣子也。皇本生父宣宗成皇帝第七子醇賢親王。皇本生母醇賢親王嫡福晉葉赫那拉氏以同治辛未六月二十八日子時誕上於太平湖邸第。上生而神靈，天挺奇表，豐上兑下，隆準頎身，睿智淵通，志量恢遠。同治十一年九月庚子，恭遇穆宗毅皇帝大婚禮成，欽奉慈安皇太后、慈禧皇太后懿旨，加恩賞給頭品頂戴。十三年十一月，穆宗毅皇帝天花之喜，諸豫康吉。甲寅，欽奉慈安端裕康慶皇太后、慈禧端佑康頤皇太后懿旨，加恩賞食輔國公俸。誕膺多祜，靈貺渥承。穆宗毅皇帝彌留時，遺詔以祠皇帝仁孝聰明，必能仰承付託，聖懷默契，神器攸歸。上繼十三載，中興耆定之庥，下開億萬年憲政文明之局，懿歟盛哉。天之篤生聖人，洵非偶已。

光緒元年（乙亥、一八七五）

《光緒朝東華録》一　正月戊午，上即皇帝位於太和殿。禮成，頒詔天下，加恩中外，罪非常赦所不原者，咸赦除之。

《德宗實録》卷三　辛酉，諭內閣：兵部奏，郎中魏綱條陳整頓吏治，據呈代奏一摺。吏治之清濁，關繫國計民生，疊經諭令各省督撫，認真整頓。乃近來仕途日雜，積習相沿，以致弊竇叢生，吏治仍未有起色。著各該督撫振刷精神，嚴加考覈，務將夤緣奔競等弊概行革除。獎進賢能，懲退貪墨，庶幾官方澄敘，力挽頹風，毋得粉飾瞻徇，致負委任。

丁卯，諭軍機大臣等：總理各國事務衙門奏，籌辦海防事宜，並丁日昌條陳海洋水師章程，業經李鴻章等覆奏，請飭廷臣會議。左宗棠覆陳各件，可否一併會議，及請飭廷臣，將該衙門原奏內籌議各條，並各大臣議覆中引申請議各節，詳商論定各摺片。除管理該衙門事務王大臣毋庸與議外，著派親郡王會同大學士、六部、九卿悉心妥議，限一月內覆奏。其各省將軍、督撫等歷次覆奏及總理各國事務衙門具奏各摺片清單，均著發給閲看。

《德宗實録》卷四　二月辛未，諭軍機大臣等：有人奏，新疆各城北鄰俄羅斯，西界土耳其、天方、波斯各回國，南近英屬之印度。即勉圖恢復，將來斷不能久守。近聞喀什噶爾回酋新受土耳其回部之封，並與俄、英兩國立約通商。不獨伊犁久踞中國，目前力量不及專顧西域，可否飭西路統帥但嚴守現有邊界，不必急圖進取。此議果定，則已經出塞及尚未出塞各軍可撤則撤，可停則停。其停撤之饟，即匀作海防之饟。又有人奏，海疆之患不能無因，而至其視成敗以爲動静者，則惟西陲軍務。俄人攘我伊犁，勢將久假不歸。今雖大軍出關，而艱於饋運，深入爲難。我師日遲，俄人日進，事機之急，莫此爲甚。宜以全力注重西征，但使俄人不能逞志於西北，則各國必不致搆衅於東南各等語。刻下情形，如可暫緩西征節饟，以備海防，原於財用不無裨益。惟中國不圖規復烏魯木齊，則俄人得步進步，西北兩路已屬堪虞。且關外一撤藩籬，難保回匪不復嘯聚，肆擾近關一帶。關外賊氛既熾，雖欲閉關自守，勢有未能。現在通籌全局，究應如何辦理之處，著該大臣酌度機宜，妥籌具奏。至關外現在統帥及現有兵力能否勦滅此賊，抑或尚有未協之處，應如何調度，始能奏效，或必須有人遥制，俾關外諸軍作爲前敵，專任勦賊，方能有所稟承。並著通盤籌畫，詳細密陳。肅州克復後，疊次諭令該大臣將所部各營設法裁併遣撤，原冀撙節饟項，以備出關之需。上年十月閒，並據左宗棠奏，亟擬次第裁併，爲節饟整軍計等語。現在能否續行裁撤，以期匀出饟需，該大臣諒必隨時經畫，並著一併奏聞。西路用兵不能不以肅州一帶爲後路糧臺，朝廷不別簡派户部堂官辦理，疊諭左宗棠駐紮肅州，專司其事，亦以糧運事宜，經本省大吏督辦，呼應較靈。又恐該大臣公務紛繁，不遑兼顧，並以袁保恒前辦西征糧臺，數年以來尚無與左宗棠不能和衷痕迹，故特授袁保恒以户部侍郎，並作爲幫辦，以爲該大臣指臂之助。乃近來彼此齟齬，殊失協和之道。左宗棠閱歷之深，居心之正，辦事之精細結實，原迥非袁保恒所能及，而該大臣平日亦閒有意存畛域，氣量近褊之處。袁保恒既不能與左宗棠平心商榷，深恐貽誤事機，朝廷實深廑慮，且遇事各存意見，則兩人同辦，轉不如一人獨辦，可免掣肘之虞。左宗棠老成謀國，素著公忠，關外糧饟轉運事宜，應如何辦理，自必籌之至熟。而鎮西、迪化各廳州皆該督所轄，尤應獨任其難。左宗棠前曾有不駐肅州，亦可隨時料量之奏。如該大臣可以兼顧。抑或一人不能兼顧，而袁保恒實難勝幫辦之任，該大臣意中或另有得力之員可以分任其事，亦不妨據實直陳，均著妥籌密奏。俟奏到後，再降旨將袁保恒撤回。朝廷用人毫無

成見，但求於事有濟，該大臣當諒此苦衷也。本日據錢鼎銘奏，中原如無大軍鎮撫，萬一事機猝發，遂成坐困。擬將宋慶所統全部調回潼關扼紮，不但西可顧秦、隴，北可蔽晉、燕，豫省亦有所恃。且可省一軍之芻粟，以供出關諸軍之飽騰等語。宋慶所部應否留紮內地，如不令該軍西征關外，兵力是否足敷勦辦。著左宗棠體察情形，迅速具奏。將此由六百里密諭知之。

《光緒朝東華録》二　壬午，諭軍機大臣等：英國注意雲南等處已非一日，現欲借此開釁，以爲要挾之計，亟應加意籌防。著岑毓英將此案確切查辦，並著劉嶽昭迅即回任，會同該撫持平辦理，毋得稍涉含糊。一面遴派明幹之員，帶領得力弁兵前往就近駐紮，借彈壓土司爲名，暗杜彼族不測之謀。或騰越一帶本有兵勇屯戍，即由該督撫相機密籌，不可過涉張皇，亦不可稍涉疏忽，總期邊釁可息，後患無虞，力爲妥善。

寅刻，嘉順皇后阿魯特氏崩。欽奉慈安端裕康慶皇太后、慈禧端佑康頤皇太后懿旨，嘉順皇后孝敬性成，温恭夙著。兹於本日寅刻遽爾崩逝，距大行皇帝大喪未逾百日，復遭此變，痛何可言。著於壽康宫行殮奠禮，擇期移至永思殿暫安。所有一切事宜，著派恭親王奕訢會同恭理喪儀王大臣暨各該衙門查照例案，隨時妥籌具奏。

《德宗實録》卷五　乙未，本日醇親王奏遵議海防事宜，禮親王世鐸等奏會議籌辦海防，通政使司通政使于淩辰奏敬陳管見，大理寺少卿王家璧奏會議海防未獲盡言另行詳議具奏，並刑部左侍郎黄鈺前奏條陳海防事宜各摺片，著總理各國事務王大臣一併妥議具奏。

《德宗實録》卷六　三月乙卯，又奏，緬甸貢使抵滇，委員護解進京，下部知之。

丁巳，諭軍機大臣等：兵部奏議覆侍讀楊紹和條陳東三省官兵亟宜整頓，請飭妥議章程一摺。東三省官兵槍箭之利，向稱勁旅，近來調赴西路者，迥非昔比，若不亟行整飭，勢必漸就頹靡。現在奉屬馬賊充斥，緝捕巡防，悉資兵力，尤應隨時簡練，以備不虞。所有該三省官兵應如何嚴行整頓，俾槍箭技藝，悉臻嫻熟，著各該將軍等妥議章程，奏明辦理。將此各諭令知之。

戊午，諭軍機大臣等：總理各國事務衙門奏，英國繙譯官馬嘉理在雲南邊境被戕一案，請飭該省督撫妥辦一摺。英使威妥瑪赴總理各國事務衙門議辦此案，該王大臣等疊與相持，並將該使照會所稱各節，屢加駁斥。該使屢以派員到滇從旁觀審爲請，並請由中國派員同往。該王大臣等現與訂定，由北洋大臣派員赴滇，並不與聞馬嘉理案件，英國所派之員只准於定案時旁坐觀審。威妥瑪現赴上海，派員前往滇省。探聞英國欲派兵進滇，藉端滋擾。並聞威妥瑪出京時，俄使與之密商，英兵進滇，俄兵亦由伊犂進，使中國首尾不能相顧等語。赫德亦稱該國現派兵五千人，由緬甸藍貢海口至雲南交界處所駐紮。英國蓄志在雲南通商，已非朝夕。此時適有馬嘉理一案，儻辦理稍有不善，難保不墮其術中。所聞各節，虛實雖未可知，亟應先事綢繆，豫爲防範。此次彼族狡焉思逞，總由此案而起。使在我果能實事求是，則在彼亦無隙可乘。總之馬嘉理無論爲何人所殺，均應徹底確查，秉公辦理，方足以折其心而箝其口。滇省野人雖居鐵壁關外，其地尚屬中國，不得謂非中國管理。設馬嘉理非野人所戕，而諉之野人，或實係野人所戕，而謂野人非王法所能及，勢必如上年臺灣番社之事，彼族即可派兵自辦，遂其奸計，大局所關，實非淺鮮。著劉嶽昭、岑毓英恪遵前旨，迅將此案確切情形據實奏聞，並一切持平妥辦，毋稍含糊。仍遴派得力將弁，前往駐紮，由該督撫隨時妥爲布置，相機籌辦，以重邊防而弭後患。原摺均著鈔給閲看。將此由六百里各密諭知之。

乙丑，諭軍機大臣等：本日已有旨，令左宗棠以欽差大臣督辦新疆軍務。金順調補烏魯木齊都統，景廉回京供職，著俟金順行抵古城後，將各營兵勇糧饟移交金順接管，再行起程回京。前頒欽差大臣關防，即由景廉恭繳。新疆軍務孔殷，必須速籌進兵，節節埽蕩。金順本有自帶各營，益以景廉所部，兵力本不單薄，著即督率各營，親臨前敵，相機進勦，爲收復烏魯木齊各城之計，毋再遲延，致誤戎機。所有進兵機宜，隨時會商左宗棠酌辦。袁保恒已令回京，供職西征糧臺。

《德宗實録》卷七　四月戊寅。又諭：丁寶楨代奏候補同知直隸州知州薛福成條陳治平六策、海防密議十條，著交總理各國事務衙門議奏。尋議，薛福成條陳十條，如製器、造船、籌饟、開礦、練水師、購鐵甲，已見臣衙門議奏海防事宜條内。其恤商、清理茶政兩條，意在保商整税。擇交、儲才兩條，爲籌辦海防之要領。應請飭下督辦海防大臣，將該員十條彙入臣衙門議奏海防事宜，一併酌度籌辦。從之。

《光緒朝東華録》三　辛卯，諭：有人奏，問官覆審重案，意存瞻徇，請派大員查辦一摺。據稱浙江餘杭縣民婦葛畢氏毒斃本夫葛品連，誣攀舉人楊乃武因

姦同謀一案，經楊昌濬委員覆審，萬畢氏等俱已供出實情，屢用嚴刑，逼令照依原供。該氏仍堅稱誤信人言，因仇誤攀，實與楊乃武無干等語。此案情節極重，既經萬畢氏等供出實情，自應澈底根究，以雪冤誣，而成信讞。著派胡瑞瀾提集全案人證卷宗，秉公嚴訊確情，以期水落石出，毋得迴護同官，含糊結案，致干咎戾。

《德宗實録》卷八　壬辰，諭軍機大臣等：總理各國事務衙門奏，遵議籌辦海防各事宜，分別開單呈覽各摺片。海防關繫緊要，既爲目前當務之急，又屬國家久遠之圖。若築室道謀，僅以空言了事，則因循廢弛，何時見諸施行？亟宜未雨綢繆，以爲自強之計。惟事屬創始，必須通盤籌畫，計出萬全，方能有利無害。若始基不慎，過於鋪張，既非切實辦法，將興利轉以滋害，貽誤曷可勝言！計惟有逐漸舉行，持之以久，講求實際，力戒虚糜，擇其最要者，不動聲色，先行試辦，實見成效，然後推廣，行之次第。認真布置，則經費可以周轉，乃爲持久之方。南北洋地面過寬，界連數省，必須分段督辦，以專責成。著派李鴻章督辦北洋海防事宜，派沈葆楨督辦南洋海防事宜，所有分洋分任，練軍設局，及招致海島華人諸議，統歸該大臣等擇要籌辦。其如何巡歷各海口，隨宜布置，及提撥饟需，整頓諸税之處，均著悉心經理。如應需幫辦大員，即由李鴻章、沈葆楨保奏，候旨簡用。各該省督撫務當事事和衷共濟，不得稍分畛域。陸軍須歸併訓練，方能得力。著各該督撫各就地方形勢，量更舊汛，合營併操，畫一訓練。限一年内辦理就緒，奏請派員查閱。江防與海防表裏，著彭玉麟、楊岳斌會同李成謀勤加操練。俟海防船礮購成，應擇要添設兵輪船若干隻，配兵練習，著與李鴻章、沈葆楨會商辦理。雲南、四川、廣東、廣西、福建各邊境均有洋人窺伺，並著各該督撫整頓吏治軍政，留意交涉事件，以固邊防，毋得輕啓衅端，以致不可收拾。至鐵甲船需費過鉅，購買甚難，著李鴻章、沈葆楨酌度情形，如實利於用，即先購一兩隻，再行續辦。海防用度浩繁，如何提撥應用，即著户部、總理各國事務衙門妥議具奏。並著總管内務府大臣量入爲出，裁汰浮費。户部、工部於應發款項，著詳細酌覈，力杜浮冒。各省公私各費，該督撫務當實力撙節，以裕國用。開採煤鐵事宜，著照李鴻章、沈葆楨所請，先在臺灣、磁州試辦，派員妥爲經理。即有需用外國人之處，亦當權自我操，毋任彼族攙越。出使各國及通曉洋務人才，著李鴻章、沈葆楨隨時切實保奏。總理各國事務衙門摺一件、片一件、單二件著鈔給李鴻章、沈葆楨閲看，仍詳細妥議具奏。此次議奏，有關繫西北及防範俄人事務，業由總理各國事務衙門，鈔寄左宗棠閲看。即著該大臣通盤籌畫，以固塞防。西北水利事宜，並著該大臣會商譚鍾麟相機籌辦。東三省爲根本重地，尤宜加意整頓。著該將軍、副都統、府尹切實籌畫。醇親王摺兩件，並丁寶楨、文彬片，著鈔給該將軍等閲看，迅速覆奏。沈葆楨已補授兩江總督，海防緊要，自應迅速到任，以專責成。惟臺灣開山撫番，一切事宜，是否仍須該督親爲督率，抑或奏派大員經理，並著沈葆楨酌度情形，速行具奏。將此由六百里密諭李鴻章、沈葆楨、左宗棠、彭玉麟、崇實、岐元、清凱、奕榕、奕艾、豐紳、托克湍、李鶴年、李瀚章、吴棠、英翰、劉嶽昭、楊岳斌、劉坤一、吴元炳、裕禄、丁寶楨、楊昌濬、王凱泰、翁同爵、王文韶、張兆棟、劉長佑、岑毓英，並傳諭劉秉璋知之。

《德宗實録》卷九　五月己酉，諭軍機大臣等：前因海防事宜，關繫緊要，諭令各省督撫通盤籌畫，實力舉行。因思西路用兵實與各省海防共相維繫，新疆軍務一能得手，則各省操防訓練，自振聲威。該大臣宣力行間十有餘年，朝廷深爲倚畀。現在甘肅軍務告竣，自當壹意西征，爲一勞永逸之計。該大臣所部官兵不少，年來自必汰弱留強，選成精鋭。刻下所部共有幾營，軍事饟事及關外轉運事宜如何料理；金順、張曜等軍業經次第前進，該大臣如何布置；進兵機宜有無把握；統著左宗棠隨時詳細奏聞，以慰廑系。各省饟源甚形支絀，加以海防之舉不容稍緩須臾，而西征饟需仍疊諭各省竭力籌措，該大臣務當飭令各軍，奮力戎行，迅圖規復各城，毋稍躭延，致曠時日。左宗棠公忠素著，諒必能仰副委任也。將此由六百里諭令知之。

庚戌，總理各國事務衙門奏：請飭南北洋大臣與沿海督撫聲明外國軍火只准官買，不准私販，隨時由海關稽查。又保舉主事陳蘭彬等九員堪備遴選出使。均從之。

《光緒朝東華録》四　壬子，命李瀚章往雲南查辦事件，以翁同爵兼署湖廣總督。

諭軍機大臣等：本日有旨，派李瀚章前往雲南查辦事件，著即迅速赴滇，將馬嘉理被戕一案遵旨查覆。暨滇省礙難通商，現在撫綏土司各摺片，岑毓英惟當飭令楊玉科等，審慎籌辦，一面妥爲布置，自固邊防，毋得冒昧從事，以致不可收拾。洋人在雲南通商既屬窒礙難行，果能設法阻止，自爲盡善。著李瀚章會同該督撫籌度機宜，妥慎辦理。

《德宗實録》卷一〇　甲寅，扼紮濟木薩防護屯種暨糧饟艱難一摺。金順由

巴里坤督隊西進，於三月間行抵古城。該都統以奇台縣屬西集爾地方，近接南山，賊匪最易出没，已派馬步各隊駐紮，即著飭令聯絡聲勢，嚴密設防。據奏，濟木薩西近三臺，東接古城，該處僅有禮字等營屯紮，兵力尚單，現在督軍進紮等語。前已有旨，命左宗棠以欽差大臣督辦新疆軍務，金順調補烏魯木齊都統，仍幫辦軍務，並接統景廉各營。該都統現已前抵古城，著景廉即將各營兵勇糧饟移交金順接管。金順統率全軍，所有調度機宜，均歸區畫。究應駐紮何處，方爲相宜，著左宗棠、金順通籌全局，毋誤戎機。其濟木薩地方，是否必須該都統進紮，或酌派隊伍前往，以資防護屯種之處，並著斟酌情形，妥爲辦理。古城糧石缺乏，亟應妥籌接濟。著左宗棠懔遵前旨，源源運解，以期士飽馬騰。各省關應協金順軍營饟銀，山西、四川兩省每年應協銀二十四萬兩，僅據山西撥解一萬五千兩，四川撥解六萬兩，江海、江漢、粤海三關每關每年應協饟銀二十四萬兩，僅據江海關撥解十萬兩，江漢關撥解六萬兩，粤海關撥解三萬兩。現在該營盼饟甚殷，著李瀚章、英翰、吴棠、劉坤一、翁同爵、吴元炳、鮑源深、張兆棟、文銛即將各省關欠解協饟迅速埽數按期撥解，毋稍延緩。並著左宗棠咨照陝西巡撫，俟前項協饟解到時，即由西征糧臺迅解金順軍營，俾應急需。將此由六百里諭知左宗棠、金順、景廉、李瀚章、英翰、吴棠、劉坤一、翁同爵、吴元炳、鮑源深、張兆棟，並傳諭文銛知之。

《德宗實録》卷一一

六月己巳，諭内閣：給事中黄槐森奏廣東闈姓賭局復設，請飭申明前禁一摺。廣東省闈姓賭局上年業經奉旨嚴禁，兹據該給事中奏稱，近有棍徒營謀改易闈姓名目，復圖開設，實屬有干禁令。著英翰、張兆棟迅即申明前禁，永遠裁革。查有土棍私行開設，即著飭屬拏辦。並飭嚴查往來渡船，如有夾帶票根號簿者，即行從重究辦，以杜弊端而肅政體。

丁丑，諭：岑毓英奏，查明馬嘉理被戕情形，暨阻止威妥瑪帶兵入滇各摺片。據稱馬嘉理被戕一案，查係野人殺害，現在嚴拏此案兇犯務獲，聽候英國觀審之員到滇訊明懲辦。詳閲摺内所陳，騰越廳民既先期聯絡土司齊團防堵，李珍國曾經會團一次。又稱並無子姪帶兵干預公事。嗣聞野人劫搶，遣人往探，已無蹤迹。所敘蠻允夷民之言，及查驗失事地方情形，亦屬惝恍。事關中外交涉，不可稍涉含混，致生枝節。仍著李瀚章迅赴雲南，將此案原委確切查明，徹底根究。劉嶽昭抵滇後，亦著會同岑毓英再行詳查。若其中另有別情，輒以野人殺害爲詞，豈足以折彼族之心而杜其口耶？至威妥瑪帶兵赴滇一節，是否確實，其由上海赴漢口時，李瀚章必有見聞。劉嶽昭、岑毓英當一面彈壓紳團，毋令滋事，方爲操縱合宜，不得稍涉鹵莽，致啓衅端。岑毓英摺片，著鈔給李瀚章閲看。將此由六百里各密諭知之。

戊寅，諭軍機大臣等：李鴻章奏祕魯使臣到津，請簡派大員互換條約，並請派丁日昌就近互換商辦各摺片。祕魯國通商和約，並查辦華工專條，上年經李鴻章與該國使臣議定，公同畫押。現在祕魯使臣愛勒謨爾來津換約，著照李鴻章所請，即派丁日昌將上年所立條約，與該使臣互換。仍著李鴻章將應辦一切事宜隨時籌畫，以期悉臻妥協。華工在祕魯各處山寮受其陵虐，必須妥議辦法。李鴻章擬於前定查辦專條互換時，再由換約大臣給與照會，令將以前虐待華人各情弊嚴爲禁革之處，即著照所擬辦理。並由總理各國事務衙門知照内閣，將祕魯漢洋字合訂條約，及專條一分，請用御寶，迅速發交丁日昌祗領遵辦。本日諭旨一道一併發往。如該使臣索看憑據，著丁日昌另行恭録，給與閲看。俟換約事畢，此旨仍繳還軍機處備查。將此各諭令知之。

《光緒朝東華録》四

壬辰，諭軍機大臣等：黑龍江營伍空虚，亟宜簡練軍旅，以壯聲勢。著豐紳、托克湍於在伍兵丁實練六千名，西丹兵丁添練四千名，分旗調考各屯騎射鎗箭。豐紳等務當督率各官兵，實力操防，不得稍涉鬆懈。至招集流民，最難駕馭，能否募練五千名，備我驅策，不致滋生事端，並著豐紳等體察情形，奏明辦理。黑龍江練兵工食馬乾，每年應撥銀八萬四千兩。著丁寶楨、劉齊銜各於該省地丁項下每年各撥銀四萬二千兩，解交黑龍江應用。

《德宗實録》卷一三

諭軍機大臣等：左宗棠奏籌畫新疆軍務情形一摺。新疆地方從前因兵力饟事未能兼顧，以致久稽規復。現在關内肅清，正宜乘此事機，力圖大舉，綏靖邊疆。左宗棠此次所陳籌辦糧運兵事，有條不紊，頗合機宜。南北路分籌採運，著該大臣督飭委員等，妥爲經理。俄官索思諾福斯齊到甘，左宗棠與之商定，由該國購糧，運赴古城，於軍食亦有裨益。開屯爲邊防要務，全在得人而理。據奏，張曜進屯哈密，親率所部，殫力經營，已著成效。該提督現未移軍，務當實力興辦，以規久遠。巴里坤古城一帶開墾事宜，左宗棠現派員前往察看，並著該大臣悉心經畫，次第舉行。西路各營兵勇不宜耕戰相兼。該大臣所奏，擇其精壯者，束以營制，如徐學功輩，分別任用，其不能戰者，散之爲農。即著左宗棠、金順會商妥辦，以實營伍而增屯墾。金順、張曜兩軍留後之隊，即當開拔前進。兵力既增，則屯丁可減。據稱，哈密、巴里坤、古城所駐各大

臣，應就現在所存旗營，覈定糧餉。如缺額過多，准照舊額馬步，就地挑募丁壯補數。但責其保守城池，不必責以戰事，脱屯丁伍籍，散之歸農。官屯、私屯地畝，收穫餘糧，准照時價發糴，各軍可資接濟，於兵事更覺順利等語。著金順、文麟即照該大臣所籌辦理。左宗棠擬俟前敵軍糧灌運充裕，甘省防守各事布置周妥，即簡率大軍進紮肅州。該大臣當妥速區畫，俾出關各軍整旆西進，迅奏膚功。朝廷實有厚望焉。另摺奏，俄官游歷過境，察看情形等語。俄官索思諾福斯齊請代爲運糧，意在速師，期以通茶運。其所請徑銷茶引，以取捷便，著俟邊境肅清後，由該大臣酌奪情形，咨商總理各國事務衙門辦理。將此由六百里諭知左宗棠、金順、文麟，並傳諭張曜知之。

甲辰，又諭軍機大臣等：奏遵議東三省餉需一摺。東三省爲根本重地，現當整飭戎行之際，自應量加歲餉。著照所議，自明年爲始，每年由部撥銀七十萬兩，作爲東三省的餉。其七十萬兩内應歸盛京俸餉若干，吉林、黑龍江、打牲烏拉俸餉若干，著該將軍於請撥明年俸餉案内分别聲敘。此項銀兩仍著户部於各省鹽關地丁項下指款奏撥，令各該省督撫如期籌解盛京，户部分别交納支領。如有延欠，即由各該將軍指名奏參，照遲延京餉例議處，以儆玩誤。東三省自此次添給餉需後，該署將軍等務當共體時艱，撙節支放，實用實銷，毋任稍有浮冒，以資飽騰。仍著體察情形，妥爲籌畫，將各城應徵租課暨海口船規等項，力求整頓。俾輪將起色，則備豫有資，勿徒恃歲增俸餉以爲長策。其免扣俸餉量減鋪捐諸務，著俟庫帑稍裕，撥款加增，再行隨時酌辦。將此由五百里各諭令知之。

又諭：李鴻章、丁日昌奏，祕魯國换約事竣，將添議照會照覆各稿，鈔録呈覽，並請派使臣保護華工，暨請嚴禁拐騙各摺片。祕魯换約事宜業經李鴻章等與祕魯使臣訂定，將用寶條約專條，先行互换，其餘洋文條約專條，暫存天津海關道署，俟祕魯國將漢文條約專條送到，即由津海關道與祕魯使臣補换，毋庸再派换約大臣，辦理甚爲周妥。惟换約事宜，中國總以漢文爲憑。著李鴻章、丁日昌俟將原訂漢文條約專條送到，再行刊刻通行，以期周密。保護華工一節，亦已加立照會，復將除弊各層，明白指出，自宜派員前往祕魯國，按照條約等件，凡遇可爲華工保護除弊之處，隨時議立章程。著總理各國事務衙門會同李鴻章、沈葆楨、劉坤一妥爲籌議，奏明辦理。澳門等處向設有招工局，拐騙華人，實堪痛恨。現在澳門之大西洋官雖有停止招工之信，然暗中招雇，仍難保其必無。其次如汕頭、厦門及閩、粤二省不通商口岸，往往有夾板輪船，私自販買，亟宜設法嚴禁，以杜奸謀。著英翰、張兆棟、李鶴年、王凱泰督同官紳，按照條約，妥擬杜弊章程，奏明實力照辦，不得稍涉含糊。至總税務司及閩、粤各口税務司久悉誘拐確情，並著總理各國事務衙門飭行總税務司，由閩、粤各口税務司一併妥議稽查之法，詳悉具奏。如各口稽查嚴密，著有成效，准由南北洋大臣奏明請獎。將此密諭總理各國事務衙門，並由五百里密諭李鴻章、沈葆楨、劉坤一、李鶴年、英翰、王凱泰、張兆棟、丁日昌知之。

戊申，諭軍機大臣等：沈葆楨等奏，臺北擬建府廳縣治，並船政需費，請撥四成洋税各摺，已分别交該衙門議奏矣。臺北開煤一節，現經委員何恩綺等親往履勘。惟雞籠附近之老寮坑等處，堪以開採，並須雇用洋工製器開鑿等語。著照所請，俟該委員帶同洋人翟薩到郡詳詢情形，明定章程，覈實開辦，務須派員妥爲經理。即有需用洋人之處，仍當權自我操，勿任彼族攙越。臺南番族據奏業已就撫，現將淮軍陸續凱撤内渡。另調各營填紮刺桐腳、琅璚等處，辦理尚爲妥協。惟現因雲南邊境有戕害英國繙譯官馬嘉理一案，南洋防務甚關緊要。前諭沈葆楨俟該處應辦事宜妥籌具奏後，再行内渡。料理船政事竣，起程北上。現在臺郡事宜漸次就緒，著將善後諸務與王凱泰妥爲籌商，即交該撫接辦。沈葆楨交代清楚，即行前赴新任，籌辦海防，毋庸來京陛見。將此由六百里各密諭知之。

《德宗實録》卷一五　壬戌，諭軍機大臣等：沈葆楨等奏會籌全臺大局，並巡撫兼顧省臺情形一摺。據稱，撫番開山，實爲豫籌防海地步，不但關繫臺灣安危，並關繫南北全局等語。所籌深合機宜。現在臺地南北路徑漸通，所有應辦各事宜必須妥爲區畫，爲一勞永逸之計。王凱泰務當親歷南北各路，將全臺情形悉心察看，即與沈葆楨等隨時會商，次第布置，總期悉臻妥善，有裨全局。據奏，巡撫宜兼顧省臺，若另設一省，呼應不靈，且恐諸多窒礙。所陳亦係實在情形，並著沈葆楨等通盤籌畫，應如何往來兼顧，俾省臺各事不致掣肘之處，即行詳細奏聞。沈葆楨俟將善後諸務與王凱泰籌商交代後，即懍遵前旨，迅赴新任，以重職守。將此由六百里各諭令知之。

又諭：總理各國事務衙門奏，請飭李瀚章迅速到滇，查辦事件。英使威妥瑪在津與李鴻章辯論各情，請飭李鴻章籌議各摺片。本年正月，英國繙譯官馬嘉理被戕一案，情節甚重。岑毓英職任地方，自應將詳細情由迅即查明，以昭信讞。乃時閱半年之久，未能確查具奏，實屬不成事體。李瀚章甫於七月十八日

起程，即著迅速馳抵滇省，會同劉嶽昭、岑毓英將此案實在情形查究明確。柏郎被阻之事，著一併詳查，即行據實奏聞，並一面會同妥速籌辦，以杜衅端。儻李瀚章等再任意遲延，或稍涉含糊，致彼有所藉口，更生枝節，該督等豈能當此重咎耶！威妥瑪在津與李鴻章疊次晤面，該使藉端要挾，語甚迫切。雖跡近恫嚇，自當思患豫防，勿稍大意。梅輝立在總理各國事務衙門，聲敘馬嘉理被害緣由，仍指定李姓，且言及李珍國之名，並謂攻擊柏郎事尤重於馬嘉理等語。威妥瑪所遞條款，肆意要求。該使現在天津，自應即在該處與之辯論。本日已有旨派李鴻章、丁日昌將此案與之商議。該督等務當悉心籌畫，妥商定議，以顧大局。諭旨一道，一併發往。如該使索看憑據，著李鴻章等另行恭録，給與閱看。俟事竣後，此旨仍繳還軍機處備查。將此由六百里各密諭知之。

又諭：著派李鴻章、丁日昌將馬嘉理一案與英國駐京大臣威妥瑪就近在津妥爲會商。

《德宗實録》卷一六　八月癸巳，諭軍機大臣等：總理各國事務衙門奏，請宣示諭旨體制，及酌定各部院大臣與各國駐京大臣往來一摺。所奏辨明諭旨體制甚是。至與各部院大臣往來之處，著照所擬辦理。」

《德宗實録》卷一七　諭内閣：總理各國事務衙門奏，申明各國條約，請飭各省遵照一摺。洋人入内地游歷，各國條約内均經載明，必須請有執照，蓋用中國印信，經過地方，隨時呈驗放行。儻有不法情事，亦載明就近交領事官辦理，沿途衹可拘禁，不可陵虐。如非體面有身家之人，概不許給與執照。條約本極明晰，地方官不難分別辦理。近有英國繙譯官馬嘉理在雲南邊境被戕一案，其爲何人戕害，業派李瀚章馳往查辦。嗣後各省督撫務當通飭所屬地方官，細覈條約本意，遇有各國執持護照之人入境，必須照約妥爲分別辦理，以安中外而杜釁端。

《德宗實録》卷一八　丁巳，諭軍機大臣等：岑毓英奏拏獲劫殺馬嘉理案内兇犯，提省聽候審辦一摺。英國繙譯官馬嘉理被戕一案，前據岑毓英奏已獲兇犯九名。兹復據奏稱前獲之犯，除在監病故之六濫幹、阿用二名外，尚存七名。又經總兵蔣宗漢督同參將李珍國帶兵在雲嚴硐山生擒兇犯爾同巴等八名，並搜獲馬匹贓物等件。岑毓英已飭同前獲之犯，一併解省，即妥爲羈禁。並著該督撫遵奉前旨，將李珍國留省聽候質證。李瀚章日内即可到滇，即著將此案實在情節，暨調兵阻擊柏郎等情，秉公確查，按律懲辦。英國派往雲南聽審之員，諒亦不久可到。該督務將案内緊要各情，一一審究明晰，衆供確鑿，分別定擬，庶可折服彼族之心，不至有所藉口。將此由五百里各密諭知之。

《德宗實録》卷二〇　十月壬午，諭軍機大臣等：劉坤一奏，匪黨潛滋，請飭密查妥辦等語。據稱，江蘇匪徒内有安清道友、哥老會兩大起。安清道友多在江北，所有劫殺重案及包販私鹽，掠賣婦女，皆其夥黨所爲。哥老會蔓延湘、鄂、浙、閩、雲、貴、川、陝、安徽、江西各省，而江蘇爲尤多。近來該匪等各立山名堂名，甚至分設僞官，製造僞印及旗幟等項，漸有萌動之勢。劉坤一現飭總兵吴家榜查拏頭目易文富等，訊明情罪重輕，分別辦理。該匪等黨與甚衆，散布各省地方，狼狽爲奸，深慮釀成巨患。著該督撫等不動聲色，密查妥辦，偵拏首惡各匪，務期弋獲，按律嚴懲。一面解散脅從，以安反側。總期消患未萌，不得稍涉大意。哥匪多係前在軍營將弁，其中甘爲游蕩者固多，迫於飢寒者亦復不少。並著各該省督撫寬爲收標，倣照江西奏准章程，給予半俸，以示體恤。此事全在該督撫等操縱得宜，斷不可意存姑息，養癰貽患，亦不可任令地方官搜查擾累，別滋流弊。務各妥慎辦理，隨時具奏。將此諭知沈葆楨、劉坤一、李鶴年、吴棠、劉嶽昭、翁同爵、岑毓英、吴元炳、裕禄、楊昌濬、王凱泰、劉秉璋、譚鍾麟、王文韶、黎培敬，並傳諭李文敏知之。

《德宗實録》卷二一　癸巳，諭軍機大臣等：沈葆楨等奏，籌巡撫兼顧省臺情形，暨臺灣各路續辦事宜；王凱泰奏整飭臺地營伍、吏治、士習、民風各摺片。臺灣開山撫番事宜，現經總兵吴光亮等將南北路及中路陸續督辦，並於刺桐腳等處填紮勇營，以備彈壓；於車城新街等處增設義塾，以資訓課，辦理尚爲妥協。即著王凱泰飭令認真經理。官兵糧餉務當源源接濟，毋任缺乏。一切機宜，仍著沈葆楨、文煜、李鶴年隨時會商妥辦。至巡撫有全省地方之責，自難常川駐臺。王凱泰擬於冬春駐臺，夏秋駐省，庶兩地均可兼顧，即著照所請辦理。該撫現返省垣，若俟明歲冬閒始行赴臺，爲日過久，著俟假滿後，即將省署應辦事宜趕緊料理，即行渡臺，以資鎮攝。該撫駐省期内，臺郡一切事務即著夏獻綸等妥爲辦理。臺灣孤懸海外，風氣迥殊，現在亟圖整理，自當於吏治、營規實力講求，而欲挽回積習，則民風士習尤應設法轉移。該督撫當隨時認真整飭，不得有名無實，致負委任。將此由五百里各諭令知之。

十一月乙巳，諭内閣：李瀚章等奏，遵旨查辦馬嘉理被戕大概情形，請將辦理不善各員革職審訊一摺。馬嘉理被戕一案，現經李瀚章等明查暗訪，調覈全

案卷宗，派委幹員秉公嚴訊。據奏由滇至緬，中隔野人土司地界，該處向多匪徒句搶。其時騰越紳民聞洋人帶有洋兵多名，將入關内，是以集團自衛。馬嘉理由滇赴緬，執有護照，沿途地方妥爲護送無誤。嗣由緬回滇，未經知會地方官派人迎護，以致不法匪徒伺隙乘機劫殺各情。騰越廳同知吴啓亮於紳民聚團時未能開導彈壓，先事豫防，迨失事後，經岑毓英嚴檄勒拏，乃數月之久始行獲犯，實屬辦理不善。署騰越鎮總兵蔣宗漢於專轄地方出此巨案，毫無覺察，亦有應得之咎。吴啓亮、蔣宗漢均著撤任，暫行革職，歸案審訊。如查有調兵阻止，及指使戕害情事，即著李瀚章等確切研求，以成信讞，毋得稍有徇隱。

諭軍機大臣等：李瀚章等奏行抵滇省，並合籌大概情形一摺。據稱馬嘉理被戕一案，查係騰越紳民誤聽訛傳，集團自衛。該處不法匪徒，與野人乘機滋事，地方官未能先事防範，以致釀成事端。本日已明降諭旨，將辦理不善之署總兵蔣宗漢、同知吴啓亮撤任，暫行革職，歸案聽候審訊矣。即著李瀚章等懍遵疊次諭旨，認真查辦，務將案内緊要情節一一研究明晰。所有調兵阻擊柏郎等情，及牽涉李珍國之處，並吴啓亮等有無指使情弊，均須查訊切實。總期衆供確鑿，有以折服外國人之心，庶觀審之員不至有所藉口。將此由六百里各密諭知之。

《德宗實録》卷二三　十二月癸酉，欽奉慈安端裕康慶皇太后、慈禧端佑康頤皇太后懿旨，皇帝沖齡踐阼，亟宜乘時典學，日就月將，以裕養正之功，而端出治之本。著欽天監於明年四月内選擇吉期，皇帝在毓慶宮入學讀書。著派署侍郎内閣學士翁同龢、侍郎夏同善授皇帝讀。其各朝夕納誨，盡心講貫，用收啓沃之效。皇帝讀書課程及毓慶宮一切事宜，著醇親王妥爲照料。至國語清文係我朝根本，皇帝應行肄習蒙古語言文字及騎射等事，亦應兼肄，著派御前大臣隨時教習，並著醇親王一體照料。

《德宗實録》卷二四　癸未，諭内閣：前據沈葆楨等先後具奏，臺北擬建府廳縣治，請移紮南北路同知酌改臺地營制，臺屬考試，請歸巡撫主政各摺片，當派軍機大臣會同該部妥議具奏。茲據奏，稱沈葆楨等所奏各節係爲因時制宜起見，自應准如所請等語。著照軍機大臣等所議，准其於福建臺北艋舺地方添設知府一缺，名爲臺北府，仍隸於臺灣兵備道。附府添設知縣一缺，名爲淡水縣。其竹塹地方原設淡水廳同知，即行裁汰，改設新竹縣知縣一缺。並於噶瑪蘭廳舊治添設宜蘭縣知縣一缺，即改噶瑪蘭廳通判爲臺北府分防通判，移紮雞籠地方。福建巡撫現在既有駐臺之日，其臺地營制並著照所議。該處千總以下，由巡撫考拔，守備以上，仍會同總督揀選題補。臺灣鎮總兵撤去「挂印」字樣，歸巡撫節制，即將安平協副將裁撤。至所請移紮南北路同知，並歸巡撫考試等語。臺灣南路同知即著移紮卑南，北路同知改爲中路，移紮水沙連，各加「撫民」字樣。臺灣學政事宜，並著歸巡撫兼理。

乙酉，諭内閣：前因崇實等奏請變通奉天吏治章程，暨州縣各官仍請變通辦理各一摺。當經先後諭令軍機大臣、六部、九卿會議具奏。茲據奏稱，該署將軍等所陳係屬實在情形，均請照准等語。即著照所請盛京將軍一缺作爲管理兵、刑兩部，兼管奉天府府尹。准其仿照各省總督體例加銜，所有刑部及奉天府旗民一切案件悉歸總理。奉天府府尹一缺，准其加二品銜，以右副都御史行巡撫事，旗民詞訟、命盜案件，悉歸該府尹管理。五部侍郎即照此次所奏，恪遵例案，各專責成。奉天府治中一缺，著即行裁撤，改爲奉天驛巡道。該處各廳州縣等缺，准其照熱河之例，滿漢兼用。州縣各官均加理事、同知、通判銜。所有旗界大小官員只准經理旗租，緝捕盜賊，毋許干預地方公事。奉天爲陪京重地，從前狃於故習，積弊已深。經此次變通章程，崇實等務宜實力奉行，認真整頓，所有陋規等項悉數革除。地方文武各員並著該署將軍等隨時稽查，覈實勸懲。如有不肖之員仍蹈故轍者，即行據實嚴參，毋稍徇縱。其餘未盡事宜，仍著隨時酌度情形，奏明辦理。

光緒二年（丙子、一八七六）

《德宗實録》卷二五　正月乙未，閩浙總督李鶴年奏，福建巡撫丁日昌現未接篆，暫將關防封存。得旨：前已諭令丁日昌接印任事，毋許固辭矣。

己亥，諭軍機大臣等：李鴻章等奏，鄂省試辦開採煤鐵一摺。據稱湖北廣濟縣所屬陽城山産煤甚旺，興國州所屬山地兼産鐵礦，兩處均可開採。現由李鴻章、翁同爵籌撥資本制錢共三十萬串，擬即派員設局試辦等語。此事爲該省創辦，必須詳細籌畫，以期悉臻妥協。

己酉，諭軍機大臣等：宋慶一軍現在駐紮華陰潼關一帶，該員現任四川提督員缺，未便久懸，刻下陝西、河南防務稍鬆，宋慶能否前往赴任，著李慶翱酌度情形，迅速具奏。

庚戌，諭軍機大臣等：前據黎培敬奏，粵邊濫練句結黔匪滋事，當經諭令王

文詔等，派軍會勦。茲據王文韶奏，游匪擾及楚疆，追勦出境情形，大略相同。匪黨現踞六硐四脚牛地方，該處在黎平、古州之間，與廣西之懷遠接壤，前經黎培敬咨商張文德帶兵往勦，王文韶現飭儲裕立等軍，馳赴黎、靖之交，相機辦理。嚴樹森已否派隊前往，著該撫等會商勦辦，通力合作，務將此股匪徒，迅速撲滅，以遏亂萌，毋任蔓延爲患。將此由五百里各諭令知之。

乙卯，諭內閣：朕欽奉慈安端裕康慶皇太后、慈禧端佑康頤皇太后懿旨，三載考績爲國家激揚大典，中外滿漢諸臣，有能職守恪共，勞勩最著者，允宜特加甄敘，以示優眷。茲當京察届期，吏部開單題請，詳加披閱。恭親王首贊樞廷，殫心匡弼，靖共夙夜，歷久彌勤，懋著勛勞，深資夾輔，著交宗人府從優議敘。大學士文祥、寶鋆，協辦大學士、兵部尚書沈桂芬，工部尚書李鴻藻，同心贊畫，勤慎益昭，均著交部議敘。大學士、直隸總督李鴻章，宣力畿疆，勛猷卓著。大學士陝甘總督左宗棠，督師邊塞，備極勤勞，均著交部從優議敘。餘著照舊供職。

《德宗實録》卷二六　二月乙丑，總理各國事務衙門奏，德國使臣巴蘭德，面稱中國有一獸名四不象，爲本國及各國所無，請給一對，送至本國等語。查四不象一物，爲南苑中所有，隸奉宸苑管理，如蒙俞允，應知照奉宸苑辦理。從之。

辛未，諭內閣：本年輪應查閱湖北、湖南、雲南、貴州四省營伍之期，湖北即派翁同爵，湖南即派王文韶，雲南即派劉長佑，貴州即派黎培敬，逐一查閱，認真簡校，如有訓練不精，軍實不齊者，即將廢弛之將弁，據實參奏，毋得視爲具文。

戊寅，諭軍機大臣等：新授山西布政使張瀛，著傳令即行請訓，速赴新任。

辛巳，諭內閣：從前內外大員之兄弟子孫，每届五年查辦一次，挑選侍衛拜唐阿差使，原因侍衛拜唐阿差使體面，務須熟習清文技藝騎射，差使方可得人。自同治十年查辦後，迄今已逾五年，又當查辦之期，惟念該大員之子弟中不齊，或身弱有疾，或馬上平常，或自幼讀書，一時未能學習騎射，此等即使挑選侍衛拜唐阿，又安能得力，自應量爲變通辦理。嗣後在京文職三品以上，武職二品以上，外任文職自總督至按察使，武職自將軍、提督至總兵，其兄弟子孫，年已及歲，願挑侍衛拜唐阿者，五年查辦時，如情願挑取，該大員等報明本旗，由該旗造册咨送軍機處彙奏，經朕圈出帶領引見，儻有身弱有疾，馬步平常，不願挑選者，由該大員等據實報明該旗，轉行軍機處，均著聽其自便，該旗亦勿庸行催挑選，以示曲養旗僕量才器使之至意。

丙戌，諭內閣：此次覆試各省駐防繙譯鄉試舉人，考列二等之昇福等四名，三等之葉蘭芳等六名，均著准其一體會試。

《德宗實録》卷二七　三月，諭：左宗棠、劉典奏，會報抵蘭出塞日期。左宗棠奏辦理新疆賊勢大概情形，請減借洋款四百萬兩，丁日昌奏洋債不宜多借各摺片。覽奏均悉。著於户部庫存四成洋税項下撥給銀二百萬兩，並准其借用洋款五百萬兩，各省應解西征協饟，提前撥解三百萬兩，以足一千萬兩之數。該督得此鉅款，務將新疆軍務早日蕆事，迅奏膚功，國家經費有常，似此竭力湊撥，可一而不可再，萬不可虛糜帑項，日久無功。洋款如何籌借，著左宗棠自行酌度，奏明辦理。撥用四成洋税二百萬兩，如何解還部庫，著户部籌撥歸款，所借洋款，著仍遵前旨在各省應協西征新饟內分年撥還，各省應解西征協饟，現令提前趕解三百萬兩，並著户部酌量指提，毋任延宕，其餘應解西征協饟，仍著各該將軍督撫懍遵前旨，嚴飭各該藩司監督，儘力報解，毋得以八成自限。左宗棠奏，閩、粵欠解較多，請飭將本年應協甘款如數迅解等語，著該督撫遵照辦理。籌借洋款本係萬不得已之舉，因西征大局所關，是以允借五百萬兩，俾利軍行。丁日昌所陳變通西饟辦法亦有所見，並先行湊齊六十萬兩，匯由沈葆楨處彙解，具見急公，嗣後應解左宗棠協饟，仍著會商文煜、李鶴年源源籌辦，以應急需。將此由六百里諭知左宗棠、劉典、文煜、沈葆楨、李鶴年、劉坤一、翁同爵、吴元炳、裕禄、劉秉璋、楊昌濬、丁日昌、丁寶楨、鮑源深、李慶翺、譚鍾麟、王文韶、張兆棟，並傳諭文格、李文敏知之。

丁未，諭內閣：本年七月十二日，恭遇慈安端裕康慶皇太后四旬萬壽，著查照成案，將在京八旗官員及男婦太監等，年六十以上者，均加恩賞。該部即遵諭行。

《德宗實録》卷二八　戊申，諭內閣：御史袁承業奏，雨澤愆期，請修明政體一摺。嗣後內外臣工，務宜各矢公忠，悉除奔競之風，勿用調停之説，勸懲賞罰，胥得其平，朝廷政事如有闕失，必當直言無隱，庶幾集思廣益，國是民隱不壅上聞，以期上下交儆，感召和甘，毋再玩忽因循，共安緘默。

庚戌，聖祖仁皇帝誕辰，遣官祭。

辛亥，諭軍機大臣等：總理各國事務衙門奏，觀審洋員到滇，並陳英國使臣議論情形一摺。著李瀚章、薛煥悉心查辦，務須實事求是，並須就格維訥未經赴緬之先，將案中緊要關鍵及罪名各節，逐一切實擬議，有以折服其心，再行奏明辦理。

甲寅，諭軍機大臣等：御史李嘉樂奏，各省勸捐抽釐，積弊中飽，請飭查禁一摺。著各直省督撫於所屬捐局釐卡，認真清查，欠解者嚴加勒追，私罰者力爲裁革，以杜弊端而紓民困。

戊午，諭軍機大臣等：景壽等奏，荒火延燒禁山，請飭巡防；景瑞奏，請將防守不力員弁，分别懲處，並自請議處各摺片。著李鴻章、萬青藜、張澐卿、景瑞督飭所屬各該州縣弁兵，妥爲會哨，加意巡邏，以昭慎重。

禮部又奏，朝鮮國王咨稱與日本修好通商，凡大小事，用兩國臣僚平等通信，港口商界，不許攜帶他國客商，及奇技淫巧物事。報聞。

辛酉，奏，德國都司李勱協教練礮隊，期滿回國，請賞給二等寶星，並派遊擊卞長勝等七人，隨赴德國武備院學習。從之。

《德宗實録》卷二九　四月甲子，諭軍機大臣等：刑部奏，浙江民婦葛畢氏毒斃本夫一案，業將該犯婦等提解到部，當飭司員逐一檢查，由沈喻氏身上摉出字帖，牽涉劈柴胡同南寬街浙江糧道如山宅内之劉殿臣，請飭嚴拏等語。著步軍統領衙門、順天府、五城，一體將劉殿臣嚴密查拏，歸案審辦，並著刑部飭令如山，將劉殿臣迅速交出，毋任逃匿。將此諭令知之。

庚午，諭軍機大臣等：托倫布等奏，回匪攻撲布倫托海民廠，派兵偵探一摺。著金順、額勒和布、車林、多爾濟、杜嘎爾、榮全，多派官兵協力勦辦，務將此股竄匪悉數殲除，毋任蔓延爲患。將此由六百里各諭令知之。

《德宗實録》卷三〇　己卯，諭内閣，此次新貢士覆試列入一等之吴樹梅等六十七名，二等之陳琇瑩等一百二十名，三等之高寅生等一百四十六名，俱著准其一體殿試，列入四等之錢錫庚著罰停殿試一科。

乙酉，上御養心殿，召讀卷官入，親閱定進呈十卷甲第。

《德宗實録》卷三一　五月癸巳，諭内閣：崇實奏，拏獲著名首盜，請立正典刑一摺。著准其擇尤彙案保奬，毋許冒濫。

甲午，諭軍機大臣等：魁玉、文格奏，查明西藏堪布羅桑粗瓶被搶情形一摺。即著魁玉、文格督飭松潘鎮廳等實力嚴拏，並著豫師檄令所屬漢番官兵就近一體訪緝。

乙未，諭内閣：大學士文祥，清正持躬，精詳謀國，忠純亮直，誠懇公明，茲聞溘逝，震悼良深，著賞給陀羅經被，派郡王銜貝勒載澂，帶領侍衛十員，即日前往奠醊，加恩予謚，晉贈太傅，照大學士例賜卹，入祀賢良祠。賞銀三千兩治喪，由廣儲司給發，賞給騎都尉世職，即令伊子熙治於百日孝滿後承襲。任内一切處分悉予開復，應得卹典該衙門查例具奏，靈柩回旗時，沿途地方官妥爲照料，到旗後著崇實前往賜祭一壇，用示篤念藎臣至意。尋予祭葬，謚文忠。

甲辰，諭軍機大臣等：丁寶楨奏，現擬招商販運以濟民食一摺。著照所請，所有山東商販赴奉天、江南等省，販運米麥雜糧，沿途關卡應完釐税，均著暫予停免。

《德宗實録》卷三二　甲寅，諭軍機大臣等：禮部奏，據盛京禮部送到朝鮮國王咨文，所稱本年二月間，寧古塔副都統派員監視會寧交易完竣後，復行偵探朝鮮與俄人打仗，是否有無，該國王以本不通涉，無所相詰等詞答覆等語。外國交涉事件，自應慎密從事，該副都統以未知有無之事，遽行往來通問，誠恐别生枝節，轉滋事端，著崇實嚴密確查，據實具奏。

乙卯，諭軍機大臣等：本日據恭親王寶鋆、沈桂芬面奏，英國繙譯官馬嘉理被戕一案，今該使遽行出京，自是意存要挾，如該使行抵天津，往見李鴻章議及此事，該督即可相機開導，就近商辦，如該使到津後徑欲南行，該督亦須與之晤商，冀可早了此案，不至遷延。

丁巳，諭軍機大臣等：文煜、丁日昌奏請調員襄辦洋務一摺。即著李鴻章、沈葆楨、吴元炳，飭令唐廷樞等，迅即赴閩，以資差委。

《德宗實録》卷三三　閏五月現月，諭軍機大臣等，李鴻章等奏，英使過津會晤，無可商辦，現已起程赴滬，將其來信鈔録呈覽一摺。【略】著沈葆楨密飭上海道慎密察看，或派委明幹妥慎之員，赴滬嚴密訪察，該使究竟作何舉動，詳悉奏聞。沈葆楨或藉地方公事之便，前赴上海，就近體察情形，設法轉圜，統由該督相機籌辦，李鴻章仍當隨時與沈葆楨彼此聯絡聲氣，互爲知照，所有一切情形，隨時密速奏聞，以慰廑系。李鴻章摺一件、單一件，均著鈔給沈葆楨閱看，此案彼此往來文件，統由總理各國事務衙門，陸續鈔寄該督閱悉。

乙丑，諭軍機大臣等：侍郎袁保恒奏，夷情叵測，請簡撥勁旅以備調遣一摺。中外交涉事務，原宜力維和局，釁端不可自我而開，惟夷情叵測，亦不可不思患豫防。前諭南北洋大臣籌辦沿海防務，現在辦理情形如何，著李鴻章沈葆楨妥慎籌商，認真布置，以期緩急可恃，不致臨事周章，方爲妥善。至山東、河南、安徽各省，現在精勁馬步，尚有若干，著丁寶楨、李慶翱、裕禄各於該省兵勇内，挑選勁旅，派委久經戰陣之員統領，無事則隨時訓練，有事即聽候調遣，尤須

慎密措置，不可稍涉張惶。李鴻章、沈葆楨仍當與各該省彼此聯絡，互爲聲援，隨時密速奏聞，以慰廑系。將此各密諭知之。

諭：托倫布等奏，賊匪敗竄撤隊回城一摺。該參贊現在科城，責無旁貸，仍當與保英協力妥籌，督飭官兵，隨時偵探防勦，不得因匪衆遠颺，稍涉疏懈。

己巳，諭内閣：丁寶楨奏，近來被參革各員，被參後並不回籍，仍復戀踞省城，造言生事，請飭勒令回籍等語。被參人員，於參革後逗遛罷官省分，毫無拘束，任意妄爲，大爲風氣之害，此等惡習，恐不獨山東一省爲然，著各直省督撫嚴行查察，凡有參革人員，奉旨後即行勒令回籍，如藉故逗遛原省，滋生事端，即著該督撫嚴行懲辦，毋稍徇隱。

《德宗實録》卷三四　六月丁酉，諭内閣：大學士直隸總督李鴻章，著作爲全權大臣，便宜行事，即赴煙臺，與英國駐京大臣威妥瑪會商一切事務。

《德宗實録》卷三五　戊午，諭内閣：金順奏，帶隊大員，不遵節制，阻撓進隊，請旨懲辦一摺。著古尼音布，督飭官兵，實力追勦，務將該匪首夥，迅速殲除，並著崇實、豐紳，一體派兵堵擊，毋任日久蔓延，致貽巨患。三姓阿勒楚喀境内，金匪馬賊，尚未撲滅，古尼音布當飭令各軍，迅籌勦辦，以靖地方。

《德宗實録》卷三六　七月辛酉，兩次恭上慈安端裕康慶皇太后、慈禧端佑康頤皇太后徽號册寶，上禮服御太和殿，恭閲册寶畢，【略】上率王公大臣及蒙古王公、貝勒、貝子等，行慶賀禮。

庚午，慈安端裕康慶昭和莊敬皇太后四旬萬壽聖節。

辛未，諭軍機大臣等：沈葆楨奏，收回淮鹽引地應遵部議迅速舉行一摺。著李瀚章、文格、翁同爵、王文韶遵照部議，迅速辦理。

《德宗實録》卷三七　庚辰，黑龍江將軍豐紳等奏，捐修黑龍江省會城垣工竣，請飭立案，並免造銷。從之。

壬午，諭内閣：御史樓譽普奏，風聞本年考試試差人員，有分帶《佩文韻府》進内檢查詩題出處者，請飭部明定搜檢章程等語。殿廷各項考試人員，理宜各知自愛，豈容懷挾書籍以圖倖進，若如該御史所奏，殊屬不成事體。嗣後殿廷考試，著派出之監試王大臣，嚴行稽查，不得視爲具文，所請明定搜檢章程之處，著毋庸議。

丙戌，諭軍機大臣等：喜昌奏，請揀選各省旗兵，就近訓練一摺。著豐紳、魁玉、善慶、巴揚阿、古尼音布、圖明額各就喜昌條陳辦法，通盤籌畫，妥議具奏。

戊子，諭内閣：李鴻章奏，遵旨馳赴煙臺，與英國使臣會辦滇案各摺片。英國繙譯官馬嘉理，前在雲南騰越邊界被戕，該處地方文武，不能留心保護，咎有應得，本應分別懲辦，既據李鴻章奏，英國使臣威妥瑪，以爲責其既往，莫若保其將來，請將案内各犯寬免等語，著照所請。除署騰越鎮總兵蔣宗漢、騰越廳同知吳啟亮，業經革職，毋庸議外，已革都司李珍國及匪犯而通凹腊都等十一名，應得罪名，均著加恩寬免。惟馬嘉理係英國所派職員，由雲南前赴緬甸，發有護照，往返均應保護。乃馬嘉理猝遭戕害，同行之員，並被擊阻，殊失朝廷和好之意。嗣後各直省督撫，當懔遵上年九月十一日諭旨，嚴飭所屬，凡遇各國執有護照之人，往來内地，務須照約相待，妥爲保護，如有違約侵陵傷害情事，即惟該省大小官吏是問。並著總理各國事務衙門，擬定告示，咨行各省遵照辦理，各該地方官均宜講求條約，以期中外相安，儻有外國官民被戕，迅即查拏正兇，勒限辦結，不得任意遷延，致干咎戾。

《德宗實録》卷三八　八月辛卯，諭内閣：前據左宗棠奏，甘肅階州白馬關齋匪滋事，當諭令該督等查明，是否地方官辦理不善，據實具奏。【略】周捷平於衙署被焚，輒令鄉約集捐修復，致啟釁端，實屬咎有應得，著即行革職。階州直隸州知州顧超，於所屬齋匪滋事，事前既失於覺察，事後又不將啟釁根由據實詳報，亦難辭咎，著交部照例議處，以示懲儆。

諭：左宗棠奏，官軍會勦賊匪，大獲勝仗，攻拔堅巢，克復烏魯木齊等城大概情形一摺。左宗棠規畫調度，洞中機宜，金順、劉錦棠勦賊奮勇，均堪嘉尚，所有一切詳細情形，及應行獎卹各員，即著該大臣等查明具奏，仍著督飭各軍實力勦辦，並查明逆首白彦虎等下落，毋任漏網，以靖邊疆。

甲午，諭内閣：御史鄧慶麟奏，各衙門司員，定有年限差使，往往不行更換，記名御史人員，有奏請緩帶引見者，易啟夤緣奔競情弊等語。嗣後各部院衙門堂官，於各項差使，務當查照向章，秉公遴派，毋得意存見好。其記名御史，應行引見各員，不准奏請展緩帶領，以符定制。

乙未，以都察院左都御史景廉兼署工部尚書，吏部右侍郎徐桐兼署户部左侍郎，兼管三庫事務，户部右侍郎翁同龢兼署兵部右侍郎，工部左侍郎成林兼署理藩院右侍郎。

丙申，諭：鮑源深奏，請飭各省捐備倉穀以濟荒歉等語。足民之政，積穀爲先，國家設立常平倉，原以備賑濟之用，第監守在官，於民究有未便。鮑源深擬

仿照江南從前設立豐備倉之法，勸民遵辦，其向有社倉者，加意整頓，其未立社倉者，趕緊捐儲，事成報官，地方官不得問其出入，以杜擾累，所籌尚爲周妥。著各直省督撫體察情形，飭屬一體辦理，務使户有蓋藏，以備荒歉。將此通諭知之。

丁酉，諭：榮全奏，會勦瑪納斯情形一摺。著左宗棠、金順，即派步隊數營，前赴該處，協同攻勦，毋稍疏虞。左宗棠等務當飭令派出各軍，穩慎進攻，迅將瑪納納斯、呼圖壁及吐魯番各城，以次收復，毋令此孥彼竄，蔓延爲患。

己亥，命出使英國大臣二品頂戴直隸候補道許鈐身，改充出使日本國欽差大臣，翰林院編修何如璋以侍講升用，並加三品銜，充出使日本國副使。

壬寅，諭軍機大臣等：景瑞奏，守護陵寢各事宜，請飭撥銀兩一摺。據稱，現擬整頓火道，添蓋堆撥，增設官兵，加添餘丁鑲銀，籌給巡查經費等語，即著照所請行。景瑞務當妥爲籌畫，認真辦理，以昭慎重，不得有名無實，徒糜鑲需。該處款項不敷，亟應迅速籌撥，著李鴻章即由藩庫撥銀五千兩，以應要需，並著另撥銀一千二百兩，以爲巡山官兵津貼。此項銀兩，即作爲常款，以後每年即於秋季隨俸鑲領回，俾資應用。

諭：沈葆楨奏，匪徒傳習邪術，現籌查辦情形一摺。著沈葆楨、吴元炳、裕禄嚴飭各地方官，認真盤查，獲犯嚴懲，毋任匪徒溷迹。並曉諭居民，不得捕風捉影，擅害無辜，其有牽涉教堂之事，尤須妥爲剖晰，毋致因疑生事。

癸卯，命刑部員外郎劉錫鴻開缺，以五品京堂候補，並加三品銜，充出使英國副使。

《德宗實録》卷三九 甲辰，左宗堂奏，各省協鑲延欠未解，請旨飭催一摺。著沈葆楨、劉坤一、吴元炳、張兆棟督飭藩司，迅將新舊欠鑲，趕緊籌撥，並將老湘軍鑲，一併報解。此外各省協鑲，著翁同爵、文格、裕禄、楊昌濬、劉秉璋、丁寶楨、李慶翶、鮑源深、王文韶查明各省未解數目，一體飭司迅籌撥解，儻仍前延欠，致該軍停兵待鑲，貽誤戎機，恐該督撫等不能當此重咎也。至福建省解數較多，尚能力顧大局，仍著文煜、丁日昌源源協撥，俾利師行。

《德宗實録》卷四〇 九月辛酉，諭内閣：刑部奏，訊取四川匪犯袁廷蛟供詞鈔録呈覽。都察院奏，中書蕭宗瑀等聯名呈控帶兵官冤殺姦虜，請旨辦理。御史李廷簫奏，四川重案覆奏，疑竇甚多，請飭嚴訊各一摺。著仍交李瀚章將李有恒有無搒殺無辜情事及袁廷蛟滋事各節，秉公確查，據實具奏。袁廷蛟一犯，即著刑部仍遵前旨解回該省，並將原供一併咨交李瀚章查辦。

丁卯，調四川總督李瀚章爲湖廣總督，以山東巡撫丁寶楨爲四川總督，調雲南巡撫文格爲山東巡撫，實授署雲南巡撫潘鼎新爲雲南巡撫。

己巳，總理各國事務衙門奏，擬出使章程十二條，【略】擬由禮部鑄造銅關防，頒發出使各國大臣各一顆。

庚午，命前翰林院侍讀學士孫家鼐，仍在上書房行走。

丁亥，諭軍機大臣等，傳諭實録館總裁官，所有自咸豐十一年七月十七日以後，至同治十三年十二月初五日止，凡有交涉外國事件，著照皇考文宗顯皇帝實録之例，另爲一書，該總裁等敬謹纂輯，毋稍漏略。

丁丑，廣西巡撫涂宗瀛奏，越南國王阮福時遣使臣裴文禩等，表進丁丑歲貢品，於八月初一日進關。下禮部知之。

《德宗實録》卷四一 十月辛卯，上御養心殿，引見中式武舉，親定甲乙。

丁酉，慈禧端佑康頤昭豫莊誠皇太后萬壽聖節，上詣長春宫慈禧端佑康頤昭豫莊誠皇太后前行禮，王大臣於慈寧門外，衆官於午門外行禮。

庚子，黑龍江將軍豐紳等奏，截勦松花江竄賊獲勝。得旨：即著該將軍等督飭派出官軍，探蹤勦捕，務絶根株，毋任紛竄。

癸卯，諭軍機大臣等：户部奏，兩淮等處積欠京鑲，逾限未解，請旨議處，並飭各省關迅解本年京鑲一摺。著該督撫監督等，各將未解京鑲，迅即照數依限解京，已報起程各款，亦即迅催解部，毋任沿途逗遛，儻有諉卸延欠，致誤開放，即著該部指名嚴參。

庚戌，以兵部左侍郎崇厚署盛京將軍，兼管奉天府府尹。

辛亥，諭軍機大臣等：太常寺卿陳蘭彬奏，招商局輪船關繫大局，請飭疆臣認真經理一摺。著李鴻章、沈葆楨體察情形，悉心會商，妥籌辦理，原摺均著鈔給閲看。

癸丑，諭内閣：現值天氣嚴寒，實録館人員朝夕恭纂書籍，著加恩於例支柴炭外，十一月、十二月、正月每月賞銀五十兩，在廣儲司支領。

諭：署盛京將軍刑部尚書崇實，老成練達，才識俱優，兹聞溘逝，悼惜殊深，著加恩追贈太子少保銜，照尚書例賜卹。

以盛京户部侍郎岐元暫署盛京將軍。命工部尚書李鴻藻、都察院左都御史景廉在總理各國事務衙門行走。

甲寅，調理藩院尚書阜保爲刑部尚書，以禮部左侍郎察杭阿爲理藩院尚書，轉禮部右侍郎綿宜爲左侍郎，以内閣學士全慶爲禮部右侍郎，調工部右侍郎桂清爲倉場侍郎，理藩院左侍郎德椿爲工部右侍郎兼管錢法堂事務，轉理藩院右侍郎麟書爲左侍郎，内閣學士桂全爲理藩院右侍郎。

乙卯，諭軍機大臣等：古尼音布等奏，補立界牌，請派員會辦等語。著派寧古塔副都統雙福、三姓副都統長麟、琿春協領訥穆錦，就近查照分界原案，俟該國派員到日，即帶同原辦之員，及通曉俄語之人，親往該處，分别會同勘辦。

《德宗實録》卷四二　十一月丁卯，諭内閣：魁齡、宜振奏，承修孝陵大碑樓工程請撥專款，暨採辦架木司員等酌給工費各摺片。著户部指撥專款，催令各該省迅速徑解工部，毋得稍有遲延。

諭軍機大臣等：左宗棠、金順奏，攻克瑪納斯南城大概情形，並布置防守各摺片。著左宗棠督飭諸軍，乘此聲威，迅速規取吐魯番等城，以收埽穴擒渠之效。

己巳，總理各國事務衙門奏議各國使臣會晤辦法，除新年在總署接見外，約同各部院大臣分日往各國使館答拜。從之。

壬申，諭軍機大臣等：御史英俊奏，糧價日增，錢法多窒，請飭籌辦一摺。著户部酌度情形，妥議具奏。其減平糧價、嚴拏私造各節，著直隸總督、順天府、五城步軍統領衙門，分别妥爲籌畫，認真辦理。

《德宗實録》卷四三　丙子，諭内閣：御史張道淵奏，災區免徵錢糧，積弊多端，請飭查辦一摺。著各該省督撫隨時訪查，如遇災歉地方，務即查明分數輕重，覈實奏辦，一經奉旨蠲緩，即飭刊刻謄黄，徧行曉諭，不准任意稽延，儻查有前項情弊，即行從嚴參辦，毋稍姑容，將此通諭知之。

諭軍機大臣等：丁日昌奏，臺灣事宜，亟應統籌全局，並有城臺灣勢難兼顧情形，及擬於臺灣舉辦礦務墾務各摺片。著李鴻章、沈葆楨通盤籌畫，奏明辦理，原摺片均著鈔給閲看。

《德宗實録》卷四四　十二月丁亥，諭内閣：禮部奏，元旦令節禮儀請旨遵行一摺。朕欽奉慈安端裕康慶昭和莊敬皇太后、慈禧端佑康頤昭豫莊誠皇太后懿旨，光緒三年元旦，著停止升慈寧宫寶座，停止筵燕，毋庸設立儀仗，樂設而不作，皇帝於養心殿行禮，王公大臣二品以上各員在慈寧門外行禮，三品以下各員在午門外行禮，所有内庭宫眷及公主、福晉、命婦，均著停止行禮，皇帝停止升殿受賀，其王公百官行禮之處，均照該部所議行。

戊子，南洋大臣沈葆楨等奏，選派候選道李鳳苞、閩廠監督日意格充華洋監督，率領閩廠前後堂學生，分赴法國官廠學習製造，英國水師大學堂及鐵甲兵船學習駕駛，學生員數以三十名爲度，肄習年限以三年爲期，經費約共需銀二十餘萬兩，由閩省釐金、閩海關洋税、船政經費各項下匀撥，分年匯解。下所司知之。

辛卯，諭軍機大臣等：沈葆楨奏，美國旗昌公司願併歸招商局，議定各項價值，請飭撥款一摺。即著李瀚章、翁同爵、劉秉璋、楊昌濬迅速照數撥解，毋稍延誤。至所稱官本息銀不限定額，宜官商一體等語，均著照所議行，並著李鴻章將北洋從前所發官帑照此辦理，以廣招來。

直隸總督李鴻章等奏，本年春閒上海英商於租地内擅築鐵路，行駛火輪車，直達吴淞，當派道員盛宣懷、朱其詔馳赴江海關道馮焌光，會同英員妥籌辦法。適威妥瑪所派之漢文正使梅輝立，於八月十八日亦到上海會議，當向逐細剖辯，以中國地方外人未便擅造鐵路，通融給價已屬格外體恤，儻再生枝節，則曲不在中國而在西洋。經該道等往復籌商，始於九月初八日議明，買斷行止悉聽中國自便。計買此鐵路共需規平銀二十八萬五千兩，分三期付清，一年限滿價銀付訖，即將地畝車器各件，照單由中國收管，永與洋商無涉。下所司知之。

乙未，諭軍機大臣等：吴贊誠奏，船政局造船經費，向由閩海關月撥六成、四成洋税，共銀五萬兩，計新舊欠解銀三十二萬兩，養船經費計支發過銀二十三萬六千餘兩，除税釐局解過銀十二萬六千餘兩，計不敷銀十一萬餘兩，均在造船本款，暫爲挪墊。現在經費支絀異常，請飭儘先撥解等語。船政經費均關緊要，必須源源接濟，以期毋誤要需，著文煜、何璟、丁日昌酌度情形，分别緩急，將船政局造船養船兩款，儘先撥解，毋稍延緩，其欠解之款，並著隨時解清，俾資應用。將此各諭令知之。

庚子，諭内閣：克蒙額謙禧奏，地方有司歲供兵米請飭仍復舊制一摺，著左宗棠查照向章，察看地方情形，斟酌辦理，其馬匹料草，應否全數供支，著一併妥籌，奏明辦理。

《德宗實録》卷四五　甲辰，諭内閣：國家深仁厚澤，浹洽寰區，宵旰焦勞，勤求民瘼，凡遇水旱偏災，一經督撫奏報，無不立沛恩施，冀紓民力，各直省自遭寇亂，户口凋殘，元氣未能盡復，民生疾苦，深宫時切隱憂。本年直隸、山東、河南、江蘇、安徽等省，亢旱爲災，江西、福建、浙江等省，復遭水患，飢民顛沛流離，

尤堪矜憫，各該地方官宜如何仰體朝廷德意，竭力撫綏，惟循良之吏盡心民事者固不乏人，而不肖州縣假公濟私罔恤民艱者，亦所不免。甚至骩法營私，違例苛派，或匿災不報，民隱未能上達，或蠲緩錢糧，蒙混徵收，小民不能均霑實惠，種種情形，殊堪痛恨。著各該將軍、督撫、府尹破除情面，認真查察，如有前項情弊，立即嚴參懲辦，務使閭閻共沐恩膏，得安生業，用副軫念民依至意。至民教同爲朝廷赤子，初無歧視，著各該將軍、督撫、府尹飭令各屬，遇有爭訟案件，務當持平訊辦，但分曲直，不分民教，早爲了結，毋得稍執偏見，日久稽延，轉致兩相挖累，將此通諭知之。

光緒三年（丁丑、一八七七）

《德宗實録》卷四六　正月戊午，命都察院左都御史景廉在軍機大臣上行走。

庚申，駐藏辦事大臣松溎奏，濟嚨呼圖克圖掌辦商上事務，一年期滿，懇請賞給敕書。得旨：現在達賴喇嘛之呼畢勒罕，未經出世以前，所有商上事務，著該濟嚨呼圖克圖敬謹掌辦，並加恩賞給達善名號，俟前輩達賴喇嘛章禪齎送布彦時，再行發給敕書。

癸亥，兩江總督沈葆楨、江蘇巡撫吴元炳奏，蘇省冬漕海運酌議辦理章程十二條。報聞。

命協辦大學士、吏部尚書英桂爲大學士，開去步軍統領總管内務府大臣差。調户部尚書載齡爲吏部尚書，工部尚書魁齡爲户部尚書，以都察院左都御史景廉爲工部尚書。命吏部尚書載齡協辦大學士，以禮部右侍郎全慶爲都察院左都御史。以内閣學士署兵部左侍郎長敘爲禮部右侍郎，内閣學士慶福署兵部左侍郎。以户部左侍郎榮禄爲步軍統領，工部左侍郎成林爲左翼總兵，正藍旗蒙古副都統文秀爲右翼總兵。

丙寅，諭内閣：國子監司業寶廷奏敬陳管見一摺。著順天府、五城御史、各省督撫學政，督飭官紳認真舉行，毋得稍形懈弛，所有設立講舍等事宜，並著酌量辦理。

丁卯，諭軍機大臣等：崇厚奏，奉天添練旗緑各兵，請飭迅撥銀兩，並請飭道員管解等語。奉省練兵需餉孔亟，著劉坤一、張兆棟將應解奉天練兵銀六萬兩，粵海關應解奉天捕盜營銀二萬兩迅速如數籌撥，交廣東候補道高從望，解赴奉天。其南洋應解奉天各槍械，即由該員順往上海，與蘇松太道會商選解。

戊寅，諭軍機大臣等：丁日昌奏，查勘臺灣北路，回抵郡城布置大略情形，並調方耀一軍赴臺，請飭豫籌餉銀暨調撥輪船礮位各摺片，覽奏均悉。臺灣生番叛服無常，仍有殺害兵民之事，必須設法懲治，平埔近海各番，易開外釁，尤宜先行籌辦，著丁日昌酌度情形，相機勦撫，爲一勞永逸之計。日國有調兵船來臺之説，虚實固不可知，然未雨綢繆，斷不可置爲後圖。

《德宗實録》卷四七　二月庚寅，諭：總理各國事務衙門奏，道員在滬議借洋款，請飭確查虚實，嚴密究辦一摺。著沈葆楨密派委員前往上海，會同江海關道確切查明，許厚如儻有在滬招摇撞騙情事，即行奏請革職，嚴行審訊，按律懲辦，不得稍有洩漏，致該員乘間遠颺。此事疊經總理各國事務衙門函詢金順，至今未據聲覆，著該將軍據實迅速奏聞，並著左宗棠就近查明此事是否有因，即行具奏。

《德宗實録》卷四八　諭内閣：前因給事中王書瑞奏，浙江覆訊民人葛品連身死一案。嗣後各直省督撫等，於審辦案件，務當督飭屬員悉心研究，期於情真罪當，不得稍涉輕率，用副朝廷明慎用刑至意。

以刑部尚書皁保兼署禮部尚書，兵部尚書廣壽兼署户部尚書。以出使英國大臣郭嵩燾爲兵部左侍郎，未到任前仍以都察院左副都御史童華署理。以吏部右侍郎徐桐兼署禮部左侍郎，以工部尚書景廉署正藍旗蒙古都統，額駙公景壽署正黄旗蒙古都統，大學士英桂署鑲白旗漢軍都統，科爾沁博多勒噶台親王伯彦訥謨祜署鑲藍旗漢軍都統，鎮國公奕謨署鑲黄旗蒙古副都統。

甲寅，出使英國大臣郭嵩燾奏，奉使英國呈遞國書惋惜滇案，並無充當公使文據，亦未列副使名，請旨遵辦。又副使劉錫鴻奏，西洋通例，因事特遣之使不限人數，而駐紮公使，各國均祇一人，並無副使名目，此時惋惜滇案已畢，駐紮尚未頒發國書，請將副使裁撤，無庸另行簡派。均下所司議。尋議，現在英國交涉事件，亟資經理，擬請補頒國書，俾充駐紮英國辦理交涉事件大臣，並知照内閣，頒給敕書，以昭慎重。又據副使劉錫鴻奏陳副使可裁情形，可否俯如所請，即將劉錫鴻撤回。從之。

乙卯，署吉林將軍古尼音布等奏，寧古塔三姓二城，官軍入山擒斬各賊，並平毁賊巢。得旨：仍著知照各該副都統，隨時派兵巡察，勿任餘匪嘯聚，以靖

地方。

《德宗實録》卷四九　三月戊午，諭内閣：御史劉錫金奏，官員堂會演戲仍應禁止一摺。穆宗毅皇帝梓宮尚未永遠奉安，前奉兩宫皇太后懿旨，將應行典禮分别舉行停緩，大小臣工均受先帝厚恩，現在雖經釋服，山陵尚未奉安，若遽行照常宴樂，自必有所不忍，所有官員等演戲讌會，仍著概行禁止。

庚申，兩江總督沈葆楨奏，湖北開採煤鐵請援案減税。下户部、總理各國事務衙門議。又奏，籌防經費不敷，請將二成洋藥再截留一半。下户部總理各國事務衙門議。湖廣總督李瀚章奏，江漢關招商局税項請准分四六成。下户部總理各國事務衙門議。

辛酉，以協辦大學士、吏部尚書載齡，協辦大學士、兵部尚書沈桂芬署翰林院掌院學士。以户部尚書董恂兼署吏部尚書，以内閣學士馮譽驥署刑部右侍郎，以禮部左侍郎綿宜兼署兵部右侍郎，内閣學士周壽昌署户部左侍郎，兼管三庫事務。

丁卯，諭軍機大臣等：著沈葆楨飭令宋國永管帶所部兩營，迅速前赴福建省城，聽候調遣。該軍抵閩後，應如何布置，及以後應否添募數營歸併宋國永統帶之處，著何璟、丁日昌酌度情形，妥商辦理。

癸酉，改派三品銜五品京堂劉錫鴻爲出使德國欽差大臣，並賞加二品頂戴。

《德宗實録》卷五〇　四月丁亥，諭軍機大臣等：郭嵩燾等奏鴉片煙爲害中國，擬請設法禁止一摺。著各該將軍府尹，各直省督撫斟酌情形，妥籌具奏。其各省駐防旗營官兵，著該督撫會同該將軍酌度辦理。

辛丑，陝甘總督左宗棠奏，甘肅制兵尚未復額，飭赴塔爾巴哈台换防制兵無可派撥，請從緩議。從之。

壬寅，諭軍機大臣等：劉長佑、潘鼎新奏，昭通等府各匪滋事，次第勦除一摺。劉長佑、潘鼎新務當督飭各該員弁，隨時查緝，加意防維，不得稍涉疏懈，致令餘燼復然，所有善後各事宜，即著妥爲辦理，以靖地方。在事出力各官紳，准其彙案請奬，毋許冒濫。

丁未，諭軍機大臣等：沈葆楨奏，現籌捕蝗情形等語。著沈葆楨、文彬、吴元炳、裕禄分别嚴飭地方官及各防營實力撲捕，務期盡除遺孽，以衛農田，儻有督捕不力之員，即著照例奏參懲辦。

戊申，諭内閣：昨因英桂等進呈繙譯試卷，擬取之第二名第一場卷錯落太多，諭令另行擬取，兹據另擬呈覽，即著照此次所擬取中。英桂、景廉於試卷錯落處，未能看出，均著交部議處。

己酉，上御養心殿，召讀卷官入，親閲定進呈十卷甲第。

庚戌，上御太和殿傳臚，授一甲三人王仁堪爲翰林院修撰，余聯沅、朱賡颺爲編修，賜進士及第；二甲孫宗錫等一百三十二人賜進士出身，三甲陳馨等一百九十四人賜同進士出身。

《德宗實録》卷五一　五月丙辰，諭内閣：朕奉慈安端裕康慶昭和莊敬皇太后、慈禧端佑康頤昭豫莊誠皇太后懿旨，軍機大臣、大學士、總裁王大臣等奏，遵議玉牒體式一摺。此次恭修玉牒體式，著照所議敬謹繕寫。

辛酉，諭：總理各國事務衙門奏請飭各省講求條約一摺。中外交涉事件關繫大局，全在堅持條約，庶不至措置乖方，前經總理各國事務衙門咨行各省，將條約刊刻發給各地方官詳細檢閲，惟恐條約雖經頒發，該地方官平時不能詳閲，臨事仍無準則，著各該將軍、督撫、府尹再行嚴飭所屬，務將條約詳研熟識，融會貫通，以期深明窾要，遇事辦理妥協，並著於考試各官及接見屬員，隨時詢問，觀其辨難，試其才識，分别舉劾，俾知勸懲。

壬戌，諭軍機大臣等：沈葆楨奏，霆慶二營請仍留江防，以節糜費一摺。著何璟、丁日昌酌度情形，咨商沈葆楨辦理。

戊辰，諭軍機大臣等：何璟、丁日昌奏，日本阻梗琉球貢物，請旨辦理。吴贊誠奏，遵旨赴臺並布置船政事宜各一摺。著總理各國事務衙門即傳知出使日本大臣何如璋等，俟到日本後相機妥籌辦理。至琉球使臣暨通事人等，即著何璟、丁日昌飭令統行回國，毋庸在閩等候。吴贊誠現在前赴臺灣，該處一切事宜，經丁日昌實力經營，粗有頭緒，應如何籌畫布置，著吴贊誠隨時咨商何璟、丁日昌，次第施行，勿稍鬆勁。丁日昌假期將滿，一俟病體稍痊，仍著馳赴臺灣，以副委任。吴贊誠渡臺後，省中船政事宜，即著責成道員吴仲翔妥爲籌畫。

癸酉，諭内閣：前因山西災歉情形，經前任巡撫鮑源深奏聞，當經准照所請，開倉賑濟。曾國荃到任後，復諭令妥籌撫恤。兹據奏稱，該省上年秋稼未登，春夏又復亢旱，秋苗未能播種，各屬自開倉放賑，飢民就食者多，倉穀不敷，亟須籌款賑濟等語。覽奏情形，殊殷軫念，加恩著照所請，即將該省本年應解京餉，劃留銀二十萬兩，由曾國荃飭屬採辦糧米，派員查明各府州屬被災輕重，分别賑恤。

戊子，駐藏辦事大臣松溎奏，請將訪獲靈異幼童，可否免其掣鉼，即作爲達賴喇嘛之呼畢勒罕一摺。得旨，工噶仁青之子羅布藏塔布克甲木錯，即作爲達賴喇嘛之呼畢勒罕，毋庸掣鉼。

《德宗實録》卷五二　六月丙戌，諭軍機大臣等：總理各國事務衙門奏，塔城訊辦俄屬哈薩克，辦理未協，請飭妥籌一摺。上年四月間，塔城拏獲騎馬行劫哈薩克一名，當經訊明正法，旋據俄國使臣以哈薩克爲俄國所屬，中國不應正法之言，赴該衙門辯論，事關中外交涉，必須迅速確查，始可定籌辦之方。此案哈薩克是否中國所屬，私投俄國，抑係分歸俄境之人，亟須查有實據，毋稍欺飾，方足以資辯論。著左宗棠、金順、英廉即行確切查明，會同覈議，據實覆奏，仍即查照約章設法區處，就近行知俄官，妥籌辦結，以弭釁端。

己亥，總理各國事務衙門奏，出使日本國大臣升用翰林院侍講何如璋，出使德國大臣光禄寺少卿劉錫鴻，應遵照奏定出使章程，作爲二等。何如璋、劉錫鴻俱係五品，擬請均照四品充二等者月給銀一千兩，以示體恤。從之。

乙巳，兩廣總督劉坤一等奏，廣東府屬北海地方添開通商口岸，據總税務司赫德呈報，已調派税務司速赴新任，會同地方官商辦。旋據廉州府知府冒澄、署合浦縣知縣謝鏡澄會同税務委員祁兆熙禀稱，北海新關已於本年二月十九日開辦，通商以後商民安堵，地方静謐。報聞。

《德宗實録》卷五三　七月己未，欽奉慈安端裕康慶昭和莊敬皇太后、慈禧端佑康頤昭豫莊誠皇太后懿旨，列聖廟享，中殿龕位，已與九楹之數相符，該親王等奏，請敬將東西各四楹，倣照道光元年增修奉先殿後殿龕座成案，修理改飾。即著照所議。

《德宗實録》卷五四　己巳，諭内閣：御史劉恩溥奏，請飭將捕蝗不力之牧令參處等語。著各該督撫府尹嚴飭各屬，實力掩捕，如有撲拏不力之員，即行照例參處，毋稍疏縱。

辛未，諭軍機大臣等：前據金順奏，訂買俄糧價銀兑至湖北江漢關交給，當經諭令該將軍咨明李瀚章等，將所兑銀兩屆期如數付給，著李瀚章翁同爵竭力籌畫，無論何款，豫爲撥定，以備應付，如實不能全數籌撥，短少若干，即著該督等與李鴻章熟商，於北洋海防經費内，暫行借撥，以足三十五萬之數，總期屆時無誤給發，是爲至要，所借海防經費，仍著李瀚章等隨時籌解歸款。

乙亥，諭内閣：侍郎綿宜奏，東三省州縣等官，請飭明定揀發分發章程，並各省捐納勞績人員，另定甄别年限各摺片，著吏部議奏。

戊寅，庫倫辦事大臣志剛等奏，哲普尊丹巴呼圖克圖之堪布諾們罕懇請瞻覲。得旨：堪布諾們罕巴勒丹揣木丕勒適逢年班，所請叩賀，自係出於至誠，堪布諾們罕巴勒丹揣木丕勒著來京瞻覲，照常洞禮唪經。

壬午，署盛京將軍崇厚等奏，大政殿工程緊要，應否派員估修，抑援案辦理。得旨：著就近援照成案，敬謹酌度辦理。

《德宗實録》卷五五　八月丙戌，諭軍機大臣等：左宗棠奏，南路官軍剋期進勦，請飭嚴防北竄一摺。著金順、英翰、榮全、額勒和布、車林多爾濟、杜嘎爾、保英、英廉督飭各營，勤加偵探，嚴密防範，遇有賊匪竄出，即行實力堵勦，毋任竄逸。

丁亥，諭：吏部奏，遵議山西藩司等處分一摺。山西布政使林壽圖，於該省應解西征軍餉，並不遵照户部奏定章程，蒙混具詳，意存取巧，實屬咎有應得，著照部議即行革職。前山西巡撫鮑源深據詳具奏，未將歷屆成案詳查，亦屬不合，著照部議，降二級留任，准其抵銷。

己丑，諭軍機大臣等：額勒和布等奏，軍餉支絀，請飭部撥款一摺。著户部即行照數籌撥，交烏里雅蘇台委員領解回營，由額勒和布等驗收應用，以資接濟。

乙未，諭軍機大臣等：郭嵩燾奏，英人照會調處喀什噶爾事宜，並傳聞俄古柏病殁各摺片。著左宗棠將郭嵩燾所奏體察情形，斟酌覈辦。

《德宗實録》卷五六　己亥，諭内閣：大學士寶鋆等奏，内閣大庫失去物件，請飭拏犯究辦，並自請議處一摺。著前鋒統領確切查明具奏，並著步軍統領、順天府、五城一體嚴拏賊犯，務獲究辦，寶鋆等暨失於覺察之侍讀鍾秀等，均著交部分别議處。禁城重地，理宜嚴肅，嗣後該直班大臣等，務當隨時認真整頓，督飭官兵，實力稽查，如有閒雜人等，溷迹往來，即行嚴拏懲辦，儻敢仍前疏懈，定惟該直班大臣等是問。

癸卯，諭軍機大臣等：豐紳等奏，派員帶隊搜勦賊匪等語。即著照所請行。豐紳等當檄令該副都統督飭各隊，分投搜捕，務將此股賊匪悉數殲除，毋留餘孽。吉林與黑龍江毗連處所，並著銘安等派撥官兵扼要防堵，遇有賊蹤竄近，即著協力截勦，以靖地方。

壬子，派吏部右侍郎崇綺、湖北巡撫邵亨豫，赴河南查辦事件。以湖廣總督

李瀚章兼署湖北巡撫，命雲南巡撫潘鼎新來京另候簡用，以雲南布政使杜瑞聯署雲南巡撫。

《德宗實録》卷五七　九月丙辰，以京師雨澤尚未霑足，山西、河南、陝西等省亢旱成災，上詣大高殿祈禱行禮。

諭軍機大臣等：給事中尋鑾煒奏，籌備山西荒政，請飭將各州縣已徵未解錢糧提歸藩庫各摺片。閻敬銘寄寓晉省，本日已明降諭旨，派令稽查該省賑務。該侍郎深受國恩，實心任事，現值災黎待賑孔亟之時，務當迅速啟程，周歷災區，認真查覈，不得稍涉推諉，所有應用經費，著曾國荃酌量籌給。

己未，諭内閣：御史劉恩溥奏，請飭禁種罌粟等語。栽種罌粟，於民食大有妨礙，前經降旨諭令各省督撫嚴行查禁，兹據該御史奏稱，山西各州縣地方仍多私種，請申明例禁，並定州縣失察處分，著曾國荃認真查察，務須一律禁止，儻各該州縣仍敢奉行不力，明知故縱，即行從嚴參奏。

諭内閣：翰林院侍講張佩綸奏，請廣開言路以拯時艱一摺。爾大小臣工，務當各攄己見，切實指陳，總期廣獻謨謀，力袪積習，用副朝廷遇災修省，從諫弗咈至意。

《德宗實録》卷五八　戊辰，諭：左宗棠奏覆陳辦理回疆事宜一摺。喀什噶爾爲回疆南路屏障，現在軍務順手，自應席捲埽蕩，復我舊疆。即著督飭各軍，轉戰而前，力圖規復，不得稍涉遲延，致啟外人覬覦，將來克復各城後，應如何妥籌布置，俾得一勞永逸之處，並著豫爲籌畫，計出萬全，用紓朝廷西顧之憂。英人以護持安集延爲名，意圖蠶食，該督豫飭張曜、劉錦棠答覆英人各語，詞意正大，當可折其陰謀，仍著該督隨時體察情形，妥爲辦理，以顧大局。

庚午，諭内閣：御史恭鏜奏，内務府保舉各員官階升銜等項，與部定章程兩歧，請飭由吏部覈辦等語。著内務府大臣，嗣後於保舉各員官階升銜等項，均咨由吏部遵照例章覈明辦理，以符定制而重名器。

諭軍機大臣等：御史董儁翰奏，輪船招商局關繫緊要，亟須整頓一摺。著李鴻章、沈葆楨通盤籌畫，於該局經費，權衡出入，認真整頓，毋得稍有虚縻。嚴諭該局不得以辦公爲名，位置私人，亦不得因礙於情面，濫行收録，並飭令該商總和衷辦事，勿騖虚名而鮮實濟。至該御史所稱沿江沿海各口岸，中國官商應需輪船運載貨物，能否統歸該局攬載，各省漕糧能否再予加成。歸該局輪船載運之處，並著該大臣等體察情形，妥籌辦理。

《德宗實録》卷五九　十月甲申，諭：侍郎郭嵩燾奏，特參副使劉錫鴻懇請撤回，以李鳳苞接署德國使臣各摺片。據稱李鳳苞講求洋務，勤慎耐勞，若以之接辦德國使臣事務，必遠勝劉錫鴻等語。李鳳苞人才究竟如何，是否能勝出使之任，派令接署德國使臣，能否稱職，有無窒礙，著李鴻章據實具奏。

《德宗實録》卷六〇　丁酉，總理各國事務衙門奏，與日斯巴尼亞國使臣伊巴里，議就古巴華工條款十六條。又奏，日國索威拉納商船，前在臺灣遭風，被匪拆搶，現經議給撫卹銀一萬八千圓結案。均從之。

庚子，諭内閣：給事中郭從矩奏，災民流離失所，請飭地方官設法撫輯一摺。著該督撫飭令地方官設法安集，或動公項，或籌捐款，酌度情形，妥籌賑恤，毋任一夫失所。

壬寅，諭軍機大臣等：御史田翰墀奏，鹽梟滋擾直境，亟宜整頓捕務一摺。著李鴻章嚴飭所屬地方文武，與練軍聯絡巡防，實力緝拏懲辦，不得稍形懈弛。

癸卯，諭内閣：御史張觀准奏，平糶米石請嚴禁就近採購一摺。著李鴻章確切查明，嚴飭委員不得在近京州縣採買米石，遴派妥員於天津海口，認真稽查，必須米自南來，始准給以照票，運至通州，仍覈其米數是否相符，並飭委員於設廠後，按原購實數定價平糶，不得加增，與民間爭利。並著步軍統領衙門、順天府、五城，派員於該管地面平糶米局，同往監視，如有以京倉米糶賣者，即行查辦，以昭覈實。

己酉，諭軍機大臣等：總理各國事務衙門奏，俄國官員疊被喇嘛庫倫地方人民欺侮，請飭查究辦理各摺片。著左宗棠、金順揀派妥員前往該處，將實在情形，確切查明，妥籌具奏。至察罕格根性情麤魯，應如何剴切曉諭，俾弭釁隙之處，即由左宗棠斟酌情形，早爲了結。

庚戌，諭軍機大臣等：郭嵩燾奏辦理洋務横被搆陷一摺。所奏著毋庸議，該侍郎惟當以國事爲重，力任其難，於辦理一切事宜，不可固執任性，貽笑遠人。

《德宗實録》卷六一　十一月癸丑，諭内閣：現在時事艱難，全在大小臣工殫心盡職，旰夕趨公，以冀庶政交修，日臻上理。各部院大臣，受國厚恩，自應督率司員，恪共職守，豈可稍耽安樂，不以公事爲重。近聞各部院堂官好逸畏勞，辦公未能勤慎，偶一進署，爲時太遲，不過虚應故事，於公事未暇講求，以致司員無所懲勸，泄沓成風，各衙門應辦事件，積壓廢弛，百弊叢生，吏治安能日有起色。嗣後各部院衙門堂官，務當共矢公忠，力圖振作，常川赴署，不得後時，以爲

司員表率，毋再蹈玩愒，因循積習，用副朝廷宵旰焦勞，孜孜圖治至意。將此通諭知之。

丁巳，諭内閣：御史鄧慶麟奏，請飭講求吏治一摺。著各該督撫府尹，嚴飭所屬州縣於民閒疾苦，隨時實心訪求，凡吏胥衙役之有害於民者，立即查明，嚴行懲辦，以期民心日固，吏治蒸蒸日上。

甲子，諭内閣：翰林院侍講張佩綸奏，撫臣覆奏措辭失當，請旨申飭一摺。兹覽張佩綸所奏，以該撫覆奏摺内嘵嘵置辯，語多失當，恐開驕蹇之漸，請予申飭，嗣後該撫惟當實心任事，恪矢靖共，於一切行政用人，慎益加慎，毋得稍逞意氣之偏，轉致有虧職守。

《德宗實録》卷六二　丁卯，諭内閣：吴元炳奏，丁憂人員請旨飭查，勒限回籍等語。即著各直省督撫一體嚴查，所有實缺候補各員，丁憂後如有在省逗遛者，勒限令其回籍，儻查有僅遣家屬虛報到籍，請咨起復者，即行據實嚴參，以肅官常而符定制。

庚午，諭軍機大臣等：閻敬銘、曾國荃奏，遵籌轉運漕糧平糶經費，並籌辦速運東漕一摺。著照所請，即由江蘇借撥銀六萬兩，安徽借撥銀五萬兩，江西借撥銀六萬兩，浙江借撥銀六萬兩，湖南借撥銀六萬兩，四川借撥銀六萬兩，廣東借撥銀六萬兩，廣西借撥銀三萬兩，該督撫即竭力籌撥，分批徑解晉省，俟賑捐收有成數，即行如數扣還。

辛未，諭：洗馬温忠翰奏，請飭晉省招商買糧；給事中郭從矩奏，條陳賑務各一摺。著閻敬銘、曾國荃悉心會商，妥爲籌辦。

戊寅，北洋通商大臣直隸總督李鴻章等奏，遵籌整頓輪船招商局事宜，並酌議變通辦法。下所司知之。

《德宗實録》卷六三　十二月壬午，諭内閣：李鴻章奏，京城試辦平糶，擬仍照原議，在正陽、崇文門外設局辦理，或交糧鋪承買出糶，請飭各衙門會議一摺。著步軍統領衙門、順天府、五城御史會同體察情形，妥速議奏。

丁亥，諭：李瀚章奏，英國教士被毆，獲犯飭認，並疊次辯論情形一摺。即著李瀚章督飭該關道迎機開導，設法完案，務當迅速了結，以免日久另生枝節。

兩江總督沈葆楨奏，上海機器製造局支款紛紜，加以購物外洋，勢難如期結算，工程未竣亦難提款湊銷，一年一報殊覺棘手，嗣後報銷請以兩年爲限。從之。

己丑，諭内閣：前據崇綺等奏，河南飢民遮道呈訴豪户蒙蔽勒捐，並懇求蠲緩等節。著李鶴年即將崇綺等接收各呈，詳加查覈，其湯陰等縣如何違例私徵，及聽從蒙蔽勒捐，儻有劣蹟，即行查取職名，及失察之該管上司，分别參辦。並著通查各屬，如有盡心賑務者，自應量予激勸，庸劣之員隨時懲儆，務期埽除積習，以衛民生。至防弊各條，即著通飭仿照山西辦理，毋得虛應故事。

《德宗實録》卷六四　丙申，諭軍機大臣等：譚鍾麟奏，轉運賑糧需費過鉅，請飭催協餉並催欠餉一摺。著何璟、李瀚章、劉坤一、俊啟將本年應協陝餉悉數籌解，即使爲難，亦著分借一批，由各關分期扣還。至各省欠餉，僅四川、山東各解過銀二萬兩，安徽解過銀一萬兩，著沈葆楨、李瀚章、劉坤一、吴元炳、梅啟照、裕禄、邵亨豫、王文韶、崇福飭令各該司，無論如何爲難，即籌一大批，迅速起解，毋再延緩。

丁酉，諭軍機大臣等：給事中郭從矩奏，請借用輪船招商買米濟賑一摺。著李鴻章酌度情形，通盤籌畫，並咨行盛京、江蘇、浙江、江西、湖南、湖北、山東各將軍督撫，籌商一切，酌量辦理。所稱由兩江總督及福建船政大臣各撥輪船一二號，專聽商販運米赴津，經費仍由該局給發，或令商人酌貼若干之處，著沈葆楨、吴贊誠妥爲籌議，仍著咨商李鴻章斟酌辦理，原摺著鈔給李鴻章閱看。將此各諭令知之。尋李鴻章奏，郭從矩所奏並無窒礙之處，臣已咨各省將軍督撫，招商販運，以濟災區。報聞。

壬寅，諭軍機大臣等：保英等奏，請飭撥軍火等語。著神機營撥發洋藥鉛箭二萬出，銅帽四萬粒，交順天府運解察哈爾都統衙門，轉解科布多，以應要需。

戊申，朝鮮國使臣曹錫輿等三人，於午門外瞻覲。

己酉，諭軍機大臣等：李鶴年奏，豫省災賑急需籌款，請仍准借洋款一摺。息借洋款銀兩實爲萬不得已之舉，現在各省關税務，支絀異常，綢繆補苴，惟恐不及，前撫李慶翱奏請借撥洋款二百萬兩，業經總理各國事務衙門户部覈奏，請毋庸議，刻下河南辦賑一切，需款甚殷，仍著李鶴年妥爲設法，另行籌畫，不可以萬難籌措之款徒成畫餅充飢。

光緒四年（戊寅、一八七八）

《德宗實録》卷六五　正月甲寅，諭：左宗棠奏，官軍勦除沙雅爾逆回，進規

喀什噶爾各城，並揀回目署理阿奇木伯克等缺各一摺。沙雅爾回目麻木爾挐黨竄踞哈番地方，經劉錦棠率軍擊散，惟麻木爾受傷竄逸，仍著飭令官軍探蹤嚴拏，毋任漏網。喀什噶爾兵民反正，已據漢城逆酋伯克胡里引衆向英吉沙爾竄走，而逆黨阿里達什猶敢攻撲漢城，且白彦虎亦有竄併助攻之信。劉錦棠現已分軍先行進規喀什噶爾，當此事機順手之時，自不難剋日攻拔。一俟張曜全軍到齊，即行相機規取各城，次第埽蕩，功在垂成，尤應穩慎圖維，以收萬全之效。伯克胡里既往英吉沙爾竄走，又有引白彦虎入喀什噶爾之説，設與該逆合併，遠竄窮荒，終爲不了之局，左宗棠當飭前敵官軍，務將首要各逆設法兜捕，就地殲除，以竟全功。各城投誠纏回隨同官軍打仗出力，左宗棠擬給予頂戴，暫令署理阿奇木伯克等缺，即著照所請辦理。該大臣前有改設郡縣行省之議，現在已經收復各城向有辦事及領隊大臣，應否簡放之處，著即詳議具奏。北路一帶布置事宜，著金順隨時與左宗棠妥商辦理。

《德宗實録》卷六六　丁卯，以貝勒奕綗署鑲紅旗滿洲都統，以禮部尚書靈桂署正紅旗滿洲都統，以輔國公喜昌署正黄旗護軍統領，正藍旗滿洲副都統尚宗瑞署鑲白旗護軍統領，正紅旗漢軍副都統鐵祺署正白旗漢軍副都統。

辛未，諭軍機大臣等：左宗棠奏，新疆應否改設行省郡縣，請飭會議，並咨金順揀員往查交涉事件各摺片。據稱，葉爾羌及喀什噶爾滿漢兩城均已收復，和闐回衆亦已投誠，劉錦棠已繞道英吉沙爾以抵喀什噶爾，是南路各城即可剋期底定。惟白彦虎是著名首惡，斷不可任其漏網，此次曾否擒斬，儻竟遠竄邊外，務須趕緊設法捕獲，毋任久稽顯戮。至新疆應否改設郡縣，事關重大，非熟悉該處地方情形難以懸斷，此時遽令内外臣工議奏，亦未必確有定見。仍著左宗棠詳細酌度，因時制宜，如果改設行省郡縣實有裨於大局，即著將何處應設省城，何處分設郡縣及官缺、兵制、一切需用經費，妥議章程具奏，再飭廷臣悉心會議，候旨定奪。

癸酉，兩廣總督劉坤一等奏，遵旨撥解山西、陝西、河南賑銀各五萬兩。

己卯，御史胡廷夔奏，各省審辦案件自應迅速審結。近來地方官積習未除，任意遲延，往往扡累無辜，殊屬不成事體。著各直省督撫嚴飭所屬各州縣，於承審命盜重案及自理詞訟依限迅結，並責成該管道府認真督催稽查，按月詳報。儻查有藉故躭延，及任令吏胥需索情弊，即行據實詳參。其各省讞局承審案件並著勒限完結，以清庶獄。

《光緒朝東華録》一九　是月，命駐英使臣郭嵩燾兼充出使法國欽差大臣。

《光緒朝東華録》二〇　二月辛巳朔，諭軍機大臣等：據翰林院侍講張佩綸奏，四川東鄉一案，丁寶楨取供定讞，輕縱李有恒，人言藉藉，請飭再加覆核等語。東鄉一案，前據丁寶楨定擬具奏，若果案情允協，於李有恒罪名不涉輕縱，何至尚招物議？著丁寶楨再將前案悉心覈核，務使情真罪當，以雪民冤。如前奏稍有出入，當據實奏明更正，不得意存迴護，致負委任。

《德宗實録》卷六七　壬午，諭内閣：前據給事中夏獻馨奏，請飭修水利以裕民食，當諭令各直省督撫、府尹認真籌辦。兹據御史彭世昌奏，興辦水利，北方尤爲急務，請飭遵前旨，趕緊辦理等語。近年北方各省被旱，災歉頻仍，民食缺乏，亟宜將應辦水利事宜實力舉行，期於農田有所裨益。著該督撫、府尹懔遵前旨，迅速籌畫，遴派大員，督同地方官紳悉心講求，因地制宜，妥爲經理。一面嚴立限程，留心考察，如果辦有成效，即將出力之員奏請從優議敘，並將紳士酌量獎勵。儻漫不經心，視同具文，亦即分別懲處。所有各該省辦理情形，並著隨時具奏。

《光緒朝東華録》二〇　乙酉，命王文韶在軍機大臣上學習行走。

丁亥，諭：崇厚等奏，請將已故將軍予謚一摺。已故盛京將軍都興阿前經轉戰江、皖、陝、甘等省，歷著勳勞。自調任盛京將軍後，殄除巨匪，綏靖地方，籌辦一切，亦均妥協，洵屬功德在民等語。前因該將軍積勞病故，業經降旨賜卹，著加恩予謚，以彰忠藎。

《德宗實録》卷六七　壬辰，諭内閣：本日左宗棠、金順、劉典由六百里加緊紅旗奏捷，克復南路西四城，回疆一律肅清一摺。【略】自同治三年布魯特叛酋肇亂，逆回金相印等攻陷喀什噶爾，蠶食南八城，而吐魯番、烏魯木齊等相繼淪陷，於今十有餘年。朝廷恭行天討，特命左宗棠以欽差大臣督辦新疆軍務。該大臣勤撫兼籌，議定先規北路，首復烏魯木齊以扼其總要，旋克瑪納斯，數道並進，規復吐魯番等城，力爭南路要隘，然後整旅西行，勢如破竹，現在南八城一律收復。此皆仰賴昊天眷佑，列聖垂庥。兩宫皇太后宵旰焦勞，知人善任，用能内外一心，將士用命，成此大功，上慰穆宗毅皇帝在天之靈，下孚薄海臣民之望，實深欣幸。該領兵大臣等櫛風沐雨，艱苦備嘗，允宜特沛殊恩，用酬勞勩。欽差大臣、大學士、陝甘總督左宗棠籌兵籌餉，備歷艱辛，卒能謀出萬全，膚功迅奏，著加恩由一等伯晉爲二等侯；候補三品京堂劉錦棠智勇深沈，出奇制勝，用能功

宣絶域，著由騎都尉世職晉爲二等男。

甲午，總理各國事務衙門奏，購製外洋軍火，請飭妥議畫一辦理一摺。外洋槍礮名目甚多，必須擇其最精之品，一律覈實購辦，方足以資利用而杜虛糜。現在各省所購多不一律，即一省亦不一律，無論良楛雜收，未必皆爲利器，而各省不能通用，各營亦不能合用，設遇有事之時，誠恐未得其利，轉受其累。且委辦之員每多視爲利藪，遂致以劣充良，不復認真挑選，虛耗鉅款，莫此爲甚。事關防務大局，自應妥爲籌辦，力求實際。上海爲各商聚匯之區，著照所請，專派精明廉正之員總司其事，凡各省有委購軍火者，責成該專派委員覈定；儻有不堪施用及浮冒開銷等弊，即將該員與承辦之員分別勒追，嚴行治罪。其應如何遴員，並各省如何統歸一律之處，著李鴻章、沈葆楨會商妥議，奏明辦理。至外省仿製外洋軍火，上海、天津均經設立機器局，應否於兩局内會同遴派得力專員，統令隨時酌覈，畫一辦理，著該大臣等一併妥議籌辦。該局用款奏銷，嗣後並著將每年每款需費若干逐細登明，按年造報一次，其每年成造各件暨撥用存留各數目亦即按件造報，以照覈實。山東、湖南各設局廠用款最省，四川現已設局，所奏應令一律詳細造報，著依議行。

另片奏，洋槍隊口號請飭改用中國語言等語。洋槍隊向以洋語爲口號，傳授不廣，且不足以昭慎密。著該大臣等選派精通洋語之人，將教練口號全用中國語言文字，譯成一書，其有一切教法爲語言所不能傳者，並令繪圖輔之，頒發各軍營，俾將弁等隨時觀聽，人皆通曉，期於防務有裨。

《德宗實録》卷六八　己亥，諭内閣：上年被災省分冬雪稀少，春雨愆期，疊經設壇虔禱，爲民請命，而杲杲出日，繼之以風，節逾春分，尚未一霑渥澤，千里赤地。【略】懿旨：晉、豫兩省人民困苦流離，爲人上者，豈忍稍涉奢侈，著内務府大臣督飭司員，將宫闈一切應用之需力加裁減，約可節省若干，迅速具奏，但能省一分浮費，即可多一分賑需。欽此。仰維慈訓，俯念斯民，惟有悔過省愆，以實心行實政，庶幾感格昊蒼，速降甘澍，起吾民於溝壑。内外大小臣工亦當仰體朝廷宵旰焦勞之意，恐懼修省，共濟時艱。方今飢民待哺，春賑方殷，著户部再撥庫款銀二十萬兩分解山西、河南。本年南漕運到天津者，並著截留十六萬石分撥該兩省，俾資散放，著李鴻章與曾國荃、李鶴年妥籌運解。京師城鎮各粥廠及曾經賞給米石各廠，著每廠每日加賞粟米一石，以贍窮黎。京外問刑各衙門務當懍遵疊次所降諭旨，將現審各案迅速清釐，毋令無辜之民久稽囹圄。近聞直隸河間府屬亦形荒旱，應如何分別蠲緩錢糧並妥籌撫恤之處，著李鴻章迅速查明具奏。當此災廣且鉅，民困難蘇，但期補救有方，亦復何所靳惜。即將此旨飭下所司，迅速遵行，以副省過誠祈之意。

丙午，翰林院編修何金壽奏，遇災修省，請訓責樞臣一摺。前因近畿等省被災甚廣，雨澤愆期，業經降旨悔過省愆，以冀感格天心，速沛甘澍。茲據何金壽奏稱，現在朕躬幼沖，兩宫皇太后聽政，權衡雖出自上，翊贊則在樞臣，請責以忘私忘家，認真改過等語。此次饑饉薦臻，瘡痍滿目，天降奇災，皆由政令闕失所致，軍機大臣贊畫樞要，實有獻替之責。若謂災沴諸天，過諉諸上，諒必有所不敢。惟當此災廣且久，朝廷宵旰焦勞，無時或釋，而該王大臣等目擊時艱，毫無補救，咎實難辭。恭親王著交宗人府嚴加議處，寶鋆、沈桂芬、景廉、王文韶均著交該衙門嚴加議處。尋宗人府、吏部、都察院奏，恭親王、寶鋆、沈桂芬、景廉、王文韶應得革職處分。得旨：均著加恩改爲革職留任。

《光緒朝東華録》二〇　丁未諭：前據大學士直隸總督李鴻章、御史胡聘之先後奏，請飭禁燒鍋以裕民食，經户部議駁。茲據詹事府左庶子黄體芳奏，燒鍋領帖，每年有户部飯銀三萬兩，是以該決意議駁，時值災荒，以救急爲先，務請宸斷施行等語。現在近畿各省糧米缺乏，民生困苦，燒鍋耗穀最甚，應即嚴行禁止。除山西、河南業由該省飭禁外，著順天府府尹、直隸總督嚴飭地方官，即將燒鍋一律禁止，俟年穀豐稔，再照舊章辦理。倘有違禁私燒，立即嚴拿，照例懲治。如地方官陽奉陰違，並不認真查禁，胥役得規包庇或藉端擾索，即著從嚴參辦。至該左庶子所稱，户部因燒鍋向有飯銀，是以議駁，著該部堂官明白覆奏。

《德宗實録》卷六九　三月壬子，翰林院編修吴觀禮奏，請節省海防經費，移濟賑需，並海防漏卮宜塞各等語。籌辦海防本爲自强之計，該編修以今之患在北三省，須急籌救濟之方，請查明海防經費實存若干，移作賑需，係爲救災恤民起見。著李鴻章、沈葆楨、吴元炳悉心商酌，此項經費能否移緩就急，勻撥若干，拯濟災黎。

《光緒朝東華録》二一　己未，調邵亨豫爲湖南巡撫，以潘霨署湖北巡撫。

癸亥，以全慶爲刑部尚書，恩承爲都察院左都御史。

《德宗實録》卷七〇　辛未，諭軍機大臣等：沈葆楨奏，遵議海防經費暫宜移緩就急，並撈捕蝗蝻撫恤飢民各摺片。據稱，海防經費自光緒四年後，業經奏定，仍行分撥南洋，請飭各省關本年提銀五成，分解晉、豫，以濟賑需等語。除江

西應解南洋經費業已劃抵洋款，所餘無多，毋庸提解晉、豫外，其餘各省關應解光緒四年南洋經費，即著户部查明數目，咨照各該省關於此項銀兩内提出五成，迅速分解山西、河南，俾資辦賑。此外五成仍解南洋。其明年以後，南洋海防經費即行全解南洋。

癸酉，河東河道總督兼署河南巡撫李鶴年等奏，豫省得雨。得旨：仍著隨時認真經理賑務。

《德宗實録》卷七一　四月庚辰，皇太后懿旨：内務府各項用款，業據大學士、九卿詳加查覈，飭令總管内務府大臣等力求撙節，酌量裁減。惟節用所餘尚需時日，而飢民待哺嗷嗷，刻不容緩，著總管内務府大臣無論如何爲難，先行籌撥銀數萬兩分給山西、河南兩省，藉資接濟。明知賑務需款實繁，惟深宫軫念災區，不能自已，該衙門其遵諭行。欽此。著總管内務府大臣，懔遵懿旨，迅速籌撥，毋稍稽延。

又諭：國子監司業寶廷奏，災廣賑繁，條陳分貸之法，請飭速議一摺。前因河南賑款不敷，曾經李鶴年、袁保恒奏，請於本省及鄰省官商富户内分別息借銀兩，以三年爲期，由地丁項下歸還，業經照准。

壬午，諭内閣：沈葆楨奏，請飭停武科以節經費等語。國家設立武科，垂爲定制，其中不乏干城禦侮之材。沈葆楨輒因撙節經費，請將武闈停止，率改舊章，實屬不知大體，著傳旨申飭。

乙酉，諭軍機大臣等：丁日昌奏，勸辦潮州並香港各埠捐務，集有成數，及捐款分解晉、豫，南洋捐户一律給奬，英國總督捐賑應否致謝各摺片。丁日昌督飭道員張銑等勸捐賑銀，紳民人等急公好義，踴躍樂輸。潮州一府，已捐者業有二十餘萬之多；其香港及南洋各埠，經紳董梁雲漢等實力勸辦，起解三萬餘兩；新加坡、小吕宋等處華商亦經該紳士等切勸，已捐定者共三萬餘圓，將來尚可擴充，所辦甚屬認真。丁日昌以豫省災荒與晉省相等，擬將潮州捐款專解山西，將香港及南洋各埠捐款專解河南，均匯至天津，由李鴻章轉購米糧，分別起運，即著照所請行。所有潮州及香港等處捐生，業由丁日昌查照新章，先行給予實收，以示招來。其勸捐出力紳董及各埠管事頭目並准於事竣後，由丁日昌知照李鴻章，覈明請旨奬敘。前發部照不敷，著李鴻章於天津局所存部照内隨時撥給，以資便捷。至巫來由國王捐銀千圓，以爲華商之倡，該國向無與中國交涉事件，應如何辦理之處，著李鴻章與丁日昌斟酌妥辦。香港駐埠之英國總督燕軒尼士約翰捐賑銀五千圓，亦屬好義，已諭令總理各國事務衙門知悉，應否酬答，並著該督等酌度具奏。將此各諭令知之。尋直隸總督李鴻章奏，各國商民捐助銀米，請繕給樂善好施扁額，並飭總理各國事務衙門函致該國駐京使臣，傳旨嘉奬，以慰遠人。從之。

《光緒朝東華録》二一　乙酉，丁日昌奏，病難速痊，懇請開缺。允之。

丙戌，以吴贊誠署理福建巡撫。

《德宗實録》卷七一　庚寅，諭軍機大臣等：前因山西、河南被災甚重，諭令江蘇等省每省協濟山西、河南銀各數萬兩，俾資賑需。兹據閻敬銘、曾國荃奏，辦理賑務，萬分窘迫，請於各該省指定確實數目，協濟晉省銀六十萬兩等語。現在山西尚未得有透雨，飢民待賑，爲日甚長，亟應速籌接濟，著即由江蘇、安徽、江西、浙江、福建、湖北、湖南、山東、四川、廣東各籌撥銀六萬兩，剋期解赴山西，以應急需。晉民被災之慘，朝廷實深矜憫，所有應行加賑事宜，著閻敬銘、曾國荃悉心會商，認真經理，毋令失所。

《德宗實録》卷七二　庚子，諭内閣：曾國荃馳奏，各屬得雨情形一摺。山西被旱日久，自前次得有微雨後，本月初八、初九、初十、十四、十五等日，省城暨東南各州縣渥被甘霖，農田皆可及時播種。覽奏良深欣慰。所有太原縣屬晉祠龍神廟、省城關帝廟，經曾國荃虔誠祈禱，靈應丕昭，實深寅感。著南書房翰林恭書扁額各一方，交曾國荃祇領，敬謹懸挂，以答神庥。現在甫經得雨，秋成尚需時日，小民生計仍艱，曾國荃務當會同閻敬銘，將各屬賑務認真經理，設法接濟，並趕緊多備籽種，散給災黎，俾資耕作。尋頒晉祠龍神廟扁額曰「惠流三晉」，關帝廟扁額曰「福祐羣生」。

癸卯，前據總理各國事務王大臣面奏，日本國使臣森有禮曾在該衙門聲稱，日本人有捐助山西賑糧者，當經王大臣等以山西轉運艱難，力爲勸阻。嗣據李鴻章函致該衙門，米已運至天津等情。外國捐銀捐米助賑，名爲善舉，實則流弊滋多。兹據瞿鴻禨奏，英人攜銀前往晉豫散賑，即著曾國荃、涂宗瀛悉心酌度，婉爲開導，設法勸阻，一面將羅亨利等前往情形，確切密查具奏。致販賣婦女出洋，本干例禁，著李鴻章、沈葆楨、吴元炳、李瀚章、潘霨督飭地方官，實力稽查，嚴行禁止。儻有奸民漁利轉販，即行查拏，照例懲辦。

戊申，諭：左宗棠奏，請將捐輸鉅款之道員奬敘等語。道員胡光墉捐銀助賑，前據梅啟照奏請覈奬，業交户部覈給奬敘。至該員歷年購辦西征軍火，籌運

鑲項，一切均無貽誤，其勞績實與前敵無異，自應量予鼓勵。胡光墉著賞穿黃馬褂。

《光緒朝東華録》二二　五月庚戌，命全慶以刑部尚書協辦大學士，以載齡爲大學士，管理工部事務。

辛亥，調靈桂爲吏部尚書，以恩承爲禮部尚書，榮禄爲都察院左都御史。

《德宗實録》卷七三　丙辰，諭軍機大臣等：郭嵩燾、劉錫鴻自奉使出洋後，意見齟齬，始則郭嵩燾斥劉錫鴻爲任性，繼則劉錫鴻指郭嵩燾爲悖謬，懷私互訐，不顧大體。以堂堂中國之使臣而舉動若此，何足以示協恭而禦外侮，本應立予撤回，嚴行懲處，以示炯戒。姑念郭嵩燾駐英以來，辦理交涉事件尚能妥爲完結；劉錫鴻改派駐紮德國，於議論修約各事宜，語多中肯，朝廷略短取長，寬其既往，暫免深究。該侍郎等嗣後務當力矢公忠，消除嫌隙，不得偏聽他人播弄之詞，致誤大局。經此次訓誡後，儻敢仍懷私怨，怙過不悛，則國法具在，不能屢邀寬宥也。

《光緒朝東華録》二二　癸亥，户部尚書魁齡因病懇請開缺。允之。

甲子，以景廉爲户部尚書，榮禄爲工部尚書，文煜爲都察院左都御史。

《德宗實録》卷七四　戊辰，毛昶熙丁憂，調禮部尚書萬青藜爲吏部尚書，以都察院左都御史徐桐爲禮部尚書，户部右侍郎翁同龢爲都察院左都御史。

命協辦大學士、兵部尚書沈桂芬爲翰林院掌院學士。

辛未，諭軍機大臣等：崇厚本日已有旨派充出使俄國欽差大臣。現在新疆底定，伊犂爲俄兵駐守，未據交還；首逆白彦虎等逃往俄疆，尚未交出；該國修約事宜，亦久未定議。崇厚尚能辦事，於中外交涉情形亦俱熟悉，是以特派前往駐紮，相機辦理。

《光緒朝東華録》二二　是月，美利堅使臣西華回國，參贊何天爵署理；比利時國使臣謝惠施回國，謝武伯署理。

《德宗實録》卷七五　六月庚辰，諭内閣：前任都統奕山由侍衛出師回疆等處，荷累朝知遇之隆，洊升將軍、都統，補授御前大臣内大臣，前因年逾八旬，蒙恩准其開缺，仍留一等鎮國將軍，賞食全俸。方冀遐齡克享，恩眷長承，兹聞溘逝，殊深軫惜！加恩著賞給陀羅經被，派貝勒載瀅帶領侍衛十員即日前往奠醊，賞銀一千兩經理喪事，由廣儲司給發，並照例賜卹，任内一切處分悉予開復，應得卹典該衙門察例具奏。伊曾孫頭品廕生毓照著賞給郎中，應封宗室毓楷，著賞給主事，用示篤念耆臣至意。

壬午，諭内閣：曾國荃奏，臚陳山西目前要務一摺。山西值兹大祲之後，閭閻瘡痍難復，亟應將應辦事宜妥爲經畫，以培民氣而救時艱。該省荒地甚多，應即詳細清查，招來開墾。曾國荃現擬酌給貧民籽種，至無人地畝，准其族鄰或客民承種，分别辦理。如本户歸來，俟次年播種之時，方許認回；儻五年後本户不回，即由佃種之人承爲永業等語。即著督飭地方官實心籌辦，務臻妥善。我朝成憲，將丁糧歸入地糧，山西有未盡一律辦理之處，著照所請，按户稽查，將有丁之糧歸之於地，並准將缺額之丁、無丁之糧覈實酌減，該撫即派妥員會同該管道府確切詳查，奏明辦理。該省徭役，各縣攤派不同，該撫所陳均減差徭以免此輕彼重，並除虚糧認差之弊，均依議行。即著嚴檄州縣不准藉端苛派，如有擅索車馬支應者，即將舞弊之人照例治罪，並將該管官吏參處。至招集流亡、籌補倉穀、整飭鹽務、裁減練鑲各事宜，並著隨時妥籌，次第舉行，用副軫念民依至意。

《光緒朝東華録》二二　甲申，載齡爲體仁閣大學士。

壬寅，撫卹朝鮮遭風難民。

《德宗實録》卷七六　七月辛亥，諭：詹事府左庶子黃體芳奏，各省陋規有妨吏治，請飭分别裁定一摺。外省各項陋規，本干禁例。據稱，近年司道、知府多有收受節壽等規情事，以致瞻徇情面，於吏治民生大有關繫等語。各省司道、知府均有考察屬員之責，自應整躬率屬，以肅官方，若如所奏，陋習相沿，殊屬不成事體。著該督撫嚴飭所屬，將各項陋規悉行裁革，務令地方官吏咸知潔己奉公，以期吏治日有起色，儻有仍蹈前轍者，即著隨時奏參懲辦。其所請酌定臬司、道、府公費，飭令各省咨取江西、福建、安徽章程，仿照辦理等語。著該督撫體察各該省情形，悉心籌議具奏。至攤捐各款，並著力加裁汰。即將如何裁減之處，奏明立案，以昭覈實。

實授潘霨爲湖北巡撫，以雲南布政使杜瑞聯爲雲南巡撫。

辛未，以江西布政使李文敏爲江西巡撫，順天府府尹彭祖賢爲江西布政使，大理寺少卿周家楣爲順天府府尹。

命禮部左侍郎王文韶、順天府府尹周家楣在總理各國事務衙門行走。

乙亥，賞出使俄國欽差大臣崇厚内大臣銜。

以候補四五品京堂曾紀澤爲出使英國、法國欽差大臣，賞戴花翎。

以候選道李鳳苞署出使德國欽差大臣，賞二品頂戴。

《光緒朝東華録》二三　八月壬午，諭：榮禄奏，病未痊愈，懇請賞假調理一摺。榮禄著賞假一箇月調理，工部尚書著景廉兼署，步軍統領著成林署理。

《德宗實録》卷七七　丙戌，諭内閣：御史董儁翰奏，請飭各省督撫整頓吏治等語。各省呈控案件亟應迅速審結，以清庶獄。近來各州縣遇有命盗重案不能消弭，即故意留難；其尋常詞訟輒置不理，以致小民含冤莫伸。至徵收錢漕釐金等項自有定章，豈容苛派需索？乃各州縣於徵收錢漕往往額外誅求，藉端苛派，其尤甚者，釐卡委員於民間攜帶食物等項百端需索，飽其私囊，種種弊端，殊堪痛恨！著各直省督撫實力整頓，於屬員之賢否，隨時認真查察，如有前項情弊，即著嚴參懲辦。各該督撫、司道等均有稽查屬員之責，儻敢瞻徇隱匿，並不據實糾參，定將該督撫等一併懲處。

己丑，前據丁寶楨奏，都江堰頻年泛溢，衝毁民田，現設法籌款修理。旋聞該處江流盛漲，民間已被水災，正以新築工程能否可靠，地方被災是否深重，廑念方殷。【略】丁寶楨當嚴飭丁士彬認真履勘，據實稟報，再行詳細奏聞，不准稍有粉飾，並將興築隄工隨時保護完善，被災地方加意撫恤，毋令失所。將此由四百里諭令知之。尋奏，都江堰水異常盛漲，工程穩固，民田無傷，並繪圖詳陳。報聞。

癸巳，諭内閣：御史傅大章奏，各省吏治因循，請飭認真甄别一摺。各省試用人員，向例一年期滿由各該督撫分别奏留補用，原期詳加考察，以定去留。近來往往視爲具文，凡試用期滿之員概請留省補用，殊非澄敘官方之意。嗣後各省督撫於捐納保舉人員到省，務當破除情面，悉心考察，於一年試用期滿後認真甄别，不得一味姑容，概請留省補用。其實缺正途暨業經留省及毋庸試用各員仍當隨時嚴行查覈，如有貪劣不職者，即行奏明參處，毋稍徇隱。

又諭：御史傅大章奏，試署期滿人員並不題請實授，易於取巧，請飭酌定章程等語。著吏部議奏。

戊戌，直隸總督李鴻章奏，留防淮勇軍需短絀，現籌裁勇就餉。下部知之。

庚子，總理各國事務衙門奏，出使大臣崇厚、曾紀澤俸薪擬分等支給，崇厚以侍郎爲全權大臣，作爲頭等；曾紀澤以承襲侯爵、候補四五品京堂，作爲二等，比照二三品充二等例。允之。

丙午，諭軍機大臣等：總理各國事務衙門奏，閩省城内洋樓被毁，請飭妥速辦結一摺。據奏前接何璟等函稱，福建省城士民因英國教士在烏石山雀舌橋添蓋洋樓，有礙風水，稟經該督等飭查，實係侵占，旋因教士胡約翰嫚罵，羣情憤憤，致將新蓋樓屋三間燒毁。現據英國使臣傅磊斯聲稱，此案與領事官所報情節不符，業經該衙門函復該督等查辦等語。此案起釁情由，教士固有理曲之處，然該處民人遽將其樓屋焚毁，亦屬鹵莽，地方官臨時既未能彈壓保護，若再辦理遲延，更滋口實，且恐日久枝節愈多，尤難了結。著何璟、吴贊誠嚴飭該地方官迅速查明實在情節，持平妥辦，不准稍涉遷延。

《光緒朝東華録》二四　九月丁未，曾國荃奏，山右罌粟之弊，曾經臣與前工部右侍郎臣閻敬銘奏明，重申嚴禁，欽奉諭旨在案。嗣經翰林院編修李用清周歷各廳州縣，稽查賑務，就便查看罌粟。嗣經該編修緘稱，各州縣各奉諭禁之後，鄉民頗知悔悟，所歷之處，種罌粟者較去年減十之六七，乘此大祲糧貴之時，勸民改業，可期事半功倍，倘或失此機會，往後湔除更難等語。臣查該編修所言甚有見解，惟愚民無識，非嚴懲重罰，不能挽回錮習。查兩江禁止罌粟，有將地畝章程，立法不甚苛擾，最爲民間所畏憚。臣擬以後晉省如有栽種罌粟者，一經查出，即將該户所種罌粟地畝全數充公，作爲各村本甲公業，仍責公正耆老社首經營，以便地方公用。倘各廳州縣稽查不嚴，即將該管地方官分别撤參；有能力禁而不擾累閭閻者，飭司註册奬勵。一俟奉旨俞允，臣當會同閻敬銘刊刻簡明告示，遍行張貼，庶冀盡絶根株，他日再遇災荒，不至重妨民食。得旨：著照所議辦理。該撫務當嚴飭地方官紳實力奉行，毋得虚行故事。

戊午，諭：御史周開銘奏，東南數省被水，請飭豫籌拯救一摺。本年江西、福建、湖北、湖南等省雨水過多，被淹地方甚衆。江西饒州、湖北安陸、荆州、湖南常德等處被災尤重，荒歉已形。明歲青黄不接之時，甚屬可慮，亟宜豫爲籌畫，防患未萌。著各該督撫確查所屬州縣被災情形，豫籌拯救之策。所有疏導水勢，安輯流亡，籌辦賑濟，勘報蠲緩各事宜，均著悉心體察，妥爲辦理，以期有備無患。

《德宗實録》卷七八　庚申，諭軍機大臣等：户部總理各國事務衙門奏，遵議左宗棠籌借商款一摺。現在新疆酌改營餉，清釐欠款，一切需用浩繁，經費無措。左宗棠所請籌借華商銀一百七十五萬兩，洋商銀一百七十五萬兩，共三百五十萬兩，指由江蘇、浙江、廣東、湖北、福建五省應協甘餉項下併本息各銀，攤作六年十二期，齊還清款。經該衙門議定，所稱係實在情形，不得不准照辦理。

癸亥，諭内閣：山西上年被旱極重，疊經撥給銀米，以資賑濟。本年五月

閆，接據山西巡撫奏報，得有雨澤，稍慰廑懷，方冀轉歉爲豐，登吾民於衽席。乃六月閆又遭大旱，被災之區仍復不少，殘喘餘生，何堪重困。今冬明春青黄不接之時，深恐飢寒交迫，無以爲生，朝廷時廑焦慮。著加恩撥給山東本屆漕米十二萬石，以濟賑需，即由山東巡撫督飭糧道，提前趕辦，務於年内全行起運，毋稍稽延，其隨漕輕齎等銀一併先行扣留備用。至運解甚屬不易，並著户部撥給庫銀二十萬兩，俾充運費。所有應賑災黎，著閻敬銘、曾國荃督率官紳，妥爲經理，毋任失所，用副軫念民生至意。

丙子，諭軍機大臣等：寄諭左宗棠，前因新疆勘定，伊犁未復，派崇厚充出使俄國欽差大臣，諭令相機辦理，該大臣現由海道前往，年内可達彼都。伊犁在昔爲西路第一重鎮，今爲俄人久占，形勢變遷，將來能否交還，固無把握，而交還以後，如何防守始免實逼處此之嫌？未交以前，如何布置始杜狡焉思啟之志？尤應審時度勢，先事圖維。伊犁九城縱横相聯，俄人在彼舉動若何？伊犁大城西、南、北三面，舊有卡倫距俄境若干道路，其東面俄人有無布置？及俄軍駐紮至何處？一切情形，該督務當詳加探訪，庶知彼知己，措置不至乖方。金順現駐庫爾喀喇烏蘇，其前隊西至何處？該督不可因崇厚已使俄國，稍涉株守。郡縣之制，以民爲本。現由嘉峪關而烏魯木齊至庫爾喀喇烏蘇迪西，商户、回户各存若干；由吐魯番至南八城，纏頭共存若干；除舊有各廳州縣外，其餘各城改設行省，究竟合宜與否？何以遲未覆奏？儻置郡縣，有無可治之民？不設行省，此外有無良策？固不可因陳奏在先，礙難變計，而默爾以息，尤不可因時勢所值不易措手而隱忍以待，總宜於萬難施措之中求一可進可退之計。該督力顧大局，素矢公忠，西陲形勢瞭如，想早胸有成算。至關内外滿綠制兵，如何整頓？防勇征勇如何裁併？及改設督屯節縮餉項之處，亟應通盤籌畫，次第妥辦。數年來竭東南財力以助西征，前復因善後緊要，特允籌借商款三百五十萬兩，俾應急需，每歲各省入款止有此數，損彼益此，勢斷不能持久，商款又萬難再借，想亦該督所深悉也。此旨到後，著將垂詢各節並布置方略，即行密速奏聞。

《德宗實録》卷七九　十月壬午，諭軍機大臣等：楊重雅奏，在籍武員招勇潛赴越南滋事一摺。記名總兵李揚才妄稱，越南國係伊上祖基業，伊欲復回舊業，並在原籍靈山縣及欽州等處捏稱奉總督札委，募勇出關，招黨萬餘，陸續進發，實屬狂悖已極！李揚才著即行革職，嚴拏懲辦。越南地方凋敝，何堪復遭蹂躪，此次李揚才突然起事，恐該國兵力難資備禦，著楊重雅迅即調派官兵跟蹤追捕，務將該犯擒獲懲治，毋令深入蔓延。該犯糾集人衆不少，其兇悍黨與自應一併勦除；此外被其誘脅者，仍應剴切曉諭，分别解散。馮子材前經勦辦越南土匪，於該國情形較熟，著即帶兵出關，相機督勦。一切調度機宜，仍著與楊重雅會商辦理。越南世守藩封，且爲南服屏蔽，兹以中國武員無端生事，實屬不成事體，若不早爲勦平，誠恐别招窺伺，所關非細。楊重雅等當迅速籌辦，毋稍大意。該革員在靈山等處徧貼僞示，招集匪黨，該地方官何以毫無覺察？現在欽、靈一帶有無匪徒伏匿陸續出境？著劉坤一、張兆棟迅即查明，妥籌防範。

《光緒朝東華録》二四　丁亥，靈桂兼署禮部尚書。

《德宗實録》卷七九　戊子，准前任户部右侍郎温葆深重與鹿鳴筵燕，賞頭品頂戴。

《光緒朝東華録》二四　癸巳，賞翁同龢、托雲在紫禁城騎馬，賞王文韶、成林紫禁城騎馬。

《德宗實録》卷八〇　丙申，諭軍機大臣等：户部奏，請飭各省趕解京餉一摺。本年京餉，前經户部原撥、續撥共銀八百萬兩，統限年内解齊。【略】著該將軍、督撫等各將欠解京餉，迅即照數依限提前解京，已報起程各款，亦即趕催解部，毋任沿途逗遛。儻敢諉卸拖欠，致誤要需，即著户部指名嚴參。

庚子，御史曹秉哲奏，請仿用西法開採煤鐵，以利器用一摺。據稱，近來各省開設機器等局，需用煤鐵甚多，大半辦自外洋，每年經費甚鉅，請由内地仿照西法用機器開採，轉運鼓鑄製造，既省買價，並濬財源等語。各省所産煤鐵甚富，本可隨時開採，惟仿用西法需費浩繁，該御史所請各節，除火車轉運勢不可行應毋庸議外，其所稱招來股商，聽其開辦，酌量徵收釐税，是否可行？開採有無窒礙？著李鴻章、沈葆楨體察情形，斟酌妥善，奏明辦理。

壬寅，諭軍機大臣等：總理各國事務衙門奏，現接法國使臣照會，請飭將呼蘭城及海城縣教案分别查辦各摺片。前據豐紳等奏，呼蘭城守尉惠安被法國教士毆傷，與教堂所報情節兩歧，業經降旨令銘安、馮譽驥前往查辦。兹據該衙門接法國使臣照會，所敘情節較詳，與惠安所稟大不相符，虚實均應確切查辦。著銘安、馮譽驥按照該使臣照會所開各節，詳細查明，秉公覈辦。至海城縣盜首張成謙逃匿教堂，通事王蔭槐保犯抗官一案，業經該衙門咨行李鴻章等確查辦理。此次法國使臣照會内，因呼蘭城一案復牽涉海城縣之事，意在藉此生波，亟應迅速查辦，以免别生枝節。著李鴻章、岐元、恩福查照該衙門前行文件，查明實在

情形若何，持平辦理，不得稍有延緩，致滋口實。

《德宗實録》卷八一　十一月辛亥，諭内閣：前據彭玉麟奏，遵查湖北樊口地方宜修補大隄，建築石閘，當照所請，諭令李瀚章等飭屬辦理。茲據李瀚章等奏，一面飭議舉行，並稱樊口建閘惟於西陽畈附近一隅有益，而江湖盛漲之時，皆難宣洩，有害通省水利等語。所奏亦不爲無見。惟建築石閘究非隄壩可比，但當察看外江内湖水勢消長，以時啟閉，既可宣洩盛漲，又可保衛田廬，未始不可兩全。該督等所稱下閘必在桃汛以前，放閘應俟霜降以後，殊屬拘泥成説，至應如何嚴立章程，重懲需索之處，著李瀚章等督飭屬員妥議辦理。將來建閘以後，利病若何，仍准隨時體察情形，據實具奏。

《光緒朝東華録》二五　癸未，總理各國事務衙門奏，新嘉坡設立中國領事，應給俸薪，援照章程成案酌核辦理。查上年出使英法大臣郭嵩燾奏定設立新嘉坡領事，諭知胡璇澤允發開辦經費，旋准胡璇澤具報，已於本年二月十九日開辦。其領事薪俸應照奏定《出使章程》内開正領事月給薪俸銀五百兩之例，按月由郭嵩燾發給新嘉坡領事胡璇澤照數支領。胡璇澤通曉西洋語言，即毋庸添設繙譯，以歸節省。至領事官需用文案委員之處，查臣衙門前議復郭嵩燾等奏隨帶人員摺内聲明，《出使章程》祗有隨員醫官，並無文案名目，請將該大臣等隨帶之文案作爲隨員，按月照俸薪銀二百兩之數支給。現在新嘉坡處需用人員，未便創立文案名目，應令查照奏案，將文案委員作爲領事隨員，照出使大臣隨員月給俸薪銀二百兩之數酌減，每月給予俸薪一百六十兩，稍示等差。該領事應用隨員名數，仍由該大臣核定後，咨報臣衙門查覈。所有領事及隨員等俸薪等項，均自開辦之日起支，統於該大臣出使經費内發給，仍彙入一年期滿奏銷册内一併列款請銷。至該處所收身格紙費等項，臣衙門前咨復郭嵩燾，以現與日國有議訂《招工章程》，華人前往新嘉坡可按此章程商辦。所有出洋身格紙費，無庸另議，以歸一律。惟出洋船牌費一項，各國征收有無異同，轉飭胡璇澤詳細稟復，應令該大臣查照前咨，即飭胡璇澤將船牌費一節迅即查明，稟由該大臣咨復臣衙門核辦，併令該大臣飭將該處每年所收船牌費若干，抵支開辦薪俸等項不敷若干，再由出使經費内撥給，以昭核實。得旨：如所議行。

《德宗實録》卷八一　甲寅，諭軍機大臣等：左宗棠奏，覆陳新疆情形一摺。據稱，北路迪化等處自克復以來，招來開墾，户口日增；南八城地方富庶，現辦開渠、丈地、鑄錢、徵釐諸事俱有端緒，開設行省，於天時人事機有可乘等語。新疆議設行省，事關創始，必須熟籌於事前，乃能收效於後日。該大臣爲長治久安之計，因時變通，所奏不爲無見。刻下伊犁未經收還，一切建置事宜尚難遽定，其餘南北各城應如何隨宜經理之處，即著悉心籌畫，次第興辦，總期先實後名，俟諸事辦有眉目，然後設官分職，改設郡縣，自可收一勞永逸之效。所有辦理情形並著隨時詳悉具奏。至所奏三年以内，每年請飭指撥銀五百萬兩，俾得斟酌損益，定爲永圖等語，著軍機大臣會同户部議奏。

《光緒朝東華録》二五　丙辰，總理各國事務衙門奏，光緒三年十月十三日，與日斯巴尼亞國會訂中國民人前往古巴如何優待條約十六款，請用御寶，並公立憑單，訂期互换。得旨：依議行。

《德宗實録》卷八一　庚申，分設日本通商口岸横濱、神户、長崎等處領事官。

《德宗實録》卷八二　壬戌，以禮部尚書徐桐兼署吏部尚書。

癸亥，給事中王昕奏，山西地方官辦理賑務，不免欺飾，請飭認真查覈一摺。據稱，山西上年異常荒旱，地方官仍前徵比錢糧；及至奏明蠲緩，催科已將竣事，並有歷閣謄黄於額徵埽數後，始行張貼者；該省富户捐款，各州縣託詞解省，勒限交官；甚至縱容書差，苛派中飽，至放賑之弊，官吏侵吞剋扣，實惠不能徧及等語。山西饑饉薦臻，朝廷軫念災黎，時廑宵旰，迭經降旨撥發銀米，諭令該省大吏妥爲撫綏，各州縣應如何盡心籌辦？若如該給事中所奏，尚復成何事體！著閻敬銘、曾國荃即令派出之查賑各員紳，將該給事中所奏各情形，一併認真稽查。如有虚冒情弊，即行據實嚴參。前准李鴻章等所請，將承辦山西賑務人員分別保奬，其辦理不能得力各員，著仍遵前旨，毋許濫行列保。

己巳，諭内閣：爲治之道，首在講求吏治。又安民生而武備修明，尤爲經國要務。封疆大吏，受朝廷特簡之恩，畀以重寄，宜如何整躬率屬，共濟時艱，以副委任？近聞各直省督撫，實事求是者固不乏人，而因循怠玩、怙過飾非者亦正不少，且有偏袒同鄉及護庇年世交誼情事。用舍不公，而欲屬僚畏服，吏肅民懷，其可得耶？又聞帶兵將弁往往虚報名糧，冒銷軍火，私肥囊橐，日用豪奢，此弊不除，其何以使將士一心，緩急足恃？著通諭各該督撫等痛自循省，有則改之，無則加勉。凡地方利弊，民生休戚，總當虚心諮訪，因時制宜。用人則一秉大公，毋稍偏徇，屬員中之賢聲卓著、名實相孚者，固應保薦；其貪庸廢弛者，亦應立予參劾，不得瞻顧情面，曲事姑容，庶幾大法小廉，吏治日有起色。至各營武

員，查有前項情弊，即行從嚴參辦，以肅軍律而飭戎行。經此次訓誡後，儻敢不知振作，積習相沿，一經朝廷訪聞，或被參得實，必當執法嚴懲，決不寬貸！

《德宗實録》卷八三　十二月丙戌，諭軍機大臣等：户部奏，遵撥東三省己卯年官兵俸餉一摺。據稱，奉天需銀二十五萬四千二百八十五兩零，擬撥山東己卯年地丁銀八萬兩、河南己卯年地丁銀六萬兩、驛站存賸銀一萬四千二百八十五兩零、兩淮鹽釐銀八萬兩、淮安關常税銀二萬兩；吉林需銀十三萬四千六十二兩零，擬撥長蘆己卯年鹽課銀二萬四千六十二兩零、山東己卯年地丁銀三萬兩、河南己卯年地丁銀三萬兩、東海關常税銀五萬兩；打牲烏拉需銀四萬一千六百五十一兩零，擬撥長蘆己卯年鹽課銀一萬一千六百五十一兩零、江蘇釐金銀三萬兩；黑龍江需銀二十七萬兩，擬撥長蘆己卯年鹽課銀三萬兩、福建己卯年鹽課銀三萬兩、安徽己卯年地丁銀五萬兩、山東己卯年地丁銀三萬兩、河南己卯年地丁銀三萬兩、驛站存賸銀三萬兩、直隸旗租銀三萬兩、江蘇釐金銀一萬兩、臨清關常税銀三萬兩等語。即著該督撫監督查照户部指撥銀數迅速籌撥，委員分批徑解盛京户部交納，不得解由部庫轉發，以致躭延。該督撫監督務當如數籌解，如有延欠，即由各該將軍指名奏參，照遲延京餉例議處，並著盛京户部於各該省解到時，分别知照該將軍等，派員領回，以資散放。其黑龍江應領制錢，仍著查照舊章辦理，毋稍浮冒。所有用過銀錢各數，照例題報。如有餘賸，於下年請餉時聲明列抵，並將應造銀價清册，按月照報，以憑稽覈。各該省欠解東三省本年的餉，著該督撫監督查照户部咨開數目，懔遵前旨，迅即埽數解清，毋得再有遲延。

戊子，諭内閣：翰林院侍講張佩綸奏，大臣子弟不宜破格保薦一摺。據稱，四川候補道寶森，係大學士寶鋆之弟，特膺保薦，恐以虚譽邀恩；刑部郎中翁曾桂，係都察院左都御史翁同龢之兄子，並非正途出身，不由提調坐辦，而京察列入一等，恐爲奔競夤緣口實等語。所陳絶無瞻顧，尚屬敢言。所稱寶森前官直隸，並無才能一節，並著李鴻章查明寶森在直隸時官聲政績究竟如何？詳細具奏。刑部郎中翁曾桂平日差使若何？此次京察因何列入一等？著該部堂官據實覆奏。至司員不由正途出身，京察保送一等是否與例相符？並著吏部查明具奏。

己丑，諭内閣：前因軍務未平，用款不濟，不得已開捐納職，藉濟餉需。乃近來中外捐納各員，其爲守兼優、才具可用者固不乏人，而濫竽充數、甚至有玷官箴者實屬不少。至各局辦理捐輸，原不無實事求是、有裨國計之處，而行之日久，捐貲之影射，捐生之取巧，及委員等種種弊竇，不一而足。於澄清吏治之道既多窒礙，於餉需亦多有名無實，自應及時停止，以肅政體。著户部及各省督撫通盤籌畫，務將京捐局及各省捐局每年入項若干，詳細查明，將此項作何支用之處，設法籌款相抵，一面奏明停止捐輸，毋得藉詞款項難籌，有意延宕。

庚寅，諭軍機大臣等：前據左宗棠奏，籌辦新疆事宜，三年以内請飭每年指撥銀五百萬兩，當諭令軍機大臣會同户部議奏。兹據奏稱，新疆經理善後各事宜，需款甚亟，請飭各省將協濟西征月餉每年共銀七百餘萬兩，儘數報解等語。新疆各城，甫經戡定，所有辦理善後一切事宜需款孔殷，亟應籌畫接濟，俾該大臣得以次第經營，爲一勞永逸之計。兹據軍機大臣等所奏，鉅款難以另籌，而要需必不可緩，係屬實在情形。即著照所議，各該省應協左宗棠月餉，自光緒五年起，三年内均按十成數目報解，俾資應用。其應扣借款息銀省分，准其歸併計算。該將軍督撫務當共體時艱，力籌解濟，毋得稍有延欠。儻解不足數，即將該藩司監督照貽誤京餉例，指名嚴參。果能如數迅速撥解，並著照報解京餉全完例，奏請議敘，以示懲勸。

《德宗實録》卷八四　壬寅，諭：寶鋆、榮禄差務較繁，寶鋆著開去國史館總裁、閲兵大臣差使，榮禄著開去工部尚書缺，並開去總管内務府大臣差使。

癸卯，命户部尚書景廉爲國史館總裁官，調協辦大學士、刑部尚書全慶爲工部尚書，以都察院左都御史文煜爲刑部尚書，以吏部左侍郎崇厚爲都察院左都御史。以工部尚書賀壽慈兼署刑部尚書，以正黄旗漢軍都統安興阿爲總管内務府大臣，以兵部尚書廣壽爲閲兵大臣。

光緒五年（己卯、一八七九）

《德宗實録》卷八五　正月庚戌，諭軍機大臣等：左宗棠奏，安集延逆目糾衆謀逆，勦捕蕆事一摺。安集延逆目阿里達什，由俄官處告假，潛出糾衆，謀襲喀什噶爾，經劉錦棠督率官軍星馳進勦，剋期撲滅，陣斃首逆阿里達什，辦理尚爲迅速。劉錦棠於逆謀甫露之時，迅赴戎機，俾邊境不至驚擾，尚屬認真。仍著左宗棠飭令隨時嚴密防範，以安邊圉。布魯特回目庫彌什，協助官軍，先殲逋寇，頗知效順，並著傳旨嘉奬。此次出力員弁，著准其彙案保奬，陣亡之擬保總

兵銜副將丁遠學、擬保守備李富貴、擬保把總羅中英、梁勝德，均著交部照擬保官階，從優議卹。阿里達什由俄國告假，潛出寇邊，既經伏誅，此外逆黨之遁匿俄境者尚多，應如何申明禁約之處，著該衙門照會俄國駐京使臣查照，並著崇厚於抵俄國後按照條約妥籌辦理。陝甘兩省文武各員年終密考，近數年來該督均未辦理，嗣後仍著照例具奏。將此諭知崇厚，並由五百里諭令左宗棠知之。

《德宗實録》卷八六　辛酉，又諭：工部奏請催解飛金一摺。江蘇欠解紅飛金三千二百塊，疊經催令趕緊解部，迄今又逾兩月，既未將金塊解到，亦未據咨報啟程，典禮攸關，極爲緊要，似此任意遲延，實屬不知緩急。著沈葆楨、吴元炳嚴催承辦各員，迅將欠解金塊，星夜起解，限於二月初十日以前，赴部交納，毋再延緩，致誤要需。並著將辦理遲延之員查取職名，先行交部議處，以儆玩泄而重要工。將此由五百里各諭令知之。

丁卯，慈安端裕康慶昭和莊敬皇太后、慈禧端佑康頤昭豫莊誠皇太后懿旨：三載考績，爲國家激揚大典，中外滿漢諸臣，有能恪共職守、勞績最著者，固宜特加甄敘；其有年力衰邁者，亦難曲予優容。兹當京察届期，吏部開單題請，詳加披閲。恭親王首贊樞廷，親賢夙著，殫心輔弼，悉合機宜。大學士寶鋆、協辦大學士、兵部尚書沈桂芬、户部尚書景廉、禮部左侍郎王文韶，同心翊贊，共矢公忠，前經得有革職留任處分，均加恩開復。大學士、直隸總督李鴻章，宣力有年，實心任事，大學士、陝甘總督左宗棠，肅清邊塞，懋著勤勞；兩江總督沈葆楨，任事精勤，不辭勞怨，均著交部從優議敘。户部左侍郎殷兆鏞，年逾七旬，精力尚未就衰，惟户部事務較繁，辦理恐難周到，著調補禮部右侍郎，毋庸兼署吏部左侍郎，仍在上書房行走。工部右侍郎德椿、理藩院右侍郎惠泉、内閣學士載慶，體弱多病，均以原品休致。餘著照舊供職。

《光緒朝東華録》二六　壬申，諭：前因科爾沁札薩克達爾罕親王棍布旺濟勒被參各款，經理藩院查明覆奏，當經降旨，將該親王議處。兹據御史曲泰奏，風聞理藩院查取該旗各結乃正盟長句串所報，達罕親王性情暴虐，苛派勒索，非止一端，從輕議處，不足以昭平允，請飭盛京將軍會同該盟長確查等語。此案既據理藩院查明棍布旺濟勒借用屬下銀至三千餘兩之多，業經交理藩院議處，並責令將借款照數償還，若將已結之案再行派員查辦，徒事紛擾，亦非政體，所奏著毋庸議。蒙古各旗民生艱難，該札薩克掌管印，務必體恤下屬，豈容稍有擾累。嗣後各該旗如有肆行科斂，貽害蒙古地方者，一經查訪得實，定當從嚴查辦，決不寬貸。

《德宗實録》卷八七　二月戊寅，諭内閣：閻敬銘奏，南糧運竣，請將豫軍護運出力之營官獎敘一摺。

《德宗實録》卷八八　丁酉，出使俄國大臣崇厚奏，抵俄日期及接見外部情形。得旨：嗣後商辦事件，該大臣當隨時相機籌畫，務臻妥協。

癸卯，又諭：恭鏜奏，籌辦烏城善後情形，請飭催撥餉需一摺。烏魯木齊爲西陲扼要地方，一切善後事宜，亟應速行舉辦。恭鏜現擬召募馬步衛隊三四營，及時訓練，以資巡防。並咨行劉錦棠查明北路遷徙南八城之回衆，及被裹漢民，儘數遣歸開墾，擬於綏來添設屯局，廣籌牛籽，兼顧西路。即著左宗棠、恭鏜酌度緩急，速籌興辦。該署都統所稱變通錢法、修築城堡、疏導溝渠、整理學校各事宜，亦係目前要務，著恭鏜隨時隨事與左宗棠妥爲籌商，次第興辦，毋得徒託空言。該城餉需支絀，籌畫維艱，著户部查明應協該城月餉各省，咨催各該督撫等，迅速籌解，以濟要需。並著該部墊發銀四萬兩，由恭鏜派員領解，俾資應用。此項銀兩，即著由各省關應解該城餉内扣還，以清款目。恭鏜摺著鈔給左宗棠閲看，將此諭知户部，並由五百里諭令左宗棠、恭鏜知之。

《德宗實録》卷八九　三月丙午，諭内閣：前據御史黄元善奏，各省設局經費浮濫，當降旨諭令各該督撫裁減歸併。兹據御史戈靖奏，直省各局不惟經費虚糜，亦且保舉多濫等語。著各該督撫懍遵前旨，體察情形，迅將各局裁併，以節糜費。所有承辦局務各員，並不准援照軍務保案請獎，致滋冒濫。至各省捐局委員，亦不得率行濫保。

丁巳，諭軍機大臣等：劉坤一等奏，官軍進勦客匪，尚未得手，添募勁勇，派員督辦一摺。廣東客匪分屯臨高縣屬之和舍墟、儋州屬之那大墟，將士民恣意殺戮，抗拒官兵，並有另股數千人出圖繞襲。似此叛逆情形，自應痛加勦洗。現在受創乞撫，願遵約束，難保不首鼠兩端，意存觀望。前派鎮道辦理，未能得力，自當調募勁勇，另派大員督辦。著劉坤一飭令鄭紹忠會同王澍前往，相機妥籌，所有水路各軍統歸節制調遣，以一事權。並令殷錫茂、劉鎮楚察看情形，如撫事尚未就緒，即令回郡專辦防務。前募勇丁，量行裁撤，以節糜費。以後勦撫機宜，概交鄭紹忠、王澍酌辦。此事躭延已數月之久，該督務當嚴飭該鎮、道等迅速蕆事，勿任遲回，致干咎戾。至該省土、客搆怨，屢肇釁端，皆由不得其平，致成固結莫解之勢。劉坤一務當一面飭令各屬文武遇事持平，妥爲安頓，庶免他

處客民效尤滋事。將此由五百里諭令知之。

《德宗實録》卷九〇　癸亥，總理各國事務衙門奏：遵議辦理日本阻梗琉球國入貢一案。報聞。

丙寅，諭軍機大臣等：丁日昌等奏，議結焚毁洋樓案，並與英國使臣辯論情形各摺片。烏石山洋樓被焚一案，現經丁日昌等將拏獲滋事各犯分別定罪，並將林應霖摘頂停委，教士所失銀物亦經賠償，案已議結，辦理尚屬妥協。惟紳董呈控教士侵占公地一節，尚在相持。現在威妥瑪既經到閩，即當將此事早與議結，免致別生枝節。仍著慶春等迅速籌辦，務使民、教日久相安，方爲妥善。丁日昌仍俟此事辦結後再行回籍。將此由五百里各密諭知之。

壬申，諭軍機大臣等：沈葆楨奏，接出使日本大臣來信，該國廢琉球爲縣等語。琉球久屬中國，日本竟敢阻其入貢，夷爲郡縣，狡焉思啟，情殊叵測，亟應妥爲備豫，力圖自强，以固藩籬。著沈葆楨、吴元炳將南洋防守事宜悉心區畫，實力籌辦，固不可稍涉張惶，亦不得稍存大意，並著隨時探明該國情形，密速具奏。將此由五百里各密諭知之。

《德宗實録》卷九一　閏三月壬午，諭軍機大臣等：前據恩承、童華奏，道員丁士彬等承修都江堰工程，做法與原稟不符，當諭令該尚書等查明有無浮冒、侵蝕情弊。兹據奏稱，此項隄工支發帑項，先據該員等稟，請發銀五六萬兩，丁寶楨即奏請動用銀九萬兩。嗣據稟請續奏籌款，該督並不奏明，輒批令籌撥四萬兩，統計提用銀十三萬兩等語。工需均關國帑，自應力求覈實。此次動用銀兩，何以前後數目懸殊，有無浮冒情弊？即著丁寶楨據實覆奏，不得稍有含混。一面懍遵前旨，將工程銀兩迅速造册報銷。東鄉縣一案，著恩承、童華即行查訊，明確定擬具奏，毋稍遲延。將此由四百里各諭令知之。

《德宗實録》卷九二　乙未，諭軍機大臣等：總理各國事務衙門奏，請簡派大員會辦南洋防務一摺。前於光緒元年四月間，曾經派令李鴻章、沈葆楨督辦北洋、南洋海防事宜，數年以來漸有頭緒。惟值海疆無事之時，難保不日久生懈。現在泰西各國皆練習水師，日本船礮亦效西人。該國密邇東隅，近且阻梗琉球入貢，情尤叵測，亟應未雨綢繆，力圖自强之計。因思北洋所轄海口較少，李鴻章一人尚能兼顧，著即責成該督認真整頓，妥籌布置，不得冀倖目前無事，稍涉大意。至南洋統轄數省，地面遼闊，洋人來華亦首當其衝，沈葆楨駐紮江寧，緩急恐難兼顧。前福建巡撫丁日昌，辦事認真，於海疆防務向來亦能講求，著賞加總督銜，派令專駐南洋，會同沈葆楨及各督撫，將海防一切事宜實力籌辦，所有南洋沿海水師弁兵統歸節制，以專責成。如海防與江防有相爲呼應之處，亦即會同彭玉麟、李成謀妥商辦理。丁日昌接奉此旨，著即馳赴江南，會籌督辦，毋誤事機。至應駐紮何處，並巡歷各海口隨宜布置，及需用薪水公費，著沈葆楨、丁日昌隨時酌覈，奏明辦理。沿江沿海各督撫亦當各籌防範，自固藩籬，以期有備無患。本日據侍郎夏同善奏，遵查沿江礮臺情形，所稱各處所築礮臺經費甚鉅，緩急能否足恃，殊無把握，宜擇留吴淞、江陰及焦山等處扼要之區，餘可置而不修等語。著沈葆楨、吴元炳、彭玉麟、李成謀酌度情形，會商籌議具奏，原摺著鈔給沈葆楨等閲看。將此密諭總理各國事務衙門，並由五百里諭知李鴻章、沈葆楨、丁日昌、彭玉麟、何璟、李瀚章、劉坤一、吴元炳、李文敏、裕禄、梅啟照、李明墀、潘霨、邵亨豫，並傳諭勒方錡、李成謀知之。

丁酉，諭軍機大臣等：崇厚奏，遵查邊境滋事匪徒，與俄國商辦情形一摺。據稱，逃匿俄境之回匪，分道寇邊，經俄國外部尚書格爾斯面稱，此項人衆並非俄國之人，路票内寫明地方，係在界内，並不料其越境滋事，現已知照各邊界認真查禁，嗣後越界滋事之人，任聽中國辦理等語。即著左宗棠、金順隨時相機妥爲籌辦。至照會中有中國將回人赦免准其回籍一節，自係指未經滋事良善回民而言，並著左宗棠酌度情形，出示曉諭。其首要各逆及怙惡不悛者，固爲法所難寬；其洗心遷善，情有可原者，自應分别辦理，以示勸懲。至俄國商民入境貿易，前經降旨，於未經收還伊犂以前，應行設法禁止。仍著左宗棠、金順遵照前旨辦理，其入境俄人，務當妥爲保護，免生枝節。崇厚即將議辦各事妥慎籌商，期於迅速了結。將此諭知崇厚，並由五百里諭令左宗棠、金順知之。

《光緒朝東華録》二一七　是月，實授李鳳苞爲出使德國欽差大臣。法蘭西國使臣白羅呢回國，參贊巴特納署理。義大利國新簡駐華使臣盧嘎抵任，義使之不兼駐日本自此始。日本國新簡駐華使臣宍户璣抵任。

《德宗實録》卷九三　四月壬申，諭内閣：前因恩承等奏，遵查川省鹽務，改辦官運商銷，利少弊多，與丁寶楨原奏不符，當經諭令户部酌覈具奏。兹據奏稱，川省自開辦官運後，疊據該督奏報，邊計額引全數銷滯，引至一萬餘張，所收税羨截釐暨雜款至一百餘萬兩。是該局之有益課款，似尚可憑。滇黔岸引久懸，現在開辦黔邊，甫著成效，未可遽行更改。其改包抽釐一節，統覈鹽價，每斤所加祇在毫釐之間，不致遽妨民食。且該省現時辦法雖屬官運，仍由商銷。該

督摺内既有川鹽旺銷，號商添設之語，自亦不致病商。再查該督前奏邊鹽增收銀兩，除本省留支外，尚能因應有餘，即以抵捐撥款二十五萬餘兩言之，是其贏餘之數，當不止八九萬兩，請仍飭該督妥籌辦理各等語。即著丁寶楨懍遵閏三月二十二日諭旨，將官運商銷各事宜悉心區畫，慎始圖終。封疆大吏，整頓地方公事固不可動於浮言，亦不可操之過蹙，務令裕課恤商便民均無窒礙，方爲不負委任。其在事官員尤宜隨時督率，勿令日久懈生。設有始勤終怠，或將來徵收漸絀，不便民用等情，則咎有攸歸，必惟該督是問。並著按照户部先後奏咨各案，迅將徵收雜款開支局用領收運本，及撥還借款數目限期並新收各款如何分别存局解道，及此次恩承等原奏所稱不符情節，各歸各款，詳晰查明具奏，仍一面分造清册專案報部覈銷，不得稍涉含混，致滋口實。

《德宗實録》卷九四　五月乙酉，欽奉慈安端裕康慶昭和莊敬皇太后、慈禧端佑康頤昭豫莊誠皇太后懿旨，寶鋆、沈桂芬奏，前撰册文，請旨更正，並請議處各摺片。據稱，光緒三年六月，翰林院奏醇親王世襲罔替册文，係循照舊式撰擬，詞氣究有未安，現擬稍事變通，於册内恭録懿旨，另行鐫刻等語。即著照所擬辦理。掌院學士寶鋆、前掌院學士毛昶熙，於前撰册文，未能斟酌盡善，究屬疎忽，均著照例議處。

《德宗實録》卷九五　庚寅，又諭：前因總理各國事務衙門奏請簡派大員會辦南洋防務，當經派令丁日昌專駐南洋，會同沈葆楨及各督撫，將海防一切事宜實力籌辦。兹據丁日昌奏，雙足痿痺，不能舉步，一時尚難就道等語。海防關繫緊要，豈可專待丁日昌病愈，始行籌辦。因思海防與江防勞逸懸殊，夷險迥别，必須練習風濤，熟悉水戰之大員督率巡查，方不至有名無實。著沈葆楨於外海水師提鎮中留心選擇，酌保數員，候旨簡用。至江南製造局之輪船，及福建船政局之輪船，可以供轉運，不能備攻擊，似宜選一深諳外海水師之大員統領是船，勤加操演。應否延致熟諳水師之西員會同操練，並著沈葆楨斟酌辦理。聞李成謀前在厦門整頓水師，極爲得力，現在閩海防務重於江防，著沈葆楨傳知李成謀即赴福建厦門、臺灣一帶，總統水師，並將船政輪船先行練成一軍，以備不虞，歸南洋大臣節制，隨時與閩省督撫妥籌備禦之策。其長江水師提督，即由彭玉麟會商沈葆楨、李瀚章，選擇結實可靠之員，奏請派署，所有長江水師各營，仍著彭玉麟實力巡閲，隨時整頓，用副委任。船政局之兵輪船，前因兵費不敷，將船勇裁減一半，以致不能成操。著何璟、李明墀、勒方錡設法籌款，速將兵輪船勇數照舊補足，認真操演。其商輪船，亦應一律添給槍礮戰勇，俾可合操，以期有備無患。至招商局輪船，計有二十餘號，可否擇其結實便捷者配給槍礮水勇，並豫備中國駕駛之人，著李鴻章、沈葆楨酌量籌辦。江防專用長龍舢板，似亦可靖内匪，而不能禦外侮，應否輔以淺水輪船及水雷等物，著各該督撫未雨綢繆，妥籌辦理。現在日本恃有鐵甲船，狡焉思啟，則自强之策，自以練兵購器爲先，著李鴻章、沈葆楨妥速籌購合用鐵甲船水雷，以及一切有用軍火，用備緩急，不得徒託空言。至購買鐵艦等物，需用浩繁，應如何籌集鉅款，並著該大臣等設法商辦。上海爲通商樞紐，兩江總督應否仿照直隸辦法，往來金陵、上海，以期呼應較靈，並著沈葆楨酌議具奏。此外用人、行政、練兵、裕餉各事，凡有關於自强者，各該將軍督撫等籌畫所及，並著剴切敷陳，用資採擇。將此由五百里密諭李鴻章、沈葆楨、慶春、彭玉麟、何璟、李瀚章、劉坤一、吴元炳、李文敏、裕禄、梅啟照、李明墀、勒方錡、潘霨、邵亨豫，並傳諭傅慶貽、李成謀知之。

《光緒朝東華録》二八　乙未，諭：吏部左侍郎崇厚，著充出使俄國欽差大臣。

《德宗實録》卷九六　六月乙巳，諭軍機大臣等：總理各國事務衙門奏，接據出使俄國大臣電報，並密陳交收伊犁一事各摺片。據奏，崇厚電報内稱俄國接金順覆文，俟交收伊犁後，方可弛禁；俄人所争，俟弛禁後，方可交收伊犁。現擬辦法，請即行文邊界，弛禁通商等語。俄人久踞伊犁，此次雖允交還，其欲藉此要挾圖占便宜，固在意中。然利害所關，必當權其輕重，未可因急於索還伊犁，轉貽後患。即如通商一節，所該地方甚廣，流弊滋多；分界一節，欲於原定界址外再圖侵占；即償款一節，雖據布策云，並無因利多索之心，然數目究未言明。以上三端，均尚未有成議，若遽行弛禁，彼又得步進步，多所要求，辦理轉致棘手。崇厚務當力持定見，總宜將通商、分界、償款三端議定後，與交還伊犁同時並舉，方爲妥善。設或所議各節，利害相權，得不償失，自應另籌辦法。著崇厚、左宗棠、金順、錫綸通盤籌畫，詳悉陳奏。至崇厚電信所稱喀什噶爾寄居俄國屬民，驅逐出境，及和闐有亂，住俄回民欲入喀什噶爾滋事各節，是否確有其事，著交左宗棠、金順查明具奏。原摺片均著鈔給閲看。將此密諭崇厚，並由六百里密諭左宗棠、金順、錫綸知之。

甲寅，諭軍機大臣等：銘安等奏，官兵勦捕賊匪，突有俄兵闖入隊内，戕害營總，殺傷官兵一摺。據稱，寧古塔副都統雙福，咨報本年五月間，石頭嶺地方

有股匪二三百人盤踞，經該副都統派兵往勦，二十二日勦匪獲勝，二十三日突有俄兵五六十人闖入隊內，直前衝殺，營總德順向前攔阻，被戕殞命等語。該副都統所報各情，是否屬實；俄兵越界戕殺，究竟有無起釁別情；被殺兵勇、商民共若干人，事關中外交涉，必須確切查明，方能持平辦理。著銘安、玉亮咨行寧古塔副都統，並飭派出各員詳細確查，即行據實具奏。所請飭令總理各國事務衙門照會俄國，將起事緣由查明照覆，已諭知王大臣等辦理矣。將此由五百里各諭令知之。

《德宗實録》卷九七　癸亥，諭軍機大臣等：張樹聲奏，接據越南國王來咨：現在統籌關外勦匪事宜一摺。逆匪李揚才，以中國叛將，竄擾藩封，勢不能不振旅出關，速行勦辦。現經馮子材親督各軍，次第攻勦，將者嚴等處巢穴一律埽平，並將李揚才家屬拏獲。該逆以釜魚檻獸，拒守一隅，諒不難剋期授首。著劉坤一、張樹聲、馮子材飭令各軍，乘此聲威，埽穴擒渠，立將李揚才、陸之平等逆悉數擒拏，迅圖蕆事，毋得日久勞師遠地，糜費餉需。在該國王咨呈張樹聲，有請留官軍盡勦諸匪之語。該國伏莽甚衆，防不勝防，斷無以中國兵力代爲勦捕之理，仍著劉坤一等飭令各官軍迅將李、陸股匪殲除後，即行班師。越南積匪尚多，劉坤一等即傳知該國王自行攻勦，肅清餘孽。廣西邊境各要隘，該督等當妥派得力營隊扼守防堵，一遇餘匪竄近，即隨時勦滅，以靖邊疆。將此由五百里各諭令知之。

甲子，懿旨：醇親王奕譞奏，懇裁撤差使家居養疾一摺。醇親王奕譞舊疾未痊，即著安心調理，所有神機營一切事宜，著毋庸會同商辦，以示體恤，一俟病體稍愈，即行具摺請安。

乙丑，又諭：李鴻章等奏，紳士捐輸鉅款全數繳清，請破格優奬一摺。福建紳士三品銜候選道林維源等，因臺灣試辦礦務等事，認捐洋銀五十萬圓，嗣因山西、河南辦賑需款，將此項銀兩提前措繳，分撥濟賑。該員等捐輸鉅款，實屬好義急公，自應破格加恩，以昭激勸。林維源著賞給三品卿銜，並一品封典；林爾昌等均著照所請給奬。

戊辰，諭軍機大臣等：前因閩省防務緊要，諭令沈葆楨傳知李成謀即赴厦門、臺灣一帶總統水師，其長江水師提督一缺，並令與彭玉麟等會商遴員奏請派署。兹據彭玉麟等會商具奏，福建水師提督彭楚漢堪以接署長江水師提督，惟與其與李成謀彼此更換，不如將彭楚漢就近統領閩局輪船等語。彭楚漢既能勝任，即著照所請，令該提督總統閩局輪船，李成謀仍留長江提督之任，以資熟手。沈葆楨務當遵照前旨，飭令彭楚漢將船政輪船先行練成一軍，以備不虞，均歸該督節制，仍隨時與何璟、勒方錡妥籌備禦之策。所有長江水師各營仍著彭玉麟、李成謀認真巡閲，隨時整頓，以副委任。將此由五百里密諭李鴻章、沈葆楨、彭玉麟、李瀚章、何璟、丁日昌、勒方錡，並傳諭李成謀，彭楚漢知之。

《德宗實録》卷九八　七月丙子，諭軍機大臣等：御史葉蔭昉奏，規復河運宜妥籌辦法一摺。國家歲輸東南漕糧，原以河運爲長策，現雖因工繁費鉅，一時不能遽復舊章，而運道則不可不設法疏通，以爲逐漸規復之計。該御史所稱藉黄濟運不如藉衛濟運各節，是否可行，著李鶴年、文彬、周恒祺悉心商酌，妥議具奏，固不可依違遷就，亦不可畏難苟安，總期籌畫萬全，有裨全局，方爲妥善。原摺均著鈔給閲看。將此各諭令知之。

《光緒朝東華録》二九　先是朝鮮國原任太師李裕元奉使來華，直隸總督李鴻章默揣朝鮮安危關係中國，與李裕元往來書信中略示外交方略。時朝鮮屢拒泰西各國立約通商之請，迨光緒四年日本迫立通商條約，泰西各國羣議，其後東方局勢變動。經前福建巡撫丁日昌暨總理各國事務衙門將籌畫情形，先後奏聞。至是，諭軍機大臣等：總理各國事務衙門奏泰西各國欲與朝鮮通商，事關大局，縷晰密陳等語。日本、朝鮮積不相能，將來日本恃其詐力，逞志朝鮮，泰西各國羣起而謀其後，皆在意計之中。各國既欲與朝鮮通商，倘藉此通好修約，庶幾可以息事，俾無意外之虞。惟該國政教禁令亦難强以所不欲，朝廷不便以此意明示朝鮮，而顧念藩封又不能置之不問。據該衙門奏，李鴻章與朝鮮使臣李裕元曾經通信，略及交鄰之意，自可乘機緩爲開導。在該督必不肯輕與藩服使臣往來通問，而大局所關亦當權衡輕重。著李鴻章查照本年五月間丁日昌所陳各節作爲該督之意，轉致朝鮮，俾得未雨綢繆，潛弭外患。

《德宗實録》卷九八　戊子，諭内閣：國子監司業張之洞奏請修省以弭災變，敬陳管見一摺。本年六月以來，金星晝見。五月中旬，甘肅地震爲災，陝省毗連處所同時震動，自應恐懼修省，以弭災沴。著在廷諸臣有言事之責者，於政事闕失民生利病，懔遵歷次諭旨，剴切敷陳，用備採擇。至中外臣工務當振刷精神，實事求是，毋蹈因循疲玩之習。【略】又據稱，本年河汛甚猛，河南省城外險工可危，請築月隄，並挑掘引河以資保衛一條，著河東河道總督、河南巡撫會商妥辦。摺内所稱地震情形，東至西安以東，南過成都以南等語，何以未見丁寶楨

奏報，著該督查明據實具奏。

《光緒朝東華録》二九　癸巳，諭：崇厚著作爲全權大臣，便宜行事。

《德宗實録》卷九九　八月辛亥，又諭：理藩院覆奏，遵議捐輸銀兩之蒙古汗王等，應得獎敘一摺。圖什業圖汗、那遜綽克圖等捐輸銀兩，具見誠忱。加恩圖什業圖汗、那遜綽克圖、車臣汗、車林多爾濟、三音諾彥部落札薩克和碩親王車林敦多布，均著賞用黃韁；三音諾彥部落札薩克多羅貝勒額林沁忠鼐著賞紫韁，並賞戴雙眼花翎；車臣汗部落札薩克多羅貝勒車林桑都布、札薩克固山貝子貢楚克札布、札薩克鎮國公札木色楞札布、札薩克圖汗部落貝子銜札薩克輔國公車德恩敦多布多爾濟、札薩克鎮國公阿育爾色德丹占札木楚、三音諾彥部落札薩克輔國公達爾瑪巴札哩，均賞用紫韁；札薩克圖汗部落花翎札薩克鎮國公密法木三布，賞換雙眼花翎；三音諾彥部落札薩克和碩親王車林敦多布之嫡孫二等台吉班丹納木濟勒、貝子銜札薩克輔國公額爾奇木濟爾噶朗之嫡孫未授職台吉都噶爾札布、車臣汗部落札薩克頭等台吉達什克車林多爾吉之子三等台吉車林棍布、札薩克圖汗部落鎮國公銜札薩克頭等台吉那遜布彥吉爾噶勒、協理台吉諾木車林，均賞戴花翎；三音諾彥部落札薩克頭等台吉車林棍布，賞給本身鎮國公虛銜，並賞戴花翎；札薩克圖汗部落鎮國公銜札薩克頭等台吉那遜布彥吉爾噶勒並挑乾清門；額爾德尼班第達呼圖克圖洛布桑黨占丕淩哩圖克米特，賞給廣濟名號；業固雜哩阿齊圖額爾德尼莫爾根堪布呼畢勒罕噶拉桑達什，賞給性寬名號。

壬子，諭軍機大臣等：張樹聲奏，遵查道員被參各節，請旨留營，並勒限查拏逆酋，請將提臣免議各摺片。已革道員趙沃被參各節，既據該撫查明，功過尚足相抵，且平日樸誠廉潔，曉暢戎機，自可稍從寬宥。趙沃著准其留於廣西軍營效力，以觀後效。逆酋李揚才、陸之平罪大惡極，豈容日久稽誅，縱使地方遼闊、林密山深，似此著名巨酋，何至摉捕無獲？著劉坤一、張樹聲、馮子材速咨越南國王，飭地方官確查李逆等實在下落，指出藏匿處所，即派營圍拏，期於必獲，務於兩月内咨復，以免勞師糜餉。該提督自請議處，並張樹聲奏請免議之處，著俟續奏到日再降諭旨。將此由五百里各諭令知之。

庚申，諭内閣：兵部奏，邊疆大臣擬在都中設局派員兼辦轉運據咨請旨一摺。烏里雅蘇台將軍春福等，以該城採買皮衣軍裝、調取火藥等事，擬於京城設轉運局，又未奏明請旨，遽派刑部員外郎希賢、長春二員兼辦局務，向來無此辦法，實屬任意妄爲。烏里雅蘇台將軍春福、參贊大臣車林多爾濟、杜嘎爾，均著交部嚴加議處，其所擬設局及派員兼辦局務之處著不准行。

癸亥，諭軍機大臣等：松溎奏，西藏商上呈遞稟結，不令洋人入藏，請將掌辦商上事務之通善濟嚨呼圖克圖等嚴行懲辦，並自請從重治罪一摺。洋人入藏游歷，係條約准行之事。該藏僧俗人衆執意不遵，公具稟結，不令入境，松溎未能剴切曉諭，殊屬辦理不善，著交部議處。通善濟嚨呼圖克圖等，本應懲辦，暫從寬免，著松溎、色楞額責成該呼圖克圖等開導僧俗人衆，告以該洋人入藏人數無多，前往游歷，不至有欺壓之事，毋庸妄自驚疑，致生事端。該商上於洋人到藏時，務當飭令漢番弁兵，妥爲照護，儻仍前違抗，定將駐藏大臣及該呼圖克圖等從嚴懲處。此事關繫綦重，松溎、色楞額當悉心妥辦，毋得稍有疏虞，貽誤大局。該藏商上此次遞結情形，著總理各國事務王大臣照會該國使臣知悉，並著恒訓、丁寶楨於洋人抵川時將藏衆情形詳細告知，設法勸阻，令其停止前進，更爲妥善。松溎、色楞額仍即一面妥籌辦理，不得意存觀望。將此諭知總理各國事務衙門，並由五百里諭令恒訓、丁寶楨、松溎、色楞額知之。

甲子，諭軍機大臣等：總理各國事務衙門奏，籌辦交收伊犂事宜，請飭疆臣覈議一摺。據稱連接崇厚電報，内稱約章現皆定議，崇厚定於八月初八日起身赴黑海畫押後，即由南洋回京覆命，並將現議條約十八款摘要知照，詳加覆覈。償費一節，尚不過多，通商則事多轇轕，分界則弊難枚舉，亟宜籌畫布置，迅圖補救各等語。崇厚出使俄國，固以索還伊犂爲重，而界務、商務關繫國家大局者，自應熟思審處，計出萬全，且疊經總理各國事務衙門電致崇厚。若照來函，有礙大局，節畧内並言所損已多，斷不可行。該大臣尤應遵照辦理，設法與之辯論，乃竟任其要求，輕率定議，殊不可解。現在俄約既經議定，其第七款所稱中國接收伊犂後，陬爾果斯河西及伊犂山南之帖克斯河歸俄屬；第八款所稱塔城界址擬稍改，是照同治三年議定之界；又於西境南境劃去地段不少，從此伊犂勢成孤立，控守彌難。況山南劃去之地，内有通南八城要路兩條，關繫回疆全局，尤非淺鮮。至第十款，於舊約喀什噶爾、庫倫設領事官外，增出嘉峪關、烏里雅蘇台、科布多、哈密、吐魯番、烏魯木齊、古城七處，亦欲酌設領事。第十四款，並有俄商運俄貨，走張家口、嘉峪關赴天津、漢口，過通州、西安、漢中，運土貨回國同路之語。不特口岸過多，並與華商生計亦有妨礙，允行則實受其害。先允後翻，則曲仍在我，自應設法挽回，以維全局。左宗棠於新疆情形瞭如指掌，金順、錫

綸久在西北各路，諳習邊情。且西路通商如何布置，始能害少利多，左宗棠必有權衡。至張家口、漢口係南北洋分轄地方，所有通商諸務亦應彼此通籌。著左宗棠、金順、錫綸將界務、商務各條款悉心酌覈；李鴻章、沈葆楨素顧大局，除商務各條款詳加籌畫外，其界務如何辦理，始臻周妥之處，分別詳細密陳。該衙門另片所陳界務尤關緊要，就崇厚寄來分界圖説，中國如尚可設法布置，即當妥爲辦理；若必不可允，則邊防尤宜及時籌辦各等語。此事一出一入，關繫綦重，左宗棠督辦軍務，事權歸一，尤當通籌全局，權其利害輕重，一併覈議，密速具奏。原摺片均著鈔給閱看。將此由六百里各諭令知之。

乙丑，諭軍機大臣等：昨因總理各國事務衙門奏，崇厚與俄國商辦交收伊犂事宜，輕率定議畫押，當經諭令左宗棠等籌畫密奏。本日據左宗棠奏，覆陳邊務一摺。所陳界務、商務大畧，及妨民病國各條，慮遠思深，洵屬老成之見。特崇厚現已定議畫押，事機已誤，惟有亟籌補救，設法挽回。著左宗棠懔遵昨日諭旨，將商務、界務如何辦理，始臻周妥之處，或約章必不可允，邊防一切如何布置，始無患生肘腋之虞，詳細籌度，妥議具奏。前據編修高萬鵬奏，秦、隴等處聞有煙土入境，嚴拏焚燒之事，請暫罷此令以弭釁端，曾諭該督酌辦。此次左宗棠摺内所稱甘境禁種罌粟，根株净盡，現擬出示，禁止外來土煙。如有川滇客民販土入境者，當衆焚燒，薄與責懲等語。是高萬鵬所奏，事非無因，仍著左宗棠體察情形，妥籌辦理。將此由五百里密諭知之。

《德宗實録》卷一〇〇　九月己卯，諭軍機大臣等：張樹聲奏，現接提臣馮子材函稱，據越南官稟報，李、陸二逆仍在太原等省轄境山谷竄匿，業經派兵分投搜拏等語。官軍勦辦關外賊匪，必須將李揚才、陸之平二逆首剋期擒獲，始竟全功。現既據越南官稟報該二逆仍在太原等省轄境山谷藏匿，馮子材已招募該國山人五百名，配入各營，分投引兵入山搜捕。即著劉坤一、張樹聲、馮子材嚴飭官軍等，剋日將該二逆迅速擒獲，即行班師入關。當此功虧一簣之時，萬不可稍形鬆勁。儻任該逆遠颺，致貽後患，必惟馮子材是問。將此由五百里各諭令知之。

癸未，總理各國事務衙門奏，琉球官員到京乞援，剴切開導，資送回閩。從之。

丙戌，諭軍機大臣等：有人奏，風聞江蘇糧道英樸，每年押運漕糧北上，潛行來京，在私宅演戲宴客，至十月底方行回省。赴上海收米時，乘坐小轎，微服冶游。每逢北上時，輒勒令屬員餽送程儀，署中各用開銷均向海運總局支取。復以敬神爲名，動用工項，造成戲臺，移至京城私宅自用。於上海、天津、京城開設松盛長銀號，將海運公費發交生息。勒揹委員等薪水。又於上海、天津、京城開設裕豐金珠銀號，惟利是圖，請飭查辦等語。著步軍統領衙門、順天府、五城御史、李鴻章、沈葆楨、吴元炳按照所參各節，分別確切查明，據實具奏，毋稍徇隱。原摺均著鈔給閱看。將此諭知步軍統領衙門、順天府、五城御史，並諭令李鴻章、沈葆楨、吴元炳知之。

《光緒朝東華録》三〇　丁亥，左宗棠奏，喀什噶爾今正大捷，逆酋愛克木大汗條勒阿布都勒哈瑪與敗殘餘衆數十人，竄遁俄境阿來地方，五月内被俄官逐。該逆酋等因俄不見容，遂由阿來竄出，越愛克什塔木俄國邊卡，踞我外卡之外，以跟地方自言無地逃生，卑詞懇諸安集延烏魯特各回助其竊踞邊城，暫延喘息。回衆中喜事無賴之徒轉相句煽，加以誘脅，從亂者漸多。六月十七日竄至烏魯克哈提，嗣後渡河而南，招致回部，意在窺邊。臣接道員羅長祐緘告，比於八月十一日覆陳摺内附敘及之。旋接通政使二等男臣劉錦棠七月十四日咨報，所敘賊情賊蹤與羅長祐無異，而布置一切較爲詳明。按烏魯克哈提距喀什噶爾約七百里，中隔戈壁。賊由烏魯克哈提南竄則必出烏帕爾西南，西南竄則必出色勒庫爾。以兩地水草均便，多産糧料，人馬足供故也。劉錦棠先派羅長祐淬馬步赴烏帕爾，修築堅壘，留副將劉必勝步隊、總兵夏辛酉馬隊駐守扼之。飭西南沿邊各布魯特徙帳内地，避賊裹脅。劉錦棠按兵喀什噶爾，擬伺賊所向，急起擊之。嗣後接劉錦棠七月二十五日咨報，阿布都勒哈瑪由烏魯克哈提翻山而南，向色勒庫爾竄走，後兩日愛克木汗由烏魯克哈提踰河而南，越賈勒克蘇明特蓋等處，復向西南竄走，是其併趨色勒庫爾，圖與阿布都勒哈瑪合股無疑。劉錦棠派羅長祐率步隊三旗留守喀什噶爾漢城，總理後路防守事宜；總兵杜錫斌率部董字左營步隊駐紮回城；並飭提督李克常、副將劉必勝等仍常駐紮，以重邊防。布置已定，七月二十六日劉錦棠親率馬步二千有奇，由喀什噶爾向色勒庫爾進發，沿途如別無戰事計，旬日内可到地接仗，容俟續報，到時再行馳奏。

《德宗實録》卷一〇〇　辛卯，出使俄國大臣崇厚奏，俄國交涉各案，現擬完結辦法，並照録俄國外部照會七件。下所司知之。

己亥，諭内閣：前因給事中吴鎮奏四川地震情形，丁寶楨諱災不報，並南部地方因加釐啟釁，蓬溪亦因設卡滋事等情，當諭令該署督詳查具奏。茲據奏稱，

四川省城於本年五月十二日微覺地動；旋據重慶等府及梓潼等縣共十九屬稟報，亦於五月初十十二等日地動情形尚輕；閬中等七屬，城牆間有坍塌，惟南坪一處城署房屋倒塌甚多。又珠河場河溝被山岩墜塌將河身壅塞，後復衝開，水勢洶湧，致河北街民房盡行淹壞，傷人甚重。實因委查稟報未齊，是以具奏稍遲等語。川省地震成災，各屬輕重情形不一。即著丁寶楨迅即查明，分別籌款撫恤，毋令一夫失所。至南部抽釐，既據該署督奏稱舉辦多年，此次照前從減，並未加增。其蓬溪設卡，實有不能不辦之勢，現經妥定盤查章程，不致再有滋事。抽釐設卡，弊端甚多。該署督惟當隨時切實稽查，悉心經畫，毋得狃於目前安靜，稍涉疏虞。其向東陽等虧挪銀兩，並著飭縣嚴追，以重官款。

《德宗實録》卷一〇一　十月丙午，又諭：李鴻章、沈葆楨奏，海防需才，請飭閩局生徒出洋肄業，定章三年爲限，自光緒三年起，至光緒六年，即當陸續送回供差。現在南洋定購蚊子船四號，即擬以學生飭派管駕。此後閩廠成船日多，需才甚亟，閩局前後學堂續招各生不乏潁異之才，可以接續派往，就已成之緒，收深造之功等語。著慶春、何璟、勒方錡查照出洋章程，接續遴才，派赴英、法各國就學，以冀人才日盛，緩急有資。將此各諭令知之。

《德宗實録》卷一〇二　丁巳，諭軍機大臣等：光禄寺少卿劉錫鴻奏，水師宜兼練陸戰之技一摺。據稱師船水手必當兼練火槍、刀牌、跳躍、擊刺之技，其利有四，不可專恃大礮等語。水師各營練兵之法原不專恃船礮，劉錫鴻所陳，有各營向來兼習者，惟當加意訓練，精益求精。其未經兼習各營，著李鴻章、沈葆楨、彭玉麟、李成謀按照所奏情形，酌量籌辦，並著分別知照沿江沿海各督撫一體酌度辦理。原摺均著鈔給閱看。將此諭知李鴻章、沈葆楨、彭玉麟，並傳諭李成謀知之。

癸亥，諭內閣：丁寶楨奏，霜降已過，修補都江堰隄工悉臻堅固，民田已多涸復等語。四川都江堰隄工失修多年，此次丁寶楨督飭承修之員，挑穵江身，修砌兩岸，現據奏稱河道一律深通，連年水勢極大，但有灌溉之利，並無泛溢之患。灌縣、溫江、崇慶等州縣，從前淹没田地，已涸復八萬二千九百餘畝。江隄所以保衛田廬，關繫緊要，現既著有成效，尤宜實力修防，永資利賴，嗣後該督仍當嚴飭該地方官隨時察看情形，認真辦理，毋得日久生懈，致隳前功。

戊辰，諭軍機大臣等：有人奏，丁寶楨於四川地震情形諱匿不報，迨奉諭飭查，始以委員稟報不齊等語支吾搪塞。又丁寶楨所奏都江堰隄工修築堅固，恐有不實，請飭密查等語。著恒訓按照所奏各節，秉公確查，據實具奏。原摺並丁寶楨摺一件、片二件，均著鈔給閱看。將此諭令知之。

己巳，諭軍機大臣等：李鴻章奏，遵議海防、購船、選將各節，並請催解經費各摺片。海防辦理有年，迄未就緒，亟應通力合作，趕緊籌辦，以圖自强。李鴻章所陳必購置鐵甲等船，練成數軍，決勝海上，能戰而後能守，自是要論。該督擬先購快船，再辦鐵甲。現令總稅務司轉飭駐英稅司訂辦快船二隻，期於光緒七年到華，現在購到蚊船八隻，來春弁勇配齊，分赴南北洋調遣。其廣東、臺灣、浙江寧波、山東煙臺各海口，均須酌備蚊船，與南北洋互調會操，藉杜窺伺，均著照所議辦理。該督撫當仰體朝廷宵旰焦勞之意，共矢公忠，先其所急，迅速籌辦，不得藉辭諉延。所有帶船將才及購船事宜，即著李鴻章認真講求，務使人才輩出，器械精良，以期得力。至福建船政局製造各船，必精益求精，不可蹈常襲故。李鴻章此次定購之快船，將來如能仿造，始有裨於實用。著該管大臣實力整頓，逐漸圖功。惟籌備海防，經費宜裕，除福建業經該省奏請截留外，其餘各該省應解南北洋海防經費，著各該督撫趕緊設法籌解大批饟項，各監督按結如數迅速分解，以應急需。儻再稍有挪延，由李鴻章等指名嚴參。將此由五百里密諭李鴻章、沈葆楨、李翰章、何璟、劉坤一、周恒祺、吴元炳、李文敏、譚鍾麟、勒方錡、潘霨、裕寬、黎兆棠，並傳諭俊啟知之。

《德宗實録》卷一〇三　十一月庚午，又諭：總理各國事務衙門奏，請飭南洋大臣趕辦海防事宜一摺。前因海防關繫緊要，疊經諭令南、北洋大臣實力籌辦，衹以經費未充，遽難集事。近來東洋狡焉思逞，情殊叵測，若再事因循，緩急難資備禦，必致貽誤大局。李鴻章以鐵甲船暫難購辦，現已訂購兼碰快船兩隻。北洋稍資防護，南洋海面較寬，尤應添置戰艦，以備不虞。現經該衙門擬由出使經費項下，於兩年內共湊撥銀四十萬兩接濟南洋購船之用。著沈葆楨將購船事宜迅速籌辦，如鐵甲船一時無力購辦，應否先購兼碰快船兩隻，或添購蚊子船數隻，藉資策應，俟將來經費稍充，再行籌購鐵甲船，方不至因噎廢食，坐誤事機。至購到之船應用何人統領，何人教練，及在何處扼守，期與北洋聯絡一氣之處，並著該督酌度情形，奏明辦理。此次總理衙門湊撥之款，專爲購船要需起見，不得移作他用。原摺著鈔給閱看，將此由五百里密諭知之。

甲戌，諭軍機大臣等：左宗棠奏覆，陳交收伊犂事宜一摺。俄人包藏禍心，蓄謀已久，此次與崇厚所議約章，流弊甚大。覽奏，洞徹利害，深中窾要，刻下崇

厚計將回京，俟其覆命後，所有原議各條，應准應駁，朝廷自當權衡辦理。惟俄人所求不遂，啟釁亦在意中。該督所稱先之以議論，決之以戰陣，自是剛柔互用之意。所有新疆南北兩路邊防事宜，即著該督豫籌布置，以備緩急之用。所慮者，吉林、黑龍江一帶均與俄疆毗連，不無防範難周之處，將來操縱機宜，諒該督必能通籌全局，謀定後動也。現在伊犁界務未定，所有塔爾巴哈台、精河等處，應如何加意綢繆之處，並著與金順、錫綸妥商籌辦。至烏里雅蘇台、科布多兩城，餉絀兵單，力難自固，該督亦當統籌兼顧，以維全局。所請飭催協餉一節，刻下籌辦邊務，關繫緊要，必須餉需充足方可措手。著户部查明各省應協左宗棠及金順、錫綸、張曜、金運昌各專餉，嚴催大批速解，毋稍遲誤。原摺留中，將此由六百里密諭知之。

壬午，諭軍機大臣等：前據李鴻章奏，籌議海防，廣東、臺灣、浙江、寧波、山東煙臺各海口，均須酌備船隻。當經諭令各該督撫迅速籌辦。兹據總理各國事務衙門奏，應購船隻該衙門既不熟悉，若由各省自行定購，不如徑由李鴻章一手經理，較爲周妥等語。前次所購蚊子船及現在議購兼碰快船，均係李鴻章訂辦。該督前奏，此項船隻於海防最爲得力，必當講求有素，各省需用之船，自宜統由李鴻章酌量代訂。其所需購船經費，即著何璟、劉坤一、裕寬、周恒祺、譚鍾麟、勒方錡分別籌解李鴻章備用，將來各船購到時，並由該督驗收，分布各海口以資調遣。將此由四百里各密諭知之。

《德宗實録》卷一〇四 庚寅，諭内閣：都察院左都御史崇厚奉命出使，不候諭旨，擅自起程回京，著先行交部，嚴加議處，開缺聽候部議。其所議條約章程及總理各國事務衙門歷次所奏各摺片，著大學士、六部、九卿、翰詹、科道妥議具奏。

丁酉，又諭：錫綸奏，酌擬接收伊犁各事宜一摺。接收伊犁及分界通商各事，崇厚所議條約章程，暨總理各國事務衙門先後奏陳摺件，業經明降諭旨，令廷臣會議。現在尚未覆奏，錫綸當静候諭旨，一面仍將目下應辦事宜，妥籌布置。另片奏，棍噶札拉參請酌予假期等語。該呼圖克圖出關帶兵，歷有年所，現擬請假回鄉，情詞懇至，即著給假三年，並准其馳驛行走。所有阿爾泰山、承化寺徒衆事務，委尚卓特巴喇嘛經管，仍著錫綸隨時照料，毋任日久生事。錫綸所請飭催欠款一節，已諭令曾國荃如數補放矣。將此由五百里諭令知之。

《光緒朝東華録》三二 十二月乙巳，左宗棠、楊昌濬奏，制兵之設，所以備緩急而固疆圉，强弱攸分，所關甚鉅。國家養兵二百餘年，歲糜帑藏。此次軍興未能稍收制兵之効者，由於餉薄而額多。夫兵在精不在多，兵之能戰不能戰，視夫練之精否。兵之能練不能練，視夫餉之足否。若饑乏之卒，内顧不遑，不得不聽其別營生業，心志因之而紛，精力因之而懈，技藝因之而生，兵與將兩不相習，無論不能驅以禦敵，即訓練亦難應時入操。名爲制兵，實與惰民無異，徒爲地方之蠹而已。各省戎政廢弛，弊雖不一，而其要皆由於額多餉薄，不能勤督精練。【略】時勢攸殊，兵固有可裁者，現擬將督提鎮標路各營酌量地方，今昔情形，分別輕重，仍按照馬步守三項名目分成核減。甘省馬兵額數較多，邊地雖宜用騎，而應敵布陣必步兵多於馬兵，乃可制勝，是馬兵固有可裁者。現查關内各營馬步守三項兵數參差不一，多寡懸殊，章程未能畫一，當初隨時增損，自非無因。而據現在情形審之，自應變通，以期盡利。至於糧餉，擬將減存兵數量加折色，以資飽騰。臣等數月以來周諮博訪，往復函商減兵增餉章程，甘肅實宜仿照辦理，除加增兵餉外，尚可節省銀六七十萬兩，以之撥充新疆設省經費，於西事亦不無小補。下部議奏。

《德宗實録》卷一〇五 丙午，諭軍機大臣等：文緒奏，奉天練兵不敷分布，請酌覈添練等語。奉天幅員遼闊，防務必應嚴密，現在所有練兵客隊是否足敷分布，應否陸續添練，著岐元查覈練餉數目，斟酌情形，妥籌辦理。將此各諭令知之。

幫辦軍務大臣、伊犁將軍金順奏，遵籌交收伊犁，並查住俄回民滋事各節。得旨：交收伊犁事宜業經降旨，令廷臣會議具奏。回匪圍攻色勒庫爾，已據左宗棠奏勦辦完竣矣。

《德宗實録》卷一〇六 丙辰，諭軍機大臣等：此次崇厚出使俄國議辦條約章程，俄人多所要求，勢難允許，崇厚率行畫押，擅自回京，現已降旨將崇厚革職拏問，交刑部治罪，並將此事交王大臣等會議，現在尚未覆奏。惟念俄人挾制多端，心懷叵測，此時雖事機未定，不可不亟籌防務，備豫不虞。所有兵餉兩端及布置之法，著該將軍督撫等豫爲籌畫，妥慎辦理，務須不動聲色，毋得稍涉張惶。此外一切機宜，俟定議後再降諭旨。將此由五百里密諭李鴻章、左宗棠、彭玉麟、岐元、銘安、希元、豐紳、金順、穆圖善、慶春、吉和、春福、劉坤一、李瀚章、何璟、張樹聲、景豐、祥亨、吴元炳、裕寬、裕禄、李文敏、譚鍾麟、勒方錡、潘霨、李明墀、周恒祺、松林、錫綸、車林多爾濟、杜嘎爾、清安、桂祥、奕榕、那穆濟勒端多

布，並傳諭譚鈞培、李成謀知之。

《光緒朝東華録》三二　戊寅，張樹聲奏，苗匪竄擾西林地方。查西林縣西北與西隆州毗連，西南與滇省廣南府屬之寶寧縣、土富州犬牙相錯。苗人在西林者甚少，而寶寧、土富之苗與西隆三份之白苗皆環西林而居，諸苗良莠不齊，其愚蠢而易惑，頑悍而輕亂則同。自内地耆定，田陽改流，稔惡積匪又多以苗爲逋逃藪。西林邊境大槽地方，在縣治西百一十里，多叢山峻嶺，南有水坎曰大艷溝，溝外荒山老林，綿亘數十里，直通滇境。本年九月間，白苗王么在大槽種山掘地，得廢礮，妄生覬覦。因詭言得無字天書，命在大槽，爲苗王，潛煽廣南及西隆苗人同踞大槽起事，謀刦附近民團，進攻縣城。十月初旬，各苗乘夜由山僻小路陸續齊集大槽，到處粘貼僞示，王么自稱爲王，其黨馬三、馬四、竇三、李富、陳三等僞稱元帥，竇小六、王二大等僞稱大先鋒。僞示内有能撒豆成兵、飛蟲射人等語，邊民信畏鬼神，訛言四起，苗來愈衆，遂聚至二千餘人。西林無城，縣中四百餘户可充練勇者百人，合以縣營兵男不過二百數十人，倉卒聞警，人心恇懼。署該縣知縣曾傳均邀同署上林營都司翁長春，一面傳集紳士，齊團堵剿，多張告示，聲言大兵將至，但誅首要，各逆脅從者概予勿治；一面清查内奸，曉諭百姓，以主客勞逸之勢，使釋疑懼，並議築土壘，躬親板築六晝夜，工成，衆志益固。此苗逆僭號聚衆，踞險起事，及該縣布置守禦之情形也。正在調派間，十八九等日，該匪蠭擁而來，連破革列、板達、渭悶等寨，逼近高角山，距縣城三十里。曾傳均與翁長春議，曰寇深矣，無兵無餉，株守將益困，遂定計出攻苗寨，激勵勇練，出縣官衣物備賞，衆皆感奮，並招致良苗潛入賊寨中，散其黨與。苗逆以大槽大豔溝爲巢穴，自此至高角山七八十里中，復分踞渌里、昂岩、那瑪、平戞、腦寨等處，各數百人，聲勢聯絡。二十七日翁長春率兵練夜撲腦寨。曾傳均撥縣署壯勇，並調齊附近團丁助之。苗備甚嚴，未克。二十八日，又力攻竟日，傷勇練八名，仍未得手。二十九日黎明，翁長春率所部猛攻中路，該逆整隊迎敵，被傷兵丁二名，練勇三名，督戰益力，移時轟斃黄旗賊帥竇三，並悍匪數十名，賊勢披靡。團練軍功黎兆富，向林秀山旁徑横擊，而入陣斬藍旗賊帥陳三，短兵相接，斃賊多名，兵練亦有傷亡。縱火焚寨，賊奔平戞，我軍乘之，平戞賊出生力軍鋭，甚傷勇練五名。我軍燃臺礮轟擊，賊隊分避，我軍就勢撲進，遂破平戞，尾追至那瑪，賊已喪膽，不戰自潰。追斬僞元帥馬四一名，殄擒無算。十一月初一日，進攻距那瑪二十里之昂岩，克之，斃賊十餘名。團衆岑至浩亦先一日攻克渌里，斬級六顆，傷斃苗匪四十餘名，於是苗匪皆遁歸大槽一帶矣。首逆王么以官軍日逼，退守大豔溝，留數十人守大槽。適守備盧士傑帶泗洲城府防勇於初一日馳至，與把總王霖、團總何國棟覓土人前導，夜初鼓帶勇練啣枚行五十里，登大槽山，天明入其巢，守賊不虞官軍驟至，驚起四竄，追斬殆盡。時與大豔溝掎角者，曰渭馬寨，賊以全力守之，險固異常。初二日翁長春督所部攻之。王么自大豔溝率衆來援，我軍迎擊，鏖戰二時之久，斬悍黨十餘名，斃匪甚夥，兵練亦傷亡四名，賊收隊入寨，作負嵎勢。是日，把總彭得才帶泗洲府防勇並解鉛藥到縣，曾傳均連夜裹火藥包，多備鉛藥，即派把總彭得才解赴渭馬助勦。泗城府右營守備曾慶祥亦奉檄率民，晝夜兼行，於初四抵渭馬，與翁長春合營攻寨。賊憑險屢拒，鎗礮如雨，我軍火藥罄盡，相持正急，彭得才馳解鉛藥適至，隨以火藥包齊力奮擲，栅立焚，勇練肉薄環登，賊潰走。嚮道有指示僞苗王者，翁長春商令曾慶祥督縣親兵隊長李文彬、團總何國柱等各帶勇練，分道截擊。該逆王么率數十人奔龍山，官軍四面追逼，匪衆都墜岸死，僅餘死黨八人，猶持鎗械，擁護王么據地，作畫符狀，練衆李德興等悉力圍殺，生擒僞王王么及僞元帥李富。大豔溝守賊已聞風驚竄，皆逃赴土富州，官軍窮追十餘里，復斃匪多名。所募團練何國棟亦於是日誘擒僞大先鋒竇小六、王二大，解縣訊辦。王么傷重將死，僅能言本主是大神教，伊爲王，授以神法數語。翁長春恐其倖逃顯戮，即在行營處斬將首級，解縣懸示，合縣聚觀，同聲稱快。西林縣境已一律平靖。

《德宗實録》卷一〇六　丙寅，諭軍機大臣等。前因本月二十六日王大臣等在總理各國事務衙門會議事件，降旨令洗馬張之洞前往，嗣後王大臣等有應行諮商之處，著該衙門知照該洗馬前往。

光緒六年（庚辰、一八八〇）

《德宗實録》卷一〇七　正月己巳朔，諭軍機大臣等：劉坤一、裕寬奏，籌備蚊子輪船擬由粵省自行試辦，並請飭講求製造兵輪船各摺片。籌辦海防船械，自應切實圖維，未可蹈常襲故。劉坤一等擬照蚊子船改用木殼，將前膛礮改用後膛洋礮，即由粵省自行仿造船隻，變通辦理。局員温子紹捐置一號，業已興工，覈計工價約銀僅二萬餘兩，並另籌銀兩添造一號各節。此項船隻造成，果能與外洋蚊子船相爲頡頏，既可節省餉需，又能迅速蕆事，自係兩得之計。即著照

所請，先行試辦。惟事屬創始，能否合用，究竟尚無把握。前經諭令各省籌解經費交李鴻章訂購蚊子船，分布各口，仍著一面遵照辦理。張樹聲、裕寬即陸續解款，俾資應用。製造戰艦，必須精益求精，以期攻守得力。著劉坤一、吴元炳、何璟、勒方錡、黎兆棠飭令各局，加意講求，務須於成法之中，自出心裁，益臻精利，以期一船得一船之用，尤當覈實辦理，毋稍虚糜鑲項。將此由四百里諭知劉坤一、何璟、張樹聲、吴元炳、勒方錡、裕寬，並傳諭黎兆棠知之。

辛未，又奉懿旨：前有旨，將大學士、六部、九卿、翰詹、科道所奏遵議崇厚所議條約章程等件，並疊據大小臣工陳奏各摺片，一併交親郡王、御前大臣、軍機大臣、總理各國事務衙門王大臣、大學士、六部、九卿、都察院堂官，再行詳細妥議，並令醇親王一併會議。兹據該王大臣等會奏，並據醇親王另摺奏，意見相同。此次崇厚奉命出使，所議條約章程等件，有違訓越權之處。並據京外大小臣工陳奏，均稱事多窒礙。著派一等毅勇侯、大理寺少卿曾紀澤前往，將應議事件再行商辦，以期妥協而重邦交。

諭内閣：前因崇厚不候諭旨，擅自回京，當經革職拏問，交部治罪。兹據刑部奏，該革員案情重大，請派王大臣會同辦理。本日並據會議王大臣等聯銜覆奏各一摺，崇厚奉命出使，於辦理事件違訓越權，情節重大，所有該革員應得罪名，著親郡王、御前大臣、軍機大臣、總理各國事務衙門王大臣、大學士、六部、都察院堂官會同定擬具奏。

命一等毅勇侯、大理寺少卿曾紀澤充出使俄國大臣。

《德宗實録》卷一〇八　己丑，又諭：本日據王大臣等會議籌備邊防事宜一摺。此次俄國與崇厚所議條約章程，多所要求，斷難允准，已改派曾紀澤前往再議。惟該國不遂所欲，恐其伺隙啟釁，必須有備無患，以折狡謀。新疆防務緊要，左宗棠熟悉邊情，老於軍事，即著將南北兩路邊防通盤籌畫，務臻周密。本日有旨令劉錦棠幫辦新疆軍務。劉錦棠、金順兩軍均在前敵，尤爲喫重，並著隨時偵探防範，會商左宗棠妥爲布置。錫綸現駐塔城，兵力太單，且與俄人逼處，宜策萬全，如能就地選募邊人，招來蕃屬，亦可壯我聲威，著與左宗棠商酌辦理。棍噶札拉參久在邊疆，聞爲俄人所憚，該呼圖克圖前經給假三年，現當用人之際，著錫綸傳旨令其銷假赴營，統帶所部，以爲犄角。錫綸駕馭有方，當可收指臂之助。左宗棠前有移營哈密之奏，究竟移紮該處能否聯絡聲勢，有裨前敵，於後路不致懸隔，可以兼顧，該督當斟酌情形，妥籌進止。至練生軍以防老師，足糧食以計長久，聯兵勢以完後路，均係目前要著，並著悉心經畫，以固疆圉。現在時勢艱難，全賴該督等爲國宣勤，同仇敵愾。所有一切機宜，著於奉旨一月内具奏，以慰廑系。將此由五百里各密諭知之。

癸巳，諭内閣：户部奏籌備鑲需一摺。國家歲入歲出，自有常經，軍興以來供億浩繁，以致京師及各省庫儲均形支絀，事平之後帑藏仍未裕如，皆因本有之財源不能規復，可緩之用款未盡減裁。既無以備緩急之需，亦非慎重度支之意。如該部所稱嚴催各省墾荒一條，果能認真查辦，行之數年，何嘗不可漸復舊額。其捐收兩淮票本一條，既與改票初章不相刺謬，且亦不至病商。至通覈關稅及整飭釐金各條，均屬目前要務，必應嚴定章程，覈實辦理。州縣經徵錢糧，絲毫皆關國帑，豈容任意虧短。該部所請嚴查州縣交代及嚴覈各項奏銷各條，係爲裕鑲源除積弊起見。其專提減成養廉銀兩及催提減平銀兩各條，或循名覈實，或申明舊章，均可次第施行。若停止不急工程，暨覈實顔料、緞疋兩庫折價等條，亦係撙節帑項之道，均著照所議辦理。總之有治法須有治人，任事諸臣果肯實力實心，行之以漸，持之以果，自可著有成效。若徒敷衍從事，則雖有良法美意，不過視同具文，仍於治理無補。此次户部所籌各節，除停工程覈折價應由該部籌辦外，其餘皆疆臣之責。各該督撫平日受國厚恩，當此時事多艱，豈可懈弛因循，不知振作。著於奉到此旨後，督率藩運各司，並各該關監督等，振刷精神，悉心經畫，各盡其職所當爲，勿避嫌怨，勿涉瞻徇，勿畏艱難，勿任粉飾。總期於國計民生兩有裨益，方爲不負委任。仍將如何辦理情形，趕緊妥籌定議，限兩箇月據實覆奏，不准稍有延宕。至各省物力民情，並著各就地方近日情形，通盤酌度，如有可籌之款，可興之利，無損於民而有益於國者，各抒所見，一併奏聞，以備採擇。

《德宗實録》卷一〇九　二月己亥朔，諭軍機大臣等：前因崇厚與俄國所議交收伊犂條約章程等件，經王大臣等會議，諸多窒礙難行，業經降旨將該革員治罪，並派曾紀澤爲出使俄國欽差大臣矣。俄人占我伊犂，其理甚曲。崇厚奉命出使議收伊犂，竟不熟權利害，任其要求，遽與定約，殊出意料之外。曾紀澤到俄國後，察看如何情形，先行具奏。此次前往另議，必須力持定見，慎重辦理。現已頒發國書，由總理各國事務衙門遞寄，並令該衙門將條約章程等件詳細酌覈，分别可行及必不可行之款，奏准後知照該少卿，以便與俄人另行商辦。縱或一時未能就緒，不妨從容時日，妥慎籌商。總期不激不隨，以全大局。將此諭令

知之。

辛亥，諭軍機大臣等：銘安奏，籌備邊防大概情形一摺。據稱吉林各城馬步練隊，共計僅四千數百名，不敷分布，請於西北各省速調得力馬隊一軍，剋期赴吉，俟本省添練成軍，再將客隊裁撤歸伍，並請飭部寬撥餉需，爲吉林辦防專餉等語。吉林與俄境毗連，思患豫防，亟宜妥籌布置。惟西北各省，現在並無大枝勁旅可以遠調赴防，且客軍亦不如就地召募之得力。著該將軍一面就現有各軍認真訓練，務期悉成精鋭；一面挑選本省西丹，陸續添練馬步隊若干名，以壯聲勢而資捍衛，不必稍涉張惶。現在事機未定，儻疏於備豫，則警變猝乘，難以禦敵；若大舉興辦，則餉項支絀，又難持久。該將軍務當斟酌機宜，隨時妥籌辦理，以副委任。所請撥餉之處，俟該將軍將添練馬步若干名，酌定具奏，再行飭部撥給，俾資應用。總之練兵不必貪多，籌餉期於能繼，行之以漸，而又持之以恒，庶幾日有起色。至經費一層，該省如有可籌之處，亦應實力籌辦，勿徒恃各省之協解也。將此由四百里諭令知之。

《德宗實録》卷一一〇　己未，諭軍機大臣等：李鴻章奏，籌辦海防，擬購鐵甲兵船，並豫籌調撥事宜一摺。鐵甲船爲防海利器，前以所費過鉅，未經購置。現在籌辦海防，事機緊要，李鴻章已函商李鳳苞，定購八角臺鐵甲船兩隻：一名柏爾來，一名奥利恩，共約需銀二百餘萬兩，擬將前定蚊船碰船暫緩購置，騰出經費先購柏爾來一船，專歸臺灣調撥防守。所籌尚妥，需用款項即以前撥部庫銀三十萬兩，並何璟等奏明籌備三十餘萬圓，約銀二十五萬兩，又前諭何璟等籌解銀六十餘萬兩，通共合計，足敷購鐵甲船之用。著穆圖善、何璟、勒方錡於税釐項下竭力籌撥，不可稍有躭延。合之原有的款，先湊成一百萬兩，由李鴻章匯付，以便船價兩交，剋期來華。如閩省一時未能如數解足，即著李鴻章先行通融籌墊，以濟要需，仍由閩省陸續解還。其奥利恩一船既須一年後交付，需用船價除將南洋備購碰快船之款六十五萬兩抵用外，所短銀兩亦須豫爲籌備，以資應付。俟該船到華後應如何調派之處，著李鴻章與南洋大臣隨時會商辦理，並著何璟等豫選管駕及輪機生徒舵水等六十人赴英，隨同所雇洋員在船歷練，將來修船及駕駛一切事宜，李鴻章仍當妥籌兼顧，分別商辦。至養船之費，亦應籌定的款。福建既另設輪船水師，則原有之外海戰船與各路緑營之兵分防之勇，即可酌量裁減數成，庶經費不致竭蹶，著何璟等一併妥籌具奏。將此由五百里諭知李鴻章、穆圖善、何璟、吳元炳、勒方錡，並傳諭黎兆棠知之。

《光緒朝東華録》三三　甲子，諭軍機大臣等：祥亨等奏，直屬之張、獨、多三廳各旗官荒馬廠，開墾已有成效，若能認真查明欠交押荒銀兩，責令按畝補交，比户計田，派夫訓練，餉需既有著落，練勇即屬有裨，尤爲兩得之計。著李鴻章遴選明幹道府，前往切實查明呈報，應如何籌辦之處，酌核具奏。將此諭令知之。

《德宗實録》卷一一一　三月庚午，諭軍機大臣等：李鴻章奏，遵籌防務一摺。直隸沿海各處口岸歧出，亟應妥籌布置，備豫不虞。郭松林舊部現留湖北襄陽之武毅步隊三營、馬隊一營，著李瀚章飭令即行拔隊來直，所需月餉軍裝仍由湖北源源解濟。至所奏請將奉天原調古北口練軍步隊右營馬隊三哨，津防練軍槍隊兩營全數撤回等語，前因奉天兵力甚單，降旨調宋慶一軍前往營口等處扼紮。該軍到防後，直隸練軍能否撤回，著岐元體察情形，奏明辦理。所有北塘等處海口，李鴻章即商同郭松林酌撥隊伍，擇要扼紮，以臻周密。煙臺、大連灣等處兵船尚少，兵亦單薄，所陳自屬實在情形，該督當實力經營，務期緩急足恃。其所稱張家口不宜屯駐多營，儻北邊有警，派隊前往，計程不過數日，現在無庸調撥大隊，令劉盛休撥兩三營，赴宣化府附近屯紮等語。即著照所議辦理。祥亨著仍遵前旨，實力操練滿蒙官兵，以期得力。將此由五百里各密諭知之。

乙亥，總理各國事務衙門及醇親王各奏，與俄國擬約事宜。欽奉慈安端裕康慶昭和莊敬皇太后、慈禧端佑康頤昭豫莊誠皇太后懿旨，即著總理各國事務衙門，將所擬約章等件咨行曾紀澤妥籌辦理。

《光緒朝東華録》三三　乙亥，諭軍機大臣等：左宗棠奏，遵籌布置情形一摺。左宗棠定於三月内出紮哈密，著於到防後將三路官軍及後路填紮各營相度機宜，與金順等妥商調度，並隨時偵探伊犂情形，慎密籌辦，以免疏虞。

《德宗實録》卷一一一　戊寅，諭軍機大臣等：李明墀奏，鳳凰廳屬苗匪滋事，當即撲滅一摺。本年二月間，湖南鳳凰廳董倒坡苗匪石老化等，句結貴州梵淨山餘匪，謀爲不軌，焚掠滋擾，經該地方文武督兵馳剿，分路進攻，斃匪多名，將董倒賊巢燒毁，分搜山洞匪黨，殲除殆盡，辦理尚爲迅速。逆首石老化、石華工是否業經殲斃，抑尚在逃，務須查明，實在下落，毋任漏網。革弁龍有發係此案緊要頭目，與石老添及其餘未獲各匪，著李明墀、岑毓英督飭所屬一體嚴拏，按名弋獲，以淨根株，並將善後各事宜認真妥爲經理。苗民易動難静，全在地方官撫馭得宜，方不至滋生事端。該撫等當各飭所屬員弁，撫綏彈壓，加意防維，

以安邊圉。梵浄山之朝陽寺、舉賢溪等處尚爲餘匪所踞，著岑毓英督飭官兵，實力進勦，迅即殲除，並著李明墀檄飭防營嚴加防範，毋稍疏虞。將此由四百里各諭令知之。

乙酉，諭軍機大臣等：户部奏，請續撥京餉等語。近年庫款支絀，疊經户部續請添撥京餉。此次該部酌量各省情形，擬撥山東地丁銀五萬兩，湖南地丁銀五萬兩，江西地丁銀三萬兩，福建税釐銀十萬兩，兩淮鹽釐銀四萬兩，長蘆榮工加價銀五萬兩，廣東鹽課銀五萬兩，釐金銀七萬兩，江蘇釐金銀十萬兩，安徽釐金銀五萬兩，湖北鹽釐銀五萬兩，四川津貼銀三萬兩，鹽釐銀八萬兩，閩海關洋税銀五萬兩，九江關常税銀十萬兩，江海關洋税銀七萬兩，贛關常税銀三萬兩，共銀一百萬兩。著該將軍、督撫各將所撥餉銀連本年原撥未解京餉，均於五月前解到一半，十二月初間如數解齊。各該將軍、督撫務須顧全大局，依限提前完解，儻藉詞諉卸，率請劃抵截留，貽誤要需，即著該部指名嚴參。將此由五百里各諭令知之。

《德宗實録》卷一一二　四月庚子，烏里雅蘇台將軍春福等奏：酌擬於科布多所屬昌吉斯臺、霍呢邁拉扈等處復設卡倫。下該衙門議。尋議，科布多所屬昌吉斯臺、霍呢邁拉扈等處八卡倫官兵，自被俄逐後，前經伊犂將軍奏請暫撤，由索果克所屬卡内撥兵防守，原係一時權宜之計。近來哈薩克疊有越界强踞情事，僅以官兵三十名防守各卡，實有不敷。原設昌吉斯臺八卡地面，已交給俄人，應擇要安置，請照該將軍所請辦理從之。

壬寅，諭軍機大臣等：本日據郭嵩燾奏，俄人搆患，當籌補救之方一摺，不爲無見。前經總理各國事務衙門奏明，將俄國約章分别可行不可行，咨行曾紀澤遵照妥辦。原就已定之約，權衡利害，以爲辯論改議之地，第思俄人貪得無厭，能否就我範圍，殊不可必，此時若遽責其交還伊犂全境，而於分界通商各節未能悉如所願，操之太蹙，易啟釁端；若往返辯論，亦恐久無成議。曾紀澤前往俄國，當先將原議交收伊犂各節，關繫中國利害礙難覈准之故，據理告知，看其如何答覆。如彼以條約不允，不能交還伊犂，亦祇可暫時緩議，兩作罷論；但須相機引導，歸宿到此，即可暫作了局。惟不可先露此意，轉致得步進步，别有要求。至舊約分界、通商事宜，及應修約章本與交收伊犂之事不相干涉，俟事定之後當令左宗棠及總理各國事務衙門分别辦理，此意亦可向俄人告知也。郭嵩燾摺著摘鈔給與閲看，將此密諭知之。

甲寅，諭軍機大臣等：左宗棠等奏，番匪滋事，兵團勦辦獲勝，現籌辦理情形一摺。甘肅階州瓜子溝地方番匪古旦巴造言生有活佛，煽惑番民，脅令弓壩等處番族各派壯丁，隨其作亂，攻破西固州同所轄哈河壩民堡，並聲稱由西固、階州走四川。經左宗棠等飭派總兵沈玉遂、署蘭州道劉璈等會同勦辦，擒獲逆首哈力等二十名，訊明正法，並將墨松坪賊巢搗破。現飭各營諭令良番縛獻首要各犯，暫勿深入番地。辦理尚爲妥協。仍著左宗棠、楊昌濬督飭兵團分别良莠，寬嚴互用，以期番族相安，迅速蕆事。該匪既有入川之語，並著丁寶楨加意防範，如有餘匪竄擾，立即派兵勦辦，毋任貽患地方。將此由五百里諭知左宗棠、丁寶楨，並傳諭楊昌濬知之。

丁卯，貴州巡撫岑毓英奏，會勦鳳凰廳屬苗邊情形。得旨，石老添一犯前據李明墀奏，業經捕獲正法，革弁龍有發逃匿何處，仍著嚴拏務獲，毋任漏網，並飭該地方文武隨時認真防範，以安邊圉。

《德宗實録》卷一一三　五月戊辰朔，諭軍機大臣等：左宗棠奏，覆陳新疆宜開設行省，請先簡督撫一摺。所擬建置事宜，頗爲詳悉。惟現在伊犂尚未收復，布置一切不無窒礙，所有新疆善後諸務，仍著該督因地制宜，次第籌辦。原摺著暫留中，再候諭旨。將此由四百里諭令知之。

庚辰，諭軍機大臣等：劉錦棠奏，覆陳新疆西路各城邊防情形一摺。所陳進兵道路，及偵探敵情各節，尚爲詳悉。該京卿所部現在防守瑪喇爾巴什以至和闐各城，地段遼闊，務當就現有兵力，嚴密布置，以期有備無患。喀什噶爾等城，邊境多與俄境毗連，尤宜不動聲色，勤加偵探，隨時咨商左宗棠相機防範，毋稍疎虞。將此由五百里諭令知之。

《光緒朝東華録》三五　壬申，春福、那遜綽克圖、杜嘎爾奏：烏里雅蘇臺自同治九年猝遭兵燹之後，節經前任將軍、大臣等以戍守官兵度日維艱，奏請擬照新疆之例，酌增鹽菜銀兩，俾資餬口等因，奏奉諭旨允准，欽遵辦理在案。嗣准部咨，關外現在肅清，所有烏城從前添練官弁、酌加鹽菜一律裁撤，以復舊制而節經費等因。行知到烏，奴才等自應遵照辦理。惟查西疆自用兵以來，各城被賊滋擾，蹂躪幾遍。現在雖有克復之處，辦理撫局一切事宜，在在需員。況渠魁地未伏誅，餘匪仍復出没，警報時聞，巡防偵探，夙夜難懈。刻下兼籌設辦邊防，差操更爲紛繁，且烏城爲西北門户，各城糧餉出入接護，尤關緊要。奴才春福於四年四月抵任後，查看烏城天寒地瘠，出産毫無，兼之餉項不繼，該官兵以及差

委暫留員弁等異常苦累，猶能辦理一切公務，奮勉當差，辛勤晝夜，毫無貽誤。其官弁日用等一切，均係內地等商人遠道販運。值此糧餉支絀，多有裹足不前。至於百色貨物，較前價增倍蓰不止，該官弁兵丁每銀一兩購物，較內地不足五錢。諸凡困憊，不堪言狀，若不量爲體恤，實有枵腹之虞。奴才等受恩深重，具有天良，當此帑項支絀之際，但有可以省儉，無不設法力求撙節，焉敢再事瀆陳。奈目覩該官兵差委人員實在窘迫情形，籌思再四，不得不據實直陳，懇恩俯念該官兵等遠戍邊防，不敷餬口，加添鹽菜銀兩，俾得接放，以示優恤而資養贍。如蒙俞允，該官兵差委人等得能果腹，當差自必益加奮勉。下户部議奏。

《德宗實録》卷一一三　丙戌，諭軍機大臣等：前因崇厚出使俄國，違訓越權所議條約諸多窒礙，經廷臣會議罪名，定以斬監候，實屬罪有應得。乃近聞外間議論，頗以中國將崇厚問罪，有關俄國顏面，此則大非朝廷本意。中國與俄國和好二百餘年，實願始終不渝，無失友邦之誼。崇厚奉命出使，於中國必不可行之事，並不向俄國詳切言明，含糊定議，罪由自取，朝廷按律懲辦，以中國之法治中國之臣，本於俄國不相干涉，第恐遠道傳聞，於中國辦理此案緣由，未能深悉；或因誤會而啟嫌疑，未免有妨睦誼。茲特法外施恩，將崇厚暫免斬監候罪名，仍行監禁，俟曾紀澤到俄國後，辦理情形若何，再降諭旨。曾紀澤接到此旨，著即將崇厚暫免斬罪，知照俄國，並告以中國於俄國和好之據，即此可見。其應議條約，著仍遵前旨，妥慎辦理。將此密諭知之。

《德宗實録》卷一一四　六月辛丑，諭軍機大臣等：岑毓英奏，搜勦梵浄山悍匪，出力員弁請奬一摺。梵浄山匪徒疊經官軍勦辯，猶有餘孽，潛伏金頂後洞內。岑毓英督飭何秀林等密圍搜勦，將賊首楊滿等五十餘人擒斬浄盡，該山一律肅清。在事出力員弁，不無微勞足録。提督何秀林，著交部從優議敘；遊擊崔金斗等，均著以參將留於貴州儘先補用；崔金斗，並賞給揚勇巴圖魯名號；都李成興，並賞給力勇巴圖魯名號；李正等，均著以參將留於貴州儘先補用；司張連奭等，均著以遊擊留於貴州儘先補用，並賞戴花翎；縣丞韓學孟，著免選本班，以知縣不論雙單月前先選用，並賞加知州銜；把總蔣春山等，均著免升千總，以守備儘先補用，並賞加都司銜；武童秦永豪，著以把總儘先補用，並賞戴六品藍翎。至該撫摺內以賊黨五十餘人分紮小營九十餘座，由山頂至四面山脚，均布置周密等語，敘述未免鋪張。該撫身任封疆，務當事事覈實，力杜屬吏營員等粉飾欺蒙之弊，庶幾吏治營伍日有起色。將此由四百里諭令知之。

甲辰，又諭：總理各國事務衙門奏，福建船政局諸事廢弛，請飭確查參辦等語。據稱聞船政局所雇洋人，藝亦平常；所造之船，多係舊式，即如康邦機器，是其明徵，洋匠恐成船太速，不能久食薪餼，往往派華匠造器，寬其期限，如有先期製成者，必以不中程式棄之，華匠相率宕延，遂成錮習。管駕以至水手，俸薪本厚，竟有管駕數年，技未必精，而已坐擁厚資，難免浮冒侵吞之弊等情。船政爲海防而設，關繫至爲緊要，頻年不惜重帑，創此規模，宜如何實力圖維，以期緩急足恃。若如該衙門所聞各節，虛糜鉅項，必至貽誤要工。積久相沿，流弊何所底止。黎兆棠甫經到局，無所用其迴護，著即確切查明，儻有前項情弊，即分別嚴行參辦，並將船政刻意講求，認真整頓。應如何實事求是之處，即由黎兆棠奏明辦理。

己酉，諭軍機大臣等：李鴻章奏，直東沿海防軍不敷布置，請調回駐奉直軍一摺。直隸北塘迆東至山海關，沿海袤延五百餘里，口岸紛歧。李長樂接統之武毅各營，既不敷分布，此外各軍又別無可調，所有現駐奉天之古北口練軍步隊一營、天津練軍槍隊兩營即著岐元飭令全數撤回直隸，以便李鴻章等擇要扼紮。奉省勦匪事竣，內地安靖，海防已有宋慶九營足資控扼，岐元務飭該軍剋日調回，毋許延緩。到直後，著李鴻章飭交李長樂妥籌分紮，認真操防，不得稍涉鬆懈。將此由四百里各諭令知之。

庚申，諭軍機大臣等：總理各國事務衙門奏，探訪俄國情形，意在起釁，摘録各處函報，另單呈覽，山海關一帶請添兵防守各摺片。俄國因崇厚罪名有關顏面，由英、法使臣之請，已將崇厚暫免罪名、仍行監禁。乃據英外部云，俄人仍未滿意，此案不易轉圜。並聞俄國紛紛調派兵船，暫駐日本，情形實爲叵測。雖意圖挾制，是其慣技，而似此舉動，難保不起釁端。著李鴻章等將沿海防兵加意操練，一切防務格外嚴密備禦，以期有恃無恐。吉林、黑龍江所添各軍，亦當趕緊訓練。該將軍等並隨時約束營伍，彈壓地方，釁端不能自我而開，而防禦則不可一息鬆懈。李鴻章現駐天津，津海一口，該督責無旁貸。惟山海關一帶相距較遠，兵力尚嫌單薄，本日已諭令曾國荃督辦該處防務，統帶劉連捷一軍，擇要扼紮。並令李瀚章、彭祖賢、裕禄分飭劉維楨、郭寶昌挑選勇隊各二千名北來，暨宋慶一軍，統歸曾國荃節制。該撫到後，著李鴻章、岐元遇事妥商布置，俾臻周密。劉維楨、郭寶昌兩軍暨劉連捷一軍，均限於八月以前趕到防所。陸路程途紆遠，皖、楚兩軍自應乘坐輪船北上。李鴻章、劉坤一等即飭招商局妥爲豫

備，毋稍延誤。聞俄國句結日本，乘機滋事。現在琉球事尚未定議，臺灣一帶著何璟、勒方錡先事豫防。將此由六百里密諭李鴻章、劉坤一、岐元、銘安、定安、何璟、張樹聲、吴元炳、譚鍾麟、勒方錡、周恒祺，並傳諭吴大澂知之。

癸亥，諭軍機大臣等：李鴻章奏，請旨催解北洋海防經費一摺。據稱北洋海防經費，該大臣前請將各省奉撥釐金，悉按原撥八成實數解足，經户部、總理各國事務衙門議准奏催，計自本年正月以來各關洋税，惟山海、江海兩關隨徵隨解，粤海、浙江兩關自第七十八結以後時逾半年，未據報解。各省釐金，湖北解到銀四萬兩，江西解到銀二萬兩，又報解銀一萬兩，江蘇應解之款，劉坤一擬俟到任後竭力籌措。惟浙江一省，半年以來未解分毫，亦無咨稟具覆等語。北洋防務，極關緊要，疊次購買船械，庫儲經費業將告罄，已訂未放之款爲數甚鉅。現在事機迫緊，需饟尤殷，各省關應解經費，浙江何以久未報解，實屬不知緩急。著譚鍾麟嚴飭司道，趕緊籌解大批，以濟目前之急，釐金必解足八成，關税必照章提前，毋再因循貽誤。至湖北、江西、江蘇應解釐金，粤海、江海兩關應解洋税，並著該督撫監督，趕緊撥解，力求足額。各該省關儻再延欠，即著李鴻章於年終覈參，照延誤京饟例議處。將此由五百里諭知李鴻章、劉坤一、李瀚章、吴元炳、李文敏、譚鍾麟、彭祖賢，並傳諭俊啟知之。

《德宗實録》卷一一五 七月丁卯朔，諭軍機大臣等：銘安等奏，吉林防務緊要，請將宋慶一軍豫籌咨調一摺。前因總理各國事務衙門奏，俄國意在啟釁，請添兵防守山海關一帶等情。當經諭令曾國荃督辦該處海防事宜，宋慶所紮營口各營均歸節制調遣，緣近日各路新聞電報，均有俄國派員來華，以兵挾制，並調撥兵船，約八九月將封遼海之信。山海關一帶防務，未可稍鬆，宋慶所部兵力尚恐不敷，是以添調劉連捷、劉維楨、郭寶昌等營，以資厚集。現在琿春、寧古塔、三姓等處，均有俄國輪船駛往，並於伯力地方添修衙署、兵房，添設總督，其窺伺松花江之意顯然可見。吉林地方緊要，自應豫籌布置，以備不虞。刻下宋慶一軍勢難移調，銘安、吴大澂惟當就地募練，妥籌布置，隨時偵探，實力防守，不可稍有疏虞。該處槍礮銅帽火藥等件，需用甚殷。著李鴻章、岐元轉飭沿途迅速解到，毋稍遲誤。宋慶各營應如何豫籌調派，著曾國荃懔遵前旨，與李鴻章、岐元妥密籌商，以期緩急可恃。曾國荃未到防以前，宋慶一軍著李鴻章、岐元酌度情形，擇要扼紮。將此由五百里密諭李鴻章、曾國荃、岐元、銘安，並傳諭吴大澂知之。

癸酉，諭内閣：前有旨將崇厚暫免斬監候罪名，仍行監禁，諭令曾紀澤將應議條約，妥慎辦理。兹據總理各國事務衙門接到曾紀澤電報，現在商辦一切，懇爲代奏施恩等語。崇厚著加恩即行開釋。

丁丑，諭軍機大臣等：詹事府右庶子張之洞奏，臚陳應防要地事宜開單呈覽。所稱江防應專派重臣督辦，宜令彭玉麟親駐吴淞、江陰等處及早籌備一條，自係爲扼要設防起見。彭玉麟能否專駐各該處籌辦，即著酌度具奏。其請禁上海賣煤與俄人一條，俄人近在上海購定煤至數千萬斤之多，情殊叵測。著劉坤一、吴元炳飭令該道設法牽制，毋得任其取求。所稱俄人專恃日本爲後路，宜速聯絡日本，所議商務，可允者早允，但得彼國兩不相助，俄勢自阻等語，著總理各國事務王大臣暨李鴻章、劉坤一酌度辦理。其請飭講習《防海新論》一條，著照所議，由總理各國事務衙門先將此書購備數十部，發交東三省將軍等，並一面先行知沿海各督撫，於上海等處多爲購買，分給諸將，細心講求，務使外海内河情形漸臻熟習。原單著摘鈔給閲看。將此諭知總理各國事務衙門，並由五百里密諭李鴻章、劉坤一、彭玉麟、吴元炳知之。

《德宗實録》卷一一六 乙酉，總理各國事務衙門奏，遵覆日本商務，並購《防海新論》。日本廢置琉球一事，現正與該國使臣晤商。張之洞所稱商務，日本是否欲圖藉此抵制，該使臣尚未露及。《防海新論》現遵旨先行分寄東三省，並擬知照南洋大臣，分行沿海督撫，轉發諸將領講求。報聞。

辛卯，諭軍機大臣等：禮部奏，朝鮮國文稱，内地漁船越境漁採，請飭嚴禁，並鈔録原咨呈覽一摺。捕漁船隻越境漁採，本屬有干例禁，近來各處漁船赴朝鮮國洪州地元山、插匙島等處捕魚，來去無常，竟有五六百隻之多，甚至放礮抗拒，實屬兇頑不法。且此等船隻日聚日多，難保無匪徒混入其中，釀成事端。究竟捕魚船隻潛往朝鮮地界者，何處爲多，著李鴻章、岐元、周恒祺確切查明，嚴行禁止。如有不遵約束者，立即從嚴懲辦。仍嚴飭所屬沿海州縣，設法編查，以清奸宄，毋得視爲具文。並著禮部知照朝鮮國王，遇有此項船隻到境，即行捕拏解送，以儆兇頑。原咨著鈔給李鴻章等閲看，將此各諭令知之。

乙未，命軍機大臣大學士寶鋆、軍機大臣前工部尚書李鴻藻爲全權大臣，與美使議約。

丙申，諭軍機大臣等：總理各國事務衙門奏，接據曾紀澤電報，與俄國開議情形一摺。此次曾紀澤與俄人辯論，自應先以索還伊犂全境爲言，然彼既占據

已久，未必遽肯全還，目前統籌全局，所重者尚不專在此節。著曾紀澤察看情形，如此事急切未能定議，即遵照四月初五日諭旨，暫行從緩。至通商各條，原因索地起見，不能不量予從寬。如伊犁既從緩商，則通商各條中之必不可允者，亟應據理相持，多爭一分，即少受一分之害。內如松花江行船至伯都訥，及西安、漢中通商兩條，尤爲約章中最要關鍵，勿得稍涉遷就。該少卿務須力持定見，與之辯駁。俄人欲以兵船來華，冀圖挾制，亦在意中。惟當剛柔互用，以期事可轉圜，無傷大體，方爲妥善。並著總理各國事務衙門先將此旨大意由電信知照曾紀澤遵辦，將此密諭知之。

《德宗實録》卷一一七　八月辛丑，諭軍機大臣等：總理各國事務衙門奏，接據曾紀澤電報，俄人以要務全駁，無可和衷，派使速赴北京商訂一摺。覽奏不勝詫異。此次曾紀澤與俄人論駁，僅及數事，因外部作拒絕之詞，遂思諉卸，並未將各條如何窒礙，詳細商改。所論數事，如松花江行船至伯都訥，暨西安、漢中通商等最要之件，均未議及。該少卿將聽其派使赴京，竟嘿爾而息，置身事外耶？商議約章是曾紀澤專責，前允該少卿所請，將崇厚開釋罪名，原爲改約地步。乃曾紀澤因外部一言齟齬，遂不能設法轉圜，與之從容商議，豈開釋罪臣，僅以呈遞國書遂爲了事。且據稱釋崇結案，占理十足，該少卿何不即與辯論。種種情節，殊不可解。著懔遵疊次電寄辦法，與其外部從容商辦，以維大局，不得因彼有派使來華之信，不候諭旨，擅離俄國，致生枝節。邵友濂既熟悉情形，著留於該處以資襄辦，毋庸飭令回京。並著總理各國事務衙門先將此旨大意，由電信知照曾紀澤遵辦。將此密諭令知之。

丙午，諭軍機大臣等：岐元奏，現調宋慶一軍擇要扼防一摺。奉天海口以金州之大連灣、旅順口，海城之營口爲最要。現據該將軍奏，曾國荃前已奏報起程，現在已逾半月，該撫行抵何處，並未據有奏報，殊深廑系。著曾國荃懔遵七月二十六日諭旨，督帶親軍速即馳赴山海關一帶，妥籌布置，毋稍延緩。【略】據報大連灣之大孤山海口曾有兵輪洋船駛入，並測水上岸登山眺望情事。是該處防務正當喫緊，岐元現已飛咨宋慶，剋日拔隊赴金州駐紮四營。蓋平二營，其暫留錦州之三營，一併移紮牛莊附近之田莊臺，扼要防守。即著岐元傳知該提督迅速到防，嚴密守禦，毋稍疏虞。奉省口岸甚多，應如何酌撥礮船兵隊駐守，著李鴻章、曾國荃、岐元妥密籌商，迅速辦理。

《德宗實録》卷一一八　癸丑，諭軍機大臣等：御史蕭韶奏，吉林地方緊要，請調勁旅以實邊防一摺。據稱吉林琿春東北俄兵湊集，請飭抽調淮勇四五千人馳赴該省，交銘安等調遣，並酌調各省勇丁填紮原駐地方等語。留防各處淮勇能否酌量抽調，著李鴻章揆度情形，妥籌具奏。又據御史周開銘奏，直隸寶坻等屬被水，正定等屬被旱，請飭查明被災分數，奏請停徵一節。著李鴻章確切查勘，奏明辦理，毋任屬員等稍爲含混，貽累民生。州縣縱差殃民，亟應嚴查懲辦，並著督率藩司認真甄別，如有粉飾玩忽者，即行參劾。至疏濬河道等節，一併酌量舉行。原摺二件，均著鈔給閱看。將此諭令知之。

戊午，又諭：祭酒王先謙奏，長江水師請飭彭玉麟酌度，或將各營量爲調撥，審擇要隘，歸併屯紮，船隻礮位，有不合用之處，酌量變通，務求盡善。閩、滬船廠所造兵輪船，請併歸彭玉麟總理，並令保舉賢員協同管理，將弁勇丁嚴加簡汰，由長江水師中選擇換補，其不合用之兵船，由該侍郎會商船政大臣奏明改造等語。該祭酒所奏各節，是否可行，著彭玉麟體察情形，酌度具奏，原片著鈔給閱看。將此諭令知之。

《光緒朝東華録》三六　甲子，諭軍機大臣等：曾國荃奏，起程赴防，遵旨覆陳一摺。曾國荃現已由津赴防，力疾從戎，具見公忠體國。所陳兵力單弱，僅能督率宋慶、郭寶昌、劉維楨等軍防守山海關一路，若調遣旁軍，節制旁路，深恐力有不及等語，固爲慎重軍事起見，第該撫威望素著，謀略深長，當此防務喫緊之時，實有非他人所能勝任者。曾國荃總當懔遵前旨，力任其難，節制各軍，妥籌布置，以副朝廷倚畀。所有博崇武管帶旗營練兵，仍著歸該撫調遣，以一事權。

《德宗實録》卷一一八　乙丑，又諭：禮部奏，據朝鮮國王咨稱，該國講究武備，懇爲轉奏請旨，俾該國匠工學造器械於天津廠等語。著李鴻章妥籌具奏。其咨內所請簡選解事人員或於邊外習教一層，並著李鴻章詳審其意，一併妥籌迅奏。該國使臣業經該部安置居住，俟該督覆奏到日，再降諭旨。原咨著鈔給閱看。將此諭令知之。

《德宗實録》卷一一九　九月庚午，又諭：李鴻章遵籌朝鮮請派匠工學造器械一摺。朝鮮爲東北藩服，脣齒相依，該國現擬講求武備，請派匠工前來天津學造器械，自應俯如所請，善爲指引。本日已諭令禮部揀派通事伴送該國齎奏官卞元圭赴津。俟該員到後，著李鴻章詢問一切情形，再行奏明辦理。李裕元致李鴻章書函，並致送禮物，即可收受，從厚酬答，以聯情誼。並著酌度情形，作書答覆，俾知領會。將此諭令知之。

庚辰，諭軍機大臣等：詹事府左庶子張之洞奏，敵船若入遼海，必趨營口，今日海防宜備者奉天，非山海關。關外形勢，營口爲前敵，錦州爲重鎮，統帥宜駐於此，方可左右策應。宋慶、郭寶昌、劉連捷、劉維楨四軍，分相敵而情不相浹，且湘、楚、皖、豫饟章厚薄不同，尤須主帥較近，方能鎮撫調護等語。所奏是否合宜，著曾國荃與李鴻章會商，妥籌具奏。將此由四百里各密諭知之。

《德宗實録》卷一二〇　壬辰，又諭：彭玉麟奏覆陳調撥長江水師等事宜一摺。所稱各兵輪船全在頭礮、梢礮得力，請飭嗣後續造兵輪，務須豫謀地位，安設頭礮、梢礮一節。著穆圖善、何璟、勒方錡、黎兆棠妥籌辦理，江南及各省兵輪既無須另立總局名目，並協理之人，即著責成李朝斌一手合操，逐漸整頓。並由彭玉麟及李成謀每年調操一次，務期精益求精。將士如敢懈弛因循，仍著彭玉麟隨時參辦，以重江防。另片奏，請飭趕造十七八丈長小兵輪十隻。此船重在頭、梢兩礮，亦酌配邊礮以輔之，以爲江陰以下海防之用，仍交李朝斌合操等語。著劉坤一、穆圖善、何璟、張樹聲、吴元炳、勒方錡、裕寬、黎兆棠會商妥辦，原片各鈔給閲看。將此由六百里諭知劉坤一、穆圖善、何璟、張樹聲、彭玉麟、吴元炳、勒方錡、裕寬，並傳諭黎兆棠知之。

《德宗實録》卷一二一　十月丙申朔，廣西巡撫慶裕奏，越南國王懇請討叛靖藩。得旨：越南土匪出没靡常，中國官兵勢難深入勦捕，該撫惟當督飭各防軍認真扼守，如賊蹤竄近，即行相機援應截勦，以安邊境。

壬寅，駐藏辦事大臣色楞額奏，達賴喇嘛之父工噶仁青，請援案進貢。得旨：達賴喇嘛之父公銜工噶仁青進獻貢物，出於至誠，著照所請，准其隨同達賴喇嘛應進貢物交巴雅爾堪布一併呈進。嗣後，達賴喇嘛例貢之年，並准其隨同呈進。

《德宗實録》卷一二二　辛亥，諭軍機大臣等：前據總理各國事務衙門奏，議結琉球一案。又據右庶子陳寶琛奏，球案不宜遽結，當經惇親王等酌議，宜照總理衙門所奏辦理。旋據左庶子張之洞奏，日本商務可允，球案宜緩。復經惇親王等議，以日本與俄深相邀結，又與福建、江、浙最近，且恐各國從而搆煽，卒至仍歸前説，或併二島而棄之，益爲所輕等語。復諭令李鴻章統籌全局，切實指陳。嗣據覆奏，宜用支展之法，專聽俄事消息，以分緩急。又經惇親王等議奏，因此搆釁，未爲得計，且即天津海口可恃，江、浙、閩、粤各口究未可知，請飭妥議等語。此事關繫全局，自應博訪周諮，以期妥協。著劉坤一、何璟、張樹聲、吴元炳、譚鍾麟、勒方錡、裕寬悉心妥議，切實陳奏。總理衙門摺片各一件、單三件，陳寶琛、張之洞、李鴻章摺各一件，均著鈔給閲看。將此由四百里各密諭知之。

戊午，諭内閣：繼格等奏，滿漢監督一時礙難同易生手，請將漢監督接辦漕務一摺。坐糧廳漢監督何桂芳，著准其再行接辦一年，嗣後不得援以爲例。

壬戌，諭軍機大臣等：前據劉坤一奏，江南添募新湘勇五營，請將吴長慶帶往山東六營之饟撥歸山東應付，即將原解淮軍糧臺月饟劃扣，當諭令李鴻章、周恒祺查照辦理。兹據周恒祺奏，該營月饟山東力難籌撥，請飭照舊支發等語。所陳東省庫藏支絀，亦屬實情。該提督帶往各營，原爲暫時防守之計，所需饟項究應由何處籌撥，著李鴻章、劉坤一、周恒祺會商具奏，毋得彼此推諉，致有貽誤。現在各該省度支均非寬裕，儻有可以騰挪饟力之處，並著妥籌辦理。將此由四百里各諭令知之。

《光緒朝東華録》三八　十一月丙寅，劉銘傳奏：臣以菲材，渥承恩遇，自解兵柄，養疴田園。每念中外大局，往往中夜起立，背裂泣下，恨不能竭犬馬以圖報於萬一。近者被命力疾來京，仰蒙召見，訓誨周詳，莫名銘感。竊念人臣事君之道，知無不言，況事變至迫，利害甚鉅，敢不竭其縷縷爲我皇太后、皇上陳之。中國自與外國通商以來，門户洞開，藩籬盡撤，自古敵國外患，未有如此之多且强也。彼族遇事生風，欺凌挾制，一國有事，各國圜窺。而俄地橫亘東西北，與我壤界交錯，扼吭附背，尤爲心腹之憂。我以積弱不振，不能不忍辱含垢，遇事遷就，不惜玉帛，以解兵戎。然而和難久恃，財有盡期，守此不變，何以自立？今論者動曰用兵矣，竊謂用兵之道，貴審敵情。俄自歐洲起造鐵路漸近浩罕，又將於海參崴開鐵路以達琿春，此時之持滿不發者，非畏我兵力，以鐵路未成故也。不出十年，禍將不測。日本一彈丸國耳，其君臣師西洋之長技，恃有鐵路，動逞螳螂之臂，藐視中華，亦遇事與我爲難。臣每私憂竊嘆，以爲失今不圖自强，後雖欲圖，恐無及矣。自强之道，練兵造器固宜次第舉行，然其機括則在於急造鐵路。鐵路之利於漕務、賑務、商務、礦務、釐捐、行旅者，不可殫述；而於用兵一道，尤爲急不可緩之圖。【略】查中國要道，南路宜開二條：一條由清江經山東，一條由漢口經河南，俱達京師。北路宜由京師東通盛京，西通甘肅，惟工費浩繁，急切未能並舉。擬請先修清江至京一路，與本年議修之電線相表裏。【略】事關軍國安危大計，如蒙俞允，請旨飭下總理衙門迅速議覆。若輾轉遷延，視爲緩圖，將來俄局定後，築室道謀，誠恐臥薪嘗膽徒託空言，則永無自强之日矣。

上諭軍機大臣等：劉銘傳奏籌造鐵路一摺，所請籌欵試辦鐵路，先由清江至京一帶興辦，與本年李鴻章請設之電線相爲表裏等語，所奏係爲自强起見，著李鴻章、劉坤一按照摺内所陳悉心籌商，妥議具奏。原摺著鈔給閱看。

《德宗實録》卷一二三　戊辰，又諭：户部奏，豫撥來年京餉一摺。據稱，歷届京餉均於年前豫撥，光緒七年京餉擬在各省地丁鹽課關税等款内指撥銀七百萬兩，請飭各該省於來年分批起解等語。京餉關繫緊要，現經該部就各省情形酌量動撥，自應遵照奏定數目源源報解，以應要需。著該將軍督撫監督等務於來年開印後分批起解，限五月前解到一半，十二月初間全數解清，不准截留改撥，藉詞延誤。儻届限不到，即照奏定章程指名嚴參。原單著分别摘鈔給與閲看。另片奏，光緒七年内務府經費擬撥兩淮鹽課銀十五萬兩、兩浙鹽課銀五萬兩、廣東鹽課銀五萬兩、湖北鹽釐銀五萬兩、福建茶税銀五萬兩、閩海關常税銀十萬兩、九江關常税銀十五萬兩，共銀六十萬兩，請飭依限完解等語。著該將軍督撫等務於來年開印後陸續徑解内務府交納，先將起程日期報部，仍限六月前解到一半，十二月初間埽數解清，不准稍有蒂欠。將此由五百里諭知福州將軍，直隸、兩江、湖廣、閩浙、兩廣、四川、江蘇、安徽、江西、福建、浙江、湖北、湖南、河南、山東、山西、廣東各督撫，並傳諭粤海關監督知之。

戊寅，諭軍機大臣等：李鴻章奏，直境黄河漫口要工及應補築大隄，並一切善後工程，共約需銀十數萬兩，除由直省竭力儘籌七萬餘兩，尚不敷銀八萬兩，請飭山東協籌等語。著周恒祺督飭司道，無論何款，剋日湊提銀八萬兩，委員徑解東明工次，交大順廣道劉盛藻兑收，以濟急需。並著李鴻章飭劉盛藻等撙節動用，毋稍浮冒。將此各諭令知之。

《德宗實録》卷一二四　庚辰，諭軍機大臣等：有人奏，閩洋兩局廢弛，請飭嚴加整頓一摺。據稱福建船政局近來專徇情面，濫竽充數，提調監工不諳洋務，船政大臣亦爲所欺，一切公事提調等任意把持，所造輪船，難以適用，虚糜薪水。出洋學生近來多入耶蘇教，幫辦繙譯黄姓暗誘學生進教，總辦區姓十數日不到局，學生等毫無管束，拋荒本業等語。朝廷不惜重帑設立船政局，並派員管帶幼童出洋，原期製造輪船精堅合式，成就人材，以裨實用，若如所奏種種弊端，尚復成何事體。著何璟、勒方錡、黎兆棠將船政局事務力加整頓，提調監工等如有怠玩把持，即行從嚴參處。並著李鴻章、劉坤一、陳蘭彬查明洋局劣員，分别參撤，將該學生等嚴加約束，如有私自入教者即行撤回，仍妥定章程，免滋流弊。原摺均著鈔給閱看。將此由四百里諭知李鴻章、劉坤一、何璟、勒方錡、陳蘭彬，並傳諭黎兆棠知之。

《德宗實録》卷一二五　十二月丁酉，諭軍機大臣等：色楞額等奏，派員查辦黄、黑兩教夷案一摺。批：結嶺寺喇嘛與夥爾族番互訟一案，據派往之噶布倫等稟稱，普納等寺黑教藐視逞强，而夥爾總百户等則以該噶布倫偏袒黄教、私自調兵等情稟訴。此案自係爲各寺布施起釁，該噶布倫等所稟各執一詞，自應另派賢員查辦。著色楞額、維慶即飭派出糧員，確切查明案中關鍵，相機開導，秉公辦結。所有帶兵彈壓之處，亦當斟酌情形，不得輕舉妄動，激成事端。另片奏，派員前赴裏塘查辦夷務等語。查緑野番與裏塘土司搆釁，色楞額等已派員帶兵查辦。著恒訓、丁寶楨、色楞額、維慶遵照前旨，妥籌辦理。將此各諭令知之。

戊申，諭軍機大臣等：劉錦棠奏，布置防務一摺。劉錦棠現在駐紮哈密，新疆南路防務自應另籌布置。西四城事務繁雜，且近俄邊，一切尤關緊要，各將領事權不一，必須才兼文武之大員前往督率。劉錦棠商令張曜移紮喀什噶爾，就近調度，所籌甚合機宜。即著張曜統率全部，迅赴喀城，將西四城邊防善後，暨中外交涉事宜，隨時妥籌，與劉錦棠會商辦理。所有提督董福祥等馬步十一營旗，均歸節制。至阿克蘇、烏什等城，並著劉錦棠飭令道員羅長祐等分投扼紮，認真防守。其餘布置各節，均著照所議行。北路防務，將來有應變通之處，著劉錦棠、金順相機酌辦。左宗棠現在來京，該大臣等責任綦重，惟當遇事和衷，相期共濟，以副委任。將此由五百里各諭令知之。

癸丑，諭軍機大臣等：吴長慶奏，山東海防緊要，請增募水師，並請飭兼顧商撥水雷大礮輪船暨籌撥水師餉銀各摺片，固爲力籌防務起見，惟現在海防緩急情形與前數月不同，自當因時制宜，斟酌辦理。將來事機大定，必須通籌布置，以爲久長之計。該提督所請各節，著李鴻章悉心酌度，妥議具奏。原摺片著鈔給閱看。將此諭令知之。

《光緒朝東華録》三八　戊午，諭：前據銘安奏，請調總兵唐仁廉差遣，旋據李鴻章奏，該總兵統帶所部駐防海口，且有承辦要務，未能派赴吉林。兹據銘安、喜昌奏稱，現聞該總兵修築礮臺業已告竣，仍請飭調赴吉總統三姓防營，沿江礮臺亦令相度辦理等語。著李鴻章即飭該總兵迅赴吉林，俾資防守。

《德宗實録》卷一二五　庚申，神機營奏，循例選派弁兵赴天津學製外洋軍

火機器。欽奉慈安端裕康慶昭和莊敬皇太后、慈禧端佑康頤昭豫莊誠皇太后懿旨，允之。

辛酉，諭軍機大臣等：劉坤一奏，本年冬漕遵辦河運，請飭濬河築壩一摺。據稱，本年辦運冬漕，東省新挑十字河，現又淤墊，戴村壩爲蓄汶濟運關鍵，水漲易於衝決；張秋、荆門、七級一帶，旋挑旋淤，必須大加挑深。請飭趕緊疏濬，並將戴村壩修築堅固等語。漕運關繫緊要，著李鶴年、周恒祺嚴飭該管河道各員，將淤淺各工趕緊認真疏濬，毋稍遲誤。其戴村壩業經周恒祺委員修築，據報一律堅固，仍著該撫隨時飭屬整理各閘，俾利漕行。劉坤一即飭司道等，將雇船兑運各事提前趕辦，以期迅速。將此各諭令知之。

光緒七年（辛巳、一八八一）

《光緒朝東華録》三九　正月丙寅，以李鴻藻爲兵部尚書。

《德宗實録》卷一二六　戊辰，諭軍機大臣等：慶裕奏，百色廳屬匪徒滋事，派兵搜捕等語。廣西百色廳屬恩陽境内，匪徒劉興佳等糾黨起事，已革土官岑森膽敢通信謀逆，實屬狂悖已極。現經慶裕派軍會同地方文武搜捕，業將岑森及匪黨黄亞芒等正法，疊次搜捕餘匪殆盡，辦理尚爲迅速。仍著慶裕飭令嚴拏劉興佳等，務獲究辦，毋任漏網，並飭緝零星匪黨，俾浄根株，一面清查保甲，剴諭土族人等各安本分，勿爲匪徒煽誘，以期地方靖謐。將此諭令知之。

庚午，兩江總督劉坤一等奏：光緒六年冬漕海運辦理章程十二條，一、海運事繁責重，應循案委員設局分辦；一、交倉漕白正耗應請就數起運，其節省漕白等耗仍舊儘數糶變撥抵運腳；一、海運經費應照章以河運節省銀米等款分別抵支；一、津通經費並北局各項用款，應照新章分別裁革撙解；一、剥運漕糧應仿照白糧，裝用口袋，以期周密；一、慎重米色，必須早驗早卸，應請先儘正漕兑收，並將上屆存倉循案作抵；一、運通剥船首貴籌畫盡善；一、沙船經剥耗食等米，應請循舊動支，作正開銷；一、米船放洋，循案派撥輪船，咨行沿海水師逐段巡護，並飭撥礮船於津通一帶巡防官剥；一、沙船領運各事宜，應遵照成案辦理；一、蠲減缺額南糧，應以變價餘賸撥補；一、丹徒縣漕南等米並行月變價，應仍循案辦理。下部知之。

戊寅，雲貴總督劉長佑等奏：雲南兩迤鹽務，疊遭匪擾，廢弛已久，請先將正額課銀二十六萬一千六百餘兩，自光緒六年起照數徵足，如有缺額，即在鹽釐項下撥補。其養廉雜支銀兩，俟煎銷暢旺，察看情形，再行酌量啟徵。下户部議。

己卯，諭軍機大臣等：前因劉銘傳奏請籌造鐵路，當諭令李鴻章、劉坤一等籌商妥議。兹據先後覆奏，李鴻章以經費不貲，若借洋款有不可不慎者三端；劉坤一則以有妨民間生計，且恐於税釐有礙。所奏均係爲慎重起見。鐵路火車爲外洋所盛行，中國若擬創辦，無論利少害多，且需費至數千萬，安得有此鉅款？若借用洋債，流弊尤多。疊據廷臣陳奏，僉以鐵路斷不宜開不爲無見，劉銘傳所奏，著毋庸議。將此各諭令知之。

丙戌，兩江總督劉坤一奏：籌議王先謙所奏華商運茶、赴俄華船運貨出洋二事。請將華商由招商局運茶，自漢運津者，祇完正半兩税，以外概不重徵。華船運貨出洋，仍由招商局逐漸推廣，不必另立公司。下部知之。

《光緒朝東華録》三九　戊子，李鴻章奏：准出使德國大臣兼肄業監督李鳳苞咨開，前因福建船政選派駕駛、製造生徒出洋肄業，經該大臣偕同洋監督日意格、隨員馬建忠、文案陳季同、繙譯羅豐禄等於光緒三年三月内到洋，督率肄習三年，陸續學成，咨送回華。其展限補習四月者，扣至六年八月亦一律完畢，分别留洋、遣回在案。溯查出洋生徒，在船時各限功課，不令間曠，既抵英法，專延洋師補教，以充根柢。一面偕同洋監督面商英、法部臣，將在英之駕駛生先派三生登鐵甲船。九年入格令尼次官學，續將官學八生調入鐵甲船學習，歷赴地中海、大西洋、美利堅、阿非利加、印度洋等處學習操防排布迎禦之法，迨離船後，又專延教習補授電氣、鎗礮、水雷各法，具有船主憑單給執，並照章酌量游歷工廠，以廣見識。是駕駛諸生在船學習，不止原定章程分班五次人上鐵甲船已也。其在法之製造生，先送四生入削浦官學，五生入多廓官廠，其餘派入油答佃官礦學及科魯蘇民廠，分習開採、烹鍊、鎔鑄等事。旋經商明部臣，將油答佃處五生入巴黎官礦學。其製造藝徒，初派民廠補習工藝，續經分送賽隆及向海士登官藝學。該生徒等各照官學所定章程，專門洋師按年甄别，給執官憑，並酌量游歷英、法、比、德各國新式機器船械各廠，以資考訂。凡有傳習，各生徒俱已竟功，雖天資不一，造就有深淺之殊，而按章督課，實與諸官學卒業之洋員無所軒輊。其製造者能放手造作新式船機及應需之物，駕駛者能管駕鐵甲兵船，調度布陣，其製造如魏瀚、陳兆翱、鄭清濂、林怡游，開採鎔煉如羅臻禄，林慶升，駕駛如劉

步蟾、林泰曾、蔣超昊、方伯謙、薩鎮冰，頗爲優異。其餘加以陶鎔，均可成器，皆有考取確據，委與原定章程辦有成效之語相符。苟非在事各員指臂相資，未克臻此，所有出力各員，除正一品前船政監督日意格屢稱渥荷隆恩不敢再邀獎敍，及隨員候補道馬建忠業經奏獎，襄辦文案縣丞錢德培不及三年存記勞績外，其文案陳季同、繙譯羅豐禄、出使德國二等參贊官徐建寅、幫辦監督洋員斯恭塞格、洋文案商氏邪等五員，辦理文案繙譯，襄助華洋監督，移調生徒，料管妥協，及偕同前赴各廠考求機器製造採鍊並查察功課，兼習律例、公法、化學、政治等事，均能始終勤奮，辦理有成，應請照案奏獎。允之。

《德宗實録》卷一二六　辛卯，諭軍機大臣等：慶裕奏：繕録越南國王奏疏呈覽，暨勦捕匪徒各摺片。越南國王以該國積年諸匪勢難獨辦，現在李、陸餘黨擾掠，籲請派兵助勦等語。該國列在藩封，朝廷字小爲懷，初未稍存膜視。前因叛將李揚才出關滋擾，特命提督馮子材督師往勦。該逆旋即就擒，至其餘積匪黨類既衆，蔓延亦廣，勢難懸軍深入，一一芟除，自應由該國隨時妥籌辦理。其近邊各處，仍著張樹聲、慶裕督飭防營，擇要扼守，遇有匪蹤竄擾，務當實力會勦，俾壯聲援。該督撫即將此旨傳諭該國王知悉。李亞生等各匪，撲擾高平等處，經提督黃桂蘭督兵截擊，斃賊多名。仍著飭令該提督相度機宜，認真勦捕，以遏賊氛。另片奏越南國王疏内，左江之何明英、謝福喜，右江之黄三、潘如林，新投匪黨之語。節據邊防軍報，出擾之賊，並無何明英等之名。仍著張樹聲、慶裕查明辦理。廣西伏莽匪徒，即著該督撫飭令防軍暨地方官，隨時嚴密搜捕，務盡根株，毋任竄出關外，句結爲患。將此由四百里各諭令知之。

《德宗實録》卷一二七　二月丙申，直隸總督李鴻章奏：酌覆朝鮮委員詢問各條，並代擬通商約章，馳書開導，以免固拒。下所司知之。

戊戌，諭軍機大臣等：前據總理各國事務衙門奏，與日本國商議琉球一案，降旨交南北洋大臣等籌議。日本使臣宍户璣，於未經議定之先，即自棄前議，悻悻而去，其所請各節與中國存球之意，尚未盡善，未能即予准行。該國不遂所求，尤難保無藉端要挾情事，所有沿海各省防務自應嚴行戒備。著李鴻章、劉坤一、何璟、張樹聲、吴元炳、譚鍾麟、勒方錡、周恒祺、裕寬督飭各營，妥爲備豫，不動聲色，静以待之，毋得稍有疏懈。聞日本造小鐵甲輪船兩隻，可以駛入長江，並著彭玉麟、李成謀加意籌備，毋爲所乘。定海一廳，四面環海，應增調閩省輪船，以助兵力，並著何璟、勒方錡、譚鍾麟、黎兆棠會商辦理。將此由五百里密諭李鴻章、劉坤一、何璟、張樹聲、彭玉麟、吴元炳、譚鍾麟、勒方錡、周恒祺、裕寬，並傳諭黎兆棠、李成謀知之。

辛丑，諭軍機大臣等：前據李鴻章奏，酌覆朝鮮詢問各條内議及華商乘船前往貿易各節，兹據吴大澂奏，請飭察度該國口岸，招集商人，行船販貨，藉此聯絡保護等語。所見大略相同。著李鴻章參酌情形，妥籌具奏。另片奏蘇城溝等處民人，可由中國派員，在海參崴一帶設立公所，爲之經理等語。是否可行，並著李鴻章悉心酌度，一併覆奏。原摺片均著鈔給閲看。將此諭令知之。

乙巳，諭軍機大臣等：劉坤一奏，遵查招商局被參各款摺；李鴻章奏，查明招商局員被參各款，並瀝陳辦理情形各摺片。著户部會同總理各國事務衙門妥議具奏。

《德宗實録》卷一二八　三月乙丑，烏里雅蘇台將軍杜嘎爾奏：偵探俄兵在庫什業莫多地方盤踞，業已分咨各路，練兵扼守要隘，以備緩急。報聞。

壬申，欽奉大行慈安端裕康慶昭和莊敬皇太后遺誥。

乙酉，又諭：岐元等奏江南代製洋礮等項，解到需時，請飭將郭寶昌撤回各營内兩磅後膛礮六尊、格林礮兩尊、馬梯呢後門洋槍五百杆，並火藥鉛丸全數截留，由郭寶昌派員解赴奉省軍營。其帶礮隊員弁兵丁，俟運解到日，即留奉省差委，並由江南將礮位等撥給郭寶昌應用等語。江南本有應解奉省軍械，現在尚未解到，即著李鴻章飭令郭寶昌將該營礮位等項，照數截留。其應如何運解，及酌留員弁兵丁俾資訓練之處，並著李鴻章查明辦理。所有此次截留礮位等項，著劉坤一於機器局如數撥給安徽，由裕禄知照郭寶昌領用，以利操防。將此各諭令知之。

《光緒朝東華録》四〇　是月，命駐德使臣李鳳苞兼義、奥、荷三國使事。

《德宗實録》卷一二九　四月己亥，諭軍機大臣等：現在俄事雖已定議，惟念中國邊境與俄毗連，必宜慎固封守，以爲思患豫防之計。吉林之三姓、寧古塔、琿春等處，防務尤關緊要。該將軍駐紮吉林省城，相距窵遠，恐難兼顧。所有三姓、寧古塔、琿春防務，即著責成吴大澂督辦，並將各該處屯墾事宜妥爲籌辦。銘安身任將軍，於通省防務及地方一切事宜，亦當認真講求，力圖振作，毋致日久懈生。至庫倫爲俄人來往衝途，關繫甚重，本日已有旨，將喜昌補授庫倫辦事大臣，著將所部新軍酌帶一千人，前赴庫倫，並督率該處原有宣化馬隊，勤加操練，以備不虞。其餘現紮寧古塔、琿春各營，均歸吴大澂節制。應需餉銀，

仍照舊由部分别給領。將此由四百里各論令知之。尋據吉林將軍銘安奏稱，防軍現有九千人，當督飭將領，盡心蒐討，嗣後邊防屯墾事宜，自當商推籌辦，隨時具奏。報聞。

乙巳，總理各國事務衙門等奏：遵議招商局員被參各款摺，因劉坤一、李鴻章所奏異詞，臣等無從臆斷。惟據劉坤一、李鴻章覆奏，均稱招商局銀錢帳目向由駐滬道員徐潤一手經理，應請飭下該大臣等，調齊該局一切卷宗帳據，再行詳細確查，會同辦理。從之。

丙午，欽奉慈禧端佑康頤昭豫莊誠皇太后懿旨：曾紀澤奏，與俄國改訂約章及辦事艱難情形各一摺。總理各國事務衙門奏，進呈曾紀澤改定條約章程並地圖等件一摺。著惇親王奕誴、醇親王奕譞、潘祖蔭、翁同龢會同總理各國事務衙門王大臣，覆覈具奏。

丁巳，直隸總督李鴻章奏：湘毅軍等十營，全數遣撤。又奏：飭原駐山海關總兵楊玉書武毅軍步隊兩營，填紮寧海城左右；馬隊兩營，於附近海岸之秦王島等處分紮巡防。併報聞。

己未，欽奉慈禧端佑康頤昭豫莊誠皇太后懿旨，前據左宗棠奏，擬調各營先修水利，當諭醇親王奕譞酌覈具奏。茲據奏稱興修水利一事，機不可失，事同創舉，請飭恭親王奕訢總司其事等語。畿輔水利，自雍正、乾隆年間興修後，歷年既久，地勢河道今昔異形，旱潦無從蓄洩，關繫民生，甚爲重大，自應及時籌辦。著派恭親王奕訢、醇親王奕譞，會同左宗棠暨直隸總督李鴻章、兼管順天府府尹童華等，妥議章程，奏明辦理。

庚申，閩浙總督何璟等奏：福建臺北府屬淡水、新竹二縣地震。得旨，著即督飭該管道府，確查被災輕重情形，妥籌撫恤，毋令一夫失所。

《德宗實録》卷一三〇　五月庚午，諭軍機大臣等：左宗棠奏禁食鴉片，請先增洋藥土煙税捐，以收實效一摺。鴉片流毒中國，爲害甚深，近因民間吸食愈多，銷路愈廣，於國計民生大有妨礙。朝廷軫念時艱，何難申明禁令，齊之以刑。惟慮陷溺既久，興販吸食之徒日衆，空文禁制，既屬徒法難行，而訟獄滋繁，又將别增擾累。左宗棠所奏擬加徵税釐，參用罰懲遺意，冀可漸挽頹風，不爲無見。各省原定洋藥釐捐，本較洋税爲重，乃總計所收釐金，竟遠不及進口之税。是承辦各員奉行不力，減成折收，任令奸商隱匿偷漏，巡役包庇分肥所致，情弊顯然。現照左宗棠所擬每洋藥百斤，統税釐合計，共徵銀一百五十兩。內地土煙價值較低，税釐准照洋藥推算徵收，亦尚平允。此項係取之於吸食鴉片之人，與華洋各商並無干涉，著南北洋大臣、福州將軍、各直省督撫、粤海關監督將各關口及各地方情形詳細體察，將稽查徵收章程悉心妥議，於一月內覆奏，候旨定奪。此事務在必行，該大臣等當熟籌辦法，期於大局有裨，實爲至要。原摺均著鈔給閲看。將此由五百里諭知南北洋大臣、福州將軍、各直省督撫，並傳諭粤海關監督知之。

《光緒朝東華録》四一　癸酉，張樹聲奏：粤省洋面遼闊，港汊分歧，私鹽日益充斥，官引因而滯銷，先經前督臣勞崇光奏准，在於江北清遠縣屬白廟地方添設排船，製備鎗礮，遇有大夥私梟持械拒捕，准其施放抵禦，照例格殺勿論。光緒四年間，又經前督臣劉坤一於奏辦私鹽案内，將置造輪拖等船配給洋快鎗礮，分布虎門内外，嚴密堵緝各情陳明在案。惟念此等亡命之徒，專以販私爲業，恃其船堅礮利，熟習波濤，結幫連檣，肆行無忌，遇有緝私船勇，動輒逞兇拒捕，開礮迎敵，若不嚴加懲創，不獨於鹽務大有關係，且爲地方隱憂。臣伏查例載，江西省行銷淮鹽各州縣並山西省河東鹽池地方，派出緝私員弁兵役，准其攜帶鳥鎗，官編字號給發，遇有大夥私梟持械拒捕，許令施放抵禦，登時格殺者照罪人持杖拒捕登時格殺律勿論等語。近來粤東鹽務廢弛日甚一日，而奸販之輩亦復愈聚愈多，凡夫行銷粤鹽各引地，大抵民情刁悍，積慣販私，毫無忌憚。蓋緣嶺海阻深，歧路紛出，私販既到處可充，梟徒輒恃衆抗拒。現值整頓鹺務講求緝私之際，亟應援照成案，申明定例，分别辦理，俾期梟匪斂跡，官引暢行。據兩廣鹽運使段起、廣東按察使倪文蔚會詳請奏前來，相應請旨俯准援照江西等省成案，於粤東内河外海以及行銷粤鹽各省引地，遇有大夥私梟聯幫闖越，執持火器抵禦，登時格殺勿論；其非大夥私匪及並未執持火鎗軍械拒捕者，衹准照案捕拿，分别擬辦，不得概行施放鎗礮，以示區别而防流弊，仍俟數年後此風稍戢，即行奏請停止。得旨，如所請行。

《德宗實録》卷一三〇　乙亥，諭内閣：繼格畢道遠奏，請飭慎選漕糧米色一摺。此次江蘇海運漕糧米色未能純潔，前據該撫奏明，飭令倉場侍郎通融驗收，在該省偶遇暘雨失時，原不能不量加體恤，俾小民便於輸將。惟米質柔嫩，不堪久儲，儻各州縣暨委員等，因有通融驗收之案，並不認真揀選，輒請援案兑收，殊非慎重倉庾之道。著該撫嚴飭糧道，暨有漕各州縣，並收米委員等，嗣後兑運漕糧，務當詳細查驗，慎選一律乾圓潔净之米，儻有藉詞影射情弊，即行據

實嚴參。

癸未，奉慈禧端佑康頤昭豫莊誠皇太后懿旨：李鴻章奏，覆陳直隸河道地勢情形，節次辦法一摺。據稱，近畿水利，關繫國計民生，頻年逐漸經營，將各河擇要修濬，因需費繁鉅，未舉大工，考諸往昔成案，揆之目下情形，通盤籌畫，惟有次第酌辦等語。著恭親王奕訢、醇親王奕譞會同左宗棠、李鴻章、童華等，酌奪情形，隨時妥商辦理。

己丑，總理各國事務衙門奏：中俄新訂約章各款，界務除接收伊犁外，塔、喀二處亦須重加勘定。前奉諭派錫綸會商金順，相機籌辦，應由該大臣詳慎籌辦。商務新添嘉峪關一口，請設監督一員，擬以甘肅安肅兵備道兼充。其應否設税務司辦理税務，請飭下陝甘總督察看情形具奏。嘉峪關、吐魯番設領事，張家口設行棧及茶税各節，應於換約後分別辦理，償款盧布九百萬圓，約合銀五百萬兩，六次歸還，應由户部妥速覆議，以備屆期開辦。從之。

《光緒朝東華録》四一　己丑，諭：丁寶楨奏，鹽源縣屬地方被水成災，現飭查勘籌款賑濟等語。本年四月間，四川鹽源縣屬河西地方，雷雨冰雹，水勢陡漲，衝壞民房約七八百户，傷斃男女約千餘口，殊堪矜憫。即著丁寶楨飭屬確切查明被災户口，分别輕重，籌款賑濟，妥爲撫恤，毋令失所，用副軫念災黎至意。至該省城於四月間地覺微震，省外各屬有無震動情形，並著查明據實具奏。

《德宗實録》卷一三一　六月癸卯，諭軍機大臣等：有人奏，兩江總督劉坤一嗜好素深，又耽逸樂，年來精神疲弱，於公事不能整頓，沿江礮臺多不可用，每一發礮，煙氣眯目，甚或坍毁。又有人奏：該督嗜好過深，廣蓄姬妾，稀見賓客，且縱容家丁收受門包，在廣東所築礮臺一經霪雨，盡行坍塌各等語。現在東南海防，正關緊要，所奏是否屬實，著彭玉麟按照所參各節確切查明，據實具奏，毋稍徇隱。江海防務辦理有年，究竟有無把握，著彭玉麟擇要駐紮，將水師各營認真整頓，不必拘定巡視長江原議，以專責成。原摺片著摘鈔給與閱看。將此諭令知之。

丙午，諭内閣：據内閣學士張之洞、詹事府右庶子周德潤、御史洪良品先後因星變陳言，詳加披閱，所陳各條不爲無見。訟獄爲民命所關，屢經諭令内外用刑衙門，清理庶獄，免致小民冤抑。乃各省積習相沿，於民間控訴案件日久積壓，甚且任意刑求，拕累株連，在所不免，遂致京控之案層見疊出。嗣後各該督撫等，於京控命盜重案，務當親提，秉公審訊，遇有冤抑，立予平反，不得概以懷疑誤控等詞一奏結案，以重民命。並著刑部將京控積案年限，申明舊章，隨時稽查，毋任日久生懈。錢糧係維正之供，豈容經徵人員暗中侵挪，乃或上司意存見好，每遇屬員虧空，轉設法爲之彌縫，至離任虧欠久懸，身後參追無著，國課因之日絀。關税、釐金出入尤多蒙混，不能涓滴歸公，總由經手官紳營私取巧，百弊叢生，遂致利歸中飽。嗣後該督撫監督等，務當潔己奉公，於錢糧釐税款項認真經理，覈實奏報，不得任意開銷，稍有欺飾，以裕帑項。各省防軍歲需餉項甚鉅，著各督撫、統兵大臣將所部各營嚴行稽覈，選派得力將弁管帶，隨時申明紀律，汰弱留强，俾成勁旅。儻有不加訓練，不講營規，虚報空額，吞蝕口糧諸弊，一經發覺，定即重懲。澄敘官方，察吏實爲急務。各省督撫考察屬員，率多虚應故事，不足以示勸懲。凡屬員任内各有應辦公務，該督撫平日當留心詳查，認真考課，視其能否，定功過以爲舉劾，仍須詳敘實蹟具奏，用昭賞罰，不得僅託空言。至冗員過多，亟應照章甄别，將庸劣各員隨時裁汰，毋任日久濫竽，並將參劾裁汰員數陸續咨明吏部查覈。以上各節，均須實力奉行，不得視爲具文，一味粉飾因循，致負委任。總之時事多艱，全在中外大臣共矢公忠，實心任事，破除成見，以期宏濟艱難。朝廷進退大臣，惟視其能否盡職，以爲考覈。其各時加惕厲，庶幾恩眷長承也。

《光緒朝東華録》四一　乙卯，曾紀澤奏：臣於光緒六年七月二十四日附片陳明，駐紮英國屬地新嘉坡領事官候選道胡璇澤因病出缺，並派委領事隨員鹽提舉銜布政使經歷蘇溎清暫行代理。仰蒙聖慈垂鑒，查該埠萬國通衢，五方雜處，英人既竭力經營，而華民之經商寄寓於該處者，輻輳往來，日臻繁盛。該處領事官，實有聯絡邦交、保護商民之責，必得精明强幹之員，方足以膺兹劇任。臣與總理衙門往返函商，查有五品銜都察院學習都事左秉隆，駐防廣州正黄旗漢軍忠山佐領下人，由同文館學生派充英文副教習，歷保今職，光緒四年十月隨臣出洋，派充英文三等繙譯官。該員年力正富，學識俱優，通達和平，有爲有守，熟習英國情形，通曉西洋律例，以之充補新嘉坡領事官，實屬人地相宜。允之。

《德宗實録》卷一三二　七月甲子，又諭：順天學政孫詒經奏，考試八旗童生，查出頂替四十四卷，照例查究，並請飭嚴定章程等語。童試爲士子進身之始，宜如何束身自愛，恪守功令。乃此次考試八旗童生，竟有頂替四十四卷之多，實屬不成事體。該學政將其一併扣除查究，辦理甚是。嗣後八旗童試，應如何革除積習，嚴定章程之處，著禮部妥議具奏。尋奏，嗣後八旗童試由各旗造送

年貌三代清册，送參領等看驗，本佐領出具切實圖片，交本童收執，以憑取結投卷。先將派出各參領等職名，造送查覆，其保結稟生，入場時公同送考識認。如有頂名冒替情弊，交點名御史究辦。參領等則由兵部酌擬專條，奏請議處。從之。

庚午，諭内閣：翰林院侍講學士尚賢奏，八旗各項繙譯考試，請飭一併嚴定章程，以杜弊端一摺。據稱：八旗童試而外，各項繙譯考試，槍冒頂替，弊端甚多，殊屬不成事體。應如何嚴定章程，革除積習之處，著該部妥議具奏。另片奏：盛京宗室覺羅官學，經將軍岐元籌修督課，已有起色。八旗各學廢弛，請飭整頓等語。著岐元等認真整飭，隨時督察，以培人才，毋任稍有懈弛。

壬申，諭内閣：繼格、畢道遠奏，招商局協運江浙漕糧，攙雜破碎過多等語。漕糧爲倉庾正供，宜如何慎重起運，本年招商局協運漕糧，攙雜破碎過多，總由該委員等辦理草率，殊屬不成事體。著直隸總督飭令招商局於協運漕糧時，酌分派道員一員，常川駐京，認真驗兑。並著江蘇、浙江各巡撫，責成各該糧道，嚴督辦漕各委員，在上海、天津與招商局兑米時，加意察查，務令米色一律乾圓清浄，毋得稍涉含混，致干咎戾。

戊寅，諭軍機大臣等：兵部奏，請飭各省題報現年兵馬數目一摺。各省兵馬數目，例應於每年十月具題造册報部，該部於年終彙題，所以備考查而杜浮冒。現除浙江依限題報外，其餘各省率多辦理遲延，甚至積壓年久，竟不造報，實屬不成事體。該部以各省欠報年分甚多，若令以次遞補，則到部之册所報並非本年，而本年之册到部不知何日。請飭欠報各省，即將現年數目造報，係爲清理積牘起見，著各直省督撫自光緒七年起，將本届兵馬數目依年造報，勿逾例限。如再遲延，即著該部奏參，將該督撫及營官從嚴議處，以儆玩泄。至歷年未報各案，並著分年帶補。

戊子，諭内閣：彭玉麟奏，道員辦理局務，諸多謬妄等語。江蘇候補道趙繼元，嗜好素深，辦理兩江軍需總局，遇事把持，任意蒙蔽，於應辦各務粉飾敷衍，毫無實濟，實屬劣迹昭著。趙繼元著即行革職，以示懲儆。

《德宗實録》卷一三三　閏七月壬辰，諭内閣：給事中劉瑞祺奏，各省抽釐設卡，請飭權衡出入，酌量撤留一摺。各省抽收釐金，疊經諭令覈實辦理。若如該給事中所奏情形，實屬無裨國計。著各該督撫將各釐卡出入數目悉心統覈，酌量撤留，報部備查，不得以空言塞責。將此通諭知之。

乙未，諭軍機大臣等：前有旨令彭玉麟署理兩江總督，並諭令迅即赴任。惟念該侍郎從前補授安徽巡撫、漕運總督，屢辭職任，現因兩江事務重大，江海防務尤關緊要，亟須得人而治。該侍郎威望素著，且於該處地方情形及水陸營務均所熟悉，劉坤一既令來京陛見，即須交卸，若該侍郎固執成見，仍辭署任，輾轉耽延，必致貽誤疆事。彭玉麟體國公忠，受恩深重，值此時事多艱，當念朝廷倚任之重，力圖報稱，接奉此旨，著即馳赴署任，毋稍延緩。將此諭令知之。

丁酉，諭軍機大臣等：總理各國事務衙門奏，接收伊犂事宜亟應剋期舉辦一摺。接收伊犂及分界事宜，前已先後派令錫綸、升泰前往辦理，惟原定條約應特派大臣遵照督辦交收伊犂事宜之陝甘總督商定開辦。現在陝甘總督曾國荃因病給假調理，一時未能到任，著派金順督辦交收伊犂事宜，錫綸作爲特派大臣，以符原約。該將軍等仍當與劉錦棠、升泰等詳細妥籌，會同俄國所派大員在伊犂城商定次序開辦，並著金順派委妥員，前往塔什干城，知照土爾吉斯坦總督，將交收伊犂各事照約如期辦竣。其分界事宜，仍著錫綸、升泰懍遵前旨，與劉錦棠、金順、張曜隨時隨地詳加籌度，妥慎辦理，勿稍輕率。將此由五百里各諭令知之。

庚子，諭軍機大臣等：李鴻章奏，粤海關應解北洋海防經費，積欠甚多，請旨嚴催一摺。據稱：粤海關應解北洋海防經費計歷一年之久，迄未解到絲毫等語。北洋海防，關繫緊要，現在訂購船礮等項需款尤殷。該關積欠至四結之多，殊屬延玩。著崇光迅將徵存四結北洋經費限一月内分兩批掃數解清，嗣後務當恪遵前降諭旨按結，提前報解，儻再延欠，即由李鴻章奏參。並著張樹聲、裕寬隨時催令該監督趕緊報解，勿任支展。將此由四百里諭知張樹聲、裕寬，並傳諭崇光知之。

辛亥，督辦新疆軍務通政使劉錦棠奏：接收伊犂及與俄國分界事宜，現籌辦理情形。得旨：官軍進紮伊犂，自應嚴禁擾累，善爲撫輯，將來善後諸事，著劉錦棠隨時與金順會商辦理。前已派金順督辦交收伊犂事宜，錫綸作爲特派大臣，該京卿當仍遵前旨，與該將軍等妥商籌辦。

乙卯，諭軍機大臣等：給事中戈靖奏，廣東瓊州地方土客漢夷雜處，從前署雷瓊道劉鎮楚辦理客匪善後事宜，未能持平，致安插雷州所屬之客氏逃往瓊州邊界，結黨要盟，創立天地會名目，分股在萬州、陵水、定安等處，句結黎匪，剽劫鄉村，裹脅良民入會，疊次滋擾崖州萬縣，戕官搶殺；該處道府，卸過屬員捏報

地方安堵，請飭查辦等語。匪徒句結滋事，若不從嚴懲辦，必致養癰貽患。著張樹聲、裕寬飭令該處地方文武，隨時認真防範，並將滋事要犯嚴行捕治，以遏亂萌，毋任稍有諱飾，致貽後患。原摺著鈔給閱看。將此各諭令知之。

《德宗實録》卷一三四　八月辛酉，諭軍機大臣等：侍講學士陳寶琛奏，辦理洋務條陳六事一摺。所奏請飭蒐求各國史乘及私家著述，或出使游歷諸人紀載，編輯備覽一節。著各該督撫留意訪求，得有關涉洋務足資考證之書，咨送總理各國事務衙門，轉送國史館以備采擇。又請飭所司於曾經出洋之學生，曾辦洋務之府縣，酌保數人一節。出洋學生及各省屬員中，如有志趣方正、才識練達，足備總理衙門行走之選者，即著該督撫咨明該衙門，聽候調取。又請於每科進士中選擇十數人，令其游歷各國一節，是否可行，又請參合中西律意，訂一公允章程，商布各國勒爲科條一節，有無窒礙，著李鴻章、劉坤一、彭玉麟酌議具奏，並著總理各國事務衙門將所奏六條一併議奏。另片奏，近來派駐各口之輪船，操演多不合法，管駕員弁徵逐嬉游，漫無紀律，水手間有虛額，薪糧或亦剋扣等語。中國創造輪船，操練水師，需費甚鉅，原期海口巡防，藉資得力，若如所奏各情，虛糜帑項，弊竇叢生，殊屬不成事體。著李鴻章、劉坤一、彭玉麟、何璟、岑毓英、黎兆棠查明參辦，嗣後務當大加整頓，力求實際。應如何責成統領認真操閲稽查，嚴申黜陟之處，著南北洋大臣等體察情形，詳細覆奏。原摺片均著鈔給閲看。將此諭知總理各國事務衙門、李鴻章、劉坤一、彭玉麟、何璟、張樹聲、岑毓英、裕寬，並傳諭黎兆棠知之。尋總理各國事務衙門奏，原奏請飭蒐求各國史乘等編輯備覽，及酌保學生府縣數人兩條，業經奉旨應令各該督撫遵照辦理。其擇選進士游歷，及參合中西律意編訂章程兩條，應俟李鴻章等覆奏後再行覈議。至臣衙門設立已二十餘年，未便遽議改名，所請改爲通商院一節應毋庸議。又現在軍機大臣兼管臣衙門有年，似可照舊辦理，其司員保送章京及臣衙門辦事分股各節，仍請查照奏章辦理。又原奏謂洋務爲諱莫如深，嗣後如有關繫洋務要件，應須内外臣工集議者，隨時請旨遵行。得旨，依議行。

己巳，總理各國事務衙門奏：續修德國條約，本年七月閒畫押互換，將條款刊刻咨行各省，一體遵照。報聞。

壬申，又諭：錫綸奏，前往接收伊犂，分定邊界，應行備辦各事宜；並陳明往返需時，參贊一缺未可久懸各摺片。接收伊犂及前往分界，道途往返，時日難以豫計。塔城地方緊要，參贊一缺未可久懸，均屬實在情形。所有交收伊犂事宜，仍著金順督辦，並著升泰作爲特派大臣，遵照前旨妥慎辦理。其分界一事，升泰當隨時隨地會商劉錦棠、金順、張曜等，詳細籌辦，務臻妥協。錫綸即將塔城應辦之事悉心經理，以專責成，毋庸會辦交收分界各事，仍將棍克札拉參藉端勒索等情一案，認真查辦，迅即奏聞。將此由五百里各諭令知之。

《德宗實録》卷一三五　丁亥，諭軍機大臣等：左宗棠奏，遵旨覆陳增收洋藥土煙税釐一摺。著總理各國事務衙門會同李鴻章妥議具奏。尋總理各國事務衙門奏：洋藥税釐，香港偷漏過鉅，俟英使威妥瑪北來後，與之逐細會議，奏明請旨。報聞。

《德宗實録》卷一三六　九月癸巳，諭内閣：巡視東城御史阿彦泰等奏，拏獲營房窩賭匪徒請交部審辦，並將該管營官嚴劾一摺。

甲午，諭軍機大臣等：有人奏，局員久擅利權，諸多弊竇，請飭嚴查一摺。據稱，已故内閣中書何慎修，前督辦蘇滬釐局，開支巡查經費，或數月一巡，或終年不出，公項則按月坐支；各局卡收款，存放各錢鋪，挪移生息；其經管水利工程，獨斷獨行，名爲辦事認真，實則侵攬利權，恐該省局員相率效尤等語。所奏是否屬實，著黎培敬、譚鈞培按照所參各節，確切查明，據實具奏，毋稍徇隱。嗣後該省各項局務，應如何妥定章程，以杜把持蒙蔽之處，並著悉心經理，務昭覈實。原摺著鈔給閲看。將此諭知黎培敬，並傳諭譚鈞培知之。

乙未，又諭：彭玉麟先後陳奏，請開兩江總督署缺，並開巡閲江海差使各一摺。覽奏情詞懇切，自應俯如所請，准開兩江總督署缺。至該侍郎巡閲江海有年，不辭勞瘁，整頓水師，深資倚任，仍著照舊巡閲，毋許推諉。劉坤一著即開缺，大學士左宗棠著補授兩江總督，兼充辦理通商事務大臣。劉坤一著俟左宗棠到任後，再行交卸，來京陛見。

庚子，出使俄國大臣曾紀澤奏：與俄國新定約章，互換日期，即將俄國蓋印畫押之條約正本譯妥齎呈總理各國事務衙門。又奏：在比德和福行宫，致遞賀俄君即位國書日期。均報聞。

《德宗實録》卷一三七　丁未，河南巡撫涂宗瀛奏：勦辦汝寧府光州捻匪，地方肅清。得旨，仍著知照李鶴年飭屬將逸匪魯驢子嚴拏務獲，毋任漏網。

癸丑，諭軍機大臣等：清安等奏，遵旨安撫哈薩克，並豫籌安謐邊陲一摺。棍克札拉參在科屬地方收撫哈薩克，藉端勒索等情，前經諭令錫綸確查參奏，何以尚未查辦？此項哈薩克，前在塔城附近駐牧，因棍克札拉參勒索太苦，逃赴科

境，該呼圖克圖又不能妥速收回，肆行勒索，實屬荒謬已極。據清安等所稱，該哈薩克原係十二柯喇依内兩柯喇依，早歸俄國等語，尤應妥爲安插，勿任四出爲患。著錫綸即將此項哈薩克設法全行調回塔境，不得再越科界，以期永遠相安，並將辦理情形據實具奏，仍遵前旨，將棍克札拉參查明參辦，一面飭令迅速回籍，不准逗遛。該哈薩克未經調回以前，仍著清安等暫行安撫，免致激而生變。將此由四百里各諭令知之。

《光緒朝東華録》四三 甲寅，楊昌濬奏：本年六月二十五日，甘南各州縣地震，經臣查明附片馳奏。閏七月十三日遞回原片，内開：軍機大臣奉旨，知道了。著即督飭地方官將被害災民妥爲撫恤，毋任失所，欽此。當即飛飭各該印委欽遵辦理在案。旋據階州詳報，續查該州屬之柳林里、永川里、石門里、角弓鎮等處，被震壓斃男女大小四十二名口，受傷二十七人，倒塌房屋一百二十餘間，傷斃牲畜一百餘隻。禮縣詳報，續查該縣與階州西固接壤之白家莊、岳平里、大潭等處，壓斃男女大小三百四十七名口，受傷近百人，房屋倒塌不少，傷斃牲畜三百餘隻。臣接閲之餘，實深憫惻，皆由臣奉職無狀，有此災殃，無任悚惕，隨飭鞏秦階道譚繼洵將前年賑捐餘糧盡數提撥，委員前往，會同印委查明户口，迅速賑撫，如有不敷，即由原捐項下撥用。得旨：覽奏，階州等處被災情形，殊堪憫惻，著仍遵前旨妥爲撫恤，務使災民均沾實惠。

《德宗實録》卷一三七 乙卯，又諭：户部、總理各國事務衙門奏，東北邊防經費，各省報解遲延，請旨嚴催一摺。據稱，各直省應解本年東北邊防經費，截至九月止，除已解到銀九十五萬兩，暨報解銀二十三萬兩外，尚欠解銀八十二萬兩，現在庫存經費不敷周轉，請旨嚴催等語。此項經費銀兩，關繫緊要，自應迅速籌解，以濟要需。除河南及津海關業經户部議准暫行緩解行，其餘各省關欠解銀兩，即著各該督撫監督源源報解，統限年内解清，儻再遲延，即著户部照貽誤京餉例，指名嚴參。其浙海關欠解六年分經費銀二萬五千兩，並著閩浙總督、浙江巡撫即飭該監督剋期補解，毋再遲延。原單著分别摘鈔給與閲看。將此由五百里諭知兩江、閩浙、湖廣、兩廣、江蘇、安徽、浙江、江西、山東、山西、湖北、湖南、廣東各督撫，並傳諭粤海關監督知之。

《光緒朝東華録》四四 十月庚午，色楞額等奏：前據駐防察木多游擊馬應祥稟稱，轉據察木多大呼圖克帕克巴拉等公具夷稟譯漢内稱，舊倉儲巴帕克巴丹增辭退，遺缺揀選卓業洛布策旺充當。從前勦辦瞻對案内，我察木多寺院頗著勤勞，蒙大皇帝天恩賞給達爾漢堪布名號，准倉儲巴承襲在案，今懇照案准襲等情。當經前大臣松溎咨請理藩院示覆，本年正月十九日接准咨開：西藏應襲應放僧俗各官，向由駐藏大臣隨時奏明辦理，前議奬勵瞻對案内，倉儲巴帕克巴丹增係請賞承襲達爾漢名號，並無堪布字樣，應由該大臣自行辦理等因。復經奴才等札飭察木多糧務游擊，會同確查稟覆核辦去後。茲據該臺糧務熊錫恩、游擊馬應祥稟稱：查明辭退倉儲巴帕克巴丹增，實係承襲達爾漢名號，並無堪布字樣，前次繙譯錯誤，應請免究，仍懇准現在倉儲巴洛布策旺承襲等情前來，奴才等未敢擅專，可否將察木多商上新充倉儲巴洛布策旺援案賞給達爾漢名號之處出自逾格鴻慈。得旨，該衙門議奏。

《德宗實録》卷一三八 甲戌，諭軍機大臣等：總理各國事務衙門奏，法人謀占越南北境並欲通商雲南，擬籌辦法各摺片。越南向隸藩服，爲滇、粤兩省屏蔽，法人據其西貢一帶，現復以東京捕盗爲名添置兵船，並欲由紅江通商雲南，計殊叵測。該國積弱已久，若任其侵削，則滇、粤藩籬盡爲他族逼處，後患不可勝言。總理各國事務衙門所奏，與李鴻章籌商辦法，即著李鴻章、左宗棠、劉坤一、張樹聲、劉長佑、慶裕、杜瑞聯商同，密爲妥辦。其丁日昌、曾紀澤函致該衙門各節，一併參酌辦理，務當詳加揆度，合力圖維，庶可弭釁端而安邊境。並將如何辦理情形，隨時詳晰密陳。曾紀澤屢與法國外部辯詰，仍著堅持前議，相機辯論，期於大局有裨。原摺片均著鈔給閲看。將此密諭左宗棠、曾紀澤，並由五百里密諭李鴻章、劉坤一、張樹聲、劉長佑、慶裕、杜瑞聯知之。

己卯，督辦新疆軍務通政使劉錦棠，以署任實授，奏懇收回成命。得旨：覽奏情詞懇切，具見寅畏之忱。惟念劉錦棠任事經年，辦理一切頗臻妥協，該大臣膺兹重寄，惟當將防務善後及中外交涉諸事，竭力籌辦，以期邊圉久安，用副委任，毋許固辭。

《光緒朝東華録》四四 辛巳，諭：繼格、畢道遠奏，全漕告竣，請將出力員弁奬勵，並請將前保各員改奬各摺片。本年江蘇、浙江、海運，山東、江北河運漕白糧米及奉天額運米豆先後抵通，經繼格、畢道遠督率坐糧廳等驗收完竣，辦理均無貽誤。繼格、畢道遠，均著交部議敍。所保出力及改奬各員，著該部議奏。

《德宗實録》卷一三八 壬午，諭軍機大臣等：都察院奏，宗人府咨送繼文博寄遞信函一摺，内所稱監利、沔陽交屬之洪湖週圍數百里，茭林叢雜，土匪混亂，其間擾害居民行旅，近已成哥弟會，聚散無常，儻不急圖殄除，恐由涓流而成

江河。會匪廖士銀等十二頭目，自僭混號，半自粵餘土匪出身，半由白蓮教匪出身等語。著李瀚章、彭祖賢確切查明，如實有此事，即行嚴密查拏，妥籌辦理，毋致養癰貽患。至繼文博據稱係正黃旗閒髦，頻過洪湖，是否實有其人，抑係捏名，並著查明具奏。原信著鈔給閱看。將此各諭令知之。

《德宗實録》卷一三九　十一月丙申，諭内閣：李瀚章等奏，拏獲滋事會匪，就地懲辦等語。湖北施南府所屬山羊溪地方，有匪首楊登峻，膽敢糾集不法之徒，結會拜盟，疊次遣黨劫掠燒殺，擾害閭閻，並與四川等省匪徒潛謀滋事，實屬罪大惡極。現經李瀚章、彭祖賢飭屬擒獲，將該匪首就地正法，解散脅從，並將山羊溪匪巢平毁。仍著該督撫隨時飭屬查拏匪黨。並著四川、湖南、貴州各督撫飭令毗連各屬，一體嚴拏逸犯，務獲究辦，以靖地方。此次出力之把總關發旺，著以千總儘先拔補；勇目龔應春，著以外委補用。

《光緒朝東華録》四五　己亥，諭：工部奏，修理陵工請照向章辦理等語。向來東陵、西陵遇有異常緊要工程，原准隨時奏報，專案辦理。近來該管大臣於奏報歲修另案工程時，復派入專案急修等工，殊與向章未符。嗣後該管大臣如遇異常緊要工程，仍著隨時專案奏請估修，其餘一概併入另案，不得於奏報歲修另案工程時列入專案等項名目，以歸劃一。

《德宗實録》卷一三九　壬寅，諭軍機大臣等：楊昌濬、福錕奏，辦結蒙番積年搶案一摺。西寧循化廳屬番衆内多哇一族，與蒙古積有夙讎，屢次搶劫，並有虜人勒贖之事，疊經查辦，久未清結。現經楊昌濬、福錕會檄總兵沈玉遂帶營前往，該番懾於兵威，歸案聽審，認罪賠償，並將所爭山界勘定，多年積案得以清潔，辦理尚妥。仍著譚鍾麟、福錕、楊昌濬督飭該管廳營，隨時約束，各守界址，毋任再生事端。此次查辦出力各員，准其擇尤保奬，毋許冒濫。將此諭知譚鍾麟、福錕，並傳諭楊昌濬知之。

癸卯，諭軍機大臣等：劉坤一奏，閩省開造快船，請催經費等語。閩廠仿造快船，前由部撥南洋經費銀二十萬兩，僅據粵海關解銀三萬兩，現由劉坤一籌解銀四萬兩，尚短銀十三萬兩。刻下閩廠定期興工，需款甚急，粵海關欠解南洋經費約有十五六萬之多，著崇光即於前項欠解款内迅速撥銀十三萬兩徑解閩廠，以濟要需，毋稍延誤。

丁未，諭軍機大臣等：有人奏，縷陳鄂省積弊，請旨派員查辦一摺。據稱，湖北釐金及新關竹木税，每年實收之數與報部之數相去懸殊，悉歸委員中飽，督署亦有規費。李瀚章任用私人，縱容劣員，該省防軍缺額，虚縻餉項，貽害地方，並李瀚章黷貨無厭，民怨日深等語。李瀚章任湖廣總督有年，兹據所奏，理財、用人、練兵種種弊端，是否屬實，著左宗棠將所奏各節確切查明，據實具奏，毋稍徇隱。原摺著鈔給閱看。將此由四百里諭令知之。

《德宗實録》卷一四〇　十二月壬戌，諭軍機大臣等：李鴻章奏，朝鮮陪臣密陳該國王議商外交情形一摺。據稱，美國欲與朝鮮結約通好，該大臣勸令朝鮮派員赴津與美總兵蕭孚爾商議；該國王遣使前來籌議外交，經該大臣開導，現在回國酌辦等語。朝鮮久隸藩屬，自應隨時維持調護，即以固我邊陲。該國如與美國訂約，則他國不致肆意要求，於大局實有關繫。仍著李鴻章隨時相機開導，妥爲籌辦。該國聯美之計，爲日、俄各國所不願，該大臣並應加意慎密，毋貽口實。將此諭令知之。

己巳，諭軍機大臣等：張樹聲、裕寛奏，查明瓊州客民句結黎匪歷年滋事，及先後籌辦情形一摺。瓊州遠在海南，黎匪不時滋擾，爲害地方，該處客民復與句結生事，若不嚴行勦捕，何以永遏亂萌。張樹聲等現已督飭地方文武，派隊相機進勦，務將首惡一律擒獲懲辦，解散脅從，使其畏威懷德，不得因山深徑險，任其逋逃，敷衍塞責，儻再有結會剽劫等事，定將該地方文武重懲不貸。至客匪尤當認真清查，以杜句結。即著將團練保甲各事宜悉心籌辦，毋任奸宄溷跡。將此各諭令知之。

壬申，諭軍機大臣等：色楞額奏查明後藏聚衆抛石案情，分別擬結一節。後藏營官索巴彭錯、策墊崙珠等，向不安分，此次竟敢在幫辦大臣行館聚衆抛石，實屬不法。現經色楞額查明懲辦，並將其餘人等酌量責罰，足以懲玩法而儆效尤。至通善濟嚨呼圖克圖、阿旺班墊曲吉堅參等，雖支吾延抗於前，尚能開導遵辦於後，均著免其議處。幕友沈其康、吴灝、家丁趙九等，雖無擾累實據，而事出有因，著色楞額傳知維慶查明懲辦。嗣後該大臣等巡閲藏地，務當嚴明約束，不得稍涉擾累，致貽口實。將此諭令知之。

癸酉，諭軍機大臣等：户部奏，新疆局勢大定，亟應裁減勇營一摺。頻年以來，各省關協解西征軍餉實已不遺餘力，甚至疊次籌借洋款，銷耗息銀。國家經費有常，似此年復一年，斷非經久之道。現在新疆平定，防務漸鬆，劉錦棠曾有隨時裁撤各營之請。即著該大臣與譚鍾麟、楊昌濬悉心會商，將關内外現存馬步若干營如何漸次裁減之處，迅速酌覈，奏咨辦理。至光緒五、六兩年欠解餉銀

尚多，加以裁減營勇，均須發給欠款。其光緒八年西征月饟，自應照舊撥解十成，著户部咨行各督撫、將軍、監督等一體遵照。將此諭知户部，並由五百里諭知劉錦棠、譚鍾麟，並傳諭楊昌濬知之。

《德宗實録》卷一四一　丙子，督辦寧古塔等處事宜太僕寺卿吴大澂奏：海參崴華民過多，請設立公所，派員保護。下總理各國事務衙門議。尋奏：此事已由出使大臣曾紀澤面商俄國外部，並照會東悉畢爾總督，專候覆音。所有設立公所，並選員請旨簡派各事宜，應俟曾紀澤與俄國議定後再行請旨辦理。報聞。

戊寅，伊犂將軍、幫辦軍務大臣金順奏：接准俄國總督來文，定期舉辦交還伊犂。得旨：交收一切事宜，務須查照約章，慎重辦理，毋得稍涉大意。

己卯，諭軍機大臣等：劉坤一奏，本年冬漕遵辦河運，請飭疏濬河道一摺。據稱，本年江北冬漕仍辦河運，山東戴村壩雖經修築，仍當隨時保護；其新挑十字河，現又淤墊，陶城埠口門外淤灘沙埂，均須分別挑濬。請飭河道總督、山東巡撫趕緊辦理等語。漕運關繫緊要，著梅啟照、任道鎔嚴飭該管河道各員，趕將淤淺各工，認真疏濬，一律深通，俾利漕行。其戴村壩業經修築堅固，仍著隨時飭屬妥爲整理，毋稍延誤。左宗棠、劉坤一即飭該司道等，將雇船兑運各事宜提前趕辦，以期迅速。將此各諭令知之。

癸未，諭軍機大臣等：譚鍾麟奏，請仍令楊昌濬幫辦新疆善後事宜等語。甘肅關内外善後諸事，關繫久遠，楊昌濬經理有年，情形熟悉，幫辦新疆善後事宜，毋庸繳銷關防。昨日楊昌濬奏請陛見，業已令其來見，第念譚鍾麟甫經到任，接辦一切事宜，需人佐理。楊昌濬著俟來年夏秋間，再行來京陛見。將此諭知譚鍾麟，並傳諭楊昌濬知之。

乙酉，諭軍機大臣等：户部奏，遵議金順軍饟，請飭各省關趕解一摺。金順以伊犂接收在即，開拔各營，轉運食糧軍火以及找發積欠，需款甚急，請將各省關應解軍饟，先行各籌撥銀十萬兩，限來年三月前掃數解清。茲據户部奏，提撥之數稍鉅，爲時且促，或各省不能如數籌解，轉滋貽誤，擬請將應解金順軍饟之山西提銀五萬兩、河東道提銀五萬兩、四川提銀五萬兩、陝西提銀五萬兩、湖北提銀五萬兩、山東提銀五萬兩、河南提銀五萬兩、江海、粤海、江漢三關每關各提銀五萬兩，均限來年三月以前掃數批解等語。著各該督撫、監督等，查照户部此次奏撥銀兩，趕緊如期照數解清，毋誤要需。其每月應解金順協饟，亦應隨時籌解，毋再積欠。將此由五百里諭知左宗棠、劉坤一、李瀚章、丁寶楨、任道鎔、衛榮光、張之洞、李鶴年、彭祖賢、馮譽驥，並傳諭譚鈞培、崇光知之。

光緒八年（壬午、一八八二）

《德宗實録》卷一四二　正月辛卯，諭内閣：謙禧等奏，軍臺廢員由配脱逃，請旨飭拏，並將管站各員議處一摺。廢員雙全，膽敢由配脱逃，難保不潛行來京，或擅自回旗，著步軍統領衙門、順天府、五城御史、吉林將軍一體嚴拏，務獲解部訊辦。管站部員理藩院郎中崇壽、筆帖式文瑞於雙全脱逃時漏未呈報，殊屬顢頇，均著交部分別議處。

丁酉，諭軍機大臣等：翰林院侍講張佩綸奏，瀝陳保小扞邊，當謀自强之計一摺。據稱，日本既廢琉球，法蘭西亦越境而圖越南，馭倭之策，宜大設水師，以北洋三口爲一軍，設北海水師提督，天津、通、永、登、萊等鎮屬之師船分駐旅順、煙臺、大連灣，以控天險。江南形勢當先海而後江，宜改長江水師提督駐吴淞口外，狼山、福山、崇明三鎮均隸之，專領兵輪出洋聚操。責大臣以巡江，兼顧五省；責提督以巡海，專顧一省。移江南提督治淮徐，轄陸路。閩浙同一總督轄境，宜改福建水師提督爲閩浙水師提督，以浙江之定海、海門兩鎮隸之，浙江提督專轄陸路。至滇粤邊防，宜責粤督治水師爲奇兵；廣西、雲南治陸師爲正兵，扼險以伺利便，劉永福等皆可羅致爲用。復以水師大船坐鎮珠崖，快船水雷出入於越南神投海口，與爲聯絡等語。海防邊防爲目前當務之要，亟應統籌全局，因時制宜，必有折衝禦侮之實，始可爲長駕遠馭之計。該侍講所陳各節，不爲無見，即著李鴻章、左宗棠、何璟、張樹聲、彭玉麟等將海防事宜通盤籌畫，會同妥議具奏。其滇粤邊防，即著張樹聲、劉長佑等各就地方情形，實力籌辦，期於綏邊弭釁，永固疆圉。原摺均著鈔給閲看。將此由五百里密諭李鴻章、左宗棠、何璟、張樹聲、劉長佑、彭玉麟、衛榮光、陳士杰、岑毓英、裕寬、慶裕、杜瑞聯，並傳諭譚鈞培知之。

癸卯，諭軍機大臣等：李鴻章奏請派大員與巴西國互換條約一摺。巴西國通商條約上年經李鴻章與該國使臣會議增改，公同畫押，該國亦經照准，使臣喀拉多現在上海，著派譚鈞培將上年所訂條約，與該使臣互換，仍著李鴻章將應辦一切事宜，隨時籌畫，以期悉臻妥協，並由總理各國事務衙門迅將條約原本發交

譚鈞培祇領遵辦。本日諭旨一道，一併發往。如該使臣索看憑據，著譚鈞培另行恭録給與閲看，俟換約事畢，此旨仍繳還軍機處備查。將此諭知李鴻章，並傳諭譚鈞培知之。

辛亥，諭内閣：朕奉慈禧端佑康頤昭豫莊誠皇太后懿旨，三載考績爲國家激揚大典，中外滿漢諸臣有能恪共職守、勞勩最著者允宜特加甄敘；其有平庸衰老者，亦難曲予優容。茲當京察届期，吏部開單題請，詳加披閲。恭親王首贊樞廷，殫心輔弼，機宜悉協，懋著勳勞，著交宗人府從優議敘。大學士寶鋆，協辦大學士、兵部尚書調任吏部尚書李鴻藻，户部尚書景廉，署户部尚書左侍郎王文韶同心贊畫，克慎克勤，均著交部議敘。大學士、直隸總督李鴻章，任事實心，才猷閎遠；大學士、兩江總督左宗棠，勳績夙著，勞瘁不辭；前兵部右侍郎彭玉麟，巡閲長江水師，宣力有年，任勞任怨，均著交部從優議敘。吏部尚書萬青藜，屢被參奏，衆望未孚；户部尚書董恂，年力就衰，均著開缺。都察院左都御史童華，在上書房行走有年，精力未衰，惟辦事不無疏懈，著開缺，以侍郎候補，仍在上書房行走。兵部右侍郎恩麟、理藩院右侍郎鐵祺，才具平庸，均著以原品休致。餘著照舊供職。

甲寅，督辦新疆軍務通政使劉錦棠奏：俄商來往新疆貿易應遵查驗，不得行銷中國土貨，請飭照會俄使，移知該國照辦，以符約章。下總理各國事務衙門知之。

《德宗實録》卷一四三　二月壬戌，諭軍機大臣等：銘安、吳大澂奏，朝鮮貧民占種吉林邊地，遵旨妥議覆陳一摺。吉林與朝鮮，向以圖們江爲界，該國民人越界墾種，前據禮部議奏，該民人等既種中國之地，即爲中國之民，除照該將軍等所請准其領照納租外，必令隸我版圖，遵我政教，並酌立年限，易我冠服，目前姑照雲貴苗人暫從各便等語。茲據銘安等遵旨詳細妥議，請照該部所議辦理。朝鮮民人越界墾地，本應懲辦，歷奉成憲，禁令甚嚴。惟現在該民人等開墾有年，人數衆多，朝廷務從寬大，不究既往，即著准其領照納租，並由銘安、吳大澂派員履勘，查明户籍，分歸琿春暨敦化縣管轄，所有地方詞訟及命盜案件，均照吉林一律辦理。該將軍等務當體察情形，將應辦事宜妥籌經理，毋致滋生弊端，並督飭該地方官隨時妥爲撫綏，俾該民人得以安業，用副一視同仁至意。該部即咨照該國王知悉，嗣後仍當嚴申禁令，儻再有私行越界情事，定當照例懲辦不貸。將此諭知禮部，並諭令銘安、吳大澂知之。

壬申，諭内閣：太僕寺少卿鍾佩賢奏，督撫奏調京員，體制未協，並指調他省人員，沿習成風，請飭禁止各摺片，自係爲嚴防流弊起見。嗣後各督撫不得再行奏調翰林部屬等官，用符定制。至隔省人員，業經申諭不准濫行奏調，如果委用需人，原可遵照舊章奏請揀發，毋得紛紛指名奏調，以杜貪緣而肅政體。

《光緒朝東華録》四六　戊寅，吳大澂奏：吏治之廢興，視乎人才之賢否，而任用之權，操之大吏。大吏秉公考察，實力講求，則賢者皆得盡其才能，中材亦各知所趨向；若拘泥定章，而敍補輒多遷就，或變通舊例，而去留轉涉偏私，皆於吏治有損而無益。臣以爲國家立法，所以防流弊，而舉劾之典存乎其人，公論有是非，宸衷亦有權衡。苟於地方利弊有關，部臣守經而疆吏達權，但求其於事有濟耳。查吉林舊設理事同通三廳，添設賓州、五常二廳，敦化一縣，將軍銘安又於上年十一月内奏請添設吉林道缺，擬改吉林同知爲知府，並於伊通河添設知州一缺，此外如寧、姓、琿三城尚有應添道府廳縣各缺，實因地方遼闊，耳目難周，緝匪安民，須圖久遠，奏添各缺，事事均須開創，非爲守兼優實心任事之員，不能措置裕如。就揀發到省及奏調差委各員兩途並用，尚可輪流署補，爲地擇人。現准吏部議覆吉林將軍銘安等請補各缺定章一摺，准其仿照奉天章程，奏請揀發曾任實缺正途人員，不分滿漢，酌量請補，並中缺知縣一項仍以候補、委用兩項相間輪補。又請查照奉天停止奏調成案，嗣後不准奏留、奏調他省候補、候選人員差委、補用，以歸劃一。如在此次奉旨以後奏留，奏調到部者，臣即行議駁。奉旨允准之件，仍應請旨更正，以示限制等因，於光緒七年九月二十九日具奏。奉旨，依議，欽此。由部轉行欽遵在案。臣持議本係援案奏請，毋庸再行瀆陳。惟吉省情形，正需才孔亟之時，遴選稍寬，尚可拔十得五，實因邊地苦寒，賢才裹足，指省分發人員並無指分吉林之人，奏調各員必平日略知梗概，到省既久，歷經考驗，始擇其人地相宜者酌量奏留，亦極周詳慎重。若一概拘以成案，則從前奏調差委中有得力之員，亦將格於部議，棄而不用，是不免因噎廢食，於邊省用人之途似多窒礙。臣之愚見，擬請飭部察度情形，再行核議；或於奏調、奏留一節酌予年限，俾新設各缺均可得人而理，俟地方布置漸有規模，風俗民情悉臻安謐，三五年後再行援照奉天成案請停奏調，庶目前可收指臂之助，日久亦無冗濫之員，似於吉省吏治大有關繫。下吏部議奏。

《德宗實録》卷一四三　己卯，福建臺灣鎮總兵吳光亮奏：臺灣自停補額兵以後，各營存兵過少，操演難成陣隊，請仍暫緩校閲冬操。下部知之。

乙酉，諭內閣：前因翰林院侍講學士陳寶琛奏，江寧三牌樓命案疑竇孔多，當派尚書麟書、侍郎薛允升前往查辦。該尚書等馳抵江寧，提案研鞫，録取各供，曾經具奏大概情形，諭令督訊定擬。茲據奏稱，訊明周五即周步畛，挾恨起意，謀殺朱彪，商同沈鮑洪即潘洪潛攜篾刀，尋遇朱彪，糾邀行竊，至三牌樓竹園旁，將朱彪砍斃同逃，並未移屍，嗣經地保報縣驗詳。已故兩江總督沈葆楨，飭令營務處洪汝奎懸賞購拏，並派緝捕委員胡金傳密訪，先後拏獲僧紹棕、張克友、曲學如，並賄教方小庚作證。胡金傳與問官嚴堃同訊，喝令用刑，酷逼成招，初供殺死謝姓，旋供係薛姓名泳淦，繼復稱爲薛春芳。胡金傳輾轉誘令改供，洪汝奎於復審後以案情重大，稟請派員覆訊。沈葆楨以爲會匪自相殘殺，批飭將曲學如、僧紹棕正法。上年拏獲竊犯李大瀏，供出沈鮑洪、周五殺死朱彪等情與辦結前案地方時日相符，當將沈鮑洪、周五獲案，訊供不諱。現經反復推鞫，周五、沈鮑洪均各供認商同謀殺朱彪，胡金傳亦將刑訊教供各情據實供吐，方小庚、張克友等供俱各吻合，應即擬結等語。此案周五起意謀殺，沈鮑洪聽從下手加功，均脱逃已逾三年。胡金傳故入人罪，冤殺二命，情節較重。周五即周步畛，著依擬斬立決；沈鮑洪即潘洪，著依擬絞立決；已革參將胡金傳，著依擬斬立決，均著即行正法。兩淮鹽運使洪汝奎督審此案，率行録供，於胡金傳教供私拷等情，毫無覺察；候補知縣嚴堃承審此案，率將胡金傳誘取供詞，認爲實情，隨同附和，實屬糊塗謬妄。洪汝奎、嚴堃均著革職發往軍臺效力贖罪。會審此案之候補同知單之玠、候補知縣丁仁澤，著交部分別議處察議。前兩江總督沈葆楨，辦理草率，實有應得之咎，業經身故，著免其置議。

《德宗實録》卷一四四 戊子，諭內閣：李鴻章奏，母病日久未愈，請賞假省親一摺。披覽所奏，情詞懇切，廑系殊深，不得不俯如所請。李鴻章著賞假一箇月，前往湖北省親，假滿後迅即回任，並賞伊母人葠八兩，俾資調理。直隸總督著張樹聲署理，並兼署辦理通商事務大臣。兩廣總督著裕寬暫行兼署。

甲午，諭軍機大臣等：有人奏，長江水師設有專營，皖省澄清左右兩營似可裁撤。右營管帶官提督蕭泰來在服官省分置買房産，並令礮船各勇爲之興造房屋，且聞各營勇丁多有缺額，裕禄不思整頓等語。著彭玉麟確切查明，據實具奏。原片著鈔給閲看，將此諭令知之。尋奏：裁併澄清左右兩營，右營管帶官提督蕭泰來以副將降補左營，仍以記名提督張捷書管帶，巡撫裕禄整頓吏治軍政，尚稱嚴肅，請免置議。從之。

己亥，諭軍機大臣等：文緒等奏，黑龍江各城現擬教練礮隊，請飭直隸總督由天津機器局酌撥開花礮十尊，步洋槍一千杆並隨礮子配帶，俾資練習等語。著李鴻章照數撥給，由文緒等派員前往天津領回應用。將此各諭令知之。

又諭：慶裕奏，法人圖占越南北圻，意在侵軼滇疆，請飭豫爲籌備一摺。據稱，探聞法人添置兵船，欲圖越南北圻地面，由保勝以通雲南，請飭該督撫於紅江一帶豫爲設法堵截，即彼以通商爲詞亦不輕許等語。法人冀由越南以達滇省，覬覦通商之利，自在意中。該省防務較粤西爲尤要，亟應加意綢繆，以期有備無患。昨有旨每年由四川撥給練軍饟銀二十萬兩，諭令劉長佑等將增軍備邊事宜，妥爲布置。該督撫務當實力經營，先事防範，不得稍涉大意。法人如果由保勝窺滇，並著酌量情形，妥籌因應，期於固疆圉而杜釁端。原摺著鈔給閲看。將此由四百里各密諭知之。

庚子，諭內閣：李鴻章奏，瀝陳下情，仍請開缺終制一摺，情詞懇切，覽奏良用惻然。朝廷以孝治天下，本不忍重違所請，强人子以所難，惟念李鴻章久任畿疆，值此時勢艱難，一切措置機宜，動關全局，實非尋常疆事可比。雍正、乾隆年間，大臣如孫嘉淦、朱軾、嵇曾筠、蔣炳、于敏中等，皆奉特旨在任守制；近年如曾國藩、胡林翼等亦皆奪情起用。李鴻章惟當仰體朝廷不得已之苦衷，勉抑哀思，仍遵前旨，俟穿孝百日後即回署任，毋得再行固辭。

庚戌，又諭：前因李鴻章久任畿疆，事繁責重，未可遽去，疊經諭令，俟穿孝百日後即回署任。茲復據奏，瀆陳愚悃，籲懇收回成命，准予開缺終制一摺。披覽之餘，深爲軫惻。在李鴻章陳情固請，原屬人子之至情；而朝廷廑念疆事，倚任需人，實出於萬不得已。然若仍令照常供職，度李鴻章之心，終必不安，亦非所以示體恤。李鴻章著准開大學士署直隸總督之缺，仍俟穿孝百日後駐紮天津，督率所部各營認真訓練，並署辦理通商事務大臣。該大臣既經開缺留營，揆之金革無避之義，亦不背於禮經，此係曲鑒其懇切之忱，從權酌辦，俾得忠孝兩全，可無遺憾，當亦天下所共諒。該大臣其仰體宵旰之勞，自念責任之重，勉圖報稱，宏濟艱難，以副厚望。並著派軍機大臣署户部尚書王文韶前往天津，剴切宣諭慰勉，俾知朕意，毋許再行固請。

辛亥，諭軍機大臣等：總理各國事務衙門奏，法越兵端已起，亟宜通籌邊備，以弭後患一摺。據稱，張樹聲函報，二月十四五等日，突有法國兵船由西貢駛至海防進口，聲稱攻取東京等語。越南孱弱已甚，如果法人意在併吞，該國萬

難自全。論藩屬之義，中國即應派兵救援。而在我既鞭長莫及，在彼又弱不能支，揆度情形，勢難籌議及此。惟越南北圻各省多與滇粵毗連，若法盡占北圻，則藩籬全撤，後患將無窮期。强弱安危，關繫綦重，何可坐失事機，致成不可收拾之局。惟事體重大，應如何謀定後動，務策萬全之處，著李鴻章、左宗棠、張樹聲、劉長佑、裕寬、倪文蔚、杜瑞聯就現在情形參以該衙門所奏，再行通盤籌畫，悉心妥議，迅速覆奏，候旨施行。法國意在由富良江通商雲南，保勝一帶實爲扼要之地，防務尤爲緊要，著劉長佑、杜瑞聯懍遵疊次諭旨，嚴密防維，相機因應，以杜窺伺而固邊疆。廣西防營現紮關外諒山等處，本爲勦除積匪而設，但能保護越南境地，即所以屏蔽邊圉，並著倪文蔚體察情形，妥籌辦理。原摺均著鈔給閲看。將此由五百里各密諭知之。

《德宗實録》卷一四五　四月丙寅，諭軍機大臣等：王文韶代奏李鴻章瀝陳下情一摺。據稱，該前督百日假滿後，海上或有警報，即遵旨赴津，籌辦一切，若中外無事，屆時如營葬需時，續請賞假等語。李鴻章孝思肫摯，亦深以國事爲重，覽奏具見悃忱。惟現在時勢艱難，防務緊要，兼以屬邦多事，關繫大局，均須及時籌辦。北洋近復添練水師，增置戰艦，尤在隨時布置，以期有備無患，李鴻章公忠素著，諒必不忍恝然。著俟百日假滿後，仍遵前旨，駐紮天津，督率各營認真訓練，並辦理通商事務，以慰廑系。朝廷不得已之苦衷，疊降諭旨甚明，李鴻章當勉抑哀思，力圖報稱，毋得再行陳請。將此諭令知之。

己巳，諭軍機大臣等：張樹聲奏，遵旨通籌邊備一摺。法人圖占越南北圻，已於二月中攻破東京，又將城池交還南官，意殊詭譎，恐復用占據南圻故智，修改新約，迫越南以必從，事機甚爲緊急。張樹聲所稱中國備邊之策，惟有令滇粵防軍，守於城外，仍以勦辦土匪爲名，藉圖進步，即當乘時合力經營，毋落後著。廣東兵輪各船，應剋期整頓出洋，藉壯聲勢。著裕寬迅將該省兵輪各船挑選齊備，即派吴全美統帶，駛赴廉瓊一帶駐紮，認真操練，作爲防勦黎匪巡緝重洋之師，仍不時駛往越南洋面游弋，確探消息，隨時知照裕寬，妥籌因應之方，相機調度閩廠兵輪，並著黎兆棠擇其尤爲得力者，迅速撥調前往，統歸吴全美督帶，以資厚集。黄桂蘭一軍，現已節節前進，逼近越南東京，辦理甚合機宜。該軍所需礮械，已據張樹聲撥給，仍著倪文蔚檄令妥籌布置，藉固藩籬，並添調關内防軍，出關進紮，聯絡聲勢。前諭劉長佑等增軍備邊，業由四川每年撥給餉銀二十萬兩，俾資應用，該督等諒已辦有就緒。富良江上游保勝一帶，防務最爲緊要，所有籌防各軍，即當選派將領，統帶進發，扼要分布，遥爲保勝聲援，毋僅作閉關自守之計。滇粵邊防事宜，佐理需人，前已有旨催令唐炯、徐延旭迅赴新任矣。將此由五百里密諭張樹聲、劉長佑、裕寬、倪文蔚、杜瑞聯，並傳諭黎兆棠知之。

壬申，兩江總督左宗棠奏：籌辦淮鹺，力圖興復引岸，一講求鹽質，一裁減雜款規費，一嚴緝私，一先行官運。下部議。

《光緒朝東華録》四七　壬申，陳寶琛奏：本月十五日奉上諭，張樹聲奏請派員幫辦水師事宜，並請加卿銜以示優異一摺。幫辦大員及賞加卿銜，向係出自特旨，非臣下所得擅請。張樹聲所請派翰林院侍講張佩綸赴津幫辦北洋水師事宜，仿照吴大澂賞加卿銜之處，著毋庸議，欽此。仰見朝廷裁抑疆臣，慎重名器之意，曷勝欽服。臣惟近日督撫奏調京員，特蒙降諭申禁，日講起居注官，職司言動，制同三品，視詞臣尤爲清切。該署總督貿然請派幫辦水師，並欲加卿銜以示優異，雖以幫辦略諉奏調之名，而以從臣下仿道員之例，無論體制不符，初非優異，且於二月間不得再行奏調翰林等官之詔旨實相觸背。夫編修王文錦，篤志潛修，名不甚著；張之洞起家詞苑，指臂相需，舉爾所知，於政體尚無大礙。若張佩綸累歲上書言事，其才識長短，久在聖明洞鑒之中，本無俟該署督冒昧疏薦，上年畿輔興辦水利，侍郎孫貽經以該侍講與張之洞均籍隸畿疆，疏請襄辦。左宗棠雖聲明請旨，初未敢擅請派往，李鴻章與該侍講素稱投契，已見於左宗棠疏中，然李鴻章議創水師，亦未敢遽請該侍講幫辦。誠以張佩綸既屬侍從之臣，又有論思之職，固非大臣所可薦揚，疆吏所得引辟也。臣與張佩綸同參講幄，其澹於榮利，臣所深知，而講求時事，見理明決，迥非臣之所及。際此時局多艱，實願該侍講久居内職，遇事殫誠竭慮，以備採擇。若張樹聲之見該侍講條陳水師，即令幫辦水師，雖云事屬因公，而僅窺一隅，所見已小，且究其弊，必至使建言者避于進之嫌而不復敢抒憂時之論。此固疆吏之所甚便，而非朝廷之所樂聞也。伏考嘉慶七年署直隸總督熊枚請隨帶御史費錫章幫辦事務，曾奉諭旨責其冒昧，因通諭嗣後如有違例陳請者，即當交部議處。今講官御史，胥有言責，擅請幫辦，冒昧正同，應請旨將張樹聲交部議處，以爲違例陳請者戒。上諭：前據張樹聲奏調翰林院侍講張佩綸幫辦北洋水師事宜，當以該督擅行奏調，未允所請。兹據翰林院侍講學士陳寶琛奏，張樹聲擅調近臣，實屬冒昧，請照例議處等語。張樹聲著交部議處。

《德宗實録》卷一四五　辛巳，署直隸總督張樹聲奏：朝鮮與美國議立通商

和好條約十四款;又奏令道員馬建忠仍留朝鮮,襄助辦理他國交涉。下該衙門知之。

甲申,諭軍機大臣等:禮部奏,接准朝鮮國王咨文請飭會議一摺。據稱,該國請於已開口岸,互相交易,並派使進駐京師等語。朝鮮久列藩封,典禮所關,一切均有定制,惟商民貨物不准在各處私相交易,現在各國既已通商,自應量予變通,准其一體互相貿易。應如何詳定章程之處,著張樹聲函商李鴻章妥議具奏。此後該國貿易事宜,應由總理各國事務衙門覈辦;其朝貢陳奏等事,仍照向例由禮部辦理,以符舊制。至所請遣使駐京一節,事多窒礙,著不准行。將此諭知禮部、總理各國事務衙門,並諭令張樹聲知之。

《德宗實録》卷一四六 五月丙戌朔,諭軍機大臣等:金順、升泰奏,金順馳抵伊犂暨該處大概情形,並遵保大員請旨添派勘畫邊界各摺片。伊犂甫經收還,一切事宜,均同創始,一年之内交涉尤多,該將軍等當妥慎辦理,用副委任。中外兵民雜處,易起猜嫌,尤應申明軍律,隨時彈壓防範,以定人心,毋任釀成事端,另生枝節。所陳該處情形於邊防殊有關礙,務須悉心酌度,經理得宜,以奠邊陲而杜釁端。所請准保出力員弁,著俟全局大定後,聲明請旨。分界事宜,即著添派長順分勘西北邊界,沙克都林札布分勘西南邊界,即行傳知該大臣等會同俄官詳細查勘,妥爲籌辦。將此由六百里各諭令知之。

丁酉,禮部奏:琉球國陳情陪臣法司官毛鳳來等,呈稱日本禁阻進貢,甚至廢藩爲縣,國主被其脅迫,闔國臣民皆因日人苛政猛烈,號泣載塗,仰望天討,復國復君,仍修貢職。報聞。

壬子,諭軍機大臣等:劉長佑、杜瑞聯奏,通籌相機弭患,並增募練軍八營各摺片。法、越搆釁,滇粤邊防緊要,疊經諭令該督撫等妥爲籌備;並前據劉長佑等派員帶兵出境,以勦辦土匪爲名,相機保護,亦經諭令該督等體察情形辦理。惟關外軍情,隨時變易,要在詳審緩急機宜,妥籌因應。著劉長佑、杜瑞聯,就現在兵力密爲布置,藉作聲援,免致彼族狡焉思逞;並飭令道員沈壽榕確切偵探,穩慎籌辦,不得稍涉張惶,其增募練軍八營務當認真訓練,俾成勁旅,以資調遣。曾國荃、岑毓英此時計已起程赴任,著俟抵任後各將該省水陸邊防事宜悉心規畫,通籌全局,彼此聯絡聲勢,會商妥辦。將此由五百里各密諭知之。

《德宗實録》卷一四七 六月丁巳,又諭吏部:國子監奏,會議整頓八旗官學,請簡派大員詳議規模一摺。八旗官學廢弛已久,此次籌議整頓,事同創始,所有一切事宜應如何設法變通、妥籌辦理之處,著派寶鋆、李鴻藻、徐桐、麟書會同國子監堂官,體察情形,悉心酌覈,妥議具奏。

己未,諭軍機大臣等:彭祖賢奏,奉調山海關之鄂軍,請撤調回鄂,並將添設馬隊遣散一摺。據稱,前因直隸山海關一帶海防緊要,由湖北挑選鄂軍忠義四營,派提督劉維楨統帶前往駐紮,並添設馬隊勇丁,購備馬匹,其糧餉等項在天津設局,委員支應;現在防務已鬆,請將該軍裁撤等語。著張樹聲飭令劉維楨,即將忠義軍四營全行撤調回鄂,責成該提督督飭各營官分起管帶,仍坐輪船由海入江,至漢口卸載,分別遣留所添馬隊勇丁,即在山海關就地遣散,將馬匹變價劃抵餉銀,並將天津支應局即行裁撤。張樹聲即劄飭招商局趕緊豫備輪船,駛赴山海關裝載,以期便捷。將此諭令知之。

丙寅,諭内閣:户部奏,稽查雲南銅運各員期滿,請旨更换一摺。雲南辦運銅斤頭二三起,及四起頭批,業已到京。四起二批現據咨報起程,此後續辦銅斤次第運解。前派沿途經理各員期滿,該部查照例案,將經過之廣西、廣東、江蘇、直隸等省藩臬開列名單請旨更换。廣西著派徐延旭,廣東著派姚覲元,江蘇著派譚鈞培,直隸著派崧駿,即責成各該員嚴飭各道府,及沿途地方文武員弁認真稽查,催趲護送前進,如有無故逗遛及盜賣短少情弊,詳報該督撫嚴行參辦。沿途應需水師照料之處,即由派出之員,詳咨前途督撫及水師提督調遣,仍著自奉旨之日起,以三年爲限,均責成此次所派之員一體經理,遇有升調事故,即令接任之員遵辦期滿再行更换。

《德宗實録》卷一四八 壬申,兩江總督左宗棠奏:巡閱江南營伍,舉江南提標中軍參將王幼山等十四員,劾狼山鎮標外海水師掘港營遊擊周鼎來等十員。如所請行。

癸酉,諭軍機大臣等:李鴻章回籍穿孝,現計百日屆滿,北洋事務關繫緊要,朝廷懸系殊深,著裕禄傳知李鴻章恪遵前旨,即行起程前赴天津,毋稍遲緩。將此諭令知之。

丁丑,諭軍機大臣等:總理各國事務衙門奏,朝鮮亂黨滋事,籌議派兵援護一摺。據稱,張樹聲函報,疊接黎庶昌電信,朝鮮亂黨滋事,突圍日本使館,並劫朝鮮王宫,日本現有水兵七百餘、步兵七百前往朝鮮,中國似宜派兵前往察看情形,相機辦理等語。朝鮮亂黨突起滋事,既圍日本使館,兼劫朝鮮王宫,其意不但與日本爲難,日本現在派兵前往,其情尚難測度。朝鮮久隸藩封,論朝廷字小

之義，本應派兵前往保護。日本爲中國有約之國，既在朝鮮受警，亦應一律護持，庶師出有名，兼可伐其陰謀。著張樹聲酌派水陸兩軍，迅赴事機，如兵船不敷調派，即咨南洋大臣添撥應用，並調招商局輪船運載陸師，以期迅速，該督務當悉心調度，並飭丁汝昌、馬建忠相度機宜，隨時稟商辦理，以冀有裨時局。原摺著鈔給閲看。將此由五百里諭令知之。

又諭：前因北洋事務緊要，已寄諭裕祿傳知李鴻章即行起程赴津。近日法、越搆釁之事，籌辦尚無善策。朝鮮亂黨現又突圍日本使館，傷斃人命，朝鮮王宫同時被劫，日本已有兵船前往朝鮮，其情叵測，中國亦應派兵援護，本日已諭令張樹聲調撥水陸兩軍前往相機辦理。朝鮮密邇東邊，設有不靖，關繫甚重，李鴻章公忠體國，大局關懷，朝廷深資倚畀，况事機因應，尤貴神速，該督遠在原籍，勢難隃度，著即剋日起程，馳赴天津，以分宵旰之勞，用慰廑盼將。此由五百里諭令知之。

癸未，諭軍機大臣等：前因越南、朝鮮事變迭出，疊經諭令李鴻章迅速赴津籌辦一切，茲據總理各國事務衙門疊接張樹聲函稱，朝鮮之亂係該國王之本生父李昰應爲首，戕害王妃及大臣多人，情形危急，非該國所能自定等語。朝鮮久列藩封，密邇陪都，現值中外多事之際，該國忽生内變，日本已有兵船前往，恐將乘隙蹈瑕，藉端逞志，後患不可勝言。雖經張樹聲派令丁汝昌、馬建忠等前往，恐亦無濟於事。著李鴻章接奉此旨，即行起程，馳赴天津部署水陸各軍前往查辦，以期無誤機宜。該大臣素性公忠，必能迅赴事機，顧全大局，不致稍涉遲回也。將此由五百里諭令知之。

《德宗實録》卷一四九　七月丙戌，浙江巡撫陳士杰奏：浙西、蘇松常鎮太五屬引鹽，銷數漸旺，成本過重，擬請酌加引額，照完帑課，以利行銷。下户部議。尋奏，於原定六萬六千引外，加認三萬四千引，照靖江縣祇完帑課成案，藉以減價敵私，其餘雜款概免輸納。允之。

己丑，諭軍機大臣等：據總理各國事務衙門暨張樹聲先後奏稱，朝鮮亂黨滋事，突圍日本使館，傷斃人命，朝鮮王宫同時被劫，係該國王之本生父李昰應爲首，並有戕害王妃及大臣多人情事，日本已有兵船前往。朝廷顧念藩封，當飭張樹聲派提督丁汝昌、道員馬建忠酌帶兵船，又添派提督吴長慶統率所部六營，馳往相機因應，妥籌辦理，並諭令李鴻章剋日赴津，部署水陸各軍，前往查辦。朝鮮密邇陪都，特將該國變亂情形諭令崇綺知悉。該將軍接奉此旨，毋得稍涉張惶，就近探有消息，即著隨時奏聞。將此密諭知之。

癸丑，諭軍機大臣等：李鴻章奏，官軍捕治朝鮮亂黨情形，並商辦善後事宜一摺。朝鮮亂黨，經提督吴長慶等督兵拶捕，擒獲一百七十餘人，將罪狀較著者立予就戮，脅從者酌交釋放。現在亂黨業已勦散，該國大勢粗定，辦理甚爲妥速，日兵未撤以前自應留軍駐守。著李鴻章、張樹聲飭令吴長慶等嚴肅營規，妥爲鎮攝，仍認真拶捕餘黨，以浄根株。李昰應現已解回天津，並著李鴻章等仍遵前旨，詳細究問具奏。至善後一切事宜，關繫緊要，該國現經派員到津，即著悉心商度，次第酌辦。將此由四百里各諭令知之。

《光緒朝東華録》四九　是月，美利堅國新簡駐華使臣楊約翰抵任。英吉利國使臣威妥瑪回國，參贊格維訥署理。奥大利亞國使臣何福爾回國，由德意志國使臣兼理使事。

《德宗實録》卷一五〇　八月丙辰，諭軍機大臣等：清安、額爾慶額奏，勘分科境邊界，未敢冒昧從事等情，繪圖呈覽，請飭妥議一摺。據稱，現在分界，若將新約内之奎峒山及科屬之哈巴河等處分入俄界，既失地利，而蒙民等無處容身，恐滋事端等語。所奏自係實在情形。該處界務，崇厚貽誤於前，曾紀澤力争於後，既定新約，祇可就原圖應行勘分之處力與指辨，酌定新界。金順等務當懍遵六月二十一日諭旨，詳慎商辦，毋庸另行交議。至圖中黄綫以西，蒙民哈夷約有若干，應如何擇地安插，籌款撫恤之處，並著清安、額爾慶額會商金順、升泰，悉心妥籌具奏。惟分界期迫，一時恐難就緒，應由金順、升泰知照俄國分界大臣，量議推展，以期勘定之後彼此得以相安，並由總理各國事務衙門照會俄國使臣，並知照曾紀澤轉咨辦理。將此由五百里各諭令知之。

乙丑，諭内閣：朝鮮爲我大清屬國，世守藩邦，素稱恭謹，朝廷視同内服，休戚相關。前據張樹聲奏，朝鮮國亂軍生變，突於六月閒圍逼王宫，王妃與難，大臣被戕，日本使館亦受其害。當諭令張樹聲調派水陸各軍前往援勦，又以李鴻章假期屆滿，召赴天津，會同查辦。旋經提督吴長慶、丁汝昌、道員馬建忠等率師東渡，進抵該國都城，擒獲亂黨一百數十人，殲厥渠魁，赦其脅從，旬日之間禍亂悉平，人心大定。采訪該國輿論，咸稱釁起兵丁索饟，而激之使變者皆出自李昰應主謀。經吴長慶等將其解送天津，降旨交李鴻章、張樹聲究明情由具奏。李昰應當國王沖年，專權虐民，惡蹟昭著，迫致政後日深怨望。上年即有伊子李載先謀逆情事，此次亂軍初起，先赴伊家申訴，既不能正言禁止，乃於事後擅攬

庶務，威福自由，獨置亂黨於不問，及李鴻章等遵旨詰訊，猶復多方掩飾，不肯吐實，其爲黨惡首禍，實屬百喙難逃。論其積威震主、謀危宗社之罪，本意執法嚴懲，惟念朝鮮國王於李昰應誼屬尊親，若竟置之重典，轉令該國王無以自處，是用特沛恩施，姑從寬減，李昰應著免其治罪，安置直隸保定府地方，永遠不准回國，仍著直隸總督優給廩餼，嚴其防閑，以弭該國禍亂之端，即以維該國王倫紀之變。吴長慶所部官軍，仍著暫留朝鮮，藉資彈壓。該國善後事宜，並著李鴻章等悉心商辦，用示朝廷酌法準情綏靖藩服至意。

《光緒朝東華録》四九　己巳，諭軍機大臣等：翰林院侍讀張佩綸奏，請密定東征之策，以靖藩服一摺。據稱，日本貧寡傾危，琉球之地久踞不歸；朝鮮禍起蕭牆，殃及賓館，彼狃於琉球故智，劫盟索費，貪婪無厭。今日之事宜因二國爲名，令南、北洋大臣簡練水師，廣造戰船，臺灣、山東兩處宜治兵蓄艦，爲南北洋犄角，沿海各督撫迅練水陸各軍，以備進規日本等語。所奏頗爲切要，著李鴻章先行通盤籌畫，迅速覆奏。

《德宗實録》卷一五〇　辛未，諭軍機大臣等：李鴻章奏，粵海關應解北洋海防經費，積欠過鉅，請旨嚴催一摺。北洋防務，關繫緊要，各省應解經費，自當源源撥解，以應急需。乃粵海關自光緒七年六月至本年八月，積欠北洋經費約有二十餘萬兩之多，該監督任催罔應，實屬不成事體。現在北洋需款孔亟，著崇光迅將積欠八十四五六七八等五結北洋海防經費限一月内掃數解清，以後仍著按結報解，不得再有積欠。儻仍任意遲延，或限滿解不足數，即由李鴻章將該監督嚴參，照貽誤京餉例議處。將此由四百里諭知李鴻章，並傳諭崇光知之。

《德宗實録》卷一五一　九月甲申朔，諭内閣：李鴻章、張樹聲奏，查明援護朝鮮出力員弁，遵旨擬奬，開單呈覽，並陳明吴長慶等功績各摺片。此次朝鮮亂軍生變，張樹聲先後奏派提督吴長慶等率師東渡，並特召李鴻章前赴天津會同查辦，旬日之間，該國亂黨悉平，局勢大定，辦理甚爲妥速。李鴻章創練水師，深資得力，著交部從優議敘。張樹聲相機調度，督率有方，著賞加太子少保銜。提督吴長慶統帶所部，會同提督丁汝昌、道員馬建忠迅赴事機，剋期定亂，吴長慶著賞給三等輕車都尉，丁汝昌著賞穿黄馬褂，馬建忠著賞戴花翎，以海關道員用，交軍機處記名。

庚寅，諭軍機大臣等：金順奏，酌調索倫官兵仍回伊犂一摺。據稱，伊犂索倫官兵，前因回匪變亂，調赴塔爾巴哈台駐紮，現在伊犂收還，請將官兵調回等語。索倫官兵，前駐塔城，原屬一時權宜之計，伊犂現已收復，自應調回，以復舊制。著錫綸飭令台慶，即將索倫營官兵並閑散餘丁及其眷口於明年二月以前悉數管帶前往伊犂，由錫綸酌量資送，以示體恤。該官兵調回後，並著金順妥爲安插，勤加訓練，藉資整頓而實邊防。將此由四百里各諭令知之。

《德宗實録》卷一五二　壬寅，又諭：有人奏，日本與朝鮮定約，如兵費五十萬元，及兵駐王城兩條，所關甚大。聞道員馬建忠實主其事，且言賠償兵費朝鮮無資，可由中國商局代借，又恐李鴻章等察出，乃屬朝鮮使臣彌縫其失。筆談中謂此約非建忠主謀，正其欲蓋彌彰，吴長慶亦歸罪該道，謂其擅預倭約，任性妄爲等語。此次朝鮮與日本定約，究竟馬建忠曾否與聞其事，著李鴻章、張樹聲確切訪查，據實覆奏，毋稍徇隱。原片均著鈔給閲看。將此諭令知之。

乙巳，又諭：侍講學士何如璋奏，請酌定經制，力整水師一摺。據稱，中國自籌辦水師以來，船械非良，兵弁多濫，章程不一，訓練不精，以之應變，難操勝算，欲固沿海之防，宜定練軍之制，條陳六事，懇請採擇等語。海防關繫大局，自以力整水師爲急務，何如璋所陳立營制、編艦隊、勤訓練、謀併省、精選拔，並請特設水師衙門，以知兵重臣統理各節，著李鴻章悉心酌度，妥議具奏。原摺著鈔給閲看。將此諭令知之。

《德宗實録》卷一五三　十月丙辰，又諭：禮部奏，接據朝鮮國王來咨，懇准令李昰應歸國，並鈔録原咨呈覽一摺。李昰應業已格外施恩，擇地安置，前因該國王瀝情陳請，並准其歲時派員省問，以示體恤。兹復據該部代奏各情，自係該國尚未接奉前旨，即著禮部傳知該國王，仍遵前奉諭旨，恪守藩封，務以宗社爲重。至李昰應安置保定，已諭令直隸總督優給廩餼，妥爲保護，該國王並可歲時派員省問，亦足慰思慕之情，嗣後毋得再行陳請。將此諭令知之。

《光緒朝東華録》五〇　辛未，張觀準奏：兩淮行鹽六省，地方遼闊，如湖北之荆、襄一帶，則有潞鹽之私；江西之南、贛一帶，則有粵鹽之私；他若河南之蘆私、安徽之浙私，皆由各省越境偷漏，占礙淮綱，其害不獨在梟販，此淮鹽受病之處。而推求病根，實因視成法爲具文，久之遂涣散而不能收拾，誠非區區補偏救敝所能轉機也，必有以杜侵漁之漸而清套塾之源，使射利者無可藉端，欠課者無從藉口，則弊去其太甚，法貴乎必行，庶鹽政日清，久之自見成效。謹就管見所及備擬六條，伏候聖裁。一裁選商總也。淮南設有總商，原以籌辦通綱公事，趕課滚總，爲衆商表率，近則公事飭議罔應，錢糧滚總不前，惟辦公之項，按月分

發領辦，任意冒開，每年於定額外，仍以不敷名目溢領數十萬不等。且有運鹽無幾，濫充總商，藉以營私獲利，實屬把持。應請於現在各商内擇公正純謹行鹽最久者數人，作爲辦事之商，遇有公事，飭令核議經手；至辦公一項，悉照減定額數指款請領，不准冒濫，再立總商名目，永杜弊端。一酌核帶銷也。辛巳綱引尚未開綱行運，而庚辰仍有未完積引，今年壬午即應開綱，斷不能以一年而行三綱之引；若轉展敷衍，徒存虚名，課仍無著，且庫項解支各款，又復轇轕套搭，必至仍前挪移奏銷，難以核實。應請於本年正月即開本綱，所有前數年未行之綱引，未完之積引，隨綱帶銷，另款存庫撥解，俟將來辦有效驗，遇暢銷提綱之時，仍將未完前引補銷，以符原額。一宜恤竈丁也。竈户、煎丁，濱海窮民，最爲艱苦，宜加體恤。查收鹽桶，舊秤本有定制，近來場商每以大桶重秤任意浮收勒措，致竈户以交官鹽爲累而樂於透私。應請嗣後由運司衙門驗烙桶秤頒發，不准私製，毋許場商再有前項情弊。責成場官隨時稽查，仍嚴督竈丁按埩鏾以編保甲，復火伏以稽額煎，俾清場私之源。再提批驗所各秤，一律較准烙發，飭令認真秤驗，並於運河之要道，運司親到抽秤，如有格外重斤，即將秤驗各官參撤。一慎重出納也。商課入庫，向來不分正雜，籠統動支，迨遇緊餉應解，百計挪湊，因有預納減納貼色貼息及印本抵課等弊，庫款之轇轕虧耗一空，皆由於此。嗣後永禁前項名目，將正項庫存專候部撥，及應解正款，其餘雜費另存外庫，不許將正款挪墊，更不許商人干預庫項，以免朦混。一整飭紀綱也。鹽務各員，志在温飽，從無甄別，不遵體制，或與商人聯姻換帖，或同商人夥本行鹽，最爲劣習。【略】臣愚竊謂皖岸情形與楚岸同，即勉强增引，而伊厚堃等所繳三十五萬餘兩，應按左宗棠原批票費三千六百兩之數綜而計之，准新加一萬二千引。如此量予轉旋，於銷綱或無大窒礙，於新舊亦弗慮偏枯。如新商果嫌利輕微，仍請勒令舊商認領，以徵平準。臣以左宗棠之虚衷體察，部臣之加意維持，用敢續陳以備採擇，合併請旨飭議施行。上諭：給事中張觀準奏兩淮鹽務疲敝請釐定條款，御史李暎奏淮北增引宜加詳審及皖岸增引量予轉旋各摺片，著户部議奏。

《德宗實録》卷一五三　癸酉，諭軍機大臣等：内務府奏，請嚴催各省關應解各款，開單呈覽一摺。據稱，本年應發各款，需用甚急，前經户部指撥銀六十萬兩，除解到外，所欠尚鉅，其長蘆山東帑利，均未解足，各省關攤繳蔘價銀兩，亦有蔕欠，請飭嚴催等語。著左宗棠、穆圖善、張樹聲、何璟、涂宗瀛、曾國荃、丁寶楨、衛榮光、李文敏、張兆棟、陳士杰、彭祖賢、任道鎔、裕寬按照單開各款趕緊如數籌解，務於本年十二月初閒解到，以濟急需。單二件著分别摘鈔給與閱看。另片奏：兩淮帑利銀兩，請飭籌解等語。著户部咨行兩江總督，酌量籌濟。將此諭知户部，並由四百里諭令左宗棠、穆圖善、張樹聲、何璟、涂宗瀛、曾國荃、丁寶楨、衛榮光、李文敏、張兆棟、陳士杰、彭祖賢、任道鎔、裕寬知之。

《德宗實録》卷一五四　十一月甲申，諭軍機大臣等：銘安、吴大澂奏，遵旨覆陳一摺。據稱，朝鮮貧民占墾吉林邊地，現擬派員前赴該處，查明户口，知照該地方官陸續收回，妥爲撫輯。惟念該流民等人數衆多，安土重遷，若即時驅逐出境，誠恐該國地方官無從安插，轉致流離失所，懇恩寬予限期等語。所奏自係實在情形，著照所議辦理，並著禮部傳知該國王轉飭該處地方官豫籌妥爲安置，准其於一年内悉數收回，以示體恤。至圖門江北岸一帶閑荒，應行招墾，著銘安、吴大澂飭屬照章認真辦理。將此諭知禮部，並諭令銘安、吴大澂知之。

戊子，諭内閣：恭親王奏，久病未痊，懇恩續假一摺。覽奏殊深廑系。恭親王著安心調理，不必拘定假期，一俟痊愈，即行入直，所管正白旗滿洲都統及各處印鑰均著毋庸派署。

丙申，諭軍機大臣等：崇綺、松林奏，朝鮮貿易，宜嚴定限制，申明禁令，並有關奉天事宜，應咨會酌定，暨中國官員與陪臣往來礙難平行各摺片。據稱，此次變通互市舊章，以稽查匪類爲最要，擬於中江地方設立關卡，祇准在設卡處所貿易，由鳳凰邊門出入，不得肆意游行；鴨緑江與該國鄰近地方仍申前禁，不得以濱海准其捕魚，藉口影射，致啟侵踰之漸。嗣後有關奉省事宜，北洋大臣與該國王如何會商應咨照將軍、府尹公同斟酌，再行定議。該國陪臣一切體制，仍應照舊遵行，未可與中國官員定爲平行，請飭覆加體究等語。朝鮮貿易章程，前准照總理各國事務衙門所議辦理。兹據崇綺等所陳各節，自係爲體察地方情形，並維持舊制起見，著總理各國事務衙門、李鴻章再行妥議章程，會商禮部具奏。原摺一件、片二件均著鈔給閲看。將此諭知禮部總理各國事務衙門，並諭令李鴻章知之。尋總理各國事務衙門等奏：查中江地方設立關卡，可俟派員踏勘後體察商情辦理。至商民入内地採買土貨，查互市章程應稟請商務委員給予執照，必過本關納税，方准出境，自應飭其由鳳凰邊門正路行走。如慮其肆意游行，儘可嚴飭商務委員，不得給予執照。又章程内，該國與山東等處濱海，聽憑捕魚，原與鴨緑江無涉，既係每年採辦祭品官魚之地，尤宜嚴申禁令，自不得藉口影射。至中國官員與陪臣往來一節，擬請嗣後朝鮮凡係商務委員，見中國督

撫兩司以上，概用屬禮；道府以下，概用平禮，均照前定章程辦理。其因朝貢典禮來京各員，仍照定制遵行。從之。

盛京將軍崇綺等奏：朝鮮通商聽邊民往來交易，恐匪類易於溷迹，亟應添兵巡緝，嚴密稽查。邊外原設靖邊馬步三營，不敷分防，查中江地方，舊有九連城毗連貢道，形勢險便，足資控扼。擬先練步隊一營，即於九連城駐紮，應支薪水口糧，仿照直隸練軍章程，飭令東邊道由邊款項下籌給。下部知之。

《光緒朝東華録》五一　己亥，麟書、潘祖蔭奏：臣等查辦雲南報銷一案，於光緒八年十一月初一日奏奉諭旨，將解任太常寺卿周瑞清暫行革職，户部主事孫家穆解任等因在案。當即咨行各該衙門將周瑞清、孫家穆傳送到部，分别收禁看管，臣等督飭司員詳加研訊。據孫家穆呈遞親供内稱，今年二月間，有同司主事龍繼棟言及雲南銷册將到，向來均有奏銷飯銀，自軍興後改爲公費，貼補司中辦公，有人託他轉求照料，伊曾吩咐書吏，册子到時，詳細核算，所有一切公費均由外邊來人辦理，求傳到龍姓自知分曉等語。究竟此項交給何人，該司如何分用，未據詳細供明，亟應澈底根究，除片行户部將主事龍繼棟傳問外，相應請旨將户部主事孫家穆先行革職，以便審訊。雲南永昌府知府潘英章，賄辦報銷，查有證據，迭經催提，延不到案，應請旨將潘英章即行革職，並請飭下該管督撫及該員原籍湖南巡撫一體嚴拿，迅即歸案審辦，無任脱逃。再臣等正在繕摺具奏間，准户部將主事龍繼棟傳送到案，詰以如何囑託孫家穆辦理報銷各情，堅不承認，非提同孫家穆質訊，不能研取確供，惟係現任部員，應請旨將户部主事龍繼棟先行解任，聽候傳質，理合附片具奏請旨。上諭：【略】户部主事孫家穆，著先行革職審訊；雲南永昌府知府潘英章，迭經催提，延不到案，著即行革職，並著雲南督撫及該員原籍湖南巡撫沿途各督撫一體嚴拿送部，歸案審訊，毋稍遲延；户部主事龍繼棟，著先行解任，聽候傳質。

《德宗實録》卷一五六　十二月辛酉，諭内閣：山東黄河工程關繫至爲緊要，亟應通籌全局，設法疏濬，以弭後患。著派游百川馳驛前赴山東，察看情形，妥籌具奏；山東候補知府全士錡、直隸候補知府朱采，著交游百川差遣委用。

壬戌，又諭：李鴻章奏，招商接辦由滬至粤沿海各省陸路電綫並鈔録章程呈覽一摺。前於天津至上海安置電綫，經李鴻章督率辦理，業已著有成效。兹據奏稱推廣興辦，擬自蘇州、浙江、福建通商各海口以達廣東，與現在粤商所辦陸綫相接，招集衆商，合力籌辦，係爲因時制宜，豫杜外人覬覦起見。即著照所議妥慎辦理，並著左宗棠、何璟、曾國荃、衛榮光、任道鎔、陳士杰、張兆棟、裕寬嚴飭沿途各地方官，一體照料保護，勿使稍有阻撓損壞。將此各諭令知之。

又諭：總理各國事務衙門奏，法越交涉一事，法人現欲與中國會商，請飭豫籌善法一摺。法越一事，法人願與中國派員商辦，李鴻章現與法使寶海議大略辦法三條，亟須滇、粤各省先事妥籌，以備臨時會議。分界保護一節，滇粤兵力究能保護至越南北圻何省，並何處爲滇省保護之界，何處爲粤西保護之界；至通商口岸，是否借設保勝爲宜，越官劉永福現駐山西興化、宣光等處，將來保勝能否作爲近邊口岸，就所議第三條南北劃分之論，以越之富良江各分保護之界，即於入界處設立總口，均須規畫情形，豫爲酌度。著曾國荃、岑毓英、裕寬、倪文蔚、杜瑞聯將應行籌畫各節查照該衙門前函，詳慎妥議，如何有利無害，堪以行之久遠，迅速奏明，並知照該衙門，以憑覈辦。原摺單均著鈔給閲看。將此由五百里各諭令知之。

《光緒朝東華録》五一　癸亥，左宗棠奏：南北洋籌辦防務，以製造船礮爲第一要義；而各省所設機器輪船等局製造一切，又以煤鐵爲大宗。近來湖北、安徽等處礦山均經仿照西法設廠開挖，本年夏間，據徐州道程國熙稟稱，銅山縣屬利國驛等處多産煤鐵，若以機器開採，足供輪船等局之用，飭令候選知府胡恩燮延聘洋礦師入山採驗，煤鐵均堪開採，酌擬招商集資章程，由道稟請試辦。當將章程逐條批示，並准委胡恩燮承辦。續據該道呈報，已於八月二十四日設局開採，並請創辦之始購辦機器有費，倩約礦師有費，以及起造廠屋廠爐一切無不有費，所需成本爲數甚鉅，擬照湖北等處土煤出口每噸完税銀一錢之案，一律請減等情前來。臣查該局用西法開採，出煤必多，核與安徽、湖北諸廠情事相同，且該局礦山深處江境極邊，運道綿長，又多淺瀨懸流，每一阻險，動須盤剥，較之貴治等處運路近江，尤覺爲難，所挖土煤，應准一律減税，合無籲懇天恩俯准援照湖北、安徽成案辦理，以維商本而塞漏巵。得旨，如所請行。

《德宗實録》卷一五七　壬申，諭内閣：李鴻章奏懇恩賞假回籍營葬一摺。披覽所奏，情詞懇切，良用惻然，本應俯如所請，寬予假期，惟北洋事務關繫緊要，李鴻章措置得宜，朝廷方資倚畀，所有請假營葬之處，俟來年正二月間，再降諭旨。

《光緒朝東華録》五一　癸酉，諭：考試爲掄才大典，功令森嚴，原期拔真才而杜倖進，乃日久弊生，在事官員奉行不力，應試士子賢否不齊，甚至作奸犯科，

僥倖嘗試，於人才士習大有關繫，亟應嚴行整頓。昨據給事中鄧承修奏條陳科場事宜，不無可採。據稱，近來考到録科，每有槍冒頂替，京官濫出印結，或藉端訛索，鄉會士子入闈及交卷日，往來攙亂，换卷傳遞各情，殊屬不成事體。著各該衙門並監臨知貢舉大臣實力整頓，嚴密關防，倘有前項弊端，即行分别懲辦，毋得玩泄從事，仍前寬縱。各省鄉試同考官，著該督撫遴派品學兼優之員，並嚴加查察，如有通賄薦卷者，照例治罪。各省學政録科送考，一體從嚴甄録，毋稍寬濫。鄉會試覆試閲卷大臣，認真考核，不得意存遷就。其所請添派謄録對讀各官量加奬敘一節，著該部議奏。各項考試，惟在秉公校閲，不在變更成法，嗣後殿廷考試，讀卷閲卷大臣務當精白乃心，詳加遴選，力杜情弊。該給事中所請殿試及考試試差揀選供事書吏謄寫之處，著毋庸議。

《德宗實録》卷一五七　戊寅，諭軍機大臣：左宗棠奏，本年冬漕，遵辦河運，請飭疏濬河道一摺。據稱，本年江北冬漕仍辦河運，山東新挑十字河現又淤墊，期門七級一帶，河身高仰，陶城埠口門内外新淤，均須分别挑濬等語。漕運關繫緊要，必須暢行無阻，庶可早日抵通，著梅啟照、陳士杰、任道鎔嚴飭該管河道各員，趕將淤淺各工，認真疏濬，一律深通，俾利轉運。左宗棠即飭該司道等，將雇船兑運各事宜提前趕辦，以期迅速。將此各諭令知之。

庚辰，諭軍機大臣等：梅啟照奏請撥運河另案工需銀兩一摺。運河各廳，應修河道隄閘等工，需款甚亟，自應豫爲籌撥，以利漕行。著陳士杰、任道鎔飭令藩司，籌撥癸未年另案工需銀六萬兩，分次撥交運河道庫，以資應用。梅啟照務當督飭在工各員，覈實估辦，毋稍虚糜。將此各諭令知之。

《光緒朝東華録》五一　是年，葡萄牙國始以澳門總督兼充駐華使臣。塞爾維亞國王密朗，以晉王號，乞駐法使臣代遞國書。

光緒九年（癸未、一八八三）

《光緒朝東華録》五二　正月甲午，欽奉慈禧端佑康頤昭豫莊誠皇太后懿旨，醇親（皇）〔王〕奕譞之第五子命名載澧。

《光緒政要》卷九　甲午，命出使大臣曾紀澤辦理洋藥税釐併徵事務。【略】英國現有禁烟善會，頗以洋藥害人爲恥。該大洋藥流毒多年，自應設法禁止。臣如能乘機利導，聯絡會紳與外部酌議洋藥進口分年遞減專條，於逐漸設法禁止，尤屬正本清源之至。

《德宗實録》卷一五八　己亥，命宗人府府丞吴廷芬在總理各國事務衙門大臣上行走。

丙午，以禮部尚書徐桐爲國史館總裁官。派户部右侍郎福錕、署都察院左副都御史張佩綸知貢舉。調兵部尚書張之萬爲刑部尚書，以前兵部右侍郎彭玉麟爲兵部尚書。

庚戌，諭軍機大臣等：張之洞，奏請仍准召募馬隊，並防邊宜練北軍及議調將弁各摺片。【略】准其於直東等省召募馬隊四五百名，認真訓練，俾成勁旅。

辛亥，署北洋通商大臣李鴻章回籍營葬，以署直隸總督張樹聲暫署北洋通商大臣。

《德宗實録》卷一五九　二月癸丑，諭軍機大臣等：前據總理各國事務衙門奏，法越交涉一事。法人與中國會商，請飭豫籌，當諭令岑毓英等妥議。兹據岑毓英、杜瑞聯奏，遵議覆陳一摺。據稱法使有此調停之舉，宜堅持定見，不至貽害將來，方可行之久遠。疆界可分，而北圻斷不可割。通商可許，而廠利斷不容分。土匪可驅，而劉永福斷不宜逐。洵爲扼要之論，深合機宜。近聞法國欲更前議，並欲將該使寶海撤回，彼族反覆無常，惟當持以鎮静，嚴申儆備。著岑毓英、杜瑞聯、倪文蔚督飭關外各營，擇要扼守，妥籌防範。固不宜深入越境，必不可稍有退縮，以期固邊疆而維大局。

《光緒朝東華録》五二　甲寅，以瑞聯爲兵部尚書，麟書爲工部尚書，額勒和布爲理藩院尚書。

《德宗實録》卷一五九　丁巳，兩江總督左宗棠奏，淮南鄂湘前加新票，另招殷商照繳票價，給發循環鹽引三萬引。

《光緒朝東華録》五二　庚申，以馬蘭鎮兵變，革總兵桂昂職，以文秀爲馬蘭鎮總兵。

《德宗實録》卷一五九　辛酉，總理各國事務衙門奏，伊犂交涉俄人案件，請飭伊犂將軍金順迅速緝犯結案，以免藉口宕延撤兵期約。又奏俄皇五月加冕，及瑞典國王生孫，請從西俗傳旨致賀，以敦睦誼。

直隸總督張樹聲奏，【略】又奏，朝鮮内亂初平，吴長慶一軍，尚駐朝鮮王城，彈壓教練其後路轉運糧械，接遞文報，必須專派兵船往來策應。【略】前調南洋登瀛輪船，請暫留梭巡朝鮮海口。從之。又奏，前在德國伏爾鏗廠訂造鋼面鐵

甲船兩號，計期竣工，現擬續造穹面鋼甲快船一隻，備出洋時輔佐鐵甲艦之用。

出使美、日、秘國大臣鄭藻如奏，美國紐約地方華民日衆，請設官保護，並擬派江蘇試用通判歐陽明爲紐約領事官。從之。

丙寅，諭軍機大臣等：法越交涉一案，現在尚無成議。夷情叵測，亟應先事綢繆。越南北圻爲粵西門户，若能保護北圻，即以固吾疆圉。藩司徐延旭於關外情形頗爲熟悉，著即出關相度機宜，豫籌布置，准其專摺奏事。

《德宗實録》卷一六〇　丁卯，閩浙總督何璟等奏，福州臺灣建築洋式礮臺，購配洋礮洋槍及製造火藥，均稱適用。

戊辰，開去黎兆棠光禄寺卿及督辦福建船政差使。賞張夢元三品卿銜，開去福建按察使缺，督辦福建船政事宜。

庚午，署北洋通商大臣李鴻章奏，近聞法國外部易人，頓翻前議，並有將該使寶海撤回之信。是越事會議無期，惟越南陪臣范慎遹、阮述已來天津，亦可藉以查詢該國情實，已密商張樹聲相機因應。

《光緒朝東華録》五二　庚午，以景善、陳寶琛爲内閣學士。

《德宗實録》卷一六〇　丙子，諭内閣：此次補行覆試順天及各直省鄉試之李長華等一百三十名，列入三等之毛鏡清等二百八十名，均著准其一體會試。列入四等之陳鳴玉、耿本榮、張蘊，均著罰停會試一科。

戊寅，諭軍機大臣等：張樹聲奏，留駐朝鮮官軍暫緩撤回一摺。【略】兹據張樹聲奏，稱接朝鮮國王咨文，以吴長慶一軍不可暫離，現擬從緩撤回等語。朝鮮大難雖平，人心未定，尚須大兵震懾，吴長慶所部六營，即著暫留朝鮮。

《光緒朝東華録》五二　庚辰，以慶裕爲河東河道總督，楊昌濬爲漕運總督，鹿傳霖爲河南巡撫。

是月，德意志國使臣巴蘭德回國，參贊潭敦邦署理。義大利國使臣盧嘎回國，由德意志國使臣兼理使事。日斯巴尼亞國使臣羅德里回國，參贊吴禮巴署理。

《德宗實録》卷一六一　三月丙戌，以禮部尚書徐桐爲會試正考官，兵部尚書瑞聯、刑部尚書張之萬、刑部右侍郎貴恒爲副考官。

戊子，諭：總理各國事務衙門奏，越南事宜現有變局，亟應密籌防務一摺。現聞法兵已攻破越之南定，並議將寶海撤回。事已中變，情殊叵測，在我保護屬邦，固守邊界，均關緊要，亟應妥籌備豫。著岑毓英、倪文蔚、杜瑞聯督飭關外防軍，挑選勁旅，扼要進紮。該兩省現在駐越兵勇若干，著查明確實具奏，應否添派隊伍以厚兵力。

辛卯，諭内閣：翰林院侍講陳學棻奏，武英殿書版闕失，請飭查明補刊等語。著該管王大臣查明現闕書版，先將經籍補刊，餘俟陸續刊刻完全，用備觀覽。

諭軍機大臣等：左宗棠奏，辦理江海防務，需用殷繁。粤海關應解南洋經費，自第八十一結起至八十九結，約共徵存應解銀四十餘萬兩，疊次咨催，絲毫未解。

乙未，諭軍機大臣等：前因李鴻章奏請回籍葬親，當經賞假兩月，現在北洋事務緊要，李鴻章營葬事畢，著不必拘定假滿，即回署任。

又諭：前據劉錦棠奏，中俄界約以天山之頂爲限，此次沙克都林札布同俄使勘分新疆南段界務，將貢古魯克山口至別疊里之達坂路西邊，相離二十二丈半，埋立中俄兩國界牌。

辛丑，兩江總督左宗棠奏，遵查商人請開青龍山煤礦，業經禁止。

甲辰，諭軍機大臣等：前有旨，諭令李鴻章即回北洋大臣署任。現聞法人在越，勢更披猖。越南孱弱之邦，蠶食不已，難以圖存，該國列在藩封，不能不爲保護，且滇粤各省壤地相接，儻藩籬一撤，後患何可勝言。

戊申，倪文蔚奏，越南軍情日亟，【略】法人攻陷越南南定情形。徐延旭於本月二十日起程出關，擇要駐紮。近聞法復添兵千五百人赴越，並添撥餉項，勢將肆意蠶食，越南情事更爲危迫。

《光緒政要》卷九　三月，直隸總督李鴻章奏陳，旅順籌防費難預估。【略】查海防與尋常防務不同，海防各事情形又各不相同，北洋現辦防務，以旅順工程最爲繁鉅。【略】旅順籌防，實爲北洋必不可緩之工，經臣飭派候補道袁保齡駐工督率。擬將挑挖澳身、疏濬海口、建築船隖、蓋造庫房、添築砲臺，各工逐漸舉辦，此即其大概範圍也。

《德宗實録》卷一六二　四月丙辰，兩江總督左宗棠奏，籌辦海防機宜。得旨，所陳籌辦海防情形爲未雨綢繆之計，仍著該督隨時妥爲布置，以期有備無患。

《光緒朝東華録》五三　丁巳，諭軍機大臣等：李鴻章奏，豫籌越南邊防事宜各摺片。前因越南情形緊迫，諭令李鴻章前往廣東籌辦。兹據陳奏各情所籌

亦甚周密。事機旦夕變遷，惟在隨時權衡辦理。該大臣現由金陵前赴上海，即著暫在上海駐紮，統籌全局。

《德宗實録》卷一六二 己未，諭軍機大臣等：金順等奏，俄兵撤回日期並籌辦邊防一摺。據稱前駐伊犂之俄國兵隊，於二月十三日如約撤回。現在清查居民户口，量撥地畝，仍擬安設管理屯墾等官，並於沿邊一帶添設卡倫，以資防守。

又諭：岑毓英等奏，越南南定失守情形一摺。越南南定失守，該國局勢愈危，滇省邊防尤爲喫緊。前諭岑毓英等飭令唐炯出省統率防軍，著即催令迅速前往開化，督軍進紮，相機備禦。

壬戌，兩江總督左宗棠奏，調撥江南防軍，擬俟商定再行會奏。得旨，李鴻章計即行抵江寧，應否調撥江南防軍，著俟商定後即行具奏。

甲子，諭内閣：御史陳啟泰奏，請整飭學校以端吏治之本一摺。各省書院爲培植人材而設，必須院長得人，方足以資模楷。若如所奏，請託干求流弊滋多，以致有名無實。嗣後書院院長均著由地方官紳自行延訪品學兼優之人，各該上司概不准徇情壓薦，以杜弊端。學政職司文教，士子風尚視爲轉移，膺是選者必能束身砥行，振興實學，方爲無忝厥職。各省學政向由該省督撫於年終密陳考語，嗣後各該督撫務當認真查察，出具切實考語具奏。儻有聲名平常，不能稱職之員並不據實奏聞，一經發覺，定惟該督撫是問。至該御史所陳酌留學額、澄敘教官兩條，著該部議奏。

乙丑，伊犂參贊大臣升泰奏，到科日期並現辦界務情形。得旨，著將分界事宜悉心籌度，毋得稍涉大意，應行遷移之蒙古哈薩克等民亦著妥爲安插。

丁卯，陝甘總督譚鍾麟奏，遵覆甘回現無蠢動情形。【略】蠲免甘肅全省舊欠地丁錢糧及各項雜賦。

戊辰，諭内閣：此次新貢士覆試列入一等之管廷獻等六十名，二等之黄培俊等一百二十名，三等之任宗泰等一百三十一名，俱著准其一體殿試。列入四等之劉永清著罰停殿試一科。

諭軍機大臣等：前據李鴻章奏，豫籌越南邊防事宜，【略】現無定局。必須在我者兵力足恃，辦理較爲有益。刻下滇粵防營兵力甚單，自應添撥勁旅，以資備禦。提督劉銘傳係李鴻章舊部宿將，聲望夙著，如令其調募數營統帶前赴粵西，作爲後路援軍，於事能否有濟，著李鴻章悉心酌度。

甲戌，雲貴總督劉長佑因病乞休，以福建巡撫岑毓英爲雲貴總督，前廣東巡撫張兆棟爲福建巡撫。

乙亥，上御太和殿傳臚，授一甲三人陳冕爲翰林院修撰，壽耆、管廷獻爲編修，賜進士及第。二甲朱祖謀等一百二十四人賜進士出身，三甲葉大炬等一百八十一人賜同進士出身。

《光緒朝東華録》五三 是月，法蘭西國使臣費海回國，參贊謝滿禄署理。奥大利亞國新簡駐華使臣薩魯斯齊抵任。

《光緒政要》卷九 兩江總督左宗棠奏，辦兩淮鹽務，經理年餘，著有微效事。【略】臣查得情形，飭先籌款，將鹽河於今春挑濬深通。本年霜汛以後，鹽艘行運毫無阻滯，全綱四十六萬引賴以早日運竣。貼色則暗增商本，重斤則私佔國課，復嚴申禁令，並由運司轉飭分司，親赴鹽場履驗，遇犯必懲，而後數十年之積弊，始克掃除。

太僕寺少卿鍾佩賢奏，新例盜犯罪名請酌復舊例，以重民命事。

《德宗實録》卷一六三 五月辛巳，諭軍機大臣等：李鴻章奏，行抵上海，暫行駐紮，並請飭潘鼎新幫同籌辦各摺片。李鴻章著即速赴天津，仍回北洋大臣署任，籌備海防一切事宜，並傳知潘鼎新隨同北來。

雲貴總督岑毓英等奏，遵飭藩司唐炯馳往蒙自、開化邊界，擇要防守。得旨，即著岑毓英等督飭唐炯體察情形，妥籌布置，以固邊防。

壬午，伊犂參贊大臣升泰奏，塔城西南去歲未分界段，擬約會俄使順道前往分辦，以免遲誤。得旨，所有塔城西南未分之界，即著升泰於勘分科屬界務畢後，順道前往，一併勘分，均宜詳慎辦理，毋稍大意。

癸未，諭内閣：御習謄録，原所以廣羅寒畯，俾少棄才。若如該御史所奏，近年每届考期，倩覓槍替，弊端百出，殊屬不成事體。著該部申明定例，責成出結官認真查覈，嗣後如有頂替情弊，定當嚴行懲辦。

督辦船政大臣張夢元奏，第五號鐵脅輪船安上龍骨，並修理第一號、第二號船臺，製造開濟快船情形。下總理各國事務衙門知之。

庚寅，駐藏辦事大臣色楞額等奏，前藏喇嘛滋事查辦情形。得旨，即著督飭通善濟嚨呼圖克圖等查照條約，秉公妥辦，以息争端。鐵棒喇嘛不能約束僧衆，致滋事端，並著查明辦理。

乙未，諭軍機大臣等：法越搆兵一事，久未定局，法人近爲劉永福所敗，其

蓄謀報復自在意中。法使脱利古與李鴻章會晤，以中國是否助越爲言，意在挑釁，甚爲叵測。亟應先事籌防，以杜狡謀。著李鴻章、左宗棠、彭玉麟、何璟、曾國荃、張兆棟、劉秉璋、裕寬將沿海防務實力籌辦，認真布置，不可虛應故事，徒令外人輕視。李鴻章著仍遵前旨，即回北洋大臣署任，籌備一切。脱利古現在上海，作何動静？李鴻章如定期北來，須知照該使，如有面議之事，俟其到津再行商辦，以示羈縻勿絶之意。

丙申，本日據署左副都御史張佩綸奏，邊情已亟，宜早定計。御史劉恩溥奏，請飭保護越南等語。所奏均不爲無見，原摺片四件著鈔給李鴻章閲看。

戊戌，諭軍機大臣等：清安奏，科屬叠經報災，請飭催各省欠解新陳臺費一摺。據稱科屬連遭旱災，上年尤甚，水涸草枯，瘟疸流行，牲畜倒斃無存，差務極爲繁重。請飭河南、山東、山西，將欠解科城新陳臺費埽數解清，以備採買駝馬，供應差徭等語。

庚子，諭軍機大臣等：法人近爲越南所敗，其蓄謀報復，自在意中。現據李鴻章電稱，中國宜添兵增勢等語。本日已諭令倪文蔚等添募數營，堅守北寧一帶。滇邊防務，同關緊要，亟應厚集兵力，以壯聲援，著岑毓英、杜瑞聯督同唐炯就近選募邊民之能耐炎瘴者，迅速成營，與現有隊伍擇要扼紮。如法之援兵到後，切不可與之挑戰，惟當深溝高壘，掘斷來路，嚴密堵守，使彼日久計窮，或可就我範圍。所需餉項，著丁寶楨於每年撥款外，無論何款即行撥解銀二十萬兩，以濟要需。現在餉項支絀，因事機緊要，特予添撥，岑毓英等務當妥爲籌辦，力求實濟，不得稍涉虛糜。【略】前叠降諭旨，令曾國荃、裕寬飭令師船前赴廉、瓊一帶。現在防務尤爲緊要，著督飭吴全美將輪船速籌整備，駛赴該處洋面游弋巡哨，毋得藉口遲延。

壬寅，湖廣總督涂宗瀛因病乞休，以湖南巡撫卞寶第署湖廣總督。

甲辰，署北洋通商大臣李鴻章奏，朝鮮與美國議訂條約，届期互换，並照録條約國書咨文呈覽。下總理各國事務衙門知之。

《光緒朝東華録》五四　甲辰，以賴鎮邊爲廣東瓊州鎮總兵。

《德宗實録》卷一六三　戊申，現在辦理法越事宜，著醇親王奕譞會同籌辦。

諭内閣：前據御史陳啟泰奏，參太常寺卿周瑞清包攬雲南報銷。該省糧道崔尊彝，永昌府知府潘英章來京賄託，後據御史洪良品、給事中鄧承修奏，以此案牽涉景廉、王文韶，先後降旨派惇親王、閻敬銘、潘祖蔭、張之萬、麟書、翁同龢、薛允升會同查辦。兹據惇親王等奏，查明收受津貼及説事過錢各官吏完繳贜款，仍分别從重定擬，請將失察之户部堂官及工部堂司各官、雲南督撫交部分别議處。

諭軍機大臣等：昨據吉和等奏，軍臺亢旱成災，請撥銀兩撫恤，當有旨令户部速議具奏。兹據署都察院左副都御史張佩綸奏，内外蒙古地方，亢旱太甚，被災頗廣，請飭妥籌辦理等語。

督辦寧古塔等處事宜吴大澂奏，吉林毗連俄界，築臺修路，搜山緝匪，均資兵力，防練各軍，礙難裁撤。

《德宗實録》卷一六四　六月庚戌，諭内閣：游百川、陳士杰奏，黄汛盛漲，漫溢歷城等處隄工，現籌撫恤一摺。【略】著游百川、陳士杰迅速寬籌賑項，查明各屬被災輕重，分别認真撫恤，毋任一夫失所。各處決口，並著相機趕籌堵築，毋稍遲延。

丁巳，文宗顯皇帝誕辰，上詣奉先殿壽皇殿行禮。

戊午，諭軍機大臣等：本日已明降諭旨，令李鴻章署理直隸總督兼署辦理北洋通商事務大臣，張樹聲即回兩廣總督本任矣。李鴻章現計已抵天津，著將籌防一切事宜豫爲布置，以期有備無患。現聞法國派脱利古爲全權大臣，並齎國書商議中外交涉事宜。諒該使必將北來，著李鴻章俟其到後，即令在津將應議之事，妥慎籌商。該使此來，雖未顯露尋釁之意，而恫嚇要求是其慣技，務須堅持定見，不可爲其所惑。如有應准應駁之事，隨時奏明，候旨遵行。廣東防務緊要，廉、瓊一帶甚形空虛，必應整頓水陸各營以資控扼。張樹聲著即迅赴本任。

命署兩廣總督曾國荃來京陛見。

庚申，諭軍機大臣等：翰林院侍讀王邦璽奏，江西溺女之習，經前任學政督飭教官勸辦救嬰會，漸著成效。請飭現任學政接續辦理，並各府州縣向有育嬰堂，請飭該撫籌款興辦等語。民間溺女，實爲惡習，自應設法勸禁，著潘霨、陳寶琛查照所奏各節督飭屬員，認真辦理。

辛酉，諭内閣：此次山東歷城等處，黄河漫溢，被災甚重。前經諭令游百川、陳士杰籌款撫恤。災黎情形困苦，宵旰廑懷，著於山東應解京餉項下截留銀十六萬兩，以資賑濟。游百川、陳士杰即督飭該地方官及委員等分赴災區，詳細查明，覈實散放，務使實惠均霑，毋任吏胥稍有侵蝕。

癸亥，諭軍機大臣等：署左副都御史張佩綸奏，吴長慶留戍朝鮮六營，比聞以三營回駐煙臺，備多力分，非經久之策。該提督久駐朝鮮，必不能鋭然自任，請飭妥籌，別選賢能等語。駐紮朝鮮官軍，關繫甚重。該國大難雖平，人心未定，前諭令張樹聲將吴長慶六營仍留朝鮮。張佩綸所奏撤回三營，有無其事，未據奏報。吴長慶久駐朝鮮，能否得力，著李鴻章悉心察看，並將防護該國事宜，妥籌經久之策，隨時具奏。

又諭：御史李璲奏，風聞京城及直隸等處，有在理教以戒人吸煙飲酒爲名，互相傳引，人衆甚多，聞係白蓮教之別名，教首即在天津，請飭密拏等語。匪徒創立教名，誘惑愚民，大干例禁，自應嚴行查辦，以遏亂萌。該教首蹤迹詭祕，是否潛匿天津，著李鴻章遴派妥員嚴密查訪，妥慎辦理，毋致激成事端。將此密諭知之。

《德宗實録》卷一六五　甲子，諭軍機大臣等：張樹聲奏，臺站被災，遵旨籌撥銀兩以資撫恤一摺。

乙丑，諭内閣：李鴻章奏，瀝陳下情，籲懇收回成命一摺。覽奏情詞懇切，出於至誠，本應俯如所請。惟畿輔重地，一切吏治民生防軍水利均關緊要。李鴻章在任有年，辦理周妥，是以特降諭旨，令其署理直隸總督兼署辦理北洋通商事務大臣，以一事權。際此時事多艱，朝廷倚任需人，該署督惟當仰體宵旰焦勞之意，移孝作忠，勉圖報稱。即著仍遵前旨，毋得固辭。

署直隸總督李鴻章奏，天津至通州接設電綫，以捷音信而裨時局。又奏，請將山海鈔關贏餘銀兩留存關庫，修築礮臺。允之。

兩江總督左宗棠等奏，審明拏獲傳教從逆匪犯吴玉山等，分別懲辦。

戊辰，諭軍機大臣等：徐延旭奏，遵旨出關布置防務情形，並請將主事唐景崧留營各摺片。法人經此挫敗，其添兵報復，自在意中。越南孱弱之邦，勢難持久。徐延旭於關外情形素所深悉，兹據所奏布置各節，足以壯聲援而資備禦，頗合機宜。惟糧餉軍火，深慮不繼，必須源源接濟。前已撥給餉銀共二十萬兩，即著倪文蔚、徐延旭斟酌機宜，妥爲籌辦。

己巳，諭軍機大臣等：户部奏，請旨催解京餉，分別已解未解銀數開單呈覽一摺。本年京餉，户部原撥續撥共銀八百萬兩，截至五月底止，各省關計共欠解銀五百四十一萬六千餘兩。現在部庫支絀，應放各款均關緊要。除山東現辦賑務，前經諭令截留銀十六萬兩外，所有各省關欠解京餉自應迅速報解，不得任意宕延，致誤要需。

庚午，調理藩院尚書額勒和布爲户部尚書，以都察院左都御史烏拉喜崇阿爲理藩院尚書。

辛未，總理各國事務衙門奏，巴國前任宰相錫呢布這挨兒微斯係創請立約之員，請照章頒給頭等第三寶星一面，以示寵榮。

壬申，署直隸總督李鴻章奏，派員赴朝鮮辦理商務，酌擬章程呈覽。下總理各國事務衙門議行。又奏，派河南候補道陳樹棠充總辦朝鮮商務委員。下總理各國事務衙門知之。

戊寅，四川總督丁寶楨奏，請調直隸候補道薛福成差委。得旨，薛福成已據李鴻章奏准留於北洋差遣矣。

《光緒政要》卷九　六月，出使俄國大臣曾紀澤覆陳前訂中俄界約重加履勘事。【略】欽遵諭旨，與俄國外部相機面談，臣於四月間在俄之南都木司姑城屢與俄國外部丞相吉爾斯談論及之。及回抵森比德堡，又與外部尚書倭良嘎里面論數次，并作一函，請其飭令分界俄官重加履勘，按照天山騎嶺劃分之舊，更正已立之界牌鄂博，將侵佔之地按約歸還。該尚書已允行文飭查，俟查明再行答覆。伏思此案刻下既據俄國外部允爲查辦，將來長順重加履勘之時，或於更正之事，稍易爲力。

《德宗實録》卷一六六　七月己卯，諭軍機大臣等：法越搆兵一事，久未定局，廣西防務經徐延旭出關布置，尚屬周密，惟糧餉軍火需款甚多。前由四川及粤海關共撥銀二十萬兩，尚恐不敷，著張樹聲、曾國荃、裕寬於廣東應解京餉項下截留銀二十萬兩，解交廣西應用，即著倪文蔚、徐延旭斟酌機宜，妥速籌辦。

壬午，署兩廣總督曾國荃等奏，遵籌海防情形。得旨，所奏豫籌布置各節，即著切實妥辦，務臻周密，以期緩急可恃。廉、瓊洋面及欽州邊境，飭令吴全美、方耀認真巡防，毋稍疏懈。

癸未，雲貴總督岑毓英等奏，審明浪穹縣屬民教滋事案内首從各犯分別定擬。又奏，給法國主教古若望修復教堂，撫恤銀五萬兩結案。

甲申，諭軍機大臣等：李鴻章、張樹聲奏請調淮勇赴粤一摺。前據左宗棠奏，籌撥江南淮楚各軍以備調遣。兹據李鴻章等奏，稱粤東水陸各路均與越南接壤，該省餉絀備虚，亟須酌調勁旅，以顧要防，請飭調提督吴宏洛所統淮勇五營赴粤等語。粤東防務緊要，自應調撥防軍以資布置，著左宗棠飭令提督吴宏

洛統率所部淮勇五營，即行前赴廣東。由江南給餉四箇月，俾資行糧。嗣後該軍月餉由李鴻章按照舊章於所部淮餉内通融籌撥，並飭招商局輪船載運，以期迅速。所有吴淞海口礮臺，即由左宗棠分撥新軍填紮。

丙戌，哈密幫辦大臣長順奏，覆勘貢古魯克等處分定界址，覈與圖約相符，及查明南北路徑情形。得旨，著即照所請辦理。此外未分南界，仍由沙克都林札布一手經理，並著長順會商張曜知照該領隊大臣，按照圖約詳慎妥辦，不可稍有遷就。

戊子，前據岑毓英等奏，整頓銅政章程五條，業經户部議覆准行。昨據署左副都御史張佩綸奏，稱招集商股，開採滇礦爲富强本計，不爲無見。岑毓英、唐炯身膺疆寄，於滇省礦務必能留意講求，實心經畫，著即詳細會商，妥速籌辦。新任藩司龔易圖到後，並著飭令將籌款招商等事妥爲經理。

《光緒朝東華録》五五　伊犁參贊大臣升泰、科布多幫辦大臣額福與俄國分界大臣巴布闊福及撇裴索富，在喀巴河賽里烏蘭奇巴爾會議科布多界約五條成。

辛卯，諭軍機大臣等：岑毓英等奏，添募勇營，扼紮越南要隘一摺。法越搆兵未已，滇邊防軍自應加意扼守，第法人並未與我失和，我軍總以勦辦土匪爲名，未可顯露助戰之迹，致啓釁端。據奏，山西城逼近江邊，輪船在江中，礮彈可及，萬一法船上駛，彼時我軍進止殊多窒礙。岑毓英、唐炯務當統籌全局，相機布置，俾法人有所顧忌而不致藉爲口實，方爲妥善。

《德宗實録》卷一六七　丙申，諭内閣：翰林院侍讀盛昱奏，兵部尚書彭玉麟奉命數月延不到任，該尚書抗詔鳴高，不足勵仕途退讓之風，反以開功臣驕蹇之漸，請飭迅速來京等語。前據彭玉麟奏，請收回成命，當降旨諭令該尚書俟病體稍愈，即行來京，日久未據奏報北上。該尚書當已就痊，著遵前旨即行來京，毋再遲延。

丙申，以降調前户部尚書景廉爲内閣學士。

戊戌，出使俄英法國大臣左副都御史曾紀澤奏，遵旨與俄國外部商議新疆南段中俄界務情形。

《光緒朝東華録》五五　壬寅，諭：御史劉恩溥奏，京城旗民婦女開設煙館賭局等情。蘇州、上海、杭州等處亦有婦女開設煙館拐販情事，請將犯罪婦女量予監禁等語。著刑部妥議章程具奏。

《德宗實録》卷一六七　丙午，諭内閣：禮親王等竊爵霸産、串結誣陷等詞呈控。現經查訊大概情形，請旨訊辦一摺。著刑部研訊確情，定擬具奏。

《光緒朝東華録》五五　是月，荷蘭國使臣費果蓀如香港，副使來因代辦使事，尋回任。

《德宗實録》卷一六八　八月戊申，諭軍機大臣等：游百川、陳士杰奏，遵旨酌議分減黄流及各工次第興辦一摺。據稱杜家溝新決口門至濟陽境灌徒駭河，業已刷成河槽，因勢利導，自可事半功倍，現籌辦法。其馬頰河亦經派員逐段細查，並函商李鴻章會同籌度等語。馬頰一河，距黄流尚遠，且經過直隸地方，於民生利害關繫甚重。著李鴻章、游百川、陳士杰會同悉心酌度，妥議具奏。至請將分河地段錢漕豁免，著照所請行。現在山東應辦各工，仍著游百川等妥爲辦理。

辛亥，吏部候補主事唐景崧往來邊營，頗爲出力，著賞給四品銜以示鼓勵。

《光緒朝東華録》五五　辛亥，科布多幫辦大臣額福與俄國分界大臣撇裴索富在阿拉克別克河口會議科布多新界約記成。

《德宗實録》卷一六八　壬子，籌辦邊防廣西布政使徐延旭又奏，越南兵事，深恐擾及外國商人，請飭總理各國事務衙門照會各國駐京公使，暫止商人前往貿易。從之。

丁巳，塔爾巴哈台參贊大臣錫綸奏，烏城邊防重要，請免索倫練兵調回伊犁，從之。

戊午，諭内閣：倉場侍郎游百川著即回任，所有山東黄河工程，即著陳士杰督飭各員認真辦理，以專責成。降調山東按察使潘駿文，著交陳士杰差遣委用。

又諭：昨據曾紀澤電奏，聞法艦將離越赴津，意欲恫喝辦成此事等語。法人詭計百出，欲以兵船來華，肆其要挾，亦意中之事，李鴻章務當認真戒備。

己未，諭軍機大臣等：總理各國事務衙門奏，越南嗣王懇令使臣由海道進京，並將該嗣王致李鴻章文件照録呈覽一摺。越南使臣定例由鎮南關經廣西北上，邇來法人搆兵，越地道途多梗。據該嗣王阮福昇文稱，現在權攝邦事，循例遣使，懇准由海道進京叩陳等語。情詞迫切，自應准如所請，暫予變通，以示體恤藩服之意。

辛酉，諭軍機大臣等：法越搆兵一事，法人自攻占順化河岸礮臺後，迫脅越南議約十三條。該國情形岌岌可危，邊事孔棘，防務尤形喫緊。近聞越南黑旗

各營復經接仗獲勝，滇粵防軍皆須嚴密布置，聯絡聲勢，不可稍涉鬆勁。粵西各營相距較近，更宜加意豫備，所有糧饟關繫最要，軍火器械尤須擇其精利者力籌接濟，毋任缺乏。

壬戌，籌辦邊防廣西布政使徐延旭奏，越南國王新逝、法軍決戰情形。得旨，法人欲與越將劉永福決戰，事機喫緊，該藩司務當遵照疊次諭旨，嚴密布置，相機辦理。越南嗣王有文咨北洋大臣，欲遣使由海道齎表晉京，昨已諭令李鴻章等准其變通辦理矣。

《德宗實録》卷一六九　甲子，又諭：法使脱利古現於本月十三日由滬乘兵船來津，巴夏禮亦相繼北上。彼族詭詐多端，無非爲恫喝要求之計。該使等到津後，著即責成李鴻章據理與之駁辯，以折其謀。該大臣務當切實籌畫，相機因應，留其在津商議。

伊犁將軍金順等奏，與俄使巴布闊福按約議定科塔新界。

《光緒朝東華録》五五　乙丑，諭軍機大臣等：法國兵船無聽其進口，務在黄埔以外設法阻止，力與辨論。方耀素頗勇往，著調回省廣東。本年應解京餉，均著截留該省，俾濟要需。沙面租界一案，著該督撫迅速持平辦結，認真彈壓，毋任再滋事端，並先擇要電知。

《德宗實録》卷一六九　丙寅，諭軍機大臣等：昨因法使脱利古由滬乘兵船來津，英使巴夏禮亦相繼北上，已諭令李鴻章相機因應，並嚴密戒備。【略】該大臣若何布置，萬一有事，戰守機宜是否確有把握？儻兵力尚單，應否添調大員，增募兵勇，以資協助。如潘鼎新、鮑超、劉銘傳等皆久經戰陣，此外有無謀勇素優爲該大臣所深悉，堪備任使者，著即悉心籌度，迅速具奏。

《光緒朝東華録》五五　戊辰，諭：前據降調按察使陳寶箴奏，張佩綸所奏該員到京日營營於承審各官之門，彌縫掩飾一節，懇請飭查。當降旨派閻敬銘查明具奏。茲據奏稱，承審各官，除簡放外任及税差外，傳到員外郎廷杰、趙舒翹、陳惺馴各員，呈遞親供，並無陳寶箴往來情事。復加訪察，亦無確據。此事既無確據，即著毋庸置議。

《德宗實録》卷一六九　己巳，諭軍機大臣等：法越搆兵一事【略】，廣東兵力單薄，守禦尚虚，著派彭玉麟酌帶舊部得力將弁酌量召募勇營，迅速前往廣東，會同張樹聲、裕寬妥籌布置。該尚書接奉此旨後，即行部署起程，毋稍延緩。南洋海防著責成左宗棠悉心規畫，妥慎辦理。長江防務著責成左宗棠、李成謀督飭各營，認真籌備，均不得稍有疏懈。北洋防務著李鴻章懍遵本月十九日諭旨，迅即籌議覆奏。前據吴大澂奏，吉林所練防軍，堪以抽撥民勇三千人聽候徵調等語。著該京卿即行統率此項勇丁航海來津，以備調遣。

乙亥，閩浙總督何璟等奏，採買穀石請予免税。得旨，著即咨照左宗棠等，俟此項穀石經過各關，飭屬查驗放行，免其完納釐税。

丁丑，署直隸總督李鴻章奏，遵籌疊次交辦情形。得旨，北洋防務關繫緊要，著李鴻章隨時妥籌布置，務臻嚴密，不得稍有疏虞。至吴長慶所部兵勇，現仍駐紮朝鮮，應否調回津郡，並著李鴻章妥籌辦理。

以圖什業圖汗那遜綽克圖爲庫倫辦事大臣。

《光緒朝東華録》五五　是月，英吉利國新簡駐華使臣巴夏禮抵任。

《德宗實録》卷一七〇　九月戊寅，出使俄英法國大臣曾紀澤奏，出洋期滿人員請予獎勵。得旨，劉麒祥等均著照所請獎勵，馬格里所請獎勵，著該衙門議奏。

庚辰，諭軍機大臣等：有人奏，京東水患甚大，請飭急籌賑撫一摺。承德、永平兩府被水成災，前據恩福、謙德先後具奏，當諭令李鴻章妥籌撫恤。

《光緒朝東華録》五六　庚辰，伊犁參贊大臣升泰與俄國分界大臣佛里德在塔城會議定塔爾巴哈臺界約七條成。

《德宗實録》卷一七〇　辛巳，諭軍機大臣等：倪文蔚奏，法越議和一摺。七月内即聞法人攻占順化礮臺，越王爲所逼脅立新約十三條，將該國所有政權盡歸掌握，所顧忌者惟黑旗一軍，必欲設法除之。法使脱利古在津與李鴻章面議，意在劃界撤兵，共勦土匪，及蠻耗地方通商，無非肆意要求。已飭李鴻章、曾紀澤等堅持定見，概毋允許。仍著倪文蔚、徐延旭督飭防營，嚴密布置。所有糧饟軍火務當力籌接濟，並著唐景崧設法激勵，不可因彼國議和稍形退沮。日來電報有黑旗進攻河内頗爲得手之説，是否確實，著隨時探明，迅速具奏。雲南防軍軍火器械是否足用，著岑毓英、唐炯添撥勁旅，嚴申儆備，以壯聲援，毋致貽誤事機。

丙戌，廣東巡撫裕寬因病解職，調廣西巡撫倪文蔚爲廣東巡撫，以廣西布政使徐延旭爲巡撫。督辦福建船政事宜張夢元爲廣西布政使，翰林院侍讀學士何如璋督辦福建船政事宜。

己丑，諭軍機大臣等：廣西、雲南邊防緊要，需饟孔急，著户部迅速籌撥有

著之款四五十萬兩。

庚寅，以工部右侍郎張家驤爲武會試正考官，內閣學士周德潤爲副考官，派刑部左侍郎薛允升知武舉。

壬辰，諭軍機大臣等：法人脅越議約，盡攘該國權利，果如所議，越南無以圖存，大局所關甚重。法使脱利古來京，在總理各國事務衙門並未提及此事，意殊叵測。劉永福一軍屢獲勝仗，當不因彼國議和稍形退沮。現在進規河內，如能剋期攻克，以固北圻門户，辦理自易得手。前有旨諭倪文蔚等令唐景崧設法激勵，著該撫等密速妥籌。徐延旭著懍遵前旨，星速出關，相機調度所有滇粵防軍。岑毓英、倪文蔚、徐延旭、唐炯務當督飭將領，嚴密布置，俾壯聲援，勿稍鬆勁。糧餉軍火必須力籌接濟。朝廷惟恐該兩省餉需不繼，致失事機，諭令户部籌撥有著之款。【略】至借用洋款，耗息甚多，於國計大有關繫，嗣後無論何項需用概不得借用洋款以重帑項。

乙未，諭軍機大臣等：本年六月間，曾寄諭李鴻章，將吳長慶久駐朝鮮，能否得力，悉心察看，未據該督覆奏。因思朝鮮商務初開，隱患未已。該國密邇陪都，固應力籌保護，而防軍日久遠戍，究竟是否相宜，亦應豫爲籌及，著李鴻章悉心酌度具奏。

幫辦山東海防廣東水師提督吳長慶奏，密陳駐防朝鮮情形並請入覲。得旨，該提督統率防軍駐紮朝鮮，關繫緊要，所請陛見之處著聽候諭旨。

丁酉，諭軍機大臣等：岑毓英、唐炯奏，密籌越南邊防，倪文蔚奏，探報邊情防務愈棘各一摺。法人脅越議約，果如所議，越已無以立國，大局所關甚重。獨以劉永福一軍屢次獲勝，進規河內，如能剋期攻拔，辦理得手，則越事尚可挽回。乃滇軍遽行退紮，以致劉團解體，有回駐保勝之議。彼族將益思狡逞，邊事尚可問耶？岑毓英、唐炯調度乖方，貽誤大局，著傳旨嚴行申飭。即著懍遵前旨，督飭防軍，扼要進紮，嚴密布置，儻仍怠緩從事，定將該督撫治罪。唐炯著星速出省，馳赴防所。徐延旭諒已出關。法人現由丹鳳攻撲山西，黑旗各營恐難抵禦，岑毓英、倪文蔚、徐延旭、唐炯務當飭令各軍嚴申儆備，聯絡聲勢，相機援應，不得稍涉疏虞。

己亥，諭軍機大臣等：徐延旭奏，法與越和，仍向劉團尋釁，粵軍照常扼守並劉軍需餉情形各摺片。【略】徐延旭接奉前旨，諒即出關，著即激勵該團固結兵心，相機進紮。劉軍餉需恐越人不能供給，設有缺乏，關繫匪輕。前已先後撥給廣西餉銀六十五萬兩，恐一時未能解到，著倪文蔚、徐延旭即於藩庫內先行措撥銀十萬兩，迅速發給劉永福軍營，俾應急需。俟各省解到歸款、軍火器械尤應多爲籌撥。

辛丑，署直隸總督李鴻章奏，吳長慶駐守朝鮮官軍擬緩至明春，酌度情形分別撤留。得旨，朝鮮需兵鎮撫，未可輕議撤回。

諭軍機大臣等：户部奏，請旨催解京餉一摺。本年京餉原撥續撥共銀八百萬兩，統限年內解齊。截至九月止，除劃撥截留、報解起程等款外，尚欠解銀二百五十萬四千餘兩。現在部庫支絀，年內應放各項關繫緊要，亟須各省關全數解到，以應要需，豈容任意延宕！著該將軍督撫等，各將欠解銀兩迅即照數依限提前解京。

丁未，又諭：法人既與越南立約，必將以驅逐劉團爲名，專力於北圻，滇粵門户豈可任令侵逼。現經總理各國事務衙門照會法使，告以越南久列藩封，歷經中國用兵勦匪，力爲保護，爲天下各國所共知。今乃侵陵無已，豈能受此蔑視。儻竟侵及我軍駐紮之地，惟有開仗，不能坐視等語。【略】唐炯親駐防所，自應隨時相機調度，乃該撫並未奉有諭旨，率行回省，致邊防鬆懈，咎實難辭，著摘去頂戴，革職留任，以觀後效，如再退縮不前，定行從重治罪。滇省防營無多，難資策應，著岑毓英、唐炯添募數營以厚兵力。此舉係爲法人侵我藩屬，逼近邊境，不得不力籌防禦。至內地各國通商地方及法之商人，仍當隨時保護，免滋口實。儻法人竟以兵船來華尋釁，必應先事戒備，著李鴻章、左宗棠、張樹聲、倪文蔚、裕寬迅籌布置，不可視爲緩圖。天津密邇京師，關繫尤重，李鴻章籌辦海防有年，爲朝廷所倚任，天下所責備，尤應勉力圖維，不得意存諉卸。

《光緒朝東華録》五六　是月，俄羅斯國新簡駐華使臣博白傅抵任。

《光緒政要》卷九　直隸總督李鴻章疏請展接津通電綫，又請添設山海關等處電綫。

《德宗實録》卷一七一　十月戊申，盛京將軍崇綺等奏，新民廳户口繁多，請建學設官，定額取士，並添廩增額，以廣文教。

庚戌，諭軍機大臣等：張夢元奏，舊定輪船經費名額酌覈變通一摺。據稱閩廠輪船各項薪糧名額及公費一切，因今昔情勢不同，酌易舊章，分別當減當裁當仍，開單呈覽等語，自係爲覈實撙節起見。張夢元交卸在即，著何如璋到閩後，詳細酌覈，奏明辦理。另片奏，擬將第五號鐵脅船改作練船等語，著一併酌

度辦理。

派惇親王奕誴、豫親王本格校閲中式武舉馬步射技勇。

《光緒朝東華録》五六　辛亥，諭：禮部左侍郎著徐郙調補，未到任以前著陳蘭彬署理。劉錦棠著(捕)〔補〕授兵部右侍郎，未到任以前著徐用儀署理。

《德宗實録》卷一七一　辛亥，又諭：彭玉麟奏，遵旨起程赴粤部署大略，擬在湖南取給軍火，請飭照會各國並籌乘虚攻擣各摺片。【略】令該督撫督飭邊外各軍，嚴密防守，並激勵劉永福進規河内。目前辦法總以固守北圻爲主，儻法人侵及我軍駐紮之地，則釁自彼開，自不能不與接仗。該尚書所奏照會各國明示利害曲直之故，與朝廷之意正相脗合，已令總理各國事務衙門酌度辦理。【略】並著張樹聲、裕寬將現在情形與該尚書妥籌辦理。

壬子，上御太和殿傳臚，賜一甲楊廷弼、周選青、劉占魁三人武進士及第，二甲陳熾昌等十九人武進士出身，三甲劉永吉等一百十三人同武進士出身。

兩江總督左宗棠奏，遵查金陵至鎮江電報局、同文館月支經費銀數，請飭部立案。又奏，江陰江防修理礮臺工程及圌山關南北岸添建火藥庫各一所，並定購礮船先撥銀兩。均下部知之。

《光緒朝東華録》五六　癸丑，以李用清爲貴州布政使，以邊寶泉爲陝西巡撫，劉瑞芬爲江西布政使，王嵩齡爲江西按察使。

《德宗實録》卷一七一　甲寅，雲貴總督岑毓英等奏，會議礦務仍擬招商集股並用西法。得旨，雲南礦務擬設局招商開辦，即著該督撫妥爲經理。

乙卯，諭軍機大臣等：吴大澂奏到津日期並通籌全局一摺。據稱酌度南北海防緩急情形，擬請率師赴粤，並願以偏師進紮越南等語。具見勇往之忱。惟廣東防務業據彭玉麟商調湘軍前往布置，著吴大澂仍遵前旨督率所部各營駐紮天津，毋庸統帶赴粤。現在事機未定，天津密邇京師，防務關繫尤重。李鴻章務當隨時斟酌機宜，籌備一切，是爲至要。

丁巳，諭軍機大臣等：徐延旭奏，籌辦邊務必須力保北圻一摺。【略】目前事勢總以保守北圻，力固滇粤門户，固結劉團，進規河内，最爲緊要。倪文蔚、徐延旭務當切實籌畫，妥爲辦理，毋稍鬆勁。劉永福所部饟需，前有旨於廣西藩庫存款内發給銀十萬兩。據奏該營月需饟銀五千兩，此後由該撫行營酌量發給。

辛酉，諭軍機大臣等：倪文蔚奏，西省軍火局器械已撥解關外無餘。聞王德榜募勇赴援越南，現在湖南永州府聽候諭旨，所帶軍火器械皆極精利，請飭就近撥解，俾應急需等語。著左宗棠即將此項軍火迅速撥解關外，由倪文蔚派員提解，以資前敵應用。王德榜所需軍火等項仍著左宗棠源源接濟，毋令缺乏。

《光緒朝東華録》五六　壬戌，諭：李鴻章奏，順直各屬向有王公等府莊田，請飭將減收租數行知州縣等語。本年順天各屬水災甚廣，小民困苦異常，朝廷廑念災區，業將錢糧分别蠲免，所有王公等府並各京旗莊田著即自行察看災歉情形，應如何減收租數之處，行知地方州縣，出示曉諭，不准莊頭等將已減之租朦混舞弊。

《德宗實録》卷一七二　壬戌，伊犂將軍金順等奏，塔屬西南界務定議互换條約。報聞。

丁卯，總理各國事務衙門奏，擬派升任雲南布政使、前廣東按察使龔易圖查辦廣東汕頭德魯麟洋行强占海坪官地一案。

《光緒朝東華録》五六　戊辰，諭軍機大臣等：北洋沿海各口地段甚長，應如何扼要布置，宋慶一軍，素稱得力，究以駐紮何處爲宜，著李鴻章詳籌調度。

《德宗實録》卷一七二　辛未，徐延旭仍當密飭唐景崧激勵劉永福整頓隊伍，聯絡越南義兵，相機進取，力圖恢復。該撫迅即出關，督率在防各營照常扼守。

《光緒朝東華録》五六　癸酉，諭軍機大臣等：據御史丁振鐸奏，請飭宋慶增募勇營，扼守關外及旅順礮臺，並令曹克忠招募津郡民勇自爲一軍等語。所陳尚爲切要，著李鴻章酌議具奏。

《德宗實録》卷一七二　癸酉，駐藏辦事大臣色楞額等奏，喇嘛滋事，現派員馳赴濟嚨邊界，酌斷巴勒布商民償款。得旨，著即督飭派委各員妥籌商辦，迅速了結，以靖邊圉。

甲戌，浙江巡撫劉秉璋奏，添募勇營暨海防情形，並請飭廣東水師提督吴長慶帶營來浙幫辦。得旨，現在直隸海防、朝鮮鎮撫均關緊要，吴長慶豈能遠赴浙江？所有該省防務，劉秉璋仍當另籌妥員，統帶兵勇，毋稍疏懈。

丙子，據内閣學士周德潤奏，請飭各省保薦將才一摺。國家整軍經武，本以儲備將才爲要義，疊經諭令各直省督撫保薦。兹值防務方殷，需才尤亟，著該督撫等加意延訪，果有曉暢兵機、深明韜略及熟諳邊務、練習海防者即行據實保奏，以備任使。

丁丑，兹聞彭玉麟擬曉諭粤民，有准其仇殺法人及禁各國商船進口，違禁者

取其船貨等語。揆之目前事理，均係必不可行。法人侵擾越南，究未與我先開兵釁。此時自宜静以待動，不宜自我先起釁端。至各國通商以來，二十餘年，尚屬相安，現在並無戰事，遽行封港，必致激怒各國，釀成事變，所關於全局者極大。粤東人心浮動，沙面滋事一案尚未辦結，尤宜加意鎮定，認真彈壓，俾民情綏靖，不致别生枝節。該尚書所擬告示，著毋庸張貼，仍著隨時會同張樹聲將籌防事宜悉心商搉，總期深思遠慮。

《光緒朝東華録》五六　是月，法蘭西國使德理固回國，參贊謝滿禄署理。

《德宗實録》卷一七三　十一月庚辰，廣西巡撫倪文蔚奏，遵撥饟銀發給越軍，催徐延旭督軍進攻河内。得旨，著該撫會同徐延旭隨時妥籌調度，激勵劉永福一軍迅圖進取，以固邊圉。

《光緒朝東華録》五七　辛巳，命署都察院左副都御史張佩綸在總理各國事務衙門行走。

《德宗實録》卷一七三　戊子，雲貴總督岑毓英、雲南巡撫唐炯奏，越南劉團退守山西，添派官兵出關，駐紮興化、山西以備援應。得旨，據稱河内猝難攻拔，所慮亦尚周密。前已有旨令岑毓英帶兵出關，即著督飭各營力保山西，穩慎進紮，與徐延旭隨時和衷商辦，聯絡粤軍，妥籌布置，以固邊圉而裨大局。

己丑，哈密幫辦大臣長順奏，聲明新疆南界伊爾克地他木覈與圖約立界相符，並無舛錯。下總理各國事務衙門議。

《德宗實録》卷一七四　癸巳，又諭：倪文蔚奏，近日邊情並前敵各軍籌備情形；徐延旭奏，遵旨出關日期現飭分别進窺嚴防各一摺。法人於山西之丹鳳，北寧之嘉林設險嚴備，情形與從前不同，在防官軍必須穩慎進紮，嚴密布置，不可稍形輕忽，著岑毓英、倪文蔚、徐延旭、唐炯督飭各營，妥籌調度。劉永福添募營勇漸次到齊。

《光緒朝東華録》五七　乙未，以景廉爲兵部尚書，以恭鏜爲西安將軍，長順爲烏魯木齊都統。

諭軍機大臣等：總理各國事務衙門奏，海防緊要，宜毖近患而豫遠謀。山東要隘以烟臺爲最，著李鴻章遴選得力將領如曹克忠、郭寶昌等酌帶數營扼紮烟臺，與（沽塘）〔塘沽〕、旅順相犄角，陳士杰當就本省現有各營嚴密布置。

諭軍機大臣等：聞越民將該〔國嗣〕王戕害，禍亂方殷。著張樹聲統帶兵勇直達順化妥籌（賑）〔鎮〕撫，或由海或由陸迅赴事機，毋任另生他變。廣東兵單，著吴大澂馳赴該省幫辦，並著李鴻章飭派丁汝昌統帶師船赴粤聽調。前諭岑毓英統營赴防，著迅速前進策應。

丙申，電諭：張樹聲著迅赴越南，宣布威德，相機戡定，一面令該國擇賢嗣位，奏請册封，至或由海由陸著詳籌妥辦。

《德宗實録》卷一七四　丙申，又諭：吴大澂奏，保薦人才一摺。同知銜汪啟，著發往直隸，交李鴻章差遣委用。

《光緒朝東華録》五七　諭：前署兩廣總督曾國荃，著加恩在紫禁城騎馬。

《德宗實録》卷一七四　庚子，諭軍機大臣等：楊昌濬奏，擒獲教匪王覺一之子王繼泰等，訊供究辦等語。山東教匪王覺一，即王養浩，倡立邪教，謀爲不軌，往來數省，前經諭令兩江、四川、湖廣、江蘇、安徽、江西、湖北、湖南、山東、河南各督撫飭屬嚴密訪拏，至今尚未弋獲。該匪情罪重大，斷不容任令漏網，著左宗棠等將王繼泰等嚴行審訊，究明王覺一實在下落，密咨各該省一體嚴拏，務獲懲辦，以絶亂萌。

壬寅，又諭：現據李鴻章、曾紀澤電奏，法兵已攻破越南山西省城，劉團退走，事機尤爲緊要。山西既爲法踞，則與我軍駐紮之地相接，儻再得步進步，滇粤邊疆俱形喫重。此時惟有嚴飭各軍，力保完善之地，毋使再行深入。岑毓英計已出省，徐延旭業經出關，著即相機調度，嚴密扼紮，互相聯絡，不得稍涉鬆懈。劉團現在退至何處，仍著設法激勵，令其統營進紮。關外各軍恐尚不敷防禦，著張樹聲選派得力將領統帶勁旅馳赴鎮南關，以實後路。滇粤邊防，並著張樹聲、岑毓英、倪文蔚等妥籌布置，扼要填紮。徐延旭進至何處，唐景崧是否亦在北寧，一切詳細情形，著張樹聲迅速電聞，以慰廑系。

命署都察院左副都御史張佩綸馳赴天津，與李鴻章商辦事件。

乙巳，又諭：倪文蔚奏，王德榜勇營饟項，請飭妥籌，並請撥軍火各等語。【略】並著左宗棠由金陵、上海兩局酌撥後膛槍兩千杆，十二三磅後膛開花等礮數十尊，派委妥員迅速解赴關外軍營，以應急需。其購自外洋者，價值若干，並咨明廣西由該省撥款歸還。

科布多參贊大臣清安等奏，塔城北段牌博建立完竣，與俄互换條約。下總理各國事務衙門知之。

以四川布政使張凱嵩爲貴州巡撫。

《光緒朝東華録》五七　是月，日本國使臣榎本武揚回國，書記官吉田二郎

署理。

十二月丁未，以國英爲浙江按察使，李秉衡爲廣西按察使。

諭：張凱嵩現已簡放貴州巡撫，著即馳赴新任，毋庸來京請訓。

《德宗實録》卷一七五　丁未，諭軍機大臣等：李鴻章奏，遵籌邊計，並酌撥軍火各摺片。【略】李鴻章所奏與敵久持以待機會，亦與現在辦法脗合。至内地防務，以天津爲最要。該督既稱臨敵因應，不以法船到津挾和爲慮，自必確有把握，惟當慎益加慎，妥籌布置，以紓宵旰之憂。前有議及防務者，謂宜堅壁清野，辦理團練，是否可行，著該督仍遵前旨，酌議具奏。關外需用軍火業經李鴻章匀撥運往，本日並已諭令左宗棠、張樹聲分别協濟矣。

又諭：户部奏，新疆南北兩路急需大興屯田，開單呈覽，暨開辦屯務必須得人各摺片。著户部咨行新疆各路統兵大臣，酌議辦理。

己酉，諭：現據李鴻章、張樹聲電報，法兵攻破山西，進攻北寧，並聞將犯瓊州，欲據以爲質，圖索兵費等語。【略】著張樹聲飭令帶兵前往，合力防守。各營所需餉項軍火，張樹聲務當隨時接濟，毋任缺乏。刻下東省防務緊要，王孝祺一軍即毋庸調派赴關。法人聲東擊西，亦未可定，張樹聲仍當力顧省防，以杜窺伺。彭玉麟威望素著，務當相機調度，不必親赴瓊州，以期慎重，毋得稍涉疏虞。至各國商船照常貿易，自應格外保護，並著嚴飭水陸各營毋得别滋事端，致生枝節。

《光緒朝東華録》五七　庚戌，諭：楊岳斌馳往福建，會同何璟等籌辦海防，並將起程日期迅速奏聞。

《德宗實録》卷一七五　戊午，諭軍機大臣等：北寧兵力尚單，著彭玉麟與張樹聲籌商選派得力將領，添募數營，以資接濟。

己未，又諭：張之洞奏，法釁已成，敬陳戰守事宜暨瀝陳不可罷兵各一摺。著軍機大臣、總理各國事務衙門、王大臣會同妥議具奏。

庚申，諭軍機大臣等：左宗棠奏，閩省船政局製造巡海快船，任意玩延。開濟船甫經試洋，偶遇風浪，抽水機器即不合用，行駛不前。前船政大臣張夢元有意諱飾，請旨嚴行申飭等語。即著何如璋確切查明，據實參奏，毋稍徇隱，並將船政局務破除情面，切實整頓，各員紳人等，隨時酌量分别勸懲。

《德宗實録》卷一七六　癸亥，雲貴總督岑毓英奏，帶兵出關起程日期。得旨，越南山西省城前聞已被法兵攻破，該督出關後，著即嚴密布置，力保北寧等處，以固邊疆。所請調員差遣已諭知潘霨，飭令鄒復勝馳赴雲南，交該督差委矣。

乙丑，諭軍機大臣等：前據劉秉璋奏，請調吴長慶酌帶勇營赴浙，當以直隸海防、朝鮮鎮撫均關緊要，諭令另籌妥員統帶兵勇。兹據該撫奏，仍懇飭調吴長慶赴浙幫辦防務各摺片。浙省餉絀兵單，沿海各口備禦空虚，係屬實在情形。惟吴長慶現率所部駐紮朝鮮，關繫甚重，勢難遠調赴浙，著李鴻章與劉秉璋悉心會商，另選得力將領與該撫氣誼素孚者前赴浙省。

壬申，諭軍機大臣等：唐炯奏，俟督臣出關起程回滇暨探報越南山西失守情形各摺片。岑毓英計可到防，現在軍情緊要，著該督飭令所部各營擇要扼紮，相度機宜，妥籌調度，以振軍威而固邊境。

又諭：彭玉麟等奏，現辦防務需才甚亟，請調候補道鄭官應迴避改歸江西補用，直隸州知州曾紀渠赴彭玉麟軍營差委等語。著李鴻章、左宗棠、潘霨分飭各該員迅赴廣東，聽候差遣委用，曾紀渠俟防務告竣，著仍歸廣東補用。

光緒一〇年（甲申、一八八四）

《德宗實録》卷一七七　正月己卯，兩廣總督張樹聲奏，遵辦廣東防務整頓水陸團練情形。得旨，即著該督隨時會商彭玉麟、倪文蔚，督飭各軍，力守虎門，並將此外各口擇要嚴防，毋稍疏懈。

《光緒朝東華録》五八　己卯，以孫毓汶兼署刑部尚書，許應騤兼署兵部左侍郎。

庚辰，諭：倪文蔚奏，廣西臬司國英自兼理藩司篆務，頗形竭蹶，入秋以來精神恍惚，公事躭延，時復舛謬等語。調任浙江按察使國英，著開缺來京，另候簡用。

《德宗實録》卷一七七　庚辰，以前山西巡撫曾國荃署禮部尚書，以工部左侍郎孫毓汶兼署刑部左侍郎，吏部右侍郎許應騤兼署兵部左侍郎。

戊子，又諭：左宗棠奏，假期届滿，病仍未痊，仍懇開缺回籍一摺。左宗棠宣力疆圻，勞勩懋著，朝廷深資倚任，屢次陳請開缺，均經賞假調理。兹復疊據奏稱，目疾增劇，氣血漸衰，非静心調攝，斷難見效，情詞懇摯，不得不勉如所請。左宗棠著准其開缺，賞假四箇月，回籍安心調理。兩江總督著裕禄署理，兼署辦

理通商事務大臣。

《光緒朝東華録》五八　辛卯，諭軍機大臣等：岑毓英、徐延旭先後奏陳調撥輪船由水路進擊。現在廣東、福建防務喫緊，且無大號得力兵輪，無可徵調。前據徐延旭奏請飭廣東由欽、靈進規海陽，仍著張樹聲遵照前旨，酌度辦理。尋會奏，酌度方長華一軍已由南寧迅赴關外，礙難由欽、靈前進。報聞。

《德宗實録》卷一七七　壬辰，督辦船政大臣何如璋奏，承造南洋快船兩號，安上龍骨。第五號鐵脅輪船製已及半，雖工程不易，而經費較省。報聞。

甲午，諭軍機大臣等：岑毓英已抵保勝，亟應親往興化一帶，查勘布置。邊外各軍心志未齊，必當有所統攝，以一事權。所有徐延旭統帶各營及後路調防諸軍，均著歸岑毓英節制調度。

丙申，以署禮部尚書曾國荃署兩江總督兼辦理通商事務大臣。

戊戌，諭軍機大臣等：徐延旭奏，教堂句匪滋事，法人窺犯北寧，現經添營備禦，請飭催撥餉需一摺。上思州地方與越南接壤，該處教堂句引匪徒，不服盤查，且有教士帶匪赴援河城之語，難保不乘間滋事。法人占踞山西後，時以火船游弋，撲犯防營。越之建昌府城又爲法踞，内外交訌，事機甚緊，徐延旭先後添募二十餘營分別布置，著即督飭各營嚴密防範，如有土匪藉端蠢動，立即捕拏，以清内患，仍著即速前進，力保北寧。昨有旨令岑毓英節制各軍，徐延旭務當彼此互商，妥籌抵禦，以維大局。廣西防餉緊要，現又添募多營，需用更亟，上年飭派廣東、四川籌解之款，據奏尚未解齊，著張樹聲、丁寶楨、倪文蔚督飭藩司，將未解之數迅速籌解，毋稍遲延。至所請再爲豫籌撥款之處，著户部速議具奏。

《光緒朝東華録》五八　己亥，諭：開復按察使陳湜著發往江南，交曾國荃差遣委用。

《德宗實録》卷一七七　辛丑，四川總督丁寶楨奏，請飭駐日使臣黎庶昌密探日本情形，儻法人與之句結，宜迅爲調度，豫伐其謀。下總理各國事務衙門知之。

《光緒朝東華録》五八　甲辰，諭軍機大臣等：吴大澂奏，滇、桂邊防緊要，請准率所部前往廣西會同籌辦一摺。該京卿所部各營原擬駐紮灤樂一帶，如調赴廣西，該處沿海各地方應派何軍填紮，直隸防營是否足資分布，著李鴻章酌度情形，妥籌具奏。

是月，比利時國使臣諾丹福回國，參贊米師麗署理。

《德宗實録》卷一七八　二月庚戌，諭軍機大臣等：劉秉璋奏，察看沿海形勢，分別布置，請撥輪船一摺。浙江定海地方防務緊要，急需得力兵輪以資備禦，著左宗棠、何璟、張兆棟、何如璋酌量分撥堅利兵輪船或蚊子船四號，前赴定海駐泊。各該船原有額餉仍由原省接濟，俾免缺乏。所有浙省現在分布各營，即著劉秉璋督飭認真操練，毋稍疏懈。

辛亥，總理各國事務衙門奏，遵議吉林與朝鮮商民貿易章程。報聞。

壬子，諭軍機大臣等：有人奏，上海招商局開辦煤礦鐵廠各事，悉仿外洋集股辦法，乃司其事者往往藉集股之名爲羅掘之計。迨商務折閲或減半歸還或僅得什一，甚至徒執股票，取償無日，請嚴定折閲之罰等語。開辦各項礦廠原爲興利起見，著李鴻章、左宗棠、曾國荃飭令承辦各員，認真經理，如有剋減虧移情弊，即著嚴行懲辦。

癸丑，諭軍機大臣等：張樹聲、倪文蔚奏，遵查康國器開辦捐輸情形一摺。據稱康國器籌捐濟餉，殊無把握，係屬實在情形，著該督撫飭令康國器實力勸辦，以期有裨餉需，即著該部將章程執照迅速頒發。至王德榜一軍遠赴關外，所需餉項，關繫緊要，康國器勸捐誠不可恃，著左宗棠、曾國荃隨時力籌解濟，毋任稍有缺乏，致誤事機。

丙辰，諭軍機大臣等：給事中方學伊奏，請飭嚴禁錢攤加用私錢各摺片。著步軍統領衙門、順天府、五城御史各飭所屬嚴行查禁，儻該地面官查禁不力，即著分別參處。

乙丑，昨據李鴻章電報，北寧已失，官軍退至太原。曷勝憤懣。前疊諭徐延旭力保北寧，乃竟株守諒山，毫無布置。岑毓英派劉永福十二營往援，該撫又以北寧無警報，令其規復嘉林，調度乖方，殊堪痛恨。本日已將該撫先行摘去頂戴，革職留任。黄桂蘭、趙沃現在何處，著張樹聲將詳細情形，查明具奏。瓊州防務愈急，若有疏虞，辦理更形棘手，著彭玉麟、張樹聲、倪文蔚認真籌備，嚴密布置，務期緩急足恃。

署直隸總督李鴻章奏，中國朝鮮商民貿易章程第四條，現應變通酌改：華商運貨可至朝鮮内地出售，韓商亦可前來中國内地賣貨，庶與英德各約不致軒輊。下部知之。

丁卯，又諭：張樹聲、倪文蔚奏，會匪滋事，調集兵勇前往勦辦一摺。廣東惠州府歸善縣屬，三點會匪徒竟敢誘脅黨類在稔山地方滋事。【略】現在該省海

防緊要，尤虞牽掣，亟應迅速撲滅，以期地方肅清。著張樹聲、倪文蔚督飭派出各軍，認真搒勦，剋日殲除，一面解散脅從，免致蔓延。

又諭：現在廣西防務緊要，著潘鼎新剋期起程，馳赴廣西。俟到該省後即速知照張樹聲，由該督電報奏聞，聽候諭旨。湖南巡撫著龐際雲暫行護理。

乙亥，諭軍機大臣等：昨據李鴻章電報，法兵已攻取太原，華兵死傷甚衆，又有擬索兵費之説。法人猖獗至此，殊堪髮指。

又諭：前有旨，令潘鼎新馳赴廣西，俟到該省後由張樹聲電報奏聞，聽候諭旨。現在法人鴟張日甚，自攻占北寧後，昨據李鴻章電報，越之太原又爲法人攻取。徐延旭株守諒山，毫無備禦，關外軍情萬緊，潘鼎新奉到此旨，即日馳赴廣西鎮南關外，傳旨將徐延旭革職拏問，派員解交刑部治罪，廣西巡撫著潘鼎新署理，徐延旭所帶各營即著該署撫接統，認真整頓。

諭：前派唐炯督帶滇軍防守越南山西等處，乃該撫並未奉有諭旨，率行回省，以致邊防鬆懈，當經摘去頂戴，革職留任，以示薄懲。近日山西北寧、太原相繼被陷，皆由唐炯退縮於前，以致軍心怠玩，相率效尤，殊堪痛恨，著張凱嵩馳赴雲南，傳旨將唐炯革職拏問，派員解交刑部治罪。雲南巡撫著張凱嵩署理，貴州巡撫著李用清暫行護理。

《德宗實録》卷一七九　三月丙子，雲貴總督岑毓英奏，據報法兵大股往攻北寧，現飭劉團馳往接應。得旨，疊據李鴻章電報，北寧、太原相繼失陷，殊堪髮指，粤軍退紮何處，著岑毓英查明詳細情形具奏。一面督飭該統將等收集整頓，擇要扼紮。王德榜、方長華兩軍計可到防，著飭令妥籌備禦，毋稍疏虞，現在邊事萬分棘手，該督當竭力籌畫，維持大局。

《光緒朝東華録》五八　丁丑，諭軍機大臣等：前有旨令潘鼎新署理廣西巡撫，剋日馳往，接統徐延旭所部各營。邊事正殷，需才孔亟，潘鼎新到粤後，必須有人相助爲理。著李鴻章於各將領中擇其堪勝邊疆提鎮之任者，據實保奏一二員聽候簡用。粤軍所用軍火等項極關緊要，並著設法接濟，毋任缺乏。尋奏，保直隸通永鎮總兵唐仁廉、貴州安義鎮總兵周壽昌。允之。

《德宗實録》卷一七九　壬午，諭軍機大臣等：前據色楞額、崇綱奏，前藏喇嘛滋事，攘奪巴勒布商民財物。派員前往濟嚨邊界，查明辦理，當經諭令色楞額等督飭各員妥爲查辦。兹據丁寶楨奏，此案尚未了結，請派大員前往辦理等語。【略】著派道員丁士彬剋日馳赴前藏，查明實在情形，由丁寶楨酌覈辦理。巴勒布搶劫鉅款，若不予以賠償，番衆必不甘服。然如該督所請，明降諭旨賞給廓番銀兩亦於政體有礙。總之，此事必須速結，應如何酌定銀數，由川省先行籌墊。令藏中分年歸款之處，著該督斟酌妥辦，並著色楞額等勒令鐵棒喇嘛將爲首滋事之犯交出，從嚴懲辦，以申國法而服番情。

乙酉，出使美日秘國大臣鄭藻如奏，祕魯國與智利和議已成，俟該國舉定總統，當往遞國書。現在豫籌祕魯使事，擬調福建候補守備李壽田爲繙譯官，俾資差遣。從之。

丁亥，又諭：廣西提督黄桂蘭、道員趙沃統領各營駐紮越南地方防堵，乃北寧、太原相繼失陷，黄桂蘭等不能實力堵禦，罪無可辭。著王德榜傳旨，將黄桂蘭、趙沃革職拏問，派員解京，交刑部治罪。廣西提督著王德榜暫行署理，並接統該二員所帶各營，妥爲撫馭，認真防守。前諭潘鼎新剋期馳赴廣西，奉旨後諒即起程，著星速出關，將徐延旭所統各營實力整頓，以遏敵氛。

戊子，諭内閣：欽奉懿旨，【略】恭親王奕訢、大學士寶鋆入直最久，責備宜嚴。姑念一係多病，一係年老，兹特録其前勞，全其末路。奕訢著加恩仍留世襲罔替親王，賞食親王全俸，開去一切差使，並撤去恩加雙俸，家居養疾。寶鋆著原品休致。協辦大學士、吏部尚書李鴻藻，内廷當差有年，祇爲囿於才識，遂致辦事竭蹶。兵部尚書景廉祇能循分供職，經濟非其所長，均著開去一切差使，降二級調用。工部尚書翁同龢甫直樞廷，適當多事，惟既別無建白，亦有應得之咎，著加恩革職留任，退出軍機處，仍在毓慶宫行走，以示區別。

又諭：禮親王世鐸著在軍機大臣上行走，毋庸學習，御前大臣並毋庸帶領豹尾槍。户部尚書額勒和布、閻敬銘、刑部尚書張之萬均著在軍機大臣上行走。工部左侍郎孫毓汶著在軍機大臣上學習行走。

己丑，懿旨，軍機處遇有緊要事件，著會同醇親王奕譞商辦，俟皇帝親政後，再降懿旨。

《光緒朝東華録》五八　庚寅，諭：總理各國事務衙門印鑰著麟書暫行佩帶。調徐桐爲吏部尚書，未到任以前命張之萬兼署。以畢道遠爲禮部尚書，以祁世長爲都察院左都御史，調許應騤爲吏部左侍郎，調張家驤爲吏部右侍郎，以徐用儀爲工部右侍郎，以豫親王本格爲宗人府左宗正，調烏拉喜崇阿爲兵部尚書，以延煦爲理藩院尚書，以崑岡爲都察院左都御史，命靈桂爲翰林院掌院學士。

《德宗實録》卷一八〇　辛卯，諭内閣：唐炯奏，辦銅委員虧短銅片，請革職訊究等語。補用知州林禧經理銅務虧短銅片一萬四千餘斤，輒敢藉詞延宕，私行回籍。並據知府蔡元燮稟訐該員有私賣餘銅情事，亟應確切訊究。運同銜補用知州林禧，著暫行革職，並著廣東巡撫勒提該員押解雲南，歸案究辦，以儆官邪。

諭軍機大臣等：唐炯奏，緬甸所屬夷匪滋事，現飭沿邊防範一摺。緬甸夷官激生民變，該國往勦失利，以致夷匪乘亂蠭起，新街勢甚危急。該處爲自緬入滇大路，亟應嚴行防範，著張凱嵩嚴飭張松林督帶兵勇，實力防禦，並飭屬聯絡沿邊民夷擇要扼守。據奏，恐英人乘亂占據新街，句結夷匪，尤應密速籌防，以免後患。儻將領不能得力，即行從嚴參辦，毋稍姑容。

《光緒朝東華録》五八　壬辰，命奕劻管理總理各國事務衙門事務，周德潤在總理各國事務衙門行走。

《德宗實録》卷一八〇　雲貴總督岑毓英奏，法兵將攻興化，現在官軍正籌分股抵禦。報聞。

丁酉，諭軍機大臣等：岑毓英奏，北寧失陷，興化等處布置防守，並隨時激勵劉團，暨請賞給越南官兵餉銀各摺片。據稱法人擬分三路攻撲，現飭官軍分投抵禦，即著岑毓英激勵防營及劉永福一軍，竭力固守，相機籌辦。該督所部各營兵力不敷分布，所有續募之勇即著催令迅速到防，家喻關等處爲大軍後路，務宜妥籌兼顧。【略】接據李鴻章、曾紀澤電報，法犯興化，華軍將城焚毁退走等語，是否屬實，著該督酌量兵力，妥慎籌辦，總以力保邊疆門户爲要，不得稍涉疏懈。

又諭：李鴻章著來京陛見，即行啟程，毋稍遲延。

《光緒朝東華録》五八　己亥，命閻敬銘、許庚身在總理各國事務衙門行走。

《德宗實録》卷一八〇　辛丑，諭軍機大臣等：總理各國事務衙門昨據道員邵友濂電報，德國施緍譯官云，洋行接厦門電報，法國提督帶兵船八隻過厦門，向北開駛等語。【略】恫喝要求自在意中，沿海各處亟應妥籌備豫。著李鴻章、曾國荃、彭玉麟、穆圖善、何璟、張樹聲、衛榮光、劉秉璋、張兆棟、陳士杰、倪文蔚、吴大澂飭令防軍加緊訓練，於沿海各要隘力籌守禦。

兩江總督左宗棠奏：調已革湖南提督羅大春前往瑞安，將練有洋槍隊六千名挑選三千名來江，由臣覆驗，屆時再派歸長江提督李成謀統帶，俾資臂助。允之。

甲辰，四川總督丁寶楨奏，穆坪土司無力完納馬匹糧草，請酌免十年。允之。

《德宗實録》卷一八一　四月乙巳，又諭：岑毓英奏，太原失守，興化更加喫緊，請旨辦理一摺。據稱北寧、太原相繼淪陷，道路梗阻，興化城小臨江，又乏存糧，勢難堅守，如全師撤回扼守邊境，可免傷精鋭等語。

《光緒朝東華録》五九　戊申，命許景澄充出使法國、德國並義、和、奥三國欽差大臣，未到任以前，以李鳳苞兼署。

《德宗實録》卷一八一　癸丑，又諭：左宗棠奏，目疾稍愈，遵旨銷假一摺。

署兩江總督曾國荃奏，籌辦南洋防守事宜五條。得旨，南洋防守極關緊要，昨有旨諭令曾國荃嚴密布置，即著懔遵妥辦，毋稍疏虞。此外，應辦各事並著隨時體察情形，悉心規畫，奏明辦理。

戊午，諭内閣：通政使司通政使吴大澂著會辦北洋事宜，内閣學士陳寶琛著會辦南洋事宜，翰林院侍講學士張佩綸著會辦福建海疆事宜，均准其專摺奏事。

諭軍機大臣等：據總理各國事務衙門接到李鴻章電信，據稱福禄諾與該署督晤面，擬有私議五條，兵費可免，但求商務有益於法人等語。法人自知理屈，不索兵費，自可與之從容籌議。惟所稱商務有益於法人一語，彼族設心叵測，不可稍涉含糊。李鴻章務當懔遵初十日諭旨，與之切實辯論。

又諭：現在海防緊要，需款甚鉅，亟應裁革冗費，儲備防餉，著户部切實籌畫，用備不虞。雲南礦務疊經諭令該督撫等妥速籌辦，應如何廣爲開採之處，著户部妥籌辦理。

《德宗實録》卷一八二　庚申，又諭：前大學士直隸總督李鴻章著作爲全權大臣，與法國使臣辦理條約事務。

壬戌，諭軍機大臣等：曾國荃奏，出省察看沿江各要隘一摺。【略】。該署督出省後，著將各處要隘認真布置，力籌備禦。

癸亥，諭軍機大臣等：前據左宗棠奏遵旨銷假，當即諭令來京陛見，所有南洋大臣暨兩江總督應辦各事宜，業經責成曾國荃妥籌辦理。左宗棠著遵前旨，迅即來京陛見。

又諭：李鴻章奏，籌辦法越交涉議定簡明條約畫押竣事一摺。此次簡明條

約與初十日所諭該署督各節尚不相背，惟越南係我藩屬，第四款内雖有現與越南改約決不插入傷礙中國威望體面字樣之語，究係隱約其詞，並未將屬藩一層切實説明，殊未愜心。將來條目中越南册貢照舊辦理，務須註明。越南既爲屬邦，一切政令與中國交涉者，朝廷均可酌辦。

乙丑，諭軍機大臣等：張樹聲奏，已革提督黄桂蘭感憤自盡情形，據情代奏一摺。【略】黄桂蘭服藥身死，難保非畏罪自盡，其咨文所稱各節是否屬實，著潘鼎新秉公確查，據實具奏。

《光緒朝東華録》五九　丙寅，諭：前據岑毓英奏，請全師撤回扼守要隘等語。該督未候諭旨，輒即退紮館司，殊屬不合機宜。岑毓英著交部議處。

《德宗實録》卷一八二　戊辰，通政使司通政使吴大澂奏，北洋海防宜有專責，懇收回成命，毋庸會辦北洋事宜。得旨，北洋事務緊要，吴大澂正宜與李鴻章竭誠會辦，勉圖報效。且有協防海疆之責，何得以主和主戰未悉機宜，飾詞取巧。所請收回成命之處，著不准行。

壬申，諭内閣：張樹聲奏，因病籲懇開缺，專治軍事一摺。據稱該督患病未痊，兩廣事繁任重，現在辦理防務恐難兼顧等語。張樹聲著准開兩廣總督之缺，仍著督率所部辦理廣東防務。兩廣總督著張之洞署理。張樹聲俟張之洞到任後，再行交卸總督篆務。山西巡撫著奎斌暫行署理。

諭軍機大臣等：署左副都御史張佩綸奏，請設七省兵輪水師，派員經畫一摺。據稱各省海口，防不勝防。欲求制敵之法，須創設外海兵輪水師，其要曰：審形勢，練將才，治師船，考工用。責成重臣創辦，各省督撫通力合作，以水師一軍應七省之防，即以七省供水師一軍之餉等語。著李鴻章、曾國荃先行會議具奏。

癸酉，辦理廣東防務兵部尚書彭玉麟等奏，瓊州孤懸巨浸，爲彼族所垂涎，已多備水雷，添募壯勇。得旨，著即飭令王之春、吴全美督率水陸各軍嚴密布置，毋稍疏懈。

《光緒朝東華録》五九　是月，德意志國使臣巴蘭德回任。義大利國使臣盧嘎回任，改名盧嘉德。

《德宗實録》卷一八三　五月乙亥，又諭：前因福建海疆緊要，諭令張佩綸前往會辦，以資整頓。該督撫有地方應辦事務，所有該省瀕海各處，張佩綸抵閩後自當周歷巡查，會商該將軍、督撫妥籌布置，期於周密。臺灣孤懸海外，久爲外人所垂涎，一切防守事宜尤應切實籌畫。疊據有人奏稱，該處鎮道意見不合，恐滋貽誤，業經何璟等將吴光亮調省委用，並委楊在元署理臺灣鎮篆。

總理各國事務衙門奏，朝鮮國王現遵奏定章程，派員駐紮天津，照料朝鮮商民。報聞。

丙子，諭軍機大臣等：丁寶楨奏，西藏喇嘛搶掠巴勒布商民一案，催令丁士彬速往查辦等語。【略】著丁寶楨傳知丁士彬星馳前往，剋日抵藏，悉心籌辦，務臻妥善。應如何酌定銀數，由川省先行墊給。藏中分年歸款之處，並著該督懍遵前旨，妥籌具奏。

又諭：曾國荃奏，遵旨籌辦防務，布置水陸要隘，並擬派李成謀總統兵輪船，以備戰守一摺。【略】著照所請，即派李成謀接統兵輪船，責成該提督認真訓練，俾成勁旅，期於有備無患。

署兩江總督曾國荃奏，前南洋大臣左宗棠訂購德國船礮等價，請借出使經費撥還。下所司議。尋會奏，應准其暫借六十萬兩以濟急用，仍限定三年，無論何項由南洋照數撥還。從之。

戊寅，又諭：翰林院侍讀王邦璽奏，上海所刻申報往往指摘時政，妄肆譏評，淆亂賢否，顛倒是非，並將軍營密奏摺件間或登列。聞操筆者爲中華失志之士紳，請飭防禁等語。申報謡言惑衆，頗爲風俗人心之害，前年二月間曾諭令左宗棠禁止，迄今未據覆陳辦法。兹又據王邦璽力言其弊，應如何設法嚴禁之處，著曾國荃、衛榮光斟酌情形，妥籌辦理。

《光緒朝東華録》六〇　戊寅，諭：會辦福建海疆事宜翰林院侍講學士張佩綸，著賞加三品卿銜。

《德宗實録》卷一八三　乙卯，雲貴總督岑毓英奏，官軍撤回大灘、保勝、河口、河陽等處布置防守，並懇辭節制重任。得旨，岑毓英務當督飭滇省各營妥爲扼紮，認真訓練，以備不虞。粤楚各軍現在相距較遠，即著毋庸節制。

《光緒朝東華録》六〇　甲申，巴里坤領隊大臣沙克都林扎布與俄國分界大臣在新瑪爾葛拉會議喀什噶爾西北界約六條成。

《德宗實録》卷一八三　丁亥，命協辦大學士、刑部尚書文煜爲大學士。

《光緒朝東華録》六〇　戊子，以户部尚書額勒和布協辦大學士。

《德宗實録》卷一八三　己丑，命安徽徽寧池太廣道張蔭桓開缺，賞三品卿銜，在總理各國事務衙門學習行走。

《德宗實録》卷一八四　乙未，以吏部尚書徐桐兼署兵部尚書。

丁酉，又諭：都察院奏，朝鮮國臣李昰應遣抱以懇請釋放回國等詞，赴該衙門呈訴一摺。【略】現在該國禍亂甫平，前派鎮撫之軍尚未全數撤回，自未便將李昰應釋令回國。著李鴻章傳知李昰應懍遵前旨，省過安居，該督仍當飭屬妥爲照料加意矜恤。

己亥，諭内閣：左宗棠著仍在軍機大臣上行走。該大學士卓著勛績，年逾七旬，著加恩毋庸常川入直，遇有緊要事件，豫備傳問，並著管理神機營事務，所有應派各項差使，均著毋庸開列，以示體恤。

又諭：電寄岑毓英，本日據李鴻章照録潘鼎新電信，法兵來至屯梅谷松以外，我軍防守戒嚴等語。著岑毓英嚴飭各營仍紥原處，不准稍退示弱，亦不必先發接仗。

庚子，禮部奏，朝鮮國與英國换約。據咨轉奏，下總理各國事務衙門知之。

癸卯，科布多參贊大臣清安等奏，科布多界務分竣，遣撤防臺蒙軍回旗。

《光緒朝東華録》六〇　以福錕爲步軍統領兼工部尚書，以晉祺爲鑲白旗漢軍都統。

諭軍機大臣等：前因法國圖佔越南北圻，當念越南世列藩封，諭令岑毓英等督率重兵出關往援。而該國君臣不知感奮，暗地媚敵，殊堪痛恨。然若任聽法人要挾，盡撤藩離，脣亡齒寒，亦屬可慮。李鴻章久任封圻，素資倚畀，當此進退之際，深悉國家時局之艱，所奏不爲無見，著賞給全權，准其便宜行事。務須顧全國體，消弭後患，與法船主福尼爾從長計議，訂立約章，言歸於好。

《光緒政要》卷一〇　五月，兵部尚書彭玉麟奏陳廣東積弊，請澈查興革事宜。

《德宗實録》卷一八五　閏五月甲辰，諭軍機大臣等：潘鼎新奏，官軍續克匪巢。著潘鼎新嚴飭李秉衡與董履高等軍會同搜捕，務將莫夢弼等迅速擒獲，以靖賊氛。並著李用清督飭該省文武一體嚴查莫夢弼、莫夢葵實在下落，協力兜拏，毋任竄逸。

《光緒朝東華録》六一　乙巳，命工部尚書福錕、理藩院尚書崑岡、都察院左都御史錫珍、工部右侍郎徐用儀、内閣學士廖壽恒在總理各國事務衙門行走。

《德宗實録》卷一八五　丁未，諭内閣：前直隸提督劉銘傳著賞給巡撫銜督辦臺灣事務，所有臺灣鎮道以下各官均歸節制。

《光緒朝東華録》六一　戊申，命錫珍、廖壽恒、陳寶琛、吴大澂會同李鴻章詳細妥籌法國條約。

《德宗實録》卷一八五　庚戌，又諭：本日閲張樹聲遞到潘鼎新電報，法兵攻撲觀音橋營盤，我軍槍礮互擊，於本月初三日獲勝，殺斃法人千餘，生擒多名。此次釁自彼開，原非中國違約。惟彼族狡很，若爲滇粵各軍所扼不能得志，必將四出滋擾，廣東與越南切近，首當其衝。現在張樹聲行將交卸，張之洞甫經赴任，諸事生疏，該處一切防務彭玉麟務當妥籌兼顧，以期嚴密。至該尚書密陳一節，仍遵初四日密諭，不動聲色，豫爲布置，一俟奉有電旨，即可應機辦理。惟此事關繫重大，總須慎密圖維，勿稍孟浪。

壬子，又諭：前據李鴻章奏，前往旅順口巡閲水陸各軍。【略】即著李鴻章、吴大澂查明詳確情形，將直隸口岸及旅順、煙臺各礮臺繪圖貼説，即行呈進。並將防軍分紥地方、某處兵勇若干、何人統領、山海關防兵是否足敷扼守一併迅速詳晰具奏。

癸丑，又諭：總理各國事務衙門所給法國照會，義正詞嚴，頗爲切當。現據總税務司赫德前赴該衙門陳説，意在講解。惟此次法兵先行開礮，釁自彼開，中國並無不照條約之處。且詳細條約尚未議定，不能將中國原紥防營即行調回，著該衙門傳知赫德，均仍按前日照會之意辦理，毋得踰此範圍。

甲寅，諭軍機大臣等：電寄潘鼎新，昨據法國使臣照會總署各節，意在請和。著潘鼎新飭令前敵各營全行調回諒山老營，岑毓英各軍仍紥保勝。儻法兵再來撲犯，自不能不與接仗，如彼按兵不動，均不准各營輕進開釁。一切機宜静候諭旨遵行，並著潘鼎新傳知岑毓英知悉。

《光緒朝東華録》六一　己未，諭軍機大臣等：彭玉麟在粤辦防，忠誠奮發，布置周密。現在法國雖仍來講解，和議尚未大定，防守更關緊要，該尚書仍令督飭各軍實力備禦，勿稍鬆勁。

《德宗實録》卷一八六　辛酉，諭軍機大臣等：劉銘傳奏，現值海防喫緊之時，此次路經上海，擬訂購槍礮，澎湖等處礮臺須次第改修，請飭撥銀兩等語。著何璟、張兆棟迅即籌撥銀四十萬兩，解交劉銘傳。

《光緒朝東華録》六一　甲子，諭軍機大臣等：御史趙爾巽奏，海防緊要，急宜兼籌團練一摺。天津民情可用，辦理團練可輔兵力之不足，著李鴻章慎選該處公正紳士，由地方官統率舉辦。

以文額恩榮爲内閣學士。

乙丑，諭軍機大臣等：本年恭逢慈禧端佑康頤昭豫莊誠皇太后五旬萬壽，著翰林院恭撰《喜起舞》樂章二十章呈進。

《德宗實録》卷一八六 丁卯，諭内閣：前據李鴻章與福禄諾於四月間議定簡明條約第五款，聲明三月後將所定各節詳細會議。現在已將屆期，所有第二款北圻各防營調回邊界一節應即如約照行，著岑毓英、潘鼎新將保勝、諒山各處防營撤回滇粵關内駐紮，並於一月内全數撤竣，以昭大信。

又諭：法國巴使逗遛上海，不即來京議約。並據各處電報孤拔有集兵他駛，占據中國地方爲質，索賠兵費之説。無理要求，萬難遷就。海疆防務喫緊，著沿海各省將軍督撫統兵大臣等，密飭各軍，嚴陣以待。一面廣爲偵探，儻有法軍前來，按兵不動，我亦静以待之。如果撲犯我營，或登岸肆擾，務須併力迎擊。

庚午，諭軍機大臣等：法使巴德諾現在上海，著授曾國荃爲全權大臣，剋日前往，與議詳細條約，並派陳寶琛會辦，派邵友濂、劉麒祥隨同辦理。所索兵費卹款萬不能允，告以請旨辦理。條約最要者，越南照舊封貢。劉永福一軍，如彼提及，答以由我措置。分界應於關外留出空地，作爲甌脱。雲南運銷貨物應在保勝開關，商税不得逾值百抽五之法。以上各節切實辦論，均由電信請旨定奪。需用繙譯，總署前派福連在津，現令攜帶簡明條約及往來照會文件，前往備查。並諭李鴻章加派繙譯一人同往。

《光緒朝東華録》六一 是月，法蘭西國新簡駐華使臣巴特納抵任。日斯巴尼亞國新簡駐華使臣薩時鐸抵任。

《光緒朝東華録》六二 六月癸酉朔，諭軍機大臣等：疊據何璟、張佩綸等電報，法全力注閩，已進八艘，請飭援應牽制等語。孤拔赴閩，有欲踞地爲質之説，南北洋覆稱無船可撥。惟閩防緊急，粵、浙相距較近，著彭玉麟、張樹聲、張之洞、倪文蔚、劉秉璋酌撥師船前往，設法援應牽制。

《德宗實録》卷一八七 諭軍機大臣等：電寄曾國荃所請派總署大臣酌帶精於條約章京赴滬，或派錫珍等前往，均緩不濟事，著毋庸議。【略】曾國荃即著初三日起程，兵費卹款，萬不能允。中國照約撤兵，原爲顧全和好，該國何得背約索賠。五條細目外，如别有要求，仍遵前旨，告以請旨辦理，不得擅許。

甲戌，諭：法艦至基隆購煤，劉銘傳飭封煤窯，所辦甚是，著傳旨嘉奬。礮臺俱在低處，著即趕緊改築。礮位是否合用，尤關緊要，法情叵測，務當布置周密，勿稍大意。斷絶接濟是制敵要策，各海口均當仿照辦理，著即電諭沿海各統兵大員知悉。

又諭：著添派許景澄會同曾國荃、陳寶琛在上海辦理詳細條約事宜。

丙子，又諭：御史唐椿森奏，曲藝不宜設科一摺。著大學士、六部九卿、總理各國事務衙門歸入潘衍桐等摺，一併妥議具奏。

丁丑，諭軍機大臣等：給事中萬培因奏，福建船政緊要，宜速籌保護，並請旨飭下江西撫臣接濟糧米各摺片。【略】江西産米素多，即著潘霨迅速設法，無論何款先行動支，陸續購買，源源接濟，毋任缺乏。

《光緒朝東華録》六二 丁丑，廣東水師提督吴長慶卒，賜卹如例。以曹克忠爲廣東水師提督。

《德宗實録》卷一八七 戊寅，署兩江總督曾國荃奏，遵旨赴滬議約，並布置前路戰守事宜。得旨，所籌布置情形尚屬周密，著即督飭各將領嚴守要隘，豫備戰事，毋稍疏虞。

壬午，又諭：曾國荃等遽許法國撫恤銀五十萬兩，雖係爲和局速成起見，然於事無補，徒貽笑柄。法使尚言須聽國主之命，中國大臣反輕自出口允許，實屬不知大體。陳寶琛向來遇事敢言，是以特派會辦，乃亦隨聲附和，殊負委任，均著傳旨申飭。現美使願爲調處，總署已電知曾國荃等，爲期較緩。如法使願將津約五條詳細先議，曾國荃等即在滬與議，否則曾國荃、陳寶琛同回江寧，許景澄即出洋，劉麒祥回京。美國公平評論，數日内亦必有信。閩省有無警信，均著確探，酌定行止。

癸未，諭内閣：前因國子監司業潘衍桐奏請特開藝學一科。【略】兹據會議具奏，國家造就人材不拘一格，設科取士原爲遴選實學起見，即講求藝學亦未嘗不可兼收並取，正不必别立科目，致涉紛歧。【略】潘衍桐、方汝紹所請特開藝學實學科之處，均著毋庸置議。

《光緒朝東華録》六二 丙戌，諭軍機大臣等：現在閩防日緊，沿海防務亦均喫重，彭玉麟素有遠略，著於廣東應留防軍預備二萬人聽候調遣，或就原統之營整練，或招募壯勇足數，悉由該尚書酌辦。

《德宗實録》卷一八七 丁亥，諭軍機大臣等：電寄穆圖善，據李鴻章電信，十四日接西電，福州居民震動，洋人遷徙，英兵船調隊上岸等語。【略】著穆圖善、何璟、張兆棟、張佩綸諭令居民安堵無恐，督飭地方官及各營官竭力保護各

國商民。並傳集紳士剴切曉諭，切勿別滋事端。英船調隊登岸，已由總署面商巴嗄哩阻止，並電致曾紀澤告知英外部。

《光緒朝東華録》六二　丁亥，諭：内閣學士文碩奏，疆臣玩忽闡寄，請旨懲處一摺。前據張佩綸奏，遵查署總兵楊在元貪謬各款，當將該署總兵革職。臺灣鎮總兵員缺緊要，該督率將楊在元派署，殊屬疏忽，何璟著交部議處。

戊子，以盧士杰署理安徽巡撫。

《德宗實録》卷一八八　辛卯，雲貴總督岑毓英奏，密陳現擬籌備越防情形。並遵查劉永福視財太重，待下寡恩，恐不可靠。得旨，現在和戰局勢未定，所有劉永福一軍，著該督暫行羈縻，聽候諭旨。

壬辰，欽奉懿旨，現有交議事件，著醇親王奕譞一併與議具奏。

又諭：現有交議事件，著御前大臣、軍機大臣、總理各國事務衙門大臣、大學士、六部、九卿、翰詹、科道、日講起居注官於本月二十二日午刻前赴内閣會同妥議具奏。

癸巳，諭軍機大臣等：電寄曾國荃等，據電稱基隆礮臺陷後，法人上岸攻營，劉銘傳飭軍旁抄，生擒一名，死傷法人百餘，稍挫敵燄。惟兵單器缺，臺厦文報梗滯，應如何設法接濟軍火之處，著李鴻章妥爲籌畫。聞臺南兵數尚足，可否調赴前敵，著劉銘傳酌度辦理。

甲午，著御前大臣、軍機大臣、總理各國事務大臣、大學士、六部九卿、翰詹科道、日講起居注官會同妥議具奏。和戰兩端，均未可輕易從事，爾諸臣務當殫誠區畫，熟權利害輕重，並將兵餉各事宜徹始徹終，通盤籌議。總須爲覈實持久之計，期於國事實有裨益，儻徒託空言，一奏塞責，必將原摺發還，懍之。

乙未，又諭：募兵圖越牽制法人内犯亦制敵之策，劉永福可用，另有調遣。彭玉麟等請封爲越王，斷不可行。

丙申，又諭：電寄李鴻章，從前設立招商局購買輪船係奏明辦理。現聞售與美國，李鴻章何以未經具奏，殊屬非是。海上轉運，全恃輪船，此舉自因恐爲法奪起見，究竟是否出售，抑暫行租給，著據實奏聞，並隨時酌度情形，設法收回。

伊犂將軍金順奏，查明南路喀什噶爾西邊界務情形。下該衙門議。尋總理各國事務衙門奏，查明新疆南路喀什噶爾西邊界務，按照圖約，應以帖列克達灣爲界，距今所劃界綫依爾克池他木外尚有二百餘里，惟形勢孤懸，實非要隘，且已勘立牌博，互換圖約，勢難改訂。

《光緒朝東華録》六二　己亥，諭軍機大臣等：法人狡横，無理已甚，現惟一意主戰。著岑毓英飭令劉永福先行進兵，迅圖規復北圻，岑毓英、潘鼎新關内各軍陸續進發。

《德宗實録》卷一八八　庚子，諭軍機大臣等：電寄彭玉麟，法人注意臺灣，傳聞有復踞基隆並擾澎湖之説。臺南此均形喫重，著彭玉麟等速撥吴宏洛五營或他軍，攜精械航海至旗後上岸。該尚書等力顧大局，必能妥籌援應，迅赴戎機，以後並當設法接濟軍火。前撥方恭數五營現紮厦門，應否赴臺，著穆圖善等遵旨妥速酌辦。臺灣情形，該將軍等探確，速電聞。

《光緒朝東華録》六二　辛丑，諭軍機大臣等：吴大澂奏，請飭南北洋添募勇營一摺。著李鴻章、曾國荃查照吴大澂所奏悉心酌度，據實具奏。如須添募，並著覈明餉需，奏請飭撥。

《德宗實録》卷一八八　又諭：電寄穆圖善等，據電報民驟私約，聞礮即焚南臺洋行並禍各國，已連罵英美國人，恐釀他釁等語。二十六日已有旨諭該將軍飭屬保護各國商民，此次法人尋釁，斷不可遷怒各國。儻波及他國，羣起爲難，辦理更形棘手，關繫大局極重，該將軍等宜深體此意，速選公正明白紳士，曉諭居民，免滋事端，勿稍大意，懍之。

《光緒朝東華録》六三　七月癸卯，法國使臣謝滿禄下旗出京。

電諭李鴻章：閩需洋礮甚亟，著速購德國大礮十尊、次礮二十尊解閩應用。

《德宗實録》卷一八九　甲辰，又諭：現在海防緊要，山東煙臺一帶，防務尤形喫重。該省籌募新軍亟須得人統帶，扼要守禦。總兵王正起前在山東曹州鎮任内，是否得力，如果堪勝統率，即著陳士杰奏明調赴山東，以資任使。

署直隸總督李鴻章奏：法人開釁，商局輪船暫售美國以防劫奪，議明事定收回。得旨，所有商局輪船俟事定後，務當即行收回，以資轉運。

《光緒朝東華録》六三　乙巳，實授張之洞爲兩廣總督。

命吴元炳前往山東查勘河工海防。

《德宗實録》卷一八九　丙午，諭軍機大臣等：新疆防務經劉錦棠隨時布置，該大臣駐紮哈密，足資控馭。伊犂有金順防營，兵力亦尚敷用。喀什噶爾防務較鬆，現在北路邊防緊要，張曜一軍如可抽調北來，著劉錦棠詳加酌度，遴選熟悉邊情之員帶營前往喀什噶爾接替。即令張曜督率所部迅即北來，聽候諭旨

調派。該大臣酌定後一面奏聞，一面即將此旨知會張曜，遵照辦理。

又諭：電寄穆圖善等，據李鴻章電報，法人先開礮擊壞揚武船水師七船沈没，船署亦報轟毁等語。法人專行詭計，數日來我軍未經先發，適墮術中，現惟在陸路合力轟擊，以挫兇鋒。著穆圖善等會同張佩綸等飭陸軍力遏敵氛，並將城守事宜嚴密布置，仍保護通商各洋行，免生枝節。一切情形，迅速電聞。【略】著沿海各督撫及統兵大臣速飭各防營，見有法船進口立即轟擊，毋稍遲徊，致落後著。其餘各國來往之船，仍須分别清楚，切勿鹵莽。

命在籍翰林院編修吴大衡前赴廣東，交張之洞差遣委用。

戊申，又諭：電寄曾國荃，本日戰旨已宣。沿海督撫大臣等，當懔遵六月二十七、七月初四等日電旨，嚴密防守吴淞等處，如有法船在口，即行轟擊。並賞給劉永福記名提督，賞戴花翎，令將法人侵占越地力圖恢復矣。唐景崧著賞加五品卿銜，即著張之洞傳旨。【略】岑毓英、潘鼎新務即督率所部，星馳前進，相機籌辦。俟各軍齊抵前敵，迅即奏聞，再行降旨宣示。張樹聲即遵前旨酌帶兵勇馳赴粵西關外，毋稍遲延。

《光緒朝東華録》六三 諭軍機大臣等：道員馬建忠熟悉洋務，現在總理各國事務衙門需人，著李鴻章密飭即日來京，預備引見。

《德宗實録》卷一八九 己酉，又諭：電寄張樹聲等，法擾閩口，軍情萬緊，著張樹聲督師往閩援勦。

庚戌，又諭：電寄何璟等，戰事以解散脅從爲要，越南人民被法裹脅甚多，聞赴閩法兵亦多越人。著何璟、張兆棟、岑毓英、潘鼎新出示曉諭，越人被脅者，自拔來歸，定當優待安置。近來洋人頗有願爲中國效力者，如法人中有能斬將投誠，亦即破格録用，給以重賞，並著多方曉示招來。

癸丑，尋吴大澂奏，查辦黑頂子界址，俄人並無勒寫契約，所稱營勇逃散、騷擾地方等情親自稽查，亦無其事。下部知之。

乙卯，又諭：電寄李鳳苞等，德國向與法仇，此次德領事在閩，以法人違背公法宣示於衆，與我睦誼顯然。著李鳳苞告諸德主，請設法助我，彼此有益。不准接濟一層緩告外部，所見亦是。著隨時酌辦，並電告曾紀澤、鄭藻如一律辦理。

丙辰，周家楣、吴廷芬在該衙門行走年久，辦理未能合宜。崑岡於洋務未能講求，周德潤於應行公商事件，輒單銜陳奏，其爲不能和衷，已可概見。張蔭桓屢經參奏，衆望不孚。陳蘭彬年力漸衰，難勝繁劇。均著毋庸在總理各國事務衙門行走。

又諭：電寄李鴻章，據電稱有孤拔前往北洋等語。孤拔傷斃，疊據張佩綸等電報，似尚可信。北洋戒備已久，諒臻周密。李鴻章當一面力籌防守，一面確切偵探，畿東一帶陸路防務，並著李鴻章會商吴大澂層層布置。

《德宗實録》卷一九〇 丁巳，又諭：電寄楊昌濬，據奏遵籌督師援閩各摺片。【略】著楊昌濬迅募勇營，剋日赴閩。

《光緒朝東華録》六三 諭：御史劉恩溥奏，請於劉銘傳、張佩綸二員中簡任一人暫權閩督等語。封疆大吏出自朝廷特簡，豈臣下所能率請。該御史所奏實屬冒昧，劉恩溥著交部議處。

諭：吏部奏，遵議大員處分一摺。禮部尚書延煦應得降三級調用處分，著加恩改爲革職留任，仍罰俸一年。

《德宗實録》卷一九〇 戊午，又諭：李鴻章奏，海防急需軍器，北洋無款可籌，請暫行酌量收捐一摺。著該部速議具奏。

庚申，命大學士左宗棠爲欽差大臣，督辦福建軍務。福州將軍穆圖善、漕運總督楊昌濬幫辦軍務。三品卿銜翰林院侍講學士張佩綸以會辦大臣兼署船政大臣。詹事府少詹事何如璋來京。

實授曾國荃爲兩江總督，兼充辦理通商事務大臣。

《光緒朝東華録》六三 壬戌，以熱河圍場匪平，予出力人員文桂等獎敘有差。

《德宗實録》卷一九〇 癸亥，諭軍機大臣等：電寄彭玉麟等，聞法國現與葡萄牙密約，澳門有通廣東省旱路，擬由此路協力攻撲省城，如果得手，即將法國所有澳門地界酬葡等語。雖係傳聞之詞，不可不防，著彭玉麟、張之洞等嚴密偵探。

戊辰，諭内閣：慶裕等奏，查明大圍場地畝應行永遠封禁，繪圖呈覽一摺。【略】著該將軍等即將奉天大圍場地畝永遠嚴行封禁，嗣後如有希圖漁利，赴部具呈揑詞請領者，即著該部解交奉天訊明治罪，以肅禁令。

己巳，總理各國事務衙門奏，内地法人請准俄國代爲保護。得旨，現留内地之法人，業經諭令一律保護，所請由俄國使臣代爲照料，著依議行。

《光緒朝東華録》六三 庚午，諭：何璟著來京另候簡用，閩浙總督著楊昌

濬補授，未到任以前，著張兆棟兼理。以吴元炳爲漕運總督。

《德宗實録》卷一九〇　辛未，又諭：電寄李鴻章，劉銘傳電報法調兵四千攻滬尾，臺北萬緊等語。援臺之軍雖已撥劉朝祜四營，尚恐無濟，著李鴻章竭力設法援救，總以保全臺灣爲要。

又諭：電寄張之洞，前令廣西至雲南安設電綫，現在滇粵督撫已否辦理，能否由龍州徑至馬白關，著張之洞轉電潘鼎新，迅咨岑毓英，立即商辦，以速軍報，並一面奏聞，勿得遲誤。

予故廣東水師提督吴長慶在朝鮮建立專祠。從朝鮮國王李熙請也。

《光緒朝東華録》六三　是月，日本國使臣榎本武揚回任。

《德宗實録》卷一九一　八月壬申，陣亡之高騰雲及受傷之宋錦元、洗懿林及其餘陣亡受傷各將弁，均著查明分别奏請獎卹，並著穆圖善、張佩綸於前頒内帑備賞項下，擇其打仗尤爲出力兵勇及陣亡之官弁兵勇家屬，分别覈實賞給，毋稍疏漏。

《光緒朝東華録》六四　癸酉，命晉祺、格埏克林沁爲御前大臣，命許庚身在軍機大臣上行走，命鴻臚寺卿鄧承修在總理各國事務衙門行走。

《德宗實録》卷一九一　丙子，實授李鴻章爲直隸總督兼辦理通商事務大臣。實授李鴻章爲文華殿大學士。

《光緒朝東華録》六四　諭軍機大臣等：劉永福部將黄守忠等打仗奮勇，著岑毓英傳知該提督，於具摺謝恩時從優酌保官員由該督代奏，候旨施恩。

《德宗實録》卷一九一　戊寅，諭：現在軍餉緊要，著崇厚捐銀三十萬兩，崇禮捐銀二十萬兩，文錫捐銀十五萬兩，文銛捐銀十萬兩，即行解交户部應用，毋得遲延。

壬午，諭軍機大臣等：翰林院侍讀王邦璽奏，嗣後保薦算術人員請交同文館及機器局差委，並請飭議補選章程等語。著該衙門議奏。尋總理各國事務衙門會奏，遵議保奬算術人員章程。如議行。

癸未，又諭：現據英國及日本使臣在總理各國事務衙門面稱，法有五船在山東廟島地方游弋。本日該衙門復接李鴻章函稱，法有四船前往廟島等語。法人詭計多端，亟應豫籌防範，著陳士杰嚴飭各營勤加偵探，遇有法國兵輪駛進，即行實力轟擊。

臺灣防務極爲緊要，劉銘傳所調江南各營，據曾國荃電稱已有三起攜帶軍火前往，援軍漸集，兵力較厚，著李鴻章電知劉銘傳嚴密守禦，不得稍涉疏虞。

《光緒朝東華録》六四　乙酉，諭軍機大臣等：楊岳斌擬即遵旨募勇教練，忠勇可嘉。湖南現已就募六營，著即交該前督統率，認真訓練，迅往江南幫辦軍務，與曾國荃隨時會商，妥籌戰守。此旨著卞寶第速咨楊岳斌遵照。

調恩承爲吏部尚書，以錫珍爲刑部尚書，奎潤爲左都御史，以福錕耀年爲總管内務府大臣。

命額勒和布爲國史館正總裁。

《德宗實録》卷一九一　丙戌，又諭：電寄曾國荃等，據李鴻章電稱，閩口法船大隊南行等語。其爲復犯臺灣自無疑義，臺防萬緊，劉銘傳務當勤加偵探，極力備禦。曾國荃、穆圖善等，無論如何爲難，仍當設法與臺互通消息，妥籌接應。如臺北不能登岸，其臺南一帶但有可通之路，務即相度繞越，渡臺應援，不准稍涉瘼視。廣東距臺較近，並著彭玉麟、張之洞等急籌援濟。李鴻章如有可設法之處，亦著一體詳籌，務使臺灣兵械一切無缺乏之慮。

《光緒朝東華録》六四　以沙克都幾壑爲科布多參贊大臣。

《德宗實録》卷一九二　丁亥，諭軍機大臣等：電寄岑毓英等，昨據李鴻章電稱，閩口法船大隊南行，今復有基隆失守之信。法人兇狡，惟有攻其必救，直逼西貢等處，庶使分兵西援，臺灣乃可稍鬆。前諭令岑毓英、潘鼎新合力進兵，著即迅速前進，並激勵劉永福率軍進勦，先攻克太原、北寧各城。越南義民，如有可爲内應，務當設法聯絡，内外夾攻，俾法人無可駐足，自可直達南圻，以期牽制。

戊子，命道員徐承祖充出使日本國大臣，即行來京陛見。

己丑，督辦臺灣軍務直隸提督劉銘傳奏，臺灣危急接仗情形。得旨，前有旨令南洋閩粵速籌援應，著劉銘傳就現有防兵，嚴密布置，力籌戰守。

庚寅，著李鴻章、曾國荃竭力籌畫，不惜重費，愈速愈好，總以保全臺灣爲主。廣東距臺較近，著彭玉麟、張之洞等不遺餘力，趕緊援濟臺南防務。

癸巳，又諭：電寄左宗棠等，法兵現占基隆，臺北府城萬緊，著派楊岳斌幫辦左宗棠軍務，即帶湖南現有八營迅赴福建，駐紮漳、泉一帶，聯絡該處士紳士勇設計渡基，暗結臺民，速圖逐法之策。

丁酉，又諭：前據劉銘傳奏，請設局譯刻泰西各書；徐承祖奏，使臣宜購書排印；余思詒奏，請購外國輿地圖説各件等語。西學各書，精粗不一，當擇其至

精者譯刻采用，著總理各國事務衙門即行知照出使各國大臣，將西洋各書及輿地圖説分別選擇，咨送該衙門酌量彙刻，頒發各省，並將中國所有論海防各書，一併采擇。

戊戌，諭内閣：各直省鹽務關税等項向有提存豫備公用之款。前據龐際雲奏請，將湖南巡撫所有緝私經費移作軍需，當以該署撫急公可嘉，降旨允准。此外各省如有似此公費，可以移緩就急者，著各該將軍督撫等酌度情形，奏明辦理。

又諭：電寄潘鼎新，據李鴻章轉電，潘鼎新廿四電信，蘇元春酣戰五日，法人未退等語。蘇元春孤軍當勁敵，允稱强將。潘鼎新嚴催各軍速進援助，昨已有旨催王德榜前進，該藩司向稱勇往，若稍退阻，朝廷決不姑寬。潘鼎新總統各軍尤當加意聯絡，同心合力，互相策應。並知照岑毓英彼此通籌分勦，以殺敵勢。廣西餉缺，已諭令四川等省迅速撥解。

《德宗實録》卷一九三 九月壬寅，慈禧端佑康頤昭豫莊誠皇太后五旬萬壽，禮部等衙門題請照例行禮筵燕。奉懿旨，是日在慈寧宮行禮，至禮成後，内廷自有筵燕，所請照例筵燕之處，毋庸舉行。

乙巳，諭軍機大臣等：電寄張之洞，聞劉永福軍缺餉，加恩著賞銀五萬兩，著張之洞無論何款即行解交岑毓英，傳旨賞給。

丙午，現在軍餉緊要，應如何豫爲籌畫之處，著軍機大臣、户部、總理各國事務衙門大臣會同妥議具奏，醇親王奕譞著一併與議。

《光緒朝東華録》六五 丁未，諭軍機大臣等：前諭曾國荃傳知程文炳無庸赴閩，即率營改駐崇明。現據該督電稱，崇明無須屯紮重兵，程文炳一軍如已入閩境，即著迅赴臺灣援勦。周盛波新募各營改赴天津北塘一帶助防，如程文炳所帶各營離閩尚遠，折回較易，著即統帶北來，歸李鴻章節制調遣。周盛波仍赴臺灣，該督即電知曾國荃遵照辦理。

戊申，前兩廣總督張樹聲卒，賜卹如例。

《德宗實録》卷一九三 己酉，命吏部尚書徐桐、刑部尚書張之萬充上書房總師傅。

庚戌，又諭：電寄許景澄，前經李鳳苞在德國訂購鐵甲船二隻，現在許景澄已到該國，著即將所購鐵甲船詳細勘驗，工料如不堅固，據實參奏。此項鐵甲即歸許景澄接管，將來船隻到華，如查與所驗不符，定惟該侍講是問。

《光緒朝東華録》六五 壬子，諭：吏部奏，遵旨嚴議處分一摺。福建巡撫張兆棟、前船政大臣詹事府詹事何如璋，即行革職。以劉銘傳爲福建巡撫，仍駐紮臺灣，督辦防務。

《德宗實録》卷一九三 又諭：電寄潘鼎新，蘇元春力戰屢捷，奮勇可嘉，著派該提督幫辦潘鼎新軍務。

乙卯，又諭：電寄李鴻章等，左宗棠奏籌議援臺一摺。著照所議，南洋派兵輪五艘，北洋派兵輪四五艘，在上海會齊，楊岳斌統帶八營由漢口搭輪船赴滬，即統領各兵輪赴閩。

《德宗實録》卷一九四 丁巳，諭軍機大臣等：電寄曾紀澤，據電稱，儻不索兵費，津約可照否，乞速諭以便酌覆法之密探者等語。法人肇釁，現踞基隆，惟有力籌攻取，期操勝算。如彼果悔禍，照會曾紀澤轉圜，即由該大臣電奏。惟中國亦有應向彼擬約之條，届時諭知該大臣，與津約一併酌度辦理。

《光緒朝東華録》六五 戊午，以德馨爲江西巡撫，許應鑅爲浙江布政使，李家樂爲江蘇按察使。

《德宗實録》卷一九四 庚申，諭軍機大臣等：有人奏，請將署津海關道盛宣懷罷斥一摺。盛宣懷屢被參劾，物望未孚，著開去津海關道署缺，惟其才尚堪任使，可留於直隸另行差委。

又諭：電寄曾紀澤，總署據赫德云，茹斐禮對議院説，著仍照津約即了事。英國因法封禁臺灣海口，商船不便，已問法，尚無回信。英大臣可與法商議中法事件，中國若有一定了事辦法，願從中調處等語。現在力籌戰守，決不因基隆未復，草率允和。儻英外部來議轉圜之事，該大臣當持論正大，不傷國體，如何措詞，即行電奏，勿先擅許。

甲子，又諭：電寄曾紀澤，二十日電報已悉。現據擬與法議約八條，著發交曾紀澤。如法悔禍，或由英外部或由法國照會該大臣商議，即本此意，力與辯論，察其情形若何，隨時電奏。

授協辦大學士、户部尚書額勒和布爲大學士。

《光緒朝東華録》六五 乙丑，諭：吏部奏，遵議處分一摺。兩江總督曾國荃應得革職處分，著加恩改爲革職留任。

以吏部尚書恩承協辦大學士，宗綺爲吏部尚書，吳大澂爲都察院左副都御史，命額勒和布管理户部事務。

《德宗實録》卷一九四　丁卯，雲貴總督岑毓英奏，詳陳遵飭劉團暨各營前進館司關，法教各匪退守宣光，官軍紮營相持情形。得旨，即著督飭各軍勦辦，遵照九月二十五日電旨進攻宣光，牽制敵勢，並隨時與潘鼎新互商辦理。

又奏，覆陳由廣西龍州至雲南馬白關安設電綫。

又奏，越南國王阮膺登自盡，法酋立其弟，改元咸宜。均報聞。

己巳，又諭：電寄曾國荃等，李鴻章現派德國水師總兵式百齡帶快船赴閩，著飭令速往。

浙江巡撫劉秉璋奏，温郡焚毁教堂案，現已議結。得旨，辦理尚爲妥速，准照所請，於釐金項下動撥銀兩，作正開銷。

《光緒朝東華録》六五　庚午，諭軍機大臣等：鮑超前存天津洋鎗等件，據李鴻章奏稱，除修整另撥他營外，其餘不堪修理，已另備前膛洋鎗二千桿派員解赴夔州，著嚴催務期速到。此外如尚有可撥鎗械及需用銅帽各件，仍當設法接濟。

《德宗實録》卷一九四　辛未，又諭：户部等部會奏，議覆劉錦棠奏統籌新疆全局一摺。【略】前經左宗棠創議改立行省，分設郡縣，業據劉錦棠詳晰陳奏，由部奏准。先設道廳州縣等官，現在更定官制，將南北兩路辦事大臣等缺裁撤，自應另設地方大員以資統轄。著照所議，添設甘肅新疆巡撫、布政使各一員。其應裁之辦事、幫辦、領隊、參贊各大臣及烏魯木齊都統等缺。

《德宗實録》卷一九五　十月壬申，貝勒奕劻著加恩晉封慶郡王。

癸酉，授劉錦棠爲甘肅新疆巡撫，仍以欽差大臣督辦新疆事宜。以甘肅布政使魏光燾爲甘肅新疆布政使，甘肅按察使譚繼洵爲甘肅布政使。

甲戌，以都察院左副都御史曾紀澤爲兵部右侍郎。

《光緒朝東華録》六六　丁丑，諭軍機大臣等：李鴻章電稱張佩綸懇准回京等語。張佩綸著仍遵前旨辦理船政事宜，不得藉詞諉卸。

《德宗實録》卷一九五　辛巳，伊犂將軍金順奏，俄屬哈薩克闌入邊界，派員驅逐。得旨，所有闌入邊界之哈薩克，著該將軍咨會俄官迅速收回。一面派員前往開導，並著妥爲嚴防，以備不虞。

壬午，又諭：電寄曾紀澤，據電陳節略八條，所擬與前次電旨八條尚不相背，如彼來辯論，著堅持定見，勿稍游移。儻有商議之處，務當速電請旨，不得輕率遷就。近日關外各軍疊勝，並諭該侍郎知悉，瓦使如固執己見，曾紀澤可宣播其非。

《光緒朝東華録》六六　癸未，以李鴻章爲文華殿大學士，靈桂爲武英殿大學士，額勒和布爲體仁閣大學士。

乙酉，諭軍機大臣等：電寄李鴻章，德總兵式百齡加恩賞給二等第二寶星，著李鴻章傳諭該總兵奮勉出力，渥膺懋賞。

《德宗實録》卷一九六　庚寅，又諭：岑毓英奏，官軍圍攻宣光，截斷陸路，並派朱洪章募勇隨征各摺片。進規北圻，必須攻克宣光，庶滇粤各軍可以聯爲一氣。此次岑毓英督兵截斷陸路，設伏獲勝，辦理尚屬得手，即著嚴飭各營，務將水陸設法阻截，攻拔宣光，乘勝進取。

乙未，諭軍機大臣等：據李鴻章電陳，朝鮮又有内亂，似有日人播弄主持，擬請派員查辦等語。吴大澂會同規畫一切事宜。吴大澂接奉此旨，即著酌帶數營馳赴朝鮮邊界，察看情形。【略】著李鴻章將北洋快船二號調回，添配船隻，備齊軍火，令丁汝昌統率前往朝鮮，督同吴兆有等相機定亂，統歸吴大澂等調度，會商李鴻章辦理。吴大澂、丁汝昌移營後，樂亭及旅順防務應如何責成填補之處，著李鴻章悉心籌畫，南洋援閩五船李鴻章即電知曾國荃，仍令式百齡統帶赴閩，牽制法人，庶不至顧此失彼。

又諭：電寄黎庶昌等，據李鴻章電稱，朝鮮盜殺大臣，遷王他處，日人擁王回宫，外署皆换日黨，仁川日輪開行，恐回渡兵等語。此次朝鮮啟釁之由，日本必有消息，及日人近日如何舉動，著黎庶昌、徐承祖密探實情，隨時電聞。

《光緒朝東華録》六六　戊戌，電諭李鴻章：北洋快船二號可毋庸調回，仍飭式百齡統帶，同開濟、南琛、南瑞三船赴閩，其澄慶、馭遠兩船，著仍改派赴津歸李調遣，備赴朝鮮。

《德宗實録》卷一九六　庚子，電寄吴大澂，此次朝鮮之變由於該國亂民肇端，焚毁日館，原與中國無涉，總署與榎本武揚屢次問答，均係此意。現在惟有彈壓解散，以期速結。李昰應爲日人所惡，若遽釋回，必至別生枝節，此事本非中國意料。若如黎庶昌所稱，電日本外務，轉啟其疑。總之目下辦法，以查辦亂民，保護朝王，安日人之心，並剖析中倭誤會打架以釋釁端，爲第一要義。

《德宗實録》卷一九七　十一月辛丑，諭軍機大臣等：電寄曾國荃、式百齡既經北來，所有南洋五船著曾國荃即飭吴安康等統帶赴閩，歸楊岳斌調度。

又諭：李鴻章、吴大澂奏，遵旨會商查辦朝鮮事宜，吴大澂由津啟程日期一

摺，所陳以查辦朝鮮亂黨爲名，立意不與日人開釁，深合機宜。

乙巳，又諭：電寄潘鼎新，李鴻章轉電稱潘鼎新、蘇元春督勦大捷，覽奏欣慰，著先行傳旨嘉獎，俟詳細情形奏到，再降諭旨。仍著該撫等乘勝進取，會商岑毓英併力埽蕩，迅奏膚功。

丁未，出使美日秘國大臣鄭藻如奏，抵秘魯呈遞國書，並派光禄寺署正劉福謙等充嘉里約埠領事官，以衛華僑。報聞。

庚戌，又諭：電寄黎庶昌，據電稱徐承祖已到，擬十一交代等語。現在朝鮮與日本有事，黎庶昌著於交代後，暫留三月，會同徐承祖商辦一切。

《德宗實録》卷一九八　丁巳，又諭：前據卞寶第奏，訪求地營築法，繪具圖説呈覽一摺，當諭令楊昌濬、劉銘傳酌辦。沿海防務緊要，均應妥籌備豫，並著各該將軍督撫酌度情形，一體籌辦。

己未，兩江總督曾國荃奏，吳安康五船赴閩交楊岳斌調度。得旨，即飭令吳安康將五船礮位等件配齊，即日前進，馬祖澳法船來去無定，務令格外穩慎，確探前路，乘隙赴閩，但能遥作聲勢，自可牽制法船，以鬆臺圍。

庚申，諭軍機大臣等：電寄左宗棠等，法添艦裝多兵赴基隆，狡謀叵測，著左宗棠、楊昌濬飭恪靖各營，及程文炳軍剋日渡臺。吳鴻源計已抵臺，飭速會合土勇進勦。

甲子，又諭：電寄岑毓英等，曾紀澤電稱，新報法新兵部酋派六千兵赴越，另六千續往，欲乘雨潦前逼我軍出越。又云，擬取道陸岸繞北里華兵之後，使不戰自潰。西人以我兵心易亂，慣用此危道等語。敵情叵測，著岑毓英、潘鼎新嚴備，並力籌攻取。如彼繞出北里，正可斷其歸路，出奇制勝，著相機妥辦。

乙丑，諭軍機大臣等：御史慶綿奏，請嚴賭禁一摺。

予出使德國參贊陳季同、隨員曹金詠等奬敘有差。

丙寅，黑龍江將軍文緒等奏，請添設卡倫二十處。允之。

諭軍機大臣等：電寄楊昌濬，據電稱臺事可慮，半在法寇，半在堂屬不和。劉璈布置不錯，劉銘傳惡之，若易生手，恐臺南不保等語。【略】總之，現在情形不獨臺南北宜聯一氣，即楊昌濬等亦必須與劉銘傳通力合籌，師克在和，萬不准各存意見。該督幫辦軍務，調和將帥，措置一切，責任綦重，儻因彼此齟齬致有貽誤，惟該督是問。

庚午，幫辦福建軍務前陝甘總督楊岳斌奏，行抵江西，飛催陸軍前進。得旨，該前督即催軍迅至漳、泉，仍設法即行渡臺，毋稍延緩。

《德宗實録》卷一九九　十二月壬申，諭：電寄彭玉麟、張之洞，電奏已悉，馮子材、王孝祺兩軍，該督策勵進發，應需餉械設法協濟。岑毓英、潘鼎新遵疊諭悉力進勦，勿稍遷延。

《光緒朝東華録》六七　甲戌，電諭李鴻章：著吳續等將查辦亂黨及善後事宜詳加籌畫。金玉均逃往日本，駐京日使並不承認，且云不能與高麗拿人，有意庇護，宜向朝王詰問，令其查明金玉均等究在何處，訪拿嚴辦。此時丁汝昌等駐紮保護，事局尚未大定，自難撤回。將來如我軍久駐，應如何妥爲區畫，俾收實效，著吳續與李統籌妥商，會議具奏。

《德宗實録》卷一九九　乙亥，禮部奏，朝鮮國於光緒九年與德國重訂條約通商章程税則及善後續條。報聞。

丙子，又諭：電寄左宗棠等，李鴻章轉奏，劉銘傳上月十九、廿一、二日電報已悉，臺北急需援師，左宗棠等前派恪靖軍千人赴臺，兩營繼發，著催令前進，並再撥勁旅千人。

又諭：電寄張之洞，據電稱現擬訂借德商狄士府、德意志兩銀行五十萬磅等語。依議行，著張之洞電知許景澄等遵辦。

丁丑，諭軍機大臣等：電寄岑毓英等，李鴻章轉奏，潘鼎新電報已悉。法糾衆來犯，聲言繞犯關內，沿途修道。著該撫督軍扼要穩紮，嚴防狡計。務令各營聯絡聲勢，悉力抵禦，勿任衝突繞越。馮子材、王孝祺兩軍現由龍州前進，法儻繞出後路，窺伺關內，著該提督等與在防各軍前後兩軍夾擊，務將敵兵悉數殲除。

戊寅，又諭：已革雲南巡撫唐炯、已革廣西巡撫徐延旭，應得罪名著軍機大臣、大學士會同刑部，即行定擬具奏。

又諭：電寄左宗棠等，據電稱各軍到齊，統計百五十餘營。擬購輪假英德旗號，轉運濟臺，借洋款四百萬兩，指海關分十年歸還等語。著照所議辦理。惟現借定洋款，計息或九釐或七釐半，閩省議息應以此數爲準，不得再如前用胡光墉等劣員經手，致多侵蝕肥己。

《光緒朝東華録》六七　己卯，諭：鄭藻如、曾紀澤出使均屆期滿，惟法事未定，曾紀澤留駐倫敦等處聲息相通，辦理得宜，鄭藻如於各國情形亦頗熟悉，均著暫留半年，以資得力。

《德宗實録》卷一九九 又諭：電寄黎庶昌等，據電稱晤井上馨欲中日將駐朝兵丁撤回，黎庶昌無事求歸等語。華兵駐朝保護屬藩，業已有年，又經朝王屢請留防，義難膜視。今該國亂黨未靖，尤不能撤，著徐承祖據理辯論，以釋其疑。黎庶昌既無應辦之事，著准其回籍。

辛巳，會辦北洋事宜都察院左副都御史吴大澂奏，朝鮮、日本已訂續約，現與朝鮮商辦善後事宜。得旨，所籌尚妥，仍著懍遵本月初四日諭旨，將朝鮮善後事宜妥商辦理。吴大澂等所帶各營及水師船隻，俟事竣奏到，聽候諭旨撤回。

壬午，諭内閣：軍機大臣、大學士會同刑部定擬已革巡撫唐炯、徐延旭罪名各一摺。【略】唐炯、徐延旭均著照所擬斬監侯，秋後處決。

甲申，諭軍機大臣等：曾紀澤電奏，緬甸王昏國亂，有華人據八募城，黨雲南官派去固宜商英廷，黨係亂民，似宜招降該華人。因拓雲南界，據通海之江以固圉而防患，拓界事，亦宜早商英廷等語。【略】著岑毓英、張凱嵩迅速查明詳確情形，即行奏聞。

《德宗實録》卷二〇〇 丁亥，督辦新疆事宜新疆甘肅巡撫劉錦棠奏，哨弁戕斃營官，脅衆譁潰，隨即追捕撲滅，首要就擒，地方静謐。

庚寅，諭軍機大臣等：電寄李鴻章等，據張之洞電稱現與英大東公司在天津訂借銀五十萬零五千磅，約二百萬兩，請飭李鴻章妥辦匯港。曾紀澤與該公司行東本特，將保單畫押等語。均著依議行，

又諭電寄張之洞等，據電稱向匯豐再借五十萬零五千磅約二百萬兩，照舊案九釐加閏，分十年還等語，均著依議行。

甲午，又諭：總理各國事務衙門奏，同文館教習期滿，請仍照專章辦理一摺。教習黄興廉著仍照原請以知縣分發省分候補班補用，並加同知銜。嗣後同文館教習年滿，仍照該衙門專章辦理，他處不得援以爲例。

丁酉，又諭：電寄岑毓英等，潘鼎新電稱，蘇元春軍退回山莊，諒防喫重等語。法人糾衆撲犯，意圖狡逞，必須痛加勦辦，潘鼎新當力守諒山，嚴密備禦，並飭各軍奮勇進勦，不准稍有退縮。馮子材、王孝祺兩軍著迅赴前敵接應。

戊戌，又諭：電寄曾國荃，李鴻章、曾國荃先後電稱，法六艦駛入佘山口大七山等語。該處與吴淞、上海均屬切近，著曾國荃嚴督各軍，實力巡防，見有法船，即行轟擊。巴特納是否回國，如法人擾及吴淞等口，而該酋尚在上海，必應嚴拏關禁，庶免潛通消息，句結爲患，並著密飭邵友濂等設法妥辦，勿稍洩漏。

《光緒朝東華録》六七 諭軍機大臣等：據張之洞電稱，滬泰來行有八生車礮九十三尊，各帶彈四百，議定每尊一千三百四十兩，已立合同，由粤付定銀五萬兩，擬分給津軍等營，懇飭南洋暨上海道驗收合同，由北餉付價等語。著李鴻章、曾國荃、張之洞會商辦理，總以按期銀械並清，勿似德國購艦前事爲要。方恭五營，准其調赴欽州。

光緒一一年（乙酉、一八八五）

《德宗實録》卷二〇一 正月癸卯，諭軍機大臣等：電寄岑毓英等，李鴻章轉電潘鼎新電稱，法衆上犯，日夜鏖戰等語。諒山軍情緊要，潘鼎新身臨前敵，王德榜、王孝祺等軍著均聽候調遣，以一事權。馮子材著幫辦廣西關外軍務，所統各營亦歸潘鼎新調派，該撫暨該幫辦等務當和衷協力。

乙巳，諭軍機大臣等：電寄李鴻章，昨據劉銘傳電稱，商借旗昌銀百萬磅等語，已諭左宗棠於所借洋款内，分濟臺防，惟恐該大臣所借尚未訂妥，難應急需，著李鴻章督飭盛宣懷與旗昌洋行議借，期於敷用，必須現款應付，不得支延時日，緩不濟急，所借銀兩即徑解劉銘傳應用。

又諭：電寄左宗棠等，南洋五船被法船在浙洋圍困，必須基隆告捷，法船回救，我船方可乘隙前駛。刻下臺北兵力較厚，孤拔又帶船他往，正可乘勢進勦，劉銘傳何以一味株守毫無布置，著懍遵疊次嚴諭，剋日進兵。

丙午，諭軍機大臣等：吴大澂奏，籌辦朝鮮善後事宜，起程内渡日期一摺。中國駐防朝鮮各營現經吴大澂分派駐紮，並擬令各船於旅順馬山等口往來游弋，布置尚爲妥協。其陸路邊界與奉天鳳凰門接壤之區，仍須派營駐防，以期周密，即著慶裕酌度情形，遴派數營，常駐中江臺九連城一帶，遥爲聲援。至所稱如由奉省籌款，添設電綫，自旅順接至鳳凰邊門外交界，由邊界至朝鮮國都，約計設電之費所需不過五萬餘金，該國亦頗樂從等語，並著李鴻章、慶裕、吴大澂通盤籌畫，會商妥議，奏明辦理。

丁未，幫辦福建軍務前陝甘總督楊岳斌奏，馳赴泉州，並沿途收領饟械數目。得旨，著即前催各營，趕緊赴泉援臺，一面設法覓船隨到隨渡，務期迅速，勿事稍遲。

戊申，諭軍機大臣等：電寄劉銘傳，據李鴻章電稱，接新嘉坡電，法到大戰

船一，運兵船三，裝黑兵四千並糧餉分往東京、臺灣等語。【略】著劉銘傳速籌方略，將基隆限日攻克，孫開華幫辦軍務。

《光緒朝東華録》六八　己酉，以丁槐爲貴州古州鎮總兵。

《德宗實録》卷二〇一　壬子，諭軍機大臣等：電寄張之洞，據電稱大東公司不願借款，改與匯豐定借，照粵新借之款辦法等語。著依議行。

又諭：電寄張之洞，據電稱，另借匯豐銀百萬兩濟鮑超軍餉等語。著該督即與匯豐借定，仍由各海關還。至鮑超月餉如何限定，四川能否借支，此款如何撥用，著户部速議具奏，候旨遵行。

《光緒朝東華録》六八　癸丑，諭軍機大臣等：岑毓英、張之洞電稱滇粵各軍力攻宣光，苦戰不退等語。官軍奮勇進攻，深堪嘉尚，著岑毓英鼓勵各將領，將宣光尅期攻拔，迅奏膚功。據探敵援將到，並聞有太原法兵圖犯宣光之説，著督軍扼紮。

《德宗實録》卷二〇一　甲寅，諭軍機大臣等：電寄卞寶第等，李鴻章接粵局電，稱法人入鎮南關，潘鼎新身受重傷等語。【略】著卞寶第、龐際雲即飭統率本部精兵，星速前往廣西助勦。

乙卯，諭軍機大臣等：電寄曾紀澤，據電稱，英爲戈登建坊等語。戈登前在中國帶兵出力，聞信甚爲惋惜，著發給銀百二十鎊，以示旌卹。

《光緒朝東華録》六八　丁巳，諭軍機大臣等：吴大澂已否到津，著即來京覆命。日使不日北來，應如何妥籌因應，著與李鴻章詳細會商，到京面奏，用備采擇。

《德宗實録》卷二〇二　丁巳，出使德義荷奥國大臣翰林院侍講許景澄奏，勘驗定遠、鎮遠鐵甲船及濟遠鋼艦工料並接管情形。得旨，著許景澄妥爲接管，隨時察看整理，毋任鏽壞。一俟海道通行，即遴派妥員將該三船駕駛來華。該衙門知道。

庚申，辦理廣東防務兵部尚書彭玉麟等奏，分遣廣軍四枝大舉規越，以緩臺援而顧全局。報聞。

《光緒朝東華録》六八　辛酉，諭軍機大臣等：張之洞電奏，鎮口法船受傷而遁，目前必不能來，宜速調北洋快船兩艘，護以划船三艘飛速南下，與我三船合勢，相機戰守等語。開濟等三船在鎮口依傍礮臺，合擊法船，頗爲得力，放洋禦敵，兵力尚單。如調北洋戰艦前往會合，聲勢自壯，惟法人有續添兵艦之信，中途設遇戰事，尤須加意慎重。著李鴻章妥爲籌畫，即行電奏。

《德宗實録》卷二〇二　丁卯，諭軍機大臣等：電寄李鴻章，據電稱，榎本言伊藤擬赴京會議等語。伊藤到津，李鴻章當將已授全權憑據，照會該使，告以現辦防務，不能來京，應即在津商辦。

《光緒朝東華録》六八　己巳，諭軍機大臣等：聞法救宣光，劉永福等軍潰退，丁槐等軍亦退紮。尚未據岑毓英電報，殊深懸系，著即確查速奏，並飭各統領扼要堅守，與潘鼎新各軍力固邊疆門户，毋稍疏虞。

《德宗實録》卷二〇二　庚午，諭内閣：禮部奏，朝鮮國王遣使臣李應浚恭齎謝恩表文來京，代爲呈進一摺。

《德宗實録》卷二〇三　二月壬申，以降調前吏部尚書李鴻藻爲内閣學士兼禮部侍郎銜。

甲戌，又奏，會同俄領事官訂定約章並按照分界條約，分别哈薩克人隨地歸牧暨接收人户應辦各事宜。下所司知之。

丙子，兩江總督曾國荃奏，總兵吴安康統帶五船赴閩，突遇法船，適風霧大作，澄慶、馭遠駛至石浦沈没。開濟、南琛、南瑞被困鎮口，嗣隨同浙江防營疊次擊退法船。

戊寅，又諭：廣西關外軍務屢次失利，潘鼎新調度乖方，本日已降旨將該撫及王德榜均即革職，並令蘇元春督辦廣西軍務矣。王德榜所帶各營即著蘇元春接統。

《光緒朝東華録》六八　己卯，諭：謙禧奏，東土默特旗扎薩克尚未襲定，該旗無所統屬，一切公事漫無紀律等語。該旗扎薩克貝勒哈思塔瑪嘎故後，迄今將届六年，何以尚未承襲，以致旗務廢弛，實屬不成事體。著理藩院查明應襲之人，迅速奏請承襲，以資統攝，毋再遲延。

《德宗實録》卷二〇三　癸未，諭内閣：潘鼎新奏，各軍鏖戰，大獲勝仗等語。本月初七、初八兩日，敵兵在鎮南關外分路進攻，馮子材、王孝祺兩軍立即迎擊，蘇元春與蔣宗捷率師馳援，各軍合力堵勦，大獲勝仗，殺傷千餘名，奪獲象馬並槍礮多件，當將敵兵擊退。將士奮勇可嘉，著蘇元春、李秉衡優給獎賞。

《光緒朝東華録》六八　丙戌，諭軍機大臣等：所有此次京察一等交軍機處記名各員，著自本月二十一日起，按照名次先後每日二員，於寅刻赴乾清門伺候召見。如本日未經召見及遇外膳日期，是日應行召見之員即改於次日寅刻赴乾

清門伺候召見，其餘各員以次遞推。其記名之内務府郎中英綬等十四員，著俟各部院衙門人員召見完竣後，於次日起接續伺候召見。

《德宗實録》卷二〇四　丁亥，諭軍機大臣等：彭玉麟自赴廣東辦防以來，實心任事，不遺餘力，該尚書向有咯血等證，現聞尚未痊愈，亦未服藥調理，身在行間，與士卒同甘苦，不遑少息，朝廷實深廑系，必宜善自調攝，方能爲國宣勤。該尚書務當仰體此意，慎求醫藥，勉節勞勩，以副倚畀之殷，保身即所以報國也。

《光緒朝東華録》六八　辛卯，諭：廣西關外各軍自本月初七、八日獲勝後，迭據張之洞、潘鼎新等奏稱，官軍合力進攻，先克文淵州，乘勝追勦，十三日克復諒山，斃敵甚多，奪獲礮械無算。各該軍奮勇力攻，殊堪嘉尚。前廣西提督馮子材，老於兵事，夙著勳勤，此次與廣西右江鎮總兵王孝祺援勦迭勝，馮子材著先行賞給白玉翎管一枝、白玉搬指一箇、白玉柄小刀一把、火鐮一把、大荷包一對、小荷包二箇。王孝祺著先行賞給白玉翎管一枝、白玉柄小刀一把、大荷包一對、小荷包二箇。其餘出力員弁著蘇元春、李秉衡將各軍戰狀詳細確查，據實具奏，候旨施恩。

《德宗實録》卷二〇四　壬辰，諭軍機大臣等：電寄各省將軍督撫、統兵大臣，法人現來請和，於津約外别無要求，業經允其所請，約定越南宣光以東，三月初一日停戰，十一日華兵拔隊撤回，二十一日齊抵廣西邊界。宣光以西，三月十一日停戰，二十一日華兵拔隊撤回，四月二十二日齊抵雲南邊界。臺灣定於三月初一日停戰，法國即開各處封口。

諭軍機大臣等：電寄李鴻章，鮑超奏，粤邊喫緊，於二月初五日由臨安馳赴廣西等語。諒山已復，法人議和，業已定期停戰。鮑超一軍毋庸出關，著於滇粤邊界適中地方擇要駐紮，勤加訓練，聽候諭旨。

《光緒朝東華録》六八　乙未，諭：卞寶第著回湖南巡撫本任，湖廣總督著裕禄署理。安徽巡撫著吴元炳補授。

《德宗實録》卷二〇四　丙申，又諭：電寄彭玉麟，據電奏請飭統兵諸臣仍紮原處等語。撤兵係照津約，斷難失信，昨已將辦理此事全局利害，諭知張之洞，著即給與該尚書閲看，自可了然。至撤兵回界，仍係整軍嚴防，彼即挾詐背盟，我亦有備無患。該尚書等惟當懔遵前旨，迅速辦理，毋誤事機。

《光緒朝東華録》六八　丙申，以剛毅爲山西巡撫，鹿傳霖署理陝西巡撫，邊寶泉爲河南巡撫，崧駿爲漕運總督。

《德宗實録》卷二〇四　戊戌，諭軍機大臣等：電寄李鴻章，二十五日與伊藤問答各節，措詞正大，極爲得體。撤兵一事，即著細心籌畫，務臻盡善。其餘兩節，該督所稱敬謹默識等語，所見甚是。二十七日會議何如，並速電聞。

出使日本大臣徐承祖奏，理事署學習繙譯羅庚齡、楊錦庭、蔡霖在署已歷七年，可否酌量照章即予列保，此後東文繙譯如何保奬，統俟訓示祗遵。得旨，羅庚齡等均著准其列保，嗣後該繙譯官准其五年保奬一次，並下所司知之。

《光緒朝東華録》六八　是月，英吉利國使臣巴夏禮卒，參贊歐格訥署理。美利堅國使臣巴特納回國，鎮江領事石米德署理。荷蘭國使臣費果蓀因病回國，副使來因署理。

《德宗實録》卷二〇五　三月庚子，諭軍機大臣等：電寄李鴻章，據電及致總署信件均悉。撤兵可允，永不派兵不可允。該督務當力與辯論，萬不得已或於第二條内無干句下，添敘兩國遇有朝鮮重大事變，各可派兵，互相知照，亦不在前條之例數語，尚屬可行。至第四條教練兵士一節，亦須言定兩國均不派員爲要。

甲辰，諭軍機大臣等：希元奏，中俄疆域毗連東西，横亘萬里，防務莫重於吉林，至伊犂、塔爾巴哈台、庫倫、黑龍江各城，無事自應慎固封守，有事即須合力圖維等語。所見甚是。

乙巳，諭軍機大臣等：大學士、直隸總督李鴻章著作爲全權大臣與法國使臣辦理詳細條約事務，刑部尚書錫珍、鴻臚寺卿鄧承修並著馳驛前往天津，會同商議。

予赴美肄業暨天津召募學習水師畢業學生候選縣丞唐榮浩、縣丞銜黄開甲等一百四十名奬勵有差。

丙午，直隸總督李鴻章奏，日本使臣要求三事：一撤回華軍，二議處統將，三償卹難民。經疊次力争，幸免隕越，訂立專條，畫押竣事。得旨，該督等辦理此事，相機因應，迅速完結，甚爲得體，所呈約本著依議行。

庚戌，又諭：電寄岑毓英，據奏，請由粤代借商款一百萬兩，並飭劉永福募勇五千人等語。本日又據張之洞電稱，於前爲鮑超借餉百萬兩，分濟雲、桂各四十萬，所籌尚妥，著依議行。滇軍有此接濟，岑毓英所請再借一百萬兩，應毋庸議。

諭：電寄張之洞，據岑毓英奏，拏獲越南叛臣等語。黄相協、陳克良、阮莀

均著即行正法。此旨著張之洞密電岑毓英知悉。

兩江總督曾國荃奏，查明澄慶、馭遠兩船失事情形，分別參辦。得旨，李時珍著即嚴拏，務獲正法，蔣超英、金榮均著革職，發往軍臺效力，一俟絞船撈礟事竣，即行起解。

辛亥，諭軍機大臣等：傳諭總理各國事務衙門，張之洞電奏滇桂近日軍情，以備議約操縱等語。著該衙門咨行李鴻章等知悉。

調廣東布政使龔易圖爲湖南布政使，湖南布政使龐際雲爲廣東布政使。

癸丑，諭軍機大臣等：總理各國事務衙門奏，吉林東界牌博中多舛錯，年久失修，請派大員會同履勘，據約立界一摺。著派吴大澂、依克唐阿前往會勘，將圖約參互考證，據以勘定界限，仿照西路辦法，重立牌博，以鞏邊陲而昭信守。

乙卯，諭軍機大臣等：電寄曾紀澤，據電稱安島之事，現議約云英據該島，中朝允不阻難。英據一年後，察該島歲税若干，每年以税歸朝鮮，派費若干送交中國作爲貢款。聲明英不得損該島居民權利，可否照此訂約畫押，東洋多方撓我上邦之權，欲藉此約挽回等語。屬國之地，豈可由我許其占據，且於中取利，尤非政體，儻爲他國藉口，流弊甚多。惟此事究應若何措置方爲妥協，著李鴻章酌議速奏。

庚申，諭軍機大臣等：電寄李鴻章，電奏已悉，所陳派員往探各節均依議行。昨已由總署電知曾紀澤，毋庸畫押，並令勸英勿爲戎首，以利他人矣。此意一併密爲函致，令該國王斟酌妥辦。

辛酉，欽差大臣督辦福建軍務左宗棠奏，法寇占踞澎湖，革員吕文經往探被拏，詭言得釋，其膽略尚有可取，請准其留營。得旨，前據楊岳斌奏，已降旨不准行，並將該前督交部議處。吕文經著仍遵前旨。

癸亥，盛京兵部侍郎鍾濂困病解職，以内閣學士鳳秀爲盛京兵部侍郎。

甲子，又諭：御史趙爾巽奏，道光年間，俄人曾進書七百餘册，奉旨存理藩院，請飭將全書檢出，交同文館繙譯鏤版等語。此項書籍，著該衙門查明具奏。尋總理各國事務衙門奏，查前項書籍於同治八年由理藩院移存本署，惟單内天算、地理、格物、醫學等書二百餘年，所載未必有裨時務，且每譯一書動須經年，該御史所請繙譯鏤版之處，應毋庸議。從之。

《德宗實録》卷二〇六　四月己巳，直隸總督李鴻章等奏，吉林與朝鮮商民互市，擬派督理商務委員，藉資保護。如所請行。

癸酉，諭軍機大臣等：前據譚鍾麟奏，請飭各省迅解關外軍餉，當諭令户部速議具奏。兹據該部奏稱，本年甘肅、新疆軍餉，前經分省指撥共銀四百八十萬兩。截至三月底止，已據報解銀一百萬九千兩，未解銀三百七十九萬一千兩，分晰開單呈覽。甘肅、新疆軍餉關繫緊要，各該省並不依限報解，欠數甚鉅，殊屬延玩，著各該督撫迅將本年應解甘肅、新疆軍餉遵照部定期限掃數解清。

丙子，諭軍機大臣等：電寄岑毓英，據奏停戰撤師，仍嚴密整備一摺。阮光碧等情殷效順，實屬深明大義。現在詳約未定，著岑毓英設法維繫其心，儻有驅策之處，仍可得力。所奏請賞給刁文撑等宣撫土司之職，分界現未定議，且屬國地方官員向不由中朝除授，應毋庸議。刁文撑等如果情殷内附，該督當查明實係安分尤爲出力者，令其隨同入關，妥籌安插，請旨遵行。其仍留越境者，應俟定界後奏明分別辦理。劉永福仍遵前旨飭赴欽州，歸張之洞調遣。

丁丑，又諭：電寄李鴻章，電奏已悉，條約互易後兩國即撤駐朝防兵，不必拘定限期，著照所請行。惟於撤兵之先，該大臣應照會日本同時並撤，不得稍有先後。並飭將領嚴加約束，不得攜帶貨物等項，致滋紛擾。

丙戌，諭軍機大臣等：電寄岑毓英，據李鴻章奏，法電稱吴税司言雲督不肯退兵回界，謂須奉旨全退，方可欽遵等語。其言固不足據，但撤兵之期早經約定且雲軍路遠已議展十日，現在條款不日畫押，爽約之釁豈可自我而開。岑毓英惟當懍遵疊次諭旨，將全軍按期速撤至界，並與張之洞嚴催劉永福一軍如期撤回滇界，再赴思、欽。中外交涉，惟以信義爲主。況中旨屢降，大計攸關，在遠疆臣未能深悉情形，何得於事及垂成再生異議。將來設有貽誤致蹈上年覆轍，該督等豈能當此重咎耶！岑毓英接奉此旨後，即將啟程及何時抵界日期速行奏聞。

戊子，諭軍機大臣等：電寄曾國荃，據電奏，王德榜請將所部遣撤等語。現在詳約未定，仍應備豫不虞，王德榜一軍，不准遽行遣撤。

庚寅，諭軍機大臣等：電寄岑毓英，據奏撤兵日期各情一摺。劉永福飭赴思、欽，及維繫越官，安插内附越民各節，業於初八日明晰電諭，著岑毓英詳慎遵辦。滇省各營除已撤回滇境外，其暫留關外者迅速一律撤回邊界。【略】岑毓英所請飭派熟習洋務人員赴滇之處，俟詳約定後再行辦理。將來分界通商事宜，係地方大吏專責，該督務當先事豫籌，不得以此次未預和議，託詞不諳洋務，輒思置身事外。

辛卯，又諭：電寄李鴻章，此次議約往返電商各條約尚得體，本日披覽改定第二、第十兩條，亦已妥協。著李鴻章再將各條詳加覈對，如意義相符，並無舛錯，即著定期畫押，事關重大，萬勿草率。

壬辰，諭内閣：南北海爲禁苑重地，理宜整肅，乃昨見牆垣多有拆毁，坐落處所亦有往來行走痕迹，其爲平日閒雜人等潛行出入已可概見。該管各官漫不經心，實屬不成事體。景壽、德銘、崇光均著交部議處，郎中立山著摘去頂戴，以示懲儆。

又諭：電寄李鴻章、岑毓英等，據電奏，林椿來言，法約定一月内退澎湖，但劉永福不退保勝，澎湖亦須遲退等語。現在詳約將定，中外交涉，惟重信義。劉永福一軍亟應如期撤回，著岑毓英、張之洞懔遵十八日電旨，嚴催該提督即率所部迅回滇界，再赴思、欽，不准稍有遲延，令人藉口。其起程抵滇日期，仍速電聞。

丁酉，諭軍機大臣等：電寄李鴻章，中法詳約已定，定遠、鎮遠兩鐵艦，濟遠鋼艦即著駕駛來華。應如何遴派員弁妥爲管駕之處，著李鴻章、許景澄會商辦理。

諭：電寄李鴻章，中法詳約已定，著李鴻章懔遵前旨，將招商局輪船迅速收回，其如何辦理之處，該大臣即行覆奏。

戊戌，調雲南布政使沈鎔經爲廣東布政使，廣東布政使龐際雲爲雲南布政使。

《光緒朝東華録》六九　是月，比利時國新簡駐華使臣維禮用抵任。

《光緒政要》卷一一　是月，欽差大臣左宗棠奏請增拓船礮大廠。

《德宗實録》卷二〇七　五月丙午，直隸總督李鴻章奏，天津創設武備學堂，遴派德國兵官作爲教師，挑選各營弁兵百餘名入堂肄業，擇其成績優者發回各營，量材授事，分番挑取，以宏造就。並請將教習各員及屢列優等之學生，援照同文館成案二年奏保一次，以示鼓勵。如所請行。

丁未，懿旨，南北海應修工程著御前大臣、軍機大臣、奉宸苑會同醇親王奕譞，踏勘修飾。

諭軍機大臣等：現在和局雖定，海防不可稍弛，亟宜切實籌辦善後，爲久遠可恃之計。前據左宗棠奏，請旨飭議拓增船礮大廠。昨據李鴻章奏仿照西法，創設武備學堂各一摺，規畫周詳，均爲當務之急。

戊申，命前刑部尚書潘祖蔭仍在南書房行走，並署理兵部尚書。

以出洋期滿，予駐俄繙譯官户部郎中桂榮等，駐英領事官通判左秉隆等，駐祕參贊官道員徐壽朋等升敘加銜有差。以洋員供差期滿，賞駐美使署洋員柏立等寶星。

庚戌，又諭：岑毓英奏，已革雲南巡撫唐炯，前官四川，辦事認真，操守廉潔，此次身罹重辟，可否貸其一死等語。唐炯失誤軍機，罪由自取。刑賞大權操之自上，豈臣下所得瀆請。岑毓英代爲乞恩，實屬冒昧，著交部嚴加議處。尋吏部議，雲貴總督岑毓英照不應重公罪降二級留任例，從嚴加等，議以革職留任。得旨，著加恩改爲降二級留任。

總理各國事務衙門奏，洋員赫德、金登幹商辦議約條款均能妥慎，請賞給寶星。得旨，此次中法議約，赫德、金登幹悉心商辦，均臻妥協，實屬始終出力，著傳旨嘉獎。其所請給獎該二員之處，著依議行。至該總税務司等往來電信所用銀兩，著該衙門查明支給。

又奏，英國擬在洋子角外花島山添設海綫，引端上岸。疊與英使臣商訂，暫時通融安設，俟英俄事定，即行撤去。惟洋人狡譎多端，難保不藉詞嘗試，惟有隨時設法抵制，總以不准吴淞上岸一語，始終峻拒，俾免藉口而杜隱謀。允之。

《德宗實録》卷二〇八　丙辰，懿旨：銅斤爲鼓鑄所關，現在雲南礦務漸次擴充，採運尚未復額，應如何悉心籌畫，詳定章程，以期將來規復舊制，著軍機大臣、户部、工部會同妥議具奏，醇親王奕譞著一併與議。

《光緒朝東華録》七〇　丁巳，諭軍機大臣等：現在海防善後用項浩繁，必須通盤籌畫，覈實經理，方足以裕度支而紓國用。各該省關每年所入之款，究竟實有若干，其常年例需及現在添支防勇局卡饟需薪水各款，實在費用若干，此後常年可以裁減歸併，節省之款若干，著切實覈計，逐款分晰開單，限於奉旨一月内詳細奏報，毋得稍涉含混，藉詞延緩。

《德宗實録》卷二〇八　己未，直隸總督李鴻章奏，遵旨撤回駐朝慶軍，調紮旅順。得旨，即著督飭該軍於撤回後聯絡操防，以備緩急，毋稍鬆懈。

辛酉，前陝甘總督楊岳斌奏，行抵基隆大營，與撫臣劉銘傳籌商防務，勤加操練，增高牆壘，深濬溝濠，以期有備無患。報聞。

癸亥，欽差大臣督辦福建軍務左宗棠奏，法酋孤拔已於四月十九日在澎湖病斃，所有平安輪船被虜之乾軍弁勇應另與法官商辦，俾得早日收回。報聞。

又奏，衰病增劇，現在中法和約已定，請開缺回籍調理。得旨，覽奏殊深廑系，著賞假一月，安心調理，毋庸開缺。

甲子，又諭：現在中法詳約已定，法兵業經退出基隆。雲南、廣西關外均已撤兵，所有鮑超一軍自應迅速遣撤，以節餉需。著該提督督飭將弁，將各營所領槍礮器械一律呈繳，點驗造册，就近移交岑毓英收存。

《光緒朝東華録》七〇 丁卯，以張曜爲廣西巡撫，唐仁廉爲廣東陸路提督，蘇元春爲廣西提督。

《德宗實録》卷二〇九 六月庚午，欽奉懿旨，三海現修内外工程著奉宸苑會同文銛、崇禮、崇厚、文錫妥爲修建，並著隨時報明醇親王奕譞、御前大臣、軍機大臣查覈辦理。此項工程應需銀兩及奉宸苑四月間修葺南海各工款項，並挑穵南海等處河道經費著於上年派令文銛等四員呈交銀兩未繳數目内開支。

命二品頂戴翰林院侍講許景澄兼充出使比利時國大臣。

《光緒朝東華録》七一 甲戌，出使英法大臣曾紀澤在英京倫敦與英外部大臣會議，續增《煙臺條約》專條十款成。

《德宗實録》卷二〇九 乙亥，諭軍機大臣等：陳士杰奏，伏汛盛漲，隄埝漫決，分別籌辦情形，暨毛家店大隄決口合龍日期各摺片。【略】著俟霜清後，查看情形，奏明辦理。此次被水災區該撫務當妥爲賑撫，毋任流離失所。所需銀兩即由該省藩庫籌撥。其疏防之都司法明亮，著摘去頂戴，以示懲儆。至毛家店決口雖已合龍，仍著趕築後戧，並將善後事宜妥爲布置。

丁丑，諭軍機大臣等：欽奉懿旨，醇親王奕譞等奏，遵議雲南礦務，請飭查明礦廠現在産銅情形，及需用銅本若干，據實具奏一摺。【略】東南各省，不乏産銅之區。並著曾國荃、丁寶楨、裕禄、衛榮光、吴元炳、德馨、彭祖賢、卞寶第、盧士杰查明各該省，如有可開之礦，即行奏明。一面籌撥資本，招商試辦，總期廣爲開採，源源運京，以重銅政。

又諭：李鴻章奏，招商局船産仍照原議全數收回一摺。輪船招商局爲中國商務大端，聞從前該局經管各員辦理不善，虧負纍纍，弊端百出。此次全數收回，正當乘此交代之際認真整頓，應如何嚴定章程，剔除積弊，以期經久可行，著李鴻章詳細籌畫，次第辦理。

又諭：朝鮮密邇俄國，現在俄人意存窺伺，情殊叵測。朝廷眷懷藩服，亟應先事綢繆。李昰應從前秉政多年，能否於該國自强之道及外交情形，洞知竅要，著李鴻章飭傳到津，詳加詢問，即行具奏。並將李昰應近來是否明於大義，悔悟前非，悉心察看，一併奏聞。

《光緒朝東華録》七一 戊寅，調張夢元爲福建布政使，李秉衡爲廣西布政使，以慶愛爲廣西按察使。

貝勒載澂卒，賜卹如郡王例。

庚辰，諭軍機大臣等：劉銘傳奏，臺灣道劉璈貪污狡詐，不受節制，劣跡多端，聲名狼藉一摺。本日已有旨將劉璈革職拿問，著卞寶第遴派廉幹委員，將該革員原籍資財嚴密查抄，毋任寄頓隱匿，並將抄出財産開列清單，據實具奏。

癸未，命工部左侍郎孫毓汶、順天府府尹沈秉成、湖南按察使續昌在總理各國事務衙門行走。

以江西布政使劉瑞芬充出使英國、俄國欽差大臣，召曾紀澤回京供職。

諭總理各國事務衙門、王大臣等：劉瑞芬已到馬賽，著先赴英接任。曾紀澤將經手事宜詳晰告知，即行回華。存緬英既未允，所商分界各節關係綦重，俟曾紀澤到京後面加垂詢，再行定議。

甲申，命張蔭桓充出使美國兼日國、比國欽差大臣。

《德宗實録》卷二一〇 丙戌，諭軍機大臣等：電寄張之洞，據奏桂邊礮臺需礮，請購洋礮以資守禦，價銀十萬於洋款内撥用。著依議行。

丁亥，諭内閣：曾國荃奏，江南、安徽、江西三省被水籌辦情形一摺。據稱，本年南中雨水過多，遂致江河漫溢。江南之上元等州縣、安徽之六安等州縣、江西之清江等州縣，低區圩田隄埂俱有被淹衝決情事，業經分別疏消撫恤等語。【略】即著該督撫飭屬確查，務將賑撫事宜妥籌速辦，總期實惠及民，毋任流離失所。

庚寅，諭軍機大臣等：電寄楊岳斌，據奏請撤營歸養等語。楊岳斌著准其回籍養親，即將所部各營妥爲遣撤，俟撤竣後再行起程。

督辦臺灣軍務福建巡撫劉銘傳奏，目疾沈重，請開巡撫本缺，專辦臺灣事務。得旨，本日已有旨令楊昌濬兼署福建巡撫矣，劉銘傳督師無功，正當力圖自贖，著將臺灣善後事宜認真整頓，以觀後效，所請開缺之處不准行。

《光緒朝東華録》七一 辛卯，電諭李鴻章：著照前購鋼面鐵甲快船四隻備臺澎用，即電商英德出使大臣妥辦船價，户部有的款可撥。

《德宗實録》卷二一〇 欽差大臣督辦福建軍務左宗棠奏，覆陳劉銘傳退棄

基隆實在情形。得旨，劉銘傳倉猝赴臺，兵單饟絀，雖失基隆，尚能勉支危局，功罪自不相掩。該大臣輒謂其罪遠過於徐延旭、唐炯，實屬意存周内，儗不于倫，左宗棠著傳旨申飭。

《光緒朝東華録》七一　甲午，命孫毓汶在軍機大臣上行走。

丙申，諭軍機大臣等：蘇元春、李秉衡電稱王德榜一軍請飭遣撤等語。即著該藩司統帶所部回湘妥爲遣撤，毋令滋生事端。

《德宗實録》卷二一一　七月丁酉，諭軍機大臣等：岑毓英奏，雲南文報由蒙自至廣西南寧驛遞遲滯，請飭籌設電綫等語。滇省程站遥遠，文報稽遲，嗣後邊防商務均關緊要，自應安設電綫，以期迅速。著照該督所請，由廣西南寧接設電綫，直達雲南，其應如何擇地安綫之處，並著李鴻章會商岑毓英、李秉衡派員前往查勘，妥爲籌畫，奏明辦理。

戊戌，兩廣總督張之洞等奏，粵省試造淺水輪船，以資扼守。得旨，淺水輪船現造四艘，著俟造成後詳加察看，如果合用，再行奏明辦理。

庚子，又諭：李鴻章奏，遵議海防事宜一摺。言多扼要，惟事關重大，當此創辦伊始，必須該督來京，與在事諸臣熟思審計，將一切宏綱細目規畫精詳，方能次第施行，漸收實效。李鴻章前寄總理衙門信函，業經該王大臣等呈覽。此時朝鮮使臣未到，未便降旨，著俟此事辦竣，該督即行來京陛見。

《光緒朝東華録》七一　甲辰，予故湖南提督周盛傳於安徽原籍及立功省分建祠，戰蹟交國史館立傳。

《德宗實録》卷二一一　甲辰，諭軍機大臣等：户部總理各國事務衙門奏，請催解東北邊防經費一摺。據稱各省關本年應解東北邊防經費，截至六月底止，除解到及報解起程外，尚欠解銀一百七萬兩，請飭迅解，並補解歷年積欠銀兩等語。此項經費關繫緊要，自應迅速籌解，以濟要需。

《德宗實録》卷二一二　甲寅，福州將軍穆圖善奏，軍務已定，懇銷去幫辦軍務差。得旨，穆圖善著准其開去幫辦軍務差使。

丙辰，諭内閣：著派内閣學士周德潤馳驛前往雲南，會同岑毓英、張凱嵩辦理中越勘界事宜，並著五品卿銜吏部主事唐景崧、江蘇試用道葉廷眷隨同辦理，與周德潤隨帶司員一併馳驛前往。

又諭：著派鴻臚寺卿鄧承修馳驛前往廣西，會同張之洞、倪文蔚、李秉衡辦理中越勘界事宜。並著廣東督糧道王之春、直隸候補道李興鋭隨同辦理，與鄧承修隨帶司員一併馳驛前往。

出使美日秘國大臣鄭藻如奏，現患半身不遂，請收回成命。得旨，前據奏請開缺，業經降旨，開光禄寺卿缺，所請著毋庸議。

丁巳，諭内閣：前因黑龍江將軍文緒、副都統成慶因邊民偷窃金沙一案，互相參奏，當派寶森前往查辦。茲據查明覆奏，此案文緒雖查無奏報蒙蔽移禍揑參等情，惟於奏參成慶摺内未將該副都統查出金廠及商辦各節，詳晰聲叙，咎實難辭。成慶具摺剖辯於失察屬員、縱釋金匪各情，概置不論，亦屬非是。文緒、成慶均著交部議處。

又諭：色楞額等奏，圓寂班禪額爾德尼入葬金塔日期一摺。班禪額爾德尼爲後藏喇嘛僧衆表率，深諳經典，闡興黄教。現徒衆修理金塔工竣，於四月初八日入葬金塔，洵屬祥瑞，朕心甚爲暢慰，念切殊深。著加恩賞給白哈達一箇、念珠一串，用副追念勤奮喇嘛之至意。將此交色楞額轉飭該徒衆祇領，獻於班禪額爾德尼金塔之前。

甲子，諭：電寄李鴻章，據電稱左宗棠因病出缺，覽奏殊深悼惜。所有該大學士身後一切事宜，著楊昌濬妥爲照料，並著趕緊馳奏，候旨施恩。

《光緒朝東華録》七二　八月己巳，以李鴻藻署吏部左侍郎，周家楣署左副都御史，文暉署刑部右侍郎。

命户部左侍郎孫詒經仍在南書房行走。

《德宗實録》卷二一三　庚午，諭軍機大臣等：譚鍾麟奏，密陳伊犂現在情形。據稱弭亂之策，一在籌款以清欠饟，一在擇人以整營規，金順所部各營欠饟約計三十萬兩，可以了結等語。

《光緒朝東華録》七二　命金順入覲，以錫綸署伊犂將軍，明春署塔爾巴哈臺參贊大臣。

乙亥，前刑部尚書鄭敦謹卒，予祭葬。

丁丑，命李鴻章爲滇、越邊界通商議約全權大臣。

諭軍機大臣等：總理各國事務衙門奏，法國使臣來華請派員會議通商章程一摺。已另有諭旨派李鴻章爲全權大臣矣。此次中法議立滇、粵陸路通商章程，事係創辦，該大臣務當悉心籌畫，詳細商議，總期周密妥善，免致將來窒礙。

《德宗實録》卷二一三　戊寅，諭内閣：前因朝鮮兵變，幾危宗社，李昰應於亂軍索饟，不能禁止，事後復置不問，以致輿論紛紛，咎爲禍首。朝廷軫念藩服，

命將出師，殲厥渠魁，驅除叛黨。當時審察該處情勢，若李昰應不離本國則亂萌尚未有艾，特命安置近畿，優其廩餼，並准該國王歲時派員省問。【略】迄今時閱三年，李昰應又以年老多疾，瀝陳怨艾私衷，具呈申懇，特命李鴻章傳至天津驗視屬實。【略】即著李鴻章派委妥員護送回國，並著李昰應加恩准禮部傳知該國王，此係朕法外施仁。

《德宗實録》卷二一四　癸未，直隸總督李鴻章奏，招商局道員徐潤、張鴻禄等虧欠局款，請革職勒繳。得旨，徐潤、張鴻禄均著革職，嚴追欠款，並將徐潤所交房地確切估計，不得稍涉含糊。該局甫經收回，正可徹底清查，該督務當破除情面，督飭現辦各員，認真經理，俾局務日有起色。

乙酉，諭内閣：大學士左宗棠學問優長，經濟宏遠，秉性廉正，涖事忠誠。【略】方冀醫治就痊，長承恩眷。詎意未及就道，遽爾溘逝。披覽遺疏，震悼良深。左宗棠著追贈太傅，照大學士例賜卹，賞銀三千兩治喪，由福建藩庫給發。賜祭一壇，派古尼音布前往致祭。加恩予謚文襄，入祀京師昭忠祠、賢良祠，並於湖南原籍及立功省分建立專祠，其生平政績事實宣付史館。

戊子，欽奉懿旨，海防善後事宜著軍機大臣、總理各國事務衙門王大臣會同李鴻章妥議具奏，醇親王奕譞著一併與議，所有左宗棠等條奏各摺片均著給與閲看。

庚寅，黑龍江將軍文緒奏，江省地居上游，與俄對峙，防務緊要，擬請購克虜伯陸路銅礮四尊，過山鋼礮四尊，洋槍一千杆，以資訓練。如所請行。又奏，漠河金廠所賸華俄各民一律驅除淨盡，將木房窩鋪全行焚毁，並留兵看守。得旨，此次辦理尚屬妥協，仍著督飭各員弁嚴守要隘，實力巡查，毋任再有匪徒偷越情事。

《光緒朝東華録》七二　癸巳，諭軍機大臣等：各省勇營糜費甚鉅，已欽奉懿旨，令各將軍督撫汰弱留强，覈實辦理。惟向來撤勇一事流弊滋多，不可不謀之於豫。且此次撤勇固貴節省餉項，移作要需，尤在整飭營規，練成勁旅。將此諭令知之。

命二品頂戴三品卿銜直隸大順廣道張蔭桓以四品京堂候補。

是月，日本國使臣榎本武揚回國，參贊島田允則署理。

《德宗實録》卷二一五　九月庚子，欽奉懿旨，前因海防善後事宜關繫重大，諭令南北洋大臣等籌議具奏。嗣據該大臣等各抒所見，陸續奏陳，復經諭令軍機大臣、總理各國事務衙門王大臣會同李鴻章妥議具奏，並令醇親王奕譞一併與議。兹據奏稱，統籌全局，擬請先從北洋精練水師一支以爲之倡，此外分年次第興辦等語。所籌深合機宜。著派醇親王奕譞總理海軍事務，所有沿海水師悉歸節制調遣。並派慶郡王奕劻、大學士直隸總督李鴻章會同辦理，正紅旗漢軍都統善慶、兵部右侍郎曾紀澤幫同辦理。現當北洋練軍伊始，即責成李鴻章專司其事，其應行創設籌議各事宜統由該王大臣等詳慎規畫，擬立章程，奏明次第興辦。

諭内閣：彭玉麟奏，病難速痊，懇請開缺一摺。該尚書公忠體國，夙著勳勞，覽奏殊深廑系。彭玉麟著賞假三月，回籍安心調理，毋庸開缺，並毋庸開去巡閲長江水師差使。

又諭：總理各國事務衙門呈遞曾紀澤信函，據稱英國現派使臣馬科蕾來京，專議印度、西藏通商一事等語。【略】著丁寶楨詳細籌度，會商色楞額、崇綱，遴選明幹委員，向該番衆將此時一切事理切實開導，必使覺悟而後已。番衆頭目中當有明白曉事之人，所派委員必須通達大體而又熟習藏番情形，方能於事有益。該督等務當詳慎籌商，並將遵辦情形，先行迅速覆奏，曾紀澤信二件著鈔給閲看。

又諭：李鴻章奏，籌造雲南電綫，擬改接鄂綫由川入滇，請飭四川籌借銀十萬兩，湖北籌借銀五萬兩，交電局委員領用等語。著丁寶楨、裕禄、彭祖賢如數籌解，以資應用。俟事竣分年繳還歸款，並著沿途各督撫派委妥員幫同辦理。

壬寅，諭内閣：大學士靈桂老成端恪，學問優長，【略】遽聞溘逝，悼惜殊深。著賞給陀羅經被，派輔國公載濂帶領侍衛十員，即日前往奠醊。加恩晉贈太保，照大學士例賜卹入祀賢良祠，任内一切處分悉予開復。應得卹典，該衙門查例具奏。伊子孚會著俟服闋後以六部員外郎即補，用示篤念耆臣至意。尋予謚文恭。

甲辰，前據左宗棠議覆海防善後事宜，請裁額兵並減沿海水師艇船，給事中秦鍾簡亦有請裁水師防勇之奏。經醇親王奕譞、軍機大臣總理各國事務王大臣會同李鴻章詳籌奏稱，各省額兵存營多寡不一，應就該省情形酌量裁減。上年新募之勇除滇粵邊防酌留若干營外，餘可全行裁撤。舊有各營可裁十分之一二，沿海舊設水師及紅單艇船可裁等語。前有旨令該將軍督撫裁減兵勇以節饟需，訓諭諄諄，至爲明切。此次復令王大臣等參酌衆議，體察情形，期於必可施

行，籌定辦法。現在經理海防善後需款甚鉅，籌饟甚難，必須將靡費之款痛加删節。

本日軍機大臣呈遞總理各國事務衙門送到郎中舒文、主事王詠霓各信函，據稱前購濟遠快船製造不精等語。除已有旨電知曾紀澤、許景澄，諭令暫緩照式定造外，著醇親王奕譞、慶郡王奕劻、大學士直隸總督李鴻章俟濟遠等船駛到天津，遴派妥員詳加查勘。

乙巳，出使俄英國大臣曾紀澤奏，與英國外部續議條約。下所司知之。

《光緒朝東華録》七二　壬子，諭軍機大臣等：曾紀澤電奏已悉，英圖北緬有無規畫進取顯然布置情事，著將近所偵察詳晰電聞，語勿太簡。緬亦朝貢之邦，儻彼謀未定，遽與開隙，是啓之也。所籌一節著候旨遵行，慎勿輕發。該大臣前有八募拓界之奏，曾交張凱嵩查覆。旋據奏報新街踞匪殄除，並無另有華人占踞八募之事。自騰越城南三百五里至蠻允爲雲界，由蠻允至緬之新街計二百八十五里，其間一百六十五里爲野人界，向無管轄，所奏拓界一節窒礙難行等語。今該大臣此奏仍循前説，究竟八募坐落何處，與新街是一是二，其中有無野人間隔，此層最關緊要，不可稍有訛誤，並著探訪明確電聞。

《德宗實録》卷二一六　癸丑，諭軍機大臣等：昨接曾紀澤電稱，英久占南緬，今圖其北。本日復據李鴻章電奏，印度出示招人，運軍往緬各等語。緬甸爲朝貢之邦，與雲南接壤，英人圖其北鄙，不獨屬國受患，尤慮逼近吾圉，不可不豫籌布置，爲未雨綢繆之計。著岑毓英、張凱嵩派委妥員不動聲色密探英緬近日詳細情形，趕緊馳奏。一面相機籌措，固我邊陲，勿得稍涉張惶。至滇省與緬甸交界各要隘，係何地名，里數若干，暨八募究竟坐落何處，是否即係新街，並著該督撫先行確查奏聞，隨即詳晰繪圖貼説呈覽。

乙卯，懿旨：前據李鴻章面奏，開設官銀號以裨國計等語。原爲通籌經費起見，惟此事創辦非易，中華與外洋情形迥不相同，若經理不得其宜，深恐流弊滋多，著毋庸議。將此諭令知之。

戊午，直隸總督李鴻章奏，遴派幹員接辦朝鮮交涉通商事務，並懇超擢銜階以重體制。得旨，袁世凱著以知府分發儘先即補，俟補缺後以道員升用，並賞加三品銜。

《光緒朝東華録》七二　癸亥，諭軍機大臣等：李鴻章電奏，曾紀澤所定快船，往返電商，據稱機艙不危，似可照式訂造等語。此項船隻既據該大臣等詳細商定，即著電知曾紀澤依式訂造。此事責成曾紀澤認真辦理，務期適用，毋得虚糜帑銀，致干咎戾，慎之。

甲子，諭軍機大臣等：李鴻章電奏已悉，即著電知許景澄照擬定造，責令認真辦理，以期適用。毋得虚糜干咎，所需加價銀十六萬餘兩，著户部籌撥。

是月，法蘭西國使臣巴特納回國，戈可當繼之。

《德宗實録》卷二一七　十月丙寅，諭軍機大臣等：禮部奏，朝鮮國王李熙呈請派兵鎮撫，據咨轉奏一摺。前將駐防朝鮮各營一律撤回，李鴻章奏報撤軍摺内本有備援軍以作遠勢之語。今該國王以伏莽未除，呈請派兵鎮撫，係爲豫防内患起見。中國與朝鮮休戚相關，自應代爲籌備，著李鴻章察酌情形，隨時調撥水陸各軍飛輪徑渡，擇要扼紮，相機防衛。

丁卯，又諭：前據左宗棠等奏，中法議約已成，懇由船政試造鋼甲兵船一摺。據稱法國現在創造雙機鋼甲兵船，雖較鐵甲稍遜而駕駛較易，費用較減。每船估需工料銀四十六萬兩，閩省擬請試造三數號等語。現當創辦海軍之際，洋面兵船自應次第籌備，以資操練。著裴蔭森即將新式雙機鋼甲兵船先行試造一號，如果試驗合用，將來再行奏明，陸續添造。目前所需造船經費，即由閩省前存洋款内撥用，餘賸洋款著楊昌濬解交神機營存儲。裴蔭森務當督飭員役工匠，覈實經理，不得虚糜帑項，以重要需。楊昌濬亦當隨時會商妥籌辦理。

《光緒朝東華録》七三　諭軍機大臣等：中越勘界事宜，前經諭令周德潤、鄧承修會同各該督撫詳細勘定。此事關繫重大，必應慎之於始。各處所繪地圖詳略不一，法使所攜難保不互有異同。目前分界自應以《會典》及《通志》所載圖説爲主，仍須履勘地勢，詳加斟酌。若於兩界之間留出隙地若干里作爲甌脱，最爲相宜。

己巳，命編修李培元、高賡恩在上書房行走，編修吴樹梅在南書房行走。

《德宗實録》卷二一七　辛未，兩廣總督張之洞【略】又奏，遵籌海防善後水師事宜。得旨：據奏籌辦水師事宜，不無可採。惟該督擬以洋藥税釐作爲經費，此事各國能否一律商允，尚無把握。前經欽奉懿旨，先從北洋精練水師一支，此外分年興辦。該督所奏各節著交海軍衙門隨時察度情形，俟饟項有著，次第推廣辦理。

出使美日秘國大臣張蔭桓奏，擬於金山各埠設立中西學堂。得旨，即著察看情形，認真辦理，務期實有功效，毋得徒託空言。

《光緒朝東華録》七三　辛未，命江西布政使劉瑞芬開缺，以三品京堂候補並賞給二品頂戴。以張端卿爲江西布政使，阿克達春爲安徽按察使。

《德宗實録》卷二一七　丙子，諭軍機大臣等：前因岑毓英奏，法國通商勘界事不可緩，當經諭令李鴻章妥籌覆奏。現在所立新約分界一層，尤關緊要。或有謂諒山宜歸粤界，留出隙地，以免争端。許景澄致總理各國事務衙門信函，亦有乘其暗中鬆勁，與議寬留甌脱之語，其意大略相同。著李鴻章與岑毓英前奏一併酌覈具奏，並於法使戈可當到津時，設法與之辯論，多争一分，即多得一分之益。

又諭：張之洞奏，外洋各埠如新嘉坡等處華商甚多，若勸令捐貲購造護商兵船，分赴周巡，有事時調集相助，養船經費由各埠抽捐，另設外洋海軍統領一員，歸粤省調度等語。所陳各節雖不僅爲護商起見，惟此事創始非易，至經久之計尤須詳慎豫籌。著張蔭桓抵粤後，與張之洞先行會商，再於經過處所體察情形能否照辦，悉心妥籌具奏。

丁丑，直隸總督李鴻章等奏：續選閩廠學生出洋肄業。下總理各國事務衙門知之。

己卯，黑龍江將軍文緒等奏，淘金華俄人等復行闖越，擬添兵驅辦。得旨：此項越卡人衆，既據俄官稱係匪徒，即著督飭派出弁兵扼守要隘，嚴行驅逐，務期搜除净盡。並知會俄官，斷其接濟，攔阻續入之匪，勿任滋蔓。

《光緒朝東華録》七三　庚辰，諭：鑾儀衛奏，直隸欠解地租及應徵本年租銀請飭催迅解一摺。直隸藩司欠解鑾儀衛地租銀兩爲數甚鉅，現在發放各款需用孔急，著李鴻章嚴飭藩司，即將歷年欠解該衙門地租及應徵本年租銀務於年内如數批解，以濟要需。

《德宗實録》卷二一八　辛巳，總理各國事務衙門奏，煙臺條款及議辦洋藥專條，擬請批准。交新任出使大臣劉瑞芬齎往倫敦，以備互换。允之。派慶郡王奕劻，軍機大臣、刑部右侍郎許庚身與法國使臣互换條約。

癸未，諭内閣：前據劉銘傳奏參臺灣道劉璈貪汙狡詐劣迹多端，當將該員革職拏問，並將任所原籍資産一併查抄，特派錫珍、衛榮光馳往查辦。茲據查明覆奏，【略】該革道以監司大員總理營務，輒敢虚支鉅款，任意冒銷，律以監守自盗，罪無可辭。已革臺灣道劉璈，著照所擬斬監候，即由該督撫派員解交刑部監禁。

又諭：前有旨將福建巡撫改爲臺灣巡撫，一切改設事宜令該督撫詳籌議奏。

《光緒朝東華録》七三　丁亥，欽奉懿旨，前據軍機大臣、總理各國事務衙門會同神機營王大臣遵議東三省邊防事宜，屯田如果辦理得宜，爲天地自然之利。各該將軍身任地方，均屬分内應爲之事，並著確切商辦。

《德宗實録》卷二一八　諭軍機大臣等：本日據劉銘傳奏，目疾日重，懇請開缺一摺。劉銘傳經朝廷特簡督辦臺灣事宜，正當次第經營，力圖報稱。上年督師不力，謗書盈篋，仍復曲予優容，尤宜奮勉圖功，以期自贖，何得因目疾未愈遽請開缺。著賞假一箇月，毋庸開缺。

戊子，總理各國事務衙門奏，與法國使臣戈可當互换條約事竣。報聞。

《光緒朝東華録》七三　湖北巡撫彭祖賢卒，予祭葬。

己丑，以譚鈞培爲湖北巡撫，王嵩齡爲江蘇布政使，以瑞璋爲江西按察使。

《德宗實録》卷二一八　直隸總督李鴻章奏，試驗定遠等鐵艦並巡閲旅順礮臺。下總理各國事務衙門及海軍衙門知之。

賞給德國領事官貝勒瑠及洋員法來格等寶星。

《光緒朝東華録》七三　甲午，諭：本年山東沿河隄埝屢次復决，小民顛沛流離，情殊可憫。迭經諭令該撫妥籌賑撫，並特發内帑銀五萬兩以資接濟。現在天氣嚴寒，被水災區，未經涸復者尚多，各災民棲身無所，餬口無資，一切困苦情形，倍堪軫急。欽奉懿旨，著户部於本年節應進宫内銀款撥銀五萬兩，發交陳士杰核實散放。欽此。

十一月乙未朔，劉錦棠奏，查新疆著名荒瘠，自經兵燹，凋敝尤甚，整頓撫綏，悉關緊要。而漢回雜處，語言文字隔閡不通，非習知其情，無從求治。故從前各項差委皆以隨營辦事人員擇能而任，現值設省之始，亦應酌立定章。

《德宗實録》卷二一九　丁酉，又諭：現在直東一帶水潦爲災，流民甚衆，彈壓巡防，正關緊要。著張曜督飭所部前往該兩省交界處所，擇要分紮，以資鎮撫。山東黄河連年漫决，積患尤深，疏導之策，堵禦之宜，歷經臣工條奏，迄無定論。並著該撫到東後親赴上下游周歷履勘，將黄河入海究由何道爲宜及應如何相機疏濬，變通盡利之處，妥籌辦法，即行奏聞。查河事畢，仍著馳赴煙臺，察看該處防務布置情形，是否合宜。

癸卯，直隸總督李鴻章等奏，擬由奉天接展陸路電綫直達琿春以通文報而

重邊防，並請由滬關部庫撥借款項，用濟要需。允之。

甲辰，以教習譯書著有成效，賞同文館洋員總教習丁韙良三品銜，法文教習華必樂、化學教習畢利幹四品銜。

《德宗實録》卷二二〇　辛亥，諭軍機大臣等：李鴻章十六日三次電奏均悉。金玉均在倭播散訛言，句結亂黨，據袁世凱來電，又有倭人板陔退朝等同謀相約之信。若欲憑仗口舌，令倭拘禁金玉均，深恐徒有此説。李鴻章務將擬派前赴朝鮮之兵豫備齊全，如倭竟不執送金匪，或別有警信，即著迅速馳援，以赴戎機，毋稍遲誤。

《光緒朝東華録》七三　癸丑，李鴻章等奏，内閣鈔出江西學政陳寶琛奏請將先儒黄宗羲、顧炎武從祀文廟一摺。【略】本日據該部會同大學士九卿具奏，請毋庸從祀；又據潘祖蔭等另奏請旨准行各一摺，著大學士六部九卿翰詹科道再行詳議具奏。

《德宗實録》卷二二〇　乙卯，又諭：前據太常寺少卿徐致祥、翰林院侍講學士惲彦彬先後陳奏山東河務，均經諭令該部議奏。兹據工部、户部會議覆奏請派大臣周歷覆勘各摺片。【略】前經諭令張曜查勘山東河道，即著馳驛前往，應行隨帶人員詳慎遴選，准其一併馳驛。該撫務當親歷上下游逐加察看，究竟黄河入海之路，因勢利導，應由何道爲宜，其修築疏導各節，並著詳加籌畫，博採羣言，折衷一是。

丙辰，諭軍機大臣等：電寄張之洞，據李鴻章電奏，朝鮮去冬倡亂之朴泳孝、徐載弼現至香港，請飭誘入華界拘拏送津等語，著張之洞密查妥辦。

《光緒朝東華録》七三　調色楞額爲庫倫掌印辦事大臣，以文碩爲駐藏辦事大臣。

《德宗實録》卷二二〇　辛酉，懿旨，前於咸豐年間因辦理軍務需饟甚鉅，將王公官員暨兵丁等俸饟減成放給，撙節度支，以濟要需，原屬一時權宜之計。現在軍務敉平，朝廷體恤臣僕，廑念時艱，加恩著將王公及在京官員俸銀、京師旗緑各營兵丁饟銀並太監錢糧，自光緒十二年正月起一律仍照舊制，全數放給。

癸亥，諭軍機大臣等：據總理各國事務衙門呈遞李鴻章信函並鈔録法人嘉爾蕪來信，其於英人有事緬甸，言之甚詳。【略】再本日曾紀澤電報，據稱已咨英責其未與華議，遽滅緬甸爲食言等語。英人若何答覆尚未可知。惟此次與緬搆釁，心實叵測。滇與緬鄰，將來邊防日形喫重，應如何密爲布置，固我疆圉，岑毓英、張凱嵩務當互相商榷，切實豫籌。

《光緒朝東華録》七三　諭軍機大臣等：英人現併緬甸，恐狡焉思啓之心，因此益甚。四川邊防著丁寶楨密籌熟計先事圖維，一切情形隨時探明具奏，將此諭令知之。

以恩承爲大學士，管理理藩院事務。閻敬銘爲大學士，管理户部事務。命福錕以户部尚書協辦大學士，張之萬以刑部尚書協辦大學士。調崇綺爲吏部尚書，福錕爲户部尚書，以麟書爲工部尚書，調翁同龢爲户部尚書，以潘祖蔭爲工部尚書。

《光緒朝東華録》七四　十二月乙丑朔，以許庚身署兵部尚書。

《德宗實録》卷二二一　丙寅，又諭：前據李鴻章、希元奏，擬由奉天接展吉林陸路電綫直達琿春，當照所請辦理。兹據穆圖善奏，請飭北洋大臣派員馳往琿春、三姓、黑龍江三處，履勘程途，購備陸綫等語。東三省陸路電綫自應一律添設，以期便捷。吉林琿春業由李鴻章籌款勘辦，所有三姓、黑龍江應如何續設陸路電綫之處，即著李鴻章會商希元、文緒、禄彭妥籌辦理。

丁卯，直隸總督李鴻章奏，奉天與朝鮮原訂邊民交易章程内使臣等行李貨物一條，應酌量蠲徵，並請將商民紅蔘税項減爲值百抽十，以恤藩邦。允之。

庚午，諭軍機大臣等：周德潤等奏，辦理滇邊界務情形；鄧承修奏，行抵桂邊附陳關隘情形各一摺。【略】所有滇桂界務責成周德潤、鄧承修與該督撫等竭力圖維。新約第五款内所載中國邊界指定兩處，一在保勝以上，一在諒山以北，係指通商處所而言，又第三款内有或因北圻現在之界稍有改正，以期兩國公同有益等語。既云改正，則展寬甌脱一層，亦屬有詞可措，應如何相機辯難之處，周德潤、鄧承修等務當竭力辦理。

《光緒朝東華録》七四　辛未，裴蔭森奏，福建船廠造成鏡清快船下水，懇請擇尤獎勵。得旨，此項輪船著俟試洋後，如果駕駛得力，毫無流弊，再將出力人員擇尤請獎。

丙子，諭：楊昌濬奏，添設臺北道不如添設藩司，係爲因地制宜起見，自可准行。臺灣雖設行省，必須與福建連成一氣，如甘肅、新疆之制，庶可内外相維。著詳細會商，奏明辦理。

《德宗實録》卷二二一　又奉懿旨，三海工程緊要，現在放款不敷，著粤海關監督設法籌款一百萬兩分批解交奉宸苑應用。自光緒十二年起，由該關監督按

年報效銀三萬兩，此項銀兩未到以前，所有工程放項著由神機營存款内酌量借支，俟粤海關款項解到即行歸還。又奉懿旨，著户部自光緒十二年起至二十一年止，於每年内務府經費銀六十萬兩内撥十萬兩歸工程處應用。又奉懿旨，内務府奏，年終發款不敷，請指款借撥一摺。著准由海軍衙門存款内借銀四十萬兩以資應用，分作五年歸還。

《光緒朝東華録》七四　戊寅，以額勒和布爲武英殿大學士，恩承爲體仁閣大學士，閻敬銘爲東閣大學士。

《德宗實録》卷二二二　庚辰，直隸總督李鴻章又奏，出洋隨員候選道伍廷芳請留津差委。又奏，仿照西法創設武備學堂，請以革職湖北道員楊宗濂總理。均報聞。

以襄辦北洋洋務出力，賞候選道伍廷芳二品頂戴。

《光緒朝東華録》七四　辛巳，欽奉懿旨，侍郎黄體芳奏，大臣會辦海軍恐多貽誤，請電諭使臣遄歸練師一摺。本年創立海軍，事關重大，特派醇親王總理一切事宜。李鴻章卓著戰功，閱歷已深，諭令會同辦理。原恐操練巡閲諸事，李鴻章一人未能兼顧，遴派曾紀澤幫辦。所有一切機宜均由海軍衙門奏聞請旨辦理，朝廷於此事審思熟慮，業經全局通籌，況黜陟之權操之自上，豈臣下所能意爲進退。海軍開辦伊始，該侍郎輒請開去李鴻章會辦差使，並諭飭曾紀澤遄歸練師，改絃更張，迹近亂政，黄體芳著交部議處。

《德宗實録》卷二二二　乙酉，諭軍機大臣等：岑毓英奏，英緬兵争，現擬籌布邊防一摺。此次英緬搆兵，實由緬不量力，自取挫敗。惟究係中國朝貢之邦，未便置之不問，疊諭曾紀澤與英外部辦理。現據曾紀澤電信，有英允另立緬王，管教不管政，照舊進獻中國等語。是英雖逞志於緬，而於中華尚思修好，或可乘機利導，以弭兵端。惟滇境邊防不容稍懈，該督所擬撫諭野人，授以土都司、守備、千把總之職，果能部勒其衆，就我範圍，騰緬之間又添一層門户，自係因地制宜之策。

《光緒朝東華録》七四　辛卯，轉曾紀澤爲兵部左侍郎，以廖壽恒爲兵部右侍郎。

《德宗實録》卷二二二　辛卯，諭軍機大臣等：色楞額、崇綱奏，廓爾喀貢使進京請飭沿途迎護一摺。廓爾喀應進八年分年班貢品，現據揀派噶箕頭目人等恭賫赴京呈進。該國遠道輸忱，深堪嘉尚，所有該貢使經過地方自應一體迎護，以示懷柔。即著李鴻章、丁寶楨、剛毅、鹿傳霖一俟該國貢使入境，即行派委妥員迎護前進，俾得早日到京，免致中途羈滯。

《光緒政要》卷一一　是月，北洋大臣李鴻章奏，歷年創辦沿江沿海各省電報先後告竣事。

光緒一二年（丙戌、一八八六）

《德宗實録》卷二二三　丙申，又諭：電寄李鴻章，轉電鄧承修等電信暨張之洞電奏均悉。勘界總以按約爲主，鄧承修等所稱浦若照約艽對、高平、保樂必劃歸於我等語，新約無此明文，是否别有確據？張之洞所稱保樂歸我，新安、海寧兩處語亦活動，驅驢之説，稍持可商等語，究竟現議若何，著鄧承修等切實電聞。

《光緒朝東華録》七四　戊戌，諭：陳士杰奏，騷溝決口合龍日期一摺。上年山東河工趙莊、騷溝決口兩處，數月以來經陳士杰督率堵築，其趙莊決口已於十二月初八日合龍。兹復據奏，騷溝決口，經在工員弁衝寒蹈險，竭力搶堵，亦於十二月二十二日合龍，二十七日將後倉一律堵築穩固。覽奏稍慰廑系。陳士杰著加恩開復降三級留任處分，著該撫將各工防堵事宜認真趕辦，務期悉臻妥洽，以衛民生。所有兩次出力各員，著准其併案擇尤保奬，毋許冒濫。

《德宗實録》卷二二三　庚子，諭軍機大臣等：張凱嵩奏，英人詐取緬甸詳細情形一摺，並由軍機處將騰越文武官探報，呈覽均悉。【略】續據曾紀澤電信，有近商緬事頗順，英擇緬教王，候中朝俞允，並照前進獻潞江東地咸歸中國，均將定議。惟英政府因事告退，須俟新政府到任再商等語。是英於中華並無釁端，惟前議尚在未定，滇省邊防不容稍涉懈弛，著岑毓英、張凱嵩督飭丁槐等嚴密布置。

《光緒朝東華録》七四　庚子，諭：惇親王年近六旬，一切行禮差使允宜特加體恤。嗣後致祭壇廟暨壽皇殿、元旦大祭應派恭代，均著毋庸開列。奉先殿大祭並著毋庸輪班行禮，其各處陪祀差使一併加恩免其到班，以示優禮懿親至意。

《德宗實録》卷二二三　癸卯，諭軍機大臣等：周德潤等奏，履勘雲南邊界，陳明各路險夷形勢一摺。【略】現據奏稱，已將滇越界址豫爲履勘，著俟法使到

時，懍遵初四日諭旨先勘原界以後，酌度情形，再議改正。總勿豫存成見，致令該使以違約藉口，別生枝節，是爲至要。另片奏，請飭嚴拒法使由內地出關等語。浦理變前赴廣西，欲由內地行走，當經諭令李鴻章轉電阻止。此後該使如欲由內地赴滇，亦可仿照辦理。

甲辰，總理各國事務衙門奏，請派員前往香港與英國商訂洋藥新章。得旨，著派邵友濂前往香港會商開辦。

《光緒朝東華録》七四　親王銜惠郡王奕詳卒，命貝勒載瀅前往奠醊，照郡王例賜卹。子載潤承襲貝勒，載濟封三等鎮國將軍。

乙巳，諭：兵部奏，請飭催積欠租銀一摺。直隸各州縣應解兵部馬館地租生息銀兩，積欠甚多。本年二月朕恭奉慈禧端佑康頤昭豫莊誠皇太后祇謁東陵，該部恭備要差，應付車馬繁多，需款孔亟。著直隸總督飭令藩司，無論何款即行設法於歷年欠銀六萬餘兩內先撥銀三萬兩，限於正月內撥解到部，毋得遲延。嗣後務須年清年款，不得再有拖欠。

辛亥，諭軍機大臣等：本日據李鴻章電稱，法使接越電，北圻先安州九頭山有廣東兵輪四、帆船六并兵登岸，似將占踞，法擬調兵船往詰等語。覽奏不勝詫異。此事既無諭旨，該省又未奏報，何得遽爾派船前往，恐係謠傳不確，現當分界未定，豈可自生枝節，貽人口實。著張之洞迅即查明電覆。

《德宗實録》卷二一三　丙辰，會辦東三省練兵事宜福州將軍穆圖善奏，覆陳東三省練兵應行舉辦事宜，請派員總統練兵。得旨，著派特爾慶河、豐陞阿、倭恒額、鈕楞額、富林布前往東三省隨同穆圖善辦理練兵事宜。

《光緒朝東華録》七四　戊午，李鴻章奏，輪船招商局之設，原因各口通商以來，中國沿江沿海之利盡爲外國商船侵佔，故設法招集華股，特創此局，以與洋商爭衡，庶逐漸收回權利。關於國家體制、華民生計極巨，亦實爲中外交涉之大端。惟船棧碼頭各項成本甚重，與洋商分攬客貨，常年所得水脚無多，且洋商心懷嫉忌，屢次跌價傾擠。上年又遭法兵之擾，海舶難行，遂致局本層遞虧折，該員等無法支持，不得不暫借洋債以濟急需。當此局勢岌岌之際，必須官爲維持，乃可日就起色，【略】事關中國商務要端，非此斷不足以敵洋商而保我權利。相應仰懇特恩俯准照辦，以作商民之氣，大局幸甚。至該局自去秋向旗昌收回後，已遴派道員盛宣懷認真整頓經理，嚴定章程，力除弊竇，務使商民信從，可資經久。江海、津海關道本飭隨時會籌局務，應併令江蘇糧道與江海關道，遇有要件隨時會同局員籌商協助，俾資利便。下户部知之。

《德宗實録》卷二一三　庚申，著鄧承修等即行知照浦使狄所允商，伊既翻悔不認，則遵旨先勘原界之議更不可緩，即約彼迅速會同履勘。所争新界暫置不論，如彼因瘴生求去，則我仍是照約結束，彼更何詞可藉。該大臣等辦理此事，務存遠大之識，切勿見小拘執，致誤大局，慎之。

《光緒朝東華録》七四　甲子，諭：朕恭奉慈禧端佑康頤昭豫莊誠皇太后祇謁東陵，業經降旨於三月初七日還宮，所有本年會試應行聽宣之考官等，著改於三月初八日聽宣入闈，應試士子定於初十日點名入場，其餘一切事宜仍著該部查照定例辦理。

《德宗實録》卷二一四　二月丙寅，又諭：電寄曾紀澤，緬事近議若何，印督有無異説，曾紀澤著俟此事議定再行起程回華。洋藥事赫德所擬緊要條款，已與英外部商妥否，均即日電復。

又諭：電寄鄧承修等，本日鄧承修自南關電奏各節，不勝詫異。疊次電諭該大臣等先勘原界，並不遵旨速辦。輒思託病回龍，又不請旨遵行，遽與照會緩至秋末再辦。【略】仍著懍遵前旨，即行知照浦使先勘原界，儻瘴發趕辦不及，亦必勘辦一二段，先立文據，餘俟秋後再勘，若再託故遲延，始終違誤，必當從重治罪，懍之慎之。

戊辰，諭軍機大臣等：電寄曾紀澤，倫敦電報華民在美被害，中國索賠，總統卻之，粤督電致駐美大臣謂將報復等語。美使田貝歷次照會，均允拏人究辦，現亦以前信來問。閩粤華民在美甚衆，若該督果有報復之説，恐粤省人民藉端滋事，或波及別國洋房，必至枝節横生，難於收拾。儻係好事之人播散謡言，該督必應實力查禁。美國向係真心和好，此次照會詞亦恭順，切不可因此開釁，究竟該督有無此説，並著先行電聞。

己巳，諭軍機大臣等：電寄鄧承修等，疊次電諭鄧承修、李秉衡會商法使，先勘原界，機宜所繫，前諭已詳。乃該大臣等並不遵旨辦理，固執己見，託病遷延。昨鄧承修電稱即重罪亦復何辭，併少垂明察等語，已屬負氣。【略】飾詞規避，始終執拗，殊屬大負委任，鄧承修、李秉衡著交部嚴加議處，仍遵前旨迅即履勘。儻再玩延，致誤大局，耆英治罪成案具在，試問該大臣等能當此重咎乎？尋吏部議上，得旨，現在勘界事竣，所有吏部前議鄧承修、李秉衡革職處分，均著加恩寬免。

癸酉，署貴州巡撫潘霨奏，遵籌採礦章程：一規復鏞鉛，一擴充煤鐵，一弛禁硝磺，一厚集股分，一豫籌銷路，一明定課票。如所請行。

甲戌，又諭：電寄曾紀澤，庚電已悉，先論界務商務，既爲認英滅緬，即辦到遣使呈儀，何獨不然，況與緬督往來尤失國體，斷不可行。前諭本以存緬爲正辦，而以該大臣八募通商原議爲第二步，此時仍宜堅守存祀前説，與之終始力争，縱争之不得，尚可留待異日也。續議如何，隨時電聞。

《光緒朝東華録》七四　甲戌，吏部尚書崇綺復因病乞休，允之。調錫珍爲吏部尚書，麟書爲刑部尚書，崑岡爲工部尚書，以紹祺爲理藩院尚書。

《德宗實録》卷二二四　丙子，出使法德義和比奥國大臣翰林院侍講許景澄奏，前赴比利時暨和蘭呈遞國書日期。報聞。

丁丑，又諭：電寄曾紀澤，篠電已悉。英緬搆釁，始則緬自取怨，英頗有理，英外部前與曾紀澤所議存緬立王各節，不特與中華字小之義脗合，即環海各國亦無訾議。現因外部换人，忽然翻覆，殊出意外。中華所重，在乎不滅人國，貢與不貢無足重輕。著曾紀澤再爲辯論，詳述恃德恃力之道，並責義始利終之非，看其如何作答，即行電聞。

又諭：電寄曾國荃，前派邵友濂前往香港商辦洋藥税釐，著曾國荃飭令即日由海道來京，赴總理衙門商議一切。

壬午，命内閣侍讀學士林維源前赴臺灣，幫辦臺北開墾撫番事務。

甲申，雲南巡撫張凱嵩奏，英緬相持，請飭勘明潞江地址。得旨，潞江以西，滇境甚多，已疊經總理各國事務衙門詳考輿圖，與曾紀澤分晰辯論矣。

戊子，雲貴總督岑毓英奏，緬甸土司因緬王被虜，不忍坐視，已聚兵二萬與英人決戰。惟恐力不能支，敬備貢物，求發兵救援，並派員往撫野夷情形。得旨，緬事經曾紀澤與英外部辯論，尚未定議。修貢一節，著俟定議後聽候諭旨。

《光緒朝東華録》七四　張之洞等奏，籌議外洋各埠捐船護商情形，已奏派總兵王榮和、知府余瓗先赴南洋有名諸島詳慎周歷，飭將設官、造船兩事一併密加商度，以憑籌定切實辦法。下所司知之。

是月，俄羅斯國使臣博白傅回國，參贊拉德仁署理。義大利國使臣盧嘉德因病回國，蘭家驪署理。

《光緒朝東華録》七五　三月乙未，諭：額勒和布、閻敬銘、張之萬、許庚身、孫毓汶，均著賞穿黄馬褂。

《德宗實録》卷二二五　壬寅，諭内閣：山東黄河頻年爲患，小民顛沛流離，迄未復業。上年何王莊決口，被水村莊。【略】著加恩截留山東本年新漕粟米六萬石並隨漕輕齎等項銀兩俾作賑需，陳士杰務當督飭各該地方官及委員等覈實散放，毋任吏胥稍有侵蝕。

甲辰，浙江巡撫劉秉璋奏，旗兵加餉，請從緩議。得旨，創立海軍自係當務之急，而旗兵日久困苦，何以資操練而固根本。至欲另籌安插疏通，輕議更張，尤屬非是，原摺著即擲還。

《光緒朝東華録》七五　癸丑，欽奉懿旨，醇親王奕譞、醇親王福晉均著賞坐杏黄轎。

甲寅，諭軍機大臣等：劉瑞芬已到馬賽，著先赴英接任。曾紀澤將經手事宜詳晰告知，即行回華。存緬英既未允，所商分界各節，關係綦重，俟曾紀澤到京後面加垂詢，再行定議。

乙卯，大學士、北洋大臣李鴻章與法國來使戈可當等在天津會議越南邊界通商章程十九款成。

以劉永福爲廣東南澳鎮總兵。

《德宗實録》卷二二五　丁巳，又諭：前因三海工程緊要，欽奉懿旨，諭飭粤海關監督籌銀壹百萬兩解交應用，係令該監督設法籌解，本與正款無涉，解清後自光緒十二年起，由該關監督按年各報效銀三萬兩，係指明此項銀兩。【略】著海緒迅速如數籌備，分批解交奉宸苑以應亟需，並將酌定起解日期。

辛酉，諭内閣：陳士杰奏，桃汛盛漲，民埝大隄漫決，分別籌辦情形一摺。【略】前曾特降諭旨，截留山東新漕粟米六萬石，此時恐又不敷散放。著加恩截留新漕四萬石並隨漕輕齎等項銀兩，一並散放，以資賑濟。【略】陳士杰疏於防範，咎無可辭，著革職留任，署惠民縣知縣沈士銓著摘去頂戴仍留署任，候補副將陳長發著革職留工，以示懲儆。

《光緒朝東華録》七五　是月，日斯巴尼亞國使臣薩時鐸回國，參贊鄂尼思署理。日本國新簡駐華使臣鹽田三郎抵任。

《德宗實録》卷二二六　四月甲子，諭軍機大臣等：電寄李鴻章，北堂移讓，彼既允不建樓，必須切實説定，索一確據，方准其在西什庫地方建立教堂。惟洋房與内地房屋迴不相同，官爲修理，有無窒礙，務當再行詳度。至西什庫在皇城西北，本年方向不利，即使説定移建，今年不能動工，亦應豫爲説明。

丙寅，諭軍機大臣等：電寄李鴻章，朔電已悉，勘界從保勝上游辦起，未嘗不可，惟應行改正處所仍當照桂邊辦法會立標識。周德潤、岑毓英係特派大員，若法國不專派欽差，僅令營員等會勘，即與體制不合，不能與之商辦，此節當豫告該使爲要。

壬申，諭軍機大臣等：潘霨奏，試辦礦務一摺。據稱黔省各礦煤鐵處處皆有，硝磺兩項尤價賤質良，所有礦産半在萬山之中。現查看直達江口之路，設局分運，搭附商輪由漢口至上海，以便輓運。其價值各處不同，擬比較向時所採買者，酌減定價，以期暢銷。惟須各省每歲酌量能銷若干斤數，彙總計算，分儲備用，其餘仍聽各商領照運銷等語。煤鐵硝磺等項均爲防務所必需，果能設法暢銷，不獨黔省之利。惟各省採辦道路遠近不同，運腳多寡不一，必須各將價值詳加覈算，方能定購。著李鴻章、曾國荃、裕禄、張之洞、丁寶楨、岑毓英、譚鈞培、卞寶第、倪文蔚、張凱嵩、李秉衡各就該省情形，與潘霨詳細會商。

乙亥，兩江總督曾國荃等奏，江蘇試行河運漕糧在寶應水次開行，隨同江北漕船前進。下部知之。

丙子，江西巡撫德馨奏，江西加徵洋藥稅釐擬援照鄂省章程，歸商承包，按新關進口洋藥箱數爲凖，以六成八釐歸公，三成二釐爲承辦各項費用，每箱仍著繳稅釐銀八十六兩，以符部章。

《德宗實録》卷二一七　己卯，欽奉懿旨，電寄醇親王，覽奏欣慰。應奬三艦洋人，著俟操畢，分別等次，傳旨給予寶星。

《光緒朝東華録》七六　戊寅，諭軍機大臣等：有人奏，江西南昌縣知縣汪以誠甘酒嗜音，向來不理公事，因巡撫德馨性愛聽戲，遂極力逢迎，由上海招一戲班來江，請飭查辦等語。所奏是否屬實，著曾國荃確切查明，據實具奏，毋稍徇隱。

《德宗實録》卷二一七　庚辰，懿旨，電寄李鴻章，此次醇親王閲看旅順、煙臺、天津水陸各操陣勢及三處地形礮臺船隻式樣，均用洋法照圖呈進。

癸未，出使法德義荷比奧國大臣翰林院侍講許景澄奏，條陳海軍應辦事宜六條：一大沽海口宜設鐵甲礮船以固内防，一鐵甲船快船喫水尺寸不宜太淺，一鐵甲船式宜仿外洋近來行用各式製造，一海軍礮位宜用一律，一船廠機器局製造宜由漸擴充，一山東之膠州灣宜及時相度爲海軍屯埠。

甲申，山西巡撫剛毅奏，請重稅罌粟以除痼習。擬於栽種州縣，於揚花時查明所種地畝，成熟百斤者抽稅銀二十二兩，仍於落地行銷處所照外來土藥章程再抽釐銀二十二兩，試辦一年，酌量遞加。

乙酉，以力戰攻克越南各要地，賞四川川北鎮總兵覃修綱、貴州古州鎮總兵丁槐、道員岑毓寶、湯聘珍黄馬褂，雲南臨沅鎮總兵何秀林頭品頂戴。以督運越南官軍餽械有功，予雲南巡撫張凱嵩等優敘。

戊子，上御太和殿傳臚，授一甲三人趙以炯爲修撰，鄒福保、馮煦爲編修，賜進士及第。二甲彭述等一百三十人賜進士出身，三甲王文毓等一百八十六人賜同進士出身。

己丑，總理各國事務衙門奏，朝鮮國王改派樸齊純駐津督理通商事務。報聞。

直隸總督李鴻章奏，北洋閩廠第三届出洋學習製造學生展限六年期滿，請三年先予擇尤請奬一次，俟六年期滿再予一律請奬。從之。

《光緒朝東華録》七六　己丑，召倪文蔚入覲，以張之洞兼署廣東巡撫。

庚寅，諭軍機大臣等：前據色楞額等咨行總理各國事務衙門文稱，英人欲由印度入藏，再三開導，藏中番衆執意力阻等情，當經該衙門照會英使矣。本日據李鴻章電奏，英領事言馬高藟不日由印度入藏游歷，路多山僻無人，須帶帳房行李，以備沿途食宿，擬分起行走，押送帳房食物夫役五十八人，護送英弁兵十六名，事非得已，毫無他意，請豫爲知照川藏等語。【略】諭以英人此來係爲游歷起見，並無他意，該處兵民毋得攔阻，一面派員於印藏交界處所察看情形。設其時藏番堅執如故，務當勸止英人暫緩前進，免致倉猝生變，是爲至要。

《德宗實録》卷二一八　五月癸巳，懿旨：醇親王奕譞奏，巡閲北洋覆陳水陸操演情形，暨請奬敘將領員弁，及分給寶星各摺片。精練水師前經諭令先從北洋開辦，此次醇親王奕譞親赴天津，會同李鴻章、善慶周歷旅順等處，將南北洋輪船調集合操，並將水陸各營一律校閲，技藝均尚純熟，陣法亦極整齊。【略】海防關繫緊要，必須逐漸擴充，歷久不懈。據奏練兵先須選將，陸軍人才以武備學堂爲根本，水師人才以駕駛管輪學堂爲根本，洵屬扼要之論。並據王面奏，各學堂肄業於講求戰備外，兼習經史，尤屬合宜。又據奏，已革道員楊宗濂前辦天津武備學堂，規制頗能整肅，可否棄瑕録用等語。楊宗濂著准其留於直隸，交李鴻章差遣委用。經此次巡閲之後，醇親王奕譞務當會同李鴻章等物色將才，實力整頓，並督飭現在管帶各員，認真練習，力求精進。應如何籌集巨款，續添船

礮之處，並著隨時會商，奏明辦理。

《光緒朝東華録》七六　廣東巡撫倪文蔚因病乞休，允之。調譚鈞培爲廣東巡撫。召陳士杰來京，以張曜爲山東巡撫。命李秉衡仍護理廣西巡撫。

甲午，以奎斌爲湖北巡撫。

《德宗實録》卷二一八　乙未，諭内閣：御史文海奏，請嚴禁士子吸食鴉片一摺。士爲四民之首，宜如何束身自愛，若如所奏，本年會試士子竟有手提鴉片煙燈出闈情事，實屬不成事體。該御史當時既經目覩，何得因人數衆多，不即扣留懲辦。嗣後鄉會各場所有派出王大臣等，務當實力稽查，如有前項弊端，即行送交刑部，照例辦理。並著各省督撫於鄉試時一體認真查辦，以端士習而挽頽風。

丁酉，直隸總督李鴻章奏，與駐京教士商移北堂教堂於西什庫地。得旨，現議辦法尚屬周妥，均著照所請。

《光緒朝東華録》七六　丁酉，李鴻章電致總理各國事務衙門，吴欽差初三來電：二十六議定土字界牌，照舊圖挪前十八里，離海口二十二里，再前則沙土浮鬆，不能立牌。現與巴使定期歸還黑頂子，補寫記文，將圖們江一段重繪切圖，畫定紅線，俟奉電旨即與巴使畫押蓋印，乞轉電總署代奏。回電由佘道速遞。澂。云云。請轉奏。上諭國機大臣等：李鴻章轉電吴大澂所議展界豎牌補記繪圖各節，均尚妥協，即著照議畫押。

己亥，四川總督丁寶楨卒，賜祭葬，贈太子少保銜，入祀賢良祠，予謚文誠，賞其子體晉郎中。

以劉秉璋爲四川總督。

駐藏幫辦大臣崇綱因病乞休，允之。

庚子，調衛榮光爲浙江巡撫，以崧駿爲江蘇巡撫，盧士杰爲漕運總督，李嘉樂爲江西布政使。以尚賢爲駐藏幫辦大臣。

辛丑，諭：兵部奏，遵議廣東裁併改撥總兵各缺一摺。廣東陽江鎮水師總兵著即裁撤，改設北海鎮水陸總兵，以資控制。其高州鎮總兵並著改爲水陸總兵。餘依議。該部知道。

《德宗實録》卷二一八　丁未，諭軍機大臣等：李鴻章轉據袁世凱電稱，韓欲去金允植而斥華自主之議決，如此謬妄，恐將難制等語。【略】著李鴻章豫籌熟計，或遴派精細之員，以他事爲名前往該國詳晰探訪，與袁世凱所報，參觀互證，有無悖謬實據，抑或另有别情，密速電聞。前曾經明諭該國王去讒遠佞，親仁善鄰，李鴻章亦曾致函該國王勸其親近正人，此次應否再由該督作函詳加開導，破其成謀，潛消萌孽，並著李鴻章酌度辦理。

兩廣總督張之洞等奏，華民在美被害，請飭催該國從速嚴辦。下所司知之。

壬子，諭軍機大臣等：總理各國事務衙門奏，彙覈出使經費一摺。據稱江海關道册報出使經費，自九十七結至一百結，南北洋共先後借撥銀三十六萬一千二百五十九兩零，又自九十三結至九十六結，南洋共先後借撥銀一百八十萬一千二百八十一兩零，請飭迅籌歸款等語。此項出使經費本係專款存儲，疊經南北洋挪借動用，爲數甚鉅，現在存款無多，不敷分撥。著李鴻章、曾國荃即將前後借撥銀兩，分别迅速籌解歸款，以資應用，毋稍遲延。

《光緒朝東華録》七六　甲寅，安徽巡撫吴元炳卒，予祭葬。以陳彝爲安徽巡撫。

《德宗實録》卷二一八　戊午，諭軍機大臣等：劉銘傳奏，臺灣經費現與督臣議由福建釐金項下每年協濟銀二十四萬兩，由閩海關照舊協銀二十萬兩，請飭先期撥給等語。臺灣需餉孔急，自應豫爲籌撥。著古尼音布、楊昌濬自本年起，將議定每年協濟臺灣餉銀四十四萬兩，按季先期撥給，以應要需，餘俟楊昌濬會奏到時，再降諭旨。

《光緒朝東華録》七六　辛酉，以綿宜爲内閣學士。予故四川總督丁寶楨於山東建祠。

是月，法蘭西國使臣戈可當回國，上海總領事愷自邇署理。英吉利國新簡駐華使臣華爾身抵任。

《光緒朝東華録》七七　六月乙丑，劉錦棠奏，新疆南路建置已定，請飭提督迅即移防，以資整理。從之。

《德宗實録》卷二二九　壬申，懿旨：前因皇帝冲齡踐阼，一切用人行政，王大臣等不能無所稟承，允准廷臣之請，垂簾聽政，並諭俟皇帝典學有成，即行親政。十餘年來，皇帝孜孜念典，德業日新，近來披閱章奏，論斷古今，亦能剖決是非，權衡允當。本日召見醇親王奕譞暨軍機大臣禮親王世鐸等，諭以自本年冬至大祀圜丘爲始，皇帝親詣行禮，並著欽天監選擇吉期，於明年舉行親政典禮。

乙亥，諭内閣：户部奏，遵議譚鍾麟奏，請將解足甘肅新餉各員分别獎敘，開單呈覽一摺。

丙子，欽奉懿旨，醇親王奕譞奏籲請體念時艱，俯允訓政，禮親王世鐸等奏合詞籲懇訓政數年，伯彥訥謨祜等奏籲請從緩歸政以懋聖學各一摺。垂簾之舉出於萬不得已，十餘年來深宫訓導，欣見皇帝典學有成，特命於明年正月内舉行親政典禮，審慎宣綸，權衡至當，不容再有游移。【略】該王大臣等所請訓政數年及暫緩歸政之處，均毋庸議。懿旨，皇帝親政吉期本日已降旨定於明年正月十五日，著照欽天監所擬即於是日卯時舉行。

雲貴總督岑毓英等奏，滇省銅礦辦理艱難，運京不易，請變通商銅成數，如辦銅一百萬斤，准以一成通商，以上遞加，並照漕運章程給奬。

丁丑，諭軍機大臣等：據李鴻章電，重慶教堂與民口角，槍傷考生，遂致聚衆毁堂，洋房無一存者，並傷多人，罷考罷市等語。四川民情浮動，最易滋事。重慶民教仇怨本深，此次究竟因何起釁，著游智開迅即遴派幹員，前往彈壓，持平辦理，並查明搆釁緣由。民教被傷人數及現辦情形，先行據實馳奏。前有旨令劉秉璋速赴新任，此時計早交卸，該督接奉此旨，著即兼程赴川督飭妥辦。此事關繫緊要，該督等務當確切查明，迅速了結，不得稍涉偏袒，致生枝節。

己卯，總理各國事務衙門奏，與英國商訂條約五條：一、因緬甸每届十年有派員呈進方物成例，英國允由駐緬大臣循例舉行。一、中國允英國在緬甸現時所秉政權，均聽其便。一、勘定中緬邊界，彼此保護通商。一、煙臺條約另議專條，派員入藏一事，現因中國情形窒礙，英國允即停止。至英國欲在藏印邊界通商，應由中國體察情形，如果可行，再行妥議。章程儻多窒礙，英國亦不催問。一、本約立定，彼此畫押用印，速行互换。允之。

命慶郡王奕劻、工部左侍郎孫毓汶與英國使臣互换條約。

庚辰，欽奉懿旨，醇親王奕譞奏，重申愚悃籲請勉允訓政，禮親王世鐸等奏再行瀝誠籲懇訓政數年，錫珍等奏揆時度勢親政尚宜稍緩，貴賢奏舉行親政關繫綦重各一摺。【略】勉允所請，於皇帝親政後再行訓政數年。

諭軍機大臣等：電寄李鴻章，電奏已悉，港議既未甚定，各口著暫緩開辦，並電知邵友濂先行回任。

《光緒朝東華録》七七 壬午，予故兩廣總督張樹聲於安徽本籍建祠。

乙酉，慶親王奕劻、工部左侍郎孫毓汶會同前署駐華英使歐格納會議緬甸條約五款成。

《德宗實録》卷二二九 乙酉，吉林勘界大臣吴大澂、琿春副都統依克唐阿奏，與俄國會勘琿春邊界，補立沙草峯南越嶺下至平岡盡處壬字界牌，距圖們江口當中里三十里，又收回黑頂子要地，並補記繪圖簽押等事。下所司知之。

又奏，圖們江海口中國船隻出入，即當與俄使商辦，並商勘寧古塔境内倭字、那字二界牌。報聞。

戊子，護理四川總督游智開奏，英人入藏游歷，委員入藏開導被阻情形。得旨，現據總理各國事務衙門與英使議定，已允停止入藏，仍須商辦印藏通商事宜。著游智開仍遵前旨，會同駐藏大臣，將藏番與印度人有無在邊界私相貿易情事，密查據實具奏。

《德宗實録》卷二三〇 是月，日斯巴尼亞國新簡駐華使臣羅德理抵任。

《光緒朝東華録》七七 七月癸巳，雲貴總督岑毓英奏，法使到境，擬即輿疾勘界。報聞。

乙未，禮部奏，朝鮮與法國通商，議定條約並章程税則，據咨轉奏。下所司知之。

丁酉，諭軍機大臣等：張曜等奏，山東黄河伏汛漫口。並陳明民埝此堵彼開情形各摺片。本年六月間伏汛盛漲，趙莊、河套圈兩處隄埝同時漫決，衝刷口門甚寬。該省黄河頻年漫溢，此次復被水災，各村莊困苦情形，殊深軫系。著張曜迅飭印委各員，查放急賑，妥籌拯濟。

《光緒朝東華録》七七 戊戌，伊犁將軍金順卒，予祭葬，贈太子太保銜，賜䘏如例。

允穆圖善奏，請於上海設鎗械軍火採運局。

《德宗實録》卷二三〇 庚子，諭軍機大臣等：電寄張蔭桓、張之洞，電奏已悉。王榮和等既不能與洋官交涉議事，徒以官輪壯觀，無濟於事，轉令該埠滋疑，殊屬無謂。著仍附商輪前往，日國並無駐京公使，總署無從與商，所有議設領事保護華商事宜，著張蔭桓與日廷妥爲商辦。

《光緒朝東華録》七七 癸卯，裴蔭森奏，鏡清快船試洋赴寧，請照前奏擇尤奬勵。允之。

甲辰，楊昌濬等奏，光緒十一年九月初五日欽奉懿旨，醇親王奕譞等遵籌海防善後事宜，摺内奏稱臺灣要區宜有大員駐紮等語。【略】現在整頓海防，百廢待舉，加以改設行省，經費浩繁，如澎湖一島辦防需銀八十萬兩，業經臣等先後奏請勅部指撥。此外辦防製械設電，添官分治，招墾撫番，在在均關緊要。至建

立省城衙署壇廟各項工程，雖不妨稍緩，惟既經分省，亦不能不次第舉辦。臺地防營除裁撤外尚存三十五營，分防沿海二千餘里，勢難再減。臣等悉心籌畫，擬由閩海關本年照舊協銀二十萬兩，經臣銘傳咨請福州將軍古尼音布，嗣後由厦關徑撥解臺。其閩省各庫局無論如何爲難，每年按限協銀二十四萬兩陸續籌解，並請旨飭下粤海、江海、浙海、九江、江漢五關，每年協銀三十六萬兩，共成八十萬兩，以五年爲度，統計閩省及閩海關所協四十四萬，合之臺内歲入百萬兩，專爲防軍月餉之需。

《德宗實録》卷二三〇　乙巳，總理各國事務衙門奏，訂换日本條約請照成案，由本署與該使詳議。從之。

己酉，諭軍機大臣等：電寄李鴻章等，欽奉懿旨，醇親王奕譞進呈李鴻章信函各件均悉。此時情事未定，先以整軍嚴備爲主。李鴻章務將調兵事宜趕緊豫籌，爲朝發夕至之計。先事宜審慎，不可大意；臨事宜決斷，不可游移。一面酌調兵輪赴朝鮮海面不時操巡，以聯聲勢，並電催陳允頤詢問之事，有無把握，劉瑞芬詰問外部若何情形，一有確覆，即電聞請旨辦理。

《光緒朝東華録》七七　癸丑，王先謙奏：集貲刊刻《續皇清經解》一書。報聞。

《德宗實録》卷二三〇　丁巳，諭軍機大臣等：電寄李鴻章，欽奉懿旨，醇親王奕譞進呈李鴻章信函等件均悉。俄外部既稱實無此事，韓廷已拏匪治罪，且允備文申敘，非國王政府所知，前文可作廢紙等語。有此兩節，此事即可不再窮究。惟朝鮮所備之文，必須明晰聲敘，蓋用國寶，方爲確據。著李鴻章督飭妥辦。至原文索還與否可以置之不問，一面催詢陳允頤到後若何情形，即電聞請旨。

戊午，諭軍機大臣等：户部、總理各國事務衙門奏，請催解東北邊防經費一摺。據稱各省關本年應解東北邊防經費，截至七月十五日止，除解到及報解起程外，尚欠解銀一百二十五萬兩，請飭迅解，並補解歷年積欠銀兩等語。此項經費關繫緊要，自應迅速籌解，以濟要需。著該將軍督撫監督將欠解銀兩趕緊籌解，儻再遲延，即著户部照貽誤京餉例，指名嚴參。

庚申，又諭：總理各國事務衙門奏，覈議游智開所奏渝城打毀教堂各節暨羅縉紳稟報滋事情形，請飭查覆各摺片。此案應試武童不遵地方官約束，恃衆滋事，輒因美國在鵝項頸等處買地設堂，不協衆心，逞强拆毁，兼及各國教堂，實屬肆意妄爲，此風斷不可長。前經諭令劉秉璋確切查明，迅速了結。現在該督計已到任，即著詳查覈辦，持平斷結，不得稍涉偏袒，並將爲首滋事之人嚴拏懲辦，以儆將來。至宜昌鎮總兵羅縉紳探報各情與游智開前奏輕重懸殊，所稱南川綦江團勇開仗傷人，江北廳地方被教民燒燬鋪屋四百餘家，究竟有無其事，並著劉秉璋確查覆奏。

《德宗實録》卷二三一　八月壬戌，以庫倫辦事大臣色楞額爲伊犂將軍。

《光緒朝東華録》七八　甲子，命安德爲庫倫掌印辦事大臣。

丙寅，諭：《大清會典》一書自嘉慶二十三年修纂成書後，迄未續修。前於同治十二年奉旨准如内閣等衙門所議，先令各該衙門彙查案件，分限編次，嗣因編纂未就，復於光緒九年諭令各該堂官督飭司員悉心編輯，今又逾數載，計應一律告竣，正宜開館彙編，俾臻完備。著將嘉慶十八年以後增定一切典禮及修改各衙門則例編輯成書，頒行中外，所有開館事宜，著大學士、九卿酌定章程，妥議具奏。

《德宗實録》卷二三一　丁卯，雲貴總督岑毓英奏，請飭催各省協餉。得旨，滇省需餉孔亟，著户部咨催各省關新舊協餉，迅速撥解，毋稍延緩。

戊辰，諭軍機大臣等：電寄岑毓英等，近閱香港新聞紙内有中國兵勇於老街相近之地攻打法國勘界官員，親兵武官二人、兵十人被殺等語。此信雖未辨虚實，然關繫甚重，如有其事，應迅速妥辦，以弭釁端。著岑毓英、周德潤確切查明，先行電覆。

己巳，諭軍機大臣等：岑毓英電稱滇省沿邊防務每月需餉七萬兩以外，各省新舊各餉僅解到十五萬兩，現在需餉甚急，無從挪墊，請飭催各省迅速接濟等語。著户部查明欠解滇餉省分，催令迅速撥解，以濟要需，毋再遲延干咎。

丙子，兵部奏，會議兩廣總督等奏廣西邊陲分營扼紮，請撥的餉，酌移提督駐所，另設柳州總兵官並擬添邊關道員。允之。

丁丑，海軍衙門奏，請規復水師舊制，參用西法，以期實濟。欽奉懿旨，允之。

刑部奏，已革臺灣道劉璈完繳各款，請減等治罪。得旨，劉璈著減一等發往黑龍江效力贖罪。

己卯，雲貴總督岑毓英奏，越南匪黨殺斃法國兵官，燒毁船隻。報聞。

壬午，諭軍機大臣等：電寄李鴻章，二十、二十一日連接周德潤冬東二電

奏，法使因者蘭被劫，界務亟求脱卸，周德潤等與之擬訂六條，暫爲結束。又請展限數年，俟越界肅清，再由法照會續勘。其六條所訂毋庸改正之舊界，擬立節略繪圖，應行改正，而意見不同處所記明，俟後補勘。就此暫結本無不可，但讓地數十里設埠通商之説，彼始終不露一字，此次第六條但云改正處所商酌，並未言明何時，亦屬含混之詞。此節必須及時豫籌，况桂界續勘辦理亦須一律，著李鴻章統合全局，詳細酌度，應否照議暫緩抑或另議辦法，飭令趁此併議之處。

《光緒朝東華録》七八　乙酉，欽奉懿旨，前於四月間派醇親王奕譞巡閲北洋海口，因該親王遠涉風濤，實深眷念，皇帝亦時切廑系，故於召見時諭知欲派宫監帶領御醫全順隨往，以時調護。當據該親王面稱，總管太監李連英人極謹飭，請派隨往。迨回京時召見該親王，諭以李連英有無招摇情事。據稱，該總管太監沿途小心伺應，實與府中隨往太監無異，絶無絲毫干預外事。兹據御史朱一新奏遇災修省預防宦寺流弊一摺，忽以李連英隨該親王前往，恐蹈唐代監軍覆轍，危詞聳聽，已屬擬不於倫。又請近來各省水災，朝廷不無過舉，未能感召天和，一若因菑一事竟爲咎徵，尤屬附會不經。我朝廷優禮近支親藩，宫廷太監賜予往來係屬常有之事，此次該親王巡閲洋面，迥非尋常差使可比，特派太監帶同御醫隨行，以示深宫眷注體恤之意，於公事毫無干涉。該御史既未悉内廷規制，又復砌詞牽引，語多支離，姑置勿論。惟所稱李連英隨至天津，道路譁傳，士庶駭愕，與該親王面奏各語大相逕庭，是否確有實據。又稱深宫或别有不得已之苦衷，語意尤不可解。以上兩節著朱一新明白回奏，不得稍涉含混。

戊子，欽奉懿旨，御史朱一新明白回奏一摺。據稱前奏不得已之苦衷一語，即係仰測深宫體恤醇親王，因令太監隨行之意。至李連英隨往天津，道路譁然，士民駭愕一節，風聞醇親王不受北洋所派座船，該太監遂乘之，沿途辦差者誤爲王船，駭人觀聽，該太監一不詳慎，流弊遂已至斯等語。因召見醇親王面詢，據稱由通至津李鴻章派來座船一隻，該親王乘坐。又備船一隻，係護衛等乘坐。李連英與隨行府中太監等所乘係常船數隻，其火食船隻係李鴻章出資預備，派令隨行，並無沿途辦差之人，亦無誤認之事，是該御史風聞不實，確無疑義。【略】朱一新著以主事降補，其從前所陳奏留中兩次摺件均皆擲還。嗣後近支親藩遇有外差，内廷派令御前總管太監等隨行，絶不干預公事，内外臣工不必妄生疑義。

是月，法蘭西國新簡駐華使臣恭思當抵任。荷蘭國使臣費果蓀病痊回任。

《光緒政要》卷一二　是月，禮親王世鐸等恭請加上聖母徽號，以光鉅典。

《德宗實録》卷二三二　九月辛卯，諭軍機大臣等：禮部奏，朝鮮國王李熙遣官齎咨赴部懇請代奏，鈔咨呈覽一摺。察覈咨内所稱去月忽有奸細揑造文憑一事，此必樂禍之徒爲搆閒之計，應永遠作爲廢紙。現已飭令外署，將此意照會各國公使。【略】今既據查明實係小人揑造，一聞此事舉朝惶悚，具見真心服事之忱，深堪嘉許。惟自來立國之道全在君臣同德，内政肅清，雖有小人，無從造言作僞。我朝優待屬藩，視同一體，朝鮮密邇畿輔，尤與内地行省無異。民情之向背，政治之得失，一一難逃洞鑒，而整軍經武，剔蠹除奸，尤屬休戚相關，不容膜視。嗣後，該國王務當屏斥邪佞，親近賢臣，矢恪恭翼戴之實心，爲長治久安之至計。

乙未，諭軍機大臣等：電寄李鴻章，英議將巨文作爲通商碼頭，本以防俄占踞藉口，今俄既允立約，不取韓地，則英更無他慮，正可藉此轉圜，應勸令速還朝鮮，以全睦誼，其通商碼頭一説，可作罷論。

丙申，諭軍機大臣等：電寄張之洞，據總理衙門奏請飭粤督照章接見法領事一摺，前經諭令張之洞與法領事相見，何以該督膠執己見，並不遵辦。疆吏接見領事，本係載在條約，如有非理要求，正可當面駁辯。儻堅拒不見，致該使嘵瀆有辭，非特有傷國體，必致别生枝節，著張之洞懔遵諭旨，即行接見。

《光緒朝東華録》七八　命浙江按察使陳寶箴、已革兩淮鹽運使洪汝奎、分省補用知府桑彬、廣西候補知府石承霖、試用知縣陸維祺前赴廣東，交張之洞差遣委用。

曾國荃奏，金陵洋火藥局添購碾盤機器並增建廠屋需用經費銀數。

《德宗實録》卷二三二　戊戌，諭軍機大臣等：户部奏籌撥甘肅新餉一摺。【略】著該督撫等嚴飭各該司道按照部撥數目，於年内十二月底止趕解三成，至來年四月底止再解三成，其餘四成統限九月底掃數解清。各該省如能依限完解，即由陝甘總督照案奏請優獎，儻仍前延欠，即著户部照例奏參。

《光緒朝東華録》七八　庚子，前湖南提督鮑超卒，予祭葬，卹銀，建祠，贈太子少保銜，戰功事蹟交國史館立傳，並予謚武襄，命其子祖齡承襲子爵。

壬寅，諭：載遷等奏，工程緊要，永濟庫款項支絀，請籌撥銀兩一摺。據稱，各項工程萬難停緩，擇要興修，需款甚亟，著李鴻章飭令藩司無論何款迅即籌撥銀二萬兩，由載遷等派員支領，以應急需。

癸卯，命刑部郎中余顯邦馳赴臺灣，交劉銘傳差遣委用。

《德宗實録》卷二三二 甲辰，諭軍機大臣等：電寄李鴻章，酉電並由總理衙門進呈該督信函鈔册均悉。俄使擬改照會，有兩國政府約明不改變朝鮮現在情形之語，仍是隱寓保護之意，於將來措置屬國事宜，恐多牽掣，必須删去此語方妥。所有擬改照會字句，著李鴻章詳細斟酌，勿令一字含混，仍録稿請旨，再與定議。

丁未，欽奉懿旨，本日據軍機大臣呈進醇親王信函，内稱中俄因韓立約原恐俄懷他意，若因此被俄牽制，轉不如不約爲愈。蓋俄不侵韓乃其本分應爾，安能與我爲上國者相提並論，牽就立約，無論郡縣監國，本不欲辦，亦辦不到。【略】若俄約則無中生有，自我發端，而乃墮其術中，自貽伊戚，豈不貽後人之訾乎？無已或酌添數語，大致謂韓爲華屬，保全周至，苟非干名犯義，斷不別有措置，俄與韓修睦通商，亦斷無侵擾之心云云，似名分疆界，尚覺清楚等語。所論切中窾要，著李鴻章詳審酌度，照此定議，免貽後患。

壬子，甘肅新疆巡撫劉錦棠奏，請將回部義塾學童酌獎備取佾生，以資觀感。從之。

《光緒朝東華録》七八 壬子，劉銘傳奏，臺灣産樟腦、硫磺兩項，民間私煮私售，每多械争滋事。經内閣學士臣林維源、道員林朝棟等籌商，收歸官辦，以助撫番經費。臣查硫磺一項歷由已革浙江候補知府通商委員李彤恩兼辦，飭令該委員會同候補知府丁達意，將樟腦、硫磺籌議辦理章程，以收自然之利。

《德宗實録》卷二三二 丁巳，諭内閣：閻敬銘奏，瀝陳下悃，懇恩於軍機處、户部兩項差使開去其一等語。閻敬銘向來辦事實心，任勞任怨，朝廷深資倚畀。據奏久病之後力難兼顧，情詞懇摯，自應量加體恤。著准開軍機大臣差使，俾得專心部務，以副委任，所有年開應得賞項俱照軍機大臣例賞給，用示優眷。

戊午，以營務廢弛革後藏戴琫頓柱多布結連東科爾職。

《光緒政要》卷一二 是月，山東巡撫張曜奏籌辦黄河工程經費事。

出使大臣許景澄條陳海軍應辦事宜。

總理衙門奏請試辦天津等處鐵路。

《光緒朝東華録》七九 十月辛酉，命額勒和布、閻敬銘、恩承、張之萬充會典館正總裁，錫珍、翁同龢、延煦、烏拉喜崇阿、麟書、潘祖蔭充會典館副總裁。

《德宗實録》卷二三三 癸亥，諭軍機大臣等：電寄岑毓英，李鴻章奏，據岑毓英電稱界圖校畢，在營畫押，惟疾尚未愈，殊深廑系。岑毓英著暫行回省調理，以示體恤，其界務防務未盡事宜仍著妥籌辦理，一俟稍痊，再行前往。

《光緒朝東華録》七九 丙寅，欽奉懿旨，恭親王奕訢著加恩賞還親王雙俸。

欽奉懿旨，原品休致大學士寶鋆著加恩以大學士致仕，賞食半俸。

辛未，賜宋占魁等一百十九人武進士及第、出身有差。

《德宗實録》卷二三三 丙子，軍機大臣禮親王世鐸等奏，明年正月皇上親政，皇太后訓政，所有應行酌復舊制或變通辦理及暫緩舉行各事宜，謹酌擬條款，繕單呈覽。欽奉懿旨，依議行。

己卯，諭軍機大臣等：游百川奏，東省河工仍宜兼用張曜初議，分流入故道之策一摺。據稱該撫前奏，分黄流十分之三入南河故道，工省費輕，有利無害。此次摺内所稱分流僅指導入徒駭，終虞氾濫，請仍飭各該督撫會商堅意舉行等語。前經諭令張曜會商曾國荃等，將減水分入故道一節，妥議具奏。又於七月間寄諭催問，迄今尚未奏到。黄河北徙三十餘年，由大清河奪溜入海，現在河身逐漸淤高，以致頻年漫溢，幾於不可收拾，東省數十州縣，民不聊生。【略】如果挑築得宜，不致掣溜爲患，其分流之利較之徒駭等河，不啻倍蓰。仍著曾國荃等迅速會商，限於一月内覆奏，毋得畏難推諉，致誤大局。

《光緒朝東華録》七九 己卯，以長庚爲伊犂副都統，升泰爲駐藏幫辦大臣。

丁亥，潘霨奏，清查地畝並全徵各府州縣出力請奬。得旨，覽奏已悉，該撫督率清釐地畝，整頓丁糧，俾正賦漸臻足額，辦事認真，洵堪嘉許。出力之知府余上華著以道員在任候補，餘均著照所請奬勵。該部知道。

己丑，以防護直隸東明縣黄河出力，予大順廣道張紹華等優敘有差。

是月，俄羅斯國新簡駐華使臣庫滿抵任。

《德宗實録》卷二三四 十一月辛卯，以出洋三年期滿，予駐德使館二等繙譯官洋員金楷理總領事銜。三年繙譯官賡音泰以直隸州知州歸部選用，並加知府銜。

《光緒朝東華録》七九 癸巳，先是北洋水師提督丁汝昌統帶鐵艦駛赴日本長崎進隖修理，水手登岸受侮於巡查，遂決鬭，斃巡查七名，我水兵斃五名，傷四十餘名。我國派參贊楊樞往長崎相機商辦，日本亦派員會審，嗣允拏凶究訊員捕而不及撫恤，且欲我國亦拏凶審辦，相持日久。出使大臣徐承祖不得要領，因請停審，電致李鴻章，乞代奏。至是奉上諭，李鴻章朔電已悉。長崎一案，徐承

祖與該外部屢議不合，諒難在彼完結，著照李鴻章所議電飭停審，將已審兩造證供全案鈔送來京，由總理衙門詳覈，仍交李鴻章承辦。

追予故烏魯木齊提督金運昌於陝西建祠，戰績交國史館立傳。

《德宗實録》卷二三四　丁酉，諭軍機大臣等：張之洞連次電奏法越攻擊情形均悉。【略】現在辦法，法越相争祇有聽其自然，中國不必過問。

《光緒朝東華録》七九　己亥，雲南巡撫張凱嵩卒，予祭葬。調譚鈞培爲雲南巡撫，以吴大澂爲廣東巡撫。

乙巳，諭：徐延旭、唐炯、趙沃、張誠均著加恩免予句決。徐延旭、趙沃著發往新疆効力贖罪，唐炯著發往雲南交岑毓英差遣効力贖罪，張誠著發往臺灣交劉銘傳差遣効力贖罪。

丁未，命兵部左侍郎曾紀澤在總理衙門行走。

己酉，欽奉懿旨，吏部都察院奏，總理海軍事務衙門請將御史常明暫留當差，查無成案，請旨遵行各一摺。總理海軍事務衙門創辦伊始，一切事宜關係綦重，亟需委員經理，與各衙門尋常奏留不同，御史常明著仍准其暫留當差。

《德宗實録》卷二三五　癸丑，又諭：有人奏，兩廣、湖南地方拐帶之風甚熾等語。匪徒拐販人口，貽害閭閻，全在地方官隨時查拏，並嚴禁胥役等通同舞弊，庶使奸宄斂迹。著該督撫嚴飭所屬，認真訪拏懲辦，以靖地方。將此諭知張之洞、卞寶第並傳諭李秉衡知之。

又諭：有人奏，貴州近有匪徒拐賣人口，參將刁士樞、候補道顔培鼎給發護票，藉索銀兩，並有局紳道員冷超儒、同知楊訓章同惡相濟，以致拐案疊出，該匪益無儆畏，請飭查參等語。

丁巳，吉林將軍希元等奏，收回黑頂子地方，派員撥兵試辦屯墾。得旨，黑頂子甫經收回，必應布置周密，以固邊圉，著照所議撥營前往，試辦屯墾，並督飭委員認真經理，俾臻實效。

《光緒朝東華録》七九　丁巳，諭軍機大臣等：雲南邱北縣地震，剥隘等處被火，騰越被水，均經該督撫等查勘撫恤，小民諒可不至失所。惟念來春青黄不接之時，民力未免拮据，著傳諭該督撫等體察情形，如有應行接濟之處，即查明據實覆奏，務於封印以前奏到，候朕於新正降旨加恩。

《光緒政要》卷一二　是月，兩江總督曾國荃、漕運總督盧士杰奏，會勘江北舊黄河情形。

兩江總督曾國荃會直隸總督李鴻章奏，湘淮各軍少裁長夫事。

《光緒朝東華録》八〇　十二月庚申，諭軍機大臣等：户部奏，豫撥來年京餉一摺。京餉關繫緊要，現經該部就各省關情形酌量動撥，自應遵照奏定數目源源報解，以應要需。著該將軍等務於來年開印後分批起解，限五月前解到一半，十二月初間全數解清，不准截留改撥，藉詞延誤。將此諭令各該將軍、督撫、監督等知之。

《德宗實録》卷二三六　辛酉，廣東巡撫吴大澂奏，與廣東學政汪鳴鑾姻親，應否迴避。得旨，毋庸迴避，所有該學政年終考語，著專歸總督辦理。

壬戌，諭軍機大臣等：昨據吴大澂奏，調防各軍自上年七月起至本年十一月止，共請銷銀六十九萬八千餘兩。現在海防已鬆，庫款支絀，此項防餉爲數頗鉅，自應酌量裁併，以節經費。著李鴻章體察情形，應如何裁撤歸併之處，悉心妥籌，奏明辦理。

戊辰，諭軍機大臣等：前據謝祖源奏，請飭保薦出洋人員，經總理各國事務衙門議覆，請由翰林院、六部覈實保薦，現在幾及兩年，尚未據保薦有人，著該衙門傳知翰林院、六部迅即查明有無可以保薦之員，限三箇月内咨覆該衙門，毋再遲延。

又奏，西什庫南邊空地换給蠶池口移建教堂，已與駐京教士續立合同，劃定界址，並與法國使臣往來照會，换給執照。報聞。

癸酉，又諭：電寄徐承祖，據張之洞電稱，接徐承祖電，日本外部因新購法艦未到，擬派船至各港訪尋等語。南洋接閩電相同。目下崎案未定，華民積憤，如日本有兵輪入口，難保不别滋事端。此事該外部語涉支離，徐承祖既不先事力阻，且未電告總署及南北洋大臣，輒爲轉電閩粤，殊屬輕率。著傳旨申飭，彼船如未成行，仍應向其阻止，並即電聞。

《德宗實録》卷二三七　甲戌，諭内閣：御史瑞霖奏，請於城内添設練勇局一摺。稽查巡緝本係步軍統領衙門專責，若如所奏，竊盜肆行，尚復成何事體。著步軍統領等督飭將弁實力稽查，不准稍有懈弛，以期除莠安良。該御史所請添設練勇局之處，事涉紛更，著毋庸議。

四川總督劉秉璋奏，重慶教案已將各國賠款數目覈實議定。下所司知之。

《光緒朝東華録》八〇　戊寅，准故伊犁將軍金順建祠，戰蹟交國史館立傳。

《德宗實録》卷二三七　庚辰，諭軍機大臣等：奉懿旨，醇親王奕譞等奏遵

旨會議黄河分流事宜一摺。據稱會同酌議，將曾國荃等原奏所陳各節再三參覈，張曜分流之議急求紓難，而於建牐窒礙情形不暇詳審。曾國荃、成孚等但就本地工程立説，於東省河患，未經籌及，皆未免偏而不舉等語。【略】若因循不治，難保不如張曜前奏所云自尋故瀆，且恐豫省上游諸工亦因之漸加危險。江豫各督撫不可不深籌豫計，必應統會各省全局，屏除成見，確切圖維，冀收河流順軌之效。挽回故道一節，誠屬費鉅工艱，能否分年辦理，較易集事。攔河建牐一節，既係窒礙難行，亦宜另籌善策。著曾國荃、成孚、盧士杰、崧駿、邊寶泉、張曜按照王大臣等所指原摺疏漏之處，再加詳審，切實籌議。

《光緒朝東華録》八〇　庚辰，總理各國事務衙門、北洋大臣確詢，外洋挖河機器船隻辦法，於山東黄河海口仿造試行。

丙戌，諭軍機大臣等：恭鏜等奏，漠河金廠亟應舉辦一摺。黑龍江漠河山地方，上年曾有中俄匪徒過江偷挖金礦，自應及時開採，以杜外人覬覦。著李鴻章選派熟習礦務幹員，迅往黑龍江，隨同恭鏜認真勘辦，如津滬殷實各商有情願承辦之人，並著飭令同往，俾可圖成。另片奏，吉林候補知府李金鏞熟悉礦務，請飭派往會辦等語。即著希元轉飭赴黑龍江會辦。

《光緒政要》卷一二　黑龍江將軍恭鏜奏，籌辦開墾呼蘭所屬通肯荒地事宜。

光緒一三年（丁亥、一八八七）

《光緒朝東華録》八一　正月甲午，諭：前據御史方汝紹奏參浙江道員馬駟良總辦綱鹽局務，貪縱營私各款，當經諭令衛榮光提案澈查參辦。玆據查明奏稱，所參該道與徽商蘇寶善、何萬裕互相句結，重斤越銷、擡價抗課等弊，及歌酒賭博、因案得贓各節，均查無其事。惟以監司大員自詣商人私寓，實屬不知遠嫌，請交部察議等語。浙江候補道馬駟良著交部察議。

《德宗實録》卷二三八　丙申，諭軍機大臣等：電寄徐承祖，崎案既經德使轉圜，倭外部願遵傷多卹重之議歸結，尚不失體，事屬可行。如別無翻覆及另添枝節，即著徐承祖與之妥慎定議，先行電覆，再降全權諭旨，以便畫押結案。徐承祖承辦此事，務須步步詳慎，不可稍涉輕急。拏兇本屬空言，登岸已有西例，兩層均毋庸置議。德使何名，兵捕因傷成廢各有幾人，著一併覆奏。

庚子，兩廣總督張之洞奏，廣東略賣人口出洋之風日熾，請復就地正法舊章，從重辦理。

辛丑，又奉懿旨，户部奏，請於濱臨江海各省應解京饟内酌易制錢解存天津備用，開單呈覽一摺。上年六月閒諭令醇親王奕譞會同軍機大臣、户部、工部將錢法妥爲籌議，以期漸復舊制。旋據奏請以三年爲期，徐圖規復，先令直隷、江蘇各督撫添購機器，製造制錢，並飭例應鼓鑄制錢各省一體趕緊開鑪鑄造。當經照所請行。此係特旨交辦之事，宜如何切實舉行，俾臻成效，户部爲錢法總匯，自應督催各省認真籌辦。【略】總之，舊制必宜規復，錢法亟應整頓，前經疊次訓諭，乃該堂官不能仰體朝廷裕國便民之意，飾詞延宕，實屬大負委任。户部堂官均著交部嚴加議處，原摺單擲還。仍著將開鑪鼓鑄各事宜迅速另行籌議具奏，限於一年内一體辦理就緒，毋再遲延干咎，懍之。

諭軍機大臣等：雷正綰所部馬步九營前經調駐營口，復諭令移紮鳳凰邊門。該提督統軍久戍，頗著勤勞，朝廷時深廑念。現在邊防安靖，自應遣撤回甘，俾資休息。著雷正綰統率所部仍回固原本任。該軍經過地方著李鴻章、慶裕飭屬妥爲照料。

壬寅，諭軍機大臣等：電寄張之洞，電悉。查圖内白龍尾係填黄色，白龍之西至江平一段皆白色，鄧承修前電但稱竹山至白龍尾一段意見不合，而於白龍尾駐兵及分畫一綫，左歸華，右歸越，均未明晰聲敘。既據該督奏稱，確係中國現界，則約内亟應抽出，以免含糊狡賴，著即轉電遵辦。

《光緒朝東華録》八一　壬寅，諭：上年自冬至後朕恭遇壇廟大祀，敬謹親詣行禮，而奉先殿未經特祭。恭查咸豐二年皇考文宗顯皇帝，同治十二年穆宗毅皇帝均親詣奉先殿致祭行禮。朕親政後自當敬法前謨，用申誠悃。謹於三月初一日恭詣奉先殿前殿讀祝致祭，所有應行典禮著各該衙門照例敬謹預備。

癸卯，上親政，率王以下六部九卿詣慈寧門行慶賀禮畢，御太和殿受賀，保和殿筵宴。

《德宗實録》卷二三八　又諭：電寄李鴻章，電悉。長崎結案所議各節均尚妥協，即著依議行。本日已電諭徐承祖爲全權大臣就近畫押，著李鴻章即行轉電飭遵。

丁未，諭軍機大臣等：電寄徐承祖，崎案理曲在彼，會審辯駁久無成説，今因德使調處，照傷多卹重之議，將就了結，在事之人無勞可紀。如日本獎勵德

使，我可從同，至所請伊井各寶星及在事各員擇尤保奬之處，著毋庸議。所有全案供招仍鈔送總署存案。

《光緒朝東華録》八一　辛亥，諭：鑾儀衛奏恭備要差請飭催欠款一摺。直隸應解鑾儀衛地租銀兩積欠甚鉅，本年三月朕恭奉皇太后祗謁西陵，該衙門恭備一切差使，需款孔亟。著李鴻章飭令藩司於積欠地租項下迅速籌提銀二萬兩，務於二月二十日以前如數解到，以濟急需。其本年應徵地租銀兩亦著照舊陸續批解。

調曾紀澤爲户部右侍郎，轉廖壽恒爲兵部左侍郎，調孫家鼐爲兵部右侍郎。

癸丑，諭：兵部奏，請飭催積欠租銀一摺。直隸各州縣應解兵部馬館地租生息銀兩積欠甚多，本年三月朕恭奉皇太后祗謁西陵，該部恭備要差，應付車馬繁多，需款孔亟，著直隸總督飭令藩司無論何款即行設法於本年欠銀四萬餘兩内先撥銀三萬兩，限於二月初十以前撥解到部，毋稍遲延。嗣後務須年清年款，不得稍有拖欠。

乙卯，欽奉懿旨，規復舊制錢必應廣籌鼓鑄，著李鴻章先行購置機器一分，就天津機器局趕緊鼓鑄，運京備用。嗣後每錢一文均以重一錢爲率，京局及各省一律照辦。

《德宗實録》卷二三九　二月庚申，諭軍機大臣等：前據裕禄等奏，鄂省錢少價昂，請暫禁輪船洋船裝運出口一摺。當經諭令該衙門議奏。兹據總理各國事務衙門奏稱，條約内載銅錢不准運出外國，惟通商中國各口准其以此口運至彼口，仍應照向章辦理等語。銅錢裝運出口條約所載本甚明晰，各省督撫果能督飭關道實力稽查，自無流弊。且向來洋人亦無私運銅錢出洋情事，今忽通行照會，轉致生疑，易滋口舌，至圜法本貴流通，此省運至彼省，例所不禁，安能與歲荒禁米，相提並論。該督等所請由總署照會各國使臣之處著毋庸議。嗣後遇有中外交涉事件，務當詳覈條約，照常妥辦，毋得另生枝節，以致窒礙難行。

總理各國事務衙門奏，覈實撙節出使俸薪，擬嗣後出使東西洋各國大臣，西洋參贊、領事、繙譯、隨員等均減十成之二，東洋參贊等官本已減數支領，應照現支再減十分之一。從之。

出使美日秘國大臣張蔭桓奏，擬在日斯巴尼亞國古巴島籌設古巴學堂。允之。

乙丑，吉林將軍希元奏，請留知府李金鏞督辦吉林屯墾，其黑龍江會辦礦務請以湖南候補知府周冕接辦。得旨，創辦礦務事關緊要，著仍遵前旨，即飭李金鏞前赴黑龍江會辦，所有吉林屯墾事宜，該將軍另揀妥員辦理。

《光緒朝東華録》八一　穆圖善奏，三省練兵一律成軍，核計常年餉數並酌定防軍章程。竊奴才辦理東三省練兵事宜，業經會同各該省將軍詳細籌商，認真揀選，遵照會議，每省挑練馬隊兩起，步隊八營。内惟奉省酌撥舊隊兵册一千名，吉林酌撥舊隊兵册一千五百名，餘俱改練新兵。江省地曠兵單，全屬挑練新兵。三省各足成四千五百人之數，均已先後點驗成軍，會奏在案。所有營制餉章會議，准照吉林防軍章程辦理。

《德宗實録》卷二三九　丙寅，李鴻章又奏，前在英國、德國定造快船四隻，命名致遠、靖遠、經遠、來遠，豫派員弁出洋驗收，駕駛回華，請予奬敘。允之。又奏，購上海利運輪船一隻，價規平銀九萬五千八百二十五兩。又奏，查明訂購德國商廠定遠、鎮遠鐵甲船收支款目，共銀三百六十四萬六千五百十五兩。又奏，在德國伏耳鏗廠購濟遠輪船，價六十八萬六千二百四兩零。均報聞。

丁卯，欽奉懿旨，著派醇親王奕譞、御前大臣、軍機大臣、管理奉宸苑大臣將三海各門及圍牆外面一切守衛並王大臣官員等出入各門章程，會同妥議具奏。尋議三海等處出入門禁並外圍守衛事宜，妥定章程三十六條。

《光緒朝東華録》八一　戊辰，諭軍機大臣等：前據御史謝祖源陳奏，出使外洋人員飭翰林院、六部等衙門由堂官就屬員中考察精明幹練實堪勝任者，每二年保薦一次，現已兩年有餘，未據各衙門具摺保薦，可傳諭總理各國事務衙門行文各署知之。

《德宗實録》卷二三九　壬申，福建臺灣巡撫劉銘傳奏，萬年青輪船被碰沈没，請飭照會英使。報聞。

甲戌，吏部奏，福建臺灣改設行省，請添設布政司一缺。從之。

丁丑，諭内閣：有人奏各省保甲廢弛，請飭整頓等語。【略】著各直省督撫嚴飭所屬將保甲事宜，認真辦理，立法固期盡善，尤在實力奉行，務令各州縣隨時親查，絶不假手吏役，庶有稽查之實而無滋擾之弊。

《光緒朝東華録》八一　丁丑，諭：本年輪應查閲直隸、山西、陝西、四川、甘肅五省營伍之期。直隸即派李鴻章，山西即派剛毅，陝西即派葉伯英，四川即派劉秉璋，甘肅即派譚鍾麟，逐一查閲，認真簡校。如有訓練不精、軍實不齊者，即將廢弛之將弁據實參奏，毋得視爲具文。

《德宗實録》卷二三九　庚辰，總理海軍事務衙門奏，請試辦天津等處鐵路。允之。

《光緒朝東華録》八一　辛巳，諭：唐炯著賞給巡撫銜，督辦雲南礦務，准其專摺奏事。所有各省應解銅本銀兩均著解交唐炯應用。該部知道。

諭：朕於三月初七日啓鑾後，著派醇親王、大學士恩承、閻敬銘、協辦大學士尚書福錕留京辦事。醇親王、恩承、閻敬銘三人分日輪流在内值宿，不值宿者於申刻散值。福錕每日進内辦事後，毋庸值宿，午刻先行散值。

《德宗實録》卷二三九　辛巳，總理各國事務衙門奏，葡萄牙國人久住澳門，屢經議約未成，現擬於洋藥税釐併徵案内設法籌辦。又奏，香港、澳門兩處現創設粤海分關，香港關在九龍灣即名曰九龍關，澳門關設在拱北灣即名曰拱北關，仍歸粤海關監督並轄，應由臣衙門派定税務司前往駐紮。允之。

《光緒朝東華録》八一　壬午，欽奉懿旨，禮親王世鐸奏請開去軍機大臣要差以符定制一摺。覽奏具見悃忱。皇帝甫經親政，前允王大臣等所請訓政數年，正期左右諸臣盡心匡濟。該親王自入值以來，夙夜在公，深資倚任，尤當體念時艱，力圖報稱，所請開去要差之處，著俟數年後全復舊制，再降諭旨。

以邵友濂爲福建臺灣布政使。

《德宗實録》卷二三九　癸未，雲貴總督岑毓英奏，英、法兩國用兵越地，直逼滇邊，士人驚恐，請飭總理各國事務衙門，知會英、法公使，傳諭該國領兵約束兵弁，毋得侵軼邊界。下該衙門知之。

丁亥，禮部尚書延煦卒，予祭葬，賜銀。命貝勒載瀅前往奠醊，賞其孫容濬主事。

調英煦爲盛京刑部侍郎，以續昌爲禮部右侍郎。

以奎潤爲禮部尚書，松森爲左都御史。

《光緒政要》卷一三　是月，直隸總督李鴻章奏辦開平煤礦。

《德宗實録》卷二四〇　三月己丑，以大學士恩承爲國史館副總裁官，禮部尚書奎潤爲會典館副總裁官。

《光緒朝東華録》八一　己丑，以鄭工緊急，命李鴻章息借洋款銀一百萬兩。

《德宗實録》卷二四〇　癸巳，諭軍機大臣等：户部奏，遵議張之洞奏廣東購辦機器試鑄制錢銀元並擬令督辦礦務大臣兼理瀘州鑄錢事宜各一摺。現議規復制錢，必應廣籌鼓鑄，變通辦理，以輔京局之不足。張之洞擬於廣東購用機器製造制錢，自係因地制宜之策。【略】礦務與錢法互相表裏，雲南之銅、貴州之鉛向來解京必須經過四川瀘州，是瀘州設局鼓鑄最爲相宜。唐炯於四川情形素熟，前已派令督辦雲南礦務，即可兼籌瀘州鼓鑄事宜，著將礦務迅速籌畫，實心經理，銅斤一項，務期於解京外兼備川省鼓鑄之用。瀘州設局各事應如何先行籌議，並著專摺具奏。需用銅鉛等項如何採辦，著劉秉璋、岑毓英、卞寶第、譚鈞培、潘霨與唐炯隨時會商。

乙未，是日駐蹕黄新莊行宮。

《光緒朝東華録》八一　戊戌，諭：吏部奏，遵議管道大臣站道空誤處分一摺。内閣學士豐烈、國子監司業崇文均著照部議罰俸一年，不准抵銷。豐烈二次站道空誤，應得降二級調用處分，著加恩改爲革職留任。

《德宗實録》卷二四〇　壬寅，雲貴總督岑毓英奏，川滇電綫接合工成，請分別飭議電奏驛奏章程，下該衙門議。尋議，嗣後該省循例奏案仍應照常驛遞，如有邊務緊要事件，應准其先行電達臣衙門代奏，以期迅捷。從之。

《光緒朝東華録》八一　甲辰，前署塔爾巴哈臺參贊大臣明春卒，予祭葬。

《德宗實録》卷二四〇　丁未，閩浙總督楊昌濬奏，閩省試鑄制錢，仿照康熙年間舊制，酌定每文八分五釐，尚無虧耗。下部知之。

己酉，山西巡撫剛毅奏，北洋訂造快船等價，奉撥捐款不敷，擬籌動釐税墊解。下户部知之。

《光緒朝東華録》八一　辛亥，總理各國事務衙門奏，請洋藥税釐並徵定明新章，香港與澳門會辦。允之。

壬子，欽奉懿旨，御史陳琇瑩奏，請將明習算學人員量予科甲出身，並游歷人員准給厚貲，參贊等官缺出，准令游歷人員兼充，暨溉田購用機器各摺片。著該衙門會同吏部、禮部妥議具奏，醇親王奕譞著一併與議。

《德宗實録》卷二四〇　甲寅，諭軍機大臣等：劉錦棠奏，請開缺賞假一年省親就醫一摺。覽奏情詞肫摯，殊深廑系。現在新疆地方緊要，所有屯田遣勇各事宜尚須妥籌經理，該撫久膺邊寄，辦事認真，於新疆一切情形尤爲熟悉。朝廷眷顧西陲，正資倚畀，雖據陳情懇切，惟當此時事艱難，自應國而忘家，益圖報稱。劉錦棠著賞假三月，並加恩賞給人蔘八兩，在任安心調理，毋庸開缺。

丁巳，以幫辦朝鮮通商設關三年期滿，予候選縣丞唐紹儀等奨敘。

周榮曜報捐水操學堂工程銀一萬三千兩，欽奉懿旨，周榮曜著以道員即選

並賞加二品銜。

《光緒朝東華録》八一　是月，義大利國使臣盧加德回任。

《德宗實録》卷二四一　四月辛酉，諭内閣：前任綏遠城將軍福興【略】前因患病開缺，兹聞溘逝，軫惜殊深，加恩著照將軍例賜卹，任内一切處分悉予開復，應得卹典，該衙門查例具奏。伊孫筆帖式鐵寶著賞給主事，分部行走，用示篤念藎臣至意。尋賜祭葬，予謚莊慤。

癸亥，欽奉懿旨，近日京城銀價易錢易票任意低昂，而物價不減，兵民受累。據户部奏稱，由於民間竊議制錢一出，大錢將廢，各鋪所開錢票恐將來虧折，紛紛收回，遂致錢票現錢價值懸殊等語。規復制錢，仍准搭用當十大錢。【略】現經户部擬定章程，將來通行制錢之時，每當十大錢准折抵制錢二文，官民購買物件及各行商賈均照此出入，不得稍有參差。其捐項税務，亦照此折抵數目搭成交收，庶大錢、制錢相輔而行，不致偏廢。

巡閲長江水師兵部尚書彭玉麟奏，巡閲起程日期。得旨，該尚書扶疾起程，具見忠悃，嘉許之餘，彌深廑系，著賞給人薓四兩，妥爲調攝，以資倚畀。

《光緒朝東華録》八二　丁卯，予故福建陸路提督唐定奎照提督軍營病故例從優議卹，准於本籍及立功省分建祠，戰功事蹟交國史館立傳。

《德宗實録》卷二四一　丁卯，福建臺灣巡撫劉銘傳奏，臺灣擬興修鐵路，創辦商務，並請派内閣侍讀學士林維源督辦。欽奉懿旨，著海軍衙門議奏。尋議，臺灣孤懸海外，物産蕃盛，非興商務不足以開利源，非造鐵路不足以興商務，應請旨准其開辦。林維源籍隸臺北，鄉望素孚，擬請旨准如該撫所奏，令該學士查照現議條款督飭商人妥員，認真照辦。從之。

《光緒朝東華録》八二　庚午，召裕禄入覲，以奎斌兼署湖廣總督。

《德宗實録》卷二四一　辛未，諭軍機大臣等：李鴻章奏，訪聞山東淄川縣槲木溝等處，素有鉛礦，産苗甚旺，請飭開採等語。向來京外鼓鑄制錢，皆由貴州、湖南運解鉛斤，以資配製。現在該兩省辦解無多，必須另籌接濟。該處礦苗既旺，即著張曜遴委妥員前往確勘，詳定章程，奏明辦理。

乙亥，以協辦吴淞口防務出力，賞駐滬德國總領事吕森等寶星，江海關税務司好博遜二品頂戴。

癸未，總理各國事務衙門奏，遵擬出洋游歷人員章程：一、此次派出之員，除繙譯外當以十員或十二員爲定額。一、各衙門保送人員，除翰林院外由臣衙門定期傳集考試，以定去取。一、游歷至久者以二年爲限，先歸者聽。一、京官實缺四品以上人員願行者請旨定奪。一、往返船價及各國游歷火車車價，准其開支公項。一、各員准豫支六箇月薪水以備應用。一、船價車價由各員自行造册報銷，分兩次開報。一、游歷之時應將各國地形、風俗、政治、交通、武備逐一詳細記載。一、各國語言文字及一切測量格致之學，各員如有能通曉及學習者，可以所寫手册録交臣衙門以備參考。一、各員游歷回華，擬擇成績卓著之員奏請奬勵。又奏，出使大臣兼駐之國宜令附近分隸，請嗣後出使英國之員兼充駐法使臣，以義、比兩國附之。出使俄國之員，兼充駐德使臣，以奥、和兩國附之。均從之。

出使美日秘國大臣張蔭桓奏，洛士丙泠擅殺華工案，現與美國定議，賠款十四萬七千餘圓，並擬互訂保護限制華工章程善後。又奏，古巴被繫華工，已經釋放。

《光緒朝東華録》八二　癸未，總理各國事務衙門奏：【略】臣等就原奏所陳，公同商酌，試士之例未容輕議變更，而求才之格似可量爲推廣。擬請旨飭下各省學臣，於歲科試時，生監中有報考算學者除正場仍試以四書經文詩策外，其考試經古場内另出算學題目。果能通曉算法即將原卷咨送總理各國事務衙門復勘註册，俟鄉試之年按册咨取赴總理衙門，試以格物、測算及機器製造、水陸軍法、船礮水雷或公法條約、各國史事諸題，擇其明通者録送順天鄉試，不分滿合貝皿等字號，如人數在二十名以上統於卷面加印算學字樣，與通場士子一同試以詩文策問，無庸另出算學題目，其試卷由外簾另爲一束，封送内簾，比照大省官卷之例，每於二十名額外取中一名。

《德宗實録》卷二四一　乙酉，總理海軍事務衙門奏，道員潘永受、毓俊等報捐船隻銀兩。欽奉懿旨，潘永受著以道員即選並賞加二品銜，沈爾嘉、毓俊著以道員籤掣名次即選，李鳴梧著以知府在任即選。

丙戌，欽奉懿旨，前經設立海軍事務衙門，特派醇親王奕譞總司其事，舉凡造船購器，選將練兵，均應由該衙門主持考覈，次第辦理。目前應辦事宜以操練輪船爲最要，尤以裁節冗費爲最先，【略】必須將無用之船分别裁撤，騰出餉項精練兵船爲有備無患之計。著李鴻章、曾國荃、楊昌濬、張之洞、崧駿、吴大澂將各該省現有大小輪船可留者若干，可裁者若干分晰開單，咨商海軍衙門彙覈具奏。【略】前令曾紀澤、許景澄所定快船四號，不久亦可駛到，需人正多。李鴻章等尤

須將管帶快船之員留心物色，務得果敢耐勞、不染習氣之人豫爲儲備。浙江、山東均爲沿海要區，有無可裁船隻並著衛榮光、張曜與海軍衙門商酌具奏。總之，創立海軍事關重大，一切機宜，該衙門責無旁貸。嗣後各該省於海防應需購買器械、撥用經費等項，均著先期咨報海軍衙門，斟酌妥善，再行辦理。

《光緒朝東華録》八二　是月，比利時國使臣維禮用回國，參贊米師麗署理。

閏四月辛丑，欽奉懿旨，皇帝大婚典禮崇隆，允宜先期預備一切應辦事宜，

【略】嚴飭承辦各員認真經理，不准稍涉浮冒，所有支發款項著醇親王隨時稽查。

《德宗實録》卷二四二　辛丑，又奉懿旨，醇親王奕譞等奏，部撥海軍經費解不足數，請旨飭催一摺。海軍爲自强要政，現在創辦伊始，全賴費用充裕。户部原撥十二年分該衙門經費内釐金一項，江蘇欠解銀十八萬兩，浙江欠解銀八萬兩，江西欠解銀十五萬兩，似此任意遷延，以致辦事掣肘，殊屬不顧大局，著曾國荃、崧駿、衛榮光、李嘉樂迅將前欠銀兩趕緊籌解，並本年各省應解之項務當於年内埽數解清，不准絲毫蔕欠。至福建、廣東應撥海防經費，已歸本省動用，滬尾、打狗二口，已歸臺防，著户部另籌的款相抵，以符原撥四百萬兩之數。嗣後各省關撥解海軍款項，若不年清年款，並著該部嚴定處分，指名奏參。果能全數解清，即著酌覈請奬。

癸卯，諭内閣：劉銘傳奏，臺灣各路生番歸化並開山招撫情形，請將出力將領奬勵一摺。臺灣前後山各路生番自上年十月經劉銘傳檄委將領開通道路，設法招撫，數月之間，後山南北兩路生番二百十八社，番丁五萬餘人，前山各路生番二百六十餘社，番丁三萬八千餘人，均各次第歸化，可墾田園數十萬畝，辦理尚爲妥速。劉銘傳督率有方，深堪嘉尚。其尤爲出力之副將張兆連、陶茂森均著以總兵記名簡放，守備鄭有勤著以都司儘先補用並賞加遊擊銜，其餘在事出力員弁准其彙案請奬，毋許冒濫。

戊申，諭軍機大臣等：電寄鄧承修，界務將竣，即日立約。鄧承修等准其暫回欽州候旨，李興鋭病如就愈，即著來京豫備召見。

《光緒朝東華録》八二　己酉，予故三品卿銜前雲南巡撫林鴻年學行事蹟，交國史館立傳。

《德宗實録》卷二四二　壬子，吉林將軍希元等奏，吉省地方制錢缺少，擬試鑄八分重制錢一摺。得旨，覽奏係爲因地制宜起見，准其試行鑄造。惟當隨時認真督察工匠，不得再有輕減，以資經久。

《光緒朝東華録》八二　是月，日本國使臣鹽田三郎回國，參贊梶山鼎介代辦使事。

《光緒朝東華録》八三　五月丁巳朔，准河南巡撫邊寶泉開缺調理。

戊午，以倪文蔚爲河南巡撫。

《德宗實録》卷二四三　直隸總督李鴻章奏，天津水師武備學堂學生及教習人員，請由臣咨送總理衙門考試算學，録送一體鄉試，獲雋後仍歸學堂及水師陸軍調用，俾收實效。從之。

己未，命慶郡王奕劻、工部左侍郎孫毓汶與法國使臣畫押。

《光緒朝東華録》八三　己未，以内閣學士洪鈞充出使俄國、德國兼駐奧國和國欽差大臣。大理寺卿劉瑞芬充出使英國、法國兼義國、比國欽差大臣。直隸候補道李興鋭賞加二品頂戴，充出使日本國大臣。

《德宗實録》卷二四三　癸亥，又諭電寄鄧承修，中法續訂界務商務條約，已派王大臣與法使畫押，所有照繪欽州界圖及照録條約各件即由總理衙門發交委員馬復賁賚回。其設立界牌事宜，照約由地方官會同駐越法員辦理，鄧承修著即馳驛回京。

諭軍機大臣等：電寄徐承祖，著飭令隨員知縣于德楙延聘東洋上等礦師二人，議訂三年，即令于德楙伴送由四川敘州府入滇，交唐炯委用。

丙寅，又諭：御史慶祥奏，洋槍傷人之案層見疊出，請飭嚴禁等語。著步軍統領衙門、順天府、五城御史一體出示嚴行禁止，遇有槍傷之案，即行嚴拏懲辦，以靖閭閻。

又諭：中法續訂界務商務條約已令總理各國事務衙門王大臣與法使恭思當畫押，所有條約照會各件不日由總理衙門咨行該督撫查照辦理。滇省界務，周德潤與法使狄隆會勘時意見未合，歸入請示者兩段，此次定議，經總理衙門與周德潤按圖面商，據稱猛梭、猛賴一段，荒遠瘴癘，棄之不足惜，岑毓英所見相同。至我所必争者，南丹山以北，馬白關以南，其中山川險峻，田疇沃美，如能劃歸中國，既可固我疆圉，亦可兼收地利。當經總理各國事務王大臣與法使恭思當反覆辯論，將猛梭、猛賴一段准歸越界，其南丹山以北，西至狗頭寨、東至清水河一帶地方均歸中國管轄。約計收回各地段不下方四百餘里，此事煞費唇舌，始克就我範圍，所有各該處界址應照約按圖由地方官會同駐越之法員，申畫清楚，設立界牌。其餘善後各事宜，屯田應如何興辦，防兵應如何分戍，該督撫務

當詳細籌商，次第經理。界務既定，即須接辦商務，岑毓英前奏布置邊防摺内有蒙自爲通商要津之語，現准蒙自設立領事，開辦通商，正相脗合。至蠻耗係保勝至蒙自水道必由之路，准其分設領事屬員，與中國分設之税司，互相稽查。現經議定，蒙自設立領事官時必於數月之前，先期照會，以便駐紮關道，安設税司。粤省以龍州開關請設太平歸順道一員，駐紮該處。雲南事同一律，著該督撫趁此尚未開辦之時悉心布置，奏明辦理。至滇之土藥釐金，向來徵收甚微，現定每百斤税釐各收銀二十兩，必須完過釐銀後方准法商完税接買，將來於課項亦有裨益。

甲戌，雲南提督黄武賢年老休致，賞食全俸，以前廣西提督馮子材爲雲南提督。

丙子，醇親王奕譞面奉懿旨，皇帝大婚典禮應需款項，著户部先行籌畫銀二百萬兩奏明候旨辦理。其各省各織造監督恭辦傳用各件，並由部奏准傳辦之件，均著於奉旨後先將價值開送禮儀處，由王大臣覈定奏明，再行開辦。所需款項並著户部於各該省豫爲指派二百萬兩奏聞，候旨遵行。

戊寅，諭軍機大臣等：本日據沙克都林札布等奏，承化寺僧衆借居游牧，久未移挪，恐滋事端，請飭趕緊指地安插等語。【略】著劉錦棠懔遵前旨，會同錫綸迅於新疆所屬擇一距俄較遠之地，俾該僧衆安插得宜，免致該蒙哈等藉端生事，並著迅速奏覆，毋再遲緩。

《德宗實録》卷二四四　六月壬辰，兩廣總督張之洞等奏，擇地創建製造槍彈廠，陳請立案。又奏，開設電報學堂，造就成材，以備任使。均下部知之。

甲午，禮部奏，朝鮮國王以該國巨文島被英人占據二年，蒙天朝理責，今已收復，咨請轉奏謝恩。下總理各國事務衙門知之。

丁酉，工部奏，恭辦大婚典禮需用綵紬，欽遵懿旨，照成案覈減三分之一，應由臣部撥給内務府綵紬二萬二千餘疋。

丁未，諭内閣：張曜奏，直隸開州大辛莊黄河漫溢，淹及山東地方，並現在籌放賑款情形各摺片。【略】至此次開州漫水，尚未據李鴻章奏報，著該督嚴飭地方文武將隄工加緊培護，實力防守，毋得再有疏虞，並將現辦情形迅速覆奏。尋奏，民埝距河甚近，防守本無把握，旋決旋堵，習以爲常。該州縣往往俟查明災情稟報，此次被淹地面較多，迄今尚未報到，應請將知州賈孝彰摘頂示儆。從之。

戊申，總理各國事務衙門奏，鹽池口教堂議令迅速遷移於西什庫，與法國使臣商定辦法，並飭教士恪遵立案。

又奏，葡萄牙國使臣到京開議洋藥税釐並徵條約。報聞。

《光緒政要》卷一三　是月，閩浙總督楊昌濬、台灣巡撫劉銘傳奏，籌議台灣郡縣添改裁撤事宜。

《德宗實録》卷二四五　七月庚申，諭内閣：李鴻章奏，永定河隄工漫口，分別參辦，並自請議處一摺。【略】署三角淀通判唐應駒、永定河道塔奇魁均著革職留任。李鴻章著交部議處。該督務當督飭在工員弁將漫口趕緊修築，期臻完固。其上游各汛並著嚴飭認真防護，毋得再有疏虞。

又諭：李鴻章奏，潮白河漫口情形，據實參辦等語。著李鴻章督令該道迅將漫口設法盤築裹頭，並飭派出之員，會同勘籌堵築事宜，實力興辦，以通運道。

雲貴總督岑毓英奏，覆陳滇省界務商務防務大概情形。又奏，請先在蠻耗試辦商務。均下總理各國事務衙門知之。

浙江巡撫衛榮光奏，鼓鑄制錢，採購銅鉛等項，請免徵關税。允之。

《光緒朝東華録》八四　甲子，諭：楊昌濬等奏，遵議澎湖、海壇鎮協互調事宜一摺。福建澎湖鎮總兵著吴宏洛補授，其海壇協副將著吴奇勳暫行署理，遇有内地水師總兵缺出，候旨簡放。

己巳，李鴻章奏，奉天、威海衛等海口添設防勇，建築礮臺，布置水雷，需款甚鉅。請將山海關加增盈餘銀八萬兩留存關庫，專備此項要需。得旨，户部核議具奏。

癸酉，李興鋭因病奏請開去差使，允之。以黎庶昌充出使日本國欽差大臣。

甲戌，召曾國荃入覲，以裕禄署兩江總督兼辦通商事務大臣。

《德宗實録》卷二四五　乙亥，以雲南蒙自通商，添設臨安開廣道。從雲貴總督岑毓英請也。

《光緒朝東華録》八四　總理海軍事務衙門奏，前經籌備東三省練兵防邊經費，指撥各省每年協濟餉銀二百萬兩。兹屆一年期滿，未解之銀尚有一百三十餘萬。東北練餉原屬要需，豈得如此延玩，請旨飭催各省迅速籌解以濟要需而固邊防。得旨，允行。

《德宗實録》卷二四五　戊寅，兩廣總督張之洞等奏，創設水陸師學堂，擬調熟習大員委令總辦。得旨，吴仲翔著交張之洞等差委。

辛巳，盛京將軍慶裕等奏，吉、黑兩省學校已增，文風日盛，請另設鄉試中額與奉天分省取中，以廣登進而資鼓勵。下禮部議。

癸未，諭軍機大臣等：御史周天霖奏，外城地面有土棍綽號活太歲陳大、伏地王常大、鐵巴掌王三、花槍杆李大、羅似虎即羅三等五名恃衆逞兇，在內外城設局，關閉善類，勒寫字據，持以惡討，甚且搶人勒贖，種種不法，請飭嚴拏等語。匪徒擾害地方，亟應嚴行懲辦，著步軍統領衙門、順天府、五城御史一體嚴密查拏，務獲究辦。

癸未，以沈秉成爲廣西巡撫。

是月，法蘭西國使臣恭思當回國，蘇阿爾署理。

《光緒政要》卷一三　兩廣總督張之洞奏設南洋各島領事。

《光緒朝東華録》八四　八月丙戌，張之洞奏，粵省應償洋款限期將盡，迫不容遲，請飭户部於粵省洋藥稅釐項下籌劃銀八十萬兩以濟要需。得旨，户部速議具奏。

《德宗實録》卷二四六　丁亥，甘肅新疆巡撫劉錦棠奏，新疆省城添設稅務總分各局。報聞。

《光緒朝東華録》八四　辛卯，先是朝鮮擬派公使分赴各國，英人密勸中國設法阻止。駐朝鮮總理交涉通商大臣袁世凱屢以爲言，至是上諭軍機大臣等，朝鮮派使西國必須先行請示，俟允准後再往，方合屬邦體制。

《德宗實録》卷二四六　丙申，諭軍機大臣等：有人奏疆臣私合洋商開立銀行，請旨飭禁摺。據稱李鴻章現與美國洋商米建威訂約，股開華美銀行，官爲保護等語。洋人牟利之心，無微不至。中華與之交涉，稍有不慎，必至墮其術中。合開銀行一事，關繫甚大，後患頗多，該督果與洋商訂議，何以不奏明請旨，遽立合同，著李鴻章據實覆奏。另片奏，此次股開銀行由道員馬建忠等串通慫慂等語，是否屬實，著一併奏覆，毋稍徇隱。

《光緒朝東華録》八四　戊戌，河南鄭州黃河漫口。

前任雲貴總督劉長佑卒，予祭葬，謚武慎。

庚子，諭軍機大臣等：有人奏，洋人於通商口岸購運制錢，鎔化提銀。各省釐局存積純銅制錢加價售於錢商，錢商售於洋人銷燬。如果實有其事，必應嚴行禁止，著李鴻章、曾國荃、裕禄確切查明，擬實覆奏。並咨行沿江沿海各督撫，飭屬一體認真查禁，以杜弊端。

《德宗實録》卷二四六　甲辰，諭軍機大臣等：前有人奏，李鴻章與美國洋商米建威訂約股開華美銀行，請旨飭禁一摺。當經諭令該督據實覆奏，迄今多日尚未奏到。此事流弊甚多，斷不可行，現在交章論劾，衆議沸騰。該督如果有與美商訂約之事，著即行罷議，迅速覆奏，毋再遷延干咎。

丙午，又諭：成孚奏，南岸鄭州下汛十堡河水漫溢，請將文武員弁懲處，並自請懲治一摺。【略】在工員弁疏於防護，實屬咎無可辭，該河督請一併革職尚覺過輕。上南同知余璜、上南營守備王忻、鄭州州判余嘉蘭、署鄭下汛千總陳景山，署鄭州汛額外外委郭俊儒均著即行革職，枷號河干，以示懲儆。署開歸陳許道李正榮著摘去頂戴，交部議處。成孚督辦河防是其專責，乃未能先事豫防，亦難辭咎，著摘去頂戴，革職留任。

《光緒朝東華録》八四　丁未，福建臺灣水底電綫成。

戊申，諭軍機大臣等：河南鄭州十堡漫口，前據李鴻章電信，必由沙河經陳州、淮、亳入洪澤湖，並有裏下河亦可危等語。【略】裕禄著即回湖廣總督本任，曾國荃如已起程，無論行抵何處，著即迅速回任，暫緩來京陛見。該督等務將應辦各事妥速籌辦。

壬子，又諭：翁同龢、潘祖蔭奏，黃河南決，懇飭速籌堵塞，並設法補救一摺。此次鄭州決口爲患甚鉅，【略】著即會同倪文蔚趕集料物，盤築裹頭，務將堵合。

癸丑，諭軍機大臣等，懿旨發出節省內帑項下銀十萬兩，賑濟黃流經過地方災民，著户部於河南鄰近省分應解部庫的款先行籌撥，速交倪文蔚應用，並著內務府俟內帑發出，解交户部歸款。

甲寅，諭軍機大臣等：此次河南鄭州黃河漫口，所有搶辦河工及辦理災賑各事宜需款甚鉅，亟應豫籌的款，以濟要需，著户部悉心酌核，妥議具奏。尋部議，將各省洋藥加徵釐稅，自今年正月以後除已由部撥各用不計外，所有收數全行存儲，以備防賑之用。並擬將應減應停之項及變通則例再行分具條款奏明辦理。得旨，如所議行。

《光緒朝東華録》八五　九月乙卯，劉錦棠奏，擬以發遣新疆效力贖罪革員趙沃管理屯田事務。報聞。

丁巳，畢道遠以病免，以李鴻藻爲禮部尚書。

《德宗實録》卷二四七　諭軍機大臣等：禮部奏，朝鮮國派使西國，先行請

示，呈進奏章一摺。披閱奏章内所陳各節，情詞恭順，具見悃誠。朝鮮與各國立約，既有派使互駐之條，現在遴員前往，自無不可。惟中國之於朝鮮，推誠相與，休戚與同。該國物産無多，商務未旺，加以頻年多故，國用日繁，若再派使分駐各國，並無應辦之事，而從此常年頓添鉅款。嗣後若因經費不繼，竟行中輟，或勉力籌措，債負日增，既與國計無裨，轉致遠方騰笑。朝廷代爲區畫，殊屬非計。該國王務當仰體中朝覆庇保全之意，將此事詳籌終始，審慎而行。至於派駐之後，體制交涉務歸兩全，奏章所陳，深爲得體。所有派往各國之員與中國使臣往來均用屬邦體制。前經李鴻章電奏，該國已遵章辦理，其餘未盡事宜仍著李鴻章隨時通問籌商，務臻妥協。

《光緒朝東華録》八五　戊午，調許庚身爲吏部右侍郎，仍兼署兵部尚書。以周德潤爲刑部右侍郎，潘祖蔭兼管順天府尹事務。

己未，予故總兵陳國瑞於江蘇高郵、寶應等處立功地方建祠。

辛酉，諭：河南鄭州決口，下游被水成災，業經欽奉懿旨特發内帑銀十萬兩並准倪文蔚所請截留銀三十萬兩。念此次黄水横流，饑區甚廣，饑民待哺嗷嗷，尚恐不敷散放，加恩著將光緒十四年分江北及江蘇應行河運京倉米石並水脚運費等項一併全數截留。即著曾國荃、盧士杰、崧駿、陳彝、倪文蔚遴派妥幹委員查明河南等省被災處所，分投運解，核實散放，務使窮黎均沾實惠，毋任官吏稍有弊混。

《德宗實録》卷二四七　乙丑，諭内閣：成孚、倪文蔚奏，會勘堵築事宜一摺。據稱鄭下汛十堡漫口，督飭工員竭力堵築，已將東西兩壩裹頭護埽三十餘段鑲辦完竣。現在盤築壩基，購料興工，惟需款甚急，請飭籌撥等語。鄭州決口後，水勢直趨下游，該處河工關繫數省民命，若不亟籌堵合，爲害伊於胡底。**【略】**著先由部庫提撥銀二百萬兩，剋日解往。未到以前准其由司庫提款應用，仍著户部陸續籌撥的款，源源接濟，以期無誤要需。

《光緒朝東華録》八五　命前山西布政使紹諴、降調浙江按察使陳寶箴、前山東按察使潘駿文均往河南隨同成孚、倪文蔚辦理河工事宜，並飭鑲黄旗滿洲都統、兩廣總督、山東巡撫飭令該員迅速赴工，毋稍遲誤。

丙寅，諭軍機大臣等：鄭州決口將來堵合後，河流依舊北趨，著趁此湍流驟減，易於施工，將東明、長垣、開州一帶河身及時挑濬，並將兩岸堤埝加築堅厚。

戊辰，劉錦棠奏，新疆省城擬添設税務總分各局，請旨飭下總理各國事務衙門會同俄國駐京公使酌擬税則，以便興辦。得旨，該衙門核議具奏。

己巳，諭軍機大臣等：御史李士琨奏，河工需款甚鉅，請飭各省設局開捐一摺。著户部歸入周天霖摺一併議奏。

辛未，唐炯奏，據知縣于德楙自東洋電報，礦師二人業已聘定，並酌定應用器械，約八月底自日本起身，計十月底可入滇境。届時臣當親赴昭通、東川、曲靖三府，貴州威寧一帶相度開辦銅鉛各廠，俟有成效，西南兩迤再漸次推行。至招商局承辦八起頭批，現僅得銅二十餘萬斤，臣仍督飭極力趕辦，務於年内足數，以便起運，不敢遲延。下户部知之。

戊寅，諭：河南鄭州黄河決口，前經諭令薛允升就近馳赴工次確查具奏。著添派李鴻藻即行馳驛前往該省，會同薛允升將現辦大工一切情形詳細查明，迅速覆奏，隨帶司員著一併馳驛。

《德宗實録》卷二四七　辛巳，總理各國事務衙門奏，續議葡約二條：一、未經定界以前，照依現時情形，彼此均不得有增減改變之事。一、未經中國允准，葡人不得將澳門讓與他國。從之。

《光緒朝東華録》八五　壬申，以祁世長署禮部尚書。

癸未，諭：李鶴年著署理河東河道總督，會同倪文蔚籌辦大工事宜，即行前赴署任，毋庸請訓。成孚獲咎甚重，現值堵築加緊之際，未便令其置身事外，著留工效力，以觀後效。

《德宗實録》卷二四八　十月丁亥，督辦廣東防務前雲南提督馮子材奏，病軀不克到任，懇請另簡賢能。得旨，馮子材仍著暫留廣東督辦欽廉防務，毋庸開缺。

甲午，福建臺灣巡撫劉銘傳奏，全臺田畝丈量將竣，請飭部仿同安下沙則定賦。下户部議行。

《光緒朝東華録》八六　甲午，張曜奏，山東河淤愈高，黄流實難容納，擬請乘勢規復南河故道。得旨，著李鴻藻妥籌覆奏。

乙未，諭軍機大臣等：薛允升奏，鄭工亟需料物，該省現經委員分途購辦，惟運到無幾，請飭直隸、山東協濟等語。著李鴻章、張曜一體飭屬迅即代購料物，運解到工，以應要需。

《德宗實録》卷二四八　河南巡撫倪文蔚奏，**【略】**又奏，工賑事務極繁，須與鄰省商辦者關繫緊要。擬由山東濟南至河南省城，接設電報。得旨，著照所請，

趕緊籌辦。該衙門知道。

戊戌，以續訂葡國條約，命慶郡王奕劻、工部左侍郎孫毓汶與葡國使臣畫押。

《光緒朝東華録》八六　己亥，予故福州將軍穆圖善照將軍軍營病故例議卹。

四川總督劉秉璋電致李鴻章，升大臣現到川，人甚明練，藏事已急，可否密電總署，請電旨催速赴任。軍機大臣奉旨，升泰現已到川，著迅飭赴任，會同文碩速籌撤退隆吐藏兵，並開導邊界通商事宜，毋稍延緩。

《德宗實録》卷二四八　辛丑，總理各國事務衙門奏，遵旨與葡使將新定葡約五十四款，緝私專約三款畫押。報聞。

出使英法義比國大臣劉瑞芬奏，新嘉坡領事官左秉隆二次任滿，懇仍留洋接辦。從之。

戊申，上奉皇太后幸醇親王邸第視疾。

癸丑，署督辦船政大臣福建按察使裴蔭森奏，閩廠協造廣東兵輪八號，應援照開濟快船成案動支官款。下所司議。

《光緒朝東華録》八六　是月，日本國使臣鹽田三郎回任。法蘭西國新簡駐華使臣李梅抵任。

《光緒政要》卷一三　雲貴總督岑毓英奏設普洱府官茶局。

《光緒朝東華録》八六　十一月乙卯，命黑龍江將軍定安爲欽差大臣，會同東三省將軍辦理練兵事宜，各城副都統以下均歸節制。

《德宗實録》卷二四九　丁巳，又諭：潘霨奏，黔省電綫分局經費支發銀數共用二萬八千餘兩，請照原議飭令東海關籌撥二萬兩等語。該省帑項支絀，無款可籌，自係實在情形，著李鴻章、張曜飭令東海關道於應協黔餉内撥銀二萬兩，查照該撫所奏分別匯解，覈收辦理。

《光緒朝東華録》八六　壬戌，諭軍機大臣等：劉秉璋陽庚兩電均悉，向來哲孟雄自爲部落在後藏界外，不入輿圖，且久已暗附於英。今設卡既在哲孟雄境之隆吐山，即不得謂之西藏界内，況英國正議邊界通商而藏衆反設卡禁絶通商之路，是顯與定約背馳。英爲與國，於停止入藏一節，尚知通情退讓。藏爲中國屬地，乃竟不知恭順朝廷，將來設有不虞，國家亦何能於此等頑梗之徒曲施保護耶！著劉秉璋飛咨文碩、升泰傳齊各番官，將此旨嚴切宣示，飭令迅將卡兵撤回，慎毋再有違延，自貽罪悔，並著文碩等將遷辦情形迅速覆奏。

《德宗實録》卷二四九　壬戌，諭内閣：文碩奏，訪獲班禪額爾德呢之呼畢勒罕聰穎幼童三名，請旨一摺。班禪額爾德呢轉世已届五年，兹據文碩奏稱，訪獲聰穎異常有靈根之幼童三名，洵爲嘉祥，朕心悦覽。著照所奏，即遵定例將三幼童之名入於奔巴金瓶内唪經，敬謹掣籤，定爲呼畢勒罕。

《光緒朝東華録》八六　癸亥，李鴻章奏，東海關税課不旺，所撥旅順口船塢工程款項無從籌措，請於續限海防捐輸項下由部庫如數提解。得旨，户部核議具奏。

甲子，李鴻章奏，北洋借撥出使經費内籌造雲南電線借撥銀八萬兩，應由該省籌還，非北洋應還之款，該省瘠苦，能否籌還，由臣咨催自行奏明辦理。得旨，該衙門議奏。

丙寅，予故福州將軍穆圖善戰績交國史館立傳，准於立功省分及黑龍江地方建祠。

己巳，户部奏，十四年分東北兩路邊防經費，擬在各省地丁釐金、鹽課、關税各項内共撥銀二百萬兩，限明年五月以一半解部，十二月掃數解清。得旨允行。

壬申，上奉慈禧端佑康頤昭豫莊誠皇太后幸醇親王邸第視疾。

《德宗實録》卷二四九　甲戌，諭内閣：文碩奏，達賴喇嘛明年前往布賚綳兩寺講經熬茶，呈請代奏請旨一摺。達賴喇嘛遵照先世達賴喇嘛前往舊建寺院佈施熬茶，並化導所屬，具見誠悃，朕心深爲嘉悦。達賴喇嘛選定次年吉期前往布賚綳兩寺講經時，即著文碩隨時妥爲照料。

《光緒朝東華録》八七　十二月甲申，上奉慈禧端佑康頤昭豫莊誠皇太后幸醇親王邸視疾。

《德宗實録》卷二五〇　丁亥，命禮部尚書李鴻藻督辦河南鄭州大工事宜。

己丑，直隸總督李鴻章奏，黑龍江漠河金廠官督商辦，謹擬定詳細章程呈覽。下該衙門議。

癸巳，兩廣總督張之洞奏，請開除廣東鐵禁，變通章程，准其擇便運售並暫免釐税。從之。又奏，派員查悉南洋各島華民商務，擬於小吕宋先設總領事，請飭總理各國事務衙門與日使妥商，催令該國速發憑照，一面咨會出使大臣促其外部速辦。下所司議。

戊戌，欽奉懿旨，大學士管理户部事務閻敬銘、協辦大學士户部尚書福錕、

户部尚書翁同龢、户部左侍郎嵩申、孫詒經，吏部右侍郎前户部右侍郎景善、兵部右侍郎前户部右侍郎孫家鼐均著加恩開復革職留任處分。

己亥，以遺愛在民，予故直隸布政使錢鼎銘、清河道陳鼒附祀大學士曾國藩保定專祠。從直隸總督李鴻章請也。

予直隸海防軍營積勞病故記名提督吴兆有等優卹。

《光緒朝東華録》八七　庚子，雲南地震。

《德宗實録》卷二五〇　壬寅，雲南巡撫譚鈞培奏，石屏、建水地震成災，業經籌款賑恤。得旨，覽奏情形，殊深憫惻，該處罹此奇災，該撫務當督飭屬員加意妥爲撫恤，毋使一夫失所。

《光緒朝東華録》八七　壬寅，興修河南鄭州黄河西壩工程。

《德宗實録》卷二五〇　癸卯，出使日本國大臣徐承祖奏，横濱理事署東文繙譯官羅庚齡等請改照出使定章，三年保奬一次。從之。

丙午，以派充中越勘界繙譯出力，賞洋員赫政二品頂戴。

己酉，諭軍機大臣等：李鶴年、倪文蔚奏，查明各省關欠解部撥工款，請飭催一摺。河南鄭州大工，前經户部指撥各省關的款，茲據該署督等查明，截至十二月十五日止，除解到及已報解外欠解銀九十五萬三千餘兩。鄭工現已開辦，事機緊要，需款孔亟，著曾國荃、楊昌濬、張之洞、劉秉璋、崧駿、陳彝、德馨、衛榮光、張曜、吴大澂查照單開欠解數目，迅速掃數起解，以濟要需，毋稍延緩。

《光緒政要》卷一三　是月，直隸總督李鴻章奏，籌商朝鮮通使各國事宜。

兩廣總督張之洞奏，請妥議澳門租界改歸葡國永遠居住事。

光緒一四年（戊子、一八八八）

《光緒朝東華録》八七　正月戊午，興修河南鄭州黄河東壩工程。

《德宗實録》卷二五一　己未，先是署黑龍江將軍恭鏜等奏，派員查勘漠河金廠並擬集資開辦情形，下該衙門知之。嗣直隸總督李鴻章奏，擬定漠河金廠官督商辦詳細章程，下該衙門議。至是總理各國事務衙門等奏，請即派候補知府李金鏞督理黑龍江等處礦務，以專責成，並請飭黑龍江將軍督同該員審慎辦理。

庚申，〔張之洞〕又奏，法國領事官白藻德因叢樹被伐，擅毆武弁，復欲治以軍法，臣與之理論，該領事妄訴公使，冀免詰責。請告知法使，嚴飭該領事認錯息事，如再以非禮相加，即將保護之兵丁裁撤，免生後論。下總理各國事務衙門知之。

辛酉，雲貴總督岑毓英奏，請將滇省電綫與廣西南寧接通，並擬自騰越廳至雲南省城，添接一綫，以通西南邊報。允之。

壬戌，兩廣總督張之洞等奏，添設廣西梧州至桂林省城電綫六百四十五里，廣東欽州至東興電綫三百二十里，瓊州海口展至黎峝各處電綫一千九百零一里，岸步展至高州電綫二百四十里，廣西南寧展至滇境剥隘電綫八百餘里。

甲子，閩浙總督楊昌濬奏，酌定土藥税則，擬請每百斤徵收税釐正項銀三十五兩，隨徵加一釐餘銀三兩五錢，正項留充本省餉需，釐餘撥歸局用。

《光緒朝東華録》八七　丁卯，譚鈞培奏，雲南石屏、建水等州縣地震成災，死傷四千餘名，現已籌款委員分投勘賑。得旨，覽奏情形殊堪憫惻，該處罹此奇災，該撫務當督飭屬員加意妥爲賑撫，毋使一夫失所。

戊辰，先是張之洞奏請弛兩廣鐵器運往各省之禁，經過關卡暫免税釐，下所司議。至是户、工兩部奏覆，應如所請。得旨，允行。

己巳，欽奉懿旨，辦理大婚典禮，户部去歲籌撥外用之款二百萬兩，著户部全數提撥來京，由禮儀處交進。其傳辦外省應需之款，由禮儀處隨時奏明，核定價值請領，由内支發。再辦理大婚之款，四百萬兩尚不敷用，著户部再行籌撥一百萬兩，先行提撥二十萬兩，亦由禮儀處交進，其餘八十萬兩陸續籌撥。

辛未，添置新疆伊塔道如鎮迪道例。

《德宗實録》卷二五一　癸酉，命駐藏辦事大臣文碩來京，以伊犂副都統長庚爲駐藏辦事大臣。

乙亥，諭内閣：三載考績爲國家激揚大典，中外滿漢諸臣有能職守恪共，勞勩最著者允宜特加甄敘，以示優眷。茲當京察屆期，吏部開單題請，詳加披閱，禮親王世鐸、大學士額勒和布、協辦大學士刑部尚書張之萬、署兵部尚書吏部右侍郎許庚身、工部左侍郎孫毓汶翊贊樞廷，勤勞懋著，公忠共矢，悉協機宜，均著交該衙門議敘。大學士直隸總督李鴻章宣力畿疆，經猷遠大，兩江總督曾國荃勛勤卓著，歷久不渝，均著交部從優議敘。陝甘總督譚鍾麟、兩廣總督張之洞、雲貴總督岑毓英、甘肅新疆巡撫劉錦棠、福建臺灣巡撫劉銘傳，盡心民事，綏輯巖疆，殫竭藎忱，不辭勞瘁，譚鍾麟、張之洞、岑毓英均著交部議敘。劉錦棠著開

復降一級留任處分。劉銘傳著開復降二級留任處分，餘著照舊供職。

《光緒朝東華録》八七　丙子，予故署塔爾巴哈臺參贊大臣明春戰績交國史館立傳，准於哈密地方建祠。

《德宗實録》卷二五一　戊寅，諭軍機大臣等：電寄劉秉璋，上年英人麻葛藟擬帶兵入藏，情勢岌岌可危。朝廷憫念番衆愚頑，特飭總署與英使訂約，停止入藏，其邊界通商一節英人亦不催問。當時辦理此事不知幾費唇舌，儻藏衆安分自守，不生枝節，從此便可相安無事，是朝廷保護藏番，委曲成全，何等周詳妥協。乃蠢兹苾蒭，不量己力，越疆置卡，肇釁生端，因有新約通商，反欲斷絶商路。文碩受事以後，不能將朝廷保全該番之意剴切勸諭，近復畏難取巧，反欲藉拒英護藏爲名，謂地爲藏地，撤無可撤，連章累牘，嘵辯不休，推其執謬之見，雖興兵搆怨，有所不恤，而於藏界尺寸之争，不應騷動天下。【略】因藏事未定，先行撤回，新任長庚未到之前，升泰責無旁貸。前已有旨，飭催赴藏，著於抵任後即傳齊番官，諭以上年與英人訂議緩設通商之約，永免入藏之患，正朝廷扶持黄教，覆庇藏番，代籌一永保安全之至計。但令趕速撤卡，印督已言明，彼決不越藏中定界熱勒巴拉山嶺一步。蓋英人顧念和約，其視西藏尚與哲布有殊，此時印兵未來，藏卡先撤，固屬甚好。即印兵已到，卡衆亦應善退，勿與交鋒。蓋彼此未經接仗，無論此界屬藏屬哲，將來尚可徐徐辯明。若彼兵争所得，此後斷不再讓，且恐所失更多。與其男盡女絶，曷若相安無事。如此反覆開解。冀其萬一之悟。儻再執迷不改，則是甘蹈覆滅，自外生成，朝廷斷難再施補救矣。現經總署與英使議展限期，伊已電達印督，並令劉瑞芬面商外部，均尚無覆音，殊不可必。此旨著劉秉璋飛遞升泰，懔遵速辦，勿踵文碩迂謬之見。

壬午，以綏靖邊疆，功德在民，予故雲南巡撫張凱嵩在廣西省城建立專祠，並將事蹟宣付史館立傳。

《德宗實録》卷二五二　二月癸未，諭内閣：朕自冲齡入承大統，仰蒙皇太后垂簾聽政，憂勤宵旰，十有餘年，中外奠安，羣黎被福。上年命朕躬親大政，仍俯鑒孺忱，特允訓政之請。溯自同治以來，前後二十餘年，我聖母爲天下憂勞，無微不至，而萬幾餘暇，不克稍資頤養，撫衷循省，實覺寢饋難安。因念西苑密邇宫庭，聖祖仁皇帝曾經駐蹕，殿宇尚多完整，稍加修葺，可以養性怡神。萬壽山大報恩延壽寺爲高宗純皇帝侍奉孝聖憲皇后三次祝嘏之所，敬踵前規，尤徵祥洽其清漪園舊名，謹擬改爲頤和園，殿宇一切亦量加葺治，以備慈輿臨幸。恭逢大慶之年，朕躬率羣臣同申祝悃，稍盡區區尊養微忱，籲懇再三，幸邀慈允。

欽奉懿旨，自垂簾聽政以後，夙夜祗懼，如臨淵谷，今雖寰宇粗安，不遑暇逸之心無時少弛，第念列聖敕幾聽政，問民疾苦，凡苑囿之設，蒐狩之舉，原非若前代之肆意遊畋，此舉爲皇帝孝養所關，深宫未忍過拂，况工用所需悉出節省羨餘，未動司農正款，亦屬無傷國計。但外間傳聞不悉，或竟疑圓明園工程亦由此陸續興辦，則甚非深宫兢惕之本懷。

又諭：文碩奏，商上申覆情形，請飭會議，並附陳管見，節録前奉諭旨各摺片。隆吐設卡一事，前經疊諭文碩，令其開導藏番趕緊撤卡，以爲保全該番之計。朝廷於此事權衡利害，度勢審機，籌之至熟，前寄升泰電旨業經詳諭。文碩於此事籌及軍旅，殊屬昧於事情，不顧大局，所請會議之處著毋庸議。目下事機緊迫，無論隆吐屬藏屬哲，將來自可辯明，現在總以撤卡爲第一要義。升泰未到以前，文碩責無旁貸，仍著懔遵疊次諭旨，剴切勸諭，迅速撤卡。即令印兵已到，强弱勢殊，藏中番兵不可與之接仗，至我兵駐藏無幾，尤宜嚴加約束，毋得稍有干涉，致生枝節。

《光緒朝東華録》八八　美國要訂禁止華工赴美條約六款，出使美國欽差大臣張蔭桓以聞。尋朝議，以是約不利我國，廢之。

丙戌，以奎俊爲福建按察使。諭：福建按察使裴蔭森著開缺，以三品京堂候補，督辦福建船政事宜。

戊戌，諭軍機大臣等：英兵於初八日攻燬隆吐兵房，藏番自行退去。英使來言，印督飭約其兵，但使藏番不越界出鬬，彼兵不過隆吐，以後一切照舊等語。藏番昏愚已極，違旨背約，此次辱由自取，朝廷早在意中。現在卡房既燬，若藏兵不再出，英兵亦必撤回，仍可相安如舊。著升泰迅諭藏官，勿再執迷不悟，爲出界復仇之舉，或俟英兵退後又復前往設卡，以致引敵深入，求如現在情形而不可得，則噬臍無及矣。除飭總理衙門促英使電催印督及早撤兵外，劉秉璋接奉此旨，即飛咨升泰欽遵辦理，迅速覆奏。

己亥，江西地震。

庚子，上奉皇太后幸醇親王邸第視疾。

《德宗實録》卷二五二　壬寅，出使英法義比國大臣劉瑞芬奏，新加坡領事官分省補用直隸州知州左秉隆等四員出洋期滿，請援案獎勵。又奏，前調出洋道員潘志俊請按章銓選。允之。

癸卯，又諭：前據劉銘傳奏，署恒春營遊擊劉全稟控臺灣鎮總兵吳光亮，調考軍政，有向該員函借索賄等情。當將吳光亮撤任，交劉銘傳查辦。兹據查明覆奏，吳光亮雖無向劉全索賄免考軍政情事，惟以專閫大員輒向屬員函借銀兩，究屬不知檢束，吳光亮著交部議處。劉全因帶病過考未能得力，經吳光亮稟撤調郡，即以吳光亮索賄免考等情挾嫌妄控，此風斷不可長，劉全著革職永不敘用，以示懲儆。六品頂戴吳卓勳在該鎮署内管帳輒與劉全往來，亦屬不安本分，著即勒令回籍，不准逗遛。尋兵部議上，得旨，吳光亮著降三級調用。

甲辰，直隸總督李鴻章奏，新購英德兩廠快船四艘到華，酌定人數餉數。又奏，銘軍定購小輪船價歸淮軍月餉匀撥。

《光緒朝東華録》八八　丁未，調楊昌濬爲陝甘總督，以卞寶第爲浙閩總督，王文韶爲湖南巡撫。

電諭劉銘傳：本日據總理各國事務衙門奏，臺灣設局抽收洋商釐金與約不符，請旨遵辦一摺。臺灣爲通商口岸，洋商應完出口正税，向不抽釐。既據該使臣等屢次據約陳請，著劉銘傳將抽收洋商釐金一事即行停止。至該省應如何徵收落地税釐，著另行設法辦理，總應徵之華商，彼自無所藉口。

總理海軍事務衙門奏，英德承造戰船來華，擬明年編立海軍第一枝。欽奉懿旨，如所議行。

是月，廓爾喀來貢。

《德宗實録》卷二五三　三月癸丑，督辦鄭工禮部尚書李鴻藻等奏，趕辦大工料少時促，酌擬併工節料辦法，並先息借商款一百萬兩，察看情形斟酌提用。得旨，即著照所擬辦理，仍一面催集料物，督飭在工員弁認真趕辦，務臻穩固。

戊午，兩江總督曾國荃奏，金陵洋火藥局修葺廠屋及添備鍋鑪等費，請由金陵防營支應局撥用。下部知之。

辛酉，命直隸總督李鴻章會同葡國使臣在天津互换條約。

《光緒朝東華録》八八　癸亥，江蘇地震。

《德宗實録》卷二五三　戊辰，駐藏幫辦大臣升泰奏，接奉諭旨，兼程赴藏，豫飭駐藏委員傳諭商上番官，毋再妄思復仇，出兵設卡，自貽禍患。得旨，即著迅速赴任，懍遵疊次諭旨，妥籌辦理。

《光緒朝東華録》八八　己巳，與葡國互换條約。

《德宗實録》卷二五三　壬申，福建臺灣巡撫劉銘傳奏，洋商入内地購買土貨，應令完納子口半税，亟應聲明約章，劃清界限，以示限制而杜覬覦。又奏，臺灣府城並非通商口岸，應查照英約内載明府城口，據定口字立論，俾洋商不得違約置辯。

《光緒朝東華録》八八　癸酉，以萬國本爲福建臺灣鎮總兵。

甲戌，户部奏，查臣部歲入之款，惟各省京餉八百萬兩、各省漕折一百餘萬兩爲待支正項，此外邊防經費二百萬、籌邊軍餉二百萬、加放俸餉二百餘萬皆有專款支銷，不在正項待支之内。至四成洋税及六分扣平均係奏明另款存儲以備要用，此部庫入款之大略也。從前各省報解足額，出入僅可相抵。近一二年各省因籌辦海防，購買船礮，匀還洋款，往往截留京餉，每年解部者不過十之六七。而部中用款又倍增於前，除恭備大婚典禮四百萬，添撥銀一百萬，臣部業已備有專款不與尋常度支並論。此外籌撥鄭州大工六百萬兩，山東河工二百萬兩，續撥山東河工八十九萬兩，制錢工本九十餘萬兩，銅本五十萬兩，直隸隝工巡船購費數十萬兩，皆係提撥截留部庫之款，將歷年銖積寸累之餘罄於數月，此部庫出款之大略也。現在部庫存款截至三月半止，統計銀五百四十萬兩，其中漕折一百十萬兩係專備開放俸甲米折之用，邊防經費二百三十八萬兩係專備撥放東三省防軍之用，其另款存儲可以挪用者只四成洋税一百二十三萬兩而已。現在正額專款已經告罄，而各省應解本年京餉大抵皆在上忙開征之後，部中上半年放款竟支絀萬分。現擬暫顧目前之窘，擬先將四成洋税一百二十三萬兩提歸正項，以備開放月餉之需。此外可以提用者，尚有加征洋藥釐金一項。查洋藥釐金原係上年臣部奏准專歸部庫留爲彌補庫儲之用，今查此款自上年正月開辦起至十一月第一百九結止，除各省留支及海防撥用外，尚餘剩銀一百萬兩上下，擬飛催各省儘數提解部庫，以備度支。得旨，如所議行。

己卯，李鴻章奏，新購致遠、靖遠、經遠、來遠四快船，於上年十月杪駛抵廈門，業飭統領水師提督丁汝昌前往會同洋員琅維理驗收，即在該處過冬。北洋解到以後，該四船歸隊操巡，現由旅順調至大沽口，臣應親往察驗船身礮位及機器馬力等項駛行里數，以重利器，擬將諸務略爲部署，即率同水陸營務處津海關道周馥等出海驗駛，並順赴奉天之旅順口、大連灣、山東之威海衛各防所，查看船隖礮臺工程形勢與將領籌布一切。所有津署日行事件，暫委長蘆運司賀良楨代行代印，其緊要者仍封送臣行次核辦。報聞。

庚辰，以蕭韶爲江西布政使，陶模爲陝西布政使，以周馥爲直隸按察使，王

之春爲浙江按察使。

辛巳，成貴妃薨。

《光緒政要》卷一四　是月，禮部尚書李鴻藻、署河東河道總督李鶴年、河南巡撫倪文蔚等奏報鄭工西壩工程。

《德宗實録》卷二五四　四月乙酉，總理各國事務衙門又奏，法國使臣呈遞國書，請給覆書。德君嗣位，請頒國書。並依議行。

又奏，曾國荃咨送方言館學生擬分别録送鄉試，同文館算學生生監出身者擬考送鄉試。報可。

察哈爾都統托倫布等奏，廢員張佩綸效力年滿，應否釋回。得旨，張佩綸著准其釋回。

《光緒朝東華録》八九　丁亥，諭軍機大臣等：文碩二月十七日、二十三日兩奏均悉，印藏通商一事英人約定並不催辦，儻非隆吐設卡妄生枝節，儘可相安無事。此次開衅與通商絶無干涉，文碩辦理此事始終不明機要，於撤卡一節不但不竭力開導，反代爲曉辨力争。一旦兵敗卡燬，束手無策，乃欲藉通商爲轉圜，而於藏番之自行商辦又不攔阻，種種乖謬輕忽，深堪痛恨。殊不思藏爲中國屬地，斷無聽其自主之理。且以藏番之愚蠢，豈知西國體例，儻受其愚弄，非藏地喫虧，即中國失體，後患何可不防。及今爲挽回之計，著升泰、文碩接奉此旨即傳集番官，諭以通商事例非爾等所能知曉，一經墮其術中，追悔無及。現如議有條款伊等不可遽允，總須稟明駐藏大臣具奏，由總理衙門覈定，候旨遵辦。若並非定議，更可由中朝與英國從容商辦。但令該番從此不自添枝節，印兵必不再進，切不可因惶惑改圖又增虧辱也。此旨著劉秉璋飛咨升泰、文碩遵辦。

《德宗實録》卷二五四　庚寅，諭内閣：李鴻章奏，永定河漫口合龍，請將出力各員給奬一摺。【略】著以直隸州知州補用知州施則敬著賞戴花翎，其餘出力員弁，准其擇尤酌保。

甲午，諭軍機大臣等：現在鄭工需款甚殷，著户部迅速豫籌銀一二百萬兩，聽候撥用。尋户部奏，正項罄盡無餘，移緩就急之法，惟有將提歸部庫之藥釐一百萬兩先令趕解，暫留該工。依議行。

戊戌，又諭：電寄李鴻章，諫電已悉。著准其再借洋款銀一百萬兩，解工應用，歸還年限並著覆奏。

壬寅，督辦鄭工禮部尚書李鴻藻等奏，大工喫緊，請添撥銀三百萬兩。得旨，前准該尚書等兩次所請，息借商款洋款各一百萬兩，又據户部奏於藥釐項下遵撥一百萬，兩令各省趕解，是已符三百萬兩之數。

《光緒朝東華録》八九　己酉，福州將軍善慶卒，賜卹如將軍軍營病故例，戰功事蹟交國史館立傳，並准於立功省分建祠。

調希元爲福州將軍，以長順爲吉林將軍，定安爲正白旗漢軍都統，以恭鏜爲黑龍江將軍。

《德宗實録》卷二五四　辛亥，欽奉懿旨，山東巡撫張曜著幫辦海軍事務。

督辦雲南礦務唐炯奏，貴州鉛廠困敝，黑白鉛課懇分别減免，以廣招來。從之。

《光緒政要》卷一四　是月，定海軍經制。先是法粤既平，廷議鋭意建海軍。十年，立海軍衙門於京師，督辦以醇賢親王，以北洋大臣李鴻章會辦，山東巡撫張曜、奉天將軍善慶皆幫辦。會前訂德廠鎮遠、定遠兩鐵甲，濟遠一快船亦陸續至。十二年春，醇賢親王乃奉慈旨周歷旅順大連灣，威海衛，煙台諸要隘。十三年續訂英德廠致遠、靖遠、經遠、來遠四快船並延英水師兵官琅威理均來華，合超勇、揚成凡得鐵甲二，快船七。至是乃定海軍經制，以丁汝昌爲海軍提督，予英國水師兵官琅威理副將銜爲海軍總教習，福建船政局學生劉步蟾等適出洋歸，盡與營官，乃編爲中軍左右翼。後軍四隊，中軍三營，左翼三營，右翼三營，此戰船九艘。後軍則守口蚊子船六艘，合以魚雷艇六艘，練船三艘，運船一艘，共大小二十五艘。又定考校之制、簡閲之制、員升之制、俸餉之制。

是月，直隸總督李鴻章奏，九江陸綫擬接南雄事。

《光緒朝東華録》八九　五月癸丑，予故大學士左宗棠、雲貴總督劉長佑於江西省城建祠。

乙卯，京師、奉天、山東地震。

《德宗實録》卷二五五　丙辰，閩浙總督楊昌濬等奏，請以福建安平水師副將改爲臺東陸路副將，並撥安平水師營遊擊改隸臺灣鎮，臺灣鎮屬之恒春遊擊改隸臺東，以資統攝。下部議。

《光緒朝東華録》八九　己未，欽奉懿旨，皇帝大婚典禮著於明年正月舉行。

《德宗實録》卷二五五　庚申，諭軍機大臣等：電寄升泰，前據劉瑞芬電報，四月十三日藏番出攻印兵營卡，又復敗退，當經總署電詢。近據英使兩次到署云，接印督電稱近又函達藏官，但令藏衆退回原界，仍守二年以前情形，不在隆

吐山紮兵，以後便可照舊辦理，絶不欲侵入藏地，致礙兩國和好等語。【略】爲今之計，印督既有不進原界之語，藏兵卻不可有再出捻納復仇之事，但令安分不動，以後一切均易商量。向來藏務專歸商上，聞第穆呼圖克圖素日人尚和平曉事，現在掌辦商上，責有專歸，著升泰於奉旨後傳諭第穆加以策勵即專委該呼圖克圖，將此事妥爲了結。儻能深維終始，仰體朝廷覆庇深恩，保安全藏定當優加褒賞。若惑於衆論，不顧全局，以後兵交無已，自速敗亡，求如現在轉圜尚可完守捻納定界而不可得，亦惟該呼圖克圖是問。

丙寅，諭内閣：瞿鴻禨奏，在籍道員捐送書籍開單呈覽，請旨嘉獎等語。前廣東高廉道陸心源，因國子監廣求書籍，選擇家藏舊書一百五十種計二千四百餘卷，附以所刊叢書等三百餘卷，願行捐送到監。據稱陸心源自解官後刊校古書，潛心著述，兹復慨捐羣籍，洵屬稽古尚義，伊子廩生陸樹藩、附生陸樹屏均著賞給國子監學正銜，以示嘉奬。

庚午，諭軍機大臣等：電寄李鴻藻等，三電均悉，合龍在即，欣慰覽之。料物已充，伏汛伊邇，尤應加緊趲辦，現定何日開放引河，仍著迅速電覆。

丙子，福建臺灣巡撫劉銘傳奏，查定例，欽天監時憲書印各省頒給一顆。臺灣新設行省，請飭部頒鑄，以備印書之用。下部議。

《光緒朝東華録》八九　己卯，李鴻藻等電致李鴻章，兩壩各餘三占，本擬二十七八挂纜合龍，乃二十一戌刻西壩進至六十占，因急溜淘深，陡然蟄陷，將細鑲船壓入水中，繩纜未斷，起撈不出，適阻進占之路。正在設法間，二十四亥刻東壩正壩亦蟄，趕緊搶鑲。二十五申刻，上邊壩一占竟至走失。當喫緊之時，出此意外之事，萬分焦急，現已水深六丈餘，儻再擡高即當相機開放引河，伏汛伊邇，深恐功敗垂成，不勝急懼，伏祈代電奏。軍機大臣奉旨，兩壩蟄陷走占情形，殊深焦急，仍著嚴督在工員弁，趁此汛期未到，水勢尚平，齊心併力，加緊趕辦，以期即日竣工。勿因小有失挫，稍涉退縮惶惑，致誤全局，懔之勉之。

庚辰，予故原任湖北提督傳振邦事蹟交國史館立傳，並於山東昌邑縣原籍建祠。

《德宗實録》卷二五六　六月壬午，總理各國事務衙門奏，奧國給使臣許景澄頭等寶星，請受而不佩。從之。

賞俄國外部大臣嘎爾斯頭等第三寶星。

丙戌，諭内閣：户部奏，稽查雲南運銅各員期滿，請旨更換一摺。雲南辦解八起頭批京銅，現據咨報起程，此後續辦銅斤次第運解。前派沿途經理各員期滿，該部查照例案將經過之四川、湖北、江蘇、直隸等省藩臬開列名單，請旨更換。四川著派崧蕃、湖北著派蒯德標、江蘇著派黄彭年、直隸著派松椿，即責成各該員嚴飭各道府及沿途地方文武員弁，認真稽查，催趲護送前進。

《光緒朝東華録》八九　庚寅，以新疆巴里坤城東關新建故大學士左宗棠祠，予死事官兵士民一千九百餘名附祀。

己亥，欽奉懿旨，前因皇帝甫經親政，決疑定策，不能不遇事提撕，勉允臣工之請，訓政數年。兩年以來，皇帝幾餘典學益臻精進，於軍國大小事務均能隨時剖決，措置合宜，深宫甚爲欣慰。明年正月大婚禮成，應即親裁大政，以慰天下臣民之望，著欽天監於明年二月内敬謹選擇歸政吉期具奏。

壬寅，欽奉懿旨，欽天監奏遵旨選擇吉期恭候欽定一摺。著於明年二月初三日歸政。

《德宗實録》卷二五六　總理各國事務衙門奏，請於署内添設英、法、俄、布文繙譯官。允之。

甲辰，諭内閣：彭玉麟奏，痼疾難痊，懇請開缺，並開去差使，回籍調理一摺。【略】兵部尚書彭玉麟著准其開缺回籍，安心調理。其長江水師巡閲差使毋庸開去，即責成李成謀認真經理。彭玉麟不必拘定假期，一俟病體稍愈，仍著照舊任事，以副朝廷倚畀至意。

諭軍機大臣等：電寄升泰，五月初九、廿五兩次電諭升泰開導藏番，勿再搆釁，並責成第穆妥爲了事，現尚未據該大臣奏報，殊深廑系。昨英使照會總署，據稱接印督電信，藏番現又添兵，並有攀阻該大臣不赴邊界之語。【略】該大臣務當守定「先解戰爭」四字傳諭第穆切實辦理。前奏有與英官面議之意，目前事機緊要，如親至邊界商辦，先令印藏彼此退兵，再明定彼此界址，使此後不相侵犯，自較派員前往更爲妥協。

總理各國事務衙門奏，按察使周馥暫留海軍衙門，創辦海軍章程，俟擬成再行赴任。欽奉皇太后懿旨，允之。

《光緒朝東華録》八九　乙巳，李鴻章奏，奉天、威海衛等處海口前經添設防勇，議建礮臺，預置水雷，一切需款甚鉅，請將山海關加增贏餘關税銀八萬兩留存關庫，預備一切要需。允之。

庚戌，諭軍機大臣等：電寄李鴻章等，電奏已悉，著趕緊固守已成之工，不

可再有失陷。其引河挑溜乞淤工程仍應認真辦理，不可停止，冀大汛遄臨，分流掣溜，稍減跌塘之患，餘俟奏報到時再降諭旨。

《德宗實録》卷二五七　七月壬子，出使美日秘國大臣張蔭桓奏，金山華人衆多，請籌建中華醫院並咨總理衙門備案，以垂久遠。又奏，金山領事署左近籌設中西學堂，並援照古巴奏案，酌量獎勵。均下所司知之。

《光緒朝東華録》九〇　以許庚身爲兵部尚書。

《德宗實録》卷二五七　庚申，諭内閣：本日據李鴻藻等奏，伏秋汛至，請停緩大工，俟秋汛稍平接辦一摺。覽奏殊深憤懣。自上年八月鄭工漫口疊諭該河督等迅籌堵築，先後發給工需銀九百萬兩，明旨電諭三令五申，朝廷軫念民生籌措不遺餘力。【略】自上月二十一日西壩捆廂船失事，阻礙不能進占，又不先期放河引溜，以致口門淘刷日深。秋汛已臨，不克堵合，該尚書等辦理不善，咎無可逭。但據奏種種棘手情形，若仍令勉强趲辦，終歸無濟，著准其暫行停緩，一面固守已成之工，一面添集料物，俟秋汛稍平，迅速接辦。李鶴年身任河督，責無旁貸，陛辭之日自詡剋日就功，詎到任奏報，詞氣全涉推諉，嗣後並不竭力催辦，一味敷衍取巧，以致功隳垂成，誤工糜帑，與成孚厥罪維均，縱令留工，難期後效。李鶴年著開去銜翎，與成孚均發往軍臺效力贖罪。李鴻藻係督辦之員，倪文蔚係兼轄會辦之員，督率無方，主見不定，亦難辭咎。李鴻藻、倪文蔚均著革職留任，降爲三品頂戴。現已簡派吴大澂署理河督，未到任以前，著李鴻藻暫署。

又諭：電寄吴大澂，本日已有旨令吴大澂署理河東河道總督，毋庸來京請訓，廣東巡撫令張之洞兼署。吴大澂接奉電旨迅速交卸起程，毋稍延緩。

癸亥，兩廣總督張之洞等奏，寓美粤商稟稱，中美新約禁止華工赴美，以二十年爲限。華工既禁，華商將不禁而自絶，現新約尚未畫押，請飭總理各國事務衙門查覈利弊，設法維持，以保華民生計。下所司知之。

甲子，又諭：李鴻章奏，永定河隄工漫口，分别參辦，並自請議處一摺。本年入秋以後，大雨連綿，永定河水勢盛漲，疊出險工。七月初六日，盧溝汛南岸三號石隄及南二工十七號、北上汛十二號等處大隄均被漫溢，刷寬口門四五十丈不等，該管各員疏於防範，實屬咎無可辭。署永定河道金福曾、南岸同知鄭焕均著革職留任，武清縣縣丞張善玨著革職留工，石景山同知竇延馨、署良鄉縣縣丞試用主簿趙福濟均著摘去頂戴，李鴻章著交部議處。該督務當督飭在工員弁將漫口趕緊盤築裹頭，並飭派出之員勘籌堵築事宜，認真防護。

《光緒朝東華録》九〇　甲子，江蘇學政王先謙奏刊刻《皇清經解續編》告成。報聞。

《德宗實録》卷二五七　丁卯，諭軍機大臣等：户部、總理各國事務衙門奏，請催解東北邊防經費一摺。據稱各省關本年應解東北邊防經費，截至六月底止，除解到及報解起程外，尚欠解銀一百三十萬兩零，請飭迅解，並補解歷年積欠銀兩等語。此項經費關繫緊要，自應迅速籌解，以濟要需。著該將軍、督撫、監督將欠解銀兩趕緊籌解，儻再遲延，即著户部照貽誤京饟例指名嚴參，原單均著鈔給閲看。

乙亥，諭軍機大臣等：户部奏，請旨催解京饟一摺。本年京饟原撥續撥共銀八百萬兩，截至五月底止，除截留劃撥已解及報解起程外，尚欠解銀五百十三萬兩零。現在部庫支絀，應放各款均關緊要，所有各省關欠解京饟亟應全數報解，以應要需。著該將軍、督撫、監督等各將欠解銀兩趕緊陸續提前報部，統於年内掃數解齊。

《光緒朝東華録》九〇　丁丑，欽奉懿旨，皇帝大婚典禮著於光緒十五年正月二十七日舉行。本年十一月初二日納采，十二月初四日大徵，所有應行事宜，著各該衙門迅速敬謹辦理。

戊寅，以陳學棻爲内閣學士。

是月，津沽鐵路成。

八月庚辰，以潘祖蔭兼署户部尚書，祁世長署兵部尚書。

《德宗實録》卷二五八　壬午，黑龍江將軍恭鏜等奏，黑龍江左岸地方從前原以外興安嶺爲中俄大界，内有二卡倫，六封堆，每年派兵查放，均爲防俄窺邊而設。上年遵例查放，經海蘭泡城，俄酋派兵攔截。據稱江左俄屬，毋庸中兵查放。伏查咸豐八年，中俄和約載明黑龍江、松花江左岸由額爾古訥河至松花江海口作爲俄國屬地，右岸順江流至烏蘇里河作爲中國屬地。是凡屬左岸地方應歸俄屬，所有原設卡倫封堆悉在其中。俄酋阻止官兵，似非有意尋釁，所有礙難查放情形，請飭覈議。下所司議。尋總理各國事務衙門奏，江左精奇里河一帶地雖劃分俄境，惟原住旗屯應照約管轄，則查放舊章不妨藉爲維繫，未可遽爾遷就。從之。

癸未，又奏，臺灣移駐巡撫新設藩司等官應需廉俸役食，暨臺灣道兼理臬司

養廉分別議給酌增。下户部議行。

己丑，諭内閣：御史何福堃奏，刑部監禁人犯太多，請飭迅速清理，並各省管押案犯嚴飭詳報榜示各摺片。京外問刑各衙門審理案件必須迅速斷結，方不致拖累無辜。若如所奏，羈押纍纍，案懸莫結，殊不足以昭欽恤，著刑部堂官督飭司員，將未結各案迅即清釐。其現審案件，務遵照例限，隨時審結，毋任積壓。並著各直省督撫嚴飭各屬，遇有訟案隨到隨審，毋得藉口要犯在逃，監候待質等詞，濫行羈禁。其在押各犯，按月詳報榜示，以杜弊端。

《光緒朝東華録》九〇　庚寅，以恭修玉牒告成，命和碩睿親王魁斌等恭送盛京。

《德宗實録》卷二五八　甲午，察哈爾都統托倫布等奏，廢員何如璋效力三年期滿，臺費繳清，應請釋回。得旨，何如璋著准其釋回。

戊戌，總理各國事務衙門奏，德國使臣巴蘭德以新君即位，呈遞國書，擬照章給予覆書，交出使大臣洪鈞齎達。從之。

壬寅，〔直隸總督李鴻章〕又奏，新購西洋機器，試造制錢，覈計工本虧折過鉅，擬請停造。下部知之。

以武備學堂教習期滿，賞洋員德國兵官李寶那珀等寶星。

癸卯，諭内閣：前因河南鄭州大工日久未蕆，在事人員辦理不善，並據御史劉綸襄、燕起烈奏參糜帑誤工各款，當經諭令吴大澂於到任後確查具奏，並將該工情形速勘妥籌。

甲辰，諭軍機大臣等：廣東按察使王之春奏敬陳管見一摺。其兼備商輪一條，據稱擬准中國商民自造輪船，議定旗照租費及照納税鈔章程等語；購置機器一條，據稱以鍊鐵與織布兩種爲最要，擬仿招商局、電報局之例，寬籌官本，期在必成等語。所奏係爲收回利權起見，著李鴻章、曾國荃悉心妥議。

總理各國事務衙門奏，黎庶昌以輕視祀典，得降調處分，可否准以二品頂戴仍留使任。得旨，黎庶昌著准以二品頂戴，仍留出使日本大臣之任。

以報效海軍經費，欽奉懿旨，予道員周綬等獎敘。

乙巳，欽奉懿旨，醇親王奕譞奏，海軍章程已定，病仍未痊，歸政有期，懇恩開去差使一摺。【略】惟念海軍關繫重大，迥非尋常庶政可比，目前規模粗定，嗣後應辦之事正多，非特宫廷軫念時艱，冀歸盡善，即醇親王休戚相關之意，諒亦未能恝置。數月以來，疊次視疾，見王眠食精神漸臻康復，所有海軍衙門一切事宜仍著醇親王照常經理，庶會辦幫辦諸臣，有所稟承，足以竟全功而垂久遠。其神機營事務並著照舊管理，明年歸政後，該衙門具奏事件毋庸列銜。俟海軍著有成效，由王斟酌情形，奏達深宫，再行降旨。王務以國事爲重，勉肩鉅任，不必推辭。

《光緒朝東華録》九〇　丁未，賞恒明副都統銜作爲伊犂察哈爾領隊大臣。

是月，京師有疫。

《光緒朝東華録》九一　九月甲寅，陝西巡撫葉伯英卒，賜卹如例。以張煦爲陝西巡撫。

以紹祺兼署禮部尚書，麟書兼署工部尚書。

以廖壽恒兼署工部左侍郎，曾紀澤兼署刑部右侍郎，以豫山爲山西布政使，薛福成爲湖南按察使。

《德宗實録》卷二五九　丁巳，諭軍機大臣等：有人奏，前出使大臣徐承祖貪劣侵欺，列款糾參，請飭查辦一摺。據稱徐承祖採購日本銅斤浮冒侵漁，長崎一案辦理失體，並浮銷經費，擅刻功牌，索賄把持，奏調私人，狡詐取巧，保舉欺罔。各節如果屬實，亟應嚴行懲辦。著總理各國事務衙門王大臣將所參各款詳細確查，其在日本查訊各節密咨黎庶昌，逐一查明，據實聲覆，不准稍涉含混，俟查覆到日由該衙門一併具奏。

甲子，直隸總督李鴻章奏，吉林和龍峪一帶分設局卡，原以羈縻韓民，惟所收税項不敷用度，請仍由山海關撥解銀兩濟用。下所司知之。

予故前廣西巡撫潘鼎新開復原官，入祀淮軍昭忠祠。從直隸總督李鴻章請也。

以節交寒，令賞京師中城朝陽閣、東城卧佛寺育嬰堂、南城打磨廠、西城長椿寺甎塔胡同、北城圓通觀梁家園各粥廠每月粟米三百三十石。清化寺街崇善堂、梁家園百善堂、太清觀公善堂三處煖廠，暨教子胡同禮拜寺各小米三百石。朝陽門外南海會寺、崇文門外玉清觀各粥廠並岡子上興善堂煖廠、東便門外三忠祠粥廠各小米一百五十五石。

丁卯，又諭：升泰奏，遵旨傳諭第穆呼圖克圖並查明藏哲界址、開導情形各摺片。【略】刻下該大臣想已與保爾會晤，藏哲界址既已查明，印督又有甚望速了之語，著即熟商妥辦，一面嚴飭藏番勿得再出滋事。即將會商情形隨時飛咨劉秉璋迅速電奏。

辛未，兩廣總督張之洞奏，酌擬北海、高州兩鎮巡洋章程。現既改設高州鎮總兵，統轄外海水師，其巡洋上班應以高州鎮爲統巡，下班以陽江營遊擊爲統巡，新設北海鎮總兵已將龍門協水師兩營改歸管轄，其巡洋上班應仍以龍門協副將爲統巡，下班以北海鎮爲統巡。下部知之。

癸酉，福建臺灣巡撫劉銘傳奏，臺東直隸州統轄後山全境，地廣兵單，請添募勇營，以資鎮守。從之。

《光緒朝東華録》九一　甲戌，漕運總督盧士杰卒，賜卹如例。以李瀚章爲漕運總督。

丙子，欽奉懿旨，皇帝大婚典禮前經明降諭旨，一切遵照會典辦理。早據禮部單開，皇帝大婚前期遣官祭告天地、太廟、後殿、奉先殿禮節，請照案前二日舉行，當經查照會典改爲前一日黏簽宣示，該部宜如何敬謹遵行。以昭慎重。乃昨據繕奏清單仍開列大婚前二日祭告，殊堪詫異。【略】所有禮部堂官及承辦司員均著交部嚴加議處。

《德宗實録》卷二六〇　十月庚辰，駐藏幫辦大臣升泰奏，開導藏番具稟停戰，即赴邊界籌辦情形。得旨，該大臣甫經到任即能盡心開導，藏事已有轉機，深堪嘉許。刻下想已馳抵邊境，著即懍遵前旨，熟商妥辦，以副委任，並隨時將辦理情形速咨劉秉璋由電奏聞。

《光緒朝東華録》九一　癸未，欽奉懿旨，皇帝寅紹丕基，春秋日富，允宜擇賢作配，佐理宮闈，以協坤儀而輔君德。兹選得副都統桂祥之女葉赫那拉氏端莊賢淑，著立爲皇后。特諭。

欽奉懿旨，原任侍郎長敍之十五歲女他他拉氏，著封爲瑾嬪，原任侍郎長敍之十三歲女他他拉氏，著封爲珍嬪。

《德宗實録》卷二六〇　壬辰，頒總理海軍事務衙門關防。以報效海軍經費，予前長蘆運同沈永泉等升敍有差。

《光緒朝東華録》九一　甲午，湖南提督周盛波卒，予謚剛敏，戰功事蹟交國史館立傳，並准於安徽原籍及立功省分建祠。

乙未，調衛榮光爲山西巡撫，崧駿爲浙江巡撫，剛毅爲江蘇巡撫。召陳彝來京，以三品京堂候補。調沈秉成爲安徽巡撫，以高崇基爲廣西巡撫。

《德宗實録》卷二六〇　辛丑，諭軍機大臣等：升泰奏，印藏挑釁交戰，藏兵潰敗情形，並瀝陳棘手實情各摺片。【略】升泰抵藏後布置一切均尚中肯，目前印藏情形非該大臣親赴邊界與英官面議，終難定局，且事機亦萬難再緩。據英使華爾身告知總理衙門，有該大臣於十月十二日啟程之説，著即懍遵疊次諭旨，熟商妥辦，該大臣務當勉爲其難，竭力開導，綏靖邊疆，以副委任。一面先將會商情形飛咨劉秉璋由電奏聞。至請電印督添派漢文通事一節，已飭總理衙門酌覈辦理矣。

乙巳，總理海軍事務衙門奏，津沽鐵路告成，驗收如式，各商稟請接造通州鐵路以廣利益。欽奉懿旨，允之。

《光緒朝東華録》九一　丙午，中法滇越邊界聯接電綫章程十二款成。

是月，比利時國使臣維禮用回任。

《光緒朝東華録》九二　十一月己酉，剛毅奏，陽曲等二十一廳州縣被旱被水被雹被鹻成災，並綏遠渾津、黑河二村被雹歉收，查勘撫卹。下户部知之。

《德宗實録》卷二六一　庚戌，兩廣總督張之洞等奏，粵省歸還第五次洋款，遞年不敷鎊價，請於粵海關六廠洋藥税或六成洋税内撥補，以歸有著。下部議。

壬子，諭軍機大臣等：慶裕等奏，請飭撥東三省來年的饟並請催欠饟一摺。【略】著户部照數指撥，令該督撫等如數籌解，毋許遲延。

福建臺灣巡撫劉銘傳奏，承辦臺灣鐵路委員李彤恩病故，商股觀望，請改歸官辦，以裨海防。如所請行。

乙卯，欽奉懿旨，御史屠仁守奏，報效一途急宜停止。所稱報效萬金其營謀關通，常三數千金不等，而副都統恩佑乾没獨多等語。是否屬實，著總理海軍事務衙門王大臣確查具奏，原摺著鈔給閲看。尋奏，各員捐呈投遞與恩佑初不相涉，實無乾没確據。現定擬章程以嚴收捐之限，一俟臣衙門入款如常，海防有恃，即將收捐一項停止。欽奉懿旨，依議行。

以辦事和衷，賞奥國駐上海領事夏士賓星。

丁巳，總理各國事務衙門奏，各關提存出使經費，謹將收撥總數彙覈請銷，並請飭下南北洋大臣將先後借撥銀一百八十七萬餘兩，迅速籌解，以資應用。又奏，粵海關欠解出使經費共銀七十八萬餘兩，請飭該監督趕籌補解，以重要款。均依議行。

《光緒朝東華録》九二　丁巳，洪鈞奏，請選派庶吉士出洋，畀以二三等參贊，三年期滿由使臣保奏，授職編檢。總署已經考取之正途章京擇派參隨，俾先期閲歷，參隨員數明定限制，遊歷經費併入度支。下所司議奏。

戊午，理藩院尚書紹祺卒，派載澤前往奠醊，卹廕如例，並賞銀一千五百兩治喪。以嵩申爲理藩院尚書。

《德宗實録》卷二六一　壬戌，直隸總督李鴻章奏，滇粵邊界中國電綫與越南北圻法綫相接，藉收越南、暹羅、印度等處商報之利，有事斷綫阻信，仍可操縱由我，謹照録章程呈覽。如所請行。

又奏，北洋海軍俸饟等項，擬自光緒十五年正月起悉照新章辦理，以清界限。下所司知之。

《光緒朝東華録》九二　以丁汝昌爲北洋海軍提督，林泰曾爲北洋海軍左翼總兵，劉步蟾爲北洋海軍右翼總兵。

《德宗實録》卷二六一　予山東捐建故四川總督丁寶楨專祠，列入祀典。從山東巡撫張曜請也。

辛未，又諭：有人奏，崇文門內外有軍人王四海及弟王五石頭，朝陽門外有東霸天劉大及牛眼馬四、小太歲張七，西四牌樓有猪牙子金三及崔秃子、滚地雷紀大、花户葉三即葉書年諸匪，或結黨兇横，或包攬倉務，請飭查拏等語。著步軍統領衙門、順天府、五城御史一體嚴密查拏，務獲究辦。

壬申，諭軍機大臣等：電寄劉秉璋，升泰十月十六日奏報已悉。【略】昨據英使聲稱，該大臣已於十九日到納東地方，此後與印使相見，撤兵定界，不難次第商辦，所請撥銀七八萬兩，即著劉秉璋如數籌撥，即日迅解打箭爐城，交廳員暫存，以便轉匯，勿稍遲緩。

《光緒朝東華録》九二　壬申，國史館續纂文武大臣年表及臣工奏議全書成，予出力人員奎華等並總纂官李端棻等獎敘有差。

癸酉，長順奏，伯都訥等處被水。報聞。

《德宗實録》卷二六一　甲戌，諭內閣：翰林院侍講學士志鋭奏，請續修《八旗氏族通譜》一摺。【略】該侍講學士所請開局續修之處，著毋庸議。

乙亥，山東巡撫張曜奏，嵩武軍馬步礮隊十一營分紮煙臺海防，本年應支月饟銀兩請飭部撥發，以資軍食。下部議。

《德宗實録》卷二六二　十二月戊寅，以侵吞公款革福建臺灣機器局委員候選知縣洪熙職，永不敘用。

己卯，諭軍機大臣等：電寄張蔭桓，電悉。美繳賠款，著照所請行。

壬午，諭軍機大臣等：色楞額奏，俄國毆斃中國兵民一案，幾肇釁端，並陳時局窒礙情形一摺。寧遠一案，前經總理各國事務衙門照會俄使確查妥辦，並知照洪鈞轉電該將軍彈壓兵民，勿任滋事。此事近在伊犂，色楞額責無旁貸，總在就地確查，與該領事持平商辦。該處密邇鄰疆，此等交涉事所常有，必須持以鎮静，斷不可急遽張惶，致滋貽誤。兹據奏俄領事允撤馬隊回國，現在謡言已息，地方安静等語。該將軍仍當加意防維，隨時約束兵民，毋令别生枝節。

癸未，署河東河道總督吴大澂奏，節交冬至，鄭工東西兩壩進占順利，合龍已有把握。得旨，覽奏合龍有期，殊深欣盼，即著該署督等乘此事機得手，督飭員弁妥速趲辦，早日告成，以慰廑系。

乙酉，諭內閣：明年舉行歸政典禮，崇上皇太后徽號，普天率土，抃舞臚歡，多士如林，涵濡聖澤，允宜特開慶榜，俾遂觀光。著於光緒十五年舉行恩科鄉試，十六年舉行恩科會試。

《光緒朝東華録》九二　户部奏，催雲、貴二省應辦銅鉛認真開採，提前起解。得旨，允行。

《德宗實録》卷二六二　稟承懿訓，命將專征天山南北各城一律戡定，綜計戰事始末二十餘年，允宜載諸簡編，昭兹來許。即派軍機大臣禮親王世鐸、額勒和布、張之萬、許庚身、孫毓汶充方略館總裁，督飭提調總纂等官詳慎編輯，毋稍疏漏，所有應行各事宜並著隨時斟酌辦理。

己丑，出使美日秘國大臣張蔭桓奏，自秘返美，更派繙譯官林怡游充駐秘參贊，代辦使事。又奏，擬酌照檀香山辦法在巴拏馬島添設商董，以保華商。

庚寅，以洋員當差出力，賞德國教習施密士額德茂、英國醫官鮑德均伊爾文等三等寶星，德國隊長貝阿四等寶星。

《光緒朝東華録》九二　壬辰，太和門災。

《德宗實録》卷二六二　總理各國事務衙門奏，直省各督撫共籌銀二百六十萬兩分批解津，不惟海防緩急足恃，騰出閒雜各款專顧欽工，亦不致有誤盛典。欽奉懿旨，允之。

詳定海軍經費生息章程。從總理各國事務衙門請也。

《光緒朝東華録》九二　甲午，諭：本月十五日夜間，貞度門不戒於火，延燒太和門及庫房等處。所有本日值班之章京護軍等於禁城重地並不小心看守，實堪痛恨，著交刑部嚴行審訊，按律定擬具奏。值班之前鋒統領恩全疏於防範，咎無可辭，著交部議處。

《德宗實録》卷二六二　乙未，諭軍機大臣等：太和門等處應修工程，著工部、内務府會同覈實勘估，奏明請旨。

《光緒朝東華録》九二　乙未，李鴻章奏，永定河合龍，請將淮練各軍給獎。下部議奏。

丙申，鄭州河工合龍。

《德宗實録》卷二六二　丁酉，又奉懿旨，余聯沅、屠仁守等，洪良品等奏，請停辦鐵路摺三件，徐會澧等摺内請停鐵路一條。著海軍衙門會同軍機大臣，妥議具奏。

戊戌，欽奉懿旨，翁同龢等、奎潤等，游百川、文治奏請停辦鐵路摺四件，片一件。著總理海軍事務衙門會同軍機大臣歸入余聯沅等摺件，一併妥議具奏。

辛丑，諭軍機大臣等：前有人奏，前出使大臣徐承祖貪劣侵欺，列款糾參，請飭查辦，當經諭令總理各國事務衙門詳細確查。兹據該衙門奏稱，分別行查户部、南北洋大臣、出使日本大臣嚴密查覈，業經先後覆到。原參徐承祖各款中以浮冒銅價及浮開運費爲最重，李鴻章覆函及黎庶昌咨覆内所稱各節，顯有浮冒情弊等語。徐承祖經朝廷特簡派令出使日本，復以部局需用銅斤，責成購辦，宜如何潔己奉公，覈實經理。乃竟營私肥己，種種侵漁，即就銅價一項而論，據黎庶昌所查已浮冒銀三萬餘兩之多，其餘運費餘銅各節均有弊竇，似此牟利妄爲，行止貪鄙，實堪痛恨。二品頂戴候選道徐承祖著先行革職，聽候查辦。並著曾國荃飭派妥員前往六合縣，將該革員原籍財産嚴密查封備抵，所有浮銷銀數究有若干，及其餘被參各款均應徹底根究。

壬寅，以辦理天津水師學堂成效昭著，直隸道員呂耀斗仍交軍機處存記。以訂購洋輪坐車、火輪車出力，賞德國洋商德威尼等三等寶星。

乙巳，諭内閣：劉錦棠奏，懇恩展假回籍省視祖母一摺。覽奏情詞懇切，自應勉如所請，劉錦棠著賞假六箇月，准其回籍省親，假滿即行回任，以資倚畀。甘肅新疆巡撫著魏光燾暫行護理。

丙午，以鄭州大工合龍，實授吴大澂河東河道總督，並賞頭品頂戴。開復革職留任河南巡撫倪文蔚、留工效力山西布政使紹諴、按察使潘駿文處分，並賞還禮部尚書李鴻藻頂戴。釋回革職遣戍前河東河道總督成孚，以按察使候補，並賞還署河東河道總督李鶴年銜翎。餘升敘開復有差。

光緒一五年（己丑、一八八九）

《德宗實録》卷二六四　正月庚戌，以大理寺卿劉瑞芬爲廣東巡撫，未到任前仍以兩廣總督張之洞兼署。

《光緒朝東華録》九三　甲寅，張曜奏，河運未能久停，請改撥海運漕米二十萬石仍歸河運。下户部速議具奏。尋部覆議准。得旨，飭部照辦。

乙卯，衛榮光奏，查明各屬荒産並新墾田地請將地漕等項分別蠲免。允之。

辛酉，以張之萬爲大學士，徐桐爲吏部尚書，協辦大學士，孫毓汶爲刑部尚書。

《德宗實録》卷二六四　諭軍機大臣等：欽奉懿旨，前據總理海軍事務衙門奏，請由天津至通州接修鐵路，當經降旨允准。嗣據御史余聯沅等先後陳奏，請停辦鐵路，均諭令總理海軍事務衙門會同軍機大臣妥議具奏。兹據會商籌議，逐款臚陳，詳加披閱，所陳各節辨駁精詳，敷陳剴切，其於條陳各摺内似是而非之論，實能剖析無遺。惟事關創辦，不厭求詳，在廷諸臣於海防機要素未究心，語多隔膜。該將軍督撫等身膺疆寄，辦理防務，利害躬親，自必講求有素。著慶裕、定安、曾國荃、卞寶第、裕禄、張之洞、崧駿、陳彝、德馨、劉銘傳、奎斌、王文韶、黄彭年按切時勢各抒所見，迅速覆奏，用備採擇。

《光緒朝東華録》九三　壬戌，命徐桐兼會典館正總裁。

癸亥，杭州將軍長善卒，卹廕如例。

調恭鏜爲杭州將軍，以依克唐阿爲黑龍江將軍，卓淩阿爲琿春副都統。

《德宗實録》卷二六五　乙丑，欽奉懿旨，禮親王世鐸奏，再陳下悃，請開去軍機大臣要差一摺。【略】該親王自入直以來恪恭盡職，機務悉臻妥協，朝廷深資倚畀，著照常入直，毋庸固辭，所請開去要差之處，仍俟數年後一切全復舊制，再降諭旨。

又諭：朕叔惇親王薨逝，已降旨派貝勒載瀅前往奠醊，朕於本日恭奉慈禧皇太后親臨府邸賜奠，用示篤念懿親至意。

丁卯，欽奉懿旨，御史屠仁守奏，歸政届期，直抒管見一摺。據稱歸政伊邇，時事方殷，請明降懿旨，外省密摺、廷臣封奏仍書皇太后聖鑒，懇恩披覽，然後施行等語。覽奏殊深駭異。垂簾聽政本屬萬不得已之舉，【略】該御史此奏既與前

旨顯然相背，且開後世妄測訾議之端，所見甚屬乖謬。此事關繫甚大，若不予以懲處，無以爲逞臆妄言紊亂成法者戒。屠仁守著開去御史，交部議處，原摺著擲還。

《光緒朝東華録》九三　丁卯，以世鐸爲宗人府宗令，奕劻爲宗人府右宗正，晉祺爲宗人府左宗正。

《德宗實録》卷二六五　戊辰，又奉懿旨，垂簾聽政以來，軍機大臣朝夕論思，恪恭匪懈，每遇軍國重事，指示機宜，均能悉心區畫，克慎克勤。現在歸政屆期，深宫數十年兢業之懷可以少釋，實惟前後諸臣夙夜在公，襄成郅治，允宜特沛恩施，以示寵眷。禮親王世鐸著賞給御書果行育德扁額一方，交宗人府從優議敘。大學士額勒和布著賞給御書言物行恒扁額一方，張之萬著賞給御書進德修業扁額一方，兵部尚書許庚身著賞給御書居德善俗扁額一方，刑部尚書孫毓汶著賞給御書經德秉哲扁額一方，均交部從優議敘。前軍機大臣恭親王奕訢著交宗人府從優議敘。致仕大學士寶鋆著賞食全俸。前大學士閻敬銘、户部尚書翁同龢、禮部尚書李鴻藻、工部尚書潘祖蔭、湖南巡撫王文韶均著交部議敘。原任大學士文祥、桂良、左宗棠、協辦大學士沈桂芬、户部尚書沈兆霖、禮部尚書李棠階、工部尚書曹毓瑛、都察院左都御史汪元方、内閣學士景廉均著賜祭一壇。

又奉懿旨，各省封疆大吏均爲國家倚任之臣，其久歷戎旃，熟諳韜略者，懋建殊勛，賢勞尤著。現任提鎮諸臣，類皆起自行閒，洊膺專閫。各該文武大員爲國宣勤，歷久不懈，現在歸政伊邇，允宜分别施恩。大學士、直隸總督李鴻章著賞用紫韁，兩江總督曾國荃、雲貴總督岑毓英均著賞加太子太保銜，陝甘總督楊昌濬、山東巡撫張曜、甘肅新疆巡撫劉錦棠、福建臺灣巡撫劉銘傳均著賞加太子少保銜。

又奉懿旨，本年正月舉行皇帝大婚典禮，二月舉行歸政典禮，普天率土，抃舞臚歡。因思國有大慶，中外攸同，自各國訂約通好以來，信睦之誼。久而彌著，各國駐京使臣均能深明大體，慎固邦交。兹當盛典躬逢，允宜慶忱同洽，所有現在京城之巴蘭德、田貝、鹽田三郎、華爾身庫滿、羅德理、李梅、維禮用著總理各國事務衙門慶郡王奕劻等於二月内擇日在署設燕款待，並頒給如意緞疋等件，其現未在京之盧嘉德、費果孫並著一併頒給。

《光緒朝東華録》九三　欽奉懿旨，頭品頂戴花翎總税務司赫德久辦洋税，精明切實，事事盡心，近來收數逐年加增，確著明效。歸政伊邇，允宜特加褒奬，以勵成勞，赫德著賞給三代一品封典。

《德宗實録》卷二六五　又奉懿旨，御史林紹年奏，督撫報效，有關政體民生，請旨飭禁一摺。海軍爲經國要圖，自光緒十一年創辦以來，規模略具，需款浩繁，前據總理海軍事務衙門奏准由兩江等省於正雜諸款内騰挪鉅款，分年撥解天津，由李鴻章發商生息。各省籌解之銀專備海軍不時之需，其每年息銀則以補海軍衙門放項之不敷，並無令各省督撫報效之事。該御史此奏乃以朝廷責進獻、督撫肆誅求等語，任意揣測，危詞聳聽，殊屬謬妄，林紹年著傳旨嚴行申飭。

己巳，諭軍機大臣等：前據李鴻章電，袁世凱電稱朝鮮國王爲李應浚所愚，謂已行賄二萬餘金，禮部允免專使等語，當諭令禮部確查覆奏。兹據該部奏稱，派員面詢該使臣等，堅稱不知有行賄免使等事，來京亦無消息等語。此事虚實，惟以李應浚來京與否爲緊要關鍵，既未來京，無憑根究，著李鴻章電飭袁世凱就近詢問該國王。【略】尋奏，遵諭查明，朝鮮並無行賄希免專使各情，係李應浚指中國官吏爲由欺王騙財，與四譯館及禮部司員書吏無涉。下所司知之。

庚午，總理各國事務衙門奏，呈進德國君主恭賀大婚典禮國書。報聞。

壬申，上禮服詣太和殿閲視皇后册寶，遣大學士額勒和布爲正使，禮部尚書奎潤爲副使，持節奉册寶詣皇后邸册封葉赫那拉氏爲皇后。

《光緒朝東華録》九三　甲戌，上詣壽皇殿行禮，頒詔天下，覃恩有差。

《德宗實録》卷二六五　乙亥，吏部奏，遵議開缺御史屠仁守處分，比照違制律議以革職留任，惟現已開缺，應於補官日辦理。得旨，所稱屠仁守開去御史之處另行辦理，係作何辦理，議以補官日革職留任係補何官，著該部明白回奏。

丙子，諭軍機大臣等：色楞額等奏，伊塔遠居邊要，巡撫礙難遥制，擬將地方文武仍歸將軍、副都統就近專轄一摺。新疆改設行省，分置郡縣，左宗棠創議於前，劉錦棠等詳議於後，一切官制營制甫經議定，自未便遽行更張。惟據色楞額等所陳，伊塔距新疆省會太遠，文移往返數千里，動輒兼旬。文武各官若不就近專轄，深恐呼應不靈，致誤事機，擬援照直隸承德府歸熱河都統管轄之例，仍歸伊犁將軍、副都統專轄等情事，關邊防緊要，不厭求詳，著楊昌濬、譚鍾麟、劉錦棠、魏光燾按照所奏各節，詳細覈議。【略】尋議，應毋庸更張。惟設立軍標當照辦，擬請於伊犁原定漢隊四千人内撥千人隸之將軍，塔爾巴哈台原定漢隊二

千人内撥五百人隸之副都統。從之。

《德宗實録》卷二六六　二月戊寅，欽奉皇太后懿旨，本日據吴大澂奏，請飭議尊崇醇親王典禮一摺。皇帝入嗣文宗顯皇帝，寅承大統。醇親王奕譞，謙卑謹慎，翼翼小心，十餘年來，深宫派辦事宜，靡不殫竭心力，恪恭盡職，每遇優加異數，皆再四涕泣懇辭。前賞杏黄轎至今不敢乘坐，其秉心忠赤，嚴畏殊常，非徒深宫知之最深，實天下臣民所共諒。自光緒元年正月初八日，醇親王即有豫杜妄論一奏，内稱歷代繼統之君推崇本生父母者，以宋孝宗不改子偁秀王之封爲至當。慮皇帝親政後僉壬倖進，援引治平、嘉靖之説，肆其奸邪，豫具封章，請俟親政時宣示天下，俾千秋萬載，勿再更張。其披瀝之誠，自古純臣居心何以過此，此深宫不能不嘉許感歎勉從所請者也。兹當歸政伊始，吴大澂果有此奏，若不將醇親王原奏及時宣示，則後此邪説競進，妄希議禮梯榮，其患何堪設想！用特明白曉諭，並將醇親王原奏發鈔，俾中外臣民咸知我朝隆軌超越古今，即賢王心事亦從此可以共白。嗣後闞名希寵之徒，更何所容其覬覦乎！

《光緒朝東華録》九三　己卯，上詣慈寧宫行禮，御太和殿親政受禮。

庚辰，上詣慈寧宫行禮，御太和殿受賀。

以恩承爲東閣大學士，張之萬爲體仁閣大學士。

壬午，命慶郡王奕劻、大學士福錕等宴各國駐京使臣於總理各國事務衙門，並頒給玉如意、綢緞、活件。

丙戌，諭：曹鴻勛著授載潤讀，張仁黼著授載濟讀。

《德宗實録》卷二六六　丁亥，諭軍機大臣等：升泰奏，移營仁進岡，開導藏番布置諸務，暨請刊用關防各摺一片。哲孟雄與英國定約租地，事屬已成，無可挽救。該國本在版圖之外，現在勢窮力竭，願求内附，若照所請辦理，英人窺伺已久，必不相讓，殊於藏事無益有害。該大臣許其保護而争照舊二字，所見甚是。布魯克巴派兵來營效力，該大臣重給賞需，飭其速回，所辦亦中肯綮。總之，此時惟有就事論事，將藏案妥籌完結，若别生枝節，必致貽誤大局，諒該大臣必能體會此意也。長庚到任後，著暫緩赴邊，即由升泰咨照該大臣知悉。升泰於此事情形已熟，即著責成一手經理，該大臣務當勉爲其難，與英官妥爲商辦，徐與磋磨。

《光緒朝東華録》九三　戊子，諭：本年輪應查閲福建、浙江、廣東、廣西、四川營務之期。福建即派卞寶第、浙江即派崧駿、廣東即派張之洞、廣西即派沈秉成、四川即派劉秉璋逐一查閲，認真簡校，如有訓練不精、軍實不齊者，將廢弛之將弁據實參奏，毋得視爲具文。

《德宗實録》卷二六七　癸巳，巡撫銜督辦雲南礦務唐炯奏，東川、昭通兩府銅廠漸次見功，本年可得銅一百數十萬斤起解，以後必能逐年加增，請飭部籌撥銅本一百萬兩，以資採買發價。得旨，據奏雲南礦務漸有起色，著照所請由户部指撥的款一百萬兩，限期分解，以應急需。

甲午，以大婚禮成，賞朝鮮國王及王妃緞疋如例。朝鮮國續進慶賀歸政方物。

丁酉，以兵部尚書許庚身爲國史館副總裁官。

癸卯，諭軍機大臣等：鍾泰奏，請調礮械以備操防一摺。據稱寧夏滿營向無新式槍礮，附近無從購辦，旗營無款可籌，請就近由陝甘總督撥給陸戰洋礮數尊，洋槍一千杆，配齊子藥，運解到營等語。即著該督酌量籌撥，俾資應用。

乙巳，出使美日秘國大臣張蔭桓奏，美國禁阻華工新約中輟，善後較難，謹録呈前使臣鄭藻如所擬自禁議略及草約新例，請飭直隸、兩廣督臣妥籌補救。

命户部右侍郎曾紀澤、兵部左侍郎徐用儀管同文館事務。

《德宗實録》卷二六八　三月丙午，以江蘇按察使陳欽銘爲出使英法義比國大臣。賞翰林院侍講崔國因二品頂戴，爲出使美日秘國大臣。

以辦理兩廣電綫出力，予直隸州知州沈嵩齡等獎敘。

《光緒政要》卷一五　丁未，兩湖總督張之洞奏辦蘆漢鐵路。

《德宗實録》卷二六八　庚戌，以臺番歸化逆首就擒，予出力人員副將林福喜以總兵記名簡放，都司鄭有勤、劉朝帶免補參將遊擊，以副將補用，並賞巴圖魯名號，千總林勝標、紳士郎中蔡古鼇等升敘加銜開復有差。

辛亥，以禮部尚書李鴻藻爲會試正考官，工部尚書崑岡、潘祖蔭、禮部右侍郎廖壽恒爲副考官。

壬子，巡閲長江水師前兵部尚書彭玉麟奏，因病請開去差使。得旨，覽奏殊深廑系，該尚書務當加意調攝，毋庸開去差使。俟痊愈後，再行照常巡閲，以資倚畀。

以理藩院尚書嵩申、吏部尚書徐桐兼署工部尚書，都察院左都御史祁世長署禮部尚書。

癸丑，駐藏幫辦大臣升泰【略】又奏，布魯克巴部長傾誠向化，請頒給敕書印

信，責令防守邊隘。下所司議。尋總理各國事務衙門、理藩院會奏，請俟藏邊事定後，頒給布魯克巴封號印敕。報聞。

丁巳，諭軍機大臣等：長順等奏，吉林練隊所需洋火藥等件餘存無多，請飭天津機器局發給洋火藥二萬斤、鉛丸五十萬粒、銅帽二百萬粒等語。著李鴻章照數撥給，以資應用，所需價銀即由户部於吉林練餉項下如數扣抵，就近撥還直隸歸款。

《**光緒朝東華録**》**九四**　己未，黄彭年奏，吴中以水利爲第一要務，從前屢經修濬，近來復多淤塞，上年旱災，凡水泉可通之處，咸救田畝，皆得收成，其去水太遠之區禾悉黄槁，是其明證。然旱年失水爲害尚輕，設遇潦漲無從宣洩，則爲害更大。查小河支港業經遵照向章責成州縣就地籌濬，至經流幹河需款較巨，籌畫維艱。臣擬委員查勘各經流亟應修治之處，俟賑務完竣，核計尚有餘款擇要興修，期於國計民生實資裨益。報聞。

壬戌，卞寶第奏，臺省新案交代，仿照山東新章按半年開報。下户部知之。

《**德宗實録**》**卷二六八**　丁卯，駐藏幫辦大臣升泰奏，藏番具結，遵旨撤兵，請飭總理各國事務衙門知照英使，約期撤兵。

《**光緒朝東華録**》**九四**　戊辰，諭：閻敬銘奏懇准回籍調理一摺。閻敬銘著准其回籍並加恩賞給馳驛，該大學士辦事認真，深資倚畀，一俟病痊，即行來京陛見。

上奉慈禧端佑康頤昭豫莊誠壽恭欽獻皇太后幸頤和園，閱水陸操五日。

《**德宗實録**》**卷二六八**　辛未，浙江巡撫崧駿奏，浙省奉撥北洋經費，力難解足，酌定本年解數二十萬兩，並籌補兩年舊欠四萬兩。下所司議。

山東巡撫張曜奏，加修山東黄河隄埝，遷移災民，請飭將各省所收鄭工捐輸銀兩撥爲山東工賑之需。下所司速議。

癸酉，添鑄北洋海軍新設提督、總兵、副將、參將、遊擊、都司、守備等官印信關防十八顆。從直隸總督李鴻章請也。

乙亥，福建臺灣巡撫劉銘傳奏，前辦撫番大員沈葆楨、吴贊誠功績在臺，請於臺灣建立專祠。下部議。

《**光緒朝東華録**》**九四**　是月，德意志國使臣巴蘭德歸國，旋回任。日斯巴尼亞國使臣羅德理歸國，參贊鄂尼思署理。義大利國使臣盧嘉德卒，賈雅第署理。

《**德宗實録**》**卷二六九**　四月丁丑，烏里雅蘇台參贊大臣祥麟等奏，烏里雅蘇台所屬唐努烏梁海，俄人越界采金，請派員履勘邊界。得旨，所有應勘界址，著先行遴派妥員詳細履勘，並知照庫倫辦事大臣派員會同查勘，奏明辦理。尋祥麟等奏，派員前往車爾里克一帶細勘，俄人蓋房、乞金、開地三事俟呈覆到日，請旨遵辦。其沙濱嶺迆東至恰克圖界址亦會同派勘，如有應行添建牌博之處，俟繪圖奏明遵辦。

戊寅，諭内閣：山東連年被災，收成歉薄，民情困苦，上年張曜奏請截留京餉銀五萬兩，本年奏請由藩庫籌銀五萬兩，並請飭部撥銀十萬兩作爲賑款，先後降旨允准。惟念該省災區甚廣，現屆青黄不接，小民覓食尤艱，流離失所，殊堪憫惻，著加恩截撥本年輪船起運南漕十萬石，由李鴻章飭令迅速運往山東，交張曜派委妥員剋運被災地方，及時分散。

辛巳，又諭：唐炯奏，辦理礦務應購開鑿、通風、洩水三種機器，現已派員前往東洋購辦，請准免徵税釐等語。此項機器准其免納税釐，即著曾國荃轉飭各關一體遵照辦理。

巡撫銜督辦雲南礦務唐炯奏，滇礦開采漸著成效，巧家白錫蠟山産銅尤富，迆南所屬寧州及曲靖府屬之平彝、昭通府屬之大關等處，銅苗甚旺，請推廣采辦，並續延日本礦師，購買機器。下部知之。

癸未，欽奉懿旨，上月二十三日臨幸頤和園，閱視神機營水陸各操，隊伍整齊，聲勢聯絡，實深嘉悦。醇親王奕譞管理多年，訓練精勤，卓著成效，著交宗人府從優議敘。

又奉懿旨，前因籌議鐵路事宜，諭令沿江沿海將軍督撫各抒所見，以備采擇。嗣據陸續覆奏，詳加披閲，其偏執成見、不達時勢及另籌辦法尚未合宜者毋庸議外，張之洞、劉銘傳、黄彭年所奏各有見地。而張之洞所議，自盧溝橋起徑行河南達於湖北之漢口鎮，劃爲四段，分作八年造辦等語，尤爲詳盡。此事爲自强要策，必應通籌天下全局，海軍衙門原奏意在開拓風氣，次第推行，本不限定津通一路，但冀有益於國無損於民，定一至當不易之策即可毅然興辦，毋庸築室道謀。著總理海軍事務衙門即就張之洞所奏各節，詳細覆議，奏明請旨。

《**光緒朝東華録**》**九四**　諭：上月二十三日，朕恭奉慈禧端佑康頤昭豫莊誠壽恭欽獻皇太后閲看神機營水陸各操，技藝精熟，聲勢聯絡，該大臣等平日訓練認真，深堪嘉尚。所有管營大臣慶郡王奕劻著交宗人府從優議敘，都統德福、扎

拉豐阿，副都統熙敬、容貴，全營翼長副都統秀吉恩佑，均著交部議敘。營務翼長祥普並各委員管帶官均著交總理海軍事務衙門酌加保獎，其餘各項書手兵丁等，均著加恩賞銀五千兩以示鼓勵。

《德宗實録》卷二六九　丁亥，諭軍機大臣等：曾國荃奏，遵旨查辦已革道員徐承祖被參各款一摺。此案以浮冒銅價、私匿餘銅，浮侵運費爲最重情節，茲據逐款訊明。徐承祖辦事粗疏，虛糜帑項尚非貪利營私，業經革職，姑免治罪。惟虧折洋釐銀至三萬二千餘兩之多，亟應嚴行追繳，著照所擬勒限一年，如數繳清，儻敢任意延宕，逾限交不足數，仍拏交刑部，按律懲辦，決不寬貸。

《光緒朝東華録》九四　戊子，升泰奏，藏兵已撤，赫政到邊，及擬赴白棟與英官會議分界通商事宜。下該衙門知之。

庚寅，吴大澂奏，鄭工合龍以後應辦善後事宜，及造册報銷、測繪河圖諸務並歸善後局辦理。報聞。

《德宗實録》卷二六九　辛卯，諭內閣：前因山東連年災歉，疊次籌撥銀兩，復以該省災區甚廣，截撥南漕賑濟。朝廷軫念窮黎，無時或釋，朕恭奉懿旨，東省災民甚衆，恐前撥銀米尚有不敷，著發去宫中節省内帑銀十萬兩作爲賑款，交張曜分派妥員，詳查災區，迅籌散放。

賞湖南按察使薛福成二品頂戴，開缺以三品京堂候補，充出使英、法、義、比國大臣。

乙未，派大學士恩承、協辦大學士徐桐，禮部尚書李鴻藻、兵部尚書許庚身、工部尚書潘祖蔭、都察院左都御史祁世長、户部左侍郎孫詒經、刑部左侍郎薛允升爲殿試讀卷官。

丙申，策試天下貢士許葉芬等二百九十六人於保和殿。

庚子，上御太和殿傳臚，授一甲三人張建勳爲翰林院修撰，李盛鐸、劉世安爲編修，賜進士及第。二甲杜本崇等一百三十二人賜進士出身，三甲孫廷翰等一百九十六人賜同進士出身。

辛丑，出使美日秘國大臣張蔭桓奏，懸挂國旗，請分別等級，定爲方式，俾與商旗區別。如所請行。

《光緒朝東華録》九四　乙巳，日本國使臣鹽田三郎卒，參贊金立吐醉署理。

《德宗實録》卷二七〇　五月丁未，駐藏幫辦大臣升泰奏，飭令藏番辦理定界通商，已有端倪，專候印使約期親往會議。下所司知之。

《光緒朝東華録》九四　癸丑，諭：户部奏，虧短銅斤委員請旨交部嚴追一摺。雲南運銅委員惠山運解京銅短交三萬八千餘斤，應賠銀五千餘兩，前經部議革職勒追，今期限久逾，仍未完繳，實屬任意延玩。已革雲南楚雄縣知縣惠山，著鑲黄旗漢軍都統送交刑部，嚴限監追，以儆玩泄。

丁巳，定安等奏，遣撤吉林客隊，仍以原餉募練本省兵勇。得旨，准行。

《德宗實録》卷二七〇　己未，巡撫銜督辦雲南礦務唐炯奏，銅廠添爐購炭，趕速煎運，並覆陳威寧鉛廠情形。下部知之。

壬戌，都察院左都御史祁世長請假修墓，以禮部尚書李鴻藻兼署都察院左都御史。

乙丑，督辦船政候補三品京堂裴蔭森奏，自製龍威兵輪出口試洋情形。又奏，擬委出洋學生試造槍礮，請於節省經費項下購置機件。均下部知之。

《光緒朝東華録》九四　予故雲貴總督劉長佑廣西省城專祠，列入祀典。

諭：定安等奏，查勘福陵、昭陵應修工程，請擇吉興修一摺。著欽天監於本年六月内選擇吉期，先行知照，即著盛京將軍會同工部侍郎届期敬謹興修。

癸酉，蠲丹江衛屯田被水秋糧。

是月，日本國新簡駐華使臣大鳥圭介抵任。

《德宗實録》卷二七一　六月丙子，諭内閣：雲貴總督岑毓英秉性公忠，才識沈毅，【略】本年四月力疾銷假，方冀醫治就痊，長資倚畀，遽聞溘逝，軫惜殊深。岑毓英著加恩晉贈太子太傅，入祀賢良祠，並於雲南省建立專祠，生平政蹟事實宣付國史館立傳，賞銀一千兩治喪，由雲南藩庫給發，照總督例賜卹。

《光緒朝東華録》九五　丁丑，以王文韶爲雲貴總督。

調蒯德鏕爲福建臺灣布政使，以鄧華熙爲湖北布政使，岑毓禧爲雲南按察使，以邵友濂爲湖南巡撫。

《德宗實録》卷二七一　戊寅，駐藏幫辦大臣升泰奏，藏番已允在亞東地方通商，英人雖强，似亦無可要挾，現在印督尚未照覆，俟定議後再行請旨辦理通商事宜。報聞。

己卯，派大學士額勒和布、禮部尚書李鴻藻承修太和門等處工程。

辛巳，福建臺灣巡撫劉銘傳奏，澎湖一島爲閩臺咽喉，形勢散漫，現經勘定，於碼宫地方憑海築城，聯絡礮臺，以資捍衛。下兵部知之。

丙戌，諭内閣：奕劻等奏，各省關應解海防經費限滿，請分別勸懲，開單呈

覽一摺。據稱各省關應解上年海防經費及補解歷年欠款，有埽數全解者，有尚未解清者，自應查照定章，分别勸懲。所有業經解清之湖北省及閩海、鎮江、江漢、蕪湖、粤海各關著交部查取職名，給予議敘。其未經解清之江蘇、江寧、浙江、江西等省著查取職名議處。

諭軍機大臣等：奕劻等奏，請飭内務府歸還海軍衙門借款等語。著總管内務府大臣即將十三年分欠解銀一萬兩，十四年分應還銀八萬兩，並本年應還之款一併迅籌解還，勿再延宕。

《光緒朝東華録》九五 壬辰，徐桐等奏，本月十六日據臣院侍講銜編修王懿榮呈稱，爲《四庫全書》事關文教，請俟《方略》、《會典》兩書告成後，懇恩特飭續修事。竊職伏見乾隆朝高宗純皇帝欽定《四庫全書》，分經史子集四目，所收書籍上自周秦以迄我朝，三千餘年聖作明述之跡，粲然大備，中間恭載列聖御製全集、御纂欽定各書，牢籠天地，彪炳古今，漢唐以來文章美富，未有若斯之盛者也。至我皇上御極之十有五年，時經百載，開通日廣，文物日新，厥有市舶泛來前代流傳海外之書，又有乾隆以後通材碩學網羅散失、採集逸佚、復古再成之書，説經補史、重注重疏、精校精勘之書，以及天文、算學、地輿、方志、政書、奏議、私家撰著卓然經世之書，層見迭出。或先得者殘而重收者足，或沿稱者僞而改題者真，考據一門後來居上，藝數之流晚出愈精，若此之類，上溯舊例，應行著録者，其爲粹美。庶幾前編皆所以導揚盛治，恢崇至道，千載一時，於今爲烈。職愚以爲皇上親裁大政，庶事求舊，以聖紹聖，美善畢臻，所宜重開新館，續纂前書。【略】上諭：翰林院編修王懿榮呈請續修《四庫全書》並臚陳本朝儒臣所撰《十三經疏義》，請飭取列學官各一摺。著俟《會典》纂輯告成後，由翰林院奏明請旨。

《德宗實録》卷二七一 諭軍機大臣等：翰林院代奏，編修王懿榮呈請懇恩訓飭衍聖公向學，並飭山東巡撫整理地産一摺。衍聖公生爲聖裔，承襲世爵，允宜讀書砥行，勉承先澤。孔令貽上年來京，疊次召見，察其材質尚堪造就，著張曜傳諭加意進修，延訪明師，講求經史實學，勿染世禄驕奢之習，庶可仰副朝廷慇慇期望之意。至所稱衍聖公府田産，百户把持，任意出納，並有侵吞蒙混情事，並著該撫遴派妥員前往曲阜，會同地方官詳細確查。

《光緒朝東華録》九五 癸卯，升泰奏，藏印邊事自赫政三月二十一日前赴印營之後，倏已將屆兩月，奴才屢次遣弁往催，據赫政覆函，總以英廷印督及駐京公使往覆電商，尚無約期確信。奴才久駐於此，雖中情焦灼，然以邊事重大，且曾蒙聖訓徐與磋磨，亦惟有静心專候。昨據探卒回稱，納蕩印營將礮隊移赴白棟一帶，是已退劄三站，有撤回之意，第尚未接印使來文，僅據探報所云如是。惟納蕩尚有印兵千餘，哲境扣移及丁里八甲兩處，亦分有印兵屯劄，總計不下四千，必須會議之後，始能促其速撤。理合將實在情形由五百里附片具陳。報聞。

《德宗實録》卷二七二 七月丁未，諭軍機大臣等：張曜奏，前經部議，加培黄河兩岸隄埝，指撥各省鄭工捐輸銀兩，現除山西等省陸續解到外，其餘指撥江蘇、甘肅、新疆、福建、臺灣、江西、湖北、湖南、四川、廣東、廣西、雲南、貴州應解山東銀兩迄今尚未起解等語。山東黄河增培隄埝工程需款孔亟，既經該部指撥各省鄭工捐項均係有著之款，何以尚未報解，即著各該省督撫迅將前項銀兩如數解往山東，以資工用，毋稍延緩。

《光緒朝東華録》九五 壬子，慶裕因病請解任，允之。甲寅，以裕禄爲盛京將軍。

《德宗實録》卷二七二 乙卯，閩浙總督卞寶第奏，江西幫船匪徒，聚衆滋事，業經官兵擊散。得旨，即著飭屬認真搜捕逸匪，毋留餘孽，以靖地方。

《光緒朝東華録》九五 丙辰，調張之洞爲湖廣總督，以李瀚章爲兩廣總督。

《德宗實録》卷二七二 戊辰，諭軍機大臣等：有人奏，道員龔壽圖前於光緒六年在上海設立機器織布局，招合股分銀四十萬兩，至今十年迄未開辦。去年忽稱資本虧折，改由龔彝圖經理，如不續加銀兩，前票作爲廢紙，以致物議譁然，請飭查辦等語。【略】著即據實覆奏，毋稍徇隱。尋奏，龔壽圖當創辦之初，即陳明專管官務，並不經手銀錢，委無設詞誆騙情弊。龔彝圖是北洋大臣札委接辦局務，亦非私相授受，老股加價三十兩逾限不加，以三股折作一股，給换新票，稟准有案，並非作爲廢紙。所有局中虧折，係專管商務之候選道鄭官應所爲，應嚴催鄭官應來滬，勒限究追，以儆效尤。以後局務責成龔壽圖等認真經理。報聞。

《光緒朝東華録》九五 己巳，繼格奏，同文館學生三年考試，請給予繙譯生、附貢生、監生。允之。

《德宗實録》卷二七二 庚午，山東巡撫張曜奏，河工現在困難情形，並自請罷斥。得旨，該撫爲朝廷特簡，河工尤關重要，惟當悉心經理，以副委任，毋得意存諉卸。

癸酉，兩廣總督張之洞奏，粤省籌捐經費購置外洋機器，建廠自造槍礮以爲自强久計。下所司知之。

《德宗實録》卷二七三　八月乙亥，諭軍機大臣等：朕欽奉懿旨，總理海軍事務衙門奏，遵議通籌鐵路全局一摺。據稱擬照張之洞條陳，由盧溝橋直達漢口，現在先從兩頭試辦，南由漢口至信陽州，北由盧溝至正定府，其餘再行次第接辦，並臚陳籌款購地各節。所奏頗爲賅備，業據一再籌議，規畫周詳，即可定計興辦。著派李鴻章、張之洞會同海軍衙門，將一切應行事宜妥籌開辦，並派直隸按察使周馥、清河道潘駿德隨同辦理，以資熟手。此事造端閎遠，實爲自强要圖，惟創始之際難免羣疑，著直隸、湖北、河南各督撫剴切出示，曉諭紳民，毋得阻撓滋事，總期内外一心，官商合力，以蕆全功而裨至計。

《光緒朝東華録》九五　丁丑，廣西巡撫高崇基卒，賜卹如例。

己卯，以馬丕瑶爲廣西巡撫，張聯桂爲廣西布政使。

庚辰，命載漪爲閲兵大臣。

《德宗實録》卷二七三　庚辰，諭軍機大臣等：本日總理各國事務衙門、户部會奏，議駮劉銘傳奏基隆煤礦及新竹煤油擬令英商承辦一摺，已依議行矣。該衙門所奏臺灣煤礦如合同内所載定立年限，指定界限，不准華民開窑，加徵土煤釐捐各節，有妨本地民生及洋商承辦後種種流弊，立論極爲切當。此事開辦十餘年未著成效，實由承辦之人經理不善，該撫思欲補救，不於所用官商實力講求，輒與英商訂擬合同，雖可作爲罷論，究屬多此一舉，辦事殊屬粗率，著傳旨申飭。該撫接奉此旨後，即著按照該衙門所奏，慎選賢員，破除積習，將煤礦各事宜認真覈實，妥爲經理，總在用人得宜，自可漸收成效。如産煤日絀，虧折太多，亦應酌量情形另籌辦法，毋再草率從事，致滋後患，慎之。

辛巳，直隸總督李鴻章奏，已故候補道袁保齡辦理海防，以死勤事，懇請優卹，並附祀其父袁甲三專祠。得旨，袁保齡著照軍營立功後積勞病故例，從優議卹，所請附祀之處，著毋庸議。

丙戌，駐藏幫辦大臣升泰奏，密陳近日邊情。得旨，覽奏具悉，此次該大臣迅速赴邊挽回藏事，深明機要，赫政勤奮耐勞，著先行傳旨嘉獎。

丁亥，諭内閣：山東黄河本年伏汛盛漲，章邱、齊河等隄埝先後漫溢，濱河各州縣村莊多被淹浸，災區甚廣。疊經諭令張曜妥籌賑撫，瞬交寒令，災民困苦情形，尤深軫系，著將該省本年新漕截留十萬石備賑，隨漕輕齎等項一併按數扣支。

《光緒朝東華録》九五　癸巳，諭：本年夏秋間，四川涪、雅兩江漲溢，近水州縣民間田廬被淹，災區甚廣，朝廷殊深軫念，加恩著於該省捐輸項下賞撥銀五萬兩，俾資賑濟。即著劉秉璋分給被災各處，飭屬核實散放，務期實惠及民，毋任稍有弊混，用副撫卹災黎至意。

丁酉，天壇祈年殿災。

《德宗實録》卷二七三　戊戌，總理各國事務衙門奏，瑞典那威國王誕生皇孫，請飭出使俄德奥和國大臣洪鈞轉行致賀。報可。

己亥，直隸總督李鴻章奏，懇將本届山海鈔關加增贏餘銀兩截留，備海口水雷營需用。從之。

壬寅，兼署雲貴總督譚鈞培奏，蒙自開關日期並陳添設分卡，歸併稅關情形。下所司知之。

《光緒朝東華録》九五　是月，荷蘭國使臣費果蓀回國，副使來因署理。

《德宗實録》卷二七四　九月甲辰，以江南水旱爲災，英國君主捐銀助賑，命總理各國事務衙門致謝，賞律師擔文三品頂戴。

乙巳，督辦船政候補三品京堂裴蔭森奏，閩廠協造粤東、廣庚、廣乙兵輪先後下水，並陳廠務情形。又奏，經費支絀，請暫停青州開船塢工程。

《光緒朝東華録》九六　己酉，曾國荃奏，查上海製造局舊有成大帆船一隻，不堪行駛，久泊浦江，日受風潮，勢必蝕朽廢棄。現因招商局需用躉船，覓購爲難，請將該帆船撥給該局修改，以作躉船，於製造局既省看守之煩，於商局亦免另購之費，一轉移間兩有裨益等情。臣查核所請，與海安輪船撥歸商局改作躉船之案情事相同，似可照撥。下所司知之。

庚戌，命游智開署理廣東巡撫。

《德宗實録》卷二七四　癸亥，伊犁將軍色楞額【略】又奏，俄國地震，難民恐擾邊陲，通飭一體嚴密防範。報聞。

《光緒朝東華録》九六　乙丑，予故貴州按察使席寶田於本籍及立功地方建祠，戰功事蹟交國史館立傳。

《德宗實録》卷二七四　丙寅，諭軍機大臣等：有人奏，風聞東三省新練之軍仍未精强，聚兵既多，不免漸染習氣，轉以所給優餉爲狎邪賭博之費，請飭實力整頓等語。東三省練軍關繫最要，當茲創辦甫經就緒，必須申嚴紀律，一洗軍

營向來習氣，方可慎固邊防。著定安、長順、依克唐阿確切查明，如有前項弊端，嚴行禁止。該署將軍等務當督同各統領嚴飭營官，認真訓練，以期日見精强，用副朝廷整軍經武捍衛疆圉之至意。【略】尋奏，東三省練軍尚無習氣。報聞。

戊辰，諭軍機大臣等：詹事府右庶子宗文奏，參張之萬接納外官各節，著派福錕、潘祖蔭查明具奏。

總理海軍事務衙門奏，仿照西法用印花税以備海軍經費。下所司議。

兩廣總督張之洞奏，粤省試鑄銀元，查無流弊，洋商匯豐銀行並求附鑄行用。下部議。尋奏，擬請旨允准試辦，惟銀元鑄成後，是否即由該洋行發出行用，局中鼓鑄機器如有損壞，該洋行是否貼款添購，應令該督查明報部。從之。

己巳，駐藏幫辦大臣升泰奏，印兵漸次撤退，印官會議稽延，察看番情，未可久待，請速會議定約。又奏，藏番已允通商，請速立約完案。均下所司知之。

兩廣總督張之洞奏，外國教士所設育嬰堂最易滋事，現與法國領事商定稽察辦法。下所司知之。

《光緒朝東華録》九六　是月，日斯巴尼亞國署理使臣鄂尼思卒，參贊羅鄰德署理。

十月戊寅，諭：譚鈞培奏，藩司呈請開缺終養，據情代奏一摺。雲南布政使，曾紀鳳著准其開缺，以史念祖爲雲南布政使，王德榜爲貴州布政使。

《德宗實録》卷二七五　己卯，諭内閣：【略】前據詹事府右庶子宗文片奏，參劾大學士張之萬接納外官各節，當派福錕、潘祖蔭查奏。兹據查明覆奏，該大學士接見外官或因面詢公務，或係素有交往，不得指爲結納營私。北沙灘廟宇，外官來京者往往廡居，非自今始，不得因與張之萬廡所相近，遂指爲夤緣奔競。該大學士住居湫隘，並無另設執客堂專談機密之事。【略】宗文著交部議處，原摺片均擲還。張之萬宣力有年，受恩深重，不得因被人奏參遇事引嫌卻避，惟當小心謹慎，益加奮勉，力圖報稱，用副朝廷委任至意。尋議，宗文即行革職，從之。

丁亥，諭内閣：本年江蘇久雨爲災，自八月以來連旬不止，蘇州、松江、常州、鎮江、太倉各府州屬俱遭水患，兼以浙西、皖南蛟水下注，江湖並漲，禾稼淹没，糧價陡長。該省猝被奇災，朕心實深憫惻，著於該省藩庫撥銀五萬兩，以資急賑。復欽奉懿旨，著發去宫中節省内帑銀五萬兩作爲蘇州等府賑款，著剛毅分撥災區，妥速散放。

又諭：本年秋閒，浙江大雨連旬，水勢漲發，杭州、嘉興、湖州、寧波、紹興、台州、金華、嚴州、温州處州俱被水災。前據崧駿奏報，諭令妥爲撫恤。嗣據續報，杭、嘉、湖三府情形最重，復降旨令該撫酌撥銀米逐籌賑撫，准其作正開銷。惟該省被水之區多至十府，且係秋後成災，民情益形困苦，朝廷念切痌瘝，無時或釋，加恩著於浙江藩庫提銀五萬兩作爲賑撫之需。並欽奉懿旨，浙省遭此奇災深堪憫惻，著於宫中節省内帑項下發去銀五萬兩，交崧駿妥速賑濟。

諭軍機大臣等：【略】各省添購機器等項照章應於事前奏明立案。乃近閲張之洞疊次奏報，於添購機器等事未經奏明，輒先向洋商訂立合同，如前購織布、鑄錢機器及沙路錢樁，本日具奏購買煉鐵機器，動需鉅款，皆於已經議辦之後始行入奏，殊屬非是。國家經費有常，豈容任意開支，除將所奏交該衙門覈議外，嗣後如有建議創辦之事及購買機器軍火各項物料，均著先行陳請，候旨遵行，不得於未經奏准之先，率行舉辦。

己丑，諭内閣：【略】裕禄、奎斌奏，各屬被水成災，懇請撥款賑撫一摺。本年湖北夏秋兩汛，江河並漲，八月以後又復大雨兼旬，水勢日甚。武昌、漢陽、黄州、安陸、德安、荆州各府低窪田地，多被淹浸。襄陽、鄖陽、宜昌、施南地處上游，亦因雨水過多，同時被災。小民蕩析離居，實堪憫惻，加恩著於司庫撥銀十萬兩以作賑需，准其作正開銷。如有不敷，仍著體察情形，隨時奏明請旨。

烏里雅蘇台參贊大臣祥麟等奏，派員查勘俄人在烏里雅蘇台所屬烏梁海境内蓋房、窆金、開地三事，請飭總理各國事務衙門照會駐俄使臣，嚴詰俄外部，將背約俄人，照約遷回本國。

兩廣總督張之洞奏，法國兵輪駛至崖州之榆林港，量水插標，顯背條約，請飭總理各國事務衙門照會禁阻，並擬籌款在該港駐營築臺，以保形勢。下所司議行。

《光緒朝東華録》九六　以豫山爲山西巡撫，奎俊爲山西布政使。

《德宗實録》卷二七五　庚寅，兩江總督曾國荃奏，擬於奉撥南洋防費項下，挪銀十萬兩購辦外洋新式後膛槍礮，以資軍用。下所司議行。

壬辰，予故雲貴總督岑毓英在貴州地方建立專祠。從巡撫潘霨請也。

賞德國駐京使臣克林德寶星。

戊戌，諭軍機大臣等：前經總理各國事務衙門奏，現在交涉事務較前倍多，

繙譯語言文字最關緊要，請派員專管同文館以資訓練，當派曾紀澤、徐用儀總理其事。現已數月，整頓情形若何，著該大臣等即行覆奏。

又諭：詹事志鋭奏，請飭整頓商務，以保利權一摺。著該衙門議奏。尋總理各國事務衙門奏，原奏所請減釐金加洋税兩端，揆之目前情形，諸多窒礙，勢所難行，至礦務工作業已次第開辦，所稱瓷器創設公司仿造西式一節，能否獲利，殊無把握，應請毋庸置議。從之。

又諭：詹事志鋭奏，洋人密耳士、滿德遇事欺蒙，請飭總理各國事務衙門照會國使並咨行各督撫，勿用此二人等語。該衙門知道。

又諭：詹事志鋭奏，請飭各省試行小火輪船並甘肅舉辦電綫等語。著該衙門議奏。尋總理各國事務衙門奏，各省試行小火輪船，應請旨飭下南北洋大臣、沿江沿海各督撫察看情形，通盤籌畫，請旨遵行。至甘肅興辦電綫，查由保定至嘉峪關，官商分辦，業經陝甘總督楊昌濬會同北洋大臣李鴻章先後奏准開辦，並聲明關外應如何展拓，已與署新疆巡撫魏光燾等設法興修，另行奏明辦理。該詹事所陳各節，應毋庸議。從之。

庚子，諭内閣：軍務平定以來，各直省設立防營，朝廷歲糜巨帑，不知凡幾，各營勇額糧饟必應事事覈實，方足以鼓勵軍心。近聞營中惡習，往往虚冒額數，剋扣饟項，統領營官，養尊處優，並不時時操練，一切廢弛情形，幾與從前緑營積弊相等，殊堪痛恨。著各將軍督撫將該省現有各營隨時嚴查，如有前項情弊，即行嚴參治罪。至各營駐紥處所及管帶銜名、兵勇數目，疊經該部奏准，通飭一一咨報，各該省視爲具文，總未能據實開報，著自奉此旨後限於兩月内，一律開單詳晰具奏，以備稽覈。

《德宗實録》卷二七六　十一月丙午，直隸總督李鴻章奏，關隴電綫擬由保定接至太原、由蒲州渡河至西安作爲商綫，由公司籌款。西安至嘉峪關作爲官綫，由陝甘籌款。將來接至新疆，則東西萬里一律靈通。下所司知之。

丁未，閩浙總督卞寶第奏，江西船幫滋事案内續獲首要各犯，懲辦並善後情形。得旨，即著飭屬認真彈壓巡查，以靖地方，並咨行德馨將各要犯嚴拏務獲，解閩究辦。

戊申，〔兩廣總督張之洞〕又奏，西學確有實用，宜旁收博采，以濟時需。除算學外，尚有礦學、化學、電學、植物學、公法學五種，皆足以資自强而裨交涉。下所司知之。

庚戌，諭内閣：國家設官分職，文武並重。從前軍務倥傯，各營勇兵積功累保有洊至提鎮而仍隸卒徒者，文職大員往往視同廝僕，當時隨營轉戰，習以爲常，等威莫辨。現在軍事敉定，各營將弁先應整肅營規，習勞耐苦，不准講究酬酢虚文，一切體制，亦須悉遵定例。

《光緒朝東華録》九六　辛亥，諭：御史何福堃奏，海防捐輸減成宜分别辦理一摺，著該部議奏。

以甘肅新餉解清，予河南布政使劉瑞祺等奬敍有差。

癸丑，諭：户部奏，駁給事中方汝紹奏海防新捐請變通推廣一摺。此次海防新捐一切條款章程，均經該部照鄭工例重定，嗣據李鴻章奏請變通捐章選法，復經户部分别准駁奏准通行。該給事中所請道府優定選班及改奬移奬展限，皆與定章有礙，武職報捐業於同治年間奉旨永遠停止，至會試殿試捐免罰科，尤屬有關體制，均著毋庸置議。

《德宗實録》卷二七六　甲寅，諭軍機大臣等：銅鉛爲鼓鑄要需，前派唐炯督辦礦務，並諭户部籌撥鉅款，源源解濟，原期事有專責，日起有功。乃數年以來，並未辦有成效。【略】近數月來，又無奏報。現在京局需用銅鉛甚急，屢次購之外洋，斷非常策。【略】即著懍遵疊次諭旨，督飭公司實力攻採，次第推廣，務期力復舊額，不准仍前延宕，空言塞責。並將現辦情形及以後每年究可辦解若干，迅速覆奏。儻再不知振作，曠時糜費，致誤要需，定當重治其罪，毋謂寬典可再邀也。

丙辰，總理海軍事務衙門奏，開辦鐵路請飭部歲撥的款二百萬，不借洋債，不購洋鐵，用蕆全工。如所請行。

《德宗實録》卷二七七　戊午，總理各國事務衙門奏，遵議洋法印花税遽難議行。又奏，葡萄牙國君主薨逝，太子嘎路期第一嗣立，請行文唁賀。均報可。

己未，出使美日秘國大臣張蔭桓奏，美國賠款散放完竣，並匀撥山東賑款。又奏，美國廢約現駁正者華人假道美境及華商往來美國照式兩事，謹繕呈往來照會。均下所司知之。

庚申，以辦事公正，賞英國領事費笠士寶星。

壬戌，以記名提督左寶貴爲廣東高州鎮總兵官。

《光緒朝東華録》九六　甲子，直隸提督李長樂卒，賜卹如提督軍營積勞病故例，戰功事蹟交國史館立傳並准予謚建祠。

丁卯，以奎斌爲察哈爾都統，以葉志超爲直隸提督。

《德宗實録》卷二七七　辛未，諭軍機大臣等：户部總理各國事務衙門奏，各直省欠解東北邊防經費請旨嚴催一摺。據稱本年各省關應解東北邊防經費除報解起程外，尚欠解銀三十一萬五千兩，其光緒六年至十四年積欠銀兩，節經嚴催，迄未報解等語。此項經費關繫緊要，著各該督撫、監督各將本年及歷年欠解銀兩迅即查照户部單開各數分别籌解部庫，儻再延欠，即著户部照貽誤京饟例指名嚴參。

《光緒政要》卷一五　是月，直隸總督李鴻章奏洋息請撥藥釐事。

《光緒朝東華録》九七　十二月壬申，以譚繼洵爲湖北巡撫。

癸酉，以嵩崑爲安徽按察使，潘文駿爲山西按察使。

甲戌，以雙壽爲科布多參贊大臣。

《德宗實録》卷二七八　丁丑，諭内閣：裕禄等奏，各屬被災，來春青黄不接，懇請籌款接濟一摺。本年湖北武昌各府屬田畝被災甚重，民情困苦，前經賞撥銀十萬兩以作賑需。現經該督等體察地方情形，來春青黄不接，民食維艱，自應豫籌接濟，加恩於該省司庫再撥銀五萬兩，由該督撫分别備賑，務須實惠及民，毋任稍有弊混。

《光緒朝東華録》九七　劉銘傳奏，臺灣舊設驛站五十處，辦理廢弛，文報往往遲延貽誤，經臣督飭司道量加整頓，將原設玉腰各站覈實裁減，並於旁通暨新設各縣分添旁站，仍不過原設站數，所有原用站夫一律撤去，由各營汛分撥兵丁酌給津貼，責令傳遞，各站另僱書識專司站務，仿照外洋郵政辦法，委令道員陳鳴志督辦。自光緒十四年二月初十日起，試辦已過一年，南北文報毫無稽遲，所在稱便。統計一年需用經費約在一萬兩上下，比較臺防舊章全年需用一萬五六千兩，實可撙節銀五六千兩。下部知之。

乙酉，以鹿傳霖爲陝西巡撫，張煦爲湖南巡撫。

予故新疆喀什噶爾道袁垚齡照道員軍營立功後積勞病故例從優議卹，生前事實交國史館立傳並附祀新疆省城左宗棠祠。

《德宗實録》卷二七九　丁亥，諭内閣：前據黑龍江將軍依克唐阿奏，遵籌通肯荒地，開禁招墾，有利無弊，當交總理海軍事務衙門、户部議奏。嗣據御史楊晨奏，請將山東災民資送東三省墾荒，復經諭令該衙門一併議奏。兹據會同妥議，分别覆陳。朕詳加披閲，所籌各節均屬深中竅要，東三省山場荒地，係旗丁游牧圍獵之區，乾隆、嘉慶、道光、同治年間歷奉諭旨嚴禁流民開墾，深恐有礙旗人生計。聖訓周詳，用意極爲閎遠。通肯爲向來封禁之地，近年以來疊據中外臣工，奏請招民認墾，均未允行，誠以該處荒地一經開墾，勢必將牧獵之場漸行侵占，旗丁生計日蹙，流弊不可勝言，豈容輕議更張，顯違聖訓。

戊子，諭内閣：張曜奏，利津縣韓家垣地方，新河通暢，請築隄束水，俾全河由此歸海一摺。【略】即照所議，於該處兩旁添築大隄，束水中行，並於蕭神廟以下河身，截築土埂，以免兩行力弱，易致停淤。所需工用銀九萬八千餘兩，即著張曜於司庫提撥應用。惟此事雖係因勢利導，必應審慎通籌，豫爲區畫。

己丑，諭内閣：禮部奏，遵議御史余聯沅條陳科場事宜，嚴定章程，本日復據御史牟蔭喬奏，請嚴禁科場積弊各一摺。近年以來科場弊竇滋多，必應認真整頓，以杜倖進。該部所議於點名時責成出結，官從旁識認及嚴杜槍替傳遞等弊，立法尚爲周密，全在實力奉行。

戊戌，先是山東巡撫張曜奏請停捐翎枝以重名器，諭令户部、總理海軍事務衙門議奏。至是奏上，翎枝與官階有實惠虚榮之别，若因其濫，遽停此項捐例，似未免過事拘執。該撫請將翎枝停捐之處應毋庸議。惟此後翎枝捐數是否仍援鄭工事例或照部議減數收捐，相應請旨定奪。得旨，仍照鄭工事例收捐。

己亥，諭内閣：【略】又諭：本日户部奏，旗民交産請規復舊制一摺。宗室及京屯八旗從前所得田産，允宜永遠世守，查照舊例，本不准民人典買。咸豐年間因違例典買涉訟繁多，量爲弛禁。兹據該部奏稱開禁以來，民人置買甚多，將來旗産勢必日見其少，仍請申明例禁等語。所奏甚是，已依議行矣。旗人户口日繁，亟宜籌久遠之謀，俾資生計，以培元氣而固根本。嗣後宗室八旗京屯田産，無論老圈自置，永遠不准賣與民人。如有違例，私自買賣，即行照例懲辦。

光緒一六年（庚寅、一八九〇）

《德宗實録》卷二八〇　正月癸卯，蠲緩直隸武清【略】四十州縣被災地方錢糧有差。

乙巳，蠲緩山東濟寧【略】五十州縣被災地方錢糧有差。

《光緒朝東華録》九七　王文韶奏，洞庭湖爲東南巨浸，納南條百川之水而司其蓄洩，急則受諸衆河，徐而還諸大江，吞吐有權，以能容爲量，實爲湖南北兩

省水利之樞紐。自荆江南岸藕池潰口，江水横決而南，挾泥沙以趨洞庭，沙沈淤積，西湖一帶漸以成洲。現合龍陽、華容、安鄉三縣轄境計之，廣袤幾二百里，土人名之曰南洲，貧窮私墾，豪强争佔，蟻聚蜂屯，五方雜處，納污藏垢，訟獄滋多，此皆近年情形，臣初次撫湘時尚不至此，然此禍患之顯著者也。惟洲地愈積愈寬，則湖面愈狹，容水之區日偪，必致横溢四出。湖北則荆江大堤受其害，湖南則濱湖州縣被其災，蓋湖中之水既漸變而爲田，則湖外之田將盡變而爲水，此必然之勢也。臣上年到任後，察悉情形，以爲湖南之大患無有過於此者。

《德宗實録》卷二八〇　己酉，諭内閣：邵友濂代奏，劉錦棠瀝陳祖母病狀，懇恩開缺終養一摺。覽奏情詞悱惻，出於至誠，朝廷良深憫念。惟新疆事務重要，該撫久膺邊寄，威望素孚，一時實難遽易生手。劉錦棠著毋庸開缺，再賞假四箇月，並加恩賞給伊祖母人蔘八兩，以資頤養。該撫其善求醫藥，盡心調治，一俟親疾就痊，即行馳回本任。

庚戌，命駐藏幫辦大臣升泰爲全權大臣，與英國全權大臣定約畫押。

《光緒朝東華録》九七　癸亥，諭：本年朕二旬萬壽，慶典宏開，莊順皇貴妃母家三代，允宜特示推恩。以光盛典。原任巴里坤鎮總兵德林，原任通判百禄，原任筆帖式靈壽，均著加恩追贈一品封典。靈壽之繼子筆帖式廷惠，著加恩賞給騎都尉世襲罔替，用昭隆禮。

丙寅，張夢元以病免，以廖壽豐爲福建布政使。

丁卯，諭：本年朕二旬慶辰，恩施疊沛，因念各省文武大臣，有卓著勳勞，久膺疆寄者，允宜優加獎敍。大學士直隸總督李鴻章、兩江總督曾國荃、山東巡撫張曜著該部查明各該大臣子弟具奏，候旨施恩。福建臺灣巡撫劉銘傳著賞給兵部尚書銜，甘肅新疆巡撫劉錦棠著賞給太子太保銜。督辦東三省練兵事宜正白旗護軍都統定安、雲南提督馮子材均著交部從優議敍。四川提督宋慶、長江水師提督李成謀、陝西提督雷正綰、廣西提督蘇元春均著賞加太子少保銜。用示朕慶賞酬庸優眷勳勤至意。

戊辰，諭：本年朕二旬萬壽，各省督撫及將軍、提鎮等俱不准奏請來京祝嘏。

《德宗實録》卷二八一　二月辛未，烏里雅蘇台參贊大臣祥麟等奏，俄商運茶原議由歸化取道科布多回國，今又繞走烏里雅蘇台地方，實屬任意妄行，請飭總理各國事務衙門覈辦，免致蒙民受累。下所司知之。

癸酉，諭軍機大臣等：吴大澂奏，請撥運河另案工需銀兩一摺。山東運河隄埽各工均關緊要，本年漕米仍辦河運，亟須及時修築，以利漕行。著張曜飭令藩司籌撥庚寅年另案工需銀六萬兩，分次撥交運河道，俾資應用。倪文蔚現署河督，務當督飭在工員弁，覈實估辦。

《光緒朝東華録》九七　己卯，以許振禕爲河東河道總督。

禮部尚書奎潤卒，賜卹如例。

庚辰，以崑岡爲禮部尚書，熙敬爲工部尚書。

《德宗實録》卷二八一　乙酉，諭内閣：張曜奏，估計山東黄河工用銀兩、繪圖繕單呈覽各摺片。山東黄河應辦各工關繫緊要，前經諭令張曜覈實估計需用銀兩，奏明候撥。兹據奏稱，勘估增培隄埝，添建石壩水門，挑溝購船並護城大隄各工，共需銀二百八十八萬五千餘兩。除上年已撥之款，尚有二十三萬三千餘兩，請飭撥銀二百六十五萬二千餘兩，現已定期興工等語。即著户部查照所請數目，迅速籌撥，並先於部庫撥銀若干萬兩解赴山東，以應急需。

直隸總督李鴻章奏，輪船招商局結存官款提還津沽鐵路洋債，並由商船酌認官款息銀備充賑需。又奏，籌款接辦蒙自至保勝電綫與越南法綫相連。均下所司知之。

戊子，總理各國事務衙門奏，遵議朝鮮越墾流民，請將清丈升科事宜妥爲經理。從之。

《光緒朝東華録》九七　己丑，駐藏大臣升泰與英國總理五印度執政大臣寶星、上議院侯爵蘭士丹在孟加臘城會議藏印條約八款成。

《德宗實録》卷二八一　甲午，總理各國事務衙門奏，重慶開辦通商，停止輪船上駛續議條款及先後籌辦情形，並請派員畫押。得旨，著派奕劻、孫毓汶與英國使臣畫押。

丁酉，督辦船政光禄寺卿裴蔭森奏，修整龍威鋼甲兵船工竣，請賞還各學生頂戴並請飭部立案。從之。

《光緒朝東華録》九七　己亥，諭：朕於閏二月十五日啓鑾後，著派肅親王隆懃、大學士恩承、協辦大學士尚書福錕、徐桐、尚書崑岡留京辦事。肅親王隆懃、恩承、徐桐、崑岡四人分日輪班在内值宿，不值宿者於申刻散值。福錕每日進内辦事，毋庸值宿，午刻先行散值。

《德宗實録》卷二八一　己亥，總理各國事務衙門奏，擬飭李鴻章商議朝鮮

要件。欽奉懿旨，著總理各國事務衙門王大臣會同李鴻章妥議具奏，醇親王奕譞著一併與議。

《光緒政要》卷一六　是月，山東巡撫張曜奏脩山東全省志書。

《光緒朝東華録》九七　閏二月戊申，李鴻章奏，前辦輪船招商局道員徐潤虧欠局款銀十六萬二千餘兩，前據呈交銀七千餘兩，又以房地產契抵銀十四萬數千兩，下短銀兩延不完交，經臣奏參革職，勒令呈繳。奉旨，所交房地確切估計，不得稍涉含糊等因，欽此。欽遵在案。旋即迭次嚴追，該革道除前交銀兩外，又續交房産變價銀一千兩，又交本局輪船股票銀八萬八千三百兩，其餘五萬九千餘兩，以上海自置房屋作抵。飭據道員王松森等核實估計，按照現在時價約值銀六萬兩左右，知市面興旺，尚可起色。現在收歸招商局管業所交股票，亦有每年利息可收，以之抵交欠款尚有盈餘，並無絲毫含混。查該革道前當商局創辦之始，設法招徠股本，開拓生意，不無微勞足録，其虧短局款，亦因船用浩繁，根柢未深，時局多變，市面艱窘，周轉爲難，致有挪移，並非有意侵蝕。今既分别完交，並將房産股票抵歸該局管業，核計款項有盈無絀，合無仰懇天恩，將二品銜已革浙江補用道徐潤准予開復，以昭平允。得旨，如所請行。

己酉，以劉瑞祺爲山西巡撫，劉樹堂爲福建布政使。

《德宗實録》卷二八二　命太僕寺卿張蔭桓在總理各國事務衙門行走。

《光緒朝東華録》九七　辛亥，諭：前因朕本年萬壽恩典，諭令吏部將李鴻章等子弟查明具奏，候旨施恩。兹據該部開單覆奏，大學士直隸總督李鴻章之子李經邁、兩江總督曾國荃之孫曾廣漢、山東巡撫張曜之子張端理均著加恩以主事用。

《德宗實録》卷二八二　總理各國事務衙門奏，朝鮮弱小，不足自存，現籌整頓事宜六條：一、精練水陸各軍，一、東三省興辦鐵路，一、該國税司由中國委派，一、該國派使應守屬國體制，一、阻止該國借外債，一、匡正該國秕政。欽奉懿旨，所議六條内整頓練兵、興辦鐵路兩條均合機宜，惟揆之該國現在情形，必須籌一切實辦法，方免延誤。原擬後四條尚近空言，著該衙門會同李鴻章再行妥籌具奏，醇親王仍一併與議。

壬子，總理各國事務衙門奏，《煙臺條約》續增專條六條與英使華爾身於閏二月十一日公同蓋印畫押，以昭信守。報聞。

《光緒朝東華録》九七　癸亥，上奉慈禧端佑康頤昭豫莊誠壽恭欽獻皇太后祗謁東陵，禮成回鑾。

《德宗實録》卷二八二　乙丑，諭内閣：户部右侍郎曾紀澤才猷練達，任事勤能。【略】忽聞溘逝，軫惜殊深。加恩賞給太子少保銜，照侍郎例賜卹，任内一切處分悉予開復，應得卹典該衙門查例具奏。伊子廕生曾廣鑾著俟服闋後由該部帶領引見，兵部主事曾廣銓著以員外郎補用，以示篤念藎臣至意。尋予謚惠敏。

總理各國事務衙門奏，前議要件遵旨再行妥籌。查朝鮮國王闇弱，受人愚弄，舉動漸不如前，不得不杜漸防微，豫爲之計。前議六條，以整頓武備興辦鐵路爲先，果能及時認真辦理，則與後四條剛柔相濟。現在固可消患未萌，將來亦覺緩急可恃。欽奉懿旨，本月初十、十四等日醇親王奕譞奏摺二件並奕劻等會奏摺二件，均著照所議辦理。

湖廣總督張之洞奏，購辦織布機器用款並布局移鄂後在省城文昌門外建造廠屋，商撥廣東闈姓捐款與山西善後生息款，爲建廠暨常年經費，不動鄂省庫款及勸商集資，擴充推廣情形。

丙寅，福建臺灣巡撫劉銘傳奏，全臺田畝清丈完竣。年額徵銀五十一萬二千九百六十九兩零，隨徵補水平餘銀一十二萬八千二百四十二兩零，加官莊租額銀二萬八千餘兩，全年共銀六十七萬餘兩。比較舊額，溢出銀四十八萬八千餘兩零，應請作爲定額。至新設臺灣、雲林、苗栗三縣，徵額另咨。遇有坍漲隨時分别升除。澎湖一廳孤懸荒島，地糧銀一百三兩零，仍循其舊。下部知之。

《光緒朝東華録》九七　是月，俄羅斯國使臣庫滿回國，參贊闊雷明署理。

《光緒政要》卷一六　飭兩江總督曾國荃查勘寶山縣藴藻浜河道。欽奉上諭，前據剛毅奏，江蘇寶山縣藴藻河道年久失修，該河迤西大壩壅遏水脈，現在興工挑濬等情。兹據給事中金壽松奏，稱藴藻河屢開屢塞，自立壩以來，嘉定附近諸河幸免淤塞，若將堤閘拆去，利少害多。請飭通籌全局，倘業已興工，仍宜將堤閘移建黑橋口或另勘善地設立，於吴淞等處下游一律細勘，陸續擇要修治等語。修濬河道原係保衛農田，必須熟權利害爲一勞永逸之計，未可專顧一隅，致滋流弊，著曾國荃體察情形，妥籌具奏。

《德宗實録》卷二八三　三月辛未，諭内閣：朕欽奉懿旨，福建臺灣巡撫劉銘傳著幫辦海軍事務。

《光緒朝東華録》九八　辛未，諭：光禄寺卿裴蔭森著來京供職，所有船政

事務著派閩浙總督卞寶第兼管。

《德宗實録》卷二八三　丙戌，福建臺灣巡撫劉銘傳奏，臺灣府縣請定文武學額，並臺南臺北各府廳縣學額分別循舊增改。又奏，請將鳳山縣訓導移設雲林縣，臺南府訓導移設苗栗縣。均下部議。

癸巳，予故原任户部右侍郎曾紀澤事蹟宣付史館立傳。從直隸總督李鴻章請也。

乙未，總理各國事務衙門奏，俄商由科布多運貨回國，擬照約刊刻運照，頒天津海關，轉發俄商，俟行抵科布多呈繳。從之。

丙申，福建臺灣巡撫劉銘傳奏，臺灣新設郡縣，請籌撥款項興辦城垣、衙署工程。從之。

《光緒朝東華録》九八　是月，義大利國新簡駐華使臣潘薩抵任。

四月庚子，廣西龍州電報，與法屬越南北圻電報在鎮南關接綫。

辛丑，諭：張煦代奏劉錦棠瀝陳祖母病篤，懇恩暫行開缺侍養，並請收回加銜成命各摺片。覽奏情辭迫切，具見悃忱。惟新疆爲西陲要地，劉錦棠辦理一切深合機宜，朝廷正資倚任。著再賞假四箇月，毋庸開缺，仍俟伊祖母病體稍愈即行回任，以重職守。前以行慶宣綸賞加該撫太子太保銜，酬庸懋賞，出自特恩，毋庸固辭。

《德宗實録》卷二八四　壬寅，諭内閣：前兵部尚書彭玉麟忠清亮直，卓著勳勤，【略】兹聞溘逝，悼惜殊深，彭玉麟著追贈太子太保銜，照尚書例賜䘏。【略】尋予謚剛直。

《光緒朝東華録》九八　丙午，署廣東巡撫布政使游智開以病免，以李瀚章兼署廣東巡撫。以蒯德標爲廣東布政使，于蔭霖爲福建臺灣布政使。

《德宗實録》卷二八四　庚戌，諭軍機大臣等：總理海軍事務衙門奏，疆臣條奏要件請飭慎密一摺。各省封疆大吏陳奏重要事件，未經明降諭旨交内閣發鈔者，外間如有傳播，應根究洩漏之人，治以應得之罪，定制綦嚴。光緒十年四月，曾經降旨嚴飭各大臣督撫等於機密之事不准稍有宣露。乃張之洞、劉銘傳、黄彭年議覆鐵路事宜三摺，竟至刊登申報，一字不譌，深堪詫異。在朝廷順時立政爲所當爲，本未於交涉外洋之局，別存成見，而輾轉鈔傳，訛言紛起。西國新報謂我意存猜忌，俄人遂有促興東悉畢爾鐵路之舉，似此懷疑挾忌，誠恐別生枝節，總由該督等漫不經心，一任幕友鈔胥，宣洩傳播，殊非慎密之道。嗣後各省將軍、督撫凡遇關繫重要摺件務當倍加謹密，稿存内署，擇令親信之人繕寫，不准照尋常公事行司發房。經此次申誡之後，儻再不知慎重，致漏消息，謄播各口新聞紙，即著總理海軍事務衙門、總理各國事務衙門指名奏參，嚴行根究，決不寬貸。

《光緒朝東華録》九八　甲寅，諭總理各國事務衙門：户部奏，整頓土藥税釐請飭詳查妥辦一摺。内地栽種土藥爲中國出産大宗，果能設法稽徵，認真辦理，既可裨益餉需，且亦收回利權之一助，並可以徵爲禁，隱寓崇本抑末之意。近聞吉林、黑龍江、呼蘭、熱河及四川、雲南、江南淮、徐等處土藥出産日繁，各該省局卡徵收税項官吏隱匿入己，爲數甚鉅，弊端百出，以致徵多報少，於國課毫無裨益，若不及時整頓，於洋藥併徵辦法大有關礙，税數必將日絀，何以昭核實而裕餉源。著各直省督撫詳察地方情形，或於出産之處就地徵收，或於販運過境嚴查走漏，務當破除情面，實力稽核，將原定新定各辦法迅速覆奏。

《德宗實録》卷二八四　賞日斯巴尼亞國首相薩格達等寶星。

己未，命協辦大學士徐桐、福錕，吏部尚書麟書，户部尚書翁同龢、刑部尚書嵩申，禮部左侍郎徐郙、右侍郎廖壽恒、工部左侍郎汪鳴鑾爲殿試讀卷大臣。

甘肅新疆喀什噶爾提督譚上連病故，以阿克蘇鎮總兵董福祥爲喀什噶爾提督。

庚申，策試天下貢士夏曾佑等三百八人於保和殿。

甲子，上御太和殿傳臚，授一甲三人吴魯爲翰林院修撰，文廷式、吴蔭培爲編修，賜進士及第。二甲蕭大猷等一百三十六人賜進士出身，三甲王肇敏等一百八十七人賜同進士出身。

《光緒朝東華録》九八　五月辛未，伊犁將軍色楞額卒，賜䘏如例。

甲戌，倪文蔚奏，前河臣吴大澂於光緒十五年三月會同大學士直隸督臣李鴻章、山東撫臣張曜及臣文蔚，具奏調員赴豫測繪全河，奉到硃批，著准其咨調數員辦理繪圖事件等因，欽此。遵即遴派候補道易順鼎總司其事，分飭各員按段測繪，於十六年三月全圖告竣。兹謹裝潢成册，恭呈御覽。得旨，留覽。

乙亥，以長庚爲伊犁將軍。

命升泰爲駐藏辦事大臣，紹誠爲駐藏幫辦大臣。

《德宗實録》卷二八五　丁丑，諭内閣：曾國荃奏，已故提督戰功卓著，籲懇賜䘏並將事蹟宣付史館立傳一摺。【略】蕭孚泗著照提督軍營立功後病故例議

卹，於江南立功地方建立專祠，生平戰績宣付國史館立傳，並著加恩予謚，以彰忠藎。尋予謚壯肅。

護理甘肅新疆巡撫魏光燾奏，伊犁爲新疆重地，經畫宜周，現在整頓營伍，修理水渠，興辦屯務，聯絡保甲，推廣義學，修建城署，修整卡倫，清理交涉，或次第推行，或同時並舉，認真辦理，總期裨益邊疆。下部知之。

以繳清賠款，復前出使日本大臣已革道員徐承祖職。

辛巳，直隸總督李鴻章奏，出海驗收閩省船廠試造雙機鋼甲平遠兵船情形。下所司知之。

甲申，駐藏辦事大臣升泰奏，由獨脊嶺回藏，查明西藏密邇印度，英人畏俄窺伺，時思派員到藏游歷，藉探消息。儻英俄事機稍急，則藏地之安危繫之，邊防亟宜講求。現同漢番各員悉心籌畫：一、宜修建關隘以重邊防，一、宜分設駐邊漢番文武官員以資控制，一、布坦廓爾喀兩部宜令藏番與修鄰好以期相助，一、酌留官兵駐邊暫資巡查。如所請行。

《光緒朝東華録》九八　辛卯，張曜奏，接准會典館及部咨，以奉勅續修會典，凡應查造輿圖及海防、河工、田賦、兵刑一切應行纂考者詳具圖説同送。臣謹即分檄藩、臬、運三司各道，並飭府州縣詳細造送，以憑彙核。因思省志之修，實與政書相表裏，我朝自雍正七年世宗顯皇帝命各省重修通志，上諸史館，以備《一統志》之採擇，《山東通志》即於是時開局排纂，至乾隆元年造成。迄今又閲一百五十餘年，文獻所闕久未編輯，現當恭修《大清會典》，所有《山東通志》亦應及時重修。【略】一俟書成，恭繕正本敬呈御覽，所需經費，臣當與司道各官捐廉備用，合併陳明。得旨，著照所請。

《德宗實録》卷二八六　六月庚子，山東巡撫張曜奏，鐵軌運土最爲迅速，河工堵口壓土之時深資得力，派員赴天津購造。報聞。

壬寅，諭内閣：京師自上月二十九日以後大雨滂沱，連宵徹旦，河流驟漲，誠恐近畿一帶禾稼受傷，朕心實深焦慮。著直隸總督、順天府府尹查明各處地方，有無被災之處，迅即馳奏。近日京城内外倒塌房屋甚多，有無傷斃人口，並著步軍統領衙門、順天府確切查明，即行奏聞，以慰廑系。

丙午，諭内閣：步軍統領衙門奏，遵查京城内外因雨後倒塌房屋，傷斃人口大概情形一摺。所有現經查報之左右翼及中營等處傷斃之十六名口，著該衙門酌給賞卹，此外如有續行查出者，即照此次賞卹。

丁未，諭軍機大臣等：户部等衙門奏，遵議三姓開礦，請飭遴員履勘妥議章程一摺。【略】著李鴻章會同長順遴委幹練之員，前往三姓切實履勘，繪圖貼説，並妥議商民開辦章程，詳晰覆奏，請旨遵行。該將軍身任地方，務當審慎從事，勿得仍前草率，貽誤干咎。

戊申，以藏事大定，頒給布魯克巴部長敕印，其出力洋員印督蘭士丹、政事官保爾命出使英國大臣薛福成親赴該外務部署傳旨嘉奬，並向英廷致謝。税務司赫政給予寶星，並賞花翎。

辛亥，諭内閣：前因京師雨水過多，民居禾稼受傷，疊經諭令順天府府尹等，查明各屬被水情形，迅速具奏。兹據潘祖蔭等奏稱近畿一帶，東西南三隅被災最鉅。【略】朕欽奉懿旨，畿輔水災甚重，深宫軫念彌殷，著發去宫中節省内帑銀五萬兩，作爲賑撫之需。

《光緒朝東華録》九九　辛亥，諭軍機大臣等：御史何福堃奏，京師雨後商賈不前，糧價騰貴，請飭招商運米來京糶賣並請免捐税等語。著李鴻章就近於天津地方出示招商販運米糧來京，俾糧價得以稍平，貧民藉資餬口，如有應繳捐税著暫行一律寬免。

諭：近來京師雨水過多，八旗兵丁生計維艱，著加恩賞給一月錢糧，以示體恤。

諭：本年朕二旬萬壽，所有聽戲之各侍郎均著准其呈遞如意。

諭：本年朕二旬萬壽，遵照道光二年欽奉諭旨，所有上書房師傅、南書房翰林不論品級，均著准其呈遞如意。

《德宗實録》卷二八六　壬子，諭内閣：李鴻章奏，永定河隄工漫口，分别參辦，並自請議處一摺。【略】該管各員疏於防範，實屬咎無可辭。永定河道萬培因、石景山同知齎延馨均著革職留任，武清縣縣丞張映辰著革職留工效力，李鴻章著交部議處。該督務當督飭在工員弁，將北上汛漫口迅籌堵築，不得再有疏虞。

乙卯，又諭：張曜奏，黄水盛漲，高家套民埝刷塌，請將在事文武各員分别參辦，並自請議處一摺。山東齊河縣高家套埝工，正在興修，未及竣事，猝於五月二十一、二等日，晝夜大雨，風狂浪急，致埝身刷塌三十餘丈。在事員弁未能立時搶護，實屬咎無可辭。都司張鳳儀、候補知縣劉師向、傅善寶均著即行革職，道員張上達事前疏於防範，著交部議處。張曜著一併交部議處。該撫務當

督飭印委各員，將漫口迅即堵築，毋得再有疏虞。

丁巳，諭内閣：前因天津等處被水成災，業准李鴻章所請，撥銀六萬兩，先就被水極重之區辦理急撫。惟念此次雨水過多，災區甚廣，飢民嗷嗷待哺，爲日方長，尚恐不敷散放，加恩著將奉天運京粟米一萬二千七百餘石并於本年江北河運漕米内截留三萬六千石，撥給備賑。

兩江總督曾國荃奏，朝鮮國王請將盜賣紅蔘罰款捐賑。得旨，該國王捐資助賑，具見悃忱。惟念朝鮮國用不充，此項銀兩仍著發還，以示體恤。

戊午，福建臺灣巡撫劉銘傳奏，基隆煤礦官辦無效，洋人承辦。又經部駁，現招富商承辦，較爲妥協。下户部議。

《光緒朝東華録》九九　戊午，福建臺灣布政使于蔭霖以病免，以沈應奎爲臺灣布政使。

庚申，河南巡撫倪文蔚卒，賜卹如例。

辛酉，諭軍機大臣等：前據李鴻章奏，永定河北上汛漫口，當經諭令督飭員弁迅籌堵築。現在被淹各處飢民徧野，大溜所經偪近京師，若不迅速堵合，嗣後情形何堪設想。著該督嚴飭在工各員趕緊集料興工，尅期蕆事，毋得藉詞遷延，致干重咎，並將現在如何籌辦之處即行覆奏。

以裕寬爲河南巡撫。

《光緒政要》卷一六　是月，總理衙門保獎出洋游歷人員。

《光緒朝東華録》九九　七月庚午，諭：麟書奏，假滿病仍未痊，懇請續假，並派署差使一摺。麟書著賞假一月，吏部尚書著福錕兼署，麟書所管户部三庫事務，並著福錕署理。

《德宗實録》卷二八七　庚午，諭軍機大臣等：電寄薛福成，據總理各國事務衙門奏稱，接英國使臣華爾身照會，代其君主致賀萬壽等語。除飭該衙門照覆外，著薛福成至英外部傳旨致謝。

癸酉，諭内閣：御史崇齡奏，災區甚廣，請停燒鍋以蘇民困一摺。本年大雨成災，糧價昂貴，各處燒鍋耗糧甚多，誠恐有妨民食。著直隸總督、順天府府尹嚴飭各屬停止燒鍋一年，以平糧價而濟貧民。尋直隸總督李鴻章奏，遵查燒鍋係取苦高粱一項，無礙民食，仍令按户酌捐助賑。如所請行。

乙亥，駐藏辦事大臣升泰奏，納金、丈結、洛納等山爲赴哲孟雄捷徑，洋人時來窺探，應否添兵駐守。下總理各國事務衙門議。尋奏，籌款維艱，當以兵力鑲力兼權並顧，該大臣請添兵駐守納金各隘，是否就前添兵數量爲移紮，抑或另議增加，應令悉心籌畫，詳細具奏，再行覈覆。如所請行。尋升泰又奏，擬暫由前添兵數量爲移紮。從之。

戊寅，諭内閣：崑岡奏，遵查文廷式試卷據實覆奏一摺。據稱檢閱原卷策内閭面二字係屬筆誤，讀卷大臣未經簽出等語。所有此次讀卷大臣福錕、徐桐、麟書、翁同龢、嵩申、徐郙、廖壽恒、汪鳴鑾均著交該衙門照例議處。

己卯，諭軍機大臣等：前因新疆地方緊要，疊經諭令劉錦棠迅即回任，並因該撫祖母年邁，令道員劉鼒回湘侍奉，俾得安心就道。嗣經倪文蔚奏稱，劉鼒已於五月三十日起程回湘等語。現在當已到籍，著張煦傳諭劉錦棠即行回任，毋稍遲延。

又諭：前據額爾慶額奏，伊犂將軍色楞額病故，情節可疑，當諭令該參贊大臣確查覆奏。茲據奏稱色楞額因署伊犂府知府潘效蘇等承辦官錢局經理不善，借銀周轉，饟局委員定啟等挪移虧空，以致借撥遲延，幾釀事端。色楞額自恨委用非人，遂與其妻莫爾登氏同服洋藥身故，富勒銘額以傷病陡發含糊具奏，請飭查辦等語。案關局員營私舞弊，以致大員服毒自盡，亟應徹底嚴究。著長庚於抵任後，即將以上各節，確切查明，據實具奏。

《光緒朝東華録》九九　己卯，藏印條約八款，由出使英國大臣薛福成在倫敦互换。

《德宗實録》卷二八七　辛巳，諭軍機大臣等：户部總理各國事務衙門奏，各省關欠解東北邊防經費請旨嚴催一摺。【略】此項經費關繫邊防要需，何得任意延欠。著該將軍、督撫、監督按照單開本年未解及歷年欠解銀數，趕緊籌解，儻再遲延，即著户部照貽誤京饟例指名嚴參。

又諭：有人奏，廣東賭風太熾，盜拐日多，亟應嚴禁以靖地方一摺。【略】著李瀚章確查飭禁。另片奏，請將該省新設加抽釐金各名目酌裁等語，並著該督斟酌情形，妥籌辦理。【略】尋奏，粤省禁賭治盜各情形。又片奏，各項釐税於市無礙。均報聞。

《光緒朝東華録》九九　乙酉，總理各國事務衙門奏，進英國君主致賀大婚國書暨自鳴鐘一座。

丁亥，李瀚章奏，粤省購買機器試鑄銀圓，業經奏奉諭旨允准試辦，遵即督飭局員轉飭工匠另置銅模，洋文改鏨蟠龍文外，正面改刻廣東省造等字。【略】

兹據兼管廣東錢局事務署布政使王之春詳稱，現已將鑄成銀圓陸續解還善後局查收搭用，即由該局會同善後局出示曉諭商民一體遵行，合將所鑄銀錢各式樣呈請驗奪等情前來。臣查粵省此次開鑄銀圓刻鏤精工，成色有準，市面商情僉稱適用，業已交易通行，倘能愈行愈遠，可期中外暢銷，實屬有利無弊。下户部知之。

《德宗實録》卷二八七　庚寅，諭軍機大臣等，李鴻章奏，堵築永定河漫口籌議辦法，請分別撥款各摺片。據稱查勘北上汛等工情形，派員分投購料，添築挑壩，並開挖引河，已於七月十五日開工，約計兩月可以合龍，請撥經費銀三十萬兩等語。著户部迅即撥銀十萬兩解交該督應用，准由直隸藩運兩庫各撥銀五萬兩，至江海關本有協濟直隸河防之款，積欠甚多，即著曾國荃、剛毅飭令江海關道，無論何款先行挪解銀十萬兩，以應要需。

順天府奏，順屬被水，疊據續報，二十四縣幾無完區，實爲百年來未有之奇災，散放急撫，酌籌辦法，並請調直隸滄州知州袁遂、補用知州施則敬幫辦順賑。從之。

《光緒朝東華録》九九　壬辰，命翰林院侍讀許景澄充出使俄國兼德國、奥國、和國欽差大臣。命二品頂戴江蘇候補道李經方充出使日本國欽差大臣。

是月，荷蘭國使臣費果孫回任。

《德宗實録》卷二八八　八月戊戌，護理甘肅新疆巡撫魏光燾奏，添設霍爾果斯驛站夫馬。下部知之。

壬寅，諭内閣：潘祖蔭等奏，瀝陳順屬災賑情形一摺。近畿一帶，本年水災甚重，疊經賞給銀米，俾資賑濟。兹據奏稱災區太廣，飢民衆多，轉瞬嚴寒，生路更窘，覽奏情形，殊深憫惻。加恩著再賞給粳秈米十萬石，由京倉撥給，作爲順天各屬冬春賑需，交潘祖蔭等分撥各廠煮粥散放。

己酉，諭内閣：張煦奏，在籍大員籲懇開缺終養，據情代奏一摺。【略】兹復據奏該撫祖母病益增劇，未能遠離，仍懇開缺。在劉錦棠孝思肫摯，原屬出於至誠，惟念新疆地方緊要，該撫威望素孚，整頓一切事宜諸臻妥協，實未便准其開缺。劉錦棠著再賞假四箇月，俟伊祖母病體稍痊，即行馳回本任。

《光緒朝東華録》一〇〇　庚戌，以鄧華熙爲江蘇布政使，黄彭年爲湖北布政使。

《德宗實録》卷二八八　壬子，諭軍機大臣等：户部、總理各國事務衙門會奏，臺灣煤礦招商承辦章程種種紕繆，請飭停辦一摺。【略】該撫並不奏明請旨，輒即議立章程，擅行開辦，尤非尋常輕率可比。劉銘傳著交部議處。該撫接奉此旨，即將現辦之局趕緊停止，不准遷延迴護。從來創辦重大事件必應慮及久遠，慎之於始，不可膠執己見，亦不可輕信人言。基隆煤礦久無成效，該撫務當熟思審慮，籌一妥善辦法，明晰具奏。【略】尋吏部奏，遵議福建巡撫劉銘傳應得革職處分。得旨，加恩改爲革職留任。尋劉銘傳覆奏，今商人退辦，官若另開新礦不獨鉅款難籌，以後逐年虧折之費亦難爲繼，惟有暫仍其舊，督令妥員格外撙節，認真經理，以濟船政及官輪之需。下所司議。

諭：户部奏，籌撥甘肅新餉並酌定分給各軍餉數開單呈覽一摺。甘肅關内外各軍餉銀，關繫緊要。【略】共銀四百八十萬兩，請飭依限報解，著該將軍督撫等嚴飭各該司道，按照部撥數目於本年十二月底止，趕解三成，至來年四月底止再解三成，其餘四成統限九月底止埽數解清。各該省如能依限完解，即由陝甘總督奏請獎敍。

癸丑，總理各國事務衙門奏，阻止朝鮮向各國借款，已由各出使大臣密覆，概不允借。惟日本覆語游移，再當隨時酌度辦理。報聞。

又奏，本年與英國新訂煙臺續增專約六條，請用御寶互换。依議行。

丙辰，諭軍機大臣等：電寄洪鈞，俄世子來華游歷，已飭疆吏屆時妥爲照料。至不能入京謁見，俄君道歉情詞頗爲周帀，著洪鈞赴外部傳旨致謝。

丁巳，諭内閣：【略】張曜奏，被水地方請撥銀米賑濟一摺。本年山東黄河南北兩岸及濱臨運河各州縣黄流漫溢，兼值山東湖水同時氾濫，濮州等處三十七州縣低窪村莊被淹甚廣，災民困苦情形，深堪憫念，自應寬籌賑撫。著照所請，將該省本年新漕截留五萬石，並撥糧道庫銀十萬兩，以備賑需。

壬戌，諭軍機大臣等：禮部奏，朝鮮告訃使臣具呈懇恩，請免遣使賜奠一摺。據稱該國王太妃薨逝，連年喪亂饑饉，國用艱難，喪祭之需俱從儉約。恐欽使賁臨，禮節設有不到，負罪滋甚，懇將頒敕由該使敬謹賫回等語。【略】此次派往大員著改由天津乘坐北洋輪船前往，徑至該國仁川登岸，禮成仍由此路回京。如此暫爲變通，則道途甚近，支應無多，所有該國向來陸路煩費悉從節省。至欽使到國以後，應行一切禮儀，凡無關冗費者，均應恪遵舊章，不得稍事簡略。

乙丑，諭内閣：前任陝甘總督楊岳斌忠勇性成，勳勞卓著。【略】兹聞溘逝，軫惜殊深，楊岳斌著追贈太子太保銜，照總督例賜卹。【略】尋予謚勇慤。

庫倫辦事大臣安德等奏，庫倫所屬恰克圖等處開辦金礦，華商既無可招，洋商則斷不可招集，縷陳窒礙難行情形。下所司知之。

《光緒朝東華録》一〇〇　是月，法蘭西國使臣李梅回國，天津總領事林椿署理。比利時國使臣維禮用回國，參贊米師麗署理。

九月戊辰，命出使英國大臣薛福成恭賫國書致謝英君主。

《德宗實録》卷二八九　己巳，命户部左侍郎續昌、右侍郎崇禮爲諭祭朝鮮國王母妃正使。

壬申，以教練勤能賞福建船政學堂洋教習賴格羅實星，鄧羅三品頂戴，斐士博五品頂戴。

乙亥，科布多參贊大臣沙克都林札布等奏，滿營换防官兵，三年期滿，照案請飭更换。得旨，著即知照綏遠城將軍照數更换。

又奏，緑營换防官兵班滿，擬請將此項换防兵一百一十二名，留駐一班，俟下届期滿再行更换。得旨，仍著照例更换，不得輕改舊章。

《光緒朝東華録》一〇〇　壬午，諭：御史吴兆泰奏，請停止頤和園工程一摺。【略】光緒十四年二月所降諭旨甚明，天下臣民當已共諭，該御史備員臺諫，豈獨未知，乃輒以工作未停有累聖德，並以畿輔被災，河决未塞等詞摭拾瀆陳，是於朕孝養之心全未體會，實屬冒昧已極。吴兆泰著交部嚴加議處。

《德宗實録》卷二八九　乙未，諭内閣：劉銘傳奏，假期届滿，病勢增劇，請開缺調理。復稱如不得請，懇賞假内渡就醫各摺片。率意瀆陳，殊屬非是，劉銘傳著傳旨申飭，仍著賞假三月在任調理，毋庸開缺。

《德宗實録》卷二九〇　十月丁酉，頒光緒十七年時憲書。

《光緒朝東華録》一〇〇　諭：劉銘傳奏，總兵在營積勞病故，懇恩優卹一摺。福建建寧鎮總兵蘇德勝於咸豐年間投効軍營，轉戰江蘇、浙江、山東、湖北等省，迭著戰功，洊保記名提督。前經劉銘傳調赴臺灣勦辦生番，深資得力，遽以感受瘴氣，在營病故。蘇得勝著加恩照提督軍營積勞病故例從優議卹，准其於臺北府城建立專祠，生平戰績宣付國史館立傳，以彰勞勩。伊妻徐氏絶食殉節，著准其旌表。

乙巳，諭：禮部尚書昆岡、刑部尚書嵩申、刑部左侍郎薛允升均著加恩在紫禁城内騎馬。

丁未，諭：兩江總督著劉坤一補授，未到任以前著沈秉成署理。

《德宗實録》卷二九〇　庚戌，諭内閣：兩江總督曾國荃秉性沈毅，涖事公忠，【略】實爲國家柱石之臣。方冀克享遐齡，長承恩眷，遽聞溘逝，震悼良深。曾國荃著追贈太傅，照總督例賜卹，賞銀三千兩治喪，由江寧藩庫給發。賜祭一壇，派護理江寧將軍副都統承綬前往致祭。加恩予謚忠襄，入祀京師昭忠祠、賢良祠，並於湖南原籍、江寧省城建立專祠，此外立功省分准其一併建祠。其生平政績事實，宣付史館。

命兩江總督劉坤一兼充辦理通商事務大臣，未到任前以安徽巡撫沈秉成署理。

《光緒朝東華録》一〇〇　王文韶、譚鈞培奏，查滇省電線與川黔、兩廣接通後，擬自騰越廳至雲南省城添接一綫，以通西南邊報。經前督臣岑毓英會同臣鈞培暨前兩廣督臣張之洞奏，奉諭旨允准，所有騰越工次出力各員，並經臣鈞培於兼署督篆任内咨部立案。兹據善後局司道湯聘珍等以工程告竣，核明開單詳請奏奬前來，【略】謹擇尤爲出力文武員弁，繕具清單，恭呈御覽，合無仰懇天恩俯准查照粤東成案，分别奬敍，以昭激勸，出自逾格鴻慈。得旨，如所請行。

辛亥，諭：吏部、兵部奏遵議處分各一摺。前福建臺灣布政使于蔭霖，著照部議即行革職。吉林將軍長順、前署伯訥廳同知孫逢源均著降一級留任，不准抵銷。

《德宗實録》卷二九〇　壬子，蠲緩直隸通、三河【略】九十八州縣被水村莊丁糧租課有差。

癸丑，出使英法義比國大臣薛福成奏，遵旨於倫敦互换印藏條約。下所司知之。

賞日斯巴尼亞署使赫海連、參贊歐達蘭、義大利參贊賈雅第等寶星。

《光緒朝東華録》一〇〇　乙卯，諭軍機大臣等：楊昌濬、富勒銘額、魏光燾奏，塔城分隸事宜請飭遵照奏案，定期交接，並請頒發印信一摺。已照所請行矣。本日復據額爾慶額奏，塔城僻處偏隅，巡撫萬難專轄，請仿照科布多之例，仍歸參贊大臣鎮守專轄等語。塔爾巴哈台地方營伍前經楊昌濬等會奏，分隸甘肅新疆巡撫管轄，定期交接，業經該部議准覆奏，降旨允行，該副都統自應遵照辦理，何得輒生異議，致涉紛更。所有塔城勇隊及地方善後各事，仍著額爾慶額於本年年底移交巡撫接管，不准再行藉詞延展，致干咎戾。

己未，福建臺灣巡撫劉銘傳奏，基隆煤礦遵諭飭商退辦，惟勢難停歇，現擬委員仍就舊井開採。如果出産日絀，虧折日多，即遵總理各國事務衙門原議停止。俟籌有鉅款，再於産煤豐旺之區，另開新礦。下部議。

《光緒朝東華録》一〇〇 諭：興廉、游百川奏，全漕告竣，請將出力員弁獎勵及改獎人員各摺片。本年江蘇等省海運、河運漕白糧米豆石先後抵通，經興廉等督率坐糧廳等驗收完竣，辦理均無貽誤。興廉、游百川著交部議敘，所保出力及改獎人員各摺片，著該部議奏。

《光緒政要》卷一六 是月，出使英法義比大臣薛福成奏，請分別教案治本治標事宜。出使大臣薛福成奏，請與英吉利外部會立坎巨提頭目事。

《德宗實録》卷二九一 十一月丁卯，諭內閣：各國訂約以來，璽書通問，歲時不絶，和好之誼，歷久彌敦。駐京各國使臣均能講信修睦，聯絡邦交，深堪嘉悦。上年正二月間疊逢慶典，欽奉懿旨，命總理各國事務衙門設燕款待，寰海聯情，洵稱盛舉。茲朕親裁大政已閲二年，在京各國使臣，誼應覲見。允宜仿照同治十二年成案，並增定歲見之期，以昭優禮。所有各國駐京實任署任各使臣著於明年正月，由總理各國事務衙門奏請定期覲見。即於次日，在該衙門設燕款待。嗣後每歲正月，均照此舉行。續到使臣按年覲見，至國有大慶，中外臚歡，並著該衙門届時奏請筵燕，用示朝廷修好睦鄰有加無已至意。所有應行禮節，著該衙門先期具奏。

戊辰，諭內閣：工部尚書潘祖蔭學問淵通，才猷練達。【略】遽聞溘逝，軫惜殊深。著賞給陀羅經被，派貝勒載瀅帶領侍衛十員即日前往奠醊，賞銀二千兩治喪，由廣儲司給發，加恩晉贈太子太傅銜，照尚書例賜卹。【略】尋予謚文勤。

庚午，以禮部尚書李鴻藻爲會典館副總裁官。

《光緒朝東華録》一〇一 辛未，李鴻章奏，前於光緒七年十月驗收碰快船摺内奏明，奉天金州旅順口形勢實居北洋險要，局廠船隖各項當陸續籌款興造。九年二月附片具陳籌辦旅順各工大概範圍，聲明該處工程開山濬海，工大費鉅，仿照西法，多與洋人交涉，絶無例案可循，實難豫爲估定。嗣於十四年十二月附片陳明，旅順船隖工程交法國人德威尼承攬包做，派按察使周馥、候補道劉含芳督同妥辦，並添築攔潮石壩暨籌撥工款數目，均經蒙恩允准在案。【略】旅順口濱臨大洋，怒潮衝激，風浪搜淘，水底施工，極難鉏鑿。聞在外洋經營水師海口隖澳各工，需費動輒千百萬金，與内江内河工程迴異，德威尼全仿西法製造，亦復幾經改作，始底於成。今據驗收，各工均屬相符，一年限内由代德威尼擔保之外國銀行照料，並且保固以十年爲限。嗣後北洋海軍戰艦遇有損壞，均可就近入隖修理，無庸借助日本、香港諸石隖，洵爲緩急可恃，並無須糜費巨資。從此量力籌畫，逐漸擴充，將見北洋海軍規模，足以雄視一切，渤海門户深固不摇，其裨益於海防大局誠非淺鮮。此項工程雇與洋匠包辦全用洋法，並無例案可循，請免造册報銷。得旨，該衙門知道。

癸酉，唐炯奏，巧家、威寧兩銅廠礦脈如常，其餘各廠都陸續見效，但入山不深，礦脈尚微，現嚴督趕辦十起頭批年内足可繳齊。威寧鉛廠獲礦雖多，成分尚薄，於七月開鑪，煎出鉛斤，已陸續交貴州採辦京鉛委員鄧良成收解。其礦山鉛廠已起解五十萬斤，倘貴州工本發足，年内尚可辦得數十萬斤。下户部知之。

《德宗實録》卷二九一 甲戌，命在籍甘肅新疆巡撫劉錦棠假滿，來京陛見。

《光緒朝東華録》一〇一 己卯，怡親王載敦薨，賞銀一千兩治喪。

壬午，諭：本月十五日麗皇貴太妃薨逝，十八日朕親詣奠酒行禮，大内以下宗室以上並王公文武官員，著於是日素服一日。

乙酉，上幸醇親王邸第視疾。

丁亥，醇親王奕譞薨。

諭：朕欽奉慈禧端祐康頤昭豫莊誠壽恭欽獻皇太后懿旨，皇帝本生父醇親王奕譞，秉性忠純，宅心仁厚，才猷遠大，勳業崇閎。【略】不料病勢已深，醫藥罔效，遽於二十一日丑刻薨逝，深宫震悼實深。著賞給陀羅經被，即日親臨賜奠，皇帝詣邸成服行禮，派總管内務府大臣福錕、禮部尚書崑岡、工部尚書熙敬、禮部左侍郎錢應溥辦理喪事。所有一切事宜俱由官爲經理，鎮國公載灃即日承襲王爵，用示篤念親賢至意。

《德宗實録》卷二九一 己丑，諭內閣：朕欽奉懿旨，皇帝本生考醇親王薨逝，業經降旨加恩，用昭隆禮。因念飾終之典，首重易名。醇親王親賢重望，中外交孚，茂績宏猷，增光史册，允宜特加謚號，昭示來兹。醇親王著賜謚曰賢，以彰勳德而垂久遠。

壬辰，湖廣總督張之洞奏，擬將荆州商局電綫，由沙市過江接造湖南澧州，經長沙省城直抵湘潭，將來修綫養綫經費統歸商局。下所司知之。

《光緒朝東華録》一〇一 癸巳，諭：朕欽奉慈禧端佑康頤昭豫莊誠壽恭欽獻皇太后懿旨，醇親王載灃著加恩賞食親王全俸，入八分輔國公載洵著晉封爲

入八分鎮國公，鎮國將軍載濤著晉封爲不入八分輔國公。

《德宗實録》卷二九一　甲午，護理甘肅新疆巡撫魏光燾奏，創辦羅布淖爾地方事宜，將全境區分段落，以英格可立等十三莊爲中段，卡克里等七莊爲東段，托和拉克等六莊爲西段，約共可安數萬户，墾地百數十萬畝。

《光緒政要》卷一六　是月，出使英法義比大臣薛福成奏報與英吉利外部商設香港領事情形。

《光緒朝東華録》一〇一　十二月己亥，諭軍機大臣等：李鴻章電報已悉，即著該大臣電致各該督撫，俟俄太子抵口岸時，一律照議親行款待以重邦交。

乙巳，上幸醇賢親王邸第行初祭禮。

《德宗實録》卷二九二　丁未，諭軍機大臣等：著户部撥交内殿銀十萬兩。嗣後每年照數交進。

山東巡撫張曜奏，請將山東鹽斤，每引加收津貼課銀二百兩以濟京餉，每包例重三百二十斤，准其加滷耗鹽一百二十斤，以期裕課恤商，兩得兼顧。下部知之。

緩徵湖北武昌【略】二十八州縣暨武昌衛被災地方新舊錢糧，其武昌咸寧【略】二十二州縣被淹受旱地方漕糧並緩徵。

蠲緩浙江仁和【略】七十二廳州縣暨杭嚴、台州二衛，杭、衢二所災區地漕銀米有差。

《光緒朝東華録》一〇一　己酉，李鴻章奏，三品銜吉林補用道李金鏞，經臣遵旨奏派辦理黑龍江漠河金礦事務。【略】李金鏞氣體素健，自到廠後始有脾瀉心悸等疾，經年隨從員役相繼死亡，終無退悔，歿後接其病中稟牘，區劃各事，詳盡如常。歎其忠懇之忱，臨危不改，卒以身殉，深可痛傷，合無籲懇天恩，飭部將已故三品銜吉林補用道李金鏞照軍營立功後積勞病故例從優議卹，並將事蹟宣付史館，仍准在無錫縣原籍自行建祠，以爲絶域勤事者勸。得旨，如所請行。

《德宗實録》卷二九二　辛亥，上奉皇太后幸醇賢親王邸第，行大祭禮。

壬子，廣西巡撫馬丕瑶奏，廣西蠶桑辦有成效，請豁免紬疋税釐，並酌保出力官紳。得旨，廣西新出紬疋，著准免税釐辦理，有效之官紳准其擇尤酌保數員，毋許冒濫。

《光緒朝東華録》一〇一　甲寅，楊昌濬奏，陝、甘請設電綫以速邊報，經臣於上年會奏奉旨允准在案。【略】八月由西安動工，當飭沿途州縣營汛幫同妥爲經理，因甘肅氣候寒冷，冰凍較早，復分派員弁工匠東西兩路趕辦，於十月二十日設至肅州，大工告竣，所有總分各局亦均安設如法，一律通報。

丁巳，卞寶第奏，准總理各國事務衙門咨，嗣後文武汛官及外海水師管駕人等，遇有中外船隻遭風觸礁瞬將沈没者，果能奮身冒險救出至三十人以上，准其比照異常勞績奏獎，但每船每次奏獎不得過兩三員等因，奏奉諭旨依議，欽此。咨行到閩，即經分飭遵照在案。茲准福建水師提督彭楚漢咨稱，本年三月初二夜間東尾洋面有英國太古行之中莊輪船，因大霧迷失方向，觸礁入水，瞬將沈没。代理金門營都司陳紹勳、候補千總陳士斌等聞報帶領弁兵，雇倩小船，知會金門縣丞萬鵬派撥丁役人等冒險馳往，將該船洋人七名、華人四十餘名全行救去，船主囑將黄豆豆餅等貨搬棄海中，船始浮起十分之二。復用機器將水抽盡，修補救起，船價詢值洋十三萬圓，經厦門英國領事及税務司疊次函謝，並送還該營墊用洋銀六十元，各兵酬勞四十元。興泉永道吴世榮稟報相同，請將出力各員弁分别奏咨獎敍前來。臣覆查屬實。【略】得旨，如所請行。

《德宗實録》卷二九二　戊午，諭内閣：劉銘傳奏，假期屆滿，病仍未痊，籲懇開缺一摺。劉銘傳著再賞假三箇月，毋庸開缺，所有臺灣科試事宜，著派唐景崧暫行代辦。

庚申，湖廣總督張之洞奏，在籍記名提督劉維楨捐銀二十萬兩充槍礮廠經費，其子劉國梁、劉國標讀書嚮學，均堪造就，懇予恩施。得旨，劉國梁、劉國標均著賞給舉人，准其一體會試。

出使英法義比國大臣薛福成奏，請籌設英、法、荷、日所屬南洋各埠領事官保護華民。下所司知之。

《光緒朝東華録》一〇一　是年，日斯巴尼亞國署理使臣吴禮巴抵任。

光緒一七年（辛卯、一八九一）

《德宗實録》卷二九三　正月己巳，緩徵山東濟寧【略】六十三州縣被災村莊本年上忙額賦，暨河漕攤徵各項，並德州、濟寧、東昌、臨清四衛，東平所屯莊，永阜、永利、王家岡三場竈地錢糧。

《光緒朝東華録》一〇二　乙亥，薛福成奏，查英屬香港一島，華民流寓者十四五萬，逼近廣東省城，尤爲中外往來咽喉。凡華洋各商貨均先至香港，然後轉

運各省，其交涉事件之繁難者，一曰逃犯、一曰走私、一曰海界，以該處並無華員無以通中外之情，於廣東全省政務每多扞格。是商設領事實於大局尤關緊要，前任使臣郭嵩燾有此志而未及辦，曾紀澤任内曾經照會英外部數次，迄無成議。揣其隱情，蓋因全島多寓華民，而洋人不過數千，若准設華官，與廣東大吏聲息相通，在彼不免多懷顧慮，所以靳而未許。臣昨辦文與外部，援照公法商定通例，而未明提香港。該外部侍郎山特生果向英文參贊馬格理以香港一處爲疑，且云，恐華官不習外務，或竟侵權越分，致多窒礙。臣思新嘉坡領事左秉隆與英官頗能相得，外部亦稱其辦理妥洽，因遣馬格理告以香港若設領事，當以左秉隆調往開辦，察其辭意，似尚易商。惟遇事設法支展，必再四催問而始辦，則外部之常例也，容俟覆文到日，如仍不遽允，臣再當相機辯論。下總理各國事務衙門議奏。

《德宗實録》卷二九三　己卯，署兩江總督沈秉成奏，江南創設水師學堂，延訂洋文、漢文各項教習，分别駕駛、管輪兩門，各計額設學生六十名，按日輪課、按季考試，以定班次。並將原設魚雷學堂裁撤，挑選優等學生送至旅順魚雷營加習海操，其餘歸併堂内，以示節省。請准將在事各員俟辦理著有成效，援照北洋成案給予奬敍。如所請行。

駐藏辦事大臣升泰奏，改派西藏糧務委員黄紹勳等赴邊會同洋員商議新約。下所司知之。

己丑，諭内閣：三載考績爲國家激揚大典，中外滿漢諸臣有能恪共職守勞勩最著者，允宜特加甄敍，以示優眷。兹當京察届期，吏部開單題請，詳加披閲。禮親王世鐸、大學士額勒和布、張之萬、兵部尚書許庚身、刑部尚書孫毓汶，翊贊樞廷，公忠共矢，襄理庶務，深合機宜，均著交該衙門從優議敍。大學士直隸總督李鴻章久任畿疆，勳勞懋著，著交部從優議敍。湖廣總督張之洞、山東巡撫張曜實心任事，勞怨不辭，均著交部議敍。餘著照舊供職。

庚寅，上御紫光閣，德國使臣巴蘭德等覲見，呈遞國書。

《光緒政要》卷一七　是月二十五日，聖駕率御前王公百官幸紫光閣，凡百執事暨文武朝臣、侍衞親軍、前鋒軍各營官員，皆冠裳趨蹌，分别排立。各國使臣，曰吴禮德、曰田貝、曰華爾身、曰大島圭介、曰潘薩、曰費果孫，署使臣曰吴禮巴、曰澗雷明、曰林椿、曰米師麗，及參贊繙譯等三十二人，由總署堂官引見。諸欽使既入閣，即免冠向上鞠躬施禮，前行數步，復鞠躬施禮，由繙譯譯奏。然後向前呈遞國書，御前大臣接受國書，各公使又向上施鞠躬禮，退歸本班。候上嘉勉數言，各公使復鞠躬行禮，然後相率出閣云。

《光緒朝東華録》一〇二　庚寅諭：本年輪應查閲直隸、山西、陝西、四川、甘肅五省營伍之期。直隸即派李鴻章、山西即派劉瑞祺、陝西即派鹿傳霖、四川即派劉秉璋、甘肅即派楊昌濬逐一查閲，認真簡校。如有訓練不精，軍實不齊者，即將廢弛之將弁據實參奏，毋得視爲具文。

諭：吏部奏，遵議處分一摺。前閩浙總督調任陝甘總督楊昌濬應得降一級調用處分，著准其抵銷。

《德宗實録》卷二九三　壬辰，察哈爾都統奎斌奏，遵旨會商直隸督臣，清釐口外牧地，查禁越界私墾，以安游牧。惟查私墾之地，毗連山西者居多，擬請飭晉撫揀派熟悉邊務之員，會同籌辦，以期迅速集事。得旨，即著知照山西巡撫派員會辦。

《光緒政要》卷一七　是月，江蘇巡撫剛毅奏報開浚吴淞江勘視工程事。

《德宗實録》卷二九四　二月庚子，前出使日本國大臣黎庶昌奏，日本近年事事講求，海陸兩軍擴張整飭，工商技藝日異月新，中國與之脣齒相依，宜將琉球一案彼此説明，别定一親密往來互助之約，用備緩急。下所司知之。

出使美日秘國大臣崔國因奏，小吕宋議設領事，日斯巴尼亞國外部徑直推辭，請禁彩票以相抵制。下所司議。

予出使日本隨員陳明遠等暨日本各口商董譚國柱等奬敍，已故神户領事署繙譯官楊錦庭優卹。

乙巳，諭内閣：御史高燮曾奏請舉行日講一摺。朕自親裁大政以來，每日召見内外臣工，於人才之賢否，政治之得失，莫不虚衷考察，實事求是。幾餘披覽經史，復與毓慶宫諸臣，講習討論，不敢稍自暇逸。【略】該御史於列聖歷次訓諭似未恭閲，摺内措辭亦多隔膜，所奏著毋庸議。

《光緒朝東華録》一〇二　丁未，李經方奏，中國與日本通商口岸横濱、神户、長崎設正理事官外，嗣因箱館、新潟、夷港商務漸興，添設副理事官一員。此外築地一處歸横濱理事兼轄，大坂一處歸神户理事兼轄。近年大坂商務日盛，交涉漸多，而築地坐落東京，華民寄寓益衆。現擬請築地、大坂二處仍歸横濱、神户理事官兼轄，惟再設副領事各一員，於隨員中擇其廉幹有爲者分别派充，以資助理。得旨，如所請行。

科布多參贊大臣雙壽卒，以魁福爲科布多參贊大臣。

己酉，長順奏，吉林地方山深林密，土廣人稀，自昔年馬賊肆擾後，至今伏莽未靖，時有結夥成羣之賊出擾閭閻。近則頻年災歉，流民愈多，盗風復熾。【略】計自光緒十三年六月起截止光緒十六年六月底止，除打仗殲斃賊匪不計外，共生擒首從各盗一千三百有餘，均經審實正法。兹據各副都統並翼長委員等核明文武員弁以及地方官節制之捕盗營所有在事出力人員，開單請奬前來。奴才詳加查覈，尚無冒濫，謹擇其尤爲出力文職四十六員名，武職一百五十八員名分别謹繕清單，恭呈御覽，合無仰懇天恩，准予照章奬敘，以示勸勉而勵將來。

《德宗實録》卷二九四 庚戌，總理海軍事務衙門奏，頤和園工程用款擬由海防捐輸項下挪墊。從之。

辛亥，總理海軍事務衙門奏，請派大臣出海會校北洋合操。得旨，現届校閲海軍之期，著派李鴻章、張曜認真會校。

閩浙總督卞寶第【略】又奏，千總吴陸在德國礮廠開槍行兇，經該國收禁，請飭知照德外部，將該員交回治罪。下所司知之。

甲寅，署兩江總督沈秉成等奏，遵查徐州土藥出産數目並擬試辦章程。下所司議。尋總理各國事務衙門奏，徐州界連山東、河南、安徽三省，請飭三省巡撫各就地方情形，參酌新章，一體舉辦。依議行。

《光緒朝東華録》一〇二 丙辰，賞陝甘總督譚鍾麟在紫禁城内騎馬。

《德宗實録》卷二九四 丁巳，以陝西布政使陶模爲甘肅新疆巡撫。

《光緒朝東華録》一〇二 壬戌，馬丕瑶奏，臣前以廣西人文夙盛，兵燹後藏書悉燬，舊板無存，無以爲讀書培才之助，擬在省城開局刊書，並請旨飭下江南、浙江、廣東、湖南、湖北、四川六省，將局刊經史等書刷寄來粤，俾得分儲擇刊等因一摺，於十五年十二月初十日欽奉硃批，著照所請，該部知道，欽此。臣遵即恭録咨會各該省督撫查照並加函諄懇去後，隨准該督撫等先後咨覆，咸念粤居邊徼，士多寒畯，同此教育之心，不分畛域之見，印寄書籍，陸續咨送到粤。

《光緒政要》卷一七 是月，户科給事中洪良品奏參倉臣溺職事。

成都將軍岐元、四川總督劉秉璋奏勦辦雷波夷匪事宜。

《德宗實録》卷二九五 三月丙寅，諭軍機大臣等：有人奏，風聞張之洞於上年四月間令湖南茶商分别輸捐，作爲創修兩湖書院經費。該商疊請邀免，批斥不准。近來茶商賠累，請飭一律撤銷等語。中國茶葉銷路不暢，由於成本太重，所奏茶商輸捐一節，如果屬實，自應裁撤，以恤商困。著張之洞查明覆奏。原片著鈔給閲看，將此諭令知之。尋張之洞奏，遵查茶商捐助經費並無賠累。報聞。

《光緒朝東華録》一〇二 丁卯，奎斌、永德奏，察哈爾八旗分設口外，拱衛京師，原爲安置蒙民休養生息操練射獵之所，且有駝馬牛羊各羣牧並臺站草地分隸各旗，專資牧養，定例游牧，不准開動。【略】此次私墾之地，毘連山西者居多，豐鎮並有私羼牧地之案，自應一律清釐。並請飭下山西撫臣劉瑞祺揀派廉正勤明熟悉邊務之道府大員，會同奴才衙門委員酌商籌辦。兩省同時舉行，可期迅速集事。其如何詳定章程永遠禁止之處，統俟辦竣奏結時請旨遵行，以副聖朝惠養蒙民慎重牧政之至意。得旨，即著知照山西巡撫派員會辦。

《德宗實録》卷二九五 丁丑，諭軍機大臣等：奕劻等會奏，勘估關東鐵路，酌擬辦法，繪圖呈覽一摺。據稱查勘關東鐵路，以由林西現有鐵路接造幹路至吉林，另由瀋陽造枝路至營口爲便，所籌辦法及宜慎宜防各節，朕詳加披閲，較上年原議更爲周妥。即著派李鴻章督辦一切事宜，並派裕禄會同辦理。所需經費著户部將原議每年籌撥之二百萬兩，自本年起移作關東鐵路專款，除庫撥之一百二十萬兩可以如期應用外，其按年指撥各省之款，每省五萬兩，爲數無多，著户部咨行各該省督撫等逐年如數解清，不准稍有延欠。至關東民情素稱樸厚，惟創始之際，愚民於鐵路利益未能盡曉，奸徒或藉端阻撓，應由李鴻章、裕禄、長順、興陞剴切出示曉諭，以釋衆惑而竟全功。

《光緒朝東華録》一〇二 戊寅，升泰奏，竊奴才前以納金、丈結、洛納等山爲赴哲捷徑，擬請添兵駐守，當經具奏。【略】查納金、丈結、洛納等山均關緊要，而納金尤爲密邇。既經查實，何敢稍事疏虞，致滋貽誤。可否暫由奴才前擬靖西關兵數内，量移靖西關内外委一員，兵丁二十名駐防干壩，撥往納金一帶隘口梭巡，仍歸靖西遊擊管轄，以一事權，月需餉銀仍由前擬兵數内籌撥。干壩舊設番兵二十五名，向歸該處營官管轄。擬再由後藏番營添撥番兵二十名，協同駐守，以示周密。通商後地方果能静謐，即可藉以稽查，不須更易。若尚需添兵駐守，再由奴才隨時察看情形，酌議加增，以副聖主慎重邊陲之至意。得旨，該衙門知道。

《德宗實録》卷二九五 丙戌，總理各國事務衙門奏，派主事懿善等前往西藏測繪。依議行。

丁亥，吉林將軍長順等奏，勘明琿春天寶山銀礦，派員試辦情形。下所

司議。

戊子，出使英法義比國大臣薛福成奏，請於香港等處酌設領事。下所司議。尋總理各國事務衙門奏，英國使臣華爾身稱香港領事祇宜以稅司兼充，語涉含糊，應飭薛福成察探英廷之意，再行商辦。從之。

己丑，出使英法義比國大臣薛福成奏，緬甸分界通商事宜，亟應豫爲籌備，不使英國獨占先著，以免臨時棘手。下所司議。尋總理各國事務衙門奏，遵查光緒十二年六月臣署奏准與英署使歐格訥議約五條，內第三條稱中緬邊界應由中英兩國派員勘定，其邊界通商事宜亦應另立專章，彼此保護振興等語。【略】彼現據薛福成奏，英廷屢派幹員馳往滇緬交界，察看形勢，自爲將來勘界地步。彼未催問，我亦未便發端。緣滇省邊界域形勢爲中國輿圖所不載，若不先行查勘明確，將來議界時必至無所依據。應請飭下雲貴督臣王文韶，密派幹員往沿邊一帶，詳細訪查，何者爲土司之境，何者爲甌脱之區，何者爲野人之地，以及山川道里風土地名，逐一繪圖貼説，開具節略咨送臣署，以憑考覈，届時再當相機辦理。薛福成所請先與辯論之處，暫可從緩。依議行。

《光緒朝東華録》一〇二　戊子，許景澄奏，臣於本年正月十五日抵俄，十七日接任，當經奏明在案。於二十日往見該外部，旋准外部照會俄皇定於二十二日接見。是日，臣親齎國書前往恭遞，並照例撰擬頌詞，宣揚聖意。俄皇亦以與中國和好二百餘年，深願從此益加敦睦，其言似出真誠。謹將頌詞及俄皇問答繕單呈覽。下所司知之。

辛卯，諭：劉銘傳奏，病仍未痊，懇請開缺一摺。福建臺灣巡撫劉銘傳，著准其開缺，並開去幫辦海軍事務差使。

《德宗實録》卷二九六　四月乙未，調湖南巡撫邵友濂爲福建臺灣巡撫。

《光緒朝東華録》一〇三　李鴻章奏，永定河下口一帶近年游墊高仰，以致下壅上潰，頻有漫決之患。兼之衝刷鳳河，往往闌入北運，去秋汛漲更盛，數百里間一片汪洋，運道民田爲害匪淺。【略】永定河下口既令南移，則鳳河以後受害較輕，必須及時疏濬河槽，培築束堤，以資保衛。臣現派天津紳士前廣東水師提督曹克忠，會同候補道桂本誠前往勘估，分投趕辦疏築事宜。以上兩項需費均屬浩繁，所估永定河及鳳河工費，督飭司道在賑捐項下竭力籌撥，事竣據實開單彙報。下部知之。

《德宗實録》卷二九六　乙巳，諭軍機大臣等，張曜奏，臺灣爲東南重地情殷效力一摺。覽奏具見悃忱，福建臺灣巡撫已簡放邵友濂矣。張曜自任山東巡撫以來，於地方事宜均能實心辦理。現在山東黄河關繫緊要，該撫修防認真，深資倚畀，務當仰體朝廷廑念河防之意，悉心區畫，毋負委任。

《光緒朝東華録》一〇三　庚戌，命麟書、翁同龢、敬信、張蔭桓爲抖晾實録大臣。

《德宗實録》卷二九六　癸丑，諭內閣：前經降旨修葺頤和園，恭備皇太后慈輿臨幸，現在工程將次就竣。欽奉慈諭於四月二十八日幸頤和園，即於是日駐蹕。

《光緒朝東華録》一〇三　甲寅，卞寶第奏，閩廠協造粤省廣丙穹甲船於三月初三日下水。下所司知之。

《德宗實録》卷二九六　戊午，諭軍機大臣等：户部奏，庫款支絀，虧短甚鉅，酌擬籌餉辦法開單呈覽一摺。所擬各條於籌補庫儲尚屬切實，著依議行。惟籌餉一事，部臣雖盡心擘畫，全賴各省疆臣認真督辦，不避怨嫌，庶一切諉卸掩飾之弊可除，克臻實效。現當庫存奇絀，各直省將軍、督撫等受恩深重，必應顧全大局，共濟時艱，無待諄諄詳諭也。

出使俄德奥和國大臣許景澄奏，俄國建築東境海參崴鐵道情形。下所司知之。

癸亥，通政使司通政使黄體芳因病乞休，允之。

《光緒朝東華録》一〇三　五月甲子，劉秉璋奏，寶川局需用白鉛，照機器局鉛價採辦。下户部議奏。

《德宗實録》卷二九七　己巳，以東三省齊字營練軍出力，賞護軍統領豐陞阿等頭品頂戴。

庚午，諭內閣：總理各國事務衙門奏，各省教案疊出，請嚴飭各督撫迅速籌辦一摺。據稱本年四月間，安徽蕪湖教堂被匪徒焚毁，江蘇丹陽縣、湖北武穴鎮等處教堂亦相繼被毁，亟應查拏匪犯早爲嚴防等語。【略】著兩江、湖廣、江蘇、安徽、湖北各督撫，迅飭該管文武查拏匪首要犯，訊明，正法，以儆將來。至泰西之教，本是勸人爲善，即從教之人亦係中國子民，仍歸地方官管轄，民教本可相安，總因不逞之徒，捏造無根之言，藉端滋事。此等奸民所在多有，著各直省將軍、督撫出示曉諭居民，切勿輕聽浮言，妄生事端。儻有匿名揭帖，造言惑衆，即行嚴密查拏，從重治罪。各國商民教士，地方官必當隨時設法，保其身家，勿任

奸徒擾害。儻或防範不嚴，致釀事端，即著據實嚴參，其從前各省未結各案並著該將軍、督撫從速辦結。

《光緒朝東華録》一〇三　辛未，諭：李鴻章、張曜奏，會同校閱海軍並查勘各海口臺隖工程事竣一摺。覽奏均悉。該大臣等周歷旅順等處，調集南北洋師船會齊合操，並將水陸各營以次校閱，技藝均尚純熟，行陣亦屬整齊，各海口礮臺船隖等工俱稱堅固。李鴻章盡心籌畫，頻年布置，漸臻周密，洵堪嘉許，著交部從優議敘。張曜會同籌辦，著交部議敘。各將領訓練士卒，修建臺隖，不無微勞足録，著准其擇尤保獎，以示鼓勵。海軍關繫緊要，必須精益求精，仍著李鴻章、張曜切實講求，督飭提鎮各員認真經理，以期歷久不懈，日起有功。另片奏擬在膠州、煙臺各海口添築礮臺等語，著照所議行。該衙門知道。

乙亥，魏光燾奏請解任回籍終養，允之。

丙子，劉秉璋奏，江、楚兩省川鹽請停加抽釐金。下户部議奏。

戊寅，馬丕瑤奏，廣西創辦蠶桑已著成效，遵旨先行酌保尤爲出力之官紳。得旨，覽奏，興辦蠶桑尚屬認真，著俟通省著有成效，核實保獎。

壬午，以登萊青道盛宣懷倡捐勸賑，賞頭品頂戴。

《德宗實録》卷二九七　癸未，出使美日祕國大臣崔國因奏，祕魯創設中西學堂，經費無出，來學無人，請即停辦。又奏祕魯領事請由本處華人自行籌費，公舉所知，作爲代理領事。均下所司知之。

丙戌，諭軍機大臣等：電寄李鴻章，電奏已悉。日本既有意修好，著嚴飭丁汝昌加意約束將弁兵勇，不得登岸滋事。長崎前轍，俄儲近事，皆應切鑒，其巡歷情形及回伍日期並著隨時電奏。

戊子，廣西巡撫馬丕瑤奏，查明廣西邊防，修築礮臺緩急情形。請將礮臺銀十八萬兩分爲三年酌撥。下所司議。

辛卯，貴州巡撫潘霨因病解職，以四川布政使崧蕃爲貴州巡撫。

《光緒朝東華録》一〇三　是月，日斯巴尼亞國使臣調駐委内瑞拉國，參贊阿嶽樂兼署使事。

《德宗實録》卷二九八　六月乙未，山東巡撫張曜奏，再陳海防情形。竊見南洋兵船鐵皮厚僅數分，有事斷難得力，請收停廠澳，歲可節費五十餘萬。以之另造鐵甲堅船，則精良適用，足以震懾遠人。得旨，著海軍衙門會同劉坤一妥議具奏。尋總理海軍事務衙門會奏，遵議南洋水師略爲變通，酌減人數，節省銀兩，專備添購碰快雷艇之需。從之。

戊戌，諭軍機大臣等：各省哥老會匪最爲地方之害，疊經降旨查拏，並經各該督撫先後獲案，奏明懲辦。惟此等匪徒行蹤詭祕，往往與游勇地痞暗相勾結，動輒糾集黨與乘機煽亂，甚至造謡惑衆，潛謀不軌。近來江蘇、安徽、湖北、江西等省，屢有焚毁教堂之事，其拒捕逞兇、搶劫衙署等案，更層見疊出。【略】著各直省將軍、督撫嚴飭地方文武隨時留心，實力查緝，如有訪獲會匪首犯，一面嚴行懲辦，一面准將出力員弁照異常勞績隨案奏請優獎。

《光緒朝東華録》一〇四　辛丑，李鴻章奏，委員赴張家口外選購戰馬，請飭部給票免税。得旨，如所請行。

《德宗實録》卷二九八　癸卯，護理福建臺灣巡撫沈應奎奏，准吏部咨臺灣清賦保案應加删汰，前保官紳均係實在出力，懇特恩准獎，以昭信賞。得旨，所請開復各員，著該部議奏，餘均如所請獎勵。

《光緒朝東華録》一〇四　乙巳，張之洞奏，委員赴張家口外選購戰馬，請飭部給票免税。下兵部知之。

《德宗實録》卷二九八　丙午，以交涉馴順賞日斯巴尼亞國外部大臣公爵德都案、協理外部大臣裴喇斯寶星。

壬子，諭内閣：前據御史文郁奏參烏里雅蘇台將軍托克湍於赴任時，有勒索臺站騷擾地方情事，當諭令奎斌確查具奏。【略】此案烏里雅蘇台將軍托克湍於經過臺站時，竟有折收羊價禮銀，縱容屬員家人攬貨分肥，勒派駝馬，復捏造家人陳有之名，希圖卸罪，實屬貪黷營私，辜恩溺職。托克湍著即行革職，仍追繳贓銀，分别入官還主。已革驍騎校吉通著從重發往新疆，充當苦差。所有分收贓銀之家人平安、張有均著照擬懲辦。外委陳玉山等即著該都統咨行各該管將軍大臣就近審明，分别定擬。另片奏，酌擬章程整頓臺站等語。

兩江總督劉坤一奏，南洋海防江防應分别籌辦。現飭總統兵輪前壽春鎮總兵郭寶昌等考覈各號兵輪，期歸實用，其水師學堂擬酌裁教習學生名數，俟南洋兵輪購製齊全，再行規復舊章。下所司知之。

《光緒朝東華録》一〇四　甲寅，以永德爲烏里雅蘇臺將軍，吉陞阿爲察哈爾副都統。

《德宗實録》卷二九八　丙辰，出使日本國大臣李經方丁憂，賞假百日，回籍治喪。以翰林院編修汪鳳藻暫署出使日本國大臣。

《光緒朝東華録》一〇四　庚申，李瀚章奏，查前兩廣督臣張之洞因瓊州海灘散漫，擬築礮堤二十餘里，訂購外洋七生半車礮一百二尊，於光緒十五年九月二十日具摺奏明在案。現經德國克虜伯廠一律造齊，運送到粤，臣逐細查閲，製作精美，車駕碼彈具全，實爲行軍利器。惟用之於粤不甚合宜，【略】與其留於廣東，時虞損壞，莫若移之北路，守衛京畿。臣電詢直隸督臣李鴻章，意見相同，擬即籌商起運，解赴天津點收，由李鴻章分撥留存，以備緩急之用。至其礮價銀兩以及保險運費，臣已由粤借款清給，應仍歸粤省造銷，將來直隸如能籌還，再行奏明辦理。得旨，如所請行。

是月，比利時國以陸彌業署理使事。

《光緒朝東華録》一〇五　七月乙丑，調鄭紹忠爲廣東水師提督，以婁慶雲爲湖南提督，劉世俊爲廣東潮州鎮總兵。

《德宗實録》卷二九九　乙丑，諭軍機大臣等：户部、總理各國事務衙門奏，各省關欠解東北邊防經費請旨嚴催一摺。據稱本年各省關應解東北邊防經費，除解到及報解起程並劃撥等項外，尚欠解銀一百二十七萬五千兩，請飭速解，並補解歷年積欠銀兩等語。此項經費關繫邊防要需，何得任意延欠，著該將軍、督撫、監督，按照單開本年未解及歷年欠解銀數趕緊籌解。

又諭：電寄劉坤一等，近來江南、湖北等處教案紛起，皆由匪徒造言惑衆，希圖乘機搶掠。前經明降諭旨，令該督等迅飭嚴拏懲辦，迄今兩月之久，僅蕪湖、武穴兩處正法四名，此外丹陽、無錫、金匱、陽湖、江陰、如皋等處，首從各犯悉無一獲。總由各該地方官，因案關教堂，意存膜視，於查辦訪緝毫不認真。【略】著劉坤一等查明分别據實嚴參，不得稍涉瞻徇。仍一面督飭各文武員弁將丹陽等處首要匪犯，懸賞購綫，實力緝捕，務獲嚴辦。其蕪湖、武穴逃散之首從各犯，仍應設法嚴拏。【略】此案於内治外交，均關緊要，該督等身膺重寄，務須盡心竭力，妥籌速辦，免致別生枝節。

《光緒朝東華録》一〇五　丁卯，予故大學士左宗棠、原任兩江總督沈葆楨於福建福州船廠學堂附近建立合祠，列入祀典。

《德宗實録》卷二九九　丁卯，直隸總督李鴻章奏，威海衛、大連灣添設水雷三營，酌定員名餉數。下所司知之。

出使日本國大臣李經方奏，箱館事務漸繁，請添設副理事官，在彼專駐，以資保護。下所司知之。

《光緒朝東華録》一〇五　己巳，以張蔭桓爲都察院左副都御史。

《德宗實録》卷二九九　壬申，護理甘肅新疆巡撫魏光燾奏，新疆省城設立博達書院，籌款生息，以裕經費。下部知之。

甲申，總理各國事務衙門奏，已革駐法參贊陳季同所欠洋款，若提京監追，恐該革員一時未能措還，辦理殊多窒礙，請飭由北洋提解訊追。至出使大臣薛福成請將該欠款由出使經費項下，先代墊還，無此政體，應毋庸議。

又奏，新加坡改設總領事，其關防應援案由出使大臣就近刊給，香港領事俟設立後，照此辦理。並從之。

乙酉，諭内閣：山東巡撫張曜，秉性忠勇，歷著勳勤。【略】遽聞溘逝，軫惜殊深。張曜著晉贈太子太保，入祀賢良祠，並於立功省分建立專祠，生平戰績事實，宣付國史館立傳。加恩予謚。【略】尋予謚勤果。

《光緒朝東華録》一〇五　丙戌，以福潤爲山東巡撫。

諭軍機大臣等，張曜所部嵩武軍，訓練有年，所辦皆海防之事，著歸李鴻章節制調遣。

《德宗實録》卷二九九　直隸總督李鴻章【略】又奏，故兵部左侍郎郭嵩燾事蹟，請宣付史館。得旨，郭嵩燾出使外洋，所著書籍頗滋物議，所請著不准行。

以洋員效力北洋，當差勤勉，賞丹國人博來璞爾生、英國人藍博德安得禄寶星。

己丑，諭軍機大臣等：有人奏，各省教案疊出，請飭嚴辦保甲一摺。據稱沿江一帶，會匪最多，常德、漢口、大通、蕪湖、鎮江、清江浦各口皆商賈薈萃之區，匪徒易於匿迹，請飭各省擇要舉辦保甲等語。保甲爲弭盗良法，如果實力奉行，何至會匪游勇結黨滋事，層見疊出。著劉坤一、張之洞、松椿、剛毅、沈秉成、譚繼洵、張煦、裕寬督飭各屬認真舉辦，不得因循廢弛，視爲具文，亦不得任令胥役，藉端騷擾，務使會匪無所潛蹤，俾免句煽爲患。

又諭：有人奏，長江水師，日久廢弛，兵丁於泊船處所，安立家口，每遇巡查，臨時湊集，且兵丁多半入會，請飭懲辦等語。【略】著劉坤一會同李成謀按照原定水師章程，認真整頓，嚴飭該弁兵等。

《光緒朝東華録》一〇五　八月癸巳，命奕劻總理海軍事務，定安、劉坤一幫辦海軍事務。

《德宗實録》卷三〇〇　丁酉，四川總督劉秉璋奏，土藥税銀遵議在於川省

界連湘、鄂、陝處所扼要設卡稽查，以免偷漏。下所司知之。

己亥，諭内閣：【略】又諭：致仕大學士寶鋆，忠清亮直，練達老成。【略】茲聞溘逝，悼惜殊深。著賞給陀羅經被，派貝勒載瀅帶領侍衛十員，即日前往奠醊，晉贈太保，照大學士例賜卹，加恩予謚，入祀賢良祠。【略】尋予謚文靖。

壬寅，諭軍機大臣等：電寄劉坤一等，前因江南一帶教案疊起，曾經明降諭旨，令各該督撫嚴飭迅拏首要匪犯，保護教士商民。嗣因拏犯遲延，又降電旨飭催。乃迄今三月之久，丹陽等處匪犯並無一獲，總理衙門屢次電催結案，亦均未據奏。【略】茲再嚴行申諭，嗣後各督撫務當督飭設有教堂各州縣文武，隨時派委兵役設法嚴密防護。遇有造謡聚衆之事，一聞風聲，立時查拏，務獲重辦。若再有似此之案，除將該地方官從重懲處外，並惟該督撫是問。前諭劉坤一等迅速結案，並查參失事各地方官，即著剋日覆奏。此旨著總理各國事務衙門電知劉坤一、張之洞等，並通諭各省將軍、督撫一體懔遵辦理。

直隸總督李鴻章奏，遵查部議北洋停購船械。目前餉絀，自宜暫停至裁減勇營一成，應俟各處礮臺工竣後再行酌辦。如所請行。

《光緒朝東華録》一〇五　丙午，卞寶第奏，續減鹽釐請再展限三年。下户部議奏。

《德宗實録》卷三〇〇　丁未，四川總督劉秉璋奏，寧遠府屬通安廠銅斤，遵照原奏，川買四成官銅，滇買六成商銅，此外川省別廠之銅，滇局不得併買，各子廠亦不得越占，劃清界限，俾供京運而敷川鑄。下户部議。

護理福建臺灣巡撫沈應奎奏，臺灣新設各學文武生員，查明轄籍，分撥歸管，並議廩糧起住日期。下部知之。

己酉，四川總督劉秉璋奏，駐藏大臣前在印度電匯總税務處銀兩，請在出使經費項下，作正開銷，免予川省籌還。下部議。

辛亥，駐藏辦事大臣升泰奏，改關游歷等款，藏番不遵開導，請飭下總理各國事務衙門妥商英使，轉電印督，仍照前議在亞東立市，抵關貿易，以免藏人疑貳。下所司知之。

《光緒朝東華録》一〇五　辛亥，劉坤一、剛毅奏，本年四月間，安徽蕪湖教堂被匪造謡焚燬後，江蘇之丹陽、金匱、無錫、陽湖、江陰、如皋各屬教堂，接踵被焚被燬，派員前往查辦。【略】臣坤一復密派員弁四處訪緝，並令各州縣清查保甲。數月以來，地方漸已安謐。竊維籌辦善後，以輯洽民教爲第一要義。拏辦匪犯必須情真罪當，方足以昭折服而安民教。據各屬先後稟報，拿獲各犯訊係均祇在場附和，飭令會同委員一再研訊，加以刑嚇，矢口不移。現已各按情罪，分別軍流徒杖，從重定擬。各教堂燬失屋物若待著追賠償，勢必稽延時日，無以安教士之心，已飭據常鎮道黄祖絡督飭印委各員籌撥款項，與各教士分別一律擬結。並仍嚴飭該管道府督飭各屬勒拿首要各匪，務獲懲辦，以期仰副聖朝睦邦交綏靖地方之至意。得旨，仍著嚴拿逸匪，務獲究辦。該衙門知道。

《德宗實録》卷三〇〇　辛酉，諭軍機大臣等：户部奏，籌撥甘肅新餉開單呈覽，並請飭催關内外各軍將裁減實需餉數迅速奏報一摺。甘肅關内外各軍餉銀，關繫緊要，【略】共銀四百八十萬兩，請飭依限報解。

《光緒朝東華録》一〇五　是月，奥大利亞國新簡駐華使臣畢格哩本抵任。

《光緒朝東華録》一〇六　九月戊辰，魏光燾奏，光緒十五年十一月二十五日准會典館咨稱，現辦會典輿圖式附圖説式刊刻頒發，遵照奏定期限於一年内，測繪各府直隸廳州圖、廳州縣圖各一分，附以圖説，解送到館等因，當經行司轉飭各屬遵辦，並派員開局總纂在案。查新疆幅員遼闊，郡縣初開，畫界分疆，周勘測繪，均屬創辦，備極繁難，且沿途數千里與各外部毘連，舊界新界、卡倫鄂博等類尤關緊要，悉應載入圖中，詳著爲説，參稽考訂，動需歲時。開辦以來，竭力督催，一年之限早經届滿，現雖大致脱稿，尚須逐細詳核，屈計數月以内仍難一律辦齊，合無仰懇天恩，俯准自本年十一月起再行展限半年解送，以期詳晰核校，俾臻妥善。得旨，如所請行。

《德宗實録》卷三〇一　湖廣總督張之洞等【略】又奏，湖北武穴地方焚毀教堂毆斃洋人一案辦理完結情形。下所司知之。

庚午，以歷年辦理海軍出力，予海軍提督丁汝昌、直隸按察使周馥優敍，總兵鄧世昌、副將方伯謙、葉祖珪等賞換勇號，復總兵吴康安職，賞還勇號，餘奬勵有差。

以效力勤勞，賞承修威海衛日島礮臺德國兵官漢納根花翎，加總兵銜。英人天津機器局教習施爵爾、鐵路監工金達、北洋醫官伊爾文三品頂戴，施爵爾、金達並給寶星，餘頒賞有差。

以操巡怠玩，革北洋海軍守備定遠船駕駛大副鄺國光、定遠船礮務二副鄧世聰職。

甲戌，諭軍機大臣等：御史恩溥奏，各省教案皆緣育嬰而起，請飭廣設育嬰

堂一摺。所奏不爲無見。育嬰一事從前疊奉諭旨，通飭辦理。現在教案繁興，全半由各國育嬰起釁，若使地方官籌辦盡善，自可隱杜亂萌。惟各省情形不同，全在疆吏因地制宜，委用得人，立法周備，庶日久奉行，不致滋生他弊，著各直省將軍督撫悉心體察，妥爲籌畫。

丁丑，總理各國事務衙門奏，德使巴蘭德來署面稱，紫光閣爲筵燕藩屬之地，見諸記載，同治十二年以來各國使臣，於此覲見。在聖意固屬優待，而道路傳聞總疑視與國使臣等於藩屬，於體面有礙。堅請代奏，另定處所。依議行。

庚辰，吉林將軍長順等奏，吉林防務捕務均關重要，馬步各營礙難裁減。

又奏，創修《吉林通志》。報聞。

癸未，陝西巡撫鹿傳霖奏，陝省土藥按畝徵税，尚無擾累，至商販釐捐並徵未免過重，請飭部將捐輸量爲裁減，以免偷漏。下所司議行。

戊子，吏部會奏，雲南北勝土州同改土歸流，請添設要缺經歷並移設營汛官弁。依議行。

出使英法義比國大臣薛福成奏，英、法兩國教案牽涉既廣，關繫較鉅，謹分別治本治標辦法，以備采擇。下所司知之。

《光緒朝東華録》一〇六　是月，俄羅斯國新簡駐華使臣喀希尼抵任。法蘭西國使臣李梅回任。

十月丙申，山西巡撫劉瑞祺卒，賜䘏如例。

丁酉，以奎俊爲山西巡撫。

《德宗實録》卷三〇二　辛丑，兩江總督劉坤一奏，安徽蕪湖教堂焚毀一案，首從各匪分別懲辦，賠款由蕪湖關道撥給教士收領，地方安謐。

雲貴總督王文韶奏，進勦猓黑夷匪疊獲勝仗情形。得旨，即著飭令派出各軍實力勦辦，迅速蕆事。

壬寅，駐藏辦事大臣升泰奏，班禪額爾德尼之呼畢勒罕坐牀吉期，例頒敕書，請由驛馳遞，其恩賜各物，請飭各省派員接换護送，以期迅速。又奏，札薩克請遵照佛規，飭令第穆呼圖克圖依期赴札什倫布寺院，照料呼畢勒罕坐牀受戒傳經。均如所請行。

又奏，班禪額爾德尼之呼畢勒罕請援照封親之例，移封外祖父期美汪布爵銜頂戴花翎。下所司議。尋理藩院奏，歷屆呼畢勒罕之父蒙恩賞給爵銜頂翎，非專指坐牀榮親而論，未便援引，應否援照達賴喇嘛請封懿親之案，賞給公銜或頭等台吉之職，只授本身，勿庸襲替。得旨，期美汪布著加恩賞給本身輔國公銜。

丙午，諭内閣：前據王文韶奏，已故湖南提督馬如龍有功於滇，據本籍紳士呈請具奏，籲懇恩施。當經降旨議䘏，並准於雲南省城建立專祠，戰績宣付國史館立傳。兹據都察院奏，雲南京官編修陳思霖等臚列該故提督功不掩罪各款，呈請代奏，收回成命等語。馬如龍前在雲南曾著戰績，嗣以傷發身故，朝廷賞功宥過，恩䘏有加。惟建祠一節，必須輿論咸孚，方稱褒揚鉅典，今既毁譽參半，所有建立專祠之處，著即撤銷。

己酉，諭内閣：前據總理海軍事務衙門奏，三年校閲，五年例保，均已届期，請將辦事出力各員分別給奬。業經降旨允行。慶郡王奕劻自創辦海軍以來，盡心規畫，悉協機宜，深堪嘉尚，著交宗人府從優議敘。

《光緒朝東華録》一〇六　庚戌，薛福成奏，臣於光緒十六年二月間到任後奏派使署人員，查有福建候補副將陳季同精曉法文，諳悉外事，歷充駐法二等參贊官已六七年，當飭留差，以資熟手，曾附片陳明在案。旋於三月間在倫敦使署接到巴黎銀行來信，陳季同前借法銀十萬佛郎，稱係使館所用。【略】乃該員狃於西俗，專講應酬，積年浪費，致成巨虧。且借使館爲名，託言公用，復節次推宕，失信外人，有關中國聲望，於情理尤難姑容。相應請旨，將總兵銜福建候補副將陳季同先行革職，並請敕下總理衙門核議。應如何勒追懲儆之處，按律辦理。得旨，陳季同著先行革職，交該衙門查辦。

《德宗實録》卷三〇二　壬子，諭軍機大臣等：昨據德福奏，夥匪竄擾熱河朝陽等縣地方，請調援兵會勦。當諭令裕禄、李鴻章迅派得力將弁，統帶練軍馳往援勦，密雲沿邊各口，誠恐該匪乘隙闌入，著國俊迅派得力弁兵，勤加偵探，嚴密防守，遇有竄匪闌入，即行實力勦捕，毋得稍有疏虞。

又諭：電寄裕禄等，昨據德福奏，朝陽縣匪徒滋事，已有旨令裕禄、李鴻章派得力將弁，統帶練軍迅往援勦。此股匪徒突起滋擾，亟宜迅速撲滅，著催令派出兵勇，剋日啟程，勿稍延誤。

《光緒朝東華録》一〇六　癸丑，諭：班禪額爾德尼呼畢勒罕於明年正月初三日坐牀，著派升泰會同蘇拧諾門罕前往看視，所有頒給敕書賞賜等件，著由驛馳遞。其沿途經過地方，妥爲護送，並著劉秉璋於司庫提銀一萬兩，派員迅速解往，一併賞給班禪額爾德尼祗領。

《德宗實録》卷三〇二　諭軍機大臣等：德福奏，夥匪焚毀教堂，請催各路兵勇援勦一摺。此股賊匪倉猝起事，陡聚多人，行蹤飄忽。熱河園庭所在，關繫緊要，口外地方遼闊，山岔紛歧，必須迅集重兵合力兜勦，方能一鼓殲除，本日李鴻章電奏已派馬步六營，前往勦辦。

另片奏，請飭撥軍火等語。著神機營迅撥火藥二千斤，隨帶鉛丸等項，派員解送熱河，交德福存儲備用。

又諭：電寄李鴻章，據德福奏，此股教匪與遷安天主教堂有隙，本日已諭令李鴻章撥兵駐紮遷安，保衛地方。聞永平所屬教堂不少，並著嚴諭各該州縣先期妥籌保護，勿涉大意。

丙辰，諭軍機大臣等：德福奏，請飭撥餉銀，並派隊援救喀喇沁王旗，暨匪徒焚燒教堂情形各摺片。熱河賊匪滋擾，防勦喫緊，需餉孔殷，即著户部撥銀五萬兩，迅速解往。

戊午，諭軍機大臣等：熱河賊匪竄擾，勢甚猖獗，直隸沿邊各口，徑路紛歧，亟須加意防守，以杜内竄。應如何調派各軍分路駐紮，著李鴻章統籌全局，妥速布置，不得稍涉大意。至葉志超統帶各軍，進勦能否得力，並著該督悉心體察，妥籌具奏。將此由六百里密諭知之。尋奏，葉志超驍果精明，堪資倚任，現值嚴冬冰雪，師行匪易，仍飭相機進勦。報聞。

己未，東三省練兵大臣定安等奏，熱河朝陽縣匪徒滋事與奉省地界毗連，會商派兵堵勦。得旨，即著督飭派出各軍，認真堵勦，並會同直隸官兵合力兜拏，毋任竄逸。

《光緒朝東華録》一〇七　十一月辛酉朔，調奎斌爲熱河都統，以惠銘爲察哈爾都統。

癸亥，科爾沁博多勒噶台親王伯彦訥謨祜卒，賞銀五千兩治喪，以其孫阿穆爾靈速承襲親王。

《德宗實録》卷三〇三　諭軍機大臣等，奎斌前已調補熱河都統，並派吉順暫護察哈爾都統。熱河防勦事務緊要，奎斌著迅赴新任，毋稍延緩。

《光緒朝東華録》一〇七　甲子，命奕劻爲鑾儀衛掌衛事大臣，載瀅爲總理行營事務大臣，福錕爲閱兵大臣。

《德宗實録》卷三〇三　丙寅，諭内閣：前據德福奏報，熱河朝陽匪徒滋事，當經飭令李鴻章、定安、裕禄各派兵勇，分投勦捕。旋據直隸提督葉志超奏，在建昌縣三十家子等處，勦賊獲勝。兹據定安、裕禄、李鴻章同日奏報，迎勦教匪，屢獲大捷情形。覽奏均悉。【略】仍著李鴻章、定安、裕禄分飭諸軍將領，乘此聲威，合力進勦，迅將朝陽踞匪一鼓殲除，毋留餘孽，以靖地方。

己巳，蠲緩山東青城【略】八十州縣暨濟寧、東昌、臨清三衛，東平所、永阜等場被災各屯莊新舊糧賦，並鹽蘆雜課有差。

辛未，諭軍機大臣等：綿宜奏，奉天辦理軍務情形，敬陳管見各摺片。前據定安、裕禄奏報進勦朝陽賊匪疊獲大勝，並生擒匪首郭萬淐等多名，業經降旨宣示。兹據綿宜奏稱，所斬獲者多係裹脅難民，未與真正賊匪交戰，覽奏殊堪詫異。軍營奏捷，向有以少報多之弊，豈生擒首匪亦敢造言粉飾耶？著定安、裕禄確切查明，據實覆奏。【略】尋奏，疊次所獲匪犯均經訊明，實非裹脅。軍械等件亦經各營陸續解省，查驗存儲。至添調重兵倡辦團練各節，現在前敵援軍足敷戰守，均請毋庸置議。報聞。

《光緒朝東華録》一〇七　乙亥，命崇禮、洪鈞在總理各國事務衙門行走。

《德宗實録》卷三〇四　丙子，諭内閣：【略】又諭：葉志超奏，官軍進勦毛家窩鋪賊匪獲勝，暨勦除高爾磴一帶賊匪各摺片。【略】陣斃僞大王趙金貴、徐小枝及僞領兵侯陳忠等十餘名，並馬賊三百餘名，道匪一千餘名，奪獲槍礮馬匹旗幟無數，並生擒僞大王劉獻堂，正法梟示。復於初六日在二十家子地方將起事賊首王廷照、宋學智、宋洛大三名一併擒獲，均經訊明正法。又建昌縣屬高爾磴等處，匪徒盤踞，經總兵曾騰芳等率隊在瀾泥溝、葦子溝及三官廟各地方，疊次獲勝，斃賊多名，並起獲金丹道盟簿、符咒等件，生擒匪首于剛及著名賊匪八名，均已正法，並將道士吴廣生一股悉數殲除。又據總兵蘭福喜稟報，在建昌附近將僞平西王佟傑拏獲，交縣訊辦，高爾磴一帶現已平静。勦辦甚爲順手，仍著葉志超督飭各營將弁乘勝進，攻合力兜勦，毋留餘孽，以靖地方。

戊寅，東三省練兵大臣定安奏，三省練兵改分三班輪換，營制不齊，調集不易，擬請變通辦法，將各省步隊八營改爲八起，仍仿舊制，每隊以二百五十人爲率，每省各練二千人。原有馬隊二起，添練二起，合成一千人作爲常練之兵。滿三年後，察看地方情形，撤練歸旗，再調一班接練。遇有征調，仍將撤練之兵按册編隊。下部議。

辛巳，諭軍機大臣等：電寄李鴻章等，奉直兩軍疊次勦賊獲勝，尚屬得手。惟敗殘賊匪，現在分竄何處，股數尚有若干，著即飭令確切偵探，詳細覆奏，並先

電聞。

癸未，諭軍機大臣等：葉志超奏，官軍連戰皆捷，現由東北一路進擣賊巢，並三家子地方擊賊獲勝情形各摺片。【略】即著葉志超身臨前敵，激勵衆心，分派各路將領四面兜擊，務將各股匪徒，迅速殄除，毋任句結竄擾，一面出示解散脅從，以孤賊勢。

《光緒朝東華録》一〇七　甲申，以唐景崧爲福建臺灣布政使。

乙酉，以解清甘肅新餉，予各省督撫、司道瑞璋等獎敘有差。

戊子，調恭壽爲成都將軍，以榮禄爲西安將軍。

《德宗實録》卷三〇四　己丑，直隸提督葉志超奏，軍次硃碌科，前軍獲勝情形。得旨，覽奏勦辦情形，尚爲得手，著即親往督勦，務期迅埽逆氛，毋留餘孽。

《德宗實録》卷三〇五　十二月辛卯，諭軍機大臣等：户部總理各國事務衙門奏，各直省欠解東北邊防經費請旨嚴催一摺。【略】此項經費關繫緊要，豈容稍有延宕，著各該將軍、督撫、監督迅即查照户部單開欠解各數。

癸巳，直隸總督李鴻章奏，提撥賑捐餘款四十萬兩，發商生息，以備賑撫急需。

以直隸水災辦理河務賑務出力，賞甘肅寧夏鎮總兵衛汝貴、直隸布政使裕長、廣西按察使前天津道胡燏棻頭品頂戴，長蘆鹽運使季邦楨二品銜，予廣東按察使前長蘆鹽運使額勒精額等優敘。

乙未，直隸提督葉志超奏，副將潘萬才、參將傅廷臣分途進勦北路賊匪，屢獲全勝，現合兵馳赴烏丹城，相機勦辦。報聞。

駐藏辦事大臣升泰奏，西藏與英人通商，可定於亞東立市，現派員伴送英員保爾前來該處察看酌議。下所司知之。

《光緒朝東華録》一〇八　己亥，張之萬等奏，海軍衙門咨稱，海防新捐展辦一年，將屆期滿，此項捐款專爲本衙門籌備海防之用。【略】籌備海防動需鉅款，此項捐例未便遽停，擬請將新海防捐輸於初展一年限滿後，再展一年，俾得廣集捐資，藉供要用，所有收捐條款，銓補章程，悉仍其舊，以免紛更。恭候命下，即由臣部行文各自遵照辦理。得旨，如所議行。

《德宗實録》卷三〇五　辛丑，諭内閣：葉志超奏，官兵進攻烏丹城一帶股匪，擒獲逆首並勦滅大股逆匪情形一摺。【略】提督葉志超調度有方，將士用命，兩月以來，所向克捷，用能迅埽逆氛，深堪嘉尚。葉志超著加恩賞穿黃馬褂，並賞給雲騎尉世職，以示優獎。

又諭：葉志超奏，官軍擒獲逆首敖漢，各旗一律肅清，請將出力各員獎勵一摺。逆首楊悦春，倡立金丹道教名目，煽惑愚民，蔓延平泉、朝陽、建昌、赤峯四州縣，並因與蒙古有隙，輒敢假讐殺天主堂爲名，糾衆滋事，焚燒搶劫，數萬生靈遭其毒害。先後經葉志超督軍進勦，疊獲大勝。

癸卯，兩江總督劉坤一等奏，遵旨酌議部臣籌補部餉辦法四條：一、已勸諭兩淮鹽商，按引認捐銀一百萬兩。一、江蘇各關局抽收土藥税釐，儘數解部。一、防務現多未備，購買外洋槍礮、船隻、機器項上實無餘款可撥。一、兵力不足，馬步營勇，未可遽議裁減一成。下部知之。

熱河都統奎斌奏，熱河匪亂之後，教民有意尋釁，報復良民，請飭總理各國事務衙門，照會法國各使約束教民，以弭禍變而靖地方。

甲辰，以報效洋槍，賞西安將軍榮禄尚書銜。

《光緒朝東華録》一〇八　乙巳，上御承光殿，法國使臣李梅覲見。

戊申，電命薛福成唁英皇長孫之喪。

《德宗實録》卷三〇六　辛亥，蠲緩甘肅、新疆温宿州、鎮西廳被災地畝應徵糧草。

乙卯，緩徵河南祥符【略】五十三廳州縣新舊錢漕有差。

豁免陝西省本年民欠銀糧草束。

《光緒朝東華録》一〇八　丙辰，以明年正月初五日大學士、直隸總督李鴻章七十生辰，先期頒賞御書、聯額、福壽字、無量壽佛、如意、袍綢等件。欽奉慈禧端佑康頤昭豫莊誠壽恭欽獻皇太后懿旨，頒賞御書、聯額、福壽字、益壽字、御筆蟠桃圖、無量壽佛、貂褂、如意、袍綢等件。

《德宗實録》卷三〇六　戊午，江蘇巡撫剛毅奏，釐務洋務需人，請將奉旨發往臺灣差遣之江蘇直隸州知州胡傳、知縣汪瑞曾仍留江蘇。得旨，臺灣差遣需人，胡傳等著仍遵前旨發往。

己未，頒西藏萬壽寺扁額曰：祇樹長春，大招寺扁額曰：福資萬有，吉繃寺扁額曰：玆雲普佑。從駐藏辦事大臣升泰請也。

《光緒政要》卷一七　是月，出使英法義比大臣薛福成奏滇緬分界通商事宜。

光緒一八年（壬辰、一八九二）

《光緒政要》卷一八　正月，賜外藩筵宴於紫光閣。是月初十日，上幸紫光閣，賜外藩筵宴，計入宴者，有蒙古王、貝勒、貝子、公四十餘人，台吉、塔布囊三十一人，呼圖克圖二人，達賴喇嘛呼弼勒罕各一人。由理藩院帶領入宴。朝鮮正使官、副使官各二人，伴官一人，由禮部帶領入宴。駕既至閣，閱看善撲營官兵貫跤騙驢騙駝，精捷營官兵對單刀，對竿子，樂部跑竹馬，射嗎呼，音律處彈箜篌，唱庫們曲，回回營官兵唱西番回回曲，及各項玩藝。中有羊上樹一齣，台高三尺，以木製成，寬方相若，上置青松一株，台南有層級，官兵悉作西番裝束，雜以西番音樂。宴畢，跪領所賜各物，碰頭謝恩，駕遂啟蹕還宮。

《德宗實録》卷三〇七　壬申，護理甘肅新疆巡撫魏光燾奏，喀什噶爾城設立通商局及沿邊安設卡倫，所需經費，極力覈減，請飭立案。允之。

甲戌，四川總督劉秉璋奏，四川大足縣教案現已議結，辦匪四名，卹銀五萬。下所司知之。

乙亥，安徽巡撫沈秉成奏，遵派大員暫辦蕪湖大通地方保甲，並飭各屬廣設育嬰堂以弭教案。報聞。

丙子，駐藏辦事大臣升泰奏，查明西藏達賴喇嘛近支停襲公爵彭錯崙珠並無内亂傷倫情事，參處失實，請開復公爵翎頂。

《光緒朝東華録》一〇八　己卯，龍湛霖奏，江西在籍候補主事龍文彬著有《明會要》八十卷，謹繕進呈。得旨，留覽。

庚辰，升泰奏，據第穆呼圖克圖阿旺洛桑稱勒拉普結稟稱，此次赴邊應派噶布倫一員前往，查商上例設噶布倫四員，自伊喜洛布江曲於十六年十一月初六日病故後，懸缺未補，現只三員，均皆年逾六旬，於洋務邊情未甚熟悉，且商上公事繁多，勢難分派。【略】茲既據稱該商卓特巴辦事老練，懇以該員暫署伊喜洛布汪曲噶布倫遺缺，核與保爾函内請派掌事番官之議相符，噶布倫又係商卓特巴應陞之階。合無仰懇天恩，即以該商卓特巴邊覺奪吉署理伊喜洛布汪曲所遺噶布倫一缺，實於邊務不無裨益。至應否補放，俟奴才到邊察看能否勝任及邊務果否始終無誤，再行奏請補放。允之。

《德宗實録》卷三〇七　江西巡撫德馨奏，重修鵞湖書院，請捐撥經費，籌給膏火，並請頒賜扁額。允之。尋頒扁額曰：道學之宗。

丁亥，諭軍機大臣等：劉坤一奏，江北冬漕遵辦河運，請飭疏通河道一摺。據稱大泛口濟寧新店、安山一帶，或河係沙礓，或異常淺澀，十里鋪陶城埠口門内外，淤墊更甚，以及南陽湖進出口門，均須大加挑濬等語。南漕關繫緊要，所有漕船經行河道，必須豫籌疏濬，方能迅速抵通。著許振禕、福潤、湯聘珍嚴飭該管河道各官認真挑濬，務期一律深通，以利漕行。

己丑，廣西巡撫馬丕瑶丁憂，以廣西布政使張聯桂護理巡撫。

《光緒朝東華録》一〇九　二月甲午，命桂祥、文秀管理神機營事務。

《德宗實録》卷三〇八　乙未，諭軍機大臣等：許振禕奏，運河另案工需銀兩，請飭如數籌撥，以利漕行一摺。運河另案工款，前經該河督奏准每年撥銀六萬兩。茲據奏稱，上年山東司庫僅給銀四萬兩，仍欠銀二萬兩，工需浩繁，實不敷用，請飭山東巡撫飭司如數撥給等語。此項銀兩關繫要工，着福潤、湯聘珍仍遵前旨，歲撥銀六萬兩，於二月半前先籌銀三萬以應急需，餘俟漕船入東，即行全數撥解，毋再延欠。

戊戌，協辦大學士福錕等奏，醇賢親王安葬吉期，據欽天監選擇本年四月二十一日申時。得旨，朕欽奉懿旨，依議。

《光緒朝東華録》一〇九　戊戌，以張聯桂爲廣西巡撫。

辛丑，諭：李鴻章奏，侍衛恃符妄爲，請量予懲處等語。據稱，宗室侍衛舒英赴灤州收取田租，於被水地畝並不體察情形，減收成數，概令交納全租，經該州知州吴積旬詳案查訊，輒敢闖入州署，咆哮凌逼，實屬膽大妄爲。此風斷不可長，舒英著即行革職，以示懲儆。

《德宗實録》卷三〇八　辛亥，閩浙總督卞寶第奏，福州海口長門及電光山最占形勢，請設臺置礮以固海防。下部知之。

癸丑，甘肅新疆巡撫陶模奏，英兵由哪格爾入回部坎巨提，坎巨提頭目賽必德吱里罕與哪格爾頭目烏孜爾罕率衆竄至色勒庫，已妥爲賑撫，並擬照會英官排解送歸原部。下所司知之。

丙辰，直隸總督李鴻章等奏，黑龍江省創設電綫工料銀兩共十一萬有奇，其不敷之一萬餘兩，請歸吉林劃抵。下部議。

《光緒朝東華録》一〇九　卞寶第奏，閩省瀕海土田磽确，小民生計維艱，異常貧困，而於種棉織布之法素未講求，全賴江浙布商販運來閩，歲耗金錢百萬，

以致生機日蹙。臣與在籍紳士籌商於省會創立織布局，招集織徒，市購織具，量給火食，限以三箇月學成，領機歸織，數月之後每徒每月率能織布二十餘疋，試驗已有成效。其局用經費由臣題銷籌發，並各紳士湊集股分公司製辦，現經設局兩年，城鄉多仿照辦理，每年約出布四十餘萬疋。窮民執業，賴以資生，從此逐漸推廣，織務可冀日盛。據各紳士稟稱，土布爲洋紗所織，貨粗價賤，行銷本滯。現既收其進口之紗税，又徵其口内之布釐，是一徵再徵，價值因而愈增，銷售必至愈阻，籲請免徵布疋進口税釐等情。具稟前來，當飭税釐局司道核議去後。據稟織布官局所出土布，此時未旺，暫行免徵。其民局運往各處土布，請照六折徵收等情具覆，行之將届一年，官局售布已有利益，民局售布尚少盈餘，似不得不酌減税釐，以示體恤。伏查閩省民業艱難，特勸廣興織布，冀收什一之利，藉免饑寒，可否仰懇天恩土布進口免其再徵税釐，其運售出口土布減爲四折徵收。得旨，如所請行。

是月，比利時國實授陸彌業爲駐華使臣。

《德宗實録》卷三〇九　三月庚申，諭内閣：【略】致仕大學士閻敬銘，清勤直亮，練達老成。【略】茲聞溘逝，軫惜殊深，著加恩追贈太子少保銜，照大學士例賜卹，任内一切處分悉予開復。應得卹典，該衙門查例具奏，用示篤念耆臣至意。尋予謚文介。

甲子，以户部尚書翁同龢爲會試正考官，工部尚書祁世長、内閣學士霍穆歡、李端棻爲副考官。

《光緒朝東華録》一〇九　以譚鍾麟署工部尚書，孫家鼐署户部尚書。

《德宗實録》卷三〇九　乙丑，兩江總督劉坤一等奏，擬將徐州土藥照山東、四川等省酌加捐銀，通行各省，不再重徵。下所司議行。

《光緒朝東華録》一〇九　丙子，劉坤一奏，《兩淮鹽法志》一書，自嘉慶十一年重修之後，迄今已歷八十餘年，其間改綱爲票，又經寇亂，變故百生，今昔情形迥然各别，自宜徵文考獻，載諸簡篇，用存典章而示來世。光緒十五年十一月，前督臣曾國荃始議設局續修，查照成案，由淮南北商販略捐經費，派委前山西冀寧道王定安專司總纂。兩載以來，督同員紳詳加討論，特以金陵、揚州衙署均遭兵燹，案牘蕩然無存，爰徧稽舊籍，廣爲咨訪，或從近人文集，或得故家藏案，以及老商世幕所鈔秘本，采輯無遺，於纖悉必録之中仍寓繁冗必删之意，約計得書百餘卷，容俟全書告成，敬謹繕本恭呈御覽。俾舊章得稽考而有徵，新政垂久遠而不墜。報聞。

《德宗實録》卷三〇九　乙亥，駐藏辦事大臣升泰奏，遵旨看視班禪呼畢勒罕坐牀禮成。又奏，由江孜起程赴邊日期並據洋員送到赫爾商會來文，經面商呼圖克圖，譯行商上會議，以便妥結。並下所司知之。

福建臺灣巡撫邵友濂奏，基隆試辦金砂，設局抽釐。下部知之。

己卯，總理各國事務衙門奏，俄使商接琿春等處電綫，請派大員妥議章程。得旨，著派李鴻章與俄國使臣妥商，奏明辦理。

出使美日祕國大臣崔國因奏，豫籌中美續約辦法：一、拒止禁工，一、限制傳教並冀推及英、法各國，以杜後患。下所司知之。

出使日本國大臣李經方奏，請添派學習東文繙譯，請於使署增設二員，各口理事署增設一員，並照出洋學生章程，一例請奬。從之。

乙酉，神機營奏，武成永固新式礮車，一律配齊，請移存威遠兵廠，按日操練。從之。

《光緒朝東華録》一〇九　丙戌，總理各國事務衙門奏，俄國使臣喀希呢議接海蘭泡、琿春等處陸路電綫請派大員會商辦理。得旨，著派李鴻章與俄國使臣妥商，奏明辦理。

《德宗實録》卷三〇九　戊子，直隸總督李鴻章奏，熱河承辦兵米，商民苦累，請改徵折色，並每石加足銀一兩六錢，以除積弊而示體恤。從之。

蠲緩陝西膚施、延長、安塞、定邊、靖邊、清澗、米脂七縣被雹被旱地畝未完上年丁糧雜課有差。

豁免雲南建水縣屬被匪地方糧銀。

《光緒政要》卷一八　是月，出使英法義比大臣薛福成奏請嚴禁私購外洋軍火以杜隱患事。

《光緒朝東華録》一〇九　四月壬辰，廣東巡撫劉瑞芬卒，賜卹如例。

己亥，調剛毅爲廣東巡撫，奎俊爲江蘇巡撫，以阿克達春爲山西巡撫，命額勒春爲科布多幫辦大臣。

《德宗實録》卷三一〇　甲辰，諭内閣：都察院左副都御史徐致祥奏，疆臣聲名惡劣，據實糾參一摺。據稱新授山西巡撫阿克達春在安徽藩司任内，貪黷之聲，流傳道路。該副都御史奉使嶺表，往返均由皖江，既有所聞，即應隨時具奏，何以回京數月，直至阿克達春簡放巡撫後，始行糾參，著徐致祥明白回奏。

丙午，諭内閣：徐致祥奏，遵旨明白回奏一摺。所稱阿克達春在安徽藩司任内貪劣之狀，仍係得諸傳聞，未能指出實據，著派劉坤一確切查明，據實具奏，毋稍迴護。

戊申，上詣園寓恭送醇賢親王金棺。

己酉，上親撰醇賢親王碑文。

壬子，陝甘總督楊昌濬等奏，設肅州至新疆電綫，請分籌銀兩，購辦機器。得旨，該衙門議奏。尋議，由總理各國事務衙門、户部各撥銀五萬兩，解交北洋大臣李鴻章應用，其採購材料，就甘肅、新疆平餘項下動撥。從之。

癸丑，諭内閣：前據張之洞等奏，查辦湖南刊播揭帖僞造公文一案，當令總理各國事務衙門議奏。兹據覆奏，請照張之洞等所擬辦理等語。此案道員周漢雖無刊播揭帖及僞造公文情事，惟身爲職官，言語荒誕，迹類瘋狂，以致匪徒假託其名，造言煽惑，實屬咎無可辭。陝西候補道周漢著即行革職，查傳到籍，交地方官嚴加管束，勿令出外滋生事端。

派大學士額勒和布、恩承，户部尚書翁同龢，禮部尚書李鴻藻，吏部右侍郎徐郙，户部左侍郎廖壽恒，工部左侍郎汪鳴鑾，内閣學士陳學棻爲殿試讀卷大臣。

甲寅，策試天下貢士劉可毅等三百一十七人於保和殿。

《光緒政要》卷一八　是月，諭臺灣巡撫邵友濂奏勦平太科坎内山番社事。

浙江巡撫劉樹堂奏報勘明海鹽塘工情形。

《德宗實録》卷三一一　五月戊午，上御太和殿傳臚，授一甲三人劉福姚爲翰林院修撰，吴士鑑、陳伯陶爲編修，賜進士及第。二甲惲毓嘉等一百三十二人賜進士出身，三甲饒寶書等一百八十二人賜同進士出身。

直隸總督李鴻章奏，天津至熱河創辦電綫，經由之處，請飭地方文武一體保護。如所請行。

《光緒朝東華録》一一〇　甲子，以聶士成爲山西太原鎮總兵。

《德宗實録》卷三一一　丙寅，孫毓汶因病續假，以禮部尚書李鴻藻兼署刑部尚書。

《光緒朝東華録》一一〇　乙酉，以譚鍾麟爲閩浙總督。

《光緒政要》卷一八　本月，諭：廣西巡撫張聯桂奏，勦平齋匪事。

諭：兩廣總督李瀚章奏，勦平三合會事。

《德宗實録》卷三一二　六月辛卯，兩廣總督李瀚章【略】又奏，廣西省爐税停徵期滿，未便歸併釐廠帶徵，擬請以所收鐵釐，照數撥補。下户部知之。

丁酉，湖廣總督張之洞奏，漢陽煉鐵槍礮等廠工程，正在喫緊之際，查閲省外各營，請展至明年舉辦。從之。

《光緒朝東華録》一一〇　丁酉，命翰林院編修汪鳳藻充出使日本國欽差大臣。

《德宗實録》卷三一二　己亥，駐藏辦事大臣升泰奏，請將亞東通商續議改關添口條約删去，以免礙難。下所司知之。

辛丑，西安將軍榮禄奏，添練洋槍步隊酌籌餉項。得旨，即著會同鹿傳霖妥籌具奏。

《光緒朝東華録》一一〇　壬寅，總理各國事務衙門奏，請專派薛福成商辦滇緬界綫商務，以重事權。允之。

《德宗實録》卷三一二　甲寅，兩廣總督李瀚章奏，閩廠續造廣乙、廣丙兩兵輪驗收情形。下所司知之。

《光緒朝東華録》一一〇　是月，奥大利亞國使臣畢格哩本回國，參贊古典福和署理。日斯巴尼亞國新簡駐華使臣德拉拔抵任。

《德宗實録》卷三一三　閏六月庚申，諭内閣：李鴻章奏，永定河隄工漫口，分别參辦，並自請議處一摺。本年六月以後，永定河水勢驟漲，險工疊出。北三工北二上汛，先後漫溢，現成旱口。六月二十四日，南上汛灰壩漫口四十餘丈。該管各員疏於防範，實屬咎無可辭。署南岸同知夏人傑、霸州州同周容第均著革職留任，石景山同知竇延馨、署北岸同知周起濤、良鄉縣縣丞韓傳琦、涿州州判唐照均著摘去頂戴。永定河道萬培因著革職留任。李鴻章著交部議處。該督務當督飭在工員弁，將漫口趕緊盤築裹頭，以防續塌，並迅籌款項，及早堵合。其上游各汛並著嚴飭認真防護，毋得再有疏虞。

總理各國事務衙門奏，遵議出使大臣薛福成奏請嚴禁私購外洋軍火，以杜隱患。從之。

辛酉，以籌解海軍鉅款，予直隸總督李鴻章、湖廣總督張之洞優敘，兩廣總督李瀚章等二十一員議敘有差。

《光緒朝東華録》一一〇　丙寅，諭：本日召見山西巡撫阿克達春，於詢問事件奏對均未明晰，著開缺，另候簡用。

《德宗實録》卷三一三　丁卯，直隸總督李鴻章奏，直隸補用道袁世凱辦理通商交涉事宜，頗著勞績，懇恩擢用。得旨，袁世凱著以海關道存記簡放。

《光緒朝東華録》一一〇　戊辰，調張煦爲山西巡撫，以吴大澂爲湖南巡撫。

《德宗實録》卷三一三　辛未，總理各國事務衙門奏，中俄議接陸路電綫訂定約款。從之。

己卯，直隸總督李鴻章奏，順直災區甚廣，請援案開辦賑捐。允之。

以辦理邊界交涉得力，賞俄國總兵左克羅斯奇寶星。

庚辰，諭内閣：大學士恩承恪慎持躬，老成練達。【略】茲聞溘逝，悼惜殊深，著賞給陀羅經被，派輔國公載澤帶領侍衛十員，即日前往奠醊。加恩晉贈太子少保銜，照大學士例賜卹。【略】尋予謚文慎。

陝甘總督楊昌濬奏，邊事日棘，請派大員督辦防務。下所司知之。

駐藏辦事大臣升泰奏，印度後三款辦法已無異議，飭商上具結定案。下所司知之。

《光緒朝東華録》一一〇　辛巳，命翁同龢充會典館正總裁，貴恒副之。

《德宗實録》卷三一三　壬午，兩江總督劉坤一奏，江南機器製造總局鐵銅機爐，不敷鍛鍊，擬添購以圖擴充。下部知之。

乙酉，西安將軍榮禄等奏，遵籌添練洋槍步隊並請飭撥軍火。如所請行。

《德宗實録》卷三一四　七月丁亥，甘肅新疆巡撫陶模奏，英俄前爲帕米爾地越入各卡，現探俄兵馬步一千八百餘人，擬向色勒庫爾進發，情形叵測。查離疏勒州五百餘里之布隆庫爾形勢扼要，已由喀什噶爾提督董福祥派兵駐守，保固門户。並飭莎車協營撥兵進駐色勒庫爾，仍於後路屯兵運糧，以爲聲援，其各險要均經飛咨提臣妥爲調度，仍飭遇事持重，不得輕進。下所司知之。

《光緒朝東華録》一一一　丁亥，以楊岐珍爲福建水師提督。

戊子，以孫昌凱爲浙江海門鎮總兵。

《德宗實録》卷三一四　庚寅，福州將軍兼署閩浙總督希元【略】又奏，福建設局勸織所織土布，請仍准免徵進口税釐，其運售出口，無論官局民局，一概四折徵收，以昭公允。從之。

《光緒朝東華録》一一一　辛丑，諭：王文韶等奏，各屬水災較廣，賑需甚鉅，懇恩撥款接濟一摺。本年春間雲南昭通、東川各屬苦旱，收成歉薄。六月以後，又復陰雨連綿，山水暴發，河海同時猛漲，以致昆明等十六州縣田禾被淹，廬舍亦多坍塌，小民蕩析流離，實堪憫惻。加恩著照所請，即由户部迅速籌撥銀十萬兩以備賑需，仍著該督等督飭所屬，分别災區輕重，妥爲散放，務使實惠均霑，毋任稍有弊混，用副朝廷軫念民艱至意。

《德宗實録》卷三一四　諭内閣：【略】福潤奏，惠民等縣隄埝漫溢，請將在工文武各員分别參辦並自請議處一摺。【略】該撫務當督飭在工各員，迅將各處口門盤築裹頭，免致續塌，一俟水勢稍平，即飭趕籌堵合。

癸卯，總理各國事務衙門奏，籌辦帕米爾界務，現經電知出使大臣許景澄與俄外部切實辯論，以杜狡謀，並知照新疆撫臣嚴飭現駐色勒庫爾布隆庫爾各營慎固邊防，毋挑邊釁。又奏，現俄阿交閧，必須俟其退兵，乃可與之議界。並報聞。

乙巳，諭内閣：前據御史余聯沅奏，升任山西巡撫阿克達春在安徽布政使任内劣迹昭著，列款糾參，當諭令劉坤一確查具奏。茲據劉坤一查明覆奏，阿克達春雖無賄賣差缺、收受屬員餽送及巧立公費名目實據，惟任用幕友翟汝藩、門丁鄒植遇事招摇，毫無覺察，且濫收門生，致啟貪缘奔競之風，實屬大負委任。開缺山西巡撫阿克達春著交部嚴加議處，彭禄等以道府大員與阿克達春結爲師生，均屬不知自愛，有玷官箴。安徽候補道彭禄、松峻、袁秉楨、寧國府知府李成鼇均著即行革職。【略】尋議，阿克達春應即行革職。從之。

直隸總督李鴻章奏，遵旨與俄使妥商連接中俄邊界陸路電綫，訂條約十款，在天津畫押蓋印，各自分執。下所司知之。

《光緒政要》卷一八　是月，刑部奏，議定竊毁電報桿綫人犯分别治罪專條。

《德宗實録》卷三一五　八月庚申，陝甘總督楊昌濬奏，甘肅新疆邊防緊要，營制未復，改併未齊，請展緩舉行軍政。報可。

《光緒朝東華録》一一一　辛酉，諭軍機大臣等：户部奏，籌撥甘肅新餉一摺。甘肅關内外各庫餉銀，關係緊要，現經該撫嚴飭司道按照撥數於本年十二月底趕解三成，至來年四月底再解三成，其餘統限九月底解清。

癸亥，工部尚書祁世長卒，賜卹如例，賞其孫一品蔭生師曾以員外郎即補，子友(董)〔蒙〕由部帶領引見。謚文恪。

《德宗實録》卷三一五　乙丑，出使英法義比國大臣薛福成奏，坎巨提回部被英兵攻擊，逐其頭目。疊與英外部商議，由中國派員會同英員封立新酋，以全兩屬體統，計可剋期妥結。又奏，回疆邊外，有回部錯居之地曰帕米爾，爲英、俄

與中國三國出入之門户。英、俄近頗注意經營，若不妥籌分界，恐俄人益肆詭謀，英亦漸生異心，應由總理各國事務衙門催俄勘界，以期一勞永逸。均下所司知之。

丙寅，諭軍機大臣等：電寄奎焕，升泰駐邊辦理印藏商約事宜，漸次就緒，遽聞溘逝，軫惜殊深。事在垂成，不可無人接辦，著派奎焕迅速前赴仁進岡，查照升泰原議各節，與英使保爾妥爲商辦。升泰所帶隨員，即令在邊静候，毋庸折回。至開導藏番，爲此事第一要義，升泰所派之員可勿更動，税務司赫德在事始終出力，奎焕一切可與商酌。知府嵇志文堅忍耐勞，熟悉藏中情形，著劉秉璋傳知該員，趕緊赴藏，隨同奎焕襄辦商約。

《光緒朝東華録》一一一　壬申，以孫家鼐爲工部尚書，徐郙爲都察院左都御史。

轉徐用儀爲吏部左侍郎，調廖壽恒爲吏部右侍郎，轉張蔭桓爲户部左侍郎兼管三庫事務，以陳學棻爲户部右侍郎兼管錢法堂事務。

《德宗實録》卷三一五　己卯，又諭：升泰奏，請將頒給達賴喇嘛班禪額爾德尼之哲布尊丹巴呼圖克圖祈福文書咨送軍機處等因一摺。此書著交理藩院由驛咨送庫倫，著該辦事大臣承領轉交哲布尊丹巴呼圖克圖。

諭軍機大臣等：給事中洪良品奏，永定河水性湍急，每易潰决，其北岸頭工上汛，關繫尤重。請接連石景山二十四號，自北上頭號起至十號止，添砌石隄十里，以資捍衛等語。著李鴻章遴派熟習河工之員，前往該處，詳細覆勘，妥籌具奏。

《光緒朝東華録》一一一　壬午，前長江水師提督李成謀卒，賜卹如例，戰績交國史館立傳，原籍及立功省分建祠，賞其子江蘇候補同知傳新以知府用。尋予謚勇慤。

甲申，以福錕爲大學士，吏部尚書麟書協辦大學士。調熙敬爲户部尚書，以松溎爲工部尚書，命張之萬管理吏部事務。

是月，英吉利國使臣華爾身調駐羅馬尼亞國，由參贊代理使事。

《德宗實録》卷三一六　九月丁亥，諭軍機大臣等：有人奏，總兵龍殿揚在江蘇充當緝捕私鹽差使，暗與梟匪句結，坐地分贜，每一出巡，私受餽遺無算，致有鹽梟砍傷巡丁，焚船劫銀，牽涉該總兵隊下兵勇情事。前撫臣剛毅受其蒙蔽，久而不覺，吴人咸以爲怨，請飭查辦等語。著劉坤一、奎俊按照原參各款，確切查明，據實參奏。【略】尋劉坤一等奏查明，龍殿揚並非句結梟匪，惟紀律不嚴，漫無約束，請旨革職，以示懲儆。從之。

又諭：有人奏，去冬廣東省城匪徒白晝夥搶，連劫鋪户，今年西關等處有槍斃練勇刀傷婦女情事。官輪緝私，被賊誘奪船隻，兵弁受傷。揭陽縣衙署被火，案卷焚毁。海關苛罰商販，巡勇礮斃士人，衆情憤怨，罷市六日。連平州牧不洽輿情，致激民變。此等重案，皆未參辦，請飭徹查等語。所奏如果屬實，殊屬不成事體，著李瀚章、剛毅按照所參各節確切查明。【略】尋李瀚章等奏，省城盜劫各案，均已破獲，輪船被劫已經參辦，揭陽衙署被火及海關苛罰商販，礮斃士人均無其事，田明曜亦無激變之事。報聞。

辛卯，諭軍機大臣等：大理寺少卿延茂奏，新疆邊事掣肘，實由洪鈞繪圖錯誤，請飭考證。又片奏，出使大臣崔國因函告總理衙門，因美國賽奇會採購觀翫之具，貽訕外部，並請密查各摺片。著該衙門查明辦理。尋總理各國事務衙門覆奏，邊外輿地向乏詳圖，洪鈞就俄圖譯成漢字，原以備考覈，非以爲證據，未可以邊事棘手，歸咎此圖。崔國因信函述及金山商董陳姓，欲備優伶赴美國賽會，當屬其嚴切禁阻，因非公函，故不登檔册，與所奏情節不符。報聞。

《光緒朝東華録》一一一　甲午，以張之萬爲東閣大學士，福錕爲體仁閣大學士。

乙未，長順奏，西寧辦事大臣薩凌阿因病開缺，允之。以奎順爲西寧辦事大臣。

《德宗實録》卷三一六　賞俄羅斯官索廓羅夫斯其寶星。

《光緒朝東華録》一一一　丙申，賞給京師朝陽閣、卧佛寺、育嬰堂、打磨廠、長椿寺、磚塔胡同、圓通觀、梁家園各粥廠米石。賞給崇善堂、百善堂、公善堂、各煖廠及禮拜寺、南海會寺、玉清觀、三忠祠、西悦生堂各粥廠米石。

《德宗實録》卷三一六　己亥，直隸總督李鴻章奏，借給朝鮮銀十萬兩，由華商出名訂立合同，限期拔還，於保護屬藩大局殊有裨益。允之。

癸卯，予故駐藏辦事大臣升泰卹典，如都統例，賞銀一千兩治喪，子壽蓉以主事用。尋予謚恭勤。

《光緒朝東華録》一一一　甲辰，以奎煜爲駐藏辦事大臣，延茂爲駐藏幫辦大臣。

《德宗實録》卷三一六　己酉，伊犂將軍長庚等奏，遵照分界條約，派員會同

俄官查勘邊界牌博。下所司知之。

癸丑，駐藏辦事大臣奎焕奏，乍了番僧與戎州百姓，因債起釁，互相仇殺，委知縣王家容酌帶番漢兵丁，馳往查辦。得旨，即著秉公查辦，迅速結案，以靖地方。

予故前任閩浙總督卞寶第卹典如例。

甲寅，湖廣總督張之洞等奏，酌議懲辦會匪章程。下部議。

《光緒朝東華録》一二一　是月，比利時國使臣陸彌業回國，參贊米師麗署理。

《德宗實録》卷三一七　十月丁巳，以總辦漢河金廠出力，予知府袁大化道員用，加二品銜。

己未，上御太和殿傳臚，賜一甲卞賡、張連同、李連仲三人武進士及第，二甲仝雲龍等二十人武進士出身，三甲易國相等一百三十二人同武進士出身。

己巳，諭內閣：御史陳懋侯奏，各省州縣濫用非刑，請飭嚴禁一摺。內外問刑衙門設立刑具，本有一定制度，若如所奏，各省州縣濫用種種非刑，實屬大干例禁。著各該督撫申明舊例，嚴行禁止，如有前項情事，即著隨時參辦，毋稍姑容，用副朝廷明慎用刑至意。

甘肅新疆巡撫陶模奏，新疆設立俄文學館，酌擬章程，懇請立案。下所司知之。

又奏，莎車州河水陡漲，淹倒民房一百四十間，衝壞地三千九百餘畝，當飭委員前往會勘，現籌撫恤情形。得旨，即著飭屬妥爲撫恤，毋任失所。

庚午，蠲免直隸通州【略】四十一廳州縣被水村莊本年糧租雜課有差，並展緩民借倉穀籽種。蠲緩直隸河間【略】三十二州縣歉收村莊新舊糧賦租課，並減免差徭。

《光緒朝東華録》一二二　己卯，上御承光殿，駐京英國使臣歐格訥覲見，呈遞國書並英主自著書集。

《德宗實録》卷三一七　庚辰，甘肅新疆巡撫陶模奏，委員會同英員議立坎巨提新酋事竣，並擬安置舊酋各情形。下所司知之。

《光緒朝東華録》一二二　癸未，諭軍機大臣等：户部奏，籌備餉需一摺。據稱，癸巳年籌備餉需，共指撥銀二百萬兩，請飭依限報解等語。此項餉銀關繫緊要，著該撫按照指撥銀數於來年四月前解到一半，十月內全數解清，毋稍遲逾。

《德宗實録》卷三一八　十一月己丑，御史文郁奏，京師税務衙門向以燒酒爲大宗，近來私酒偷漏過甚，税課日虧，請飭變通辦理。得旨，著户部崇文門監督會商妥籌辦理。

吏部奏，會議福建臺灣縣南投社縣丞移設彰化縣之鹿港。從之。

辛卯，蠲緩山東歷城【略】八十四州縣災歉村莊及德州、東昌、臨清、濟寧四衛，東平所，永利、永阜、官臺、王家岡四場新舊錢漕雜課有差。

壬辰，直隸總督李鴻章奏，設新疆省城至喀什噶爾電綫，以速邊報。允之。

庚子，總理各國事務衙門奏，遵議江蘇江陰等處教案，償款不敷，應由鎮江關道洋藥税款項下開銷。地方文武辦理民教尚屬相安，所有摘頂記過處分，請一律給還註銷。從之。

又奏，新疆派員會立西南徼外坎巨提回部頭目事竣。報聞。

《光緒朝東華録》一二二　壬寅，刑部奏，內閣鈔出湖廣總督張之洞奏，嚴懲會匪，分別輕重，酌議辦理章程具奏一摺。【略】如此照定章程，各州縣有所遵循，自必隨時留心，實力查緝，不敢輕縱玩忽，該匪黨亦各知所儆懼，庶足銷患於未萌，而地方可期安謐矣。覆查此等會匪，各省亦時有蠢動，湖北省既經分別輕重酌議章程，他省亦應照辦，以昭劃一。如蒙俞允，臣部行文該督，並湖北巡撫暨各直省督撫、將軍、都統、府尹一體欽遵辦理。得旨，如所議行。

《德宗實録》卷三一八　丁未，諭軍機大臣等：【略】又諭：户部、總理各國事務衙門奏，豫撥東北邊防經費一摺。【略】此項餉需最關緊要，著該將軍、督撫監督等按照指撥銀數，於來年五月前批解一半，年內全數解清，毋稍遲逾。

以解清甘肅新餉，予河南巡撫裕寬等二十五員獎敘有差。

壬子，以德國兵官漢納根，效力北洋差滿回國，賞給寶星。

《光緒朝東華録》一二二　癸丑，諭：朕奉皇太后懿旨，本年順天直隸雨水過多，災祲較廣。現在天氣嚴寒，小民困苦情形，實深廑念，著發給內帑銀二萬兩以資賑恤，欽此。著李鴻章、孫家鼐、孫楫遴派妥員，分投核實散放，務使窮黎咸沾實惠，仰副聖慈軫念民艱有加無已之至意。

《光緒政要》卷一八　是月，總理衙門奏陳籌辦新疆西南邊外帕米爾界務情形。

《德宗實録》卷三一九　十二月乙卯，軍機處奏，《平定陝甘新疆回匪方略》

纂輯完竣，擬分次呈進。報可。

《光緒朝東華録》一一二　丙辰，諭：慈禧端佑康頤昭豫莊誠壽恭欽獻皇太后【略】甲午年欣逢花甲昌期，壽宇宏開，朕當率天下臣民臚歡祝嘏，所有應備儀文典禮必應專派大臣敬謹辦理，以昭慎重。著派禮親王世鐸、慶郡王奕劻、大學士額勒和布、張之萬、福錕、户部尚書熙敬、翁同龢、禮部尚書崑岡、李鴻藻、兵部尚書許庚身、工部尚書松溎、孫家鼐總辦萬壽慶典，該王大臣等其會同户部、禮部、工部、内務府恪恭將事博稽舊典，詳議隆儀，隨時讀旨遵行。

《德宗實録》卷三一九　己未，駐藏辦事大臣奎焕奏，開導藏番先將改關一層剴切宣示，番目感悟，酌呈結底。内除抵關貿易不得擅入，請註約内一條，應候總理各國事務衙門電覆再定，餘條似可照辦。下所司知之。

辛酉，諭内閣：【略】又諭：御史蔣式芬奏，内侍屬託大員公事，請飭查辦一摺。據稱本年六七月間，有太監金九者在西苑門外直廬，向刑部侍郎薛允升手遞一紙，聞係地畝案件，再四屬託，該侍郎未曾接受。又聞該太監先曾屬託尚書貴恒，是否應允，無從知悉等語。著貴恒、薛允升明白回奏。

《光緒朝東華録》一一二　壬戌，諭：前據御史蔣式芬奏參内侍囑託大員公事等語，當令貴恒、薛允升明白回奏。兹據貴恒奏稱，並無太監囑託地畝案件。薛允升奏稱，本年夏間在西苑門直廬，有人手持紙條投遞，拒不肯收，其人亦即走去，忽遽之間未及問其姓名各等語。該御史所參各節，既據貴恒等覆奏，或並無其事，或無從追獲，即著毋庸置議。嗣後如有此等情事，各該大臣即應據實奏參，照例懲辦，以昭炯戒。

《德宗實録》卷三一九　癸亥，四川總督劉秉璋奏，重慶開設自來火廠專用川黔土磺製造，不用洋磺，並由道縣出給印票，以昭慎重。下所司知之。

丙寅，諭軍機大臣等：【略】許景澄奏，敬陳新疆南路邊境情形一摺。據稱非清畫地界不足以弭釁爭，非先增繕邊備，不足以決界議。葉爾羌之色勒庫爾爲扼要之地，其間有地曰塔什庫爾干者，舊爲東西要道。近年游歷洋人出入帕地，率以此爲停頓之所，應調防兵常川駐紮，兼駐地方文員，撫輯回衆，置爲重鎮。其稍北塔戞瑪山口，即由該軍分隊邏守，北與郎庫里帕米爾所通山口，應由現紮布倫庫里之防營屯守，作爲次要之鎮。新疆巡撫應於明年春夏之交，親赴喀城巡閲一次，以利控馭，並酌籌新式過山快放礮，以資應用。葉爾羌南境奇靈桑珠等卡，亦宜隨時巡徼等語。所奏各條，不爲無見。本年十月間，據總理各國事務衙門轉奏，楊昌濬等電稱，色勒庫爾、布隆庫爾各留馬隊，其餘分別撤留，當經該衙門遵旨電覆，謂防兵斷不應撤。本日復據楊昌濬電稱，聞俄現增兵，欲奪塔哈爾滿，已飭籌防等語。布隆庫爾、色勒庫爾均是第二重門户，自應嚴密設防，著楊昌濬、陶模督飭防營將弁，加意巡守，應用新式槍礮，已諭令神機營暨北洋大臣迅速籌備，並揀派熟習槍礮之教習前往，即由陶模派員迎提。總之，交涉之事，邊釁固不可輕開，聲威斷不可不壯，彼族知我有備，或可稍杜狡謀。楊昌濬、陶模必應熟籌審處，嚴密布置，以昭慎重。

出使俄德奥和國大臣許景澄奏，伊犂哈什河等處，據法國王爵所著游記，隙地甚多，請飭查勘，以重地利。下所司知之。

蠲緩甘肅、新疆吐魯番、鎮西、迪化、奇臺、阜康、莎車、葉城七廳州縣本年被凍被雹被水被旱地畝應徵課銀糧草有差。

己巳，欽奉懿旨，甲午年爲予六旬壽辰。【略】此次辦理慶典王大臣等於應行典禮，查照舊章，請旨遵行外，其餘一切用款務當力求撙節，毋得稍滋糜費，以副予慎懷節儉，體念閭閻之意。中外諸臣，其各勤職守，共濟時艱。内而王公、一二品文武大臣，外而將軍、督撫、都統、副都統、提督、總兵，照例應進貢物緞疋均著毋庸進獻，以示體恤。本年特頒内帑，賑濟順天、直隸貧民，嗣後著每年發銀二萬兩，交順天府府尹、直隸總督普給窮黎，甲午年每省各賞銀二萬兩。

壬申，以海軍衙門創辦水操内外學堂著有成效，予鑲藍旗蒙古都統恩佑、道員王福祥等優叙。

《光緒朝東華録》一一二　丙子，命楊儒出使美國兼日國、祕國欽差大臣。

《德宗實録》卷三一九　癸未，閩浙總督譚鍾麟奏，建築厦門礮室購置銅礮需款甚鉅，請展緩海防捐一年。從之。

光緒一九年（癸巳、一八九三）

《德宗實録》卷三二〇　正月乙酉，慈禧端佑康頤昭豫莊誠壽恭欽獻皇太后六旬萬壽，仰維懿德普被寰區，慶洽敷天，歡臚率土，允宜殊恩特沛，加惠藝林，著於本年舉行癸巳恩科鄉試。二十年舉行甲午恩科會試。

丁酉，又諭：陶模奏，俄人增兵，情形叵測，籌備戰守一摺。據稱探聞俄人

現於讓庫爾小爾阿烏增兵二千餘人，欲奪色勒庫爾等處。現咨商喀什噶爾提督董福祥，派隊擇要扼守，如俄人必欲棄好稱兵，方可迎擊，並咨楊昌濬等整頓營旗，豫備調遣等語。所籌尚合機宜。此事於上年十二月十二日已有旨，諭令神機營暨北洋大臣籌備新式槍礮，撥往應用，並諭楊昌濬、陶模嚴密布置，熟籌審處，不可輕開釁端，此旨自係尚未奉到。現據許景澄電，據外部復稱郎庫哩住兵無多，爲冬令通信，俄意仍願和好，俄兵決不到明屬喀境之地等語，已由總理各國事務衙門電知楊昌濬轉電陶模知悉。惟據陶模此次奏報，俄人增兵二千有奇，是否屬實，仍著該撫確探詳細情形，隨時具奏。楊昌濬、陶模仍當懍遵前旨，穩慎籌辦，是爲至要。

戊申，據稱湖廣總督張之洞自移督湖廣以來議辦鍊鐵，並開煤鐵各礦，乞留鉅款，輕信人言，浪擲正供，又復多方搜索，借電竿毀通橋，幾釀巨患，督署被焚而不入告，州縣補缺勒捐，逞臆妄行。藩司王之春掊克聚斂。直隸州知州趙鳳昌聲名甚穢等語。著劉坤一按照所參各節，確切查明，據實具奏。原摺著鈔給閲看，將此諭令知之。

癸丑，諭内閣：上年山西陽曲等州縣收成歉薄，北路口外一帶被災尤重，閭閻困難情形，殊堪憫惻。現當青黄不接之時，爲日方長，必須寬爲接濟。除諭令張煦妥籌賑撫外，加恩著先由户部撥銀十萬兩，解往備賑，即著張煦督飭所屬，詳查災區輕重，覈實散放，一面將現辦情形迅速覆奏，以慰廑懷。

《德宗實録》卷三二一　二月甲子，駐藏辦事大臣奎焕奏：藏番擬具結底，已無異議，惟防患心切，懇將「英商抵關貿易，不得擅入關内」一語，注入約内。其商上防費賞卹各節，擬俟藏約完竣，奏懇恩施。

諭軍機大臣等：有人奏，洋面巡防不力，請飭整頓一摺。據稱普陀巖、温州、台州、福甯一帶洋面，屢有盜匪虜船劫貨，殺害商人之事，地方官不爲越境緝拏，巡洋師船以諱盜爲得計，甚且安居内港，洋面不靖，該員弁竟未之知，請飭認真整頓等語。著譚鍾麟、崧駿嚴飭水師將弁，實力梭巡，嚴拏匪類。儻有諱盜疏防情事，别經破案，立即嚴參懲辦，不得有名無實，任意安居内港，虚縻餉需。

乙丑，諭軍機大臣等：前據御史吴光奎奏，四川雅州、甯遠兩府屬五金並産，請飭查勘開辦。當經諭令李鴻章咨商劉秉璋，派員勘驗，現尚未據覆奏。兹據給事中方汝紹奏稱，甯遠府屬之鹽源縣等處，銅質極佳，運道尤便，請飭開採等語。著李鴻章、劉秉璋一併派員確查，迅速覈奏。

己巳，以英國新嘉坡總督施密司、倫敦府尹威德海募捐蘇皖賑款，命出使大臣薛福成傳旨嘉奬。

《德宗實録》卷三二二　三月辛卯，前因山西被災較重，賞發部庫銀十萬兩賑濟，旋據張煦覆奏冬春賑撫及籌款購糧情形。該省丁酉銀二十五萬兩，米數萬石；嗣復據徐桐等奏，捐米二萬石；李鴻章奏，陸續籌捐銀二十餘萬兩。總計各項銀米，源源解往，諒可稍資接濟。惟聞該處災民衆多，嗷嗷待哺，爲日方長，殊深軫念，加恩著將湖南、湖北本年應解正耗漕米六萬五千餘石，迅速覈實變價，同水腳運費等款，一併覈扣，逕解天津，交李鴻章發交辦賑各員，確查災區，妥速散放，毋得稍有弊混。

丁酉，湖廣總督張之洞奏，漢陽鐵廠計日告成，豫籌開煉成本，酌擬節省騰挪辦法。下户部總理海軍事務衙門速議。尋奏，扣留兩湖應解關東鐵路經費，礙難照准。至由湖北糧道庫内借撥無礙京餉之雜款十萬兩，作爲代北洋籌墊軌木之用，應如所請辦理。從之。

《德宗實録》卷三二三　四月乙卯，閩浙總督譚鍾麟等奏，閩浙兩省海洋遼闊，商船每致疏虞，請添設護商師船，以資保衛。如所請行。

辛酉，伊犂將軍長庚奏，塔爾巴哈台所屬之巴爾魯克山，借給俄屬哈薩克游牧，現届限滿，派員會同俄官商辦收還。下所司知之。

丙寅，以太常寺少卿沈恩嘉爲光禄寺卿。

丁卯，諭軍機大臣等：王廷相奏，山西朔州一帶災情甚重，京津義賑由大同豐鎮前往七廳散放，迤南口内各屬恐難兼濟，懇恩撥帑賑撫等語。山西北路各災區，疊經撥發銀米賑濟，即著張煦斟酌情形，均匀散放，總期實惠普沾，勿任災黎失所，用慰朝廷廑系。

戊辰，諭内閣：前據大理寺卿徐致祥奏，湖廣總督張之洞，辜恩負職，當諭令劉坤一、李瀚章確查具奏。兹據該督等先後查明覆奏，張之洞在兩廣總督任内，並無懶見僚屬，用人不公，興居無節，苛罰濫用等情。現在湖北辦理鍊鐵開礦，尚無浪擲經費情事。其餘各條均係傳聞之誤。湖北布政使王之春，亦無掊克聚斂實據。張之洞、王之春均著毋庸置議。候補直隸州知州趙鳳昌，不恤人言，罔知自愛，著即革職，勒令回籍，以肅官方。

乙亥，諭軍機大臣等：裕禄等奏，請飭催本年的餉，並歷年欠餉，開單呈覽一摺。【略】著各該督撫監督等，即將應解奉天本年的餉，於六月内批解一半，十

月内壻數解清，並將欠解歷年專餉，分年搭解，俾資應用。

己卯，諭内閣：理藩院代奏，阿拉善札薩克和碩親王多羅特色楞呈稱，所屬遊牧地方，連年荒旱，被災甚重，蒙藩兼形貧困，懇請賞銀賑濟一摺。該游牧連年被災，殊堪憫惻，著加恩賞銀三萬兩，由户部給發，交該親王多羅特色楞祗領覈實散放，以示朕體恤蒙藩至意。

辛巳，諭軍機大臣等，電寄出使各國大臣：嗣後辦理交涉事件，總須格外慎密，每遇更换各國出使大臣，未經奉旨之先，該大臣不得將保薦之人先行漏言，懔遵毋忽。

《德宗實録》卷三二四 五月壬午，諭軍機大臣等：張煦奏，山西省向有善後銀二十萬兩，張之洞帶至鄂省應用。現在山西辦賑需款，請飭該督迅即撥還等語。山西北路荒歉，賑撫一切，待用孔殷，即著張之洞將前借山西銀二十萬兩，迅籌撥還，交商限期匯解晉省，以應急需。

癸未，雲貴總督王文韶等奏，貴州普安直隸廳妖匪起事，攻撲廳城，經兵團堵勦，城圍已解，餘賊潰逃，現籌勦辦大概情形。得旨，即著嚴拏匪首劉燕飛等，務獲懲辦，並將餘匪搜捕浄盡，毋任漏網。

甲申，諭内閣：御史端良奏，匪徒迎神進香，敗俗釀弊，請飭禁止，並嚴申門禁一摺。據稱永定門外南頂地方廟宇，向於五月間迎神進香，男女雜遝，竟有公侯大員、部院職官，微服混淆其間，致有馳騁車馬，壓斃幼孩等情，甚至永定門亦遲至亥刻始行掩閉等語。所奏如果屬實，殊屬不成事體。著步軍統領、南城御史，嚴飭營城司坊各官，一體嚴行禁止。儻敢明知故縱，即行從嚴參辦。並分飭各城門該管員弁，務當遵照向章，按時啟閉，以重門禁。

乙未，理藩院代奏，伊克昭盟長札薩克固山貝子札那吉爾第呈稱，伊所屬七旗地方，連年亢旱，大風成災，蒙藩益形貧困，懇請賞銀賑濟。得旨，覽奏殊堪憫惻，著加恩賞銀一萬兩，由户部給發，交札那吉爾第祗領，覈實散放，以示朕體恤蒙藩至意。

丙申，諭内閣：御史張仲炘奏，本年考試試差，繼燭者竟有十數人之多，遲至戌正三刻始畢，請飭嚴禁等語。向來試場不准繼燭，例禁綦嚴，至各項殿廷考試，尤宜恪守成規。若如該御史所奏，尚復成何事體？嗣後殿廷考試，著監試王大臣等認真稽查，嚴行禁止，以符定制。

庚子，兩江總督劉坤一奏：南北洋各口税務司辦事出力，懇恩分别給奬。允之。

《光緒朝東華録》一一四 六月乙卯，世鐸等奏：本年二月二十六日内閣奉上諭，【略】明歲恭逢慈禧端佑康頤昭豫莊誠壽恭欽獻皇太后六旬萬壽，普天同慶，凡屬中外大小臣工，皆願祝嘏輸忱，共襄盛典。臣等查照乾隆年間成案，酌擬數目，開具清單，籲懇天恩俯如所請，庶葵藿私衷稍伸萬一。至應交款項，臣等公同商酌，在京王公及文武大小官員，均在户部呈繳；其外省文武官員所交之款，即於各省藩庫、運庫、織造、關税等庫就近存儲，聽候户部提解，統由臣等隨時支取備用。再查乾隆年間，各省鹽商皆有捐輸款項，由各督撫奏明請旨准其報効，以遂衢歌巷舞之忱。此次各該商衆如有照案呈請者，應由各督撫據實奏聞，請旨遵辦。得旨，如所議行。【略】統計京外各官共報効銀一百二十萬六千九百兩。得旨，覽。

《德宗實録》卷三二五 乙丑，諭内閣：京師近日以來雨勢連緜不止，十二日復大雨滂沱，連宵達旦，誠恐河流驟漲，近畿一帶禾稼受傷。著直隸總督、順天府府尹，查明各屬被水之處，妥籌賑撫，迅即馳奏。京城内外倒塌房屋處所，如有傷斃人口，並著步軍統領衙門、順天府確切查明，迅速奏聞，以慰廑系。

辛未，以出洋期滿予駐美隨員同知黎榮耀等奬敘，其當差勤慎之洋員杜來爾等一併給奬。

壬申，諭内閣：步軍統領衙門奏，遵查京城内外雨後倒塌房屋、傷斃人口大概情形一摺。所有現經查報之左右翼及中營等處傷斃之十三名口，著該衙門酌給賞卹。此外如有續行查出者，即照此次賞卹一律奏明辦理。

癸酉，諭内閣：前因京師雨水過多，民居禾稼受傷，當經諭令順天府府尹等查明各屬被水情形，迅速具奏。兹據孫家鼐等奏稱，近畿東南一帶，被災較重，疊據順義、寶坻、武清、涿州、霸州、香河、房山等州縣查報，所屬地方山水陡發，各河同時並漲，田廬淹没，傷斃人口業經分派委員賑撫，請撥銀米等語。近畿猝遭水患，小民蕩析離居，殊深憫惻。著照所請，先在六門外添設粥廠，於孫河、定福莊、馬駒橋、黄村、龐各莊、盧溝橋六處一律添設。加恩賞給京倉米一萬石，即行分領煮散，以資急賑。著派溥顧、徐承煜、岑春煊、劉恩溥、載蕚、田我霖分往孫河等六處，稽查彈壓，妥爲監放。各鎮開廠所需經費銀二千兩，著户部照數撥給。其尚未禀報之東安、永清兩縣，即著孫家鼐、孫楫飭令該縣等趕緊詳查，毋稍漠視。

乙亥，諭内閣：本年入夏以來雨水過多，順直各屬災區甚廣，小民蕩析離居，深堪憫惻。加恩著將奉天粟米一萬四千四百餘石，並江蘇河運漕米五萬石、江北河運漕米五萬石，撥給備賑。其隨漕輕齎等項銀兩，並著查照成案，覈解直隸，作爲津貼賑需。李鴻章務當遴派妥員，分别被災輕重，覈實散放，不准吏胥稍有弊混，用副朝廷軫念民艱，有加無已至意。

《德宗實録》卷三二六　七月甲申，諭軍機大臣等：給事中余聯沅奏，京城糧價日昂，請設法平糶一摺。本年近畿一帶，大雨過多，河水漫溢，田禾被淹，以致京師糧價漸昂，小民日食維艱，允宜早爲籌畫。著孫家鼐、孫楫趕緊設法，籌款平糶，所需南米並著李鴻章設法運京，以資接濟。

己卯，諭軍機大臣等：電寄許景澄等電均悉，現在帕米爾界務爲中俄喫緊交涉，較之法暹争界尤關切要，慶常著准其暫行調往。

戊子，諭軍機大臣等：户部總理各國事務衙門奏，各省關欠解東北邊防經費請旨嚴催一摺。據稱本年各省關應解東北邊防經費，除解到及報解起程外，尚欠解銀一百三十七萬五千兩，請飭速解，並補解歷年積欠銀兩等語。此項經費關繫邊防要需，何得任意延欠？著該將軍、督撫、監督，按照單開本年未解及歷年欠解銀數，趕緊籌解。儻再遲延，即著户部照貽誤京餉例指名嚴參。

己丑，以隨辦北洋洋務出力，賞候選道伍廷芳等從一品封典，餘升敘加銜有差。

庚寅，出使英法義比國大臣薛福成奏，請飭總理各國事務衙門，覈議保護出洋華民良法，並聲明禁止出洋舊例已删，以杜吏民詐擾，暨准各口領事覈給護照，俾海外華民得籌歸計。又奏，請酌議派撥兵船，保護外埠華民。並下所司議。尋奏，應如所請行。至派撥兵船，宜俟日後體察情形，再行籌辦。從之。

甲辰，諭軍機大臣等：御史恩溥奏，近畿積潦漸消，請飭將内外城就食之民，妥定分别遣歸章程一摺。著順天府府尹會同步軍統領、五城御史，體察情形，妥籌辦理。

丁未，駐藏辦事大臣奎焕奏：邊事逐漸就緒，知府嵇志文帶同番官入藏取結，俟藏番結到，仍帶葛布倫回邊。一面函約英員會議立約，以期速蕆邊事，並遵諭飭原議委員黄紹勳到邊聽候畫押。下所司知之。又奏：懇如商上葛布倫三大寺僧俗大衆等請，仍飭第穆呼圖克圖再行掌辦商上事務五年。從之。

《光緒朝東華録》一一四　八月癸丑，總理各國事務衙門奏：軍機處鈔交出使英法義比大臣薛福成奏請，申明新章豁除海禁舊例一摺，光緒十九年七月初十日奉硃批，該衙門議奏，欽此。臣等查中外通商以來，華民傭工既已任其出洋，豈轉禁其回國？同治年間既有美、祕各約，載明華洋人民前往各國，或常住入籍，或隨時來往，均聽自便之語。是國初舊禁早已不弛之弛，特當時未及廣布明文，家喻户曉，吏胥族鄰因得窺鏬滋擾，訛索誣陷，致累朝深仁厚澤尚未徧被海隅。如薛福成所奏種種積弊，自係實在情形。華人流寓各國，人數滋多，若概禁其遄返故鄉，不無觖望，應請如該大臣所奏，勅下刑部，將私出外境之例酌議删改，並由沿海各直省督撫出示曉諭州縣鄉村，申明新章既定，舊禁已除，除僞冒洋商包攬貨物及别有不法重情者，仍應查究外；其餘良善商民，無論在洋久暫，婚娶生息，一概准由出使大臣或領事官給與護照，任其回國治生置業，與内地人民一律看待。並聽其隨時經商出洋，毋得仍前藉端訛索，違者按律懲治。如此變通辦理，庶幾上以廣聖朝丕冒之仁，下以慰羈旅懷歸之念，誠爲因時制宜，維持邦本之急務。得旨，如所議行。

《德宗實録》卷三二七　己未，諭軍機大臣等：御史達椿奏，理藩院辦理蒙古盟長各缺，例未畫一，並父子同在一旗協理，易滋流弊，請飭妥議章程各摺片。著理藩院查覈例章，妥議具奏。

庚申，兩廣總督李瀚章奏：虎門沙角，爲南洋第一門户，亟應保衛。現咨由陸路提督添練標兵五百五十名，飭高陽羅鎮總兵添練標兵三百名。又連州地方，毗連猺寨，飭三江協副將添練標兵二百名，扼要駐防，其練兵兼習礮火，添募礮教習四員。

丙子，諭軍機大臣等：孫家鼐等奏，請寬籌經費，以備賑需一摺。據稱現辦賑務，以籌費爲最難，惟各省鹽商尚稱殷富，請飭兩淮商人捐輸濟賑，照海防捐例給奬實官等語。著劉坤一體察情形，妥籌辦理，迅速覆奏。

《德宗實録》卷三二八　九月癸未，又諭：昨據御史褚成博奏，浙江正考官殷如璋行抵蘇州，忽有人投遞書函，中有考生五人姓名，並銀票一萬兩，囑與關節取中。經殷如璋將其人扣留，交蘇州府看管，轉解浙江，請飭究辦，當經諭令崧駿嚴切根究。本日據崧駿奏，據臬司趙舒翹稟稱，准江蘇臬司移咨此案，並將投遞書函之家丁陶阿順，解交浙省。訊據陶阿順供稱，係周福清令伊投信。查周福清係丁憂内閣中書，請飭革職，歸案審訊等語。案關科場舞弊，亟應徹底查究，丁憂内閣中書周福清，著即行革職，查拏到案，嚴行審辦，務得確情，按律定

擬具奏。

乙酉，以科爾沁親王那彦圖貝勒載漪爲御前大臣。現月以科爾沁親王那彦圖爲鑲白旗蒙古都統，現月調工部尚書松溎爲刑部尚書，以都察院左都御史懷塔布爲工部尚書。

庚寅，諭軍機大臣等：御史鄭思賀奏，運河水涸，糧米不能輓運，民食日艱，請飭迅速籌辦一摺。據稱近日京城糧米日見缺少，實因運河水涸，所有南來白米雜糧百十萬石，船至楊村不能前進，轉瞬河水成冰，恐改由陸運市價更增等語。著李鴻章迅速添派營兵數千名，將各處口門剋日堵合，並挑挖河身，停蓄水勢，以利舟行；一面趕緊設法剝運糧米，以濟急需。

壬寅，諭内閣：御史聯佡奏，科場舞弊，倖中多名，請飭究辦一摺。著派麟書、徐桐調取本科順天鄉試中式舉人周學熙、湯寶霖、蔡學淵、陳步鑾、黄樹聲、萬航録科卷與中式墨卷，覈對文理筆蹟，是否相符，據實覆奏。此次覆試，著禮部即將周學熙等六名先行扣除，另行奏請，定期覆試。

乙巳，出使英法義比國大臣薛福成奏：與英外部商辦滇緬界綫，滇邊西南兩面均有展拓。又奏：查明車里、孟連兩土司地全屬中國，與英無涉。下所司知之。

《光緒朝東華録》一一五 乙巳，李鴻章奏：查總理海軍衙門奏定海軍章程摺内，聲明章程容有未備及臨時應行變通者，隨時酌擬具奏等因，欽奉懿旨允准在案。茲據北洋海軍提督丁汝昌呈稱，章程内原定駕駛學生在堂習業四年，畢業派上練船學習船藝一年，送回學堂再習三月，然後撥入鎗礮練船再學三月，考校如式，派歸兵船差遣補用等因。查學習船藝鎗礮，原定期限太促，學習甫得門徑，即改肄別業，恐有未精，難免功虧一簣。當日海軍創設，在在需材，欲其速成，以供驅策，故不能寬予限期。現在天津學堂學生日增，威海學堂學生亦將畢業，又有北京内學堂學生將次上船，人材不患不多，惟在力求精邃。擬變通舊章，將京津兩學堂學生畢業後，即先派入鎗礮學堂學習六箇月，考校如式，分別等第，填給執照；再派上康濟練船學習魚雷、水雷各種技藝六箇月，考校給照；然後派上威遠練船學習船藝，並令隨船廣歷東南洋一帶，考究風濤沙綫。寬限兩年，俾臻精進，其春秋考校，仍照章分别等第。統以三年爲期，諸藝學畢，彙集各照，擇其最優者以千總候補，次者以把總候補，加儘先字樣。如此量爲變通，年限稍寬，藝業必更精到；且分班上船學習，亦免擁擠之虞。其威海學堂學生本係兼習鎗礮，仍照定章辦理等情，呈請核辦前來。臣查鎗礮船藝極難精熟，欲究其精微之奥，必寬其學習之期。該提督所擬變通辦法，較原限既寬年半，爲時亦不過久，而學生藝業更可精益求精，自爲因時制宜期收實效起見，於造就海軍人材不無裨益。得旨，該衙門議奏。

《德宗實録》卷三二八 丙午，諭内閣：麟書、徐桐奏，遵查試卷文理筆蹟，據實覆奏一摺。所有文理不符之蔡學淵、筆蹟不符之黄樹聲、文理筆蹟均不符之萬航，均著斥革舉人；其文理筆蹟相符之周學熙、湯寶霖、陳步鑾三名，著禮部傳齊，奏請定期另行覆試。

《德宗實録》卷三二九 十月庚戌，諭内閣：御史龐鴻書奏，科場交卷時刻，請申明定例，以杜弊端一摺。科場條例，士子交卷本有限定時刻，不准遲逾。乃近來士習不如從前，每逾定限，甚有遲至亥刻始行交卷者，遂致弊端紛出。而該士子相沿成習，視爲故然，少加約束，動易喧譁。監臨、提調、監試各官亦多姑容寬縱，殊屬不成事體。本科順天鄉試，倖中三名，業經查明斥革示儆，亟應申明定例，以戒將來。嗣後鄉試會試，均著恪守舊章，按照定例時刻交卷，不准繼燭。儻該士子不遵約束，或有抗違，即著斥革嚴辦。如該監臨、知貢舉提調、監試等官有意從寬，經朕訪聞，或被人參奏，定將該員等照例懲處不貸，懔之。

又諭：御史龐鴻書奏，請飭整頓江南鄉試場規等語。鄉試爲掄才大典，必須場規嚴肅，若如該御史所奏，近來江南士子接卷後紛紛出場，午後始行陸續歸號，甚至僕人攜送考具入場，且閒人出入，漫無稽查，以致諸弊叢生，實屬不成事體。著江蘇、安徽各巡撫嗣後辦理科場，務須督飭提調、監試等官申明例章，嚴加約束。如有任意抗違者，即行斥革懲辦，毋稍姑容，以肅場規而杜積弊。

壬子，賞四川布政使龔照瑗侍郎銜，以三品京堂候補，充出使英法義比國大臣。

己未，諭軍機大臣等：内務府每年借撥户部款項約銀五六十萬兩，嗣後著户部按年於各省關項下另籌銀五十萬兩，解交内務府應用。並傳諭内務府，有此專款，毋得再請由部借撥。

戊辰，劉秉璋奏：甘省拉布浪寺侵占川番各寨，請飭嚴辦一摺。據稱甘省查辦番案拉布浪寺嘉木樣，窩藏匪犯棒周，串同搶劫，縱令黑窩香錯等，率兵侵占焚掠。楊昌濬等漫無覺察，以致案久未結。請飭勒令該寺退還各寨，撤回管寨喇嘛，並嚴辦帶兵焚掠之黑窩等語。此案前經諭令楊昌濬等派員認真查辦，

並令恭壽等會商妥辦，不得互相推諉。茲據恭壽等所奏各節，是拉布浪寺顯有欺誑刁抗情形，亟應徹底查究，以遏亂萌。即著楊昌濬等按照川省所指各節，懔遵前旨，確切查辦，迅速覆奏，不得稍涉迴護，致干咎戾。

戊辰，又諭：有人奏，四川吏治，蠹蝕汙濁，請飭查辦一摺。據稱四川總督劉秉璋，信用候選道徐春榮，署提督錢玉興二人，招摇納賄。知縣陳錫鬯等聲名狼藉，官運局本，該委員侵蝕餽送。又所屬州縣設立私卡，瘐斃民人，防營弁勇，暗通會匪，劫案疊出，列款糾參等語。著譚繼洵馳驛前往四川，確切查辦，據實具奏。

以湖廣總督張之洞兼署湖北巡撫。

壬申，諭軍機大臣等：給事中徐樹鈞奏，永定河患，亟宜設法疏濬一摺。據稱近年永定河決愈甚，爲害愈深。上游加築石岸，尚未竣工，下游處處淤塞。不挑中洪，河身不容，不濬下游，尾閭不暢，似宜逐漸設法量力補救。請飭直隸總督，每年就近抽調淮練各軍，會同道廳，分段挑挖。由户部每年籌銀六萬餘兩，作爲犒賞津貼之用等語。著户部、李鴻章妥議具奏。

甲戌，出使俄德奧和國大臣許景澄奏：新疆省南路以和闐爲極邊，其地綿亘二千餘里，西洋人通稱爲崑崙山。光緒十六年，俄國地里會遣礦學人博格達諾委翅，前往該處詳測金礦所在，著有圖説，計自和闐州至克里雅城得礦三處，曰玉隴哈什河，曰策勒村，曰克里雅角；克里雅以東得礦五處，曰索爾戛克，曰烏魯克河，曰闊帕，曰莫羅札河，曰池曰干河，均在崑崙山北麓；逾山以南得礦一處，曰坎波拉克，凡九處。其金砂或凝結巖壁，或隨山水衝注，土民赴采者約及二千人，日可出金五十餘兩。誠能就已開礦地，由官設廠經理，數年而後財用漸裕，可省中原輸輓，似應按照該俄人所述各礦情形，覆加查察，庶於邊情地利得有確徵。下所司議。

《德宗實録》卷三三〇　十一月癸未，諭軍機大臣等：户部、總理各國事務衙門奏，豫撥東北邊防經費一摺。【略】此項饟需最關緊要，著該將軍、督撫、監督等，按照指撥銀數，於來年五月前批解一半，年内全數解清，毋稍遲逾。

丁亥，諭軍機大臣等：御史易俊奏，條陳釐務積弊，請飭認真整頓一摺。所稱釐務積弊八條，著各該將軍、督撫體察地方情形，妥立章程，湔除積弊，毋得稍涉徇縱。又片奏，各省釐卡司事巡丁，查驗貨物，賣放賄託，無所不至，甚至肩負小貿，亦復多方需索等語。著各該將軍、督撫嚴行禁止，如查有前項弊端，即行從嚴參辦。

丁酉，諭軍機大臣等：前據許景澄奏，新疆和闐一帶金礦旺聚，並詳述游歷洋人測探情形，當令總理各國事務衙門議奏。茲據該衙門奏稱，和闐産金之盛據許景澄原奏圖説，覈以近日新疆測繪輿圖，大致相同。克里雅城毗連帕米爾諸處，邊疆重地，綢繆未雨，宜在機先。若照漠河金廠章程辦理得宜，自可濬利源於不竭，請飭妥議辦理等語。著楊昌濬、陶模按照所奏各節，會商辦法，妥議具奏。

戊戌，湖廣總督張之洞等奏：【略】漢陽鍊鐵全廠告成，現擬於十二月開爐，試鍊生鐵、熟鐵及各鋼軌、鐵貨，並趕辦煤井工程。又奏：於湖北省城建立自强學堂，分習方言、格致、算學、商務四門，招選兩湖學生分門學習。均下所司知之。

壬寅，諭内閣：薛福成奏，各省建築火藥局庫，宜在空曠寥廓之區，以昭慎重等語。火藥爲操防要需，儲藏宜格外慎密。著各該督酌覈情形，相度地勢，務擇空廓僻静之處，妥爲存儲。至所稱承辦各員儻有經理不善，請飭吏、兵二部嚴定處分一節，著該部妥議具奏。

壬寅，諭軍機大臣等：薛福成奏，各省江河漫溢，民閒屢遭昏墊，近來電綫四通八達，若由通衢幹綫接一枝綫至江河之上，一遇上游水漲，電報下游，俾當其衝者速爲之備等語。所奏是否可行，有無裨益，著李鴻章體察情形，妥議具奏。

《德宗實録》卷三三一　十二月壬子，諭：三載考績，爲國家掄才大典。近來每届京察之年，各部院衙門於所屬司員，往往有舉無劾，殊非慎重激揚之道。本年京察届期，著各衙門堂官認真考覈，如有才具庸劣、聲名平常、不堪造就之員，即著各該堂官據實嚴劾，毋得瞻徇情面，稍事姑容，用副循名責實至意。

丁巳，調刑部尚書孫毓汶爲兵部尚書，以刑部左侍郎薛允升爲刑部尚書。

戊午，諭：兵部奏，請飭催各省營制册籍，以憑纂輯會典等語。現修會典，必須各省營制造報齊全，方足以資考證。所有未經咨報之浙江、雲南、福建及臺灣等省，著各該督撫轉飭各提鎮，即行按照部頒款式，統限於文到三箇月内一律造齊報部，不得再行遲延。

戊午，諭軍機大臣等：刑部奏，遵議出使大臣薛福成奏請申明新章，豁除海禁一摺。據稱内地人民流寓各國，其有確守華風，情願旋歸鄉里者，應由各出使

大臣覈給護照，任其回國，並由沿海各督撫督飭地方官，嚴禁胥吏人等侵擾詐索。至私出外境各條，薛福成所請酌量刪改之處，擬俟纂修則例時奏明辦理等語。著依議行，即由總理各國事務衙門咨行沿海各督撫及出使各國大臣，一體遵照。

《光緒朝東華録》一一六　癸亥，命翁同龢充國史館副總裁，孫家鼐充會典館副總裁。

《德宗實録》卷三三一　戊辰，諭内閣：兵部奏，擬定甲午恩科武會試日期，請旨遵行一摺。明歲恭逢慈禧端佑康頤昭豫莊誠壽恭欽獻皇太后六旬萬壽慶典，應行禮節甚多，所有考試日期自應量爲變通，以昭慎重。明年武會試考試内外場及傳臚各日期，著照該部所擬提前辦理；其繙譯鄉試並武鄉試日期，均依議行。

壬申，出使日本國大臣汪鳳藻奏：修建日本長崎口文廟落成，請頒扁額。得旨，著南書房翰林恭書扁額一方，交汪鳳藻祇領，敬謹懸挂。尋頒扁額曰「文教東漸」。

癸酉，諭：刑部奏，遵議革員周福清罪名一摺。據稱革員周福清，於考官中途遞信函求通關節，當被舉發破案，較之已成未中者，情節稍有區别，應於斬罪上量予末減，擬以杖一百，流三千里，恭候欽定等語。科場舞弊，例禁綦嚴，該革員輒敢遣遞信函，求通關節，雖與交通賄買已成者有間，未便遽予減等。周福清著改爲斬監候，秋後處決，以嚴法紀而儆效尤。

光緒二〇年（甲午、一八九四）

《德宗實録》卷三三二　正月己卯，諭内閣：朕欽奉慈禧端佑康頤昭豫莊誠壽恭欽獻皇太后懿旨，本年予六旬慶辰，内廷妃嬪，平日侍奉謹慎，允宜特晉榮封。

又奉懿旨，本年予六旬慶辰，允宜特沛恩綸，延釐中外，懋賞之典，首重親賢。

又奉懿旨，本年予六旬慶辰，推恩懋賞，在廷臣工，克勤厥職，宣力有年。自應一體加恩，以昭盛典。

又奉懿旨，本年予六旬慶辰，所有南書房、上書房行走各員，供職克勤，宜加恩賞。

己丑，諭軍機大臣等：電寄薛福成，電奏已悉，滇緬約事著照所議辦理。

癸巳，本年恭逢慈禧端佑康頤昭豫莊誠壽恭欽獻皇太后六旬萬壽，寰寓臚歡，薄海臣民，咸深慶忭。外省將軍、督撫、都統、提鎮、藩臬等官自必情殷瞻覲，籲懇祝釐。第念各省文武大吏職任綦重，若同時並赴，恐地方營伍事務管理乏人，或有貽誤，轉非敬事抒忱之意。朕欽奉懿旨，於各省將軍、督撫、副都統、提鎮、藩臬内，每省各酌派二三員，均於十月初一日以前到京，並各酌帶道府、丞倅、將備二三人，隨同班列。其未派令來京者，毋庸紛紛籲請。庶各省文武官員於本任職司要務，不虞曠廢。將此通諭知之。

乙未，總理各國事務衙門奏：日本國君主舉行二十五年婚期慶禮，請頒給賀書禮物。得旨，著由該衙門酌量備辦。

又奉懿旨，本年予六旬慶辰，在廷臣工業經降旨加恩，因念各省文武大臣有久膺重寄，卓著勛勞者，允宜同膺懋賞。

又奉懿旨，本年予六旬慶辰，率土臚歡，蒙古王公等自應一體加恩，以彰慶典。

又奉懿旨，本年予六旬慶辰，中外臣工業經降旨加恩，軍機章京承書諭旨，夙夜在公，允宜量予恩施。

《德宗實録》卷三三二　戊子，閩浙總督譚鍾麟奏：福靖穹甲快船訂購洋礮，前督臣卞寶第未經奏明，遽立合同，未免疏忽。惟事屬已成，未便失信洋人，懇仍照案辦理。下所司議。尋總理各國事務衙門奏，所需礮位既由鄂廠鑄造，自不應仍與外洋定議，承辦各員均屬疏忽。惟業經訂立合同，不得不准如所請，並請飭鄂廠停造，以免重複。得旨，承辦各員均著查取職名，交部議處。

壬寅，諭：三載考績，爲國家激揚大典，中外滿漢諸臣，有能恪共職守，勞勩最著者，尤宜特加甄敘；其平庸衰病者，亦難曲予優容。兹當京察届期，吏部開單題請，朕詳加披閱。禮親王世鐸、大學士額勒和布、張之萬，兵部尚書孫毓汶、吏部左侍郎徐用儀，翊贊樞廷，盡心經畫，和衷共濟，悉協機宜，均著交該衙門議敘。大學士、直隸總督李鴻章，老成碩望，重任克肩；兩江總督劉坤一，宣力有年，勤勞懋著；河東河道總督許振禕，實心任事，勞怨不辭，均著交部議敘。兵部尚書烏拉喜崇阿，衰邁多病；理藩院尚書松森、禮部右侍郎景善、理藩院左侍郎志顔，才具平庸，均著原品休致。理藩院右侍郎慶福，才具稍短，年力尚强，著

開缺，以三品京堂候補。餘著照舊供職。

甲辰，兩廣總督李瀚章奏，廣東水陸師學堂派登練船各學生，及添建機器廠支用各款，請飭立案。下部知之。

《德宗實録》卷三三三　二月辛亥，諭：内閣御史安維峻奏，編檢擁擠太甚，請慎重館選一摺。所奏不爲無見。翰林爲清華之選，必應遴拔真才。每科會試後，覆試、殿試、朝考及庶吉士散館，朕於閱卷大臣取在前列者，酌量録用。乃近來閱卷，擬取前列等第逐漸加多，殊非慎重選擇之道。嗣後殿、廷各考試，該閱卷大臣務當秉公校閲，詳慎擬取。如有文字平常及疵累之卷，均不得濫置前列，以杜倖進。

辛亥，湖廣總督張之洞奏：漢陽鐵廠於本年正月初十日開爐煅礦，並飭大冶鐵山委員洋匠迅速開採，暨趲辦煤井情形。下總理海軍事務衙門知之。

甲寅，諭：前經傳諭禮部，於本月初九日在保和殿覆試順天新中舉人周學熙等三名。所有是日派出監試王大臣等，著認真稽查。該舉人等如有懷挾等弊，立即懲辦。嗣後殿廷各考試，均著監試王大臣等輪班巡視，嚴查一切弊端，不准稍涉寬縱，並著懍遵不准繼燭定例。儻有爲時已晚，尚未交卷者，即著撤卷扶出。應試之人當思功令森嚴，咸知自愛，毋得身罹法網，用副朝廷整頓士習，遴取真才至意。

《光緒朝東華録》一一十　戊午，諭内閣：此次覆試順天新中舉人周學熙等三名，列爲一等之周學熙，著准其一體會試。列爲三等之湯寶霖，著罰停會試一科。列爲四等之陳步鑾，著罰停會試二科。

戊午，駐美欽差大臣楊儒與美外部大臣葛禮山續定華工條約六款成。

甲子，總理海軍事務衙門奏，海軍成軍又屆三年，請派大臣校閲。得旨，現屆校閲海軍之期，著派李鴻章、定安認真會校。

戊辰，諭：内閣前因御史鍾德祥奏，四川吏治蠹蝕汙濁，列款糾參，當諭令譚繼洵前往查辦。兹據查明覆奏，【略】四川總督劉秉璋措施失當，任用非人，致招物議，著交部議處。

丁丑，閩浙總督譚鍾麟等奏，臺灣省會要區，地利不宜，擬請移設臺北府城，以定規模。下部議。福建臺灣巡撫邵友濂奏，臺灣鐵路工程告竣，所有借墊支給銀數懇飭部全數准銷。下部議。

《德宗實録》卷三三四　[三月]庚辰，諭吏部等：部會奏遵議處分一摺。四川總督劉秉璋，經部照溺職例，議以革職，著加恩改爲革職留任。朕念該督宣力有年，平日辦事尚屬認真，是以特從寬宥。嗣後務當振刷精神，於川省吏治營伍實力整頓，不得稍涉懈弛。

辛巳，諭内閣：朕欽奉慈禧端佑康頤昭豫莊誠壽恭欽獻皇太后懿旨，慶親王奕劻代奏，恭親王奕訢籲懇祝嘏，具見悃忱。惟念奕訢久病未痊，尚宜静養，若必拘以禮節，轉非體恤之意。著免其隨班祝嘏，以示優眷。

乙未，諭軍機大臣等：御史褚成博奏，各省防營所需軍械，大半購自外洋，迨報銷時輒以難循例價爲辭，以致鉅帑虚糜，部議無從覈駁。嗣後凡各省需用軍械，請飭奏明立案，概在中國定鑄，不准再向外洋訂購等語。各省需用外洋軍械，前經海軍衙門奏定章程，先行立案，方准購買。著再申明定章，通行各省督撫等遵照辦理，不得擅自購買，致干咎戾。至該御史所稱概在中國定鑄，不准購自外洋之處，著該衙門體察情形，妥籌酌辦。

乙未，又諭：御史褚成博奏洋商違約築池，存儲火油，大拂民情，請飭禁阻一摺。據稱去冬有德國商人在上海縣浦東陸家渡地方購地築池，爲存儲火油之用，衆情疑駭，力求禁阻。南洋大臣曾委蘇松太道聶緝槼與該國領事再三辯論。今年二月，該洋商不候華官允准，擅將火油裝運抵滬。且聞另有洋人在漢口購買地基，亦爲存儲火油而設，請飭速行阻止等語。洋商開池存油，是否有礙民居，著南北洋大臣詳細查明，設法阻止，妥籌辦理。原摺均著鈔給閲看，將此諭令知之。尋李鴻章等奏，遵查上海浦東地方，洋商試辦火油池棧，設於曠地，並無貼鄰。所製桶管，亦均穩固，油池嚴防滲漏，亦已備列設限防險章程，與民居汲飲不致有妨。且載明儻有滲漏，殃及居民，除賠償外，即由地方官會同領事將池拆毁，不得再行建造。如有未盡，仍當飭令蘇松太道隨時查察妥辦。至漢口地方，據查尚無築池形迹。已將所訂章程通行各口，一體遵照。

丙申，諭：近來京師地面，游手好閒之徒聚集多人，結夥演會，喧譁嘈雜，聲達宫禁。此等惡習，深爲人心風俗之害。著步軍統領衙門、五城御史，諭令地面各官，嚴行禁止。儻仍有聚衆演會情事，即著拏交刑部治罪，以挽澆風。

戊戌，出使英法義比國大臣薛福成奏，與英國外部議定滇緬界務商務條約二十條，剋日先將草約畫諾，以杜狡變。又奏，此次定約，中國之船，可以在大金沙江往來行走。

《德宗實録》卷三三五　四月庚午，以捐田贍族，賞湖廣總督張之洞扁額曰

「誼篤本支」。

辛未，上御太和殿傳臚，授一甲三人張謇爲翰林院修撰，尹銘綬、鄭沅爲編修，賜進士及第。二甲吴筠孫等一百三十人賜進士出身，三甲朱紹文等一百七十八人賜同進士出身。

乙亥，出使美日祕國大臣楊儒奏，與美國外部重訂限禁華工保護華工約款詳細情形。下所司知之。

《光緒朝東華録》一二〇　五月，諭軍機大臣等，著直隸提督葉志超酌帶精兵，馳赴朝鮮之忠清道，速平禍亂，俾屬藩無烽燧之驚。

《德宗實録》卷三三六　壬午，出使英法義比國大臣薛福成奏，新訂滇緬條約，中國須派領事官駐紮仰光，豫擬揀員充補。下所司知之。

戊戌，諭軍機大臣等：李鴻章疊次電信，均經總理各國事務衙門呈覽。現在日本以兵脅議，唆使朝鮮恇怯惶惑，受其愚弄。據現在情形看去，口舌争辯，已屬無濟於事。前李鴻章不欲多派兵隊，原以釁自我開，難於收束。現倭已多兵赴漢，勢甚危迫。設脅議已成，權歸於彼，再圖挽救，更落後著。此時事機喫緊，應如何及時措置，李鴻章身膺重任，熟悉倭韓情勢，著即妥籌辦法，迅速具奏。前派去勦匪之兵，現應如何調度移紮，以備緩急之處，並著詳酌辦理。俄使喀希呢留津商辦，究竟彼國有無助我收場之策，抑另有覬覦别謀，李鴻章當沈幾審察，勿致墮其術中，是爲至要。

戊戌，諭：電寄李鴻章，電奏已悉。此次朝鮮亂匪聚黨甚衆，中朝派兵助勦，地勢敵情，均非素習，必須謀出萬全，務操必勝之勢，不可意存輕視，稍涉疏虞。派出兵練千五百名，是否足敷勦辦。如須厚集兵力，即著酌量添調，剋期續發，以期一鼓蕩平，用慰綏靖藩服至意。

乙巳，出使俄德奥和國大臣許景澄奏，帕米爾界務，已與俄約未經定議以前，彼此各不進兵。下所司知之。

乙巳，命前福建巡撫劉銘傳來京陛見。

《德宗實録》卷三三七　己酉，諭内閣：翰林院侍讀學士文廷式奏，捐納非經久之制，請概行停止，以維政體等語。國家開設捐例，原屬不得已之舉，近來仕途擁擠，人品混淆，頗滋流弊。道府大員有監司表率之責，尤非未諳吏治捐貲濫列者所能勝任。著户部即將道府兩項捐例先行停止，其餘各項實官花樣，應如何分别停止之處，並著該部悉心妥議具奏。

己酉，諭：李鴻章奏，遵覆北洋現有兵數，請飭撥的餉以備戰守一摺。據稱北洋戰艦過少，沿海陸軍分布直隸、山東、奉天三省海口，扼守礮臺，合計祇二萬人。各處緑營扼要巡防，備多力分，斷難抽調。體察倭韓情勢，出境援勦，至少亦須二三十營。此次請籌的餉二三百萬，實係通盤籌畫，豫防未然等語。該督所奏，自爲先事豫籌，以備緩急起見。即著户部、海軍總理衙門會同妥議具奏。

庚戌，諭軍機大臣等：電寄邵友濂等，據邵友濂電奏，請飭南洋調派兵輪三四艘赴臺協助，並飭聶緝槼駐滬辦理後路轉運等語。即著劉坤一酌派兵輪前赴臺灣備用。聶緝槼著暫緩來京陛見。又諭：電寄李鴻章等，現在倭韓情勢未定，袁世凱在彼可以常通消息，且與各國駐韓使臣商議事件，亦較熟習，毋庸調回。

己未，諭：電寄李鴻章，現在倭韓情事已將決裂，如勢不可挽，朝廷一意主戰。李鴻章身膺重寄，熟諳兵事，斷不可意存畏葸。著懔遵前旨，將布置進兵一切事宜，迅籌覆奏。若顧慮不前，徒事延宕，馴致貽誤事機，定惟該大臣是問。

辛酉，諭軍機大臣等：倭韓之事，關繫重大，特派尚書翁同龢、李鴻藻與軍機大臣、總理各國事務大臣會同詳議，妥籌具奏。兹據該大臣等會議覆奏，倭人以重兵駐韓，日久未撤，和局迄無成議，不得不速籌戰事。李鴻章現派衛汝貴等分統盛軍毅軍，前往平壤等處，並調葉志超一軍移紮平壤。著李鴻章即飭派出各軍，迅速前進，勿稍延緩。其左寶貴馬步八營，並著咨行裕禄速急派往，以資厚集。各軍到後，一切進止機宜，即由該督妥籌調度，用慰廑系。

《光緒朝東華録》一〇　辛酉，召袁世凱回國，以唐紹儀代辦總理交涉通商大臣。

《德宗實録》卷三三七　丁卯，諭：電寄李瀚章等，廣東南澳鎮總兵劉永福，著李瀚章傳知該員，酌帶兵勇，迅速前赴臺灣，隨同邵友濂辦理防守事宜。並諭邵友濂知之。

《光緒朝東華録》一二〇　戊辰，日人於朝鮮牙山洋面擊我租用英國高陞輪船，沈之。

《德宗實録》卷三三七　壬申，諭軍機大臣等：電寄李鴻章，日本擊我兵輪，業已絶好開釁，出使日本大臣汪鳳藻，應即撤令回國。

癸酉，諭軍機大臣等：電寄李鴻章，現與日本業已開仗，必須厚集兵力，廣籌後應。李鴻章久歷戎行，從前舊部中立功將弁，及現在各腹省訓練得力兵勇，

該督知之必悉，均可奏明調派。至平壤已爲倭踞，毅盛兩軍業由義州前進，應如何陸續添兵前往，合力攻勦；葉志超據探接仗得勝，擬赴水原，該軍餉械如何接濟，俾免缺乏之處，均著迅速酌辦。以日本悖理違法，首先開釁，備文照會各國公使。

《德宗實録》卷三三八 七月乙亥，諭内閣：朝鮮爲我大清藩屬二百餘年，歲修職貢，爲中外所共知。近十數年來，該國時多内亂，朝廷字小爲懷，疊次派兵前往戡定，並派員駐紮該國都城，隨時保護。本年四月間，朝鮮又有土匪變亂，該國請兵援勦，情詞迫切，當即諭令李鴻章撥兵赴援。甫抵牙山，匪徒星散。乃倭人無故派兵，突入漢城，嗣又增兵萬餘，迫令朝鮮更改國政，種種要挾，難以理喻。我朝撫綏藩服，其國内政事，嚮令自理。日本與朝鮮立約，係屬與國，更無以重兵欺壓，强令革政之理。各國公論，皆以日本師出無名，不合情理，勸令撤兵，和平商辦。乃竟悍然不顧，迄無成説，反更陸續添兵。朝鮮百姓及中國商民，日加驚擾，是以添兵前往保護。詎行至中途，突有倭船多隻，乘我不備，在牙山口外海面開礮轟擊，傷我運船，變詐情形，殊非意料所及。該國不遵條約，不守公法，任意鴟張，專行詭計。釁開自彼，公論昭然，用特布告天下，俾曉然於朝廷辦理此事實已仁至義盡，而倭人渝盟肇釁，無理已極，勢難再予姑容。著李鴻章嚴飭派出各軍，迅速進勦，厚集雄師，陸續進發，以拯韓民於塗炭。並著沿江沿海各將軍督撫，及統兵大臣，整飭戎行，遇有倭人輪船駛入各口，即行迎頭痛擊，悉數殲除，毋得稍有退縮，致干罪戾。

丁丑，據李鴻章電稱，直隸提督葉志超一軍，在朝鮮牙山一帶地方於六月二十五六等日，與倭人接仗，擊斃倭兵二千餘人。實屬奮勇可嘉，加恩著賞給該軍將士銀二萬兩，以示鼓勵戎行至意。

戊寅，諭軍機大臣等：有人奏，廣東南海縣舉人康祖詒，刊有《新學僞經考》一書，詆毁前人，煽惑後進，於士習文教，大有關繫，請飭嚴禁等語。著李瀚章查明，如果康祖詒所刊《新學僞經考》一書，實係離經畔道，即行銷毁，以崇正學而端士習。

己卯，諭：電寄李鴻章，電奏已悉。袁世凱著毋庸來京，即馳赴平壤辦理撫輯事宜。餘均著照所請行。初三日，電飭察看丁汝昌有無畏葸縱寇情事，即日據實覆奏。昨據該大臣覆總理衙門電稱，丁汝昌又帶六船赴朝鮮洋面，尚未見。接奉電旨覆奏，丁汝昌前稱追倭船不遇，今又稱帶船出洋，儻日久無功，安知不仍以未遇敵船爲諉卸地步。近日奏劾該提督巽懦規避，媮生縱寇者，幾於異口同聲，若衆論屬實，該大臣不行參辦，則貽誤軍機，該大臣身當其咎矣。著接奉此旨後，即日據實電覆，不得有片詞粉飾。

辛巳，諭軍機大臣等：自光緒十年越南用兵之後，創辦海軍已及十載，所有購船、製械、選將、練兵諸事，均李鴻章一手經理。乃倭人自上次朝鮮變亂，經我軍戡定，該軍敗挫而歸，從此蓄謀報復，加意練兵。此次突犯朝鮮，一切兵備，居然可恃，而我之海軍船械不足，訓練無實。李鴻章未能遠慮及此，豫爲防範，疏慢之咎，實所難辭。現在添購快船，已屬補牢之計。究竟何時可到，能否趕及此次戰事，足備進攻之用，著李鴻章迅即奏覆。因思海軍爲國家第一要務，此後必須破除常格，一意專營。該大臣熟悉中外情形，於兹事久經體察，應如何擴充辦理，總成大軍，可以出洋攻勦，計需購船械若干，用款若干，應分幾年購辦，如何仿照西法，慎選將才，精求訓練，均著李鴻章通籌熟計，詳晰陳明，候旨遵辦。將此密諭知之。

丙申，諭：倭船前在威海、旅順等處施放空礮，旋即遠颺，難保不乘我之懈，再來猛撲。威海、大連灣、煙臺、旅順等處爲北洋要隘，大沽門户。海軍各艦應在此數處來往梭巡，嚴行扼守，不得遠離，勿令一船闌入。儻有疏虞，定將丁汝昌從重治罪。

己亥，諭：現在駐紮平壤各軍爲數較多，亟須派員總統，以一事權。直隸提督葉志超戰功夙著，堅忍耐勞，即著派爲總統，督率諸軍，相機進勦。所有一切事宜，仍隨時電商李鴻章妥籌辦理。

庚子，丁汝昌著即行革職，仍責令戴罪自效，以贖前愆。儻再不知奮勉，定當按律嚴懲，決不寬貸。懔之。

壬寅，諭：電寄李鴻章等，本日據李鴻章電稱，葉志超因病懇請開缺就醫，復懇收回成命，另派總統等語。葉志超孤軍禦敵，冒險出圍，督率有方，堪勝總統之任。現雖暫時患病，著毋庸開缺，在營安心調理。一俟痊癒，即統率全軍，合力進勦，毋許固辭。

癸卯，總理各國事務衙門奏，重訂中外保護華工約六條。又奏，請飭楊儒於中美約本互换後，即將中墨約章妥議。如所請行。

《德宗實録》卷三三九 八月乙巳，諭：前因海軍統將亟須得人，丁汝昌畏葸無能，屢被參劾，諭令李鴻章遴員接替。兹據李鴻章奏稱，自近年部議停購船

械，十四年後我軍未增一船，各船行用日久，愈舊愈緩。前曾奏明海上交鋒，恐非勝算。今日海軍力量攻人不足，自守有餘。應遵旨嚴防威、旅門户，爲保船制敵之計，不敢輕於一擲。丁汝昌前勦粤捻，疊著戰功，創辦海軍，情形熟悉，目前海軍將才尚無出其右者。總兵劉步蟾、林泰曾未經戰陣，難勝統率之任。若另調他省水師人員，更慮僨事貽誤，懇請主持定斷等語。朝廷賞功罰罪，一秉大公。丁汝昌統率全軍戰艦未能奮勉圖功，以致衆口交騰，當此軍情緊急之時，不得不嚴行查究，免致貽害將來。既據該大臣密籌海軍彼此情勢，戰守得失，詳晰覆奏，自係實在情形。丁汝昌暫免處分，著李鴻章嚴切誡飭。嗣後務須仰體朝廷曲予保全之意，振刷精神，盡心防勦。儻遇敵船猝至，有畏縮退避情事，定按軍法從事，決不姑寬。

癸丑，諭軍機大臣等：户部奏請飭各省息借商款等語。現在倭氛不靖，購船募勇，需餉浩繁，息借商款，京城業經創辦。即著各直省督撫徧諭官紳商民人等，如有湊集貲本，情願借給官用者，准赴藩司關道衙門呈明，即照户部辦法議定行息，塡給印票。其票鈐用藩司關道印信，塡明歸還本利限期，准於地丁關稅項下，照數按期歸還，不得絲毫挂欠。如集款至一萬兩以上，准將籌集之人先行請奬虛銜封典，以示鼓勵。

乙卯，諭：內閣御史端良奏，請將革員驅令回籍，以免貽誤事機等語。革員張佩綸獲咎甚重，乃於發遣釋回後，又在李鴻章署中以干預公事，屢招物議，實屬不安本分。著李鴻章即行驅令回籍，毋許逗遛。

丙辰，諭軍機大臣等：電寄李鴻章，張之洞電奏，現由許景澄密購大批精槍一萬三千枝，彈六百五十萬顆，連珠快礮八尊，彈配足，約兩箇月到滬，共價約二十四萬兩，運費未言，先匯定銀七萬兩，日內即可起運等語。現在軍火需用正亟，此項槍械訂購甚屬合宜。已諭許景澄照辦，並令商訂徑運天津。著李鴻章即飭江海關道無論何款，先墊付定銀七萬兩，匯交許景澄辦理。

壬戌，諭內閣：倭人渝盟肇釁，迫脅朝鮮，朝廷眷念藩封，興師致討。北洋大臣李鴻章總統師干，通籌全局，是其專責。乃未能迅赴戎機，以致日久無功，殊負委任。著拔去三眼花翎，褫去黄馬褂，以示薄懲。該大臣務當力圖振作，督催各路將領，實力進勦，以贖前愆。

八月乙丑，諭：電寄李鴻章，電奏十四、十五等日平壤接戰情形，均悉。左寶貴力戰陣亡，深堪憫惻。所有此次應行賜卹議處各員，著李鴻章專摺馳奏。

庚午，諭內閣：欽奉慈禧端佑康頤昭豫莊誠壽恭欽獻崇熙皇太后懿旨，本年十月予六旬慶辰，率土臚歡，同深抃祝。【略】詎意自六月後倭人肇釁，變亂藩封，尋復毁我舟船，不得已興師致討。刻下干戈未戢，征調頻煩，兩國生靈，均罹鋒鏑。每一思及，憫悼何窮？前因念士卒戰陣之苦，特頒內帑三百萬金，俾資騰飽。茲者慶辰將屆，予亦何心侈耳目之觀受，臺萊之祝耶。所有慶辰典禮，著仍在宫中舉行。其頤和園受賀事宜，即行停辦。欽此。

《德宗實録》卷三四〇 九月甲戌，諭內閣：欽奉皇太后懿旨，恭親王奕訢著在內廷行走。又諭欽奉懿旨，本日召見恭親王奕訢，見其病體雖未痊愈，精神尚未見衰。著管理總理各國事務衙門事務，並添派總理海軍事務，會同辦理軍務。

乙亥，諭：前經降旨派宋慶幫辦北洋軍務，現在已赴奉天。除依克唐阿一軍外，所有北洋派赴朝鮮各軍，及奉省派往東邊防勦各營，均著歸宋慶節制。如有不遵調遣者，即以軍法從事，不得稍涉徇縱，致誤戎機。

乙亥，諭，電寄吴大澂：現在沿海各口，自山海關至大沽地段綿長，防務緊要。著派吴大澂周歷各處，總司稽查，隨時酌量緩急，調集兵隊，與李鴻章合力固守，勿得稍有疏虞。

乙亥，出使美日祕國大臣楊儒奏，通籌寓美華民善後事宜，並派員赴墨西哥分途查看情形。前開議之中墨約款，當與墨國使臣商妥後，由總署奏請允行，以符歷届辦理成案。

丙子，直隸總督李鴻章奏：已革侍講學士張佩綸在署，絶不干預公事，懇恩矜全。得旨，張佩綸獲咎甚重，何得再爲剖辯。仍令回籍，不准在該督署中居住。

己卯，諭電寄李鴻章：前臺灣巡撫劉銘傳馭軍有法，卓著勳勞。六月間因倭人肇釁，特旨起用，旋據電覆，因疾未能赴召。現在軍事日棘，統帥乏人，該前撫受國厚恩，當此邊防危急之時，豈得置身事外？著李鴻章再行傳諭劉銘傳，於接奉此旨後，即行起程，來京陛見。該前撫忠勇素著，諒不至藉詞諉卸，視國事如秦越也。仍將遵旨起程日期，先行電聞。

壬午，諭內閣：前據李鴻章電奏，海軍各艦在大東溝洋面，與倭船接仗情形，當經諭令該大臣查明傷亡將士，請旨優卹。茲據覆奏詳細情形，此次海軍護送運船，突遇倭船，鏖戰三時之久。我軍以兵艦十艘，當倭船十二隻，以寡敵衆，循環攻擊，始終不懈，俾陸軍得以登岸，我船被沈四隻，擊沈倭船三隻，餘船多受

重傷。各將士效死用命，深堪嘉憫。提督銜記名總兵鄧世昌，升用總兵林永升，均著照提督例從優議卹。鄧世昌首先衝陣，攻毀敵船，被溺後遇救出水，義不獨生，奮擲自毀，忠勇性成，死事尤烈，並著加恩予謚。升用遊擊陳金揆，著照總兵例，從優議卹，以慰忠魂。

丁亥，諭：電寄宋慶，葉志超駐軍平壤，漫無布置，以致臨敵潰退。衛汝貴所統盛軍，兵數較多，全行潰散，槍械盡失，且劣迹甚多，屢被參劾。葉志超、衛汝貴均著先行撤去統領，聽候查辦。聶士成向來帶兵尚屬勇往，葉志超、衛汝貴所部各軍，即著宋慶傳旨，派令聶士成統帶，以專責成。

戊子，諭：電寄唐景崧，本日已明降諭旨，邵友濂調署湖南巡撫，唐景崧署理福建臺灣巡撫。臺灣防務極關緊要，唐景崧既經署理巡撫，責任綦重，一切事宜即責成該署撫妥爲籌畫，並著與楊岐珍、劉永福會商布置，不得意氣用事，自以爲是。

戊戌，直隸總督李鴻章奏：通籌北洋備倭饟需，及定購快船各款，不敷甚鉅，懇請飭部迅行照數添撥備用。下所司速議。尋總理海軍事務衙門奏，北洋備倭經費，及訂購快船，先後會同户部撥銀五百萬兩，又由廣東捐輸長蘆課價撥銀各六十萬兩。除借支使費等外，尚餘九十萬兩。應飭查明。並快船究購幾隻，需價若何，一併趕緊奏咨報部。從之。

己亥，諭内閣：欽奉慈禧端佑康頤昭豫莊誠壽恭欽獻崇熙皇太后懿旨，本年十月予六旬慶辰，皇帝率天下臣民臚歡祝嘏。前經降旨，内而王公、一二品文武大臣，外而將軍、督撫、都統、副都統、提、鎮照例應進貢物緞疋，均著毋庸進獻，以示體恤。兹當慶典屆期，該王公大臣等仍循舊例，呈進貢物，係屬出於至誠，若不允准，無以申臣下將敬之忱，轉似近於矯情，均著加恩賞收。所有此次呈進貢物之王公大臣等，著各賞給福字一方，壽字一方，如意一柄，蟒袍一件，尺頭二疋，用示行慶施惠至意。

辛丑，諭：電寄宋慶，本日據電奏，倭賊渡江猛撲，抵禦不退，傷亡甚多，亟盼接應不至，惟有竭盡心力等語。覽奏焦急萬分。倭賊擁衆惡戰，我軍强弱不敵，以致敗退。該提督當以全局爲念，擇地穩紮，相機雕勦，毋得株守一隅，不思變計。

諭：電寄劉坤一，現在倭兵已越奉邊，近畿一帶防務更形喫緊。著劉坤一悉心酌度，在轄境三省防軍之内，籌撥五六千人，帶足槍械子藥，揀派敢戰將弁，迅速統率，附搭商輪來京。朝廷明知江防重要，難以抽調，但畿疆尤爲切近，不得不移緩就急。該督當仰體此意，趕緊籌畫辦理，不得稍有推卸，致誤事機。

諭：電寄張之洞等，電奏已悉。余虎恩所著王廉無論何款，速即照數撥解湖北應用，並著張之洞催令余虎恩迅速帶兵北上，勿稍延緩。

壬寅，諭：電寄李鴻章，現在倭賊渡江肆擾，畿疆門户萬分緊要，該大臣每次電報前敵軍情，於一切布置防守情形，略無一語。刻下奉邊被擾，寇氛甚熾。該大臣身膺重寄，諒已隨時設法，竭力圖維。邊門鎖鑰，非僅山海關一處喫緊。其迤北各口，逼近京畿，處處皆虞竄越。該督以奉省爲鞭長莫及，豈直北一帶亦可置之度外耶？朝廷旰食增憂，日夜焦慮。該大臣具有天良，自當盡心籌畫，以紓廑系。著於奉旨後即行電覆。

《德宗實録》卷三五一　十月乙巳，閩浙總督譚鍾麟奏，議覆息借洋款商款各情。查借銀論磅，洋人百計繞算，中國受累無窮。請飭各省以後不准再有借銀論磅之事。華商非無銀，地方官能取信於民，借款亦自易易。擬設總局，按部章月息七釐變通辦理，以周年七釐還商民，留一分四釐充局費。下部議。

《光緒朝東華録》一二二二　戊申，諭：現在畿輔大兵雲集，著派恭親王督辦軍務，所有各路統兵大員，均歸節制。如有不遵號令者，即以軍法從事。慶親王奕劻，著幫辦軍務。翁同龢、李鴻藻、榮禄、長麟，並著會同商辦。

《德宗實録》卷三五一　戊申，諭：甯夏鎮總兵衛汝貴統帶盛軍，臨敵退縮，以致全軍潰敗，並有剋扣軍饟，縱令兵勇，沿途搶掠情事。衛汝貴著革職拏問，交刑部治罪。海軍提督丁汝昌統帶戰艦，不能得力，所有交部議敘之案，著即撤銷。

戊申，諭軍機大臣等：著派恭親王、慶親王奕劻、户部尚書翁同龢、禮部尚書李鴻藻、步軍統領榮禄、右翼總兵禮部左侍郎長麟辦理巡防事宜。

《光緒朝東華録》一二二二　戊申，召劉坤一入覲，調張之洞署兩江總督兼南洋通商大臣，仍以譚繼洵署湖廣總督。

《德宗實録》卷三五一　己酉，諭内閣：朕欽奉慈禧端佑康頤昭豫莊誠壽恭欽獻崇熙皇太后懿旨，翁同龢、李鴻藻、剛毅均著補授軍機大臣。

己酉，諭：朕欽奉懿旨，總税務司赫德當差有年，深資得力，兹逢慶典，推恩伊子承光著賞給三品頂戴，以示優異。

己酉，賞朝鮮使臣筵燕，賜朝鮮王妃緞疋。

《光緒朝東華録》一二二　癸丑，日人取我金州。

甲寅，日人取我大連灣。

《德宗實録》卷三五一　乙卯，總理各國事務衙門奏，軍務需款甚鉅，現擬借用洋款一千萬兩，借還皆依庫平，不論磅價。長年七釐行息，劃二十年本息還清。依議行。

辛酉，四川總督劉秉璋著降三級留任，不准抵銷。

辛酉，諭：本月恭逢慈禧端佑康頤昭豫莊誠壽恭欽獻崇熙皇太后六旬萬壽，各國使臣齎遞慶賀國書，和好益敦，雍容成禮，朕心實深欣悦。

諭，電寄李鴻章：宋慶電奏已悉。刻下金州已陷，旅順情形萬緊，該提督已抵蓋平，著即前赴復州一帶，相機進剿，以掣賊勢。

乙丑，命四川總督劉秉璋開缺來京，另候簡用。調閩浙總督譚鍾麟爲四川總督，以前河南巡撫邊寶泉爲閩浙總督。

丙寅，諭軍機大臣等：電寄李鴻章，平壤之役，葉志超恇怯退縮，毫無布置。雖未若衛汝貴之罪狀纍纍，而僨軍之咎則同，前已交宋慶查辦。宋慶軍事正繁，尚未查覆，葉志超著先行革職，以肅軍紀。

《光緒朝東華録》一二二　丁卯，旅順陷。

《德宗實録》卷三五一　庚午，諭：電寄李鴻章，據電旅順失守，覽奏曷勝憤懣。該大臣調度乖方，救援不力，深堪痛恨，著革職留任，並摘去頂戴，以示薄懲而觀後效。刻下逆氛益熾，各海口處處喫緊，著李鴻章迅即親赴大沽北塘等處周歷巡閲，嚴密布置，不准再事遷延，致干嚴譴。

壬申，諭内閣：朕欽奉慈禧端佑康頤昭豫莊誠壽恭欽獻崇熙皇太后懿旨，本朝家法嚴明，凡在宫闈，從不准干預朝政。瑾妃、珍妃承侍掖廷，向稱淑慎，是以優加恩眷，洊陟崇封，乃近來習尚浮華，屢有乞請之事。皇帝深慮漸不可長，據實面陳，若不量予儆戒，恐左右近侍，藉爲夤緣蒙蔽之階，患有不可勝防者。瑾妃、珍妃均著降爲貴人，以示薄懲而肅内政。

壬申，諭軍機大臣等：電寄李鴻章，前因旅順告警，海軍不能得力，降旨將丁汝昌革去尚書銜，摘去頂戴，以示薄懲。現在旅順已失，該提督救援不力，厥咎尤重。丁汝昌著即革職，仍暫留本任，嚴防各海口，以觀後效。

《光緒朝東華録》一二三　十一月癸酉朔，諭：本年十月慈禧端佑康頤昭豫莊誠壽恭欽獻崇熙皇太后六旬萬壽，所有各省來京協同辦理，點景暨隨班祝嘏之道府州縣丞倅及武職各員，加恩均著賞加一級，即飭各回本省。其隨同叩祝之耆民等，著每人各賞給銀一兩。該衙門知道。

丁丑，諭：電寄李鴻章，前經津海關道與倫道呵訂借洋款一百萬磅，已有成議。著李鴻章電知龔照瑗，即與銀商安蒙士莊詳立合同畫押。

庚辰，諭内閣：朕欽奉慈禧端佑康頤昭豫莊誠壽恭欽獻崇熙皇太后懿旨，恭親王奕訢著補授軍機大臣。

乙酉，諭内閣：提督聶士成等於前月二十九日陣斃倭酋富岡三造，殲賊甚衆，業經頒給聶士成、吕本元賞件，並賞給軍士銀兩。

丁亥，諭：電寄李鴻章：據電稱俄館調兵四十名，赴京護衛等語。此事斷不可行，告以在京各館，中國應認保護，伊若調兵，他國亦將仿照，轉恐人心疑惑，易致生事。著李鴻章切實阻止，勿稍遷就，是爲至要。

乙丑，日人取我海城縣。

辛卯，命步軍統領榮禄在總理各國事務衙門行走。

癸巳，諭：宋慶奏，遵旨查辦統將被參各節，據實覆陳一摺。已革甘肅甯夏鎮總兵衛汝貴平時待兵寡恩，此次赴朝鮮援剿，不能約束弁勇，縱令到處騷擾，以致民人怨謗，種種罪狀，實爲僨事之尤。衛汝貴業經降旨，革職拏問。著李鴻章、裕禄懍遵疊次諭旨，查明該革員行抵何處，嚴飭押解員役，迅即解交刑部治罪，毋許逗遛。已革直隸提督葉志超由公州退回平壤，並未接仗，沿途所報戰狀，盡係虚捏。迨行抵平壤，又復漫無布置，即行潰退。其時安州尚有馬步八營，可爲策應。該革員並不扼守安州，乃竟退過鴨緑江，實屬統馭無方，大負委任。革職留任海軍提督丁汝昌統領海軍多年，自倭人啟釁以來，疊經諭令統領師船，出海援剿。該革員畏葸遷延，節節貽誤。旅順船隖是其專責，復不能率師援救，實屬恇怯無能，罪無可逭。葉志超、丁汝昌均著拏交刑部，分別治罪。

戊戌，命户部左侍郎張蔭桓署湖南巡撫，邵友濂前往日本會議和局。

《德宗實録》卷三五三　己亥，諭軍機大臣等：電寄李鴻章，據電稱戴宗騫等稟請暫留丁汝昌辦理防務等語。丁汝昌著仍遵前旨，俟經手事件完竣，即行起解，不得再行瀆請。

辛丑，諭：有人奏，已革總兵衛汝貴，起自盛軍營官，巧善逢迎，不數年而統淮軍十七營，兵多缺額，饟入私囊，擁貲數十萬，悉由剋扣盤剥而來。清江浦一處，即開設典當四座，比及事敗，電致親屬將當業倒填月日，改易商名，是其爲利

孳孳，已可概見，請飭查抄等語。衛汝貴罪狀昭著，業經逮問，著張之洞迅速派員，將該革員家産嚴密查抄，解充軍饟，不准稍有隱匿。尋奏，查抄衛汝貴家産，分別辦理。下部知之。

《德宗實録》卷三五五　十二月癸卯，諭内閣：現在軍務未平，從征將士冒鏑衝鋒，備嘗艱苦。烽煙所至，民生不得安業。朕宵旰焦勞，時深軫念。所有本年十二月二十三日紫光閣筵燕，除夕保和殿筵燕及明年正月内一切筵燕均著停止。

諭：前因旅順失守，當經降旨，將丁汝昌、龔照璵拏交刑部治罪，並飭李鴻章查明衛汝成、黄仕林等下落，現尚未據覆奏。兹據李秉衡奏稱，丁汝昌、龔照璵、衛汝成臨敵逃竄，貽誤軍機，請明正典刑，以伸國法等語。記名提督衛汝成於赴援旅順時，沿途縱勇殃民，迨旅順失利，聞風先遁，實屬罪無可逭，著即革職，拏交刑部治罪。李鴻章迅即派員起解，不准稍涉延緩。記名提督黄仕林仍著李鴻章查明下落，迅速覆奏。

《光緒朝東華録》一二三　甲辰，命兩江總督劉坤一爲欽差大臣，關内外防勦各軍均歸節制。

命太僕寺卿岑春煊馳赴劉坤一軍營聽候差遣。

《德宗實録》卷三五五　壬子，諭内閣：朕欽奉慈禧端佑康頤昭豫莊誠壽恭欽獻崇熙皇太后懿旨，張蔭桓、邵友濂現已派爲全權大臣，前往日本會商事件。所有應議各節，凡日本所請，均著隨時電奏，候旨遵行。其與國體有礙，及中國力有未逮之事，該大臣不得擅行允諾，懍之慎之。

《光緒朝東華録》一二三　丁巳，日人取我蓋平。

己未，諭：電寄張之洞，現在防勦各軍需用槍礮甚繁，盡向外洋購運，深恐緩不濟急。湖北創設槍礮廠有年，前降旨仍歸張之洞一手經理，並令督飭速辦。刻下籌辦情形若何，能否及時擴充，設法製造，以便分撥應用，即著張之洞迅籌覆奏。

庚申，諭：宋慶電奏，蓋平於十五日失守，請將總兵章高元、徐邦道嚴議，並自請治罪等語。章高元駐防蓋平，於賊犯該州時接仗未能得力，徐邦道赴援遲緩，均屬咎無可辭。山東登州鎮總兵章高元、直隸正定鎮總兵徐邦道均著交部嚴加議處。宋慶調度無方，著一併交部議處。

庚申，諭：有人奏，吴大澂言大而夸，不諳軍旅，日惟手一洋槍，講究準頭，洋洋自得。所部勇丁，每月僅關餉三兩四錢，魏光燾、劉光才、余虎恩等受其節制，無不心懷抑鬱，誠恐有誤全局。且其官階較大，自負不凡，恐與劉坤一多所掣肘等語。吴大澂駐守榆關，責任綦重。當此寇氛日熾，海防戒嚴，亟宜慎之又慎，懍遵疊次諭旨，聯絡諸將，固結軍心，方爲不負委任，豈可輕率從事，致滋物議？原奏各節，該撫當返己自思，有則改之，無則加勉。總期熟籌守禦，與各該將領遇事和衷，勿稍滿假，庶無負朝廷諄諄告誡之至意也。

辛酉，諭軍機大臣等：【略】本日已電諭吴大澂統帶所部，及魏光燾、吴元愷各軍，即日拔隊出關。劉坤一身爲統帥，一切調度機宜，責無旁貸。著緊即前赴山海關，扼要駐紮，與關内外各軍聯絡，迅聲勢，妥籌進止。能於海口未開凍之前，得有大捷，軍事庶有起色。欽此。該大臣當懍遵慈訓，剋日啟行，毋稍延緩，以副朝廷期望之意。

癸亥，諭：刑部奏，遵旨定擬革員衛汝貴罪名，並聲明該革員罪狀較重，請旨遵行一摺。已革總兵衛汝貴，平日待兵刻薄寡恩，毫無約束。此次統帶盛軍，臨敵節節退縮，貽誤大局，並有剋扣軍饟，縱兵搶掠情事。罪狀甚重，若不從嚴懲辦，何以肅軍律而儆效尤！衛汝貴著依律論斬，即行處決。派刑部尚書薛允升監視行刑。

《清德宗實録》卷三五六　乙丑，諭軍機大臣等：電寄張蔭桓等，前據電奏，業經抵滬，諒已與邵友濂會商一切。即著該侍郎等剋日出洋，毋庸另候諭旨，並將啟程日期電覆。

《光緒朝東華録》一二三　丁卯，日人犯山東榮城縣，據之，進逼威海衛。

《德宗實録》卷三五六　戊辰，諭軍機大臣等：電寄李鴻章等，二十五日各電均悉，倭寇蓄意謀攻威海，大隊兵船已在榮成開礮，並有倭兵上岸。電綫不通，情形極爲危急。其洋划登岸之兵，究有若干，著李鴻章、李秉衡各飭防軍，飛速馳擊，勿任深入蔓延，海軍戰艦必須設法保全。前據李鴻章電奏豫籌水陸相依之法，尚屬詳細。現當臨敵之時，應如何相機合力出擊之處，即飭該將領等迅速籌辦，毋得束手坐待，致爲所困。

庚午，命雲貴總督王文韶充幫辦北洋事務大臣。

壬申，諭軍機大臣等：電寄李鴻章等，成山倭輪四十艘，已開赴東洋。其上岸之賊，逼近威海，來勢甚鋭。威海南岸礮臺，正當榮成來路，最爲喫重。在防兵勇，必須齊心戮力，共效死守，不得稍涉疏虞。儻能堅守勿退，力卻兇鋒，朝廷

破格酬庸，定加以不次之賞，如有臨敵潰退者，即以軍法從事。李鴻章、李秉衡當剴切曉諭全營將士俾共懔遵。

光緒二一年（乙未、一八九五）

《德宗實録》卷三五八　正月丙子，山東巡撫李秉衡奏，榮成失守，力籌堵剿情形。得旨，著查明文武各官下落，再行具奏。

《華東續録》光緒一二四　辛巳，威海衛陷。

《德宗實録》卷三五八　壬午，諭：電寄李鴻章，據電奏威海失守情形，閲之殊深憤懣。戴宗騫誓死守臺，今又與丁汝昌同往定遠，究竟海軍各艦能否力戰衝出，現泊何處，劉公島孤懸海濱，勢亦不保，日内情形，著即探明速報。沿海各口，瞬届開凍，威海一失，處處喫緊。李鴻章前奏不能兼顧奉天，而以專保直隸海口自任。昨電稱恐倭登岸包抄後路，請添遊擊之師，已准其調回聶士成一軍應用，著由該督再行嚴劄飛催。各海口可以上岸之處，皆該督轄境，責無旁貸。先期豫防，固宜嚴密，至一聞警信，應如何呼應靈捷，合力堵擊，使敵不得乘間登岸，尤關緊要。著李鴻章迅籌覆奏。

《德宗實録》卷三五九　甲申，總理各國事務衙門會奏，籌備軍需，訂借匯豐洋行庫平足銀一千萬兩，每年七釐行息。又借英金三百萬鎊六釐行息，均分二十年歸還。妥立合同，派員畫押。依議行。

《光緒朝東華録》一二四　乙酉，日人據劉公島，覆我北洋海軍。

《德宗實録》卷三五九　己丑，出使美日秘國大臣楊儒奏，中倭開仗以後，歐美大邦，皆恪守局外公法，所有軍艦，不容轉售，中國勢難購船。美國亦無售船與倭之事，惟南美小國，間思乘時射利，或以廢舊之艦，投函求售，即使購得，無裨軍實。下所司知之。

辛卯，諭：電寄張之洞，電奏已悉，威海被陷，北洋戰艦盡失。若欲重整海軍，自非另購鐵快等艦不可。惟需費甚鉅，即借用大批洋款，亦未易集事。漢納根所購鐵快各一船，現經王大臣議與訂定，將來此船到華，即可撥歸南洋，先行調遣。此外購船，先須籌有款項。著張之洞即在上海等處洋行，商訂借款，電知户部總署奏明辦理。如集有成數，即設法購船，以備海洋禦敵之用。

《光緒朝東華録》一二四　壬辰，上御文華殿，各國駐華使臣覲見賀年。

《德宗實録》卷三六〇　甲午，諭：電寄李鴻章，本日據張蔭桓等電奏，已於二十一日到滬，將往來問答倭敕底稿，鈔録呈覽。並云再派重臣，可不必到廣島，伊藤等可來旅順，就近商辦。至停戰之議，初次派使時，美使即向倭言及，倭覆電須俟兩國大臣聚會時，方能將如何議和停戰言明。昨接李鴻章電奏，復飭總署與田貝商酌，田謂倭必不改前説，礙難再商，惟盼李鴻章速與會面定議。此時事機至迫，連日電詢李鴻章啟程日期，殊深焦盼。該大臣務須即日布置成行，所有隨帶人員，並著揀派妥協，迅速具奏。

丙申，諭：刑部奏，遵旨嚴訊革員葉志超、龔照璵，按照律例分别定擬罪名，請旨遵行各一摺。已革直隸提督葉志超，已革道員龔照璵，均著照該部所擬斬監候，秋後處決。

辛丑，諭，電寄譚鍾麟：昨聞澎湖見有倭船，臺灣水綫已斷，業經電令譚鍾麟，傳諭唐景崧嚴備。臺灣孤懸海中，餽需不繼，關繫匪輕。户部所撥銀一百萬，設臺灣不能匯兑，祇能匯到福建，應如何設法運解，著譚鍾麟妥籌辦理。刻下賊情如何，著即電覆。

《德宗實録》卷三六一　二月丙午，諭軍機大臣等：電寄張之洞，昨奏續借熾大洋行二百萬磅，著該督即行照辦。

《光緒朝東華録》一二四　戊申，電諭龔照瑗、許景澄：致英國大君主法國大伯理璽天德，朕現定派大學士李鴻章赴日本與商停戰定約，以全民命，息争端，素諗貴國以保平安爲心，希設法力勸，總以公道議和爲望。

戊申，日人取我牛莊。

《德宗實録》卷三六一　己酉，諭：電寄唐景崧，電奏已悉，臺灣爲外人垂涎，近聞倭人有調集兵船，聚泊琉球之説，恐將就近圖犯臺灣。情殊叵測，戰守事宜亟須豫爲籌備。著唐景崧督飭各營嚴密布置，毋稍大意。

《光緒朝東華録》一二四　庚戌，日人取我營口。

出使日本議和大臣張蔭桓、邵友濂回國。

《德宗實録》卷三六一　癸丑，諭：電寄張之洞，前據電奏，以臺灣作押借用洋款，藉資保衛一節。經總理衙門詢之總税務司，據稱各國均守局外，勢不能行。該督所奏，究竟有無確實辦法，著詳細電覆。

甲寅，諭：電寄宋慶等，電奏均悉，此次賊竄牛莊，湘軍初次接仗輒即敗退。吴大澂身爲統帥，徒託空言，臨敵疏於調度，致損軍威。宋慶以牛莊失守，率軍

回救田莊臺，致賊乘虛襲踞營口。宋慶、吴大澂自請嚴議，均屬咎無可辭，姑從寬改爲交部議處，以示薄懲。

《光緒朝東華録》一二四　乙卯，日人取我田莊臺。

《德宗實録》卷三六二　辛未，諭：電寄劉坤一，本日據李鴻章電奏，倭人所欲甚奢，恐難就範。伊藤面稱現要攻取臺灣，倭新報云兵船二十隻，在大沽北塘海面游弋，查察商船，倭主派小弁親王赴旅順督師等語。連日據唐景崧電稱，倭攻澎湖，已由文良港登岸，臺灣恒春亦有倭船停泊，是其欲攻臺灣之説已確。津沽南北口外有無倭船來往，著劉坤一隨時確探，加意嚴防。

《清德宗實録》卷三六三　三月壬申，命湖南巡撫吴大澂仍回本任，毋庸來京。

己卯，諭：電寄唐景崧，電奏四件均悉。向來兩國議和，先定停戰日期；和議不成，仍即開戰。此次議定停戰，自初五至二十六亦祇二十一日，其不允臺、澎，李鴻章按公法與之力争，而彼堅執如故，此節權自彼操。

壬午，前諭張之洞酌撥槍彈，並調兵輪赴臺。本日據該督電稱，槍彈已竭力撥解，南洋兵輪無多，且船舊行遲，祇可在長江依輔礮臺，若出海遇敵，徒供糜碎，有損於江，無益於臺。所奏亦係實情，想該督必已電覆矣。

丙戌，諭内閣：李秉衡奏，查明威海失守，死事各員情形一摺。海軍右翼總兵劉步蟾、記名總兵張文宣、護理海軍左翼總兵楊用霖、儘先都司廣東大鵬、協右營守備黄祖蓮，均能見危授命，忠烈可嘉，著照軍營陣亡例從優議卹。至已革海軍提督丁汝昌，總統海軍，始終僨事，前經降旨拏問，獲咎甚重，雖此次戰敗死綏，仍著毋庸議卹。

《光緒朝東華録》一二五　癸巳，調譚鍾麟爲兩廣總督，以鹿傳霖爲四川總督。

《德宗實録》卷三六四　甲午，總理各國事務衙門代奏，李鴻章電稱與日本全權大臣伊藤博文等，在馬關議定和約十一款：一中國認朝鮮爲獨立自主國，廢除貢獻典禮。二中國將遼南地方及臺灣全島、澎湖列島讓與日本。三兩國各派官員二名，公同畫界限，一年竣事。四中國償日本軍費貳萬萬兩，分八次，於七年内交清。五中國所讓地方，二年之内准人民變賣産業，遷居境外，但臺灣一省，須各派大員，於兩箇月内交接清楚。六准添開沙市、重慶、蘇州、杭州爲商埠，由日本添設領事官駐紮，及日本輪船從湖北宜昌至四川重慶，又從上海吴淞江至蘇州、杭州載客運貨，並日本臣民在中國購買貨物或將商貨運往内地，得暫租棧房存儲，又得在中國通商口岸從事工藝製造。七日本現駐中國之軍隊，限三箇月内撤回。八其暫駐威海衛之軍隊，俟第一第二兩次償款交清，通商行船約章批准，暨確定抵押辦法後撤回。九兩國各將俘虜交還並予免罪。十本約批准後，按兵息戰。十一本約批准後，定於四月十四日在烟臺互换。從之。

乙未，借款一節，前經總税務司借用匯豐行三千餘萬兩，他處借款皆議而不成。現須借用鉅款，仍由匯豐一手經理，已有成議。儻再由他處洋商訂借，恐匯豐借款因之罷議，關繫甚重。王之春所訂借款，著張之洞電令即作罷論。將來南洋需用款項，由户部另行籌議，不得再由他商攬借，以免淆亂。

己亥，欽差大臣大學士李鴻章奏，中日會議，和約已成，照鈔畫押條約進呈，請早批准，派員互换，以便停戰撤兵。得旨，聞俄、德、法三國現與日本商改中日新約，將來如有與此約情形不同之處，仍須隨時修改。

《德宗實録》卷三六五　四月壬寅，諭：電寄許景澄，二十九日電諭許景澄向俄廷致謝，商由三國告倭，展緩停戰互换之期，並飭總署王大臣赴三國使館，囑將展期一節各電本國該使，皆允即日發電。不審日内俄廷已得日本覆信否，殊深懸盼。俄稱倭果堅拒，只好用力詢之喀希呢，語涉含糊。究竟俄外部之言有無實際，此事至急。若有布置，此時必已定議，並著密探以聞。儻至限期迫近，尚無覆音，可否由中國徑達日本，直告以三國不允新約，囑中國暫緩批准之處，著許景澄往見外部，與之豫籌。此節先期電覆。再巴蘭德向德廷陳説，勸阻新約，係爲中國出力，深堪嘉許，著該大臣傳旨奬勵。

壬寅，諭：電寄劉坤一等，新定和約條款，劉坤一、王文韶諒皆知悉。讓地兩處，賠款二萬萬，本皆萬難允行之事。而倭人恃其屢勝，堅執非此不能罷兵。設竟決裂，則北犯遼瀋，西犯京畿，皆在意中。連日廷臣章奏甚多，皆以和約爲必不可准，持論頗正。而於瀋陽、京師兩地，重大所關，皆未計及。如果悔約，即將決戰。如戰不可恃，其患立見，更將不可收拾。劉坤一電奏有云，「戰而不勝，尚可設法撑持」。王文韶亦有「聶士成等軍頗有把握，必可一戰」之語。惟目前事機至迫，和戰兩事，利害攸關，即應立斷。著劉坤一、王文韶體察現在大局，安危所繫，及各路軍情戰事，究竟是否可靠，各抒所見，據實直陳。不得以游移兩可之詞，敷衍塞責。

丁未，諭軍機大臣等：三國勸阻之議，許景澄電稱外部允催日本駐使，於批

准定期之前，定一日期限倭確覆，迄今未到。詢以可否由中國徑告日本，三國勸暫緩批准之意，外部以爲未可，囑以尚未查清，權詞答覆。現在爲期更促，爲我自計，似究以明告日本爲妥，三國諒亦不能藉口。著李鴻章即行妥籌覆奏。

《光緒朝東華録》一二六　甲寅，福建臺灣巡撫邵友濂因病乞休，允之。

《德宗實録》卷三六六　丁巳，諭：電寄劉坤一等，中日新約，現已互换，彼此息兵，並另商歸還遼地。刻下各路防軍應照舊駐紮訓練，以備不虞。關外前敵各軍，不得越界生釁，著劉坤一、王文韶、宋慶、裕禄、依克唐阿、長順通飭各軍，一體懔遵。

戊午，硃諭：大學士、六部、九卿、翰詹、科道等，近自和約定議以後，廷臣交章論奏，謂地不可棄，費不可償，仍應廢約決戰，以期維繫人心，支撑危局。其言固皆發於忠憤，而於朕辦理此事，兼權審處，萬不獲已之苦衷，有未能深悉者。自去歲倉猝開釁，徵兵調饟，不遺餘力。而將少宿選，兵非素練，紛紜召集，不殊烏合，以致水陸交綏，戰無一勝。至今日而關内外情勢更迫，北則竟逼遼瀋，南則直犯京畿，皆現前意中之事。陪都爲陵寢重地，京師則宗社攸關。況廿年來慈闈頤養，備極尊崇。設一朝徒御有驚，則藐躬何堪自問？加以天心示警，海嘯成災，沿海防營多被衝没，戰守更難措手。用是宵旰徬徨，臨朝痛哭。將一和一戰，兩害熟權，而後幡然定計。此中萬分爲難情事，乃言者章奏所未詳，而天下臣民皆應共諒者也。兹當批准定約，特將前後辦理緣由，明白宣示。嗣後我君臣上下，惟當堅苦一心，痛除積弊，於練兵、籌饟兩大端，盡力研求，詳籌興革，勿存懈志，勿鶩空名，勿忽遠圖，勿沿故習，務期事事覈實，以收自强之效。朕於中外臣工有厚望焉。

甲子，諭：電寄李鴻章，廿一日電奏已悉。兹據張之洞電奏，接全臺紳民電稟云，臺灣屬倭，萬姓不服，既爲朝廷棄地，惟有死守，據爲島國。並據唐景崧稱，臺民堅留該署撫與劉永福，不聽開導，求死不得等語。是臺灣難交情形，已可概見。該大臣仍當熟籌辦法，以期補救。萬一伊藤回電，如何即行電覆。張之洞、唐景崧原電並由總理衙門照録電知。

《光緒朝東華録》一二六　乙丑，諭軍機大臣等：著派二品頂戴前出使大臣李經方前往臺灣，與日本派出大臣商辦事件。

《德宗實録》卷三六六　乙丑，諭軍機大臣等：電寄李鴻章，兩電俱悉，據稱伊藤覆電，詞意決絶。德國又疑中國陰令臺民叛拒，恐致搆兵等語。臺灣一事，朝廷深爲焦慮。昨派李經方前往商辦，可見中國並無不願交割之意。現在倭使將到，著李鴻章飭令李經方迅速往臺，與倭使妥爲商辦，毋稍耽延貽誤。一面仍將臺民不服開導，竟欲據爲島國情形，再行電告伊藤，免致懷疑藉口。

《光緒朝東華録》一二六　丁卯，諭軍機大臣等：署臺灣巡撫布政使唐景崧，著即開缺來京陛見。其臺省大小文武各員，並著唐景崧飭令陸續内渡。

《德宗實録》卷三六七　五月辛未，諭：電寄許景澄，電奏已悉，三國允與日本議歸遼地，幫助到底，毋須派員豫議，是已力任其事，可期就範。惟中國負累已重，力難再加償款，仍著許景澄諄屬外部，竭力駁阻，尤所深盼。

《光緒朝東華録》一二七　壬申，臺灣民人公議自立爲民主國，擁署臺灣巡撫唐景崧爲總統，布告各國。

《德宗實録》卷三六七　甲戌，兵部尚書孫毓汶因病賞假，以協辦大學士、吏部尚書徐桐兼署兵部尚書。

乙亥，諭軍機大臣等：電寄李鴻章，電奏已悉。臺民劫制生變，事出意外，無從過問。李經方既經照約派往，若不速行，轉令生疑。伊藤電内既有出力助護之説，自應剋日前往，相機商辦。即使不能排解，彼亦無可藉口也。又諭：電寄張之洞，電奏已悉，臺事無從過問，饟械等自不宜再解，免生枝節。

庚辰，諭：電寄張之洞等，現在和約既定，而臺民不服，據爲島國，自已無從過問。惟近據英德使臣言，上海、廣東均有軍械解往，並有勇丁由粤往臺，疑爲中國暗中接濟，登之洋報，或係臺人自行私運，亦未可知。而此等謡傳實於和約大有妨礙。著張之洞、奎俊、譚鍾麟、馬丕瑶飭查各海口，究竟有無私運軍械勇丁之事，設法禁止，免滋口實。

辛巳，諭軍機大臣等：電寄李鴻章等，前據美使函稱，接日本電，已派林董爲駐紮中國使臣，當經總理衙門商令美使轉告日本暫緩前來。兹據覆稱，兩國須將各事商辦完結，不必展緩等語。現聞日使即將抵津，著李鴻章、王文韶爲全權大臣，與日本使臣商辦事件，不必先令來京，以免周折。該使如索看文憑，即摘録諭旨，令其閲看。

壬午，諭：電寄劉坤一，劉坤一十一日電，長順初九日電均悉。現在臺灣已經李經方交接清楚，倭兵攻臺，基隆不守，省城瓦解，無從過問，和局並未決裂。倭允歸遼，有三國擔認，不致翻悔。我軍祇宜就原紮處所，小心防守，且不可輕信傳聞，率行進紮，圖占先著，轉致啟釁，是爲至要。

《光緒朝東華録》一二七　癸未，日人攻取基隆，臺灣大亂。前署臺灣巡撫唐景崧遁回厦門。

《德宗實録》卷三六八　丁酉，以中法續議界約商約專條，派慶親王奕劻、吏部左侍郎徐用儀會同法國使臣畫押。

庚子，諭：電寄張之洞，電奏已悉，唐景崧著即休致回籍。

《德宗實録》卷三六九　閏五月癸卯，諭軍機大臣等：電寄許景澄，電已悉。借款删去末端，聲明他國如得權利，准俄均霑，尚無關礙。至改擬付款阻滯，許銀行蟬聯發給股票本息等語，不甚明晰，著即詳悉電覆。此外三端如與前電相符，亦可照辦。許景澄務當斟酌妥協，即與訂定，並將漢洋文字句逐一覈對，勿稍歧誤。借款與歸遼，係屬兩事，合同内切勿牽連及之。

甲辰，諭：電寄宋慶，電奏已悉。現在海城等處倭兵並無動静，宋慶擬將各營分别裁併，著即咨商劉坤一妥籌辦理。所裁之營務須責成管帶各員嚴行約束，毋任沿途滋事。

乙巳，欽差大臣兩江總督劉坤一等奏，裁併天津、山海關各防營。得旨，督辦軍務王大臣覈議具奏。尋奏，以直隸提督聶士成總統淮軍三十營，駐紮津沽；江西藩司魏光燾總統湘軍三十營，駐紮山海關；四川提督宋慶總統豫軍三十營，駐紮錦州。各礮臺守兵及親軍營礮隊汰弱留强，仍歸北洋大臣調遣。至駐守大高嶺及遼瀋各軍，俟防務大定，再行議奏。其王連三、李永芳、丁槐、陳鳳樓、宋朝儒五軍應如原奏，與馬心勝、牛師韓、何鳴高三軍即行分别遣撤。從之。

丙午，諭：電寄李秉衡，日本使臣到京，照稱現派弁前往威海衛，會商駐兵事宜。並據李鴻章電稱，已令東海關道豫爲籌商。著李秉衡即飭劉含芳及派出印委各員按條約，將一切事宜妥籌辦理。

戊申，諭軍機大臣等：有人奏，津海關道盛宣懷此次撤軍係該道倡議，屢次餽送李鴻章，數皆盈萬。承辦電綫，乾没鉅款。任東海關道時剋扣防軍餉項，私設税關，私收護照，招權納賄，任意妄爲。與上海招商局員沈能虎朋比爲奸。又買粤東有夫之婦劉氏爲妾。請飭查辦等語。著李秉衡按照所奏各節確切查明，據實具奏，毋稍徇隱。原片著鈔給閲看。將此諭令知之。

己酉，督辦軍務王大臣等奏，請裁東三省練兵，改用洋操，先練奉天一軍以爲程式。從之。

癸丑，諭：御史管廷獻奏，請節糜費以裕帑儲一摺，著户部妥議具奏。尋

奏，原奏所稱，妥爲覈議。除内務府經費能否規復舊制，應由該管大臣查奏，臣部應放款項如有可減，自當權衡緩急，陸續陳奏。

乙卯，上御文華殿，日本國使臣林董覲見。

調德壽爲湖南巡撫，以嵩崑爲貴州巡撫。

丁巳，諭：電寄許景澄，借款既定，歸遼一事，即應接辦。著許景澄詢問外部曾否議有端倪，將來如何交割。此事爲東方全局所繫，俄國既有幫到底之説，必不食言。至賠費萬難再允，前電屢言之，許景澄總當極力維持爲要，一切即詢明覆奏。

戊午，命廣東惠潮嘉道裕庚開缺，以四品京堂候補，充出使日本國大臣。

丁卯，諭軍機大臣等：自來求治之道必當因時制宜，况當國事艱難，尤應上下一心，圖自强而弭隱患。朕宵旰憂勤，懲前毖後，惟以蠲除痼習，力行實政爲先。疊據中外臣工條陳時務，詳加披覽，採擇施行。如修鐵路，鑄鈔幣，造機器，開礦産，折南漕，減兵額，創郵政，練陸軍，整海軍，立學堂，大抵以籌餉、練兵爲急務，以恤商惠工爲本源，皆應及時舉辦。至整頓釐金，嚴覈關税，稽查荒田，汰除冗員各節，但能破除情面，實力講求，必於國計民生兩有裨益。著各直省將軍、督撫將以上諸條，各就本省情形，與藩臬兩司暨各地方官悉心籌畫，酌度辦法，限文到一月内，分晰覆奏。當此創鉅痛深之日，正我君臣卧薪嘗膽之時。各將軍、督撫受恩深重，具有天良，諒不至畏難苟安，空言塞責。原摺片均著鈔給閲看。將此由四百里各諭令知之。

戊辰，諭軍機大臣等：有人奏，通商條約弊混滋多，請飭詳慎訂議一摺。據稱中日條約所失最甚者，莫如第六款内所列各條蘇州、杭州、重慶、沙市等處添設口岸，聽其任便往來，中國無能過問。又如第二條，日本輪船得駛入各口，搭客運貨。第三條，日本臣民在中國内地購買經工貨件，若自生之物。第五條，日本臣民得在中國製造各項工藝，又得將各項機器裝進口，止交進口税。日本在中國製造一切貨物，即照日本運入中國貨物，一體辦理。以上各節，易滋弊混。恐中國奸商藉口改造，用日商字號圖記，詭免釐金等語。此次開議商約，關繫中國利源，商民生計，其事甚重。亟應儘力維持，豫防流弊。著李鴻章、王文韶按照原奏各節，悉心妥籌，謹慎辦理，毋許稍涉遷就。該大臣等身膺重寄，總須自保權利，力與磋磨，將所議條約易於弊混之處，詳細剖析，以免貽患將來，是爲至要。

戊辰，諭：電寄鹿傳霖等，中日新約第六款添設蘇、杭、沙市、重慶口岸，並在各口工藝製造其通商行船章程，現在即須開議。此事於華民生計及應徵税釐大有妨礙，就中有何設法補救之處，著鹿傳霖、譚繼洵妥速籌議覆奏。

《德宗實録》卷三七〇　六月庚午，總理各國事務衙門奏，日本使臣林董以章奏指稱島夷，函請更正飭禁。謹申明咸豐八年英約，嗣後各式公文，不得提書「夷」字，以固邦交。從之。

庚午，署直隸總督王文韶奏，北洋海軍武職實缺，自提督、總兵至千把、外委，共計三百十五員名。現在艦艇已失，各缺自應全裁，以昭覈實。並將關防印信鈐記，一律繳銷。僅存之康濟一船，不能成軍，擬請改缺爲差。下部知之。

《光緒朝東華録》一二八　甲戌，准兵部尚書孫毓汶開缺調理。

《德宗實録》卷三七〇　乙亥，諭：户部奏，需餉孔殷，謹陳辦理情形一摺。現因償款過鉅，息借洋款，每年籌還本息約須一千五六百萬兩。各路防軍，又未能盡撤，需餉亦繁亟，須豫爲籌備。該部所擬考覈錢糧整頓釐金各節，皆屬切實可行。著各直省將軍督撫，查照該部所擬，認真妥辦，據實具奏。又裁減制兵一條，擬令各省挑留精壯三成，其餘老弱，一概裁撤。著該督撫各就地方情形，悉心妥籌，覈實裁汰，奏明請旨辦理。

丁丑，總理各國事務衙門奏，法國交涉日繁，請專派使臣常駐。從之。

《光緒朝東華録》一二八　己卯，以徐郙爲兵部尚書，許應騤爲左都御史。

《德宗實録》卷三七〇　庚辰，諭軍機大臣等：張之洞電奏，籌辦盧漢鐵路並擬在江甯、蘇、杭等處，另造一路各等語。著督辦軍務處王大臣妥議具奏。又諭：電寄張之洞，電奏均悉。鐵路由盧至漢，該督從前即主是議，究竟辦法若何，購路造軌一切需費若干，諒已籌有大概，即著詳晰電覆。

辛巳，召見浙江温處道袁世凱。得旨，著交督辦軍務王大臣差委。

《光緒朝東華録》一二八　乙酉，命徐用儀退出軍機處，並毋庸在總理各國事務衙門行走。命翁同龢、李鴻藻在總理各國事務衙門行走。

命禮部左侍郎錢應溥在軍機大臣上行走。以禮部尚書崑岡協辦大學士，授麟書爲大學士管理工部事務。

《德宗實録》卷三七一　庚寅，調户部尚書熙敬爲吏部尚書，兵部尚書敬信爲户部尚書，以步軍統領榮禄爲兵部尚書。

壬辰，欽差大臣兩江總督劉坤一奏，請設鐵路商務公司，借款開辦，以收利權。得旨，著交督辦軍務王大臣歸入張之洞條陳鐵路摺件，一併妥議具奏。

《光緒朝東華録》一二八　丙申，授麟書爲文淵閣大學士。

《德宗實録》卷三七二　七月庚子，户部尚書翁同龢管理同文館。

壬寅，諭：電寄許景澄，電奏悉，歸遼之議發自俄廷，若仍賠費，則於俄之初意未合，且於中國交誼亦未爲完足。現在德既鬆口，即當趁此定議，一面令日本將遼地交還，一面由中國將首二兩期兵費一併交付。如此則於日有益，於中無損，而俄國從中説合，亦易於措詞。該大臣膺此重寄，務與羅拔悉心密商，使遼地早歸，賠費悉去，以符前此操縱之説，方爲妥善。

丁未，命大學士李鴻章留京入閣辦事，實授雲貴總督王文韶爲直隸總督兼充北洋大臣。

己酉，以雲南巡撫崧蕃爲雲貴總督，江西布政使魏光燾爲雲南巡撫。

庚戌，諭軍機大臣等：電寄許景澄，電悉，賠費減去二千萬，在俄雖極費力，而中國實不能照辦。現日使在京儻彼允減讓，豈非轉虛俄廷美意？此節著許景澄再與羅拔密商，務加磋磨，商定即奏。

《光緒朝東華録》一二八　壬子，調德壽爲江西巡撫，以陳寶箴爲湖南巡撫。

甲寅，諭軍機大臣等：電寄陶模，甘肅回氛甚熾，關内防營不敷調撥。著陶模於新疆各營内抽調數營旗及開花礮隊馳赴河州，歸董福祥調遣。其月餉即由甘肅開支。

丁巳，諭：電寄邊寶泉等，古田教案已獲多人，然必訊有首要各犯確供，方能定案。若照單大索，濫及無辜，無此辦法。道員許星翼專辦此案，何以駐京使臣輒稱係辦通商局務，並無斷案之權？總之此案情節重大，各國皆藉以要挾，甚至有兵船來華之語。著責成許星翼與該領事妥切商辦，以速結爲要。

己未，諭軍機大臣等：前據護理黑龍江將軍增祺奏，請開墾閒荒一摺，當交户部議奏。兹據奏稱，黑龍江東南一帶膏腴千里，實多宜稼之區。前將軍恭、鏜、依克唐阿屢請開墾，因恐礙旗丁生計，未經議准。【略】東三省爲根本重地，山林川澤之利，當留有餘以養民。是以雖有閒荒，尚多封禁。今强鄰逼處，軍食空虛，揆度時宜，不得不以墾闢爲籌邊之策。黑龍江之通肯河一段，著即開禁。與克音湯旺河觀音山等處，准旗民人等一律墾種。每年所得租銀，即留備軍餉之用。至如何劃分旗屯，酌定荒價，尤須斟酌妥協。事當創始，條目紛繁，著延茂馳往黑龍江，會同該將軍悉心妥議，並遴委妥員逐段履勘。【略】其奉天大圍

場及大淩河牧地、吉林甯古塔三姓等處，均有閒荒可墾，並著盛京、吉林各將軍察看情形，實力興辦，詳細覆奏。

壬戌，調湖南巡撫德壽爲江西巡撫，以直隸布政使陳寶箴爲湖南巡撫，以浙江布政使胡聘之爲陝西巡撫。

《德宗實録》卷三七四　八月丁丑，諭：御史龐鴻書奏，滇邊界務，急宜熟籌一摺，著總理各國事務衙門王大臣議奏。尋奏，遵查滇緬界務已咨行雲貴督臣選派妥員，會同英官就新定圖綫，定立界石。至八募野人山地，關繫甚重，未可輕許，已與英使再三辯駁。方今時事多艱，環求無厭。誠如該御史所言，惟有刻意堅持，相機因應，以擴利源而杜狡謀。報聞。

己卯，諭：各國設立教堂，疊經諭令各省督撫嚴飭地方官加意保護，以期民教相安。本年五月間，四川省城匪徒滋事，打毀東校場教堂，省外各處旋又屢出教案，皆由地方官平日不加勸諭百姓，致釀事端，迨鬧事後，又不趕緊懲辦。該督劉秉璋督率無方，厥咎甚重。據御史吳光奎奏稱，省城滋事之始，劉秉璋堅置不理，並未派兵彈壓。無業游民愈聚愈衆，以致省外教案層見疊出。該督任意廢弛，有負重任，著即革職，永不敘用，以示懲儆。其餘辦理不善之道府等官，著鹿傳霖確切查明，分別參辦。

庚辰，王文韶奏，據津海關道盛宣懷稟稱，自强之道，以作育人才爲本；求才之道，以設立學堂爲先。

壬午，以班禪額爾德尼遣使堪布羅布藏榮塾在京病故，賞銀一百兩、哈達一方。

丁亥，調陝西巡撫胡聘之爲山西巡撫，雲南巡撫魏光燾爲陝西巡撫，以廣西布政使黄槐森爲雲南巡撫。

戊子，諭軍機大臣等：電寄龔照瑗，第一期應交日本庫平銀五千萬兩著，派龔照瑗在倫敦與日本駐英使臣交收清楚。又諭：電寄許景澄，第一期應交日本庫平銀五千萬兩，著許景澄於倫敦存款內按數提付龔照瑗，交日本駐英使臣接收。

庚寅，諭：電寄許景澄，前據法外部告，慶常倭退，遼旅可照辦。俄外部在法所告相同。數日以來，俄法兩使均未來告，而日使忽欲與中國訂立歸遼之約。拒之則事機恐誤，允之則三國失歡，甚難措置。著許景澄徑告俄外部，以遼議創自俄廷，此時斷無撇開三國，與日開議之理。俄前云幫助到底，頃復云倭可照辦，其何時退兵，有無賠費，想兩國已有成言。著再切詢外部，必得確音，以便飭該衙門照會日本，並著即速電奏。

庚寅，諭：電寄慶常，慶常在差年久，熟習法國情形，是以派充駐法專使，正當感激圖報，將交際難辦之事，竭力妥辦，能與外部商量，使在華公使不生要挾，方爲不負委任。該員其專心奉職，毋許固辭。

辛卯，諭軍機大臣等：電寄許景澄，電悉。遼費三千萬兩，雖經三國定議，並無明文告知中國，中國亦並未允許，必應切商俄外部，如再減讓，中國方可照辦。著許景澄速與商酌電覆。

壬辰，諭軍機大臣等：電寄慶常，電悉。日本交遼給費，三國雖有成言，中國並未允許。著慶常切告俄、法外部，以鉅款難籌，必須商減，方能定議。又哈允電施使不催促，具見彼此能和衷商辦也。

甲午，諭：著仍派文華殿大學士李鴻章爲全權大臣，將歸還遼、旅事宜，與日本使臣林董定期開議。

《德宗實録》卷三七五　九月己亥，諭軍機大臣等：電寄許景澄，俄派員四起分赴東三省勘路，雖以與我接路爲辭，實有借地修路之勢。此事原委，許景澄曾經函述，諒已瞭然。現在俄外部何以不與該大臣面商，遽欲興辦？至中國辦法，惟有自造鐵路，在中俄交界與彼相接，方無流弊。著許景澄即將此意先與俄外部説明，總期勿損己權，勿傷交誼，方爲兩得。

丙午，諭軍機大臣等：電寄楊昌濬，據奎順奏，西甯危急，大通營城失守；並據劉世安奏，甘涼道路梗塞等語。現在賊氛徧地，關外饟道，幾至不通。楊昌濬一無籌策，前後所募數十營，零星分布，將領屢次敗衄，且有營私剋扣等情。該督身任邊圻，若再粉飾因循，貽誤大局，自問應得何罪？著即調派各營，一面援救西甯，一面疏通甘涼道路。諸將中有不能得力者，隨時撤參。如查有剋扣兵饟情弊，即按軍法從事。該督務當振刷精神，抉去壅蔽，以期力贖前愆。懍之！勉之！

丁未，以兩廣總督譚鍾麟兼署廣東巡撫。

《光緒朝東華録》一二九　丙辰，諭：上海製造軍器局，著督辦軍務王大臣督率江蘇候補道劉麒祥辦理。

《德宗實録》卷三七六　丁巳，署兩江總督張之洞奏，漢陽鐵廠煉成鋼鐵、鋼軌，並造成快槍藥彈，派員解京試驗。得旨，交督辦軍務王大臣閲看。

戊午，先是與日本議和，約内有將遼南地方讓與日本等語，俄、德、法三國出而調停，勸中國另償款項，勿讓此地，命全權大臣大學士李鴻章與日本使臣訂議。至是李鴻章奏，擬定交收遼南條約六款：一本年三月所訂條約第二款内中國讓與日本之遼南地方，俟日本軍隊撤回時，永遠交還中國；二中國照俄、德、法三國調停之議，另償日本銀三千萬兩；三自中國將償款三千萬交清之日起，日本軍隊限三箇月内撤回；四日本軍隊占踞該地時，所有關涉該軍隊之中國臣民，概予寬貸；五本約繕漢文、日本文、英文各二分存據，如漢文與日本文解譯不同，以英文爲憑；六本約自批准署名蓋印之日起，二十一日内在北京互换。下所司知之。

庚申，諭軍機大臣等，電寄裕禄：歸遼業經换約，三箇月内，全境退還，惟接收之員，須豫選派。著裕禄會同伊克唐阿，擇道府中明幹有爲者數員，奏明派往。即州縣各缺，亦須擇人而畀，俾之安輯流亡，營口、牛莊税務，尤宜重加整頓。裕禄久在陪京，屬員賢否，諒能深悉，當爲補牢之計，不得以現經調任，稍存推諉。又諭：電寄龔照瑗，歸遼費庫平銀三千萬兩，著龔照瑗於九月三十日，交日本駐英使臣接收清楚。又諭：電寄許景澄，歸遼費三千萬兩，著許景澄於倫敦存款内，撥交龔照瑗轉付日本駐英使臣接收。

《光緒朝東華録》一三〇　辛未，命楊昌濬開缺回籍，以陶模署陝甘總督，饒應祺署甘肅新疆巡撫，以成允署廣東巡撫。

庚辰，日人歸我遼東等地。

《德宗實録》卷三七八　癸未，諭：翰林院侍講學士秦綬章奏，請改武科以儲將略等語，著兵部歸入前次御史孫賦謙奏武場考試請變通舊制各摺片内一併議奏。尋兵部奏，武場改習槍礮，與私藏火器之禁有礙，應毋庸議。惟營制不妨變通成例。每科武進士發標學習，及武舉歸標者，請令該管官督飭練習洋槍礮，分别等第，限一年咨部註册，優者拔補，劣者革退，以示勸懲。至武科重技藝，不重文字，若兼試策論，不免替换代倩之弊，仍屬有名無實。秦綬章所請並試策論之處，亦毋庸議。從之。

甲申，諭内閣：朕敬奉皇太后宫闈侍養，夙夜無違，仰蒙慈訓殷拳，大而軍國機宜，細而起居服御，凡所以體恤朕躬者，無微不至，此天下臣民所共知者也。乃有不學無術之徒，妄事揣摩，輒於召對之時，語氣抑揚，罔知輕重。即如侍郎汪鳴鑾、長麟上年屢次召對，信口妄言，迹近離間。當時本欲即行宣播，因值軍務方棘，恐致有觸聖懷，是以隱忍未發。今特明白曉諭，使諸臣知所儆惕。户部右侍郎長麟、吏部右侍郎汪鳴鑾均著革職，永不敘用。此係從輕辦理，嗣後内外大小臣工儻敢有以巧言嘗試者，朕必加以重罪。爾諸臣當知忠孝一原，精白乃心，弼余孝治，有厚望焉。

甲申，閩浙總督邊寶泉奏：臺灣文職各官陸續内渡，仕途擁擠，請量予變通。原係在閩稟到調臺差遣者，仍歸閩序補差委。由臺稟到者，可否令該員另指他省，或於鄰近浙江、江西、廣東各省分勻改發，以免趨重一隅。下部議。

乙酉，諭軍機大臣等：本日據御史王鵬運奏，疆臣瞻徇因循，請嚴諭申飭，痛除積習一摺。王文韶自簡任直隷總督以來，辦理北洋防務，及地方事宜尚屬周妥。惟據該御史奏稱，該督所用文武各員皆李鴻章舊用私人，積習甚深，恐致貽誤等語。嗣後該督務當振刷精神，力求整頓，於所屬各員詳加察看，如實有貪汙狡猾積習，即著勿避嫌怨，據實嚴參懲辦，用副朝廷委任至意。

乙酉，諭：去歲海上用兵，中國購買外洋槍礮，良楛不一，價倍尋常。朝廷有鑒前失，特降諭旨，令督辦軍務王大臣督率江蘇候補道劉麒祥辦理上海製造軍器局，原冀實事求是，一切藉資整頓，並非將該局遠隷二千里之外，不准該省督撫過問也。兹有人奏劉麒祥在上海多年，任意揮霍，虧空鉅萬等語。朝廷用人行政，一秉大公，毫無成見。况製造局關繫自强要圖，自不惜再四求詳，俾臻至當。江蘇製造軍器局仍著張之洞督飭劉麒祥認真規畫，次第擴充，按照向辦章程報部覈銷，毋庸由督辦軍務王大臣督率辦理。至劉麒祥承辦該局究竟有無虧短情事，著張之洞確查具奏。原摺著鈔給閲看，將此諭令知之。尋奏，遵查上海製造局趕辦報銷非一二月閒所能蕆事。現飭委江海關道黄祖絡暫行兼管該局事務，責成督飭局員趕造，覈明有無虧短，再行覈奏報聞。

乙酉，諭：電寄裕禄，電悉，營口、海、蓋及鳳、岫等處次第接收，著妥爲安撫。營口開關，事同創辦，廷雍何以尚未趕到，著飭催。

又諭：電寄張之洞，電悉，俄路現修至托穆司克，本欲東通海參崴。今派員假道勘路，則意在大連灣矣。與其彼來，莫如我接，前諭三省將軍一面伴送俄員，一面隨地查勘，正是此意。惟集股甚難，借款亦不易，該督所陳，豈能遽辦。至俄款利息並非五釐，該督亦毋庸輕與商借也。

丁亥，諭：内閣督辦軍務王大臣奏請簡派大員督辦鐵路一摺。鐵路爲通商惠工要務，朝廷定議，必欲舉行。前諭王大臣等令將近畿一帶先擬辦法，當經該

王大臣選派廣西臬司胡燏棻前往查勘。兹據奏稱，自天津起，循運河西岸，迆邐而北，繞越南苑，以達盧溝橋，計二百一十六里，估需工料銀二百四十餘萬兩。並繪圖貼説，請派員督辦等語。夫創舉之端，難於慮始；任用之際，要在不疑。胡燏棻既經條奏於先，又復履勘於後，津盧一路著即派該臬司督率興辦，以專責成。所需經費，著户部及北洋大臣合力籌撥。至由盧溝南抵漢口幹路一條，道里較長，經費亦鉅。各省富商如有能集股至千萬兩以上者，著准其設立公司，實力興築。事歸商辦，一切贏絀，官不與聞。如有成效可觀，必當加以獎勵。將此宣諭中外知之。

戊子，諭軍機大臣等，有人奏廣東會匪在澳門、香港等處聚衆滋事，有草鞋、紅棍、白扇等名目。本年九月閒，潛圖叛逆，至今首犯未獲，恐成大患等語。著譚鍾麟、成允督飭員弁，嚴密緝拏，毋任漏網。原片著摘鈔給與閲看。將此由五百里諭知譚鍾麟，並傳諭成允知之。

己丑，諭軍機大臣等：據督辦軍務王大臣奏，天津新建陸軍，請派員督練一摺。中國試練洋隊，大抵參用西法。此次所練，係專仿德國章程，需款浩繁，若無實際，將成虚擲。温處道袁世凱既經王大臣等奏派，即著派令督率創辦。一切饟章著照擬支發該道。

又諭：電寄王文韶，電悉，遼地次第歸復，大高嶺應即撤防。所有孫顯寅、吕本元十七營著全數撤回。如不得力，著王文韶妥爲遣散，以節饟需。當思籌饟甚難，變法匪易，其嚴加訓練，事事覈實。儻仍蹈勇營習氣，惟該道是問。懔之！慎之！

《光緒朝東華録》一三〇 庚寅，諭軍機大臣等：現在甘肅回匪猖獗，軍事方殷。所有軍營文報，關繫戎機，遞送不容遲緩。著崇歡、志鋭、魁福、額勒春、憙銘、吉陞阿體察蒙古臺站情形，設法整頓。並嚴飭各臺，遇有軍營文報等件，務當迅速接遞，毋得稍有貽誤。將此由四百里各諭令知之。

《德宗實録》卷三七八 辛卯，諭内閣：依克唐阿奏，自揣才力不逮，懇恩開缺，另簡賢能一摺。朝廷以依克唐阿平日辦事尚屬奮往，是以特簡爲盛京將軍，正當激發天良，竭誠圖報。兹閲摺内臚列籌防、裕饟、飭吏、安民各節，該將軍既已明知其難，尤當引爲己任，乃輒以才力不逮等詞，奏請開缺，殊嫌嘵瀆，不知大體。依克唐阿著傳旨申飭。

《光緒朝東華録》一三〇 辛卯，楊昌濬等奏：官軍攻勦回匪，河州解圍。得旨，楊昌濬、董福祥先後電奏，河州解圍，軍威頗振。覽奏欣慰。俟接到詳細奏報，再降諭旨。河州本係賊巢，忽起忽伏，最爲狡譎，宜慎重進取，勿墮其計。省路想已疏通，西甯尚在圍困，著董福祥分兵速援甘凉一路，楊昌濬亦應派兵兼顧。

《德宗實録》卷三七九 十一月庚子，以兩廣總督譚鍾麟暫行兼署廣東巡撫。

辛丑，諭：電寄宋慶，金、旅已收，著宋慶統帶全隊即日移紮。前據宋慶奏，金州爲旅順後路，著相度地勢，扼要紮營，並著安輯拊循，以慰民望。

丙午，翰林院代奏，編修丁立鈞等請在京師設立陸軍學堂。下督辦軍務處王大臣議。

丁未，諭軍機大臣等：昨據御史陳璧奏請，派大員查明福建船政實在情形。本日據户部奏，船政事宜可否仍循舊章，特派大臣總理各摺片。福建船政局興辦已久，近年來製造日稀，雖撥款較少，總難免濫支濫用情弊。邊寶泉到任後，業經飭令兼管，所有一切情形，有無弊竇，著邊寶泉確切查明，據實具奏，應如何整頓辦理，聽候諭旨。户部片、陳璧摺均著鈔給閲看。將此諭令知之。

己酉，諭：電寄王之春，前次奉使俄邦辦事得體，明年四月閒，俄君加冕，誼應致賀。著派王之春爲專使，齎國書前往。該藩司奉到此旨，即交卸乘輪赴滬，候國書遞到，迅速啟行。所有致贈俄君西星，已飭許景澄在洋置備矣。

又諭：電寄譚繼洵，王之春現派出使俄國大臣，湖北藩司著譚繼洵派員署理。

癸丑，御史王鵬運奏請講求商務。下總理各國事務衙門議。尋奏：商務局應設立，然當由紳商主其事。招商局應整頓，然當由南北洋大臣總其成。至京師設商務公所，請毋庸議。從之。

甲寅，諭軍機大臣等：本日已有旨，令劉坤一回兩江總督本任矣。兩江地方緊要，所有張之洞辦理鐵路，整頓商務，簡練陸軍諸大端，均經創始，尚未就緒。該督回任後，務當振刷精神，實力籌辦，俾諸務日有起色，方爲不負委任。將此諭令知之。

又諭：本日已有旨，令張之洞回湖廣總督本任矣。湖廣地方緊要，鐵廠、槍礮廠甫經告成。現當開辦鐵路，整頓陸軍之際，需用甚繁。煉鋼軌，製快槍，實爲當務之急。銀圓鑄成後，能否流通各省，該督回任後，均當加意舉辦，以立富

强之本。現在關内外散勇絡繹回籍，尤慮滋生事端。並著通飭所屬，豫籌防範，銷患未萌。江南防營太多，前經諭令酌量裁減。該督務於未經交卸以前，妥爲遣撤，以節餉需。將此諭令知之。

甲寅，諭：有人奏，津海關道盛宣懷，招權納賄，任意妄爲各節。當交李秉衡確切查明。兹據查明具奏，原參各款，或事出有因，或查無實據。惟總辦電報害則歸公，利則歸己，復剋扣軍餉，搜羅股票，平日居官亦多攀援依附，並請撤去該道電報局總辦各摺片。盛宣懷所管電報、招商局務，關繫緊要。接手之人，必須才識兼長，操守廉潔者，方能勝任。著王文韶將各局現在情形詳細確查，並酌保熟悉電報、招商等局妥實之員，以備任使，毋稍遷就。

《德宗實録》卷三八一　戊辰，調河東河道總督許振禕爲廣東巡撫，以河南巡撫劉樹堂兼署河東河道總督。

壬申，昨據張之洞奏：南洋創辦新軍，責成洋將操練，並金陵、上海興辦鐵路各摺，均照所請行，並諭令移交劉坤一，賡續辦理矣。際此時局艱難，全在封疆大吏竭慮殫精，力圖自强，以爲補牢之計。張之洞意在恢張，其創辦各節，於帑項或不無多費，然要皆方今切要之圖。該督回任接辦，但當悉心酌覈，就已定之規模，次第經營，以竟全功而裨至計，用副朝廷倚畀之意。將此諭令知之。

癸酉，諭：御史楊崇伊奏，京官創設彊學書院，植黨營私，請旨嚴禁一摺。據稱近來臺館諸臣於後孫公園賃屋，創立彊學書院，專門販賣西學書籍，並鈔録各館新聞報，刊印《中外紀聞》，按户銷售。猶復藉口公費，函索外省大員，以毁譽爲要挾，請飭嚴禁等語。著都察院查明封禁。

丁丑，諭軍機大臣等：有人奏，商約關繫重大，請堅持定見等語。税則爲中國自主之權，此次日本新議商約，製造土貨，徵收税款，最爲全約關鍵。儻竟漫無限制，條約一定，各國將藉口利益均霑，於中國海關税務大有關繫。著李鴻章堅持定見，力與磋磨，務令就我範圍，斷不准草率從事，致滋貽誤。

《德宗實録》卷三八二　壬午，直隸總督王文韶奏：提督聶士成遵議，挑留淮軍三十營，營制悉照舊章；訓練改用西法，延聘教員以資訓練。請飭立案。下部知之。

甲申，諭：前據給事中吴光奎奏，四川雅州各屬礦産素旺，請飭開辦。當經諭令鹿傳霖酌覈辦理。旋據該督覆奏，已派委員前往勘驗試辦。兹復據吴光奎奏稱，礦務之興，官辦事難而利微，商辦事易而利廣。請飭招商承辦，由地方官稽查保護等語。即著鹿傳霖設法招商，集資舉辦，毋令官吏阻撓，以興利源。

丁亥，盛京將軍依克唐阿奏：整頓奉天事宜，曰練兵隊，曰築礮臺，曰造鐵路，曰製槍械，曰開礦産，曰辦團練，請先借撥鉅款，剋日興辦，力圖自强。下督辦軍務處王大臣議。尋議原奏六條，惟礦務最爲切要，亟應妥籌辦法，酌量開采。其餘分别緩急，據實妥籌。從之。

戊子，諭：本日御史胡孚宸奏，書局有益人才，請飭籌設，以裨時局一摺。著總理各國事務衙門議奏。尋議，擬援照八旗官學之例，建立官書局，特派大臣管理。聘訂通曉中西學問之人，專司選擇書籍、各國新報，及指授各種西學，由管理大臣詳定章程，定期開設。從之。

己丑，諭：户部奏，遵議御史胡景桂奏請，嚴定限期，改用制錢，詳陳辦理窒礙情形一摺，已依議行矣。該部摺内奏稱，禁用當十大錢，非多鑄制錢不可。多鑄制錢，非廣籌銅斤不可。現在洋銅既難訂購，滇銅驟難復額，錢局鼓鑄已遞減卯數，八旗兵餉搭放制錢，亦經暫停等語。京局鼓鑄需銅甚亟，洋銅既無可購，全賴滇銅爲來源。前此户部議加銅價，及運夫脚價，並疊次奏催唐炯督辦礦務。宜如何激發天良，盡力辦解，乃運京銅數每年止有兩批，毫無起色，疲玩已極。即著迅飭公司局員，趕緊籌辦，務期解京批數，逐漸加增。委員在瀘州逗遛，即著參辦。儻仍前玩泄，致誤急需，定惟唐炯是問。將此由四百里諭令知之。

庚寅，諭：御史陳其璋奏，山東開礦不宜停止，請飭派賢員實力勘辦一摺。山東礦務，前據李秉衡以歷辦並無成效，奏請封禁。當照所請行矣。兹據該御史奏稱，開礦之法，果能慎選礦師，購備機器，相度地勢，禁用私人，總可大獲利益。甯海礦産饒富，久爲德商垂涎，無故請停，必啟彼族貪謀。且工匠勇丁亦已召募不少，封禁之後，微特歷次開辦之功盡棄，礦丁獷悍性成，必貽後患。登萊青道李興鋭精於西學，請飭派辦等語。現在帑項支絀，籌款維艱，前經通諭直省疆吏，體察本省情形，將礦務實力開辦，原期收地利以裨國用。覽該撫前奏，不過以辦理不得其人，暫請封禁。今該御史謂不宜停止，頗屬有見，自未便因噎廢食。即著李秉衡督飭李興鋭詳細查勘，擇要興辦。該撫毋得因已允封禁之請，稍執成見。

辛卯，直隸總督王文韶奏，北洋淮軍擬留定五十八營十五哨，請飭部添撥的餉，以濟要需。下部議。

壬辰，督辦鐵路事務順天府府尹胡燏棻奏，津盧鐵路擬借洋款舉辦。得旨，

該衙門速議具奏。尋督辦軍務處會奏，籌借洋款，以濟鐵路工需，將來運脚收入，能否撥還，未必確有把握，應毋庸議。從之。

癸巳，諭軍機大臣等：明年四月爲俄君加冕之期，著派一等肅毅伯文華殿大學士李鴻章前往俄國致賀，以重邦交。

又諭：大學士李鴻章現在出差，尚書銜户部左侍郎張蔭桓，著作爲全權大臣，與日本使臣林董妥議通商事宜。

又諭：電寄廖壽豐等，明年四月初爲俄君加冕之期，已派李鴻章爲正使，前往致賀。前任巡撫邵友濂，熟於俄事，著即授爲副使，以輔其行。

甲午，諭：李鴻章奏，籲懇收回成命一摺。李鴻章耆年遠涉，本深眷念。惟赴俄致賀，應派威望重臣，方能勝任。該大學士務當仰體朝廷慎重邦交之意，勉效馳驅，以副委任，毋得固辭。

乙未，四川提督宋慶奏，金、旅沿海七百餘里，防不勝防。必簡練精鋭，以爲可戰之兵，擇要興修，以爲可守之地。擬俟各營到齊後，將臺隝營壘次第修築。報聞。

光緒二十二年（丙申、一八九六）

《德宗實録》卷三八三　正月丁酉，諭軍機大臣等：電寄王之春，現派李鴻章出使俄國，王之春毋庸前往，著即回任。

又諭：電寄張之洞，電悉。邵友濂病既未痊，即著毋庸赴俄，著張之洞傳諭知之。

壬寅，以降調前山東巡撫任道鎔署河東河道總督。

癸卯，總理各國事務衙門奏，大學士李鴻章奉使俄廷，經過英、法、德三國之境，歸途取道美國。頭等公使，體制尊崇，各國均屬耳目，未便往來徑行過境而不將意。應請繕寫滿漢文國書各四分，交李鴻章齎往四國親遞，以固邦交。依議行。

甲辰，諭内閣：大學士李鴻章奉使遄行，精神彊固。惟年逾七旬，遠涉重洋，朝廷良深廑系。伊子李經述著賞給三品銜，隨侍前往，以示優眷。

丁未，總理各國事務衙門奏，擬增進口洋税。請飭李鴻章於奉使之便，與俄、英、法、德、美各外部商論損益，挽回利權。依議行。

戊申，大學士李鴻章奏，酌擬隨帶出洋兵部主事于式枚等十員，副税司柯樂德等五員，並請飭内務府豫備禮物。均依議行。

己酉，署兩江總督張之洞奏，江南現擬創設儲才學堂，分立交涉、農政、工藝、商務四門，並將向有之同文館歸併推廣。得旨，著張之洞移交劉坤一妥爲辦理。

《德宗實録》卷三八四　庚戌，署兩江總督張之洞奏，江甯省城創設陸軍學堂，附設鐵路專門學，擬籌撥經費。如所請行。

丙辰，諭内閣：總理各國事務衙門奏，新設官書局，請派大員管理一摺。著派孫家鼐管理。

丁巳，署兩江總督張之洞等奏，遵議裁減制兵，酌擬大概辦法五條：一曰官弁不可裁，一曰練軍不宜裁，一曰存營之兵不能裁，一曰零星汛兵可裁，一曰江省水師可酌裁。下部議。

戊午，總督張之洞奏，嚴禁上海洋人於租界外侵占地址，民間亦不得以界外地私行賣與洋人，以收地利而保政權。下所司議。

辛酉，署兩江總督張之洞奏，江南息借洋款一百萬鎊，統籌歸還之法，擬由釐局分籌，並遵部議減撥淮饟，並請飭江西、安徽兩省協濟，以期集成的款。下部知之。又奏，洋操新軍的饟統籌辦法，以裁兵所節之饟，與蕪湖、蘇滬米釐當之，足供支用。又奏，金陵、上海鐵路，籌議官商合辦。並下所司知之。

又奏，請添派前湖南巡撫吴大澂，與前國子監祭酒陸潤庠，會辦蘇滬鐵路事宜。得旨，吴大澂不必添派。

乙丑，諭軍機大臣等：自上年與日本訂約以來，内外臣工條陳時務摺内，多以廣開礦産爲方今濟急要圖，當通諭各直省將軍、督撫，體察各省情形，酌度辦法具奏。嗣據陸續覆奏，安徽太湖之大石等各保莊煤礦業已准商試辦。江西袁州、吉安、廣信、饒州等處均有煤礦，萍鄉煤質尤佳，亦已集款勸辦。湖南永順、永州二府屬礦苗甚旺，新疆和闐舊有金礦，均已派員往勘。至四川雅州各屬礦産，疊據給事中吴光奎奏請招商開採，業經諭令鹿傳霖設法舉辦。山東甯海礦務亦經諭令李秉衡未可停止，即派道員李興鋭擇要興辦。以上各該省有礦處均係確鑿可指，即著責成各該督撫認真督辦，務臻實效，毋得輒行中止。他若雲南向産五金，貴州礦苗素旺，山西所出之鐵夙稱精良，現雖未據覆奏，均宜及時攻採，以期逐漸推廣。吉林、黑龍江、江蘇現亦未據奏到，著即將籌辦情形據實迅

速覆奏。此外各省覆奏摺件，謂礦不宜開，固屬拘泥之見；謂礦無可開，亦屬臆斷之詞。又或謂先宜講求礦學，慎擇礦師，及悉聽民間自採，招商承辦，恐無成效等詞，一奏塞責，並未將該省如何擬辦情形詳細聲敘，甚非朝廷實事求是之意。將此由四百里各諭令知之。

《德宗實録》卷三八五　二月丙寅，署兩江總督張之洞奏，蘇州開埠通商，所有籌辦繅絲、紡紗各廠，及內河行駛小輪各事宜，除江甯、蘇州、上海各設商務總局，派員督飭辦理外，需才求效難緩。擬選派已通西文之學生，分入外洋各國學堂肄業，並籌備經費。下所司知之。

戊辰，署兩江總督張之洞奏，江西紳商稟請創辦內河小輪、西式瓷器、蠶桑學堂，以擴商務。下所司議。尋總理各國事務衙門奏，該省紳商所請創辦內河小輪一節，事屬可行，應准開辦。其如何併卡收釐之處，由江西撫臣酌定辦理。至仿照外國瓷器及開設蠶桑學堂，新出繭絲銷運出口，應准暫免釐税三年，俟銷路既廣，再行酌量徵收。從之。

壬申，總理各國事務衙門奏，遵旨議辦郵政，請由海關現設郵遞推廣，並與各國聯會。允之。又奏，御史陳璧請仿行外洋印花稅。遵即咨行出使大臣，遵照辦理。報聞。

《光緒朝東華録》一三二　癸酉，諭軍機大臣等：奎煥著即開缺來京，所有西藏一切事宜，著訥欽妥慎辦理。

《德宗實録》卷三八五　乙亥，諭：電寄文海，賞貴州按察使文海副都統銜，爲駐藏辦事大臣。

丙子，總理各國事務衙門奏，訂借英德商款，議定詳細章程，照案畫押。允之。

《清德宗實録》卷三八六　壬午，兩江總督劉坤一奏，遵議南洋創辦新軍及鐵路商務情形。報聞。又奏，請設商務大臣，開辦盧漢鐵路。下所司議。

丁亥，御史陳其璋奏，萬國公法請飭總署立約，並知照李鴻章與各外部議定。下所司議。尋總理各國事務衙門奏，歐洲公法會，係各國律師所附入，非國家之事。該御史請與各國立約，各國從未辦過，以難自我發凡。惟外洋律師熟諳公法，遇有交涉倩其折辯，較易轉圜。現與比利時國使臣酌訂一人來華，專爲本署之用。訂明期限，妥定合同，以昭慎重。從之。

丁亥，湖南巡撫陳寶箴奏，擬辦湘省礦務，設局試行開採。得旨，所奏甚是，該撫其悉心妥辦，以觀厥成。

《德宗實録》卷三八七　三月癸卯，諭軍機大臣等：電寄文海，文海著迅速入藏，毋庸來京，徒延時日。至分界案卷，具在藏署，該大臣到後，自可查悉。現聞廓夷與藏失和，並須設法解散，藏事孔棘，不准遲留。

吉林將軍長順奏，裁併靖邊防軍，添設武備學堂，仿照西法教演礮位。允之。又奏，吉林省礦務，以三姓金礦爲最，其銀、煤、鉛、鐵亦多開辦。報聞。

癸卯，奏，杭州開設商埠，該處關務請以杭嘉湖道兼充監督。允之。

《光緒朝東華録》一三三　癸卯，王文韶奏，天津武備學堂兩屆期滿，請將在事出力員弁及屢考優等學生照章擇尤給獎。允之。

《德宗實録》卷三八七　丙午，侍郎張蔭桓奏，遵議日本商約駁删九款，駁改七款，惟税務諸大端，未肯遵改。現另繕約稿候商，仍須切實駁論。下所司知之。

己酉，直隸總督王文韶奏，北洋現留淮軍營哨，勢難再減。請飭督辦軍務處暨户部兵部查照立案。下所司知之。

辛亥，諭軍機大臣等：電寄董福祥等，西事之興，疊次諭令先剿後撫。乃剿則未淨根株，撫則動多粉飾，以致蔓延青海，浸及關外，在事諸將帥均不能辭咎。董福祥著迅赴西甯，沿途不准逗遛。到湟後著與奎順、魏光燾公同商酌，孰居前敵，孰固後路，務得一的實辦法，具奏候旨。陶模究竟行抵何處，若已抵湟，著一併會議。此事關繫邊疆全局，該提督等如敢各執成見，互相推諉，必重治其罪。懔之。鄧增等計抵青海，著先行飭令出關追剿，毋稍遲延。

戊午，諭軍機大臣等：給事中吴光奎奏，重慶通商，請豫籌補救一摺。據稱日本通商，改造土貨，蘇杭各省已於本地設立公司，振興商務。川中物産，其可設法擴充者，以絲、綿、白麻、油蠟、玻瓈爲大宗，謹擬辦法三條，請飭妥辦等語。馬關商約於華民生計大有關礙，亟應設法補救，以保利權。著鹿傳霖按照所陳各節，於洋人未經開埠之先，斟酌情形，迅速興辦。一面咨取蘇、浙、江西各省商務章程，以備參酌。另片奏，浙江甯波租界由官建築，租與洋人，看街巡捕亦用華人，此法最善，請飭仿照辦理等語。並著該督轉飭川東道張華奎，妥速籌辦，以期日久相安。

己未，諭：電寄李鴻章，李鴻章安抵彼得堡，深慰廑系。至聯絡邦交，籌商一切辦法，可隨時電聞。

甲子，出使俄德奥和國大臣許景澄奏，八旗兵制與西制相近，請變通整頓，並選儲將校，以固根本。得旨，著督辦軍務王大臣會同八旗都統，妥議具奏。

《德宗實録》卷三八八　四月辛未，駐藏辦事大臣文海奏，黔藩任内督辦遵義等六處十年未結之教案，現已就緒，俟與洋人换約竣事，即行束裝赴藏。

《光緒朝東華録》一三三　丁丑，兵部查近年各省教案迭出，地方武職人員，誠不能不明定處分章程。今該御史所奏，係爲先事預防起見。臣等公同商酌，擬請嗣後遇有拆堂殺教之案，除有心故縱以致釀成巨案者，應由臣部酌量案情，隨時奏明，請旨辦理外，如係事起倉猝，迫不及防，應將地方官照防範不嚴降一級留任公罪例議以降一級留任。其保護未能得力，自係辦理不善，應照不應重公罪降二級留任例議以降二級留任，俾示懲儆，均俟命下之日，由臣衙門通行各直省各出使大臣遵照辦理。得旨，如所議行。

《德宗實録》卷三八九　辛巳，諭：前因天津新建陸軍，特派袁世凱督練洋操，優給餉項，原冀壁壘一新，盡洗從前勇營習氣。兹有人奏，袁世凱徒尚虚文，營私蝕餉，性情謬妄，擾害地方一摺。該員所練各軍，餉項最鉅，必應切實操練，餉不虚糜，方收實效。著榮禄馳赴天津，將該員督練洋操一切情形，詳細查明能否得力，斷不准徒飾外觀，毫無實際。其被參各節是否屬實，一併秉公確查，據實具奏。

辛巳，御史張仲炘奏，商務不振，請飭商俄人改訂税額，以收權利。得旨，著總理各國事務衙門議奏。尋議，李鴻章出使方在俄都，又值俄以東北鐵路求助於我，宜乘此機會，密電李鴻章先與俄外部發端。儻得轉圜，徑與重定税則，以爲各國先聲，一國允增，他國當無異議，裨益國計，良非淺鮮。依議行。

甲申，湖南巡撫陳寶箴奏，湘省設立礦務總局，請飭江、浙、鄂、粤等省，嗣後派員來湘采辦硝磺，皆赴總局驗照，毋庸赴出産地方自行收買，以防流弊。得旨，著即咨明各省辦理。

丙戌，督辦鐵路事務順天府府尹胡燏棻奏，鐵路工程以買地、填道、購料、建橋四大宗爲最要。外設火車站五處，皆分別動工，年内儘可工竣，明春可以開行火車。下所司知之。

戊子，授協辦大學士、禮部尚書崑岡爲大學士，命兵部尚書榮禄協辦大學士，以大學士麟書署步軍統領。

己丑，護理陝西巡撫張汝梅等奏，創建格致實學書院，以培人才，並擬設機器織布局，提出餘利供書院經費。報聞。

《光緒朝東華録》一三三　己丑，總理各國事務衙門章京郎中舒文與法國費務林公司監工葛理義訂立龍州至鎮南關鐵路公司合同八款。

庚寅，命麟書管理户部事務，崑岡管理工部事務。

《德宗實録》卷三八九　庚寅，總理各國事務衙門奏，籌交日本第二次賠費五千萬兩，由息借英德兩國款内提付，依日使約，即在英德分交，可省匯撥，取具收據存案。報聞。

庚寅，調工部尚書懷塔布爲禮部尚書，以户部右侍郎剛毅爲工部尚書，調理藩院左侍郎溥良爲户部理藩院左侍郎。

《德宗實録》卷三九〇　五月丙申，諭内閣：李端棻奏請推廣學校，以勵人才一摺。著該衙門議奏。尋總理各國事務衙門奏，興學誠自强本，計請由各省督撫酌擬辦法，或就原有書院量加程課，或另建書院，肄習專門。果使業有可觀，三年後由督撫奏明，再行議定章程，請旨考試録用。其藏書樓、儀器院、譯書院三節，均可於新立學堂中兼舉並行。選派游歷一節，與臣衙門奏派同文館學生出洋章程大意略同，惟經費難支，請嗣後游歷諸學生由學堂商局選派者，即由學堂商局籌給資斧，庶推廣之中，仍存限制。至所請京師建設大學堂，係爲擴充官書局起見，請飭下該管大臣察度情形籌辦。從之。

己亥，四川總督鹿傳霖奏，遵旨在重慶設立通商局，派在籍紳士李本方、喬樹枏經理。如所請行。又奏，逆回敗竄青海，應添調勇營防堵要塞，彈壓土司，以固邊圉。下部知之。又奏，重慶通商，請飭税務司赫德速行撥款，建關修路。下所司知之。

《光緒朝東華録》一三四　己亥，授麟書爲武英殿大學士，崑岡爲體仁閣大學士。

《清德宗實録》卷三九〇　癸卯，諭：朕欽奉皇太后懿旨，皇帝本生母醇賢親王嫡福晉葉赫那拉氏，【略】乃竟於本月初八日辰刻奄然長逝。撫今追昔，摧悼良深。著賞給陀羅經被，即日親往賜奠。皇帝詣邸，成服行禮。派大學士管理工部事務崑岡、禮部尚書總管内務府大臣懷塔布、刑部右侍郎總管内務府大臣文琳、工部右侍郎英年辦理喪事，一切事宜，官爲經理，以示篤念宗親至意。

丁未，諭軍機大臣等：前據御史胡景桂奏參袁世凱營私，蝕餉各款，當經派榮禄馳往查辦。兹據查明覆奏，袁世凱被參各款，均無實據，即著毋庸置議。

《光緒朝東華録》一三四　壬子，鹿傳霖電致總理各國事務衙門：頃准駐藏幫辦大臣訥欽咨覆，查無廓藏失和決戰之事，僅有界務兩案，已結一案，刻正查斷，或別有祕謀，則不可知。惟劃界行茶等事，藏番違抗嘵瀆，達賴管事攬權，惑於羣小，更不聽開導，瞻對番官仍抗不遵撤等語。伏思廓藏決戰之言，英人故爲此說，必有狡謀。李毓森由印赴藏，或可密探消息。新藏使文海旬日可到，當與熟籌酌辦。惟據報瞻番糾衆出巢，盤踞章谷土司官寨，勒令投瞻，委員業已馳往，仍飭婉爲開導，一面勒兵以待，恐難善了。除詳細陳奏外，請先代奏。又電稱，昨准藏咨廓無決戰事，當即電請代奏在案。新藏使文海現已抵川，今據委員李毓森行抵上海電稟，以廓藏既無決戰事，自可毋庸解釋。印藏界務大臣訥已咨印督，緩待文大臣到任，再爲勘辦。是毓森奉委兩事，均無可辦，惟業已奏咨，應否仍出洋赴藏，抑可毋庸前往，以免耗費，請示前來。伏思解釋廓藏及隨勘界務兩事現准藏咨，一則並無失和，一則緩待新任，誠如李毓森所稟，赴藏無可籌辦，惟既經奏咨，如總署已照會駐京英使知照印督，則應仍飭李毓森航海由印度入藏，藉可密探消息。如尚未照會英使，則似可中止。敬祈查明代奏。奏入，軍機大臣奉旨：鹿傳霖電悉，李毓森著仍赴藏隨勘軍務。

己卯，崧蕃奏，光緒二十一年二月二十六日承准軍機大臣字寄，本年正月三十日奉上諭，雲南向產五金，貴州出鉛素旺，山西所出之鐵夙稱精良，現雖未據覆奏，均宜及時攻採，以期逐漸推廣，著即將籌辦情形據實迅速覆奏。總之開辦礦務以金銀礦務爲最先，各該省如能實力訪查，確有金銀礦地，設法興辦，自較煤礦等項得款爲鉅等因。欽此。仰見聖主深宫焦勞，推廣利源之至意，下懷欽悚，莫可名言。查雲南五金各廠承平時計有六十餘處，兵燹以後，除銅務一項已蒙特派唐炯督辦外，其餘金銀錫鐵各廠計尚有三十處之譜。或洞老山空，久經停歇；或從前極旺之地，現在積水過深，無從著手；或現雖開辦，而所出無多，僅敷成本；或官雖封禁，而附近無業貧民不時私自採取。種種情形，不一而足。當此需款孔亟，允宜收此天地自然之利，以(俾)〔裨〕國用而裕度支。奴才身受厚恩，天良具在，敢不竭力圖維，冀紓宸廑，當飭藩臬會同善後局司道妥議詳辦。現擬遴委熟悉礦務之員，分赴各屬，先將舊有金銀各廠會同各該地方官一律，查勘，明確分別，何處可辦，何處不能辦，再設法籌備官本，在於礦苗最旺之處，認真開採，以期得款較鉅。一面廣集商股，加委妥員，逐漸擴充辦理，併將錫鐵各廠亦次第興辦。

《清德宗實録》卷三九〇　己未，諭軍機大臣等：訥欽奏，藏廓争界事務查辦尚未完結，此外並無另有搆釁情由，並藏内近日情形各摺片。藏廓界務現經該大臣飭傳兩造呈出實據，辦理尚爲中肯，著俟稟覆到日，即行派員會勘，迅速完結，以弭隱患。至失和決戰，雖查無其事，惟藏人頑梗成性，受人愚弄，據片内歷敘可疑形迹，不得不豫爲之防，仍著隨時訪察，妥籌措置，毋稍疏虞。另摺奏，印藏界務請飭總理衙門會商英使，暫緩勘辦等語。此事英使正擬在總署開議所請五年換約之時再行勘辦，斷不能行，現在事機已迫，該大臣惟有竭盡心力，設法開導，俾藏番憬然悔悟，免致釀成邊釁。前據鹿傳霖電奏，文海業抵成都，抵藏之期尚難豫定，將此由五百里諭令知之。

庚申，諭軍機大臣等：户部奏，滇省辦解京銅不敷鼓鑄，請嚴飭設法趕辦，加批起運一摺。前因唐炯辦解滇銅每年止有兩批，毫無起色，疊經飭令，趕緊認真籌辦，源源解京，毋得仍前疲玩。兹據户部奏，唐炯於奉旨嚴催之後，歷陳水陸轉運之難，即按年兩批尚難解到，又安望有加批之日，仍請嚴飭加批起運等語。唐炯督辦滇銅已閲十年，所有運瀘程途，皆係當年故道，豈得藉口運途阻滯，即獲銅豐旺，亦永遠不能加批，似此玩泄情形，必致貽誤鼓鑄，仍著趕緊設法，務將每年辦運京銅，遵照部章，限期加批起運。儻飾詞搪塞，即著户部據實奏參，定將唐炯從嚴懲處，決不寬貸。將此由四百里諭令知之。

《德宗實録》卷三九二　六月乙丑，署駐藏辦事大臣訥欽奏，藏印界務，請飭總署會商英使，暫行緩辦。得旨，文海未到任以前，著該大臣實力妥籌辦理。

丁卯，全權大臣户部侍郎張蔭桓奏，呈日本商約原送條款，改定條款及往來説帖。又奏，通商章程擬暫緩商訂。得旨，依議。所有製造土貨納稅，仍著張蔭桓妥籌商辦。

庚午，諭軍機大臣等：鹿傳霖奏，瞻對番官，現復帶兵出巢，越界侵擾，不服開導及擬辦情形一摺。瞻對番官，上年與明正土司越界搆兵，經鹿傳霖等將駐瞻僧俗番官先後撤參，均經降旨允准，乃該革番官並不遵照撤換，近復帶兵越界滋事，干預章谷土司案件，勒令書立投瞻字樣。迨經委員前往切實開導，仍敢玩不遵從，添兵抗拒，藐玩梗頑，形同叛逆，自應懾以兵威。著鹿傳霖即飭羅以禮出關再行開導，曉以利害。一面咨明訥欽，轉飭商上，如其稍知悔禍，領兵回巢，准從寬免其勦辦。儻仍執迷不悟，即著厚集兵力，妥籌進勦。惟打箭爐與滇邊相通，該處教民雜處，尤恐句結爲患。該督務當穩慎以圖，不可任其越界侵擾，

亦不可因此激成邊釁，是爲至要。

庚午，諭：電寄李鴻章，該大學士周歷各邦，辛勞可念，自宜稍加憩息。其加税一事，著於所到之國隨宜商酌。

辛未，湖廣總督張之洞奏，請招商承辦鐵廠。下部速議。又奏，新設洋操，酌仿武毅軍饟章程。下督辦軍務王大臣議行。

《光緒朝東華録》一三四 丙子，潘慶瀾奏，莠民藉入教爲護符，一有争訟，地方官勢須扶教抑民，以致良民積憤填胸，教案疊出。應請飭下總理衙門亟行設法消弭。軍機大臣奉旨：著該衙門議奏。

甲戌，中、日通商行船條約成。

《德宗實録》卷三九二 己卯，諭軍機大臣等：有人奏，長江水師積弊日深，急宜整頓，以靖盜源一摺。據稱長江一帶，近年以來水盜出没，毫無顧忌，商船被劫之案，無月無之。兵勇登岸居住，吸煙賭錢；提督巡閱一切供億，踵事增華；將領等亦皆修飾廚傳，講究應酬，正項不給，因而剋扣剥削。額缺不補，船敝不修，種種弊端，指不勝屈等語。長江水師統轄東南五省江面，關繫緊要，從前奏定章程極爲周密。若如所奏，近年以來提督將領專尚虚文，兵丁日事游蕩，以致盜賊充斥，搶劫之案層見疊出，廢弛情形殊堪痛恨。著劉坤一、張之洞、譚繼洵、陳寶箴、福潤、德壽會同彭楚漢，查明水師章程，將一切操防事宜實力整頓。遇有劫案，立即緝拏贓賊，務獲嚴懲，以靖盜源而固江防。

壬午，諭軍機大臣等：總理各國事務衙門奏，遵議閩浙總督邊寶泉奏查明船政情形，請派大員督辦一摺。福州將軍裕禄著兼充船政大臣。船政一事爲海防根本，經前大學士左宗棠等經營締造，實事求是，卓著成效。後因經費支絀，日漸廢弛，現在泰西各國製造日新，鐵甲愈堅，快船愈速，非大加整頓，不足以建威銷萌。該衙門所議各節，均極周妥。其添置機器，召募精於工作之洋人，督造新式巨艦，即著照邊寶泉所請行。造船物料名目不一，著裕禄督率在事員匠，隨時講究，奏明辦理。内地煤鐵各礦業經該督委員查勘，即著從速興辦，不准猾吏劣紳等阻撓，以收實效。船政學生延請教習數人，在廠督課，仍照成案出洋，其業有心得者，咨送總理衙門考驗，酌量位置。經費一項，從前積欠過多，亟應源源撥解，以濟要工。著裕禄、邊寶泉將閩海關等處每月應解五萬兩並養船各經費均照光緒二三年以前按月清解，儻解不足額，即照甘饟邊饟之例，由該衙門嚴定功過，奏明辦理。並著咨行南北洋大臣及沿海沿江各督撫，將應定甲船快船繪圖估價，奏明撥款興辦。現在從新整頓船政，實於時局大有關繫，該將軍務當破除積習，實心實力，認真辦理，方爲不負委任。直隸候補道徐建寅熟悉機器情形，已由總理衙門電飭該員，前赴船政局，聽候差遣，著裕禄察看能否派充提調，酌量辦理。

丙戌，諭軍機大臣等：鹿傳霖奏，勦撫松潘番賊獲勝，並辦理情形一摺。川甘交界之打拉罩子等溝，賊番句結川屬包坐雙寨、甲借等寨，屢次出巢滋事，大爲邊患。本年四月閒，松潘鎮總兵夏毓秀帶隊出關，先將松潘城攻克，復乘勝將甲借、雙寨、喇嘛嶺等處賊巢，一律攻破，並將首匪正巴笑訊明正法，擊斃番賊無算。其未下之六讓等寨，逃出良番，現請緩期進兵，設法擒獻首逆。該賊番積年稔惡，此次勦撫兼施，番部慴服，辦理尚爲迅速。松潘鎮總兵夏毓秀，及前敵出力漢土官兵員弁勇丁，准其酌量保獎，毋許冒濫。仍著鹿傳霖督飭夏毓秀等，加意嚴防，總期邊境乂安，一勞永逸，方爲妥善。

四川總督鹿傳霖奏，川省礦務，擬請官商合資開辦。下部知之。又奏，創設西學堂，請飭議定章程。下總理各國事務衙門議。尋奏，查川督原奏西學堂生徒，如學有成就，或准作監生入場鄉試，或給予從九銜。其教習及監堂各員，若辦有成效，酌量保獎等語。覈與廣東同文館、新疆俄文館章程尚屬相符，擬請准如所奏辦理。其學業出衆各生，並准照案保府經歷、縣丞官階，以示優異。至派令學生出洋一節，應由出使大臣酌量奏調，其餘一切章程均以廣東、新疆爲式。從之。

癸巳，諭軍機大臣等：電寄李鴻章，各國商務，英爲領袖。照鎊加價，亦得情理之平。該大學士切實與商，當可就範。如有頭緒，隨時電聞。龔照瑗病體若何，並著察看具奏。

《德宗實録》卷三九三 七月壬寅，江西巡撫德壽奏，省城設局開辦蠶桑，以廣利源。報聞。

乙巳，諭内閣：本年六月以來，大雨時行，永定河水勢漫溢，順直各屬被災，小民蕩析離居，深堪憫惻。加恩著將江蘇河運漕米五萬石、江北河運漕米五萬石，即在天津就近截留放賑。其隨漕輕齎等項銀兩，一併覈數提扣，以備順直賑撫之需。著王文韶會同孫家鼐、胡燏棻督飭所屬，詳察災區輕重，酌量分撥，覈實散放。務使實惠及民，不准稍有弊混，用副朝廷軫念民艱至意。

辛亥，出使美日祕國大臣楊儒奏，祕魯旅居華民被毁財産索賠情形。下所

司知之。

癸丑，諭：電寄文海，本日據奏瞻對情形已悉。此事干涉達賴，且適梗入藏之路，自宜妥慎辦理，著文海與鹿傳霖細爲斟酌。至新募兵數，及赴打箭鑪暫駐，均照所請行。

《德宗實録》卷三九四　八月甲子，諭軍機大臣等：電寄廖壽豐，電悉。聶緝椝著俟辦理杭關通商場事竣，再行交卸，來京陛見。

《光緒朝東華録》一三五　駐俄欽差大臣許景澄與華俄道勝銀行訂立東省鐵路公司合同十二條。

丙寅，諭軍機大臣等：陶模、董福祥電悉。據報關内外肅清，大局已定。惟安插悍衆，收捕殘匪，應責成派出各員妥慎經理。鄧增著赴固原提督本任，所有海城逸匪，即著該提督就近查辦，毋使漏網。一俟辦理完竣，地方平靖，即著速行馳奏，以慰廑懷。

《德宗實録》卷三九四　戊辰，諭軍機大臣等：鹿傳霖等奏，遵旨會商籌議保川圖藏情形一摺。給事中吴光奎條陳各節，既據鹿傳霖等查明事多窒礙，即著毋庸置議。惟現在藏事孔棘，禍機已伏，藏番冥頑倔强，隱有所恃，致有輕藐抗拒情事。鹿傳霖擬俟收復三瞻後，議設流官，妥籌善後。文海擬於入藏之便，沿途察看情形，斟酌辦理。所籌均尚周妥。即著該督等悉心籌畫，並查明由滇通藏道路，斟酌妥辦。總期自固藩籬，消弭隱患，用副朝廷廑念邊陲至意。

辛未，諭：有人奏，江西紳民招集公司，在鄱陽湖行駛小輪船，各釐局特立苛例，百計爲難。令該輪歸船行經管，月繳行費數百金，搭客抽費三成，自省開抵九江，由關道調船沿江攔截停泊，俟道署家丁點名收費，方准登岸等語。内河行駛小輪，所以振興商務，收回利權，所過關局何得任意刁難？著劉坤一、德壽確切查明所奏。如果屬實，著即嚴行禁止，以安商旅而闢利源。

辛未，諭：電寄王文韶等，王文韶、張之洞會奏，請設盧漢鐵路公司並保盛宣懷督辦一摺。直隸津海關道盛宣懷，著即飭令來京，以備諮詢。

壬申，署甘肅新疆巡撫饒應祺奏，新疆俄文學館教習學徒已著成效，懇飭部照章奬勵。從之。

丙子，總理各國事務衙門奏，重整海軍，籌辦戰船情形。又奏，津盧鐵路借款，請分别辦理。從之。

庚辰，諭軍機大臣等：電寄鹿傳霖，電悉。瞻對用兵係暫時辦法，事定之後應否仍設番官，當再斟酌妥辦。訥欽尚未奏到，俟奏到當諭以從緩再辦，不能因此嚴責喇嘛，轉生他釁也。藏事棘手，該督等當通盤籌計，切勿鹵莽，並諭文海知之。

庚寅，西甯辦事大臣奎順奏：回匪前竄青海各旗，蒙古王公等甫經被擾，現雖據報肅清，爲時未久，防範難疏，未便傳調。擬將本年青海祀典並蒙古王公等會盟，仍請暫緩，俟下届再行照例舉辦。允之。

辛卯，諭内閣：御史張兆蘭奏，外省問刑衙門濫用非刑，請嚴行禁止一摺。朝廷設立刑章，原有定制，外省問刑衙門濫用非刑，疊經降旨申禁。兹據該御史所奏，各直省州縣仍有濫用各種非刑情事，殊非矜恤民命之道。著各該督撫嚴飭所屬，懔遵疊次諭旨，實力奉行。儻仍敢陽奉陰違，即著從嚴參辦。

壬辰，江西巡撫德壽奏，酌裁友教書院童卷，移設算科，招生學習。如有新法明通，暢達時務者，咨送總理各國事務衙門考試，以備器使。報聞。

《德宗實録》卷三九五　九月癸巳，總理各國事務衙門奏，中日通商條約請派大臣互換。得旨，著派張蔭桓互換。

乙巳，總理各國事務衙門奏，日本催行馬關約，請互立文憑，併商訂製造税，抵換利益。從之。

丙午，諭内閣：前據張之萬因病三次奏請開缺，疊經降旨，賞假調理。兹據奏稱，假滿病尚未痊，仍懇開缺等語。張之萬年逾八旬，固請開缺，覽奏情詞懇摯，若不允其所請，轉不足以示體恤。張之萬著以大學士致仕，加恩賞食全俸，俾資頤養，用示眷懷耆碩，恩禮優加至意。

丙午，諭：王文韶、張之洞覆奏盧漢鐵路辦法，請設立鐵路總公司，保薦盛宣懷督辦等語。直隸津海關道盛宣懷，著開缺以四品京堂候補，督辦鐵路公司事務。

《光緒朝東華録》一三六　丁未，中俄新約成。

《清德宗實録》卷三九五　己酉，諭：電寄李秉衡，電悉，具見奮發之忱。惟馬關約内，兩次償款交清，商約互換後，尚有將關税作爲賸款並息之抵押，如不確定，日本不允撤隊等語。抵押一節，斷不可行，故未能責以撤隊。至威海彼占四十里外，再空四十里不駐兵隊，庶可彼此相安。此等辦法，原屬不得已之舉，該撫務當從權辦理，毋致因此再起波瀾，是爲至要。

庚戌，諭：本月十五日，李鴻章擅入圓明園禁地游覽，殊於體制不合，著交

部議處。尋議革職。得旨，加恩改爲罰俸一年，不准抵銷。

庚戌，命大學士李鴻章在總理各國事務衙門行走。

戊午，諭：本日候補四品京堂盛宣懷奏，條陳自强大計，暨設立達成館，並開設銀行各摺片。著軍機大臣、總理衙門、户部妥議具奏。

《光緒朝東華録》一三六　庚申，許景澄奏，奉使再屆期滿，請簡派新任出使俄德奥和等國大臣接辦。得旨，該衙門知道。

《德宗實録》卷三九六　十月癸亥，諭軍機大臣等：電寄董福祥等，董福祥樸實勇敢，所部各營亦多驍健。著於議留十二營外，再留八營，以資鎮懾，並著認真操練，毋稍疏懈。甘省前募多營，不免冗濫，著陶模再加删汰，騰出餉糈，以供董福祥全軍之用。河州冬賑，著及時舉辦。至漢民仇視回民，尤應持平開導，勿再生釁爲要。

丙寅，諭：電寄陶模等，昨據陶模、董福祥、奎順馳奏關内外肅清摺，已有旨分别加恩，並將疊次保案照准宣示矣。此次善後事宜，最要者曰戎政，曰吏治。甘營習氣已深，董福祥現留二十營得勝之兵，務當隨時訓練，於無事時常作有事之想。至全標兵丁，尤須汰弱留强，分紮要隘，以壯聲勢。甘省吏治，頹靡已極。此次回亂，由地方官審斷不公而起。著陶模慎擇廉明忠信之吏，持平勸導，戢回民頑獷之氣，化漢民仇視之心。毋信謡言，毋持偏見，以期長久相安。該督等受恩深重，其和衷協力，慎勉爲之。

丙寅，福州將軍兼理船政事務裕禄奏，整頓船政，議定洋員薪費數目，暨報通濟輪船試洋日期，並現辦廠務情形。均下所司知之。

己巳，諭軍機大臣等：銀行一事前交部議，尚未定局。昨盛宣懷條陳有請歸商辦之議，如果辦理合宜，洵於商務有益。著即責成盛宣懷選擇股商，設立總董，招集股本，合力興辦，以收利權。

庚午，命吏部尚書熙敬，理藩院尚書啟秀、户部左侍郎張蔭桓、刑部右侍郎文琳在紫禁城内騎馬。

乙亥，福州將軍兼理船政事務裕禄奏，察看船政要務，約有數端：一續辦生徒出洋，以教練人材；一整頓應用工匠，以講究新法；一開辦礦務，以期物料省資；一籌撥款項，以期經費有著。下所司議。尋總理各國事務衙門奏，船政以籌備工料爲先，開煤煉鐵亟應設廠興辦。學生出洋爲練習新法起見，亦應續派，惟挑選宜精不宜多。所募洋匠到工，宜訂明先就小者試辦，漸次擴充。至籌款一節，出使經費斷難挪用，南北洋海防經費亦無可匀撥。擬請由江海關道於部存備撥款内提銀十萬，解交應用。從之。

丁丑，總理各國事務衙門奏，遵議議約全權大臣張蔭桓咨稱，奉命接議中日通商行船條約，酌留人員，按月所給經費，應准其支銷。允之。又奏，豫籌朝鮮通商辦法，擬訂通商章程，准設領事，不立條約，不遣使臣，不遞國書。中國派總領事一員，駐紮朝鮮都城，代辦使事，以存屬國之體。從之。

庚辰，命二品銜都察院左副都御史楊儒充出使俄、奥、和國大臣；二品頂戴記名海關道羅豐禄，充出使英、義、比國大臣，並賞給四品卿銜；二品銜候補道黄遵憲，充出使德國大臣，並賞給四品卿銜；二品銜候補道伍廷芳，充出使美、日、祕國大臣，並賞給四品卿銜。

己丑，授協辦大學士、吏部尚書徐桐爲大學士，管理吏部事務。命禮部尚書李鴻藻協辦大學士。

辛卯，諭軍機大臣等：鹿傳霖奏，瞻對全境收復，應請撤回番官，達賴勢難生釁外向，並賞給銀兩，其端不可自我先發，及瞻民聞新番官將至紛紛驚疑各摺片。現在全瞻收復，自應亟籌辦法。惟徑行收回，與仍行賞還事處兩難，必須通盤籌畫，俾達賴、瞻民，均無窒礙，方可以保川保藏。朝廷用意，總以保藏爲要。並無成見，所有一切情形，已於本月二十八日寄諭，詳細諭知。文海已准折回成都，著該督即與該大臣詳細商酌，定一至當不易之策，會同具奏。

辛卯，調協辦大學士、禮部尚書李鴻藻爲吏部尚書，工部尚書孫家鼐爲禮部尚書，以都察院左都御史許應騤爲工部尚書，禮部左侍郎錢應溥爲都察院左都御史，轉禮部右侍郎徐會灃爲左侍郎，未到任前以户部右侍郎陳學棻署理，以内閣學士張英麟爲禮部右侍郎。

《德宗實録》卷三九七　十一月壬辰，榮禄出差，以大學士麟書署步軍統領。以吏部尚書熙敬兼署兵部尚書，禮部尚書孫家鼐兼署工部尚書。以報效銀兩賞科爾沁公那蘇圖之長子達賚輔國公銜。

癸巳，諭軍機大臣等：前據盛宣懷奏，條陳自强大計，並請開設銀行，設立達成館各摺片，當經諭令軍機大臣總理各國事務衙門、户部妥議具奏。兹據該王大臣等悉心覈議，逐條具奏。朕詳加披閲，除指駁各節，應毋庸置議，或應暫行緩議外，其練兵一條，爲各省將軍督撫專責，不論勇營緑營，當此餉項支絀，均應大加裁汰。現在各省仿照西法新練各軍，暨上海、湖北製造槍礮兩局廠，務須

督飭該管將領、承辦局員，認真講求，操練則毋襲皮毛，器械則務求畫一，並按照此次所擬辦法，若者宜減定成數，若者宜增創新章，體察情形，斟酌辦理。理財一事，户部實任其難。釐金既未能遽停，印花税亦驟難仿辦，加税之説，迄今各國尚無成議。惟有開設銀行或亦收回利權之一法，前已諭令盛宣懷招商集股，合力興辦銀行。辦成後並准其附鑄一兩重銀圓十萬元，試行南省，如無窒礙，再由户部議訂章程辦理。育才爲當今急務，節經諭令各直省添設學堂，實力舉辦。其武備學堂能否於各省會中一律添設，並著該將軍、督撫等妥籌具奏。京師、上海兩處，既准設立大學堂，則是國家陶冶人材之重地，與各省集捐設立之書院不同，著由户部籌定的款，按年撥給，毋庸由盛宣懷所管招商、電報兩局集款解濟，以崇體制。以上三條，經該王大臣等逐條覈議，均屬切實可行。著户部暨各該將軍、督撫等，查明議准各節，實力舉辦。其有前奉諭旨未經覆奏者，即著迅速覆奏。總之辦事須求實際，徒法不能自行。該將軍、督撫等，奉到此旨，務須腳踏實地，見諸施行，毋得粉飾因循，一奏塞責。

甲午，諭：翰林院侍讀學士陳兆文奏，請停止捐納道府州縣實官，以挽積弊一摺。著該部歸入昨日翰林院代奏侍讀王榮商請停捐知縣摺内，一併議奏。

丙申，吏部以大學士崑岡、徐桐應定何殿閣請，得旨：崑岡著授爲東閣大學士，徐桐著授爲體仁閣大學士。

癸丑，諭軍機大臣等：翰林院侍讀陳秉和奏，各國傳教洋人不遵約章，請飭聲明條約，著該衙門議奏。尋總理各國事務衙門奏，該侍讀所陳以條約爲交涉之要，實閱歷有得之言。請旨飭下各省將軍、督撫，將各國條約廣爲刷印，分頒各府廳州縣，遇有教案，照約辦理，所益實多。從之。

《德宗實録》卷三九八　十二月乙丑，諭軍機大臣等：御史王廷相奏，開平煤礦穴採日深，有關陵寢風脈，請嚴定界限一摺。開平煤礦興辦已久，現在是否於陵寢風脈有礙，關繫甚重。著王文韶派員前往該廠認真查勘，詳細測量，並著繪圖貼説，應如何嚴定界限，妥爲辦理之處，奏明請旨定奪。

乙丑，諭：鹿傳霖、文海奏，遵旨會商妥籌瞻對辦法。鹿傳霖奏，籌辦瞻對、朱窩，章谷善後事宜各一摺。所陳瞻對地方形勢，瞻民向化，藏番震懾各情，通籌全局，利害相形，自以收回瞻地，改設漢官爲正辦。著鹿傳霖、文海即將前後情形，及現在辦法，詳細函知訥欽，剴切詳明，開導達賴，曉以大義。並譯行商上，示以朝廷保護黄教二百餘年，瞻對距藏窵遠，鞭長莫及，此次收回内屬，實爲藏中省卻無數葛藤，免致瞻民與藏番交怨。並飭現在察木多暫住之參將喻立誠，向四郎多布結青饒彭錯等相機開導，總應令番官折回。縱費脣舌，當不至别生枝節，掣動全局，則辦理自易就緒。其賞銀一節，並准通融辦理。如達賴撤回番官，即可藉此轉圜，是在該督等之相機因應矣。至所請將章谷、朱窩兩土司一併改設漢官，將來次第經營，巴裏塘一帶地方，展修電綫界務，亦易就範各節，並著該督等通盤籌畫，妥慎辦理。

《光緒朝東華録》一三八　丙寅，劉坤一奏，光緒二十年間沿江沿海分設電綫，由署督臣張之洞將設綫情形奏明在案。兹據督辦官電事宜道員盛宣懷詳稱，江陰一綫自上海之吴淞起經寶山、滸浦、福山以達江陰，計綫路二百七十七里。崇明一綫沿吴淞口南岸起，接至獅子林，以達北岸崇明，計水陸綫路一百十八里。乍浦一綫自上海起，越黄浦江，經川沙廳、南匯、奉賢、金山之海塘，以達乍浦，計綫路二百六十八里。通州一綫分爲三路，一由鎮江南岸象山起，接至圌山關，約五十一里；一由鎮江北岸瓜州起，接至都天廟，約二十里；一由揚州起，接至通州之任家港，並横接泰州，約綫路三百四十六里，共四百十七里。海州一綫自清江起，接至海州及贛榆之青口，並横接板浦，約綫路二百九十六里。通共水陸綫路一千三百七十六里，分起籌辦，一律工竣，共用工科薪費庫平銀七萬五千八百四十兩有奇，分晰造册，詳請核辦前來。臣查此次設立電綫器具，有可向商電局借用者，即不購辦；所需員司有可向商電局借用者，即不委派，是以開支較爲節省，一切用款亦均核實無浮。惟此項電綫既因籌防而設，自應即撤以節省養綫之費，臣於本年正月抵任後，當督飭局員分别核定。海州至（青）〔清〕江，通州至瓜州，路遠綫長，照料不易，惟該兩處尚有商報可遞，暫交商局收管應用。崇明孤懸海外，水綫費鉅，酌留司事工役專管。其餘各處桿綫，責成各地方官會營派撥兵役看管，遇有損壞，隨時撥款修理，所有委員報生人等概行裁撤，以節經費。下部知之。

戊辰，諭：給事中丁立瀛奏捐納實官請一概議停，並請變通漕法，以裕利源一摺，著户部議奏。

戊辰，王文韶奏，南漕改由海運後，獨江北漕糧仍由河運，定議之初，原爲留此一綫運道，以備不虞起見。然年例江安糧道轉漕十餘萬石，經行江南、山東境内，河工例有歲修，重運回空均須兼顧，且江北漕船每年往還一次，已足保此運道而有餘。復於蘇漕項下提撥米十萬石併入河運，由滬而津，計期不過三四日，

由津而通亦數日可達，故官剥船雖不能保其無弊，而尚易嚴防。江北河運著爲定章，糧道親身押運，呼應較靈，雖不如海運之簡便，而流弊亦覺尚少。惟蘇漕則臨時派員押運，船多而照料難周，道遠而官非素習，種種弊端，莫可究詰。本年漕船到津，較之歷届已遲二三月，臣恐其有誤回空，民船不堪其苦，督飭天津印委各員，運通者兼程催趲，留津者尅日兑收。此次截留江北漕米五萬石，米色尚好，江蘇五萬石之米色參差不齊，其尤甚者蒸變成團，不成顆粒，剔除曬晾，幾費周章，其故由於途長水淺，自黄入運，自運入衛，節節阻滯，由陶城埠以至臨清，路不過二百數十里，而躭延至七八十日之久。船户水脚止有此數，窮無復之則偷米，米數短少則攙水。以天庾正供，拘千百號之民船，歷數千里之險阻，而致此紅朽老爛之物，亦奚以爲？且運受黄病已非人力所能施，所以不避挽運之難者，良非得已。臣見今年河運抵津之遲與米色之雜，因得詳求其利病，而竊思有以變通之。不揣庸愚，擬請自光緒二十二年冬漕爲始，除江北漕糧仍循原定章程辦理河運外，其改撥之蘇漕十萬石一律統歸海運。既不失顧全運道之本意，而京倉亦可多得十萬石好米，即大江南北之駕船爲生者並可免四百餘户之遠役仳離。

《德宗實録》卷三九九　丁丑，給事中褚成博奏，洋商製造土貨，括我利權，請飭籌抵制。下所司議。尋總理各國事務衙門奏，該御史奏請酌度土宜，設廠製造，官助商本，逐漸推廣一節，自足濬利源而杜外溢，應即照行，並應照原奏所擬各章程辦理。惟各廠中如有弊混，必須附有股本者始能入廠查詢。原奏所稱無論何人，均准赴廠辨詰，恐滋紛擾。至督轄大吏，原當竭力護持。若有人舉發弊端，而該管大吏不爲查理，或竟爲迴護，自應量予處分，以警玩泄。請飭各省將軍督撫，認真舉辦。其南北洋大臣，能否各籌二三百萬兩，以爲倡導，並請飭下王文韶、劉坤一迅籌辦理。從之。

又奏，請設繙譯一科，及各項考試酌用三禮命題，策問用本朝人名書名。下部議。

庚辰，諭：電寄鹿傳霖，據奏瞻對設官各節，此事關繫川藏全局，是以疊諭該督妥慎辦理。今據所奏於川省藩籬，綢繆甚固，而於藏衛情形仍無把握。達賴尚無回信，又未撤兵，其包藏貳心，已可概見。設因一隅内屬，而全藏摇動，得不償失，該督豈未深思耶。著該督將瞻民願仍歸川，並朝廷垂念藏番，可以酌賞銀兩之意，明白宣示。派委幹員乘傳入藏，必得達賴的實聲覆，且以覘其向背之機，俟有確情，再行定議，切勿孟浪從事，致誤大局。

光緒二十三年（丁酉、一八九七）

《光緒朝東華録》一三九　正月辛卯，興辦各直省郵政。

《德宗實録》卷四〇〇　癸巳，總理各國事務衙門奏，籌議粵省西江通商，重訂滇緬邊界，與英使臣擬定附款專條，請派大臣與該使臣畫押，以符成案。得旨，著派李鴻章畫押。

甲辰，命湖北巡撫譚繼洵來京陛見，以湖廣總督張之洞兼署湖北巡撫。

乙卯，諭内閣：三載考績，爲國家激揚大典。中外滿漢諸臣，有能恪共職守，勞勩最著者，允宜特加甄敘，以示優眷。兹當京察届期，吏部開單題請，朕詳加披閲。恭親王勛勞懋著，夙矢公忠，首贊樞廷，竭誠匡弼，靖共夙夜，夾輔深資，著交宗人府從優議敘。禮親王世鐸、協辦大學士吏部尚書李鴻藻、户部尚書翁同龢、工部尚書剛毅、都察院左都御史錢應溥夙夜從公，和衷共濟，盡心擘畫，倍著慎勤，均著交該衙門議敘。大學士李鴻章久資倚任，勞瘁不辭，著交部議敘。直隸總督王文韶宣勤畿輔，籌畫精詳，著開復降三級留任處分。兩江總督劉坤一老成練達，重任克肩，著交部議敘。餘著照舊供職。

丁巳，諭軍機大臣等：鹿傳霖奏，遵旨派員入藏，瞻對暫緩設官，及達賴不能生釁一摺。即著飭令裕鋼，迅速會同前派委員李毓森稟商訥欽，遵照疊次諭旨，明白宣示，開導達賴，必須令其心悦誠服，取有的實回信，瞻事自易轉圜。是在該督審度機宜，妥慎辦理，不在遽撤番官也。另片奏，印藏界務，藏番已允會勘，請即由訥欽知照印督，會同畫界等語。著照所請行。

戊午，諭：黄思永奏，出使各國領事官前後任，請在使署交接。又奏，加稅值百抽十，華商虧折太甚各片。著總理各國事務衙門議奏。尋奏，領事責任綦重，應請飭出使大臣嚴定章程，嗣後各處領事必俟接任有人，方能交卸回華，如有擅離，准其奏參，以重職守。又奏，徵稅章程，有礙華商，應仍照前電覆浙江緩徵原案辦理。俟洋商有開辦機器廠時，華洋一體徵稅，以免藉口。均允行。

《光緒朝東華録》一三九　二月壬戌，貴州巡撫嵩崑緣事革職。

甲子，以王毓藻爲貴州巡撫，以裕長爲四川布政使。

《德宗實録》卷四〇一　甲子，諭軍機大臣等：電寄出使各國大臣，聘問往

來，邦交所重，嗣後各大國如有稱慶之事，該出使大臣駐紮彼都一有見聞，著先期速即電達，毋得臨時再行奏請。

甲子，以四川布政使王毓藻爲貴州巡撫，以前直隸布政使裕長爲四川布政使。

乙亥，御史徐道焜奏：各海關附設郵政局，請豫防流弊。下所司議。尋總理各國事務衙門奏，遵飭總税務司妥定辦法，刊刻報單，張貼各口岸，使人人得知利便。並飭各口税司，認真經理，不准郵局厮役人等，藉端滋擾。從之。

己卯，湖廣總督張之洞奏，鄂省籌設武備學堂，俟學有成效，擬援照直隸、江南奏定學堂年限章程請奬，並擇委差缺，以示鼓勵。下所司議。

《光緒朝東華録》一三九　己卯，命崇禮、許應騤在總理各國事務衙門行走。

《德宗實録》卷四〇一　辛巳，雲貴總督崧蕃等奏，雲南思茅廳試辦開關。

丁亥，諭：訥欽奏，遵查達賴情形，籌擬辦法，並番情狡詐派員勸導各摺片。界務與瞻事分別辦理，所籌甚是。番人性多頑梗，難保不藉詞挾制，必須使之中心悦服，方無後患。現在鹿傳霖已派知府裕鋼入藏開導，該大臣務當與之悉心妥商，因勢利導，總期早日完結爲要。

《德宗實録》卷四〇二　三月甲午，陝甘總督陶模奏，各屬民種罌粟，前督楊昌濬因籌海防，奏准每畝川原徵銀一錢，山坡徵銀六分。年來徵税甚少，於餉需仍屬無濟。現經酌定新章，自今年起水地徵銀三錢，川原徵銀二錢，山坡徵銀一錢二分，以裕餉需。下部知之。

《德宗實録》卷四〇三　庚戌，諭：文海奏，瞻事尚無端倪，礙難即行入藏，並敬抒管見，及籲懇開缺各摺片。瞻對一案，業經兵力收復，祗宜妥籌善後，未便再有游移。該大臣既稱礙難入藏，即著暫駐成都，與鹿傳霖和衷商辦，以期早日了結。前據訥欽奏稱，達賴雖無輸復之意，訥欽再三曉諭，該噶布倫等頗有聳動之色，允爲開譬僧俗，不敢復逞兵戈等語，並無達賴喇嘛來京控訴，請派大員查辦之説，與此次文海所奏詞意不同。究竟情形若何，著訥欽詳細開導，並將量爲加賞之意，斟酌宣示，據實覆奏。文海所請，派員查辦，著毋庸議。此次朝廷特簡文海爲駐藏大臣，原爲藏事棘手起見。該大臣正當力任其難，方爲不負委任，何得藉詞推諉，率請開缺？著不准行。文海摺一件著鈔給訥欽閲看。將此由五百里各諭令知之。

壬子，吏部尚書李鴻藻因病乞假，以禮部尚書孫家鼐兼署吏部尚書。

乙卯，直隸總督王文韶等奏，籌辦幹路次序。盧漢鐵道【略】趕緊造軌爲先著。懇飭户部將准撥官款銀一千萬兩，即日發給承領，以成分道開工之策，以操洋款招商之樞。下部議。尋奏，請於英德借款内先行撥銀四百萬兩，俾資應用。從之。

《光緒朝東華録》一三九　丙辰，命吕海寰充出使德國兼荷國欽差大臣。

《德宗實録》卷四〇三　丁巳，以大學士麟書署步軍統領。

戊午，諭軍機大臣等：前據盛宣懷條陳自强大計，請開設銀行，業經諭令招商集股，合力興辦。兹據御史管廷獻奏，銀行官設流弊宜防一摺。縷陳原定章程，窒礙多端，有不可解者六條。【略】著王文韶、張之洞會同盛宣懷悉心妥議，究竟官設銀行利弊若何，徹始徹終，詳細具奏。並將該御史所奏逐條聲覆，以憑覈辦。另片奏，盧漢鐵路息借洋款，國家不宜代商作保等語。昨據王文韶等會奏，籌辦幹路請准撥借官款，現尚未據户部議覆。該御史所奏息借洋款不宜國家擔保，並鐵路萬不可作爲抵押之處，並著王文韶等就現在籌辦情形，權衡輕重，酌量緩急，悉心妥議具奏。

《德宗實録》卷四〇四　四月辛酉，諭軍機大臣等：上年十二月初五日據御史王廷相奏，開平煤礦，穴採日深，有關陵寢風脈，當經諭令王文韶，派員前往認真查勘，並著繪圖貼説，應如何嚴定界限，奏明請旨。王文韶奉到此旨，自應趕緊派員前往，詳細查勘，以昭慎重。乃迄今將届四月，尚未據該督覆奏。著謹遵前旨，迅速具奏，毋得再涉遲延。尋奏，查明開平煤井於陵寢風脈無礙。報聞。

乙丑，兩廣總督譚鍾麟等奏，三水縣設關通商，前接總理各國事務衙門函開，應以糧道管理，嗣復電囑與粤海關監督商辦，應歸何員專管，請旨定奪。下所司速議。尋總理各國事務衙門奏，粤東各口税務，均歸粤海關監督管理，與他省不同，三水開關，應仍由監督經管税務，地方交涉事宜，即由糧道辦理，以期各專責成。從之。

丙寅，諭軍機大臣等：電寄王文韶等，借款代保，流弊滋多，著力與磋磨，務令删去。如比國銀行決意不删，即另籌辦法，毋得依違遷就，貽誤將來。

丁卯，諭軍機大臣等：電寄王文韶等，本日據王文韶等電奏，借款代保，改爲國家批准，原可允行，惟「批准」二字亦不可輕下。合同萬無御筆批字之理，若批於摺奏之内，則此摺尚未奏到，該督等何由知爲必准耶？即使批准，亦專指借款而言，不得牽涉公司權利及推廣辦法，以免含混。草合同底，著即電來，數日

內且勿畫押。

戊辰，又諭：國子監司業黄思永奏，内蒙古伊克昭西、烏蘭布通二盟牧地，縱横數千里，土田沃衍，河套東西，尤屬膏腴，山西纏金牧地，如令民多私墾，不如官爲經營，請飭籌辦等語。著王文韶、陶模、胡聘之、魏光燾體察情形，詳細籌畫，妥議具奏。

國子監司業黄思永奏，創辦鐵路銀行，宜用羣策羣力。下所司議。尋總理各國事務衙門等會奏，風氣初開，亟應寬繩檢，泯猜疑，俾承辦人員，得以竭力從事，仍當隨時察看。如辦理稍滋弊端，必應分别參辦。從之。

辛未，御史張兆蘭奏，各省土藥行銷日盛，請變通收税章程。下部議。尋户部奏，遵擬另籌徵收之法。從之。

癸未，直隸總督王文韶等奏，瀝陳籌辦盧漢鐵路情形，並鈔呈議借比國洋款草合同。依議行。

丁亥，福州將軍裕禄等奏，商定船政局學堂招考學生章程。前學堂課程限制以六年爲期，其藝圃學堂則分爲藝徒、匠首兩學堂，課程限制，各以三年爲期。下所司知之。又奏，延募洋員到閩，考驗各廠機器，及察看船隖等處，商籌整頓添備，並製造船工情形。下部知之。

戊子，總理各國事務衙門奏，重訂滇緬條約附款，及議定粤省西江通商專條，請旨批准，並欽派大臣互换。得旨。著派李鴻章互换。

戊子，署吉林將軍延茂奏，華俄銀行承造東省鐵路，現將勘地興工，照約派員保護。報聞。

五月壬辰，諭：御史楊崇伊奏，制錢日少，請飭各省開鑪鼓鑄，並雲南銅廠有名無實，請另籌辦法各摺片。著户部議奏。尋奏，應通行已經開鑄及停鑪未鑄等省各督撫體察地方情形，認真舉辦，以期挽回圜法，便益商民。至雲南礦務，應飭該省督撫臣據實確查，奏明辦理。從之。

癸巳，諭軍機大臣等：電寄張蔭桓，使事竣後，即宜講論加税之事。此事固不易辦，全在該大臣善爲説辭。至免釐一節，萬不可允。釐金歷辦多年，加税則尚無把握。鑛源所繫，該大臣於問答之際，語氣切勿稍鬆，是爲至要。

《光緒朝東華録》一四〇　甲辰，致仕大學士張之萬卒，予祭葬，贈太保，入祀賢良祠。尋予謚文達。

《德宗實録》卷四〇五　丙午，諭：御史張仲炘奏，洋人購買地基房産，請照西例納税一摺。著該衙門議奏。尋總理各國事務衙門奏，遵查所奏各節，皆屬窒礙，難行應請，毋庸置議。從之。

諭：御史張仲炘奏，臺灣土貨進口，請照洋貨收税等語。著該衙門查覈具奏。尋總理各國事務衙門奏，遵飭總税務司赫德妥擬徵税辦法四條：一臺灣土貨作爲洋貨看待；一中國土貨運往臺灣，於出口時應完納出口正税；一洋貨已在中國完納税饟者，若限内運往臺灣應給存票；一船隻已在中國完納船鈔，領有四箇月爲期之專照，如駛赴臺灣，所領專照無礙行用。如所請行。

《德宗實録》卷四〇六　六月戊辰，山東巡撫李秉衡奏，部議總税務司所籌土藥税釐並徵辦法，窒礙多端，流弊甚大，懇照舊稽徵，毋庸改議。下所司議。

癸酉，諭軍機大臣等：胡聘之奏，議開晉邊蒙地，以興屯利而固邊防一摺。晉邊伊克昭、烏蘭察布二盟旗地，川原饒沃，水陸交通，據該撫臚陳興屯之利，約有四端。現擬辦法，如設局籌費、定租、駐兵各節，均著照所請辦理。惟興辦屯田，固所以裕税課而重邊防，亦須無礙蒙民生計，著胡聘之飭令派出查勘各員，曉譬伊克昭、烏蘭察布二盟長，諭以朝廷興辦此舉，實爲蒙民策安全，既議租以贍其身，復置兵以衛其地，該地方蒙民等，自無不樂於從事之理。至西二盟壤地，毗連數省，其與陝甘鄰界者，可墾之地尚多。誠能一律開辦，亦屬有裨大局。著陶模、魏光燾各就地方情形，詳細查勘，應如何陸續興辦之處，分别妥籌，奏明辦理。

諭：胡聘之奏，籌辦礦務，擬先修鐵路一摺。晉省煤鐵各礦，運道阻滯，必須興辦鐵路，方能暢銷。覽奏設立公司，所貸之款，商借商還，餘利酌提歸公各條，大致尚屬周妥。惟創辦伊始，必須豫防流弊，並借款有無實在把握，著胡聘之悉心妥籌，酌定詳細章程，奏明辦理。

乙亥，御史李念兹奏，津榆鐵路歸併盧漢公司，有害無利，應仍歸官路，請飭總理各國事務衙門另行妥議辦法。下所司議。

七月癸未，諭軍機大臣等：袁世凱本日已補授直隸按察使，著仍歸督辦軍務王大臣節制。並著王文韶督飭該臬司，將練兵事宜認真講求，隨時指示，務臻妥協。該臬司一時未能到任，即著揀員署理。

庚寅，諭軍機大臣等：前據御史李念兹奏，津榆鐵路請仍歸官辦，當諭令總理各國事務衙門議奏。兹據覈議具奏，津榆鐵路本係官辦，嗣因盧漢鐵路設立總公司，王文韶奏請改歸盛宣懷經理，曾經降旨允准。兹據奏稱，盛宣懷所辦盧

漢鐵路，尚未開辦，誠如該御史所奏，力難兼顧。津盧鐵路係順天府府尹胡燏棻承辦，現在工將告竣。若將此路責成該府尹接續辦理，一切委員工匠人等，均係熟手，所需經費，即由津盧及津榆已成鐵路餘利項下動用，並可隨時勸集商股，以輔官款等語。即著照所請行。胡燏棻務當悉心籌畫，覈實經理，逐漸展拓，以竟全功。

《光緒朝東華録》一四〇　辛卯，諭軍機大臣等：給事中龐鴻書等奏，太湖梟匪充斥，亟宜妥籌辦法一摺。著劉坤一等查明，先行具奏。太湖界連江浙，遇有梟匪出没，該督撫等務當各派得力營弁迅速會勦。

《德宗實録》卷四〇七　辛卯，浙江巡撫廖壽豐奏，浙江省城專設求是書院，兼課中西實學。下所司知之。

壬辰，諭軍機大臣等：史念祖奏，哥老會匪潛撲灌陽縣城，當經督團擊，退，並飭拏餘匪一摺。廣西興安地方，前有哥老會匪首唐燕亭等開堂放飄，業經拏獲正法。本年五月閒，匪黨聲言報復，乘夜潛撲灌陽縣城。該縣知縣吳良棻督團迎勦，擒斬多名，該匪敗退逃竄，辦理尚無貽誤。仍著該撫督飭各員弁，將此股匪徒實力搜勦。並勒限嚴拏逸匪唐玉合，務獲究辦。興安縣知縣卜永春辦理不善，畏葸無能，著即行革職。出力員弁，准其擇尤酌保，毋許冒濫。陣亡練丁，著交部議卹。

壬辰，以文華殿大學士李鴻章爲武英殿總裁官，兵部尚書徐郙爲會典館副總裁官。命户部尚書翁同龢教習庶吉士。調禮部尚書孫家鼐爲吏部尚書，工部尚書許應騤爲禮部尚書，以都察院左都御史錢應溥爲工部尚書，倉場侍郎廖壽恒爲都察院左都御史。

甲午，調工部尚書剛毅爲刑部尚書，刑部尚書松溎爲工部尚書，調刑部左侍郎李端棻爲倉場侍郎。以江蘇巡撫趙舒翹爲刑部左侍郎，以前江蘇巡撫奎俊署江蘇巡撫。

丙申，以順天府府尹胡燏棻署都察院左副都御史，以詹事府詹事瞿鴻禨署刑部左侍郎，内閣學士梁仲衡署工部左侍郎。

《德宗實録》卷四〇八　庚申，以户部右侍郎陳學棻兼署禮部右侍郎，禮部左侍郎徐會澧兼署吏部右侍郎，光禄寺卿曾廣漢署刑部左侍郎，大理寺少卿貴賢署宗人府府丞。

辛酉，命禮部左侍郎徐會澧仍在上書房行走，派兵部右侍郎兼署工部右侍郎楊頤承修東陵風水圍墻。

八月甲子，以户部尚書翁同龢兼署吏部尚書，都察院左都御史廖壽恒署兵部尚書，前熱河都統崇禮署都察院左都御史，吏部左侍郎崇光兼署户部右侍郎兼管錢法堂事務，吏部右侍郎溥善兼署兵部右侍郎。以理藩院尚書啟秀署鑲黄旗漢軍都統。鑲黄旗滿洲副都統彭壽署鑲紅旗滿洲副都統。

壬申，命户部尚書翁同龢協辦大學士。

《光緒朝東華録》一四〇　丙子，諭軍機大臣等：恭壽奏，土司改土歸流，督臣事前並未商辦，徑行列銜具奏，據實奏聞一摺。四川邊務事宜，向由總督會同將軍互商妥善，合詞具奏。德爾格忒土司獻地改土歸流一案，鹿傳霖並未知照恭壽，竟將該將軍銜名列入，與歷來辦法不符。並據該將軍奏稱，該督不察虚實，即飭委員張繼率師往取其地，張繼急於邀功，遂將該土司全家誘獲，解省監禁，疊次提審，所供情節，與張繼所禀懸殊。現聞張繼在德爾格忒被圍，邊民之未必心服，亦可想見等語。此案實在情形究竟若何，朝廷無由懸度。若如該將軍所奏辦理，實未妥善。國家深仁厚澤，二百餘年，各土司食毛踐土，與内地軍民無異，從前用兵查辦之案甚少。此次鹿傳霖在川，瞻對既已用兵，三巖、披桑又復紛紛滋事。雖時勢所值不同，該督等亦應酌度情形，倍加詳慎。乃鹿傳霖咨覆恭壽，有如果辦理不善，該督當獨任其咎之語。事關邊務，豈可掉以輕心，獨斷獨行？設有貽誤，該督能當此重咎耶？恭壽所請嗣後邊務事件無庸會列銜名，徑由督臣具奏，以一事權，亦屬非是。總之恭壽、鹿傳霖共事一方，同受朝廷重寄，均應屏除成見，和衷商辦，俾邊圉乂安，番情悦服，方爲不負委任。正不獨德爾格忒一事爲然也。

《德宗實録》卷四〇九　丁丑，出使英國大臣張蔭桓奏，使事竣後，遵議加税。俄、法、美三國俱允酌加。英外部亦謂李鴻章前議按鎊完税，鎊價漲落無常，税則須有定數，加鎊不如加税。已電知駐華使臣與總署商辦。下所司知之。

戊寅，調兵部左侍郎徐樹銘爲吏部右侍郎，未到任前仍以禮部左侍郎徐會澧兼署。轉兵部右侍郎楊頤爲左侍郎，仍兼署户部右侍郎，兼管錢法堂事務。以都察院左副都御史壽昌爲兵部右侍郎，兼署刑部右侍郎。

甲申，直隸總督王文韶奏，創設育才館，分課中西經史、策論及天文、地理、格致、圖算一切根本之學，以期漸收得人之效。下所司知之。

乙酉，諭：電寄文海，德爾格忒土司改土歸流一案，鹿傳霖辦理未妥。此係

該土司家事，朝廷可不過問。著宣布德意責成該老土司仍舊管轄，毋庸改設流官。土司昂翁降白仁青及其家屬著一併釋放。

《光緒朝東華録》一四一　九月戊子，召鹿傳霖回京，以李秉衡爲四川總督。

以張汝梅爲山東巡撫。

《德宗實録》卷四一〇　辛卯，諭軍機大臣等：訥欽奏，瞻對撤歸川屬，無可疑慮一摺。瞻對歸川一事，朝廷審察周詳，疊經諭令鹿傳霖妥慎辦理。嗣因訥欽奏達賴不遵勸導，並將分界之事，藉以挾制。復電諭訥欽將瞻對可撤不可撤，下一斷語，以憑覈辦。茲據奏稱，藏番不敢生釁，約有四端，通籌熟計，保無意外之虞等語。從來辦理邊疆重務，總以持平穩慎爲主。鹿傳霖偏執己見，以致難以結束。恭壽務當詳慎籌度，應否即照訥欽所奏辦理，抑或別有善策可以速了之處，著會商妥辦。固不可操切圖功，亦未便遷就了事，以紓朝廷西顧之憂。

《光緒朝東華録》一四一　丙申，諭：朕欽奉慈禧端佑康頤昭豫莊誠壽恭欽獻崇熙皇太后懿旨，本年〔十月〕初十日萬壽慶辰，在頤和園排雲殿受賀。欽此。是日，宣表行禮，朕親進表文。初八日，朕率領王公百官詣仁壽殿筵宴。初九日，皇后率領内廷公主、福晉、命婦詣仁壽殿筵宴。所有應行典禮，著各該衙門敬謹預備。

諭：本年十月初十日，恭逢慈禧端佑康頤昭豫莊誠壽恭欽獻崇熙皇太后萬壽慶辰，欽奉懿旨，在頤和園慶賀筵宴。所有應行典禮，派恭親王、慶親王奕劻會同禮部、内務府敬謹辦理。

《德宗實録》卷四一〇　甲辰，諭軍機大臣等：理藩院奏，達賴喇嘛懇請賞還瞻對地方，據呈代奏一摺。據稱光緒十五年明正土司句串瞻對百姓投降，領其進界，搶殺該土司，並將太林寺廟宇拆毀。復賄通軍糧廳，轉禀總督派帶隊官周萬順會同明正土司土兵進瞻，該處堪布無奈退出。屢次轉咨駐藏大臣，懇其代奏，未允等語。與鹿傳霖疊次所奏情形迥不相同。此事籌辦將及一年，至今尚無歸宿。以達賴遣人來京呈訴，無論所訴各節是否屬實，其心之不肯輸服，已可概見。究竟三瞻用兵因何啟釁，是否鹿傳霖過於操切，查辦不公，抑或達賴飾詞强辯，著將確實情形查明，詳細具奏。前據訥欽奏稱，瞻對撤歸川屬，無可疑慮，復經諭令恭壽妥籌善法，現在該署督等籌辦情形若何，未可堅執收回之説，致滋波折。如果查明該喇嘛所陳各節並無虛妄，自當設法轉圜，速了爲是。恭壽等務即會商一萬全之策，一併迅速具奏。呈内所稱軍糧廳自係指打箭鑪同知而言，至所請藏中緊急要事可否准達賴遣人來京遞呈，由理藩院代奏一節，顯與舊章不符，著不准行。

丙午，諭軍機大臣等：御史陳其璋奏，浙江杭州鐵路有害無利，羣情洶懼，請飭撫臣迅即停止，以安衆心一摺。所奏各節，頗屬詳細。如開辦並無大利，自以停止爲是。著廖壽豐體察情形，據實具奏。另片奏，杭州如必需鐵路當就艮山門向東南興築，事半功倍等語。著廖壽豐一併查覈具奏。

己酉，直隸總督王文韶、湖廣總督張之洞、太常寺少卿盛宣懷奏，詳勘盧漢鐵路由楚入豫辦法。下所司議。尋總理各國事務衙門等會奏，所陳各節，籌畫周妥，均擬准如所奏辦理。至開平焦炭，應由王文韶督飭局員，雇匠添錬，先儘漢陽鐵廠購用。仍由盛宣懷酌籌鉅款，與開平合力籌辦。從之。

《光緒朝東華録》一四一　癸丑，廣西巡撫史念祖緣事革職。

《德宗實録》卷四一〇　乙卯，湖南巡撫陳寶箴奏，開缺陝甘總督楊昌濬在籍病故，請開復處分，照例議卹。得旨，楊昌濬著開復革職留任處分，交部照例議卹。

《光緒朝東華録》一四一　十月戊午，調黄槐森爲廣西巡撫，以裕祥爲雲南巡撫。

以瞿鴻禨爲内閣學士。

己未，以奎俊爲江蘇巡撫。

癸亥，山東曹州鉅野縣天主堂德教士二人被殺，中德交涉起。

《德宗實録》卷四一一　壬申，諭軍機大臣等：電寄李秉衡，曹州殺斃洋人一案，前據德使及許景澄先後電報，今始據李秉衡電覆，已屬遲延。且盜匪在逃，豈懸賞通緝所能了事。著速派司道大員馳往該處，根究起釁情形，務將兇盜拏獲懲辦。陽穀教堂事，一併查明勒緝。

甲戌，諭軍機大臣等：鹿傳霖奏，辦理德爾格忒土司一案情形，據實上陳一摺。據稱德格歸流各土司，小有不安，實因謡傳所致。雜竹卡部落經張繼親往開導，亦已聽命。察木多之倉儲巴經該前督出示曉諭，各土司早已帖然無事。且提訊老土司父子，並無怨詞。奪吉色額手書番字供詞，存卷可查。該處道里賦稅，未及兩月，均已查清。今忽而改圖，恐啟土司之輕藐，長藏番之刁風等語。此事關繫川藏大局，著恭壽將其所奏各節，詳細參酌，毋得稍存成見，迴護前奏。

儻敷衍了事，仍貽後患，恭壽亦不得辭其咎也。

諭：電寄李秉衡，電悉，此案以速獲兇盜爲第一要義。鉅野、陽穀二縣既有盜案，匪無一獲。著先將該縣知縣摘頂勒緝，毋任遷延。

《東華續録・》光緒一四一　乙亥，德國海軍少將岱特利菲率軍艦三艘突入膠州灣，遂奪礮臺據之。

《德宗實録》卷四一一　丁丑，諭：電寄李秉衡，膠澳一事，據王文韶、李秉衡先後電奏已悉。德國圖占海口，蓄謀已久。此時將藉鉅野一案而起，度其情勢，萬無遽行開仗之理。惟有鎮静嚴紮，任其恫喝，不爲之動。斷不可先行開礮，致釁自我開。

己卯，諭：電寄王文韶，電悉。敵情雖横，總不可輕啟兵端，東省往事前車可鑒。著該督電飭章高元等，於現紮處所穩慎防守，不准妄動。海靖尚未到京，俟過津時，王文韶即邀與切實講論。又諭：電寄李秉衡，電悉。敵情雖横，朝廷決不動兵。此時辦法總以杜後患爲主。若輕言決戰，立啟兵端，必致震動海疆，貽誤大局，試問將來如何收束。章高元、夏辛酉均著於附近膠澳屯紮，非奉諭旨，不准妄動。新募之營固屬烏合，適足以啟戎心，著毋庸召募。此事已飭總署及出使大臣向彼理論，俟有回信，再定進止。巡撫張汝梅已令速赴新任，所有拏犯訊供等事，仍著李秉衡上緊妥辦，毋得推諉。

壬午，諭軍機大臣等：電寄李秉衡，電悉。所陳各節，朝廷所稔知，其應争處在此，其難辦處亦在此。洋人舉動全在勢力，力不能勝，必受大虧，此戰事所以當慎也。該省風氣雖勁，然前數年用兵，亦節節退守，前車可鑒。著遵前旨，毋庸召募。夏辛酉各營仍擇要屯紮，以防深入。至將弁功罪，事定再議，不必瀆陳。

乙酉，山東巡撫李秉衡奏：查參疏防教堂被劫各員，請將署鉅野縣知縣許廷瑞、壽張縣知縣莊洪烈摘頂勒緝。得旨，緝捕乃地方官要事，該縣疏防盜案，殺斃洋人，以致釀成巨釁，實屬可惡，亦不僅以摘頂塞責也。

《德宗實録》卷四一二　十一月戊子，諭軍機大臣等：電寄許景澄，德軍孔棘，著許景澄廣設方法。如巴蘭德、德璀琳等宜籠絡之，俾勸德廷，毋失邦交，以顧大局。巴使前在華得力，並著傳諭褒奬。至彼國前派戰船及别項情形，隨時探明電達。

乙未，諭軍機大臣等：著派翁同龢、張蔭桓，即日前往德國使館，與海靖再行理論。以理藩院左侍郎綿宜爲左翼監督。奉宸院卿奕功爲右翼監督。

癸卯，四川總督李秉衡因事解職，調福州將軍裕禄爲四川總督。調湖北布政使王之春爲四川布政使，直隸布政使員鳳林爲湖北布政使，四川布政使裕長爲直隸布政使。

《光緒朝東華録》一四一　戊申，貴州學政嚴修奏請設經濟特科，以收實用。軍機大臣奉旨：著總理各國事務衙門會同禮部妥議具奏。

《德宗實録》卷四一二　己酉，諭：電寄劉坤一，俄艘到旅，防英北窺。今英亦有大艦泊吴淞，恐開争局。該督惟當飭淞臺將領鎮静嚴備，覘其所向，慎勿張惶。又諭：電寄宋慶，俄艘已到，一切應用物件隨時接濟，切勿聽將弁傳言，以爲俄情叵測，先有驚疑之意，致生嫌隙。

辛亥，諭：電寄劉坤一等，電悉，英將之言，雖未可盡信，然聯盟分占之説，朝廷亦早有所聞。此時機括，全在膠澳。膠澳不退，則各國蠭起。現在只可穩住各國，虚與委蛇，俟海靖回電到後，再與商辦。若能將膠澳開作通商口岸，而另給澳中租界，爲德國屯煤泊船之所，或可暫息紛争。若僅聯一二國，此輕彼重，適啟争局，恐非長策。著該督等從長計較，各抒所見，切實電奏，以備採擇。

癸丑，諭軍機大臣等：電寄劉坤一，兩電均悉。兩國相忌，必致交訌，此一定之理。現在英艦續到，正當問其來意，和平商酌，是亦聯絡之一法。如彼詢及膠澳，告以不能輕讓；如詢俄船舉動，即告以自行前來，暫時停泊，以釋其疑。該督務當慎重圖維，俟彼有覆音，隨時電達。

乙卯，兩江總督劉坤一奏，德人猝據膠灣，事變不測。南洋兵力太單，擬豫召勇三千名，以備緩急。得旨：著暫准召募六營，以資策應。惟須鎮静挑選，毋得虚張聲勢，轉致各國生疑。

《德宗實録》卷四一三　十二月壬戌，諭軍機大臣等：電寄張汝梅，據總署鈔遞德使照會，近日曹州府又有驅逐教民欲殺洋人之事。鉅野教案正在將了，豈容再起波瀾？著張汝梅一面查明確情，一面實力保護，出示曉諭兵民，如有滋鬧者，即照土匪辦理。速電覆。

癸亥，諭軍機大臣等：電寄張汝梅，鉅野教案正在議結，適又有曹州府聚衆欲殺洋人之事，以致德使大肆要挾，頓翻前議，實屬可恨。曹州鎮總兵萬本華，著即撤任回省，聽候查辦。該撫身任地方，自應飭誡屬員，毋致再生教案。乃一味顢頇，於朝廷現辦情形全未體會。即如此案，洋人屢次接電，而該撫尚未聞

知，其聾聵概可想見。曹俗雖稱强悍，該撫豈竟無術綏輯，任其生事，貽害於國耶。接奉此旨後，若再延不出示，飾詞迴護，致外人藉口，定將該撫嚴懲不貸。

丁卯，諭軍機大臣等：電寄張之洞，三電均悉。中日修好之後，本無不洽，若遂連衡，恐北方之患必起。倭將所請，斷勿輕允，是爲至要。

《光緒朝東華録》一四一 戊寅，諭：前因山東鉅野縣地方，有盜匪拒捕，傷斃教士之案，業將兇犯分別懲辦矣。開缺四川總督前巡撫李秉衡，身任地方，不能先事預防，以致釀成巨案，著交部議處。兗沂曹濟道錫良、曹州鎮總兵萬本華、曹州府知府邵承照，一併交部議處。鉅野縣知縣許廷瑞，緝捕廢弛，稟報遲延，著即革職。壽張縣有教堂被劫，該縣知縣莊維烈，著即查參。其餘濟甯、菏澤、單縣、城武等州縣，亦有民教相争者。該州縣官，著分別撤調。山東係禮樂名邦，士夫服習儒術，素知自重。至草野愚民，間有不明事理，甚或毀辱教士，毀壞教堂，此風斷不可長。著該地方官均行禁戢，實力保護。並著通諭各省將軍、督撫等，嗣後如有藉端鬧教堂爲名，聚衆生事者，即遵光緒十七年六月諭旨辦理。倘仍因循玩忽，定行嚴加懲處，決不寬貸。

《德宗實録》卷四一三 戊寅，諭：自西教開禁之後，教堂幾徧天下，傳教洋人，相望於道，華民入教者，亦日增月盛。地方官措置一有失當，則内憂外侮，皆從此起。此誠治亂之關鍵，不可不慎者也。前於光緒十七年六月，有嚴辦會匪焚燬教堂之諭，嗣是成都有案，古田有案，近日復有曹州盜殺教士之案。雖勉强議結，而准建教堂，准租膠澳，種種要挾，已不勝其弊矣。各省將軍、督撫等，身受重恩，當思爲國家弭患。用是特加申諭，此後益當振刷精神，以謹防教案爲事。接見州縣，諄飭查明所轄境内教堂若干，坐落何處，該處民情是否相安。若遇民教詞訟，持平公斷，俾善良者不致屈抑，而刁頑者亦無所藉口。至往來教士，尤當按約切實保護，庶幾防患未然，不使激成變故，是爲至要。若固執成見，徒鶩虚名，絶不權其利害輕重，以一隅而害及全省，甚致貽誤大局，惟該將軍、督撫、都統、府尹是問。懍之慎之。

《光緒朝東華録》一四一 庚辰，榮禄奏：武備之設，原期得折衝禦侮之才。自火器盛行，弓矢已失其利。習非所用，與文科舉時文試帖之弊略同。積習之端，未始不由於此。雖經朝廷屢次條奏，皆以格於成例，難議更張。查應試武童每縣少則百餘人，多或數百人千人不等，約而計之，縣以二百人爲率，合計天下數可三四十萬。教練成其利有五：年富力强，無老弱濫竽充數，利一。弓馬嫻習，教練易成，利二。有志上進，與謀衣食者不同，利三。姓名鄉里有籍可稽，無逃亡之弊，利四。有室有家，散則歸農，不至流爲盜賊，利五。且近在鄉里，養兵之費自輕。此尤勝於召募者。若每省延聘兼通西法，精於操練教習數十人，就地教練，一歲之後，可成精兵，足以充役。二年作爲武生，選其材武聰穎者，每省設一武備學堂，挑入學習重學、化學、格致、輿地諸學，分礮隊、馬隊、工程隊諸科，限以三年，由各省督撫詳加考試。凡考列優等者，作爲武舉人。其名數略參科場舊制，分別大省、中省、小省，各不得逾本省原額十分之五。此爲武備特科。其三年一試之武科，暫准照舊舉行，但須酌減舊額一半，以期相濟爲用。試之有效，再將舊制停罷。立將此項特科武舉人咨送京師大學堂，限以三年，由兵部奏請欽派王大臣考試，分別優等者作爲武進士，其名數與常年會試中額各得其半。仍恭候廷試，各就本科驗其膂力技藝，詢以方略，以侍衛、守備分用。屆時並令各路軍營自哨以上，均用此項武舉人、武進士人員充補。俾得效力行間，以備干城之選。似此參酌中外兵制，造就人材，其用至廣，其效至速。各國聞此舉動，或稍戢其狡焉思啓之心，於國事實有裨益。應請飭下廷臣會議，奏請宸斷施行。上諭：榮禄奏請設武備特科，參酌中外兵制造就人材等語，著軍機大臣會同兵部議奏。

《德宗實録》卷四一三 辛巳，諭軍機大臣等：電寄張之洞等，海疆多事，朝廷方切殷憂。張之洞、陳寶箴各電奏頗有可採。現英議借款，俄欲借灣，正在未定。已飭總理衙門從長計議，候旨施行。

光緒二四年（戊戌、一八九八）

《光緒朝東華録》一四二 正月丁亥，先是工部主事康有爲，以光緒二十一年中日役後上書，力陳變法之不可緩。事下各督撫核議施行。後康有爲屢上書言事，格不得達。至是上念國勢阽危，毅然有改革之志。知康有爲伉直敢言，又因大學士翁同龢之請，欲擢用之。命總理各國事務衙門王大臣隨時接見康有爲，詢問天下大計，變法之宜。並令如有所見及有著述論政治者，由總理各國事務衙門進呈。於是總理各國事務衙門以光緒二十三年十一月間康有爲抗論德據膠州亟宜變法自强，呈請工部堂官代奏之書進。

命總理各國事務王大臣呈進工部主事康有爲所著《日本變政考》、《俄皇大

彼得變政考》等書。

《德宗實録》卷四一四　己丑，諭軍機大臣等：王文韶、張之洞、盛宣懷奏粤漢鐵路緊要，三省紳商籲請通力合作，以保利權，並籌議借款各摺片。現在時局日亟，所有中國緊要枝幹各路，除盧漢業經開辦外，粤漢一路，雖經總署王大臣奏明次第舉辦，尚未定有切實規模，自應豫争先著。若由湘、鄂、粤三省紳商自行承辦，仍歸總公司總其綱領，實於大局有裨。惟是造路之資本，借款之辦法，通行之章程，必須與盧漢公司一氣貫注，始可收通力合作之效。著王文韶、張之洞、譚鍾麟、譚繼洵、陳寶箴、許振禕隨時會商盛宣懷，妥議招股、借款各節，並選舉各省紳商設立分局，購地鳩工，認真辦理。各國如有以承辦此路爲請者，即由總署王大臣告以三省紳商自行承辦，已有成議，或可杜其要求。此路貫湖南腹地，銜接武昌，不特取徑直捷，練兵、開礦諸凡有益。該大臣等當妥速開辦，力任其難，以收實效。另片奏，請暫用中國工師勘路等語。詹天佑、鄺景陽二員已諭令胡燏棻暫時借調，即著陳寶箴派員協同該二員將湘省應造鐵路之地測量勘繪。原摺著鈔給譚鍾麟、譚繼洵、許振禕、陳寶箴閲看。將此各諭令知之。又諭：詹天佑、鄺景陽二員，著胡燏棻飭令前赴湖南，交陳寶箴差委，辦理勘路事宜。直隸總督王文韶等奏，密陳粤漢鐵路利害，宜用美款興修，請勿允他國承攬。下所司知之。

《德宗實録》卷四一四　戊戌，諭内閣：户部奏，遵議右中允黄思永奏籌借華款，請造股票一摺。據稱按照該中允原摺所陳，詳細參酌，擬由部印造部票一百萬張，名曰昭信股票，頒發中外，週年以五釐行息，期以二十年本利完訖。平時股票准其轉相售買，每届還期，准抵地丁、鹽課。在京自王公以下，在外自將軍、督撫以下，無論大小文武，現任、候補、候選官員，均領票繳銀，以爲商民之倡。其地方商民願借者，即責成順天府府尹及各直省將軍、督撫，將部定章程先行出示，並派員剴切勸諭，不准稍有勒索。派辦之員能借鉅款者，分別優予奬敘各等語。著依議行。當此需款孔亟，該王公及内外臣工等，均受朝廷厚恩，即各省紳商士民，亦當深明大義，共濟時艱。况該部所議章程，既不責以報效，亦不强令捐輸，一律按本計息，分期歸還，諒不至遲回觀望也。

己酉，諭内閣：内閣侍讀學士榮慶奏，請飭培養八旗人才，認真考試一摺。各衙門司員分理庶政，旗員既須考試，漢員何獨不然？當兹時事多艱，欲求幹濟之才，自不在記誦詞章之末，惟講求時務，明習例案，亦須具有學識，始克疏通證明。嗣後各衙門滿漢司員，著各該堂官自行釐定章程，無論何項出身，一體面加考試，並認真訓飭。務使究心實學，勉爲有用之才，以備朝廷器使。將此通諭知之。

又諭：御史王鵬運奏請開辦京師大學堂等語。京師大學堂疊經臣工奏請，准其建立。現在亟須開辦，其詳細章程，著軍機大臣會同總理各國事務衙門王大臣妥籌具奏。

庚戌，諭内閣：胡燏棻奏請就各省現有兵餉，精練陸軍一摺。方今時局艱難，自以練兵爲第一要義。各省防練各營近來積習，如缺額、剋扣、攤派等弊，不勝枚舉。若不嚴行禁革，訓練必不能精，營務安有起色？至操演之法，不宜拘守成格。應如何變通盡利之處，著軍機大臣會同督辦軍務王大臣妥議具奏。另片奏，神機營改用新式槍礮各節，著一併議奏。又諭：胡燏棻奏酌設武科章程，請於各省府廳州縣分設學堂教習等語，著軍機大臣會同兵部歸入榮禄等前奏内，一併議奏。

辛亥，諭内閣：侍講惲毓鼎奏，經濟特科宜議登進之途一摺。國家登進人材，必須言行相符，而後可收實效。况經濟一科，係屬特設，内外臣工尤當仰體朝廷破格旁求之意，不得以有才無行之人，濫登薦牘。至該侍講所請，仿照從前觀政之例，以試其能等語，著總理各國事務衙門參酌情形，奏明辦理。

甲寅，諭内閣：裁兵節餉等事爲今日萬不可緩之圖，疊經諄諭各省將軍、督撫認真籌辦，不准藉詞搪塞。連日據魏光燾、張汝梅、王文韶先後奏到，朕詳加披閲，無非瀝陳該督撫辦事艱難，籲懇稍寬時日，或竟稱裁無可裁，減無可減，或小有删除，仍屬寥寥無幾。其於各營之廢弛缺額，未置一詞。似此敷衍塞責，任意遷延，何日始能見諸實政？朕宵旰焦勞，臨朝太息，苟非萬不得已，豈肯裁及制兵？無如時勢所迫，不得不先其所急，安能以有著之餉養無用之兵，徒使不肖營員窟穴其中，剋扣侵吞，習成慣技。督撫瞻徇情面，亦復代爲支飾，置國家大局於不顧，實堪痛恨。疆臣受恩深重，手綰軍符，於分内應辦之事，猶苦力不能舉，亦可謂無術之甚矣。自此次申諭之後，該將軍、督撫等其各激發天良，悉心籌畫。經制之兵何處可以歸併，何處可以全裁，挑練之勇某營應行改章，某營應行遣撤，及一切糜費，應如何節省，逐一確切查明，迅速辦理。但能省一分無著之餉，即可添一分有用之兵，勉竭悃忱，朕言不再。儻或意存遷就，於可裁之兵、可節之餉仍有不實不盡，一經查出，朕必治以抗違之罪，勿謂尺籍伍符，難於綜

覈，外間積弊，朕不能知也。將此通諭知之。

《光緒朝東華録》一四三　二月丁巳，依克唐阿奏：覆陳籌餉練兵要策，請飭户部籌款開設銀行，仿行鈔法。軍機大臣奉旨，著户部核議具奏。

《德宗實録》卷四一五　辛酉，諭軍機大臣等：前據升任司業黄思永奏請開墾內蒙古伊克昭、烏蘭察布二盟牧地，當經諭令沿邊各督撫議奏。嗣據胡聘之查明，盛稱興屯之利，約有四端，並擬定辦法具奏。復經諭令派員曉譬該盟長等妥籌辦理。兹據理藩院奏，伊克昭盟長鄂爾多斯札薩克、貝子札那濟爾迪呈稱，開墾牧地，實於蒙古生計有礙。且現擬辦法，較東三盟自行收租之例，未免向隅，懇請奏明，准免開墾等語。與胡聘之所奏迥不相同。蒙古生計在租不在牧，胡聘之力持此議，並稱業經派員與該旗會商，均各領悟，何以該盟長復有此請？究竟現在辦理若何？蒙古一旦失業，難免滋生事端，自屬實在情形。興屯之利安在？著胡聘之悉心酌度，再行妥籌具奏，毋執前説，致拂衆心。理藩院摺著鈔給胡聘之閲看。將此諭令知之。尋奏，遵籌晉邊蒙地屯墾事宜，請免開辦，以順蒙情。仍飭該蒙古等恪遵定例，勿得違禁私租，致啟争端。下部知之。

壬戌，諭軍機大臣等：都察院奏，山西京官呈訴山西興辦鐵路，流弊滋多，請飭停辦一摺。山西興辦鐵路，前據該撫奏稱，因所産煤鐵各礦，須修鐵路方能運銷。現有皖粤各紳商，籌借洋款，來晉開辦，並聲明洋款與洋股有别，當經降旨允其興辦，並令豫防流弊，酌定詳細章程，奏明辦理。迄今尚未奏到。兹據山西京官呈稱，該撫竟將潞安、澤州、沁州、平定二府二州，典與洋人等語。覽奏深堪詫異。疆吏身膺重寄，興辦大舉，總當計慮周詳，而慎之於始。若但顧目前之微利，而不思後日之隱憂，孟浪從事，而後患至不可思議，朝廷亦安用此疆吏爲耶？況山西地非衝要，又山徑崎嶇，修造鐵路，本重利微，斷非華商所樂爲，必有洋商巨股爲之壟斷。稍有不慎，墮其術中，將來堂奥洞開，險要盡失，加以各國競相援照，引爲口實，彼時應之不能，拒之不得，該撫能當此咎否？總之此事關繫重大，必須慎之又慎，不可稍涉遷就。現在辦理情形若何，所稱皖粤紳商是何姓名，是否的實可靠，所議合同是否細密，總以計出萬全，毫無流弊爲第一要義。

甲子，總理各國事務衙門奏，續借英德商款一千六百萬鎊，周息四釐五毫，八三折扣，以蘇州、淞滬、九江、浙東貨釐，及宜昌、鄂岸、皖岸鹽釐作抵，分四十五年本利還清，訂立合同。請旨遵行。從之。

户部奏，擬定給發昭信股票詳細章程十七條。

甲子，命刑部尚書廖壽恒在軍機大臣上學習行走。

丙寅，諭軍機大臣等：許景澄著派充頭等欽差大臣，專使俄國商辦。

《光緒朝東華録》一四三　戊辰，中德膠澳租界條約成。

《德宗實録》卷四一五　癸酉，總理各國事務衙門奏，膠澳事起，中外交涉愈形棘手。請簡派俄、德、法、英、日、美等國專使，重其事任，先爲懲前毖後之謀，以圖固圉自强之計。從之。

庚辰，諭内閣：前據榮禄、高燮曾、胡燏棻先後奏請設武備特科，酌改章程各摺片，當經諭令軍機大臣會同兵部議奏。兹據該王大臣等分别准駁，詳議覆奏，並擬定大概章程，開單呈覽。朕詳加披閲，尚屬切實可行。國家設科，武備與文事並重，原期遴拔真才，以備折衝之用。現在風氣日新，雖毋庸另設特科，亦應參酌情形，變通舊制。著照該大臣等所議，各直省武鄉試自光緒二十六年庚子科爲始，會試自光緒二十七年辛丑科爲始，童試自下届爲始，一律改試槍礮。其默寫武經一場，著即行裁去。所有一切未盡事宜，暨各省應如何設立武備學堂之處，著該衙門隨時奏明辦理。現在時局艱難，朝廷釐定章程，專務振興實學，武場改試槍礮，亦轉移風氣之一端。嗣後主試王大臣及各省督撫、學政尤當加意講求，認真考覈，務在作其忠勇，開其智識。平時則嚴督功課，校試則秉公去取。毋得奉行日久，又成具文，致負作育人材至意。該部即遵議行。尋兵部奏，遵議，武科改試槍礮，取中之後，武生可補勇缺，武舉可充哨官，其營用衛用之武進士可充管帶。宜裁汰各營冗弱，將此項人員儘先充補，以副寓營制於武科之意。未盡事宜，隨時酌覈，彙定頒發。依議行。

《光緒朝東華録》一四三　三月戊子，總理各國事務衙門奏：臣等於本年三月初三日，奏請將湖南岳州府、福建福甯府所屬之三都澳開設通商口岸，奉旨允准在案。兹查直隸撫甯縣屬北戴河至海濱之秦王島，隆冬不封，每年津河凍後，開平局船由此運煤，郵政包封亦附此出入，與津榆鐵路甚近。若將秦王島開作通商口岸，與津榆鐵路相近，殊於商務有益。如蒙俞允，即由臣等咨行南北洋大臣、順天府尹先將應辦事宜妥速籌備，定期開辦。得旨，如所議行。

己丑，中、俄會訂旅順、大連灣租借條約成。

《德宗實録》卷四一六　壬辰，諭軍機大臣等：電寄依克唐阿，疊次電奏均悉，旅大租界雖經議定，尚未劃分。金州一廳並營汛道路，萬不能允在租界之內，業經隨約照會，並令許景澄與該國外部詳議商定矣。

戊戌，諭軍機大臣等：黄槐森奏，遵旨籌議裁兵節餉，並瀝陳管見一摺。所奏裁去緑營兵，改爲練勇，營官仍照舊缺，毋庸裁減更張，及裁減水師各條，尚屬切實。其有無流弊，著該撫詳晰妥定章程，奏明辦理。該省機器局既據奏稱，以鉅款作無益之用，費多利少，著即停辦。武場改試洋槍，並考取中式後，分别選用，著兵部歸入變通武科舊制未盡事宜内妥議具奏。所請將五金煤炭各礦招商採辦，及鐵路支路招商集股分辦，著總理各國事務衙門酌覈籌辦。至所稱文武大小各員於補缺時，定繳報效銀數等語，殊屬有乖政體，應毋庸議。各省由商包繳釐税，及鼓鑄銀圓，贏餘有無，可以加繳充餉之處，著户部斟酌辦理。現在時局艱難，必須破除積習，實事求是，該撫擬辦各節，尚能悉心籌畫，即著隨時認真整頓，毋得有名無實，用副朝廷委任至意。

庚子，總理各國事務衙門奏，出使大臣許景澄函稱，德君遣其胞弟帶有禮物赴京請覲。請參考中西，酌定各國近支親王覲見禮節，奏明立案，以重睦誼，而垂定章。謹電商酌擬具陳，届時欽定處所。得旨，朕欽奉慈禧端佑康頤昭豫莊誠壽恭欽獻崇熙皇太后懿旨，著在園内覲見。

辛亥，諭軍機大臣等：張之洞等奏，陳明湖北鐵廠經該督等招商承辦，現將造軌採煤各事，力籌整頓，已具端緒。所有鐵路電綫經過之地，著德壽、陳寶箴轉飭地方文武妥爲保護。另片奏，萍鄉煤礦現籌開辦，請援照開平，禁止商人别立公司，及多開小窿擡價收買等語。著德壽即飭所屬，隨時申禁，以重礦務。

壬子，詹事府左中允黄思永奏，口岸、鐵路、礦産三事，各國尋閒抵隙，得步進步。擬請均利止貪，保權弭患。下所司議。尋總理各國事務衙門奏，通商口岸先行開辦，以杜覬覦，應飭各省察看地方情形，酌覆辦理。至路礦兩項，該中允所擬辦法，語多切要，應如所奏辦理。從之。

《光緒朝東華録》一四四　閏三月丙辰，大學士麟書卒，予祭葬，贈太子太保。尋予謚文恪。

《德宗實録》卷四一七　戊午，總理各國事務衙門奏，出使大臣伍廷芳以教案疊起，請變通成法，廣開通商口岸，加重入口關税，采各國通行律，勒爲通商律例一書，布告各國，所有交涉詞訟，以此爲准，庶教民教士有所儆畏。查内地各口，百貨釐金所萃，概歸通商，收數必減。進口洋税能否酌加，現值修約届期，須與各使通盤籌議。至改訂刑律，請飭該大臣博考西律及日本新例，酌擬條款，咨送妥商。又奏，法國請租廣州灣及建造滇越鐵路辦理情形。並依議行。

癸亥，諭軍機大臣等：總理各國事務衙門奏，請簡派船政大臣等語。福州將軍增祺著兼充船政大臣。船政爲海防根本，前經特派裕禄從新整頓，已有規模。該將軍到任後，務即查照裕禄所定章程，督率該廠提調各員並工匠等，將一切製造機器事宜，認真講求，覈實辦理，以副委任。

丙寅，諭軍機大臣等：有人奏，天津設有國聞報館，咸謂係北洋水師學堂總辦道員嚴復合股所開，本年三月間歸日本人經理，而水師學生譯報如故，請飭查禁等語。國聞報館如係中國人所開，不應借外人爲護符；如已歸日本人經理，則不應用水師學生代爲譯報。著王文韶查明該報館現辦情形，及道員嚴復有無與外人句串之事，據實具奏。尋奏，遵查道員嚴復被參各節，查無其事，應懇免其置議。仍諭飭嚴復並學堂學生等，嗣後不得再有隻字附登報館，以自取戾。報聞。

《光緒朝東華録》一四四　庚午，中俄會訂續約成。

《德宗實録》卷四一七　癸酉，諭軍機大臣等，現在德國親王來京覲見，著派世續照料一切。

甲戌，諭：電寄祥亨等，電悉。沙市客民燒毁洋房，是否新關房屋，著將啟釁根由查明電復，並著該署督派員會同關道迅速辦理。

丁丑，諭軍機大臣等：電寄張之洞，前據電奏於十七日啟程，嗣後尚無交卸來京之奏，此時計程當抵上海。惟現在湖北有沙市焚燒洋房之案，恐湘鄂匪徒句結滋事。長江一帶，呼吸相連，上游情形最爲喫重。著張之洞即日折回本任，俟辦理此案完竣，地方一律安靖，再行來京。

總理各國事務衙門奏，日本償款交清，收回威海。報聞。

辛巳，諭内閣：朕欽奉慈禧端佑康頤昭豫莊誠壽恭欽獻崇熙皇太后懿旨，此次神機營、火器營、健鋭營、武勝新隊操演各項陣法，技藝嫻熟，步武整齊，施放槍礮，聲勢均尚聯絡。該管王大臣督率有方，允宜量予恩施，用昭激勸。奕劻、載漪均著賞加二級；熙敬、桂祥、恩佑、芬車、敬信、剛毅均著賞加一級；神機營、武勝新隊全營翼長均著各賞加二級，賞給八絲緞一件；各營備操官員均著各賞加一級；各營備操兵丁、馬步技藝兵丁著每名賞銀二兩；各項執事兵丁著每名賞銀一兩，以示奬勵。仍著該王大臣等隨時督練，精益求精，俾效禦侮折衝之用。朕恭侍慈輿親臨簡閲，現當整軍經武之際，該王大臣等尤應訓厲弁兵，益加講肄，毋得始勤終怠，以副朝廷委任至意。

壬午，雲貴總督崧蕃奏，提督馮子材病請開缺。得旨，馮子材老成練達，素著戰功，著賞假兩箇月，毋庸開缺。

《光緒朝東華録》一四四　四月壬辰，恭親王薨。

《德宗實録》卷四一八　諭内閣：朕欽奉慈禧端佑康頤昭豫莊誠壽恭欽獻崇熙皇太后懿旨，恭親王奕訢誼篤親賢，久襄密勿。【略】不意本月初十日遽爾長逝。時事方殷，失此良弼，予懷震悼，曷可勝言。本日臨邸奠醱，追維疇昔，眷念成勞。恭親王著賜謚曰忠，入祀賢良祠，守衛園寢，添設丁户，四時祭祀，官爲經理。伊孫溥偉著即日承襲親王，用示篤念宗親，愴懷賢輔至意。

乙未，御史楊深秀奏，請派王公出洋遊歷，下所司歸入榮惠摺内議奏。又奏，請議游學章程暨籌款譯書，均下所司議。

乙未，出使美日祕國大臣伍廷芳奏：請先在通商口岸倣行印花税。下所司議。尋總理各國事務衙門奏，遵議，此事外洋通行，成效昭著。中國度支不充，自應就所送章程，詳加釐定，作爲試辦章程。從之。

庚子，總理各國事務衙門奏，與英使議定展拓廣東香港九龍城租界專條，以九十九年爲期限。自開辦後，遇有兩國交犯之事，仍照中英原約香港章程辦理。租地内大鵬灣、深州灣水面，中國兵船無論在局内局外，仍可享用。請派員畫押。允之。

御史李盛鐸奏，請開館專譯東西洋書籍。下所司議。

《光緒朝東華録》一四四　甲辰，授榮禄爲大學士，管理户部事務。調剛毅爲兵部尚書，協辦大學士，以崇禮爲刑部尚書。

《德宗實録》卷四一八　乙巳，諭内閣：數年以來，中外臣工講求時務，多主變法自强。邇者詔書數下，如開特科，裁冗兵，改武科制度，立大小學堂，皆經再三審定，籌之至熟，甫議施行。惟是風氣尚未大開，論説莫衷一是。或託於老成憂國，以爲舊章必應墨守，新法必當擯除。衆喙嘵嘵，空言無補。試問今日時局如此，國勢如此，若仍以不練之兵，有限之餉，士無實學，工無良師，强弱相形，貧富懸絶，豈真能制梃以撻堅甲利兵乎！朕惟國是不定，則號令不行，極其流弊，必至門户紛争，互相水火，徒蹈宋明積習，於時政毫無裨益。即以中國大經大法而論，五帝三王，不相沿襲。譬之冬裘夏葛，勢不兩存。用特明白宣示，嗣後中外大小諸臣，自王公以及士庶，各宜努力向上，發憤爲雄。以聖賢義理之學，植其根本，又須博採西學之切於時務者，實力講求，以救空疏迂謬之弊。專心致志，精益求精，毋徒襲其皮毛，毋競騰其口説。總期化無用爲有用，以成通經濟變之才。京師大學堂，爲各行省之倡，尤應首先舉辦，著軍機大臣、總理各國事務王大臣，會同妥速議奏。所有翰林院編檢、各部院司員、大門侍衛、候補候選道府州縣以下官、大員子弟、八旗世職、各省武職後裔，其願入學堂者，均准入學肄業，以期人材輩出，共濟時艱。不得敷衍因循，徇私援引，致負朝廷諄諄告誡之至意。

己酉，諭内閣：協辦大學士、户部尚書翁同龢，近來辦事多未允協，以致衆論不服，屢經有人參奏。且每於召對時，諮詢事件，任意可否，喜怒見於詞色，漸露攬權狂悖情狀，斷難勝樞機之任。本應查明究辦，予以重懲。姑念其在毓慶宫行走有年，不忍遽加嚴譴。翁同龢著即開缺回籍，以示保全。

己酉，命直隸總督王文韶迅即入覲，以大學士榮禄暫署直隸總督。

庚戌，召見工部主事康有爲、刑部主事張元濟。得旨，康有爲著在總理各國事務衙門章京上行走。

《德宗實録》卷四一九　五月丁巳，諭内閣：我朝沿宋明舊制，以四書文取士。康熙年間，曾經停止八股，改試策論，未久旋復舊制。一時文運昌明，儒生稽古窮經，類能推究本原，闡明義理，制科所得，實不乏通經致用之才。乃近來風尚日漓，文體日敝，試場獻藝，大都循題敷衍，於經義罕有發明，而譾陋空疏者每獲濫竽充選，若不因時通變，何以勵實學而拔真才。著自下科爲始，鄉會試及生童歲科各試，向用四書文者一律改試策論。其如何分場命題考試，一切詳細章程，該部即妥議具奏。此次特降諭旨，實因時文積弊太深，不得不改弦更張，以破拘墟之習。至士子爲學，自當以四子六經爲根柢，策論與制義殊流同源，仍不外通經史以達時務。總期體用兼備，人皆勉爲通儒，毋得競逞博辯，復蹈空言，致負朝廷破格求才至意。

丁巳，命吏部尚書孫家鼐協辦大學士，以直隸總督王文韶爲户部尚書，命在軍機大臣上行走，並在總理各國事務衙門行走。實授榮禄爲直隸總督兼充北洋通商大臣。以刑部尚書崇禮爲步軍統領。

壬戌，諭軍機大臣等：總理各國事務王大臣奏，英人請租威海衛，議立專條呈覽，並請派大臣畫押一摺。著派奕劻、廖壽恒畫押。

又諭：京師大學堂指日開辦，亦應設立譯書局，以開風氣。如何籌款興辦之處，著總理各國事務王大臣一併妥擬詳細章程，迅速具奏。

甲子，諭内閣：御史宋伯魯奏請，將經濟歲舉歸併正科，並各省生童歲科試迅即改試策論一摺。前因八股詩文積弊太深，特諭令改試策論，用覘實學。惟是掄才大典，究以鄉、會兩試爲綱。鄉、會試既改試策論，經濟歲舉亦不外此，自應併爲一科考試，以免紛歧。至生童歲科試著各省學政奉到此次諭旨，即行一律改爲策論，毋庸俟至下屆更改。將此通諭知之。

丁卯，諭内閣：軍機大臣會同總理各國事務衙門王大臣奏，遵旨籌辦京師大學堂，並擬詳細章程繕單呈覽一摺。京師大學堂爲各行省之倡，必須規模閎遠，始足以隆觀聽而育人材。現據該王大臣詳擬章程，參用泰西學規，綱舉目張，尚屬周備。即著照所議辦理。派孫家鼐管理大學堂事務，辦事各員由該大臣慎選奏派。至總教習，綜司功課，尤須選擇學賅中外之士，奏請簡派。其分教習各員，亦一體精選，中西並用。所需興辦經費，及常年用款，著户部分別籌撥。所有原設官書局及新設之譯書局，均著併入大學堂，由管學大臣督率辦理。此次設立大學堂，爲廣育人才，講求時務起見。該大臣務當督飭教習等，按照奏定課程，認真訓迪，日起有功，用副朝廷振興實學至意。

《德宗實録》卷四二〇 戊辰，諭：總理各國事務衙門奏，議覆御史曾宗彦奏請振興農業一摺。農務爲富國根本，亟宜振興。各省可耕之土，未盡地力者尚多，著各督撫督飭各該地方官，勸諭紳民，兼采中西各法，切實興辦，不准空言搪塞。須知講求農政，本古人勞農勸相之意，是在地方官隨時維持保護，實力奉行。如果辦有成效，准該督撫奏請獎敘。上海近日剏設農學會，頗開風氣。著劉坤一查明該學會章程，咨送總理各國事務衙門，查覈頒行。其外洋農學諸書，並著各省學堂廣爲編譯，以資肄習。

諭軍機大臣等：總理各國事務衙門議覆工部主事康有爲條陳一摺，著該衙門另行妥議具奏。

己巳，諭内閣：自古致治之道，必以開物成務爲先。近來各國通商，工藝繁興，風氣日闢。中國地大物博，聰明才力不乏傑出之英，祇以囿於舊習，未能自出新奇。現在振興庶務，富强至計，首在鼓勵人才。各省士民著有新書，及創行新法，製成新器，果係堪資實用者，允宜懸賞，以爲之勸。或量其材能，試以實職，或錫之章服，表以殊榮。所製之器，頒給執照，酌定年限，准其專利售賣。其有能獨力創建學堂，開闢地利，興造槍礮各廠，有裨於經國遠猷，殖民大計，並著照軍功之例，給予特賞，以昭激勵。其如何詳定章程之處，著總理各國事務衙門即行妥議具奏。

庚午，大理寺少卿盛宣懷奏：籌集輪船、電局商捐，開辦南洋公學情形。下所司知之。又奏，就南洋公學内設立譯書院，選師範生繙譯東西洋書籍。得旨，著照所擬辦理。

壬申，出使俄奥國大臣許景澄等奏：俄國訂立旅順口、大連灣迆北所需保守陸地各租地界綫條約，遵旨與外部議定，專條辦理情形。下所司知之。

甲戌，諭内閣：前經降旨，開辦京師大學堂，入堂肄業者由中學、小學以次而升，必有成效可覩。惟各省中學、小學尚未一律開辦，總計各直省省會暨府廳州縣無不各有書院，著各該督撫督飭地方官各將所屬書院坐落處所，經費數目，限兩箇月詳查具奏。即將各省府廳州縣現有之大小書院，一律改爲兼習中學、西學之學校。至於學校等級，自應以省會之大書院爲高等學，郡城之書院爲中等學，州縣之書院爲小學，皆頒給京師大學堂章程，令其仿照辦理。其地方自行捐辦之義學、社學等，亦令一律中西兼習，以廣造就。至各書院需用經費，如上海電報局、招商局及廣東闈姓規，聞頗有溢款，此外陋規濫費，當亦不少，著該督撫儘數提作各學堂經費。各省紳民如能捐建學堂，或廣爲勸募，准各督撫按照籌捐數目，酌量奏請給獎。其有獨力措捐鉅款者，朕必予以破格之賞。所有中學、小學應讀之書，仍遵前諭，由官設書局編譯中外要書，頒發遵行。至如民間祠廟，其有不在祀典者，即著由地方官曉諭居民，一律改爲學堂，以節縻費而隆教育。似此實力振興，庶幾風氣徧開，人無不學，學無不實，用副朝廷愛養成材至意。將此通諭知之。

丁丑，總理各國事務衙門奏，遵旨另議康有爲條陳。所稱請皇上大誓百司庶僚於太廟，置制度局於内廷，設待詔所於午門，又分設十二局於京師：一曰法律，二曰税計，三曰學校，四曰農商，五曰工務，六曰礦政，七曰鐵路，八曰郵政，九曰造幣，十曰游歷，十一曰社會，十二曰武備。外省每道設一新政局，每縣設一民政局，將藩臬道府州縣盡變爲差。會同地方紳士，公議新政，即以釐金與之各節，均變易内政，事關重要，請特派王大臣會同臣衙門議奏。得旨，著軍機大臣會同總理各國事務衙門王大臣切實籌議具奏，毋得空言搪塞。

辛巳，諭内閣：孫家鼐奏，敬陳管見一摺。據稱原任詹事府中允馮桂芬《校邠廬抗議》一書，最爲精密。其書板在天津廣仁堂，請飭刷印頒行等語。著榮禄迅即飭令刷印一千部，剋日送交軍機處，毋稍遲延。

又諭：御史宋伯魯奏，請將上海時務報改爲官報一摺。著管理大學堂大臣孫家鼐酌覈妥議，奏明辦理。

《德宗實録》卷四二一　六月癸未，諭內閣：張之洞、陳寶箴奏請飭妥議科舉新章，並酌改考試詩賦、小楷之法一摺。鄉會試改試策論，前據禮部詳擬分場命題各章程，已依議行。茲據該督等奏稱，宜合科舉、經濟學堂爲一事，求才不厭多門，而學術仍歸一是。擬爲先博後約，隨場去取之法，將三場先後之序互易等語。朕詳加披閱，所奏各節剴切周詳，頗中肯綮。著照所擬。鄉會試仍定爲三場，第一場試中國史事、國朝政治論五道，第二場試時務策五道，專問五洲各國之政、專門之藝；第三場試四書義兩篇，五經義一篇。首場按中額十倍録取，二場三倍録取，取者始准試次場。每場發榜一次，三場完畢，如額取中。其學政歲科兩考生童，亦以此例推之。先試經古一場，專以史論、時務策命題。正場試以四書義、經義各一篇。禮部即通行各省，一體遵照。朝廷於科舉一事，斟酌至再，不厭求詳。典試諸臣務當仰體此意，精心衡校，以期遴選真才。至詞章楷法，雖館閣撰擬應奉文字，未可盡廢，如需用此項人員，自當先期特降諭旨考試，偶一舉行，不爲常例。嗣後一切考試，均以講求實學實政爲主，不得憑楷法之優劣爲高下，以勵碩學而黜浮華。其未盡事宜，仍著該部隨時妥酌具奏。

諭軍機大臣等：電寄劉坤一，法領事强索四明公所義地，至以礮兵脅拆圍墻，並調兵船。而甯波人傳單罷市，事機甚迫，勢恐莠民藉端滋鬧，釀成巨案。著劉坤一、奎俊飛飭派出各員，一面向法領事切實勸導，就甯人可讓之地允助建屋等費，和商息事。一面嚴飭文武各官實力彈壓商民，務令静候議辦，毋任恃衆尋釁，以遏亂萌。

戊子，諭內閣：前據孫家鼐奏，請將馮桂芬所著《校邠廬抗議》一書刷印，發交部院等衙門籤議，當經諭令榮禄迅速刷印咨送。茲據軍機大臣將應行頒發各衙門及擬定數目，開單呈覽。即著按照單開，俟書到後，頒發各衙門悉心覈看，逐條籤出，各註簡明論説，分別可行不可行，限十日咨送軍機處彙覈進呈，以備採擇。

己丑，諭內閣：本日翰林院奏，侍講黄紹箕呈進張之洞所著《勸學篇》。據呈代奏一摺，原書內、外各篇，朕詳加披覽，持論平正通達，於學術人心大有裨益。著將所備副本四十部，由軍機處頒發各省督撫、學政各一部，俾得廣爲刊布，實力勸導，以重名教而杜卮言。

諭軍機大臣等：振興商務，爲目前切要之圖，疊經諭令各省認真整頓，而辦理尚無頭緒。泰西各國首重商學，是以商務勃興，稱雄海外。中國地大物博，百貨浩穰，果能就地取材，講求製造，自可以暗塞漏巵，不致利權外溢。著劉坤一、張之洞揀派通達商務，明白公正之員紳，試辦商務局事宜。先就沿海沿江，如上海、漢口一帶，查明各該省所出物產，設廠興工，使製造精良，自能銷路暢旺，日起有功。應如何設立商學、商報、商會各端，暨某省所出之物產，某貨所宜之製造，並著飭令切實講求，務使利源日闢，不令貨棄於地，以期逐漸推廣，馴致富强。事屬創辦，總以得人爲先。該督等慎選有人，即著將擬定辦法，迅速奏聞，毋稍延緩。將此各諭令知之。

庚寅，諭：孫家鼐奏，遵議上海《時務報》改爲官報一摺。報館之設，所以宣國是而達民情，必應官爲倡辦。該大臣所擬章程三條，均尚周妥，著照所請，將《時務報》改爲官報。【略】凡有報單，均著該督撫咨送都察院及大學堂各一分，擇其有關時事者，由大學堂一律呈覽。至各報體例，自應以臚陳利弊，開廣見聞爲主。中外時事，均許據實昌言，不必意存忌諱，用副朝廷明目達聰，勤求治理之至意。所籌官報經費，即依議行。

壬辰，諭：盛宣懷奏，籌，造南北鐵路辦理情形一摺。所稱三路，分三國借款營造，緊約寬期，互相比較，洵爲扼要之論。並瀝陳委曲艱難各節，亦屬實在情形。惟是作事謀始，必須力任其難，不辭勞怨，方能日起有功。該大臣膺茲重任，務當力持定見，與各洋商堅明約束。會同榮禄、張之洞迅速籌辦，使三路合爲一氣，南北相爲銜接，提綱挈領，勿分畛域，以期剋日觀成，毋得意存推諉，空言搪塞，致負委任。將此諭令知之。

《光緒朝東華録》一四六　癸巳，諭：李端棻奏，各省學堂請特派紳士督辦等語。現在京師大學堂業經專派管學大臣剋日興辦，各省中學堂、小學堂亦當一律設立，以爲培養人才之本。惟事屬創始，首貴得人。著各該督撫就各省在籍紳士中選擇品學兼優，能孚衆望之人，派令管理各該學堂一切事宜，仍隨時稟承督撫認真辦理。該督撫慎選有人，即著奏請派充，以專責成而收實效。

《德宗實録》卷四二一　丁酉，諭內閣：朝廷於整飭吏治，不啻三令五申。乃各省大吏往往粉飾因循，於所屬各員不肯認真考察，以致賢者無由各盡其長，不肖者得以自匿其短。甚至案關吏議，尚不免巧爲開脱，誤國病民，皆由於此。著各省督撫嗣後於屬員中，務當詳加考覈，賢能者即行臚陳政績，保薦擢用，其

曠廢職事，營私舞弊之員，隨時分別奏參，立予黜革。經此次申諭後，各該督撫身膺重寄，尚其振刷精神，秉公舉劾，以期吏治日有起色，毋負諄諄誥誡之至意。

又諭：朝廷振興庶務，不厭講求，所賴大小臣工各抒讜論，以備採擇。著翰林院、詹事府、都察院各於直日之日，由該堂官輪派講讀。編檢八員，中贊二員，科道四員，隨同到班，聽候召見，俾收敷奏以言之益。其部院司員有條陳事件者，著由各堂官代奏。士民有上書言事者，著赴都察院呈遞，毋得拘牽忌諱，稍有阻格，用副邇言必察之至意。

又諭：通商惠工，務材訓農，古之善政。方今力圖富强，業經明諭各省，振興農政，獎勵工藝，並派大臣督辦沿江等處商務。惟中國地大物博，非開通風氣，不足以盡地力而闢利源。圖治之法，以農爲體，以工商爲用。現當整飭庶務之際，著各省督撫認真勸導紳民，兼採中西各法，講求利弊。有能創製新法者，必當立予優獎。該督撫等務當仰體朝廷開物成務之意，各就該管地方，考察情形。所有頒行農學章程，及製造新器新藝，專利給獎，並設立商務局，選派員紳開辦各節，皆當實力推廣，俾收成效。此外疊經明降諭旨，飭辦事宜，亦均宜悉心講求，次第興辦，毋得徒託空言，一奏塞責。並將各項如何辦理情形，隨時具奏。將此通諭知之。

又諭：鐵路、礦務，爲時政最要關鍵。現在津榆、津盧鐵路，早已工竣。由山海關至大淩河一帶，亦籌款接辦。其粤漢、盧漢兩路均歸總公司建造。是幹路規模大段已具。礦務以開平、漠河兩處辦理最爲得法，成效已著，現正一律推廣。惟路礦事務繁重，誠恐各省辦法未能畫一，或致章程歧出，動多窒礙，亟應設一總匯之地，以一事權。著於京師專設礦務鐵路總局，特派總理各國事務王大臣王文韶、張蔭桓專理其事。所有各省開礦築路一切公司事宜，俱歸統轄，以專責成。

諭軍機大臣等：現在講求新學，風氣大開。惟百聞不如一見，自以派人出洋游學爲要。至游學之國，西洋不如東洋。誠以路近費省，文字相近，易於通曉，且一切西書均經日本擇要繙譯，刊有定本，何患不事半功倍？或由日本再赴西洋游學，以期考證精確，益臻美備。前經總理衙門奏稱，擬妥定章程，將同文館東文學生酌派數人，並咨南北洋、兩廣、兩湖、閩浙各督撫，就現設學堂遴選學生，咨報總理衙門，陸續派往。著即擬定章程，妥速具奏。一面咨催各該省迅即選定學生，開具銜名，陸續咨送，並咨詢各部院，如有講求時務，願往游學人員，出具切實考語，一併咨送，均毋延緩。

《德宗實録》卷四二二　甲辰，諭：前據孫家鼐奏，遵議上海《時務報》改爲官報，請派康有爲督辦其事。並據廖壽恒面奏，嗣後辦理官報事宜，應令康有爲向孫家鼐商辦，當經諭令由總理衙門傳知康有爲遵照。茲據孫家鼐奏陳官報一切辦法。報館之設，義在發明國是，宣達民情，原於古者陳詩觀風之制。一切學校、農商、兵刑、財賦，均准臚陳利弊，藉爲鞀鐸之助。兼可繙譯各國報章，以備官商士庶開擴見聞，於內政外交，裨益非淺。所需經費，自應先行籌定，以爲久遠之計。著照官書局之例，由兩江總督按月籌撥銀一千兩，並另撥開辦經費六千兩，以資布置。各省官民閲報，仍照商報例價。著各督撫通飭全省文武衙門、差局、書院、學堂，應閲報單數目，移送官報局。該局即按期照數分送，其報價著照湖北成案，籌款墊解。至報館所著論説，總以昌明大義，抉去壅蔽爲要義。不必拘牽忌諱，致多窒礙。泰西律例專有報律一門，應由康有爲詳細譯出，參以中國情形，定爲報律，送交孫家鼐呈覽。

乙巳，諭內閣：目今時局艱難，欲求自强之策，不得不舍舊圖新。前因中外臣工，半多墨守舊章，曾經剴切曉諭，勗以講求時務，勿蹈宋明積習，諄諄訓誡，不啻三令五申。惟是朝廷用意之所在，大小臣工尚恐未盡深悉。現在應辦一切要務，造端宏大，條目繁多，不得不採集衆長，折衷一是。遇有交議之件，內外諸臣，務當周諮博訪，詳細討論。毋緣飾經術，附會古義，毋膠執成見，隱便身圖。儻面從心違，希冀敷衍塞責，致令朝廷實事求是之意，失其本旨，甚非朕所望於諸臣也。總之無動爲大，病在痿痺，積弊太深，諸臣所宜力戒。即如陳寶箴自簡任湖南巡撫以來，鋭意整頓，即不免指摘紛乘。此等悠悠之口，屬在縉紳，儻亦隨聲附和，則是有意阻撓，不顧大局，必當予以嚴懲，斷難寬貸。至於襄理庶務，需才甚多。上年曾有考試各部院司員之諭，著各該堂官認真考察，果係有用之才，即當據實臚陳，候朕録用。如或闒茸不職，亦當立予參劾，毋令濫竽。當茲時事孔棘，朕毖後懲前，深維窮變通久之義，創辦一切，實具萬不得已之苦衷。用再明白申諭，爾諸臣其各精白乃心，力除壅蔽，上下以一誠相感，庶國是以定，而治理蒸蒸日上，朕實有厚望焉。

又諭：中國創建水師歷有年所，惟是制勝之道，首在得人。欲求堪任將領之才，必以學堂爲根本。應如何增設學額，添置練船，講求駕駛，諳習風濤，以備異日增購戰船，可期統帶得力。著南北洋大臣及沿江沿海各將軍、督撫，一體實

力籌辦，妥議具奏。至鐵路、礦務，爲目今切要之圖。造端伊始，亟應設立學堂，豫備人材，方可冀收實效。所有各處鐵路扼要之區，暨開礦省分，應行增設學堂。切實舉辦之處，著王文韶、張蔭桓悉心籌議，奏明辦理。

乙巳，諭軍機大臣等：歐洲通例，凡通商口岸各國均不侵占。現當海禁洞開，强鄰環伺，欲圖商務流通，隱杜覬覦，惟有廣開口岸之一法。本年三月間，業經准如總理各國事務王大臣所奏，將湖南之岳州府、福建之三都澳、直隸之秦王島開作口岸。嗣據該衙門議覆中允黄思永條陳，請飭各省察看地方情形，廣設口岸。現在尚無成議。著沿江沿海邊各將軍督撫，迅就各省地方，悉心籌度。如有形勢扼要，商賈輻輳之區，可以推廣口岸，展拓商埠者，即行咨商總理各國事務衙門酌覈辦理。惟須詳定節目，不准劃作租界，以均利益而保事權。該將軍、督撫等，籌定辦法，即著迅速具奏。

辛亥，諭内閣：孫家鼐奏，舉人梁啟超恭擬譯書局章程，並瀝陳開辦情形，據呈代奏一摺。譯書局事務，前經派令梁啟超辦理。現在京師設立大學堂，爲各國觀瞻所繫，應需功課書籍，尤應速行編譯，以便肄習。該舉人所擬章程十條，均尚切實，即著依議行。

《德宗實録》卷四二三　七月甲寅，諭内閣：現在變通科舉，業經准如張之洞、陳寶箴所奏，更定新章。並據禮部詳議條目頒行，各項考試改試策論，一洗從前空疏浮靡之習。殿試一場爲通籍之始，典禮至重。朕臨軒發策，虚衷採納，自必遴取明體達用之才，嗣後一經殿試，即可據爲授職之等差。其朝考一場，著即停止。朝廷造就人才，惟務振興實學，一切考試詩賦概行停罷，亦不憑楷法取士。俾天下翕然向風，講求經濟，用備國家任使，朕實有厚望焉。

《光緒朝東華録》一四七　丙辰，諭：總理各國事務衙門代奏，工部主事康有爲陳請興農殖民，以富國用一摺。訓農通商，爲富國大端。前迭諭各省整頓農務、工務、商務，以冀開闢利源。各處辦理如何，現尚未據奏報。萬寶之原，皆出於地。地利日闢，物産日阜，即商務亦可擴充，是訓農又爲通商惠工之本。中國向本重農，惟向無專董其事者，非力爲勸導，不以鼓舞振作，著於京師設立農工商總局，派直隸霸昌道端方、直隸候補道徐建寅、吴懋鼎等督理。端方著開霸昌道缺，同徐建寅、吴懋鼎均著賞給三品卿銜，一切事件，准其隨時具奏。其各省府州縣設立農務學堂，廣農會，刊農報，購農器，由紳富之有田業者試辦，以爲之率。至工學商局各事宜，亦著一體認真舉辦，統歸督理工商總局端方等隨時考查。各直省即由該督撫設立分局，遴派通達時務，公正廉明之紳士二三員總司。其所有各局開辦日期及派出辦理之員，並著先行電奏。此事創辦之始，必須官民一氣，實力實心，方可漸收成〔效〕。端方等及各該督撫等務當體朝廷振作之心，考求新法，精益求精，庶幾農業興而生殖日蕃，商業盛而流通日廣，以植富强之基，朕有厚望焉。

《德宗實録》卷四二三　丁巳，諭軍機大臣等：《勸學篇》一書，著總理衙門排印三百部。内明綱一篇，自議婚有限至皆不爲婚二十一字，注語自七等至無爲婚者三十四字，著刪去，餘俱照原文排印。

諭：電寄黄遵憲、劉坤一，電稱康有爲電，奉旨改《時務報》爲官報，汪康年私改爲《昌言報》，抗旨不交等語。該報館是否創自汪康年，及現在應如何交收之處，著黄遵憲道經上海時查明原委，秉公覈議電奏，毋任彼此各執意見，致曠報務。

辛酉，諭：孫家鼐奏，舉人梁啟超請設立編譯學堂，准予學生出身，並書籍報紙懇免納税，據呈代奏一摺。該舉人辦理譯書事務，擬就上海設立學堂，自爲培養譯才起見。如果學業有成，考驗屬實，准其作爲學生出身。至書籍報紙一律免税，均著照所請行。

又諭：翰林院奏編修陳鼎進呈《校邠廬抗議》別論四十八篇，據呈代奏一摺。該編修所著論説其中有無可採之處，著軍機大臣會同總理衙門王大臣悉心閲看，妥議具奏。

甲子，諭：少詹事王錫蕃奏，請飭各省設立商會，於上海設總商會等語。現在請求商務，業於京師設立農工商總局，並諭令劉坤一、張之洞先就上海、漢口試辦商務局，擬定辦法奏聞，現尚未據奏到。商會即商務之一端，著劉坤一等歸案迅速妥籌具奏。其沿江沿海商賈輻輳之區，應由各該督撫一體查明辦理。所有一切開辦事宜，並著總理各國事務王大臣咨商各督撫，詳訂章程，妥爲籌辦。

丁卯，諭：懷塔布等奏，司員呈遞條陳，請旨辦理一摺。據稱禮部主事王照條陳時務，藉端挾制等語。朝廷廣開言路，本期明目達聰，邇言必察。前經降旨，部院司員有條陳事件者，由各堂官代奏，毋得拘牽忌諱，稍有阻格。誠以是非得失，朕心自有權衡，無煩該堂官等鰓鰓過慮也。若如該尚書等所奏，輒以語多偏激，抑不上聞，即係狃於積習，致成壅蔽之一端，豈於前奉諭旨毫無體會耶？懷塔布等均著交部議處。此後各衙門司員等條陳事件，呈請堂官代遞，即

由各該堂官將原封呈進，毋庸拆看。王照原呈，著留覽。

諭軍機大臣等：詹事府、通政司、光禄寺、鴻臚寺、太僕寺、大理寺等衙門，現已裁撤。所有各該衙門一切事宜，歸併内閣六部分辦。著大學士、六部尚書、侍郎即行分别妥速籌議，限五日内具奏。尋大學士李鴻章等會奏，謹按會典内載，詹事府掌文學侍從，擬請歸併翰林院；通政司掌納各道題本，擬請歸併内閣；光禄寺恭辦典禮，鴻臚寺掌朝會燕饗，擬請歸併禮部；太僕寺掌牧馬政令，擬請歸併兵部；大理寺掌天下刑名，擬請歸併刑部。惟歸併之後一切事宜，應由各衙門移取職掌文卷，體察情形，斟酌辦理。從之。

戊辰，諭軍機大臣等：前經降旨，士民有上書言事者，著赴都察院呈遞，毋得拘牽忌諱，稍有阻格。嗣後都察院凡接有條陳事件，如係封口呈請代奏，即著將原封進呈，毋庸拆閲。其具呈到院者，即將原呈封進，不必另行鈔録。均著隨到隨遞，不准稽壓。儻有阻格，即以違旨懲處。

辛未，諭：張蔭桓奏請飭實行團練一摺。據稱近來臣工屢有仿西法練民兵之請，若各省實行團練，即以民團爲民兵，徐定更番替换之法，較之遽練民兵，爲有把握等語。辦理團練既可輔兵力之不足，亦即爲舉辦民兵根本，實爲目前切要之圖。廣西會匪滋事，尤應迅速辦理，以收捍禦之功。著各省督撫按照張蔭桓所奏，一律切實籌辦。各直省限三月内，廣東、廣西限一月内，各將籌辦情形先行覆奏，以副朕保衛閭閻至意。

辛未，諭内閣：侍讀楊鋭、刑部候補主事劉光第、内閣候補中書林旭、江蘇候補知府譚嗣同，均著賞加四品卿銜，在軍機章京上行走，參預新政事宜。

《德宗實録》卷四二五　壬申，諭軍機大臣等：侍講惲毓鼎奏，請於京師設立武備大學堂，簡派大員督辦一摺。著孫家鼐妥議具奏。

《光緒朝東華録》一四七　癸酉，諭：李鴻章、敬信，均著毋庸在總理各國事務衙門行走。

《德宗實録》卷四二五　癸酉，實授裕禄、李端棻爲禮部尚書。

癸酉，命禮部尚書裕禄在總理各國事務衙門行走。

丁丑，諭：《通商約章成案彙編》一書，著總理衙門詳細閲看。其中有應改正者，有應分類續行纂入者，著妥爲編輯，擺印數百部呈覽。頒行内外各衙門，令其廣爲刊布，以便遵守。並著嗣後遇有訂立條約及奏定章程，並往來照會等件，即行隨時分類增入，擺印頒發，毋得耽延遺漏。

諭，電寄榮禄：著傳知袁世凱即行來京陛見。

戊寅，諭：瑞洵奏，請徧設報館，實力勸辦一摺。報館之設，原期開風氣而擴見聞。該學士所稱，現商約同志於京城創設報館，繙譯新報，爲上海官報之續等語。即著瑞洵創辦，以爲之倡。此外官紳士民，並著順天府府尹、五城御史切實勸辦，以期一律舉行。

己卯，諭内閣：都察院代奏，舉人張如翰呈請設農學科等語。著禮部會同孫家鼐、端方等議奏。

諭：督理農工商總局事務端方等奏，遵議中書王景沂條陳農工商務事宜，主事程式穀條陳推廣農會農報事宜，並端方等籌辦絲茶情形各摺。農務爲中國大利根本，業經諭令各行省開設分局。

庚辰，諭：電寄陳寶箴：有人奏，湖南巡撫陳寶箴被人脅制，聞已將學堂及諸要舉，全行停止，僅存保衛一局等語。新政關繫自强要圖，凡一切應辦事宜，該撫務當堅持定見，實力舉行，慎勿爲浮言所動，稍涉游移。

《德宗實録》卷四二六　八月癸未，諭内閣：工部主事康有爲，前命其督辦官報局，此時聞尚未出京，實堪詫異。朕深念時艱，思得通達時務之人，與商治法。聞康有爲素日講求，是以召見一次，令其督辦官報，誠以報館爲開民智之本，職任不爲不重。現籌有的款，著康有爲迅速前往上海，毋得遷延觀望。

諭：總理各國事務衙門奏，代遞章京霍翔呈請，推廣游學章程等語，著總理各國事務衙門妥議具奏。尋奏，遵議，該章京呈請推廣游學辦法，臚陳七便，言皆切實，事屬可行。應請准令紳富之家各選子弟彙送外洋各學堂肄業，俟卒業領有文憑，考驗後引見録用，以期選拔真材。從之。

乙酉，諭：前經降旨，諭令總理各國事務衙門編輯通商約章，頒行各衙門，以便遵守。玆據該衙門奏稱，編輯需時，請將北洋原有條約彙纂一書，刷印頒行等語。即著照所議行。仍著咨行各直省將軍、督撫先行派員赴北洋請領，以便飭屬認真講求，遇事得有依據。仍俟該衙門編輯成書，再行補發。至此項通商約章，事事皆關交涉，該衙門務須遴選熟習條約之員，悉心考訂，以成善本而免流弊。

丙戌，御勤政殿，日本國前總理大臣侯爵伊藤博文，署使臣林權助暨繙譯隨員等覲見。

丁亥，諭内閣：現在國事艱難，庶務待理。朕勤勞宵旰，日綜萬幾，兢業之

餘，時虞叢脞。恭溯同治年間以來，慈禧端佑康頤昭豫莊誠壽恭欽獻崇熙皇太后兩次垂簾聽政，辦理朝政，宏濟時艱，無不盡美盡善。因念宗社爲重，再三籲懇慈恩訓政，仰蒙俯如所請，此乃天下臣民之福，由今日始，在便殿辦事。本月初八日，朕率王大臣在勤政殿行禮。一切應行禮節，著各該衙門敬謹預備。

丁亥，諭軍機大臣等：工部候補主事康有爲，結黨營私，莠言亂政，屢經被人參奏。著革職，並其弟康廣仁，均著步軍統領衙門拏交刑部，按律治罪。

戊子，諭：電寄榮禄，工部候補主事康有爲，現經降旨革職拏辦。茲據步軍統領衙門奏稱，該革員業已出京，難免不由天津航海脱逃。著榮禄於火車到處，及塘沽一帶，嚴密查拏。並著李希杰、蔡鈞、明保於輪船到時，立即捕獲，毋任避匿租界爲要。

《德宗實録》卷四二七　庚寅，諭軍機大臣等：張蔭桓、徐致靖、楊深秀、楊鋭、林旭、譚嗣同、劉光第均著先行革職，交步軍統領衙門拏解刑部治罪。

辛卯，諭内閣：朕躬自四月以來，屢有不適，調治日久，尚無大效。京外如有精通醫理之人，即著内外臣工切實保薦候旨。其現在外省者，即日馳送來京，毋稍延緩。

辛卯，諭：電寄榮禄，著即刻來京，有面詢事件。直隸總督及北洋大臣事務著袁世凱暫行護理。

辛卯，諭：電寄劉坤一等，已革翰林院侍讀學士文廷式，是否在籍，抑在上海一帶，著劉坤一、翁曾桂密飭訪拏，押解來京。

《光緒朝東華録》一四八　壬辰，諭：朝廷振興商務，籌辦一切新政，原爲當此時局，冀爲國家圖富强，爲吾民籌生計，並非好爲變法，棄舊如遺。此朕不得已之苦衷，當爲天下臣民所共諒。乃體察近日民情頗覺惶惑，總緣有司奉行不善，未能仰體朕意，以致無識之徒妄相揣測，議論紛騰。即如裁并官缺一事，本爲沙汰冗員，而外間不察，遂有以大更制度爲請者。舉此類推，將以訛傳訛，伊於胡底。若不開誠宣示，誠恐胥動浮言，民氣因之不靖，殊失朕力圖自强之本意。所有現行新政中裁撤之詹事府等衙門，原議將應辦之事分别歸并以省繁冗。現在詳察情形，此減彼增，轉多周折，不若仍悉其舊。著將詹事府、通政使、大理寺、光禄寺、太僕寺、鴻臚寺等衙門照常設立，毋庸裁并。其各省應行裁并局所冗員，仍著各該督撫認真裁汰。至開辦時務官報及准令士民上書，原以寓明目達聰之用。惟現在朝廷廣開言路，内外臣工條陳時政者，言苟可采，無不立見施行。而疏章競進，輒多摭拾浮詞，雷同附和，甚至語涉荒誕，殊多龐雜。嗣後凡有言責之員，自當各抒讜論，以達民隱而宣國是。其餘不應奏事人員，概不准擅遞封章，以符定制。時務官報無裨治體，徒惑人心，並著即行裁撤。大學堂爲培植人材之地，除京師及各省會業已次第興辦外，其各府州縣議設之小學堂，著該地方官察酌情形，聽民自便。其各省祠廟不在祀典者，苟非淫祀，著一仍其舊，毋庸改爲學堂，致於民情不便。此外業經議行及現在交議各事，如通商、惠工、重農、育材以及修武、備濬、利源，實係有關國計民生者，亟當切實次第舉行。其無裨時政而有礙治體者，均毋庸置議。著六部及總理各國事務衙門詳加核議，據實奏明，分别辦理。方今時勢艱難，一切興革事宜，總須斟酌盡善，期於毫無流弊。朕執兩用中，不存成見。爾大小臣工等務當善體朕心，共矢公忠，實事求是，以副朝廷勵精圖治，不厭求詳之至意。將此通諭知之。

《德宗實録》卷四二七　壬辰，諭：刑部奏案情重大，請欽派大臣會同審訊一摺。所有官犯徐致靖、楊深秀、楊鋭、林旭、譚嗣同、劉光第並康有爲之弟康廣仁，著派軍機大臣會同刑部都察院嚴行審訊。其張蔭桓屢經被人參奏，聲名甚劣，惟尚非康有爲之黨，著刑部暫行看管，聽候諭旨。至康有爲結黨營私，情罪重大，業將附和該犯之徐致靖等交部嚴訊。此外官紳中難保無被其誘惑之人，朝廷政存寬大，概不深究株連，以示明慎用刑至意。

甲午，諭内閣：榮禄著在軍機大臣上行走，裕禄著補授直隸總督兼充辦理通商事務北洋大臣，所有北洋各軍仍歸榮禄節制，並著裕禄幫辦。

諭軍機大臣等：康廣仁、楊深秀、楊鋭、林旭、譚嗣同、劉光第等大逆不道，著即處斬。派剛毅監視，步軍統領衙門派兵彈壓。

諭：電寄奎俊，江蘇在籍郎中陳秉鈞，據盛宣懷奏保該員醫學精通，著江蘇巡撫將陳秉鈞迅即馳送來京，赴軍機處報到。

《光緒朝東華録》一四八　乙未，諭：近因時事多艱，朝廷孜孜圖治，力求變法自强。凡所設施，無非爲宗社生民之計。朕憂勤宵旰，每切兢兢。乃不意主事康有爲，首倡邪説，惑世誣民。而宵小之徒羣相附和，乘變法之際，隱行其亂法之謀，包藏禍心，潛圖不軌。前日竟有糾約亂黨，謀圍頤和園劫制皇太后、陷害朕躬之事。幸經覺察，立破奸謀。又聞該亂黨私立保國會，言保中國不保大清，其悖逆情形，實堪髮指。朕恭奉慈闈，力崇孝治，此中外臣民之所共知。康有爲學術乖僻，其平日著述，無非離經畔道非聖無法之言。前因講求時務，令在

總理各國事務衙門章京上行走，旋令赴上海辦理官報局。乃竟逗遛輦下，搆煽陰謀，若非仰賴祖宗默佑，洞燭幾先，其事何堪設想！康有爲實爲叛逆之首，現已在逃，著各省督撫一體嚴密查拿，極刑懲治。舉人梁啓超，與康有爲狼狽爲奸，所著文字，語多狂謬，著一併嚴拿懲辦。康有爲之弟康廣仁及御史楊深秀、軍機章京譚嗣同、林旭、楊鋭、劉光第等，實係與康有爲結黨，隱圖煽惑。楊鋭等每於召見時欺蒙狂悖，密保匪人，實屬同惡相濟，罪大惡極。前經將各該犯革職拿交刑部訊究，旋有人奏，若稽時日，恐有中變，朕熟思審處，該犯等情節較重，難逃法網，倘語多牽涉，恐致株累，是以未俟覆奏，於昨日諭令將該犯等即行正法。此事爲非常之變，附和奸黨，均已明正典刑。康有爲首創逆謀，罪惡貫盈，諒亦難逃顯戮。現在罪案已定，允宜宣示天下，俾衆咸知。我朝以禮教立國，如康有爲之大逆不道，人神所共憤，即爲覆載所不容。鷹鸇之逐，人有同心。至被其誘惑甘心附從者，黨類尚繁，朝廷亦皆察悉。朕心存寬大，業經明降諭旨，概不深究株連。嗣後大小臣工，務當以康有爲炯戒，力扶名教，共濟時艱。所有一切自强新政，胥關國計民生，不特已行者亟應實力舉行，即尚未興辦者，亦當次第推廣，於以挽回積習，漸臻上理，朕實有厚望焉。

乙未，諭：已革户部左侍郎張蔭桓，居心巧詐，行蹤詭祕，趨炎附勢，反復無常，著發往新疆交該巡撫嚴加管束，沿途經過地方，著各該督撫等遴派妥員押解，毋稍疏虞。已革翰林院侍讀學士徐致靖，著刑部永遠監禁。翰林院編修湖南學政徐仁鑄，著革職永不敘用。

《德宗實録》卷四二七　乙未，諭：大學士榮禄著管理兵部事務，並節制北洋各軍，由禮部頒給關防。

乙未，諭：電寄廖壽豐，邵友濂前因告病開缺回籍，著廖壽豐傳知該巡撫迅即來京，聽候簡用。

調理藩院尚書啟秀爲禮部尚書，以都察院左都御史裕德爲理藩院尚書。

乙未，以前禮部尚書懷塔布爲都察院左都御史，兼總管内務府大臣。

丁酉，諭：電寄譚鍾麟，已革工部主事康有爲、已革舉人梁啟超，情罪重大，現飭革職拏辦。所有該革員等原籍財産，著譚鍾麟督飭該地方官迅速嚴密查抄。該家屬例應緣坐，著一併嚴拏到案。一面根究康有爲、梁啟超下落，一面懸賞購緝，剋日電奏。

《光緒朝東華録》一四八　辛丑，調廖壽恒爲禮部尚書，以趙舒翹爲刑部尚書。

壬寅，諭：湖南巡撫陳寶箴，以封疆大吏，濫保匪人，實屬有負委任。陳寶箴著即行革職，永不敘用。伊子吏部主事陳三立，招引奸邪，著一併革職。候補四品京堂江標、庶吉士熊希齡，庇護奸黨，暗通消息，均著革職永不敘用，並交地方官嚴加管束。

《德宗實録》卷四二八　諭：電寄張之洞，湖南省城新設南學會、保衛局等名目，迹近植黨，應即一併裁撤。會中所有學約界約、劄説答問等書，一律銷燬，以絶根株。著張之洞迅即遵照辦理。

甲辰，諭：吴懋鼎著撤銷三品卿銜，毋庸管理農工商務總局事務。又諭：詹事府少詹事王錫蕃、工部員外郎李岳瑞、刑部主事張元濟均著革職，永不敘用。又諭：陳寶箴昨已革職，永不敘用。榮禄曾經保薦，兹據自請處分，榮禄著交部議處。尋奏，大學士榮禄應得降二級，調用處分。得旨，著改爲降二級留任。又諭：張百熙保送康有爲使才，實屬荒謬，著交部嚴加議處。尋奏，内閣學士張百熙應得革職處分。得旨，著改爲革職留任。

《光緒朝東華録》一四八　乙巳，欽奉慈禧端佑康頤昭豫莊誠壽恭欽獻崇熙皇太后懿旨，國家以四書文取士，原本先儒傳注，闡發聖賢精義，二百年來，得人爲盛。近來文風日陋，各省士子往往勦襲雷同，毫無根柢。此非時文之弊，乃典試諸臣不能釐正文體之弊，乃論者不揣其本，輒以所學非所用，歸咎於立法之未善。殊不知試場獻藝，不過爲士子進身之階。苟其人懷奇抱偉，雖沿用唐宋舊制，試以詩賦，亦未嘗不可得人。設論説徒工，心術不正，雖日策以時務，亦適足長囂競之風。用特明白宣示，嗣後鄉試會試及歲考科考等，悉照舊制，仍以四書文試帖經文策問等項分别考試。經濟特科易滋流弊，並著即行停罷。朝廷於掄才大典，斟酌至再，不厭求詳。嗣後典試諸臣及應試士子，務當屏斥浮華，力崇正學，毋負朝廷作育人才之至意。至富强之術，固當講求，惟必須地方官認真舉辦，方不至有名無實。所有農工商諸務，亟宜實力整頓。惟總局設在京城，文牘往還，事多隔膜，一切未能靈便，仍應責成各督撫在省設局，分門别類，詳加考核，俾有實際。著直隸總督選派妥員督率辦理，以爲各省之倡。京城現設之局，著即裁撤。

欽奉慈禧端佑康頤昭豫莊誠壽恭欽獻崇熙皇太后懿旨，著步軍統領衙門等專派妥員督率得力弁兵，將各國使館一帶地方晝夜巡邏，認真保護，並彈壓一

切。倘有閒雜人等藉端滋事，立即當場拿獲懲辦，不得推諉，致有疏懈。

諭：莠言亂政，最爲生民之害。前經降旨將官報局、《時務報》一律停止。近聞天津、上海、漢口各處，仍復報館林立，肆口逞説，妄造謡言，惑世誣民，罔知顧忌，亟應設法禁止，著各該督撫飭屬認真查禁。其中主筆之人，率皆斯文敗類，不顧廉恥，即飭地方官嚴行訪拿，從重懲治，以息邪説而靖人心。

《德宗實録》卷四二八　諭：電寄羅豐禄等，各國駐京使館，中國已力籌保護，地方安堵。惟英、俄、德現已派兵入城自衛。應再向外部商明電飭該使將派來之兵即日撤回，以靖人心。又諭：電寄楊儒，各國派兵入城自衛，發端於俄。外部雖允電阻，而俄、英、德三國已派兵來京。現在中國力籌保護地方安堵，應再向外部商明，電飭巴署使將派來之兵即日撤回，並勸英、德各使照辦。

《光緒朝東華録》一四八　欽奉慈禧端佑康頤昭豫莊誠壽恭欽獻崇熙皇太后懿旨，聯名結會，本干例禁。乃近來風氣，往往私立會名。官宦鄉紳，罔顧名教，甘心附和。名爲勸人向善，實則結黨營私，有害於世道人心實非淺鮮。著各省督撫嚴行查核，拿獲入會人等，分別首從，按律治罪。其設會房屋，封禁入官。該督撫務當實力查辦，勿得陽奉陰違，庶使賊黨寒心，而愚民知所儆懼。

《德宗實録》卷四二九　九月辛亥，諭内閣：欽奉皇太后懿旨，國家制治保邦，綱常名教，亘古爲昭，至於條理損益，隨時變通盡利，本無一成之法。前因中外積弊過深，不得不因時制宜，力加整頓。而宵小之徒竊變法之説，爲煽亂之謀，當經嚴拏懲治，以遏横流。至一切政治有關國計民生者，無論新舊，仍應次第推行，不能因噎廢食，疊經明降諭旨，剴切宣示，大小臣工當能仰體此意。惟言事諸臣往往胸無定識，即如亂謀方張之日，内外章奏能灼見先幾，防微杜漸者，並不多見。迨至事後，或且仰窺意旨，揣合希榮。豈知朝廷用人行政，一秉大公，執兩用中，不偏不倚。用特再爲申諭，嗣後内外臣工，務當精白乃心，一化新舊之見。凡所建白，但期有裨時局，不得妄意揣摩，甚或挾私攻訐，是非所在，亦自難逃洞鑒也。將此通諭知之。

辛酉，以前禮部尚書許應騤爲閩浙總督，未到任前以福州將軍增祺兼署。

甲子，諭軍機大臣等：内閣學士準良奏，報館挾洋自重，刊布邪説一摺。報館奉旨停止，未及旬日，旋即照常刊布，誹謗詆斥，較往日有加，自係指《國聞報》而言。著裕禄揀派妥員，設法嚴禁懲辦，毋得輕縱。

《德宗實録》卷四三〇　戊辰，諭内閣：欽奉慈禧端佑康頤昭豫莊誠壽恭欽獻崇熙皇太后懿旨，軍機大臣會同總理各國事務衙門王大臣、兵部奏武場改制事宜，遵旨分晰條款，詳議具奏一摺。武科改試槍礮，原爲因時制宜起見。惟科舉之設，無非爲士子進身之階。至於訓練操防，尤以營伍學堂爲儲材之根本。所有武場童試及鄉會試均著仍照舊制，用馬步箭弓刀石等項分別考試。前據兵部奏請各省營用武進士及投標武舉悉令練習槍礮，酌定勸懲章程，即著各督撫一律遵行，不准虚應故事。其在京侍衛於録用後，著由該衙門咨送神機營，一體練習。至各省武備學堂應由各督撫酌量建設，所有未經入伍之武舉武生等，均就近挑入學堂，學習格致、輿地等學，及礮隊、槍隊、馬隊、工程隊諸科，以備折衝禦侮之用。朝廷作育羣材，武備與文事並重。該督撫等務當鼓舞振興，實事求是，毋負諄諄誥誡至意。將此通諭知之。

又欽奉懿旨，前因湖北、廣東、雲南三省巡撫並河道總督應否復設，先後諭令軍機大臣、吏部會同妥議具奏。兹據詳加擬議，會奏請旨辦理各摺片。各省總督、巡撫國初以來屢經裁移改設，本已斟酌盡善。現在應行整頓諸大端，不在裁減職官，而在綜覈名實。總督專重典兵，巡撫專重吏治，誠能各舉其職，自可相得益彰。儻使坐擁封圻，辜恩溺職，同城則各執意見，專任則益形叢脞，徒事更張，無裨實際，甚無謂也。所有湖北、廣東、雲南三省巡撫均著悉仍舊制，毋庸裁併。湖北巡撫著曾鉌補授，廣東巡撫著鹿傳霖補授，雲南巡撫著丁振鐸補授。至河道總督一缺，專司防汛修守事宜，亦非河南巡撫所能兼顧，並著照舊設立。任道鎔著仍回河東河道總督之任。該督撫等務當體念時艱，實事求是，毋負朝廷慎重設官之意。

庚辰，欽奉懿旨：禮部奏取士之法，亟宜切實申明舊制一摺。我朝取士之法，具載於《欽定科場條例》、《欽定學政全書》，列聖斟酌損益，祖訓煌煌，實已盡善盡美。該部請切實申明舊章，自係爲維持風會，培植人才起見，著照所請。由該部行知各省學政，暨鄉會試正副考官，務當懍遵《學政全書》、《科場條例》内載各條款，實力奉行，以端士習。另片奏，試官闈中查閱書籍，請一以欽頒各種爲斷等語。均著照所請行。又片奏，各省書院請照舊辦理，停罷學堂等語。書院之設，原以講求實學，並非專尚訓詁詞章，凡天文、輿地、兵法、算學等經世之務，皆儒生分内之事，學堂亦不外乎此，是書院之與學堂名異實同，本不必定須更改。現在時事艱難，尤應切實講求，不得謂一切有用之學，非書院所當有事也。

《德宗實録》卷四三一　十月丙戌，諭軍機大臣等：電寄裕禄等，直東邊境

拳民時與教民爲難，隱患甚巨。兹據裕禄電稱，廣平拳民姚洛奇於冠縣、威縣一帶，句匪鬧教，業經拏獲審辦。該黨結會衆多，一旦藉端滋事，勢將不可遏抑。著張汝梅密飭地方文武，加意彈壓，隨時防範，以弭釁端。仍著裕禄將撫恤保護一切事宜，妥籌辦理，毋稍大意。

總理各國事務衙門奏，擬定礦務、鐵路公共章程二十二條，請旨通行飭遵。從之。

壬辰，諭：電寄出使各國大臣，前因各國派兵入城自衛，當經將力籌保護緣由，電諭各該使臣，向外部商明，電飭該國駐京各使，將派來之兵撤回。現在地方一律安堵，而各國尚未撤兵，轉瞬封河，恐又將藉口稽延。著各該使臣再向外部切實商訂，令其電飭各使即日撤兵，以定人心而敦睦誼。該大臣等銜命出使，體制優崇，遇有交涉緊要事宜，自應折衝樽俎，據理力争，方爲不辱使事。若奉諭後，僅止向外部一行，敷衍塞責，仍於實事毫無裨益，又安用此使臣爲耶？此旨奉到後，即著將遵辦情形先行電覆。

《光緒朝東華録》一五〇 辛丑，諭：翁同龢授讀以來，輔導無方，從未以經史大義剴切敷陳，但以怡情適性之書畫古玩等物不時陳説，往往巧借事端，刺探朕意。自甲午年中日之役，主戰主和，甚至議及遷避，信口侈陳，任意慫恿，辦理諸務，種種乖謬，以致不可收拾。今春力陳變法，密保康有爲，謂其才勝伊百倍，意在舉國以聽。朕以時局艱難，亟圖自强，於變法一事不憚屈己以從。乃康有爲乘變法之際，陰行其悖逆之謀。是翁同龢濫保匪人，已屬罪無可逭。其餘陳奏重大事件，朕間有駁詰，翁同龢輒怫然不悦，恫喝要挾，無所不至，詞色甚爲狂悖。其跋扈情形，事後追維，深堪痛恨。前令其開缺回籍，實不足以蔽辜。翁同龢著即行革職，永不敘用，交地方官嚴加管束，不准滋生事端，以爲大臣居心險詐者戒。

《德宗實録》卷四三二 辛丑，諭：開缺巡撫吴大澂居心狡詐，言大而誇，遇事粉飾，聲名惡劣，著革職永不敘用。

壬寅，諭軍機大臣等：逆匪康有爲等，煽亂遠遁，朝廷寬大爲懷，不肯概行株連。惟近聞該逆等仍復往來各處，結黨蓄謀，肆意簧鼓，爲人心風俗之害，未便任其倖逃法網。著沿江沿海各督撫隨時嚴密查拏，毋稍鬆勁。康有爲、梁啟超、王照等罪大惡極，均應按名弋獲。朝廷不惜破格之賞，以待有功。其膽敢附和邪説，顯與該逆等結爲黨與之徒，一經訪拏確實，亦應一併嚴拏懲辦，以遏亂萌而肅法紀。

壬寅，諭：電寄李盛鐸，聞康有爲、梁啟超、王照諸逆，現在遁迹日本，有無其事。該逆等日久稽誅，慮有後患，如果實在日本，應即妥爲設法密速辦理。總期不動聲色，不露形迹，豫杜日人藉口，斯爲妥善。果能得手，朝廷亦不惜重賞也。該大臣世受國恩，明敏練事，尚其妥籌密復，以慰廑系。

丙午，上奉慈禧端佑康頤昭豫莊誠壽恭欽獻崇熙皇太后御儀鸞殿，比國使臣費葛覲見。

諭軍機大臣等：劉坤一向來辦事認真，公忠體國，朝廷素所深知。自簡任兩江以來，於地方事宜亦能加意整頓，唯是近來時局艱難，用人一端最爲第一要義，不但所屬大小文武各員宜時時留心考察，即幕友書吏人等亦宜嚴加約束，不可偏信。兩江重地，該督在任有年，尤貴振刷精神，力任艱鉅，方不負朝廷殷殷期望之厚意。將此諭令知之。

《德宗實録》卷四三四 十一月甲寅，命禮部尚書啟秀在軍機大臣上行走。命刑部尚書趙舒翹在總理各國事務衙門行走。

乙丑，諭内閣：昨據兩廣總督譚鍾麟在康有爲本籍抄出逆黨來往信函多件，並石印呈覽。查閱原信，悖逆之詞，連篇累牘。甚至稱譚嗣同爲伯理璽之選，謂本朝爲不足輔。各函均不用光緒年號，但以孔子後幾千幾百幾十年，大書特書。迹其種種狂悖情形，實爲亂臣賊子之尤。其信件往還，牽涉多人。朝廷政存寬大，不欲深究株連，已將原信悉數焚燬矣。前因康有爲首倡邪説，互相煽惑，不得不明揭其罪，以遏亂萌。嗣聞無知之徒，浮議紛紜，有謂該逆僅止意在變法者，試證以抄出函件，當知康有爲大逆不道，確鑿可據。凡屬本朝臣子，以及食毛踐土之倫，應曉然於大義之所在，毋爲該逆邪説所惑，以定國是而靖人心。

戊辰，諭：前據總理各國事務衙門議覆黄思永條陳請各省廣設口岸等語，當於本年六月間，諭令各將軍督撫悉心籌度，推廣口岸，詳定章程，迅速具奏。現在各省多未奏到，著各將軍督撫從速妥籌。

辛未，諭内閣：向來沿江沿海通商省分，交涉事務本繁，即内地各省，亦時有教案應行覈辦。各直省將軍、督撫，往往因事隸總理衙門，不免意存諉卸。總理衙門亦以事難懸斷，未便徑行，以致往還轉折，不無延誤。嗣後各直省將軍、督撫，均著兼總理各國事務大臣。仍隨時與總理衙門王大臣和衷商辦，以期中

外一氣相生，遇事悉臻妥善。

《德宗實録》卷四三五　十二月乙酉，諭内閣，前據湖北巡撫曾鉌奏請變通成例，當經降旨，令該衙門議奏以覘衆論。茲據翰林院侍講學士貽穀奏参大臣擅請變法，光禄寺少卿張仲炘奏參疆臣莠言亂政各一摺。曾鉌原奏語言紕繆，於朝廷整頓庶務，力圖自强之本意大相刺謬，是爲亂法，不得以變法藉口。曾鉌著革職，永不敘用，以爲莠言亂政者戒。原奏著毋庸置議。

庚寅，諭内閣：朕體違和，近來服藥調理，尚未大愈。所有壇廟大祀，鉅典攸關，禮節繁重，若勉强親行，精力恐有未周。進退拜獻，設有愆儀，轉不足以昭誠敬。明年正月初十日孟春時享太廟，著派慶親王奕劻恭代。正月十三日祭祈穀壇，著派怡親王溥静恭代行禮。

癸巳，諭軍機大臣等：前因鐵路緊要，先後將津盧各路工程特派胡燏棻督辦，責任不爲不專。乃該侍郎任事以來，辦理多未允協，屢經被人參奏。朝廷念事關重大，恐致貽誤，因添派候補四品京堂張翼幫同籌辦。茲據張翼奏稱，該侍郎隱存意見，並不和衷商辦，於款項出入，多有弊混。胡燏棻著撤去辦理鐵路差事，派慶親王奕劻、王文韶、趙舒翹按照原參各節，詳細查明，據實具奏，毋稍徇隱。所有津盧、津榆、津鎮及關内外已修未修各路，著派許景澄督辦，仍著張翼幫辦。並著會商管理鐵路礦務大臣及北洋大臣，與應修之地方督撫、將軍、都統，妥籌辦理。至胡燏棻因修路借用洋款，及與銀行各項交涉事宜，均著照舊辦理。仍由該大臣等隨時斟酌情形，務臻妥協，奏明辦理。

《德宗實録》卷四三六　壬寅，諭内閣：欽奉慈禧端佑康頤昭豫莊誠壽恭欽獻崇熙皇太后懿旨，大學士榮禄著開復降二級留任處分，禮部尚書啟秀著開復降三級留任處分。總管内務府大臣崇光，前得降二級留任，降一級留任，又降三級留任處分，均著加恩開復。内閣學士張百熙，著加恩開復革職留任處分。都察院左都御史懷塔布著加恩賞還花翎。

乙巳，諭内閣：欽奉慈禧端佑康頤昭豫莊誠專恭欽獻崇熙皇太后懿旨，盛京將軍依克唐阿著加恩賞還花翎。

光緒二五年（己亥、一八九九）

《德宗實録》卷四三七　正月丙辰，諭軍機大臣等：上年夏秋之交，朕躬違和，至今尚未痊癒。著將太醫院脈案，按五日一次，由軍機處發給裕禄閲看，並著裕禄隨時鈔咨各省督撫一體閲看。

庚申，諭軍機大臣等：練兵爲當今要務，疊經諭令各直省將軍、督撫，各就本省籌力妥定章程，認真辦理。該將軍、督撫等受恩深重，自當共體時艱，力圖振作，迅速舉行。現在某省實能籌餉若干，練成幾營，何人統率，未據切實奏到。著各督撫懔遵歷次諭旨，通籌妥議，限一月内迅即覆奏。

辛酉，諭軍機大臣等：現在朕躬尚未痊癒，此次各國駐京使臣請覲賀年，著傳旨停止，仍著總理衙門王大臣設宴款待。

癸亥，兩廣總督譚鍾麟等奏，法人恃强越界，游弋高州府屬吴川縣之廣州灣海面，測量水道，繪畫形勢，欲侵占爲囤煤泊船之所，内以扼省港之門户，外以聯越南之聲援，請飭速定界以弭釁端。得旨，著該衙門迅速辦理。

《德宗實録》卷四三八　乙丑，諭：電寄楊儒，金州城外租界，俄官屢次無理生事，已飭總署電知該大臣，向俄外部逐節理論矣。茲復據依克唐阿電稱，俄隊每日繞城梭巡，見人即拏，以致城内兵民不敢出入，往來不通，勢成坐困。此實違理之至，著楊儒即赴外部，切實辯論，務令華人出入租界，無稍攔阻，方爲合理。國家派員出使，遇有關繫緊要事件，自應侃直力争，維持大局，斯爲不負委任。楊儒奉使多年，不得諉爲情形不熟，乃近來每遇總署商辦之事，輒以遵告外部四字含糊塞責，似此一意敷衍，無裨實事，又安用派員出使爲耶？所有現在金州交涉各事，應責成該大臣向外部據理争辯，總期金州城内官民得以相安無事。儻仍以空言搪塞，咎有攸歸，不能爲該大臣寬恕也。將此電諭知之。

《光緒朝東華録》一五一　丙寅，諭：翰林院侍講學士陳秉和奏，疆臣衰頹昏憒，愎詐貪婪，據實糾參一摺。據稱山東巡撫張汝梅，性喜逢迎，用人不當，要差優缺悉委私人。張上達行賄三萬兩，由歷城縣過付幕友卞寶昌，包攬把持，任情顛倒，信任崔廷桂等爲心腹，及治河謬妄，百弊叢生，辦賑不實，始終掩飾，捕務廢弛，劫案迭出各等語。張汝梅身任疆寄，具有天良，所參種種劣跡，如果屬實，殊爲大負委任。著溥良按照該學士奏參各節，確切查明，據實具奏，毋稍徇隱。原摺並著鈔給閲看。其所稱李鴻章到山東館舍器具一切窮極奢侈，日費千金，復每日折銀若干名爲薪水，隨員等各滿其欲，到省之後，日日不停筵宴，費幾萬金等語。該撫如果竭力逢迎，奢華如此，該大學士即應立時參奏，當不至安然受之。原摺内所稱此言一出，内而見忌於廷臣，外而見憎於使臣，諒必確有可

據，著陳秉和即明白回奏。

《德宗實録》卷四三八　庚午，諭：御史余誠格奏，請開江南通州天生港商埠，以固江防一摺。據稱上海至江陰三百餘里，通州之天生港處其中，深洪近岸，舉足可涉，於江防最爲扼要。近來該處設立紡紗機廠，製造土貨，物産殷賑，商賈輻輳。若援照吴淞、岳州、南甯成案，豫先自開商埠，可以保形勝而清窺伺等語。各省推廣口岸，前經諭令各將軍督撫籌議具奏。該御史請開天生港口岸，於該省地方情形有無窒礙，商務防務是否確有裨益，著劉坤一、德壽切實查明，悉心籌度具奏。

《德宗實録》卷四三九　二月辛巳，山東巡撫張汝梅開缺聽候查辦，以署江甯將軍毓賢爲山東巡撫。

《光緒朝東華録》一五二　壬午，總理各國事務衙門奏，定地方官與教中往來事宜五條。

《德宗實録》卷四三九　甲申，諭内閣：前因積穀、清訟、保甲、團練等事，均爲國計民生所繫，疊經諭令各直省認真籌辦。其已經定議覆奏者，務當力踐其言，事事皆求實際，辦有成效，仍隨時奏聞。其尚未定議具奏者，即著各該督撫，各就地方情形妥定切實章程，迅即奏明辦理，勿再延緩。朝廷念切民依，要在實事求是，言之匪艱，行之惟艱。各疆臣身膺重寄，必當共體此意也。

己丑，命大學士榮禄爲閲兵大臣，以協辦大學士剛毅爲内大臣。

庚寅，奏以裁撤時務學堂經費，設立求實書院。得旨，即著顧名思義，認真辦理，以儲有用之才。

壬辰，諭：前因山東黄河工程緊要，特派大學士李鴻章馳往山東，會同任道鎔、張汝梅，周歷查勘，妥議具奏。兹據李鴻章等聯銜覆奏，並會議黄河大治切實辦法及救急治標辦法，詳擬章程，繪圖呈覽各摺片。事關山東全省河防工程，尤爲重大。著軍機大臣、大學士、六部、九卿、翰詹、科道一體會議具奏。

戊戌，諭内閣：榮禄奏新建陸軍，訓練三年，著有成效，請將出力員弁擇尤保奬一摺。新建陸軍，經候補侍郎袁世凱悉心擘畫，按照泰西操法訓練精勤，現在已歷三年，確著成效。該侍郎勤明果毅，辦事認真，深堪嘉尚。袁世凱著交部從優議敘。所有該軍得力員弁，著榮禄傳知該侍郎，准其擇尤酌保，毋許冒濫。

辛丑，兩江總督劉坤一奏，敬閲脈案，伏願聖躬静養。得旨，覽奏具見悃忱。朕躬仍日進湯劑，總未大安。且身輭氣弱，有時眩暈，不耐久於坐立。每日召見臣工，尚覺勉强。朕心亦不勝焦急，知卿企念，特諭及之。

《德宗實録》卷四四〇　甲辰，調任山東巡撫署江甯將軍毓賢奏，謹將練兵事宜移交後任，妥爲接辦。得旨，所有駐防練兵每月應需饟銀，著劉坤一籌款撥給，俟崇善到任，即行認真挑練。

己酉，諭軍機大臣等，電寄毓賢：山東教案疊出，人心浮動，遇有交涉事件，不可不慎。現德兵尚在日照，業經疊諭張汝梅飭夏辛酉，帶隊前往彈壓，明示保護，暗爲防範。毓賢接任後，應仍遵前旨，慎重辦理，相機因應。如果一味蠻横，固不得事事忍讓，無所底止，尤不得稍涉孟浪，釁自我開。疆臣辦事，總須爲國家通籌全局，期無後患。不宜顧一時毁譽，率意徑行，是爲至要。

甲寅，諭内閣：軍機大臣等奏，遵旨會議山東黄河工程一摺。山東黄河經李鴻章會同任道鎔、張汝梅，周歷查勘，詳擬辦法具奏，當交軍機大臣、大學士、六部九卿、翰詹科道會同議覆。兹據世鐸等奏稱，該大學士等所陳大治辦法與救急治標辦法，均尚切實，請照議辦理，並飭户部分别籌款等語。山東河患日亟，非大加修治，無以灑沈澹災。現議治標，即大治之始事，自應豫籌的款，以資開辦。著户部按照所議應需各款，依期分别籌撥。並將籌撥的款，先行具奏。

《光緒朝東華録》一五三　丙辰，前兵部尚書孫毓汶卒，卹廕如例。

《清德宗實録》卷四四一　三月丁卯，諭内閣：前據翰林院侍讀學士陳秉和奏，山東巡撫張汝梅衰頽昏憒，愎詐貪婪，臚列各款糾參，當經諭令溥良確查具奏。兹據查明覆奏，開缺山東巡撫張汝梅在任年餘，於捕務、賑務、河務雖未能辦理盡善，尚無廢弛欺飾各情弊。惟所委差缺之袁保純等，係該撫子姪親戚，應否迴避，未據聲明。並將崔廷桂之孫崔霨濫列保案，楊史道口焚燒稭料，未經派員往驗，均屬疏忽。其信任崔廷桂，尤爲用人不當。該撫屢被參劾，物望未孚，惟尚無贓私劣迹，著降二級，另候簡用。

己巳，諭軍機大臣等：山東爲畿疆門户，德人居心叵測，亟應加意嚴防，沿海一帶尤關緊要。現在該省水陸各軍共有營數若干，應如何扼要分布，豫占先著，著毓賢迅即通盤籌畫，揀派得力將領嚴密布置，毋得稍涉疏虞。

《光緒朝東華録》一五三　乙亥，户部尚書王文韶、工部左侍郎許景澄與俄國駐京使臣格爾思議立勘分旅順大連灣租界專條八款成。

《德宗實録》卷四四二　四月癸未，諭：電寄劉樹堂，意使偕該國提督到淞，聞將强索三門灣。據劉坤一電稱，已電該撫嚴備矣。意艦如係大隊，未便以尋

常兵輪嘗試，只應設法哨探，相機制敵。至陸路防軍，該撫所派余宏亮統帶，究有幾營，能否得力，相度形勢，究應於何處扼紮，何處設伏，總須自立不敗之地，便於策應。兵貴神速，著劉樹堂妥籌調度，密飭嚴備，毋稍貽誤。仍將以上飭復各節，暨現在布置情形，詳晰電奏，並由該撫密電許應騤一體遵照。

己丑，諭內閣：著派剛毅前往江南一帶查辦事件，應行隨帶司員，著奏明帶往。

庚寅，督辦鐵路事務侍郎許景澄等奏，津鎮鐵路借款訂立草合同。依議行。

壬辰，諭：許應騤奏，福建廈門設立保商局，保護出洋回籍華商一摺。閩民出洋，多籍隸漳、泉，以廈門爲孔道。此項民人不忘故土，偶一歸來，則關卡苛求，族鄰詐擾，以致聞風裹足，殊非國家懷保小民之意。著准其於廈門設立保商局，遴選公正紳董，妥爲經理。凡有出洋回籍之人，均令赴局報到，即爲之照料還鄉。儻仍有各項擾累情形，准受害之人稟局，立予查辦，以資保護而慰商氓。

辛巳，諭軍機大臣等：電寄劉坤一等，電奏均悉。倭允北路暫時停戰，而聲言將攻臺灣，情殊狡詐。昨據李鴻章電，倭人交出條款，所索過奢，恐難結局。儻限滿和議難成，仍將開戰，自應豫爲戒備。宋慶擬留銘、嵩兩軍，分駐石山站、閭陽驛，以固遼瀋運道，自率毅軍移紮大淩河西岸，自爲豫籌赴援起見。即照所請辦理。宋慶請調編修張孝謙赴營。該員前經李鴻章奏調出洋，因病未往，所請著毋庸議。

壬辰，諭軍機大臣等：袁世凱奏，時局艱危，亟宜認真講求練兵一摺。據奏練習洋操，備極繁難，並約舉數端，均不爲無見。惟洋操爲泰西長技，其平時訓練必有精意存乎其間。徒震於火器之精利，步武之整齊，未得彼之專長，已先失我故步，恐尚非制勝之道。現在時勢多艱，各國虎視鷹瞵，難保不合以謀我。非有必勝之兵，不足以禦侮；尤非有必勝之將，不足以練兵。無論何等操法，總以制人而不制於人爲上，固不可避難就易，亦不可得麤遺精。該侍郎講求日久，必有真知灼見。著將該軍平日訓練情形，詳晰陳奏，並將各種操法繪圖貼説，進呈備覽。

《德宗實録》卷四四三　乙未，安徽巡撫鄧華熙奏，請聖躬節勞静養，早慶大安。得旨，朕躬仍日進湯劑，從未大安。每日召見臣工，尚覺勉强，朕亦不勝焦急。

《光緒朝東華録》一五三　乙巳，諭：從來練兵籌餉，事理本屬相因。近日朝廷整頓庶務，於籌餉一事尤在所當急。各省關税、釐金、鹽課等項，取之於民，歲有常經。倘使各督撫能認真整頓，裁汰陋規，剔除中飽，事事涓滴歸公，何患餉源不濟？無如封疆大吏瞻徇情面，不能力祛因循積習，以致委員、司巡人等窟穴其間，種種侵欺，難以枚舉。此後若不認真革除，必致日甚一日，將復何所底止？著大學士、軍機大臣、六部、九卿，將各省關税、釐金、鹽課詳加查核，應如何杜絶弊端，裨益餉項，總期朝廷不加取於民而國用藉資挹注，以維大局而濟時艱。

《德宗實録》卷四四四　五月丁未，諭內閣：端郡王載漪等奏，虎神營訓練五年，著有成效，請將出力員弁擇尤保獎一摺。虎神營自成軍以來，經該王大臣督飭全營翼長，認真訓練，現在已届五年，確著成效。該王大臣公忠篤實，倍著勤勞，深堪嘉尚。端郡王載漪著交宗人府從優議敘；協辦大學士兵部尚書剛毅、户部尚書敬信均著交部議敘。所有該營得力員弁，著准其擇尤保奬，毋許冒濫。

乙卯，以都察院左都御史徐樹銘爲工部尚書，吏部左侍郎徐用儀爲都察院左都御史。

丙辰，以工部左侍郎楊儒、右侍郎袁世凱均未到任，以內閣學士華金壽署工部左侍郎，陸潤庠署右侍郎兼管錢法堂事務。

庚申，兩廣總督譚鍾麟等奏，英人占據九龍城，侵越租界；法人藉廣州灣爲名，圖占吴川、遂溪兩縣地方，勢難理諭。請飭總理衙門妥籌辦法，密授機宜。得旨，該衙門迅速酌覈電覆。

《德宗實録》卷四四五　壬戌，奏吴淞開設商埠，作爲滬關分卡，業已勘估開工，所有採辦木石等料，請援案免税。允之。

乙丑，湖廣總督張之洞等奏，湖南岳州府開設通商口岸籌辦情形，並請飭籌撥的款二十五萬兩，以資營建。下部議。

《德宗實録》卷四四六　六月庚辰，【略】近來時事多艱，餉需不繼。中外諸臣正宜殫竭血誠，力圖報稱。乃各省經徵關税、釐金、鹽課之員，積習相沿，工於舞弊。止知有身家，不知有君國。各該將軍、督撫亦或瞻徇情面，意存隱飾，坐視國家之急，漠然無所動於中。似此情形，言之殊堪痛恨。江南地大物博，業經特派剛毅前往，將關税、釐金、鹽課等項實力整頓。諒該大臣必能不避嫌怨，會商該督撫，遵旨認真辦理。其各直省將軍、督撫，著各就地方情形切實考較。責

成司道監督及局員等將現在收數，無論爲公爲私，凡取諸商民者，一併和盤托出。一俟徹底查清，即由該管將軍、督撫詳細句稽，悉心綜覈。究竟裁去陋規，中飽之數若干，酌量提歸公用之數若干，勒限三箇月，擬定章程，專案奏報。此外尚有雖非陋規中飽，而利不在國，亦不盡在商，如徐桐所奏輪船招商局、電報局及開平礦務局，近年獲利不貲，而贏餘利息如何，酌提歸公，未經議及，是徒有收回利權之名，並無裨益公家之實。著責成辦理輪船、電綫事務大理寺少卿盛宣懷督飭在事官商人等，迅將經管各項，近年收支數目，亦限三箇月分晰開具清單，酌定餘利歸公章程，專案奏明，請旨定奪。

丙戌，出使日本國大臣李盛鐸奏，東洋留學生甚衆，使署照料難周，請調工部主事夏偕復專充監督，以資約束。允之。

吏部尚書兼管大學堂事務孫家鼐因病予假，以都察院左都御史徐用儀署吏部尚書，吏部右侍郎許景澄暫管理大學堂事務。

《光緒朝東華録》一五四　丁亥，許應騤奏，福甯府三都澳通商，經臣專摺奏明，於三月二十九日開辦，並飭委鑲紅旗協領明玉會同税務司前往開關。查此時商賈尚未暢行，税務較簡，應暫由東沖口委員就近兼管，以節糜費。俟將來關徵日旺，再行添設，俾專責成。其餘應辦各事宜，統容臣妥定章程，次第舉辦。再税務司建造洋關公所，除地價外，估計工料約需關平銀三萬五千兩，請在洋税項下動支，合併陳明。下所司知之。

《德宗實録》卷四四七　己亥，諭内閣：剛毅等奏，整頓釐捐及酌提關税鹽務贏餘，並裁併局所一摺。前因籌備餉需，亟應剔除弊竇，特派剛毅前往江南切實查辦。兹據該尚書會同劉坤一等奏稱，江南各項開支，近年疊次裁減，爲數已逾百萬。現復悉心綜覈，釐捐、關税、鹽務各項，每年再行加提贏餘，並裁併各局所節省經費，確有成數。

己亥，雲貴總督崧蕃奏，箇、蒙廠匪因法員勘路，聚衆滋事，調兵防勦，匪徒敗竄情形。得旨，著總理衙門酌覈辦理。又奏，法員勘路滋擾全省，紳民驚惶，聯遞公呈，請設法挽回，以靖邊圉。下所司知之。

庚子，諭軍機大臣等：有人奏，敬陳管見，以裕利源一摺。據稱輪船招商局、電報局督辦之員，盤踞把持，積弊多端，請派大員徹底詳查等語。招商、電報兩局，前經明降諭旨，飭令盛宣懷督飭在事官商人等，迅將經管各項遞年收支數目，限三箇月分晰開具清單，酌定餘利歸公章程，專案奏報。並寄諭剛毅，飭令督同盛宣懷一併徹查。原以輪船、招商局務係官督商辦，其各分局、各輪船如有弊竇，應由該局隨時自行整頓也。昨據剛毅奏，由甯啟程赴蘇，查覈招商、電報兩局款項。著即懍遵前旨，督飭盛宣懷迅將酌提餘利歸公章程，擬定成數，奏明辦理。當此時局孔艱，該大臣必能不避嫌怨，實事求是，萬不至任聽在事各員多方掩飾，置公家利益於不顧也。尋奏，查招商局、電報局初借官款，業已還清。盛宣懷有督辦之名，實與官場之通屬有別。報效一節，仍應照章辦理。報聞。

《德宗實録》卷四四八　七月庚戌，諭軍機大臣等，崑岡等奏，西藏爲強敵欺陵，請設法固結達賴喇嘛，啟發其愚，並飭川滇督撫統籌全局，同力維持一摺。前據理藩院代奏，哲布尊丹巴呼圖克圖等會報西藏情形，當經飭交總理衙門詳議。旋據該衙門按照臚列各節，分別議覆，請令駐藏大臣曉諭達賴喇嘛妥商辦理。該大臣諒已切實宣諭。現在時局艱難，强鄰環伺，閉關絶約，勢所難行。達賴喇嘛等世守藩封，輸忱效順，自應深體朝廷推誠相與之意，勿滋疑慮，致啟釁端。著文海、裕鋼傳諭該達賴喇嘛，開導番衆人等，因時制變，知己知彼，務釋羣疑而防後患。並將應辦事宜，和衷商酌，及時整頓，毋再因循貽誤。藏衛爲川滇屏蔽，應如何未雨綢繆，豫爲防範之處，並著奎俊、崧蕃、丁振鐸統籌全局，協力維持，勿得稍存觀望，以期外綏藩服，内固邊防。原摺均著鈔給閲看。將此各諭令知之。尋文海等奏，遵查藏番素性執拗，但知堅拒外洋交涉，惟有遇事開導，冀祛其惑。至强鄰迫脅，或恐動摇，體察藏情，尚無外附之意。得旨，仍著隨時體察情形，因時制變，務釋羣疑，以維大局。

丁巳，諭軍機大臣等：張翼奏，開辦直隸全省及熱河礦務公司，並查明秦王島詳細情形，擬先由開平礦局借款試辦馬頭各一摺。直隸爲首善之區，開礦一事，宜争先著。秦王島地方關繫海疆形勢，著即責成該京卿督同在事人等分別妥籌，次第興辦。務須確有把握，漸收成效，方爲不負委任。

己巳，諭軍機大臣等：電寄剛毅：此次剛毅前往江南，整頓關税、釐金、鹽課及招商、電報局各項事宜，均能力除積弊，酌定章程，辦理尚屬認真。廣東地大物博，疊經有人陳奏各項積弊，較江南爲尤甚。誠能認真整頓，必可剔除中飽，籌出鉅款。剛毅曾任廣東巡撫，熟悉地方情形。著即督同隨帶司員，剋日啟程，前往該省，會同督撫，將一切出入款項，悉心釐剔。應如何妥定章程，以裕庫款之處，隨時奏明，請旨辦理。

庚午，諭軍機大臣等，淮徐一帶地方爲中原綰轂之區，襟帶江海，水陸交衝。

不特東南各省運道所必經，而且近聯齊豫，遥拱畿疆，實爲北洋第一重門户。現在時局艱難，各國虎視鷹瞵，入我堂奥。英人窺伺長江，蓄謀已久，津鎮鐵路英、德爭先攬造。將來輪舶交馳，水陸並急。我既不能與之争雄海上，自當精練一軍，力扼衝要，南北兼顧，庶無鞭長莫及之虞。黄少春、李占椿等所統長江水師及南洋諸軍，棋布星羅，各有專責。必得專閫大員，獨樹一幟，申明約束，萬衆一心。無事則勤加訓練，有事則爲大枝遊擊之師，聯絡聲威，無逾於此。惟練兵必先籌餉。此次剛毅前往江南，剔除税釐積弊。據奏甯、蘇兩屬約得一百二十萬兩，皆係有著的款，不同紙上空談。此項若歸入常年度支，不免分而見少，惟有移緩就急，即以爲淮徐練兵之需。得此大宗餉源，召集勁旅，誠令統帶得人，督練有法，自足以備緩急而壯聲援。蘇元春忠勇性成，威望素著，著俟廣州灣勘界事竣，將廣西邊防諸軍暫交總兵馬盛治接統。該提督即精選得力營員，酌帶隊伍，馳赴淮徐一帶，擇要駐紮。一面召募成軍，參酌南北洋近來操練新法，督飭營哨各員，認真簡校，演習一切攻守之方，戰陣之略。勿狃湘淮舊習，勿襲外洋皮毛，要在精益求精，一兵得一兵之用。中權既振，南北洋呼應皆靈，不僅爲長淮重鎮也。至於馬步應如何分練，槍礮以何種爲宜，均著該提督體察情形，酌量辦理。其平時得力人員亦准該提督分别奏咨，調往該軍，仍歸入北洋，聽大學士榮禄節制，以期與武衛諸軍聯成一氣。此項兵餉關繫南北大局，該督撫務須詳訂章程，嚴立期限，按照該軍應用之數，源源報解，毋得貽誤要需，致干重咎。將此各諭令知之。

壬申，諭軍機大臣等：前因農工商各項事務亟應認真講求，疊經諭令各直省設局興辦，不憚至再至三。嗣據陸續覆奏，不過就各該省向設各局所内，附入農工商局名目，總未得有切實辦法，各省官紳亦無首先創辦之人。似此意存敷衍，無怪乎風氣不開，各項利源益形窒塞也。該將軍、督撫身任地方，於此等分内應辦之事，何得相率觀望。著即懔遵疊次諭旨，物色人材，無論官紳，如能有詳訂章程，確中事理，或籌集鉅資，購置一切應用器具者，即行奏明在省，設局試辦，以爲各省之倡。毋得徒託空談，致負朝廷率作興事諄諄訓誡之至意。將此各諭令知之。

諭：向來出洋學生，除習學水陸武備外，大抵專意言語文字，其餘各種學問均未能涉及。即如農工商及礦務等項，泰西各國講求有素，夙擅專長。中國風氣未開，絶少精於各種學問之人。嗣後出洋學生應如何分入各國農工商等學堂，專門肄習，以備回華傳授之處，著總理各國事務衙門詳細妥定章程，奏明請旨辦理。尋奏，遵擬章程六條：一飭出使大臣令出洋學生各肄專門之業；一飭選譯農工商礦各書使人易曉；一飭疆臣寬籌出洋學生經費；一出使隨員亦可令肄習各學；一學成回國分派各省農工等藝學堂以開風氣；一業成回國得有文憑者，甄别優絀委用，予以官職。依議行。

乙亥，諭内閣：山西汾州府同知朱焜、廣東駐防漢軍監生門定鼇，前因通曉醫學，保薦來京，隨同太醫院請脈。惟朕躬服藥日久，未見大效。朱焜、門定鼇均著飭回原省。

《光緒朝東華録》一五五　壬午，太僕寺卿徐壽朋與韓國外部大臣朴齊純，在韓國都城議訂和好通商條約十五款。

《德宗實録》卷四四九　己亥，諭：方今時事艱難，凡練兵籌餉、察吏恤民諸務，需才孔亟。惟求才之要，首在知人。大臣以人事君，必須登明選公，屏除私見，而後羣材彙進，各效智能，用成自强之業。嗣後中外臣工，務當共矢公忠，力求上理。凡進退人材，均須循名覈實，勿以保薦汲引爲樹私植黨之謀，勿以徇隱欺蒙爲市恩見好之地。奬善勿濫，懲惡勿寬。庶幾大法小廉，吏治蒸蒸日上，用副朝廷勵精圖治之至意。

癸卯，浙江巡撫劉樹堂奏，杭州開埠通商，設關徵税，以杭嘉湖道兼管杭關監督。與各國交涉事宜最關緊要，非熟悉地方情形，恐致貽誤。可否改爲題缺，將在省候補熟悉民教之員，開單請簡。下部議。

九月丙午，以陝西按察使端方暫行護理陝西巡撫。

丁未，諭内閣，本年夏秋以來雨澤愆期，近畿一帶旱象將成，疊經設壇祈禱，以冀渥沛甘霖。惟是應天之道，以實不以文。朕撫躬循省，深懼未能感召天和，輔弼匡襄，實百爾臣工是賴。在廷諸臣其各抒忠忱，共攄讜論，庶幾上下交儆，修人事以迓天庥。

庚戌，諭内閣：人臣事君之道，首貴勿欺。朝廷孜孜求治，大小臣工或條陳時政，或申明舊章，一善可從，無不詔令通行，責成各疆臣實力興辦。然各省情形不同，即一省之中，各屬之情形又不同。宜於東南者或不能行於西北，宜於通都者或不可施之僻地。其可行者，自當切實奉行，而實有窒礙者，即當剴切陳奏。朝廷曲體民艱，未有不洞鑒者。無如各疆臣狃於積習，凡有奉旨交辦之事，其不能行者，默無一言，但以敷衍了事，其能行者百無一效，亦以敷衍了事。朝

廷以股肱耳目相期，而諸臣以雷同欺飾相報，受恩深重者，何忍出此？嗣後遇有通行諭旨交辦之事，當行即行，毋許畏難苟安。其不能行者，即將實有窒礙之處，直陳勿隱。儻再因循敷衍，外則下一通飭，内則辦一覆奏，使朝廷實事求是之意盡成紙上空談，各該督撫等不惟有愧生成，恐亦難當重咎也。

諭：州縣爲親民之官，收養小民，責在州縣；訓教州縣，責在上司。古人先學爲政，而後入官，今則先入官而後學爲政。嘗有作吏數十年，而公事一無所知者，吏治安望有起色耶？今之大吏當以師長自居，而視屬員如子弟，先教以端志向，再教以習科條，委以發審，試其能折獄否，畀以短差，試其能了事否，上司事事考察，屬僚自人人奮興。若大吏漫無教督，一味徇私，屬僚習於鑽營，惟知自利，其究必歸於害民而止。迨其害既形，乃以一劾了事，推原本始，大吏豈得謂無過耶？官場風氣最易轉移，各牧令以官爲家，誰甘自棄？爲上司者誠能整躬率屬，示以一定之步趨，就我範圍，即令久任，玩視民瘼，立予撤參，屬員未有不畏服者，但恐不能正己以正人耳。督撫用人固不可偏私，尤不當拘泥。其要在於持公道，而其本在於順輿情。要當始之以教誨，繼之以考察，終之以舉劾，庶於吏治民生實有裨益。將此通諭知之。

諭軍機大臣等，有人奏甘隴客回太衆，請飭設法鈐束，並嚴檄防軍於北路扼要防堵各摺片。甘肅回匪上年經官軍勦定後，餘孽尚多。本年五六月間，新疆綏來及甘肅海城地方復有謀逆之事。雖經隨時撲滅，惟回衆良莠不齊，思患豫防，不可不善爲制馭。著陶模等嚴飭各營加意防範，並責成地方牧令實力撫循，務使懷德畏威，潛消異志。新疆密邇俄境，尤恐逆回餘黨出界竄擾。並著饒應祺派撥防軍，扼要堵截，以靖邊圉。原摺片均著鈔給閲看，將此各諭令知之。

《光緒朝東華録》一五六　癸丑，諭：近年沿海各省通商以來，多有華民出洋貿易。雖淹留海外，而其心恒不忘中土，忠愛之忱，殊堪嘉尚。前經諭令沿海各省，於海外華民貿易回籍時，設法保護，不准關津胥吏及地方莠民藉端苛擾。國家廑念民依，無微不至。其貿易海外商民，並著各出使大臣隨在妥籌保護，用副朝廷懷保吾民在遠不遺之至意。

《德宗實録》卷四五〇　乙卯，諭：鹿傳霖奏，九龍至廣州鐵路修成以後，如有事故，英兵由香港頃刻而至，險要俱失。此路現經盛宣懷派員勘定，尚待集款，請及時罷修，以杜後患等語。九龍鐵路關繫粤防門户，現在集款未成，洋商既不願出資，能否設法停罷，抑或宕延從緩，著盛宣懷體察情形，妥籌辦理。

丙辰，出使俄國大臣楊儒奏，遵赴和蘭國保和公會，蕆事返俄情形。下所司知之。

《德宗實録》卷四五一　己巳，諭軍機大臣等：電寄劉坤一等，本日據李盛鐸電稱，康有爲由加拏大乘音勃來司奧夫恩地而輪船，昨午至横濱。經日政府查知不准登岸，該船旋即開赴神户、長崎、上海、香港等埠。該逆此來尤極詭祕，不知其意所在等語。康逆蹤迹，飄忽靡常，著該督等遴派妥員嚴密偵探，於所到口岸務即不動聲色，設法捕拏，期於必得。儻經弋獲，必予重賞，慎勿任其潛逃，肆行詭譎，是爲至要。

《德宗實録》卷四五二　十月丙子，調安徽巡撫鄧華熙爲山西巡撫，山西巡撫王之春爲安徽巡撫。

丁丑，諭：剛毅等奏，整頓釐捐、鹽務及裁節宂費，酌提贏餘一摺。廣東地大物博，前經諭令剛毅馳往，會同該督撫等妥籌的款，以濟饟需。兹據奏稱，先就現在情形，籌出常年的饟銀一百六十萬餘兩。均係出自外銷，及新舊加增節省贏餘等項，並未絲毫加取於民。即著自光緒二十五年十月起，一律專款存儲，聽候部撥。國家慎重度支，首在撙節糜費，嚴杜中飽。果使悉心綜覈，自能有益於國，無損於民。該督撫等尤當通飭所屬，實力奉行。更不得以此藉口，多方設法取償，以致累商病民，轉滋流弊。

《光緒朝東華録》一五六　戊子，先是廣州附近有法國兵官爲游匪所戕，法人以兵艦入廣州灣據之，向我政府要求租借。争議年餘，至是欽差勘界大臣廣東提督蘇元春與法國使臣會議廣州灣租界約七條成。

《德宗實録》卷四五三　庚寅，諭：盛宣懷奏，條陳籌饟事宜，開單呈覽一摺。據稱加税一事，與各國屢議未成。查咸豐十年新定通商税，則善後條約第一款載明應覈作時價，照值百抽五例徵税。現在金貴銀賤，但須扼定此一語，將各口進出貨物税則，照時價另行覈估，自無所用其加税。現届十年换約限期，應及時迅與認真開議。又近來外國煙酒、藥料、器皿等物，中國銷路甚廣，不盡各國官商自用。應如何分别辦理之處，請一併籌議等語。各國關税如照現在時價覈估，所增税項實爲籌饟大宗。著派盛宣懷、聶緝椝會同赫德，查照條約，迅速籌議，仍由總理各國事務衙門綜覈辦理。

癸巳，諭軍機大臣等：現在時勢日艱，各國虎視眈眈，争先入我堂奧。以中國目下財力兵力而論斷，無釁自我開之理。惟是事變之來，實逼處此。萬一强

敵憑陵，脅我以萬不能允之事，亦惟有理直氣壯，敵愾同仇，勝敗情形非所逆計也。近來各省督撫每遇中外交涉重大事件，往往豫梗一和字於胸中，遂至臨時毫無準備。此等錮習，實爲辜恩負國之尤。茲特嚴行申諭，嗣後儻遇萬不得已之事，非戰不能結局者，如業經宣戰，萬無即行議和之理。各省督撫必須同心協力，不分畛域，督飭將士殺敵致果。和之一字，不但不可出諸口，並且不可存諸心。以中國地大物博，幅員數萬里，人丁數萬萬，苟能矢忠君愛國之誠，又何强敵之可懼！正不必化干戈爲玉帛，專恃折衝尊俎也。將此通諭知之。

諭：近聞山東各屬，時有匪徒藉仇教爲名，聚衆煽惑，屢釀巨案。若不早加鎮攝，勢將滋蔓難圖。著毓賢體察情形，密飭地方文武加意撫綏彈壓，務期消患未萌。

丙申，命大學士李鴻章爲商務大臣，前往通商各埠考察一切商務事宜。

庚子，諭軍機大臣等：近聞山東地方有大刀會、紅拳會各種名目，多係不逞之徒，藉鬧教爲名，結黨横行，欺壓良善。地方文武彈壓緝捕，俱不得力。巡撫毓賢又固執成見，以爲與教民爲難者即係良民，不免意存偏袒。似此因循日久，必至滋生事端。該撫身任封圻，遇事總須持平辦理，消患未萌，豈得沾一己之名，竟置大局於不顧？著即督飭所屬文武各員，查明各種會匪名目，嚴行禁止。儻敢仍前聚衆藉鬧教爲名，結黨滋事，並著從嚴懲辦，以靖地方。將此諭令知之。

《光緒朝東華録》一五七　十一月戊申，諭：毓賢著來京陛見，山東巡撫著袁世凱署理，即行來京請訓。

《德宗實録》卷四五四　癸丑，命廖壽恒毋庸在軍機大臣上學習行走，以刑部尚書趙舒翹在軍機大臣上學習行走。

乙卯，諭軍機大臣等：户部奏，議覆大理寺少卿盛宣懷條陳，請將一歲出入款項由户部豫先覈定一摺。户部爲度支總匯，出入款項均宜通籌豫計。茲據該部將常年收支各數，臚舉大綱，開單呈覽。近年用款浩繁，支絀情形，中外一致。户部責無旁貸，即著責成該堂官等，通盤籌畫，酌盈劑虚，妥爲覈定。其有可裁可減及可緩之款，務當力求撙節，以便將一年用度隨時應付，不致貽誤要需。所請簡派王大臣等會議之處，著毋庸議。

《光緒朝東華録》一五七　出使美日祕大臣伍廷芳，與駐美墨西哥使臣阿斯芘羅斯在華盛頓議訂和好通商條約二十款成。

《德宗實録》卷四五五　辛酉，命兩廣總督譚鍾麟來京陛見。以大學士李鴻章署兩廣總督，未到任前以廣東巡撫德壽兼署。

戊辰，諭軍機大臣等：有人奏，山東民教不和，亟宜持平辦理一摺。所奏語多中肯，其推原民教情形亦確切。近日情事著袁世凱嚴飭各屬，遇有民教之案，持平辦理，不可徒恃兵力，轉致民心惶惑。總之操縱之妙，在乎平時地方官果爲衆情所服，遇事自不難化大爲小，化有爲無。其所陳慎重兵端，整頓吏治，尤爲扼要之論。原摺著鈔給閲看，將此諭令知之。

己巳，兵部尚書徐郙爲吏部尚書，以都察院左都御史徐用儀爲兵部尚書，吏部左侍郎徐會澧爲都察院左都御史。

辛未，諭軍機大臣等：電寄袁世凱，電悉，前因屢有人奏陳山東民教不和，亟宜持平辦理等語，當於二十四日詳切寄諭該署撫遵照矣。拳民聚衆滋事，自無寬縱釀禍之理。惟目前辦法，總以彈壓解散爲第一要義。如果尋釁官兵，始終抗拒，不得已而示以兵威，亦應詳查案情，分别辦理，不可一意勦擊，致令鋌而走險，激成大禍。著袁世凱相機設法，慎之又慎，嚴飭吉燦升、馬金敘等隨機因應，各了各案。毋輕聽謡傳，任令營員貪功喜事，稍涉操切。儻辦理不善，以致腹地騷動，惟袁世凱是問。

《德宗實録》卷四五六　十二月乙亥，諭内閣：近因朕躬尚未痊癒，所有壇廟大祀均經遣員恭代。明年元旦應恭詣皇太后前朝賀，荷蒙聖慈，以天氣嚴寒，曲加體恤，自應仰體慈懷，明年正月初一日，朕躬詣寧壽宫，在皇太后前行禮。王公百官均著於皇極門外行禮，至升殿一切筵燕，業已降旨停止。是日朕仍御乾清宫受賀。

丁丑，諭内閣：袁世凱電，奏山東平陰、肥城兩縣匪徒聚衆滋事，將教士架至毛家鋪地方。該署撫多方設法購救，並派馬隊兜拏，卒以防護不及，教士被匪徒殺害等語。覽奏，殊深惋惜。各國傳教載在約章，疊經諭令各該督撫，督飭地方官隨事隨時認真保護，奚止三令五申。乃山東地方竟有教士被害之事，該地方文武各員事前疏於防範，已屬咎無可辭。若不即將兇犯趕緊緝獲，尚復成何事體！著袁世凱迅將疏防之該管各官先行參處，一面勒限嚴緝兇犯，務獲懲辦，以靖地方而敦鄰好。

《德宗實録》卷四五七　辛卯，四川總督奎俊奏，上年余蠻子糾衆讐教一案，現已辦結。共需賠卹銀一百一十八萬六千一百兩，挪撥庫款，分期付給。

癸巳，諭：電寄袁世凱，電悉，高密百姓抗阻德人修路，固應嚴拏懲辦。惟聚衆已至兩旬，該撫身膺疆寄，不能設法勸諭解散，分别首從懲治，乃意存推諉，請速示機宜。殊不思此等事機頃刻變幻，朝廷何能遥制？設遷延日久，德人竟以兵至，多傷民命，咎將誰歸？著該撫迅速相度情形，妥籌辦理。無挾非用兵不可之見，致失國家固結民心本意，是爲至要。

《光緒朝東華録》一五七　丁酉，諭：朕沖齡入承大統，仰承皇太后垂簾訓政，殷勤教誨，鉅細無遺。迨親政後，正際時艱，亟思振奮圖治，敬報慈恩，即以仰副穆宗毅皇帝付託之重。乃自上年以來，氣體違和，庶政殷繁，時虞叢脞。惟念宗社至重，前已籲懇皇太后訓政一年有餘。朕躬總未康復，郊壇宗廟諸大祀不克親行。值兹時事艱難，仰見深宫宵旰憂勞，不遑暇逸，撫躬循省，寢食難安。敬溯祖宗締造之艱難，深恐勿克負荷。且入繼之初，曾奉皇太后懿旨，俟朕生有皇子，即承繼穆宗毅皇帝爲嗣。統系所關，至爲重大。憂思及此，無地自容，諸病何能望愈？用再叩懇聖慈，就近於宗室中慎簡賢良，爲穆宗毅皇帝立嗣，以爲將來大統之畀。再四懇求，始蒙俯允，以多羅端郡王載漪之子溥儁，繼承穆宗毅皇帝爲子。欽承懿旨，欣幸莫名。謹敬仰遵慈訓，封載漪之子溥儁爲皇子。

壬寅，諭：明年朕三旬壽辰，允宜特開慶榜，嘉惠士林。著以明年庚子科爲恩科鄉試，次年辛丑爲恩科會試，著遞推於辛、丑壬寅年舉行，用示行慶作人有嘉無已至意。

光緒二六年（庚子、一九〇〇）

《德宗實録》卷四五八　正月乙巳，諭内閣：張之洞、于蔭霖電奏，前奉電諭，令各省將關税、鹽課、釐金裁去陋規，提充分用，迅將實在數目奏報。據稱湖北税、釐、鹽課三項及州縣丁漕平餘，皆經逐加整頓，無可裁提。又極言近年來户部指撥之多，該督等籌畫之苦，擬以後每年總督捐助銀二千兩，巡撫以下分别遞減共銀七千七百兩等語。現在時局艱難，張之洞等手握疆符，受恩深重，目覩庫款支絀，自應通盤籌算，極力删除浮費，以杜中飽而充正用，非令其搜括民財，亦非令官吏勉强報效也。如實在無可裁提，亦應據實奏明，詎可敷衍塞責？昨據裕長奏到，願通省捐提十萬兩，當以款非陋規中飽，地方官應加體恤，諭令免其提扣。張之洞久任封疆，創辦各局，開支國家經費，奚止鉅萬？即以湖北一省而論，豈竟弊絶風清，毫無陋規中飽？乃以區區之數，託名捐助，殊屬不知大體！張之洞、于蔭霖均著傳旨嚴行申飭，所捐之項，著不准收。嗣後如實係事關緊要，准其簡明電奏。若尋常應行奏咨事件，均不得輒發長電，以節糜費。

壬子，諭：有人奏，電局委員聚衆妄爲，危詞挾制督辦，通同一氣，縱令潛逃，請嚴旨勒交，以伸國憲一摺。上年十二月二十四日特頒硃諭，爲穆宗毅皇帝立嗣，薄海臣民，同深慶幸。乃有上海電報局總辦委員候補知府經元善，膽敢糾衆千餘人，電致總理各國事務衙門，危詞要挾。論其居心，與叛逆何異？正在查拏間，聞經元善即於二十八日挈眷潛逃，難保非有人暗通消息，嗾使遠遁。盛宣懷督辦各省電報，受國厚恩，經元善爲多年任用之人，自必熟其蹤迹。著勒限一箇月，將經元善交出治罪，以伸國法而靖人心。儻不認真查拏，一經畏罪遠颺，定惟盛宣懷是問。

乙卯，諭：逆黨康有爲、梁啟超逃往外洋日久未能弋獲。該犯等罪大惡極，神人共憤，其廣東本籍墳墓，著李鴻章查訪確實，即行刨毁，以儆凶邪。

乙卯，諭：盛宣懷覆陳經元善蹤迹一摺。本日已有旨將該員革職，並令劉樹棠查抄該革員家産。仍責成盛宣懷設法購拏，毋任遠颺，致干重咎。至該革員虧挪公款三萬七千餘圓，即著盛宣懷如數賠繳。

戊午，諭内閣：前因康有爲、梁啟超罪大惡極，疊經諭令海疆各督撫，懸賞購綫，嚴密緝拏，迄今尚未弋獲。該逆等狼子野心，仍在沿海一帶煽誘華民，並開設報館，肆行簧鼓，種種悖逆情形，殊堪髮指。著南北洋、閩浙、廣東各督撫再行明白曉諭，不論何項人等，如有能將康有爲、梁啟超緝獲送官，驗明實係該逆犯正身，立即賞銀十萬兩。萬一該逆等早伏天誅，只須呈驗屍身，確實無疑，亦即一體給賞。此項銀兩並著先行提存上海道庫，一面交犯，即一面驗明交銀，免致展轉稽延。如不願領賞，願得實在官階及各項升銜，亦必予以破格之賞。至該逆犯等開設報館，發賣報章，必在華界，但使購閲無人，該逆等自無所施其伎倆。並著各該督撫逐處嚴查，如有購閲前項報章者，一體嚴拏懲辦。此外如尚有該逆等從前所著各逆書，並著嚴查銷毁，以伸國法而靖人心。

癸亥，總理各國事務衙門奏：廣州灣租界業與法人勘定，並議界約七款，租期九十九年，繪圖呈覽。從之。

《光緒朝東華録》一五八　二月丙戌，以鄧華熙爲貴州巡撫，毓賢爲山西巡撫，袁世凱爲山東巡撫。

《德宗實録》卷四六〇　戊戌，總理各國事務衙門奏：與墨西哥國訂立通商招工，各設專使領事約款二十條，請旨批准。如所請行。

己亥，諭：李鴻章電奏，探聞香港衣局承做勇衣戰裙等件，名爲新黨勤王，實欲襲城起事。已密商港督查禁，惟慮激則生變，平毀康墳，似宜稍緩等語。此等叛逆之徒，狼心思逞，正復何所不至。惟地方百姓，明曉大義者多應知順逆，即間有被其煽惑者，該署督當設法解散，一面密飭嚴拏，妥籌布置，毋任釀成巨禍。至所稱平毀康墳，恐致激變，語殊失當。康逆罪大惡極，如直欲乘機起事，豈留一逆墳所能遏止？該署督身膺疆寄，惟當不動聲色，力遏亂萌，儻或瞻顧徬徨，反張逆燄，惟李鴻章是問。

諭：前據盛宣懷等覆陳籌議增税事宜，當以該京卿等所籌進口洋貨税釐併徵，並將出口土貨向完半税者改完釐金，以抵虧釐之數，於内地各省釐金有無窒礙之處，寄諭該京卿等詳慎辦理矣。事關釐項大局，著總理各國事務王大臣、户部將盛宣懷、聶緝槼所籌各節利弊若何，會同詳細籌議具奏，毋稍遷就。

《光緒朝東華録》一五九　三月庚申，以剛毅爲吏部尚書，立山爲户部尚書，調敬信爲兵部尚書。

《德宗實録》卷四六一　壬戌，諭軍機大臣等：榮禄奏，遵議袁世凱奏籌饟練兵酌擬辦法並擬定軍名請旨一摺。山東爲海疆要地，關繫最重。上年冬間，榮禄本有請練馬步二十營旗之奏。今該撫所陳各節，自係爲通籌全局起見，著照所請，即就東省現有各營汰疲去冗，分别裁調，集成新兵二十營，增立一軍，仿照武衛各軍營制，另訂饟章，認真訓練。其所籌新饟四十萬兩，皆係有著的款，即著照擬舉辦，以收實效。

甲子，諭軍機大臣等：前據裕禄奏稱，直隸地方有外來之義和拳會到處煽誘愚民，藉辭與教民尋釁，現在設法彈壓解散等語。畿輔重地，豈可任令匪徒糾結滋生事端？提督梅東益、道員張蓮芬在直年久，熟悉地方情形，應即責成該二員相機辦理，切實開導。諭以民教皆朝廷赤子，食毛踐土，自應彼此永遠相安。遇有兩造爭執之案，論是非不分民教，務在持平辦理，毋稍偏徇。民間學習拳技，自衛身家，亦止論其匪不匪，不必問其會不會。是在該督嚴飭地方官吏準情酌理，因應得宜，非朝廷所能遥制也。

戊辰，諭軍機大臣等：户部、總理各國事務衙門奏，遵議盛宣懷等覆陳增税事宜各摺片。洋税爲國家歲入大宗，前因饟項支絀，特派盛宣懷、聶緝槼會同赫德，將加税事宜查照條約，籌議辦理。該京卿等所擬將進出口貨物照時價另行覈估，暨外國煙酒等物分别納税，均屬有利無害。現在修約届期，即著盛宣懷、聶緝槼會同赫德，照會各國公使，將此次修改税則緣由，聲明大旨，即就以上兩端先行開議，以免延誤。至該京卿等所議釐税併徵，係專指洋貨而言，與土貨釐金尚無關涉。此事利害出入關繫甚大，如果確有把握，則每年可增千百餘萬之進款，於大局實有裨益，亦不宜諉延觀望，致失事機。所有洋貨加税免釐一事，著南北洋大臣、兩廣、湖廣、四川、閩浙各總督，江蘇、安徽、江西、浙江、山東、湖北、湖南、廣東、廣西各巡撫，查照盛宣懷等及户部總理各國事務衙門各原摺，參以本省情形，按之中外時勢，如何可有利而無害，如何可利重而害輕，勿持兩端，勿執成見，務即妥爲籌定。限於一箇月内迅速覆奏，聽候諭旨遵行。

《光緒朝東華録》一五九　己巳，李鴻章奏：臣欽奉恩命考察商務，自以鼓舞華商，開通海外諸埠，爲入手要義。兹查廣東地接南洋，中外輻輳，工藝精巧。惟山多田少，人户蕃衍，土産米穀不敷民食，每賴安南、暹邏洋米及鎮江、蕪湖米商源源接濟。而香山、增城所産絲苗銀黏等項上色細米，轉以運出外洋舊金山等埠，爲粤民食用。以貴易賤，以少易多，因而惠濟貧民，養育黎庶。是以欲振商務，必先力顧民天；欲厚民生，必先整飭米政。現擬廣東省城開設商務總局，即委廣東布政使丁體常、按察使吴引孫總理局務。先將各埠運入之米，查勘豐歉，以劑價值之平；次核轉輸，以節舟車之費；又招集米商，分設棧店，以時糴糶，酌中定價，嚴禁居奇壟斷。而運出之米，仍照前督臣張之洞奏定之案，每年以五十萬石爲額，每石抽徵出口經費洋銀一圓，准商棧領照承運。仍派九龍、拱北兩關税務司，認真稽徵，以杜弊混。米政既舉，然後將絲、茶、百貨器用服物等事，逐件推行，務期土貨外銷，利權漸挽。惟是振興商務，事緒紛繁，兩司政務孔殷，祇能舉其大綱，勢難詳其條目。查有奉旨交臣差遣道員劉學詢，籍隸本省，熟悉商情；又已革候補道王存善，仕粤多年，精明幹練，情形亦熟，均堪派令會辦局務，俾專責成。得旨，如所議行。

《德宗實録》卷四六二　四月辛巳，諭軍機大臣等：山東威海界務，英人自行履勘，膠登百姓不服，聚衆阻止。經袁世凱電請英員緩勘，以便開導明白，再行委員會勘，英員竟置不理，現已釀成釁端。著總理各國事務衙門，速與竇納樂剴切申論，令其電致威海英員暫緩勘辦，萬不可一味操切從事，以致不可收拾。仍一面電知袁世凱，先行設法解散，並詳切開導紳民，勿再自貽伊戚，是爲至要。

壬午，諭，電寄各省督撫：前因盛宣懷等籌議加税一事，業據户部總理各國事務衙門會奏，寄諭各督撫，限一月内查議覆奏。洋貨税釐併徵，其緊要關鍵，總須先將洋貨釐金查明每年實收若干，與關税增收之數兩相比較，贏絀不難立見。著該督撫迅將前三届實收洋貨釐金數目，確切查明，先行電奏。仍遵前旨，將加税詳細情形，按限據實奏覆，勿得遷延觀望，致誤開議限期，是爲至要。

《光緒朝東華録》一五九　庚寅，西藏辦事大臣文海卒，照尚書例賜卹，並賞其子成楷以主事用。

《德宗實録》卷四六二　癸巳，直隸總督裕禄奏，義和拳會始自山東，皆係無籍游民託言持符念咒，能以降神附體，金刃不入，槍礮不傷，誘惑鄉愚，無非爲牟取衣食之計。現在飭令提督梅東益、道員張蓮芬等隨處稽查，督同地方各官切實開導，以期保安黎庶，消患無形。得旨，著即督飭地方官隨時彈壓，仍遵前旨分別辦理，毋稍偏縱。

乙未，諭軍機大臣等：前因直隸地方拳教相鬨，疊經諭令該督派員分別彈壓解散。乃聞近畿一帶派出之帶勇員弁，辦理不善，甚至縱容兵勇以查拏拳匪爲名，擇肥而噬，勒索鄉愚，以致閭里騷然，良民不能安堵，似此情形必致釀成事變。著裕禄嚴飭帶兵各員及地方文武，查明實在滋事拳匪，指名拏辦。儻或任意株連，藉端訛索，波及無辜，即當從嚴懲辦。總期匪徒知懼，良善獲安，是爲至要。

丁酉，命兩廣總督譚鍾麟留京當差，實授李鴻章爲兩廣總督。

戊戌，山東巡撫袁世凱奏：遵議洋貨税釐併徵事屬可行。得旨，著户部歸案覈辦。

《德宗實録》卷四六三　五月癸卯，諭：電寄裕禄，拳匪滋事，琉璃河至長辛店一帶車站局廠，均被焚燬，亟應懲前毖後，認真彈壓。著裕禄飭令聶士成，將盧保、津盧兩路電綫、鐵道專派隊伍，妥爲保護，毋任再有疏虞，是爲至要。

庚戌，諭内閣：西人傳教，歷有年所，該教士無非勸人爲善，而教民等亦從無恃教滋事，故爾民教均各相安，各行其道。近來各省教堂林立，教民繁多，遂有不逞之徒溷迹其間，教士亦難偏查其優劣。而該匪徒藉入教爲名，欺壓平民，武斷鄉里，諒亦非教士所願。至義和拳會，在嘉慶年間亦曾例禁，近因其練藝保身，守護鄉里，並未滋生事端，是以屢降諭旨，飭令各地方官妥爲彈壓，無論其會不會，但論其匪不匪，如有藉端生事，即應嚴拏懲辦。是教民、拳民均爲國家赤子，朝廷一視同仁，不分教會，即有民教涉訟，亦曾諭令各地方官持平辦理。乃近來各府廳州縣，積習相沿，因循玩誤，平日既未能聯屬教士，又不能體恤民情，遇有民教涉訟，未能悉心考察，妥爲辦理，致使積怨已深，民教互仇。遂有拳民以仇教爲名倡立團會，再有奸民會匪附入其中，藉端滋擾，拆毁鐵路，焚燒教堂。至鐵路原係國家所造，教堂亦係教士教民所居，豈得任意焚毁？是該團等直與國家爲難，實出情理之外。昨已簡派順天府兼尹軍機大臣趙舒翹，前往宣布曉諭，該團民等即遵奉一齊解散，各安生業。儻有奸民會匪從中慫慂煽惑，希圖擾害地方，該團即行交出首要，按律懲辦。若再執迷不悟，即係叛民，一經大兵勦捕，勢必父母妻子離散，家敗身亡，仍負不忠不義之名，後悔何及？朝廷深爲吾民惜也。經此次宣諭之後，如仍不悛改，即著大學士榮禄分飭董福祥、宋慶、馬玉崑各率所部，實力勦捕，仍以分別首從，解散脅從爲要。至派出隊伍，原所以衛民，近聞直隸所派之軍，不但未能保護彈壓，且有騷擾地方情事，即著直隸總督裕禄嚴行查辦，並著榮禄派員查訪。儻有不肖營哨各官，不能嚴束勇丁，即以軍法從事，決不寬貸。此旨即著刊刻謄黄，徧行曉諭軍民人等一體知之。

《光緒朝東華録》一六〇　甲寅，諭：端郡王載漪著管理各國事務衙門。禮部尚書啓秀、工部右侍郎溥興、内閣學士兼禮部侍郎銜那桐，均著在總理各國事務衙門大臣上行走。現在時事艱難，該王大臣等務當實心任事，以副委任，不准固辭。

諭：廖壽恒著毋庸在總理各國事務衙門行走。

《德宗實録》卷四六四　丁巳，諭：十五日永定門外，有日本書記生杉山彬被匪徒戕害之事，聞之實深惋惜。鄰國駐京人員，本應隨時保護，況現在匪徒蠭起，尤宜加意嚴防。疊經諭令各地方官認真巡緝，密爲保護，奚止三令五申？乃輦轂之地竟有日本書記被害之案，該地方文武既疏於防範，兇犯亦未登時拏獲，實屬不成事體。著各該衙門上緊勒限嚴拏，務獲兇犯，盡法懲治，儻逾限不獲，定行嚴加懲處。

諭：前據裕禄報稱，日内有洋兵千餘，將由鐵路到京等語。現在近畿一帶土匪滋事，辦理方形棘手。各國使館先後到京之兵，已有千餘名，亦已足敷保護。儻再紛至沓來，後患何堪設想。著裕禄迅將聶士成一軍全數調回天津附近鐵路地方，扼要駐紮。儻有各國兵隊欲乘火車北行，責成裕禄實力禁阻。並著聶士成整齊隊伍，備豫不虞。其大沽口防務並著督飭羅榮光一體戒嚴，以防不

測。如有外兵闖入畿輔，定惟裕禄、聶士成、羅榮光等是問。

戊午，諭：頃聞義和團衆，約於本日午刻進皇城地安門、西安門，焚燒西什庫教堂之議，業經弁兵攔阻，仍約於今晚舉事，不可不亟爲彈壓。著英年、載瀾於拳民聚集之所，務須親自馳往，面爲剴切曉諭。該拳民既不自居匪類，即當立時解散，不應於禁城地面肆行無忌。儻不遵勸諭，即行設法拏辦。

己未，諭軍機大臣等：李鴻章著迅速來京，兩廣總督著德壽兼署。袁世凱著酌帶所部隊伍迅速來京，如膠澳地方緊要，該撫不克分身，著揀派得力將領統帶來京。

《光緒朝東華録》一六〇　辛酉，英、俄、德、法、美、意、奥、日本聯軍攻大沽礮臺，據之。

庚申，諭：近因民教尋仇，訛言四起，匪徒乘亂，燒搶迭出。所有各國使館，理應認真保護。著榮禄迅派武衛中軍得力隊伍，即日前往東交民巷一帶，將各使館實力保衛，不得稍有疎虞。如使館眷屬人等有願暫行赴津，原應沿途一體保護，惟現在鐵路未通，若由陸遄行，防護恐難周妥，應仍照常安居，俟鐵路修復，再行查看情形，分別辦理。

《德宗實録》卷四六四　辛酉，諭：近因民教尋仇，匪徒乘機燒搶，京師内外擾亂已極。著各直省督撫，迅速挑選馬步隊伍，各就地方兵力餉力酌派得力將弁，統帶數營，星夜馳赴京師，聽候調用。根本之地，情形急迫，勿得刻延。

甲子，諭：近日京城内外拳民仇教，與洋人爲敵，教堂教民，連日焚殺，蔓延太甚，勦撫兩難。洋兵麕聚津沽，中外釁端已成，將來如何收拾，殊難逆料。各省督撫均受國厚恩，誼同休戚，事局至此，當無不竭力圖報者，應各就本省情形通盤籌畫，於選將、練兵、籌餉三大端，如何保守疆土不使外人逞志，如何接濟京師不使朝廷坐困，事事均求實際。沿江、沿海各省彼族覬覦已久，尤關緊要，若再遲疑觀望，坐誤事機，必至國勢日蹙，大局何堪設想！是在各督撫互相勸勉，聯絡一氣，共挽危局。事勢緊迫，企望之至！

《光緒朝東華録》一六〇　甲子，德國駐京使臣克林德被戕。

庚午，諭：昨已將團民仇教勦撫兩難，及戰釁由各國先開各情節，諭知李鴻章、李秉衡、劉坤一、張之洞等矣。惟爾各督撫度勢量力，不欲輕開外釁，誠老成謀國之道。無如此次義和團民之起，數月之間，京城蔓延已徧，其衆不下十數萬，自兵民以至王公府第處處皆是，同聲與洋教爲仇，勢不兩立。勦之則即刻禍起肘腋，生靈塗炭，只可因而用之，徐圖挽救。奏稱信其邪術以保國，似不諒朝廷萬不得已之苦衷矣。爾各督撫若知内變如此之急，必有寢食難安奔問不遑者，安肯作此一面語耶？爾各督撫勿再遲疑觀望，迅速籌兵籌餉，力保疆土。如有疎失，惟各該督撫是問。

庚午，劉坤一、張之洞電令上海道余聯沅，與各國駐滬領事議訂東南保護約款九條。

《德宗實録》卷四六五　六月丁丑，諭軍機大臣等：已革户部侍郎張蔭桓著即行正法。

《光緒朝東華録》一六〇　壬午，諭：直隸總督著李鴻章調補兼充北洋大臣。現在天津防務緊要，李鴻章未到任以前，仍責成裕禄會同宋慶妥籌辦理，不得因簡放有人，稍涉諉卸。

癸未，諭軍機大臣等：李鴻章已調補直隸總督，著該督自行酌量，如能借坐俄國信船由海道星夜北上，尤爲殷盼；否則即出陸路兼程前來，勿稍刻延，是爲至要。

我軍與各國聯軍戰於八里臺，聶士成死之。

《德宗實録》卷四六五　庚寅，以前吏部尚書崇綺爲户部尚書。

辛卯，諭内閣：此次中外開釁，起於民教之相閧，嗣因大沽礮臺被占，以致激成兵端。朝廷誼重邦交，仍不肯輕於決絶，疊經明降諭旨，保護使館，並諭各直省保護教士。現在兵事未弭，各國商民在中國者甚多，均應一律保護。各將軍、督撫查明各國洋商教士，在通商各埠及各府州縣者，按照條約均一律認真保護，不得稍有疏虞。上月日本書記杉山彬被戕，正深駭異，乃未幾復有德國公使被害之事。該公使駐京辦理交涉，遽遭傷害，惋惜尤深，應仍嚴飭勒拏兇手，務獲究辦。所有此次天津開戰後，除戰斃不論外，其因亂無故被害之洋人、教士等，及損失物産，著順天府、直隸總督飭屬分別查明，聽候覈辦。

《光緒朝東華録》一六〇　癸巳，命宋慶、馬玉崑、裕禄恢復天津。

《清德宗實録》卷四六五　壬辰，又諭：電寄李鴻章，據奏，籲懇救護各國使臣摺已悉，現在各國使臣均平安無恙。著李鴻章電知楊儒等，轉告各國外部勿念。該督即迅速兼程北上，勿再刻延，仍將啟程日期電聞。

癸巳，諭：李鴻章等奏，遵議暫行停還洋款，據實覈計，請旨遵行一摺。據稱洋款若停，牽動内地釐金，亦礙小民生計，轉於餉需有害，京餉及北上諸軍餉

項，無從接濟等語。初議停還洋款，原因湊濟軍需起見，儻各海關如常抽稅，內地釐金亦不短絀，即著照所議，查照成案，按期解還歸款，用昭大信。

丁酉，諭軍機大臣等：電寄李鴻章，現在事機日緊，各國使臣亦尚在京，疊次電諭李鴻章兼程來京，迄今並無啟程確期電奏。該督受恩深重，尤非諸大臣可比，豈能坐視大局艱危於不顧耶？著接奉此旨後，無論水陸，即刻啟程，並將啟程日期速行電奏。

《德宗實録》卷四六六　七月癸卯，直隸總督李鴻章電奏，調補直督二十五日到滬，屢奉電促，星夜北上。二十年北洋，經營粗就，一旦敗壞，深懼無可措手。盛暑馳驅，感冒腹瀉。俄國並無信船在滬，容俟稍愈，由陸前進。得旨，李鴻章電悉，現在事機甚緊，著仍遵前旨迅速北來，毋再藉延。

兩江總督劉坤一等奏，戰事方殷，合詞敬陳管見，請授李鴻章全權，就近在滬與各國電商，藉探消息，緩其進兵，以閒敵謀，而紓國難。得旨，留。

《光緒朝東華録》一六〇　癸卯，吏部侍郎許景澄、太常寺卿袁昶棄市。

丁未，又諭：前因近畿民教滋事，激成中外兵端，各國使臣在京者理應一律保護。疊經總理衙門王大臣致函慰問，並以京城人心未靖，防範難周，與各使臣商議，派兵護送前往天津暫避，以免驚恐。即著大學士榮禄豫行遴派妥實文武大員，帶同得力兵隊，俟該使臣定期何日出京，沿途妥爲護送。儻有匪徒窺伺搶掠情事，即行勦擊，不可稍有疏虞。各使臣未出京以前，如有通信本國之處，但係明電，即由總理各國事務衙門速爲辦理，毋稍延閣，用示朝廷懷柔遠人，坦懷相與之至意。

庚戌，各國聯軍據我楊村，直隸總督裕禄死之。

癸丑，李鴻章電致軍機處：鴻章抵滬後，觸暑腹瀉，本擬稍痊即行，乃連瀉不止，精神委頓。因念國事至急，理當盡瘁，惟半月以來元氣大傷，夜不成寐，兩腿軟弱，竟難寸步，醫藥雜投，曾無少效。擬懇聖慈賞假二十日，俾息殘喘，儻假内見愈，仍力疾遵程北上。乞代奏。上諭軍機大臣等：李鴻章昨已授爲全權大臣，與各國外部商辦一切，事機至迫，所請賞假之處著毋庸議。

兵部尚書徐用儀、户部尚書立山、内閣學士聯元棄市。

《清德宗實録》卷四六七　諭軍機大臣等：本月十三日已派李鴻章爲全權大臣，與各國議結一切事宜，並電知各國外部先行停戰。著宋慶即將此旨照會各國前敵統兵大員，先行商議停戰；仍一面穩慎紮營，若各國統兵官尚未得各外部訓條，仍前猛進，自應悉力抵禦，以挫其鋒，毋稍誤會。

丁巳，諭：寄宋慶，現據探報洋兵已抵通州，京城防務，萬分喫緊。著該提督迅即來京，商辦城守事宜，毋稍刻延。

吉林將軍長順奏，琿春、三姓同日失守，甯古塔垂危，請速催援兵。又軍械缺乏，請飭南洋籌撥。得旨，著長順就現有兵力設法堵禦，其軍械著劉坤一勻撥。

戊午，諭：京師萬分喫緊，著速催兩江、湖南、山東、河南、安徽各省勤王之師，星速北上。劉光才素稱得力，著即行帶隊北上。

戊午，諭：電寄李鴻章，電悉，據楊儒原電所稱，似俄亦有停戰之意，自可先從俄國辦起。通電一節，業已照行，護送各使出京一節，屢經函牘頻催，竇使等現以請示外部爲詞，尚未覆准定期。惟奉天之蓋平、熊岳，吉林之三姓、琿春，黑龍江之愛琿，現已均爲俄據。如俄實願先行停戰，並許勸阻各國，則東省被擾各處，先當有説以處此。著李鴻章穩慎通籌，如果確有把握，自當諭飭增祺等一體停兵也。

《光緒朝東華録》一六〇　戊午，各國聯軍逼京師。

己未，各國聯軍入京師。

庚申，上奉慈禧端佑康頤昭豫莊誠壽恭欽獻崇熙皇太后啓鑾出德勝門，駐園。

壬戌，上奉慈禧端佑康頤昭豫莊誠壽恭欽獻崇熙皇太后至懷來縣，駐蹕。

甲子，諭軍機大臣等：七月二十一日洋兵猛攻入城，圖撲宮禁，勢甚危險，朕不得已恭奉慈禧端佑康頤昭豫莊誠壽恭欽獻崇熙皇太后慈駕暫行西幸。此次釁起民教互鬭，朝廷辦理爲難情形，已歷次備國書詳告各國，彼方以代除亂民爲辭，於國家並無他意。而似此舉動，殊屬不顧邦交，未符原議。且中國於駐京各使臣始終委曲成全，未嘗失禮，尤不應如此相待。昨已派榮禄、徐桐、崇綺留京辦事，然當各國氣勢方張之際，恐在京未能遽與開議。該大臣公忠素著，平日威望亦爲外人所信服，國事如此，不知該大臣正復如何憤激？著即迅籌辦法，或電各國外部，或商上海各總領事從中轉圜，務期竭盡心力，爲國家捍此大患。朕不勝翹盼之至！

丙寅，上奉慈禧端佑康頤昭豫莊誠壽恭欽獻崇熙皇太后啓鑾行六十里，至宣化府駐蹕。

丁卯，諭：自來圖治之原，必以明目達聰爲要。此次内訌外侮，倉猝交乘，頻年所全力經營者，毀於一旦，是知禍患之伏於隱微，爲朕所不及察者多矣。懲前毖後，能不寒心？自今以往，凡有奏事之責者，於朕躬之過誤，政事之闕失，民生之休戚，務當隨時獻替，直陳無隱。當此創鉅痛深之後，如猶惡聞諍論，喜近讒諂，朕雖薄德，自問當不至此。設平日未懷忠悃，臨時漫摭浮詞，甚或假公濟私，巧爲嘗試，則爾諸臣之負朕實深，苟具天良，不應有此。所冀内外臣工，各矢公忠，共持危局，庶幾集思廣益，用以祛弊扶衰，朕實惓惓有厚望焉！

己巳，諭全權大臣李鴻章：准其便宜行事，將應辦事宜迅速辦理，朕不爲遥制。接奉此旨後，先行覆奏，以慰廑系。

《清德宗實録》卷四六八　八月辛未，大學士崑岡等奏：鑾輿西狩後，臣等於二十七日晤税務司赫德，據云各國並無害國傷民之意，如有大臣出頭商辦，定可轉危爲安。慶親王奕劻在總署多年，各國最爲信服，願與早日商議和局，遲則恐有他變，謹合詞籲懇，請迅飭回京，速定大計。

壬申，諭李鴻章：著即乘輪船來京，會同慶親王商辦一切事宜，毋延。又諭，寄總税務司赫德：本日據崑岡等奏報京城會晤情形，知該總税務司目擊時艱，力維大局，數十年借材異地，至此具見悃忱，朕心實深嘉慰。現已派慶親王即日回京，會同該總税務司與各國妥商一切。又寄全權大臣李鴻章諭旨一道，即由該總税務司向各國商借輪船，派員將諭旨賫送上海，俾李鴻章得以迅速來京，會同慶親王商辦事宜。

《光緒朝東華録》一六一　諭：毓賢著開缺另候簡用，山西巡撫著錫良補授。

調陶模爲兩廣總督，以魏光燾爲陝甘總督，岑春煊爲陝西巡撫。

甲戌，上奉慈禧端佑康頤昭豫莊誠壽恭欽獻崇熙皇太后至山西大同府駐蹕。

《德宗實録》卷四六八　壬午，户部尚書崇綺，持躬端正，學問優長。【略】詎本日據榮禄奏，七月二十一日以後，榮禄偕該尚書退守保定，該尚書因恢復無力，竟於本月初二日殉節於保定蓮池書院。洵能舍生取義，大節無虧。覽奏曷勝震悼。崇綺著照尚書例賜卹。

諭：幫辦武衛軍事務前四川總督李秉衡，持躬廉正，辦事公忠。【略】乃聞李秉衡以兵敗潰退，竟於七月十七日殉節於通州之張家灣。雖尚未見奏報，而訪聞業已確實，悼惜之懷，曷云能已。著照總督例賜卹，任内一切處分，悉予開復，應得卹典，該衙門查例具奏。

《光緒朝東華録》一六一　癸未，諭：朕此次恭奉鑾輿暫幸太原，當經先後派出榮禄、徐桐、崑岡、崇禮、敬信、溥善、阿克丹、那桐、陳夔龍充留京辦事大臣。復令慶親王奕劻回京，會同李鴻章與各國議辦一切事宜。

諭軍機大臣等：前因榮禄奏稱，擬俟防務佈置妥協，即赴行在，當經諭令該大學士仍駐保定，力顧畿輔大局。兹據李鴻章疊次電請添派王大臣會辦議款，除已命慶親王奕劻星馳回京，並與劉坤一、張之洞函電互商外，即著添派榮禄會同辦理，並准其便宜行事。該大學士如已赴獲鹿，著即速回保定，俟李鴻章到津後妥爲商辦。大局所關，安危係之，存亡亦係之，該大學士爲國重臣，受恩最深，當不忍一意藉詞諉卸也。

《德宗實録》卷四六八　甲申，上奉慈禧端佑康頤昭豫莊誠壽恭欽獻崇熙皇太后自原平鎮啟鑾。

諭軍機大臣等：電寄李鴻章等，李鴻章、劉坤一、張之洞等會奏摺片，暨李鴻章初九日電奏，同日覽悉。七月二十一日之變，罪在朕躬，悔何可及。該大學士等與國同休戚，力圖挽救，宗社有靈，實深鑒之。所陳各節，悉係目前最要機宜。慶親王奕劻計初十日可以到京，本日復有旨加派榮禄會同辦理。現在俄户部允可撤兵，是機有可乘，不可一誤再誤。該大學士應即借乘俄艦，駛赴天津，先行接印，仍即日進京會商各使，迅速開議。

甲申，調兵部尚書敬信爲户部尚書，理藩院尚書裕德爲兵部尚書。以都察院左都御史懷塔布爲理藩院尚書，户部左侍郎英年爲都察院左都御史，禮部右侍郎桂春爲户部左侍郎兼管三庫事務。

《光緒朝東華録》一六一　丙戌，上奉慈禧端佑康頤昭豫莊誠壽恭欽獻崇熙皇太后至太原府駐蹕。

《德宗實録》卷四六九　戊子，以江蘇巡撫鹿傳霖爲兩廣總督，調江西巡撫松壽爲江蘇巡撫。以河南布政使景星爲江西巡撫，河南按察使延祉爲布政使，直隸口北道鍾培爲河南按察使。

庚寅，諭：奕劻奏，遵旨回京並查看城内外情形各摺片。總税務司赫德，該王業已接見，各國命意如何，諒露端倪。李鴻章現尚未到，所有與各國應商事件，不妨先與開議，如何情形隨時具奏。李鴻章已疊次電催，並由該王設法再行

發電催促，以便會商辦理。至户部倉庫均有洋兵保護，該王令赫德婉商各國公使，先行交還。如能允從，即著溥良隨時撥給銀米，散放各營，以恤兵艱。將此由六百里諭令知之。

癸巳，諭内閣，此次釁端實由拳民肇禍，教民因而疑懼，以致兩不相下，擾攘非常。不知教民、拳民均我赤子，朝廷視民如傷。該教民等但能各安本業，自應照常保護，無所用其疑慮。著各省督撫諄飭各該地方官開誠布公，切實勸導，俾各教民咸知一視同仁之意，坦然無疑，如常安處。至拳民多被拳匪迫脅，亦何忍不分良莠，概加誅戮。並著各該地方官明白曉諭，即令解散歸農。儻仍敢糾衆麕集，不知感悟，一旦大兵所指，不分玉石，後悔莫及，勿謂不教而誅也。將此通諭知之。

甲午，諭軍機大臣等：李鴻章等奏，事機萬緊，請將統率拳匪之莊親王等先行分别懲辦一摺。李鴻章計日到京，著奕劻與該大學士體察各國實在情形，究竟如何切實會商，即行具奏。

丙申，諭：廷雍奏，派營勦辦拳匪一摺。此次事變，實由拳民藉端肇釁，以致激成巨禍。現在順直各屬拳匪聚集處所，尚有三十餘州縣之多，亟宜嚴行懲辦，庶足以清亂源。即著督飭吕本元等認真勦辦，毋稍姑息。梅東益素不得力，著另派妥員前赴滄州接辦。各國藉口，總以代勦拳匪爲名，該護督務當迅速辦理，以絶禍根，毋貽彼族口實，是爲至要。

《德宗實録》卷四七〇 閏八月辛丑，諭内閣：大德國駐京使臣克林德，前被兵戕害，業經降旨，深爲惋惜。因思該使臣駐華以來，辦理一切交涉事宜，和平妥協，朕追念之餘，倍加軫惜。著賜祭一壇，派大學士崑岡即日前往奠醊。靈柩回國時，並著南北洋大臣妥爲照料。抵本國時，著再賜祭一壇，派户部右侍郎吕海寰前往奠醊，用示朕篤念邦交，惋惜不忘之至意。

諭：此次中外開釁，變出非常，推其致禍之由，實非朝廷本意，皆因諸王大臣等縱庇拳匪，啟釁友邦，以致貽憂宗社，乘輿播遷。朕固不能不引咎自責，而諸王大臣等無端肇禍，亦亟應分别重輕，加以懲處。莊親王載勛、怡親王溥静、貝勒載濂、載瀅均著革去爵職；端郡王載漪，著從寬撤去一切差使，交宗人府嚴加議處，並著停俸；輔國公載瀾、都察院左都御史英年，均著交該衙門嚴加議處；協辦大學士吏部尚書剛毅、刑部尚書趙舒翹，著交都察院吏部議處，以示懲儆。朕受祖宗付託之重，總期保全大局，不能顧及其他，諸王大臣等謀國不臧，咎由自取，當亦天下臣民所共諒也。

命兩廣總督鹿傳霖在軍機大臣上行走。

《光緒朝東華録》一六一 壬寅，諭：大日本駐京使臣書記杉山彬被殺一事，前經降旨緝兇懲辦。因念該書記既在使館當差，理應一律保護，乃因事出倉猝，遽爾被戕，實深軫惜。著派禮部右侍郎那桐前往致祭，並賞給祭葬銀五千兩。靈柩回抵本國時，著内閣侍讀學士李盛鐸派參贊官一員再行奠醊，以示篤念友邦惋惜不忘之至意。

《德宗實録》卷四七〇 壬寅，調陝甘總督陶模爲兩廣總督，以陝西巡撫魏光燾爲陝甘總督，甘肅布政使岑春煊爲陝西巡撫。

壬寅，解山西巡撫毓賢職，以湖南布政使錫良爲山西巡撫。

《德宗實録》卷四七一 丙辰，諭軍機大臣等：張之洞等奏，逆黨圖謀不軌，派營勦辦一摺。康有爲大逆不道，久稽顯戮。其逆黨唐才常等，膽敢潛匿上海，創設自立會，散放富有票，句結各處會匪，意圖煽惑人心，擾亂大局。覽所奏種種悖逆情形，實堪髮指。除沿江沿海一帶已飭各該督撫嚴拏懲治外，該逆窮凶極惡，難保不遣其餘黨於北五省地方放票句結，希圖一逞。且摺内所指該逆已派人糾合大刀會，並逆黨孫汶，已到山東。至湖北襄陽等處，界連豫省，年來旱荒，飢民衆多，亦有會匪開堂放飄之事。並查有匪首潛往河南信陽州一帶，謀劫北上諸軍軍火情事。是該逆黨與實繁有徒，其句引山東、河南會匪，已有明證。況直隸、山東正值拳匪滋事，陝西亦有飢民，儻該逆匪等句串一氣，互爲聲援，一朝竊發，其禍曷可勝言！著李鴻章、袁世凱、錫良、裕長、端方通飭所屬，嚴密稽查，認真拏辦。如果該州縣能將放票句結之首要匪徒拏獲，餘黨解散，消患無形，准其從優保奬。儻因循疏縱，漫無覺察，以致養癰貽患，定即嚴加懲處，決不寬貸。此事關繫重大，李鴻章等務當密速飭辦，隨時查察考覈，不得以接奉諭旨恭録通行，遂爲了事。

調湖北巡撫于蔭霖爲河南巡撫，河南巡撫裕長爲湖北巡撫。

己未，諭軍機大臣等：劉坤一等合詞籲懇，事定回鑾，先行宣示各摺片。此次拳教紛争，勦撫兩難，以致釁啟鄰邦，震驚宫闕。朕恭奉慈輿，於槍林彈雨之中倉皇西幸，中途跋涉蒙塵，艱苦萬狀，有爲該督等所不忍聞者。朕馭下無方，業經引咎自責，並將辦理不善之王大臣，分别重懲。原期和議速定，早日回鑾，以安宗社而定人心，豈有甘就偏安，輕棄京師之理？惟現在奕劻、李鴻章在京與

各國使臣尚未開議，洋兵在京分段據守，即來往官民尚難自便，若遽議回鑾，試問是何景象？但使各國與中國真心和好，不奪我自主之權，勿强以所必不能行之事，一有成議，自當即日降旨，定期回鑾。至目前巡幸長安，原係暫行駐蹕，前降諭旨，意甚明晰。凡此不得已之苦衷，當爲天下臣民所共諒，豈該督等老成謀國，尚未能仰體及此耶？此中機括，朕籌之已熟，該督等惟當謹守封疆，接濟行在，朕實有厚望焉！

《光緒朝東華録》一六一　己未，諭：慶親王奕劻著授爲全權大臣，會同李鴻章妥商應議事宜。劉坤一、張之洞均著仍遵前旨會商辦理，並准便宜行事。該親王等務當往還函電熟商，折衷一是，毋得内外兩歧，致多周折，是爲至要。

乙丑，奕劻、李鴻章電致行在軍機處，閏八月十八日鴻章抵京，正與奕劻晤商。適接駐美伍使真電，美外部文稱，電傳初二諭旨，玆奉總統諭，中朝懲辦諸王大臣足見推誠相待。惟細繹旨意，仍多疑慮。各駐使僉稱端王罪魁，若不嚴懲，無以謝各國。剛毅、趙舒翹亦釀禍首惡，重治方足蔽辜。當電康使確查，此次未及查辦者，尚有幾員，並查明奉旨懲辦。諸人有無徇縱，至如何懲辦，應使各國皆知果然確辦，方是核實。廷芳得文後，即詣外部宣朝廷德意。外部稱中朝須嚴放流竄殛之典，方免列邦漸侵内治自主之權，美與中睦，故以情告。並云兩宫早日回鑾，諸事方有主裁，亦免意外生變，務請轉奏等情。查嚴懲罪魁各節，不獨美主此議，俄、法、英亦以此迭相詰責。況德主覆電，已明言執政王大臣並各省大小臣工所犯之罪，原應論死，如能定其應得之罪，始足以折服各國之心。並欲准受害各國所派之官，幫同查辦。議和之時，須雪無辜受害各人員，抵償各罪。是各國異口同聲，不加懲辦，斷難就議。聞德統帥仍令聯軍往攻保定，難保不意存追襲，必欲得禍首而甘心。若能此時自行懲辦，當可止其西犯。縱不能盡如所請，亦應將致亂諸王大臣分别從嚴治罪安置，萬不可仍隨行在，使各國有所藉口，致稽開議，伏乞聖裁。請代奏。上諭軍機大臣等：奕劻、李鴻章皓電悉。此次肇禍諸臣，前經按照情罪輕重，降旨分别懲辦。朕心一秉大公，毫無掩護。即如怡親王溥静，貝勒載濂、載瀅，中外迭次電奏，均未指出，朕亦據實一體懲辦。可知此事始末，中外傳聞未必盡確。而朕之懲處諸王大臣，並無徇縱，亦可昭然共揭。所有已革之王貝勒等，業已不准其隨侍行在。其嚴議議處諸王，侯各衙門議覆之日，再行降旨示懲。至山西民教仇殺，巡撫毓賢辦事操切，業經開缺不用。此外尚有何員，並無主名，無憑查辦。以上各情形，奕劻皆所深知，亦當會同李鴻章與各國使臣明白宣示，切實磋磨，俾釋疑議。否則渾言懲處之重輕，泛指查辦之疏漏，反覆詰責，開議無期，恐大局將益不可問。至如所請處分該親王等，亦知其不可。惟究應如何分别輕重，辦理得當之處，不妨擬議密奏，候朕定奪。

《光緒朝東華録》一六二　九月辛未，諭軍機大臣等：據錫良電稱，洋兵頭隊已到新樂、正定一帶，意在西犯等語。保定以禮接待，雖無異議，若意在西犯，勢難聽其長驅直入。奕劻、李鴻章速與各國使臣商辦，阻其前進，庶免有礙和局。儻竟置之不理，仍以迎護教士爲名，一意西驅，獲鹿等處防營，各執尚未停戰之説，（難斷）〔斷難〕束手以待。一面已電飭各統領嚴密防守，不准洋兵闌入豫、晉境内。如果洋兵先有開礮放鎗等事，即著各防營竭力抵禦。儻致有傷和局，不得謂釁自我開。著該親王等迅即遵照辦理，並速電覆。目前正在議和，洋兵仍復西驅，究竟其意何在！該親王等不妨明向各國使臣請詢確情，一併電奏。

癸酉，調敬信爲吏部尚書，崇禮爲户部尚書，以貴恒爲刑部尚書。

《德宗實録》卷四七二　丁丑，以理藩院尚書懷塔布兼署禮部尚書。

禮部尚書廖壽恒因病解職，以都察院左都御史鹿傳霖爲禮部尚書。

《德宗實録》卷四七三　乙酉，又諭：本日禮部具奏，慈禧端佑康頤昭豫莊誠壽恭欽獻崇熙皇太后萬壽禮儀一摺。現在時勢艱難，我聖母皇太后覽奏倍深感觸，一切典禮本欲概行停止，經朕再三籲懇，始蒙俯允。令朕於是日率同王公百官在便殿行禮，停止筵燕，其餘典禮均著停止。該部即遵諭行。

《光緒朝東華録》一六二　丁亥，工部尚書陳學棻卒，賜卹如例。

戊子，以瞿鴻禨爲工部尚書。

《德宗實録》卷四七三　己丑，以禮部尚書鹿傳霖兼署工部尚書。

庚寅，諭内閣：此次肇禍諸臣，縱庇拳匪，開釁友邦，貽憂宗社，前經降旨分别懲處。現在京畿一帶拳匪尚未淨盡，以致地方糜爛，生民塗炭，思之實堪痛恨，若不嚴加懲治，無以服天下之心而釋友邦之憾。端郡王載漪，著革去爵職，與已革莊親王載勛，均暫行交宗人府圈禁，俟軍務平定後，再行發往盛京，永遠圈禁；已革怡親王溥静、已革貝勒載瀅著一併交宗人府圈禁；貝勒載濂，業經革去爵職，著閉門思過；輔國公載瀾，著停公俸，降一級調用；都察院左都御史英年，著降二級調用；前協辦大學士、吏部尚書剛毅，派往查辦拳匪，回京覆奏，語多縱庇，本應從重嚴懲，現已病故，著免其置議；刑部尚書趙舒翹，查辦拳匪，

次日即回，未免草率，惟回奏尚無飾詞，著革職留任；已革山西巡撫毓賢，在山西巡撫任內，縱容拳匪，戕害教士教民，任性妄爲，情節尤重，著發往極邊充當苦差，永不釋回。此事始末，惟朕深知。即如怡親王溥静、貝勒載濂、載瀅，中外諸臣疊次參奏，均未指出，即出使各國使臣電奏，亦從未提及。朕仍據實一體懲辦，可見朕於諸臣處分輕重，一秉大公，毫無偏袒，當亦薄海内外所共諒也。

庚寅，又諭，電寄奕劻等：此次肇禍諸臣加重處分，本日已明降諭旨宣示。朝廷准情定罪，毫無徇縱。著奕劻、李鴻章迅即切實向各使據理商明，剋日開議。若再遷延推宕，致誤事機，是則該親王等之責矣。

《光緒朝東華録》一六二　辛卯，調景星爲湖北巡撫，以李興鋭爲江西巡撫。

《德宗實録》卷四七四　十月庚子，湖廣總督張之洞奏，查拏康有爲黨富有票會，以杜亂源。得旨：即著電知三江兩廣等省，一體密訪嚴拏，殲厥渠魁，解散黨與，務期浄絶根株，以遏亂萌。

壬寅，命浙江巡撫劉樹堂開缺候簡，以浙江布政使惲祖翼爲浙江巡撫。

癸卯，諭軍機大臣等：電寄奕劻等，本日據綽哈布電奏，奕劻、李鴻章有電，催令由江下駛，航海先赴旅順，與俄提督商議大略等語，已諭令照行矣。此事關繫緊要，應如何示以機宜，俾辦理得有依據，著該親王等詳晰電知綽哈布爲要。

乙巳，諭：電寄奕劻等，疊據錫良電奏，法兵西進不止，晉防日緊，恐致開釁等語。法兵西進，自爲尋仇起見，現在毓賢已擬嚴辦，初三日電諭想已轉告各使，著奕劻、李鴻章再與法使切實商阻，並告以晉省教案俟和議定後，再專派大員持平查辦，萬勿再行進兵，致礙大局而傷睦誼。該省自錫良到任以後，極力保護教士，安輯教民，目下民教相安，辦理甚爲妥協，並告各使儘可放懷也。

《光緒朝東華録》一六三　癸丑，以吏部尚書徐郙、户部尚書崇禮協辦大學士。

授王文韶爲大學士。

調鹿傳霖爲户部尚書，孫家鼐爲禮部尚書。

以善耆爲宗文門正監督，敬信副之。

丙辰，奕劻、李鴻章電致行在軍機處：聞各國條款大致商定，德使忽謂臣等，前奉全權電旨不合式，不能開議，請援照二十一年馬關議約，奉有全權大臣用寶敕書，以昭慎重。與之駁辯再四，堅持不允。英、俄、日本皆從此議，可否權宜酌辦？由京恭録諭旨：在大内請用御寶，臨時給閲，免其藉詞延宕開議日期。乞代奏，請旨遵行。上諭軍機大臣等：奕劻、李鴻章諫電悉，全權敕書用寶，即著照所請辦理。

己未，諭軍機大臣等：浙江衢州教案，著派盛宣懷會同惲祖翼迅速認真查辦，妥爲了結，毋再延誤。

《德宗實録》卷四七四　辛酉，出使美日祕國大臣伍廷芳奏：中墨約章經已簽押互换。下所司知之。

丙寅，諭軍機大臣等：前經降旨將毓賢發往新疆，著即日起解，毋再遲延。

丁卯，諭：增祺等奏，詳陳奉省情形，並自請治罪各摺片。現在東三省俄國已許交還，業經諭令奕劻、李鴻章知照該將軍等，與俄員晤商接收。據奕劻等電奏，該將軍尚在義州，即著馳回省城，妥與俄員商辦，並隨時電商奕劻等指示一切，期臻妥協。增祺等於此次事變，未能豫爲籌畫，以致地方蹂躪，皆屬咎無可辭。增祺、玉恒、清鋭、崇寬、薩廉、溥頲、鍾靈等均著交部議處。晉昌前已有旨開缺，聽候查辦，即著先行革職。

《德宗實録》卷四七五　十一月癸酉，兩江總督劉坤一等奏：逆犯康有爲遣黨潛入長江，散放富有票，句串會匪，謀爲不軌。在桐城地方，宰牲祭旗，擾及大通，派兵會勦，一律盪平。出力文武各員，知府李光鄴、副將王世雄等請奬。下部議。

庚辰，諭：電寄奕劻等，楊儒著授爲全權大臣，與俄國商辦接收東三省事宜。此事俄廷深敦睦誼，允許交還，一切辦法，須臻妥協。著楊儒審時度勢，悉心籌畫，隨時電商奕劻、李鴻章互相參酌。並著奕劻等傳諭東三省將軍，遇事妥爲經理，毋稍歧誤。

癸未，命宗人府府丞盛宣懷充會辦商務大臣。

乙酉，諭軍機大臣等：電寄奕劻等，據奏，請調大員隨辦各國稅則條約一摺。盛宣懷已有旨派充會辦商務大臣，徐壽朋著即來京幫同辦理。此次商務條約事宜，韓國交涉事件，暫派參贊辦理。

《光緒朝東華録》一六三　己丑，諭軍機大臣等：有人奏，通商行船必先將前約或廢或停始能更改，具載公法。本年戰事止在北方，彼時東南各省曾與各國立有互保之約，通商行船一切照常。此次所議擬改通商行船約章，自應責成原議保護東南商務各督撫大臣切實婉商，免其修改；或如何變通，以資補救等語。著劉坤一、張之洞、盛宣懷悉心籌議，或電商各國全權大臣及外部據理辯

論。並電告奕劻、李鴻章一體妥議，隨時電奏。

《德宗實録》卷四七五 庚寅，全權大臣大學士李鴻章奏：天津城外各國通商口岸，俄國向無租界，現俄使擬求河東地一段，以爲通商市場。姑從所請，訂立草約，申明靠河鹽坨關繫緊要，劃出不入界内。下所司知之。

《光緒朝東華録》一六三 癸巳，電諭奕劻、李鴻章：條款大綱既已照允，自應次第辦理。其第一款爲德使克林德樹立銘誌之碑，如何方與德使品位相配，著即斟酌妥商，派員先行撰文，措詞務須得體。撰就後繕稿呈覽，候旨定奪。第三款日本書記生杉山彬，除業經降旨祭卹外，應用何典優榮，以謝政府，亦著酌定奏聞。至傳教章程務須商訂另立專條，以杜後患。

《德宗實録》卷四七五 丙申，諭内閣：現因時事艱難，下詔求言，原期廣益集思，有裨大局。近日工部主事夏震武條奏多未能按切時勢，能言而不能行。昨據鹿傳霖面奏，夏震武復劾王文韶請治重罪。王文韶朝廷任用有年，克勤厥職，辦理洋務，尚能分別輕重，斟酌緩急，何得以傳聞臆度之詞，率請將大臣置之重典？殊屬冒昧。姑念迂儒，不達時務，雖其言過甚而心尚懷忠，免其置議。本日洪嘉與條奏繁徵博引，雖閒有可採，究多窒礙難行。總之書生之見不免沽名，毋庸再行瀆奏。嗣後言事諸臣，務當擇其補偏救弊，切實可行者，静細敷陳，以副下詔求言之本意。

丙申，諭軍機大臣等：電寄奕劻等，徑宥兩電悉，楊儒㐫電所稱，增祺派委已革道員周冕，往旅順與俄擅立奉天交地暫且約章九條畫押等語，閲之殊深駭詫。此事增祺始終並未奏明，周冕係已革道員，久已擯棄不用，即係暫且約章，該革員亦無議訂之權。此次東三省交收事宜，關繫甚大，楊儒既膺全權重任，著即責成向俄外部婉切辯明，務臻允協。增祺擅行委員，妄加全權字樣，殊屬荒謬，著交部嚴加議處。俄與中國訂交最久，近年於中國諸事，無不極力維持，此次許還東三省，尤爲深敦睦誼。想俄廷亦斷不至以該革員私畫暫且之約，遂執爲一成不易之據也。李鴻章曾赴俄國立有專約，更應統籌全局。東三省安危，所繫甚重，著仍遵前旨，隨時電商楊儒，參酌妥籌。總期吏治兵權，均不失我自主爲要。格使所言，當與力辯，以期共濟。尋兵部奏：增祺處分，應請革職。從之。

《光緒朝東華録》一六四 十二月戊戌朔，理藩院尚書懷塔布卒，賜卹如例辛丑，以工部左侍郎世續爲理藩院尚書。

丁未，諭：世有萬禩不易之常經，無一成不變之治法。窮變通久，見於《大易》。損益可知，著於《論語》。蓋不易者三綱五常，昭然如日星之照世；而可變者令甲令乙，不妨如琴瑟之改絃。【略】晚近之學西法者，語言文字，製造器械而已。此西藝之皮毛，而非西學之本源也。居上寬，臨下簡，言必信，行必果，服往聖之遺訓，即西人富强之始基。中國不此之務，徒學其一言一話、一技一能，而佐以瞻徇情面、肥利身家之積習。舍其本源而不學，學其皮毛而又不精，天下安得富强耶！總之，法令不更，錮習不破；欲求振作，須議更張。著軍機大臣、大學士、六部、九卿、出使各國大臣、各省督撫，各就現在情弊，參酌中西政治，舉凡朝章國政，吏治民生，學校科舉，軍制財政，當因當革，當省當併，如何而國勢始興，如何而人才始盛，如何而度支始裕，如何而武備始精，各舉所知，各抒所見，通限兩箇月内，悉條議以聞。

辛亥，以湖北巡撫景星爲福州將軍，未到任前以閩浙總督許應騤兼署。以江蘇布政使聶緝槼爲湖北巡撫。

《德宗實録》卷四七七 癸丑，命福州將軍景星即赴新任，以湖廣總督張之洞兼署湖北巡撫。

丙辰，諭：電寄奕劻等，增祺元電悉，交還東省前已有旨授楊儒全權大臣，悉應由其在俄妥商辦理，今增祺復在旅擅行商定約章，必致又爲所藉口。著該親王等速電飭增祺迅回盛京，毋再多事干咎。

《光緒朝東華録》一六四 戊午，諭軍機大臣等：懲辦禍首一節，此次照會竟係變本加厲，自應極力剖析。惟往來辯論，夜長夢多，恐多延誤。但必須分別輕重，如能酌改遠戍固好，萬一故作刁難，意存叵測，或擇要辦到，如彼所云假死罪者，亦萬不得已之舉也。著奕劻、李鴻章密商酌辦，並查有無觀望別事，另有意見，一併電覆。

庚申，諭軍機大臣等：張佩綸著賞給翰林院編修，隨同李鴻章辦理交涉事宜。

以薛允升爲刑部尚書。

壬戌，諭：京師自五月以來，拳匪倡亂，開釁友邦。現經奕劻、李鴻章與各國使臣在京議和，大綱草約業已畫押。追思肇禍之始，實由諸王大臣等昏謬無知，囂張跋扈，深信邪術，挾制朝廷，於勦辦拳匪之諭，抗不遵行；反縱信拳匪，妄行攻戰，以致邪燄大張，聚數萬匪徒於肘腋之下，勢不可遏。復主令鹵莽將卒

圍攻使館，竟至數月之間，釀成奇禍。社稷阽危，陵廟震驚，地方蹂躪，生民塗炭。朕與皇太后危險情形不堪言狀，至今痛心疾首，悲憤交深。是諸王大臣等信邪縱匪，上危宗社，下禍黎元，自問當得何罪？前經兩降諭旨，尚覺法輕情重，不足蔽辜，應再分別等差，加以懲處。已革莊親王載勛，縱容拳匪圍攻使館，擅出違約告示，又輕信匪言，枉殺多命，實屬愚暴冥頑，著賜令自盡，派署左都御史葛寶華前往監視。已革端郡王載漪，倡率諸王貝勒輕信拳匪，妄言主戰，致肇釁端，罪實難辭，降調輔國公。載瀾隨同載勛，妄出違約告示，咎亦應得，著革去爵職。惟念俱屬懿親，特予加恩，均著發往新疆，永遠監禁，先行派員看管。已革巡撫毓賢，前在山東巡撫任內，妄信拳匪邪術，至京爲之揄揚，以致諸王大臣受其煽惑。及在山西巡撫任，復戕害教士教民多命，尤屬昏謬凶殘，罪魁禍首。前已遣發新疆，計行抵甘肅，著傳旨即行正法，並派按察使何福堃監視行刑。前協辦大學士吏部尚書剛毅，袒庇拳匪，釀成巨禍，並會出違約告示，本應置之重典，惟現已病故，著追奪原官，即行革職。革職留任甘肅提督董福祥，統兵入衛，紀律不嚴，又不諳交涉，率意鹵莽。雖圍攻使館係由該革王等指使，究難辭咎。本應重懲，姑念在甘肅素著勞績，回漢悅服，格外從寬，著即行革職降調。都察院左都御史英年，於載勛擅出違約告示曾經阻止，情尚可原，惟未能力爭，究難辭咎，著加恩革職，定爲斬監候罪名，革職留任。刑部尚書趙舒翹，平日尚無嫉視外交之意，前查辦拳匪亦無庇縱之詞，惟究屬草率貽誤，著加恩定爲斬監候罪名。英年、趙舒翹兩人均著先行在陝西省監禁。大學士徐桐，降調前四川總督李秉衡，均已殉難身故，惟貽人口實，均著革職，並將卹典撤銷。經此次降旨以後，凡我友邦當共諒拳匪肇禍實由禍首激迫而成，決非朝廷本意。朕懲辦禍首諸人，並無輕縱，即天下臣民亦曉然於此案之關繫重大也。

諭：禮部尚書啓秀、前刑部左侍郎徐承煜，均著先行革職。著奕劻、李鴻章查明所犯確據，即行奏明，從嚴懲辦。

諭：本年五月間拳匪倡亂，勢日鴟張。朝廷以剿撫兩難，迭次召見臣工，以期折衷一是。乃兵部尚書徐用儀、户部尚書立山、吏部左侍郎許景澄、內閣學士聯元、太常寺卿袁昶，經朕一再垂詢，詞意俱涉兩可。而首禍諸臣遂乘機誣陷，交章參劾，以致身罹重辟。惟念徐用儀等宣力有年，平日辦理交涉事件亦能和衷，尚著勞勩，應即加恩，徐用儀、立山、許景澄、聯元、袁昶，均著開復原官。該部知道。

《德宗實録》卷四七七　癸亥，諭內閣：本年夏間拳匪搆亂，開釁友邦，朕奉慈駕西巡，京師雲擾，疊命慶親王奕劻、大學士李鴻章作爲全權大臣，便宜行事，與各國使臣止兵議款。昨據奕劻等電呈各國和議十二條，大綱業已照允，仍電飭該全權大臣將詳細節目悉心酌覈。量中華之物力，結與國之歡心。既有悔禍之機宜，頒自責之詔，朝廷一切委曲難言之苦衷，不得不爲爾天下臣民明諭之。

丙寅，諭：電寄盛宣懷，豔電悉。首禍諸臣英年於載勛擅出違約告示，曾經阻止，會列銜名，係屬隨同畫諾。且載勛爲首，業已重懲；英年爲從，例應減等，何得一律論死。趙舒翹查辦拳匪，亦係兼管順天府任內，照例派往，兩日即回，頗有解散覆奏，並無庇縱之詞，情實可原。著盛宣懷將此中情節會商劉坤一、張之洞與各國外部切實剖明，務從末減。至啟秀、徐承煜業經革職，如果應得重罪，亦當交回由朝廷按律懲辦，決不寬貸。仍將婉商各國情形，迅速覆奏。又諭：電寄劉坤一，沁電悉。張佩綸毋庸迴避，著即飭催上緊醫痊，迅速赴京，勿稍藉延。

光緒二七年　辛丑、一九〇一

《德宗實録》卷四七八　正月辛未，諭軍機大臣等：電寄奕劻等，懲辦禍首一條業經按照照會辦結，則和局亟應早定，以便商令撤兵。所有各條亦宜迅速妥商籌辦，毋再宕延。昨擬改諭旨二道，不得已均照來電更正頒行，惟必須將傳教一事定立妥章，以免後患無窮，官民交困。儘可約同不傳教之俄、日兩國及雖傳教素最和平之美國公議，教士不得再有欺陵平民、干預詞訟等事，向法、德、英三國會議，妥定約章，永遠遵守。總期日後民教相安，若一味嚴束平民，激成大變，即各國教士教民亦大有不利。而中國之大員地方官，不勝罪愆，民情怨憤，人才消阻，何以爲國？此次大亂，亦實因教民平日欺侮良民，積忿莫洩，拳匪因而煽惑所致。聞各國公使亦頗知此中情形，務趁此商議條款之時，一併妥確商定平允專條，以杜後禍。

癸酉，諭內閣：此案首禍諸臣，昨已降旨分別嚴行懲辦。茲據奕劻、李鴻章電奏，按照各國全權大臣照會尚須加重，懇請酌奪等語。除載勛已賜令自盡，毓賢已飭即行正法，均各派員前往監視外，載漪、載瀾均定爲斬監候罪名，惟念誼屬懿親，特予加恩，發往極邊新疆永遠監禁，即日派員押解啟程。剛毅情罪較

重，應定爲斬立決，業經病故，免其置議。英年、趙舒翹昨已定爲斬監候，著即賜令自盡，派陝西巡撫岑春煊前往監視。啟秀、徐承煜各國指稱力庇拳匪，專與洋人爲難，昨已革職，著奕劻、李鴻章照會各國交回，即行正法，派刑部堂官監視。徐桐輕信拳匪，貽誤大局；李秉衡好爲高論，固執釀禍，均應定爲斬監候，惟念臨難自盡，業經革職，撤銷卹典，應免再議。至首禍諸人所犯罪狀，已於前旨内逐一明白聲敘矣。

癸酉，諭：電寄奕劻等，豪電悉，俄約已允將滿洲全行交還中國，吏治照舊。第七款内「將金州自治之權廢除」，顯係據我土地，與全行交還之約相背。八款内「連界各處，如滿蒙及新疆之塔爾巴哈台、伊犂、喀什噶爾、葉爾羌、和闐、于闐等處礦路及他項利益，非俄允許不得讓他國；或他國人非俄允許，中國不得自行造路。除牛莊外不准將地租與他人」尤侵我自主之權。頃據劉坤一電稱日、英兩國之意，以中國此時與某一國定立條約，不可允其獨享利益以及壤土之權，必須與各國商辦方能保全等語。李鴻章從前曾與俄訂密約，中俄交際情形最爲熟悉。近日該國復到國書，情詞肫懇，聲明不侵我主權。現在事機萬緊，朝廷惟該大學士是賴。楊儒雖派全權，其約内極有關繫之處，仍須先與俄使切實磋磨；一面將劉坤一電稱各節，悉心體察。設專顧俄約而英、德、日各國援以相爭，是以一俄而掣動各國，後患將不可勝言。著奕劻、李鴻章設法統籌兼顧，能將俄與各國各不相下之處，銷融無迹，斯爲至善。

甲戌，諭：電寄奕劻等，魚電悉，據劉坤一、張之洞電稱，各國之意，均以東三省之約爲不然。此事關繫重大，非楊儒所能了結。朝廷深思熟計，急遽固非所宜，延緩亦恐誤事。著奕劻、李鴻章統籌全局，悉心擘畫，或婉商英、德、日、美、奥、義各公使，通籌一妥善辦法；或面商俄使，別圖補救。總之既不可激俄廷之怒，亦不可動各國之憤。李鴻章熟悉俄情，此中因應機宜，尤在該大學士之善爲操縱耳。本日據錫良等電奏，洋兵西進不止，我軍已退至晉界，如再前驅，勢難坐待。著奕劻、李鴻章迅速切商阻止，即日電復，升允已撤換矣。

庚辰，調江蘇巡撫松壽爲河南巡撫，湖北巡撫聶緝槼爲江蘇巡撫，河南巡撫于蔭霖爲湖北巡撫。

《德宗實録》卷四七九　丙戌，諭軍機大臣等：電寄呂海寰等，各處華民出洋謀生者甚多，無不睠懷故土，傾心内嚮。乃孫汶、康、梁諸逆，託爲保國之説，設立富有票會，煽惑出洋華民，斂貲鉅萬。若不詳切開導，破其詭謀，使知該逆等藉詞保國，實圖謀逆，乘機作亂，誠恐華民受其蠱惑，仍紛紛資助款項，蔓延日盛，爲患實深。著呂海寰、李盛鐸、羅豐禄、伍廷芳選派妥員，前往各商埠詳察情形，剴切勸諭。務令各華民曉然於該逆等並非真心保國，勿再聽其摇惑，輕棄貲財，以定人心而弭隱患。

庚寅，命山西巡撫錫良開缺候簡，調陝西巡撫岑春煊爲山西巡撫。以河南布政使端方護理陝西巡撫。

乙未，諭軍機大臣等：電寄奕劻等，宥沁轉楊儒兩電均悉，俄約雖已多商改，然仍有窒礙之處，恐爲各國藉口，效尤圖我，並非望各國助我排解也。此約關繫利害甚重，必須詳細熟籌。期限太迫，務再商請展期，寬以時日，從長計議。如不肯緩，則第一款「吏治一切照舊」，則政權利權俱包在内；第二款「辦到之日」改爲「開辦之日」；第八款添「中國自辦，不在此例」；末款「長城鐵路」亦須再酌改輕，或有詞以謝各國，不致藉口。昨已電諭會同妥商酌辦。此事全賴奕劻、李鴻章、楊儒妥訂，總期訂酌以後，各國不至藉詞貽禍爲斷，朝廷非必堅持也。楊儒可明告外部，中國深賴俄爲保全，所請展限商改，實恐各國藉口效尤爲害，不能不慎重徐商，務請見諒爲要。

《德宗實録》卷四八〇　二月辛丑，諭軍機大臣等：電寄奕劻等，俄約關繫太重，疊經諭令熟權利害輕重，妥籌辦理，迄未據切實覆奏。昨據各督撫及各駐使紛紛電奏，皆以堅持不畫押爲害較輕。昨又具國書懇俄展限酌改，總以不背公約，各國不致藉口爲斷，亦未據楊儒覆奏。朝廷細思不遽畫押，僅只激怒於俄；畫則羣起效尤分據，其禍尤速。即著該王大臣等分告在京各使，中國不敢遽允俄約畫押，請先議公約。並著楊儒婉告俄外部，中國爲各國所迫情形，非展限改妥無礙公約，不敢遽行畫押，請格外見諒。

甲辰，諭軍機大臣等：電寄奕劻等，英瀾侯既有各國駐使向中國聲明，公約未定以前不得與他國議立專約之語，奕劻、李鴻章必早知之，當日亟應先行商定公約。今呂海寰電稱，德外部亦云俄約須由各駐京使公議，至公約德自能在京照常辦洽等語。昨電旨飭楊儒向俄婉商，總照國書所懇，將有礙中國主權及關礙各國利益之處，全行删妥，不與公約相背，各國無可藉口，方能定議。疊次電旨已詳細聲明，設急難就緒，惟有切實商懇在京先定公約後，再議專約爲最妥。楊儒務當盡心竭力，婉切商懇，先定公約，想俄厚意保全中國，必能相諒。並著奕劻、李鴻章在京亦將此意向格使確商，即與各使迅速妥議，早定公約，以免牽

掣推延，致誤和局。

《光緒朝東華録》一六六　戊申，諭軍機大臣等：俄約限期已逾，萬難置擱不辦，必須籌轉圜之法。今擬四條如下：一、楊儒患病不能辦事，即應另簡使臣前往接替；二、東三省約章德、英、美、日皆請交與各使在京公商；三、俄廷現覆日本，第二節約内如侵礙中國主權及礙各國利益並無其事，則十一款内國書所指刪去數項，及此外如有侵礙主權並各國利益者，自應盡除；四、中國仍願與俄如常敦睦，但迫於公論，須懇原諒。著奕劻、李鴻章按此四條照會格使，婉切商議候覆，並向各使速商定公約爲要。

壬子，諭：黄槐森著開缺另候簡用，廣西巡撫著于蔭霖補授。

癸丑，以錫良爲湖北巡撫。

癸亥，諭軍機大臣等：岑春煊奏，山西教案繁重，請調員辦理一摺。在籍吏部主事勞乃宣、在籍廣西候補道魏瀚、直隸候補知府吕僧祥，著李鴻章、許應騤、余聯沅分飭各該員迅赴山西，交岑春煊差遣委用。

《德宗實録》卷四八一　三月丁卯，諭：電寄岑春煊，電悉，劉光才一軍撤入晉境，原爲德法退兵起見。本日據奕劻、李鴻章電奏，德兵已由火車西行，雖告德使轉商瓦帥阻止進兵，是否肯聽，亦無把握等語。獲鹿係法兵駐守，與德無涉，德忽倡議與法合兵西進，敵情叵測，不可不防。除電諭奕劻等，速告德、法公使，劉軍已撤，力阻洋兵西進外，著岑春煊仍確探情形，督飭各軍扼紮晉境，擇要嚴防，不可稍涉張惶，亦不可或有疏虞。儻洋兵仍進，迅即照會德、法兵官各扼疆界，一面電知全權理論爲要。

己巳，諭内閣：上年十二月初十日因變通政治，力圖自强，通飭京外各大臣各抒所見，剴切敷陳，以待甄擇。近來陸續條陳已復不少，惟各疆臣使臣多未奏到。此舉事體重大，條件繁多，奏牘紛煩。務在體察時勢，決擇精當，分別可行不可行，並考察其行之力不力，非有統匯之區，不足以專責成而挈綱領。著設立督辦政務處，派慶親王奕劻、大學士李鴻章、榮禄、崑岡、王文韶，户部尚書鹿傳霖爲督辦政務大臣，劉坤一、張之洞亦著遥爲參預。各該王大臣等，於一切因革事宜，務當和衷商搉，悉心評議，次第奏聞。俟朕上禀慈謨，隨時更定，回鑾後切實頒行，示天下以必信必果，無黨無偏之意。其政務提調各官，該王大臣等務擇心術純正、通達時務之員，奏請簡派，勿稍率忽。此事予限兩月，現已過期，其未經陳奏者，著迅速條議具奏，勿再延逾觀望。

命廣西巡撫于蔭霖開缺候簡，以雲南布政使李經羲爲廣西巡撫，貴州按察使林紹年爲雲南布政使。

丁丑，諭内閣：上年拳匪肇亂，京畿一帶多被擾害，以致各省人心煽動，焚燬教堂，傷害教士教民之案，層見疊出。朝廷屢降諭旨，飭令妥爲保護，乃地方官奉行不力，致釀事端，自應分別情罪輕重，予以懲處。【略】已故直隸總督裕禄、駐藏辦事大臣慶善均著追奪官職。浙江巡撫劉樹堂著革職永不敘用。

《光緒朝東華録》一六六　辛巳，奕劻、李鴻章電致行在軍機處文電悉。月朔法、英、德、日本四使，約那桐、徐壽朋、周馥赴德館討論賠償抵款。稱賠款須四萬五千萬兩，答以太多，則稱各國祇索實用之數，並無虚開。旋問中國究有何款可以作抵，答以賠款數目太鉅，甚難籌畫。海關税因鎊價今昔懸殊，擬按鎊價加收，以作抵款，於洋商無損，於中國有益。各使稱伊等亦有此意，但驟難商定，須另籌切實抵款。隨徧問鹽課、常税、折漕、土藥並開辦印花税、房捐等項，答以舊有之款均有要用，新籌之款驟難辦成，惟賠款總不可不籌，竭力騰挪，連海關加收，每年至多能籌至一千五百萬兩。各使稱如此則須六十年方能攤完，伊等擬請每年籌付三千萬兩，三十年可完。按借債週息五釐，二十年本利相平，四百五十兆三十年成九百兆，計週息三釐三毫有零，利息尚不爲重。答以分三十年攤畢，款實難籌。各使又稱，内中尚有一二國願得現銀者，可否商借現銀付給？答以中國情願攤還，不願借債。是日各使相約，因赫德前曾分送節略，臚列京外各進款及改章辦法，該使等願借而談考證，並非與那桐等議事。及告以累年入不敷出，暨一切改章爲難情形，各使稱俟再商而散。嗣臣鴻章晤英、美、日本等使，均屬將賠款大減。美使稱，彼國政府謂中國力量不過能賠至三萬一千萬兩爲止，擬向各國勸減，但須籌備現銀；英使則稱四百五十兆兩可作準數；日本使則以洋貨加税爲是，但稱必須英國肯允；詢之英使，則稱中國税章將來必須大減，莫妙於將釐金及土貨出口税全行免去，專徵進口洋税。此豈一時所能辦到？臣奕劻面詢赫德，據稱各使意見不一，有願聽攤還者，有願索現銀者。如付現銀，必須借債，付四百五十兆之款，必須借六百兆，方能敷用。以週息四釐計之，三十年須加息七百二十兆，大不合算。又稱斷不可以抵款難籌推託，恐各國藉口，佔地自籌，爲害尤大。各使約須至四月底，方與全權會議。莫如及此閒暇，先與政府、户部、各督撫通盤籌畫，速定大計。總期能指有的款作抵，先辦撤兵，是爲要著。至自用無論如何爲難，於撤兵後另籌，則不受加費之累。若俟會

議時再行往覆籌商，各督撫意見不同，多煩商酌，恐議論未定而賠款又增數千萬矣。所言極爲有理，正擬電奏請旨飭下户部及各督撫，力顧大局，通盤澈籌，以解倒懸之急。適接軍機處來電，謹將籌議情形據實陳明。除電江督、鄂督外，請代奏。上諭軍機大臣等：頗電已悉，償款一節已諭劉坤一、張之洞悉心籌畫，彼此電商定計。並諭各督撫就各省情形，每年節省若干，切實妥籌，以期湊集抵償。至展寬年限，議改銀數，仍著實心磋磨，毋稍鬆勁。擬索現銀者究係何國，萬不可允，並查覆。

辛巳，諭軍機大臣等：奕劻、李鴻章電奏，各國索賠款四百五十兆各情，仍飭商寬期議減，分年攤還。此次償款爲數過鉅，自應分飭各督撫合力通籌。各省庫款支絀，朝廷固所深知，然當事處萬難，必須竭力籌措，確有指抵之款，庶不致各國藉口，侵我自主利權。著各省通盤覈計，將一切可省之費竭力裁節，至地丁、漕折、鹽課、釐金等項，更當剔除中飽，涓滴歸公。此外應如何設法之處，亦須悉心籌度，不遺餘力，以期湊集抵償。該督撫等受恩深重，其各激發天良，力維大局，不得以無款可籌，稍存諉卸。現在款議漸將就緒，爲期甚迫，著即將籌定情形迅速電奏。

命湖北巡撫錫良開缺候簡，以護理陝西巡撫端方爲湖北巡撫，陝西布政使升允署陝西巡撫。

丁亥，又諭：瞿鴻禨奏，各省教民，請編入册籍；教堂處所，須咨明立案，以便清查保護等語。現在議約之際，亟宜將傳教妥定章程，以防後患。著奕劻、李鴻章歸入前次教案條陳，一併覈辦。

于蔭霖奏：臣於上年欽奉上諭，飭將回鑾經過地方，先期籌備。遵即委員周歷履勘，將擬辦情形繪圖貼説，專摺奏明；並飭司設立供支局，撙要撥款，派員籌辦在案。

《德宗實録》卷四八一　庚寅，諭：電寄劉坤一等，此次商議償款，中國常年度支，除指抵外不敷甚鉅，必須設法另籌。鹽務爲饟源大宗，近聞有欲謀攬辦者，更應自行認真豫籌辦理。從前四川鹽務經丁寶楨破除情面，切實整頓，至今增款甚鉅，自應仿照妥辦，以期加多庫款。著劉坤一、張之洞、奎俊、陶模、許應騤、魏光燾、袁世凱、岑春煊、余聯沅各就地方情形，詳加體察，應如何設法變通，剔除中飽，嚴緝漏私，痛革官商一切積弊，並酌量加釐加課之處，悉心籌議，迅速復奏。

癸巳，調禮部尚書孫家鼐爲吏部尚書，吏部尚書徐郙爲禮部尚書。

《德宗實録》卷四八二　四月己亥，調廣西巡撫李經羲爲雲南巡撫，署雲貴總督。雲南巡撫丁振鐸爲廣西巡撫。

辛丑，調河東河道總督任道鎔爲浙江巡撫，以前湖北巡撫錫良爲河東河道總督。

癸卯，諭軍機大臣等：奕劻、李鴻章奏，擬改總理各國事務衙門爲外務部一摺。所有應設司員額缺事宜，著政務處大臣會同吏部妥議具奏。尋會奏，遵擬外務部額缺，分設和會、考工、榷算、庶務四司，並設左右丞參議，優給養廉，暨各項章程。依議行。

甲辰，諭軍機大臣等：電寄奕劻等，陽電悉，各國賠款共四百五十兆，四釐息，著即照准，以便迅速撤兵。惟中國財力，止有此數，務須將本利覈定總數，寬展年限，力與磋磨爲要。

命工部尚書瞿鴻禨在軍機大臣上學習行走。

乙巳，諭軍機大臣等：電寄奕劻等，陽電悉，償款四萬五千萬，各國既不允減，尚可照准。惟前奏聞索息一倍，計合三釐三毫零，仍照此商減爲要。中國財力已竭，各國皆所深知，並須展寬年限，方能勉籌。著即迅速商定，以便早日撤兵。

丙午，諭内閣：京師爲天下之根本，六部爲天下政事之根本。六部則例本極詳明，行之既久，書吏窟穴其中，漁財舞文，往往舍例引案，上下其手。今當變通政治之初，亟應首先整頓部務，爲正本清源之道，非盡去蠹吏，埽除案卷，專用司員辦公不可。兹值京師兵燹之後，各部署案卷不過十存四五，著即一併銷毀，以示廓清弊竇，鋭意自强之志。自此次銷燬以後，各部堂官務當督飭司員躬親部務，各視事之繁簡，另募書手若干名，專備鈔繕文牘之用，不准擬辦稿件，積壓文書。並著堂司各官，妥定簡明無弊章程，通限兩箇月咨送政務處大臣覆覈具奏，候旨頒行。

諭軍機大臣等：電寄崑岡，近日疊據京師大小臣工籲請回鑾，在諸臣情殷依戀，具見悃忱。朕恭奉慈輿，暫駐關中，眷懷宗社，寤寐難安。亟欲早日回鑾，上安九廟之靈，下慰臣民之望。前已諭催奕劻、李鴻章迅定公約，俾洋兵早退，即行定期回鑾，並令傳諭官紳商民知之。著崑岡等再將此意傳旨，一體曉諭，俾衆共知。所有内廷及各衙門應行豫備之處，並著分別傳知，早爲辦理。

丁未，派工部尚書瞿鴻禨充政務處大臣。

《光緒朝東華録》一六七　壬子，欽奉慈禧端佑康頤昭豫莊誠壽恭欽獻崇熙皇太后懿旨，爲政之道，首在得人，況值時局艱危，尤應破格求才，以資治理。允宜敬遵成憲，照博學鴻詞科例，開經濟特科，於本届會試前舉行。天下之廣，何患無才，其有志慮忠純，規模閎遠，學問淹通，洞達中外時務者，著各部院堂官及各省督撫學政，出具考語，即行保薦。並著政務處大臣擬定考試章程，請旨辦理。朝廷振興百度，母子一心，懲往日之因循，思得賢以輔治。爾諸臣當詳加延攬，各舉所知，共濟艱難，以維邦本。使中興人才之盛，再見于今，則深宫所禱祀求之者也。

諭：現在時事艱難，朕仰體慈懷，宫廷日用益崇節儉，所有各省每年例貢，除茶葉、藥材及有關於一切食物等項外，其餘一切食物，著一併永遠停止。

《德宗實録》卷四八二　癸丑，命醇親王載灃爲頭等專使德國大臣，以前内閣侍讀學士張翼、正白旗漢軍副都統廕昌爲參贊官。

《光緒朝東華録》一六七　甲寅，諭：翰林院爲儲才重地，在館各員自應講求實學，通達古今，以備朝廷任使。乃近日風氣，專以詩賦小楷爲工，敝精神於無用；而經世事務，或轉不暇考求，殊非造就人才之意。茲當變通政治之初，允宜首先整頓。嗣後編檢以上各官，應專課政治之學，以《大清會典》、《六部則例》爲宗，旁及古今政書、直省通志，凡有關經濟者，皆當究心。他如條約公法以及天算格致諸書，聽其分門肄習。其有願赴南北洋學習者，亦准其在本署呈明，咨送前往。著掌院學士酌定課程，每月呈送劄記，擇其議論切實確有見解者，選録進呈，量予獎勵；其紕繆不正有害士習者，分別參劾。凡散館大考考差，均應一律變通。著掌院學士妥擬章程，咨送政務處王大臣覆核，請旨辦理。朝廷側席旁求，冀得通儒碩彦，朝夕論思，用恢治道，其各争自濯磨，以副朕求治作人之至意。

丙辰，諭：上年七月以來，倉卒播遷，朕侍慈禧端佑康頤昭豫莊誠壽恭欽獻崇熙皇太后，暫駐關中，瞬將經歲，睠懷宗社，時切疚心。今和局已定，昨經諭令内務府大臣掃除宫闕，亟欲即日回鑾。惟現在時令已交仲夏，天氣炎熱，聖母高年，理宜衛攝起居，以昭頤養，萬難於溽暑之際，跋涉長途，自應俟節候稍涼啓蹕。茲擇於七月十九日，朕恭奉慈輿，由河南、直隸一帶回京。著各該衙門先期敬謹預備。

《德宗實録》卷四八二　己未，諭内閣：奕劻、李鴻章奏，請嚴飭各省保護盧漢鐵路、電綫一摺。鐵路、電綫，爲國家興利之源，十數年來經營締造，疊撥鉅帑，方得麤具規模。乃上年拳匪之亂，盧漢鐵路及沿途電綫，肆意拆毁，幾致盡棄前功，殊堪痛恨。現在大局漸定，亟應及時修復，其經過地方尤宜加意防範。著各該督撫嚴飭所屬州縣及各防營，認真辦理。該公司各項物料，均係動用國帑；購造工藝諸人，亦係國家招雇，均應一體切實保護，毋得稍有疏虞，致干參處。並著出示剴切曉諭軍民人等，務各仰體朝廷興作本意，家喻户曉，悉泯猜嫌。儻敢違抗，定即嚴拏重辦，以肅政令。至沿途巡護之兵，必須得力，應如何酌量歸併，隨時調遣之處，著督辦鐵路大臣妥議章程，奏明辦理。

庚申，諭内閣：本日奕劻、李鴻章具奏，各國議定滋事地方停止文武各考試五年一摺。所有單開直隸省之北京順天府、保定府永清縣【略】等地方均應停止文武考試五年，以爲輕信拳匪及鬧教滋事者戒。即著各該省督撫學政遵照辦理，出示曉諭。

《德宗實録》卷四八三　五月丁卯，諭：電寄奕劻等，電悉，醇親王載灃初次出洋，一切言動諸宜謹慎，飲食起居隨時調護，並著張翼等悉心照料，妥慎贊襄。禮畢即行回國，仍將外洋風土人情，隨地留心體察，以資閲歷。

己巳，諭軍機大臣等：電寄奕劻等，江電悉，賠款一事，每年二千六百萬，中國既難籌抵足數，則各國列表年限，展寬十四年，利息多至二萬數千萬，勢亦不得不然。該王大臣俟各國議覆到齊，再與婉商，如實不能磨減，只可照准。至海關如何指項作抵，於中國利權有無窒礙，並著妥確籌商電奏。又諭：電寄奕劻等，現距撤兵限期僅有十日，究竟各國兵隊果如期全撤否，覲見禮節如何定議，迄未據奏。教案續行議處人員，亦未據商定復奏。當不至因此宕延，又生枝節。該王大臣膺此重任，責有攸歸，著即迅速電復。其通商行船約章，亦須及時妥議。前有旨令盛宣懷會同商辦，是否應在京會議，抑在滬邀集洋商，先行妥議，並著妥籌電奏，仍知會盛宣懷遵照。又民教專約，關繫甚重，亟應趁此與各國會商，定立妥協章程，奏明通飭遵照，以杜後患而固邦交。

戊寅，諭軍機大臣等：電寄奕劻等，文電悉，京畿内外地方，本係步軍統領衙門、順天府五城直隸總督專責，現當善後緊要之時，諸事尤爲繁重。茲據奕劻、李鴻章奏請，派令胡燏棻辦理京畿地方營務事宜，著照所請，刊給胡燏棻襄辦京畿地方善後營務事宜關防，俾昭信守，仍著該侍郎隨時稟承奕劻、李鴻章，

並會商步軍統領衙門、順天府五城，通籌妥爲辦理，以重事權而免紛歧。

《光緒朝東華録》一六七　癸未，命蔡鈞爲出使日本國大臣。

《德宗實録》卷四八三　甲申，諭：電寄奕劻等，效電悉，日使函稱醇親王使德，回路經美暨日本，政府望旌節抵日，藉伸同洲和好之誼等語。著照所請，以重邦交。英、比如有此意函請，亦可准行。即由該王大臣隨時知照辦理，仍一面電聞。

《光緒朝東華録》一六七　諭：朕欽奉慈禧端佑康頤昭豫莊誠壽恭欽獻崇熙皇太后懿旨，爲政之要，首重人才，聞出洋華商子弟，就近游學者，頗多可造之才。著各出使大臣留心察訪，如有在外洋大書院肄業，精通專門之學，領有憑照，或著有成書者，准由各使臣認真查訪，分別等第，咨送回華，由政務處奏請簡派大臣按其所學分門考試，交卷後帶領引見，聽候録取，予以進士、舉人、貢生出身，俟將來著有實在勞績，即當重予擢用。所有考試章程及考取姓名、籍貫、年貌，著分別咨送各該衙門查照。該使臣等務當切實考選，毋得以並無實學者濫竽充數，至使徒勞往返，用副朝廷搜羅俊乂，實事求是之至意。

《德宗實録》卷四八四　六月丁酉，諭軍機大臣等：江南自强一軍，素練洋操，本係備調之隊。現在山東武衛右軍調派三千人，赴京彈壓地方，該省未免空虚。著劉坤一即飭調該軍前往山東，交袁世凱酌量分布，督飭訓練，務成勁旅，以資得力。

《光緒朝東華録》一六七　庚子，諭：禮部奏萬壽禮儀一摺。自乘輿播遷以來，宗社陵寢，典禮闕如，北望觚棱，倍深感觸。況我聖母皇太后，蒙塵在外，寢饋未安，俯念時艱，憂勤靡已。上年萬壽聖節，曾諭令停止一切典禮。今朕生辰，尚復何心受賀？是日朕恭詣皇太后前行禮後，即御便殿，王公百官按班行禮。所有筵宴一切典禮，均著概行停止，該部即遵諭行。

《德宗實録》卷四八四　癸卯，諭内閣：從來設官分職，惟在因時制宜，現當重定和約之時，首以邦交爲重，一切講信修睦，尤賴得人而理。從前設立總理各國事務衙門，辦理交涉，雖歷有年，惟所派王大臣等多係兼差，仍恐未能殫心職守，自應特設員缺，以專責成。總理各國事務衙門著改爲外務部，班列在六部之前。簡派和碩慶親王奕劻總理外務部事務，體仁閣大學士王文韶著授爲會辦外務部大臣，工部尚書瞿鴻禨著調補外務部尚書，授爲會辦大臣，太僕寺卿徐壽朋、候補三四品京堂聯芳著補授外務部左右侍郎。所有該部應設司員額缺選補章程，並堂司各官應如何優給俸糈之處，著政務處大臣會同吏部妥速覈議具奏。

甲辰，命大學士榮禄管理户部事務，大學士崑岡管理兵部事務。吏部尚書敬信管理理藩院事務，以都察院左都御史張百熙爲工部尚書。

丁未，諭軍機大臣等：電寄奕劻等，蒸電覽悉，殊堪詫異。據稱京使館留兵二千，覈與該王大臣前奏使館留兵共計僅數百名之語，大相懸殊。即天津及沿途留兵之數，亦多至萬人。回鑾所以慎重者，正因公約未畫，洋兵未撤之故。乃該王大臣於畫約遲早，全未奏及，昨經電詢，始云不再畫約。前據稱撤兵日期，有六月内全撤之語，今又云由河南回鑾，始行全撤，亦屬前後兩歧。宵旰憂勞，無一日不繫念於此，該王大臣此奏，獨不爲朝廷設想，於心安乎？

《光緒朝東華録》一六七　戊申，電諭奕劻、李鴻章、劉坤一、張之洞等：前後論俄事各電均覽悉，二月初間中外諸臣僉言俄約一成，即起瓜分之禍，朝廷熟思利害，不得不爲停畫。此事勢之當然，本無所容其成見。乃自是之後，李鴻章誤以畫約爲劉坤一、張之洞所阻，至有江、鄂爲日人所愚之言；劉坤一、張之洞又以李鴻章爲偏執己見，亦有全權爲俄人所愚之言。彼此積疑，負氣争論，究於國事何補？該大臣等受恩深重，上年共扶危局，各著勤勞，方深倚賴。國步至此，回心戮力，猶懼不濟，何忍自相水火，貽憂君父，見笑外人？平心而論，李鴻章身處其難，原多委曲，然時有不受商量之失；劉坤一、張之洞慮事固深，而發言太易，亦未免責人無已。要之俄約自難全廢，終當設法改訂。俄人交還東三省，若仍奪我兵權利權，名還而實不還，害豈可言？且各國起而效尤，則内地之禍，何堪設想！必須乘公約既成之際，向俄使商定前約，婉與磋磨，並即照會各國公使，請爲公議，便可詢問關東撤兵日期，以觀動静。若能將東三省許各國通商，得互相牽制之益，庶幾根本之地可保，全局亦安。應如何辦理之處，著責成奕劻、李鴻章趕緊籌商，務臻妥善，速行具奏。劉坤一、張之洞有會辦之責，亦不准置身事外。特此開誠申諭，該大臣等同一竭忠謀國，務各捐除意見，和衷經畫，挽回氣數，共濟艱難，實有厚望，爾功爾過，不能逃朝廷洞鑒也。

《德宗實録》卷四八四　癸丑，慶親王奕劻等奏：商定各國使臣覲見禮節，設法磋磨，將其甚者酌議改易，以嚴天澤堂廉之辨，時歷數月，始克就範。依議行。

乙卯，江西巡撫李興鋭奏：江西教案一律完結，所有賠款，計修教堂者六十萬兩有奇，恤教民者二十萬兩有奇。擬先就庫款挪移湊撥，設法歸還。允之。

己未，諭軍機大臣等：電寄奕劻等，啓電悉，吴淞口、天津海河係天然攔沙，並非淤淺，此事本不在原約之内，自應另與磋商，不得混入此次約内。且查薩使前遣傑彌遜赴江鄂時，據劉坤一來電，言傑曾面稱如能將吴淞淤沙許彼開通，即加税值百抽十二五，亦未嘗不可商辦等語。是開沙於彼大有利益，於我有無窒礙，更應細酌辦理。著奕劻、李鴻章即據此向商，妥籌另議爲要。

《光緒朝東華録》一六八　七月甲子朔，諭：前選七月十九日回鑾，早經降旨宣示。朕侍奉聖母皇太后，無日不睠宗社，北望思歸。方擬依期啓鑾，早紓慈念，乃昨據升允奏稱，關中秋熱，較伏暑尤甚；大雨之後，泥淖彌旬，懇請展期回鑾。並代奏，陝西全省紳民籲懇俟天時涼爽，再行啓蹕，庶萬乘之重，不致冒暑遄征等語。復據松壽奏稱，本年夏令，積雨連旬，河水驟漲，蹕路多被衝毁，靈寶、閿鄉等處深溝一綫之路，山水暴注，尤屬危險，泥深數尺，節節阻滯。鞏縣行宫，現因洛河漫溢，工程亦有損失，刻正設法趕修。因思七月間秋熱方甚，六飛在道，實非所宜，懇恩將回鑾日期改至八月節後，秋高氣爽，較爲安適一摺。該撫等所奏查係實情，不能不加審慎。沿途行宫，前已有旨力從簡略，即或備辦未齊，原可遷就。惟山溝險窄，積潦未退，勢難暢行；且秋陽正熾，溼熱薰蒸，聖母高年，方資衛攝，值此憂勞靡暇，尤宜保重起居。若長途跋涉，逐暑遄征，揆諸敬養之道，朕心萬不能安，即天下臣民之心，亦必不安。再四籌維，籲懇慈恩，勉從該撫等所請，准改於八月二十四日，恭奉慈輿啓蹕回京。所遲不過月餘，一切較爲妥慎，著遵照辦理。

《德宗實録》卷四八五　乙丑，諭内閣：漕政日久弊生，層層剥蝕，上耗國帑，下朘民生。當此時勢艱難，財用匱乏，亟宜力除糜費，覈實整頓。著自本年爲始，各省河運、海運一律改徵折色，責成該督撫等認真清釐，將節省局費、運費等項，悉數提存，聽候户部指撥。並查明各州縣向來徵收浮費，責令和盤托出，全數歸公，以期集成鉅款，仍由該督撫將提存歸公各數目，先行具奏。至倉儲關繫緊要，全漕既經改折，自應按年籌備，詳定辦法。所有採買、運解、收放、儲備各章程，及到倉後應如何嚴責成防弊竇之處，著漕運總督、倉場侍郎分别妥議，統限於兩箇月内覆奏，毋稍遲誤。

己巳，諭内閣：胡廷幹兩次電奏，山東黄河漫決，請將在事各員分别懲處，並自請議處等語。山東黄河因本年豫陝一帶入夏水漲，該省亦連經大雨，山水暴發，勢若建瓴。六月二十四日南岸章邱縣境陳家窯大隄，漫溢決口數十丈；北岸惠民縣境五楊家大隄，又復漫決成口，在事各員未能先事防護，實屬異常疏忽，亟應予以懲處。

《德宗實録》卷四八五　乙亥，會辦商務大臣宗人府府丞盛宣懷奏，進呈南洋公學新譯各書，並擬推廣繙輯，以資治理。得旨，著即推廣繙輯，書留覽。

丙子，諭軍機大臣等：各省制兵防勇積弊甚深，耗餉頗巨，倉猝有事，仍無可用之兵。歷年疊經降旨，飭令認真裁汰冗兵，而浮惰充數、虚伍缺額等弊，各省仍所在多有。值此時艱饟絀，亟宜嚴行整頓，汰弱留强，力杜虚冒。著各直省督撫悉心規畫，覈實釐剔，除素稱得力及練習洋操著有成效者，毋庸裁撤外，所有各省原有之緑營防勇，均限於本年内裁去十之二三。及上年有事時，各省紛紛奏請添募之勇營，亦一併酌量裁撤，以免虚糜。騰出饟需，報部候撥，不得藉口窒礙，觀望阻撓。並將遵辦情形，於兩月内覆奏。該督撫等務當共體時艱，講求實效，藉省虚耗之饟，另練有用之兵，以仰副朝廷力圖富强之至意。

《光緒朝東華録》一六八　丁丑，電諭奕劻、李鴻章：公約業已定議，即行畫押。

諭：朕欽奉慈禧端佑康頤昭豫莊誠壽恭欽獻崇熙皇太后懿旨，據盛宣懷電稱，李鴻章月初甚病，近日稍愈等語。覽奏殊深廑系。該大學士公忠體國，勞瘁不辭。現值時勢艱難，專賴匡扶危局，尚其爲國自重，加意調養，俾得早日就痊，以釋垂念。

諭：販運軍火本干例禁，乃通商口岸商人，往往借官買爲名，私運私售。近來土匪不靖，亟應嚴申禁令，以杜亂萌。著各省將軍督撫暨各關監督，先於兩年内將所有外洋軍火器料，一概不准販運進口。該部知道。

《清德宗實録》卷四八五　己卯，諭内閣：科舉爲掄材大典，我朝沿用前明舊制，以八股文取士，名臣碩儒，多出其中。其時學者皆潛心經史，文藝特其緒餘。乃行之二百餘年，流弊日深，士子但視爲弋取科名之具，勦襲庸濫，於經史大義無所發明，急宜講求實學，挽回積習。況近來各國通商，智巧日闢，尤貴博通中外，儲爲有用之材。所有各項考試，不得不因時變通，以資造就。著自明年爲始，嗣後鄉會試，頭場試中國政治史事論五篇，二場試各國政治藝學策五道，三場試四書義二篇，五經義一篇。考官閲卷，合校三場，以定去取，不得偏重一場。生童歲科兩考，仍先試經古一場，專試中國政治史事及各國政治藝學策論；正場試四書義、五經義各一篇；考試試差、庶吉士散館，均用論一篇，策一

道；進士朝考論疏，殿試策問，均以中國政治史事及各國政治藝學命題。以上一切考試，凡四書五經義，均不准用八股文程式；策論均應切實敷陳，不得仍前空衍剽竊。自此次降旨之後，皆當争自濯磨，務以四書五經爲根柢，究心經濟，力戒浮囂，明體達用，足備器使，庶副朝廷求治作人之至意。所有各試場詳細章程，及其餘各項考試未盡事宜，著禮部會同政務處妥議具奏。又諭：武科一途，本因前明舊制相沿既久，流弊滋多，而所習硬弓、刀石及馬步射，皆與兵事無涉，施之今日，亦無所用，自應設法變通，力求實濟。嗣後武生童考試及武科鄉會試，著即一律永遠停止。所有武舉人、進士，均令投標學習。其精壯之武生及向習武學之童生，均准其應募入伍，俟各省建立武備學堂後，再行酌定挑選考試章程，以廣造就。

庚辰，諭軍機大臣等，電寄奕劻等：德主接見醇親王禮節，擬坐受三鞠躬，參贊以下皆跪叩，倨傲過甚，各國向無此禮，殊非敦睦之道。前歲德亨利王覲見，曾經出位延接，並於納陛上賜坐，極爲優禮。今醇親王雖因道歉前往，亦不應屈辱中國至此。著該大臣切託英、美、日本外部電達德外部，婉切商改，務期循通禮而修舊好。想英、美、日本篤念邦交，必能代爲轉圜也。

丙戌，護理山東巡撫胡廷幹奏：黄河伏汛，異常甚漲，各游搶護險工，及下游上段大隄，兩處漫決情形。得旨，著即督飭將決口相機堵合，並將各游險工認真保護，毋稍疏虞。

《光緒朝東華録》一六八　戊子，全權大臣奕劻、李鴻章與十一國駐京公使議訂和約十二款成。

壬辰，諭：現在整頓兵制，停止武科，亟應於各直省會建立武備學堂，以期培養將才，練成勁旅。查北洋湖北所設武備學堂，及山東所設隨營學堂，均已辦有規模，應即責成李鴻章、劉坤一、張之洞、袁世凱等酌量擴充，認真訓練。其應如何分門操習，俾精兵學而備干城，一切規制章程，務再悉心核議，斟酌盡善，詳晰具奏，請旨施行。其餘各省，即著該督撫設法籌建，一體仿照辦理，以歸畫一。

諭：朕欽奉慈禧端佑康頤昭豫莊誠壽恭欽獻崇熙皇太后懿旨，捐納職官，本一時權宜之政，近來捐輸益濫，流弊滋多，人員混淆，仕路冗雜，實爲吏治民生之害。現在振興庶務，亟應加意澄清。嗣後無論何項事例，均著不准報捐實官。自降旨之日起，即行永遠停止，通限兩箇月内，截數報部，毋得奏請展限。其虚銜封典翎枝貢監及現行常例准捐各項，究竟有無妨礙，著該部核議奏明辦理。

癸巳，諭：前因各省制兵防勇，甚爲疲弱，業經通諭各督撫認真裁汰，另練有用之兵。因念練兵必先選將，而將才端由教育而成，自應廣建武備學堂，挑選練習，用儲腹心干城之選。但學堂成效，既非旦夕可期，其各省之設有學堂者，學成之員現尚不敷分調，惟有仍就原有將弁，擇其樸實勤奮者，遴選摺用。著各省將軍督撫，將原有各營嚴行裁汰，精選若干營，分爲常備、續備、巡警等軍，一律操習新式鎗礮，認真訓練，以成勁旅。仍隨時嚴切考校，如有沾染舊習，惰窳廢弛，即行嚴參懲辦。朝廷振興戎政，在此一舉，各該將軍、督撫務當實力整頓，加意修明，以期日有起色，無負諄諄誥誡之至意。所有改練章程及應如何更定餉章，著政務處咨行各省，悉心核議，奏明辦理。

《德宗實録》卷四八五　癸巳，諭軍機大臣等，電寄李鴻章：朕欽奉慈禧端佑康頤昭豫莊誠壽恭欽獻崇熙皇太后懿旨，聞李鴻章現在患病，尚未痊愈，該大學士以時局多艱，力疾從公，不肯請假，具見忠愛性成。朝廷嘉許之餘，益深廑念，著賞假二十日，安心調理，期早就痊，以紓垂系。

《德宗實録》卷四八六　八月乙未，諭内閣：人才爲庶政之本，作育人才，端在修明學術。三代以來，學校之隆，皆以德行道藝爲重，故其時體用兼備，賢才衆多。近日士子，或空疏無用，或浮薄寡實，今欲痛除此弊，自非敬教勸學，無由感發興起。除京師已設大學堂，應行切實整頓外，著將各省所有書院，於省城均改設大學堂，各府廳、直隸州均設中學堂，各州縣均設小學堂，並多設蒙養學堂。其教法當以四書五經、綱常大義爲主，以歷代史鑑及中外政治、藝學爲輔，務使心術端正，文行交修，博通時務，講求實用，庶幾植基立本，成德達材，方副朕圖治作人之至意。著該督撫、學政，切實通籌，認真舉辦，所有慎延師長，妥定教規，及學生卒業應如何選舉鼓勵，一切詳細章程，著政務處咨行各省悉心酌議，會同禮部覆覈具奏。

丁酉，諭：造就人才，實爲當今急務。前據江南、湖北、四川等省，選派學生出洋游學，用意甚善。著各省督撫一律仿照辦理，務擇心術端正、文理明通之士前往學習，於一切專門藝學，認真肄業，實力講求。學成領有憑照回華，即由該督撫、學政，按其所學分門考驗，如實與憑照相符，即行出具切實考語，咨送外務部覆加考驗，擇尤奏請獎勵。其游學經費，著各省妥籌發給，准其作正開銷。如有自備資斧出洋游學者，著由該省督撫咨明該出使大臣，隨時照料。如果學成得有優等憑照回華，准照派出學生一體考驗獎勵，均候旨分別賞給進士、舉人各

項出身，以備任用而資鼓舞。

己亥，欽奉慈禧端佑康頤昭豫莊誠壽恭欽獻崇熙皇太后懿旨，載灃江電覽悉，此行本爲德國專使，該親王現有水土不服之證，飲食減少，聞之深爲廑念。在德使事既畢，著即啟程回華，以慰遠係。美、日、意、比各國使事，暫從緩議，此時均毋庸前往。

辛亥，諭軍機大臣等：奕劻等奏，照録畫押條款全文，繕單呈覽一摺。所稱各國在天津所設暫理地方之都統衙門，不肯遽撤，並有俟奉天牛莊交還時，一體交還之説。現在和議業經畫押，各國在津所設都統衙門自應一律撤回，及早交還。著奕劻、李鴻章速行設法，竭力磋商，務期早日收回，以免窒礙，是爲至要。

壬子，諭軍機大臣等：電寄盛宣懷，著派盛宣懷爲辦理商税事務大臣，議辦通商行船各條約，及改定進口税則一切事宜。並著就近會商劉坤一、張之洞妥爲定議，税務司戴樂爾、賀璧理均著隨同辦理。

《光緒朝東華録》一六九　癸丑，先是劉坤一、張之洞奏：臣等欽奉光緒二十六年十二月初十日上諭，法令不更，錮習不破，欲求振作，當議更張。著軍機大臣、大學士、六部、九卿、出使各國大臣、各省督撫，各就現在情形參酌中西政要，舉凡朝章國故，吏治民生，學校科舉，軍政財政，當因當革，當省當併；或求諸己，或取諸人；如何而國勢始興，如何而人才始出，如何而度支始裕，如何而武備始修，各舉所知，各抒所見。通限兩箇月，詳悉條議以聞等因。欽此。仰見我皇上懲毖多難，必欲掃積習以濟時艱，感泣之餘，且愧且奮。【略】謹先就育才興學之大端，參考古今，會通文武，籌擬四條：【略】上諭：奉慈禧端佑康頤昭豫莊誠壽恭欽獻崇熙皇太后懿旨，【略】昨據劉坤一、張之洞會奏整頓中法以行西法各條，其中可行者，即著按照所陳，隨時設法，擇要舉辦；各省疆吏，亦應一律通籌，切實舉行。大要不外言歸於實，用得其人。予與皇帝宵旰焦勞，母子一心，力圖興復。大小臣工，其各實力奉行，以稱予意。

丁巳，辰刻，上奉慈禧端佑康頤昭豫莊誠壽恭欽獻崇熙皇太后，自西安啓鑾，至東關八仙庵拈香，申刻至臨潼縣駐蹕。

辛酉，諭軍機大臣等：奕劻奏請准迎鑾一摺。覽奏具見悃忱，著即前來河南迎鑾。其總理外務部事務，著李鴻章暫行署理。步軍統領敬信未到任以前，著崑岡暫行署理，督辦善後一切事宜。

《德宗實録》卷四八七　九月癸亥，是日駐蹕潼關。

戊辰，諭軍機大臣等：電寄奕劻等，支電悉，現在公約已定，津榆鐵路自應即時交還。茲據英使來函，所云尚非其時，不知將何所待定，於何時歸還？該使又云蹕路工程外，尚有關繫鐵路他事，亦可併商。所謂他事者，係屬何事，著奕劻、李鴻章確詢情形，詳細電覆，並即切實商定，將鐵路趕緊收回。至所請簡派大員督辦一節，胡燏棻現正籌辦善後一切事宜，勢難兼顧，著派外務部侍郎徐壽朋，仍與張翼會同辦理，即將收回鐵路事宜，飭令悉心商議，妥爲經畫。

甲戌，御史徐士佳奏：譯才關繫緊要，請變通鄉會試，增設洋文中額。下所司議。尋奏，順天鄉試，捐納監生即可應考。該御史請定洋文中額，恐中學未深，粗通洋文，藉此希圖倖獲，所請應毋庸議。至舉人有通習洋文者，擬請於每屆會試場後報明禮部，如未中式，即將此項舉人，咨送外務部扃試録用。庶中學譯學，兩無偏廢。依議行。

戊寅，管學大臣工部尚書張百熙奏：請將京師大學堂改隸國子監、外務部，同文館改隸大學，並請變通翰林院規制。下政務處議。

癸未，諭軍機大臣等：電寄李鴻章，朕欽奉慈禧端佑康頤昭豫莊誠壽恭欽獻崇熙皇太后懿旨，據慶親王奕劻電稱，李鴻章十九日夜忽病吐血，次晨微好等語。覽奏深爲廑念。該大學士爲國勢瘁，務須加意調攝，早日痊愈。現在病情如何，眠食能否如常，即行電奏，以紓垂系。

《光緒朝東華録》一七〇　己丑，命王文韶署理全權大臣。

以袁世凱署理直隸總督，未到任以前命周馥暫行護理。

調張人駿爲山東巡撫。

諭：朕欽奉慈禧端佑康頤昭豫莊誠壽恭欽獻崇熙皇太后懿旨，大學士一等肅毅伯直隸總督李鴻章，器識湛深，才猷宏遠，【略】遽聞溘逝，震悼良深。李鴻章著先行加恩照大學士例賜卹，賞給陀羅經被，派恭親王溥偉帶領侍衛十員，前往奠醊。予謚文忠，追贈太傅，晉封一等侯爵，入祀賢良祠，以示篤念藎臣至意。其餘飾終之典，再行降旨。

《德宗實録》卷四八八　十月甲午，諭内閣：禮部具奏慈禧端佑康頤昭豫莊誠壽恭欽獻崇熙皇太后萬壽禮節一摺。上年萬壽聖節，欽奉慈諭，一切典禮概行停止。現在行抵開封，聖母皇太后睠懷宗社，依戀彌殷，諭令一切典禮仍著概行停止。朕於是日率同王公百官在便殿行禮，該部即遵諭行。

《光緒朝東華録》一七〇　甲午，諭：朕欽奉慈禧端佑康頤昭豫莊誠壽恭欽

獻崇熙皇太后懿旨，周馥奏，督臣因病出缺代遞遺疏一摺。大學士直隸總督李鴻章，以儒臣起家軍旅，早膺疆寄，晉贊綸扉，輔佐中興，削平大難。【略】著再賞銀五千兩治喪，由户部給發。原籍及立功省分著建立專祠，並將生平戰功政績，宣付國史館立傳。靈柩回籍時沿途地方官妥爲照料。任内一切處分，悉予開復。應得卹典，該衙門察例具奏。伊子刑部員外郎李經述，著賞給四品京堂，承襲一等侯爵，毋庸帶領引見；工部員外郎李經邁，著以四五品京堂用；記名道李經方，著俟服闋後以道員遇缺簡放；伊孫户部員外郎李國杰，著以郎中即補；李國燕、李國煦，均著以員外郎分部行走；李國熊、李國燾，均著賞給舉人，准其一體會試，用示篤念藎臣有加無已之至意。

乙未，命載洵在御前行走。載濤、載(瀾)[搜]在乾清門行走。

丙申，調張百熙爲刑部尚書，以葛寶華爲工部尚書。

壬子，諭：朕欽奉慈禧端佑康頤昭豫莊誠壽恭欽獻崇熙皇太后懿旨，已革端郡王載漪之子溥儁，前經降旨立爲大阿哥，承繼穆宗毅皇帝爲嗣，宣諭中外。慨自上年拳匪之亂，肇釁列邦，以致廟社震驚，乘輿播越，推究變端，載漪實爲禍首，得罪列祖列宗，既經嚴譴，其子豈宜膺儲位之重？溥儁亦自知惕息惴恐，籲懇廢黜，自應更正前命。溥儁著撤去大阿哥名號，立即出宫，加恩賞給入八分公銜俸，毋庸當差。至承嗣穆宗毅皇帝一節，關繫甚重，應俟選擇元良，再降懿旨，以延統緒，用昭慎重。

《德宗實録》卷四八八　乙卯，調江蘇巡撫聶緝槼爲安徽巡撫，以漕運總督恩壽爲江蘇巡撫，河南布政使陳夔龍署漕運總督。

《光緒朝東華録》一七〇　丙辰，諭軍機大臣等：十一月初四日，朕恭奉慈禧端佑康頤昭豫莊誠壽恭欽獻崇熙皇太后由開封啓鑾回京。

《德宗實録》卷四八八　丁巳，諭内閣：政務處會同禮部奏，遵旨覈議學堂選舉鼓勵章程一摺。學堂之設，原以鼓舞士氣，作育真才，自當優其進取之途，尤應防其登進之濫。披閲所擬章程，尚屬妥協，著照所請。飭令各該省將小學堂畢業學生，考取功課合格者，送入中學堂肄業。俟畢業後考取合格者，再送入該省大學堂。畢業後取其合格者，給照作爲優等學生，由該省督撫、學政按其功課，嚴密考校，擇尤擬取，咨送京師大學堂覆試。候旨欽定作爲舉人貢生，仍留下屆應考，願應鄉試者聽。俟舉人積有成數，再由大學堂嚴加去取，咨送禮部，奏請特派大臣考試，候旨欽定作爲進士，一體殿試，分別等第，帶領引見，量加擢用，不拘庶吉士、部屬中書等項成例，以勵通材而收實效。前據袁世凱奏，先於省城建立學堂，分齋督課，其備齋即寓小學堂、中學堂規制，業經諭令各省仿照開辦。所有此項學生，著俟專齋畢業後，即照此次所擬選舉章程，一律辦理，以示鼓勵。

戊午，兩江總督劉坤一等電奏：請將部派各省賠款減免三成，以紓民力，至明年五月還期，如不足數，再行商借洋款。允之。

《光緒朝東華録》一七〇　庚申，諭：朕欽奉慈禧端佑康頤昭豫莊誠壽恭欽獻崇熙皇太后懿旨，奕劻奏酌保隨辦議約人員開單奏請獎勵各摺片。現在和局已定，在事出力各員，或隨同議約，或辦理交涉，均屬著有勞勣，自應量予獎勵。外務部侍郎聯芳，著賞戴花翎；户部右侍郎那桐，著賞加尚書銜；内閣侍讀學士張翼，著以内閣學士升用；直隸布政使周馥，著賞加巡撫銜；河南布政使陳夔龍，著賞戴花翎；副都統廕昌，著賞給頭品頂戴；翰林院編修張佩綸，著以四五品京堂補用；前外務部左侍郎徐壽朋之子徐仁輔，著以主事用。餘著照所請，該部知道。

諭：朕欽奉慈禧端佑康頤昭豫莊誠壽恭欽獻崇熙皇太后懿旨，現在大局漸定，回京有期，奕劻、李鴻章會同妥議，轉危爲安；榮禄保護使館，力主勦拳，復能隨事贊襄，匡扶大局；王文韶協力同心，不避艱險；劉坤一、張之洞、袁世凱共保東南疆土，盡心籌畫，均屬卓著勳勞，自應同膺懋賞。慶親王奕劻，著賞食親王雙俸；大學士榮禄，著賞戴雙眼花翎，並加太子太保銜；王文韶，著賞戴雙眼花翎；兩江總督劉坤一，著賞加太子太保銜；湖廣總督張之洞、署直隸總督袁世凱，均著賞加太子少保銜；已故大學士李鴻章，再賜祭一壇，伊子李經邁，著以三四品京堂候補。

《德宗實録》卷四八九　十一月癸亥，諭内閣：朕欽奉皇太后懿旨，宗人府府丞盛宣懷，贊襄和議，保護東南地方；總税務司赫德，隨同商辦和約，頗資贊助。盛宣懷、赫德均著賞加太子少保銜，以示獎勵。

丙子，諭内閣：朕欽奉皇太后懿旨，奕劻等奏，據呈請爲已故大學士功德在民，懇建專祠一摺。【略】李鴻章著准於京師建立專祠，列入祀典，由地方官春秋致祭，以順輿情。

《德宗實録》卷四九〇　庚辰，諭：據奕劻等奏，英美兩國使臣，請將張蔭桓處分開復等語。已故户部左侍郎張蔭桓，著加恩開復原官，以敦睦誼。

諭軍機大臣等：吕海寰奏，出洋肄業學生，宜防偏重，以杜流弊一摺。學生出洋肄業，原爲儲才起見，豈容濫竽充數。若如所奏，近來學生出洋，沾染習氣，流弊滋多，殊非慎重名器之意。著外務部按照所陳防弊，及考課保送各節，詳晰妥議。並將該大臣原奏，分咨各國出使大臣覈議具奏，請旨辦理。

《光緒朝東華録》一七〇　甲申，諭：朕欽奉慈禧端佑康頤昭豫莊誠壽恭欽獻崇熙皇太后懿旨，上年京師之變，蟊賊内訌，激成大事，震驚九廟，國步阽危。**【略】**值此國用空虚，籌款迫切，何一非萬姓脂膏，斷不忍厚斂繁徵，剥削元氣。自應薄於自奉，一切當以崇儉爲先。除壇廟各處要工，已飭覈實估修外，其餘可省及應裁之處，皆應力杜虚糜。至於聯固邦交，修明内政，舉凡利所當興，弊所當革，我君臣上下，務在同心協力，切實講求，次第舉行，認真整頓。庶幾交相咨誡，安不忘危，永矢憂勤惕厲之忱，痛除粉飾因循之習。實事求是，同濟艱難，無怠無荒。願中外大小臣工，與朝廷共勉之。

諭：朕欽奉慈禧端佑康頤昭豫莊誠壽恭欽獻崇熙皇太后懿旨，國家與各友邦講信修睦，槃敦聯歡。現在回鑾京師，各國駐京公使亟應早行覲見，以篤邦交而重使事。俟擇日後皇帝於乾清宫覲見各國公使，其各國公使夫人從前入謁内廷，極稱款洽，予甚嘉之。現擬另期於甯壽宫覲見公使夫人，用昭睦誼。著外務部即行擇定日期，一併恭録照會辦理。

乙酉，諭：前據劉坤一等會奏，賠款數鉅，籌畫甚艱，約計洋税加足值百抽五，並洋煙酒食物一律收税，加以常關歸洋關徵税，約共增銀四百五十萬兩；再加漕折百萬，共五百五十萬兩。按照户部奏派賠款約有三成，請減三成籌解等語，當經照准。原以半年籌解，可資騰挪。兹據奕劻等奏，賠款仍應按照公約，每月籌解足數，自不能核減三成。著仍照部撥十成原數，按月解滬，不得諉延，致滋口實。

丙戌，上奉慈禧端佑康頤昭豫莊誠壽恭欽獻崇熙皇太后，由正定府御火車，至保定省城駐蹕。

丁亥，諭：吕海寰奏捐輸關繫太重，宜變通辦理一摺。去歲以來，畿輔蹂躪特甚，各省亦多水旱之災，小民困苦流離，朝廷時深憫念。前已明降諭旨，斷不忍厚斂繁徵，剥削元氣。兹據該左都御史所奏各節，著各該督撫各就地方情形，悉心體察，將如何籌捐之法，明白曉示。嚴禁紳董吏役朦混中飽，藉端需索。務除壅蔽，以通上下之情。總之於籌款之中，必以恤民爲主，不准稍涉苛刻，擾累閭閻，以副朕視民如傷之至意。

諭：昨已有旨，二十八日回宫後，本日即恭詣奉先殿、壽皇殿行禮，次日祇謁大高殿、太廟告祭，擇日祇謁社稷告祭。更遣官告祭方澤、朝日夕月各壇，及東西陵等處。此次表文，自應質實沈痛，以伸歉悚之誠。著該衙門迅即恭撰進呈御覽。其祭日服色禮節，並著禮部分别妥議，先期電奏。

庚寅，上奉慈禧端佑康頤昭豫莊誠壽恭欽獻崇熙皇太后由保定府御火車至馬家堡，午刻乘輿入永定門、正陽門，未刻還宫。

壬辰，欽奉慈禧端佑康頤昭豫莊誠壽恭欽獻崇熙皇太后懿旨，上年京師之變，倉猝之中，珍妃扈從不及，即於宫内殉難，洵屬節烈可嘉，加恩著追贈貴妃位號，以示褒恤。該衙門知道。

《德宗實録》卷四九一　十二月甲午，諭内閣：昨已有旨，飭辦京師大學堂，並派張百熙爲管學大臣。所有從前設立之同文館，毋庸隸外務部，著即歸併大學堂，一併責成張百熙管理。務即認真整頓，以副委任。

《光緒朝東華録》一七一　諭：此次賠款載在約章，必須如期籌償，萬不可稍涉遷延，致失大信。著各直省將軍督撫，務遵照全權户部會議辦法，竭力籌措，源源撥解，按期應付，不准絲毫短欠，致生枝節。倘或因循貽誤，定惟該將軍督撫等是問。懔之慎之。

諭：現值時局大定，亟應整頓路礦，以開利源。著仍派王文韶充督辦路礦大臣，加派瞿鴻(璣)〔禨〕充會辦大臣，張翼幫同辦理。其關内外鐵路事宜，改派袁世凱接收，督辦胡燏棻會同辦理。務各認真籌畫，實事求是，以保利權。

《德宗實録》卷四九一　乙未，諭軍機大臣等：欽奉慈禧端佑康頤昭豫莊誠壽恭欽獻崇熙皇太后懿旨，溥儁回京後，著在載瀛府第居住，妥爲照顧。並隨時管教，不准與外人接交。儻出外滋生事端，定惟載瀛是問。

《光緒朝東華録》一七一　甲寅，授孫家鼐爲大學士。命瞿鴻(璣)〔禨〕爲軍機大臣。

乙卯，諭：朕欽奉慈禧端佑康頤昭豫莊誠壽恭欽獻崇熙皇太后懿旨，我朝深仁厚澤，淪浹寰區，滿漢臣民朝廷從無歧視。惟舊例不通婚姻，原因入關之初，風俗語言或多未喻，是以著爲禁令。今則風同道一，已歷二百餘年，自應俯順人情，開除此禁。所有滿漢官民人等，著准其彼此結婚，毋庸拘泥。至漢人婦女，率多纏足，由來已久，有傷造物之和。嗣後搢紳之家，務當婉切勸導，使之家

喻户曉，以期漸除積習，斷不准官吏胥役，藉詞禁令，擾累民間。如遇選秀女年分，由八旗挑取，不得采及漢人，免蹈前明弊政，以示限制而恤下情。

諭：交涉事宜，最爲重要。現在振興庶政，尤應博採所長。出洋游歷人員，若能於各國政治工藝，潛心考究，切實講求，庶幾蔚爲通才，足備國家任使。近來各省士子，留心時務，多赴各國學堂肄業。惟宗室八旗子弟，風氣未開，亟宜廣爲造就。著宗人府、八旗都統，遴擇各旗子弟，年在十五歲以上，二十五歲以下，志趣正大，資質聰明，體氣强壯者，造册開送軍機處進呈，聽候派員覆覈挑選，給資遣赴各國游學，藉資歷練而廣見聞，用副朝廷圖治育才至意。

調張百熙爲吏部尚書，葛寶華爲刑部尚書，以呂海寰爲工部尚書，陸潤庠爲左都御史，朱祖謀爲禮部右侍郎。

丙辰，命榮禄爲文華殿大學士。王文韶爲文淵閣大學士。孫家鼐爲體仁閣大學士。

光緒二八年　公元一九〇二年

《德宗實録》卷四九三　正月丁卯，諭内閣：張百熙奏，籌辦學堂大概情形一摺。披閲所擬章程，大致尚屬周妥，著即認真舉辦，切實奉行。朝廷於此事垂意至殷，原冀興學儲才，以備國家任使。務各殫精竭慮，争自濯磨。總之學術純疵，爲人才消長之幾，亦即風俗汙隆所繫，一切條規將來即以通行各省，必當斟酌盡善，損益得中，期於一道同風，有實效而無流弊。張百熙責無旁貸，仍著悉心逐漸擴充，次第興辦，以副委任。所需經費著各省督撫量力認解，其有未盡事宜，應即隨時具奏。

己巳，江西巡撫李興鋭奏：江西省城設立工藝院，立物工、細工、學工三廠，收無業游民及犯輕罪之人，雇派工師，教以工藝。得旨，收養游民，教以工藝，最爲良法美意，著即認真辦理。

癸酉，又諭：户部左侍郎楊儒，才識宏通，由道員派充出使美國大臣，調充出使俄國大臣。辦理交涉事務，不避艱難，力顧大局，一切悉臻妥協。兹聞溘逝，軫惜殊深。楊儒著照侍郎例賜卹，任内一切處分，悉予開復。應得卹典，該衙門查例具奏。該侍郎現有子嗣幾人，有無官職，並著查明覆奏，候旨施恩。

癸酉，諭：翰林院侍讀寶熙奏，請變通宗室八旗學校章程一摺。據稱宗學及覺羅等學，教習學生恒不到館，虚應故事；八旗官學，於中西根柢之學亦少講求。著照所請，將宗室、覺羅、八旗等官學，改設小學堂、中學堂，均歸入大學堂辦理。庶幾埽除積弊，造就通才。著張百熙妥爲經理，以專責成而收實效。另片奏，請通飭各省駐防官學書院，一律改爲小學堂，並慎選學員，豫防流弊各等語，並著張百熙覈議具奏。

《光緒朝東華録》一七一　四川提督宋慶卒，予祭葬建祠賜卹如尚書例，晉封三等男，戰功事蹟交國史館立傳。賞其子試用道宋天傑以五品京堂候補。

《德宗實録》卷四九四　丁丑，諭内閣：中國地大物博，礦産無窮，實天地自然之利。十餘年來，屢經降旨通飭開採，而各省舉辦迄無成效，亟應切實講求。著即派張翼總辦路礦事宜，仍著王文韶、瞿鴻禨督同辦理。所有親歷查勘，並籌擇人才，及應如何招商集股之處，著即責成張翼認真經理，妥議章程，隨時具奏。務當悉心籌辦，以闢利源。不准敷衍因循，空言塞責。

《光緒朝東華録》一七一　戊寅，諭：政務處會同吏部、兵部奏，遵議河東河道總督錫良臚陳河工變通事宜一摺。黄河改道以來，直隸、山東兩省修守工程久歸督撫管理。錫良原奏所稱漕米改折，運河無事，河臣僅司堤岸，撫臣足可兼顧等語。該河督身親目擊，自屬確實可憑。所有河東河道總督一缺，著即裁撤，一切事宜，改歸河南巡撫兼辦。其酌擬宜裁宜留，及分别緩急各節，均著照所請行。仍責成錫良，將裁併各事宜一手經理，俟諸事辦有頭緒，再行奏明請旨。

戊寅，諭軍機大臣等：政務處奏，遵議山西巡撫岑春煊奏請振興農工商業，以保利權一摺。農工商業，爲富强之根本，自應及時振興。除商務已特派大臣專辦外，其農工各務，即著責成各該督撫等，認真興辦。查照劉坤一、張之洞原奏所陳，各就地方情形，詳籌辦理。並先行分設農務、工藝學堂，以資講習。

以葛寶華兼署工部尚書。

《德宗實録》卷四九四　壬午，兩江總督劉坤一奏，漕糧河運改歸海運辦理情形。報聞。

《光緒朝東華録》一七一　戊子，諭：詹事府係沿前明官制，名實本不相符，應即歸併翰林院。昨已將吏部請簡漢庶子兩缺摺件留中，嗣後出有該衙門滿漢各缺，均著扣除，無庸奏請簡補。至通政司專管題本，現在改題爲奏，其官缺著即一併裁撤。應裁各官缺出，即照詹事府辦理。該衙門官署，著留爲改建翰林院之用。所有未盡事宜，著各該衙門妥議具奏。

《德宗實録》卷四九五　二月癸巳，諭内閣：前經通飭各省開辦學堂，並因經費難籌，復諭令仿照山東所擬章程先行舉辦。迄今數月，各該省如何辦理，多未奏覆，即間有奏到者，亦未能詳細切實。該督撫等身膺重寄，目擊時艱，當知變法求才，實爲方今急務。其各懍遵疊次諭旨，妥速籌畫，實力奉行，即將開辦情形，詳晰具奏。如再觀望遷延，敷衍塞責，咎有攸歸，不能爲該督撫等寬也。

又諭：各省制兵積習太深，亟宜更定餉章，認真改練。前經諭令各該將軍督撫，悉心覈議具奏，迄今數月，奏到者尚屬寥寥。當此時局艱難，豈容因循怠弛？著各將軍＼督撫等，速將兵制餉章切實釐定，覆奏到日，由政務處彙齊覆覈，妥定畫一章程，請旨頒行遵守。務期兵歸實用，餉不虛糜。至武備學堂，尤爲教練將才根本。前已通飭各督撫設法籌建，並令劉坤一、張之洞、袁世凱將一切規制章程妥議具奏，亦尚未據奏到。著該督等迅速奏覆，候旨定奪，俾各省一律遵行，毋再延緩，有負委任。

癸巳，諭軍機大臣等：中國律例，自漢唐以來代有增改。我朝《大清律例》一書，折衷至當，備極精詳。惟是爲治之道，尤貴因時制宜，今昔情勢不同，非參酌適中不能推行盡善。況近來地利日興，商務日廣，如礦律、路律、商律等類，皆應妥議專條。著各出使大臣查取各國通行律例，咨送外務部。並著責成袁世凱、劉坤一、張之洞，慎選熟悉中西律例者，保送數員來京，聽候簡派，開館編纂，請旨審定頒發。總期切實平允，中外通行，用示通變宜民之至意。

己亥，又諭：外務部代奏，直隸試用道陸樹藩條陳一摺，所擬開辦印花税一條，著外務部會同户部覈議具奏。尋奏：印花税法，業經奏准於通商口岸試辦，應由沿江沿海各省督撫會商妥定畫一章程，先行奏咨立案，果使各省通行一切雜捐，均可次第裁免。依議行。

外務部奏：出使經費近年各處分館日多，交際所關，需款尤鉅。擬就原定經費之數，明定限制，力求撙節。酌擬章程四條，分咨各出使大臣遵照辦理。從之。

《光緒朝東華録》一七二　庚子，前工部尚書錢應溥卒，予祭葬，賞其子檢討錢駿祥以應升之缺升用。

辛丑，追贈前直隸提督聶士成太子少保銜，照提督陣亡例賜卹。戰功事蹟及死事本末付國史館立傳，立功省分死事地方及原籍建祠。賞其子候補知府聶汝魁以道員即補。

《德宗實録》卷四九六　丁未，諭：御史陳慶桂奏，請慎擇出使隨員一摺。著政務處覈議具奏。尋奏：出使隨員疊經嚴定章程，不得濫竽充數。現在科舉改章，專重時務，京師復奏設仕學館，講求内政外交之學，數年以後自不乏可用之才，若再另設特科，轉致紛歧。出使保奬，本有限制，各該員遠涉重洋，同係奉差，若分别異常尋常，似不足以示鼓勵，所請均毋庸議。至各省督撫派人出洋游學，應由各使臣就近察覈，如有不堪造就者，隨時咨請撤回，以收實效。從之。

《德宗實録》卷四九七　三月壬戌，全權大臣奕劻等奏，中俄訂定交收東三省條約四款，遵旨畫押。報聞。

丁丑，辦理商約大臣呂海寰等奏，茶税過重，銷數日少，請將出口茶税改爲值百抽五，以紓商困而維大局。下部速議。

己丑，署直隸總督袁世凱等奏：交涉重要，亟宜變通外務部及出使人員章程。請嗣後外部司員各缺，由出使大臣精揀所屬參贊、隨譯各員久在外洋者，出具考語，保送考察充補。其使館參隨各員缺，由外部精選品端學優、能通洋文之司員前往充補，概不准以洋務隔膜之人，濫與其選。五年之後人才日多，外無濫竽之參隨，内無隔膜之司官，應變適機，裨益非淺。得旨，所陳甚是，著外務部查照辦理。又奏：請飭外務部派員按年編纂交涉事務書，以資參證。下外務部議。尋奏：外交政策，有宜守祕密者。至於條約章程，均經刊布。現在政務處奏准每月彙編政要，所有關於外交各摺件及隨時奏定章程，復酌送彙刊頒發，已足以備參考。該督請按年編纂交涉事務書之處，應毋庸議。報聞。

《德宗實録》卷四九八　四月丙申，諭内閣：現在通商交涉事益繁多，著派沈家本、伍廷芳將一切現行律例，按照交涉情形，參酌各國法律，悉心考訂，妥爲擬議，務期中外通行，有裨治理。俟修定呈覽，候旨頒行。

戊戌，諭：有人奏，現在江蘇等處米價昂貴，皆由商販私運出洋所致，請飭嚴禁等語。販米出洋，本有明禁，近來沿江一帶水災甚重，尤宜禁止私販，以資接濟。著劉坤一、恩壽、陳夔龍通飭所屬，於沿江沿海各要口，凡有商販運米，認真稽查堵禦，毋任紛紛偷漏，運往外洋。儻各該地方官未能實力禁止，一經查出，立即從嚴參處，其違禁之奸商一併治罪，以杜流弊而重民食。

己亥，諭：電寄呂海寰等，商約一事，財政攸關，最爲緊要。前以盛宣懷熟悉商情，特旨派令議辦此事，並飭隨時與劉坤一、張之洞悉心商酌，嗣復添派呂海寰會同議辦，乃數月以來尚無頭緒。疊經外務部將歷次往返函電呈覽，所議

加税免釐一節，現在償款方急，財力奇窘，亟應通籌出入，力保利權，不可稍涉大意，致滋流弊。著責成呂海寰、盛宣懷務當激發天良，扼要辯論，切實磋磨，詳慎覈議。仍遵前旨與劉坤一、張之洞會商，妥爲籌訂。期於財政無所虧損，有裨大局，毋負委任。

庚戌，諭：有人奏，畿輔善後事宜，請飭慎籌捐款，妥布防兵一摺。直隸自遭兵燹，元氣大傷，民情困苦，人心浮動。近因捐賠教款，致有奸民乘機煽亂，亟應妥籌善後，思患豫防。著袁世凱按照所奏各節，體察情形，詳籌辦法，總期集款而不至病民。其盜匪嘯聚之區，一面分布防兵，認真彈壓，以安民生而靖地方。

《光緒朝東華録》一七三　辛亥，外務部奏：臣部於光緒二十八年二月初八日具奏酌定礦務章程一摺，本日奉硃批：依議。欽此。

《德宗實録》卷四九八　辛亥，調山東巡撫張人駿爲河南巡撫，直隸布政使周馥爲山東巡撫。

壬子，又諭：戴鴻慈奏，請置宣諭化導使，以各省學政兼充，並創立報館各摺片。著政務處覈議具奏。尋奏：學政事繁時促，若令兼充宣諭化導使，恐難兼顧。查定例，各省府廳州縣教官原有教化之責，應請申明定章，飭下各省督撫、學政，督飭教官隨時親歷城鄉，傳集紳庶，切實訓諭，較爲易行。至請在翰林院創立報館，係爲廣見聞息浮議起見。惟從前向有官書局彙報，原隸大學堂，應請飭管學大臣慎擇妥員編輯，毋庸另設報局，以免紛歧。依議行。

《德宗實録》卷四九九　五月壬戌，實授袁世凱直隸總督兼北洋大臣。

丁卯，廣西巡撫丁振鐸奏：粤西游匪聚於滇粤交界之土富州鎮邊縣一帶，現飭各營擇要扼紮，聞警赴援，互相關會，以資控禦。得旨，著懔遵疊次電旨，認真會勦，務將游匪一律肅清，以安民生而重邊要，勿稍大意。

己巳，諭軍機大臣等：電寄呂海寰等，有人奏，會議商約，洋商運米出口一條爲害甚大。聞各國藉口華商有販運出洋情事，呂海寰等無可折辯，竟許以視年歲之豐歉酌奪辦法等語。米糧出口，斷不可行。著呂海寰、盛宣懷極力堅持，切實磋商，以裕民食。

戊寅，直隸總督袁世凱奏：釐訂營制餉章暨北洋創練常備軍情形。下政務處會同兵部覈議。尋奏：直隸淮練各軍久成弩末，畿輔重地亟應創設精兵，以資鎮攝。應如該督所擬，逐年挑練，按時退伍，認真興辦。其餉章應由該督體察情形，將舊有各營酌量分期裁遣，妥籌的餉。至武職各缺，查山西、福建兩省奏請改定武職，均請旨交袁世凱、劉坤一、張之洞會同覈議。此次直隸奏改武職，事同一律，應俟該督等覆奏到後，再行會議具奏。依議行。

甲申，諭內閣：朕欽奉慈禧端佑康頤昭豫莊誠壽恭欽獻崇熙皇太后懿旨，各省新籌償款，本萬不得已之舉，疊經降旨，諭令各督撫酌量情形，妥爲辦理，不准苛虐，擾累閭閻。朝廷體恤民隱，寤寐不忘。用特再行申諭，著各該督撫將一切籌捐款目，去其太甚，毋得稍涉苛碎，致滋流弊。使百姓曉然於不忍重累吾民之意，庶幾急公奉義，踴躍輸將。至各州縣及局卡委員，經收款項，尤須革除中飽，嚴禁需索。如有巧立名目，任意抑勒，希圖漁利，蒙混浮收等情事，即著據實奏參，必予從重懲辦，決不姑容。各該督撫皆受恩深重，務當隨時考察，加意撫循，以濟時艱而紓民困，無負諄諄告誡之至意。

《光緒朝東華録》一七三　丁亥，諭：外務部奏，西人傳教分天主、耶穌兩門，現在總理耶穌教會事務李提摩太因事來京，請旨辦理一摺。李提摩太學識優長，宅心公正，深堪嘉尚。著外務部即將現擬民教相安規條，一併與之商議，以期中外輯和，百姓親睦，有厚望焉。

以德壽署兩廣總督，調岑春煊爲廣東巡撫，丁振鐸爲山西巡撫，以王之春爲廣西巡撫。

《德宗實録》卷五〇〇　六月辛卯，湖廣總督張之洞等奏，妥議粤漢鐵路辦法，並鈔呈美國借款詳細合同，以保利權而争先。著下外務部議。尋奏，盛宣懷、伍廷芳與美公司議訂借款草約十五條，及續約二十六條，綜其大要，不外自保權利，均屬可行，請准如所擬辦理。從之。

《光緒朝東華録》一七四　癸巳，岑春煊奏：晉省太原等府州所屬亢旱日久，災象已成。得旨，覽奏殊深廑念，著即查明分別蠲緩，並購運糧食妥爲賑撫，以恤民艱。

《德宗實録》卷五〇〇　丁酉，諭軍機大臣等：有人奏，東南沿江各省米價騰貴，請設法防弊等語。據稱各該省米價驟漲，由於屯積居奇、偷漏出洋二弊，並商務大臣盛宣懷、蘇松太道袁樹勛徇私舞弊，致招物議等語。著劉坤一、恩壽按照所指各節，確查具奏，毋稍徇隱。至所陳防弊二策，並著察酌情形，會商妥議，奏明辦理。尋奏，所參盛宣懷私屯米石，袁樹勛漏米出洋各節，查無確據，應請免議。惟是紳富屯積，奸商販洋，在所不免。原奏防弊二策，不爲無見。所有

禁止私積，業經咨明商務大臣，傳集商會嚴定章程，互相舉發，藉資挽救。至於禁止漏放，原奏辦法正與約章相符，現已札飭江海關查明。如近來辦法有名無實，應即稟請咨明外務部，轉飭總税務司行文各關税司，照章切實辦理，以期杜絶偷漏。報聞。

乙巳，諭：電寄劉坤一等，劉坤一、張之洞、吕海寰、盛宣懷等先後電奏加税免釐，請旨即行定議等語，既據該大臣等通盤籌計，均稱足敷抵補，著即照所議辦理。惟所陳各條内，尚恐有侵我利權之處，流弊不可不防，仍著悉心籌慮，妥定一切。儻有後患，惟該大臣等是問。

丁未，諭軍機大臣等：電寄張之洞等，張之洞、吕海寰、盛宣懷等十七日電奏各節具悉。加税免釐一事，昨據劉坤一等會奏，已有旨允准。并責成該大臣等，悉心籌慮，妥定一切。兹據奏擬，以修改法律及各國派員考查教務兩條，一併入約，自可照行。惟所陳索議四條，何以前次會奏電内並未提及？至推廣口岸權利，語尤含混，其詳細節目究竟如何？仍著該大臣等詳慎妥議，懔遵前旨，切勿稍貽後患。

《光緒朝東華録》一七四　辛亥，命湖廣總督張之洞充督辦通商大臣。

壬子，諭軍機大臣等：有人奏，川省亂象日熾，督臣溺職貽誤情形。又奏川省亂象已成，督臣辦理日形竭蹶各摺片。據稱藩司員鳳林，昏憒善忘，年老嗜利，及道府各員劣跡等語。川省吏治疲玩，軍政廢弛，近日資陽等處匪徒，復有擾亂情事，全在疆臣認真整頓，挽回積習，綏靖地方。若如所奏各節，將至貽誤大局，實屬有負委任。奎俊嗣後務當振作精神，力圖報稱，并將所參文武各員，按款嚴查，據實具奏，毋稍徇飾，自干咎戾。

《德宗實録》卷五〇二　七月己未，以都察院左都御史溥良兼署兵部尚書，以外務部尚書瞿鴻禨兼署都察院左都御史。

庚申，以户部尚書崇禮兼署吏部尚書。命四川總督奎俊開缺，以山西巡撫岑春煊署四川總督，山西布政使趙爾巽護理山西巡撫，調江西巡撫李興鋭署廣東巡撫，以江西布政使柯逢時護理江西巡撫。

丁卯，諭内閣：礦務爲今之要政，昨經劉坤一、張之洞電奏，應採取各國礦章，詳加參酌，妥議章程等語。所見甚是，即著該督等將各國辦理礦務情形，悉心採擇，會同妥議章程，奏聞請旨。務期通行無弊，以保利權而昭慎重。

己巳，諭軍機大臣等：有人奏，請飭南北洋大臣，變通驗疫之法，以全民命一摺。據稱上海查船驗病，係中西集資合辦。現在全由洋人作主，以西法治中人，慘酷异常，多至殞命，請飭南北洋大臣速籌善法等語。著袁世凱、劉坤一按照所陳各節，設法變通，妥籌辦理，以順輿情而保民生。

庚午，諭内閣：張百熙奏，遵擬學堂章程，開單呈覽一摺。披閲各項章程，尚屬詳備，即照所擬辦理，並頒行各省，著各該督撫按照條規，寬籌經費，實力奉行，總期造就真才，以備國家任使。其京師大學堂，著責成張百熙悉心經理，加意陶鎔，樹之風聲，以收成效，期副朝廷興學育才之至意。開辦之後，如有未盡事宜，應行增改，仍著隨時審酌，奏明辦理。

癸未，諭軍機大臣等：電寄劉坤一等，據電奏，與英國使臣馬凱議定商務全約等語。既據該督等會奏稱屢經妥酌定議，即著吕海寰、盛宣懷就近畫押，仍將各條與劉坤一、張之洞悉心詳覈辦理。一切務臻妥善，儻有後患，惟該督等是問。

《光緒朝東華録》一七四　甲申，諭：抽釐助餉，本軍興時不得已之政。近年以來收數雖多，而委員、司事、巡丁辦理未能盡善，或至留難商賈，弊端百出。朝廷軫念民艱，久擬一概廓清，革除弊政。現與各國新訂商約，加收洋貨進口、土貨出口等税。一經定議，著即將各省局卡一律裁撤，不再抽收釐金。至各省應解應留經費，將來免釐之後，應將加税進款如何撥補之處，著户部迅即咨行各省，預先籌畫，俟開辦後再行奏請，遵照辦理。

《德宗實録》卷五〇四　八月戊子，予故大學士李鴻章在上海縣建立專祠。從工部左侍郎盛宣懷請也。

《光緒朝東華録》一七五　辛卯，商約大臣尚書吕海寰、侍郎盛宣懷與英國商約大臣馬凱，在上海續議通商行船條約十六款成。

《德宗實録》卷五〇四　癸巳，外務部奏議，覆山西巡撫岑春煊奏柳太鐵路改訂合同，請飭下盛宣懷，按照盧漢鐵路辦法與俄商妥訂詳細合同，奏明辦理。從之。

乙未，諭内閣：王培佑奏，加税免釐，預防流弊各摺片。加税免釐一事，疊經飭令劉坤一、張之洞、吕海寰、盛宣懷等悉心籌議，僉稱約計加税之數，足抵各省抽釐之數，是加税足以撥抵各省釐金用款，該督撫等自當仰體朝廷恤商愛民之意，斷不准任聽劣員巧立名目，增設民捐局所，多方搜括，騷擾閭閻。儻有此等弊端，定惟該督撫等是問。至加税原以抵補釐金，現在英約業已定議，載明加

税免釐開辦之期定在明年冬間，仍俟各國一律商定，即以加税之日爲免釐之日。該督撫等定能明白曉諭，使商人不至誤會，並應豫爲妥籌裁釐地步，以免臨時周章也。

《光緒朝東華録》一七五　山東利津縣馮家莊黄河漫口。

《德宗實録》卷五〇四　丁酉，諭軍機大臣等：有人奏，上海關道爲各省匯解賠款總匯，若常存銀行生息，每年得利甚鉅，請飭酌量提充公用。又蘇州前辦息借時，提借州縣積穀銀六十萬兩，嗣後息借停辦，而此項提借之款至今未見發還等語。著劉坤一、恩壽，按照所指各節確切查明，據實具奏。

戊戌，諭内閣：袁世凱奏，整頓吏治，請將各項陋規一律酌改公費一摺。國家設官分職，原期大法小廉，潔己奉公，乃該管上司收受陋規視爲故常，無怪吏治日益頽壞。兹袁世凱奏請將舊有規費責令和盤托出，化私爲公，酌給公費，實爲整飭官方起見。此等風氣，各省皆然。著各督撫仿照直隸奏定章程，將各項陋規一律裁革，仍酌定公費，以資辦公。務期弊絶風清，認真考察屬員，俾吏治蒸蒸日上，用副朝廷實事求是之至意。

《光緒朝東華録》一七五　戊申，慶親王奕劻、大學士王文韶與俄國駐京公使雷薩爾，商定交還山海關鐵路條款七條成。

丙午，外務部奏，俄國交還奉省西南段及營口地方。得旨，著派增祺接收。又奏，俄國交還山海關等處鐵路。得旨，著袁世凱接收。

《光緒朝東華録》一七六　九月辛酉，諭：朕欽奉慈禧端佑康頤昭豫莊誠壽恭欽獻崇熙皇太后懿旨，前經降旨飭令各省調派學生出洋游學，以資造就。聞近來游學日本者尚不乏人，泰西各國或以道遠費多，資送甚少。亟應廣開風氣，著各省督撫選擇明通端正之學生，籌給經費，派往西洋各國，講求專門學業，務期成就真才，以備任使。

壬戌，浙江巡撫任道鎔因病乞休，允之。調聶緝椝爲浙江巡撫，饒應祺爲安徽巡撫，以潘效蘇爲甘肅新疆巡撫。

癸亥，諭：朕欽奉慈禧端佑康頤昭豫莊誠壽恭欽獻崇熙皇太后懿旨，兩江總督劉坤一秉性公忠，才猷宏遠。【略】遽聞溘逝，震悼良深。劉坤一著加恩追封一等男爵，晉贈太傅，照總督例賜卹。賞銀三千兩治喪，由江甯藩庫給發。賜祭一壇，派署江甯將軍額勒春前往致祭。予謚忠誠，入祀京師賢良祠。並於江甯省城、湖南原籍及立功省分建立專祠。生平事蹟，宣付史館。任内一切處分，悉予開復。應得卹典，該衙門查例具奏。靈柩回籍時，沿途地方官妥爲照料。該故督子孫幾人，著張之洞迅速查明具奏，候旨施恩，用示篤念藎臣之至意。

《德宗實録》卷五〇五　調湖廣總督張之洞署兩江總督，以湖北巡撫端方兼署湖廣總督。

丁卯，鎮國將軍載振奏，游歷外洋，謹以管見所及，條陳三事：曰振興商務，曰擴張路礦，曰推廣學堂。下政務處會同外務部議。尋奏，該將軍所陳各節，整頓商務，首先仿辦賽會，意在鼓舞商業，挽回利源。應如何分派官紳，廣爲勸導；選擇工匠，精爲攷求；及體察商情能否墊借成本，酌給津貼之處，請飭下南北洋大臣、商務大臣、各省督撫妥籌辦理。至路礦爲中國大利之源，該將軍請一面定法，一面招商，實爲扼要之論。請飭下商務大臣派員出洋，會同各國使臣，就所轄各島華商，廣爲勸導，以期集事。若學堂爲人才所從出，伏讀疊次諭旨，廣設學堂，並定各學生出身階級，正與該將軍所請相符。請飭下管學大臣，速將教科書編定。其各省小學蒙學，有能集資創設者，並隨時奏請優奬，於勸學興教，不爲無裨。依議行。

己巳，外務部奏，增改中葡條約，繕單呈覽，並請簡派大臣訂期畫押。得旨，著派慶親王奕劻畫押。

癸酉，諭内閣：前據袁世凱奏定警務章程，於保衛地方一切，甚屬妥善。著各直省督撫仿照直隸章程，奏明辦理，不准視爲緩圖，因循不辦。

《光緒朝東華録》一七六　甲戌，諭：朕欽奉慈禧端佑康頤昭豫莊誠壽恭欽獻崇熙皇太后懿旨，袁世凱著賞假四十日，回籍葬親。該督之母劉氏加恩賜祭一壇，著河南巡撫派員前往致祭。

辛巳，袁世凱奏：前准外務部咨准行在户部覆稱各關界限，應照全權大臣所議，常關分局在五十里以内者歸併税務司兼管，仍由監督派員隨同經理，咨行飭遵等因。現在天津常關歸併伊始，自應詳擬辦法，以期周密。經臣札飭津海關監督唐紹儀遵照妥議在案。兹據該監督詳稱，天津常關歸併税司，載在公約，自應遵辦。惟應由該監督派委幹員一員，隨同税司襄理一切。其關内所用人員，未便任意去留，擬由税務司先行商明監督，秉公酌定，意見相同，方可施行。至通商埠岸，如須參用洋人，應由税務司會同監督妥慎選擇。在埠岸以外各口一概不用洋人，免與内地商民有所隔閡。其所用洋員，倘有人地不宜，辦事不妥，亦應由監督商明税務司，即行調撤，以期得力。又查從前各國都統衙門，所

徵內地稅課，暫行按照進口稅則減半抽稅。現在天津收回，常關已復，仍遵户部常關稅則徵收，以符定章。所徵稅課統由稅務司經收，移道存儲，備撥賠款要需。其常稅項下，除總稅務司札飭稅司提出一成，作爲常關經費外，查歷年北洋大臣衙門暨關道署常年辦公並洋務商務各費，向在常關稅課項下開支。現雖歸併稅司，前項仍應出自常稅，亦擬提出一成，撥解關署，另款存儲，以資辦公等情前來。臣查津海關常稅關係賠款要需，應責成監督會同稅務司認真稽徵。所擬辦法，尚屬周妥。其議提公費，亦事所必需，應請准如所擬辦理。下外務部、户部知之。

壬午，命直隸總督袁世凱充督辦商務大臣，與張之洞會同辦理，並會議各國商約事宜。

命候補四品京堂伍廷芳充會辦商務大臣，並會議各國商約事宜。

《德宗實録》卷五〇六　十月丁亥，諭内閣：外務部奏，請派日本游學生總監督一摺。四品銜外務部員外郎汪大燮，著賞給五品卿銜，派充游學日本學生總監督，所有游學各生均著歸該員管轄。務即認真經理督飭，切實講求，以端趨向而宏造就。

戊子，商務大臣調署兩江總督張之洞等奏，與英使馬凱議定商約，詳慎准駁删改，於利權尚無虧損。現已遵旨畫押，並將約本進呈。下部知之。又奏，英約十六款内，以第八款加稅免釐一事爲全約緊要關鍵，應由户部會商外務部，札飭總稅務司豫籌布置，以免臨事周章。下外務部、户部妥議具奏。

辛卯，政務處大臣慶親王奕劻等奏，泰西以商立國，於商務特設專部。中國亦宜設立商部，以爲振興商務之地。從之。

《光緒朝東華録》一七六　丁未，諭：上年降旨特開經濟科，諭令内外臣工查訪保薦，於本届會試前舉行。現在各省保奏之摺既未到齊，而明年會試係在河南舉行，且天氣尚寒，遠省之士跋涉維艱，自應量加體恤。著改於明年會試後舉行，所有保薦各員，即著政務處查明原官省分，咨行原保大臣及該督撫分別保送。務於明年四月以前齊集京師，届時由政務處會同禮部奏請欽定日期考試。

《德宗實録》卷五〇六　癸丑，湖廣總督張之洞等奏，武昌城外通商場，共計購買官民各地三萬餘畝，用過地價局費銀二十三萬餘兩，暫借商款應付。此外如可推廣收買，仍當體察情形，相機擴充。下部知之。

《光緒朝東華録》一七六　甲寅，慶親王奕劻與俄國使臣雷薩爾訂中俄陸路接綫展限續約四條。

《德宗實録》卷五〇七　十一月戊午，諭内閣：儲才爲當今急務，疊經明降諭旨，創辦學堂，變通科舉。現在學堂初設，成材尚需時日。科舉改試策論，固異帖括空疏，惟以言取人僅能得其大凡，莫由察其精詣。進士爲入官之始，尤應加意陶成，用資器使。著自明年會試爲始，凡一甲之授職修撰、編修，二三甲之改庶吉士，用部屬、中書者，皆令入京師大學堂分門肄業。其在堂肄業之一甲進士、庶吉士，必須領有卒業文憑，始咨送翰林院散館。並將堂課分數，於引見排單内註明，以備酌量録用。其未留館職之以主事分部，並知縣銓選者，仍照向章辦理。如有因事告假及學未卒業者，留俟下届考試。分部司員及内閣中書，亦必領有卒業文憑，始准奏留歸本衙門補用。如因事告假及學未及格，必俟補足年限課程，始准作爲學習，期滿。其即用知縣，籤分到省亦必入各省課吏館學習由該督撫按時考覈，擇其優者，立予敍補。其平常者，仍留肄習，再行酌量補用。所有一切課程，著責成張百熙悉心覈議具奏，隨時認真經理，期收實效。

辛酉，諭軍機大臣等：御史徐堉奏，請開辦彩票一摺，著政務處會同户部議奏。尋奏，該御史所稱各省彩票零星分辦，無裨要需，係屬實在情形。擬請將原奏所擬章程，咨行沿江沿海各督撫，體察情形。將如何歸總辦法，能否如原奏所稱集款之數，通籌會商，奏明覈辦。依議行。

癸亥，命兩江總督魏光燾兼充南洋大臣。

戊辰，直隸總督袁世凱奏，此次道經上海，面飭輪船招商局各員董等。嗣後應提報效銀兩，覈實分解。其一切要務，隨時稟請覈辦。得旨。著該總督認真經理。

署兩江總督張之洞奏，改修《兩淮鹽法志》告成，繕呈御覽。下户部知之。

己巳，諭内閣：練兵之道最忌紛歧，曾經疊次降旨飭各省督撫整頓兵制，期歸一律。乃近來各省奏報，仍多空言搪塞，絶少切實辦法，殊難望有成效。查北洋、湖北訓練新軍頗具規模，自應逐漸推廣。江蘇、安徽、江西、湖南各省，速即選派將弁頭目，赴北洋學習操練。所有河南、山東、山西各省，選派將弁頭目，赴湖北學習操練。俟練成後，即發回各原省，令其管帶新兵，認真訓練，以資得力而期畫一。

又諭：各國電綫多歸官辦，凡遇軍國要政傳遞消息，最稱密捷。中國創自商辦，諸多窒礙，亟應收回，以昭鄭重。著袁世凱、張之洞迅將中國所有電綫覈

實估計，奏請籌撥款項，發還商股，即將各電局悉數收回。聽候遴派大員認真經理，以專責成而維政體。

諭軍機大臣等：電寄盛宣懷，前因各處開辦鐵路關繫重大，曾經降旨，將應辦各事分任責成。嗣後鐵路用款報銷，應由盛宣懷先行造册，咨送鐵路經過省分各督撫詳細覈明，會銜具奏，其應造鐵路地段，勘定後著繪圖貼説，移送該管督撫，派員查明，如無窒礙，始可開工。盛宣懷如與他國公司議立各項合同條款，亦著先由各督撫覈定，始可籤押。仍將該合同鈔録會奏，以期周密而免疏誤。

又諭：電寄盛宣懷，所有會辦商務大臣關防，著盛宣懷俟伍廷芳到滬後，即交該京堂接收。

《德宗實録》卷五〇八　乙酉，管學大臣張百熙奏：同文館歸併大學堂，變通辦法，並請將學堂應用書籍儀品等物一律免税。下外務部議。尋奏：同文館歸併大學堂，所以齊制度而一趨向。今該大臣奏請變通辦法，是將同文館繙譯學生，與大學堂各項學生顯示區別，似非朝廷甄陶廣被之意。應請由大學堂速成預備兩科中，擇其少年質敏、洋文已有門徑者，作爲繙譯專科，於肄習普通學外分習各國語言文字，卒業後一體予以出身。嗣後本部及出使大臣、各省督撫咨取譯員並各處學堂延訂教習，即以此項學生爲上選。不必沿同文館名目，亦毋庸另行招考。至一切章程，應如該大臣所奏辦理。其經費一節，查華俄銀行餘利，除俄文學堂每年撥銀二萬餘兩外，其餘儘數撥交大學堂應用。又查向章本有官物免税之條，大學堂需用物件，自可照官物免税。從之。

《光緒朝東華録》一七七　十二月壬午，駐藏幫辦大臣安成因病乞休，允之。以訥欽爲駐藏幫辦大臣。

《東華續録・光緒一百七十七》　己丑，貴州巡撫鄧華熙因病乞休，允之。賞李經羲三品頂戴，署理貴州巡撫。

壬辰，諭軍機大臣等：有人奏參閩浙總督許應騤貪污卑鄙各款請旨飭查一摺。著張之洞按照所參各節，確切查明，據實具奏，毋稍徇隱。

癸巳，外務部奏：美國將於西曆一千九百零四年，即中國光緒三十年，在散魯伊斯城開設美國博覽會。此會因記念美國由法人購得魯西亞那地方已及百年，設會慶賀，係美國立國以來極爲重大之事。六月間，其總理會務大臣巴禮德前來中國，敦請赴會。到京後與臣等會晤，籲懇覲見。經臣部奏明奉旨允准。當於六月二十二日，由臣等會同美國使臣康格帶領入覲。並蒙答敕允准，簡派大員往襄盛會，欽遵在案。臣等伏查泰西崇尚工商，賽會之設，在羅致各國物産工藝，區分類別，排列會場，俾各國之人，咸得較其精良，用資模仿，實於通商之中，隱寓勸工之意。聞美國此次散魯伊斯賽會，其國家撥給該會鉅款，以贊其成，各國均特派大員赴會。蓋因此舉與交涉邦交，顯有關繫，而於商務尤爲有益。中國物産甲於全球，徒以工藝未興，商情涣散，比諸各國，實有不逮。現當整飭庶政之時，適美國有此大會，亟應加意講求，期於工商諸務，有所裨益。曾詢美國使臣康格各國派往員數，大率用正副監督三人者居多。臣等公同商酌，所有正監督一員，應請特旨簡派。此後一切赴會事宜，統歸該員主持。仍俟開會届期，再行前往。至應派副監督，查有候選道黄開甲，才具幹練，熟悉商情；東海關税務司美國人柯爾樂，精細妥實，在華多年，均堪派充，隨同正監督辦理。該副監督等應令先行前往，將度地建屋，陳設貨物各事宜，預爲經營布置。其赴會一切用款，所費不貲，亟應籌備，以資撥用。

《清德宗實録》卷五一〇　癸卯，諭内閣：前因電務爲國要政，應歸官辦，已諭令袁世凱、張之洞籌還商股，將各電局悉數收回，候派大員經理。著即派袁世凱爲督辦大臣，直隸布政使吴重憙著開缺，以侍郎候補，派爲駐滬會辦大臣。該局改歸官辦之後，其原有商股不願領回者，均准照舊合股，朝廷於維持政體之中，仍寓體恤商情之意。該大臣等務當通籌全局，認真辦理，將從前積弊一律剔除，以期上下交益。

甲辰，諭軍機大臣等：翰林院侍讀王榮商奏，請開米禁一摺。據稱閩浙兩省，人稠米少，每年仰給江蘇販運接濟。若准循照向章，令閩浙米商前赴江蘇仙女廟等處採買，可以兩獲其利等語。著張之洞、恩壽體察地方情形，酌量辦理。仍嚴禁奸商私販出洋，以重民食。

甲辰，刑部尚書貴恒因病解職，以倉場侍郎榮慶爲刑部尚書。

戊申，諭内閣：太僕寺少卿隆恩奏保經濟特科一摺。特科之設，前經降旨飭令各部院堂官及督撫、學政，各舉所知，出具考語，切實保薦。近來京卿紛紛奏保，如三品京堂之光禄寺卿曾廣漢、太常寺卿陳兆文、國子監祭酒王垿等所保，朝廷從寬存記。茲該少卿又復率行保薦。此端一開，必至漫無限制。隆恩所保，著毋庸議，並將太常寺少卿李擢英前保一併撤銷。嗣後保薦人才，務當格外慎選，覈實舉薦，毋得稍涉冗濫。

庚戌，調湖南巡撫俞廉三爲山西巡撫，以山西布政使趙爾巽爲湖南巡撫。

光緒二九年（癸卯、一九〇三）

《德宗實録》卷五一一　正月丁巳，【略】懿德普被寰區，慶洽敷天，歡臚率土，允宜殊恩特沛，加惠藝林，著於本年舉行癸卯恩科鄉試，明年舉行甲辰恩科會試。其癸卯、甲辰正科鄉會試，即歸併丙午、丁未科舉行。俾兹多士，忭舞觀光。

乙丑，駐藏辦事大臣裕鋼奏，遵旨派員赴邊，與英員磋商界務商務，並陳開導藏番情形。下部知之。

丙寅，署兩江總督張之洞奏，淮鹽疲弊，急宜整頓，擬增兵船以制梟，剔卡弊以恤商，並定鹽務差使比較章程。得旨，著照所請，督飭運司認真整頓，以除積弊而裕鹺源。

丁卯，諭内閣：刑部尚書榮慶，著會同張百熙管理大學堂事宜，務當和衷商辦，認真經理。

又奏，蒙古各旗所辦礦務，並未指明界限，或由洋商徑行定約請辦，有違定章，請飭部妥議辦法。下外務部覈議。尋奏，請飭該旗王公，將所指礦地，劃清界限，嗣後礦務未經呈部覈覆，不得輒與華洋商人私立合同，以免別滋轇轕。如所議行。

以鑲白旗漢軍副都統載振爲鑲藍旗漢軍都統，以記名副都統振格爲鑲白旗漢軍副都統，以開缺四川總督奎俊爲理藩院尚書。

予故理藩院尚書阿克丹卹典如例，子吏部員外郎海錕以郎中即補。

癸酉，福州將軍崇善奏，常洋兩税，先提匯滬，並劃解洋藥釐金，備還新案賠款。下部知之。

《光緒朝東華録》一七八　丙子，外務部奏，光緒二十八年十月二十六日，准軍機處鈔交浙江巡撫任道鎔奏，紳商承辦礦務改定章程一摺，奉硃批，外務部議奏。欽此。嗣於十二月初一日，准浙江巡撫將章程咨送前來。查原奏内稱：光緒二十四年，浙省紳商高爾伊請設立浙東寶昌公司，開採衢、嚴、温、處煤鐵等礦，向義國惠工公司商人沙鏢納貸款銀五百萬兩，訂立合同，並取義國公使薩爾瓦葛保款單，擬議開辦章程，稟經前撫臣廖壽豐據情具奏。奉硃批，著統轄礦務鐵路總局大臣會同總理衙門妥議具奏。欽此。嗣經路礦大臣覆奏，以高爾伊所擬礦章與奏定通行章程不符，應令妥籌釐正。奉旨：依議，欽此。咨行到浙，當經轉飭去後。兹據該紳商候選道高爾伊於原請承辦浙東衢、嚴、温、處各礦外，又請兼辦浙西杭、湖兩府礦務，當飭將前擬章程查照部定新章重加釐訂，並將昔年與惠工公司原訂貸款合同及義使保款單呈驗稟請奏咨前來。【略】查杭、湖兩屬，雖爲前撫原奏所已及，然祇爲將來推廣之計，並非同時興辦。現據該員所擬章程二十條，其第一條係統指六屬礦務，並將原奏未及之煤油礦産任意列入。經臣等酌核改定，將杭、湖兩屬礦務及煤油礦産一併剔除，擬令該員專在衢、嚴、温、處四府境内，指明煤鐵礦山數處，繪圖貼説，呈報地方官查無窒礙，咨部核准，先行試辦，不得預佔該四府全境。如將來辦有成效，准其設法推廣，仍不越衢、嚴、温、處四屬，以清界限。其餘各條，與臣部奏定新章均屬相符，應請准如所擬辦理。兹將章程繕具清單，恭呈御覽，如蒙俞允，即由臣部咨行浙江巡撫轉飭該員，與義商沙鏢納訂立合同，依限開辦；如有遲逾，即將合同作廢，以符定章。得旨，允行。

《德宗實録》卷五一一　己卯，革職留任湖南巡撫俞廉三奏，籌辦湖南練兵事宜，酌擬常備、續備軍營制餉章，一面挑選員弁，派往湖北學習操練。得旨，著趙爾巽到任後，隨時整頓，認真訓練，以期餉不虚糜。

庚辰，諭内閣：三載考績，爲國家激揚大典。京外滿漢諸臣，有能恪恭職守，勞勩最著者，允宜特加甄敘，以示優異。兹當京察届期，吏部開單奏請，朕詳加披閲。總理外務部事務慶親王奕劻，夙矢公忠，勳勞懋著，著交宗人府從優議敘；大學士榮禄、王文韶，户部尚書鹿傳霖，外務部尚書瞿鴻禨，同心襄贊，矢慎矢勤，均著交部議敘；直隸總督袁世凱、湖廣總督張之洞，署四川總督岑春煊，盡心規畫，勞怨不辭，均著交部議敘。餘著照舊供職。

管學大臣張百熙等奏，湖廣總督張之洞等興辦學堂一摺，與欽定章程相合處甚多，大都久經閲歷，深造有得之言，其防流弊等語，於學務尤有裨益，應請悉如所議辦理，責成該督等隨時認真舉行。報可。

辛巳，調盛京户部侍郎清鋭爲理藩院右侍郎，盛京刑部侍郎溥頲爲盛京户部侍郎，理藩院右侍郎儒林爲盛京刑部侍郎，以内閣學士景厚爲盛京禮部侍郎，賞貴州貴西道桂霖副都統銜爲駐藏幫辦大臣；鐵良出差，以内閣學士崇壽署兵部左侍郎。

壬午，署兩江總督張之洞奏，江南省創建三江師範學堂，請將江甯銀圓局鑄造銅圓贏餘銀兩，專供該堂經費。下所司議。

乙酉，外務部奏，出使大臣伍廷芳請賞給出洋學生鄭廷襄等出身，應將該生咨送來京，赴部覆加考驗，以昭覈實。依議行。

《德宗實録》卷五一二　二月己丑，諭內閣：兵部奏，請派員查閲直隸等省營伍一摺。近來查閲營伍，已成具文，現當變通軍制之時，尤應力求實濟。嗣後各直省均著暫緩查閲，仍著該督撫隨時認真整頓，勤加訓練，俟有成效，再行特派查閲，用示朝廷實事求是之至意。

甲午，政務處奏，議覆護理山西巡撫趙爾巽通籌本計一摺。一、廣宣教化以開民智；二、增設民官以消隱患；三、設勸農局以重本業；四、設工藝局以安游民；五、重商以保富民；六、因利以濟貧民；七、設改良局；八、安散勇以銷亂民；九、設教務局以重要案；十、設遞信局。除以兵助工，及徧設教務局兩條，毋庸議外，餘各條分別妥酌，次第施行。報可。

山海關副都統倭恒額奏，關地五方雜處，兼聯軍在境，交涉日繁，所有八旗營制，改弦更張，常川操練，擬咨商直督設法籌款，仿常備軍饟章加給津貼。允之。

以辦結晉省教案出力，賞法領事瑪璽理、參贊端貴二品頂戴；洋員林輔臣等，獎敘有差。

丙申，諭軍機大臣等：外務部代遞盛宣懷電奏，請將通商銀行商股，改作萍鄉礦股。所存部款百萬，改歸鐵廠，由該廠分年歸本繳息等語。著外務部、户部議奏。尋奏，商力竭蹶，而湖北鐵廠不至中輟，實賴萍鄉煤礦輔助之功。所請通商銀行商股，改作萍鄉礦股，自應照准。至部款應歸部庫，留作國家銀行之用，未便挪移。從之。

又奏，遵飭各省挑選將目，赴北洋湖北學習操練，謹擬簡易章程：一、分設學堂、學營；一、定學額；一、選將弁；一、限考期；一、優薪饟；一、籌雜費；一、備器械；一、定學期；一、獎優等；一、畢業考驗；一、回省後委用；一、畫一操法。如所請行。

丁酉，盛京將軍增祺奏，奉省天主教案賠卹，業經議結，用款百四十萬兩，所訂善後條約，教民仍是中國百姓，詞訟案件，仍由地方官不分民教，按律辦理，教士主傳道，毋得干預。下外務部知之。

己亥，直隸總督袁世凱、署兩江總督張之洞奏，時艱需才，科舉阻礙學校，擬變通辦法。請俟萬壽恩科舉行後，將各項考試取中之額，按年遞減。學政歲科試，分兩科減盡，鄉會試三科減盡。即以科場遞減之額，移作學堂取中之額，俾天下士子，舍學堂別無進身之路。至舊日舉貢生員，三十歲以下者，可入學堂；三十至五十可入仕學師範速成兩途；五十至六十，與夫三十以上，不能入速成科者，爲寬籌出路，如再科大挑或揀發一次，或歲貢倍增其額，或多挑謄録，令其入館，可得議敘；或舉人比照孝廉方正，生員比照已滿吏，准其考職，三年一次，分别用爲知縣、佐貳雜職，六十以上，酌給職銜。其有經生宿儒，文行並美，而不能改習新學者，爲學堂經書詞章師。務期科舉漸廢，學校林立。上以革數百年相沿弊政，下以培億兆輩有用人材。下政務處會同禮部妥議。

辛丑，又諭：有人奏，江蘇繭捐，以無錫、金匱兩縣爲大宗，每歲可得四十萬圓左右。該局委員以多報少，朋分肥己，開支亦多浮濫。去年蘇省禁米出口，該局串令奸商，運米繞道出口，收受陋規，幾釀重案。請旨飭查等語。當此款絀糧貴之時，豈容劣員行私舞弊！著恩壽按照所參各節，徹底查明，據實具奏，毋稍徇隱。原片著鈔給閱看，將此諭令知之。尋奏，該委員奉委收捐，雖查無營私入己情弊，惟於黏貼印花，及過秤驗船等事，玩忽瞻徇，實屬咎有應得。應請將錫金繭局委員候補知縣姚守彝革職，以爲徇私誤公者戒。如所請行。

湖南巡撫俞廉三奏，湖南遵設師範館，並續派學生出洋留學。得旨，著趙爾巽隨時嚴加考覈，期收實效。

癸卯，外務部奏，金貴銀賤，中國受虧甚鉅，亟變通錢幣，以圖補救：一、鑄金錢；一、存金款；一、嚴金禁；一、用金票；一、鑄銀圓；一、設銀行。大要以金錢定銅、銀二幣之值，以鈔票濟金、銀二幣之用，以銀行爲利國便民之樞紐，以礦産爲設局鼓鑄之來源。借鑒列邦成法，損益盡善，庶挽利權。下政務處會同户部議奏。

戊申，諭內閣：南洋各埠，多有華商出洋貿易，熟悉中外情形，尤深明於君國身家互相維繫之義。雖僑居海外，心恒不忘故土，其忠愛悃忱，朝廷深爲嘉尚。疊經諭令沿海各省，於流寓華商回籍時，設法保護。現在振興庶政，講求商務，一切應辦事宜，全在得人，尤應體恤商情，加意護惜。各埠華商人等，凡有因事回華者，其身家財産，均責成該省督撫嚴飭地方官切實保護，即行妥定章程，奏明辦理。儻有關津丁役，地方胥吏，及鄉里莠民，藉端訛索，即予按律嚴懲，決

不寬貸。著即由沿海督撫，及商務大臣、出使大臣，剴切曉諭，宣布朝廷德意，俾衆咸知。

庚戌，直隸總督袁世凱奏，遵設北洋陸軍武備學堂，擬訂章程。下政務處議。

山東巡撫周馥奏，旗丁生計日蹙，請挑選八旗聰穎子弟，入武備、醫學、農工、機器、電報、鐵路各學堂，以期成就。下各旗營知之。

辛亥，署兩江總督張之洞等奏，江蘇錢價日貴，民用日艱，擬設官銀錢局，行用官錢票，並添機增鑄銅圓。報可。

癸丑，署兩江總督張之洞等奏，自滬至甯鐵路，仿照粤漢幹路美款辦法，詳訂合同二十五條，議借英金三百二十五萬鎊，虛數九扣，年息五釐，五十年爲期，即將全路作爲借款抵押，五年全竣，逾限有罰。下外務部議。尋奏，該督等所擬合同，覈與粤漢鐵路用意相符，而於禁止洋工程師干預地方事宜，及豫訂將來徵收税捐各節，尤爲詳密，應請准如所擬辦理。從之。

《德宗實録》卷五一三　三月丙辰，諭軍機大臣等：有人奏，東三省時局日蹙，宜亟籌抵制之法。俄人興修鐵路，三省形勢險要皆失，惟有招民實地，力圖抵制，並以後按照自設木植公司辦法，俾操縱在我，豫防流弊等語。著增祺體察情形，妥籌覆奏，原片著鈔給閲看，將此諭令知之。尋奏，俄國鐵路業經竣工，此後宜如何堅定章程，不得再行侵占，應請飭下外務部，妥議限制，俾有遵循。至稱招民實地，及自設木植公司各節，前經續請開放東流水大淩河荒地，及上年量地添官各舉，無非力圖抵制，並飭東邊道袁大化體察情形，自設木植公司以保利權。當此時艱孔亟，但有可以補苴之處，應隨時相機籌畫，以冀稍裨時局。下外務部知之。

壬戌，諭軍機大臣等：電寄增祺等，俄約第二期交還奉天、吉林地方，著派增祺、長順接收。

癸亥，閩浙總督許應騤因事解職，以熱河都統錫良爲閩浙總督，未到任前，以福州將軍崇善署理。

《光緒朝東華録》一七九　乙丑，命盛宣懷隨同袁世凱、張之洞、吕海寰、伍廷芳會議商約事宜。

《德宗實録》卷五一三　庚午，命慶親王奕劻爲軍機大臣。

甲戌，護理江西巡撫柯逢時奏，釐金改辦統捐，商民稱便，擬請土貨改從一律。得旨，著即督飭認真辦理，剔除中飽，以期裕課恤商。

調署四川總督岑春煊署兩廣總督，以閩浙總督錫良署四川總督，未到任前，以四川布政使陳璚暫行護理。以署廣東巡撫李興鋭署閩浙總督，調河南巡撫張人駿爲廣東巡撫，以漕運總督陳夔龍爲河南巡撫，署兩廣總督德壽爲漕運總督。

庚辰，諭内閣：從來立國之道，端在理財用人，方今時局艱難，財用匱乏，國與民俱受其病，自非通盤籌畫，因時制宜，安望財政日有起色？著派慶親王奕劻、瞿鴻禨會同户部認真整頓，將一切應辦事宜，悉心經理。即如各省所用銀錢式樣各殊，平色不一，最爲商民之累，自應明定畫一銀式，於京師設立鑄造銀錢總廠，俟新式銀錢鑄成，足敷頒行後，所有完納錢糧、關税、釐捐、一切公款，均專用此項銀錢，使補平申水等弊，埽除净盡。部庫省庫，收發統歸一律，不准巧立名目，稍涉紛歧。其應如何妥定章程，著即詳晰覆議，分别次第，請旨遵行。總之，此舉爲國家要政，上下交益。該王大臣等惟當力任勞怨，堅定不摇，務令圜法整齊，推行盡利，用副朝廷通變宜民之至意。

又諭：通商惠工爲經國之要政，自積習相沿，視工商爲末務，國計民生，日益貧弱，未始不因乎此。亟應變通盡利，加意講求。前據政務處奏，議覆載振奏請設立商部，業經降旨允准，兹著派載振、袁世凱、伍廷芳先訂商律，作爲則例，俟商律編成奏定後，即行特簡大員，開辦商部，其應如何提倡工藝、鼓舞商情，一切事宜，均著載振等悉心妥議，請旨施行，總期埽除官習，聯絡一氣，不得有絲毫隔閡，致啟弊端，保護維持，尤應不遺餘力。庶幾商務振興，蒸蒸日上，阜民財而培邦本，有厚望焉。

《光緒朝東華録》一七九　癸未，孫寶琦奏，各國賽會之舉，在開會之國，重在博覽新奇貨物，使本國得以仿行，爲農工商之進步；在入會之國，則重在陳列本國貨物，視何者利於銷售，即可陸續增運，爲農工商之銷路，非徒爲是矜奇立異也。各國入會者，富商大賈，必親往監察，視何項暢銷，即與該國商人訂議續運。中國商人不明此義，但交貨物交付海關，轉運會場代售，親自西來者絶少。據華必樂面稱，中國貨物，本爲歐人所喜悦，故當會場陳列，争先購買，乃貨主不來，以致法人欲向訂購，無從面議，機會可惜等語。現美國將開百年大會，亟宜廣招富商，鳩集公司，親自運貨前往，考察商情，陸續運售，勿貪一時之利，宜爲久遠之謀。應請飭下商務大臣、各直省督撫勸諭紳商，分投籌辦，以擴利源。下外務部知之。

《德宗實録》卷五一四　四月辛卯，以讓出賠款、創立學堂，予山西總教士李提摩太等奬敘。

甲午，兩江總督魏光燾奏，江甯省城設立兩江學務處，並派員辦理。得旨，著即認真辦理，務收實效。

《德宗實録》卷五一五　五月戊午，吏部以大學士王文韶、崑岡、崇禮應授何殿閣請。得旨，王文韶著補授武英殿大學士，崑岡著補授文淵閣大學士，崇禮著補授東閣大學士。

《光緒朝東華録》一八〇　戊辰，外務部奏，光緒二十九年二月二十八日，准軍機處鈔交署兩江總督張之洞、江蘇巡撫恩壽、督辦鐵路大臣盛宣懷會奏滬甯鐵路籌借英款訂立詳細合同一摺。奉硃批：外務部議奏，單併發，欽此。查原奏内稱：光緒二十四年閏三月初四日承准總理衙門來電，英使述其政府之意，自滬至甯鐵路，必欲令怡和承辦，勢難峻拒，飭由總公司相機籌辦。臣宣懷遵與怡和兼代匯豐之英國銀公司磋議草約二十五條，聲明設與地方窒礙，隨時更正，仍俟簽定正約，會同督撫具奏。電經總理衙門核准，於是年閏三月二十三日，先將草約簽印，即派員伴護英公司瑪利孫等測勘軌道，估計工費，適英以特戰，吾以拳亂，彼此遷延，未議正約。上年七月，銀公司公舉上海領事官璧理南來議詳細合同，開議以來，磋磨五六月，易稿六七次，間有爭持未允者。臣宣懷復屬璧理南攜稿來甯，經臣之洞覆加考核，派員與之按款磋商，分别駁改增删，幸皆妥商就範，計訂詳細合同二十五條，以粤漢美款辦法爲基址，其自保權利之處，實較已定各路爲尤多。璧理南電致英京，一切俱已允協，理合繕具清單，恭呈御覽，俟奉旨批准，再行簽印等語。臣等將該督等所訂合同詳加查核，如訂借英金三百二十五萬鎊，虚數九扣，年息五釐，以英公司出售小票先後爲起息日期，並訂明備付息款取贖小票辦法。他如需用材料，先儘漢陽鐵廠承辦，遇調兵運械賑饑諸要務，減收車價，儘先載運，以及自購地基以固根本，遴派總辦以重事權，皆爲取益防損之端，核與粤漢鐵路合同用意相符，而於禁止洋工程師干預地方事宜，及預訂將來徵收税捐各節，則尤爲詳密。其餘各條，均屬可行，應請准如所擬辦理，如蒙俞允，即由臣部咨行遵照會同簽印，並照會英國駐京使臣，飭令該公司按照合同妥速開辦。得旨，如所議行。

《德宗實録》卷五一六　辛未，諭内閣：電寄吕海寰等，各國商約，著即在京開議。張之洞現已來京，吕海寰、盛宣懷、伍廷芳等著迅即來京與議，並隨時與袁世凱商酌，妥籌辦理。

乙亥，直隸總督袁世凱等奏，【略】遵章創練常備軍，已成步、礮、馬、工程、輜重二十五營。下部知之。

《光緒朝東華録》一八〇　戊寅，奕劻等奏，光緒二十七年四月十七日欽奉懿旨，照博學鴻詞科例，開經濟特科。【略】現在報到者一百二十二人，既奉諭旨於會試後舉行，自毋庸再予展限。臣等公同商酌，擬即就現在人數傳集考試，於閏五月内新進士各場完畢後舉行，應請欽定日期，特旨宣示，尅期取齊，所有考試各事宜，由禮部查照殿廷考試向章妥爲辦理。惟原奏係以二場分試策論，現就試人數較少，擬請略爲變通，以第一場爲正場，録取者再行覆試一場，均試以論一篇、策一道，並請欽命題目，簡派大臣校閲進呈，恭候欽定等第名次，交禮部帶領引見，分别録用。上諭：經濟特科保薦人員，著於閏五月十六日在保和殿考試。

《德宗實録》卷五一六　庚辰，諭内閣：電寄沿海沿江各省督撫，據魏光燾電稱，查有上海創立愛國會社，招集羣不逞之徒，倡演革命諸邪説，已飭查禁密拏等語。朝廷鋭意興學，方期造就通才，儲爲國用。乃近來各省學生，潛心肄業者，固不乏人，而沾染習氣，肆行無忌者，正復不免。似此猖狂悖謬，形同叛逆，實爲風俗人心之害。著沿海沿江各省督撫，務將此等敗類嚴密查拏，隨時懲辦，所有學堂條規並著督飭認真整頓，力挽澆風，以期經正民興，勿誤歧趨，是爲至要。

《光緒朝東華録》一八〇　閏五月丙戌，張百熙等奏，京師大學堂爲學術人才根本，關繫至重，考究宜詳。自上年奉旨開辦以來，疊經酌擬章程，仰邀欽定。惟各省蒙小學堂，甫籌創設，咨送至學，既無真正合格學生，兼以近來人心浮動，好爲空論，往往有跅弛之士，從前未經科學艱苦，粗習譯書，妄騰異説，弊由於未入學堂之故。而惡習所染，深慮及於在堂肄業之生。今日因乏才而謀興學，因興學而防流弊，操縱之間，倍難措手。必須有精審畫一之課本，完全無缺之章程，方能合中人以上之才而陶鑄之。上年因編輯課本事恐歧誤，曾經臣百熙於開辦譯書局摺内聲明，與湖廣督臣張之洞商定會辦之法，嗣該督疏陳湖北學堂章程，其中足補臣百熙奏進章程所不及者，當即一律照改，奏明在案。學堂爲當今第一要務，張之洞爲當今第一通曉學務之人，湖北所辦學堂，頗有成效，此中利弊，閲歷最深，臣等顧念時艱，究心學務，竊願今日多一分考求，即將來學術人

才多一分裨益。雖在前函電往還，商榷多次，近日該督展覲入都，臣等復請其來堂考察各項科學。該督指示竅要，竟日不倦，教習生徒，同深悅服。臣等猶恐該督或以事非專責，容有稍存謙抑，言之不盡之處。聞商約諸政，均有旨飭該督商辦，學堂尤政務中之大端，所關更重。伏懇天恩，特派該督會同商辦京師大學堂事宜，一切章程，詳加釐定，嗣後有應行修改之處，由臣等隨時咨行該督會商具奏，實於整飭條規，維持教育，大有補助。上諭：張百熙等奏請添派重臣會商學務一摺，京師大學堂爲學術人心根本，關係重要，著即派張之洞會同張百熙、榮慶將現辦大學堂章程一切事宜，再行切實商訂，並將各省學堂章程，一律釐定，詳悉具奏，務期推行無弊，造就通才，俾朝廷收得人之效，是爲至要。

乙未，楊兆鋆奏，近年增設通商口岸，洋商教士來者尤衆，紛紛購置地畝，或造市廛，或建教堂。購置之時，祇與地主訂價議定報告，並有不報官而私相授受者。試言其弊，約有三端：地雖有主而勢居形勝，建造洋房，於地方大局有礙，輿情未協，致起齟齬，一也；民基以契爲憑，兵燹以後，地荒無主者居多，狡黠之徒，立私契以愚外人，執此契而指彼地，影射爲奸，不可究詰，二也；口岸一經通商，地價驟昂，奸民輒假名洋人，以賤值預購多地，輾轉相售，藉以漁利，遇有轇轕，恃洋人爲護符，欺壓平民，官辦棘手，三也。三端之中，以奸民假名洋人爲尤甚。臣愚以爲，争之於事後，徒費筆舌，而所損已多，何若慎之於事先，預定章程，而俾知所守。應請飭下外務部行文各直省督撫，轉飭府廳州縣，凡洋人於通商口岸或内地指購地畝，先由售主稟報地方官呈驗契單，並令洋人書據載明該地作爲何用，官爲查勘，實非形勝之區，勢無窒礙，方准購置，稟報督撫，並知照該國領事官，一體立案，交付地價之時，嚴禁吏胥從中需索，以恤民隱。洋人購地作用，如與書據不符，無關緊要者，准其營造，仍報明更正，如有大妨礙，由地方官申報上司，行文領事官駁正。倘查勘之際，疑係假冒，即由地方官移問該管領事，洋人是否屬實，察知其僞，立將奸民從重懲治，以杜澆風，於交涉不無裨益。下外務部知之。

丙申，袁世凱奏，前准軍機大臣字寄，光緒二十七年七月十三日奉上諭：各省制兵積弊甚深，耗餉頗鉅，亟宜嚴行整頓，汰弱留强，著各直省督撫悉心規畫，核實釐剔，所有各省原有之緑營，裁去十之二三，騰出餉需，報部候撥等因。欽此。臣於是年十月間到任，因查直隸制兵，歷年抽撥截減，較額設所去已多，且彼時天津地面，尚未收回，該處鎮協各營弁兵，均未歸任，應領餉糈，司庫亦未撥放，與完善省分情形不同，尚難遽議裁減。請俟洋兵全退，再行妥籌議辦。於是年十二月間奏明在案。現在收回天津，已將一載，事局大定，本省常備軍練成一鎮，需餉甚鉅，籌撥爲難，本應將緑營制兵全裁，騰作新軍額餉。惟念直省幅員遼闊，兵燹以後，伏莽尤多，巡警尚未設齊，彈壓須資兵力。科布多年例换防兵丁，又須按期派往，自應權衡緩急，分别裁留。查直隸制兵，現計實存馬步守各兵二萬六千餘名，無閏之年，應支餉米乾折等銀四十三萬餘兩，内除守護陵寢之馬蘭、泰甯二鎮内外標各營外委兵丁，又妙高峯汛有看守醇賢親王園寢之責，河防營兵，平時修工，臨汛搶險，均關重要，未能遽裁，應仍發給全餉，容再妥籌辦法。並各捕盗營内四路廳，業經就餉改練巡警，其張、獨、多三廳及熱河承德府，能否仿照改練，另行辦理外，其餘督標提標，通永、天津、正定、大名、宣化五鎮，並分防各營馬步守兵一萬六千餘名，照向章應支餉米乾折七八成實銀二十四萬餘兩，小建按日核扣，遇閏之年應分别冬春夏秋及大小建加銀一萬六千餘兩不等。臣詳加查核，天津鎮左右城守三營，葛沽一營，通永鎮並通州協、山永協各左右二營，北塘一營，以上共十一營，當庚子之變，紛紛逃避，豈容再令入伍糜餉，自應悉數裁撤。此外督標、提標，正定、大名、宣化三鎮並分防各營及津通兩鎮所轄各外汛，應請就現在兵數各裁一半，即於本年六月以前，一律裁齊，每年各節省一十四萬餘兩。查制兵餉項，前於二十七年前督臣李鴻章因亂後司庫匱乏，奏明減半支放，此次裁節之款，應按全數核算，其餘裁存之兵，嗣後即發半餉，又可節省銀五萬餘兩，統計節省銀二十萬兩左右，遇閏之年又加節省銀一萬六七千餘兩，儘數撥充常備軍額餉之用。惟本年所裁各兵，上半年連閏已發折半銀三萬五千餘兩，實可撥用銀十七萬餘兩，其自來年起，即照節省全數撥用。一轉移間，騰出舊有之餉，以贍新練之軍，期副朝廷汰弱留强修明武備之至意。下部知之。

《德宗實録》卷五一七　壬寅，諭軍機大臣等：電寄，魏光燾等，電悉，鄒容等六犯業經拏獲，仍著嚴飭，速籌解甯懲辦，勿任狡脱，以儆狂悖。

甲辰，外務部奏，中英續訂通商行船條約，請用寶互换。報聞。

辛亥，直隸總督袁世凱奏，天津新訂義、奥、日本三國租界，次第議成。下部知之。

《德宗實録》卷五一八　六月乙卯，御史徐堉奏，請設養正學堂，並派學生出洋肄業。從之。

庚申，御史張元奇奏，各省學堂，宜嚴選師範，振興實業。又奏，本科進士入大學堂肄業，請分別年歲願否，酌爲變通。得旨，著張之洞會同管學大臣妥議具奏。尋奏，該御史請嚴選師範、振興實業，洵爲知本之論。現已擬定各級師範學堂章程，各省不難照辦。至蒙學暫不課西文，現在所擬小學堂章程，即嚴申此禁，與該御史所見正同。本科進士入大學堂肄業，業經酌定年歲，量爲變通，自可免遷就入學、有名無實之弊。報聞。

《德宗實録》卷五一九　七月甲申，諭軍機大臣等：所有八旗兵丁，著該都統等切實教養，務令讀書識字，以便選入武備學堂肄業，用備國家干城之選。各旗大員子弟，如有願入武備學堂肄業者，亦即報明各該旗，咨行北洋大臣，聽候挑選。

戊戌，諭内閣：現在振興商務，應行設立商部衙門。商部尚書著載振補授，伍廷芳著補授商部左侍郎，陳璧著補授商部右侍郎，應辦一切事宜，著該尚書等妥議具奏。

《光緒朝東華録》一八一　乙巳，長順奏，奴才等前因東三省鐵路俄已修竣，意欲展修省城至長春枝路，以接幹路，奏請專歸中國自行興修，以保利權。於光緒二十八年六月初七日，專摺密陳，奉硃批，外務部議奏。欽此。嗣經外務部奏覆，吉林省城至長春一段鐵路，亟應籌款自築，此段工費約計需銀二百數十萬兩，應請飭下户部先籌的款八十萬兩，爲之基礎，不敷之數，即由吉林將軍就地籌集，或招集華商股分等因。又經户部奏覆，此款先據外務部咨商，當經臣部片覆在案。今外務部奏請户部先撥的款，與部議辦法，先後次第，稍有未符，應請飭下吉林將軍，仍查照臣部前議，將本省自籌之八十萬兩，集有成數，並招商股之一百萬兩，辦有端緒，即行奏咨報部，臣部再將籌備銀八十萬兩撥給該省等因。先後奉旨，依議，欽此。各鈔奏咨行前來。【略】是以奴才等於既奉部文以後，復將此項工程細加考查，再三審度，覺俄員所言以歸公司接修爲利，似非相欺，現據達嚭爾將帶回合同，與總副監工覈定，各繕華俄文，復行寄省，專待彼此簽押。奴才等覈其字句，稍有更易，而大致相同，當與商明簽押後，仍須請旨定奪。謹將合同十六條敬繕清單，恭呈御覽，並請飭下外務部覈覆施行。得旨，外務部議奏，單併發。

《德宗實録》卷五二〇　八月丁巳，諭内閣：商部奏，擬於各省設立路礦、農務、工藝各項公司，請飭各將軍、督撫會同籌辦等語。現在振興商務，全在官商聯絡一氣，以信相孚，内外合力維持，廣爲董勸，以期日有起色。著各省將軍、督撫，於商部議設各項公司，會同籌畫，悉心經理，並飭該管道府州縣隨時認真保護。儻有推諉因循，仍前膜視，該部即行據實奏聞，力除壅蔽，毋稍遷就。

《光緒朝東華録》一八二　庚申，外務部奏，光緒二十九年七月二十日熱河都統松壽奏續修礦章推廣辦法一摺。本日奉硃批：外務部議奏，單併發。欽此。欽遵由軍機處將原奏清單鈔交前來。查原奏内稱：熱河辦礦章程大綱四條、細目二十四條，經前都統錫良開單奏明在案。近日官辦商辦，各自遵循，以故風氣大開，呈請開採者，接踵而來，課款亦日有起色。然利之所在，弊即生焉。細繹原定章程，本爲至周且密，但近來辦礦黠商，往往從指明地段限制之外，任意侵踰，其經手之人，又或以多報少，冀圖朦混隱瞞，若不先事預防，流弊必種種不絶。至蒙旗山分之外，前經外務部核議，酌提礦税，以示體恤。擬由官課内提給一成，並不取之礦商，以昭大信。此皆原奏未盡事宜，悉心酌議，應即續行添入。若銅、鉛、錫、鐵等礦，口外採者向屬寥寥，故原定章程税則，止及金、銀、煤礦，並未議及此項。若不明定章程，一經開辦，必多狡執，應酌定辦法，俾有遵循，謹續擬礦章四條，應請敕下外務部核議等語。臣等查熱河辦礦章程，業經臣部於本年二月間核議奏明在案，惟開辦礦務關繫緊要，如有未盡事宜，自應隨時釐訂，以期妥善。兹據熱河都統松壽續擬章程四條，臣等詳加查核。其第一條所載開礦地界以圍圓計算一節，礦地界址本應劃清，以防侵佔，現擬將原定大礦二十里、小礦十里之界，均以圍圓計算，並標明四至，繪圖立案，自足杜礦商影射侵踰之弊。其第二條所載礦局帳目檢簿核對一節，礦産採取多寡，原以礦局帳目爲憑，非詳細核算經手之人，即不免以多報少，希圖漏税，現擬將每月出數若干，核實登簿，蓋用戳記，聽候委員檢簿查核，庶就礦徵税，不至稍有隱匿。其第三條所載礦税一成提給蒙旗一節，臣部於議覆前熱河都統錫良奏擬定礦章摺内業經聲明，應將課税酌定提歸各旗成數以補糧之不足，現擬以税課一成提給蒙旗，核與臣部奏案相符，該款出自公家，於礦商課税並無加增，尚屬公允。其第四條所載銅、錫、鉛、鐵各礦分别大小呈交押課銀兩，並照值百抽十升課一節，熱河金銀各礦押課章程，大礦交銀三百兩，現擬將銅、錫、鉛、鐵各礦分交押課銀，大者六百兩，小者二百兩，較金、銀各礦爲輕，應令如數交納。至以值百抽十升課，則較熱河金礦值百抽六、銀礦值百抽八章程爲重，不足以昭平允，應令均照值百抽五升課，作爲暫行試辦章程，俟另定通行税章，仍令一律照辦。以上各

條，除銅、錫、鉛、鐵抽收税課應照臣等所擬辦理外，其餘均可補原章所未備，自應准如所請。如蒙俞允，即由臣部咨行熱河都統歸入前定章程，一併遵照辦理。得旨，如所議行。

《德宗實録》卷五二〇　丁卯，諭軍機大臣等：電寄吕海寰，日本商約已定，即著吕海寰等就近畫押。

湖廣總督張之洞奏，遵旨與日本使臣籌議出洋學生辦法，擬定約束鼓勵章程各十款，又另擬自行酌辦立案章程七款，請分别通飭遵照。如所請行。

庚午，督辦鐵路事務、工部左侍郎盛宣懷奏，南洋公學請定爲高等商務學堂。下管學大臣議。尋奏，南洋公學上院請改爲商業學堂，係爲振興實業起見，應請照准。至定爲高等，以中院學生遞升一節，升學考試及畢業獎勵，均有奏定專章，應飭其按照定章辦理。從之。

《光緒朝東華録》一八二　諭軍機大臣等：外務部呈遞魏光燾電，據稱查有上海創立愛國會社，招集不逞之徒，倡演革命諸邪説，已飭查禁密拏等語。朝廷鋭意興學，方期造就通才，儲爲國用。乃近來各省學生潛心肄業者，固不乏人，而沾染習氣，肆行無忌者，正復不免。似此猖狂悖謬，形同叛逆，實爲風俗人心之害。著沿海沿江各督撫，務將此等敗類，嚴密查拏，隨時懲辦，所有學堂條規，併著督飭認真整頓，力挽澆風，以期經正民興，勿入歧趨，是爲至要。

丙子，授崇禮爲文淵閣大學士，孫家鼐爲東閣大學士，敬信爲體仁閣大學士。

《德宗實録》卷五二一　九月辛巳，諭内閣：商部奏，請飭力行保商之政一摺。中國自互市以來，商務日盛，現在設立商部，正宜極力整頓，相與維持。惟中國商民平日與官場隔閡，情誼未能遽孚，而不肖官吏，或且牽掣抑勒，甚至報關完税，多所需索。商船驗放，到處留難，遇有詞訟，不能速爲斷結，辦理不得其平，以致商情不通，諸多阻滯。著各直省將軍、督撫，通飭所屬文武各官，及局卡委員，一律認真恤商持平，力除留難延閣各項積弊，以順商情而維財政。儻有不肖官吏，仍前需索刁難，著即隨時嚴查參辦，勿稍徇縱。

庚寅，諭軍機大臣等：電寄岑春煊等，久未接廣西奏報，近來軍務情形若何，各屬地方，是否漸就靖謐。著岑春煊、柯逢時、丁體常詳晰電奏。

外務部奏，自越南邊界，至雲南省城，法國借地建造鐵路，訂議八十年後，由中國議收。公司股票，中國亦可購買，與各股票均分利息，將來購股票較多，藉可收回權利，已與法使訂定。從之。

乙未，諭軍機大臣等：電寄胡惟德，現聞俄兵復回奉天省城，把守城門，占據官署，諸事要挾，實堪詫異。俄國與中國交好垂三百年，素稱親睦。前因拳匪之變，致啟兵端，本出意外，公約定後，經朕與俄皇御筆批准，分期撤兵交還，條約具在，天下所共聞。今久逾交還之期，又將奉省已撤之兵折回，人心甚爲惶駭。俄武員如此舉動，恐由誤聽人言，俄廷尚未詳知。著胡惟德告其外部，覲見俄皇，陳達一切情形，諄請先將奉省兵隊撤退，並將二三期撤兵交還，照約辦理。如有兩國應商事件，仍由駐京使臣與外部和衷商議。

戊戌，署兩廣總督岑春煊等奏，粵省書院全改學堂，並酌提各屬賓興學田各款，以充經費。得旨，務即飭令妥爲籌辦，期收實效。

辛丑，商部奏，酌擬獎勵公司章程，以顧問官議員之目，分别等差，請旨遵行，以廣招來。從之。

《德宗實録》卷五二二　十月辛亥，諭内閣：商部奏，請通飭各省振興農務一摺。據稱商務初基，以提倡土貨爲要義，而商之本在工，工之本在農，非先振興農務，則始基不立，工商亦無以爲資。振興農務之法，不外清地畝，辨土宜，以及興水利，廣畜牧，設立農務學堂與試驗場。請飭各將軍督撫，通飭各屬，將地畝册、土性表，詳晰編造報部等語。所陳不爲無見，著各省大吏，速飭各府廳州縣，認真確查，極力講求，一律切實興辦，以廣種植而裕利源。

《光緒朝東華録》一八三　甲子，商部奏，臣部奏定章程，内開擬招商設立鐵路礦務各項公司，如一時官本籌集不易，全係商股承辦者，應由臣部隨時維持保護等因。所有鐵路公司，自應訂定專章，俾資遵守。查前光緒二十四年十月間，統轄礦務鐵路總局大臣曾經奏定礦務鐵路公共章程二十二條通行在案。臣部綜綰商務，礦路事宜，奉旨歸併臣部辦理。除礦務章程，上年七月間欽奉諭旨，飭令劉坤一、張之洞採擇各國礦章詳加參酌妥議。現在張之洞尚未議定，應由臣部先擬試辦章程，再行奏聞外，查鐵路章程，有從前訂定之條現在應行修改者，亦有從前章程所未賅現在應行增補者，臣等公同商酌，擬重訂鐵路簡明章程二十四條，開具清單，恭呈御覽，如蒙俞允，即由臣部通行各省遵照，並咨明外務部照會各國駐京大臣備案。得旨，如所議行。

《德宗實録》卷五二二　丙寅，諭内閣：前因各直省軍制、操法、器械未能一律，疊經降旨飭下各督撫，認真講求訓練，以期畫一。乃歷時既久，尚少成效，必

須於京師特設總匯之處，隨時考查督練，以期整齊而重戎政。著派慶親王奕劻，總理練兵事務。袁世凱近在北洋，著派充會辦練兵大臣，並著鐵良襄同辦理。該王大臣等，受恩深重，務當任勞任怨，認真籌辦，以副朝廷力圖自强之至意。其應辦事宜，著該王大臣等，隨時妥議具奏。

《光緒朝東華録》一八三　辛未，趙爾巽奏，湘省紳商集股設立煉礦總廠，並設阜湘總公司，承辦中路南路各屬礦産；設沅豐總公司，承辦西路各屬礦産。經前撫臣俞廉三於二十八年六月專摺奏請立案，奉硃批，外務部、路礦總局知道。欽此。欽遵在案。嗣又據總公司紳董稟請兩公司合併爲一，凡湘省未開各礦，概歸總公司承辦，並設購地總公司，先集華股購買礦地，以保自主之權，亦經俞廉三電知外務部、路礦總局核准有案。惟查礦地綿亘，費鉅事繁，從前招股章程，間有應者，究以名稱不一，權限不定，未能十分踴躍。奴才迭飭公司詳定章程，廣招股本，合力興辦，兹據總公司紳董呈稱，現已公同商定，仍照前案合併爲一，銷去阜湘、沅豐之名，名曰湖南全省礦務總公司。初次先集股本銀三百萬兩，並力籌官股以資補助，所有湖南全省礦産，除礦産總局現在試辦之新化鐵礦、常甯鉛礦、平江金礦外，皆歸總公司經理。以後本省外省外埠各紳商，有願承辦湖南礦産者，祇准指一礦作爲總公司之分公司，不得另設總公司。一切章程，必須遵守總公司所定，其總公司辦公區域，仍分爲中、南、西三路，各設總理一人，分任其事，以專責成，仍令辦總公司一切事件，以期聯絡。又由奴才選派監督官一員，專司稽察國家税項、股本利息及一切財政各事宜，並附設礦務銀行，以挽利權而昭大信。其煉礦購地各事，即由各路總理就近兼辦，亦無須另立名目，以歸畫一，並據礦務局司道詳請具奏前來，奴才覆查無異。下部知之。

《德宗實録》卷五二二　甲戌，諭軍機大臣等：商部奏，粵紳承辦潮汕鐵路請予立案並飭保護一摺。廣東汕頭埠爲潮州咽喉，現經候補京堂張煜南呈請招集華商股，分於該處創辦鐵路，自應官爲保護，以期廣開風氣，逐漸擴充。著岑春煊、張人駿飭令該處地方官，出示曉諭居民，俾知爲興商便民之舉，所有該紳辦理勘路、購路、運料、與工一切事宜，妥爲照料，毋得稍存膜視。

丙子，諭軍機大臣等：袁世凱奏，開平煤礦暨秦王島口岸，請飭迅速收回一摺。開平煤礦係國家籌撥鉅款，提倡創辦。秦王島尤爲我自開口岸，疆土利權，均關緊要，豈容擅賣！前降旨責成張翼設法收回，如有遲誤，惟該侍郎是問。至今數月之久，乃敢支梧抡延，迄未收回，實屬罪有應得。張翼著先行革職，仍著袁世凱嚴飭張翼，勒限收回，不准稍有虧失。儻再延宕，定將該革員從重治罪，並著該督切實挽回，俾資補救。

《德宗實録》卷五二三　十一月癸未，諭軍機大臣等：本日張百熙等奏，選派學生前赴東西洋各國游學一摺。師範學生最關緊要，著管學大臣擇其心術純正、學問優長者，詳細考察，分班派往游學。

丙戌，諭軍機大臣等：百度之興，端資經費，現值帑藏大絀，理財籌款尤爲救時急務。前經户部通行各省，整頓煙酒税，以濟要需，乃報解之無多，實由稽徵之不力。據直隸總督袁世凱奏稱，直隸抽收煙酒兩税，計歲入銀八十餘萬兩。以直隸彫敝之區，猶能集此鉅款，足見該督公忠體國，實心任事，殊堪嘉尚。即著鈔録直隸現辦章程，咨送各省，責成該將軍、督撫等一體仿行，並量其省分之繁簡，派定税額之多寡。

《光緒朝東華録》一八四　己丑，諭奕劻等：奏請簡派練兵處差使各摺片。商部左丞徐世昌，著開缺以内閣學士候補，充練兵處提調。直隸即補道劉永慶，著充軍政司正使。直隸補用道段祺瑞，著充軍令司正使。候選道王士珍，著充軍學司正使。均著賞給副都統銜，餘依議。

《德宗實録》卷五二三　辛丑，外務部奏，中美續訂通商行船條約，請旨用寶互换。從之。又奏，中日續訂通商行船條約，請旨用寶，並派大臣互换。得旨，著那桐互换。

甲辰，商部奏，勸辦商會，酌擬簡章二十六條，以資遵守。從之。

丙午，諭内閣：方今時事多艱，興學育才，實爲當務之急。前經令張之洞會同管學大臣將學堂章程，悉心釐訂，妥議具奏。兹據會奏臚陳各摺片，條分縷晰，立法尚屬周備，著即次第推行。其有應行斟酌損益之處，仍著該管學大臣會同張之洞隨時詳覈議奏。至所稱遞減科舉，及將來畢業學生，由督撫、學政並簡放考官考試一節，使學堂科舉合爲一途，係爲士皆實學，學皆實用起見。著自丙午科爲始，將鄉會試中額及各省學額按照所陳逐科遞減，俟各省學堂一律辦齊，確著成效，再將科舉學額分別停止，以後均歸學堂考取，届時候旨遵行。即著各該督撫趕緊督飭各府廳州縣建設學堂，並善爲勸導地方逐漸推廣，無論官立、民立皆當恪遵列聖訓士之規，謹守範圍，端正趨向，不准沾染習氣，誤入奇衺。一切課程，尤在認真講求，毋得徒事皮毛，有名無實。務期教學相長，成德達材，體用兼賅，以備國家任使，有厚望焉。

《光緒朝東華録》一八四　丁未，命大學士孫家(鼎)〔鼐〕充學務大臣。

《光緒朝東華録》一八五　十二月甲寅，商部奏，臣載振於光緒二十九年三月二十五日奉上諭，通商惠工，爲古今經國之要政，急應加意講求。著派載振、袁世凱、伍廷芳先訂商律，作爲則例等因。欽此。仰見朝廷慎重商政，力圖振興之至意。維時伍廷芳在上海會議商約，臣載振曾與函商，先將各國商律擇要譯録，以備參考之資。旋於七月十六日奉旨設立商部，伍廷芳復承簡補授臣部侍郎，於八月間來京。臣等與之公同籌議，當以編輯商律，門類繁夥，實非尅期所能告成，而目前要圖，莫如籌辦各項公司，力祛曩日涣散之弊，庶商務日有起色，不致坐失利權，則公司條例，亟應先爲妥訂，俾商人有所遵循，而臣部遇事維持，設法保護，亦可按照定章覈辦。是以趕速先期擬商律之公司一門，並於卷首冠以商人通例，於脱稿後，函寄直隸督臣袁世凱會商在案。嗣准軍機處交片内開，十一月十一日奉上諭，袁世凱奏差務太繁，請開去各項兼差一摺。商務商律，現已設有商部，即著責成該部詳議妥訂等因。欽此。並准該督咨同前因，自應欽遵辦理。兹將商律卷首之商人通例九條，暨公司例一百三十一條，繕具清册，恭呈御覽。如蒙俞允，即作爲欽定之本，由臣部刊刻頒行，此外各門商律，仍由臣等次第擬訂，奏明辦理。現在伍廷芳奉旨調補外務部侍郎，臣等深悉該侍郎久歷外洋，於律學最爲嫻熟，嗣後籌議商律一切事宜，仍隨時與該侍郎會商，以期周妥。得旨允行。

《德宗實録》卷五二五　乙丑，諭内閣：袁世凱奏，請開去會辦練兵差使一摺。現在時局艱難，練兵爲當務之急。前有旨派慶親王奕劻總理練兵事宜，以袁世凱近在北洋，派令會辦。原以該督於兵事素所講求，特加委任，惟當任怨任勞，挽回積習，認真整頓，毋稍推諉，所有練兵一切事宜，著隨時會商慶親王妥籌辦理，以副朝廷整飭戎行之至意。所請開去練兵差使之處，著毋庸議。

辛未，吉林將軍長順等奏，韓人覬覦越墾，擬過江設官自治，請設法阻絶。得旨，著外務部查覈辦理。

署四川總督錫良奏，遵照商部新訂鐵路章程，設立川漢公司。下所司知之。

《光緒朝東華録》一八五　壬申，軍機大臣欽奉慈禧端佑康頤昭豫莊誠壽恭欽獻崇熙皇太后懿旨，著袁世凱迅速調齊各營嚴防沿海及關外一帶。該督即親赴榆關，居中調度，以固封守，不必來京請訓。直隸總督日行公事，著運司暫理。

《德宗實録》卷五二五　丙子，諭内閣：現在日俄兩國失和用兵，朝廷念彼此均係友邦，中國應按局外中立之例辦理，著各直省將軍、督撫通飭所屬文武，並曉諭軍民人等，一體欽遵，以篤邦交而維大局，毋得疏誤。

又諭：現在日俄兩國失和，非與中國開釁，京外各處地方，均應照常安堵。本日業經明降諭旨，按照局外中立之例辦理，所有各省及沿邊各地方，著該將軍、督撫等加意嚴防，慎固封守。凡有通商口岸，及各國人民財産教堂，一體認真保護，隨時防範。儻有匪徒造謡滋事，即著迅速查拏，從嚴治罪。京師地面重要，著步軍統領衙門、工巡總局、順天府、五城御史，嚴密巡查，切實彈壓。俾鋪户居民，各安生業，所有各國使館教堂，尤應加意保護。儻有不肖匪徒，妄造謡言，藉端滋擾，即行緝拏審訊，輕者按律懲處，重者立即正法，以示儆戒。京外各該衙門，皆有地方之責，務當嚴申禁令，銷患未萌，毋得稍涉疏懈，用副朕輯和中外、綏靖閭閻之至意。

光緒三〇年（甲辰、一九〇四）

《德宗實録》卷五二六　正月癸未，廣西巡撫柯逢時等奏，自梧州設洋關通商，以鹽法道兼該關監督，應即飭該道移駐梧州，督率水師員弁，認真清理河道，以安商旅，遇有交涉事件，妥爲辦理。報聞。

戊子，會辦五城練勇局事宜、商部左侍郎陳璧等奏，籌辦五城防護事宜，請撥經費，添募練勇，以靖地方。從之。

庚子，諭軍機大臣等：外務部代遞總税務司赫德條陳一摺。據該總税務司稱，練兵籌饟，以地丁錢糧爲大宗，若竭力整頓，即用此款練兵，並可舉辦各項要務。按里計畝，按畝計賦，令每畝完錢二百文，確可經久，百姓亦不受絲毫擾累等語。現在財用匱乏，幾於羅掘俱窮，一切應行要政，如練兵等事，尤爲萬不容緩之舉，需款更殷，亟應切實通籌，期有良法。著該督等按照所陳各節，體察情形，悉心會商，逐條覈議，妥速具奏。原節略著鈔給閲看，將此各諭令知之。尋直隸總督袁世凱、署四川總督錫良、署閩浙總督李興鋭會奏，總税務司赫德籌款條陳，其整頓地丁錢糧，按里計畝，按畝計賦一節，於事有不能盡行。惟加賦未敢輕言，而清丈固無傷政體，應略採其議，先從一縣辦起，行之有效，再行逐漸推廣。附陳清丈切要辦法。下所司議。

癸卯，署雲貴總督丁振鐸等奏，滇越鐵路，購地設兵，需費甚鉅，懇撥的款解

滇，以濟急需而免貽誤。下户部議。

戊申，庫倫後地，蒙民租佃，擬設清墾局，以杜與外人私墾。下户部議。

己酉，出使日本國大臣楊樞奏，請多派學生入日本陸師學堂。下練兵處知之。

《光緒朝東華録》一八六　二月庚戌，商部奏，臣部於光緒二十九年十月間奏定鐵路章程摺内聲明，礦務章程前經欽奉諭旨，飭令劉坤一、張之洞採擇各國礦章詳加參酌。現在張之洞尚未議定，應由臣部先擬試辦章程等因。奉旨依議，欽此。欽遵在案。今張之洞業經回任，聞其於泰西礦務各書購置甫齊，編譯尚需時日。臣部自奉旨綜綰礦路事宜，責有專歸。目前風氣漸開，各商紛紛請辦礦務，若無定章，准駁難期畫一。況事關華洋交涉，尤宜審慎周詳，藉資遵守。查光緒二十四年十月間，路礦總局曾經奏定礦務鐵路公共章程二十二條；二十八年二月間，外務部又經奏定礦務章程十九條。以上各項章程，覈諸現在情形，均有應行修改增補之處。臣等公同商酌，擬定礦務暫行章程三十八條，開具清單，恭呈御覽，如蒙俞允，即由臣部通行各省遵照，並咨明外務部照會各國駐京大臣備案。嗣後俟張之洞輯有專書，仍應歸併辦理，以免歧異。得旨，如所議行。

《德宗實録》卷五二七　丙辰，以户部尚書榮慶署翰林院掌院學士，外務部尚書瞿鴻禨兼署吏部尚書，禮部尚書溥良兼署兵部尚書，户部尚書鹿傳霖兼署都察院左都御史。裁缺通政使司通政使郭曾炘署户部右侍郎，兼管錢法堂事務。

己巳，漕運總督陸元鼎奏，舉辦清淮警察情形。得旨，著即督飭認真辦理，務收實效。

《光緒朝東華録》一八六　商部奏，臣部於上年七月間奏定章程摺内聲明，擬設學堂，酌量情形，隨時奏明辦理。又十一月間管學大臣張百熙等會奏，請重訂學堂章程一摺，内開國計民生，莫要於農工商、實業。興辦實業學堂，有百利而無一弊，最宜注重。另擬高等中學堂、農工商實業各學堂章程及通則，先後奏明，奉旨允准，欽遵在案。查農工商務皆係臣部專職，而尤以製造、實業爲切要之圖。臣等伏念泰西各國殫精竭思，競以商戰角勝，日臻富强，而揆其致此之由，則一出於製造之學。中國不少聰明才智之士，祇以風氣未開，機器製造等事大率延用西人，而中國人才益形乏絶。今欲振勵才能，精求實學，應先從設立學堂下手。學堂之設，以考求實用，能奪西人所長爲主。實學之門類凡十，曰算學，曰化學，曰機器學，曰汽機學，曰電學，曰氣學，曰水學，曰光學，曰地學，曰礦學，其最有關製造，能闢利源者，爲化、電、機器、礦四門，餘皆相助爲用，不可缺一。現正延訪品學兼優之士，充當學堂教習，並選派諳習西學章京，令先赴日本購置各項儀器，就地實加考驗，運回應用。一面調取書籍，俟粗具規模，即行招考學生入堂肄業。惟是臣部款項支絀，所有學堂開辦一切經費，擬由上年礦路總局移交候補京堂張振勳報効學堂經費款内動支。常年開支款項，必須銀數萬兩之譜，一時未易籌集，當經臣等咨商學務大臣，酌量撥助。旋准覆稱，擬俟開學後，每年撥助銀二萬兩，歸入奏銷支款。惟大學分科，必須開辦，届時此項撥款，尚須另籌辦法等因。此項常年經費，目前既經學務大臣咨撥銀二萬兩，其不敷之款，臣等仍當設法籌給，以期上副國家培植人才之至意。得旨，允行。

《德宗實録》卷五二八　三月庚辰，諭内閣：商部奏，江蘇在籍紳士創設商業公司，卓著成效，請破格獎勵作爲商部頭等顧問官。翰林院修撰張謇，著賞加三品銜，作爲商部頭等顧問官。

諭軍機大臣等：商部奏，據江蘇在籍翰林院修撰張謇條陳鹽業公司辦法，擬變通鹽法，設廠造鹽，一切煎法、運法、銷法由公司稟請鹽政立案等語。兩淮鹽課爲帑項大宗，關繫重要，著魏光燾督飭運司，將所陳各節妥籌議奏。

《光緒朝東華録》一八六　辛巳，蔣式瑆奏，本年二月十三日户部請設立銀行，成本四百萬金，户部任籌其半，下餘二百萬金招商入股，月息六釐，業經奉旨依議在案。臣維銀行之設，所以杜漏卮而裕利源。苟用得其人，成效可以立覩。惟中國歷來情形，官商本相隔閡，自咸豐年間舉行鈔票，近年舉辦昭信股票，鮮克有終，未能取信於天下，商民愈涉疑懼，一聞官辦，動輒蹙額，視爲畏途。户部堂官尚能悉心籌畫，尚書鹿傳霖對衆宣言，擬首先入股以爲之倡，而外間票號議論，仍復徘徊觀望，不肯踴躍争先。鹿傳霖平日於操守二字，尚知講求，即令將廉俸所入悉以充公，爲數亦復有限。臣風聞上年十一月二十二日，俄、日宣戰消息已通，慶親王奕劻知華俄銀行與日本正金銀行之不足恃，乃將私産一百二十萬金送往東交民巷英商匯豐銀行存放。該銀行明其來意，多方刁難，數四往返，始允收存，月息僅給二釐，鬼鬼祟祟，情殊可憫。該親王自簡授軍機大臣以來，細大不捐，門庭如市。上年九月間，經臣具摺奏參在案，無如該親王曾不自返，但囑外官來謁，一律免見，聊以掩一時之耳目，而仍不改其故常。是以伊父子起

居飲食，車馬衣服，異常揮霍不計外，尚能儲此鉅款。萬一我皇上赫然震怒，嚴詰其何所自來，臣固知該親王必浹背汗流，莫能置對。準諸聖天子刑賞之大權，責以報効贖罪，或没入贓罰庫，以儆貪墨，亦未爲過。而聖朝寬仁厚澤，誼篤懿親，若必爲此已甚之舉，亦非臣子所願聞也。應請於召見該親王時，命將此款由匯豐銀行提出，撥交官立銀行入股。俾成本易集，可迅速開辦。而月息二釐之款，遽增爲六釐，於該親王私産亦大有利益。將使天下商民聞之，必衆口一辭曰，慶親王尚肯入此鉅款，吾儕小人，何所疑懼，行見争先恐後，踴躍從事，可以不日觀其成矣。上諭軍機大臣等：御史蔣式瑆奏官立銀行請飭親貴大臣入股以資表率一摺，據稱匯豐銀行慶親王奕劻有存放私款等語，著派清鋭、鹿傳霖帶同該御史，即日前往該銀行確查具奏。

《德宗實録》卷五二八　直隸總督袁世凱奏，練兵籌防，待餉孔亟，除本省缺分較優，各州縣每年派提銀五萬兩外，現率同藩臬道府等，即省養廉，共湊集銀十萬兩，藉助經費。下練兵處知之。

壬午，兼署湖廣總督湖北巡撫端方奏，續選學生派赴德、美、法、比各國學習實業。下所司知之。

己丑，外務部奏，補畫瑞士紅十字會原約，並請批准保和會畫押各款。從之。又奏，比國黎業斯地方舉行賽會，請派員届期前往。得旨，著派楊兆鋆届期前往。

庚寅，商部奏，整頓土貨，以廣出口而挽利權。又奏，請派左參議王清穆等前往江鄂等省籌辦商會。均從之。

戊戌，直隸總督袁世凱等奏，查明山東内地鐵路暢行，擬請於濟南城外及濰縣周村，自開商埠，以擴利源。下外務部議。尋奏，覈與秦王島、三都澳、岳州自開商埠，成案相符，應請照辦。從之。

甲辰，湖南巡撫趙爾巽奏，長沙開設通商口岸，布置一切，應請指撥的款，以資經費。下部議。尋外務部、户部奏，長沙開設通商口岸，應准按約舉辦。至開辦經費，應查照蘇杭開埠成案，自行設法籌措，於徵收税款内陸續歸還。從之。又奏，湘省紳商請設湖南鐵路支路總公司，先將常辰一路集股試辦。下外務部、商部議。尋奏，常辰一路集股試辦，請准如所奏。先辦通蜀一路，其通黔一路，即接續辦理。所請酌借洋款與奏定章程不合，應毋庸議。從之。

《德宗實録》卷五二九　四月己酉，直隸總督袁世凱奏，常備軍第二三鎮添募新兵期滿，所有甄别留營優免差徭，暨提扣贍餉各事，照章辦理。下部知之。

壬子，給事中謝希銓奏，日俄戰局終歸於和，請先事豫籌收回東省鐵路，以復主權而固國本。下外務部知之。

以昌言革命、刊布逆詩，斥革陝西三原縣舉人于伯循，並拏辦。

己未，命湖南巡撫趙爾巽來京陛見。以漕運總督陸元鼎署湖南巡撫，江蘇巡撫恩壽署漕運總督，湖北巡撫端方署江蘇巡撫，以湖廣總督張之洞兼署湖北巡撫。

戊辰，直隸總督袁世凱奏，上年奉撥北洋淮餉、海防經費，收數不敷甚鉅，請停留京協各餉，並自籌撥補，以濟要需。下部議。

兩江總督魏光燾奏，江甯省城遵設南洋官報局，仿照北洋章程，派員經理，以專責成。下外務部知之。

甲戌，署四川總督錫良奏，選派官員士子分赴比國肄習路礦，赴歐、美肄習機器、製造專門之學。請畢業予奬，先飭立案。

《德宗實録》卷五三〇　五月己卯，湖廣總督張之洞、兩江總督魏光燾會奏，遵籌江南製造局移建新廠辦法，妥商定議，計籌款、擇地、定機、覈用、用人、定槍礮式、儲備廠才、整頓舊局八大端。下所司議。

庚辰，商部奏，參酌中外情形，訂定公司註册試辦章程十八條呈進，擬請刊刻，通行各省遵照，並咨明外務部，照會各國駐京大臣備案。從之。

丙戌，諭内閣：朕欽奉慈禧端佑康頤昭豫莊誠壽恭欽獻崇熙皇太后懿旨，方今時局阽危，百端待理，而財用匱乏，以至練兵要政，籌餉亦尚艱難。中國地大物博，何一非取之於民，國家借資民力，何事不時廑軫恤，乃往往澤不下究，皆由上下隔絶，中飽虚縻，積習相沿，牢不可破，則宂員浮費之爲害深也。朝廷爲民司牧，非以天下奉一人，每念吾民瘡痍困苦，祇切心疚。平日宫中服御，本極省減，常以節儉爲天下先。兹撫物力之奇艱，慨積重之難返，尤應痛加整頓，改絃更張，即著先自宫廷始。嗣後宫内一切用款工程，著儘内務府例定經費，量入爲出，不准再撥户部款項。其户部正雜各款，專作地方正用。此外應行開源節流之處，著户部悉心籌畫，遇事整理。至内務府司員太多，應如何裁汰歸併，著政務處會同内務府大臣妥議具奏。其餘内外各衙門，亦即仿照覈辦，次第推行。該王大臣等務當破除情面，切實通籌，認真辦理，以除宂濫而裕度支，期共副朝廷孜孜圖治之至意。

又諭：朕欽奉皇太后懿旨，本年七旬萬壽疊經降旨施恩，京外臣民無不均霑闓澤。因思從前獲罪人員，除謀逆立會之康有爲、梁啟超、孫文三犯，實屬罪大惡極，無可赦免外，其餘戊戌案内各員，均著寬其既往，予以自新。曾經革職者俱著開復原銜；其通飭緝拏並現在監禁、及交地方管束者，著即一體開釋。事在此次恩旨以前者，概行免究，以示覃敷慶典、法外施仁之至意。著該部及各省督撫迅即查明具奏，欽遵辦理。

庚寅，商部奏，勸辦京城商會，並推廣上海商會，將原設商業公所改爲商務總會，刊給關防。報聞。

壬辰，諭内閣：朕欽奉慈禧端佑康頤昭豫莊誠壽恭欽獻崇熙皇太后懿旨，從來民爲邦本，國家用人行政，無非爲民。州縣之設，原以與民相親，俾周知閭閻疾苦。朝廷簡任督撫及藩臬道府等官，皆欲其董率牧令，盡心民事，庶幾撫綏休養，保我羣黎。百官俸禄，皆係民膏民脂，若養尊處優而不憫百姓之顛連無告，捫心清夜，何以自安？中國官民隔絶，痼習已深，頗聞各省州縣官多有深居簡出，玩視民瘼，一切公事，漫不經意，以至幕友官親，蒙蔽用事，家丁胥吏，狼狽爲奸。公款則舞弊浮收，刑案則拕累陵虐，種種魚肉，爲害無窮。小民何辜，受此荼毒！深宫惓懷赤子，每一念及，常爲淚下。嗣後責成各省督撫考察州縣，必以爲守俱優，下無苛擾，聽斷明允，緝捕勤能，爲地方興利除害，於學校農工諸要政悉心經畫，教養兼資，方爲克盡厥職。著自本年爲始，每届年終，各該督撫將各州縣臚列銜名、年歲、籍貫清單，注明何年月日補署到任，經徵錢糧完欠分數，及有無命盜各案，詞訟已結未結若干起，監禁羈押各若干名，均令據實開報。其尋常公罪處分，准予寬免，不准諱飾。任内興建學堂幾所，種植、工藝、巡警諸要政是否舉辦，一併分別優劣，開列簡明事實，不准出籠統寬泛考語。奏到後，著交政務處詳加查覈，分起具奏，請旨勸懲，並著將各省奏單刊入官報，與衆共知，以通下情而伸公論。前經降旨諭令各省將書吏差役，嚴行裁汰，即張之洞與劉坤一會奏摺内亦痛言此弊，並恤刑獄各條，皆於吏治民生極有關繫，何以因循不辦？著一體督飭屬員，認真整頓。各該督撫務當破除情面，察吏安民，切實遵辦，用副朝廷力挽頽風，勤恤民隱之至意。

《德宗實録》卷五三一　丁酉，署閩浙總督李興鋭奏，制兵改爲巡警，經設立警務總分局，並設學堂教練，現已陸續派兵站街，實行警察之政。下所司知之。

己亥，策試天下貢士譚延闓等二百七十四人於保和殿。

出使韓國大臣許台身奏，擬將韓國通商口岸開單咨由外務部行文奉天、直隸、山東等省，通飭所屬，申明條約，曉諭商民，此後至韓貿易，祇准在單開各處居住往來，切勿不請牌照私入内地，並嚴禁匪棍來韓以符定約。下部知之。

直隸總督袁世凱奏，比商在天津承辦電車電鐙公司，議定合同，批准興辦。下部知之。

《光緒朝東華録》一八七　癸卯，賜劉春霖等二百七十三人進士及第、出身有差。

《德宗實録》卷五三一　乙巳，諭内閣：朕欽奉慈禧端佑康頤昭豫莊誠壽恭欽獻崇熙皇太后懿旨，方今大局艱危，民生困敝，全在君臣上下實心實政，屏絶浮文，力除積習，庶幾挽回氣數，使吾民登衽席之安。上年皇帝率王公百官以七旬萬壽，籲懇崇上徽號，及内外臣工請報效廉俸，同伸慶禍，業經降旨剴切宣示，均未俞允。昨皇帝復以萬壽届期，皇帝應呈進奉爲請，再三跪懇，具見孝養之誠。惟值此時事多艱，日俄兩國兵事未定，我東三省境内人民方在流離顛沛之中，廣西叛匪狓猖，生靈屢遭荼毒，其餘完善各省亦復疲於捐派，民力難堪，滿目瘡痍。深宫無日不爲引疚，豈尚忍以百姓之脂膏，供一人之逸豫。此次皇帝所請，仍不准行。本年萬壽，所有臣工筵燕，著即停止。各省將軍督撫以下等官均毋庸奏請來京祝嘏，京外文武諸臣並一概不准進獻。

又諭：朕欽奉皇太后懿旨，現在物力維艱，自應力除宂濫，用資整頓。前已疊降諭旨，飭裁宂員浮費，而内外因循瞻顧，未能實力奉行。兹特嚴申告誡，樹之風聲，所有粤海關、淮安關兩監督，著即行裁撤。其粤海關一切事務，著歸兩廣總督管理，切實整頓。江甯、蘇州兩織造同在一省，著即將江甯織造裁撤。凡京外各項差缺，有應行裁汰歸併者，著各部院堂官及各省將軍、督撫，破除情面，認真釐剔，奏明裁併，以節虛糜而昭覈實。

丙午，諭軍機大臣等：朕欽奉慈禧端佑康頤昭豫莊誠壽恭欽獻崇熙皇太后懿旨，自日俄開釁，中國勢處兩難，將來兩國戰事定後，一切因應必多棘手。現在各省空虛，西北邊防尤關緊要，近畿一帶非有數支勁旅，難期鞏固。朝廷思維再四，上年特設練兵處，整齊軍制，以資籌畫。因袁世凱近在天津，當令其會同辦理，以期聯絡。惟軍制以整齊爲要，練兵尤以籌饟爲先。數月以來，疊經諭令各直省通力合作，現雖陸續奏到，除安徽每年認解十萬，其餘各省雖有報解，不無敷衍之處，一切積弊多未認真剔除。現在宵旰焦勞，難安寢饋，疊經降旨卻進

獻、裁冗員。豈宫廷服御之用可減，外省浮靡之費獨不可節乎？豈内府奉御之官可裁，局所浮濫之員獨不可去乎？總由各督撫未能深悉朝廷用意所在，狃於積習，不免瞻徇情面，仍蹈因循。若謂以近畿練兵無關各省休戚，意存膜視，該督撫身爲大臣，諒亦不敢出此。兹特將此次練兵關繫之重，密爲宣示各督撫，膺兹重寄，素矢公忠，務須審大局之安危，知事機之緊迫，不分畛域，共濟艱難，以身作則，崇儉去奢，爲屬吏倡率。各就本省財力，實心籌措，外銷之款覈實騰挪，中飽之數從嚴釐剔，並歸併局所，裁汰冗員，清提陋規，力除糜費，以資挹注。每年匀出的款若干，以爲練兵之用，不得僅據屬吏之詳報，任聽局員之把持，多留優缺、優差，爲調劑屬員地步。現在時艱日棘，除寬籌的款，迅練勁兵，實無救急之策。至籌款之法，各省不同，尤以不擾民生、不傷元氣爲第一要義。事關重要，不得稍有漏洩，並將籌辦情形，限於一月内具奏。

《德宗實録》卷五三二　六月己酉，諭内閣：方今時事多艱，民生重困，而官吏壅蔽，下情不通，甚至地方錢糧浮收中飽，以完作欠，百弊叢生，大負朝廷恤民之意。著各省督撫，將各屬經徵錢糧限三箇月内開列簡明表册，該州縣錢糧正額若干，現在實徵若干。向係收銀者注明每賦一兩正耗各收銀若干，或係收錢折銀、或係收銀圓作銀，均注明；每銀一兩折收若干，每漕糧一石收本色者正耗各收米若干，收折色者每石收銀錢若干。此外有無陋規雜費，逐一登明，據實聲敘，各令和盤托出，不准含混遺漏。俟該省奏報到後，著户部覈對，由政務處刊入官報，俾衆共知，藉以察官方而通民隱。各該督撫務即認真辦理，毋得徇飾宕延，儻敢敷衍搪塞，定將該省藩司糧道從重懲處。

壬子，諭軍機大臣等：前據張之洞等奏，江南製造局移建新廠一摺。製造局廠關繫緊要，究竟應否移建，地方是否合宜，槍礮諸製若何盡利，著派鐵良前往各該處詳細考求，通盤籌畫，據實覆奏；並著順道將各該省進出款項，及各司庫局所利弊，逐一查明，併行具奏。所有隨帶司員，均毋庸馳驛，著户部酌給往返川資，不准地方供應。該侍郎務須破除情面，實力辦理，以副委任。

己未，兩江總督魏光燾奏，淮北鹽課議加新引五萬，自甲辰綱起，暫先試辦兩綱，不入原額奏限，如試辦期滿，壩銷無滯，即以併入原額，一律作爲正引。下部知之。

辛酉，學務大臣孫家鼐等奏，擴充宗室覺羅八旗學堂，酌覈辦法。從之。

甲子，諭軍機大臣等：辦理京旗練兵大臣直隸總督袁世凱等奏，京旗擴充成協，新添步、馬、礮隊及工程隊，先後成營。報聞。

戊辰，諭内閣：御史爲朝廷耳目之官，必須學識明通，方足以資獻替。嗣後宗室滿蒙御史，均著照漢員之例，一體考試。滿員五品人數不敷，自應量爲推廣。所有各衙門六七品實任京官，著各該堂官擇其品端守潔者，切實保送。其内務府五品以下滿蒙人員，如有堪膺此選者，准其一律保送考試。

諭軍機大臣等：朕欽奉皇太后懿旨，前因時事方殷，需款孔急，曾經密諭各督撫切實籌辦。昨趙爾巽來京召見，連日垂詢布置東三省事宜。該撫亦以外交、兵備、財政爲入手要著。此事爲全球各國所注意，實我中國大局安危所關，即使事機俱順，非得數枝勁旅、大宗的款極力經營，不足以厚聲勢而保權利。況强鄰交逼，事變難知，更恐有出於意料之外者。朝廷先事圖維，焦思倍切，各省疆臣均受國家心膂之寄，自應同心協力，共濟艱危。其籌畫東三省一切有何深謀至計，著該督撫各抒所見，具摺密陳，以備采擇。至現在庫藏空虛，内外同一支絀。然事勢迫切，練兵籌餉實刻不容緩之時，無論如何爲艱，總當先顧根本。著各省通力合作，聯爲一氣，應如何移緩就急，騰挪接濟之處，著仍遵前旨，一併速籌具奏。

庚午，商部奏，擬訂商標註册試辦章程，由部設立總局，派員經理，並令津海、江海兩關設挂號分局，以便商民。從之。

《德宗實録》卷五三三　七月戊寅，署閩浙總督李興鋭奏，福建水師提督之設，原以控扼臺澎，梭巡洋海。惟今昔情形迥異，閩省海軍既未設立，提督所統不過礮船舢板，縱有巡洋之職，亦僅於沿海一行，虚應故事。查福建陸路提督駐紮泉州，與水師提督所駐之厦門相距甚近。若以之移駐厦門，將原有水師裁併，歸其兼統，擇要巡汛，節餉當復不少。下政務處、練兵處議。尋奏，應如所請，將水師提督一缺，即行裁撤。其陸路提督，改爲提督福建全省水陸軍務，節制各鎮，駐紮厦門，以符體制。依議行。

庚辰，諭軍機大臣等：以户部尚書鹿傳霖署工部尚書，湖南巡撫趙爾巽署户部尚書。

甲申，諭内閣：順天府奏，學堂奬勵等級各殊，學生瞻顧奬勵，頻年轉學。擬請將來各學堂畢業，所有出身奬勵，專以學生程度爲衡，不必拘定學堂名目，庶以杜轉學之弊，而收造就之益。下學務大臣議。尋奏，杜防流弊之法。依議行。

壬辰，諭軍機大臣等：御史王誠羲奏，新進士學堂固應肄業，部務亦須學習，且部曹不必遽分部，知縣不必遽分省，擬請變通章程，以期盡善。下學務大臣議。尋奏，此次更定章程，分别内班外班，如部屬願歸外班，儘可講求本署公事，與該御史所奏用意正同。至原奏既請令新進士學習部務，自應分部乃能學習。知縣到省入課吏館，與在京入學無殊。所請變通之處，請毋庸議。從之。

出使法國大臣孫寶琦奏，請俟日俄罷戰，將東三省、蒙古、新疆等處開門通商，以杜覬覦。下部知之。

《光緒朝東華録》一八八　商部奏，臣部於光緒三十年七月十二日接據江蘇在籍臣部頭等顧問官翰林院修撰張謇、在籍安徽候補道許鼎霖、前廣東惠潮嘉道丁寶銓、湖北候補知府黄以霖、候選知府林松唐、在籍翰林院編修陳同禮等聯名呈稱，徐州府宿遷境，三(臺)〔台〕、嶂山、峒峿等處，向産玻璃砂料，屢有傳教外人，前往探驗。經德、比兩國名廠工師，化分考驗，砂質純良。若不早自經營，無異慢藏誨盗。且宿遷地當南北要衝，運道水陸皆通，又距嶧山等處窰窑甚近，煤炭石灰，足供煉製。人多游手，工價尤廉，就此建廠，洵稱利便。爰議立耀徐公司，購置砂地三千六百餘畝，先集股本銀五十萬兩，以便建立巨廠，肇興大利。惟事屬創始，風氣未開，攙奪阻撓，均未能免。呈請奏咨立案，准予專利二十年，即將該縣境内産砂之地，次第由該公司照時價核購，以便隨時擴充，不得零售他人，并通飭地方文武，照章保護等情，呈請奏咨前來。臣等竊維玻璃一項，於製造之法，中國素未講求。凡宫室舟車器用所需，大半來自外洋。據海關貿易册進口貨玻璃片、料器、燈器項下，光緒二十六年值關平銀九十九萬一千餘兩，二十八年增至一百八十四萬七千餘兩。利源外溢，年逾一年，且時價日長，比前加倍。臣部有鑒於此，當於工藝官局舊設之玻璃科，力籌展拓，特採順屬房山縣玻璃礦石，延致廣東及山東博山縣之著名工匠，來京選料精製，思爲挽回利權起見。今該紳張謇等請創設耀徐玻璃公司，意在振興實業，洵堪嘉尚。擬請准予立案，并准其在徐州境内專辦十年，即飭令該紳等妥速籌辦。惟是淮、徐一帶風氣初開，創立公司事宜，誠不免有攙奪阻撓情事，應請飭下兩江總督、漕運總督、江蘇巡撫通飭蘇屬，實力保護，不得稍存漠視。一面由臣部諭令該紳等，按照臣部奏定公司章程，切實辦理，隨時咨報查核。得旨，如所請行。

《德宗實録》卷五三三　甲辰，山東巡撫周馥奏，旗防生計日蹙，擬請選入各學堂肄業，暨認墾官山荒地以謀教養，並請嚴禁漢人纏足陋俗。下政務處議。尋奏，該撫等籌畫旗人生計，教養兼施，所慮甚爲周妥，應請准其試辦。至纏足陋俗，應隨時勸導，毋庸特設科條。依議行。

乙巳，學務大臣孫家鼐等奏遵將進士館章程酌擬八條，責成該館監督認真辦理。從之。

《德宗實録》卷五三四　八月戊申，諭軍機大臣等：有人奏，湖南開辦女學堂，流弊日滋，請飭停辦等語。上年學務大臣奏定章程，並無女學堂名目，著陸元鼎查明。如果該省設有女學堂，即行停辦，原片著鈔給閲看。

己酉，諭軍機大臣等：練兵處奏，籌擬陸軍學堂辦法，暨營制饟章，請飭各省次第編練。依議行。

壬子，出使比國大臣楊兆鋆奏，酌擬游學章程。下外務部、學務大臣議。尋奏，所擬章程，以慎選學生、齊一學費爲綱要，應即咨行查照辦理。從之。

戊午，兩江總督魏光燾奏，江甯省城高等專門學堂，暨各府廳州縣中小學堂，漸次興辦。下學務大臣知之。

《光緒朝東華録》一八八　己未，魏光燾奏，承准軍機大臣字寄光緒三十年三月初一日奉上諭：商部奏，據在籍翰林院修撰張謇條陳鹽業公司辦法，擬變通鹽法，設廠造鹽，一切煎法、運法、銷法由公司禀請鹽政立案等語。兩淮鹽課爲帑項大宗，關繫重要。著魏光燾督飭運司，將所陳各節妥籌議奏等因。欽此。當經飭司籌議。兹據署兩淮鹽運司恩銘詳稱，兩淮鹽務爲東南財賦第一大宗，舉凡京協要餉，新舊洋款，取給於此者不下七八百萬之鉅。當此財用匱竭，如果運銷引數昔暢今滯，課釐收數昔多今少，自宜設法變通，以求增益。今考淮南、鄂、湖、(西)〔兩〕皖四岸，歷年銷數，不過四十餘萬引。上年極力整頓，已銷至五十餘萬引。淮北銷數亦增，業據通綱票販認加新引五萬兩，似鹽務方有通暢之機，並非窒塞之會。儻變改成法，未能確有把握，公家每年千百萬固有之課釐加價，設有短絀，從何籌補？又原奏修撰張謇條陳中有鹽業公司字樣，查該修撰於上年六月間價買通屬吕四場商李通源恒産，但請改名同仁泰垣，並無公司字樣。鹽務場運諸商，各有花名，非有票不得爲運商，非有垣不得爲場商。向來各垣場産商人集股收鹽，皆以垣爲名。張謇所辦吕四一垣，應令循舊名爲同仁泰垣，似無庸别立名目。又條陳内稱設廠造田，仿日本製鹽新法，竈丁聚處廠中，難以偷漏。鹽既無私，梟於何有，無梟則防於何有等語。查淮南上色場分，産數每多短絀，竈丁偷漏，接濟私梟，全賴隨時認真查緝。果設廠聚煎，使私梟無從偷漏，産

數加增，亦屬善法。無如海濱地廣，到處有滷，人人可煎，似非設廠造田，遂能盡絶私産。第呂四一場，本祗一垣，已由張謇承買，既因整頓額産，擬仿日本新法設廠造田，爲聚煎之計，應由張謇自行試辦。將來有無效驗，再行考察。惟條陳内所稱煎法、運法、銷法一切，惟公司酌量更易，稟請鹽政立案一節，查兩淮鹽務，以煎法、運法、銷法三項盡之。以煎法言，如張謇現擬設廠造田即係更易煎法，但現辦僅呂四一垣，則呂四一垣之煎法准其自行試辦。若他場之煎法，以及此外各商運法、銷法，應有定章，事爲衆商所共，未便更易等情詳請具奏前來。臣查兩淮鹽法，歷經前賢殫精竭慮，著有成規。近年所收課釐加價等項，每歲約八九百萬，爲江南大宗餉源，即鄂、湘、兩皖四省洋債賠款，亦均賴此湊濟，原未可輕議更張。惟南鹽現雖暢銷，綱引尚多積滯，如果得人經理，因時變通，設法改良，試辦一隅，無礙全局，似當盡窮變思通之義，以期補救。今該修撰張謇請辦呂四一垣，設廠造煎，應令仍名同仁泰垣，暫就呂四一垣試辦，不必牽及他場，亦毋庸別立公司名目。得旨，如所請行。

《德宗實録》卷五三四 癸亥，命直隸津海關道唐紹儀以三品京堂候補，並加副都統銜，前往西藏查辦事件。

丙寅，鴻臚寺少卿毓朗奏，請責成駐防兵丁辦理警察，其密雲縣屬警察先用旗丁試辦。下政務處議。尋奏，前四川總督岑春煊奏，辦滿城警察，挑選旗丁，專管滿城，各省自可仿辦。允之。

庚午，諭軍機大臣等：西藏爲我朝二百餘年藩屬，該處地大物博，久爲外人垂涎。近日英兵入藏，迫脅番衆立約，情形叵測，亟應思患豫防。補救籌維，端在開墾實邊，練兵講武，期挽利權而資抵禦，方足以自固藩籬。前有旨，令鳳全移駐察木多，西甯辦事大臣昨已簡放延祉。所有西藏各邊，東南至四川、雲南界一帶，著鳳全認真經理；北至青海界一帶，著延祉認真經理。各將所屬蒙番，設法安撫，並將有利可興之地，切實查勘，舉辦屯墾畜牧，寓兵於農，勤加訓練，酌量招工開礦，以裕饟源。目前所需經費，著會商崧蕃、錫良妥籌具奏。該大臣等均經朝廷特簡，才足有爲，務即盡心籌畫，不避艱難，竭力經營，慎重邊圉，用裨大局，庶副委任，功多厚賞，其共勉之。

壬申，翰林院侍講榮光奏，請設滿洲繙譯學堂。下學務大臣議。尋奏，現辦之宗室覺羅八旗高等學堂本月繙譯課程，除照章通習外，應由該監督擇聰穎子弟多加鐘點，嚴立規條，令其專心學習，務臻精熟。依議行。

《德宗實録》卷五三五 九月丁丑，駐藏辦事大臣有泰奏，藏番與英兵開釁，達賴喇嘛平日跋扈妄爲，臨事潛逃無蹤，請褫革達賴喇嘛名號。又奏，英藏阻兵，開導藏番接洽英員，現與英員開議辦法。均下外務部知之。

《光緒朝東華録》一八九 戊寅，張之洞奏，目前自强要政，莫急於練兵。而練兵以製械爲先，製械非籌款不辦。臣於上年十一月陛辭出京時，面奉皇太后懿旨，詳詢湖北漢陽鎗礮廠每日每年所出之數，臣當經詳晰奏陳，聖意以出械尚少，諄諄以擴充製造爲調。跪聆之下，欽悚難名。況值此邊患日深，軍械未備，夙夜焦憂，亟應欽遵妥籌辦理。臣於本年二月回任後，即督飭該局司道通盤籌畫，力圖擴充。以鄂廠現有造鎗機器，每日出鎗五十枝，機器力量已盡，無可再加。通年出數，僅止一萬五千枝，實不足以供數省之用。當此時勢極爲可憂，必須添機多造，至鎗彈一項，尤宜多爲儲備，有事時方不致鎗爲虚器。原有造彈機器，連去冬續行訂購之彈機併計，每日出數，至多不過四、五萬顆。今鎗機既添，則彈數愈形不足，尤爲兵家大忌，斷斷無此辦法。若欲擴充製造，必須添配鎗機，尤須酌添彈機。惟鄂廠經費本屬不敷，兹擬添製大宗鎗械彈藥，非有經久確實之款，萬難集事。查本年二月，准政務處咨，會同練兵處議覆前兼署湖廣督臣端方、升任湖南撫臣趙爾巽奏請於湘省地方合力籌建鎗廠一摺。政務處原奏内開，湖北鎗礮廠每年製出之鎗械，尚嫌所造不多，推原其故，仍是款項不足，不能多聘良匠，多購新機，加意講求，以臻完備。湘省近與接壤，自應先行設法維持，使鄂廠款項充足，製造精進，因已有之成規，宏軍儲之製作，便孰甚焉等語。是鄂廠必應添機多造，及鄂廠經費支絀情形，早爲政務處、練兵處王大臣所深悉。惟欲借資湘省，設法維持，屢經詢商未允，此係斷斷必無之事。查湖北歷年整頓土藥税捐，本奏明專爲供濟鎗礮廠之用，前因新案賠款無著，於光緒二十八年正月復經奏明籌辦膏捐，以資湊解賠款及自强要政之需。當經奉旨俞允，並飭妥爲辦理，欽遵在案。上年冬間，經前兼署督臣端方與湘省定議合辦土膏統捐，除扣存原徵之土藥税釐、膏捐等項歲計較有增收，原議以增收之款，統歸兩省合辦之湘省鎗礮廠濟用，現經政務處、練兵處議駁，鄂省自應具籌辦法，改就漢陽鎗礮廠盡力擴充。至經費除土膏統捐增收之項，別無可以挹注。當查光緒二十八年湖北開辦膏捐原奏，本係聲明添湊自强要政之需。竊謂自强要政，莫過於練兵製械，雖政務處咨，以原奏請鄂省與湘省合辦，既無偷漏之虞，即有增加之數，亦應另款存儲，以備練兵處提撥等語。夫既責以擴充，即宜增其經費，若本省籌

辦之款，尚不能歸入製械之用，將何從多購新機，何法可臻完備乎！且練兵之與製械，事本相因，有兵無械，與無兵同；兵多械少，與無械同；有鎗礮而無彈藥，與無鎗礮同。將來鄂廠出械日多，即可以備練兵處提撥之用，供練兵處之械，即與供練兵處之餉無異。至京師練兵處餉項，臣已遵旨將派撥之項認解足數，并已多爲籌備。此項土膏統捐溢收之劃歸湖北者，除大宗湊齊新案賠款外，如有盈餘，擬即儘數撥充湖北鎗礮廠添購新機、添造新廠及添備物料工本之需。此次統捐溢收，今年甫經試辦，爲數尚難豫定，總之不能甚多，斷不敷添機添廠之用，所差尚遠。此外臣仍應設法籌措，隨時奏明辦理。惟購機、安機、出械，周折甚多，而時勢危迫，繼日待旦，猶恐不及。故添機造械之舉，萬難猶豫延緩，以致坐誤光陰。臣現已一面訂購新機，一面設法多籌款項，迅速趕辦，合無仰懇天恩，俯念軍儲緊要，急須擴充，鄂廠費絀用繁，准照二十八年奏准原案。俯如所請，將鄂省溢收土膏統捐餘款，撥歸鄂廠，以資添補要需，實與中外練兵要政，均有裨益。時局幸甚！再鎗礮廠内分廠林立，廠各有名，非鎗礮二字所能包括。查日本製造鎗礮之廠，名曰礮兵工廠，較爲簡要，現擬改稱爲湖北兵工廠，以昭核備，合併陳明。得旨，如所請行。

《德宗實録》卷五三五　戊子，諭軍機大臣等：有人奏，各州縣興辦學堂，多於已經加抽各項之外，重複加抽等語。各省設立學堂，固爲地方應辦之事，但當善爲倡勸，不得藉端抽捐，致滋苛擾。著各該督撫嚴切查禁，以免擾累。原片著鈔給閱看。

壬辰，出使俄國大臣胡惟德奏，日俄戰局必出於和，請慎選各國公法專家，討論戰後和議辦法，以備應付。得旨，著外務部查覈辦理。

癸巳，商部奏，實業學堂開學並擬附學章程八條。報聞。

丙申，諭軍機大臣等：有人奏，四川鐵路關繫大局，宜及早開工，以工代賑等語。著錫良體察情形，妥籌辦理。原片著鈔給閱看，將此諭令知之。

又諭，有人奏西藏情形危急，請經營四川各土司，並及時將三瞻收回内屬等語。著錫良、有泰、鳳全體察情形，妥議具奏。原摺著鈔給閱看。

壬寅，外務部奏，請派總領事赴南斐洲保護華工。允之。

《德宗實録》卷五三六　十月丙午，辦理商約大臣吕海寰等電奏，與大西洋國續定中葡商約二十款成，請特派大臣畫押蓋印，以昭信守。得旨，著吕海寰等就近畫押。

丁未，直隷總督袁世凱奏，開平礦案，在英興訟，革員張翼擬請前往對質。得旨，張翼著賞給三品頂戴，准其前往設法收回。如再遲誤，定行嚴辦。

《光緒朝東華録》一八九　己酉，督辦鐵路大臣盛宣懷與大西洋國使臣白朗穀訂立廣澳鐵路合同三十一款。

《德宗實録》卷五三六　丙辰，商部奏，開辦實業學堂，請賞給石印《圖書集成》。又奏，檳榔嶼創建中華學校，請賞給扁額，並石印《圖書集成》。均允之。又奏，張振勳請在廣東設立農工路礦總公司，請先行立案。從之。

乙丑，諭軍機大臣等：御史黄昌年奏，請挽回路政一摺。粵漢鐵路關繫緊要，現在合興公司正議廢約，應即另籌接辦。著張之洞悉心覈議，妥籌辦理，以挽利權。原摺著鈔給閱看。

外務部奏，各國議免紅十字會施醫船稅錢，請旨派員赴和蘭會議。得旨，著派胡惟德會議。尋胡惟德覆奏，奉電旨，著與各國一律辦理。又奏，辛丑和約，各國賠款銀四百五十兆兩，用金付給，各省督撫以照約應按定約時金價付銀，不應按還款時市價易金付給，屢次力爭，僅美國應允還銀，餘國堅持未允。現擬辦法三端：一、金價按月折中算定，可免還款届期金價驟漲之害；一、以前欠款，免再計息；一、未届還期豫付之款，須按月扣還息銀，可以減虧累而圖節省。切商各使，反復磋磨，漸有應許之意。如所請行。又奏，改定華英公司合辦四川江北廳煤鐵礦務合同。依議行。

丙寅，慈禧端佑康頤昭豫莊誠壽恭欽獻崇熙皇太后懿旨，從來立國之道，惟在保民。近年以來，民力已極凋敝，加以各省攤派賠款，益復不支。剜肉補瘡，生計日蹙。深宮惓懷民瘼，常切疚心。聞各省督撫因舉辦地方要政，又復多方籌款，幾同竭澤而漁。其中官吏之抑勒、差役之騷擾、劣紳訟棍之播弄，皆在所不免。吾民有限之脂膏，豈能堪此剥削！言念及此，能無惻然。兹特明白宣示，所有各省捐派等款，除有大宗收數者，姑准照辦外，其餘巧立名目，及苛細私捐，著即概行禁止。凡地方應辦要政，仍著次第推行，一切學堂、工藝，有關教養之事，但當官爲剴切勸導，應由紳民自行籌辦，不准藉端抽派，致滋苛擾。各該督撫等務當督飭屬員，深維邦本，共體時艱，勉副朝廷不忍重累吾民之至意。

戊辰，貴州學政朱福詵奏，生員入教，貽害不淺，請趕辦學堂，力挽狂瀾，令歸教者不得入學堂，教士不得干預學務。報聞。

《德宗實録》卷五三七　十一月丁丑，署四川總督錫良奏，川省交涉日繁，譯

文傳語，動苦無人。現建設英文、法文官學堂一所，延訂教習，考選學生，分班肄習，俟有成效，請援案分別獎敘。下部知之。又奏，川省民情錮蔽，最易傳訛。現改官書局爲官報書局，派員創辦官報，分發各州縣，散給四鄉，以端風氣而息謡惑。下所司知之。

庚辰，諭内閣：政務處、吏部會議林紹年奏，督撫同城，事權不一，請裁巡撫一摺。雲南、湖北巡撫兩缺，著即行裁撤，湖廣總督、雲貴總督均著兼管巡撫事。

諭軍機大臣等：袁世凱奏，旗民盗賣禁地，請旨分別查辦一摺。

户部右侍郎戴鴻慈奏，請飭定會議章程變通推廣，凡内政外交，由政務處標明要領，交閣部、九卿、翰林、科道會議，寬以時日，各抒所見，別紙録陳，並令傳知屬官，咸得論列。得旨，著政務處妥議章程具奏。尋奏，擬定會議章程七條：一、奉旨會議事件，實任四五品京堂、科道皆與議；一、内政外交，建革之大疑難之端，由各該衙門審度重輕，臨時請旨會議，或特旨舉行，其事關祕密緊急者，廷臣仍免干預；一、會議應速覆奏之件，限十日；一、時難決者，酌展限；一、與議臣工，具説帖交政務處，彙擇具奏；一、事關何省者，由政務處知照該省較崇京官，傳同鄉具説帖轉送酌覈；一、初議未定，再定後期，其莫衷一是者，由政務處酌覈奏請辦理；一、翰林院講讀以下及各部司員説帖由掌院堂官擇可行者送覈。從之。

《光緒朝東華録》一九〇　癸未，端方奏，近來時局危迫，首宜精練陸軍，而江南當江海要衝，海軍之學尤當注意。江南雖設有水師學堂，而於風濤、沙綫、行船、駕駛之法，均未親身閲歷。非選派出洋游學，不能切實研求。近年出洋學生，習陸軍者，頗不乏人；習水師者，則絶無而僅有。現與英領事商允該國水師提督電稱，中國水師學生，准即挑選，由駐滬英國水師總兵，分派各船學習等語。業於江甯水師學堂中挑選合格學生六名，前往學習，暫以兩年爲限。所有學費，即於通州紗廠官本利息項下，分年籌給。較之派赴出洋游歷，收效不少。該學生等一經分派各船，即不啻身親所事，且又近在上海，一切易於約束，尚可望有成就，以濟時艱。下所司知之。

《德宗實録》卷五三七　甲申，諭軍機大臣等：鐵良奏，擬請派員抽收土膏統捐，以裕度支一摺。據稱湖北、湖南合力於宜昌設立總局，抽收土膏税捐，繼又併江西、安徽兩省合辦，較各省分辦之時，溢收甚鉅，已著成效。兩廣、蘇、閩亦係雲、貴、川土行銷之地，若合八省爲一，收數必更可觀。收捐章程，悉照宜昌現行辦法，凡納總捐後，運售各省者，如非落地銷售，概不重徵，此項收款，均照二十九年收數，作爲各省定額，由宜局合收分解。溢收之數，另款存儲候撥等語。土藥税捐，統歸一處抽收，既爲商民省累，又於進款加增。著財政處、户部即行切實舉辦。其統捐收數，除按各省定額仍照舊撥給應用外，其餘溢收之數，均著另儲候解，專作練兵經費的款，不得挪移。至此項統捐，應如何遴派妥員，通籌辦法，期於推行盡利之處，並著財政處、户部會商，各該督撫從速詳定章程，奏明辦理。

戊子，練兵處奏，武職猥濫，難資鼓勵，擬請另定新軍官制，區爲三等，析爲九級：上等軍官第一級，曰正都統，階從一品；第二級曰副都統，階正二品；第三級曰協都統，階從二品。中等軍官第一級曰正參領，階正三品；第二級曰副參領，階從三品；第三級曰協參領，階正四品。下等軍官第一級曰正軍校，階正五品；第二級曰副軍校，階正六品；第三級曰協軍校，階正七品。嗣後以此三等九級分別除授，與對品文職，體制相仿，以作士氣而振戎行。從之。

又奏，現届第一年選派陸軍學生就學日本之期，除直隸附送，由北洋撥款，餘由練兵處籌給川資學費，揀派駐日監督，禀承出使日本大臣，就近節制。報聞。

大學士孫家鼐等奏，遵旨纂輯《書經圖説》，全書告成，計圖五百八十幅、説四百六十篇。請欽定交局石印，以備頒發各省學堂，爲讀經課本。報聞。

《德宗實録》卷五三八　辛卯，署兩江總督端方等奏，江西招股籌辦全省鐵路，擬將引鹽每斤加價四文，另款提存撥充經費。從之。

丙申，諭軍機大臣等：刑部代奏，主事梁廣照條陳粤漢鐵路事宜一摺。粤漢鐵路，前經諭令張之洞妥議籌辦，兹據奏稱，路權放失，亟應收回自辦，不可遷延貽誤等語。著商部、張之洞妥籌辦理，以挽路權。原摺著鈔給閲看。

戊戌，貝子溥倫奏，奉命前赴美國，歷考列邦强國之基，以海陸軍爲要政。擬請廣興漁業，復定土藥新章，集款規復海軍，並募捐出洋華商，以助經費。下練兵處知之。

署江西巡撫夏時奏，遵籌江西全省鐵路，派在籍前江甯布政使李有棻總辦路事，妥擬章程，下部知之。

《德宗實録》卷五三九　十二月庚戌，諭軍機大臣等：有人奏，外人索借内湖操練水師，違約要求，請飭遏阻等語。著周馥、張之洞、胡廷幹按照所陳各節，

妥籌辦理。

丙辰，商部奏，安徽貴池縣紳士劉世珩設立公司，籌辦墾務郎中李厚祐創辦奉錦墾務公司，同知葉璋設漢口火柴公司，均集厚股，請予獎勵。從之。

丁巳，諭軍機大臣等：電寄增祺等，奉省難民麕聚，顛連困苦，宫廷時深憫惻。著户部發去帑銀三十萬兩，交增祺、廷杰妥爲經理，盡心賑撫，以奠災黎。應如何移民就食，並著妥籌辦法，務當源源接濟，毋任流離失所。

《德宗實録》卷五四〇　癸酉，直隸總督袁世凱奏，北洋驗疫，向由外人主持，每有言語不通、體質各異之嫌，且權限攸關，尤防越俎。現設院收回自驗，常年需用，統歸津關八分經費項下撥支。下部知之。

壬戌，諭內閣：袁世凱奏，擬試辦直隸公債票一摺。外洋各國遇有軍國要需，臨時募債，無不聞風踴躍。獨中國辦理公債，輒多觀望不前，良由官吏不能踐言，民信未孚之所致。兹據該督奏稱，開募債票，以取信便用爲宗旨，洵爲扼要，所陳籌有的款，按年付息，分年還本，發給票據，准其交納本省庫款關税各項，並隨處皆可兑用，擬具章程，尚屬周妥。著即准其試辦。

乙丑，雲南巡撫林紹年奏，滇越毗鄰，需用法文居多。法政府現在越南河內設立學堂，課程美備，亟宜選派學生，給予學費，前往肄習。又奏，開辦東文學堂、蠶桑學堂。並下所司知之。

丁卯，出使日本國大臣楊樞奏，特設經緯學堂。下外務部、學務大臣知之。又奏，請設法政速成科學，教授游學官紳。下學務大臣知之。

戊辰，翰林院侍講文華奏，請慎選出洋游學生，以防流弊。下學務大臣知之。

直隸總督袁世凱等奏，關內外鐵路收數暢旺，現於存款中酌提餘利，儲備部撥。下部知之。

己巳，盛京將軍增祺奏，日俄宣戰，被災難民不下十餘萬口，續籌賑撫情形。又奏，税捐大減，賑饟浩繁，在盛京户部款內借撥銀十萬，以資接濟。均下部知之。

庚午，直隸總督袁世凱奏，長盧鹽通綱各商，請將鹽斤定價、定秤，設局緝私，報繳餘價，留二成備抵虧課。下部知之。

光緒三一年（乙巳、一九〇五）

《德宗實録》卷五四一　正月庚辰，會議商約大臣直隸總督袁世凱等奏，葡萄牙國商約定議，遵旨畫押。下外務部知之。

辛巳，四川總督錫良奏，川漢鐵路籌費開辦，議定集股章程。下部議。尋外務部奏，所擬章程，尚屬周妥，謹修改集股分利股票息摺四條進呈。依議行。

乙酉，諭軍機大臣等：昨據廷祉等代奏，達賴喇嘛呈稱，因英人徑行入藏，恐有滋擾，故攜印出走，現在惟期藏地早復，以衛衆生等語。英人帶兵入藏，並未侵占地方，該達賴喇嘛本不應攜印潛逃，自離職守。朝廷保安黄教，仍予加恩曲全。現在西藏業已平靖，一切照常，該達賴喇嘛即可早日回藏，仍承恩眷，切勿游移不定，自外生成。至庫倫係哲布尊丹巴呼圖掌教之地，原與西藏各有專歸，該達賴喇嘛所請在該處建廟念經，應不准行。仍著廷祉懔遵前旨，偕同該達賴喇嘛前赴西甯，再令啟程，自行回藏，善撫衆生，毋負德意，致貽後悔。

甲午，諭軍機大臣等：商部奏，江甯等府當商額外息捐，懇請減免一摺。著周馥體察情形，奏明辦理。

《德宗實録》卷五四二　二月癸丑，諭軍機大臣等：電寄延祉等，電悉，達賴回藏，准其由張家口大同內地行走，著理藩院知照各將軍、都統、督撫並各盟旗，一體遵辦。

甲子，商部奏，調日本留學法科學生章宗祥等十一員到部，作爲學習主事。下所司知之。

壬申，直隸總督袁世凱奏，開平礦案，張翼赴英質訟，僅爭到照副約辦事，未便遽行遷就，是否責成收回礦産土地，抑責令與該公司另訂詳約，以期實有主權，請旨定奪。得旨，仍著袁世凱嚴飭張翼全數收回，切實妥訂，不准含糊牽混，致貽後患。

《德宗實録》卷五四三　三月辛巳，諭軍機大臣等：吕海寰奏，藏事關繫全局，密陳管見一摺。著錫良悉心籌議，會商綽哈布、有泰、鳳全妥爲辦理。

辦理商約大臣吕海寰奏，請簡專使與羅馬教皇議訂教約，或派駐義使臣就近商訂，將教規、教律詳載約章，遇有重大教案，交由專使與教皇直接議結，以期持平辦理。得旨，著外務部查覈辦理。

壬午，諭軍機大臣等：電寄樸壽等，電悉，該達賴喇嘛已報四月十四日啟程回藏，即著延祉偕行，先至西甯，應否由内地行走，究以何路爲便，著樸壽、延祉會商妥定，奏明辦理。

《光緒朝東華録》一九二　錫良奏，鐵路興築固難，籌費尤難。然若集借外款，應者争至，則亦未爲甚難也。惟川漢路工，上年奴才在京與兩湖督臣張之洞再四熟商，均主自辦，曾經奴才屢疏陳請。川省士紳遠邇同詞，亦皆力請自辦。但計里四千有奇，計費五千萬以上，中國招集民股，最爲難事。川省地居僻遠，耳目拘隘，昔爲鄰省辦礦等股，寸效未睹，至今人多畏之。驟欲集數百萬股之多，此誠難之尤難者也。奴才督飭司道及該公司，並與在京在籍諸紳，往復熟商，惟有開示誠心，祛疑惑之端，而破庸俗之論。一則將修路關繫全川之故，利害得失，詳明曉諭；一則民間恒慮出資後，事或輟於半途，疑或移於他用，兹將公司内官款民款，悉作股本，無論異日有何項急需，決不提挪；一則自辦者，即不招外股，不借外債之謂也，而士民猶恐持之不堅，將來中外紛歧，利權侵損，兹當首嚴其戒，期於始終一致，如非中國人之股，公司概不承認。經此定議以後，稍明時務之人，汲汲焉不俟終日，即窮啓寡聞者，亦不似從前以建軌爲駭怪。該紳等咸請公司酌擬集股章程，選舉端人，分途廣募，並請仿照歷届辦理積穀等項，按租出穀百分取三，意在輕而易舉，積微成鉅。該公司又請在重慶府城試鑄銅元，撥其餘利，充作公司股本。綜此數項，雖尚無實在確數，然按年皆爲有著。此外如有可籌之款，不涉苛細煩擾，尚擬陸續興辦。籌費既有成議，審路考工又不容緩，水陸之險，皆在川、鄂接壤之區，應從宜昌開工，先能修至萬縣，即可避峽江覆溺之患。商貨頓易流通，軌料均便輸運。電商兩湖督臣張之洞，意見亦復相同。將來勘路興工、購料諸事，當再會商張之洞悉心籌畫，通力合作，一俟商定，另行專摺奏陳。下所司知之。

《德宗實録》卷五四三　己丑，雲貴總督丁振鐸奏，雲南省城商務日漸繁盛，應請援照山東、湖南等省成案，開設商埠，以擴利權。下所司議。尋外務部會奏，應准照所請辦理，由該督查照各處自開口岸辦法，豫備一切事宜，俟議妥章程，奏明定期開辦。從之。

《光緒朝東華録》一九二　庚寅，政務處奏，本年二月初九日，准軍機處鈔交翰林院侍讀學士惲毓鼎等奏，蘇、淮分省，略舉數端，以備採擇一摺。奉旨著併陸潤庠前摺，交政務處按照奏定章程會議，再由政務處具奏。欽此。臣等當遵照章程，咨行各衙門會議，旋據咨送説帖前來。臣等詳加檢覈，説帖内主蘇、淮不必分省另設大員者，計四十二件；主專裁淮撫者，計三十二件；主蘇、淮仍議分省暨復設漕督者，共七件。【略】上諭：政務處奏覆會議蘇、淮分立行省一摺，蘇、淮分省，以治理既多不便，著即無庸分設；江淮巡撫即行裁撤，所有淮揚鎮總兵著改爲江北提督，以資鎮懾。

《德宗實録》卷五四三　壬辰，諭内閣：長庚、徐世昌奏，考驗北洋陸軍情形各摺片。據稱考驗三鎮訓練之法，編制之宜，體大思精，非他省可及等語。北洋陸軍，袁世凱累歲經營，規模宏備，具見公忠體國，任事實心，深堪嘉尚。其賢能卓著之遷安一鎮統制官儘先選用道王英楷、步隊統領官儘先選用知府張懷芝、礮隊統帶官儘先補用參將田中玉、馬廠一鎮步隊統領官補用副將馬龍標、保定一鎮步隊統領官補用遊擊張永成，均著傳旨嘉獎。督辦陸軍學堂之分省補用道馮國璋，於各堂學務，具有成效，並著傳旨嘉獎。至新練旗兵，甫及一年，即已改觀，足見奮勉向上。鐵良悉心教練，辦事認真，不負委任，仍著奕劻等督飭各營切實講求，蔚成勁旅，用副朝廷整軍經武之至意。

癸巳，諭内閣：伍廷芳、沈家本等奏，考訂法律請先將律例内重刑變通酌改一摺。我朝入關之初，立刑以斬罪爲極重。順治年間，修訂律例，沿用前明舊制，始有凌遲等極刑。雖以懲儆兇頑，究非國家法外施仁之本意。現在改定法律，嗣後凡死罪至斬決而止，凌遲及梟首、戮屍三項，著即永遠删除。所有現行律例内，凌遲、斬、梟各條，俱改爲斬決。其斬決各條，俱改爲絞決。絞決各條，俱改爲絞監候，入於秋審情實。斬監候各條，俱改爲絞監候，與絞候人犯，仍入於秋審，分別實緩辦理。至緣坐各條，除知情者仍治罪外，餘著悉予寬免。其刺字等項，亦著概行革除。此外當因當革，應行變通之處，均著該侍郎等悉心甄採，從速纂訂，請旨頒行，務期酌法準情，折衷至當，用副朝廷明刑弼教之至意。

修訂法律大臣伍廷芳等奏，交涉日繁，擬請在京師專設法律學堂，考取各部屬員，入堂肄業，畢業後，派往各省，佐理新政。並酌擬辦法三端。又奏，請在各省課吏館内，添設仕學速成科，講習法律，以造就已仕人才。均下學務大臣議。尋奏，均應准如所請，惟將來專科畢業，人才日出，應酌議歸併，以節經費而符定章。依議行。

出使法國大臣孫寶琦奏，外交日亟，宜切實仿訂公斷條約，勉附列國公法，將來遇有交涉相持不決者，俱可交和京公斷衙門秉公覈奪，並請派使專駐和蘭，

兼充公斷署專員，以資聯絡，藉收遠效。下部知之。

又奏，自强根本，在普通教育，擬請飭各督撫、學政切實督飭地方官，勸諭紳士，廣設小學堂，以維國本，並請飭學務處編輯小學課本。下學務大臣議。尋奏，籌辦小學，前經行文各省，飭屬切實倡導，應嚴定各州縣功過，以期推廣。至現編小學課本，務歸簡要，與該大臣用意正同，毋庸另議。依議行。

甲午，諭内閣：昨據伍廷芳、沈家本奏，議覆恤刑獄各條，請飭禁止刑訊拖累，變通笞杖辦法，並清查監獄羈所等條，業經降旨依議。惟立法期於盡善，而徒法不能自行，全在大小各官任事實心，力除壅蔽，庶幾政平訟理，積習可回。頗聞各省州縣，或嚴酷任性，率用刑求；或一案動輒株連，傳到不即審訊，任聽丁差蒙蔽，擇肥而噬，拕累羈押，淩虐百端，種種情形，實堪痛恨。此次奏定章程，全行照准，原以矜恤庶獄，務伸公道而通民情，用特重申誥誡。著該督撫等嚴飭各屬，認真清理，實力遵行，仍隨時詳加考察。儻有陽奉陰違，再蹈前項弊端者，即行從嚴參辦，毋稍迴護瞻徇。其各勤求民瘼，盡心獄訟，用副朝廷恤下省刑之至意。

壬寅，四川總督錫良奏，籌議收回三瞻，請飭駐藏大臣開導藏番，令商上人等繳回瞻地，調回瞻官，並給還兵費銀二十萬兩，由川籌解，以杜狡謀。又奏，關外喇嘛等揺惑抗阻，疊起事端，現飭提督馬維騏赴鑪城相機進勦，並請駐藏大臣將關外兵事，就近指示，以免遲誤戎機。得旨，著即體察情形，妥籌辦理。

《德宗實録》卷五四四　四月丙午，署兩江總督周馥奏，在籍修撰張謇招集商股，開辦漁業公司，用新法捕魚，購德人拕船試辦，以上海爲總局，另設江蘇、浙江分局各五處，再行推廣直、奉、山東、閩、廣等處，以挽利權，並飭沿海關道督飭地方文武，認真保護。下部知之。

盛京將軍增祺丁憂解任，以署户部尚書趙爾巽爲盛京將軍，未到任前，以奉天府府尹廷杰署理。調户部尚書鹿傳霖爲吏部尚書，仍兼署工部尚書。吏部尚書張百熙爲户部尚書。

壬子，直隷總督袁世凱等奏，籌設京張鐵路，工鉅款繁，酌議提撥關内外鐵路餘利，每年提銀一百萬兩，從速動工，四年可成。此路即作爲中國籌款自造之路，不用洋工程司經理，俟將全路工程，測勘完竣，繪具圖説，另行覈辦。下部知之。

癸丑，外務部奏，滇緬接綫約款，現屆十年期滿，應須修改，經電政大臣派員與英國所派印度電務司員磋商，改訂續約九款，尚屬妥協，照會英使臣簽約蓋印。從之。

癸亥，出使法國大臣孫寶琦奏，法屬安南各埠，中國工商人等十餘萬，向未派有領事，致受苛待，疊與法外部申論，迄未定議。現派道員嚴璩等往各埠激勸衆商，設立商會，廣建學堂，以期自立，俟考查事竣，飭令往商閩廣督臣，詳籌切實辦法。

壬申，諭軍機大臣等：有人奏，請崇古學以勵通材一摺。據稱廣東學海堂、菊坡精舍研究實學，與學堂相爲表裏，請飭酌留一所等語。著岑春煊、張人駿查覈辦理。原摺著鈔給閲看。

《德宗實録》卷五四五　五月丁亥，江蘇巡撫陸元鼎奏，辦理蘇省政治大概：一、振興學務；一、整頓營制；一、維持圜法；一、嚴治梟匪，並警察、墾牧、仕學館，一切舉行。得旨，著即認真整頓，實力籌辦，毋稍因循。

戊子，御史張學華奏，美國華工禁約應及時改定，請飭部並出使大臣堅持力争。

癸巳，諭軍機大臣等：日俄兩國已有和意，聞有在華盛頓兩國直接開議之説。中國現在應如何因應，及將來接收東三省，應如何善後辦法，著政務處傳知各衙門悉心籌畫，各抒所見，密行具奏，以備採擇。

庚子，諭軍機大臣等：著翰林院掌院學士酌保南書房翰林數員，聽候考試。命署兵部左侍郎徐世昌在軍機大臣上學習行走，命户部右侍郎鐵良署兵部左侍郎，徐世昌會辦練兵事宜。

辛丑，派署兵部左侍郎徐世昌充政務處大臣。

壬寅，署兩廣總督岑春煊奏，籌議兩廣游學預備科，造就高等師範，請飭立案。

《德宗實録》卷五四六　六月癸丑，署貴州巡撫林紹年奏，開辦蠶桑學堂，請俟辦有成效，照學堂成案給奬，畢業生優予出身。下所司知之。

己酉，察哈爾都統溥頲奏到任後體察情形，撮擬辦法六條：曰整頓武備學堂，建設八旗學堂，簡練軍實，創興工藝，慎重交涉，整飭官常。下所司知之。

癸丑，外務部奏，議定付還賠款辦法四條：一、議結從前鎊虧；一、議定嗣後還法；一、各國各有分别辦法；一、美款亦照各國辦理。現已與各國使臣互換照會。報聞。

甲寅，商部奏，安徽紳士籌辦全省鐵路，公舉總辦，請予立案。依議行。

丙辰，諭内閣：方今時局艱難，百端待理，朝廷屢下明詔，力圖變法，鋭意振興。數年以來，規模雖具，而實效未彰，總由承辦人員，向無講求，未能洞達原委，似此因循敷衍，何由起衰弱而救顛危！兹特簡載澤、戴鴻慈、徐世昌、端方等隨帶人員，分赴東西洋各國，考求一切政治，以期擇善而從。嗣後再行選派，分班前往，其各隨事諏詢，悉心體察，用備甄採，毋負委任。所有各員經費，如何撥給，著外務部、户部議奏。

《光緒朝東華録》一九四　戊午，兵部奏，選將以流品爲先，捐納非經武之道，向來選補將弁，非科班行伍世職出身者，不得濫膺，蓋綦重也。嗣因軍書旁午，需餉浩繁，暫開捐納一途，原屬一時權宜之計。但事例既行，或生長富厚，未諳操防，或年力未强，不嫻訓練，一旦輪補得缺，不免貽誤事機。更有慮者，報捐之資，本非有餘，既債累於平時，必取償於後日，尅扣薪餉，浮開兵額，種種流弊，所關良非淺鮮。縱使督撫不時舉劾，其間講求營務，技藝優長者，自不乏人，然求什一於千百之中，恐將材之日少，而武備之日廢也。查從前籌餉例，報捐武職，經已故大學士左宗棠於同治五年十一月二十日奏請停止，嗣因户部、臣部會議新海防事例，復於光緒二十一年五月十五日奏請開辦報捐武職，并將捐納人員於揀發班外，另立一班，使之得缺較易，以期捐輸踴躍，借濟餉需。乃迄今已十年之久，約計入款不過十餘萬金，於國帑全無裨益，而於營務大有關係。方今各省設立學堂，選將訓官，無不嚴核流品，切實整頓，若仍開辦武職捐輸，殊非整飭戎行澄敍官方之道。臣等公同商酌，擬請旨將武職捐輸實官、虚銜及捐復銜翎、封典所有一切捐項，一律停止。除已經分發人員照章辦理外，其未經赴部各員弁，俟奏准之日起，由臣部通行後，限五箇月内，所有捐輸人員，統令赴部分發，倘逾期不到，即一律停其分發，以重員缺而肅營伍。得旨，如所議行。

《德宗實録》卷五四六　辛丑，諭内閣：我朝開國，以弧矢威天下，故向制考驗官員，訓練軍士，均用騎射，所以崇尚武功，昭示來許。惟近來兵法日變，器械日新，當仰體列聖重武之精心，力行有用之實政。嗣後八旗王公大臣，均當深求兵學，修明武備，勿尚虚文。所有引見人員例應持弓者，著毋庸持弓，其出入扈從宫禁守衛官兵，所備軍械，尤應變通盡善，不准虚應故事。至挑取各項侍衛，拔補内外官員，挑選滿漢兵丁，應如何驗其學識、試其膂力、考其藝能之處，均著御前大臣會同兵部妥定章程，奏明辦理。

癸亥，出使比國大臣楊兆鋆奏，賽會關繫商務，向由税司領辦，以西人置華貨，所擇已未必精，陳所不應陳，每貽笑柄。嗣後應由商部奏派熟悉商情丞參，充當監督，會同駐紮該國使臣辦理。下外務部商部議。尋奏，嗣後遇有會事，按地方大小、日期久暫、程途遠近，由外務部、商部會同酌覈辦理。依議行。

丙寅，署盛京將軍廷杰等奏，整頓警察，創設警務學堂，期於逐漸推廣，並設立衛生所，各籌款項情形。下部知之。

又奏，揀派學生出洋，肄習武備，並捐廉撥充學費。下部知之。

又奏，分飭各府廳州縣挑選品行端正、學有根柢之學生，送往日本，學習速成師範。報聞。

署兩江總督周馥奏，各省販賣銅圓，流弊無窮，亟應豫籌補救，俾有限制，而維圜法。下財政處、户部議。尋奏，所言極有見地，請飭各省督撫，酌量情形，遵照辦理。依議行。

丁卯，諭軍機大臣等：著派商部右丞紹英隨同出洋，考求各國政治。

雲貴總督丁振鐸奏，派在籍編修陳榮昌赴日本考察留學事宜，剔退惰廢，更易學科，會同留學監督酌覈辦理。下所司知之。

《德宗實録》卷五四七　七月乙亥，諭軍機大臣等：翰林院奏，酌籌經費，興辦實學一摺。翰林院爲儲才之地，研求實學，培植成材，實爲當今要務。所需購置儀器等費，著各省督撫按照所請，酌定數目，逐年籌解，以資興辦。

丙子，諭内閣：巡警爲方今要政，内城現辦工巡局，尚有條理，亟應實力推行。所有五城練勇，著即改爲巡捕，均按内城辦理。著派左都御史壽耆、副都御史張仁黼會同尚書那桐通盤籌畫，認真舉辦，以專責成。原派之巡視五城及街道廳御史，著一併裁撤。陳璧亦著毋庸管理。一切未盡事宜，及裁撤五城御史後，詞訟案件，應如何督飭審理之處，著那桐等妥議章程，迅速具奏。

戊寅，督辦電政大臣直隸總督袁世凱等奏，外國新創無綫電報，輕巧便利，最易闌入中土。請援照公例聲明，無論何國、何人，一概不准在中國境内私設，以維電政。又奏，請聲明中國電話，除通商口岸已設之電話外，無論何地、何人，凡未經中國政府及電局允准者，概不准擅設電話，以保電利。均下部知之。

己卯，又諭：電寄岑春煊電悉，據稱粤漢鐵路，争回自辦，贖路約需銀七百餘萬兩。廣東分任三百萬兩，已託張督代借洋債應急。惟洋債還款，粤力斷無可籌，擬請特派太僕寺卿張振勳出洋集款，廣召内外華商，不令暗雜洋股等語。

此路贖回自辦，實於全局有益，出洋召集華股，能否不至暗中攙雜，別無流弊，著會商張之洞妥籌辦理。

湖南巡撫端方奏，【略】湘省礦産富饒，久爲外人垂涎，現擬先將平江金礦改用西法，自行開採，以保利權而杜隱患。下外務部、商部知之。

丁亥，商部奏，厦門、廣州商務重要，遵章設立商務總會，並請頒給關防，以昭信守。從之。

壬辰，署吉林將軍富順奏，自日俄搆釁以來，戰事已逼近吉省，凡通道之處，兩國各有重兵防守，不容行旅往來。請飭部與兩國駐京公使商明，凡民閒食用貨物，准照常販運，以維大局。得旨，著外務部查覈辦理。又奏，俄兵所收鬍匪，名爲花膀子隊，到處肆擾，較俄兵爲尤甚。其匪首埽北、大義字等，率同降匪，任意横行。現與俄兵力商，令將埽北、大義字交還華官懲治，並嚴束降隊，不准仍前恣肆。下部知之。又奏，日俄戰事，逼近吉林，凡有外兵經過占駐之處，民不聊生，顛沛流離，哀鴻徧野。擬即派員設局妥籌賑濟，以資撫恤。得旨，覽奏益深軫念，著即妥爲賑撫，毋任失所。

丁酉，商部奏，浙江紳士籌辦全省鐵路，公舉在籍前署兩淮鹽運使湯壽潛爲總理，請賞卿銜，以崇體制。得旨，湯壽潛著賞給四品卿銜。

又奏，上年奏設高等實業學堂，專爲研究高等工業，現擬添設藝徒及中等工業學堂，酌定章程，以期周備，並請將已革端郡王載漪府第廢地撥歸學堂，添建校舍。從之。

戊戌，署兩江總督周馥奏，改良監獄，籌款維艱，現擬通飭各府廳州縣尅期興修，統限一年内一律告竣。其自行捐辦者，准其分別銀數多寡，按照賑捐例奬敘。下政務處議。尋奏，請照准，即飭該署督速令各屬認真舉辦，册報考覈。依議行。

《德宗實録》卷五四八　八月壬寅，諭内閣：御史王步瀛奏，各省工商抵制美約，風潮過激，請飭加意防範，以維大局一摺。前據外務部王大臣面奏，美國工約一事，疊經出使大臣梁誠及外務部先後與美政府商議，美政府已允優待華商及教習學生游歷人等，並允於議院開時，盡力公平妥辦各在案。昨據該御史奏稱，公憤既興，人衆言龎，難保無宵小生心，乘機竊發，恐誤大局等語。亟應明白宣示，以免誤會而釋羣疑。中美兩國，睦誼素敦，從無彼此牴牾之事，所有從前工約，業經美國政府允爲和平商議，自應静候外務部切實商改，持平辦理；不應以禁用美貨，輒思抵制，既屬有礙邦交，且於華民商務亦大有損失。疊經外務部電行該省督撫曉諭商民，剴切開導，務令照常貿易，共保安全。著再責成該督等認真勸諭，隨時稽查，總期安居樂業，毋負朝廷諄諄誥誡之至意。儻有無知之徒，從中煽惑，滋生事端，即行從嚴查究，以弭隱患。

癸卯，諭内閣：前經降旨，諭令各省選派學生出洋游學，該督撫已陸續遵照辦理。惟所派出之學生，皆應講求實業專科，以期致用，毋得避難就易，徒託空言。著各視其性之所近，責令分門肄習，殫心研究，務底專精。畢業回華，考試合格，優予出身，用備器使。現在游學東洋者已不乏人，若再多派學生分赴歐美，俾宏造就。各該學生遠涉重瀛，將爲國家效用，朝廷深爲嘉許。各出使大臣皆有監督之責，當視學生如子弟，隨時考察，無論官費、自費，如能堅苦嚮學，志正品端，應一體認真愛護。其資斧不繼、染患疾病者，即酌量情形，分別體恤。如有不守範圍之生，亦即嚴加約束，冀廣成材，毋稍膜視，用副朝廷培植人材、實事求是之至意。

甲辰，諭内閣：袁世凱等奏，請立停科舉以廣學校并妥籌辦法一摺。【略】所陳不爲無見。著即自丙午科爲始，所有鄉會試一律停止，各省歲科考試，亦即停止。其以前舉貢生員，分別量予出路。及其餘各條，均著照所請辦理。【略】經此次諭旨後，著學務大臣迅速頒發各種教科書，以定指歸而宏造就。並著責成各該督撫實力通籌，嚴飭府廳州縣趕緊於城鄉各處，徧設蒙小學堂，慎擇師資，廣開民智。其各認真舉辦，隨時考察，不得敷衍瞻徇，致滋流弊。務期進德修業，體用兼賅，共副朝廷勸學作人之至意。尋政務處奏，酌擬章程六條：一、酌加優拔貢額；一、考用謄録；一、已就揀選舉人，准捐分發免交補班銀兩；一、截取舉人，請毋庸用教職；一、生員考職；一、貢士准赴部呈請帶領、引見、録用。依議行。

乙巳，諭軍機大臣等：電寄張之洞，據電稱，接梁誠電，粤漢鐵路廢約，合興股東已批准草約，美外部電稱美廷決不阻撓等語。仍著責成張之洞，梁誠一手經理，盛宣懷不准干預此事。

《光緒朝東華録》一九五　袁世凱奏，臣前於直隸省城遵旨創設保定警務局，並添設警務學堂，將擬定章程於二十八年七月初五日專摺奏陳。欽奉硃批，知道了，著即認真舉辦，逐漸推行，單併發。欽此。欽遵在案。嗣經通飭各屬一律仿辦。現據各州縣陸續稟設者，雖已有九十餘處，而大半有名無實。惟天津

爲通商巨埠，華洋雜處，辦理尤爲注意。三年以來，次第改良，奸宄不行，閭閻安堵，成效昭著，中外翕然。祇以財力未充，僅及城廂，尚遺村鎮。查外國警察之制，上通政府，下達窮鄉，就地抽捐，以取諸民者仍用諸民。故官無籌款之勞，民無横征之怨。證諸《周禮》修閭野廬之職、《管子》軌里連鄉之制，今古同符。臣維立法貴乎因時，時既至，則迎機易導。治民期乎立信，信既孚，則下令如流。因督飭天津巡警總局道員趙秉鈞，先從天津四鄉辦起，以爲各屬模範。該道心精力果，遇事講求，呈擬章程十二條，業經試辦數月，所需經費，以地方本有之青苗會支更費及賽會演戲一切無益有餘之款，酌提充用。視村莊之大小，定警兵之多寡，殷富之區，按五十户出一名；荒僻之區，按百户出一名。初次清查四鄉，共有七萬五千四百七十八户，暫定巡警七百二十四名，月餉由村董酌定支給，官不經手。其總分局區官弁薪工馬匹雜支，月需銀一千八百餘兩，應由官發給，以示體恤。開辦之初，先從清查户口入手，酌定禁令，務去民害，犯者名曰違警，由巡官受理，即警察應有之司法權也。此外命盗户婚田土等案，仍歸地方官管理，即地方官固有之裁判權也。次在維持治安，凡有關於公共利害之事，官紳聯合，徐議興革，但使實力奉行，綿歷歲月，不獨鄉曲愚民，漸明公理，漸知公益，汛兵衙役，亦可以次裁撤。催科傳案，則一呼即至，無擾累之虞。募兵退伍，則有籍可稽，無頂替之弊。

《德宗實録》卷五四八　丙午，諭內閣：有人奏，川漢鐵路，關繫甚鉅，宜畫一事權，以維路政等語。著張之洞、錫良妥議具奏，原摺著鈔給閲看。尋奏，請將宜昌以上鄂境之路，讓川省代修，訂期二十五年，由鄂備價取回，未贖以前，權利暫歸川省。總之，兩省聯爲一氣，並不專顧一隅。下部知之。

癸丑，諭內閣：前已有旨停止科舉及歲科考試，飭令各省學政專司考校學堂事務，嗣後各該學政事宜，著即歸學務大臣考覈，毋庸再隸禮部，以昭畫一。

丁巳，諭內閣：商部奏，振興東三省商務，請飭妥籌辦法一摺。東三省地大物博，風氣未開，亟應指定地界，多開埸埠，推廣通商，期與有約各國，公共利益，並飭地方官舉辦各項實業，以興商務。著外務部、商部會同北洋大臣袁世凱、盛京將軍趙爾巽，統籌辦法，妥議章程具奏，候旨施行。

諭軍機大臣等：商部奏，請飭清釐礦産以保利權一摺。中國地大物博，礦産之富，甲於全球，祇以研究無人，遂致利源未闢。又或奸徒句結，設謀售賣，輾轉影射，流弊滋多。亟應徹底清釐，認真整頓。茲據商部奏稱，周馥所陳委查三江礦産，並集股試辦，禁止私售各節，有裨要政，請飭各省一律援照辦理等語。著各直省將軍、督撫即行遴派諳練廉正之員，酌帶工師，周歷各屬，切實探勘，按照商部所發表式，將已開未開各礦，逐一詳晰註明，隨時咨報，並按照兩江辦法，迅即籌辦，毋稍延緩。其各省所派專員，均准作爲商部礦務議員，並由該部悉心稽察，嚴定考成，隨時請旨辦理，以示勸懲。總期權自我操，利不外溢，是爲至要。

辛酉，諭軍機大臣等：有人奏，滬甯鐵路糜費太鉅，請減輕成本，剋期完工，冀早贖路而保公益各摺片。鐵路關繫緊要，亟應力求覈實，自保利權。所有滬寧鐵路工程款項，著周馥、陸元鼎切實查覈，並責成盛宣懷早爲收回，以重路政而杜後患。原摺片均著鈔給閲看。

乙丑，諭軍機大臣等：御史朱錫恩等奏，浙省自辦鐵路，請將舊訂蘇杭甬草合同速與撤廢一摺。浙江全省鐵路，業經商部奏准由紳民自辦，所有前與英商訂立蘇杭甬草合同，著責成盛宣懷趕緊磋商，務期收回自辦，毋得藉詞延宕。並著聶緝槼會同妥速籌辦，以重路政而保利權。原摺著鈔給閲看，將此諭令知之。尋奏，疊經函致英公司，商將草合同作廢，自可因其逾期，置之不理，如英使到底狡執，當切實辯難，以期結束。下部知之。

《德宗實録》卷五四九　九月壬申，諭軍機大臣等：輦轂重地，竟有匪人在火車上擲放炸彈之事，此等凶頑不法，難保無黨與溷迹京城，暗圖生事。巡警關繫重要，亟應認真辦理，以銷隱患而靖人心。著責成那桐、壽耆、張仁黼等，各按地段，督飭官弁巡捕，嚴密查拏，加意防範，務令奸宄無所容身，期於警務日有起色，俾內外城一律清謐，閭閻安堵無驚，用副委任。

庚辰，諭內閣：巡警關繫緊要，疊經諭令京師及各省一體舉辦，自應專設衙門，俾資統率。著即設立巡警部，署兵部左侍郎徐世昌著補授該部尚書，內閣學士毓朗著補授該部左侍郎，直隸候補道趙秉鈞著賞給三品京堂署理該部右侍郎。所有京城內外工巡事務，均歸管理，以專責成。其各省巡警，並著該部督飭辦理。該尚書等務即悉心通籌，力任勞怨，嚴定章程，隨時切實稽覈，期於內外清謐，黎民乂安，用副委任，一切未盡事宜，即由該部妥議具奏。

癸未，署兩江總督周馥奏，准鹽加價，撥充江西省鐵路經費。如所請行。

丁亥，修訂法律大臣沈家本奏，輕罪禁用刑訊，笞杖改爲罰金，各省奉行不力，請再申明定章。從之。

壬辰，諭内閣：練兵處、兵部奏，貴胄學堂章程一摺。自來習戎整武，實爲强國之基。方今軍制日新，尤應講求兵學。兹據奏稱建立貴胄學堂，令王公大臣各遣子弟投考入學，親習士伍，洵屬振興武備之資。所定章程，亦尚周密。即著責成該王公大臣等切實舉辦，督飭認真講肄，力底精强，隨時考察，毋稍寬弛。各該王公大臣務當父詔兄勉，激厲奮發，樹之風聲，俾壯干城而安磐石，庶共副國家培植世臣、簡練俊傑之至意。

丁酉，商部奏，酌定京師勸工陳列所章程。又奏，商部京察一等員數，比照外務部辦理。從之。

署黑龍江將軍程德全奏，鐵路展拓利益，本省生利將絶，現擬令鐵路公司派員赴哈爾濱，會同俄員詳議，以冀保全生計，挽回利益。得旨，該署將軍辦事認真，仍著堅持，毋稍遷就。

戊戌，諭内閣：著派尚其亨、李盛鐸會同載澤、戴鴻慈、端方前往各國考察政治。

己亥，財政處奏，各省銅圓局不准購買外洋銅餅。從之。

《德宗實録》卷五五〇　十月甲辰，諭内閣：袁世凱、鐵良奏，遵旨校閲陸軍合操情形各摺片。據陳此次合操始末情形各節，並披覽單圖，於南北兩軍部署之方、攻守之術，頗爲完密。袁世凱、鐵良督率將士，簡練有方，深堪嘉許。所有該鎮協官佐目兵，步伐整齊，一切指揮籌辦，尚能合法，大改舊觀，仍當督飭認真訓練，協力同心，精益求精，毋忘申儆。並著各省將軍督撫按照定章，共圖振厲，講求兵學，力底精强，務期有勇知方，規模日臻美備。俾堅衆志而壯干城，用副朝廷整軍經武、實事求是之至意。

丁未，商部奏，各省鐵路軌道應行釐定，擬妥酌畫一章程，奏請頒行。從之。

署貴州巡撫林紹年奏，擬請乘時振興女學，即飭會議施行。下政務處、學務大臣議。

庚戌，諭軍機大臣等：現在中國與日、俄兩國商議東三省一切事宜，著派慶親王奕劻、外務部尚書瞿鴻禨、北洋大臣袁世凱爲全權大臣，妥籌商辦。

己未，出使美墨祕古國大臣梁誠奏，和蘭公斷關繫重要，請飭外務部將和蘭國設館遣使，迅速覈議施行，以資聯絡而重交涉。報聞。

辛酉，給事中吴煦奏，請以學務大臣兼翰林院掌院，並管國子監。整頓翰林院，擬分三類：曰撰述，曰圖史，曰編譯。又奏，請仿鴻博例，考選館職。並下政務處議。尋奏，翰林院並不歸併，所請以學務大臣兼管翰林院之處，應毋庸議。鴻博特科，未便遽定年限，應俟館員疏通後，奏請欽定。從之。

壬戌，諭内閣：財政處奏，酌擬鑄造銀幣分兩成色，並行用章程開單呈覽一摺。據稱各省所鑄銀圓，係屬一時權宜，未可垂爲定制。現在明定國幣，擬鑄造重庫平一兩銀幣，定爲本位，更鑄五錢、二錢、一錢三種銀幣，與現鑄之銅圓、舊有之制錢，相輔而行等語。整齊圜法，爲當今財政要圖。著户部造幣總廠按照所擬章程，行知直隸、江蘇、湖北、廣東各分廠，趕緊鑄造。嗣後公私收發款項，均應行用銀幣，以垂定制而昭大信。一切未盡事宜，著該王大臣等體察情形，隨時奏明辦理。

戊辰，諭内閣：我朝自開國以來，政尚寛大，朝野上下，相與乂安。近復舉行新政，力圖富强，乃竟有不逞之徒，造爲革命排滿之説，煽惑遠近，淆亂是非。察其心迹，實爲假借黨派，陰行其叛逆之謀。若不剴切宣示，嚴行查禁，恐譸張日久，愚民無知，被其蒙惑，必至人心不靖，異説紛歧，不特於地方有害治安，且於新政大有阻礙。著各將軍、督撫督飭地方該管文武官吏，明白曉諭，認真嚴禁。自此次宣諭之後，儻再有怙惡不悛、造言惑衆者，即重懸賞格，隨時嚴密訪拏，詳細訊究。除無知被誘，不預逆謀，准其量予末減；及改過投首，並能指拏魁黨者，不惟免罪，並予酌賞外；其首從各犯，應按照謀逆定例，盡法懲治。如有拏獲首要出力之員弁，准擇尤優獎。惟不得株連無辜，致滋擾累。儻該文武瞻徇顧忌，緝訪不力，由該將軍、督撫據實嚴參，以期杜絶亂萌而維大局。

又諭：前經特簡載澤等出洋考察各國政治，著即派政務處王大臣設立考察政治館，延攬通才，悉心研究，擇各國政法之與中國治體相宜者，斟酌損益，纂訂成書，隨時進呈，候旨裁定。所有開館一切事宜，著該王大臣妥議具奏。

《德宗實録》卷五五一　十一月庚午，商部奏，擬訂各省礦政調查局章程二十四條，分別辦事之法十五條，勘礦之法九條，以資實驗。從之。

辛未，以户部尚書榮慶爲翰林院掌院學士。

壬申，諭軍機大臣等：孫家鼐等奏學務緊要，請提科場款項一摺。現在科舉停止，專辦學堂，京師爲總匯之區，需款尤鉅。所有各省科場款項，自應提充經費。著各省督撫，將關於科舉各項用款，無論報部外銷，儘數解京，專備學務經費。至各省認解大學堂協濟各款，仍當源源照解，以應要需。

己卯，諭内閣：本日政務處學務大臣會奏，議覆寶熙等條陳一摺。前經降

旨停止科舉，亟應振興學務，廣育人才。現在各省學堂已次第興辦，必須有總匯之區，以資董率而專責成。著即設立學部，榮慶著調補學部尚書，學部左侍郎著熙瑛補授，翰林院編修嚴修著以三品京堂候補署理學部右侍郎。國子監即古之成均，本係大學，所有該監事務，著即歸併學部。其餘未盡事宜，著該尚書等即行妥議具奏。該部創設伊始，興學育才，責任綦重，務當悉心考覈，加意培養，期於敦崇正學，造就通才，用副朝廷建學明倫、化民成俗之至意。

以户部右侍郎鐵良爲户部尚書，熱河都統松壽爲兵部尚書，未到任前，以巡警部尚書徐世昌兼署。

庚辰，諭軍機大臣等：學部次序，著在禮部之前。

辛卯，侍講學士達壽奏，旗營積弊太深，生計艱迫，擬請變通舊制，統籌教養之方。其要曰：除積弊、改兵制、謀生計、籌經費。下練兵處、户部議。尋奏，所擬裁革莫吉格一節，應照准。所稱旗營各兵歸練兵處、巡警部挑選訓練一節，查陸軍須按格遴挑，請飭巡警部多選旗員，入堂肄習，其餘軍屯、工藝等事，請從緩議。改兵制一條，事多窒礙，請毋庸議。從之。

甲午，諭軍機大臣等：程德全奏，時機危迫，亟宜開通各蒙一摺。據稱蒙古各盟，世爲北邊屏蔽，承平日久，習於便安。比年時局變遷，亟宜設法經營，以資控制。所陳墾務各節，不爲無見。著該親王、理藩院及各將軍、都統、督撫等，各就地方情形妥籌辦理，詳晰具奏。

《德宗實録》卷五五二　十二月己亥，湖廣總督張之洞奏，遵練兵處新章，改編湖北常備軍兩鎮營制、饟章並設立督練公所，考究軍政，擬定辦法十三條，下所司議。尋奏，擬將湖北所編第二鎮改爲第二十一混成協，所有薪饟，請飭照奏准。福建變通新饟章程辦理，統領兼轄兩協，萬難久懸，擬即行遴充，以專責成。正軍醫馬醫、官應令遴用中國明習西醫者試充，餘應照准依議行。

癸卯，給事中劉學廉奏，洋貨進口日增，請飭多設局廠，仿造機器，推廣紡織，以挽利權。

戊申，署甘肅新疆巡撫吴引孫奏，擬就書院改設學堂，其高等辦法，仿照山東章程，暫分備齋、正齋。督課外國語文，擬將舊設俄文學館併入，再聘精通英、德、法語言文字者，以補所未備。至府州縣應設各等學堂，當通飭籌款，一律仿辦。下學部知之。

庚戌，直隸提督馬玉崑奏，籌設武衛左軍隨營速成學堂，謹擬試辦章程八條呈進。下所司議。尋練兵處奏，擬令改設學兵營，就本營截曠之款，騰挪應用，所請由部籌撥之處，毋庸議。從之。

調工部尚書吕海寰爲兵部尚書，以都察院左都御史陸潤庠爲工部尚書，兵部右侍郎陸寶忠爲都察院左都御史。

壬子，諭軍機大臣等：據周馥等電稱，上海會審公堂擬變通刑章，以期華洋輕重略均等語。著刑部迅速議奏。

癸丑，巡警部奏，酌擬巡警部官制，擬設左右丞各一員，左右參議各一員，分設五司十六科，並變通工巡局舊章，改設内外城總廳，各設廳丞一員，下設參事、知事各官。依議行。

命巡警部尚書徐世昌、户部尚書鐵良爲軍機大臣，並賞穿帶膝貂褂。

《德宗實録》卷五五三　乙卯，湖廣總督張之洞奏，遵旨擬訂中國礦務章程，謹纂成正章七十四款，附章七十三條呈進，請飭部覆覈。下外務部、商部議。

戊午，署兩廣總督岑春煊奏，廣東課吏館擬改辦法政學堂，講求新政，以儲人才。下部知之。

癸亥，直隸總督袁世凱奏，開平煤礦訟案，經張翼赴英質訟，祇能争到照副約辦理。英使意在和平調停，擬請仍督飭張翼妥籌商辦。得旨，張翼著以道員發往北洋差遣委用，仍著袁世凱督飭妥籌辦理。

以大學士那桐爲國史館總裁官。

甲子，命兵部尚書吕海寰留辦商約，以巡警部尚書徐世昌兼署兵部尚書。

丙寅，辦理商約大臣兵部尚書吕海寰奏，學堂注重，端在教科課本，擬請官編教科及早頒發，私纂課本亟行釐正。下部知之。

丁卯，諭：中日兩國會議東三省事宜條約，經朕批准，著派全權大臣瞿鴻禨互换。

光緒三十二年（丙午、一九〇六）

《德宗實録》卷五五四　正月戊寅，外務部奏，日本在韓京設立總監，英、美、法等國駐韓使臣，均已撤退，請撤回駐韓使臣，該館權限事務，移交駐日使館辦理，另派總領事一員前往駐紮。依議行。

《光緒朝東華録》一九八　庚辰，户部奏，臣部總攬天下財賦，凡有大軍大

役，用款向由部撥，以及各處如有他項動支不在常例之内者，亦必隨時咨報核定。故《户部則例》内載，凡各省協撥餉銀及别有急需，應協濟者，倘藩庫不敷，或動鹽課，或請内帑，由部隨時具奏等語。誠以臣部爲錢糧總匯，凡有出入，悉宜周知，慎重庫儲之道，必出於此也。咸、同以來，各省軍務倥偬，部撥款項，往往難於立應，疆臣遂多就地籌款，以濟軍食，如抽釐助餉之類，因而一有緩急，彼此自相通融協借，不盡咨部核覆。然亦以其係就地自籌之款，與例支之項無礙，故部臣亦無從深問。近年庫款支絀，各省皆然，任事之臣，知臣部籌措之難，動輒自行電檄各省，求爲協濟，其意不過在外銷款内匀撥。而各省亦不盡能另籌的款，遂將例支正項，及報部候撥者，挪移擅動以應之。迨臣部查知，而款已動用，往返駁詰，迄難就緒，誠恐日久難以限制，臣部職司出納，豈敢諉爲不知，苟謝責任。臣等公同商酌，擬請飭下各省將軍督撫，嗣後凡有動撥款項，必先咨明臣部，核其有無窒礙，俟部覆到日，再行查照辦理，倘或不俟部覆，擅自動解，除將所動之項照數提還外，仍由臣部指明嚴參，以重庫儲。得旨，如所議行。

《德宗實録》卷五五四　甲申，江蘇巡撫陸元鼎奏，籌辦警察，設立警察學堂，教練吏才，設立仕學館，並附設法政學堂。又開辦游學豫備科。並下所司知之。

乙酉，諭内閣：軍機處爲用人行政樞紐，關繫綦重，允宜優加體恤，以清治源。所有該處行走之王大臣及滿漢章京等，均著賞給養廉，用資津貼。經此次優賞之後，該王大臣等必能整躬率屬，砥礪廉隅，内外一切餽贈，自應永遠禁絶，各避嫌疑，儻仍有揣摩嘗試情事，著該王大臣即行據實嚴參懲辦；如或瞻徇容隱，一經發覺，與受同罪，以端政體而挽頽風。此項養廉，著户部按年籌給。

戊子，諭軍機大臣等：有人奏，蒙旗招墾開荒，衆户守候日久，亟宜妥爲經理一摺。著趙爾巽按照所指各節，查明辦理。

己丑，御史姚舒密奏，今之士子瞀惑狂悖，背君親，裂名教，甚至平等自由，革命流血，甘爲邪黨而不恤。請正學術以端士風。又奏，興辦學堂，請寬其限制，鄉里立學，令報官存案，考試時與官立學堂一律調考。並下部知之。

署兩廣總督岑春煊奏，就地籌款，擬加收臺礮經費三成，糧捐沙田畝捐，並試辦基塘租捐，商漁船捐，鹽斤加價，一面勸募集股，舉辦粤漢鐵路。下部議。

又奏，籌議在粤擴充製造，前向德商訂購新式造槍造彈及無煙藥各種機器，已陸續運到，所有新槍口徑，俟練兵處酌定遵辦，請飭部立案，下練兵處議。尋奏，該省舊廠請准暫勿裁撤，一俟三廠成立，將該廠停辦，改爲别用。依議行。

癸巳，巡警部奏，緑營疲弱，請飭各省一律改爲巡警，以收實用而節虚糜。下政務處會同兵部議行。

湖廣總督張之洞等奏，鄂、湘、粤三省修築鐵路，經三省官紳公商妥協，議定條款十四條，豫議路成後條款四條。下部知之。

甲午，命外務部尚書瞿鴻禨協辦大學士。

《德宗實録》卷五五五　二月戊戌，出使日本國大臣楊樞奏，東洋留學生多至八千餘人，挾利禄功名之見而來，務爲苟且；取一知半解之學而去，無補文明。請飭嚴定選派學生出洋留學章程。下學部議。

辛丑，財政處奏，整頓圜法以防流弊，酌擬八條：曰禁止販運，限制鼓鑄，禁購銅餅，釐定銅斤，官民一律行用，行旅隨帶不逾二千枚免禁，市面行使彼此不得異視，各省多寡有無設法匀撥。依議行。

《光緒朝東華録》一九九　壬寅，政務處、兵部奏，正月二十五日准軍機處鈔交巡警部尚書徐世昌等奏，緑營疲弱，請一律改爲巡警，以收實用一摺。奉旨政務處會同兵部議奏。欽此。原奏内稱，光緒二十七年欽奉諭旨，飭練巡警軍，各省多就緑營設法。比年以來，辦法既有參差，名稱復不畫一，且有雖經具奏並未實行者，於警政之規制餉章，均有窒礙。請飭各省督辦將現存馬步戰守各兵，挑選年力富强，體量合格，粗識文字，别無嗜好者，改編巡警。慎選廉明武職暨粗通警察人員，督率教練，不得以原有制兵改易巡警名目，空文塞責。每年騰出餉項，儘數撥作巡警要需。先於省會及商埠設巡警學堂，徵募士民肄業，一面將由緑營挑選之警兵，更番派入學堂，教以淺近警法，再逐漸分别去留，徐臻美備。實於警政大有裨益等語。查緑營久稱窳敗，巡警亟應振興。現在朝廷特設專部，整理京外警務，以爲保民要政。各省興辦巡警，應需經費頗鉅，自應將緑營挑改巡警，化無用爲有用，該尚書等所請挑選制兵改編巡警，以餉項充警費，及設立學堂教練各辦法，均尚妥協。擬請飭下各督撫查照該部原奏，認真辦理，以重警政而節虚糜。至緑營舊設官缺，並准俟該部擬定各省巡警官制，及一切行政詳細章程，再行奏明請旨，分别辦理。得旨，如所議行。

《德宗實録》卷五五五　諭軍機大臣等：電寄胡廷幹，電悉，據稱法國天主堂神甫王安之函約南昌縣知縣江召棠便飯，談及教案，阻止從人不准隨入。忽聞江召棠頸受刀傷，隨飭員赴堂驗視，傷勢甚重，民情不服，議論沸騰，疊經出示

開導解散，並派兵保護各處教堂，文武官紳正在分投彈壓。忽有匪徒乘機煽惑滋事，致毀法國教堂三處，傷害法人六名，波及英國教堂一處，被害英人二名，受傷一名等語。此案因地方官在教堂身受刀傷，以致人心不服，激生衆怒。惟應静候查辦，據理評論。乃竟有匪徒乘機滋事，任意妄爲，實屬不知法紀。著胡廷幹督飭嚴拏首要，按律懲辦，仍將各處教堂，極力保護，毋得再有疏虞。至英、法兩國人口，傷害多名，深堪憫惻，即著妥爲撫卹，江召棠現在傷勢如何，並著查明電奏。

戊申，諭内閣：從來敦篤邦交，端在講信修睦。朝廷與東西各國通商立約，開誠布公，固已情誼交孚，毫無隔閡。各國亦均稱歡洽親密有加，中外相安，實天下所共悉。乃聞近日以來，訛言肆起，適偶有不虞之暴動，遂突生排外之謡傳。市虎杯蛇，衆情惶駭，推原其故，必由奸人播弄，匪徒煽惑，或思離間我交好，或欲激怒我民心。詭計陰謀，莫可究詰，關繫大局，良非淺鮮，不得不明白宣示，以釋羣疑。方今時局艱難，正賴列邦互相聯絡，庶幾寰宇協和。豈有自啟猜嫌，擾害治安之理！我君臣上下，惟當力戒因循，勵精圖治，以實心行實政，期於漸致富强。各處學生尤當深明忠愛，争自濯磨，精修本業，學成待用，以儲楨幹之才。應遵照奏定學堂禁令章程，束身自愛，尤不得干預外交，妄生議論。總之，團體原宜固結，而斷不可有讎視外洋之心；權利固當保全，而斷不可有違背條約之舉。若士大夫宗旨不明，愚民將何所倡導？一有匪人乘機滋事，必至貽害地方。經此次宣諭之後，著各省將軍、督撫嚴飭該文武各官，認真防範，所有外國人命財産及各教堂，均應一體切實保護。即遇不平之事，應候官爲理論，如有造言生事，任意妄爲者，必非安分守法之人，即著趕緊查拏，立行究辦。儻或防護不力，致出重情，定將該地方官從重懲處，決不姑容。該將軍督撫等務即剴切曉示，隨時約束，懲前毖後，防患未然，用副國家輯睦友邦、保安黎庶之至意。

庚戌，翰林院侍讀學士惲毓鼎奏，江西教案禍由激成，辦法宜争先著，於英國認誤傷之過，於法國責誘殺之非，不宜遷就，辱國體而失民心。下外務部知之。

《德宗實録》卷五五六　二月乙卯，出使考察政治大臣載澤等奏，考察日本政治，其富强之效，雖得力於改良律法，精練海陸軍，獎勵農工商各業，而其根本尤在教育普及，不恥效人，不輕舍己，故能合歐化漢學，鎔鑄而成日本之特色。報聞。

戊午，外務部奏，外交需才，擬變通舊章，請准隨時調用人員，以期得力。依議行。

出使考察政治大臣戴鴻慈等奏，行抵美京，分投閲看，參觀憲法之源流，兼究立官之本末，旅外華商並隨時接見勸諭，戒以勿染習氣，立黨入會，類皆聞言感服。報聞。

壬戌，卸辦鐵路大臣工部左侍郎盛宣懷奏，滬甯鐵路議定合同，及派員開辦情形。報聞。

丁卯，諭軍機大臣等：户部奏，各關洋税、常税奏報遲延，請飭按結開單，先行報部各摺片。海關洋税，爲入款大宗，專資撥付要需，關繫尤重，豈容絲毫牽混！前經户部奏准，飭令按結奏報，並將未經奏報各案，分結分款，併案具報。兹據奏稱，各關仍復遷延推宕，未能一律辦清，實屬不成事體。嗣後著該將軍、督撫責成各關道等，遵照限期，按結具報，結期滿後三箇月内，一面詳報督撫，一面將收支數目，開列清單，逕行報部稽覈。如逾限不報，即將該關道等，按照所定處分，指名嚴參。至各關徵收常税，例應按限奏銷，並著責成委管關務之道員委員，遵照此次奏定章程，於關期滿後，即先行繕單報部，並將從前未銷各案，予限一律辦結，如違亦即嚴參。各該督撫綜理一省財政，並著隨時認真嚴覈，督飭遵辦，以清積弊而裕饟源。

《德宗實録》卷五五七　三月戊辰，諭内閣：學部奏，請將教育宗旨宣示天下一摺。【略】著該部即照所奏各節，通飭遵行。所有京師及各省學堂師長生徒，尤宜正本清源，辨明義利，不視爲功名利禄之路，而以爲修齊治平之規，於國家勸學育才之意，方爲不負。該尚書侍郎等，惟當整躬率屬，行必踐言，切實提倡，認真查覈，懍時局之艱難，思全國之關繫，朕心惓惓，實有厚望焉。

戊子，辦理商約大臣兵部尚書吕海寰奏，教案要索日甚，亟宜考察各國教規、教律，會定專約，俾資信守。下外務部議。

乙未，直隸總督袁世凱奏，改編直隸淮部各營，區分五路，以資整飭。下練兵處、户部議。尋奏，應照准改爲北洋淮軍巡防隊，以符定章。從之。

丙申，工部左侍郎盛宣懷奏，各省礦務，現經自辦，應將前設之勘礦總公司裁撤，所有前撥未動勘礦總公司銀十萬兩，並由北洋籌銀十萬兩，山西籌銀十萬兩，合三十萬，撥歸晉省同濟礦務公司，以之購買礦地，救山西一省之礦務，即所以挽天下之利權。請飭商部隨時會商北洋大臣、山西巡撫查照，督飭該公司紳

董認真辦理，以免中輟。下外務部、商部知之。

《德宗實録》卷五五八　四月戊戌，外務部奏，繕呈中英兩國議訂藏約條款，並附入約內之光緒三十年英藏條約，及印督更訂批准之款，又聲明照會各一件，請簡全權大臣畫押。得旨，著派唐紹儀爲全權大臣，即行畫押。尋奏，遵於四月初四日在外務部會同畫押。報聞。

《光緒朝東華録》二〇〇　己亥，商部、法律大臣等奏，前准軍機處交片內開，光緒二十九年十一月十一日奉上諭：商部、商律，現已設有商部，即著責成該部詳議妥訂等因，欽此。當經臣部趕速先擬商律之公司一門，奏准頒行，並聲明此外各律，仍由臣等次第擬訂，奏明辦理在案。竊維商律之有公司一門，所以使已成之商業，咸得有所維護，乃或因經營未善，或因市價不齊，即不能不有破産之事。而狡黠者往往因緣爲奸，以致弊端百出，貽害無窮。故刑部於光緒二十五年十月間議覆前兩江督臣劉坤一奏奸商倒騙，請照京城錢鋪定例分別辦理摺內，申明治罪專條，自枷杖以至軍、流及永遠監禁。蓋謂近來商情變幻，倒騙之局，愈出愈奇，必如此嚴懲，庶奸商知所畏服。然詐僞倒騙者之出於有心，與虧蝕倒閉者之出於無奈，雖皆謂之破産，而情形容有不同。詐僞倒騙，洵屬可恨，虧蝕倒閉，不無可原。若僅以懲罰示儆之條，預防流弊，而無維持調護之意，體察下情，似於保商之道猶未盡也。兹經臣等督飭司員，調查東西各國破産律，及各埠商會條陳商人習慣，參酌考訂，成商律之破産一門。由舉董清理，以迄還債銷案，尤注重於倒騙情弊，爲之分別詳議監禁罰金等項罪名。脱稿後，咨送法律大臣臣家本、臣廷芳會同商定。都凡九節六十九條，繕具清册，恭呈御鑒，如蒙俞允，即作爲欽定之本，由臣部刊刻，頒行各直省將軍、督撫、都統、府尹一體遵照。嗣後遇有倒閉案件，即無須援引刑部前奏比照京城錢鋪之例辦理，以免兩歧而昭公允。抑臣等查東西各國破産律，有專爲商人而設者，有不專爲商人而設者，臣部責在保商，而此項破産之律，本與民人有相關之義。今中國民法尚未訂定，其有雖非商人破産之案，除依臣家本、臣廷芳編訂之訴訟法辦理外，其餘未賅載者，應准地方官比照本律辦理。是以臣部所訂破産律，准令民間財産赴商會註册，以備稽查，仍責成地方官握行法之關鍵，而以商會副之。結案後，由地方官詳咨臣部查核。其有關罪名者，並俟年終時，彙咨刑部存案，俾昭慎重。各省凡有破産之案，各督撫應嚴飭地方官尅期完結，不得狃於積習，視錢債爲細故，以仰副疊次諭旨殷殷誥誡之至意。得旨，如所議行。

《德宗實録》卷五五八　諭內閣：政務處、學部會奏，遵議裁撤學政，請設直省提學使司一摺。現在停止科舉，專辦學堂，所有學政事宜，自應設法變通。著即照所請，各省改設提學使司提學使一員，統轄全省學務，歸督撫節制。一切詳細官制及辦事權限章程，仍由學部籌議具奏。所有各省學政，一律裁撤，均著回京供職。各該省學校事宜，暫由各該督撫督飭學員妥爲經畫。

諭軍機大臣等：法律大臣沈家本等奏，刑事、民事、訴訟各法，擬請先行試辦一摺。法律關繫重要，該大臣所纂各條，究竟於現在民情風俗能否通行，著該將軍、督撫、都統等體察情形，悉心研究。其中有無扞格之處，即行縷析條分，據實具奏。

辛丑，諭內閣：袁世凱奏，遵旨校閲陸軍第二鎮一摺。據陳此次校閲各項情形，頗屬精嫻，成效漸著，深堪嘉許。仍著練兵處王大臣等督飭認真訓練，力求精進，月異日新，逐漸擴充，悉成勁旅，用副朝廷修明武備、振勵戎行之至意。餘著練兵處妥議辦理。

《光緒朝東華録》二〇〇　唐紹儀與英國使臣薩道義訂藏印正約成。

《德宗實録》卷五五八　癸卯，御史顧瑗奏，請參酌中西成法，清釐户籍。下政務處、户部、巡警部議。尋奏，請由巡警部擬定章程，通行飭辦。依議行。

甲辰，署山東巡撫楊士驤奏，推廣巡警，分飭添設警務學堂。下部知之。

己酉，直隸總督袁世凱奏，商部咨行路務議員章程，不無窒礙，請飭另行覈議。下政務處議。尋奏，請飭商部將各省路務，詳細調查，其規則有應行酌訂之處，由該部删改，頒行遵守。依議行。

癸丑，命户部尚書鐵良充督辦税務大臣，外務部右侍郎唐紹儀充會辦税務大臣。

丁巳，學部奏，遵議各省學務詳細官制、辦事權限章程，及勸學所章程。又奏，酌擬學部官制職守，並歸併國子監事宜，改定額缺。從之。

《德宗實録》卷五五九　閏四月己巳，商部奏，參酌東西各國規制，籌辦商業模範銀行，請准立案。下財政處、户部議。尋奏，該行既爲商人所取法，自應照商業銀行辦理。查日本正金銀行條例，商業銀行總理，應由股東內選舉。今商部於該銀行徑行奏派丞參總理，不合商業銀行辦法，所請立案之處，礙難照准。俟户部商業銀行專例擬定頒行，再令一律查照辦理。依議行。

又奏，江蘇紳士籌築本省鐵路，設立公司，公舉總協理，請准立案。又奏，京

師勸工陳列所將次竣工，各省物品陸續解到，開辦事繁，派員總理。均依議行。

壬申，直隸總督袁世凱奏，省城設立法政學堂，請撥發舉貢來直，學習法政，畢業後分別奏留調用，以廣出路而儲人才。下部知之。

出使考察政治大臣戴鴻慈等奏，抵德覲見德皇，論及中國變法，謂必以練兵爲先；政治措施，尤宜自審國勢，各當事機，貴有獨具之精神，不在徒摹夫形式。其言至爲懇切。報聞。

辛巳，諭内閣：政務處奏，開辦考察政治館，請派員充當提調一摺。【略】仍責成該王大臣等督飭各員，將中外政治，悉心考覈，詳加纂輯，用備甄採。

丙戌，諭内閣：欽奉慈禧端佑康頤昭豫莊誠壽恭欽獻崇熙皇太后懿旨，近來時局艱難，民生困苦，深宮宵旰憂勞，無時不以敬天勤民爲念。比因賠款浩繁，加以舉辦要政，各省籌捐集款，重累吾民，實爲萬不得已之舉。惓懷民瘼，早切疚心。本年湖南、江西等省被水成災，飢民嗷嗷待哺；近畿一帶又復缺雨，麥收多歉，糧價驟貴，民食維艱。每念暘雨愆時，偏災屢告，政事闕失，或有未知，循省之餘，益深恐懼。我君臣上下惟當交相咨儆，痛戒因循，實事實心，修明政治，即各省籌集各款，當思民膏民脂，來處不易，務宜撙節愛養，留其有餘。地方所行新政，如練兵、興學、巡警、工藝諸務，原爲教養保衛而設，自不應視爲緩圖。但必以百姓之財，皆爲百姓之用，不得漫無稽覈，濫費虚糜。至濱海沿江，鹽梟會匪，時有蠢動，擾害閭閻，尤爲斯民之害，務當隨時嚴查重懲，以安良善，並責成該將軍、督撫振厲官方，整飭吏治，體念時艱，共培元氣，庶幾感召天和，用副朝廷不忘修省之至意。

戊子，外務部奏，續擬調用人員辦法，並設立儲才館以專責成，擬具章程二十五條。又奏，譯學館畢業學生，酌派出洋，分習政治、法律、商務、理財各學，以備辦理交涉。均依議行。

庚寅，直隸總督袁世凱奏，釐定直隸常備軍年滿退伍試辦章程，並續備軍現行辦法，及營制餉章。下練兵處知之。

《光緒朝東華録》二〇一　五月辛丑，商部奏，請頒發蘇省商辦鐵路關防。得旨，如所議行。

《德宗實録》卷五六〇　丁未，御史王步瀛奏，考察政治，請豫籌辦法，以免窒礙。下所司知之。

《光緒朝東華録》二〇一　己酉，外務部、商部、户部奏，竊商部於光緒二十九年十月十四日具奏重訂鐵路章程繕單呈覽一摺，奉旨，依議，欽此。通行欽遵在案。查原章第四條内開，公司買地，應由地方官估定公平價值，毋許高擡，應完地租，由公司按年認繳，不得拖欠等語。是鐵路佔地納税，早已載明定章，現在各省路務先後開辦，縱横綿亘，佔地日多，此項地税，應再切實申明，俾有遵守。凡各省官紳承辦鐵路，所有佔用地畝，除官道官河向來本不納税應毋庸議外，其購買民間地畝，一經過割，糧隨地轉，即由各該州縣會同該處辦路官紳勘丈明確，仍照原額科則，歸入鐵路公司，即應繳納若干，務與原數相符，不至有虧正額。至借款官辦各路，其合同條款切實載明不納地税者，暫行免收，一俟合同年滿，應即照繳。嗣後官辦、商辦各路，均不得率行請免賦税，以重税課而符定章。得旨，如所議行。

《德宗實録》卷五六一　壬申，直隸總督袁世凱奏，無綫電報爲西人新創之法，輕巧靈便，隨處可設，尤以意國人馬康尼所造機具，能達一百五十英里者爲最適用。現在北洋創議舉辦，延聘洋員承辦購置機器，挑選學生，先就海圻、海容等船安置妥貼，繼在南苑行營等處，建電房，設機器，現皆次第蕆事。下部知之。

丁丑，直隸總督袁世凱奏，擬定法政學堂章程規則。下所司知之。

己卯，諭軍機大臣等：商部奏，湖南商董請將湘境路綫歸商籌辦，公舉總理，懇乞奏明立案一摺。鐵路係國家要政，仍應官督商辦，至所稱公舉總理各節，著張之洞查明辦理。

《光緒朝東華録》二〇一　乙酉，商部奏，據湖南總商會衆董陳文瑋、周聲洋、陳家珍等聯名二十六人呈稱，粤漢鐵路自美約廢棄、收回路權，歸湘、粤、鄂三省分辦。粤省紳商合力，鄂由官局湊資，聞皆次第訂議，刻期興辦。惟湘僅恃米捐鹽釐，入款有限，以致開辦無期，商董等爲湘商代表，不容遲疑觀望，然路長費鉅，自以籌款爲先，爰於四月間提議歸商承辦。擬集股款二千萬元，設立商辦湖南全省鐵路有限公司，由發起諸人公同認股二百萬元，以爲辦路基礎。當時與議者千餘人，衆口贊成，歡聲雷動，良以正名商辦，則障礙全消，人無疑慮。此湘境鐵路經商董等提議，湘商踴躍之實在情形也。惟造端宏大，非有全省紳商所信服者，不足以膺兹鉅任。查有順天府府尹袁樹勛，廉明公正，衆望素孚，擬公舉爲鐵路總理，統籌全局，必能措理裕如；又前江西按察使余肇康，才識兼優，熱心時政，在籍候選道張祖彭，才長心細，洞悉商情，於鐵路亦曾研究，擬公

懇酌定派爲協理，俾得共襄厥事。查安徽、江蘇、浙江等省，均邀奏明商辦，並派大員主持，先後奉旨允准在案。湘省事同一律，擬援案請歸商辦，以維路政而順商情。其勘路、定綫、購地、興工、用人、理財各事宜，恭候奏定總協理公同妥訂詳細章程，再行呈部核奪等語。臣等伏查粵漢路綫，爲湘、粵、鄂三省命脈所關，湖廣督臣張之洞老成勝算，體國公忠，俯順三省之輿情，堅持廢約，卒能收回自辦。現在粵境既商籌商辦，集股頗稱踴躍，業經兩廣督臣岑春煊奏奉俞允在案，湘路自應迅速興辦，以期銜接。既據該商董等請歸商辦，公舉總協理，懇乞代奏前來，臣等未敢壅於上聞，謹恭摺具陳。得旨，湘路著官督商辦，所舉總協理，著張之洞查明辦理。

《德宗實録》卷五六二　七月己亥，諭軍機大臣等：有人奏，關道擅改定章，用心叵測各摺片。據稱前湖南岳常澧道韓慶雲辦理常關，有准挂洋旗並仿上海會審章程兩條，恐貽後患；並不顧城隍，以善卷村爲商埠；且有在三官殿一帶開埠之示，請飭查辦等語。自開商埠，自應妥定章程，不得稍有流弊。茲據所陳各節，該道辦理殊屬荒謬，著張之洞、龐鴻書切實查明，妥籌辦理，據實具奏，並著外務部知道。

辛丑，諭軍機大臣等：考察政治大臣回京條陳各摺件，著派醇親王載灃、軍機大臣、政務處大臣、大學士暨北洋大臣袁世凱，公同閲看，請旨辦理。

戊申，諭内閣：朕欽奉慈禧端佑康頤昭豫莊誠壽恭欽獻崇熙皇太后懿旨，我朝自開國以來，列聖相承，謨烈昭垂，無不因時損益，著爲憲典。現在各國交通，政治、法度皆有彼此相因之勢，而我國政令積久相仍，日處阽危。憂患迫切，非廣求智識，更訂法制，上無以承祖宗締造之心，下無以慰臣庶治平之望。是以前簡派大臣分赴各國考察政治，現載澤等回國陳奏，皆以國勢不振，實由於上下相睽，内外隔閡，官不知所以保民，民不知所以衛國；而各國之所以富强者，實由于實行憲法，取決公論，君民一體，呼吸相通，博採衆長，明定權限，以及籌備財用，經畫政務，無不公之於黎庶。又兼各國相師，變通盡利，政通民和，有由來矣。時處今日，惟有及時詳晰甄覈，仿行憲政，大權統於朝廷，庶政公諸輿論，以立國家萬年有道之基。但目前規制未備，民智未開，若操切從事，塗飾空文，何以對國民而昭大信！故廓清積弊，明定責成，必從官制入手。亟應先將官制分別議定，次第更張，並將各項法律詳慎釐定，而又廣興教育，清理財政，整頓武備，普設巡警，使紳民明悉國政，以豫備立憲基礎。著内外臣工，切實振興，力求成效。俟數年後，規模粗具，察看情形，參用各國成法，妥議立憲實行期限，再行宣布天下。視進步之遲速，定期限之遠近。著各將軍、督撫曉諭士庶人等，發憤爲學，各明忠君、愛國之義，合羣進化之理；勿以私見害公益，勿以小忿敗大謀；尊崇秩序，保守和平，以豫儲立憲國民之資格，有厚望焉。

己酉，諭内閣：昨已有旨宣示，急爲立憲之豫備，飭令先行釐定官制，事關重要，必當酌古準今，上稽本朝法度之精，旁參列邦規制之善，折衷至當，纖悉無遺，庶幾推行盡利。著派載澤、世續、那桐、榮慶、載振、奎俊、鐵良、張百熙、戴鴻慈、葛寶華、徐世昌、陸潤庠、壽耆、袁世凱公同編纂。該大臣等務當共矢公忠，屏除成見，悉心妥訂。並著端方、張之洞、升允、錫良、周馥、岑春煊選派司道大員，來京隨同參議，並著派慶親王奕劻、孫家鼐、瞿鴻禨總司覈定，候旨遵行，以昭鄭重。

《德宗實録》卷五六三　八月丁卯，諭内閣：自鴉片煙弛禁以來，流毒幾徧中國，吸食之人，廢時失業，病身敗家，數十年來日形貧弱，實由於此，言之可爲痛恨。今朝廷鋭意圖强，亟應申儆國人，咸知振拔，俾祛沈痼而蹈康和。著定限十年以内，將洋土藥之害，一律革除净盡。其應如何分別嚴禁吸食，並禁種罌粟之處，著政務處妥議章程具奏。尋奏，遵議禁煙辦法十一條：一、限種罌粟，二、分給牌照，三、勒限減吸，四、禁止煙館，五、清查煙店，六、官製方藥，七、准設戒煙會，八、責成官紳督率，九、嚴禁官員吸食，十、商禁洋藥進口，十一、分飭張貼告示。從之。

丁丑，御史劉汝驥奏，大權不可旁落，總理大臣不可輕設。均下考察政治館知之。

《光緒朝東華録》二〇二　己卯，學部奏，臣部於本年四月奏准考驗游學畢業生，自本年始，每年八月舉行一次，業由臣部遵行各省，並經奏請欽派大臣會同考試在案。現據各省咨送應考學生陸續到京，亟應議定考驗章程，以憑辦理。查上年考驗游學畢業生辦法，因其時科舉未停，學部未設，援照鄉會試覆試之例，奏請在保和殿考試，本係一時權宜之計。現在科舉既已停罷，又值朝廷綜核名實，振興百度之時，自應妥議章程，悉心考驗。臣等詳考外國制度，大都學成試驗，與入官試驗分爲兩事，而條理實相貫通。故當其就學，初未嘗有得官之心，及其入官，亦未聞有不學之士。教育之所由精進，政治之所由修明，胥基於此。臣部此次考驗游學畢業生，即各國學成試驗之意。擬酌照奏定分科大學畢

業及高等畢業章程，由臣等會同欽派大臣，按照所習學科，分門考試，務求詳密。試畢，酌擬等第，帶領引見，恭候欽定，分別給與進士、舉人等出身。俾人人皆知其隆重，仍將某科字樣加於進士等名目之上，以爲表識而資獎勸。京外衙門可就所分之科，分別調用，加以試驗，奏請録用實官，庶幾循名責實，各盡所長，用副朝廷因才器使之至意。得旨，如所議行。考驗游學畢業生章程：一、考試分兩場，第一場就各畢業生文憑所注學科，擇要命題考驗；第二場試中國文、外國文。一、第一場每學科各命三題，作二題爲完卷；第二場試中國文一題、外國文一題，作一題爲完卷。一、考卷由襄校分閲，評記分數，再由學部大臣會同欽派大臣詳細覆校，分別最優等、優等、中等。一、畢業生考列最優等者，給予進士出身；考列優等及中等者，給予舉人出身，均由學部開單、帶領、引見、請旨。一、畢業生准給出身者，並加某學科字樣：習文科者，准稱文科進士、文科舉人；習法科者，准稱法科進士、法科舉人；醫科、理科、工科、商科、農科仿此。

《德宗實録》卷五六三 丙戌，大學士孫家鼐奏，籌設學堂，經費不敷，教難普及，擬請於京師立一大學、一中學、一蒙學堂，以爲各省程式；各省照立三項學堂，以爲各州縣程式；各州縣亦立三項學堂，以爲各鄉村程式。入堂肄業者，酌令出費，其不能出費者，令於私塾自修。將來選用人才，學堂、私塾歸於一律。惟選取之先，須由保薦，慎擇公正紳董，與以保薦之權。歲擇人品端正、學問優長者，薦之州縣官，州縣官試之，並加採訪，薦之於省；督撫、提學試之，並加採訪，薦之京師；學部試之，並加採訪，然後因所長而用之。庶人人争自濯磨，而才不可勝用。請飭學部酌覈施行。

內閣奏，中書股濟條陳要政：一、行政經費宜豫爲籌定；一、請清查陋規，改定俸金，並酌予世禄；一、海軍宜從速建立；一、國債票宜推廣通行；一、服制宜分別更定；一、女服請參酌更定；一、學堂獎勵宜從速宣示；一、請實行强迫教育，並添設校外生；一、請添設宫廷警視及高等警察官；一、各省請添設警察使；一、商部司員宜兼習地質學；一、外務部及各省洋務局，宜添設同文館；一、各省督撫不得擅聘外人爲顧問官；一、各營操法口號宜歸一律；一、出使人員宜寬籌經費、嚴定賞罰；一、司法衙門宜嚴誣告及堅不吐實者之罪；一、仕途日雜，宜嚴定舉劾；一進出口税宜分別增減；一、各省幣制，應由户部鑄造，並嚴禁出口；一、權衡度量，宜歸一律；一、投票選舉之法，宜先造就議員資格；一、改官以後，應將原有官員，妥籌安置；一、改官以前，各衙門現存案卷，宜認真清查；一、秋操在邇，豫防流弊。下政務處知之。

己丑，御史趙炳麟奏，新編官制，流弊太多，擬請行政機關，仍歸各部；立法一權，無所歸屬，則以專銜言事，屬之御史，講官及四品以上京堂，使分任立法職務；其内閣軍機應請暫仍舊制。

庚寅，出使考察政治大臣禮部尚書戴鴻慈等奏，軍政重要，擬請擇要取法各國：一、軍事大政，應請皇上親御戎服，以振士氣；二、軍事行政，宜重加釐定機關；三、海軍制度，宜次第籌畫規復；四、徵兵之法，宜實行全國；五、軍事教育，宜明示方鍼；六、高等兵學，宜速成修習；七、貴冑子弟，宜出洋入伍；八、軍火器械，宜建廠自辦；九、戰時計畫，宜豫先籌備；十、軍人位置，宜優定章程。下練兵處知之。又奏，教育關繫重要，謹斟酌條陳，采他國之優長，資吾實行之方法。應請釐定教育行政之機關，以資行政；定學堂爲模範辦法，以端始基；明定教育趨向，以維萬法之本原；覈定學堂經費，豫爲普及之基礎；訂定學堂冠服，以壹民志；嚴定游學章程，以培真才。下學部知之。又奏，各國導民善法，擬請次第舉辦：曰圖書館、曰博物院、曰萬牲園、曰公園。下學部、巡警部知之。

壬辰，商部奏，中國工藝亟須提倡，擬訂獎給商勳章程八條，各按等級，給與頂戴。從之。

《德宗實録》卷五六四 九月壬寅，學部奏，詳擬考驗游學畢業生章程，分兩場考驗，所注學科及中外國文，由襄校手記分數，再由大臣覆校。最優等給予進士出身；優等、中等給舉人出身；加某學科字樣，由學部帶領引見，酌予實官。從之。

乙巳，署兩江總督周馥奏，上海通商日久，前經開築南市馬路，闢成華界，嗣復於新牐濱北地方，建橋築路，作爲北市商場。惟商力不逮，擬改歸官辦，與南市聯合一氣。下部知之。

甲寅，諭內閣：朕欽奉慈禧端佑康頤昭豫莊誠壽恭欽獻崇熙皇太后懿旨，前經降旨宣示，爲立憲之豫備，飭令先行釐定官制，特派載澤等公同編纂，悉心妥訂；並派慶親王奕劻等總司覈定，候旨遵行。兹據該王大臣等將編纂原案，詳覈定擬，一併繕單具奏。披覽之餘，權衡裁擇，用特明白宣諭：仰惟列聖成憲昭垂，法良意美，設官分職，莫不因時制宜。今昔情形，既有不同，自應變通盡利，其要旨惟在專責成、清積弊、求實事、去浮文，期於釐百工而熙庶績。軍機處爲行政總匯，雍正年間本由內閣分設，取其近接內廷，每日入直承旨辦事，較爲

密速，相承至今，尚無流弊，自毋庸復改。內閣、軍機處一切規制，著照舊行。其各部尚書均著充參預政務大臣，輪班直日，聽候召對。外務部、吏部均著仍舊。巡警爲民政之一端，著改爲民政部。户部著改爲度支部，以財政處併入。禮部著以太常、光禄、鴻臚三寺併入。學部仍舊。兵部著改爲陸軍部，以練兵處、太僕寺併入。應行設立之海軍部及軍諮府，未設以前，均暫歸陸軍部辦理。刑部著改爲法部，專任司法。大理寺著改爲大理院，專掌審判。工部著併入商部，改爲農工商部。輪船、鐵路、電綫、郵政應設專司，著名爲郵傳部。理藩院著改爲理藩部。除外務部堂官員缺照舊外，各部堂官均設尚書一員、侍郎二員，不分滿漢。都察院本糾察行政之官，職在指陳闕失，伸理冤滯，著改爲都御史一員，副都御史二員。六科給事中著改爲給事中，與御史各員缺均暫如舊。其應行增設者，資政院爲博采羣言，審計院爲覈查經費，均著以次成立。其餘宗人府、內閣、翰林院、欽天監、鑾儀衛、內務府、太醫院、各旗營、侍衛處、步軍統領衙門、順天府、倉場衙門，均著毋庸更改。原擬各部院等衙門職掌事宜，及員司各缺，仍著各該堂官自行覈議，悉心妥籌，會同軍機大臣奏明辦理。此次斟酌損益，原爲立憲始基，實行豫備，如有未盡合宜之處，仍著體察情形，隨時修改，循序漸進，以臻至善。總之，時局艱危，事機迫切，非定上下共守之法，不足以起衰頹；非通君民一體之情，不足以伸疾苦。所有新簡及原派各大臣，責無旁貸，惟當顧名思義，協力同心，盡去偏私，真任勞怨。務使志無不通，政無不舉，庶幾他日頒行憲法，成效可期。儻仍視爲具文，因循不振，則是上負朝廷，下負國民，不能爲爾等寬也。

又諭：朕欽奉皇太后懿旨，此次裁缺之堂官，均著以原品食俸，聽候簡用；其裁缺衙門之實缺、候補司員、筆帖式，或由他衙門調用，或分別班次分發外省補用。著吏部即行妥議具奏。

又諭：朕欽奉皇太后懿旨，此次釐定官制，據該王大臣等將部院各衙門詳覈定擬，業經分別降旨施行，其各直省官制，著仍陸續編訂，仍妥覈具奏。

乙卯，諭內閣：此次改定官制，除民政部、學部、農工商部尚書、侍郎均毋庸更換外，吏部尚書仍著鹿傳霖補授，左侍郎著陳邦瑞調補，右侍郎著唐景崇調補；度支部尚書著溥頲補授，左侍郎著紹英補授，右侍郎仍著陳璧補授；禮部尚書仍著溥良補授，左侍郎著張亨嘉調補，右侍郎仍著景厚補授；陸軍部尚書著鐵良補授，左侍郎仍著壽勳補授，右侍郎著廕昌補授；法部尚書著戴鴻慈補授，左侍郎仍著紹昌補授，右侍郎著張仁黼補授；郵傳部尚書著張百熙補授，左侍郎著唐紹儀補授，右侍郎著胡燏棻補授；理藩部尚書著壽耆補授，左侍郎著堃岫補授，右侍郎著恩順補授；都察院都御史仍著陸寶忠補授，副都御史仍著伊克坦、陳名侃補授。

又諭：溥頲未到任以前，度支部尚書著鐵良兼署。

又諭：廕昌未到任以前，陸軍部右侍郎著王士珍署理。

又諭：外務部右侍郎著汪大燮補授，未到任以前著唐紹儀兼署。

又諭：嗣後大學士、尚書、侍郎均著毋庸兼管都統、副都統事務。

又諭：大理院正卿作爲正二品，著沈家本補授。

諭軍機大臣等：以商部左侍郎唐文治暫署農工商部。

以裁缺户部右侍郎柯逢時爲廣西巡撫，未到任前命署廣西布政使張鳴岐暫行護理。

《德宗實録》卷五六五　十月乙丑，署兩廣總督岑春煊奏，粵漢鐵路交商接辦章程，送部查覈。下部知之。

戊辰，直隸總督袁世凱奏，懇恩開去各項兼差，以專責成而符新制。得旨，該督任事實心，辦理均尚妥協，現在改定官制，各專責成，著照所請，開去各項兼差。

癸巳，諭軍機大臣等：陸軍部奏，各省應練新軍，請飭認真籌辦一摺。方今時局艱難，非練兵無以立國，疊經降旨飭令各省認真整頓，修明武備。現在專設陸軍部，所有各省軍隊，均歸該部統轄，應即督飭切實辦理。其各該省應練之兵，應籌之饟，如何擴張，如何儲備，以及裁汰緑營、興立學堂，皆不容緩。著該將軍、督撫等實力籌辦，不得稍涉因循，一俟新軍編練已有規模，即由該部奏請簡派大臣前往校閱，用副朝廷諄諄申警、整軍經武之至意。將此各諭令知之。

《德宗實録》卷五六六　十一月戊申，諭內閣：從來治國之道，惟以保民爲先，方今時局多艱，民生重困。本年兩廣、兩湖、江西、安徽等省屢告偏災，近日江蘇淮、徐、海一帶，被災尤重，疊經發帑諭令，妥籌賑撫。深宮惓懷民瘼，無時不軫切痌瘝。每念各直省情形，率皆元氣凋傷，生計窘蹙，哀我黎民，顛連窮困，豈可勝言。其不逞者，又或迫於飢寒，流爲盜賊，擾及鄉里，貽害善良，全在地方文武各官，平日加意綏撫，勤求疾苦，興養立教，禁暴詰奸，庶閭閻可期安堵。乃聞各省州縣，往往習於蒙蔽，疲玩因循，或吏胥苛虐而若罔聞知，或盜賊橫行而不爲懲辦。民轉以告匪爲懼，匪更以劫民爲生。愚氓無知，被其鼓惑，放票入

會，結黨日多，迨至釀成事端，不得不派兵圍勦。其甘心爲逆，執迷不悟者，固屬罪不容誅，而脅從之衆，伏匿山村，負嵎抗拒，難免波及無辜，玉石俱焚，言之亦殊可憫。近如山東曹州，匪徒肆掠，尚未擒除浄盡；江西萍鄉，湖南醴陵、瀏陽等縣，匪黨披猖，節經江、贛、湘、鄂各軍合力勦捕，首要各犯均已拏獲正法，漸就敉平。惟起事之初，必非驟發，若地方官緝捕嚴明，防患未然，早爲撲滅，何至勢成燎原！各省伏莽尚多，皆當引爲前車之鑒。著責成該將軍、督撫等整飭吏治，嚴定考成，務令各該州縣及軍隊等官於平時必當周知民隱，剴切拊循，講求地利以厚其生，興辦巡警以除其害，遇有匪徒傚擾，立即查拏懲治，並隨時認真防範，豫遏亂萌。儻文武互相推諉，養癰貽患，縱匪殃民，即行據實嚴參，從重懲治；如或察吏不嚴，瞻徇情面，不爲糾發，一經查出，決不寬恕。

《德宗實録》卷五六七　庚申，諭内閣：軍機大臣會奏，議覆都察院官制一摺。科道職司糾察，關繫綦重，前經諭令軍機大臣等將如何慎加遴選，嚴定考成之處，會同妥議具奏。兹據奏稱保送章程及增減缺額各節，所擬尚屬周妥，即著依議行。嗣後保送御史，著各部院大臣於京官實缺五品以下至中書、外官實缺四品以下至州縣，各舉所知，將該員志行事蹟臚陳，切實保薦，不得以籠統之詞，漫爲推許。如或徇情濫保，定將原保大臣從重議處。該給事中、御史等即著照此次奏定章程，統司糾察。凡内外各衙門，如有用人不當，辦事不實，均准奏參。仍著該堂官等隨時查覈，不稱職者，據實甄劾。爾大小臣工，務當精白乃心，實事求是，用副朝廷集思廣益之至意。

《德宗實録》卷五六八　十二月戊寅，學部奏，派内閣侍讀梁慶桂赴美籌辦華僑興學事宜。又，派法政科舉人董鴻禕總理南洋各埠學務。從之。

丁亥，諭内閣：民政部奏，統籌禁煙事宜一摺。鴉片煙爲生民之害，前已有旨諭令各省定限嚴禁，兹據該部奏稱推行戒煙分會，將各省煙館按照新章一律封禁等語。著各該將軍、督撫督飭所屬認真辦理。惟嚴禁吸食，尤必以禁種罌粟爲清源辦法。著責成各將軍、督撫務照定章遞年減種，限十年以内，將洋土藥盡絶根株，不得因循欺飾，用副朝廷保惠民生、力除沈痼至意。

光緒三三年（丁未、一九〇七）

《德宗實録》卷五六九　正月戊戌，諭内閣：朕欽奉慈禧端佑康頤昭豫莊誠壽恭欽獻崇熙皇太后懿旨，方今時局艱難，前經降旨，爲立憲之豫備，内外大小臣工，於一切政治，宜如何切實舉行，力圖振作。乃體察近日情形，仍不免敷衍因循，徇情見好，殊負朝廷惕厲憂勤之至意。兹特嚴申誥戒，嗣後内外諸臣，於辦事用人，務各力求實際，一秉大公，儻再不能痛改積習，破除情面，一經察出，定不姑寬。

《德宗實録》卷五七〇　二月丁卯，兩江總督端方等奏，籌建南洋大學，擬將貢院拆卸，改闢市場，以充建築及常年經費之用。下部議。

辛未，御史俾壽奏，學堂關繫綦重，亟宜汰冗存真，並廣立各項實業學堂，以資教養。得旨，著學部妥訂課程，認真辦理。

丁丑，署廣西巡撫張鳴岐奏，時危財竭，要政莫舉，若復嚴督各省急練新軍，恐外侮未來，内訌轉亟，請慎軍政以固國本。下部議。尋奏，詳覈各節，如廣派學生出洋，整頓陸軍學堂，興辦槍礮廠、拓牧馬廠、設呢革廠、次第興復海軍，均業由部分别籌議，奏明辦理。惟現在積弱之際，如必諸事完備，始行練兵，恐事變之來，不我能待。該撫所陳，固宜次第籌維，而各省應練之兵，尤須責成及早籌辦。報聞。

《光緒朝東華録》二〇五　壬午，民政部奏，魏晉以來，始設民部，唐時改民爲户，相沿及今。現經總核官制王大臣奏改户部爲度支部掌財政，畫疆等項歸入臣部。則臣部新增之職掌，即《周禮》大司徒之職也。上年十二月十七日臣等會同軍機大臣奏定臣部官制内設疆理一司，以審議地方區數，核辦測繪圖志等項，實與大司徒所掌之職，以天下土地之圖，周知九州地域廣輪之數，又以土圭之法，測土深、正日景，以求地中之義符合。伏維各省地勢，今昔變遷不同，而新政推行，則府縣區域之增拆裁併者，亦所在多有，非有新繪之圖、新修之志，不足以資考證。臣部現正籌辦測繪學堂，冀以廣儲此項人才，爲將來測繪地圖之用。惟造就尚需時日，擬先調取京外邊腹各省原有之圖志，以爲參核編輯之資。其陸地形勢、河海流域、都圖村莊、商埠船塢等處，以及荒熟林牧等地，皆於疆域有重要之關繫；而邊陲界限，國境攸關，尤宜注意考求，方昭詳密。應請飭下各將軍、督撫大臣，就近詳考疆域，慎核界線，分别繪圖貼説，列表造册，隨時咨送臣部，以備查核。至於變通官制，增改郡縣，近日各疆臣參酌形勢，奏奉俞允者，時有所聞。嘗考漢晉之分郡國，皆司徒上之，臣部職司疆理，應有稽核記載之責，嗣後各疆臣如有奏改及新設府廳州縣者，應請飭下臣部核議，以昭鄭重土疆修

明治本之意。得旨，如所議行。

《德宗實録》卷五七一　三月壬辰，出使英國大臣汪大燮奏，要政待興，庫儲支絀，因時制宜，行用金幣，實有利無弊。下度支部議。尋奏，本位幣制，關繫重要，請飭廷臣會議。得旨，著内閣各部院會議具奏，並著直隸、兩江、湖廣、兩廣各總督，一併妥議奏聞。

戊戌，署吉林將軍達桂等奏，吉林、長春、哈爾濱等處，自開商埠，分設公司，招集華股，以備購地經始之需。下部知之。

己亥，諭内閣：東三省吏治因循，民生困苦，亟應認真整頓，以除積弊而專責成。盛京將軍著改爲東三省總督，兼管三省將軍事務，隨時分駐三省行臺。奉天、吉林、黑龍江各設巡撫一缺，以資治理。徐世昌著補授東三省總督兼管三省將軍事務，並授爲欽差大臣。奉天巡撫著唐紹儀補授，朱家寶著署理吉林巡撫，段芝貴著賞給布政使銜，署理黑龍江巡撫。該督等受兹重寄，務當悉心經畫，破除情面，任怨任勞，於一切應辦事宜，切實通籌，次第舉辦，用副委任，其應如何分設職司之處，即著該督等妥議具奏。

庚子，以大學士那桐兼署民政部尚書，外務部右丞朱寶奎爲郵傳部左侍郎。

壬寅，外務部奏，收回新奉添造吉長等鐵路，現與日本使臣議訂條款，會同畫押。報聞。

《光緒朝東華録》二〇五　考察政治館奏，光緒三十二年十月三十日御史趙炳麟奏設印刷官報局一片，奉旨考察政治館知道。欽此。查該御史奏稱朝廷立法行政，公諸國人，擬請參用東西各國官報體例，設立官報，以仰副七月十三日懿旨，使紳民明悉國政，爲豫備立憲基礎之意等語。竊維豫備立憲之基礎，必先造成國民之資格；欲造國民之資格，必自國民皆能明悉國政始。東西各國開化較遲，而進化獨速，其憲法成立，乃至上下一體，氣脈相通，莫不藉官報以爲行政之機關。是以風動令行，纖悉畢達。或謂英國民人政治智識最富，故其憲法程度最高，蓋收效於官報者非淺鮮也。中國風氣甫開，國民教育尚未普及，朝章國典，罕有講求，向行邸報，大抵例摺居多，而私家報紙，又往往摭拾無常，傳聞失實，甚或放言高論，熒惑是非。欲開民智而正民心，自非辦理官報不可。前政務處曾經奏明彙取中外文牘，編纂政要一書，祇因各處鈔送寥寥，未能編輯。今學部、農工商部暨南北洋、山東、陝西等處，已有官報刊行，惟僅關於一部一省之事，亟應兼綜條貫，彙集通國政治事宜，由館派員專辦一報，以歸納衆流，啓發羣治。即如該御史所奏，凡一切立法行政之上諭，及内外臣工摺件電奏，並咨牘章程等類，除軍機、外交祕密不宣外，所有軍機處發鈔暨各衙門隨時咨送事件，依類分門，悉心選録，取東西各官報敏速精確之意，先辦日報一種，一俟鈔送日多，流行寖廣，再行查照前次奏案，擇其尤要，編輯月報，一體印行，以期周備。通國官民從此傳觀研究，俾皆曉然於政令條教之本，無不與民休慼相關，自然智慮開通，共識負擔國家之義，忠愛激發，咸有服從法律之心，非特憲法日以修明，而鞏固邦基，要不外此。得旨，如所議行。

《德宗實録》卷五七一　己酉，農工商部奏，各省商辦鐵路，所用材料，請照官辦免税。從之。

壬子，以四川總督岑春煊爲郵傳部尚書，裁缺盛京將軍趙爾巽爲四川總督。命直隸津海關道梁敦彦充出使美墨祕古國大臣。

癸丑，諭軍機大臣等：電寄吕海寰等，加税免釐一事，關繫緊要，現在各國商約尚未一律議定，時已數年，亟應趕緊商訂，俾加税免釐之舉，得早實行。著責成吕海寰、盛宣懷等，妥速籌議，以免久延。

甲寅，諭内閣：朕欽奉慈禧端佑康頤昭豫莊誠壽恭欽獻崇熙皇太后懿旨，慶親王奕劻著管理陸軍部事務，並責成整頓一切事宜，認真考察，隨時面奏。現在時事艱難，軍機處綜司庶政，所有各衙門事務，該王大臣皆應留心察覈。嗣後内外各衙門務當認真辦事，儻再因循敷衍，徇私偏執，定予一併嚴懲。

《德宗實録》卷五七二　四月乙丑，諭内閣：前據御史趙啓霖奏參新設疆臣，夤緣親貴一摺。當經派令醇親王載灃、大學士孫家鼐確查具奏。兹據奏稱，派員前往天津詳細訪查，現據查明楊翠喜實爲王益孫即王錫瑛買作使女，現在家内服役，王竹林即王賢賓充商務局總辦，與段芝貴並無來往，實無措款十萬金之事。調查帳簿，亦無此款，均各取具親供甘結等語。該御史於親貴重臣，名節所關，並不詳加訪察，輒以毫無根據之詞，率行入奏，任意汙衊，實屬咎有應得。趙啓霖著即行革職，以示懲儆。

丁卯，陸軍部奏，酌擬近畿軍隊移駐東三省。

又奏，前項軍隊，擬分別補編，以紓饟力。從之。

直隸總督袁世凱等奏，各省留學畢業生回國，在五年義務期内者，他省及各部奏調，應繳還本省學費，以免偏枯。下部知之。

己巳，諭軍機大臣等：本日大理院奏，司法權限，酌加釐訂，開單呈覽一摺。

著與法部會同妥議，和衷商辦，不准各執意見。尋奏，遵旨妥議部院權限。從之。

辛未，大理院正卿沈家本奏，請改良監獄，以資模範。謹陳辦法四條：一、改建新式，二、養成官吏，三、頒布規制，四、編輯統計。下部議。又奏，調查日本裁判監獄情形。下所司知之。

東三省總督徐世昌等奏，遵議東三省官制，擬各建行省公署，以總督爲長官，巡撫爲次官。設二廳，曰承宣、諮議，以左右參贊領之；設七司，曰交涉、旗務、民政、提學、度支、勸業、蒙務，以司使領之；另設督練處以擴軍政，提法使以理刑法。並擬督撫辦事要綱六條，其詳細及變通章程，隨時奏明辦理。從之。

丁丑，諭軍機大臣等：電寄袁世凱等，袁世凱、張之洞電奏，請派梁敦彥會同籌議津鎮鐵路事宜等語。著照所請，外務部知道。

命兩廣總督周馥開缺，另候簡用。以郵傳部尚書岑春煊爲兩廣總督。

丙戌，廣西巡撫張鳴岐奏，盧漢鐵路有失主權，且關繫財政，擬請試辦公債票，清償借款，收回自辦。下部議。尋奏，收贖京漢鐵路一事，關繫緊要，早已豫爲布置。惟專恃募借內債，恐無十分把握。現擬先行試辦公債一千萬圓，藉充贖路之用，其餘另行設法籌措，免誤要需。從之。

丁亥，諭軍機大臣等：岑春煊奏，廣東財政艱難，力籌振興一摺。據稱籌借洋款，辦理地方興利要政等語。著照所請，仍會同度支部妥商，由粵自行籌還辦法。至所辦興利各事，著責成該督認真經理，任用各員，務當慎加選擇，隨時稽查，以期款不虛糜，得收實效，毋稍貽誤。

陸軍部奏，遵旨覈議本部官制，擬設兩廳十司、軍諮處五司、海軍處六司，並酌議現行辦法，隨時整頓。又奏，臺驛各站，請照舊歸併管理。又奏，本部漢員文官丁憂，請援照旗員及武職例辦理。並依議行。

己丑，湖廣總督張之洞奏，學堂風氣囂張，不守禮法，即冠服一端，率皆短衣、皮鞾，仿效西式。請制定冠服程式，以遏亂萌。得旨，所奏甚是，著學部會同禮部，將所擬學堂冠服章程，妥議具奏。尋奏，遵議學堂冠服章程，繕單呈覽。從之。

《德宗實録》卷五七三　五月辛卯，大理院正卿張仁黼奏，請派部院大臣會訂法律。得旨，所有修訂法律，著法部、大理院會同詳覈，妥擬具奏。尋奏，議定辦法：一、主事政策，二、行事機關，三、議事方式。請明降諭旨，分飭遵辦。下部議。尋奏，所稱主事政策，兼用守成、統一、更新三主義，洵屬至當之論，允宜定爲準則，爲他日收回法權地步。至法律館應請仍歸獨立，與部院不相統屬，議事各節，亦應俟資政院議決時參酌辦理。從之。

癸巳，閩浙總督松壽奏，遵議民刑訴訟各法，有宜變通緩議者：一、堂訊廢刑；二、指控道路之人犯罪；三、公堂設立陪審員；四、職官命婦，皆可到堂供證；五、民事刑事，皆用律師辯護；六、改用差弁傳審，建築醫院治病。請飭分別酌覈，以免窒礙。下部議。

甲午，諭軍機大臣等：周馥電奏，撤銷鐵路公司權理等語。郵傳部知道。

乙未，雲貴總督丁振鐸奏，滇緬交界孟連等處，與英人定綫立碑，先後蕆事，請獎出力員弁。得旨，准其酌保數員，毋許冒濫。

丙申，學部奏，大學堂增設滿蒙文學，請添入欽定章程，以資遵守。從之。

丁酉，諭內閣：惲毓鼎奏參樞臣懷私挾詐，請予罷斥一摺。據稱協辦大學士、外務部尚書、軍機大臣瞿鴻禨，暗通報館，授意言官，陰結外援，分布黨與。余肇康於刑律素未嫻習，因案降調未久，與該大臣兒女親家，託法部保授丞參等語。瞿鴻禨久任樞垣，應如何竭忠報稱，頻年屢被參劾，朝廷曲予寬容，猶復不知戒慎，所稱竊權結黨、保守祿位各節，姑免深究。余肇康前在江西按察使任內，因案獲咎，爲時未久，雖經法部保授丞參，該大臣身任樞臣，並未據實奏陳，顯係有心迴護，實屬徇私溺職。法部左參議余肇康著即行革職，瞿鴻禨著開缺回籍，以示薄懲。

己亥，諭內閣：朕欽奉慈禧端佑康頤昭豫莊誠壽恭欽獻崇熙皇太后懿旨，慶親王奕劻奏，懇恩開去軍機大臣要差一摺。軍機事務繁重，該親王當差有年，遇事悉心籌畫，諸臻妥善。現在時局多艱，該親王誼屬懿親，自應亟圖補救，不忍遽行引退，益當不辭勞怨，力任其難，所請開去軍機大臣要差之處，著毋庸議。

壬寅，諭軍機大臣等：電寄呂海寰，電悉，續議商約，即著盛宣懷在滬會商袁世凱、張之洞，妥速籌議。

《德宗實録》卷五七四　丁巳，諭內閣：朕欽奉慈禧端佑康頤昭豫莊誠壽恭欽獻崇熙皇太后懿旨，各直省官制，前經諭令總覈王大臣接續編訂，妥覈具奏。茲據慶親王奕劻等奏稱，各省按察使改爲提法使，並增設巡警、勸業道缺，裁撤分守、分巡各道，酌留兵備道，及分設審判廳，增易佐治員各節，應即次第施行。著由東三省先行開辦，如實有與各省情形不同者，准由該督撫酌量變通，奏明請

旨。此外直隸、江蘇兩省風氣漸開，亦應擇地先爲試辦，俟著有成效，逐漸推廣。其餘各省，均由該督撫體察情形，分年分地，請旨辦理，統限十五年一律通行。至一切辦事權限，各項詳細章程，有應由各部及各衙門覈議者，著分別妥議，劃一辦法，奏定陸續頒行。其有未盡合宜之處，仍著隨時修改，以臻美善。當此改章伊始，舉凡用人行政，在在均關緊要，一有不慎，百弊叢滋。該督撫等務當督飭所屬，振刷精神，力求實際，毋尚虚文。總期上合政體，俯順輿情，朝野聯爲一氣，君民得以相安，以爲實行憲政之豫備。

戊午，諭内閣：朕欽奉慈禧端佑康頤昭豫莊誠壽恭欽獻崇熙皇太后懿旨，直省官制，已據王大臣議擬，飭行試辦矣。惟立憲之道，全在上下同心，内外一氣，去私秉公，共圖治理。自今以後，應如何切實豫備，乃不徒託空言；宜如何逐漸施行，乃能確有成效，亟應博訪周諮，集思廣益。凡有實知所以豫備之方、施行之序者，准各條舉以聞。除原許專摺奏事各員外，其餘在京呈由都察院衙門、在外呈由各地方大吏，詳加甄覈，取其切實正大者，選録代奏，但不得摭拾陳言，亦無取繁文詞費，衹要切合時勢，實在可行者，逐一具陳，以便省覽而資採擇。總之，此事既官民各有責任，即官民均應講求，務使事事悉合憲法，以馴致富强，實有厚望焉。

諭軍機大臣等：電寄端方等，各電悉，安徽黨匪滋事，巡撫恩銘突被戕害，殊堪駭惻。徐錫麟業已正法，所擒餘黨迅即訊明奏辦。並著端方等督飭派往各員及本省文武，妥爲布置，散脅擒渠，以銷後患而定人心。並將辦理情形，隨時電奏。

又諭：電寄沿江各省督撫，安徽黨匪滋事，巡撫被戕，殊甚駭異。沿江各省，匪徒素多，亟應嚴密防範。著各該督撫妥爲布置，勿任句結，以弭隱患而定人心。

湖廣總督張之洞奏，礦務轇轕日多，請將前奏章程飭部早日嚴定，以杜滋蔓。下部議。尋奏，該督原擬章程，至爲周密，惟前訂部章，立法較嚴之處，遵行已久，自應查酌增改，免致紛歧。至交涉各條，係參酌商約訂定，自可按照辦理，謹覈明呈覽，候旨頒行。從之。

《德宗實録》卷五七五 六月庚申，直隸總督袁世凱奏，患病漸深，若再戀棧誤公，内既負咎寸衷、外益難寬世論，懇恩賞假調理。得旨，該督向來辦事認真，兹據因病請假，殊深廑念。著賞假一箇月，安心調理，所有津鎮鐵路及重要交涉各事宜，仍著妥爲經理。

乙丑，度支部奏，外債貽患甚深，亟當豫爲裁制，以防危害。

辛未，辦理商約大臣呂海寰等奏，上海創設紅十字會，在事員紳請立案獎敘。得旨，著徐世昌查明具奏。

壬申，諭軍機大臣等：東三省興辦一切要政，自應寬籌款項，以資整頓。惟息借洋款，至二三千萬之多，關繫極巨，必須豫籌該省所興之利，確有把握，足以抵還，方免後患。該督等受恩深重，責任匪輕，務將興辦各要政，詳慎妥籌，陸續議借，隨時奏明辦理，毋稍大意。

癸酉，湖廣總督張之洞奏，近日學堂怪風惡俗，不忍覩聞。爲國家計，則必有亂臣賊子之禍；爲世道計，尤不勝洪水猛獸之憂。謹於湖北省城設立存古學堂，以經、史、詞章、博覽四門爲主，而以普通科學輔之。庶經訓不墜，以保國粹而息亂源。下部知之。

又奏：新造省城模範監獄，詳定章程：一、地址，二、建造，三、設置，四、移禁，五、典獄，六、守衛，七、習藝，八、教養，九、經費，十、規則。俟開辦以後，察看情形，隨時修改。下所司知之。

授協辦大學士張之洞爲大學士，仍留湖廣總督任。命吏部尚書鹿傳霖協辦大學士。

丁丑，御史趙炳鹿奏，擬飭各省速設法政學堂，凡捐納、保舉各員，一律入堂學習，並飭吏部按照奏定治學館章程，添入道府兩班，俾内外認真考覈，以清仕途。原奏由督撫咨送、引見各節，均請毋庸置議。從之。

孫家鼐著授爲武英殿大學士，世續著授爲文淵閣大學士，那桐著授爲東閣大學士，張之洞著授爲體仁閣大學士。

戊寅，直隸總督袁世凱奏，請趕緊實行豫備立憲，謹陳管見十事：一、昭大信。請親詣太廟，昭告立憲。一、舉人才。請飭京外保薦，不拘官階，破格録用。一、振國勢。請重交涉，修武備，任胡惟德、陸徵祥等而勿用鳳山。一、融滿漢。臣工有意見較深者，請量予裁抑。一、行賞罰。新政迄無進步，其久無成績及徒託空言者，請分別懲處。一、明黨派。黨有公黨，如曾國藩之用同鄉同里是也，有私黨，如瞿鴻禨之汲引私人是也，請勿概加疑忌，使人心瓦解。一、建政府。立憲國制，皆使國務大臣代任君主之責，請採内閣合議制度，或併軍機、政務處爲一，以固基礎。一、設資政院。比年争路争礦，上書抗辯，時有所聞，請因

勢利導，設州縣議事會，省諮議局，遞升於資政院，以借羣力。一、辦地方自治。自治不侵官權，且選舉多數者，必非鄉里見擯之輩，請認真舉辦，行之十年，必有奇效。一、行普及教育。豫備立憲之期，全國臣民，當以振興學務爲第一事，公私財産，當以籌助學費爲第一宗，請詳查學齡兒童與人民財産之數，通盤合計，强迫立學。下會議政務處王大臣會議。

癸未，諭内閣：朕欽奉慈禧端佑康頤昭豫莊誠壽恭欽獻崇熙皇太后懿旨，從來求治之道，養民爲先，古人重府事修和，外國亦最尚實業。方今中國生齒日繁，庶而未富，生財大道，亟應講求。國家特設農工商部，綜理一切，乃數年以來，風氣尚未大開，則官吏提倡之力、勸導之方，有未至也。著各將軍、督撫，迅飭所屬，於應興各業，極力振興。凡有能辦農工商礦，或獨力經營，或集合公司，其確有成效者，即各從優獎勵。果有一廠一局，所用貲本數逾千萬，所用人工至數千名者，尤當破格優獎，即爵賞亦所不惜。應如何分别等差，該部即妥議具奏，並逐年如何增進，列表以聞，朝廷於大小官吏，亦以此課其殿最，予以勸懲。敢有怠玩因循，保護不力，定行嚴處，不稍寬貸。總期地無曠土，境無游民，馴致富强，有厚望焉。尋奏，遵議爵賞章程，暨酌改獎勵公司章程，並將歷年記事册表，咨送軍機處查覈。從之。

署河南提學使孔祥霖奏，學部奏定省學務官制清單及勸學所章程，均有酌設視學官一條。惟現在畢業人少，應由各省提學使慎選派充，並請嗣後添設佐治各員，除視學勸業，准用紳士外，其餘應一律迴避本府，以防流弊。從之。

《德宗實録》卷五七六　七月壬辰，郵傳部奏，京漢鐵路與比公司借款籌辦，利權外溢，疊蒙垂詢清還洋款限期，謹擬儘明年十二月以前籌款收回。報聞。

農工商部奏，華商設立公司，製造鐵路材料，請予立案，並援案暫行免税。依議行。

甲午，諭内閣：朕欽奉慈禧端佑康頤昭豫莊誠壽恭欽獻崇熙皇太后懿旨，慶親王奕劻等奏，請改考察政治館專辦憲政，其會議政務事宜，歸併内閣辦理一摺。從前設立考察政治館，原爲辦理憲政一切編制法規、統計政要各事項，自應派員專司其事，以重責成。著即改爲憲政編查館，資政院未設以前，暫由軍機處王大臣督飭。原派該館提調詳細調查編定，以期次第施行，所有軍機大臣、大學士、參預政務大臣會議事宜，著改由内閣辦理。

壬寅，諭：朕欽奉皇太后懿旨，農工商部奏，南洋華僑商會成立，請派員考察獎勵一摺。南洋各埠，華僑居多，類以商業，自謀生聚。現在商會漸次成立，朝廷時深注念，甚爲嘉許。著派楊士琦前往各該埠考察情形，剴切宣布德意，優加撫慰。如有慨集鉅資回華振興大宗商務者，除從優予以爵賞外，定飭地方官妥爲保護，以重實業而惠僑民。

甲辰，諭軍機大臣等：近來匪徒謀逆，往往假借革命名詞摇惑人心，奸狡情形，尤堪痛恨。雖隨時破獲，而地方已被其擾害，後患不可勝言。惟有破其詭謀，直揭其叛逆之罪，不使藉詞革命，巧爲煽誘。著各省督撫妥酌情形，處以鎮定，務須設法解散，勿任句串固結。凡屬不法之徒，尤當嚴密查拏。至獲犯應得罪名，叛逆即以叛逆論，盜匪即以盜匪論，俱各科各罪，隨時宣布，毋任信口妄供，致使遁而之他。果係著名首惡，或竟甘心從逆，仍予盡法懲治，弗稍輕縱。其被威脅勢迫及家屬之不知情者，均爲網開一面，概免株連，俾釋疑懼，咸與相安。似此以静制動，以寛制猛，庶可漸化人心之不靖，潛消逆迹於無形。該督撫等其各悉心籌畫，加意防維，總不使奸民有詞可藉，亂黨有機可乘，稍紓朝廷宵旰之憂，即默造天下臣民之福。將此各諭令知之。

《光緒朝東華録》二〇八　端方奏，上海推廣巡警辦法四端：一、建造總局，一、分設學堂，一、擴充區局，一、添練馬巡。估計開辦經費需銀八萬兩，擬於江海關税項下動支。下所司知之。

《德宗實録》卷五七六　乙巳，諭軍機大臣等：電寄袁世凱，有面詢事件，著來京陛見。

裁缺御史俾壽奏，請明定報律，以息邪説而重關防。得旨，民政部速定報律，奏明辦理。

兩江總督端方奏，遵擬化除滿漢畛域辦法四條：一、旗人悉令就原住地方，如軍籍例編爲旗籍，與漢人一律歸地方官管理；一、旗丁分年裁撤，發給十年錢糧，使自謀生理；一、移駐京旗，屯墾東三省曠地；一、旗籍臣僚，宜一律報效廉俸，以補助移屯經費。下會議政務處議。

丙午，軍機處代奏，章京鮑心增條陳：一、護惜三綱；一、振興吏治；一、推廣言路；一、政務處設議員；一、賞罰伸大權；一、人才豫甄擇；一、均禄懲貪；一、節省財用；一、新政推行有序；一、部議慎重考覈；一、審察外情；一、不忘國耻。下會議政務處議。尋奏，所陳各節，有可行者，有不可行者。該員於憲政本原，未能深悉，應毋庸議。從之。

丁未，兩江總督端方奏，帝國憲法，與皇室典範相輔爲用，請飭編定頒布，以維國本而遏亂萌。下憲政編查館知之。

庚戌，陸軍部奏，擬定派駐外國使署武官章程十八條，應守規則九條，辦事章程四條。又奏擬定陸軍三十六鎮，按省分配，限年編練章程。除近畿四鎮、直隸兩鎮業經編定，江蘇、湖北各兩鎮，山東、山西、陝西、新疆各一鎮，四川三鎮限三年，江北、安徽、江西、河南、湖南、熱河各一鎮限四年，廣東、雲南、甘肅各兩鎮，廣西、貴州各一鎮限五年，浙江、福建、奉天、吉林、黑龍江各一鎮限二年。一律編練足額。均從之。

辛亥，直隸總督袁世凱奏，天津試辦地方自治，擬定章程。下部知之。

丙辰，命外務部尚書呂海寰開缺，充會辦稅務大臣。以直隸總督袁世凱爲外務部尚書。命大學士張之洞、外務部尚書袁世凱爲軍機大臣。

丁巳，諭内閣：袁世凱奏請收回成命一摺。現在時事多艱，該尚書向來辦事認真，不辭勞怨，自應勉爲其難，所請收回成命，著毋庸議，勿再固辭。

民政部右侍郎趙秉鈞奏，遵擬化除滿漢畛域辦法，請次第蠲除兵籍，分期酌籌生計，酌改滿臣稱謂及升途，以歸一律。下會議政務處議。

以山東巡撫楊士驤署直隸總督，山東布政使吴廷斌署山東巡撫，調四川總督趙爾巽爲湖廣總督，以江蘇巡撫陳夔龍爲四川總督，調浙江巡撫張曾敭爲江蘇巡撫，以陝西布政使馮汝騤爲浙江巡撫，未到任前，以浙江布政使信勤暫署。

戊午，安徽巡撫馮煦奏，遵擬化除滿漢畛域，惟當以覈名實、明賞罰爲第一義，而其要則在民爲邦本之一言。有尊主庇民之臣，不分滿漢，用之不疑；有誤國殃民之臣，不分滿漢，刑之無赦。如是則畛域不期化而自化；否則民之利病不加體察，民之好惡或相背馳，雖日言化除滿漢，而革命黨之急激如故也。下會議政務處議。

《德宗實録》卷五七七　八月辛酉，諭軍機大臣等：所有近支王公，自親王至奉恩將軍，年屆二十歲以上、三十歲以下，有願出洋游學者，著報名由宗人府彙奏，聽候點派，俟三年期滿回國，試驗果有心得，定當破格録用。儻竟毫無成就，亦必量予懲戒不貸。

修訂法律大臣法部右侍郎沈家本奏，酌擬法院編制法，凡十五章一百四十條。下憲政編查館知之。又奏，遵擬化除滿漢畛域，請嗣後旗人犯遣軍流徒各罪，照民人一體發配；現行律例折枷各條，概行刪除，以照統一。下會議政務處議。

御史石長信奏，都察院官制簡略，請復六科舊制，及變通升階。下會議政務處議。尋奏，各部行科公事，均由給事中統司糾察，自不必循按部分科之舊。至都察院升轉官缺，甫經變通釐訂，似未便再議增改。從之。

命外務部右侍郎汪大燮充出使英國考察憲政大臣，學部右侍郎達壽充出使日本國考察憲政大臣，郵傳部右侍郎于式枚充出使德國考察憲政大臣。

丙寅，湖廣總督張之洞奏，遵旨覈議新編刑事、民事訴訟法，於現在民情風俗，尚多扞格，逐條附列按語，俾臻妥善，並請先編各項法律，再將民事、刑事訴訟法妥議。又奏，現行律内虚擬死罪之戲殺、誤殺、擅殺三項，改爲流徒，原爲省併繁文起見，然於情法轉不得其平，請改流徒後，仍留絞罪之名，於習藝時分別標識於衣上，使知所警，工作年限，亦酌量加增。均下部議。

壬申，諭内閣：朕欽奉慈禧端佑康頤昭豫莊誠壽恭欽獻崇熙皇太后懿旨，立憲政體，取決公論，上下議院，實爲行政之本。中國上下議院，一時未能成立，亟宜設資政院以立議院基礎。著派溥倫、孫家鼐充該院總裁，所有詳細院章，由該總裁會同軍機大臣妥慎擬訂，請旨施行。

《德宗實録》卷五七八　丙子，以拏獲句匪謀逆，浙江紹興大通體育會女教員秋瑾正法。予督隊搜捕之已革廣東副將沈棋山，銷去永不敘用字樣。疊獲首要之千總黄福星等三員，奬敘有差。

庚辰，陸軍部奏，建設軍官學堂變通北洋原定章程，選京外成軍各鎮之軍官學識兼優者，入學肄業。從之。

己卯，諭内閣：我朝以武功定天下，從前各省分設駐防，原爲綏靖疆域起見，迨承平既久，習爲游惰，坐耗口糧，而生齒滋繁，衣食艱窘，徒恃累代豢養之恩，不習四民謀生之業，亟應另籌生計，俾各自食其力。著各省督撫會同各將軍、都統等查明駐防旗丁數目，先儘該駐防原有馬廠、莊田各産業，妥擬章程，分劃區域，計口授地，責令耕種。其本無馬廠、莊田，暨有廠田而不敷安插者，飭令各地方官於駐防附近州縣，俟農隙時，各以時價分購地畝，每年約按旗丁十分之一、或十數分之一，授給領種，逐漸推擴，世世執業，嚴禁典售，即以所授田畝之數，爲裁撤口糧之準，裁停之餉，另款存儲，聽候撥用。該旗丁歸農以後，所有丁糧詞訟，統歸有司治理，一切與齊民無異。至田畝之腴瘠，價值之低昂，各省互有不同，但以足敷贍養爲度。一面仍將各項實業教育事宜，勒限認真分別籌辦，

以廣旗丁謀生之計。其授田之始，應需廬舍隄堰，暨農具牛種等項，並開辦實業各經費，准由裁停存饟內，覈實奏請，酌量協濟，並著各將軍、督撫等破除情面，實力奉行，不得任聽協參佐領各員，挾持私見，阻撓大計。先由度支部迅籌實在的款，以備撥發，勿稍諉誤，期於化除畛域，共作國民，用副朝廷一視同仁之至意。

壬午，諭内閣：朕欽奉慈禧端佑康頤昭豫莊誠壽恭欽獻崇熙皇太后懿旨，前經降旨豫備立憲，原以君主立憲爲吾國政體所最宜，薄海臣民，咸當確切辨明，免涉誤會；内外百官，俱有長民之責，尤須認真講明，以示趣向。著在京各部院、在外各督撫，迅即將君主立憲國政體，博考各國成案，慎選名人論説，督率所屬各員，分班切實研究，務期宗旨純正，事理明通，其有力學精思、貫通治術、有裨時用者，該管長官據實保薦，聽候擢用，其不能切實研究、於治理毫無體會者，亦應隨時董戒，俾各勉爲通才，共濟時艱。儻或誤入歧途，倡爲謬説，淆亂國是，必須嚴查禁止，以杜流弊而端治源。

又諭：朕欽奉皇太后懿旨，上年降旨宣布憲政，業經明白申諭，視進步之遲速，定期限之遠近。朝廷廑懷憲政，盼望至殷，近已降旨先設資政院，以立議院基礎。顧議院言論之得失，全視議員程度之高下，非教育普及，則民智何由啟發；非地方自治，則人才無從歷練。至教育宗旨，必以忠君、愛國、屏除邪説爲歸；自治法規，必以選舉賢能、力謀公益爲主。著學部通籌普及善法，編輯精要課本，以便通行；並著民政部妥擬自治章程，請旨飭下各省督撫擇地依次試辦，並由該部隨時切實稽查，立爲考成，勿任空文塞責。務使議員資格日進高明，庶議院早日成立，憲政可期實行，有厚望焉。

諭軍機大臣等：據廣州副都統李國杰電奏，各省駐防旗丁，驟聞裁撤口糧，易致驚惶，請飭妥慎辦理等語。朝廷爲旗民廣籌生計，授地耕種，並籌辦各項實業、教育事宜，實屬仁至義盡。該將軍、督撫等果能會同認真經理，先籌地畝，妥爲安插，然後按照授地旗丁分數，徐爲裁撤口糧之計，並非操切從事。至分購民田，諭令按照時價，於駐防附近州縣，酌量購買，官民交易，務期平允，不至抑勒强迫。各該將軍、督撫等仍當懔遵前旨，實心實力，認真妥辦，一面剴切曉諭，宣布朝廷德意，務使旗民人等家喻户曉，盡釋疑懼，期副朝廷化除畛域之至意。

農工商部奏，直隸司道大員，設立洋灰公司，請予立案。報聞。

乙酉，修訂法律大臣沈家本奏，刑律草案告成，計總則十七章，分則三十六章，共三百八十七條。統計法系，約分法、德、英爲三派，日本則又折衷法、德，暨唐、明、我朝刑律之間，風氣所趨，萬難守舊，蓋有迫於時局，鑒於國際，懲於教案，而不能不改者。下憲政編查館知之。

《德宗實録》卷五七九　九月辛卯，諭内閣：度量權衡，本有定式，而相沿既久，舊制寖違，各省自爲風氣，官私任便濫用，以致名實紛歧，耳目淆惑，官民出納，動滋弊端，通商交易，諸多窒礙，徒爲奸胥猾儈盤剥漁利之資，平民商賈均受其累，殊不足以彰信用而資法守。著農工商部會同度支部，限六箇月内考定度量權衡，劃一制度，詳擬推行章程，請旨裁定頒行，以便商業而利民生。

御史孫培元奏，考試東西洋留學生，請擇尤録用，以杜奔競而作人才。下部議。尋奏，此項限制辦法，應由憲政編查館體察情形，嚴定任官資格，奏明辦理。尋憲政編查館奏，覈定游學畢業生廷試録用章程，暨内外衙門調用章程。依議行。

癸巳，諭内閣：憲政編查館奏，請派修訂法律大員一摺。著派沈家本、俞廉三、英瑞充修訂法律大臣，參考各國成法，體察中國禮教民情，會通參酌，妥慎修訂，奏明辦理。

辛丑，諭内閣：朕欽奉皇太后懿旨，前經降旨，於京師設立資政院，以樹議院基礎。但各省亦應有採取輿論之所，俾其指陳通省利弊，籌計地方治安，並爲資政院儲材之階。著各省督撫，均在省會速設諮議局，慎選公正明達官紳創辦其事，即由各屬合格紳民，公舉賢能，作爲該局議員，斷不可使品行悖謬、營私武斷之人濫厠其間。凡地方應興應革事宜，議員公同集議，候本省大吏裁奪施行。遇有重大事件，由該省督撫奏明辦理。將來資政院選舉議員，可由該局公推遞升，如資政院應需考查詢問等事，一面行文該省督撫轉飭，一面逕行該局具覆。該局有條議事件，准其一面稟知該省督撫，一面逕稟資政院查覈。其各府州縣議事會，一併豫爲籌畫，務期取材日宏，進步較速，庶與庶政公諸輿論之實相符，以副朝廷勤求治理之意。

壬寅，諭軍機大臣等：據外務部奏陳，蘇杭甬鐵路歷年商論情形，現與英公司磋議借款辦法一摺。外交首重大信，訂約權在朝廷。蘇杭甬一路，前經總理衙門允許英人承修，嗣復立有草約在案。三十一年間，商部據浙省紳士呈請自辦，曾飭盛宣懷等妥籌收回，原爲曲體輿情起見，乃磋商數年，迄無成議。而江浙所集股款，亦不敷尚鉅，勢難剋期竣工。英人疊次執言，自未可一味拒絶，盡

棄前議，致貽口實，另生枝節。現經外務部侍郎汪大燮等與英人議明，將借款暨造路分爲兩事，權自我操，較原議已多補救。著外務部即派員按此妥爲議定詳細章程，務期利我民商，慎防流弊，兼商令英公司仍許江浙紳商，分購股票，用示體恤。其原有辦路人員，由郵傳部查明，分别奏派差務，以資熟手。並著兩江總督、浙江、江蘇巡撫督率籌辦，提撥借款，迅速造成，一面剴切開導該省紳士，務須仰體時艱，共維大局，勿得始終固執，强行争持，以昭大信而全邦交。

《光緒朝東華録》二一〇　農工商部奏，本年八月十三日臣部會同外務部具奏核議礦務章程一摺，奉旨依議，欽此。欽遵在案。原奏内稱，此項章程宣布施行日期，應俟奉旨允准後，由農工商部酌定，咨行各省查照辦理等語。現已將奏定章程刊印成書，頒發各省遵照。惟展轉佈告周知，頗需時日，且按照新章，各省應行預備事宜，均須在定期施行之前，次第布置周妥，届時方能一體遵行。臣等體查情形，擬請自本年八月十三奉旨之日起，限定六箇月，算至明年二月十三日，作爲宣布施行日期，届期即一切遵照新章辦理。如蒙俞允，即由臣部通行各省欽遵查照，並將應行籌備各事宜，遵章妥速辦理，務於奏定施行日期之前，先行報部查核，以重礦政。得旨，如所議行。

《德宗實録》卷五八〇　戊申，湖北按察使梁鼎芬奏，時局危迫，美、日有謀我之新艦隊，英、俄等國有置我三等歸其保護之協約，挽回之法，莫急於嚴禁賄賂請託。自徐世昌授東三省總督，駐奉天日本領事荻原守一報其國政府，謂此輩以賄進，不足畏。世昌本袁世凱私人，又夤緣奕劻、載振父子，得此權位。楊士驤、陳夔龍等以貪邪而任兼圻，梁如浩、蔡紹基、劉燕翼等以行賄而任關道，綱紀蕩然。恐自是以後，人知有奕劻、袁世凱，不知有我皇太后、皇上矣。臣於若輩夙無嫌怨，實見外人勢力欺我大清國至此已極。奕劻、袁世凱貪私，負我大清國至此已極。但有一日之官，即盡一日之心，奕劻、袁世凱若仍怙惡不悛，臣隨時奏劾，以報天恩禍福不動其初心，强權或屈於清議。得旨，謝恩。摺件夾片奏事，已屬不合，且當此時局日棘，乃不察時勢之危迫，不諒任事之艱苦，輒有意沽名，摭拾空言，肆意彈劾，尤屬非是。著傳旨申飭。

丙辰，諭内閣：【略】著憲政編查館會同吏部詳訂切實考驗外官章程。請旨飭下各省督撫，將所屬地方候補選缺到省各人員，認真考驗，嚴定去留，並條列實蹟，咨吏部查覈，以清仕途而端治本。尋奏，遵擬切實考驗外官章程六條：一、變通考試舊制；一、分别學堂等第；一、考驗應條具實蹟；一、甄别須改定辦法；一、候補人員宜通行考試；一、出考上司應酌予議處。從之。

《德宗實録》卷五八一　十月己未，直隸布政使增韞奏，推廣旗丁生計，藉實邊陲辦法四條：一、調查邊荒；一、籌貸墾田成本；一、籌設勸農銀行；一、設立管理大員。請飭覈議施行。下會議政務處議。尋奏，原奏各節，皆屬相因之事，清查資遣，擬責成駐防省分，經畫安插，擬責成招墾省分，毋庸另設大員管理。另奏請准旗丁出外謀生，暨退伍漢兵，同時安插，均請照准，以示體恤。從之。

乙丑，諭：電寄端方等，現在人心不靖，亂黨滋多，近因蘇杭甬鐵路一案，各處紳民紛争不已，難保無該黨匪布散謡言，從中煽惑，陽藉争路爲名，實則陰懷叵測。著端方等留心訪查，認真防範，儻或稍涉大意，致令暗相勾結，滋生事端，定惟該督撫等是問。

又諭：電寄端方等，現因蘇杭甬鐵路添借英款一案，各處商民，頗懷疑懼，業由外務部電知江浙督撫、將軍等，剴切開導，並將原電呈覽，所敘疊次成案，及此次辦法，實係迫於萬不得已，外顧邦交，内保路權，舍此則無兩全之道。著兩江總督、江浙各巡撫、杭州將軍，按照部發原電，迅速多方勸諭，於民生樂利，必當極力維持，勿任輕信謡言，致吾民驚疑紛擾，以副朝廷曲體輿情，安靖大局之至意。

丁丑，署浙江巡撫信勤代奏，浙江紳士呈稱，遵旨自辦鐵路，不借外款。下部知之。

丁亥，法部奏，酌擬各級審判廳試辦章程，先行試辦，再通行各省，以昭畫一。又奏，請將宗室覺羅民刑訴訟，仍歸大理院特别裁判，其步軍統領及各衙門奏交之案，暫由大理院審判。均依議行。

《光緒朝東華録》二一一　十一月庚寅，法部奏，各國審判制度，有檢察官以保衛原告，有辯護士以保衛被告，而又多設審級，使不服者得按級上訴。一獄之成，准予三審，故官司無偏縱之虞，而編氓受治安之益。然猶恐有決罰不如法者，復規定懲戒裁判法以議其後，用意至爲周密。第上訴案件，雖上級改易下級之判決，苟無枉法情弊，即使下級承審者有因解釋法律或執行職務所生之錯誤，從不加以懲罰，蓋所以保全審判官之名譽，而不予人以媒蘖也。現在京師各級審判廳業經成立，所有辯護士一項，尚無合格之人，應請毋庸置議。其餘辦法，皆係折衷東西各國之制，且臣部有監督之權，而死罪案件，大理院復有駁審之

責，立法已極周備。嗣後各級審判官果有貪贓枉法，及請託情事，故出入人罪者，自應照例論罪。其在上級復控之件有改易下級之處斷者，與平反冤獄不同，應請免其置議。至尋常因公錯誤之事，擬併仰懇天恩准援大理院開辦成案，暫予寬免六箇月公罪處分，以示體恤。一俟臣部詳定法官懲戒章程，再行奏明辦理。得旨，如所議行。

《德宗實録》卷五八二　辛卯，郵傳部奏，擬設交通銀行，挽回利權，官商合辦，股本銀五百萬兩，招募商股六成，由部認股四成，將輪路、電郵各局存款改由該行經理。酌擬章程三十六條，並派署右參議四川建昌道李經楚、山西道員周克昌等充銀行總協理。從之。

署直隸總督楊士驤奏，京津銅圓紛雜，銀價驟漲，遵章查禁，暫保市面，並請飭籌辦法，以維全局。得旨，著該衙門照章查禁，餘著度支部速議具奏。尋奏，嗣後應仍照定章，專禁二千枚以上大宗進口，以免別滋擾累。至各省私鑄盛行，請飭下各督撫再行申禁，從嚴懲辦，並設法查拏外洋私鑄入境，以清幣源。從之。

《德宗實録》卷五八三　丙午，諭軍機大臣等：報律關繫緊要，前據民政部具奏，僅係報館暫行條規，所有應行編纂之報律，著民政部、法部迅速會同妥訂，奏明辦理，毋再延緩。尋民政等部會訂報律草案，經憲政編查館覈定，釐爲四十五條，請通飭各省一體遵行。從之。

丁未，諭內閣：朕欽奉皇太后懿旨，上年曾經降旨豫備立憲，原以茲事體大，條文繁密，非可率爾舉行，必須上有完備之法度，下知應盡之義務，方可宣布憲法，定期施行。此時尚係豫備之際，歷次諭旨甚明，尤當視國民程度之高下以爲實行之遲速。我君臣上下，各宜切實研究，依次經營，以期憲政成立，共享樂利。惟各國君主立憲政體，率皆大權統於朝廷，庶政公諸輿論，而施行庶政，裁決輿論，仍自朝廷主之。民閒集會，結社暨一切言論、著作，莫不有法律爲之範圍，各國從無以破壞綱紀、干犯名義爲立憲者。況中國從來敦崇禮讓，名分嚴謹，采列邦之法規，仍須存本國之禮教。朝廷豫備立憲，期望甚殷，乃近歲各省紳商士庶，其循分達禮者，固不乏人，其閒亦頗有浮躁蒙昧、不曉事體者，遇有內外政事，輒藉口立憲，相率干預，一唱百和，肆意簧鼓，以訛傳訛，侵尋日久，深恐謬説蠭起，淆亂黑白，下陵上替，綱紀蕩然。憲政初基，因之阻礙；治安大局，轉滋擾攘。立憲更將無期，自强之機更復何望。蓋民情固不可不達，而民氣斷不可使囂。立憲國之臣民皆須尊崇秩序，保守平和，其開設議院，專爲採取輿論，而選舉議員之人與被舉議員之人，均有定格。召集議會及解散議會，均有定式。所議事件亦均立有明條，例章精密，權限分明，固非人人皆得言事，亦非事事皆可參預。現在京師資政院、外省諮議局業經飭設，原爲立議院基礎。嗣後各省利病，均應由該省諮議局詳細討論，如確有見地，可呈請本省大吏，咨送資政院采擇覈辦，不得陵躐無序，紊亂政體，尤不得胥動浮言，妨害治安。除報律已飭法部、民政部妥速議訂外，著憲政編查館會同民政部並將關於政事、結社條規，斟酌中外，妥擬限制，迅速奏請頒行。儻有好事之徒，糾集煽惑，構釀鉅患，國法具在，斷難姑容，必宜從嚴禁辦。並著京外各衙門督飭所屬，懔遵此次諭旨，實力奉行。儻敢瞻徇故縱，養成禍患，該管衙門不得辭其責。

戊申，諭內閣：朕欽奉慈禧端佑康頤昭豫莊誠壽恭欽獻崇熙皇太后懿旨，國家興賢育才，采取前代學制，及東西各國成法，創設各等學堂。節經諭令學務大臣等詳擬章程，奏經覈定，降旨頒行，獎勵之途甚優，董戒之法亦甚備。如不准干預國家政治及離經畔道，聯盟糾衆、立會、演説等事，均經懸爲厲禁。原期海內人士，束身規矩，造就成材，所以勖望之者甚厚。乃比年以來，士習頗見澆漓，每不能專心力學，勉造通儒，動思踰越範圍，干預外事，或侮辱官師，或抗違教令，悖棄聖教，擅改課程，變易衣冠，武斷鄉里。甚至本省大吏拒而不納，國家要政任意要求，動輒捏寫學堂全體空名，電達樞部，不考事理，肆口詆諆，以致無知愚民隨聲附和，奸徒游匪藉端煽惑，大爲世道人心之害。不獨中國前史，本朝法制，無此學風，即各國學堂亦無此等惡習。士爲四民之首，士風如此，則民俗之敝隨之，治理將不可問。欲挽頹風，非大加整頓不可。著學部通行京外有關學務各衙門，將學堂管理禁令定章，廣爲刊布，嚴切申明，並將考覈勸戒辦法前章有未備者，補行增訂，責令實力奉行。順天府尹、各省督撫及提學使，皆有教士之責，乃往往任其緬越，違道干譽，貌似姑息見好，實則戕賊人才。即如近來京外各學堂，糾衆生事，發電妄言者，紛紛皆是，然亦有數省學堂，從不出位妄爲者，是教法之善否即爲士習之優劣所由判，確有明徵。嗣後該府尹、督撫、提學使，務須於各學堂監督、提調、堂長、監學、教員等，慎選器使，督飭妥辦。總之以聖教爲宗，以藝能爲輔，以禮法爲範圍，以明倫愛國爲實效。若其始敢爲離經畔道之論，其究必終爲犯上作亂之人。蓋藝能不優，可以補習；智識不廣，可以觀摩。惟此根本一差，則無從挽救。故不率教必予屏除，以免敗羣之累；違法律

必加懲儆，以防履霜之漸。並著學部隨時選派視學官分往各處，認真考察，如有廢棄讀經講學功課，荒棄國文不習而教員不問者，品行不端、不安本分而管理員不加懲革者，不惟學生立即屏斥懲罰，其教員、管理員一併重處，決不姑寬。儻該府尹、督撫、提學使等，仍敢漫不經心，視學務、士習爲緩圖，一味徇情畏事，以致育才之舉轉爲釀亂之階，除查明該學堂教員、管理員嚴懲外，恐該府尹、督撫、提學使及管學之將軍、都統等均不能當此重咎也。其各懔遵奉行，俾令各學堂敦品勵學，化行俗美，賢才衆多，以副朝廷造士安民之至意。此旨即著管學各衙門暨大小各學堂一體恭録一通，懸挂堂上，凡學堂畢業生文憑均將此旨刊録於前，俾昭法守。

己酉，諭軍機大臣等：京師輦轂之下，近聞有聚衆開會演説等事，殊屬不成事體，流弊甚多。著民政部、步軍統領衙門、順天府一體嚴行查禁。

又諭：電寄張鳴岐，電悉，諒山邊界等處復有大股匪徒圍攻要隘，實屬異常悍頑，亟應嚴加防範。該撫所稱，備多力分，洵犯兵家大忌，應厚集遊擊之師，廣布偵探，扼要屯紮，遇有緊報，迅往策應，並責成各防守將領，竭力固守，儻有疏失，即按軍法從事。著外務部暨出使法國大臣，迅向駐京法使並法外部切實商辦，以清亂源。

《德宗實録》卷五八四　十二月丁卯，東三省總督徐世昌等奏，議設東三省練兵處，彙陳試辦章程。如所請行。

督辦鐵路大臣大學士張之洞等奏，津鎮鐵路改爲津浦，借款興修，與英、德兩公司改定合同。依議行。

《光緒朝東華録》二一一三　庚午，民政部、法部奏，報館之設，原以開通風氣提倡公論爲主，其言論所及，動與政治風俗相關。東西各國主持報務，大都爲政界知名之士，而政府亦復重視報紙，藉以覘衆意之所歸。惟是言論過於自由，則又不能無越檢踰閑之弊。故各國皆有新聞條例之設，用以維持正議，防制訛言，使輿論既有所發抒，而民聽亦無從淆惑，意至善也。中國報界萌芽伊始，京外各報漸次增設，其間議論公平、宗旨純正者，固自不乏。而發行既多，即不免是非雜出，若不詳定條規，申明約束，深恐啓發民智之樞機，或爲藉端牟利、惑世誣民者所波累，而正當之報紙轉不足取信於士民。臣部前於光緒三十三年七月二十八日將報館暫定條規繕單具奏，當經聲明，報律現正會同改訂，一俟編纂就緒，即請奏定頒行等語。欽奉諭旨允准在案。查此項報律，先經原設商部擬具草案，由原設巡警部酌爲修改，共成四十六條。當以事關法律，非詳加討論不易通行，且以京外報館由洋商開設者十居六七，即華商所開各報，亦往往有外人主持其間，若編訂報律而不預定施行之法，俾各館一體遵循，誠恐將來辦理紛歧，轉多窒礙。迭經咨商外務部體察情形，妥爲核覆。旋准覆稱，各項法律正在修訂之際，尚未悉臻完善，若將此項報律遽爲訂定，一時恐難通行，似應暫從緩議等因。用是審慎遲迴，未敢率行定議。嗣經中外臣工先後條陳催促，仰蒙訓示，飭令妥訂施行，臣等亦以報章流弊漸滋，不可不亟爲防範之計，故先將該律草案摘要删繁，擬成暫行條規，奏明試辦。一面復調查各國通例，參照内地情形，就原案四十六條斟酌再三，稿成屢易，現經奉旨飭令迅速妥訂，毋再延緩，自應欽遵辦理。臣善耆、臣鴻慈於會議政務期間，面與外務部堂官悉心籌議，參考中西，務期寬嚴得中，放之皆準，以爲推行盡利之地，並經外務部將英使譯送香港新定報律各款於十一月二十五日鈔送查閱。臣等查該律内稱無論何項人等，凡在香港境内刷印售賣，或分送各項報章書籍，及一切報告説帖，其宗旨在搖惑中國人心，釀成變亂，或使人民因此犯罪於中國者，得處二年以下之監禁，或五百元以下之罰金等語。按諸現定各款，亦大略相仿，無甚參差，將來頒布施行，縱令有意外之交涉，亦可援引比照，以爲杜絶徇庇之計。節經反覆討論，意見相同，謹將改定草案四十二條，繕具清單，恭呈御覽，擬請飭下憲政編查館照章考核，請旨欽定頒行，一體遵守，庶幾甲令所布，不致成爲具文，而一切邪説横議乃不禁而自止矣。得旨，如所議行。

《德宗實録》卷五八五　乙亥，御史徐定超奏，翰林院官制屢經廷臣議定，未便率爾更張，若徒增設官缺，而不爲之開出路、定課程，恐徒更虚名，無濟實用。除應仍舊制外，其學士以下，遇有内外缺出，請分别開單請簡，酌增祕書郎四缺爲從六品，京察以六員計額，並專辦講習館，由掌院學士擇成績最優者，每二年密保一次，備各部丞參之用，每次每部不得過二人。從之。

辛巳，以總司榷務宣力有年，賞總税務司赫德尚書銜，副總税務司裴式楷布政使銜。

光緒三四年（戊申、一九〇八）

《德宗實録》卷五八六　正月丁亥，命醇親王載灃爲軍機大臣。

乙未，兩江總督端方等奏，地方自治先就江甯省城設局籌辦，並於局内附設自治研究所、實地調查所，先從上元、江寧試辦，以次及於他屬。又奏，地方自治局内，附設諮議局，詳加研究，以爲議會之豫備。均下部知之。

丁酉，諭軍機大臣等：近來紗布進口，日益增多，實爲漏卮之第一大宗，民間紡織，漸至失業，固由工作之未精，尤因種植之不善，利源外溢，何所底止。查美洲等處棉花，種類精良，莖葉高大，花實肥碩，所出之絨，細韌而長，織成之布，滑澤柔輭，勝於内地所産數倍，皆由外國農業家於辨别種類、審度土性燥溼，考驗精詳，故能地産日精，商利日厚。中國棉花質性，較遜於外國，種植又不講求，南北各省間有數處所産較勝，而培植仍多鹵莽。是必須博求外國嘉種，采取培養良法，料美工精，自能廣行各省，保全利權。著農工商部詳細考查各國棉花種類、種植成法，分别采擇，編集圖説，並優定奬勵種植章程，頒行各省，由該省督撫等督率認真提倡，設法改良。其果能改良之棉花紗布，經過各關卡，應如何優加體恤，並著税務處妥籌辦理，以資暢銷。該部未經頒章以前，著各省督撫先行體察該省情形，勸諭商民實力籌辦，或選擇官地試種，或集股設立公司，多方鼓舞。所屬地方官及紳商，如有切實創辦，早著成效，應令將所産棉花，送部查驗，准其奏請優奬。此乃興利急務，勿得視爲具文，致負朝廷振興農務、惠利民生之至意。

壬寅，度支部奏，擬定銀行則例四種，大清銀行則例二十四條，普通銀行則例十五條，殖業銀行則例三十四條，儲蓄銀行則例十三條，呈請欽定。如所請行。

乙卯，修訂法律大臣沈家本等奏，請編定現行刑律，以立推行新律基礎。下憲政編查館會法部議。尋奏，原章四項，均係循名責實之意，其删除總目一節，即應照今律三十門分隸，釐正刑名一節，軍罪雖删，仍應於死刑之次，增入遣罪，安置之次，增入流罪，以存其實。至節取新章及删併例文，俱爲修例向章，應請照所擬辦理。從之。

《德宗實録》卷五八七　二月庚申，外務部奏，蘇杭甬鐵路改蘇爲滬，删除英文記帳兩層，先後與中英公司逐節磋商，不用本省押款，不須洋員查帳，訂立合同二十四條，尚無流弊。依議行。

又奏，商民承領部撥存款，路歸商辦，民情已釋疑懼。依議行。

調湖廣總督趙爾巽爲四川總督，四川總督陳夔龍爲湖廣總督。

乙丑，憲政編查館奏，擬訂結社、集會律三十五條，並擬現任職官親涖社會，研究政治學術，必須向本管長官陳明。依議行。

命郵傳部右侍郎盛宣懷仍充會辦商約大臣，前赴上海妥協經理。

《光緒朝東華録》二一一四　憲政編查館奏，光緒三十三年十一月二十日欽奉懿旨，憲政編查館會同民政部將關於政事結社條規斟酌中外，妥擬限制，迅速奏請頒行等因。欽此。嗣經御史趙炳麟片奏開會結社，未可一概禁止等語。奉旨，憲政編查館知道。欽此。臣等竊維結社集會，種類甚夥，除祕密結社潛謀不法者應行嚴禁外，其討論政學、研究事理、聯合羣策以成一體者，雖用意不同，所務各異，而但令宗旨無悖於治安，即法令可不加以禁遏。其在歐西立憲各國，國愈進步，人民羣治之力愈强，而結社集會之風，亦因之日盛，良以宇宙之事理無窮，一人之才智有限，獨營者常絀，而衆謀者易工。故自學術、藝事、宗教、實業、公益，善舉推而至於政治，無不可以稽合衆長，研求至理。經久設立，則爲結社；臨時講演，則爲集會。論其功用，實足以增進文化，裨益治理。然使漫無限制，則又不能無言哤事雜之虞。是以各國既以人民結社、集會之自由，明定之於憲法，而又特設各種律令以範圍之。其中政治社會關係尤重，故國家之防範亦彌嚴。先事則有呈報，以杜患於未萌；臨事則有稽查，以應變於俄頃。上收兼聽並觀之益，而下尠囂張凌亂之風。立憲精義，實存於此。【略】臣等仰體聖謨，參酌中外，謹擬成結社、集會律三十五條，除各省會黨，顯干例禁，均屬祕密結社，仍照刑律嚴行懲辦外，其餘各種結社集會，凡與政治及公事無關者，皆可照常設立，毋庸呈報。其關係政治者，非呈報有案，不得設立；關係公事者，雖不必一一呈報，而官吏諭令呈報者，亦當遵照辦理。如果恪守本律，辦理合法，即不在禁止之列；若其宗旨不正，違犯規則，或有滋生事端，妨害風俗之虞者，均責成該管衙門認真稽察。輕則解散，重則罰懲，庶於提倡輿論之中，不失納民軌物之意。國家豫備立憲，必以是爲基礎矣。惟各直省情形不同，其稽查約束之方，如有應行酌量變通之處，由各該督撫等體察情形，隨時奏明請旨辦理。得旨，如所議行。

《德宗實録》卷五八七　丁卯，會辦商約大臣郵傳部右侍郎盛宣懷奏，商辦漢冶萍煤鐵廠礦，宜擴充股本，合併公司。得旨，著責成盛宣懷加招華股，認真經理，以廣成效。

丙子，諭内閣：據外務部奏，籌議禁煙，與各國商定辦法，暨另籌抵補藥税

各摺片。【略】著民政部、度支部迅即會訂稽覈章程，嚴定考成，請旨頒行。一面責成各督撫，按照政務處奏定成案，督飭所屬，切實舉行，並體察該省情形，將減種、減食實在辦法，先行奏聞。所有按年減少數目，每届年終，彙奏一次。其藥税指抵各款，由度支部另行籌補，以備應付。事關國勢强弱，民命壽夭，著内外臣工協力通籌，認真辦理，無論如何爲難，必期依限斷絶，毋得稍涉因循，致干重咎。尋民政部會奏，酌擬禁煙章程，並嚴定考成，繕單呈覽。依議行。

《德宗實録》卷五八八　三月戊子，民政部奏，擬訂直省巡警道官制及分科辦事細則十五條。依議行。

壬辰，署直隸總督楊士驤奏，陸軍第四鎮訓練已滿三年，遵章籲請簡員校閲，以重戎政。得旨，著派廕昌會同楊士驤認真校閲。

癸巳，閩浙總督松壽奏，考試任用鄉官，請定畫一章程，並謹陳大要，曰定職務、籌經費、定期限。下憲政編查館議。尋奏，現民政部正在擬訂自治通則，各州縣之城鎮鄉皆得設立自治會，所有會員，均由本地選舉，與任用鄉官，爲法稍異，收效實同，該督所稱應毋庸置議。從之。

乙未，御史黄瑞麒奏，擬請京師由官設立女子師範學堂，以爲提倡，復飭各省提學使按照省城府城各設女子師範學堂一所，以爲振興女學之地。下部議行。

丙申，順天府奏，京華報館語多悖謬，擬請封禁，並將館主唐繼星監禁十年。如所請行。

丁酉，陸軍部奏，各省編成之鎮已届三年，應行遵章校閲者，均應明定規條，以資遵守。擬定欽派大員校閲陸軍軍隊章程，釐爲校閲總則二十四條，校閲編制四條，校閲細則四條，校閲辦法十九條。又奏，各省旗新軍，擬由部奏請欽派大員校閲辦理，各省旗毋庸自行奏請，以一事權。均依議行。

己亥，會辦商約大臣郵傳部右侍郎盛宣懷奏，創辦漢冶萍廠礦公司，請籌的款，以充公股而開風氣。得旨，著照所請，股票及利息均著交農工商部。

庚子，郵傳部奏，謹擬江浙鐵路公司存款章程十四條。又奏，籌墊借款虧耗，已面商度支部，及電商江蘇、浙江巡撫分任籌墊，俟江、浙兩公司獲有餘利，儘數歸還。均依議行。

癸卯，農工商部右侍郎楊士琦奏，籌辦京師自來水暨紡紗廠，調員董理，以資提倡。依議行。

乙巳，翰林院侍讀周爰諏奏，請飭各省督撫，凡種鴉片煙之地，限兩年一律禁絶。下部知之。

《光緒朝東華録》二一一五　壬子，農工商部奏，創辦京師自來水公司，擬招華股洋銀三百萬圓，並請飭下直隸總督每年籌撥官款銀十五萬，預存銀號爲保息之用。允之。

《德宗實録》卷五八八　癸丑，農工商部等會奏，考定度量權衡，折衷採取，定以一尊，宜設廠專賣而歸本於嚴束在官之人。偏設公估之局，以袪官商通弊，並詳擬推行章程四十條。下會議政務處議行。

《德宗實録》卷五八九　四月己未，諭内閣，度支部奏，銀行存儲國民捐款，另籌辦法一摺。京師前辦國民捐款，原爲清償外債起見。現由該部銀行收存生息，在國民捐輸踴躍，具見急公好義之忱。惟統稽成數，清償外債，尚難豫期，所有存儲款項，自應另籌辦法，以維久遠。該部現經附設儲蓄銀行，著照所請，由該銀行通行曉諭，凡捐款之人，有願將原捐取回者，限期執持收照，將本息取出，有願改爲存款者，本息亦聽其隨時收取。該部即督飭該銀行認真經理，以昭信實。

癸亥，諭軍機大臣等：電寄錫良，電悉，該督布置防勦，尚有條理，仍著信賞必罰，激勵軍心，必須力遏兇鋒，迅圖克復。昨已有旨派龍濟光統兵赴援，並飭江南等省接濟軍火矣。

又諭：電寄錫良，滇邊股匪竄擾，官軍疊次失利，朝廷軫念南服，宵旰焦勞，所派援軍，到防尚需時日，而蒙自適當匪衝，情形岌岌。開化鎮總兵白金柱，戰功素著，深諳戎機，當能激發忠忱，力挽危局。著錫良在藩庫内提撥賞銀三萬兩，迅即委員解存前敵，專備該總兵犒賞之需。該總兵果能奮勇立功，遏阻賊氛，朝廷當予破格獎擢，以酬勳績，並著錫良先傳諭白金柱知之。

《德宗實録》卷五九〇　庚辰，憲政編查館奏，考覈民政部擬定直省巡警官制，並分課辦事細則十五條，應如所奏，通行各省。惟酌爲改併原奏第二條、第八至第十條，以符體制，並益以第十一條之巡警學堂一項，以期養成警務人員。從之。

署直隸總督楊士驤奏，北洋法政專門學堂開辦半年，漸著成效，請飭部立案。下學部知之。

《德宗實録》卷五九一　五月乙酉，駐藏辦事大臣聯豫奏，整頓西藏，以練兵

爲急務。前部議由四川、廣東各撥銀十萬兩，請作爲常年經費，並懇飭寬籌的款，開辦各要政。得旨，著度支部速議籌撥。

又奏，開設印書局，並開辦陸軍小學堂速成科，使邊氓識字，兼明戰術。得旨，著認真籌辦，期收實效。

辛卯，諭軍機大臣等：學部奏，請將中國舊律草案詳慎互校，斟酌修改删併，以維倫紀而保治安一摺。著修訂法律大臣會同法部，按照所陳各節，再行詳慎斟酌，修改删併，奏明辦理。

癸巳，農工商部會奏，擬訂直省勸業道職掌任用簡章十四條，俾創辦之初，有所遵守。依議行。

《德宗實録》卷五九二　辛丑，御史趙炳麟奏，我朝財政之散，實由於財權之紛，各部經費各部自籌，各省經費各省自籌，度支部臣罔知其數，至州縣進款出款，本省督撫亦難詳稽，無異數千小國，各自爲計，蒙蔽侵耗，大抵皆是。請統一財權，整理國政。下會議政務處議。尋奏，所奏深合立憲國通例，自應酌量籌辦，擬請飭下各該督撫，先行查明出入各款，並將國税、地方税，分别釐定，咨明度支部會同臣處，彙擬切實可行章程，請旨頒行各省，分期照辦，至限年設立主計官一節，暫可毋庸置議。從之。

癸卯，農工商部會奏，請變通新定礦章及籌議畿輔農田水利辦法。均依議行。

郵傳部奏，籌畫擴充電政，費增利減，商力不支，擬歸官辦，以恤商艱。報聞。

《光緒朝東華録》二一六　己酉，度支部奏，本年二月二十日内閣奉上諭，外務部奏籌擬禁煙辦法，另籌抵補藥税各摺片。著民政部、度支部迅即會訂稽核章程，其藥税指抵各款，由度支部另行籌補等因，欽此。嗣於四月二十四日經臣部會議覆奏，業於摺内聲明，抵補藥税，由臣部另籌奏明辦理等因，奉旨允准在案。現查藥税指抵各款，以練兵經費及各省額款爲大宗。今實行禁煙，税項日減，向時指抵各款，亟應另籌抵補，以備應付。雖印花税一項，前經奏明辦理，現在甫議開辦，恐未必驟收成效。臣等日夜籌思，際此財力奇窘，苦無長策，必不得已，惟有酌加鹽價，尚可集成鉅款。議者謂東西各邦通例，凡爲國家必要之需，無不由國民共其擔荷，就鹽攤派，天下無不食鹽之人，即無不同盡義務之人。其説頗中肯綮。茲擬按照向來加價之數，酌中核議，無論何省，通行每斤暫加四文，實屬輕而易舉。倘各省實力疏銷，每年當可得銀四五百萬兩，以一半解部，抵補練兵經費；以一半劃歸産鹽銷鹽省分，匀撥濟用。雖於練兵經費及各省額款，未能全數抵補，亦可暫濟目前之急。如各省疏銷不力，以致舊日課釐等項或有短絀，即將應撥該省此次一半加價，先行提補課釐等項原額，有餘再撥給該省應用，其有委員等辦理不善激生事端者，即由該管督撫從嚴參辦。此次酌加鹽價，係爲抵補藥税而設，各省務須一律遵行，不得彼此參差，致有畸輕畸重之弊。如蒙俞允，即由臣部電咨各省限於本年七月初一日通行照數加收，以濟要需。得旨，如所議行。

《德宗實録》卷五九二　庚戌，翰林院侍講學士朱福詵奏，時局日艱，請開設議會，以維國勢而固人心。下憲政編查館知之。

辛亥，諭軍機大臣等：鐵路爲交通大政，利商賑災，運兵轉饟，以及開通風氣，振興實業，胥賴乎此。近年來各省官辦鐵路，皆能刻期竣工，成效昭著；而紳商集股，請設各公司，奏辦有年，多無起色，坐失大利，尤礙交通。著郵傳部遴委妥員，分往各路，確實勘查。各路工程，應分幾年造竣；公司股本，能否按年接濟。一面妥擬辦法，嚴定限期。儻所集股資不敷尚鉅，或各存意見，推諉誤工，以致未能依限完竣，即由該部會同該管督撫另籌辦理，並將該省所舉承辦人員差使，查照商部歷次奏案，分别撤銷，以期各路迅速造通，上裨國計，下厚民生。如再因循瞻顧，坐誤事機，定惟該部及該管督撫是問。其應行路律，並著該部速議具奏。

癸丑，湖廣總督陳夔龍奏，粤漢鐵路需款緊迫，紳民公議，請仿照二十八年因新案償款籌備鹽斤口捐成案，於湘省境内，行銷川淮粤鹽，每鹽一斤，一律加收口捐錢四文，以維路政。允之。

《德宗實録》卷五九三　六月乙卯，諭軍機大臣等：電寄端方，據電奏，江南財政，窘迫已極，擬請按鹽斤再加二文，以資接濟各節。著照所請，度支部知道。

丙辰，税務處奏，鐵路等公司免税，擬略示限制，以重権政而防流弊。得旨，鐵路免税日多，自應略示限制，但此項免税，或在合同，或業經奏准，亦須分别詳擬。著該處會同外務部、度支部、郵傳部詳細查明，妥議具奏。尋奏，遵查前項合同免税，及有關交涉各案，業經税務處奏明照舊辦理。此次所列各案，略示限制，尚無妨礙，應仍照所請，自各該案奏准之日起，予限三年，暫准免税，限滿再行稽徵。將來或因路綫過長，工程艱鉅，届期容再體察情形，奏明辦理。從之。

戊午，以創辦女學，慨捐鉅款，賞前直隸布政使增韞之母一品命婦他塔拉氏，妻二品命婦伊爾根覺羅氏，扁額曰啟淑垂型，曰興學承家。

庚申，學部奏，北洋法政專門學堂，擬令遵照奏定章程，切實辦理，並令各省法政學堂，劃一辦法。從之。

甲戌，諭内閣：陳啟泰奏，粵漢鐵路宜定統一辦法，懇遴派廉明大員，督辦路務一摺。粵漢幹路，關繫南北交通，最爲重要，前經張之洞收回自辦，極費經營，乃數年來，官紳商董，意見參差，迄無成效，長此因循，必至坐失大利，貽誤路政，自應簡派大員，統一事權，方可早日觀成。著派軍機大臣、大學士張之洞，兼充督辦粵漢鐵路大臣，會商郵傳部及三省督撫，督飭在事官紳商董，認真籌辦，所有路務大端，由該大臣通籌三省全局，體察情形，隨時主持裁定，務令各泯意見，聯絡一氣，以免曠日虚糜，致妨交通要政。

丙子，諭内閣：外務部奏，美國減收賠款，請遣使致謝一摺。美國與中國立約以來，邦交素篤，此次減收賠款，尤徵友誼敦睦，允宜遣使致謝，用酬嘉意。奉天巡撫唐紹儀著賞加尚書銜，派充專使大臣，前往美國致謝。

戊寅，諭内閣：朕欽奉慈禧端佑康頤昭豫莊誠壽恭欽獻崇熙皇太后懿旨，憲政編查館資政院王大臣奕劻、溥倫等會奏，擬呈各省諮議局及議員選舉各章程一摺。諮議局爲采取輿論之所，並爲資政院儲議員之階。議院基礎，即肇於此，事體重大，亟宜詳慎釐定。兹據該王大臣擬呈各項章程，詳加披閲，尚屬周妥，均照所議辦理，即著各督撫迅速舉辦，實力奉行。自奉到章程之日起，限一年内一律辦齊。【略】該王大臣所陳要義三端，甚爲中肯。如宣布開設議院年限一節，自是立憲國必有之義。但各國憲政，本難强同，要不外乎行政之權在官吏，建言之權在議員，而大經大法，上以之執行罔越，下以之遵奉弗違。中國立憲政體，前已降旨宣示，必須切實豫備，慎始圖終，方不至託空言而鮮實效。著憲政編查館資政院王大臣，督同館院諳習法政人員，甄采列邦之良規，折衷本國之成憲，迅將君主憲法大綱，暨議院選舉各法，擇要編輯。並將議院未開以前，逐年應行籌備各事，分期擬議，臚列具奏呈覽。俟朝廷親裁後，當即將開設議院年限，欽定宣布，以立臣工進行之準則，而副吾民望治之殷懷，並使天下臣民，曉然於朝廷因時制宜、變法圖强之至意。

辛巳，諭内閣：政聞社法部主事陳景仁等電奏，請定三年内開國會，革于式枚謝天下等語。朝廷豫備立憲，將來開設議院，自爲必辦之事。但應行討論豫備各務，頭緒紛繁，需時若干，朝廷自須詳慎斟酌，權衡至當。應定年限，該主事等何得臆度率請。于式枚爲卿貳大員，又豈該主事等所得擅行請革。聞政聞社内諸人，良莠不齊，且多曾犯重案之人，陳景仁身爲職官，竟敢附和比暱，倡率生事，殊屬謬妄，若不量予懲處，恐譸張爲幻，必致擾亂大局，妨害治安。法部主事陳景仁，著即行革職，由所在地方官，查傳管束，以示薄懲。

《德宗實録》卷五九四　七月戊子，憲政編查館奏，考覈勸業道官制，並分科辦事細則十八條，以期法制統一。又奏，考覈州縣事實，分别最優等、優等、平等、次等以爲勸懲。均從之。

庚寅，御史張世培奏，都察院官制闕略，宜詳議增訂，下會議政務處議。尋奏，該院官制業經再三釐訂，上年御史石長信奏請改訂都察院官制，業經公同議覆，毋庸再議。現值豫備立憲，奏准中外官制，分年釐定，屆時通盤籌畫，併案辦理。從之。

辛卯，民政部奏，遵設統計處，並訂定章程表式，送憲政編查館覆覈後，頒發各省。從之。

甲午，兩廣總督張人駿奏，刑律草案，應改者數端，曰：正文義、明等差、重名教、尊國制、慎機務、維風俗。得旨，著修訂法律大臣暨法部彙同學部前奏，詳慎斟酌，另訂具奏。

出使考察憲政大臣達壽奏，請改立憲政體、欽定憲法并進呈記録一册。又奏，憲政要目，分六類：一、日本憲法歷史，一、比較各國憲法，一、議院法，一、司法，一、行政，一、財政。又奏，國會年限無妨豫定，憲政豫備不可過遲。又奏，宜先立内閣，統一中央行政機關。均下憲政編查館知之。

庚子，諭内閣：近聞沿江沿海暨南北各省，設有政聞社名目，内多悖逆要犯，廣斂資財，糾結黨類，託名研究時務，陰圖煽亂，擾害治安。若不嚴行查察，必將敗壞大局。著民政部、各省督撫、步軍統領、順天府嚴密查訪，認真禁止，遇有此項社夥，即行嚴拏懲辦，勿稍疏縱，致釀巨患。

《光緒朝東華録》二一八　癸卯，學部奏，查奏定學堂章程内開京師大學堂爲各省弁冕，規模建置當力求完善，以樹首善風聲，早收實效等語。現在京師大學預科學生，本年冬間即當畢業，自應遵章籌辦分科，以資深造。查分科大學列爲八科，經學、法政、文學、醫科、格致、農科、工科、商科，皆所以造就專門之人才，研究精深之學業，次第備舉，不可缺一。所有分科大學開辦經費及常年經

費，允宜指定的款，分年籌辦，以宏造就。明知財政困難，度支奇絀，應辦之新政待款方殷，水旱之偏災賑需尤亟，但念人才爲百事之根本，現在整飭吏治，籌議邊防，儲備外交，振興實業，若不養成以上各項人才，則雖日言變法，黽勉圖功，恐事事乏才，斷無成效。臣之洞與臣載澤等再三商酌，内顧物力之艱難，遠維樹人之大計，分科大學實難緩辦，雖東西各國大學規模宏廓，用費動至千百萬計，而就中國現在財力與部庫拮據情形，只宜撙節動用，徐圖推廣。擬懇天恩准由度支部撥給開辦經費二百萬兩，分爲四年撥給，每年五十萬兩，俾資應用。（仍）〔係〕分年籌撥，應付或不至爲難，而建築設備所需，更可以從容籌備，逐漸擴充，以仰副朝廷興學育才之至意。

又奏，大學分科明年必須設立，以備高等學生升入之地。按照奏定章程，大學應分設八科：一經學、二法政學、三文學、四醫學、五格致學、六農學、七工學、八商學，門目均屬緊要，缺一即不完備。查德勝門外校場地方，前經臣部奏蒙恩准撥爲分科大學之用，當經派員詳細勘估，圈築地基，繪具圖式，分建各科大學。該處地方廣闊，遠隔市廛，以之建造經、法、文、醫、格致、工、商等七科，均屬敷用。惟農科大學，應以附近林麓河渠之地爲宜，該處地勢高曠，林泉缺乏，不甚合用。臣部復經咨由步軍統領衙門派員履勘，查有阜成門外望海樓地方葦塘官地，約計十六七頃，南〔北〕甚狹，東西較長，若就其地勢，開濬溝渠，堪爲農事試驗場之用。附近民地，亦可設法購買，建築農科大學。惟該地段係歸奉宸苑收租，當經商明該管理王大臣堪以撥歸臣部應用。擬懇天恩，允准賞給臣部作爲開辦農科大學之用，出自鴻慈。

又奏，分科大學現擬開辦，兹當圖始之時，舉凡審定規制、建築堂舍、釐訂學科各事宜，極爲繁重，亟應派員出洋考察，以資參證。兹查有翰林院編修商衍瀛、學部專門司主事何燏時，均在大學堂辦理學務，條理秩然。擬即派遣前往日本考察大學制度，其一切建築設備事宜，亦即詳細調查，以期斟酌適宜，尅期開辦，往返日期，以兩箇月爲限，即由臣部發給川資，以利遄行。得旨，如所議行。

《德宗實録》卷五九四　戊申，安徽巡撫馮煦奏，新刑律草案有宜斟酌者數端：中律向兼懲戒、報復、感化主義，今偏重感化，難以遽行；又專重人格，破家族主義，適足以敗壞人心；至中國女子名節最重，豈宜大潰其閑；若夫法律名詞，有似中非中、似西非西之日本文法，尤不可編諸法典，爲舞文者利用之資。下修訂法律大臣、法部議。

《德宗實録》卷五九五　八月甲寅，諭内閣：朕欽奉皇太后懿旨，憲政編查館資政院王大臣奕劻、溥倫等會奏，進呈憲法、議院選舉各綱要，暨議院未開以前，逐年應行籌備事宜一摺。【略】著該館院將此項清單附於此次所降諭旨之後，刊印謄黄，呈請蓋用御寶，分發在京各衙門、在外各督撫、府尹、司道，敬謹懸挂堂上，即責成内外臣工，遵照單開各節，依限舉辦。每届六箇月，將籌辦成績，臚列奏聞，並諮報憲政編查館查覈。各部院領袖堂官、各省督撫及府尹，遇有交替，後任人員應會同前任，將前任辦理情形，詳細奏明，以期各有考成，免涉諉卸。【略】至開設議院，應以逐年籌備各事辦理完竣爲期，自本年起務在第九年内，將各項籌備事宜，一律辦齊。届時即行頒布欽定憲法，並頒布召集議員之詔。凡我臣民皆應淬厲精神，贊成郅治，如有不靖之徒，附會名義，藉端搆煽，或躁妄生事，紊亂秩序，朝廷惟有執法懲儆，斷不能任其妨害治安。

《光緒朝東華録》二一九　辛酉，民政部奏，本年四月二十六日憲政編查館具奏，核訂直省巡警道官制並分課辦事細則一摺。奉旨允准，欽遵通行在案。查原奏清單内開各項，舉凡官員之任用，警務之得失，臣部皆有督率考核之權，而實行考核，自應嚴定勸懲，但非限以時日，課以事功，無以定責成而覘實效。臣部總攬全國内政，警察乃内政之一端，責任至重，關係至鉅，考查應益加嚴。京師警務繫各省之觀瞻，内外警廳爲臣部所直轄，自應通行考核，一律辦理。臣等悉心商訂，擬具考核巡警官吏章程九條，京師自巡警總廳廳丞以下、各省自巡警道以下，所有辦事成績，均由臣部定期核辦，分别殿最，請旨勸懲。其實係成績昭著或辦事不力者，亦即隨時奏明辦理。似此黜陟兼施，羣下咸知激勵，庶警務日有起色，新政藉以推行，期仰副朝廷實行整頓保護黎民致意。得旨，如所議行。

《德宗實録》卷五九五　丁丑，諭軍機大臣等：軍機大臣進呈聯豫、趙爾豐咨送西藏僧番等禀呈各件均覽悉。國朝撫綏全藏，向從寬厚。近年來藏人與英人搆釁，情勢危急，朝廷不惜鉅帑，代爲賠償，又疊派大臣與英人議定約章，相安互市，其所以保全藏衆者，可謂至矣。此次簡派趙爾豐駐藏辦事，假以事權，厚集實力，歲糜鉅款，在所不吝，亦爲保護藏衆、杜絶窺伺起見。乃該藏衆聯名呈訴趙爾豐枉殺多命，毁寺掠財，情節甚重，措詞且多狂悖。趙爾豐是否辦事操切，致失全藏僧番之心；抑或有狡黠之徒，藉口指摘，希遂其要求之計，著馬亮按照所訴各節，摘要確查，詳細覆奏。至趙豐與藏衆仇隙甚深，將來入藏任事，

能否相安，並著馬亮體察情形，據實密陳。

庚辰，專使美國兼考察各國財政大臣唐紹儀奏，現訂商約，其最重者，曰修律、曰礦章、曰商標、曰畫一權衡、曰幣制、曰免釐加税，擬請飭議施行，並速定幣制。下會議政務處速議。尋奏，除幣制經臣等擬議請旨遵行外，其餘五事，請飭下各部分别迅速辦理。從之。

《德宗實録》卷五九六　九月丙戌，諭：郵傳部奏，覆減電價、提補經費、以利交通一摺。電務前歸商辦，餘利甚鉅，現歸部辦，亦須妥爲籌畫，逐漸推廣，未可鋪張太過，致多虧累。且鐵路餘利，應備擴充路綫之需，界限必須分明，尤未可與電政牽混挪移，多生窒礙。著該部另行妥擬具奏。

癸巳，諭：會議政務處王大臣奕劻等會同資政院總裁溥倫等遵議劃一幣制一摺。幣制爲財政大綱，各國以金幣爲主，以銀銅各圜爲輔，規制精密，流通便利，但須累年經營，始克完備，皆非一蹴所能幾及。中國財政紊淆，幣制亟宜釐定，欲以實金爲本位，則鉅本難籌，若定虚金爲本位，則危險可慮。自應先將銀幣整齊畫一，然後穩慎籌措，徐圖進步，將來行用金幣，可望妥實無弊。茲據該王大臣奏稱，中國兩錢分釐，習用已久，實難廢改。從前財政處奏定銀幣重量，亦以兩計。著即定爲大銀幣一枚，計重庫平一兩；又多鑄庫平五錢重之銀幣，以便行用；並附鑄減成之庫平一錢暨五分小銀圓，以資補助。其兩種銀幣，按九成八足銀鑄造，兩種小銀圓，按八成八足銀鑄造。此項銀兩，除與外國訂有約文，照舊覈算外，京外大小各衙門，庫款收發，悉歸一律，永不准再有補平、補色、傾鎔、火耗、平餘各名目。所有地方官及經收官吏，辦公經費，飯銀並管解川資，著該省督撫體察該省情形，詳擬辦法，咨明度支部彙覈釐定，應增應減，均須明白宣示，永絶胥吏影射侵漁之積弊。至各省市面，銀錢紛歧，成色糅雜，奸商市儈，藉以折扣盤剥，久爲商民行旅之害，並著度支部詳定章程，嚴申禁令，計期分年，務將通國銀幣，統歸畫一，不得稍有參差。銀幣尚未鑄造充足以前，各省舊有大小銀圓，准其與各種生銀，暫時照舊在市面行用。至舊日上庫寶銀，亦准暫照舊兑交，按年搭解銀幣，即將寶銀按年遞減，統由度支部隨時酌量情形，妥擬辦理。

甲辰，兩江總督端方奏，軍政大綱，懇請擇要施行：一、首頒徵兵詔令，以風勵天下；二、明定軍官出身，以昭激勸；三、歸併督練公所，以爲將來建置陸軍都督府之豫備；四、編定陸軍刑罰，並設立軍事裁判所，以保全軍人。下會議政務處議。

辛亥，諭内閣：朕欽奉慈禧端佑康頤昭豫莊誠壽恭欽獻崇熙皇太后懿旨，前據憲政編查館、資政院將議院未開以前，逐年應行籌備事宜，開單具奏，當經降旨，諄諭内外臣工，依期舉辦。查單開各衙門籌備事宜，係就與開設議院最關切近者而言，非謂未列單内之各衙門便可不受責成，逍遥事外。如外務部職在考查外事，作養使才；吏部職在變通選法，考覈任用；禮部職在修明禮教，移易風俗；陸軍部職在鞏固國防，振興軍勢；農工商部職在提倡實業，保守利權；郵傳部職在審度形勢，統籌交通；理藩部職在考查藩情，整飭邊務，皆與憲政息息相通，理應同時並進。即已入單内之民政部、度支部、學部、法部等衙門，尚多有未盡事宜，若顧此失彼，偏而不全，恐届開設議院之期，規模未備，致滋紛擾。著各衙門統限六箇月内，按照該館院前奏格式，各就本管事宜，以九年應有辦法，分期臚列奏明，交憲政編查館會同覆覈，請旨遵行，以專責成而杜遷延。

《德宗實録》卷五九七　十月丙辰，諭内閣：前以粤漢鐵路最關重要，特派大學士、軍機大臣張之洞爲督辦大臣。近詢該大學士籌辦鐵路情形，據稱該路事權紛歧，議論淆雜，諸多窒礙等語。該路交通，大有關繫，詎可長此延緩。嗣後該路籌款、用人、興利除弊各事宜，悉責成張之洞通籌全局，力任勞怨，嚴定期限，各就三省情形，分别妥定章程，因時制宜，主持定斷。郵傳部暨湖北、湖南、廣東各督撫，均須實力協助，不得掣肘。所有各該省原派之總理、協理，均聽節制，在事官紳商董，儻有營私舞弊，煽惑把持，以致妨害路政各情事，即著張之洞據實參辦。經此申諭後，該督辦大臣等務當協力趕辦，不准延緩，以期事權專一，免誤要工。

壬申，諭内閣：朕欽奉慈禧端佑康頤昭豫莊誠壽恭欽獻崇熙皇太后懿旨，醇親王載灃之子溥儀著在宫内教養，並在上書房讀書。

又諭：朕欽奉皇太后懿旨，醇親王載灃授爲攝政王。

癸酉，諭内閣：自去年入秋以來，朕躬不豫，當經諭令各省將軍、督撫，保薦良醫，旋據直隸、兩江、湖廣、江蘇、浙江各督撫，先後保送陳秉鈞、曹元恒、吕用賓、周景濤、杜鍾駿、施煥、張鵬年等來京診視。惟所服方藥，迄未見效，近復陰陽兩虧，標本兼病，胸滿胃逆，腰胯酸痛，飲食減少，轉動則氣壅欬喘，益以麻冷發熱等證，夜不能寐，精神困憊，實難支持。朕心殊深焦急，著各省將軍、督撫，遴選精通醫學之人，無論有無官職，迅速保送來京，聽候傳診。如能奏效，當予

以不次之賞，其原保之將軍、督撫並一體加恩。

諭軍機大臣等：朝會大典，常朝班次，攝政王著在諸王之前。

上疾大漸，酉刻崩於瀛臺之涵元殿。

慈禧端佑康頤昭豫莊誠壽恭欽獻崇熙皇太后懿旨，攝政王載灃之子溥儀，著入承大統爲嗣皇帝。

又欽奉皇太后懿旨，前因穆宗毅皇帝未有儲貳，曾於同治十三年十二月初五日降旨，大行皇帝生有皇子，即承祧穆宗毅皇帝爲嗣。現在大行皇帝龍馭上賓，亦未有儲貳，不得已以攝政王載灃之子溥儀承繼穆宗毅皇帝爲嗣，並兼承大行皇帝之祧。

又欽奉皇太后懿旨，現值時事多艱，嗣皇帝尚在沖齡，正宜專心典學。著攝政王載灃爲監國，所有軍國政事，悉秉承予之訓示，裁度施行。俟嗣皇帝年歲漸長，學業有成，再由嗣皇帝親裁政事。

奉大行皇帝遺詔曰：朕自沖齡踐阼，寅紹丕基，荷蒙皇太后幬育仁慈，恩勤教誨，垂簾聽政，宵旰憂勞。嗣奉懿旨，命朕親裁大政，欽承列聖家法，一以敬天法祖、勤政愛民爲本。三十四年中，仰稟慈訓，日理萬幾，勤求上理，念時事之艱難，折衷中外之治法，輯和民教，廣設學堂，整頓軍政，振興工商，修訂法律，豫備立憲，期與薄海臣庶，共享昇平。各直省遇有水旱偏災，凡疆臣請賑請蠲，無不恩施立沛。本年順直、東三省、湖南、湖北、廣東、福建等省，先後被災，每念吾民滿目瘡痍，難安寢饋。朕躬氣血素弱，自去年秋間不豫，醫治至今，而胸滿胃逆，腰痛骽軟，氣壅欬喘諸證，環生疊起，日以增劇，陰陽俱虧，以致彌留不起，豈非天乎！顧念神器至重，亟宜傳付得人，兹欽奉慈禧端佑康頤昭豫莊誠壽恭欽獻崇熙皇太后懿旨，攝政王載灃之子溥儀入承大統爲嗣皇帝。在嗣皇帝仁孝聰明，必能仰慰慈懷，欽承付託，憂勤惕厲，永固邦基。爾京外文武臣工，其精白乃心，破除積習，恪遵前次諭旨，各按逐年籌備事宜，切實辦理。庶幾九年以後，頒布立憲，克終朕未竟之志，在天之靈，藉稍慰焉。喪服仍依舊制，二十七日而除。布告天下，咸使聞知。

甲戌，卯刻大殮畢，奉安梓宫於乾清宫。太皇太后疾大漸，未刻崩於儀鸞殿。申刻大殮畢，奉安梓宫於皇極殿。

清宣統帝部（起公元一九〇八年，迄公元一九一一年）

光緒三四年（戊申、一九〇八）

《宣統政紀》卷一　光緒三十四年十月己卯，諭内閣：本月二十二日欽奉皇太后菩陀峪萬年吉地，今定爲菩陀峪定東陵，著傳知各衙門敬謹遵照繕寫。又諭：本月二十二日欽奉大行太皇太后懿旨，軍國政事，均由監國攝政王裁定，是即代朕主持國政，黜陟賞罰，悉聽監國攝政王裁度施行。自朕以下，均應恪遵遺命，一體服從，懿親宗族，尤應懍守國法，矜式群僚。嗣後王公百官，儻有觀望玩違，暨越禮犯分，變更典章，淆亂國是各情事，定即治以國法，斷不能優容姑息，以致敗壞紀綱。庶幾無負大行太皇太后委寄之重，而慰天下臣民之望。

庚辰，諭内閣：電寄端方等，朱家寶兩電奏均悉。安徽營兵叛亂，虜傷營官，撲攻省城，實屬異常兇悖，亟宜迅速撲滅。著朱家寶重懸賞格，激勵將士，奮力勦捕，務期全行殲除。就獲匪犯，所供黨夥，或另有外應，均須立即認真追究緝獲，不准含糊了事，並電知各處嚴密防範。太湖所遣援兵，即日可到，諒不難剋期肅清也。至沿江伏莽素多，人心浮動，並著端方、陳夔龍、岑春蓂、馮汝騤、朱家寶、陳啟泰、王士珍、程文炳會商妥籌，切實嚴防，相機設法，安定人心，勿得稍涉疏虞。儻各省再有乘隙煽亂情事，以致牽動大局，恐該督撫等難當此重咎也。

辛巳，諭軍機大臣等：電寄端方等，端方、朱家寶電奏安慶兵變，現經勦平，但孫汶有來華之説，難保非暗中主使。沿江沿海各省，恐有逆徒響應。請旨電飭各省，認真防備等語。昨據朱家寶電奏，業經降旨，飭沿江各省嚴加防範。國家新遭大故，逆匪正思乘隙蠢動。著各省督撫，嚴密設法，一體認真防範查拏，萬勿疏懈，貽誤地方。但仍須慎密鎮静，亦不得稍形張皇，致滋紛擾。

《宣統政紀》卷二　十一月辛卯，諭軍機大臣等：近聞有海外逆黨，乘國家多難之際，妄思煽亂，肆意揑造謡言，其誣妄狂悖，直有使君臣上下所不忍聞者。復敢刊印函單，分致京外各衙署局所學堂，淆亂是非，多方簧鼓，居心尤屬險惡。著郵傳部迅電各處郵政局，認真揀查，遇有自外洋寄來漢文函件，字迹封式在五件以上，分致上項各處者，立即拆閱。儻語涉悖誕，即刻一律焚燬。其各埠外國郵信局社，亦由該處地方官婉商仿行，共保治安。並著民政部、步軍統領、順天府暨各督撫，隨時派員認真查訪，嚴禁傳送悖逆各函件。勿得稍涉疏漏，致擾大局。此旨由郵傳部寄電各省埠一體欽遵。

壬辰，諭内閣：朕纘承大統，登極禮成，追念前謨，彌深乾惕。仰維列聖相傳之治法，無非敬天法祖、勤政愛民。凡先朝未竟之功，莫不敬謹繼述。本年八月初一日大行皇帝欽奉大行太皇太后懿旨，嚴飭内外臣工，務在第九年内將各項籌備事宜，一律辦齊，届時即行頒布欽定憲法，頒布召集議員之詔各等諭，煌煌聖訓，薄海同欽。自朕以及大小臣工，均應恪遵前次懿旨，仍以宣統八年爲限，理無反汗，期在必行。内外諸臣斷不准觀望遷延，貽誤事機，尚其激發忠義，淬厲精神，使憲政成立，朝野乂安，以仰慰大行太皇太后、大行皇帝在天之靈，而鞏億萬年郅治之基，朕有厚望焉。

丙申，諭軍機大臣等：電寄端方等，端方、朱家寶三次十二日電奏均悉，叛兵雖經被勦散匿，首犯尚未擒獲。著該督撫仍嚴飭地方文武，認真搜捕，務將首犯熊成基懲辦，並將同謀各犯一律殄除，以免死灰復然。皖省各營習氣甚深，正可乘此兵威，切實淘汰，嚴加整頓，庶期兵歸實用，餉無虚糜。

《宣統政紀》卷三　丙午，諭内閣：憲政編查館奏定逐年籌備事宜，關繫重要，將來頒布欽定憲法，並頒布召集議員之詔，全視乎此。是以朕登極後，特申誥誡，期於迅速圖功，以慰薄海臣民之望。兹據軍機處王大臣奏請設立變通旗制處，自應簡派大員，專司其事。著即派貝子溥倫、鎮國公載澤、大學士那桐、侍郎寶熙、熙彦、達壽總司變通旗制處，會同軍機處王大臣辦理。該大臣等務當即行開辦，毋稍遷延。其餘本年應行籌辦之事，各該衙門著一律按照單開各節，迅速舉辦，以副朕孜孜圖治，實事求是之至意。

丁未，諭内閣：津浦鐵路，前經張之洞、袁世凱、梁敦彦會奏，豫定將來官商合股辦法，迨至第十年後，國家清還借款之時，准令三省紳商自集成本，將此項股票撥與一半，任其收回，此項津浦鐵路即爲官商合辦之路。續據吕海寰奏，豫籌招股章程，因此路南端經由皖境，添入安徽一省，共爲四省。内開十年後官商合辦，無論何年不得退還商股，均經允准。兹復據吕海寰代奏四省津浦鐵路有限公司文稱，羣情疑畏，觀望不前等語。此路既定爲將來永遠官商合辦，自無將

商股退還之理，經此次明白宣諭後，該大臣務當勸導各省紳商，協力相濟，籌集路股，俾免贖路時稍有貽誤，以溥樂利而昭大信。

兩江總督端方奏，江甯省城擬設南洋第一次勸業會，官商合辦，以開風氣而勸農工。又奏，本年罌粟減種，並統税短收情形。均下部知之。

戊申，諭内閣：朕入承大統，登極禮成，已敬謹恭上皇太后徽號，鉅典昭垂，允宜覃敷恩澤。惟思推恩之序，尤宜首重親賢。慶親王奕劻公忠體國，懋著賢勞，庚子以來，顧全大局，殫心輔弼，力任其難，厥功甚偉，應加優賞，用獎勳猷，加恩著以親王世襲罔替。王其敬承恩命，毋得固辭。

又諭：朕入承大統，登極禮成，已敬謹恭上皇太后徽號，鉅典昭垂，允宜覃敷恩澤。軍機大臣世續等忠清亮直，翊贊維勤，勞怨不辭，深堪嘉許。世續著賞加太子少保銜，賞用紫韁；張之洞著賞加太子太保銜，賞用紫韁；鹿傳霖著賞加太子少保銜，賞用紫韁；袁世凱著賞加太子太保銜，賞用紫韁。

庚戌，度支部奏：清理財政，要義有二，曰統一，曰分明。本此二義，於分年籌辦之初，而爲臣部職權所應及，與現在急當整理者有六：外債之借還，宜歸臣部經理；在京各衙門所籌款項，宜統歸臣部管理；各省官銀號，宜由臣部隨時稽覈；各省關涉財政之事，宜隨時咨部以便考覈；直省官制未改以前，各省藩司宜由部直接考覈；造報逾限，宜實行懲處。綜此六端，雖不足盡財政奧藴，實爲九年中分年籌辦初基所託。明知辦理之難，不敢不竭力圖維，期以必行。下會議政務處速議。

《宣統政紀》卷四 十二月丁巳，諭内閣：陳夔龍奏，鄂境川漢鐵路與粵漢鐵路相輔爲用，請簡大臣兼充督辦一摺。前因粵漢鐵路關繫重要，特派大學士張之洞爲督辦大臣。鄂境川漢與粵漢兩路本屬相輔，自應聯爲一氣，方能妥速成功。著派張之洞兼爲督辦鄂境川漢鐵路大臣，會商郵傳部、湖廣總督，督飭在事官紳認真籌款興辦。即責成張之洞力任勞怨，剔除弊端，嚴定期限，因時制宜，主持定斷。郵傳部暨湖廣總督均須實力協助，不得掣肘，以一事權而重路政。

己未，外務部奏，莫啡鴉一物，近年進口日多，流毒日廣，業經照會各國駐京使臣提議，定期禁止販運。疊據照復，一律允從。兹擬定自西歷一千九百零九年正月一號，即中曆本年十二月初十日起，所有莫啡鴉及刺莫啡鴉之藥鍼，概行禁止運進中國各口，並聲明其爲醫藥所必需者，另照所擬辦法辦理。又，中國允許禁止中國鋪户製造莫啡鴉及藥鍼，各國亦允許禁止各國商民在中國境内製造莫啡鴉及藥鍼。以上所擬辦法，應即屆期施行禁令，除咨税務處飭總税務司，將海關應辦事宜妥籌辦理外，應請飭下民政部、步軍統領、順天府府尹暨各省督撫，嚴行稽查，一律示禁，不准販運製造，以期永除民害。從之。

庚申，東三省總督徐世昌等奏，籌畫旗人生計，創設吉林旗務處工廠，招集旗籍藝徒百六十名，延聘匠師，先分五科，曰革工、金工、織工、染工、紉工，教以藝術，畢業後優給出身，分别派往各處，轉相傳授。十年以後，必能普及全旗。惟創辦伊始，經費困難，謹陳籌款情形三則，懇准飭部立案，俾得及時開辦。下部知之。

壬戌，諭内閣：軍機大臣、外務部尚書袁世凱夙承先朝屢加擢用，朕御極後，復予懋賞，正以其才可用，俾效馳驅。不意袁世凱現患足疾，步履維艱，難勝職任。袁世凱著即開缺，回籍養痾，以示體恤之至意。

憲政編查館奏，遵設專科，考覈議院未開以前逐年應行籌備事宜。酌擬章程六條：一、於憲政編查館内，設立專科，考覈九年限内議院未開以前京外各衙門各項應行籌備事宜，名曰考覈專科。一、設總辦一人，商承提調，管理本科事務；幫辦二人，協同總辦管理本科事務；正科員二人，副科員八人，分司本科各事務，所有奏咨、文牘，由總辦、幫辦挈同科員詳慎擬草，送由提調覈奪辦稿，呈本館王大臣覈定，分别奏咨施行；其館中編制、統計兩局長，擬均派兼專科會辦差使，以收聯合統一之效。一、九年籌辦事宜，欽遵懿旨，責成内外臣工，每届六箇月，將籌辦成績，臚列奏聞，並諮報憲政編查館查覈，應自光緒三十四年八月起至十二月底止，爲第一届，以後每年六月底暨十二月底各爲一届限，每年二月内及八月内各具奏咨報一次，俟報到本館後，查覈所辦是否覈實，於每年四月内及十月内各分别殿最彙奏一次。一、本年應辦事宜，查有尚未籌辦奏報者，由館行文該管衙門，咨催一次，以後每年二月、八月查明是年應辦事宜，行文京外各衙門，豫行咨催一次，如届限尚有未經奏報者，另行專案酌量分别奏咨催辦。一、京外各衙門，於應行籌備事宜，如有逾限不辦，或陽奉陰違，或有名無實，即由館指名據實奏參，如辦理稍有未協，由館分别奏咨，指令更正。一、以上各條外，如尚有未盡事宜，隨時酌定奏明辦理。依議行。

命外務部會辦大臣大學士那桐在軍機大臣上學習行走。

丙寅，郵傳部奏，派員收回東清全路日俄電報。先與俄人商訂合同，所有鐵

路界外電報，皆歸還中國所有，認我主權。計綫路一千五百餘里，局所十餘處，給回收贖價十五萬圓。又與日本訂立合同，計收回綫路一千餘里，界外局所數十處，皆歸還中國，給回收贖價日金五萬圓，每年由日本貼補借綫費三千圓，其餘各條與俄約無甚出入。惟日本前有要求設立關東至煙臺水綫，亦飭令另訂合同，毋使牽混，俾免俄人藉口，並與我國利權尚無損害。下部知之。

《宣統政紀》卷五　辛未，諭内閣：前據憲政編查館奏，議覆度支部奏清理財政章程，當以財政關繫重大，不厭求詳，仍飭度支部妥酌具奏。兹據度支部奏稱，該館覈覆章程，增益條文益加周密，妥善可行等語。方今財政艱難，内外交困，必以廓清積弊，確定豫算爲先，全賴部臣、疆臣和衷共濟，各飭所屬，共矢公忠，按照所擬章程，實力奉行，認真辦理，用副朝廷慎重度支之至意。

戊寅，諭内閣：憲政編查館奏，覈議民政部奏城鄉地方自治並另擬選舉章程一摺。地方自治，爲立憲之根本，城鎮鄉又爲自治之初基，誠非首先開辦不可。著民政部及各省督撫督飭所屬地方官，選擇正紳，按照此次所定章程，將城鎮鄉自治各事宜，迅即籌辦，實力奉行，不准稍有延誤，尤須將朝廷惠愛閭閻、官民共濟之意，剴切曉諭，使知地方自治乃輔官治之所不及，仍統於官治之内，並非離官治而獨立之詞。周之比閭族黨、漢之三老嗇夫，其來自古。惟選舉自治之職員，責在州縣；而選擇州縣，責在督撫。官紳皆得其人，方能有實效而無流弊。此外憲政館奏定各衙門應歸第一年籌辦之事，現已據陸續具奏，至明年以後，所有分年應行籌備各事，並著内外各衙門按限妥籌，次第舉辦，毋得始勤終懈，疲緩延閣，以致貽誤實行立憲之期，用昭大信而慰民望。

宣統元年（己酉、一九〇九）

《宣統政紀》卷六　正月癸未，諭軍機大臣等：以大學士那桐爲軍機大臣，外務部右侍郎梁敦彦爲外務部尚書，會辦大臣左丞鄒嘉來爲外務部右侍郎。

戊子，東三省總督徐世昌等奏，江省沿邊一帶，自呼倫貝爾西境起，越璦琿興東轄境，皆與俄界毗連。除現籌卡倫辦法，另行奏明開辦，及湯旺河業經開放外，其餘曠地，彌望榛蕪，無人過問。臣世昌上年奏陳遷民實邊，請免輪路各費，並陳明先從招民入手，即爲拓殖邊荒之計。本年九月奏陳屯墾一摺，亦聲明沿邊招墾辦法，另行奏明辦理。現在審量沿邊情勢，兼營並進，改收經費，以廣招來，另定獎章，以示鼓勵；減路費以利遄行，嚴限制以杜包攬，選良農以慎安插，速升科以促墾種，暨其餘亟宜變通各節，均經詳細酌覈，務期切實可行。將來新設治地方，所有荒務，即責成各該地方官兼辦，不另設局所，以省糜費。謹擬江省沿邊招民墾荒章程五章共二十四條，恭呈御覽，如蒙允准，應懇飭下各該省督撫遵照辦理。其派往各省招待員司，一切經費，擬由本省各荒段賸存經費項下開支，如有不敷，即飭司由正款動用，按年報部列銷。均下部議。

《宣統政紀》卷七　辛丑，外務部奏，上年駐美使臣伍廷芳與美廷議訂保和會中美公斷專約四款，業經奏明畫押在案。此項專約應由兩國批准互換，現准伍廷芳將漢洋文約本咨呈代奏，應請批准，以資信守而符公例。從之。

壬寅，諭軍機大臣等：電寄雲南交涉使高而謙，著派辦澳門勘界事宜，前往廣東，會同葡國所派之員，詳細履勘，妥議辦理，並商承兩廣總督張人駿酌覈，隨時電由外務部請旨遵行。

又諭：民政部奏，整頓京師内外城巡警廳區，開單呈覽一摺。著依議。

甲辰，恭上皇祖妣太皇太后尊謚曰孝欽慈禧端佑康頤昭豫莊誠壽恭欽獻崇熙配天興聖顯皇后。

乙巳，直隸總督楊士驤奏，津浦鐵路關繫大局，直隸計地攤款，現據紳士呈請援照河南鹽捐成案，於長蘆行銷直隸食鹽，每斤加價四文，提充路款，分給商民，股票作爲永遠財産。此項加價，十年期滿，洋款還清，即行停止，既非尋常加價歸公者可比，又與豫省奏准之成案相符，擬請俯准照擬辦理，以裨路政。下部知之。

戊申，諭内閣：前經憲政編查館奏定頒行分年籌備事宜，本年各省均應舉行諮議局選舉，及籌辦各州縣地方自治，設立自治研究所，並頒布資政院章程等事。積小高大，乃能綱舉目張，若階級不具，則統匯之區無從措手。著各省督撫及管理地方之將軍、都統等，督率所屬，選用公正明慎之員紳，一律依限成立。其範圍限制，及擇人之權，應盡之職，均應遵守頒行章程辦理，不得延閣遲誤。各省如有不能如期舉辦，或雖已設局，而員紳違背定章，及辦法參差不齊者，統由憲政編查館查催暨考覈駮正，務須妥速完備，俾可依限開辦資政院，以副朝廷勤求民隱，期臻上理之至意。

又諭：前據修訂法律大臣奏呈刑律草案，當經憲政編查館分咨内外各衙門討論參考，以期至當。嗣據學部及直隸、兩廣、安徽各督撫先後奏請，將中國舊

律與新律詳慎互校，再行妥訂，以維倫紀而保治安。復經諭令修訂法律大臣會同法部詳慎斟酌，修改刪併，奏明辦理。上年所頒立憲籌備事宜，新刑律限本年覈定，來年頒布，事關憲政，不容稍事緩圖。著修訂法律大臣會同法部迅遵前旨修改刪併，剋日進呈，以期不誤覈定頒布之限。惟是刑法之源，本乎禮教，中外各國，禮教不同，故刑法亦因之而異。中國素重綱常，故於干犯名義之條，立法特爲嚴重，良以三綱五品，闡自唐虞，聖帝明王，兢兢保守，實爲數千年相傳之國粹，立國之大本。今寰海大通，國際每多交涉，固不宜墨守故常，致失通變宜民之意，但祇可採彼所長，益我所短。凡我舊律義關倫常諸條，不可率行變革，庶以維天理民彝於不敝。該大臣務本此意，以爲修改宗旨，是爲至要。至該大臣前奏請編訂現行刑律，已由憲政編查館覈議，著一併從速編訂，請旨頒行，以示朝廷變通法律，循序漸進之至意。

己酉，恭上大行皇帝尊謚册寶，監國攝政王代詣几筵前行禮。

庚戌，諭內閣：肅親王善耆奏，籌辦海軍基礎一摺。所奏不爲無見。方今整頓海軍，實爲經國要圖。著派肅親王善耆、鎮國公載澤、尚書鐵良、提督薩鎮冰按照所陳各節，妥慎籌畫，先立海軍基礎。並著慶親王奕劻隨時總覈稽察，以昭慎重。俟規模大定，再候諭旨。鐵良任重事繁，著開去專司訓練禁衛軍大臣之差，俾得專心擘畫，以固邦國。

《宣統政紀》卷八　二月壬子，諭內閣：鎮國公載澤奏，請收回成命一摺。海軍關繫重要，亟應籌辦，以立始基。該鎮國公向來辦事妥慎，籌畫精詳，現莞度支，總司財政，著仍遵前旨，實力計畫，以期早日觀成。所請收回成命之處，著毋庸議。

辛酉，諭軍機大臣等：御史徐定超奏，重整海軍，首在得人，請飭設機器學堂，精求製造一摺。著籌辦海軍王大臣知道。

乙丑，諭內閣：國家豫備憲政，變法維新，疊奉先朝明諭，分年豫備，切實施行。朕登極後，復行申諭，依限籌辦，毋得延緩。今特將朝廷一定實行豫備立憲，維新圖治之宗旨，再行明白宣示。總之，國是已定，期在必成。嗣後大小臣工皆當共體此意，翊贊新猷，其有言責諸臣，亦當慎體朕殷殷求言之至意，於一切新政得失利病，剴切敷陳，俾臻上理。儻敢私心揣摩，意存嘗試，摭拾腐敗浮言，淆亂聰明，亦有應得之咎也。將此通諭知之。

戊辰，諭軍機大臣等：外務部會同修訂法律大臣奏，擬訂國籍條例繕單呈覽一摺，著憲政編查館迅速覈議具奏。尋奏，議覆國籍條例開單呈覽。得旨，允行。

庚辰，諭內閣：度支部奏酌擬清理財政處各項章程一摺。清理財政，爲豫備立憲第一要政，各省監理官又爲清理財政第一關鍵。所有正監理官，著該部自丞參以下開單請簡，俾昭慎重，其副監理官，即由該部奏派。

《宣統政紀》卷九　閏二月辛巳，直隸總督楊士驤奏，遵章改設巡警學堂，暨各屬設立巡警教練所。查天津巡警學堂，設於光緒二十八年，名曰北洋高等巡警學堂，學員以二年畢業，學兵以一年畢業。省城巡警學堂，設於光緒三十二年，分高等、普通兩班，用速成教法。高等學生，以一年畢業；普通學生，以六箇月畢業。即以學資高下，派充各廳州縣教員、巡官、區長等差。現查畢業學生，暫可敷用，即飭寬定學期，俾資深造。當於省城天津各學堂，添設完全高等警察一班，定期四年畢業，此後應即遵照奏定章程，將限期課程，一律更定，以資遵守。其各廳州縣向設巡警傳習所，即飭遵章改爲教練所，應習科學，及畢業限期，亦一律遵章辦理，俾歸畫一。下部知之。

甲申，諭內閣：禮部議奏滿漢服制一摺。現當豫備立憲，滿漢服制一事，尤爲倫紀攸關，自應統歸畫一。嗣後內外各衙門丁憂人員，無論滿漢，一律離任終制。其有責任重要，關係大局，勢難暫離，不能不從權奪情者，應聽候特旨遵行。至一切喪服事宜，著禮學館詳細編訂，奏明辦理。另片奏，丁憂之漢員在外投效，滿員在部當差，應如何定章，請飭吏部詳議具奏等語。著會議政務處會同吏部議奏。尋奏，擬將關於吏部考覈之京外滿漢丁憂文職人員，應行開缺終制，及改爲署任奏准留差者，酌訂章程十一條，至武職丁憂事同一律，事關定制，文武皆同，謹並訂武職丁憂人員章程十二條呈覽。從之。

癸巳，郵傳部右侍郎盛宣懷奏，立憲最重理財，擬請推廣中央銀行，先齊幣制以裕財政。幣制欲求劃一，非專用圜法不可；欲專用圜法，非確定十進位不可。下度支部知之。

《宣統政紀》卷一〇　戊戌，憲政編查館奏，遵准升任內閣學士寶熙奏，請設貴胄法政學堂一所，凡宗室、蒙古王公、滿漢世爵及其子弟曾習漢文者，皆令入學；閒散宗室、覺羅及滿漢二品以上大員子弟，亦准考取肄業。分爲正簡兩科，正科四年畢業，簡易科二年畢業。其業經從仕貴胄及滿漢四品以上官員，另設聽講一班，以一年半畢業，專授法政大義。擬訂章程九章三十九條，並豫算經費

數目，繕單呈進，擬請派王公一員、二三品大員一員，分任該堂總理監督之職。奉上諭：現在豫備立憲，需才孔亟，凡宗室外藩王公滿漢世爵，若不豫爲培植，其何以儲政才而裨治本？應即設立貴胄法政學堂，以廣造就。著派貝勒毓朗充貴胄法政學堂總理，農工商部左侍郎熙彥、翰林院學士錫鈞充貴胄法政學堂監督，務宜認真經理，毋負委任。至宗室王公暨其子弟，實爲滿漢及外藩世臣之表率，如有及歲尚未入學，與入學後半途退學，或不恪守學規等事，該總理等尤宜破除情面勸懲，一切照章辦理，勿稍寬假。至陸軍貴胄學堂，最關緊要，仍須認真勸勉，廣儲干城，總期安勉兼施，用副朝廷興學、教胄文武兼資之至意。

癸卯，民政部奏，妥籌逐年籌備事宜，繕單呈覽。宣統元年，第二年，擬訂自治研究所章程，請旨欽定，通行各省，照章設立；擬訂京師地方自治章程，請旨欽定；籌設京師議事會、董事會；覈定各省城鎮鄉自治區域，指定各省繁盛城鎮地方，督催照章籌設該城鎮議事會、董事會；督催各省將該省省會及外府所屬各首縣並商埠地方人口總數照章調查，一律報齊，彙造各省第一次查報户數清册；整理京師内外城巡警廳區，編制撤充京師高等巡警學堂，並推廣内外城巡警教練所；督催各省照章設立省城高等巡警學堂及各廳州縣巡警教練所；督催各省將該省省會及外府所屬各首縣並商埠地方巡警，一律辦齊。第三年，京師地方議事會董事會，限年内成立；考覈上年指定各城鎮議事會、董事會辦理成績；指定各省中等城鎮地方，督催照章籌設該城鎮議事會、董事會；督催各省將該省省會地方、首縣照章籌設該縣議事會、董事會；督催各省將該省上年未經清查各地方之人户總數，照章調查，一律報齊，彙造各省第二次查報户數清册；確定京師内外城巡警編制，推廣京師外郊巡警編制，推廣京師外郊巡警；督催各省將上年未經籌辦之各廳州縣巡警，一律辦齊。第四年，考覈上年續行指定各城鎮議事會、董事會辦理成績；督催各省將上年未經指定籌辦自治之其餘各城鎮，一律照章籌辦，並就近城各鄉地方照章籌設鄉議事會、鄉董；考覈各省省會首縣議事會、董事會辦理成績，督催各省就該省外府所屬各首縣，照章籌設該縣議事會、董事會；督催各省將該省省會及外府所屬各首縣並商埠地方人口總數，照章調查，一律報齊，彙造各省第一次查報口數清册；考覈各廳州縣巡警辦理成績，指定各省繁盛市鎮地方，督催籌辦該鎮巡警事宜。第五年，考覈上年續行籌辦自治之各城鎮議事會、董事會及近城各鄉議事會、鄉董辦理成績；督催各省就所屬偏僻各鄉地方，指定若干處，照章籌設鄉議事會、鄉董；考覈各省外府各首縣議事會、董事會辦理成績；指定各省衙繁廳州縣，督催照章籌設該廳州縣議事會、董事會；督催各省將該省上年未經清查各地方之人口總數，照章調查，一律報齊，彙造各省第二次查報口數清册；考覈上年指定各市鎮巡警辦理成績，指定各省中等市鎮地方，督催籌辦該鎮巡警事宜。第六年，擬定户籍法施行細則；考覈上年續辦自治之各鄉議事會、鄉董辦理成績；考覈上年指定籌辦自治之各廳州縣議事會、董事會辦理成績，就各省偏僻各廳州縣指定若干處，照章籌設該廳州縣議事會、董事會；考覈上年指定各市鎮巡警辦理成績，督催各省將所屬近城各鄉地方巡警，一律籌辦。第七年，考覈上年指定籌辦自治之各廳州縣議事會、董事會辦理成績；督催各省將上年未經指定籌辦自治之其餘偏僻各廳州縣，一律照章籌設該廳州縣議事會、董事會；考覈各省近城各鄉地方巡警辦理成績，督催各省就所屬偏僻各鄉地方指定若干處，籌辦該鄉巡警。第八年，考覈上年續行籌辦自治之各廳州縣議事會、董事會辦理成績；考覈上年指定各鄉巡警辦理成績；督催各省上年未經籌辦之各鄉巡警一律辦齊。第九年，考覈上年續行籌辦之各鄉巡警辦理成績；擬訂關於議員選舉事宜之各項程式規則；覈定下議院議員選舉區；督催各省調查選舉人數，編造名册。下憲政編查館知之。

戊申，農工商部奏，籌辦畫一度量權衡，現經臣部與各省合力統籌，應請飭各將軍、督撫等實力奉行，並臣部訂構機器，以備設廳製造。從之。

《宣統政紀》卷一一 三月辛酉，德宗景皇帝梓宫奉移梁格莊暫安殿。上詣梓宫前，奠酒舉哀行禮，跪送梓宫啟行。

甲子，諭軍機大臣等：度支部、郵傳部會奏，查明覆奏一摺。嗣後招商局著歸郵傳部管轄，以符名實；所有路、船、郵、電四項出入款目，均著郵傳部切實考覈，按年奏銷，並咨明度支部覆覈辦理。

乙丑，憲政編查館奏，查地方自治之制，雖東西各國，一律通行，而溯厥由來，實分二派：有由市府而自然發達者，有由國家立憲而漸次推行者。今當中國剏行自治之始，皆本豫備立憲而生。臣等前奏覆覈城鎮鄉地方自治章程，首以淵源國權，對待官治，鄭重剖析。茲據民政部擬定自治研究所各條，均屬簡要可行。謹就原章推闡，共訂爲十四條，伏候頒行各省，一體遵照辦理。如所請行。

己巳，東三省總督錫良奏，吉林邊務喫緊，延吉、琿春、甯古塔、臨江州等處

皆與韓、俄接壤，必須一氣貫注，乃能呼應靈通。陸軍協都統吴禄貞請派充督辦吉林邊務，並請以兩協之兵歸其節制，飭速赴防。得旨，著照所請，仍著吴禄貞隨時稟商錫良，妥慎辦理。

《宣統政紀》卷一二　四月甲申，諭内閣：度支部奏，各省財政，宜統歸藩司，以資綜覈而專責成一摺。各省財政頭緒紛繁，自非統一事權，不足以資整理。嗣後各省出納款目，除鹽糧關各司道經管各項，按月造册，送藩司或度支使查覈外，其餘關涉財政一切局所，著各該督撫體察情形，予限一年，次第裁撤，統歸藩司或度支使經管。所有款項，由司庫存儲，分别支領，即由各督撫督飭該藩司等，將全省財政，通盤籌畫，認真整頓，仍著度支部隨時考覈，分别勸懲，以副綜覈名實之至意。

《宣統政紀》卷一三　五月戊午，郵傳部奏，京漢鐵路近已收回管理，外人方以接管之善否，覘我程度之高低，則整頓、擴充、改良各辦法宜亟也。查路綫甚長，用人甚多，洋員薪工尤鉅。洋總工程司一員，歲薪六萬佛郎；另駐比洋員十三人，經理撥款、購料等事；又各段覈算，文案、管料洋員數十人。接管以來，業將總工程司及駐比十三人裁撤，工程事務改歸養路處兼辦。向設行車、養路、廠務三處，分派華員總管，其在歐洲撥款購料，改託銀行。全路大段，亦併三爲二。計又遣散洋員三十名，裁去員役一百餘名，歲省約銀十萬圓。其路工材料，從前分段收發，不無弊混。現統歸京局綜覈，計五閲月共進款五百一十萬餘圓，較上年此數月約多七十餘萬。此就已辦者而言。至於應亟辦者數事：一曰添購車輛，二曰建築旅館，三曰修繕軌道，四曰增設站所，五曰籌辦轉運。臣等自應督飭員司，切實施行。

又奏，中國鐵路，以京奉爲最先，進款亦爲最鉅。現經隨時整頓：一、嚴覈工程；一、嚴覈購料；一、歸併職掌，裁汰員司；一、整頓唐山機廠；一、嚴定客票貨票規則；一、清理貨廠；一、整飭事務用人。至已辦到者數事：一、添開車輛；一、酌減運價；一、招商租地；一、添修岔道；一、聯絡軌道，分攤票費；一、代各路製造車輛橋梁；一、轉售各項車輛料件。此皆關於營業，必須整頓者，現據路局徵信册，上年進款較前届約多一百萬圓，而用款反較前届少七萬餘圓，實屬具有成效。

己未，命軍機大臣世續署外務部會辦大臣；調兩江總督端方爲直隸總督，兼北洋大臣，迅速來京，未到任前，以外務部會辦大臣那桐署理；調兩廣總督張人駿爲兩江總督，兼南洋大臣，未到任前，著江甯布政使樊增祥護理；以山東巡撫袁樹勛署兩廣總督，未到任前，著廣東布政使胡湘林護理；以署順天府府尹孫寶琦署山東巡撫。

《宣統政紀》卷一四　戊辰，予故革户部尚書、協辦大學士翁同龢開復原官。

己巳，命奉天巡撫唐紹怡開缺，以侍郎候補。

辛未，外務部奏，美國減收賠款，業於本年正月起實行，則選派學生出洋即應舉辦，非徒酬答與國，實乃推廣育材。臣等擬在京師設立游美學務處，管理考選遣送稽查等事，並附設肄業館，選學生入館試驗，隨時送往美國肄業。以八分習農、工、商、礦等科，以二分習法政、理財、師範諸學。專派監督駐美，管理學生學費、功課、起居等事。至於學生名額，案照各省賠款數目匀給，其滿、漢、蒙、藏亦酌給名額，以昭公溥。從之。

丙子，諭内閣：前經憲政編查館奏定憲法大綱，内載統率陸海軍之權，操之自上等語，已奉先朝諭旨頒行。朕今欽遵遺訓，兹特明白宣示，即依憲法大綱内所載，朕爲大清帝國統率陸海軍大元帥，並敬符我太祖太宗肇基鴻業、親統六師之制，以振我軍人尚武圖强之心。並著先行專設軍諮處，贊佐朕躬通籌全國陸海各軍事宜。即著貝勒毓朗管理軍諮處事務。惟朕現在沖齡典學之時，尚未親裁大政，所有朕躬親任大清帝國統帥陸海軍大元帥之一切權任事宜，於未親政以前，暫由監國攝政王代理，以合憲法。至一切應如何定擬籌辦事宜，即著軍諮處隨時妥酌，奏請施行。將此通諭臣民知之。

又諭：著派郡王銜貝勒載洵、提督薩鎮冰充籌辦海軍大臣。

《宣統政紀》卷一五　六月甲申，諭内閣：慶親王奕劻奏，職任繁重，兼顧爲難，懇恩開去管理陸軍部事務，以專責成一摺。慶親王奕劻老成謀國，志慮忠純，於所管各項重要差務，贊襄規畫，備著勤勞。兹據奏陳各節，情詞出於至誠，自應俯如所請。慶親王奕劻著准其開去管理陸軍部事務，以示優加體恤之至意。

《宣統政紀》卷一六　丙申，兩廣總督張人駿奏，粤疆濱海，大洋中洲島甚多，日人占踞東沙島，現已據理力争，即可將該島收回。又查有西沙島，在崖州屬榆林港附近，該島共有十五處，其地居瓊崖東南，適當歐洲來華之要衝，爲南洋第一重門户。業已分别勘明，將各島逐一命名，以便書碑。其島産則有礦砂，爲多年動物所積成，可作肥料之用，一律開採，實足以濬利源。且開闢以後，需

用工役必多，招來而案集之，尤爲殖民之善策。擬即在島内設廠，先從採砂入手，俟東沙島收回後，亦即一併籌辦。得旨，著袁樹勛悉心經畫，妥籌布置，以闢地利。

癸卯，東三省總督錫良奏，部議禁煙期限太寬，奉天等十八行省已能於宣統元年下半年起，全行禁絶。一嚴一寬，實即一禁一弛，適恐漸漸疏懈，別生枝節，懇請一律縮期禁種，以袪積害而維憲政。得旨，著該衙門歸入沈秉堃電奏，一併速議具奏。

丙午，命廣東水師提督薩鎮冰開缺，作爲海軍提督；以南澳鎮總兵李準爲水師提督。

《宣統政紀》卷一七　七月戊申，郵傳部奏，展築張綏鐵路，據工程司勘稱，由張家口起，抵歸化城，計分四綫。現擬由張家口取道大同，北折邊牆，出得勝口，達豐鎮，接北綫四段，再由歸化至河口，即托克托城爲枝綫。邊地早寒，每歲施工祇六箇月，約計八年方能完竣。估需銀一千七百五十六萬餘兩，擬請援京張成案，就京奉餘利項下，分起提撥，不敷之款，即由京張路利撥用。現京張指日竣工，便可專營此路，即飭令京張路局人員一手經理，暫時定名張綏，毋庸另行設局，以節縻費。從之。

乙卯，諭内閣：資政院奏，續擬院章，並將前奏各章改訂，開單呈覽一摺。朕詳加披覽，該院自職掌以下八章，與現訂諮議局章程實相表裏，即爲將來上下議院法之始基，所擬尚屬周妥，著京外各衙門一體遵行，其各項細則章程，仍著迅速籌擬，奏請宣布。

丁巳，四川總督趙爾巽奏，重慶江北廳境，英商開採龍王洞煤鐵礦，由華商江合公司收回自辦，原訂合同租約，一概作廢。下部知之。

庚申，諭内閣：振興實業爲國家富强要政，疊經諭令各直省督撫實力提倡，並簡派大臣前赴各國賽會，藉以開通商智，爲改良競進之圖。我國地大物博，誠非薈萃觀摩，不足以造精進。兹據農工商部會奏，議覆南洋籌設勸業會及賽物免税一摺。兩江風氣早開，民物繁盛，自應就地設會，樹各省之模型。著派南洋大臣兩江總督張人駿爲該會正會長，並著各督撫籌辦協會出品各事。所有賽品，准其分别豁免税釐，俟開會有期，届時由農工商部奏請簡派大臣爲審查總長，莅場開會，用示朝廷勸勵農工，推廣商業之至意。

《宣統政紀》卷一八　癸亥，諭軍機大臣等：電寄趙爾巽等，趙爾豐電奏，稱達賴回藏，既不應由德格繞道，且供備烏拉，亦不應自傳等語。本應照章禁阻，惟朝廷俯念達賴由京至藏，程途遥遠，姑准照行，以示體恤。即著趙爾巽將此意傳知達賴，安静行走，勿生事端，並由該督飭知土司，供備烏拉，以利遄行。一面知照駐藏大臣，轉行達賴，嗣後仍著照章行走，其土司烏拉，不得擅傳。

戊辰，諭内閣：電寄錫良等，外務部奏稱，圖們江中韓界務暨東三省五案條款開單呈覽，並陳辦理情形一摺。吉林延吉地方，韓民越墾有年，前因圖們江界務，經外務部與日本使臣交涉，久未就緒。本年該使臣請與東三省未定各案，同時議結，當以此事關係重大，責成該部從速籌商，並由該王大臣等隨時請示機宜，悉心妥議。兹據奏呈條款，朕詳加披覽，所定圖們江源，以石乙水爲界，及墾地韓民，歸中國地方官管轄，裁判各辦法，均尚扼要。至吉林至會甯鐵路，將來援照吉長鐵路辦理。撫順、煙臺煤礦，聲明尊重一切主權，於互讓之中，仍寓防弊之意。其餘各款，亦均妥協。朝廷顧念根本，慎固邦交，於此事權衡輕重，一以和平爲宗旨，該督撫亦當共體此意。總之，外交之得失，視内治爲轉移。儻能於殖民興商練兵選吏諸要政切實整頓，極力擴充，則雖强鄰環伺，將無可乘之隙。儻或玩愒因循，放棄權利，縱有成約，亦屬空文。該督撫身膺疆寄，責有攸歸，務須未雨綢繆，及時布置，毋託空言而忘實效，毋狃近慮而昧遠圖，是爲至要。

壬申，學部奏，籌建京師圖書館，請賞給熱河文津閣四庫全書，暨避暑山莊各殿座陳設書籍，並飭撥淨業湖匯通祠各地址，以便剋期興築。又奏，請飭内閣將宋元舊刻、翰林院將《永樂大典》，無論完闕破碎，一併送部交圖書館儲藏。又奏，請飭禮部鑄造圖書館印信。均從之。

甲戌，山西巡撫寶棻奏，晉省禁種土藥，一律肅清。請將查禁出力人員，擇尤保獎，以資鼓勵。得旨，准其擇尤酌保，毋許冒濫。

《宣統政紀》卷一九　八月戊寅，諭軍機大臣等：外務部奏，報館洩漏機密，有礙交涉一摺。據稱交涉機密要件，紛紛登載，殊屬有違禁令，請飭民政部將北京國報、中央大同日報兩館即行封禁，以示懲儆等語。著依議。

丙戌，以候補内閣學士李家駒協理資政院事務。

戊子，郵傳部奏，京張鐵路全路告成，計長三百五十七里，連岔道計長四百四十九里。此路爲我國鐵路北幹之起點，道員詹天佑總司工程，經營締造，其會辦以及各段工程師暨執事各員，均屬異常出力，擬請優給獎敘，以昭激勸。得

旨，准其酌保數員，毋許冒濫。

辛卯，外務部奏，擬建游美肄業館，懇請給西直門外清華園地畝，以便興築，而隆作育。允之。

《宣統政紀》卷二〇 己亥，諭内閣：大學士張之洞公忠體國，廉正無私。【略】近因患病，屢經賞假調理，並賞賜人蔘，方冀克享遐齡，長資輔弼。兹聞溘逝，軫惜殊深。著賞給陀羅經被，派郡王銜貝勒載濤帶領侍衛十員，即日前往奠醊，並賜祭一壇，加恩予謚文襄，晉贈太保，照大學士例賜卹，入祀賢良祠，賞銀三千兩治喪，由廣儲司給發。任内一切處分，悉予開復，應得卹典，該衙門查例具奏。靈柩回籍時，沿途地方官妥爲照料，伊子禮部郎中張權著以四品京堂候補，郵傳部學習員外郎張仁侃著以郎中補用，伊孫選拔生張厚璟著賞給主事，分部補用，用示篤念藎臣至意。

命法部尚書戴鴻慈在軍機大臣上學習行走。

以熱河都統廷杰爲法部尚書，未到任以前，以法部左侍郎紹昌暫行署理。

庚子，諭軍機大臣等：粤漢鐵路、鄂境川漢鐵路事宜，著歸郵傳部妥協接辦。

丙午，諭内閣：各省諮議局爲採取輿論之所，仰蒙德宗景皇帝欽奉孝欽顯皇后懿旨飭辦。朕御極後，繼述前徽，責成内外諸臣，依限辦理。業據各省陸續奏報，諮議局選舉事宜，均已照章籌辦完竣。兹届九月初一日，各省招集議員開議之期，用特重申誥誡。各該諮議局議員，於地方利弊情形，均當切實指陳，妥善計畫。務各恪遵前奉懿旨，勿挾私心，以妨公益；勿逞意氣，以紊成規；勿見事太易，而議論稍涉嚣張；勿權限不明，而定法致滋侵越。各該督撫亦當虚公採納，裁度施行，以期上下一心，漸臻上理。至開局以後，各該督撫尤應欽遵定章，實行監督，務使議決事件，不得踰越權限，違背法律，共攄忠愛，以圖富强。上以副朝廷勤求民隱之衷，下不失官民守分盡職之義，朕實有厚望焉。著將此諭敬謹繕録，懸挂各省諮議局議場，一體欽遵。

《宣統政紀》卷二一 九月癸丑，四川總督趙爾巽電奏，成都將軍權限虚有其名，遇有邊事，轉多牽掣。請或以將軍統治全川，或以總督兼轄旗營。下會議政務處議。尋奏，請仍留成都將軍一缺，專轄滿營官兵，餘並歸總督治理。請將原頒勅書改據，分别换給，以清權限。從之。

以四川總督趙爾巽兼署成都將軍。

己未，資政院奏，遵擬資政院議員選舉章程，謹將編纂大意陳明。查資政議員選任之法，大别有二：一爲欽選，一爲互選，兩者各有取義，辦法已不能相同。而欽選議員中分類既多，等差匪一，論名位則有崇卑之異，校人數則有多寡之分，勢不能以同一之規程，求彼此之適用，要當因宜定制，取便推行。竊維宗室、王公、世爵、滿漢世爵及外藩王公世爵，階級既高，計數較少，權衡取舍，一秉聖裁，自應開列全單，恭候簡命。至宗室覺羅、各部院衙門官及納税多額者，合格人數與議員定額之比例，多少懸殊，若一律奏進全單，不足示限制而便甄擇。考外國上院之制，敕任議員多有先經互選者。今擬略師其意，凡宗室覺羅、各部院衙門官及納税多額者，均於欽選之前舉行互選，各照定額增列多名。好惡既卜諸輿情，而用舍仍歸於宸斷。其碩學通儒一項，資格標準確定較難，人數幾何，調查不易，互選之法，勢所難行。擬略仿從前保薦鴻博之例，酌量變通，寬取嚴用。以蒐訪之任，寄諸庶官；以抉擢之權，授諸學部。仍寬定開列名數，以廣取材，冀不失欽選議員之本恉。以上各項，略採各國上院辦法，即爲將來建設上議院之基礎。而資政院既兼有下院之性質，勢不能無民選議員，以與欽選議員相對待。惟創辦伊始，一切準備均未完成，驟行民選，恐多窒礙。故特以諮議局爲資政院半數議員之互選機關，諮議局議員本由各省合格紳民複選而來，而諮議局公推遞升之資政院議員，即不啻人民間接所選舉。立法本意，實在於此。此項議員，即以公推遞升之標準，則去取之法，自不能不以得票之多寡爲衡。但監督之權，在於督撫，非經覆定，不令遽膺是選；而覆選之際，仍以票數之多寡爲後先，與欽選大權，示有區别，乃與下院要義不相背馳。此又臣等釐訂互選一章之微意也。節經公同討論，意見相符，謹分别繕單呈進，恭候欽定。俟命下之日，再由臣等通行京外各衙門，一體遵照辦理。從之。

《宣統政紀》卷二二 丙寅，授協辦大學士鹿傳霖爲大學士，命吏部尚書陸潤庠協辦大學士。

庚午，鹿傳霖著授體仁閣大學士。

乙亥，兩廣總督袁樹勛奏，遵籌粤東禁賭辦法，請特降諭旨，將闈姓儘明年截止，以後無論何項考試，不得再准商人承充。彩票則截至本年冬底爲止，並不准他省彩票到粤運銷，以一禁令。澳門一隅，向爲賭徒嘯聚之所，應仿照禁煙辦法，據理阻止，使外人無所藉口，至番攤及基鋪山票，承餉既鉅，應節節限制。凡無賭之區，不得再開賭博，有餉之區，仍著設法籌抵。允行。

《宣統政紀》卷二三　十月庚辰，孝欽顯皇后梓宮奉安地宮，命肅親王善耆恭詣菩陀峪定東陵蘆殿梓宮前奠酒。恭奉龍輴車，引紼入寶城，永遠奉安孝欽顯皇后梓宮於寶牀上，復詣地宮外恭代行奠酒禮。題主届時，協辦大學士榮慶、大學士鹿傳霖恭題神主，奉安寶座，仍命肅親王善耆恭代行虞祭，禮畢，恭奉神牌奉安黄輿内，跪送啟行。

辛巳，出使大臣伍廷芳奏，在祕辦理交涉情形，已將該國虐待華人苛例，分别駁改，並訂立證明書，互相籤押，以爲他日彼此遵守之據。又奏，索償祕工焚掠華人商店，派員催商。下外務部知之。

甲申，以恭題孝欽顯皇后神主，賞加協辦大學士榮慶太子少保銜，大學士鹿傳霖太子太保銜。

丁亥，調湖廣總督陳夔龍爲直隸總督兼北洋大臣，未到任以前，以布政使崔永安暫行護理。

以江蘇巡撫瑞澂署湖廣總督，調山西巡撫寶棻爲江蘇巡撫，以山西布政使丁寶銓爲山西巡撫。

實授孫寶琦爲山東巡撫。

《宣統政紀》卷二四　壬辰，雲南按察使湯壽潛奏，敬陳存亡大計。治標之策四：曰提早國會、急籌公債、聯盟美國、鋭意斷髮，治本之策四：曰注重典學、獨斷用人、通籌財政、議決幣制。得旨，著政務處議奏。

甲午，諭内閣：大學士孫家鼐品學純正，志慮忠誠。【略】兹聞溘逝，悼惜殊深，著賞給陀羅經被，派貝勒毓朗帶領侍衛十員，前往奠醊，加恩予謚文正，晉贈太傅，照大學士例賜卹，入祀賢良祠，賞銀三千兩治喪，由廣儲司給發。任内一切處分悉予開復，應得卹典，該衙門查例具奏。靈柩回籍時，沿途地方官妥爲照料。伊子陸軍部郎中孫傳棨著以四品京堂補用，伊孫一品廕生孫多焌、孫多烇均著以郎中分部補用，用示篤念藎臣至意。

以協辦大學士陸潤庠充翰林院掌院學士。

壬寅，署兩廣總督袁樹勛奏，查明粵路弊混確據。該路接收已逾三年，總理已歷兩任，用款至七百四十餘萬圓，成路祇一百二十八里，尚有合興公司原築三十里在内。種種敗壞，不可枚舉，請飭部整頓維持，以裨路政。得旨，著郵傳部切實查辦。

癸卯，開復故已革禮部尚書李端棻原官。

乙巳，憲政編查館奏，籌備憲政已届第二届考覈之期，所有京外各衙門籌辦成績，除甘肅、雲南兩省尚未奏到外，餘俱陸續臚陳具奏。計本年應行籌備事宜共十四條，其籌辦城鄉鎮地方自治，則以直隸、廣西兩省成績最著。其籌辦省城商埠、審判廳及廳州縣巡警，則以直隸、奉天兩省開辦最早。其餘各項，均能認真辦理，不涉因循。依議行。

《宣統政紀》卷二五　十一月戊申，駐藏辦事大臣聯豫等奏，達賴喇嘛陰蓄異謀，久思自立。趙爾豐甫膺駐藏之命，藏人更啟拒漢之心。近聞川兵一千奉旨入藏，竟敢公然具稟，謂無論是何漢兵，決意攔阻，並欲挾制漢屬之土民，即商埠各事，亦欲與英人直接，奪我主權。又以我不欲輕啟兵釁，愈懷輕藐之心。就現在情形，悉心體察，有可慮者三，有不足慮者三。達賴之居心，均已見諸實事。自張蔭棠入藏，令其籌餉練兵，輕棄主權，遂益堅其自立之志。此次私自起用已革之噶布倫邊覺奪吉等事之不合權限者，彼皆有所藉口。若相持日久，彼布置周密，則番氣愈驕，即附我者亦因而解體，可慮者一。俄、英兩國，均設法籠絡達賴，而達賴偏聽人言，親俄而忌英。前英兵入藏，實因達賴信用俄人多治夫之言所致。此次達賴出京，又遣多治夫赴俄，陰相結納，並聞攜帶俄國戎裝者二十四人，如係俄籍，則英人必來詰責，藉口興戎，就近先發，而藏非我有矣，可慮者二。自琦善以兵權財政盡付番官，駐藏大臣屬下僅糧臺及遊擊以下文武數員，制兵則久戍防次，習氣甚深，由藏招募者，且多親附藏人，設有緩急，皆不足恃，可慮者三。然達賴尚未返藏，任用邊覺奪吉等數人，一意拒漢，專横自恣，久爲藏人所側目。其所派番弁番兵，苛斂搶掠，士心既失，民志亦復涣散，不足慮者一。川兵入藏，知爲奉旨，萬無阻擋之理，邊覺奪吉等奉達賴之命，意圖抗拒，調兵勒派，其槍械、口糧、藥彈均由番民自備。番民素處於專制壓力之下，面從心違，故番官雖日集兵，而民實無鬭志，不足慮者二。番官雖聲言聚兵數千，拒擋漢兵，又煽惑察木多乍了及類伍齊等處，勒令派兵相助。自趙爾豐派兵駐察木多，而浮言盡息，類伍齊亦因藏官勒派而反抗，由察木多經類伍齊而入三十九族，其地本爲我屬，惟至拉里後，由江達抵前藏十三站，皆係藏屬，若有接應，不難奮迅直前，得一二勝仗，則全藏瓦解，不足慮者三。現已派員弁赴三十九族調集土兵，以備調遣。請飭趙爾巽、趙爾豐就近速撥邊軍三四營，作爲川兵後援，以壯聲勢而期策應。至英人通商三埠，照約不能干預西藏内政；俄雖欲干涉，一時未能出兵，惟私濟軍火一事，不能不嚴爲防範。仍請飭下陝甘督臣、西甯辦事大臣認

真稽查。得旨，仍遵前旨，電商趙爾巽、趙爾豐妥籌辦理，已電諭長庚等查禁軍火矣。

癸丑，民政部奏，擬訂府廳州縣地方自治章程九十條及選舉章程七十八條。請飭憲政編查館覆覈頒行，以資法守。得旨，著憲政編查館覆覈具奏。

乙卯，貝勒毓朗等奏，續擬貴冑法政學堂章程四十六條，並豫算常年經費，請飭度支部如數撥給。從之。

庚申，湖南巡撫岑春蓂奏，已故督辦粤漢鐵路大臣張之洞以兩湖物力艱難、集貲匪易、款項無著，即鐵路無自觀成，始有籌借外債之策。自借款議起，湘省紳士商民，羣情激發，皆願集款自辦，不認籌借外債。經諮議局議決湘路限年趕修辦法四條：一、毋庸借債，速將章約註銷，以斷葛藤；二、實行商辦，以堅股東信用；三、應由公司任用鐵道學生，改良内部組織；四、多培鐵道人才，俾盡桑梓義務，藉省薪資。籌款辦法十條：一、累進租股法；二、鹽斤加復錢價；三、鐵路銀行；四、分區勸股；五、在外集股；六、就事擬勸之股；七、各界以薪貲入股；八、官缺股；九、鐵道債票；十、各地方公儲股。計畫六條：一、限築期；二、築路費；三、營業利；四、實需款；五、統計出入；六、追加豫畫。應請飭部體察情形，設法取消借款。下郵傳部知之。

《宣統政紀》卷二六　癸亥，命陸軍第六鎮統制官趙國賢赴廣東潮州鎮總兵官本任，以鑲黄旗漢軍副都統段祺瑞充陸軍第六鎮統制官。

乙丑，諭内閣：度支部奏陳明淮浙鹽務大概情形一摺。朕詳加披覽，深悉各省鹽務，糾轕紛紜，疲敝日甚，非統一事權，修明法令，無以提挈大綱，維持全局。著派貝子銜鎮國公載澤爲督辦鹽政大臣，凡鹽務一切事宜，統歸該督辦大臣管理，以專責成。其産鹽省分，各督撫本有兼管鹽政之責，均著授爲會辦鹽政大臣。行鹽省分，各督撫於地方疏銷緝私等事，考覈較近，呼應亦靈，均著兼會辦鹽政大臣銜。該大臣等務當和衷共濟，通盤籌畫，尤須體恤民艱，一切事宜，隨時奏明辦理，以示朝廷整飭鹺綱、興利除弊之至意。

丙寅，命協辦大學士、吏部尚書陸潤庠爲大學士，法部尚書戴鴻慈協辦大學士。

戊辰，世續著授爲文華殿大學士，那桐著授爲文淵閣大學士，鹿傳霖著授爲東閣大學士，陸潤庠著授爲體仁閣大學士。

《宣統政紀》卷二七　十二月壬午，賞給游學專門列入一等之詹天佑、魏瀚、李維格、鄭清濂、鄺榮光、吴仰曾、楊廉臣工科進士，嚴復、辜湯生、伍光建、王劭廉文科進士，張康仁法科進士。列入二等之鄺佑昌、李大受、温秉仁、盧守孟、劉冠雄、江起鵬工科舉人，陳聯祥格致科舉人。

乙酉，外務部等奏，東三省總督錫良等奏，借款築路以興實業，應仍由該督等與美國借款公司訂立合同，咨部覈定。至組織銀行，另借外款，應從緩辦。

又奏，議結滇匪擾亂，滇越鐵路受虧，賠償法國損失銀二十萬兩，作爲收回天津軍糧城法國兵房之費，並與法使商定設立河内領事事宜。均依議行。

庚寅，會議政務處奏，督辦川滇邊務大臣奏請將德格土司改土歸流。查德格地形，爲川藏扼要之區，其土舍歸心納款，應准如該大臣所奏，將該土司全境收回，改設流官，藉資治理，並賞給該土舍世襲都司實職，以資觀感。依議行。

《宣統政紀》卷二八　壬辰，諭軍機大臣等：慶親王奕劻面奏，職任繁重，難以兼顧，懇請開去管理陸軍貴冑學堂之差等語。著如所請，俾稍節勞，以示優眷。著派貝勒載潤會同陸軍部管理陸軍貴冑學堂事務。

乙未，諭内閣：據都察院奏，代遞直隸各省諮議局議員孫洪伊等呈請速開國會一摺。披覽均悉，具見愛國悃忱，朝廷深爲嘉悦。【略】現在各省諮議局，均已舉行，明年資政院亦即開辦，所以爲議院基礎者，具在於此。但願我臣民各勤職務，計日程功，毋騖虚文而隳實效。兹特明白宣示，俟將來九年豫備業已完全，國民教育普及，届時朕必毅然降旨，定期召集議院，庶於勵精圖治之中，更寓慎重籌維之意。

又諭：憲政編查館奏，覈訂民政部修訂法律大臣會奏禁煙條例，開單呈覽一摺。禁除鴉片，最爲中國自强要政。歷奉先朝諭旨，飭令嚴行查禁，並節經頒定章程，俾資遵守。本年復重申誡諭，責成京外各衙門認真辦理，所爲加以訓勉，示以防制者，不爲不至。現在各省奏報種植罌粟净盡者，已有多處，人民戒除者，亦逐漸加增。亟應明定懲戒之法，方足以清蠹害而維久遠。查閲所擬覈訂禁煙條例，於應行懲罰諸端，尚爲周備，應即宣布京外，一體實行。所有未報種植禁絶各省分，該督撫務須督飭地方官，將禁種罌粟，設法酌縮年限，以圖及早廓清。已報禁絶者，尤當隨時查察，如果毒卉復萌，即屬違背定章，自必按照條例，施以懲戒。其京師各衙門，歷次奏定禁煙章程，並各省奏請變通年限，曾經允行者，均應作爲定章。如有違背，概照條例治罪。京外大臣，有統轄地方官吏之責者，儻敢始勤終怠，陽奉陰違，亦必予以懲處。總期痼習漸次湔除，民生

日臻强盛，實有厚望焉。

以功德在民，復已故革職湖南巡撫陳寶箴原官。

丙申，憲政編查館奏，彙案會議禁革買賣人口舊習，酌擬辦法，並禁革條款。依議行。

庚子，外務部奏，議以五萬二千鎊向英商贖回安徽銅官山礦地，一切機器房屋，均交還中國，原訂合同，全行作廢，以免再有轇轕。依議行。

壬寅，諭內閣：本日憲政編查館奏，覆覈府廳州縣地方自治章程，並府廳州縣議事會議員選舉章程，繕單呈覽一摺。朕詳加披覽，尚屬周妥。府廳州縣各官，爲國家親民之吏，兼爲執行上級自治之職。此次所定章程，與城鎮鄉地方自治章程，相輔而行。即著民政部會同各督撫，按照定章，督飭各該地方官，切實施行。各該地方紳民，於自治事宜，休戚相關，尤當恪守範圍，公同協議，務期官民交勉，治理日隆，用副朝廷實行憲政、樂利同民之至意。

癸卯，諭內閣：本日憲政編查館奏，覈訂法院編制法，並另擬法官考試任用、司法區域分劃及初級暨地方審判廳管轄案件各暫行章程，繕單呈覽一摺。朕詳加披閱，均係參考列邦之制度，體察中國之情形，斟酌釐訂，尚屬周妥。立憲政體，必使司法、行政各官權限分明，責任乃無諉卸，亦不得互越範圍。自此次頒布法院編制法後，所有司法之行政事務，著法部認真督理，審判事務，著大理院以下審判各衙門，各按國家法律審理。從前部院權限未清之處，即著遵照此次奏定各節，切實劃分。其應欽遵逐年籌備事宜清單，籌辦各級審判廳，並責成法部會同各省督撫督率提法司切實籌設。應需司法經費，著該部會同度支部隨時妥籌規畫，以期早日觀成。至考用法官，尤關重要。該部堂官，務須破除情面，振刷精神，欽遵定章舉辦。嗣後各審判衙門，朝廷既予以獨立執法之權，行政各官即不准違法干涉。該審判官吏等遇有民刑訴訟案件，尤當恪遵國法，聽斷公平，設或不知檢束，或犯有贓私各款，一經覺察，必當按律治罪，以示懲儆而維法紀。其有關宗室案件，著另訂細則辦法，奏明請旨。

宣統二年（庚戌、一九一〇）

《宣統政紀》卷二九　正月己酉，諭軍機大臣等：電寄袁樹勛，電奏悉，該省新軍氣習囂張，並有句結會黨情事。去臘因與鋪店口角，不服解散，反與巡警爲難，竟於元旦日，藉端鬨營，打毀警局，毆傷警兵多名，更打毀司令部，搶去槍枝子彈，負嵎抗拒，實屬形同叛逆。著該署督迅調水陸防營，嚴密防範，勦撫兼施，務將首要各犯，設法擒獲，悉數殲除。一面將教堂洋行，切實保護。該營管帶將統縱釀事端及辦理不善各員查明參處，並將勦辦情形，隨時電奏。

辛亥，諭軍機大臣等：昨據袁樹勛電奏，該省新軍有句結會黨，藉端鬨營，搶去槍枝子彈，竄出東門，負嵎抗拒情事，當經電諭該署督迅即勦辦矣。近來人心浮動，各處黨會，醜類繁多，往往混入軍營，暗中句引，藉端煽惑。廣東如是，他省恐亦不免。亟宜先事豫防，早圖挽救。著軍諮處、陸軍部、南北洋大臣於所有新舊各軍，不動聲色，嚴密稽查。遇有行止不端，蹤迹詭祕者，將弁則隨時撤參，兵丁則加意淘汰，務絕根株，免貽後患。其逆形顯著，查有實據者，即嚴行懲辦，毋稍寬縱。至軍人資格，首重服從長官命令，如有聚衆開會演説情事，是已越乎範圍，無論藉辭何事，皆宜一體查禁，以重紀律而靖囂張。該大臣等受國厚恩，統領軍師，保守疆土，責無旁貸。須知朝廷重視此事，其各實力整飭銷患未萌，萬不可因循敷衍，稍涉大意，貽誤將來，致干咎戾。

《宣統政紀》卷三〇　辛酉，諭內閣：西藏達賴喇嘛阿旺羅布藏吐布丹甲錯濟寨汪曲卻勒朗結，夙荷先朝恩遇，至優極渥。該達賴具有天良，應如何虔修經典，恪守前規，以期傳衍黄教。乃自執掌商上事務以來，驕奢淫佚，暴戾恣睢，爲前此所未有，甚且跋扈妄爲，擅違朝命，虐用藏衆，輕啟釁端。光緒三十年六月間，乘亂潛逃，經駐藏大臣以該達賴聲名狼藉，據實糾參，奉旨暫行革去名號。迨該達賴行抵庫倫，折回西甯，朝廷念其遠道馳驅，冀其自新悛改，飭由地方官隨時存問照料。前年來京展覲，賜加封號，錫賚駢蕃，並於起程回藏時，派員護送。該達賴雖沿途逗遛，需索騷擾，無不量予優容，曲示體恤，寬既往而策將來，用意至爲深厚。此次川兵入藏，專爲彈壓地方，保護開埠，藏人本無庸疑慮，詎該達賴回藏後，布散流言，藉端抗阻，誣詆大臣，停止供給，疊經剴切開導，置若罔聞。前據聯豫等電奏，川兵甫抵拉薩，該達賴未經報明，即於正月初三日夜内潛出，不知何往。當經諭令該大臣設法追回，妥爲安置，迄今尚無下落。掌理教務，何可疊次擅離，且查該達賴反覆狡詐，自外生成，實屬上負國恩，下辜衆望，不足爲各呼圖克圖之領袖。阿旺羅布藏吐布丹甲錯濟寨汪曲卻勒朗結，著即革去達賴喇嘛名號，以示懲處。嗣後無論逃往何處，及是否回藏，均視與齊民無異；並著駐藏大臣迅即訪尋靈異幼子數人，繕寫名籤，照案入於金瓶，製定作爲

前代達賴喇嘛之真正呼畢勒罕，奏請施恩，俾克傳經延世，以重教務。朝廷彰善癉惡，一秉大公，凡爾藏中僧俗，皆吾赤子。自此次降諭之後，其各遵守法度，共保治安，毋負朕綏靖邊疆，維持黄教之至意。

御史江春霖奏，老奸竊位，多引匪人，非特簡忠良，嚴杜濫進，不足挽危局而贊大猷。竊溯戊戌變政，全局爲前軍機大臣袁世凱一人所壞，世凱因得罪先帝，乃結慶親王奕劻爲奧援，排斥異己，徧樹私人，包藏禍心，覬覦非望，幸而瞿鴻禨退，先朝起監國攝政王以鎮之；世凱進，先朝又召閣臣張之洞以參之。天與人歸，謀不得逞。及我皇上御極，首罷世凱，奕劻恭順以聽，而其黨亦慄慄危懼，中外相慶，以爲指日可致太平矣。既而窺見朝廷意主安静，異派無所登庸，要津仍各盤據。而農工商部侍郎楊士琦、署郵傳部侍郎沈雲沛，復爲畫策，汙名嫁與他人，而己陰收其利。被劾則力爲彌縫，見缺又薦引填補。就衆所指目而言，江蘇巡撫寶棻、陝西巡撫恩壽、山東巡撫孫寶琦則其親家，山西布政使志森則其姪壻，浙江鹽運使衡吉則其邸内舊人，直隸總督陳夔龍則其乾女壻，安徽巡撫朱家寶之子朱綸則其子載振之乾兒，郵傳部尚書徐世昌則世凱所薦，兩江總督張人駿、江西巡撫馮汝騤則世凱之戚，亦緣世凱以附奕劻，而陰相結納者，尚不在此數。樞臣名有五人，實仍一人攬權而已。現查軍機大臣戴鴻慈業已出缺，若我皇上監國攝政王復聽奕劻薦引私人，或誤用老邁庸懦者，充數伴食，大局之壞，何堪設想。臣在先朝劾奕劻父子及世凱者，疏凡八上，皇上臨御以來，亦屢有言，均未荷蒙鑒納。賤不謀貴，疏不謀親，何苦數以取辱。但念蒙恩寬免處分，並諭指陳遠大，樞臣賢否，實爲治亂攸關，遠大孰有過於是者。緘口不言，撫衷滋疚，敢懇聖明攬天下才，極一時選，不論官階崇卑，是否現任，破格擢用，俾效贊襄。奉上諭，御史江春霖奏參慶親王奕劻一摺，朝廷虚衷納諫，博採羣言，然必指陳確實，方足以明是非。該御史所奏直隸總督陳夔龍爲奕劻之乾女壻，安徽巡撫朱家寶之子朱綸爲載振之乾兒各節，果何所據而言，著江春霖明白回奏。

壬戌，諭軍機大臣等：電寄駐藏大臣聯豫等，昨經降旨，將達賴革去名號，温宗堯開缺赴川，所有藏中一切善後事宜，即責成聯豫悉心經理。另選達賴，原爲維持黄教，自應體察番情，查照例案，妥慎辦理。川兵業已抵藏，著即妥爲布置，藉資鎮懾，必須申明紀律，嚴加約束，毋令絲毫滋擾。其餘練兵、興學、墾荒、開礦以及振興實業、利便交通、添置官吏諸大端，均應及時妥籌，次第規畫，固不可稍事操切，亦不可坐失事機。該大臣向來辦事盡心，於藏中情形，亦甚熟悉，朝廷既畀以重寄，務當殫竭心力，勉爲其難，如有與川省關涉事件，著電商趙爾巽協力通籌，務臻妥善，並將籌辦情形隨時電奏。

癸亥，上諭：前據御史江春霖奏參慶親王奕劻一摺，牽涉瑣事，羅織多人，朝廷早鑒其誣妄，其中謂陳夔龍爲奕劻之乾女壻、朱家寶之子朱綸爲載振之乾兒，尤屬荒誕不經。當即諭令明白回奏。兹據覆奏，率以數十年前捕風捉影之事，及攻訐陰私之言，皆屬毫無確據，恣意牽扯，謬妄已極。國家設立言官，原冀其指陳得失，有裨政治，若如該御史兩次所奏，實屬莠言亂政，有妨大局。親貴重臣，固不應任意詆誣，即内外大臣名譽所關，亦不當輕於汙衊。似此信口雌黄，意在沽名，實不稱言官之職。江春霖著回原衙門行走，以示薄懲。

命郵傳部尚書徐世昌在軍機大臣上學習行走。

命内閣學士吴郁生在軍機大臣上學習行走。

《宣統政紀》卷三一 二月辛巳，准陸軍部尚書鐵良以病解職，以陸軍部右侍郎廕昌爲陸軍部尚書，未到任前仍以左侍郎壽勳署理。内閣學士那晉仍署陸軍部左侍郎，以陸軍部左丞姚錫光爲陸軍部右侍郎，以外務部尚書梁敦彦充稅務處會辦大臣。

《宣統政紀》卷三三 三月乙巳，署兩廣總督袁樹勛奏，粤省辦理審判廳粗具規模：一、編制期限清單，酌定商埠各級廳數，併確計建築經費、官吏薪公；一、造就各項司法人才；一、通籌全省監獄看守所。以上三端，均屬提綱挈領之事，經臣督率主務各員統籌全局，循序進行。又奏，各國法庭皆設律師，爲兩造代理一切質問詰駁等事。日本明治維新，即首定代言人職制，後復改爲辯護士法，推行至今，有利無弊。我國現值改良審判之始，似宜採用列邦通制，以臻完善。且近來通商各埠，人民延請外國律師辦案，已成習慣。將來收回領事裁判權之後，國際私法之交涉，日益繁多，使非養成多數辯護之才尤恐相形見絀。覈閲現行部章，於法制經書已極詳明，若再加入律師一門，似較完備。現經遴選法政畢業生，專開律師研究班，以資練習。擬請飭下法部，訂定律師專法頒行，一面通飭各省審判廳准用律師參與審問，似於司法前途，不無裨補。均下部知之。

壬子，諭軍機大臣等：電寄岑春蓂，初六日兩次電奏，稱痞徒放火滋鬧，其勢更兇，當經擊斃數名，並拏獲五名正法。現正趕辦平糶，市面已照常貿易，並自請從重治罪，派員署理撫篆各等語。此次飢民藉端滋事，膽敢焚燬衙署學堂，

波及教堂，勢甚猖獗，實屬自無法紀。岑春蓂辦事失當，昨已有旨交部議處，著先行開缺，聽候查辦。湖南巡撫著楊文鼎暫行署理，迅速馳往湖南省城，督同文武員弁，嚴拏倡亂之徒，盡法懲治，以儆刁頑。至一切善後事宜，會同瑞澂妥速籌畫，隨時電奏。其辦理不善之該管地方各官，著一併會同查明參辦。

庚申，以力竭捐軀，情節可憫，開復故提督丁汝昌原官原銜。

癸亥，諭内閣：奉天巡撫著即裁撤，東三省總督錫良著兼管奉天巡撫事。

《宣統政紀》卷三四　四月甲戌，諭内閣：前奉先朝諭旨，設立資政院，以爲上下議院之基礎，聖謨宏遠，薄海同欽。朕御極以來，日以繼志述事爲務，疊經降旨，將該院院章暨各項選舉章程釐定頒布，責成内外臣工，切實籌辦。本年九月初一日爲第一次開院之期，所有單開各項欽選議員、宗室王公世爵【略】自應先期召集，以備舉行。著以本年八月二十日爲召集之期，所有該院議員，均即遵照定期，一律齊集，將開院以前應有事宜，妥行準備。該議員等須知此次召集資政院，爲中國前此未有之創舉，即爲將來成立國會之先聲，務期竭盡忠誠、恪守秩序，克擔義務，代表輿情，用副朝廷實行立憲、循序程功之至意。

丙子，閩浙總督松壽奏，閩省禁種罌粟，一律净絶。在事出力各員，擇尤保奬。得旨，著暫緩保奬，該衙門知道。

庚辰，諭内閣：上年據修律大臣奏進編定現行律，當經諭令憲政編查館覆覈奏准。兹據該館及該大臣等，將現行刑律黄册並按照新章修改各條，繕具進呈。朕詳加批覽，尚屬妥協。著即刊刻成書，頒行京外，一律遵守。國家律令因時損益，此項刑律，爲改用新律之豫備，内外問刑各衙門，務當悉心講求，依法聽斷，毋得任意出入，致滋枉縱，以副朝廷慎刑協中之意。

《宣統政紀》卷三五　己丑，諭内閣：度支部奏，幣制重要，宜策萬全，當即諭令會議政務處妥議。旋經覆奏，准予飭部設局調查。兹據該部具奏，釐定幣制，酌擬則例繕單呈覽，及籌議舊幣辦法各摺。朕詳加披覽，所擬各節，尚屬切實可行，亟宜明白宣示。中國國幣單位，著即定名曰圓，暫就銀爲本位，以一圓爲主幣，重庫平七錢二分。另以五角、二角、五分、一角三種銀幣，及五分鎳幣，二分、一分、五釐、一釐四種銅幣爲輔幣。圓、角、分、釐各以十進，永爲定價，不得任意低昂。著度支部一面責成造幣廠迅即按照所擬各項重量、成色、花紋，鑄造新幣，積有成數，次第施行。所有賦税課釐，必用制幣交納，放款亦然。並責成大清銀行會同造幣廠，將新舊交换機關，籌備完密。一面通行各省，將現鑄之大小銀銅圓，一律停鑄，並知照京外各衙門按照單開折合標準及改换計數名稱各條，依限妥辦。將來新幣發行地方，所有生銀及從前鑄造各項銀銅圓，准其暫照市價行用，由部飭幣廠、銀行逐漸收换，並酌定限期，停止行用。迨新幣通行以後，無論官私各款，均以大清銀幣收發交易，不得拒不收受，亦不准强行折扣。至於僞造制幣，大干例禁，緝拏懲治均屬地方之責。著各部院、順天府及將軍、都統、大臣、各省督撫，督飭所屬，各就所管事項，遵照則例，切實奉行。並轉諭各該處商會，宣演則例大意，使人人知此次改定幣制，專爲便民、便商，剗除向來平色紛淆之弊，以立清釐財政之基。儻有奸商市儈，藉端摇惑愚民，抑揚物價，即著從嚴懲治，用副朝廷利用厚生之至意。

諭内閣：前經降旨，將宗室王公世職等應選資政院議員人員，分别選定，並經豫定召集日期，令該院各項議員，届期一律齊集。兹據資政院奏，請續行欽選議員開單呈覽一摺，所有單開之納税多額互選當選人，著孫以芾、李士鈺、周廷弼、林紹基、席綬、王佐良、宋振聲、李湛陽、羅乃馨、王鴻圖爲議員，該員等務各按照定期，與上次欽選各項議員，暨各省互選議員，一律齊集豫備開院，並各懔遵前旨，竭誠協贊，有厚望焉。

以督辦北洋陸軍學務出力，賞副都統段祺瑞頭品頂戴。

《宣統政紀》卷三六　五月甲辰，東三省總督錫良奏，收回奉天本溪湖煤礦作爲中日合辦，訂定合同，中日各派總辦一人，以交涉司爲督辦，定股本二百萬圓，各出其半。中國除地股作三十五萬圓外，應籌六十五萬圓，其餘一百萬圓即歸日商擔任。將來除股本年息八釐外，餘利分作十份，以二份五作報效，一份作公積，六份五歸中日股東平分。其釐金礦税等項，均仿照井陘、臨城合同辦理。下部知之。

戊申，實授瑞澂爲湖廣總督，楊文鼎爲湖南巡撫。

戊午，度支部奏，發行紙幣，固屬國家特權，而政府要不可自爲經理。近世東西各國，大都委之中央銀行獨司其事，誠以紙幣關繫重要，儻發行之機關不一，勢必漫無限制，充斥市廛，物價因之奇昂，商務遂以不振，貽害於國計民生，何堪設想。現擬將此項紙幣一切兑换、發行之事，統歸大清銀行管理，無論何項官商行號概不准擅自發行，必使紙票於紛紜雜出之時，而立收集權中央之效。此其要義一也。紙幣發行總數，查東西各國，除法、美二國外，大率無法律明文。豫定發行數目，誠恐事變無常，需要之範圍，亦有所伸縮。中國事同一律，其在

平時，自應以準備數目爲發行數目，一遇銀根喫緊、需要較多，即由銀行體察市情，酌量增發。其應如何明示限制之處，届時由部覈定，以資遵守，必使銀行任接濟市面之責，而仍不准有任意濫發之弊。此其要義二也。紙幣之流通，全恃兑換以維信用，儻聽其肆意發行，毫無準備，萬一變生不測，市面恐慌，兑現者紛至沓來，危險殊難言狀。查各國紙幣條例，規定綦詳，而於準備金尤爲最嚴之監察。中國發行紙幣，事屬創圖，萬不可稍涉空虚，致失國家信用。現擬於現款準備以外，概以有價證券作爲擔保，必使銀行於孳生利息之中，而仍不失保全信用之道。此其要義三也。發行機關，既已委之銀行，則酌收税銀，亦屬國家應得之利益。惟收税之法，考諸各國，不外發行税、餘利税二種。揆之中國情勢，民力既瘠，利率復昂，儻更按發行成數以徵税銀，則銀行必以借貸爲難，恐不免於農工商業多所阻礙。應請於紙幣發行之次年起，視銀行所得餘利，按年徵收若干，並以税率分作三期遞進，必使銀行於税額增長之時，而仍不覺義務負擔之重。此其要義四也。茲經督率幣制調查局各員，悉心研討，本此要義，釐訂兑換紙幣則例十九條進呈。又奏，通用銀錢票，流通市面，殊於幣制有礙。上年臣部奏定通用銀錢票暫行章程，嚴定限制，原豫爲推行幣制之地，應與此項紙幣則例，一體遵守。其業經發行各行號，應即照章按年收回；未經發行及以後新設各行號，即不准再爲發行，違者無論官辦、商辦，查明奏參，照章懲罰。均依議行。

癸亥，諭内閣：據都察院奏，代遞諮議局議員孫洪伊等並直省旗籍各代表呈請速開國會一摺。披覽均悉。【略】本年九月即届資政院開院之期，業已降旨選定議員，先期集會，如能上下一心，共圖治理，不惟立議院之基礎，兼以養議院之精神。朕纘述前謨，定以仍俟九年籌備完全，再行降旨定期召集議院。爾等忠愛之忱，朕所深悉。惟茲事體大，宜有秩序，宣諭甚明，毋得再行瀆請，茲特通行諭令知之。

庚午，以辦學出力，賞陸軍部貴胄學堂總辦鑲白旗漢軍副都統馮國璋頭品頂戴，海軍事務處參贊譚學衡二品頂戴。

壬申，農工商部奏，商法編訂需時，擬就前定之公司律，重加修訂，作爲暫行章程，以資遵守。從之。

《宣統政紀》卷三七　六月乙酉，外務部奏，請設各省交涉使以裨外交一摺。依議行。

庚寅，命籌辦海軍事務大臣貝勒載洵充參預政務大臣。

壬辰，外務部尚書梁敦彦因病乞休。允之。

實授外務部左侍郎鄒嘉來爲尚書，轉右侍郎胡惟德爲左侍郎，以右丞曹汝霖爲右侍郎，實授記名丞參劉玉麟爲右丞。

《宣統政紀》卷三八　七月甲寅，諭軍機大臣等：電寄廣福，據電奏，塔城纏商，在俄屬貿易，俄官收執照銀，封閉鋪户；又俄商運茶灑賣，並無押款等語。著廣福即飭廳局開導纏商，聽候官辦，不得滋生事端。餘著外務部知道。

又諭：電寄科布多辦事大臣錫恒，塔城現有交涉事件，錫恒著迅赴署任，額勒渾亦著迅赴新任。

命貝勒毓朗協辦大學士；徐世昌爲軍機大臣；大學士世續著開去軍機大臣，專辦内閣事務；内閣學士吴郁生著以侍郎候補，毋庸在軍機大臣上學習行走。

命候補侍郎唐紹怡署郵傳部尚書，未到任前以署郵傳部右侍郎沈雲沛暫署；命郵傳部右侍郎盛宣懷赴任，並幫辦度支部幣制事宜。

《宣統政紀》卷三九　庚申，諭内閣：軍機大臣呈遞開缺江西提學使浙路總理湯壽潛來電，據稱盛宣懷爲蘇浙路罪魁禍首，不應令其回任，請收回成命，或調離路事，以謝天下等語。措詞諸多荒謬，狂悖已極。朝廷用人，自有權衡，豈容率意妄陳，無非爲藉此脱卸路事，自博美名，故作危詞以聳聽，其用心詭譎，尤不可問。湯壽潛著即行革職，不准干預路事，以爲沽名釣譽、巧於趨避者戒。

辛酉，法部奏，准貴州撫臣電稱，法官考試期在八月，黔省應考人員，合格無多，將來恐不敷考選。查本省法政畢業人員有二年以上程度者，又留學日本法政速成畢業、充當本省法政教員三年者，可否通融准考等語。查憲政編查館奏覈法院編制法，所定法政法律學堂畢業人員與考資格，均以三年爲斷。惟查法官考試，今年爲創始之端，審判設廳待人而理，就目前論，各省法政等學堂或開辦未届三年，或原定畢業之期本非以三年爲限，則三年畢業人員自不多覯。至舉貢出身等項合格雖多，而入學堂者少。是此項三年以下畢業人員若仍加限制，不令與考，恐應考者多不中程，而畢業者反形觀望。臣等咨商憲政編查館覈議，現准覆稱，黔地偏僻，風氣未開，自應暫准該省凡留學外國法政速成畢業、在本省充當法政教員三年以上者，及本省法政二年以上畢業、領有優等文憑者，均與第一次考試。仍僅以此次爲限，將來仍照定章辦理等語。臣等更有請者，合格應考人員無多，恐不獨黔爲然，現有江蘇撫臣電稱招考以來，報名無幾，他省

可知。現擬推廣辦法，請將京外凡留學外國法政速成畢業、在本省充當法政教員三年以上者，及本省法政二年以上畢業、領有優等文憑者，均暫准其於此次收考。又如在審判研究所接續有二年程度、畢業領有優等文憑者，本届亦准此例。從之。

壬戌，以各直省按察使爲各該省提法使。

甲子，諭内閣：大學士鹿傳霖忠清亮直，剛正不阿，【略】遽聞溘逝，悼惜殊深。際兹時事多艱，耆舊彫零，倍增悽惻。著賞給陀羅經被，派貝勒載潤帶領侍衛十員即日前往奠醊，並賜祭一壇，加恩予謚，晉贈太保，照大學士例賜卹，入祀賢良祠，賞銀三千兩治喪，由廣儲司給發。任内一切處分悉予開復，應得卹典，該衙門查例具奏。靈柩回籍時，沿途地方官妥爲照料。伊子軍機處存記江蘇補用道鹿溥理著以四品京堂候補，伊孫一品廕生鹿學椝著賞給郎中分部補用，用示朕篤念藎臣至意。尋謚文端。

《宣統政紀》卷四〇　八月癸酉，度支部奏，遵議釐訂國家税暨地方税章程辦法。國家税與地方税，名義雖分，徵榷則一。查各國地方税，多有附加之税，自非與國家税同時釐訂，則地方税即恐無所依據以爲準則。臣等再四思維，似應以本年爲調查國家税、地方税年限，宣統三年爲釐定年限，宣統四年同時頒布，庶推行無所妨礙。且國家税、地方税劃分以後，所有一切經費，皆應分别支配，似皇室經費，亦應同時釐定，方臻完備。從之。

癸未，以修訂法律大臣沈家本充資政院副總裁。

《宣統政紀》卷四一　丁亥，理藩部奏，藩部豫備憲政，首在振興蒙務。開濬利源，莫重於闢地利；啟牖蒙智，莫急於化畛域、通文字諸大端。謹先酌將舊例，量爲變通，以爲籌辦蒙務措手之方。曰變通禁止出邊開墾各條：擬請將已經奏准開墾之各旗，凡舊例内禁止出邊開墾地畝，禁止民人典當蒙古地畝，及私募開墾地畝牧場治罪等條，酌量删除，以期名實相副；其已經招墾之各盟旗，或酌照内地旗民交産之例，許各蒙旗與民人交易，報官覈辦；其未經招墾之各蒙旗，或由各邊省督撫，暨各路將軍、大臣、商同蒙旗奏請開放，由臣部咨商將軍、大臣、督撫察酌各處情形，妥擬章程，纂入則例，奏明辦理。曰變通禁止民人聘取蒙古婦女之條：旗漢現已通婚，蒙漢自可仿照辦理。擬由各邊將軍都統大臣、各省督撫出示曉諭，凡蒙漢通婚者，均由該管官酌給花紅，以示旌獎。曰變通禁止蒙古行用漢文各條：舊例内外蒙古，不准延用内地書吏教讀，公文稟牘呈詞等件，不得擅用漢文，蒙古人等不得用漢字命名。今則惟恐其智之不開，俗之不變，斷無再禁其學習行用漢文漢字之理。應請將以上諸例一併删除，以利推行而免窒礙。從之。

戊子，度支部奏，幣制之事，千端萬緒，而究其要歸，總須一國銀圓，皆用新幣；各種輔幣，皆以十進；各處紙幣，皆有儲金。擬將幣制調查局改爲幣制局，分爲四股：曰調查、曰籌辦、曰稽覈、曰編譯，再設庶務處以司全局雜務。從之。

己丑，監國攝政王代詣養心殿，接見美國陸軍大臣狄金生等十七員。

命陸軍部尚書廕昌兼充訓練近畿各鎮大臣。

庚寅，吉林巡撫陳昭常奏，吉省礦産無窮，强鄰挾其國力相逼而來，華商資本薄弱，實有急不能待之勢。擬援均勢主義，輸入外資。查明吉省礦産，無論大小，同時舉辦，但使主權無失，除日、俄兩國外，歐、美列强均可投資合辦，並擬借外債二千萬兩，專爲興辦各項實業之用。與督臣錫良會商意見相同。現有北洋稽查機器各廠委員德人巴士來華，借調來吉，令其親赴各國，糾合資本，以圖集事，如有成議，或作投資、或爲借款，所有章程條款，自當悉心釐訂，慎防流弊。下外務部議。尋議，該撫意在投資均勢，並蓄兼收，其用意不可謂非是。惟東三省總督有統轄總理之責，此次吉林巡撫所擬借款興業辦法，關繫甚鉅，當經電詢錫良，始知彼此未經商定，則是否合宜、有無窒礙之處，應請飭東三省總督，會同吉林巡撫，酌量情形，悉心籌畫，再行具奏。從之。

癸巳，舉行法官考試，派法部左侍郎紹昌爲監臨，以吏部右侍郎于式枚、理藩部左侍郎達壽、大理院卿定成、總檢察廳廳丞王世琪爲考試官。

甲午，諭内閣：軍諮處奏，整頓畿輔陸軍各鎮一摺。據稱整飭軍政，當以畫一教育、嚴肅紀律爲本等語。所奏不爲無見。所有近畿陸軍第一、第二、第三、第四、第五、第六各鎮，均著歸陸軍部直接管轄；其近畿督練公所著即裁撤。第三、第五兩鎮，仍在東三省、山東照舊駐紮；第二、第四兩鎮，毋庸歸直隸訓練，仍在直隸駐紮，遇有調遣，准由該督撫等電商軍諮處、陸軍部請旨辦理。現在朝廷講求武德，力圖整頓，署陸軍部尚書廕昌於軍事歷練有年，應即破除積習，認真辦理，毋負委任。

乙未，東三省總督錫良等奏，擬請盛京大内文源閣前隙地建設博覽館，敬將殿閣恭儲器物，分别移置其中，釐定規章，縱人觀覽，與東西各國設有皇室博覽館用意正同。得旨，所有尊藏器物，准其陳列齊整，敬謹瞻仰，毋庸另設博覽館

名目。

丙申，授郵傳部尚書徐世昌爲大學士，以吏部尚書李殿林協辦大學士，考試孝廉方正。命大學士徐世昌、協辦大學士李殿林、學部尚書唐景崇、法部尚書廷杰、都察院都御史張英麟、民政部右侍郎林紹年、學部左侍郎寶熙、署法部右侍郎王垿、度支部左侍郎陳邦瑞、禮部右侍郎郭曾炘、學部右侍郎李家駒、鑲白旗漢軍副都統顧璜、鑲黄旗蒙古副都統秦綬章、宗人府府丞朱益藩，充閲卷大臣。

戊戌，陸潤庠著授爲東閣大學士，徐世昌著授爲體仁閣大學士。

《宣統政紀》卷四二　九月辛丑，諭内閣：前經降旨，以本年八月二十日爲資政院第一次召集之期，爾議員等各能遵守定章，將開院以前應有事宜，妥行準備，兹據奏報成立，秩序謹嚴，朕心實深嘉悦。欽惟我兼祧皇考德宗景皇帝，慨念時艱，深思政本，仰承慈訓，俯順人情，毅然宣布德音，豫備立憲，開千古未有之創局，定百世不易之宏規。凡我臣民，同深悦服。朕承先朝付託之重，御極伊始，即以實行憲政，爲繼志述事之大端，疊諭内外臣工，按照籌備清單，次第舉辦。而資政院爲上下議院之基礎，尤爲立憲政體之精神。經畫數年，規模已具，中外觀聽，咸在於兹。今當開院會集之初，朕特命軍機大臣暨參預政務大臣，將各項案件妥慎籌擬，照章交議。爾議員等其各泯除成見，奮發公心，上爲朝廷竭協贊之忠，下爲民庶盡代議之責，弼宏功於未竟，垂令範於將來，朕與億兆臣民，實嘉賴焉。

庚申，諭軍機大臣等：會議政務處王大臣奏，遵議度支部試辦宣統三年豫算，請旨飭交資政院照章辦理一摺。著依議。

壬戌，諭軍機大臣等：張鳴岐奏，請設責任内閣，以尊皇極而鞏政權一摺。著憲政編查館知道。

癸亥，諭軍機大臣等：陳夔龍電奏，時事艱難，臣民望治，内閣爲行政樞紐，宜先行組織等語。著該衙門知道。

乙丑，諭軍機大臣等：恩壽電奏，請先立責任内閣，再行酌定召集國會日期等語。著該衙門知道。

丙寅，諭軍機大臣等：本日資政院具奏，據順直各省諮議局及各省人民代表等陳請速開國會一摺。又據錫良等及陳夔龍、恩壽電奏，組織内閣，欽頒憲法，開設議院等語。著將原摺電交會議政務處王大臣公同閲看，豫備召見。

丁卯，度支部奏，與北京花旗銀行會議借款，總數不逾美金五千萬圓，利息照周年五釐，每一百圓准扣五圓，已由美國資本家摩根公司、昆勒貝公司、第一國立銀行、國立城市銀行四家聯合承辦。先議草合同六條，該公司等公派在京花旗銀行總辦梅諾克，臣部即派左丞陳宗嬀等於九月二十五日簽字。應請飭下外務部迅速照會美使，以便循照合同所訂各事宜，賡續妥議詳細條款。從之。

署兩廣總督袁樹勛因病解職，以廣西巡撫張鳴岐署兩廣總督，未到任前，以廣州將軍增祺暫行兼署。

戊辰，諭軍機大臣等：寶棻電奏，欽定憲法提前頒布等語。原電著交會議政務處王大臣公同閲看。

《宣統政紀》卷四三　十月癸酉，諭内閣：前據各省督撫等先後電奏，以欽頒憲法、組織内閣、開設議院爲請。又據資政院奏稱，據順直各省諮議局及各省人民代表等陳請速開國會等語。當將原摺電交内閣、會議政務處王大臣公同閲看。旋據該王大臣等各抒所見，具説呈進。又於本月初二日召見該王大臣等詳細垂詢，切實討論，意見大致相同。溯自分年籌備立憲，期限定自先朝，朕仰承付託之重，夙夜兢惕，無時不以繼志述事爲心，既不敢少事遲迴，亦不敢過形急切。前經都察院兩次代奏，呈請速開國會，均即明白剴切宣諭。彼時爲鄭重要政起見，誠有不得不一再審慎者，乃揆度時勢，瞬息不回，危迫情形，日甚一日，朝廷宵旰焦思，亟圖挽救。惟有促行憲政，俾日進而有功，不待臣庶請求，亦已計及於此。第恐民智尚未盡開通，財力又不敷分布，操之過蹙，或有欲速不達之虞，故不能不驗向背於輿情，決是非於廷議。今者人民代表籲懇既出於至誠，内外臣工强半皆主張急進。民氣奮發，衆論僉同，自必於人民應擔之義務，確有把握，應即俯順臣民之請，用協好惡之公。惟是召集議院以前，應行籌備各大端，事體重要，頭緒紛繁，計非一二年所能蕆事。著縮改於宣統五年實行開設議院，先將官制釐訂，提前頒布試辦，豫即組織内閣，迅速遵照欽定憲法大綱，編訂憲法條款，並將議院法、上下議院議員選舉法及有關於憲法範圍以内必須提前趕辦事項，均著同時並舉，於召集議院之前一律完備，奏請欽定頒行，不得少有延誤。總之，決疑定計，惟斷乃成。此次縮定期限，係採取各督撫等奏章，又由王大臣等悉心謀議，請旨定奪，洵屬斟酌妥協，折衷至當。緩之固無可緩，急亦無可再急。應即作爲確定年限，一經宣布，萬不能再議更張。爾内外各大臣，務當協力進行，時艱共濟；各省督撫，領治疆圻，責任尤重，凡地方應行籌備各事宜，更當淬厲精神，督飭所屬，妥速籌辦，勿再有名無實，空言搪塞。必使一事有一

事之成績，一時有一時之進步，無論如何爲難，總當力副委任。如或因循誤事，粉飾邀功，定即嚴懲，不少寬假。顧官吏有應顧之考成，國民亦有應循之秩序。此後儻有無知愚氓，藉詞煽惑，或希圖破壞，或踰越範圍，均足擾害治安，必即按法懲辦，斷不使於憲政前途，稍有窒礙，以期計時收效，剋日觀成，上慰先帝在天之靈，下慰海内喁喁之望。

又諭：現經降旨，以宣統五年爲開設議院之期，所有各省代表人等，著民政部及各省督撫，剴切曉諭，令其即日散歸，各安職業，静候朝廷詳定一切，次第施行。

甲戌，諭内閣：欽定憲法爲萬世不易之典則，現在提前籌辦憲政，亟應首先纂擬憲法，以備頒布遵行。著派溥倫、載澤充纂擬憲法大臣，悉心討論，詳慎擬議，隨時逐條呈候欽定。如應添派協同纂擬之員，並著隨時奏聞，候朕簡派，以期迅速辦理，剋期告成。

丙子，諭内閣：前據都察院代奏，學部丞參上行走柯劭忞等、舉人張春海等各呈稱官紳激變、濫殺無辜等語，當經諭令孫寶琦確查，兹據查明覆奏。山東萊陽、海陽肇亂之初，實由官紳辦理不善，繼則派出文武各員措置亦未盡合宜，自應分别懲處：已革山東萊陽縣知縣朱槐之、已革海陽縣知縣方奎昏庸貪劣，激成變端，均著永不敘用；候補道楊耀林、署萊陽縣知縣奎保張皇操切，厥罪惟均，楊耀林、奎保均著即行革職；都司銜留直補用守備陳忠訓馭兵不嚴，誤斃平民，著革職永不敘用；紳士王圻、王墀放利而行，不恤人言，王景嶽假公濟私，貪鄙無恥，葛桂星、于贊揚、張相謨、宋維坤等聲名甚劣，候選縣丞王圻著即行革職，增生王景嶽、歲貢生葛桂星均著褫革，餘著查取職名，一併咨革，均不准干預地方公事，並交地方官嚴加管束；開缺登州府知府文淇巡視兩縣，接受呈詞，未能秉公審理，亦爲激變之由，著即行革職；登州鎮總兵李安堂統領軍隊，約束不嚴，著即開缺；山東巡撫孫寶琦仍著免其置議。

丁丑，諭軍機大臣等：資政院奏，湘省發行公債，未交諮議局議決，有違定章，請旨裁奪一摺。此次湖南發行公債，係奏經度支部議准之件，該撫未先交諮議局議決，係屬疏漏，既經部議，奉旨允准，著仍遵前旨辦理，嗣後各省有應交諮議局議決之案，仍著照章交議。

辛巳，諭内閣：前經明降諭旨，縮改於宣統五年開設議院，並諭令迅速纂擬憲法及議院法、上下議院議員選舉法，暨關於憲法範圍以内必須提前趕辦事項，均於召集議員之前，一律完備，奏請欽定頒行。所有關於憲法之各項法令及一切機關，應責成該主管衙門，切實籌備。其民政部調查户口、籌設巡警等項，度支部清理財政，釐訂税法等項，以及法部應籌設各級審判廳等項，學部應籌辦教育普及等項，均屬關繫重要，不容置爲緩圖，各該管衙門俱有應擔之責任。著即迅將提前辦法，通盤籌畫。凡召集議員以前，必須完備各事宜，分别最要、次要，詳細奏明，請旨辦理。總期通力合作，壹意進行，俾克早日觀成，免致臨時貽誤。

《宣統政紀》卷四四　十一月癸卯，諭内閣：憲政編查館、軍諮處、陸軍部會奏，釐訂陸軍暫行官制大綱，列表呈進一摺。陸軍部總持軍政，責任宜專，所擬各節，尚屬周妥，所有尚書、侍郎、左右丞參各缺，著即裁撤，改設陸軍大臣一員、副大臣一員。當此整軍經武之際，該大臣等務當認真整頓，切實進行，毋負委任。

又諭：立國之要海、陸兩軍並重，前因釐訂官制，欽奉先朝諭旨，海軍部未設以前，暫歸陸軍部辦理，嗣有旨派載洵、薩鎮冰充籌辦海軍事務大臣，復派載洵等前赴各國考查一切，籌辦漸有端緒。兹據載洵等會同憲政編查館王大臣奏，擬訂海軍部暫行官制大綱，列表呈覽一摺。詳加披閲，尚屬周妥，自應設立專部，以重責成。所有籌辦海軍處，著改爲海軍部，設立海軍大臣一員、副大臣一員。該大臣等務當悉心規畫，實力經營，以副朝廷整軍經武之至意。至應設之海軍司令部事宜，著暫歸海軍部兼辦。

陸軍部奏，將各省督撫所兼之陸軍部尚書、侍郎銜一併裁撤。均從之。

乙巳，諭内閣：前因縮改於宣統五年開設議院，業經降旨，將應行提前趕辦事項，責成該主管衙門迅將提前辦法，通盤籌畫，分别奏明辦理。查豫備立憲逐年籌備清單所開事宜，憲政編查館有專辦、同辦及遵章考覈之責。現在開設議院既已提前，所有籌備清單各項事宜，自應將原定年限分别縮短，切實進行。著憲政編查館妥速修正，奏明請旨辦理。

以海軍提督薩鎮冰統制巡洋長江艦隊。

《宣統政紀》卷四五　丁巳，諭内閣：軍機大臣慶親王奕劻等奏，才力竭蹶，無補時艱，懇恩開去軍機大臣要差一摺。披覽均悉。該大臣等盡心輔弼朝廷，自能洞鑒，既屬受恩深重，不應瀆請。所請開去軍機大臣之處，著不准行。

又諭：資政院奏，大臣責任不明，難資輔弼一摺。朕已覽悉。朕維設官制禄，及黜陟百司之權，爲朝廷大權，載在先朝欽定憲法大綱，是軍機大臣負責任

與不負責任，暨設立責任内閣事宜，朝廷自有權衡，非該院總裁等所得擅預。所請著毋庸議。

資政院奏，遵章議決著作權律，仍定爲五章五十五條。從之。

庚申，諭軍機大臣等：電寄陳夔龍，據電奏，順直諮議局議長等呈請於明年即開國會等語。開設議院縮改於宣統五年，期限不爲不近，所有提前應行豫備事宜，至爲繁賾，已慮趕辦不及。各督撫陳奏亦多見及於此，豈能再議更張。著該督懔遵上次諭旨，剴切宣示，不准再行聯名要求瀆奏。

壬戌，諭軍機大臣等：電寄陳夔龍，據電奏，二十日諭旨遵即恭録出示曉諭，飭巡警道偵查，不准聚衆集議，請願同志會亦飭解散等語。辦理尚屬認真。著陳夔龍嚴飭各員，開導彈壓，如有不服勸諭，糾衆違抗者，仍即懔遵十月初三日諭旨，查拏嚴辦，以保治安。

東三省總督錫良奏，假滿病仍未痊愈，請開缺。得旨，著再賞假十五日，毋庸開缺。東三省地方重要，提前籌備憲政之時，該督自應力任其難，毋得諉卸。

己巳，諭軍機大臣等：資政院奏，擬請明諭翦髮易服一摺。前經農工商部具奏，已降旨明白宣示中外矣，著仍遵前旨辦理。此奏應即毋庸議。

雲貴總督李經羲奏，才力不繼，病體難支，請予罷斥。得旨，該督世受國恩，年力尚强，向來辦事認真，滇邊重要，朝廷正資倚任，該督尤當力任其難。所請簡員接任等語，著即毋庸議。

《宣統政紀》卷四六　十二月壬申，諭軍機大臣等：前經降旨縮改於宣統五年開設議院，已明白宣示，作爲確定年限，不能再議更張。乃不安本分之徒，藉速開國會爲名，仍復到處鼓惑。各學堂學生，多係年幼無知，血氣未定，往往被其愚弄，輕發傳單，紛紛停課，聚衆要求。聞奉天、直隸、四川等省均有此項情事，恐他省亦在所不免。似此無端荒棄正業，奔走呼號，日久恐釀生他變，貽害民生。學堂學生歷練未深，本不准干預國家政治，曾奉先朝嚴諭，刊入文憑，懸爲厲禁。乃歷時未久，復染囂張之習，是皆由辦學人員管教不嚴所致。前已面諭學部尚書唐景崇通飭各省，嚴行禁止；著各省督撫再行剴切曉諭，隨時彈壓，嚴飭提學使及監督、提調、堂長、監學等按照定章，隨時開導查禁，防範未然。儻再有前項情事，立即從嚴懲辦，並將辦學人員一併重處，以儆其餘；如或仍前玩愒，以致滋生事端，定惟該督撫等是問。

丙子，署郵傳部尚書唐紹怡因病乞解職，允之。以右侍郎盛宣懷爲尚書，候補侍郎吴郁生爲右侍郎。

辛巳，諭内閣：前因資政院會期三月屆滿，議事未竣，諭令延長十日。現在又經屆滿，著即於本日閉會。此次資政院開院，本係初次試辦，粗具規模，徐圖進步。爾議員等自當激勵忠誠，擴充聞見，洞觀時局，默驗輿情，必學與識早裕於平時，斯事與理可期其一貫。爾議員等其加勉焉。

東三省總督錫良奏，假期又滿，病尚未痊，懇恩俯准開缺，以重邊寄。得旨，著再賞假十五日調理。東三省關繫重要，仍責成該督認真經理，毋得諉卸，不准開缺，懔遵旨行。

壬午，命四川總督趙爾巽來京陛見，以布政使王人文暫行護理四川總督。

癸未，諭軍機大臣等：現在東三省鼠疫流行，著豫於山海關一帶，設局嚴防，認真經理，毋任傳染内地，以衛民生。

《宣統政紀》卷四七　丙戌，諭軍機大臣等：電寄陳夔龍，據電奏，鼠疫蔓延，爲患甚厲。現議由奉天至山海關祇開頭等客車，其餘暫停開行，並分段節節察驗。所需經費，擬由津海關税項下撥銀十萬兩應用等語。著照所請。

丁亥，憲政編查館奏，遵擬修正逐年籌備事宜，繕單呈覽。現在欽奉諭旨確定召集議院期限，凡係未開議院以前關繫緊要，必應辦齊，而原單列在第六年以後者，茲均擬酌改年限，一律提前，以期無誤。至組織内閣，實爲施行憲政之樞機，自應欽遵增入。其續辦地方自治各條，循序漸進，計非旦夕所能觀成，茲酌改爲按年續辦，以求實際而免阻礙。此外巡警、教育等項，皆屬普通行政事務，故此次單内未經列入，仍應責成主管各衙門按照原定清單分别最要、次要妥籌辦理。溯自豫備立憲，業經數朞，中外奉行成績如何，亦未一律。今又舉第六年以後應辦要政，責觀成於第五年以前，自不得不遵籌修正，以期綱領之振舉，免名實之乖違。竊謂單内修正事項，此爲豫備開設議院大端，必須勉赴期限，不容稍懈。而尤要者，則在内外臣工協力同心，共襄盛舉，庶幾憲政成立，剋期可俟。依議行。

廣州將軍兼署兩廣總督增祺奏，香洲自闢商埠，請定爲無税口岸。旋經部議，飭税司查覆，以種種疑難祇可作爲自開口岸。復經前任督臣檄行司道各官，傳集該商推究利弊，咸謂西人商戰之局恆以廣開無税口岸爲無上妙策，遠而南洋各埠，近而香港一隅，數十年來最爲發達。況香洲東與香港對峙，北據澳門上游，同是貿易商場，人則一切自由，我則動多縛束。淵魚叢爵之敺，即爲優勝劣

敗之點。若如該税司所慮，有約各國或相詰難，各省商民援以爲請，似亦無須過慮。至謂粤省税關，久受港澳及廣州灣之影響，益以香埠，防不勝防，不知港、澳、廣灣，顯分國界，稽察爲難，香洲及自開之埠，操縱本可自由，如照拱北關辦法，建設分廠於往來必經之前山、吉大、對海、北山等處，嚴杜走漏，自不致有礙税釐。且於内地關廠照章完納，與港澳事體相同，則饟課不虞虧損，且有增加，洵屬有益於商，無損於國。該埠自上年開辦，日新月盛，該商等之堅苦卓絶，固應有贊成而無阻抑，否則口岸雖開，在民閒不過多一尋常之市集，在國家亦僅贏得少數之輪將，於大局有何裨補。合無仰懇恩俯准將香洲新埠定爲無税口岸，飭部先行立案，再由該税司另定免税專章及詳籌防弊辦法，務臻妥協，以興商業而順輿情。下所司議。尋税務處奏，香洲自闢商埠，體察實在情形，酌予特别辦法。請准暫作無税口岸，其免税之範圍及如何嚴防走私之處，應劄行税務司妥定章程，擇要設立口岸，俾便於稽徵。嗣後如有商民自闢商埠者，概不得援以爲例。從之。

辛卯，諭軍機大臣等：東三省鼠疫盛行，現在各處嚴防，毋令傳染關内。著外務部、民政部、郵傳部隨時會商認真籌辦，切實稽查。天津一帶，如有傳染情形，即將京津火車一律停止，免致蔓延。

乙未，諭内閣：資政院議決新刑律總則，會同軍機大臣具奏，繕單呈覽，請旨裁奪一摺。新刑律總則第十一條之十五歲，著改爲十二歲；第五十條或滿八十歲人之上，著加入或未滿十六歲人字樣。餘依議。又據憲政編查館奏，新刑律分則並暫行章程，資政院未及議決，應否遵限頒布，繕單呈覽，請旨辦理一摺。新刑律頒布年限，定自先朝籌備憲政清單，現在開設議院之期已經縮短，新刑律尤爲憲政重要之端，是以續行修正清單，亦定爲本年頒布，事關籌備年限，實屬不可緩行。著將新刑律總則、分則暨暫行章程，先行頒布以備實行，俟明年資政院開會，仍可提議修正，具奏請旨，用符協贊之義，並著修訂法律大臣按照新刑律迅即編輯判決例及施行細則，以爲將來實行之豫備。

丙申，湖廣總督瑞澂奏，患病日深，懇恩開缺，以重地方而免曠誤。得旨，湖廣地方重要，端賴勤加治理之員，該督向來力任勞怨，認真辦事，朕深資倚任，焉能聽其引退。著再賞假十五日，安心調理，如病稍痊，即行銷假。

戊戌，諭内閣：試辦宣統三年歲入歲出總豫算案，前由度支部擬定奏交會議政務處會同集議，旋經該處王大臣奏交資政院照章辦理。兹據該院奏稱，此項總豫算案，業經斟酌損益，公同議決，遵章會同會議政務處具奏，並繕具清單，請旨裁奪等語。現在國用浩繁，財力支絀，該院覈定宣統三年豫算總案，朕詳加披覽，尚屬覈實，如確係浮濫之款，即應極力削減；若實有窒礙難行之處，准由京外各衙門將實用不敷各款，繕呈詳細表册，敍明確當理由，逕行具奏，候旨辦理。至裁汰緑防各營，於各省現在地方情形有無妨礙，著陸軍部會同各省督撫悉心體察，熟權利害，從長計議，詳晰具奏。又會奏，議決京外各官經費標準一片，著俟編訂官俸章程時，候旨遵行。

以法部左侍郎紹昌爲尚書，轉右侍郎沈家本爲左侍郎，實授王垿爲右侍郎；以法部左侍郎沈家本現在出差，命左丞曾鑑署左侍郎。

己亥，諭軍機大臣等：電寄孫寶琦，據電奏，煙埠疫勢甚盛，濰縣一帶爲東三府通内地大道，防有傳染，宜阻截往來等語。著陸軍部飭令駐紮山東之第五鎮軍隊就近分撥，阻截往來，餘照所議辦理。

宣統三年（辛亥、一九一一）

《宣統政紀》卷四八　正月癸丑，諭内閣：度支部奏，試辦全國豫算，擬定暫行章程，並主管豫算各衙門事項，分别繕單呈覽。又奏，維持豫算實行辦法各一摺。上年資政院議決試辦本年歲入歲出總豫算案，會同會議政務處具奏，當經飭令京外各衙門極力削減浮濫各款，如實有不敷，必須敍明確當理由，具奏候旨，所以重財權、示限制也。兹據該部奏陳各項辦法，尚屬切實，著即照所議行。現在振興庶政，濬闢財源，部臣疆臣各有責任，朝廷一秉大公，於此中情形久所洞悉。嗣後京外各衙門，務當同心協力，彼此加意籌維。凡經常用項，應即按照認定數目，酌劑盈虚，慎重出納，毋使有絲毫浮費。遇有特别重要事件，籌有的款，方准酌議追加。至各省每辦一事，即責成該省先籌一款，款集而後事舉，切勿徒託空言。總之，部臣專司稽覈，規定固不得不嚴；疆臣力促進行，籌備亦不容少緩；要在内外互相維持，各任其難，以冀款無虚擲，事不誤期。爾諸臣其共勉之。

癸亥，郵傳部尚書盛宣懷等奏，鐵路局局長梁士詒平時任事勇往，款項悉歸其動撥，路員聽命於一人，遂不免有把持之名。應請撤銷鐵路總局局長差使，及交通銀行幫辦兼差。又奏，編纂船、路、郵、電四政專律各員，都係熟習洋文，今

擬酌量歸併，以期統一：凡圖書收掌，責諸編覈科；通譯事宜，任諸起草員；所有圖書通譯局及交通研究所，應即裁撤。均依議行。

《宣統政紀》卷四九　二月乙亥，會議政務處奏，四川總督趙爾巽等奏，德格、春科、高日三土司，改土歸流，建置道府州縣，設治章程。擬於德格、春科、高日交界之登科地方，設知府一員，名曰登科府；德格適中龔埡，設知州一員，曰德化州；德化之北，與俄洛西甯毗連之雜渠卡，設知縣一員，名曰石渠縣；德化之南，與巴塘相連之白玉，設知州一員，曰白玉州；德化之西，與乍丫察木多連界之洞普，設知縣一員，曰同普縣；德化之東，與麻書孔撒土司連界之處，暫歸德化縣管理。兩州兩縣皆隸於登科府，並於府治設分巡兼兵備道一員，名曰邊北道，以資督率。均作爲邊疆要缺，府縣屬官，不設大使經歷，而設佐治員。均應准如所請辦理，其應行畫一及建置各事宜，並請飭邊務大臣會同四川總督詳慎妥籌，另行奏明覈辦。

戊寅，諭軍機大臣等：李經羲電奏，英占片馬一案，請飭部堅持，聲明辦法，並交海牙保和會公斷等語。著外務部知道。

己丑，命度支部右侍郎陳邦瑞、學部右侍郎李家駒、民政部左參議汪榮寶協同纂擬憲法。

辛卯，以大學士世續爲資政院總裁，學部右侍郎李家駒爲資政院副總裁。

命法部左侍郎沈家本回任，以大理院少卿劉若曾爲修訂法律大臣。

《宣統政紀》卷五〇　三月癸卯，諭內閣：【略】朕纘承大統，夙夜維寅，深恐上負我列聖艱難締造之勤，下負我軍人祖若父盡瘁馳驅之烈，用特親任大清帝國統率陸海軍大元帥，以符立憲體制，爲吾民倡。朕未親政以前，所有大元帥一切權任事宜，暫由監國攝政王代理，業經通諭全國臣民。獨念國之强弱，惟在軍人；軍之强弱，惟視士氣。必上下深明保國之義，然後可保身家，未有先顧身家而能保國，即未有不能保國而能自保身家者。當此萬方競進，非武不揚，我軍人自祖若父以來，已上承列聖涵養教育之恩，下守家世效忠之訓，無不深明大義，何待諄諄。惟朕不敢自耽暇逸，負列聖以負我軍人祖若父效命之誠，固知我軍人亦必不忍自負其祖若父，以負我列聖安危與共之隱。自應交相策勵，鞏固皇圖，異時軍國治安，憲章明備，君臣上下，同履太平，斯則我列聖靈爽式憑，亦我軍人祖若父默啟後人之意也。其訓諭六條，另交陸軍部頒發全國各軍隊，咸使聞知。

己酉，外務部奏，游美肄業館改名清華學堂，訂立章程，先行開學。從之。

庚戌，諭內閣：張鳴岐等電奏，廣州將軍副都統孚琦因公前赴燕塘地方，查看地勢，兼閲演試軍用飛機，回城時，行至東門城外，突被匪徒用手槍轟擊，受傷甚重，移時殞命。當經拏獲兇犯，嚴飭訊究等語。覽奏殊堪駭惻。著張鳴岐等將已獲兇犯温生赢切實研訊，有無黨與及受人指使情事，務得實情，嚴行懲辦。該署將軍副都統孚琦猝被戕害，憫惜殊深，應得卹典，著俟該署督等查明具奏時，再行降旨。

辛亥，海軍大臣載洵奏，英皇加冕，大閲兵艦，擬派巡洋艦隊統領程璧光率領海圻巡洋艦前往，以將敬意而敦睦誼。從之。

《宣統政紀》卷五一　甲寅，實授張鳴岐爲兩廣總督。

乙卯，度支部會奏，擬定美、英、德、法四國銀行借款合同二十一款。

戊午，管理軍諮處事務載濤等奏，本年擬援照舊案，舉行秋操，在灤州、開平一帶調集軍隊，練習野外勤務及攻守一切戰法。所有會操軍隊，擬以陸軍部直轄駐紮小站馬廠第四鎮爲主力，將禁衛軍混成一協及駐紮保定第六鎮步隊一標、馬隊一營、工程一隊酌量併入，編爲一軍，是爲西軍。另以駐紮北苑第一鎮爲主力，將駐紮保定永平第二鎮混成一協酌量併入，編爲一軍，是爲東軍。定於本年秋間舉行會操。其一切計畫規則及應行舉辦事宜，應督飭員司調查歷次成案，詳細妥籌，務期完善，並分咨禁衛軍訓練大臣、陸軍部轉飭各該鎮協，趕將應行籌備各事，遵照舉辦。從之。

己未，外務部奏，各國在和京會議禁煙，展期開會，擬請簡派出使德國大臣梁誠屆時前往，入會與議，並請頒給敕書，加以全權。從之。

庚申，諭內閣：前據錫良電奏，疫氣已經撲滅，病勢加劇，懇准開缺，簡員接替等語。該督向來辦事認真，在東兩年，精力勞瘁，屢經因病賞假。現在防疫事竣，東三省總督錫良，著准其開缺，回旗調理。

授四川總督趙爾巽爲欽差大臣，調任東三省總督，兼管三省將軍事務。

辛酉，以督辦川滇邊務大臣趙爾豐署四川總督。

命四川布政使王人文開缺，賞侍郎銜，充督辦川滇邊務大臣。

《宣統政紀》卷五二　四月己巳，諭軍機大臣等：電寄張鳴岐，電奏悉，廣東省城猝有匪徒多人，轟擊督署，殊堪詫異。經該督會同李準督飭防營，分投扼守圍捕，擒斃多名，未致蔓延，辦理尚稱迅速。所有文武各員，著照所請，免其置

議。張鳴岐事前已有防範，臨時布置亦尚周妥，所請嚴議之處，著一併寬免。廣東爲沿海重要地方，屢有亂黨句結滋事，實屬不成事體。儻不嚴加防緝，誠恐釀成大變，不可收拾。著張鳴岐認真督飭文武，搜捕餘黨，從嚴懲治，勿任漏網，以靖匪氛而保治安。嗣後尤須加意防維，切實清查，毋稍鬆懈。仍將辦理情形，隨時電奏。此次陣亡各兵弁，並著查明奏請優卹。

庚午，諭軍機大臣等：電寄張鳴岐，電奏，連日會同提督李準督率營警，分投捕獲匪黨數十名，訊據供認謀逆抗拒，已於軍前正法。此股亂匪，殲滅殆盡，城內外商民始終均未受擾，地方一律安謐等語。張鳴岐等辦理此事，尚稱妥速。著仍嚴飭各營隊盡力搜捕，從嚴懲辦，毋留餘孽，並將善後事宜，妥速辦理，毋任再滋事端。

乙亥，諭軍機大臣等：給事中石長信奏，鐵路亟宜明定幹路、枝路辦法一摺。該給事中所奏，不爲無見，著郵傳部按照所奏各節，妥籌議奏。

戊寅，諭內閣：上年降旨，飭將官制釐訂，提前頒布試辦並即組織內閣。旋經憲政編查館奏擬修正籌備事宜清單，經朕定爲宣統三年頒布內閣官制，設立內閣，所以統一政治，確定方鍼，用符立憲政體。茲據憲政編查館、會議政務處會奏，遵擬內閣官制，繕單呈覽一摺。朕詳加披覽，所擬內閣官制十九條，採取各國君主立憲之制，參酌現在時勢之宜，審慎規定，尚屬周妥。又因閣制甫經創辦，必須以漸而進，作爲籌畫試行，並擬內閣辦事暫行章程十四條，權宜損益，均屬可行。曾經召見會議政務處王大臣等面加垂詢，意見僉同。著將內閣官制頒布，遵照此項欽定閣制，設立內閣，並即照辦事暫行章程先行試辦。除弼德院官制同時頒布外，所有內閣屬官制、京外官制、各項官規，仍著遵照修正籌備清單，妥速擬訂，陸續奏聞，候朕頒布施行，用副朝廷進行憲政、力圖自强之至意。

又諭：上年修正籌備清單，經朕定爲宣統三年頒布弼德院官制、設立弼德院。茲據憲政編查館、會議政務處會奏，遵擬弼德院官制，繕單呈鑒一摺。朕詳加披覽，除酌改外，餘尚妥協。現在已經降旨，設立內閣，該院權限與內閣相爲維繫，所關重要，必須同時並設，用備顧問。著將此項官制一併頒布，即行設立弼德院，以重憲政始基。

又諭：慶親王奕劻著授爲內閣總理大臣，大學士那桐、徐世昌均著授爲內閣協理大臣。

又諭：內閣總、協理大臣，業經簡授，其各部行政長官有應同負國務責任者，應即同時簡授。梁敦彥著授爲外務大臣，善耆著授爲民政大臣，載澤著授爲度支大臣，唐景崇著授爲學務大臣，廕昌著仍授爲陸軍大臣，載洵著仍授爲海軍大臣，紹昌著授爲司法大臣，溥倫著授爲農工商大臣，盛宣懷著授爲郵傳大臣，壽耆著授爲理藩大臣。所有內閣總、協理大臣及各該大臣，均爲國務大臣。

又諭：內閣總理大臣慶親王奕劻著仍管理外務部。

又諭：本日業經降旨，設立內閣，所有舊設之內閣、軍機處、會議政務處著即一併裁撤。在內閣屬官制未經奏定以前，以上各衙門舊設之章京、侍讀、中書等項人員，著暫由總、協理大臣督率辦理日行事件。其內閣官制內未載之應行改併各衙門，有應照內閣暫行章程辦理事宜，均著暫行遵辦。其未經規定事項，暫仍其舊，其餘無關行政各衙門，均照常辦理。

又諭：自宣統元年五月設立軍諮處以爲軍諮府之基礎，時閱兩年，籌辦已有端緒。參謀軍事，最關重要。著即設立軍諮府，秉承詔命，襄贊軍謀，所有軍諮府官制一切事宜，即著該衙門妥速詳擬奏聞，候朕裁定施行。

又諭：郡王銜貝勒載濤、貝勒毓朗均著授爲軍諮大臣。

己卯，諭內閣：慶親王奕劻、那桐、徐世昌各奏懇請收回成命等摺，朕已覽悉。現在時事多艱，又當創設內閣，試辦之初，一切事宜，均關緊要，端賴老成重臣，竭力贊襄，用資輔弼。所請著毋庸議，即遵昨旨到閣辦事。

又諭：郵傳部奏，遵議給事中石長信奏，鐵路亟宜明定幹路、枝路辦法一摺。所籌辦法，尚屬妥協。中國幅員廣闊，邊疆遼遠，袤延數萬里，程途動需數閱月之久，朝廷每念邊防，輒勞宵旰，欲資控禦，惟有速造鐵路之一策。況憲政之諮謀，軍務之徵調，土產之運輸，胥賴交通便利，大局始有轉機。熟籌再四，國家必得有縱橫四境諸大幹路，方足以資行政而握中央之樞紐。從前規畫未善，並無一定辦法，以致全國路政錯亂紛歧，不分枝幹，不量民力，一紙呈請，輒行批准商辦。乃數年以來，粵則收股及半，造路無多；川則倒帳甚鉅，參追無著；湘鄂則開局多年，徒資坐耗。竭萬民之膏脂，或以虛糜，或以侵蝕，恐曠時愈久，民累愈深，上下交受其害，貽誤何堪設想。用特明白曉諭，昭示天下，幹路均歸國有，定爲政策。所有宣統三年以前各省分設公司集股商辦之幹路，延誤已久，應即由國家收回，趕緊興築。除枝路仍准商民量力酌行外，其從前批准幹路各案，一律取銷。至應如何收回之詳細辦法，著度支部、郵傳部懍遵此旨，悉心籌畫，迅速請旨辦理。該管大臣毋得依違瞻顧，一誤再誤，如有不顧大局，故意擾亂路

政、煽惑抵抗，即照違制論。

《宣統政紀》卷五三　戊子，諭内閣：端方著以侍郎候補，充督辦粵漢、川漢鐵路大臣，迅速前往，會同湖廣、兩廣、四川各總督、湖南巡撫，恪遵前旨，妥籌辦理。

庚寅，郵傳部會奏，粵漢、川漢鐵路，接議英、德、美、法各銀行借款合同，計二十五款，繕單呈進，並請旨簽字蓋印。得旨，著郵傳大臣簽字。

壬辰，諭内閣：【略】現將鐵路改歸官辦，自降旨之日起，所有川、湘兩省租股一律停止。其宣統三年四月以前已收之款，著郵傳部督辦鐵路大臣會同該省督撫詳細查明，妥擬辦法奏聞，總不使有絲毫虧損，以致失信吾民。儻地方官有隱匿不報者，一經發覺，立予嚴叅不貸。此外如有另立各項名目，捐作修路之款，一併查明請旨辦理。著該督撫迅即刊刻謄黄，徧行曉諭，以示朝廷體念民艱之至意。

甲午，外務部奏，中俄通商條約，現届應行修改之期，請簡派修約大臣前往俄京會議。得旨，著派陸徵祥爲修約大臣，給予全權。

又奏，此次外務部正在調查豫備修改俄約，俄使輒藉蒙古、新疆等處歷年交涉未結各案，指爲不遵守約章，疊奉俄政府命來照詰問。經外務部一再剖明，始無異議。其欲保全條約固有之利益，已可概見。今與議修約，如冀挽回一切權利，竊恐我所主持更改，未必能就範圍，而彼轉藉以擴張勢力，多所要求，於事更難期結束。惟查光緒七年之約，當時原以收回伊犂爲重，而以通商、徵税爲輕。現在情勢已殊，邊境交通，漸形利便，商務亦較前興旺。曩於光緒三十四年間，俄請設立烏里雅蘇台領事，外務部以照約設領，是已認爲商務興旺，應即同時議訂税則，俄使謂應先行認允設領，税則可俟釐訂商約時再議。其時俄外部照會我駐俄使臣，亦有日後議約，對此事決不拒絶等語。故此次修約，臣等竊以爲應先提議商訂税則，就其所已允許，以取因勢利導之功。果能將舊約免税之條作廢，裨益亦非淺鮮。此外凡關於通商各事宜，均應逐加詳酌，彼此有所商改，必求取益防損。如有未能解決之問題，即仍暫照舊約辦理。蓋商務雖較前興旺，究竟邊陲與腹地不同，祇當揆度時宜，未便過事强争，以免有妨兩國睦誼。依議行。

《宣統政紀》卷五四　五月辛丑，諭内閣：楊文鼎奏，湖南諮議局呈稱湘路力能自辦，不甘借債，據情代奏一摺。鐵路幹路收歸國有，業經定爲政策，明白宣示，並飭將川湘兩省租股一律停止，及將已收之股妥籌辦法，係因商辦幹路，徒增民累，朝廷爲減輕小民擔負起見，改定政策，仍不使少有虧損，在百姓當樂從之不暇，豈有反抗之理。該省諮議局不免誤會，所呈各節，語多失實，迹近要挾。楊文鼎身任地方，息事安民，是其專責，既經明降諭旨，果能仰體朝廷愛民之意，曉以利害，剴切開導，羣疑當不難盡釋。乃於甫經決定政策，竟率行代爲瀆奏，殊屬不合，著傳旨嚴行申飭。昨又降旨，飭將湖南省因路抽收之米鹽房各捐，概行停止。朝廷體恤民艱，無微不至。仍著該撫懔遵疊次諭旨，一面切實勸諭，一面會同妥籌辦法，如有匪徒暗中鼓動，致生事端，即著從嚴懲辦，儻再措置失宜，釀成重案，定惟該撫是問。

乙卯，諭内閣：本日朕覽山東巡撫孫寶琦摺一件，所陳宗支不宜豫政，不爲無見。然不知朝廷因時制宜之苦衷，且摺中頗有措詞失當之處。著傳旨申飭，原摺留中。

丙辰，諭内閣：度支部會奏，議准張鳴岐電奏，訂借外國銀行現款五百萬兩周轉市面一摺。著即照所議行，由該部電知該督遵照辦理。惟此次粵省因收回路事，突然倡議不用官發紙幣，紛紛持票取銀，顯係不逞之徒，從中構煽，藉端滋擾。著張鳴岐嚴飭地方文武，隨時防範，認真彈壓，或有不法行爲，立予拏辦，儻敢糾衆作亂，准如該督所請，格殺勿論。

戊午，諭内閣：度支部會奏，遵旨籌畫川粵漢幹路收回詳細辦法各摺片。鐵路收回國有，固以維持路政，實以體恤民艱，前經降旨停收川湘等省各項股捐，並累次諭令將已收之款妥籌辦法。兹據奏稱，請將川、粵、湘、鄂四省所抽所招之公司股票，盡數驗明收回，由度支部、郵傳部特出國家鐵路股票，常年六釐給息。嗣後如有餘利，按股分給，儻願抽本，五年後亦可分十五年抽本。未到期者並准將此次股票，向大清交通銀行照行規隨時抵押；其不願換國家鐵路股票者，均准分別辦理，以昭平允。粵路全係商股，因路工遲滯，糜費太甚，票價不及五成。現每股從優先發還六成，其餘虧耗之四成並准格外體恤發給國家無利股票，路成獲利之日，准在本路餘利項下，分十年攤給。湘路商股照本發還，其餘米捐租股等款，准其發給國家保利股票。鄂路商股，並准一律照本發還。其因路動用賑糶捐款，准照湖南米捐辦理。川路宜昌實用工料之款四百數十萬兩，准給國家保利股票。其現存七百餘萬兩，願否入股，或歸本省興辦實業，仍聽其便等語。籌畫尚屬妥協。著督辦粵漢、川漢鐵路大臣迅速前往，會同各該省督

撫遵照所擬辦法將所有收款，分別查明細數，實力奉行。朝廷於此事審慎周詳，仁至義盡，經此次規定後，儻有不逞之徒，仍藉路事爲名，希圖煽惑，滋生事端，應由該督撫嚴拏首要，盡法懲辦，勿稍寬徇，以保治安。

辛酉，諭内閣：學部奏，中央教育會遵章開會，請派張謇充該會會長，張元濟、傅增湘充該會副會長。又奏，遵章酌擬中央教育會會議規則，繕單呈覽各一摺。均著依議。

《宣統政紀》卷五五　六月庚午，派廣西提督龍濟光充陸軍第二十五鎮統制官，並賞給陸軍副都統銜；以左江鎮總兵陸榮廷爲廣西提督。

丙子，都察院代奏，直省諮議局議員呈稱，皇族内閣不合君主立憲公例，失臣民立憲之希望，仍請另行組織，以重憲政而固國本。得旨，黜陟百司，係君上大權，載在先朝欽定憲法大綱，並註明議員不得干預。值茲豫備立憲之時，凡我君民上下，何得稍出乎大綱範圍之外。乃該議員等一再陳請，議論漸近囂張，若不亟爲申明，日久恐滋流弊。朝廷用人，審時度勢，一秉大公，爾臣民等均當懔遵欽定憲法大綱，不得率行干請，以符君主立憲之本旨。

《宣統政紀》卷五六　辛卯，諭内閣：内閣會奏，酌擬典禮院官制，繕單呈覽一摺。典禮事宜，至爲隆重，亟宜設立專院，恪恭將事。著即將典禮院官制頒布，以禮部改設典禮院，所有禮部舊管事項，有關於行政者，均劃歸各行政衙門管理。其各衙門舊管之關於典禮，無關行政，應歸該院辦理事項，即劃入該院管理。著内閣會同各部及該院詳細釐定具奏，以專責成而崇鉅典。

《宣統政紀》卷五七　閏六月壬寅，諭内閣：電寄趙爾豐，現在風聞川人對於路事，有定於本月初十日開會之説，誠恐聚集多人，藉端滋鬧，或致妨害治安。趙爾豐計已入川，距省不遠，著即兼程前進，趕於初十以前抵省。屆開會日期，多派員弁，實力彈壓，除股東會例得准開外，如有藉他項名目，聚衆開會情事，立即嚴行禁止，設法解散，免致滋生事端。儻敢抗違，即將倡首數人，嚴拏懲辦，以銷患於未萌。該署督務即遵旨，迅速赴任，毋稍延緩，並將對待辦法，豫爲妥慎籌畫，先行電奏。

壬子，調集禁衛軍及近畿各鎮，於永平附近，舉行大操。派軍諮大臣貝勒載濤，恭代親臨，總監兩軍。

丁巳，調民政大臣善耆爲理藩大臣。

辛酉，内閣會奏，改設内閣官報，以爲公布法律命令機關，酌擬條例十二條，繕單呈覽。依議行。

《宣統政紀》卷五八　七月己巳，諭内閣：電寄趙爾豐，電奏悉，商店罷市，既係有人播弄，省外伏莽，蠢蠢思動。著仍切實彈壓，毋任囂張，並確查情形，隨時電奏。所稱省城兵勢甚單，擬設法籌款，暫添兵隊等語，著該衙門知道。

壬申，諭内閣：電寄趙爾豐，電奏悉，鐵路收歸國有，係爲減輕小民擔負起見，疊經降旨宣布，乃川民仍多誤會，相率要求，其詞雖激，其愚可憫，朝廷亦何忍重負吾民。著郵傳部、督辦粵漢、川漢鐵路大臣將路款轇轕，妥速清理，明示辦法，以釋羣疑。趙爾豐身任疆圻，保衛治安，是其專責，務當仰體朝廷愛民之隱，剴切開導，設法解散，俾各安心静候，照常營業。儻或辦理不善，以致別滋事端，定惟該督是問。

甲戌，諭内閣：著派湖廣總督瑞澂、兩廣總督張鳴岐、署四川總督趙爾豐、湖南巡撫余誠格各於粵漢、川漢所轄境内，會同辦理鐵路事宜。

又諭：御史温肅片奏，已故致遠船管帶副將鄧世昌以死勤事，應如何加恩等語。著海軍部查覈具奏。

乙亥，諭内閣：電寄督辦粵漢、川漢鐵路大臣端方等，端方、瑞澂電奏，均悉現在四川民心浮動，關繫地方大局，至爲重要。著端方迅速前往四川，認真查辦。

又諭：電寄趙爾豐，據端方電奏，川中昌言廢約，事變疊生，現已有罷市罷課之舉，由此變本加厲，焚香設壇、誦經習拳之事，必將接踵而起等語。瑞澂電奏情事相同，此中難保無匪徒藉端煽惑。著趙爾豐懔遵疊次諭旨，切實彈壓，迅速解散，毋任日久釀亂。儻或養癰貽患，致滋事端，定治該署督以應得之罪，並將近日所辦情形先行電奏。

丙子，山東巡撫孫寶琦奏，時事艱難，才力不勝，籲懇開缺一摺。得旨，現在時局多艱，該撫向來尚屬辦事妥協，所請開缺之處，著毋庸議。

丁丑，諭内閣：電寄趙爾豐、玉昆等，電奏悉，郵傳部奏幹路收爲國有，早經降旨允行，決無反汗之理。屢經宣示，乃該將軍等仍以交院議決，暫歸商辦爲請，殊屬不知朝廷維持全國路政之深意，著傳旨申飭。現在附省州縣，已有燒燬局所之勢，定係匪徒從中煽惑，希圖擾亂治安。仍著趙爾豐懔遵疊次諭旨，迅速解散，切實彈壓，勿任蔓延爲患。儻聽其藉端滋事，以致擾害良民，貽誤大局，定治該署督之罪，懔之。

《宣統政紀》卷五九　辛巳，諭內閣：電寄趙爾豐，據電奏，川人因路事久不解決，該會長等竟敢存心叵測，實行抗糧抗捐，並出有川人自保商榷書，其中條件，隱含獨立，尤爲狂悖等語。該署督前奏川人抗糧抗捐等情，已屬目無法紀，兹復倡言自保，意在獨立，尤屬罪無可逭。著趙爾豐迅速查拏，如得有狂悖不法確據，實係形同叛逆，無論是否職官，即將首要人犯，先行正法，並妥速解散脅從，毋任蔓延爲患。

壬午，諭內閣：電寄趙爾豐，電奏悉，川省逆黨藉争路爲名，鼓動愚民，意圖獨立，竟於十五日兇撲督署，肆行燒殺，並砍傷哨弁等數人，實屬兇惡已極。該署督力飭兵隊，將該逆黨分頭擊退，並先將首要蒲殿俊等設法誘擒，辦理尚屬迅速。該署督以該省兵分力弱，請撥得力兵隊數千人來川一節。著瑞澂就近遴派得力統將，酌帶營隊，迅即開拔赴川，暫歸趙爾豐節制調遣。當此事勢急迫，該署督務當督飭兵隊，相機分別勦辦，一面出示解散脅從，以安人心，一面嚴飭省外州縣，妥慎防範，悉心安撫，免致句結爲患，並將勦辦情形，隨時電奏。

庚寅，諭內閣：前據專司訓練禁衛軍大臣載濤等奏，稱禁衛軍兩協已經成立，請旨校閱等語。昨經監國攝政王親往校閱，並頒給標旗，該兩協官兵，均精神振奮，動作如法，頗能仰體朝廷整軍經武之意，成效昭著，深堪嘉許。所有兩協各官長，著載濤等擇尤以軍官擬補，其補有軍官者，著按其職任酌量提升；各目兵等，著每名賞銀二兩，由度支部發給，以示鼓勵。

辛卯，諭內閣：電寄沈瑜慶，成都被匪圍困，勢甚危迫，已飭鄂軍前往赴援。惟路長且險，誠恐緩不濟急。著沈瑜慶酌派得力兵隊，迅即開拔，剋期抵川，毋稍延緩。該軍隊抵川後，暫由趙爾豐節制調遣。

又諭：電寄辦理四川勦撫事宜岑春煊，電奏悉，所陳川事辦法，尚合機宜。著即選帶得力員弁，星馳就道，所有川省水陸各軍，及各省所派赴川援軍，俟岑春煊抵川後，一併歸該督暫行節制調遣。至所請飭龍濟光抽撥得力滇兵，按照新軍營制，編列步隊兩營，配齊槍械，乘輪徑赴宜昌，以備調用。龍濟光能否自行統領，抑交由碣石鎮總兵吴祥達統率赴川等語。著張鳴岐酌量辦理，迅速電奏，並著度支部籌撥的饟，源源接濟。岑春煊未到川以前，仍著端方督隊前進，迅解城圍。該衙門知道。

《宣統政紀》卷六〇　八月丙申，諭內閣：總税務司赫德於咸豐年間來華，由粤海關副税務司洊升總税務司，疊受先朝恩遇，【略】在中國宣力五十餘年，深資贊助。兹據税務處呈遞出使英國大臣劉玉麟來電，遽聞溘逝，軫惜殊深，加恩著賞加太子太保銜，伊子赫承先著賞换雙龍二等第三寶星，以示優異。

壬寅，諭內閣：慶親王奕劻奏，職任重要，精力難勝，懇恩開去差缺一摺。該親王雖年逾七旬，精力尚健，值此時會艱難、百端待理，又當憲政進行之際，正賴老成碩望翊贊新猷，該親王夙著公忠，亦斷不能忘懷時局也。所請開去內閣總理大臣管理外務部差缺，著毋庸議。

乙巳，諭內閣：電寄岑春煊，電奏抵鄂，感受風熱，觸動舊症，萬難前進，請開去差使等語。岑春煊著賞假調理，暫緩赴川。

《宣統政紀》卷六一　庚戌，內閣會奏，今日鹽務難於整理者，其故有二，【略】著即將鹽政院官制頒布，以鹽政處改爲鹽政院，全國鹽務均歸管理，以一事權而重責成。

乙卯，諭內閣：瑞澂電奏，十八夜革匪創亂，拏獲各匪，正在提訊覈辦。革匪餘黨句結工程營、輜重營，突於十九夜八鐘響應，工程營則猛撲楚望臺軍械局，輜重營則就營縱火，斬關而入。瑞澂督同張彪、鐵忠、王履康分派軍警，隨時布置，並親率警察隊抵禦。無如匪分數路來攻，其黨極衆，其勢極猛。瑞澂退登楚豫兵輪，移往漢口，已電調湘豫巡防隊來鄂會勦，並請派大員多帶勁旅，赴鄂勦辦等語。覽奏殊深駭異。此次兵匪句通，蓄謀已久，乃瑞澂毫無防範，豫爲布置，竟至禍機猝發，省城失陷，實屬辜恩溺職，罪無可逭。湖廣總督瑞澂著即行革職，帶罪圖功，仍著暫署湖廣總督，以觀後效，即責成該署督迅即將省城剋期克復，毋稍延緩。儻日久無功，定將該署督從重治罪。並著軍諮府、陸軍部迅派陸軍兩鎮陸續開拔，赴鄂勦辦，一面由海軍部加派兵輪，飭薩鎮冰督率前進，並飭程允和率長江水師即日赴援。陸軍大臣廕昌著督兵迅速前往，所有湖北各軍，及赴援軍隊均歸節制調遣，並著瑞澂會同妥速籌辦，務須及早撲滅，毋令匪勢蔓延。

丙辰，諭內閣：瑞澂兩次電奏兵匪構變始末情形各等語。張彪督練鄂軍，已歷多年，竟至兵匪句結，省城不守，可見其平日訓練無方，而事前既毫無防範，臨時復漫無節制，不能固結軍心，竟敢倉皇棄營逃出，實屬大干軍紀，罪無可逭。統制官提督張彪著即行革職，並著瑞澂責令迅速痛勦逆匪，克復省城。所有被脅兵士，如非甘心從逆，即行設法收撫，儻再畏葸觀望，定當加等治罪。現在廕昌所帶兵隊，已於今日專車陸續進發，到鄂後即著瑞澂會同籌畫，迅赴事機。所

請飭部籌撥餉項一節，著度支部迅速籌撥。

又諭：電寄趙爾巽，兩次電奏均悉，湖北省城失陷，昨已有旨派廕昌督帶重兵迅速前往剿辦，並飭陳夔龍、寶棻等添派兵隊，保護鐵路。至由奉赴川，道路修阻，緩不濟急，趙爾豐所擬由奉調撥三營之處，著暫行緩議。秋操已飭令停辦矣，奉省爲根本重地，該督務當即速回奉，妥慎防維，毋稍疏忽。

丁巳，諭内閣：湖廣總督著袁世凱補授，並督辦剿撫事宜。四川總督著岑春煊補授，並督辦剿撫事宜。均著迅速赴任，毋庸來京陛見。該督等世受國恩，當此事機緊迫，自當力顧大局，勉任其難，毋得固辭，以副委任。俟袁世凱、岑春煊到任後，瑞澂、趙爾豐再行交卸。

又諭：袁世凱現簡授湖廣總督，所有該省軍隊暨各路援軍，均歸該督節制調遣。廕昌、薩鎮冰所帶水陸各軍，並著袁世凱會同調遣，迅赴事機，以期早日戡定。

又諭：岑春煊現簡授四川總督，所有該省軍隊暨各路援軍均歸該督節制調遣。

又諭：現在派兵赴鄂，亟應編配成軍。著將陸軍第四鎮暨混成第三協、混成第十一協編爲第一軍，已派廕昌督率赴鄂。其陸軍第五鎮暨混成第五協、混成第三十九協著編爲第二軍，派馮國璋督率，迅速籌備，聽候調遣。至京師地方重要，亟應認真彈壓，著將禁衛軍暨陸軍第一鎮編爲第三軍，派貝勒載濤督率駐守近畿，專司巡護，該貝勒務當妥慎籌備，加意防維，毋稍疏虞。

戊午，諭内閣：王人文著撤去侍郎銜，開去川滇邊務大臣。趙爾豐著仍充川滇邊務大臣，四川總督岑春煊未到任以前，所有川中剿撫事宜，仍著趙爾豐懍遵疊次諭旨，督飭各軍迅速辦理，不得意存諉卸，致誤事機。

己未，諭内閣：電寄新授四川總督岑春煊，據電奏，由鄂抵滬，病益加劇，請另簡賢員督師入川等語。現在鄂亂方急，川事更緊，該督秉性忠誠，威望素著，當此危急之時，尤當念朝廷倚任之殷，川人盼望之切，勉任其難，力顧大局。著即力疾束裝就道，毋再固辭。前調粵兵兩營，著仍督率入川。

辛酉，諭内閣：電寄袁世凱，現在武昌、漢口事機緊迫，該督夙秉公忠，勇於任事，著即迅速調治，力疾就道，用副朝廷優加倚任之至意。

又諭：電寄岑春煊，據電奏，因疾再請開缺等語。覽奏殊深廑系。該督向來勇於任事，現在川事緊急，諒亦不忍漠視，務即體念時艱，振厲精神，迅速起程，稍釋朝廷西顧之憂，毋得再行瀆請。

壬戌，諭内閣：陸軍部會奏，遵議各省綠營巡防隊擬請一律暫緩裁減一摺。據稱裁減綠營巡防隊係顧全財政起見，惟當此時局艱危，綠營巡防隊可以輔陸軍巡警所不及等語。所有宣統三年豫算案内，各省奏明礙難裁減之綠營巡防隊，均著免其裁減，並四年豫算除直隸、江、贛等省仍照奏准各案辦理外，餘著一律暫免裁減。

又諭：袁世凱現已補授湖廣總督，所有長江一帶水陸各軍均著暫歸該督節制調遣，會同沿江各該督撫妥籌辦理。

甲子，諭内閣：電寄袁世凱，電奏悉，籌畫一切，均甚妥協。副都統王士珍著襄辦湖北軍務，所有增募新軍、布置後路各事，責成經理。軍諮府正使副都統馮國璋著迅赴彰德籌商一切，如必須第二軍往助，再令迅回帶往，或令各該統制帶往戰地，相機辦理。至請調之副都統銜開缺奉天度支使張錫鑾、已革黑龍江民政使倪嗣冲、直隸候補道段芝貴、山東軍事參議官陸錦、直隸補用副將張士鈺、直隸候補知府袁乃寬均著准其調赴前敵差遣委用，並著第四鎮統制官吴鳳嶺馳赴前敵。現在軍情緊急，該督務一面召集巡防軍隊並飭所調各員迅速前往，一面趕即料理先行起程，以便就近妥籌調度，早靖匪氛。

《宣統政紀》卷六二　九月乙丑，諭内閣：朕寅紹丕基，於今三載，勤求治理，夙夜兢兢。兹屆資政院第二次開院之期，爾議員等其敬聽朕命。方今世界文明，憲政尤爲當務之急，自上年十月仰體先朝與民更新之意，俯順内外臣工之請，特降諭旨，縮改於宣統五年開設議院，並修改籌備事宜清單，期限則年近一年，籌畫乃日繁一日。該院負國民之重望，實協議之權輿，前者已略具規模，今兹當更有進步。所有應議事項，急宜集衆思以廣益，求一是以折衷，以期漸有端倪，日臻完備。除上年該院未經議竣各案，仍應接議外，朕特命國務大臣將各項案件，陸續籌擬，照章交議。爾議員等洞觀國勢，熟審輿情，其各體念時艱，發攄忠愛，總使法立而民不擾，論定而事可行，用以鞏固邦基，弼成郅治，朕有厚望焉。

戊辰，諭内閣：電寄袁世凱，據電奏，現在宜昌、黄州、長沙先後不保，軍情益緊，亟宜厚集兵力。擬請先派馮國璋充第一軍總統，迅赴前敵，商承廕昌先布守局，俟籌備完善，再圖進攻。並請飭下軍諮府、陸軍部即調第二軍陸續開拔，在信陽一帶擇地集合，俟段祺瑞北來，即派充是軍總統，會合第一軍早圖規復等

語。著即照所擬辦理，迅籌布置，以圖進取。

己巳，諭内閣：資政院奏，部臣違法侵權，激生變亂，據實糾參一摺。據稱禍亂之源皆郵傳大臣盛宣懷欺蒙朝廷，違法斂怨，有以致之。該大臣手握交通機關，不惜專愎擅權，隔絶上下之情，於應交院協議、交閣議決之案，一切不顧；於閣制發表之後二日，首先破壞，單銜入奏。罔上欺民，塗附政策，釀成禍階。此次川亂之起，大半原因即以該部奏定僅給實用工料之款，以國家保利股票不能與鄂路商股一律照本發還，又將施典章等所虧倒數百萬棄置不顧，怨苦鬱結，上下争持。川亂既作，人心浮動，革黨叛軍乘機竊發，該大臣實爲誤國首惡等語。鐵路國有，本係朝廷體恤商民政策，乃盛宣懷不能仰承德意，辦理諸多不善。盛宣懷受國厚恩，竟敢違法行私，貽誤大局，實屬辜恩溺職。郵傳大臣盛宣懷著即行革職，永不敘用；内閣總理大臣慶親王奕劻、協理大臣大學士那桐、徐世昌於盛宣懷蒙混具奏時率行署名，亦有不合，著交該衙門議處，嗣後該大臣等於一切用人行政事宜，務當不避嫌怨，竭誠贊畫，以維大局而濟時艱。

庚午，諭内閣：湖廣總督袁世凱著授爲欽差大臣，所有赴援之海陸各軍，並長江水師暨此次派出各項軍隊均歸該大臣節制調遣。其應會同鄰省督撫者，隨時會同籌辦，凡關於該省勦撫事宜，由袁世凱相機因應，妥速辦理。軍情瞬息萬變，此次湖北軍務，軍諮府、陸軍部不爲遥制，以一事權而期迅奏成功。

又諭：陸軍大臣廕昌部務繁重，勢難在外久留，著即將第一軍交馮國璋統率，俟袁世凱到後，廕昌再行回京供職。

癸酉，諭内閣：資政院奏請頒布明詔，將憲法交院協贊一摺。我朝列聖相承，深仁厚澤，垂三百年。我孝欽顯皇后、德宗景皇帝俯念時艱，深維治本，疊降明詔，確定爲君主立憲政體，並頒布籌備立憲事宜清單，按年進行。朕以冲齡入承大統，亦惟兢兢業業，用迪前光。上年十月該院奏請速開國會，當經明降諭旨，定於宣統五年召集議院，並特派溥倫等迅速纂擬憲法，候朕欽定。兹據該院奏稱，憲法爲君民共守之信條，宜於規定之始，詔進臣民商榷；又稱協贊在纂擬之後、欽定之前，於先朝聖訓欽定之義，毫無所妨各等語。著溥倫等敬遵欽定憲法大綱，迅將憲法條文擬齊，交資政院詳慎審議，候朕欽定頒布，用示朝廷開誠布公、與民更始之至意。

又諭：資政院奏，内閣應負責任、國務大臣不任懿親一摺。懿親執政，與立憲各國通例不符，我朝定制不令親貴干預朝政，祖訓著有明文，實深合立憲國家精義。同治以來，國難未紓，始設議政王以資夾輔，相沿至今。本年設立内閣，仍令王公等充國務大臣，原屬一時權宜之計，朝廷本無所容心。兹據該院奏稱，皇族内閣與立憲政體不能相容，請取銷内閣暫行章程，實行内閣完全制度，不以親貴充當國務大臣等語。所陳係爲尊皇室而固國基起見，朕心實深嘉納，一俟事機稍定，簡賢得人，即令組織完全内閣，不再以親貴充國務大臣，並將内閣辦事暫行章程撤銷，以符憲政而立國本。

又諭：資政院奏請速開黨禁以示寬大而固人心一摺。黨禁之禍，自古垂爲炯戒，不獨戕賊人才，抑且消沮士氣。况時事日有變遷，政治隨之遞嬗，往往所持政見，在昔日爲罪言而在今日則爲讜論者。雖或逋亡海外，放言肆論，不無微瑕，究因熱心政治，以致逾越範圍，其情不無可原。兹特明白宣示，特沛恩綸，與民更始，所有戊戌以來因政變獲咎與先後因犯政治革命嫌疑、懼罪逃匿，以及此次亂事被脅自拔來歸者，悉皆赦其既往，俾齒齊民。嗣後大清帝國臣民，苟不越法律範圍，均享國家保護之權利，非據法律不得擅以嫌疑逮捕。至此次被赦人等，尤當深自祓濯，抒發忠愛，同觀憲政之成，以示朝廷咸與維新之至意。

資政院總裁大學士世續因病乞休。允之。以學部右侍郎李家駒充資政院總裁，理藩部左侍郎達壽充資政院副總裁。命署民政大臣桂春回倉場侍郎本任，以休致民政部右侍郎趙秉鈞署民政大臣。

《宣統政紀》卷六三　乙亥，諭内閣：慶親王奕劻等奏，奉職無狀，請立予罷斥；載澤等奏，國務重要，請另簡賢能以符憲政而資治理；鄒嘉來等奏，時局艱危，政務重要，請准辭職以定國是而正人心各一摺。所奏甚是，均著照所請。慶親王奕劻開去内閣總理大臣，大學士那桐、徐世昌開去協理大臣，鎮國公載澤、鄒嘉來等均各開去國務大臣。袁世凱著授爲内閣總理大臣，該大臣現已前赴湖北督師，著將應辦各事，略爲布置，即行來京組織完全内閣，迅即籌畫改良政治一切事宜。袁世凱未到京以前，此數日間仍著慶親王奕劻等照舊任事。内閣組織未成以前並仍著載澤等、鄒嘉來等照常辦事，均不得少有諉卸。

丁丑，諭内閣：資政院奏，採用君主立憲主義，並先擬具重大信條十九條，繕單呈覽，懇請宣誓太廟，布告臣民，以固邦本而維皇室一摺。朕詳加披覽，均屬扼要。著即照准，一面擇期宣誓太廟，將重要信條，立即頒布刊刻謄黄，宣示天下，將來該院草擬憲法，即以此爲標準。

己卯，諭内閣：資政院奏，懇准此次革命黨人按照法律改組政黨並賜擢用一摺。前據該院請開黨禁，業經降旨允准。所有此次黨人，均著准其按照法律改組政黨，藉以養成人才，收作國家之用。

又諭：資政院奏，請速開國會以符立憲政體一摺。所有議院法、選舉法著迅速擬訂議決，辦理選舉，一俟議員選定，即行召集國會。

庚辰，諭内閣：此次各省事變，其宗旨實在改革政治，朝廷與民更始之意，業經屢降明詔，剴切宣示，兹值亂事紛乘之際，仍恐各省軍民未能一體周知。第二十鎮統制官張紹曾於軍界夙有聲望，並能關懷時政，熱心改良，著賞加侍郎銜，授爲宣撫大臣，馳赴長江一帶，宣布朝廷德意。即責成該大臣開誠布公，專主安撫，務期薄海臣民，咸曉然於國家不以兵戈靖亂之至意。其有亂事各省，一併由該大臣遴委妥員分途前往，切實勸導，如能一體解散，即由該大臣奏明從優給獎，以示鼓勵。

又諭：法部奏，黨禁既開，擬將監禁因犯政治革命嫌疑人犯請旨悉予釋放，並鈔録親供，呈覽摺片。汪兆銘、黄復生、羅世勛均著開釋，發往廣東交張鳴岐差委。

又諭：電寄袁世凱，據電奏，接張勳電稱，鄂潯叛變，四方黨徒響應。金陵爲南洋根本重地，江防一軍，擔任數省防務，非有重兵，不足籌戰守；非有重權，不足資展布各節。張勳饒有勇略，可否假以事權，責成保守南省治安等語。張勳著充會辦南洋軍務大臣。

癸未，諭内閣：資政院奏，遵照憲法信條，公舉内閣總理大臣一摺。朕依憲法信條第八條，命袁世凱爲内閣總理大臣。

《宣統政紀》卷六四　丁亥，諭内閣：現在軍事未定，所有近畿各鎮及各路軍隊並姜桂題所部軍隊，均著歸袁世凱節制調遣，隨時會商軍諮大臣辦理。

戊子，諭内閣：近日各省紛紛告警，朝廷屢經宣布宗旨，改革政治，以期内外相維、上下一心，共救危亡。惟當兹事變紛乘、羣情僦擾之時，仍恐各省士紳軍民人等未能一體周知，亟應選派各該省名望素著人員，分途安慰，以宣上德而通下情。著派張謇爲江蘇宣慰使，湯壽潛爲浙江宣慰使，江春霖爲福建宣慰使，譚延闓爲湖南宣慰使，梁鼎芬爲廣東宣慰使，趙炳麟爲廣西宣慰使，喬樹枏爲四川宣慰使，謝遠涵爲江西宣慰使，柯劭忞爲山東宣慰使，渠本翹爲山西宣慰使，王人文爲雲南宣慰使，高增爵爲陝西宣慰使，迅速分赴各屬撫慰勸導，宣布朝廷實行改革政治宗旨。俾亂事早就敉平，四民各安生業，朕實有厚望焉。

又諭：自武昌事起，各省紛擾，大局岌岌，實爲全國存亡所關。朝廷胞與爲懷，不設成心，亟應徵集國民意見，共謀扶危定傾之策。著各督撫傳諭各該省士紳，每省迅速公舉素有名望、通曉政治、富於經驗、足爲全省代表者三五人，剋期來京公同會議，以定國是而奠民生。

庚寅，諭内閣：袁世凱面奏，組織内閣，推舉國務大臣。著命梁敦彦爲外務大臣，趙秉鈞爲民政大臣，嚴修爲度支大臣，唐景崇爲學務大臣，王士珍爲陸軍大臣，薩鎮冰爲海軍大臣，沈家本爲司法大臣，張謇爲農工商大臣，楊士琦署郵傳大臣，達壽爲理藩大臣。梁敦彦、嚴修、王士珍、薩鎮冰、張謇未到任以前，外務大臣著胡惟德暫行署理，度支大臣著紹英暫行署理，陸軍大臣著壽勳暫行署理，海軍大臣著譚學衡暫行兼署，農工商大臣著熙彦暫行署理。

《宣統政紀》卷六五　十月乙未，諭内閣：資政院奏請翦髮以昭大同。又奏，議決改用陽曆各一摺。著内閣會議具奏。

丁酉，諭内閣：電寄梁啟超，據電奏，懇恩開缺等語。該副大臣久羈海外，時以祖國存亡爲念，乃朝廷所深知。現在政治更始，百端待理，著即遵旨迅速回國，國勢艱危至此，想亦不能忘情也。

辛丑，諭内閣：開復已革黑龍江民政使倪嗣冲原官，交督師大臣袁世凱差遣委用。

壬寅，諭内閣：疊據内閣呈遞第一軍總統馮國璋電稱，武昌革黨於九月二十六日遣悍黨二千餘人，由漢河上游駝贏口潛師渡河，抄襲官軍右翼後路。當經馮國璋分兵迎擊，黨衆潰敗，官軍踵躡渡河。該黨防禦極固，並多次反攻，經官軍節節奮擊，次第克復蔡甸、四平山、黑山、梅子山、龜山等處，初七日申時克復漢陽。當兩軍酣戰之際，黨衆由武昌遣兵數支渡江，襲擊官軍左翼後路之三道橋，叛艦海容等船，協力猛攻，均經官軍一再擊退各等語。武昌此次兵變，自稱係爲政治競争，朝廷本不忍以兵力從事，經飭督師大臣袁世凱暫停進攻，疊委道員劉承恩、海軍正參領蔡廷幹馳往漢口、武昌，反復開導。該黨首黎元洪迄不受撫，仍復左右進攻，襲擊官軍甚力，實屬甘心擾亂治安、荼毒生靈。幸前敵將士，深明大義，忠勇奮發，得以克復重鎮，深堪嘉尚。馮國璋著賞給二等男爵，其餘出力將弁著馮國璋查明擬獎，候旨施恩。其傷亡兵弁，著一併查明具奏，分別從優撫卹，以作士氣而慰忠魂。

戊申，諭內閣：電寄三多，據三次電奏，蒙佛宣布自立，率官兵出境等語。覽奏殊堪詫異。庫倫爲蒙邊重地，關繫緊要，該大臣先事既不能加意羈縻，臨時又張皇失措，實屬咎無可辭。庫倫辦事大臣三多著革職聽候查辦。

又諭：電寄庫倫幫辦大臣綳楚克車林，現在朝廷實行君主立憲，原爲保護內地人民各藩屬起見，哲布尊丹巴呼圖克圖暨商卓特巴等，世受國恩，掌管黄教二百餘年，爲蒙衆所敬仰，實由朝廷保護黄教之力。近因各省紛擾，要求獨立，朝廷已分別鎮撫，漸次平静。念該呼圖克圖等遠居漠北，未悉情形，或爲浮言鼓動，或爲時勢迫脇，不能自主於中，安生摇動之舉，殊負國家二百年尊敬黄教之德意。著派綳楚克車林掌庫倫辦事大臣印信，即剴切曉諭哲布尊丹巴等，使知朝廷實行改良政治，凡從前弊政有不利於內外人民者，一概革除，以蘇民困，毋得輕舉妄動，爲人所愚，致生後悔。並由哲布尊丹巴將此旨，宣布各部落王公及喇嘛等，俾衆周知。

《宣統政紀》卷六六　庚戌，諭內閣：監國攝政王面奉隆裕皇太后懿旨，據監國攝政王面奏，自攝政以來，於今三載，用人行政，多拂輿情，立憲徒託空言，弊竇因而叢積，馴致人心瓦解，國勢土崩。以一人措施失當，而令全國生靈横罹慘禍，痛心疾首，追悔已遲。儻再擁護大權，不思退避，既失國民之信用，則雖攝行國政，詔令已鮮效力，政治安望改良。泣請辭退監國攝政王之位，不再干預政事。情詞肫切，出於至誠。予深處宫闈，未聞大計，惟自武漢事起，各省響應，兵連禍結，滿目瘡痍，友邦商業並受影響，每一念及，寢饋難安，亟宜察內外之情形，定安邦之至計。監國攝政王性情寬厚，謹慎小心，雖求治綦殷，而濟變乏術，以至受人蒙蔽，貽害羣生。自應俯如所請，准退監國攝政王之位，所鈐監國攝政王章，著即繳銷，仍以醇親王退歸藩邸，不再預政。著賞給歲俸銀五萬兩，由皇室經費項下支出。嗣後用人行政均責成內閣總理大臣、各國務大臣擔承責任；所有頒布詔旨，應請蓋用御寶，並覲見典禮，予率同皇帝將事。皇帝尚在冲齡，保衛聖躬，應有專責。世續、徐世昌著授爲太保，盡心衛護。現在四方多難，國步阽危，諸王公等誼同休戚，各宜體念時艱，恪遵家法，束身自愛，罔越範圍；諸大臣膺兹重任，尤宜共矢公忠，精白乃心，力除錮弊，以謀國利民福。凡我國民，當知朝廷不私君權，實行與民更始，務須謹守秩序，各安生業，庶免紛争割裂之禍而登熙皞大同之治，予有厚望焉。

辛亥，諭內閣：前經降旨，所有朕躬親任大清帝國統帥陸海軍大元帥之一切權任事宜，於未親政以前暫由監國攝政王代理。現在監國攝政王業經退位，朕方在典學之時，所有陸海各軍暫責成現行專司諸大臣督率管理；其向歸監國攝政王管轄調遣之禁衛軍，著專司訓練大臣督飭認真訓練。

又諭：資政院奏，懇請降旨即行翦髮，以昭大同一摺。凡我臣民均准其自由翦髮。

又諭：朕欽奉隆裕皇太后懿旨，徐世昌奏懇請收回成命一摺。保衛聖躬，責任至重，該大學士宅心正大，老成可恃，是以授爲太保，正當抒發忠愛，不辭勞瘁，所請收回成命之處，著毋庸議。

乙卯，內閣奏，請派梁士詒接署郵傳部郵政總局局長，葉恭綽充鐵路總局局長。從之。

辛酉，山東巡撫孫寶琦因病解職，以山東提法使胡建樞爲山東巡撫。

《宣統政紀》卷六七　十一月乙丑，諭內閣：請派大員前往庫倫查辦事件。前因蒙佛宣布獨立，三多率官兵出境，當將三多革職，德候查辦，派綳楚克車林掌庫倫辦事大臣印信，究未得該處實在情形，朝廷殊深廑系。著派車臣汗部落盟長札薩克多羅郡王多爾濟帕拉穆、科布多辦事大臣桂芳作爲查辦大臣，迅速前往庫倫，將該處詳細情形，查明電奏，並將蒙衆商民，妥籌撫輯，設法維持，以保大局。

壬申，諭內閣：朕欽奉隆裕皇太后懿旨，內閣代遞唐紹怡電奏，民軍代表伍廷芳堅稱人民志願，以改建共和政體爲目的等語。此次武昌變起，朝廷俯從資政院之請，頒布憲法信條十九條，告廟宣誓，原冀早息干戈，與國民同享和平之福。徒以大信未孚，政争疊起，予惟我國今日於君主立憲、共和立憲二者以何爲宜，此爲對內對外實際利害問題，固非一部分人民所得而私，亦非朝廷一方面所能專決。自應召集臨時國會，付之公決。兹據國務大臣等奏請召集近支王公會議，面加詢問，皆無異詞。著內閣即以此意電令唐紹怡轉告民軍代表，豫爲宣示，一面由內閣迅將選舉法妥擬，協定施行，尅期召集國會，並妥商伍廷芳，彼此先行罷兵，以奠羣生而弭大難。予惟天生民而立之君，使司牧之，原以一人養天下，非以天下奉一人。皇帝纘承大統，甫在冲齡，予更何忍塗炭生靈，貽害全國。但期會議所決，以國利民福爲歸，天視民視，天聽民聽，願我愛國軍民各秉至公，共謀大計，予實有厚望焉。

《宣統政紀》卷六八　丁亥，諭內閣：傳諭哲布尊丹巴呼圖克圖，我朝崇奉

黄教，信仰保護二百餘年矣。爾哲布尊丹巴歷輩以來，承先朝之寵遇，受蒙古之皈依，實由朝廷撫綏藩屬，令其自由信教，故得以無量資財，締善緣而供香火。是爾等喇嘛僧衆所享利益，皆國家之所賜也。乃聞昌言獨立，殊堪駭異。爾哲布尊丹巴坐牀已久，精通佛理，洞達安危，諒不至以一念貪嗔，輕開殺戒，或係被人播弄，爾受其禍，人得其利，甚非爾等之福。前曾降旨宣慰，並更換庫倫掌印大臣，以慰爾等。尤恐未能深悉實情，兹特派郡王多爾濟帕拉木、科布多參贊大臣桂芳等爲查辦大臣，親往宣慰，爾哲布尊丹巴及喀爾喀四部人衆，如有疾痛困苦，當爲爾拯救之；如有政治不良，當爲爾改革之。朝廷慈悲爲念，寬大爲懷，凡爾有衆，偶因一時好事，被迫脅從，一經痛改前非，無不曲予矜全，恩施格外，並賜爾以先朝遺念珊瑚念珠一盤、帶膝貂褂一件、白玉煙壺一箇、翠玉搬指一箇，交該大臣齎往，以表示朝廷優禮黄教、終始成全之意，爾其敬聽焉。

辛卯，保定府城守尉同和病請開缺。得旨，現在時局艱危，內外臣工紛紛奏請開缺，希圖諉卸，置大局於不顧，殊屬不成事體。所請開缺之處，著不准行。

《宣統政紀》卷六九　十二月庚子，內閣總理大臣袁世凱奏，本月初六日奉旨，國會選舉暨開會地點可酌量變通辦理等因。臣原擬會員每州縣各一人，每旗各一人，地點定爲北京。磋商越二十日，伍廷芳堅持不讓，遂强定爲選舉區二十四處，一省爲一處，內外蒙爲一處，前後藏爲一處，每處三人。臣以人數太少，衆情不服，現擬改爲二十八處，一省爲一處，蒙藏合爲六處，每處六人，共一百六十八人，與資政院額數相去不遠。其國體未決以前，民黨懼罹刑網，不敢來京會議，擬酌定爲天津、漢口、青島三處，如蒙俞允，擬仍電商伍廷芳從速覈覆。再，民軍所擬優待皇室條件，前曾代請面奏，此次兩面派人暗中商議，如改爲國會議決國體，則優待皇室條件似亦應由國會議定。能否照前優隆，臣未敢豫決。報聞。

《宣統政紀》卷七〇　己酉，諭內閣：欽奉隆裕皇太后懿旨，前據岑春煊、袁樹勛等暨出使大臣陸徵祥等、統兵大員段祺瑞等電，請速定共和國體，以免生靈塗炭等語。現在時局阽危，四民失業，朝廷亦何忍因一姓之尊榮，貽萬民以實禍。惟是宗廟陵寢，關繫重要，以及皇室之優禮、皇族之安全、八旗之生計、蒙古回藏之待遇，均應豫爲籌畫。著授袁世凱以全權，研究一切辦法，先行迅速與民軍商酌條件，奏明請旨。

戊午，諭內閣：欽奉隆裕皇太后懿旨，前因民軍起事，各省響應，九夏沸騰，生靈塗炭。特命袁世凱遣員與民軍代表討論大局，議開國會，公決政體。兩月以來，尚無確當辦法，南北暌隔，彼此相持，商輟於塗，士露於野，徒以國體一日不決，故民生一日不安。今全國人民心理，多傾向共和，南中各省既倡議於前，北方諸將亦主張於後，人心所嚮，天命可知。予亦何忍因一姓之尊榮，拂兆民之好惡。是用外觀大勢，內審輿情，特率皇帝將統治權公諸全國，定爲立憲共和國體，近慰海內厭亂望治之心，遠協古聖天下爲公之義。袁世凱前經資政院選爲總理大臣，當兹新舊代謝之際，宜有南北統一之方，即由袁世凱以全權組織臨時共和政府，與民軍協商統一辦法。總期人民安堵，海宇乂安，仍合滿、蒙、漢、回、藏五族完全領土爲一大中華民國。予與皇帝得以退處寬閒，優遊歲月，長受國民之優禮，親見郅治之告成，豈不懿歟。

雜録

備録

《青燐屑》

明 應喜臣 撰

上卷 甲申四月，鳳陽總督馬士英、總兵黃得功勦寇，内臣盧九德聞變南行，擄掠一空。

總漕黃希憲聞變南行，挾持獨富，東省士民多從之者。山東總兵劉澤清、安東守將邱磊截其家口輜重，數日得還。

番山鷂(高傑之別號)首將李成棟至清江浦，守將張士儀以火攻之，殺獲甚衆。

五月，閣臣高弘圖、樞臣史可法、督臣馬士英、内監韓贊周、盧九德、科臣李沾、臺臣左光先等共擁福藩世子正位南京，改元弘光，遣臣分道安撫天下，從龍定策諸臣進位有差。

上命諸臣集議，誰任居守、誰任督守？内監韓贊周言於衆曰：「馬相公弘才大略，堪任督師。史相公安静寧一，堪任居守。」士英不樂出鎮，辭曰：「吾往歲擒劉超、服老回回，多負勤苦，筋力憊矣，無能爲也。史老先生鎮撫皖城，屢建奇績，目今番山鷂已至淮南，淮安士民仰公盛德，不啻明神慈父。督是師者，非公而誰！」史公曰：「誠如公言，毋乃過其實耶！東西南北，惟君所使，吾敢惜頂踵、私尺寸，隳軍實而長寇仇乎？願受命。」越數日，遂進太子太保、兵部尚書、武英殿大學士，視師淮揚。

朝議既定，以史公督師淮揚。蘇州吳縣廩膳生盧渭率太學諸生抗疏爭之，有「秦檜在内、李綱在外，宋終北轅」等語，朝野傳誦，以爲名言，時人方之陳東云。

時劉澤清據淮安，維揚士民之懼番山鷂之乞據揚城也，登埤固守，堅不令入。四野居民，奔竄靡寧，而高傑之兵，殺人無忌，莫敢攖鋒。江都觀政士鄭元勳恃其才之足以服衆也，且認時局之線索在乎，岸然出而爲調人，往來高營，酣飲達旦。傑復以幣餌之，元勳氣益揚，語於衆曰：「高帥之來，勅書召之也，馬士英聘書現在，即入南京，尚且聽之，況揚城乎！」百姓未知真實，鬨然以元勳與賊通，賣揚城以市德，遂共刃之，寸骨片臠，咀嚼俱盡(先是，士英用金幣往聘番山鷂，弘光帝手詔有「將軍以身許國，帶礪共之」等語)。

元勳有別墅在城西東南隅，水色山光，互相掩映，顏曰影園。壬午春月，牡丹盛開，得姚、黄二本。因言宋錢公輔園亭，曾得此種，賞花同時之客，俱登崇階，爲一代名佐。元勳意頗自得，擬刻影園集，徵名人詩歌以百什計，而竟遭奇禍，何也？

元勳既死，番山鷂大懼，因劫閣部於福緣庵，羅列兵仗，甲士環堵，公夷然處之。將及浹旬，乃爲具疏，以瓜步城屯其士卒，衆志稍安。

高傑横甚，頭顱滿野；聞督師來，亦頗嚴憚，分命將士夤夜掘坎埋胔掩骼。升帳之日，傑詞色俱變，惴惴然若有不可測者。及庭見時，坦衷樸質，平易近人，偏裨亦各留茶。自此，將帥視爲易與，矯命横行，大爲跋扈之勢矣。

六月，朝議封黃得功爲靖南伯、劉澤清爲東平伯、劉良佐爲廣昌伯、高傑爲平興伯，是爲四鎮。左良玉、鄭芝龍、唐通等進爵有差。

七月，安撫浙江監察御史左光先疏薦原任徐州碭山知縣應廷吉於朝，有「三式之學皆精，天官之微更悉，臣與久處，信而有徵。所當投大遺艱，究其底藴」等語。部覆授廷吉淮安府推官，閣部具疏請之，奉旨：「廷吉即以淮安府推官職銜，閣部軍前效用。」同得是旨者，爲劉湘客、通判張鑋、紀克用等。

揚州初定，遂於八月督巡淮安，點視劉澤清兵馬，奏以澤清駐淮安、高傑駐瓜揚、黄得功駐儀徵，劉良佐駐壽春，各有分界。

是月，魯藩從東兗來，信宿而去。

唐藩從鳳陽來，會於淮浦，盤桓旬日。唐藩以閣部有肄業之恩，往還簡札稱門生。唐藩先以罪廢，禁錮高墻，弘光帝登極，閣部具疏救之。

八月十五日，閣部升帳，忽旋風從東南起，吹折牙旂一面，其風旋轉丹墀，良久方散。公以廷吉初至軍前，欲試其實，即命占之。占曰：「風從月德方來，爲本日貴人，時當有貴臣奉王命而至者。風勢旋轉飄忽，其事爲争，音屬徵，象爲火，數居四；二十日内，當有争鬭之事。五日前後，須防失火，且損六畜。」越三日，城西北隅火，焚死一驢，燬民舍三間；匝月，遂有土橋之變，而督師高大監以王命至。公因其學之非妄也，時咨問焉。

九月，從淮抵揚。初定從征文武官員經制俸廪之數，開標額兵三萬人，四鎮同之；每鎮本色米三十萬石、銀四十萬兩。左良玉稱是，各鎮不等。

閣部請印七顆，設督餉道印一顆，以原任副使黄鉉掌之。監軍道印一顆，以原任副使高岐鳳掌之。行軍兵部職方司郎中印一顆，以黄日芳掌之；同其官者，爲秦士旂主事、何剛、施鳳儀等。監餉同知一員，以知縣吴道玉署之，無印。監紀推官印一顆，先後掌其印者爲原任僉事陸遜之、原任知縣應廷吉，同其官者爲劉景綽、梁以樟、吕彦良等。從征立功，爲原任翰林院庶吉士吴爾壎、滁泗兵備石啓明、開府推官李長康、贊畫通判張鑻、知縣殷垤、支益等，參贊等官不及備載。侯方岳後至，以爲桃源知縣。督師大廳副總兵印一顆，以李正春掌之。督師中軍旂鼓印一顆，以馬應魁掌之；同其官者，爲翟天癸、陶正明等。督師軍前賞功參將印一顆，以汪一誠掌之。

靖南伯黄得功標下監軍職方主事一員，以馮元飈爲之；監紀推官一員，以徐某爲之。

東平伯劉澤清標下監軍道一員，以淮海道加太僕寺少卿張文光爲之；監税知縣一員，以原任贛榆縣知縣方來商爲之（東平鎮淮，睚眦殺人，無所顧忌。北來朝臣韓如愈等，悉被慘殺；其餘冺冺者，不能盡悉。然頤指唯諾，惟熊民之言是聽：樊明片言轉移，全活甚衆）。

廣昌伯劉良佐標下，額設未詳。

興平伯高傑標下，監軍道一員，以王相業爲之；監紀同知一員，以原任安塞縣朱統錝爲之；監紀通判一員，以許鴻儀爲之。

總河軍門王永吉標下，監軍道一員，以黄國琦爲之；監紀推官一員，以楊芬爲之。

江北督師太監高起潛標下，額設未詳。

四鎮各私設行鹽、理餉總兵，監紀等官，自畫分地，商賈裹足，鹽壅不行。各私立關税，不係正供；東平則陽山、安東等處，興平則邵伯、江堰等處，多兇横掠民，民不聊生。

弘光帝既立，以户科右給事中左懋第加兵部侍郎、總兵官陳洪範加宫保都督，使北修和議。懋第不屈，以身殉難；洪範放還，尋亦被戮。

當事者議以阮大鋮爲兵部尚書，舉朝争之。南都人夜書一聯於司馬堂：「闖賊無門，匹馬横行天下；元兇有耳，一人濁亂中原。」爾時弊政，難以枚舉。南都人復書《西江月》一詞於演武場云：「有福自然輪着，無錢不用安排。滿街都督没人擡，徧地職方多無賴。本事何如世事，多才不若多財。門前懸掛虎頭牌，大小官兒出賣。」

黄蜚自登州來，欲觀南都，路經淮揚，慮爲高、劉二鎮所掠，以書致黄得功；欣然以兵迎之，弗虞高之尾其來也。至邗關外五十里，地名土橋，角巾緩帶，飲馬蓐食。高營三叉河守備，不審其由，以得功暗襲維揚，高急；高遂密布精騎於土橋左右，而黄不知也。俄而，士馬圍合，漸漸逼身，馬不及介、人不及裝，箭集如雨。得功以鎗撥去，無及膚者；所乘戰馬價值千金，攢簇而斃。得功奪他馬而馳，隨行三百騎盡爲高營收去。

疇昔之夜，番山鷂以得功離鎮，發兵千人夜襲儀徵。守城副將丘鉞、馬岱等偵知之，相與謀曰：「高兵來，以主帥他出也。姑以舊城委之。天明，主帥必至，内外夾擊，吾事濟矣。」因閉門堅守，令士卒飽食熟睡；城外四隅虚設烟火，以爲疑兵。薄暮，高兵大至，見已設備，不敢前進。又見烟火聯絡，以爲黄兵營盤，礮矢齊發，夜半與火藥俱盡。城中望見，馬岱争先殺出，千人喪魄，俄頃盡殲。

番山鷂必欲以揚爲鎮，屢肆要挾，閣部爲請於朝，維揚士紳又復大閧。守土以無禍爲辭，閣部遂遷於東偏行署，以督府居之。入城日，高夫人邢氏號令嚴肅，頗稱安堵（按邢氏，闖賊李自成妻也，番鷂通焉。自成覺之，杖之百，將殺之，番山鷂挾向南奔，自成追之不及。邢氏美而艷，然嚴毅，將士悚惕，番山鷂見之，終身不復議置側室）。

閣部鋭意河南，黄日芳、陸遜之叩應廷吉曰：「師相將有事於中州，君意何若？」廷吉曰：「明年太乙在震，角亢司垣，始擊掩壽星之次，當殞上將，天下事未可知也。聞東省探細人至臨淄，士民翹望王師如雨濟旱，何不取道於東？義聲直進，彼中豪傑，必有響應者。」二公默然。

朝廷疏論時政，有微刺公者曰：督師之地，爲招亡納叛之區；閣部之前，爲

藏垢納污之所。蓋指北來諸公而言也。公置之不辯。於是，東平各挾阿私，上疏論薦，中外之勢，同水火矣。

興平定居，閣部遂如儀徵，點視黄得功兵馬，大閲於部，賞賚金帛千金有差。

黄、高交惡，遂各治兵。番山鷂曰：曩昔千人皆維揚惡少，嘗欲圖我，我故驅之，假手於黄君之士卒，豈敢敗衂也。黄必欲報怨，閣部不得已，復之儀徵，泊舟吾臺庵側，以爲調釋。值得功母夫人逝，苫次與語，稍霽色焉。因命監紀通判許鴻儀、推官應廷吉往高營議和，高雖聽命，而所得馬匹匿弗肯還。往反再四，始償百匹，皆羸瘦不堪者。解至黄營，止收其半，閣部復以二十匹强之，餘三十匹漸次斃矣。高不肯補，閣部不得已，償解三千兩，復令高傑以千金爲黄太母賵，憾始稍釋。

南内出太祖時所積軍器及新造弓矢等件，數可十萬副，解赴閣部軍前。路經儀徵，聞黄營將士搶掠過半，督藩令箭禁不能止。黄營監紀推官徐某解犯令者數人，皆牧豎也，閣部宥而弗治，所失重器亦不可問矣。兵部主事馮元飈來見，閣部以其名家子，禮接之；而倨傲不恭，氣質與得功等。遂令監黄軍，蓋外之也。

儀徵返旆，決意河南之行。番山鷂於初十日祭旂，風吹大纛頓折，紅衣大礟無故自裂。傑曰：「此偶然耳。」遂於十月十四日登舟。應廷吉私謂人曰：「旂斷、礟裂，已爲不祥。今十四日，俗稱月忌，又爲十惡大敗，何故登舟？」同列曰：「高藩幕下，智囊濟濟，豈無解此者。詩曰：無易由言、莫捫朕舌。」應吉曰：「其然，吾言過矣。」

二十一日，閣部暫駐清江浦，遂奏李成棟爲徐州總兵官，賀大成爲藩標先鋒總兵官，陸遜之爲大梁屯田僉事，胡蘄忠爲睢州知州，泠時中爲開封府通判，李長庚爲開封府推官，經略中原。時原任户部主事蔣臣、歸安縣儒學生員韓繹祖後至，閣部乞奏官，辭不受。

諸藩各分汛地，長江而上爲左良玉汛地，天靈州而下至儀徵三叉河爲黄得功汛地，三叉河而北至高郵州界爲高傑汛地，自淮安而北至清江浦爲劉澤清汛地，自黄家營而北爲史公汛地，自宿遷至駱馬湖爲總河軍門王永吉汛地。

閣標張天禄爲前鋒鎮，駐瓜州。許大成爲游擊，領忠貫營。李栖鳳爲甘肅鎮，駐睢寧。劉肇基仍總兵官，駐高家集。張士儀爲河協鎮，駐王家樓。沈通明爲參將，駐白洋河。

黄鉉督理糧餉，往來常、鎮；何剛催趲糧餉，往來蘇、松，兼理忠貫營事。高岐鳳爲監軍道，同李栖鳳協防睢寧。高日芳爲行軍職方郎中，秦士奇、施鳳儀副之。應廷吉爲監紀推官，吴道正爲監餉知縣，馬應魁爲中軍副將，翟天葵爲旗鼓，陶匡明副之，汪一誠爲賞功參將，同駐白洋，以任防河之役。後北兵入揚州，吴道正、馬應魁、陶匡明、汪一誠等死之。

有使從北方來，自稱燕山衛王百户，持書一函，函題云：「某王致書史老先生閣下。」史公令中軍官厚加款待，上其書於當宁，令詞臣擬議報書以答之。

十月，有旨以莫須有事，捕安東副將邱磊下獄。劉澤清自往唁之，飲饌豐美，把臂嗚咽，且諭獄吏小心承值，會當書疏，請磊復職。無何，磊竟殺口，雖史公奉旨而行，實東平修怨爲之也。

十一月四日，爲閣部懸弧之晨。舟抵崔鎮，各官免參。急報剡城夏固山闌入宿遷。史公愀然不樂，亟召衆官。舟皆未至，惟應廷吉從，因召見，徐問曰：「在昔姜子牙、張子房、諸葛孔明，何如人也？」廷吉對曰：「三公皆王佐才，不得位置優劣；雖勳名事業成就不同，則時有利、有不利也。龐德公曰：卧龍雖得其主，未得其時，斯言確矣。」公曰：「陳壽有言，將略非其所長。」廷吉曰：「考之傳記，孔明種種調度，出人意表，豈壽所能窺測！他不具論，《出師》表云：鞠躬盡瘁，死而後已，至於成敗利鈍，非臣之明所能逆睹。只此數言，萬世人臣之軌則也。」公斂容謝曰：「年兄教我矣（廷吉與公同譜，故云）。」既而曰：「天下事已不可爲！先帝變日，予待罪南樞，宜固應死，轉念天下國家之重，庶幾主器得人，希紹一成一旅之烈，不意決裂至此！揆厥所由，職由四鎮尾大不掉。爲今之計，惟斬四臣頭懸之國門，以爲任事不忠之戒，或其有濟。昔之建議而封四鎮者，高弘圖也；從中主張贊成其事者，姜曰廣、馬士英也；依違其間無所救正者，余也。」又曰：「連日天象，變異如許，年兄何不擇其善者而言之。」廷吉曰：「據實而言，猶疑僞妄，敢臆説乎！」令取新書二册，贈廷吉而别。

次日，抵白洋河，令廷吉監劉肇基軍，高岐鳳監李栖鳳軍，進取宿遷。初八日黎明，師濟河，夏固山遁去，遂復宿云。

越數日，夏固山復圍邳州，軍於城北。劉、李二將軍軍於城南，兩將相望，未嘗一矢相加。樵採者出，北兵諭之曰：「爾民即吾民，吾不殺汝，好守城池，勿爲他賊所據！」相持半月，各引去。

邳、宿報至南都，貴陽方箕踞而戲，讀罷，大笑哈哈不住。時東省楊公士聰

在座，驚問曰：「邳、宿淪陷，幸而復完，南北關係不淺，公何泄泄爲！」貴陽曰：「君以誠有是事耶？」楊曰：「寧有無疾而呻者！」貴陽曰：「不然。此史道隣之妙用也。歲將盡矣，陽河將吏例應叙功，耗費錢糧例應銷算，蓋爲叙功、銷算地也。」楊且信且疑。明春，奉使河上，始知無僞。

復有使從北方來，自稱鴻臚寺班周某者，致書如前。公不啓封，沈之於水，重賚其人而遣之。

鹵薄所至，凡一技、一能欲效用者，皆投策進見，隨試隨收；月有廩餼，以推官應廷吉董其事，命曰禮賢館。於是，四方倖進之徒，接踵而至，甚有獻策請鬻三山街天功坊以助軍餉者。棐臣病之，白史公曰：「是皆躍冶之士，吏無實用。所捐糈糜，亦百姓脂膏也。曷不遣此輩歸塾就業，另儲其才以副實用乎！」公曰：「吾將以禮爲羅，冀拔一於千百，以濟緩急耳。」廩之如故。相聚數月，既無拔萃之才，亦無破格之選，始私相謂曰：「求之甚殷，遇之甚疏，吾輩其齊門之瑟也夫！」悄悄引去。城破日，從公及於難者，止一十九人。

額餉雖設，以入不敷所出，遂以户部主事施鳳儀行鹽揚州。

揚州爲高藩汛地，不隔礙不行。復以周某爲理餉總兵，興販米豆，官私夾帶，上下爲奸，利之以入，不全在官。遂議屯田，以陸遜之爲大梁僉事官，給牛糧籽粒，另設屬員，迄無成功。復欲應廷吉屯田邳、宿，廷吉辭曰：「國家屯政，原有成額；小民世受，謂之恒産焉。所謂閒曠而屯之。且屯田籽粒既入於官，有司常賦又何從出？聞之桃源縣生員有願輸百頭、小麥五百石以請縣官者，斷無是事。爲此言者，而欺公也。」公不以爲然，强之視屯田僉事事。

朔風日勁，河陽倍嚴，因令秦士奇等沿河築墩，以爲施放礮火之地。應棐臣曰：「是無益也。黃河兩岸，沙磧坟竄、土性虛浮，春水泛漲，斷必傾圮，安能架礮？」而同事諸公，方欲以築墩多少居爲己功，且欲爲富貴進身地，議格不行。迄今兩岸一望平沙，墩基尚存，識者嗤之以爲搏沙之智。

延陵鄉紳朱一馮者，虎踞灘田盈千累百，家殷富，衆怨所歸。公慮經費不足，輒造其廬，請助餉萬金以塞衆口，朱不理焉。及興平鎮揚，膚訴者沓至，興平遂疏於朝，追贓數十萬。減至四萬，力不能完，一馮浮海赴閩。第三子庠生號長源者，受刑追比，羈管社學，隆冬隔宿，卸梭墮其二指。後北兵入，復與戴姓兄弟糾集灘兵，橫行衡命。戴已就戮，一馮父子不知所終。

下卷 乙酉元旦，大風拔木，積雪數尺。自臘迄春，陰凝不霽。白洋河干，聊爲錦蕞，飄灑浸潤，竟不成禮。閣部以糧餉不前，諸軍饑餒，斷葷絶飲，蔬食啜茗而已。興平至徐州，程肖宇率驍健之士六人以降（肖宇，豐沛間大盜也。聚衆數千，攻掠無忌。思宗末年，百戰獲之，下廷尉獄。未正厥辜，闖賊躪入，釋之而南，仍復爲盜。畏興平强盛，率衆附降）。興平遂與歃血定盟，餽遺酬酢，略無虛日。浹旬，酒酣，俱殺以殉。及至永城，鄉紳某者，蓄積甚厚，輸犒數千，興平亦與定盟，旋復見殺，並籍其家。故許定國力爲之備。

興平所宅徐州館舍，極其精潔。忽異物疊見，坐卧不寧。陡於白晝無因而火，興平胸首俱焦，狼狽走出，隨身寶玩，灰燼無餘。爰是，決意北征，抵睢城焉。天啓甲子七月，五星聚張。辛巳春，黃河涸，漕艘不行；錢塘江舟人炊飯，水入釜爲火。壬午秋，熒惑入南斗。棐臣歎曰：「伯陽父有言，今周之德，若二代之季矣。象緯告凶、名川枯竭，將毋同乎！」是時，黃河清，泗州麒麟見，閣部謂棐臣曰：「是非休徵與？將謂有建武、紹興之事也。」棐臣曰：「天心仁愛，托物徵奇，魯獸獲麟，未聞爲尼山之瑞。」公艴然而起。

是月，閣部命監紀通判張鑻往河南，招撫土寇劉洪啓（混名一把沙）、李際遇、楊四等，便道過許定國營，且戒以勿令興平知也。

莫吾至睢州，扎營二十里外，懸王命旂於城堙，令曰：「無故而入城者，視此。」兵民安堵，秋毫無犯。翌日，莫吾率親信精鋭之三百人入睢州城，許定國素服角帶候迎二十里外，執禮甚恭。有千户某者，攔馬投詞云：「定國謀汝。」莫吾不之信，馬前責六十棍，送定國營，許即梟示。莫吾遂與定盟，歃血鑽刀，結爲兄弟。定國以美姝進，英吾屏不御，徐謂許曰：「行軍之月，無所事此。弟如有心，爲吾畜之！掃口中原，以娱吾老。」定國唯唯而退。

興平意欲急行，定國遲遲不果。興平詰之，定國曰：「山妻偶恙。」興平愠曰：「弟，人傑也，何無丈夫氣？兒女子願去則去，否則殺之，以絶他念。前途立功，惟君所欲。倘濡涊不能，吾當爲君除之。」定國驚曰：「此末弟結髮，非他婦比。當即隨行，幸勿見罪。」定國爲上燈之酌，已則侍飲於興平，令伊弟許泗陪宴，諸將各侑以妙伎一人。飲半酣，諸將覺其有異，密告興平曰：「今日之宴，大非昔比。伊弟許泗，神魂不安，將毋懷不仁乎？」興平笑曰：「爾等以定國爲虎狼耶！吾視之，直螻蟻耳。」諸將再欲進言，興平揮之而退。遂各暢飲，人挾一伎，不自知其落於彀中也。興平寢室無宿將健兒，止髫髫之童數輩，所用鐵棍重十八斤，詭稱四十斤，每以自隨。漏將殘，前後左右長鎗叢集。小童急報，興平

急起索鐵棍，失之矣，猶奪他人之鎗，步戰達旦，連殺數人而斃。三百人盡皆開膛，身首異處，覓一全屍不得也。次日亭午，城外將士約略聞之，猶未敢入。越三日，李本深等始率衆至，定國已渡河北向矣。睢城接壤屠戮幾二百里，所至之處飛走皆刑。

元正十日，閣部所乘座船桅竿，夜輒作聲，自上向下，復自下而上。中軍官備牲祭之，亦復不止。詢之長年，曰：「無他，不過主人欲更舟耳。」十八日，興平凶問至，公遂如彭城。

興平既没，諸將互相雄長，下弦之夕，幾至血刃。公環甲戴弁，坐以待旦，兢兢不免。昧爽，與諸將盟，以興平嫡甥李本深爲揚州提督，嫡弟高某爲副將，以胡茂楨爲閣標大廳，李成棟總兵徐州，其餘將佐各有分地。立其子爲世子，請卹請廕。於是，衆志帖然。

東平開藩淮邸，大治宮室，窮極壯麗。造一水閣，費及千金，落成日，淮庠諸生爭獻詩賦，稱頌功德。其閣忽傾，二生溺水死。

淮陰紫霄觀，皂莢樹一株産物如飴，色黄味淡，淋漓不徹，士民以爲甘露，縱觀如市。棐臣過而見之，曰：「此爵錫也。白者爲甘露，黄者爵錫。所見之地，期見易主。」

公弟原任翰林院庶吉士可程，自北來歸，公疏請歸之司寇。有旨：「卿宣力於外，不遑將蠡母。卿弟可程准居私第，侍奉甘旨，静聽處分，不必引咎。」由是，可程歸於京師。

史公勾當公事，每至夜分，隆冬盛暑，未嘗暫輟。且恐勞人，略不設備員役，倦怠獨處舟中。參伍有言宜加警備者；公曰：「有命在天，人爲何益！」坦然如故。後以公務冗煩，以黄蠡源老成練達，欲令與處一舟，面加商榷。蠡源辭曰：「月芳老矣，不能日侍左右。師臺亦當節勞珍重，毋以食少事煩，蹈前人故轍。且發書走檄，幕僚濟濟，俱饒爲之；徵兵問餉，胥吏有司事耳。老師但董其成，綽有餘暇，何必晝夜損神，以躬親博勞瘁乎！」公曰：「固知公等皆受用人，不堪辛苦。」蠡源曰：「兵者，殺機也，當以樂意行之。將者，死官也，須以生氣出之。汾陽聲伎滿前，窮奢極欲，何嘗廢乃公事乎？」公笑而不答。

二月，公還自徐州黄滸山，聞英吾之變，啓釁欲襲維揚，代領其衆，守城戒嚴。總河王鐵山、總漕田百源深以爲憂，且慮高兵横軼，令兼屯田僉事監紀推官應廷吉持節安撫，而史公令箭適至，遂並行焉。至邵伯鎮，撤其横税，商民歌舞。

十五日，公自徐至揚，令同知曲從直、中軍馬應魁入滸山營，問所欲爲。滸山曰：「吾乃朝廷大將，累立戰功，僻處儀徵小邑，番山鷂一賊耳，有何功績，占據名邦！今既身故，今將泰興興化、通泰二州行鹽地面，盡歸於吾。念其死於王事，權分高郵、寶應、江都等處養其妻子。如拂我意，誓不罷兵。」高營將士，亦摩拳擦掌雄據。不一月，命高、盧二太監持諭解，兵始退去。時人爲之語曰：「誰唤番山鷂子來，闖仔不和諧。平地起刀兵，夫人來壓寨（邢夫人也）。虧殺老媒婆（史公也），走江又走淮。俺皇爺醉燒酒全不保。」二鎮罷兵，高藩邢氏夫人慮稚子之孤弱也，恐獨立不足以有成，知閣部無子，欲爲螟蛉。公怪之，謀諸將佐，僉曰：「無傷。」公心不然，毅形於色。輒有獻策者曰：「是不難，渠係高氏，有高監在；公盍爲之盟，令父其父、子其子。」公可其議。次日，邢夫人設宴，將吏畢集。公備隆意，語高監。監忻諾，受其子拜。邢夫人亦拜，並拜公。公不受，環柱而走，高監止焉。宴畢各散。又明日，高監設宴宴公，並宴高世子。公甫就坐，令小黄門數輩俱圍有衣蟒者，挾公坐，不得起，令世子拜，邢夫人亦拜，以父稱之。公無可奈何，勉强盡歡，怏怏彌日。前冬紫微垣諸星皆暗，公屏人夜出，召棐臣從，公仰視曰：「垣星失曜，奈何！」棐臣曰：「上相獨明。」公曰：「吾昔位上相，近爲瑶草矣。雖然輔弼皆暗，上相其獨生乎！」愴然不懌。

吴爾塤從莫吾北征，睢州變化，流寓祥符，偶遇一婦，自稱王妃。爾塤不察，以爲弘光帝元后也，因開封守臣附疏以進。至京師鞫之，則周府宫人也。爾塤以妄言得罪，楊公留不遣，夜發飛騎，促爾塤至，代疏引罪。爾塤獲免，後守新城，不知所終。

鴻臚卿高姓蒼頭從北平來，路遇一男子，着綉蟒裙。蒼頭驚曰：「子其王子乎？」男子詭曰：「然，吾太子也。」少頃，則曰：「非也，吾乃王戚畹族屬王之明也。」蒼頭因爲設策，令渠冒稱太子，詐往浙江，因報主人曰：「太子渡江而來矣。」高弗審，立命追之，且聞於朝，百僚勘察，舊時認識，盡得其情，高鴻臚棄市。之明尚繫廷尉，未服上刑，弘光帝出奔，北兵未至，市囂數百擁入大内，黄袍加身，三日，斃於亂兵。公向不知顛末，曾爲具疏，後深悔之。

三月，左良玉帥師南下，豎二旂於鷁首，左曰「清君側」，右曰「定儲位」，其實良玉不知也。首其事者以他詞誘良玉出府，良玉顧問欲何所往？首事者輒令衆曰：「命燒府第。」衆共舉火，烟焰張天。良玉不知所爲，首事者進曰：「小人乘權，儲君未定，袁臨侯等約同舉事。」良玉唯諾。及至九江，繼咸乘城拒守，礟達

於寢，良玉始知爲首事者所賣，驚怖而殂。左衆遂舍九江，歷皖城，逕趨都下。馬瑶草等羅拜黄澥山於榻前，澥山曰：「吾受國厚恩，臨事致身，分也，何煩公等重禮。」遂視師江上，累戰皆捷。左衆計絀，渡江納款。北兵入白上關，澥山臂中箭毒，不能挽强，披甲登舟，竟爲流矢所殪（句容東南數十里，地名白上關）。

靖南罷兵，高營將士皈命投誠，惟閣部是聽。內有忮其威名者，以原任翰林院編修衛胤文總督淮揚軍事，公恬不介意，而將士憤懣不平，慰諭再三，終不受命。子安涖任之日，無一人至者。維揚既設督撫，幕僚集議於公曰：「公，督師也。督師之體，居中調度，與諸藩異。奈何與彼互分汛地，是閣部與藩鎮等也。爲今之計，公盍移駐泗州，防護祖陵，以成居重馭輕之勢，然後繕疏請命，將此仔肩交付衛子安、王鐵山乎。」公曰：「曩之分汛，虞師武臣之不力也，吾故以身先之。移鎮泗州，未爲無見。」遂於是月一日，令棐臣監督參（將）劉恒祚、游擊孫桓、都司錢鼎新、于光等船隻，會黄蠡源於清江浦（時蠡源防河未撤也），渡洪澤湖，向泗州進發。

屯泗之議既定，公謂應棐臣曰：「禮賢館諸生隨軍有時，兼之河防多負勤苦；今又趨泗，是重勞也。君盍品定才識，量能授官，酬其積勩乎！」因於四月二日，於督撫左廂策試諸士，第嘉禾歸昭、崑山孫元凱等爲甲乙，並授唐大章、唐妍、張大武、陸燧等通判、推官、知縣等官。

盧渭是年充歲貢生，赴揚謁見，實有非分之望。公優禮有加，劇談不倦，及試職銜，識卓議高，詞采濬發，原擬壓卷，公手其文，擊節歎賞，另立特等，贈以路費三兩而已。諸生遷次。次日進謝，公各諭遣，留棐臣小飲，從容問曰：「君精三式之學，所言淮陰安堵，終不被兵，與諸人同。第言夏至前後，南都多事，予所不解，亦無持是説者。」棐臣對曰：「今歲太乙陽局，鎮坤二宫，始擊關提，主大將囚客。參將發，而又文昌與太陰並凶，禍有不可言者。夏至之後，更換陰局，大事去矣。」公於袖中出弘光帝手詔示棐臣曰：「左兵南矣，吾將赴難。君言不信則可，倘如君言，奈天意何！」執棐臣手，唏嘘而别。遂於午刻，發平山堂。

公既赴召，將一應軍務，付棐臣令箭，便宜行事。三之日，棐臣督諸軍赴泗，過淮揚，劉鶴洲以令箭取軍器、火藥、餉銀等件（蓋施誠菴教之也。誠菴以公不假兵柄，心忌應之獨任，且爲劉之私人。且南北危急，謂此餉無主，故令東平取之）；棐臣堅執不與，謂其差官曰：「吾朝廷命官，欽定閣員，非劄委者比。藩鎮令箭，何爲至我！」差官曰：「令箭所以差官也。」棐臣曰：「然！但此軍器、錢糧，受命閣臣督往泗州，今雖暫時隔絶，何可便付？況已薄暮，亦非交割錢糧之時。明晨，吾當親見藩臺，面議可否。」差官唯唯而退。棐臣即以令箭，子夜叩關，退回高郵屯劄。

公至草鞋峽，黄澥山等已敗左兵於江上。公先具疏入告，奉旨有北兵南向，卿速回料理，不必入朝。公登燕子磯，南面八拜，慟哭而返。

諸軍駐高郵，奉閣部令箭云：「左兵順流而下，邳、宿道即督一應軍器、錢糧至浦口會勦。」午刻奉令箭云：「北兵南面，諸軍不必赴泗，速回揚州聽調。」晡後，復奉令箭云：「盱眙告急，邳、宿道可督諸軍至天長接應。」棐臣謂諸將曰：「閣部方寸亂矣。豈有千里之程，如許之餉而一日三調者乎！驚急頻仍，揚城必有內變。吾等第當堅守，相機而進。」諸軍唯唯否否，計無所出，偶語而散。

十一日，公至天長，檄召諸將救援盱眙，單騎當先，不避風雨。忽報盱眙已降，泗州降將侯方嚴全軍敗没，浮橋亦陷。公一日一夜，冒雨拖泥奔至揚州，尚未得食，城中鬨傳許定國領大兵至，欲盡殲高氏以絶寃對。且云出自公口。十四日五鼓，高兵斬關奪門而出，悉奔泰州，牲畜舟楫，爲之一空。

十五日，移泗諸軍尚屯高郵，黄日芳檄防河兵至，適見北來艅艎挂帆江上，蜂擁而來。問之，則劉鶴洲、田百源之勤王師也。棐臣以劉有前隙，遂移屯高郵湖。

是日，有北使至高郵，自稱前庚辰進士陳某，云湖廣人、又云江西人，僚屬無識其面者。捧三函，內一函封題如前；一函題曰某王令旨，仰總河都御史等開拆；一函題曰某王令旨，巡撫淮安都御史某開拆。職方郎中黄日芳等歎之，辨論種種。使者以三罪罪我曰：「爾君薨葬城隅，汝輩聽其凌夷草土，竟不發喪，一罪也。吾國爲汝國報仇，汝輩擅立福藩世子，二罪也。吾國爲汝君發喪歸葬，爲汝國殲除勁敵，罔知報謝，亦無一介行李往來，三罪也。」日芳等云：「先帝變起倉卒，諸臣料理不及；重頓發喪，已差大臣左懋第等恭伸款謝。」使者曰：「土地、山川，皆吾國之餘也，些須玉帛，何足掛齒！今奉天討罪，以有道伐無道，何説之辭！」日芳等辭以主帥不在，徐當另議。彼亦不留，馳騁北去。

十六日，北氛日極，黄日芳檄川將胡尚友、韓尚諒各領本部扎營茱萸灣，以爲聲援。應廷吉帥諸軍來會，屯瓦窑舖，以爲犄角。是日，田、劉撤兵回淮安矣。

十七日，移泗諸軍駐瓦窑舖，何剛率忠貫營兵來會。時方至午食，北哨陡至，射倒棐臣家丁，衆大駭愕，諸君執三眼鎗逐之。既退，復奔邵伯鎮，遇胡、韓

二將兵，斬首七級。適南風大作，諸軍復退邵伯胡盧家嘴地方屯劄。

十八日，城守毖嚴。公檄各鎮援兵，無一至者，前鋒鎮移軍天靈洲矣。午刻，公檄黄日芳駐邵伯鎮，即爲汛地，秦士奇副之。黄鉉趲糧未回，以東省未任監軍道孫芝秀署督糧道事，應廷吉副之，駐邵伯鎮，轉運糧儲，胡、韓二將，往來護送。

十九日，公檄何剛督所部兵入城守衛。劉肇基率所部兵亦至，遂共入城。城陷日，剛以弓弦自經死。

二十日，北兵以大礮未至，屯斑竹園。驍將押住單騎劫營，奪馬一疋、斬首一級而還，公賞以蟒紗一襲、白金百兩。

二十一日，甘肅鎮李栖鳳、監軍道高岐鳳帥所部兵四千人至，梁以樟、應廷吉、張鑵、施鳳儀並禮賢館諸生俱入城守衛。

二十二日，李、高有異志，將欲劫公以應北兵。公正色拒之曰：「此吾死所也。公等何爲？如欲富貴，請各自便。」前北兵譴我降人，百計説公，初猶令馬旗鼓往來陳説，是日止令隔河而語。嗣後，有北人來，亦不容矣。李、高見公志不可奪，遂於二鼓拔營而出，並帶護餉用將胡尚友、韓尚諒諸兵北去。公恐生内變，亦聽之，不禁也。自此備禦單弱，餉不可繼，城不可守矣。

二十三日，漏下二鼓，公謂棐臣曰：「移泗餉銀約二十萬、軍器火藥十萬並諸糧米，俱君首尾，棄之可惜。諸將非君至，當靳不與，可貪夜出城，陸續轉運，以濟緩急。」又云：「吾自覺憒憒，以後急務便宜行之，不必關白於我。事竣日，彙報可也。」棐臣曰：「廷吉現守南門，若何！」公曰：「以施誠菴代之。」於是，縋城而下。城陷日，誠菴走至鈔關門，皆中流矢斃。

北兵未集時，劉肇基等請乘不備，背城一戰。公曰：「鋭氣不可輕試，且養全鋒，以待其斃。」不知坐失事機。及北兵從泗州運紅衣礮至，一鼓而下，肇基率所部四百人巷戰而死。

川兵既去，護餉無人。二十三日，遊擊韓飛護運糧七百石至楊子橋，遂爲北兵所掠，殺死捎水數人，焚毁略盡。

二十四日，北兵試礮，飛至郡堂，彈重十斤四兩，滿城惶怖。知府濟寧任民育吉服危坐城中，城破，死之，眷屬俱投井中。同知曲從直並其子拔貢生某分守東門，皆死之。

舊城西門地形卑下，城外高阜俯瞰城下，勢若建瓴，且爲興化李官祖塋，樹木陰翳，由外達内，絶無阻隔，枝幹回互，勢少得出。諸將屢以爲言，公以李氏蔭木，不忍伐也，且言諸將以此地爲險，吾自守之。二十四日夜，礮落雉堞二堵，二小卒緣墻而上，城上鼎沸，勢遂不支。

周志畏以少年兩榜，蒞事江都，頗立崖岸，遂與高營將士不協，時被窘辱，百計謝事，以難其請。適江右羅伏龍至，遂以水土不服議調，而以伏龍代之。羅受事三月，羽檄交馳，周仍不去，公因勒新舊縣令一同守城。城破日，周、羅死之，家口無一免者。縉紳故大司馬張伯鯨、督修重城同知王纘爵、運使楊振興與難。

二十五日，揚城失守，邵伯鎮文武一時星聚，移泗之餉，退屯赤岸湖埜人灣。至二十九日，舊甘肅鎮李栖鳳令其弟栖鸞率衆大掠。時李成棟扎營高郵東門，栖鸞不敢逕進，乃以小艇載輜重潛過，護餉各官，得以漁舟遁去。

二十六日，漕河諸臣望風歸附，劉鶴洲、田百源等從安東航海。三溝閘、瓜步等處，北騎密布。許大成決下河堤，以沙舡至船海、富安場等處避亂。黄斌卿、鄭彩守江口，楊文驄駐金山，築圍墻以避礮矢。

五月初十之夜，大霧横江，北兵夜取瓜州市廛門扇、栅欄、竹椅、木桌結爲一牌，上然燈燭，大施號礮，亂流而下；以爲北騎之襲江也，悉力攻擊。北兵從坎壜橋狹流輕舟飛渡，不遇一二十人耳。黎明，高阜僻處虚設亭幃，擊鼓吹螺，沿江守兵遂無固守，且竟有先期納款者。江東王氣，於斯盡矣。

閣部没後，新朝念其忠勤，有司給粟帛以養其母，與西門小房一區以處其室。戊子歲，鹽城人復有竊其名以號召蚩氓者，掠廟灣，入淮浦，震驚白下，官復拘繫其孥。有北將曰：「曩下淮陽，吾當先摧敵，若史公者，業手刃之矣。此因假竊名字者，行當自敗，何必疑其母妻哉！」並釋之。或曰：「今有墓在梅花嶺。」逸史云聞爲裨史咸所築。疑假疑真，不必深辨。

唐存德先生言：乙酉元旦，南都一大僚夢至帝所，見冕玉而搢笏者捧册覲帝曰：「此在劫人數也。」帝曰：「南人多、北人少乎？」冕玉者曰：「然。高傑開刀，定數應爾。」帝首肯而退。嗚呼！前定之説，不虛也。

《魯春秋・監國記》

清查繼佐撰

弘光元年(乙酉)夏五月，南都不守，江南及浙西郡縣咸望風下。杭諸紳奉皇太后命，敦請潞王翊鏐監國。甫三日，監國因原任都督陳洪範籍士馬、錢糧北款。錢塘知縣顧咸建忍不從，棄去；諸生沈乘建守城之策，百姓暱王慈，立殺乘；在籍原任兵部主事王道焜、行人司行人陸培不應召，自殺。於是原任都察院左都御史劉宗周、京畿道御史祁彪佳、詹事府少詹事徐汧、吏部主事夏允彝、生員顧所受、王毓蓍、高孝瓚、王士琦、士琦弟士璘、士珍、趙大中、布衣潘集、周卜年、術士王樂水，咸不屈自殺。

弘光中，潞王奉命居杭。金陵迫，皇太后與乘輿夜遁，閣部馬士英密傳所暱方國安以兵分道護太后詣浙而身從之，不扈駕。洪範，初監討賊，不利。嗣陪兵部右侍郎左懋第北勞，懋第不屈死，洪範密輸款得先歸，饑浙北闢者兩月。至是，力勸監國以兩浙北降。楚將軍華堞麻絰争王前，慟哭躑地求盡，曰：「釋此，吾姓無死所矣。」監國不聽，北去不返。乘，字季中，仁和諸生。武林且款，乘獨大言：「誰主降議，可斬。」請留方、鄭二總兵合守，空武林門外民廛宿師。猝死，論者追惜之。咸建，字恕禮，崑山人，不從款，逸去；執至杭，見戮。道焜，字昭平，以天啓辛酉鄉薦，知南平，歷兵部主事，南都敗，歸里。時新署杭州府爲諸生顧鳴彪；其各邑，朱龍圖爲平湖、胡佩爲嘉善、彭萬里爲山陰、朱承祚爲烏程、沈布畢爲新城、唐士晟爲武康、陳之杰爲海鹽、陶良楝爲臨安，共十七人，咸係本籍鄉薦。道焜與同籍行人陸培拒使，自殺。培，號鯤庭，崇禎庚辰進士，與東林郄；後陳潛夫請於監國，贈太常寺少卿，謚「忠毅」。宗周，號念臺，山陰人，明道正誼。萬曆辛丑進士，立朝侃侃，不畏强禦，爲東林所推重。筮仕四十五年，一鳴輒斥多躓議。北帥幣聘奉書，嚴却，絶食死。彪佳，字虎子，天啓壬戌進士，司理興化，擢御史，刷卷南畿。福王登極，請勿遽稱尊，以示無私天下之義。奏革詔獄、緝事、廷杖三弊政，不聽。忤邪黨，出蘇松巡撫，病歸。時作書拒招，夜沈池死。汧，號勿齋，長洲人。崇禎戊辰進士。甲申里居，自題其像，勉於大義。南都再造，作教規當事。起原官，不應。南都敗，自沈虎丘死。允彝，字瑗公，華亭人。崇禎丁丑進士。知長樂，以治最，書御屏。通經術，務有用。弘光中，起吏部，病歸。北師下，走，使者招之，答書婉約以見志，赴先塋水死。所受，字性之，吴縣諸生。年七十餘矣，見北安撫使入城，爲殉難諸生許琰作傳訖，潛投泮池死，鄉人私謚「烈節先生」。毓蓍，字玄趾。武林北降，作「致命篇」自誓，以書決劉念臺之義，自沈柳橋死。孝瓚，江都人。城破，自題絶命詞於衿，縊學宫死。同里諸生王士琦與弟士璘、士珍，各偕其妻縊死。大中，涇縣諸生。北師下，投泮池不得死，潛投察院空署，家人覺，脱繯歸，卒赴門之塘河死。集，字子翔。博學能文，手草哭其友王毓蓍，沈渡東橋水死。鄉人私謚「義成先生」。卜年，字定夫。工詞章，爲文弔同里殉國王毓蓍、潘集，馳候江潮，躍入死。樂水，江寧人。易姓名，避仇浙中，託星相説書以活。時武林北款，扶其妻琵琶瞽者，同躍士橋水死。六月，薙髮有令。其護髮自裁者，爲諸生嚴紹英、王台輔、徐埭、張秉淳、嚴心若等，布衣方國焕、翟士鳳，六合甲、市賈歐敬竹、龍游樵、江米傳真者、賈餅夫婦、鵝叟、梨園周之蘭夫婦、百川橋乞兒、王瞎匄者。其不奉制見收蹈刃而不悔者，爲吏部主事華允誠、編修楊廷樞、推官顧咸正、知縣劉曙、教諭孫兆奎、眭明永、諸生卞子厚、布衣許德溥、詹履吉等。

紹英，字與揚，無錫諸生，全髮自縊死。有婢從死，題壁曰：「讀聖賢書，義不受辱。使女春生同縊於此」。台輔，字贊明，邳州諸生。完髮鄉鄙，指乙酉以前所困爲周粟；粟盡，餓七日死。埭，字瞻淇。不從令，題案「不願立名垂後代，但求盡節，服先朝」，衣冠自經。秉淳，字不二。以書答友：「虧體則辱親，改制則忘君」。餓椙五十七日而死。其妻哭之慟，噴血死。嚴心若，名壎，以字行。護髮黄韭營，被執海口，奇計脱，復匿，死亂兵。國焕，字孔文，歙縣老塾師，年七十矣。聞令，移時不語，鍵户引錐刺左股，蘸血題詩於壁，有「冠裳爲重一身輕」之句，爲繯自盡。鄉人私謚「耆貞先生」。士鳳，號瑞卿，武進人。塾師城中，不奉令，以詩訣其兄於鄉，潛書木主「武進義民翟某神主」，列忠義祠信國公神位之側。腰繫小牌，投祠左池水死。牌書「願爲明鬼，不願爲他人；卧水去」十二字(「他」字改)。六合甲，令下，題其室：「朝而冠、暮而髡，生爲鬼、死爲人」。約所善江蛟同死，蛟中變，甲沈水。久之，蛟以新鄉薦爲竟陵令，甫謁城隍祠，見甲如其神，口作甲言，限七日對簿。果七日，蛟死。敬竹，常州業扇格者也。家人勸薙髮，傲不肯，

夜縊死。同里薛叟，畜鵜爲生。以七十觴期，惡去髮，先一日，自縊死。龍游樵者，聞薙髮之令，急釋擔投水死。揚州江米傳真者，同妻縊死。賈餅夫婦，世居蘇玄妙觀前，聞令，咸縊死。之蘭，蘇梨園扮生者。語其妻：「必薙髮，我死。」妻曰：「必薙汝髮，我死。」並投井死。松江瞽丐，薙髮令下，曰：「何以生爲！」北面拜，夜自經死。又百川橋乞兒，亦投水死。允誠，號鳳超，無錫人。天啓壬戌進士，以工部主事轉員外郎。時銓閣比周，上「三可惜、四可憂」，病歸。南都立，補吏部。見時事日非，亦病歸。乙酉後，完髮杜門者三年矣。事覺，同從孫尚濂坐抗制及難。僕朱孝、薛成從死。廷樞，字維斗，吴縣人。崇禎庚午解元，有文名篤行，爲復社所推重。弘光中，授編修兼兵科給事中。南都敗，全髮洞庭不屈，必殺之。咸正，字端木，崑山人。崇禎乙卯鄉薦，司理延安。賊自成破陝，被執不屈。東師入陝，全髮逃歸。預松江回向總鎮吴聖兆之籍，就戮。弟咸建已及難，即從前不從潞監國杭款者也。曙字公旦，長洲人。崇禎癸未進士。甲申，同里之鄉紳草檄討項煜之從賊者。知南昌，艱歸。完髮蠡口，訣母，訓二子蕃、蓀，不屈就刃。兆奎，字君昌，吴江人。崇禎丙子鄉薦。護髮，與其弟聚奎匿里，不肯公謁。見收苦掠，兄弟咸不恭，盡。明永，字松年，丹陽人。崇禎壬午鄉薦，教諭華亭。題明倫堂之壁：「明命其永，嵩祝〔萬〕年（明「松」字以避諱改「嵩」，蓋拆其名與字爲句也）。生忝祖父，死依聖賢」。握髮自縊，覺不得死，出投泮水，被執不屈死；子本，走滇露，見殺。子厚，平湖諸生。以完髮見收繫獄，不食死。其友常熟徐惲，諸生。與項志寧以抗令，咸閉門不食死。德溥，字元南，爲忠節直族子。鐫「盡忠報國」四字於背，護髮不見人。尋〔復〕鐫其胸「不媿本朝」；於膊左右：「生爲明臣，死爲明鬼」。事覺置法，語極不恭。履吉，宜興人。潛髮山中被執，臨刑曰：「殺汝不成，爲汝所殺，尋常事。」談笑盡。

閏六月之十有三日，浙東西、江南搢紳士民競舞槊起，無所期會。自城守以外，窮鄉僻澨各自爲屯，不計其數（事從紹興起；其迄江右以西，不因魯不載）。

於紹興，爲諸生鄭遵謙及鄉紳王紹美、王亹、周晉等。遵謙，字履公。父僉事之尹，已薙髮，朝杭州。遵謙匿外婦金，連逮獄，奮裹金出，呼無賴，起數百人。紹美及亹，諸生。周晉、王襄、鄭之瀚、張玉鉉等共事。

於餘姚，爲兵科給事中熊汝霖、主事孫嘉績等。汝霖，字雨殷。崇禎辛未進士，知同安。歷官敢言，坐降。弘光中，有「事事急做，人人責成」一疏。又云：「『兵餉戰守』四言，變爲『異同恩怨』四字；時政顛倒，不亡何待！」以兵應遵謙，援海寧義旅，敗績。争誤國馬士英不得復用，欲請上方劍誅之。縣吏王翊，亦贊汝霖起。

於寧波，爲刑部員外錢肅樂、鄉薦楊文瓚、諸生董志寧、華夏、凌之驃、布衣徐睿等。肅樂，字希聲，鄞縣人，武肅四子暉之後。崇禎丁丑進士，知太倉清，升刑部。會鄉諸紳課北迎羊酒於演武場，肅樂獨不署名。於是鄞縣諸生董志寧、華夏、陸周明、宇熼等五人，即肅樂共起。一布傭戴少峰者，願附肅樂之義，大書「恢復」字樣於額，聲金衢。又賈菜傭願上一金助餉，眡之皆末，千計不啻也，懸之以爲勸。肅樂以衆西守江，合迎魯王監國。文瓚，字贊玉。崇禎己卯鄉薦，與其兄諸生克仲及同學馮京第等從肅樂後共奮。文瓚從唐，授御史。之驃，字馭和，與諸生張能信共起。父士弘，常爲舟山往日本乞師。徐睿，字聖思。賢才慷慨。感時故，錮丈室中不欲有所聞見。會錢員外動衆，破鍵出，横劍睨人。

於仁和，爲陳萬良、〔馬〕雲龍等。萬良，字鳴皋，仁和故人奴也。年十三，走人爲盜，奇計攫縣餉金四萬兩，令其黨各以爲生，不復盜，故終不敗，衆義之，願爲之死。弘光中，以薦，授遊擊銜。閏六月，與其黨馬雲龍奉道士范大倫爲盟主。大倫死，衆推萬良約束。感薦主俞繩武，爲負逃渡重河。每搏，妻亦裹甲從勿後。

於海寧，爲千户朱大綱等、鄉薦左尹、周宗彝、諸生沈陵、王教主等。大綱，字振暘。衛□職，與同衛蔡國瑛（字亘生）、許定（字□如）、鎮撫潘起龍聘、僧穎石爲先鋒，會左尹以龍山義旅及祝君待等合援海寧，逐新令張堯揚去。進士俞元良兄伯昭咸共事。宗彝，字五重。崇禎己卯鄉薦。鼓鄉健於硤石，鍵里門，自稱將軍，弟諸生啓琦副之。陵，字湘岸。起最微，左尹收養。能謳，爲諸生。往受檄，監軍荆本徹起郭店。王教主，江寧人。來龍山，以術惑衆，起衆數百人。夜闖杭良山〔門〕，無所爲，盤旋各巷，五鼓復走去。

於於潛，爲原任知縣俞文淵等。

於東陽，爲布衣陳倉等。

於富陽，爲生員陸方侯等。地連武林，且逼魯義，走間告密者衆。

於嘉興，爲尚書徐石麒及回向總兵陳梧、諸生王鯤、張翊等。石麒，字寶摩，嘉興人。援事，匿嘉善徐鉉吾家。以青浦籍，天啓壬戌進士，授工部主事。忤璫奪官。崇禎初，歷南計吏久，遷應天府丞。敢言，晉刑部尚書，多平反。訟都御史宗周無罪，病歸。國變，南兵部史可法檄餉勤王，修答非便。勸可法力固南都，以待後命。福王立，拜吏部尚書。忤士英，病歸。潛水月庵，辭招婉而堅。時諸生以大義脅詞臣屠象美回向，遂與陳梧合議城守。殺新令秀水胡之臣、嘉興吴佩原；知府鍾鼎臣、同知宗室朱沔以得民，仍其任。迎故令平湖龐霦、嘉善詹申，復前署。歷四十餘日，餉竭難守。石麒益勵，入城乞師硤石，不果。

於嘉善，鄉薦錢旃與偕諸生夏完淳及倪人撫起太湖。

於海鹽之澉浦，爲王雲衢(世百户也)、弟雲龍、雲鳳，率韓萬象等徂殺叛將周一誠。監國授雲龍副將銜。雲衢嘗開門，入御史王正中越旅。

於平湖，爲御史陳清原、主事倪長玗、貢士馬鳴雷、官生朱大定、諸生湯雲章等。清原與長玗，領鄉薦，最烈。鳴雷，字伯臺，與諸生馬萬方等抗殺新令朱龍圖，僞爲喜詔，稱「神武」元年鼓衆。大定，爲相公國祚子，原官成都通判。請纓於魯，合吴易共奮太湖。

於崇德，爲吕宣忠，字亮工，爲諸生，好論兵法。進士吴易舉兵太湖，特疏宣忠可共事，立擢都督僉事，加扶義將軍，主號召。

於湖州，爲布衣金鎰、諸生韓茂貽、王光祉等。鎰，字拱玉，長興人。韓茂貽，會元敬子也。與諸健一再恢湖州，殺原任推官馮甲。□□武康、孝豐、安吉諸城，迎楚通城王盛徵爲盟主，王札授鎰總兵銜。

於德清，爲諸生蔡孺法、蔡子標等。乙酉，與諸義奔走。子標先被執，衣冠肩輿臨市六人。忽一人抱子標哭，願從死；子標故異之不得，於是報伏法者七。九月，諸健散，孺法猶抗不如制，質其父兄而索之。時和州載重(字敬之)棄任推官，與韓茂貽等共事湖州。

於永嘉，爲諸生張實孚、知縣俞文淵等。時東陽始事陳倉起陶阮勢烈，實孚亦鼓六甲山之衆以應。文淵遂提其鄉較往合陶阮，復東陽北抗者五年。女淵還里，護所爲定王者以號諸健。

於吴江，爲進士吴易、諸生吴振遠等。易，字□生，崇禎癸未進士。嘗著「南都中興四議」。練兵太湖，表於魯監國，請爲內應；授蘇松巡撫、都御史，懸長興伯以待。振遠，字石仙，吴江人。魯王歷吴江，悦其計畫，與爲工正。因病，乞歸。嘗主盟湖中，與沈天叙各分一旅。天叙，字文宗。初起太湖，奉樂安王甲奔諸義，王札授副總兵。戰不利，亡山中。已復與諸生姜熊飛、〔沈〕鼎鉉等起，擊殺北師遊擊乙截；北向大戰東濫谿，頗捷。

於崑山，爲□士朱集璜等。集璜，字以發，明經。以兵北抗，殺新令，迎故令城守。同事〔陶〕琰、顧纘繩等，咸諸生，鼓義。

於嘉定，爲左通政使侯峒曾、進士黄淳耀、鄉薦張錫眉、教授龔用圓等。峒曾，字豫瞻。父吏科給事中震暘，號敢言。峒曾，天啓乙丑進士，以南主政起，歷□政績。弘光中，補左通政，病辭。聞詞臣徐汧自裁，曰：「務兵不成，出此未晚」。弟岐曾，字雍瞻。後與回向松江聖兆及給諫子龍等密通呼吸，冀入魯師共起。淳耀，字蘊〔生，崇禎〕癸未進士；與弟□生(淵耀)及上海鄉薦僑居錫眉(字介兹)，又諸生夏雲蛟、唐昌全、金士起咸從峒曾之後。而用圓者，字智淵；天啓辛酉鄉薦，以嘉興府學教諭。亂歸，與兄弟諸生用廣、用厚咸共事。

於松江，爲原任吴淞總兵吴志葵、原任兵部侍郎沈猶龍、兵科給事中陳子龍、中書舍人李待問、吏部主事夏允彝、兵部主事李向中等。志葵與官舍常壽寧、指揮侯承祖以故較疾起，復松江；令壽寧守府，承祖守金□。於是子龍等共推猶龍爲盟主，而子龍監其軍；向中署兵巡道、史啓明署華亭知縣。適故帥黄蜚統水師來會，軍聲益振。

於江陰，爲中書舍人戚勳及典史閻應元、馮訓導、諸生顧杲、李嵨等。勳，字羽明，爲文華殿中書。甲申二月，棄官歸。弘光中，奉命督閩餉而南都敗。江陰俗尚拳勇，勳與閻典史疾呼起，復江陰。每出奇計，累捷；城陷而復、復而陷數四。杲，係無錫諸生；嵨，係宜興諸生。挾奔，命共事。

於丹徒，爲監軍僉事荆本澈。澈，字大徹，崇禎甲戌進士。司理建昌，讁歸。弘光中監軍，轄下江。監國中，懸授都御史，巡撫蘇松。北禦婁河頗捷，復崇明；承制以王臣縉權署崇明、鄉薦張琦署蘇松道。內變，以水艍逆捷北師施家口，覆敵舟數百。

於宜興，爲中書舍人盧象觀。象觀，南解首進士，督師尚書象昇弟也。弘光中，以中書奉詔徽、寧。後起兵茗嶺，用故校陳安、楊國柱爲先鋒；安死陣茗嶺，乃走合將軍黄蜚太湖。及蜚敗歿吴淞，復與鄉薦麟□□□從通

城王，一再克捷湖州。同邑鄉薦吴洪化，字貳公，亦奮同事。

於徽州，爲御史金聲、推官温璜、指揮汪秋漢、余公讚、諸生江天一等。聲，字正希，林寧人。以嘉魚籍，成崇禎戊辰進士，選庶常。薦同官劉之綸、客申甫知兵，改御史監軍。之綸援遵化敗死，聲抨歸。乙酉，與其友天一及指揮秋漢、公讚等恢其府嚴壁，且援旌德及屬邑。所部程士洪、萬會、吴國楨、余元寬等皆豪健。璜，字于石，烏程人。崇禎癸未進士，司李徽州；從知府唐良懿之策，嚴城守，與聲共事。萬曰吉以謫官，簡較從軍。

於寧國，爲徽寧道楊卓然、推官丘祖德、貢士麻三衡等。卓然，字又先，辰州人。崇禎辛未進士，杭州司理，降知太湖，講賊城完。閣部嗣昌出師，請爲監軍，聲濯。弘光中，擢徽寧道，振旅北抗。三衡，字孟旋，宣城人。能文章、長弓馬，衆推服。從寧國司理祖德，與北師對仗，已，同學諸生吴賁、項志亨、沈壽蕘、錢士翶、徐朗屢摧不詘。士翶有兄士驤，益敢。

於貴池，爲諸生吴應箕。應箕，字次尾，復社知名，積書充棟，時盡以託其所暱友人，乃傾家飽士，應金聲於徽州，復貴池。

於溧陽，爲道士任培元。南都敗，溧陽知縣李思漢棄印走去。適有彭氏家奴獲印，呼衆城守，培元贊之，諸健競附其義以起。

於句容，爲諸生周鋘與知縣宗室朱議徙等。鋘，字繼序，鑣弟也。起義旅，合原任知縣議徙復句容。議徙，係江右；能文，頗習武，爲宗室所嚴重。句容敗，不知所終。戰長蕩湖及安吉、孝豐之間，還突南京神策門，門破不得入。議徙，益府支也。

時棄家亡去，爲原任知縣郭凝之、山陽知縣湯芬、鄉薦周宗彝、諸生董紫冒、布衣□□□等。其走匿諸苗峒以自全者，不可勝數。

凝之，字大來，海寧人。天啓甲子鄉薦。適在會城，潞王北款，密遣其次子宗祥縋城夜走其鄉，勸所知舉兵北拒，乃以薙髮路梗被殺。從衣帶得書，書言史閣部尚在，左兵逼金陵，黄蜚起太湖，黄光祉聚衆峴山，且發豪奮勿後。已知子宗祥之變，南奔（或云闔京），且大用；唐事敗，不知所終。芬，字芳侯，平湖人，爲舉義雲章子。崇禎癸未進士。父事敗，單走唐，擢監察御史，依永勝彩。彩適與閣部中藻郄，芬往平之，爲中藻所殺。宗彝，起兵固里，事敗野走，不知所終。紫冒，名雲驤，海鹽人，與左尹同渡江。薦闔京鄉試，唐敗，不知所終。

其矯新制而逃於禪者，爲金堡、熊開元、趙庚、張九臨、王瀚、沈起、徐世臣、周訓導。

堡，字道隱，浙江仁和人，崇禎庚辰進士。守臨清，罷歸。唐起八閩，以給事中監軍江上，與左尹奕别。閩敗，桂以原官。争孫可望不宜封王，坐口舌戍，爲僧。桂林敗，上箋請收瞿臨桂之骨，和「浩然吟」行世。依粤之雷峰寺天然座側，倡法，法名今釋，字澹歸。又與左尹半奕而别，有倡和之句。開元，字魚山，湖廣人，進士。以給事中抗疏閣臣宜興，廷杖。申、酉間，鶩義吴江，不就，薙髮入山，爲靈巖繼起法嗣，移錫華山。庚，字涣之，南直吴江人。崇禎癸未進士，未仕。乙酉，薙髮爲僧靈巖，繼起付法。瀚，字原達，南直太倉人。乙酉，兩弟淳、湛徂義死。瀚爲文告廟去，僧華山，法名戒顯，改號晦山以志感，振錫杭之靈隱。起，字仲方，嘉興人。乙酉，棄諸生，爲僧東禪寺，法名銘起，改號墨庵，亦有似乎「晦」之義。有「東山贊飾」諸草。九臨，吴江名士。嘗檄討馬、阮，被逮。南都敗，獲免。坐護髮付市，願死後留衣衣母寒，主刑者感之，釋僧去。世臣，名繼恩，杭州人，逃於禪，以字行，爲曹洞三宜嗣。周訓導，任武康學，失其名。好談理學，言忠孝事，津津不去口。乙酉，薙髮入大靈山，侍天水。法名超覺，字了庵。付拂遊錫諸勝，與墨庵（銘起）爲同門兄弟。至今歸安其故里，能言其初棄任事。

遵謙首奮義事，自稱正統制將軍；衆數千人，分五軍徂擊。殺北選山陰知縣彭萬里於清風坊；迎故會稽知縣孫枼於野，還原任。推官陳達情方北款，加銜分守道，以其素得民，亦留原任。稱制，得札授其禆貳，分守要害。榜示三語：「不淫、不貨、不中私仇」。檄方國安、王之仁諸師合防江。

遵謙初起，聲振浙西，江以南，咸恃以爲義，遠近稱鄭公子云。無不旦夕鄭公子之至也，倚槊以待。

秋七月，唐王聿鍵稱尊號於福州，改元隆武。

王爲太祖第二十三子定王桱之後。改福建爲福京。以何吾騶、蔣德璟、黄道周、路振飛及蘇觀生皆大學士，封鄭芝龍爲平鹵侯、鄭鴻達爲定鹵侯、鄭彩爲永勝伯，賜芝龍子森國姓。

正統制將軍鄭遵謙同守江文武諸臣合表迎魯王於台州。

王名以海，太祖第十子荒王檀十傳爲王。王天姿粹朗，性慈易；能書、諳歌律。甲申，甫襲封四日，而東師入兖州，王南奔浙江，駐台州。杭州北

款，北騎十二疾促王入朝貝勒。會諸較起，沮江北嚴。於是台鄉紳陳函輝、柯夏卿、翁明英等率鄉健共前，執殺北騎。而江上諸文武迎王表至，王即紹興。

八月，魯王行祭告禮，監國於紹興，以明年爲監國魯元年，不奉唐朔。

諸臣上「監國之寶」以朝，王慰諭，即道署爲監國府。

起故大學士方逢年爲首輔，除直殿銜；故戎政尚書張國維爲兵部尚書。

逢年，字書田，瑞安人。素厚重，稱長者。國維，字玉笥，東陽人。以天啓壬戌進士，歷巡撫南畿，積軍功山左及江上皖口、蕪湖等處，以事逮獄。弘光中，薦起爲戎政尚書；上「乘時恢剿」之議，忤閣部馬士英。茲以廷臣薦，復起。

以故人宋之普爲東閣大學士；群臣争之，謂監國先私恩，不可以勸義。之普避位。

之普以山左籍進士，歷官歸，間關扈魯蹕有勞。後卒北去，爲常州太守。

拜方國安爲鎮東將軍、王之仁爲武寧將軍、鄭遵謙爲義興將軍，咸總兵挂印。

國安，字磐石，諸暨人。少無賴，私其里耕牛貿之，爲所發，走固原陸夢龍麾下，轉從寧南良玉。堵賊楚中，自卒伍，歷管軍。敗獻賊大冶，復黄州；走賊武昌，復漢陽諸縣；及岳州臨湘，走賊袁州：盡每先登，升總兵官。弘光中，與輔臣士英善，良玉稱兵内犯，士英懼，密招國安以舟師四千人反擊寧南。北師下，護太后奔杭州，與北師對仗萬松嶺，渡錢塘，阻金華，不獲南。適鄭遵謙兵起，合表迎魯王監國。屯朱橋，進復富陽、於潛等縣。從子元科機捷，嘗礮北督存仁不及咫，徂擊倒其馬。之仁，字九如，順天衛籍，與太監王之心兄弟。弘光中，挂征倭將軍印總兵，鎮定海。至是，移防江，而令子鳴謙代鎮；營西興，爲武林對渡，持重不輕戰。遵謙屯小亹，對渡赭山扼要，號令嚴。以書邀海吕左尹，授兵部職方，監其軍。

鎮東將軍方國安請復用故誤國馬士英爲大學士兼兵部尚書，不許。

士英在國安軍中挾稱定策動，圖復用，群□騰沸。科臣汝霖至，請付西市以謝天下。諸生陸宇爝等草檄逐之，百姓爲罷市，事乃止。迄無舍，士英匿圮廟，國安私飲食之。

晉熊汝霖、孫嘉績、錢肅樂俱都察院左右僉都御史，惟樂不受；以下，諸晉爵有差。

録定策功，肅樂以唐王既稱尊，不宜以官私於監國。初擢太常寺少卿，辭；繼加副都御史，益以無功辭。久之，受試都御史。

得銅礮四十二於蕭山署土中，識「洪武六年」，以爲異。鑄神礮，封將軍以領之。

神礮工費千金，大於前礮者倍十。載筏中流睨浙西，崩垛數丈，再發而裂。視師江干，賞賚有差。鑄「大明通寶」錢。

監國止此一出，不再巡。

廷臣請上尊號，不許。

嫌唐兩大，王謙以未造尺寸，力辭。

原任都御史朱大典爲唐守金華，使兵部主事來集之往與平；加大典兵部左侍郎，仍守金華。大典兩受秩，不辭。

大典，字未孩，金華人，萬曆丙辰進士。以章丘能，擢兵科給事中。天啓中，凡理財、用人、練兵、治盜，章數十上。魏逆時中立，副使福建，備兵天津。崇禎初，定亂登萊，以兵部右侍郎總漕禦賊，頗捷；坐五賊破城，落職。南都敗，練士，城守金華。時國安以士英南竄，閉金華不納。

九月，唐詔至，文武諸臣疏請開讀，惟兵部尚書國維、都御史汝霖、中書舍人謝龍震正色争之，監國不果開詔。以會稽孫棨疾上儀注，罪之。

唐詔略云：「朕與王約：朕未有子，得金陵爲期，朕當讓位皇姪；布衣角巾，蕭然物外」。時廷臣速會稽備儀注上，國舅張國俊恿王怒，王誓不奪。龍震，字雲生，遂手批唐使者劉中藻於殿上。已赦棨别轉，而以鄉薦殳香爲會稽知縣。

魯文武内外諸臣咸私表於唐，不聞監國。

諸臣以二唐前後厄，自失重援，勢必餉竭，無所呼；且唐詔持至，公誠一家也，悉從唐。使者中藻附表稱賀。國維、汝霖等知之不以聞，原其隱也。

唐加封魯鎮東將軍方國安，賜以銀印，國安受之；亦及義興將軍鄭遵謙以下，餘加秩有差。隨遣科部諸臣分監錢塘諸師，不謁監國。

國安屢捷，進封鎮東侯。

以唐封，故爲加爵。

魯無成算，不能飽諸師入伍，聽自爲義，不相統，止方、王、鄭三師給公廩。有所期會，聯綜發礮而已，不爲公使，敵亦震其聲，不即渡。

自金、嚴迤以東迄定海，守江卒不下二十萬。國安初營朱橋被劫，棄富陽等縣，渡江屯潭頭。兵部國維屯長河，子總兵世鳳統之。武寧之仁屯西興，侍郎大典屯金華，都御史汝霖、嘉績合屯龍王堂，義興遵謙屯小亹，總兵張名振屯白楊，員外肅樂、都御史馮元颸屯瓜瀝。都御史于穎屯瀝海，兵科給事中祁熊佳輔之，太僕寺少卿兼御史監軍陳潛夫亦屯小亹，贊義興。御史王正中屯臨山，兵部主事兼御史監軍左尹亦屯臨山，武寧子王鳴謙以總兵屯定海。其間錦衣朱壽宜、將軍陳梧、諸生倪會壽等不啻數十部，總不挂册，不領餉，多寡去來唯其意。

晉國維東閣大學士兼兵部尚書，監江上軍；升汝霖兵部尚書，監浙西軍。

監軍左尹疏總兵張名振營浙西，報可。

浙西之議，始自浙西之破家振義者。事敗，其故黨咸可創起爲内應，斷北師餉道，孤杭，且拊其背。國安連發七將軍，咸託故不進。名振，字侯服，原石浦參將。

晉名振富平將軍。名振還屯石浦，失約；左尹露章劾之，復不至。左尹迺刺血草檄，乞師諸屯，得七千餘人，奉楚將軍華堞爲盟主，刻期且發。廷臣頗疑華堞得衆，監軍陳潛夫疏止之。左尹以朱之彪爲先鋒，兩捷橋司老鹽倉。

初，左尹往説名振，聯兵浙西，名振曰：「必得令旨而後可。」自是加封將軍，反貽書招左尹石浦。左尹益恨，爲血書令監紀推官宋珍爲偏歷江上沈海以激之。衆感奮，割所部聽約束。時華堞不受魯封，衰麻不釋體，痛以恢復自矢。於是潛夫疏入，有云：「左尹一片忠心，百般巧説，而欲以數千之衆入至危之地，此萬不得當之道也。」華堞辭兵止内應，諸較以糧盡次第散。監國大犒橋司之捷。

冬十月，閣部國維以諸屯號令不一，諸遵漢築壇故事，拜國安大將軍，進封荆國公，賜尚方劍，得便宜行事，節制諸軍。諸軍不奉，進退如故。

國安，先鋒才也。家世微，寡遠略，無大功服衆。諸屯率士大夫主之，不上册名，監國不能食諸屯，以册名歸國安。國安得走諸屯如左右手。

以余煌兼禮、兵二部尚書。

煌，號武貞，會稽人。天啓乙丑及第第一人，授翰林院修撰。東林以其署名「三朝要典」，頗外之；詞臣倪元璐特原煌苦心無他。嘗論治賊，以爲兵多餉費，餉費民窮，民窮走賊，如循環然。又云驛不可減，多一驛夫，即或少一流賊。且論省兵入衛之議不可行，宜設兵畿近。皆救時碩畫。南都敗，有「手板難書至正年」之句。監國中，力勸親征，爭馬士英不得復入中書。論鄭義興，始之非難、成之爲難；復有三危、三蹙、三非諸奏。加大司馬，不受；拜大宗伯兼大司馬，復五辭，兼宫詹以原銜，乃併受。進吏部尚書，辭。

晉侍郎朱大典爲東閣大學士兼兵部尚書，仍守金華。

唐以閣部敕印勸大典，魯拜大典亦如其秩，大典兩受之。

十一月，進封武寧將軍王之仁爲侯，義興將軍鄭遵謙封義興伯，諸進爵加秩有差。時江上無寸功，爵賞濫甚。提督四夷館王思任、尚書余煌先後論奏，且曰「如有後續，其何以加之」！

時浙西棄家赴義，窮來乞師，汝霖請優之，以虚銜而濫膺者，遂不可悉數。思任，號遂東，會稽人。幼穎異，夢騎松蟠而天飛，文益進。萬曆乙未成進士，賜歸娶。以興平令艱，補當塗，止礦監，遷南刑部主事。嘗以詼諧快臆，東林外之，降調；起補青浦，以漕事抗使者，罷歸。稍起，歷備兵九江。著作盈篋，題曰「文飯」。乙酉，跋殉國諸生王毓蓍所爲「致命篇」及同難潘集、周卜年贊，後署「天翻道者思任王」云。監國中，授太常少卿。首陳「四正」、繼陳「五亂」，皆救時急務。

監軍左尹以兵救赭山，大捷，追奔數十里，多斬獲。

赭山爲小亹對渡，義興兵越江而守，被殘。左尹曰：「不守赭山，是揖敵門庭也。」親往督陣，副將朱之彪先登。

故大盜陳萬良保仁和之臨平，累以衆撓敵，給總兵銜，使扼崇、桐二縣，斷敵呼吸，不與一兵。副將徐龍達私從萬良，並吴家埠入，懸平吴將軍印以待捷，兵寡不得志。

十二月，鎮東師大進西湖，以長河國維之師爲斷後。機露，北師截援，長河師潰。前師深入，不戰解甲降。漢士選鋒五千全陷没，越勢大沮。

師出鎮東，方元科病，聞之，大詫曰：「以長河不練弱旅爲援，吾見漢士之不歸也！何不稍俟之吾病間以行？」

丙戌，監國元年，隆武二年春正月，加孫嘉績兵部右侍郎兼都察院右僉都御史，進汝霖東閣大學士兼兵部尚書。

國維以方師大潰，語左尹：「魯不競矣！」盡以所手著付梓，移保上流。左尹遣副將軍朱之彪歸，收東、義故旅，違期服法。監紀宋珍隨部黄國仕等以千人至臨山。

平吴將軍萬良復與副將龍達進橋司，攻德清；義旅先敗，生員蔡孺法死之。龍達戰死城下，萬良間脱。

龍達，字懋功，紹興世家。貧爲盜，收獄。乙酉，走出獄，呼起千人長山，授副將軍。吴家埠之役，無從萬良者，龍達奮饑兵三百人以從，坐擅甲不進。至是，亦懸將軍印從萬良冒刃卒。孺法，初部散匿去，時以二百餘舟師助萬良不利，復匿去。北師執父弟索孺法，孺法出自承，見殺。

唐遣肅鹵伯黄斌卿以舟師伺間吴淞，而都御史張肯堂總督三吴，合駐舟山。

斌卿，字虎癡，莆田人。明末，爲定海參將，而王之仁爲其總兵，郄。弘光中，以征蠻將軍逆擊左師上流，南都且敗，入海。以唐定策勳，得封。至舟山，弱不成旅，併有監軍荆本徹之衆，勢稍振。肯堂，字鯢淵，華亭人。天啓乙丑進士，以餘干令，擢御史，歷巡撫福建。唐王起，以擁戴功，晉大學士、吏都尚書。議閩勢在鄭，宜善用鄭。主蹕延平。肯堂總督三吴，監斌卿之師於舟山，不進。

二月，御史王正中以臨山之師渡海，襲破澉浦所。移日，棄城歸。

正中以北籍進士，起縣令，募民兵城守。監國初，擢御史，頗通浙西内應。時王雲衢開門入兵，以澉浦所非要害，不足守。

原任都御史田仰以南都敗，間保崇明，偕東平伯故標張國柱、王朝先、張鵬翼等舟師從淮入海達越。拜仰東閣大學士兼兵部尚書，諸進爵有差。

四鎮劉澤清封東平伯，鎮淮安。北師下，不戰，擬海逸。適巨舟颶風沈海，遂北款。所部不願從澤清者，以殘師棹餘舟至魯。偏將國柱，授總兵。朝先，原任邳州副將，進平西將軍。鵬翼，字效先，諸暨人。崇禎中，以副總兵分鎮山海。時屬東平標，部衆有紀律，與國柱及李士璉、胡學海等依巡撫田仰於崇明。既歸魯，鵬翼駐守寧波。已，晉封永豐伯，調禦衢州；益陽王方駐城，閉關不納，攻破之。時淳安、開化俱失，北師逼常山，永豐弟繼榮守常山力，城破死之。

晉謝三賓東閣大學士兼刑部尚書，以陳函煇爲禮部左侍郎，章正宸以尚書晉東閣大學士。

三賓居鄉，頗不協衆望。函煇，初名煒，臨海人。母夢楊椒山過訪而生煒，因拆「椒」以爲字，嘗讀書小寒山，自號寒山子。崇禎甲戌進士，知清江，臺抨歸。弘光中，起監軍河南道；未及任，南都敗。北檄至，投繯蹈水者數。魯王監國，與總兵扈從勞，擢翰林院春坊，轉詹事府。奉諭聯絡温、台，便道還家。

閣部仰與義興遵謙争餉鬬於廷；遵謙創，不問。

三月，武寧侯王之仁進爵寧國公。

之仁守西興，不輕一戰，諸師或疑其有二。敵易之，藏甲士於小舟，舟數百，晨撞西興，之仁馳巨艦壓之，箭礮下，小舟覆，沈甲不起。

閩兵歷界，命御史柯夏卿、王紹美逆唐閣部黄鳴俊於境上，平之而會。永豐鵬翼守衢州嚴，秋毫無所犯。

唐閣部鳴俊，偕定鹵鴻逵之師出衢州，魯疑入界，夏卿、紹美出講，益堅共事之約。鵬翼以仁義行師，號令畫一，士樂爲用。

開納貢例助餉，文武在事諸臣得按品貤封，因併及在籍者；額助餉有差，亦以先後分次第。

時猶循故體例，監國朕居飾太平之容，步輦以行，整冠而見朝，晨無宸答。奏判依閣擬，縉紳不尚奇計。

舉考選。

東林遺黨益堅，甚水火。時寧、紹各爲黨，餘姚故獨立，浙西棄家依蹕者，獨少援引。

夏四月，唐遣御史陸清原餉江上諸師，不成；清原爲荆國標兵所殺。

唐餉三萬兩，以初諸師私表故。使者清原不聞魯公派無所稟，方、王諸師争餉被劫。清原死，魯不知，唐亦不問。

議汰義師。

諸防江以糧竭，潛散去，酌要害公屯。

五月，監軍兵部左尹提千人自臨山西渡義奮，病卒涕泣願從，慰留之。繼進千人，舟覆，貲仗俱沈，泊大竹山七日，計出没示疑，候内應促進。御史王正中師輒登岸，營檀山。内援疾至，左尹赴救，戰嶺上大捷，正中全師歸。

檀山，寧、鹽之界也。北師沿江烽信疾，左尹度王師蹶，内應必縮，不得已，露兵援之。果敵騎至，王師震躡山巔自保。左師促乘嶺，顧兵寡，分伏，約曰：「北騎至山腰，諸伏發號；俟隊亂，鼓之。」嶺陡削，騎果驚，乘高徂擊，馬多洞箭反走，止弗追。時内應鄉健後至，乘夜盡擒北守江諸汛，縱焚之，五十里盡。

北師跨桐廬渡，沿江守鋪數百里一刻燼，諸師宵喙去，不能制。

　先是，童謠有「錢塘沙漲」云云，至是果然。北師偶飲馬桐江，馬忽自走渡。守卒饑，意不固，浪云「北騎大至」，各自焚其營，火光澈江水，於是盡拔營，水陸東去。

監國奔台州，次富平將軍張名振石浦。

　荆國公國安殘卒躡駕台州，不得；義興伯遵謙、閣部汝霖、侍郎嘉績、員外肅樂等咸航海扈蹕石浦。

魯宮眷舟出定海，總兵張國柱襲執，北降。元妃張氏見害，諸眷不知所終。

　任旦，復傳有「妃周氏，破磁盤，扼喉死」。

六月，北師入紹興。先是烽緊，官民咸走去，會稽知縣殳香猶戒守垛，閉門西拒。百姓争裹之出，舍山僻。

　香主「存誠」之學，初履任，露頂網，涕泣語百姓：「此，十年故物也，雖敝不去首」。誅暴掠，緩酷徵。嘗得罪荆國，欲竄之去，百姓奮奪歸。周藩依魯，夢天畀真父母，晨哭烈皇帝忌，香聲極哀，周曰：「此『真父母』也」。榜三字於縣署。

辭任吏部尚書余煌、太僕寺少卿兼監軍御史陳潛夫咸死之。

　煌以禮、兵二部尚書改吏部，力辭。五月晦，北烽急，出宿顯聖寺。旦朔，復入城，拜辭家廟，焚其故往來書啓，袖所爲文稿二出。已知城破，早起衣冠北拜，沈渡東橋死。小板出衣帶間，絕命詞曰：「膝不可屈，髮不可披，乘箕而去，孤竹之遺」。遺十誡，末云「立一石，書『明高士余武貞之墓』」云云。潛夫，初名朱明，字玄倩。豫章黄端伯搜落卷得之，房批「此士之特立，救正時弊者」。甲申國變，以開封司李禽賊僞官五，上捷。南都擢御史，按河南。忤閣部士英，乃以淩駉代，歸。以護皇妃童氏坐勘，逮獄。南都敗，監國初以原官加太僕寺少卿，監軍小亹。丙戌二月，與荆國合守嚴州。北師渡桐廬，急還小渚。駕亡，遂衣冠祭其先人，拜繼母堂下。黄昏，掌鐙家人咸送，半里許爲化龍橋，妻妾二孟係兄弟，相抱投橋下死；潛夫大笑，從之。

北兵迹監國台州，不及。禮部侍郎陳函煇、御史沈履祥、都督李唐禧死之。首輔方逢年被執，及難。

　函煇，素與雲峯寺僧湛明約。至是，自書年譜，末云：「徐陵五願，惟誓出家；文山七歌，尚思殺賊。煇得其死所矣！」復預作「埋骨記」，有曰：「嗚呼！小寒山子生於庚寅之年，死於庚寅之日；占星曰危，應候維木。後之君子，有起而弔之，木叔一寒至此哉！誠所爲死無葬身之地者矣。」入寺索曆，曰：「六月之望可了。」作詩文如常。十有四日，僧或裹單去，函煇笑曰：「豈以我哉？向弄語，乃怕人」。夜徘徊看晚課畢，自攜鐙，竄入寺方池。池淺不得死，僧湛明覺起之，仍索粥飲曰：「且即休。」頃闔户，引繯盡。有六言絕命詞六章，存其二：「慧業降生文人，此去不留一字；祇將子孝臣忠，貽與世間同志。」「手著遺文千卷，尚留副在名山；正學禁書亦出，所南『心史』難删。」履祥，字其旋，慈谿人，崇禎丁丑進士。監國中，歷御史。奉差台州運米，抗北令，與總戎李唐禧同被執。履祥口占一律，有「山河破碎徒留恨，家室飄零任去塵」之句。臨刑，西向拜者再，南向拜者再。唐禧，字長濬。臨刑，鬚戟張。

寧國公王之仁爲舟山唐黄斌卿所劫，自沉其家屬九十三人，衣冠詣南都請死，大聲呼先帝而盡。

　之仁，浮妻子出海，將詣斌卿，斌卿以舟師請共擊叛將張國柱，反兵内劫之仁，不備；之仁棄數十艘，盡沉其眷屬。語二子鳴謙、宣左曰：「死此，無知之者。」登崇闕，募士人肩輿謁撫軍士。士勸之降，不屈，請一訣内院洪南都，冠帶及難。鳴謙亡，不知所終。

兵部職方主事高岱有子朗，以諸生公服沈□浦；岱感子義，亦不食死。鄉薦葉汝萓、妻王氏，同水死。諸生楊守程、嚴于鏻、朱奇生、平遠、傅中黄、布衣倪舜屏、倪伯明咸死之。

　岱，號白浦，世千户，歷海所。遊學京師，登賢書北榜，坐借籍，見革。南都立，恩復。及魯敗，子朗初爲諸生，手著檄文，有「爲臣死忠，爲子死孝」等語，私披青衿，走偁浦江問渡，至中流，忽舉身躍水，舟子疾持之，齧手其隨潮去。明日，家浮舟招其魂，舟子偶築篙約略死處，有死朗，里人異之。

父岱乃爲其子朗位於側，而自書其主居中，負榻不食求死。有同里邵大有者飽飯而來，就岱同死。三日呻吟，謝岱去，曰：「此事惟公能爲之。」守程蕭山諸生。扶妻避山中，有邏騎迹之。守程厲聲護髮，被害，妻抱子赴水死。于鏻，字陟明，會稽諸生。與王毓蓍交善，王抗制死，于鏻每引決，輒不得間。歎曰：「至性事，當及時爲之，吾何面目見玄趾地下！」魯敗，臨刑有云：「昨朝吴市梅生志，今日圍中翟義頭。」奇生與于鏻同學，遁野護髮，給其母曰：「兒欲謁新官。」攜故公服走拜祖塋，投水死。又同學平遠，亦抗制死於獄。諸暨諸生傅中黄，酷飲，賦絶命詞一章，自沈湄池。而葉汝葙者，義興將軍子婦翁也。崇禎庚午鄉薦，主考黄石齋器之，曰：「科名事，不足了子。」不受爵。以鄭嫺戚，求之急。汝葙與其妻王氏奔至桐隖，欲自決，顧妻在；妻請先之，汝葙下拜曰：「成我者，子也」。與並投阮家灣，汝葙死，王漂，里人起之，不食數日，卒投水死。舜屏，文正從子也。時爲具邀諸親知，誡曰：「煩公明日來某所。」果明日會集，乃見深坎仰甕，一拜曰：「吾無子，不欲去髮，決入此休。煩爲我舉手覆甕！」衆從之。甕初封，猶喃喃聞其聲云：「共以其遺産，歲爲之一飯。」又其家伯明者不欲活，縱飲火酒自燒死。

御史沈綵、何弘仁、東閣大學士尚書章正宸、諸生陸孝藎肥遯，不知所之。

弘仁，字書臺，會稽人，崇禎甲戌進士。以監國定策，擢御史。魯敗，僞作書傳衣帶，棄嶺樹下，詩曰：「有心扶日月，無計鞏山河。」復署尾云：「弘仁間關奔行在，聞台又失守，已矣！夫復何爲？」遂逃去，囑子僞傳已死，久亦不復通信其家。綵，字素先，會稽人，崇禎癸酉鄉薦。監國中，以御史銜，同王紹美出與閩閣部黄鳴俊平。魯敗，追駕不及，僞投八官江死，匿姓名亡去。正宸，號格庵，崇禎辛未進士。由庶吉士長吏科，號敢言。弘光中請嚴從賊之典，急遣使省視山陵，祔奠梓宫，啓居青宫二王。更乞縞素六師，親蹕淮右，「失今不爲，轉眼秋高，控弦南指，而賊又馳突荆、襄，順流東下，瓦解已成，噬臍何及」？不省。轉大理寺卿，解去。監國中，拜尚書大學士。魯敗，走父塋，餓十四日不死，遂削髮雲遊。後北使往往迹之，家人亦不知處。孝藎者，正宸同縣諸生也。爲死難固原道夢龍之子。

北師至金華，閣部朱大典閉關拒守，力竭城破，一門赴火死。閣部張國維自沈東陽水死，子總兵世鳳被執及難。永豐伯張鵬翼與通城王盛澂協守衢州，城破，咸不屈死。

大典中軍沈蘭知兵善戰，以微故見戮，而山陰吴邦璿代蘭都督同知。北師至，力竭城破，大典縱火自焚其家人盡而身躍入火死。邦璿出戰，敗還，令其妻傅氏引帛，身詣城隍廟四拜自剄死。或勸國維釋東陽，匿山莽，大言曰：「誤天下者，文山、疊山也。」投池中死。子世鳳以蔭，歷尚寶卿。逮杭，同五十三人死。鵬翼弟繼榮既死常山，衢守益弱。八月，北師及衢，通城盛澂垛三門、鵬翼亦垛三門；通城標内叛，約開門入敵。鵬翼被執，戒其子，識衣裏，從容出謁，貝勒欲降之，語極不恭。乃令釘手足於門，刳其腹。凶問至，妻某氏亦自經。盛澂早引決。鵬翼中軍徐汝琦，字叔玉，山陰人，亦不屈，縱詈死。徐職方失其名，並於是日遇害。

江山知縣方召死其城。

召，字虎隣。聞金華被屠，泣諭父老：「孤城不能北抗，徒死汝等無益」。整冠帶北拜，同其妻赴井死。百姓共爲營葬，祠之。

北師入温州，永嘉諸生鄒維則、張實孚、瑞安諸生葉尚高咸死之。

甌江被兵前一日，維則招其友至家，飲且醉，拉與同觀北師渡江。友不疑，至雙門，出袖中一書告友曰：「爲上吾父云：維則從此去不返矣。」舉身入水，猶回顧拱手者再。尚高呼「小葉」，北師既渡甌，輒服明儒衣冠伺新郡守，半道大聲：「即觀生冠履何如？」大守朱，世家子也，以爲悖制叱之。尚高曰：「君先大人蘭公，世所聞；寧非此冠履？乃厄生！」朱爲面赭。收獄，作祭孔子文及絶命詞，因自盡。實孚，與維則同學，初助陳倉破平陽聲烈，北師招之不顧。久之，倉敗食盡，有健兒最少，勇於義，實孚浪曰：「度吾不能復舉，不如子以吾出爲功。」健兒嚄曰：「是何言！請先自剄公前，明不二。」實孚曰：「果爾，勿遽！」脱囊金付所善僧，曰：「以吾兩人埋土惟僧，棄溝壑惟僧。」出袖三札，令上之當事，以見實孚爲國，死瞑目。於是正衣冠，自縊佛堂，健兒爲週旋氣絶，亦自經實孚之旁。札中有云：「實孚死明爲順，於非明爲逆矣。北師果不容有逆子，吾兒從重典可也。母老不解事，惟哀憐之。」母幸獲全，子亦並免。僧治後事。

義興分標總兵施湯賢、周晉陣死，諸生阮日生、陸芳侯亦死。

湯賢，施忠介從子也。初振義，與義興遵謙並起。監國中，授水軍都督。持劄入浙西，聯絡内應，野走敗，見獲，語不恭，被難。晉，周文節從子

也。嘗從父參將邊海，習行間事。弘光中，投筆從戎。南都敗，亡去，復從遵謙起。八月，獨守龕山，移屯小亹。監國中，填征西副總兵。渡牛頭灣鼓衆，陷陣死。鄭之瀚，字素予，知兵，與山陰芳侯、會稽日生並陣歿。

於是浙西及江以南諸鄉較之起應魯者，咸先後散。文武士庶競義烈、甘鼎鑊，指不勝屈。

嘉興，則吏部尚書徐石麒等。主義衆美，以疑見殺，總兵梧不能令其衆，戰北師西濠不利，城崩，百姓破東門逃。或勸石麒從衆，不可，手弄輭帶，意蕭然也。南、北拜者四，別家廟，已引繯盡。僕祖敏、李謹從死。有僧實，頓石麒屍木櫝，識之。知府鍾鼎臣，字彝公，新會人，崇禎甲戌進士。協守西門歸，自縊鼓樓之下。門役一及皁快二，從死。同知朱沔，以宗室換授，亦自盡。都司孫元暘，從起事有勞，被執，獄死。諸生王鯢，字鱗伯，投井死。張翊，字叔庵，端坐室中，見殺。高孟超，字公遠，及其子昌齡抗不如制，被難家十一人。醫生常三益，字星海，口不恭，見戮。獨梧脱走越，掠餉死。石麒養子爾穀，字似之。常與吳易善，易敗匿去，又以暱子龍，逮死。妻孫氏，自沈於河。有毛和尚者，嘗脱爾穀於難，爲裹其屍去。石麒族子肇桀，負逸才，口毒北兵，見殺。澉浦所不守，世百户王雲衢見執，責令出其弟雲龍、雲鳳，死不吐，就法。平湖失，求殺新令朱龍圖者貢士馬鳴雷，被執，不屈死。諸生吕宣忠，加銜總兵都督僉事，應太湖吳易。易敗，宣忠僧去，連及，逮獄，有匄服從島中來者，謁宣忠跪拜肅，忠宣驚扶起，曰：「不敢褻朝廷，且廢將軍法。」導五人就刑，忠宣笑曰：「總是我快。」遺「託志詩」四章，有曰「春風如有權，一夜緑青草」；曰「日月黯墨不可得，大地流泛誰爲撑」？徐有兼藏其遺集，且曰：「其自序一篇久裁定，若預知不終者。」蓋死國，其性也。

湖州，則金鎰、韓茂貽等。初，復府城及諸屬邑，尋以糧竭，得失者再，鎰威名頗著。退守獨松關，戰關下，鎰所騎馬新自敵中來，馬習北號，而鎰南人，不善馭馬，馬竟馳入敵中，爲所縛，死之。同事王光祉等，咸次第盡。茂貽，久寂僧寮。德清諸生蔡子標敗，同學族人孺法尚走野，不利，亡去，縶其父弟索之，乃負髮出曰：「孺法爲之，他無與。」父弟得免。南潯朱生，故輔父肅孫也。以烏程學，鼓衆北拒。事敗，爲北師斷喉死。其友潛抱歸其家，以楮封喉而殮之。妻日痛哭，腸斷死。

杭州，則平吳將軍陳萬良、海寧衛千户朱大綱等，郭店諸生沈陵、龍山王教主。萬良既大挫德清城下，魯敗，保殘卒，戰翁家埠，復潰。藏印田婦饁者飯下，陳明環者得印，迹送萬良。已復戰敗仁和縣之臨平，縱其衆匿去，而身與其黨馬雲龍數人易敵服作北音，敵騎遥問萬良何在？萬良亦大呼萬良何在？稍近，疾攫敵馬倒，騎馬者奮鞭脱去。起餘杭山中，息富陽之尖山。遣雲龍及翁思明、范貴等還，發所藏臨平積金，爲所覺，雲龍見殺，思明逮訊不屈。訊者曰：「若何官？」。隨抗曰「若何官？」備極五毒，必不出萬良。思明者，故山陰諸生，高萬良義，易今名，志不忘也，見戮。而范貴曰：「貴能生致萬良。」遂以故裝給萬良出。萬良廷訊，抗不肯屈膝，語極不遜。縶滿營，鐵索九墩之；回扃固，設衛皆選柝晝夜。未數日，萬良手斷鐵索，摸壁，聳身從空出。覺，閉城搜得之，折其臂肘。前迹餉印陳明環，故不與萬良同事，以萬良字鳴皋，與明環聲相似，並逮。訊者欲釋之，明環曰：「從萬良死，吾所願也。」遂誣服，並付市。而貴以賈主，先磔以示。萬良妻奇計詐死，獲免。薦萬良者胥美繼，以諸生，戰死梅園。大綱等起復海寧，數月力竭城破，大綱投井，井淺，家人起之，復擲下死。許定，巷戰死。蔡國瑛，守北門戰不利，溺死。鎮撫潘起龍，守南門，敗死。進士主餉俞元良，與兄伯昭、伯昭子諸生甲一家及難。沈陵，欲用郭店之衆以起，而猝當敵。其胄而出也異於衆，洞箭死，贈禮部主事。王教主既闖入杭之艮山門，疾出，追騎至横塘寺，千人盡没。或曰教主以術遁去。

蘇州，則總兵王伯牙、遊擊魯之璵及鄉健韋武韜、王公揚，俱各較分戰死。伯牙一家，無少長存者。公揚年七十矣，則蘇松巡撫吳易太湖舟師以糧盡漸散，易往往潛陸地，遂爲請功者所發，逮浙及難。太僕卿朱大定，以諸生起，越敗無所爲，易諸較引奉盟主，欲爲所不可爲。事敗，就鑕。又倪人撫，字曼青，亦挺義，與易同日死。諸生吳振遠，與魯藩有舊，擢監軍職方郎中，坐收獄，口不擇言，必不吐江東虛實。北師戰湖中不利，盡殺獄中人，振遠不免。弟諸生振蘭，字九畹，講濂、洛大指，從兄睨兵，全髮湖中卒。樂安王札授副總兵沈天叙，從王湖中，事敗復起，同諸義被執，傲不恭，伏法。常熟諸生徐守質，亦務兵死。

嘉定，則左通政使侯峒曾、進士黄淳耀等。恢復未幾，婁塘敗績。峒曾知不可爲，或勸且亡，不許。歸拜家廟，已於室後葉家池立水，大言曰：「大

節不可奪。」遂沈水死。揮二子玄演、玄潔速行，行至孩兒橋，皆被殺。北師戮峒曾屍，梟示。有大學士朱之熙者，陰購其首合殮。幼子玄瀞，以僧亡。時弟岐曾遁迹龍江，以曾舍陳子龍，坐辟；母龔氏及岐曾妾俞氏、孫女玉，同赴水死。鄉薦張錫眉、龔用圓、諸生夏雲蛟、唐昌全、金士起、用圓兄弟用廣、用厚，及難。

松江，則吴淞總兵吴志葵等，兵部侍郎沈猶龍、兵科給事中陳子龍等。猶龍方與故帥黄蜚共襲蘇州，適姻家黄庭以北河南府罷歸，欲借以爲功復起，曲説，猶龍笑不答。庭密招北歸李成棟猝以兵大至，執蜚及志葵等就法。副總兵薛去疾臨市哭曰：「甚奇事，值許么喝！」延頸無難色。參將翁英負猶龍渡水中，流矢卒。進士李待問守東門，被難。夏允彝歸，自殺。圍金山衛三日始下，指揮侯承祖並子其杰同日伏鑕。蜚，南昌人，積功爲登萊總兵。弘光中，禦上江，入太湖，與諸路並起。時同事諸生吴福生、徐安遠、張龍文、章簡並見殺；猶龍卒被執，及難。李向中、陳子龍走脱。

常州，則宜興中書舍人盧象觀等、江陰中書舍人戚勳等。武進起事鄉健失其名，常以書通禮部管紹寧，書露，紹寧見殺。象觀與鄉薦葛麟戰敗湖州，被追，咸投水死。麟，字蒼公，與象觀壬午同年也。弟象晉，諸生。抗不肯如制，戚友爲强薙其髮，對薄猶曰：「髮自明時種得。」猶毒恨强薙者。勳守江陰力竭，閻應元亡去，勳令其子亦間亡去。以書訣弟簫：「城破，吾以尺組了吾妾女，吾亦有所自了。」署其小像數語，付僧維新善藏之，閿曰：「余始自命羽明，卒死以羽明；其兆也夫，抑其志也夫！」手書堂壁曰：「皇明文華殿中書舍人闔門殉難戚勳之宅。」其卧樓壁，復大書「非敢殉難爲死忠之臣，聊求完髮爲大明之鬼」。樓列古蹟、名篇及諸玩好之物甚設，積薪樓之下以待。及城破，冠帶南面高座，呼妾友，一一授之巾帨，早分定縊所；視其既縊，然後北面再拜，自起舉火。火熾，亦就縊。妾女而外，奴婢從死者二十人。同邑共事諸生四人，未詳其姓氏，城危，臨流注酒大甕，約北師入，便共投水死。各浮白未進，互稱「殉義諸公」。一人曰「某公最善，例賞」，賞一卮盡。一人曰「某公即死未盡善，半賞」，賞半卮盡。已一人曰「某公宜死不死，例重罰」，易一大卮盡。移時甕空，各頹然，竟忘投水之約。北師入，僮僕散去，竟疑其僞醉，盡殺之。馮訓導，縊死明倫堂。倉使陳明暹，閉門自焚死。閣卒被執，不屈死。又共事諸生無錫顧杲、泰興李皜興嘉善姚赤文（字香塵）者，咸死之。赤文臨刑口哦「留取丹心」，未及卒語，頭落。

徽州，則推官温璜、御史金聲，指揮江秋漢、余公讚、總兵羅騰蛟、諸生江天一等。璜與金聲共起，聲被間事敗，璜取餉籍悉焚之，走山中，作書留别知己。妻茅氏，願從死。長女年十五，方寐，茅提之曰：「起從父母。」女醒曰：「何從？從茅曰：「死耳。」遂束帛其頸，氣未盡，璜以匕首絶其喉。茅亦銜刃死。璜遺筆有「世受國恩，一死國報；夫妻與女，一時盡節。薄棺火葬，不必還屍。與地方居停無累」。入户，亦自剄，未殊；踰日，以兩手碎裂其喉而死。索餉籍名不可得，所全實多。金聲初保壁，同郡御史黄澍已北款，間詣聲，紿與共事，猝反聲。守徽指揮江秋漢、余公讚方北禦旌德，聞變，急自刎並死。聲被執在道，題詠不釋。至南都，箕踞語不恭。友天一，周旋檻車數百里。聲至大中橋，坐地内視，持慧力，百掖不起，便刑其處。聲張目指心曰：「欲畢吾事，請從此入。」果其心刑，乃斬首。左右以天一不連，辟之。天一曰：「吾萬不能死聲獨生。」遂銜刃死。初，聲之至南都也，預命治櫬，僕治櫬二。天一曰：「何不治櫬三？」聲益駭。至是，僕亦自盡，蓋三人得遂其志云。後籍聲家，次女及從弟金相女，咸擲樓死。時休寧王世德聞聲就戮，自剄以送之。祈門鄉薦馬嘉，字大禮。聞聲變，題詩百首，留别親故，與妻並縊死。戴明徵者，百護聲母、妻、幼子，獲全。騰蛟字雲化，歙人。弘光中，屯守瓜步。南都敗，擬蹈海入閩。適所善李成棟以新命招之，一見，怒罵不絶口，成棟執獻之，語復不恭，及難。

句容，則原任知縣朱議漇及諸生周鏃。南都敗，議漇懷印棄城潛避。鏃振旅一戰，復句容。已城破，戰長蕩及安吉、孝豐之間，皆不利。突神策敗走，鉢募千金，付楊崑招山東響馬爲用。崑敗，連及。時有歐君重者，來與鏃共死，鏃忘之矣，固辭不去，竟與同詣南都。鏃時别閉浴室，及訊，鏃不一屈膝，謾罵不恭，忽有大聲稱「機密重情」，排入，則故君重之願死鏃者也。訊者以鏃能得人，鏃雖力外君重，卒坐君重死。

寧國，則宣城貢生麻三衡等、涇縣諸生查篤生等。三衡同諸生共起，力竭被執，北帥以其貌魁碩，欲降之。三衡毅曰：「生明日，不如死今日。」神中出絶命詞一律曰：「吴越連沙漠，天心不可留！欲存千尺髮，笑棄百年頭。若水心猶裂，平原志未酬！清風吹宛句，朝暮五湖秋。」與項志亨、沈壽

龔、錢士驤、士翺同日死。明年，同邑諸生吴霽結死士徐朗等縱火焚城南門，欲入不得，陣死。篤生，初從池州九華山諸健起不經，與黄賡共事。賡，崇禎末武及第第一人也。賡敗，籍連篤生，及訊，賡曰：「籍即有之。顧賡素不識篤生，篤生慕賡義，必自附，共謀議。」與閣部黄道周同日死。

貴池，則諸生吴應箕。應箕復貴池，力竭城破，被執，以三事請：「起義自我，毋濫及」，屈指一。「遺書若干，願付某門生，勿災生前筆墨」，屈指二。「吾有弱女，已字某未歸，願得我目前觀其成禮」，屈指三。北將高其義，皆如應箕言。已欲以老儒曲宥之，應箕曰：「即生我，我必自殺。」於是正襟南面而遇害。

和州，則推官戴重。逐諸義，戰太湖不勝，箭洞腰膂，棄爲僧，創發卒。

溧陽，則道士任培元。時潘茂望見北師，匍伏降，獻縣印，受參將銜，反搜前共事，盡就法。鄉紳畏，争納交茂恐後。培元曰：「茂虐過有北十倍，吾不欲有所見聞。」不食六日，久之死。

崑山，則明經朱集璜。力竭城破，書其案曰：「可質祖宗，可對天地；生無可樂，死亦不媿！」投薦嚴寺後池死。同事陶琰、顧纘繩以衆來援，聞變，並自經死。

鄉薦葛定遠、諸生查書繼以魯事敗，失心病痼，語率不恭；多怒，輒手搏人，家鍵以死。

定遠，字瀛辰，海寧人。崇禎己卯賢書。書繼，字二典，與遠同邑。既發狂疾，家人鍵深室，竇飲食之。終天年。

荆國國安從駕台州不及，馳疏海澨，請登陸保黄巖爲後圖，監國不應。北師招國安黄巖，答曰：「某老病，免其薙髮乃來。」僞許之，卒殺之浦城。從子元科遁去，無所爲，病死。

時富平名振棄石浦，護監國匿海澨，國安無依從。北師入閩，半道得通閩職名，坐疑不免。籍其家，妻妾詈不恭，不食死。

故南都馬士英北款，從浦城，北帥以其誤國，誅之。原任南兵部尚書阮大鋮墮馬死。

士英護國安軍中，既北歸，冀大用，與國安同負鑕。時大鋮方自詡膂力可任，騰身上馬，忽有所見，驚墮崖口，作鬼語，立刻死。左尹守江，得其家信，勸無熱中功名，卒不返。

唐平鹵侯鄭芝龍潛北款，預撤仙霞嶺外諸隘守禦。

芝龍初曾馳密表臣魯，監國信之，恃是必不開詔。左尹曰：「芝龍二唐，勢必二魯。」果然。

秋七月，北師覆福京，芝龍北歸。永勝伯鄭彩以兵入海，而國姓成功斷洛陽橋北拒。

永勝保鷺門，收故較，自爲屯。成功晝漳、泉爲守。

八月，北師趨延平，唐王不終。永勝彩恭逆監國，保鷺門。

時扈蹕單，監國封鄭使平南將軍陳輝爲平南伯。

冬十月，桂王慈桹監國於肇慶。

十二月，唐王聿鐭據廣州自立，改元紹武，北師猝至，被難。桂監國正位，改元永曆，以明年爲永曆元年。

聿鐭以唐主介弟，仍封唐，主唐祀。大學士蘇觀生等推戴以拒桂。

永曆元年（丁亥），監國二年春正月，監國在鷺門。

北師招〔永〕勝彩以監國歸命，爵閩廣王；北歸芝龍亦爲北師作書招彩，彩不從。

進封張名振定西伯。

夏四月，北蘇松總鎮吴勝兆回向，約定西名振爲外援。名振舟師大發，勝兆且起應之，舟覆，不果，勝兆就法。誅共事烈，兵科給事中陳子龍、主事錢旃、諸生夏之旭等咸執死。名振以民服間歸，弟名相以存較登陸戰，不勝，被執死。

勝兆與舟師期會，夜即席殺同知楊之易、推官方重朗，號衆以待。適海師礮震潛蛟舟覆，甲士盡没，失約；勝兆爲其中軍詹世勳所縛，就法。子龍嘗遣諸生夏之旭游説勝兆，敗，海卒欽昊者露其册名，子龍與錢旃與焉。以別發迹侯岐曾家，得子龍，而徐爾穀嘗一坐子龍，並逮。子龍負械沈跨塘死，妻張氏亦自縊以殉，妻弟鄉薦寬，以預謀連及。旃，字彦林，嘉善人。弘光中，歷兵部郎中，亦預四十三人之難。妻聞變，邀娣姒話別，赴水死；子默，進士，匿去。從弟進士棅，亦起兵不終死；□娶夏完淳，亦死。

秋七月，僧王祁以鄖西王常湖起兵破建寧，守之。總兵曹大鎬先登，並下壽寧、政和二縣。桂主封祁鄖國公。

王祁，字拱哲，太倉王氏奴也。乙酉，不肯薙髮，去爲僧。魯敗入閩，棲建寧之大中寺。時常湖以唐敗，亦貌僧脱，嘗託鉢壽寧之鬼足洞。丁亥，祁

亦募洞，見王與同單，密語所欲，鼓三百人起洞。壽寧以兵困洞，乃夜間穴洞他出；疾擊壽寧，走其縣官。時府檄政和兵合援壽寧，祁又間釋壽寧。一夕，破政和。會建安令李甲督糧擾里，里父老率衆哀鳴，令不顧則喧，欲入建寧鳴上官。令急，猝傳語鎮將，鄉之人且爲亂。明日，衆共詣城，鎮將閉門，登城睨弓。衆曰：「令以我爲賊，賊無赦，與一決之。」遂奪城外所設保甲兵器，咸仰城。偶火鎗中鎮，鎮倒；知不可解，呼其鄉人鬨起，揖出祁洞中。祁以王常湖主兵，而身爲國師。建寧道顧南涇棄妻子走浦城，督援騎兵出禦，中礮反。內齋主素善王與祁，咸來開門入，衆塞木器衢巷，礮馬足。於是盡殺騎，而迎王洞，居城。荆國故標曹大鎬者，以兵會，守精。北師攻圍數月，輒不利去。

監國起兵鷺門，封鄭彩建國公、鄭遵謙義興侯，晉錢肅樂兵部尚書。

時遵謙不成旅，會永勝伯鄭彩議建寧。勝勢與閣部汝霖、尚書肅樂等，協力大治樓艣，直逼福州。

九月，命建國彩圍福州嚴，北師閉關不戰，連破長樂、連江、閩清、永福等縣。

福州饑，至殺老幼以食，城久不下。

福州守將湯隆、艾元凱潛出城降，褒封伯爵以勸。

時延平信絶，或傳唐王肥遯；使人迹之，久乃知橫塘遇變之實。以唐訃聞，爲發喪縞素二十七日。

鄖國公祁攻浦城，不下。

冬十月，破福寧州，封降將涂登華爲振威伯。

登華，係荆國國安故部。監國走，密諭招之，其答表有云：「海外豈有天子，舟中安得徹侯？果監國尚在，熊、錢諸公無一字相及？」遂復以書往，登華來歸。其副將章雲龍猶閉城觀望，會原任唐兵部尚書劉中藻兵起協攻，城乃下。

晉劉中藻總制、兵部尚書，不受。中藻連破福安、羅源、寧德、政安諸縣。

中藻，字薦叔，福安人。崇禎庚辰進士，授行人司行人，國變歸。唐主立福京，擢兵科給事中。騰唐詔魯，江上文武皆從中藻表唐。閩事敗，中藻走海上，以延平不終之耗未的，奮復諸城，將待後命。

原任知縣林垐聚鄉較恢福清，授僉都御史。陣歿，以垐弟林勉代監其軍。

垐，以進士知海寧，定龍山之亂。北師下，棄官歸，以衆復其邑，禦北師敗，見殺。

以吴鍾巒爲通政使。

鍾巒，字巒稺，武進人。以歲貢，教授中州，附河南賢書，崇禎甲戌成進士。弘光中，歷嶺西兵備道。唐事敗，全髮於閩之城頭鄉，尚書肅樂以監國命招之。

以劉沂春爲都察院副都御史，疾辭，不許，乃趨朝。

布衣蔡奶憨時起兵東昌、兗州等處，間道馳請敕印，封奶憨爲將軍，奉監國年號，雄行數郡。

是時諸生楊威（字武子）部諸健李好賢、張武烈、張廣、王加忠、僧翟五攻圍登、萊二府；孫鳳亭起五鳳山，部有張復玉、金漢章、石化城、聶科等。於是奶憨同束髮王丁化、林分遺、周魁軒、李望樓、彭一點等大擾平陰、茌平之間。從海中消息，遥爲鼓舞。又高苑、謝遷、謝萬等以妖術惑衆，破青城、長山、淄川等縣，繫原侍讀孫之獬，伏劍遊示四門而斬之（獬有「臣妻遵制獨先」之疏）。又趙應元者，與其黨楊王休等誘破青州，殺部堂王鼇永；九山王王俊挂總督招討印，攻破高唐、東平等處。奶憨咸與聲息。

十二月，故唐肅鹵伯黄斌卿以舟師數百艘突寧波城下，內應諸生華夏等機洩不得出，逡巡揚帆去，夏見殺。諸生董獻宸等亦聚衆候黄師於鄒谿管江，事猝敗，見執就戮。並收原任御史楊文瓚；瓚兄克仲爭死，卒並不免。

華夏等六人與董志寧密通舟山，約內應。鄉紳謝三賓與志寧郄，令人謬與夏等善，爲代持檄於山較王完勳，檄入手，遂發其事。十二月之二日，斌卿果以百舟蕩壯士數千斬招寶，直抵桃花渡。內應盡縛，島兵俟間無所動，疾乘潮返。夏，字吉甫，定海諸生。時逮訊責黨，夏曰：「事自夏，無他知。秀才做事，十年不成；但起義美名，不甘讓與他人。請殺夏足矣。」移訊，復及主使，曰：「太祖高皇帝主使。」問黨何人？曰：「黨多人，請給筆札自填。」因盡録倪、黄、姜、史諸先死事者數十人，墨乾乃止。與同事居獻宸並就法。事連御史楊文瓚，文瓚匿去，兄克仲詣官曰：「從夏，仲爲之，弟無與也。」夏就法明年，忽收文瓚，與諸生馮京第並死。文瓚妻張聞變，不哭，曰：「爲人臣，此死亦後矣。」乃被命服，拜別堂上。人索櫬不得，諸生陸宇燝覓成櫬以上，曰：「請夫人上座，受末燝一拜。」張儼上座，不動色；燝拜、興者四。於是觀夫人義者，無不拜，拜數百人。食冰片僞不能死，乃脱所股

縧索，誡曰：「事已，復束我！」既盡，猶雙手捧冠云。姆氏朱係瑶仲妻，亦自縊釁下。而獻宸同事諸生王家勤、杜應侯亦不免。家勤在獄，猶手録「水經注」不釋旦夕，人問之，曰：「留一日餘生，做一日正事。」

永曆二年(戊子)，監國三年，監國蹕鷺門。

北總鎮金聲桓回向，爲明守南昌；北總鎮李成棟回向，爲明守廣東；北總鎮姜瓖回向，爲明守大同。

聲桓與養子王得仁北反，自稱輔明將軍，桂主封豫國公。封成棟惠國公。

以錢肅樂爲東閣大學士兼吏部尚書，沈宸荃爲兵部尚書。

鄖國公祁守建寧饑，丐粟於國姓，成功允而不發。

時成功綢繆漳、泉，不與建國彩通呼吸。於建寧之役，益遠不及左右。

建國彩專與大學士熊汝霖隙，令子夢龍誘殺之，家口十八人盡。閣部錢肅樂等請罷朝諭祭，監國畏彩不果行。

汝霖中軍得子方五歲，與彩女結婚，意固監國。彩有書掾陳甲，欲請爲本兵，以行其擅，汝霖力爭之。掾銜汝霖，賄彩卒醉，捽汝霖投之海。彩姬有女者，號必生女翁，彩乃使人扶起，姑佯怒掾以塞。監國自三沙移駐閩安鎮，方彩禁屠，熊卒犯之。時閩安將周瑞素與彩不合，汝霖與書瑞，微刺彩，彩知之。未幾，汝霖有卒持人魚，建國長子夢龍主魚，告彩，則曰：「海上且無鄭也！」彩曰：「聽汝面詰之。」龍竟出不意，擊汝霖死，没其家人。汝霖幼子久在彩舟，彩姬抱之泣曰：「請釋此，念吾與女異日。」彩曰：「汝爲女，亦念吾異日。」奪懷中擲水。

封周瑞爲閩安伯。瑞與義興侯遵謙扈駕至三沙，晉遵謙公爵。

瑞以義師攻閩安鎮，大捷，奪關直入，監國旌其功。

興國公遵謙奉命督福清義師，與建國彩爭餉，彩殺遵謙，監國不敢問。

遵謙一較海上孤，嘗割建國餉自食其軍，彩銜之，使人殺遵謙所暱姬金，投之海。遵謙怒，思戰，力不及。彩使其將楊賡故與遵謙善者，誘遵謙中流，數其罪五，乃進酒爲遵謙壽。遵謙手一飲盡，更酌祭水曰：「少不攻讀書，空手搏起，以身補明運，未足列通侯，死不恨。但不膏敵刃，爲同舟所擠，一祖列宗，地下張目不許。」長嘯拱手自沈。屍浮自海壇，數日不去。監國聞之爲泣下，輟朝五日，不敢問。後贈太保，謚「武閔」。

義興餘較復起，出没林麓北擾者數年。

方維新，紹興籍，淮安人，崇禎癸未進士。乙酉，完髮野走，從少年王正五、夏葵石等角起諸暨，移屯開化等處，唐以維新爲巡撫都御史。嗣魯、唐繼敗，維新猶厲衆雄常、玉諸山之間。常和文信國「沁園春」一闋，語不恭甚，尾署「大明臣方維新拜草」。戊子，各師廢散，戰不利，衆已盡走去，出歎曰：「事無能爲，不如死！」遂懷其印，隻身詣金華，大言「某大明都御史，求死至此」。北帥曰：「此何時，乃聞『大明』二字哉？」維新曰：「知不可爲爲之而不成如今者，可以含笑入地矣」！與之食，不肯食。臨刑，觀者索詩，隨口付去。衣帶絶筆，有「一點丹心付汨羅」之句。又曰：「生爲明臣，死爲明鬼；見危授命，庶幾無媿」。

王翊，字完勳，餘姚縣吏。初贊熊汝霖起兵，授職方郎中。魯敗，遁四明山中。部數萬人矯衆，獨以仁義。時府、縣郭以外，無不裹明制爲完勳人，監國遥授兵部尚書兼右僉都御史。久之，師老、糧不繼，走保奉化，土人縛之以獻。肩輿入門，有三門者從，翊揮之不去。謁訊者上座，時一足跣，顧門者：「韈我。」門者跪而上韈，韈已，顧盼儼尊。時聞其弟與故募諸生蔣別被殺，笑曰：「誠不媿完勳家。」負桎梏，口爲文以祭之。作絶命詞四首。臨刑，三門者願同死，訊者去之不得。翊語門者：「莫心亂！心不亂爲神，次亦爲厲，可以報仇；心亂，鬼矣。」並磔。有諸生江虯龍者，夜嘯城上，竊其首；陸春明葬之祖塋閒地。

徐鳴珂，字大夏，寧波府學倅也。性任俠，嘗與其黨盟。盟者有犯其同盟婦不修，鳴珂持義不平，伺橋下殺之。魯敗，復奮兵山中，與王翊相應援；監國馳賜將軍印，晉伯爵。時諸生馮躋仲索故友周昌時助餉，縶之，鳴珂曰：「躋仲忘故交。」以兵篡昌時去。躋仲間告平西伯王朝先，使人伺鳴珂於隘殺之。

謝龍震，字雲生，山陰諸生。與義興並起，授中書舍人。唐詔下，嘗手批其使者劉中藻於殿。魯敗，復收其故部，出没紹興諸山。久之，力竭被執，語極不遜，大呼左右，爲記忠臣絶命之句。詩有「萬里孤臣祇赤心，滿腔熱血化灰燼」云云。

凌之標，字馭和，寧波諸生。魯敗，鼓其同學張能信與北降練總羅奎北反，奎輒悔之，反發其事。能信脱，執之標索之，之標卒不吐。臨刑，語不恭

甚。其妻馮氏，自鴆以從之。父士弘，走舟山。

原任知縣俞文淵走諸健事不就。時有所爲定王者，文淵密奉以號召山澤諸殘較。事露，執文淵及其家叔侄兄弟共九人，一日並及難。

文淵，字天池，於潛人，崇禎癸未進士。初，合平窑陳倉不得志，其家人告變，云文淵匿故定王且起。二月被執，所爲定王者復亡去。

原副軍楊崑潛走雲南，懷有空印敕數百道，密招各省使内亂。至江上事敗，同難者七十三人。

崑，字崧雲，原名國柱，江寧人。初以副將，從督師盧象昇。昇戰没，謝歸。時以空敕招誘，入册不勝數矣。過安慶，爲闞使所覺，崑與汪碩德等被執。其妻急付册名於火，得活全者夥。碩德，字澹石，歙縣人。弘光中，嘗爲副總兵。兄總督碩畫，爲袁繼咸中軍；突窺江右不利，被執，臨刑不肯屈膝，猶從容賦詩書便面自若。時碩德備極五毒，至以火灼其體，不他及一人。其另自發者，爲楊卓然、萬日吉、耿章光等。卓然，字又光，辰州人，崇禎辛未進士。楊嗣昌出督師，爲監軍。弘光中，擢徽寧道。北抗被執，已册報南都矣，北中軍高謙與卓然有素，百口活之，然已後時。忽報册使中道被劫，失册請補，爲除卓然名，謙又厚爲行李，縱去。崑册填卓然兵部尚書，主聯絡吴、楚兵馬錢糧事，崑敗連及，逮江南。冠麻以見，大不屈。訊者曰：「汝何服？」卓然應聲曰：「服先帝。」曰：「即然，除服久矣」。曰：「大明一日不中興，卓然一日不釋服。」就戮。收其室，僅得永曆錢四十八文而已。日吉，字允康，黄岡人，崇禎庚辰進士。令崑山，察降。乙酉，同金聲起事不終。隆武中，備兵嶺北道，棄去。崑敗連及，日吉對簿曰：「此心自有，但未嘗一見楊崑。」卒同坐。詩有「山夜憂」一題：「黑雲覆白日沈天，一夢萬山陰又暝。兩眸望千古，唐、虞没，商、周腐；華彝争，萬骨土」云云。答王甫及一律：「雨雪荆榛路，飄飄付此身。無才營醉飽，有淚答君親。湘左沙誠怨，淮南飯獨真。何時希日月，雙照白頭人？」又與楊組玉一律：「海内論交徧，天涯識子真。語皆中夏事，心似上皇人。廣厦勞相庇，名家獨向貧。君家好過日，何必别驚神！」詩心特傲。耿章光，字玄度，東昌人，都御史如杞子。崇崑，丁丑進士，弘光中，歷尚寶卿。乙酉，削髮長齋。崑敗連及，坐死。妻姚氏，率其妾朱氏、家人婦段氏、李氏，共填一井。趙書辦者，起諸屍棺殮之，復勒其妻入井，身從之。章光無子，一女十一歲，最後入井死。時同難，爲古風和尚，廣西人，死最烈。一太監，失其名，既刑不仆，刑者欲取其心食之，忽屍走數尺，冒擊刑者。刑者怒，衆攢碎之。又原任義烏知縣癸未進士朱昇（字君旭）、原任徽寧道乙丑進士俞鷃翔及葉士彦、顧光、佘坤、沈士柱等，並與楊崑之難。

於是水陸蹤跡因緣而至死者，爲原任推官周世臣、原任詞臣韓四維等四十四人。

世臣，字穎侯，宜興人。崇禎庚辰進士，司理興化。國變，不起。久之，以匿逋臣李之椿於家，並及之。之椿，字大生，如皋人，天啓壬戌進士。弘光中，歷尚寶卿。扈魯監國海上，間歸。被逮急懸案，例遣子旦外嬖謝國寶，失寵上聞，並連四維，存四維子星大。布衣潘國緒，字慧公，海寧人。以誕放，初走諸營，繼復聯絡林莽，詭自稱戎政尚書；已而僞爲靖南侯裨將王升之，令導海鹽守卒北抗。事露被執，又詭稱定西伯云。大言曰：「事去矣！且日百萬發，先失之，天也！」自言金錢最多，善事我，盡以犒若。獄卒奔走惟命，至以妓女樂之。臨刑不屈一膝，且曰：「吾大臣，豈辱國！」責黨，曰：「此堂上下，孰非吾盟風雨者哉？」卒不吐一人，從容死。晉馬思理東閣大學士兼禮部尚書。

思理初謝事，祝髮爲僧。王敦趨再四，緇素入朝。

福州鄉紳周之夔與林某等先後謀開門速兵入，事洩，咸死之。三月，原任禮部尚書朱繼祚以鄉較破興化府，北兵憲彭遇凱爲内應。監國仍令遇凱署道事守之，繼祚來朝。

先是，窑户王士玉等以義激衆萬餘，取仙遊縣，攻府城，不利。會繼祚與閣部黄鳴俊並逮燕京，釋歸，繼祚潛黄石，密招士玉等復起。時興化鎮將李應元忌遇凱隙，遇凱内不自安，密通繼祚，約是月之十有八日開門納士玉兵。先期宴諸文武，商所以應敵；猝起，殺尚參將及黎知府，諸唯諾。應元逸去，奉城中一完髮者爲縣令，馳捷鷺門，監國爲加銜，仍署守興化。

北副將郭天才奉檄援福州，臨城不戰，猝歸款。監國封天才忠誠伯，令反攻福州。

天才初從熊督師關外先登，後爲北款聲桓所部。時提兵三千南援，忽有四匃者走天才耳語，密致聲桓回向之檄，於是馳款。監國予伯爵，懸侯封以待。約以五月之朔，合攻福州。

夏閏四月，鄖國祁保建寧饑，北部院陳謹以滿師困之。忽是日霧重，梯城，城禦者不能的。城破，祁與鄖陽王常湖咸死之。諸縣復不守。

時守具窮，至鎔白金爲礟子。祁登城禦敵發礟，礟反射。謹師跨霧入城，居民咸縱火自焚，幾盡。祁竄火死，王常湖爲亂兵所殺。

五月，大學士吏部尚書錢肅樂卒。監國爲撤朝三日，賜祭九壇；贈太子太保，謚「忠介」，蔭一子尚寶司丞。

肅樂居瑯琦山，以建國彩跋扈内殘，魯事不辦，積咽不食。病劇，猝聞連江事敗，以頭觸牀幾碎，遂卒。遺命以崇禎中員外銜斂，自以無功，不受加銜。弟肅範從劉中藻起小福洲，久亦殉城。

秋七月，兵部尚書劉中藻連破壽寧及浙之慶元、泰順等縣。

冬十二月，興化不守，長樂等縣復失，兵巡道彭遇凱及原任禮部尚書朱繼祚死之。

北師既破建寧，内各守益堅，不肯下。北師乘勝攻興化，繼祚死殉城。遇凱走亂山中，久之爲所執。繼祚之從子三舍汝極，亦見殺。壽寧旋失，尚書中藻奇計復之。

布衣俞書素以鄉較起天台，監國給敕印稱將軍，卒無所就。

永曆三年（己丑），監國四年春〔正〕月，監國由鷺門詣沙埕，議蹕福寧州，不果。

時尚書中藻屯福寧，兵勢頗振，則從臣中有議不合者，遂不復及還事。

南昌敗，豫國公金聲垣、建武侯王得仁、大學士尚書姜曰廣死之，諸郡城咸不守。

聲垣師老贛州，北帥談泰以滿師擊南昌虛，聲垣棄贛還援，戰一再捷。及是八閱月，糧竭，至於食病者，旋及婦穉，不變。又久力竭，泰大攻德勝門，而精兵破進賢門入，聲垣與得仁巷戰不勝，投水死。曰廣，字居之，新建人，萬曆己未進士。以編修，崇尚理學，爲後學所歸。熹廟中，嘗白鄒忠介之誣，與逆魏忤爲民。起講官。崇禎中，勿任性，勿聽左右小人。□□部侍郎，忤首輔烏程歸里，講學江西。史可法以大司馬東脯正詹之門，爲創見。甲申春，同可法疏請皇太子監國南都。國變，南都擁戴勞，以禮部尚書進東閣大學士。嗣争三案，與馬貴陽忤，歸里。金豫國回向，曰廣欲捷取九江，扼安慶、窺南都，聲垣不聽。至是敗，間投井死。原任知府劉一鵬被執，不屈死；部將湯執中自縊死。

二月，晉兵部尚書劉中藻東閣大學士，賜蟒玉。

惠國成棟以桂命提東粵師應聲垣，協攻贛，適聲垣解贛圍兩日矣，勢單，敗走信豐，溺水死。

成棟奉北命，嘗以十七騎下廣東，至是回向，氣弱。贛守將楊遇明以南昌勝勢出禦，成棟戰敗。兵潰被追，渡信豐河，馬負甲沈，遂不起。

原任中書舍人何兆龍復創呼起，以諸健攻温州；監國與敕印，稱將軍。事不克。

兆龍集諸林莽再起，應閩中諸師。以餉不足，頗殘，人心不固。未幾，散。

兵部尚書揭重熙野走，聯絡南贛、閩、廣之間，勢不易合。總兵曹大鎬移兵與重熙協力，聲頗振。

大鎬初從鄖國祁營建寧，繼與祁郄，棄建寧，走山麓，屢蹶不挫。

夏四月，福安被圍急，副將連琪引兵援之，被襲，琪陣死。北師以琪首徇，城中不動。

閩鄉紳林夢龍兵起桐山，令嚴不殘，百姓走餉如鶩。戰敗，走死。

夢龍忼慷激壯，師行有紀，力矯諸師所尚。每有疏奏，縷縷千萬餘言；監國覽既，輒歎曰：「死死明珠矣。」已聞變，爲之不食。

國姓成功以奉桂朔專，不贊魯一矢；亦二其從弟建國彩，兵不踰洛陽橋之北。

國姓方自保，不奉父令，漸治其旅；諸老將皆安之，願爲用。諸洋税亦集。北師攻福寧州急，以書招閣部中藻，毅不應。閱四十餘日，糧絶，城垂陷，或曰：「去之。」中藻奮曰：「去何之？」於是懸高皇帝像南面，冠服拜辭引罪，飲醉自鴆死。子思誠，投井死。福寧等諸城咸不守。

初，中藻守建寧，每戰皆捷。久之，堵障者饑不起。監國方支吾不自立，勢不能援。城中殺人以食，四鍵不啓。久之，敗。

建國公鄭彩還三沙，監國間走壺江、崀崎山等處。

彩既殺義興侯遵謙及閣部汝霖，於是扈監國者咸畏不敢近。適北師有反戈降魯者，彩以分屬中藻；中藻疑其二魯，有間盡殺之。彩以爲殺降，怒欲攻之，御史湯芬爲彩求平於中藻，中藻復以疑殺芬，卒與彩平。彩顧久不

樂，中藻不爲助，及福寧敗，益無可爲。乃竟棄監國走三沙，監國亦不復留之。

秋七月，定西伯張名振護監國駐台州之臨門。

時閩事不可爲，所下州縣，旋不戰北款。扈駕無人，名振迎歸台州，頗近其故汛處。

詞臣張煌言贊定西兵由海道北擾，風覆舟，不進。

煌言，字玄箸，鄞縣人，崇禎壬午鄉薦。乙酉，從諸臣扶義，敦魯王監國紹興，賜進士，爲庶吉士；及紹興敗，監國營閩，不就。煌言鼓名振揚帆吳淞，風不利；煌言與名振咸登陸，易民服間歸。

晉定西伯張名振爲定西侯（或曰封侯仍以「富平」）。

國姓成功以全師保漳、泉海上諸島。

八月，監國入舟山，故唐肅鹵伯黃斌卿不即納。將軍王朝先及阮進等欲以兵劫之，監國不許。擬晉斌卿爲侯，方開。諭斌卿□□□□，使甲士猝起，殺斌卿。

斌卿，字虎癡。奉唐命，壁舟山，伺間吳淞，聯絡登、萊，不進。劫寧國之仁及監軍本徹師，稍集。及唐敗，私奉桂朔；意忌，頗以氣凌同事王朝先等。名振使其故部阮進及王大振密通朝先，朝先意藉以傾斌卿。會監國俯諭伏聽，朝先馳僞箋，力士猝刀投斌卿，洞其脅。時舟山諸旅頗爲名振所統，海爲怒濤三日，或曰哀肅鹵云。

以參將原署爲監國府。

監國諭定西侯名振總督諸師，蕩湖伯阮進專治樓艫，截洋拒守；仍故唐張肯堂東閣大學士兼吏部尚書，加太子太保。

肯堂，字蜺淵，華亭人，天啓乙丑進士。歷都御史，巡撫福建。唐主尊稱福京擁戴勞，拜兵部尚書大學士。同官道周勇與鄭氏不協，肯堂意不能善用鄭氏，芝龍被激，勢必開關入敵，以是與廷議左，主蹕延平。請監肅鹵之師於舟山，遂奉敕總督三吳。唐敗，無所效。

以吳鍾巒爲禮、刑二部尚書兼都察院左都御史，李向中爲兵部尚書，朱永佑爲兵部侍郎，咸加宫保。

鍾巒，以鷺門扈駕，進尚書。向中，號立齋，鍾祥人，崇禎庚辰進士。知長興，調秀水，以漕事持，旗軍過索，被殘折臂。以職方兵部就唐，唐敗，扈舟山。永佑，字又玄，松江人，以崇禎甲戌進士，歷銓部。乙酉，從松江義奮，不終。唐藩立，航海入閩，補文選郎中。延平不返，即鷺門依監國，扈舟山。

晉阮進蕩湖侯、周崔芝平彝侯、周瑞閩安侯、王朝先平鹵伯。劉沂春以都御史、沈宸荃以兵部尚書，皆晉東閣大學士。尋以李長祥爲兵部侍郎，徐孚遠爲國子祭酒，陳九徵爲太常卿，王衡、楊璣爲欽天監丞。仍涂登華振威伯，加少保。蕩湖從子駿挂義英將軍，定西標楊晉爵、葉有成、方簡咸與挂印。餘文武加秩有差。

冬十一月，遣太常卿任甲、御史余圖南往日本通好。

冬至，頒監國五年曆於廷臣，行朝賀禮。

時北曆從西人湯諾望所定，二十四氣分地異刻，觜、畢易位；五星之行，無氣孛。惟舟山尚從故曆。

永曆四年（庚寅），監國五年春正月，大學士劉沂春稱病篤，由海道放歸。

閩庶吉士張煌言入扈舟山，起拜兵部左侍郎。

煌言兩同富平名振以舟師北擾，皆不利，間脱；遂走陸鼓義，無復振者。時其家已被逮錢塘獄，有僧澹齋日募飯飽其妻董氏與子祺，且十年。

晉李長祥東閣大學士兼兵部尚書。

初，長祥奮槊山莽，監國遥敕爲兵部尚書。尋與總兵王完勳争餉，衆散，單身入朝舟山。

閣部沈宸荃見嫉同官長祥，至誣以不道。宸荃憤，棄官引匿舟山之僻，監國不能留。

夏六月，蕩湖進、平彝崔芝以事忤，合力攻閩安侯周瑞，併其衆，盡有其艍艦。瑞以數艘潰圍出，依國姓思明。

冬十一月，監國念扈從諸臣風波辛苦、不能朝夕者，權宜月俸有差，約二十餘人，餘不能徧及。

按二十餘人，爲閣部張肯堂、尚書吳鍾巒、李向中、侍郎朱永佑、張煌言、孫延齡、太常少卿陸九徵、太僕少卿李思密、通政使參議鄭遵儉、御史朱養時、兵部郎中李國禎、禮部主事葉玄、户部主事林之瑛、中書舍人丘之章、國子監學録曾應選、太常寺典簿黄甲等，餘不及考其詳。

冬至，頒監國六年曆，一如五年例，廷臣朝賀。

永曆五年(辛卯),監國六年春二月,蕩湖阮進以兵攻建國彩於三沙,敗之,獲其餘艎盡。彩單走粤洋自保,已亥北師至,暴卒。

彩擅殺勳舊大臣者二,棄監國不顧,公憤,進等持大義攻之。富平侯名振間擊殺平西伯王朝先,暴其擅投刃斌卿之罪,函其首,爲位於海澨遥祭之。

時斌卿原部頗以斌卿方拜命無罪,朝先矯監國自制,且疑富平陰爲之。名振不得已,慮衆解體,託以他故,稱監國殲之。

初,登華以福寧來附受封,時監國保舟山,勢懸隔無依,仍北向。降帥振威伯涂登華鎮梅山孤,以其衆北歸。

夏四月,北鎮馬進寶使人密招蕩湖進於南田,進併拉其從子義英將軍駿同往。駿不從,以露富平名振。名振涕泣留之,進感而止。

進已潛内款待發,進寶治酒遲之,駿百勸不從。名振馳進舟,索見不得,迺設座南田之陸,望舟山拜哭曰:「蕩湖去,主上安所歸?願自殺。」情詞慘痛,進部俱爲泣下。於是殘北使,示無他。

六月,舟山大旱。監國布袍步禱,群臣咸草具以從。命兵部侍郎張煌言治兵鹿頸頭。

秋七月,乞粟於日本。其國王許振疾,航餉數千斛。

先是丁亥,周藩安昌王以監國命乞師日本,權以府中人填部寺銜以行。既至長吉島,島通事以權銜報源將軍。蓋日本素所重明兩榜,凡試録、履歷具備;察之無權銜,兵不發。已而,諸生凌士弘與諸生馮京第以閣部張肯堂書及肅鹵黄斌卿血書往。適天主教四舟失,風漂入界,而源將軍方整兵拒防,但接濟軍需,慰所請。此乞粟,爲監國第三往矣。

兵部尚書揭重熙師散,被執於閩之武夷山,就戮。

重熙,字萬年,臨川人。崇禎丙子,以五經雋南闈。丁丑成進士,亦以五經。

授福寧知州,歷主事。入閩京,升兵部職方郎中。鼓敝,應豫國聲垣。歸,南昌敗,猶創呼閩、粤之間。隻身間走桂林,晉兵部尚書,加太子太保。出没武夷,無所就;爲樵者所覺,被執。在獄,猶借書夜讀。臨刑,加網正幘,與曹大鎬同難。遺筆有云:「行年四十有七不爲夭,官至大司馬不爲卑,文章政事巋有名於時不爲辱。所耿耿者,數載孤臣,竟無一當以報君父!」

八月,北師大治舟艦,從蛟門向舟山,戰不利,被殘。

時裨將江天保爲蕩湖進先鋒,以四水艍迎擊定海路獲勝,沈敵十三舟。所俘率斷右臂縱還。

監國詣蛟門祭江,夜半見有大星從西北隕舟山,小星隨之者無數。即日還舟山,未至聞警,御舟不登陸。或請間取兩王子(長弘栩、次弘棅)入舟,定西侯名振曰:「如是,恐以寒守者之心。」監國不强。

越日,北師三道攻舟山,出吴淞及閩洋者島師分禦,皆捷。定閩師復益兵大出,兵逼,盪湖侯阮進失措,戰於螺頭洋不勝,死之。

時舟山精鋭分應南北洋。越五日,北師復大出。會天霧迷咫尺,進激大艍壓之;風失利,艍不前,反爲所乘。進乃手發火桶,倉猝桶觸桅,反入進艍,艍焚,進急躍水以解。蓋犯火以水淬之,無生者。敵起進,進創甚不能言,瞪目怒視三日死。此月之二十有一日也。

時屯田都督張名揚守南門,閣部張肯堂守北門,監軍主事丘元吉、金允彦等督三親標守城。内師攻舟山不遺力,守者亦百法應之;至投書勸降,閣部肯堂等不答。内師輿創進徇城,益戮力鍵禦。環圍十晝夜,南北洋二道凱師次十八門,阻不入援。

時諸門皆鍵,號令嚴,氣益厲,軍中有欲竄者,斬之。敵逼城下,被擊重傷頗衆。於是遠礮崩其雉堞者數,輒隨破隨補。

定西侯名振等護監國駕由外洋南泛。

九月之一日,舟山破。

先一日,監軍允彦力窮,潛叛内降,而元吉繼之,爲言城中虚實,導攻具益進,守者猶細醢允彦子傳示四門,以示不二。明日午刻,南門開。

錦衣衛都督李向榮、總兵馬泰、副總兵單登雲等率民兵巷戰,盡死之。

中書舍人顧玢、江中汜、陳所學,皆係舟山籍,於監國有捐助勞。城垂破,閤户咸自焚死。

監國繼妃張氏赴井死,宫眷十三人從之。一内監失其名,扼屍井旁以殉。兩王子北去,浙西原兵部主事申信等争私斂衣食之;至欲贖篡,不果。

大學士吏部尚書張肯堂一門死之。

先一日,肯堂門人蘇兆人(字寅侯)知不可爲,閤户自縊死。肯堂義之,

爲降四拜，善殮之。隨作絶命詩四首，有「傳與後來青史看，『衣冠』二字莫輕删」之句。次日事急，命舉火焚其家屬二十三口訖，遂與妾某氏並投繯雪交亭之下，一女投荷池死。肯堂有僕已度爲僧，法名無凡，鉢普陀。及舟山之變，歎曰：「吾翁無不殉國者！」促航舟山，泣請内帥，願下主懸瘞土，師義而許之。肯堂有孫滋大，諸生陸熺計脱之。

屯田部督張名揚一門死之。

名揚，與名振同母。以總兵理舟山開屯事，家東門。母年七十餘矣，赴兵死。名揚被執不屈，見殺。戚屬五十餘人，皆自焚死。幕客諸生顧心復，南直人，自縊學宫。

兵部尚書都御史吴鍾巒詣學宫自殺。

鍾巒初從監國祭蛟門返，内師初逼舟山，鍾巒間道入城，輒不食，日飲米湯一二合。預持佛寺「萬歲牌」一端，設尊經閣之中，南面；右廡陳高座，積薪與座等。及城破，向「萬歲牌」行五拜三叩頭禮，乃登高座，令家人縱火焚之。鍾巒嘗以「十願」名齋，「十願」中終以「見危授命」，此日自以不負所願云。幼子裔之，越海攜骸骨歸葬。遺集「忠告録」，國變後所著也。長子祐之，尋父粤東，永曆中，授平遠知縣。三子福之，先從太湖義奮，戰敗死。

吏部尚書李向中以艱在内地，越險大能奔，廬舟山僻澨爲位而哭守之。城破，不屈及難。

吏部左侍郎朱永祐被執，不屈死。

永祐知城危，輒冠帶拜别監國，亦望辭太祖，危坐中堂以俟兵入。既被執赴市，語益不恭；受刑更慘，棄屍海濱。久之，有僕竊藁葬舟山之壤。

兵科給事中董志寧自縊文廟死。

志寧初以兵部主事監軍，從諸生華夏等内應島師。事不成，棄妻子間走舟山，改省員，及難。

河南道御史朱養時及户部主事林之瑛、兵部主事劉午陽俱死之。監軍御史梁隆吉手刃全家，自剄。

禮部主事董玄及學録曾應選俱赴學宫自縊死。

兵部郎中李國禎以母在城，間冒險入；被執死。

都督焦文玉悉力拒戰死，妻張氏隨自盡。

温義健林伯起、張瑞初咸赴學宫自縊死。

伯起、瑞初起觸温州事，不就，走舟山方數月。

大學士兵部尚書沈宸荃挂冠郊外，潛泛海歸，風不利，舟覆死。副使高世昌觸石死。

安洋總鎮劉世勳死之。

主事楊鼎臣、李開國死最後，安洋無援，舟山既敗，北師移攻世勳，勞詘，世勳身被數創，猶格鬭不退，死。

内命巴將軍守舟山，其民復潛歸，有其故業。

舟山屠，墮其城，城以外百姓，率遷内地。

兵部侍郎煌言以鹿頸兵，同定西侯名振扈監國於三沙，國姓成功迎入厦門，躬朝見，行四拜禮，稱主上，自稱罪臣。尋居監國於金門，月致供億惟謹。遇節及千秋期，上啓稱賀弗懈。

永曆六年（壬辰），監國七年，監國蹕金門。

國姓成功以兵攻漳、泉，盡有其下邑。北歸總督陳錦援之，成功使人刺殺錦。

時鄭氏故部散漳、泉者咸〔呼〕集，洋税復舊例，能食兵。錦方視事，有刺客以國姓密遣，即帳中疾取錦首去。求刺客不可得。

桂主自安龍馳授國姓成功招討大將軍敕印。

國姓以桂無所通監國，引嫌罷供億，禮節亦疏，以見一。監國饑，各勳舊王忠孝、郭貞一、盧若騰、沈荃期、徐孚遠、紀石青、沈復齋等間從内地密輸，緩急軍需。

遣定西侯名振以己意乞師厦門，成功不許；至露其背所刺「盡忠報國」四字，爲感激，指腹爲姻，隨得助師二萬。與尚書煌言、義英駿、誠意伯劉孔昭等直遡金塘，獲叛者金允彦，磔之以祭舟山諸死事者。持不進，題詩金山寺而還，有「十年横海一孤臣」之句。

永曆七年（癸巳），監國八年，監國蹕金門。

内戒漳、泉，國姓謾書北督，稱閩鎮馬進寶、閩道黄澍啓釁，仇在不共，必覆此二釁，乃議罷兵。仍作書遺其父芝龍，要漳、泉、興、福四府。

成功母出自日本，嘗金塑母像，謹祠之，懸以真珠簾。馬、黄兵出邵鄭，私有之，遂指爲兵名。内即逮進寶、澍以示招徠。又上書其父，稱子不稱臣，稱朝廷無「陛下」字樣，語率不恭。

秋八月，太白晝見，亦經天；未、申之刻，碎如泥金，忽明忽没，久之猝下，如有掖之者。凡兩月，浙中雨毛、雨灰。是年，災異重疊不勝數。

永曆八年（甲午），監國九年，監國蹕金門。

春正月，全師復入京口，戰不利，失一副將阮甲，淹四日，退。招討復遣戎政司馬陳六御及將軍陳應蕃等協力抵平洋沙，攻崇明，不克，平原將軍姚志卓憤自剄。還觸吴淞關，掠北戰艦二百七十號。名振以沙船九百號泛登、萊及高麗，乃還。

夏五月，寧波北協鎮將張洪德出款。

洪德，寧波北協鎮也。潛使人通海迹露，被逮至曹娥江。海師合其故部竄洪德，並其妻子大小百餘艘入海。稱制封定寧伯。

秋八月，復地震浙、閩。

國姓遣將軍陳輝總統水軍，同定西名振再窺吴淞，遇風變，師旋。移攻舟山，北督鎮巴成功遣先鋒陳虎出禦，陳殁，巴以城降。令司馬陳六御、義英駿守之。

北令芝龍札子成功入款，成功再答父諭，勒割福建全省及沿海一帶自江、浙以及東粤諸州縣。不得請，統兵攻漳、泉益急。適靖南、平南二王下東粤勢張，退保海澄，無有所動。

冬十二月，台州北鎮將馬信出款，執巡道張、知府劉至舟山，縱歸。

北師大治艦防海，海師間掠其□艦，信懼罪中疑。會降將定寧洪德與信有舊，使人密誘之，洪德詭稱敵至，會文武議城守，猝起，殺□□知縣及典史就海，加封將軍。

定西侯名振卒於舟山，監國震悼，贈賻特厚。

永曆九年（乙未），監國十年，監國蹕金門。

夏四月，國姓成功師出，守將黄〔梧〕乘間以海澄北降，得封海澄公，世鎮海澄。

秋九月，國姓還駐厦門，改爲思明州，壁大兵。時設四屯：張煌言駐臨門，陳文達駐玉環山，阮春雷駐楚山，牛頭門亦宿勁旅，遥爲犄角相聲應。東南護髮走集者甚衆，獨金門扈蹕諸臣自爲保。

湖廣澧州天裂，相傳中有楷字一行，爲「白條有代静不萬意中治馳」十一字，衆矚分明，留數刻，忽風作，彩雲而散。官府以聞。

永曆十年（丙申），監國十一年，監國蹕金門。

春，桂主自安龍馳敕封招討將軍國姓成功爲延平王，一切軍國便宜行。成功謙，但以「招討將軍」行所屬諸文武，什襲王印不一行。或曰桂主以成功不行王印，疑二字封不稱，改封一字爲潮王，成功益謙不受。

二月之三日，舟山城哭聲若風箏而咽，歷五日始息。雞犬夜登屋而號，無所見。南門發國初湯東甌所建碑，碑中若或有知者。

秋八月，舟山再失。

北師倪將軍師出攻舟山，島師戎政六御、定寧洪德與義英將軍駿分應要害，英標有最捷從檣首飛渡敵舟，猝斷篷索，敵篷墮，壓斃百人，敵勢大沮。相持久，駿舟忽膠淺，不能馳驟戰，敗績。將軍劉永錫（孔昭子）跳水死。六御與洪德合以兵援之，被創並自剄死。將軍楊晉爵截横水洋，孤軍當堅，持兩日不懈，力竭，自剄。太常九徵被執，不屈，見殺。

永曆十一年（丁酉），監國十二年，監國蹕金門。

内海禁嚴，沿海居民内徙四十里計，清野，洋師防其接濟，犯者不赦。

限期勿後，如或戀田廬違限者，輒火之。所徙許借居、寄食於其姻族，拒者有法。其四十里之歲課，同邑共償之，至有所償過於其土著者。有司無能，以其狀聞。蓋既休息飲食之，復爲之代償賦役，其或缺額，考績仍以是不登。魚蝦小户一竿之外，即稱越界；胥役故縱之，執以責贖。自江南達東粤數千里，鹽場在界内者勿論；其界外缺額，商賠之。

夏五月，國姓成功遣將軍馬龍等騷粤，大殘澄海之鷗汀背，仍執知縣祖之麟海去，授之麟兵部侍郎。久之，之麟間脱，逸歸。

海師向集洋税重值，闌出内粟。至是，遂殘邊以給。

永曆十二年（戊戌），監國十三年，監國蹕金門。

國姓成功以舟師大掠招寳山。時兵部尚書煌言，計資延平大力，勇圖恢復。自舟山敗後，遥奉桂朔；凡大舉，必與延平合議，不敢顯通監國，用絶嫌疑，以固同愾。監國或間往來鷺門，無定轍。

永曆十三年（己亥），監國十四年，監國蹕金門。

夏五月，兵部煌言合延平王成功，悉舟師從大江突京口。即嚴家沙爲壇，以太牢禡告太祖高皇帝。翊日，亦禡毅宗烈皇帝。斬衰從事，一軍皆帛。舉哀，軍中陪哭，聲震百里；揚、儀及鎮江兩岸官民聞之，無不掩涕，不能仰視。其奉令

專與滿師決，遇綠旗，拱手不舉兵，持不能，難大勝。七里港滿師營將軍傷創甚，巡撫朱部安慶師戰瓜渚，全軍敗沒，朱被執，縱之。漕撫亢以淮安師下，半道聲悖，亢夜投水死。下鎮江及瓜、揚沿江一帶郡縣。煌言以其師領前鋒開府蕪湖，傳檄十里，上印者三十有七，進芻稅者恐後。

時艅艎大小八千餘號，大將張茂之總五軍令嚴，掠一黍者死；斷鎮江鐵索。北師既敗，鎮江知府甲斬辮出降；城中百姓擲帽與堞齊，市肆不驚，商旅如故。關使者獻稅給軍。凡上印者，與明製冠服，仍其官。諸郡縣或不即上印，鄉紳衿多詣官公勸獻冊，野健復挺起建旗遙應者，不啻數千部。百姓爭出城逸去以弱守者，禁不能止。或久以詿誤在禁未決者，官爲禮貌善飲食，慰去之。

西至荆、襄，南迄梅嶺，烽信所及，魂夢輸服。其奉二三工爲大言高步以警觀聽者，即或坐不道例，顧視鼎鑊如飴，談笑而盡。聞者益心動。

時楚援疾下，歷蕪湖。兵部煌言縱下流馳擊，沈其四艦，餘舟四潰。

海師甘輝列十二營於白土山，困江南觀音門，候陸師併力，不即至。閱五旬，師老。

七月之晦，北師穴城夜劫，大獲捷，沿江數百里舟師咸退去。

北總督郎鍵門不戰，衛故明原任鄉紳於公所，杜其潛耗，責輸餉食兵。海師計水戰之具不利陸攻，爲更辦需時，意輕，目無金陵。適北師明將軍自楚還，兵勢頗激，戰桃灣，海師不利。嗣甘營被劫，大戰石灰山，復敗績，失萬人，將軍甘輝與副將余日新被執。

內師執訊，責輝勸降國姓成功，酬大爵。輝傲曰：「國姓父不能奪國姓，乃仗輝？且輝亦安肯降國姓也！請速死無他。」怒叱同訊日新曰：「丈夫得死所，濡忍何爲！」

蕪湖之師聞石灰山敗耗，中弱水道扼，絕援糧竭，舍舟登陸，轉戰千里，萬人耗散盡。煌言隻身間脫，爲時二十七日，草屩二千餘程，復抵臨門。

煌言師不統於鄭，自請先登，以是深入；成功不爲聲援，急全師去圖萬全。煌言不得退，提殘較入霍山界，歷巇嶮，諸衛擊死散盡；至棄騎，僞爲失路賈，輒露，往往得故義健爲曲護之。蓋時中原婦豎，無不知大司馬煌言忠者，率不聞人（煌言有「北征紀略」傳世）。

兵部尚書煌言微表陳五月金陵之役於監國。

煌言意望延平再舉，陽疏監國，監國亦曲諒。

秋，桂主遙敕，仍魯王監國，駐澎湖；4晉煌言東閣大學士兼原官。

冬，延平大擾閩之嵩門，北師失利。

嵩門之捷，以書招北鎮張承恩，有曰：「比者，明恩達里舉浙師病没，達素閩師殲臧殆盡。馬既早歸，李、高繼至，可以爲法，馬惟善可以爲戒。」

永曆十四年（庚子），監國十五年，監國蹕金門。

時各較饑，率就內款，寵被過於諸旗；遂有僞造印敕，曾未一驚濤，輒稱方命者。內急來遠，不深求也。

東南辯士多託招徠爲名，弋巍尊；矯語報命，互相結引如傳鉢，率非實耗。

永曆十五年（辛丑），監國十六年，監國蹕金門。

春，桂主依緬甸不終。

緬甸弱畏兵，出桂主乞免。

閣部煌言三上書監國，擬詔書一道，不果行。

緬變確，金門扈從意即真以紹統。煌言未可，幸毋以虛名來射，遷蹕稍近觀變。

壬寅，監國十七年，監國蹕金門。

延平王成功營臺灣，令其長子經督守廈門。

臺灣，故和蘭國貢道候詔處也，闊二千里，袤倍之。氣常春，所產稍似內地。距福州三十七程。延平用所部曹文龍、馬信謀取之，屯重旅，而令統五軍周全斌、忠貞伯洪旭、督餉鄭泰，合守思明。

閣部煌言上書延平，有曰：「普天之下，止思明一塊乾淨土，何異桐江一絲，繫漢九鼎！」又云：「有明之倚殿下，以能雪恥報仇也。區區臺灣，何與神州、赤縣，而暴師半載，使壯士塗肝膽於火輪、宿將摧肢體於沙磧也哉？」成功不聽，舟浮礁間道入。

煌言急內難，恐延平遠自保，必憚勞疏畝；又念金門失恃，臨門一帶萬不能固，故痛言之。而鄭以安其內顧，先爲不拔，不報。

內督鎮諸以書招煌言於臨門，煌言不奪。

答江南總督郎有曰：「不佞所爭者，天經地義；所圖者，國恤家仇；所期者，豪傑事功、聖賢學問。」答浙江總督趙有曰：「兩間自有正氣，萬古自

有綱常；忠臣義士，惟獨行其是而已。區區此志，百折彌堅；不過確守人倫，即是深明天道。」

延平成功稱臺灣爲東都，亦稱明京，以候桂主巡狩。緬變確，乃又改爲東寧國。

於東寧隔江築承天城，以居宦東寧者之家。

夏五月，延平王、招討大將軍國姓成功（原名鄭森）薨於東寧。長子經自厦門奔喪，嗣主東寧，仍用桂朔；有行群文武，稱嗣藩令諭。設六部，官名改，不敢擬制。

秋九月之十有七日，監國魯王以海薨於金門。

王年五十有四。繼妃陳氏明年生遺腹子弘甲；周支長楊王術桂（今改寧靖王）收養，棲於東寧。

和蘭國內朝，奉北師合攻思明。思明敗，而金門、臨門、牛頭門、楚山、玉環山諸島之師皆解。

多款北受職者。先是，督餉鄭泰有罪，延平長子經以伏法。泰子北款，挾鎮將馬得功反攻思明，爲周全斌所敗，乃合和蘭報仇。自思明失守，北洋無一傲海上者，全斌亦竟北歸。

甲辰秋七月，閣部煌言被執。

思明州及諸島俱敗，煌言結茅潛於臨門之范澳。是月之二十有三日，煌言令裨將吴國華哨探至陶家尖。會寧波人孫惟法爲北師向導，伺得之，國華被創，投海死。舟子林姓者死，不言煌言處。火者悉之，導范澳，執煌言及監紀羅倫（字子木）、勇士葉雲、門者冠玉並二持槊者。時煌言素袍朱履就道，吟詠不輟。至寧波過其門，爲一歎息。

八月，煌言至武林，督撫趙高其義，禮迎之。煌言抗賓座，拱手曰：「昨蒙尺一下及，賦性拘執，不知悔悟，致煩使者！」左右進酥茶，搖手：「煌言從不知此味。」或覆以滿服，必不可。

出就衛，絶食飲，衛士哀號：「願緩須臾，毋見累！」於是復食飲如故。

九月之七日，東閣大學士、兵部尚書張煌言不屈，就刑，前所並執五人從死。妻董氏、子祺，旋及難。

煌言初被執，作「放言」，有曰：「滄浪揚塵兮日月盲，余生則中華兮，死則大明；黄冠故鄉兮，非余心之所馨！」在道諸吟，有「日月雙懸于氏墓，乾坤半壁岳家祠」之句。又有「悲故里」五言古詩，関曰：「求仁而得仁，抑又何怨焉！」臨市，口占：「我年適五九，乃遇九月七；大厦已不支，成仁萬事畢。」妻、子久禁錢塘，僧淡齋募以飯之。移獄至鎮江，就法。

東寧兩經北招，持前要勒以拒。論者曰：鄭氏瞻魯禄、尊唐姓、閏桂年抗北，爲不恭者三。

《隆武紀年》

明黄宗羲撰

帝諱聿鍵，小字長壽。太祖高皇帝九世孫，封國河南之南陽府。父諱義，以唐世子追封裕王；母毛氏。帝生三歲，祖端王惑於嬖妾，因世子承奉所，帝亦從之。稍長讀書，即能識大義；雖處患難，而志氣終不挫。年二十八，尚未請名。世子爲其弟毒死，端王諱之，將傳國於次子。分守道陳奇瑜入弔，謂王曰：「世子薨逝不明，若又不立其子，事必發覺。」王懼，始爲帝請名，立爲世孫。

崇禎五年壬申，王薨，帝襲位，時年三十一。選妃曾氏（諸生文彦女）。

七年甲戌，流寇披猖。南陽當寇衝，顧其城庳薄，帝捐千金修築；太守陳振豪弗授工，帝以爲言，毅宗震怒，逮震豪置理。帝又援潞王近事，乞增兵三千人，設參將一員，以陳永福充之，不許。八年乙亥冬，賊再犯南陽。上疏：「臣府護衛一千二百人，近制以其半爲汴梁班軍，給撫臣以下役使，無謂；惟明詔念臣困阨，以全軍見還。」毅宗報之曰：「南陽班軍番直，祖制已久，朕不敢變。」

時毅宗欲行宗室換授之法，陳子壯署禮部事，執不可。帝貽書子壯，相駁難，稱説典訓，援據經傳皆有本。廷臣顧弗及知，特以諸侯王尚氣持異同而已。毅宗尋下子壯獄，衆口惜子壯者，輒以尤帝。帝亦薄公卿爲不足重，而争宗藩體統，劾總理盧象昇不朝。其所建請煩多，廷臣交惡而意忌之。會九年丙子八月，京師戒嚴，帝率護衛軍勤王，又殺其兩叔，汝南道周某以典止之，不聽。至裕州，巡按御史楊繩武以聞，下旨切責。會前鋒值寇，亡其内豎二人，乃返國。十一月，下禮部議，給事中馮可賓、鍾玠議廢爲庶人，安置鳳陽高墻。押發官同知張有度欲以檻車行，帝自裁，不殊。至鳳陽，守陵奄人索賄不滿，墩鎖以困苦之。帝不勝其辱，病幾殆，曾妃割股以進，始愈。有司廩禄不時，資用乏絶。時有望氣者，以高墻中有天子氣，言於淮撫路振飛。振飛假賑罪宗入墻見帝，心獨異之。帝告以吏虐狀，振飛上疏，請加恩罪宗。贍以私錢，且讁其吏之無狀者石應，詔（伏法）。

宏光登極，大赦；帝出高墻（或云封南陽王）。遣官送寓廣西，道杭州而南都陷。帝勸潞王監國（時王在杭州）；三日，潞王出降。時靖虜伯鄭鴻逵自京口、户部主事蘇觀生自南都，胥會於杭，遂奉帝入閩。閏六月七日，監國；二十七日卯時，祭告天地、祖宗，即皇帝位於福州南郊。建行在太廟社稷，以福建省爲福京，福州府爲天興府，布政司爲行在大明門。立妃曾氏爲皇后。大赦天下，改是年乙酉七月一日以後爲隆武元年。遥上宏光尊號曰「聖安皇帝」（稱惠宗）。進封靖虜伯鄭鴻逵爲定虜侯，南安伯鄭芝龍爲平虜侯，並賜號「奉天翊運、中興宣力、定難守正功臣」；以黄道周爲少保、吏部尚書、武英殿大學士，蘇觀生爲禮部右侍郎，張肯堂太子少保、吏部尚書，吴春枝兵部右侍郎兼右副都御史，並賜號「奉天翊運、中興宣猷、守正文臣」；各官陞賞有差。又賜鄭森（芝龍子）姓朱，改名成功，總督禁旅，以駙馬體統行事。開儲賢館，定十二科取士法，以蘇觀生領之。既而，招徠者多狹邪之士，上亦厭而罷之。

鄭芝龍掌户、兵、工三部尚書，奏軍興餉急，請兩税内一石預借銀一兩；民不樂從，反慫正供，每府差侍郎、科道徵發。以浦城縣訓導王兆熊爲吏部主事兼御史，管義餉。兆熊沿門搜括，不輸者榜其門爲「不義」，於是，閭里騷然。芝龍又請清理寺田，可得餉八十萬，上不聽。户部侍郎李長倩請開捐納事例，從之。

自黄道周而外，凡有聲望者：何吾騶、蔣德璟、黄景昉、朱繼祚、林欲楫、姜曰廣、吴甡、高宏圖、路振飛、蘇觀生、曾櫻、陳奇瑜、鄭三俊、熊開元、黄士俊、顧錫疇、陳子壯，皆爲大學士；然多遥授，不至。其後又以林增志、李光春同入閣辦事。舊輔傅冠入朝，自請恢剿江右，上從之，而遷延邵武，爲諫官所劾而罷。

上賜宴大臣，鄭芝龍以侯爵位宰相上。首輔黄道周謂祖制（武職）無班文官右者，相與争執，終先道周，而芝龍怏怏不悦。諸生佞芝龍者，上書言道周迂腐無能，不可居相位，上勅督學御史扶之。初，芝龍、鴻逵自恃援立功，吸引姻婭要地清流，口授上前；如吏科給事中朱作楫、户部主事葉正發，皆門下彝人也。其後，上不盡從，遂懷怨望，及郊天於南臺，皆稱疾不出。户部尚書何楷劾之，言「朝廷大典，莫過郊天；而二勳不出陪祭，無人臣禮」！上賞其風裁，令掌都察院事。已而，鴻逵揮扇於殿上，楷呵止之，二鄭益怒。楷知不爲所容，請告再三，上欲兩全之，暫予回籍，諭以收復南京，即召總憲。楷至中途遇盜，截其一耳，蓋芝龍使其部曲楊耿爲之也。

蘇觀生請上幸贛州，親率六軍以張撻伐。鄭氏方欲挾帝以自重，議不決。觀生遂先赴南安，上親餞於殿門。

以天興府學爲國子監。上幸學，祭酒賴垓進講，三品以上官坐聽，其餘侍圜橋，觀者濟濟。

九月，總督丁魁楚獻桂林之捷。先是，靖江王亨嘉僭號，改桂林爲西京；封楊國威等爲公侯，發兵至梧州，執巡撫瞿式耜以去，據有郡邑，將逼廣東。魁楚拒之，靖(江)兵戰敗；圍桂林，破之；俘亨嘉及其臣顧奕、楊國威等至福京，而式耜照舊巡撫桂林。上命楚、淮諸王會議，廢亨嘉爲庶人，幽之别館，尋病死，顧奕等棄市。會册封桂王，并封魁楚平粤伯。

上欲不次用人，以鎮江諸生錢邦芑爲御史；熊開元執不可，不聽。已而邦芑糾開元，開元辭去。上以王期昇爲總憲，彭遇颽爲僉都御史，路振飛、曾櫻封還内降，上曰：「方今多事，用人必欲循常格，非休休之度！」振飛言：「彭遇颽新進士，降賊而南，乞憐馬士英，巡按浙江，搜括民財，至於激變。期昇在太湖，奉簡州知州朱盛徵(係宗室)，始稱通城王，繼稱皇帝，賣官、奪女，兩山百姓不容，故爾逃來。非臣等之私隙也。」上乃罷二人。

二十四日，徽州陷，右僉都御史金聲被執至南京，死之。

十月，黄道周見鄭氏偷安，殊無經略志，自請出關，芝龍不與一兵。道周以忠義激發，旬月之間，義師頗集，親書誥身獎語，給爲功賞，得之者榮於誥勅。然皆未練之兵，不能應敵，至有僧軍，鋤櫌棘矜以隨其後者，名「扁擔兵」。從廣信抵衢州。婺源令某，故道周門人也，馳書誘道周，許爲内應。道周信之。至明堂里，北師猝至，遂爲北帥張(按原刊爲「長」)天禄所執，殉節於南京。賜謚忠烈。

自道周出師後，何吾騶自廣東至，用爲首輔，賜銀章曰「輔佐中興」。

上親征，以唐、鄧二王監國，鄭芝龍留守，料理兵餉。鄭鴻逵爲御營左先鋒，出浙江；鄭彩爲御營右先鋒，出江西。築臺西郊，擇吉日親行推轂禮。鴻逵出城，馬蹶仆地。及上誓師，方授鉞，而大風忽起，旗幟披靡，天帝高皇位前燭滅，三軍莫不失色。

十二月六日，上發福京。二十八日，駐蹕建寧。

二年丙戌正月己酉朔，上不受朝賀。以三大罪自責，布衣疏食，臣下各戴罪。

馬金嶺兵變，命路振飛至浦城安撫。

海外國交趾、日本，皆遣使入貢。

廣東布政使湯來賀運粤餉十萬，由海道至，擢兵部右侍郎，督師江右。御史艾南英言「來賀奸險小人，周鍾自北逃回，來賀匿之揚署；且解餉之任，指揮僚佐所優爲，豈曰能賢！遽膺顯擢，何以示衆？」上不聽。

邵武推官朱健行部，近邑訛言北師至，倉卒返郡，夜半出其孥帑，知府吴炇煒繼之，百姓争門走死，而實未嘗有兵也。健無以自解，揭炇煒倡逃并其平日貪狀，炇煒亦揭健。時建陽知縣施熑亦以貪酷被劾。上方恨貪官之失人心也，欲以高皇帝之法行之，炇煒及熑皆斬，健絞；輔臣、勳臣以下皆申救，終不能回。

馬士英叩關來朝，上數其罪，不許，諭守關官兵毋納士英。士英前後七疏，列件自理，上命付史館存案，以俟公論。

浙東監國魯王遣柯夏卿、曹惟才來聘，上加夏卿兵部尚書、惟才光禄寺少卿，手書謂：「朕無子，王爲皇太姪。戮力同心，共拜孝陵，朕有天下，終致於王。」取浙東所用職官，同列朝籍，不分彼此。尋遣僉都御史陸源清解餉十萬給浙東，清源散餉不平，兵譁而遁。或曰：士英使之也。

廣西撫按報一僧自稱宏光，謂黄得功營中所獲者，非真也。上召九卿、科道議迎請，群臣曰：「即真宏光，甫經失國，有尊奉而無迎請。」撫按續報有侍宏光者，驗之，果僞，下獄究之，乃妄人假托以惑衆，伏誅。

三月二十四日，吉安陷。

四月，撫州陷。初，汀、邵間有大帽山洞蠻最强，王師屢征不服，永寧王某誘之出降，與北兵屢戰屢捷，因復撫州。北兵圍撫，鄭彩軍屯廣信，永寧請救，其監軍給事中張家玉以三營往援，圍暫解。已而復合，彩遂棄廣信入關，撫州復陷，永寧王死之，洞蠻亦散。上削彩爵，帶功贖罪。

闖賊李自成爲九宫山民擊死，其四十八部無所歸，楚督何騰蛟遣長沙知府周二南迎之。未至，中流矢死，賊帥欲得騰蛟親至乃降。騰蛟即往，賊帥皆驚喜下拜，至軍前聽用，一時驟增兵馬數十萬。上大喜，告太廟，封何騰蛟定興侯，進兼東閣大學士。降帥皆授總兵官。李錦賜名李赤心(號一隻虎)，自成妻弟高某賜名高必正，號爲忠貞營。已因湖南糧不給，降者稍稍解去。李、高十三部散入施州衛，因糧歇馬，其郝摇旗(改名永忠)、馬進忠、王進才、張光翠、袁宗第、牛萬才、張先壁等十餘營，悉隸騰蛟麾下受節制。

泉人蔡鼎，其爲人也多言。李蘧密疏薦其前知，上辟爲軍師，所言事多不中。彩既敗回，鼎請自試，一戰而蹶，逃回。

上謂「國家元氣之削，由於靖難」，命禮臣追復建文年號，立忠臣方孝孺祠，設姚廣孝像，跪於堦前。

六月，鄉試。福省舊額中式一百十七名，特旨廣七十名。錢邦芑請一榜盡

賜登科，以成曠典，繼因御史劉霖懋言，下第者俱聽覆試而已。

鄭鴻逵久駐關外，未嘗展一步。有傳北兵至者，鴻逵徒跣疾行三日夜而抵浦城，詢及後至者，則兵譁也。事聞，上削其封爵。鄭芝龍爲洪承疇所紿，啖以閩粤王爵，凡關隘、水陸之兵，自二月間俱已撤回。浙東既潰，北師入閩，如入無人之境，守浦城御史鄭爲虹、科臣黄大鵬死之。

七月，上生子，大赦覃恩，諸臣悉加封爵。御史錢邦芑力言不可，不聽。

二十五日，上御朝。據關上主事搜得閩中出關迎降書二百餘封，命悉焚之，諭諸臣改心易慮。

八月，仙霞關警報至。上即於二十一日啓行。上與中營皆騎馬，猶載書十餘扛以從。二十七日，出奔汀州。有十餘騎叩城，曰扈蹕者，開門納之，則追騎也，遂執上與曾后。后至九龍潭投水死，上崩於福京。或曰建寧代死者爲唐王聿釗，汀州代死者爲張致遠，上實未死（楊陸榮「紀事」言：帝與曾妃駢斬汀州城下）。其從死之臣：賴垓（戊辰進士，國子監祭酒）、熊緯（河南丙子解元、癸未進士；由行人陞給事中。從駕被獲於行宫，大罵而死）。其後朱成功屯兵鼓浪嶼，有遺使存問諸臣，云「爲僧於五指山」，然亦莫別其真僞也。粤中立國，上尊號曰思文皇帝（又稱紹宗襄皇帝）。

史臣曰：帝英才大略，不能鬱鬱安於無事。在藩服之時，已思撥亂世而反之正，及其遭逢患難，磨勵愈堅。兩京既覆，枕戈泣血，勅斷葷酒；後宫不滿三十人，半係老嫗，於世之嗜好淡如也。性喜文辭，手撰三詔，見者無不流涕感動；《御製祖訓後序》、《行在縉紳便覽序》，皆曲雅可誦。所至訪求書籍，親征亦載書數十乘。故太祖命名詩，於唐王位下有「嘉歷協圖銘」之句，不可謂非天生之令主也。論者徒見不能出閩，遂言好作聰明，自爲張大，無帝王之度，此以成敗而論也。夫鄭氏以盜賊之智，習海島無君之俗，據有全閩，始願已不及此。既無鞠躬盡瘁之忠，難責以席捲天下之志；謀國、謀身，兩者俱乖，不亦宜乎？帝之托於鄭氏，所謂「祭則寡人」而已。其一二心膂之臣所藉以經營恢復者，如黄道周、蘇觀生皆有儒者氣象，未嘗非諸葛之亞也；而束縛其手足，使之不能一展所長。蛟龍受制於螻蟻，可責其雷雨之功哉！向使蜀漢有竊命之雄，諸葛不能發其一甲、轉其斗粟，則雖欲成三分之業，亦豈可得？故帝之亡，天也、勢也！

《魯紀年》

明黄宗羲撰

卷上　監國魯王，諱以海，高皇帝十世孫。父閔王壽鏞，崇禎十五年壬午，北兵陷兖州，自縊死。崇禎十七年甲申二月甲戌，王嗣位。北變後，南下。宏光元年四月，命移江廣，暫住台州。

五月十日宏光避位，首輔馬士英以皇太后至杭州。左都御史劉宗周曰：「士英亡國之罪不必言矣，焉有身爲宰相，棄天子、挾母后而逃者！當事既不能正名定罪，國人曷不立碎其首乎？賈似道死於鄭虎臣，今求一虎臣亦不可得，可嘆哉！」時潞王監國（王諱常芳，穆宗之孫），劉宗周令分守台紹道于穎上疏，請急誅馬士英，不報。宗周與穎書曰：「監國舉動，全無足恃。此等疏朝上即宜夕下，何至四五日尚無進止。明府不必候旨，再疏，三疏申大義於天下而已」。無何，潞王降，宗周遂絶食而死；右僉都御史祁彪佳、諸生王毓蓍、潘集、周卜年皆投水死。浙東郡、縣降附，易置官吏。

閏六月初九日，餘姚攝印官發閭左爲馳道，執撲以行役者而抶其不勉者，役者反抶攝官，衆譁不能定；九江僉事道孫嘉績乘衆怒，遂斬攝官，建義旗，閭左少年輟耕而從者數千人。其明日，而諸生鄭遵謙應之於紹興。遵謙少喜任俠，不爲繩墨之士所禮。閹人屈尚忠逃至越，遵謙箠殺之，曰：「吾聞諸劉先生（謂宗周）：凡係逃官皆可殺也。」紹興守、會稽令皆新署，遵謙挾之而起，召其故所知豪傑從。初，王期昇爲太守，夢有持謁入者，覺而記其姓殷。以問推官陳子龍，子龍曰：「越亂兆矣，此殆會稽守殷通也。」至是而驗。又明日，而刑部員外郎錢肅樂應之於寧波。時定帥王之仁已授降表，肅樂大會縉紳士子於城隍廟，召募義勇。謝三賓陰致書之仁，謂：「一二庸妄書生，恐爲禍階，須以公之兵威脅之！」之仁至寧，陳兵教場，受約於肅樂，出書誦於壇上，三賓戟手欲奪之，之仁色變。有爲三賓解者，使之任餉而止。

時兵部尚書張國維已至台州，與陳函輝、宋之普、柯夏卿共請王出監（國）。即日移紹興，以分守公署爲行在。列兵江上，分地戍守：方安國當七條沙，王之仁當西興，鄭遵謙當小亹，孫嘉績、熊汝霖、錢肅樂當瓜里。群臣皆奉表勸進，上曰：「孤之監國，原非得已；當俟拜孝陵，徐議樂推未晚也。」固讓不許。以張國維、朱大典、宋之普爲東閣大學士；國維督師江上，大典鎮守金華，之普司票擬。未幾，起舊輔方逢年，之普謝事；起章正宸爲左侍郎署吏部事，李白春户部尚書，王思任禮部尚書，余煌兵部尚書，張文郁工部尚書，陳函輝吏部右侍郎；加孫嘉績、熊汝霖、錢肅樂皆督師、右僉都御史，進方國安鎮東侯，封王之仁武寧侯。上皇太子號曰悼皇帝，弘光曰赧皇帝，潞王曰潞閔王。

七月，張國維復富陽，命姚志卓守分水。江上之兵，每日蓐食，鳴鼓放船，登陸搏戰。未幾，又復轉柁還戍，率以爲常。惟熊汝霖以五百人渡海寧，轉戰數日夜，至司橋，士卒殘破略盡，乃還。當是時，孫、熊二帥皆書生不知兵，迎方、王二帥拱手而讓之。國成，凡原設營兵衛軍，俱隸方、王；而召募之街卒、田兒，則身領之。方、王既自專，而反惡孫、熊之參決，於是分餉、分地之議起。分餉者，以孫、熊之兵謂之義兵，食義餉；以方、王之師謂之正兵，食正餉。正餉田賦所出，義餉勸助無名之征也。分地者，某正兵食某地正餉，某義兵支某邑義餉也。有旨會議，方、王司餉者皆至，殿陛譁然。户部主事董守諭面奏「分餉、分地，非也。當以一切正供，悉歸户部，覈兵而後給餉，覈地而後酌給之先後。所謂義餉者，雖有其名，不可爲繼。」户部主事邵之詹議以紹興八邑已有義師專供本郡，寧波專給王藩，以金華歸朱閣部，以五府歸方藩。然方、王終不可。統計浙東錢糧六十餘萬，兩藩自分；義師或散、或留，聽其自爲徵勸。於是新安王兵散，督師所領之營亦不過數百人而已。

八月，兵部尚書田仰從海道至，留爲東閣大學士。

十月壬辰，北兵至，方國安嚴陣以待，張國維率步兵接應，裨將王國斌、趙天祥繼之，北兵大敗，追至草橋門下。

隆武皇帝遣兵科給事中劉中藻頒詔於越。張國維曰：「今日之事，凡爲高皇帝子孫皆當同心戮力，成功之後，入關者王。此時未可言上下也。」熊汝霖曰：「吾知奉主上而已，不知其他。」皆不奉詔，中藻廢然而返。

十一月，進方國安爲荆國公、王之仁爲寧國公、鄭遵謙爲義興伯。上勞軍於江上，駐蹕西興。築壇拜方國安，命各營皆受節制。時馬士英、阮大鋮竄入方營，欲朝見，上不許；下群臣會議，多言士英當誅。熊汝霖曰：「此非殺士英時也！正欲令其自贖耳。」兵部主事宗羲曰：「非不當殺，但不能殺耳。然《春秋》之義，孔子亦豈能殺陳恒，固不可言不當殺也。」

十二月，上回越城。以謝三賓爲禮部尚書，尋入東閣。鑄「大明通寶」錢。

兵部主事王正中進某所造監國魯元年大統曆。

魯元年丙戌正月己酉朔，上在紹興。以柯夏卿、曹維才爲使，奉書閩中。

二月，張國柱掠餘姚，其部曲張邦寧掠慈谿。國柱者，劉澤清之標將也，航海至東浙，依王鳴謙於定海。國柱有弓箭手五百人，其力足以制鳴謙，乃劫之入内。行朝震恐，議以伯爵縻之。宗羲與孫嘉績裁量，署爲勝虜將軍，始返定海。

總兵陳梧敗於檇李，渡海掠餘姚之鄉聚。王正中遣兵擊之，鄉聚相犄角，殺梧。朝議罪正中，宗羲言「梧之見殺，犯衆怒也，正中保守地方，不當罪。」乃止。

三月十九日，毅宗大祥。董守諭請朝堂哭臨，三軍縞素一日。從之。

北兵決壩放船入錢塘江，張國維嚴飭各營守汛。王之仁率水師襲戰，乘風碎北船數十隻，鄭遵謙獲鐵甲八百餘副。

四月，王正中率師渡海鹽，破澉浦城。

五月，加孫嘉績、熊汝霖東閣大學士。兩督師所將皆奇零殘卒，不能成軍；嘉績以其兵盡付宗羲，宗羲與王正中合師三千人。西浙來受約者，尚寶司卿朱大定、太僕寺卿陳潛夫、兵部主事吴乃武、查繼佐，又數百人附之。渡江劄譚山，將取海寧，以江上兵潰而返。

六月丙子朔，兵潰。時夏旱水涸，有浴於江者，徒涉往返。北兵驅馬試之，不及於腹，數十騎過江，而列戍驚擾，走死不暇矣。上由江門出海，令保定伯毛有倫扈元妃、世子由定海而出，張國維、陳函輝、余煌、王之仁皆死之；方國安、方逢年、馬士英、阮大鋮皆降，從征福建。方、馬至半途，伏誅。大鋮未降之前，先同逆案之馮銓已書其姓名囑諸南征者，懸内院之缺以待，大鋮初降，不知也。其同邑潘應奎（逆案潘汝楨之子）時爲委署杭嚴道，名位下大鋮數等。大鋮入謁，應奎故作聲色，欲斬以斬之，大鋮不覺屈膝。既而示以銓書，則大喜過望。踰仙霞嶺，見雷繽祚索命，墜馬折頸而死。

朱大典猶守金華不下。北兵驅民間耕牛載砲集城下，苗頭惟向一處，晝夜不絕聲。城崩，北兵隨煙而入，大典自焚死，屠其城。自金華陷，而全閩無一矢之拒矣。

史臣曰：當義旗初建，士民喟然有吞吴、楚之氣。方、王肯受約束，趨死不顧利害，竟渡錢塘江，此時北師之席未煖，三吴豪彦尋聲而響臻，未必不可與天下争衡也。宗羲嘗與王之仁言：「公等不從赭山以下進師，而攻其有備，意蓋在自守也。蕞爾兩府以供十萬之衆，即北師坐視不發一矢，一年之後亦滌地無類矣！」之仁韙其言而不能用，日與兩督師争長短，一死不足贖也。

卷下 監國魯元年丙戌六月丙子朔，浙河兵潰。上發紹興，富平將軍張名振棄石浦，以舟師扈上出海，投肅虜伯黄斌卿於舟山，斌卿不納，飄泊外洋。保定伯毛有倫扈張妃、世子至，爲叛將張國柱刼去。會永勝伯鄭彩至舟山，遂奉上入閩。

十月丁酉，上發舟山。十一月丙寅，上次中左所（即厦門也）。時鄭芝龍方降北，令彩執上以降；彩不可，而以南彝貌類上者服上冠服，居舟中，謂守者曰：「苟事急，則縊死以示之。」北人挾芝龍去，乃已。芝龍之子鄭森，思文帝賜姓名曰朱成功，不肯隨父，復建義旗於海上，而以中左所爲營。然亦不欲奉上，改明年爲隆武三年。於是，鄭彩奉上改次長垣，改明年爲魯監國二年。海上遂有二朔。

二年丁亥正月癸卯朔，上在長垣。熊汝霖爲相。辛未，上禡牙出師，提督楊耿、總兵鄭聯皆以兵來會。進鄭彩爲建國公、張名振定西侯、楊耿同安伯、鄭聯定遠伯、周瑞閩安伯、周崔芝平彝伯、阮進蕩胡伯。周崔芝復海口，以參謀林學舞、總兵趙牧守之。

二月壬申朔，克海澄。明日，攻漳平，失利。又明日，北師救海澄，南師退入於海。丙子，克漳浦，以閩人洪有文爲令。五日而陷，有文死之。鄖西王某復建寧，率其裨將王祁復邵武。祁營山中，取民間几桌數百張，每張懸火線數十炷，黑夜順流環城而過，守者謂祁兵薄城，砲石交下，遲明方知其僞。守者習之，不疑，一日祁至，遂破。

四月，海口陷，林學舞、趙牧死之。周崔芝退保火燒嶼。

六月，攻漳州，南師失利。

七月，上親征，次長垣，會鄭彩、周瑞、周崔芝、阮進之師攻福州，敗績。

八月丙戌，克連江。

十月，長樂、永福、閩清皆下，羅源知縣朱丕承、寧德知縣錢楷皆以城降。以馬思理爲東閣大學士，林正亨爲户部尚書，錢肅樂兵部尚書，沈宸荃工部尚書，劉沂春右副都御史，吴鍾巒通政司，余颺左都御史，林嵋吏科給事中，黄岳吏部考功司郎中。

大學士劉中藻起兵福安，攻福寧州。將破，其帥涂登華欲降，第謂之曰：「豈有海上天子、船中國公！」錢肅樂致書謂：「將軍獨不聞有宋末年二王不在

海上，文、陸不在舟中乎？後世卒以正統歸之，而況不爲宋末者乎？今將軍死守孤城，以言乎忠義，則非其主也；言乎保身，則非其策也。依鼎沸以稱安，巢危林而自得，計之左矣。」登華得書，乃降。

辛未，鄧藩審理陳世亨以一旅復安固。援兵不繼，被執，駡賊而死。

吏部文選司主事林垐、兵部左侍郎林汝翥攻福清，兵敗，皆死之。垐不避矢石，日暮敵衝其營，被殺；汝翥被執，北人欲降之，不屈，除夕服金屑死。初，垐於隆武朝主銓政，曰：「此潤色太平之事，顧今日之所急耶？」乃辭去。募兵數千人，爲鄭芝龍所阻，不得志，復散兵入山，制棺一具、布衣一襲，書「大明孤臣之柩」以待死。聞上至而起兵。

禮部尚書兼通政司吴鍾巒請申明職掌，言「遠近章奏，武臣則自稱『將軍』、『都督』，文臣則自稱『都御史』、『侍郎』，三品以下不計。江湖遊手之徒，則又假造符璽，販鬻官爵。偃卧邱園，而云聯師齊、楚；保守妻子，而云聚兵數萬。請加嚴核：募兵起義者，則當問其册籍、花名；原任職官者，則當辨其勑書、劄付。」上是之。

三年戊子正月丁酉朔，上在閩安鎮。同安伯楊耿、大學士朱繼祚攻興化，克之。興化分守道彭遇颽，故宏光時御史也，令其守將出戰，而登陴立「大明」赤幟，守將不敢入。

癸丑，鄭彩殺大學士熊汝霖及義興侯鄭遵謙。汝霖票擬，每右周瑞而左彩，彩積恨之。已而，彩與遵謙交惡。上次閩安，從亡諸臣之室俱保琅琦。守琅琦李茂者，彩之裨將也。汝霖奴子與之争口，元夕，汝霖自上所歸沐，熊、鄭兩家簪珥相問遺，李茂以熊、鄭合謀奔告，汝霖遂爲所害。彩以遵謙同姓，弟畜之，使領陸兵於牛田。鄭氏故以商舶爲事，遵謙强取二舶，貲萬計，由此交惡。汝霖見殺，謙復不秘其辭色。彩乃詐撲部將吴輝，輝扶傷就謙求書投鴻逵；謙過輝船送之，被擒。輝既擒（遵謙）而難於面之，伏艙底不出，謙呼曰：「汝，鄭彩厮養，殺我豈出汝意而相避乎？」輝出，謙乞隻雞、盂黍哭奠汝霖，既畢，蹈海死。謙之妾金四姐者，故娼也，嘗笞殺其婢王氏，下於獄，謙以千金出之。謙死，金四姐束藁像彩，每饋食，斬像人以侑哭，彩聞，沈之於海中。

二月，以錢肅樂爲東閣大學士。北帥郭天才來降。江西金聲桓遣天才援閩，與巡撫佟養鼒有郄，故降，封爲忠勤伯。

三月，興化陷，吏科給事中林嵋自縊；興泉守道楊棻緋衣坐堂上，遇害。莆田陷，大學士朱繼祚、知縣郁廷諫死之。永福陷，兵科給事中郭正畿賦絶命詞，投水死；御史林逢經亦投水死。長樂陷，御史王恩服毒死，妻李氏同死。建寧陷，王祁巷戰死。上在閩中先後復三府、一州、二十七縣，北調江廣之兵及兩浙之兵來救，所復州、縣皆陷。至是，僅留寧德、福安二城。

六月戊戌，大學士錢肅樂卒。初，涂登華以福寧州降鄭彩，受之。然福寧危而後安，降由於劉中藻，故幕府立焉；彩反掠其地。肅樂與中藻書，每不直彩。彩聞之，恨甚，肅樂故有血疾，亦念其恨也，疾動而卒。

十月，大學士馬思理卒。以沈宸荃、劉沂春爲東閣大學士。

四年己丑正月辛酉朔，上次沙埕。

三月，寧德陷。

四月，福安陷，大學士劉中藻死之。中藻在福安，北師前後來攻，所殺傷數千人，北師乃傅城十里，掘壕樹栅圍之。中藻不得出戰，食盡，爲文自祭，吞金死。部將董世南等同死者數百人。

六月，召張名振復建跳所。

七月壬戌，上次建跳所。閩地盡陷，鄭彩亦遂棄上而去。名振逆之至浙，從亡者爲大學士沈宸荃、劉沂春、禮部尚書吴鍾巒、兵部尚書李向中、兵部侍郎孫延齡、左副都御史宗義、兵部職方司郎中朱養時、户部主事林瑛，每日朝於水殿。而吴鍾巒漂泊所至，試其士之秀者入學，率以見上，襴衫巾縧，拜起秩秩。

壬午，北師圍建跳；蕩胡伯阮進率其樓船數百至，金鼓動天，北師解去。

封王朝先爲平西伯。朝先初同張國柱、王之仁出海，黄斌清留之部下，不任以事。朝先，故土司，調征塞上，累立戰功，不肯鬱鬱居閒，請狥邊海，至奉化之鹿頭（一作頸）四、五月而聚衆數千，邊海爲之出賦。

八月壬辰，世子生。

九月丁酉，張名振、阮進、王朝先共殺黄斌卿。建跳乏食，阮進以百艘泊舟山告急，斌卿不應，亦不使人至建跳奔問宫守。於是合攻舟山，斌卿與二女皆赴水死。

十月己巳，上駐蹕舟山。劉沂春還閩，以張肯堂爲東閣大學士、朱永佑吏部侍郎、孫延齡户部尚書。

五年庚寅正月乙卯朔，上在舟山。

九月，周瑞、周崔芝樓船三百餘艘分屯温之三盤，以爲舟山犄角。亡何，瑞、

芝有郄，上使武陵人胡明中往解之；明中至三盤，搆之益甚。瑞遂南依鄭彩，芝亦北依阮進。彩與朱成功争中左，彩大敗，泊沙埕，具表請援；芝、進既怨彩、瑞，而名振欲結歡於成功，反擊破彩之餘兵。

十月辛巳朔，日有食之。

六年辛巳正月己卯朔，上在舟山。

二月乙卯，張名振殺王朝先。當黄斌卿之破也，阮進收其水師，朝先收其陸兵，軍資、甲仗一不以付名振，嫌郄遂成。鄭彩之敗，振、進因而墮之，朝先不與合。是時朝先居守舟山，名振治兵南田。朝先不虞其見襲也，士卒散遣民舍，名振猝至，朝先手格殺數十人而死。

台州分守道耿應衡遣奸細入舟山，託於日者，謂上之禄命宜禳災星。張名振設醮，請上行香。兵部郎中朱養時上疏争之。謂「如此舉動，使敵人聞之，當曰行朝無一人矣」。

北師會攻舟山，松江張天禄出涔闕、金華馬進寶出海門，而陳錦總督督全師以出定海。行朝聞之，定西侯張名振、蕩胡伯阮進扈上發舟山，舟泊道頭。

八月辛酉，北人試舟海口。南師以三舟突陣，獲樓船一隻、戰艦十餘，馘十一人而縱之。丙寅，天大霧，北人悉抵螺頭門，守陴者方覺。先是，阮進詣海門議和，北欲誘之，進以數船脱歸。值北帥金礪之舟，進以火毬投礪，風轉篷脚，反擊進面，創甚，投水，北人刺取之。安洋將軍劉世勳、左都督張名揚統兵五百、義勇數千背城力戰，殺傷北師千餘人。

九月丙子，城陷。北人相謂曰：「吾兵南下所不易拔者，江陰、涇縣合舟山而三耳。」思文帝嘗聞涇縣、江陰之以守見屠也，嘆曰：「吾家子孫遇此二縣，三尺童子亦當哀而敬之。」大學士張肯堂蟒衣南面，視其妾周氏、方氏、姜氏、璧姐、子婦沈氏、孫女茂漪皆縊死，然後題詩自縊。禮部尚書吴鍾巒居普陀聞變，曰：「吾從亡之臣，當死行在。」渡海入城，别肯堂，自縊於孔廟。吏部侍郎朱永佑被執，北帥令薙髮活之，曰：「吾髮可削，何待今日！」砍其脅死。僕負屍出城，流血沾服，僕哭曰：「主生前好潔，今無知耶？」血遂止。兵部尚書李向中居舟山（一作夏城）城外，北師購得之，向中縗絰翔武，殺之。通政使鄭遵儉、兵科給事中董志寧、兵部郎中朱養時、户部主事林瑛、江用楫、禮部主事董玄、兵部主事李開國、朱萬年、顧珍、工部主事顧宗堯、中書舍人蘇兆人、安洋將軍劉世勳、左都督張名揚、工部所正戴仲明、錦衣衛指揮王朝相、内監太監劉朝、定西參謀顧明楫、諸生林世英皆死之。

七年壬辰正月癸酉朔，定西侯張名振、大學士沈宸荃、兵部左侍郎張煌言扈上至中左所，尋居金門。沈宸荃艤舟南日山，遭風失維，不知所之。

八年癸巳正月戊辰朔，上在金門。

三月，上自去監國號。

丁酉，上在南澳。

己亥六月，上遣官祭故光禄寺卿陳士京（後遭風溺於海；或云爲鄭成功所沈，蓋忌者誣之）。

《永曆紀年》

明黄宗羲撰

永曆皇帝諱由榔，端王常瀛第二（四？）子也，神宗之孫。崇禎十七年甲申十一月，端王薨。隆武元年乙酉，封上爲桂王，其詔有「天下者王之天下」語。

福京不守，兩廣總督丁魁楚、廣西巡撫瞿式耜以二年丙戌十月初九日，奉上監國於肇慶府。十八日，即帝位，改明年爲永曆元年，以府署爲行在。追崇端王爲端皇帝，上太妃王氏尊號曰孝正皇太后，馬氏曰慈寧皇太后；立妃王氏爲皇后。加丁魁楚兵部尚書、東閣大學士，瞿式耜吏部尚書、東閣大學士，封潯梧總兵李明忠武靖伯。時紹武建號於廣州，遣兵争三水。式耜署兵部事，出禦之，總督林佳鼎率舟師輕進，敗没於峽口。報至肇慶，百官皆逃竄，上亦奔梧州。皇太后賢明通史書，固辭群臣，不欲令其子稱帝，至是，召科道李用楫、程源（江津人，癸未進士）等詰責之，諸臣皆伏地請罪。已知閣部師全奉上，再下肇慶，然地勢單弱，人心震動，乃遣靖江伯嚴雲縱扈三宫至桂林。

十二月十五日，北兵破廣州。二十五日，事聞，上駕小艇上西峽。

永曆元年丁亥正月癸卯朔，上駐蹕梧州。知州陸世廉爲上集役夫，北浚府江。丁魁楚棄上走岑溪，大學士李永茂（永城人，丁丑進士）、晏日曙（新喻人，壬子舉人，原任承天副使）、太僕田芳等走博白，李用楫先差往交趾，瞿式耜妄塍衆多逗遛梧江；惟左都御史王化澄（金溪人，甲戌進士，原任廣東巡按）、户部尚書吴炳、翰林方以智（桐城人，庚辰進士）、文選郎中吴貞毓（宜興人，癸未進士）、給事中唐鍼、御史程源、中書吴其靁、洪士彭、掌錦衣事馬吉翔扈蹕。

二月，上至桂林。以吴炳、方以智爲東閣大學士。北帥李成棟盡鋭而西，直抵平樂，桂林震動。有余龍者，故江上盜也，衆萬餘，出没甘竹灘，廣州之陷，建義者多從之，其勢益張。是月，焚北船百餘於東莞，遂突廣州，北撫佟養甲堅壁不出，檄成棟還師擊之。

三月，瞿式耜自梧江至，議上幸武岡州，而自留守桂林。加式耜太保、中極殿大學士，封臨桂伯。方以智棄妻子入山爲僧（以智爲僧在庚寅冬，兩粤再破時也。法名宏智，字無可。此時入天雪山耳）。上發桂林，以王化澄、吴炳典閣務。兵部右侍郎張家玉（東莞人，癸未進士）、舉人韓如璜（字姬命，著有《皇明文兹》、《小韓文》，常在何喬遠、李孫宸署中）建義攻東莞，北令鄭霖開門以應。李成棟率水、陸師至，家玉棄城，以舟師屯杜榕村（村近新安）。北令走，家玉以諸生陳大赤領縣事。兵科給事中陳邦彦亦建義於高明，使其門人馬應房以舟師圍順德，李成棟敗余龍於黄連，應房戰死之。

四月，上至武岡州。以嚴起恒（紹興人，辛未進士，原任蘄州副使）爲東閣大學士。河東、湖廣流寇曹志建、王朝俊等數十人來歸，悉賜五等爵。晉何騰蛟（貴州人，天啓辛酉舉人，湖南巡撫）總制，世襲定興侯，駐衡州；巡撫堵允錫（宜興人，丁丑進士）駐長沙，聲勢稍振。張家玉使張元榮、陳瑞圖拜表於上，進家玉兵部尚書、提督嶺東軍務、右副都御史。北兵破杜榕村，韓如璜死之。家玉引兵入新安，李成棟圍新安，家玉間道走博羅。

七月，大學士陳子壯（南海人，萬曆己未探花）建義於九江村，與陳邦彦攻廣州，不克。先是，邦彦結降北廣州衛指揮楊可觀、楊景燁爲内應，又收花山盜三千人僞降北以守東門，約以是月之七日三鼓，内外並起；而子壯先期以五日薄城，謀洩，佟養甲捕楊可觀等誅之，並誅花山盜之守東門者。時城内兵力單弱，養甲登城，見旌旗蔽江，嘆曰：「其死於是乎？」左右曰：「與坐而死，無寧戰死！」養甲奮勇出戰，發巨礮以擊陳舟，舟遂退。北風大作，養甲乘風追之，子壯大敗於白鵝潭。李成棟亦自新安至，子壯退保九江村，又棄九江至高明，與監軍道麥而炫、知縣朱實蓮嬰城固守。邦彦亦退；會清遠指揮白曹燦反正迎邦彦，邦彦率師赴之。張家玉破博羅。

八月十四日，北兵逼行在。先是，楚鎮劉承允用迎鑾功，封安國公，與中人王坤交關，迫脅主上、皇太后刺血寫詔，召駐劄古泥商邱伯侯性（性以總兵銜駐劄古泥口，上自武岡踉蹌過古泥，宫眷衣食皆乏絶，性往來迎駕，奉上及三宫服御，下至宫人衣被，俱飭辦。三宫德之，乃口授商邱伯）入衛。性遣部將謝復榮以五百人至。至是，承允降北爲前導。十八日，馬吉翔、謝復榮等奉上及三宫斬關出，承允引兵追躡，相距三里。復榮請上疾馳，而身自斷後，抵死力戰，與其卒五百人俱死王家堡。上徒步三十里，體重足疲不能前，危在頃刻，會侯性率兵奄至，請上御小轎先發，性陣峽口，承允引去。上已兩日夜不食，夜宿羅家店。越五日，抵古泥，晉性祥符侯。李成棟用四姓賊鄭昌等爲導，至高明城外，發礮破其城，殺朱實蓮於南門樓，陳子壯、麥而炫被執。二十七日，李成棟圍博羅，穴城，置礮轟發之，雞鳴城陷。張家玉走增城，圍之。

九月十日，李成棟救增城。家玉劄三營於城外，成棟令杜永和、閻可義分攻之，城内亦突圍出戰，將士死者數千人，無降者。火藥盡，家玉乃與諸將痛飲，夜投濠水而死。成棟又以水、陸二萬争清遠。城破，陳邦彦猶率兵巷戰，力屈赴水，北兵出之，檻送廣州。陳子壯至廣州，臨刑罵不絶口；麥而炫從死。是日，佟養甲命何吾騶、黄士俊、李覺斯、葉延祚、王應華、伍瑞隆、關捷先、陳世傑等觀之；養甲問：「諸公畏否？」皆鞠躬曰「畏」；亦有改容詫曰：「真忠臣！真忠臣！」又數日，而陳邦彦及總兵曹天奇至，亦大罵而死。陳子壯、張家玉、陳邦彦事雖不成，然牽制李成棟使不得西上，而翠華得以苟安桂林、武岡之間者，三人力也。

十一月，上至象州。欲幸南寧，爲新興伯焦璉亂兵所阻，復返桂林，百官幾欲散去。大學士王化澄、吏部左侍郎吴貞毓以間道扈三宫，入南寧。

十二月三日，上至桂林；靖(江)王亨歅迎上而泣。瞿式耜、嚴起恒同相。賊將郝摇旗降於督師何騰蛟，封永城伯，賜名永忠，避北師，從衡州奔桂林，欲入城，瞿式耜拒之。

永曆二年戊子正月丁酉朔，上在桂林。

二月二十三日夜，郝永忠斬關而入，劫上於寢，裸體置之城外，綑縛百官，掠其財物而去。馬吉翔爲上具袍服，襆被而行。

三月十日，上至南寧。扈蹕者，大學士嚴起恒、馬吉翔，兵部尚書蕭琦，給事中吴其靁、洪上彭、許兆進、尹三聘七八人耳。柳、潯二府爲慶國公陳邦傳所據，不貢賦税，行朝資用乏絶。大學士嚴起恒乃署吏部，開選于邕城；二十四土州檳榔、鹽客、樂户，皆列官籍。

四月乙未朔，皇子生。

十日，李成棟以廣東反正，遣洪天擢(歙縣人，丁丑進士，原任湖廣驛傳道)、潘曾緯(漢陽人，辛未進士)、李琦三人齎表奏請駕幸肇慶。成棟在北有大功，而受佟養甲節制，心不能平，故所收兩廣印信不下五千顆，獨取總督印藏之。一愛妾揣知其意，勸之舉事，成棟撫几曰：「如松江百口何！」成棟嘗帥松江，其孥帑皆在焉。妾曰：「我敢獨富貴乎？請先死君前，以成君子之志。」遂自刎。成棟哭曰：「我乃不及一婦人！」密與布政使袁彭年、僉事張調鼎圖之；輦金十萬賂要人，以取妻孥之在松江者。事將發，而金聲桓以南昌反正。聲桓逆流以攻贛州，贛帥高進庫，故興平伯高傑兄子也，求援於粤。佟養甲命成棟往牒布政司移餉八萬兩，成棟日逼餉，彭年故不發，由是得以爲辭。時歲大旱，群盜滿山，成棟陰結其渠魁，謂養甲曰：「贛旦暮亡，粤又寇深如此，嶺外斷不可保，彼聲言『復衣冠』三字耳，盍姑許之以靖亂乎？」養甲計猶豫，未有所決，成棟故令群盜逼城下，呼聲動天以怵之。養甲出示安民，成棟請權停「順治」年號，養甲乃於榜尾但書「戊子」。成棟既得此榜，而已所出示直書「永曆二年」。養甲見之愕然，業已無可如何。兩司官諷養甲以印授成棟，成棟下令兵民解辮，而以所藏總督印印表文上之。詔封養甲爲襄平伯、兵工二部尚書，成棟惠國公，袁彭年左都御史。金聲桓藏表佛經中，亦遣使至。聲桓故左良玉部曲，隨良玉子夢庚降附，俾守江西，督、撫以其降將輕之，從之取賂不得。聲桓私居嘗改胡服，督、撫因言「凡前朝舊將，皆不可用」。聲桓使人竄之中途，得其書，置酒召巡撫，以書示之，即於坐間斬巡撫而反正，詔封豫國公兼兵部尚書，遣吴貞毓以吏部侍郎兼左副都御史使成棟。

自兩省反正，士人輻輳而至。王化澄復相，朱天麟(崑山人，戊辰進士)爲東閣大學士，晏清(黄岡人，己未進士，原任廣東水利僉事)爲吏部尚書，張鳳翼兵科兼翰林院，張佐辰文選司郎中，黄雲袞行人，潘駿觀兵部主事，龐天壽司禮監。此曾經出仕，僉曰迎鑾；遊手白丁，詭稱原任：六曹閒署，數日間添注幾滿。此外，更有白劄、部劄、欽劄。欽劄者，皇帝用寶劄官，不涉吏、兵二部；下廣之費，大略出此。

八月癸巳朔，上至肇慶，李成棟迎於百里外，儲黄金千兩、白金十萬兩、綵紵萬端以備賞賚。政無巨細，受成於成棟。詔贈陳子壯東閣大學士兼吏部尚書、番禺侯，謚文忠；張家玉少保、武英殿大學士兼吏部尚書、增城侯，謚文烈；陳邦彦兵部尚書，謚忠愍。

十月十日，遣佟養甲代祭興陵(端皇帝陵)，上令李元允磔之江中。養甲密表於北，成棟搜得之。

十二月，李成棟率師出南安。面奏：「南雄以下事，諸臣任之；庾關以外事，臣獨任之。」當是時，朝臣各有黨與：自廣東來者，吏部侍郎洪天擢、大理寺卿潘曾緯、學道李琦(三人皆李成棟親信)、兵部尚書曹燁(歙縣人，辛未進士)、工部尚書耿獻忠、通政司毛毓祥(武進人，丁丑進士)爲一黨；自廣西來者，嚴起恒、王化澄、朱天麟三輔臣、吏部尚書晏清、吏部侍郎吴貞毓、給事中吴其靁、洪士彭、雷得復、尹三聘、許兆進、張起爲一黨；自各路來者，左副都御史劉湘客

（錢謙益薦擧）、禮部尚書吴𢡟、吏科都給事中丁時魁、兵科都給事中金堡、户科都給事中蒙正發、禮科都給事中李用楫、吏部文選司郎中施以徵、光禄寺卿陸世廉、太僕寺卿馬光、禮部儀注司郎中徐世儀爲一黨；翰林陳世傑、驗封司郎中吴以進、給事中李貞、御史高賚明、太僕寺少卿楊邦翰、職方司郎中唐元楫，以廣東人又爲一黨。然行朝之權，盡歸於李元允。元允本姓賈，爲成棟義兒，以守舍留肇慶，朝士爭趨其門，其尤甚者謂之五虎：袁彭年爲虎頭，丁時魁爲虎尾，蒙正發爲虎脚，劉湘客爲虎皮，金堡爲虎牙。廣東一省大小官員，非奉成棟咨，不得擅除。桂林、平樂則瞿式耜爲政，慶遠、柳州則焦璉爲政，潯南、思太則陳邦傅爲政。而通政司上疏陳乞職官者，猶日以千計；内閣票擬，只有「着議具奏」四字；選司掌銓，亦無出選之地，徒有空名而已。

永曆三年己丑正月庚申朔，上在肇慶。

十三日，大學士朱天麟罷。陳邦傅，故潯梧參將也，冒功封富川伯。又以迎駕，封思恩侯。李成棟反正，先疏入告，進爵至慶國公；官其子陳曾禹至右副都御史。駕過潯州，邦傅挽留月餘，求守潯州，如瞿閣部故事。上不許，許以居潯、梧。而致賄於誥勅中書張孟光，使以守字易「居」字，爲言者追改，然邦傅進疏，則直稱「世守」。當成棟未反正時，邦傅潛通降啓，以故爲成棟所輕，兵科給事中金堡承風指劾之。邦傅疏辨：「皇上蒙塵兩年，並無一位兩衙門；何今日紛紛若是？以臣爲無兵、無將，請即遣金堡爲臣監軍，以觀臣十萬鐵騎！」天麟票擬：「金堡從來，朕亦未悉；所請監紀，着即會議！」丁時魁，堡之黨人也，怒曰：「堡論邦傅，請即監紀；堡又論郝永忠，若請其頭，亦與之耶？」率科道官十六人直入丹墀，大聲疾呼，繳印於内閣。上方燕語，聞變震驚，翻茶沾服，急諭「諸臣照舊供職，天麟即日罷相」。然天麟但言「會議」，固未嘗出金堡於邦傅也，第金堡往日知臨清受官於李賊，發其從來，是所深忌耳。二十八日起，舊輔黄士俊、何吾騶入直。

三月七日，李成棟、何騰蛟敗問至。當金聲桓之反正，南都震動，乘流而下，鮮不克矣。乃爲聲桓謀者，以寧庶人失策於一往，使新建伯得制其後，故聲桓兵先贛州。贛帥高進庫謂之曰：「吾不動以待汝，汝得南都，則吾以贛下。」聲桓不聽，急攻之。久而，各省援師集於南昌，李成棟方欲夾攻贛州，聲桓之攻贛者首尾牽顧，失利而退。高進庫以方勝之師還而拒成棟，成棟退走信豐，潰不可制，成棟斷後，策馬渡河，馬不勝甲而沈。兵部尚書張調鼎、監軍道姚生文俱死於亂兵。成棟死，而聲桓亦亡。何騰蛟開府於長沙之湘潭縣，湖南北列十三鎮，多以降將爲之，時叛時服。騰蛟仁愛有餘，而雄斷不足，諸將跋扈不用命。北兵至，湘潭不守，遂見執，被害於大步橋下。贈騰蛟中湘王、李成棟寧夏王，進李元允車騎將軍，封南陽伯。

四月，孫可望遣龔鼎（永昌人，癸未庶吉士）獻南金名馬，移書求親王名號。初，張獻忠伏誅，其勁旅尚有四部：曰孫可望、李定國、劉文秀、艾能奇，皆去獻忠僞號，自稱將軍：可望平東，定國安西，文秀撫南，能奇定北，而奉黔國公沐天波以討定諸彝。可望年差長，又稍知文墨，故位第一；定國以能次之，文秀、能奇又次之，然實等夷無統屬。已而能奇死，其將馮雙禮主其營事。可望寵之以術，既兼兩部，浸浸欲自大。當諸軍之從貴陽入滇也，貴州不置一守。有皮熊者，以其軍入之，報稱恢復黔省，進爵貴國公，駐平越。大學士王應熊還自京師，開幕府於遵義；有王祥者爲所委任，應熊死而祥據遵義，亦進爵至忠國公。各疏告行在，言「今之入滇者爲張賊餘孽，名雖向正，事豈革心，朝廷毋爲所愚！」然兩帥接壤，時相搆釁，亦不能有所效力。及滇使至，朝議以爲不可不行封賞。金堡言祖制無異姓封王者，於是，遣武康伯胡執恭以侯爵往封。執恭者，紹興人，私計滇兵强甚，且欲自結於孫可望，謂《春秋》之義，大夫出境，有可以安社稷，利國家者，專之可也」，乃矯詔封可望爲秦王。可望亦知其僞，具疏辭。金堡、蒙正發皆劾執恭罔上，朝議大譁然；不可但已，乃改封荆郡王，賜之國姓曰朱朝宗；定國曰李如靖，文秀曰劉若琦。而可望終冀秦王，言「臣惟一意辦賊，成功之後，始敢議及封爵耳」；定國、文秀亦辭賜名。可望雖不受爵，然已張皇其稱，土司之懾服軍威者，進修貢獻，已倣親王禮行事。而沐天波亦謙讓，不敢以公爵均敵。滇土略定，而北師下沅。張先璧、侯天錫退師黔境，可望遣許世臣詣行在請出師，陳義慷慨。有爲上言曰：「不若賜之璽書，直云皇帝致書秦王，則前此葛藤斬斷，方可使之盡瘁也。」上從之，可望即具疏謝恩。

五月四日，慈寧皇太后垂簾，召何吾騶、金堡爲之解釋。先是正月，（堡參）吾騶謂「與司禮監夏國祥此呼彼應，有若桴鼓」；皇太后恐吾騶不安其位，故解之。

六月，左都御史袁彭年去位。彭年生母死，不肯丁憂，慈寧皇太后以祖制所無，不許。

七月，楚降將李赤心等兵敗入廣。初，李賊部曲之降於何騰蛟也，李過（一

名錦)賜名赤心,封興國公;高必正封鄖國公,營名忠貞。騰蛟死,爲大學士堵允錫所撫。湖南、北既失,赤心等由郴、桂竟趨梧州,欲入廣東,允錫力主其議。李元允曰:「我輩做韃子時,公不來復廣東;今反正後,乃來争廣東乎?皇上在此,他來何爲?」允錫語塞而止。

八月,黃士俊、何吾騶罷。時臺諫横甚,金堡等以李元允爲東援、瞿式耜爲西援、嚴起恒爲内援、焦璉爲外援,朝政一手握定,動輒白簡,政府惴惴充位。疏未上,先商票擬,政府置底簿以待之,任其改削。二輔入直以來,彈章盈篋,至是告歸。

九月,嚴起恒獨相。是年,封朱成功爲延平王,閩海始用永曆年號。

永曆四年庚寅正月乙卯朔,上在肇慶。北兵破南雄,七日報至,百官争竄,家丁沿途殺人。九日,上登舟;十三日,解維。李元允留守肇慶。

二月甲申朔,上至梧州,駐蹕水殿。户部尚書吳貞毓、詹事府禮部右侍郎郭之奇、兵部左侍郎程源、右侍郎萬翱、禮科都給事中李用楫、户科右給事中張孝起、吏科給事中朱士鯤、户科給事中李日煒、御史朱統鐨、王命來、陳光允、彭佺合疏,論袁彭年、金堡、丁時魁、蒙正發、劉湘客罪。奉旨:「彭年反正有功,免議;餘下錦衣獄(以五顯廟權之),掌衛事張鳴岡鞫之。」嚴起恒請對於水殿,不得入,復率諸臣伏沙灘求免刑。程源立舟側揚言曰:「金堡即『昌宗之寵方新,仁傑之袍何在』兩語,便當萬死!」其聲達慈寧舟中。蓋堡嘗駁御史吕爾璵奉旨疏有云:「臣何人也,爾璵何人也?以仁傑之袍賭昌宗之裘,志士猶爲怏怏!」湘顧肆言無忌也。獄具,堡與時魁各杖八十,堡邊遠、時魁附近,各終身充軍。湘客、正發徒三年,各贖。上登位三年,至是始見聲色。上憂東事急,調鄖國公高必正赴援。

五月十三日,高必正與興平侯黨守素率兵自梧州來朝,李元允亦自肇慶來。時嚴起恒已去,三帥請手勅往平浪追還。慈寧皇太后垂簾,召三帥賜封。元允伏地請死曰:「金堡等非臣私人,果有罪,皇上何不處之於端州?今若此,是臣與堡等爲黨也。向以封疆急,不敢請罪,今事稍定,請正臣罪!」上慰勉再三曰:「卿大忠大孝,朕不疑卿。」元允曰:「皇上既不疑臣,何故以處四臣之故賜臣册書,令臣安心辦事乎?」皇太后曰:「卿莫認金堡等爲好人,卿如此忠義,他却謗卿謀反。」元允曰:「説臣謀反,還是有本、還是面奏、還是傳言?」上不答。必正曰:「皇上重處堡等是也。但處堡等之人,不如堡等;處堡等之後,亦無勝於堡等之事。」皇太后曰:「只滇封一事,豈非金堡誤國?」諸臣皆不敢對。

孫可望自賜璽書之後,儼然親藩體統。凡諸軍悉曰「行營」,設立護衛曰「駕前軍」,自稱曰「孤」、曰「不穀」,文書下行曰「秦王令旨」,各官上書曰「啓」,稱李定國、劉文秀曰「弟安西李」、「弟撫南劉」;其下稱之,皆曰「國主」。皮熊在黔畏其相逼,遣官李之華通好請盟,可望致書云:「貴爵坐擁貔貅,戰則可以摧堅鋭,守則可以資保障。獨是不肖有司,罔知邦本;征派日煩,民生日蹙。黔中乃出兵之途,寧無救災卹鄰之念,以爲假道長發之舉?若滇、若黔,總屬朝廷封疆;留守、留兵,無非綢繆糧糗。惟欲與行在聲息相通,何可有一毫私意於其間!若祇以一盟了局,爲燕雀處堂之計,非不穀所望於君子矣。」熊得書,愈懼;避之苗寨。黔中院司道官,會請前輩都督白文選入省,可望下教安定之,遂下平越。收其軍令所屬文武呈繳濫劄;武職加授總制、參、游,文職加授監軍、督餉。部卿僉憲,槩行裁革。王祥烏合六七萬,分爲三十六鎮,與滇兵一戰於烏江河而大潰。祥避死真州,遂下遵義。

九月,北師孔有德攻桂林,諸將望風而遁。城陷,大學士瞿式耜、兵部侍郎張同敞不屈,死之。

十一月,瞿式耜遺表至。云:「本月五日開國公趙印選傳塘報至,知嚴關已陷,在城衛國公胡一清、寧遠伯王永祚、綏寧伯蒲纓、武陵侯楊國棟、寧武伯馬養麟俱遁,城中一空。酉刻,督臣張同敞從江東泅水過江至臣寓,臣謂:『子無留守之責,可以去。』同敞曰:『死則俱死耳。』即於是夜,明燈正襟而坐。六日辰刻,噪聲始至靖江府前,再一刻,直至臣寓。臣與同敞危坐中堂不動,忽數騎持弓矢突至,執臣與同敞而去。時大雨如注,臣與同敞從泥淖中行。至則孔有德已坐王府,靖江父子亦以守國未曾出城,業已移至别室。臣等見有德不拜,有德亦不强,以温言諭臣等降。臣與同敞曰:『吾二人已辦一死於爾兵未至前,正以死於一室,不若死於大庭耳。』」明日,被害。當被執之時,式耜欲入與妾訣,同敞牽臂止之曰:「徒亂人意耳。」遂行。廣東亦先四日爲北帥尚可喜所破。十一日,上登舟幸潯,而陳邦傳叛。上初過潯,邦傳留之月餘,欲挾以自重;至是,乃謀劫駕。十二日,上舟衝雨而過,不及發。百官鹵簿之舟在後者,邦傳劫之。文武墜水死者,董英、許玉鳳、潘駿觀。邦傳以上鹵簿僭陳營中。十六日,上幸潯州,户部侍郎陳圭來迎。十八日,駐蹕南寧。

永曆五年辛卯正月乙酉朔,上在南寧,升殿受朝賀。十日,祀太廟。詔東閣

大學士兼吏、兵二部尚書文安之督師經略楚、豫，賜上方劍便宜行事。

二月，孫可望遣滅虜將軍賀九儀、總兵朱養恩、張明志、張勝等入衛。楚雄道楊畏知自滇中來朝，詔進東閣大學士，入直辦事。張勝殺嚴起恒，以吴貞毓爲大學士。

三月，三宮上田州。二十五日，賀九儀修理行宮，爲上駐蹕。

四月朔，祀太廟。十二日，慈寧皇太后馬氏崩於田州。十四日，訃聞；十七日，成服；二十三日，奉安靈輿於慈寧宮。喪禮以日易月。

五月十八日，勅鴻臚寺：「頃以大行慈寧莊翼康聖皇太后喪，憂戚中不遑視事；今值服除，當面與大臣商決政事，兼行日講。」該寺即傳工部修中極殿翰林院，舉堪任日講記注員名，以二十七日舉行。

六月，上患足疾。

七月朔，祀太廟。十五日中元，遥祭祖陵。十八日，葬慈寧皇太后於兩江之宋村山。二十五日，陳邦傅引兵入寇。上欲移蹕，羣臣以兩江黄茅瘴癘秋甚於夏，宜俟霜降後，允之。賀九儀等出師柳、慶。

九月，梧州、來賓、遷江告急。二十八日，上登舟。十月初七日，幸新寧。

十一月，李元允等迎駕請幸防城，不允。

十二月，北兵至遷江，逼賓州。五日，幸瀨灘。七日，南寧陷，太僕寺少卿丁元相、户部員外郎楊禹甸死之。上登陸，焚舟楫，踉蹌失次，扈蹕官員相失。將至鎮安，會孫可望遣師討皈朝叛彝，總兵高文貴、黑邦俊、狄三品等相率扈蹕。

永曆六年壬辰正月癸酉朔，上野次。三日，至皈朝。十一日，發皈朝；十二日，次富川；十三日，次沙斗；十四日，次西洋江；十五日，次寶月關；十六日，至廣南。孫可望遣總兵王愛秀迎駕上言：「臣以行在孤處僻粤，再次迎請，未奉允行；然預慮聖駕必有移幸之日，所以先遣各營兵馬肅清彝氛，道路無礙。廣南雖云内地，然界鄰交趾，尚恐彝情叵測。臣再四思維，惟安隆所（隸貴州普安州）滇、黔、粤三省會區，城郭堅固，行宫修葺，一切糧儲，可以朝發夕至，莫此爲宜。」上是之。蓋可望兩三年内既定滇中，又復經營黔土，至此已有成緒。二十五日，上發廣南，次童卜；二十六日，次矖利；二十七日，次鼎貴；二十八日，次加浦；二十九日，次那羊；三十日，次侄堂；二月癸卯朔，次呼馬；二日，次扁牙；三日，次板屯；四日，次板橋；五日，次峒沙；六日，至安隆所，詔改安隆所爲安龍府。九日，遣太常寺少卿吴之俊賫璽書至滇。

五月，孫可望分道出師：李定國下楚，征虜將軍馮雙禮副之；劉文秀入蜀，討虜將軍王復臣副之。以楚地攻戰尤急，故選兵俱隸定國。

七月四日，定國率諸軍克桂林。北帥定南王孔有德赴火死，俘其子庭訓及叛將陳邦傅及其子陳師禹（可望戮邦傅等，剥其皮。其殺人剥皮者甚衆）。初，定國駐軍武岡，馮雙禮駐軍寶慶。沅、靖屢捷，沈酋敗遁，大師可乘勝南下，而虞有德之躡其後。於是令武岡諸營出新寧，寶慶諸營出祁陽，合趨全州；分遣西勝營張勝、鐵騎右營郭有名率精兵由西延大埠頭便道趨嚴關。嚴關者，所由入桂林要道也。馮雙禮率前軍都督高存恩、鐵騎前營王會、武安營陳國能、天威營高文貴、坐營靳統武合兵八萬先進兵至驛湖，猝遇北兵萬餘，南師迎戰，斬其饒將李四，北兵遂奔，南師遂薄全州。定國統右軍都督王之邦、金吾營劉之講、左協營吴子聖、武英營廖魚標、鐵騎左營卜寧合兵十萬繼進，聞驛湖捷報，傳令全州傳城者毋急攻，懼其奔逸，并力於桂林也。令未至，而全州已下。定國軍過全州，令急過毋入，雙禮諸軍亦出城合進。時張勝、郭有名已至嚴關，與大軍相距十里，約曰：「敵至，則舉砲傳警，毋下關；須大軍至，始戰。」薄暮聞砲，諸軍擬赴之，定國曰：「無庸。」俟之寂然。蓋有德驛湖之敗，遣衆數萬馳救全州，不意南師已營關上，會日暮，退去。明日，北師至關，張勝等傳砲，大軍蓐食而前，戰於關下。北師鋭甚，象僨歸；定國斬馭象者，諸軍奮勇前進，象亦突陣。北師大崩，斬戮不可勝計。天大雷雨，横尸偏野，追及於大榕江。有德急入桂林，閉城而守。大軍三日而至城下，守陴者皆潰，大軍援梯畢登，定國下令屯城上。有德奔入府中，悵然無一言，久之，曰：「已矣！」其妻曰：「毋慮我不死！」乃囑一嫗携其幼子出避，曰：「苟得脱，度爲沙彌；毋效乃父作賊，一生下場乃有今日耳。」自縊，妾亦縊。有德遂放火自刎，投火中。方捷書之發自桂林也，其人窮日夜易馬而奔。既至貴陽，直入殿墀，下馬而息僅續，卧地不能起，探其懷中捷書，灌以湯藥，久之乃甦。於是大宴三日，疏請封典。始議犒師銀八萬兩，已損之六萬，已又損之四萬。蓋數軍之入楚與蜀也，獨駕前軍（可望護衛軍，稱駕前軍）不發；駕前軍固選鋒，聞桂林之捷，皆生妬心，曰：「北兵本易殺，我輩獨未得一當耳。」數日後，定國上鹵獲，惟孔有德金印、金册、人參數捆，所報官庫財物估價僅盈萬。遂有媒孽其市恩諸軍者，往來使命不絶，又多增飾喜怒其間。册封之事，行之稍緩。而北帥敬謹親王入衡州，號兵十萬，定國計分其師：遣前將軍張虎取辰州，北人分兵往救；定國身當衡州，遇之湖上。始戰少却，北兵乘勝追奔，

南人奇兵間道以搗中堅，遂蹶名王。十一月二十三日，則又傳是日之戰，斬敵如屠犬豕，手不暇耳。駕前軍聞之，益輕言北兵不足滅，遂議明年春，秦王親出師云。

劉文秀之入蜀也，善撫卹軍士。蜀人聞大軍至，多響應，於是重慶、叙州諸府、縣次第皆復。吴三桂迎戰輒敗，斂軍以奔，趨保保寧；南師追躡其後，惟恐失敵。討虜將軍王復臣曰：「不可！我師驕矣，而彼方致死。以驕兵當死寇，能無失乎？」諸軍多不然之。至保寧，復臣又曰：「毋圍城，圍則師分而弱。」不聽。張先璧軍其西南。先璧號張黑神，軍容耀日，然未經大敵，三桂登城望之曰：「獨是軍可襲。」乃開門出精騎犯其壘，果驚潰；轉戰而南，值討虜將軍營。討虜爲潰兵所擾，又間以水，勢不復支。北人乘勝奮擊，復臣手斬數人，環之者益衆，乃曰：「大丈夫不能生擒名王，豈可爲敵所辱！」遂引刀自剄。北兵皆驚嘆，以爲烈士。文秀徹圍而退，三桂不敢追，曰：「生平未嘗見如此勁敵，特欠一着耳！」蓋如復臣所云也。報至，帝下詔曰：「不聽謀，損大將，劉撫南罪當誅；念有復城功，罷職閑住。」文秀歸雲南；諸軍分守蜀隘、或調征楚省，所從者不過百餘人而已。

是年，李元允往海南招集散亡，至欽州，爲士兵王勝堂所刼，械送廣州，不屈而死，投屍江中。

永曆七年癸巳正月戊辰朔，上在安龍府。先是，孫可望題請封李定國爲西寧郡王兼行軍都招討，封馮雙禮爲興國侯，奉旨：「所請封爵事宜，俱依議行。」於是造設儀衛，遣檢討方于宣、中書楊惺光賫勅往，賞軍萬金，行有日矣。而是時訛言繁興：有傳李定國滋不悅者曰「奈何受郡王封，當亦如國主」；有傳諸營偶語者曰：「秦王下長沙，即改年號、受禪讓」；而以廢處劉文秀太過，咸曰：「大功未行厚賞，偶敗則膺嚴罰，吾等如何苦捐身命」！又以殺楊畏知、立儀注、駕前之奉令出使者多恣睢不法，而言之者多獲禍。從此，内外文武咸怨，軍心漸渙，不樂爲可望用者衆矣。楊畏知者，陝人，官楚雄道，好言王霸之略，故爲可望所重。及朝行在於南寧，上以孫氏故，相之，而可望反疑其二心於己，歸黔以後，所言多不從。畏知乃佯狂，以示不爲孫氏用，又時時醉駡其駕前人。可望欲脅之以令，改命從軍法，逆知必有諫者，迨諫者入，而駕前人已提其頭至矣。可望恨曰：「楊公死，我桓、文事不成矣！」儀注者，武爵隆殺體統，可望欲以自大，其故時等夷者多怨之曰：「天下尚未定，奈何爲此！」李定國出奔。是月，孫可望出師，慨然有經略中原之志。其封李定國者詔使已出黔境，復追還之，曰：「孤今出師入楚，當面會安西大慶宴，親奉上勅書以光寵之。」而衆益交相論嘆，以爲此真項羽之刓刻吝封賞也。至有爲定國慮者，曰：「此僞遊雲夢計耳。」定國因涕泣謂其下曰：「不幸少陷軍中，備嘗窮險；思欲立尺寸功，匡扶王室，垂名不朽。今甫得斬名王、奏大捷，而猜忌四起。且我與撫南弟同起雲南，戰功具在。一旦詿誤，輒遭廢棄；於我忌害，當必尤甚。我妻子俱在雲南，我豈得已而奔哉？」諸營聞之，有引軍從者；其不能從者，亦咨嗟太息不已。李定國又爲書以謝可望，可望不意其奔也，悵然久之。欲止軍東下，然業已督師在道；又信駕前言，敵殊易殺，欲親履行間，立大功以服衆心耳。諜知敵屯四路口，遂欲襲擊破之，令於軍中曰：「凡獲敵馬者悉給之。」時方四月，陰雨連緜。行三日，至四路口，敵驚欲潰，南軍殊易之，甫斬數人，便掠其馬。敵睨陣亂，還而搏戰，南軍已不成列，退保峒口。可望亦念定國既去，諸軍有乘是圖之者，既不敢嚴督諸軍前戰，諸軍亦以駕前軍奮欲立功，不願與併力。凡長沙所已復之州、縣給印諸官悉撤回，楚事大變矣。

八月，始有言招還李定國者，南寧鎮朱養恩言之尤切。可望終忌定國，乃與其下謀起劉文秀。文秀聞之，單騎入黔，私見於可望，言己無才，不願圖富貴。可望强之，疏請爲大招討，仍密遣之還滇。

永曆八年甲午正月壬辰朔，上在安龍府。改雲南省爲雲興，辰州爲沅興府，沅州爲黔興府。詔以劉文秀爲大招討，都督諸軍，出師東伐。

三月二十六日，孫可望殺大學士吴貞毓以下一十八人（内武臣一人、内侍二人）。上以久不得出，與貞毓等謀，私以手勅通李定國，令之來。時左右前後，莫非爲可望耳目者，馬吉翔發其事，窮治撰文何人、用寶何人、奉使何人？上亦震驚者累日（閩人林日宣著《安龍紀事》一卷，序馬吉翔陷大學士吴貞毓等十八人之曲折甚悉。惜其已佚，世少抄本，附記於此）。

四月，劉文秀至黔。可望祭旗纛畢，執爵授文秀，文秀言：「某伏願皇上洪福，國主威略，諸將士智勇，庶幾一日克敵，恢復中原。若某下劣，試恐不勝。」

五月七日，孫可望以單騎出按沅、靖諸營，徧觀險隘，勞卹軍吏，十日而畢。

七月，擇吉出師，由平越進屯於天柱。

永曆九年乙未正月丙戌朔，上在安龍府。封李定國爲晉王、劉文秀爲蜀王。

永曆十年丙申正月庚辰朔，上在安龍府。孫可望將謀刼駕出降，李定國舉

兵敗之，奉上駐蹕雲南，改爲滇都。

永曆十一年丁酉正月甲辰朔，上在滇都。議開緬甸爲省，以元江土府爲總督，不果。

永曆十二年戊戌正月戊戌朔，上在滇都。遣使賫璽書由安南出海至延平王朱成功營，授張煌言兵部左侍郎兼翰林院學士，其餘除授有差。徐孚遠隨使入覲，由交趾入安龍；交趾要其行禮不聽，不得過，孚遠遂返厦門。

十月，雲南屬府告急。

十二月十五日，上發滇都。時李定國出禦北師，請上隨路避兵。

永曆十三年己亥正月癸巳朔，上野次；四日，駐蹕永昌。

閏正月十五日，上發永昌，將入緬；時文武官尚四百人，兵士數千人。十八日，次騰越。二十日，發騰越。二十四日，遥傳兵至，百官急竄，宫嬪被掠。二十八日，次蠻莫，緬人不容兵器入關。三十日，發蠻莫。

二月壬辰朔，次河口。水陸分行：自上以外，從舟者六百四十六人，從陸者馬九百四十餘匹。十八日，上次井梗，緬人止之，不聽前進。二十四日，緬王請大臣問故，上遣馬雄飛、鄔昌琦賫勅書往。緬王發神宗勅書對校不同，疑其爲僞，及見沐國公印，信之。蓋緬國自萬曆二十二年請救不許，遂絶朝貢，故所知惟神宗故事也。當是時，李定國已遣白文選率兵迎駕。至啞哇城下，距駐蹕五六十里，爲緬人隔絶，不相聞，文選亦遂拔營而去。

三月十七日，自河口分路。陸行者至啞哇對河，離城五六里下營。緬人疑其奪國，率兵出戰，殺傷多人；餘乃散居村落，通政司朱藴金、中軍姜承德自縊死。

五月四日，緬王具龍舟鼓樂，遣人迎上。五日，上發井梗；七日，至啞哇城下，次於對河。八日，駐蹕者梗(距城五、六里)。草殿數十間，編竹爲城，宿衛百餘人，各官自架竹木以居。

八月十三日，緬王請黔國公沐天波往。緬人以八月十五日諸蠻來貢，使黔國以臣禮見，誇耀於諸蠻。

九月十九日，緬人貢新穀。

十月戊子朔，頒曆於緬。

永曆十四年庚子正月丁巳朔，上在緬甸。上日欲出緬幸李定國營，定國恐以兵來，則緬人致難於上；而在上左右者，則又皆偷安無智之徒：以此音塵不屬。

九月，定國迎駕於近地，奏云：「前後三十餘本，不知曾到與否？今與緬王約何地交割？」上以答勅付緬人，而定國候久無消息，復拔營去。是時，士君子皆散亡，所從惟闒冗一二輩。馬吉翔爲大學士，與司禮監李國泰相爲脣齒，惟恐定國之至，於是牢籠文武，凡欲某職、某銜者，俱稱門生。吉翔、國泰合奏：「大臣三日不能舉火。」上怒，以皇帝之璽擲之，吉翔、國泰即椎碎分給。御史任國璽請東宫開講，進「宋末賢奸利害書」，上覽一日，國泰惡而碎之。

永曆十五年辛丑正月辛酉朔，上在緬甸。

二月二十八日，鞏昌王白文選密遣緬人賫本至，云「不敢速進者，恐有害；必要緬王送出爲上策。」數日後，距行在六七十里架浮橋將渡，已而不果。

三月，有欲殺馬吉翔、李國泰奉東宫而出者。事覺，被害。

五月，馬吉翔、李國泰進宫講書，御史任國璽言：「上年請開講，則遷延不行；今日勢如累卵、禍急燃眉，不思出險而託言講貫。夫日講經筵，必須科道侍班；議軍務，則有皇親沐國。豈翔、泰二人之私事哉？」奉旨：「着任國璽獻出險策。」國璽言：「能主入緬，必能主出緬；今日事勢如此，乃卸肩於建言之人乎？」太常寺博士鄧居詔、禮部主客司主事王祖望各劾翔、泰，不省。又傳禮部侍郎楊在講書，賜坐；在以東宫典璽李崇貴侍立，不敢就坐，上並賜崇貴坐。崇貴曰：「雖在亂亡，不敢廢禮。今日雖蒙上賜，後日將謂臣欺幼主」。每講，崇貴出外，講畢而入。一日，東宫問哀公何名？在不能答。

二十三日，緬酋弟莽猛白弑兄自立，遣人求賀，上不許。

七月十九日，緬人請吃呪水(即盟誓也)，馬吉翔、李國泰挽百官同往，緬人盡殺之，松兹王某、黔國公沐天波、綏寧伯蒲纓、皇親王惟恭、吏部尚書鄧士廉以下共四十二人。緬人又發兵數千圍行在，上幾自縊，被殺者甚衆。吉王同妃縊死，宫人命婦縊者不下百人。盡刼所有而去。二十一日，緬人復修理草殿，奉上居之，曰：「此事非關吾國，因汝各營在外殺害地方，犯衆怒耳。」

十一月十八日，上召都督同知鄧凱入宫，謂之曰：「太后病矣，未知骸骨得歸故里否？」又曰：「白文選未封親王，馬寶未封郡王，吾負之；滇、黔百姓，因我師在彼苦了多年，今又不知作何狀？」

十二月十三日，緬人請上移蹕，皇太后、皇后、皇太子同行。二更渡河，乃知其爲北人也。明年壬寅二月十三日，至滇城。蒙塵之後，事秘，不知崩日、崩所。

或曰：北人扈至某驛，夜半聞上怒罵，即殂落之辰也(鈕琇記：吴三桂縊之貴陽。或曰：同太子絞死雲南城。錢曾詩箋：辛丑之冬，天兵逼緬；緬人執帝獻於師，挾至雲南省城外草萍驛，吴三桂夜殺之，兩宫、世子皆不免。時李定國尚駐安龍，聞之，大怒，與白文選揀精騎一萬，兩晝夜馳入緬甸，屠戮，緬人幾盡；仰天大呼，力竭自刎。白文選亦死。遺兵尚二十餘萬，多入蠻洞中及散竄安南國。三桂以功，晉封平西親王，即永曆故宫名五華者，攘爲王府，今改作五華書院)。

史臣曰：越、閩之事，方安國以累敗之餘，鄭芝龍以黿鼉魚鼈之衆，而欲使新造之唐、魯，以力征經營天下，此必不得之數也。惟帝當李成棟、金聲桓之反正，向非高進庫梗之於贛州(陸世儀《江右紀變》稱楊與柯，非高進庫也)，則其勢必合，合則江左偏安之勢成矣。逮夫李定國桂林、衡州之戰，兩蹶名王，天下震動；此萬曆戊午以來全盛之天下所不能有。功垂成而物敗之，可望之肉其足食乎？屈原所以呵壁而問天也！

《所知録》

清錢秉鐙撰

卷上《隆武紀元》 上諱聿鍵，太祖高皇帝九世孫。其先封於南陽，國號唐。祖端王惑於嬖人，欲立其子，因世子義於承奉司。上方三歲，從之囚。年二十八，尚未請名。已，世子遇毒薨，守道陳奇瑜、知府王之桂言於王曰：「世子薨逝不明，若其子不得嗣，事必發覺。」王懼，始爲上請名，立爲世孫。

崇禎五年，端王薨，上襲位，年三十一矣。七年，流寇猖獗，上躅金修築南陽城。知府陳振豪弗受功，上以爲言，詔逮振豪下獄。已，又援潞王例，乞增兵三千人，以陳永福爲參將領之，不許。八年冬，流寇再犯南陽，上疏言：「所有護衛兵一千二百人，半爲汴梁班軍，乞念郡當賊衝，以全軍見還。」亦不許。會先帝欲行宗室換授法，禮臣陳子壯執不可，上遺書子壯争之，稱説典制，援引經傳，言言有本，廷臣顧弗及也。已，因督臣盧象昇過南陽不朝，劾奏之。上好争宗藩大體，又所建請日煩，與廷臣多牴牾，先帝意亦不之善也。九年八月，京師戒嚴。上倡義勤王，巡按御史楊繩武以聞，奉旨切責。至裕州與賊遇，亡其内豎二人，乃返。事定，下禮部議，給事中馮可賓、鍾炌議廢爲庶人，安置鳳陽高牆。監送同知張有度欲以檻車械致之，上自裁，不殊。至鳳陽，陵閹索賄不遂，用制墩鎖法以困苦之，上不勝其辱，病幾殆死。妃曾氏調護惟謹，至封股以進，乃愈。妃曾氏，諸生曾文彦女，本籍江西，上即位，册爲皇后。有司廩禄不贍，資用乏絶。望氣者言鳳陽高牆内有天子氣，淮撫路振飛聞之，以贍罪宗爲名，入内見上，上告以吏遇無禮狀，振飛疏請加恩罪宗，置吏無狀者石應詔於法，賑以私錢。

甲申國變，南渡立國，大赦，出高牆。禮部奏請復王爵，不許，命徙居廣西平樂府。乙酉五月，上行至杭州，南都報陷。上勸潞王監國，拒北使之招降者，王不能聽。時鎮江總兵鄭鴻逵自京口至，户部主事蘇觀生自南都至，觀生由保舉爲縣令起家。胥會於杭。杭已降，遂奉上入閩，以閏六月初七日監國。鄭鴻逵請早正尊位，以係人心。芝龍意有所待。羣臣亦多言監國名正，宜早出關，號召天下，俟有收復功建號未遲。不報。隨於二十七日卯時，祭告天地祖宗，即皇帝位於福州南郊。以布政司爲行在，司本王審知故宫。建行在太廟社稷，改福州府爲天興府，立妃曾氏爲皇后，大赦天下。以本年七月初一日以後爲隆武元年。遥上弘光尊號爲聖安皇帝。進封靖虜伯鄭鴻逵爲定虜侯，南安伯二伯皆弘光時封。鄭芝龍爲平虜侯；封鄭芝豹爲澄濟伯，鄭彩爲永勝伯；陞蘇觀生爲禮部右侍郎，尋加東閣大學士；叙擁戴功也。以黄道周人望所歸，特用爲吏部尚書兼大學士。召起舊臣何吾騶、蔣德璟、黄景昉，又起朱經裕、繼祚。林欲楫、路振飛、曾櫻、熊開元等，皆相繼入閣。姜曰廣、吴甡、高弘圖、鄭三俊、陳子壯等，俱遣官敦請。其後又以黄鳴俊、林增志、李先春、陳洪謐等爲大學士，獨洪謐未至。以張肯堂爲兵部尚書，原任福建巡撫。李長倩爲户部尚書，原任福建學道。黄錦禮部尚書，曹學佺爲禮部尚書兼蘭臺館學士，新設官名。吴春枝兵部右侍郎，原任福建巡按。周應期刑部尚書，鄭瑄工部尚書，劉若金刑部侍郎，馬思理通政使，一時耆碩，盡列卿貳。其科道各官，或起舊，或召對特授，或因大臣薦舉，破格用之。惟翰林、吏部專循資格。而兵部職方一司，督撫藩鎮，題請虚銜爲軍前贊畫、監紀，至濫觴不可勝紀，上亦輕界之，由是清流往往恥與其列。上特重風節，喜文學，收羅名士，時欲破格用人。臣未入關，即蒙首輔黄道周疏薦徐鳴時、徐孚遠、吴德操及臣四人。鳴時、孚遠次第授官。臣後至，同德操上疏言：「臣志在科舉，求俟鄉試。」奉旨：「時方多事，朝廷破格用人，既經輔臣薦舉，著吏部即與一體試用，不必更俟鄉試。」然入關言事者紛紛，輒以口舌得官，近於濫矣。如鎮江錢邦芑以諸生上書，得當上意，即時實授御史。吴門楊廷樞遁跡不出，不由薦舉，手敕特授御史，皆意表行事。或曰：上所重者，東林、復社也。凡東林老宿，既無不徵召。而庶吉士張元琳，爲其叔父張瑞圖請謚，欽謚文繆，即上意可知矣。御製《搢紳序》，極言先朝門户之禍，分别東林、魏黨、南黨甚析，但於南黨誤云「西林」耳。至若翰林一席，資格獨重，四川舉人徐永周以詩文見賞，特授檢討。有言其不由進士起家，上笑曰：「予覽其詩文，意其爲進士耳。」竟改禮部主事。攸縣舉人劉自煒，爲督師何騰蛟賫奏至行在。騰蛟力薦其才，召對稱旨，特授檢討，以爲騰蛟德也。詞林中乙榜，惟自煒一人而已。故時有重翰林、輕宰相之議，以上所用大學士太多也。

上性儉素，傷國之難，敕斷葷酒，衣大布衣，後宫十餘人皆老嫗，於嗜好泊如也。特好讀書，博通典故，爲文下筆數千言立就。手撰《三詔》及《與魯監國書》。凡館閣諸臣擬上者，皆屏不用，親揮宸翰，洋洋灑灑，諸臣相顧皆不能及也。又極奬勵忠義，聞江陰、涇縣人以守城拒敵被屠，歎曰：「吾家子孫過此二縣，三尺之童子，亦當哀而敬之。」批閲章奏，輒丙夜不休，其批旨有多至數十百言者。或送中宫代批，后亦讀書通文，每召對奏事，於屏後側聽，上回宫與共決可否，時有

二聖之稱。

予有《行宫詞》云：宫漏沈沈迴未眠，大家秉燭在甘泉。遥瞻御筆珠簾裏，夜半頻聞手詔傳。　外廷章奏晚猶通，侍史開封五夜同。傳道君王看不及，黄羅親裹送中宫。　旌旗十萬護乘輿，二聖軍中共起居。長信宫人騎馬出，從龍只有五車書。

規模闊大，好彷彿漢光武平時思舊，皆以南陽故人目之。如路振飛遠隔三吴，募能召致者，賞銀五百兩，給以六品京秩。振飛至，即日拜相，官其子太平爲卿。凡生平無德不報，於從龍諸臣，恩澤尤濫焉。

予有《故人行》云：漢家天子重故人，南陽耆舊衣冠新。羊裘已隨安車至，釣灘寂寞誰垂綸？滹沱麥飯蕪蔞粥，黄金大郡報不足。共稱天子篤恩私，努力雲臺慰主知。　請君試看馮異賜，不是滹沱纔過時。

開儲賢館，定十二科取士，以蘇觀生領之。蓋因觀生不由科目起家，故令領其職以寵之也。而人望不屬，所招致者皆妄男子，稍知自好者不肯與，上久亦厭而罷之。鄭芝龍有子名森，國學生，上愛其材器，賜國姓，改名成功，命提督禁旅，以駙馬都尉體統行事。

八月，芝龍集廷臣，議戰守事宜。自仙霞關外當守者，共一百餘處，應設守兵若干。其戰兵以元年冬簡練，二年春出關，一出浙東，一出江右，略計共二十萬。合八閩、兩粤餉計之，不支一半。請於兩税内每糧一石，預借銀一兩。每府差侍郎科道督徵，閭里騷然，民不樂從，反悞正供。又令撫按官以下蠲俸助餉，鄉紳大户，責令樂輸。又令察府縣歷年積穀，銀兩未解者，悉解赴行在。芝龍又請清理僧田，可得餉八十萬，不聽。户部侍郎李長倩請開事例，從之。於是廝養隸卒，皆得給劄，授官雖止虚名，居然冠蓋謁公府。晉江令金允治聽訟，兩造皆稱職官，不跪，立而對簿，或相毆於廷，官不能制，其爲害如此。然猶苦餉不足，守關兵僅數百人，皆疲癃不堪用。廷臣日請上出關。上屢下詔，戒期親征，芝龍輒以餉詘爲辭。芝龍、鴻逵自恃有援立功，驕蹇無禮。上嘗賜宴大臣，芝龍以侯爵位宰相上，首輔道周引祖制，武臣無班文臣右者，固争之，遂首道周，芝龍怏怏不悦。諸生有佞芝龍者，上書言道周迂腐，非宰相才。上怒，敕督學御史抶之。芝龍又薦其門下士朱作楫吏科給事中、葉正發户部主事，皆不允，以是益懷怨望。及行郊天禮於南臺，二鄭皆稱疾不出。户部尚書何楷劾奏郊天大典芝龍、鴻逵不出陪祭，無人臣禮，當正其罪。上賞楷有風裁，即日令掌都察院事。已而鴻逵揮扇殿上，楷呵止之，二鄭益怒。楷知不爲所容，亟請去。上欲曲全之，允其回籍，俟再召。楷至中途，盜截其一耳以去，抵家未久死，蓋芝龍令部曲楊耿害之也。上心知芝龍志不欲出關，又所爲多不法，然卒無以制之。芝龍亦知不爲衆所予，不出關無以弭衆議，乃請以鴻逵出浙東，鄭彩出江西，各有兵數千，號爲數萬。既出關，仍稱候餉，駐不行。鴻逵住仙陽鎮，嚴禁仙霞關不許四方儒生出入，慮有上書言事者。月餘，上屢檄出關，不應，切責。鄭彩踰關行百餘里而還，乃疏稱餉絶，留如故。

九月二十四日，徽州府陷，右僉都御史金聲被執，至南京，死之。於是，首輔黄道周知鄭氏無出關志，自請出關，號召義師。芝龍若不聞知，聽其自去。道周駐廣信，無兵無餉，徒以忠義激發人心，旬月之間，有衆萬餘，親書告身獎語，得之者榮於誥敕，以是爲功賞焉。然皆未練之兵，不能應敵。部伍略定，趨衢州。婺源令，其門人也，馳書誘之，許爲内應。至明堂里，猝遇北兵，我兵潰。張天禄執道周送南京，死焉。事聞，上震悼輟朝，謚忠烈。公到南京，清督洪承疇以同鄉誼，使人致意。公罵曰：「承疇死久矣！松山之敗，先帝痛其死，賜祭九壇，親自哭臨，備極卹典，焉得尚存？此無籍小人冒名耳！」遂被囚繫。門生往見者，講習吟詠如常。都人士争索其書，終日握管，指爲之腫，皆藏弆以爲寶。臨難時過市，見市有竪福建門牌者，指福建二字曰：「吾君在焉！吾親在焉！死於此可也。」南向再拜，不去，監刑者憫其忠，遂從之。

予《哭公詩》云：二月長干天晝昏，都人争舉李膺幡；死將涕淚辭知己，生索衣冠謝主恩。無路請還先軫首，何人招返屈原魂？當年北寺留皮骨，此日南朝仗爾存！

是時，闖賊李自成敗，奔至九宫山，爲村民鉏梃擊死，獻其首於楚督何騰蛟以聞。自成敗出潼關，逃至九宫山下。飢困，親率十餘騎上山覘形勢，與金住僧，命傳炊飯。僧疑其逃將，有重貲，竊下山語村民，競持鉏梃，上山亂擊以斃。解其衣，中有金龍衣者，箭鏃集於其目，乃知爲李自成。梟其首報騰蛟，騰蛟據實奏聞，略無夸張冒功之語，行朝人嘆服之。其衆無所歸，推其兄子李錦號一隻虎。爲主，同自成妻高氏乞降。騰蛟遣長沙知府周二南迎之，未至，中流矢死。賊帥欲得騰蛟親至，乃降。騰蛟即同道臣堵胤錫徑造賊營，賊帥驚喜，悉聽命。一時增兵十餘萬。上大喜，告廟。進騰蛟大學士，封定興侯。陞堵胤錫副都御史，巡撫湖南。降帥皆授總兵官。李錦賜名李赤心，高氏弟賜名高必正，號其營爲「忠貞營」。已因湖南糧不給，降者稍稍解去。李、高十三部散入施州衛，因糧歇馬。其郝搖旗、改名永忠。馬進忠、王進

才、張光翠、袁應第、牛萬財、張先璧等十餘營，悉隸騰蛟麾下受節制，聲勢頗壯。

九月，兩廣總督丁魁楚以桂林捷聞。先是，靖江王亨嘉於八月僭稱監國，以楊國威爲大將，據有桂林，閩中頒詔不受。廣西巡撫瞿式耜甫至梧州，聞變，即移書魁楚爲備，檄思恩參將陳邦傅防梧。亨嘉遣桂平道井濟促式耜赴桂林任，不應。親率兵至梧州執式耜，劫其敕印，先用小艇載回桂林。而魁楚調邦傅及趙千駟、嚴遵誥、馬吉翔等與亨嘉戰，敗之，追至桂林。靖江既敗回，窘蹙，仍以敕印還式耜，趣出視事，令止東師，而師已抵城下矣。式耜在城陰結國威標將焦璉爲己用。兵至，璉與邦傅等合，守城者皆璉兵，邦傅縋而入，遂破桂林，俘亨嘉及楊國威、顧奕等，奕，桂林推官，爲靖江吏科給事中。至閩，戮於市。廢亨嘉爲庶人，幽死。封魁楚平粵伯，晉式耜兵部右侍郎。

十月，遣兵科給事中劉中藻頒詔浙東。浙東於六月初一日，張國維、方逢年、熊汝霖、孫嘉績、鄭遵謙、朱大典等已迎魯王於台州，監國紹興。中藻頒詔至，魯王下令仍返台州。國維曰：「今日之事，凡爲高皇帝子孫，皆當同心併力，共復國讎，有功之後，入關者王，此時未可定上下也。」即具疏上言。且言：「監國當人心奔散之日，倡集爲勢，一旦南拜正朔，猝然有變，鞭長不及，唇亡齒寒，悔莫可追。臣，老臣也，豈若朝秦暮楚之客，有左右其間哉？」熊汝霖等皆曰：「吾知奉主上而已，不知其他。」遂不奉詔。中藻廢然返，而閩與浙分水火矣。

上痛國事之壞，皆由守令以貪失民心，欲殺貪吏數人，以懲其餘。建陽知縣施爈首以貪酷被逮。邵武推官朱健，行部近邑，訛傳北兵至，倉皇返郡，即潛遣其孥出城，知府吳炆煒繼之，百姓有爭門死者，實未有兵也。健無以自解，乃揭炆煒倡逃，併其平日贓穢狀，炆煒亦揭健，上併逮至。爈與炆煒論斬，健棄市。勳輔以下皆爲申救，不聽。

原任兵部郎中王期昇及彭遇颽至行在陛見，上加期昇總督，遇颽僉都御史。大學士路振飛，曾櫻封還內降。上曰：「方今多事，用人勿拘常格。」振飛言：「遇颽新進士，降賊而南，依附馬士英，改御史，巡按浙江，搜括閭閻，以至激變。期昇在太湖奉宗室朱盛瀓稱通城王，居然帝制。派餉賣劄，强奪民女，爲兩山百姓不容，乃逃入閩。臣等非有私隙也。」上乃止。是時，熊開元以大學士掌察院事，頗重資格，惡以口舌得官者。上既特授錢邦芑御史，邦芑疏辭。開元因奏改兵部司務，臺中合疏爭之。上重違開元意，令邦芑以司務隨征，許「非時言事，補朕闕失」，名爲司務，實御史也。

初，汀、贛之間有峒賊數萬，時出剽掠，百姓苦之，號爲「閻羅總」。自分四營，故又名「四營頭」，其前左營最强。張安者，前左營之一營也，驍勇敢戰，久有歸正意。永寧王招出湖東，與敵遇，屢戰屢捷，遂復撫州。湖西則臨江鄉紳楊廷麟與吉水鄉紳劉同升，以義師恢復臨江。於是楊廷麟等爭請上出江右，何騰蛟請出湖南，而浙中諸將亦望上幸衢州。原任臨清知州金堡陛見，勸上急出，宜棄閩幸楚，騰蛟可恃，芝龍不可恃也。且言：「今時天子宜爲將，不宜爲帝。湖南有騰蛟新撫諸營，皇上親入其軍，效光武駕馭銅馬故事，此皆戰兵可用，中興天子須以馬上成功。若夫千騎萬乘，出警入蹕之威儀，盡可去也。」上大喜，語廷臣曰：「朕得金堡，如獲至寶。」即授堡兵科給事中。堡以守制固辭，請敕印聯絡江上義師以出。上遂決意出贛州，幸長沙。先遣大學士蘇觀生赴南安募兵，中途接應，上親祖送之。

金堡字道隱，杭州仁和人。庚辰進士，初任臨清知州，京師陷，南奔。旋丁內艱，與鄉人姚志卓起義山中，志卓屢有克捷，與江東諸營遥爲聲援。堡入閩，奏其戰功，上大喜，即封志卓爲仁武伯，擢堡兵科給事中。堡以服辭，乃請敕印，假虛銜以墨縗從戎，聯絡江上義師。

堡既至江東，入方國安營。魯諸臣以堡爲北來奸細，争攻擊之。監國以諭國安，國安遂執堡。御史陳潛夫語國安曰：「堡與姚志卓起義建功，公固知之，曾許迎其家渡江，今胡迺爾？」國安悟，云：「是也，然此舉非遵監國令，乃閩中二鄭有書來，必欲殺之耳。」蓋二鄭惡堡勸上棄閩幸楚，謂芝龍不可恃也。因出芝龍書，且云：「我縱其去，勿入閩。若入閩，我必追殺之，不然無以取信二鄭也。」潛夫以語堡，堡曰：「我必入閩，繳還敕印。倘中道遇殺，是死於盜耳，命也！」遂行，以次年夏至閩，繳還聯絡義師敕印。上欲奪情，堡再三辭，不允。已引先朝楊嗣昌奪情，爲黄道周諸正人所不容爲案。奉旨：「嗣昌小人，何得與爾比例。」芝龍見之，以爲行將大拜堡也，忌恨益甚。是時行在在延平，輔臣曾櫻留守福州，陰知鄭意，密疏勸上，欲保全金堡，莫若聽其辭去。堡凡七辭，同官朱某等亦爲代請，始允。堡以丙戌八月十五日辭朝，從延平出汀、贛，趨衡州。而上已先有旨諭騰蛟，遣兵迎駕。騰蛟命郝永忠率鐵騎五千，趨赴行在，至韶州，聞汀州變而返。

十一月，上下詔親征，以唐、鄧二王監國。舊輔臣何吾騶自廣東至，用爲首輔隨營。以曾櫻協同鄭芝龍留守天興，料理兵餉。以鄭鴻逵爲御左營先鋒，出

浙江；鄭彩爲右營先鋒，出江西。築壇西郊，擇吉日行推轂禮。上所部置，皆陽順鄭氏意，移蹕建寧，其實信金堡言，將相機出贛州，趨長沙也。鴻逵出城，馬蹶仆地。及上誓師授鉞，大風起，天帝及高皇帝位前燭皆滅，三軍失色。以十二月十六日發福州，二十六日駐蹕建寧。

二年丙戌正月己酉朔，上在建寧，不受朝賀，以三大罪自責。令百官皆戴罪立功。初□日大雨雹，雹大如斗，或如刀劍，天晝黑，對面不相見。

予有《閩江冰雹歌》云：閩江正月氣鬱蒸，日午天南赤血凝。照見江水蛟龍頳，劃然有聲如裂繒。少焉赤散雲澄澈，北風刮雲天晝黑。閩江舟人無顏色，鬚眉對面不相識。秦川公子善天文，急占有雹纜江濆。斂襟危坐敬天怒，須臾雹下何紛紛。初如刀劍相擊争，忽似山摧萬壑鳴。小如玉盌大如輪，恐是天上金銀宫闕一時傾。沿江舴艋半打破，官舫漏徹何由坐？呼童開窗掃雪堆，風亦漸止雹亦過。白鬚罟師老江邊，自言屯異人未傳，此是陰氣盛，毋乃兵禍連。北地沍寒固宜有，南方炎熱今胡然？天時地氣俱變易，老人安見太平年？

交趾、日本國皆遣使入貢。廣東布政使湯來賀運粵餉十萬，由海道至。陞來賀户部右侍郎。御史艾南英言解餉微勞，不宜遽膺顯擢。且言來賀奸黨，周鍾自賊逃回，曾匿來賀揚州刑署中云云。南英與鍾舊有文字隙，至是以爲來賀罪案，人皆笑之。

二月，馬脛嶺兵變，命輔臣路振飛至浦城安撫之。江、楚迎駕疏相繼而至，上意遂決，出汀州入贛，與湖南爲聲援。芝龍欲挾上以自重，固請回天興，命軍民數萬人遮道呼號，擁駕不得行，乃駐蹕延平。芝龍初以海寇受撫，雖晉五等爵，與地方有司不相統屬，閩士大夫輒呼之爲賊，絶不與通。及擁戴上即位，芝龍位益尊、權益重，全閩兵馬錢糧皆領於芝龍兄弟，是芝龍以虚名奉上，而上以全閩與芝龍也。故芝龍不肯聽上出閩，思長有閩也。馬士英叩關請入朝，上數其罪，不許。前後七疏自理。有李蘧者，士英私人也，與上有舊，密疏言士英有治兵才，與阮大鋮皆宜在使過之列。上特允士英以青衣視事，戴罪立功。魯王遣其臣柯夏卿、曹惟才來聘，上加夏卿兵部尚書，惟才光禄寺卿。手書與王謂：「朕無子，王爲皇太姪，同心戮力，共拜孝陵。朕有天下，終致於王。」取浙東所用職官，並列朝籍，不分彼此。已遣僉都御史陸清源解餉十萬，犒浙東師。至江上，方國安縱兵攫餉，殺清源，而閩浙釁益深。或曰馬士英激使之也。兵部尚書張肯堂請出募舟師，由海道徑至江南，江南義師必爲響應。大兵由閩出浙，首尾策應，則敵可乘也。上從之。加肯堂少保，給敕印。吏部文選司郎中朱永祐加侍郎銜，福州府推官徐孚遠加兵科銜，俱從肯堂出，止於舟山。辛卯八月，舟山破，肯堂蟒衣南面自縊，一門皆死。永祐被執不屈，砍其脇死。僕負屍出城，血不止。僕哭曰：「主生前好潔，死遂無知耶？」血即止。孚遠泛海由交趾入安隆。交趾要其行禮，不聽，不得過，遂反廈門。廈門破，孚遠遁跡，爲吴六奇所藏，完髮以死。海外生一子，扶櫬至松江，未葬，子亦死。

掌院大學士熊開元去位。錢邦芑改授陝西道御史，開元固執資格，不容邦芑入臺，臺中諸御史合疏參之。開元乞休，上乃聽其去。邦芑有才氣，敢言，言之慷慨，明爽可聽，特爲上所信任。廣西有僧，自稱弘光，云自黄得功營逃出，其被獲者僞也，撫按以聞。上召九卿、科道議迎請。廷臣議，即係真弘光，失國之君，有尊奉而無迎請。已，有司審知爲妄稱者，下獄誅之。

三月二十四日，吉安陷。四月，撫州陷。初，楊廷麟、劉同升起義，恢復臨江。上加廷麟大學士督師，劉同升以守制不受官，尋卒於家。廷麟兵既破敵，遂乘勝追至樟樹鎮，不戒，反爲所乘，大敗，遂棄臨江，退守吉安，所恃有廣營、滇營兵。滇營者，先帝時命中書科舍人張同敞用牙牌調發入京，兵未集，京師陷。弘光時，復敕雲南巡按御史陳藎押赴南京。及是始抵江西省，南京已失，仍退回吉安，因留之守吉，廷麟以客禮待之。滇帥趙印選、胡一青亦聽廷麟，奮勇建功，頗多斬獲。會贛督李永茂以憂去任，上用萬元吉爲督師、兵部尚書，召廷麟入直，以元吉代廷麟駐吉。元吉與諸將講體統，申約束，諸將稍稍不樂。而永寧王所招四營之前左一營，既以立功復撫州，其諸營亦皆願受撫。寧都鄉紳曾應遴請諸朝，遣其子曾傳燦入山招之，皆聽命，賜名龍武營，計日出贛州，下吉安。元吉聞之，以爲四營兵可恃也，遂蔑視滇、廣兵，專望四營兵至，滇、廣兵皆解體，四營兵亦不即至。

丙戌三月，敵添生兵攻吉安，守兵不戰而潰。二十四日，吉安陷，元吉扁舟誓師皂口，曉諭贛州，極言滇兵棄城之罪，不許容駐，滇兵亦徑越贛，趨南康以去。

四月六日，北兵漸近皂口，元吉退入贛。十四日，北兵至贛，隔水而軍。永寧王既復撫州，北兵亟圍之。時鄭彩駐兵廣信，永寧請救於彩，其監軍給事中張家玉以三營往援，圍暫解。已而復合，鄭彩遂棄廣信入閩，撫州復陷，永寧死之，張安率所部退回寧都。報至行在，大震。削鄭彩爵，戴罪立功，而徵各路兵馬援贛。蓋上志在幸楚，未嘗一日忘贛，故援贛爲最急也。有蔡鼎者，泉州人，好大言。

李蘧言其精天文、韜略，薦爲軍師。鄭彩敗回，鼎請出關自試，一戰而蹶，遂逃。

某以丙戌正月，從江西巡撫劉廣胤出汀，將赴吉安，至贛江，無地開府，暫寓嶺北道署中行事。吉安被圍，某亦不能東赴，遂久留虔州，悉知虔州事。初，四營既受撫，敕書獎賞，皆以李春等爲率，李春其中首領也。有劉季騆名應駟者，忌曾傳燦功，乃間於四營曰：「公等一體受撫，李春獨得官，今敕但稱李春可驗也。」四營怒，遂相與謀殺春。曾傳燦聞之，復馳入營，爲講明敕稱春等者，并各營而言也。調停久之始定。兵出駐黄金、高樓間，去贛州四十里，殺掠如故。百姓不敢與鬭，則以壞撫局爲罪，相與訴諸縣令金廷韶，廷韶曰：「我何能爲？爾等其問諸議撫者。」遂一閧而毁曾應遴之室。由是贛州人情洶洶，畏其往吉安，當由贛過，當事復請旨調往湖東，贛人始寧。

余在贛，有《沙邊老人行》云：母聲求子妻求夫，雨中籍籍走且呼。沙邊老人叩頭訴，言是四營兵過城東隅。四營萑苻小盗賊，竄伏谿峒逃天誅。自下黄紙招降詔，召集鄉里千百俱。昔掠村野不近郛，今移全營壁通都。又聞受撫不受納，白晝帶刀街頭趨。街頭公然掠小兒，劫奪不與盗賊殊。滿郊耕牛脯作飯，官家秋來寧蠲租。往時交戰被我俘，今名激叛罹罪辜。梅林截渡不放過，室廬遭毁人遭屠。誰爲朝廷畫此策？云欲招撫漢兩湖。此輩小醜何足戰，徒虐鄉里榮其軀。老人不必涕交鬚，緑林、青犢古來用，功成不擾理所無。爾不聞詔書久懸晉賢爵，乘輿早晚趨洪都，□訴所痛何區區！

是時楊廷麟内召赴行在，聞吉安警，留駐贛州城外。日上疏，言援吉防贛事宜，心所恃者，亦四營也。

予有《樓船行》贈之，云：北風吼江江怒旋，巨艦山齊萬鎖連。牙旗百丈颺天半，相公秉鉞坐樓船。樓船鷁首排霜戟，吹鐃撃鼓轅門闢，裘帶逍遥如意間，顧盼神明髭半白。相公年纔四十强，當時對策擅明光。集賢學士争辟易，上書請纓何慨慷！子雲嗜奇羞節義，伯起强項愧文章。漁陽馬塵飛江右，十二城郭盡拱手。哀衣大纇奮袖呼，臨江乘夜開城走。捷奏靈武論公勳，黄麻詔下五華雲。鋒車屢趣不肯入，仍請節鉞領三軍。身兼將相三軍喜，相公終歲樓船裏。呱呱愛子託門人，愛妾山中飢凍死。家信徒來不敢傳，秋燈霜髩獨籌邊。暇時自寫鐃歌曲，鸞翔鳳翥勢翩躚。如今幕府無成策，望公開閣延奇客。如今諸將有先聲，望公勿用緑林兵。樓船一出恢江國，直下石頭收舊京。

吉安失守，蘇觀生率所募新威營退保南康。萬元吉堅守皂口，所部惟汪起龍兵三百人，觀生發二百往援元吉，以監紀程亮督之，下守棉津灘。楚帥曹志建以二千人至，一夕即噪而去。北師泝流上，新威營先潰，起龍繼之，元吉遂入贛城。北兵乘勝水陸並進，徑至贛州城下，城内倉卒無備。兵垣楊文薦，元吉鄉試本房生也，奉命往湖南，過贛，見事急，遂入城自任城守，百姓擁以爲主。

予贈之以詩云：楊子疏三吴，烟塵罹家患。泛海入閩來，涕泣授給諫。銜詔赴荆南，憔悴衣履綻。何意章貢烽，竟阻衡陽雁。攘袂誓登陴，甲冑親自擐。壯士勇爲鼓，戎器除亦辦。屢戰摧敵鋒，斂指西山覸。守將棄城奔，堡障屬游宦。乃知將軍印，古來書生綰。

元吉既失吉安，將士離心，不復用命，終日坐城上瞑焉如寐，對客不發一語，望隔河敵營遍山，輒指爲虚營，認馬作牛。兵民有從敵中泅水至城下，言敵馬多兵盛，即目爲萬安、泰和間奸民，立斬之。江撫劉廣胤所召募閩兵二千餘人，中軍張琮領之，由寧都趨湖東。廣胤見贛急，檄琮回救，琮不至，自往寧都趣之。贛人曰：「江撫遁矣！」焚其舟，拘其家口。未數日而廣胤率琮兵至，贛人大悔。是時，四營調往湖東，至寧都，聞撫州失，張安兵退，仍調回雩都，楊廷麟親往雩都邀之下贛。敵兵駐營水西，領兵者高進庫也。二十三日，張琮、趙源符發兵過河，至梅林，不見敵，争前趨利，無部伍，爲伏發所敗。追至河下，人争舟，一時不獲渡，多趨水死，遂大敗。廣胤憤甚，於五月初一日率兵過河再戰，親督家丁爲衝鋒，思得一當。兵遇敵先奔，其家丁亦奔，廣胤爲高進庫所獲，後竟逃回，亦異事也。

予有《虔州即事詩》云：拂地驕鷹暗虎頭，錦貂公子夢封侯。杏花落盡田難種，布穀鳴殘麥未收。銅馬豈能扶赤伏？黄巾曾可號青州？江村野哭聲聲苦，獨賦登樓悔久留。　吉州烽火照江干，一夜腥風江水寒。急撤萬安防皂口，早催章貢出棉灘。雲南戍卒全營去，龍武新軍駐馬看。獨見尺書來幕府，誓將堅固抵狂瀾。　南詔諸軍去不回，糧兵纔費羽書催。棉津天塹全虚險，章貢孤城迥自開。中丞屢下徵師檄，司馬難登誓將臺。唯喜臨江楊相國，親提鵝鸛向東來。　西山毳帳接連雲，倏忽飈騎數百羣。營火依星明徹夜，角聲向月慘難聞。父書盡棄長平卒，兒戲羞稱灞上軍。自笑腐儒無《七略》，鐃歌簡出向江焚。　旌竿嫋嫋隔城東，冀馬臨

江壁已空。赤祲滿天休望氣，黑雲壓陣更占風。矛旗早失劉開府，金印新懸張總戎。此日穹廬猶避野，殊思漫錫守虔功。

而廷麟所調四營兵至贛，再戰再敗，遂散。廷麟入城。以上予皆得之目擊。

《鵪鴒行贈劉生御史》：中庭有佳樹，兩鳥鳴高枝。毛羽既相類，聲音亦參差。搖尾躑躅鳥心樂，劉生聽之心傷悲。劉生關西游俠子，兄爲中丞弟御史。中丞開府親握兵，生也謝病卧虔城。不願乘驄趨相府，躍馬彎弓隨阿兄。漁陽馬飛章貢塵，胡兵百戰漢兵新。江東諸將少節制，廉頗突思用趙人。鼓聲纔接列校奔，按劍獨有中丞存。楚師乘勝得知武，宋人棄甲失華元。朝廷是非竟安在，守城論功戰者罪！賜印益令逃將驕，捐軀徒使英雄悔。劉生劉生哭勿哀，友恭自是天性胎。泣血常知寢處溼，上書屢爲時相猜。爾不聞，信國被擒航海脱，李廣遭縛奪馬回。忠孝自獲神明助，中丞不死突圍來。

五月，上命追復建文年號，立忠臣方孝孺等祠。殺假官木堅、李之房於市。二人不知所從來，自稱原任兩司，召對稱旨，即以原官補用。後有言其假冒者，上怒爲所欺，遂誅之。

都督陳謙，稱奉魯監國使命入閩，久駐衢州，持兩端，云魯已封靖夷侯，欲以此邀封於上。上敕芝龍取其侯印爲驗，謙賫印至，上即召入關。御史錢邦芑劾其久住三衢，徘徊閩、浙之界，自以舉足左右爲輕重，因欲要取侯封，以閩要浙，以浙要閩，只恃構鬬之謀，敢行挾制之術。又歷數其在衢奸淫不法諸惡狀。遂下之獄，芝龍疏救，不允。謙，武進人，出身甚微。乙酉春，賫弘光詔，封芝龍南安伯，芝龍德之，故力爲申救，行賄五千金於邦芑，請免謙死，邦芑懼，以聞於上，遂決意殺之。即命邦芑監刑，芝龍聞之過市，命且停刑，亟入朝見上，請以官贖謙死。上密敕促行刑，故與芝龍久語，慰勞之，過期，芝龍出而謙已斬矣！芝龍伏屍哭極哀，厚殮之。從此益懷異志。

予有《陳將軍行》云：行宫門外人紛紛，争傳看殺陳將軍。鄭家勳侯上殿救，天子兩耳塞不聞。天子英明文且武，勳侯難免雷霆怒。必罰用懲東向心，傷恩豈顧北道主？自從登極行天誅，西市駢首阿大夫。今年二豎冒官職，即時賜死冤誰呼？從來亂國用重典，將軍觀望那得免？君不見鄭侯出抱將軍屍，頸血淋漓親爲吮。

芝龍密致書於清總督洪承疇，承疇不答書，但答以筆一管，疑毫端當有密札，索之，一無所有，蓋示隱語以「必來」耳。或曰：芝龍與承疇相通已久，承疇業以王爵啖之，此舉特以患朝廷也。

六月鄉試，以布政使吴炳爲提調官，編修劉以修、閔肅主試，取中葉瓚等一百一十七名，凡四方流寓諸生，俱得入試，時旨廣額七十名。上又親試流寓貢生，取萬子荆、倪天弼等三十餘人，改爲萃士，照庶吉士例，送翰林院教習。榜首李焯徑授禮科給事中。

予有《萃士歌》云：中興聖人重文墨，取士恥循舊資格。上書召對無奇才，儲賢有館空自開。廷試諸生本故事，親拔明經稱萃士。木天教習隨庶常，梧垣徑授寵莫當。傳聞館課兼風雅，可憐萃士無知者。羽書已報東吴失，萃士初學調音律。爲語萃士學勿遲，關外需君退虜詩。

是時贛州已圍兩月，自江撫劉廣胤戰敗被執，援兵皆不敢前。

六月十五日，舊贛督李永茂所遣副將吴之蕃，遊擊張國祚率粤兵五千人，與北兵相遇於李家山、九牛之間，數戰皆捷，北兵疑援師大至，遂撤城下圍，屯於水西。之蕃、國祚亦退守南康。時贛城守已久，奉詔獎勞，賜名忠誠府，加楊文薦右都御史。命太宰郭維經出閩募兵援贛，加六省督師銜。維經亦入城同廷麟、文薦爲協守計。浙東報至，北兵以初一日渡江，陷紹興，魯王航海江上，諸師俱潰，行在大震。鄭鴻逵久駐關外，未嘗前進一步，有傳北兵至者，徒跣疾行三日而抵浦城，後至者言兵譁也。事聞，削鴻逵爵。芝龍既怏怏不得志，又爲洪承疇所紿，許封閩粤王，凡各關隘守兵，自二月間俱已撤回。及聞浙東之信，芝龍疏稱海寇狎至，臣宜遄回防禦，且措兵餉爲守關之計，拜表即行。芝龍既回安海，守關將施福聲言缺餉，亦撤回安海。仙霞嶺二百里間，空無一兵，惟所遣守關主事及内臣數員，偵探敵信以上聞耳。

七月，上誕生元子，大赦覃恩，從龍諸臣，悉加封爵。御史錢邦芑疏言：「元子誕生之辰，正浙東新破之日，同盟且應見恤，剥膚益復可憂。臣以爲是舉朝同仇發憤之秋，非覃恩受賞之時也。且覃恩不宜太優，爵賞不宜太濫，若鐵券、金章徒以錫從龍之舊，則將來恢復疆土，何以酬汗馬之勞？非所以重名器，勸有功也。」不報。

予有《越東破》一首云：當今天子高皇孫，魯國同是至親藩。改元本非利天下，域内原宜奉一尊。越東諸臣殊可笑，誓死不聞登極詔。天子灑筆親致書，相期先謁高皇廟。閩中恃越爲藩籬，如今越破閩亦危。往時紛争

不足論，與國既失應同悲。昨夜中宫誕元子，通侯誰印何纍纍？中興所重在封疆，恩深濫冒同爛羊。脣亡齒寒古所忌，君不聞元子之誕脣先亡？蓋元子生而脣缺也。

又《讀邦芑諫草》一首云：吾家有仲文，風流擅文賦。横被黨人名，鈎校同我錮。吴江舉義師，竟被樓船誤。脱身而入關，上書蒙奇遇。片言賜豸冠，宰相苦見妒。吾兄勇報恩，有懷無不吐。會稽初失國，冀馬方來渡。惜鄰宜見哀，況乃脣齒輔。如何元子誕，封爵遍鞘鞋？稱觴拜新恩，舉朝懵不寤。一疏破羣迷，遂使人主懼。諫草滿皂囊，兹當推獨步。

七月二十五日，上御午門，羣臣朝罷將退，上命内臣捧出一盤，覆以黄帕置御前。上諭羣臣曰：「朕本無利天下之心，爲勳輔諸臣擁戴在位。朕布袍疏食，曉夜焦勞，有何人君之樂？只是上爲祖宗，下爲百姓，汲汲皇皇，惟恐負諸臣擁戴之初心。今觀諸臣大非初意，昨關上主事，搜得閩中出關迎降書二百餘封，今具在此。朕不欲知其姓名，命錦衣衛官檢明封數，捧至午門前，對衆焚之，班内諸臣宜亦有之，朕俱不問。有之者，當從此改心易慮；其本無者，益宜矢志竭力，毋二初終。特諭。」上長身豐頤、無鬚，聲音宏如鐘，著黄布袍，詞氣慷慨，言之舉朝感動。

予有《恭紀詩》云：鐘報御門早，趨朝受命初。府僚班苦後，天語聽全疏。廷宣迎駕表，帕覆出關書。中使傳燒却，君王度有餘。

上擇日出贛，楚督何騰蛟遣郝永忠領鐵騎五千迎駕，將至韶州，而北兵已陷衢州，抵閩關，遂入無人之境。守浦城御史鄭爲虹、科臣黄大鵬死之。報至，上即於八月二十一日起行。上與中宫皆騎馬，猶載書十餘扛以從。隨行者，輔臣何吾騶、朱繼祚等數人而已。

二十七日，至汀州，停蹕一日，忽有十數騎叩城曰：「我扈蹕兵也。」門者納之，直入行宫。給事中熊偉方趨朝，遇之，始知是北兵，大罵而死。從官一時奔散，遂不知上所在。有云敵人入宫，見一衣黄衣者，射殺之。蓋有衛臣貌類上，爲代死也。或云衛臣名張致遠。或云與后俱被執，后至九瀧投水死，上崩於福州。永曆元年，遥上尊號爲思文皇帝。

某以八月初一日辭朝，行屬邑查催積穀、餉銀。於二十四日回至永安貢川鎮，聞延平破，知府王士和死之。

予哭以詩云：大運豈遽非，哲人遂云徂。我見謀國臣，嘆息無良圖。豈意匹馬來，開門縱長軀。争降何紛然，常恐後至誅。賢哉二千石，從容捐厥軀。夫子莊而簡，薄宦初剖符。不謂貞松姿，臨難表所殊。獨湔嵇紹血，莫污温序鬚。我生既已倖，鄙志寧可渝？乘輿咫尺間，豈復辭崎嶇。回頭望延津，吁嗟烈丈夫！

聞上已幸汀，因即散遣從役，微服奔汀，比及歸化，則汀州已陷，聖駕且蒙塵矣。

《無題詩》：鄞江消息定如何，悵望旌旗洒淚多。野戍啼烏迷漢幟，荒城殘月起夷歌。稽山無計棲勾踐，南粤寧堪王尉佗？谷鳥催人頭白盡，聲聲長在向南柯。

山深輦路費春鋤，江楚遥遥望屬車。豈有千官懷去就，翻勞萬乘久躊躇。朱提喜賜儒生對，黄帕傳看邊吏書。廷議半年長不決，澶淵親詔已全虚。

去日追班入紫宸，花間鵷鷺片時親。綸扉白髮南陽舊，侯印黄金恩澤新。羽檄遥知邊奏至，龍顔時向内家顰。自聞東越脣亡後，早使憂天泣小臣。

光禄蔬盤出尚方，柘枝新染布袍黄。威儀已睹漢司隸，邊幅還嗤蜀子陽。書藏五車開秘閣，手裁三詔壓明光。六龍此日無消息，夜半上星淚幾行。

《鄞江怨詞》：六龍坐駐禁城傍，鐵騎宫前射錦璫。隆準奇姿人盡識，誰爲紀信代君王？

此日君王行路難，穹廬猶獻八珍盤。金鍾玉箸髯鬛進，豈似伊蒲出犬官？

日落三山烽火迷，乘輿説共左賢棲。長安不作青衣恨，半夜微聞杜宇啼。

龍旌何事久淹留，手詔頻催待鄭侯。今日蒙塵棲毳幙，李陵先已着氊裘。

遂留滯歸化村中，地名胡枋。轉入沙縣。北兵至福州，禮部尚書曹學佺、通政使馬思理俱自縊死。其餘不降者，多從鄭氏入海。芝龍退屯安海，樓船尚五六百餘艘，因前通洪承疇訊，未得要領，故不敢迎降。乃使人言其撤關不守，以待清兵之至，有功當得大用。貝勒令郭必昌貽書招之，芝龍以擁立藩王爲疑，貝勒即遣其内院至安海，與語曰：「吾所以重將軍者，正以將軍能擁立也。人臣事君，苟有可爲，必竭其力。力盡而事不可爲，天命已去，則當幡然乘時，以建不世之功，所謂識時務者在俊傑也。若將軍無輔立之舉，吾何所重於將軍哉？且兩粤未平，所藉於將軍者不小，今鑄閩廣總督印以待將軍，期即來面商地方人材及取兩廣事宜。」芝龍得書大喜，劫衆議降，諸將多不欲，有周崔芝者，以死諫，不聽。其子成功亦痛哭諫，不聽。於十一月十五日至福州，見貝勒乞降。貝勒與

握手甚歡，折箭爲誓。芝龍賂遺不可勝計。忽一夜拔營起，遂挾之北去，從行五百餘人，皆拘置別營，不得相見。對面作家書數封，但稱清朝恩德，囑其家世世毋忘。已又曰：「北上面君，是吾本願，但子弟擁兵海上，素非馴良，脱有不測，我且奈何？」貝勒曰：「即有之，無與汝事。且亦非吾慮所及也。」遂行。芝龍既降，其家以爲可免暴掠，遂不設備。北兵至安海，大肆淫掠。成功母，日本長崎王族女也，亦被淫，自縊死。成功大恨，用夷法剖其母腹，出腸滌穢，重納之以殮。發喪後，遂起兵。

十二月朔，會文武諸舊僚於烈嶼，設高皇帝位，定盟恢復。稱明年丁亥爲隆武三年，移駐南澳，軍聲頗振。初，北兵入關時，皆傳陳謙子爲前導，領兵報讎，争爲錢邦芑危。邦芑曰：「謙子蒸其父妾，豈能報父讎乎？」已而果傳者妄也。而謙子陳六御亦從成功在海上圖復，竟被執而死。貝勒在延平殺降官馬士英、方國安、方逢年，懸其首於黯淡灘。先是，北兵渡江，阮大鋮迎降，方國安同士英、逢年等走台州，陰計間道歸閩，漸可退入滇、黔。乃遣人上疏，言北兵陷浙，勢且入閩，勸早爲防禦計，以此輸忠，爲入朝張本也。已爲貝勒招出，從入關。及北兵陷延平，追騎至順昌縣，獲御扛，搜得其疏。貝勒出以示三人，遂駢斬之。

十月初四日，贛州破。先是六月十六日，李永茂所遣吴之蕃、張國祚有李家山、九牛間之捷，北兵撤圍屯水西，國祚等亦退守南康。二十四日，汪起龍率師數千，滇帥趙印選、胡一青率兵三千，蘇觀生亦遣部下率兵三千，楊廷麟收散亡卒數千，太宰郭維經、御史姚奇胤召募滇、閩兵得八千，粤督丁魁楚遣兵四千，先後至贛，營於城外，不下四萬餘人，皆欲一以當敵。萬元吉必欲待水師之至，併力一戰。中書來從諤所募沙兵三千人，吏部主事龔棻、兵部主事黎遂球所募水師四千人，皆留頓南安不下。王其弘謂元吉曰：「水師帥羅明受，故海盜也，桀驁難制，龔、黎兩君如慈母之奉驕子。且今水涸，巨舟難進，豈能如約？」不聽。及八月二十三日，北兵聞水師將至，即於是夜截諸江，焚其巨舟八十餘艘，死喪甚衆。羅明受遁，舟中火藥、器械悉歸敵人。列營聞之，無不喪氣。廣營、滇營皆不戰而潰，自是東南城外，遂無一兵。

先是，九月初三日，攻西門，將登城，城内縋死士，砍墮之。九月，北兵據南康。滇、廣二營既潰，人無固志，各營皆稍稍引去。城中所留者，汪起龍罷卒千餘人，汪國泰、金昌振、徐日彩所部各百餘人，郭維經部下三千人。城外惟水師後營黄志忠二千餘人而已。參將謝之良擁衆萬餘於雩都不敢下。粤西狼兵八千人逾嶺，亦不即至。贛人被圍日久，守陴者皆憊。

十月初三日，城内有縋城出者，北兵獲之以爲鄉導，夜由小南門上，鄉勇猶與巷戰久之。初四日黎明，北兵大至，城上發砲，砲裂，城遂陷。閣部楊廷麟赴池死。太宰郭維經入嵯峨寺焚死。有云出城卒於家。嶺北道彭期生衣冠自縊於公署。御史姚奇胤趨文廟縊死。職方司主事周瑚被執，罵而磔死。同知王明汲，推官吴國球、胡純，以及編修萬發祥，吏部主事龔棻，兵部主事于斯昌、王其弘、黎遂球、柳昂霄、錢謙亨、魯嗣宗等，户部主事林珽，中書舍人來從諤、劉孟鍧、劉應駟，知縣林逢春，通判郭寧登等，死者不可勝紀。鄉紳盧象觀合門赴水死。萬元吉已出城，歎曰：「使一城俱盡者，我之爲也，我何能存？」正巾幘，赴水以死。先是萬禁婦人出城，其家人竊萬之姬縋城去，萬知之追還。由是禁益嚴，以致合城遇難，故云然。惟楊文薦方病，困卧榻上，不能起，執送南昌，病益劇，絶粒而死。

予有《虔州行》云：烟冥冥，雨啾啾，黄昏鬼火遍城頭。行人白晝不敢過，問之乃是昔虔州。虔州地形控江楚，關税兼通閩越賈。船上明珠不值錢，城中養女能歌舞。閭閻撲地樓插天，家家日莫喧笙鼓。漁陽白馬動起來，中原十城九城開。吉安已破皂口失，孤城水上空崔嵬。鐵騎連山風雨集，砲火塌天城不摧。城頭壯士不畏死，夜半縋城砍敵壘。腰間奪得烏孫刀，背上插來白羽矢。紫髯將軍不敢逼，立馬西山時咋指。城懸糧絶無援兵，四面盡是笳鼓聲。初猶食馬後食人，登樓擊鼓鼓不鳴。朔風吹雪洒盞大，守陴人病三日餓。遥見營火渡河來，一半傳更一半卧。兵聲暗雜風雨聲，五更未醒虔州破。閉城刈人人莫逃，馬前血濺成波濤。朱樓燒盡惟赤瓦，義士白骨堆空壕。自從司馬誓城守，老弱登陴誰敢走？清江龍泉居上游，突圍入城今在否？諸君磊落忠義人，死去名節千秋新。可憐虔州十萬户，日暮飛作沙與塵。

《虔州死節歌》：虔州城破相公亡，矢石既絶拳猶張。躍馬奪門鋒莫當，迴鞭赴水慨而慷。楊相公廷麟。太宰清忠海内望，投繯倉卒正冠裳。郭太宰維經。司馬有志不得將，出城欲去中徬徨，幡然裹幘殉封疆。萬司馬元吉。彭公靖節意久藏，匕首毒藥左右防，鬱孤臺上此志償。彭兵憲期生。御史一死扶綱常，從容絶命聖人堂。姚御史奇胤。別駕瀟灑酒中狂，臨危不屈項果强。王別駕明汲，金壇人。虬髯鐵面周職方，嚼齒罵賊肉飛揚。周職方瑚。

虜召里居鬢眉蒼，依仗妻兒次等殭，終焉清泠完幽芳。盧員外象觀，虔州人。

《虔州續歌》：虔州陷後死者多，給諫不死意如何？昇去南昌還絕粒，不死鋒刃死沉疴。睢陽激烈氣誠壯，偃師需緩志豈頗？楊幼于給諫至南昌，絕粒而死。南海職方援兵至，入城不出今則那？黎職方美周。吏部絕命無人見，城内誰能逃網羅！龔吏部棻。吾鄉亦有胡通守，舉家煨燼同消磨。建昌通判胡瑟君鈗。其餘流寓復誰在？出城盡喪江心波。玉石俱焚無足道，紛紛請衈殊淆訛。古來節義憑信史，敬採里巷成續歌。

卷中《永曆紀年上》 上御諱由榔。初封永明王，神宗皇帝孫，端皇帝之第四子也。端皇帝諱常瀛，爲神宗第五子，以萬曆二十九年封桂王。天啓七年就國於湖廣衡州府。崇禎十六年，流賊張獻忠陷衡州，王率宮眷走粵，世子、次子俱被執。王與第三子安仁王先達廣西，上稍後至永州界，爲賊所獲，繫道州，將送諸賊營。會上疾，賊語上：「當以何日愈始行？」上漫應之曰：「二十四。」及二十三日午時，忽傳大兵至，上以爲賊至也。已見賊衆登陴，則廣西征蠻將軍楊國威，後國威從靖江王爲逆，戮於閩。上即位，官其子。遣其旗鼓將焦璉領兵四千救上，攀城而登，賊大潰。璉入城，覓見上，破械出之，扶掖上馬，上不能騎，賊衆且至，璉負之行里許，渡河得免。湖南巡按御史劉熙祚遣人護送至粵西，從王僑居梧州。崇禎十七年，王薨。弘光時，謚端王，允王妃王氏請王柩扶回衡州。已，葬於梧州，是爲興陵。王即位追謚，號端皇帝。

次年，思文皇帝正位福州。晉封安仁爲桂王，徙居肇慶府。隆武二年聞虔州警，復返梧州。未二月王薨，上當襲位。思文帝語廷臣曰：「此永明之天下也。永明，神宗嫡孫，正統所繫。朕無子，後當屬諸永明。」先是，瞿式耜新任廣西巡撫，將赴桂林，值靖江庶人謀逆，自稱監國，式耜遂留梧州。庶人帥兵至梧，執式耜，併脅取敕印，先用小艇載入桂林。兩廣總制丁魁楚聞變，急調兵與戰於梧州，敗之。遂命參將陳邦傅、趙千駟、嚴遵誥、都司馬吉翔等，乘勝追至桂林，庶人懼，復請式耜蒞任。式耜陰結其大將國威、中軍焦璉，與邦傅等合，遂破桂林，擒庶人。捷聞，封魁楚平粵伯，晉式耜兵部右侍郎，以晏日曙爲廣西巡撫。式耜既得代，遂留寓肇慶府。會安仁薨，式耜謁，見上姿表非常，且多瑞兆，心竊異之。乃與肇慶府知府朱治憪謀，迎至肇慶，還舊居也。及丙戌九月，聞汀州之變，思文蒙塵，式耜倡議，以王賢明仁孝，爲神宗嫡孫，以賢以親，宜正大位。遂與宗室容藩、原任檢討方以智、户部郎中周鼎瀚、肇慶府朱治憪等，同心擁戴。而粵督丁魁楚時駐南雄，聞閩變，亟返肇慶，以奉有迎駕之旨，躊躇不決。會閩中首輔何吾騶自閩奔回，貽書魁楚，始知無駕可迎。於是，大司馬呂大器自柳州至，李永茂以守制自韶州至，至是相與定計，合詞進箋，以丙戌十月十四日監國，頒詔楚、蜀、滇、黔，人情翕然。加魁楚大學士兼戎政尚書，呂大器大學士兼兵部尚書，瞿式耜大學士兼吏部右侍郎，李永茂請終制，其餘陞進有差。

十六日，贛州陷，報至，舉朝洶洶，司禮監王坤趣上移蹕梧州，瞿式耜等力争之不得，以十月二十日趨梧。而蘇觀生隨於十一月初五日擁立唐王於廣州。初，觀生奉思文命至廣募兵，駐南雄。及汀州陷，奔回廣州，過三水，聞上監國，以己不與議，遂不至肇。諸公亦以觀生棄南雄，撤兵擅歸，不令與議。會唐、鄧諸王自閩航海至廣，鎮將林察迎之海上。觀生聞之，於十月二十九日擁唐王入廣州城，以十一月初二日監國，初五日即位，改元紹武。此中監國之詔未達，彼中登極之詔先頒矣！先是，唐王遣主事陳邦彦來肇通好，時上已移蹕舟中，召對，邦彦曰：「天潢之序固應屬王，不如早正大位，以繫人心。」魁楚等然之。上授邦彦兵科給事中，未及回廣，聞唐王已正位號。於是魁楚等始定議迎上還肇，以十一月十八日即帝位，以明年丁亥爲永曆元年，頒詔中外。遣兵科給事彭燿往諭廣州。燿，廣人，舊爲秦令，有能聲。入廣極陳正統所在，監國後先，宣示大義。觀生不聽，燿語不遜，遂殺燿，即日遣兵向肇。前大學士陳子壯致書式耜，力請鋮觀生，而趨兵東下。是時王化澄代丁魁楚總制，當督兵。化澄庸懦，且懷觀望。兵部右侍郎林佳鼎請代化澄出，遂命以原官督諸軍下，與廣兵遇於三水。廣兵敗，乘勝追至海口，敵因東南風作，用火器以攻我舟，我兵登岸陷淖中，全軍俱覆，佳鼎與僉事夏四敷同死於水。

十二月初十日，方命將再舉，聞北兵以輕騎數千突入廣城，執紹武，觀生自縊，聲勢漸逼三水而上。司禮監王坤復趣上西幸避之，於二十六日登舟。瞿式耜方視師峽口，聞之亟返肇，力挽不得，丁魁楚等遂扈駕西上。陞嶺西道朱治憪爲廣東巡撫，留守肇慶。式耜部署畢，疾趨梧，上已越梧而西又五日矣。魁楚至梧州，爲其標將蘇聘所惑，從梧轉入岑溪。王化澄攜中極印走潯州。隨駕者，户部尚書吴炳、翰林檢討方以智、文選司郎中吴貞毓、給事中唐誠、御史程源、中書吴其靁、吴德操、洪士彭，掌錦衣衛事馬吉翔十數人耳。

王坤者先朝舊璫，本名弘祖。自南都陷，入閩，思文屏不用。至是，宫府草創，無習故事者，留爲司禮秉筆，頗弄權，而外庭亦遂夤緣以進。如周鼎瀚本户

部郎中，内批改給事中。瞿式耜曰：「瀚歷部俸深，且有擁戴功，應陞卿寺，今破例而改，非陞也，何以示新政？」然瀚志在給事，卒爲給事。廣東巡按御史王化澄驟陞兩廣總制，兵部右侍郎林佳鼎代化澄督兵出，則晉化澄右侍郎，掌中樞印。會吕大器以病去，墨敕陞化澄爲兵部尚書，皆出於坤。大學士李永茂以守制不入，有旨奪情，專知講筵。永茂疏薦十五人，坤輒以己意去取其間。永茂曰：「上方以啓沃責茂，茂以十五員人才進，而去取之，是有言不信也，敢知經筵事乎？」遂解舟去。已坤疏薦數十人，科臣劉鼒等疏論：「内臣不得薦人。」坤大怒，叱逐鼒等，其横如此。鼒尋爲都御史，巡撫柳、慶，與陳邦傅不協，以計殺之，屠其一門。然上以坤習知宮禁事，左右導衛，故特親信之。凡倉卒西幸者再，羣臣要留不得，皆坤之爲也。

初，丁魁楚既與吕大器、瞿式耜等請上監國，而王坤適自閩至，魁楚深與結納，遂用爲首輔。召起前大學士陳子壯，子壯聞魁楚秉揆，力辭不起。魁楚復與吕大器争管戎政，不協。大器因上有西幸之意，自請留守東方。未幾，由梧而韶，再自韶入柳，遂召之不出，未及與登極大典矣。至十二月二十六日，王坤再趣駕西上，上意在楚，時班行多楚、蜀人，亦勸上行，上意遂決。以丁亥正月元旦，蹕梧州，由府江趨桂林。魁楚棄上走岑溪，舳艫相屬，北將李成棟追及之，盡獲其輜重、婦女。魁楚與成棟有仇，及是薙髮迎降，成棟不禮，籍其家口數百人，凡男子無少長悉斬之。魁楚在坐，哀求免其一子，成棟笑曰：「汝豈望活？尚求活人耶？」併殺之。吾猶見其一孫纔數歲，爲羅成耀子。

永曆元年丁亥二月，上至桂林，以吴炳、方以智爲大學士，同瞿式耜入閣辦事。式耜請駕蹕桂林，聯絡湖、湘，控制兩粤，粤、楚用兵，易以策應。司禮監王坤力主幸楚。是時，肇慶已陷，北兵在梧。二月初十，北將李成棟自梧州襲平樂。屠列鰲以精騎直犯桂林，止薄陽朔，上遂決意幸楚。二月十五日，駕發桂林，司禮監王坤、錦衣衛馬吉翔扈從。命瞿式耜爲桂林留守，大學士吴炳隨行。式耜請暫駐全州，去桂稍近，軍機易以呼應，從之。二十六日，平樂陷，守將陳邦傅走柳州，北兵乘勝直上。上在全州，命全州防守副將焦璉率所部兵盡入桂林，爲防禦計。璉初以破靖江有功陞參將，駐黄沙鎮。至是聞命，星馳赴援，至甘棠渡，水漲浮橋斷，搜漁舟次第得渡。

三月初一日，北兵破陽朔。初九日，到劉仙岩下。璉以初十日抵桂林城。十一日，北兵突至，有數十騎衝入文昌門，直上城樓，下瞰留守公署，矢注如雨。式耜方緩帶從容，忽仰見城上鐵騎馳驟，訝曰：「豈虜耶？」急召璉，璉兵悉散遣領糧，一時不集。璉方裸不及披甲，挾弓矢趨至城下，連發數矢，斃其二將。璉亦被射中臂，拔鏃更射，又斃數騎。騎奔走，徒步追之。兵亦漸集，乘勝奪殺，連砍十餘騎，皆中敵號爲衝鋒破陣者。敵氣奪，遂大奔，追殺數十里。北兵返屯陽朔，桂林以全。是時，定蠻侯劉承胤從武岡州入衛，頗尊朝廷，惡王坤弄權，疏逐之。面叱周鼎瀚仰寺宦鼻息，不爲禮。聞桂林有警，即遣勁兵千人赴援，兵未至而敵已敗退。承胤以擁衛功，晉封安國公。未幾請封錦衣衛掌衛事馬吉翔、東司房郭承昊、西司房嚴雲從伯爵，以酬扈駕之勞。於是，吉翔封文安伯，承昊遵化伯，雲從清江伯。御史毛壽登駁參金吾無矢石功，何得援邊鎮例晉五等？給事萬六吉、御史吴德操繼論之。吉翔疑壽登疏出編修劉湘客，指鼎瀚復造蜚語，爲董卓、傕、汜之説以激怒承胤。承胤訴諸上，逼上立下廷杖，有旨：縛壽登、湘客、六吉、德操於行在午門外。承胤復力爲申救，得免，皆奪職。承胤與吉翔内外交結，益跋扈不可制，要上幸武岡。瞿式耜屢疏争之。其逼杖壽登等四人者，亦以四人主還蹕之議也。及是聞桂林之捷，恐粤西漸安，上將還蹕桂林，遂以四月□□日劫駕移蹕武岡，改武岡爲奉天府，政事皆決於承胤矣。而承胤前所遣援桂兵，在城與焦璉兵主客不和，於五月十四日與璉兵譁鬬，擊傷璉，大掠城中而去。留守瞿式耜檄誅爲首者二十餘人，疏糾承胤馭兵無律狀。十五日，焦璉兵亦出城，赴黄沙鎮。北兵偵知桂林兵變，復圖犯桂，大集平樂、陽朔之衆，號召土賊瑶賊，蜂擁而至。璉聞知，復從白石潭回桂，部署略定。二十五日，北兵薄城下，營於文昌門外。時方積雨城壞，敵百計攻之，吏士皆無人色。璉裹創披甲，督諸將分門扼守。副將白玉堅、白貴堵文昌門，留守式耜用大砲擊殺數騎，勢少却。二十六日黎明，璉與白貴等未及蓐食，遽開城門出戰，掩其不備，擊殺數千人，自辰抵午，璉呼曰：「兵腹枵矣！奈何？」式耜急括署中米，蒸飯縋城下分哺再戰。日晡，雨未息，收兵。明日復出戰，士氣百倍，北兵大敗，盡棄甲仗而奔走。副將馬之驥隔江復發大砲，助其聲勢，遂乘勝追擊數十里，斬級數千。初，北兵分路，一從栗木嶺來，不知其前兵已敗。馬之驥聞之，疾馳渡江，未登岸，敵争迎擊，之驥運槊大呼，連斃三人，皆奔竄，復追殺二十里而還。自是北兵膽喪，不敢復窺桂林矣！璉驍勇敢戰，得士心，久於桂，受留守國士遇，故桂林賴以再全。捷聞，封璉新興伯，式耜臨桂伯。式耜力辭，不允。再疏請返蹕全州，不報。

上在奉天，召户部右侍郎嚴起恒爲大學士，同吴炳入閣辦事。起恒紹興人，崇禎辛未進士。初任廣州府知府，以廉能陞衡永道。崇禎十六年，獻賊躪湖南，官兵逃散，獨公守永不去，論門吏早暮鼓吹如常，永人恃以安，去者漸返。賊退，永獨全。上即位，加户部右侍郎，督餉湖南，餉不匱。至是，召入行在，爲東閣大學士。爲人清介和惠，雖非戡亂才，然一塵不染，頗爲藩鎮所畏伏。湖南流賊曹志建等十數營相率來歸。封志建保昌侯。晉何騰蛟總制，駐衡州。巡撫堵胤錫駐長沙，聲勢頗振。

是時湖南有章北院，每戰身先士卒，卒以勢悴死。章名曠，字于野，號峩山，華亭人。由沔陽知州累官至巡撫，奉命經理湖北，人呼爲章北院云。

余有《章北院行》云：昔年避難遊雲間，章公脱身沔陽還。人言洶洶匿不得，翻然投軀誓馬革。天子親征駐湖南，賜公節鉞收湖北。昔何巽懦今何雄，能騎生馬挽强弓！身先士卒親搏戰，身死人稱章北院。

焦璉既屢戰勝，遂於八月初六日率兵直取陽朔，下平樂。叛將李明忠據潯以瞰柳，聞之宵遁。陳邦傅亦由賓州、柳州出，復潯州，次復梧州，全粵粗定。留守式耜復具疏請還桂林，奉旨擇日返蹕。而北兵已陷長沙，由寶慶直趨行在。二十五日，突至奉天城外，上奉兩宫踉蹌斬關出，從間道達靖州界。百官星散，大學士吴炳被執死焉。劉承胤舉城降。後聞北帥惡其賣國不忠，回至漢陽斬之。扈駕參將謝復榮以兵五百人斷後，與追騎戰死於王家堡。上遂由靖幸柳，道出古泥，總兵侯性、司禮監龐天壽率舟師五千迎駕。會天雨泥淖，乘輿、服御沿途散失，宫婢、内豎皆狼籍雨中，飢困不能興。性預飭行宫，盛供帳，凡御用器物悉備。中外隨駕者僅百餘人，所需無有缺乏。上大喜，太后請於上，面封性商邱伯，以天壽代王坤掌司禮監印。上次柳州。

初，北帥李成棟盡鋭而西，直抵平樂，桂林勢甚急。會粵東余龍起兵。龍攻江上盜，有衆萬餘，出没甘竹灘，廣州陷，建義者多歸之，其勢益張，焚北船於東莞，遂突廣州。北撫佟養甲堅壁不出，檄成棟還師禦之。兵部右侍郎張家玉、舉人韓如璜起兵攻東莞，縣令鄭霖開門以應。已聞成棟且至，遂棄城，以舟師屯杜滘村，遣張元瑩、陳瑞圖奉表行在。進家玉兵部尚書。兵科給事中陳邦彦亦起兵於高明，使其門人馬應房以舟師圍順德。李成棟既破余龍，遂趨順德，應房迎戰敗死。移兵破杜滘村，韓如璜死之。家玉引兵入新安，成棟圍新安，復棄城走博羅，遂據博羅。七月，大學士陳子壯起兵九江村，與陳邦彦共攻廣州。初，邦彦約城内諸降將爲内應，期以是月之三日三鼓内外並起。子壯先期以五百舟師薄城，謀泄，北撫佟養甲捕諸内應者，悉誅之，發巨砲擊舟，舟燬兵退。北風大作，養甲乘風追之，子壯大敗於白鵝潭。成棟亦自新安至。子壯退保九江，又棄九江入高明，與監軍麥而炫、知縣朱實蓮嬰城固守。邦彦亦退，會清遠指揮白曹燦反正迎邦彦，邦彦率師赴之。成棟用四姓賊鄭昌等爲導，至高明，發砲破其城，殺朱實蓮於南門樓，子壯、而炫皆被執。成棟遂圍張家玉於博羅，城破。家玉復走增城，急攻之。成棟赴救增城，内外夾擊，家玉敗，火藥盡，乃與諸將痛飲，夜投濠死。將士數千人皆死，無一降者。子壯臨刑罵不絶口，養甲寸磔之，分其齒骼，散置各郡城樓，遍召廣州諸紳坐堂上，觀其受刑以懼之。麥而炫從死，而家玉首亦至。東莞李覺斯與家玉有讎，時在坐，請審視，恐爲所欺。養甲曰：「視此貌清正，固是義士，必家玉也。」未數日，成棟破清遠，陳邦彦率兵巷戰，力屈赴水，北兵鈎出之，與總兵曹天奇同檻送廣州，既至，亦大罵而死。陳子壯、張家玉、陳邦彦事雖不成，然義旗並舉，牽制李成棟，使不得西上，而桂林、武岡猶得從容駐蹕者，三人不爲無功也。

予《弔陳、張二公詩》云：寸磔常山痛未休，當年成敗總難謀。出師不戰身空死，報國無能志已酬。事轉遺孤猶畏害，屍分列郡豈全收？嶺南反正渠兇戮，底事忠臣尚有仇。公遺孤猶爲粵當事所忌。罵賊都門太史雄，書生殉國勇從戎。南兵烏合知無濟，西幸安驅正有功。里巷仇猶防僞死，頭顱虜亦識孤忠。誰言君父難同報？已博封侯晉乃公。燕京初陷，公獨大罵李賊，賊義舍之。太翁以公功封增城侯。

九月，上在柳州，留守式耜再疏迎駕，極言粵西山川形勝，兵馬、人心俱有可恃，年幸豐稔，飛輓有資。上遣閣臣嚴起恒、詞臣劉湘客至桂林，與式耜酌量移蹕事宜。督師何騰蛟亦至。忽南安侯郝永忠率鐵騎萬餘自湖南來，百姓震駭。復與焦璉兵主客不和。會宜章伯盧鼎亦至，自是兵勢稍壯。騰蛟遂率鼎、璉等，與永忠分汛防禦，桂林以安。而柳州叛將覃鳴珂與守道龍文明構釁攻殺，幾至犯駕。上幸象州。十一月，北督佟養和率兵犯全州、灌陽。騰蛟、式耜集永忠、璉誓於神，刻期出師。又命盧鼎與滇帥趙印選、胡一青等分路駐全。北兵至，合擊大破之，追殺三十餘里，斬首千級，奪馬三百餘匹，養和僅以身免。諸帥連營而軍，亘三百里。北兵退，式耜復請駕還桂林。

十二月初五日，上自象蹕桂，太后及兩宫俱駐南寧府。先是七月，司禮監龐

天壽奉敕至桂，催兵下梧州，久留桂。王坤既被劉承胤逐，因緣馬吉翔，復自武岡至柳、至象，票擬皆出吉翔手也。及至桂，始歸諸内閣，閣擬復多改票，式耜力争之，不能得。是時騰蛟督諸將列營永福，而璉與永忠兵益不睦，璉走平樂，永忠壁興安。

永曆二年戊子正月，上在桂林，叙元年全州功，晉封騰蛟世襲定興侯、柱國、太師、兵部尚書。諸將周金湯、熊兆佐、馬養麟各與掛印。滇帥趙印選新寧伯，胡一青興寧伯。王永祚、蒲纓各與掛印。焦璉晉封新興侯。

二月二十二日，報北兵前驅至靈川。二十七日，郝永忠興安被襲，急奔回，乘夜逼上移柳州。式耜請俟督師騰蛟報至，不聽。嚴起恒請遲至天明，方五鼓，乘輿已發矣。永忠放兵大掠，適滇營兵亦自靈川撤回，城中烟燄彌天，兵刃相加，不辨主客，公私塗炭，朝士皆被戮辱。式耜亦被劫入舟，行三日放回，泊漳木港。遇刑部侍郎劉遠生、給事中丁時魁，請式耜下陽朔，催焦璉入援；先遣一吏入城息烟火，收倉備餘粒；草檄分路四發，俾遠近知留守在也。於是，焦璉自平樂馳入桂，楚鎮周金湯、熊兆佐、滇帥胡一青聞變皆至，督師騰蛟亦提兵自永福至。北兵偵知桂林兵變，乘虚襲桂，直抵北門。式耜守城，騰蛟督兵三面出，胡一青領滇兵出拱極門，金湯、熊兆侯領楚兵出武勝門，焦璉隨督師出文昌門。璉纔遇敵人，即奮臂大呼：「諸將軍看璉殺賊！」單騎横矛，直衝敵營。敵圍之數重，璉兵左右奮擊，敵散而復合者數次。璉部將劉起蛟見璉被圍，大呼殺入，與璉合，連砍數十人，貫其營而出。趙興、白貴以鋭師四面急攻之，皆殊死戰。滇、楚諸營又從旁夾擊，敵不能支，遂敗。滇帥胡一青從東來奮擊，復大敗之。一青騎剪鬃馬，敵呼爲「牛」，遇之輒曰「避騎牛蠻子」！一青原作「爲人」。短小便捷，馬上騰挪原作擲。如飛，善用鐵標鎗，於十數步中取人，百發百中。馬疲，斬一敵，躍上其馬以馳，與璉追殺二十里。北帥墮馬幾獲，遂北渡甘棠遁去。留守於北門待督師還，並轡入城。三月二十二日事也。當永忠之亂，監、司、府、縣俱鬨散，百姓逃匿山寨間。是時諸將列營榕江，日需米數百石，無所出。式耜多方搜括，得升升往，得斗斗往，督師計升斗分給士卒食。久之，民多争出樂輸，餉大足。督師乃得率諸帥出嚴關，與留守交相勞苦，復交相慶也。

上以三月初十日至南寧，扈蹕者大學士嚴起恒、錦衣衛馬吉翔與兵部尚書蕭琦、給事中吳其靁、洪士彭、許兆進、尹三聘七八人耳。至是，式耜乃上疏訊行在所，候上及三宮起居。上始知留守無恙，桂林復全，爲之泣下，詔褒賞慰勞有加。五月二十七日，督師復全州，其報捷疏有曰：「爲皇上以信臣、用臣者，式耜一人而已。」先是，四月初一日，皇子生。甫十日，聞粤東有反正信，而江右金聲桓反正疏至。金聲桓本南寧侯左良玉大帥，既降北，用爲江西提督。副將王體仁本驍賊受撫者，兵最强，聲桓忌之。乃與其部將王得仁深相結，併陰結帳下諸健兒，以計殺體仁，用得仁領其軍，駐南昌。幕中曹子悦，信豐人也，每勸得仁反正。聲桓幕客吳遵周陰與子悦同謀。有黎士彥者，善撰僞印，因南昌鄉紳萬翔以通於二客。兩帥猶豫未決，會御史董某巡按江西貪虐，索取得仁家女樂，得仁憤甚，遂以正月二十七日殺御史，舉兵反。聲桓稱豫國公，得仁稱建武侯，皆士彥敕印僞封也。遣人賫奏行在，至是始達。

廣東提督李成棟自負有取粤大功，一旦以佟養甲爲總督，受其節制，意不平，亦懷異志。念家屬在江南，遣標將范承恩潛往松江，以計迎取，候至粤，然後舉事。值聲桓已定南、撫、瑞、建諸郡，路阻，承恩回，密致聲桓蠟書。時養甲覘知上在南寧，檄成棟兩路進兵，一從連州入賀、平，取桂林；一由高、廉襲南寧。又撥水師五千，駐梧州策應。成棟辭以無餉，觀望不進。養甲趣藩司即行措辦，署布政袁彭年先以庫存八萬付成棟，養甲不知也。三月十七日黎明，成棟密令兵齊集教場，譁言無糧，欲爲變，自詣總督，請養甲親出撫輯。養甲出城，鐵騎布滿城外，馬步五萬餘，擁之大譟。成棟先取總督印握之，三軍歡呼，同時割辮，養甲亦自割辮，即時出榜，以反正曉諭吏民，用永曆年號，檄各屬郡縣改復衣冠，粤東十郡，不半月而抵定。廣西巡撫耿獻忠於梧州聞信，亦率所屬割辮投誠，先遣官至南寧，報知東省情事，舉朝未之信也。於是，成棟遣官進賀表，具疏迎駕。原任廣西巡撫曹日燁、高雷巡撫洪天擢，俱從成棟軍，前來朝。成棟命部將羅成耀帶甲五千迎駕潯州。封成棟廣昌侯，諸將俱與掛印，袁彭年、耿獻忠、洪天擢、曹日燁、張調鼎等即行擢用。

或云：成棟取兩廣，收印信數千顆，獨取總督印密藏之。愛姬揣知其意，勸舉事。成棟撫几曰：「如松江百口何？」成棟帥松江時，妻孥在焉。姬曰：「丈夫不能割愛乎？請先死君前，以成君志。」遂自刎。成棟哭曰：「我乃不及一婦人！」乃與袁彭年、張調鼎謀，輦金賂要人，以取妻孥之在松江者。將發，而金聲桓以南昌變。聲桓方攻贛州，贛帥高進庫求援於粤，養甲命成棟率兵出嶺，檄藩司給餉八萬兩，彭年故不發，以餉匱辭。成棟因候餉不得，時歲大旱，羣盗滿山，成棟陰結其渠魁爲用，謂養甲曰：「贛旦暮且亡，粤又寇深如此，嶺外決不可保。

且彼聲言求復衣冠耳，盍姑許之，以靖亂乎？」養甲猶豫不決。羣盜日逼城下，呼聲動天地。養甲出示安民，成棟請權停順治年號，養甲乃於榜尾但書甲子。成棟既得此榜，隨出示，直書永曆二年。養甲見之愕然，然業已無可如何。兩司官因諷養甲以印授成棟，成棟下令兵民即時解辮，而以所藏總督印，印表文上之。然某所聞於反正諸公者，實不然也。

五月，上命所司修葺興陵。即端皇帝陵也。二十七日，督師何騰蛟復全州。

六月，上至梧州，謁興陵。上蹕梧州，晉封成棟惠國公、總兵杜永和江寧伯、副將楊大甫樂安伯、羅成耀寶豐伯、董方策宣平伯、郝尚久新泰伯、張月博興伯、閻可義武陟伯。佟養甲雖係滿人，順正不撓，亦封襄平伯。成棟迎駕東幸，桂林留守瞿式耜力請幸桂，令檢討蔡之俊、給事蒙正發先後入迎。時東勳恃反正功高，挾上以不得不東之勢，上遂由梧入肇，成棟迎於百里外，儲銀萬兩以備賞賚。

八月癸巳朔，上至肇慶，以肇慶府治爲行宮。成棟釋甲胄，肅衣冠入見上，出，語人曰：「南面坐者真天子也，某見之不覺頫首至地矣！」詔贈陳子壯東閣大學士、吏部尚書、番禺侯，謚文忠；張家玉少保、武英殿大學士、吏部尚書、增城侯，謚文烈；張父尚存，以增城侯爵陛見。陳邦彦兵部尚書，謚忠愍。時六部、九卿臺省員缺，輔臣嚴起恒請補用反正諸臣，准依思文朝原官銓補。敕召舊輔臣黄士俊、何吾騶原官入直，以袁彭年爲左都御史，洪天擢爲吏部左侍郎，耿獻忠爲户部左侍郎，曹日煒爲兵部左侍郎，張調鼎、王芋等俱列卿寺。兵科給事吴其靁疏言：「反正乃成棟功，於文臣何與？躐居卿貳，爵賞太濫，有傷國體。」不報。

成棟陛見後，大治宫闕於廣州城。吏部侍郎吴貞毓疏請上幸廣城。刑部侍郎劉遠生入朝，遠生原名廣胤，贛州戰敗被執，繫南昌獄中。逸出，見思文帝於汀州，復其官，遂以舊字遠生爲名。會成棟適自嶺還，方修行宫，迓乘輿，上命遠生勞之。遠生與成棟有鄉里誼，因謂成棟曰：「天子，天下主也。爵賞、征伐，出自天子，天子又與天下共之。若在此，則爵賞、征伐，人疑天子必有私隱令寄政，不可不嫌也。且江、廣同時反正，六師當不日下金陵，上不返桂林，猶云直從南、韶出江右耳。若幸廣城，則示天下以苟安之局矣！」成棟曰：「善！」遽止其役，第加繕肇慶府城，爲寧蹕之地。有士人獻白玉一雙，皆方廣盈尺，云漁人得之南海，上命製成璽，文曰：「皇帝受命之寶。」

是時，南昌已被北兵圍困三月矣。初，金聲桓、王得仁反正疏至，敕書慰勞，改豫國公爲昌國公、建武侯爲繁昌侯，兩勳不悅。識者以「昌」於文爲兩日，私憂兩勳不能久也。一時海内響應，乃不即乘勢東下，直取江南，聽江右迂儒謬計，以寧庶人起兵，不破贛州，卒貽後患，因併力攻贛州，久之不下。而北帥譚太乘虛襲南昌，始舍贛州，還師退保南昌。南昌兵頗盛，每出戰，勝負相當，後爲奸僧所給，擇時日決戰，於是閉城自守，北兵乃益築壘，掘深塹，圍合，求出一戰不可得矣。

七月，惠國成棟領兵三萬，度庾嶺，攻贛州，以救南昌，軍容甚盛。贛州守將高進庫，僞約降，其實堅城以綴惠國之師，使南昌坐困也。惠國信之，遂還軍嶺上。

某以九月初旬度嶺至南雄，遇督餉侍郎張調鼎於南雄守坐上，予言：「贛州必不降，去城三十里，每一騎出，搜糧三石，捕村民輸入城，日以爲常，志在堅壁清野，無降意也。宜以大兵駐南安，聲言攻贛，惠國從間道趨南昌，解金、王之圍，是爲上策。」調鼎以語成棟，成棟笑曰：「書生何所知，其降書方雪片至，寧有疑耶？」已竟不降，而成棟還廣州。

余有《過嶺與太羹談虔州事詩》：虔州亦是咽喉地，天下謳吟金與王。受困五月圍不解，援師只盼嶺南强。我聞章貢頗負固，堅壁清野還嬴糧。疑兵綴之肘可掣，且出間道趨南昌。

十一月初一日，督師何騰蛟率保昌侯曹志建、宜章侯盧鼎、新興侯焦璉、新寧侯趙印選克復永州，殺其鎮將余世忠、巡撫李懋祖。永州堅守歷三月，前後大小四十六戰，殺傷過半，所存羸兵不滿千。糧盡，咽糠嚙草，初食馬，繼食人，城中婦女老弱皆食盡。城破之日，洒掃官署，所剔婦人陰棄不食者出之，計十五石。

初五日，監軍御史余鵾起、職方司主事李甲春領兵復寶慶兩郡，捷音同日並奏，軍聲大振。

二十九日，督師露布至，恢復衡州。又據忠貞營李赤心捷報，已取益陽，直抵湘潭。於是瞿式耜密疏，請上西幸，有云：「天下大勢在楚不在粤，粤東三面阻險，易入難出，臣不敢争者，以勳臣成棟一片血忱，方倚爲江右聲援，一旦拂其望幸之心，何以勸忠？今衡、永恢復，游魂東竄，粤西之背愈厚；贛州負固，江圍未解，粤東之齒尚寒。在成棟宜奉皇上去危就安，既無内顧，可畢力以圍贛。而楚師得萬乘親臨，勇增十倍，便可乘勝以長驅矣！」時陳邦傅恃恩驕横，貪緣禁近，與馬吉翔相爲表裏。初冒封富川伯，以迎駕功封思恩侯，已晉封慶國公，又

冒功封其妻父茅守憲寧瑞伯、中軍胡執恭武康伯。復奉世守廣西之敕，行文巡按御史，查核通省錢糧，式耜特疏參之。兵科給事中吴其靁疏論世守非制，併劾撰敕中書張立光。廣西巡撫魯可藻、巡按御史吴德操各有參疏，督師騰蛟亦上疏駁正，湖南勳鎮曹志建皆譁然不平，事遂寢。究其故，實馬吉翔與桂林留守不悦，故加邦傅世守，以擅全省予奪，以撓留守之事權。立光小臣，承旨奉行，及迫於公論，吉翔乃稱原頒敕書止居守，非世守也。外議益重邦傅以改敕之罪，然國體大褻矣。

吉翔與邦傅、執恭皆浙東人。崇禎朝，執恭爲兵部火房舞文，吉翔、邦傅皆由以得官，執弟子禮於執恭，故執恭雖爲邦傅中軍，而邦傅猶稱之爲老師，惟其指授是聽。三人者一線關通，内外呼應，天南半壁，實壞三豎子手也。邦傅駐潯州所行不法，以嫌殺柳慶巡撫劉鼎。

予有《端州雜詩》云：潯州賊帥最卑庸，遭際同膺大國封。坐擁旌旄憑跋扈，檄徵徵原作征。兵馬没臣容。輿朝名爵真疑濫，蠻地誅求豈勝供？柳慶撫軍新遇害，司刑無計問渠兇。

誅襄平伯佟養甲。養甲有密表北去，成棟搜得之。上不欲顯其罪，於初十日命往梧州代祭興陵，李元胤遣健兒殺之於江中。國姓朱成功自海上遣官陳士京入朝，朝議封成功爲延平王。

十二月，成棟率師再出南安，陛辭面奏：「南雄以下事，諸臣任之。庾關以外事，臣獨任之。」又疏言：「朝廷功賞不宜濫，文武職掌各宜分，言官直氣宜獎進，内臣、衛臣不宜干預内閣機務。」蓋有所指也，馬吉翔銜之。

惠國湎酒輕儒，再出嶺，有忠宣伯者係隆武朝冒封，醉後戮之。凡各郡敕使，俱被撤回。又嚴禁舉義，尚書楊重熙出嶺，以違禁追擒之，賴新附者力戰，得脱。

《端州雜詩》：李公雅負中興略，再出庾關功未成。猛氣豈徒援與國，鋭師何故挫堅城？降書狎至謀難測，戰鼓相聞敵莫輕。整暇不教妨燕飲，底須沉醉虐儒生？　元戎仗鉞已專征，約法南人禁舉兵。烏合自難迎大敵，驍騰或可惜虚聲。冒封恩濫誅無罪，奉使官多撤有名。過嶺尚書旌節棄，幸邀銅馬脱餘生。

成棟出，以其子元胤留行在，掌錦衣衛事，與聞朝政。是時，粤東以反正叙官者滿朝列，惟從蘇觀生擁立唐藩者禁錮不用。如顧元鏡以布政使，於上監國時擢爲户部侍郎，唐王立，即附觀生入相，北兵至，首先迎降，諸反正者極詈其醜。然其中亦有賢者，皆從此廢，謂之紹武一案。

元胤本姓賈，河南人，成棟養爲己子。故與袁彭年交善，彭年益引其同鄉丁時魁、蒙正發及陝西劉湘客與決同事。會給事金堡服闋，自湖南赴行在。湘客令元胤折節與交，交日密，朝士中不無異同，漸有黨人之目。

永曆三年己丑，正月元旦，雨，免朝。上在肇慶。督師騰蛟疏至，奏湖南千里一空，前恢復諸城一旦盡棄，引罪自劾。蓋督師初據忠貞營塘報，稱於十一月二十一日自常德發兵，二十二日恢復益陽。於十二月初一日，分兵三路：一取湘潭，一取湘陰，一取衡山，殺衡山縣令。於本月初二日過寧鄉，初三巳時抵湘潭，於十二月十一日直抵長沙矣。隨聞常德、寶慶一帶，因忠貞營闌入，皆燒營棄城東走，湖南爲之魚爛，故再有是疏。

忠貞營者，闖賊後營李赤心十三部也。思文朝受撫，賜號忠貞營，已散入施州衛就糧，巡撫堵胤錫面同督師騰蛟入營招撫，與有舊。而馬進忠者亦降寇，素號「混十萬」，既降，封武昌侯，隸督師麾下。元年秋，常德陷，進忠退保永定。於二年八月，與北兵戰於麻河，大捷，斬首七千餘級，恢復常德，封鄂國公。

予有《麻河捷行》，因監軍毛壽登叙其戰甚悉，援筆述之：中興馬侯占精忠，天子論勳册上公。毛生夜述麻河戰，滿堂骨豎生英風。是日初戰兵不利，虜騎驕騰萬馬雄。將軍下令盡棄馬，短刀秃襖來争功。麻河岸高虜初駐，欄楯層層壁壘固。虜馬解鞍兵作炊，我兵突至誰能禦？可憐攻壁壁不開，壁門礮火轟如雷。將軍大呼身先進，人人死戰堅爲摧。壁門既奪虜營亂，黄昏截殺及夜半。鐵騎嘶顛橐駝奔，全軍逼水容誰竄？天風吹月月朦朧，照見虜營營已空。僵屍枕籍安足計？餘者盡葬麻河中。拂廬萬落三軍宿，胡婦琵琶唱胡曲。將軍舉酒健兒歌，殘魂何處吞聲哭？將軍破虜檄屢傳，豈似今無匹馬還？積弱累朝初吐氣，昆陽、鉅鹿誰争先？我聞桂林虜來舉城走，瞿相從容袖兩手。焦侯三箭殪三騎，城門重閉至今守。又聞滇帥胡將軍，摧鋒陷城虜中聞。身經百戰鋭不挫，兩人争推等一勳。諸將紛紛膺國號，同時竊位何足道？馬侯封公兩人侯，此爵朝廷庶不冒。

是時，胤錫已加制輔銜，與進忠争禮有隙。胤錫陰入夔，檄赤心從夔門往抵常德，欲令進忠讓城，屯其老營。未至常德百餘里，胤錫先至，與進忠椎牛歃血盟同奬王室。進忠心知其謀，終盟無一語。盟訖入城，即命起營，盡驅百姓，無

老弱悉出城，因縱火燒城中屋，不遺一椽，遂空其城而去，直走武岡。寶慶守將王進才聞之，亦棄寶慶走。各郡鎮帥莫不聞風驚潰。忠貞營所至得空城，旋亦棄之而去，東趨長沙。是時督師駐衡州，奏入，朝議令讓衡州與忠貞屯駐老營，即促其由衡出茶陵，往援江省，諸帥皆由寶慶進取長沙。詔未至，督師已檄馬進忠由益陽抄出長沙，下截北來援兵，期諸將盡集長沙城下。身往忠貞營邀之入衡，聞其兵已東，隨尾之趨湘潭。湘潭空城也，督師標兵六千人聞往迎忠貞，恐爲所襲，皆不肯隨，僅從隸卒三十人以往。於是馬進忠等，業奉檄前發，聞督師輕身往，遣部將宣威伯楊某追護之，未至而忠貞營亦不守湘潭。是時北兵乍退，長沙孤懸湖外，城崩三丈，我兵壁長、湘間者，烽火相望。北將徐勇計且不守矣。一日以輕騎數百出城偵探，徑至湘潭，聞知城中無兵，僅督師一人在焉。遂入城，率其諸將羅拜勸降，勇故督師標將降北者也。督師大罵，遂擁之以去。既去，楊某始至，城已爲北兵所守，急入城求督師，凡七出七入不得，最後出至□橋，遇伏兵，矢中其吭，遂自擲於橋下以死。北兵尋亦大至，馬進忠等聞之皆退，而忠貞營潰走臨武、藍山，由懷集、賀縣闌入粵西，沿途肆掠，衡、永、柳、桂皆爲蹂躪矣。督師遂死於長沙，死之日，城外内兵民爲之舉哀，蓋正月事也。滇帥胡一青等亦棄永州而還。凡已收復各郡縣，從此復陷。報至，行在震動。上輟朝，哀臨，予祭九壇，贈騰蛟中湘王。

予有《悲湘潭詩》：長沙兵散湖南空，湘潭城中失相公。舉朝變色摧天柱，白日慘淡時行營。往昔百戰不足論，即今還棄垂成功。可憐公長纔五尺，頭童齒豁一老翁。銅馬百萬哮豺虎，仰之乳哺嬰兒同。時危餉詘誰用命？赤手空口驅羣雄。湖南湖北竟千里，捲雲掃霧隨天風。祇殘長沙不日得，游魚命在沸釜中。諸公心勞計轉誤，忠臣兵來五疑懼。常德焚燒寶慶走，諸將旌旗挽誰住？長沙城壞無人登，孽虜將奔守復固。我兵潰走任東西，相公獨在湘潭住。夜半銜枚虜騎來，湘潭無兵城門開。相公衣冠虜能識，擁之羅拜聲如雷。大罵不絶相公亡，原作無。但見長沙城中哭聲哀。功名事業長已矣，忠臣義士胡爲哉！君不見忠貞兵過蒼梧界，堵公雙旌導馬回。

十三日，吏科給事中丁時魁等率科道十六人入朝，免冠繳印於内閣而出，閣臣朱天麟罷。初，金堡赴行在，將有建白，過桂林以示留守，留守令至肇，與湘客酌之，疏參八款，李成棟、陳邦傅、龐天壽、馬吉翔皆在所參，湘客削去其二：去李而用陳，去龐而用馬。封上，一時風采赫然，補兵科給事中。當成棟未返正時，邦傅潛通降啓，心鄙之。及是爵位相等，甚恥與噲等爲伍，得堡疏大喜，故元胤交益密，實不知成棟初亦在堡參中也。

予有《端州詩》：給事趨朝袖草雄，吏生筆削果虛公。金吾奉主宜無過，中尉從龍信有功。多難未須增水火，一隅底用判西東？向來本觸元勳忌，豈謂元勳志與同？

是時，袁彭年掌都察院事，劉湘客以詹事兼副都御史，丁時魁掌吏科，蒙正發户科，金堡兵科，五人者終日聚會，國事由其主張。諸不得志者，目爲五虎，以元胤爲黨魁云。吉翔陰鷙，被堡參，畧不爲意。邦傅憤甚，上疏言：「堡謂臣無將無兵，濫冒封爵，請即遣堡爲臣監紀，以觀臣十萬鐵騎。」且言「堡昔爲臨清知州降賊，受官逃回，今自湖南來，爲北人間諜」云云。時閣臣在直者，嚴起恒與朱天麟。天麟得邦傅疏，抵几大笑曰：「金道隱善罵人，今亦被人罵倒耶？」道隱，堡表字也。遂擬票：「金堡辛苦何來，朕所未悉。所請監紀，着即會議。」其謂「辛苦何來」，暗用杜子美「辛苦賊中來」語耳。於是，時魁等入閣大噪曰：「堡論邦傅，請監紀，即令監紀。堡又論郝永忠，若永忠請其首，亦即與之耶？」遂相率趨殿陛下，免冠走出。上聞大驚，諭諸臣照舊供職。天麟亦上疏自陳，即日引退。

二十八日，召起舊輔臣黄士俊、何吾騶赴行在。吾騶自閩逃回，成棟破廣州，即薙髮出降，與成棟相得甚歡。令修《粵東志》，阿諛新朝，爲粵人所嗤。元胤素執禮門下，故力薦，出資因在士俊前，及至用爲首輔，物議不平，臺省無有言者。行人司方祚亨、太僕寺丞張尚、都察院經歷林有聲相繼伏闕，極詆之，皆奪職去。

予有《端州雜詩》云：江右安危久不傳，諸君高會慶新年。未知南粵將軍貴，只訝西園公子賢。卿士幾人能入幕，朝廷何事可分權？東來相國休憑藉，激切彈文出散員。　回首神京直北看，天隅數郡豈偏安？比聞政府頻虛席，何事言官輒免冠？國法未嚴臣節見，朝廷多故聖恩寬。即今典制尊神祖，竊恐拘文此日難。

已吾騶與司禮夏國祥交通，爲金堡所參，不安其位，未幾亦引疾去。士俊爲首輔，同起恒入直。起恒每事持平，多不慊五人意。又與龐天壽、馬吉翔皆從龍共事久，兩人亦於起恒無忤。時魁等輒指爲邪黨，起恒亦不以爲意。

三月初七日，惠國成棟凶問至，併聞南昌以正月陷。成棟於正月再出嶺攻贛州，駐兵信豐。是時南昌已破，金、王兩勳俱歿，贛州勢益壯，我兵益孤。二月，北兵自南昌泝流援贛，直趨信豐。諸將争欲拔營歸，成棟不可。會天久雨，其夜成棟坐城樓上，召諸將議事，則去者已大半矣。成棟知莫能禦，慷慨欷歔，命巨觥痛飲，誓死城上。左右挽之，上馬渡河，河水漲，馬力弱，又已大醉，中流人馬俱沉。三日後，人見有擐甲抱鞍，植立水中者，知成棟死也。中軍杜永和挈其印先歸，餘將皆全軍而退。

予有《悲信豐詩》：信豐城外虜來急，將軍勒馬城上立。黄昏對酒坐城樓，諸將言事那敢入？酒酣掣劍劍不鳴，麾下去盡無人聲。夜半斬關諸將走，誰扶將軍上馬行？城外水深雨如注，將軍馬弱不得渡。馬聲漸没將星沉，親吏相隨誰相顧？偏裨左右盡歸來，獨少將軍匹馬回。關門晝閉烽堠絶，天子震悼舉朝哀。語君且勿哀！軍中收得將軍印，元帥牙門昨已開。

《悲南昌詩》：信豐城敗惠國亡，胡馬東來勢頗張。白旗八捍章門至，始聞正月失南昌。南昌將軍暗戎機，嬰城坐守聽虜圍。閭閻萬户人食盡，坑塹百道鳥難飛。敵飽城飢夜深陷，將軍上馬猶酣戰。金公赴水氣如生，王侯刎首色不變。江人莫怪無援師，縱有援師來亦遲。兩勳收兵自不出，客兵雲集來何爲？去年攻虔只自弊，今來守城墮虜計。又聞倡義非同謀，到死相疑還相制。古言兩雄不並棲，何不分兵犄角湖東西？何爲乎一城坐困與俱斃，使我百姓無故成鯨鯢？舊歲此城初反正，即今城破復誰恨？英雄成敗古來多，其如城中人命何！

報至，舉朝震驚。元胤入見上，上對之哭極哀。封元胤爲南陽伯，掛車騎將軍印。元胤力辭，仍以錦衣衛提督禁旅。追贈惠國公寧夏王，謚忠武，予祭九壇。同時贈金聲桓爲豫章王，謚忠烈。督師何騰蛟爲中湘王，謚文烈。

杜永和等既回廣州，上手敕遣戎政侍郎劉遠生慰勞之。以遠生爲諸將同鄉，素與親信，欲因是用之總督軍務。比至廣州，永和已重賄諸將，共推爲留後，居然坐軍府開印，行總督事矣。永和雖稱總督，諸將實不用命，唯賄是求，不復有出嶺之意。

《端州雜詩》：乍喪元戎舉國悲，軍中留後早相推。即愁閫帥權旁落，豈慮天王政下移？諸將比肩輕節制，同官屬目擁旄麾。紛紛割據知難問，從此關門不用師。

方忠貞潰入粤西時，堵胤錫追之不及，隨兵千餘人從鎮峽關入粤。駐關防守者，保昌侯曹志建也，有宗室朱謀埡在其營，謂志建曰：「此必忠貞欲襲關，堵乃前導，將諜爲内應耳。」志建信之。又語堵曰：「曹公甚疑君，奈何？」堵不謂然，遂解甲安寢。志建發兵圍之，盡殲其衆。堵父子逸出，復遣騎追百餘里。有何貢生留宿塞上。既去，曹知之，破其寨，殺掠一空。堵晝伏夜行，狼狽達梧州。上遣閣臣嚴起恒、詹事劉湘客至梧，安插忠貞。會忠貞已越梧而南，由潯入横矣。適遇胤錫至，遂載還行在。胤錫入，遂與吉翔合，欲激忠貞東來，與東諸侯構釁。李元胤知之，大言曰：「我輩做韃子時，渠不來復廣東，今反正後，乃來争廣東乎？且皇上在此，他來何爲？」胤錫計沮。忠貞於懷集、賀縣、富川一帶劫殺甚慘。上命兵部侍郎程峋前往宣諭，中道遇害，其家人赴法司訴，係封川守塘官張祥指使。祥，元胤之部將也，元胤恐峋召忠貞入行在，故有是變。廷論莫能決。

《端州雜詩》：中丞本意領中樞，詔撫忠貞拜命趨。只怪兵烽窮嶺嶠，何圖使節喪萑苻？馳驅未遂還朝志，漢瀆輕捐報主軀。縱使官途多異議，無端陰計未應誣。

及忠貞棄梧入潯，陳邦傅獻女於高必正結好，慫恿必正提兵入桂。留守知之，疏請以粤西全省糧餉分給諸勳，使無侵擾，邦傅計不行。胤錫貽留守式耜書云：上有密敕：「東人握君掌上，一朝不戒，生劫入舟，朕不復有中土之望，惟卿與瞿先生圖之。」式耜大驚，謂此決非上意，乃歷書四年朝政，并諸勳人品邪正始末，與胤錫別白言之，「毋挑東激西，以興同室之鬬」。上聞，特發手敕，取胤錫原書，併所奉密敕，務窮究其事。式耜恐别生事端，以業付諸水火爲對，力解釋之，乃罷。胤錫初恃吉翔援，擬入朝即用輔政，及是上頗不悦。丁時魁、金堡等，復疏其喪師失地之罪，楚人怨之尤深，遂不見用。

《端州雜詩》：督師失地在蒼梧，敗後猶防列鎮圖。赤地魂銷千里恨，滄江客散一州孤。戎機誤國休輕詆，使相還朝豈易趨？莫怪言官封事激，中湘遺恨滿天隅。　忠貞部四駐施州，躍馬争衡堵相謀。江上勢方成破竹，穴中聞忽起諸侯。三年百戰城全棄，五路連營兵已收。湖北湘南皆赤地，蒼梧象郡逈生愁。　堵公亦是濟艱材，曾撫荆南萬馬回。心恃舊恩兵可用，疑生諸將志先灰。檄援江右無時去，圍困長沙竟不開。試聽楚人終夜泣，招魂千里爲誰哀？

是月，雲南孫可望遣官楊畏知、龔彝至行在，請封。畏知陝西人，崇禎庚午解元，原任畢節道，與可望戰被執，可望親解其縛，遂以爲巡撫，重禮之。彝雲南人，崇禎甲戌進士，原任職方司主事。初，獻忠僭號四川，有養子四人，皆封王：長孫可望爲平東，次李定國爲安西，次劉文秀爲撫南，次艾奇能爲定北。張獻忠敗死，可望等率其衆奔貴州，入雲南。値臨安蒙自土司沙定洲亂，黔國沐天波走永昌，可望討平定洲，復省城，迎天波還，去其僞號，稱將軍，遂據有雲南。可望長，稍通文墨，位固第一。又艾奇能爲貴州鎮帥皮熊砲擊死，其將馮雙禮主其營事，可望以術籠致之，遂兼兩部，浸欲自大。而定國、文秀素與比肩，不聽約束，故可望乞封朝廷，謂封爵出自天朝者爲真王，而曩所稱號皆假竊也。思得借此以駕馭兩雄，使受己節制，本意不過仍平東舊號而已。於是，給事金堡引祖制無異姓封王之例，連上七疏，朝廷重違其言。有宗室朱議雵奏堡把持誤國，疏亦數上。畏知曰：「朱君謬矣！給事言是也。給事引祖制以争，使滇知朝廷有人。皇上破例特封之，使滇知朝廷特典，不更感恩乎？」貴陽鎮帥皮熊、遵義鎮帥王祥，皆言可望名雖嚮正，事非革心，朝廷毋爲所愚。廷議久之莫能決。

《端州雜詩》：春王朔未出關門，喜見滇南使叩閽。請附心知天命在，乞封名仰重朝尊。漢家故事須廷議，明主權宜有特恩。史紀功臣多賜姓，何難破例與稱藩？

畏知又曰：「彼意不過欲駕出兩雄上耳，今既不予王爵，則晉以上公，而爵兩雄以侯，使等級有異，彼亦意愜矣。」於是定議，封可望景國公，賜名朝宗；定國、文秀皆封列侯。差大理卿趙煜爲册封使，同畏知、彝賫敕往，自三月入肇，至八月始離行在。滇之請封者，正使畏知、副使彝而外有武弁二員潘嗣榮、焦某，只令護送兩使，不見朝也。胤錫知朝議不允滇請，陰欲結滇，約二弁至七星岩，設席歃血與盟。次日，邀朝士飲，堡遂面詰之，且責曰：「滇與忠貞皆國讎也，厥罪滔天。公大臣，偏欲與此輩交結，何意？」胤錫失色，徐曰：「某辛苦萬狀，如君言，全無功矣！」堡應曰：「勞則有耳，功則謂何？」二弁亦在壁間，盡聞堡語。胤錫大恨，數日遂引疾去，次於梧州。趙煜過梧，竊聞二弁語，不敢行，知胤錫給有空頭敕，乃就胤錫謀，矯詔封爲平遼王，換給敕印以往。

《端州雜詩》：堵相臨邊未建勛，梧州矯詔册滇雲。便宜本自朝廷賜，封事無難咫尺聞。諜啓賊臣憑假借，使煩屬國重紛紜。即今廟議何時決，聖主殷憂孰與分？

潯州鎮將陳邦傅、中軍胡執恭詗知之，與邦傅謀，亦以所給空頭敕矯詔先往。忠貞據有賓州、横州，勢與潯州逼，邦傅思結强援於滇，意與執恭矯詔封可望秦王，先期入滇。或云邦傅、執恭皆承吉翔之密旨也。執恭遂由間道，以四年正月先至滇。可望大喜，謄黄布告，受賀三日。而畏知等以平遼王敕印至，可望不受，云已受封秦王矣。畏知曰：「彼僞封也！」因命執恭與面對，執恭曰：「彼亦僞封也，行在所封景國公敕印具在。」可望大怒，遂辭敕使，下畏知及執恭於獄，別遣官到行在請旨。

卷下《永曆紀年下》 四月□□日上御經筵。初，留守式耜屢疏請開經筵，薦詹事劉湘客爲講官。至是，乃加副都兼銜，與詹事黄奇遇同直進講。然彭年、時魁等每有建議，必決於湘客而後行。彭年所持者，正綱紀、慎名器，其實只争體統、重資格而已。湘客好言典制，然其所習者，皆先朝陋規也。湘客本諸生，由薦舉起家，受知於留守，初以編修兼御史，繼以詹事兼副都，亦隨彭年等以資格繩人，人益不服。

《端州雜詩》：故人鬢髩已非初，憂國圖君志未紓。名動宫廷宜早避，官兼清要豈長居？也知宦熱心原冷，莫使交親跡漸疏。同是布衣君最遇，從容脱仕意何如？

時魁頗招權，剛很有氣習，同輩亦不善其所爲。正發惟依附諸公，聽其指使。獨金堡素負清直，遇事敢言，然性谿刻不近人情，筆鋒甚鋭，人頗憚之。彭年先朝給諫，有名譽，既降北，物望大減。及總憲，核資俸，清冒濫，不少寬假，怨者尤衆。又每有自恃同謀反正功，嘗争論上前，語不遜，上責以君臣之義，彭年曰：「使去年此日，惠國以五千鐵騎鼓行而西，此日君臣之義安在？」聞者咋舌，由是上心不喜原抄作善。五人。

《端州雜詩》：霜嚴憲府凛難攀，人諫風裁更領班。便殿連朝求召對，敕書昨夜又封還。朝廷縱小名猶在，方鎮徒强主未孱。底事髯公辭太戇，五千鐵騎動龍顔。

彭年初爲給事，吳其靁特疏參，上不問。至是，有張載述者，涇縣人，原任江西瀘溪知縣，以節義自命，至行在久不得官，謂彭年輩抑之也，於是伏闕疏彭年罪。或云司禮監夏國祥使之。國祥爲聖安幸璫，入閩粤，新用事，與載述同鄉，能探知上意者，故有是疏。彭年自是氣稍沮。久之，聞母艱，李元胤疏請奪情，不允，遂解任僑居肇慶城外。先是，朝士有東西之分，自粤東來者，以反正功氣

凌西人；而粵西隨駕至者，亦矜其髮未薙以嗤東人；而東、西又各自爲類。久之，遂分爲吳、楚兩局：主持吳局者，閣臣朱天麟、吏部侍郎吴貞毓、給事張孝起、李用楫，外則制輔胤錫也，而江右之王化澄、萬翺、雷德復，蜀中之程源，粵東之郭之奇實爲之魁；主持楚局者，丁時魁、蒙正發、袁彭年。彭年楚人，然私粵而不私楚。陝西劉湘客、杭州金堡既與丁時魁等合，桂林留守瞿式耜，亦每事關問，居然一體矣。至於禮部尚書吳璟、文選司郎中施召徵皆吳人，吏部尚書晏清楚人，俱浮沈吳、楚之間。其不得爲局中人者甚多，如工部尚書耿獻忠、兵部侍郎曹燁、吏部侍郎洪天擢、大理寺卿潘曾緯、通政使毛毓祥，廣東學道李綺，雖與彭年粵東反正，而於楚人氣脈不通。凡自湖南、廣西隨駕至，出於督師、留守門者，大半歸楚。吳人謂楚東恃元胤，西恃留守。實則吳亦内倚吉翔，外倚邦傅，特踪跡秘密，不似時魁等招摇人耳目爾。

五月，惠國公成棟喪至自嶺北，元胤回廣州治喪受弔，上賜祭九壇，事畢，詔赴行在。時惠國舊部曲董方策、楊大甫各據一鎮。大甫尤驕悍不法，至是入覲，元胤邀飲其宅，即席稱詔斬之。

《書所聞》：楊帥風聞已就刑，天隅此日識朝廷。漢家有法須明正，都尉陰圖似不經。諸將强梁謀益狡，異時倉卒詔誰聽？南陽問罪功非細，即恐蕭牆禍未寧。

自成棟殁後，庚關不守，聞北兵將有窺粵意。粵督杜永和奏請寶豐伯羅成耀出鎮韶州，許割南韶屬之，要賄萬餘金始行。

《廣州雜詩》：紅旗影颭角聲喧，南海牙高留後尊。秋至將驕誰出嶺？日高人沸一開門。有司心厭王官賤，除吏書愁幕府煩。莫怪總戎難節制，將軍原未識君恩。寶豐出鎮許分疆，祖餞幢麾擁道長。鬻爵頗疑藩吏賤，輸錢爲助嶺軍裝。懸知節鉞輕難制，即恐關門棄不防。巡海歸來薛刺史，星移同去色凄涼。海道薛宫出巡未回，有謀其缺者。薛竟補南韶道，同成耀去。

六月，留守式耜疏題尚寶司丞張同敞復原官翰林學士兼兵部右侍郎，總督各路兵馬。又題僉都御史毛壽登監督襄國王進才、鄂國馬進忠兩路軍務，皆奉旨給敕印。壽登，公安人，前御史毛羽健子，雅好讀書，有謀略，能耐勞苦，楚奇才也。同敞爲江陵相公曾孫，以世廕錦衣衛千户，先帝時改中書科舍人。思文帝愛其才敏，特恩改授翰林院編修，累陞學士。在武岡忤劉承胤，仍還任子之職。至是，留守抗疏題復，仍以知兵兼總督之任，諸大臣皆以所舉爲得人云。同敞爲人健瘦而髯，有膽氣，每出師，輒躍馬爲諸將先。或敗，諸將奔，同敞危坐不去，諸將復還，再與敵持，敵亦旋退，卒以此全。意氣慷慨，詩文數千言援筆立就。年四十無嗣，喪妻，蕭然一榻而已。

時，焦、滇二營兵鬬，焦璉既受知留守，再保桂林，遂以桂爲老營。滇師久在督師標下，每赴援入桂，與璉兵有主客之分，多不和。已而移璉駐平樂、陽朔。元年冬，湖南潰，滇帥趙印選、胡一青棄永州，率其兵奔入平樂，又與璉爭平樂。璉部將趙興於五月二十九日治兵相攻，興兵敗，滇兵追至陽朔，遇糧道王奕昌殺之。留守式耜引罪自劾，請卹奕昌。檄焦璉斬趙興以謝滇，而移滇老營駐桂林。滇兵自是益驕，不可用矣。

七月，留守式耜糾舊撫魯可藻久駐平樂，戀任不解；且既聞母憂，日以墨縗從事，但取錢糧，不理兵馬，致新撫余心度觀望不至。奉旨切責。先是，粵東反正信至，可藻希冒昧躐進，列銜自署兩廣。舊例：東撫稱制，兼粵西，西撫稱撫。留守劾其擅署官銜，違制。奉旨：革職，於留守軍前戴罪立功。内推太常寺卿余心度爲西撫，可藻久不離，故再有是疏。

八月初一日，焦璉部將劉起蛟輕兵出全州，深入重地，敗績，璉按軍法斬之。初，留守聞北兵漸近，檄趙印選出全州，楊國棟、焦璉分兵堵截開州、海陽坪間。璉卧病陽朔，不即行。其部將張明綱、劉起蛟奮勇争行，以全營疾趨興安而敗。留守疏言：「起蛟貪功致敗，法所不容。但今兵驕將悍時，獨肯身先士卒，一往不顧，其忠義之氣，有足嘉者，請以其子襲職。」從之。

九月初五日，太監秦宗蛟自湖南返，過桂林，言辰常總兵馬蛟麟有歸國心。式耜疏請敕印，命宗蛟往，至則蛟麟但修書報命而已。初九日，監軍毛壽登赴楚，路經柳、慶，爲陳邦傅標下曾海虎劫掠一空。式耜飛檄地方，嚴獲賊首，追取敕書，并鄂國營諸印信，誥敕，立提海虎置之法，遠近稱快。粵督杜永和入朝，粵人黄奇遇、郭之奇以忿争直永和前，爲永和所笑，朝士恥之。

十一月二十一日，留守報稱：王進才、劉之良於本月初四日恢復靖州。又報曹志建復永興、耒陽二縣。二十三日，報馬進忠於十月二十七日恢復武岡。胡一青進屯東安，直取永州。牛萬才、張光翠兵逼寶慶，軍聲復振。是月，上御文華殿親政。

《小詩恭紀》：傳道文華殿，君王政自爲。親同宰相決，兼命諫官隨。賜坐香爐近，還宮蠟炬遲。聖朝機務密，那許小臣知？

是時，史館乏員，詔敕多出中書。上欲歸其職於翰林，内閣輔臣黄士俊、嚴起恒奏請考選。桂林留守式耜疏薦部屬臣某某等，堪備館職。上意特重科名，於是禮臣黄奇遇等議仿唐、宋開制科取士。有詔廷臣三品以上，各舉所知，卿貳等自舉其屬，彙送吏部。敕冢臣晏清會同禮、詹、翰諸臣，嚴加考核，取及格者若干人。其乙榜知名未仕者亦與焉。以冬十二月二十四日，上臨軒親試，經、藝二道，論一道，詩一首，取中八人，授翰林院庶吉士官。先是，輔臣奏請詹、翰諸臣，同入閲卷。是日，外廷密奏：閲卷官頗通關節。上聞，即時敕遣出，獨留兩輔臣宿文華殿中，賜卧具，小豎司飲饌，關防特嚴。拆卷日，鴻臚傳齊各官侍班，上出御文華殿，輔臣將閲過卷，分上、中、下進呈，拆號。上詔科道面舉情弊，以示至公，且曰：「朕自即位以來，纔有是舉。此數人，毋於用後，爾等又多言也。」每拆一名，御筆親爲填寫。拆過六卷，遽命已。輔臣再三奏請，更允二卷，合得八人，俱改庶吉士。輔臣以諸臣有資俸深者，引先朝推知考選例，請授編、檢。上曰：「此朕特典，與考選不同。」次早，上親灑宸翰，敕内閣、吏部：「朕親試取中劉茝、錢秉鐙、楊在、李來、吴龍禎、姚子莊、涂弘猷、楊致和等八員，著即授翰林院庶吉士官，特諭。」

《臨軒曲》：從龍初沐聖恩波，詔選詞臣闢制科。格外郎官叨與試，本朝異數想無多。　經年廷試許臨軒，今日真承聖主恩。橐筆曉趨雙闕下，恭隨臚唱入端門。　袞衣黄幄殿中間，玉几憑臨咫尺攀。跪近爐香宣履歷，分明覲面識龍顔。　面對安詳霽聖容，香煙深處閃重瞳。天心可否無人識，御筆高低點不同。　唱罷勾臚前伏齊，小臣分號殿東西。千官班静相公出，恭請天恩御賜題。　内外關防視鎖闈，金吾侍奉凛天威。書生邏卒尋常見，争似銀貂兵錦衣。　内官黄帕捧書來，香案從容信手開。遥見閣臣承旨出，御題擬就聖人裁。　麻紙龍文拂案黄，欲登宸翰費端詳。猶防次第違經傳，口詔宣傳有巨璫。　蹕聲起去晷將斜，老筆難矜舊有花。日暮大官勤賜膳，傳聞輦駕在文華。　詞瀾正倒夜偏闌，中使頻催蠟燭殘。帝輦欲還宫漏促，花磚隊隊宿鵷鸞。　當場洒筆慣驚人，錦玉園觀訝有神。剔燭細書《光武論》，内家也解點頭頻。　分衡早敕玉堂仙，夜半簾前忽放還。獨召閣臣留使殿，堂餐直被禁中傳。　侍臣收卷上親臨，慚愧幺麽費聖心。謄録諸臣需賞賜，同朝争羡主恩深。　未央宫闕卷初呈，内殿班齊賀聖明。面敕言官嚴問舉，當軒拆號御填名。　中興特重玉堂賓，固請加恩只八人。不是聖朝恩太吝，分明珍惜寵微臣。　最憐新進與同升，郡吏曹郎籍漫憑。曾荷相公援例請，聖恩特賜一條冰。　曠典能無舊例增，榜頭端屬首揆掄。即居盧後猶疑泰，盛事寧堪第一人。　煌煌手詔夜深宣，八士同時入九天。縱是國恩難報日，旁人莫漫羡登仙。　敕使淩晨候謝恩，口傳天語浹春温。榜中詢有馮唐老，爲報青年慰至尊。　新恩那許禁中行，爲謁先師閣吏迎。再拜中堂前致謝，共稱天子讓門生。

上命輔臣即擇日送館教習，推禮、詹、翰大臣有品行者爲館師。是時，黄奇遇、郭之奇俱以詹事兼禮部侍郎。之奇曰：「黄由推知考選，焉知庶吉士典故？」奇遇曰：「郭以庶吉士浮躁，散出禮部，嘗轉福建學僉，弘光時通賄馬士英轉陞詹事，品行如此，可爲館師乎？」相争久之。輔臣士俊亦粤人也，請並推，候上親自點定，乃已。

留守疏報湖南情形，言北兵已抵長沙，據胡一青與趙印選書，有云：北來者其帥所稱定南王孔有德也，實抵衡州，水陸並進，一面發兵往寶慶，一面大隊來永州等語。是時，永州爲王永祚、張明綱圍五閲月矣。其將李東斗堅守不下，有德命辰、常鎮帥馬蛟麟爲前鋒，以援永州。十二月十二日，一青方薄城下，北兵銜枚疾趨，繞出永州河外，一青不設備，遂大敗。是夜復被劫營，滇將普明全軍俱没。報至，總督同敞馳赴全州，檄武陵侯楊國棟駐全州策應。全州爲粤西門户，危如纍卵。北兵既解永圍，不敢深入者，有曹志建兵屯龍虎關，即鎮峽。爲衡、永之左路；馬進忠兵屯瓜里，爲武、寶之右路；兩相犄角也。而除夕前一日，北兵自江西來者，已逾嶺破南雄，粤東門户已失，粤西亦勉强支持而已。

永曆四年庚寅，正月元旦，上御行殿受朝賀。初六日南雄報至，南、韶守將羅成耀棄韶州走。上將移蹕西幸，召對羣臣，皆言車駕不宜輕動。給事金堡、御史彭佺争之尤力。上命金堡同戎政侍郎劉遠生往廣州敕諭諸將。諸將初欲棄城航海，爲颶風折回，始定死守計。遠生與堡復泝流上清遠，聞南、韶雖望風奔潰，北兵尚未至也。

《端州雜詩》：側耳羊城信，穿烽二使來。詔開藩鎮泣，風鬬海船回。事變知天意，時危有將才。長城真可恃，駐蹕漫驚猜。

馬吉翔自成棟疏廠衛不得干機務，大恚。又與元胤共事，外合中離，急欲上移舟，棄東如屣，嗾夏國祥趣上以初八日登舟，百官倉皇就道。粤東人皆奔回，

惟輔臣黄士俊獨坐閣中不去，上念其年且九十，不能從行，敕令回籍，候亂定再召，乃去。袁彭年亦請隨駕。南陽伯李元胤奏曰：「百官皆去，將委空城以待敵耶？上自西來，今日仍歸西。元胤留之，恐宵人謂我有異志，『一朝不戒，生劫入舟』，至今思此語猶背負芒刺。但廣東一塊土，臣父成棟立功於此，殞命於此，何忍棄之！皇上若猶顧念東土，臣願留督肇慶一帶，與江寧伯杜永和互相堵禦，以壯聲援，此元胤之職也。」上遂發肇，命元胤留守，督理各營軍務。十三日，解維過德慶，鎮將安定伯馬寶領兵扈駕，軍容甚肅。實陝西人，亦拔自賊中來降者，頗恭順知禮，好與士大夫交。

二月朔，上至梧州，駐蹕水殿。始聞北來者稱：爲平南王尚可喜、靖南王耿仲明，二王久頓江西吉安府未發。潮惠道李仕璉，本田仰中軍，吉安人，與潮州鎮將郝尚久密往投誠，自陳迫脅繳敕印，受北官，惠、潮兩郡遂爲北有。仕璉悉以國情輸敵，督兩郡餉接應北軍，導之入關。江右宗族依仕璉者，盡殺之，没其家，執郡王十三以獻，北兵遂長驅而進。是時，堵胤錫已殁，户部尚書吴貞毓、禮部侍郎郭之奇、兵部侍郎程源、萬翺、禮科都給事李用楫、户科給事中張孝起、李日煒、吏科給事中朱士鯤、御史朱統鐄、王命來、彭佺、陳光胤等十人合疏奏：彭年、劉湘客、丁時魁、金堡、蒙正發號五虎者把持朝政，罔上行私，罪當死。龍舟甫駐，即相率請對，極言其罪。奉旨：下錦衣獄，敕掌衛事張鳴鳳嚴加鞫問。獨彭年以反正有功，免議。閣臣嚴起恒請對，不得入，跪沙濱申救，不允。先是，有吕爾璵者，爲吉翔門下士，冒入臺班，金堡劾逐之。爾璵亦有疏奉旨。堡駁參云：「臣何人也？爾璵何人也？以仁傑之袍賭昌宗之裘，志士猶爲怏怏，顧且肆言無忌也。」語甚不倫，惡堡者業以是語構於兩宮。是日，程源在舟側揚言曰：「金堡即『昌宗之寵方新，仁傑之袍何在』兩語，便該萬死！」其聲達慈寧舟中。慈寧者，上嫡母王皇太后也。於是，張鳴鳳奉密旨，必致堡死，故堡受刑獨酷。

《梧州雜詩》：請對真何事，寒蟬此日喧。露章承内旨，詔獄見君恩。負國罪應得，除奸功莫論。虜氛還咫尺，朝局已全翻。詔獄非仁政，況逢離亂晨。從龍寬典得，請劍小臣頻。狼狽悲同類，艱危附黨人。山陰嚴相國，申救跪沙濱。

堡等下獄，時潯帥陳邦傅方擁兵入朝，上敕邦傅暫駐兵三水，防北兵西突。留守式耜疏辨五人罪，且云：「就使其罪狀一如疏中所指，處分豈無時日？而汲汲於倉皇移蹕之頃？又且不先不後，恰當邦傅到梧之時，能無『我雖不殺伯仁』之疑乎？」久之，上知堡無死法，與時魁俱減死，謫遠戍。湘客、正發贖徒，追贓。而雲南孫可望所遣使始至，疏稱於某日接敕，封臣平遼王；於某日接敕，封臣秦王；莫知所從。絶不及原敕所封及諸臣矯詔事，意在必得秦也。於是，滇使接踵行在，亦時有貢獻。貴州總督、兵部尚書范鑛，匡國公皮熊交章論胡執恭罪狀。留守式耜請斬執恭，併正陳邦傅主使之罪。滇使候命日久，馬吉翔請於上，封澂江王。滇使聞之，力陳非秦無以報命，廷議不能決。輔臣起恒語某曰：「滇必欲得秦，上意決不予，奈何？」某曰：「何不於『秦』字上加一字，或爲『興秦』，或爲『定秦』，既不失滇指要，猶是草澤王號耳！」起恒以爲然。方欲奏而忠貞營鄖國公高必正、興平侯黨守素入覲至梧，聞滇使在梧，召至舟次，以大義責之，言：「本朝無異姓封王事，爾主要求王爵，我寧不足以王耶？」因自叙其破京城、逼死先帝滔天大罪，蒙上赦宥，加以爵賞，爾張氏乘間竊據一隅，罪固減等。今列爵上公，當與我同心報國，洗去賊名，豈非大幸？勿欺朝廷孱弱，兩家兵馬，彼此所知，鞭弭櫜鞬，足以相當也。隨作書致可望，纚纚數千言，詞嚴義正。滇使唯唯而退，朝議遂寢。

予有《鄖將入對歌》：將軍趨朝求召見，天子傳宣御水殿。將軍廷辨聲怒嗔，百官拱手顔色變。中使促對上龍舟，有事面奏香案頭。舟中天子東面坐，將軍俯伏汗交流。汗流浹背猛氣沮，詔謂將軍從容語。爐烟移近再三陳，但聞誓死報明主。叩頭再拜出召門，憶起胸中未盡言。天威咫尺説不得，始信君王是至尊。

《沮封篇》：去夏遣使册封滇，賊臣矯詔封使還。滇人請命求國號，廷議可否將一年。國號擬上上未允，鄖國將軍來朝天。將軍入朝沮封議，舊主封者誰敢議？坐召滇使謁接船，詞嚴義正色凛然。自陳己罪犯京闕，汝曹徒擾西南偏。聖恩赦我寧宥汝，與我同心報明主。本朝異姓無王爵，上違祖制誰敢許？鞭弭櫜鞬足周旋，汝曹勿欺天子孱。滇使叩頭唯唯退，舉朝争嘆將軍賢。將軍此議真不朽，滇人聞言能信否？爲語使者復命歸，勿謂議出朝廷口。

初，貞毓等以閣臣起恒數爲時魁、堡所指摘，意其銜恨，必乘此下石，不意其申救甚力，卒免於死。江西王化澄者，素貪庸，與王坤、馬吉翔等比，夤緣入閣。二年，上在南寧，粤東反正，迎駕東來，命化澄留南寧扈太后兩宮，時賜手敕以便宜行事。化澄因賣官鬻爵，惟賄是求。有以土司納銀數百金，竟改宣慰司者，初

不知宣慰司與土司等級之懸絶也。諸夷譁然，上頗聞之。既至行在入直，屢被堡參，醜詆之。上亦厭其所爲，因請假注籍，遂久之不召。至是，貞毓等合疏請起用化澄，思以排去起恒計，必殺五人而後已。邦傅既遠駐三水外，無大援，恐上不見聽，聞忠貞營入覲，大喜。是時，興國公李赤心已死，兵權皆歸於必正、守素兩人。時帶兵五千，以五月十三日抵梧州，朝臣皆郊迎四十里，列牛酒犒師，鄖國大悦。貞毓等極言：「朝事壞於五虎，爲之主者，閣臣嚴起恒也。公但入見，請除君側奸，不過數語而決，公功在社稷矣。」高頷之。起恒聞其謀，即日注籍，五人皆惴惴待命。到梧之次日，請對水殿，必正意忽中變，見上，言閣臣嚴起恒虚公，宜專委任。金堡等處分過當。化澄、貞毓等皆大失望。於是起恒已移舟去，兩勳請手敕，追及於平浪，邀還。越二日，復召對於龍舟。李元胤自肇慶至，同對。慈寧太后垂簾，上東向坐。元胤奏事畢，忽伏地請死曰：「金堡等非臣私人，有罪，皇上何不處分於端州，必俟到此地處分？是以臣與堡等爲黨也。臣以封疆事急，不敢請罪。今事稍定，請正臣罪。」上慰勉之曰：「卿極忠極孝，朕豈疑卿？」元胤曰：「皇上既不疑臣，何爲以處四臣之故賜臣敕書，令臣安心辦事？」皇太后曰：「卿莫認金堡等是好人，卿如此忠義，他却謗卿謀反。」元胤曰：「説臣謀反，還是有本，還是面奏，還是傳言？」上不答。必正曰：「皇上重處堡等也是。但處堡等之人，看來不如堡等。處堡之後，也不見有勝於堡等之事。」復面質化澄，狥私植黨。化澄窘急申訴，不能成語，上爲解釋之。科臣張孝起、李用楫與御史廖應亨，互相糾訐。太后語上：「傳諭中書科，以後科道本章，不許封進。」上曰：「科道是言官，以言爲職，若本章不封進，是絶言路也。但令有言軍國大事，許非時進。其餘是非本章，不許擅封可耳。」對罷，上忽問廷臣曰：「金堡畢竟是君子，是小人？」再問，無有對者，遂罷朝出。次日，詞臣錢秉鐙上疏言：「昨侍班次，聞皇上再問金堡爲君子，爲小人。惡堡者皆在班列，無有對者，則良心難昧，天理難欺，堡之不爲小人可知。」因言：「堡受刑特重，左腿已折，僅相隨一僕，復墮水死。今遠戍金齒，以孑然殘廢之身，蹣跚於蠻荒絶域之外，去必不到，到亦必死，雖名生之，猶殺之也。伏乞量改近邊，以全堡命。」得旨，改清浪衛。高必正以百金爲堡藥資，不受。馬寶亦自德慶來朝，親爲堡洗創，竟不死。起恒仍留用。化澄亦不求退。復召朱天麟入直。

《聖德詩》：文帝昔正輦，太宗實魏徵。古來神聖主，皆百納諫名。我皇仁且孝，至德無容稱。屈己聽臣下，不大色與聲。小臣叨侍從，竊睹神采英。大帥對失措，聖度和且平。所以諸藩鎮，見者識中興。給諫觸太后，愚直氣以盈。舉朝請加誅，受杖罰殊輕。及與羣臣語，往往歎其清。瞿相老崛强，遇事上書争。綸綍皆手答，曾無勉强情。去年獻史卷，擬同金鑑呈。今復問主上，還經御覽曾。所言過戇直，左右因相傾。上言實未讀，朕殊有愧卿。從此事披閲，勿負諄諄誠。舉朝嘆聖德，臣等實不能。虚懷本天授，皇哉我聖明。

是時，李元胤守肇，忠貞裨將淮□侯劉國昌，與高、李相失，潰入肇界。元胤堵禦之，受約束，乃去，肇賴以全。南、韶逃將羅成耀至肇，元胤數其棄城罪，稱詔斬之。

《梧州雜詩》：此時昔移鎮，吾知棄嶺逃。此肩難節制，飽肉且旌旄。共有登壇望，寧甘乘障勞。身先諸吏士，惠國爾功高。朝覲南陽奏，强藩已就擒。棄城知法在，問罪見謀深。帳外軍聲寂，懷中帝詔臨。兩年三授首，真是快人心。謂佟與楊，併羅而三。

北兵過三水，直下廣州。廣州守甚堅，總兵吴文獻以舟師守東、南門，北兵不敢近。張月、李建捷等屢出城戰，多有斬獲，非時捷聞，奏使往來不絶，行在以是少安。

《梧州詩》：粤東頻奏捷，驍鋭並争先。虜騎孤城合，螢弧正馬騫。志需堅壁壘，謀勿恃樓船。兩路援兵下，胡爲不肯前。

於是張孝起爲吏科都給事中。孝起原名起，吴江人。庚午科舉人，孤峻無欲，吴中之錚錚者也。以張載述爲御史，改中書吴霖給事中。吴霖，歙人。在中書司誥敕，著勞已久，輔臣許以清華酬之，爲五人所抑，至是始授今職。兵部右侍郎萬翺，掌兵部尚書印。翺於思文朝授刑科給事中，與黎士彦以僞敕印，誘金、王反正。已亦僞授兵部尚書。入朝，朝議改爲侍郎，謝恩時，猶自稱原任兵部尚書、今授兵部侍郎云。時兩粤諸帥，方喪師失地，朝廷不能問，惟寬假之。翺請於上，一概晉封。魯可藻既爲留守式耜劾罷，因附吴、萬之黨，冒陞樞貳。晉封之議，實倡之可藻，欲以結援於諸勳也。於是焦璉封宣國公、趙印選開國公、胡一青衛國公、曹志建保國公。識者謂上公之爵，只以賞敗，則百戰之將，其何以酬功哉？

《梧州詩》：兩粤嗟新敗，朝是波浪中。守藩宜有罪，司馬且論功。賞極復何勸，恩叨豈覺崇。灰心百戰將，封與爛羊同。

高必正朝回，陳邦傅嗔其不附己，潛遣將襲其老營。

六月十九日，必正請援於桂林，留守發滇營總兵劉崇貴等駐柳、慶，遥爲聲援。上聞之，急敕邦傅諭以和好。

九月初八日，馬蛟麟襲破恭城、灌陽，曹志建敗走。先是，三月十九日，北兵破龍虎關，志建戰敗，闌入恭城、陽朔地方，將入桂林。焦、滇二營皆洶洶，留守發犒金五千兩，命兵科吴其靁往營撫諭。而北兵亦旋退扎衡州，志建遂營於恭城、灌陽，至是再失利。十八日，馬進忠敗於瓜里，走入武岡山中。報至，桂林大震。焦璉兵久駐平樂，其大榕江一帶，皆滇營汛守地。北兵再薄全州，滇師退，自全州退榕江，自榕江退甘棠渡，每退必曰：「焦兵來桂林襲老營也。」初，東阿任子于元燁督兵桂林，有女許聘平遠伯王永祚矣。趙印選聞之强求焉，遂更嫁印選，由是王、趙成釁。印選又與一青争總統，大鬨。一青出守榕江，從事獨勞。印選居城内守老營，惟酒色是躭，心甚不平。三帥各有私憤。璉兵在平樂，猝呼不至。故北兵破全州，長驅入嚴關，莫有堵者。

十月二十九日，一青、永祚俱入城分餉，榕江一帶遂爲空壁。

十一月初五日，興安塘報至，知於初四日嚴關諸塘盡掃。留守檄印選出城赴子營，爲城守計，戀老營不行；再促之，則已盡室而去。一青、永祚與武陵侯楊國棟、寧武伯馬養麟、綏寧伯蒲纓各家老營，俱已奔竄，永祚且迎降矣。獨存留守式耜，危坐府中，家人盡散。總兵戚良勳操二騎至，邀公速去，再爲後圖。式耜叱曰：「爾去則去耳，我去不過多活幾日。自古至今，誰不死者？但須死得明白耳！」良勳去。總督張同敞自靈川回，聞知城虚無人，止留守在，遂泅水過江，直入府曰：「事迫矣！奈何？」留守曰：「皇上以留守命我與城存亡。自丁亥三月，桂林瀕破時，已拚一死矣。今得死所，夫復何言！子無留守之責，盍去諸？」同敞毅然曰：「死則俱死耳！古人恥獨爲君子，吾師顧不許某同死乎？」遂呼酒，與共坐飲。四顧左右，惟一老兵不去。命召中軍徐高至，以敕印書劍悉付之，諭令星馳赴行在，完歸皇上，勿爲敵人所得。張燈相向，坐至天明，有數騎，腰刀挾弓矢執二人去，二人曰：「吾兩人坐待一夕矣，無容執。」遂與偕行，至靖江王府後門，見孔有德。有德於正月初十日，差官持咨文、書啓十餘函，詣留守及滇、焦諸勳，陳説天命，指麾人事，爲劫降之語。留守焚其書，斬其使，以聞於上。及是有德見二人至，蹲踞於地，舉手曰：「誰是瞿閣部先生？」式耜曰：「某是也。城既陷，惟求一死耳。」有德霽色慰之曰：「吾在湖南，已知有留守在城中；吾至此，即知有兩公不怕死，不去。吾斷不殺忠臣，何必求死？今人事如此，天意可知，閣部無自苦，我掌兵馬，閣部掌錢糧，一如在前朝可耳。」式耜曰：「我天朝大臣，爲皇上供職，豈爲汝犬羊供職耶？」有德曰：「我居王位，於閣部亦非輕。」式耜曰：「安禄山、朱泚而自以爲王，何王之賤也！」有德曰：「我先聖之裔，勢會所迫，以致今日，閣部何太執耶？」同敞厲聲曰：「爾無辱先聖，爾不過毛文龍部下走狗耳，乃自以爲聖裔耶！」罵語甚多，不具述。每一語，留守爲一拊掌。有德怒叱左右縛之，逼令跪，不屈，折其兩臂，傷一目。式耜曰：「是宫詹、司馬張同敞也，與我同難，應與我同死，烏得辱之！」有德命釋其縛，還衣冠，令坐。兩人曰：「吾中國人，不慣坐地，呼椅來！」且曰：「汝何不速殺之？殺我兩人，天下事定矣。」有德顧笑，召副將全節護之，出幽於民居，雖異室而聲響相達。有德又遣官王三元、彭爌往勸諭之，令薙髮，不可。令自請爲僧，亦不可。曰：「爲僧，薙髮之漸也。髮短命長，我不爲也。」南冠而囚，終日賦詩唱和，以明厥志。

十一月十四日，式耜語同敞曰：「吾兩人待死四十日矣！尚隱忍偷生，其爲蘇武耶？李陵耶？誰實知之！」同敞曰：「易耳！」即草檄，命老兵間道馳諭焦璉曰：「城中滿兵無幾，若提勁旅疾入，孔有德之頭可立致也。」老兵去八十里，爲邏所獲，獻之。十七日辰刻，有數騎至繫所，請留守出，留守曰：「已知之。」援筆作詩二首：一自題，一贈同敞。肅衣冠，南向拜訖。所手録臨難詩，與同敞唱和諸稿，共一百一首，置几上，從容步出。遇同敞於道，同敞曰：「快哉行也！厲鬼殺賊，詎敢忘之！」行至城隅，見一磐石，式耜曰：「我生平愛佳山水，此石頗佳，可以死矣！」刑者從之，遂與同敞併遇害。同敞既刑，屍不仆，首墜，躍而前者三。頃刻大雷電，雪花如掌，空中震擊者亦三。敵人爲之股栗。而廣州亦以是月初三日破，蓋范承恩獻西門降也。遂以初十日發梧州，十一日至潯州。而陳邦傅叛，謀劫駕，上知之，於十二日衝雨而過，凡鹵簿及從駕諸臣，舟在後者，悉被劫掠，文武諸臣墮水死者，董英、杜永和及諸將率其衆入海，南保瓊州。上在梧州，尚不知東、西齊陷也。遂許玉鳳、潘駿觀等。十六日，上至南寧。户部侍郎陳圭迎駕，遂於二十八日駐蹕南寧。

予自隆武二年丙戌九月，遇變陷於閩者二年，匿影山中，幾死於兵、死於賊者十數次。戊子正月，聞江西返正，以四月出閩抵建昌，而南昌已被圍，遂退至新城縣。

《盱江感事》：盱江城北亂山荒，愁看塵沙日暮揚。鐵騎不緣倦嶺北，戈船無計下潯陽。甲兵幕府三年備，黎庶章門十月糧。彭蠡烏啼烽火暗，人來親見左賢王。　拂廬氈帳遍西山，仗鉞登陴對壘間。天馬夜嘶流血汗，鬼神陰怒現嗔顔。共知漢將宣威久，相傳關壯繆屢出助戰。遥見胡兒咋指還。郭帥入閩成底事，纔提兵馬出杉關。郭帥天才自杉關旋師入援。　章貢雙江梗不流，兩勳旌節在虔州。謂宜乘勝趨牛渚，何取持堅頓虎頭？五嶺聞風歸版籍，孤城背日作邊愁。中興時異承平久，誤擬文成據上游。　滕王高閣迥含烽，巨塹長圍定幾重。心向海天揚日月，手攜風雨獻蛟龍。蠟丸再睹春王朔，鐵劵重頒大國封。扈蹕鑾坡誰草詔？曾無涕淚灑兵農。兩勳初以隆武號舉事。詔至，稱永曆二年而改豫國爲昌國，建武爲繁昌云。

久之，廣東信至，乃於九月從間道結伴過嶺。十月，到行在。覓得兒子法祖，相失三年矣。喜過望，不復有仕宦之志。是時，總憲袁彭年、副憲劉湘客，皆素與交好，見予至，亦驚喜。方行考選，校資俸，以予不及格，法自予始，屬吏部，除膳部主事。予以閒曹無事，吟咏自娱，時事皆託諸篇章以見。三年冬，始蒙臨軒特典，改授庶吉士。予出山陰嚴公門，方候教習，南雄陷，上遂移蹕。是時，倉卒聞變，詔書旁午，吾師山陰嚴公趣召予曰：「有十數敕在此，子可分散同館，各撰數道，得如奉天詔書，使諸藩鎮將士聞之皆感激泣下爲善。」予出呼諸子，如子莊、吴龍禎皆粤人，聞警輒已先家去，即不去，亦皆書生，素所不諳。同門李來，獨撰一道，又不得體，不可用。閤中促者數至，亡已，代爲屬筆，勉完十數敕，以呈公，公大喜。此後凡有大詔令，悉送予起草。既至梧，金堡等被拿問下獄，予謂嚴公曰：「此輩素攻公者，公宜極力救之，方得大臣體。」公曰：「是也。」跪沙濱申救，不允。攻五虎者，遂指公爲虎黨，且側目於予矣。郭之奇謀於王化澄，求爲教習館師，云以職方司一席見處。山陰公在上前極稱予有制誥才，復引推知考選例，請改編修，管制誥。上問：「昨榜中爲推知者幾人？」公對：「僅錢某一人，曾任推官。」上頷之。未幾化澄請改中書吴霖爲詞員，管誥敕。予上書中堂，引典制力争之乃止，吴霖因改科員。霖與予素善，聞予言亦不以爲嫌也。五月，高必正、黨守素入覲，吴貞毓、郭之奇、萬翱等郊迎四十里外，欲藉兩勳以除君側之奸，其意在殺五虎，逐山陰，而專用化澄也。山陰聞之，先引病注籍。會高、黨與戎政侍郎劉遠生同庵爲同鄉，召對之辰，過同庵舟中飯。湘客，遠生弟客生也，與袁彭年特邱聯舟，强出與見，高厲聲責之，意甚不善。而予適至，聞兩勳在舟，急去，高望見之，問知爲詞員，即遣人邀入舟共話。高固賊帥，爲人明慧，善談吐。坐定，向同庵言嚴公過，袖出掌科雷德復疏參山陰二十四大罪，目爲嚴賊，付同菴讀與聽，聽訖變色曰：「此疏太過。」予心知其不喜揭中稱「賊」也，因言：「舉朝人皆説此公不好，想應不是好人。」予問曰：「公見過幾人？」高曰：「恐已見過一半，没有人説他好者。」予嘆曰：「爲要説他不好，故來見公耳。朝班人甚多，若某等不要説他不好，便不來見公矣！且説嚴相公不好者，只爲救五虎也。」因指特邱客生笑曰：「此兩客現在坐，去歲此時，五虎攻嚴相公無所不至，若是别人趁此下手報讎，亦不爲過，嚴公不害他，反去救他，公看來是好人乎？是歹人乎？」高悟曰：「君言是也！然如孔夫子也，就没有人參他了。」予曰：「孔夫子專有人參，到齊國被晏子參，到楚國被子西參。」歷舉其伐檀，削跡，困陳、蔡諸事。高喜曰：「原來孔夫子也有人參。」遂候對，到班次，先與諸公大辨，盡反其説。劉使人往竊聽，云：「聽不甚清，但聽講孔夫子常被人參。」劉笑曰：「語投機矣！」及入對，悉如予言，力言起恒公忠無私，宜專委任。併言金堡等處分過當。於是郊迎諸公大失望。

《梧州詩》：僻處朝廷小，虚名禮法持。惟迎鄭國至，不救粤東危。元老盈廷謗，書生一語移。闕前争論日，本體幸無虧。

山陰師聞之，亦不知局之何以頓翻也。次日，師移舟平浪，兩勳用小舟追及之。予後至，笑曰：「往時言蕭何追韓信，今見韓信追蕭何。」郭、高大笑，乃共邀之還朝。不數日再對，予亦侍班，對畢，上問廷臣：「金堡爲君子？爲小人？」無對者。予遂以次日上疏，言昨承上問，無有以堡爲小人對者云云，且極陳其不能遠戍狀。奉旨改清浪衛。此疏出，不惟攻堡者大恨，與堡同難者亦憤憤問：「何以獨稱堡非小人也？」未幾，予大病請假，命下，與劉茝、李來同改編修。予病益甚，時梧州瘴重，死喪無虚日，聞桂林稍清，固請山陰師乞堂假三月，往桂林一遊。自予至行在，凡兩年，謬蒙留守薦揚，屢加問訊，曾未識面。同邑方閣學曼公以智、吴廷尉鑑在德操，相距千里，握手無期；兼以閣學屢召不赴，求以史局自效，師因命予要之同來。遂以七月離梧，八月中秋至桂，而金、劉輩亦皆在桂林，時時聚首於留守之幕。警報沓至，留守公吟嘯如常，且曰：「今冬明春，我與諸君且衣錦還故鄉。且此地那得有憂？」蓋公初奉粤撫之命，湖州山中有松仙者，授以錦囊數封，諭臨危始發，發則其事與年月日時皆預定也。依其策行之，如擒靖江、守桂林、用焦璉諸事，具有成效。是年庚寅，只餘一封，外標「庚寅元

旦發」。發之，有「扶公榮歸」四字。公以「榮歸」必錦旋也。予忽心動，惡其「扶」字將爲「扶櫬」乎？且僅餘一封，亦屬可疑。公天性和雅，顧亦深信其術，每當危急之際，輒處之泰然。諸將帥亦伏公從容鎮静，卒以立功。久之，軍心既弛，將益驕，多不用命，而公猶以前事自恃，局外者憂之。

《桂林雜詩》：好客瞿丞相，蠻方秋興高。爲憐雙桂樹，新築小東臯。家伎尋常出，詩篇唱和豪。此生經授記，不用更焦勞。

又《虞山歌》一首：虞山蒼蒼日初薄，松風江水濤聲合。我乘秋興拜舜祠，丹青玉殿何寂寞！胡來中國天下羶，冠裳委地紛可憐。羣后二妃有何幸，冕旒環珮裝儼然。問此半壁爲誰功？桂林留守虞山公。虞山在吴公發跡，誰知此地山復同。兩地虞山公皆有，生平事等虞山崇。原作「事在虞山守」，「有」與「守」爲叶，今改，仍東韻。留守桂林今五載，裘帶從容羊傅風。胡騎再入城不破，焦侯周將誇英雄。焦侯三箭殪三虜，至今傳看射虜弓。兩雄忘軀爲誰戰？感激公義效精忠。即今烽火關門逼，公仍不變前時色。天生我公原有意，南來早授神仙記。授公諸記函前闕，吉凶一一分明示。以兹聽任意常閒，許公今歲錦衣還。還時却別此山去，更入吴中尋舊山。兩山得名以人重，此爲舜帝彼爲仲。我公相帝濟時了，尋仲採藥同歸老。神仙有言不我欺，應在山中待公早。方公有筆大如椽，請公勒石虞山巔。虞山千秋石不毁，我曹名姓附公傳。

適張同敞字別山。自全州回，一見稱契，移予舟纜其所居灕江草堂下，每酒後悲歌慷慨，自誓必死。別山無子，手一大卷，盡軍中所作詩文，示予曰：「此即予子也，誰爲我留之？」一日，遥向荆棘叢指曰：「此中大佳。」命軍卒劚開一徑，邀予並馬入其中，朗朗大如百間屋，其東壁有黨人碑，搨墨如新，閉數百年矣！今日始見，蓋所謂龍隱洞也。與予日縱酒其中爲樂，臨別以所愛小史囑予善視之。抽髻簪見贈，曰：「聊以志盍簪之誼。」因欷歔泣下曰：「從此永別矣！時事如此，吾必死之。」予曰：「往時封疆，受之朝廷，失則死之。今者以我爲政，我在則失者可復，死則竟失矣。」別山曰：「雖然，無可爲矣！吾往時督兵，兵敗，吾不去，將士復回以取勝者有之，昨者敗兵蹈我而走矣！士心如此，不死何爲？」

《桂林詩》：張髯玉堂客，報國老戎衣。久辦沙場死，還能馬上飛。書生喜見敵，老將讓臨機。堅卧榕江上，師旋獨不歸。

故予聞桂林陷，而知別山之必死也。在桂林晤諸勳：武陵侯楊國棟，豪傑有氣概；興寧伯胡一青，身不滿五尺，精悍之色，見於眉間；趙印選魁然雄傑，然驕蹇不法，惟擁姬妾自娱，尸居餘氣耳。

《桂林雜詩》：滇師聲名久，今知爵太尊。流星邊檄至，卜日上公婚。直作室家計，愁傷部曲恩。謂王寧遠。稍聞胡衛國，匹馬備關門。

十月，放舟至平樂，曼公先數日發。曼公家寓平西山，去平樂四十里，聞予至，亦出同飲新興侯焦璉幕中。璉沈毅有威容，頗好禮。是月，爲曼公四十，因醵分爲稱觴，訖，同訪光禄嚴煒伯玉於仙迴洞，蓋曼公欲移家傍伯玉居，而身赴史局也。留一日出，復送我於昭江。適留守次公子玄錡，字生甫，自吴中泛海省親，至是始到。曼公遂與並舟而西，而予獨東適。御史朱由林巡方復命，舟亦至，以十月初十日抵平浪，去梧州四十里。御史前船回，大呼摇手曰：「不可去矣！上駕已南，百官倉皇隨行，亂兵搶掠，無可往。」少頃，留守公孫瞿昌文檢討自行在至，云：「廣州以初三日陷矣！我輩惟有奔桂林耳。」日晡，廣西潰兵蔽江而下，言平樂已失，桂林於初五日陷矣！於是進退無路，昌文奔難而西。予輩捨舟入山，徐作南奔之計。詎意潯州陳邦傳叛，上幸脱於難，諸從官皆被劫掠，墮水死者無算，道路梗塞不可行，遂留滯梧州村中。自十一月、閏十一月、十二月至次年正月，梧州空四月矣。

二月，北兵始至，大帥馬蛟麟遣官賫書幣見招，避不敢出，始知曼公爲僧在梧州城。曼公亦有書至，言桂林事。蓋曼公送予自昭江返，未及平樂，聞平樂已破，其家人被執，問公所在，則以與予同往仙迴洞嚴伯玉家對。隨發二十餘騎往仙迴，而公亦適奔仙迴，騎傳伯玉，拷掠備至，公乃自薙髮僧裝出，以免伯玉。送至平樂，見蛟麟，蛟麟諭之降，不屈，脅之以刃，誘之以袍帽，皆不答，蛟麟乃延之上客，禮之甚恭。因請出家，許之，故隨之至梧。而生甫亦竟由昭平南走，至永寧州爲叛民所執，死於獄。萬里尋親，相距數百里，不得一見以死，悲哉！久之，聞桂林破，留守與張同敞同日死。在桂林者，吴其靁以單騎奔柳州；德操被執不受官，盡其橐中裝以免；劉遠生、湘客隱跡瑶峒中；金堡先期已投茅坪庵爲僧，釋名性因。惟丁時魁乞降，即日補廣西學道，不數日死。予初擬道隱必死，已而別山死，而道隱僧，頗訝之。已見其上定南王書，請收留守公及張司馬屍，詞氣慷慨，乃信其非懼死而逃於僧者也。其書云：山僧梧水之罪人也，承乏掖垣，奉職無狀，收繫錦衣獄，幾死杖下。今夏，編戍清浪，以道路之梗，養痾招提，皈命三寶，四閲月於兹矣。車騎到桂，咫尺階前而不欲通。蓋以罪人自處，亦以廢人自棄，又以世外之人自恕

也。今且有不得不一言於左右者。故督師大學士瞿公、總督學士張公，皆山僧之友也，已爲王所殺，可謂得死所矣！敵國之人，勢不並存，忠臣義士殺之而後成名，兩公豈有遺恨於王？即山僧亦豈有私痛惜於兩公哉？然聞遺體未殯，心竊惑之。古之成大業者，表揚忠節，如出天性，殺其身而敬且愛其人，若唐高祖之於堯君素，周世宗之於劉仁瞻是也。我明太祖之下金陵，於元御史大夫福壽既葬之矣，復立祠以祀之，其子犯法當死，又曲法以赦之，盛德美名，於今爲烈。至如元世祖祭文天祥，伯顏卹汪立信之家，豈非與中華禮數共植彝倫者耶！山僧間嘗論之，衰國之忠臣，與開國之功臣，皆受命於天，同分砥柱乾坤之任。天下無功臣，則天下不平；天下無忠臣，則人心不正。事雖殊軌，道實同源。兩公一死之重，豈輕於百戰之勳者哉！王既已殺之，則忠臣之忠見，功臣之功亦見矣。此又王見德之時也，請具衣冠爲兩人殮。瞿公幼子亦宜存恤，張公無嗣，益可哀矜，並當擇日付親知歸葬，則仁義之譽王，且播於無窮矣。如其不爾，亦許山僧領屍隨緣藁葬，揆之情理，亦未相妨。豈可視忠義之士如盜賊寇仇然，必滅其家，狼藉其肢體，而後快於心耶？夫殺兩公於生者，王所自以爲功也；禮兩公於死者，天下萬世所共以王爲德也，惟王圖之。物外閒人，不辭多口，既爲生死交情，不忍嘿然。於我佛冤親平等之心，王者澤及枯骨之政，聖人維護綱常之教，一舉而三善備矣。山僧跛不能履，敢遣使者以書獻，敬候斧鉞，惟王圖之。

留守既死，家人盡出。門下士吴江楊藝冒死尋其身首，猶未殊，但刃血在頸耳。具衣冠殮，與張司馬同敞同瘞於北門。適堡遺人上書，藝遇之曰：「吾業已收訖矣！勿生枝葉。」此書遂留藝所。

予久滯村中，有《遥哭瞿張二公詩》八首：桂林屢陷復登陴，此日孤城豈更支。坐嘯但憑天意穩，癡心不信粤疆危。也知滇帥空邀餉，却恨焦侯遠駐師。聞有七人同日死，張巡以外定爲誰？　林生夜夢巨舟沉，獨有□郎□未侵。幕下幾人能脱網？危時早計豈成擒？可憐供帳盤餐却，猶許纍囚倡和吟。司馬奮髯公擊節，從容激烈兩公心。　仙翁授記有玄機，爲説扶公返舊扉。共信錦衣思結伴，詎知馬革是榮歸？慈孫收血奔難到，愛子趨庭志已違。傳説吴江楊義士，竊攜骸骨出重圍。　天隅文物仗公存，多士從龍半在門。疏拙無因頻荷薦，聖明不□亦銜恩。特乘休沐趨承幕，爲獻新詩賞直言。公生日，予詩有「秋成勿使催科擾，願聽農歌一舉觴。」公吟之流涕。回憶虞山高宴夜，桂華明月最傷魂。　負郭秋燈聚草堂，江頭送別色凄涼。申胥復楚功難就，張悌捐軀志竟償。報國正宜留熱血，完名何苦殉危疆？天涯屈指奇男子，憶爾雄姿淚幾行。　下筆人驚倚馬奇，逢君酒後語何悲？雄文不草收京檄，絶命空傳駡虜詩。七日忍飢還唱和，九原有伴足追隨。尊前怪爾鬚髯戟，長似睢陽嚼齒時。　榕江大帥已全奔，堅卧要誰駐壁門？好養健兒曾吮血，更無弱息與招魂。老妻淺土何人葬，遺稿烽中幾册存？敢信江陵還不犯，荆州或有相公孫。　並馬江頭向碧岑，星岩龍隱日追尋。看君摇筆鬚眉□，把我新詩泣涕吟。難裏尚隨門下吏，篋中長寶故人簪。同時屬和張瞿句，佳韻拈來痛不任。

再遣使南去，訪上所在，去者皆不返。已聞上在南寧，諸從駕相失者先後漸集。李元胤自肇慶失守，單騎入見，方擬間道奔赴，而孫可望遣兵入衛，相傳有張護軍者甫至，即上山陰相公舟，問：「滇封畢竟是秦，非秦？」公曰：「君遠來迎駕，迎駕功甚大，朝廷自有特恩。若專來問此，是挾封也！」與張辨，色甚厲。張不逞，公遂赴水死。死一夜，有負公屍出諸岸。

予遥哭以詩：亂日風聞疑至今，蠻江果見大星沈。青天已畢捐軀志，白日空懸報主心。多難相依臣節苦，異時不去聖恩深。中興未奏公先死，淚洒天南聽捷音。　共羡吾師遇主知，五年車駕鎮先隨。邊書忽到催朝急，密旨偏承下直遲。血碧人間千載恨，魂潛淵底原作「挂催天外」，疑訛。幾重悲。乘輿此日蠻荒外，左右顛危更仗誰？　曾爲三策籌滇事，綸閣傳看亦動容。廷議只知争祖制，帝心原自慎藩封。圖紓國難身先隕，爲荷君恩禍獨鍾。門下有人同日死，九原含笑得相從。聞給事吴霖同死。　制科忝出陸公門，同是門生獨荷恩。規誨每蒙傾耳納，詢謀偏許縱情論。受知不淺常躋閣，相見無時特諭閽。何事違師苦求去？只今西望漫傷魂。

行在大亂，予遂止。又聞陳邦傅以計殺焦璉於武靖州，函其首至梧，乞降於馬蛟麟，盡獻潯、南之地。蛟麟傳送邦傅及其子陳曾禹入桂林。予遂去梧東下，中道被掠，幾不免。復回梧州，晤方曼公，始備悉桂林事。值同鄉彭爌爲蒼梧道，資其行，乃剃髮度嶺以歸。

至閩界，聞曾二雲相國殉節海上，哭以詩：兇問初傳暗裏驚，閩關趼足爲誰行？踏穿嶺表三山近，望到天涯一柱傾。滄海未能容信國，白頭畢竟喪真卿。同時義士失聲泣，不爲門牆獨慘情。　冰蘖清風海内望，至今遺愛泣閩鄉。身棲絶島思存宋，夢入先朝只輔唐。閭里自來臣節著，家門都爲國恩亡。相隨惟有雛孫在，此日巢傾孰與藏？　有客乘風自夏門，靈光孤殿巋然存。閩權海上推元老，封事天南慰至尊。蠟詔未叨明主賜，府綸猶出上皇恩。新銜誰印隨頒給，曾慰孤臣萬里魂。　昔歲謬叨漳浦

薦，主恩特詔試天官。書生不以先容進，國士偏承破格看。一命濫參延郡幕，三年竊戴侍臣冠。同朝知己捐軀盡，每念師恩淚不乾。

自此之後，上駕日南，音問阻隔，傳聞多不實，自有從行諸臣日紀。予所知者，止此矣。予自戊子十月到肇慶，爲永曆二年。以前事，皆得諸劉湘客之日紀。己丑、庚寅，忝列班行，或得諸目擊，或得諸章奏，或得諸從戎士大夫之口，較他野史爲稍確也。

《聖安本紀》

清顧炎武撰

聖安皇帝，神宗顯皇帝第二子福恭王之長子，諱由崧，母曰某氏。初封德昌王，進封世子。崇禎十四年正月，李自成陷河南府，恭王薨，世子出走懷慶；十六年七月，嗣封福王。

十七年三月，京師失守；四月己巳，烈皇帝凶問至南京。其時，南京參贊機務兵部尚書史可法督師勤王在浦口。南京諸大臣聞變，倉卒議立君，未有所屬；而王與潞王以避賊至淮上，大臣意多在潞王。總督鳳陽兵部右侍郎兼都察院左僉都御史馬士英遺書南京，言福王神宗之孫，序當立。甲申，守備南京魏國公徐弘基、提督操江誠意伯劉孔昭等，南京户部尚書高弘圖、工部尚書程註、都察院右都御史張慎言、掌翰林院事詹事府詹事兼侍讀學士姜曰廣等，南京守備掌南司禮監務太監韓贊周等集朝内，兵部右侍郎吕大器署禮、兵二部印，不肯下筆，吏科給事中李沾厲聲言：「今日有異議者死之！」時士英握兵於外，與大將靖南伯黄得功、總兵官劉澤清、劉良佐、高傑等相結；諸大將連兵駐江北，勢甚張，大臣畏之，不敢違。於是以福王告廟。

乙酉，弘基等迎王於江浦。丙戌，王舟次燕子磯。丁亥，百官迎見於龍江關。王素衣角帶哭。五月戊子朔，王乘馬自三山門外至孝陵。從臣請自東門御路入，王遜避，自西門入。至饗殿拜謁畢，次謁懿文太子陵。自朝陽門入東華門，步行謁奉先殿；出西華門，駐蹕於内守備府。

己丑，群臣勸進，王辭讓；遵景帝故事，以福王監國。是日，清墨勒根入北京。

庚寅，王行告天禮，升殿，百官行四拜禮。魏國公徐弘基跪進監國之寶，王受訖，再行四拜禮，乃退。大赦天下，其新加練餉及十二年以後一切雜派並各項錢糧、十四年以前實欠在民者，悉免之。以張慎言爲吏部尚書。壬辰，以史可法爲東閣大學士兼兵部尚書，高弘圖爲東閣大學士兼禮部尚書，並入閣辦事；馬士英爲東閣大學士兼兵部尚書、都察院右都御史，仍總督鳳陽等處地方軍務（時朝廷草創，大僚無通曉故事者，以學士兼尚書，非制也）。發銀一萬兩，遣職方司郎中萬元吉往犒得功等軍。以張應元充總兵官，鎮守承天等處地方。癸巳，爲大行皇帝舉哀哭臨。甲午，以姜曰廣爲東閣大學士兼禮部尚書，前禮部尚書王鐸爲東閣大學士，並入閣辦事。曰廣辭，改禮部左侍郎入直。以工部左侍郎周堪賡爲户部尚書。乙未，召前都察院左都御史劉宗周復官。遣御史祁彪佳等安撫江南、北等處地方。

可法請分江北爲四鎮，以黄得功、劉澤清、劉良佐、高傑四人分統之。傑駐徐州，轄徐州及鳳陽之懷遠、五河、虹、泗州、盱眙、宿州、靈璧、蒙城、亳州十四州縣，經理河北、河南開、歸等處招討事；良佐駐壽州，轄鳳陽之鳳陽、臨淮、定遠、壽州、霍丘、潁州、潁上、太和、廬州之六安州九州縣，經理河南陳、許等處招討事；澤清駐淮安，轄十一州縣，經理山東等處招討事；得功駐廬州，轄廬州之合淝、巢、無爲州、滁、和二州、應天之江浦、六合十州縣，經理各路援勦事：一切軍民皆聽統轄，州縣有司皆聽節制，營衛原本舊兵皆聽歸併整理，荒蕪田土皆聽開墾，山澤有利皆聽開採。仍許各於境内招商收税，以供軍前買馬置器之用。每鎮額定三萬人，歲供本色米二十萬、折色銀四十萬。其體統照山海經理鎮、各處提督鎮行事。所收中原城池，即歸統轄；寰宇恢復，爵爲上公，與開國元勳同准世襲。其鳳陽舊有總兵官應罷，改副將一員。又言操江舊兵單弱，請添設九江、京口兩鎮，以操江、總督文臣協理。並從之。而得功等方各擁兵争江北諸郡；傑圍揚州，縱兵大掠，且欲渡江而南。可法乃奏設督師於揚州，節制諸將。

馬士英以麾下兵至江干，上疏勸進。丙甲，召士英入京。戊戌，群臣勸進至再三箋，王乃許之。

己亥，可法自請督師江北，詔以便宜行事，各鎮並聽節制。撫寧侯朱國弼請裁漕鎮，從之。召兵部尚書張國維以原官回部，佐理戎政。召前刑部尚書徐石麒爲都察院右都御史。以□□□□鄭鴻逵爲後軍都督府署都督僉事，充總兵官，鎮守九江等處地方；□□□□黄蜚以原官鎮守京口等處地方。以韓贊周爲司禮監秉筆太監。

壬寅，王即皇帝位，大赦天下，以明年爲弘光元年。在京文武各官普加一級，無級可加者進勳階一級，並給新銜誥命。在外督撫監司守令，並依見任官銜給與誥命。在籍閣臣及六部堂上官，年六十以上者存問，其遣配及閒住者並復原官。三品以下先行釋罪，分别酌用。其北直隸、山東、河南、山西、陝西、遼東等處文武官生義不從賊在南者，文官察明起用，生員赴禮部報名取印結寄應天府學考試；武官指揮千百户等赴兵部察驗，附在京各衛寄俸。弘光元年糧免十

分之一；北直隸、山西、陝西全免五年，山東、河南全免三年，江北、湖廣免十分之五，四川免十分之三。以盧九德爲司禮監秉筆太監，提督京營。癸卯，以馬士英掌兵部事，仍入閣辦事；以禮部右侍郎顧錫疇爲禮部尚書兼翰林院侍讀學士。分應天、蘇松爲二巡撫。以太常寺少卿左懋第爲都察院右僉都御史，巡撫應、安、徽、寧、池、太、廣德等處地方，提督軍務兼理糧儲。甲辰，以忻城伯趙之龍總督京營戎政。以前都察院右僉都御史田仰巡撫淮、揚等處地方，提督軍務兼理海防。進封黄得功爲靖南侯、左良玉爲寧南侯，仍各廕一子錦衣衛千户世襲；封高傑爲興平伯、劉澤清爲東平伯、劉良佐爲廣昌伯。加馬士英太子太保，廕一子錦衣衛指揮僉事世襲。乙巳，以大理寺左寺丞祁彪佳爲都察院右僉都御史，巡撫蘇、松等處地方，總督糧儲，提督軍務。禁北來逃官不許入京。丁未，可法出京督師，給銀二十萬兩。密諭參將王之綱等迎母妃於江北郭家寨。

李自成遣僞制將軍董學禮等率兵南下，至宿遷；己酉，總督漕運巡撫鳳陽等處地方都察院右僉都御史路振飛遣兵擊敗之，擒其僞防禦使武愫。

張慎言薦前東閣大學士遣戍吴甡，命召之。庚戌朝，劉孔昭廷訐慎言薦誤國罪臣，且定策時有二心，聲色俱厲。御史王孫蕃等亦劾孔昭，交争於上前。上諭之，乃退。明日，孔昭具疏論劾，慎言乞罷，上兩解之。弘圖、曰廣各上疏乞罷，不許。以萬元吉爲太僕寺少卿，監江北軍。命御史周一敬護送潞王於杭州居住。設勇衛營，以御馬監太監李國輔監督。

壬子，進魏國公徐弘基、南和伯方一元、誠意伯劉孔昭、撫寧侯朱國弼、安遠侯柳祚昌、靈璧侯湯國祚、東寧伯焦夢熊、成安伯郭祚永各官銜二級，歲加禄米五十石；弘基仍進左柱國。賜韓贊周廕弟姪二人、盧九德一人錦衣衛指揮僉事世襲，仍賜蟒衣及銀。癸丑，可法奏先帝已封劉澤清伯爵，命加廕一子錦衣衛正千户世襲。甲寅，遣督師大學士史可法祭告祖陵、皇陵，寧南侯左良玉祭告顯陵。

先是，賊陷京師，定遠總兵官平西伯吴三桂降於清，引之入關，大敗自成於一片石，自成走西安；清乃僞稱太子，與三桂合軍入京。及至，則清九王也，遂據京師，爲先帝發喪，傳檄河北、山東皆下之。而道路相傳以爲三桂借兵克復，又言巡撫遼東都察院右副都御史黎玉田與三桂合謀。德州生員謝陛殺賊所署僞防禦使吴徵文，奉香河知縣宗室帥欽爲濟王，率士民城守；而傳以爲前東閣大學士謝陞及前御史盧世漼，於是可法以聞。己卯，封三桂薊國公世襲，命發銀五萬兩、漕米十萬石饋之。

太常寺少卿李沾劾吏部左侍郎呂大器定策時懷二心。上曰：「朕遭時不造，痛深君父，何心大寶？直以宗社攸關，勉承重任。當日効忠定策諸臣，朕已鑒知，餘不必深求。」大器乞罷，不許。

六月庚申，以福府千户常應儁爲中軍都督府左都督。壬戌，上大行皇帝謚曰「紹天繹道、剛明恪儉、揆文奮武、敦仁懋孝烈皇帝」，廟號「思宗」；大行皇后謚曰「孝節貞肅、淵恭莊毅、奉天靖聖烈皇后」（「思」字，大學士弘圖所擬也）。以都督同知楊振宗充總兵官，鎮守安慶。癸亥，以右軍都督府都督僉事趙光遠爲都督同知，充總兵官，提督四川、陝西軍務。光遠時鎮守漢中，命未至，已降於賊。甲子，工部尚書程註致仕。丙寅，吏部尚書張慎言致仕。

士英薦前光禄寺卿阮大鋮可任樞貳，予冠帶召見。户科左給事中羅萬象、御史詹兆恒、王孫蕃、陳良弼、應天府丞郭維經等交章言大鋮以逆案發配，不宜召；弘圖請下九卿議，與士英不合，各疏求去，不許。呂大器遂劾士英以入朝爲名，横據國中，縱兵刼掠，賣官鬻爵諸罪。御史黄澍入對，廷劾士英。司禮監太監何志孔助澍言之，上怒。士英更爲志孔請，得不死。

先是，張獻忠自楚入蜀，己巳，陷涪州。

壬申，士英劾從逆諸臣光時亨、龔鼎孳、陳名夏、項煜、周鍾等。

先是，周王薨於淮安舟中，命於安吉、孝豐擇地卜葬。

丙子，劉澤清劾呂大器前巡撫甘肅，以私忿殺總兵官柴時華及受賄事。大器連疏引疾，致仕。

朝議遣大臣北行使清，訪先帝梓宫並賫敕與吴三桂。而士英言有職方司員外馬紹愉者，曾爲陳新甲使清，昔之下策，今之上策也。澤清、傑並舉前總兵官太子少師左都督陳洪範，召見，以陳洪範提督下江定海水師，駐瓜洲。會左懋第以母喪在山東，請北行，遂定使清之議。

丁丑，張獻忠陷重慶府，瑞王遇害。

戊寅，封常應儁襄衛伯，食禄米一千石，世襲。劉宗周在籍自稱「草莽孤臣」，上疏請上親征，又言四鎮不宜封，有旨宣付史館。而宗周復連疏言中外諸臣皆可誅，於是四鎮皆怒。己卯，忻城伯趙之龍論先帝廟號「思宗」爲下謚，弘圖疏辨，上是之。

辛巳，以徐石麒爲吏部尚書，工部左侍郎何應瑞爲工部尚書。以巡按淮揚

御史王燮爲都察院右僉都御史，贊理軍務，巡撫山東。壬午，以江西按察司副使程世昌爲都察院右僉都御史，巡撫應天等處地方。加謝陞上柱國、少師兼太子太師，禮部尚書，黎玉田兵部尚書，盧世㴶工部右侍郎，俱充山陵使。王燮奏皇太子、定王、永王俱遇害。是日，督師標下總兵官于永綬等兵及浙兵鬨於鎮江西門，焚居民數百家。

癸未，顧錫疇奏奪故少師兼中極殿大學士温體仁謚。甲申，以□□□□□邱磊充總兵官，鎮守山東。大學士高弘圖等奏北使事宜：一、於天壽山特立園陵，厝先帝梓宫並太子、二王神櫬；一、割山海關外地與清；一、歲幣以十萬爲率；一、清已僭號，勢成敵國，或稱可汗，或稱金國主，前代多有之，乞下廷臣集議；一、洪範給銀三萬兩，爲山陵及道里諸費。

秋七月丙戌朔，命魯王於台州府居住。添設兵部侍郎二員。加張慎言、程註太子太保。

戊子，追尊皇考福恭王曰「貞純肅哲、聖敬仁毅恭皇帝」，皇妣某氏曰「孝誠端惠、慈順貞穆皇太后」，皇祖妣貴妃鄭氏曰「孝寧温穆、莊惠慈懿、憲天裕聖太皇太后」（皇太后、太皇太后，生稱也；没而加之，非名也）。遥上母太妃鄒氏尊號曰「恪貞仁壽皇太后」。謚先妃黄氏曰「孝哲懿莊、温貞仁靖皇后」，繼妃李氏曰「孝義端仁、肅明貞潔皇后」。追復懿文皇太子廟謚曰「興宗孝康皇帝」，懿敬皇太子妃常氏曰「孝康皇后」。上建文帝謚曰「嗣天章道、誠懿淵恭、覲文揚武、克純（一作仁）篤孝讓皇帝」，廟號「惠宗」；建文帝后馬氏曰「孝愍温貞、哲睿肅烈、襄天弼聖讓皇后」。追遵恭仁康定景皇帝謚曰「符天建道、恭仁康定、隆文布武、顯德崇孝景皇帝」，廟號「代宗」；貞惠安和景皇后汪氏曰「孝淵肅懿、貞惠安和、輔天恭聖景皇后」。

庚寅，以左懋第爲兵部右侍郎兼都察院右僉都御史，經理河北、聯絡關東軍務；馬紹愉爲太僕寺少卿，兼兵部職方司郎中；加陳洪範太子太傅：往北京。癸巳，以巡按四川御史劉之勃爲都察院右僉都御史，巡撫四川。罷貴州總督，以前屯田道參議范鑛爲都察院右僉都御史，巡撫貴州。命田仰仍總漕務，專管江北漕額，並催江北各標應給漕米。甲午，以前兵部尚書丁啓睿安撫河南，賜□□□□李際遇、劉洪起各總兵官敕。乙未，依北京更定營制爲五軍、神機三大營，各一營至十營，以團練總兵官六人分統之。庚子，萬壽節。癸卯，命禮部尚書顧錫疇祀海。甲辰，追賜故潁國公傅友德、宋國公馮勝謚。乙巳，李自成遺兵至保寧府，降之。庚戌，中旨以吏部右侍郎張有譽爲户部尚書，弘圖封還争之，不聽。辛亥，釋高牆罪宗唐王聿鍵等三百餘人。

壬子，諭曰：「朕遭九六之運，車書間阻，方資群策，旋軫故都；乃文武之交争，致異同之日甚。先皇帝神資獨斷，稟納衆流；天不降康，咎豈在上？爾諸臣尚鑒於前車，精白乃心，匡復王室。若水火不化，戈矛轉興，天下事不堪再壞，且視朕爲何如主！祖宗成憲，弗尚姑息，各宜欽承朕言！」不再改正閣銜，以尚書兼大學士。萬元吉奏有清平西王吴三桂牌至濟寧州，稱奉大清攝政王旨，兵將南侵。執政謂款使已行，不以爲意。

八月丙辰朔，日食。

戊午，罷偏沅巡撫，以前都察院右僉都御史楊鶚爲兵部右侍郎兼都察院右僉都御史，總督四川、湖廣、雲南、貴州、廣西軍務兼理糧餉。辛酉，加可法少保兼太子太保，進武英殿大學士，廕一子錦衣衛指揮僉事世襲；弘圖太子少保，進文淵閣大學士；曰廣太子少保，進文淵閣大學士；士英太子太師，進武英殿大學士；鐸太子少保，進文淵閣大學士，改户部尚書：各廕一子中書舍人。以刑部左侍郎賀世壽爲户部尚書兼都察院右副都御史，總督倉場；以前薊遼總督丁魁楚爲兵部右侍郎兼都察院右僉都御史，總督河南、湖廣軍務，巡撫承德、襄陽等處地方兼理糧餉。癸亥，贈傅友德特進光禄大夫、左柱國、麗江王，馮勝特進光禄大夫、左柱國、寧陵王：祀功臣廟。敕左良玉充提督官，開藩武昌。

甲子，張獻忠陷成都府，蜀王遇害。

戊辰，皇太后自儀鳳門入宫，遣靈璧侯湯國祚告於南郊。命惠王於廣信府居住。壬申，以前寧夏巡撫樊一蘅爲兵部右侍郎兼都察院右僉都御史，總督川、陝等處恢剿軍務兼理糧餉；前□□按察司僉事充爲事官越其杰爲都察院右僉都御史，巡撫河南兼轄潁、亳二州，提督軍務。

傑、澤清、良佐各疏劾劉宗周激變軍情，動摇聖駕；又與得功合疏言群臣謀危社稷，指大學士姜曰廣。會有建安王府鎮國中尉朱統𨰻候考吏部，因奏曰廣定策時有異謀，並劾前山東按察司僉事雷縯祚、儀制司員外周鑣結黨亂政，下縯祚等獄。於是吏科右給事中熊汝霖劾統𨰻誣詆大臣，通政使劉士禎、禮科給事中袁彭年劾統𨰻違制越奏，請究問，不聽，曰廣求去益力。

癸酉，命修西宫之西花園第一所爲皇太后宫。丁丑，贈吴三桂父故□□總兵官吴襄遼國公、母祖氏遼國夫人。戊寅，以前總督薊遼軍務爲事官王永吉戴

重罪總督山東、河北等處軍務。庚辰，命選淑女。辛巳，賜北京死節諸臣工部尚書兼東閣大學士范景文等二十二人贈謚、祭葬有差；建祠雞鳴山，賜額「旌忠」。癸未，封□□□□□鄭芝龍爲南安伯。以前福建布政使司左布政使申紹芳爲户部右侍郎兼都察院右僉都御史，督餉江北。以前太子太保禮部尚書兼文淵閣大學士王應熊改兵部尚書，總督川、湖、雲、貴等處，專辦蜀寇；賜尚方劍一口、便宜行事，仍給銀三萬兩。乙酉，以皇太后至京，加可法少傅兼太子太傅，弘圖、曰廣各太子太保，士英少保兼太子太師，鐸太子少保，誠意伯劉孔昭等、太監韓贊周等各廕陞有差。阮大鋮入對稱旨，疏陳江防甚悉，安遠侯柳祚昌復薦之，以爲兵部右侍郎，巡閱江務。都察院左都御史劉宗周劾奏，不聽。

自李自成敗走，山東諸州縣並殺其僞防禦使，牧令復爲明；而朝廷無一官一兵出河北，清遂安置官屬，至濟、兗以南皆降於清，惟濟寧州不下。是月，清將楊方興以兵數千趨濟寧，下之。

九月戊子，封皇太后弟千户鄒存義爲大興伯。庚寅，以都督僉事張福成充總兵官，前往河北、山東。辛卯，上御經筵。壬辰，裁各布政使司右布政使。甲午，曰廣致仕。乙未，宗周致仕。命黄斌卿移屯九江，黄蜚屯蕪湖、采石，鄭鴻逵屯鎮江。丁酉，以中軍都督府都督同知王之綱充總兵官挂盪寇將軍印，鎮守河南。

己亥，三法司奏定從逆六等條例。大逆淩遲處死凡五條：凡從賊攻陷京師及爲賊毀宗社、易門榜者，凡倡率勸進及爲賊草僞詔者，凡部院詹事翰林三品以上大臣從賊受官爲之親信用事者，凡文武封疆大吏如督撫總兵降賊者，凡京堂翰林科道部等官爲賊畫策規取地方者。以上如本犯不歸、歸而又逃者，收繫其妻子，籍没其資産。斬決不待時凡三條：凡四五品京堂及翰林科道官受賊僞命居要地比原職加崇者，凡方面分巡分守知府等官降賊者，凡文武封疆大吏聞變先逃者。絞凡六條：凡獻銀獻女獻婢以媚賊求免者，凡内外衙門官但受僞命者，凡職在巡方遇變而逃者及布按三司分巡分守知府等官遇變逃者，凡被賊夾打不能自回仍受僞官者，凡受僞官爲賊疏遠者，凡各衙門奉差如管屯管河榷關司餉等官雖無封疆之責而逃者。流凡二條：凡内閣重臣及部院寺三品以上、詹事翰林五品以上，即不從賊、偷生潛逃者，凡既受僞職、後自疏遠、先賊未敗、脱身南還者。以上斬、絞、流及遠戍共十一則，如各犯認非自投，議減本罪一等；如遁歸匿形、蓄謀叵測，議於本罪加一等，仍收繫其親屬。徒凡二條：凡候考候選即無官守、即未受僞官、乃浮沉賊中、賊奔乃還者，凡遇賊變偶不逃、爲賊脅留、未受僞官者。杖凡一條：凡初爲賊所拘、未受僞官、乘間先歸者。上曰：「北都淪喪，帝后升遐，巷戰死綏者，遂無一人？且反面事仇，甘心降賊，爲之指斥先帝、規并海宇，人心已喪，法紀何存！所奏既已會議允當，並先奪職。其絞罪以上，三法司行撫按官逮至京訊之；流罪以下，撫按官依律即訊具奏。其有身雖陷賊而能改圖歸正、擒殺賊首及以兵馬城池來歸，或爲我内應、克建大功，或爲我内間、効忠本朝者，仍從優陞賞，不用此例。」

辛丑，以通政司右參議王燾爲都察院右僉都御史，巡撫登萊、東江等處，備兵援遼，恢復金、復、海、蓋，贊理軍務兼管糧餉。以□□□□牟文綬充總兵官，鎮守荆州，總理漢土官兵。時荆州未復，命文綬自施州衛收集土兵，出夔州以圖之。癸卯，以後軍都督府都督王允成充署總兵官，鎮守岳州。士英請定童生納銀徑送學道收考，免府縣二試，其銀以充兵部招練軍器之用，從之。乙巳，給越其杰銀十五萬兩，令募兵屯田。追賜國初諸臣陶安等、先朝諫死諸臣蔣欽等謚。丙午，召萬元吉還。以右軍都督府左都督杜弘域提督池、太等處軍務。丁未，上皇考陵名曰熙陵。己酉，進封朱國弼爲保國公，爵一等。辛亥，加李沾都察院左都御史。命法司逮問吕大器。以中軍都督府右都督盧鼎充總兵官，武漢團練正紀寧南營務。開納助工事例。癸丑，命刑部逮問黄澍。

是月，高傑率兵赴鎮。户科給事中陸朗例出爲福建□□□□□，特旨留之。御史黄耳鼎例出爲江西按察司副使，與朗並疏攻吏部尚書徐石麒。

冬十月乙卯朔，石麒致仕，耳鼎復爲御史。以中軍都督府左都督李成棟充總兵官挂鎮徐將軍印，鎮守徐州；□□□□□李世春充總兵官，鎮守泗州；□□□□□賀允昌爲中軍都督府都督僉事充總兵官，鎮守揚州。併巡上下江御史爲一差。故周延儒子奕封乞免追贓。時有舉人汪庶者與延儒弟舉人正儀姻連，中旨欲移坐之而不許其名，以爲曙也，遂坐曙贓六萬，而免奕封所坐六萬之半。丙辰，以鄭芝龍充總兵官，鎮守福建。以黔省援楚副將羅聯芳爲前軍都督府都督僉事充總兵官，鎮守貴州。己未，以逃官前兵部尚書張縉彦戴罪總督北直隸、山西、河南北軍務，便宜行事。庚申，大學士高弘圖致仕。遣司禮監太監孫元德察催直隸、浙江、福建金花歲改段價、九庫一應錢糧，仍督兩浙漕糧、鹽課、洋稅並一切修練儲備事宜。甲子，加何騰蛟兵部右侍郎兼都察院右僉都御史，仍巡撫湖廣全屬地方。賜北京死節太監王承恩等九人贈謚、祭葬、廕有差。

丙寅，命於杭州選淑女。旨下，有校尉人役突入民家搜索，女子有投水自盡者，巡視京城御史朱國昌等以聞。及選入，又不稱旨。上怒，命各城推户舉首，隱匿者罪及地方鄰右，各官重處；而或言天下美女及妝飾精妙，無過蘇、杭，於是訪求之使四出矣。

壬申，中旨以吏部右侍郎張捷爲吏部尚書。癸酉，改丁魁楚以原官總督兩廣軍務兼理糧餉，巡撫廣東等處地方。追復代宗生母賢妃吴氏上謚曰「孝翼温惠、淑慎慈仁、匡天錫聖皇太后」，惠宗長子文奎曰「恭愍皇太子」，弟允熥爲「吴悼王」、允熞爲「衡愍王」、允熙爲「徐哀王」。追封惠宗子文圭爲「原懷王」，並附祀孝康陵。復江都、宜春、南平等四郡主爲公主，耿璿、于禮爲駙馬都尉。甲戌，以逃官前左春坊左中允衛允文兼兵科給事中，監興平伯軍。命鄭鴻逵挂鎮海將軍印。乙亥，以江西按察司副使張秉貞爲都察院右僉都御史，巡撫浙江、提督軍務。丙子，命以來年正月上辛合祀天地於南郊。士英請發欽單於各撫按，分給所屬司道府州縣官，凡贖鍰自杖以上俱注單貯庫，解部充餉，其不注單者以贓論，從之。丁丑，以兵部左侍郎解學龍爲刑部尚書，前太僕寺少卿楊維垣爲通政使司通政使。命王永吉且駐河上，擇險要地方暫料理山東、河北戰守事宜，俟陳洪範等還日奏請進止。戊辰，加左良玉太子太傅。壬午，命停今年決囚。以□□監太監孫呈琇爲山東總監，同王潆行事。潆至安東不能前，有旨令駐淮上。賜故巡撫大同都察院右僉都御史衛景瑗等五人贈謚廕。癸未，以前吏科都給事中劉安行爲都察院右僉都御史，提督直隸、浙江沿海開墾屯田市舶魚鹽等税兼理海防軍務；通政使司右參議劉若金爲都察院右僉都御史，提督福建、廣東沿海開墾屯田市舶魚鹽橋税珠池兼理海防軍務。授朱統鑌行人司行人。鑄弘光通寶錢。是月，漳州賊破雲霄城，據之，官兵討之，賊走大埔。

十一月戊子，西宮成，賜名慈禧殿。續封鄧文克爲定遠侯。辛卯，令生員納銀充貢。邱磊在安東，與劉澤清不協，可法奏其有異謀，遣右鎮總兵官柏永馥執之，下淮安獄，自盡。癸巳，命遼王於台州寧海縣居住。乙未夜，端門外火。時山東及豐、沛並入於清，清分兩道，一入宿遷，一破海州。澤清等以聞，請沿河築牆，與王燮等劃地分守，從之。丁酉，祁彪佳予告。庚子，以兵科右給事中李永茂爲都察院右僉都御史，巡撫南、贛等處地方，提督軍務。丁未，以兵部右侍郎張鳳翔爲兵部尚書兼都察院右副都御史，總督直隸、浙江水陸軍務兼理糧餉，巡撫蘇、松等處地方。以浙江按察司副使盧若騰爲都察院右僉都御史，督理江北屯田，巡撫鳳陽等處地方。以江西按察司副使耿廷籙爲太僕寺少卿。調雲南臨安府土官沙定洲兵馬從建昌入川剿賊。庚戌，以中軍都督府左都督許定國充總兵官挂鎮北將軍印，鎮守開封。辛亥，士英請於金山、圌山築城，從之。壬子，復逃官御史蘇京官，駐廟灣聯絡海上。先是，徐州土賊程繼孔擒至京，聞變逃歸，高傑擒斬之，加傑太子少傅，可法太傅，士英太保，鐸太傅。自五月不雨，至於是月。

十二月乙卯朔，命荆王於九江府居住。丁巳，進封劉孔昭爲誠意侯，劉澤清爲東平侯。孔昭辭，許之。禁巡按御史不許拿訪。庚申，賜建文死節諸臣贈謚。辛酉，以何騰蛟總督四川、湖廣、雲南、貴州、廣西等處軍務兼督糧餉，專理恢剿，召楊鶚回部。癸亥，續封徐洪爵爲永康侯。甲子，命程世昌兼督上江漕務。丙寅，改上孝宗后張氏曰「孝成靖肅、莊慈哲懿、扶天贊聖敬皇后」。大閲京軍，命士英代。先是，李自成遣兵攻鄖陽，撫治都察院右僉都御史徐起元、分守監軍□□□□高斗樞、□□□□王光恩等出戰，敗之，固守數月不下，命左良玉率兵救之。戊辰，以斗樞爲都察院右僉都御史，巡撫湖廣。

己巳，陳洪範還奏：「於十月十二日至北京，夷官剛林等語甚誖慢，懋第抗詞不屈。二十九日至河西務，遥祭先帝。十一月四日至滄州，清遣騎追執懋第等去，國書未投。」因言「閣議主於抗節，使臣將命，不敢委曲」。上曰：「國家艱難之際，十餘萬金錢遣使外庭，亦欲得當，并力滅賊，如何閣議止以抗節爲不辱命？我當自强，清之款否，原不足恃！爾文武臣工當益切痛恥，秣馬厲兵，乘時恢復，以申大仇！」洪範又密奏，聞黄得功、劉良佐皆陰與清通，二人疏辨，上曰：「此清中反間，不足信！」命洪範往督師軍前，尋給假去。

楊維垣上疏，追論三朝黨局。上曰：「宵人躁競，不難矯誣君父以逞其私，安知忠孝之道？王之寀等已經大赦，姑不追究。《三朝要典》民間尚有存者，禮部訪求一部，送入史館，以存列聖慈孝之實。」又奏逆案多枉，命吏部察明，分别復職起用。有狂僧大悲至京，自稱齊王，又稱潞王，下錦衣衛訊。

壬申，加士英少師。改命王永吉總督防河鎮將。癸酉，復逃官前左春坊左諭德韓四維官，工科右給事中戴英劾之，改别衙門用。甲戌，遣士英視牲。乙亥，復逃官兵科給事中時敏官，開屯浙江大瞿等山。丁丑，諭吏部自天啓以前詞臣有勞績者，察明贈官，不得與廕。刑部尚書解學龍等奏從賊諸臣獄：宋企郊等十一人凌遲，光時亨等四人斬，秋後處決；陳名夏等七人絞，王孫蕙等十五人

充軍、宋學顯等十人徒、潘同春等八人杖，自絞以下皆聽贖。其在□何瑞徵等二十人俟二三年後定罪，翁元益等二十七人存疑及已用張縉彦等七人、奉旨未用姜荃林等三人、已故吴家周等二人俱不在六等之列。以上諸臣擬罪太輕，命三法司再議。開納文武職官誥命。分防河汛地：王之綱自永城至寧陵，許定國自寧陵以西至蘭陽，劉洪起自祥符至汜水，李際遇專防河南一府，曹友義防邳州以西，張士儀防邳州以東。時清豫王兵自孟津縣渡河，李濟遇迎降，縉彦等並走沈邱，命高傑率兵進屯歸德以備之。戊寅，上御興定宮。是日，傑自徐州進兵。己卯，加徐起元兵部右侍郎、高斗樞都察院右副都御史。辛巳，罷南郊，改於明年冬至；御史沈宸荃諫，不聽。壬午，以應天府丞瞿式耜爲都察院右僉都御史，巡撫廣西；□□□□□馬乾爲都察院右僉都御史，巡撫四川。命張縉彦以總督兼巡撫歸德、開封、河南三府，督諸將防河，恢剿河北潼關等處地方；越其杰巡撫汝寧、南陽、貴州三府，恢剿河南、湖廣等處地方。士英奏請榷酤，從之。癸未，以參將署川東鎮守事務賈登聯爲中軍都督府都督僉事充總兵官，前往四川。

弘光元年春正月乙酉朔，大雪，免百官朝賀。以殿工成，加應熊太子太保，可法太保兼太子太師、進建極殿大學士，士英少師兼太子太師、進中極殿大學士，鐸少保兼太子太保、進武英殿大學士，各賜蟒衣一襲、廕一子尚寶寺丞。以士英掌文淵閣印充首輔辦事。可法辭太保，許之。以吏部左侍郎蔡奕琛爲禮部尚書兼文淵閣大學士，入閣辦事。癸巳，命得功、良佐率兵進屯潁、亳，二人受命不行。許定國陰送款於清。傑至睢州，乙未，定國伏兵享傑於城中，殺之。明日，傑部將攻睢州，定國引兵走考城，圍之，定國走降於清。壬寅，命在京諸臣自陳。保國公朱國弼及御史張孫振劾刑部尚書解學龍賣法庇賊。丙午，奪學龍職。丁未，召前都察院左都御史唐世濟復官。壬子，加衛允文兵部右侍郎，總督興平標下鎮將兵馬，經略開、歸防剿軍務。是月，清入西安府，李自成走襄陽。

二月甲寅朔，命於嘉興、紹興二府選淑女。左良玉薦太僕寺卿王驥可任巡撫。丙辰，以驥爲都察院右副都御史，巡撫湖廣，提督軍務兼理糧儲。命高斗樞回京另用。己未，以阮大鋮爲兵部尚書兼都察院左副都御史，協理部事，仍管巡閲江防事務。以工部左侍郎高倬爲刑部尚書。人有上書言廣信、建寧、衢州之間有雲霧山爲先朝封禁，開之可以助國，命太監李國輔往視之。甲子，謚皇太子曰「獻愍」、定王曰「哀」、永王曰「悼」。乙丑，命於蘇州製造大婚冠服。丁卯，禮部尚書顧錫疇免官。廕方孝孺裔孫樹節爲翰林院五經博士。

高傑妻邢氏有子元爵，尚幼，在揚州。可法請以標下□□□□李本深提督軍馬，與諸裨將分屯梁、宋間。上曰：「興平創立軍府，以忠死事；身肉未寒，兼有嗣子，朕豈忍以其兵馬、信地遽授他人？可令其妻邢氏同元爵照舊統轄。元爵年幼，督師輔臣代爲料理，示朕不忘忠臣至意。李本深仍領前鋒，俟有功優叙。」良佐上書追論傑罪，請別委一人統其衆，不許。又言「本深庸弁，恥與爲伍」。朝廷亦以提督體統尊，難之。已而邢氏上書請以本深爲提督，允文亦具疏如邢氏言，從之，命未下。先是，四鎮之南來也，以揚州富實，各思據之；傑兵先至，揚州人不納，遂圍之。得功引兵至天長，欲争揚州，朝廷遣萬元吉諭之，得功奉詔。可法至揚州，爲傑所要，奏許其家屬居揚州。而得功在廬州，山寨又新破，嘗怏怏不平，聞傑死，又引兵向揚州。士英以聞。上曰：「大臣當先國事而後私仇。黄得功若向揚州，使高營兵將棄信東顧，狡虜躡之而南，誰執其咎？朕於諸藩鎮恩禮有加，諸藩亦當恪守臣節，無得輕舉以誤國家。」可法在徐州安插高兵，聞之馳還。會上遣太監盧九德、高起潛、李應昇諭得功，得功奉詔。李本深等聞得功向揚州，棄信引兵還。上命起潛駐揚州，安撫將士。

乙亥，追封皇弟由榘爲潁王，謚曰「沖」。禮部請朝日，命待南郊禮成行之。丙子，更上先帝廟號曰「毅宗」。封慈燴爲崇王，命於福州府居住。時廷論多及先朝舊事，欲追罪當日建言三案之人並及門户諸人，上優容不許；而科道交章引繩批根，日益深切，群臣多不自安。袁繼咸以總督在九江，疏言《三朝要典》爲先帝所焚之書，不宜存。已而，左良玉亦上疏論之。上曰：「此朕家事，列聖父子兄弟之間，數十年無纖毫閒言。當日諸臣妄興誣搆，卿一細閲，亦當倍增悲憤。但造禍之臣物故幾盡，與見在廷臣功罪無關。朕已悉從寬宥，不必疑猜。」然自黄澍之被收也，倚良玉不至；繼咸爲之請，許回籍聽勘。御史左光先被收，亦奔良玉，與吕大器皆不至。御史袁弘勳劾繼咸庇護三案，繼咸疏辨，上曰：「袁繼咸身任封疆，自有本等職業。賊信方急，當一心料理軍務，不得借題尋釁。」然自是失職之臣，駸駸有挾藩鎮以抗朝廷之意矣。兵部職方司主事彭遇颸召對，中旨改御史，巡按浙江，以家丁數百人行，至杭州不戢，杭人蹋署門逐之，改巡按淮陽。

己卯，續封張承志惠安伯。禮部右侍郎管紹寧署部印，失之，士英爲之請，盡易南京各衙門印，去「南京」二字。

癸未，大悲棄市。鴻臚寺少卿高夢箕奏，先帝皇太子自北來，今往杭州，上

遣內臣蹤跡，至錢塘江上得之。三月甲申朔，至京都。人傳言太子至，人人色喜；又言上未有子，且以爲子：京城內外，一日中告語幾徧。太子在興善寺中，發勇衛營兵五百人守之。夜五鼓，傳上旨，移太子至錦衣衛掌衛事後軍都督府都督同知馮可宗邸舍。乙酉，上御武英殿，命府部九卿科道官及左春坊左中允劉正宗、右春坊右中允李景廉、前詹事府少詹事方拱乾等審視（正宗等皆前東宮講官）。於是百官公服，獨拱乾有罪，便服趨上。太子曰：「方先生。」及問正宗等，皆不識。又問講書何地？講何書？習何字？答多不符。兵科給事中戴英進曰：「先帝十六年冬御中左門親鞫吳昌時，太子侍旁，憶之乎？」不對。群臣環詰之，遂供出姓名王之明，爲故駙馬都尉王昺之姪孫，曾侍衛東宮，家破南奔，遇夢箕家丁穆虎聲，乃詐稱太子，拱乾則於侍衛日識之也。奏上。丙戌，下之明中城兵馬司獄。以禮部尚書兼翰林院學士錢謙益掌部事。丁亥，復故少師兼中極殿大學士溫體仁謚。戊子，命司禮監隨堂內官監太監喬尚總監兩淮鹽課，嚴察兵馬糧餉。命督師大學士應熊兼制雲南、貴州、湖廣、廣西、鄖陽、偏沅各督撫。應熊劾馬乾淫掠不法，奪官下督撫逮訊。壬辰，命百官會審王之明於午門外。河南有婦人童氏，自稱上藩邸時元妃，巡按御史陳潛夫信之，具儀從送至京，上大怒，下童氏錦衣衛獄，並逮潛夫至京訊之。以耿廷籙爲都察院右僉都御史，巡撫四川，提督軍務兼理糧餉。癸巳，遙祭諸陵。戊戌，以黃斌卿充總兵官挂征蠻將軍印，鎮守廣西。三法司以王之明獄上，上曰：「此必姦人密謀授意，圖爲不軌，非高夢箕一人可辦。法司其嚴行究訊兩月以來往來踪跡及主使之人。」於是人情益懼。民間流言，指馬士英、王鐸共謀戕害太子。黃得功上疏言：「先帝之子即皇上之子，真僞未辨，乞多方保留。若驟處死，即果詐僞，天下必以爲真東宮矣。」上乃命養之獄中，勿遽加刑，俟布告天下，愚夫愚婦皆已明白，然後申法。而劉良佐上疏，並言太子、童氏二事，謂上爲群臣所欺，將使天倫絶滅。上曰：「朕元妃黃氏，先朝册封，不幸夭逝。繼妃李氏，又已殉難。登極之初，即追封后號，詔示海內。卿爲大臣，豈不聞知？童氏不知何處妖婦，詐冒朕妃。朕初爲郡王，有何東、西二宮？據供是邵陵王宮人，尚未悉真僞。主之明是駙馬王昺之姪孫，避難南來，高夢箕家丁穆虎聲令冒認東宮，正在嚴究。若果真實，朕於夫妻伯姪之間，豈無天性？況宮媵相從患難者頗多。朕於先帝無纖介之嫌，因宗社無主，不得已從群臣之請，勉承重寄，豈有利天下之心，忍加毒害於其血脈？至於舉朝文武，無非先帝舊臣，寧不如卿，肯昧本心，害其元子？朕夫妻之情，又豈群臣所能欺蔽？但太祖之天潢、先帝之遺體，不可以異姓頑童淆亂宗祏；宮闈風化所關，豈容妖婦闌入？國有大綱，法有常刑，卿不得妄聽妖訛，猥生疑義。」因命法司先將二案審明情節傳示中外，以釋群疑。然而流言日甚。

己亥，上懿安皇后謚曰「孝哀慈靖、恭惠溫貞、偕天協聖悊皇后」，更上皇考謚曰「孝皇帝」。壬寅，先帝忌日，上於宮中舉哀，百官於太平門外設壇遙祭。甲辰，封□□□□□黃九鼎爲雒中伯。己巳，以殿工成，加可法太師，士英太保，鐸少保，弘圖、曰廣各太子太傅。李際遇、許定國既降於清，清盡得河南開封之地，引兵南下，王之綱走宿州。是日，清陷歸德府，巡按御史凌駉死之。丙午，罷安慶巡撫。以兵部右侍郎朱大典爲兵部尚書兼都察院右副都御史，提督廣昌、靖南、池皖等鎮軍務，巡撫應天、安慶等處地方，總理糧儲兼督上江漕糧。丁未，命後軍都督府右都督總兵官方國安挂鎮南將軍印，駐防池口。己酉，以光祿寺少卿錢繼登爲都察院右僉都御史，總理兩淮鹽法兼理江防軍務。贈高傑太子太保，廕一子錦衣衛百戶世襲。

左良玉在先帝時已擁兵跋扈，及上即位，數上書侵撓朝政。聞有太子事，具疏言大臣蔽主，危害皇儲。時良玉且病，其子挂平賊將軍印總兵官中軍都督府右都督夢庚性凶狡，一時失職諸臣在軍中者，又爲《春秋》「與趙鞅」之說以贊成之，遂舉兵反，以奉太子密旨誅姦臣馬士英爲名。壬子，加李本深太子太保、□軍都督府左都督，提督興平標下兵馬。

夏四月丙辰，良玉陷九江府。丁巳，追卹三案諸臣劉廷元等二十人並復原官，仍各贈廕有差。良玉兵自九江而下，所至焚掠，乙未，陷東流。京師戒嚴，以公侯分守長安等門及都城十三門，徵靖南、廣昌、東平三鎮兵入衛，命可法至江北調度，命阮大鋮率兵巡防上江。上諭三法司：「附逆一案，日久不結，殊非法紀。朕新政之初，姑從寬貸。光時亨力阻南遷，致先帝蒙難；周鍾以詞臣降賊，乘馬不下梓宮；武愫爲賊僞官任事：三人即便會官處決。其餘擬斬者發雲南金齒等衛永遠充軍，擬絞者發廣西地面充軍終身，責令地方撫按官拘解。軍罪以下，並宥爲民，永不叙用。周鑣、雷縯祚結黨亂政，招引外兵，圖爲不軌，於獄中勒令自盡。此外當日有挾持異議者，都與大赦。朕爲天子，豈計匹夫夙嫌？並案內曾得罪皇祖妣、皇考者俱勿問。文武諸臣不許再提往事，屢汙奏章，違者治罪。」是日戮時亨、鍾、愫於市，鑣、縯祚自盡。以光祿寺卿祁逢吉爲兵部右侍郎兼都察院右僉都御史，總督倉場。續封劉允杜爲寧晉伯。庚申，續封張國材

爲安鄉伯。是日，良玉陷安慶府。

初，興平所將皆秦人，於四鎮中最强，朝廷以衛地委之。自李本深等引兵還，□自大梁以南，如入無人之境，而提督之命久不下，將士無固志，因留揚州不進。於是清自歸德分兩道，一趨亳州，一趨碭山、徐州。李成棟奔揚州。壬戌，封常澄爲襄王，命於汀州府居住。是日，都督黄斌卿等與良玉兵戰於銅陵之灰河，敗之。明日復戰，沉其船三十艘，上命賫銀幣至軍中勞諸將。是時勤王之兵四集，軍勢稍振。良玉尋死於九江。然淮南單弱，清自此益進而南，事不可爲矣。己丑，清陷泗州；丙寅，渡淮。丁卯，選淑女於元輝殿。潞王在杭州上書，請移僻静一郡，戊辰，命移於湖州府，賜勅獎諭。且命移周、魯二王於江西、廣東。時河南盡入於清，獨劉洪起尚在光、黄之間，己巳，以洪起爲提督汝、寧、開封等處援剿總兵官。庚午，命王永吉總督防河兼巡撫鳳、淮、廬三府，錢繼登兼巡撫揚州一府，召田仰回部。繼登辭，命永吉並撫揚州。時上流梗塞，王驥未行，而言者以湖南多警，命楊鶚仍爲巡撫，駐常德、澧州。於是興平兵盡棄信還，挈其家眷至瓜洲，掠民舟欲渡江。有旨令鄭鴻逵扼守京口，敢有一兵渡江者，以大礮擊之，日有斬獲報捷，而清遂長驅南下。辛未，清圍揚州。甲戌，加得功左柱國，廕一子錦衣衛指揮僉事世襲。丙子，以御史霍達爲都察院右僉都御史，巡撫蘇、松、常、鎮四府，提督軍務兼理糧儲。丁丑，清陷揚州，屠之，督師太傅兼太子太師、兵部尚書兼建極殿大學士史可法不知所在。戊寅，追封于謙爲臨安伯。

五月壬午朔，以山東布政使司右參議李彬爲都察院右僉都御史，巡撫河南。癸未，命移惠王於嘉興府。得功率兵進擊夢庚，敗之。丙戌，進封得功靖國公世襲，加大鋮、大典太子太保廕一子錦衣衛千户，諸將各陞廕有差，遣司禮監太監王肇基賫銀幣往勞。丁亥，封鄭鴻逵靖虜伯。分蘇松、常鎮爲二巡撫，以兵部職方司郎中楊文驄爲都察院右僉都御史巡撫常、鎮二府兼轄沿海揚州等處地方，提督軍務兼理糧儲。己丑夜，清以小舟自七里江渡。庚寅旦，抵南岸，鴻逵以水師奔福建，清陷鎮江府。辛卯夜二鼓，上出通濟門，幸太平。壬辰未明，士英奉皇太后如杭州。日晡，已有百姓數百人破中城兵馬司獄，出王之明稱皇太子，奉入宮，宮中金帛器玩，搶奪一空。吏部尚書張捷、刑部尚書高倬、户部江西司郎中劉成治、山西司主事吴嘉允、中書科中書舍人龔廷祥、欽天監博士陳于階、國子監監生吴可基皆死之。癸巳，上至蕪湖，命大典、大鋮東閣大學士督師，以揚州府同知李繼晟爲都察院右僉都御史巡撫安慶。時無紙，亦不及用實，各以一幅紙書其官銜姓名。京城百姓，相聚搜殺士英故所部黔兵及其姻黨，破人家、劫財物。總督京營戎政少保兼太子太保忻城伯趙之龍捕斬數十人，閉城門，遣人具啓於清。清兵自丹陽趨句容，乙未夜，前隊至郊壇門。丙申，豫王至，營於郊壇北，之龍及諸勳戚文武大臣皆迎降，清執之。明廣昌伯劉良佐率兵入援，次上新河，降於清。己亥，豫王入南京。上將幸杭州，命大典、國安以所部兵先發，都督杜弘域扈從，得功率兵斷後。未行，癸卯，良佐率兵犯駕，左柱國太師靖國公黄得功死之，其將田雄等奉上如營。丙午，上至南京。九月甲寅，上北狩。

《福王登極實録》

明文震亨撰

恭聞監國自福邸至淮也，南都文武大臣及科道諸臣方集議擁立之事。僉謂以親、以賢、以序，即當推奉爲臣民主。操臣誠意伯劉孔昭、督臣馬士英，各傳諭所部將士，以代來中興之意。將士聞命感泣，亦願奉爲六軍主，建義旗討賊。諸臣恭謁陵廟，告非常大變，慟哭，乃告奉監國之議。議協，參贊機務兵部尚書史可法至浦口，具啓迎駕於淮安；禮部司務官齎南都百官公啓，迎駕於儀真。渡江，泊燕子磯，百官郊迎，命以王禮見。監國素袍角帶，對百官慟哭；百官行禮，手掖之，尋賜茶。言及宗社震驚、大行異變，復哭失聲。因流涕言「封疆大計，惟仗諸先生主持；至迎立，決不敢當。蓋播遷以來，國母尚無消息，故不攜宮眷一人，始意欲擇浙東僻地暫居，以使迎奉。今值國難至此，迎立之事，何忍言」！睿音琅然，而睿容具日月表，百官瞻覲，感舉額謂宗社之福。

次日，爲五月朔戊子。從水西門啓駕，由城外至孝陵，乘馬導引官請從東門鄉路入。監國遜避，從西門至饗殿，祭告禮畢，即向懿文大子陵園駐瞻良久。從朝陽門入，至東華門，步行過殿陛，行謁奉先殿禮，出西華門，暫以内守府爲行宫，百官進見，行四拜禮，傳令旨召諸臣入議事。

兵部尚書史可法、魏國公徐弘基、靈璧侯湯國祚各有奏。國祚以户部靳餉，奏對微激，署禮部兵部侍郎吕大器謂非對君體，止之。

京畿道御史祁彪佳，因奏綱紀法度，爲國之本；吏科李沾合諸科道奏，以朝班宜肅。蓋時舊京朝儀久廢也。彪佳又奏早頒大號、敬天法祖諸事。監國皆虚懷納之。

朝畢，羣臣退議登極、監國次第，咸謂「仰窺睿意，必欲發喪誓師，曉然示天下以討賊大義，而後正位。宜先上監國璽綬，而後勸進」。乃即範金鑄監國寶。以次日入朝，大臣仍面奏勸進，監國復辭。諭諸臣謂：「人生忠孝爲本，今大讐未報，孤不能事君；先王殉節、國母播越，孤不能事親：無遽登大寶之禮。且聞東宫與永、定二王尚在賊中，或可致之。又桂、惠、瑞三王皆叔父行，惟諸先生擇賢迎立。」言訖淚俱。大臣及言官再奏，求允所請。監國遜謝如前。署禮部臣大器率百官跪奏勸進第一箋，傳旨暫領監國，百官退。逾時，又進第二箋，命傳進，手書批簽，仍允監國，餘所請不允。

又次日，傳旨：「官止服青錦繡，朝拜仍行王禮，不必穿帶朝服。」百官以典禮重大，具朝服入。監國親行告天禮，陞座，百官四拜，魏國公弘基率百官跪進監國符寶。受訖，再行四拜禮，乃退。諸臣尚有言宜即登大位以鎮人心者，御史彪佳謂：「令旨先受監國之請，其名極正，賢德益彰。既可以示謙讓，海内聞之，皆知監國無因以得位之心。俟發喪，擇吉登大寶，布告天下爲當。」禮臣、魏國，皆然其議，議乃定。即用右都御史張慎言爲吏部尚書，傳旨合推閣員。疏上，先用兵部尚書可法進東閣大學士兼兵部尚書如故，户部尚書高弘圖改禮部尚書、進東閣大學士，俱入閣辦事。而召工部侍郎周堪賡爲户部尚書，鳳督士英進東閣大學士兼兵部尚書、都察院右都御史，總督鳳陽等處如故。而以前會推疏詞林僅推掌翰林院詹事府詹事姜曰廣一人，傳旨吏部：「予察祖制，閣員俱用詞林，至先帝間用别衙門官。今正推如何止列姜先生一人，似與祖制不符。著該部再行添推來看。」吏部會九卿再具疏，仍以曰廣居首，而推禮部尚書王鐸、禮部右侍郎陳子壯、詹事府少詹事黄道周、右春坊右庶子徐汧。令旨再點用首、次二員俱進東閣大學士兼禮部尚書入閣辦事，諸臣以次待用。六卿九列既備官，復催補科道各員，皆一時人望。尋特遣彪佳頒赦諭江南云。

是舉也，羣臣當攀號憤變之後，天柱地維摧陷頃刻矣，值真主纘運，日月重光，實惟二祖列宗在天式憑以有此。海内聞當陽在即，用人行政，動協人情，未有朝端已見清寧而醜類不授首膏鉞者。刻□□復神京，寸磔逆賊；雖在草莽，胥忍死拭目俟之。若諸臣思祖宗三百年德澤在人、大行十七載焦勞求治，洗滌肺腸以事新主，掃除門户以修職業，何事不可辦，何罪不可討，亦何功名不可就哉！

聞法駕入都之日，都人聚觀呼萬歲；見兩大星夾日而行，鍾山紫氣中五色雲見。而先是龍江浮梗楠巨木千章，若爲鼎新大内而出者；兩都並建，聿還舊觀。江北諸大師，皆上表勸進。所傳遼東總兵吴三桂疾馳至山海結虜入關，大殺賊十數萬，奪其輜重無算；邊鎮諸宿將，無不投袂奮劍，以報國仇者。中興大業，豈靈武草次、靖康偏安之足比哉！

《賜姓始末》

清黄宗羲撰

朱成功者，鄭芝龍之子也，母爲彝女，原名鄭森。宏光時，入南京太學。聞錢謙益之名，執贄爲弟子，謙益字之曰大木。豐采掩映，奕奕耀人。隆武皇帝即位，年繞二十一，入朝，上奇之，賜今姓名，俾統禁旅，以駙馬體統行事，封忠孝伯。

初，芝龍之爲盗也，所居爲泉州之東石。其地濱海，有李習者往來日本，以商舶爲事，芝龍以父事之。習授芝龍萬金寄其妻子，會習死，芝龍乾没之，遂召募無賴爲盗於海中。久之，而所得不貲。崇禎中，受巡撫沈猶龍招撫。芝龍娶日本長琦王族女爲妻。凡爲日本贅壻者，例不得歸，惟芝龍挈其妻還東石，遂爲富人，甲於全閩，第宅縱横數里。猶龍母生日，進珊瑚高尺餘，飾以珠龍金盎，猶龍嘆賞，復進一株。製生犀黄金爲甲，每出則百餘騎如一人，莫辨其孰爲芝龍也。時南安有苟憨(越中徐氏雕本作「苟戆」)、惠安有劉香，皆稱富强。苟憨先亡，劉香恃衆不就撫，朝命芝龍討之，戰於五虎門外之定海所。芝龍力不敵香，而弟芝虎勇甚，望見香乘大艦指揮兵士，芝虎輕舟躍艦而上，直前取香。左右皇急，莫敢縱兵；香亦勇，格虎兵器墜之，遂徒手而搏，相持入海皆死。芝龍既併其衆，遂益强盛。江右鄒維璉嗣爲巡撫，思欲衰之，然無以爲計也。宏光帝立，封南安伯，及勸進隆武，封平虜侯，晉平國公。北兵入福州，芝龍退屯安海(即安平鎮)，樓船尚五百餘艘。乃爲洪承疇所誘，決意欲降，諸將多不從，成功痛哭而諫，芝龍意不可回，單騎北去。芝龍既降，其家以爲可免暴掠，遂不設備。北兵至安海，大事淫掠，成功母亦被淫，自縊死。成功大恨，用彝法剖其母腹，出腸滌穢，重納之以斂。

丙戌十二月朔，成功大會文武羣臣於烈嶼，設高皇帝神位，定盟恢復。

丁亥，仍稱隆武三年。移於南澳，勤王者遠近至，軍聲頗振。

五月，於厦門(即中左所)設演武場。

七月，合定國公(鄭鴻逵)軍圍泉州之桃花山，不克。

十月，從大學士路振飛、曾纓議，頒明年隆武四年戊子大統曆，用文淵閣印印之。

戊子閏三月，同安、安溪皆下。以禮部主事葉翼雲署同安〔縣〕事。

五月，圍南安縣，七十日不克而還。

八月，同安破，葉翼雲及鎮將邱進(按原刊爲「集」)、金裕皆死之。知永曆皇帝駐蹕廣東之肇慶，遣光禄寺卿陳士京入朝。

己丑，士京還自行在，封成功爲延平王。始稱永曆三年。

六月，漳浦守將納款。

庚寅，成功南下。

辛卯二月，泉州偵厦門單薄，襲破之。曾纓自縊，諸紳咸避於梧(浯？)；待成功自南反，泉州襲者始退。

十二月，攻漳浦，知縣某出降。

壬辰正月，海澄守將郝(按原刊爲「赫」)文興舉城降，圍長泰縣。北督陳錦來接，敗之。

二月，復平和、詔安、南靖三縣，進圍漳州府。

七月七日，陳錦爲其内豎李進忠等五人所刺，以其首來降。

八月，刑部侍郎王虞石至自五指山，言思文帝在彼爲僧。繼而勑使至厦門，一時故臣皆不能決。

九月，北帥金礪援漳，島兵失利。

癸巳二月，五指山復遣使來存問諸臣。使言思文帝今離五指，駐平遠縣，將起兵。故臣乃具公疏，請出驗視，卒不可得。

五月，金帥以萬騎攻海澄，遇伏，大敗。

六月，島師南下。會潮州守將郝尚久(按原刊爲「文」)反正，以定海李孟弢署太守事。其屬縣潮陽、惠來相抗，成功赴勦。

十二月朔，復漳州府，漳屬十縣降者九，獨龍巖不下。泉屬七縣降者六。

甲午四月，新朝割漳、泉、惠、潮四郡地，令島上薙髮，不受。潮州復陷。

十一月，發水、陸師應西寧王李定國於粤東。

乙未二月，破仙遊，攻凡半月。

四月，援粤之師失利，統軍者黄梧降級。

五月，祭旗，大演陸師，戈甲耀日，集縉紳觀之。

六月，祭海，大演水師。

九月，南征，破揭陽、海澄、普寧三縣。命峻揭陽城，毁澄、普。

十一月，舟山巴臣興舉城降。發師已三月，阻風，至是抵城下。

十六日，北師再遣使議和。

丙申正月十一日，始頒永曆十年大統曆，以前年有戎事故也。台州北將馬信棄其城，納降於舟山。

二月，降將馬信、馮用、張洪德俱抵厦門，謁成功。

五月十日，粤師失利歸，斬其將蘇茂。

閏五月，改厦門爲思明州。

六月二十四日，黄梧以海澄叛，知縣王元士從之；協將康雄不從，斷其手，得縋(按，原刊爲「墜」)城出。

七月五日，以忠勇侯陳某留守思明州。成功率師北伐，奪閩安鎮，斬北將胡希孔，生擒百七十餘人。二十三日，戰於南臺，奪橋。又明日，戰於橋北，再勝。二十八日，戰於教場，奪馬二十五匹、擒延平參將張禮。

八月四日，復連江。二十六日，舟山陷，總制陳雪之、英義伯阮駿俱赴海死。

丁酉十二月，島上火藥局災。

戊戌正月，行在以璽書通問。

二月，使松江徐孚遠覲行在。泛海由交趾入安龍，交趾要其行禮，不得過，遂返厦門。厦門破，孚遠遁跡，爲北帥吴六奇所藏，完髮以死。海外生一子，扶櫬歸故里，未葬，子亦死。

成功會師浙海，以少司馬張煌言爲監軍，北伐。抵羊山。羊山故有龍祠，海舶過者致祭必以生羊，即放於山上，久而孳乳日蕃，見人了不畏避。軍士競逐之，天朗波平，怪風猝至，海舶自相擊撞，義陽王某溺焉。於是反旆。

己亥五月，全師北指。張煌言以所部義師從爲前驅。入江，煌言抵瓜州城下。明日，成功至。北師出禦，滿、漢死者千餘，乘勝克其城。成功南渡攻鎮江；煌言泝長江，未至儀真五十里，吏民迎降。六月二十八日，煌言抵觀音門；成功已下鎮江，水師畢至。七月朔，哨卒七人掠江浦，取之。五日，蕪湖以降書至。成功謂煌言：「蕪城上游門户，倘留都不旦夕下，則江、楚之援日至，控扼要害，非公不可。」七日，煌言至蕪湖，傳檄郡邑，江之南北相率來附：郡則太平、寧國、池州、徽州，縣則當塗、蕪湖、繁昌、宣城、寧國、涇縣、(南寧)、南陵、太平、旌德、貴池、銅陵、東流、建德、石埭、青陽、(虹縣)、巢縣、含山、舒城、廬江、高淳、溧陽、建平，州則無爲、廣德、和陽，凡得府四、州(三)、縣二十四。而下流之常、鎮屬縣，亦皆待時爲降計。其時有大帥單騎東逃，飯於村店，店中唯一老嫗，大帥遑遽問曰：「今代如何？」老嫗不知其爲大帥也，合掌向天謝曰：「聞殺北人盡矣。」大帥不敢飯而去。金陵亦欲議降，未定，而諜知島師疎放，樵蘇四出，諸營壘爲空，士卒釋(冰)〔兵〕而嬉，用輕騎襲破前屯。成功倉卒移帳，質明，軍竈未就，北師傾城出戰。兵無鬬志，島師大敗，總兵甘輝等死之。成功遂乘流出海，並撤鎮江之兵。煌言趨銅陵，與楚師遇；兵潰，變姓名，從建德祁門山中出天台以入海。

成功之敗而歸也，以厦門單弱，方謀所向，中途遇紅彝船一隻，其通事乃南安人，謂成功曰：「公何不取臺灣？君家之故土也。有臺灣，則不患無餉矣！」臺灣者，海中荒島也。崇禎間，熊文燦撫閩，值大旱，民饑，上下無策，文燦向芝龍謀之。芝龍曰：「公第聽某所爲。」文燦曰：「諾。」乃招饑民數萬人，人給銀三兩，三人給牛一頭，用海舶載至臺灣，令其芟舍開墾荒土爲田。厥田惟上上，秋成所獲，倍於中土。其人以衣食之餘，納租鄭氏。後爲紅彝所奪，築城數處：曰臺灣、曰雞籠、曰淡水；此外，又有土城數十處。臺灣之城，亂石疊成，高數丈、厚丈餘，用火煆之，化爲石灰，融結一塊。而其門户爲澎湖。澎湖水漲，地勢低下，海舶至此，須易船而入，故險而易守。成功往攻臺灣，至澎湖，適遇水漲，竟以海舶渡之，直抵城下。城中紅彝不過千餘人，他皆鄭氏所遷之民也。以大礮攻城，城堅不受礮，灣民導之曰：「城外高山，有水自上而下，繞於城濠，貫城而過；城中無井泉，所飲惟此一水。若塞其源，三日告困矣。」成功從之，紅彝乞降，遂以大舶遷國。

成功王其地四年(月？)，卒，子錦(一作經)嗣。

甲寅三月，福藩耿精忠反，稱裕民元年，招朱錦兵爲助。錦引舶入據漳、泉，猶稱永曆二十八年，不受耿氏節制，與耿氏戰，互相勝負。

戊午，精忠降〔清〕。

錦於庚申，仍歸臺灣。

癸亥，錦卒，子克塽嗣立，年十二歲，不能統領其衆，兵潰，降於清，得授世爵云。

史臣曰：鄭氏不出臺灣，徒經營自爲立國之計，張司馬作詩誚之；即有賢鄭氏者，亦不過躋之田横、徐市之間。某以爲不然。自緬甸蒙塵以後，中原之統絶矣，而鄭氏以一旅存故國衣冠於海島，稱其正朔，在昔有之：周厲王失國，宣王未立，召公、周公二相行政，號曰「共和」；共和十四年，上不係於厲王、不下係於宣王，後之君子未嘗謂周之統絶也。以此爲例，鄭氏不可謂徒然。獨怪吾君之子匿於其家，而不能奉之以申大義於天下。愚聞海外尚多人物，當必有説以處此。

《北征紀略》

明張煌言撰

余自乙酉倡大義於甬東，距己亥十有五載矣，其間棲山蹈海，艱險備嘗，俱無論。猶憶丁亥歲，持節監定西侯軍西征，遭颶風覆舟，陷敵中七日，得間行歸海上。嗣後三入長江，登金山，掠瓜儀，而師徒單弱，迄鮮成績。至戊戌，追隨賜姓延平藩北伐，抵羊山，復遇風碎舟，返旆。

逾歲，年在己亥。仲夏，延平藩全軍北指，以余練習江上形勢，推余前驅。抵崇明，余謂延平：「崇沙乃江海門户，且懸洲可守，不若先定之爲老營」。不聽。

既濟江，議首取瓜步。時敵於金、焦間以鐵索横江，夾岸置西洋大礮數百位，欲遏我舟師。延平屬命領袖水軍，先陸師入。余念國事，敢愛軀命，遂揚帆逆流而上。次礮口，風急流迅，舟不得前。諸艘鱗次，且前且却，兩岸礮聲如雷、彈如雨，諸艘或折檣、或裂帆，水軍之傷矢石者，且骨飛肉舞也。余叱舟人鼓棹，遂入金山，同䑸數百艘得入者，僅十七舟，而本轄舟則十三。嘻！危哉。次蚤，藩師始薄瓜城，一鼓而殲敵兵殆盡，乘勝克其城。

延平輒欲直指石頭，余以潤州實長江門户，若不先下，則敵舟出没，主客之勢殊矣，力贊濟師鐵甕，而延平猶虞留都援騎可朝發而夕至也。余謂「何不遣舟師先擣觀音門，則建業震動，敵將自守不暇，何能分援他郡」？延平意悟，即屬余督水軍往，且以直達蕪湖爲約。夫蕪湖，固七省孔道，商賈畢集，居江、楚下流，爲江左鎖鑰重地。況踰金陵、歷采石，懸軍深入，此不可居之功也。余一書生耳，兵復單，何能勝任！雖然，倡義之謂何？顧入中原而不圖匡復也，余何敢辭！於時江湖縮朒，水下如駛，海舟行遲，余易沙船牽挽而前。

未至儀真五十里，吏民齎版圖迎王師。蓋彼都人士知余姓字有素，故遮道來歸。迄余抵儀，先一日延平已遣李將軍必單舸往撫，余輒欲引去，闔邑士民焚香長跪雨中，固邀余登岸。不獲已，登江濱公署，延見慰諭之。衆以李將軍無兵，恐敵騎突至，則無以捍牧圉，咸稽顙留余保障。余不可，遂行。鷁首所嚮，儀民無不具瓣香相逆者。而濱江小艇，載果蓏來貿易如織，若不知有兵。余顧而樂之，以爲儼然王師氣象矣。

舟次六合，得報藩師已於六月二十四日復潤州。余計潤城既下，藩師自陸逐北，雖步卒皆鐵鎧，日行三十里，五日亦當達石頭城下，即作書致張茂之所號爲五軍者謂：「兵貴神速，若從水道進師，巨艦逆流遲拙，非策也。」余恐後期，因晝夜牽纜，士卒瑟瑟行蘆荻中，兼程而進。

抵觀音門，乃六月二十有八日也。不意藩師從水道來，故金陵得嚴爲備。余艤棹觀音門兩宿，所統戰艦無一至者。余乃發輕舟數十，先上蕪湖，而身爲殿，泊浦口。

七月朔，敵偵我大䑸尚遠，遂發快船百餘載勁卒，侵晨出上新河，順流而下，擊棹如飛。余左右不滿十舟，且無風，戰不利，幾困。忽一帆至，則余轄下犁艚也。余遽乘之復戰，後䑸繼至，敵始遁去。而日已曛矣。詰旦，整師前進，敵匿不復出。余部曲馳報江浦已破，蓋方余與敵對壘之先，一哨越浦口旁掠，止七卒薄江城中，彼步騎百餘，開北門遁，而七卒遂由南城入，亦一奇也。捷聞延平，止余毋往蕪湖，而且扼浦口以撫江邑。此七月四日事也。

翌日，延平大軍亦抵七星洲。正商略攻取建康，而余所遣先往蕪湖諸將捷書至，蕪城已降矣。爾時上游聲靈丕振，而留都守禦亦堅，延平謂余：「蕪城爲上游門户，倘留都未旦夕下，則江、楚之援日至，非公不足辦此。」余謙讓至再，延平但促余遄發。於是率本轄划船以行，而幕府之謀自此不復與聞矣。

七夕，抵蕪城。傳檄諸郡邑，江之南北相率來歸。郡則太平、寧國、池州、徽州，縣則當塗、蕪湖、繁昌、宣城、寧國、南陵、太平、旌德、貴池、銅陵、東流、建德、青陽、石埭、涇縣、〔虹縣〕、巢縣、含山、舒城、廬江、高淳、溧陽、溧水、建平，州則廣德、無爲以及和陽。或招降、或攻克，凡得府四、州三、縣二十四焉。先是，余之按蕪也，兵不滿千、船不滿百，惟以先聲相號召、大義爲感孚，騰書搢紳、馳檄守令，所過地方，秋毫不犯；有游兵闌人剽掠者，余擒治如法，以故遠邇壺漿恐後。即江、楚、魯、浙豪雄，多詣軍門受約束，請歸禡旗相應。余相度形勢，一軍出溧陽，以窺廣德；一軍屯池州，以扼上流；一軍據和陽，以固采石；一軍入寧國，以偪新安。而身往來宛陵、姑孰間，名爲駐節雄鎮，而其實席不暇煖也。

余日夜部署諸軍，正思直取九江。然延平大軍圍石頭城者已半月，初不聞發一礮姑射城中，而鎮守潤州將帥，亦未曾出兵取旁邑。如句容、丹陽，實南畿咽喉地，尚未扼塞；故蘇松援兵，得長驅集結石城。余聞之，即上書延平，大略謂

「頓兵堅城，師老易生他變；亟宜分遣諸將，盡取畿輔諸城。若留都出兵他援，我可以擊殲之；否則，不過自守虜耳。俟四面克復，方以全力注之，彼直檻羊、穽獸也」。無何，石頭師挫。緣士卒釋兵而嬉，樵蘇四出，營壘爲空，敵諜知，用輕騎襲破前屯，延平倉猝移帳。質明，軍竈未就，敵傾城出戰，兵無鬬志，竟大敗。

時余在寧國府，受新都降。報至，遽返蕪邑，七月二十九日矣。初意石頭師即偶挫，未必遽登舟；即登舟，未必遽揚帆；即揚帆，必且據守鎮江。余故彈壓上流，不少動。而敵人郎廷佐、哈哈木、管效忠等遺書相招，余峻詞答之。太平守將叛降於敵，余又遣兵復取太平，生擒叛將伏誅。然江中敵舟密布，上下音信阻絕。余遣一僧齎帛書，由間道訪延平行營。書云：「兵家勝負何常，今日所恃者民心耳！況上游諸郡邑俱爲我守，若能益百艘來助，天下事尚可爲也。倘遽舍之而去，如百萬生靈何！」詎料延平不但離石頭城去，且棄鐵甕城行矣。

留都敵兵，始專意於余，百計截余歸路，以爲余不降，必就縛。各將士始稱色變，然刁斗猶肅然。始余欲據城邑，與敵格鬬，存亡共之；復念援絶勢孤，終不能守，則敵必屠城，余名則成矣，與士民何辜？而轄下將士家眷俱在舟，擬沈舟破釜，既難疾馳；欲冲突出江，池州守兵又調未集。忽諜報：楚來敵艘千餘，已渡安慶。余慮若與之值，衆寡不敵。因部勒全軍，指上流，次繁昌舊縣。池兵亦至，共議進止，咸言「石頭師即挫，江、楚尚未聞也；我以艨艟徑趨鄱陽，號召義勇，何不可者？若西江略定，迴旗再取四郡，發蒙振落耳。」乃決計西上。〔八月〕初七日，次銅陵。海舟與江船參錯而行，未免先後失序。余一軍將抵烏沙夾，而後隊尚維三山；所云楚來敵艘，果相值。余橫流奪擊，沈其四舟，溺死者無算。以天暮，各停舟。夜半，敵艘遁往下流，礮聲轟然。轄下官兵誤謂劫營，起帆解纜，一時驚散；或有回蕪湖者，或有入焦湖者。西江之役，已成畫餅矣。

余進退維谷，遂沈巨艦於江中，易沙船，由小港至無爲州。擬走焦湖，聚散亡爲再舉計。適英、霍山義士來遮路，言「焦湖入冬水涸，未可停舟；不若入英、霍山寨，可持久。」余然之。因盡焚舟，提師登岸。至桐城之黄金弸，有安慶敵兵駐守。此地乃入山關隘，余選驍騎馳擊之，奪馬數十，殺敵殆盡。遂由奇嶺進山，一望皆危峰峭壁矣。余轄下甲士素不山行，行數日，皆重趼；且多攜眷挈輜，日行三十里。余嚴令焚棄輜重，而甲士涉遠多罷。余雖知必有長阪之敗，而赴義之衆何忍棄置，亦按轡徐行。

八月十七日，已入霍山界，去縣治僅七十里而遥，而所稱陽山寨者，直咫尺間耳。寨在山巔，可容萬〔人〕，饒水泉，向多義旅，近爲敵招撫。有一褚良甫者，亦義師，受敵符，據寨中。余令將佐先以書往通，欲借寨屯衆；而彼中已聞石頭師挫，有向背心，堅不納。然寨據至險，萬夫莫能仰攻。余遂移札東溪嶺，思走英山，入將軍寨。但將士疲甚，偶語沙中，俱以途窮爲憂。余强起按行，占一數四課，俱空陷。余大驚，因申令詰朝蚤發。

是日，余率騎兵前驅，但慮前有敵人，而豈意追騎之躡其後哉！余方踰嶺，後軍忽報敵奄至。急回馬，而旗靡轍亂，士卒皆竄山谷中，敵騎已在前矣。顧左右止二十餘騎，步卒不滿百，因勒馬高坡，以待後軍稍集而擊之。詎知後軍已爲截斷，首尾不能相顧矣。敵騎漸合，余念鬬死無益，單騎突圍走，止一僮攜印相隨焉。嗟乎！余之入山，非避死也；尚圖控連江、楚，收湖南、北之大俠，雲擾中原，天下事未可知也。奈何孤軍無援，鼓聲不振，卒以潰敗東溪，之不爲空阬者，幾希。天耶！人耶！

余去敵稍遠，而土人利散兵財，皆手挾鳥銃游弈四山。余牙門將跳而復返，與之值，呼之偕行。三人紆迴山岡間，迷失道。土人在山麓者覘見，即趨至山椒，阻去路。余以百金爲壽，土人即匿余山厂，期以日暮導。余三人始變服，而余將泣數行下，惟恐土人之叵測也。余曰：「死，固我分也。藉土人叵測，我當明言姓氏，舁至建康，從容就義耳。不然者，脱虎穴矣。是蓋有命焉！」及酉，土人果復來，裹脱粟相餉。食畢，乘月西行。一夜走七十里，皆羊腸鳥道，崎嶇特甚。初，余在馬上着靴，後舍騎而徒。偶得雙舄，納之實不容足，中宵涉水，履益加窄。迨晚，十趾血浸，股踵盡裂，余尚竭蹶奔赴。而腹且餒，乃望門投止，謀朝炊。主人問所從來？導者答余爲館師，余將則賈客也，皆以兵聲遠避而導爲之送往。因具盤飧食，爲進一匕。復行，適余散兵十數過諸塗，見余驚喜，欲相勞苦，而導者恐耳目，大駭，遂疾走。余恐迷失道，亦躡導疾走。而村中豪傑觀者如堵，競前遮問。蓋村中惟聞余兵入山，風鶴聲甚。見蹶者、趨者，必謂兵之隨其後也，故執途之人而問之。導者見村中之遮余，意謂事露，計不返顧，並余襆被亦負之而趨。回顧余之將與僮，尚鵠立隔溪。余既失道復失導，不得不反就將與僮。步履倉皇，鄉音復異，村中心疑余爲敵卒敗遁者，益環擁，索金錢。余恐村中或有他敵，姑妄應之；且傾所有，分贈諸人，始稍稍解去。余視其中貌厚者，俾之導行，强而後可。其人姓胡，昆季三，貌厚者，其伯氏也。余時但欲得出山達康莊，他不遑計。

是日，又行三十里，託宿焉。逆旅主人，胡族屬也。忽胡之季猝至，招其兄出，耳語，俄而，主人咸出。余意其識余行蹤，必將甘心於余，然已無可如何。已而胡却入語余曰：「君自海上來，非逃卒也？」余曰：「然！爾何從知之？然則奈何？」胡曰：「君適在村中，不有十許人過我門乎？避雨旁舍。予季問之，知君亦海上人也。恐吾導不力，所以來耳。」然胡終不知余爲何許人。胡之老人重具雞黍，爲余言：「此村中豪傑，向年亦舉義旌不成，受殘虐，故今莫有敢窺敵足而動者。不意此日石頭師挫，君輩又敗績，吾儕不復覩漢官威儀矣！」嗟歎久之。復前要盟，余易姓名里居相告，兼謀所向。僉云：「當從安慶渡江。」初，余之離蕪湖而趨上江也，舊相從歙人朱君來謁，叩其近狀，云變姓名賣藥於安慶之高河埠市中，仍欲從余戎行。余謂「事已決裂，此行利鈍未卜」，贈以金，麾之使去。至是，余憶前語，遂令胡導至高河埠。而胡亦云：「導至高河埠，能事畢矣。」余益不得不訪朱君而問道焉。

信宿，達高河埠，已薄暮。余令導與童子先之，問朱君築室所在？能知朱君別余，復他往，尚未返。高河市人見童子之問朱君也，覺有異，群蹤跡之。市中豪徐某、金某，皆歙産，與朱君善。偶過此，聞童子之問朱君、市人之蹤跡童子，亦覺有異，竟以數語解散市人，故余得無恙。然朱君未返，無居停主，轉投逆旅。逆旅老嫗，亦歙人，聞余爲朱君故，止宿余。而胡之導余者，將於次朝別余歸。余悵悵無所問津，益無聊。晨興，忽憶安慶向有賣稻船往來江南北，必取道樅陽湖，而高河之去樅陽，一水可通，遂令胡代余覓便帆，將渡江出池州，登九華山，徐圖歸計。買舟既定，舟人相期亭午鼓棹，余故暫止逆旅。而徐、金二人自外入，與余聯坐，問余何來？余告以館穀歸江南，便道訪朱君。逆旅中無賴子遂詰余，訪朱君爲何者？余惟詭詞以答。而金與徐素昧平生，言語時，陰左右余，且目余起。余起，金引入空舍中，問余曰：「君得毋姓張乎？」余詭曰：「吴姓。」金曰：「不然。日者我同朱某來江上，從鄰舟窺見丰采，君固司馬公也。業提師入山矣，何以至是？將何之？」蓋余同朱至江上時，方作焚舟計事。旁午，金未晉謁，而朱别去，金以踉蹌歸，以故朱與余交誼，金稔知之。而朱與金行蹤，徐所熟聞也。先一夕余過市，金固疑之；與徐謀曰。「兹二客之訪朱君，得非山中使者乎？盍往物色焉！」故時晚之解散市人及是晨之過逆旅，殆有天幸。及見余，徐不識也，金識之；余亦不諱，告以故。金以告徐，徐曰：「江上未解嚴，誰能爲蘆中丈人者？倘疏虞，可若何！」固邀余至其家，匿之。始各道姓名，備述夜來事如此。二君誠有心人哉！

適安慶敵兵過高河，士民畏之如虎，盡室避村野。余不得已，亦相隨避兵至一何姓家，亦金、徐密友也。翌日兵去，金、徐另買賣稻舟，藏余舟次，令何某伴余，由樅陽出江，渡黄溢，抵張灘登岸；而金與徐别從安慶來，相會於張家灘。張家灘，屬池之東流，徐之兄賣藥其村中，故問津焉。

於是由建德、祁門兩山中，走休寧，羊腸鳥道，較霍山尤甚。余復病瘧，扶疾而行。頭岑岑，汗下如雨；形容枯槁，幾作溝中瘠矣。東、建袤高山，多小寇出没，或乘夜剽掠，土人相率持兵守嶺頭。凡過客，皆榷金，名曰禦寇，實爲寇也。余冒險奔馳，道路以目。將次祁門，江右義旅陳九思屯朱橋，村舍逋逃，商旅裹足，而獨余行行不止，人多怪之。賴導皆歙人，得無他。計程兩日，可抵休邑，買棹溪行，即可達嚴陵。

未至休邑三舍，輒聞有兵阻，抵郭外，果蜂屯蟻聚，闤闠盡閉。蓋彼之叛將新復歸敵，長吏慮有變，因而登陴。余緣是不得入，止郭外招提，戢羽潛鱗，雖子胥吹簫不是過也。而耳目漸集，乘間抵城中，寓徐之諸父家。其諸父善岐黄術，有隱君子風。余至，盛爲治具，然亦謂余館師，與其猶子善，不知爲余也。兵退，買棹嚴陵。過新安，亭長呵止之，索篙師金，委放行。達街口，有巡司廨，邏卒登舟譏察，見余將北音、貌魁梧，疑爲逃卒，持之急。徐起而與邏者鬪，而巡司適之郡不在廨，是以事得解。解維至淳安，已入浙矣。省會有文符插民艇載兵絶浮梁，余船藏他港不獲免，爲所司插去。行路難，一至此哉！余乃迂道走瑞安，凡兩買棹，始達嚴陵。

余既入浙，晦迹益難。計唯有山行，可無恐。乃自婺之東、義出天台，以赴海壖。然鳥道羊腸，較徽更甚。時余將已令取道於杭，而金、徐諸人皆不諳浙道里，嚮者導導余，而兹則余導導，然余實茫然問途。已經得至海濱，濱海居人咸來問訊，遠近閧然，知余得生還矣。

回思霍山奔亡以來，之安慶、之池、之徽、之浦江、東、義、台，之天台、寧海，計程二千餘里，間關百折，何其窮也！復回思自崇明進師瓜步、潤州，而和陽、太平、寧國，而徽、池、廬之諸州邑，乘勝長驅，又何其壯也！然而轉瞬成敗異勢、榮辱殊形，是又戲也、夢也？余自丁亥迄己亥，前後入江，皆歲在雙魚；而一再躓，疑若數焉。然以十五載之揣摩簡練，既得而復失之，人壽幾何，河清難俟，不亦重可慨也夫？

使臣碧血

萇弘之事周王，忠於公室以黨於范氏，晉人討而殺之，藏其血三年而成

碧。此忠之所由積也。今左先生之爲使臣，執節類蘇屬國，抗議類富鄭公，從容類文信國，卒以見僇。嗚呼！有明養士三百年，而能以詩書之澤、答揚其祖宗於地下者，左先生其無憾者矣！紀使臣碧血。

左懋第，字蘿石，山東萊陽人。崇禎辛未進士，歷官刑部給事中。甲申春，詔督兵湖襄。夏聞變，誓師而北。會福世子建號金陵，改元弘光；懋第入見，涕泣陳中興大計。遂命視師江上，除右僉都御史，理戎政事。

時江左朝事方棘，輔臣馬士英議遣使通好於我朝，且告祭崇禎帝；衆莫敢行。會懋第母卒於天津之唐官屯，訃至，疏請終制，不聽，因請使北。乃遣水師陳洪範持節，懋第及太僕卿馬紹愉副之。以洪範常鎮遼左，與我國用事易通，故授以經理河北、聯絡關東之命，而通書我朝，傅以金帛；因册封平西伯吴三桂爲薊國公，世鎮燕京。賜懋第一品服，加兵部右侍郎兼都察院右僉都御史以行。懋第曰：「我非敢以寵榮易衰絰，顧此行君事、親事可兩盡；否則，抗節而死，亦不負讀聖賢書，報我君，我親地下也。」

秋八月，行次滄州。聞我朝已改封吴三桂爲平西王，於是洪範遣使先以册命授三桂，諭來使意；三桂不發書，緘册上攝政王。册文内有「世鎮燕京」語，王覽之固已怒矣。然朝議謂：「以禮來，且令使臣入見。」

九月，至楊村。有士人曹遜、金鑣、孫正疆等來謁，且言有報國之志，願從行。懋第曰：「渡江以來，僅見汝等。今上正位繼統，思得義勇以佐中興。汝等之來，是也！」並録署參謀行陣。

十月初，進至張家灣。時議以四夷館處使臣，洪範無詞。參謀通判陳（係孝廉，失其名）曰：「此行成敗未可知，而所係國事輕重甚大。今陳帥委蛇如此，倘隨勢傾倒，其若王命何？」遂以往來通議諸事白懋第決之，而洪範遂心貳於左。左謂舌人（通事人也）曰：「我奉祭告先帝及酬謝貴國之命而來，蓋以貴國爲我先帝成服，故不敢先之以兵，奈何以夷館授行人？且我奉御書幣聘至境，若以屬國相待，我必不入；義盡名立，師出有名，我何恤哉！」往返再四。

斯時朝士未知江左虚實，心憚懋第。乃議以鴻臚寺處之，遣官騎來迎，建旄乘輿，肅隊而入。十四日，内院滿大學士剛林來詰曰：「何不朝見？」懋第曰：「議禮定，然後可見。」剛曰：「禮如何行？」曰：「昔天朝出使外國，國王皆稽首迎拜。今貴國爲先帝成服，是有禮於我，故但以客禮相見耳。」剛大笑曰：「我大清皇帝即位，不聞爾福王朝貢，乃以天朝自處，直欲我客禮哉？」懋第曰：「本朝不知貴國之事，以貴國有禮於我君，故命使來謝，自應以客禮相見。我國家不幸，罹此大變？今皇上正位繼統，方圖中興大業？汝何得言朝貢？」剛曰：「福王奉何人命僭位？」懋第曰：「先帝遇變升遐，豈有遺詔！今皇帝爲先帝之弟，兄終弟及，率土歸心，奉天繼統。若何許人？敢言僭位！」剛曰：「既知崇禎帝死，若何不死！」懋第曰：「君所言，可以責在廷諸臣，不可以責我。我奉先帝命督兵剿賊，月餘始聞變。我固爲今日計，徒死無益！」剛曰：「既剿賊，賊破京城時，爾作何事？」懋第曰：「我奉命剿賊張獻忠。犯京城者，李自成也。我聞變，即勒兵北行，路聞貴國已驅賊都燕，是以中止；若即以兵來，非殺賊，是剿平爾國矣。且若所言，不過借詞難我。譬如往年爾國入犯，而琉球、朝鮮乘虚驟滅爾國；失國之罪，可以責守國諸臣，其將兵入犯者，爾何能罪之哉？」時懋第聲色俱厲，而洪範、馬紹愉皆唯默不言。懋第復曰：「莫説我江南小，我江南儘大。」剛曰：「誰言大？」懋第曰：「我説也。」洪範以懋第色變，遽曰：「此大事也，非可以一日決，明日再議耳。」剛遂去，洪範、紹愉俱心危之。

明日，剛復來，所言大略如前，而終以「福王僭位」爲詞。懋第曰：「始則福王，今已正大統爲天下主；汝所言，多不通理。且我來祭告先帝，因而酬謝貴國，非以請降及講和來，安得以屬國禮相見？若所行可復命，我即專之；不可復命，我必不行，有死而已！」剛曰：「如此，且發國書來看。」懋第曰：「御書以與國王，若何得預看！」剛曰：「且已！但欲見上，須行臣禮。」洪範謂懋第曰：「不如先生再議他事。」懋第曰：「此來本爲祭告先帝，無他事可議。若相見禮少錯，後無一事如命矣，我必以死争之。」洪範曰：「既不可相見，姑以金帛先之。」懋第因舉示曰：「銀兩以賞陵工軍匠，金幣以謝國王。」悉數之以付剛。剛歡笑而去，私贊懋第曰：「此中國奇男子也！」時我朝新定鼎，不深悉漢事；兩日所辯，皆漢人爲謀主。而懋第慷慨勁烈，詞氣不撓，故我朝亦不能有加於使臣，而心甚重之，饋餌、禮貌甚隆。

懋第遣參謀通判陳、旗鼓副將王廷翰以謁陵事請，報言「崇禎已葬，可毋往」。懋第不得至陵，乃陳太牢、服斬衰，率將士北向，哭於寺廳三日。都人聞者，莫不流涕。守卒以其事告攝政王，王益重之，欲生致懋第，懋第終不屈。

而洪範受王約，許以江南降，爵爲侯，有成言矣。二十七日，有數騎來，遣使臣歸國，出永定門，相次合百騎以從。日行六十里，而使臣所從將士尚八百餘。十一月五日，止滄州十里鋪。忽有數騎從常大人來，遮懋第、紹愉還京，獨遣洪

範歸。騎卒有從懋第、紹愉北者，有從洪範南者，常不之問。而我朝已祭告蚩尤之旗，發兵南下矣。是日，懋第入滄州城宿，守者戒嚴。懋第謂將士曰：「使臣以留爲榮，我死無憾！若等從我固當，然俱死無益，不若盡止滄州。我入燕，觀動静，然後發疏，遣人馳奏。」翌日，從數騎北發，而左營副將張文才、後營副將楊逢春、都司劉英，軍士三百餘人止滄州。

懋第既返，止太醫院署中，邏禁頗嚴，疏未得發。久之，懋第上攝政王啓，略曰：「懋第奉命北來，以禮治兵，所以通兩國之好；今無故稽留我使，士馬日呼庚癸，則後之持節者，誰復不避艱險以圖國是？必致上干天和、下戕民命，亦非貴國之利也！」啓上，攝政王令内院諭懋第：「第静聽，勿有違越。」而都司劉英潛至京，與遊擊樊通往來偵事。

明年乙酉正月，英及參謀曹遜、金鑣入訊。晝閟不得通，夜踰垣入見，懋第曰：「近者，人以利害之説動我，我以壁上所書示之。『生爲明臣，死爲忠鬼』，此吾志也。」又以上攝政王啓示遜；遜曰：「此啓足爲使節光，然今日之事有可否而無成敗。」懋第曰：「我心如鐵石，亦聽之而已！」是時，僞太子亦止太醫院旁署中。懋第潛使所從將士誘問守門滿卒，滿卒曰：「此真崇禎太子，故加防閑，供應不缺。爾太子常言伯父今在南京，要南去。」懋第因爲書二通，一言當遣使臣速歸、一請皇太子回南辨驗，投内院。内院隸扞之數日，始投，卒不報。

二月，懋第以不能躬叩諸陵，遣樊通、陳尚嘉馳詣諸山陵及崇禎帝陵哭叩之。三月十九日崇禎帝忌辰，懋第爲哀表一通，率從行諸臣，以羊豕、香帛望祭，哭叩於太醫院署中，復爲文，以隻雞、尊酒祭忠烈諸臣從先帝死社稷封疆者。

四月，草疏一通，用帛幅細書，藏之蠟中，遣金鑣及都司楊三泰馳金陵奏之。而江淮方阻兵，不得達。比至五月，金陵竟失守矣。曹遜以告，懋第曰：「此事皎然如日月，我志已決，毋煩言！」

閏六月十五日，以江南既平，再下薙髮之令。諭懋第降，且髡之，懋第不從。中軍副將艾大選首髡如法，且勸懋第降，懋第大怒，揮從官立杖斃之。事聞，十九日捕下刑部。刑部曰：「若不早薙頭降，而擅自杖殺人，何也？」懋第曰：「吾頭可斷、髮不可薙！我奉命北來，已辦一死，豈肯自敗於今日，與若輩爲伍？且艾大選薙頭倡叛，恨不以軍法梟示通衢。我自行我法殺我人，與若何與？可速殺我！」遂下獄。

二十日，加鐵鎖三，擁入内朝。懋第喪冠白袍，不北面，南向坐於廷下。攝政王心雅重之，欲生懋第，且大用之；問在廷漢臣曰：「卿等云何？」吏部侍郎曰：「爲崇禎來，可恕；爲福王來，不可饒。」懋第曰：「若言今上是先帝何人？且若中先朝會元，今日何面目在此與我言乎！」侍郎語塞。兵部右侍郎曰：「先生何不知興廢？」懋第曰：「先生何不知廉恥？」於是在廷無復言者。攝政王曰：「爾既爲明臣，何爲食我朝粟半年而猶不死？」懋第曰：「爾入攘我朝之粟，反謂我食爾粟耶！且古之致力中原，亦有藉外國之食者。我國家不幸，罹此大變；聖子神孫，豈遂無人？我今日止有一死，又何多言！」攝政王色變，揮出斬之。左僉都御史趙開心欲起救懋第，同列掣其裾止之，趙不得前。遂擁懋第之宣武門外菜市。懋第昂首高步，神氣自若。既至，南向再拜，端坐而後受刑。劊子楊(忘其名)揮淚稽首懋第前跪，泣不止。少頃，徐起舉鑕，亦不憚滿人之在左右也。是日大風，晝晦；都人奔走流涕拜送者，不可勝紀。懋第既擁出朝，趙開心始得前，啓王曰：「死之適足以成其名，不如釋之！」王可其奏，而懋第已死矣。先是，髡令下，馬紹愉即率所從將士薙髮降，而懋第參謀陳用極、傅宣、遊擊王一斌、都司劉統、王廷佐、千總張良左俱以不從令，同日被殺。遊擊樊通收殯懋第屍於彰義門之白馬阬，並取用極等諸人瘞之。而前所遣楊三泰所齎蠟書，以是年冬泛海入越，始達魯監國發之。

初，懋第之至也，内院大學士洪承疇面之，懋第叱曰：「此鬼也！承疇統制三邊，松、杏之敗，身殉兵革，先帝賜祭，加醮九壇，優以蔭卹。承疇死久矣！何以至今日尚存？若來者，鬼也！」洪至，且前欲與言，卒不得發而罷。他日，内院大學士李建泰訪之，閽者通謁，懋第曰：「老奴何得尚存？昔督兵討賊，先帝特寵餞之；乃既不以身殉國難而又降仕他人，亦有何面目見我哉！」李聞，不得見而去。嗣是朝士欲見者，率遭唾罵。於是咸憚見之，或不得已，一投謁以示「不絶」之意。及江南平，聞懋第題詩云：「峽坼巢封歸路迴，片雲南下意如何？寸丹冷魄銷難盡，蕩作寒烟總不磨！」訖如其言。

二十五日，滄州守知懋第已被害，以告前所留將士楊逢春、張友才等，於是三百餘人皆號泣散去。

明年丙戌六月十九日，陳洪範有疾，忽言左公至，驚悸而死。始，洪範之持節也，江南以通好重寄命之，事成，世加侯爵。而洪範舊通遼左人語，入燕，盡以江左情實告，而心賣懋第。及還，又率南征之兵平江南。懋第見殺，而洪範定爵爲侯，甫期年，卒爲懋第忠魂所殺。

《隆武遺事》

明佚名撰

乙酉五月，南都失守。總兵官鄭鴻逵、鄭彩退師回閩，會唐王從河南來，奉之至福州，與巡撫張肯堂、巡按吴春枝、原任禮部尚書黄道周、南安伯鄭芝龍等，共議唐王監國。王太祖後，封南陽。初失愛於祖父，兩叔謀奪嫡，未得請名，及祖端王薨，守道陳奇瑜、知府王之柱爲之請，得嗣。後以統兵勤王，擅離南陽，錮高牆，會赦，出。性率直，喜詩書，手草傳檄，灑灑數千言。鴻逵請正位以饜衆心，芝龍意别有在，固争以爲不可。諸大臣皆言監國名正，俟出關尺寸，建號未遲。而李長倩亦疏言急出關、緩正位，示監國無富天下之心，不報。擁戴臣貪定策功，不數日，即位於福州，改元隆武，大赦。時閏六月十五日也。是日，郊天，大風拔木揚沙，駕回宫，尚寶司卿坐馬忽驚躍，玉璽墮地，損一角，人咸異之。改福州爲天興府，以布政司爲大内。封鄭芝龍平虜侯、鄭鴻逵定虜伯、鄭芝豹澄濟伯、鄭彩永勝伯。設六部九卿，以張肯堂爲吏部尚書、李長倩爲户部尚書、曹學佺爲禮部尚書、吴春枝爲兵部尚書、周應祥爲刑部尚書、鄭瑄爲工部尚書、馬思禮爲通政司使、鄭廣英爲錦衣衛都督。以天興、建寧、延平、興化四府爲上游，汀州、邵武、漳州、泉州四府爲下游，各設撫按。起蔣德璟、黄道周、黄景昉、蘇觀生、何楷、陳洪謐、林欲楫、朱繼祚、黄鳴俊爲大學士。改庶吉士爲庶萃士，命蘇觀生主之，以招選賢才。又起曾櫻、何吾騶、郭維經、葉廷柱入閣辦事。閣臣至三十餘員；其遠不能至者，尚有王應熊、楊廷麟等，僅列其名。其有票旨，隆武帝手爲之，閣臣閒居而已。德璟、景昉、欲楫力疏辭，行人以死請，乃至。德璟陛見，首請親屯、練軍。集廷臣議戰守，兵定二十萬：自仙霞關而外宜守者一百七十處，計十萬；其十萬，今冬精練，明春出關，一出浙東，一出江西。統二十萬之兵，合八閩、兩浙、兩粵之餉計之，尚不給，然竟成築舍。

時内外文武濟濟，然兵餉、戰守悉委之芝龍。芝龍，泉州人，城南三十里安平鎮，其故府在焉。芝龍從幼在海爲盜，凡海盜皆其故盟、或其門下。自就撫後，海舟非鄭氏旗號不能往來，每舟例入三千金，歲入以千萬計，富擬於國。自築城安平海梢，直逼卧内，可逕達海。守城兵餉皆自給，不取於官；旗幟鮮明，戈甲堅利。盜有遁入海者，檄付芝龍，取之如寄。弟芝虎，勇冠三軍，昔征劉香老，殁於海。次鴻逵、次芝豹，一門聲勢，赫奕東南。芝龍開府城南，坐見九卿，入不揖，出不送。其貴倨如此。

粵西靖江王某，於八月亦稱監國，不奉詔，舉兵將東，廣西巡撫瞿式耜移書丁魁楚爲備，又檄思恩參將陳邦傅防梧。靖江王遣桂平道井濟促式耜入見，式耜不往。未幾，靖江王提兵至梧，命式耜易朝服朝，式耜不從，以兵脅之，卒不奪。靖江王旋爲魁楚所敗，返桂林。時粵西總兵楊國威亦從靖江王，式耜授計於焦璉（國威旗鼓），而邦傅亦應檄至，遂擒靖江王及國威並吏科給事顧奕等，械至，斬之。封魁楚伯爵，式耜進兵部侍郎。

時浙東亦奉魯王監國。先是，清兵入杭州，潞王以城降，原任巡撫祁彪佳赴水死。左都御史劉宗周不食死，有絶命詞云：「留此旬日死，少存匡濟意；決此一朝死，了我平生事。慷慨與從容，何難亦何易！」又示壻秦示瞻詩云：「信國不可爲，偷生豈能久！止水與疊山，只争死先後；若云袁夏甫，時地皆非偶。得正而斃矣，庶幾全所受。」門人會稽諸生王毓蓍聞變，即遺書先生云：「願先生早自決，毋爲王炎午所弔！」即投泖橋而死。儒士潘集奔東渡橋，袖石自沉死。周卜年赴海死。大學士高弘圖流寓紹興城外，至野寺不食死。原任山西僉事鄭之尹子遵謙殺浙江招撫使某於江上，遂同張國維、方逢年、柯夏卿、宋之普、陳函輝、陳汝霖、孫嘉績等迎立魯王於台。會朱大典於金華亦遣唐珏上表勸進，王遂監國於紹興，以國維、逢年、之普爲大學士。國維督師江上，賜上方劍行事，其子世鳳爲將軍。封方國安荆國公，守嚴州；張鵬翼永豐伯，守衢州；鄭遵謙義興伯，王之仁武安伯。補陳潛夫原任御史，加太僕寺少卿，監各藩鎮兵馬。七月，復富陽；八月，復於潛。時兵馬雖集，各不相統，部曲騷然。國維疏請「尅期會戰，則彼此迭入，我有番休之逸；而攻堅擣虚，敵無應接之暇。且必聯諸帥之心化爲一心，然後可使人人之功罪化爲一人之功罪。」馬士英奉弘光帝太妃至，紹興人士猶未知弘光所在。國維首疏參馬士英誤國十大罪，士英懼，不敢入朝。原任禮部□□王思任疏請斬士英以謝天下。王疏云：「戰鬬之氣，必發於忠憤之心；忠憤之心，又發於廉恥之念。事至今日，人人無恥，在在不憤矣。所以然者，南都定位以來，從不曾真真實實講求報雪也。主上寬仁有餘而剛斷不足，心惑奸相馬士英援立之功，將天下大計盡行交付。而士英公竊太阿，肆無忌憚；

窺上之微，而有以中之。上嗜飲，則進醽醁；上悦色，則獻妖淫；上喜音，則貢優鮑；上好玩，則奉古董。以爲君逸臣勞，而以疆場擔子一肩推與史可法；又心忌其成功，而決不照應之。每一出朝，招集無賴，賣官鬻爵，攫盡金珠；而四方狐狗輩願出其門下者，得一望見費至百金，得一登簿費至千金。以至文選、職方乘機打劫，巡撫、總督見兑即題。其餘編頭修脚、服錦横行者，不在話下矣。所以然者，士英獨掌朝綱，手握樞柄，知利而不知害，知存而不知亡，朝廷篤信之以至於此也！兹事急矣，政本閣臣可以走乎？兵部尚書可以逃乎？不戰、不守而身擁重兵，口稱護太后之駕，則聖駕獨不當護耶？一味欺矇，滿口謊説，英雄所以解體，豪傑所以灰心也。及今猶可呼號泣召之際，太后宜速趣上照臨出政，斷酒絶色，卧薪嘗膽；立斬士英之頭傳示各省，以爲誤國欺君之戒。仍下哀痛罪己之詔，以昭悔悟；則四方之人心、士氣猶可復振，而戰鼓可厲、苞桑可固也。」乙酉五月，又上揭士英云：「爲一人定國，可以因敗爲功；千載留名，可以去邪從正事。閣下文采風流，才情義俠，職所素欣者慕者。即當國破衆疑之際，援立今上，毅然主之，以定時局，豈不中外悦服，以爲古之郭汾陽、今之于少保也，何快同幸！然而一立之後，閣下氣驕腹滿，政本自由，兵權獨握，從不講戰守之事，只知貪黷之謀。酒色逢君，門牆固黨，以致人心解體，士氣不揚，叛兵至則束手無策，强敵來而先期以走。致令乘輿播遷，社稷邱墟；高皇帝鼎鍾之華闕，鼙聚腥羶。閣下謀國至此，即喙長三尺，亦何以自解也！憤極神人，懼兼夷夏，恐閣下展轉清夜，夢寐亦不得安！略計將來，良心亦不盡死。以職上計，莫若明水一盂，自刎以謝天下；則忠憤節義之士，尚爾相亮無他；閣下妻孥子孫，庶幾可留苗裔。若但求全首領，亦當立解樞權，授之才能、清正大臣以號召英雄、豪傑，呼號惕厲，猶可倖望中興；所謂一人定國者也。如或逍遥湖上，潦倒煙霞，仍效賈似道之故轍，則千古笑齒已經冷絶。再不然，如伯嚭渡江，吾越乃報仇雪恥之國，非藏垢納汙之區也！職當先越胥濤，乞素車白馬以拒閣下，上干洪怒，死不贖辜。閣下以國法處之，則當束身以候緹騎；以私法處之，則當引領以待鉏麑。言粗意妄，不勝皇恐！」第二揭云：「爲明主宜明、正人宜正，懇乞亟請皇上當陽以還剥復事。某伏處林泉，耄病無識。然聞道路悲啼，仳離逃竄，岌乎殆哉，朝不保夕矣！輒歎國家之事，遂至於此！詢問乘輿，俱云不知去向。堂堂天子，可以喝招乎？可以寄放乎？可以藏匿乎？閣下自許，豈不附於正臣；然皇上乃大明之主也，當曉然與衆共知。啓蹕何日？駐蹕何方？經過行在，委曲圖存，自當一一大書，布告中外。而今閣下以揆首樞元拋撇主人，擁兵自衛，託言護太后駕來，亦如虜中事，謂之『攝政』，豈不羞鬚眉而喪衣冠之氣耳？閣下身爲大臣，又爲親臣、愛臣，形影相依，呼吸相屬，豈有不知今上所在者！而詭秘若此，無非慮虜之追上，而且自爲逃也。正乎？不正乎？皇上何以待閣下，而閣下設心至此，天容之否！且某聞之：君猶日也，日有晦有蝕，而天上斷無二日之理。天上不可一日無日，則天下不可一日無君。今帝座虚十幾日矣，有何妙用，有何奇謀？某以爲光明正大，仍是我朝君相之事；若再欺蒙苟且、不明不白，則中□□□□閣下主何意矣！近聞黄靖南戰勝，虜遁。閣下即當從皇上所在，立請復至留都。如皇上駕在浙境，亦當請至會城，定位以安天下，庶爲正理，閣下仍猶不失爲正臣。嗟乎！閣下果肯盡忠如靖南之戰，皇上既已親征，正是祈父戮力之時；而閣下星夜走避，帶此十萬兵至浙何爲？閣下勿謂天下人盡無手眼，考終命三字不易，子孫三族所係也，閣下試低頭思之！」十月，清兵至□□，方國安嚴陳禦之；國維率王國斌、趙天祥策應，追戰於草橋門。會天大風雨，礮石俱不得發，遂各斂兵。清兵營木城於沿江。閩中詔至，諸求富貴者争應之，監國遂下令返台，士民復皇皇。國維馳至紹興，上疏隆武帝曰：「國當大變，凡爲高皇帝子孫，當同心戮力，興復大業。俟成功之後，入關者王之；監國退居藩服，禮誼昭然。若以倫叙叔姪定分，在今日原未假易。且監國當人心奔散之日，鳩集爲勞；一旦南拜正朔，鞭長不及遥制，脣亡齒寒，猝然有變，悔何可追！臣，老臣也，豈若朝秦暮楚之客哉！」疏入，議始定，而浙、閩已成水火矣。

閩餉不足，芝龍遣給事中梁應奇入粤督餉。應奇往，參遲誤者數十人，命提問，亦莫應。潮州知府楊球遂止越界，不敢入。芝龍又命撫按以下，皆捐俸助餉。官助之外，有紳助；紳助之外，有大户助。又借徵次年錢糧，又察括府縣庫積年存銀未解者，釐毫皆解。又大鬻官爵，部司價銀三百兩，後減至百兩；武劄僅數十兩，或數兩。於是倡優厮隸，盡列冠裳；然無俸、無衙，空名而已。其黠者，倩軒蓋，顧僕役，拜謁官府，鞭撻里鄰。晉江令金允治菈訟，兩造稱職官，則立而語，互毆於庭不可制，受害者延頸。然猶苦餉不足，所招闢門兵不過疲癃數百人耳。時廷臣請出關者章滿公車，隆武亦欲躬履行間，而芝龍以缺餉爲辭，十月，會后至，乃暫止。

初，隆武帝孑身南來，鴻逵以所掠美人十二獻。及后至，乃大興將作，擴搆宮殿，卮匜之器，悉用黄金。開織造府，造龍袍；后服下體，皆織龍鳳形。后性

警敏，頗知書，有賢能聲。每召對奏事，后於屏後共決進止，隆武帝頗嚴憚之。而尚未有嗣，芝龍乃令子森入，賜國姓，改名成功。每伺隆武帝意所向，輒先告芝龍，由是，廷臣無敢異同者，宰相半出其門下。何楷與芝龍争朝班不合，乞歸，中途被盗截其耳，詔求賊不得。給事中劉中藻亦以忤鄭氏去。或密以鄭氏攬權告隆武帝，帝切責芝龍。芝龍怒，佯謝事，帝隨固留曰：「此非朕意，乃某人言也。」芝龍潛中傷之。於是，左右無一同心者矣。南來無賴之徒，争上疏談兵，即得召對；片言合旨，賚寶錠、賜官爵。久之漸多，部曹幾及千人；所賞，芝龍亦不應。隆武心知芝龍不可恃，卒無以制之。芝龍亦以不出關無以饜衆心，乃分兵爲二，聲言萬人，實不滿千人，以鄭鴻逵爲大元帥出浙東，鄭彩爲副元帥出江西。隆武倣淮陰故事，築壇於郊，拜而送之。既出關，疏稱候餉，駐不行。月餘，内催二將檄如雨，而切責鄭彩「畏縮不前，自有國法在」，不得已，踰關行四五百里而還，仍疏言餉絶，留如故。

於是黃道周以師相講募兵江西。江西多其子弟，願俱効死軍前，芝龍不與一錢，隆武給空劄百函爲行資而已。道周以劄號召門下，得百人；居吉安，與楊廷麟、萬元吉爲呼應。出兵徽州，被擒，械送江寧。道周絶粒不食，十四日不死。内院洪承疇疏救，言「道周清節夙學，負有重望。今罪在不赦，而臣察江南人情無不憐憫痛惜道周者，伏望皇上赦其重罪，待以不死」。上不允。尋同中書賴雍、蔡繼謹等死於西市。

吏部尚書張肯堂與郎中趙玉成疏言：「臣等生長海濱，請以水師千人由海道直抵金山，襲取金陵，以迎陛下。」隆武帝大喜，促芝龍造舟，芝龍笑諾。會有言水師諸臣宜留其眷屬以防潛逸者，帝遂止。

丙戌春，以足板(？)擲蔣德璟，幾傷。隆武帝決意親征。二月，駐建寧。楚撫何騰蛟、江右楊廷麟皆具疏迎請，隆武帝欲往江右，意未決，而芝龍固請回閩，閩人數萬呼擁，因駐蹕劍津。而以兵部尚書吴春枝留守，晉大學士；辭不受，留駐浦城。蔣德璟自請行闗，相機督戰，隆武許之。比至，則疲兵弱卒、朽甲鈍戈，無一可爲，德璟告病去。而户部尚書李長倩以餉不繼，憂死，提學御史毛協恭亦憤卒。六月，吴炳自江右單騎入闗，命以布政提調棘闈，而用編修劉以修爲主試官，取中舉子葉瓚等百餘人。一時(？)皇子誕生，群臣表賀，有「日月爲明、止戈爲武」語，隆武嗟賞。大赦，覃恩，凡鄭氏厮養，俱得三代封誥，撰勅織軸者，日不暇給。時兵弱餉匱，當事無談及者；舉朝如醉如夢，不待識者而知其敗矣。

時清遣大學士洪承疇經略江南，御史黃熙胤招撫福建，皆晉江人，與芝龍同里，芝龍密遣人通款，而隆武帝日與魯監〔國〕相仇。監國遣都督陳謙、行人林垐奉使，趦趄未敢入闗，芝龍以書招之，乃入。陛見，啓函稱皇叔父，而不稱陛下；隆武帝大怒，下二人獄。芝龍疏救，不聽。陳謙者，武進人，乙酉春，齎弘光詔封芝龍爲南安伯。比啓讀，券乃誤書「安南」，謙謂芝龍曰：「安南則兼兩廣，南安僅一邑耳。請留券而易詔，更進伯爲侯。」芝龍大喜，厚贈而别，及半途而南京變。芝龍素德謙。有鎮江錢邦芑者，本出芝龍門下，以召對稱旨，擢爲御史，爲隆武信任。密啓曰：「陳謙爲魯心腹，且與鄭至交，不急除，恐有内變！」或以告芝龍，芝龍謂刑所必經其門，臨期救之未晚。至夜半，内傳片楮，别移謙斬之。芝龍聞，伏尸哭極哀，以千金、百布葬謙，爲文以祭，有「我雖不殺伯仁，伯仁由我而死」之語。遂疏稱「海寇狎至，今三闗餉取之臣，臣取之海；無海則無家，非逌征不可。」拜表即行。中使手勅云：「先生稍遲，朕與先生同行！」及之河，則飛帆已過延平矣。芝龍既去，守闗將施福聲言缺餉，盡撤兵還安平，蓋微聞錢塘信也。

錢塘自正月至三月，各營皆西望心裂。王之仁疏言：「始事之日，人人有直取黃龍之志；乃一敗之後，遂欲以錢塘爲鴻溝。天下事何忍言！臣今惟有前死一策，以所隸舟師決戰。今日欲死，猶戰而死；他日即死，恐不能戰也！」三月朔，清兵開堰驅舟入江。國維命之仁統舟師江心接戰，值東南風作，之仁揚帆奮擊，國維督諸軍渡江。會隆武帝命陸清源賚詔至江犒師，馬士英嗾方國安斬之，且出檄數隆武帝過。國維曰：「禍在此矣！」四月，清兵守杭州。監國議抽兵命國維西征，而以禮部尚書余煌兼兵部事，督師江上。時清貝勒王屯兵北岸，江涸可試馬，用礮擊南營，碎國安厨鍋。國安曰：「天奪吾食也！」因念隆武帝曾以手勅相招，往必大用；否亦可入滇、黔。遂於五月二十七夜拔營走紹興，刼監國南行。次日，江上諸師聞之，俱潰，鄭遵謙移貲入海中。二十九日，王之仁兵尚在，亦將入海；國維議抽其兵五千分守各營，之仁泣曰：「壞天下事者，方國安也。今清兵數萬倏渡南岸，孤軍何以迎敵？之仁有舟可入海，公並無舟，何以爲計？」國維乃追扈監國行。尚書余煌盡啓九門，令民出走，既畢，整衣冠赴水死。六月朔，清兵過錢塘，國維行次黃石巖。方、阮、馬三家兵斷所過橋，橋下刻大字兩行云：「方馬至此止。」國安、士英定謀，出獻監國，遣人入守。值守者病，監國脱登海舟，傳諭國維退保四邑，遂過東陽：六月十八日也。二十八日，清兵破義

烏。有勸國維入山者，國維曰：「誤天下者，文山、疊山也，一死而已。」次日，清兵至七里寺。國維作絶命詩三章：詩一章「自述」曰：「艱難百戰戴吾君，拒敵辭唐氣厲雲；時去仍爲朱氏鬼，精靈當傍孝陵墳！」詩二章「念母」曰：「一瞑纖塵不掛胸，惟哀耄母暮途窮；仁人錫類能無意，存殁卹恩結草同。」詩三章「訓子」曰：「夙訓詩書暫鼓鉦，而今絶口莫談兵！蒼蒼若肯施存恤，秉耒全身答所生！」具衣冠，南向再拜曰：「臣力竭矣！」從容赴園池死。興國公王之仁載其妻妾並兩子婦、幼女、諸孫盡沉於蛟門下，捧所封勑印，北面再拜，投之水。獨至南京，峩冠登陸，百姓駭愕聚觀；之仁從容入，見内院洪承疇，自稱「仁係前朝大帥，不肯身泛波濤，願來投見，死於明處。」承疇優接以禮，命薙髮，不從，八月二十四日，就戮西市。兵部侍郎陳函輝哭入雲峯寺，作絶命詞八首。詞云：「生爲大明之人，死作大明之鬼；笑指白雲深處，蕭然一無所累。」「子房始終爲韓，木叔生死爲魯；赤松千古成名，黄蘗寸心獨苦。」「父母恩無可報，妻兒面不能親；落日樵夫湖上，應憐故國孤臣！」「臣年五十有七，回頭萬事已畢；徒慙赤手擎天，惟見白虹貫日。」「去夏六月廿七，虛度一生世法；但嚴心内《春秋》，莫問人間花甲！」「斬盡一生情種，獨留性地靈光；古衲共參文佛，麻衣泣拜高皇。」「手著遺文千卷，尚存副在名山；正學焚書亦出，所南《心史》難删。」「慧業降生文人，此去不留隻字；惟將子孝臣忠，貽與世間同志。」又作「自祭文」、「埋骨文」，從容自經死。禮部侍郎王思任不食死。太僕少卿陳潛夫偕妻孟氏、妾孟氏，夫妻、姊妹聯臂共沉河死。兵部主事葉汝蒕同妻王氏溺死。兵部主事高岱絶食死；子朗爲諸生，亦赴水死。通政司使吴從魯不薙髮死。原任山西僉事鄭之尹沉水死。其諸生死者，諸暨方炯、山陰朱煒赴水死，蕭山楊雲門（一作雪門）自縊死。醫生倪舜生（一作年）正襟危坐磁缸内，命人掩覆，朗聲誦佛死。清兵至金華，大學士朱大典固守，攻月餘，不下。以紅衣礮攻之，城陷，大典縱火自焚死。其子師鄭邠，武進人，亦死之。張鵬翼守衢州，標將秦應科等爲内應，城陷，鵬翼及樂安王、楚王、晉平王皆被殺。督學御史王景亮被執不屈，遇害。阮大鋮、馬士英輩猶擁殘兵數請入關，隆武帝以其罪大，不許；士英遁至台州山寺爲僧，旋爲清兵搜獲。大鋮投降，貝勒令辦事内院；方逢年、方國安及尚書蘇杜等俱投順。

時舊撫田兵及方氏、鄭氏兵，號三家兵，或離、或合，透迤而南，所在刼掠。或挾婦女坐山頭，呼盧浮白，漫衍嶺界四五日，關門無一守兵。又數日，清騎數十從容過嶺。然入閩者，或由建、或由汀、或由福寧，俱從山谷間道出不意，不必由仙霞也。潰兵先過者，焚掠求食。至建寧，科臣黄大鵬、按臣鄭爲虹發倉廩犒之，皆歡呼去，一郡獨全。八月十七日，清兵至浦城，百姓請降，爲虹不可。及兵入，擁爲虹見貝勒，迫之跪，爲虹不屈。貝勒嘉之，勸以薙髮，爲虹曰：「負國不忠、辱先不孝；忠孝俱虧，生亦何爲，寧死不從也！」明日，復召見，責以輸餉，爲虹持不可，噴血大罵。貝勒下令斬之，爲虹奮躍奪刀，自刺其胸不死，遂見殺。義僕陳龍、標下遊擊原某、千户張萬明及子都司張翹鸞、都督洪祖烈俱從死。大鵬亦同日殉難，浦民立祠焉。

隆武帝自芝龍既去，定計幸贛。八月二十一日始行，猶載書十車以從。二十四日，至順昌。聞清兵已及劍津，且踵至，倉皇騎奔，從者止何吾騶、郭維經、朱繼祚、黄鳴俊數人，既而吾騶、維經亦散去。清兵至順昌，搜龍槓，得士英、大鋮、國安於既降後有「請駕出關爲内應疏」；追之，大鋮方遊山，投崖而死，仍戮尸。士英等四人駢斬延平城下，家眷百數口盡給賜兵丁。清兵過延平而東，獨陳謙之子某帥數騎追駕，欲爲父報仇，及於贛州。時隆武帝將入廣，因停一日曝龍鳳衣，遂爲所及，並擒曾后及朱繼祚、黄鳴俊。械至福州，隆武帝與曾后皆遇害。繼祚勒致仕，旋爲亂兵所殺。鳴俊許授五品官，以老疾辭，免。禮部尚書曹學佺、通政使馬思理俱自縊死。別遣固山韓某、李成棟略興、泉、汀、漳等處。九月八日入泉州，德化知縣陳元青迎降，大學士蔣德璟絶食死。十五日，至汀州。十月十九日，入漳州。守道傅從龍、知府金麗澤降，皆仍舊職，不數日，鄉兵起義，被殺。

初，清兵未至泉州，鄭芝豹先至，閉城門，大索餉，皆計鄉紳家財勒取。不應，皆即梟首，至縛親家母於庭。抵暮得數萬。又其火手五百將盡焚城中宫室，以餉未足，遲至明日。俄報固山兵將至，乃奔安平。芝龍保安平，軍容烜赫，戰艦齊備，礮聲不絶震天地。以前遣洪、黄之信未通，猶豫未敢迎師。又自恃先撤關兵，無一矢相加，有大功；而兩廣素屬部下，若招兩廣以自効，閩廣總督可得，猶南面王也。貝勒令泉紳郭必昌與芝龍最厚者招之，芝龍曰：「吾非不忠於清，恐以立王爲罪耳。」會固山兵逼安平，芝龍怒曰：「既招吾，何相逼也！」貝勒聞，乃切責固山，令離安平三十里，勿駐軍，而遣内院二人持書至安平，書略曰：「吾所以重將軍者，以將軍能立唐藩也。人臣事主，苟有可爲，必竭其力；力盡不勝天，則投明而事，乘時而建不世之功，此豪傑事也。若將軍不輔立，吾何用將軍

哉！且兩粤未平，今鑄『閩粤總督』印以相待。吾所以欲將軍來見者，欲商地方人才故也。」芝龍得書，大悦。其子弟皆勸芝龍入海，「魚不可脱於淵」，不願降。而芝龍田園徧閩、廣，秉政以來增置莊倉五百餘所，駑馬戀棧，遂進降表。過泉州，大張布告，誇投誠之勳，猶持貝勒書招摇，得官者就議價。十一月十五日，至福州，朝見貝勒，握手甚歡，折箭爲誓。遂命酒痛飲，飲三日。夜半，忽拔營起，遂挾之而北矣。從者五百人皆别營不得見，亦不許通家信，芝龍對面作家書數封，皆囑無忘清朝大恩語。而謂貝勒曰：「北上面君，乃龍本願。但子弟多不肖，今擁兵海上，倘有不測，奈何？」貝勒曰：「此與爾無與，亦非吾所慮也。」

芝龍既行，鄭彩、鄭鴻逵、鄭成功皆率所部入海；張肯堂往舟山，依魯監國。芝豹獨奉母居安平。芝龍至京陛見，奉朝請。

丁亥秋，鄭彩、鄭成功殺掠漳、泉諸郡，皆破之，汀、邵並亂，遂據建寧。戊子夏，清兵再入閩，破建寧，屠之，直抵泉州，鄭氏兵復遁入海。

附　記

初，福建既陷，惟曾慶據平樂，劉中藻據福寧。己丑冬，清分兵攻之，慶既降，被殺；中藻勢窮，自縊。而延、漳、汀三州界連江右，延平所屬又處萬山中，乘清兵既回，復擁立德化王慈爗，取大田，復龍溪。十一月中，清復遣靖南王耿□□來攻，尚書羅南生出降，王被獲。

癸巳，清兵克舟山；魯監國□□□、張肯堂死之。

己亥夏六月，鄭氏復率舟師大舉北伐，人心震動。師次京口，進攻江寧；軍行不戒，爲梁化鳳乘間襲殺，大敗而去，海氛遂靖。至庚戌，鄭氏有投誠之志。朝廷遣大學士吴□□、吏部侍郎蔡毓榮、學士明珠經理其事，遂命興化知府慕天顔往復臺灣，業有成局；而三藩不欲，事遂寢。又十餘年，三桂就滅，諸藩盡芟。至癸亥、甲子，鄭成功之子□□偕故明之後□□歸降。時天下大定，法網久寬，遂受之，而處之齊、魯之間，海波由是永息矣。

隆武皇帝親答監國魯王御書

王邇來無恙！諭來使齎到書啓、禮物，披閲再四，嘆王意之殷厚，媿朕躬之無似也。

吾太祖夜不解甲，日不去戈，十四年而成一統洪業，封諸藩以周天下。仰窺聖意，一日千秋；或亦曰年穀歲豐，四海咸寧，天子萬年，本支百世而已。朕與姪王同分高廟，喪亂之後，存吾二人。但使稍明理道，何忍一線嫌疑，即是自亡高廟！若求無嫌無疑，惟各善體祖意。有唐蹀血，萬世唾焉；靖難云云，痛祖斯甚！使朕處之，蓋必有道；既見今人笑往，斷不令後人笑今。此實朕志，王勿汎觀也。

朕性至淡，遇每違心。家難垂三十年，荷吾威宗，幸不墜祀。七載奉藩，日以圭紱爲桎梏，辭爵雪父，蒙難八年。昨春寇變，初夏時鳳鎮牟文綬三請進督，願躬擁戴，朕志守節，以死自甘。今其人固在，不可欺也。聖安恩宥，溯流遇變，抵嘉興，擁勸頗衆，朕復以死自誓，出揭首奉潞王。臨安再覆，黄道周、鄭鴻逵翼戴於前，鄭芝龍、浙閩臣奉迎於後，朕猶出揭讓賢；如姪王者，亦在此「讓揭」之内。其時虜勢如傾，人心如沸，瑞、桂、惠王近枝既邈不可問，但有朱家一庶宗，能發憤而纘鴻名，使我祖祀不斷，朕實甘心北面，惜不見此！乃爲文武所逼，以巢、由之身被堯、禹之服；一毫利此，則天地、祖宗誅之殛之，四方萬世誅之殛之！蓋朕雖才非光武，而志願頗效周文。秦、漢以後，帝制太濃，使篡弑接踵，傷哉此位，至苦至危，故祖制所以有「親王樂過天子」之教也。閏六月七日監國，二十七日登極，誓以身殉祖廟；御詔求助萬方，猶曰「始借大號以復舊疆，終必訪道而全高尚」。然今半年，名曰天子，依然長素布袍，宛一疇昔故我；所增者，三鼓批覽不休，黎明寒暑先起。見一好臣，如得性命；聞一警信，似痞埋胸。焦兵勞民，憂文悼武，多少傾不盡苦。朕年近知命，未耀前星；疲面癯形，或亦殉祖之實狀也。王以七月十七日監國於台，八月十六日迎至於紹；朕方喜有分勞，而慮開歧視。日盼王之善音，如冀衣食寒暖。陳曜之回，詞愈於理，音得而未善也；今柯、曹二臣至，音善而猶未盡也。蓋「膝下」之稱，以父待予，是王之過厚；而猶曰啓，曰書，則似婉示朕不足纘鴻名而雪高廟也，朕實虚心自慙。

焦勞六月，各路之師未至，江上寸土未復；親征遲緩，累吾姪王枕戈，臨戎忍痛，然亦非無自也。姪王雖值虜衝，然所當西興一帶數百里，稍易爲力。朕自頒詔四方，雲、貴、兩廣、楚、豫、江、川奏賀畢至，虜寇交訌，錢糧一分未至。而數千里安危仰成於朕，致朕左支右吾。拮据六月，幸賴祖靈，闖逆授首於楚省，靖江底定於粤東，江右境土漸復，三吴臣民踵至。痛念□戰六月，杭虜猶抗，徽逆尚梗，師未奏功。是用今臘六月，朕已親自臨戎，直趨江干督戰；先衢暫住，俟王回音。或諸臣不信朕之坦懷，各恐失其佐命；王或不答，或再復以責備，朕一定怡然自咎。惟期奮力江干，贖朕無能之過。或又不爾，則實不敢舍温、衢，自絶八閩咽喉，躬率兵將於建、撫，爲上游瞻仰孝陵之計。王勉事武林，期與姪王

共至金陵。以情不忍將秦比祖，以地不得不借成説，聊以自明。蓋如所謂「先入關者王」，當關舊京，不當關一杭。咸陽之定，原有成法，是諸臣之小誤當政，勿令義帝笑人。萬一姪王排紛紛之群議，不以列國自待，而負一統高皇；朕之處王止有一讓，王之處朕豈恁恝然！監國既奉欽命，何難一表明尊；此實高廟之靈，非朕福德所至！然存亡關頭，實在於此。朕有言曰：「今而後，斷與王以玉帛見，斷不與王以弓矢見。」王未帝則無不盡其挽，王稱尊則無不盡其讓；朕志決矣，願王首善爲高廟計、次善爲朕與王計也。

總之，雖變遇萬籌，朕第有朴誠自待。信筆無文，惟貴達意。王雖自有其曆，朕曆亦不忍遍頒四方而獨遺王姪不贈也。朕心切盡，置用惟王！

十一月二十日，冊封親、郡十王，令徽遼再續，功繼崇陽，以上答我高廟。王或不厭所聞，故於書尾併及。冬寒珍重，惟監國姪王亮之！

《紹武争立紀》

明黄宗羲撰

紹武皇帝諱聿鎮(鎮係英宗諱，恐誤，或曰聿鐭)，思文皇帝第四弟也。隆武改元，封唐王，以主唐祀。閩敗，浮海至廣州。

時，大學士丁魁楚、瞿式耜已奉桂王監國於肇慶。隆武大學士蘇觀生從贛入廣，故與魁楚有隙，以爲由隆武而言，則宜及其弟，乃與大學士何吾騶、布政司顧元鏡、在籍侍郎王應華於丙戌十一月癸卯朔，請王監國。使主事陳邦彦通好桂王。初五日，王即帝位，以廣州都司署爲行在，改明年爲紹武元年。自舊輔觀生而外，何吾騶仍爲大學士，顧元鏡、王應華皆爲東閣大學士，以軍國事專屬觀生。邦彦至肇慶，桂王見於舟中，皇太后垂簾，丁魁楚侍立。言戰與平孰便？邦彦曰：「天潢之序，固應屬王，何平之有？以言乎戰，外患方殷，寧可尋踪譚尚，貽笑千古。不如早正大位，以屬人心。」魁楚然之。遂以是月十八日，桂王即位，加邦彦兵科給事中，齎詔至廣州。邦彦至而唐王已正位號，遂不敢入。以詔致觀生，觀生頗不自安。

已而桂王命總督林佳鼎、武靖伯李明忠領兵至三水，帝使督師陳際泰禦之(非西江陳大士)。二十九日，戰於城西，唐兵大敗。佳鼎兵晝夜兼行，十二月二日遇唐兵於海口。唐兵皆大艦，乘東南風發火箭、火球以焚桂舟。桂兵登岸，淖深三尺，人馬陷，全軍皆覆。林佳鼎中礮死，李明忠僅以數十騎免。

唐、桂方相持，而北帥佟養甲、李成棟自閩入廣，潮、惠皆開門降。遂用兩府印文移廣州，報無警。觀生泰然不爲備。

當是時，廣州陸寇則有花山砦；水寇則有石、徐、馬、鄭，謂之四姓兵。觀生皆撫之爲用。然桀驁不聽節制，白晝殺人市中，懸其腸於官府之門，莫敢向問。七門之外，號令不行。十五日，北帥李成棟遂以十七騎疾趨廣州，門者納之。帝方幸學閱射，群臣朝服行禮。俄報北兵至，觀生曰：「此妄言，爲敵間者。」斬之。既而洶洶，猶以爲花山砦人。未幾，紅笠載道。宿衛萬人，倉卒不及集。帝變服踰垣，匿王應華家。尋縋城遁至洛城里，爲邏者所獲，安置東察院。成棟使人饋食，帝不食，曰：「吾若飲汝一勺水，何以見先帝於地下？」自縊而崩。

觀生遇吏科都給事中梁鍙問計。鍙曰：死耳。觀生乃大書「大明忠臣義士固當死」九字於壁而縊死。太僕寺卿霍子衡、國子監司業梁朝宗、行人梁萬爵死之。十八日，殺諸王之在廣州者十六人。何吾騶、顧元鏡、王應華皆降，而元鏡尤醜。

史臣曰：唐、桂之搆，外懼方張，又生内憂。蘇觀生之罪，又何逃焉！然觀生受思文特達之知，其立紹武也，與苟息之不食言，可以並稱矣，豈僅僅修丁魁楚之隙哉！若帝之從容遇難，追配毅宗，所謂亡國而不失其正者，寧可以地之廣狹、祚之修短而忽之乎？

《揚州十日記》

清王秀楚撰

己酉夏四月十四日，督鎮史可法從白洋河失守，蹌蹌奔揚州，閉城禦敵。至二十四日未破城前，禁門之内各有兵守；予住宅新城東，楊姓將守焉。吏卒碁置，予宅寓有二卒，左右鄰舍亦然，踐踏無所不至，供給日費錢千餘，將不能繼。不得已，共謀爲主者觴。予更謬爲恭敬，酬好漸洽。主者喜，誡卒稍遠去。主者喜音律、善琵琶，思得名妓以娱軍暇。是夕，邀予飲，滿擬縱歡；忽督鎮以寸紙至，主者覽之色變，遽登城，餘衆亦散去。

越次早，督鎮牌諭至，内有「一人當之，不累百姓」之語，聞者莫不感泣。又傳巡軍小捷，人人加額焉。午後，有姻氏自瓜洲來，避興平伯逃兵（興平伯，高傑也；督鎮檄之，出城遠避）；予婦緣久别，相見唏嘘。而大兵入城之語，已有一二爲予言者。予急出，詢諸人，或曰：靖南侯黄得功援兵至。旋觀城上守城者，尚嚴整。再至市上，人言洶洶，披髮跣足者繼塵而至。問之，心急口喘，莫知所對。忽數十騎自北而南，奔騰狼狽，勢如波湧，中擁一人，則督鎮也。蓋奔東城，外兵逼近，不能出，欲奔南關，故由此。是時，始知敵兵入城無疑矣。突有一騎自南而北，撒韁緩步，仰面哀號，馬前二卒，依依轡首不捨。至今猶然在目，恨未傳其姓字也。騎稍遠，守城丁紛紛下竄，棄胄抛戈，有碎首折脛者，迴視城櫓已一空矣。先是，督鎮以城狹，礮不得展，城垛設一板，前置城徑，後接民居，使有餘地得便安置。至是，工未畢，敵兵操弧先登者，白刃亂下。守城兵互相擁擠，前路逼塞，皆奔，所置木板，匐匐扳援，得及民屋。新板不固，托足即傾，人如落葉，死者十八九。其及屋者，足踏瓦裂，皆作劍戟相擊聲，又如雨雹挾彈，鏗然、鞫然，四響不絶。屋中人惶駭而出，不知所爲，而堂室内外、深至寢闥，皆守城兵民緣屋下者，惶惶覓隙潛匿，主人弗能呵止。外廂比屋閉户，人烟屏息。予廳後面城墻，從牕隙外覰，見城上兵循南而西，步武嚴整，淋雨亦不少紊，疑爲節制之師，心稍定。忽叩門聲急，則鄰人相約共迎王師，設案焚香，示不敢抗。予知事已不濟如此，然不能拂衆議，姑連應曰：唯唯。於是，改换服色，引領而待。良久不至，予復至後牕窺城上，則隊伍稍疏，或行或止。俄見有擁婦女雜行其間，服飾皆揚俗。予始大駭，還語婦曰：兵入城，倘有不測，爾當自裁。婦曰：諾。有金若干，付汝收藏；我輩休想復生人世矣。涕泣交下，盡出金付予。值鄉人進，急呼曰：至矣！至矣！予趨出，望北來數騎皆按轡徐行，遇迎王師者即俯首若有所語。是時，人自爲守，往來不通；雖相達咫尺，而聲息莫聞。迄稍近，始知爲逐户索金也。然意頗不奢，稍有所得，即置不問；或有不應，雖操刀相向，尚不及人（後乃知有捐金萬兩相獻而卒受斃者，揚人導之也）。次及予門，一騎獨指予，呼後騎曰：爲我索此藍衣者。後騎方舍轡而予已飛遁矣，後騎遂棄余上馬去。予心計曰：我粗服類鄉人，何獨欲予？予弟至，予兄亦至，因同謀曰：此居左右皆富賈，彼亦將富賈視我，奈何！遂急從僻逕，托伯兄弟扶婦女，冒雨至仲兄宅。仲兄宅在何家墳後，肘腋皆窶貧居也。予獨留後以觀動静。俄而伯兄至，曰：中衢血濺矣。留此待□，予伯仲生死一處，亦可不恨。予遂奉先人神主，偕兄至仲兄宅。當是時，兩兄、一弟、一嫂、一姪又一婦、一子、二外姨、一内弟，同避仲兄家。天漸暮，大兵殺人聲已徹門外，因乘屋暫避，雨尤甚大，數人共擁一氈，絲髮皆濕透。門外哀痛之聲，悚耳懾魄。延至夜静，乃敢扳簷下屋，敲火炊食。城中四週火起，近者十餘處，遠者不計其數，赤光相映如霞電，𤏲炸聲轟耳不絶；隱隱又聞擊楚聲，哀風凄切，慘不可狀。飯熟，相顧驚憂，淚下不能下箸，亦不能設一謀。予婦取前金碎之，分爲四，兄弟各藏其一，髻履衣帶内皆有；婦又覓一破衲舊履，爲分换訖，遂張目達旦。是夜也，有鳥在空中如笙簧聲，又如小兒啼哭聲，如在人首不遠，詢諸人，皆聞之。

二十六日，頃之，火勢稍息，天亦漸明；復乘高升屋躲避，已有十數人伏天溝内。忽東廂一人緣墻直上，一卒持刃隨之，追踵如飛。望見予衆，隨舍所追而奔予。予惶迫，即下竄；兄繼之、弟又繼之，走百餘步而後止。自此，遂與婦子相失，不復知其生死矣。諸黠卒恐避匿者多，紿衆人以安民符節，不誅，匿者競出從之。共集至五、六十，婦女參半。兄謂予曰：我落落四人，或遇悍卒，終不能免。不若投彼大羣，勢衆則易避；即不幸亦生死相聚，不恨也。當是時，方寸已亂，更不知何爲救生良策；共曰：唯唯。相與就之。領此者，三滿卒也，搜予兄弟金皆盡，獨遺予未搜。忽來婦人，内有呼予者，視之，乃余友朱書兄之二妾也。予急止之。二妾皆散髮露肉，足深入泥中没脛。一妾猶抱一女，卒鞭而擲之泥中，旋即驅走。一卒提刀前導，一卒横槊後逐，一卒居中或左或右，以防逃逸。數十人如驅牛羊，稍不前，即加捶撻，或即殺之。諸婦女長索繫頸，纍纍如貫珠，一步一跌，遍身泥土。滿地皆嬰兒，或襯馬蹄、或籍人足，肝腦塗地，泣聲

盈野。行過一溝一池，堆尸貯積，手足相枕，血入水，碧赭化爲五色，塘爲之平。至一宅，乃廷尉永言姚公居也；從其後門直入，屋宇深邃，處處皆有積尸。予意此間是我死所矣。乃委迤達前户，出街復至一宅，爲西商喬承望之室，即三卒窠穴也。入門，已有一卒拘數少婦揀拾箱籠，綵緞如山。見三卒至，大笑，即驅予輩數十人至後廳。留諸婦置旁室中，列二方几、三衣匠，一中年婦人製衣。婦，本郡人，濃抹麗妝，鮮衣華飾，指揮言笑，欣然有得色。每遇好物，即向卒乞取；曲盡媚態，不以爲恥。卒嘗謂人曰：我輩征高麗，擄婦女數萬人，無一失節者；何堂堂中國，無恥至此？嗚呼！此中國之所以亂也。三卒將婦女盡解濕衣，自表至裏，自頂至踵，並令製衣婦人相修短、量寬窄，易以鮮新。而諸婦女因威逼不已，遂至裸體不能掩蓋，羞澀欲死者，又不待言也。換衣畢，乃擁諸婦女飲酒食肉，無所不爲，不顧廉恥。一卒忽横刀躍起疾呼，向後曰：蠻子來！近前，數人已被縛，吾伯兄與焉。仲兄曰：勢已至此，夫復何言！急持予手前，予弟亦隨之。是時，被執男子共五十餘人，提刀一呼，魂魄皆喪，無一人敢動者。予隨伯兄出廳，見外面殺人，衆皆次第待命。予初念亦甘就縛，忽心動，若有神助，潛身一遁，復至後廳，而五十餘人不知也。廳後宅西房，尚存諸老婦，不能躲避，穿至後面，盡牧駝馬，不能踰走，心愈急。遂俯就駝馬腹下，歷數駝馬腹，匍匐而出，若驚駝馬，稍一舉足，即成泥矣。又歷宅數層，皆無路出，惟旁有衖可通後門，而衖門已有長鐵釘錮。予復由後衖至前，聞前堂殺人聲，愈惶怖無策。回顧左側，有厨中四人，蓋亦被執治庖者。予求收入，使得參司火掌汲之役，倖或苟免。四人峻拒曰：我四人，點而役者也；使再點而增入，必疑有詐，禍必及我。予哀求不已，乃更大怒，欲執予赴外。予乃出，心益急，視堦前有架、架上有甕，去屋不遠，乃援架而上，手方及甕，而身已傾仆，蓋甕中虚而用力猛故也。無可奈何，仍急趨旁衖門，兩手捧錐，摇撼百度，終莫能動；擊以石，則響達外庭，恐覺。不得已，又復摇撼，指破血流；錐忽動，盡力一拔，錐已在握，急掣門戾，戾，木槿也；濡雨而漲，其堅塞倍於錐。予迫甚，但力取戾，戾不能出而門樞忽折，扉傾垣頽，聲如雷震。予急聳身飛越，亦不知力之何來也。疾趨後門出，即爲城脚。時兵騎充斥，前進不能；即於喬宅左鄰後門挨身而入。凡可避處皆有人，必不肯容。由後至前，凡五進，皆如是。直至大門，已臨通衢，兵丁往來，絡繹不絶，人以爲危地而棄之。予乃急入，得一榻；榻顛有仰頂，因緣柱登之，屈身而匿。喘息方定，忽聞隔墻吾弟哀號聲，又聞舉刀砍擊聲，凡三擊，遂寂然。少間，復聞仲兄哀懇曰：吾有金在家地窖中，放我取獻。一擊，復寂然。予時神已離舍，心若焚膏，眼枯無淚，腸結欲斷，不復自主也。旋有卒，挾一婦人直入，欲宿此榻；婦不肯，强而後可。婦曰：此地近市，不可居。予幾不免焉。頃之，卒仍挾婦人而去。室有仰屏，似蓆爲之，不勝人，然緣之可以及樑。予以兩手扳樑，行條而上，足托駝梁，下有席蔽，中黑如漆；仍有兵至，以矛上搠，知是空虚，料無人在上，予始得竟日未遇兵。然在下被刃者，又不知幾何人。街前每數騎過，必有數十男婦哀號隨其後。是日雖不雨，亦無日色，不知旦暮。久之，軍騎稍疎，左右惟聞人聲悲泣。思吾弟兄已傷其半，伯兄亦未卜存亡，予婦、予子不知何處，欲踪跡之，或得一見。乃附梁徐下，躡足至前街。街中人首相枕籍，天暝莫辯爲誰，俯尸遍呼，無應者。遥見南首數火炬蜂擁而來，予急避之，循郭走，城下積尸礙步，數跌復起。每有所驚，即仆地如僵尸。久之，得達小路，路人昏夜互觸，相驚駭。大街上舉火，照耀如白日。自酉至亥，方及兄家宅，門閉，不敢遽擊。俄聞婦人聲，知爲吾嫂，始輕擊，應門者，即予婦也。大兄已先返，吾婦子俱在。予與伯兄哭，然猶未敢遽告仲兄、季弟之被殺也。嫂詢予，予依違答之。予詢婦何以免？婦曰：方卒之追逐也，子先奔，衆人繼之，獨遺我。我抱彭兒投屋下，不得死；吾妹踢傷足，亦卧焉。卒持我二人至一室，屋中男婦幾十人皆魚貫而縛，因囑我於諸婦曰：看守之，無使逸去！卒持刀出。又一卒入，劫吾妹去。久之不見卒至，遂紿諸婦出。出即遇洪嫗，相攜至故處，故幸免。洪嫗者，仲兄内親也。婦詢予，告以故，哭泣良久。洪攜宿飯相勸，哽咽不可下。外復四面火起，倍於昨夕。潛出户外，田中横屍交砌，喘息猶存。遥見何家墳中樹木陰森，哭音成籟，或父呼子、或夫覓妻，呱呱之聲，草畔溪間，比比皆是，慘不忍聞。回至洪宅，婦欲覓死，予竟夜與語，不得間，東方白矣。

二十七日，問婦避所，引予委曲至一柩後，古瓦荒磚，久絶人跡。予蹲亂草中，置予於柩上，覆以蘆席。婦僂居其前，我曲附於後。揚首則頂露，展足則踵見；微出氣息，拘手足爲一裹。魂少定而殺聲逼至，刀環響處，愴呼亂起，齊聲乞命者或數十人，或百餘人。遇一卒至，南人不論多寡，皆垂首匍伏，引頸受刃，無一敢逃者。至於紛紛子女，百口交啼，哀鳴動地，更無論矣。至午後，積尸如山，殺掠更甚。至晚，予等逡巡走出。彭兒酣卧柩上，自朝至暮不啼不言，亦不欲食。渴時欲飲，取片瓦掬溝水潤之，仍睡去。呼醒，抱與俱去。洪嫗亦至，知吾嫂又被劫去，吾姪在襁褓竟失所在。嗚呼！痛哉！甫二日，而兄嫂、弟姪已亡

其四矣，相與覓舊中餘米不得，遂與伯兄枕股，忍饑達旦。是夜，予婦覓死幾斃，賴洪嫗救免。

二十八日，予謂伯兄曰：今日不知誰死。吾兄幸無恙，乞與彭兒保其殘喘！兄垂淚慰勉，遂別逃他處。洪嫗謂予婦曰：我昨匿柩中，終日貼然，當與子易而避之。婦堅不欲，仍到柩後同匿焉。未幾，數足入，破柩劫嫗去，捶擊百端，卒不供出一人，予甚德之。少間，兵來益多，及予避所者前後接踵，然或一至屋後，望見柩而去。忽有十數卒呵喝而來，其勢甚凶。俄見一人至柩前，以長竿掤予足，予驚而出，乃揚人爲彼向導者，面則熟而忘其姓。予向之乞憐，彼且索金，以金始釋予，尚曰：便宜爾婦！出語諸卒曰：姑舍是。諸卒乃散去。喘驚未定，忽一紅衣少年摻長刃直抵予所，舉鋒相向；獻以金，復索予婦。婦時孕九月矣，死伏地不起。予紿之曰：婦孕多月，昨乘屋跌下，孕因之壞，萬不能生，安能起來。紅衣者不信，因啓腹視之，兼驗；以先塗之血袴，遂不顧。所擄一少婦、一幼女、一小兒，兒呼母索食，卒怒一擊，腦碎而死，挾婦與女去。予謂此地人逕已熟，不能存身，當易善地處之，而婦堅欲自盡，予亦惶迫無主。兩人遂出，并縊於梁。忽項下兩繩一時俱斷，併跌於地。未及起，而兵又盈門，直趨堂上，未暇過兩廓。予與婦急趨門外逃，急奔一草房中，悉邨間婦女，留婦而卻予。予急奔南首草房中，其草堆積連屋，予登其巔，俯首伏匿，復以亂草覆其上，自以爲無患矣。須臾卒至，一躍而上，以長矛掤其下。予從草間出，乞命，復獻以金。卒搜草中，又得數人，皆有所獻而免。兵既去，數人復入草間。予窺其中有方桌數張，外圍皆草；其中廓然而虛，可容二三十人。予强入，自謂得計，不意敗垣從半腰忽崩，一穴中外洞然，已爲兵窺見，乃自穴外以長矛直刺，當其前者無不被大創，予股亦傷。前者盡爲卒得，後者倒扒而出。予復至婦所，婦同衆婦女皆伏卧積薪，以血塗體，糞綴其髮，烟灰飾面，形如鬼蜮，鑒別以聲。予乞衆婦，得入草底，衆婦女擁卧其上。予閉氣不敢動，幾悶絶，婦以竹筒授予，口啣其末，出其端於上，氣方達，得不死。户外有卒，一時手殺二人，其事甚怪，筆不能載。草上諸婦，無不戰慄。忽哀聲大舉，兵已入室；復大步而去，不旋顧。天漸黑，諸婦起，予始出草中，汗如雨。至夕，復同婦歸洪宅，洪老、洪嫗皆在。伯兄亦來，云是日被劫去負擔，賞以千錢，仍付令旗放還。途中亂尸山疊，血流成渠。又聞有王姓將爺居昭陽李宅，以錢數萬日給難民；其黨殺人，往往勸阻，多所全活。是夜，悲咽之餘，昏昏睡去。次日，則二十九日矣。

自二十五日起，至此已五日，私幸或可薄赦，又紛紛傳洗城之説。城中殘喘，冒死縋城逃去者大半。舊有官溝，壅塞不能通流，至是如坦途，然亦以此反罹其鋒。城外亡命利城中所有，結伴夜入官溝盤詰，搜其金銀，人莫敢誰何。予等念既不能越險以逃，而伯兄又爲予不忍獨去，延至平旦，其念遂止。原避處知不可留，而予婦以孕故，屢屢獲全，遂獨以予匿池畔浮草中，婦與彭兒哀卧其上。有數卒至，爲劫出者再，皆少獻賂而去。繼一狠卒來，鼠頭鷹眼，其狀甚惡，欲劫予婦。婦偃蹇以前，語告之，不聽，逼使起立。婦旋轉於地下，死不肯起。卒舉刀背亂打，血濺衣裳，表裏潰透。先是，婦戒予曰：倘遇不幸，吾必死；勿以夫婦故乞哀，併累子！故予遠躲草中，爲不知焉。予亦謂婦將死，而惡卒仍不捨，將婦髮周數匝於臂，横拖而去。怒叱毒打，由田陌至深巷一箭多地，環曲以出大街，行數步，必擊數下。突遇衆騎中一人與卒滿語數句，遂捨予婦去，始得匍匐而返，大哭一番，身無完膚矣。忽又烈火四起，何家墳前後多草房，燃則立刻成燼，其有寸壤隙地，一二漏網者爲火一逼，無不奔竄自出，出則遇害，百無一免。亦有閉户焚死者，由數口至百口；一室之中，正不知積骨多少。大約此際無處可避，亦不能避，避則或一犯之，無金死，有金亦死。惟出露道旁與尸骸雜處，生死反未可知。予與婦子並往卧塚後，泥首塗足，殆無人形。火勢愈熾，墓中喬木燒着，光如電灼，聲如山崩，風勢怒號，赤日慘淡爲之無光。目前如見無數夜叉鬼，驅殺千百地獄人而馳逐之。驚悸之餘，時作昏瞶，蓋已不知此身之在人世間矣。驟聞足聲震響，慘呼震心，回看墻畔，則伯兄被獲。遥見兄與卒相持，兄力大，撇而得脱；卒遂趕去，此卒即前日劫吾婦而復捨者也。半晌不至，予心摇摇。伯兄忽走來，赤身披髮，爲卒所逼，不得已向予索金救命。予僅存一錠，出以獻卒，而卒怒甚，舉刀擊兄。兄輾轉地上，流血滿身。彭兒拉卒，涕泣求免（時年五歲）。卒以兒衣拭刀血再擊，而兄將死矣。旋拉予髮索金，刀背亂擊不止。予訴金盡，曰：必欲金，即甘死；他物可也？卒牽予髮至洪宅，予婦衣物置兩甕中，倒覆堦下，盡發以供其取。凡金珠之類無不要，而衣服擇好者取焉。見兒項有銀鎖，將刀割去。去時，顧予曰：吾不殺你，自有人殺你也。知洗城之説已確，料必死矣。置兒於宅，同婦急出，看兄前後項皆被傷，深入寸許，胸前更烈。予二人扶至洪宅，問之，亦不知痛楚，忽瞶忽甦。安置畢，予夫婦復至墳處躲避。隣人俱卧亂草叢中，忽有作人語曰：明日洗城，必殺一盡；當棄汝歸，與吾同走。婦亦勸余行。余念伯兄垂危，豈忍舍去。又前所恃者，猶有餘金；今金已

盡，料不能生，一痛氣絶，良久而蘇，火亦漸滅。遥聞礮聲三，往來兵丁漸少。予婦抱兒坐糞窖中，洪嫗亦來相依。有數卒擄四五個婦人，内二老者悲泣，兩少者嘻笑自若。後有二卒追上奪婦，自相奮擊；内一卒勸解，作滿語。忽一卒將少婦負至樹下對合，餘二婦亦就被污。老婦哭泣求免。三少婦恬不爲恥，十數人互爲奸淫，仍交與追來二卒，而其中一少婦已不能起走矣。予認知爲集氏之媳，其家平日所爲應至此，驚駭之下，不勝嘆息。忽見一人紅衣佩劍，滿帽皂靴，年不及三十，姿容俊爽；隨從一人衣黄背甲，貌亦魁梧，後有揚州數人跟隨。紅衣人熟視予曰：視爾非若儕輩中，實言何等人？予念時有以措大獲免者，有以措大而立斃者，不敢吐實，飾詞以告。復指諸婦子，問是誰？具告以實。紅衣人曰：明日王爺下令封刀，汝等得生矣。命隨人付衣幾件，又金一錠。問汝等幾日不食？予答以五日矣。命跟我來。予與婦且信且疑，不敢不行。至一宅，所蓄甚富，魚米充盈。向一婦人曰：你好好待此四人。與予别去。時已暮，予内弟被卒劫去，不知存亡，婦傷之特甚。少頃，老嫗搬出魚飯食。予宅去洪居不遠，予取魚飯食，吾兄喉不能咽，數箸而止。予爲兄拭髮洗血，心如刀割。是日，聞封刀之語，衆心稍定。

明日，爲五月朔日。勢雖不甚烈，然未嘗不殺掠；而富家大室，方且搜括無餘。子女由十餘歲起，搶掠殆無遺類。是日，興平伯復入揚城，而寸絲粒米盡入虎口矣。蕭條殘破，難以奉述。

初二日，傳府道州縣已置官吏，執安民牌遍諭百姓，毋得驚懼。又諭各寺院僧人，焚化積尸；而寺院中藏匿婦女亦復不少，亦有驚餓死者。查焚尸簿載數共八十餘萬，其落井投河，閉門焚縊者不與焉，被擄者不與焉。

初三日，出示放賑。偕洪嫗至缺口關領米，米即督鎮所儲軍糧如邱陵；數千擔，片時蕩然一空。往來負戴者俱焦頭爛額，臂脛傷折，刀痕滿面，如燭淚成行。搶米之際，雖親友不相顧；强者去而復來，老弱被重傷者終日不能得升粒。

初四日，天晴。烈日蒸熏，屍氣薰人。前後左右，處處焚燒，烟結如霧，腥聞數十里。是日，予燒棉及人骨成灰，以療兄瘡；垂涙頷之，不能出聲。

初五日，幽僻之人，便稍出來，相逢各涙下，不能出一語。予等五人雖獲稍甦，終不敢居宅内。晨起早食，即出處野畔，其粧飾一如前日。蓋往來打糧者日不下數十輩，雖不摻戈而各掣梃，恐嚇詐人財物，每有斃於杖下者，一遇婦女，仍肆擄劫，初不知爲清兵、爲鎮兵、爲亂民也。是日，伯兄因傷重，刀瘡迸裂而死。傷哉！痛不可言。憶予初被難時，兄弟、嫂姪、婦子親共八人，今僅存三人，其内弟、外姨，又不復論。

自四月二十五日起，至五月五日止，共十日；其間皆身所親歷，目所親睹，故漫記之如此，遠處風聞者不載也。後之人，幸生太平之世，享無事之樂，不自修省，一味暴殄者，閲此當警惕焉耳。

時爲督鎮裁，惟有一死謝百姓。或曰，督鎮大臣也，守官當死，督鎮不當死也。夫不絶者，將幸免爲守江計。死易，守江難；爲真難者，舍其易者，賢矣。獨計守江、守河、守廣陵，一也。不能澄清河溯，則守白洋。白洋不守，則守廣陵。廣陵又不守，奔以守江南。無論關不能越，江不克渡，借使潰圍得渡，猶之白洋、廣陵也，亦何益哉！

揚城陷，每滿卒一隊，必有内地一二奸宄爲之引。故初但知殺人取財，後乃知某爲顯官、某爲富户矣；初但知深入閨闥，後乃知破壁啓窖，凡隱微之處無不至矣。大約維揚百姓，始終死於高傑。崇禎一變，即肆鴟張，假争鎮之名，冒扶立之績；虎踞邗溝，而關厢之地盡爲瓦礫。及道鄰（即督鎮）爲和事老人，專務調停。抑萬里長城之靖南（指黄得功）而倚狼子野心之叛寇（指高傑），竟爲安插舊城；遂使故巢春燕，化爲别宅秋鴻，反客爲主。十餘年名重天下者，乃舉動狼狽至此！迨乎睢陽計就，逆藩授首，元爵以乳臭厮養，謂宜圖之反掌，釋其兵力而乃錫封蔭伯，豢數萬豺狼於危城之中，遂使宿將因之越疆，敵國以爲口實，手讀定國先期之檄，未嘗不切齒於當事者也。乃北騎渡河，不能用而故縱之，借以回北旆之指；致傑兵一出，如窮寇無歸，沙洲一帶悉遭狼噬，大橋東路殺人如麻。而紛紛愚氓，至反以圍中爲樂土；攜老負幼，望危城如飛蛾之投火。自四月初八至二十四日入城者何止數萬，盡驅之鋒鏑之下而殲焉，是誰爲之咎者乎！乃城陷之後，復使其假虎威、嚙殘喘，真可謂天道無知矣。予友廷直鄭子之言曰：壞西北之天下者，孫山谷也；壞東南之天下者，史道鄰也。知言哉！

《嘉定屠城紀略》

清佚名撰

明烈皇帝殉國之次年(己酉)五月初九日，南都破，弘光出亡。

明禮部尚書錢謙益率先降附，欲樹德東南，以自解於吳人士。郡人周荃，謙益客也，有口辯，密受謙益旨，謁清帥豫王，言吳下民風柔軟，飛檄可定，無煩用兵。王大悅，即日拜官，使降人黄家鼒佐荃，單騎安撫吳中。甫出都門，郡邑長吏望風解印綬、士大夫皆草間求活，所過輒降。至吳，家鼒南面自若；荃獨微服出没市廛，郡人多爲之用。數日後，明監軍道楊文驄率兵五百人入郡城，執家鼒等戮於市，獲取庫銀滿載去，莫知所之。荃匿民間免，間行歸豫王；王聞文驄襲殺家鼒等，始發兵入吳。三吳禍本，實基於此云。

五月十三日，嘉定縣聞維揚陷，留都將不守。

十五日，不肖子衿羣集縣治，索廩糧、鄉試條編盤費及私贖卷資諸雜項，分毫不遂，攘臂大呼。奸胥亂卒乘勢劫奪，城中鼎沸。舊令錢默，本紈袴子，錯愕不知所爲，盡發公帑置步上，恣其所取。潛出重賄明嘉定總兵官吳志葵，求遣卒衛送出境；並疏倡禍數十人姓氏，欲悉抵於法。隸卒聞風，悉遁去。三十日，錢令得間出亡。

六月初一日，吳志葵遣兵執諸生十一人去。

褫衣就縛，徒跣行烈日中，窘辱備至。緣中軍官力救，釋之。初四日，清大將兼刑部侍郎李延齡、副將總兵官署督撫事土國寶率大兵入郡，始聞改南直隸爲江南，内閣爲内院。十四日，安撫周荃單騎至邑。邑中縉紳皆出避，百姓無主，因結綵於路，出城迎之，競用黄紙書「大清順民」四字揭於門。旋緘邑篆並册籍，上於郡。

清授新邑令吳郡張維熙至。

時六月二十四日也。是日亭午，志葵以百人用白布裹頭，伏時侍御墓旁，晡時，入民家，亂索酒食，聲言欲取張令。人定後，各刈蒲葦一束，然其端，持之以行，其光燭天。城中大震，乃厚集民夫鳴鑼發礮，東向大噪；志葵兵亦羣噪應之。維熙恐，倉卒亦遁。士民狼狽出奔，遺棄嬰兒、失散婦女者無算。天明，閭巷一空，卒無他。二十七日，志葵復發兵來，城内外百姓謂志葵恢復之師，懸綵執香，較迎周荃時十倍。志葵用南都逃將蔣若來爲前導。若來本市井無賴，以膂力遭逢權貴，得爲兵官，不三載，陞南京後軍都督，聞維揚不守，棄其軍，仍作微裝脱走，至是從志葵入城，遽趨庫，僅存銅鋭數十，急使人舁之行。過徐家行，大掠，寸縷無遺；至雞豚菽麥，亦席卷而去。貧民婦子，哭聲震天。志葵、若來欣然有得色，因重載入海。

明淮撫田仰等奉義陽王以舟師駐崇明沙。

是時，淮撫田仰、監軍荆本徹、總兵張士儀、張鵬翼與宦官李國輔等合兵共奉之；志葵乃率妻子從之，旋舍去。

閏六月初六日，維熙復入縣。

初八日，清將李成棟、偏裨將梁得勝等以百餘艘載步騎二千鎮守吳淞。是夕，泊東關外，恣百姓聚觀，傳令索取婆子。維熙以角妓應之，成棟大喜，坐二妓於旁，笑謂觀者曰：今與爾爲一家人，忽畏我也。黎明，從陸路往吳淞，不甚剽掠。惟初七日騎兵先至者過新涇鎮，大肆淫虐；婦女不勝其嬲，斃者七人。時大旱水涸，兵船悉泊東關外，梁得勝以三百人守之。城外居民與貿易如平時，黠者或撫其背，相與嘲笑如舊識。維熙議使人舁水運東關外，得勝大喜，已刻期至吳淞，行有日矣。十二日，城内外喧傳有薙髮之令，人情始懼，遂有變志。是日，志葵遣馬軍俞飛熊賫牌至，略云：初十日郡中民變，殺北兵過半，餘皆躲入府庠，已列栅圍之。本鎮即刻統大兵入縣，仰附近百姓於今晚俱用白布裹頭，雜插柏枝、竹葉、紅箸、鵝毛爲號，共勦東關兵，事成有重賞。各路鄉兵久爲邑諸生支益、國子生須明徵等訛言扇動，一聞有牌，持兵蝟集，謬傳志葵自劉河東過外岡矣。頃，又云：抵青岡墩矣。未及一瞬，又云暫憩察院矣。時即在城居民，亦以爲志葵已入城矣，門遂徹夜不閉，以待遠近鄉兵，集者漸衆。王家宅鄉兵最稱完整，其首許龍於客歲縛誅閤邑叛奴，威名頓著。至是，首犯清兵，與戰頗力。時漏下數刻，不辨誰爲志葵，膽氣甚壯，競舉火擲得勝船。成棟自下維揚、金陵、京口、毘陵諸處，所獲精金、美玉、名劍、寶刀無算，悉付一爐，未及毁者，盡爲鄉兵所擄。舡中多載婦女，已悉被焚。一少婦最姝麗，呼曰：我翰林公女，家在揚州，被掠至此，列公哀憐救我！鄉兵云：速投水中，水淺尚可活。婦曰：我是被鎖在船。語未竟，烈焰燒其身矣。得勝急據高岡，使兵三五作

隊,自上射下,皆應弦而倒。許龍亦中流矢死。鄉兵大潰,始知志葵固未嘗至也。天明,計首級,殺清兵八十四人。得勝率餘衆奔吴淞,狼狽得達。初,成棟至吴淞,策馬周視四境,駭曰:此絶地也,張令誤我矣!及聞得勝敗,兵船悉盡,終夜繞舡,不敢復寢。十五日,精選營中得四十騎,皆驍捷善戰,募吴淞居民朱〔宏〕宇及其子香爲前導,往婁東求救。至羅店被圍,奮死突出,馳而西,過三官堂,殺一僧。有四騎失隊,鄉兵從馬後掣其佩刀,刀落即取而連斬之,人馬俱斃。二騎奔,鄉兵追及,攢稍刺死。惟一騎苦戰,得脱。前隊至時家墳遇鄉兵,復馳而東。鄉兵急追,漸近羅店,鄉兵復大出,兩路急攻,諸騎窘極,隨朱香自間道過蔡家橋,繞出鎮後,扶創而歸。過月浦,復爲鄉兵截殺,落荒而走;望見吴淞城,猶大呼救命!救命!至丁家橋,人馬氣息僅屬一線。成棟窘迫無計,惟縱兵大掠,西至月浦、羅店,南至江灣、楊家行,北至錢家樓、施家巷,居人里徙略盡。城中風聞不一,憂怖彌甚,望志葵眼穿;始悟見棄,皆號哭棄家而走。是夕月蝕,倏忽食既,時天無纖雲,色暗如漆。占曰:食盡無光,主奸人誤國,百姓死、城邑空。其兆成矣。明都察院觀政進士黄淳耀及弟邑諸生淵耀入城。

時閏六月十七日,淳耀及弟淵耀與前通政使司左通政侯峒曾二子邑諸生元演、元潔倡爲守城計。初,淳耀避兵石岡,有同科孝廉丹陽葛麟與二力士至,瞟貌甚雄武,絶不類文人;叩淳耀門,大聲問曰:年翁在否?淳耀父家柱出迎,答以在鄉。麟攢眉良久曰:我憂之甚!年翁純儒,未諳世故,恐不免;思一相見,故迂道,今不及矣!家柱乃固止之,爲停留飲食。及淳耀兄弟歸,與之同訪志葵於雲間,共論當世事。出,謂淳耀曰:志葵,庸奴耳。其言夸誕,欲使他人幹事,彼坐享其成,必誤國事。年翁何故信之?天下事,尚可爲。然君儒者,非其倫,幸勿鹵莽!遂掉臂去,不言所之。後追尋其語,若明鏡著蔡云。

成棟悉鋭攻羅店,屯兵馬橋。

時十八日也。與鄉兵隔水而語,佯言成棟等奉命守吴淞,與羅店無仇釁;今假道歸婁東,並無侵擾,幸寬其一面。鄉兵支洪、陸文等戟手駡曰:汝曹檻羊牢豕耳,莫作癡想!成棟怒,率兵混戰,陰遣鋭卒東渡練祈塘、西渡荻涇,繞出陣後。鄉兵大潰,退屯來龍橋;接戰良久,大敗入鎮。時日未出,居人方爲市,聞變,急升屋;步兵亦升,東西馳逐,屋瓦亂飛。騎兵四面殺人,大呼唐秀才何在?百姓縛出者有賞。唐秀才者,景耀也,初與吴宏宇爲鄰,宏宇降成棟,景耀面數其罪,肆言極駡;且曰:歸告李成棟,汝是明朝人,何投降?速反正,可免大戮!宏宇銜恨切骨,悉以告成棟。景耀復大書一白牌,立馬橋南,諭成棟降。至是,爲清兵所得,磔於市。邑諸生唐培率鄉兵巷戰而死。

唐培誓不反顧,清兵鋭箭並發,培被殺。鎮已破,時有諸生朱霞者尚張小蓋,登屋鳴金,冀集衆復戰。清兵四集,身被數創,墮河,號呼竟日乃死。成棟知鎮民支廉爲鄉兵首,支家橋一帶房屋焚毁略盡,男婦被殺者一千六百四人。是日,城中百姓共殺須明徵,毁其室。明徵,故尚寶卿須之彦之猶子也,素無行,爲鄉里所擯。一聞南都破,即冠帶乘軒謁成棟,稱署嘉定營守備事;仍通志葵,復稱監紀推官。勢劫維熙,取官銀數千;招家丁六十名,悉衣錦綺、懸佩刀,招摇街市間。時率之至安亭鎮,訪其奸豪,與促膝密語,每揚言遣人赴各鎮請鄉兵,分守諸要害。時城守頗嚴,有夜半叩關者稱爲明徵請兵入;特啓關納之。問鄉兵何在?漫應曰:城主性慳,不肯發糧,已散去矣。衆口詰問,語極支難,始大疑之。十八日薄暮,城中競傳明徵家窩藏奸細,復私造都督牌印並冠帶、盔甲數十副,謀盡殺滿城百姓,迎成棟兵,合城驚擾。有頃,西關外獲奸細,嚴刑鞫之,供爲須黨,一時大譁,真假莫辨。明微倉卒出亡,至南關受縛,步稍遲,大挺擊之,疾呼稱寃,莫爲置辨。驅至察院前,斬首刳腸,斷四肢分置各城門。捕其家丁,悉誅之,家室縻碎。十九日,淳耀等相與謀曰:今事成騎虎,無主必亂。乃令元演作書急促其父峒曾入城,鄉兵亦列幟往迎。既至,集衆公議,畫地而守:東門,峒曾爲主,邑諸生龔孫玹佐之;西門,淳耀爲主,其弟邑諸生淵耀佐之;南門,孝廉張錫眉爲主,前秀水縣儒學教諭龔用圓佐之;北門,國子生朱長祚爲主,鄉袞唐咨禹佐之。處分已定,各率衆上城巡邏,嘉人士争縛袴執刀以從,人情頗覺鼓舞。東、北二門俱用大石疊斷街路,惟西、南二門稍按時啓閉,仍用屋木、亂石横塞道途,以遏兵鋒。二十日,立挨門出丁法,分上中下三等:上户出丁若干,衣糧自備,仍出銀若干,備客兵糧餉並守城頭目燈燭之費。中户出丁若干,衣糧自備,仍出銀若干。下户止出一丁。分堞而守,每丁日給錢六十文,衣糧燈燭悉自備。城上分四隅,自某地起至某地止,分屬各圖,每圖擇一人爲長。日入後,當事者親自巡歷,以稽勤惰。

其大事專屬峒曾、淳耀處分。是日，二都鄉兵縛一投牒者至，稱爲間諜。鞫之，實志葵送書人，發函，有「吴門之虜斬馘殆盡，杭州之虜貝勒云亡」之語。當事者深信不疑，不虞其見罔也。二十三日，志葵復遣牌至，許遣游擊蔡喬督兵協勦。當事者議云：新令張維熙係清兵所署，難與共守。驅出城，推明原任儒學訓導萬達攝縣事、巡司俞尚德充捕官。是日，復有健兒四人持志葵牌至，來文與原牌互異；嚴鞫之，供爲婁東諸生浦學、浦嶠僞造，將乘我不備，襲取縣城。既得實，立梟四人於市。爾時，聲勢岌岌，人不自保，然恃侯、黄諸縉紳協力守城，避難士民扶老攜幼而歸，不絶於路。城上揭白旂，大書「嘉定恢勦義師」。奈兵餉兩缺，所仗惟城外鄉兵；乃設計四布流言，云清兵驅百姓薙髮訖，即臨以白刃，逼令自殺其妻子，籍爲兵，使居前隊當矢石，必無活理。與其客死他鄉，何若集衆禦之，可僥倖獲免也。鄉民聞之，大震怖。弱者終日鍵户，與妻子對泣；强者斬木揭竿，擊金鼓集衆。然百姓騷然，不遑寧處矣。因念燒雉一事雖志葵首禍，使非支益扇動其間，不至敗决如此。且益在閣部史可法標下聽用，領胖襖銀五千兩，南都破，悉飽私橐。衆欲取爲義兵餉，競往攻之，勢如轟雷；父子、祖孫死者五人，悉斬其頭，與明徵並頭懸城上。頃之，南翔獲明徵妻子，斬割屠戮一如明徵。鎮中著族李氏，自世廟以來，蟬聯不絶。貢士李陟，少有雋才，知名當世，居於城；聞南都破，於勸農公署起鵠社，傳籤巡更，與何凌虚等招集義兵，號匡定軍。議於南翔諸富賈户派出餉，諸賈人皆銜之。誅明徵之夕，陟方會飲南城，聞變，遽擲杯走，犯夜。南翔里兒怪之，妄言李氏潛通於敵。有洪濱者，暴起諸生間，阿附李氏，爲衆所賤，指爲奸細。濱恐，匿李氏宅，鎮中諸惡少群擁之門，陟與其從叔抗之，濱等對衆猶嫚駡自若。里兒素憚李氏，懼事定後必正其罪，因遂破其門直入，無少長皆殺之，分投捕殺諸李，赤其族。各路聞風，競相盤詰；路人單行，稍涉疑似，即縛去，亂鎗戮死，棄尸河中。甚至一言忤意，白刃驟加；其人方欲置辯，身首已離。窮鄉僻壤，自相仇殺；三四人聚黨拔刃至人家，往往滿門受戮，遠近殺害無算。時正亢旱，災威逼人；道旁乞丐争挾毒投井中，以扼鄉兵。事露，引頸受刃無一言，莫知所使。橋道扼要處皆設廠，晨夜共守；雖五家之聚，亦起鄉兵。以無餉故，一再至城中，即絶跡不來。當事者懼，張榜四門：此後鄉兵來者，集護國、留皇、光慶寺中，爲首一人入城領餉。於是，來者漸衆。二十四日，成棟遣其弟統精騎數十奪路往婁東求救，涕泣與訣曰：我軍成敗，在此一舉。汝不勝，勿復見我矣。諸騎奮死衝殺，一路搏戰，至北門，鄉兵大集，諸騎前後受敵，以漸逼入倉橋街；鄉兵兩路夾攻，將舉火焚之，諸騎窘，冒死突出。鄉兵合圍，殺獲五騎。餘騎將過倉橋，諸生朱元亮出薪炭數十簍，熾火橋上，用酒醋潑之，橋石頓毁，城上發火礮殺三人、一馬，連橋擊斷。一人手撤佩刀，被創死路旁，蓋成棟弟也。從騎急下馬取首級，掛鞍後馳而東，復返吴淞，哭於路也曰：我等皆高鎮勁兵，自隨邢太太降後，所過風靡。嘉定縣何物蠻子，來數日，殺我副將六員！幾日無援，我軍生路絶矣。成棟聞弟死，日夜與諸將相對涕泣。奈鄉兵本村農烏合，初無將領，乘興一聚，即鳥獸散，郊外無一人往來，孤城蕩蕩，僅存一白旂迎風招颭而已。成棟於軍中選黠者二人，去其辮，作僧人服，潛至城下，偵得實，歸報。成棟舉手加額曰：天也！天也！始謀身自率合婁東兵共破嘉定云。爾時，城中束手無策，惟連請志葵星馳赴救。時志葵已貳於義陽王，以計脱其妻子，遁歸雲間，斂諸鄉衮暨富貴金建牙泖湖矣，許即日遣游擊蔡喬率兵來援。當事者大喜，用白旂大署「游擊將軍蔡督令精兵十萬、鄉兵三十萬刻日會勦」云云，冀聳動老營使爲内應，募急足賫至吴淞境上。成棟諜者早伏近郊，纖悉畢知。二十五日，城中以書幣迎蔡喬於塗，其兵不滿三百，皆瘺弱不振。惟喬頗勇健，使銕簡重二十五斤，差以可用。所攜火藥、糧儲在舟中，求姑置城内，自率兵營於城外。議者皆曰：宜許之。被戰而勝，軍資在我，其心益固；不勝，留以爲質，勢不敢棄我去。峒曾、淳耀等以喬素微賤，心不可保，乃遣人饋問，令泊舟南關外。二十六日五更，方遣人市羊豕祭旂，傳令於東關外安營，次第引舟前。成棟遣諸將銜枚疾走，已嚴陣以待。蔡兵不知所措，争赴水奔逃，追騎以鎗尖貫其胸，若刺魚鼈。喬尚卧舟中，聞變驚起，持銕簡躍登岸，步行衝陣，頗有殺傷；奪一馬乘之，孤身獨戰，力盡敗回，清兵圍之數匝。東關有徐福者奮力往救，與喬俱死。其兵初無紀律，一時潰散。峒曾、淳耀等扳堞而望，見喬敗，惟連呼高皇帝、烈皇帝在天之靈，慟哭相向而已。成棟遣十餘騎，若將薄城者，城上連發大礮傷二人，遂引去。過新涇鎮，縱火焚屋，雞犬悉盡。成棟至吴淞，分遣步兵於月浦、楊家行等處，捉人剃頭；且云：助我破賊，財物恣汝取之。時吴淞老營已降順，因沿村擄强壯益之，兵勢復振。二十九日，成棟悉衆過東門，迤邐以北。當事者懸十金

募人渡濠，焚倉橋一帶民居。成棟至婁塘，扎營磚橋。鄉兵預於鎮之東偏駕木爲高臺，用作偵探；出弓箭手二十餘人立宣家墳，鄉兵環集左右。成棟使騎兵分左右翼，自將中軍衝殺而前。鄉兵力戰，以步騎不敵，死傷略盡。會日暮，成棟吹螺收兵，入村落，淫殺無度，取其雞豚，夜縱飲不輟。各村鎮猶傳清兵自吴淞來，一路爲鎮兵截殺，所存不過十數騎，今力竭勢窮，願獻精金百鎰買路歸婁東矣。未幾，又傳二十三都鄉兵夜負豆葉一大捆於背，伺清兵熟睡，入其營，誘致羣馬，驅之南，騎兵恐獲罪，逃逸者過半矣。諸鄉兵未諳兵勢，争裹糧礪兵而來，峒曾、淳耀等親自臨城，勉以忠義，言與泪俱，人皆感奮。因下令諸鄉勇能鼓衆赴敵者，每人先給白布二疋，仍每日頒折餉銀二錢；有能得敵兵首級者，每顆給銀十兩。

七月初一日，會兵磚橋東。

不下十餘萬人，排擠擁塞，紛呶如聚蚊，多適爲累。清兵每戰必分左右翼，鄉兵不識陣勢，呼爲蟹螯陣。每發挑戰，多不過十餘騎，皆散落不集一處；諸鄉兵遥見兵出，擁擠益甚，手臂相摩戛，軋軋作聲。淳耀聞事急，呼其僚壻諸生徐文蔚，慰勉之，使率西門鎮鄉兵疾馳赴救，拜而送之。杭家村，安亭鎮一小聚落也，亦集衆赴義，獨揭一紅旂在前；諸鄉兵因言紅旂者，宜作前鋒。執旂者，杭文若也，其人曾習舉子業，少年鋭氣，率爾獨出，其降人毛玉佩揮斬馬刀，直前亂砍，殺騎兵二人。戰良久，復殺一人；將奪其馬，清兵攢矟刺之，玉佩、文若並死於陣。西門鎮鄉兵馮滿、龐瑞、許臣等猶奮死血戰，大呼併力，卒無應者，乃曳兵反走，徐文蔚被殺。清兵乘勝直前，走者不知所爲，相蹈藉而死；抉眼流腸，不計其數。前阻大河，欲退無路，殘兵競投戈赴水。時正溽暑，數暴雨，河水驟漲，尸骸亂下，一望無際。成棟大陳兵仗，踞鄉兵所架高臺，麾兵入鎮肆行屠戮，共殺一千七十三人，虜去婦女無算。選美婦、室女數十人，置宣氏宅；慮有逃逸，悉去衣裙，淫蠱毒虐不可名狀。分部括取金、帛，滿載往婁東。城中猶訛傳鄉兵大捷，户派煮酒飯若干，以犒勝兵。頃之聞敗，悉括城中老幼，驅使上城，連日夜莫敢交睫；於西東南北荒落處，各設層臺一座，集衆守之。因所獲奸細藏詩謎於衣領間，有「女墻無樹不棲鸞」之句，疑於此處有内應也。是日，東關外傳入成棟榜文，有「開門降，誓不殺一人」之語。或謂大勢已去，諸公宜爲十萬生靈計。淳耀怫然推案痛哭，峒曾、錫眉等亦悲不自勝，取榜共裂之。急遣人焚沿城一帶民居，烟焰張天，累日夜不息；於烈日中督促民夫搬運磚石置城上，莫敢暫休。視城外一望曠蕩，鄉兵無一置者；每近黄昏，風景慘淡，鬼聲啾啾，城中掩泪相視，共知必死矣。

清兵至婁塘。

解甲韜戈，寂然不動。初三日，會同婁東兵擁大衆至，盡鋭攻城，礮聲轟轟不絶。守城百姓，股栗色變，當事者懼，分投慰勉曰：我與爾曹室家婦子盡在是，少有蹉跌，萬家同命矣。百姓哭應曰：諾。復懸重賞募人渡濠，焚西關外河南一帶民居，莫肯應。先是，錢令去時，開庫盡給羣胥，軍器火藥惟人所取；四門城樓扃鎖甚堅，尚有存者，鄉兵至，乃悉取之，至是徒手應敵而已。嘉定本土城，嘉、隆間倭奴屢攻不能克；自邑令楊旦築磚城，最稱完固。清兵發大礮衝之，頹落不過數版；乃多舁板扉至東北城下以禦矢石，使數十人伏其下穿大穴，腰間各繫長繩，有死者即牽去，復用壯丁補之，穴遂透。諸生馬元調、侯元演、元潔等督民夫急用金汁灰瓶盡力防禦，陷處下巨木塞之。清兵乃佯攻東門，潛遣卒至北門，欲從水竇入城中；復運下大石，不能克。是夕，有赤氣起於北方，俄變成黑，其長亘天。守陴者喧傳有神人披髮仗劍立馬雲霧中，皆曰：元武神也。望空羅拜曰：神人相助，我屬無患矣！然瞰城下，兵益衆，攻益力，舉礮益繁，終夜震撼，地裂天崩，礮硝鉛屑落城中屋上簌簌如雨。嬰兒婦女狼奔鼠竄，雖至窮苦，必以一簪一珥繫肘間，曰：此買命錢也。捱至初四日五更，大雨。守城百姓露立三晝夜，兩眼浥爛，矇騰欲仆；復遇暴雨，舉體沾濕，食飲俱絶，不能自支，漸有去者。時當事者與諸孝廉、青衿悉仗劍立雨中，見守城者將散，大驚，分投勸勉，然不能禁矣。清兵見守城者漸弛，攻愈急，多縛軟梯至城下。一將以大桌覆其面，躡梯而上，勢如飛鳥。城上磚石如雨，悉中桌上，一躍而登，遂斧斷東關，縱兵大入。峒曾猶坐城樓，指麾自若，二子侍，遽呼曰：事急矣，何以爲計？答曰：有死而已，復何言！所恨者，枉送一城百姓耳。語未竟，守陴者而過，大呼城已破。峒曾急呼二子去，不從；復大聲訶之，走數步復還。峒曾怒，叱曰：我死國事，分也；祖母在，若輩應代我奉事，戀我何爲！二子慟哭而去，至孩兒橋，皆被殺。峒曾溺宣家池，不死；立水中，歎曰：人死亦大難事！欲顧見一伍伯，乃其兵憲時隸也，隨峒曾在城，因使抑其首，冀得速死。隸泣不從。固命之，乃兩手抑其首入水，啾啾有聲，復

不死。爲清兵引出，斬之，競奪其首，獻之成棟，梟示四門。一日，復懸門左旂竿上，大署「逆官侯峒曾首級示衆」。初六日，清兵棄城去，繩絶墮地，眼鼻已潰，鬚髮猶赫然可辨。國子生朱之熙識，急捧歸，篋送廠頭里，覓尸身不得。其僕哭於路曰：主君殉難時，下體着黄紗褌，用緑絲帶結襪。有童子指之，知其處，驗之，良是，得就木，若有神助云。方城破時，西門尚未有兵，城中男婦悉西走；街路俱有亂石走塞，顛頓得達，號哭求啓關。淳耀堅握鎖鑰，不應。其同榜進士王泰際適至，爲百姓請命，語甚哀懇，不從。復以年誼動之，淳耀大怒曰：若欲獻城，請自爲之；我頃刻死人，不顧年誼矣。泰際急走南門，縋城逸去。俄聞城破，方聽啓關，城門爲巨石堵塞，僅容一人往來，然鼠竄而出者尚數十人。及清兵至，悉從屋上奔馳，通行無礙，難民在下者反阻絶，不得路，悉投河死，水爲不流。淳耀兄弟知事不可爲，方下城，遇其紀綱僕，急問我父安在？謬應曰：死亂兵矣！淳耀痛哭仆地，不能起。時大雨濘甚，淵耀自控一馬至，趨淳耀及乘；至一庵，乃平日與其同年友陳俶讀書處也。主僧毫無等者尚在，獻茶。啜茶畢，諭事無等曰：大師急避，某兄弟從此辭矣！因起鍵户，取筆書云：遺臣黄淳耀於弘光元年七月初四日自裁於西城僧舍。嗚呼！進不能宣力皇朝，退不能潔身自隱。讀書寡益，學道無成；耿耿不滅，此心而已。異日寇氣復靖，中華士庶再見天日，論其世者，尚知予心！書罷，顧視淵耀，已赫然梁間矣。淳耀仰屋而歎，遂縊其側。初，淳耀精心理學，於書無所不窺，著述甚富。既連掇巍科，布衣徒步，不異秀才。時嚴勑家人，勿預外事。居常鬱鬱，恨所志不遂。自國變，益復無聊。淵耀每譬解之。一日，淵耀自外入，見幼弟戲於庭，撫其背曰：六郎，汝豎子何知！國事至此，汝大兄必死節；兄死，我不忍獨生。汝將來未知流落何處，尚爾嬉笑耶！時清兵未至，衆人詫爲不祥。至是，果驗云。

明張孝廉錫眉守南城，度必破，死之。

於六月二十六日，先作絶命詞，大書袴上云：我生不辰，僑居兹里；路遠宗親，邈隔同氣。與城存亡，死亦爲義；後之君子，不我遐棄！及聞城破，謂其友曰：宜速死。對曰：城破之原，不由我輩，空死何爲！君若獨斷於心，無所不可。錫眉先驅妾入水，方自溺。龔教諭用圓，抱其兄邑諸生用廣大慟，相謂曰：我祖父清白自矢，已歷三世；今日苟且圖存，何面目見祖宗於地下！因共溺，兩尸浮出水面，猶握手不解。其弟邑諸生用厚，攜妻子出避，尋自溺；蓋兄弟三人同殉云。城之被破，在東關北偏第一鋪，成棟尚在東關外小武當廟中。辰刻，乃開門入，下令屠城，約聞一礮，兵丁遂得肆其殺戮。家至户到，小街僻巷，無不窮搜；亂葦叢棘，必用槍亂攪，知無人然後已。兵丁每遇一人，輒呼蠻子獻寶！其人悉取腰纏奉之，意滿方釋。遇他兵，脅取如前。所獻不多，輒砍三刀，至物盡則殺。故僵尸滿路，皆傷痕遍體，此屢砍使然，非一人所致也。余隣人偶匿韲篠中得免，親見殺人情狀。初砍一刀，大呼都爺饒命。至第二刀，其聲漸微。已後雖亂砍，寂然不動。刀聲剨然遍於遠近，乞命之聲嘈雜如市。所殺不可數計，其懸梁者、投井者、斷肢者、血面者、被砍未死手足猶動者骨肉狼籍，彌望皆是。投河死者，亦不下數千人。三日後，自西關至葛隆鎮，浮胔滿河，舟行無下篙處；白膏浮於水面，坌起數分。婦女寢陋者，一見輒殺。大家閨彦及民間婦女有美色者，皆生虜；白晝於街坊當衆奸淫，恬不知愧。有不從者，用長釘釘其兩手於板，仍逼淫之。嘉定風俗雅重婦節，慘死者無數，然亂軍中，姓氏不聞矣。初六日，成棟拘集民船，裝載金帛、子女及牛馬羊豕等物三百餘艘，往婁東，財物木棉，悉委棄不取。初十日後，士民倖脱者始絡繹入城，見室家零落、里井蕭然，無不放聲大哭。十四日，城内外喧傳明大將左良玉已復南都，清將李成棟等俱遁歸揚州。或云成棟悉輦金寶置高郵州，俟秋高後，復謀大舉，今崑、嘉雖被戮，清兵業已解散。爾時人心惶惶，聽不根語，莫敢寧居。二十三日，江東朱瑛自稱游擊將軍，率五十人入縣，行牌督百姓守城，莫肯應。諸生張有光自郡歸，從衆薙髮；過察院前，見門啓，偶入閑觀。朱瑛立使人縛之，叱使北面跪，數其罪，戮之於市。民間競傳明兵至，瑛出西門，就護國寺給已經薙髮者免死牌，百姓争取之。葛隆鎮、外岡、馬六、楊家行等鎮鄉兵復聚，遇薙髮者輒亂殺；因沿路燒劫，烟焰四起。遠近聞風，護髮益堅。有徐元吉者，明吴淞所諸生徐鳴鹿之子，向爲本鎮中軍，成棟使署坐營把總事。嘉定破，每丁一名，勒令納紬衣五領、銅錫器五件，積資巨萬，以薙髮爲名，日出行劫，割人手、啖人心肝，動以百計。雖遇親戚朋友，無所擇。其父鳴鹿素長厚，每聞元吉殺人，輒仰天大號。元吉怒，毒殺滋甚，與朱香、曹壽、趙五、哈伯章等分部殺掠，數十里内草木朱殷。時城中無主，積尸成坵，惟三、四僧人於被焚處撤取屋木，聚尸焚之，民間炊烟斷

絕。忽婁東浦嶠率兵至，有郭元者，街市細民也，不勝憤，登城數之曰：浦六，我嘉興、太倉一水之隔，嘉定被屠未出十日，汝人面獸心，公然來作賊，剥取煨燼，狗鼠不食汝餘！汝速去，不去，將磔汝於市。嶠掩面反走，歸愬成棟曰：嘉定恃其嚚頑，將復叛矣。成棟怒，二十四日，遣婁東降將萬國昌等率兵至葛隆鎮，屯織女廟。本鎮劉敖、王憲等集衆得千餘人，椎牛共盟，誓不反顧，因會合外岡鎮鄉兵扎營薛市門橋，吹角鳴鑼，連發大礮，挺刃奮呼，乘鋭疾戰。清兵少却，鄉兵奮死追擊，且戰且行。有清將一，失其姓氏，身長八尺餘，面色如銕，乘馬壓陣，偶失隊，鄉兵朱六於道旁登溷，適清將單騎過其前，不意中突出抱之，因墮河中。清將倉卒拔刀，未及出鞘，朱六用兩手緊束之，疾呼求救！鄉兵聞喚聲甚急，反視，見朱六正與清將相搏，濺水如濤山浪屋，大笑，争下水擒之，立刻梟斬，首級大幾如五升檠。復鼓衆急追，及於南馬頭，復大戰，共斬七十二級。鄉兵懽聲動地，以爲此後不敢正眼覷葛隆鎮矣，遂稍懈散。二十六日五更，清兵大至，鄉兵未集，惟孫小溪父子四人守南橋小溪，被殺。清兵入鎮，居人尚未起，肆行屠戮，流血没踝，乘勝屠外岡鎮。二十七日，浦嶂等知外岡、葛隆二鎮已破，道路無梗，且嘉定初被屠，雖有存者，勢不敢抗，然不剿絶，後必有變，因力勸成棟再屠其城。是日，逢嶂者齠齔不留。嶂既據縣治作令，自念本婁東人，距嘉定不四十里，與嘉人士素通聲氣，非刑殺，無以示威。於是，邑諸生朱衷恂，以留髮故，梟首東門。諸生婁復聞，嶂友也，於南門外被縛，尚呼嶂字曰：浦君屏，我好友；釋我，當厚報！語未脱口，並其妻子及娣及外甥悉斬首，婁氏血脈遂絶。遺民重足而立，嶂乃安意肆志，發兵入村落打糧，鄉里男婦悉用亂草蒙頭，伏水中以避害，蓋數十里無寧居者。嶂日夜與其鄉里兵丁共分財帛，並括取木棉器物，滿載婁東。於是，邑中貧富悉盡。未踰年，清部院廉知嶂罪，下郡獄，受笞無數，旋伏誅。嗚呼！孰謂天道遠哉！初，成棟至吴淞，明百户哈伯章首獻軍器、火藥，三科武舉馮嘉猷獻吴淞遠近地形、本所攻圍守禦之法。及成棟攻松江府，以嘉猷署吴淞總鎮事。嘉猷於地方多所寬貸，遠近百姓甚倚之。惟徐元吉甚肆荼毒，嘉猷反憚之。原任陸營把總吴之蕃者，父斗南，於崇禎朝奉命討流賊死事，之蕃常自謂忠孝之門，聞手下百户降，怒曰：奴輩皆世賊，降何容易！俟大明兵得汝，定當抉汝眼、剖汝腹、鑿汝筋、抽汝骨，今日且莫喜也。

八月十六日，把總吴之蕃起兵江東，被獲死之。

之蕃於江東起兵，至吴項橋登岸。嘉猷聞報，聚老營兵，涕泣曰：汝曹聞之蕃前日語耶？猝有不利，我與汝皆碎首矣！老營兵踴躍用命，先遣人焚之蕃舟。之蕃兵皆烏合，見火起，一時潰散。之蕃連殺數人，不能定，呼天哭曰：我父子並死王事，分也。所恨心力殫盡，得起義師，未戰而潰，我目弗瞑矣！於是，挺鎗欲赴鬬死。居民汪三素與相識，以好言誘之，陰謀竄取。之蕃素抗直，不疑，與同行。至水旁，三忽推之墮水，爲所擒。嘉猷兵呼之蕃及其父祖名，大駡；以所得首級懸其項，困辱萬端。嘉猷大陳鼓吹，取花紅、羊酒犒得勝兵。即於其地縛之蕃，推入陷車，競指駡曰：吴之蕃本吴淞牧兒，僥倖得一官，何足指數！敢作此事，豈非没福！之蕃大笑，駡曰：奴輩自謂得福，我懼滅門不久，乃是禍。徐元吉瞋目顧之，之蕃復駡曰：我朝廷世臣，父子忠節；汝曹逆賊，狗彘所不食，何敢以面目向人！元吉以糞穢塞其口，之蕃唾而大駡。解郡城，殺之。遠近始薙髮，稱大清順民云。是役也，城内外死者二萬餘人，縉紳則有侯峒曾、黄淳耀、龔用圓、李廉、張錫眉，貢士則王雲程，青衿則黄淵耀等七十八人。其時，孝子慈孫、貞夫烈婦、才子佳人横罹鋒鏑，尚不可勝計，設縣以來，絶無僅有之異變也。余目擊冤酷，不忍無記。事非灼見，不敢增飾一語；間涉風聞，亦必尋訪〔耆〕舊，衆口相符，然後筆之於簡。後有弔古之士，哭冤魂於悽風慘月之下者，庶幾得以考信也夫！

《多爾袞攝政日記》

清李若琳等

五月二十九日

大學士等入見，户部官啟事畢，王上曰：「近覽章奏，屢以剃頭一事引禮樂制度爲言，甚屬不倫。本朝何常無禮樂制度？今不遵本朝制度，必欲從明朝制度，是誠何心？若云身體髮膚，受之父母，不敢毁傷，猶自有理。若諄諄言禮樂制度，此不通之説。予一向憐愛羣臣，聽其自便，不願剃頭者不强。今既紛紛如此説，便該傳旨叫官民盡皆剃頭。」大學士等啟言：「王上一向憐愛臣民，盡皆感仰。況指日江南混一，還望王上寬容。」又吏部啟參看山東巡撫方大猷擬革職爲民。王上顧問大學士等曰：「該如何處？」大學士等言：「方大猷此事錯悮該處，但念爲地方亦有勤勞，或從降處。」王上又問：「如何降處？」大學士等言：「前朝有降調者，亦有降一二級照舊者。」王上曰：「還實降爲是。著降兵道用。」大學士等啟：「要降兵道，須更調地方。若在本處，恐無顔面展布。若果能作好官，還可照舊巡撫。」王上又諭：「都察院既奉旨參看，該有一定處法，如何二三其説？以後還該秉公執法，以盡職掌。」大學士剛跪啟數本，賜茶趨出。

學士李若琳恭記

六月初三日

大學士等入，王顧賜坐，各部官以次入啟事。王顧問：「代王有遺腹子，不知他有住處否？有養贍否？著撫按查明，與他養贍。」大學士馮等叩頭謝。王問云：「給代王養贍，爲甚叩頭謝？你們到底是念你舊主。」大學士等對：「王尚且篤念，何況臣等？且前人有成語，一心可以事二君，二心不可以使一君。凡不忘前朝的，推此心即能盡忠本朝。」王又問：「比如封賞如今親王，你們未必謝。」大學士等對：「王戲言耳。諸王懋功膺賞，臣等敢不贊服？」各官啟事。少頃，王又言：「凡人臣事君，全在精白一心，不在面貌上。」王又問：「江南既下，有甚好人物？」大學士等對：「地方廣大，定有賢才。」王又言：「不是泛論地方賢才，只是先生們胸中有知道的否？」大學士等對：「錢謙益是江南人望。」王又問：「如今在否？」大學士等對：「昨歸順文册上有名字現在。」王頷之。須臾，賜茶。大學士剛啟讀本章畢，諸臣退。

侍講學士高爾儼恭記

六月初四日

大學士等入啟事，王上賜坐，叩頭謝。大學士讀章奏，各隨事處分訖，賜茶。王上問：「殿工大木産於何處？」大學士等對曰：「川廣。」又問：「大木可常有否？」對曰：「極大者亦甚難得。殿柱間有三合、四合、六合者。」王上又問曰：「聞皇極一殿，費至六百萬金，果否？」對曰：「誠然。其兩廠見貯木料尚不在數内。」王上曰：「一殿之工至六百萬，何太侈耶？漢文帝露臺惜百金之費，況六百萬乎？然文帝吝惜百金，亦覺太儉。大凡天下事，自有中道。太過與不及，俱都不是。如堯之茅茨不剪，亦過於儉。帝王所居，豈宜如此？」大學士等對曰：「太古之時，原自渾朴。」吏部、兵部各啟事畢，退。

侍讀陳具慶恭記

六月二十九日

大學士等入叩頭，賜坐。大學士剛宣讀都察院本。王曰：「茶馬一差要緊，必須擇人。」都察院臣劉漢儒以廖攀龍對。王顧問：「漢儒何方人？」大學士等對：「北直人。」漢儒出。吏部過持籤一握，次第啟奏。王曰：「這用的滿州人，予一一皆知。若是漢人，其賢不肖，予皆不曉。」又云：「在外有司撫，按薦者多，參刻者少。天生好人，每一地方不過一兩箇，那得有如許之多。」大學士等對：「外官除參處外，都該獎薦。此舊例也。所薦的人撫按多有同者。若參的人絶不雷同，一箇是一箇，且入境有參，復命有參，鹽臣有參。至三年有大察，所去的官亦不爲少。」王曰：「應選之官，未必皆好。譬如矮子裏選將軍，就不好的也少不的要去。」大學士等對：「初選的人何能即知？待到地方，不好的自然參處。」大學士剛讀楊方興本。王曰：「此官做得何如？」大學士等對：「極好。」王曰：「他是從内院出去的，予也知道他。」少頃吏部奏陝西事。王曰：「闖賊暴虐，百姓痛恨。我大清此來新政也只如常，小民便自悦服。」大學士等對：「爲湯武毆民者，桀與紂也。王上新政比明季多善，如蠲免錢糧、嚴禁賄賂，皆是服人心處。」王曰：「善與不善，惟天可表。」又云：「崇禎之亡，天數已定。彼時總有良臣，也濟不得事。」又云：「崇禎皇帝也是好的，只是武官虚功冒賞，文官貪贓壞法，所以把天下失了。」又云：「予在東邊時，每見此中朝報下以此蒙上，上的旨意亦以此蒙下，最爲可笑。後來越看不得了，所以徑不看了。」王上良久復云：「御史趙開心駁了他一箇本，再不見上了。人臣進言是的自是，即偶然説的不

是，何妨再上。」大學士等對：「想他有敬慎的意思在。」王曰：「他家中定做下幾箇本也，不可知。」言訖，大學士剛等持冠帶、品級圖跪前呈覽。是日也，王上霽色而談，言無不盡，諸臣悉爲踴躍，移時方出。

侍讀朱之俊恭記

閏六月初四日

啟奏。大學士剛奏，御史趙開心本。王笑曰：「賜他騾子，遂有此本。」又奏御史宋一貞本。王問曰：「匠役生事害人，是何匠何人？大凡言事須要指名，屢經申飭，如何不遵。這本不該封覽。」大學士奏曰：「通政司收在外各官及民本，可以封駁。此乃言官本，所言是與不是，必須封進，聽旨定奪，臣等豈敢徑不封進？」又奏諸王府夥計事。王曰：「諸王供事不給，一切養兵賞賚甚費，不是生利自用。這御史全不代諸王設想，仰體其心。只説有妨於小民，通是偏向小民的意思。」大學士等奏曰：「百姓是王的百姓，愛百姓正是尊王。臣等意謂，諸王應給禄米賜贍田，自然足用。明朝每年錢糧，半是朝廷與王府供用。我朝諸王勞苦功高，尤厚禄。」王曰：「即如明朝宮女數千，王府亦多宮女。此時也照此行之，可乎？」遂問宮女選於何處。大學士等奏曰：「朝廷傳旨令禮部選，王府請聖旨，選於其國。」王笑而問曰：「目前就行此事，何如？」大學士等奏曰：「此時天下初定，民心驚恐，此事必不可行。臣等仰見王上聖德，亦必不行此事。」王又曰：「明時百姓家有蓄積數十萬金者，此時諸王府未有二三萬金之藏，非經營生利，不足用度。」大學士等奏曰：「明時多藏，乃明之所以亡。今諸王無厚蓄，正是清朝之所以興。」反覆問對者久之。王又言：「紂王拒諫飾非，予今反覆言之，不是不聽他説話，只是言不知爲上者不得已之心事。待天下大定，漸次定制，頒賜宗禄，目今難以遽禁，這御史本改票行。」又奏英王大捷，當祭告郊廟社稷。擬票内有「神人共憤」語。王曰：「明朝人博學固多，只是這等説話似乎不宜。人心之憤，固自可見，若天之憤，從何而至？今王師剪寇，便如此説。倘兩軍相持，不分勝負，豈天在憤不憤之間乎？」大學王等奏曰：「天視自我民視，天聽自我民聽。王上奉天討罪，天下無敵。天意確有可憑，理之必然也。」少頃，王言：「方今天下未常乏才，但朝臣賢否，須久任方見。」大學士等奏曰：「王諭久任，洞見治理。但今缺多人少，遷轉不得不驟。一兩年間，方可行久任之事。」王又諭：「治天下全在得人。但新官語言不通，且多不識面。何法可得好官委用？」大學士等奏曰：「漢唐以來，君臣言語相通，何常盡能得賢？因大臣不得其人故也。如臣等内院及吏、兵二部得人，則在京官員自然得人。外面各處督撫巡按得人，則道府州縣自然得人，天下可不勞而理矣。」王諭曰：「是。」頃之，手取弓矢賜大學士馮銓，銓即於座前謝恩。王入，召大學士剛林，賜蟒袍。又賜明晉王朱熺炬、紀城王朱慈熕及投順總兵官馬科之子馬如騏袍服。召大學士等進殿内列坐，賜饌，謝恩。饌畢，肅出。

檢討成克鞏恭記

閏六月初六日

啟奏。王問：「趙開心日日上疏，想他皆屬宿搆。」大學士等奏：「趙御史明蒙欽賞，圖報方殷，自然有懷必盡。」王問：「金陵既已底定，其餘諸省即當遣人齎詔招撫。」大學士等奏：「招撫自是自策，但別議遣人，不若即除各省撫按等官親往詔諭，自己地方責任，定然處事精詳。百姓既有係屬，草竊無不立解。」王嘉納，允行。王諭輔臣，當遺書英王殿下，江南歸附諸臣，如馬科、白廣恩等都，著來京陛見，其餘統兵頭領亦然。此外士卒或解散歸農，或檢選充伍，務令行間周詳，安插得宜。王問：「兵部侍郎金之俊自有本部事務當言，如何旁及漕運？」大學士等奏：「之俊舊司漕務，且生長江南，事頗洞晰。漕運係國家大計，廷臣皆得條陳，即庶民上言亦無不可者。」王曰：「言漕亦可。江南平後，告廟祀天，此是禮部職掌。且已具疏言過，之俊何又瀆陳？百官各有所司，越俎局外，反致本等職業不修。可批駁申飭行。」王問：南京明太祖守陵人役數目。輔臣奏：「孝陵定制，會典及户部可查。」王諭：「桑芸一疏，謂滿漢言語不通，致有猜疑推諉。及着他指名奏來，乃説原無實跡，恐或有此事。夫言官爲朝廷耳目，必所言實實可行，然後聰明有益。今浮泛無據，入耳經心，徒費精神。人之精神有限，若勞頓于無間切事，至於軍國重務反致照管不清。」大學士等奏：「人臣防微杜漸，功令三令五申，皆所以預止流弊，消彌未然。若待事有成形，挽回或恐無及。先幾入告，言官之職當然也。」王諭：「方今國家多事之時，余豈憚勤勞，輙圖晏安自便。但幾務日繁，疲於裁應。頭昏目脹，體中時復不快。年齒漸增，每遇冗雜無間之事，心輙燥懣。去歲乍抵燕京，水土不調，爲疾頗劇。今差健勝，然亦未盡愈也。以後章疏都須檢擇切要者以聞。」王問：「江西各省有人才可用否？」大學士等奏：「諸地俱不乏人，未敢率爾漫舉，容詳擇奏聞。」王問六部尚書例從例數。大學士等奏：「多寡不齊，大約二十人上下。」王諭儀從姑緩，其帽頂等成，誠屬急務，作速頒行。

檢討高珩恭記

閏六月初七日

大學士等入見，奏署延綏巡撫趙兆麟本爲銷算錢糧事。王上曰：「錢糧事宜只須咨會户部奏繳，何必一一奏告？」大學士等啟曰：「錢糧關國家重務，凡有支銷，自當奏聞。若徑咨會户部，不經上聞，恐後世滋弊，不可爲訓。此前朝舊例，似不可廢。」又宣讀山東巡撫丁文盛本，内有「中軍不避火砲」等語。王上曰：「火砲迅疾，難見難避，非人不欲避，欲避之而不得也。若見砲不避，是痴人矣。」王因言及昔年大兵攻錦州時，洪軍門於南山向北放砲，祖大壽從城頭向南放砲，我兵存身無地，神器實爲兇險。後破錦州，以此言語大壽。大壽張惶失驚云：「果有此事，如彼時砲中王馬，爲之奈何？」王笑謂大學士等云：「彼時兩讎相敵，惟恐不中。大壽言不由中，誠爲可笑。」王顧問大學士等曰：「本朝大兵平流賊甚易。當時明朝虚張聲勢，動説兵數百萬。若果有精兵數十萬，自足破賊，爲何任其流毒，致十數年不結？」大學士等曰：「賊至都城，尚云不足慮。只因人心懈怠故耳。」大學士剛又宣讀御史王顯條陳吏部本。王上曰：「這係吏部職掌。明朝宗藩、蒙古諸王俱丁衰運，全不見有奇偉豪傑。」大學士等曰：「此中實無豪傑，誠如王諭。」王又問曰：「明朝俱説分黨，若是同心爲朝廷，這等的黨也是好的。」大學士李奏云：「君子和而不同，小人同而不和。從國家百姓起見，這是和；從身家私欲起見，這是同。和與同，原有分別。」大學士馮奏云：「諸臣所言所爲，俱難逃王上洞察。」王曰：「別的聰明我不能，這知人一事，我也頗用工夫。」大學士李奏云：「帝王之治，在知人，在安民。知人則哲，惟帝其難之。知其賢而用之則民安，不知其不賢而用之則民危。王上智勇大授，然不可自恃知人之明，還要兼聽。」王曰：「説的是。」因諭大學士曰：「我每見攻陷一城，輒有死節，良由明朝諸臣讀書明理使然。即此可見明朝還有好人，所以國祚延三百年。難云如此都是爲身後之名，不是君恩感激的。只見崇禎身没，並無一官同死。我故云爲名死節，不是爲君死節。」又諭大學士洪曰：「我在東邊，只聞洪軍門是至清的好官。其用兵上陣，亦有可觀。如松山之役，我頗勞心焦思，親自披堅執鋭。卿後雖無成，亦足見卿之能。我之體弱精疲，亦由於此。」大學士馮奏云：「洪軍門前雖得罪，今承使南方，功成亦可贖罪。」王曰：「我亦見他做得來，諸王也薦他好，故令他南去。」諸臣飯畢，王各賜香瓜一銀盤。大學士等頓首謝，趨出。

檢討羅憲汝恭記

閏六月十四日

内院諸臣奏事。先是，霪雨，是日天霽。王諭曰：「昨日君臣引咎分過，今日天即清爽，上下宜各盡乃心。」内院臣頓首。王曰：「成湯以六事自責，天便大雨，也只是他自修德。若後世之君，便身爲犧牲，天未必應。」内院臣對曰：「人君一言之善，亦可回天。身爲犧牲，亦只躬親料理犧牲之事。犧牲乃有司之責，成湯以身親之，非真以身代犧牲也。」王諭曰：「明季税法太煩，細小物件亦有税課，競説不盡。此是祖宗舊規，抑是後來巧取？」内院臣對曰：「會典所載乃爲正税，其餘悉是加添。大抵貪官好吏設法侵欺，朝廷亦未必受其利。此弊政之最大者。」王又諭曰：「近來人家皆設佛堂，不知何意。人果善，天必佑之。若不善，祈福何益？」内院臣對曰：「愚人無知，妄爲希福。更有善跋邪説，惑世誣民，尤爲可恨。須聖人之教大明，則異端邪説自止。」王諭内院臣洪承疇曰：「凡我所心愛之人，雖萬金不惜。昨賜卿衣帽，所直無幾。卿此行，須用心做事。」承疇對曰：「感王上厚恩，敢不竭盡心力。」奏畢，各退。

檢討劉肇國恭記

閏六月十八日

大學士等啟事，讀總督軍門楊方興奏本。王曰：「總督楊軍門自受事以來，兵馬錢糧，事事幹辦，可謂恪共乃職者矣。」大學士等對曰：「誠如王諭，楊方興不曾遲誤一事，不曾差錯一事。」王曰：「欽天監占，十六日夜月食，云有陰云徼風自西南來，主吉，年歲豐稔，前此有占。又云：主有災祲疾厲等事。條吉條凶，何所信從？」大學士等曰：「占驗有書。書云吉則言吉，云凶則言凶。占候官不過據書奏報。」啟事畢，賜茶，趨出。

學士李若琳恭記

閏六月二十一日

大學士等入啟事，讀山西巡撫馬國柱奏本，言土賊擾害岢嵐州一帶。王上問：「岢嵐州在何處？」大學士等對曰：「在太原府西北方。」王上問距黄河遠近。對曰：「不遠。」大學士剛又讀順天提學御史曹溶本。王上曰：「順天何須御史泛爲條陳，此等不切要本章，徒費人精神，批答可出旨駁正之。」大學士等曰：「人臣進言甚難，亦不可概爲禁止。」王徐曰：「從輕駁之，令知警省足矣。若駁之太嚴，恐阻言路。」大學士等因推廣王意，引古事伸説。王上笑納之。王上諭大學士等曰：「予近覽《洪武實訓》，皆説軍國大事，實有經濟，足裨治理，未常泛及章奏。」大學士

等曰：「實録上亦載有本章。若祖訓，皆載人君謨誥耳。」大學士剛又宣讀山西巡撫馬國柱本。王上曰：「李鑑、馬國柱不可並在一處，當更調一人。大略滿洲人心實，説過便了，漢人似不如此，恐不擠之死地不止。」王上又諭大學士等曰：「本朝恩禮前朝諸王，衣服飲食時加賞賚，公主與諸王一體，禮宜優恤。予因政事未暇，尚屬闕典。今欲加賞前朝公主衣服飲食，未知與例合否？」大學士等對曰：「欽賜出自聖恩，無不可者。」王上諭及新定冠服之製，曰：「一品官用東珠，係極珍貴之物，止許用三分重者。如重過三分者，當禁止。」啟事畢，趨出。

學士李若琳恭記

閏六月〔二〕十二日

啟奏。大學士剛奏事，及逃兵事，皇叔父攝政王曰：「我朝兵力强盛，兵逃非畏死也，想繇錢糧不足，不能自贍耳。姑從輕處。」六部都察院諸臣入見，賜茶。王諭諸臣曰：「方今江南平定，人心歸附。若不乘此開基一統，豈不坐失機會？諸臣各宜同心一力，因時建功。凡屬職業，當務切實，恪共底績。毋尚虚名，徒飾浮説。」吏部左侍郎陳名夏同都察院副都御史劉漢儒奏云：「應天、江西、湖廣已歸版圖，宜速遣撫按官前去撫定。江楚久被左兵蹂躪，民如倒懸。若早遣官一日，百姓早受一日之利。推用撫按各有地方責任，自去料理，不必另設招撫官。況福建路繇浙江，兩廣路由江西，川貴路由湖廣。此三省巡撫尤當先設，須有條理次第。」劉漢儒奏云：「招撫須用大有擔當的去方可。」王曰：「未平地方，宜用大臣先去招撫，隨設撫按繼之。」陳名夏復奏云：「臣於江南道里頗悉，願承命往。」王問諸臣所見何如？禮部左侍郎孫之獬奏云：「未定地方，宜用大臣去宣揚威德，招其來歸。」王曰：「俟再思之。」六部諸臣趨出。王問大學士馮曰：「昨見御史馬兆煃一疏，與予心甚不合。馬御史本内言天時積雨，民居半傾，有死傷人民，宜賜棺賑濟。此亦仁政一端。予想行政施仁，宜普宜實，有重有輕。若止盜虚名，不審時度勢，則政何由行？」遂問大學士等曰：「府州縣道地方霖雨，亦同京師否？如同，自宜溥施賑恤。若止恩及京師，内外異視，惡乎可？」大學士等奏云：「馬御史巡視該城地方，職所應言。況京師爲根本重地，亦無非從朝廷百姓起見。」王曰：「予不説馬御史不是，但我素性遇有干譽邀名之事，不惟我不肯爲，即見人爲之，亦不勝其羞恥。」大學士等奏云：「京師爲首善之地，原與外郡縣不同。馬御史此奏事體雖小，或不必行。自後恩澤似宜加厚。」王曰：「是。卿等大臣凡事俱要匡救，不可面從。」賜大學士及學士史官等飯。王曰：「文王澤及枯骨，古今相傳以爲美談。向使桀紂行之，便貽笑於後世。古今異勢，不相沿而治。若必執堯舜之道行之今日，亦有不便者。惟因時制宜，務使百姓普被恩澤方可，若沾沾小惠，我所不爲。」大學士等奏云：「文王仁政極多，枯骨特其一耳。臣願王上法堯舜文武之道，以治天下。」王問曰：「張獻忠今安在？」大學士等奏云：「張獻忠聞據四川，地險而富，負固未服。」王諭大學士曰：「天下未定，民生未遂。我焦心勞思，匪朝伊夕。幸邀天眷，疆宇日廣。惟速宣治理，務致化成。但恐草野之間特起豪傑，則難爲收拾。」大學士等奏云：「天下大矣，豈無豪傑？但豪傑最識時務。朝廷之上，政治詳明，雖有豪傑，亦退而聽命。倘事有不善，則此輩伺隙窺釁。臣願王上常惕此心。」王曰：「鄉試進場秀才三千，可謂多人。」大學士等對曰：「進場秀才向來有四千五百餘人，皆由提學官選擇起送。其中式者不過一百四五十名而已。」又讀工科朱鼎菁一本。王上問：「明朝凡遇興作，是發銀還是派夫？」大學士等對曰：「明朝一切大小工役，俱是發銀僱覓，並無派夫之例。至於濬溝一事，止宜各家自濬門前溝渠。若派南北二城民夫濬中東西三城之溝，誠爲苦累。」王上問京師居民若干。對曰：「崇禎二年，曾查過内外二城，共七百萬。」王良久曰：「此役不過暫借一時，後不爲例。」王又曰：「這本據事指陳，正是言官職掌，准下部議。」王又曰：「章奏一事，是非可否自有一定之理，君臣不妨明講。是者固宜嘉納，非者亦宜折中。若槩爲包容，似乎不可。」大學士等奏都察院具揭，爲趙開心討衣帽。王云：「與他。」良久，又云：「不是爲剃頭賞他，但因他敢言。大率趙開心言事十件，未必盡是，然可聽者居多。」大學士等對曰：「敬如王諭。」事畢，趨出。

侍讀陳具慶恭記

七月初九日

啟事。王曰：「今天下一統，事務漸繁，文職自宜廣用。」王問：「凡盜劫財傷人，或宜分首從。槩置之死，似乎不忍。」輔臣對曰：「强盜結夥爲暴，法均無赦。或人數衆多，元惡伏罪，其餘情係脅從者，亦與解釋。」王曰：「説得是。」王又言：「凡問刑定罪，仍該巡按御史再審者，無非詳慎之意。但經御史審過，還宜奏聞。」副都御史劉漢儒王以御史差多員缺聞，本日吏部考選，中行評博，計不過數人，恐不足用。王以問輔臣，輔臣奏：「察今御史缺十五人，合取在外推知考選，并部屬改授。」王曰：「著揀選用。」

檢討白胤謙恭記

《永憲録》

清蕭奭撰

卷一　聖祖仁皇帝御極之康熙六十有一年，歲在壬寅。

上諱玄燁，章皇帝第二子。以前辛丑春正月即皇帝位，時年八歲，逾年改元。計踐祚已六十二年，按享國之久，自帝堯以下，惟商太戊七十五年，餘未有越六十者。

春正月丁亥朔。

上御殿受朝賀。

辛卯，賜千叟宴於乾清宫，以憂勤誠敬之旨遍諭羣臣。

大學士集部院大臣年七十以上十五人合成千歲，爲上獻壽。因召六十以上、八十以下大學士、九卿、翰林、科道七十人，文武有職官及致仕之員、近畿之民又六百六十人，宴於乾清宫。御製瑶章，命諸臣各依韻賦詩。詩成，名千叟宴詩，並繪圖以傳。是日宴畢，上御東煖閣，命大學士以下諸大臣進，皆賜氈坐，諭曰：今日天氣晴和，又值無事，朕躬亦甚安豫，與爾等閒談舊事。從來帝王任大責重，最爲勞苦，享祚綿遠者甚少。他人不知爲君難，輒崇奉佛釋，溺信仙道，荒湎酒色。朕自即位以來，實能絶此三者，故臨馭十年不意至二十年，二十年不意至三十、四十、五十年。五十年之後斷不存到六十年之想，今已六十一年矣。史册所載人君壽至七十者不過三人，此皆朕之幸也。人君以一身臨天下，前後左右皆足熒惑其心。或大臣擅權，或婦女豫政，或閹寺專命，甚至偏聽私人，如天子門生之類，此非有英斷之才不能獨持綱領，杜絶弊端。然每見英斷之主往往果於殺戮，使朝臣不能保其朝夕，朕則待下寬恕，於諸大臣務期保全，故爾等俱耄耋安享富貴，得以功名終始，君臣相對，鬚髮蒼然，致足樂也。朕年少時自恃膂力過人，三百斤石上復置一石，手能舉之。馬上馳騁如飛，即馬或顛蹶，身躍立於地，未嘗沾泥土。今則雄氣已除矣，去年刻一圖書，用戒之在得四字，蓋深自知足耳。朕臨政年深，於軍務尤有灼見。往歲西陲用兵，傳言朕欲親征，以致劉蔭樞上摺勸阻。人臣批鱗直諫，原屬美事，不知兵有虚實，不可拘泥。如西賊騷擾邊外諸番，議者咸謂祇宜守邊。夫我兵不能救援諸番，則邊外部落勢必爲賊所併，此時而議守邊，庸有濟乎？去年臺灣反叛，人頗驚疑，朕知一時窮民激變，即當平定，並未令九卿議勦議撫，及督撫提督報捷奏至，克復之期不過七日間耳。先年朕親征噶爾丹時，曾作詩以志勝敵之略，大學士張英奏俟大捷後宣示於人。後噶爾丹授首，張英歎服豫算之神。朕於河務尤極留心，先年高、寶一帶地方俱被水淹，朕凡六次閱視河工，知之甚悉，諭張鵬翮云：爾但遵朕指示，河工自成。張鵬翮果恪遵朕訓，黄、淮安瀾二十餘年，令人不知泛溢之事。去秋河南武陟縣黄河口冲决，濫至山東張秋鎮，運道阻隔。朕繪圖指示，遣官堵塞，不日成功。張伯行議引沁水濟運，與朕意適合。後張鵬翮奏，地形高下，若引之，恐有遺患。遂停前議。朕以至公處事，初無成見，惟言之是耳。爾諸大臣從窮苦中來，今已富貴，或不能記憶。朕從富貴中來，惟恐小民艱難，故令各省督撫於地方事務不時奏聞，凡閭閻疾苦，莫不周知。又於他省來人，問以經過地方雨晴米價，令臣下時存一惟恐上聞之念，百姓地方受益不淺矣。朕教養天下六十餘年，官吏兵民感恩戴德，疆場之上武職効命，緑旗兵一皆奮勇争先，與滿洲無異，此本朝最好事也。朕今所治之天下即明代之天下，所居之宫殿即明代之宫殿。朕登極時，明代遺臣尚多能言萬曆、泰昌、天啓、崇禎四朝事甚詳。明時宫監多至數萬人，宫女至二萬人。今朕所使内侍及諸王所用太監不過七百人，宫眷妃嬪年長者已七十餘歲，所使之人總不過五百人而已，宫中如永壽、景陽等宫皆空閒無人居也。書生評論帝王每多苛刻，惟朱子最爲公平，言金世宗行政果如此人言即堯舜矣。又朱子言讀書不要被書欺了，此言最妙。嘗見詩賦有鰲山百尺，今太和殿高不過百尺，鰲山安可置乎。大凡讀書人多尚虚文，又高自位置。前代諸儒惟朱子學問最大。《性理》内載朱子論鬼神性命，實能囊括釋道全藏。其云，爲人須盡這箇人的道理，此言所包者廣。朕平日習聞贊頌之詞，地方每遇豐登，必歸美於朕，若遇荒歉，又誰諉乎？此皆虚套，朕所不取。總之，誠敬二字盡之最難，無論大事小事，能盡誠敬，必無差誤。爲人能盡無欲害人之心，自然有福有壽。諸大臣年俱七十八十，在古雖爲懸車之年，但朕同事日久，上下俱不忍相捨，諸大臣勿以年老求退。今日談深坐久，可各回安息。諸臣以次起，令内

侍扶掖出宮。按漢武帝、唐高祖、明太祖皆壽七十一，聖諭或謂此。沁水出上黨，至滎陽入黄河，自高而下也。康熙己巳、己卯、壬午、癸未、乙酉、丁亥上六次閲河，加以甲子祭孔林、南幸，凡七至江浙。己卯春河決高家堰以及邵伯鎮，屢堵屢潰。庚辰春命兵部尚書范承勳、工部尚書王鴻緒、吏部侍郎王掞、户部侍郎田雯、兵部侍郎布雅努、刑部侍郎喻成龍、工部侍郎顧藻、副都御史壽鼐、王紳爲督修官。起原任户部尚書王日藻、左都御史董訥、兵部侍郎楊雍建、内閣學士李應薦、廣督朱弘祚、漕督馬世濟、安撫高承爵、陳汝器、浙撫金鋐、線一信、福撫宫夢仁、廣撫江有良、西粤撫王撫元、雲撫衛既濟爲分修官。督修者九月撤回，以張鵬翮代于成龍爲河督，專任其事。至壬午四月，河工以次告成。康熙乙丑作延禧、永和、景陽三宫于宫内，是年滿漢大臣，其名見卷内者不載，外則吏部左侍郎勒什布、户部左侍郎李永紹、禮部左侍郎薩哈布、王思軾、右侍郎羅瞻、景日昣、兵部左侍郎查克旦、右侍郎王度昭、刑部左侍郎阿錫鼐、右侍郎劉相、工部左侍郎郝林、右侍郎常壽、王懿、都察院副僉都御史牛鈕、伊忒滿、張大有、江球、鄒汝魯、通政司使傅善、陸經遠、左右通政黨古禮、潘錦、陳九恭、魏方泰、大理寺卿常泰、左右少卿顧爾泰、郭徽祚、任奕鑾，一時人物，特備志。

甲午，上幸暢春苑。一作園。

苑在京師西北，上時駐蹕，計一歲之中幸熱河者半，餘駐暢春又三之二。内有澹寧居、淵鑒齋、露華樓，皆臨政所。韻松軒，皇子讀書處。佩文齋，貯書畫地。他如蒼然亭、清遠亭等處，未能悉詳。

命吏部科道考察六十年大計職官。

户部進編審户口。

始命滿漢監察御史巡察臺灣。

封皇三子和碩誠親王胤祉子弘晟、皇五子和碩恒親王胤祺子弘昇爲世子。

今上登極，禮臣奏諸王子名應避同御諱一字。旨：此皆皇祖所賜名，不必避，臣民亦仍之，只去一點。

丁未，上行幸霸州，講春蒐。駐蹕南苑。

冰凌積水冲決武陟馬家營、滎澤秦家廠隄工，漫溢至山東東阿之張秋、直隸長垣等地。

經筵講官禮部尚書蔡升元免，以工部尚書陳元龍爲禮部尚書，兵部左侍郎李先復爲工部尚書。左都御史黨阿賴罷，以正黄旗漢軍都統安泰爲左都御史。

春二月丙辰朔。

戊午，上駐蹕趙北口。

在京師之南。有東西二淀。上水獵所。

鎮守澎臺總兵官陳策卒。

策由千總爲淡水營守備，朱一貴亂，力保淡水，擒獲賊首范正文等，功加左都督，擢澎湖總兵，未數月卒。澎湖有三十島，孤懸海中，官軍所駐者止二十里許，一無所産，日用取資於臺，一遇風濤，往返動經月餘。一貴亂後，部議鎮臣移澎湖，以控制臺灣，督撫累言不便，是年五月得旨復還臺。

敕征西靖逆將軍吏部尚書富寧安、振武將軍都統祁禮德攻傅爾丹，進兵土兒番，乘機襲擊澤旺阿喇蒲坦。

上諭征西將軍：祁禮德摺奏，澤旺阿喇蒲坦於去歲將沿界之人撤去，土兒番人移往哈喇沙兒，其阿爾泰、烏魯木齊等處無一哨汛。傳聞伊已身故，宜乘機襲擊。按澤旺阿喇蒲坦，厄魯特噶爾丹之姪，踞波羅搭拉地，名衣立國，在雲南金沙江之西，最强盛，幅幁之廣數千里。素與哈密爲仇，以其舊臣服而後備藩於我也，遂縱兵取烏斯藏，以窺哈密。上命都統顔後作延。信掛平逆將軍印，統尚書富寧安、提督師懿德等，合陝西、四川、雲南之師，克復藏地。繼命皇十四子胤禵往視師，屯三大營，以十五萬衆守之。蓋哈密爲通諸番之咽喉，固哈密所以拒諸番，不得已而用兵也。烏斯藏即吐番，凡百餘種，散處河湟、江岷間，元時爲郡縣，明洪武初，詔各俟舉故有官職者至京授職，自是番僧有封國師及王者，本朝皆請换敕印，修職貢。哈密古伊吾廬地，明永樂初設衛，封安克帖木兒爲忠順王，本朝請封貢奉朔。其地産美瓜，供御用。金沙江通麗江。懿德字秉如，陝西寧夏人，是年爲鑾儀使，以目翳告歸，嘗提督江南，有賢聲。烏斯藏産異寶，其宫室、服飾、器具，中國帝王有不及也。側聞達賴喇嘛所居皆奇材異木，座旁設黄金塔二，七寶莊嚴，高丈餘，遭澤旺之難，失去一塔，朝廷代爲修補，所費數十萬。鋪地以大紅瑪瑙，飲食器皿皆黄金。有五色蠶，吐五色絲，織成大錦，愈浣愈鮮明，中國所賜錦緞遜之。以時朝貢珍珠、珊瑚、寶石、各色氊毽、各色毯氍綿、各色毺毶、花褐布、花綿氈、慈獸皮梵祖紅等貴重之物。

甲子，上獵於材圈頭。

乙丑，上駐蹕玻璃。

琉球歲貢。

是年入貢諸國，皆照荷蘭例加增賞賜，以卹遠人。成例，貢期，琉球二年，朝鮮每年有年貢、節貢，安南三年，荷蘭五年，暹羅三年，土魯番五年，西番各寺皆三年，惟西洋以地遠未定貢期。順治元年設四譯館，館有十，曰：韃靼、女直、回回、緬甸、百譯、西番、高昌、西天竺、八百媳婦、暹羅。十五年，裁韃靼、女直二館。今向化日廣，國名、貢期未悉詳。按明永樂初始設八館，有女直、韃靼，無八百、暹羅，百譯作百夷，蓋諸國各有字書，必加翻譯乃知。如朝鮮、安南、琉球諸國，疑與中華同文。回回、天竺、高昌皆西域國，西番即吐番、烏斯藏等部是。暹羅在南海，百譯在滇西南，八百、緬甸皆其種類。韃靼部落不一，即前代之匈奴、突厥、契丹。女直，盛京北奉朔之蒙古也。

安南歲貢。

命核兩淮官商侵蝕加根課銀。

兩江總督常鼐索取兩淮規禮無厭，而巡鹽御史張應詔清廉，不遂其欲，乃乘總商賀節赴署，以草薦卷程庭倒控之，逼令誣服。因參應詔前任運使侵蝕加根銀三十二萬，節儀四萬八千兩。上令新巡鹽內閣學士魏廷珍核實，奏康熙三十四年始派餘銀十五萬兩，三十八年上南巡豁免，及織造曹寅、李煦更番歷任鹽差十年，又加織造銅觔等銀每年二十七萬餘兩，增至三十二萬，曹、李任滿，例應除之。後再命工部尚書李先復、通政司使圖蘭往理，雪應詔之枉，坐商人程庭等賠補。鼐尋卒。應詔內補御史。

乙亥，上回鑾。

丁丑，上駐蹕南苑。

嚴順天頂冒考試。

各省士子在京，以冒宛、大商竈等籍入學中式爲捷徑。刑部左侍郎王景曾請禁，上命移歸本籍。禮部議，嗣後順天商竈生員另編字號，取同鄉官印結入試，一百卷取中一卷。其商竈及衛籍童生亦取同鄉官印結應考，五十卷取録一卷。進取難則頂冒自禁。上從之。往例，教官、典史之子准於所在地方考試進取，解官移回本籍，雍正九年並禁止，其直省凡係冒籍者皆令移回，以示廓清。

命內閣學士阿克敦、一等侍衛宗室佛倫往朝鮮册封國王李昀的弟延成君昑爲世弟。

國王無子，奏本身甚弱，遂允所請。海外諸國惟朝鮮奉朔，凡詔誥與各省一體頒發。當太宗時，朝鮮先歸順，故職貢比於藩王。

臺灣叛逆賊首朱一貴等伏誅於京師。

一貴與脅從李勇、吴外、陳印、翁飛虎、王玉全、朱阿三等俱淩遲，杜會三與自行就撫之杜君英、陳福壽等減等立決，其同宗有服之親，照叛逆例分別治罪。六十年四月二十二日，臺灣南路木崗山後坑底地方匪類朱一貴等聚衆爲亂，竪立大旗，上書大明討□大元帥朱。鎮臣歐陽凱聞變，遣兵撲滅，於南北二路失利，守備馬定國自刎，餘殺傷過半。凱親督兵往援，連敗賊衆。五月一日，賊四面蹂躪，凱力不支，没於陣，副將許雲等皆殲焉，遂陷府治。厦門提督施世驃統大兵於十一日飛赴澎湖，以扼其吭。十六日攻進鹿耳門安平鎮，賊衆披靡。二十二日克復府治，賊走鳳山。世驃分遣署參將林秀、王萬化、遊擊邊士偉等追入，南北二路賊多降附。閏六月初八日，鳳山居民獲一貴、勇等獻於林秀，臺灣復平。用兵之際，總督滿保駐師厦門，以爲聲援，調遣將士，接濟軍需，故速成功。林秀時官遊擊，世驃報功抑之，雍正三年，引見各省保舉武職，始叙前勞，擢參將，至總兵。臺灣東倚山，西薄海，北界紅毛雞籠城，與福州對峙，南則河沙磯近小琉球，周袤三千里，水陸之産咸備。明末海寇鄭芝龍出没其中，歸明後，地爲紅彝所據。及芝龍輔僞隆武，王師下浙閩，芝龍降，少子成功竄入海，集兵寇閩、粤，侵江、浙。順治十八年圍臺，敗荷蘭，遂有其地，僞永歷遣人封成功爲延平郡王。至子經自稱招討大將軍，傳孫克塽。康熙癸亥入我版圖，封克塽漢軍公。三世僭亂三十八年。荷蘭一曰和蘭，即紅毛。其國船高三十丈，銃長二丈餘，發之洞石城，震數十里，中國傳其制，號大將軍。相傳礮之爲用，石則震之而開，若入土一尺即不行，故行陣之間，機每向上，騎兵多受傷。而《元史》載西域人亦思馬因造礮攻襄陽，入地可七尺。兩存其説以俟辨。餘詳後卷。

春三月丙戌朔。

上回宫跳神。

丁亥，上幸暢春苑。

兵部議奏蕩平郭羅克善後事宜，設長司守之。

四川提督岳鍾琪前領兵抵郭羅克交界，賊番伏兵對敵，敗之。追至中郭羅克納務等寨，連克一十九寨，斬首三百餘級，擒賊首酸他兒蟺索布六戈。復督兵至上郭羅克等寨，該頭目旦增等將不法賊番首惡假磕、賊從格羅等二十二人縛獻軍門正法，率闔寨男婦老幼八百户匍匐歸誠。朝議設土長官司管轄。以雜谷土司板第兒吉親叔囊索沙加布老成服衆，堪領其職，籍其番蠻户口姓名所管地方界址，並取永保無虞印甘各結，請旨，從之。郭羅克内通陝之西寧，川之松潘，外連西海，爲口外往來必由之地。其部落番人惟以刼奪爲事，歷年受其荼毒，上令發兵進剿，一舉而歸命焉。鍾琪，陝西臨洮人，故四川督昇龍之子，以候選同知改授松潘遊擊，陞永寧協副將，復藏有功，超擢今職。

福建水師提督姚堂奏臺灣善後事宜。

一、澎湖總兵仍駐臺灣。一、臺灣鎮協標兵難以裁汰。一、臺灣道標兵宜歸臺鎮。一、臺灣府治宜建城郭，部議，澎湖總兵令其不時稽查臺灣。厦門道標兵裁歸臺協，分設南北要路，其臺鎮協標所裁兵丁仍舊設立。至臺灣在海外，無庸建城。臺灣鎮標三營及南北二路淡水等營共步兵四千九百九十名，安平副將水師兵二千五百名，雍正三年准巡臺御史禪濟布、景考詳奏，各營設馬兵三百名以備緩急，五年又准文武紳士捐立府治木栅周千八百丈。

天旱，命户部開倉平糶。

派八旗官兵駐劄湯山馬圈。

浙閩總督覺羅滿保題薦征臺奏績職官。

水師千總董方赴厦門領餉，遇朱一貴倡亂，隨提臣施世驃與澎湖守備林亮爲頭隊先鋒，於六十年五月十六日先奪險攻入鹿耳門，二十三日又於西港仔蘇歷甲地方大敗賊衆，克復臺灣，題補水師守備。又南澳鎮標守備吕猶麟、千總陳瑞俱於十九日在崑身奮勇殺賊，二十二日在西港仔大敗賊衆，克復臺灣，題補南澳遊擊、守備。臺灣之北沿海，沙積爲隄，名崑身，自大崑身至七崑身止。

癸卯，上萬壽聖節，御殿受朝賀。

設四川銅梁、岳池文廟儒學師生。

川省自明張獻忠之亂，國初人民彫散，爰有歸併之縣。重慶之定遠、銅梁、安居歸併合州，順慶之岳池歸併廣安州，幅幀延亘至四五百里。今户口繁滋，知州難於總理。六十年，總督年羹堯請以定遠仍歸合州，安居則歸銅梁，與岳池各設知縣、典史。因令二縣更設教職一人，入學各八名。此外歸併者，成都附郭之華陽歸併成都，雙流歸併新津，彰明歸併綿州；重慶之璧山歸併永州，大足歸併榮昌，武隆歸併涪州；夔州之大寧歸併奉節，大昌歸併巫山，新寧歸併梁山；潼川之安岳歸併樂至；嘉定之威遠歸併榮縣。其成都之彭縣、崇寧，眉州之彭山、青神，未詳所併。雍正七年後多復設。前歲乙酉，張獻忠謀襲西安，盡殺川人，以絶顧望，曾計殺衛軍七十五萬，兵二十三萬，士民三十餘萬。丙戌元日。命孫可望、劉文秀、李定國、艾能奇分路捱户草殺，五月上功，計殺男婦六千餘萬。其御營及二十一營總兵數無考。又殺己兵數十萬，川人殆盡。賊平，移湖廣民以實之，百年始將復舊，亦從古未有之殺刼。詳具毛西河《後鑒録》。

兵部奏，征澤旺阿喇蒲坦陣亡將士前湖廣總督額倫特、侍衛色楞、副都統查理、四川提督康泰、涼州總兵康海、宣化總兵司九經，各予贈廕有差。

丙午，上詣西山祈雨。

戊申，京師得大雨。

上幸皇四子和碩雍親王園。

自六十年兩遇萬壽，雍親王皆奏請駕臨，奉觴演劇，以祝無疆。天顔每霽，向妃嬪稱孝養焉。

開軍前運米捐納例。

海寧海塘成。

塘以障海潮，前年崩潰，海鹽沙地將四十里，自是爲東南鉅工。

署總督河道陳鵬年請定河工銓補官弁之制，以杜鑽營。

夏四月乙卯朔。

丙辰，復祈雨。

吏部尚書張鵬翮查勘河工，報堵塞張秋決口工竣。

詔增歷代帝王崇祀功臣配享。

上諭大學士等：朕披覽史册，於前代帝王每加留意。書生但知譏評往事，前代帝王雖無過失，亦必刻意指摘，論列長短，無一人爲帝王公言者。

朕見每朝崇祀不過一二位，或廟享其子而不及其父，或配食其臣而不及其君，甚未允當。今宋、明諸儒尚以爲宜祔孔廟者甚多，自古帝王從未有人奏請崇祀者。朕意凡曾在位，除無道被弑亡國之主，此外盡應入廟，即一二年者亦然，並應增從祀功臣，詳開奏聞。大學士馬齊等將歷朝帝王並功臣與入正統不入正統及被弑亡國者各開一摺，請上欽定。按明洪武四年，始命參考歷代聖帝賢王在中華安養人民者立廟合祀，共三十六主。六年，禮臣言内有父子祖孫相繼合祭未安，應别立廟，故止祀創業之主伏羲、神農、黄帝、少昊、顓頊、高辛、唐堯、虞舜、夏禹王、商湯王、周文王、武王、漢高祖、光武、隋文帝、唐高祖、太宗、宋太祖、元世祖。尋去周文王、唐高祖，又去隋文帝，止十六主，其餘二十主令有司春秋祭於陵寢，則商中宗、高宗、周文王、成王、康王、漢文帝、景帝、武帝、宣帝、魏文帝、隋文帝、唐高祖、憲宗、宣宗、周世宗、宋太宗、真宗、仁宗、孝宗、理宗。嘉靖二十四年，從給事中陳棐議，撤元世祖廟祀及侑饗木華黎五人。本朝順治二年增遼太祖、金太祖、世宗、元太祖、世祖、明太祖，共二十一位。而順治中，禮部尚書王崇簡曾建議更定廟祀，如商之中宗、高宗，周之成王、康王，漢之文帝，宋之仁宗，明之孝宗七君，宜百世祀，不當以成見格。部覆未行。廟凡五室，三皇一室，五帝一室，三代兩漢帝王一室，唐遼金四帝一室，宋元明四帝一室。每逢遣官致祭陵寢，二十一帝外與明略同，但有女媧氏，無漢武、唐宣、宋孝、理及隋文也。

詔卹故大學士熊賜履幼子志契、志夔。

上諭：大學士如李蔚、王熙、杜立德、張玉書、李光第、王頊齡等之子孫皆爲職官，惟熊賜履居官清正，學問優贍，朕每念舊勞，不忘於懷。其長子有瘋疾，次子尚幼，熊賜履爲試官，所取門生不下千人，身後竟無顧卹其家者，令諸臣扶助，以望成就。於是門生尚書王鴻緒等，非門生大學士王掞、王頊齡等助銀三千餘兩，命交江寧織造曹頫生息，給予用度。賜履字素九，號青樵，江南上元籍，湖廣孝感人。順治戊戌孫承恩榜進士，官至東閣大學士兼吏部尚書。在相位最久。甲戌、丁丑、庚辰、癸未屢典會闈。卒謚文端。蔚號垣園，直隸高陽人，順治丙戌傅以漸榜進士，官至保和殿大學士兼户部尚書，加太子太傅。立德字純一，直隸寶坻人，明崇禎癸未楊廷鑑榜進士，官至保和殿大學士兼禮部尚書，加太子太傅。玉書字素存，江南丹徒人，順治辛丑馬世俊榜進士，官至文華殿大學士兼户部尚書。貌不及中人，一生恬退和緩，在相位二十餘年。庚寅隨駕熱河卒，上爲詩弔之，賜謚文貞。餘見後。志契字敷五，乾隆初，録用爲翰林院孔目。其長兄志伊近騃，文端殁後曾特旨召見，奏對含糊，命授編修歸里。凡科目例列榜首名，後不重載科分。兩朝同者繫年貌，餘亦省。

通政司使明安罷，以盛京刑部理事官圖蘭爲通政司使。

丁卯，上幸熱河避暑。

皇十四子撫遠大將軍胤禵隨駕至清河太平莊，辭赴甘州軍。

大將軍於六十年十一月二十六日陛見至京，上命誠親王、雍親王領内大臣郊迎。當時詔旨奏章悉稱大將軍王。凡大將軍印收貯内閣，命將則授以行，如所征與印文名義不符，另撰鑄給。師旋繳内閣。清河由關外入開原，合諸水以達關内，通武清、三河等地，在京城北境。

戊辰，上駐蹕馬圈。

己巳，上駐蹕湯山。

庚午，上駐蹕南石槽。

命再議歷代帝王崇祀、功臣配享。

上以大學士等所議應崇祀之處尚有未詳，復降諭，明代甚近，朕少時嘗聞故舊宦官云，愍帝無大過惡，萬曆、泰昌、天啓時國勢已壞，至於愍帝雖勵精圖治，終無能補救，故愍帝不可與於亡國之列，萬曆、泰昌、天啓不應崇祀。至於配享之功臣，大槩開國元勳居多，如明之徐達不過一草莽武夫，劉基乃元之進士，皆遭遇其時，得以成功，遂居配享之列，或治世之臣輔佐太平有功君國者，反不得列於配享，此皆未爲允當。大學士會同九卿等從容分别確議具奏。明崇禎帝甲申五月，我朝以明臣中允李明睿爲禮部左侍郎，議故君后謚號，議上曰懷宗端皇帝，后曰烈皇后，以與朝謚前代之君理不稱宗。後禮臣具奏，改爲莊烈愍皇帝。至思宗烈皇帝則僞弘光所謚，國初人文集多誤稱，或曰莊烈陵固名思陵也。

始令漕運總督親催糧艘赴通。

辛巳，上至熱河行宫駐蹕。

江蘇巡撫吴存禮題免上元等處六十年旱災地丁銀七十五萬四千五百兩有奇，米豆一萬一千七百餘石。

軍前効力詹事府正詹事王奕清奏捐銀萬兩回京省親，兼以老病乞恩。

不報。

大學士王掞於六十年冬請上復立廢東宮胤礽爲太子，諸御史連名陳奏。上怒，嚴旨切責，俱謫軍前。奕清代父効力。御史知名者陶彝、任坪、范長發、孫紹曾、高玢、吴鎬、高怡、范允鏻、陳嘉猷、王允晉諸人，東宫再廢，疏請復立者。始則大理寺勞之辨忤旨，發刑部杖四十削籍，時年逾七十。繼之編修朱天保處極刑，父坐枷示，家口籍没，在己亥年。於是知聖意殆不可回。之辨字書升，號介巖，浙江石門人，康熙甲辰嚴我斯榜進士。天保奉天正紅旗人，康熙癸巳王敬銘榜進士。

起前大理寺卿李敏啓以原官。

詔安南國王黎惟祹照舊聽各商往販黄銅。

定督撫提鎮保題官弁之制。

上諭：在京職官皆易知賢否，外省保題之官非所深悉。其河工、臺灣、廣西、雲南極□之道府以下雜職教官以上仍舊保題。至增添之缺並條奏交與督撫，保題之缺永行停止。武職副參遊都守各官，仍遵中樞考定例揀選衛缺相當題補，其餘督撫提鎮請增請調補永行停止。廣西慶、思、南、太諸府地處烟瘴，凡出缺，取附近之員莅任已久服習水土者調補。此定制也。

京師山東得雨。

敕征西副將軍阿爾納統領官兵自哈喇河黑河番語哈喇果爾。移駐阿克塔斯。謹加防範。

夏五月乙酉朔。

上駐蹕熱河。

定捐納郎中道府以下官初任試俸三年方實授陞轉。著爲令。

丁亥，總督漕運施世綸卒。

癸巳，夏至，有事於方澤。

暹羅歲貢請通海。

上命伊國用夾板船往交貿易，准糴米十萬石於廣東、浙、閩，免其抽稅，民船仍禁阻。按海禁因臺灣之變而嚴。

禮部尚書賴都罷。

己酉，命京師祈雨。

詔輕罪人犯循例寬釋，以待秋涼。

夏六月甲寅朔。

上駐蹕熱河。

京師再祈雨。

癸亥，總督直隸世襲一等精奇尼哈番趙弘燮卒，御製詩弔之，賜謚肅敏。

定陷臺逃職各官罪。

廈門道梁文烜、同知王禮、臺灣令吴觀域、諸羅令朱夔立決。知府王珍已故，戮屍。臺灣丞馮迪、典史王定國、諸羅典史張青遠秋後處決。

令盛京沿海毋禁民販。

浙江巡撫屠沂病免。

沂字艾山，湖廣孝感人，甲戌胡任輿榜進士。戊子江南、庚子順天兩主鄉試，稱得士。

廣西道監察御史陳時夏奏平米錢價值之法。

上見時夏奏摺，召至行宫諭云：米價騰貴，因漕船不到。回奏：皇上發好米五萬石，糶與民間，買米俱用錢，再於八月放錢糧時將錢配搭支放，自然價落，錢亦充足。從之。

効力軍前原川陝總督鄂海貪污削籍，限追贓款，籍其家人魏二財産入官。

秋七月甲申朔。

上駐蹕熱河。

乙酉，河決臨漳。

《分類字錦》告成。

御試行在隨駕三十三人詩文。

賜編修沈宗敬詩扇。

宗敬字恪亭，江南華亭人，戊辰沈廷文榜進士，告假於家者二十餘年。素善畫，每稱旨，即於所進扇親灑宸翰賜之。父荃，號繹堂，順治壬辰探花，書法爲上所重，仕終正詹，謚文恪。詹事之有謚自荃始。

留鎮西藏兵，敕署四川巡撫尚書塞爾圖前往統轄。以翰林院掌院學士蔡珽爲四川巡撫。

議政大臣奏：辦事西藏東川知事石如金稱，於駐剳喇嘛達爾齊母藏布咨文籌看在藏官兵不睦，因護國公策旺諾爾布柔善，以致副都統常陵、翰林院侍讀學士滿都、員外郎巴忒馬等恣意胡爲，年羹堯聽信奏請撤兵。查西

藏地方被澤旺阿拉蒲坦潛令策林敦多布取藏，殺害喇藏，殘害圖白忒、湯古忒等。皇上遣大將軍王往木魯烏蘇會兵安藏，拯救圖白忒、湯古忒、唐古時等性命，不可不留兵固守，亦並無生事不睦之處。年羹堯越分管理，應嚴行議罪。上令滿都、巴忒馬、石如金、達爾齊母藏布一同由西寧撤回，西安布政使塔林進藏，跟隨將軍印務署川撫塞爾圖進藏管轄緑旗兵丁，同策旺諾爾布協助治事。塔兒寺在西寧邊内，青海羌王奉旨共尊胡必拉漢在此寺中。胡必拉漢即未受封之達賴喇嘛也。拉藏殺大護法第巴，請旨又尊一達賴喇嘛立於藏中，自爲大護法。其衣立國測罔阿完布嘆遣其姪測稜敦多布殺拉藏，廢拉藏所立之達賴拉馬，並謂塔兒寺之胡必拉漢皆非真正活佛，立後藏班禪主黄教，遂與中朝抗拒。此出原廣東巡撫効力軍前法海所紀事。其名字譯寫互異，兩存之。達賴喇嘛之號自元明已有之。萬曆七年，烏斯藏鎮南堅錯求通貢，堅錯即闡化王達賴喇嘛也。號活佛，以傳經説法戒淫殺爲諸國所尊，禮佛輪迴轉法功德世界佛大國師。五年，套寇黄臺吉俺答迎堅錯西海上，飲長生水，俺答所從部落數十萬人奉堅錯教，無淫逞者，其尊崇如此。蓋諸番以僧主國事，朝廷錫以封號敕印，即奉約章，修職貢，故《會典》皆載各寺名。僧有國師、禪師、都綱、喇嘛之別，印有鍍金、銀、銅、象牙、圖章之異，敕有敕書、誥命、勑諭、劄付之分，亦多踵明制。

命叙安藏在事有功官弁。

上諭：原定西將軍噶爾弼等遵朕指授，率領官兵往從古用兵未到險絶之域，俱各奮勵。由拉里路進兵克取之員，從前所領之銀，免其扣取。在事將軍以下，兵丁以上，令總督年羹堯分作三等議叙。羹堯以廣南守蔡起俊、開化同知丁棟成、永寧道遲維臺、順慶守馬世楙、東川守石如金、岳州同知王國相、保寧守安定昌、成都同知王洵、嘉定牧李弘澤、叙州守周元勳、合州牧張植、鳳翔守金德蔚等以及武臣百餘人奏聞。爾弼是時以託病規避免，後爲奉天將軍，卒於官，世宗命革職以彰國憲。

賜提督福建陸路總兵官穆廷栻謚清恪。

秋八月甲寅朔。

上駐蹕熱河。

乙卯，上行圍哨鹿。

辛酉，上自行圍回鑾，駐蹕八里臺。

原福建陸路提督謫發阿爾泰軍前藍理卒。詔寬免贓罪，放歸其妻子。

河再決馬家營。

秋九月癸未朔。

甲申，上駐蹕熱河行宫。

浙閩總督覺羅滿保題核陷臺將弁功罪。

疏言：臺灣鎮遊擊劉得紫被擒不屈，絶食七日，拘禁五十餘日。把總吴益戰死復甦，被擒不屈。千總馬雲驥襲捷入山招集，固險自守。把總吴德化、李信、陳宋無汛守之責，俱未割辮。守備張成、把總黄道隆等亦未割辮，然不能殺賊致命。均准復職。把總陳雲、韓升等皆爲勢力難支，雖割辮尚未授職。把總周應瑞、千總康朝功、何泰皆係割辮爲僧。均照例革職。把總張文學，賊起崗山，首失汛地。千總阮欽被江國倫獲去，用作隨從。南路把總李興隆等降門賊。均照反叛例斬。千總陳徵、把總鄭高招集義勇攻復山營，澎湖千總李耀國助戰受傷，金門千總陳賢、劉師均等亦戰敗逃回，未陷賊營，令其照舊供職。

上自熱河回鑾。

丁未，上駐蹕么亭。

己酉，上駐蹕湯山，受在京百官朝。

辛亥，上幸暢春苑。

命議鼓鑄流通之法。

上諭大學士馬齊等：朕臨御寰區，時以民生爲念，凡各省將軍督撫提鎮差遣進摺人及從外來者，必詢問雨暘收穫與米糧物價。近聞京師制錢之價甚貴，今年五月間以錢價漸長，故將兵丁月餉銀錢兼放，至今尚未得平。昔年錢價亦曾騰貴，時科爾坤爲户部尚書，奏請鼓鑄小錢，將大錢停止鼓鑄。後以大錢漸少，錢價又貴，不能流通，九卿復請鼓鑄大錢，將小錢銷毁。朕以小錢行之已久，驟用大錢，未知於民有無利益，令暫大小兼用，行之一年再定，且令每季奏聞。錢價並未增添，百姓亦甚便利。朕所降諭旨俱有記注可驗也。從前商人辦買銅觔時，錢價尚平，自趙申喬奏請交八省督撫採買，以致遲悮。朕以採買始交八省，從寬免其治罪。後雖陸續解至，不能全到，有誤鼓鑄。銅觔少則鼓鑄悮，鼓鑄悮則錢少價貴矣。凡事不可執一，須隨時立法。鼓鑄一事，屢經更改，錢價何故驟貴，如何使之得平，九卿、詹

事，科道會同確議，並可否大小兼用具奏，買銅之費於各關税銀及四省蘆課内支用，寶源局鼓鑄。康熙二十三年定每月二卯，每卯鑄銅五萬觔，每歲共鑄銅一百二十萬觔。五十三年更制每年定限三十六卯。按泉貨流行，惟兵餉可以及遠，然解運有費，亦不能遍及。故兩廣以嶺隔，猶用唐宋錢，莫禁也。督撫採買派於各知府任之，多以遲悞賠累。乾隆六年後仍屬銅商承辦。

冬十月癸丑朔。

乙卯，上進大内。

丙辰，跳神。

丁巳，上御殿受朝。

命議虧空完補之法。

上諭大學士馬齊等：朕臨御天下六十餘年，年至古稀，幼時猶及見太祖、太宗所用舊人及明大臣内監，閲歷世務既久且多，且性好讀書，講求治理。凡事變易，皆難預定，惟和平公正，因時制宜，不可預執一見。故夫子云，寬則得衆，信則人任焉。朕宵旰憂勞，無刻不以民生爲念。凡政事利弊，必推求其故。今天下錢糧，各省皆有虧空，而陝西爲甚。其所以致此者，皆有根源，諸人未嘗一言及之。蓋自用兵以來，大軍經過之地，領兵之人，督撫皆助其鞍馬衣服，州縣等官食物供應，不無煩費，倉卒應付，不能不動用官銀。及兵回之日，又各給兵丁馬匹銀兩。即如川、陝回京之兵，中途所得，過於正項。又各官捐助軍需動以萬計，此費皆何從來乎。至於捐納一項，多有並未交銀而空取實收者，此皆爾等之所知也，州縣安得不虧空乎。凡此虧空，寬其時日，尚可酌量完補。是以用兵之地，歷年奏銷，每緩其期，前蕩平三藩所用軍需至四十年始清。蓋緩則州縣力舒，上可以不悞國帑，下可以不致病民。去年陝西虧空官員俱行參革，今因軍需緊急，無從追比，巡撫噶什圖密奏欲將通省火耗加增，以完虧空。朕謂此事大有關係，斷不可行。定例私派之罪甚大，火耗一項，特以州縣各官供應差使，故於正項之外略加些微，以助常俸所不足。原是私事，若准其加添，則與正項一例肆無忌憚。此摺若批，則官民皆謂皇上所知，朕豈宜受加派之名乎？又如賑饑一事，自應於夏麥無收之後散賑，方於百姓有益。今各省每於三四月間，或遇冰雹，或雨澤愆期，輒以青黄不接，具題請賑，開銷倉穀，及至五六月時，民間乏食而倉廩已虚。此皆州縣藉此開銷虧空，實未曾賑濟饑民也。目下各省雖有虧空，而陝西關係尤大，應作何完補，無累小民之處，九卿、詹事、科道詳悉確議具奏。三藩平西王吴三桂康熙十一年據雲南、貴州、四川叛，靖南王耿精忠十二年據福建叛，俺答公尚之信十三年三桂兵至肇慶降附，據廣東，至二十年以次削平。當分藩時，其子皆尚公主，授額駙在京。如尚之隆、之孝、耿昭忠、聚忠諸人亦免澌滅。三桂爲亂首，子應龍伏誅。其叛也，三人皆握重兵，漸專制一方，累形跋扈。三桂且用皂旗，擅除官，開藩下鄉試科，朝議撤回京，遂各僭逆。三桂僞稱國號曰周，錢文曰利用。至孔有德順治九年守桂林，孫可望、李定國攻陷之，有德及家口百二十人悉死，女四貞逸出走京師，歸其夫孫延齡。及三桂反，延齡亦從逆據廣西，吴平乃降。有德雖未叛，而女亦以叛終焉。

禮部尚書陳元龍請復選拔生員入太學制。從之。

疏言：國子監生皆由捐納，是以頂冒滋多，而能文之士甚少。舊例，每遇寅年，各省學臣於府州縣學生員之内每學拔取一名，送入監内肄業，名曰選拔監生。此例自三十九年准川陝總督席爾達疏所參學臣奇貪，稱嗣後每遇拔貢之年，陪貢准作拔貢，停止已久。明年皇上七旬萬壽，四方士子無不踊躍觀光，應令照三十六年例舉行一次。府學起送二名，其□各學起送一名。滿洲、蒙古二名，漢軍一名。如該學無文行兼全者寧缺額。按明宣德八年，令天下考選生員，年四十五歲以上者送國子監，增開貢例，後累行之，意即選拔之權輿。至成化後始有生員納粟入監之例，景泰時先有納粟上馬入監者矣。

以左都御史安泰爲杭州將軍，山東巡撫李樹德爲福州將軍，兵部右侍郎查弼納爲兩江總督。

癸酉，上自暢春苑幸南苑。

督學順天翰林院侍讀陳世倌題旌烈婦新安辛氏、容城孫氏。

兩廣總督楊琳請編廣東商籍生員爲鹵字號，額中式二名。

廣東鹽務寖敝，督臣爲固結人心計，六十年九月請設立商籍歲科，進取童生各二十名，附於廣州、南海、番禺三學肄業。至是又請鄉試額有中式，部議每入試一百名許中一名，過二百名不得再加。尋兩淮鹽臣援例上請，部議江南商籍每科附入揚州府學，與本省生員一體鄉試，非廣東外商可比

而止。順治十一年題准商竈籍入學，直隸附河間府，江南附揚州府，俱照大學考取儒童。浙江附杭州府、錢塘、仁和三學，共取儒童五十名。其山東、山西、陝西另設運學，山東屬濟南府，陝西屬寧夏府，俱照小學考取。山西、河東、運城照大學考取，三運學皆兼取武生。

和碩康親王冲安等進明年萬壽七旬聖節行慶典禮，上諭曉之。

上諭：覽諸王大臣所奏慶賀紅摺，皆過於實事。朕以冲齡即位，賴世
祖章皇帝入關以來深仁厚澤，立不拔之基，至今八十年之太平有自來也。朕自幼讀書，覽前代帝王之忿懥憂患累其內，操心橫慮妨其外，年歲不久，景運不長者，未嘗不撫膺長歎。朕以涼德，幸得承運曆，逾花甲，歲登古稀，鬚眉皆白，血氣衰憊，當此之際，翼翼小心，常恐不及。善後之策不能預料，保全之心夙夜永競。今西陲用兵。士卒暴露，轉運罷敝，民生乏食，物價昂貴，正是君臣同寅協恭濟萬姓於將來之時。自古慶賀多者，後人不取。朕自六十年來，正旦之外未嘗受慶。卿等所請，止于正月初一日、三月十八日
進表行禮，除此無多議。

令崇祀歷代帝王，一代彙載一牌，創始居中，餘分昭穆。

賜蘇州紫陽書院御書「學道還淳」額。

書院在滄浪亭前，巡撫張伯行修建，亦名正誼。竊意御書命意，院中或祀言子也。滄浪亭，宋滄川蘇舜欽流寓吳門，於府學東南築以自適，康熙中，巡撫宋犖修建以成名勝，又引水達署中，作小滄浪，一時題詠甚夥。

冬十有一月壬午朔。

免山西平、汾、澤、沁等處旱災折色糧銀二十四萬兩有奇。

是歲江浙、湖廣、山東西等省各報夏秋旱災。

戊子，上由南苑復幸暢春苑。

己丑，上不豫。

傳旨，偶冒風寒，本日即透汗。自初十至十五日靜養齋戒，一應奏章，不必
啓奏。

甲午戌刻，上崩於暢春苑。

上宴駕後，內侍仍扶御鑾輿入大內。相傳隆科多先護皇四子雍親王回
朝哭迎，身守闕下，諸王非傳令旨不得進。次日至庚子，九門皆未啓。又上
大漸，以所帶念珠授雍親王。餘詳後覺迷上諭。按上久道化成，治幾無爲，是年所可見者，以上數條而已。良法美意，亦得其萬一，已昭千古。

乙未午刻，傳大行皇帝遺詔：皇四子雍親王爲人貴重，事朕以孝，政事皆好，堪膺大任。

傳大行皇帝遺詔：命領侍衛內大臣總理鑾儀衛事嗣三等公馬爾賽、提督九門巡捕三營統領兼理藩院尚書隆科多、武英殿大學士兼户部尚書馬齊輔政。

令旨：大行皇帝梓宫前設鹵簿大駕，每日早晚供飯桌，午供餑餑，王以下孝服，文官於景運門，武官於隆宗門，日三次舉哀三日。諸王妃嬪下至宫女俱割髮。內外文武天下軍民孝服二十七日，百日不嫁娶，一年不音樂，京城各廟撞鐘三萬杵。百日不剃頭疑遺。

丙申，冬至。

戊戌，頒大行皇帝遺詔於天下。

詔曰：從來帝王之治天下，未有不以敬天法祖爲首務。敬天法祖之實，在柔遠能邇，休養蒼生，共天下之利爲利，一天下之心爲心，保邦於未危，致治於未亂，夙夜孜孜，寤寐不忘，爲久遠圖計，庶乎近之。今朕年屆七旬。在位六十一年，實賴天地宗社之默佑，非朕涼德之所致也。歷觀史册，自黄帝甲子，迄今四千三百五十餘年，共三百一帝，如朕在位之久者甚少。朕臨御至二十年時，不敢逆料至三十年，三十年時，不敢逆料至四十年，今已六十一年矣。《尚書・洪範》所載，一曰壽，二曰富，三曰康寧，四曰攸好德，五曰考終命。五福以考終命列於第五者，誠以其難得故也。今朕年已登耆，富有四海，子孫百五十餘人，天下安樂，朕之福亦云厚矣。即或有不虞，心亦泰然。然念自御極以來，雖不敢自謂能移風易俗，家給人足，上擬三代明聖之主，而欲致海宇昇平，人民樂業，孜孜汲汲，小心敬慎，未嘗稍懈，數十年來，殫心竭力，有如一日，此豈僅勞苦二字所能該括耶？前代帝王，或享年不永，史論概以爲酒色所致，此皆書生好爲譏評，雖純全盡美之君，亦必抉摘瑕疵。朕今爲前代帝王剖白言之，蓋由天下事繁，不勝勞憊之所致也。諸葛亮云：「鞠躬盡瘁，死而後已。」爲人臣者，惟諸葛亮能如此耳。若帝王仔肩甚重，無可旁諉，豈臣下所可比擬？臣下可仕則仕，可止則止，年老致政而歸，抱子弄孫，猶得優遊自適。爲君者勤劬一生，了無休息之日，如舜雖稱無爲而治，然身没於蒼梧；禹乘四載，胼手胝足，終於會稽。似此皆勤勞政事，巡行周歷，不遑寧處，豈可謂之崇尚無爲，清靜自持乎？

《易・遯卦》六爻，未嘗言及人主之事，可見人主原無宴息之地可以退藏，鞠躬盡瘁，誠謂此也。自古得天下之正者莫如我朝。太祖、太宗初無取天下之心，嘗兵及京城，諸大臣咸云當取，太宗皇帝云：「明與我國家素非和好，今欲取之甚易，但念係中國之主，不忍取也。」後流賊李自成攻破京城，崇禎自縊，臣民相率來迎，乃剪滅闖寇，入承大統。稽查典禮，安葬崇禎。昔漢高祖係泗上亭長，明太祖一皇覺寺僧，項羽起兵攻秦，而天下卒歸于漢。元末陳友諒等蜂起，而天下卒歸於明。我朝承席先烈，應天順人，撫有區宇，以此見亂臣賊子無非爲真主驅除也。凡帝王自有天命，應享壽考者不能使之不享壽考，應享太平者不能使之不享太平。朕自幼讀書，於古今道理，粗能通曉。又年力盛時，能挽十五力弓，發十三把箭，用兵能戎之事，皆所優爲，然平生未嘗妄殺一人。平定三藩，掃清漠北，皆出一心運籌。户部帑金，非用師、賑饑，未嘗妄費，謂此皆小民脂膏故也。所有巡狩行宫，不施采繢，每處所費，不過一二萬金，較之河工歲費三百餘萬，尚不及百分之一。昔梁武帝亦創業英雄，後至耄年，爲侯景所逼，遂有臺城之禍。隋文帝亦開創之主，不能預知其子煬帝之惡，卒致不克令終。皆由辨之不早也。朕之子孫百有餘人，朕年已七十，諸王大臣官員軍民以及蒙古人等無不愛惜朕年邁之人，今雖以壽終，朕亦愉悦。至太祖皇帝之子禮親王、饒餘王之子孫現今俱各安全。朕身後，爾等若能協心保全，朕亦欣然安逝。雍親王皇四子胤禛人品貴重，深肖朕躬，必能克承大統，着繼朕登極，即皇帝位。即遵典禮持服，二十七日釋服，布告中外，咸使聞知。

凡頒遺詔，自宫捧出，至乾清門外，禮部堂官跪接，由中道捧至午門外，安層台上，張黄蓋，滿漢文武各官素服三跪九叩頭，復跪聽宣詔畢，立舉哀。又三跪九叩頭，禮部堂官捧詔奉安龍亭内，由中道出大清門至禮部，遣官頒行天下。按黄帝元年甲子，至康熙二十三年甲子，共七十四甲子，迄今當四千四百七十八年。詔云三百五十餘年，疑邸抄有誤。存考。辛丑，世宗憲皇帝即位，免百官朝賀，詔告天下，以明年爲雍正元年，恩赦有差。

詔曰：惟我國家受天綏佑，聖〔太〕祖、神〔太〕宗肇造區夏，世祖章皇帝統一疆隅。我皇考大行皇帝臨御六十一年，德茂功高，文經武緯，海宇寧謐，歷數悠長，不謂謝棄臣民，遽升龍馭，親授神器，屬于藐躬。朕皇考大行皇帝德妃之子。昔皇二子弱齡建立，深爲聖慈鍾愛，寢處時依，恩勤倍篤，不意中年神志昏憒，病類風狂，皇考念宗社重任，付託爲艱，不得已再行廢斥，待之十有餘年，沉疾如故，痊可無期，是以皇考升遐之日，詔朕纘承大統。朕之昆弟子姪甚多，惟欲一體相關，敦睦罔替，共享昇平之福，永圖磐石之安。孔子曰：三年無改於父之道。皇考臨御以來，良法美意，萬世昭垂，朕當永遵成憲，不敢稍有更張，何止三年無改。至於皇考知人善任，至明至當，内外諸大臣，朕亦亟資翼贊，以期終始保全。各宜竭盡公忠，恪守廉節，俾朕得以加恩故舊，克成孝思，倘或不守官箴，自干國紀，既負皇考簡拔委任之恩，又負朕篤念大臣之誼。部院屬吏，直省有司，亦宜實心任事，潔己奉公，不得推諉上官，自曠厥職。天下百姓，被皇考恩澤日久，蠲賑頻施，勸懲備至，間有愚氓，干犯律令，皇考每遇讞决，必加詳審，爰書累牘，披閲靡遺，少有可生之路，立施法外之仁。凡我百姓，孝親敬長，畏罪懷刑，以副朕仰法皇考好生之意。兹因諸王、貝勒、文武大臣、官員人等僉謂天位不可久虚，宗社允宜早主，再三陳請。朕勉徇輿情，暫抑悲痛，於是月二十日祗告天地、宗廟、社稷，即皇帝位，以明年爲雍正元年。仰體先志之遺承，深望皇圖之永固。式昭新化，期愆舊恩。所有事宜開列於後云云。於戲，追慕前徽，繼述無忘於夙夜；廣推聖澤，恩膏願被於寰區。凡爾親賢文武，其共矢丹誠，各輸心膂，用紹無疆之業，永垂有道之休。布告天下，咸使聞知。

恩詔：軍民年七十以上免丁侍養，八十以上給絹一疋、米一石，九十以上倍之，百歲給與建坊銀兩。

恩詔：會試臨期請旨加額，鄉試中式，大省加三十名，次省二十名，小省十名。入學，府、州、縣、衛大學加七名，中學五名，小學三名。各一次。

恩詔：直省舉孝廉方正之士，賜六品頂帶以備召用。

召皇十四弟撫遠大將軍固山貝子胤禵馳驛入臨，印務交總督年羹堯。進封輔國公延信爲固山貝子，赴軍署理大將軍事。

尊聖母德妃爲皇太后。

上諭禮部：朕惟君國之道，必崇孝禮；化民之務，本重尊親。惟我母后，仁承天德，順協坤儀，恭儉慈温，懋昭淑範。恩勤顧復，誕育藐躬。朕纘荷鴻圖，恭承懿訓，顯揚聖善，儀典宜隆。式考舊章，恭上皇太后尊號。爾部詳察禮儀具奏。

羣臣請喪服以日易月，上諭曉之。

上諭：皇考大行皇帝聖德神功，罕有倫比，爲亘古未有之神君，朕亦不宜用近代相沿之典禮。釋服之制以日易月，雖始於漢文，而高宗諒陰三年，獨非古制乎？朕不能上比高宗，而哀慕之情不能自已。況朕有賢好昆弟，親信民臣，庶政可以代理。若謂二十七日之制，皇考既已行之於前。皇考御極之始正在沖齡，朕非行前代未行之典禮，以爲超越前人也。本朝舊制，釋服亦待百日，庶減思君思父之哀。諸臣其諒之。

羣臣請朝皇太后。傳懿旨不受。復固請，從之。於梓宮前拜叩謝恩，仍還舊宮。

懿旨：我自幼入宫爲妃，在先帝前毫無盡力之處。將我子爲皇子，不但不敢望，夢中亦不思到。我原欲隨先帝同去，今皇帝説，太后聖母若隨皇父同去，我亦隨太后聖母同去。哀懇勸阻，未遂其志。若穿錦繡，受我子行禮，實爲不合。凡朝太后之禮，是日，太后儀仗樂器全設於宫前，上具禮服乘輿出隆宗門，率王以下及大臣、侍衛等詣太后宫。至宫門外降輿，入至宫前丹陛上之東，西向立。王以下公以上於丹陛下立，文武大臣、内大臣、侍衛於宫門外立，三等侍衛於左門外分班序立。鴻臚寺堂官二員、鳴贊官二員於丹陛上，又二員於丹陛下，又二員於宫門外，又二員於左門外，俱相向立。糾儀御史二員於宫門外，又二員於左門左侍立。禮部堂官傳諭，内監奏請皇太后陞宫座。皇太后具禮服御宫，作樂。陞座樂止。上由中階詣丹陛立，鳴贊官贊行三跪九叩頭禮，諸王、大臣、内大臣、侍衛等皆隨行禮。上行禮時樂作，禮畢樂止，上復原位立。禮部堂官傳諭，内監奏請皇太后還宫。樂作，入宫樂止。上出宫門外，來，還宫。凡大朝賀，上先詣太后宫行禮後，御殿受慶，如元旦也。

諭各省督撫提鎮三司，非詔旨毋赴京進香。

順天府尹俞化鵬罷。

追贈内監海青等品秩，遣官致祭。

追贈保和殿大學士兼禮部尚書張英爲太子太傅，刑部右侍郎勵杜訥爲禮部尚書。

令援赦之人各加案記，以儆將來。

上諭：此番赦罪，非朕本心，以諸臣援例陳請，又朕即位之初，故從衆允行。援赦之人，須詳加記注檔案，如不改過，加倍治罪。恩詔除謀反叛逆，子孫謀殺祖父母父母，内亂，妻妾殺夫告夫，奴婢殺家長，殺一家非死罪三人，採生折割人，謀殺故殺真正人命，蠱毒魘魅藥殺人，强盗奴變，十惡等真正死罪，及軍機獲罪，藏匿逃人不赦外，咸赦除之。

封皇八弟胤禩爲和碩廉親王，皇十三弟固山貝子胤祥爲和碩怡親王，皇十二弟固山貝子胤祹爲多羅履郡王，皇二兄胤礽子弘晳爲多羅理郡王。

胤禩前封貝勒，以罪革。胤祥戊子九月以舊東宫事波及，亦削貝子，後再復。次年以履理譯音相同，改履爲嘉。皇十六弟胤禄尋封莊親王。時日未詳。

禮臣奏諸王名應避同御諱一字。傳皇太后懿旨，以允字代之。

以諒陰，命廉親王、怡親王、九門提督隆科多、大學士馬齊總理事務。怡親王兼掌户部稽查三庫，廉親王兼掌工部。

諸王掌部務，太宗初制也。此後每命諸王監之。

詔諸王大臣文武各官集景運門，恭擬大行皇帝尊謚。

上諭禮部：朕惟古昔賢聖之君，必有顯號徽赫，以昭功德之盛，垂于萬世，此國家不易之鉅典也。仰惟我皇考大行皇帝，臨御六十一年，早承大統，寅畏小心。明旦凜昭格之盛忱，效祀親升中之典禮。監于成憲，率由舊章。孝養兩宫，問安視膳。展敬陵廟，備物盡誠。總攬萬方，阜成兆姓。蠲賦動盈千萬，賑卹曾不稽時。水旱先籌，雨暘必達。恩寛宥赦，德洽好生。盛暑則釋□□，嚴寒則賑饘粥。兵糧預給，優賞頻頒。淮甸屢巡，動億萬之帑金，運睿謨而九河底績；魯郊特幸，行數千年之異禮，屈帝尊而親拜崇師。覽奏牘而利弊周知，覲臣使而賢愚立辨。保全勳舊，庇廕宗支。廣音八寸，敦厚風俗。布昭聖略，申討不庭。元裔背叛而旋踵就殲，三孽逆命而刻期獻馘。俄羅斯占喀爾喀之疆圉，諭以聖德，即奉約章；喀爾喀遭厄魯忒之暴殘，蘇其困苦，皆登衽席。噶爾丹肆毒邊境，三臨朔漠，掃靖烽烟；澤旺摧殘與國，出師命將，恢復藏地。臺灣置郡，紅苗革心。南朔東西，無思不服。天縱生知，日新好學。講筵時御，考定六經。廣博士於五賢，配先師於十哲。功邁百家，道符千聖。貫徹天文，總括地理。旁搜數衍，考正元聲。研索羣編，鑒裁纂輯。凡此難名之美善，洵亘古首出之一人。雖復累牘連章，不能紀述萬一。朕與天下臣民均叨怙戴，不意龍馭上賓，顧余沖

人，嗣膺大統，仰承佑啓之思，載復顯揚之禮。謹考彝章，宜升尊謚。爾部詳察典禮具奏。又諭：皇考繼統之主。例應稱宗，但皇考豐功鴻烈，六十餘年，手定太平，論繼統爲守成，論事業則爲開創。朕意宜追崇爲祖。但大典必須僉議，以合天下萬世之人心，方成定論。諸王大臣會同九卿科道等官詳考舊章，確議具奏。按前詔。邸抄多有遺錯，俟考正。又丹旦特忒等字國語每通用，後多有之。竊維大行皇帝功德巍巍，實所難名，然綜其大節，已具上諭中，謚議即奉此爲準。以編纂一事言之，成書不止數十百種，亦從古帝王所未有者。曾見其目，惜未登記。

傳大行皇帝遺旨，分糶倉米於五城，以濟貧民。

傳大行皇帝遺旨，修補倉庾，添設在京廒座。

以內閣學士勵廷儀爲兵部左侍郎兼翰林院掌院學士。

以盛京工部侍郎覺羅蘇庫爲禮部尚書，户部左侍郎敦拜爲左都御史。

召淮安理事同知馬爾赤哈爲監察御史。

冬十有二月壬子朔。

命總理事務隆科多奏章稱舅舅。

擢原庶吉士傅敏爲內閣學士兼禮部侍郎。

上以翰林並諸進士俱平常，惟原任庶吉士傅敏學問優贍，且教導皇子有方，超擢之。敏字龍翰，滿洲正黃旗人，丁丑李蟠榜進士。乾隆初，大學士福敏爲一人。

諸王大臣擬上大行皇帝尊謚合天弘運文武睿哲恭儉寬裕孝敬誠信功德大
成仁皇帝，廟號聖祖。

上持針刺血書聖祖二字，命中堂封貯皇史宬。皇史宬建於明嘉靖十三年，貯歷朝寶訓及實録，在當時文華殿西，今未詳所在。頒設滿官司職守，與天地、社稷、太廟、堂子同。

甲寅，奉移聖祖仁皇帝梓宫於景山壽皇殿。

大學士馬齊等擬上皇太后仁壽徽號，傳懿旨：梓宫未奉詣山陵，不忍即受
尊稱。

逮侍奉翊坤宫太監張起用等十二人發遺邊地，籍没其家。

上諭：張起用買賣生理甚多，恐伊指稱宜妃母之業。宜妃母居深宫之內，斷無在外置産之理，令內務府大臣逐一查明入官。復降諭：張起用與

高王卿、四公主之太監王士鳳、狗□太監王大卿發往土兒番耕種。太監劉秃子、王章、四公主之太監王明發往齊齊哈兒與窮披甲人爲奴。太監殷覺、田成禄、九貝子之太監李盡忠、二公主之太監趙太平發往雲南極邊當苦差。九貝子之太監何玉柱發往三姓與窮披甲人爲奴。俱籍没其家。又降諭：伊等俱係極惡，盡皆富饒，如不肯遠去，即令自盡，護送人員報明所在地方官員驗看燒竣，仍將骨頭送至遣發之處。

免常州府進獻新秈，著爲令。

自明初職例，常州府每年秋成後進新，在常供外。

免旗員畜養鷹犬當差。

和碩康親王冲安等籲請節哀，上諭曉之。

上諭：皇考大故，五內慘痛，實不能已，非朕欲博孝子之名也。況天降絳雪，林木變白，烏鵲環繞梓宫，哀鳴七夜，仰觀天意，俯察物理，朕能已於哀痛乎？朕於釋服之內，每日詣壽皇殿一次，一月之後數日一次，庶可稍釋悲思。諸臣其諒之，不必覆奏。康親王每遇大典，皆率諸王奏請，必天潢之近屬，或曰皇叔父行也。乾隆初嗣王名巴爾圖。

免古北口及皇陵一路大興、宛平、順義、密雲、平谷、三河、昌平、通州、薊州、
遵化等地明年錢糧。

上以累年聖祖出幸熱河，及今辦理陵寢，沿途居民甚堪矜卹，豁免之。

詔閣部內外諸臣各舉所知，直言得失。

上諭：朕惟敷政，用人爲先，闢門籲後之典，由來尚矣。爾閣部大臣蒙
皇考知遇，任以股肱，況梓宫靈爽式憑，爾等哀感交迫之時，自當竭力盡忠，仰報深恩。內而大臣以及閒曹，外而督撫以及州縣，或品行端方，或操守清廉，或才具敏練者，各具真知灼見，從公密奏。古人云：內舉不避親，外舉不避仇。爾等果係公忠，以人報國，或素日同僚共事，或同鄉同年，或門生故舊親戚子弟，俱准陳奏。但不可徇私援黨，沽名市恩，輕信風聞，言過其實。有一於此，則負諮詢之意。朕在藩邸，不與朝臣往來，不能悉知。所需者人才，但當有舉無劾，毋得修怨陷害。至於政事，有應行改革，深知利弊，亦各行密奏。朕即位以來，用人行政，有未當者，其直言無隱。且觀爾等所舉之人，所奏之事，便知爾等之居心矣。

勅內外諸王大臣：凡聖祖一應硃批諭旨俱封進，隱匿燒燬者坐罪。

上諭：皇父諸旨，今若不收，不肖之徒有皇父諭旨，妄行指稱，爲生事證據，有關皇父之至治，其一槩封進。至朕嗣後親批密旨，下次奏事亦必封進。

命皇十七弟固山貝子允禮會同署理工部户部尚書孫渣齊監造聖祖陵寢，兼修昭、孝諸陵。

逮禮科給事中秦道然，追銀十萬兩目送甘肅充餉。

勅蒙古未出痘之人毋因聖祖喪入臨。

命翰林院侍讀學士陳邦彦、左庶子王圖炳、左贊善汪應銓、編修薄海、張廷璐、檢討張照侍直南書房。

准盛京上三旗滿洲蒙古漢軍包衣佐領子弟一同考試進取。停各省督撫貢獻，俟三年後請旨恭進。詔開鄉會恩科。

上以登極，恩命於癸卯、甲辰正科外先開恩科，如前詔廣額中式。部議以元年四月鄉試，九月會試，十月殿試，其正科三試改期於二年二月、八月、九月補行。

命前工部尚書穆音岱、刑部右侍郎周道新護守陵寢。

戊辰，撫遠大將軍固山貝子允禵奉詔入臨，至自西寧。

貝子遵旨限二十四日赴京來傳。至密處奏請謁梓宫賀登極孰先，命先謁梓宫，遂易喪服而入。

詔禮臣加上太祖高皇帝、孝慈高皇后、太宗文皇帝、孝端文皇后、孝莊文皇后、世祖章皇帝、孝康章皇后及仁孝、孝昭、孝懿皇后尊謚。

命諸王公及文武三品以上官年過六十五歲者得乘馬至景運門。

命文華殿大學士兼吏部尚書蕭永藻致政總理陵寢事務。

永藻字采之，奉天海州衛鑲白旗人。由廣西巡撫改授陝西提督，内轉吏部尚書，大拜。爲人謙約節儉，無子，夫婦持齋，家産不及中人。

命禮部尚書陳元龍辦理陵寢事務。

拜兵部尚書白潢爲文華殿大學士兼兵部尚書，攝本部事。

詔拜征西靖逆將軍吏部尚書富寧安爲武英殿大學士兼吏部尚書於軍中。

以吏部右侍郎張廷玉爲禮部尚書。

長洲候選州同知朱介奎至通政條陳六事。

一、請□□官盡職以昭新治。一、請免捐俸以勵廉隅。一、請定捐納以清仕路。一、請嚴學政以興文教。一、請禁規禮餘銀以杜詐欺。一、請減蘇松浮糧以甦積錮。因違例來御前。而上於二年中此六事次第施行。介奎一作圭。乾隆初知茂州，次年春前内閣學士楊瑄潛入地安門進摺，律比大逆不道，從寬戍奉天。因令閣部院堂司官不得擅入後載門，進出皆記。按瑄字玉符，松江人，丙辰彭定求榜進士，年逾七十。可謂行險而不知命矣。

赦戴名世、方苞等族屬出旗。

改未經館選進士回籍，候選後不留京教習。

開纂修聖祖實録館，以武英殿大學士馬齊爲監修官，文華殿大學士松柱、白潢、吏部尚書張鵬翮、禮部尚書張廷玉爲大總裁。内閣學士額黑納登德、兵部右侍郎阿克敦、左侍郎勵廷儀、左都御史朱軾爲副總裁。

纂修官翰林院侍讀學士吴士玉、修撰王世琛、編修查祥、徐本、鄂爾奇、俞兆晟、徐雲瑞、萬承蒼、吴家麟、檢討姚三辰、朱曙蓀、張元懷、德齡、何世璂。至九年告成。

召工部左侍郎署湖廣總督滿丕回京，以廣東巡撫揚宗仁爲湖廣總督。起原安徽布政使年希堯爲廣東巡撫。

命皇九弟固山貝子允禟往駐西寧，以代大將軍。

上諭：大將軍至京，其往復尚在未定，俟胡圖克兔喇嘛等到日，再爲商權。西寧不可無人駐紮，令九貝子前往。部議貝子額隨帶從人員□蔭事務，俱關照年羹堯，係行菴放之也。

封武英殿大學士馬齊爲二等伯。

令吏部尚書隆科多嗣一等公，加給一等阿達哈哈番，以長子岳興阿襲。

皇舅祖一等公佟國維於康熙五十八年正月卒，贈謚承襲尚未舉行。

封嗣和碩裕親王保泰子一等侍衛廣善一作福。爲世子。

保泰皇伯父裕憲親王之嫡子。

禮部進元旦慶賀典禮。

秦家廠工竣復決。

擢工科給事中倉場監督陳守創爲順天府尹兼倉場總督。

卷二上 世宗憲皇帝御極之雍正元年，歲在癸卯。

春正月辛巳朔。

上詣壽皇殿謁祭梓宫，不御殿受朝賀。
欽天監進元年時憲書，頒賜諸王大臣文武官吏。
命致祭故大學士阿蘭泰、王熙。追贈大學士李光地、太子太傅户部尚書趙申喬太子太保。
丙戌，上時享於太廟，祀太歲之神。
總督河道陳鵬年卒於武陟工所，賜謚恪勤，以一品廕其長子樹芝。
召川陝總督年羹堯馳驛赴京叩謁梓宫。
辛卯，上祈穀於上帝。
經筵講官文淵閣大學士兼禮部尚書王掞年八十乞休，詔以原官致仕，留京備顧問。
封大將軍子弘春爲世子，班列誠親王世子弘晟下。
封廉親王、履郡王、怡親王、大將軍女爲和碩格格，壻給額駙秩。
封皇姪弘曙爲長子，依貝子品級，班列裕親王世子廣善下。
未詳何王之子。或曰皇二兄允礽之子。
命巡撫兼理關税。著爲令。
上以往例内務府官點關差，侵挪無厭，歸併撫臣。其正課與餘銀一同解部，缺令賠補。於是滸墅、揚州、龍江、蕪湖、湖口、贛州、大平橋、福海、粤海九關，暨從前已交地方官兼管之天津、淮安、鳳陽、北新、南新、臨清、荆南、江海、浙海九關，併交兼管，餘小抽分仍照常差。
以山東按察使司齊蘇勒爲河道總督。
復謫纂修《古今圖書集成》總裁陳夢雷於戍所。
刑部尚書陶賴、張廷樞並罷。
拜太子太保吏部尚書張鵬翮爲文華殿大學士兼吏部尚書。
以三等侍衛衣都額真宗室伊爾登爲國子監祭酒。
衣都額真一作衣度額真，掌啓閉殿門宿衛之職也。
兩淮鹽商已完加根銀十三萬兩准抵積欠，餘盡豁免。
時積欠一百三十五萬兩有奇，分三年帶徵，並裁督撫每年規八萬二千餘兩，以抵補從前尾欠。後圖蘭請侵蝕之商人程庭等皆援赦免罪。
以雍正寶座銘考試翰林諸官。
編修成文用興利除弊語，上諭：皇考聖旨有何弊，朕何以除之。伊有條奏，八旗十五歲以上俱令讀書，則一應護軍挑取何人。伊教習二十阿哥，爲人甚狂妄，着革職。仍令悛改前非。文字絅齋，滿洲正白旗人，康熙乙未徐陶璋榜進士，有文名。
命總理事務王大臣甄別漢御史、郎中等官，黜陟有差。
命通政司右參議李鳳翥、原順天府尹連肖先賑濟直隸、河南、山東被水災黎。
申明公侯及八旗軍民婚嫁喪葬之制，以崇節儉。
春二月辛亥朔。
甲寅，傳皇太后懿旨，以嫡妃那拉氏爲皇后。
傳皇太后詔曰：風化之基必資内助，人倫之本首正坤儀。此天地之定位，帝王之常經也。嫡妃那拉氏，懿範性成，徽音夙著。孝敬盡乎承歡，惠慈彰於逮下。宜承鶴極，顯號中宫。應立爲皇后，以宣帝教。頒此。朕祇遵慈訓，立嫡妃爲皇后，應行典禮，禮部詳察具奏。
廣西道監察御史陳時夏請於滇省鼓鑄制錢。
以内閣學士宗室佛格，兵部左侍郎勵廷儀爲刑部尚書。
廷儀官司寇者十年，壬子以經筵講官、太子少傅、吏部尚書，仍兼刑部尚書，卒，上賜祭卹，贈謚備至。在任之久，九卿一人而已。子宗萬，十二年官至侍郎。
安奉先朝惠妃金棺於陵寢琉璃門内寶城。
上諭禮部：昔日皇考特建妃衙門於陵寢之琉璃門内寶城，將妃母等安放。只有敏妃母，皇考曾下旨暫安於寶城。今遵皇考原旨，凡皇貴妃但舁往安放，應行之禮，爾部議奏。惠妃、良妃等衙門在蓮化諸皇后陵旁。惠妃之薨時日未詳。康熙二十年以嬪進位貴妃者四人，惠妃、宜妃、今皇太后德妃、榮妃。自孝懿皇后崩，遂不立后。宜妃生皇五子、九子，眷顧最深。乾隆元年今上降諭，朕自幼齡蒙皇祖撫育宫中，命太妃、皇貴妃提攜看視，朕心感不忘。意欲兩太妃千秋後另建園寢，可於景陵哨後擇地營造，規制稍卑，抑以昭敬禮。欽此。則或雍正中所加封之太妃也。俟考。
戊午，上祀太社、太稷。
吏部左侍郎李旭升以老病乞休，詔加尚書致仕。
命皇十弟允䄉送活佛澤卜尊丹巴胡土克圖靈龕歸西藏。

澤旺阿拉蒲坦來歸，賜使臣筵宴紵幣有差。

川陝總督年羹堯差官赴澤旺阿拉蒲坦，示以威福，諭令投誠，帶伊所差親臺吉五人進表闕下，遂各罷兵。

太子太傅、文華殿大學士張鵬翮陳情葬父，兼以老辭。温旨慰留，允俟山陵事竣予假歸里。

復左副都御史李紱職。

浙閩總督滿保奏，朱一貴亂，臺灣義民李直三等曾帶領鄉勇協助官兵殺賊。詔賞其功。

御製思親詩。

命大學士會同翰林掌院詹事正詹甄别屬員，黜陟有差。

改捐納教諭、訓導以縣丞、主簿用。

設會考府，以總理事務廉親王、怡親王、大學士馬齊、吏部尚書隆科多主之。

專司各省事件，及一切奏銷錢糧。設左右二司郎中、員外、主事等官。時以諒陰故創立。

傳皇太后懿旨，封側福晉年氏爲貴妃，李氏爲妃，格格鈕氏爲妃，宋氏、耿氏爲嬪。

先朝總管太監梁九公自縊於景山。

己巳，上率諸王大臣恭奉册寶，上聖祖仁皇帝尊謚於梓宫前，詔告天下，推恩有差。

庚午，上率諸王大臣恭奉册寶，上仁壽皇太后尊號於太后宫前，詔告天下，恩赦有差。

諭五城御史資送山東、河南饑民回籍。

署直隸巡撫趙之垣罷，以守道李維鈞爲巡撫，西安守桑成鼎爲守道。

改古北口總兵爲提督，馬蘭峪副將爲總兵。

春三月庚戌朔。

傳皇太后懿旨：封皇弟允祹母爲貴妃，允禑母嬪晉爲妃，餘封嬪、貴人有差。

令督撫幕賓果効力盡心。奏明授職。

上諭：今之幕賓即古之參謀記室，凡節度、觀察皆徵辟幕僚，功績果著即拜表薦引，其仿古行之。乾隆元年，兵部右侍郎吴應宗請督撫設七品幕職二員，兩司設八品記室二員，府州縣設九品掾司一員，以仰體此意行之。

廣東道監察御史向日貞請復刊鄉會録呈進。

戊戌，仁壽皇太后萬壽聖節，百官表賀。

叙前安藏功，封太保川陝總督兵部尚書年羹堯爲三等公。

是月。進隆科多、馬齊、年羹堯太保階，登極恩也。部議，康熙十三年，以撫遠大將軍圖海剿平察哈爾布爾尼，又克定平凉，詔封爲三等公。宜將年羹堯照此例封爵。按康熙十二年，遼東元裔部落希爾根叛，以多羅信郡王爲撫遠大將軍，大學士圖海爲副將軍，討平察哈兒，獻俘闕下。十五年以圖海爲大將軍，平定慶陽、固原等地。部議封海爲二等侯，有旨封三等公。將軍張勇進爵靖逆侯，提督王進寶進奮威將軍，總兵孫思克進凉州提督。察哈兒其部落名，希爾根忒其酋長，平凉、固原等地乃所竊踞，且蔓延至四川保寧諸處。

復宗室普照輔國公爵。

追封先師孔子五世祖木金父爲肇聖王，高祖祈父爲裕聖王，曾祖防叔爲詒聖王，祖伯夏爲昌聖王，考叔梁紇爲啓聖王，啓聖祠改爲崇聖祠。

丙午，上舁送聖祖仁皇帝梓宫赴景陵奉安享殿。

夏四月庚戌朔。

壬子，上祭聖祖於享殿，奉太后車駕回鑾，命貝子允禵留駐湯山。

梓宫奉安後，上欲留數日，群臣奏，現奉太后車駕在此，必日增悲痛，遂次日祭畢回鑾。乾隆二年三月今上亦欲留泰陵數日，莊親王等引前事，且言：禮曰既莫反而卒哭，又曰既反哭，主人與有司視虞牲，有司以几筵設奠於墓左，反日中而虞。安奉既畢，原無復居住之文。前代帝王親送梓宫者少，亦無成憲可稽。從之。

癸丑，上净髮。

國制：八旗服喪以不薙髮爲盡禮。即莫外薙。凡官於外而歿，或留滯不能還，還京則家人有留髮致挽髻者。外省八旗駐防之兵丁身故，每用火化骨殖，及其妻子攜解回京，歸其故旗，妻或另配，俗謂之寡婦兵，家人亦不薙髮以待葬。蓋八旗皆隸京師，外省特遣駐於一時，無子孫永留之例，並禁在駐防處置墳塋田産也。漢軍同。

乙卯，上進大内。

羣臣請御門聽政，以梓宮未奉安地宮，不允。

免各省錢糧解部隨平羨銀。

總理户部三庫事務怡親王允祥奏，各省解到地丁鹽課關税錢糧，自康熙五十七年至雍正元年三月，共收隨平銀三十七萬六千七百餘兩，未解銀二萬四千七百餘兩。乞將前解隨平銀並飯食銀俱作正項開銷，嗣後停止解進。上嘉納之。

逮貝子允禵家人雅圖、護衛孫泰、蘇伯、常明，永遠枷示。

上送梓宮時，傳問貝子家人，向日貝子在軍，聞有吃酒行兇之事。回奏並無。上怒，拿送刑部，永遠枷號，伊等之子年十六歲以上者皆枷。又天津監生徐蘭在貝子府教阿哥書，亦以其人不端，逐還原籍，交地方官收管。

除山、陝樂籍。

浙江道監察御史年熙條奏，山陝樂户沉淪醜穢，無由自新。王大臣議，壓良爲賤，前朝弊政，我國家化民成俗，以禮義廉恥爲先，似此有傷風化之事，亟宜革除，使數百年相沿陋習一旦廓清。並通行各省一體遵依。從之。熙字用晦，羹堯之長子，以辛卯舉人捐授副使，上登極，擢御史。後不詳所終。一云改名德柱，先卒。

免江南江蘇等府積欠康熙十八年至五十年一作五十四年地丁銀七百二十九萬六千兩有奇，米豆四十三萬七千二百餘石，蘆課十九萬二千七百餘兩。大學士王頊齡等表謝。

上以户部所奏江南積欠三疏雖非恩詔應免之項，但恐累窮民，盡行蠲除。按米豆蘆課皆不在免例，此曠典也。

追封皇太后曾祖額爾根、祖一等阿思哈尼哈番兼佐領額參、父護軍參領魏武俱爲一等公，妻一品公夫人。以武子白啓襲。

禮臣奏額爾根爲本朝舊族，太祖時撫育禁庭，視同子姓。額參歷事三朝，軍功茂著。魏武天挺秀傑，篤生聖母，宜加峻秩，以協美章。白啓後爲散秩大臣，稱舅舅，駐景陵。

賜王公怡親王允祥、隆科多、馬齊、年羹堯御書額。

怡親王額曰藩式宗英，隆曰世篤忠貞，馬曰朝之儁老，年曰青天白日。

上硃批安置貝子允禟諭旨，封付年羹堯回任。

和碩莊親王博果鐸薨，以子宏裕襲。

禮臣進躬迎神主禮儀。

奉天府丞唐執玉請增滿洲、蒙古、漢軍入學額數。

令監關差筆帖式停其差遣，應得分銀交内務府廣儲司庫。

謫湖廣糧儲參議程鏮効力軍前。

勑直省督撫確舉孝廉方正以應詔。

上諭：恩詔内有每府州縣各舉孝廉方正之士暫賜六品頂帶榮身以備召用一條，數月未有所聞。豈通都大邑之中，海澨山陬之遠，遂無潛修砥操克稱俊乂可應詔者。誠恐有司怠於採訪，殊負殷殷延攬之至意。着直省督撫速遵前詔，確訪舉奏。

命内閣侍讀學士田文鏡賑濟山西平定、壽陽等地。

追封都統善壽爲輔國公。

封怡親王世子弘昌爲固山貝子。

丁卯，上允諸臣再請，始御門聽政，百官朝服行禮。

定滿洲翰林進士陞補之制。

逐部院衙門缺主與年滿書吏回籍。

復設日講官、起居注衙門官吏。

頒上諭十一條，勸儆内外文武官弁。

其詳遺失，俟考載。

設滿洲、蒙古翻譯取士科。

琉球歲貢遇風覆艘。

貢使毛宏健並隨從水艄百二十人俱沉没，福建巡撫以聞。上命表文各物俱免補進，所餘亦賚回給賞次船林宗璉等歸國。

上以廉潔訓羣臣。

上諭：昔人立身首重廉潔，蓋廉以居心則制行純白，潔以飭身則舉動端方。所以杜貪黷之源，裕公忠之本，道至要也。自後人不能讀書明理，謹身節欲，以致處心積慮，不能自檢，廉潔之道，往往有虧。始行苟且之心，繼以掩伏之術。究之幽獨難安，形迹表著。雖强爲端人正士，而人皆不信。即有才智，俱無足觀，豈不可惜。古人云：欲學廉，先學儉。又云：務潔其身。可見聖賢教人，不外廉潔二字。惟當節儉以立其身，潔身以充其量，不愧衾影，不犯名教，則儒者守身，純臣敬主，胥在此矣。朕願天下共勉之。

追封皇舅祖一等公佟國維之祖養真、父圖賴爲一等公，加贈太師，予優謚。兄一等公國維、國綱贈太傅。

叙監造景陵功，封固山貝子允禮爲多羅果郡王，餘給世職有差。

夏五月己卯朔。

進封皇七弟多羅淳郡王管理正藍三旗事允祐爲和碩淳親王。

端陽節，上始御中極殿受朝，賜王公大臣各肉一方。

　禮臣疏言，宋、明歷代帝王即位三月之後，行朝會之儀，據《淮南子》「仲夏之月，斗柄南指，王者離於明堂」。五月正當朝會之期，故允所請，至奏樂賜茶並停止。

詔勸民開墾寬起科之限。

　上諭：朕臨御以來，宵旰憂勤，凡有益於民生者，無不廣爲籌度。因念國家承平日久，生齒殷繁，土地所出，僅可給納，倘遇荒歉，民食維艱。將來户口日增，何以爲業？惟開墾一事，於百姓最有裨益。但向來開墾之弊，自州縣以至督撫，俱需陋規，墾荒之浮費過於買價，百姓畏縮不前，往往閒曠荒糜，豈不可惜。嗣後有可墾之地，聽民相度地方，自墾自報，地方官不得勒索，胥吏不得阻撓。至升科之例，水田以六年起科，旱田以十年起科，永爲定例。其府州縣官有勸諭百姓開墾地畝多者，准令議叙。督撫率各屬開墾地畝多者，亦准議叙。務使野無曠土，家給人足，以副朕富民阜俗之至意。開墾例，原六年起科，後改十年，此又引舊制，分別水旱以爲差。

馬蘭峪總兵范時繹進孝陵新産蓍草，羣臣表賀，宣付史館。

祭酒宗室伊爾登請滿洲屬員嗣後悉用科第出身。從之。

　尋復諭：亦惟賢是任，不拘科目。

上憂旱，命禮部虔誠祈禱。

　上諭：大喪之後必有凶年，前太皇太后、皇太后、皇后之喪皆如此，朕常以是恐懼。今三月十二日雨雖霑足，迄今旱乾。再直隸、山東、山西、河南雨水不調，朕宮中虔誠祈禱，尚未霑足。王大臣其一體齋戒，以迓天庥。

辛卯，皇后千秋令節，百官表賀。

　禮部奏，是日皇后率貴妃、妃、嬪、公主以下内大臣、大學士、都統、尚書、精奇尼哈番妻詣皇太后行禮畢，皇后還宮升座，貴妃率妃、嬪、公主、王妃以下内大臣、大學士、都統、尚書、精奇尼哈番妻詣皇后前行慶賀禮。禮畢，將諸王所進菓張羊隻齊備筵宴。今照此例行禮，其筵宴暫停一次。

朝鮮來臨聖祖仁皇帝喪。

　凡外國進香，王以下奉國將軍以上及文武三品官侍衛以上皆齊集，陳設祭品，鳴贊官贊，來使行禮，讀文致祭，捧祭文送焚畢，衆皆散。

賜太子太保左都御史兼吏部尚書朱軾人參紵幣，予假省親。

　軾前父喪奪情，六十一年二月給假葬父，至是母冷氏年八十，再乞假。

上賜軾母帑金二千兩，封一品太夫人。

賜吏部尚書兼九門提督隆科多黄帶，川陝總督年羹堯雙眼孔雀翎。

革貝子允禵禄米。

令各官按品級帶素珠、馬褂、蹋胸、放引馬及紡絲坐褥，毋越分。

起原廣東巡撫法海督學江南，帶僉都御史。

　海前爲巡撫，奉聖祖命巡四省海疆，陛見忤旨，諭發軍前五載。因隨貝子允禵哭臨來京，起用之。

以内務府慎刑司員外郎鄂爾泰爲江南布政使。

令八旗舉人生員俱免當差，給以錢糧，資其學習。

　山西道監察御史鄂奇善疏請，八旗舉人生員選内閣中書、筆帖式，例由國子監考試揀選，此後照漢學教習例，擇旗下舉人生員爲官學教習，亦欲其毋荒廢學業意也。

天旱，詔求直言。

　上諭：天時亢旱，朕夙夜焦勞，敬謹齋戒，久未得雨，或用人行政之間尚有缺失，不能仰召天和，以致甘霖未沛。朕欲在廷諸臣直言得失，使朕有則改之，無則加勉。

賜大學士馬齊、松柱、王頊齡、白潢、張鵬翮、左都御史朱軾母御書聯額。

丁酉夏至，有事於方澤。

庚子未刻，遣使馳召貝子允禵於湯山。

辛丑丑刻，仁壽皇太后崩。

壬寅，復遣使馳召貝子允禵於湯山。

癸卯，頒大行皇太后遺詔於天下。

　詔曰：予自幼承侍聖祖仁皇帝，夙夜兢業，勤修坤職，將五十年。不幸龍馭上賓，予欲相從冥漠，今皇帝再三勸阻，以爲老身若是如此，伊更無所

瞻依。涕泣唧哀，情詞懇切。予念聖祖付託之重，丕基是紹，勉慰其心，遂違予志。後諸王大臣按引舊典，恭上萬年册寶。予以聖祖山陵未畢，却之再三，實出至誠，非故爲推諉也。今皇帝視膳問安，未間晨夕，備物盡志，誠切諄篤。皇后奉事勤恪，禮儀兼至。諸王皆學業精進，侍繞膝前，予哀感之懷，藉爲寬釋。奈年齒逾邁難挽，予壽六十有四，復得奉聖祖仁皇帝左右，洽予夙志，夫亦何恨。今皇帝勵精圖治，愛育蒼生，海内乂安，兆姓樂業，天下萬世稱君德之休明，推功啓佑，予殁有榮施焉。惟是皇帝前當聖祖仁皇帝升遐之時，哀毁過情，今復遭予之戚，若悲傷太甚，則予冥冥之中實所未安，當念宗社攸關，勉自抑損。中外羣臣，亦各恪奉乃職，竭忠盡慮，以副皇帝任用之意。悉遵典禮，持服二十七日而除。皇帝釋服三日即行聽政，無忽萬幾。天地、宗廟、社稷之祭，不可以藐躬之故稽遲大典，百神祀事亦悉如常。布告天下，咸使聞知。

令在京文武日舉哀二次，年六十五歲以上者一次，三日。内外文武孝服二十七日，百日不剃頭，不音樂，軍民二十七日。

甲辰，奉移大行皇太后梓宫於壽皇殿，詔諸王大臣恭擬尊謚。

上於大行皇太后梓宫前詔封貝子允禵爲郡王，勉以改過自新。

上諭：貝子允禵原係無知悖謬，心高氣大，朕教訓俟其知改，然後施恩。今欲慰母后之意，封爲郡王。若仍前不改，自有國法，雖治以重罪，伊亦無怨矣。

嘉三屯副將李如柏誠信，賜白金千兩，擢總兵，赴軍前。

上諭：十四貝子前不能與皇父大事，又不及臨太后之喪，是伊之不幸。副將李如柏向伊攔阻，誠信可嘉，而十四貝子即如李如柏之阻而止，亦甚可嘉焉。李如柏係漢人，猶執大理如此，較之公吴爾湛身爲宗室，看守二阿哥咸安宫時，皇父所交之事不行欽奉，將旨藏匿，趨順時宜，爲何如耶？李如柏賞帶孔雀翎，有要總兵缺出，即補用。並將此旨傳示看守咸安宫及大阿哥處王大臣、管侍衛内大臣、都統、前鋒統領。武職大臣當以此爲規範。如柏號蘭峯，陝西寧夏人，康熙癸巳武狀元。

令自元年會試後，二場仍用《孝經》命題作論。

命皇十五弟固山貝子允禑往駐景陵，郡王允禵仍留湯山。

按允禵進爵郡王，未賜封號，注名黄册仍稱貝子。

追封皇后父前征西將軍領侍衛大臣都統費揚古爲一等公，妻照貝勒女封爲多羅格格。修理墓院，遣官致祭，子孫世襲一等侯。

按費揚古前以領兵征噶爾丹爲大將軍，及西域蕩平，進封一等公，見恩詔。或後降爵侯者。

禁各省遏糴。

上諭：山西平定州等處山多田少，粒食維艱，小民向賴陶冶器皿，輸運直省，易米以供朝夕。近聞直隸州縣因米貴禁糴，此方百姓何以仰給？昔春秋時各君其國，尚申遏糴之禁。今天下一家，自宜緩急共有。川陝總督年羹堯運米萬石至山西，甚洽朕意。豈有坐視鄰封乏食，反行禁遏之理。自今凡鄰省郡邑，偶遇荒歉，即相與賑卹，毋得各分疆界，漠不相關。所有應行禁止者，官户規利，販米萬千，在沿海數省，運米出洋，至肩負之民，貿易度日，悉從民便。直省督撫各宜知悉。

青海厄魯特苦苦腦兒羅卜藏丹金逆命，令太保、三等公、總督川陝兵部尚書年羹堯統兵出口，措置邊防。

上諭：苦苦腦兒臺吉弟兄内有反相不睦之事，如邊方有事，署撫遠大將軍貝子延信現在五姓駐劄，還路迢遞，不能趕及，凡一應軍事，朕已諭總督年羹堯，其調兵糧餉之處一帶邊地駐劄之諸大臣，西寧一帶辦理糧餉侍郎常壽，以及川陝撫提、雲南督撫提鎮等官，悉依年羹堯調度所事。凡邊事互相知會，須咨署大將軍。青海部落吹拉克諾木齊係苦苦腦兒臺吉，聖祖授稱盟長，封貝勒。弟阿爾布坦温布，亦封貝勒。因欲娶伊孫蘇爾雜之妻常馬兒，乃殺其散秩大臣徹淩查布邊，以常馬兒爲妻。恐被譴責，潛蓄異志。弟藏把紮布則未受封爵。羅卜藏丹金糾合三人爲亂，搶掠各部，竄處釵達木。青海即西海，在西寧、洮州等衛，周百餘里，外此皆番羌所踞。意厄魯特西番之總名，羅卜等則苦苦腦兒之部落也。其授爵與起衅之故未詳。查噶爾丹兵敗時，其酋長皆授秩，一爲瑚瑚撫兒，即苦苦腦兒。

夏六月戊申朔。

始命漢軍監察御史巡視奉天、黑龍江船廠。

黑龍江船廠二地，向止武臣駐劄。上以旗民雜處，商賈聚集，事件繁多，今宜文職巡察，永以爲例。奉天則滿、漢各一人。從御史梁文謙所請也。

典試山東貴州道監察御史柯喬年條奏山東飢民逃散情形，命户部郎中博爾多、太僕寺卿須洲往賑。

令熱審循例減刑，罪輕者暫釋，秋後再拘。

令自小暑至立秋亡故之人，禁火化焚紙錢，砍伐青樹。

晉封右宗正貝子阿布蘭爲多羅貝勒。

湖南糧儲參議王奕鴻請捐銀五萬兩親齎赴軍前，以代父兄效力。許之。

奕鴻奏稱，世受國恩，涓埃未報。父掞，老病致仕。兄奕清雖在軍前，並無效力之處。情願捐銀前往，以盡犬馬之報。

川陝總督年羹堯請令軍前效力原任江西巡撫王企靖、湖廣巡撫張連登、吏部右侍郎前□□巡撫王之樞捐貲築布隆吉爾城垣，以固西陲。

疏言：臣前至巴里坤，路經布隆吉爾，地方寬廣，北連哈密，西接沙州嘉峪關，約五百餘里，實爲緊要之區。請建城一座，蓋造營房，屯兵駐劄。去肅州西七十里爲嘉峪關，過此則沙衣、赤斤、芎岭等衛，以至哈密，即古燉煌郡。布隆吉爾地當沙漠，四年城，即傾圮，再爲營繕，實爲邊戍重鎮。後設兵備副使一人駐之，又設同知一人駐瓜州衛。之樞號恒麓，直隸定州人，與企靖皆乙丑陸肯堂榜進士。連登旗人，是年皆發軍前。

督學浙江翰林院侍讀馬豫以貪污削籍，追贓助軍。

免甘肅所屬增額備荒銀米，蠲除舊欠。

地丁每兩增三分，糧米每石增三斗。自軍興以來，有此加派。上以有加派之名，無賑濟之實，自元年爲始悉停止。康熙六十一年春，河南道監察御史賀有章曾有蠲免加增銀米之請，未允，隨命效力軍前，並察訪邊廷利弊。上登極，有章再奏，上以忠君愛國嘉之，擢山東糧儲道。

效力軍前詹事府正詹事王奕清削籍。

奕清赴軍二年，仍令做官，朝廷寬大如此。自是掞子姪之在朝者，惟姪原任吏部尚書原祁子編修謩一人，浸加顯秩。原祁亦庚辰進士，由知縣行取擢給事，至九卿。素善畫，繼祖煙客之長。

定聖祖四后並祔太廟之制。

詔河南、山西開捐穀例，以裕積儲。

逮原山西巡撫蘇克濟，籍没家産，以償虧空。

潞安守加璋訐告克濟索取各府州縣贓銀四百五十餘萬兩，命將伊奚子達爾布等四人解往山西質審，虧空革職，限追家人趙七家貲二十餘萬並入官。

召休致庶吉士蔡世遠、安慶教授王懋竑、捐納教諭喬崇修赴京引見。

卷二下　雍正元年秋七月戊寅朔。

令嗣後大計軍政不在八法者，知縣、守備以上，督、撫、提、鎮註明考語，報部察議。

詔留漕二十萬石，貯山東備賑。

令在外降革文武官弁案件完結，許赴都察院稟題親試録用。

諭修建天津倉廒，遣官差買盛京、江南、江西、湖廣米穀四十萬石，積貯備荒。

以内務府郎中慶元爲監察御史，督理淮河關稅三年。

總督漕運張大有疏稱，河漕兩院事煩任重，不能兼攝淮河關稅務。巡撫又相距七百里，難於稽查，請仍差遣。元，隆科多之弟，以侍衛放郎中。

中元節，命康親王冲安代祭聖祖仁皇帝於安奉享殿。

監察御史于國璧請嚴武生考校統轄。從之。

詔褒録進藏復臺已故官弁。

設臺灣彰化縣。

免江西積欠運糧脚耗等銀五十萬兩有奇，米六十餘萬石。嗣後例支給在官。

上諭：江西漕糧各州縣先運至省，自省倉上運船，有脚耗扒夫修倉鋪墊等費。康熙二十三年，部駁不准支給，行令追還。三十四年，聖祖特諭免追。三十八年，部議又以脚耗扒夫等項分晰未清，仍令追還。至今三十餘年，積累增多，究無完解，其悉蠲免，以後仍准支給。

命清理耕田，以虔祀事。

以旱災詔停徵山東、河南、山西新舊錢糧。

復開纂修明史館，以吏部尚書兼九門提督隆科多、武英殿大學士王頊齡爲監修官。署武英殿大學士工部尚書徐元夢、左都御史兼吏部尚書朱軾、禮部尚書張廷玉、署翰林院掌院學士日講起居注翰林院侍讀學士覺羅逢泰爲總裁官。

令出征官弁應陞之員照例遷轉。

上諭：澤旺阿喇蒲坦用兵已經八年，其出兵之京城八旗、盛京、烏喇、

寧古塔、西安右衛等處滿州緑旗官兵應陞之人，若朝中員缺，只將朝内之人挑選。實在勤力官兵陞路反壅滯矣。嗣後與委放之人一體陞轉。

改編修、檢討、庶吉士以部屬、道、府、州、縣官用者百人。

禁六部經承專用紹興人。勒天下衙門吏胥之限。

以各省吏員考取六部經承，天下衙門吏胥多者汰之。

山陰、會稽、蕭山之人專習錢穀刑名之學，盤踞天下大小衙門，相傳已久，積弊漸多，故加以廓清。

秋八月戊申朔。

浙江巡撫李馥題前廣西撫標守備李瑞生百歲，詔加遊擊職，食守備全俸。

暹羅歲貢。

朝鮮賀登極。

令湖廣鄉試分南北兩闈。

上諭禮部，湖南士子赴湖北鄉試必經洞庭湖，湖面浩瀚，波濤不測，六七月間風浪尤急，間有覆溺之患，朕心深爲惻然。今欲於湖南地方建立試院，每科另簡考官，俾士子就近入場，永無阻隔之虞。於明春即分南北兩闈考試，其取中之數，督撫公議具奏。議覆，湖廣額中九十九名，湖北中五十名，湖南中四十九名。副榜湖北十名，湖南九名。武舉湖南北各二十五名。

賜刑部尚書勵廷儀御製詩扇。

詩曰：喉舌宣王命，綱維轄衆僚。星辰羅紫極，劍履上青霄。獨坐心常凜，中臺法自昭。書思頻獻納，退食肯逍遥。

賜直隸巡撫加兵部侍郎李維鈞御書清明撫御額。

逮正紅旗滿洲副都統滿丕，籍没其家。

上以皇太后崩，丕不舉哀，未請聖安，命廉親王嚴刑審問，查訊其家貲。

禁直省建慶祝聖壽道場。

加廣西巡撫孔毓珣總督職任。

上以兩廣相隔寫遠，督臣難以統制，軍務殷煩，授以部銜行總督事。毓珣字東美，號環岩，至聖裔。甲子聖祖幸闕里，賜恩貢生。由徐州牧洊陞至今職。九年總督江南河道。卒。弟毓璞字輝山，亦由貢生爲揚州守，洊陞至左都御史。雍正十三年中，聖裔之顯者此二人。

禾黍瑞應，羣臣表賀，宣付史館。

五月，江南鳳陽等縣獻麥莖兩岐。八月初二日，山東進瑞穀數百株，一本雙穗，禾長丈餘。初六日，内池蓮房並蒂。初八日，進蜀黍二幹，四穗，抽拔丈餘，穗大如帚，粒大如椒。皆爲元年嘉祥。

議叙山西捐賑人員，授秩有差。

刑部右侍郎盧詢請定案件審結限期。

盜案一年，命案六月，欽部件四月。例以到案之日爲始，不得咨展限，止許一月。詢字舜徒，奉天鑲紅旗人。

巡鹽兩浙監察御史鄂爾泰請除紹興墮民籍。

疏言：墮民爲宋罪臣之遺。宋將焦光贊部落以叛宋故，斥曰墮民。勇帽以拘形狀，女不長衫裙，以横布區其門曰乞户。雖有産不得充糧里正長。男子則許捕龜賣餅逐利，婦人則伴良家娶，爲人髻冠髮、穿珠花走市巷，兼就所私，醜穢不堪，與樂户無二。請照山陝樂籍，一例削除。部議，捕龜、賣餅、穿珠、作媒，俱係貧民餬口常業，較之樂户另編籍貫逼勒爲娼不同，若行削除，終致失業。應令該撫轉飭屬官，如有豪强倚勢，勒逼淩賤，有傷風化者，嚴行禁止。奉旨并與削除墮民籍，此後多改業，無復往來市巷矣。

己未，上率諸王大臣恭奉册寶，上孝恭宣惠温肅定裕贊天承聖仁皇后尊謚於梓宫前，詔告天下，推恩有差。

詔曰：朕惟國之盛典，報本莫重於尊親；禮之大經，易名實垂於永世。念恩深顧復，必當著以徽稱，惟事極尊崇，爰有資乎顯號。彝章攸在，簡編具存。欽惟皇妣大行仁壽皇太后，端莊恭儉，和惠柔明。仁孝本乎天資，静專同乎坤載。夙事皇考，懋著壼儀；誕育藐躬，備隆母道。劬勞鞠育，恩殫弱齡；諄復命提，誨因成立。寬仁逮下，厚澤洽於宫庭；謙約持身，盛德孚於禁掖。及朕祇承丕業，繼纘鴻基。每因定省之時，敷切憂勤之儆。慈施中外，化及家邦。方期合萬國之歡心，以永奉慈闈之孝養。夫何遽昇仙馭，莫逮瞻依。感愴方深，卹哀何極。惟借鴻名之典，少伸孺慕之誠。是用稽考謚文，恪遵舊典，祇告天地、宗廟、社稷，於雍正元年八月十二日，率諸王、貝勒、文武羣臣恭奉册寶，上尊謚曰孝恭宣惠温肅定裕贊天承聖仁皇后。既展追崇之大義，當推教孝之宏仁。所有應行事宜，開列於後。於戲，聖德洪恩，豈揄揚之可盡；隆名涣號，若昭顯於無窮。布告萬方，咸使聞知。

恩詔：軍民婦女年七十以上給布一疋，米五斗。八十以上絹一疋，米一石。

九十以上倍之，百歲給與建坊銀兩。

成例：孀婦百歲旌表建坊曰貞壽之門。及乾隆元年，上皇太后崇慶尊號，推恩加九十以上民婦授職榮身，給八品官服。

召直隸巡撫李維鈞、督學順天翰林院侍講吴襄於西煖閣，賜御製詩扇。

壬戌，省方盛典總裁前經筵講官户部尚書王鴻緒卒於京師，詔賜祭葬如例。

刑部浙江司主事李五福四世二百餘人同居無異，詔表其門。

叙安藏功，封西安將軍貝子延信爲多羅貝勒，餘賜爵進秩有差。

兩路率兵之將軍等給與世襲三等阿達哈哈番，議政大臣給與拜拖拉布勒哈番，副都統奢蘭太給與拖沙拉哈番，護軍校驍騎校給與頭等功牌二面，仍加一級。其年羹堯、延信咨送緑旗有功官員，頭等者照攻取打箭爐加一倍，二等者功加一等，三等者功加二等。其滿洲漢軍緑旗之外委官亦加議叙。上諭：此次叙功，因無例可援，以後亦不得引以爲例。按奢蘭太或統領總尉等官之名，俟考。打箭爐，川之口，在雅州榮經治内，近小金川。前爲番蠻所踞，攻復之，未詳其時事。

羅卜藏丹金縱兵渡河，外藩親王察罕丹津出奔歸我師。理藩院右侍郎常壽赴賊營曉諭被拘。因分兵犯我鎮海堡、南川、北川及西寧。

羅卜藏丹金令舍吹拉克諾木齊等八人搶掠，未入伊當之郡王鄂爾特尼厄爾拖克拖奈等部皆奔赴我西陲。遂移師渡黄河，欲搶刦察罕丹金。因遣常壽往諭，反被拘。旋分兵犯西寧、鎮海堡及南北川。常壽尋放還。

乙丑，上昇送孝恭仁皇后梓宫至景陵奉安享殿。

丙寅，上回鑾。

令發外國寄居浙、閩二百餘人回籍安插。

諭鹽商崇節儉以輸國課。

上諭各省鹽院，國家欲安黎庶，莫先於厚風俗；欲厚風俗，莫大於崇節儉。朕臨御以來，躬行節儉，欲使海内皆敦本尚實，庶康阜登而風俗醇。然奢靡之習，莫甚於商人，内實空虚而外事奢侈。衣服屋宇，窮極華麗，飲食器皿，備求工巧，俳優伎樂，醉舞酣歌，宴會嬉遊，殆無虚日。甚至悍僕豪奴，服食起居，同於仕宦，越禮犯分，罔知自檢。各處昏然，淮揚尤甚。使愚民尤而效之，其弊不可勝言。爾等既司鹽政，宜約束商人，省一日之廉費，即可以裕數日之國課。且使小民皆知儆惕，敦尚儉約，於民生亦有裨益，庶不負朕維風振俗之意。若不知悛改，或經訪聞，或督撫參劾，必從重治罪。

禁私選鄉會闈墨，刻窗稿。

凡鄉會墨卷，命禮部、翰林院官選擇佳文，呈御覽裁定，發順天府、江蘇巡撫，給與歷來情願刊刻發行之人，頒布天下。其舉人、進士窗稿，亦送禮部選行。按此令一再行而弛。

禁提督、總兵、副將在任置産，解官入籍。

國制，八旗外任文武官員解任，必勒限歸旗。而漢提督、總兵等官每有請入籍於所官之地者，故並禁之。

庚午，廣東雷州颶風災。

改雲南麗江土知府爲流官。

禁八旗大臣奏事稱奴才。

往例，八旗臣工每奏對皆自稱奴才，相沿已久。上以奴才既稱奴才，而大臣亦稱奴才，甚不合體，禁止之，後惟革職官可以此稱。

通政司右通政錢以塏請嚴虧空追補之法。從之。

疏言：凡虧空官員題參時，一面嚴搜衙署，一面行文原籍官員，封其家産追變，庶不致隱匿寄頓。又言州縣錢糧，命知府及同城官當堂拆封，即起解通報，使不得挪移。皆如議施行。元年，天下大員以現任及前任虧空革職查封家産追審者：湖廣布政使張聖弼、糧儲道許大完、湖南按察使張安世、廣西按察使李繼謨、原直隸巡道宋師曾、江蘇巡撫吴仁禮、江蘇布政使李世仁、江安糧道王舜、前江安糧道李玉堂諸人，未及詳悉。是時有以無名摺奏者，見之邸抄，必上已准行，附載之。摺言：欽惟我皇上好生如天，刑期無刑。臣前任刑部時，每月旗下以吃酒行兇送家奴者不一，而部内司官不加訊究，據來文發遣。臣查律内凡命案、大案、免死減等者發口外，吃酒之罪不至於此，重行兇者當有實據，乃不詳審明確，竟離異其夫婦，分拆其子女，與盜賊等同科，似非刑罰之得中也。臣於辦事之暇，不時詢訪。各旗狂倖之奴固多，其主行不端，每窺家人妻女，不便行私者，輒以吃酒行兇，遠遣其夫，其妻女可踞爲己有。其奴恐蹈不測，亦隱忍遠去。如此者往往有之。請嗣後須詳審明確，可疑者止鞭枷示懲。果應遣者令其妻女偕行，以免骨肉生離之苦，並可消强暴玷辱之念，奴隸下賤永戴皇仁矣。查律新例，各旗行止不端之人，欲佔奪家人妻女，捏以吃酒行兇送部者，不准發遣，交

與佐領，將伊妻室子女轉賣身價給主。或係因此奏定例歟。

敘前復臺灣功，加浙閩總督覺羅滿保兵部尚書，給故提督施世驃世襲一等阿達哈哈番，贈殉難總兵歐陽凱太子少保，餘賜爵優卹有差。

明史館總裁朱軾薦上海生員葉滋、鄠縣生員王心敬、歸安生員嚴鴻逵任纂修。

鴻逵托病不至。見後。

乙亥，上赴景陵。

秋九月丁丑朔，上奉安聖祖仁皇帝、孝恭仁皇后梓宫於地宫。命隨行諸王大臣易蟒服奉迎神主至京師。

上諭大學士馬齊、松柱、王頊齡、尚書田從典：「點主事關係甚重，必取有名望正氣道行學問之人當此職，爾等爵位已至，人品亦好，須潔誠齋戒，誠意所鍾，一若聖祖神靈洋洋如在筆間，方副朕一點孝思，勿得委爲故事。」時隨駕大臣九十一員，辦事官八十七員，俱加恩進級有差。

上凈髮回鑾。

己卯，上至京師。

庚辰，上恭奉聖祖仁皇帝暨孝誠、孝昭、孝懿、孝恭四皇后神牌升祔太廟，詔告天下，推恩有差。

命禮部左侍郎景日昣知貢舉，固山貝子領禮部事允裪爲監臨，太子太傅左都御史兼管吏部尚書朱軾、太子太保禮部尚書兼管翰林院掌院學士張廷玉爲大總裁。

以户部尚書田從典爲吏部尚書，禮部尚書張廷玉爲户部尚書，仍兼翰林院掌院學士。户部右侍郎張伯行爲禮部尚書，刑部右侍郎盧詢爲兵部尚書。大學士不須攝部務。

浙江巡撫李馥報所屬三十二縣二州一衛秋旱災，詔免所在錢糧，加意撫綏災黎。

福建巡撫黄國材舉故廣東巡撫彭鵬二孫莆田貢生勝坦、廩生勝垣孝廉方正，以年幼不稱旨。

新建京倉成，命名萬安。

六年後又建儲濟、裕豐二倉，凡倉廒制，以五間爲一座，亦有四間、六間者，每間七樑六搭椽，面闊一丈四尺，進深五丈三尺，山柱高二丈二尺五寸，簷柱高一丈五尺五寸。頂有氣樓，廒底用磚砌漫土鋪木板，廒門牆俱留孔，以洩地氣。每倉約十數門。

祭酒王圖炳請復以恩、拔、歲、副貢生考取八旗教習。

康熙五十年後改教習悉歸舉人、進士。部議内廷内務府及八旗需人甚多，故圖炳請八旗仍歸恩、拔四項，以宏作人之化。從之。

户部陳鼓鑄之制。

省福建巡鹽御史及商人，令州縣官照額徵納課銀。

總督滿保奏：沿海窮民曝曬鹽觔醃魚易米度日，官吏但知規例查拿，不顧小民困苦。乞將鹽利歸之窮民，照粤灶徵課之例均攤。各場派佐貳一員監管平買賣，而以興泉道總其事。按明時福場無巡御，以行鹽無運地。河東無運官，以出有專所場兼之，巡運皆無。

逮護守景陵前總管太監魏珠監禁，籍没其家。

珠與梁九公等幼侍聖祖，甚蒙寵眷。令護守景陵時，私使人在陵上割草。致與兵卒廝打。總兵范時繹啓奏，拿付三法司，會議具奏，魏珠在陵寢牆外砍山砌牆，關係風水，大不敬，應立決。得旨：魏珠侍奉聖祖多年，朕不忍加誅，仍看守，另有發落，内務府封鎖家産人口。

謫督學江西編修徐昂發效力軍前。

致仕禮部左侍郎加尚書職李旭升陛辭歸里，賜御書衡平者碩額。

辛卯，上御殿受朝，以班行不齊，嚴飭鴻臚、御史等官。

督學四川編修方覲請分派訓導於雲陽、巫山、建始、太平、萬縣、屏山、樂至等學，不必屬縣令兼管。

大學士等議奏虧空官員子孫出仕者解任，代賠全完後復職。從之。

經筵講官太子太傅、武英殿大學士兼工部尚書王頊齡年八十有二乞休，上慰留之。

准江蘇巡撫京口將軍何天培請開各色捐穀例，以裕積儲。

雲南道監察御史田嘉穀請重經藝取士，以敦實學。章下所司。

禁非公事擅騎驛馬。

京師賑粥，令五城御史親臨散給。著爲例。

詔拜太保三等公總督川陝兵部尚書年羹堯爲撫遠大將軍，進爵二等公，以剿羅卜藏丹金。多羅貝勒西安將軍延信復掛平逆將軍印，擢陝西督標中軍副將

田峻爲涼州總兵，從軍協助。

准恩詔從前殿試違式事故李徽等二十五人再許殿試。

禁官員去任造生祠、書院，現在者留爲義學，延師授徒，以廣文教。

追封西部外藩貝子丹仲爲多羅郡王。

仲前在軍前，累著功勳，總督年羹堯奏請，故加優卹。

開纂修律例館，以左都御史兼吏部尚書朱軾、兵部尚書盧詢、刑部左侍郎阿錫鼐、詹事府正詹事伊都立爲總裁官。

冬十月丁未朔。

上時享於太廟。

行鄉飲酒禮，命加謹，毋視爲具文。

賞給厄魯特歸順頭目波羅忒達西查普等六人銀幣。

輔國公普貴有罪削爵。

會試總裁朱軾、張廷玉進五魁卷請欽定，上嘉其公忠。

康熙乙丑科會試前十名進呈欽定，後每行之，且有一榜俱請欽定，及請上命題者。此後會試及順天鄉試四書三題皆出上裁。今上登極後，凡各省四書題皆考官命下，即請上密封付之。

原總河道趙世顯虧空國帑，下刑部獄，籍没家産。

康熙六十年冬，効力河工聶大煊訐告世顯縱容家人崔三等尅扣沿河工料，侵蝕國帑諸弊，得旨拏問，籍没家産，賠補不足，遂斃於獄。世顯奉天旗人，始爲兩淮運使，陞江蘇按察使，皆有賢聲。復巡撫山東，總河張鵬翮内拜户部尚書，薦爲河督。在任十九年，窮奢極欲，廢弛河務。揚州崔大獻其妻於世顯，遂兄弟三人皆同事，各擁巨貲行鹽，篡登仕版，至是皆罹刑獄，家口入旗，人咸快之。淮關原額銀一十一萬九千八百三十八兩。五十八年，世顯請歸併河院管理，而增加銅觔脚價銀一萬三千三百八十四兩，淮安倉項下銀三萬一千七百四十兩，又代交光禄寺銀三萬兩，交與慶問銀五千兩，並節省銀十五萬兩，盈餘銀三萬兩，合之則三十八萬一千六百六十兩，遂以爲例。困商民而累後官，其以虧空罹罪，可爲漁利者戒。乾隆十年中再加核減，尚有二十萬一千九百六十兩零。

令直省建忠義、節孝二祠。

停各官捐俸助公。

江西巡撫裴𢔶度因吉水等處蛟水泛漲，民人被災，議各官捐俸散賑。

上命以後遇有公事，即奏請動用正項，俸以養廉，永停捐助。

頒聖祖遺旨，詔録明太祖後裔以奉享祀。

設山東兗州總兵。

轄兗州中右兩標及德州、臨清等十四營。從前山東只登州一總兵，統全省。

始命滿洲監察御史杭奕禄、檢討德齡、理藩院郎中平柱、刑部員外郎憲德同爲學院，考取八旗翻譯。吏部尚書隆科多、禮部右侍郎登德爲監試官。

諭内閣、九卿進賢退不肖，各抒忠悃，勿避嫌怨。

鄉試、會試迴避舉人及搜拔遺卷得士周龍官、張江等九十人俱賜進士，一同殿試。

是科正榜中額仍照舊一百八十名，此則恩詔加額者。龍官籍江南淮安，江西南城人，有才名。

撫遠大將軍年羹堯督師次西寧，議軍機上聞。上指示方略，假以便宜從事。

上諭：督師年羹堯、侍郎常壽題報征討羅卜藏丹金，令親王剎漢并金領兵過黄河八百二十二河州。部將岳兆龍報稱，剎漢并金自言抵擋一次，再若不能抵，我也進河州口等因，差人來趙。今羅卜藏丹金顯屬反叛，若□剎漢并金，則羅卜藏丹金其勢益强。且級已經差使到漢朕所剎□處，彼此相邀，非會同澤旺阿喇布坦造反，即係去歲軍興之際，應預爲詳細籌畫。即今西寧、松潘、甘州等處兵馬，務令整齊精壯，方可出口。且羅卜藏丹金自夏季在藏用兵以來，人困馬乏，現離口外不遠，若不及今剿滅，致使伊等有整備，關係甚大。須詳細籌畫，務在必勝。一面即行，一面具奏。按剎漢丹津，前作察罕丹金。

以天寒命移殿試於兩廡。

上諭管理禮部事務貝子允祹：今年殿試，天氣已寒，諸貢士若照舊例在丹墀對策，恐硯池冰結，難於書寫。着於太和殿内兩傍對策，傳諭總管太監多置火爐，使諸貢士得盡心作文寫卷。

免陝西長武、西鄉浮額錢糧。

長武原額九千七百五十兩零，西鄉原額銀八千六百六十二兩零。免數俟考。

命武英殿大學士馬齊、文華殿大學士松柱、署武英殿大學士工部尚書徐元夢、吏部尚書田從典、刑部尚書勵廷儀、吏部右侍郎史貽直、兵部右侍郎李紱、内閣學士阿克敦、吴士玉、查嗣庭、詹事府少詹事塞楞額、都察院左副都御史楊汝穀爲殿試讀卷官。

辛未，羅卜藏丹金兵困西川之鎮海堡，撫遠大將軍年羹堯擊敗之。次削平莊浪等地截路行刦賊番。優詔褒嘉。

嚴賭博之禁，以絶盜源。

凡犯賭博者，旗人鞭一百，民人責四十板，各枷號兩月。其造牌骰之人，亦照賭博治罪。學智拳勇者罪亦如之。更設立鄉正里長，不時勸諭查察，違者報官究治。從内閣學士吴士玉所請也。復以民皆玩法不悛，七年准立誅。八年定例，初犯枷責，再犯徒，三犯流徙，三犯以後斬。

以工部右侍郎尹泰爲左都御史。

以太常寺卿王沛憻爲通政司使。

癸酉，策試天下中式貢士楊炳等及特賜進士張江、復准殿試李徽等二百四十六人於太和殿。

刑部尚書宗室佛格有罪削籍，謫置右衛。以領侍衛内大臣續封一等公阿爾松阿爲刑部尚書。

格役圈禁貶所，姪祭酒伊爾登亦同謫右衛。

移湖口關於九江。

兩江總督查弼納覆奏，湖口縣背山面湖，左右兩石，鍾山巉岩尖峙，直插江中，止有鍾山脚下虹橋一港泊船，春冬水涸，不能進港。兩江、閩、楚、川、廣七省之船無由直徑經行，必從梅家洲嘴轉十餘里，牽挽維難。若經暴漲，湖水江流交會於虹橋港口，甚爲洶湧，少有微風，不免漂溺。三十九年，左都御史王澤弘請移九江，另於大姑塘設口岸抽分，撫臣馬如龍奏止之。今既移九江，仍於大姑塘設立口岸，庶使江南、江西來往船隻不致漏税。

甲戌，撫遠大將軍年羹堯遣兵敗羅卜藏丹金之衆於北川之新城。

新城離西寧九十里，遊擊馬成輔領兵八百鎮守。賊二千餘同拒後山，圍繞攻擊，成輔奮勇衝擊，殺傷甚衆。大將軍恐賊協力攻城，因挑選西安、固原兵三千人，令中軍副將王嵩、參將宋可進前往救援，從山後繞出，賊不能敵，殺死厄魯忒百餘口。此行帶子母礮七十位，所向披靡，我軍不損一人。

丙子，上萬壽，不御殿，百官表賀。

冬十有一月丁丑朔。

賜殿試中式貢士于振、戴瀚、楊炳進士及第，張廷珩等出身有差。

副都統祁爾薩條奏喜喪儀制，以杜奢侈。

考選新進士五十五名爲庶吉士。

前貴州巡撫劉蔭樞卒。

工科給事中赫碩色請禁私製通書。

通書起自康熙五十年間，徽州治堪輿□編次一年宜忌，以時憲書爲君而雜以選擇條款，□□□□民間尚之。禁革後定例，各藩司頒發時憲書，分給各屬，教之民間，以所□□刷刊紙張錢糧。乾隆初於時憲書上下□印宜忌星辰，亦通書之故智。私加之特不另刊，或兼林選擇書也。選擇書見前頒時憲條。

令都察院兼轄六科。

吏、户、工三科掌印給事中崔致遠、王澍、康五端奏：六科自唐、宋以來俱在午門辦事，轉察□部院事。□□現在稽查都察院事，不便令其兼轄。不報。尋調三人爲員外郎。

禮部尚書覺羅蘇庫罷，以軍前尚書塞爾圖爲禮部尚書，仍在軍前。

上以忌日欲親謁景陵，康親王冲安等援引古禮，請遣王代祭，各賜肉一方。

戊子，至聖六十七一作八代孫太子少師嗣衍聖公孔毓圻卒於京師，賜謚恭愨，以長子傳鐸襲。

命大學士松柱等二十三人前往陪禮。

己丑，聖祖仁皇帝忌日，上躬祭壽皇殿，賦詩志哀。

考試辛丑科散館庶吉士，留館授職者二十一人。

以敗賊功，給撫遠大將軍年羹堯内貂一千二百張、内緞百端、庫緞千疋，分獎有績官將。

詔修太學，以偏親詣釋奠。

上諭禮部：孔子道冠古今，爲萬世師表，薄海内外，無不俎豆尊崇。國學乃四方表率，其制尤重。聖祖仁皇帝親臨雍釋奠，典禮攸隆。朕纘承大統，景仰先型，羹牆如見。念國學爲辟雍造士之地，聖教四禮，莫先於此，恐

歷歲既久，有應加修葺之處，爾部會同工部詳加閱視。凡文廟殿宇廊廡及講堂學舍，務須整理周備，俾廟貌聿新，以伸景慕，朕將親詣焉。

又降諭禮部堂：臨雍大典，所以尊重道爲教化之本，朕覽史册所載，多稱幸學，相沿未改，此臣下尊君之詞，朕心有所未安。凡一應奏章記注，俱改幸爲詣。按順治九年、康熙八年皆詣學釋奠，推恩有差。學舍明初制有六，曰正義、崇志、廣業、修道、誠心、率性，第監生之等次以次升堂肄業，升率性者方爲積分。一季三試，每試文理俱優與一分，理優文劣與半分，歲内積至八分者與出身。後此制不用，而六堂至今仍之。太學在安定門内學前街内。成吴與江寧同名，自前朝也。

内閣奏南郊御殿典禮。

内閣請增大計吏員卓異，以示鼓勵。

朝鮮來臨孝恭仁皇后喪。

令各省揀選舉人分別録用，定爲制。

吏部奏，各省舉人已經揀選未經截取者，於明年鄉試後，督撫會同主考驗看，分別造册報部，以□知縣教職分選。例三年一行。

辛丑，冬至，上祀天於圜丘，尊聖祖仁皇帝以配天。

壬寅，上御太和殿受朝賀，頒詔恩赦天下。

禁塘報、小抄、晚帖，違者以詐傳詔旨論罪。

内閣侍讀學士拖沙喇哈番殷查納病免。

冬十有二月丙午朔。

賜兩江總督查弼納御書清慎和平額。

福建巡撫黄國材請寄可省之奏章毋瀆聖聰，上切責之。

疏言：知縣以下佐貳官員遇有事故應斥革者，流犯脱逃與承審命盜遲延地方官應議處者，皆請准咨部彙題。斬絞已結各犯病故，管獄官請只咨部查考。至所犯軍統罪亦請咨刑部完結。

撫遠大將軍年羹堯請明年大舉會剿羅卜藏丹金，以四川提督岳鍾琪、西寧總兵黄喜林、興漢總兵武正安統領官兵五路出塞。

令裁府州縣佐貳冗員。

選武進士爲侍衛。

國子監請令衍聖公四氏後裔暨天下監生馳赴京臨雍。

疏言：至期必落落多中，布滿□□，以襄大禮。規矩禮儀，務期爛熟。通行直省，監生除年過六十、不滿十六及有老親患重病者，俱馳赴監，演習禮儀。

丁卯，午刻上御太和殿，遣使册立中宫那拉氏爲皇后，詔告天下，恩赦有差。

封年氏爲貴妃，李氏爲齊妃，錢氏爲熹妃，宋氏爲裕嬪，耿氏爲懋嬪。

恩詔，婦人犯法除十惡外赦免。

准訪求年老良醫赴京考試。

翰林院侍講學士戚麟祥請令太醫選取生員能明張仲景《傷寒論》、張景岳《靈樞素問》、李時珍《本草綱目》三書者，授爲醫學教授，俾其訓迪醫業之人，并考取精通者爲生員舉人。部議，儒、醫兩途，難於合一，宜同教授，不時考課生員，令其深通醫術，以應上選。而擇精通醫理者爲教授官，恐年老良醫憚於赴京考試，先授其子弟以經歷、吏目等職，以寵其行。麟祥素精醫術，故有是奏，後亦不行。

上祫祭太廟，命郡王允禵代祭景陵。

國制：歲暮行大祫禮。按明洪武元年定禮宗廟四代各一廟，皆南向，以四時孟月祭，歲除則合祭於高廟。歲凡五享。今略同。

卷三　雍正二年歲在甲辰。

祭酒張廷璐請廣宣《聖諭廣訓》，以宏教化。

疏言：翰林院侍講學士覺羅逢泰已請在京八旗每月宣講，翰林院侍講學士張照又請行之於試士訓蒙。臣更請令各省將軍、提、鎮轉飭所屬武職宣講，則兵丁黎庶均霑聖化。試士之法，由縣府及學政覆試童生，令默寫《廣訓》一條，不錯一字者准取進。平日各學擇有品行生員朔望宣講，蒙師用以訓迪幼稚。繼右參議孫勳更請遴選教官宣講《廣訓》，化導兵民。種種雖不盡實力奉行，而外官考成列薦必以勤宣《聖諭》爲第一義也。勳字子朱，山東德州人，康熙甲子解元，乙丑進士，有文名，是年老病免。

署山西巡撫刑部左侍郎伊都立劾年羹堯侵蝕茶鹽之利，命吏部左侍郎史貽直、刑部右侍郎高其佩往勘。

疏言：陝西咨追私茶，生員王敬菴等愿罰銀九萬兩，羹堯並未奏明，又縱容運同嚴士俊私佔鹽窩漁利，以入利橐。

令嗣後旱澇成災，督撫據實馳奏，庶可及時修省，以邀天鑒。更以天人

相感之理指示百寮。

允經筵講官太子太傅、武英殿大學士兼工部尚書王頊齡致政，俟孝恭仁皇后服制滿日加恩歸里。

太常寺少卿李鍾峨請庶吉士分省簡選。不報。

　疏言：癸卯恩科館選六十二人，漢軍、河南、四川缺人。甲辰正科館選四十三人，蒙古、山西、河南、陝西、四川、廣東、湖南、廣西、雲南、貴州皆缺人。請嗣後館選時，仍俟天心簡任，暫停覆試保舉，庶邊僻省分咸霑覆載之仁。部議，覆試保舉乃聖心至公至慎之良法，鍾峨不過爲鄉曲私情起見，無容議。

申明大人出京文官朝服武官披掛迎送之禁。

考試滿洲、蒙古、漢軍食糧免差舉人董齡等五十五人，文理不通者裁其廩給。

諭滿洲、蒙古因祖父拖欠錢糧治罪者概予寬免，後不爲例。

削議政大臣、領侍衛内大臣、都統、嗣一等公夸岱職任，止以公爵在領侍衛大臣裏行，革舅舅稱。

丙申，起送密親王金棺暫安奉黄花山福金攢院。

夏五月戊戌朔。

都統汝福、馬爾薩有罪削籍，拘禁誠、廉二王府。

汝福前左都御史黨阿賴子，誠親王屬下人。馬爾薩詳後上諭中。

以年羹堯僭越諸罪示朝臣，飭羹堯明白回奏。

　上諭大學士馬齊：御前侍衛遣之効力軍前，年羹堯帶至西寧，使之擺隊墜鐙，是誠何心。況聖祖時亦揀發侍衛於將軍富寧安、傅爾丹處，未聞其奴隸使也。來京陛見時，督撫原無跪接之例，且伊又未帶大將軍勅印，而令李維鈞、范時捷跪接，是誠何心。青海之叛逆，伊係征剿大將軍，王、台吉等或可令其下跪，至無罪犯之蒙古王等亦令下跪，況扎薩克郡王阿寶係本朝之額駙，亦竟令其下跪，是誠何心。爾等行文著令明白回奏。

增國子監滿洲助教四員，俾各任一旗，以責課程。

　舊制：滿助教十六人，蒙古四人。今廣四人，則三旗分任，合之二十四人也。

戊申，夏至，有事於方澤。

直隷總督李維鈞劾年羹堯奸欺貪殘諸罪，飭羹堯明白回奏。

　疏言：年羹堯心實奸回，行皆欺罔。逞悻直而貌忠誠，挾權勢而作威福。招權納賄，排異黨同。冒濫軍功，侵吞國帑。殺戮無辜，殘害良民。更有甚者，西海久已蕩平，而大將軍勅印不賫繳，心跡行事，大不可問。去年進京時，題報勅印令内閣學士懷親看守在署，乃十月十一日行文到臣，備回陝夫馬，則仍用大將軍印，欺罔之罪，其何能逃。原任湖南巡撫王之樞在陝修城，所有定州田房自應變解，乃並未咨查，早爲羹堯所得。至今年四月，始將之樞零星田房移臣追變。又原任江西學臣徐昂發軍前効力，具呈原任江西巡撫王企靖得伊銀三萬兩，此係贓銀，理應題奏，乃竟自咨追。臣見來文未曾聲明題奏，所以之樞、企靖二家不敢嚴追。由此以推，則數年發往陝西人員，羹堯先飽己槖，何可限量。又陝西喇嘛寺内僧四五千人，不分奸良，誅無孑遺，獲其輜重數十萬金。殺無辜而利厚貲，罪不容逭。且歷年軍需，冒銷無算，莫敢觸破，既私壟斷，又耗國計。似此奸回欺罔，貪黷險刻，何可姑容聖世。臣與羹堯有舊，因其不臣若此，公憤難遏，若隱默不言，私羹堯而負皇上，臣罪不幾與羹堯同乎？仰祈乾剛獨斷，明罰勅法，以爲不臣之戒。企靖字苾遠，直隷雄縣人，乙丑進士，派築布隆吉城，營求羹堯，以病告歸里，行至蘭州卒。

庚戌，皇后千秋令節，以孝恭仁皇后服制未滿，仍停慶賀筵宴。

命禮部右侍郎三泰致祭忠義神武關聖大帝。

　成例：太常寺官典祀事。茲以追封三代爵號，特遣官祭告。道書言五月十三日爲帝降神期，而世所傳則誕生日，此與國志不合者。

以年羹堯攘恩示惠之罪曉諭在廷。

　上諭：從前松江提督高其位署理兩江總督印務，年羹堯曾奏聖祖仁皇帝云，高其位年老衰憊，兩耳重聽，貪位隱飾，貽悮地方，是以罷其署理之職。朕即位，特召高其位陛見，看其人老成忠厚，善氣迎人。適年羹堯在京，遂令詢問高其位，以鑾儀使、都統、提督三缺令其自擇陳奏。高其位奏都統事未熟練，鑾儀衛又無効力之處，遂令回松江。此朕加恩老臣，並非年羹堯贊助之力。揣年羹堯必隱其從前之參劾，反市德於其位，而其位亦以爲出於年羹堯之贊助也。去年其位進松江漁船所得玉寶，朕賞以四團龍補服等物。又適年羹堯在京，又必居功，冀其感激。聞得年羹堯將蘇州一無

賴小人王廷貴薦與其位，其位不察能否，授爲把總，不久又擢千總。年羹堯攘君恩以示己惠，高其位遵私囑如奉公令，即此見年羹堯之巧詐營私，而內外臣工之爲所愚者不少矣。朕特爲發年羹堯之奸巧，非罪高其位也。以上情節，令高其位明白回奏。王廷貴即遣來京，朕自閱看。

敕侍郎史貽直、高其佩並勘河東運使金啓勳部陽捕鹽戕害平民罪。

鑲白旗漢軍都統范時捷劾年羹堯欺罔貪婪諸罪，飭羹堯明白回奏。

疏言：年羹堯立心詐僞，秉性凶頑，欺罔多端，貪婪無厭，擅作威福。虐害官民。臣同在陝西署陝撫，知之甚悉，謹一一爲皇上陳之。一、年羹堯因運米四萬石至軍前，照依西安起運每石費銀三十六兩之例，不於西安買米，私向沿途買運，侵蝕脚價銀四十萬兩零。自恐敗露，止以總用銀一百四十四萬兩報部。一、捐納事例每駝一隻、米一石各折銀七十二兩，年羹堯皆額外勒銀三十六兩，計共捐銀六十一萬六千餘兩，年羹堯共婪銀三十餘萬兩。管捐之原任西安府知府桑成鼎、金啓勳可訊。一、陝省奉公，向因軍興，督臣鄂海題明捐補各項，雍正元年十一月奉旨永停此例。年羹堯稱經奏明，照舊公捐。及臣催取公捐支銷册檔，藩司胡期恒匿不交出，明係私用，計共侵雍正二年俸工銀五萬餘兩。原藩司胡期恒可訊。一、將軍、督撫自王以下俱平行，先時圖海爲大將軍，與督撫往來俱用咨文。年羹堯妄襲允禵之例，與將軍、督撫擅用令諭，書官書名，妄自尊大，蔑視官常。各衙門行文可證。一、年羹堯保題各官，悉多營私受賄，贓私巨萬，用伊家人魏之耀、嚴大等過付經收，不能悉其細數。必須刑訊魏之耀、嚴大等，方盡得實情。以上種種惡跡，臣在陝親知灼見。似此大奸奇貪之員，上負隆恩，下妨民命，人所共疾，國法所不容。伏祈將年羹堯並通同欺妄之桑成鼎等一併提審治罪，庶奸惡知儆，國法得伸矣。

南贛鎮總兵黄起憲以聯姻魏之耀削籍。

飭杭州將軍年羹堯帶原發陝西候補人員及侍衛赴新任，請旨措置。

上諭：去冬年羹堯奏請帶往陝西候補人員，除侍衛查爾扈、高其位之弟高其傣仍著來京，其餘或有請託，或年羹堯自欲帶往，或督撫大臣官員子弟欲作質，當各將帶往情節與年羹堯所行事跡聲明繕摺，交與岳鍾琪轉奏。如不能聲明，仍隨年羹堯前赴杭州學習。至前歲揀選發往之侍衛，本朕左右隨侍之人，至彼貪其貲財，竟以奴僕聽命，既甘卑賤，即令仍隨年羹堯前往杭州。將伊等如何措置之處，至杭時年羹堯請旨定奪。於是編修汪受祺、胡彦穎、金以成、竇啓瑛等皆隨赴杭州。得旨令地方官查察，毋致生事。

左僉都御史吴隆元議刑部罪案悖謬，嚴飭其奸險。

以察吏之旨曉示臣工。

上諭：爲政首重安民，必先察吏。向者不肖有司，不能仰體聖祖仁皇帝寬仁德意，吏治漸至廢弛。是以朕即位以來，嚴加訓戒，整飭官方。乃有庸懦之督撫，迎合朕意，似出於不得已而參劾者。前滿保曾奏浙閩屬吏已劾多員，若再題參，恐致無人辦理。魏廷珍亦曾奏湖南屬員參革已大半，容再查出參劾等語。夫屬員之去留，視居官之優劣，豈論參劾之多寡，朕心總出於至公，而督撫等安得以庸鄙之見、偏私之心妄爲窺測乎？又聞外間議論云，朝廷懲盜臣而重聚斂之臣。此語尤爲荒誕。朕臨御以來，蠲免舊欠錢糧不下千百萬兩，又免蘇松、南昌額徵銀五十餘萬兩，豈屑屑較量於財利之間者。況現今裁革私派陋規甚多，所謂聚斂者何所指乎？但虧空侵蝕，貪婪枉法，既寬其誅，若不嚴追，國法安在。此朋黨匪人捏造之語，特諭衆知之。內外臣工各秉公據理，不可存迎合之見，則吏治民生，均有攸賴。

四川按察使劉世奇黨年削籍，罰修河南隄工。

辛酉，孝恭仁皇后忌辰，命大學士嵩祝等致祭景陵。

廉親王允禩奏移府，以天暑勞民諭止之。

逮年黨宋師曾，追完長蘆運使任內虧空，籍其貲産。

師曾於康熙六十一年九月，以前任虧空，爲巡鹽御史傅賚所劾，令効力軍前。至是御史莽鵠立再參師曾未完事件，上諭：去歲年羹堯來京，曾面奏宋師曾所欠錢糧全完，請以原品休致。其夤緣請託，情甚可惡，着將伊提拿，交與刑部會同莽鵠立嚴審具奏。師曾江南長洲人，前大學士德宜之孫。

以左都御史尹泰爲盛京禮部侍郎兼奉天府尹事，起前四川巡撫能泰爲左都御史。

上諭：蘇努在盛京爲將軍八年，毫無裨益地方之處，諸務廢弛，着尹泰以原品往彼輸誠整理，挽回風氣。

再以隆科多、年羹堯諸人之奸曉示在廷，令諸臣解散黨羽。

上諭：朕臨御之始，將舅舅隆科多及年羹堯寄之心膂，所以作其公忠，期其報効。孰知朕視爲一體，伊等竟懷二心；朕予以寵榮，伊等倖爲邀結。

招權納賄，擅作威福，幾陷朕於不明，竟無以對天下。但解其權柄，不加刑誅者，正以見朕信任太過，惟有自責，而於伊等從寬也。若伊等怨望不遂，怙惡不悛，朕豈姑息以養奸耶？至於二人門下向來趨附奔走承奉者，宜急解散黨羽，洗心革面，若仍念舊情而負國恩，定以黨逆正法。向日明珠、索額圖因擅作威福，聖祖仁皇帝解其要職，置之閒散。而二人不能回心禁慝，仍詭密招攬，如在位時。隆科多、年羹堯若不知恐懼，痛改前非，欲如明珠等之故局，則萬萬不能也。殊恩不可屢邀，覆轍不可再蹈，朕亦斷不貳過矣。又諭：朕寬厚居心，慈祥敷政，訓飭臣工，惟欲散其黨援，化其積善。乃有屢訓不悛，如馬爾薩、鄂倫岱、阿爾松阿、汝福等。馬爾薩之父馬哈達原任奉天員外，與將軍蘇努同惡相濟，聖祖唤回，發於允禵門上，又指使允禵作不法不義之事，聖祖重責，不許跟隨允禵。朕即位，隆科多保舉馬爾薩，由牛羊群總管拔至都統，畀以議政，且署領侍衛大臣事。乃不知報朕擢用之恩，而但感激隆科多薦引之私。一日，果郡王與馬爾薩同進景運門，舅舅隆科多見而起立，果郡王前行不覺，伊連聲告曰：舅舅起立矣。直待果郡王欠身微趨而過方止。聖祖時，隆科多與皇子相見，俱跪一足問安。諸王於聖祖爲父子，而於朕則爲兄弟，隆科多不照前恭敬，而反傲慢若此，其何所稟承而然耶？又如汝福在朕前大肆狂悖，朕詰問時，馬爾薩等猶曲意袒護，及嚴旨切責，同出乾清門，馬爾薩故作泰然不懼之狀。藐視君父，罪莫可逭。況馬爾薩當年在鑾儀衛爲雲麾使，即結黨阿靈阿，最爲親信。如阿爾松阿，朕念其勳戚之後，優待任用，冀其贖父之罪。乃與鄂倫岱等固結不解，用爲刑部尚書，將原被告各夾一足以取口供，撓亂政事，其居心行事可知矣。舅舅隆科多於此數人力加解護，而屢參廉親王，必欲朕致其身命，其意將廉親王多年結成之黨羽收羅以爲己手足耳。蘇努、鄂倫岱、阿爾松阿、汝福、馬爾薩等與允禩、允禵之固黨，皆應立置重典，因朕心不忍，故薄加懲治，倘仍執迷，必行正法，如范時捷、李維鈞皆年羹堯親密之人，今能醒悟改悔，列款參劾年羹堯。不明大義之人，反議二人心懷兩端，患得患失，前後反覆。朕所製《朋黨論》，謂當與君上同其好惡者，正謂此也，甚爲可嘉，何罪之有。若以二人之解散黨羽爲罪，則鄂倫岱等之固結不悟反爲可稱乎？按明珠武英殿大學士、太子太傅兼禮部尚書，在康熙二十年間專權任事，妹爲貴妃，生皇長子，男尚主。弟傅臘塔節制兩江，佛倫節制川陜。子成德癸丑成進士，揆叙其季也。索額圖爲孝誠仁皇后弟，故保和殿大學士、太子太傅兼户部尚書，後官包衣昂邦，癸未以有罪斃於獄。

署山西巡撫刑部左侍郎伊都立請改沿邊衛所爲寧武、朔平二府，寧武、偏關、左雲、天鎮、神池、平魯、右玉、陽高、五寨九縣，設官分治。

夏六月丁卯朔。

詔江南蠲免浮糧。禁止誦經立碑，蓋造龍亭，聚衆演劇，以爲答謝。

上諭：朕軫念民生，蠲租賜賑，不過行吾心之所安，使斯民共霑實惠。並無一毫市恩之念，欲以崇尚虛文。彼處士民感激朕意，爲朕祈福，雖或出於愛戴之誠，然實非矢報君親之理。朕所望於天下者，祇欲各安職業，端本務實，以生以養，庶幾家給人足，共享昇平，以仰報皇考之託耳。以云祈報，莫大於此。且非徒糜費金銀，更恐不肖官役里胥借名私派，乾没肥己，貽累小民。着督撫嚴行禁止。

律例館總裁吏部尚書朱軾進纂修全書告成，命再加詳察，以副慎刑之意。

原律四百五十七條，今删九條，並增二條，移易一條，更名四條，改律文及小注字句一百三十條，共四百六十條。合前例詳校，增入四百八十六條，共八百二十四條。名曰《欽定大清律》，御製序文，頒行天下。

軍前翰林院侍講學士懷親劾年羹堯前恩詔兩至西寧，不行宣讀曉諭。飭羹堯明白回奏。

前川北總兵王允吉獻年羹堯勒令告退手書。飭年羹堯明白回奏。

書云：該鎮位已尊，年已邁，何不告老，以全終始。若能自愛，一面具詳。一面遣汝一子來我軍前効力，受我未了之恩。允吉二年九月予告歸。

命議叙駐防烏斯藏義木多官兵。

自康熙五十九年復藏之後，四川、雲南撥兵駐防，踐更已六年，故軫邺之。

復遣王奕鴻効力軍前。

奕鴻由年羹堯奏令振武將軍祁禮德帶回京師侍父。上蠲免蘇松浮糧，大學士王揆向人言，曾奏過聖祖，未蒙俞允。上查閲宫中無此條陳，降旨嚴飭，揆欲自沽美名，以不美之名歸之聖祖，負恩悖義。伊子謟媚年羹堯，復令伊兄奕清一同効力。

大理寺少卿年當、副都統年興、驍騎校年逾、乾清門頭等待衛總理侍衛事兼

鑾儀衛使玉柱削籍。玉柱隆科多子。

署山西巡撫刑部左侍郎伊都立劾年羹堯營私網利、掠美市恩諸罪。飭年羹堯明白回奏。

疏言：先年西塞用兵。選調直隸、山東、山西、河南四省官員赴甘肅效力，奉上諭酌量發回。年羹堯借端勒令每員幫銀四千兩。又陝西樂籍改良，年羹堯攘爲己功，索澤州樂户竇經榮謝銀十萬兩。至晉省各官虧空，多由大同參革知府欒廷芳借名科派軍需所致，乃年羹堯反以有各屬欠項可抵廷芳虧空，欲帶往陝西，蒙聖明洞鑒不允。其受廷芳之賄，人言藉藉，臣之所聞，曷敢容隱。

以不附隆、年邪黨，加署川陝總督岳鍾琪、雲貴總督高其倬、湖廣總督楊宗仁、福建陸路提督吳陞、湖廣提督魏經國、太子少傅兩廣總督孔毓珣、河道總督齊蘇勒兵部尚書。

嗣曲阜令孔衍澤病免，以毓琚襲。

年羹堯奏繳上在藩邸批責戴鐸狂悖稟摺，以杜招搖。上頒示在廷，列其心跡叵測諸罪。飭年羹堯明白回奏。

上諭：據年羹堯奏稱，原任四川布政使戴鐸將主子在藩邸時所批摺子一扣與臣看，臣恐其在外招搖生事，敬收臣處，今附摺恭繳。戴鐸昔年曾具稟摺，甚狂亂，朕手批切責之。今將其原摺發與九卿公閲，所批之語有何招搖。而年羹堯奏摺中故意隱約其詞，以啓天下之疑，不知何心。朕藩邸門下之人，向惟年羹堯、戴鐸肆無忌憚。昔年羹堯啓摺中今日之不負皇上，即他日之不負王爺，朕比時手批切責，有云爾此語真亂臣賊子之言，看今日之負我，知他日必負皇父之論，即欲將其啓摺於皇考前參奏，年羹堯再三懇求而止。着年羹堯將伊啓摺與朕當日批諭繳上，恐存伊處招搖。當日不即參奏此二人者，因伊二人居心陰險叵測，各處結黨狂悖。且年羹堯又明珠之孫壻，或希此發露以誣陷，朕豈肯墮其術中，是以切責批發，直書朕之衷曲，即附摺收存，以爲憑據。朕深知戴鐸行止狂亂。而不置之於死者，恐年羹堯等又加朕以殺戴鐸滅口之名也。着問年羹堯，昔日所批伊之啓及朕所行之事、所説之言，或戴鐸向伊曾如何説，朕果有不可以對今日之臣庶者，年羹堯一一據實具奏，庶使天下人共見之，若一言一字隱諱，乃天誅地滅人也。又奏稱既不敢久居陝省，亦不敢遽赴浙江，於儀徵縣水陸交通之地静候綸音。朕前降諭旨，令速赴杭州新任，今逗遛中途，曠廢職守，遷延觀望。不知何心，俱着明白回奏。按年羹堯妻元年以公蘇燕之女授爲縣君，後又因宗室故發還母家，或先爲明氏壻。迨乾隆初忠勇公傅恒建功相國，公亦明氏壻。珠之後人復録用振起，如江蘇布政使辰垣有政聲。

以策妄阿拉布坦信使往來，禮儀恭順，詔撤土魯番科什圖等地官兵，歸併巴爾庫爾。靖逆將軍富寧安先行曉諭，毋致驚亂番回。

直隸總督李維鈞劾年羹堯心跡悖逆諸罪，飭年羹堯明白回奏。

疏言：年羹堯奸回欺罔。罪積邱山。臣前疏列參，猶屬昭著。若察其心跡，徵諸辭色，負恩怙惡，隱而彌彰。上年十一月内，年羹堯赴陝過保，向臣云，明歲三四月前，朝内必然有事。臣聞之駭異。伊云，你是漢人不知道。詞近詛咒，罪豈勝誅。又云，怡親王第宅外觀宏敞，而内草率不堪，矯情違意，其志可見。臣聞此言妬賢嫉能，不覺心寒。又囑臣摺奏年羹堯近患怔忡，由京赴陝一路緩程，雖佯意何敢蹈欺誑之罪。至年羹堯過保時，見有戴翎子數人轎前擺隊，行館前後左右斷絶人行。他如狡兔三窟，廣置田房，定州而外，保定郡城置大房一所，住家口百數十人，滄州、涿州、房山、深澤俱置房産，或係强買，或係賄受。其心跡行事，必無追悔。仰祈皇上乾斷，亟行天誅，以彰國法。

湖南巡撫王朝恩請附近苗傜州縣於額外廣苗傜入學三名，俾其向化讀書。

以天暑，命順承郡王錫保、禮部尚書賴都、兵部尚書孫柱、都統范時捷釋放輕罪應枷號者，取保以待秋涼。

禁内外臣工投拜門生及主考官赴任抽豐。

辛巳，河決睢寧朱家口。

征西靖逆將軍武英殿大學士富寧安夫人卒，特予祭葬，以慰勳臣。

直隸總督李維鈞劾年羹堯僭侈貪罔諸罪，飭羹堯明白回奏。

疏言：年羹堯種種罪惡，臣已兩次奏參。今臣姪宗渭由西安過保定，於六月初八日入臣署内，臣細詢年羹堯舉動，其僭妄驕侈、奸貪詐罔之跡，謹爲我皇上陳之。一、年羹堯自西寧回後，凡遇出署，先令百姓填道，臨時打街，各口兵丁把守，店鋪關閉門面。一、凡送禮與年羹堯皆稱恭進，年羹堯與人之物皆稱爲賜，各屬稟謝皆稱謝恩，屬員新到舊員領參皆稱引見。一、去冬年羹堯自京回陝，有懷慶同知補褂素珠向巡捕官長跪回話，巡捕

立聽畢，該員方敢起立。一、年羹堯令州縣採買積貯穀石，俱比市價少二三錢。一、雍正元年秋間所差往各省發買木植人員至今未回，今軍功册内已有其名，餘可概推。一、四川山中素産杪木、楠木，年羹堯差莊浪典史朱尚文將各種木植運至湖廣、江南、浙江發賣，獲利數十萬，商民盡怨。一、川陝各屬及四方送禮絡繹不絶，必有禮物分送伊家人魏之耀、嚴大二人。之耀進京，州縣道旁打躬，遊擊守備跪道，之耀乘轎而過，全不答禮，魏、嚴各擁家貲數十萬兩。河東運同嚴士俊出身胥吏，認嚴大爲父，自咸寧縣而陞運同。一、年羹堯五月十七日起身赴浙，未行之前，騾馱車載出關者已不計其數。起身之後，尚有一千馱未行。現在西安及三原、涇陽等處捉取騾車，不計行商寫僱。以上各款，皆悖逆已極，爲王法所必誅。至一切侵蝕冒銷受賄苛派等惡，又人人所不平也。

户部左侍郎蔣廷錫條奏通源節流，修水利以濟運道。章下所司。

一、廣濬泉源以裕灌注。一、開復湖地以預瀦蓄。一、嚴定築壩開壩日期以撙節水泉。一、修築坎河以防滲漏。一、分漳資衛之故道當復。

總理三陵事務領侍衛内大臣額駙松阿延鑚營削爵，謫守公主墓。命大學士蕭永藻、總兵范時繹協理三陵事。

七月，南陽總兵佟世鏻以代松阿延販馬各營削籍。降旨，松阿延一稚子，尚趨承如此，隆科多暗囑之事，其竭蹶奉行，又不待言。按此松阿延爲隆科多之子姪。

督學江蘇翰林院侍講俞兆晟請援恩准靖江生童應試。

鴻臚寺少卿葛繼孔以夤緣年羹堯削籍，罰開濬安徽河道。

上諭：朕即位，聞葛繼孔行止不端，未見其人，故解其江蘇臬司之任，調爲内閣侍讀學士。後見年羹堯參奏之摺，遂將繼孔改爲鴻臚寺卿。乃繼孔於年羹堯入覲時，又私納賄賂請託，朕降旨詰問，始供原識年羹堯，去冬拉臣手索古董，臣將青緑花瓢一、壽窑瓶一、圖書一匣、宋人尺牘册頁一、宋本書二、宋元畫六，共十二件，送與羹堯，遂約臣往見。及見又云，久知你才情好，自然照看，還要給我幾件古董。臣又將玉杯一、元人尺牘一、明畫三，共五件，送與羹堯等語。葛繼孔人品不堪，夤緣鑚營，殊屬可惡，着革職，發與李成龍，令開濬河道。如推諉，必治以重罪。至年羹堯始初參劾葛繼孔爲匪人，繼又與之殷勤親密，着一一明白回奏。又年羹堯摺内稱原任福建巡撫陳瑸乃伊所薦，因瑸薦繼孔於聖祖，遂與瑸絶往來。陳瑸之清操，乃聖祖所久知，舉朝所共曉。昔爲四川學道，與年羹堯同城而居，亦不相交際，是亦疾之已甚耳，後絶往來，乃瑸絶羹堯，非羹堯絶瑸也，不可不辨。瑸號眉川，廣東海康人，甲戌進士。初爲臺灣令，自開闢以來，禮樂制度，至瑸乃備。累進巡撫。操守清廉，一塵不染，聖祖曾比之入定高僧。戊戌卒於官，詔贈禮部尚書，予祭葬，謚清端。子居隆，時舉孝廉方正。

逮年黨胡期恒、桑成鼎、金啓勳、魏之耀、嚴大等赴京質審罪款，籍没家貲。

吏部范時捷所參各款，令年羹堯回奏。乃於侵冒軍需止認銀十二萬兩，勒索捐納止認銀八萬兩，私用俸工狡稱數年以來動用。至擅用令諭，已經自認，理應提拏，並經手與伊家人一併解京質審。上命年羹堯姑緩提拏。

令嗣後府州縣官實有冤抑被參革職者，許赴都察院呈明核實奏聞。

勑各省嚴查年羹堯藏匿貲財。

上諭：據隨年羹堯揀選知府高大魁遵旨奏稱，年羹堯往杭赴任時，一車兩馬，僕從數人，布圍轎車等語。年羹堯平日狂妄，貪污狼籍之處，不可枚舉。今以總督陞授將軍，有何屈抑，而爲此困苦怨望之狀？其意不過欲使人見之，謂朕挫折清介効力之臣，令不美之名歸之於朕耳。掩其贓私，以示廉潔，此等狡詐，將欲欺誰？聞其貲財分散各處藏匿，而直隸、四川、江南尤多。令督撫、提鎮通行地方文武官員，許藏匿寄放之家自首免罪，倘有隱漏，一經發覺，照黨逆立斬，其不嚴查行之督撫該管官員一併從重治罪。高大魁奏摺發與年羹堯明白回奏。

改直隸大名所屬濬、滑二縣隸河南衛輝，内黄隸彰德，以專運道責成，不致隔省牽制。

大名原轄一州十縣，有金濬銀滑之謡。

原兵部職方司主事錢元昌遵旨列年羹堯僭越諸罪，飭年羹堯明白回奏。

疏言：臣與年羹堯素無交與，去年十一月十四日忽傳旨令臣隨往陝西効力，及至，又無委任。臣在外所親見，一一爲皇上陳之。臣於上年出京，見一路墊道鋪橋，鑿石平路，行臺相望，堂官幕賓，皆設公館，勞民傷財，怨聲載道。其轅門行走之人，俱恃公府之名，欺壓平民，甚至逼死。又年羹堯之於屬員，或有所與，每於轅門外或大堂下，向北叩頭謝恩。皇上進饌稱用膳，而羹堯亦稱用膳。皇上設宴稱排宴，而羹堯亦稱排宴。御駕出入墊道，

而年羹堯出入亦必墊道。皇上朝期，每月不過三次坐班，而年羹堯逢五逢十，必令文武官員穿公服到轅門坐班。皆年羹堯僭越狂悖之惡跡也。

正藍旗漢軍副都統董玉祥遵旨奏年羹堯誣劾原由，飭年羹堯明白回奏。

疏言：臣由擺呀喇歷陞興漢總兵，年羹堯劾臣不堪任職，揆厥緣由，寧羌守備何天寵，係伊先生之子，患病令不必填入軍政，臣不敢徇私，照例填註。又伊嚴管家吩咐漢鎮坐省提塘，以馬百餘匹發賣，每匹價銀十五兩，臣驗看俱係瘤疾不堪，豈敢買用。二者取怨羹堯。今蒙天語指示，理合奏聞。

貴州巡撫毛文銓奏猴子廠礦脈衰微，請勅封閉。

令安籠總兵控制貴州、雲南、廣西三省苗彝。

上諭：滇黔、西粵俱苗彝雜處。黔之安籠，滇之廣羅，廣南、粵西之泗城、鎮安、安隆、上林等協營，爲三省交界。層巒疊嶂，苗彝巢穴其間，每與鄰省小嫌，轉相仇殺，此地捕緝，則竄往鄰省。必得大員統轄，始爲有濟。查安籠鎮本爲控禦苗蠻而設，駐劄之地與二省接壤，若將二省接壤之土司與改流地方各協營汛，悉改安籠鎮節制，其將兵之舉劾，兵丁之汰補，糧餉之銷算，仍照本省舊制，惟於苗蠻仇殺刦虜諸事，悉令安籠總兵就近調度，庶有專責。三省督撫商酌具奏。

令道府州牧等官，其族屬迴避止於本省調補。

命總理陵寢大學士蕭永藻、尚書盧詢、總兵范時繹監造密親王墓院衙門，依皇伯父裕憲親王式。

削年羹堯太保階、一等公俸。

治誣參金南瑛等罪，削太保。都統噶爾弼正月領兵回京，年羹堯時代陝撫事，應支給兵丁一月口糧直達京師，又以途中不能多帶，止給半月。適新撫入境，遺漏移咨。律以官員遲延預備軍需，永停俸米。

京師霪雨。

是月庚辰至次月朔大雨連綿，房屋傾頹，加以海潮泛濫，畿輔屬邑災。

秋七月丙申朔。

命西藏、青海軍功冒濫遏抑者許據實呈首。

命核鎮海堡之戰，都統五哥果否失律，並查卹在事出力官兵。

上諭：前據年羹堯摺奏，鎮海堡城外之戰，我兵已敗賊人，都統五哥領滿兵及察哈兒兵開城追賊，搶掠物件，以致賊兵折回，砍傷西安驍騎校一員，滿兵一名、察哈兒兵二名。五哥首先敗回，又復冲礀緑旗隊伍，致傷鎮海千總及兵卒十餘人。再席倫圖輕浮狂言，妄動無禮，皆軍事所最忌，臣是以即行撤回。朕即令具本參奏。而年羹堯奏臣之受恩，威權太重，若再參兩都統，於臣不利，乞賜寬容，置之閒散。今據護軍參領常明奏稱，羅卜藏丹金侵犯康城邊界，年羹堯令臣到鎮海堡送信與五哥，隨帶西安滿兵及察哈兒兵，守鎮海堡凡四晝夜。今陞總兵宋可進帶西寧緑旗兵來赴，臣與都統五哥、參將張嘉翰率在城兵與賊戰，賊即奔敗。因深入賊壘，西安正藍旗驍騎校署參領四哥、鑲藍旗拔甲達山保陣亡，正黄旗領催署驍騎校吴進泰等五六人皆帶重傷，察哈兒兵亦多陣亡受傷，常明身在軍前，所奏如此。當日在事官兵洵屬可憫，應加優卹。年羹堯既稱五哥失律，又云臣威權太重，不便又參，此案功罪豈可含糊歸結，着年羹堯明白回奏。

逮貝子允禟太監姚子孝，謫戍邊外，籍没其家。

嗣衍聖公孔傳鐸請頒賜《聖諭廣訓》、《朋黨論》，上諭勉之。

上諭：覽卿奏請頒發二書。我聖祖仁皇帝教諭羣生，御製上諭六條，期以厚民風而端習俗。朕仰承先志，推衍發明，著爲《廣訓》，使愚氓亦曉，日用可遵。凡茲作述之間，悉本先師孔子之道，以爲是訓是型之本，並無一語新奇出乎聖教之外。卿爲至聖後裔，果能祇遵祖訓，身體力行，則修身齊家之道，化民善俗之謨，莫大乎是。且植黨爲聖人之所深戒，向來孔氏子孫亦無趨附匪黨之事。所請二書，不必頒發。卿其好學力行知恥之旨，能光家乘，即廣國華，勉之勉之。上時以二書分賜内外臣工，而未及於公，故上請也。

署陝西巡撫西安布政使圖禮琛請以西安、延安二府遠縣分隸屬州，改商、同、華、邠、耀、乾、鄜、葭、綏德九州爲直隸。

吏部劾年羹堯私引增給侵用庫帑罪。

上命年羹堯遵旨回奏。河東鹽引不敷，權宜接濟，擅發印票。查鹽引發由户部，理宜題請，乃敢僞引私行。至所收課銀及商人所發欠庫銀皆係正項，年羹堯擅用三十三萬餘兩，恣意自專，應提拿嚴審。上命暫停拿問。康熙六十一年冬，停河東巡鹽御史不遣，命年羹堯兼理，是年復遣馬喀巡鹽河東。

議政大臣左都御史蔡珽辭上賜所籍年羹堯服飾、什物、貲財。

吏部尚書朱軾請廣貤封之典，以光孝治。

削隆科多太保階。

　都察院劾隆科多議年羹堯罪，始則徇庇，於司官説堂議革公爵删去不奏，乃會同兵部奏革將軍職。繼又過堂議盡革職銜，並收回賞賜之物。故爲擾亂，應革職。上命姑從寬，削太保。

勅吏、兵二部：凡年羹堯在總督任保題參革降調文武各官，查明原委，調京引見。

飭隆科多、年羹堯禁用所賜黄帶、紫扯手、雙眼翎，繳四團龍補褂回朝。

吏部尚書朱軾奏孝恭仁皇后三年服制將滿，届期袷祭釋服，再請蒐輯吉凶賓嘉禮文，勒成全書，頒行天下。

江蘇巡撫張楷請華亭、婁江、上海、嘉定之分縣設治於青村、金山衛、南匯、吴淞各城，以重海防。

　楷奉命查閲應分縣治，疏言：分縣與舊縣同城，部議固屬省便，但當因地制宜。松屬華、婁、上三縣舊治所轄大半在黄浦江之東南，居民以浦面横截，輸納往來非便。且地近海濱，匪類潛藏，若非地方官就近彈壓，難以肅清。應就浦東適中之地，華亭仍分設金山衛，上海仍分設南匯。再查金山衛之北，青村之南，相懸各五十里，有柘林一城，宜分駐海防同知一員，兼司捕盜，則浦東沿海之民所補非小。至蘇屬嘉定風俗刁頑，縣署偏居西北，吴淞一城適居半邑之中，請仍分設，以順輿情。從之。

文華殿大學士兼兵部尚書白潢病免，詔拜提督江南總兵官左都督世襲二等阿達哈哈番高其位爲文淵閣大學士，加太子太傅兼禮部尚書。

以四川提督岳鍾琪爲川陜總督。

朝鮮國王李昑表謝賜前王祭謚及册封附貢方物，請以庶子緈爲世子。許之。

遣吏部尚書隆科多往阿蘭善山等地造修城房，踏勘開墾，攝理藩院事。

　上諭：托賴阿常馬兒鄂執他喇等處肥饒之地，並阿蘭山地方，着令滿洲人等僱民夫開墾耕種，築理城堡，令其居住。隆科多理應効力贖罪前去，將一切詳看確議，畫圖具奏。若聽信年羹堯之言，不盡心効力，回奏之日，朕亦知道。同差者内閣侍讀學士傅德、侍講佟志即後通智，阿蘭山一作賀蘭山，蒙古部落。

朝臣合詞請誅奸悖逆亂之年羹堯，以正國法。命諮詢天下將軍、督撫、提鎮，各抒己見，酌議處分以聞。

　上諭：覽内閣、九卿、詹事、科道參劾年羹堯奏章已悉。本應即加處分，因伊立有青海之功，朕意欲委曲保全，故罷其總督之任，授爲杭州將軍，令其効力，以贖前愆。乃今事事敗露，至於此極，實爲法之所不宥。如當日鰲拜以開國元勳輔政，犯罪三十餘條，遂致不可保全。年羹堯今日之功，豈能及鰲拜之大，而所犯之情罪則甚於鰲拜。朕展轉思維，自古帝王之不能保全功臣者，有鳥盡弓藏之譏，然委曲寬宥，則廢典常而虧國法，將來何以示懲。卿等合詞參奏，乃在廷公輔公論，國家賞罰大事必諮詢内外，僉謀畫一，可降諭各省將軍、督撫、提鎮，各秉公心抒己見，平情酌議，應否作何處分，即速具奏。

巡鹽長蘆大理寺卿莽鵠立請改天津州爲直隸，以順天武清、河間静海、青縣屬之。

鴻臚寺少卿前岷洮道單疇書劾年羹堯任用私人濫竊名器諸罪，飭年羹堯明白回奏。

　疏言：寧夏僚屬或倚勢殃民，或假權市恩，臣所目覩，請爲我皇上陳之。一、駐劄中衛西路同知常璽係年羹堯題補之員，六十一年委令在中衛買米三千石運至甘肅，每石原價三兩，璽止發銀二兩五錢，撥民車短給脚價等事。臣據實詳揭，年羹堯只批記過一次。一、惠安堡鹽捕通判閻輔世循分供職，羹堯忽調赴西安，而令其表姪周仲舉署理。半載有餘，忽又將世輔嚴押解回，仍不令其理事，置之局外而假手他人。一、寧夏署印監收同知郎廷槐原任四川通州，緑事解任，發往軍前。羹堯委署同知並中路同知印務，漁利貪緣，旋題遵義通判。恣睢暴戾，惟所欲爲。一、寧夏監收同知趙健，其父爲羹堯幕賓，由知縣捐陞，逗遛西安，羹堯遂令補寧夏監收同知，亦令兼攝中路同知印務。漁利剥民，以飽慾壑。此四官者，寧夏屬員，俱用私人，冒濫名器，貽害地方，竟置功令於不問。

禁官員去任，士民擅行鳴鑼聚衆，罷市保留。

　該員在任，實有政績，惠澤在人，愛戴出於至誠，理應赴上司具呈陳請。即或清正廉幹之官，冤抑被劾，百姓爲之抱屈者，亦可赴闕申理。

左都御史能泰奏趙之恒控訴年羹堯、李維鈞設計陷害原委。飭羹堯、維鈞

明白回奏。

鈞維回奏：趙之恒於元年正月向臣言，要獻銀三十萬兩。臣云，此事須度力量，不可移挪庫銀。今反誣臣慫恿。又年羹堯向臣言，趙家事非盡家資恐不可免。及之恒獻銀，致干聖怒，是羹堯始而恐嚇獻銀，既而勒誘具呈回籍，得伊銀數十萬金。之恒猶信其哄，冀保題總兵可得，至赴杭而後有此控呈，反稱羹堯與臣設計圖謀巡撫之缺。臣之受誣，必邀矜察。之恒父宏燦，五任總兵，兩陞提督，爲兩廣制軍最久。之恒多財致敗，九年復起爲通政使。

兵部尚書盧詢罷，仍留鑲黃旗漢軍都統，督理陵工。以議政大臣左都御史正白旗漢軍都統蔡珽兼署兵部尚書。

户部題報山東濟南、歷城等十七州縣被水秋禾災。

吏部左侍郎查郎阿請以舉人爲直隸州同知，恩、拔、副榜貢生爲州判，與知縣教職一體陞轉，俾可統轄屬縣科第官。

內閣等衙門議年羹堯所犯各罪，以次降爵爲一等阿達哈哈番。

治不將修城銀貯司庫擅行給發罪，降爲二等公。治郃陽捕鹽梟貽害地方罪，降爲三等公。治寧夏任用私人罪，降爲一等精奇尼哈番。治南坪寨激變番人罪，降爲一等阿思尼哈番。治誣參程如絲罪，降爲一等阿達哈哈番。

新授川東道程如絲爲四川按察使。

如絲遵旨直陳，言臣於康熙六十年選馬湖知府，赴任，道經陝西，聞年羹堯凡赴任者必重送贄儀，講明規禮，臣獨不在陝見，先拂其意。迨至馬湖，并未請安，又違其志。嗣因撫臣蔡珽委署夔州府，而前官劉天觀見羹堯私人也，凡伊進獻羹堯之處，如各屬節禮糧規、夔關耗羨，臣皆裁革，且盡去其借名軍需加倍派收各屬之糧石，所以積恨成仇，必欲將臣參革，以便復用天觀也。川陝大小各官第知有羹堯，不知有國法。如莊浪典史朱尚文，奉羹堯命運木排至江南發賣，不過一末秩微員，而令革職之按察使劉世奇爲之發價，令革職之重慶知府周天祐爲之行牌，現任之巴縣知縣周仁舉爲之撥役護送。巴役范雲龍豎立大將軍公旗號，先至雲陽河下買鹽帶楚，無人敢捕。及尚文木排上明堆鹽包，示人以必不敢拿之勢。臣集兵擒獲，稟明撫臣，將鹽給賞兵役。羹堯聞之，反誣臣賤價勒買，倍價販楚，草菅人命，行同殘賊。上聞，百計煅煉，多方羅織，必欲誣服，且暗囑扳扯撫臣蔡珽。再臣拿問時，夔民鬨鬧，詈辱謫印知府周天祐，亦出一時憤激。羹堯又以商民聚衆誣陷多人，兩案牽連，自去夏至今春未能審結等語。上命陝撫石文焯審理，特賜昭雪。初授左江道，既改川東，未十日復有臬司之命。如絲，浙江烏程人，幸而獲免，反負恩悖義。五年，以貪污罪問斬，聞命先自戕。

廣西巡撫李紱請以柳州、梧州二府遠縣分隸屬州。改賓、鬱林二州爲直隸。

河南巡撫田文鏡請復盤查茶鹽之制。

河決儀封、蘭陽。

詔舉經筵。

革年羹堯將軍職任，以閒散章京安置杭州。

上諭：年羹堯補授杭州將軍，伊起身之先，曾繕摺奏稱患病，到浙乞假數月調養，再辦任內事務。及朕令速赴新任，又背旨逗遛儀徵等候。今至任所，僅奏報到任日期，並未謝恩。夫以總督補將軍，亦屬陞任，並不謝恩，有失大臣之體，情殊可惡，著革退。外省將軍、副都統而下，爲固山大，爲參領，爲佐領，爲閒散章京。年授蘇喇章京，即散騎郎也。尋有旨。盡革所有職銜。

山東巡撫陳世倌奏，臨清、館陶漳神通商濟運，夙著靈顯，請勅褒。

四川冕山賊番阿底加巴擄刦鐵廠居民，總督岳鍾琪請兵進剿，平之。

秋八月丙寅朔。

議政大臣都統鎮國公吳爾詹有罪廢爲庶人，謫置盛京，以所有包衣佐領給固山貝子弘暢。

命賑卹直隸、山東、河南被水災黎。

三省暨江浙皆霪雨爲災，河水海潮泛溢，隄防潰決，房廬圮塌，米價騰貴。上命督撫實心誠求，如卹子孫。又勒盛京將軍綽奇、府尹尹泰從海上運米十萬石至天津，以備賑。

督學順天翰林院侍講吳襄上言，頂冒生員移歸本籍，恐滋弊竇，請遵舊例，入籍二十年者聽考。從之。

丁卯，致祭先師孔子，詔天下學宮悉用太牢代鹿，色尚黑。著爲令。

嗣衍聖公孔傳鐸奏繳年羹堯田産。

疏言：年羹堯前任陝西巡撫時，臣族叔今兩廣總督毓珣爲布政，羹堯

託毓珣與臣父聯姻。臣父以嫡叔原任博士毓珽之子傅鏞聘羹堯之女，幼未婚配，從羹堯在汶上買莊田十九頃，康熙六十一年，託毓珣轉付傅鏞，以爲妝奩之資。臣不敢隱匿，以滋罪戾。

直隸總督李維鈞劾年羹堯奸逆顯露，請亟行天誅。

疏言：臣查保定郡城有年羹堯房屋一所，家人魏之耀、之輝居住。臣同布、按二司及各官往檢點，查出鎖子甲二十八身，密針箭頭四千根，長七寸，盔四個。此係軍前之物，私藏於家，意欲何爲？上命該部嚴察議奏。

貝子允禟有罪革爵，撤其佐領屬下人員。

兵部彙題開國以來滿洲、蒙古、漢軍臨陣捐軀、守土授命文武官弁二千二百九十餘人祀，特建忠臣祠。

順天府尹兼大理寺卿張令璜進耤田瑞穀雙穗至七穗九穗，羣臣表賀。

庚午，經筵講官太子太傅、武英殿大學士兼工部尚書王頊齡卒。詔輟朝一日，加贈少傅，謚文恭。

增設營汛，以鎮江浙太湖。

景州牧張泰基遵旨自首青海無功。

刑部等衙門劾直隸總督李維鈞所參年羹堯三疏，預留可辯，陽拒陰附。飭李維鈞明白回奏。

罷會考府。

上諭：會考府之設將近三載，察核各部院奏銷錢糧共五百五十件，内駁回改正者九十六件，工部即居五十八件，似此則廉親王之居心可知矣。但恐多一衙門，即多一事端，著將會考府停止。凡爾部院堂司官各宜秉公抒誠，勿謂無人稽查，遂爾草率朦混。至工部俟一二年後彙集事件，派人考核。年來辦理會考府之王大臣官員甚屬盡心，着議叙。於是隆科多、朱軾、白潢、盧詢及前郎中塞楞額、吴隆元等各加級有差。

設巡察御史分查江南、山東、河南、湖廣盜賊站墩臺。

上諭：安民必先弭盜。近聞不但江南多盜，即山東、河南、湖廣路上有過往官員被刦。州縣賄賂，事主隱匿，司道既無覺察，督撫亦受蒙蔽，以致盜賊無忌，此必有平日窩藏之處。巡按御史久經裁汰，自不可復，今或於滿漢御史、給事部員内揀選賢能，令其專司題參隱諱不報者，並巡查驛站煙墩，一切地方事務不得干預。若該員生事滋擾，必從重治罪。

詔避孔子聖諱。

治黨年罪，革直隸總督李維鈞職任，赴京聽勘。

吏部等衙門劾李維鈞固黨營私，藏匿年羹堯産業財物，又將魏之耀家中所有書信自行藏匿，不令司道等官見。復以抄没之銀私給年羹堯家人三百餘兩。不法殊甚，請一併嚴審。上命革職，免其拿問，令隨馬爾賽赴京，與趙之恒質審。餘照九卿所請行。

丙戌。上祫祭奉先殿。

御書生民未有四字額，懸先師廟，頒布天下學宫。賜顔、曾、思、孟、閔、仲六賢廟及七姓後裔匾額，以示尊崇奬勵。

欽定江南分設十三縣名，曰元和、昭文、新陽、震澤、鎮洋、寶山、奉賢、金山、南匯、福泉、陽湖、金匱、荆溪。

蘇州分長洲爲元和，分常熟爲昭文，分崑山爲新陽，分吴江爲震澤，分太倉州爲鎮洋，分太倉之嘉定爲寶山。松江分華亭爲奉賢，分婁縣爲金山，分上海爲南匯，分青浦爲福泉。常州分武進爲陽湖，分無錫爲金匱，分宜興爲荆溪。以舊縣之訓導移入新縣，同城者不添設學宫。按崑山有新洋江。震澤太湖古名。吴江源出太湖，一名笠澤。明永樂十年，平江伯陳瑄於嘉定縣青浦築土爲山，立候表識，工成賜名寶山。金山設治於金山衛，大海中有大小二金山。南匯設治之地舊名福泉山，又稱薛道山，以薛泠雲所居得名。陽湖太湖之陽也。荆溪古名，在荆南山北，周孝侯斬蛟處。餘俟考。福泉乾隆初併入青浦，省縣名。

御製聖跡圖像序文，親洒宸翰，賜衍聖公。

逮永昌副將劉紹宗，正不援新城失陷城池罪。

上諭兵部尚書孫柱曰：羅卜藏丹金未叛之先，聞劉紹宗早知逆謀，乃與守備李國祥搬移家屬。及逆賊臨新城堡，去永昌六七十里，紹宗不救援，而用土壅填永昌城門，以致新城、張義二堡失陷。焚掠至永昌，紹宗亦不出救。百姓避難至城下，紹宗閉門不納。年羹堯並不題參正法，反令帶領甘涼兵赴布隆吉爾駐劄，以爲避罪之計。後又借更番送戍之事逗遛内地。似此怠玩軍機，失陷地池，著將劉紹宗鎖拿，交岳鍾祺嚴審定擬具奏。

戊子，上釋服即吉，移御乾清宫，羣臣奉觴上壽。

諸王大臣奏：按《唐六典》云，皇帝即吉之辰，百官表賀進宴於紫宸殿。

宋《嘉祐禮》云，仁宗天聖二年宮中改吉，百官奉觴上壽。今引此禮行。

庚寅，上御文華殿，經筵進講。

諸王大臣再請幸圓明園。

壬辰，上幸圓明園駐蹕。

江蘇巡撫張楷奏查録子張子後裔蕭縣顓孫誠道承襲新賜五經博士。

　按子張子陳人，年十四從先聖往來鄒、魯，家於蕭子國，即今蕭縣。墓在掘坊枋。唐宋累封陳國公，置博士世官。又閔子後人亦多占籍於蕭。

河南巡撫田文鏡進瑞穀一莖三穗。

起原刑部左侍郎涂天相爲太僕寺卿。奏謝忤旨，復斥罷。

秋九月乙未朔。

上駐蹕圓明園，令在京漢官按俸增給禄米。

辛丑，總督浙閩兵部尚書覺羅滿保卒。

設駐防天津八旗官兵，立水師滿都統正副督領之。

丙午，上祀歷代帝王。

西洋教化王伯納地哆遣使哈達都易得豐來朝。

拜太子太傅、吏部尚書朱軾爲文華殿大學士兼吏部尚書，以議政大臣兵部尚書、左都御史、正白旗漢軍都統、署直隸總督蔡珽兼吏部尚書職任。

逮四川提標中軍參將阮陽璟，治黨年罪。

嘉諸王實心爲國，操守清廉，增怡親王允祥禄一萬兩，果郡王允禮俸米護衛如親王，順承郡王錫保執事接續果郡王。

襄陽總兵張殿臣以黨年削籍，罰修宣化城垣。

署直隸總督蔡珽請更督撫薦劾屬員之制。

　疏言：督撫具疏，必令會稿，司道揭參，然後題奏。或有司道揭而不參者，從無督撫欲參而司道不揭者。嗣後凡大計，均督撫提鎮公同商議，然後具本。若薦劾人員，俱令各自陳請。至參劾或由司道府揭，或司道府徇庇，俱載入疏內，庶無參後取揭之欺，亦無擔延洩漏之虞。

詔免郃陽明年錢糧，撫臣加意撫綏。

以雲南巡撫楊名時爲兵部尚書、江蘇布政使，鄂爾泰爲雲南巡撫。

召天下司道府州縣能員六十五引見擢用。

逮年羹堯赴京。

　上遣議政大臣、內監、中書等至杭，會署將軍誠親王長史兼副都統鄂密達、署巡撫吏部右侍郎傅敏，至年羹堯家，上鍊反綁，訊問口供，封貯貲財。械羹堯子五人及年壽家人王德、張鼎、王仁、石四等赴京。

命翰林院侍讀學士陳萬策考試天下貢監生，查核頂替，銓補州縣佐貳。

冬十月乙丑朔。

上時享太廟，幸圓明園。

以各省年豐，命議勸輸積貯及州縣補完虧空。

　是歲江南、浙江、江西、湖廣、福建、河南、山西、兩廣、雲貴各報有秋。命督撫勸輸，紳衿黎庶各從所願，不勒多寡之限，以積貯備荒。乾隆初，大學士鄂爾泰奏准，凡願輸助賑者，皆以樂善好施四字旌之。

兵部議武弁功加授職疏通之法。

戊辰，野虎入年羹堯家。

　虎由西便門進正陽門西江米巷，入年羹堯舊宅，咬傷數人，九門提督率侍衛鎗斃之。上降諭：朕將年羹堯解京，本欲仍加寬宥，今伊家忽然出虎，真乃天意當誅。將虎仍還伊家。相傳羹堯生時有白虎之兆，都城人煙稠密，環衛森嚴，竟無人見虎所由來，亦非偶然矣。

河南巡撫田文鏡請，學臣歲科事竣，會撫臣傳集歲貢，驗明送部銓選，不致年老物故，懸缺咨補。往例，恩、拔、副貢起文就教，乃註選，歲貢則照册挨銓，多有物故年老不堪者。此後准著爲令，恩、拔、副貢亦一體驗看。

前江蘇巡撫于準奉召陛見，以衰老復職放回。

辛未，納耤田所穫五穀於神倉。

陝西巡撫圖禮琛獻禾生兩歧，穀發五穗。

禮部進萬壽慶賀禮儀。以聖祖仁皇帝三週祀典未行，仍停筵宴。

策妄阿喇布坦使臣卜羅胡爾哈朝貢至京。

丁亥，命大學士、九卿、總督岳鍾琪、巡撫李衛同侍萬壽筵，進演劇回宮。

刑部奏朝審罪犯，上親定爰書立決四十八人，餘監候減等有差。

大理寺少卿王廷揚奏嚴私鹽之法。

　疏言：私鹽之由，一因竈户有餘鹽賤售若輩；一因商人認引行鹽，値歲歉難銷，減價濫售，以致興販糾合無賴，動輒拒捕。請拿獲興販之徒，必根究買於何所，將不禁而自止。至竈户煎鹽，以供朝夕，如商人力薄，不能

全買，賣人收買囤積，轉售商人，報明官司，則竈户無遺漏之虞。若承運之地，銷鹽不能及額，許過額之商通融代銷，則商人亦免虧課之累。

甲午，上萬壽聖節。百官朝賀於圓明園。

冬十一月乙未朔。

上駐蹕圓明園。

江蘇巡撫張楷進蘇松秋禾三四五梗及七歧八歧，爲蠲免浮糧瑞。

丁酉，上回鑾進宫。貴妃年氏以不懌留圓明園。

年羹堯械係至京。

上諭大學士九卿：將關係年羹堯一切事件詳行查看，問寫問話交與提督阿齊圖訊問。從前年羹堯曾改换硃筆旨意，伊不能清字，着嚴查代筆之筆帖式。年羹堯圈在允䄉空府，年壽交刑部，其家口令希堯給與飲食。聞國法圈禁有數等，有以地圈者，高牆固之。有以屋圈者，一室之外，不能移步。有坐圈者，接膝而坐，莫能舉足。有立圈者，四圍並肩而立，更番迭换，罪人居中，不數日委頓不支矣。又重罪頸手足上九條鐵鍊，即不看守，亦寸步難前也。

壬寅，上率皇后、諸王大臣赴馬蘭峪，恭行聖祖仁皇帝三週祀典，告祭孝莊文皇后安奉吉期於享殿。

丁未，上成禮於三陵。

庚戌，上回鑾，由景山西門赴壽皇殿行禮。

壬子，冬至，上祀天於圜丘。

上幸圓明園。

命怡親王允祥、大學士朱軾查看直隸天津、武清等七十二州縣被水情形，興修水利，部署營田。

丙辰，貴妃年氏薨于圓明園，詔追册爲皇貴妃。

賜皇貴妃年氏謚肅敏。

辛酉，葬肅敏皇貴妃。

四川巡撫王景灝以黨年罷。

臨洮革職知府白訥侵蝕布隆吉城工帑金，年羹堯令景灝經營，代開銷銀十九萬兩，解往與訥質審。

冬十有二月甲子朔。

上駐蹕圓明園。

左都御史能泰罷。

從督學山東左諭德王希曾請，嗣後名宦鄉賢，均照節義具題請旨。

往例，督撫、學政會核名宦鄉賢即准入祠，多爲有力所得。

逮候補副使年如、四川建武遊擊年悦，永遠枷號於廉親王府。

督學山東左諭德王希曾陳奏瞻徇罷。

詹事府少詹事錢以塏請試廕生以文武分别録用，不致武臣之門概授文職，或用違其才。

寧夏總兵王嵩、興漢總兵武正安以黨年並削籍，發往邊外備籽粒種地贖罪。

纂修《子史精華》、《駢字類編》二書告成，議叙侍講錢名世、原進士方苞、編修俞鴻圖等有差。

二書開館於聖祖時。

癸酉，卯刻，安奉孝莊文皇后梓宫於昭西陵地宫。

議政大臣等奏審術士鄒魯與年羹堯謀逆情實擬罪。

刑部等衙門審占象人鄒魯與年羹堯謀爲不軌。據魯供：雍正元年七月，有年羹堯門生四川舉人年乙酉典試四川。王維時，自陝西回四川，對小的説，我把你學問對我老師説過，教我帶你去看看。就同小的到陝西。時已九月盡了，年羹堯却在西寧。小的又同王維時往西寧。十一月二十邊到了西寧，就進衙門居住。常在他内書房談論占卜事。二年六月初十同回西安，亦在衙門内書房居住。月半間他將所有圖讖碑記對小的説，《玄象賦》上云，赤雲飛上隴頭山，此日江分九鼎逢。紀歲木火，畢當承運。早前静一道人對我説，紀歲兩字是箇年，木火是乙丙兩字，分九鼎者分九處也，此理甚通，此解甚是。他先將替我看了坟塋説後當出大貴。小的對年羹堯説，位至三公，掌天下兵權，大貴極矣，或者還要封王。年羹堯説封王還不止，只看五六年後，我又是一個光景。到分九鼎之時，我已有川陝兩省，據天下上流，更兼兵馬强壯，誰人敢當。我只有老父子孫在京，甚是掛念。静一道人對我説，丙午年三月初一日正宜起手。你看這個日子何如？小的對他説，以奇門上論起來是好的。到了二十二日，他又下書房講起静一道人，稱羡不已。又説，你若把我老父子孫看一日子接到西安，纔算你的功勞。又

講起他二十年前做夢的好處。說未完，小的對他說，此事何必這樣憂愁，成捕風捉影的勾當，若果有此事，何怕有甚父母妻子。年羹堯又對小的說，你看我的數如何？小的說，公爺到後來，儘有無窮好處。六月盡，辭他往湖廣搬家眷。年羹堯在西寧時，替小的在四川成都府郫縣籍貫捐一監生，在議敘册上送部。又向小的說，你在西寧實在勤勞，回西替你捐一知府。小的從西安起身時，他又說，我打發人替你買房屋在郫縣。小的就辭他起身回湖廣，至十一月到家。今年正月起身，於四月到郫縣，看時房屋俱未曾有。小的只得從四川又到陝西，五月十一日到西安，此時年羹堯已離總督任，在公館，小的去見他，一連三次不許見。小的從門上發了幾句言語，他就說，即刻有人來請。小的進去見他，他說，我有病，不知你來了。小的抱怨他，把郫縣房屋提起，說公爺到弄得我上下兩難，將老母寄居人家。年羹堯說，我已打發人帶了四百兩銀子到四川替你買房屋，或者此人不着實，悞了你的事。此時捐納例已停止了，非是我不替你捐，我給你八百兩銀子，你回去罷。小的就對他就了兩句着氣的話，在去年相待何等的好，今年到此，連門上人打起我來了，非公爺吩咐，他們也不敢打我。總之我有兩句直話，公爺莫怪，人在時旺中，雖有毛病，人畏其勢，誰敢向前；到事敗時，硬話也有些難說。年羹堯說，我怕你怎的？隨又回嗔作喜說，我給你一千五百兩銀子。此時小的就起身向外，不辭而去。他知小的進京來，打發一個姓秦的在路上趕回小的，小的不肯回去。至六月間，小的到京師，年富接進家去。小的把告狀的話略提幾句，年富即着忙了。他說我父親有慢你，有書來教我盡力看承你。我家的金銀儘有，你拿幾萬兩速去，不要在京居住。以上所供皆是實情等語。又問鄒魯：你說年羹堯要做皇帝，爲甚麼只說要封王？再你說年羹堯家有白氣，怎麽不寫入口供？據鄒魯供：做皇帝的話，原是年羹堯想做皇帝，把讖語與静一道人的說話講過，即問小的，你看我數如何？小的對他說，果然要做皇帝。再去年六月内年羹堯半夜起來，叫小的同看他住房上的白氣。他說是王氣，小的問他如何是王氣，他說，大凡白氣皆是王氣。又說他生時金光滿室，也是一件奇事。又說依各種道理看來，明年三四月京師定然有事，隨即南邊亦有事。後來西安亦難平定，我有川陝之權，牢不可破，誰人敢當。又說，静一道人說我丙午年三月初一的日子，你看利在那一方？小的說起這個日子萬方俱利。又說在陝西有大礮三千，甲胄槍箭俱是現成的話。據年富供：鄒魯來京，我給與他銀子緣由。因我父親有信到，教我儘力接濟他。他來時是好好的話，我給了他一二萬兩銀子。後來話有些硬了，我心裏怕事，又給他萬金。到第三次話越說大了，他說我父親謀反，他要告狀。我心中愈怕，若寫字問我父親，又恐遲了，只得湊銀與他。原教他早些出京，不料事情敗露。至謀反的事情，只問我父親就明白了。據年羹堯供：我兒子所說浙江姓曹的，不知是静一道人不是，我父親曾差他到那裏。這個姓曹的有六七十歲了，有妻子家住嘉興南門外。再去年十月我到京，曾勸阻聖駕今年二月不必前往皇陵，四月間或者四方有些事情。又口稱奴才因天旱求雨下雨之時見有白氣，都是奴才的話。奴才彼時口奏，不知是病是瘋，及至今日，回想這些信口胡言，竟是痰迷心竅，或是邪祟所憑。迄今一載以來，疾病纏綿，心神恍惚，肢體殘廢，身犯重罪，稍知醒悟，追悔無及等語。據此，年羹堯與鄒魯謀爲不軌之處，俱已自認。查律内，謀反不分首從皆淩遲處死，祖父子孫兄弟同居之人不分異姓，伯叔兄弟之子不限籍之同異，年六十以上者不論篤疾廢疾皆斬，其十五歲以下及正犯之母女姊妹若子之妻妾付給功臣之家爲奴，財産入官。鄒魯照律應淩遲處死，行令湖廣、四川巡撫查其家口解部，分別立斬，給發財産入官。静一道人行令浙江、直隸各省督撫、將軍、提鎮嚴緝務獲。解部另結。

議政大臣等臚列年羹堯九十二大罪，請誅大逆，以正國法。

會議得年羹堯世受國恩，身蒙殊遇，聖祖仁皇帝選置清班，超擢四川巡撫，又優陞總督職銜。後大兵進剿西藏，聖祖仁皇帝以其薄有轉餉之勞，旋命節制川陝。賞懋位崇，寵榮已極。皇上御極之後，復加委任。青海叛逆由年羹堯激成，厥後西陲綏靖，皆由廟算高深，將士奮勇，羹堯憑仗國威而已。我皇上赦罪勵勳，鼓舞臣下，晉以三公之位，錫以五等之封，賜予便蕃，恩綸稠疊。苟懷犬馬之忱，宜竭頂踵之報。及羹堯貪冒天功，不揣涯分，輒肆猖狂，爲所欲爲，略無忌憚。聖慈優厚，未即罷斥，頻頒訓諭之旨，曲賜生全之路。羹堯罔有悛心，日益悖戾。今罪跡昭彰，彈奏交至，案牘等邱山之積，罪惡踰谿壑之深。除已經議處及尚未發覺諸案外，謹陳其大逆之罪五，欺罔之罪九，僭越之罪十六，狂悖之罪十三，專擅之罪六，貪黷之罪十八，侵蝕之罪十五，忌刻之罪四。查年羹堯與静一道人、鄒魯等謀爲不軌。大逆

之罪一。將硃批諭旨故匿原摺，詐稱毀破，輒敢倣寫進呈。大逆之罪二。汪景祺《西征隨筆》，見者髮指，羹堯亦云曾經看遇，視爲泛常，不行參奏。大逆之罪三。家藏鎖子甲，私貯鉛子，皆軍需禁物。大逆之罪四。僞造圖讖妖言。大逆之罪五。郃陽用兵，致死無辜良民八百餘口，奉旨查問，始以並無傷損回奏，繼又止奏李雲斗等五人。欺罔之罪一。縱容私人邊宏烈等，恣行騷擾，激變番民，不即參奏，奉旨察問，仍巧稱措設段落，不能清楚。欺罔之罪二。揑參都統五哥等鎮海堡失律。欺罔之罪三。西安起身，私囑咸寧知縣朱炯買人保留。欺罔之罪四。通同趙士河作弊，將劉以堂假冒趙勳，赴武功縣任，又佯爲不知，巧飾具奏。欺罔之罪五。將西席張泰基父子、幕賓趙士河之弟趙祺、伊兄年法堯、上荆南道，并高之傅、鹽井衛教授。等十八案冒入軍功。欺罔之罪六。家人魏之耀家産數十萬金，羹堯妄奏毫無受賄，房産斷不出一二千兩。欺罔之罪七。西寧之効力者六十二員，册報一百零九員。欺罔之罪八。將退役王治奇名浮冒入軍功，令他人頂替，選授廣德州判。欺罔之罪九。出門黄土填道，官員補服浄街。僭越之罪一。驗看武官用緑頭牌引見。僭越之罪二。設坐當會府龍牌正坐。僭越之罪三。穿用四衩衣服、鵝黄佩刀荷囊。僭越之罪四。衣服俱用黄包袱。僭越之罪五。官員餽送俱云恭進。僭越之罪六。伊子穿四團龍補褂。僭越之罪七。凡與屬官之物令向北叩頭謝恩。僭越之罪八。總督李維鈞、巡撫范時捷跪道迎接，公然受之不辭。僭越之罪九。令蒙古扎薩克郡王額駙阿寶下跪。僭越之罪十。行文督撫書官書名。僭越之罪十一。進京陛見，沿途填道疊橋，鋪面俱令關閉。僭越之罪十二。坐落公館牆壁俱綵畫四爪龍。僭越之罪十三。轅門鼓廳畫四爪龍，吹手俱穿緞蟒袍。僭越之罪十四。私造大將軍令箭，又將皇上所頒令箭燒毀。僭越之罪十五。賞賜動至千萬，提鎮叩頭謝恩。僭越之罪十六。兩次恩詔到陝西，並不宣讀張掛。狂悖之罪一。奏摺在内房起發，並不穿朝服大堂拜送。狂悖之罪二。同城巡撫不許放礮。狂悖之罪三。勒娶七姓野人部落名。貝勒之女爲妾。狂悖之罪四。以侍衛擺對，前引後隨，並令執鞭墜鐙。狂悖之罪五。大將軍印不肯交出。狂悖之罪六。妄稱大將軍所行之事俱循俗例。狂悖之罪七。縱容家人魏之耀等朝服蟒衣補掛，與司道提鎮等官同坐。狂悖之罪八。在儀徵地方違旨逗遛。狂悖之罪九。勒令川北總兵王永吉以老病告休，並令其子來受未了之恩。狂悖之罪十。與行止妄亂之沈竹、乙未進士以中允改參領。戴鐸結黨營私，煽惑衆聽。狂悖之罪十一。袒庇私人馬德仁，阻回甘撫石文焯參劾奏疏。狂悖之罪十二。將本内朝乾夕惕故寫作朝乾夕陽。狂悖之罪十三。郃陽縣建築城堡，不行題請，擅發帑銀。專擅之罪一。將侍衛李峻等題請委署守備，奉旨不准，不即行令調回。專擅之罪二。擅用私票一萬二千張作引十二萬道行鹽。專擅之罪三。將奉旨停捐雍正二年俸工仍令照舊公捐。專擅之罪四。拏獲私鹽李乾勝，擅令銷案。專擅之罪五。面囑興漢總兵董玉祥，將患病守備何天寵不照例填註軍政。又囑直隸總督李維鈞，勒令清苑知縣陸篆接受前任王允猷虧空交代。專擅之罪六。題補官員受謝規銀四十餘萬兩。貪黷之罪一。勒索捐納人員額外銀二十四萬兩。貪黷之罪二。收受趙之恒金珠等物值銀二十萬兩。貪黷之罪三。收受樂户竇經榮脱籍銀十萬兩。貪黷之罪四。收受宋師曾銀一萬兩並玉杯等物。貪黷之罪五。徧置私人私行茶鹽。貪黷之罪六。私佔咸寧十八處鹽窩。貪黷之罪七。收受鴻臚寺少卿葛繼孔餽送古玩。貪黷之罪八。勒索屬員甘山道傅澤澐賄，明知虧空，不行查參。貪黷之罪九。勒索西安、甘肅、山西、四川効力人員每員銀四千兩。貪黷之罪十。參革大同知府欒廷芳賄，奏隨帶陝西。貪黷之罪十一。搶掠各番衣服等物掩爲己有。貪黷之罪十二。私徵新撫各番雍正二年租銀。貪黷之罪十三。擅取蒲州盤獲私鹽價銀一萬兩入己。貪黷之罪十四。差家人高四同馬販子高文顯販買口馬一萬餘疋。貪黷之罪十五。令家人嚴泰將私販馬匹分發興漢各鎮，勒索重價。貪黷之罪十六。遣莊浪縣典史朱尚文赴湖廣、江浙販買木植。貪黷之罪十七。令馬起龍賣茶得銀九萬九千餘兩，貪黷之罪十八。冒銷四川軍需銀一百六十餘萬兩。又加派銀五六十萬兩。侵蝕之罪一。冒銷西寧軍需銀四十七萬餘兩。侵蝕之罪二。運米四萬石至軍前，冒銷運脚價銀四十餘萬兩。侵蝕之罪三。侵用康熙六十年至雍正三年各員俸工銀十四萬九千餘兩。侵蝕之罪四。借名建築布隆吉城，冒銷工料銀十九萬兩。侵蝕之罪五。隱匿夔關歷年税銀八萬八千兩，又加派軍需糧規銀五萬餘兩。侵蝕之罪六。將拿獲私茶取罰贖銀四萬餘兩入己。侵蝕之罪七。侵用河東鹽政盈餘捐修銀五萬六千兩。侵蝕之罪八。將現貯西安未用米一萬石控稱運至西寧，冒銷脚價銀四萬六千兩。侵蝕之罪九。將寧夏各衛所貯倉耗米

一萬四千石並不題報，並收留寧拴養馬匹工料銀一萬五千兩入己。侵蝕之罪十。侵用城工餘剩銀一萬六千兩。侵蝕之罪十一。買貯咸長等八縣米，浮冒銷價銀一萬六千兩。侵蝕之罪十二。抄没塔兒寺硼砂、茜草等物，私變價銀一萬四千餘兩。侵蝕之罪十三。侵用紀廷詔等捐解銀一萬兩入己。侵蝕之罪十四。斫取桌子山木植，借稱公用，存貯入己。侵蝕之罪十五。淩虐現任寧夏職官閻輔世，遣調離任，縱用私人，後又奪缺委署。忌刻之罪一。軍前官兵支給口糧實册，不先咨明晉撫諾岷，欲令其遲悮獲罪。忌刻之罪二。尚書綽奇至軍營商辦糧餉清字咨文，差趙成送交新任總督岳鍾琪，謊説非交代事體，欲令鍾琪遲悮軍需致罪。忌刻之罪三。捏參夔州知府程如絲販買私鹽，殺傷多人。忌刻之罪四。欲薦李維鈞爲巡撫，設計陷害原任巡撫趙之恒。忌刻之罪五。抑遏中書阿炳安等軍功共六案。忌刻之罪六。出示訪拿鹽梟曹猪頭，該縣將馮猪頭錯解，並不覈實，即行枉殺。殘忍之罪一。無故將筆帖式戴蘇鎖拿監禁。殘忍之罪二。急欲出缺與私人。誣劾金南瑛等七人。殘忍之罪三。不善安輯蒙古臺吉濟克濟札卜等，致困苦失所。殘忍之罪四。以上各條。凡九十二款。供狀昭著。年羹堯亦心死詞窮，無能置喙。《易》曰：惡積而不可掩，罪大而不可解。《書》曰：自作孽不可逭。羹堯惡積罪大，孽由自作。按律内，凡謀反不分已未發覺皆淩遲處死。又大不敬者斬。詐傳詔旨者斬。大逆知情故縱隱藏者斬。官員交結朋黨者斬，妻子爲奴，財産入官。官吏人等挾詐欺公，妄生異議，擅爲更改，變亂成法者斬。妄造讖緯妖書與妖言惑衆者皆斬。大臣小官暗邀市恩以結人心者斬。大臣專擅自用者斬。假與人官者斬。僞造茶鹽引者斬。在外大小各衙門官員有人遞送呈實封公文至御前而上司官令人於中途邀截取回者斬。侵盗錢糧入己滿數三百兩者斬。有一於此，法即不宥。而年羹堯所犯至九十二大罪，其他尚難枚舉，内外文武諸臣合口齊聲，恥同覆載，皇上已宏三宥之恩，羹堯實膺萬死之法，伏祈皇上將年羹堯立正典刑。其父與兄弟子孫、伯叔父兄弟之子年十六歲以上者俱斬。十五歲以下及母女妻妾姊妹若子之妻妾給付功臣之家爲奴。正犯財産入官。仍將臣等審訊年羹堯惡迹昭示中外，以爲天下萬世人臣大逆不道負恩罔上干犯名義者戒。以上供招罪案詳録不遺，所以深著其罪，而後世子孫仍復恩寬赦宥，仰見聖天子如天之度焉。

賜年羹堯自盡，斬年富，鄒魯於市，餘從寬戍免有差。

上諭：年羹堯不臣之心顯然，俱因喪心病狂、昏憒顛倒之所致。鄒魯乃無知小人，相與謀逆之情雖實，而事迹尚未昭著。朕念年羹堯青海之功，不忍加以極刑，著交與提督阿齊圖，令其自裁。年羹堯剛愎殘逆之性，朕所夙知，其父兄之教，不但素不聽從，而向來視其父兄猶如草芥。年遐齡、年希堯尚皆忠厚安分之人，着革職寬免其罪。一應賞賚御服、御筆等物俱着收回。年羹堯之子甚多，惟年富居心行事與年羹堯相類，着立斬決。其餘十五歲以上之子發遣廣西、雲南、貴州極邊煙瘴之地充軍。年羹堯之妻係宗室之女，着發還母家。年羹堯及其子所有家資俱抄没入官。其現銀將百十萬發往西安，交與岳鍾琪、圖禮琛補年羹堯川陝各項侵欺案件。其父兄族中有現任候補文武官員者俱着革職。年羹堯嫡親子孫將來長至十五歲者皆次第照例發遣，永不許赦回，亦不許爲官。日後有隱匿過繼年羹堯之子孫者以黨附叛逆治罪，着内閣明白記載。鄒魯着改爲立斬。其親弟兄子姪着僉發往黑龍江，與披甲之人爲奴。其餘皆從寬免。餘依議。年羹堯案内朋黨胡期恒、金啓勳、邊宏烈、王景灝、彭振義、劉世奇、張泰基、趙建、黄起憲、王蒿、武正安、周仲舉、周仁舉、郎廷槐、白訥、常璽、朱炯、趙成、阮陽璟等，其名已見前外，陝西則前按察使黄焜、甘肅按察使張適、神木道李世倬、鳳翔守彭耀祖、西安撫民同知楊廷柏、延安守李繼泰、涼州同知張梅、商州牧王希曾、郃陽令周文澤、鄠縣令靳樹榛、興平令梁奕鴻、南鄭令嚴世傑、三元令劉子正、醴泉令馬灼、朝邑令王持權。四川則川東道金德蔚、川南道周元勳、保寧守王國正、遵義通判崔鴻圖、重慶同知楊文斌、嘉定牧金式訓、資陽令靳光祚、南江令高世禄。及山西平陽守董正坤、曲沃令魏世瑛、解州牧楊書等。或以私人，或因事連，皆削職，審擬有差。

浙江道監察御史錢以瑛陳奏庸鄙。

禮部進元旦升殿慶賀禮儀，命皇后前停止行禮。

諭緩決金啓勳。

上諭：金啓勳侵蝕貪婪事件甚多，俟清楚之日再行請旨。凡年、隆案内獲罪之人，上多從緩處分，仁慈不殺，曠百王所未有也。

逮罰修河南隄工劉世奇，審理侵冒四川鋪司工食及黨年各案。

四川按察使兼理驛鹽事務，康熙六十年，年羹堯題請四川設立鋪司兵

八千五十八名，迄今未設立。雍正二年，巡撫王景灝猶以工食銀三萬六千餘兩具本開銷，景灝削籍，復逮世奇審理。

令捐納教職改除佐貳者合前俸論陞，仍引見甄别録用。

後引見，於才具可用之員多擢州縣正官，且有留爲部屬者，以見上之知人不次類如此。

起年希堯爲內務包衣昂邦。

前希堯赴工部任，諸司不行參謁，廉親王奏諸臣恥爲逆臣兄屬吏。上嚴飭廉親王所使，故旋罷而旋起。包衣昂邦即總管，治宫禁内事。尚有總包衣昂邦，皆近密顯秩也。遐齡後五年卒，詔給賞還原品級。

給養濟院米百石，勅五城御史查卹露處凍餒流民。

詔湖廣買米數十萬石，積貯各屬。

汪景祺伏誅。

景祺，康熙癸巳舉人。雍正二年，至胡期恒任所打抽豐，因得交年羹堯。曾於羹堯幕中作《西征隨筆》，内詩句有「皇帝揮毫不值錢」，譏訕聖祖。又譏誹聖祖謚法、雍正年號。作《功臣不可爲論》，以檀道濟、蕭懿比年羹堯，以鄙褻無稽之語污張鵬翮。律以大逆不道立決梟示，妻子發黑龍江披甲人爲奴，期親兄弟叔姪革職，發寧古塔披甲人爲奴。編修汪德榮、汪受祺與焉。受祺先隨年羹堯在陝西，既命同往杭州，奏伊父霦年八十有疾在京，願侍養。上飭其何不陳請於赴陝時，又隱匿羹堯劣跡，不遵旨回奏，故並逮治。霦字東川，浙江錢塘人，以丙辰進士授行人，舉博學鴻詞，改檢討，仕至户部右侍郎。景祺之妻，巨室女也。一云，大學士徐本妹。遺發時，家人設危跳，欲其清波自盡，乃盤躃匍匐而渡，見者傷之。是獄發于錢塘令楊夢琰。琰字玉行，江南江都人，康熙辛丑進士。上登極，遴選庶吉士有吏治才者，首以夢琰爲錢塘令，王士俊爲祥符令。夢琰累遷至河東運使，乾隆初，大學士福敏薦其才，以取怨當軸，託告病歸，遂昏迷失智而歿。

卷四 雍正四年，歲在丙午。

春正月甲午朔。

上御殿受朝賀。

朝鮮歲貢。

丙午，上幸圓明園。

允禟密寄郡王允禵西洋字書，爲守陵軍士所獲，命宗人府會刑部嚴勘之。

允禟令筆帖式佟保之子寫寄允禵，人皆不識。繼令刑部左侍郎黃炳往江南訊問教導允禟之監禁秦道然。

詔加恩從征苦苦腦兒桌子山等處漢士官兵。

加巡視河工鑲黃旗漢軍參領靳治豫爲工部侍郎，協同齊蘇勒督理河務。

令降革留任官員於别案褫革降調者，將從前之案繕寫聲明。副都統李林森請給八旗傳事關防，以防詐僞，命篆書鑄給。

定年黨罪案，胡期恒、桑成鼎應絞，魏之耀、嚴大、趙士河應斬，皆監候。

期恒錮獄十年，乙卯今上登極赦免，凡有罪諸人多予寬宥，鐫秩之員且有准起用者。期恒歸揚州無家，當事憐之，俾登梅花書院講席，以詩學爲訓迪。沾廩穀以終其身。梅花嶺在城北，古跡也，時因構鹽義倉取土，消爲平地，低處轉成池，而仍以嶺名作書院。

設揚州鹽義倉，以裕積貯。

兩淮巡鹽御史噶爾泰題，衆商公捐甲辰綱銀二十四萬兩，又爾泰應得公費銀八萬兩，願捐部撥解。上命於中賜爾泰銀二萬兩，其三十萬兩即在揚州買貯米穀，蓋造倉廠，每年存七糶三，米貴之時開倉平糶，於地方甚有裨益。爾泰與商人黃光德等分别議叙。

怡親王允祥劾吏部尚書隆科多婪贓諸罪，飭由邊外回京，九卿會提督阿齊圖廷訊之。

故罪臣揆叙家人安圖貪緣隆科多，自康熙五十二年至雍正二年，計銀三十餘萬兩。又娶紅帶之女爲妾，逼勒自縊。事覺拿交刑部，籍没其家，因逮隆科多家人牛倫等質審。安圖之父安三，當明珠爲相時甚用事，聖祖洞鑒，珠令潛處揚州，挾巨貲行江西吉安等四府三十萬引鹽。及珠病革，聖祖欲問，又以安三祈恩，故復還京師。及揆叙卒，無子，以所有家財八百萬獻於宫府。令九貝子掌之，予安三銀百萬兩資生，以贍養叙母妻。叙字凱功，爲翰林掌院學士兼工部尚書者十餘年，聖祖最親信。其卒也，相傳欲以皇孫爲之嗣，或即指允禟子。圖之弟對，隸允禟門下，仍居揚州行鹽矣。上登極，命對回京，屬照親王府供採買，得無過。紅帶係皇族之疏遠所稱覺羅者，若親近則稱宗室，世乃以覺羅爲國姓，誤矣。

定各衙門逐日輪奏之制。

以督理西邊屯田内閣侍讀學士通智、太僕寺少卿單疇書爲大理寺卿。

免山東歷城等四十三州縣、德州五衛本年地丁銀兩。勅撫臣詳查被水輕重，分別緩免漕糧。

各省彙題節孝，並予旌表建坊。

癸亥，欽定增復從祀文廟賢儒二十六人神牌入太學，釐正位次，以蘧瑗、林放爲兩廡首，統前計一百二十三人。

以吏部右侍郎傅敏爲左都御史。

革隆科多吏部尚書及所賜世職，罰祖阿爾奉等路邊界屯田贖罪，家人牛倫伏誅。

刑部議奏，隆科多罪情重大，萬難姑貸，應將尚書、一等公世職革去，照大不敬律斬立決。上諭：隆科多貪贓犯法，深負朕恩，本應即行治罪。但其才尚有可用，倘能盡心辦理，尚可贖其前愆。至牛倫招摇受賄，斷難寬宥，即行處斬。其隆科多名下應近□仍行限追賞□之。奉天丞程光、陳准、徐道、張其仁等皆削職議罪有差。

設駐防開封八旗官兵滿副都統一人總領之。

太子少傅調江南提督魏經國陛見，至自湖廣，諭加尚書職，世襲拜拖拉布勒哈番。

督理蘇州織造兼監滸墅關税胡鳳翬革職，與妻年氏、妾盧氏雉經死。

以兵部尚書遜柱爲吏部尚書，署尚書法海爲兵部尚書。

以貴州布政使劉師恕爲通政使。

誅護軍參領拖克拖和。

拖克拖和爲原允禟長史阿蘭圖之子，引見所屬人員，不分次第混行，及拿問時，全無畏懼狀。上以其怨望，誅之，子阿爾吉善發黑龍江。按貝子無長史，疑係允禩。

和碩廉親王允禩有罪削去宗室，止稱親王。

上以允禩所行狂悖之事令諸王大臣廷訊。允禩口啣小刀，指天發誓，一家不獲善終，跡近詛咒。從寬革去宗室，與凡公侯一例朝集。賜部院衙門匾額。

和碩康親王冲安等疏廉親王允禩不孝不忠諸罪，命寬免其死。告祭太廟，廢允禩、允禟爲庶人。

冲安率諸王、貝勒、貝子、公、滿漢文武大臣等合疏題參允禩不孝不忠，悖亂奸忌，與允禟、允禵等結爲朋黨，欺詐人心，勾通大監，希圖大位。從前聖祖仁皇帝曾降諭諸臣，允禩奸險叵測，結謀弑皇太子，而允禟、允禵力保無他，聖祖震怒，欲誅允禵。再聖祖御門曾降諭，皇太子既廢，允禩邀取美名，愚弄衆人，希圖册立。朕則堅持大義，欲正國家之名分，端君臣之大義。並曾降諭，朕駐蹕幺亭，允禩以將死之鹿二隻來進，又先至湯泉候駕，並不請旨。朕震怒，心中寒戰，幾乎危殆。允禩惑於相面人張明德妄稱伊有人君之福，故謀弑皇太子與□使子，招集賊衆，謀弑太子，其將連刃朕躬之處，伊並不念及，可以知其不孝。欽此。允禩如此不孝，原應正法，皇上纘承大統，寬其罪惡，封爲親王，屢加恩典，乃並不實心報効。伊妻之母家爲賀封王，反謂有何喜處，不知何日隕骨〔首〕。他如剋減山陵之夫役，幾失大禮。指陵上紅土之價值，以省脚費。阻回科爾沁臺吉，不許謁陵，以省口糧。裁減御廐之馬匹，以不美之名歸之皇上。攪亂國政不枚舉，屢經諸臣參奏，皇上俱從寬免，以望悛改。乃允禩悖亂愈甚，將包衣批中之事妄議裁減。護軍九十六不遂伊指示，立斃杖下。又因長史胡什屯供出歐死九十六實情，揪其髮辮，將從前在幺亭獲罪聖祖硃批諭旨及一切書札俱行燒毁。皇上召允禩於諸王大臣前訊問，伊公然指天發誓，並無欺誑。及詢問伊太監長春，則燒毁書札俱爲確實。允禩種種犯法，顯有背國之心，斷不可容於盛世。查太祖、太宗、聖祖時，宗室之王、貝勒有大干法紀者，即奏請處死。乞將允禩正法，以爲不忠不孝背國奸紀之戒。又聖祖臨御乾清門，曾傳諭，允禩之妻甚屬不婦，允禩亦懼伊妻。今允禩之妻暴戾不仁，仍然欺侮其夫，又因將母家治罪，不曾頒示，唆使其夫，以致惡亂已極。近將伊逐回母家，伊毫無畏懼，忿然而去，甚屬可惡，亦不可容於盛世。

詔避孔子聖諱，改讀爲期。

上諭：前禮臣議奏，聖諱雖用古體，仍是本音。嗣後除詩書五經外，凡有此字及地名姓氏，俱加阝旁，依古韻書讀作期音，庶爲允協。以副朕尊崇先師之至意。

令庶人允禩妻自盡，仍散骨以伏其辜。

散骨謂揚灰也。一云以庶人殯殮。非邸抄之訛，則宗人府議罪如是耳。

太子太傅、文華殿大學士兼吏部尚書朱軾母喪乞終制，命給假三月赴京，以備委任。

甲申，上御經筵。

丁亥，上躬耕耤田。

拜經筵講官太子太保、户部尚書張廷玉爲文淵閣大學士兼户部尚書，仍攝翰林院掌院學士。授户部左侍郎蔣廷錫爲户部尚書。

總督浙閩兵部尚書高其倬陛見至京，命吏部尚書遜柱、内大臣嗣一等公馬爾賽郊迎，以勞有功。

春三月癸巳朔。

舉行京察。

逮副都統工部右侍郎馬進泰，勘問黨惡罪，尋寬免其死。

　　進泰與允禩爲黨，又嘗教唆伊本旗廢王保泰所行惡跡，且奏對含糊。命上九鍊，發刑部勘問，照大不敬律擬斬立決。予户部郎中□明亦以附和允禩擬斬監候。

宗人府請於玉牒除允禩、允禟、吴爾詹子孫世系。更名隸各旗佐領下。

　　宗人府奏，三人自告祭日爲始，臣衙門已將允禩之子弘旺掣其黄帶，行文都統楚仲將允禟長子弘晸、次子弘暲、三子弘晅、四子弘曉、五子弘晪及未開名之六子、七子、八子並弘晸未開名之長子掣其黄帶。又行文盛京將軍將吴爾詹之子永年、偕壽掣其黄帶。既逐出宗室，不得不改名。三人之女子品級亦應革退。除臣衙門黄册已除名，仍請玉牒改正。

山東巡撫陳世倌請追封啓聖王前配夫子施氏位號，祔享曲阜聖廟寢殿。增聖兄孟皮氏配食天下崇聖祠，稱先賢，位列四配。上從之。

發庶人允禩歸正藍旗卓鼐佐領下，改允禩名阿其那，弘旺名菩一作善。薩保。

詔緩徵畿南被水七十二州縣新舊錢糧。

嗣和碩簡親王雅爾江阿不謹廉隅削爵，以奉國將軍神保柱襲。

令漢軍照滿人例，不得爲直隸道府以下官。

允川陝總督岳鍾琪請，追謚故四川提督岳昇龍。

　　昇龍陝西臨洮人，由千把陞天津總兵至提督。康熙五十年以目疾罷，尋卒。當莅川時，見制於年羹堯，不安其位。及病，以其子鍾琪爲託，年亦釋前隙薦拔之。

辛酉，上回宫。

夏四月癸亥朔。

翰林院侍講錢名世以諂附年羹堯逐回原籍禁錮，御書「名教罪人」四字榜其門，命朝臣各爲詩歌刺譏之。

　　上諭：錢名世、何焯、陳夢雷等頗有文名，行止不端，立身卑污，所以聖祖仁皇帝擯斥，置之閒散。而名世諂媚性成，作爲詩歌，頌揚奸惡年羹堯。但所犯不至於死，今革職發回原籍，朕書「名教罪人」四字，令地方官造成匾額，懸掛其宅。凡在科目出身官，仿詩人刺惡之意，各爲詩文，彙寫進呈，給付名世，以聲其家。名世字亮工，江南武進人，癸未欽賜進士，殿試探花及第，與年羹堯己卯鄉試南北同年。年羹堯至京，作詩送之，有「鼎鐘名勒山河誓，番藏宜刊第二碑」之句，自注云：公調兵取藏，宜勒一碑，附於先帝平藏碑之後。其名與字互同戴名世、周亮工。正詹事陳萬策詩云：「名世已同名世罪，亮工不異亮工奸」。大稱旨，作詩謬妄者，翰林院侍讀吴孝登發寧古塔，給披甲人爲奴。侍讀學士陳邦彦字世南，邦直字方大，皆前禮部尚書元龍子，皆落職。邦彦乾隆初再起原官。

直隸總督李紱至自廣西，賜蟒服御書，侍宴内廷。

兩江總督查弼納奏章違旨，飭馳驛赴京。

發庶人允禟私造清書十九字頭，於諸王大臣公閱議罪。

　　會議得清書十二字頭，自太祖、太宗以至聖祖，累世永守。允禟妄行增添七字，亂政背國，理應即行正法，並查拿造書協助之人。十二字頭如漢書之字母，隨口繙譯。加一字以成聲。

總理水利營田使和碩怡親王允祥請改河南彰德之磁州歸直隸廣平管轄，收澄陽水利，裨益民田。

治結黨罪，革郡王允禵爵，追回前固山貝子册命，籍其佐領家貲入官。黨附之護軍統領阿林保、護軍參領邁柱等罪應斬絞有差。

琉球歲貢。

命副都統宗室楚仲撤庶人允禟至京，家口看守西寧。

朝鮮國王李昑奏辯四世祖莊穆王倧篡逆之誣，乞改正《明史》。九卿會議，優詔許之。

改庶人允禟名塞思黑。

夏五月壬辰朔。

上駐蹕圓明園。

令嚴保甲以弭盜。盜止十名下者，責州縣緝獲，寬武職處分，使文武不致推委。

以滇、川、閩、粵等省地處邊遠，選授教職，每至曠缺，命吏部議銓補之法。

勅奉天將軍噶爾弼斬罪臣鄂倫岱、阿爾松阿於貶所，其妻子爲奴，財産入官。從寬免。

親王大臣於三年秋奉命議三人交結朋黨紊亂朝政罪，本上留中。至是降旨處分，寬本岱不問。鄂倫岱長子補熙，九年，官至都統。上之不棄故舊多如此。

加湖廣食鹽每引五十觔。

經筵講官議政大臣、吏部尚書兼兵部尚書、都察院左都御史、正白旗漢軍都統蔡珽奏職掌太多，命止兼攝兵部。

封右宗正輔國公滿都護爲固山貝子。

戊戌，兩江總督查弼納赴圓明園請聖安，奏對忤旨，上九鍊綁出宮。命果郡王允禮訊問結姻蘇努。

上以孝恭仁皇后三週祀典，届期欲親謁景陵。和碩康親王冲安等以天暑妨農，請命皇四子今上皇帝赴陵代祭。

議政大臣和碩怡親王允祥請撤鎮西大兵，召靖逆將軍武英殿大學士富寧安、都統查克旦等回朝。

疏言：皇上以利害開示策妄阿拉布坦，永相合好，明定邊界，將應給之地方給與伊等，其不便給與者畫地爲界。巴里坤、土魯番之兵丁在外年久，自應撤回。但恐兵丁撤回，策妄阿拉布坦差伊屬下前往哈密偷奪馬匹，除已發哈密之五百兵外，再派安西兵五百名前往哈密，令副將、遊擊各一員統領巡哨防守。如賊勢衆多，則布隆吉爾安西兵即行救援。俟哈密城防修完，將此五百兵一併撤回。其餘大兵令富寧安率領回京。再嘉峪關起至西沙州、哈密宜安設軍臺，遞送緊急事件，交與總督岳鍾琪、巡撫石文焯妥議辦理。其□州□兵亦令都統查克旦撤回。是時統兵將軍祁禮德、傅爾丹已先後回京。

誅揑造小抄慈谿民何遇恩、仁和民邵南山。

小抄元年冬已奉禁革，今秋載初五日王大臣赴圓明園叩節，隨上登龍舟鼓樂從行，賜王大臣蒲酒，由東海至西海，申刻回宮，蔡珽密陳之。上命珽與法海搜捕各省提塘，而得遇恩等。嗣後小抄永絶矣。

庚子，釋查弼納罪，用爲内務府包衣昂邦兼鑲紅旗固山額真事。逮蘇努、七十子孫，監禁刑部，籍没其家。

和碩康親王冲安等會議得，原任總督查弼納供，蘇努與七十、揆叙、阿靈阿、鄂倫岱、阿爾松阿結黨協力，願將阿其那致身大位。蘇努原交結塞思黑，曾説塞思黑氣象大。塞思黑又與阿其那相好，結成一黨，藐法亂行。再隆科多專擅威權，結交揆叙、阿靈阿，邀買人心，索取銓選官員重賄。奴才畏其威勢，與之結交，罪皆萬死等語。除查弼納既據實供出，應寬免外，阿爾松阿、鄂倫岱已經正法，揆叙、阿靈阿已將罪惡勒石示衆，均毋庸議。隆科多現在口外，俟回日議罪。蘇努、七十係阿其那、塞思黑黨亂罪人，雖已身故，應照大逆律戮屍揚灰。阿其那、塞思黑密樹黨援，窺伺神器，請即正典刑。蘇努、七十之家産抄没入官。其蘇努之子十人，孫十五人，曾孫十四人；七十之子三人，孫十人，曾孫二人，一併詳加查看，有黨惡妄亂者具題正法，餘發白都納等處當苦差。蘇努之四子赫席恒曾官副都統，在甘州軍營。六子勒席恒，十子珠爾陳現禁京城。長子蘇爾金等俱在右衛。七十之二子傅永等俱禁刑部。七十二年八月發遣右衛，九月死。蘇努之死未詳時日。弼納子佐領那清阿爲蘇努壻。弼納所供可謂一網盡之。

甲辰，皇后千秋令節。

暴阿其那、塞思黑等惡跡，頒示中外。

上召諸王大臣面諭：阿其那等不孝不忠，結爲黨援，倍甚於二阿哥。外則與阿靈阿、鄂倫岱、蘇努、七十、赫壽等亂臣往來，内則與皇考御前侍衛、邦有阿、太監等交結。若非皇考神明聖智，未有不爲所誘惑者。皇考年高之人，而種種激怒，以致聖躬憔悴成病，皆阿其那等不忠不孝、奸僞結黨種種可誅所致也。皇考曾謂阿其那爲吴三桂之再姓，梁山泊之逆黨，父子之恩絶矣。伊等得罪於宗廟社稷皇考之人，朕即位以來，寬宥其罪過，封阿其那爲親王，簡用總理事務，乃仍不改其覬覦背逆之心，有意敗壞政事，以美譽自居，惡名歸朕。至在衆大臣前發誓，公然詛咒，連及朕躬。其封王

時，妻家爲伊賀喜，乃云我頭不知落於何時。及看守之日向太監云，我向來每餐止飯一碗，今加二碗，我所斷不願全屍，必見殺而後已。豈有身爲臣子，而如此暴戾悖逆之理。再阿其那於皇考在日，不能承歡奉事，以叨君父矜憐，不能保其貝勒，不能不犯罪鎖拿，不能保伊乳公乳母之首領，不能保其妻子家産，則其才具福分可知矣。以阿其那之不孝不忠，倘至於大位，豈能安宗廟社稷，報答祖父之恩，澤被生民哉。果誠心爲大清國之人，未必願阿其那登大寶也。至塞思黑乃癡肥臃腫，矯誣妄作，狂悖下賤無恥之人，皇考不比之人數，弟兄輩將伊戲謔輕賤。阿其那知其庸昧無能，引誘愚弄，數年間挺身覬覦大位者，亦阿其那慫恿之所致。朕即位以來，將伊遣居西大同，望其更改惡逆。伊覺朕之寬仁，決不傷其性命，肆行放言，欲激朕誅之而後已。如寄允禵書，有事機已失，追悔無及等語，怨望君父，與國爲仇，有是理乎？乃賄買棍徒，到處稱譽，小人惑於流言，以塞思黑可邀大位，自古未有不自度量，覥顔無恥，可殺如塞思黑者也。至允禵生性糊塗急暴，不知天地之高厚。皇考知伊在家生事，遠遣出征，乃信阿其那、塞思黑之唆誘，頓萌大志。而又不顧聲名美好，妄費國帑，肆惡貪饕，騷擾地方。又令塞思黑在皇考前巧爲設法，娶青海臺吉之女，逐日醉飲淫亂，衆皆知之。身爲大將軍，自當勉力粉飾，遂伊願望之私，乃醜行不法如此，似此伎倆人品，若至大位，何所不爲，豈能爲萬姓造福耶？不過令同黨不忠不孝、結黨亂國之數人僥倖而已。朕即位後，降旨唤回允禵。於未到京時，即露種種狂悖。到京之日，向朕輕躁妄行，狀類棍徒，其罪不可枚舉，朕皆寬宥，於皇妣梓宫前封爲郡王。全不思報朕恩，改其朋黨之初心。近者蔡懷璽投伊院内字帖，内有二七變爲主，貴人守宗山，以九王之母爲太后數語。允禵不行奏聞，將要緊字樣塗抹，交與總兵范時繹，令其不論如何完結。其悖亂之行，史書内亦屬希有。至於允禟乃一介下賤無恥之人，但知索取民財，争奪買賣，交結内侍，種種劣行，舉國共知。阿其那設法牢籠，令其出力，以爲羽翼，交結匪類，偏處稱揚，以爲邀買人心之計。遂至人目之爲佛，此皆伊等招摇惑衆所致也。朕自幼時，諸兄弟皆恭敬朕躬，朕於兄弟中亦並無私嫌，而朕亦從無希冀大位之念，此皇考所深鑒，衆人所共知也。昔朕兄弟中往往有得罪皇考者，朕爲之解釋，以寬解皇考之怒。朕非邀名，亦非爲伊等，乃仰體君父年高耳。蒞位以來，但欲伊等改其凶悖之性，以及於善。設使朕先有希此位之念，今已登此位，又與伊等何仇乎？若朕從前被伊等淩辱，或致朕於惡地，或於朕有虧損，倘有私怨，亦必不能掩衆人之耳目。朕甫登大位，因素性不干預政事，臣工皆所未識，恐其隕越遺漏，故自晨至暮，總無閒暇。伊等不能窺朕之瑕隙，於元年、二年間造言謂朕每日早理事，日中即醉飲。又謂日中酒醒，日昃方理事。朕從不能飲，若彼時即降諭旨，似乎弭謗，亦謂流言日久自明。今經四載，衆已共知。今郭元進作書拋入塞楞額轎中，内因朕庚屬午，遂指馬造出異言詈罵。又云十月作亂，八佛被囚，軍民怨新主。又云朕即位以來，遭旱潦飢荒之災。又各處粘貼妖言，内云災禍下降，不信者即被瘟疫吐血而死等語。觀此實乃阿其那、塞思黑、允禵、允禟等朋黨之奸逆，以及行亂作惡之書辦、皂隸、旗棍等見朕將各衙門私弊革除，不能行其刼掠訛詐之事，始恨於朕，造此悖亂之語也。如謂民心怨朕，有此謡言，即如直隸去歲偶值水災，朕即發粟數百萬石賑救，又令修治隄塘，大開水利，軫念元元，愛民如子，何故反生怨恨。若以懲治阿其那之故，天下軍民胥怨，則此輩斷不可留於人世矣。今者，内有郭元進之輩，外有蔡懷璽之徒，造作謡言，實國家之蟊賊，不可不正法。我朝太祖、太宗肇造區宇，至我皇考，百有餘年，滿洲世沐恩膏，一心感戴，聆此諭旨，當必駭然共恨。嗣後有如此妄造謡言者，訪拿誅殛，以儆將來。倘有隱匿，與犯人一例治罪。從前諸王大臣請將阿其那等即行正法，甚爲有理，但伊等種種惡逆，中外及八旗軍民人等尚未徧知，故將此輩奸惡不忠不孝大罪備悉言之，使知此輩正法亦屬當然，亦不得議朕。即朕姑留之，亦不過數名死人耳。爾等謹記此旨，録出傳與京城内外八旗軍民人等一體知之。相傳允禵督師在外，西羌青臺吉以諸土隨圓和者貌美伺應，禵心傾慕之。及侍飲帳中，此土獨不與，乃知女奸僞作男裝，奏之以結歡。追禵内召，此土仍留番中。

辛亥，上齋戒還宫。

甲寅，夏至，上祀地於方澤。

丙辰，上幸圓明園。

刑部右侍郎黄炳奉命拘罪犯秦道然赴京，命果郡王允禮等會勘塞思黑虧空各案。

道然繫獄四載，所審案件皆無左證。家計貧寒，餉遺莫繼。後出獄，及塞思黑敗，仍禁江南，乾隆改元始寬免，卒。子蕙田字味經，丙辰探花及第。

十年，官至禮部右侍郎。其入官家産復邀今上恩給還焉。

命固山貝子滿都護、内務府總管常明馳驛赴景陵，撤回允禵，圈禁壽皇殿。令追思聖祖教育之恩，以待改悔。

奸民蔡懷璽被逮自盡。

夏六月壬戌朔。

定年黨罪犯金德蔚、周仁舉、崔鴻圖應監候。

封皇十五弟固山貝子允禑爲多羅貝勒，皇二十弟允禕爲固山貝子。

免左僉都御史王廷揚交結允禵罪。

　廷揚山西巨商，以知州捐貲効力軍前。當允禵爲撫遠大將軍時，曾代甘肅布政使哲爾金輦送饋遺致允禵邸，事發議罪。上以廷揚畏其威勢，情有可原，免革職治罪。七年秋起，由通政使轉户部侍郎，管理三庫，協理直隸水利營田。九年卒。復以姪浙江驛鹽巡道鈞理三庫事。

以督學浙江詹事府少詹事彭維新爲直隸按察使。

湖北巡撫鄭任鑰題所屬捐軀盡節湖北糧儲道葉映榴等十八人祀忠義。

秋七月辛卯朔。

命多羅貝勒允禑仍駐劄景陵，正藍旗固山貝勒允禕賜居塞思黑舊府，以塞思黑所有包衣佐領什物分賜之。

加贈故建昌知府陸任兩淮鹽運使殉難高天爵爲禮部尚書，並予祭典。

禁造流言非議朝政。

　上諭：朕即位以來，外間流言，有謂朕好抄人之家産，輕信風聞之言，以爲用舍。不法之人原有籍没之例，朕將奇貪極酷之員没其家貲，以給賞賚，尚保全其性命妻子，不過使人知儆畏。如各省蠲租不下數百萬，賞賚兵丁，興利除患，所費亦不下數百萬，朕初無吝情，豈希此貪官污吏之些微。近聞市井中鬬牌名色，有稱抄家湖者，譏刺朝政，甚屬可惡。朕因人情多詐，必須公聽爲勸，方合機宜，又恐大小臣工有所挾制，不敢直言，是以令其密摺具奏。及令廷議，有裁去本人姓名者，不過欲諸臣無所回護，直言無隱耳。至密奏中薦舉參劾者，朕未嘗輕信一人之奏而即施行也。此疏中二事皆阿其那等同黨之小人懷忿，造此狂悖之語。更有一種貪贓犯法之徒畏懼抄家參劾，造此語言散布，希冀因流言停止。似此奸惡之徒，一經被獲，律在必誅。

始命滿漢監察御史四人稽察内務府。

改淩遲奸民郭元進立斬梟示，命以法外施仁之意，垂訓子孫，爲因怒濫刑者戒。

　元進天津州民，假託在獨柳地方遇洪覺一作寬。禪師傳授韜略，造作詭異之言，徧播市口。漸江命犯歐秀臣代爲刊刻，布散遠近，以惑人心。並坐斬。

賜和碩怡親王允祥御書「忠敬誠直，勤慎廉明」八字額，列其功勳實跡，頒示在廷。

丁卯，上有事於奉先殿。

　上親祭奉先殿。戊辰爲太宗文皇帝忌辰，故升祔歟。太廟殿爲奉先。

令自雍正五年元旦起改律强盜仍不分首從皆斬。

　强盜律原不分首從皆斬，聖祖法外施仁，定爲首起意並傷人之犯罪斬，餘減等。積久恐民玩法，故復舊制

己巳日，上御經筵。

改直隸通永、天津二道專理河務。

兵部尚書法海罷，調吏部尚書遜柱、蔡珽爲兵部尚書。以議政大臣内務府包衣昂邦查弼納爲兵部尚書，署雲南巡撫楊名時爲吏部尚書。

　海以行止狂悖，留尚書職，協辦禮部事兼内務府總管。柱、珽以案件多錯悮，復回原任。名時仍署滇撫。

飭江蘇巡撫張楷違道干譽。

陞廣州將軍威寧總兵石禮哈報剿狆家苗彝，攻破谷隆、長寨、者貢、羊城坉等處，擒首從阿革阿紀川敗等。優旨褒嘉。

以右通政繆沅爲通政司使。

秋八月庚申朔。

改湖北景陵縣名天門。

設内閣侍讀漢官二員。

　復舊制。内閣僚屬，除學士四員、中書舍人外，無漢官。

設順天府教授、訓導二員，裁京衛武學官。

降經筵講官署武英殿大學士、户部尚書徐元夢爲内閣學士，職掌票簽繙譯。

以署兩江總督正藍旗漢軍都統范時繹爲户部尚書，仍署兩江事。

飭輔國公阿布蘭、鑾儀衛使吳達禮朋黨欺罔。

上諭：原任工部右侍郎常奉因虧空入本旗公阿布蘭辛者庫，罪已止此，而阿布蘭奏摺云當時加懲治，似欲報其私怨。數日前更鼓錯誤，令鑾儀衛查問，吳達禮簽掣一人認罪。阿布蘭原係蘇努之黨，吳達禮則爲隆科多門下走狗，皆懷怨望，顛倒是非。又如祝廷珍係阿其那西席，向在湖南令查虧空，乃云屬員題參大事，再參必至無人，若朕喜於督撫參革官員者。然平日庇附黨援，其出言行事必至敗露如此。

順天府進耤田瑞穀雙穗至九穗，上以敬天勤民之道曉示羣臣。

令直省府州縣衛所設立先農壇，歲仲春亥日，官吏率耆老農夫恭祭先農，推耕耤田，以所穫供地方祭禮。

發蘇努子孫魯爾斤、赫席恒、傳爾陳、舒爾陳、吳爾陳、庫張於山東、河南、山西、江寧、蘇州、浙江督撫，圈禁衙署内。

給八旗參領印信。

正藍旗漢軍副都統一等侯朱之璉條奏，八旗佐領與州縣無異，乞頒印信，爲之移憑。部議，佐領共一千一百餘員，給印浩繁，宜以總歸參領，每旗五員，佐領事務由其詳核呈報上司。參領、佐領如漢官之府縣，凡旗人各有所屬，稱佐領某人下，如漢某縣人。從前每旗惟都統有印。

河南巡撫田文鏡進瑞穀雙穗至十三穗，上嘉其實心爲國，以召天和。

降議政大臣兼散秩大臣正白旗滿洲都統、理藩院尚書宗室拉錫爲一等侍衛，管太僕寺卿事。

上諭：拉錫從前干犯法紀之條甚多，俱從寬免，令其悛改。乃自允禵圈禁、阿爾松阿正法之後，伊屢蹈罪愆，實不可寬。但伊辦理旗下事亦有効力處，朕尚未深知其存心，從寬免交刑部，歸侍衛班効力贖罪。

勑部院堂官保題所屬後有劣跡許即參奏免罪。

光禄寺少卿前淮關監税慶元有罪籍没，命刑部左侍郎黄炳赴淮會勘，元自戕。

參革淮徐道潘尚智以二萬金賄元，營謀復職。迨元解任，索取原物，元復僞爲退還。其子世球私令家人於中途刦取，漕河督撫並以聞。命炳赴淮會齊蘇勒勘問。元行至宿遷，促令自盡。蘇勒奏報，屍之不斂者月餘。尚智、世球罪斬絞監候，家私籍没。隆科多親兄弟八人，多以貪婪褫罪，繼以弟慶復襲公爵，仕至川陜總督。乾隆十三年，大金川用兵，誤報番目班滚焚斃，事覺錮獄，賜自盡。旨佟國維所得孝懿皇后之一等公停其承襲。佟氏一門三公，近世罕有。

秋九月庚寅朔。

逮盛京户部侍郎傅鼐、正白旗滿洲副都統岳興阿，發刑部勘問隱匿贓私。

上諭：傅鼐曾在朕前口奏岳興阿甚抱怨伊父隆科多，云我家荷國恩深厚，應將所得貲財據實奏聞。及該旗承追日久，其家人故意延挨，各處藏匿。今據伊姪婦王氏出首，岳興阿並不將伊父隱匿之贓據實交出，與傅鼐從前之言不符。傅鼐原與隆科多甚密，故意誑奏，以爲隆科多保全，着革職，上九條鍊解京，與岳興阿質審。相傳岳興阿爲隆科多嫡子，痛母死非命，及父有罪，乃請清查家財入官。遂刑訊伊父愛妾，以報私恨，殘逆如此。

九(月)〔日〕，召諸王大臣侍宴内廷，上首唱，命諸臣次第賡和，用柏梁體，以紀昇平。詩成，御製序文勒石，賜内外臣工。

塞思黑死於保定。

上諭諸王大臣曰：塞思黑素性奸惡，行止陰邪，與阿其那、允䄉、允禵結爲死黨。又與其妻父七十及蘇努、阿靈阿等通同結黨，潛蓄邪謀。在皇考時，種種不孝之罪，難以枚舉。及皇考升遐之日，塞思黑突至朕前，箕踞傲慢，意甚叵測。凡祭奠行禮，從無悲切之狀。朕知其素性凶殘，是以發往西寧居住。在途並無悔懼，與伊子傅什渾及七十子勒錫忻等一路嬉笑，且與允䄉等私相往來，寄書有機會已失之語。造作字樣，巧編格式，縫騾夫衣襪内，暗傳消息。又數年前，收留山西無賴之民，其人在西寧投京帖，稱願輔有道之主，不附無道之君，欲糾合山陜兵民以救恩主等語。塞思黑不行出首，且向其人云，我弟兄們無争天下之理，並囑勿令楚冲知之。又伊太監在西寧奉旨撤回，每人賞金條及西洋金若干。重賞厚物，私買人心，目無國法。今令伊回京治罪，一路毫無改悔，談笑如常。復令前往保定，以觀行止。前李紱奏伊患腹瀉，比即降旨，令紱選醫調治。不料惡貫滿盈，獲罪天祖，已伏冥誅。可見善惡之報，捷如影響。似此不忠不孝、大逆大惡之人，雖未受國法，必不能避天譴也。令李紱料理殯殮，俟其妻子搬回保定，再行請旨。傅什渾係改名，勒錫忻原官乾清門侍衛。

逮隆科多子玉柱、家人常禄、太監三元，赴京勘問贓私。

逮副都統宗室楚冲、乾清門侍衛胡什禮，命左副都御史常泰赴保定勘問違上拘係塞思黑罪。

上諭：胡什禮奉旨帶領塞思黑回京，伊私與楚冲擅用三條鍊鎖拿塞思黑，又奏述李紱有塞思黑一到即便宜行事之語。朕聞知駭異，令胡什禮星馳往諭，李紱奏稱並無此語。胡什禮、楚冲前不待諭旨私行鎖拿，又故意寬鬆任其脱卸，明係有意欺妄，著拿問。按此常泰與前罪廢之工部侍郎爲二人。

鑲紅旗鎮國公準達卒，追封爲固山貝子，予謚典。

命内務府總管協理禮部尚書法海、太監王自立、郭進玉馳驛赴西寧，撤塞思黑妻子家口至保定，查取埋藏金銀。

四川覓山賊番金格叛逆，提督周瑛不按軍機，召回京。命甘肅提督馬會伯提督四川軍務。

會伯陝西寧夏人，庚辰武狀元，尋改四川巡撫。瑛掌鑾儀衛使。

江蘇巡撫張楷奉召至京，綁付刑部。

上諭：張楷係微末之員，朕以爲道府時，尚有聲名，於十四(?)年間拔至巡撫。到任以後，務沽虚名，不實心任事。朕令范時繹親至蘇州傳諭張楷，看其言論及彌補虧空之事。則云既免浮粗，即於此内酌量彌補。似此荒誕悖理之語，朕何如主，而出此言。又云，我應將此事先啓我王爺，先探討意見，然後再奏。怡親王公忠體國，張楷乃以私心忖度，非但不知朕心，並不知怡親王之心矣。即始請增分設各縣入學名數，並不將婁縣舊例聲明，欲人歸德於己，朕降諭訓飭之，乃接奉嚴旨，竟自稱臣有潔己愛民之心，而無振作有爲之能。張楷在任優容，不肯管束鹽梟盗賊，公然以愛民誇於君父之前，有是理乎？又張楷在京陛見時，奏有私債不能清還。朕格外加恩，許其借藩庫銀二萬兩，以償夙負，將來陸續還庫。乃竟將關税贏餘動用二萬兩，具摺謝恩，並不提還清款。朕爲天下主，豈能以天下經費任督撫私用，是安得謂之潔己乎？似此大奸大詐，不知君父之義，尚靦顔自命爲讀書之人乎？張楷原係安親王門下旗人，今屬怡親王，必是顧戀安親王門下，荒唐悖謬，其心不可測，着將張楷鎖拿，各項情節發與九卿審擬具奏。

改明年會試於三月。

令考試八旗外任文職騎射，武官副參以下不得乘轎。

阿其那死於監所。

塞思黑殁後，上諭：阿其那、塞思黑罪大惡極，天下共知，諸王大臣屢請將二人正法，朕遲回不忍。今塞思黑已伏冥誅，朕心惻然，欲將阿其那從寬宥免。諸王、大臣、各省將軍、督撫、提鎮各秉忠誠抒己見，議阿其那罪，可否寬宥其罪定奪。

禁京師用黄銅器皿。

在制大學士朱軾假滿至京，命三年不拜原官，凡朝會宴享皆不與，以成其志。

用素服協理内閣、吏部、都察院及營田水利事。

以命題譏訕逮江西正主考禮部左侍郎查嗣庭，交三法司治大逆不道罪。

上諭：查嗣庭向來趨附隆科多，在朕前薦舉，令其内廷行走，授爲内閣學士。復見其語言詐僞，兼有狼狽之相，未之任，隆科多又復薦舉，遂用爲禮部侍郎。今歲典試江西，首題「君子不以言舉人，不以人廢言」。夫堯舜之世，敷奏以言，非以言舉人乎？查嗣庭以此命題，顯與國家取士之相道背謬。三題「介然用之而成路，爲間不用則茅塞之矣」，更不知其何所謂。《易經》次題「正大而天地之情可見矣」，《詩經》次題「百室盈止，婦子寧止」。去年正法之汪景祺文稿中有《歷代年號論》，指正字有一止之象，引前代如正隆、正大、至正、正德、正統，凡有正字者皆非吉兆。夫人君紀元，若以字畫分拆，則如漢元封、元狩、唐之開元、貞元，亦將以爲一元乎？又如漢世祖之建武、明太祖之洪武，字内俱有止字，此二帝皆稱賢君，歷世久遠，尚得不謂之吉兆乎？即如奸民蔡懷璽、郭元進造作妖言，謂今年水旱爲災，人民疾病，八月内有八千猛虎入京等語。現今四海清寧，田禾豐稔，十年所罕見，彼奸民造此無稽之語，不過自取誅戮耳。今查嗣庭所出經題，前用正字，後用止字，而《易經》第三題則用其旨遠其辭文，其寓意將前後聯絡，顯然與汪景祺語相同。又二場表題以京察爲謝表。前查嗣庭告假回京時，奏稱途中不見一人，惟與淮關慶元相會。及其自陳，將此節又自招欺罔之罪，九卿咸請革伊職，朕從寬准其留任。今以此命題，欲士子代謝乎，抑心懷怨望而出此題乎？至策題内有「君猶腹心，臣猶股肱」，不稱元首，是不知君上之尊矣。且在内廷三年，未進一言，海塘一事，令其條陳，而皆不可行，可知其於國家政事從不關心。及遣人查其寓中行李，有日記二本，至康熙六十一年十一月十三日，則前書聖祖仁皇帝升遐大事，越數行即書其患病，曰腹疾大

發，狼狽不堪，其悖禮不敬至於如此。自雍正元年以後，凡遇朔望朝會及朕親行祭奠之日，必書曰大風，不然則狂風大作。偶遇雨則書大雨傾盆，不然則大冰雹。其他譏刺時事幸災樂禍之語甚多。又於聖祖仁皇帝之用人行政，大肆訕謗。以欽賜進士爲濫舉，以戴名世之獲罪爲文字之禍，以趙晉之正法爲因江南流傳對聯之所致，以科場作弊之知縣方名正法爲冤抑，以清書庶常復考漢書爲苛刻，以庶常散館斥革爲畏途，以多選庶常爲蔓草，以殿試不完卷黜革之進士爲非罪，熱河偶然發水則書官員淹死八百人，其餘不計其數。又書雨中飛蝗蔽天。似此一派荒誕之言，而公然造作書寫。又有塗抹一處，乃極詆滿洲之文，大逆不道之語。至其受人囑託，代人營求，科場關節作弊之事不可枚舉。假若但就科場題目加以處分，則天下之人必以查嗣庭爲出於無心，偶因文字獲罪，乃種種實跡彰著，尚有何辭以爲之解免乎？着將查嗣庭革職拿問，交三法司嚴審定擬具奏。其副主考官俞鴻圖，若出題時曾經勸阻，則與伊無涉。趙晉字晝三，福建閩縣人，癸未榜眼，康熙辛卯主試江南，以作弊斬。對句謂「左邱明雙眼無珠，趙子龍渾身是膽」。左謂左都御史正主考官左必蕃。方名湖廣保康人，官山陽令，以分房賄中鹽商程光奎，與句容令王曰俞賄中鹽商吴泌，皆坐斬，捐銀贖罪。是科中式，兩淮則鹽商八人，蘇州則銅商，當商八人。又爲其徒代筆，得其實有三字關節，亦獲雋者三人。遂有「八旗三剪綹，七典一銅商」之謡。必蕃以場後風聞檢舉，聖祖命吏部尚書張鵬翮至揚，會同督撫審問。晉時有寵於東宫提調布政馬逸姿，又總督噶禮所徇庇，其書係斬三七夾訊而不承，逸姿、鵬翮依違案牘進呈。巡撫張伯行與禮互相訐參，因再命户部尚書穆和倫、刑部尚書張廷樞往理。時東宫再廢，故晉擬斬，癸巳春聞命自盡，其妾賦詩從殉。監臨安徽巡撫葉九思懼罪殂，禮與必蕃皆斥罷。禮之母聖祖保母也。嗣禮與弟色勒奇、子幹都置毒食物中，謀害伊命。禮妻以别户子幹泰爲己子，縱令糾衆毁屋，淩虐其母，致叩閽，交刑部鞫實，應淩遲處死，賜自盡。康熙五十三年事。名最得民。淮紳給事中許之漸素與光奎隙，慫恿必蕃奏之。逮名時，合邑士民盡毁之漸居宅。名初蒞任，夢前令來訪，詢之，則前江南正法之簾官。順治丁酉科江南鄉試賄賂公行。世祖震怒，主考李振科、田耜及巡按多官等皆誅。舉人覆試有族者，以太后言得減戍。而光奎之中式，淮安知府姚陶與晉私囑而逼成之。必蕃廣西舉人，前以太常寺少卿兼官揚州知府，母喪留任，揚人集四書文誚之，破云「所惡於左，通國皆稱不孝焉」，聞之恨刺骨，未幾以他故被逮。

再申嚴賭博馬弔之禁。

紙牌骰子，嚴禁發賣，准輸錢之人出首免罪，仍追還所輸之銀錢。漢軍官員以馬弔爲解悶之具，大玷官箴，嗣後有此，揭參。

冬十月己未朔。

諸王大臣進萬壽禮儀，詔停止慶賀筵宴。

令寬免允禩、允禵正法，以待悛改。

和碩康親王冲安等奏請將阿其那、塞思黑戮屍，允禩、允禵正法。上諭：諸王大臣執法固至公之論，但阿其那、塞思黑既伏冥誅，從寬免戮屍。允禩乃狂妄無知之人，爲阿其那、塞思黑所愚，入其邪黨，尚非首惡，故將伊禁於壽皇殿，以俟其悛改。當日皇考拘執阿其那之時，允禩與塞思黑公然挺身保奏，亦曾邀約朕躬，伊又私藏毒藥，願與阿其那同死。昨阿其那身故之後，朕遣人詢問允禩云，阿其那在皇考時，欲與伊同死，今伊身故，爾欲往看，爾與同死，悉聽於爾。伊回奏，我向來爲阿其那所愚，今伊既伏冥誅，我不願同往等語。據此，或有悔心之萌，或作僞語留其身以圖將來報復，均未可定。着暫緩其誅，若竟不悛改，再行正法。允禵痴庸卑鄙，若將伊與阿其那等同死，亦覺不稱。今既寬允禩之死，允禵亦免其正法。至阿其那、塞思黑之妻妾子女如何完結，諸王大臣再議具奏。八年秋，因怡親王薨，降旨矜卹允禩，欲加委任。相傳令大學士馬爾賽諭以聖意，回奏有殺馬爾賽方任事語。上置之，賜居圓明園旁關帝廟。十三年，上不豫，特旨召見，先示勉勵之訓，後申寄托之意，堅以病辭。今上即位，封其子爲親王，阿、塞後人亦賜爵賞焉。

逮允禩原屬下護軍參領二德，劾黨附罪，誅之。

上出巡，見德顔色不善，因詢以允禩舊事，頗多隱諱，逮治立決。

逮阿其那原屬下廢員巴海、一作奉。戴鐸、沈竹鑽營結黨罪。

仿唐制設觀風整俗使於浙江，以督學河南光禄寺卿王國棟爲右簽都御史領其職。

上諭：浙江汪景祺、查嗣庭之流肆行訕謗，毫無忌憚，可見浙省風俗澆漓。而今科進呈陳萬策之策，中間有「敝俗頹風，頗喜争訟。或本屬細故而張大其詞，或僅有影響而鑿空妄指。刁風未革，積弊日深」等語。可知浙省

之難於化導，爲衆所共知者也。若不力爲整理挽回，及其罹於重罪，後加以刑，實所不忍。朕意專遣一官，省風問俗，稽察奸僞，勸導紳衿，懲治士庶，使有所儆戒。盡除浮薄囂淩之習，歸于謹厚，以昭一道同風之治。吏部議奏，唐貞觀八年曾以蕭瑀、李靖等巡行天下，號觀風使，今仿此制爲觀風整俗使。後以奸民煽衆，亦設於福建、湖廣、廣東、廣西各省。

詔直省學臣三年任滿各舉才守俱優之生員，親試録用。

安徽布政使陞通政司使博爾多挪庫帑削籍，令督撫監追完庫，如推諉即正法，爲藩邸諸人戒。

　爾多字魯亭，滿洲鑲白旗人，以壬午舉人授中書。上登極，因藩邸人通文墨，推郎中，轉布政。

浙江布政使佟吉圖罷，起前陝西按察使許容爲浙江布政使。

　上諭：佟吉圖爲阿其那信用之人，前爲内府廣繕庫司官，革逮閒居。朕即位後，因其才具可用，擢爲山東按察使，旋陞布政。後報銷貽悮河工，朕復寬免，仍用爲布政。全不實心報効，着調來京。陝西按察使許容參馬喀將發價鹽觔誑請帶銷，甚屬欺妄，朕令許容會審，聞容欲實參奏之言，嚴刑逼勒商人承認，是以將許容一併解任。今岳鍾琪審明並無逼勒承認之事，理應開復，着補浙江布政使。浙江紳衿士庶刁頑澆漓，如汪景祺、查嗣庭肆力訕謗，陳世倌陷害平民。查嗣庭之子查克上寄書於父云，王友揚事邑令極爲出力，應作一札致謝，庶見感激之意。近來如某道長往往有意外横逆，不得不周全當事等語。據此則紳衿等挾制官府，顯然可見，着行知李衛加意參奏懲治，如因循容隱，一併治罪。其海寧縣缺，内閣九卿公舉數人引見。嗣以前督學河南王國棟所保舉之光明學正申程章加知州銜爲海寧令。容河南虞城人，康熙癸巳進士，頃以爲巡撫李衛妹夫，改任福建。乾隆五年，巡撫江蘇，廉明著聲，父憂去官。父以宜興知縣罷歸，居鄉厚德，殁時正屆元宵，一城聞之，皆不張燈，足徵其爲人之惇厚，而中州之風土人情猶近古也。

降兵部尚書蔡珽爲奉天府尹。

　上以珽近日言動狂妄，辦事草率，故有是黜。

命刑部停決天下罪犯，情有可原者減等，以示寬大。

　奸民沈秀臣改絞，年黨趙士河改遣三姓與披甲人爲奴。

蘇祿國王母漢母末拉律林遣正使駙馬阿石丹、陪使龔廷綵、通事楊珮寧向化來朝，閩浙總督高其倬以聞。詔沿途厚待，以懷遠人。

始命滿漢監察御史六人巡察直隸所屬紳衿事務。

江西巡撫汪漋、布政使丁士一以科場罷任，赴京質審。

　漋以房一所，值千餘金，售於查嗣庭。上以嗣庭出差在外，又非所居之地，漋不問銀所從來，以房相售，此中不無私弊。並邸寓收得與嗣庭往來私書之官員，皆令赴京候訊。漋字屺瞻，江南休寧人，占籍湖廣江夏。甲戌進士，督學浙江，以稱職，撫臣朱軾保再任三年，士林戴之。士一號可峯，東昌人，丙戌進士，有文名。

甲申，遣太保兼太子太傅、保和殿大學士兼户部尚書二等伯馬齊、領侍衛内大臣馬武，錫和碩怡親王允祥册命金寶。

詔今科中式五經副榜准作舉人一體會試，爲明經者勸。其兩中副榜者亦准會試。後不爲例。

勅六部堂官甄别屬員，留任、改除、休致有差。

戊子，上萬壽聖節。

冬十一月己丑朔。

命川陝總督岳鍾琪親赴成都，相機調度，剿撫普雄作逆番苗。

琉球國王尚敬表謝頒賜御書，綵幣、玉器，附貢方物，命存貯以作歲貢。

　上諭：本朝於朝鮮進獻若不收受，即交内務府收留，以作年貢。今琉球貢獻，朕不忍收受，其依朝鮮例，以示朕禮卹遠人之意。

命大學士議學政畫一職銜。以重任守。

户部彙題前二次恩詔頒賞天下民婦七十至百歲一百四十二萬一千六百二十五人，給絹布牌坊銀八十九萬兩，米一十六萬五千石有奇。上以太平盛事，勅民間務崇節儉，重農務本，以同登仁壽。

乙未，征西靖逆將軍、武英殿大學士兼吏部尚書富寧安奉詔率領從征將士回至京師，命諸王大臣郊勞有功。

太子太傅、文淵閣大學士兼禮部尚書高其位年八十，再疏乞休。詔以原官致仕。

浙江巡撫兼理兩浙鹽政李衛奏衆商公輸以備積貯，命照兩淮設立鹽義倉。

以太常寺卿遜柱爲通政司使。

此逐杜與兵部尚書爲二人，亦滿籍。

令翰林科道告病給假者一體起用。

增闕聖大帝解梁後裔五經博士一人。

庚戌，上幸湯山。

壬子，上回宫。

禮部左侍郎郝林以老乞休，詔加尚書致仕。

策出師西域勳，封武英殿大學士兼吏部尚書富寧安爲世襲一等侯，賜御服、帑金、黄扯手、雙眼翎。

上諭：富寧安此番軍中所行，甚屬可嘉，但未得剿滅策妄阿拉布坦耳。富寧安身任將軍，一心肫篤，爲國家宣力，曾再三以進兵請於皇考，皇考憐念噶爾丹生靈，不忍剪除，未允其請。倘欲剪除，富寧安定能擒滅策妄阿拉布坦矣。歷年統兵諸將，聲名未有出富寧安之右者。朕爲皇考推心置腹，富寧安亦能實心奮勉，不負任使，益彰皇考用人之明，朕實嘉(受)〔愛〕，其賜賚御服、暖帽、補褂、數珠，並緞疋、銀兩、黄扯手、雙眼翎子，特行旌賞，封爲世襲侯爵，以示殊異。諸臣皆當效法。至祁禮德亦一將軍，而行止不端，若欲如富寧安一體恩榮，人豈以朕爲是？朕雖不罪之，言之尤甚於加罪也。策妄阿拉布坦即曩時叛亂噶爾丹之姪，因以嫂爲妻，遂與姪分其部落。妻驍勇無敵，我軍以紅衣大將軍出其不意擊其壘壁，因殲妻首。將軍孫思克復從山後攻其背，噶爾丹奔竄，不敢投其姪部落。孫思克號齊復，滿籍奉天廣寧人。爲時名將，封公。

丁巳，冬至，上祀天於圜丘。

嗣和碩裕親王廣寧有罪削爵。

冬十二月戊午朔。

督學廣東翰林院侍讀學士惠士奇任滿，薦舉番禺貢生胡方文行兼優，以年老，命有司月致羊酒，爲士子勸。

停浙江士子鄉會試。

上諭：查嗣庭日記，於雍正年間事無甚詆毁，且有感恩戴德之語，而極意謗訕者，皆聖祖仁皇帝已行之事。誰無君父，能不痛心切齒？昔孔子作《春秋》，歷代因之，以爲法戒。若悖逆之人顛倒是非，私行記載，則史册皆不足憑，豈非千古罪人。浙江風俗惡薄如此，挾其筆墨之微長，遂忘綱常之大義，則開科取士又復何用。且巡撫李衛等從查嗣庭家中搜出科場懷挾細字，密寫文章數百。爲查氏子弟如此，浙江人習以爲常，不但藐視國憲，亦且玷辱科名，應將浙江鄉會試停止，至生員歲考仍舊舉行。鄉會試既停，且使浙江人中師生同年請託營求爲之肅清，將來人心共知改悔，風俗赴於淳樸，朕確有見聞，再降諭旨。朕爲風俗人心，不得不嚴加整理，以爲久安長治之計也。内閣九卿等定議具奏。會議奏，鄉會既停，若三年之内，生員止歲考一次，愈加放曠矣。請將科考照歲考例，以六等考校，不許一名不到。俟風俗稍移，皇上再降諭復舊制。從之。已酉復准開科，庚戌派中進士七十人，會元三鼎甲皆屬浙江。探花梁詩正字養冲，錢塘人，教習内廷，爲今上保傅。乾隆十年，官至户部尚書。是科仁和之吴煒字覲揚，號南溪。休寧之張□□字湘筠，爲御史，侃侃直陳，曉達政事，歸之義理，尤一時建言諸人所不及。科場懷挾細字，不獨浙省有之，凡業五經者，預藏試院，以供抄寫。辛酉福建武生入文闈，以五經遂作解元，人情鼎沸，未幾發覺，皆置於理，並停文武互考之例。

張楷罪斬赦免，籍其父兄子姪入怡親王辛者庫。

楷所犯七罪：一、欲將蠲免蘇松浮糧内彌補虧空。一、縱容胡鳳翬自縊身故。一、保慶元居官甚優。一、請增分縣入學名數。一、奉旨馳驛，乃乘轎徐行。一、侵用關税二萬兩。一、奏章紙色沾染改變，面頁僵綸。以大不敬擬斬立決。十三年，今上登極復官。六年，巡撫安徽。□分縣生員之例。以現在者新舊二學三分一半，不論居址歲科，進取文生二十五人，武生十五人亦各平分，其零數以錢糧多者得之。歲貢二學依次輪貢，選貢二學合試拔取一人。

浙江巡撫李衛奉命籍没李維鈞貲産，劾其貪污。

疏言：抄出元寶四萬兩，上鑿直隸各縣名，明係侵盜庫帑。寄頓當鋪銀二十四萬兩。其餘藏匿不吐。應將維鈞子李蔓革去廕生，以便追究。再維鈞繼室張氏乃家奴張大之婦，先佔爲妾，原與魏之耀認爲乾親，現膺誥命夫人。理宜參請追奪，以爲無恥小人之戒。奉旨：李維鈞既已獲罪，自有定例，何必特行參奏，攻發人之陰私。維鈞字餘山，浙江嘉興人，以丙子舉人官至直隸守道，年羹堯薦爲巡撫。兄陳常，字時夏，癸未進士。矯飾清名，官至兩淮巡鹽御史。乃廣殖田園，多畜聲伎。其貌甚怪，俗呼爲正面

蟒，以面長麻而鼻以劓也。及卒，貪婪敗露，罰及其子宗仁。維鈞陰奉權貴，陽爲崛强，上優待日深，乃持兩端，操倒戈以自固。如參龔堯諸疏，致魏之耀於法，堂下面數其非而其妻曾奉之爲義父，諸多醜行，仍以黨惡營私致敗，可不爲行險儌倖者戒哉。

改四川東川軍民府隸雲南。

飭山東巡撫陳世倌因循瞻徇，回籍守制。

禮部進元旦升殿慶賀禮儀，命停止筵宴，皇后前停止行禮。

庚午，睢寧朱寧口堵築成功。

浙江巡撫李衛參永嘉舉人曾紹嗣敗俗傷風，命衛嚴治之。

吏部左侍郎沈近思奏整齊浙俗十事，勅巡撫觀風整俗使施行之。

一、童生縣府試不得求鄉紳請託，以端進身之始，違者府縣鄉紳父師本童各坐罪。一、生員不得奔競當事，投拜門生，通謁顯貴，乞求關節，及造作揭帖，污衊官民，違者以光棍治罪。一、士子禁刊刻詩歌獻媚權勢，及淫詞艷曲。一、禁生監舉貢遇地方事務哭廟擡神，及通私書關節與鄉紳顯貴。一、禁鄉紳關説公事。一、生員不許連名公呈。一、禁無賴棍徒包攬衙門。一、禁衙役作弊勾引鄉紳訟棍挾制本官。一、禁士子紙牌馬弔及打降等事。一、禁賽神演戲地棍硬派强斂，及少林、天竺婦女嬉遊，男女混雜其中，不遵官長約束。奉旨：據沈近思奏稱浙江一省逆種疊生，越水增羞，吴山蒙恥等語。朕謂有沈近思一人不爲習俗所染，是洗越水吴山之羞恥。其所陳整齊浙江風俗十事，切中情弊，甚屬可嘉，着照伊所請行。

總督雲貴兵部尚書鄂爾泰奏報剿平冕山狆苗，詔在事官兵從優議叙。

上諭：狆苗凶悍不法，數百年擾害平民。今鄂爾泰、石禮哈、馬會伯率兵剿撫，成功甚速，地方寧謐，甚屬可嘉。如景蒙參將劉業俊，當用兵之際退縮不前，著嚴察具奏。

左副都御史王之麟前濫舉孝廉方正朱遵，降罷。

新授浙江道監察御史謝濟世參河南巡撫田文鏡貪贓枉法諸事忤旨，令革職，嚴訊其朋比。

上諭：田文鏡秉公持正，乃天下督撫中所罕見。謝濟世於天下督撫中獨參田文鏡，不知何心。從前聖祖仁皇帝見科道官朋比作奸，私賣本章，嚇詐賭賽，薦舉參劾多由囑託，及敗露之後，藉口風聞，以解免其罪，是以屢降諭旨，停上風聞之事。朕即位以來，惟恐政務未能周知，故令文武及科道皆用密摺奏事。乃科臣崔致遠等挾私妄奏，是以摒其密摺，專用本章，猶恐惡習尚存，是以諄諄訓誡。若自恃言官，可以白簡從事，而胸懷詭詐，顛倒是非，爲國法所斷不可容。朕豈不知誅戮諫官，史書所戒，然審其緩急輕重，誅戮諫官之過小，而釀成人心世道之害大。古人云，禮義不愆，何卹於人言。朕爲天下主，豈恃此區區小節，而忘經國之遠圖哉。謝濟世但稱風聞，是顯悖聖祖仁皇帝之諭旨，而於欽差大臣審定之事，盡欲翻案，並將各案始末情由及田文鏡納賄徇情諸事委曲描寫，若所目覩，則其受人囑託，聽人指使，欲假田文鏡以快其報復可知。若不嚴刑訊問，則如鬼如蜮之伎倆得行於光天化日之下，人心風俗何由端正乎？倘有謂言官不應加刑者，即據情陳奏，不得面從而退有後言。按風聞言事始於唐武后之殘害忠良，宋人遂援爲故事，失平明之政，此聖主所深惡也。

總督河道兵部尚書齊蘇勒報江南所屬黄河澄清三日，自虞城至桃源上下六百餘里。

詔再議平定青海功績。

命左副都御史鄭任鑰覆查江南留漕平糶，以濟饑民。

續編雍正五年歲在丁未。

春正月戊子朔。

上御殿受朝賀。

辛卯，上幸圓明園。

開直隸營田捐贖例。

調直隸總督李紱爲工部右侍郎，命湖廣總督宜兆熊會同禮部右侍郎劉師恕協署直督事。

上以紱陳奏草率，舉劾不公，故有是調。

以京口將軍何天培爲兵部尚書。

諭河南巡撫田文鏡解所參信陽牧黄振國、唐縣令闞敶、固始令汪誠、息縣令邵言綸赴京，正結黨謝濟世罪。

上諭：李紱、蔡珽曾奏諸人之枉，遂致謝濟世參田文鏡，欲翻前案。查四人罪不過罷官，何至結黨營求，令提解來京，九卿明示以死於李紱、蔡珽、謝濟世之手，仍以前擬罪處分。文鏡疏參振國等，民間流言文鏡非科目出

身，故所參皆係科目，以伸夙憤。文鏡上聞，欽差刑部右侍郎海壽、工部左侍郎史貽直往勘，擬振國、誠律斬監候，陳、言綸發邊遠充軍。六年夏，珽、紱、振國同赴市曹，及旨下，止斬振國。

以秋禾災，詔江南開捐穀例，以裕積貯。

九卿議，江南賑卹，既差官確查，貯漕以備平糶，恐未必敷用。請照康熙六十一年浙撫屠沂所請，依河工例開捐，酌量地之大小，以爲數之多寡，額滿即止。

赦年羹堯發遣邊遠諸子回籍。

上諭：年羹堯狂悖妄亂，結黨肆行，朕出於無奈，將伊治罪。又恐其黨援固結，若將伊子留京，或彼此比附，又生事端，故徙居邊遠之地，曾有旨遇赦不赦。今見同黨之人皆悔過解散，非如阿其那、塞思黑、蘇努、鄂倫岱等之黨固結，牢不可破。而當日平定青海，伊亦著有功績。着將伊子遠徙邊省者俱赦回，交與年遐齡管束，以示朕格外恩宥之至意。年羹堯驕縱貪殘，而上始終念其青海之功，蓋用兵臨戎，實有不可及者。嘗聞一二逸事：當調兵復藏時，陝西、四川、雲南三路並舉，羹堯遣將啓行，傳令士卒各帶竹竿長七八尺，棕繩長二丈。人初不解，及至流沙，無以濟，乃結筏而過。過河計十五程，萬野草荒，略無人跡，忽士馬臨前，大軍驚愕。彼問可是舅舅人馬，羹堯心腹從軍者授以書，一軍懽呼，迎我師至其國。國號竹囊，羹堯數年前飾美姝爲己妹，以適其王，故稱舅舅。我師在竹囊休養二十日，臨行，彼又遣士卒代運芻糧二十程，是以兵强馬壯，一鼓而復藏也。出兵時，岳鍾琪爲將領，與陝師會彼，少四十日糧。鍾琪借糧以濟，歸而嘉其能，薦爲提督，而雲南所出之兵復藏時尚未至云。其乘危反噬之流不旋踵皆敗。十三年，上傳位今上，降諭太子仁賢，曾密奏無殺羹堯及抄家諸事，當時舉朝無一人言及也。今上登極後，逮年希堯治罪，以其迎合希旨，摧殘骨肉焉。

逮尚書法海，命順承郡王錫保訊其悖亂妄行諸罪。

上諭：舅舅佟國綱素性乖謬，昔爲都統，每薦舉人員，强求聖祖擢用，如不俞允，即有拂然之意。聖祖將緑頭簽擲之於地，伊猶無恐懼之色，冒瀆無禮，時懷觖望，聖祖每賜包容。後往烏蘭布通出兵，聖祖知其謭陋，但令管火器營。臨陣時，伊獨穿出色甲胄，單騎出鹿角之外，以致中鎗身死。有意輕生，甘辱國體，聖祖念其陣亡，仍加卹典，恩禮可謂厚且渥矣。其子孫應倍加感激。而諸子剛愎無禮，大與其父相同。朕即位，念其爲太后戚屬，仰體聖祖推恩至意，於佟國綱之祖父特加曠典，贈以崇階，錫以美謚，修墓建祠，御書匾額對聯，以光祠宇，恩施稠疊，寵榮倍至。乃鄂倫岱、法海等不知感激，反以爲優待隆科多所致，負恩悖義，一至於此。法海乃佟國綱微賤侍婢所生，自幼父兄不以爲子弟，後憑藉外戚之勢，濫得科名，遂益肆狂縱。至法海之兄鄂倫岱不孝於父，通國皆知。法海之生母没，鄂倫岱不容其葬入祖墳，彼此遂成仇敵。其父子兄弟情誼乖離，大率如此。法海本屬無能之人，聖祖因係舅舅之子，且念伊父陣亡，由翰林擢用廣東巡撫。操守雖好，然行事乖張，於地方事不能辦理。且進呈奏摺敝紙惡墨，聖祖怒其不敬，曾痛責其進摺家人。而法海毫無悔懼，狂悖自如。聖祖怒其貽悮封疆，將法海革職，令其軍前効力。伊至西寧，遂與允禵私相交結。允禵貪縱不法之事，法海並不勸阻。及朕即位，令允禵來京，法海未奉朕旨，即潛至京師。適年羹堯陛見至京，奏法海已到，且薦其可任用，朕因命爲江南學院。涖任後頗有聲名，朕欲擢爲浙江巡撫。年羹堯又適陛見至京，奏法海止可爲學院。朕思既堪學院之任，則亦可用爲巡撫，遂將伊補授浙江巡撫。詎意其狂妄暴戾之性依然不改，嫚罵司道，肆無忌憚。佟吉圖奏，伊稱年羹堯爲天下第一豪傑，所言狂悖，臣實不愿爲伊屬員。目下杭州將軍鄂密達陛見，亦奏法海前爲浙江巡撫，行止乖張，是其不能勝任，人所共知。朕前將伊調回，授以部院事務，冀其時聆訓旨，或能悔過効力。朕之加恩不爲不厚矣。法海曾自西寧進京時，曾奏允禵向伊云，我與皇上已成仇隙。朕思向在藩邸，與允禵並無嫌隙，揆之於理，允禵決無此言，此特法海與允禵交好，揑造此語，以見朕若處分允禵，即爲報復仇怨，無非深爲允禵預留地步，巧圖救護之意。今遣人詢問允禵，回奏並無影響，情愿與之對質。據此則法海居心奸險，罪惡顯然。至鄂倫岱結黨悖逆，擾亂國法，朕將鄂倫岱正法，並未株連法海。法海與鄂倫岱平昔本如仇敵，乃鄂倫岱被誅之後，法海時露怨望之色，此其大奸大詐，尚有人臣事君之體乎。朕近命法海往西寧搬取塞思黑家口，伊竟不請訓旨，冒昧前往。前月二十一日塞思黑家口一到保定，伊便欲獨自進京。其同差之太監王自立、郭進玉向伊云，我等同辦此事，今尚未奉旨，大人獨自進京，我等甚是害怕。伊對王自立、郭進玉云，我總是有罪之人，進京皇上必將我拿問，彼時必另差人來料理。伊隨於二十

六日自保定來京，奏聞，朕諭以前此既不請訓旨，今又何必瀆奏。伊竟不候旨，公然自往保定，將塞思黑家口帶領來京，强交内務府收管。似此悖亂妄行，法難寬恕。將法海革職，拿交刑部，着順承郡王錫保、管侍衛内大臣、各部院滿大人等一一審明具奏。烏蘭布通距京師七百里，康熙庚午，厄魯特噶爾旦逆命，朝廷遣裕親王偕皇長子統兵征剿，曾誘敵至此。噶爾旦戰敗奔逸，仍復猖獗，以致聖祖親征。臨陣時國綱勒馬指麾，忽飛礮去其頰，以致身亡。海字淵若，號悔翁，甲戌進士，選庶常，累官侍講學士。於懋勤殿侍皇十三子、十四子讀書。戊子九月，皇十三子今怡親王因廢東宫事波及，削爵，海降檢討。乙未起原官，旋命巡撫廣東。在任二年斥罷。海生於戚里，而好學能文，詩亦勁爽，但賦性孤介傲物，歷任顯秩，兩袖清風，老而無子，亦不作家人計。當在粵東時，聖祖有恙，既失請安，孝惠皇太后崩，又失進香，聖祖目爲瘋顛。在江南學使任，甄别知人，士吏更畏其風采。然不免履盛而驕，以至於敗。

沿河各報河清，詔加恩内外臣工。

復允在外諸臣進獻方物。

太子少傅、三等公、總督川陝、兵部尚書岳鍾琪報擒冕山賊首金格、阿租、關壽等，普雄寨峒諸番悉投誠。詔加恩在事官兵。

上諭：賊番金格恃險肆行，以刦奪爲生，煽惑普雄一帶番苗負嵎抗拒。當日岳昇龍、年羹堯曾請征剿，未獲渠魁。前歲因賊蠻阿底加巴等搶奪不法，游擊蘇凱遣兵追捕，將阿租之父姑姑踢死，遂與其叔金格挾仇報怨，刦擄鐵廠民人。又將營兵魏國臣砍死，以祭姑姑，干犯法紀。今前往剿撫，岳鍾琪悉心調度，趙儒、建昌總兵。張成龍化林副將。勇敢争先，當寒天冰雪之時，直抵普雄寨。峒賊咸知畏懼，將金格等擒獲投獻。渠魁既已伏辜，餘黨宜加安插。地方寧謐，甚屬可嘉。在事官兵俱加恩議叙賞賚之。

以同年師生之道曉諭羣臣。

上諭：查嗣庭案内李元偉、劉紹曾、楊三炯私書請託情節，李元偉因沈元佐係查嗣庭同年，求其轉囑陳世倌；楊三炯亦係查嗣庭同年，懇其囑託牛鈕，可見漢人於同年師生黨比成風。似此積風，不知起自何時。夫國家開科取士，原欲得讀書明理之人，必期秉公持正，以端風俗正人心。所謂以同道爲朋，於國家方有裨益。今乃往來囑託，彼此營求。以朝廷取士之途，爲植黨徇私之藪，敗風俗而壞人心，亦何取於科甲出身之人。即如趙申喬乃大臣中有令名者，臨終時囑其子孫，有門生三人從未謁見，不許其登門來弔。以趙申喬清正大臣尚不能免此陋習，其他可知。又如李紱薦舉徐用錫，稱其人品端方，而年羹堯則參奏其人品不端。後李紱又奏徐用錫爲君子，參奏者爲小人。及朕詢問九卿，僉云用錫實憸邪小人，乃李紱偏執己見，終以衆論爲不公。又如陳世侃、世倕本屬弟兄，彼此互詆爲小人。可見爾漢人各挾偏私，黨同伐異，皆由同年師生之見膠結於中也。向時條陳禁淫詞小説，小説中淫褻之詞其害尚小，至於師生同年聯絡聲氣，以私滅公，惑人聽聞，其害於世道人心者更大。且爾漢人中師生之情同於父兄子弟，自當教之忠君立身，今乃教之夤緣請託，父兄之所以訓其子弟者，固當如是乎？爾等由科甲出身者，動輒别途，人才何項蔑有，古來名臣碩輔，不由科甲者甚多，即臯、夔、稷、契，豈定科甲乎？且不但詆誹捐納之人，即薦舉之孝廉方正，亦譏其不文。豈知孝廉方正者，未嘗不譏其不孝不廉也。甚至進士則輕舉人，舉人則輕生監，不知果能相勝乎。即如江、浙則詆山、陝爲愚蠢，山、陝更詆江、浙爲柔靡，如婦人女子報復之禮固如是也。若山、陝之人佩服江、浙之文，江、浙之人推重山、陝之武，則文武並濟，各効所長，豈不美哉。本朝立賢無方，非若明代專用科甲。若科甲中徇私結黨，撓亂國政，朕爲紀綱法度、風俗人心之計，豈肯容若輩朋比妄行，必至盡斥棄科目而後已，此皆科目之敗類有以致之。有議朕不重科目者，朕亦所不卹。若畏浮言而不能果斷，此庸主所爲也。國家首重科目，朕於一長可用之人尚必録用，况科甲出身乎？且鄉會中式，文章知遇，師生禮貌之常，朕亦非概行禁絶。但能以黨援爲戒，以道義相規，無負名教，共矢公忠，則爾等同受科甲之榮，而朝廷亦收得人之效，朕亦不致受薄待科目之名，諸臣勉之戒之。元偉原廉州守，紹曾慶都令，三炯濟寧河道，元佐原雲南驛鹽道。世倕康熙丙戌進士，以御史爲河南河道。用錫字擅長，江南宿遷人，康熙己丑進士，官編修。雍正二年五月，紱奏帶用錫赴任，作爲教授，訓迪粵西人才。上諭：用錫險僻小人，當年大學士李光地被欺，薦於聖祖，招摇生事，隨劾罷之。今李紱復被其愚詐，着發回原籍，地方官禁其出境夤緣。李光地爲用錫會試座師，用錫與年羹堯則鄉試同年，必平時見惡於年而詆誹之。當己卯京闈，主試李蟠、姜宸英賄囑公行，士子揭其實於朝市。聖祖震怒，宸英以老

斃於獄，蟠戍邊。覆試揭中中式者，用錫名列一等一人，得無過，餘亦多從寬宥。因令下科壬午設官字號，十名中分中一人，以爲限制。蟠江南徐州人，丁丑狀元。宸英號西溟，浙江慈谿人，丁丑探花，有才名。嘗見《輟耕録》中載元時科場作弊，士子揭其實曰非程文者，刊刻以傳於世，稗官並及街談巷議如此。今亦從其例，並附録之：朝廷科目原以網羅實學。振拔真才，非爲主考納賄營私、逢迎權要之具。況聖天子加意文教，嚴飭吏治，凡屬在官，自宜洗滌肺腸，以應明詔。不意順天大主考李蟠、姜宸英等絶滅天理，全昧人心。上不思特簡之恩，下不念寒士之苦。白鏹薰心，炎威炫目。中堂四五家，盡列前茅；部院數十人，悉居高第。若王、李以相公之勢，猶供現物三千；王熙孫景曾，李天馥子某。熊、蔣以致仕之兒，直獻囊金滿萬。工部尚書熊一瀟子本，左都御史蔣宏道子仁錫。史貽直、潘維震因乃父皆爲主考，遂交易而得售；浙江主考史夔，福建主考潘雲鵬子。韓孝基、張三第以若翁現居禮部，恐磨勘而全收。年羹堯攜湖撫資囊，潛通昏夜；年遐齡子餽一萬。朱世衍昇督學穢畜，直達寢門。北直學院朱阜之姪。勵廷儀則畏宗卿要路，兼受苞苴；宗人府丞杜訥子。收嚴密乃修同譜私情，不嫌乳臭。榜眼嚴虞惇子。總是老師分上，且期囊橐之取盈，故舍其姪而獨收其壻；狄宇乃李、姜二人本房老師之壻。更恐言路關頭，必欲逢迎之盡致，遂因其弟而並及其兄。副憲劉謙子姪皆中。尤可醜者，宛平之門館私人，亦不敢違其囑託；王熙西席二人，管當子二人一齊中式。所可奇者，總督之長班賤役，致無弗盡其收羅。王朝柱父范總督長班。費士龍以居停關説，半現半賒；費爲黄編修之舅。蔣廷錫餽學道遺貲，如攜如取。河南學道伊子託嚴虞惇餽三千。王守烈憑虞山一錢，數月前先結狐羣；王因嚴虞惇獻三千。廖賡融恃相國專房，百名外續居狗尾。賡融父鳳徵爲北門館客，時出入其家。張翩許魁選而得羲經之殿，嫌其少也；預報元魁云魁定，張翩以所餽少，名次略後。姚觀以同鄉而兼姻婭之親，豈爲文乎。姚乃宸英妻親。三場代筆，魏嘉謨遂占高魁；魏代熊本終場，本方十四歲。午夜賷緣，劉師恕儼居首選。督捕右堂劉國黻數日前夜至李、姜寓囑託，其子遂中式。胡承謨之半萬均係徽商，李杲年之八千專爲廢籍。山東革職閣學李膺薦之子。編修豈能蔭姪，知借力於家兄；陳恂弟澍餽銀三千，遂中北籍。僉事誠爲有兒，亦貽謀於乃祖。趙繼汴濟寧道景從之子，皆其祖吉士所通。趙熊詔因王以通李，數倍於王；熊詔託王守烈獻李銀三千。徐陳基獻靳以媚姜，名先於靳。周顒杭州人，挾貲五千託徐轉交姜，二人皆中北籍。二賀父子異籍，具大神通；壬辰進士賀寬子宏道中南籍，孫秉爾中北籍。兩黄兄弟連名，若合左券。黄宏□、宏湛兄弟各五千。魏龍巨萬，洵是魁才；魏嘉謨係乙丑進士，專期子龍河家有巨萬。吴李多貲，果爲首選。吴璉徽商，係陳恂説合。李治亦鹽商。借藏身爲活計，徐用錫之陰謀；徐藏身直撫李光地幕中，知縣獻以關節。托假館以賷緣，謝緒宏之狡術。謝乃洮岷道儲光之弟，假館於姜而納賄。胡天不弔，任興獨少佳兒；爲主考通線索者，張豫章、陳恂、嚴虞惇子姪皆中。胡任輿無子，但得居間錢耳。黄物有靈，叔璥豈真難弟。黄叔琳居間，中其弟。不閲文而專閲價，滿漢之巨室歡騰；變多讀而務多藏，南北之孤寒氣盡。取人如此，公論謂何？況夫數世長隨，擢居鼎貴；李蟠祖父皆作長隨。八旬老子，拔置清班。姜宸英年老。朝廷待彼，不爲薄矣；二君設心，何其謬哉！獨不念天聽若雷，神目如電。嚴虞惇撫床而囑，何偏值受命之辰；嚴初六日至李寓囑託，子姪皆中。黄夢麟餽參爲名，何必在赴宴之後。姜宸英赴宴後，差人至黄取參半觔，中其舅費士龍。龍門未啓，題目何以喧傳；蒞榜未懸，元魁何由預報。預報諸名分毫不爽。售關節於殺妻之凶犯，豈謂知人；王兆鳳本姓賈，高郵人，殺妻問罪，逃至京師，匿良鄉傅署中，李、姜屬意，中爲解元，冒北籍。寄耳目於舐痔之懷來，寧云擇侶。此番皆懷來縣錢安世把持。嗚呼噫嘻，投身鮑氏，固已薄其爲人；李蟠中狀元後，投拜内監鮑三老門下。不赴親喪，早已窺其短行。姜宸英親死不奔喪。身辱者心必喪，李。孝虧者忠必衰。姜。似此敗檢，貽玷清流。以禦魑魅，未足蔽彼厥辜；肆諸市朝，庶少伸夫公道。吾輩進退不苟，死生惟命，務請尚方之劍，斬彼元兇；當路風聞既確，目擊又真，何惜彈劾之章，達諸天聽。不然，苟白簡之遲遲，致羣情之洶洶。一旦有義士者挺身而起，或刺之於國門，或殺之於車下。四方聞之，恐笑士大夫之無人也。官卷之制。内官三品以上及翰、詹、科、道、吏、禮二部司官、外官藩、臬以上、武官提、鎮以上之子孫，同胞兄弟，同胞兄弟之子，另編官字號，每舉人進士十名派中官卷一名，副榜如之，邊省免。

春二月戊午朔。

左都御史裴徫度以前撫江西徇比虧空削籍，命吏部左侍郎沈近思兼領總憲事。

上以江西倉糧虧空，從前之存七糶三，皆爲掩飾計，原任布政張楷、陳

安策扶同欺隱，令鎖解江西，交與查倉吏部右侍郎邁柱與徫度質審，各縣虧解官並解任聽訊。安策時官太僕卿。徫度字香山，山西曲沃人，以捐貢筮仕至總憲。本朝制，凡漢官内閣、六部、九卿及科道、吏、禮二部司官俱用科第出身，前江蘇巡撫宋犖以蔭生内陞冢宰，具疏辭，聖祖命赴任致仕。上加意作人，立賢無方，不拘成例也。

飭奉天府尹蔡珽前撫川多受餽遺，罰修永平城垣。免傅鼐發遣黑龍江，令至奉天察看珽行事以聞。

丁卯，上赴馬蘭峪謁陵，命順承郡王錫保、大學士富寧安留京總理事務。

准江蘇巡撫陳時夏奏，命鑲黄旗漢軍副都統李淑德、前山東巡撫陳世倌、總督河道齊蘇勒、兩廣總督孔毓珣會同時夏踏勘江蘇河道，建立閘座，疏濬淤淺，以資灌溉宣洩。

興泉道陶範貪污被參，自經。令逮其子弟家人追贓，爲不俟審明、輕生爲子孫計者戒。

謫謝濟世、左中允姚三辰於阿爾泰軍前。

上諭：謝濟世參田文鏡各款，經滿漢大臣僉言事事皆虚。李紱曾奏文鏡欲監斃黄振國以滅口，未幾振國又解赴京，不知李紱受何人指使。今謝濟世與李紱所奏符合，必有大奸大詐之人暗中指使，令朕有殺言官之名，若行嚴究，必株連多人，着革職發往阿爾泰效力。諸臣當秉公持正，是是非非，以永享昇平之福，其共勉之。又降諭：今日面加訓誨，諸臣惟姚三辰詞色神氣，不以朕言爲然，必係查嗣庭、汪景祺之同類。朕因浙江風俗頹壞，力加整頓，浙省之人，自應感激愧悔。乃姚三辰心術不端，全無儆懼之意。着寬免革職，令同謝濟世効力軍前，使習觀本朝兵制，練達邊遠地宜。濟世號石霖，廣西全州人，康熙壬辰進士，大學士張廷玉保舉，以檢討授御史。三辰號聖湖，浙江仁和人，康熙癸巳進士，後起用。濟世乾隆初亦復官。

己巳，上駐蹕琳河。

庚午，上謁祭三陵。

甲戌，上回宮。

督學貴州左贊善王奕仁請設義學，化導苗民，增入學數各一名，以示鼓舞。從之。

令自今八月二十七日先師孔子聖誕之期，三月十八日聖祖仁皇帝萬壽舊節，天下虔誠齋肅，禁止屠宰。

廣東巡撫楊文乾請開捐穀例，以裕積貯。

令江寧駐防滿兵如天津、鎮江設立水師。

處分江西科場案内職官，降巡撫汪漋爲光禄寺少卿，餘分别輕重，革罰有差，追主考私受牌坊銀兩，給本科舉人。

協理河南道山東道監察御史陳學海請直省錢糧火耗畫一，無分士民，以杜寄糧包攬。

各省每有紳衿火耗較輕者，故富民寄糧省費，紳衿遂有包攬之事。

四川威州黑虎、沙壩等寨番民愿入版圖，歲納蕎糧，以充兵儲。詔督撫多方撫綏。

浙江巡撫李衛劾在籍翰林院侍講學士戚麟祥搆僕潛通故禮部尚書蔡升元侍妾李氏，命衛案治之。

疏言：麟祥與故禮部尚書蔡升元同鄉，升元殁，遺妾李氏，被麟祥勾合升元長子應龍之僕朱二，暗約李氏踰牆挈貲連夜潛遁。麟祥遣心腹沈憲等接應，藏於僻地，竟與李氏成婚。應龍控告地方官，而麟祥直認作補房。查麟祥於升元係同鄉後輩，且曾爲升元館客，借勢走名，得至今日。即使伊妾情願媒嫁，亦不應越禮犯分。乃搆僕潛通，利其貲財，不顧名節。況浙江風俗澆漓敝壞，屢奉諭旨諄切，凡在紳士，尤當凜惕儆醒，而蔑禮貌法如此，乞將麟祥革職治罪，庶人心快而强横知儆也。麟祥號瓶谷，浙江德清人，康熙己丑進士。素通術數，丁酉主試江南，稱得士，且預定榜中人升沉，豈未暇身謀歟？後擬斬監候，應龍亦削籍。升元號方麓，壬戌狀元，其父少夢蔡升元狀元及第，因以自名。屢試童子不利，改名晟，得爲武生，仍以是名其子。升元得第後，曾進女於椒寢，爲士林所不齒，告假於家，十餘年始起用。至總憲，進尚書。六十一年春，葬親回籍卒。初以援例入學，屢請復此制，聖祖皆不從。

朝鮮歲貢。

浙江巡撫李衛劾罪謫監察御史程鑣逗遛未至軍前，聞赦私回。命衛案治之。

鑣於元年四月奉發軍前，至是回籍，供稱五月至崑都地方染病，遇牧羊人收留，飼以羊乳，得不死，因逗遛在彼，養病四年。聞赦思歸，復遇販煙人

附車進口云。

詔開濬陝西鄭、白渠龍洞，以溉灌醴泉、涇陽等處水田。

免故直隸總督趙弘燮應追贓私。

巡察湖廣吏科掌印給事中黎志遠差滿，命往江南與副總河靳治豫稽察工程錢糧，以防浮冒侵蝕。

令西安八旗官兵駐潼關。

春三月戊子朔。

以河清應瑞，命兵部右侍郎楊汝穀、左副都御史常泰致祭江南清口、河南武陟河神。

引見効力江南水利人員，特允浙江舉人沈玉岱、褚菊書入江南省分一體會考，榜後仍往辦水利。

引見保舉福建拔貢生藍鼎元，擢廣東普寧令。諭所在督撫酌題道府，以展其才。

癸巳，命禮部左侍郎唐執玉知貢舉，刑部尚書勵廷儀爲會試大總裁，左都御史兼吏部左侍郎沈近思、工部左侍郎史貽直爲副總裁。

飭奉天府尹蔡珽解任，速完城工，赴京質審。

珽與年羹堯互相傾排，而禍福倚伏，曾不旋踵。聞年羹堯賜自盡時，諸大臣咸在，羹堯遲回引決，欲一見天顔而死，珽獨厲叱之，勒令自裁，假公義以快私憤如此。

諭陝西提鎮揀選緑旗勇壯兵丁百名，移駐浙江，分撥各標，令其教習訓練浙兵。

上以浙江兵丁懦弱，弓馬生疏，故撥往訓練。果能約束教習有效，即拔補千、把。倘兵丁内有不願往者，則招募以充其數，沿途皆給與資斧。

己亥，上躬耕耤田。

壬寅，上幸圓明園。

命吏部尚書查弼納、左侍郎查郎阿於會試翻譯後，考試八旗食糧舉人生員，甄別勤惰老邁，毋致虚糜。

令盛京五部司官與在京部員對調用。

命會試後吏部揀選舉人，九卿各舉所知舉人，公舉所知，引見擢用，務得猷守兼優之士，不必以親知避嫌。

上延攬賢俊，多用保舉，亦鑒於古鄉舉里選爲至善，而科目之虚文不如實行也，可謂意美而法良矣。

吏部尚書楊名時罷，以湖廣總督署直隸總督宜兆熊爲吏部尚書，吏部右侍郎署江西巡撫邁柱爲湖廣總督。

令盛京參革犯法滿洲、蒙古、漢軍官員酌量歸旗，或安插各省八旗駐防，使不致生事滋擾，鑽營朋比，敗壞風俗。

會試舉人奏謝改期，及天寒遣重臣加意供給。上諭曉之。

前文華殿大學士兼兵部尚書白潢以撫江西時擅裁經制税銀奪秩。

以閒散宗室賜親王品級食俸廣禄襲封和碩裕親王，命禮部添註於金册。

詹事府正詹事陳萬策在籍擅令有司平糶，没其貲産，散給窮民，降爲檢討。

上諭：丁士傑身爲提督，乃曲意逢迎本地鄉紳，將國家名器褻慢視之，私自借人輕用，又不將陳萬策所行狂妄之處奏聞，着交部嚴察議奏。候選州同李遵於聖祖忌辰演戲，大干法紀，陳萬策始則説與知縣，令其究問，又令其姑緩，甚屬多事，情弊顯然。陳萬策强令地方官平糶，又查問倉穀數目，又煽惑鄉保具呈，無非恐嚇地方官員，博鄉人之感頌。陳萬策既欲加惠鄉里，着福建督撫將伊所有家産貲財换易米穀，散給伊本地窮民。萬策主試浙江，允便道歸里，假提督儀仗祀祖，而天聽已在兹，蓋密摺奏事則無不上聞。往例科道及職守大臣始得言事，今凡引見各官，下及舉貢生員，必有條奏，以觀其才識，上之明目達聰也至矣。士傑亦黜罷。

閏三月丁巳朔。

勅署安徽布政使兩淮巡鹽學士噶爾泰疏濬上江河流所用錢糧令巡撫魏廷珍賠補歸庫，爲膜視利弊者戒。

復外戚倫布一等公爵，追封故都統賴塔爲一等公，以孫博爾屯襲。

革太常寺少卿吴隆元職。

隆元字炳儀，號易齋，浙江歸安人，甲戌進士。以奏章草率，袒護科甲，且係隆、年力薦人，其不罷任者恐反得自已也。未幾於嚴鴻達案内敗。

改貴州平溪、清浪一衞爲縣，曰玉屏、清溪，隸思州。移湖南靖州之天柱縣屬黎平。

復設威遠府、鎮沅府，隸雲南。宣威州、恩樂縣，屬鎮沅。會澤縣，附郭東川府。

改四川建昌衛爲寧遠府，設西昌、冕寧、鹽漁三縣，移遵義之會理州並隸之。

改廣西泗城土知府爲流官，移思恩之西林隸之。復設南丹、那地二州，屬慶遠。

令抽撥福建兵丁更迭防守臺灣。

是月，命督撫駐劄之地建龍神廟。

秋九月甲寅朔。

改武會試以二十七日爲頭場。

　兵部奏，天下應試武舉一千六百餘人，較上科將少二千人。故改期俟其續到。

設駐防德州八旗官兵。

　《縉紳》列於青州，或(青)〔德〕州之譌。舊制京城外十二城及山東德州等四城皆設防守尉，分駐八旗兵。又或增德州之數而統以大員歟？俟考定。

設廣西右江總兵官，轄思恩協新設安隆、上林等營，駐泗城府。

　左江源出貴州都匀，右江源出雲南曲靖。二水至南寧城西合爲一，流入横江，一名鬱江，即古夜郎豚水，下達交趾。粵西恃二江爲險阻。

禁天下軍民埋藏金銀。

　不遵旨事發及被人偷掘者，皆入官，充地方賑卹之用。上自即位以來，惟鴻臚寺卿李鳳翥奏迎神賽會男女嬉遊煙火燈礮酒船有禁，准兵部右侍郎牛鈕奏，民間穿用八團紗緞及上用内造字樣有禁，婦女入廟燒香有禁，學習拳棒有禁，鬭鷄鵪鶉秋蟲有禁，以抑浮澆而崇節儉，意至厚也。未及詳載。

改貴州威寧府爲州，所屬大定爲府，轄平遠、黔西、威寧三州，畢節一縣。

改四川遵義府歸貴州，貴州永寧縣歸四川叙州，以軍糧同知駐轄之。

築西寧邊外西大通、白塔川、測免三地城垣，設一鎮兩營，以固西陲。

工部右侍郎申大成請貴州軍田每畝上税五錢，報司給契，與民田一體買賣。

黎平改設總兵，鎮撫苗彝。

改臺灣學政事務歸巡察御史。

　往制廈臺道攝學政事，上以道員事煩，改歸巡臺漢御史。

再以黄銅、賭博、宰牛三禁爲念切民生、重農惜用至意，曉示天下。令嗣後諭旨，内外諸臣皆當記載，地方官刊布通知。

雲貴總督鄂爾泰奏江南水利事宜，優旨褒美，章下所司。

　疏言：皇上命臣胞兄鄂禮同往協辦江南水利，誠恐鄂禮才具少軟，不能決擇。據臣所見，冒昧陳奏。按劉河、白茆河奉旨開濬，此湖海二區之脈絡，江浙六郡之要津。至於江寧之秦淮。其源有二：一出句容華山，一出溧水東廬山。合流入方山埭，自通濟水門入郡城，内外交資不及。今大加疏瀹，日久湮廢，勢難清理。至於揚州之五塘，雖侵佔已久，故址尚存。揚州之邵伯、高寶，直達淮安。此一帶稍遇水大，一望汪洋。若開濬五塘，亦足分其下流。但河堤綿亙三百里，往往黄、淮、湖一時匯聚，宣洩甚難。雖設閘已多，一遇水勢泛溢，多被冲決。須沿途相度，别分支河出水，則淮、揚二郡永遠奠安。若鎮江之漕河，一至冬月，輓運艱難，每年挑濬隨淤，以致起旱盤壩，公私交困。向例每歲挑濬，獨責之丹陽，更兼奸胥蠹役地棍人等借名洒派，脚役驢户人等勒索高價，因以爲利，樂其堵塞，不樂疏通。凡有可比陽之練湖者，皆應開通，以助運河。至於各郡州縣之内外城河，各鎮市之河，每被勢豪侵佔堵塞，應飭有司盡行疏通。但河路甚多，帑金勢難徧給。其挑濬城河及鎮市之河，俾瀕河兩岸居民各浚其半。其在港内不臨河者，量爲協助，鰥寡孤獨悉以攸免。至無民居之地，或需拆物砌岸等工，勸令紳衿富户興賈鹾商量力捐輸，毋許納派。臣自任江南，私心耿耿，適蒙聖主軫念及此，故不揣愚昧，越職陳奏云云。上諭：覽鄂爾泰所言江南水利事宜，甚屬周詳。但摺内有越職之事，而有關於國計民生者，既有見聞，即當據實入告，方合公忠體國之義，實爲盡職，非越職也。如孔毓珣經過鳳陽，即以水利情形奏聞，朕甚嘉之。鄂爾泰所奏，著發與范時繹、陳時夏、陳世倌、鄂禮詳加相度，悉心妥議具奏。

諭核查各省恩詔賞給民婦粟帛浮冒侵蝕官民。

　時各省官吏多以侵蝕獲罪，上疑奏報皆不實，小民恐未霑恩，故是命。

禮臣彙請錫諸王公妃、夫人册命誥封。

冬十月癸未朔。

禮部請萬壽升殿受朝賀，命停止慶賀筵宴。

增王公及大小官員居家帽頂之制，以别等威，頒賜在京王公三品以上官。

免浙江嘉、湖二府正額錢糧八萬七千二百八十餘兩，永著爲令。給杭、寧九

府額徵銀十萬兩，益各官養廉費。定四川錢糧耗羨加三，革除一切供應陋規，以甦民困。

上諭：朕御極以來，本欲將各省耗羨悉爲革除，因廣爲諮詢，知府縣實有不得已之用度，若將耗羨盡行禁止，在廉謹之員實難支持，而貪污不肖之徒必有恣意苛索之事，百姓轉受其累，惟於火耗過重之員重治其罪而已。查各省耗羨最輕者莫如浙江，每兩不過五六分，地方官以不能敷用爲苦。各省賦税，如江南之蘇、松，浙江之嘉、湖，每府多至數十萬。蓋始於明初洪武時，四府之人爲張士誠固守，故平定之後，籍富民之田爲官，按私租爲税額，夫員同之，罪在士誠一人，而乃歸咎於百姓，此洪武之刻政也。明二百餘年裁減不一，我朝亦照例徵收軍需經費，未便遽然裁減，雍正三年，朕仰體皇考寬賦之聖心，將蘇、松額徵浮糧豁免。因浙江風俗澆漓，不便啓其望恩倖澤之心。今浙俗漸次轉移，可望改行遷善。查嘉興額徵銀四十七萬九千二百餘兩，湖州額徵銀三十九萬九千九百餘兩，著各減十分之一，永以爲例。至是浙江省各官養廉之資，以通省計之，耗羨僅十四萬兩。督撫、將軍、副都統、學政、藩臬、道府、同知、州縣等官共一百二十餘員，用公度費，取資於此不足支應，除嘉、湖二府外，著將杭州、寧波等九府額徵銀二百五萬，按十分之一内存一半計算，得銀十萬兩，賞給各官養廉。合之州縣耗羨，則有二十四萬兩。以雍正六年爲始，令督撫酌量分給各官。倘官民負朕愛憐之苦心，仍作奸犯科，隱糧逋賦，及侵漁國帑，剥削民膏者，天理國法，俱難寬容。又四川錢糧甚少，官員用度供應皆出里民。岳鍾琪、憲德奏稱，將通省羨耗定爲加三，革去里民一切供應陋規，從前貪吏有加至五六者，既革除陋規，則加三實減耗，非加耗，將來地畝開墾，自可次第減裁等語。朕恩及於官民，務使上下相安，姑且令行，諭衆知之。養廉之制，督撫歲一萬至四萬兩，藩臬歲六千至八千兩，道員歲四五千兩，以及府州縣官，皆以地方之煩簡，贏羨之多寡爲等差，而教職與州縣佐貳雜亦均有波及焉。

張士誠據蘇時，待民甚寬厚，及明太祖以蘇、松等處負固，加賦以困之，益思張王，立廟虔奉之。會見張相國英《竹枝詞》：「寒食由來傳施食，諸神盡向虎邱行。招魂四六何人作，笑殺頭名張士誠。」可知已。又張符驤《依歸草》載，海陵有醃魚販蘇者寓神廟，夢神告曰：吾思故鄉，請朝獲倍利。欲舟載神像歸，蘇人不從，乃另塑送回，供奉泰山墩佛宇。其靈異如此。

彝陵總兵杜森奏，父呈源前從征吴逆捐軀赴難，乞賜贈卹入忠義祠。

呈源，陝西寧夏人，昔爲寧夏鎮標千總，隨勇略將軍趙良棟進剿吴三桂，守建昌，衝鋒陣亡。與今古北口提督揚鯤父光裕同難，鯤已先奉請得允。

令嗣後各省鄉試同考試官，調鄰省在籍進士、舉人充任，不用州縣職官。

復設四川管理驛傳鹽茶僉事，駐省城。

國初以地方事簡裁缺，令臬司兼攝之。

令兵丁不得拔補本營千、把。

多羅貝勒延信有罪革爵，發宗人府會刑部勘問。

刑部審奏：延信與阿其那、塞思黑、蘇魯、阿靈阿、拉錫、普啓等結成惡黨，聖祖令往防守藏地，託病規避。伊鑽營年羹堯代題捏飾，乃蒙寬宥，恩封公爵。皇上即位，授爲將軍，歷封貝勒。不思報恩，反因惡黨治罪，心懷怨望。所行不法，其大不敬之罪四，私結朋黨之罪七，欺誑亂政、違誤軍機、侵蝕帑銀等罪九。經諸王大臣審明，擬斬立決，恩寬誅戮。繼大學士富銀安將伊家藏逆婦王氏大逆不道之字、黄粧緞被、八團繡補服並天下官兵馬匹船隻數目查出，奉旨再交刑部審訊。據王氏供，雍正四年，延信訪知伊等，遣領催僧保帶領伊子阿林那往，問以時事。王氏先與徒弟孫明性商謀大逆不道之言，即答以過了雍正四年就該大亂，五年三月就有應驗，延信根基深，取了天下就保住國家太平了。延信即給與衣服，又給銀修土窑，令伊等居住。據阿林那、僧保所供皆同，並將王氏解説之語告訴延信，令其收藏候驗等語。據延信供稱，這是王氏誇獎我的話，我已是被孫道士哄了。所説的話在我家裏搜出，這就是我的死罪了。再天下官兵馬匹船隻數目是從原任巡撫圖理琛處鈔寫是實。黄粧緞被、八團繡金補服俱是我買的，這都是我的罪死，有何辯處等語。應將延信凌遲處死。其子阿林那，揆舉英及年十六歲以上子孫按律擬斬立決，其年十五歲以下及正犯之妻女等查明入辛者庫，財産入官。王氏照大逆凌遲處死。其子來文中途病故，無庸議。孫明性於定興病故，應請戮屍。其延信、圖理琛所藏天下兵馬等數目，追取銷燬可也。奉旨：阿林那、王氏立斬，孫明性戮屍梟示，延信及阿林那之子孫俱入顯親王辛者庫，王氏、孫明性之家屬給付功臣家爲奴。延信暫與隆科多圈禁。延、隆後皆斃於監所。延信，太宗之曾孫，前聖祖上諭云親伯之

孫，則本朝嗣統皆未立長，顯親王亦太宗之文孫，或同出一支歟。

總督河道齊蘇勒報泗、虹、桃、宿等處沿湖新淤地二萬二千餘頃，應升科銀二萬八千餘兩。上以川澤感應，遣官致祭河源龍王諸神。

辛亥，上萬壽五旬聖節。

冬十有一月壬子朔。

甲寅，祭三皇廟。

命內外文武諸臣各舉本籍一人，以備簡用。

上諭：京官翰林、科道、郎中以上，外官知府、道員、學政以上，武官副將以上，旗員參領以上，每人各保舉本籍一人。文職、武職亦許互保。不論現任補選進士、舉人、貢監、生員及山林隱逸之士，有爲有守、品行才具足備國家之用者，各密封奏摺，不得懷私濫舉。觀所舉之人，即可知舉人者心術公私，識見明昧，不使諸臣得以行私也。

授浙江巡撫李衛爲總督兼理巡撫巡鹽事，浙閩總督高其倬專制福建。

尋以衛弭盜安民爲諸撫臣之冠，加太子少保，兵部尚書，兼理江南、江蘇巡撫所屬捕盜事務，鄉土亦在所蒞。田文鏡兼轄山東，稱河東總督。衛字又玠，江南徐州人，丁酉捐授户部員外。與同部郎中錢塘王璣、武進謝旻爲上在藩邸所知，皆致大僚。文鏡亦侍上於藩邸，而與衛相水火。文鏡奉天正黃旗人，以苛刻繩屬員，已無子，壻專横用事。且上禁賭博則奏河南獨無，上勤賑卹則報豐收。如蘭陽水旱八年，人民逃散，致婦女應有司追比，而匿不以聞。十年卒於官，今上登極，明詔罪其隱災不報，爲害地方，幸伊早死，得全要領。若衛始以寬容和緩見稱，所劾虧空寥寥，蓋代爲彌補，以免禍及身家。追母喪留任，委用益專，遂事苛虐，作威福，邏卒四布，以興大獄。探聞江寧風鑑張某許江都鹽商程漢瞻富貴，又薦其徒書有代爲安插語，遂指爲逆謀。搜其旅邸，得歷相留驗底本，由是牽連五省之人。上令果親王密往案治，皆從寬典，而江蘇按察使馬世炣、總督中軍副將王英皆以代漢瞻鑽營得罪。英憤懣暴卒於法堂，總督范時繹逮問，以勳臣後免死，漢瞻流徙，得措贖留京師。緣漢瞻欲投拜衛爲門生，衛索銀二萬金，乃以二千金贄見時繹，時繹受之，遂因私憾啓大禍，十年，總督直隸，乾隆三年卒，謚敏達。時繹繼起河北總督，內拜工部尚書。

烏斯藏部落波羅鼐等搆兵，命左都御史兼吏部左侍郎查郎阿、正藍旗漢軍副都統兼王府長史邁祿統兵前往安輯。晉郎阿吏部尚書，祿正黃旗滿洲副都統。

上諭：現今西藏玻羅鼐帶兵來報康濟鼐之仇，阿拉布已帶兵彼此成隙，戰鬬相持，爲此大臣領兵前去安頓料理。曾經繕寫諭旨頒給達賴喇嘛，俟來年青草發萌時，所派兵丁跟隨大臣進藏，派西安滿兵四百名隨大臣前去。命散秩大臣品級之鑾儀衛使周瑛統四川緑騎兵，西寧總兵周開捷統陝西緑騎兵，總督鄂爾泰派總兵一員、副將一員統雲南緑騎兵，內留一員劄駐叉木多。其陝西、四川、雲南兵丁俱聽周瑛管轄，承領到藏，令查郎阿總管。賞瑛銀四千兩，開捷並雲南所派之總兵各營三千兩，副將各銀一千兩，參將各銀五百兩，遊擊以下酌議富足賞給，以免困乏。郎阿號松莊，滿洲人，乾隆初拜文華殿大學士兼兵部尚書。此行所得藏寶甚多，私爲己有，十一年跡露，詔籍以入官，亦免相。

命太子太傅、一等侯、武英殿大學士兼吏部尚書富寧安赴陝措置軍興事宜，攝西安將軍事。

辛卯，冬至，上祀天於圜丘。

先期禮部奏請定例冬至次日百官慶賀，命停止一次。

令嗣後外官告病回籍請愿起用者仍復原官。

成例，京官因病告假者，病愈仍以原官補用，外官即休致。上惜人才淪棄至意，亦以杜規避之端也。

以張慶麟襲職漢天師。

令嗣後沿海革職守備、千、把籍係本省者，派往山東、河南等省入伍食糧，以免在籍生事。副將以下請旨。

敘剿撫黑倮野功，給雲貴總督鄂爾泰世襲阿達哈哈番。

雲貴威遠有黑倮，以打牲刦殺爲活。新平江外有野倮，亦以搶擄爲事。威遠賊首札鐵匠、新平賊首李有疊各率衆刦搶，總督鄂爾泰命臨沅總兵孫弘本、督標游擊李化龍征剿，生擒倮賊六十人，殺戮賊衆九百四十二人，斬首三百八十四人，安插男女一百八十口。擒獲札鐵匠，其餘各番俱投誠安插。論功進弘本都督同知。打牲西番盜邊之别名。爾泰號毅菴，滿洲鑲藍旗人，己卯京闈與成文、蔣廷錫皆出行唐令泰興已未進士張玉履之門。官內務府郎中。上登極，擢江蘇布政使。在任以振興文教爲先，如釐定文廟

祭器，優禮書院士子，而清風亮節，表率百僚。至開濬蘇松河道，捐俸以助積貯，利賴尤多。及撫雲南，值用兵，上以署總督楊名時書生，令爾泰代其事。乃剿撫苗彝，安定地方，開苗疆，植郡邑，可謂文武兼全。素善病，而蹇蹇匪躬，希風古人。當在蘇時，松江教授郭嗣齡文行表士林，嘗呼先生而不名，郭高不見之，鄂益惓惓致殷勤，其生平可知矣。十年，加少保，拜保和殿大學士兼兵部尚書，封世襲一等伯，加十二級。噶爾丹側楞侵哈密，拜平郡王富彭爲定邊大將軍征之，命爾泰爲巡邊經略，賜尚正。位望隆重，一時無匹。兄鄂禮，弟鄂爾奇，子鄂容安，姪鄂昌、鄂敏等先後顯於朝列。爾奇字季五，康熙壬辰進士，十年，至户部尚書。容安雍正癸丑進士。

飭在籍守制翰林院侍讀前督學四川廖賡謨出貲十萬兩，助正定城工、蘇松河道之用。

令直省督撫歷年所奉諭旨繕録成册，每日觀覽，交代時傳與後官。

十一年集後前所頒諭旨刊刻成書，布諸天下。後每年續增爲制。

庚午，先朝貴人白氏薨。

江蘇巡撫陳時夏請開興修水利捐納例。不報。

丙子，起送先朝榮妃白貴人金棺至妃衙門。

榮妃未詳薨時。先朝四妃，惟宜妃無恙，就養恒親王府。八年薨。

雲南巡撫朱綱劾前署撫楊名時徇比虧空，削籍逮問。

改湖南永順單民宣慰土司爲府，設流官，轄新設永順、龍山、保靖、桑植四縣。

賜原土司彭肇槐參將職，世襲拖沙喇哈番，賞銀一萬兩，入祖籍江西。龍山等邑皆改宣慰長官土司爲縣。

令欽天監，凡國家忌辰齋祀之日，不註民間嫁娶祭祀於時憲書。

冬十有二月壬午朔。

乙酉，葬榮妃白貴人。

以征苗功，擢黎平守張廣泗爲貴州按察使。

以河南總督田文鏡弭盜有功，停巡察御史，江南尋亦省。

以通政司使兼太常寺卿孫柱爲刑部左侍郎，詹事府正詹事留保爲通政司使。

考試新科武進士，分別録用。

吏部尚書前署湖廣總督傅敏剿花苗有功，交部議叙。

以疏慢職守，削公品級護守景陵宗室廣善爵爲閒散章京，革總理陵寢事務大學士蕭永藻職，以都統宗室佛倫代之。

命給事中高維新、馬維翰、英濤、吴鳴虞往四川，會同四道丈量地畝分派開墾。

禮部進元旦升殿慶賀禮儀，命皇后前停止行禮。

以監察御史性貴爲大理寺卿。

貴後作柱，滿洲正藍旗人，十年至兵部尚書，總督漕運。

督理江寧、杭州織造曹頫、孫文成並罷。

文成在任二十餘年，頫之祖□□與伯寅相繼爲織造將四十年。寅字子清，號荔軒，奉天旗人，有詩才，頗擅風雅。母爲聖祖保母，二女皆爲王妃。及卒，子顒嗣其職。顒又卒，令頫補其缺，以養兩世孀婦。因虧空罷任，封其家貲，止銀數兩，錢數千，質票值千金而已。上聞之惻然。寅演《琵琶傳奇》，用蔡文姬故事，以正伯喈之誣。内裝潢魏武之休美，或謂其因同姓，然是舉實阿瞞一生好義處。又演明末米脂令邊大綬與陝撫汪喬年掘李自成先塚所紀《虎口餘生》，將一時人物備列，表忠義而褫叛逆，可敦風教。並附志之。

都察院左都御史兼吏部左侍郎沈近思卒，詔贈太子少傅、禮部尚書，予謚典，蔭一子入監讀書。

詔天下選拔生員入太學，更例六年一次舉行。

以禮部侍郎唐執玉爲左都御史，左副都御史錢以塏爲禮部右侍郎。

改吴淞海岸土塘爲石工。

赦李紱死罪，妻子財産免入官，令至纂修八旗志書館効力。

刑部奏審紱貪污不法欺罔之罪二十有一條。如蠻僮莫東旺之案，不行早結，以致刦獄。廣西侵占州地擅奪民房之逆賊羅又剛，並不早除，遲誤軍機，以致文剛脱逃等罪。俱坐斬立決。上以紱既悔過認罪，情詞懇切，且學問甚優，特從寬典。十三年，今上登極，復紱官户部侍郎。首所建白，則並禁民間用紅白銅器。按黄銅之禁，御史勒因特條奏啓之，而諸臣喋喋，以期順承，豈料今上即弛其禁歟。

禁旗員外任擅將子弟十八歲以上者隨行，並捐納驛丞、典史官，以圖規避

廢業。

以漢軍衆多，諭管旗都統酌議佐領，毋致閒散。

直隸布政使張適、按察使魏定國有罪斥罷聽勘。

上諭：朕待内外大小臣工，推心置腹，事事至誠。而爲臣者，尚忍以僞妄欺詐待朕，實可寒心。宜兆熊乃旗下無能之人，因其忠厚，聖祖擢用至福州將軍。及朕即位，畀以畿輔節制之任，訓誡再三，宥其過愆，朕恩尚可負乎？劉師恕向來過失多端，屢經敗露，其人尚小心謹慎，且年力精壯，是以令其協助直督事，朕恩尚可負乎？張適係獲罪之人，且虧空錢糧，朕念伊祖張玉書在聖祖時効力多年，而伊之過犯，大約由年羹堯挾制，於是赦其罪愆，用爲直隸布政使，朕恩尚可負乎？魏定國由知州擢杭州知府，見朕假作淳謹，又經傅敏、法海力薦，是以用爲直隸按察使，推恩及於其父，朕恩尚可負乎？曾逢聖實係市井光棍，鑽營而至大名府事，被參虧空，朕令曉諭地方，若有受害被屈之人，准其控告。而張適將控告之秀才夾訊斃命，以箝衆人之口，宜兆熊、劉師恕若罔聞知。魏定國專司刑名，而一任張適恣意妄行，置身事外。魏定國居心行事，非沽取虛譽，即傅敏、法海袒護科甲而保薦也。張適、魏定國著解任。令傅敏、史貽直將曾逢祖各案秉公嚴審究擬，不得徇隱取罪。敏等審擬，皆罪斬，籍其資財償虧空。上諭：原大學士張玉書一生勤慎，効力多年，伊孫張適從寬免死，發回原籍，地方官嚴加管束。令出銀一千兩，給付生員竇相可之家。魏定國奸險狡獪，罪本不可逭，但既寬張適，定國亦從寬免死，發黑龍江當差。未幾，宜兆熊、劉師恕皆免，傅敏削職，明詔申斥。敏以藩邸之人，因其教阿哥讀書尚屬謹慎，加特恩由革退翰林擢用至大臣，深加信任，乃伊署浙撫時，竟庇護大奸大惡之佟吉圖，通同欺隱，甚屬可惡。後名福敏，官再起。十年，以左都御史協理大學士事。今上登極，大拜。師恕號艾堂，江南寶應人，前兵部督捕侍郎國黻子。庚辰第進士，點庶常，方弱冠，聖祖命回籍讀書十年，再赴京。後亦再起福建觀風整俗使，進内閣學士。乾隆初，以侍郎同劉於義協署陝督事。七月淮陽大水，高、寶士民挾賑，内有師恕族人，遂因此削籍。定國號慎齋，江西廣昌人，康熙丙午進士。乾隆元年赦還，官至安徽巡撫。適字叔度，罷歸居常州。乾隆十一年，以田土與丹陽賀姓相角，巡撫陳大受准適取贖。及轉撫福建，命滿侍衛安寧署撫事，盡反所爲，劾適恃富而横，旨令查其家産，竟没入官，適病卒於獄。十三年，江南米價昂貴，蘇耆籲請平價，觸寧怒，立拘三十八人，多斃杖下。及後奉旨枷責，只餘六人，原寧放米出洋，暗受其賄，樂米貴，商船始來，布政辰垣奏之，斥回京。相傳今上十六年南巡，適母史氏見太后訴其困苦，詔歸故産云。

雍正六年歲在戊申。

春正月壬子朔。

上御殿受朝賀。

甲子，上幸圓明園。

令江濱新漲地畝争訟不決者入官，招民墾種，所獲歸常平倉。

江州漲坍無常，民易争奪，動至殺人，有訟獄數十年不決者。江蘇巡撫陳時夏請行之。

定世僕之制。

漢人契買及投靠招配婢女之僕，照滿洲例嚴定主僕名分，將文契赴地方官用印。庶民之家不許存養良家男女爲奴僕，違者杖一百，即放從良。其已經贖身而不依主豢養者，本親及子孫見主仍存主僕之分。至小户附大户之村佃種大户之田者，本係良人，不得拘世僕之例。從安徽巡撫魏廷珍條奏也。

春二月壬午朔。

建風神廟於京師。

朝鮮歲貢，詔永減常貢米六十石，以卹遠人。

往例每年貢米百石，以供祭祀之用。今以該國路程遥遠，運送匪易，減去稻米三十石，江米三十石，止貢江米四十石。永著爲令。

户部尚書署兩江總督范時繹題，兩淮商人於丙午綱捐銀三十萬兩，開修五塘、串場等河。

上諭：兩淮商人感戴朕恩，急公念切，將正項及帶銷銀兩全完，又捐銀數十萬，辦理地方公事，甚屬可嘉。今又公捐以佐公費，朕聞之心甚不忍。或係伊等實心踴躍以報國恩，或係大臣地方官授意而有此舉，著詢問真情，呈報該督，再行請旨。串場河始於康熙二十四年，聖祖南巡，高郵士民郭天祚等叩閽請開復，以洩六壩之水，由范公堤入海。前後以按察使于成龍、侍郎孫在豐爲下河副總河治其事。但河由高郵運河東注於海，中有湖横截數

十里，於湖中挑築兩岸，使所注水夾流其中，不致散漫入湖，以分上河黄、淮、湖之壅漲，工巨而費大，久之報罷。乾隆十年復奉旨成其事，總督尹繼善復請下河田畝如江濱挑築圩岸，以爲捍禦，由是澤國變爲膏腴，食利無窮矣。揚之鹽商輕財好義，最賢者爲汪應庚、宋上章，如植萬松，構亭臺於平山堂，以成名勝，與同輩復梅花嶺故址，建書院以課養士子，修蕭子祠墓，每年設藥局以濟貧，皆身先之。十年各邑買稻積貯，皆分派富户任之，江都當二萬，以一人代辦，合邑若不知有此事者。十二年朝命特授光禄寺少卿以旌之。乾隆二年又獨力鼎建府縣兩學宫，費五萬餘金，又捐銀萬二千兩置田以供後日修理。其所餘助士子鄉會應試，遠近尤稱異。若琳宫梵宇，求其一文施捨不得也。子起守寧波，亦多惠政。昔范文正宰興化，海水爲患，田不可耕，築堤跨通、泰、海三州海濱，長數百里，利賴無窮，名范公堤。

追復一等公鄂拜爵，以孫大福襲。

上諭：昔聖祖皇帝稱鄂拜功大，勞績甚多，但因罪重，不得已將伊等治罪。伊之孫達禮善，朕甚欲施恩培植，但其人甚庸，行止不端，故時時降旨憐憫之。朕數年來，惟聞鄂拜甚是僭妄，擅權作威，無人臣禮，而未悉知伊之功勞。昨因大福引見，朕始知其人可用，及閲《世祖皇帝實録》，見鄂拜功勞超卓之處甚多。五十二年，聖祖特旨查明鄂拜之子孫，施恩賞給頭等阿思哈尼哈番。皇考既已施恩，將鄂拜之罪寬宥，應將鄂拜所得之一等公復行賞給，著大福承襲，授爲散秩大臣。鄂拜著諭祭一次。其施恩立碑之處，該部查例奏。鄂拜即見前之鰲拜，聖祖踐祚，拜居輔孤四臣之例，後以擅權處死。乾隆初續封四輔遏必隆孫訥親爲一等果毅公，因孝昭皇后戚屬，或亦追念也。

兵部尚書何天培罷，以吏部左侍郎嵇曾筠爲兵部尚書，仍留辦副總河事。

户部左侍郎史貽直爲吏部左侍郎，刑部額外侍郎何世璂爲户部左侍郎。

甲午，天下守土官始行歲祀關聖大帝禮。

督學山西翰林院編修勵宗萬請每府試竣，即以舉黜優劣報部，以杜奉行不力。令通行直省。

敕部院、督撫、提鎮密封副本揭帖咨呈，以防露洩。

宥法海斬罪，發往插漢拖徽効力水利工程。

上諭：法海原係革職發往軍臺効力之人，伊到軍前，並無出力之處，惟極力鑽營，阿附允禵，自謂有所倚庇，輒敢擅自回京，又有種種不法之處，本應按律正法。今從寬發往插漢拖徽，交與通智、單疇書管轄，聽其差委，在水利處効力，一切事宜無許干預。如仍不實心任事，狂妄虛詐，通智、單疇書即行參奏。八年，召海回京，護守景陵，卒。插漢拖徽寧夏地，後設縣名新渠，尋省。

兵部奏，省武舉應停會試。諭以士習澆漓不干武途，照舊舉行。

疏言：文武互試，恐浙江文舉就試武科。上以文生難習武技，況浙省文有餘而武不足，毫無不便之處。

再定捐納貢監學臣約束之制。

應行褫革事屬督撫者，地方官申報學政轉咨督撫；事屬學政者，地方官申報督撫轉咨學政，使各有約束之責。

賜揀選江南舉人陳人龍進士，一體殿試。

敕查州縣隱匿税課。從前多收，免其究追。

往例，民間買當田房，赴本州縣納税印契，課無定額，有司多私飽。此後用布政司契尾過户納糧，以杜隱漏，税銀解藩庫。從河南永寧令趙國用所條奏。

復設河北參政，轄彰德、衛輝、懷慶等，理河務兵備，駐武陟。

四川烏蒙土知府禄萬鍾叛，雲貴總督鄂爾泰會兵襲擊，大敗之，萬鍾詣川陝軍門降。詔與鎮雄土知府隴慶侯解赴滇督，治勾通作逆罪。改鎮雄爲州，設流官，隸雲南。

上諭：征剿烏蒙，搗其巢穴，係雲貴官兵奮勇，總督鄂爾泰調度之功。然非川陝總督岳鍾琪將冕山、涼山等處不法之番彝剿撫，去其犄角之勢，則雲貴官兵亦不能成功如是之速。白女底禄未甲敢於抗拒官兵，鄂爾泰屢遣禄鼎坤招撫禄萬鍾，而萬鍾不就撫，及勢窮又至岳鍾琪軍前投到，欲以巧脱重罪，甚屬狡詐，著解往雲南質審。又諭：四川土司隴慶侯向與禄未甲勾通作惡，今復唆使逃匿，質審具奏，著解送雲南審結，鎮雄地方改爲流官。涼山爲烏蒙，高廣百餘里，土人夏月於此納涼，故名。

嚴經承庫吏責成。

上諭：州縣錢糧之虧空，不出侵欺、挪移二項，經手之經承自無不知。

不稟阻而從慂，以便作奸分肥，迨至本官監追，而經承反悠游事外。朕意凡州縣官到任，先揀選殷實老成吏胥一人，以充錢糧總吏，通詳報部。凡徵收即令隨徵報解，不得存留。承辦五年無虧空者，將總吏咨部，以九品雜職用。如本部少有虧空，該總吏力行稟阻不聽，許赴司院呈明免罪。若該吏不行稟阻，致本官以虧空糾參，即將經承一同監追，罪減本官一等。其如何詳察定議之處，九卿會議具奏。

令有罪解回原籍交地方官管束之犯，仍生事被人毆斃，將下手之人分別減等治罪。

輔國公阿布蘭有罪削爵，圈禁於家。

宗人府奏，隆科多向阿布蘭將王牒清底要求收藏，上謂不知是何意見，布蘭革爵，其情由飭隆科多回奏。

以蔡珽之奸詐曉示在廷。

上諭：從前朕用岳鍾琪爲陝西總督，蔡珽奏岳鍾琪不可深信，朕諭之曰，岳鍾琪之父素與年羹堯不合，岳鍾琪受國家厚恩，赤心報効，斷無違背君父而有瞻顧游移之理。及岳鍾琪到京，則甚稱蔡珽。此時蔡珽諸事尚未敗露，是以未將蔡珽讒諂之處向岳鍾琪明言。年羹堯用兵之時，蔡珽應運糧餉，年羹堯欲借此陷害之，故意將岳鍾琪所統之兵紆道往來調遣，使蔡珽轉運不及，而岳鍾琪則予中設法周全，即此岳鍾琪有大功於蔡珽，而蔡珽不應以讒言報之也。至於平定青海，實係岳鍾琪之功，年羹堯不過坐鎮指揮而已。岳鍾琪進京過保定時，蔡珽向伊言，怡親王甚惱，傅鼐囑伊留心。以此無稽荒謬之言，不過欲惶惑岳鍾琪之心，使其茫無定見，得過於朕前，以實其前言也。蔡珽詐僞彰露之後，朕面加詰問，乃仍敢於欺罔，堅不承認。岳鍾琪奏願與伊面質，朕批示岳鍾琪曰：以朕股肱重臣，豈肯令與市井小人質對，所奏朕已知之。今繼舒來京與伊面質，理屈詞窮，自認不諱。似此大奸大詐，負國負恩，內閣九卿可將此旨宣諭之。其前後議罪，彙爲一本，定擬奏。會議，珽罪斬監候，命俟四川案件案結日請旨。

夏四月丁亥朔。

上時享於太廟。

戊子，策試天下中式貢生彭啓豐等二百二十五人於太和殿，賜殿試中式貢士彭啓豐、鄧啓元、馬宏琦進士及第，鄒一桂等出身有差。

飭在籍刑科掌印給事中前督學山東陳沂震捐銀三十萬兩，修築松江海塘。

上以沂震前任山東學政受賄，又夤緣撫臣李樹德保題留任三年，因年已老，令監其子追比。沂震號猶亭，江南吴江人，庚辰進士，未幾憂悸卒。康熙中凡任學政而操守欠清廉，率派修城治河以懲之，此例也。

吏部尚書查弼納降罷，仍理兵部尚書事。以左都御史傅敏爲吏部尚書，吏部左侍郎查郎阿爲左都御史。

弼納保舉部屬効力水利，濫舉故罪臣赫壽與兵部郎中舒申，忤旨降五級。按是時文淵閣大學士嵩祝已去位，兵部尚書孫柱已大拜，皆未詳其時事。

擢揀選教職孝廉方正廣東海康舉人陳居隆爲工部都水司主事，仍准會試。

揀選各省舉人鹿啓、周頤元等三百餘人爲學正、教諭官，撫臣以次銓補。

上諭：向來教職因循偷惰，全不以教訓爲事，朕屢降諭旨，而積習如故。因於爾等下第舉人中，擇其文理明通者命往，務須勉力供職，六年之內，果有成效，督撫題薦，朕格外加恩，如仍前怠惰，一經題參，朕不姑容。繼准條奏，教官月課諸生一次，一次不到責懲，三次不到除名。人命失盜，雖兄弟不同居時不得爲苦主失主。每年取具並無欠糧事訟，五人互結，上之學正。所以嚴束士子者至矣，端士習、正人心，舍是蔑由也。

令條奏各官曾經發議允行者吏部記檔，後因事被參，將建言之處寫簽本內進呈，酌量寬減，使人受敢言之效，共知勗勉。

詔直省州縣教職等官保舉貢生、生員引見擢用。

上諭：朕即位以來，加意旁求，凡所以延訪擢用之道，盡朕心力。因念學校以養育人才，爰命學臣保舉賢能，並聞於朝。乃直省學臣草率塞責，不得副得人之實。夫十室之邑必有忠義，其中豈無行誼醇篤，好修自愛，明體達用之人？著州縣會同教官，將府州縣學之貢生、生員內，居家孝友，行止端方，才能辦事，而文理可觀者，秉公確查，一學各舉一人，於今冬初申報該上司奏聞請旨。其僻遠小學實無可舉者，知縣教官具結，該督撫查奏。朕舉此曠典，所以斥浮華而資實用，州縣教官尚敢輕忽濫舉，照溺職革職，徇情受賄則加倍治罪。八旗之滿洲、蒙古、漢軍，將人品端方、通曉漢文者，該佐領各舉一人。如不得其人，佐領亦具結令該部統彙奏。各項保舉於八年八月皆停，以舉多非其人，殊負旁求至意。是舉，江邑與選者管弘進，引見

授縣丞。

停軍政舉劾千把。

　優者隨時拔補，劣者咨部斥革，使該管上司不得於軍政以微員參劾塞責。而總河標下拔千把亦停引見。大計卓異增雜職，軍政舉劾去千把，皆制之最善者。

命議叙雲南剿彝倮有功官弁，優卹被傷兵丁。

　上諭：彝倮妄行，大干法紀，其倡亂要犯刁如珍等五十餘人，及助惡諸兇百餘人，悉已擒獲，招回彝户三千餘户，在事官弁奮勇効力，殊屬可嘉，交部議叙。其被傷害兵，著鄂爾泰分別優卹。刁如珍等交督撫、提鎮嚴審定擬奏。

諭督撫糾參虧空官員，將挪移侵欺分別審結，毋使借移挪脱罪。

總督河道齊蘇勒請沿河徐、邳等十七州縣官，取就近屬員會督撫揀選題授，以重河務責成。

　向來沿河府州縣正印官不隸河工，河務緊急，每徵取柴草木料，州縣官率多推諉，故請並隸總河衙門，而以熟諳河務承辦巨工者任之。於是河南、山東、直隸沿河州縣皆歸沿河諸臣會題。至乾隆中，此例又有改易。

　乾隆初省。

設寶豐、新渠二縣，隸寧夏。

勅江南督理水利諸臣，劉河、白茆爲太湖歸海要道，務深廣徑直，以復故址，無許土豪地棍阻撓。

　劉家港在嘉定，白茆港在常熟。劉河即古婁江，爲三江之一。

令揀選將用人員，後有貪婪，督撫據理秉公參劾，毋得瞻顧，所劾之員加倍治罪。

起一等侍衛官太僕寺卿事拉錫爲鑲白旗滿洲都統。

兩廣總督孔毓珣陛見，奏免淮徐道、揚州江防同知兼管宿遷關、瓜州由閘税務，專任河防。

夏五月丙辰朔。

己未，夏至，上祀地於方澤。

命户部郎中鄂禮代李淑德督理江南水利，開濬揚州五塘三壩，以資灌溉，濟漕運。

逮隆科多至京，勘問擅權納賄諸罪。

戊辰，皇后千秋令節。

設稽察宗室監察御史二員，以宗室爲之。

正故犯查嗣庭罪，戮屍梟示，族屬減等流徙，寬釋有差。

　刑部請誅大逆不道之賊，以彰國憲。以正人心。除前上諭已載不録外。疏列罪款：查日記中，如聖祖體卹庶常，令關差鹽差給與幫費，而查嗣庭以爲衙門清苦，無所不爲。疏通翰林，以科道部屬分用，而查嗣庭以爲衙門擁擠，不得開坊。編檢中堪任臺垣者俾予考選，而查嗣庭以爲恥莫大焉。講讀中諳練政事者俾補京堂，而查嗣庭以爲失體甚矣。京官冗缺衆多，量行裁汰，而查嗣庭以爲詞林獨當其危。翰林告假招摇，故令休致，而查嗣庭以爲凌虐縉紳。百官引見，所以重職任，而查嗣庭以爲拂意者即行罷斥。三年計典所以彰黜陟，而查嗣庭以爲有力者無不儌免。提鎮督撫量才□用，而查嗣庭以爲貽累地方。大宰宗伯惟賢是任，而查嗣庭以爲破盡成例。眷養老成，故在庭舊臣不輕解退，而查嗣庭以爲乞身甚難。奬勸賢勞，故臺灣遠吏三年量遷，而查嗣庭以爲官如傳舍。廣益集思則九卿會議，而查嗣庭以爲不過應名。分曹議事則該部定議，而查嗣庭以爲甚多可歎。欽賜進士特拔奇才，而查嗣庭以爲故事。教習進士造就人材，而查嗣庭以爲創舉。殿試不完卷者應行革退，而查嗣庭以爲殺一儆百，即非罪亦不暇卹。鄉會有兼通五經者加增中額，而查嗣庭以爲綑載入場，一經不通皆可入選。賊臣如吴三桂，而查嗣庭妄推其戰功。逆寇如噶爾丹，而查嗣庭侈許其梟張。明□西山對聯敢逞吠狂，而查嗣庭乃紀載爲異聞。恭逢皇上繼統，查嗣庭又復狂悖不敬，怨訕詛咒。如雍正元年元旦，景運方新，雲燦日華，而查嗣庭捏記大風。每於皇上親詣壇廟及吉禮之期，必和風霽日，而查嗣庭必捏大風、大霧、大露、大雨、大雹。記内廷進見乃敢謂寂無一人，記候迎聖駕乃自稱是日用膳。繕寫上諭即私誌以爲己作，欽奉諭旨敢私議以爲難行。殿試武舉，因嚴寒先行賜食，待暄暖而後較射，乃説皇上午後始出。萬壽聖節妄記督撫、提鎮進獻甚多。記赴宴禮部，敢以恩榮之典爲草率。以上各款，惡積如山，罪難悉述。至於諂附隆科多、蔡珽，邀求薦引；收李元偉箐禮札爲請託，並且各同考官餽送銀兩，鑽營貪黷，無所不爲。除各輕罪不議外，查律内大逆不道者凌遲處死，其祖父子孫兄弟及伯叔父兄弟之子皆斬，十

五歲以下及正犯母女妻妾姊妹子之妻妾給付功臣之家爲奴，正犯財産入官。今查嗣庭已經病故，應戮屍梟示。其家人已經解部者，兄嗣瑛、慎行，子雲，姪克念、基，應斬立決。子克上，病故免議。餘子長椿、大樑，姪開，皆在十五歲以下，發功臣家爲奴。又伊子克纘、姪學，俱年十六，依幼小罪論，亦給付功臣家爲奴。伊弟嗣瑾，雖出繼親叔嵋繼爲子，而又冒慎行籍行，仍以崧繼爲父，中式及出仕仍用嵋繼三代，照生童假昌例革職，發回原籍等語。上諭：查嗣庭著戮屍梟示。查嗣庭之子查雲改爲應斬，秋後處決。查慎行年已老邁，且居家日久，南北相隔徑遠，查嗣庭惡亂之事，伊實無由得知。查慎行父子俱從寬免治罪，釋放回籍。查嗣庭之胞兄查嗣瑛，胞姪查基，從寬免死流三千里。案内擬給付功臣爲奴之各犯，亦著流三千里。其應行拿解之犯，令該撫一併發遣。查嗣庭名下應追家産，留於浙江，以充海塘工程之用。崧繼字柱青，後改名遺，字逸遠，爲人豪邁尚經濟，世居海寧之園花里。生四子：慎行、嗣瑮、嗣庭、嗣瑾。慎行字夏重，本名嗣璉，以冒順天中式除名，改今名，號悔餘，癸酉仍中式順天，癸未欽賜進士，選庶常，爲内庭供奉，有詩名。嗣瑮字德尹，庚辰進士，官編修。嗣庭號沓木，康熙丙戌進士。嗣瑛未詳。

禁内務府莊頭及八旗莊屯人員藏匿逃人賊盜，總督巡察滿御史覺察搜捕之。

往例，旗下事務，地方官不得過問。自設巡察，則各地皇莊皆絶逋逃矣。國初漢人犯法，以投身旗下爲避罪地，既而脱逃，故律載藏匿逃人之罪，其條例至詳。一家犯此，則鄰里保甲該管官吏皆有處分，而拏獲逃人者以多少爲陞遷等次。近五十年投旗之風不習聞，足徵聖明治化，滿漢一體也。

令徒犯限滿回籍，地方官嚴行管束，如再生事，流配遠省。

考選新進士三十七人爲庶吉士。

夏六月丙戌朔。

改四川烏蒙土知府爲流官，隸雲南，設縣曰永善，兼轄新改鎮雄州。

勅外任諸臣萬壽五旬聖節照常表賀，免赴京。

定參劾劣官即行解任之令。

貴州布政使祖秉生條奏，凡錢糧刑名應行降調革職之員，題參之日即摘印委署，俟定案再行開缺。若奉旨留任，仍復原官。且言凡降調革職之員，一有參劾，自知功名不保，類多改途易轍，種種劣跡，爲害地方。上以所言切中情弊，定加防範，定爲令。

定學政貪劣提調官一併議處之令，使不得通同作弊，表裏相制。

從宣化總兵李如柏請，天下廟宇關聖神像不得偏坐側立。

詔停天下大計一次。

上諭：各省官員，數年以來，已經督撫隨時舉劾，今届大計，停止一次。

以禮義廉恥訓内外臣工。

上諭：禮義廉恥，國之四維。天下之大，四海之衆，皆範圍其中。以禮言之，化民成俗，立教明倫，使天下爲臣皆知忠，爲子皆知孝，此禮之大者。進退周旋，俯仰揖讓，此禮之小者也。以義言之，開誠布公，蕩平正直，使天下無黨無偏，和衷共濟，此義之大者。然諾不欺，出入必謹，此義之小者也。以廉言之，理財制用，崇儉務本，使天下家給人足，路不拾遺，盜賊不生，争訟不作，貪官污吏無以自容，此廉之大者。簞食豆羹，一介不取，此廉之小者也。至於以恥言之，爲君者憲天出治，誠和萬夫，則當以一夫不獲爲其所恥，爲臣者行義道達，兼善天下，則當以其君不爲堯舜爲恥。若迂拘曲謹，如鄉黨自好之類，不失言於人，不失色於人，此乃知恥之小者耳。竊小節而不知其大，此細民之行，而非士人之道也。

分派都統、御史等官稽查京道各倉。

上諭：倉場乃國家第一要緊政務，關係重大。朕宵旰焦勞，曾降旨令修理完固，托時、陳守創自當仰體朕意。昨遣大臣查看，則各倉牆壁損壞者十居八九，所貯米糧漸濕霉爛。以如珠如玉之米糧，而視爲泥沙之棄擲，忍心害理，莫此爲甚，若不嚴查，無以儆怠忽而清弊端。在京十倉，或都統、副都統各派一員，御史一員，專任清查修理，如有缺少，著落倉場監督等官及派出之都統、御史分賠。其通州各倉，責成於通永道、通州副將稽查。

蘇禄使臣奉表至京。

表稱：天無烈風淫雨，海不揚波，知中國必有大聖人。微臣捧閲歷朝紀事，原有觀光之例，頌功朝天之誠等語。部議，查海外諸國初次表奉納貢，例頒欽賜敕諭一道，給來使恭捧還國。至筵宴頒賞事宜，交禮部照例行。頒諭未詳。

開雲南墾田捐納例。

上諭：鄂爾泰請開墾田事例，於地方實有裨益。但本内有贖買一款，其應准與否，必須準情度理。如營田水利有贖罪之條，朕令隨時奏聞，請旨定奪。若在外省，頻頻請旨，似屬難行。至於捐納一項，向因各例人員甚多，難於銓選，故降旨停止。數年以來，將次用完。再越數年，必至無捐納之人。而需用科目，朕近見科目之人苟且因循，而貪贓壞法者亦復不少，至於師友同年，夤緣請託，比比皆是。若仕途盡係科目，則彼此網結，背公營私，於國計民生爲害甚巨。古聖人立賢無方，不可執一而論。且使富厚之家叨授官職，便不希冀功名，亦是肅清科場之道。其如何開墾，九卿定議奏。

刑部尚書塞爾圖罷，以山西巡撫德明爲刑部尚書。

降鑲白旗漢軍都統范時捷爲侍衛。

上諭：都統、副都統引見人員往往班行不整，朕教導指示，約計二三十次。而希爾根、范時捷此次實出有意違抗，希爾根著革職，從寬留任。至范時捷乃年羹堯門下鷹犬，年羹堯稱其才品超羣，及年羹堯敗，其案内牽連伊處甚多，朕俱不行究問，授以都統，以圖報效。乃數年以來，辦事昏庸，奏對糊塗，或以朕處治年羹堯之故，觖望於心。著革去都統，諭衆知之。

西洋噶爾國遣世子波爾都一本無此三字。麥德樂來朝，宴勞歸國，命御史常保柱伴送至澳門。

西洋凡十六國，明永樂中各遣使入貢，若默德那則回回祖國，其人能識寶，每附舶香山濠鏡澳貿易。此云麥德樂，或其國也。

秋七月乙卯朔。

議政大臣等奏，審隆科多大罪四十一條，擬斬立決。詔革一等公爵，從寬免死，嚴行圈禁。以弟慶復襲承恩公。

議政大臣等奏，隆科多大不敬之罪五，欺罔之罪四，紊亂朝政之罪三，奸黨之罪六，不法之罪七，貪婪之罪十六。擬斬立決，財産入官，妻子入辛者庫。上皆寬免。因令一等公夸岱揀選族中可用之人，隨將慶復、内閣侍讀佟世德、進士佟泌引見，命復襲世爵，世德改刑部員外郎，泌往福建，以知縣用，而夤緣隆科多之安圖伏誅。

嘉河南巡撫田文鏡忠誠愛民，加兵部尚書，授爲河南總督，兼理巡撫事，總兵以下悉歸節制。

上諭：朕以民間膏腴之壤，栽種煙葉，抛荒農務，諭令督撫勸導，使之務本。竟有將民間已種之煙葉拔去者，不能領會明旨，又使農禾兩失。惟田文鏡前二年因天旱直陳民困，竭誠祈禱，二日得雨，此後三年皆獲豐收，故加殊恩以奬之。又諭：地方官員政治不修，化導不力，以致民氣不舒，災祲見告，或自顧己私，匿災不報者。除直隸之玉田、寶坻等處，江南之泗州、盱眙等處，湖廣之江陵、沔陽等處，廣東之圍基等處，濱江近河，素稱沮洳，難以定計外，其地方官員並令嚴加處分，乃可實心愛民，以召天和。

禁臣工奏章祝頌習語。

副總督河道嵇曾筠奏，沁、黄二河水勢安瀾疏内，有「洪福齊天、河伯効靈」語，上以齊天字樣實爲越禮，即效靈亦覽之不安，通行禁止。

工部尚書伯綽奇、李永紹疏忽職守，並罷。以領侍衛内大臣嗣一等公夸岱、鑲白旗漢軍副都統署兵部侍郎黄國材兼拜工部尚書。

倉場總督户部右侍郎托時、陳守創並削籍，以吏部右侍郎岳爾岱、詹事府正詹事兼順天府尹劉於義爲倉場總督，少詹事張廷璐爲正詹事。

江南潮溢，秋禾災。

刑部右侍郎高其佩罷，仍理正紅旗漢軍都統事。以大理寺卿督理西邊屯田單疇書爲刑部右侍郎。

前山西巡撫伊都立以袒護在籍員外崔致遠所行不法削籍，發往鄂爾圖拉管理種地贖罪。

巡撫德明疏參崔致遠居鄉不法，在服制音樂娶妾生子，及縱弟販鹽獲利等事。擬斬監候。致遠號静菴，山西曲沃人，康熙丙戌進士。都立滿洲正黄旗人，與致遠同年，律以袒護。子富增額尚和碩公主，爲正黄旗滿洲都統。四年三月公主薨，父子皆失勢而敗。

工部右侍郎李紱有罪逮問，以左僉都御史申大成爲工部右侍郎兼順天府尹。

秋八月甲申朔。

督學貴州左贊善王奕仁奉命留任三年，陳情養母，以編修徐本代之。

經筵講官禮部尚書賴都罷，以户部右侍郎常壽爲禮部尚書。

己丑，上御經筵。

癸巳，上幸圓明園。

革原左副都御史鄭任鑰職，罰捐修湖廣江岸贖罪。

左都御史署湖廣總督傅敏、湖北巡撫憲德合參鑰在湖北布政使任內，爲伊戚林四周代詳督撫，得受販買硝磺銀一千兩。上以外博清名，暗收實賄，發審杖責戍邊。降旨寬免，尋以江工無措，錮於獄。任鑰字魚門，福建侯官人，康熙乙酉丙戌五經聯捷，以侍講督學江南，頗著清節，知文能得士。十年，赦回籍，卒於途。

《戊戌履霜録》

清　胡思敬　撰

卷一《政變月紀》　日難初平，德釁旋發於膠，士論囂，廟謨不定，一二行險僥倖之徒，託名忠愛，鼓煽公卿；於是李端棻言學，榮禄、胡燏棻言兵，翁同龢議設昭信股票，新政始萌芽矣。

光緒二十四年戊戌春正月，總理各國事務衙門下文省曰總署。采貴州學政嚴修議，以内政、外交、理財、經武、格物、考工六事，奏開經濟特科，别爲經濟歲科，附鄉會試並行；刑部主事張元濟，立上海通藝學堂，請頒發同文館書籍；編修黎榮翰，請總署護照，赴東洋游學，皆許之。命軍機大臣，會同總署，籌辦京師大學堂，從御史王鵬運之言也。

盛京將軍依克唐阿疏陳鈔票之利，言：「日本維新以前，國勢寖弱，行鈔法，即轉弱爲强；俄羅斯昔時地廣民貧，行鈔數十年，國用充裕，至今賴以周轉。奴才於光緒初年，在黑龍江副都統任内，親見愛暉商賈，行用皆係俄帖，華商購辦貨物，必先以銀易帖，始可易貨，以致邊界數百里，俄帖充溢；迨後調任琿春，見華、俄互市，仍以俄帖爲重。由今思之，中國如早行鈔票，則以票换帖，兩相抵制，自可堵塞邊隅漏卮。」事下户部，部議欲行鈔票，必先寬籌成本，日本西鄉之亂，紙銀一元，不敵銅元二百；俄國歲計亦載：俄羅般一易紙羅般六；可爲成本不足，不能流通之明證。現值洋債困於外，餉糈耗於内，出入相抵，不敷甚鉅，何從籌大宗的款，爲鈔票成本之用。議上，事遂不行。依克唐阿又請設京師總銀行，外省提庫銀各設分銀行，各口岸由關道籌款設通商銀行。詔令盛宣懷體察上海銀行情形以聞。

二月，以刑部尚書廖壽恒爲軍機大臣。自軍機設，兩内閣擁虚位；雖李鴻章以平定東南大功，賜爵居首輔，徐桐以上書房總師輔，皆不得與聞朝政；唯總署以變法故，頗參預其間，非故事也。廢武試弓刀石，以槍礮代之。是時新法初興，承積弱之後，諸大臣皆屬意武備，榮禄尤好言兵。既改變武科，又挑練神機營萬人爲先鋒，保衛宫禁。總署雜采各國儀式，酌定寶星章程上之。湖南巡撫陳寶箴，請撥庫款充時務學堂、武備學堂經費，從之。從左都御史徐樹銘言，詔各省舉行蠶政。

三月，以李占椿爲江南提督。時南北洋各練新軍，北洋稱新建陸軍，袁世凱統之，駐天津；南洋稱自强軍，占椿統之，駐江陰。皆改用洋操，聘西人爲教習。詔各省實行保甲，聯絡漁團，並勸辦義倉，修荒政。

閏三月，上奉皇太后閲神機、火器、健鋭三營新操，嘉其訓練有法，管理王大臣各加一級，翼長操官兵弁賞賜有差。召湖廣總督張之洞入覲，行次上海，聞沙市亂，放還。麟書薨，以榮禄爲文淵閣大學士。胡燏棻籌辦津榆鐵路，以款絀故，請仿海防鄭工例，開鐵路捐，部議不許。

夏四月，恭親王奕訢薨，上輟朝五日，命配享太廟，謚曰忠。王彌留時，上入視，張目語曰：「聞有廣東舉人主張變法，當慎重，不可輕任小人也！」上頷之。王少時好讀《通鑑》，宣宗極鍾愛之；文宗之臨没也，遺詔令輔穆宗，故破例入參樞務，同光以來，國事咸取決焉。上及太后皆嚴憚之，亦多賴其調和；王死，而翁同龢獨持朝政，兩宫之聲氣始隔矣。購德國鐵甲船三，曰海容、海心、海琛；魚雷艇四，曰海龍、海鷙、海星、海化。威海之敗，北洋兵艦悉爲日本所取，至是購此七艘，謀復海軍；而旅順、大連灣、膠州皆爲敵踞，幾無屯泊之所。從侍郎榮惠言，詔宗人府保薦近支王公貝勒，出洋游歷。賞李鴻章、張蔭桓頭等寶星，前此所未有也。調董福祥甘軍，由平陽移駐正定。浙江征蘗牙鋪税，温、寧大亂，河南、湖北、陝西皆奏請緩辦，詔悉停之。御史楊深秀疏請釐正文體。詔中外大臣舉人才可使異國者。上既鋭意變法，廷臣不便者，多依違其間，口不言而腹誹，已而徐樹銘疏攻陳寶箴，新舊黨始分門户。

大學士徐桐雅負時望，主攘夷，生辰張宴賀，出片紙，疏列門下士二十餘名，榜於門，戒閽人勿納，皆好言新法者也。又密參張蔭桓，詆爲罪魁，上滋不悦，旋下詔。【略】或譖翁同龢於太后，太后惡之，又追咎中東戰事，免其官，放歸田里。徵王文韶入軍機，以榮禄爲直隸總督。是時舉子會試集輦下者七千餘人，憤國威不振，既辱於倭，又逼於德，人情蠢蠢欲動。浙江、江蘇、廣東各聯合鄉人，詣都察院上書，台臣拒不納，則麕聚而譁。天津報館刊布《瓜分中國圖説》，遠近震恐。御史黄桂鋆請禁訛言，勿許。樞垣自恭親王薨，同龢突遭嚴譴，錢應溥稱疾不朝，上惡剛毅執拗，常切責之，廖壽恒視諸臣爲後進，尤不能有所指陳；上歎廷臣無一可倚，適徐致靖力保康有爲、黄遵憲、譚嗣同、梁啓超、張元濟五人，始一意嚮用新進矣。

浙江巡撫廖壽豐，奏陳經濟歲科，當仿特科六事，徑由學堂選舉，總署議准，

並酌定章程六條上之。康有爲上疏請定國是，援據中外古今故事，凡數千言，辭甚偉；上大奇之，立下總署議行，總署不能詰。又命軍機議之，軍機以爲不便，事遂寢。詔二品以上大員，凡陞遷賞賜均具摺詣太后前謝恩。張之洞奏請將湖北丁漕減征，平餘仍舊征收，以充學費。下部，議行。

五月，詔從部議，各省營兵，均由天津新建軍、上海自强軍派員分往教練。康有爲爲宋伯魯代草一疏，請廢制藝。上以近日章奏，多被廷臣駁斥，制藝自宋、元、明迄今，行之且千年，深入迂儒骨髓，驟欲改革，衆議必譁，或援祖制取懿旨以相阻遏，事終不行；遂不付廷議，徑下詔著自下科始，鄉會歲科各試，向用四書文者，一律策論。陽湖汪文博，聞伯魯疏出有爲手，因貽書有爲，言：「科舉之弊，舉者非所知，而決以一日紙上之文；學者無所教，而歆以三年弋獲之的；錮人才、墮國本，莫此爲甚。今縱改試策論，而剽竊以爲長技，易地可行；倉卒而求立談，濫竽不免。同蹈空言，無裨實用。鄙人以爲宜并廢科舉，大興學校，府廳州縣設小學校，省會設中學校，京師設大學校，合文武爲一途，貫中西而并課。入小學校學三年，拔其尤入中學校，視秀才；入中學校學三年，拔其尤入大學校，視舉人；入大學校學三年，拔其尤廷試之，而授以職。學成之日，即縻爵之年，檮櫟無僥倖之望，才幹無論廢之憂，以視苟且充數，昏暗摸索，孰得孰失，毋俟智者。若科舉不革，雖有學堂，如贅疣，如駢拇耳。中國無學校久矣，日復一日，何以自立；及今新政初頒，若不盡革前敝，一經定制，遂難復返，且恐維新無效，轉爲守舊訾謷，始事之圖，不可不慎。」

有爲得書大喜，欲攘其言獻之，恐曠日持久，不能收效旦夕，乃疏請改各省書院、義學、社學、學塾皆爲中西學堂；毀鄉里寺廟，没入其公産，以充學費。上法三代，旁采泰西，責令民人子弟，年至六歲者，皆入小學，教以圖算、器藝、語言、文字；不入學者，罪其父母。上以事體繁重，未可遽議施行。旋從張之洞、陳寶箴議，鄉試首場試論五首，以歷代掌故爲主；次場試策五道，兼及五洲各國政藝。分場去取，如府縣試，落名者先後罷歸，而以經義殿三場焉。會試亦如之。遠近帖括之士，驚怪不知所爲；書賈乘時射利，獵取中外時報，補綴成篇，標以俗名，如三場要訣之類，以誑呫嗶小生，獲利亡算。

治馬神廟公主廢第爲大學堂，內自編檢司員，外自道府州縣，俱令入學；以孫家鼐爲管學大臣，許景澄爲總教習，美人丁韙良副之。時百事草創，學校事尤繁賾，禮部不敢主議，諉之總署，總署私屬梁啓超；啓超乃采日本東京學校規則，草議八十餘條上之。宋伯魯言八股既廢，經濟歲科當並正科爲一途，從之。從總署議，設譯書局於上海，命梁啓超總理局務。張之洞既規定文科，復議以武科並入營伍，非兵弁不得與試，疏入，報可。侍講黃紹箕方典試自湖北回，攜之洞所著書曰《勸學篇》者以獻，上讀其書善之，優詔褒奬，頒示各省大吏。都人士求其書不得，則輾轉傳鈔；上海用西法影摹上石，十日之間，凡三易板本。究其陳說，亦無以大過人，但稱頌祖宗功德，多媚詞；後陳寶箴、李端棻均以奏薦康、梁得罪，之洞獨免，此書之力爲多。書中變科舉一篇，即與寶箴所奏行者也。

盛宣懷奏設上海南洋公學，分立四院：一師範院，即師範學堂也；二外院，即日本師範學校附屬之小學堂也；三中院，即二等學堂也；四上院，即頭等學堂也。招商、電報二局，歲各捐二萬金充經費。御史曾宗彥奏言：「洋人自通商以來，竭澤而漁，中國精華，朘削殆盡；且新增條約，又准改土貨爲洋貨，販運既捷，成本愈輕，銷路愈廣；今又佐以鐵路，將以開中國之利源，適以竭中原之膏血。中國地屬温帶，土宜最廣，可耕之地，若以西法經營之，利可六倍。西人常謂盡地所受日之熱力，每一英里可養一萬六千人；又推算中國之地，若用農學新法，每年增款可六十九萬萬兩；縱不必盡如其數，但能得半，中國即歲增三十餘萬萬。江、浙紳士集同志於上海，創設農學會，兼采中西各法，以樹藝畜牧，倡導海內，在興利之中較有實際；乞明降諭旨，亟予激勵，使天下聞風盡奮，美大之利，計日可收。」疏入，詔劉坤一取上海農學會規則，咨達總署。總署又采用宗彥言，請予百工專利。

改制以來，諸大人先生，始言養兵，繼言養士；孫家鼐進大學堂經費表，歲用二十八萬八千六百有奇，創辦倍之；司農所入，半充軍餉，新軍仿泰西裝械，耗費尤多。上知國用窘乏，非訓農通商惠工，亟求本富之術，不足振興庶務，旋下詔曰：【略】於是京朝官聞風而起，王宗基創會文學堂，陳時利創道器學堂，王照創八旗奉直學堂，楊鋭創蜀學堂，福建、江西、浙江、江蘇皆不謀而同，立社購書，考求時務。梁啓超康門高足，所著《西學書目表》，稱其師爲南海先生而不名，主上海報館二年，哭世罵人，謬以述作自任。軍機章京陳熾，著書數十萬言，上之當道，勿售，遂中狂病，幾死；至是漸有求其書者。天下好奇之士，莫不攘臂奮興，思出其言若藝，以應天子之求。相傳蕭開泰火鏡，熱力大至二萬噸，可代煤；彭新三德律風，較西製加遠三倍；閩人沈朝安，善製髹漆，一棹面，值番銀千圓，英、法爭購之；會稽陶七彪，精於木工，能於二尺方匣內，藏一棹一椅一

几一架，凡日用器皿皆備，美人以金表二枚易去；其事皆未上達。編修徐琪奏保粤人區金鐸通曉電學，能以電光鼓動機輪，作爲電燈、水龍、水車諸器；旨下粤督譚鍾麟，徵其器入京，趣之就道，將大用之。

孫家鼐本東宫舊僚，在廷臣中，最稱拘謹，官書局初起，編修熊亦奇等，區處既定，求家鼐代陳，以此得名，遂領學務；至是采馮桂芬《校邠廬抗議》上之，其書雖主變法，皆咸、同以前舊説，近三十年中，時局大變，諸通人已棄置勿道。上從家鼐言，命閣部院寺諸臣，就馮氏書，分别可行不可行者，逐條籤注，候旨酌裁。盛宣懷奏設通商銀行，請飭部通行各省關，凡官款均交銀行匯解。派奕劻、色楞額、永龍管八騎驍騎營，崇禮、載卓、蘇魯岱管理兩翼前鋒護軍營。驍騎營官兵七千一百四十一員名，護軍營官兵五千三百九十六員名，令半習洋鎗，半習洋機擡鎗。八旗漢軍礮營籐牌營，悉廢。

詔改書院爲學堂，省會爲高等學堂，府廳爲中等學堂，州縣爲小學堂，肄業者以次遞升。頒示京師大學堂章程。凡廟祀不在典禮者，盡墮之改建學舍。學堂課本，悉由梁啓超編譯，於是梁氏學盛行於時，論者至比之王荆公經義，欲羣起而攻之矣。浙江學政陳學棻言策論不便考試，詔罷學棻，以唐景崇代之。王文韶由天津入見，上詢北洋商務，文韶言粤商張振勳創煙台釀酒公司，數年後可獲鉅利。又北洋出口貨物，以駝絨羊毛爲大宗，就地置機，仿造呢羽毯氈等物，亦可漸收利權，上命榮禄切實舉行。盛宣懷請就南洋公學内，設立譯書院，從之。御史宋伯魯奏言：【略】事下孫家鼐議。家鼐以啓超既任編譯，不遑兼顧報館，力薦康有爲主上海官報，欲因是擠而出之，詔如所請。新法初起，家鼐雖依違其間，心實不懌；至是編譯局成，恐梁啓超專主康氏一家之言，定爲課本，敗壞士習，因奏言：【略】奏上，不下所司，但詔家鼐傳知康有爲遵照。

六月，康有爲重申前議，請立制度局於内廷，分設十二局，總理法律、度支、學校、農工商、郵政、鐵路、鑛務、游會、海陸軍等事，各省分道設民政局，妙選通才督辦，如學政例。朝論譁然，謂此局一開，百官皆坐廢矣。從御史韓培森言，詔各省預籌積貯。時徐、海連年水災，飢民數十萬，顛沛流離，死亡相繼，無賴乘機竊發，誘脅鄉愚，白晝持梃相刼殺，官司莫敢過問。劉坤一請開淮北賑捐，格於部議不行。河決山東，漂没濟南、臨淄二十一州縣。粤西馬平會匪，攻陷容縣，北流、陸川、興業四城，浸及楚南、廣東邊界。黄槐森視師柳州，相持累月，未能肅清。大足奸人余棟臣，因法國華司鐸，徧張僞示，侵擾川東。北則通化馬賊，踞朝陽鎮，焚左翼官署。上深憂之，並命嚴行保甲。

以榮禄、張之洞督辦蘆漢鐵路。裕禄由閩浙總督入見，上慰勞再三，詢及船政情形，裕禄以款絀對。即日命户部指撥銀百八十萬兩，解閩濟用，留裕禄爲軍機大臣。從李端棻言，令各部删改則例，另定簡明目録，仿史法分門列表。盛宣懷勘路至涿州，馳陳蘆漢鐵路情形。蘆漢之創議也，估費五千萬金，撥部帑千萬，餘議招股。久之，集官股三百萬，商民無應者；張之洞乃倡借外債，保宣懷爲鐵路大臣，南北兩端，兼營並進，限五年蕆工。至是京津、淞滬、津榆次第工竣，關外大凌河一帶，方議推廣。山東委之德，山西委之英。容閎辦膠沂不成，旋謀津鎮，英、德復覬覦之。粤漢正路初議越嶺經江西，楚人上書力争，始改議由廣州經佛山、三水，過長沙，北達漢陽支郡；東由惠、潮抵閩，西由三水抵梧、桂。唯蘆漢關係南北血脈，幹路不成，則旁支皆無所附。借比債百十二兆五十萬佛郎克，經營三載，北端未及保定，南端未及孝感，朝旨責宣懷不符前議，詔勘路畢即由涿州入見。礦務與鐵路相輔而行，西人考察中國礦産，言山西一省，可抵全歐。巡撫胡聘之以太行艱險，不便轉輸，議闢鐵路，由潞安達邯鄲，直接蘆漢，旋以集公司不成而止。

臺灣素稱煤旺，既割界强鄰，二年之間，又輸出償款二百餘兆，搜括既空，司農計無所出。王文韶、陳寶箴、依克唐阿皆以開礦爲言，湖南綢繆累載，最後乃得永州銀礦。江督劉坤一委胡家楨爲理鑛專官，先從龍潭、棲霞、雙石嶺等處試辦，折閲且甚於湖南。俄人窺喀什噶爾金穴，陝甘總督陶模，恐利源外溢，遣洋員林輔臣，探至和闐而止，以荒裔不毛，未敢視爲利也。先是有旨令雲南籌辦鑛務，總署崧蕃奏言：「雲南五金各鑛，承平時計有六十餘處，兵燹以後，除銅務一項已派唐炯督辦外，其餘金銀錫鐵各廠，尚有三十餘處。或洞老山空，久經停歇；或從前極旺之地，現在積水過深，無從著手；或現雖開辦，而所出無多，僅敷成本；或官雖封禁，而附近無業貧民，不時私自采取。雖云籌備官本，招股次第興辦，亦難收速效。當事者求之不得其説，則争咎中人之寡學。」

考鑛之無師，於是上方以帑藏爲憂，簡王文韶、張蔭桓爲路礦大臣，設總局於京師，所有各省開礦築路一切公司事宜，俱歸統轄。文韶奏言：「漠河歲解户部銀約二十萬兩，幾經駁查，而其礦山界址采礦章程，與沙丁晝分四六成生金，猶是藏頭露尾；黑龍江又尤而效之，非令和盤託出，不足以拓商務而闢利源。」會道員啓紹借洋債五百萬，以叙雅礦務請；蜀人官京朝者，恐其勾結夷人，遂爲

一鄉之患，聯名具疏阻之，舉鄉人李徵庸、宋育仁籌款合辦，自保利權，詔許之。前江西巡撫德馨以貪污落職，出二十萬金開奉天礦，賄學士濟徵以聞；即賞給布政使銜，令爲會辦大臣。人以是嗤德馨巧宦，而朝廷憂貧爲太甚矣。

康有爲日以伸民權開議院説上，上頗惑之。舊制：京官循資至老耄，乃躋一二品；非兼領樞要，終歲不得面陳一言。太后之歸政也，奕訢實專國柄；翁同龢以毓慶宮舊恩，頗蒙寵幸。奕訢没，太后疑變政之舉，皆同龢嚮導，逐之去位，上孤立失所倚，有爲始乘機而進。諸所改革，上欲藉廷議以箝太后之口，廷臣奉詔不謹，議駁者十居七八。上積不能平，乃大開言路，求通下情，詔翰詹科道日輪四員隨班入對，司曹有條陳時政，士民詣都察院上書者，即時據情奏聞，阻格者罪之。禮部主事王照，慷慨負氣，敢大言，私擬一疏，求堂官代奏。疏言：「英主每歲避暑至法，俄皇徧游歐洲；請上奉太后巡幸東洋，以次及英、法各國。」尚書許應騤斥其紕繆，照以微詞侵之，袖疏稿悻悻而出。應騤忿甚，會六堂聯銜參照挾制無禮。上屢詔求言，兩月間未有所聞，頗疑諸臣壅蔽。應騤以有爲故，與新黨互相攻訐，已大犯時忌；疏入不納，反交部議處，部議降三級調用。上念諸舊臣多不利變法，非大創之無以懲後，别降中旨，盡削禮部二尚書四侍郎職，賞王照四品京卿。時徐會澧、曾廣漢，均以他官兼攝少宗伯；當應騤與照交訴，廣漢蒞任甫二日，會澧及滿尚書懷塔布，皆不與聞。照以大言欺謾長官，遽躋顯職，時論頗驚怪之。後數日，復劾張蔭桓濫保革員張上達、黃璣、陶錫，朝貴皆歛手，謹避其鋒。

曾宗彦奏言：「各省營兵，需餉約三千萬，以江南自强軍餉章計之，僅足二十餘萬人兵食；請令各省將實存勇隊，嚴定去留，實支餉糈，量爲歸并，然後一律挑練。」胡燏棻亦言：「海軍無力猝辦，自以精練陸軍爲主；沿海最要，沿江次之，腹地又次之。」并云：「神機營舊用鳥鎗，難與洋鎗争勝，請參用西法改練。」事下軍機大臣、八旗都統，先後議行。

詔五城分設小學堂，舉貢生監一體入學，以備升入大學堂之選。孫家鼐議定官報章程上之。乙未以後，士習日囂，無賴者混迹報館，奮髯抵掌，議評國政。農學、商學、算學、蒙學諸名色，此猶一家言也；津、澳、閩、粵、湘、漢之間，私署地名，大張旗幟，以次流衍，都二十餘家。而時務報蔓延最廣，論者至比之《明夷待訪録》。張之洞提倡尤力，札行湖北全省州縣官，各備貲購閲。祭酒王先謙治漢學家言，譔述甚富，主講岳麓時，每見生徒輒勉以閲報。官報既設，旋命康有爲定報律。有爲領上海官報，實逗留京師不去。是時主時務報館者，爲浙人汪康年，與有爲積不相能，聞官報既領公帑，私改時務報爲昌言報。梁啓超不悦，發康年陰私，著説一千餘言，掊擊不遺餘力；袒康年者，又譏啓超一旦得志，遂挾天子以令錢唐一布衣。兩家文字往來，互相攻訐。總署密電黄遵憲查勘，康年抗言受人牛羊，敢忘芻牧。識者謂新黨之議論盛行，始於時務報；新黨之人心解體，亦始於時務報。而啓超專恃筆舌之妙，以義始者以利終，侮人爲太甚矣。

賞大學堂西教習丁韙良頭品頂戴，聘爲客卿。詔整頓沿江沿海水師學堂，增學額；各處鐵路扼要之區，及開礦省分，均增設學堂。遣李盛鐸、楊士燮、李家駒、壽富赴東洋考察學校。工部主事金蓉鏡請援會典例，開則例館；博徵通達大儒與明習律令之士，爲總裁纂修等官。銓選則立專格以究職掌，專科之人，以補專官，由本衙門遷除，不得縱横他調。錢糧則列專表以明歲計，專款以待常用，餘款以待雜用，年清一年，不准前後牽混。上嘉納之。孫家鼐代奏梁啓超譯書章程。發帑金二萬，充開辦費，别籌常費月三千金。

秋七月，罷新進士朝考，廢試帖楷摺。康有爲請興農學，言：「泰西新法，鳥糞可以培肥，電氣可以速成，沸湯可以煖地脈，玻罩可以禦寒氣；播種則一日可及數百畝，刈禾則一人可兼數百工；擇種一粒，可收一萬八千粒，千粒可食人一歲，二畝可食人一家；安有萬里之地而憂貧者哉？」有爲與上密陳天下大計，章奏亡累十數，唯此疏見諸邸報，都人頗疑怪之，鮮有窺其奸謀者。

立農工商總局於京師，各省皆設分局。工部郎中端方新簡霸昌道，以邊地瘠苦，遷延不赴任；旋營求得保，遂開缺，賞給三品卿銜，與道員徐建寅、吴懋鼎共理局務。是時東南苦澇，西北苦旱，四方以災告者不絶；廣東米價奇貴，越、暹船無一至者；藩司張人駿出示勸農，至有抱金珠餓死之語。端方等因先從農務經始，請立農務學堂，開農會，刊農報，購農器，聘美、日農師，而徐及工商二事。然以一局責成三人，往往執意見互相訾謷，每晨起議事，日中未有所決；王文韶患之，密言於上。改派建寅主工、懋鼎主商、端方主農。自是廷臣條奏，若寧述俞請廣購機器，王鳳文請設賑廠招工，蕭文昭請立茶務學堂、蠶桑公院，皆下端方等議之，而局所漸奪部權矣。

大學堂之初立也，京外官投名願附學者，踰七百人，學堂不足以容。總署乃倡言學齊語者，當引而置之莊嶽，日本於我爲同文，其教純用西法，宜選派同文

館學生及編檢司員，就學東京。請諸日使矢野文雄，允之；議選二百人，給資先行。詔各省奉諭交辦之事，均著由電報傳知督撫，即行遵辦，無庸專候部文。

王錫蕃請設商會，詔劉坤一、張之洞先就上海、漢口行之。廖壽豐請飭出使大臣，就寓洋華人，曉以忠義，一體建立學堂；仿經濟常科例，各就所學，録尤取進，爲經濟科商籍生員，准其回華鄉試。其有才具出衆者，即令使臣保薦，派充領事參隨等官。並責使館繙譯夷書。詔下總督，議行。詔：九月奉皇太后慈輿，閱兵天津，先期布告天下。榮禄奏直隸煤礦，計開井硐十二所，在内邱者四，曰上坪、曰磁窰溝、曰南陽寨、曰永固，在臨城者八，日岡頭、曰石固、曰膠泥溝、曰楊家灣、曰新莊、曰竹壁、曰牟村、高贊交界之間曰焦村；其煤以上坪、永固、岡頭、石固爲最，牟村、南陽寨、焦村、竹壁、磁窰溝次之，膠泥溝、楊家灣、新莊又次之，皆濱臨大道，爲蘆漢鐵路必經之地。

梁啓超請附編譯局設立編譯學堂，從之。岑春煊請改官制，上采用其言。【略】詔書既下，主持新政者，先提議六部，或云：「有尚書則侍郎爲冗，有郎中則員外爲冗，凡額外主事、員外、郎中，無兼差而食俸尚淺者，皆可回籍候資。」於是始議并司。禮、兵、刑、工，皆觀望吏、户二曹；管理吏部大臣徐桐、户部尚書敬信，持不可。徐桐曰：「先革去老夫，徐議未晚。」敬信曰：「予不爲怨府。」嚴旨屢下敦促，則議裁司務廳督催，所以謝過。又提議翰林院，或曰：「定編檢額四十，新授職者皆罷。」或曰：「改議院。」訛言一夕數驚，皆惴惴不自保。李鴻章等旋據典要，以詹事府并入翰林院，通政司并入内閣，太僕并兵部，大理并刑部，光禄、鴻臚并禮部；諸翰林始知不在議裁之列，然頗悔舊時耗日力於試帖楷書，一旦舍其舊而新是圖，前功盡墮，言者猶喧噪不已。主事吴錫甯奏廢屯衛各官，請以軍田歸州縣，因是并及漕院矣。

詔各省籌辦團練，頒行曾國藩清訟章程，凡實缺計典，候補委署，及年終密考，俱以清訟功過，分别予奪優劣，皆從張蔭桓之議也。

擢楊鋭、劉光第、林旭、譚嗣同四品卿入軍機，參預新政；别以大内密室處之，諭旨皆令撰擬，寵任在軍機大臣上。陞倉場侍郎李端棻爲禮部尚書，翰林院侍讀學士徐致靖、少詹事王錫蕃爲左右侍郎，皆喜言新法者。

道員劉慶汾，請用機器仿西法鼓鑄銅錢，與金銀錢並行。時圜法日壞，舊制錢爲奸商銷毁，及流入外洋者，不可勝計；白金一兩，只易京錢五百枚，市賈攙雜沙滲用之，公私俱困。慶汾久遊東洋，知其利弊，故以是請，聞者皆迂其言。

武試之廢弓刀石也，事下諸臣詳議。王毓藻謂開弓以驗横力，掇石以驗直力，舞刀以驗横直力，宜留之以待材勇之士。張汝梅、劉樹堂、饒應祺、德壽、黄槐森皆言不宜遂廢。而張之洞、鄧華熙、楊福臻欲合營伍、科舉、團練爲一事。中外臣工，前後凡二十餘奏，言人人殊。至是兵部采諸臣條議，奏定非由軍營學堂練局出身，不得與武試。其考試之法，首場馬槍，二場步槍，留技勇爲三場；内場試兵法論一篇，策問一道，則參用劉坤一、譚鍾麟、崧蕃、胡聘之、魏光燾、朱福詵等之説也。上以爲未盡，令再議之。

始户部立昭信局，恭王獻二萬金，爲諸臣倡，各省陸續輸納，已踰千萬；四川、廣東等省，所司勸辦不善，民情大擾。張承纓、黄桂鋆、李經邁皆以爲言，遂停之。議增設鐵路、礦務、農、工、商等局委員，安置被裁各官。孫家鼐參用徐致靖言，奏置三四五品卿，三四五六品學士，備顧問；另片奏設醫學堂，並從之。令督撫、藩臬三年一述職。江蘇學政瞿鴻禨奏改江陰南菁書院爲學堂，以書院舊管沙田，試辦農學。詔嘉獎之。從刑部主事顧厚焜、優貢沈兆禕言，推廣郵政，裁驛站。從侍講學士瑞洵言，飭順天府、五城御史，勸辦報館；用策論考試各部司員。

初中東之役，劉坤一督師出關，張之洞實代其任。之洞久困武昌，不足供其揮霍，私念江南繁富，勝湖、廣十倍；曾國藩承寇亂初平，已具高掌遠蹠之勢，與他省不同。甫至，即增兩淮鹽引百三十票；借洋債籌辦江防；又倡議改折南漕，謂歲可增帑金五百餘萬。户部尚書敬信不從，其議遂寢。至是瑞洵復以爲請，言：「國家歲轉南漕百餘萬石，關係數十萬人計口授食之需，向使輪船未通，奴才亦何敢冒昧上陳，輕言改折。今則海道暢行，有如衽席，南來包米盈溢市廛，官運朝更，商販夕湧。若必苦守舊章，牢不可破，坐令百萬金錢，耗散於官吏、户胥之囊，而不思變計，豈不可惜？」上深然之。恐部臣復執前説，特詔奕劻、孫家鼐會同户部議之。

禮部六堂既罷，言路大開，凡部院所收條陳，即將原封進呈，不得拆看。舊例，各衙門分班值日，至是，以條陳太多，詔令隨到隨遞，不必案定班期。又詔州縣以下官，有上書言事者，由督撫將原封呈遞；士民言事者，由道府隨時代遞，一言上達，立見施行。時樞臣擯退無權，專倚參政四卿決事。【略】

福建舉人張如翰，請設農學科，舉中西樹藝畜牧之法，占驗攷察之書，令士民悉心講求。歲科二試，每學拔取數名爲農學生，咨集會考，略如拔貢之例。廷

試列高等者，觀政農部，與拔貢小京官同；其次用作州縣農師，與教官並重，移訓導一缺任之，俾事有專司，且資教習。事下部議。

孫家鼐奏改金臺書院爲順天中學堂，拔所屬二十四州縣生員四十名，入堂肄業；另設南學額二十名附之。胡燏棻進天津海光寺行宫圖，以備閱兵巡幸。直隸州知州陳維藩請簡知兵大員，督練蒙番，使分駐邊要。每路正副各一人，將迤北一帶，東至吉林，西至伊犂，内外各旗蒙古番族，就其自有之餉，簡其所部之卒，勤加訓練，以防强俄。直隸、山西、陝西之北，以恰克圖爲要；甘肅、新疆各邊，以塔爾巴哈台爲要；西南則喀什噶爾至和闐各部土回，環居青海之蒙番土司，甘肅、四川、雲、貴沿邊各土司，均練爲内數路，前後藏練爲外二路。其原設之將軍都統，才勝任者仍之；參贊、辦事、駐藏各大臣，一律裁撤。上大韙之，以内政亟，未遑措邊事也。

詔曰：【略】屯衛之設，仿於明代，本以養兵實邊；至國初屯軍次第裁汰，唯有漕運省分，仍隸衛所，乃專爲贍運之計。現漕糧既歸海運，衛所半屬虚懸，若改衛爲屯，徵租充餉，於國用不無裨益。詔著兩江、兩湖、浙江各督撫，通飭所屬，澈底清查各衛所屯田地畝實在數目，詳定徵租章程，奏明請旨辦理。先是陝西按察使袁昶條陳時務，於八旗生計，清理屯衛二事，擘畫甚詳，故有此詔。

八月，直隸按察使袁世凱由天津入見，譚嗣同密薦世凱將才，詔開缺以侍郎候補。户部主事蔡鎮藩請審官定職，以成新政。庶吉士丁惟魯請編歲出歲入表，頒布四方。皆下廷議，未及議行，而康黨亂作。

卷二《康有爲搆亂始末》 光緒二十年甲午秋八月，倭人潛師渡海，脅朝鮮變政，敗我援兵於遼東，京師大震。越明年，從大學士李鴻章請，割臺灣，納幣二百兆，與之議和。南海舉人康有爲，方入都應試，率公車三百餘人，上書都察院，力陳不可，請遷都西安，急圖變法自强。俗傳南海先生四上書記，此其一也。和議既成，有爲旋舉進士，以主事籤分工曹，大失望，攜其所著書曰《新學僞經考》者，徧謁朝士大夫。或傳其字長素，蓋以素王自比，争呼聖人揶揄之，有爲益喜自負。

先是有爲未通籍時，御史安維峻見其書，大惡之，密具疏糾參，比之少正卯；事下兩廣總督李瀚章案問，瀚章爲剖辯之，得無罪。朱一新講學浙東，五致書與論學派源流，真若有爲之才，足以鼓煽徒衆，隱然如一敵國者，由是康聖人之名震天下。翰林侍讀學士文廷式、刑部郎中陳熾，方糾約四方名士，立强舉會於京師，有爲與焉；都人駭其議論，旋爲言官楊崇伊論止。有爲見四方無事，無所逞其陰謀，會太后逐翁同龢出毓慶宫，汪鳴鑾、長麟以言事削職，黨獄將興，公卿不敢見士，益懼禍及，始乞假南歸。至上海，立强學分會，遣使四方游説，湖廣總督張之洞，輂金助之，附者漸衆。所出月報，不用國號，以孔子降生紀年，之洞不悦，有責言。又因狎游爲娼寮所窘，遂奔桂林，夤緣臬司蔡希邠，倡聖學會。粤西僻在一隅，士純樸，不尚聲氣，久之無所發舒，不得已，蹌踉返里。

有爲雖名詭譎，其藉以煽動流俗，不外勤請謁，結社黨，卒亦無他技能。其徒梁啓超者，新會舉人，好讀周秦諸子，閲《四庫總目》，三與計偕不第，方徘徊海上，落魄無所歸。强學分會雖散，器皿宅舍具存，因收拾餘燼，與浙人汪康年，改設時務報館。甲午款夷後，朝政多苟且，上下皆知其弊，以本朝文禁嚴，屢興大獄，無敢輕掉筆墨譏時政者。自時務報出，每旬一册，每册數千言，張目大罵，如人人意所欲云；江淮河漢之間，愛其文字奇詭，争傳誦之，行銷至萬七千餘册。由是康門之燄張，而羽翼成，黨禍伏矣。有爲既屢躓不用，家居二載，益揣摩中外時局，其弟子流散四方，稍稍復集，理其一家之業，援據《公羊》何休學，著爲《孔子改制考》一書。大旨謂《春秋》既作，周統遂亡；雜引《董子》、《淮南》諸篇，附會牽强，以證孔子改制稱王之實。蓋私揣乾隆中葉以後，漢學大興，不搆一漢儒之獄，尋隙攻經，未足傾動士林；而中國君權至尊，欲隱避辯言亂政之名，又不得不文飾經言，託之孔子。其後梁啓超主講時務學堂，張其師説；葉德輝、賓鳳陽、梁鼎芬等，起而攻之，盡發其覆，其説遂不得行。

二十三年丁酉十月，膠州事聞，有爲拊掌喜曰：外禍亟，吾策行矣。徧觴親友，得多金，挾以渡海；滬瀆遇文廷式，方罷官僑居，授以書，甚祕。抵京不十日，即草疏數千言，求總署代奏。其疏發明兼弱、攻昧、取亂、侮亡四説，末斥帝與諸臣求爲長安布衣而不可得。總署得疏，大驚，指其疵，令删汰以進。有爲執不可，疏卒未上。然有爲得廷式書，交通内廷，左右已先爲之地。既而給事中高燮曾上疏密保，上大喜，欲召對，爲恭親王奕訢諫止，乃命總署隨時接見有爲，諮問大計，並索其書觀之，大驚歎不置。於是《日本變政考》、《彼得變政記》諸書，以次上達；而請定國是之疏，總署亦爲之代達矣。有爲頎身修髯，目光炯炯射人，始學經生，繼治名法，末乃變爲縱横。見人長揖大笑，叩姓名畢，次詢何郡邑、物産幾何、里中長老豪傑，必再三研詰，取西洋鉛筆，一一録其名，儲夾袋中。是時天子方開特科，四方高視闊步之士，雲集輦下，争暱交康先生；有爲亦傾身

結納，終日懷刺，汲汲奔走若狂。

戊戌三月，開保國會於粵東館，京僚集者四百餘人。有爲登臺演説，謂異時有不忍言之事，我輩士大夫，即欲學錢蒙叟作貳臣，西人設官，各有專門，非專學不能承乏；學熊魚山作僧，西教專毁佛寺，僧且無依；無已，其蹈海而死，中國既無海軍，即無海境，此亦非我乾净土矣。衆皆拊掌稱善。御史李盛鐸初與有爲倡議開會，既入康黨，又依附榮禄，聞潘慶瀾欲參倡會諸人，乃撿册自削其名，先舉發之，疏留中勿問。

四月，廣東學政張百熙應詔舉有爲使才，侍讀學士徐致靖論薦尤力。上問翁同龢，同龢雅慕文才，好延攬，凡江、浙名流，悉羅致出其門下；當東方兵釁未開，有爲上書當道，言日本畜謀叵測，高麗、琉球將盡爲所陷，後卒次第如其所言，同龢甚奇之。及乙未再來上書，引往事徧告同僚，有援用之志，重於發言。至是適承上詢，遂贊上召有爲入對。

有爲見上，極陳英、德、俄、法之强，教堂徧地，無刻不可起釁，礦産徧地，無處不可要求，骨肉有限，朘削無已，亟宜改用西法，以日本明治之政爲政，以俄皇彼得之心爲心。上曰：「巨室世臣，多因循守舊，罰不及衆，奈何？」對曰：「舊臣何患之有，陽以禄位尊寵之，陰奪其權，則謗議無從作矣。世宗設軍機，而内閣如故，文宗設總署，而會同四譯館如故，前事可師也。」上嗟嘆再三，即日詔入總署充章京。

有爲既蒙召對，自以不時遭際，功名可旦夕成，旨下僅得章京，意頗怏怏。一日詭言出京，潛徙内城，匿僧舍，結珍妃母弟志錡，使覘宫中動静；又廣交言官王鵬運、楊深秀、宋伯魯等，日夜聚謀，由是内外黨援漸堅。以私意牽合新書，綴成《俄皇彼得傳》、《英國變政記》、《普國作内政寄軍令考》、《列國統計比較表》、《列國官制憲法比較表》、《法蘭西革命記》、《波蘭滅亡記》等篇，先後進呈，盡售其保種合羣諸謬説。上讀其書善之，又左右譽言日進，遂一意傾嚮新法，恨得有爲晚。時翁同龢已罷，廖壽恒新參樞務，上眷有爲甚，時有宣問，密授壽恒達之，有爲諸陳奏，亦緣壽恒得進；同時四大軍機，不盡與聞政謀，而内批稍稍出矣。

初阮元總督兩廣時，開學海堂延士，漢學大興，其後陳澧、朱次琦分爲兩派，各有門徒。有爲雖及朱門，考據甚疏，粵人談漢學者，屏諸户外，有爲引爲大恥；因集門徒，别樹幟講學，遂僞羣經，翻成案，敢爲大言。又素行不檢，頗干與外事，陰持大吏短長，粵人按手咤駡，比之邪匪。順德李文田，乙未典禮闈，有爲座主也，其初入謁見，字文田曰約農先生，自稱貢士；又廷試策卷，文田籤其破體字，抑置下等，心甚銜之。進用之初，唯張蔭桓以同里，日與之游，常以總署密情相餉；二人稱服泰西，私相褒重。尚書許應騤、副都御史楊頤以下，視之蔑如也。時粵人官京朝者，唯應騤位最崇，守舊最堅，聞有爲聚講粵東館，則遣人喝止之；既又密參其居鄉搆訟，及入京干謁營求諸款。宋伯魯、楊深秀起與之争，詆應騤竊位蔽賢，阻撓大局。上令應騤自陳，而有爲嚮用如故。御史文悌，在臺臣中頗稱强直，始有爲曲意勾致之，欲引以爲助，令參粵東沙田事，文悌不從，又令倡率全臺，伏闕痛哭上書，請變法，復堅持不可。至是憤應騤之不直也，遂疏攻宋楊庇黨，有爲奸邪不可用。上主先入之言，責文悌沽直好名，以不勝臺職黜之。應騤、文悌既先後譴罷，公論大沮，有爲益堅僻自用，對人言，謂：「突遭許、文狂噬，即拂衣欲去，不意劉整彈章，反成禰衡薦表。」言辭咄咄逼人，甚盈滿自得。

五月，改上海時務報爲官報，孫家鼐薦有爲主報務，上陽許之，有爲藉口進書，實逗留不去。一切變法章奏，皆其主使，力詆各部寺院諸臣老悖不諳外務，請天子御門誓衆，仿日本參謀本部，萃天下精兵猛將，拔置親衛，自將之。又倡議立十二制度分局。都人驚相走告，謡傳有爲力伸民權，將開上下議院，盡革九卿六部諸衙門。既而改律例，裁宂官，兵制、學堂、農、工、商、礦各政，日有設施。召譚嗣同、林旭、楊鋭、劉光第，以四品卿入參新政，内廷别闢一室，值宿其中，論旨皆其譔擬。言事者，雖布衣得露章直達，四卿裁決後，取中旨，徑付所司，樞府不得與聞。禮部以阻格司曹上書，兩尚書四侍郎同日褫職。江督劉坤一、粵督譚鍾麟皆受詰責。或有獻謀裁撤内監者，閹黨大懼，則搆蜚語謀陷於太后之前，而兩宫浸成嫌隙矣。

太后自歸政後，避居頤和園。一日，上詣園朝謁，太后責上曰：「九列重臣，非有大故，不可棄；今以遠間親，新間舊，徇一人而亂家法，祖宗其謂我何？」上泣諫曰：「祖宗而在今日，其法必不若是；兒寧忍壞祖宗之法，不忍棄祖宗之民，失祖宗之地，爲天下後世笑也。」置酒玉瀾堂，不樂而罷。

七月，李岳瑞請易服色，張元濟和之，有爲實主其謀。上猶豫未決，有爲奏曰：「自古言變法者，皆云小民難與慮始，樂於觀成，今一二老成人，尚張利口，牽掣執政之權，築室道謀，安能成事。古異姓受命者，必變服色，將與天下更始，

而不一新其耳目，數千年沈痼慣習，其何術瘳之。」上可其奏，潛遣中使購西服五百餘襲，雜優人衣冠以進，將改元開化，擇吉謁廟，祭告天地。以太后故，趦趄不敢遽發。既又議開懋勤殿，招致東南名士，兼聘客卿，大更制度。

或洩其謀於太后，太后恚曰：「小子以天下爲玩弄，老婦無死所矣。」上由藩邸入承大統，謹事太后，不敢示異同；獨用有爲變法，排衆議，毅然行之，不少絀。然左右大臣，皆由太后拔用，內廷奔走宦豎，服侍西宮有年，多爲太后耳目，上雖驟欲自强，勢孤，恒惴惴如防大敵。至是聞太后恚怒，有違言，內不自安。欲用一人調停，恭王新厭世，奕劻、世鐸，皆疎遠不甚倚重，外廷諸大臣，失職怨望，尤不愜上心，察四卿中，獨楊鋭沈毅，可屬大事。二十九日昧爽，召鋭入宮，告以故，泣涕商保全，鋭辭曰：「此陛下家事，當謀之宗室貴近，小臣懼操刀而自割也。」上曰：「爾胡然。」出手詔一道，命就有爲商之。鋭退語嗣同，嗣同捧詔大哭，奔告有爲，有爲曰：「太后當國幾四十年，是更變多而猜忌甚，未可口舌爭也。」嗣同曰：「是不難，當爲主上了之。」引有爲入卧室，取盤灰作書，密謀招袁世凱入黨，用所部新建軍，圍頤和園，以兵劫太后，遂錮之。有爲執嗣同手，瞪視良久曰：「母后固若是其可劫耶？」嗣同曰：「此兵諫也，事成請自拘於司敗，古人有行之者矣。」次日，以告梁啓超、林旭，啓超稱善，旭言世凱巧詐多智謀，恐事成難制，請召董福祥，嗣同不可。

時世凱以臬司內擢侍郎，嗣同所密薦也；恃推轂恩，自以爲緩急可恃，遂獨造之。世凱延入上坐，執禮甚恭。嗣同曰：「新政將成，而滿員內外阻壓，明公苟出而圖吾君，北洋之位，可取而代也。」世凱曰：「唯朝廷所命，敢不盡死。」嗣同曰：「榮禄、剛毅，實播弄口舌，挾母后以臨天子，今將借明公刃，取二人頭以謝天下。」因出手詔示之，且告以兵諫密謀。世凱許諾，請回天津，簡軍實，戒將士，先誘誅總督榮禄，疾驅入都，聽命闕下。嗣同頷之，戒勿洩。

世凱至天津，適聶士成以軍事上謁制府。士成淮北驍將，統武毅軍五千人，駐蘆台，非有急，不輕離營。世凱疑榮禄已覺其謀，北洋兵權，盡萃督署，士成外，尚有董、宋兩軍，勢不敵，遂叛有爲，反輸其情於榮禄。榮禄大懼，遣人變服賫蠟書，馳告奕劻，奕劻言於太后。上聞變愕然，密旨趣有爲出都。有爲知事敗，介教士李提摩太求援於英使，英使避暑之西山，【略】不遇，遂奔唐沽，時八月初五日也。太后漏盡四鼓還宮，即收上印綬。翼日，緹騎四出索有爲，已遠颺不可得；執其弟廣仁及楊深秀、楊鋭、劉光第、林旭、譚嗣同誅之。有爲至香港，英人以國事犯任保護，上海懸十萬金購募不得。楊崇伊請太后訓政，太后暮年再出垂簾，盡反前政，倚榮禄練兵，剛毅籌餉，召禮部尚書懷塔布等，使復其位，始稍稍偏任滿人矣。

《戊戌政變記》

清 梁啓超 撰

卷二第四章《論此次乃廢立而非訓政》 或問曰：「今次之政變，不過垂簾訓政而已，廢立之説，雖道路紛傳，然未見諸實事，今子乃指之爲廢立，得無失實乎？」答之曰：「君之所以爲君者何在乎？爲其有君天下之權耳，既篡君權，豈得復謂之有君。夫歷代史傳載母后亂政之事，垂以爲誡者，既不一而足矣，然歷代母后垂簾，皆因嗣君幼沖，暫時臨攝。若夫已有長君，而猶復專政者，則惟唐之武后而已，卒乃易唐爲周，幾覆宗社，今日之事，正其類也。皇上即位既二十四年，聖齡已二十九歲矣，臨御宇内，未聞有失德，勤于政事，早朝晏罷，數月以來，乾斷睿照，綱舉目張，豈同襁褓之子，猶有童心者，而忽然有待於訓政何哉？且賊臣之設計固甚巧矣。廢立之顯而驟者，天下之人皆得誅其罪；廢立之隱而漸者，天下之人皆將受其愚。今夫瀛臺屏居，内豎監守，撤出入之板橋，減御膳之品物，起居飲食，不能自由，如此，則與囚虜何異？既已囚虜矣，而猶告天下曰，吾非廢立也，天下之人，亦從而信之。嗚呼！何天下之人之易愚弄也。

「皇上所親愛之妃嬪，則撤其簪珥，施以杖刑，不許進見。皇上所舊用之内監，駢殺夷戮，無一存者。欲食鷄絲而不得，欲食米粥而不得，人非木石，受此怨毒，豈能久存？環顧廷臣，無一心腹，幽囚别殿，無復生人之趣，昔雖無病，今亦命在旦夕矣。况復下硝粉於食品，無行之酖毒乎？倘他日或有大故，則逆后賊臣且將以久病升遐告于天下，而天下之人亦將信之乎！嗚呼，是亦全無人心而已。吾以爲海内臣子，如有念君父之仇者，則宜於今日而興討賊之師也。海外各國，如有恤友邦之難者，則宜於今日而爲問罪之舉也。使今日而不討賊，不問罪，則雖他日皇上被弑，吾亦知其必無問罪討賊之人也。何也？今之不討賊不問罪者，因信逆賊之言，以爲非廢立也；然則他日亦必聽逆賊之言，以爲非弑君也。嗚呼，疼哉！何我皇上之冤慘至於如此其極也！何天下之人全無人心至於如此其極也！」

或又問曰：「子言誠然矣，然讀八月初六日上諭，則西后之垂簾，實皇上所懇請，天下之人，雖欲討賊問罪而無辭也。」答之曰：「子不讀漢獻帝禪位曹丕之詔乎？獻帝屢禪，曹丕屢讓，若有大不得已者然。自此以往，歷代篡弑者，皆循兹軌，然則可謂曹丕之踐祚，實由漢獻之懇請乎？嗚呼，爲此説者，非大愚即大悖耳。」

或又問曰：「皇上之賢，逆后之罪，既已聞命矣。然中國之立君，無有憲法，惟意所欲而已。今西后雖篡位矣，而討賊問罪，猶爲無辭也。」答之曰：「中國之政，向來奉聖經爲準衡，故六經即爲中國之憲法也。《書》言牝鷄無辰，牝雞司辰，惟家之索。《禮》言夫死從子，又言婦人不與外事。《春秋》因文姜之淫，而不與莊公之念母。《論語》君薨聽于冢宰。然則母后臨朝爲經義所不容，有明證矣。尋常幼帝之立，母后臨朝猶爲六經所不取，况今日之實爲篡逆乎？且我國向來所信奉，常引爲政治之準的者，六經之外，則朱子之書。朱子《綱目》，於北魏胡后之事，則大書胡太后弑其君，於唐武后之事，則大書帝在房州，皆與今日之事，若合符節者也。」

卷四第三章《論西后及今政府將來之政策如何》 或問曰：西后今兹之舉動，其頑固雖已極矣，然内憂外患之急如此，彼其預政之後，或鑒於時局而悟改革之理，亦未可知。前者，日本公使矢野氏覲見時，進以忠告之言，而西后固已納受矣，是或可望也。

答之曰：凡物必有原點，然後體質生焉。龜之不能有毛，兔之不能生角，雄鷄不能育卵，枯木之不能開花，彼其無原點也。夫皇上能行改革之事者，有憂國圖强之原點故也，有十年讀書之學識在也。今西后則除一身之娱樂，非所計也；除一二嬖宦之言論，無所聞也。彼其前此當國三十年，其成效昭昭可覩矣，使他日而能改革，則彼前者，應改革已久矣。今將其歷年以改革之費作娱樂之事，略舉數端於後。

光緒十年，馬江之役，見侮於法蘭西，其後羣臣競奏，請辦海軍備款三千萬，欲爲軍艦大隊。乃僅購數艘，而西后即命提全款，營構頤和園。問海軍衙門，所管何職，則頤和園之工程司也。頤和園之内外，遍貼海軍衙門之告示，頤和園之員役，遍受海軍衙門之俸給，中國前者所謂海軍省，其情形如此。故自平壤失利，軍警正急之時，乃命停撤海軍衙門，當時各國莫不駭異，而不知其實停頤和園工程也。此非局中人不能知者也，此一事也。

蘆漢鐵路之議，起於十年以前，亦備三千萬，以爲興築，旋改築山海關通道盛京，亦提其餘款，以修園囿，令至今兩路之鐵道，皆無成日，此又一事也。

昔閻敬銘爲户部尚書時，因京僚俸薄，而無養廉，乃歲籌二十六萬金，以資

津貼。西后知之，悉令提爲宫中糜費之用，此又一事也。

自兩年以來，還日本兵費之款項，貸之於歐洲各國，計臣圖償還之策，乃創行昭信股票。而辦理不善，酷吏擾民，道路既已嗟怨；乃所得千萬，應償國債者，而西后乃劃提全款，命榮禄築天津行宫。他日各國之國債，不知向何處籌償，而昭信股票之本息，又不知向何處籌償，西后皆非所計也，此又一事也。

此皆犖犖大端，顯而共見之事，若其壓國勢於冥冥，壞全局於細故者，殆更僕難數也。蓋西后之心，只知有一身，只知有頤和園，只知有奄豎，而不知有國，不知有民；既不知有國，不知有民，而欲其爲國民圖幸福，烏可得也。且友邦信其面從忠告之言，而冀其他日之能改革，是亦不察情實之甚者耳。彼於八月十一日所降諭旨，不嘗云一切自强新政，胥關國計民生，不得已行者，亟應實力舉行，即尚未興辦者，亦當次第推廣乎？何以自降諭之後，而禁上書、停學校、復八股、罷特科、廢農工商總局、封報館、拿主筆、禁學會、廢折漕、復冗官、復武試弓刀石，其推翻新政之事日出，而未有止也。彼於八月十四日所降之諭旨，不嘗云一切改革黨人，不株連乎？何以自降諭之後，而革捕陳寶箴、黄遵憲、陳三立、江標、熊希齡、文廷式、王錫蕃、張元濟、李岳瑞、洪汝沖等，及報館主筆，學會會員，且日出而未有止也。然則西后之言，其可信否乎？今各國因其面從忠告之言，而信其能改革，恐非各國本心之論也。如果屬本心之論，則吾直謂各國人之無識可也。

西后及頑固大臣之政策，以敷衍爲主義。内則敷衍公牘，外則敷衍外交，但求目前之無事足矣，一年以後之事，非所計也；但求京師之無事足矣，一省之外之事不計也。語以分割之禍，彼則曰：「吾但善敷衍之，求其現在之無事，吾年今且六七十矣，數年之後，雖有禍而非吾身當之矣。」彼其主義如此，君臣一心，盈廷盡然於此，而欲以改革之事望之，是猶祝斜日之東還，望洪江之西流也，其可得乎？

然則滿政府竟無一政策乎？曰：亦有一焉，練兵也。雖然，彼其練兵之宗旨，又别有在焉。一曰：練旗兵以壓漢人；二曰：借俄兵以敵各國。昔有某國公使，謂醇親王曰：「中國之兵力如此，不足以當萬國之衝，宜早設法矣。」醇親王曰：「我國之兵，爲防家賊而已，非爲禦外侮也。」某公使喟然而去。蓋「防家賊」三字，實爲滿洲全部之心事，彼一切新策，皆從此三字演出也。故剛毅常語人云：「我家之産業，寧可以贈之於朋友，而必不畀諸家奴。」朋友謂於俄國，家奴謂漢人也。往者，李鴻章聘於俄，俄皇語之云：「全世界中，專制君權，完足無缺之國，惟俄及中國而已。東西各國與中國皆嘗開釁，惟我俄則數百年相敦睦誼，蓋諸國皆將不利於中國者，實心與中國相提攜，惟我俄國而已。」李鴻章告諸西后及守舊黨，皆大信之。是爲清國密約之起點。蓋聯俄(沙俄)之意，亦欲藉以保此專制之君權，而施其抑壓之政策也。吾知其政變之後，於此事必益加注意，是可預斷也。今者已有在□□□□□各練旗兵二千之舉矣，又有請俄人代練蒙古馬隊八千人之舉矣。嗚呼！此實俄人可殺克馬兵踐蹈東亞之先聲也。一二年後，此種馬隊，其數益增，其練益精，俄人不費一餉，不勞一卒，而已養成全隊俄軍於東亞滿洲；政府日日供給之，代作馬牛，是猶豢虎狼以待其啖而已，猶且感而謝之。悲夫，西后及榮禄所謂實行改革者，其手段殆如此矣。

《戊戌朝變紀聞》

清 蘇繼祖 撰

光緒二十四年戊戌四月廿三日，下詔定國是，行新政。

自甲午、乙未兵敗地割，求和償款，皇上日夜憂憤，益明中國致敗之故，若不變法圖强，社稷難資保守。每以維新宗旨商詢於樞臣，輒以祖宗成法不可改，夷法不足效，屢言而駁之，上憤極，往往痛哭而罷。惟大學士翁常熟近年省悟大局，非變法難以圖存，前曾擬變法詔勅十二條，商及恭邸，爲恭邸阻之。有與翁不和者，暗中譖於太后，謂翁取悦於皇上，妄思改變成法，此肇亂之道，恐其蠱惑皇上，宜早防範。翁之前此出毓慶宫，即因此也。

南海張侍郎曾使外洋，曉然於歐美富强之機，每爲皇上講述，上喜聞之，不時召見。其爲人雖無足取，然啓誘聖聰，多賴其力。朝中守舊諸大臣皆忌之，呼翁爲老奸巨滑，呼張爲漢奸。至廿三年冬，德人佔據膠州，上益憂懼，至今春，乃謂慶王曰：「太后若仍不給我事權，我願退讓此位，不甘作亡國之君。」慶邸請於太后，始聞甚怒曰：「他不願坐此位，我早已不願他坐之。」慶力勸始允曰：「由他去辦，俟辦不出模樣再説。」慶邸乃以太后不禁皇上辦事覆命，於是商諸樞臣，下詔定國是。

四月二十四日，太后召見慶王、榮相。（説爲陵工事，不知尚有他事否？）

四月二十五日，上諭工部主事康有爲、刑部主事張元濟，着於二十八日預備召見。

上年冬，德人佔膠州，康有爲來京上言，極言事迫萬分，亟須變法自保。上覽奏，欲召見面詢，爲恭邸阻，以成例四品以下不得召見，命大臣詢問代奏可也。上從之，令總署王大臣詳細詢問變法大計，並令告知，如有陳奏事件及著述書文，即由總署代陳，勿許阻難，此正月初間事也。至四月恭邸薨，上始得與翁常熟一德一心，商辦變法事宜；又值太后許假事權，故敢下詔，定國是，召見康有爲焉。

正月，康初上之書，上呈於太后，太后亦爲之動，命總署王大臣詳詢補救之方，變法條理，曾有懿旨焉。否則王大臣未見，未虚心下問也。是日太后又召見慶王、榮相、總管内務府王大臣等。

四月二十七日，硃諭罷大學士翁同龢。

翁爲皇上二十餘年之師傅也，誼甚親密，自醇賢親王薨逝後，益與之親切；上之操危慮患，翁亦俱能仰體，現雖罷其毓慶宫，仍在樞廷行走，可以日近天顔。自甲午之後，閲歷時艱，恍然於强弱存亡之所在，近日輔翊皇上，籌畫新政，僅其一人；曾保薦康有爲，才堪大用，甚爲滿朝忌而惡之。當康去冬來京上書時，有守舊之大員於元旦密告恭邸曰：「康有爲此來，聞是翁、張所引，將樹朋黨以誘皇上變法者，亟宜防備之。」恭邸阻見康有爲者，蓋有先入之言也。近見恭邸薨逝，康復見用，太后亦爲所上之書感動，乃極力排擠讒謗皇上及康也；因太后已許不禁皇上辦事，未便即行箝制，故於未見康時，先去翁以警之。是日諭旨三道，皆奉太后交下勒令上宣布者。皇上奉此諭後，驚魂萬里，涕淚千行，竟日不食，左右近臣告人曰：「可笑皇上必叫老翁下了鎮物了。」

又召王文韶迅速來京，直隸總督北洋大臣着榮禄暫署。

四月二十日後太后召見慶邸、榮相、剛相，詢及皇上近日任性亂爲，要緊處汝等當阻之。同對曰：皇上天性，無人敢攔。剛伏地痛哭，言奴才婉諫，屢遭斥責。太后又問，難道他自己一人籌畫，也不商之你等？榮、剛皆言曰：一切只有翁同龢能承皇上意旨。剛又哭求太后勸阻。太后言，俟到時候，我自有法。此時軍機大臣恭邸薨，禮邸病，剛暫領銜，自此氣焰日熾矣。

翁既罷，太后意令榮相入值樞廷，力辭，並謂去一漢員，仍宜補一漢員，太后改用王制軍。榮相自求北洋大臣，意在攬握兵柄，且目中久已蔑視皇上，今更不滿意於變法，借此可遠避之。並與太后密商，以皇上任用匪黨，難保日久不生變亂，京津咫尺，以北洋陸軍可資鎮制，太后深謂然，即日請訓。太后連日召見賞膳，午後召對，密語甚久，皇上心甚疑懼。

緣榮相與皇上久不相能，其無君神情，每見於面，上深恨之，又以太后所喜，畏不敢言；以前媒蘖諸端，上亦有所聞，繼見連天召見密語，益疑之。而榮相卻早已商請太后垂簾，今將出京，又再三懇請。太后曰：「非圖安逸，恐又招攬權之譏。」榮對曰：「攬權者，臣下之謂也，非所論於太后，明事人斷無是言，不明事者何足重輕。」榮曾於皇上決意變法之時，四月初間，遍邀王公大臣，聯銜懇請訓政；又命貽穀邀致講讀輪詹等官，李盛鐸、楊崇伊邀致御史，皆聯銜籲懇，兼參劾康有爲，辯言亂政，私立保國會，白日集聚千人，舉國駭然。奈人各一心，奔馳數日不果。其必欲聯銜入奏者，亦太后示意也。

榮相久已蓄志北洋，近數月以來，予北洋將士，加意籠絡，於袁、聶、董三軍尤甚。

榮有世交，以知府分發直隸，曾託王制軍照拂，榮告以不必忙，王夔石亦太猾，少待數月，或在我到北洋云云。此丁酉冬月事，可見榮早有成見也。

恭邸初薨，太后欲往天津閱兵，皇上諫止，太后甚怒其阻撓，此舉榮相迎合者也。據云：連日召對所商，即遊覽天津之事，此説甚合，尚有人説，此亦榮屬人奏請者，蓋以閱兵爲名耳。

又召京外二品以上大員，俱着具摺，詣太后前謝恩。

又張之洞着無庸來京。

甲午正月，有内務府大臣某，私詣太后前碰頭，上斥其不懂事。蓋既歸政，凡大臣遇太上皇皇太后有賞，應由皇上代奏謝恩，示尊崇也，太后反疑皇上禁制。近日與親信大臣言及，深恨皇上監制於己。某大臣乘便言到康有爲蠱惑亂政，大小臣工，竟有附和求榮者，臣深慮之；太后不肯垂簾，亦須接見臣下，以制其妄爲之心，否則日久更無忌憚，彼時恐太后收籠不住。太后然之，故有是詔。

南皮張制軍，久矣簡在帝心，自甲午權署兩江，更信重之，欲召入輔政，爲翁相國、孫萊山尚書所阻；本欲以兩江久任之，乃本任劉公，内則賄結宦寺，外乞援權貴樞臣，屢爲劉公請旨回任，上遲疑不允，竟以懿旨壓制皇上，而回任焉，上至今猶惡之。今春上既決意革故圖新，乃召張公來京，輔翊新政，守舊大臣，恐張異己，百計阻尼，得借沙市教案，令回兩湖本任。時人多惋惜之，以爲得張公入朝，其聲望才德，足以制服康、梁，斷不至有八月之變云。

竊謂爲惜張公未來之説者，殆知其一不知其二之言也。張之未能到京，正天之所以福張公，或有待於將來也。獨不見翁常熟、張侍郎、陳中丞乎？當太后許假皇上事權之日，已有深意存焉，況媒蘖者，日伺其間，一張公之力，何能補救於萬一，徒自取禍耳！於我皇上及一切新政，又何益焉？聞直督裕公入值樞垣，因未敢如衆人之拂忤皇上，曾恭奉新法之詔，竟不見容於朝，遂使出督直隸，奪其事權，以爲異己不逆君者戒。使張公入朝，能於新政一掃而擯之乎？必曰不能。不能則不見容矣，請觀八月以後，一概歸復舊制，可想而知之。舉朝之行事用心，於此等處，宜體會之。

有至交某問於余曰：「張制軍非首開風氣者乎？何戊戌八月以後，不一言及朝政之失，無怪各報紙毁之甚也。」余因作《讀蘇文忠大臣論書後》以示之，且告之曰：「自戊戌以後，張制軍不但本心之事不能做一件，即本心之話亦不能説一句。」某曰：「余固知張制軍之孤立也，子之言可謂知張制軍之深。」相與嗟嘆者久之。榮相之切齒側目於助皇上變法維新者之甚，竟有不可解者，如翁相久不相能，不必論矣，以張侍郎之狡猾，巧於趨避者，且亦趨奉取悦於榮相矣，而竟不能免，幾罹殺身之禍。至於陳中丞向每稱許之人，此次力保者也，祇以其異己，而反以遵奉諭旨力行新政之故，即深恨之，其他主持新政者，更無論已。

四月二十八日，召見工部主事康有爲於頤和園之仁壽殿，奏對甚久，命在總理衙門章京行走，並許專摺奏事。上久欲用康有爲，以上畏太后不容，下恐羣臣猜忌，未召見以先，每令翁相詳細咨詢，既召見以後，仍引嫌不敢隨時召見，凡有顧問之事，由總署代傳，或有章奏條陳，亦由總署呈進，特派廖公專司之，朝中呼之爲廖「蘇拉」。正月以來，都中上自王公，下及士庶，衆口譁然，謡言四起，多由顯者口中傳出，故信之者衆；彈章紛紛不絶，至此時更甚於前矣。朝野議論，無處不談康有爲，内言傳於外，外言又傳於内，愈出愈奇，不值識者一笑。再四訪聞，康於召見後，五月底曾蒙私見一次，因大費周折，不敢再見矣；而手諭不時下頒，説帖時有進呈，南海張侍郎曾代傳遞二三次，皆紙筆所不能達者。八月事變後，傳遞之太監二名，守宫門之太監三名，皆杖殺之。張侍郎之得罪，此其一端。

聞四月以來總管内務府大臣，密派精細「蘇拉」數名，常於東華門、神武門，並内廷二門暗查出入之人，回堂又有太監數名，稽查各宫門出入者，值班之王公、貝勒，亦巡查甚嚴，據説太后有密旨也。紫禁城各門外官廳，係步軍統領分派八旗，兩翼輪流值班，聞亦奉堂諭，令其認準康有爲面貌，車馬僕役，如在各門，認名稟報。謡言日甚，有由來矣。或言康有爲兄弟常常進宫，於此可知其妄。

或謂榮相請訓時，太后兩次密語者，即天津閱兵將行廢立也。竊謂不然，此皆皇上攝於積威，媒蘖人衆，恭邸薨，常熟見逐，勢孤心悸，有草木皆兵之勢，而新黨雖有忠愛之心，惜昧於審勢度時，妄扭於前代權臣叛君，皆以兵力壓制衆人之見，未免過於深視太后，高視榮相矣。故曰，昧於審時度勢也。

夫太后、榮相每以爲此其時也，可以廢立矣，必在宫中調兵入衛，決不及出京到天津，行此大舉動也。況今日京師之臣民，不知有是非久矣，苟行廢立，尚有敢謂其不然者乎？不待兵力以壓制之耳，所以蓄意五年不敢遽行者，恐天下

不服，外人干預也。天津一區北洋數軍，能抗天下，能拒外人乎？太后、榮相寧不知之，故知斷非來天津行廢立也。一念之差又不擇人，貿然以刀柄付之，致我聖主有倒懸之危，誰之咎哉？

自四月二十三日以後，凡遇新政詔下，樞臣俱模棱不奉，或言不懂，或言未辦過；禮邸推病未痊，恭邸薨逝，剛相每痛哭列祖列宗，其次更不敢出頭，皇上之孤立，可見一斑也。

康氏兄弟進宮之謠，無人不知，且有污穢宮闈之語，苟有人心，皆不忍聞。欲知造此謠言者，乃當道王公，尚有咸廟皇孫在内，誰不知珍妃久禁高牆，皇上欲一見而不可得，況外人乎？狺狺獸語，不足聽聞。

五月初二日，御史宋伯魯劾禮部尚書許應騤阻撓新政，上諭令許應騤明白回奏。許公迎合守舊者也，係康之座師，因其上書主持變法，深惡痛絶，常言已逐絶於門牆之外。近以交禮部議定特科章程，許猶力持八股詩賦，百計阻撓新政，以分畛域門户，皇上怒之，未敢發之，聞係康屬宋劾之。旨僅令其照所參各節，明白回奏，而剛已代許申訴於太后之前。

五月初六日，停止八股考試。

五月十五日，召見舉人梁啓超，賞六品銜，命辦理譯書局事務。

五月十七日，硃諭軍機大臣、總理衙門會議交議事件。

五月，康有爲上書，力陳變法條理，以除積弊、定官制爲要義，請於京中先設制度局，並立十二局，選拔英才充之一摺，當交總署議奏，至四月底，尚延宕未奏覆。上自四月，日日催之，繼之以怒。慶邸暗將摺内改官换人諸大端，潛陳於太后，太后諭以既不可行之事，只管議駁，於是總署奏駁。上憤，又令樞臣同總署切實再議。未幾覆奏，僅將摺内不關輕重之事議准，餘仍議駁。京中已有裁撤六部九卿，而設立鬼子衙門，用鬼子辦事之謠；竟有老邁昏庸之堂官，懵懂無知之司官，焦急欲死者，惟有詛謗皇上，痛駡康有爲而已。

據康有爲此書，并無裁官之説，僅言於京城設立制度局，并十二局之議。而當時之物議沸騰，且因新黨中少年高興到處議論某官可裁，某人宜去，現已如何奏請皇上飭辦，而皇上發下何旨；肆意矜張，爲守舊中有心相仇者聽去遍傳也。辦大事者，慎言語，慎用人，幾事不密則害成，於人乎何尤？

五月二十日，旨，所有天下淫祠，盡改爲學堂。此旨一下，皆謂皇上又入天主教矣。而守舊大臣，有謂康有爲曾進藥水，上服後性情大變，急躁異常，並有在宮中設立禮拜堂之説。嗟乎，此二十年前，市井婦孺之謡，謂凡入天主教者，皆先服藥一丸，歸家即焚毁神像，從此不供佛不燒香也；不意至今日，此等議論竟出之當國諸鉅公口中，尚欲與之圖富强，講權利，能乎？否乎？無怪其錮蔽日深，視變法爲仇也。吾直欲呼列祖列宗九廟之靈而痛哭之，此數百萬滿蒙生命，真不知死所矣，悲夫痛哉！

京中僧尼道三等人，其氣勢等於顯官，且聲氣廣通，門徑直達大内，素皆聯絡太監故也；王大臣之門路，更不足數。竟有不肖官吏，因之以干求富貴者。此旨下後，若輩奔馳鑽營，冀可挽回，不遺餘力，亦與新政爲難。不謂富强大計之敗，此輩亦與有力焉，良可悲也。

京師有賢良寺者，大廟也，其主僧交接皆朝貴，無權公侯不足承其顔色。當僧道奔競時，有當軸告之曰：勿怕，少安勿躁可也。西山之僧，多與内監廝熟，亦曾聞諸有權太監言，有太后在，能拆廟宇乎？此等事，俟大局定後辦之未晚，因小失大，太不值也。

五月二十三日，上諭：各國傳教載在約條，各省將軍督撫責無旁貸，勿存歧視，務當竭力保護，以仰體朝廷諄諄誥誡之意。此旨爲沙市教案總督擬請者，而京中鬨傳爲皇上入教之據，曾爲某大臣抄出示人。上至頤和園，太后曾問何旨保教？上呈閲始恍然。人言可畏如此。

六月初一日，大學士孫家鼐奏，遵議，上海時務報改爲官報，請派康有爲督辦其事，此樞臣之囑也。奉旨依議，俟康有爲將所著各書進呈再令出京。

六月初十日，旨責江督劉、粤督譚於交辦各件，任意遲延搪塞，褒勉湘撫陳。凡有舉行新政發交外省各件，自直隸起，概不奉行，亦不議奏，電旨嚴催，置之不覆，上憤怒萬分，故有此旨，責劉、譚者，意在警榮相也。

六月十一日，李端棻奏請删改簡明則例，以杜吏胥任意准駁之弊一摺，着照所請各該衙門，迅速辦竣具奏。奉旨後，仍是敷衍搪塞，無一堂官實力奉行者，司員中尚有數處諄諄查辦，從此各署胥吏，信口謡傳，亦與皇上、康氏爲難矣。

六月二十九日，設立農工商局，派直隸西伯昌道端方，候補道徐建寅、吴懋鼎，均着賞給三品卿銜，並准專摺奏事。此康有爲請設立者也，而所派三人，端爲剛相保，徐爲裕制軍保，吴爲王制軍保。

七月初十日，復有旨嚴責直督榮、江督劉、粤督譚。

六月已有旨，切責劉、譚兩制軍於交辦之件，任意遲延搪塞，而褒勉湘撫陳中丞焉。聞劉、譚皆觀望於直隸，直督榮相胸有成竹，有恃無恐，上乃責劉、譚而褒獎陳，不知正爲陳公取咎在此。至今又有一月，仍未覆奏，上乃不能忍，又下嚴旨，並榮而責之，榮亦自知不免，益極力求自保之計。

七月十四日，旨裁詹事府、通政司、光禄寺、鴻臚寺、太常寺、太僕寺、大理寺，並湖北、雲南、廣東三巡撫，東河總督，一併裁撤，及各省無運可辦之糧道，無場銷鹽之鹽道，亦均着裁缺。

從太僕寺少卿岑春煊所請。上深惡冗官糜費而無用，即准此請，裁撤歸併，京師惶恐，正符將欲裁九卿六部之謠。

七月十七日，罷禮部六堂官，主事王照着以四品京堂候補。皇上求言之切，不自今日，當初不能自主，自親政後，即首重求言，惟恐不盡，近又力行新政，日日誘使進言。尚書許公與康樹敵，曾劾康，康又使人劾許，互相攻訐屢矣。今見王照所言，大都維新之道，正觸其惡，不欲代奏；王又爲康友，素知許與新黨爲難，故面斥其背旨，壅蔽言路，復具一摺劾之，請其代奏，因不敢不代遞之，加片劾其咆哮挾制。上正在急欲求言，又惡許阻撓新政，故六堂皆罷之，實皆許一人所累也，然此係皇上承統以來，第一次黜陟人才也，不意因之受禍。

懷尚書守舊之無能者也，此番因人受累，深蒙太后憐之，召赴頤和園詳詢本末，令其暫且忍耐，而懷急欲作官，復有天津之行，諸公之淫於富貴，亦可嘆可憐矣。

七月二十日，召見楊鋭、劉光第、譚嗣同、林旭，均着賞給四品卿銜，在軍機章京上行走，參預新政。

楊鋭，四川人，内閣候補侍讀。　均湘撫陳中丞保薦。

劉光第，四川人，刑部主事。

譚嗣同，湖南人，江蘇候補知府。　湖南學政徐保薦。

林旭，福建人，候補中書。　少詹王錫蕃保薦。

皇上年來蒿目時艱，講求新法，而在廷諸臣，惟知墨守舊經，凡有顧問之言，所答皆非所問。諸臣不自責其無識，每以恭守祖法，抗忤上意，上亦深知諸臣之不足與謀也。方今改革在亟，乃命四臣充軍機章京，參預新政。自是每日章奏條陳，上擇要披閲外，皆四臣閲看，新政詔諭，皆命恭擬，並代進呈康有爲條奏，較由總署速且便也。軍機大臣除辦日行例事外，不能贊置一詞，咸忿忿不平，怒眦欲裂於此四臣矣。選此四官，康之保薦。

又旨，修理京城街道，挑挖溝河。

京都管理街道，有工部街道廳。管理溝渠河道司官，順天府，大宛兩縣，步軍統領衙門。前三門外，又有都察院管理街道城防司汛等官，可謂嚴且備矣。究其實，無一人過問焉，以至任人踐踏，糞土載道，穢污山積，風即揚塵，雨即泥濘，春夏之交，變成瘟疫，而居其中者，奔走往來宴如也。洋人目之爲豬圈，外省比之爲廁屋。然每年碎修經費，所出不貲，及勒索商民、訛詐鋪户，款又甚鉅，奈皆衆人分肥，無一文到工者。歲修之項，工部分其半，該管又分其半；巡查打掃之費，步軍統領衙門營城司防内外城分之，訛詐勒索，工部不與焉。近日有人條奏，上盡悉其詳，乃命該管各衙門即行查勘估修，以壯觀瞻，并大清門、正陽門外，菜蔬鷄魚攤肆，一概逐令於城根擺設，以示體恤。於是官吏閭民，皆稱不便，官吏慫恿百姓，聯名呈懇體恤。

又二十後一日，皇上面諭軍機大臣，停止海防捐。

樞臣奉諭後，即力陳北洋淮軍仰給此項，若一旦停止，淮餉無款可籌；更兼新政創行，諸多用費，請少緩再停。上不允。樞臣再四瀆請，上怒曰：「一面裁官，一面捐官，有此政體否？勿多言！」樞臣不得已，即商於北洋，稟知太后，皆謂皇上任性胡鬧也。

七月二十二日，旨，李鴻章、敬信着無庸在總理衙門行走。

七月二十二日，湖南舉人曾廉，請殺康有爲、梁啓超。劾康有爲、梁啓超叛逆不道，其在湖南時務學堂講義，專主民權自由。上令譚嗣同逐款批駁，始呈太后閲看。

是日天津有人見自京乘火車來督署者數人，勢甚耀赫，僕從雄麗，有言内中即有懷公塔布、立公山也。

蓋自榮相蒞任以來，親友往還，不絶於道，人亦不復措意。

京中有言立玉甫曾於七月奉太后密諭，潛赴天津，與榮相有要商也。

懷，立兩公均爲内府大臣，爲太后所信任，究之立公之爲人，才具心地，均優於懷，且於上前不敢藐視，即至今日，論及皇上，亦無不遜之言，但既奉密諭，不能不有此一行耳。

七月二十五日，日本侯相伊藤博文過津。

八月之變，幽禁皇上，株連新黨，翻改新政，蓄此心固非一日，而藉口發難，

實由於伊籐之來也。自御史李岳瑞、洪汝沖等上書，請用客卿，朝臣斥爲漢奸，將引外人從中取事；及至伊籐到津，皆云係康有爲勾引而來，將入軍機矣。王公卿相士庶皆言之鑿鑿，竟有陛見之督撫大員，曾謂軍機章京曰：「公等好事新堂官也。」伊籐在津日，又值皇上電詢，可否在津多留數日？伊籐答以兩禮拜，守舊者皆惶悚不安。榮相接待，宴於北洋醫院，神色慘沮不歡，未遑終席，借事辭去，蓋將藉此發難，以惑太后聽耳。

七月二十八日，旨，許士民上書言事。

在廷諸大臣最惡言事者敗事，嘗告人曰：「自伊犁事、法越事、以至甲午日本事，皆辯言亂政者僨事所致；欲天下無事，杜絶言路，自然安静，而辦事者，亦可順手。」今上廣開言路，正與之相反，不便於諸公之事，此爲第一切膚之痛。

又皇上赴頤和園請安。上意仿照先朝懋勤殿故事，選舉英才，并延東西洋專門政治家，日夕討論講求治理，從康請也。蓄心多日，未敢發端，恐太后不允，至是決意舉辦；令譚嗣同引康熙、乾隆、嘉慶三朝諭旨擬詔，定於二十八日赴頤和園時，稟請太后之命。太后不答，神色異常，懼而未敢申説。

皇上自四月以來所有舉辦新政，莫不先赴太后前稟白，而後宣示，雖假事權，並未敢自專也。每有稟白之件，太后不語，未嘗假以辭色；若遇事近西法，必曰：「汝但留祖宗神主不燒，辮髮不剪，我便不管。」實由於皇上説話，不及媒蘖者之言悦耳易入也。

案皇上變法以來，欲行各事，曾未聞有議改衣冠之説。即上書者，亦不過言去拜跪，免忌諱、開議院、用客卿，取法泰西者，此爲至極矣；亦不曾聞有易衣冠，廢禮樂之議論，何至京中遍傳皇上將改衣冠，剪辮髮，絶無影響之謡？大抵懵懂無知之徒，日在夢中，向不知外事，亦不辨各國之名，一聞西法，即以爲入天主教矣；一聞變法，即以爲隨鬼子矣；若聽取若輩醉生夢死之言爲是非，罔有不敗事也。蓋皇上變法不便者多矣，將激惑此輩妄口亂言，而讒人得行其浸潤之術，保其蒙蔽之權；國之安危，民之生死，若大都城，無一念及此者。更可恨可憐者，莫旗人愚之至也，本生全之而反以爲仇，本殘害之而反以爲可恃。洋人謂華人少於教養之道，吾當爲京城人大聲而言之。

七月二十八日，諭康有爲等密諭：「朕惟時局艱難，非變法不能救中國，非去守舊衰謬之大臣，而用少年英勇之士，不能變法。皇太后不以爲然，朕屢次婉勸，太后反怒。今朕勢難自保，汝與康有爲等同心設法相救，十分危急，不勝盼切之至。特諭。」

是日楊崇伊至天津見榮相。

七月二十九日，召見楊鋭。

皇上自頤和園回宫，見太后神色迥異尋常，自知有變，召見楊鋭授以密諭，命與康有爲等設法挽救。

七月三十日伊籐到京。

派候補道王修直陪送到馬家堡。

是日早車有榮相密派候補道張翼進京謁慶邸，呈密信并稟要事。據有見此信者，言有四五十頁八行書之多。

張翼者，南苑牧人子也，醇賢親王駐苑時悦之，編入本府包衣，賞充三等護衛，隨侍左右，善承人意，王寵遇之。後捐道員，薦於左文襄公，至江南左相鄙之，乃歸就北洋奪開平礦務局及鐵路總辦。今又迎合榮相，當此奔走媒蘖皇上之密差，亦酬報王之恩遇也。

八月初一日，召見直隸臬司袁世凱，着開缺以侍郎候補。

上以變法故，自知不容於太后，結怨諸臣，浸潤於己，其最甚者，榮相、慶邸爲最，端邸、剛相等次之。自榮相請訓出京後，益不自安，日夜憂懼，密謀於康有爲等，皆以形迹可疑憂之。譚嗣同請上恩給袁世凱，可爲天津閲兵時保護之地，今見事迫，乃召來京，將厚結其心；召見後，乃有擢用侍郎之旨。

又上諭催促康有爲迅速出京，赴上海辦官報。日來劾康有爲(者)極多，上知諸臣不容，故下旨催促出京，俾可免禍。

八月初二日，召見袁世凱。

是日楊崇伊等赴頤和園，奏請訓政。

是日慶邸、端邸同赴頤和園，哭請太后訓政，且言伊籐已定初五日覲見，俟見中國事機一洩，恐不復爲太后有矣。

八月初三日，皇上赴頤和園請安。召見林旭。

是日言官數人，聯銜請皇上籲請太后訓政。上知事局已敗，召見林旭，付以密諭，康密諭令其即日出京。據八月後守舊黨云：太后曾於皇上屋中，抄出給康有爲手諭，令他速投英、日，設法救護；太后所以大怒，爲他勾外國謀我，其心可殺。

據天南報云：曾刊康所奉密諭，大意與前相同，決無令其投英、日之説，以此觀之，袁世凱所奉密諭可想矣。不然，既欲聲正皇上之罪，謂將謀殺太后，何不將此諭宣示天下乎？不肯宣示，中必有詐。然謀頤和園殺太后，吾不敢信；若云謀天津殺榮禄，恐密諭中不免也。吾料此諭，終必見於世，彼時將用之聲正造言生事者之罪焉。

是日天津來電，言英、俄在暉春開仗，各兵輪遊弋大沽口，速調袁世凱回防，連電總署催袁回津。

八月初四日，太后於酉刻還宮。

原定初六日還宮，皇上於初三日代傳懿旨，忽於初四日酉刻進城，諸務倉卒未備。所以忽忽回宮者，爲明日監視皇上見伊籐也。

天津報：榮相原定初六日驗看兵輪，忽傳諭改期。

聞皇上於是日謂樞臣曰：「朕不自惜，死生聽天，汝等肯激發天良，顧全祖宗基業，保全新政，朕死無憾。」

八月初五日，召見袁世凱。袁世凱請訓回津。

初二日，袁世凱謝恩。召見，勵以盡忠王事，盡心練兵。是日譚嗣同夜至袁世凱寓，口述上意，欲其於天津閱兵時，倘有他變，命以兵衛聖躬。袁佯允之，且請付以手諭。故初五日召見時，付以密諭。

天津督署調武毅軍十營，即日來京，聲言備用皇差彈壓，實因聞袁世凱賞以侍郎，頗覺駭異；先詐稱英、俄開仗，調袁回防；預調聶軍，防袁有變。袁到津時已晚，即進督署，夜半方出，次日亦未回防。

是日巳正，覲見伊籐博文於勤政殿。

伊籐爲日本改革領袖，皇上急欲面詢變法方略，預定於殿内間設酒果以便詳詢一切；而是日太后先在屏後坐聽，以鑒察之，上僅能與照例數語而退。

張侍御仲炘劾張蔭桓、康有爲、楊鋭、林旭及新進諸臣；先一二日貽穀參李端棻、陳寶箴濫保匪類，皆未批發。

八月初六日，下詔訓政，懿旨拿康有爲。

是日太后御便殿，召慶王、端王、軍機御前大臣，跪於案右；皇上跪於案左，設竹杖於座前。疾聲厲色，訊問皇上曰：「天下者，祖宗之天下也，汝何敢任意妄爲！諸臣者，皆我多年歷選，留以輔汝，汝何敢任意不用！乃竟敢聽信叛逆蠱惑，變亂典型。何物康有爲，能勝於我選用之人？康有爲之法，能勝於祖宗所立之法？汝何昏憒，不肖乃爾！」又顧諸臣曰：「皇帝無知，汝等何不力諫，以爲我真不管，聽他亡國敗家乎？我早已知他不足以承大業，不過時事多艱，不宜輕舉妄動，只得留心稽察管束；我雖人在頤和園，而心時時在朝中也。我唯恐有奸人蠱惑，所以常囑汝等不可因他不肖，便不肯盡心國事；現幸我還康健，必不負汝等也。今春奕劻再四説，皇上既肯勵精圖治，謂我亦可省心。我因想外臣不知其詳，并有不學無術之人，反以爲我把持，不許他放手辦事，今日可知其不行矣。他是我擁立者，他若亡國，其罪在我，我能不問乎？汝等不力諍，是汝等罪也。」剛先對曰：「屢次苦諫，每加譴斥，其餘衆臣，亦有言諫過者，亦有不語者。」復向皇上曰：「變亂祖法，臣下犯者，汝知何罪？試問汝祖宗重，康有爲重，背祖宗而行康法，何昏憒至此？」皇上戰栗對曰：「是固自己糊塗，洋人逼迫太急，欲保存國脈，通融試用西法，并不敢聽信康有爲之法也。」太后厲聲怒曰：「難道祖宗不如西法，鬼子反重於祖宗乎？康有爲叛逆，圖謀於我，汝不知乎？尚敢回護也！」皇上本已魂飛齒震，竟不知所對。復厲聲問：「汝知之乎？抑同謀乎？」皇上戰栗對曰：「知道。」太后曰：「既知道還不正法，反要放走？」皇上即云：「拿殺。」此即密拿康有爲抄南海館之旨。太后并謂諸臣言，我常教你等小心，就怕如近年這些佞臣賊子煽惑也。遂幽禁皇上，帶同太監搜查皇上書房，究查御前太監。此第一次訊問皇上大略情形，言語極多，傳者不勝記憶。

初七日，太后單訊皇上一次。

初八日，又同諸臣質訊一次，若原被告焉。此乃太后前近御太監傳出，渠亦甚憤。十二日出宮採辦節用，氣忿而訴於人者，而十四日亦被殺矣。

又是日晚，步軍統領衙門派官數十名，至天津密拿康有爲。

八月初七日，各國公使至總署，詢問「訓政」究屬何意？

又是日停火車。

京津人心惶恐，謡言紛紛，停車至申後，忽一汽車挂一花車，自京來津，至督署密語久之，據云楊姓大臣也。

又有言官參劾康有爲者。

八月初八日，皇上率百官恭賀訓政。

太后旨，命皇上拜於堦下。禮成，復於便殿召羣臣質訊皇上，將所抄皇上書房中及康有爲寓中奏章説帖等件，逐條審訊，以諸臣質之。內有楊鋭、林旭述上意催康迅速出京之函，太后大怒，問皇上，上不敢認，推楊鋭之意。時太后已接

北洋袁世凱出首密告之事，追問皇上何意。上只得推康、譚，否則立受廷杖矣。當即飭下步軍統領捕拿張蔭桓、徐致靖及新進諸人，禁皇上於瀛臺，將近御各太監看押，另派太監二十名，隨侍皇上，實監禁之，二十名太監，皆太后心腹也。

八月初九日，旨，近來新進干預新政諸人，傳至六項公所，命禮、慶兩邸訊問，有無與康有爲朋比爲奸情事，查實治以應得之罪；訊後并交步軍統領衙門監收。楊崇伊又參康有爲叛逆不道，雖已在逃，請旨各省嚴拿，其數月來新進之人，請皆罷斥。

八月初十日，下召醫進京之旨。

此時京中議論洶洶。有太監云：皇上有病，正須静養，不能接見臣下；當軸大臣有謂皇上因服康藥病危甚；又有言上已大行，俟康拿到訊明酖弒逆謀之黨，方聲張，恐逆黨逃去也。

是日張蔭桓、徐致靖、康廣仁、楊鋭、譚嗣同、林旭、劉光第下刑部監禁。又御史楊深秀於政變後上書，阻訓政，是日同下刑部監禁候旨。

楊之爲人，敦品勵學，爲士林所敬服；林則年少才美心亦無他；若云有圍園弒母之謀，吾敢以身家性命相保。欲加之罪，何患無辭，真千古奇冤也。

又召直隸總督北洋大臣大學士榮禄迅速來京。帶印進京。

八月十一日，上諭：復七月十四日所裁詹事府等七衙門。

禁不應奏事人員言事，以符定例。

各省廟宇無庸改爲學堂，以順民情。

刑部奏：案情重大之張蔭桓、徐致靖等，請欽派大臣同審。

八月十二日，召見榮相，賜膳。午後又召見，命在軍機大臣上行走。

八月十三日，直隸總督北洋大臣着裕禄補授，北洋各軍仍歸榮禄節制。

旨康廣仁、楊深秀、楊鋭、劉光第、譚嗣同、林旭着即行正法。張蔭桓非康有爲之黨，發往新疆効力。徐致靖着永遠監禁。冬月十六日密旨：張蔭桓着於發遣之地永遠監禁。

欽派會審大臣定於十三日會審。午正有旨言有人奏，若稽時日，恐中有變，即行正法。

太后深惡張侍郎蠱惑皇上，定欲殺之。上代白非康黨，慶邸亦奏并非康黨，始獲生全。

徐仁鏡、徐仁鑄革職，永不叙用。

旨江西巡撫並江蘇、湖北督撫密拿文廷式解京，聞楊崇伊奏也。後又有拿獲就地正法之密旨。

八月二十三日，撤農工商局，派辦三員皆撤去卿銜，惟端方係剛相所保，八月以前與康甚密，至政變後求剛庇護，剛乃代奏，係奉所命入康黨探其消息者。八月底太后召見，問其外間人言定否？對曰：「自訓政後，人心大定。」太后叱皇上聽之，又進《勸善歌》，太后大悦，命天下張貼，京中呼之爲「升官保命歌」，亦可笑矣。

八月二十四日，罷經特科，廢官報局，禁報館，復八股考試。

是日何乃瑩召見，太后問八股考試外議如何？曰：「二百餘年開科取士并不乏人才，且天下士子相習日久，不宜更變，人多惜之。」於是復用之考試。何鑽營無恥人也，專恃逢迎，極得榮相歡，使是日太后問之他人，尚不至即復。緣八股一事，守舊大臣中稍明事理者，亦不謂然，不過此際與皇上、康有爲樹敵之心，重於是非心也。稍遲時日，或可設法，可不再復，不意遇此小人，想亦中國人才之厄運未已也。

榮相春間曾告人曰：「近日皇上大爲任性胡鬧，我不能與之共事，極思出京，你們聽前日因德藩來京，已鬧了多日，且曰『我向不拘細節，你們竟知在無味虚面上用心，到了大節割地賠款事，即一籌莫展。你們嫌我講西法，我將要改變西法，汝等其奈我何云云』。此等話像話乎？何足以治天下也，配作皇上乎？」戊戌六月諸守舊大臣以皇上變法，焦愁不已，多有問之榮相者，榮相笑曰：「俟其鬧至翦辮子時，必有辦法，此時何急哉？」

京中謡言四起，謂皇上將改衣冠，有地安門外大估衣店請教於滿大臣某者，果有此説，以便出貨。某曰：「若容皇上鬧去，必至如此，恐其鬧不長耳。」此七月中旬之言，想早有布置矣。

榮相謂人曰：「康有爲立保國會，現放許多大臣未死，即使亡國尚不勞他保也。其僭越妄爲，非殺不可。你們如有相識入會者，令其小心首領可也。」

榮相於五月有一日謂人曰：「我若非太后慈恩，早不伺候了。現又囑我以重要之事，奈何奈何？我欲辭又恐無能辦之人也。」

八月十三日，復有人問榮相曰：「袁世凱曾奉密詔乎？」曰：「然。」「詔中曾有殺公言乎？」曰：「然。」曰：「然則袁世凱先一同謀者也，既同謀而又出首，首

鼠兩端，此人亦不足取也。」榮相曰：「袁乃我的人，無所謂首鼠兩端。」諸大臣中，並非皆與皇上有嫌，皆與康有爲不兩立耳，所以然者，忌之、恨之、畏之。蓋康之上書，曾有云：「緩變不如急變，小變不如全變。」又云：「變法尤須變人。」又曰：「衰老大臣精力不足以輔新政。」兼之裁冗官，許言事，用新進，凡諸臣之求富貴保身家之道，將盡行蔽塞之矣，安得不以死命争之。非禁制皇上，不能去康有爲也，故謗之詛之，思求其得以禁制皇上之道，不遺餘力以謀之，遂激成八月之變。訓政後，此輩曾告其戚友曰：「數月來寢不安，食不飽，今始有命焉，非我皇太后如何得了也。」

八月，有問皇上消息於當軸者曰：「已皆問明，盡招認矣。」又問：「終久如何了局？」曰：「俟稍停數日，定有辦法。」問：「皇上尚能放出否？」曰：「怕不能。」問：「如此囚禁，無異犯人，實屬難過。」曰：「自作自受。」

九、十月，有問皇上病者，某大臣曰：「吾料斷無病好之日。」

又有問樞臣者曰：「皇上如此囚禁，倘太后千秋萬歲後，再出來，更不好。」曰：「幸病已深，恐非藥石可能奏效。」

十月初，有執事太監，爲其姪取婦，原定臘月，忽催其媒人改十月底，其親再三問故，乃密曰：「皇上病重，並有傳宗人府近支宗譜，凡十二歲以内，溥字輩，皆預備太后召見之旨。」當時買小花衣袍者極多。

皇上謀圍頤和園謀殺太后，人人言之，若追究所據，則言人人殊；變衣冠亦有言者，追究之亦如此；是以知皆莫須有也。所問者，皆問當道者也，泛泛尚書侍郎，不足論之。

懷尚書之罷斥時，其家人已知其不久仍出來，且曰：「一换皇上就好了。」雖小人言語，有由來也。

九、十月間，風聲甚緊，幸洋兵進城，洋醫請脈，懼外人將干預也。英、法使臣同至總署，薦法醫，總署奏請，懿旨辭之；又請之，又辭。使臣謂總署曰：「薦醫者非爲治病吃藥，緣貴國此番舉動離奇，頗駭聽聞，各國國家商定驗看大皇帝病症，爲釋羣疑，已奉國家之電，不能不看。」慶邸復請於太后，直陳其故，乃命樞臣同剛毅曰：「皇上有病，外國豈能干預，且外國醫生，也不配看皇上病。」羣商片時，不得不令其看視，太后特派端、慶兩邸并樞臣監同看脈，洋醫自帶翻譯。

太后覲見各國使臣夫人，特備二人充作瑾、珍二妃，防人問也，足見未嘗不心虛也。

皇上今冬十一月，止穿一珠毛皮襖，寒冷之色見於面，蓋袍褂見人之衣，外臣召見者皆見之，故有人預備，便衣無人見之，即無人預備拿出也。

皇上、太后膳房例膳，皆不堪下箸，向皆太后内廚房另備一桌，太后另賜皇上數樣。自八月後，皇上即不得此另賜之餚，僅例膳一席，且殘羹冷炙，不堪入口，撤去，左右人皆不食也。

太后所派伺候皇上之太監，出來輒怨差苦任重，時時防備，連吃皆無，須自賠墊，幸太后憐恤，另賞以津貼之。

榮相與皇上何不相能之甚也，蓋有故焉，由來久矣。榮相小有才，不讀書，性情驕侈，猾巧而多忌。初以户部銀庫員外郎，值咸豐年清查庫款，幾爲肅相所殺，極力營脱，改捐道員。候選時醇賢親王創立神機營之初，以其先世所遺陣圖獻之，王喜，派在神機營當差，一力提拔，擢至工部尚書，兼步軍統領。當時京中忌之者，誣其爲王之外寵。光緒爲言官攻訐，太后惡而罷之。副都統容貴又譖於醇王之前，王亦漸漸疏之，以是益不滿意於醇王矣。壬辰授西安將軍之命。甲午奉旨祝嘏來京，正恭邸復出，軍務倥傯，立督辦軍務處，遂倚之如左右手，事皆取決，於是熱燄復熾。思太后、恭邸皆與醇王不合，先誹謗醇王於恭邸，廢其所辦之事，去其所用之人。既取悦於恭邸，得推心委任之，又恐太后忌其爲醇王拔識之人，自此藐視皇上，反噬醇王，以明非醇黨，而保位固寵焉。

乙未普陀塔歲修之工，因連年大雨，滲漏較多，請款派查估。初派敬子齋尚書勘估，請訓時翁相謂之曰：「上意以爲時艱幣絀，尚有償款并善後事宜，工但可保，不可任意鋪張。」並述上之深意。雖未明言，實以此工爲醇王承修，恐貽醇王咎，且增嫌隙，是皇上之苦心也。敬乃估以三十萬，太后疑之，復派慶邸、榮相再勘之。榮竟不會同慶王，肆意鋪張，但求迎合慈意，斥爲當日工料不實，必預拆毁重修，計款百五十萬。太后大怒，命查取當初監督監修職名，欲罪之。榮復代乞恩，意謂此工皆醇王受木廠之賺也。太后遷怒敬信，罵其喪盡天良，是誠何心，將貽害於我死後。其實怒醇王及皇上也。皇上以此事不安者年餘。

及至丙申，醇王福晉，皇上之生母，太后之胞妹也，薨逝安葬時，太后臨弔，見醇王墓上有天生極大白果樹，命去之。樹根盤繞棺上，斧斤難施。命取石灰萬斤，和水穴而灌之，則墓中棺槨皆爲灰水所浸。其意不過洩工程不實，貽害死後之恨。而皇上目覩隱痛在心，忿恨榮相之離間，辜恩負德，不免於召對時形於顔色。從此榮相益怨皇上，則當面抗拂，背後詛謗，一意承太后歡矣。

又明年，上以膠州被據，旅、大、威海，盡以淪胥，欲遜位以求事權，太后佯許之，將尋疵而甘心也，榮實與預謀之。太后向樂聞人數皇上之罪過，則必謂有良心於我矣，浸潤之多，有由來矣。此等情形，翁常熟當備知之。翁以二十年之師，尚不見容於上之左右，況一康有爲乎？不待八月初六日，已明知有此禍矣。且康於召見日，遇榮相於朝房，榮顧而漫謂之曰：「以子之槃槃大才，亦將有補救時局之術否？」蓋輕薄之也。康以非變法不可對。榮相曰：「固知法當變也，但一二百年之成法，一旦能遽變乎？」康忿然曰：「殺幾個一品大員，法即變矣。」榮深怒其狂悖，已有必殺之心，即其請訓出京時，暗請太后留神，敦請太后訓政者，已伏八月初六之禍萌也。

吁！不遇兩宮之深嫌，固無此變；即遇兩宮有嫌，而無榮相之媒蘖，以取悅於太后，亦無此變；即有榮相之媒蘖，而不遇皇上之積仇，康有爲之觸怒，或迫於大義，或懷念舊恩，亦可無此變。奈何羣相搆難，萃於一時。而榮之顧忌瞻循，更有不能恝然於心者，新法行不足以顯我矣，顧皇上不可以自保矣。今日者勢成騎虎，社稷有傾覆之禍，皇上有倒懸之危，所傾社稷，危皇上者，不得不歸咎於康有爲也。安得忠義之士，同心協力，扶社稷衛皇上哉？

《崇陵傳信録》

清惲毓鼎撰

義和拳之爲邪教，即八卦、白蓮之支與流裔，勞玉初京卿考證最詳。顧朝廷所以信之者，意固別有所在，邵陵高貴之舉，兩年中未嘗稍釋，特忌東西鄰責言，未敢倉卒行，載漪又急欲其子得天位，計非藉兵力懾使臣，固難得志也。義和拳適起，詭言能避火器，以仇教爲名，載漪等遂利用之，以發大難，故廷臣據理力争，謂邪術不足信，兵端未可開，皆隔鞾搔癢之談也。甲午之喪師，戊戌之變政，己亥之建儲，庚子之義和團，名雖四事，實一貫相生，必知此而後可論十年之朝局。

京師演拳，始於三月間，不一月，其勢漸盛，淶水至戕彈壓武官楊福同。朝廷雖屢嚴諭拏辦，復命樞臣趙舒翹往涿州，名爲宣旨解散，實隱察其情勢也。舒翹見其皆市井無賴，乞匃窮民，殊不足用。回京，揣太后意嚮之，不以實對。五月十五日，戕日本使館書記杉山彬於馬家埠，日日燬教堂，殺教民，株連無辜。二十日，復縱焚正陽門西，火及城樓，二百年精華，一朝而盡。其時使館街西兵擐甲實槍，嚴守東西街口，如臨大敵。午刻忽傳旨召王大臣六部九卿入見於儀鸞殿東室，約百餘人，室中跪滿，後至者乃跪於檻外，殿南向，上及太后背窗向北坐，樞臣禮親王世鐸、榮禄、王文韶、趙舒翹跪御案旁，自南而北，若雁行，諸臣皆面南，樞臣剛毅則出京察看拳民未歸。既跪行一叩禮，上首詰責諸臣，不能彈壓亂民，色甚厲，翰林院侍讀學士劉永亨跪在後，與毓鼎相接，默語毓鼎，適在提督董福祥許(所)，董自任可驅拳匪出城外。毓鼎促其上聞，永亨膝行而前，奏云：「臣頃見董福祥，欲請上旨令其驅逐亂民。」語甫半，端王載漪伸大指厲聲呼曰：「好！此即失人心第一法！」永亨懾，不能畢其詞，太后默然。太常卿袁昶在檻外，高呼：「臣袁昶有話上奏！」上諭之入，乃詳言拳實亂民，萬不可恃，就令有邪術，自古及今，斷無仗此成事者。太后折之曰：「法術不足恃，豈人心亦不足恃乎？今日中國積弱已極，所仗者人心耳，若併人心而失之，何以立國？」太后又曰：「今京城擾亂，洋人有調兵之説，將何以處之？爾等有何見識？各攄所見，從速奏來。」羣臣紛紛奏對，或言宜剿，或言宜撫，或言宜速止洋兵，或言宜調兵保護。隨面派侍郎那桐、許景澄出京勸阻洋兵，一面安撫亂民，設法解散，遂麾羣臣出。毓鼎與光禄卿曾廣漢、大理少卿張亨嘉、侍讀學士朱祖謀見太后意仍右拳匪，今日之議未得要領，亂且未已也，乃行稍後，留身復跪曰：「臣等尚有言。」亨嘉力言拳匪之當剿，但誅數人大事即定。張閩人，語多土音，又氣急，不盡可辨。祖謀言皇太后信亂民敵西洋，不知欲倚何人辦此大事？太后曰：「我恃董福祥。」祖謀率然對曰：「董福祥第一即不可恃。」太后大怒，色變，厲聲曰：「汝何姓名？」對曰：「臣爲翰林院侍讀學士朱祖謀。」太后怒曰：「汝言福祥不足恃，汝保人來。」祖謀猝不能對。毓鼎應聲曰：「山東巡撫袁世凱忠勇有膽識，可調入京鎮壓亂民。」曾廣漢曰：「兩江總督劉坤一亦可。」軍機大臣榮禄在旁，應曰：「劉坤一太遠，袁世凱將往調矣。」毓鼎復言：「風聞鑾輿有西幸之説，根本重地，一舉足，天下摇動矣。」太后力辨並無此説。四臣遂起，太后於祖謀之出，猶怒目送之。

二十一日未刻，復傳急詔入見，申刻召對儀鸞殿。上先詰問總理事務衙門大臣尚書徐用儀，用儀奏辨，語細不可聞，惟聞上厲聲拍案曰：「汝如此搪塞，便可了事耶？」太后隨宣諭，「頃得洋人照會四條：一，指明一地，令中國皇帝居住；二，代收各省錢糧；三，代掌天下兵權……今日釁開自彼，國亡在目前，若竟拱手讓之，我死無面目見列聖，等亡也，一戰而亡，不猶愈乎？」羣臣咸頓首曰：「臣等願效死力。」有泣下者。惟既云照會有四條，而所述衹得其三，退班後，詢之榮相，其一勒令皇太后歸政，太后諱言之也。其時載漪及侍郎溥良力主戰，語尤激昂，太后復高聲諭曰：「今日之事，諸大臣均聞之矣，我爲江山社稷，不得已而宣戰，顧事未可知，有如戰之後，江山社稷仍不保，諸公今日皆在此，當知我苦心，勿歸咎予一人，謂皇太后送祖宗三百年天下。」羣臣復叩首言：「臣等同心報國。」玉音一則曰諸大臣，再則曰諸公，羣臣咸震動。於是命徐用儀、立山、聯元往使館，諭以利害，若必欲開釁者，可即下旗歸國。立山以非總理衙門辭。上曰：「去歲各國使臣瞻仰頤和園，非汝爲之接待乎？今日事亟，乃畏難乎？」太后怒曰：「汝敢往，固當往，不敢往，亦當往。」三臣先出，即諭榮禄以武衛軍備戰守，復諭曰：「徐用儀等身入險地，可派兵遥護之。」羣臣既退，集瀛秀門外，以各國照會事質之譯署諸公，皆相顧不知所自來，或疑北洋督臣裕禄實傳之，亦無之。嗣乃知二十夜三鼓江蘇糧道羅某遣其子扣榮相門，云有機密事告急，既見，以四條進，榮相繞屋行，旁皇終夜，黎明遽進御，太后悲且憤，遂開戰端，其實某官輕信何人之言，各國無是説也。故二十五日宣戰詔，不及此事。

二十二日申刻，復傳入見，籌議和戰，少頃即退。二十三日未刻，再召見於

儀鸞殿，太后決定宣戰，命許景澄等往告各國使臣，限二十四點鐘内出京，派兵護行。上雅不願輕開釁，搴景澄手曰：「更妥商量。」太后斥曰：「皇帝放手，毋誤事。」侍郎聯元諫曰：「法蘭西爲傳教國，釁亦啓自法，即戰，祇能讎法，斷無結怨十一國之理，果若是，國危矣。」言且泣，額汗如珠。聞有與辨論者。即派載潤等加意扞衛宫牆，備不虞，賞内膳房飯食，不必下班，諸臣皆退。旋傳諭二十四日辰刻更入見。次晨俱集瀛秀門外，使臣來照會，要慶、端二王往議，召二王及樞臣先入見，剛毅適還朝，亦召入。二王旋出，命譯署復使臣：「有言，但以書來，」二王不能往也。」須臾，樞臣下，傳旨撤全起，（内呼召見曰叫起）蓋戰議成，無事諮謀矣。是爲庚子御前四次大會議。方事之興，廟謨蓋已預定，特藉盈廷集議，一以爲左證，一以備分謗，始也端王主之，西朝聽之，厥後勢寖熾，雖西朝亦無可如何，親暱如立山，視其駢誅，莫能阻也。當宣戰之日，固逆計異時之必歸於和，使館朝夷，皇位夕易矣。大事既成，盲風怪雨，不轉瞬而月星明概，雖割地以贖前愆，亦所不恤，無如一勝之不可倖邀也，天也。

六月，詔莊親王載勛、大學士剛毅提督義和團，褒團爲義民，月賜太倉粟，在虎坊橋湖廣館發米，拳民益發舒，紅帕首腰刀，游行街市，莫敢誰何。一紙書可啓内城門，王公府第皆設壇，勢張甚。擒翰林院侍讀學士黄思永，囚莊王府三日，送刑部獄；殺編修劉可毅，京朝官紛紛南遁，曹部闃無人。武衛軍大掠東城，入東單牌樓頭條衚衕壽州相國宅，剽劫一空，相國衣短衣舁出，居安徽會館。侍郎陳學棻朝回，馬驚而馳，甘軍槍擊之，彈穿車中過，輿夫立斃。榮相遣材官持令箭彈壓，兵以槍擬之，跳而免。

使館皆在東交民巷，南迫城牆，北臨長安街，武衛軍甘軍環攻之，竟不能克。或云榮相實左右之，隆隆者皆空砲，且陰致粟米瓜果，爲他日議和地也。法國天主教堂在西安門内西什庫，剛相嘗督兵攻之，亦不能破，拳實不敢前，譁譟而已。拳匪既不得志，無以塞后意，乃噪而出永定門，鄉民適趨市集，七十餘人悉縶以來，僞飾優伶冠服兒童戲物，指爲白蓮教，下刑部一夕，未訊供，駢斬西市。有婦人寧家，亦陷其中，雜誅之，兒猶在抱也。是日風霾晦冥，見者冤痛。毓鼎上疏力爭之，謂：「謀亂當有據，羸翁弱婦，非謀亂之人；優裝玩具，非謀亂之物；而不分首從，不分男女，尤非我皇上好生如天之德，應飭刑部詳讞分別以聞。」疏入，獄已具；時趙舒翹長秋官，未慮囚，遽結正附成其獄，法司爲失職矣。

二十日，下户部尚書立山於獄。先是立山眷西城口袋底一妓，莊親王載勛争之，不能得；立山久長内務府，家豪於財，載勛貸鉅資，亦不能得，積忿，遂誣奏立山家有地道通西什庫，潛爲接應，故教堂久不下。矯詔率拳匪至酒醋局第中，大索，無所獲，乃囚之。詔文荒誕鄙俚，官文書所不載，特録存之，以爲此詔非出宫廷之證。其文曰：「欽命義和團王大臣奉懿旨，聞户部尚書立山藏匿洋人，行蹤詭祕，著該大臣查明辦理。該大臣至該尚書宅搜查，並無洋人，當將該尚書拏至壇中，焚香拜表，神即下壇，斥以勾通洋人，行蹤詭祕，該尚書神色倉皇，著即革職交刑部牢圈監禁，倘有疏虞，定惟該王大臣是問。」孝欽顧立山厚，雖下獄猶諭趙舒翹曰：「立山素吸洋煙，汝其善視之。」故立山不自意遽死也。

七月初三日，逮吏部左侍郎許景澄、太常寺卿袁昶。初四日，詔數其辦理洋務，各存私心，莠言亂政，語多離間，大不敬，斬西市。袁太常詆拳匪最力，致書慶親王奕劻，請其勸載漪勿爲禍首，中有云：「端郡王所居勢位，與醇賢親王相同，尤當善處嫌疑之地。」書爲載漪所得，遽上聞，諭旨所謂離間，指此也。外傳太常有諫止信拳開釁三疏，或云疏雖草爲儕輩所阻，實未上。許侍郎則帝黨也。十七日辰刻，逮兵部尚書徐用儀、内閣學士聯元，申刻，併立山皆斬於市。徐以辦理洋務，貽患甚深，立聯皆以離間罪之。自十五日至是日，沈陰慘霧，微雨時作，正陽、崇文、宣武三門俱晝閉，氣象蕭條，士民愀然，知大禍之將至矣。徐、許、袁皆浙人，立山内務府旗人，本姓楊，聯閣學既廷阻戰事，退與朝臣言，激昂不平，往往流涕，又爲帝所信，故及於禍。先是載漪力主外攘，累攻戰，不得逞，欲襲桓温枋頭故智，多誅戮大臣，以示威而逼上，將以次及大學士王文韶、尚書廖壽恒、侍郎那桐等，諸大臣咸岌岌自危，未三日而聯軍陷京師，乃免。復矯詔殺已革侍郎張蔭桓於新疆。蔭桓廣東人，用小吏致位九卿，才捷有機變，有清沿明制，吏、禮二部，漢堂上官，非科甲不得預，蔭桓獨以監生貳宗伯，戊戌新政，康有爲時主其家，密疏藉以上達，孝欽深恨之，謫戍伊犂。初蔭桓嘗以西藥進御，事頗聞於外，至是載漪訟言上奉天主教，宫闈多入教者，率大師兄（拳匪呼團長曰大師兄。）入宫大索，幾及聖躬，卒無左證，追坐蔭桓罪，賜死。（按庚子御前會議及殺五大臣事，公私記載皆不得其詳，余故悉著其實，備後世秉史筆者取材焉。）

拳匪攻使館，久無功，法亦不効，日妄言乾字團將至，或謂山東老團且至，以誑上而欺衆，太后寖厭之。六月十七日天津失守，寇氛日迫，朝廷始有講和意。二十二日詔保護教堂教士，除戰事外，所殺洋人及焚毁房屋什物，均俟查明辦理，以全權大臣畀李鴻章。詔已具，會有言李秉衡自清江入援，待其至徐議和戰

者，后意稍移。七月初一日，李督師到京，朱學士祖謀、馬編修吉樟先要諸途，述京師亂象，宗社之危如累卵，公入見，當力爲太后言拳匪恣謾狀，苟議和，大禍紓矣，督師深以爲然。迨入朝，徐相首迎之，大聲曰：「鑑翁，萬世瞻仰，在此一舉。」鑑翁者，督師字鑑堂也。復見剛相，知太后旨所在，意遂變，奏言：「外國多，不可滅，異日必趨於和，然必能戰而後能和，臣請赴前敵決一戰。」太后大喜，命統率武衛全軍及陳澤霖等各營，武衛軍實不成軍，十五日始出都，至通州，聞敵將至，師潰，督師吞金自盡，隨員王編修廷相投河死之，皆藁葬通州東關外。

二十六日，上三旬萬壽，猶御乾清宫受賀，東華門不啓，羣臣皆入神武門，冠裳寥落，僅成朝儀，紅巾滿都市，服飾詭異，持刃恟恟殺人，諸臣入賀者咸有戒心。

七月二十日，英軍陷京師，翌日，聯軍繼之。兩宫黎明倉皇乘民車出德勝門，甫出門，白旗徧城上矣。太后御夏衣，挽便髻，上御青綢衫，皇后及大阿哥隨行，妃嬪罕從者。瀕行，太后命崔閹自三所出珍妃(三所在景運門外)，推墮井中。初珍妃聰慧，得上心，幼時讀書家中，江西文廷式爲之師，頗通文史。廷式以庚寅第三人及第，妃屢爲上道之，甲午大考翰詹，上手廷式卷授閱卷大臣，拔置第一，擢侍讀學士，充日講官。廷式感奮驟言事，遼東敗問亟，廷式合朝臣聯銜上疏，請起恭親王主軍國事，太后素不善恭王所爲，上力請而用之。丙申，或搆蜚語譖妃干預外廷事，太后怒杖之，囚三所，僅通飲食，妃兄禮部侍郎志鋭謫烏里雅蘇台，上由是悒悒寡歡。聯軍入，日本軍護禁城，内庭晏然，乃出妃屍於井，淺葬京西田村。(朱學士祖謀、王給諫鵬運賦落葉詞紀其事，余亦賦詩云：金井一葉墮，凄涼瑶殿旁。殘枝未零落，映日有輝光。溝水空流恨，霓裳與斷腸。何如澤畔草，猶得宿鴛鴦。)

徐相宅在使館街，與法館對宇，兵事起燬焉，遷居故相國寶文靖園中。聯軍入城日，徐相謂其子承熊曰：「我爲首輔，遭國難當死，汝三兄位卿貳，當知所以自處，我死汝可歸隱易州丙舍，課子孫耕讀，勿仕也。」三兄指刑部侍郎承煜也。老僕於屋梁繩兩結，一左一右，徐相就其左，既承頸，猶以目視右結，意固在承煜，承煜竟不死，且不敢行服，草草殮其父。承煜刻深矯情，五大臣之死，承煜實主之，徐尚書等刑西市，承煜監斬有得色，或請用誅大臣禮，怒斥曰：「此漢奸，殺之猶輕，何恤爲？」數姓孤兒銜之甚，或告日本軍官發其奸，與尚書啓秀同被囚，啓秀憤自經，承煜呼人救之。次年議和條約懲禍首，詔俱斬西市，就刑日，西人用快鏡攝影去。

京師既陷，承恩公崇綺走保定，其子葆初在宅作大坑，自瘞死，併老母幼子皆生葬土中，崇公聞變自縊蓮池書院，竟絶嗣。兵部主事安徽王鐵珊跌宕有奇氣，憤時事危亂，七月十八日賦絶命詩，自縊於所居六安會館，遺書曰：「吾不忍見白旗也！」御史江蘇宋承庠，二十一日覩北城火發，疑爲宫禁，旁皇終夕，亦縊死。前侍郎景善朝服將投井，徘徊井闌旁，子恩某自後推之墮，或謂將以邀卹蔭也，事爲日本軍官所聞，槍斃之。祭酒山東王懿榮投井死。祭酒熙元，大阿哥師傅寶豐、崇壽皆自經死。熙祭酒直隸總督裕禄子，父子俱死國難。崇公謚文節，王謚文敏，熙謚文貞，寶謚文潔，崇謚文勤。(城内旗官恐受戮辱闔門自焚者頗多。)

戊戌新政，各國盛稱上英明剛斷，拳匪之亂，皆知非出帝意，使聯軍入時，上獨留，出而與西帥相見，治首禍諸臣罪，事當易了。孝欽慮帝留之不爲己利也，挾之俱西，既達西安，惴惴然恐天下不直其所爲，頗有意復辟，已而鄂督張之洞，在籍侍郎盛宣懷貢使首至，所以媚茲者甚備，太后乃大悦，知天下未予叛也，意潛輟，然上視在京日稍發舒矣，議和締約，用平原函首故事。剛毅已病死中途，遣尚書葛寶華誅莊親王載勛於蒲州。載勛讀詔訖，從容再拜謝罪負，闔户自經。命布政使何福堃殺毓賢於長安市，命巡撫岑春煊賜趙舒翹自盡。舒翹故健實，吞金不死，服洋藥不死，春煊迫待覆旨，有老刑卒獻策，以桑皮紙浸燒酒，閉口鼻，氣始絶。安置端郡王載漪於寧夏，鎮國公載瀾於安西。載漪既謫，大阿哥法不當立，遂宣詔廢之，襆被出宫門，居八旗會館，士民無憐之者，時辛丑四月也，蓋至是而戊己之局始結。

辛丑和議成，中外交章請回鑾，太后躊躇未敢歸，召尚書敬信赴行在，詢知宫廷無恙，十月始啓鑾，駐蹕開封者十餘日，十一月二十一日入永定門。正陽門經拳匪縱火後，樓堞殘缺，垣棟傾頽，無復承平舊觀，太僕少卿陳璧筦將作，皆粉堊而新之，識者謂足安聖母之心，而河北蕪蔓之意則唏矣。次日上告謝太廟，三品以上進名起居。先是車駕在保定，詔詢禮部謁廟服色，曹郎議當素服，而尚書徐郙主朝服，上閱奏怒，擲諸地，乃改常服行事，樂設而不作，並祀太廟後殿。上還宫，即召見乾清宫，太后曰：「我不意猶能見爾等。」失聲哭，諸臣伏地痛哭。太后歷數出都日途中艱苦狀，淚與聲俱。又曰：「予聞爾等在危城中，多有損失，不知爾等近狀如何？家口均平安否？」諸臣對曰：「皇太后、皇上垂詢及此，真天地父母之恩，臣等託賴安福，得保餘生，感激無可言報。」上復温諭數語而退，隨傳諭給事中御史暨各衙門實缺司官排日入見，見之日，諸臣輒先哭數聲，若舉哀焉，慈顔則稍霽矣。

《民教相仇都門聞見録》

清 劉以桐 撰

光緒二十六年四月十四日，定興縣義合團民起義師，殺天主、耶穌教民，並焚毀教民房屋。至淶水縣，焚殺無異。二十四日，統領楊某（楊福同）帶隊前往彈壓，不服，繼放洋槍；團民等不肯束手待斃，致殺傷多兵，而楊統領亦隨時被戕。查該團總名，取朋友以義合之義，故彼此稱謂，皆曰「師兄」。老師傳法後，周隸各團，無恒安處；惟其善卜，能知未來，遇有疑難，燒香焚表，雖遠在千里，頃刻可至。起自山東，始以一百零八人爲一團。先書乳名于表，神前焚化，視焚而乳名不化者，爲在團之人。八卦旂分五色，畫八卦。壯幼皆以紅布裹首，與元末劉福通自號紅頭巾者，上多一「佛」字。無論白叟黄童，皆可學習，一百零八天即成。初練之時，東南三揖，神即附體，用刀用槍，舞弄自如，殺人不甚費力。洋人用何邪術，一算即知破法。均自備口糧，毫無滋擾，洵扶大清之義師也。斫殺教民，燒燬教民房屋，不足爲奇。所奇者，奉教之老少男女，住宅市房，一望而知；稍有游豫，焚表問神。故從未錯燒一房，妄殺一人，又實滅鬼子之神兵也。而奉教者遇之，任其刀斫槍扎，一無抗拒。語云：「耗子見貓。」正今日之謂。到處設壇，供奉文武聖人、孫臏真人、王禪老祖、洪魏（疑是「鈞」字之誤）老祖諸神；每日焚香，演過刀、過槍，閉火門法云。

五月初一日，蘆保鐵路，起琉璃河，至豐台火車站，均被燒拆，共計一百餘里。由天津至通州二閘地面，電線杆數處拆毀。燒通州教堂洋房，隨教住房亦被燒毁。（據該處來京人云：義（合）〔和〕團民，手執高粱桿，沿鐵路行走，口中喝云：「燒、燒。」即火起矣。拆，則土人爲之也。）

初二日上諭【略】

初十日上諭【略】

十一日，連日義（合）〔和〕團民，三五成羣，頭包紅布，手持刀械進城，絡繹不絶。

十二日上諭【略】

十四日，步軍統領衙門奏，拿獲造言惑衆土匪李羣仔一名請交刑部。（曾見董軍門諭，令在永定門内外扎營，不准洋人出入。）不知姓名人，沿街飛跑，口中叫喊「上門」。各舖户、住户，誤爲鬼子作亂，驚惶無（錯）〔措〕，即時罷市。廳官帶領官人，勸速開市，旋將造言之人拿獲。

教民紛紛而至，婦女繩穿鼻子。詢厥由來，男教民被團民斫殺淨盡，伊等畏權，不願隨教。鬼子怒其反悔，令吃藥少許，即自行將鼻子穿繩，任鬼子牽之，如拉駱駝狀。（藏西什庫内。）又將婦女前後身膏藥貼住，揭之即死，賣於人間，二元洋錢一個。買而後死者，不計其數。又將婦女皮扒下，釘在塔上，以防火燒。

軍機大臣趙舒翹由良鄉等處，宣布曉諭，勸團民解散，各安生業。回京請安。

署甘肅提督董福祥，到京請安。

上諭【略】

十五日，永定門外，洋人坐紅拖泥大鞍車，前後頂馬，行至橋頭，被不知姓名人從車内抓出，立刻刀穿胸腹而死。詢知爲日本書記生杉山彬也，而行兇之人逃避無踪。

是夜南西門外開花廠天主教民房屋，燒燬無遺。

十六日早，燒姚家井教民房屋。

是日，日本向總理衙門要殺害杉山彬之人，直以甘軍所殺爲辭。董帥令其指出名姓，以便正法，日本人語塞，祇好作爲罷論矣。

十七日上諭【略】

洋人將崇文門把住，不讓出入。團民囑舖户、住户夜晚燒香，以閉洋人槍砲火門。

是日午前，德國誘拿義和團幼童一名，刀斫不動，槍打不入。正在殺之不能，放之不可之時，提督崇禮前往説合，勸令放出爲是。德國尚屬活動，而該幼童堅執不肯。洋人無法，送交瀾公爺釋放。

晚間，團民焚表，邀請衆師兄來救，紛紛而至者數百人。内有老僧，手持禪杖，云其頗有法力，能知未來。相約到抄食胡同會齊，同進崇文門。

午後，東單牌樓路北奉真堂，八面槽路東天主堂，并東城數處教堂，醇親王府左右教民房二三十家，前後火起，燒燬無算，而鄰佑概未殃及一家，誠神異也。

聞十三日晚間，通州新城南門外教堂燒燬。十四日早，通州西門内教堂火

起。該處離倉房甚近，本州向火光叩頭，祝禱過往神靈，保護倉房。忽見空中金甲神立在火光上面，移時不見。倉房與左右鄰，均無妨礙，僉謂關聖帝君顯聖云。

十八日上諭【略】

午前，順治門外內城根(應是順治門內南城根天主堂。)天主堂，義(合)〔和〕團民炸則橋，(?)會齊圍燒；喝令窮人搶取財物。午後，順治門外大街路西耶穌堂燒。十二點鐘，觀音寺時則齋鐘表舖燒，教民開設故也。

(生意家有存火油者，俱倒在河內；有洋燈，俱摔在街；家户亦然。)

十九日，假和尚聲稱入團講論法術，頗能入彀。勸師兄等不必上神，且看伊之本領。正在假作施爲，猝來洋人若干，開放洋槍，轟斃團民多人。師兄等始知該和尚係鬼子買出之人，立即刀剁肉泥於順治門外。

午前，燒西單牌樓絨線胡同教堂。午後、燒西交民巷教民房屋。前門西城根，燒鐘表衞姓住宅，奇特東西甚多，窮民分搶無遺。婦女均赴洋人處躲避，多年奉教故也。

上諭：「前因幾輔一帶，拳匪滋事，擾及京城地面，經諭令京營及近畿各軍，分途彈壓解散。昨復寄諭步軍統領等衙門，嚴拿首犯，認真梭巡。乃昨日夜間，城內各處，復有焚燒房屋情事。輦轂重地，匪徒肆行無忌，尚復成何事體。仍着步軍統領衙門、五城御史，迅飭派出弁兵練勇，嚴行查拿，將首要各犯，悉數務獲懲辦，并解散餘黨，毋任聚衆，再滋事端，以儆奸宄，而靖亂萌。欽此。」【略】

二十日午前，燒在教所開之老德記，團民不讓救。惟恐人救，延燒別家。不料中和園少執事，將旁設尿桶，迎頭一潑，致干神怒，殃及多家。團民算定何人潑尿，立將少執事抓住，擲于火內，然已無及。查延燒之處，東至大街西止，西至蘊和店止，北至河沿止，南至小齊家胡同止，西河沿路聚興爲度，排子胡同燒一層止，蠍子廟至中成當止，取燈胡同至同興飯莊止，楊梅竹斜街至蘊和店止，觀音寺至晉義永止，路南四和居止，煤市街至大齊家胡同口止，路西染房止，同仁堂夾道留，糧食市路西至萬年居爲度。大街前門樓燒，南至裕祥皮舖止，西河沿獨留廣裕金店一家，東西荷包巷月牆全燒。晝十一點鐘起火，夜十一點鐘止。

是日，正陽門橋頭，原設有香案一，水缸二，傳言關聖帝君下降，救護衆生。團民正同水會撲救之際，失於防範，一老媪攜帶四幼女，圍跪水缸四面，不知用何物冲去神祇。水缸破，而正陽門樓亦成灰燼，前門外數千餘家，付之一炬，良可慨也。

火神廟神像，如水渡一般，更可怪也。

武衞軍保護正陽門，洋人立在城上，出我軍不意，放槍打傷數人。我軍以大隊迎之，斃伊二三十人，始全行退去。

剛中堂由涿州曉諭團民解解，各安生業，回京請安，交片。

皇上在西苑門召見翰詹科道、六部九卿、文武各大臣，若藉詞推諉不到者，定行嚴加參辦。

二十一日早，屏則門外石路旁教堂一處，團民大師兄騎在十字樓上，破其安置。陡然出衆多婦女，白衣白帽，意在破團民之紅衣紅巾也。不料大師兄法力無邊，當時將伊等殺死，擲於火中。

二更後，團民初次燒交民巷。知會商民，街上不得潑髒水、焚香，聲言「殺鬼子」，衆口一音。槍砲不絕者徹夜。改交民巷爲切洋鷄鳴街。

拿獲牆上畫白圈、寫十字教民十四五名，立斫於西河沿。

合街生意關閉，錢票、銀票俱不能用。

午後，花兒市伏鸞，得濟公禪師降壇詩云：「歲次庚子年，便將海底翻，山搖地也動，將將出神仙。嘻，來在塵世上，拳棒把人傳，只要虔心至，那怕不成仙。嘻、嘻、哈、哈、哈，大衆嫌說多。不叫吾說，却叫誰說。天下奉教多，不把情理說，欺天子，滅神佛，拆廟宇、免香火，捨善書，反理說，總要把國謀，問人曉得莫。咳、咳、咳，那裏有人才。一班贓與汙，竟(罷)〔把〕清朝弄壞。不料洞門大開，吾等暗使文武材，感動人心槍刀排，扶保大清不壞。可喜天子不受害，官敗民不敗。自帶口糧來，除國之大害。可惱，可惱，空把玉歷佩好，忘了是護國法寶。」

上諭【略】

二十二日，北原教民開設小鞋舖被抄。

聞山東撫臣袁世凱有信來京云，海口開仗，義(合)〔和〕團傷鬼子七千餘人。老團因而總未到此。

是日四點鐘雨，至夜半丑刻止，約四寸餘。

四恒錢號關閉。

二十三日，吴廷瑚侍讀來說，皇上着各國使臣趕緊出境，派兵護送，慶王代求不允。諭定明日巳刻起身，不得遲延。

義和團馬步多人，赴端王府議話。

喜鵲胡同電報局燒燬。

崇文門外馬圈燒。

琉璃廠東北原馬姓一家，被團民殺死無遺。

廠店中西大藥房、豐泰照像館，前後拆毀，藥瓶大小擲地作洋砲聲。

廠西門外，永光寺裁縫舖燒。

天津二十一日至二十三日，紫竹林火起，燒死鬼子甚衆。

洋人用棺木一口，僱人抬出永定門外。團民知之，披開内是兩個洋人，俱用刀殺死。

欒亭燒殺鬼子數千人。

午後，西四牌樓西、八角胡同、溝沿，燒燬教民房，至殺死教民不計其數。

東四牌樓燈市口，出使大臣玉庚市房多間，被燒無存，奉教故也。

御河橋教堂，正在念經禮拜之際，團民破窗而入，殺死教士、教民二百餘人。

西直門内八角胡同，二毛子假充義和團，殺好百姓，被地面窺破，邀集真義和團前往勦除。

團民焚燒交民巷，知會商民燒香，喊叫「殺鬼子」。

西城鬼子帶領雙身婦人，冲動義和團神壇。衆人正在吃飯之時，急切上不上神，致被斫傷多人。

洋人有藏於箱内者，有藏於棺内者，用人抬出城外，便於逃避。不料行至永定門，遇見義和團斫殺之，所謂「怨家路窄」是也。

二十四日，草場八條胡同謙盛恒間比燒。

甘軍練義(合)〔和〕團者五百餘人，外穿號褂，直闖交民巷。在路殺死鬼子二名。蓋德國杜士蘭，照會總理衙門，要朝廷將大沽口砲台退出，歸伊看管者也，適由總理衙門出來，竟被甘軍殺死。此兩家失和，互相戰爭，不肯罷休矣。

昨日午刻，西城甘石橋西斜街，路北吴宅、路南王宅、城隍廟易宅房屋，同時被焚。

東華門南池子房屋，亦成灰燼，所謂在教者俱難逃也。

二十五日上諭【略】

上諭【略】

椽板胡同法國府一帶教堂全燒。

交民巷東西兩頭燒。

菜市口廣生店被兵民搶掠一空，董帥派勇拿獲九人，立地正法，號令示衆。

爛麪胡同草舖燒，執事實係教民，早被殺在別處。

土匪搶德國馬十餘匹，鬼子開槍，追之不及而返。

連日開仗，法國人不知逃在何處，甘軍將府佔住。

鬼子府所埋地雷八尊，均被團民破了，火藥化成黑水，不能點放。

西單牌樓二道街藥房燒。鄰佑潑水救，延燒數十家。糧店跪求，團民手執小紅旂上房，口中念念有詞，用旂一揮，火即飛過糧店，焚燒別家矣。

南喜門左近，隨教者頗多。今日午刻，有施助義合(和)團春秋刀者，其人將刀交納訖，身帶藥包，團民搜出。問在大磨廠車舖生理，往問是實。藥係鬼子所給，以洒壇中者。車舖代求不允，殺之。車舖亦焚。

前門大街，忘其字號，有大白狗忽入其内，團民立斫之。云係白蓮教所爲也。

人静後，有沿門摩血者，捉獲殺。蓋得鬼子金數十兩，連性命亦不要也。

西城當舖胡同，教民某被燒後，抄出四尺許布人一個，身穿黄綾裙子，刀斫頭上有血流出。團民云，遲數日即可上天。

午後，孝順胡同教民舖户燒。

西什庫開仗，忽有赤身婦人走出，團民受傷者衆。樓周圍挂婦人皮，并各穢物，以致團民難以得勝。東交民巷亦用此法。

團民捉住俊美男子，言其在鬼子府伺候女鬼子，好處甚多，難以盡述。問訖，斫死于地。

有在前門賣粳米粥者，砲子飛出，中顱而死。

晚間，交民巷團民在前，甘軍在後，殺傷鬼子七八十名。火門閉住，雖有槍砲，不能施放，故致于敗。

二十六日，棋盤街各住户舖户，教民藏匿甚多，團民不得已而用火攻之。

交民巷、西什庫連日焚殺，互有損傷，砲聲不絶者已數日矣。

二十七日，由前門内東城根篦子捉鬼子四名。

東交民巷、西什庫，砲聲不絶者徹晝夜。殺傷鬼子二三十名，有逃避肅王府者，肅王穿漢榻出府。（漢榻，應作汗榻，爲北京人對汗衫的俗稱。）

二十八日，驗看者某人，行至棋盤街，車役被甘軍誤傷，鬧係借自李宅者。

馬提督到京，准各拉進大砲九尊，以備轟西什庫用。拿一女鬼子，釘在崇文門栅欄上。

上諭【略】

交民巷鬼子，由地道内攢出搶大砲，甘軍知覺，傷鬼子二十餘名。

二十九日上諭【略】

廠西門拿住教民男女各一，殺之祭旂，大書「玉帝勅旨」四字。

隨教人扮成團民樣子，混出城，均騎大馬，出正陽門，團民窺破捉殺。

琉璃廠周姓婦，求壇云：「改過自新，不敢再隨耶穌教。」討取保人，殺宥不究。晚間到壇焚香，忽要取保人見面，保人云其未保。喝問承招，將周氏殺之街衢。

金鐘廟教民母子二人，遇見團民，問話之際，小孩方八個月，路人憐抱，團民將小孩用手一拍，頭上現出十字，如慈菇狀。并告路人云：「今日你憐他，恐他將來不憐你耳。」男女二鬼子，身穿中國白布小衫，頭帶草帽，要混出城，官兵拿住殺之。

鬼子在交民巷、西什庫將赤體婦人，釘在樓上，或將婦人皮釘之，所以槍砲不過火。竟有將孕婦開膛，小兒頭至腹外者，慘毒極矣。

官兵拿老鬼子一、小鬼子二，團民要殺。官兵云：「留之，咱們好賣。」後問大家，有要三分厚肉片者，有要五分厚肉片者，均爲零割，以快人心。

西什庫搶得銀櫃二，董軍門賞與中兵分之。

三十日上諭【略】

二品頂戴納繼成，被團民殺於順王府前。以其交仗之時，打鬼子則裝藥，不裝鉛子；打在鬧熱之時，回身打斃團民不少。團民質之端王，納繼成頭上實有十字現出。再三哭求端王救命，端王擬交刑部。團民云：「王所遵者皇上，我們遵者玉帝，如定須赦宥，團民等即散去矣。」無可奈何，任其殺之。其眷口實未奉教，團民焚香，有點不着者，有出黑烟者，團民竟赦之，不連坐也。

上諭【略】

六月初一日，甘軍圍打交民巷不下。由外挖地道與德、法二國通，實秦椒面關東梗子中，點着扇車扇，燻出大鬼子七、小鬼子三，囑小鬼子逃去，死生由命，畢投於火中。小鬼子牽送端王府，餘鬼殺盡。改作糧台插紅旂焉。

初二日，西什庫圍牆倒塌。中間高樓轟擊不動，蓋由工堅，亦由裸體婦人釘挂滿牆，砲子不能入。義和團民到彼，神即不上。攻打十餘日，難奏厥功。本日聖帝端王體直上其樓，擒獲鬼王，而纖（殲）滅焉。鬼王者二百餘歲人也，練妖法，能謀善卜，運籌帷幄，衆鬼卒迷聽調度，身穿穢物，諸神退避。今被擒，醜類不難屠平矣。三更後，大風雷雨。董帥飭軍士假寐，以防不測。俄鬼子由地道出，軍士正在夢中，被驚醒。忽電光一掣，望見衆鬼子眼光如炬，沿城板走，遂開砲擊斃甚衆。蓋非此雷電，大局不堪設想矣。雖曰董帥預作准備，然亦有數存焉耳。

初三日，觀音寺福隆店某、琉璃廠二酉齋某均被氣槍暗傷，登時殞命。

初四日，趙統領達元正在督隊出戰之際，身後鉛子飛來，穿脇而亡。統領係記名提督，兄弟五人，公居長，湖南籍。甘省回匪作亂，公轉戰數十，所向無敵，從未少挫鋭氣，軍中稱爲福將。被么魔小醜所害，良深惋惜。

上諭：天津各海口最關緊要，必須厚集兵力，方足以資防守。聞天津水會七十二局，不下萬人，該處民人，素懷忠義，若能與團民聯爲一氣，亦足以壯聲勢而挫敵鋒。着劉恩溥剋日前往天津，迅速招集水會，挑選强壯，編成隊伍，與武清、東安、通州三處團民，分起擇要駐紮。并着會同裕禄，撥給軍械，賞給銀米，令其認真訓練，以禦外侮。欽此。

順治門外瑞樓居，改爲官店，男婦買米者，必候人齊，方肯量給。有婦人焉，忽然朗誦經文，聲達於外。團民知爲教民也，牽出斫之。前門外捉獲暗放氣槍之人，立剁如泥。

初五日，鬼子由地道出，甘軍獲而殺之。插紅旂地道口，在城上前門，崇文門西，更相左近。

瓦匠三人，投董帥營，供其在鬼子府做活二十一年矣，今因困餓不過，特來出首。鬼子飲食已絶，藏匿地道内，宰殺人馬爲食。情願領出搜查，求赦死罪云云。

直隸總督裕禄奏摺云，初二日，静海縣張德成率團衆五千人來謁。馬玉崑初三日到津，與鬼子見仗，大獲全勝云。

初八日，著名脚色孫處，服毒身死，合家自盡，奉教故也。

刻下中外衅開，各省重兵，調集京師，藉資防守。晉省與直、齊、豫接壤，丁丑年後，三省之民，紛來沓至。其中良莠不齊，以致搶奪之案層見叠出。幸而南北兵强勇練，各大憲嚴飭各地方官，設法彈壓，始得各安生業。今聞兵力單弱，

萬一聞風蠭起，擾害閭閻，焦城葫蘆峪，北通草地，其中雜處麕集者，多非良善，倘變起倉皇，將何以禦之。雖有兵力防護，其法皆係虚應故事，張樹屏因裁勇而力告退者，職是故耳。即是恐此處一變，勢難以防禦耳。思維再三，在在均關大公。視之憲厪△△擬奏，請回籍辦理團練，藉卜憲勞而保桑梓。皇上之允准與否，預料國難，當想兩可，而小臣之籌畫必周。查團練得人爲難，于募勇尤難於其難籌餉。查商務局存款甚巨，彼時富國便民，當此時艱，自應先其所急，擬（原缺四字）作練勇之費，較爲妥協。祈查明數目，以便奏請。聞絳州機器局，動用庫款五十餘萬之多金無着，荷前護撫憲何，首令前河東道楊交出銀一十五萬，免爲細核。此款正在交出彌補之際，何撫憲因病出缺。

《庚子國變記》

清李希聖撰

義和拳者，起自嘉慶時，有嚴禁，犯者凌遲。

戊戌八月，榮祿嗾楊崇伊，請太后復出聽政。康有爲以言變法獲罪，所連坐甚多，逢迎干進者，皆以攻康有爲爲名，稍與齟齬，則目爲新黨，罪不測。張仲炘、黃桂鋆密疏，言皇上得罪祖宗，當廢。太后心喜其言，然未敢發也。上雖同視朝，嘿不一言，而太后方日以上病狀危，告天下。各國公使謁奕劻，請以法醫入視病，太后不許，各公使又亟請之，太后不得已，召入。出語人曰：「血脈皆治，無病也。」太后聞之不悦。

已而康有爲走入英，英人庇焉。遂以李鴻章爲兩廣總督，欲詭致之，購求十萬金，而英兵衞之嚴，不可得。鴻章以狀聞，太后大怒曰：「此讎必報！」時方食，取玉壺碎之曰：「所以志也。」而梁啓超亦走保日本，使劉學詢、慶寬並刺之，無所成而返。

乃立端郡王載漪子溥儁爲大阿哥，天下譁然，經元善等連名上書至二千人。載漪恐，遣人風各公使入賀，太后亦召各公使夫人飲，甚歡，欲遂立溥儁。各公使不聽，有違言。太后及載漪内慚，日夜謀所以報。會江蘇糧道羅嘉杰以風聞上書大學士榮祿言事，謂：「英人將以兵力脅歸政，因盡攬利權。」榮祿奏之，太后愈益怒。

而義和拳自山東浸淫入畿輔，衆亦漸盛，遂圍淶水。縣令祝芾請兵，直隸總督裕禄遣楊福同勦之。福同敗死。進攻涿州，知州龔蔭培告急。順天府尹何乃瑩揣朝旨，格不行。蔭培坐免。太后使刑部尚書趙舒翹、大學士剛毅及乃瑩先後往，道之入京師。剛毅等復命，均力言義民無他心，可恃。遂焚鐵道，毀電線，至者數萬人，城中爲壇場幾徧。

其神曰洪鈞老祖、驪山老母，來常以夜，燎而祠之，爲巫舞欲以下神，神至，能禁槍砲令不燃。又能指畫空中，則火起，刀槊不能傷。出則呼市人向東南而拜，人無敢不從者。以仇教爲名，至斥上爲教主。太后與載漪謀欲引以廢立，故主之特堅。匪黨出入禁中，日夜無期度。揚言當盡滅諸夷，不受賜，願得一龍二虎頭。一龍謂上，二虎慶親王奕劻、大學士李鴻章也。

五月初十日，俄使格爾思上書，言亂民日益多，英法藉之，將不利於中國。俄與中國方睦，逾二百年，義當告。總理衙門得書，不敢上。俄使欲入見，乃封奏焉，亦不答。

十四日，以禮部尚書啓秀、工部侍郎溥興、内閣學士那桐入總理衙門，而以載漪爲管理。

十五日，日本書記生杉山彬出永定門，董福祥遣兵殺之於道，剖其尸。

十七日，拳匪於右安門内火教民居，無老幼婦女皆殺之，一僧爲之長。

十八日，往宣武門内火教堂，又連燒他教堂甚衆。城門晝閉，京師大亂。連兩日有旨，言拳匪作亂當勦，而匪勢愈張。

二十日，焚正陽門外四千餘家，京師富商所集也，數百年精華盡矣。延及城闕，火光燭天，三日不滅。

是日召大學士、六部、九卿入議，太后哭，出羅嘉杰書示廷臣，相顧逡巡，莫敢先發。吏部侍郎許景澄言：「中國與外洋交數十年矣，民教相仇之事，無歲無之，然不過賠償而止。惟攻殺使臣，中外皆無成案。今交民巷使館，拳匪日窺伺之，幾於朝不謀夕，儻不測，不知宗社生靈，置之何地？」太常寺卿袁昶言：「衅不可開，縱容亂民，禍至不可收拾，他日内訌外患，相隨而至，國何以堪？」慷慨欷歔，聲震殿瓦。太后目攝之。太常寺少卿張亨嘉言：「拳民不可恃。」倉場侍郎長萃在亨嘉後，大言曰：「此義民也！臣自通州來，通州無義民不保矣。」載漪、載濂及户部侍郎溥良和之，言人心不可失。上曰：「人心何足恃，祇益亂耳。今人喜言兵，然自朝鮮之役，創鉅痛深，效亦可睹矣。況諸國之强，十倍於日本，合而謀我，何以禦之？」載漪曰：「董福祥勦叛回有功，以禦夷，當無敵。」上曰：「福祥驕難用，敵器利而兵精，非回之比。」侍講學士朱祖謀亦言福祥無賴。載漪語不遜。上嘿然，廷臣皆出。而載漪、剛毅遂合疏言：「義民可恃，其術甚神，可以報雪仇恥。」載濂亦上書言：「時不可失，敢阻撓者請斬之。」聞者莫不痛心，詆爲妖孽，知其必亡，然畏太后不敢言也。

是日遣那桐、許景澄往楊村，説夷兵，令無入，道遇拳匪刦之歸，景澄幾死。其後夷兵援使館者，亦以衆少不得達，至落垡而還。

二十一日，又召見大學士、六部、九卿，太后曰：「皇帝意在和，不欲用兵，余心亂矣，今日廷論，可盡爲上言。」兵部尚書徐用儀曰：「用兵非中國之利，且衅不可自我先。」上曰：「戰非不可言，顧中國積衰，兵又不足恃，用亂民以求一逞，

寧有幸乎？」侍讀學士劉永亨言：「亂民當早除，不然，禍不測。」載漪曰：「義民起田間，出萬死不顧一生，以赴國家之難，今以爲亂欲誅之，人心一解，國誰與圖存？」上曰：「亂民皆烏合，能以血肉相搏耶？且人心徒空言耳，奈何以民命爲兒戲？」太后度載漪辯窮，户部尚書立山，以心計侍中用事，得太后歡，太后乃問山，山曰：「拳民雖無他，然其術多不效。」載漪色變曰：「用其心耳，何論術乎！立山敢廷争，是且與夷通，試遣山退夷兵，夷必聽。」山曰：「首言戰者載漪也，漪當行。臣不習夷情，且非其職。」太后曰：「德親王亨利昔來遊，若嘗爲供給，亨利甚德之，若宜往。」山未對，載漪詆立山漢奸，立山抗辯。太后兩解之，罷朝。遂遣徐用儀、立山，及内閣學士聯元至使館曰：「無召兵，兵來則失好矣。」

二十二日，又召見大學士、六部、九卿。載漪請攻使館，太后許之。聯元頓首亟言曰：「不可，倘使臣不保，洋兵他日入城，雞犬皆盡矣！」載瀾曰：「聯元貳於夷，殺聯元，夷兵自退。」太后大怒，召左右立斬之，莊親王載勛救之而止。聯元，載勛包衣也。協辦大學士王文韶言：「中國自甲午以後，財絀兵單，衆寡强弱之勢，既已不侔，一旦開衅，何以善其後，願太后三思。」太后大怒而起，以手擊案罵之曰：「若所言，吾皆習聞之矣，尚待若言耶？若能前去，令夷兵毋入城，否者且斬若！」文韶不敢辨。上持許景澄手而泣曰：「朕一人死不足惜，如天下生靈何！」太后陽慰解之，不懌而罷。自是嗛景澄。

太后意既決，載漪、載勛、載濂、載瀾、剛毅、徐桐、崇綺、啓秀、趙舒翹、徐承煜又力贊之，遂下詔褒拳匪爲義民，予内帑銀十萬兩。載漪即第爲壇，晨夕必拜，太后亦祠之内中。由是燕齊之盗，莫不搤腕並起，而言滅夷矣。

城中日焚劫，火光連日夜，煙燄漲天，紅巾左握千百人，横行都市，莫敢正視之者。夙所不快者，即指爲教民，全家皆盡，死者十數萬人。其殺人則刀矛並下，肌體分裂，嬰兒生未匝月者，亦殺之，慘酷無復人理，而太后方日召見其黨所謂大師兄者，慰勞有加焉。

王培佑以首附義民，擢順天府尹，士大夫諂諛干進者，又以義和拳爲奇貨。候補知府曾廉、翰林院編修王龍文獻三策，乞載漪代奏：「攻交民巷，盡殺使臣，上策也；廢舊約，令夷人就我範圍，中策也；若始戰終和，與含璧輿櫬何異，則下策矣。」載漪得書大喜曰：「此公論也！」御史徐道焜言洪鈞老祖令五龍守大沽，龍背拱夷船，皆立沉。翰林院編修蕭榮爵言夷狄無君父殆二千年，天將假手義民盡滅之，時不可失。御史陳嘉言，自謂從關壯繆得帛書，書言無畏夷，夷當自滅。吉林將軍長順，言二童子殆非人，至則教堂自焚，已忽不見。太后喜，大以爲神人也，下其書，覽示天下。羣臣又時時言山東老團一掃光、金鐘罩、九龍鐙之屬，能役鬼神，燒海中船盡壞，居一室斬首百里外，不以兵。於是太后焚幣玉，自禱祠之，而未嘗至。曾廉、王龍文、彭清藜、吴國鏞及御史劉家模先後上書，言義民所過秋毫無犯，請令按户搜殺，以絶亂源；刑部郎中左紹佐，請斬郭嵩燾、丁日昌尸，以謝天下；户部主事萬秉鑑至謂曾國藩在天津殺十六人，償豐大業命，損國體而啓戎心，請議卹；户部侍郎長麟久廢，請率義民當前敵，太后釋前憾而用之。而曾廉、王龍文至請早定大計以應人心，其言尤悖逆。

當是時，上書言神怪者以百數，王公邸第，百司廨署，拳匪皆設壇焉，謂之保護。

兩廣總督李鴻章、兩江總督劉坤一、湖廣總督張之洞、四川總督奎俊、閩浙總督許應騤、福州將軍善聯、巡視長江李秉衡、江蘇巡撫鹿傳霖、安徽巡撫王之春、湖北巡撫于蔭霖、湖南巡撫俞廉三、廣東巡撫德壽合奏，言亂民不可用，邪術不可信，兵端不可開，其言至痛切。山東巡撫袁世凱，亦極言朝廷縱亂民，至舉國以聽之，譬若奉驕子，禍不忍言矣。不聽。

遂以載勛、剛毅爲總統，載瀾英年佐之，籍姓名部署，比於官軍。然拳匪專殺自如，載勛、剛毅不敢問。都統慶恒，一家十三口皆死，載漪夙暱慶恒，亦不能庇也。户部尚書立山，不甚附載漪，候補侍郎胡燏棻治鐵道，侍讀學士黄思永嘗請行昭信股票，通永道沈能虎與李鴻章有連，皆號爲習洋務，拳匪欲殺之，燏棻夜亡走，依袁世凱，能虎以賄免，立山、思永下獄，其罪狀則神語也，曰「通夷」。殺遊擊王燮，醢之。詹事府詹事李昭煒、翰林院編修杜本崇、檢討洪汝源、兵部主事楊芾，皆指爲教民，被傷，幾死；編修劉可毅死於道，失其尸。

二十三日，德使克林德入總理衙門，載漪伺於路，令所部虎神營殺之。虎神營者，虎食羊，而神治鬼，所以詛也。頤和園起漸臺，高二十餘丈，文曰「鬼見愁」。亂初起，令各公使皆反國，期一日夜盡行，各公使請緩期，故入總理衙門議，而德使死焉。殺德使者，章京恩海也，其後日本執殺之。克林德已死，許緩行，又請遷入總理衙門，各公使不敢出。

二十四日，遂令董福祥及武衛中軍，圍攻交民巷，榮禄自持檄督之，欲盡殺諸使臣。砲聲日夜不絶，屋瓦自騰，城中皆哭，拳匪助之，巫步披髮，升屋而號者數萬人，聲動天地。夷兵裁四百，四面爲營壘，穿地道，令教民分守之，人自爲必

死，皆奮。圍攻五十餘日，晝夜番戰，苦相持。董軍及武衛中軍死者無慮四千人，拳匪亦劣（多）有傷亡，皆引退。而剛毅、趙舒翹方坐城樓趣戰，飲酒歡呼。剛毅曰：「使館破，夷人無種矣！天下自是當太平。」舒翹起爲壽曰：「自康有爲倡亂悖逆，喜事之徒，雲合而響應，公幸起而芟夷之，略已盡矣，上病且死，又失天下心，不足以承宗廟，幸繼統有人，定策之功，公第一，今義民四起，上下同仇，非太后聖明，公以身報國，盡除秕政，與海内更新，亦亡以致今日之效也。古有社稷之臣，今於公見之矣。」剛毅大喜，自行酒屬舒翹曰：「展如知我。」展如，舒翹字也。舒翹之入政府也，剛毅援之，故事之尤諂。

方是時，董軍武衛中軍，因緣刦殺，貝子溥倫、大學士孫家鼐、徐桐、工部尚書陳學棻、内閣學士貽穀、副都御史曾廣鑾、太常寺卿陳邦瑞皆僅以身免，其家人多死者，以告榮禄，榮禄不能制。民居市舍，數里内焚掠皆空，使館故用塞門泥，不能破也。

啓秀言使臣不除，必爲後患，五臺僧普濟有神兵十萬，請召之會攻；曾廉、王龍文請引玉泉水灌之；御史彭述，謂夷砲不然，其術固驗；太后亦欲用山東僧普法、余蠻子、周漢，王龍文上書所謂「三賢」者也。普法本妖人，余蠻子以攻剽爲羣盜，至盡發蜀中兵，乃捕得之，而漢有心疾。徐桐謂：夷且請降，不可許，納貢獻地稱臣，償兵費數萬萬，疏十事上之，盡如約，乃受。

朱祖謀請毋攻使館，上使榮禄召問狀，祖謀具爲禄言宜罷兵，禄不肯白。祖謀敢言，匪初起，祖謀首建議請驅除，啓秀惡之，揚言曰：「非祖謀無足與任此者。」太后亦不樂祖謀。曾廉聞之曰：「祖謀沮大計，可斬也。」御史蔣式芬及彭清藜、吴國鏞亦請斬李鴻章、張之洞、劉坤一。

拳匪既不得志於交民巷，乃往攻西什庫教堂，副都統阿克達春爲前鋒，戰不利，載漪大怒，立斬之，而教民皆堅壁以待攻。剛毅帕首韡刀請督戰，張左右翼而前，拳匪死者數百人，剛毅跳而免，忿發罵曰：「公等在涿州時，皆言何如，今若此，天下事不足言，吾與之俱受其戮矣。」其後崇綺又三往攻之，訖不能入，而載漪爲匪黨論功，除武功爵者數十人，賞賚無虚日，車騎服色，擬於乘輿，至自稱九千歲，出入大清門，呵斥公卿，無敢較者。

二十五日，下詔宣戰，軍機章京連文冲草也。以法領事杜士蘭索大沽砲臺爲詞，其實砲臺先於二十一日失守矣。夷人之攻大沽也，營官封得勝手然砲，傷英兵艦一，已而兵大至，遂陷，得勝死焉。提督羅榮光走天津，久之，仰藥死。而裕禄方報大捷，張戰狀，自爲功，語絶誣，時地盡無據。太后及載漪大喜，犒賜將卒白金再十萬焉。

時有詔徵兵，海内騷然，羽書相望，乃以載漪、奕劻、徐桐、崇綺主兵事，有請無不從，政在軍府，高下任心，奕劻枝梧其間，噤不敢言，取充位，桐以莫年用事，尤驕横。太后亦以桐舊臣，更事久，以忠憤號召揣摩取富貴之士，負當時大名，思壹用其言以風動天下。

遂遣倉場侍郎劉恩溥往天津，招集拳匪至十餘萬人，傳太后旨，貲給之，來者日益多，頗不得賞，則公爲寇盜，虜略殺人，脅取財物，不能應，輒夷其宗，喜縱火延燒，常數百家。自天津以南，民大徙，乃候於道遮殺之，曰「防姦細」，坐死者又十數萬人。自有書契以來，蓋未聞奉詔爲官寇，寇而獎謂忠義，如今日者也。裕禄亦盛言拳民敢戰，連敗夷，所擊斬過當，夷甚懼，至以客禮見紅燈照；紅燈照者，匪黨自謂不如，袨服利屣，皆十五六好女子也。

初敵兵攻西沽，聶士成棄不守，其鄉人移書責之，士成笑曰：「豈謂我怯耶？」遂連戰八里臺，陷陣而死。先是士成得旨勦拳匪，已而朝議大變，士成不自安，至以身殉，君子悲其志焉。士成死，馬玉崑代之。

六月十三日，以李鴻章爲直隸總督，辭不至。

十五日，以廷雍爲直隸布政使，廷杰罷，杰不主義民故也，而雍謹事之。吴橋令勞乃宣、景州知州王兆騏請勦匪，無令蔓延，雍詆爲誖謬，西北之民慘死者，至連村堡，血流有聲，而雍由此大用矣。拳匪之殺教民也，謂之二毛子，其實十九皆平民，而教民往往得他逸。

十六日，殺張蔭桓於新疆。始蔭桓以康黨繫刑部，太后盛怒，欲殺之，求救於英人，得戍邊。兵興，蔭桓上書總理衙門，言宜守約，載漪及剛毅惡之，爲蜚語以聞，太后亦恐其通俄，故死。

十八日，馬玉崑敗於紫竹林，死者三千人，天津陷，裕禄走北倉，從者皆失，欲草奏無所得紙而罷。久之乃上聞，京師大震。彭述曰：「此漢奸張夷勢以相恫喝也，姜桂題殺夷兵萬，夷方蹙，行且求和矣。」不知桂題在山東，不得至天津也。

十九日，貴州提督梅東益免官。東益勦拳匪滄州，而楊柳青當通道，匪遮擊，殺人尤多，東益大縱兵攻之，斬首虜三千餘人，河水盡赤，裕禄惎之，東益坐是罷。

二十一日，以崇綺爲户部尚書。綺之再出也，與徐桐比而言廢立，以是得太后歡，恩眷與桐等。先是一老人謁載漪，自言有禁方，載漪視其書絶誕，謝之，老人辭去，曰：「異時事急，請東向呼者三，當至。」拳匪之始萌芽也，載漪置酒，召徐桐、崇綺而告之，桐、綺皆曰：「此殆天所以滅夷也！」呼之則老人已在門，一座大驚。遂入言之太后，太后幸頤和園，試其方盡驗。或曰老人大盜王覺一也。

二十二日，有旨：「保護教士及各國商民，殺杉山彬、克林德者議抵罪。」大學士榮禄意也，王文韶附之。載漪大怒，不肯視事，太后强起之。

二十七日，以余虎恩爲喀什噶爾提督。虎恩貪而好色，多大言，納賄於榮禄，將三千人。虎恩故善董福祥，福祥之攻使館也，太后問之，曰：「五日必克。」已而言不讎，虎恩與福祥論事榮禄前，語侵之，福祥欲殺虎恩，榮禄以身翼蔽之，乃免。

二十九日，李秉衡至自江南，太后大喜，三召見寧壽宫，語移日。秉衡主戰，且言義民可用，當以兵法部勒之，太后詰以李鴻章等公奏，秉衡言：「此張之洞入臣名耳，臣無與也。」太后聞天津敗，方旁皇，得秉衡言，乃決，遂命總統張春發、陳澤霖、萬本華、夏辛酉四軍。

七月初三日，殺許景澄、袁昶，秉衡有力焉。榮禄微争，太后笑，禄未起，太后曰：「若敢抗旨耶？」不許，天下冤之。刑部侍郎徐承煜監刑，色獨喜，昶笑謂承煜曰：「勉爲之，吾待公於地下矣！」景澄亦呼家人與言，皆陽陽如平時，顔色不變。徐桐曰：「是死且有罪。」崇綺亦曰：「可以懲漢奸，令後無妄言者。」昶初召對，即言拳匪當痛勦，退又兩上疏力争，故尤爲載漪所恨；景澄以使俄故，匪黨頗側目焉。徐桐與景澄有郤，至榜其名，戒門者不許通刺。

拳匪攻交民巷、西什庫，既屢有殺傷，志不得逞，而教民亦合羣自保，拳匪不敢前，乃日於城外掠村民，謂之「白蓮教」，以與載勛，載勛請旨交刑部斬於市，前後死者男女百餘人，號呼就戮，哀不忍聞，皆愕然不知何以至此也。觀者數千人，莫不頓足歎息，憐其冤。彭述獨曰：「此亂民也，不殺之，變且不測。」問之，則曰：「飛刀嘗及其屋云。」

初十日，北倉失，裕禄走楊村。

十一日，楊村又陷，裕禄自戕死，宋慶退蔡村。敵方得天津，畫地而守，兵久不出。一夕大至攻北倉，炸砲居陣前，更番迭擊，玉崑散萬金募死士，得三百人，薄而前，砲發而三百人者皆死。玉崑力戰三晝夜，會日入，天大雨，夷潛師出玉崑後，玉崑兵亂，夾擊盡破其軍，玉崑大敗，退至武清，不復能戰矣。榮禄以聞，太后泣，問計於左右，以新斬袁、許，無敢言者。

十三日，以李鴻章爲全權大臣，時已停攻使館，使總理章京文瑞，齎西瓜菰麥問遺之。英使竇納諾笑曰：「貴國以兵戎相見，朝報不至月餘矣，請爲我致之。」瑞諾而出。美使康格爲書報美，送總理衙門，不許，乃還之。而各國以書問使臣在亡，皆尼不達，議遣桂春、陳夔龍送使臣至天津，使臣不欲行，復書甚嫚，彭述請俟其出，張旗幟爲疑兵，數百里皆滿，可以怵夷，聞者皆笑。

是日李秉衡出視師，請義和拳三千人以從，秉衡親拜其長，人各持引魂幡、混天旗、雷火扇、陰陽瓶、九連套、如意鉤、火牌、飛劍，謂之「八寶」。當是時，義民大至，往往而聚者數十萬人，號爲「禁旅」。大抵皆倚秉衡爲名，秉衡亦羈縻之，取虛聲而已，驕恣實不能使也。

十四日，蔡村失，宋慶走通州之于家圩。

十五日，張春發、萬本華、夏辛酉敗於河西務，死者十四五，潞水爲之不流，御史王廷相走渡河死。廷相故與曾廉、王龍文、張季煜，以秉衡奏入軍，兵敗皆脱身走。廷相諂附拳匪，比於連文沖、鮑琪豹，而闒茸過之。載瀾、剛毅連名奏，廷相屬草焉，嘗上格天疏，請以大阿哥監國，尤好言用兵，秉衡信之，使總軍事，以走死，而鹿傳霖爲請卹，優詔褒其忠。陳澤霖自武清移營，聞砲聲，一軍皆潰，秉衡走通州。

十六日，太后議西幸，陰戒榮禄、董福祥以兵從。計已定，或謬言秉衡軍大勝，所擊殺至數萬人，乃止。自北倉之敗，又圍攻使館，董福祥、余虎恩、武衛中軍、虎神營、神機營諸軍皆會，誓必破之以洩憤，而總理衙門又時致書與議款，欲以誤之。是日載濂請斬王文韶，太后問榮禄曰：「文韶何致人言之多也？」榮禄曰：「文韶忠謹，歷事多，人言不足信也。」濂方主用拳匪，及城破，又請斬載漪，冀自解。

十七日，李秉衡敗於武清之馬頭，通州失，秉衡死之，拳匪殺平民無算而歸。秉衡由丞尉起家，至開府，負清名三十年，及死，而人無惜之者。通州已失，乃召宋慶、馬玉崑守京師，駐南苑。

是日殺徐用儀、立山、聯元，仍以徐承煜監刑。用儀尸横道二日，無收者。大阿哥之初立也，太后召其夙所寵信者謀於中，欲遂行内禪，山意不謂然，太后寖疏之，竟用以死，家貲累巨萬，盡没入之。太后復出總大政，上居瀛臺，飲食不

時通，采槿花而食，日一醫案，宣示内外臣民，稱病篤。聯元内召，頗見親，因奏見言事畢，逡巡起，立太后前言曰：「皇上當保全。」語未終，太后罵曰：「皇上當保全，予不當保全耶？」元爲人口吃，語塞而出，死所從來矣。榮禄方入對，知將殺用儀等，至殿門，與徐桐約俱請，桐曰：「吾嘗劾用儀，今豈肯爲之請？且誅内奸以清朝列，何請爲！」色甚厲。至前，太后袖出詔，禄頓首曰：「祖宗時不輕殺大臣，今誅之太驟，罪不明，臣亦見奕劻，奕劻言不可。」太后曰：「奕劻喜與他人事耶？爲我謝奕劻，行將及若矣！」旬日之内，連殺五大臣，詔辭忸怩，無左證。又欲殺奕劻、王文韶、廖壽恒、那桐，會城破而免。

十八日，御醫姚寶生下獄，載漪有私於寶生，寶生洩之，欲殺以滅口。城破，與徐致靖、龔照璵、何隆簡、黄思永、席慶雲皆逸出，其後致靖諸人皆詔釋，而寶生獨以太后旨斬昌平。寶生，昌平人也。

是日太后聞秉衡軍敗而哭，顧廷臣曰：「余母子無類矣，寧不能相救耶？」廷臣愕眙，皆莫對。太后欲遣王文韶、趙舒翹至使館乞和，文韶以老辭，舒翹曰：「臣資望淺，不如文韶，且臣拙於口，亦不能引故事而争也。」榮禄曰：「不如與書觀其意。」遂遣總理章京舒文持書往。書達，與文約，旦日遣大臣來，以食時相見。及期，皆不敢出，時方攻使館，舒文至，董福祥欲殺之，稱有詔乃免。

十九日，夷兵自通州踰時而至，董福祥戰於廣渠門，大敗。時日莫北風急，砲聲震天，風雨皆止。

二十日，黎明，城破，夷兵自廣渠、朝陽、東便三門入，駐郊壇，禁軍皆潰，城中無一兵。董福祥走出彰義門，縱兵大掠而西，輜重相屬於道。彭述方徧諭五城，謂我軍大捷，夷兵已退天津矣。福祥起降人，爲大將，太后倚信之，寖驕不可制。榮禄嘗召諸將飲，福祥上坐，酒酣，福祥奏語字榮禄曰仲華，榮禄默然不樂，罷酒。彭述嘗言福祥有威名，敢戰，夷人憚之，請大用。

是日召見大學士、六部、九卿，無一至者，太后謂載瀾曰：「事至此，惟有走耳，若能爲衛乎？」載瀾曰：「臣無兵，不能任此。」六趣軍機入問計，莫敢言。載漪請張白旂，榮禄曰：「姑寓書使館，請停戰，徐議和，宜見聽也。」太后曰：「速圖之，余母子性命視此矣！」皆失聲而出，已無所達書。拳匪在城中者尚數萬人，俄頃而盡，牆陰屋壁，掊視往往得紅巾。

二十一日，天未明，徐會澧以兵部尚書謝恩至地安門，聞哭聲，乃走。載瀾馳入宮，言夷兵且攻東華門，太后知事急，衣寶衣，欲赴水，載瀾持其衣曰：「不如且避之，徐爲後計。」太后乃青衣，徒步涕泣而出，髮不及簪，上素服及后隨之。至西華門外，上坐英年車，太后坐載瀾車，從者載漪、溥儁、奕劻、善耆、載勛、載瀾、載澤、溥興、溥倫、剛毅、趙舒翹、英年及内監李蓮英，太后夙所愛也，以立大阿哥，進官一品。珍妃有寵於上，太后惡之，臨行推墮井死。瑾妃衣襜褕，走而出，遇載勛，始知上所在。

諸宫人皆委之而去，赴水死者數十人。其餘走出安定門，遇潰兵被刼，多散失。載瀾妻女皆亡，令萬本華大索之，竟不得。王公士民，四出逃竄，城中火起，一夕數驚。京師盛時，居人殆四百萬，自拳匪暴軍之亂，刼盜乘之，鹵掠一空，無得免者。坊市蕭條，狐狸晝出，向之摩肩擊轂者，如行墟墓間矣。

是日駕出西直門，日莫，抵昌平貫市，上及太后不食已一日矣。民或獻蜀黍，以手掬食之。太后泣，上亦泣。時天寒，求卧具不得，村婦以布被進，濯猶未乾。夜然豆萁，人相枕藉而卧。甘肅布政使岑春煊，自昌平來見，太后對之痛哭。春煊故以勤王兵往察哈爾防俄，未至，而國破。貫市李氏者，富商也，從取千金，易贏轎。昌平令裴敏中已先遁，其後太后至西安，召案敏中，敏中自殺。

二十二日，出居庸關，至岔道，兵不及二百人，延慶州知州秦奎良進膳，從官不得食，有怨言，奎良懼，太后慰遣之。

是日馬玉崑至。

二十三日，太后易秦奎良轎，莫至懷來。縣令吴永，供張甚辦，左右皆有饋遺。時塞外嚴寒，太后方御葛衣，永進衣裘，太后大喜，留一日，擢永知府。

二十四日，奕劻稱病請留，許之。載漪謀欲殺奕劻，溥倫解之，乃止。

二十五日，上及后皆易轎，駐懷來沙城。口北道鍾培進衣及被具。

二十六日，至宣化雞鳴驛，霸昌道英瑞獻五千金，太后喜，拊勞甚至。

二十七日，至宣化，知府李肇南獻千金。剛毅夙驕蹇，倨見肇南，肇南讓之。因召謁，劾毅誤國庇亂民，罪最大，太后不悦，肇南卒罷歸。宣化令陳本，賂李蓮英六千金，代其位。

是日載濂、載瀅、桂春至。令百官赴行在，留三日，然後行。英年前驅，主置頓，李蓮英恃寵甚驕，所過供張多逾制，年頗裁抑之，蓮英愛幸，與於廢立，上入朝太后，蓮英踞坐不爲起。嘗與太后博，同食飲，自徐桐、榮禄皆附之。

八月初一日，至懷安。

初二日，至懷安佐衛。命奕劻回京議和，許便宜行事。太后遣人至懷來，取其子

爲質。

是日崇綺死。綺，穆宗后父也。后與太后不相能，故太后惡綺，屏居二十年，不復奉朝請。及立大阿哥，太后使榮禄起之，授書弘德殿。太后之再枋政也，綺建言廢立，以草示徐桐、榮禄，桐、禄善焉。綺推桐、禄首銜，桐、禄亦讓綺，久之不決。自是榮禄、徐桐交薦之，遂起爲傅。城破，走保定，使人間道歸視其家，皆已死，遂自經。

徐桐之死，在崇綺後遠甚，桐爲人慘急陗深，欲盡殺諸言時務者。城破，桐不知，方坐翰林，以故事見屬官，屬官莫應。已而夷人欲誅首禍，以桐爲詞，桐子承煜請桐自裁，桐猶豫，承煜引繩進之，桐不得已就縊，而詐言死於城破時。桐自名正學，每朝奏事，太后至改容禮之，及是而奸盡露矣。桐故與前西寧辦事大臣豫師善，大阿哥之立，桐就豫師草詔焉。

初三日，至天鎮。天鎮令額令騰額不辦，自殺。

初四日，至陽高。董福祥至。是日夷兵入宮，各公使提督皆往，從兵三千人。焚正陽門城樓，火光照數里。宮人内監留者，僅三十餘人，皆無所得食，日本遣兵守乾清門外，人日給薄粥數升。

當是時，勤王兵在保定者數萬人，不敢復言戰。而上書自名忠義欲攻夷者，皆走竄山谷，彭述至棄其母而逃。日本執啓秀、徐承煜囚之，爲圈牢，窘辱備至。而怡親王溥静至爲奴鞭撻而死。

初五日，至大同聚樂。山西按察使升允至。升允先以陝兵勤王，與河南蔣尚鈞同護運道者也。

初六日，至大同。留三日，以載漪爲軍機大臣，載瀾爲御前大臣。護軍練兵瑚圖理英山奪民馬，殺之以徇。然榮禄、董福祥嘗大掠京師，太后不問也。又以需索殺内監張天喜。自吴永及大同令齊福田，以餽獻得官，所過郡縣括民財，治供具，惟恐不及矣。賂遺左右，動至千金。潞安府知府許涵度，以拳黨厚賄李蓮英，得召見，擢冀寧道。潼關廳賂少，蓮英大怒，立言於太后，逮問之，而天喜獨死。

初八日，以溥倫管理前鋒護軍練兵事。山西布政使李廷簫至，進銀十萬兩。趣百官赴行在。時潰兵皆起爲盜，道不通。京西數百里之間，炊煙幾絶，麥苗委地，崑岡以告，得旨「報聞」而已。

初十日，至懷仁。命榮禄、徐桐、崑岡、崇綺、崇禮、裕德、敬信、溥善、阿克丹、那桐、陳夔龍爲留京辦事大臣。然夷方分地而守，無能過問者。竟夷兵去，不敢夜行，米至石萬錢，達官多賣漿自給。十一日，至山陰岱岳鎮，以敬信權步軍統領，不敢問事，盜賊亦時時竊發，無如何也。

是日奕劻還京師，以日本兵爲衛。

十二日，至代州廣武。

十三日，至代州陽明堡。太后過雁門，臨關門，北望悽然，意甚不樂。岑春煊進黄花，太后曰：「塞上早寒，得花遲，京師今盛矣。」泣下霑衣，顧左右取乳茶賜春煊，迺去。

十四日，至崞縣、原平，以榮禄爲全權大臣，夷人拒不納。李鴻章之自日本歸也，失勢居蕭寺中，賓客皆引去，榮禄新用事，將五大軍，貴幸傾天下，大從車騎過之曰：「兩宮方隙，君之所知也，即有變，吾不知死所矣。」因泣下。鴻章笑曰：「君何憂之甚也？太后方向君，君何慮？」禄曰：「太后春秋高，吾任重，禍之所集也，太后百歲後，吾寧能爲魚肉耶？」鴻章良久，乃言曰：「君何不早自爲計，太后方盛時，君徐自引避，何求不得，安用涕泣乎？」禄頷之，遂結歡而去。鴻章起督廣東，榮禄餞之，劇飲大歡，解貂裘而别。及鴻章以直隸總督内召，太后意不測，榮禄私報鴻章，鴻章謝病不行免，故德禄尤深。拳亂起，禄以武衛中軍攻使館，董福祥又禄所部也。夷人誅首禍，禄名在約中，乃求解於鴻章，鴻章出之，至其所以脱，事祕世不盡知也。禄内主拳匪附載漪，而外爲激昂，稱七上書争之不能得，頗揚言自解，世或多信之。

十五日，至忻州。江蘇巡撫鹿傳霖至。以敬信爲户部尚書，裕德爲兵部尚書，懷塔布爲理藩院尚書，英年爲都察院左都御史，桂春爲户部侍郎。

十六日，至陽曲黄土寨。

十七日，至太原，居巡撫署，帷幄器物甚設，比於宫中，高宗幸五臺時故物也。太后色喜，旂兵及岑春煊、馬玉崑、董福祥、升允、鹿傳霖兵至者，七千餘人，散而爲盜者，十五六矣。會山西歲不登，米價騰躍，從兵不得食，時出刼掠，民苦之。陝甘總督陶模至行在，乃以模節制諸軍，亦不能禁也。

十八日，命善耆回京察夷情，遣吴永至湖廣，刑部郎中俞啓元至江蘇徵餉。

二十日，李鴻章、劉坤一、張之洞、袁世凱連名劾載漪、載瀾、載勛、剛毅、英年、趙舒翹庇拳匪。奏行，而之洞中悔，請削銜，然無及矣。太后之復出也，之洞懼禍，持兩端，名聲遠在坤一下。奏至，上呼載漪等嚴斥之，太后色不怡；久之，

乃謂王文韶，出草詔，自載漪以下，得罪有差，然甚輕。太后猶不悦，謂文韶曰：「諸臣皆爲國效忠，今以罪去之，他日復誰肯盡力者。」文韶嘿然。文韶爲人善趨和承意，拳匪起，唯阿而已，未嘗敢言。上已出走，在道中，顧謂文韶曰：「禍今急矣，不兩全，宗社爲重乎？抑人臣爲重？」文韶不對。上以載漪、剛毅在，屏出之，卒問文韶，文韶躊躇有間，迺曰：「上所言固當，然外人方未有言，迺先自導之，如國體何？恐任事者寒心矣。」上不樂而起。其偷合自全，皆此類也。黨於榮禄，剛毅亦不甚惡之。

閏八月初二日，以鹿傳霖爲軍機大臣。克林德賜祭一壇，命大學士崑岡往(祭)，歸國，又命户部侍郎吕海寰再致祭如儀，書致德，德人辭焉。杉山彬令那桐往祭，予銀五千兩，日本亦拒之。杉山彬之死，日本書來徵其尸，以一日夜爲期，送使館，尸已殘失，無可歸，遂不答。自是日本不收我照會，英語謂之「哀的美敦」。及議和，乃受。

初三日，山西巡撫毓賢免，以湖南布政使錫良代之。賢以能治盜，稍遷至山東巡撫。拳匪起平原，平原令蔣楷請按誅之，賢不許，以他事劾楷去，匪由是盛矣。已而徙山西，紅巾坐堂上，盡殺夷人之在山西者。學政劉廷琛言賢喜事釀禍，啓秀持之，廷琛幾得罪。其後劉坤一、張之洞亦合劾賢，太后怒，抵其奏於地。

是日以陶模爲兩廣總督，岑春煊爲陝西巡撫，魏光燾爲陝甘總督。

初五日，黑龍江將軍壽山、盛京副都統晉昌罷。時山已前死。山初得詔書，計未決，求援於晉昌，昌力持戰議，許濟師，山亦以氣自負，思立功，且恃昌無恐。而海蘭泡俄兵數千人，議假道齊齊哈爾城，護哈爾賓鐵道，山不許。而俄兵遽至，山軍突起，掩擊之，斬獲數十人，又擊敗俄船。俄大怒，華人之在江北者，頗殺略之。愛琿副都統鳳翔，渡江急擊俄兵。典軍來鶴，懼深入無後援，麾軍退，大敗。七月初九日，俄兵爲華裝，自五道河潛渡，翔誤謂漠河礦屯也，不備，陷愛琿。翔退守内興安嶺，士失亡已多，力戰敗俄兵，翔亦歐(嘔)血死。

二十二日，陷墨爾根。

八月初三日，攻齊齊哈爾城，壽山自殺，副都統薩保以城降，而晉昌援師竟不至。

初四日，陷寧古塔。山之始挑釁也，幕僚山陰王焕上書切諫山，焕自知不免，乃亡去，山捕焕繫吏，焕又從獄中上書，遂殺之。而朝廷方以國書致俄，及英、法、德、美、日，皆藉口亂民，非國家之意，欲以甘言緩夷兵，又陽以詔書戒壽山無生釁，而實陰嗾之。奉天將軍增祺，自度軍單欲毋戰，召五部侍郎清鋭、崇寬、薩廉、溥頲、鍾靈及訥欽、晉昌入計事。晉昌後生，厲聲曰：「敢違旨者罪之。」遂下令，縱拳民大掠，殺俄護道兵，俄兵退海城、東昌，連報大捷，已而俄兵大至。

七月初五日，攻遼陽，破之。

十八日，攻海城，又破之。琿春、三姓、營口、牛莊、蓋平、熊岳相繼陷。

八月三十日，入吉林，而奉天最後破，東三省盡入俄。其後晉昌以禍首論戍。晉昌者，上書請斬譚嗣同等詒穀之兄也。昌所奏，多依物怪傅會之，皆受詒穀旨。

初七日，以善耆爲宗人府右宗正，溥倫爲左宗人。

初八日，幸陝西，上不欲行，怒謂載漪、載勛曰：「朕倉卒出走，徒以太后之故耳，豈恡一死耶？太后今已至太原，宜無慮矣，若屬善侍太后，朕當歸京師，竟議約，以冀大難之早平也。」太后不許，力持之，無敢諫者。奕劻、李鴻章、崑岡、劉坤一、袁世凱皆請回鑾，不聽。北倉之敗，李鴻章度太后且西遷，白草奏，極言「當安坐，夷兵雖入城，論公法，保無他慮，倘車駕出國門一步，則大局糜爛，後患將不可勝言。」致書劉坤一、張之洞、袁世凱約連名，坤一、世凱皆許諾。之洞答曰：「公不見徽欽之事耶？吾不忍陷兩宫於險也。」鴻章得書，大失望，奏遂不行。後之洞與客飲而醉，私語客曰：「吾亦知無五國城之禍，然太后在京，夷兵必挾之歸政，事尚可問耶？」故之洞不敢請回鑾者，恐歸政也。

十一日，至介休。拳匪郭敦源犯蹕，捕殺之。敦源能合衆，名亞張德成、曹福田，德成、福田賞賜累萬金，而敦源以誅死。介休令陳日稊坐縱容罷，不復收。然是時拳匪聚黨阻山川者，所在而有，大群至萬人，圍固安，破懷柔，懷柔令一家皆死，而諭旨尚謂拳民，爲拳匪所脅云。自河以北，大抵無慮皆匪矣。鑄錢掘家，劫掠行人，死者不可勝數。李鴻章令梅東益剿之，而朝廷以解散爲詞，上下相疑，不敢正名爲匪也。

十七日，李鴻章至京。鴻章在天津，謁德帥瓦德西，瓦德西曰「吾統兵主戰，君主和，職事不同」。謝不見。鴻章之至京也，以俄兵百人自衛，英、日本甚忌之。

十八日，至聞喜。剛毅以病留，太后使何乃瑩護視之，三日而死。白戊戌以

後，毅與榮祿枋政，擬於共和，榮祿主兵而毅喜言利。康有爲走海外，爲書丑詆太后，辭連上躬，毅獻之，欲遂行大事。榮祿曰：「太驟，將有變，不如徐圖之。」及立大阿哥，祿定策爲多，而毅弗與，毅已心望不能平。拳匪起，毅欲尊大功，傾祿，祿頗示異同，故與祿交惡。祿善爲詭合，毅剛愎過於祿，而巧詐不如，叔事李蓮英，公與上爲讎敵，擢用滿人尤力，至中國强，滿洲亡。毅陽爲公廉，獻遺無所受，然嘗以多金坐市求利，不能售其欺也。

是日以奕劻爲全權大臣，劉坤一、張之洞，許便宜行事。先是李鴻章以衅巨寇深，議授奕劻、榮祿、坤一、之洞皆爲全權議款，從其請也。

自宣戰之詔出，長江多盜，盜稍稍起矣。天門燒教堂，衡州繼之，江西所毁尤獨多，而浙江寇至，連陷江山、常山諸縣，殺西安令吴德潚，聚者數萬人，東南大擾，然卒以無事，坤一、之洞功爲多。坤一、之洞之初得詔也，意猶豫，不知所爲，李鴻章首倡不奉詔之議，坤一、之洞和之，遂遣沈瑜慶、陶森甲至上海，與各國領事議互保長江，各不相犯，立約而還，雖用以自全，而國亦蒙其利矣。廣西巡撫黄槐森，言義民雪國恥，坤一、之洞謀自保，私與夷約和，使夷兵得並力趨京師，誤大局，因袁世凱奏之，世凱懼，以告坤一、之洞，坤一、之洞念奏入，且獲罪，匿奏又慮爲槐森所持，計無所出，問於李鴻章。鴻章報曰：「吾思之熟矣，即被譴一身任之，不相及也。」使世凱置其奏，勿與通，且遺書德壽，告槐森，詰責之。槐森卒以毁教堂去廣西，幾陷罪。當是時，微李鴻章，東南且亂，而袁世凱亦有應和之功焉。世凱之在山東，殺紅巾以萬計，德州以南無一拳。河南巡撫裕長、漕運總督松椿，好拳，拳頗從之，然不振。

二十日，李鴻章、奕劻合劾載漪等罪重法輕，請嚴議。時德美書請殺首謀，乃並奏焉。給事中王鵬運亦言非嚴議不足以謝外人。久之而事下鴻章、奕劻治，論分别圈禁遣戍，朱祖謀、王鵬運及御史李擢英、萬本敦，又連名請斬載漪、載勛，皆不報。

二十日，令李鴻章領武衛中軍，榮祿赴行在。祿初由保定走太原，剛毅忌之，詔不許前往，至平定而還。及載漪出軍機，剛毅死，李鴻章爲祿請，太后亦念之，故復用。毅之持節東南也，以搜括號增餉數百萬，榮祿因間之，請以毅代劉坤一，毅聞之，銜祿尤甚。嘗論事，至交鬨太后前，太后兩蓄之。毅死，而祿獨進矣。

二十三日，德兵、法兵、英兵入保定，廷雍以牛酒勞師。居久之，以縱匪殺雍。按察使沈家本論訊無狀，乃釋之。又殺道員譚文煥。文煥，江西人，首率拳匪攻天津租界者也。裕祿亦遣練軍何永盛助之，不能破。保定既已失，自是略永平，躪承德，歷三邊，並塞而南，東擾河間，過真定，自河以北大抵皆苦兵，出井陘，循六國時用兵故道，浸尋及於山西矣。至易州，聲言欲發西陵，李鴻章固争，又欲燒陵樹。先是太后遣人掘利瑪竇、南懷仁冢，故夷議報之。

二十四日，德帥瓦德西至京，居儀鸞殿。自聯軍之入城也，時掠取財物，而德兵尤横，公卿貴人多被笞辱，砲擊太廟鴟尾，鑿禁垣爲門。夷兵至騎驢上三殿，玉帛圖籍，焚掠無遺。户部銀三百餘萬，内帑倍之，盡以資敵。大治道涂，穿城爲鐵道，通正陽門。俄英兵迭居頤和園，及出而薪木皆盡矣。

瓦德西欲見李鴻章，鴻章謝曰：「君所居太后宫，吾中國大臣，又老病不賴行，不能以人臣禮見，奈何？」亦不往。居久之，瓦德西不出，乃往見焉。二十八日，夷人還我太廟，奕劻請之也。珪幣俎豆皆失。

九月初一日，李鴻章劾剛毅、董福祥，時毅已死，而張之洞、劉坤一亦先言福祥啓衅，罪當懲，太后滋不悦。

初四日，至西安，居北苑。載漪在道，數謀逆，御前大臣那彦圖，護上躬甚至，計不得施。而夷議首禍，持益急，乃令載漪、載勛留蒲州。載勛私入臨潼，勒還之。載漪走寧夏。自太原以西旱，流徙多，而州縣供億，皆取於民，民重困。詔乘輿所過，無出今年税租。然大率已盡征，取應故事而已。武衛軍又大掠，至公略婦女入軍。内閣侍讀學士裴維侒以聞，榮祿佯不省。孫家鼐遇董福祥軍華陰，盡虜其資，徒跣走入，言於太后，太后默然。

十八日，李鴻章與瓦德西見於儀鸞殿。普法之戰，瓦德西與焉。至是大督九國軍，號二十萬，自負老知兵，尤輕侮中國；及見鴻章，色甚和。已而奕劻至，握手相問勞，良久而出，然不及和議也。其後儀鸞殿裁，瓦德西乃出居頤年殿，而武英殿亦火，宫闕皆已燒殘。

方是時，各國議中約，往往相難，約久不出，兵連未解，頗四出侵擾，闌入長城嶺，至大同，山西戒嚴。李鴻章亟因赫德請之。而全權大臣雖奉詔，無璽書，瓦德西難之，不肯認也。欲奏請，又稽期，乃請開乾清宫用璽，自爲敕許之，以示瓦德西。

十一月初三日，日斯巴尼亞使臣葛絡幹，居中國久，班最先；與德意志便宜行事大臣穆默，奥斯馬加便宜行事全權大臣齊幹，比利時便宜行事全權大臣姚

士登，美利堅全權大臣柔克義，法蘭西全權大臣便宜行事鮑渥，英吉利便宜行事全權大臣薩道義，義大利使臣薩爾瓦格，日本全權大臣小村壽太郎，荷蘭便宜行事全權大臣克羅伯，俄羅斯全權大臣格爾思，以約來與奕劻、李鴻章，法、英、德、中文各一，爲綱十二，要必行。奕劻、鴻章不敢議，乃奏聞焉。

其一，中國應遣親王赴德謝殺使臣克林德罪，克林德死所應立碑，用辣丁、德文、中文各一，述中國皇帝惋惜慚悔之意焉。二，中國首禍諸臣，各國所名索，皆應以罪輕重，用中法嚴治之，各國人民被害各郡縣，不得行文武試五年。三，日本使館書記生杉山彬被戕死，中國應以優禮謝日廷。四，各國墳塋或被汚或掘，應各立碑，命之曰「滌垢雪侮」。五，中國所需軍械火藥，及製造軍械火藥諸器機，不得概運入。六，各國教士商人，及中國人之給事各國者，被亂以來所損失貲財，中國應盡償；又應他籌歲入，以當償款。然非各國所許不得行。七，各國應留兵衛使館，並設防；中國人民不得居使館域內。八，自中國京師通道至於海，大沽砲台以十數，盡削平之。九，自海至京師，恐道斷，應留兵。十，中國應禁人民結會仇視他國人，違者論死。各省文武大吏以下所轄境，倘復有戕害外人，及凡他違約事，應嚴懲。已革職，不得借他事開脱復用之。懲治首禍及凌虐各國人之城鎮，罷文武試，皆應以諭旨曉示各省，凡二年。十一，凡通商行船各約，及通商各事宜，各國謂宜修改者，中國應聽從，不得持異議。十二，總理各國事務衙門舊章應盡變。各公使覲見儀節，由各國議改，照會中國允行之。

以上諸約，中國非盡從，則京畿所在各國兵不復退。

太后得約，度不許，兵且西；又方以首禍當議己，常悁慄不自安；及見約無之，喜過望，詔報奕劻、鴻章盡如約。張之洞獨疏爭不可許，尤齗齗於約中奉内廷諭旨攻使館云。之洞亦知不能爭，特以是爲名高，附太后。

其後遣醇親王載灃往德爲謝罪使，德志也。德皇欲令載灃拜，載灃至瑞士，留不前，久乃得免。日本遣那桐往謝，且歸賻焉。

償兵費四百五十兆，期三十九年償，爲息四釐，得九百餘兆。抵以鹽課鹽釐，及凡通商口岸五十里内之常關税，改歸税務司。俄許增進口税，英持之久，乃令稍税他食物之免征者。又海關税名雖直百抽五，物價日漸騰，實不逮，亦許取盈焉。皆以抵償款。

黄村、郎坊、楊村、天津、軍糧城、唐沽、蘆台、唐山、灤州、昌黎、秦王島、山海關皆駐兵，兵八千人；而京師守使館兵二千餘人不與焉。使館拓地廣袤至數里，翰林院、詹事府、兵部、工部、鑾儀衛、太醫院、欽天監、理藩院堂子皆失。築壘爲壁，守甚嚴。軍械火藥各機器，不許入二年。濬治大沽口、黄浦江，中外均其費。黄浦江年四十六萬金，大沽口年十二萬。總理衙門改外務部，班列六部前。諸所立碑，償使館侵地，墮砲台費，皆取於我。使臣覲見，輿轎加黄縧，至景運門外，換椅轎，至乾清門，他如故。

許景澄、袁昶、徐用儀、立山、聯元，令議卹，許還原官。而詔書頗護前。瓦德西以書相詰問，李鴻章權詞解之。其後英美又請雪張蔭桓，久乃許。蔭桓嘗使英，英女皇維多利亞在位六十年，而蔭桓爲賀使，故英美請之。

宣戰以後嘗所詔，皆坐罪諸拳臣矯擅，盡燬之，謂之爲僞。自議講以來，明年七月畫約，用璽焉。撤兵約大定，其他所請，大抵皆盡從之矣。

令盛宣懷議商約，語甚多，不能盡記也。約既粗定，俄議歸我東三省，別爲約，爲目亦十二：一，俄許以滿洲全省還中國，中國設官辦事悉如前。二，中國應許俄留兵，一以議鐵路，一以衛地方；中國將軍都統及故（？）他官，待俄人應益加輯睦，並管理所在糧食焉。三，滿洲有變，俄得助中國用兵；中國兵一皆遣散，未失之軍械火器砲台營寨火藥庫，盡拆毁之。四，中國不得駐兵滿洲，亦不得再練兵。久後若練及駐兵，應先告俄，限其數。軍械火器車不許運入滿洲。五，滿洲各地方官，應歸指派；辦理失宜，俄得請中國懲辦，中國皆應從。六，中國訓練北方水陸軍，應歸俄，他國不得預。七，自旅順口以北及金州，中國不能悉自主。八，滿洲、蒙古、新疆、伊犁一帶礦川鐵道，與其他利益，非俄所許，不得讓與他國人，中國亦不得自辦。除牛莊外，不得賃人爲租界。九，中國應償俄兵費，俄兵退有期，迺議。十，鐵路被毁，皆於中國取償之，他產業視此。十一，俄自用兵以來所失及所費，中國應以滿洲全省或一省之利益爲抵償。十二，中國應許俄由滿洲支路及幹路，再造鐵道至長城，及中國京師。

約既出，英、日大譁，爲書爭尤力。而上海士人會者數百人，上書奕劻、李鴻章、劉坤一、張之洞，辭甚危；坤一、之洞連疏請無許。之洞尤以爭俄約自名，鴻章頗厭之，置不答。遂以國書與俄，請改約。俄乃稍許得練兵、還金州，爲答書，書辭甚巽。鴻章又以國書請曰：「敝國東三省已失守矣，而大國許見還，朕圖報不遑，何忍違異。無如東三省主權一失，各國皆從而生心，中國將無以自立，大皇帝欲尋舊好，而不免各國藉口分爭，度必不忍出此也。況來書所云：仁至義盡，敝國自慶如天之福，大國必昭大信之言，前此之衅，朕知過矣，今日之事，惟

大國實保全之。」俄得書，亦以各國起相持，久之不復問，乃與增祺爲守約，益發兵至五萬人。而朝廷以詔書責劉坤一、張之洞，居南方久，袒英，置京師根本，不諒朝廷苦心。令李鴻章主俄約，俄亦許改前議。會鴻章病，約不成。英、日益造爲詭辭陰撓之，幸議不成，有他變，蔽罪俄始禍，得割地攘他利益遂其私，張之洞、劉坤一又固争，朝廷不能斷也。自各國請重懲首禍諸臣，太后意終庇之，不忍決，瓦德西過李鴻章曰：「君良苦矣，計且窮，屢請不見聽，今罪人方居中用事，吾當自引兵往取之，鬱鬱久居此，無爲也。」李鴻章曰：「待我三日，不獲命者且報君，行未晚也。」遂疏言：「聯軍將渡河，不速誅首謀，西安必不保。且刑賞國家之大柄，今禍變至此，宗社幾危，微外人言，亦豈能無罰，況諸臣夙自許忠義，殺身以紓急難，固遂其初心，又何惜一死？」太后覽奏不説，蹙額良久，不許。上泣請曰：「吾力不能庇矣，强庇之，禍且及吾母子，不如早斷，吾母子猶可全也。」太后不得已，恨甚，許之。

二十七年正月初三日，賜載勛自盡於蒲州，令户部侍郎葛寶華往視。太后意甚恚，寶華請入辭，不許，及歸請對，又不許。方事之殷，載勛以步軍統領下令，能捕斬一夷人者，賞五十金，生致者倍之，婦女嬰兒以差次受賞，實無所獲，竟坐此殺其身。拳匪爲關壯繆謁載勛，載勛跪迎，至不敢仰視，爲具騎從，往攻西什庫，死焉。載勛不悟也。

初四日，殺毓賢於蘭州。賢已論戍新疆，至道中，乃當斬，令甘肅按察使何福堃監刑。始拳匪起山東，李秉衡提倡之，秉衡以鄆城攻教堂，德持之，落職，遂切齒於外人。賢代秉衡，翼亂民尤至，詫爲神，王公貴人及太后左右皆信之。而山東人官京師者，王懿榮、李端遇又翕然稱其忠，相附和。故事急時，太后猶詔山東召老團。語云「涓涓不絶，遂成江河」，賢之謂矣。而曾廉、王龍文獨爲之頌冤。甘肅布政使李廷簫，懼誅，已先死。毓賢之戮教士也，至五十餘人，廷簫實左右之，飲金屑自殺。

初六日，賜英年、趙舒翹自盡。年、舒翹已下按察使監視，岑春煊遺年藥，年死獄中；舒翹服諸毒不死，竟勒殺之。年善望氣，以術幸太后，太后使視醇賢親王奕譞塋，塋東白杏高百尺無枝，氣成五采，年視之，大吉，歸報太后曰：「物莫能兩大，此其祥也，請伐之。」伐之得白蛇不可勝數，樹若有血焉。其夕塋樹盡死。載勛爲步軍統領，年以右翼總兵佐之，爲拳將横甚，陵轢大臣，然視載瀾爲謹矣。

舒翹習律令，以刑部主事外任，五遷至尚書，頗自喜。大阿哥之立，大召對羣臣，太后出詔書徧示之，皆失色，舒翹獨前賀曰：「賴社稷之靈，天下臣民有主矣，復何疑，臣猶恨其晚也。」太后大喜。其自涿州歸，極知拳匪當肇禍，以附剛毅故，盛繩之，卒以此死。拳匪之殺白蓮教也，獄不具，即反有迹，案律婦女不同謀，不緣坐，舒翹心知其冤，私竊歎，然不敢言。其於速化取容，天性也。

浙江衢州鎮總兵喻俊明、山西隰州知州崔澄寰、曲沃縣知縣王廷英、孝義縣知縣姚學康、壽陽縣知縣秦錫圭、黑龍江副都統鳳祥、浙江布政使榮銓、直隸灤平縣知縣文星，均革職發極邊，永不釋回。

浙江巡撫劉樹堂，革職永不叙用。倉場侍郎長萃、呼蘭城副都統倭克金泰、直隸大名鎮總兵王連三、景州知州洪壽彭、元城縣知縣王錦陽、南樂縣知縣鞏英、河南署南陽鎮總兵尹嘉賓、鄭州知州湯似慈、浙江衢州府知府洪思亮、湖南衡州府知府裕慶、清泉縣知縣鄭炳、山西歸化城副都統奎成、澤州府知府陶家騶、潞城縣知縣璧瑝、高平縣知縣于岱霖、山東恩縣知縣秦應逵、夏津縣屠乃勳、江西按察使陳澤霖、南豐縣知縣鄧嘉猷、南城縣翁寶仁，均革職永不叙用。

河南河北道岑春榮、武安縣知縣陳世偉、江西吉安贛寧道涂椿年、山西臨縣知縣孔繁昌、四川名山縣知縣盧鼎晉、河南南陽縣知縣袁福齡，均革職。已故直隸總督裕禄、駐藏大臣慶善，均追奪官職。清苑縣知縣張丙喆，業經革職，著永不叙用。大名縣知縣苗五珂，著改爲革職留任。山西太原城守營副將石鳳岐革職永不叙用。長子縣知縣恩順著改爲革職。

塔拉特王著革爵查辦，阿拉善王、中喀爾王均傳旨申飭。其後又續請奉天團長常志德，發極邊永不釋回。

署山西大同鎮總兵楊鴻禮、太原縣知縣何宗遜、署寧鄉縣知縣郝振麟、代理岳陽縣知縣劉藜輝、署榆次縣知縣吕繼純、太原武官馬得勝、四川邛州知州李常霈、直隸望都縣知縣嚴培烈、河南西華縣知縣林廷賡、周家口通判汪垣，均即行革職永不叙用。

吏部主事洪嘉與，劙指血上書，請縞素大哭三日，盡徵天下兵。工部主事夏震武，自請使俄，反侵地，薦洪嘉與許珏從；又請斬王文韶。翰林院編修夏壽田請斬李鴻章、劉坤一、張之洞，上覽奏大怒。

而太后獨深念舊人，往往臨朝而歎。翰林院編修林開謨，以河南學政入辭，

太后爲言剛毅、徐桐至流涕。英年、趙舒翹之死，岑春煊還報，太后掩袂泣數行下，曰：「吾無面以見人也。」董福祥歸固原，入見，辭曰：「奴自此不復見顔色矣。」大哭，太后亦哭甚哀。奕劻、李鴻章每奏至，常稱病不視朝，亦以此忽忽不樂，且病矣。

自甲申以後尤好音，優人譚心培、孫處、田際雲皆食五品俸，供奉禁中，賜予亡度，及是岑春煊因李蓮英請之，亦不許。然頗召名匠鑿地磚，爲花鳥，費不貲。上見之，愀然曰：「吾方播遷時，豈期有今日，得一椽屋蔽風雨幸矣，何厚飾爲？以重吾過也。」吏部侍郎張英麟疏言：「管仲之告齊桓公曰：願公無忘在莒；臣亦願太后無忘出居庸時，求一杯水尚不可得，躬行節儉，損膳減衣，爲自强之本。」太后大怒，欲即殺英麟，榮禄、王文韶頓首力争，乃免。又欲殺翁同龢。英麟自免歸，不復召。英麟，山東人，同治中，與編修王慶祺以弘德殿召，英麟辭；慶祺卒以房中術媚上敗，英麟本碌碌，而大節有稱焉。

始德、日本以國書請回鑾，各國亦以相要約，敬信自京師至行在，賓客送者數十百人，皆言：「京師無恙，太后當早歸。」信既至，承榮禄旨，不敢言，嚅囁，太后大怒，使宦者崔永安往視，永安還對，以實聞，太后左右視，不答。侍讀學士惲毓鼎，御史鄭炳麟、黄曾源請回鑾，皆不報。奕劻、李鴻章又數請之，乃有七月十九日之詔。而鹿傳霖方買田宅咸陽，數言敵情叵測，勸太后無北歸，太后亦恐遂歸政，不欲行。

左右多更進言不便，文悌又大治河南宫室，請遂都洛陽。洛陽周公之所營新都也，平王遷焉，卜年幾六百，遂風旨河南巡撫松壽，以行宫不辦，請改期。壽在江西毁教堂尤衆，與湖南巡撫俞廉三名在首禍，鹿傳霖爲壽請於李鴻章，出脱之，榮禄曰：「壽，滿人也，不如與俞廉三並請，示大公。」而廉三亦以教堂償款私賄入十萬金，故皆得免。而浙江巡撫劉樹堂獨坐失官，自長萃、陳澤霖以下所處分至數十百人。澤霖嘗攻景州教堂故也。

八月二十四日，自西安啓蹕，儀衛甚盛，發卒數萬人，各省所供獻太后私財六七百萬，盡輦之而東。

自中法連兵，和議定，號爲太平，大治海軍，開報効，實盡入頤和園，土木之費，幾七千萬，窮極奢麗，過於乾隆盛時，圜萬壽山，複道周閣相屬，排雲殿在山上，度高景山爲秋風亭，臨玉泉，象海中神山蓬萊、方丈、瀛洲焉。太后之所常居也，自鐵道火車電燈輪船皆備。每歲元日至中春，爲魚龍百戲，曼衍空中，曰「放花」，皆買自日本，歲費數百萬。自諸王大臣皆有進奉，盛宣懷獻銀百萬，以此得管盧漢鐵路；攬利權，遣中使求京師名花海棠、牡丹、辛夷之屬，盡移植園中，花時如雲，千頃無際，及夷兵入，刈以爲薪焉。戊戌以後，不敢復郊居，歲時一遣人往視，然所費猶日萬金。

今天子即位，國家多故，財匱，以賣官爲歲入，然無救於乏，吏道日雜多端矣。至西安山陝大旱，人相食，待振縣官者數十萬人，益賤其直。乃稍稍言報効，廣東人黎國廉、陳昭常召見蒙優答，而劉毓藻、陳時利、左宗蕃皆以入貲取九卿，天下益騖於財矣。車駕至臨潼，臨潼令夏良材，以供應獲譴，於是郡縣承風，各除道，繕治宫室，設廚傳，修寺觀神祠以待幸，作者數萬人，費亦各數十巨萬，大興兵衛，道死者相望。諸貴人奴隸，至榜笞州縣官，釋不問。而松壽令江西浮梁鎮進瓷盤，至十二萬，他物稱是焉。一驛之費，幾五萬金。

九月十七日，至雒陽，文悌謁見，泣請遂留都，即徇人言北渡河，臣請先死之，不能爲亡國之虜也。又頗言榮禄短長。榮禄亦以子墮馬死，渭南王鵬運又前劾禄畏讒謝病，不肯出。禄之自保定復召也，盡進其私人達斌、胡延之屬，皆爲大官。而湘潭人袁樹勛，以十二萬金得海關道。樹勛齷齪無他長，而善哭，獨榮禄尤喜之。蔡鈞使日本，黄承煊、韓慶雲、張成勳除道員，視貲多寡，爲肥瘠取償焉。奭良革員，以其宅賄禄，宅直十餘萬，得復用。而李鴻章爲龔照璵請，報効三萬金，不許也。天下頑鈍貪鄙之徒，皆輻輳其門，所得以鉅萬億計。許涵度者，毓賢之所任舉也，陽護教士出境，資送甚厚，而遣人爲拳匪，襲殺之道中，毓賢大喜。事發，使人多持金錢干榮禄，遂用冀寧道徙延榆綏。政以賄成，天下事大抵皆决於禄矣。余虎恩忤禄，下刑部，而董福祥如故。

九月二十六日，李鴻章卒，以王文韶爲全權大臣，袁世凱權直隸總督，漕運總督張人駿爲山東巡撫。奕劻方召赴行在，至保定，聞鴻章病甚，奏請進止，詔仍至開封。方夷兵之入京師也，鴻章遷延不肯進，屢詔敦促之，其詞皆甚哀，同於祈請。及和議已得要領，乃數蒙譴責，所請率駮斥不盡行。鴻章不能無少望，而俄約已大改前議，退兵歸地有端倪，與俄使已議定畫約矣。鴻章所請，俄亦重違其意，曲從之。鴻章方自以爲有功，有驕色，度朝廷必見從，及奏上，而太后惑於張之洞、劉坤一言，不許，鴻章恚甚，歐血遂死，追封一等候，謚文忠。

鴻章爲人，疏闊有大度，然是非利害所在，不敢昌言也。其督兩廣，太后使

掘康有爲、梁啓超祖父墳，鴻章頗枝梧，太后意甚怨。然太后喜聯俄，鴻章雅與俄善，太后欲倚鴻章結俄歡，至盡舉中國海軍船畀俄，日本争之，乃止。太后恐各國之議己也，欲引俄爲衛，俄亦自許能衛我，太后及鴻章皆信之。張之洞初上書請聯俄，戊戌以後，又主聯英、日，實忌鴻章居大名，欲立異以抗之。然鴻章盛時，之洞依附之獨諂。之洞佞巧，善迎合，不主故常，薦吴求爲異才，尤爲時所笑，然北人以善宦致總督，惟之洞爲有聲。

十二月初二日，至開封。二十日廢溥儁，仍食八分公銜俸，即日出宫。（以下原本闕）

《中法兵事本末》

清羅惇曧撰

光緒七年，英人要求通商雲南。諭雲貴總督劉長佑議覆，長佑復陳通商不便，議遂寑。是歲秋九月，長佑以法人志圖越南，以窺滇、粵，上疏，略云：「越南爲滇、越之唇齒，國外之藩籬。法國垂涎越南已久，開市西貢，據其要害。同治十一年，復通賊將黃崇英，窺取越南東京，思渡洪江，以侵諒山，又欲割越南、廣西邊界地六百里爲駐兵之所。臣前任廣西巡撫，即命師往援。法人不悦，訐告通商衙門，謂臣包藏禍心，有意敗盟。賴毅皇帝察臣愚忠，乃得出助剿之師，內外夾擊。越南招用劉永福以折法將沙酋之鋒。廣西兩軍分擊賊黨，覆其巢穴，殲其渠魁。故法人寑謀不敢遽吞越南者，將逾一紀。然法人終在必得越南，以窺滇、粵之險，而通楚、蜀之路。入秋以來，增加越南水師，越南四境皆有法人之迹。柬埔人感法恩德，願以六百萬口獻地歸附。越南危如累卵，勢必不支。同治十三年，法軍僅鳴礮示威，西三省已入於法。今復奪其東京，即不圖滅富春，已無能自主。法人志吞全越，既得之後，必請立領事於蒙自等處，以攘礦山金錫之利。現已時有法人闌入滇境，以覘形勢。儻法覆越南，逆回必導之內寇，逞其反噬之志。臣受任邊防，密邇外寇，不敢聞而不告。」奏入，不報。

十月，駐英法使臣曾紀澤以越事迭與法廷辨詰；福建巡撫丁日昌亦疏法、越事，備告總署，總署以聞。諭令與北洋大臣李鴻章籌商辦法，並諭沿邊、沿江、沿海督撫密爲籌辦。

光緒八年二月，法人以兵艦由西貢駛至海陽，將攻取東京。直督張樹聲以聞，諭滇督相機因應。

三月，移曾國荃督兩廣。

法人攻越南東京，破之。張樹聲令滇、粵防軍守於城外，以剿辦土匪爲名，藉圖進步；並令廣東兵艦出軍，遥爲聲援。

五月，令滇督劉長佑遣道員沈壽榕帶兵出境，與廣西官軍連絡聲勢，保護越南。旋召劉長佑入覲，以岑毓英署滇督。

長佑奏：法人破東京後，每日增兵，懸萬金購劉永福，十萬金取保勝州。劉永福屢請越廷決戰。廣西提督防軍統領黃桂蘭屯諒山。永福自保勝赴越之山西，與總督黃佐炎等禦敵。經諒山謁桂蘭，言方分兵赴北寧助守，保勝有所部嚴防，法人當不得逞；惟兵力不足，丐天朝援助。

劉永福者，廣西上思州人。咸豐間，粵西亂，永福率三百人出鎮南關。時粵人何均昌據保勝，永福逐而去之，遂據保勝。所部皆黑旗，號稱黑旗軍。同治十二年，法人破河內，法將安鄴勾結賊首黃崇英，謀佔全越。黃崇英擁衆數萬，號黃旗，勢張甚。越南使諭永福歸誠。永福率所部越宣光大嶺，繞馳河內，一戰而斬安鄴。越命議和之大臣適至，法人囚之舟中。督師黃佐炎亟檄永福罷兵。旋就和，而授永福三宣副提督。黃崇英餘黨爲廣西提督馮子材所滅。永福屢自備饟械剿匪，黃佐炎不上聞，越臣亦多忌之，永福積怨於佐炎。佐炎爲越南駙馬、大學士、督師，督撫均受節制，若清初之年羹堯也。馮子材爲廣西提督時，佐炎以事來見。子材坐將臺，令以三跪九叩見，佐炎銜之刺骨。越難已深，國王阮福時憤極決戰，責令佐炎督永福出師，六調不至。法軍忌永福，故越王始終思用之。

時法人佔東京後，焚而去，以兵艦東下海陽，分駛廣南西貢。劉長佑奏謂：「山西有失，則法人西入三江口，不獨保勝無障蔽，而滇省自河底江以下皆須步步設防。非滇、粵併力以圖，不足救越國之殘局；非水陸並進，不足以阻法人之貪謀。」廷諭長佑密爲布置。長佑命藩司唐炯率部屯保勝。

會國荃至粵，命提督黃得勝統兵防欽州，提督吴全美率兵輪八艘防北海。廣西防軍提督黃桂蘭、道員趙沃相繼出關。

法人要中國會議越事，諭滇、越籌畫備議。法使寶海至天津，命北洋大臣會商越南通商、分界事宜。

吏部主事唐景崧自請赴越南招撫劉永福，中旨發雲南，交岑毓英差遣。景崧乃假道越南入滇。先至粵，謁曾國荃，甚韙其議，資之入越。見永福，爲陳三策：上策言越爲法偪，亡在旦夕，誠因保勝傳檄而定諸省，請命中國，假以名號，事成則王，此上策也。次則提全師襲河內，驅法人，中國必能助饟，此中策也。如坐守保勝，事敗而投中國，恐不受，此下策也。永福曰：「微力不足當上策，中策勉爲之。」

三月，法軍破南定。諭廣西布政使徐延旭出關，會商黃桂蘭、趙沃籌防。李鴻章丁憂，奪情，回北洋大臣任，鴻章懇辭。至是，命鴻章赴廣東督辦越南事宜，粵、滇、桂三省防軍均歸節制。鴻章奏擬赴上海暫駐，統籌全局。法使臣寶海商

界事久不協，奉調回國，以參贊謝曼禄代理。

劉永福與法人戰於河内之紙橋，大破法軍，陣斬法將李威利。越王封永福一等男。徐延旭奏留唐景崧防營効用，並陳永福戰蹟。

朝旨促李鴻章回北洋大臣任，並詢法使脱利古至滬狀，令鴻章定期會議。脱利古詢鴻章中國是否助越？鴻章乃以邊疆剿匪爲詞。法國新簡使臣巴德諾就任。法兵攻克順化，迫越南議約。鴻章與法使議不就。法兵申言犯粤，廣東戒嚴。總督致法使書，言越南久列藩封，歷經中國用兵剿匪，力爲保護。今法人侵陵無已，豈能受此蔑視！倘竟侵我軍駐地，惟有開仗，不能坐視。朝旨令徐延旭飭劉永福相機規復河内，法軍如犯北寧，即令接戰；命滇督增兵防邊，唐炯迅赴前敵備戰，並濟永福軍餉。旋命岑毓英出關督師。

法兵破越之山西省，將犯瓊州。以彭玉麟爲欽差大臣，督粤師。彭玉麟奏：「法人逼越南立約，欲中國不預紅河南界之地，及許在雲南蒙自縣通商，顯係圖我滇疆，冀專五金之利。不特滇、粤邊境不能解嚴，即廣東、天津亦須嚴備。彼以虚聲，我以實應，疲於奔命，必到財力俱窮。據候補道王之春言，有鄭官應者，幼從海舶偏歷越南、暹羅。暹王粤人，鄭姓，其掌兵政者皆粤人，與官應談法、越戰事，皆引爲切膚之痛。伊國與越之西貢毘連，嘗欲出其不意，攻其不備，由暹羅潛師以襲西貢，先覆法酋之老巢。又英屬地曰新加坡極富庶，粤人居此者十餘萬。擬懸重賞，密約兩處壯士，俟暹國兵到時，舉兵内應，先奪其兵船，焚其軍火。此二端較有把握，擬密飭鄭官應潛往結約。該國素稱忠順，鄉誼素敦，倘另出奇軍，西貢必可潛師而得。擬再派王之春改裝易服同往密籌，届時密催在越各軍同時並舉。西貢失則河内、海防無根，法人皆可驅除，越南可保。」奏入，諭曰：「暹羅國勢本弱，自新加坡、孟加拉等爲英所據，受其挾制，朝貢不通，豈能更出偏師自挑强敵？鄭官應雖與其國君臣有鄉人之誼，恐難以口舌游説，趣令興師。且西貢、新加坡皆貿易之場，商賈者流，必無固志，懸賞募勇，需款尤巨，亦慮接濟難籌。法人於西貢經營二十餘年，根柢甚固，中國無堅輪巨礮，未能渡海出師，擣其巢穴。即使暹羅出力，而無援兵以繼其後，法人回救，勢必不支。況英、法迹雖相忌，實則相資。彼見暹羅助我用兵，則猜刻之心益萌，併吞之計益急。恐西貢未能集事，而越國先已危亡。該尚書所奏多採近人魏源成説，移其所以制英者轉而圖法。兵事百變，未可徇臆度之空談，啓無窮之邊釁。倘機事不密，先轉播新聞紙中，爲害尤巨。該尚書所稱言易行難者，諒亦見及於此。」

越南王阮福時薨，無子，以堂弟嗣立。法人乘越新喪，以兵輪至富春，攻順化海口，佔之，入據都城。越嗣君不賢，在位一月，輔政阮説啓太妃廢之，改立阮福昇。至是乞降於法，與立約二十七條，即言中國不得干預越事，此外政權利權均歸法人。

越王諭諸將退兵，重在逐劉團也。滇撫唐炯屢促永福退兵。永福欲退保勝，黑旗軍士皆扼腕憤痛。副將黄守忠言，公可退保勝，請以全軍付末將守山西，有功公居之，罪歸末將。永福乃不復言退。

徐延旭奏曰：「越人倉促議和，有謂因故君未葬，權顧目前者；有謂因廢立之嫌，廷臣植黨搆禍者。迭接越臣黄佐炎等抄寄和約，越誠無以保社稷，中國又何以固藩籬？越臣輒以俟葬故君，即須翻案爲詞，請無撤兵。劉永福仍駐守山西，法人擬添兵往攻。越王阮福昇嗣位，具稟告哀，並祈准其遣使航海詣闕乞封。越國人心涣散，能否自立，尚未可知。」並將法越和約二十七款及越臣黄佐炎來稟録送樞府。

大學士左宗棠出爲兩江總督，嚴備長江防務。

粤督張樹聲自請出關。得旨命帶兵輪赴富春，樹聲奏廣東無巨艦可出大洋，乃不果行。

左宗棠請飭前藩司王得榜募勇赴桂邊扼紮，得旨歸徐延旭節制。

十一月，法人破興安省，拘巡撫、布政、按察至河内，槍斃之；進攻山西，破之。劉團潰，永福退守興化城，雲軍統領總兵丁槐來撫潰師。

十一月，越嗣王阮福昇暴卒，或云畏法偪自裁，或云奸黨進毒。國人立前王阮福時第三繼子爲王，輔政阮説之子也。

徐延旭奏報山西失守，北寧斷無他虞。廷旨責其夸張。

光緒十年正月，江督左宗棠以病乞免，命裕禄署江督。

李鴻章奏：「越南山西之戰，滇軍與劉永福所部憑城固守，殺傷相當，卒致退舍；非鏖戰之不力，實器械之未精。近年北洋購新式槍皆精堅適用，淮練各軍皆改習洋操；而滇、粤、閩、浙防軍器械缺乏，操法尚未講求。臣已分購德、美新式槍礮，咨商滇、粤、閩、浙各督撫，先令分撥之數照原價領撥。各省誠能嚴督練習，庶折衝制勝，稍有把握。」得旨，報可。

唐景崧在保勝上樞府書言：「滇、桂兩軍偶通文報，爲日甚遲，聲勢實不易

連絡。越南半載之內，三易嗣君，臣庶皇皇，類於無主。欲培其根本以靖亂源，莫如遣使直入順化，扶翼其君，俾政令得所，以定人心而清匪黨，則敵燄自必稍戢，軍事庶易措手。若不爲藩服計，則北圻沿邊各省，我不妨直取，以免坐失外人。否則，首鼠兩端，未有不歸於敗者也。」

劉永福謁岑毓英於家喻關，毓英極優禮之，編其軍爲十二營。法軍將攻北寧，毓英遣景崧率永福全軍赴援。桂軍黄桂蘭、趙沃方守北寧。山西之圍，桂蘭等坐視不救，永福憾之深，景崧力解之，乃赴援。景崧勸桂蘭離城擇隘而守，桂蘭不從。

二月，法兵攻扶良，總兵陳得貴乞援。北寧援師至，扶良已潰。法兵進逼北寧，黄桂蘭、趙沃敗奔太原，劉永福坐視不救。延旭老病，其下多欺蔽；與趙沃有舊，偏信之。趙沃庸懦，其將黨敏宣作奸欺肆以蔽廷旭，敵犯北寧，敏宣先遁。陳得貴爲前廣西提督馮子材舊部，驍勇善戰。子材曾劾延旭，延旭怨之，並怨得貴。及北寧陷，乃奏戮之，敏宣亦正法。延旭方寸亂，調度失宜，有旨革職留任。

三月，命湖南巡撫潘鼎新辦廣西關外軍務，接統徐延旭軍。黄桂蘭懼罪，仰藥死。

時樞臣屢被劾，孝欽后亦極不慊於恭親王，乃降旨言：「恭親王奕訢等，始尚小心匡弼，繼在委蛇保榮，近年爵禄日崇，因循日甚。每於朝廷振作求治之意，謬執成見，不肯實力奉行。屢經言者論列，或目爲壅蔽，或劾其委靡，或謂其簠簋不飭，或謂其昧於知人。本朝家法綦嚴，若謂其如前代之竊權亂政，不惟居心所不敢，亦法律所不容。只以上數端，貽誤已非淺鮮。若仍不改圖，專務姑息，何以副列聖之貽謀？將來皇帝親政，又安能臻諸上理？若竟照彈章一一宣示，即不能復議親貴，亦不能曲全耆舊，是豈朝廷寬大之政所忍爲？恭親王奕訢、大學士寶鋆入直最久，責備宜嚴。姑念一係多病，一係年老，兹特録其前勞，全其末路：奕訢着加恩仍留世襲罔替親王，賞食全俸，開去一切差使，並撤去恩加雙俸，家居養疾；寶鋆着原品休致。協辦大學士吏部尚書李鴻藻，内廷當差有年，只爲囿於才識，遂致辦事竭蹶；兵部尚書景廉，祇能循分供職，經濟非其所長：均開去一切差使，降二級調用。工部尚書翁同龢，甫直樞廷，適當多事，惟既別無建白，亦有應得之咎，着加恩革職留任，退出軍機處，仍在毓慶宮行走，以示區別。」命禮親王世鐸、户部尚書額勒和布、閻敬銘、刑部尚書張之萬，均在軍機大臣上行走，工部左侍郎孫毓汶在軍機大臣上學習行走。故事，召見樞臣皆全班進，亦間有首輔獨對者。是日，獨召領班章京入見，御前擬諭旨以上，硃書授之以出，前此所未有也。

三月，諭曰：「徐延旭株守諒山，僅令提督黄桂蘭、道員趙沃駐北寧。該提督等遇敵先潰，殊堪痛恨。徐延旭革職拿問，黄桂蘭、趙沃潰敗情形，交潘鼎新查辦。」

以王德榜署廣西提督，德榜辭不拜。

唐炯未奉諭旨，率行回省，不顧邊事，以致山西失守。唐炯革職拿問，以張凱嵩爲雲南巡撫。奕劻管理總理各國衙門事務。諭江督曾國荃嚴備江防。

北寧敗後，延旭以唐景崧護軍，收集敗殘，申明約束。延旭謂景崧曰：「吾誤信黄、趙，致事敗至此，悔不早用君。」把總石中玉謁延旭於諒山，痛數北寧將帥之誤。延旭曰：「汝何不早言？」中玉曰：「吾數請謁，而左右拒我，何言耶！」中玉寓延旭行館側，詈延旭左右弄權蒙蔽，達旦不休。延旭從容呼曰：「石中玉，怒何太盛耶！休矣，吾知之矣！」

醇親王奕譞奉太后命，會同商辦軍機處要政，俟皇帝親政後再降懿旨；蓋隱若首輔，以天子父不令入直也。宗室國子監祭酒盛昱奏言：「醇親王自光緒建元以後，分地綦崇，不當嬰以世事。當日已自請開去一切差使。今奉入贊樞廷之旨，綜繁賾之處，則悔尤易集；操進退之柄，則怨讟易生。嘉慶四年，以軍機處事煩，暫令成親王永瑆入直；後以國家定制未符，仍令退出。誠以親王爵秩較崇，有功而賞，賞無可加；有罪而罰，罰所不忍。恭親王參贊密勿，本屬權宜，況醇親王又非恭親王之比，請收回成命。」左庶子錫鈞言：「若令醇親王入直内廷，聖心有所未安；若令樞臣就邸會商，國體亦有未協。以尊親之極，處嫌疑之處，反諸初衷，未能相副。」御史趙爾巽言：「樞臣恃有商辦之名，遇事便於諉卸，設有貽誤，廷臣論列莫得主名；醇親王謀國之苦衷，與引嫌之初志，亦不能自白。」奉懿旨言：「垂簾以來，揆度時勢，不能不用親藩，進參機務。此不得已之深衷，當爲在廷諸臣所共諒。此次諭令醇親王奕譞與諸軍機大臣會商，本爲軍機處辦理要政而言，並非尋常諸事概令與聞。奕譞已一再堅辭，當經曲加獎勵，並諭俟皇帝親政再降諭旨，始暫時奉命。軍機政事，樞臣亦不能諉卸。」

王德榜力辭廣西提督，遂以唐仁廉署。

法軍進據興化。粵稅司(美)〔德〕人德璀琳告李鴻章，願居間議和，鴻章以聞，命鴻章妥籌辦理。又諭言：「李鴻章屢被參劾，畏葸因循，不能振作；朝廷

格外優容，未加譴責。兩年來，法、越搆衅，任事諸臣一再延誤，挽救已遲。若李鴻章再如前在上海遷延觀望，坐失事機，自問當得何罪！此次務當竭誠籌辦；如辦理不善，不特該大臣罪無可寬，即前此總理衙門王大臣亦一併治罪。」

法人以兵艦八艘窺廈門，命沿海邊防力籌守禦。朝廷以將帥多撓敗，思用宿將。前湖南提督鮑超引病在籍，命川督丁寶楨存問，並察其能否出膺重任；前直隸提督劉銘傳亦引病在籍，命直督李鴻章促召來京。

署左副都御史張佩綸奏法人將來必索劉永福，請飭李鴻章、岑毓英顧全大局，加意保全。諭鴻章等先事籌計。

前大學士左宗棠奏目疾稍愈，朝旨促其來京。

法艦窺上海吴淞口，江督曾國荃命提督李成謀、李朝斌嚴防。

命通政使吴大澂會辦北洋事宜，内閣學士陳寶琛會辦南洋事宜，翰林院侍講學士張佩綸會辦福建海疆事宜，均專摺奏事。是時，大澂等好談兵事，佩綸、寶琛尤以彈劾大臣著風節，與張之洞、寶廷、鄧承脩、劉恩溥好論時政，陳得失，一時有清流黨之目；孝欽后亦紓懷聽從。以海疆多故，同時有會辦之命，蓋欲試其才也。

是時，李鴻章與法總兵福禄諾議和，條款將就緒，諭滇、桂防軍候旨進止。鴻章旋以和約五款入告：其一，中國南界毘連北圻，法國約明，無論遇何機會如有他人侵犯，均應保護；其二，中國南界既經法國與以實據，不虞侵佔，中國約明，將北圻防營撤回邊界，並於法、越所有已定與未定各條約，均置不理；其三，法國不向中國索償軍費，中國應許以毘連北圻之邊界，法、越貨物聽其運銷；其四，法國將來與越改約，決不插入傷中國體面語，並將以前與越所立約，關礙東京者，全行銷廢；其五，兩全權簽押三月後，另訂細款。朝旨報可，予鴻章全權畫押。

鴻章奏言：「自光緒七年以來，曾紀澤與法外部，總署暨臣與寶海、脱利古等，往復辨論，案卷盈帙，均無成議，愈變愈壞。迨山西、北寧失陷，法燄大張，越南臣民望風降順，事勢已無可爲，和局幾不能保。今幸法人自請言和，删改越南條約，雖不明認爲我屬邦，但不加入違悖語意，越南豈敢藉詞背叛？通商一節，諭旨不得深入雲南内地；既云北圻邊界，則不准入内地明矣。兵費宜拒一節，該國本欲訛索六百萬鎊，經囑馬建忠等歷與駁斥，今約内載明，不復索償，尚屬恭順得體。中國許以北圻邊界運銷貨物，是爲中法和好互讓之據。至劉永福黑旗一軍，從前趁法兵單寡之時，屢斬法將，法人恨之，必欲報復。上年曾紀澤迭與法外部商議，由中國設法解散；而法廷添兵攻取，意不稍回。去冬克山西，黑旗精鋭傷亡甚多，已受大創。今春，劉永福增募四千援北寧，亦不戰而潰，其禦大敵何怯也！華人專採虚聲，欲依以制法，法人固深知其無能。此次福禄諾絶未提及，我自不便深論。將來另派使臣，若議及此，當令滇、桂疆臣酌定妥置之法。惟目下和議已成，法人必無翻覆，法兵必漸減撤，滇、桂邊防各軍亦宜及早整頓。聞劉永福所部冗雜騷擾，與越民爲仇，實爲邊境後患。擬請旨密飭滇、桂嚴明約束，酌加淘汰，妥籌安置，則保全多矣。」鴻章始終主和，而士論皆主戰，彈劾鴻章無虚日。法、越搆釁，綿延三年，致法佔越南，和戰仍無定見。鴻章堅持和議，而法約已明認越南歸法保護，尚飾言不傷中國體面，越南不敢藉詞背叛。當時外交皆以推宕粉飾，致喪主權，多此類也。

岑毓英以興化萬難駐師，轉饟不繼，退守邊境，毁興化城樓而去。劉永福軍退駐保勝。其時電報未通，奏摺往返須五十餘日。滇、桂軍隊相距遠，常月餘不通問，而每事必候旨進止。毓英既退館司，中旨切責。粤督張樹聲請展辦廣州至龍州電線，關外始通電報。

樹聲以病乞休，命山西巡撫張之洞署粤督。

法總兵福禄諾臨行，言派隊巡察越境及驅逐劉團；鴻章不以聞，疊旨申斥。法使以簡明條約法文與漢文不符相詰，朝旨責鴻章辦理含混，責成竭力籌備爲自贖之地。輿論均集矢鴻章，指爲通夷，致比諸秦檜、賈似道，朝廷亦屢切責之。然舍鴻章外，更無練習外事者，故洋務仍一依鴻章。

當同治九年，天津戕教，焚法國領事館，法人要挾甚奢，英、美助其迫挾。曾國藩爲直督，置天津知府、知縣重典，戮戕教十六人以謝法人。朝野大詬國藩，呼爲賣國賊；湘人擯國藩，欲除其籍。通商大臣崇厚密請免國藩，以鴻章代之。鴻章受任時，普、法之戰起，法人倉皇自救，天津教案遂漸消滅。時論以鴻章外交之能，百倍國藩，朝廷遂倚之，洋務必以付鴻章。總督諸臣無習外事者，鴻章亦益自負。外事始終託鴻章，前後三十餘年。然法、越之役及與日本共同保護朝鮮之約，皆貽無窮之害。當定約時，鴻章固自謂甚當也。

法使借端廢約，朝旨令關外軍嚴防，若彼竟來撲犯，當與之接仗。命岑毓英諭劉永福率所部來歸。

潘鼎新奏，法兵分路圖犯谷松、屯梅二處，桂軍械缺糧乏，恐不可恃。諭責

其飾卸。

鴻章仍欲始終維持和議，詔予議約全權便宜行事。續命錫珍、廖壽恒、陳寶琛、吴大澂會同鴻章妥籌法約。當朝廷不知全權爲代表君主，既率意與鴻章，又續派錫珍等會同議約，時清議既皆擊鴻章，朝臣皆不敢附鴻章，議益相左矣。

法軍欲巡視諒山，抵觀音橋。桂軍止之，令勿入，法將語無狀，乃互擊，大勝之。奏入，諭進規北寧。川督丁寶楨奏鮑超病愈，諭率五營赴滇助防，並令提督黄少春率五營赴鎮南關外助戰。並照會法使，責其先行開礮，應認償款。並令告法外部，止法兵，諭各軍，如彼不來犯，不必前進。

法使續請議和。諭前敵桂軍調回諒山，滇軍回保勝，不得輕開釁。

左宗棠病愈，以大學士入爲軍機大臣。

法將孤拔欲以兵艦擾海疆，諭沿海疆臣嚴備迎擊。法使巴德諾逗留上海，不肯赴津；乃改派曾國荃全權大臣，陳寶琛會辦，派邵友濂、劉麟祥隨同辦理。諭言：「兵費卹款萬不能允；越南須照舊封貢；劉永福一軍如彼提及，須由我措置；分界應於關外空地作爲甌脱；雲南通商應在保勝，不得逾值百抽五。現在福州、馬尾有警，如已開仗，曾國荃等無庸赴滬。」

六月，法將孤拔以兵艦八艘窺閩海，欲踞地爲質，挾中國議約。何璟、張佩綸以聞。諭粤、浙酌撥師船協助。

法艦至臺灣之基隆購煤，臺撫劉銘傳拒之，遽攻基隆礮臺。

曾國荃、陳寶琛等與法使議約於上海，國荃許給撫卹費五十萬，奉旨申斥；並言陳寶琛向來遇事敢言，亦隨聲附和，殊負委任，並傳旨申斥。寶琛與國荃論事不合，國荃恒輕之，寶琛亦力詆國荃，自申斥後，愈齟齬矣。

美使居間調停和約，諭國荃等候之。粤督張之洞請飭南北洋各派兵船合力援閩，諭南北洋商定。彭玉麟請飭彭楚漢、程文炳率兵赴閩助防。

滬中議約久不就。諭言：「曾國荃電送巴德諾照會，無理已甚，不必再議，惟有一意主戰。着曾國荃、陳寶琛即回江寧辦防，許景澄同往助理，劉麟祥隨同辦事，並婉謝美國。」又諭岑毓英令劉永福先行進兵，迅圖規復北圻。岑毓英、潘鼎新關内各軍陸續進發。以法人失和布告各國。

李鴻章以戰事起，慮招商局輪或淪於敵，因命道員馬建忠以招商局産歸美國旗昌洋行認售，由律師擔文保證，候戰事定原價收回，爲言官所劾，朝旨責鴻章。鴻章言：「各國通例，本國商船改換他國旗幟，須在兩國未開衅之前。黑海之戰，俄商皆懸德、美旗，有二艘換旗於戰事前三日，遂爲法人所奪；復有二艘易旗於戰前，暗立售回之據，亦爲英國所奪。非實在轉售他國，必不能保護，此萬國通商之公例。馬建忠知法事將行決裂，毅然定議；將來收回關鍵，惟擔文是問，不容稍有反覆。法人疑招商局輪船並非實售與美，尚思乘間攫拿，故未便入告，求默鑒而曲原之。」

七月，法國公使謝滿禄下旗出京。

鮑超以兵少，不願出關，命招集舊部赴前敵。

法兵攻破基隆礮臺，總兵曹志忠、提督章高元等戰卻之。

朝廷思依劉團擊法兵，乃賞劉永福記名提督；以連絡劉團爲唐景崧功，賞景崧五品卿銜。以總署乏才，命李鴻章令道員馬建忠入見。

諭旨宣告法人罪狀，言：「越南爲我封貢之國，二百餘年，載在典册，中外咸知。法人狡焉思逞，先據南圻各省，旋又進據河内，戮其人民，利其土地，奪其賦税。越南闇懦苟安，私與立約，並未奏聞，挽回無及，越亦有罪也。是以姑與包涵，不加詰問。光緒八年冬間，法使寶海在天津與李鴻章議約三條，當飭總理各國事務衙門會商妥籌，法人又撤使翻覆。我存寬大，彼益驕貪。越之山西、北寧等省爲我軍駐紮之地，清查越匪，保護屬藩，與法絶不相涉。本年二月間，法兵竟來撲犯。當經降旨宣示，正擬派員進取，力爲鎮撫。忽該國總兵福禄諾先向中國議和。其時該國因埃及之事，岌岌可危，中國明知其勢處迫逼，本可峻詞拒絶；而仍示以大度，許其行成，特命李鴻章與議簡明條約五款，互相畫押。諒山、保勝等軍，應照議於定約三月後調回；迭經諭飭各防軍扼紮原處，不准輕動開釁，帶兵各官奉令維謹。乃該國不遵定約，忽於閏五月初一、初二等日，以巡邊爲名，在諒山地方直撲防營，先行開礮轟擊，我軍始與接戰，互有殺傷。法人違背條約，無端開釁，傷我官兵，本應以干戈從事，因念訂約通好二十餘年，亦不必因此廢棄前盟，仍准總理各國事務衙門與在京法使往返照會，情喻理曉，至再至三。閏五月二十四日，復明降諭旨，照約撤兵，昭示大信，所以保全和局者，實屬仁至義盡。如果法人稍知禮義，自當翻然改圖。乃竟始終怙過，飾詞抵賴，横索無名兵費，恣意要挾；輒於六月十五日佔據臺北基隆山礮臺，經劉銘傳迎剿獲勝。本月初三日，何璟等甫接法領事照會開戰，而法兵已自馬尾先期攻擊，傷壞兵商各船，轟壞船廠。雖經官軍焚毁法船二隻，擊壞雷艇一隻，並陣斃法官兵，尚未大加懲創。該國專行詭計，反復無常，先啓兵端；若再曲予含容，何以

中公論而順人心？用特揭其無理情節，布告天下。」

時總署大臣至十餘人：奕劻、福錕、崐岡、閻敬銘、徐用儀、錫珍、許庚身、周德潤、陳蘭彬、周家楣、吴廷芬、張蔭桓，獨陳蘭彬曾使美國，而才識庸闇，餘皆不達外事者也。張蔭桓以道員入爲太常寺卿，精敏號知外務，以最後輩務攬權，爲同列所忌，又非出身科舉，士論恒卑之。御史孔憲穀乃摭其致上海道私函爲洩漏祕密劾之，諭退出總署。太后亦以總署大臣多不勝任，乃並罷周家楣、吴廷芬、崐岡、周德潤、陳蘭彬，皆緣蔭桓被劾而起，朝列乃益恨蔭桓矣。

漕督楊昌濬赴閩督師。潘鼎新以越南瘴重，方暑艱於進攻，請俟秋後出師。諭言，劉永福一軍久居越南，能耐瘴，令先進。

御史吴峋以法國交涉事劾總署諸臣，尤痛詆閻敬銘。時敬銘以精刻得太后歡，屢降旨辨敬銘，斥吴峋。

左宗棠在樞府，怙功偏執，同列苦之；以閩省軍務，出爲欽差大臣。以將軍穆圖善、漕督楊昌濬充幫辦，學士張佩綸充會辦兼船政大臣，召詹事何如璋還京。命宗棠駐兵於閩、浙之處主調度。

法艦將攻吴淞口，曾國荃嚴備之。

張佩綸奏：「法提督孤拔以兵輪入馬尾窺伺船廠。閏五月二十八日，臣親率黄超羣兩營駐防馬尾。其時法船僅五艘，我船揚武及兩蜑船共三艘。尋何如璋將振威、伏波調回，張之洞亦以飛雲、濟安來援，我軍聲勢略壯。法乃大增兵輪二號，魚雷二號，入口相逼。臣屢請先發，請互援，不得；勉以藝新、福星兩小船及艇船、商船雜而牽制。及至六月二十以前，船略相等；而我小彼大，我脆彼堅。六月二十以後，彼合口内外常有十二三艘，出入便活；而我軍則止於兵船、礟船兩號。臣以爲憂，密調諸將，以兵不厭詐，水戰尤争呼吸，欲仍行先發之計。而諸將枕戈待旦，多者四十餘日，少亦二三十日，均面目枯槁，憔悴可憐。加以英、美來船與法銜尾，奇謀祕策，不可復施。臣知不敵，顧求援無門，退後無路，惟與諸將以忠義相激勸而已。前月二十八日及本月初一日之電報，可覆按也。當六月下旬，美提督晤何如璋，以調處告。税務司賈雅格函告督臣，又有英提督、英領事欲調處之説，其詞甚甘，其事則嚴。臣亦知其意，而無如與國牽制何！初一、二日，大雨如注，風勢猛烈。初二日子夜、初三日黎明，臣以手書飭諸管駕相機合力，有初三日風定法必妄動之語。未刻，而法人礟聲作矣。臣一面飭陸軍整隊，並以小礟登山與水師相應；一面與何如璋各升山巔觀戰。緣是日法以潮大風順，於口外驟入一大船，發礟爲號，猛攻我軍。我船本約以各輪萃攻其上游各船，而以艇船、商船夾攻其下游各船。法大船入，則以六艘截振威、飛雲、濟安於下，而以五大輪、一魚雷船合攻揚武。比臣至山，則揚武已爲敵魚雷所碎，法船方圍攻福星。該管駕陳英轉捩甚靈，放礟亦捷，酣戰不退；而蜑船用礟助擊，相持至一時之久，一大船中礟退駛，他船亦皆桅斜枝洞。奈大小過懸，衆寡不敵，未幾而該船及兩蜑船相繼沉燬。伏波、藝新亦各中礟駛上中岐，則我上流之船已没。其下流之船，法以雙桅三筒烏波鐵船爲最大，振威爲其所擠，立斷爲兩。飛、濟二輪還礟之聲猶相應答，法駛一魚雷船近之，則驟爲我臺上一礟所中，立没於水，而烏波亦爲我礟攢擊火槳艙，立時焚没。飛、濟兩船即帶火流下，則高騰雲已爲礟擊中而死。我所餘之艇哨各船及所製雷船與木牌引火之具，以潮力牴牾，逆激不能上，皆爲法乘勝轟擊都盡，併迫近廠河之商船亦焚。計法焚一輪、壞一輪、沉一雷船，我則七兵輪、兩商船及艇哨各船均燼，惟餘伏波、藝新兩輪，少受傷損，即行駛回。此次法人譎計百出，和戰無常。彼可横行，我多顧慮；彼能約從，我少近援。一月之久，彼稔知我鄰疆畛域，士卒孤疲，輒乘雨後急潮，彼船得勢，違例猝發。天實爲之，謂之何哉！各船軍士用命致死，猶能鏖戰兩時，死者灰燼，存者焦傷。臣目擊情形，實爲酸痛！臣甫到閩，孤拔踵至。明不足以料敵，材不足以治軍，妄思以少勝多，露廠小船圖當大敵；卒至寇增援斷，久頓兵疲。軍情瞬息萬變，臣既制於洋例，不能先發以踐言；復狃於陸居，不能登舟以共命：實屬咎無可辭。惟有仰懇將臣革職交刑部治罪，以明微臣惶悚之忱，以謝士卒死綏之慘。至連日洋商及我軍傳説，或云法燬六船，或云孤拔受傷已死，或曰烏波管駕已死，或云法焚溺三百人。要我軍既已大折，彼亦應稍有死傷，傳聞異詞，即確亦不足信。惟此奏就臣所目見，參與各軍稟報，不敢有一字捏飾，一語含糊，再蹈奏報不實之罪。」何如璋亦奏，内海各師船被法艦隔林礟掃盡，輪船被燬九隻，與佩綸略同。諭言：「此次因議和之際，未便阻擊，致法人得遂狡謀。各營將士，倉猝抵禦，猶能殄敵，並傷其統帥，其同心効命之忱，實堪嘉憫！」提督黄超羣等賞賚有差。閩督何璟、閩撫張兆棟下吏嚴議；以學士張佩綸措置無方，意氣用事，奪三品卿銜，下吏議；將軍穆圖善功過相抵，免議。命許庚身入樞府，鴻臚卿鄧承脩入總署。

八月，李鴻章拜大學士。

諭言：「聞廣東督撫出示曉喻沿海居民忠義報効，令在海面將法船帶水淺

擱，食置毒物等語；並新嘉坡、檳榔嶼等處華人一併備及。此等告示，在內地張貼，措詞轉失正大。新嘉坡等處，既非屬地，恐輾轉訛傳，反生事端。彭玉麟、張之洞等，均傳旨申飭。」

諭關外軍逼西貢，以緩攻臺之兵。命劉永福迅攻太原、北寧。永福意不願行，諭岑毓英促之。

馬江之戰，張佩綸漫無佈置，倉卒敗衄，閩人恨之深。李鴻章力持議和，屢戒佩綸勿輕啓衅。閩督何璟，自以書生不諳兵事，屢請解職，朝令楊昌濬代之，旋命大學士左宗棠督閩師，皆未至，軍事皆主於佩綸。佩綸實不知兵，而意氣極盛，總督何璟、巡撫張兆棟皆曲意事之。佩綸狃於鴻章之議，謂和約旦夕成，戒軍士勿妄戰，聽法船入閩口。及法艦大集，船政大臣何如璋仍嚴諭各艦不得妄動。及法人遽發礮，各艦熸焉。閩人切齒於佩綸、如璋，並詆如璋通款於敵。及佩綸飾詞入告，皆大憤。編修潘炳年等呈都察院代奏，言：「臣等於馬江敗後，迭接閩信，皆言張佩綸、何如璋聞警逃竄。竊以挫敗情形，衆目昭著，朝廷明見萬里，諒諸臣不敢再有揑飾，是以未敢率行上聞。讀八月初一日諭旨，方審該大臣前後奏報種種虛揑，功罪顛倒，乖謬支離，與臣等所接閩信，判若岐異，不得不披瀝上陳。初一日，法人遞戰書於揚武管駕張成，張成達之何如璋，祕不發。初二日，各國領事、商人皆下船，衆知必戰，入請亟備。張佩綸斥之出，軍火靳不發。嗣洋教習法人邁達告學生魏瀚，明日開仗。魏瀚畏張佩綸之暴，不敢白。初三早，見法船升火起椗，始馳告，而法已照會未刻開戰。張佩綸怖，遣魏瀚向孤拔乞緩，以詰朝爲請。比登敵舟，而礮聲已發，戰船猶未起椗裝藥。敵開巨礮七，福星、振威、福勝、建勝殊死戰，船相繼碎，餘船放火自焚。是役也，燬輪船九，龍槽船十餘，小船無數；伏波、藝新二艘均逃回，自鑿沉，林浦陸勇盡潰，而法船則僅沉魚雷一艘。此初三日大敗之情形也。張佩綸、何如璋甫聞礮聲，即從船局後山逃走。是日大雷雨，張佩綸跣而奔，中途有親兵曳之。行抵鼓山麓，鄉人拒不納，匿禪寺下院，距船廠二十餘里，次日抵鼓山之彭田鄉。適有廷寄到，督撫覓張佩綸不得，遣弁四探，報者賞錢一千，遂得之。何如璋奔快安施祠，鄉人焚祠逐之，賫夜投洋行宿焉。晨入城，棲兩廣會館，市人又逐之。後踉蹌出就張佩綸於彭田鄉。張佩綸恐敵蹤跡及之，紿何如璋出廠，自駐彭田鄉累日。偵知敵出攻長門，將謀竄出，始回。此張佩綸、何如璋狼狽出奔之情形也。何璟、張兆棟平日狃於和議，於海防毫無佈置，藩司沈葆靖尤以戰事爲非，凡屬防禦輒拒不發款。兵無主帥，饟無專責，議者故知閩事之必敗也。所恃爲長城者，以張佩綸平日侈談兵事，中外戰局伊始，身膺特簡，臨事必有把握。及閱閩信，陳其種種謬戾情形，則喪師辱國之罪，張佩綸實爲魁首，何如璋次之。何以言之？朝廷以督撫不知兵，簡張佩綸偕劉銘傳往。劉銘傳渡臺，即封煤廠，逐法人。張佩綸出都，即聞其意頗怏怏，到閩後，一味驕倨。督撫畏其氣燄，事之維謹，排日上謁，直如衙參，竟未籌及防務。至法船駛入馬尾，倉卒乃以入告。張得勝緝得引港奸民請辦，張佩綸竟置不理，衆益駭然。而張佩綸尚侈然自大，漫不經心，水陸各軍，紛紜號召。迨各將請戰，又以奉旨禁勿先發爲詞。臣等不知各口各擊之諭，何日電發，不應初三日以前尚未到閩。即使未到，而諭旨禁其先發，非併輪船起椗、管駕請軍火而悉禁之也。一概不允，衆有以知張佩綸之心矣。身爲將帥，足未登於輪船；聚十一艘於馬江，環以自衛。各輪船管駕疊陳連艦之非，張佩綸斥之；入白開戰之信，張佩綸又斥之。事急而乞緩師於敵，如國體何？開礮而先狂竄，如軍令何？中岐即馬尾，彭田即鼓山後麓。張佩綸自諱其走，欲混爲一，如地勢迴隔何？敵攻馬尾，張佩綸於是日始竄彭田，而冒稱力守船廠，奈不能揜閩人耳目何？且何如璋實匿戰書，張佩綸與之同處，知耶不知耶？臣等不能爲張佩綸解也。臣聞張佩綸敗匿彭田，以請旨逮問爲詞，實則置身事外。證於外間風聞，張佩綸所恃爲奥援之人，私電函致，有「閩船可燼，閩廠可燬，豐潤學士必不可死」之語。是則張佩綸早存不死之心，無怪乎調度乖謬，聞戰脱逃，肆無忌憚如此也！何如璋實督船政，旦夕謀遁，棄廠擅走，已有罪矣；而謀匿戰書，意尤叵測。復於六月一日，將船政局存銀二十六萬，藉名採辦，私行兑粤；衆議其盜國帑，言非無因。張佩綸素以搏擊爲名，何如璋荒謬至此，並無一疏之劾；謂非狼狽相依，朋謀罔上，所不敢信！若不嚴懲辦，何以謝死事二千餘人？何以儆沿海七省之將帥？何以服唐炯、徐延旭之心？何以塞泰西揶揄之口？請密派公正大臣，如彭玉麟等，馳往查辦，徹底根究，自可得其罪狀。」得旨，派左宗棠、楊昌濬查辦。

滇督岑毓英自請赴前敵。已革滇撫唐炯檻送至京，下刑部獄嚴訊。吏議張兆棟、何如璋皆褫職。

諭：「此次法人肆意要挾，先開兵衅。中國屢予優容，已屬仁至義盡。現在戰局已成，倘再有以賠償等詞進者，即交刑部治罪！」

法人攻蘇元春關外之軍，元春擊沉法艦一隻，斃法酋一人，連戰屢捷。奏

入，獎元春孤軍當勁敵，賞賚有差。王德榜久無功，朝旨切責。

提督方友升、總兵周壽昌與法軍戰於郎甲，教民導法襲入，友升等大敗。劉永福命黄守忠、吴鳳典進窺宣光。

法船擾臺南，澎湖危甚，劉銘傳乞援於北洋。李鴻章以北洋艦小不足當巨艦，無從赴援入告。諭旨但勉銘傳固守，不能救也。

以劉銘傳爲臺灣巡撫。

左宗棠議援臺，派南洋兵輪五艘、北洋兵輪五艘會於滬上，命楊岳斌統之入閩，爲援臺之師。曾國荃電告鴻章，言南洋兵艦脆弱，不能當巨艦，鴻章以聞。朝旨言：「臺灣信息不通，情形萬緊，曾國荃竟存漠視，不遵諭旨，可恨已極！着交部嚴加議處。即着妥派兵輪，與李鴻章派出之兵輪，迅赴福建，交楊昌濬調遣。該大臣等倘再遷延致誤戎機，自問當得何罪！左宗棠、楊岳斌迅速赴閩，無稍遲延！」國荃旋革職留任。

法兵攻基隆踞之，旋攻滬尾。提督孫開華、章高元、劉朝祐候其登岸擊之，斃法酋一人，奪其旂。劉銘傳以聞，賞賚有差。

初，法人之攻臺灣，劉銘傳自守基隆，孫開華守滬尾。八月十三日，法攻基隆，銘傳戰卻之。滬尾警急，銘傳以滬尾爲基隆後路，離府城三十里，僅恃一線之口，藉商船以通聲問，軍裝盡在府城，如滬尾有失，則前軍不戰而潰，府城必危；乃移師專守滬尾，遂勝法軍。時論以基隆之失，歸咎於營務處知府李彤恩三次飛書乞銘傳棄基隆而保滬尾。朝旨力敦促諸帥逐基隆法軍。左宗棠乃奏：「法軍不過四五千，我兵之駐基隆、滬尾者數且盈萬。劉銘傳係老於軍旅之人，何至一失基隆，遂困守臺北，日久無所設施？後詳加訪詢，始知基隆之戰，劉銘傳已獲勝，因知府李彤恩以孫開華諸軍爲不可戰，三次告急，銘傳乃拔隊往援，基隆遂不可復問。其實滬尾之戰，乃孫開華諸軍之功。知府陳星聚屢請攻基隆，劉銘傳謝之。獅球嶺法師不過三百，曹克忠所部八九營，因劉銘傳有不許孟浪進兵之語，不敢仰攻。臺北諸將領多願往攻基隆，劉銘傳坐守臺北，不圖進取。恭譯電旨，劉銘傳仍應激勵兵勇，收復基隆，不得懦怯株守，致敵滋擾。臣思劉銘傳之懦怯株守，或一時任用非人，運籌未協所致。李彤恩虚詞惑衆，致基隆久陷，厥爲罪魁，請旨即行革職遞解回籍，不准逗留臺灣，以肅軍政。」諭楊岳斌迅速赴閩援臺，李彤恩先行革職，交楊岳斌查辦。劉銘傳以左宗棠未加詳察，遽劾彤恩，亦上疏抗辯，言：「基隆、滬尾駐軍四千餘人，左宗棠疏稱爲數且盈萬，不知何所見聞？基隆疫作，將士病其六七，不能成軍。八月十三日之戰，九營僅選一千二百人，尚有扶病應敵者。當孤拔未來之先，屢接警電，滬尾兵單，炮臺尚未完工，無險可扼，危險不待言。臣先函致孫開華、李彤恩，如敵犯滬尾，臣即撥基隆之守來援。及法船犯滬尾，迭接孫開華、李彤恩、劉朝祐先後來信，俱稱法兵直犯口門，升旗開礮。臣與孫開華等早有成約，無用李彤恩虚詞摇惑。左宗棠前據劉璈稟報，稱孫開華所部並淮軍士勇三路迎戰獲勝，此次又奏孫開華數營戰勝；不獨對於臺事未加訪察，即奏報中亦自相矛盾。臺北知府陳星聚每見必請攻基隆。其人年近七旬，不諳軍務。經詳細告以不能進兵之故，該府隨言隨忘，復稟請進攻，臣手批百餘言，告以不能遽進之道。該府復慫恿曹志忠進攻，並有危言激之。曹志忠一時憤急，遂有九月十四日之挫。陳星聚妄聽謡言，謂基隆法兵病死將盡，故日催進攻。自十五日以後，始自言不諳軍事，不再妄言。基隆靠近海口，敵船入口即不復可守。我之所恃者山險，敵之所恃者器利。彼來攻我，我得其長；我往攻彼，彼得其長。且敵營據山傍海，兵船往泊其下，若不能逐其兵船出口，縱窮陸軍之力，攻亦徒攻，克猶不克。臣治軍十餘年，於戰守機宜稍有閱歷，維事之求實，不務舖張粉飾。若空言大話，縱可欺罔於一時，能不遺笑於中外？臣實恥之！」旋經楊岳斌奏覆，李彤恩第知滬尾兵單，不知孫開華諸將之足恃；第知臺北爲重，不知基隆一失難以速收，未免貽誤戎機。其三次飛書告急，實由未嫻軍旅，臨事倉皇，與虚詞摇惑者有別。請照原擬，革職回籍，不准逗留臺灣，逭其餘罪。是時朝廷方依銘傳，又不欲正左宗棠之誤，楊岳斌遂以囫圇之詞覆奏。

張佩綸既敗，閩人攻之急，亟欲離閩，請鴻章代乞還京，不許。

鴻章命德國水師總兵式百齡偕林泰曾、鄧世昌率快船援臺。

八月，提督蘇元春與法軍戰於陸岸縣，總兵陳嘉、副將蘇元瑞戰甚力，敗之，賞賚有差。

曾國荃遵旨派南洋快船五艘會式百齡援臺。内閣學士周德潤奏官軍進取越南，宜以正兵牽制河内之師，别用奇兵由車里趨老撾，直走哀牢，以暗襲順化，募用滇邊士人，必能得力。得旨交滇督詳察籌辦。

當時朝士以談兵爲能，每戰事起，恒交章論兵事，朝廷亦不專依閫外，得封章付將帥籌議，或徑采行之。蓋士夫慕曾、左之功名，恒思因事自効，或空言以搏時名。朝廷亦喜用書生，故張之洞、張佩綸、陳寶琛、吴大澂皆同時並出也。

是時，朝鮮内亂，提督吴兆有率同知袁世凱等統兵入王宫代平其亂。朝命吴大澂偕慶裕、續昌往籌善後，命李鴻章調回援臺之兵輪，隨丁汝昌赴朝鮮，別遣吴安康帶船入閩。

劉銘傳以軍糧不繼，請就地開捐實官助糧，許之。

與德國訂購軍械，並商借美款。

徐延旭檻送至京，下獄嚴訊。

法兵久佔基隆，嚴諭劉銘傳迅圖攻拔。銘傳奏法增兵集基隆、滬尾，乞援兵，朝命楊岳斌、程文炳馳救。

彭玉麟、張之洞以粤防糧絀，請暫弛闈姓賭博之禁，徵糧濟軍，報可。

蘇元春、陳嘉與法軍戰於紙作社，陣斬法兵官四人。

先是，詔士民上書言事，知縣王文超奏江南防務疏懈，從九品李昌振奏劉錦棠、金順、張曜等侵蝕軍糧。朝廷畏擾，乃除士民言事之例，罪李昌振。

吏議唐炯、徐延旭斬監候，命秋後處決。李鴻章、左宗棠於唐炯罪名未定之先，輒以人才廢棄可惜，奏請録用；丁寶楨臚舉唐炯從前戰蹟，代爲乞恩：均分別議處。張之洞保荐徐延旭文武兼資，實屬失當；姑念在粤頗著勤勞，從寬察議。陳寶琛、張佩綸力舉唐炯、徐延旭堪任軍事，貽誤非輕，陳寶琛嚴加議處，張佩綸於馬尾一役尤屬調度乖方，即行革職，來京聽候查辦。前軍機大臣恭親王、寶鋆，李鴻藻、景廉等亦昧於知人，業於本年三月降旨懲儆，從寬免議。

廣東以購械商借英款，報可。

左宗棠、楊昌濬查辦張佩綸棄師潛逃，何如璋乘危盜帑案，爲之辯護，僅請交部議處。得旨，佩綸、如璋從重戍邊。左宗棠、楊昌濬夙負人望，乃意存袒護，蹈此惡習，均傳旨申斥。

張之洞以援臺兵艦不能達臺，遥泊無益，請調粤防海。付李鴻章、左宗棠議。浙撫劉秉璋又請將兵船調回南洋，不許，諭鴻章仍飭赴臺。

十一月，王德榜軍大敗於豐谷，蘇元春軍不往援。唐景崧與劉永福、丁槐軍攻宣光，力戰大捷，優詔奬之。法兵攻谷松，王德榜怨蘇軍不救，以致豐谷之敗，亦不往援，蘇軍敗退威埔，諒山戒嚴。馮子材幫辦廣西軍務。

十二月，法軍攻諒山，據之，潘鼎新等退駐南關，龍州大震。

唐景崧、劉永福、丁槐攻宣光月餘不能拔。諒山失守，岑毓英慮景崧等斷後援，令勿拚孤注。景崧不可。

馮子材與法軍戰於文淵，互有殺傷。法兵攻鎮南關，轟毁關門而去，提督楊玉科戰殁。鼎新退駐海村，朝命戴罪立功。元春退駐幕府。王德榜自負湘中宿將，與督師不洽，屢催援不至；鼎新劾之，落職，所部歸元春轄之。鼎新意氣自用，與諸將不和，而獨袒蘇軍，故蘇軍雖敗，朝議不及。

法軍攻劉永福於宣光，永福軍潰，唐景崧等退駐牧馬。

欽、廉防急，彭玉麟請調馮子材軍防粤。朝旨令鼎新議。鼎新素不協於子材，乃命子材行。子材以關外防緊，不肯退，玉麟乃令專顧桂防。

潘鼎新軍久無功，褫職，以李秉衡護理廣西巡撫，蘇元春督辦廣西軍務。

馮子材自以老將，久爲督辦，元春新進，乃踞己上，恒悒悒。法兵既毁鎮南關，逃軍難民蔽江而下，廣西全省大震。子材至，乃力爲安輯。子材久駐粤西，素有威惠，桂、越民懷之，人心始定。乃築長牆扼守，命王孝祺屯其後爲犄角。法兵揚言某日犯關，子材逆料其必先期至，乃決先發制敵。鼎新止之。子材力争，乃率王孝祺軍夜犯敵壘，殺敵甚多。法起諒山之衆撲鎮南關，子材誓衆曰：「法再入關，吾有何面目見粤人？必死拒之！」士氣皆奮。法攻長牆急，礮極猛烈。子材使諸統將屹立，遇退後者皆刃之，自開壁，率兩子直犯敵軍。諸將以子材年七十，奮身陷敵，皆感奮，殊死戰。王孝祺、陳嘉率部將潘瀛、張春發等隨其後，王德榜軍側至夾擊之，斃法兵極衆。鏖戰兩日，法軍大敗，潰遁。子材率兵攻文淵，法軍棄城走。諸軍三路攻諒山，孝祺、德榜戰尤力，連戰皆克，遂破郎甲。王孝祺進兵貴門關，盡復昔年所駐邊界。越民立忠義五大團二萬餘人，皆建馮軍旗幟，關外肅清。自海通以來，中國與外國戰，惟是役大捷，斃法兵官數十，法軍受巨創，全國震駭，皆子材之功也。子材從張國樑軍於江南，久著戰功。國樑殁，子材統其餘衆，治軍四十餘年，嚴明愛士卒。自廣西提督辭職，老於家。張之洞至粤，禮起之，率粤軍防邊，建此殊績，亦之洞知人之效也。

法提督孤拔以兵船窺浙之鎮海，提督歐陽利見扼北岸礮臺，率吴安康三船拒之。澄慶、馭遠兩兵輪爲法艦所逼，駛入象山之三門灣。法船封圍港口轟擊之，二船沉焉。利見轟傷孤拔坐船，船退出口，屢以魚雷突入，皆被擊退。法船併力猛進，復沉其一，法艦遂遁。

法兵六千犯臨洮府，復分兩隊：一北趨珂嶺、安平，一南趨緬旺、猛羅。滇督岑毓英命岑毓寶、李應珍等扼北路，王文山扼南路，而自率軍當中路，皆有斬獲。法軍遂合趨臨洮府，滇軍拒戰，南北路迴軍夾攻之，陣斬法將五人，法軍大

潰，奪獲器械無算。

法兵艦窺臺灣之澎湖，據之。

諒山既大捷，法人乃介英人赫德在天津向鴻章求和，言彼此撤兵，不索兵費。鴻章既始終持和議，天津約成，鴻章曾奏言，法人必無翻覆。及法人毀約開戰，鴻章負重謗。今法人來求和，鴻章極欲護前約，乃奏言澎湖既失，臺灣必不可保，當藉諒山一勝之威，與締和約，則法人必不再妄求。朝廷遽納其議，立命停戰。臨洮之戰，乃在停戰後電諭未達前也。鴻章遽請簽約，令諸軍皆退還邊界。將士皆扼腕憤痛，不肯退兵。彭玉麟、張之洞屢電力争撤兵。而朝旨以津約斷難失信，嚴諭遵旨辦理。又電鴻章，分諭各督撫、統將，言「桂軍甫復諒山，法兵即據澎湖。馮子材等若不乘勝回師，不惟全局敗壞，且恐孤軍深入，戰事一無把握，縱再有進步，越地終非我有。而全臺隸我版圖，援斷糧絶，一失難復。彼時和戰兩難，更將何以爲計？此時既已得勝，何可不圖收束。着該督分電各營，如有電信不到之處，即發急遞飛達，如期停戰撤兵，不得違誤，致生他變。」當時關外糧道大通，士氣激昂，法軍已大挫，法國至罷其外部。乘勝而逐法軍於越南，困臺之師自當速退。而朝臣習於苟安，又偏信鴻章之言，倉卒而成和議。雖關外大捷，而仍失越南，灰士心而長敵燄，皆苟且誤之也。自諒山一役後，中國不復有榮譽矣。

日本以朝鮮亂事，遣伊藤博文來津議，要求懲治吴兆有、袁世凱等。鴻章等拒之，而與訂彼此派兵互相知照，若公同保護之約。日後朝鮮之失，已伏於此。

是歲，鴻章所訂兩約蓋並失越南、朝鮮矣。

法人要逐劉永福於越南。張之洞乃擬令永福駐思、欽，永福堅不肯行。唐景崧危詞脅之，朝旨嚴切，乃勉歸於粤，授總兵；而馮子材奉督辦廉欽邊防之命。

約既成，越南歸法國保護，而法國交還基隆、澎湖，各還其俘，海疆解嚴，滇、越通商焉。

《英夷入粵紀略》

清佚名撰

鴉片之流毒我中華也久矣。皇上憫斯民之陷溺而不知覺，以給事中黃公爵滋奏，即嚴禁烟土。道光十九年，命兩湖總督林公則徐爲欽差，來粵專辦烟土。林公至粵，即以兵困嘆夷烟商義律、顛地於公司行，義律畏威，即遵繳烟土二萬餘箱，飭令義律此後不得載烟土來粵，如違貨則入官，人則正法，義律允遵，然後釋義律回國。詎料義律心藏叵測，竟肆言誣林公允准每箱烟土發回價銀貳百員，假以討烟價爲名，累思跋扈。水師提督關公天培，與林公同心協力，四處海口，嚴爲之備，義律不得逞志。至二十年庚子十二月十五日，英逆攻沙角、大角砲臺，三江協陳連陞與子鵬舉俱陣亡，此我粵英逆倡亂之始也。初沙角、大角砲臺，督憲林公原撥兵八百名屯駐砲臺後山，又暗藏釘桶於砲臺後路，約十數丈，以防逆兵後襲。八月林公革職，十一月欽差琦侯善到粵，旋授兩廣總督，於是將砲臺後駐兵與釘桶盡行撤去，故逆兵得取道從砲臺後夾擊，以致失守。聞琦善語逆夷義律云：「打得快，和得快。」今粵人無不知其語，無不切齒。砲臺失守，皇上震怒，將琦善革職留任，省中軍務仍交琦善辦理，後以閩浙欽差裕公謙疏奏琦善通夷賣國等語，四月皇上始查抄琦善家產，拿京治罪，而廣東險隘盡失，都爲英逆所據，逆船直造羊城，皆琦善撤去各處兵備，掣肘將官，有以致也。所謂小人之使爲國家，災害並至，雖有善者，亦無如之何矣。松按：《明史・陶成傳》，正統中爲浙江僉事，成有智略，倭犯桃渚，我密布釘板海瀚中，倭至艤舟躍上，釘洞足背，倭畏之。觀此林公釘桶，良足□□。

十八年戊戌，林大人未除欽差之前，人競傳有識語云：「閩人爲天使，廣東作戰場。」十九年林公來粵查辦烟土，是年十二月，果有嘆夷之亂。林公，福建侯官人也，其天數耶？

戊戌感事十八詠。時洋烟流毒，例禁特嚴，督憲鄧公廷楨發兩廣巡船四隻，以備緝捕，廣州協韓肇慶，委守備蔣大彪、効力職員王振、高例，千總徐廣督領巡船，因之用以載私。傳聞韓、蔣等竟與嘆夷勾通，嘆夷月奉規銀三萬六千兩，於是兩廣船公然滿載烟土，往來傳遞，無有措阻，如有快蟹私載，兩廣船即攻擊之，烟土入虎，全歸兩廣船矣。好事者蒿目時事，爲作十八詠云：

聞道廷臣急理財，海疆新令走風雷，無多烟户供朘削，既倒銀瓶望挽回。生道殺民原聖德，變通盡利賴宏才，此邦凋敝難堪命，況復頻年水火災？

元寶如泉布百蠻，分明津要失防閑。望洋空嘆銀濤湧，籌海虛糜鐵鎖環。時恐嘆夷猖獗，虎門橫檔，預爲之備，海面用木排鉄鍊橫鎖之。誰使貨通獅子國？豈無兵駐虎門山？年年悖出河沙數，幸有雄師取賂還。

蠻烟流毒遍關津，興霧蚩尤術固神。拯救有權仍在我，誅鋤爲事反狗人。效雖可必先防擾，法亦何常不外仁。正惜羣魚甘受餌，翻教釜內作游鱗。

遠物焉能遍市闤？水師沿海可防奸。渴來不飲貪泉水，飛渡難過大庾山。君子有財斯有土，今人爲暴即爲關。然犀試向源頭照，百怪呈形咫尺間。

樓船威照粵西東，全改盧遺蛋户風。蛋户本盧循軍士遺種，兩廣船之設，始自盧制軍敏恪公，因借用之。曾列戎行皆巨富，縱抄民物亦奇功。何時鐘室誅韓信？自昔銅山屬鄧通。正本清源誰不解，同官無奈要和衷。

鐵艦喧傳節鉞臨，月錢三萬六千金。江湖盜賊收王振，錦繡妻孥羨蔣欽。自許得名兼得利，須知能縱始能擒。至今翻覆波瀾處，孽海茫茫怨毒深。

時平偏易立功名，不用文官只用兵。牙爪倍承祈父恤，腹心誰向武夫傾。一坏土繫愚民命，萬灶烟屯大將營。怪得牧猪屠狗輩，紛紛投筆請長纓。

鴉軍飛遍越江湄，送往迎來任所之。新政忽聞尊國體，宿贓早已浚民脂。道途竟欲拘淫具，江海焉能塞漏卮？到處營私兼犯法，如公原不是謙詞。

風土人情久漸移，烟霞痼疾急難醫。法當最密行宜恕，利到能興害轉滋。鬼滿棘林聞夜哭，人多菜色忍朝飢。怪哉冤積蟲無限，吉了能言鳳或知。用白居易《秦吉了歌》。

鶯粟花香分外濃，晨昏忙煞兩衙蜂。棄灰尚自難逃死，比户居然盡可封。幾處閭閻齊罷市？半年囹圄已難容。下民易虐渾閒事，那見痌瘝達九重？

直同兒戲捉迷藏，息鼓籌燈夜泛航。越境誰能識官長，倒戈況是自傷戕。貪功趙括威名喪，十八年七月廿八日，督憲鄧密委巡捕趙濬、順德縣威昌，帶差役百餘人，夜入黃埔馮族搜索烟土。馮族人見無地方官長并本縣差役，以爲大盜假官搶刼，咸出堵禦，趙、威差役，懼其拒捕，倒戈奔逃，夜黑不辨，自相擊捕，至傷人命，遂釀巨案。爲政張君德頌長。廿九日，廣州協祺公壽帶兵到黃埔勦捕拒捕傷官匪徒，番禺縣主張公錫藩，洞知馮族冤，爲之上下調停，官兵入鄉，秋毫不犯，市肆如故，只勒馮氏交出匪人數名治罪完案，鄉獲安全。今馮氏建報恩祠祀祺、張二公，示不忘也。假使當時聲罪討，村甿焉敢抗王章？

欽恤何人解泣辜，漸看法網似秋荼。逃亡家室生何計？貧病纍囚死未殊。坎地埋書徵合比，呼天無罪夢良夫。從來南海神祠外，曾見親祠獄鬼無？南海獄中鬼哭，縣令祭之。

羊狠狼

貪案牘繁，狐埋免搰孰平反？木人屢竊江充智，薏苡争鳴馬援冤。時有插贓誣陷兩案，皆馬姓人。黔赤萬家愁大索，倉皇半夜走訛言。請看貫耳巡軍日，時弋獲食洋烟人，貫耳遊行。秦鏡歡呼照覆盆。小民畏罪復何求？武士貪功卒未休。種禍詐財奸屢敗，誘人犯法術彌周。飛蚨有母將焉往？野雉無媒肯自投？王道從來稱正直，也同餌敵任權謀。但見纍纍日被拘，未聞研鞫脱冤誣。食洋煙人被獲，固無一得免，即其不食洋烟之戚友，在坐同時被獲，到官即收監，亦無一得昭雪者。三章新改蕭何律，一卷誰陳鄭俠圖？執法取辭民怨讟，宣威剛被鬼揶揄。感君寬厚培風俗，遮道牽衣盡博徒。烟禁既嚴，陋規無出，因寛賭博之禁，甚至當街設局，遮道招邀。官吏追呼徧石濠，用杜工部《石濠吏》章。尚防沾溉有殘膏。淡烟已逐波中散，時獲解烟土，官於海濱爲池放水銷毁。明月虚從浪裏撈。掩耳盗鈴聊自慰，拖泥帶水不勝勞。地皮剗盡君知否，猶當黄金鎮日淘。無復天津估客船，都從橋上聽啼鵑。難通百貨價三倍，已散四方人數千。屈指有呼庚癸日，驚心又近丙丁年。可憐粤海繁華地，城市荒涼似禁烟。希旨誰求固寵榮？全抛國計與民生。但將驚擾爲能事，幾見申韓致太平？入境逢人皆槁瘠，斷烟無日不清明。長歌當哭吾何敢，半是嗷嗷澤雁聲。此十八詠余從省中録得，不知何許人作。聞督憲鄧已將此詩入奏，謂是吸烟人見禁烟太嚴，恐將來斷食，故作此以詆毁官吏云爾，然而豈其然耶？

戊戌七月，省城靖海門内西街有找錢鋪，櫃圍前地忽流血如箭，標起三尺許，頃刻乃止。按《宋書・五行志》：「晉惠帝元康五年三月，吕縣有流血東西百餘步，此赤祥也。元康末，窮凶極亂，僵尸流血之應也。干寶以爲後八載而封雲亂，徐州殺傷數萬人，是其應也。」又郎仁寶《七修類藁》云：「嘉靖甲寅三月，寧波慈谿縣灌浦鄭家忽地裂，流血，舉家驚惶，至暮町畦皆是，當道舉奏。明年四月，倭賊陷其縣，縉紳軍民，死者無算。」據此當爲二十、廿一兩年，逆夷攻陷大角、沙角、鎮遠、靖遠、威遠諸砲臺，烏涌土臺卡座，殺死官兵以千數。廿一年四月又攻省城，湖南兵虐殺我粤義勇，義勇又反殺湖南兵，亦殺死千數之應。

二十年庚子十一月，咦逆蠢動，督憲五營公館千總某請仙，仙降乩云：「正月平平，二月罹兵，三月又平平，又三月不寧，四月虚驚，五月鬼去，六月康寧。」後果正月無事，二月初四、五日，逆攻横檔、亞娘鞋、威遠、靖遠、虎門諸砲臺，廣東水師提督關公天培、碣石鎮標都司署水師提標遊擊麥公廷章皆死之，砲臺盡爲逆所據。初七日，逆船至烏涌，攻烏涌土臺卡座，署湖南提督祥公福、遊擊沈公占鰲、守備洪公達科死之。初十日，又失琵琶洲土臺卡座。十三日又失獵德砲臺。十四日，又失二沙尾砲臺，諸守砲臺官兵皆聞風先遁。二十日，大戰鳳凰岡，江西南贛鎮長公春，砲擊中逆火輪船，逆船少退。廿一日，復攻鳳凰岡，逆砲利害，我軍不能支。初楊侯芳預伏地雷於營壁，度逆得勝必登岸毁拆營帳，至是我軍徐退，逆兵耀武登岸入營，地雷一發，轟燬逆兵二百餘人。越一日，逆又攻大王滘砲臺，守臺將官水師千總湯其釗、督標外委倫傑，慮無師船接應救護，孤臺難守，先暗藏地砲六位，然後與逆對攻，至力竭勢迫，度不能守，乃燃地砲，擊死夷兵數十百人，砲臺又失守。廿二日又失新造砲臺。廿六日，逆以大兵船數隻與水師營對砲，小兵船與三板數十隻，冒險而進，於是水師營、西寧、永靖、海珠各砲臺盡皆失守，省城震恐，城内外男女四散逃生，漫山遍野。是夜霖雨，道路無所棲止，死亡散失，不可勝數。數百年來，生民塗炭，莫此爲勝。

廿七日，逆夷遽稟請大憲，不討别情，只求通商。廿八日，憲准其請，即日出示通商，夷虜始靖，此罹兵之應也。三月無事。又三月，果勇侯楊傳令趕緊各處添鑄大砲，煉火藥，又造木排、木城、火船、籐牌、槍刀等，日不暇給，所謂不寧也。四月初一日夜，大將軍奕忽發令攻夷，我火船失利。初二日，逆攻省城，是日東南風，我火船不得占上風泊岸，轉延燒城外近海鋪舍數處。城外沿海預設大砲轟夷，皆不得一中，逆兵登岸，我粤水勇并福建水勇，奮勇拒逆，殺死逆兵十數人，詎料湖南兵心懷忮嫉，從後殺我水勇，先斷其辮，僞作漢奸以邀賞，於是水勇解體，省城被困。初六日，逆夷由城西南岸登陸，暗度城北，攻東、西得勝并四方砲臺，時湖南兵守臺，聞鬼子來，便羣呼相率奔竄，三砲臺遂爲逆夷所據。四方砲臺，即永寧臺也。逆夷擬欲從砲臺架砲攻城。初七日，逆船又攻東砲臺，東砲臺又失守。時大將軍與參贊暨各鎮副將官，俱團駐貢院，逆遂懸砲於檣盤，下擊貢院。大將軍大恐，督糧道朱崇慶慫恿大將軍令摇白旗，夷人以白旗爲和旗，逆即止砲，大將軍即令廣州府余保純縋城説和。義律索銀六百萬員，重四百二十萬兩，余並不敢與争，如數許賂，和議即成。聞洋行人有與義律識者云：「義律云：始願不及此，悔不奢索八百萬也。」是役也，羊城西砲臺，俗名火枝砲臺，爲入珠江隘口。時四川川北鎮張青雲大人鎮守，逆船合攻西砲臺不震不動，砲臺轟壞，督率軍士隨即修補，審視逆船度中，然後發砲，三砲轟没逆夷二檣大三板三隻，逆夷氣奪，臺兵只傷一人。自後逆船不敢近，俱從河南渡入珠江。河南去西砲臺頗遠，砲不能擊，河南原有永靖砲臺，與西砲臺對峙，時永靖已失，故逆得

沿河南而入也。是役也，將官堵禦悍夷，惟張公一人而已。逆夷雖得勝仗，而我兵民傷死不過二三十人，將官千、守以上無一遇難者，所謂虛驚也。十二日，三元里鄉兵復東、西得勝各砲臺。十三至十八日，逆船盡離省城，或退出虎門，或退至長洲蠔墩。至五月初二三日，義律、百麥與各兵船盡退出虎門，所謂鬼子去也。仙乩皆驗。又北城人請仙呂純陽先師降乩，中有云：「白雲山上陳師旅，萬里奴夷九曲通。」白雲山在省城北，去省城十餘里，即有兵屯，亦當在山下，斷無陳師山上之理。不知是役外省調來之兵，湖南爲多，湖南之兵怯懦而淫暴。兵初到粵，屯於東較場，東較場去瘋院不過二三里，瘋人婦女入城，必經過東較場，湖南兵恃强羣誘挾瘋女，肆行淫辱，又劫奪其首飾衣服。瘋女既被淫污，又刧衣服，無不恨入骨髓。凡瘋疾傳染，重則一月，輕則二三月，如百日即發，未幾而傳染疾發。湖南兵懷羞忿，聞粵人云：「童子肉已瘋疾。」於是相率要孩童于路，殺而烹食，或孩童有父母兄弟與争，即並殺其父母兄弟。聞城中雙門底有婦人攜一童子，湖南兵殺母奪子而食，又恃係外省兵丁，逢我粵買賣人，或義勇，即便要殺，而我粵義勇亦不下數千人，同仇共忿，羣轉而反殺之。湖南兵本怯懦，詎能當我義勇之精悍？所殺過當，湖南兵懾懼，至改其裝束，不敢自認湖南。議和後，兵無所用，楊侯又恐粵人尋仇不相容，於是令湖南兵遠屯於白雲山頂。是役之敗，其咎皆在湖南兵。四月初三日，逆夷三板共有三十餘隻。初招徠撥歸總局之快蟹二十餘隻，與順德水勇拖船三十餘隻，暗約快蟹誘三板入罾步滘，至滘半快蟹即反攻。拖船先埋伏罾步左近，聞砲聲即入砲夾攻，三板必無一存。是日快蟹誘三板至滘口，滘口有湖南兵二百餘名，見快蟹誘三板入滘甚恐，即發砲先擊快蟹，快蟹不敢入，轉奔石門，三板追至石門，不敢窮追而返。拖船聞砲響，以爲三板中計，即出接應，遇三板自石門回，共攻拖船，拖船不能支，各赴水逃竄，於是三板盡燒拖船，拖船水勇有逃奔至佛山者，遇湖南兵又殺水勇數人。計四月數次打仗，我粵義勇水勇與民人死於逆夷者十之一二，而死於湖南兵者十之八九。嗚呼，我粵其刼數當如此耶！何湖南兵之淫暴而不一置之法也！我粵大角、沙角、横檔、虎門，此四處砲臺真天險，所以制外夷，距料琦侯撤去砲臺後援，逆攻沙角、大角，逆兵從左近登岸，繞出砲臺之後，前後夾攻，攻横檔亦從西河繞攻臺後，致皆失守，逆夷竟長驅而入，直至珠江。逆夷原短於陸戰，詎料由南岸暗度城北，據三砲臺，分兵虜掠，竟至蕭岡馬領，有三十餘里，豈止九曲而已哉？又逆船重大，水淺輒膠於泥，不能進，逆輒五六人駕小三板，所至遍詢漁人河面地名，以長繩繫鐵錘，沿河探水淺深，與河底泥色，一一筆記，以爲兵船進退道地。東北探至香山城，西探至石門，西北至罾步滘，西南至佛山，南至市橋、沙灣等處，凡百餘里，是水路亦不止九曲，純陽先師兩言亦驗。

庚子年八月後，啓明星伏不見，至十有二月始見，農人咸云。蓋農人披星而出，飯而後田，恒視啓明爲早炊之候，故備悉啓明隱見。松案：《宋書·天文志》：「西晉懷帝永嘉二年正月庚午，太白伏不見，二月庚子始晨見東方，是謂當見不見，占爲百官庶民將流散之象。其後破軍殺將，不可勝數。」又《隋書·天文志》曰：「常星列宿不見，象中國諸侯微滅。」今啓明伏不見，亦當見不見，當同此占。廿一年辛丑二月，嘆夷作亂，水師提督關大人天培、署湖南提督祥大人福等陣亡。於是嘆逆直造珠江，省城被困，百官震恐，庶民流散，不得已以賂求和。嘆逆勒大將軍奕、參贊隆、楊，並各省來粵之兵，俱要退出城四十里，然後准和，逆船乃退出虎。於是大將軍奕、參贊隆，出住金山寺，惟參贊楊仍在省城，湖南、四川各兵或出屯燕塘，或屯清遠，有屯白雲山頂者。此皆百官庶民流散，諸侯微滅之應也。然按《明史·天文志》，洪武二十五年三月丙午，辰星隱，至四月戊辰復見，時正當承平。《宋志》之占，恐未必然。

夷逆之入虎也，從横檔西河而繞攻臺後，以致失守。於是威遠、鎮遠各砲臺，亦皆失守。聞横檔、鎮遠敗仗兵丁云：「上年十二月時提督關大人已發文到省，請塞斷横檔西河，並請備辦茅草火船二三十隻，以防逆船從臺後轟擊，督憲琦固執不允。關公又叠次申請，琦不得已，乃與廣州府余保純酌量，余云横檔西河水淺，逆船不能進，草船二三十隻，猶以一頁紙錢而燒合圍之柱，必不能濟也。琦難重違關公所請，時余辦軍局，只得行文仰東莞縣知縣備辦以塞責，知縣又忖上官意，遲疑觀望，自十二月至正月，關公行文累催，竟付之不聞。至二月初三日，始有砂石二船到横檔，横檔西河非石二三百船不能濟事，時逆帆蔽海，躍欲鬬仗，關公仰天長嘆，對屬官泣説曰：「余受皇上恩厚，度今事勢，斷不能支，惟辦一死，以報君恩耳。」屬官皆飲泣，乃先封印，委官送交督憲，以示必死。初四日，逆夷攻臺，横檔不支，關公在鎮遠，親督將弁發轟八千斤大砲，一炸一豎，逆船環攻，關公力竭自刎，陣亡。逆夷登臺，見關公尸，關公威名素著，夷目義律憐其精忠，取紅氈二，移關公尸於氈上，復以紅氈覆之，十二日始委官殯殮，關公面色如生。關公靈柩發引開船，義律令所有兵船，各放砲以送，義律與各夷目夷兵，俱著黑一日，夷禮以黑爲孝服故也。嗚呼，我朝精忠之臣，逆夷猶畏敬之而

不敢辱，而臨事掣肘關公之員，可勝誅哉！使當日琦侯如關公所請，塞斷横檔，西河草船多備，逆船不能繞攻臺後，必不致失守，逆夷無能爲矣，此可爲長太息也。

廿一年辛丑，正月十日，督標馬把總繼援，在虎門寨，見一大星從寨隕於鎮遠砲臺，其星煌煌，有尾長數十百丈，時水師提督關公天培猶在省。至二月初四日，嘆逆攻横檔各砲臺，關公陣亡於鎮遠。

辛丑二月初五日，嘆逆擊横檔砲臺，砲臺失守，逆人登臺，有一步兵額外姓張名遇祐。逆欲割其辮，張堅執不肯，且曰：「辮爲我天朝所最重，頭可斷，辮不可割也。」遂引頸呼逆，即速殺我，逆義之，爲報兵頭義律，義律亦義之，與銀一百員以旌其義，張力却不受。固與之，張怒曰：「我雖貧，不受逆金，急持去，毋污我目！」義律釋之。廿六日逆船直至珠江，止求通商。廿七日，廣州府余保純奉參贊果勇侯楊公命，面諭義律，准其通商。和議既成，義律因詳道額外張遇祐志節，儘堪録用，余稟達果勇侯楊，即賞外委頂戴。時前閩浙總督鄧公廷楨留粵，協辦夷務，有詩贈之云：「截髪何如竟斷頭，盤空硬語壓夷酋。男兒要膂堅如鐵，愧殺夸毗慣體柔。」「煢煢孤寡影形隨，張母年十八生遇祐，是年夫亡。遇祐遇逆時，年亦十八。去日含悽歸益悲。母節寒松兒勁柏，雙清好報九泉知。」逆夷凡得勝仗，遇我官兵必剪其辮，彼低首甘受逆夷剪辮之將官，聞張遇祐之風，真堪羞煞矣！

二十年庚子，十二月十五日，嘆逆大小兵船二十餘隻，分攻沙角、大角砲臺。其攻大角砲臺也，自辰至申，大角砲臺前面灰沙牆被逆打倒數段，火藥局亦被逆打穿，火藥轟發，并延燒兵房十餘間。逆又撥夷兵漢奸數百名，由大角山後緣山而上，從牆缺處打進砲臺，守臺千總黎志安身受重傷，恐砲位被搶，即督兵將好砲往福建，攻厦門，厦門失守，皆此次縱逆之所致也。時有《枯楊詞》十八首，刺果勇侯也。詞云：質原蒲柳本尋常，嘘植何緣到上方？一自阿麽曾賜姓，頓令非種亂青楊。昔日芳榮得遇春，朱門依傍慣因人。如今老去當摇落，猶詡秋風百戰身。費盡靈和殿上栽，柔條不稱棟梁材。要知大樹將軍號，都歷蟠根錯節來。翠蓋亭亭拂翠微，緑條金縷舊光輝。也經漢苑稱人字，休負將軍腹十圍。春到蠻烟瘴雨天，終朝三起復三眠。笑他自負凌雲志，偏遇黄楊厄閏年。禁烟時節正舒眉，插户家家仰翠旗。人道楊枝能辟鬼，奈何無力禦封姨。摇蕩驚心草木兵，荒臺畫角助悲聲。可憐細柳屯軍地，無復威名漢將營。蒼松翠竹亦因時，幾見凌霜傲雪姿。惱殺春風狂似虎，折腰先是最高枝。霧障烟迷日欲昏，纔聞羌笛亦銷魂。傷心葉敗枝殘處，辜負東皇雨露恩。緑楊城郭變荒陬，亂絮顛狂勢未休。倘使閨中重望見，應教紅粉薄封侯。折得金絲贈楚兒，濃陰偏護漢江湄。往來亦解憐行役，不管流離管別離。搜神紀異事猶傳，柳下何來擁萬錢？從此魏金家裏樹，移根只合種貪泉。忽見生稊向艷陽，强將金色逗姚黄，更兼獻媚來張緒，引得風流老更狂。時有鄉宦姚某、張某，進美婢以媚楊云。海國春深不遇春，欲邀青盼竟無因。那知九烈靈堪乞，汁染藍袍别有人。松按：《明史・李賢傳》，也先數貢馬，賢謂輦金帛以强寇自弊，非策。夫以金帛易馬，且猶不可，矧以四百萬金賂逆耶？我邑蔡樹百先生《抱甕齋詩草》，有《秋窗紀略》云：「少楊昔日建奇功，匹馬臨營靖逆風。可惜黄花無晚節，珠江千頃恨無窮。」注：「楊芳軍中稱少楊，以别昭武侯。戰功亦多，陜甘散遣鄉勇致變，侯單騎説降，功最偉，後禦嘆夷于羊城，一籌莫展，縱兵虐民，聲名掃地矣！」

辛丑二月初七日，嘆逆攻烏涌土臺卡座，土臺失守。是日日色黄暗，一連四五日，日色皆然。按《隋書・五行志》：「日或黑或青或黄，師破。」此其驗也。

辛丑六月初二、三，連日颶風，初八日復颶，嘆逆所據香港之裙帶灣，又名裙帶路，被颶打壞兵船貨船共九隻，淹斃逆夷數十人。山上篷寮所貯棉花諸貨物，亦被颶半掃落海。此二次颶風，破虧嘆逆，不下數十萬，兵頭義律亦被風打去新安某灣，得漁人救援，乃免。虎門口外，又沉嘆逆兵船二隻云。又裙帶灣多毒草，草拂人足初則癢，漸而癢不可忍，手搔血出，癢仍不止，俄頃則痛，隨出毒水，毒水所至，内盡潰爛，三日之間足無完膚。此處雜草太多，被毒之人，亦不知其何草。松按：杜工部有《除蘈草》詩，注云：「草有害於人，蜀名蘈麻。」《墨莊漫録》云：「川峽間有一種惡草羅生於野，土人呼爲蘈麻，其枝葉拂人肌肉，即成瘡疱，浸淫潰爛，久不能愈。劉袤延仲至蜀嘗見之。」蘈，《廣韻》音抣，《集韻》音潛。又《文選》鮑明遠樂府《苦熱行》：「瘴氣晝熏體，茵露夜沾衣。」注：《宋永初山川記》：「寧州瘴氣茵露，四時不絶。茵，草名，有毒，其上露觸之肉潰爛。茵音罔。」今裙帶灣毒草葉有毛芒，觸人如蠆，以人溺洗之，可解也。灣之毒草，豈即蘈麻與？抑茵草也與？否亦其類也。灣之水亦有毒，人多腫足，久則瘻瘓。

道光二十一年辛丑，六月初九日，颶風起省城。諠傳廣州府署頭門内甬道左右，有榕樹二株，大四五圍，被颶打斷，根上二尺許，平如刀切云。是年廣州府余保純以罷試勒令離任。至二十六年乙巳，廣州府劉潯以酷虐，人民鼓噪，督撫

又勒令離任，此其應與。

辛丑，㖡逆所據之香港裙帶路，七月廿六夜四更時候，有黑氣從沙角、大角來，砂飛石走，灣中街道，如千軍萬馬，奔騰逴躒，灣中人以爲官兵卒至，有潛匿地臺板下者，片刻乃止。灣人震恐，即日散去數百人。此必大角、沙角陣亡將官兵士雖死，忠魂靈氣，猶欲吞滅夷虜，故顯斯異，而爲滅逆之兆也。

省城東門聚陞弓箭鋪吴某善卜，辛丑正月時在省卜㖡逆，謂二月四日必爲亂，省城亦遭驚擾，所幸死人不多。八月復小亂，然自七月中旬以後，㖡逆所向必敗云。至七月十一日，逆攻福建厦門，十二日砲臺失守，爲逆所據，不數日官軍大敗㖡逆，福建行商人家書到省云：「七月廿四日官軍大敗㖡逆，焚燬火輪船四隻，三枝桅船六隻，二枝桅船十二隻，小三板三十六隻，圍困大兵船八隻，殲殺白鬼七百餘名，黑鬼九百餘名，生擒二百餘名，殺夷目四名，有級無屍，其在船上被燒夷兵水手，不計其數。」又香港裙帶灣有人云：「聞逆夷兵鬼説，七月廿四日，㖡逆大敗，被官兵打破七十四位砲，名心地科大兵船一隻，火輪船三隻，三檣兵船六隻，大小三板三十餘隻，斬燒死逆兵二千餘名。」又洋港生地波有人回，説逆夷敗仗，與此不同，但云殺死逆兵二千餘名，中有五百餘名係漢人，初逆船在裙帶灣以修船起貨爲名，雇漢人做工，共七百餘工人，至日中便揚帆，直往福建，故有如此多人云。此吴某之卜之應也。

又辛丑八月初四日巳刻，番禺署前，旋風忽起，捲去白衫三領，高數十餘丈，南北盤旋，食頃二領下墜，一領直捲入雲，不知何去。從來旋風未有如此之怪者，亦一異也。余按：葛稚川《西京雜記》：「濟陰王興居反，始舉兵，大風從東來，直吹其旌旗飛上天入雲，而墮城西井中。左右李廓等諫，不聽，後自殺。」又《晉書·賈充傳》：「元康九年六月，飆風吹賈謐朝服，飛上數百丈，墮於中丞臺，明年謐誅。」又：「元興二年正月，桓玄遊大航南，飄風飛其轓輗，至三月玄敗。」《南齊書·五行志》：「宋昇明二年，飆風起建康縣南塘里，吹帛一疋入雲，風止下御道。紀僧真啓太祖，當宋氏禪者，其有匹夫居之。」《金史》：「衛紹王允濟崇慶元年七月，有風自東來，吹帛一段，高數十丈，飛動如龍形，墜於拱辰門。明年爲胡沙虎所弑。」《南史·齊始安王遥光傳》：「先是遥光行還入城，風飄儀繖出城外，後遥光以謀反伏誅。」《梁·蕭棟傳》：「侯景奉棟爲主，及即位升殿，欻有迴風，從地涌起，翻飛華蓋，徑出端門，時人知其不終。後爲朱買臣沈於水而死。」《隋書·五行志》：「仁壽二年，西河有胡人乘騾在道，忽爲迴風所飄，并一車上千餘尺，乃墜，皆碎焉。後二年，漢王諒在并州謀逆亂，月餘而敗。」據此旋風所吹白衣，未知爲何人之衣，其必有災眚乎？衣色白，白者兵象也，其人或死於兵乎？

又辛丑八月廿七日亥初，余坐心遠小樓，見一星從西北隕於東南，其光如日。越五日二弟茂之，同族姪鏡湖，往大籬圍小羅塘地方，覓龍羅塘。鄉人云：「是夜戌亥之間，有一星墜於羅塘對鄉東杈之田，到田作霹靂聲，分而爲三，一從東飛去，一從南飛去，一仍升於天，不知何祥也。」夫羅塘在我鄉之南三四十里，隔山嶺數重，故止見其墜于南，而不見其分而爲三，二飛去，一升天之異也。

又辛丑八月十八日巳時，空中有物數百千點，大如緑豆，在陽燄中白光閃閃，忽散如亂星，忽聯續如雁字，長數丈許，自東而西。

辛丑七月十二日，逆夷佔據福建厦門口岸，其死難將官，閩浙總督顔公伯燾七月二十一日續奏云：「查金門鎮江繼芸在水操臺，率將士開砲攻擊，因夷兵上岸，該鎮持刀追逐，落水身死。准升福鎮遊擊現護延協副將凌志，因夷兵搶土砲臺，該將持刀殺退，夷衆一擁上前，該將身受重傷，奮勇力拒，遂被割首剖腹。汀州守備署灌口都司王世俊與凌志，同在砲臺力戰，亦遭慘害。又陸路提標左營遊擊那丹珠，在砲臺抵禦，被夷砲擊穿左腿。水師遊擊楊清江在鼓浪嶼身面均受重傷，猶復率兵擊沉兵船三板三隻，逆夷擁動搶上，該遊擊又連攻殺退。有一夷賊，繞至該遊擊身後，用刀斫倒，經兵勇搶回，現在養傷未斃。又水師把總紀國慶、楊肇基、李啓明，均被砲擊傷身死。其餘兵丁尚多傷亡，現飭確查，再行陳奏」云云。

辛丑六月，有一遊方邱道人，不知何名，至各鄉云：「華山有讖語云：『你是胡人二百秋，拆完廟宇有人收，紅花出水黄花落，更有胡人在後頭。』」時人人傳。愚謂此妖言，實邱道士僞爲讖語以惑世，爲王法所當誅，有識者毋爲其所欺。

今俗園林别墅書房小廳之類，多牆壁粉白，效鬼子樓樣，小帽頂尚尖鋭，如回子帽，衣衫尚窄，竟有袖僅容臂，袖口僅能出拳者。又用鬼子鈕扣，遥望與鬼子無甚異别。斯雖俗尚細故，愚謂此亦服妖之類。按《宋書·五行志》：「晉武帝泰始後，中國相尚用胡床、貊盤，及爲羌煮貊炙，貴人富室，必置其器，吉享嘉會，皆此爲先。太康中，天下又以氈爲絈頭，及絡帶衿口。百姓相戲曰：中國必爲胡所破也。氈產於胡，而天下以爲絈頭帶身衿口，胡既三制之矣，能無敗乎？干寶曰：元康中，氐羌反，至於永嘉，劉淵、石勒遂有中都，自後四夷迭據華土，

是其應也。」據此，今之俗尚，未始非嘆夷叛逆困省城、據香港之兆。夷人相見以脱帽爲大禮，揭帽爲小禮，嘆逆亂時，聞廣州府知府余保純，素與嘆逆言談，熟識者偶遇於城外打銅街，嘆逆揭帽，余亦揭帽以爲禮，道路以目，一時譁然，咸謂余與嘆逆揭帽，戾禮傷教，羞辱朝廷。嗟乎！以堂堂太守，而用夷禮，恬不知愧，其重廉尚恥，反出於行道人之下，不知是何居心，且不知何祥也！

辛丑，自七月廿六不雨，至於九月初一微雨，初八小雨。廣州一切山鄉坑田與高隴之田，禾槁八九。

辛丑，廣州府余牌示：八月初二日在學憲署内開考各屬文童試，南海縣頭場。是日余轎到署，文童譁然，皆云：「我輩讀聖賢書，皆知節義廉恥，不考余漢奸試！」蓋以余行賂求和，并禁三元里諸鄉義勇不得圍殺佔據四方砲臺之逆夷也。余初猶委屬員教官禁止勸諭，然愈禁愈諠。時南海、番禺兩知縣亦在場，皆以軍功賞六品頂戴藍翎，諸文童指其頂而詈之曰：「有如此清貴之金頂子不戴，而戴此污糟白石奚爲？」又手玩弄其翎曰：「何羞而得此，既重欺皇上，不宜拖在後，宜拖在前，庶足少遮羞顏也。」兩縣謝曰：「本縣蒙賞，非以軍功，以籌辦軍務也。」譁猶不已。余度衆怒難犯，即上轎回衙，各文童以瓦塊擲擊，轎爲之破。撫憲怡亦知余之所以得罪於百姓而諸文童一時負義之故，於是即勒余解任，調雷州府易公長華代理廣州府事，再示試期初七日開考，頭場仍南海縣，諸童帖然。夫四月之役，余本納賂求和，稱言代還商欠，其欺甚矣！既和之後，大將軍保舉將官水勇義勇既多，賞賜白石頂子花藍翎不一而足，時人有「有頂皆白石，無帽不藍翎」之語。省城里巷，孩童嬉戲，嘲笑口令，又有「鬼子來，走得快，有白頂，藍翎戴」之謡。

初辛丑正月，總督琦善約嘆逆兵頭義律定初五日燕會於獅子洋石樓之蓮花岡，岡下蓋大篷廠，爲燕會之所。是日義律以一火船拖一小兵船至獅子洋，琦先撥兵二千餘名屯蓮花岡以自衛。巳刻義律率各兵頭馬哩信、瑕畢等共八人，隨帶鳥鎗兵八十名至，琦令知府參遊以下屬員排班以迎。琦接見義律，稱義律大將軍。燕畢，義律令鳥鎗兵演鎗數次以示精練畢，琦與義律皆下船，琦邀義律過船，屏人與語移時，義律乃返。琦餽義律籐牌十面，牌刀十張，弓十把，箭十枝。義律餽琦火箭二枝，西瓜大砲彈二個，另木小箱一個，其中不知何物。聞箱中所載，都是義律挾制我朝各款條例。是役軍民人等在蓮花山觀看者，不下數千人，咸道其燕會情節如此。余是日偶得感冒疾，不得親往目覩其事，爲可憾耳。夫牌刀弓箭，乃我朝得勝長技，而逆夷之所短者也，奈何以之與逆耶？聞説十九日，琦又出蛇頭灣，初逆夷猶疑不敢攻我横檔各砲臺，是日琦會義律，因與義律遍觀各砲臺，義律見我砲臺砲位砲車，累笨不堪，意遂決。至二月初一日，逆遂攻陷三角砲臺。初四日攻陷横檔各砲臺，遂長驅直入，職此之由云。

辛丑，聞督標把總覃光耀出差，自京回粵，道過江蘇徐州府，黄河水清澈見底，砂石分明云。愚按《符瑞志》云：「黄河清，聖人出。」《明史·梁潛傳》：「潛字用之，洪武間以薦除廣東四會知縣，縣有龍橋河，吏廉平則河水清，自潛至迄去，水可鑑。改陽江陽春，皆有治聲。」此雖非黄河，然常濁而忽清，亦當與黄河同瑞。

九月下旬，省憲探聞閩浙總督顏接據寧波府鄧廷彩來稟云：定海縣地方八月十二日，有夷船侵犯，經官兵擊退，經稟在案。自十二以後至今，久無聞報，正在懸望間，忽於十八日申時據署定海縣事舒恭壽之堂弟舒恭烈賫印到營，哭訴定海縣自十三日至十七日官兵連打勝仗數次，用砲擊壞夷船夷匪無數。該夷因新築土城，堅固不能取勝，隨於曉峯嶺地方，别用杉板小船，載夷兵由陸攻取。先經三鎮會議，曉峯嶺道路險要，必應重兵防守，遂經壽春鎮王錫朋帶領壽春兵八百名到彼堵禦。乃自十五日至十七日午時，壽春鎮兵極力殺賊，前有陣亡者，後隊繼進，業將逆賊殺退數次，無奈愈殺愈多，我兵擡砲至於紅透，不能裝打，壽春兵仍復捨命死戰，王鎮身受重傷，不知下落。夷賊隨由曉峯嶺回攻竹山，處州鎮鄭國鴻被砲轟擊，糜爛無存。逆由竹山門至東岳宫攻打，署定海鎮葛雲飛勢孤，亦即陣亡，舒恭壽身受重傷，城陷之後，旋即身死。該署令於危急之時，將糧臺用剩銀九千兩，面委典史鄧均同候補同知黄維誥等，途送内渡，又將印信交其堂弟舒恭烈攜送到營等由。後見浙江裕謙大人定海失守奏疏云：「壽春鎮王錫朋被砲打斷一腿陣亡。」

嘆逆火箭，是其長技，能射數百丈，狀如中華之起火。起火以竹爲尾，火箭以堅木爲尾，長八九尺，或丈許。受藥之筒，長二尺，大三寸，以薄銅或馬口鐵爲之，筒下旁環六孔，以引火，箭尾之木，以鐵羅絲緊貫於筒中，筒上又貫鋭木尺許。木末或用鐵如槍筒，内三之二受起火之藥，三之一受爆竹横藥。箭到藥燃，筒轟迸裂，火即散飛，延燒營帳房屋。四月之役，逆從永寧臺發火箭數十百枝，射入城中，攢聚於火藥局，無一燃者。咸云：見一白衣婦人，以袖拂箭，箭落不燃，咸謂觀音山慈悲大士顯聖云。昔韓世忠敗於金兀朮之火箭，張世傑又敗於

元阿朮之火箭，夷人火箭利害，自昔然矣。然此火箭今我粤匠亦能倣造，但放發無準，爲少遜耳。

九月十三日，浙江來文云：「鎮海縣於八月廿六日被逆夷攻破，該處文武不知下落，提督余步雲大人，現收聚殘兵。欽差裕謙大人，因旬日間連失二縣，跳水自盡，經百姓救回。」十六日來文又云：「裕謙大人因跳落水自盡救回後，於廿八日身故。」又來文云：「寧波府城亦已於廿九日失守，余步雲大人不知下落，寧紹道臺鹿澤長、寧波府鄧廷彩，均已受傷跳水，經救回，現在生死未卜。」然九月初間，有人見澳門夷人買辦來書云：「八月廿六日，嘆逆攻福建，被官兵燒燬心地科大兵船一隻，三檣兵船六隻，虜獲大兵頭七名，一船主被砲打去一腿，廿九日火船載回澳門醫治。」然浙江失鎮海，即八月廿六日。大抵逆攻福建而分兵略鎮海者也。十月初間有香港蛋人回云：「聞夷兵説九月廿六日逆在杭州府河被兵民用石塞斷河流，逆船三十餘隻俱不能出擊，殺逆兵四千餘名，逆夷氣喪，又有一大兵頭亦被磔殺梟示云。」

沙角砲臺之失守也，逆兵蟻赴砲臺，陳公連陞與子鵬舉手强弓，射殺逆夷二三十人，矢盡短兵接，又殺數逆，乃遇害。横檔砲臺之失守也，守臺將官爲督標中軍副將達邦阿、肇慶協慶宇。砲臺失守，逆登砲臺，慶宇改裝如兵卒，逆見其狀不類，疑是將官，究問之，他云：「是官親，來觀打仗者。」逆釋之，而剪其辮，慶宇俯首受剪，其有愧於張遇祐多矣。鎮遠砲臺之失守也，大砲炸後，關公天培知天意不就，人無能爲，呼諸將官兵弁泣而告曰：「大砲已炸，砲臺斷不能守，爾等各自逃生，無遭逆夷之毒。我受皇上恩重，義不辱於逆，惟一死以報國耳！」諸將官兵弁皆涕泣不能仰視，關公揮之使去，遂自刎而亡。烏涌土臺卡座之失守也，初六日祥公福至烏涌，遍觀土臺砲位，知不足恃，即日雇泥工乘夜加築土臺，以易置砲位。至初七巳刻，逆船已至，泥工盡散，旋即打仗，不能設施。時東南風急，逆占上風，砲烟冲覆我營，水又暴長，砲位多没水中，只有東南角一砲，可以攻逆，而砲架累笨，地又鬆軟，不能寸轉，砲發不應。逆知卡座不濟，遂發三板數十隻，蝟集土臺。祥公福與沈公占鰲、洪公達科等，仗刀督率兵弁，奮勇堵禦，逆登土臺，被我兵鳥槍擊斃二百餘人，我兵火藥且盡，欲且擊且退，詎料逆兵蜂湧而至，逆槍齊發，彈子如雨下，我兵不能當。祥公、沈公、洪公陣亡。土臺後路原隔一涌，闊二三丈，祥公本欲爲背水之戰，不搭浮橋，故我兵退走不得渡，多爲淹斃。是役湖南兵弁，最爲奮勇，陣亡者五百餘人，死於逆槍者四之一，死於水淹者四之三也。自後湖南兵弁，一蹶不振，聞鬼子來，便心驚膽裂，望風逃竄，無復烏涌之勇敢矣。琶州土臺卡座之失守也，守臺千總某、把總外委某某，逆船未至，先已逃去，所留兵弁百數十人，見逆船影即便發砲，苟且塞責，各鳥獸散。惟一把總劉公，不知其名，以其短小膽勇，軍中咸稱矮仔劉，與管下兵丁十餘人，挨逆船至近而後發砲，砲中逆船。惜船大砲小，不能轟没耳。遥見三板赴岸，兵丁咸速之退走。劉曰：「不必忙，俟逆近岸再發鳥槍一排，不能擊退，我奔未晚也。」後槍發不能退逆，乃被逆槍中其臀，四五兵丁掖之而去，此亦一勇士也。東、西得勝與四方砲臺之失守也，守臺將官某官□常春，初夷兵止七十餘人，取道潛至砲臺，時守東、西得勝并四方砲臺湖南、四川暨各省兵弁共有六千餘人，聞鬼子來，便争先逃竄。常春不知逃往何處。兵弁有逃至白雲山滴水岩上者，岩上有一客家茶寮，茶寮餧鷄食餘糠飯，逃兵争啖，喘息未定，羣問茶保，此處鬼子來得否。又有兵弁數百人，逃至白雲寺求寺僧僨米以食，每升銅錢一百文，僧僨之，各皆就炊。僧念逃兵太多，而寺米無幾，恐後不給，必受搔擾，乃生一計，使十餘工人，從山後忽恐奔回寺中，大呼：「鬼子來了！鬼子來了！」逃兵無措，舍炊而奔，頃刻散盡，所遺炊飯，寺僧十餘人接淅暴乾，可作一月食云。

辛丑五月，逆船退出虎後，督憲祁公墳欲修建省河各砲臺，慮夷情反覆，恐工興而逆船擾阻。六月間遂敦請廣州知名教官曾釗、王培芳、陸殿邦、何春培等，督辦石船運石，填塞逆船來省所必經，如大石之三杈海，暨瀝滘、獵德各海口，工將就半。傳聞先是六月初八日颶風，義律亦遭風險，廣州府余，遣人往澳候問，有云：「他日會面，備談一切之意。」此是我中土候問常語。義律認以爲真，七月中旬，義律委人到省報謝，見南北兩路水口，紛紛填塞，即駛報義律，義律委兵頭瑕畢駕一兵船，欲到省面會廣州府余，船到大石三杈海，不能進，於是出一僞示，張貼大石，并曉諭鄉人云：「兩國既和好，何爲塞河？俟後不得再加填塞，如再加填塞，我斷不依云云。」其僞示云：「大嘆國都督瑕畢爲曉諭事：照得甫到粤港，得接照會，兩國和好。兹看各處河面，俱用木石填塞，顯有交兵之勢，是以先拆毁横檔砲臺，以逞兵威，自後有似此失信者，必先預爲攻擊也。大嘆國一千八百三十九年　月　日，道光廿一年七月廿八日示。」又沿海遇有往省渡船，亦以此示示之，欲其上達官聽也。督撫憲一聞此信，愈益惶恐，於是傳諭近省沿海鄉紳，廣招義勇，南路則汀橋以至大岡脚暨大石、大山、三山、石頭村、西塱等處，北路則獵德員村、四大股圍等處，俱堅築土臺，多設大砲。鄉紳督率

義勇，不時操練，以嚴堵禦。獵德之築土城也，在獵德涌口之東，其地遍植洋桃，土地所宜，洋桃以獵德爲最，鄉人衣食於此，凡十餘家，聞官取此臺地，地價照契發回，又洋桃每株給回洋銀一兩，而鄉人猶有怨咨者。愚曉之曰：「君不見《明史・湯和傳》乎？洪武間倭寇上海，帝顧謂和曰：卿雖老，强爲朕一行。和請與方鳴謙俱，鳴謙習海事，帝訪以禦倭策。鳴謙曰：倭海上來，則海上禦之耳。能量地遠近，置衞所，陸聚兵，水具戰艦，錯置其間，倭無所得入，入亦無所得，若縱之登岸，則難制矣。帝曰善。帝命和董其事，和乃度地於浙西東，並海設衞所城五十有九，選壯丁三萬五千人築之，而民家牆除碓磑之石，率發以佐築，浙人頗苦之。或謂和曰：民讟矣奈何？曰：成遠算者不近量，任大事者不細謹，國無備，及於戈鋋，井里將墟，安所得碓磑乎？復有讟者齒吾劍。踰年城成，稽軍次，定考格，立賞令，浙東民四丁以上者户取一丁戍之，凡得五萬八千七百餘人。明年閩中並海城工亦竣，所築沿海城戍皆堅緻，久而不圮。正德、嘉靖間，倭屢入寇，浙人賴以自保，多歌思之。今𠸄逆入寇，官度地於獵德而築土城，亦猶是也。而地價樹值，官皆發還，較之湯襄武之築浙海衞所城，民間牆除碓磑之石，率發以佐築，其恩怨爲何如也？」鄉人乃悦。惟我粤素受西水之患，今阻塞大石、瀝滘、獵德等處河流，吾恐將來西水之災，更甚於𠸄逆之亂也。

裙帶路人回説：「十一月初二日，有逆夷火船載二兵頭尸回香港埋葬，蓋在浙江被箭射死者。」又云：「𠸄逆甚貧，前月擄得回省天津船一隻，貨物即日喊去，夷人投賣貨物謂之喊。又刼掠新安渡船數隻，敝壞衣物，雖值錢數十文，亦皆喊去云。」夫𠸄逆以假仁假義，籠絡中土，其素志也，至擄中土之船，喊渡船之貨，其貧困可知也。今裙帶路火船兵船，止各二三隻，逆之潰敗，又可知也。吾聞勞師襲遠，兵家所忌，𠸄逆萬里重洋，寇我中土，其兵多黑鬼，皆出於招雇，其舉事皆𠸄逆各富商釀銀爲之，勝而得地，則此地賦税，富商先收十年或二十年，然後歸於逆王，所有軍餉兵船，皆出自富商。如兵船不足，則勒取貨船，兵丁不足則抽選貨船水手，夷商不敢抗。敗則各商自抵，或船破兵殺，皆富商賠墊補恤，𠸄王亦不之罪也。夫以無多之兵船，有限之軍餉，而欲與天朝抗，猶以卵擊石，其斃可立而待也。今𠸄逆貧，兵餉將不繼，利於速戰，然天嚴冰結，朔風凄烈，黑鬼畏寒，不時死喪，又不能戰。余謂堅守内地以老其師，嚴封内港以乏其食，加其貨税以匱其財，則𠸄逆進退支絀，不攻而自遁矣。又澳門人云：「十二月逆夷刼長洲渡，掠去銀一千二百兩，另客貨及衣物。渡主爲唐亞澤，澤託夷目買辦盧亞景關説兵頭，納銀贖渡，兵頭不允。至壬寅正月初四日，馬里信回澳問景，唐官近有何議，景云：不聞其他，但聞官云𠸄國甚窮困，日間專掠船隻銀貨，以充軍需，必不能久，聽其自敗可也。馬里信聞此，即着兵頭盡將所掠船隻釋放，銀兩如數交還，貨物不計，於是長洲渡得脱，盧亞景亦蛋中之黠狡者哉。

十一月，新安縣有稟到省云：「本月初二日，𠸄逆火船駛入城河索詐，聲言要辦一萬兩銀伙食，其銀文武各半，如不應辦，立即攻城等由。𠸄夷放肆已極，令人髮指，然未始非四月時賂義律四百萬階之厲也。」越五日又稟云：「逆夷於初六日將縣屬之南山砲臺拆毁，并將各砲毁去砲耳，遂欲攻城，因縣屬各村莊百姓齊出保護，逆夷立即退去。先是新安、長洲渡船，被洋賊刼掠，時賊船四五隻，賊以一小船泊渡逐客搜剥衣物，盡闌入小船，任其飄盪，賊即扯渡帆駛去，天寒風利，客船適飄近，逆夷兵船有通夷語客，即以被賊告，賊去猶未遠，且指告逆夷，逆夷即傳令火船追賊，逆砲利害，賊勢迫，賊亦發砲轟逆，將近南山，砲臺守臺兵弁，以爲逆夷刼民渡船，又發砲擊逆，逆自負我爲中土擊賊，本以保護百姓，官不以爲德，反以怨報，遂怒而攻砲臺，砲臺失守，逆是以有拆毁砲臺之舉。」

逆夷最畏我朝刑法，聞裙帶路人回説云：「諸逆兵常相與語，若打敗仗，寧即死於刀砲，不願被獲，中國刑法慘毒不堪。廣人益甚言刑烈以恐逆兵，逆兵即色怖震慴。」夫制人者必中其所畏，苟獲得逆夷，無論兵頭水手兵役，立即處以極刑，梟示海濱，一則以生逆夷之畏，二則以奪逆夷之氣，此亦制逆之一法也。計年來各處所獲逆夷不下百數十人，解至省，白鬼則令夷廚供火食如上賓，黑鬼則交官看守，仍厚其飲食，不聞有一人正法，逆夷或以卑辭求請，或假花旗名記，或以强語恐愒，即便釋放。聞前督憲林時購獲得一白鬼即百麥也，琦侯至即委官送回逆船，而委官反受逆夷鞭辱，不敢與較，逆夷之所以輕視我粤者，職是故也。且古之人，有行之者。唐郝玭，貞元中詔城臨涇爲行原，以玭爲刺史，玭在邊獲虜必剞劓而歸其尸，虜大畏，道其名以怖兒啼。又明韓觀，洪武二十七年，拜征南左副將軍，討更吾、蓮花、大藤峽、思恩、都亮諸蠻，平之。觀生長兵間，綜練武略，鷙悍，誅罰無所假。下令如山，人莫敢犯。初羣蠻所在蜂起，邊民苦之。將士畏觀法，争死鬥，覩得賊，必處以極刑，間縱一二，告諸蠻，諸蠻膽落，由是境内得安。又彭倫，成化初，從趙輔平大藤峽賊，進都指揮使，討叛苗，以邛水諸砦不即邀遏，乃下令：賊入境，能生致，與重賞，縱者置諸法。由是諸司各約所屬，凡生苗軼入，即擒之，送帳下者纍纍。倫大會所部，目把縛俘囚，訊得實，

置之高竿,令卒亂射殺之,復割裂肢體,烹噉諸壯士。罪輕者,截耳鼻使去,曰以此識,再犯不赦矣。羣苗股栗,不敢犯。又劉寧,有膽智,爲大同副將,時入貢者數萬人,懷異志。寧率二十騎,直抵其營,衆駭愕。寧下馬與諸部長坐,舉策指畫,宣天子威德,一人語不遜,寧摑其面,奮臂起,其長叱之退。寧復坐與語,呼酒歡飲,皆感悟,卒如約。傳云:「德以柔中國,刑以威四夷。」此萬古不易之法也。

辛丑十一月廿二日,新造米肆客李氏過余館,説云:「本月初二日,有一逆船從浙江回載尸五六百名,在尖沙嘴之黄婆沙埋葬,尸皆是在浙凍死夷兵夷目之尸。」此亦天滅逆夷之兆也。李氏爲米賈,又作石船。時官招集石船載石,填塞大石、瀝滘、獵德各處河道以防逆,李氏船常出潭洲南沙取石,道經尖沙嘴,其伴親見回説云:「二十二年正月,浙江委員稟報内有云:一寧郡山民仍貿易負販,往來道路,並未阻梗。又聞鬼子並不怕冷,一路吃雪,每早晨必用冷水洗身。」夫逆夷詭譎,必使逆兵先食壯煖之藥,然後吃雪洗冷,示不畏冷耳。且示弱者不弱,示强者不强,逆夷吃雪,其畏冷也必矣。逆夷來粤,天氣瑟縮,住房亦熾火爐,不聞有吃冰洗冷者,矧浙之寒,與粤大相逕庭耶?余爲黄埔鄉人,鄉前夷船叢泊,鄰族時有爲夷人買辦,頗知夷性,我軍將官,慎勿爲其所愚。

十二月初八晚,初更時候,觀音山脚理事廳火藥局失火,燒去藥局一座,燒燹工人十一名,幸不延燒民房。

《明史·陶成傳》:「成子魯,字自強,弘治間改湖廣左布政使,兼廣東按察副使,領嶺西道事,人稱之爲三廣公。魯善撫士,多智計,謀定後戰,鑿池公署後,爲亭其中,不置橋,夜則召部下計事,以板渡人,語畢令退,如是凡數人,乃擇其長而參伍用之,故常得勝算,而機不洩。羽書狎至,戎裝宿戒,聲色不動,審賊可乘,潛師出城,中夜合圍,曉輒奏凱。賊善偵,終不能得要領。歷官四十五年,始終不離兵事,兩廣人倚之如長城。」松讀至此,輒爲之贊嘆。陶公之所以每戰奏凱者,誠以謀定後戰,機事不洩也。感時撫事,又未嘗不太息今日嘆逆之亂,半敗於機謀之不密也。辛丑二月,嘆逆陸梁,夷帆直到珠江,羊城被困,而督、撫二憲轅門,日報某日委某官往石門催辦木排,委某官往佛山督鑄大砲,某日委某官備辦茅草火船若干隻,如此之等不一而足,省城旁午傳派,逆又善偵,大將軍、參贊、督、撫,每定一謀,不踰時逆輒先知,逆有不利,預爲之備,而我積數十日籌辦之勞,糜千萬兩軍需之費,都無所用,所謂機事不密則害成,安在其能不敗也?噫!

盧亞景,蛋民也。素充嘆逆兵船金不多,嘆逆倡亂,官禁斷兵船火食,景則竄往香港裙帶路,串通香山、新安奸民,仍供兵船火食。廿一年十一月靖逆大將軍奕與督憲祁密購軍民縉紳人等之與景生平厚善者,説使歸誠,回省賞以六品頂戴藍翎,多人説景,景面斥,且出不遜言。既而得諸生馮某,景先曾受某恩者,潛往反覆説景,景意肯,託外賬數萬,一時不能收拾,須俟清款,然後回省。至廿二年正月,復遣馮某直攜翎頂造裙帶路賞給景,景受之,亦不回省,仍爲嘆逆金不多。景今在裙帶路,儼然六品官員,且拖翎矣。金不多者,譯言買辦也。夫景不過嘆逆一買辦耳,是嘆逆之役也,何足重輕?但逆船以火食爲重,景能備供嘆逆牛羊鷄豕麵頭包乾之等,無使不給,故嘆逆以景爲能。嘆逆無上下尊卑之分,故義律暨諸兵頭常與景執手,至於兵船進退,打仗與否,不與景謀,景不得而阻也。聞景之受頂翎也,景先具情節,稟明兵頭,堅命之受,然後受。受之日,大張筵宴,凡景知故與在裙帶路之一面識者,皆與焉。夫景役於嘆逆,嘆逆喜則與之揸手,怒則鞭罵斥逐,景俯首受,不敢與抗,此嘆逆臨買辦,買辦奉承嘆逆之素,不獨景也。聞嘆逆戲景曰:「我金不多亦爾國六品之員,州縣不足道也。」嗟乎!夫以天朝六品拖翎之員,而爲嘆逆買辦,斯亦名器掃地矣,此可爲長太息也。俗謂夷人曰番人,謂中土人曰唐人,聞景在裙帶路,儼然官長,嘆逆委景彈壓唐人,唐人有犯,發景鞭箠,景藉以爲奸,因招集不逞凶徒數千餘人,分駕草扁拖罾數百餘隻,在虎門外洋面,肆行刼掠,其坐艙賊頭,名曰「屌揹」,俗謂男陰爲屌,音鳩,又謂竊賊爲亞屌仔,謂凶惡出類爲揹。又謂有所硬阻爲揹,揹音傾,去聲,字書無揹字,然廣州上諭京抄紅單,俗田房典按契内,常書不得揹阻,揹俗字也。屌揹者,男陰龜頭之名也。陰頭有稜,故謂之揹,故俗謂龜頭爲屌揹。故裙帶路人,呼賊頭渾名爲屌揹也。凡賊欲爲屌揹,必關白景,景准將賊名牌示,俾人皆知某人作新屌揹,於是新屌揹設席請諸舊屌揹,舊屌揹各具儀稱賀以爲榮。聞今有屌揹一十三起,皆出自景,每起船或二十至三十隻,每船賊或二三十人不等,火食砲械俱備。自道光二十一年八九月間洋面成盗藪矣。出海貨船,均須打單,否則刼略虐殺,官不能治。屌揹鹵得財物,景坐分肥。景洋盗之渠魁也,以盗魁而膺六品頂戴拖翎,此又可爲長太息也。聞二十二年四月,夷目堅,察知景爲盗渠,譴責景,即革去景買辦。嗟乎!逆夷尚知賊之害民而疾惡之,而我官吏不爲之芟除,且獎賞之不暇,此又可爲長太息也。後景夤緣鑽堅,悔罪自責,堅意

解，今仍充金不多。自㖆逆講解後，于是委員到裙帶路，武員自千總以下見景，皆叩頭，文員如從九未入流，見景請安，亦叩頭，咸稱景大老爺云。彼從九未入流，混名叩頭蟲，其喪廉滅恥，不足怪也，若千總、外委，倘能發揚奮勇，即他日提鎮之選，而亦摇尾于景，安望其臨仗致節哉？此又可爲長太息也。

二十一年八月二十五日，有逆夷雙桅兵船進臺灣口門，參將邱鎮功等，在二沙灣開放大砲，擊中逆船，桅折索斷，即隨水退出口外，海湧驟起，冲斫擊碎，夷人紛紛落水，死者不計其數，或鳬水上岸，或上三板駛竄，邱鎮功督同署守備許長明等，駕舡趕往，一白夷自行投水，前後各官兵擊逆，共計斬首白夷五人，紅夷五人，黑夷二十二人，生擒黑夷一百三十三人，撈獲夷砲十門。又十九、二十三等日，許長明在海濱撈獲白夷屍身二具，查驗一穿紅呢戰甲，胸前刺八卦形，一係尋常夷服，胸前刺有蓮花形，左右腿或刺人形，或蓮花形、鳥形、獅子形。又云同知曹謹、通判范學恒，遣義勇丁役等，十七日駕舡搜捕至外洋車嶼，有白夷二人，紅夷五人，攜帶圖册，在彼存匿，經役等上前圍拿，該夷俱被格殺，割取首級帶回，搜獲夷圖一幅，中繪山海形勢，册頁五十一頁，夷書二本，又夷字十紙，其夷書内亦繪有城池、人物、車馬形狀云，詳見臺灣道鎮會奏疏藁。十月上諭到省，加提督銜臺灣鎮總兵達洪阿着賞戴雙眼花翎，臺灣道姚瑩賞戴花翎，臺灣知府熊一本交部從優議叙，此天亡逆之兆也。十二月又聞回粤洋客云：「十一月日在某處洋面，目覩一㖆逆兵船被火災燬，船破人溺，無一留存。本船船主云：此船乃㖆逆王家所發，内有兵頭數十名，㖆兵七百兵，當兵船焚燬時，船中夷皆號呼咨嗟云。」此亦天亡逆之兆也。

沙角砲臺失守，三江協陳公連陞死之，公所乘黄驃馬，逆夷牽去裙帶路牧養，將以自乘也。馬至裙帶路，凡夷人與之食不食，唐人與之食乃食，馬初見唐人輒垂淚，久而習慣，淚且乾，今不然矣。夷目乘之，輒長嘶翻滾，逆夷怒鞭之，兩肩膊及前腿無完膚，至臭爛生蛆，逆夷兩剸刃於其腹，未深，得不死，終不肯與逆夷乘，逆夷無如之何，遂棄之，今無粟豆之食，惟嚙裙帶路青草，羸瘦骨露，見逆夷猶怒目視。二十二年有客從裙帶路回，説：此馬刃傷猶未痊，而皮潰肉腐，咀蛆嘬，我見猶憐，真義馬也。初此馬金黄色，毛滑澤，而綢茸白面，實馬之異種，今則虺隤玄黄，不堪言狀，安得一仗義之士，載回羊城，稟知大憲，豐其芻豆，以旌其義，使我粤咸知陳公不負國，馬亦不負陳公，而大憲賞功，恩不違馬，我粤將官義勇，誰不激揚蹈厲，赴湯犯火，勵節致身，以狥國家之急哉？後數月，督憲委員載馬回省，豐其芻豆，二十三年五月，馬以病死，埋之以帷云。又二十四年，欽差督憲耆公英來粤，總辦撫夷善後事宜。五月耆公在虎門寨水師提督衙内，請夷官某會宴，耆公令取馬一匹與夷官，騎至中途，馬一翻滾，夷官倒墜於田，衣帽頭足，泥濘沾污，觀者譁然。然則我粤無不義之馬，畜類且然，而况我粤士庶乎？

《平夷録·廣東軍務記》

清佚名撰

今夫咦夷之爲粤患也，其所積有由漸。蓋自道光十八年，首嚴烟禁，制軍鄧乃徒塞其流也。上因特命大臣林則徐爲欽差，降以節制關防，專辦夷務，實屬清源之意。到任以後，聲色不動，首制逆夷，使其狡獪無所逞，猖獗無所肆，然後願將鴉片二萬餘箱，全行繳出。雖威逼稍過，若使成終成始，自有可觀者焉。惜乎，咦夷反間之譎計得行，而賄賂之陰謀有濟也。

二十年十一月，復有欽差大學士琦善來粤，兼署總制，一到則盡撤海防。甫及兼旬，於十二月十五日，大角、沙角兩砲臺，即爲咦夷攻破，三江鎮陳連陞父子陣亡。

二十一年正月初旬，大學士琦善親往虎門，與咦夷由後海登蓮花山宴會修好，遂有割香港議（一作講）和之約，逆夷守待一月，未獲報音。

二月初七日，由後海而入，攻破横檔砲臺，竟入虎門，提督關天培自刎身死。初九日，由獅子洋闖進内河，攻擊烏涌，拔去木樁，砍散木排，官兵失守，逃散死傷者數百人。遂一路抵黄埔，至獵德，打破砲臺，絞起諸塞河口石舡，而省城由是騷動矣。

夫國家昇平二百年來，民生休養生息，安居樂業，含哺鼓腹，渾（一作相）忘於不識不知之天者，道何隆也？間有小寇，亦只延擾各鄉，從未逮省。今一旦睹此凶横，殃及池魚，則人民之瑣尾流離可知矣。

初九、初十兩日，鋪盡罷市，家盡扃户，城廂内外，遷徙搬運，道路填塞，擔夫索重貲，船户獲厚利。街衢里巷，各設壯勇防守，晝角之聲，連宵達旦。自此彌旬，編民之籌居，靡有定止，西關一帶，前爲繁縟鄉，今忽易爲闃寂境耳。數日以來，所有附海鄉村，多被滋擾，土匪亦有乘機竊發，而隨處防守綦嚴，不爲大害。

十三日，欽差參贊大臣楊到省，百姓聞風企羨。嗣廣收馬桶，排岸沿河，計辦棉胎，蘸油放海，扎作桿人紙人，採訪策士謀士，貪鄙者因沾澤潤，汙賤者忽沐恩榮。且也，城隍廟内，臺築禳星，東郊方隅，甕埋符水，種種設施，不一而足，其捍患禦侮之法，可謂良且盡矣。

二十一日，奉到上諭，天威震怒，將琦善鎖拿解京，民心慰悦。

二十三日，逆夷探知水道，分兵西向，直來攻擊大王滘砲臺。

二十六日，由鳳凰岡進攻水師營及西砲臺、海珠砲臺，官兵奔散，遂致失守。申刻由十三行登岸。據云公司行内值有粤省壯勇一名，姓曾名阿妹者，其時奮不顧身，殺死逆夷二名，惜獨力難支，竟爲逆夷放槍轟死，後參贊楊賞卹頂戴，委南海縣丞爲文致祭，從厚殯殮，以慰忠魂。由是無人敢拒逆夷。是日火砲喧天，四城閉塞，西關之未有遷徙者，扶老攜幼，倉皇失措，深可憫也。是晚花旂夷人與洋商伍議請求和通商，廣州府余面會咦逆義律，往來定議。翌日出示通商安民，民因以稍定，而各砲臺遂爲逆據守矣。

夫逆自虎門突犯以來，砲臺傷破，大砲毁壞，軍器不備，空城難守，所謂英雄無用武之地也。與暫爲約和通商，仍合兵家權變善道，洵爲忍辱負重者矣。於是即開靖海門，不數日兩湖、江西、廣西、四川、雲貴大兵數萬雲集，欽差靖逆將軍奕、參贊隆、總督祁暨侍衛等皆抵省，由是士民相慶安枕，以爲有恃而無恐也。既而將軍、總制，果出示招奠流亡，而民亦陸續遷轉故居，各國夷船，亦開艙貿易。而各大憲則鑄大砲，製軍械，備餱糧，堆沙土，辦草船，扎木排，招壯丁，練水勇，封拖船，操快蟹，兩月以來，軍機縝密，督辦森嚴，萬姓咸舉手加額，歡心引領，以爲此一舉也，鼓蓄鋭之精兵，決運籌之勝算，有不醜類悉殲，囂塵盡掃者哉？

四月初一日，大將軍號令亥刻與夷接仗，始則火光衝天，繼則砲聲震地，直至寅刻，我兵報捷，湖南官兵，因而拆毁公司行一連三（一作五）間，疋頭洋貨各什物，搶奪殆盡，門扇窗檻，破滅罕存。於是逆怒益憤，逆船益增，遂轟擊西砲臺，傷壞官兵，直抵泥城，打破欄栅，官兵數千，水勇數百，皆四散奔逃，咦夷發火燒去拖船數十隻，木排草船，盡行燒燬，大砲悉被投水，西門閉塞，午刻兩邊火砲罷攻。

初三日，泥城添换官兵，復欲設立欄栅未成，而咦夷三板船數隻，火輪船一隻闖進，轟砲數口，逆夷登岸者數十人，官兵看見，相喊：「鬼子來了！」二千餘人，竟亡命奔逃，逆夷追至晉步西場乃止。火燒去西場茅寮數間，督憲遷至撫署居住。

初四日午後，咦夷由西砲臺直至東砲臺，沿河攻擊，城廂内外，火箭砲子，紛紛射打，河岸一帶官兵，不能抵禦，盡皆逃散。申刻四城緊閉，砲聲喧慘，至戌初方止。所有河旁大砲，盡被毁塞，初更發火燒西河、新墩一帶，至四更後始熄。

初五辰刻，夷船由泥城直進罾步登岸，一路逐隊而行，由西村後首（一作黄）勝塘（一作橋）至北門外流花橋，連放火箭，直射北門外方、圓兩砲臺，而守臺軍士，發砲數口，各自棄甲投戈，望風而走，而砲臺悉爲逆據。於沿路遍捉鄉民役使扛砲，午後攻城，城内發砲，互相攻擊，火箭頻發。城内督標撫標旗滿官兵，均欲奮勇出城決戰，大將軍仁慈不肯發令，以爲無濟於事也。城内居民，聯名稟赴各大憲，懇恩拯救。是日也，内外居民，目愴有天，穴鑽無地，衢路徬徨，庭堂瞻企，竹杖老羸，弓鞋幼女，莫不慘目傷心，摧肝切齒，較前此之仳離，豈倍蓰之可比，真爲目不忍見，耳不忍聞，大可哀也。加以薄暮，逆夷又發火燒潮音街、金利埠，及湖南洲嘴、永清門外，由接官亭至城門口止，共約燒房鋪數百間，直至初六日午後方熄。其時日夜兵火交迫，民生塗炭，百姓究何辜，何不幸而遭此荼毒也？論者謂逆夷今之如此凶暴，皆由拆毁公司行而起。吾謂暎夷素性貪殘，罔恤民命，觀於定海，可爲鑒矣。

初六日，逆夷在鷄翼城河面，向貢院攻擊，砲火火箭紛紛打射，貢院門扇傷毁，將軍參贊遷避。又攻破東砲臺，竹横沙（一作河）、東關税廠一帶，均被火燒，又復沿河施放雙響，城内城外，徧地居民，幾無立身之地。幸藉天降大雨，房屋未被火燒。晚間小東門自不戒慎，引着火藥，延燒城外橋邊一帶，城樓不能完保，幸城門未有燒脱也。是日城内徧插白旗，廣州府余縋城而下，即偕洋商伍同至逆船，與新夷目嘉符相見義律，款接議和，要給回兵費，並公司行内所失貨物，共銀四百二十萬兩，限六日交清。先請大將軍撤兵移營後，方陸續退出虎門外，將各砲臺交還等語。兩邊議妥，翌日先交銀一百萬兩。是日大雨後，申末酉初，虹亙中天，日氣蒸雲，竟天作黄金色，約半時許，不敢久視，變硃紅色，亦半時許方晡也。

初七日，在藩庫畀銀百萬兩，委廣州府余送交義律，款留宴會，備極歡洽。

初八日，始開靖海門及大南、大東二城門，人民出城者數萬計，午後又開西門、歸德門，自此民心稍安。惟是門外方、圓兩砲臺，被逆佔據後，肆行無忌，於附近各鄉，晝夜巡擾，打破門扇，搶奪耕牛，搜索衣物，淫辱婦女，發掘墳墓，禍及枯骨，種種貽害，不可勝言。

初九、初十日，逆夷又往三元里及蕭崗各鄉，復行擾（一作攘）害，由是鄉民共憤，鳴鑼聚衆，殺死逆夷六七人，餘逆脱回。因率衆而下，約數百人。鄉民復鳴鑼會集各鄉，約數千人，與夷決戰，幸彼蒼默佑，未刻迅雷甚雨，鄉民佯敗，引入黄婆洞（一作浦）磨刀坑，殺死逆夷百餘名，内一人説是西洋兵頭，義律借來相助者，全身盔甲，刀砍不入，手持寶刀，裝嵌寶石，映日不可逼視，亦被殺死。餘夷脱逃者，或被坑水沖淹，或爲失路飢斃，悉無漏網，其餘（一作夜）各處鄉民，來攻逆夷者，尚源源不絶，而暎夷亦從此膽寒潛踪（一作氣餒）矣。

且夫（一作當）逆之自入内河也，戰無不利，攻無不取，鋒莫能犯，勢莫能當，養其桀驁不馴之心，縱其貪狼自肆之欲，進而日上，得遂無厭，既據砲臺，頻施荼毒。初七至初十日，北門外一帶鄉村，驚男竄女，鷄犬難安，籲天呼地，狼狽莫倚。夫罹殃而妻受辱，兩命皆亡，子被縛而母困居，身家俱殞。而且田園被傷，室廬被毁，丘壟被掘，老少被淫，貧者室如懸磬，富者家徒壁立，洵屬鬼神積憤，草木含愁，故鄉民一旦志切同仇，摧兇折馘，實足以敵王愾而挫逆鋒。然後知民心之堅固不摇，而聖化之漸摩，良有以也。

十一日，鄉民仍鳴鑼傳遞，富者捐資，貧者出力，備乃器械，持乃糗糧，響應風從，不謀而合者，遥遥百有餘里，聚至百有餘鄉。將方、圓兩砲臺，四面圍住，各處設伏，奮呼攻打，晝夜不息。逆夷各狐憑鼠伏，潛避兩砲臺中，不敢出入。

十二日，逆夷義律，極目遠望，見遍地旌旂炫耀，刀戟縱横，鄉民蟻擁蜂攢，布滿山麓，約有十餘萬衆，逆夷更覺膽落心寒，亟請廣州府余暨南、番二縣代求解免，情願刻即撤兵下船，不敢復行滋擾。兩縣乃飭諭鄉民，勸令退息，而鄉民之激於公義者，出語唐突，致冒官長，此固無知細民，奮義忘身，亦理直氣壯使然也。嗣廣州府余婉言排解，鄉民始行退散，暎夷即俯首下船。

十六日，將軍奕、參贊隆，撤營金山居住，由泥城下船，即有逆目數名，駕三板過船，與之送别，所謂息兵而講禮，棄武而修文，不意干戈擾攘之中，復見揖讓雍容之事！其日仍委廣州府余將銀四百二十萬兩，找足送納。

十四、五日，夷船退出泥城。

十八、九日，退出大王滘。

二十五、六日，逐漸退出虎門，而省會人民始漸安息矣。

夫以鄉民之有此一舉也，亦一時奮激之心使然矣。使非有理義以激之，利害以動之，凌辱以加之，災禍以迫之，則心不能勃然而興，翕然而協。當此之際，使有人焉，因十萬雄心之衆，乘巨魁落膽之時，鼓城中欲戰之兵，應城外除殘之旅，而隆之以禮，結之以誠，厚之以金貲，動之以禄位，則民心愈勵，而戰氣百倍。因而制勝出奇，變通盡利，計逆夷之兵，不能上萬，今登岸者，已有數千，則船必

空虛。吾於水路擊其虛，陸路攻其實，使其首尾難顧，接應不暇，有不一鼓成擒者哉？以後得其船砲，爲我所用，則善後事宜，更易爲力。乃計不出此，使下民生際盛明之世，妄罹慘殺之災，豈逆夷之數，尚未當殄滅耶？抑亂刼之猶未有盡耶？古人云：「一日縱敵，數世之患。」有心者所爲觸目而深扼腕也。

方今各大憲，存心仁愛，別具謨猷，軫念下民之生，重惜軍士之命。故今逆夷之犯順也，始雖示之以威，繼則懷之以惠，洵可謂剛柔有體，恩義兼隆，而府尊余則王事賢勞，屢不辱命，深合懷柔之道，且服遠夷之心，亦何莫非愛民之苦衷也乎？是爲記。

《平夷録·軍務記》

夫魚在釜中則飲泣，獸罹網内則哀鳴。我東方不幸，禍起蠻夷，南國多殃，端由首惡。謂是役也，有琦善者，莅任未及半載，流毒已極千條。有意賣津，虎門之弓衣盡撤；無心爲國，羊城之戈甲不修。香港因而遇災，烏涌從而致害。近洋一帶，望海吁嗟，聽赤子之呼嗁，淚隨聲下，聞蒼生之啼叫，目觸心傷。凡百凄涼，萬言難盡，欲食其肉而寢其皮者屢矣。幸而皇上明並日月，觸發奸謀，愛切寰區，誓除民害，選才命將，發詔興師，廣東之民，莫不舉手加額，以爲重見天日矣。不料將也昏迷闒幄，師行無紀，肆掠城厢，欲謀財則捏良爲漢奸，欲邀功則指民爲逆黨，無端被戮，有口難言。更可痛者，湖南士卒，全無節制，宣淫疾婦，競染痲瘋，欲起沈疴，廣求靈藥。謬云：食人可愈，因而刳孕爲羹，俎鼎民身，脂膏骨血，見者魄散，聞者心酸，滄海沈冤，蒼天變色。嗟嗟！上天以生生爲心，皇上以好生爲德，今官兵若此，是官兵之至，轉酷於鬼子之至也；是死於夷人之手，轉勝死於官兵之手。誰無父母，誰無兄弟，而忍見此慘毒哉？語云：「獸相食，人且惡之。」身爲大將，不能殺賊以安民，猶復縱兵以食人，紀律如斯，從古未見，欲求克敵，夫豈能哉？

果也，四月朔日，夷兵數千攻城，官兵望風逃走，一兵不發，百姓逢兇，鬼子縱火燒街，我民焦頭爛額，哭聲震地，怨氣彌天。而彼從不關心，褒如充耳。試問王師至此，究竟何爲？豈教其日夜閉城而已乎？而猶曰誘敵用民，未遑姑息。何乃任意刦命，總不誅鋤？許六百萬賄以求和，先交千金以作定。一時白鏹青銅，未充其數，復勒洋商當户，立刻捐資。斂民財以助軍資，則有之矣，破民産以資敵國，曾有是乎？在洋商獲夷國分毫，解囊猶可，而當户乃朝廷餉典，去橐何名？且彼何不捐妻子捨身家以與之乎？煌煌天朝，體統何存？無怪夷人和議之後，猶復縱兵四掠也。

四月十日，夷兵踏糜南岸，騷擾西村，焚燒屋宇，荼毒生民，挖掘山墳，禍延白骨，姦人之妻，淫人之女，貞魂烈魄，夜夜聞聲，赴井墜樓，紛紛無數，義士撫膺而泣血，壯士蒿目以愴懷。難忍此心，盡圖報復，爰集各堡，戮力鋤奸。三鼓斬其千人，一併圍其大衆。夷兵喪膽，不敢交鋒，壯士雄心，争先踏刃。務要生擒孟獲，盡殺夷人，下與閭閻雪冤，上與朝廷出力，得行斯志，然後甘心。何圖獻俘在即，可標銅柱之威；滅虜將成，竟有金牌之下。先使縣令往諮詢，復著府官爲彈壓。示以已成和議，無得妄殺夷人。百姓聞之，一齊泣下。意欲抗違斯命，奈伊勢位巍峩；意欲從順抛戈，怎忍從前欺侮？爲威所逼，飲恨無窮。當斯時也，江水爲之不流，神鬼聞而歎息。百姓年時納税以養官，而官不爲之保護；百姓仗義捐生以殺賊，而官又不許其自防。民究何辜，罹此凶禍。嗚呼，公子卬之無能，人知之矣；秦伯國之所作，我亦云然。然而鶴唳風聲，敵人怖懼；詎意導行宿衛，太守殷勤。以蹂躪土地之奸夷，荼毒生民之惡黨，竟然事之若父，敬之如賓，彼實何心，昏庸若是，誰非天子之元元也，而反出於逆夷下哉？今而後廣東無遺民矣。被夷人殺者十之三，被官兵殺者十之二，將來各國，勢必效尤，皆視嘆夷爲例。興言及此，能不悲哉？悠悠蒼天，曷其有極！况目前之禍，猶未靖耶？

伏念我國家開創百九十餘年，列聖相承，殷情黎庶，今上御宇，愛洽海邦，斷不忍羣墜深淵，衆遭酷烈。惟恨訴天無路，難伸精衛之冤；溺水難援，共效鮫人之泣。所願普天下仁人君子，廣布斯文，俾直閣賢臣、諫臺御史，有能忠心爲國，矜憫無辜，得知此段蕪文，肯作虞廷之耳目，則廣東之人，萬世沾恩矣。嗚呼，筆未落而淚已傾，口欲言而心已竭，撫膺一慟，良用愴然，草罷數行，如何是可？

《武昌紀事》

清陳徽言撰

咸豐二年壬子五月，粵匪僞太平王洪秀全攻陷湖南道州、江華等處，分遣賊黨，遠近散布僞示；是月杪，武昌城内外所在，亦多有之。巡撫龔裕大索姦人，先後捕獲斬之。乃請徵鄰兵，奏發帑金三十萬，以爲防堵費，報可。江夏知縣繡麟會同漢陽知縣常懿麟統查江上划船，按船户名氏取保人，編列字號，書牌，釘於船舷，以杜藏姦。清户口，行十家牌法。

六月十八日，設防堵總局於布政司署。諭紳士募人團練，城内外計四十八堡，得勇千四百有奇。

二十三日，新巡撫常大淳蒞任。

七月初二日，巡撫常大淳周閲城垣，委官修築。招集湖南木幫首事，團練木簰壯勇二千人。

初九日，巡撫常大淳往岳州省視疆界。岳州隸湖南，水陸交衝險要，爲北省門户，因奏歸北省防堵，請發帑金興築西門外城，包岳陽樓於内，以在籍内閣中書吴士邁董其事。募洞庭湖漁户二千餘人以爲漁勇，堵截江路。

十二日，布政使梁星源遣兵駐火藥局。

十九日，巡撫常大淳自岳州回，委官解經費銀，及軍裝、礮械、火藥赴岳州。

二十日，獲姦人許么。新授江南提督雙福過境，巡撫常大淳以防堵需人，疏乞留楚助防，許之。

八月初一日，夜三鼓，撫署災。

初二日，平旦，九門移時不啓，知府董振鐸以昨撫署火，恐有姦人，密搜不得。晷加辰，始傳鑰開城。

初三日，鹽道王東槐赴岳州經理防堵事宜。時提督博勒恭武已先期往。

初八至十六等日，舉行壬子科鄉試。是時聞賊於七月二十七日犯長沙，諸路戒嚴，九門設兵詰姦，司道各官皆出街夜巡。九門倩人負土，皆於月城内堆積數百石。謡傳賊將於中秋日至，城中大户挈家遠徙者甚衆，人心惶惶。巡撫常大淳諭守門兵：「凡出城者許攜一隱囊，其輜重捆載而行者，概不許出。」

二十九日，委官統帶鄉勇守金口。

九月初一日，委官統帶鄉勇分赴蒲圻、崇陽、通城諸要路防堵。

初三日，河南兵相繼至。自是安慶防江營壽春鎮，及本省諸路兵皆先後踵至，多者千餘，少或二三百人，於郭外近城高阜，及小龜山等處築營壘，使守之。築石門長虹橋，上鎔鐵包之，極堅固，後賊至，惜無兵守，賊因更築長牆翼之。迨提督向榮擁兵南來，賊死力拒守，攻累日不入，乃繞攻東面，不能直冲城下，職是故也。

十一日，委官統帶練勇分駐城外。

十九日，貯穀豐備倉。

二十六日，按察使瑞元往蒲圻、岳州巡視堵禦要路，兼旬乃返。

十月二十四日，巡撫常大淳偕提督雙福往廠關閲戰船。

十一月初五日，聞岳州於初三日失守。調城外兵勇及金口兵悉令入城，登陴守衛。

初六日，巡撫常大淳、提督雙福下令毁城外十丈内民房。布政使梁星源發銀二萬買米，又發銀采買油鹽，以貢院爲糧臺。

初七日，毁城外民房。城門皆閉，惟漢陽、武勝二門開，城外男婦入城者衆，漢陽門擠斃數人。城内街巷皆閉肆。按九門鑿新井九眼，舊井堙塞者悉重啓之。毁望山門外橋、保安門外舊橋。

初八日，毁城外民房。九門洞開，居民搬運器物、磚瓦、木石者接踵於道。二鼓餘，聞賊至簰洲，守城兵勇叫呼達旦。巡撫常大淳與提督雙福相議，以城外民房不及盡毁，下令先自平湖門外舉火焚之。

初九日，以土石築九門。城上以長繩繫人出入。城外火光四起，煙燄上騰，太陽赤色，男婦號哭，至有投江及沙湖死者。募紳勇得三千餘人，紳士分帶登城助守。提督雙福下令每家門外懸鐙，備刀械，各出一人警夜。

初十日，城外火如昨。黄鵠磯頭觀音閣，志稱劉宋頭陀寺故址，宋明之代，迭經兵燹，國初參政宋某修建，鑄金范大士法像，高二丈餘，巡撫常大淳以閣勢峻嶒，偪接女牆，焚之。提督博勒恭武列兵岳州城外，賊至望風先潰，既奔至省，巡撫飛章劾之，遂居城外待命。晡後，獲姦人二。黄昏時，有二舟自上流來，城上望見以爲賊至，喧呼開礮，已而知爲敗兵回船，乃已。

十一日，城外火如昨。總兵常禄、王錦繡統滇、蜀兵勇二千七百，自長沙逕繞賊前，來鄂助守，皆繩繫入。匪徒搶奪民物，捕二人，荷校於南樓示衆。巡撫

常大淳出示云：「匪徒搶奪，地方官捕獲立斬，應捕者格殺勿論。」城内獲姦人六。陜、甘有千餘兵至，其未至者尚有二千餘在路。聞蒲圻於初九日失守，賊入城屠殺甚慘。謡傳將拆城内近城民房，衆情洶洶，勢且激變。巡撫常大淳出示云：「岳州有警，省城重地，不得不加嚴密，以防姦匪溷入。城外民房，非離江岸不遠，即距城根較近，兵法以清野爲先，若不早爲毁除，非特有礙礮路，且廣西、湖南等省，皆因民房毁除未盡，致賊藏身，潛掘地道，前車可鑒，是以奏明毁除。況未經火燬之先，曾經諭令各居民及早遷徙，即被毁之後，現在委員清查户口，急爲安撫，籌慮不爲不周。乃聞有等不識時務之輩，妄行訕謗，甚至因城外民房燒毁，即謡傳城内近城房屋，及漢陽、漢口亦將燒毁，殊屬荒謬。獨不思毁除城外民房，係爲清野而設，何至無故毁及城内竝漢陽、漢口民房？揆厥由來，保無不法姦徒，乘機造此謡言，爲煽惑人心之計。本部院率同文武，籌辦防堵，晝夜辛勞，深恐吾民稍有未安，乃竟有此不近情理之説，殊堪痛恨。除嚴密飭拏外，合行出示曉諭，仰闔城紳商士民及諸色人等知悉，務各安業，静以待捷，慎勿輕信流言，致爲姦匪所惑。如有妄造謡言，摇亂人心者，即非姦匪，亦屬樂禍之徒，一經查拏，定按軍法從事。」於是浮言浸息，民乃安堵。以土石塞七星閘、萬年閘。鹽道王東槐至自岳州，丁艱解任。

十二日，城外火如昨。賊舟揚帆徐徐順流下，須臾盡泊對岸鸚鵡洲，桅檣林立，約數千艘。外委佘朝鳴發礮，擊墜其二艘。城内獲姦人五。總兵王錦繡令垛口置滚木、礌石，復傳令守垛兵勇，毋得諠譁。是夜城上寂然。是日漢陽失守。

十三日，城外火如昨。我兵乘戰艦渡江擊賊，至中流轟礮震天，抵暮乃還。賊大隊自陸路至，踞城東鉢盂山、洪山、小龜山、紫荆山，向所築營壘皆爲賊有。復圍文昌、望山、保安、中和、賓陽、忠孝、武勝等門。按察使瑞元遣兵分守諸獄。糧道成觀宣出示諭軍民人等舉報姦人，審訊得實者重賞，容隱者查出從重治罪。易防堵總局曰軍需總局。

十四日，城外火如昨。賊舟由鸚鵡洲沿漢陽江岸放至南岸嘴，或一二艘，或二三艘，皆銜尾徐行，我兵以城上礮擊，沈賊舟三。夜，對岸沿江賊鐙如火龍。賊聯舟爲二浮橋，比明已成，上由鸚鵡洲至白沙洲，下由南岸嘴至大隄口。賊於城南數十里外多築長牆，死守於内，阻我援兵路。

十五日，巡撫常大淳、提督雙福出賞格，拏獲長髮賊一人，賞銀二十兩，拏獲短髮賊一人，賞銀一十兩，能告奮勇出城殺賊，臨事視功大小，從優定賞。城外屋宇焚毁略盡，所餘高牆，賊藉以庇身，穴牆開銃礮擊我守垛兵勇，城上技無可施，乃分遣兵勇連日縋城毁之，各賞賚有差。夜四鼓餘，賊乘霧放毒煙，須臾咫尺不辨，賊衆來攻城，火箭礮矢雨至，我兵以水龍沖之，見賊皆塗面，豎雉羽，羣乘梯上，急將木石擊下，槍礮繼發，聲撼屋瓦，賊死傷如積，乃負屍遁。川勇縋城掩擊，大敗之，生擒長髮賊二人，奪獲長梯四十餘乘。質明，計賊死者三百餘人，我兵傷者二人，參將羅兆元陣亡，紳士夏維楨中礮死焉。

十六日，巡撫常大淳賞兵勇各銀一兩，共賞銀萬三千餘兩。賊舟往來江上，多傍對岸，城上苦槍礮不能遠及，總兵常禄置八百斤大礮黄鵠山頭遥擊之。日昳，賊數十人遊行東門城下，練勇縋城疾掩之，賊遁，生擒一人歸。

十七日，九門近城隙地掘坑，深四尺許，上覆巨瓻，使聾者更番卧其中，以瓦缶就地枕之，缶身埋入土，其口枕耳，可聞賊聲。練勇縋城搜長春觀賊，賊急閉二門，攻之未克，賊夥來援，乃奪其擡銃戰鼓還。卓午，西南煙燄沸騰，聞張家祥擁兵至，與賊鏖戰。總兵常禄傳令民間備草人七十二，已而勿用。發糴官米，每日糴者不得踰二升。

十八日，江夏知縣繡麟發腰牌分給衆民，諭以賊來攻城，一方有急，一方保正率之上城，助兵勇守禦。城中黄鵠山繚繞如伏蛇，故俗呼蛇山，自黄鶴樓至東門横亘數里，士民登其上觀者萬人。巡撫常大淳坐衙齋望見行人蝟集，命以諸色大旗分樹山脊，以眩賊目。

十九日，巡撫常大淳、提督雙福出賞格，勿論士庶，能毁賊江上一浮橋者，賞銀五千兩，上下流二浮橋全毁者，賞銀萬兩，燒一賊船者，賞銀二十兩。川勇縋城擊紫荆山屯賊，奪其器械，生擒執黄旗長髮賊二人，復以釘釘其大礮，引對門賊夥，賊自東摇旗來援，我軍引還。賊焚東岳廟。夜三鼓，賊以長竿舉草人攻武勝門，城上礮石齊下，賊退。

二十日，練勇縋城擊文昌門外賊，殺賊數百，練勇傷者數十人，戰殁者二人。賊使一童子乘梯上城，我兵獲之，年可十四五，言笑自若，口稱欲入城放火，搜其身果有火彈。

二十一日，城北觀漢樓下賊築礮臺，擊斃我把總韓定邦。夜，大隄口沿江一帶賊築營壘。

二十二日，賊自下游擄鹽船十餘艘至，分泊江中，鹽艘皆四桅，長十餘丈，舳

艫高聳，狀如仰月，江船之最大者。賊上流浮橋忽然中開，以筏聯之，已而賊舟自南至者有數十艘。向晚，賊頻射火箭入城。夜五鼓，賊攻觀漢樓，我兵禦之，礮聲達旦。天曙賊退，殺傷之者二十餘人，城上兵勇傷者四人。

二十三日，使夫入豐備倉舂粟。食時，聞提督向榮兵至東郭，鉢盂山白燄障天，舟中賊多疾走奔赴之，巡撫常大淳登黄鵠山，以西洋遠鏡瞭望，見來兵奮勇，火毯如星，傳諭援兵雲集殺賊獲勝，於是軍民少安。

二十四日，城中缺油鹽，兵民購買不得，多有淡食者。

二十五日，知府明善出示：諭各油鹽店户，仍前發售，定以限制，每日每家買鹽不得過二兩，買油不得過四兩。賊於城北掘地道，練勇縋城擒獲一賊，面有火印，供稱沿城已掘九洞，惟三洞有水。賊於沙湖樹木樁覆板爲橋，直抵小龜山，往來其上如織。

二十六日，撫標目兵張鱗甲自提督向榮大營齎書回城，巡撫常大淳將來書交城上官弁紳耆傳閱，始確知向統大兵於十三日至李家橋，與賊轉戰，連獲勝仗，兹大營已駐卓刀泉矣。先是，鱗甲偕一目兵奉令偵探，而賊於水陸諸要徑皆置竹釘，既泅水偷渡，其人爲竹釘中傷要害，旋死，鱗甲四肢刺傷，比抵大營，血污衣袴，見者莫不壯而憫之。向來書言：「此人辛劬得力，可即超擢，以示鼓勵。」巡撫常大淳、提督雙福各賞銀百兩，立授把總，予硨磲頂戴。竟日陰雨，一鼓餘雨益甚，賊來攻城，城上木石礮火迸發，賊攻愈急，忽然雷電交作，賊退。是日適交小寒，序屬殘冬，猛聞霹靂，人咸嗟異。雨勢聯綿，守陴者警呼徹夜，礮聲不絶。按察使瑞元晝夜周巡城上，陰雨無月色時，巡察尤勤，遇守垛兵勇偶倦假寐，輒重責之。

二十七日，黄鵠山頭轟大礮，擊沈對岸賊舟二。諸商閉肆，强半市儈居奇之見，城中兵民食指浩繁，甚至終日持銀竟不能易一錢，百物昂貴，日用惟艱，軍需總局出示諄諭諸店户照常公平交易；於是始稍稍有開張者，兵民稱便。設遊勇，每門二十人，不分晝夜，更番巡歷。

二十八日，黎明，提督向榮自卓刀泉分兵十隊，攻奪洪山賊營，進剿小龜山、紫荆山賊。守備葉承清率兵勇五百縋城夾擊，鮎魚隄橋賊已先斷，我兵以大木接續，蜂擁而過。賊皆短兵，矢礮不繼，川勇執蜈蚣大赤旗登山頂而舞，衆軍繼之，賊中礮及落水死者無算。城中士民登黄鵠山觀者如堵，望見我兵驍悍，驅賊赴水如羣鴨，鼓噪笑呼，懽聲動地。夜三鼓，大風奮發，江水喧豗，賊上下浮橋皆吹散，舟沉數十艘，溺死賊甚衆。

二十九日，朔風烈烈，微雪竟日。提督向榮與賊戰於東郊，奪獲馬匹百，銀鞘二，火藥鉛彈無算。是日殺賊盈千，我兵進駐岳王廟。賊大隊未退，城不能啓，東村富民張氏家有積穀，知提督向榮糧運未至，軍不宿飽，乃盡出以獻，事急不暇舂，麾下多饜糠粃。賊復聯舟爲浮橋。

十二月初一日，軍需總局缺錢，城中質庫七家各捐千貫。張國樑即張家祥與賊戰於南湖，襲奪其營，獲器械無算。夜五鼓，賊扒文昌門，提督雙福守城上，督兵勇擊退之。

初二日，提督向榮與張國樑攻賊於東郊，自晨至暮，勝負未分，各引軍還。夜四鼓餘，賊掘文昌門地道，既達城下，牆足有大木樁排立極堅，賊以巨斧伐之，登登有聲。巡撫常大淳率屬齊集城上，用夫四百人挖内濠，引水注滿。

初三日，遣川勇下文昌門搜掘地道賊，無所獲。

初四日，黎旦，黑霧中聞大聲震動，文昌門城頽二十餘丈，蓋賊於地道以罌盛火藥轟烈也。時守城兵勇有入帳就睡者，有下城買菜物者，賊八人揚旗先登，見垛口疎落，招颭大呼，逆黨繼之，復四圍乘梯攻入，兵勇紛紛走避，城遂陷。

巡道王壽同守忠孝門，聞文昌門轟裂，督練勇書役人等急往策應，與賊戰於閱馬廠，殺賊十數人，力盡不屈死。壽同，高郵人，進士，子恩晉，懷印從死陣前，練勇書役十二人皆戰歿。

江夏知縣繡麟甫回署，猝聞警信，忿不欲生，將印藏弃，揮雙刀上馬，率子伯春，僕谷祥青、縣義勇李成章等共數十人，奔赴武勝門堵禦，遇賊奮刀左右刺，連殺數賊，賊後至者亂矛刺之，乃死，伯春等同時陣亡。繡麟，滿洲廂黄旗人，舉人。典史楊瀚冠帶坐監門，賊至被執，瀕死駡不絶口。瀚，大興人。

候補知府唐光照自捐貲募勇二百人守忠孝門，賊至督勇力戰死。光照，零陵人。

前漢陽通判林寅，大興人，與女夫陸賔孫執梃斃數賊，戰死鐵佛寺。

前監利知縣彭鳳池守武勝門，賊至持刀力拒，殺賊數人，身受重創，卧地不起，後三日，其僕見之積屍中，氣奄奄未絶，舁之回寓，鳳池曰：「世受國恩不敢負。」是晚自縊。室王氏、妾張氏、子蔭晉同死。鳳池，龍川人。

荆州同知舒綸，内府旗人。候補同知朱祖培，臨桂人；周汝翼，長沙人。江陵知縣俞昌烈，宛平人。咸寧知縣黄兆奎，如皋人。試用知縣董師雍，仁和人；

楊明善，大興人。候補布政司照磨葉慶恩，仁和人。從九葛璜，大興人；程慎田，婺源人；洪文潮，慈谿人；凌茂松，石門人。當陽典史劉紹光，武進人。皆守城殺賊，力盡不屈死。按察使瑞元奔回署，命家人自盡，幼子延本年十四，旁侍號泣，拔刀自殺之，乃自刎。幕友潘傳鉠同死。瑞元，滿洲正黃旗人。司獄張運鈺，肅衣冠守獄，厲聲罵賊，遇害甚慘。運鈺，南昌人。

布政使梁星源，端坐廳事，賊入，謂曰：「我等爲官，不能保守土地誠宜殺，然吾百姓無辜，若慎勿肆屠，上干造物怒。」言已瞋目視賊，一賊挺槍貫其頸，舁尸於外，事平覓不獲，舉衣冠招魂以葬。星源，岐山人，舉人。

廣儲庫大使張壽祺在庫禦賊被戕，父母自縊。同時糧儲道庫大使鍾秉權亦在庫禦賊被戕，一家八口皆自縊。壽祺，陽湖人。秉權，南海人。

武昌知府明善自縊未絶，賊至引頸受刃而亡，幕友蕭志蘇、陳和庭、周鼎同死。明善，滿洲廂藍旗人。通判李芳一家老幼十口闔門自焚死。芳，上元人。已革知縣施均守火藥局，城陷，或告之曰：「盍逃乎？」均監守弗去，謀欲舉火燒賊，而賊已至，遂戕於局。均，浙江人。

武岡同知周祖銜辦理軍需總局，在局罵賊死。祖銜，商城人，進士。總局聽差委員試用從九品鄭愚一家五口自焚死。愚，灤人。鹽知事李萬春、巡檢張偉績聽差糧臺，賊入各格殺數賊而死。萬春，朝邑人。偉績，鄂人。

府學訓導吴長庚挺身罵賊，子兆豐、兆履、婦袁氏、胡氏、女二、僕婦鄧氏，男婦八口皆死。長庚，漢陽人，舉人。縣學教諭魯唯赴泮池死。唯，漢陽人，舉人。訓導阮熙仁自縊於明倫堂。熙仁，黄安人，舉人。

前鹽道王東槐推幼女落井，與妻蕭氏自縊。

巡撫常大淳時已調任山西，留辦軍務，城陷殉難，子集松、巡捕增喜、楊文先、馬登雲同死，其親戚家屬遇害者二十人。大淳，衡陽人，進士。增喜，漢軍旗人。文先、登雲，皆江夏人。學政馮培元投井死。培元，仁和人，進士。

城陷，殺聲喧闐，城中鼎沸，已而賊大隊入漢陽門，傳令云：「官兵不留，百姓勿傷。」賊入獄釋諸罪囚出，而報復雪讎，兇暴彌甚。夜三鼓，賊執械明火巡街。鬼聲四起，或至打居人門户，自是夜静往往皆然，聞者心悸。

初五日，殺人盈街。太陽慘黯無色。賊三五爲羣，入人家搜括財物，加刃於頸，逼索金寶，如是者累日。夜新街失火，賊驚起往救，尋撲滅。賊因有戒心，下令云：「儻更有失火延燒者，四鄰皆斬。」於是人各惴惴，惟恐祝融興孽也。

初六日，賊入城日衆，皆居長街列肆及人家大廈。賊收羅軍器，使人舁火藥局硝磺入船。僞東王楊秀清傳令「止殺」，脅城中人相從，謂之拜上，蓋入彼教必以拜上帝爲重也。分設寫名數館，從之者皆至館報明名氏、年籍，登簿記注。既寫名則羣居一所，初以十人爲一館，旋以二十五人爲一館，皆設頭目領之。荆門知州金雲門，休寧人，以寒素起家，潔身愛民，荆楚之人甚德之，是時奉檄在外，家留城中宦邸，城破，室汪氏，二女皆自縊，弟人銘守尸三日不食，賊至排闥大呼殺妖，人銘凭樓闌從容云：「我兄爲清白吏，何妖之云。」賊怒登樓，既見三尸，始相視歎息。已欲脅人銘降，人銘據胡床仰視大言曰：「死耳，降則不能也。」意態自若，賊目壯之，往復婉言，勸使拜上，乃曰：「無論大節萬無可踰，且我一降，對此三尸何？」賊目知其心不可回，遂弗强。賊以巾蒙首，不戴小帽，衣無領，無馬蹏袌，使民間效其服飾，故帽領等物，亦皆棄置弗敢御，惟人銘一無更易，自始至終，抗義不撓，可謂難矣。徽言嘗書其事彙入文集中，而識其崖略於此。賊搜城中米鹽，日分給各館，使人毁窗櫺及木具爲薪。賊設僞聖庫於長街汪姓紬店，凡珍貴之物咸納焉。賊於城之東、南、北三方距城半里許築長牆，固守於內，而城上不多設備，僅十數賊居敵樓。又於黄鵠山脊起望樓，高數丈，我兵來攻，兩陣相接，賊於望樓中窺見，即以次飛報，乃整衆凭城而守，餘日未嘗登陴也。

初七日，提督向榮與張國樑兩路兵大舉剿賊，守備薩國亮獨先爭上小龜山，衆奮勇繼之，敗賊於東郊，日暮引還，國亮陣亡。自是間一二日輒進攻，聞賊每不利，未知其詳，不能縷述，後凡我兵大勝，得確耗則書之。僞東王傳令：「使民間收拾積屍，潔淨街衢，違者斬。」於是多舁至漢陽門外投之江。城上被戕官弁兵勇，賊皆抛擲城下，積柴焚毁，穢氣薰天。

初八日，大雪。土著痞棍不良之人，既降賊，以紅帕首，日持刀四出，恣意搜括，視長髮賊彌兇而狡，雖窮巷甕牖之家，亦莫不囊空缾罄，寸物無遺，時因目之爲「本地王爺」，蓋民畏長髮賊，呼曰「王爺」，故於若輩云然。賊婦入城，皆大脚高髻，力能任重，可勝一百斤，服飾都麗，雅弗稱體。賊造浮橋，自對岸晴川閣至漢陽門江岸，以巨纜横縛大木，上覆板障，人馬來往，履如坦途。

初九日，賊令民間掃雪。賊首僞太平王洪秀全入城，僞王、僞官等從之者甚衆。僞太平王居撫署，以黄紙貼大門首，硃書「天朝門」，大堂書「天朝殿」。僞東王居藩署，僞西王居臬署，僞北王居督署，僞翼王居學政署，亦以黄紙貼大門首，硃書「某王府」，大堂書「某王殿」。僞南王馮雲山賊中今無其人，蓋先敗死全州。

賊竄出全州，同知江忠源獨帶楚勇扼之於蓑衣渡，攔截鏖戰，三晝夜無少休，復伐大木於下游，築壩塞河，賊大窘，夜悉棄舟遁。是役也，陣斬雲山，並僞國宗偉（左本作韋）正足聞亦擊斷，賊死者二千餘，所遺輜重皆爲我有。惜河東無營斷賊右臂。

初十日，冰雪交融，檐溜聲滴瀝竟日，泥淖滿街，賊見人著油鞾皮履者，輒强取之。漢陽門外有鄉民來，肩挑貿易，皆鷄、豚、魚、鰕、餅餌之屬，賊許人出城買物，自是亡者甚衆。後賊覺之，始命守門賊盤查嚴密，然脱逃者如故，不幸見獲，亦甘殞命。賊僭設僞進貢公所，使民間進貢，凡金銀、錢米、鷄鴨、茶葉皆可充貢，且云「進貢者仍各歸本業」。蓋進貢與拜上異，拜上則爲兵，進貢者依然爲民也，於是人争趨之。時城中錢米富有者無幾，皆捧盤米，上壓百錢或千錢，惟典商及素封之家，有貢黄金多至數百兩，貢銀鋌累置案上，前後使四人舁之者，然亦寥寥可得而僂指也。初，賊謂埋藏金銀搜出，闔門斬首，膽怯者遂束手無策，任其取攜，及是聞進貢仍得爲民，皆不惜傾囷倒廪出之，至僞公所，次第擠入，數長髮賊各以其梟收訖予一紙，上鈐僞印，大書「進貢」二字。其貢金銀者給僞執照，署楊秀清、蕭朝貴二逆左輔、右弼僞銜號。

賊使婦女歸館，以數姓併居一家，亦以二十五人爲率。

十一日，凌晨，賊往閲馬廠講道理。賊本邪教，講道理者，如禪家説法之類，先期建高臺，有戴紅氈大帽賊，年四十許，面瘦削，繫玻璃眼鏡，手持白箑，儼然踞上座，旁一童子執刀侍，賊揮箑招人近臺下，若相親狀，所言荒渺無稽，皆煽惑愚民之語。有壯者排衆直前，抗論折之，賊怒甚，以五馬縛其首與四肢，鞭馬四馳，卒不能死，乃刃殺之。其人瀕死笑曰：「吾得死所，吾可見祖宗地下矣。」惜當時不傳其名氏。

十二日，賊至貢院點名，使人鳴鑼傳呼於街曰：「凡城中人及進貢者皆往聽點，遲悮者斬！」於是人麕至，滿堂滿院，語聲喧雜，數長髮賊據案拈筆，招呼唱名，勢紛紛不暇給，已而人逾衆，一虬鬚賊起視晷影已西入，意欲歸，共事者議不合，至相詬厲，推案而起，遂罷點。是日，賊入黄州。

十三日，賊使城中人分駐城外，又有過漢陽城者，不分老幼，率以四五十人爲一營，使二長髮賊爲正、副營長領之。自是賊搜人出城，殆無虚日，百姓得居城中者十無二三矣。

十四日，賊傳令駐城外已入營者，概行短裝挂號布，長衣皆裁半，雖紫貂、海龍外套，亦一剪斷之。賊分十軍，曰前一、前二、後一、後二、左一、左二、右一、右二、中一、中二，其號布鍥木印刷，截黄布方長可半尺餘，前曰「太平某軍」，後曰「聖兵」。賊始謂進貢者仍各歸本業，至是皆挂兵字號布，乃知前言詐也。賊營僞正、副長繕人數清單，簡一能書寫者掌書記，少壯有力者二十五人爲正牌，老幼爲牌尾，有疾者爲能人，送入能人館，有醫爲診治。賊忌病字，故有疾人謂爲能人，然不解其命義何居。

十五日，賊率脅從之人往蔡店擄米穀財物，途次賊潛逃七十餘人，倩人薙髮，酬錢一貫，脅從人逃者尤衆。

十六日，賊傳令城外已入營者各執器械。

十七日，大風，斷賊江中浮橋。

十八日，我兵乘風縱火，焚賊寮篷，敗之中和門外，殺賊甚衆，奪踞其營，獲器械無算。

十九日，賊復縛木爲浮橋，更多繫大鐵錨重三四十斤者抛江中，視前益穩固，雖大風浪不能動。賊令城中婦女更遷往火巷歸館，遲延者鞭箠促之。時各家男子多已出城，婦女雖青年弓足者，莫不躬自負擔，抱兒挈女，絡繹衢巷。至則有賊婦領之，服飾華美，有釵釧者，輒爲賊婦所奪。每館賊日發油一盃，人各發穀三合，其居僻巷先與四鄰聯數十人爲一館者得不遷。賊於城外長牆多建更棚，夜間使人更番擊鼓，時有僞官巡查。

二十日，賊至青山沿江邨舍，擄人歸，鄉民懼賊裹脅，來售食物者漸稀。

二十一日，賊有闖入女館欲行姦者，婦女號呼不從，賊目聞之，駢戮數賊，懸首漢陽門外。

二十二日，僻巷人家尚有藏匿未出者，賊搜出決臀數十，即於城中歸館。其老耄聾瞽殘疾者，分别設老疾館處之。

二十三日，賊傳令凡衣服美者，皆須有聖庫印，方許服褻。城内外僞官十數人，分途鈐印，紛紛竟日，遇狐貉輕裘，僞官輒攫去曰：「若何堪服此？」賊日使脅從人擔城中各倉穀米入船，力弱不能勝者，沿途少休，輒遭鞭斥，人不堪其辱，或復投水死。豐備倉穀最多，賊一時不能空之，竄後猶餘數百石。

二十四日，天氣嚴寒，附郭諸湖冰凍堅厚，上可行人。潮勇二百餘人降賊，潮勇及廣西捷勇俱極跋扈，沿途肆擾，搶奪財物，褫人衣履，淫婦女，强占邨舍，瀕行則焚毁，天寒所居左右林木伐盡，爲害與賊相埒。古云「旅舍無煙，巢禽無

樹」，不幸於今見之。提督向榮駐營卓刀泉，嘗於姚氏祠堂誘誅百餘，其黨遂有降賊者。

二十五日，賊私造僞時憲書：單月三十一日，雙月三十日，節序淩亂，以是日爲歲除。首逆僭稱選妃，使民間女子往閱馬廠聽講，至則選十餘齡有殊色者六十人，即偪令入撫署，從此沈溺狂瀾，遂與父母永訣矣。賊僞官等進貢首逆，賊婦進貢僞妃，皆鋪黄紙案上，羅列巨盌，所盛蔬肴餅果，務期豐滿，使二人舁之，鼓吹前導，備諸醜態。每營賊給豬一頭，錢數貫，爲度歲之需，亦間有給牛羊者。

二十六日，僞官詣首逆慶賀，賊婦詣僞妃慶賀，皆著梨園衣甲；是處金鼓鞺鞳，楚垣儼然一大劇場。城内爆竹如雷，街巷地上爆竹紙厚至寸許。

二十七日，我兵進攻，大獲勝仗，殲賊千餘，斬僞官八，殺傷者尤衆，賊於是震恐，遂有竄志。布政司廣儲庫銀七十餘萬，糧儲道庫銀十餘萬，合鹽道府縣庫銀總計之約銀百萬，賊悉舁之登舟。

二十八日，賊舁銅鐵礮入舟。

二十九日，賊傳令各營備一月糧，鋤鍬四具。

三十日，夜四鼓，賊於府監後空屋舉火，鄰舍婦女睡夢中驚覺，披衣曳履，逃出四竄，包裹、繡鞵、簪珥之屬，狼戾道上，天將曙，暴雨沛然，火乃熄。

三年癸丑，正月朔，提督向榮、總兵和春、秦定三、都司張國樑共督兵進攻，大敗賊於東郊。賊治裝登舟，賊婦亦紛紛捆載出城。驅火巷女館婦女概行登舟，人衆舟不能悉載，有坐江干凍餒徹夜者，有登舟奮身躍入江濤者，有死力挽賊婦共入水死者。

初二日，賊婦入僻巷各女館搜括財物。僞王、僞官等詣首逆辭行，退至僞東王府會齊，以次出城，須臾，首逆僭乘黄氈轎啓行，其後有肩輿百餘乘。城外各營賊皆由浮橋過漢口，惟東門外有賊千餘抗拒我兵。薄暮，始倉皇渡江，半渡賊即傳令焚浮橋。是夜城中焚廬火環起，赤光燭天，明如白晝，照見江中賊舟往來，纖悉畢見。我兵由忠孝門、中和門兩路攻入，城中賊奔竄，躡蹤掩擊，中礮落水死者無算。侵早賊舟皆於對岸下逸，提督向榮率兵追剿，留副將瞿騰龍守城，武昌克復。

《髮逆初記》

清江左明心道人撰

髮逆之興，肇自粵西桂平縣金田村民韋正也。是鄉有客民、土民之別，客民係粵東潮郡所遷，讀書是務，紳士居多。土民則心地樸實，業農者多，呼爲獞民，乃苗、猺、峒、獞四類之一。而韋正即係土民，爲天誅教首，教内有男女千人。溯於道光二十六七年間大疫，教中人無一染者，於是投教日加，至數萬計。其里鄰之石貢生達開者，家道殷實，係客民，延教讀馮雲山，廣東人，與韋正同教。韋正始得入石生之門，每乘學生課罷，夜輒往談，漸益交密，慕列紳士爲榮，商之馮雲山，報捐監生，名韋長輝，喜有頂戴，倩紳題一匾額，以光門閭，嘲之曰登仕佐郎，覺而去之，羞怒交集，而又不能列爲紳士，仇恨愈深，甚至誓不共戴一天，以爲有數萬之衆，何事不成，馮雲山遂薦焦大爲謀。

焦大者，湖南新寧縣人也，質本聰慧，一目數行，好論兵法，以諸葛自居，盜名曰亮。每於朔望，伺地方官謁廟，呈戰策而希拔擢，邑宰以其爲不安本分，考試屢不取列，是以至廣西桂平縣貿易也。渠曾遇妖人，給一竹箭，箭内有木匣一個，四十九日後，如事值疑難，詢能決答。焦亮近在縣城，邀之即至。韋長輝爲逆首，以馮雲山爲僞左軍師，焦亮爲僞右軍師，發石達開家資造軍器，禁其全家。教中人不分男女，六十歲以上者令其自戕，十齡以下者責其父母致斃，以死爲上天堂，梟首爲挂紅，淩遲爲穿大紅袍，婦女大半不裹足，執迷争上天堂，悍於男子，百數村莊付之一炬，由是頭裹紅巾爲號，不暇薙髮而蓄，讎殺諸紳，攻城焚掠爲亂。

僞左軍師馮雲山服劇中武侯所穿八卦衣，執鵝翎扇，歛酒别置一室，密攜醉仙桃，（如鮮毛栗子，開花長而色白，即鬧楊，葉大數掌，夏榮冬枯。若與人戲耍，搯仙桃密置酒中，便做可笑狀。其酒與人飲，飲即醉，醉即做出如前可笑之狀。是處遍地自生。）先期獨往作法，（便做猛不顧身狀，搯前藥密置酒中也。）次日，令賊衆出擾，時殺數小兒，瀝血酒内，復焚僞符投入，以堅衆心而朦其秘，出擾之賊各飲一斗，則勇往直前，不顧生死。（仙桃力也。）承平既久，官軍畏避，每多挫折，然此酒力不過一時即醒。廣西向軍門榮識破是機，初不接仗，待一時以後擊之，獲勝。僞右軍師焦亮恐後來敗露，改姓爲洪，影射洪武後裔，以冀人心摇動，更名秀全，進退戰守，悉決於渠。渠再有疑，復決之竹箭，加以數萬效死之衆，爲禍實非淺鮮。

帝命林文忠則徐勦捕是股，逆聞震怖異常，正投散猜疑之際，公值中道云薨，遂成此患。逆之畏公也威於斧鉞也，公之輔君也慮精圖治也，每遇一事，立筆一策，自顛至末，已無不中，復令隨帶多員，逐加參議，講求日夜，各盡其長然後折衷去取，次第依行，故能事無鉅細，談笑而成，中外爲之欽服也。公之敏而好學，不恥下問，是謂之文；爲朝廷謀，不爲己謀，以致衆嫉而潤譖，是謂之忠；予謚文忠，仰見明良一德，惜催人歲月，未竟其勳。

洪秀全以竹箭能言，秘而不宣，竊空一甎，藏於高牆之内，是其所卧之室，俱用黄紙裱糊，（此在粵西所爲，逆子至江寧則以黄綢糊牆，而妖物久已無矣。）即彌縫此物也。密與竹箭約，呼之謂天父，教中賊詢知爲天主耶穌之父，名耶火華，而天父獨能與洪秀全問答，想必天命在渠，衆心日益歸向。韋長輝亦信爲真，遂甘遜讓。洪秀全即僞爲天德王。其長壻楊秀清，素不安分，僞爲東王。其次壻蕭潮潰，係一蠢物，僞爲西王，俱廣東人。馮雲山僞爲南王，韋長輝僞爲北王，石達開以傾財故僞爲翼王。廣東尚有林十八一股，亦係髮逆，幾及萬人，約同起叛，爲葉撫軍名琛設計撲滅。廣西另有添弟會數股，呼會首曰阿哥，自萬餘人以及千計。有擇要路，强索商旅税銀，質人勒贖者，有流擾何邑，助資而令出境者。張軍門國樑由此向化也，原名加（嘉）祥，廣東人，常赴廣西貿易，經過匪卡，被衆迫爲會首，出於無可如何。是以遇仗裹入官軍，有傷力爲醫治，愈則贈資給騎回營，官軍感而訂交，此投誠之苦衷也。

羣匪之肇也，由於巡撫鄭祖琛偏執好生，如決囚一名，必誦《金剛經》一遍。陽朔縣生員胡以洸、民人陸亞保等謀爲不軌，事敗，獲犯三百餘名，解省正法，鄭巡撫窮一日之力，僅誦經二十餘遍，正法二十餘名，其餘以苦於誦經，勒令紳士各保十四而釋。此中多名，復爲髮逆，明火劫奪，拒傷事主者，一見申詳，立時參撤，州縣知爲重人命而不分良莠，勢必隱忍不言，坐視不理，粵西盜賊從此蜂起矣。繼又不能寬猛相濟，遂成滋蔓難圖，疊易大臣，未能得手。

咸豐元年春，上命賽帥尚阿督兵前往，夏抵桂林，分兵勦辦會匪，令大軍由猪子峽、風門坳進勦髮逆。秋，屢獲大捷，逆勢窮蹙，棄巢敗走。有永安州捕役羅亞旺者，又名大剛，年過五十，本係軍犯，州牧令其帶守城勇，惡役乃暗結逆黨，引陷州城。向軍門榮因之褫職，棄而不用。官軍紮於州城北十五里之山口，名古排塘，逆日攻撲我營壘，有退入山口之勢。道人函謂廣西鄒撫軍鳴鶴曰：

「統帶北路官軍，非向前軍門榮不可。」鄒撫軍飛函推轂。冬，賽帥令向前軍門榮統領北路官軍，給木質關防，六品頂戴。向前軍門榮抵營，轉而爲捷，旬餘日步步移營進紮，直薄北城下，賽帥親督圍攻，復向軍門職。奈連朝陰雨，兩月有餘，逆又盡力死守，我軍日必進攻，互有傷亡，實難得手。是處東西山疊，南北通衢，南路係都統烏蘭泰堵截，逆情進退維谷，自至此間已斃悍賊兩千有餘，所存男女不過七八千衆，始悔此來非策。屢撻羅大剛，渠熟悉是方山谷居民，爲之招脅三千人以補其數，逆厚待之。

二年春，賊糧迨盡，不可久踞，兩路不敢衝突，城東里許，有一水道，名古蘇沖，乘夜由此入山，北路各軍追擊，路塞積尸，行不十里而至大峒，有湖南鎮筸鎮標官軍，見一少艾，趨欲輓之，婦正色而指曰：「你不拏楊秀清，（楊秀清自此而悞。此婦滿腔怨恨，乃係被脅良民，惟言出倉猝，實洪秀全也。）要我做什麽？」遂捨婦追殺轎夫而擒此逆。南路統領都統烏蘭泰因得逆竄消息過遲，安兵不動，帶數十人趕至，怒色厲聲，（羞老變怒，自分副帥，以向軍門不稟知賊逸故也。）飛報賽帥云，伊戈什哈（清語係左右聽差官兵也。）全玉貴生擒逆目楊秀清，向軍門榮頗生疑畏，任其要功，不與之較。賽帥據報即行入告，以此不能改移，而全戈什哈不明統領用意，力辯非其所獲，被棍責四十，保升都閫。

都統烏蘭泰前在京師火器營，爲僧邸歷薦，簡任廣州副都統，復命帶隊赴廣西軍營，歸賽帥調遣，保升都統。賽帥早知其能，原期大用，每多信任，達鎮軍洪阿忠勇過人，令還京旗，是其嫉譖。其大峒有三峽，高直爲險，路悉盤旋，雨尚淋漓，各軍一日夜未食。向軍門榮謂將士曰：「天色已晚，我營紮此第三峽嶺，遏其退路，兵勇得以稍息飽餐。如其北竄，必過仙迴嶺，有總兵王錦繡、部員盧應祥，各山口有監司張敬修、許祥光、大令李孟羣、守戎張國良，各帶步隊分紮堵截。釜底之魚，不須過急，計可除也。」均以爲然。獨都統烏蘭泰以獲逆優獎，意氣愈揚，又非伊領隊伍，明知枵腹，立令追勦。翼長長鎮軍瑞卑禮苦口，以向軍門所議爲是。烏都統妄加苛黜，翼長憤其越分不馴，策馬前驅。其胞弟長鎮軍壽馳過兄前，翼長止之曰：「老母年逾八旬，遠未回旗，賴汝侍奉。」令其退後，伊弟不允，攜手前進。鎮軍董光甲、邵鶴齡繼進，向軍門榮、都統烏蘭泰、鎮軍和春、總兵劉長青、副將孔廣順、參戎馬龍、鄧紹良、遊戎虎嵩林，各統帶兵官隨之，悉至大峒東麓。前有隱約一旗，後二十餘賊，時已黃昏，不能細辨，山下横有一河，北約數百衆繞河而來，向軍門榮令催隊伍，下至半山，相怨曰：「功屬他人，我們忍餓不能打仗。」一嘩而返。（鎮筸兵也。天下勁旅此軍爲最，惟不能稍受屈抑。烏都統獲逆目之要功事小，而壞大局矣。）頃逆至，僅董鎮軍帶豫省河北鎮標官兵百名，頗稱得力，而衆寡不敵。長瑞、長壽、董光甲、邵鶴齡四鎮軍皆戰歿。向軍門榮等退回大峒第一峽，值大霧始免。於是潰兵懼匿，餘將怯單，逆勢復張，軍威頓減。賊衆無後顧之虞，盡數北竄。賽帥知烏蘭泰情性改常，亦不甚悅。

全玉貴解擒逆至帥營，問其是楊秀清麽？答曰：「楊秀清是我臣崽。」又問你是何人？曰：「我是天德王。」即擊掌曰：「這就是洪秀全矣。」逆見合營甚是欣駭，即狡曰：「我非洪秀全。」更欺詐云：「洪秀全是我兄弟，我名洪大全，我好飲，弟好色，我肯屈膝，弟則不能，我項上縛有鐵索，（時獲大小賊目俱有短鐵綀挂項下，想是脱身之計。此次竄入山谷，窮蹙可知，若非兵潰，定能一鼓殲除。）弟兄不睦可知。」堅不吐實，未便刑訊。復思免脱，云：「現在弟已無路可逃，如令我去招其投順，必能聽從。」聞此欣以爲立奏膚功，令其作書數函，擬縛箭桿射入賊中，以冀受降。道人聞之轉陳曰：「知己知彼，百戰百勝。今四鎮陣亡，衆軍畏罪逃散，方虞去而復返，何堪引虎出山，此逆供係僞天德王，以楊秀清爲臣崽，其爲逆首洪秀全無疑，如置營中，非所宜也。」賽帥於次晨解逆入都，竟寢招降之議，奏報擒獲逆兄洪大全，沿途撥兵護解，籠禁寄監，至秋曹則愈不吐實矣。途中作詞，其一云：「寄身虎口運籌工，賊徒不識英雄。妄將金鎖縛飛鴻。幾時舒羽翼，萬里馭長風。　一事無成人漸老，壯懷要問天公。六韜三略恨都空。哥哥行不得，淚灑杜鵑紅。」其二云：「踞身高卧日光紅，愁煞英雄，悶煞英雄。壯情都付碧荷箭，非是謀窮，非是途窮。　仰天吁氣化長虹，萬願皆空，萬恨皆空。多時受制緑林中，大命將終，大運將通。」此狂妄語，非逆首而何？節經細審，賊内並無洪大全其名，從此亦無洪秀全其人，即傳令僞稱，均改東王有令，不聞天王有令矣。先是洪大全解至長沙，新寧縣典史周穎初（此係其號，未憶其名。）問之曰：「汝是焦亮也。」答云：「我如今改名了。」有此數證，可知洪大全係洪秀全之假名，焦亮係洪秀全之真名，當無疑義矣。

向軍門榮於永安大營，請賽帥令免兵勇之罪，而收潰散之軍，尅帶北馳，以期迎頭截擊。孰意仙迴嶺之防兵及勇各千五百名，竟無所用，統帶各官，終日醉鄉，險要之木卡塹坑二十餘處，同時平燬，逆衆悉得由天平坳竄出重山。適向軍門榮至荔浦縣，逆迅北驅，繞小路而至陽朔縣，逆由旁竄，攀藤捫葛，由巖僻無路而行，冒雨入桂林省垣，而逆接踵，三城百姓，相慶再生。賽帥駐節陽朔，令烏蘭

泰統兵前進，墮誘敵計，被伏賊擊中腿膝，全軍驚潰，營壘盡失。賽帥知其無能，亦不甚惜。城外兵力微弱，逆得日夜攻撲，內應乘間放火，幸有游軍，立除危險。其東南半城，民居稠密，西北羣山，絶無人迹，兵少民稀。南有象鼻山聳峙，賊礮不時轟擊，撫署礮子積有盈斗，未損一人。鄒撫軍鳴鶴、向軍門榮幹守一月，始克解圍，但未能力挫凶鋒。

當概職時，有妄題獨秀峯（在廣西省城之王城内，突如竿立，高約四五十丈，廣約三四畝，上下巨細無稍異。盤旋而上，周生叢樹，炎暑皆潤，樹根與石相依，稱爲名勝。）詩三十首者，（晝夜不安枕蓆而能賦詩，亦雅人深致。竟能置死生妻子於度外，冒充省垣中人，作於危城，何欺人若是？天下決無此情此理，必係從戎無聊，藉筆墨以報恩怨耳。）匿名揭帖也。點染是非，逞其私智，即以都統烏蘭泰而論，名實判若天淵，要功嫉勝，逼敗逞心，束縛虎狼，縱愈凶惡，驍勇軍旅，潰迫飢寒，載道怨聲，萬人唾罵，實爲莫大罪人，何以極揚其譽，比若嫖姚，君子仁人，了然胸次，其他不問可知，恐爲縫惡嫌能所作。（傳聞係烏都統幕下士捏名摹作。前賽帥行次保定時，奏調丁憂在籍之前任浙江秀水縣知縣江忠源來營差委，到營後賽帥派赴烏都統帷幄，薦升司馬，翠焕花翎，而賽帥隨員濟濟，兩年未奬一人，其難易如此。）夏，逆衆東竄全州，總兵劉長青接軍門篆，統兵追勦，旬日未接一仗，坐視州城陷，荼毒甚慘。全都閫玉貴不候調遣，憤而進攻，帶黔兵四百名，儘數衝入賊隊者三，馮雲山斃於此陣。楊秀清知洪大全不可復回，遺多賊攜厚資由山僻至新寧，（山路甚捷。）引其仲弟前來，以作洪秀全復生之計，猶恐賊思離散，造大黄轎一乘，擡者七八十人，中密置僞天德王木牌，以斂衆心，而鼓其氣。竄湖南永州，褫賽帥職，暫留督師。適湘水漲，賊弗獲渡，永郡得以保全。南擾，踞道州，易鎮軍和春統帥。值洪大全之仲弟及三子由新寧來，其仲弟忘其名，係諸生，有迂腐氣，爲官軍格斃。（洪秀全又無矣。）

洪大全之三子改辰潛入逆中，演戲慶會，長次愚蠢無能。楊秀清假天父所命，（洪大全被擒，竹篙亦不知去向，天父不復能言，無以信於諸賊。楊逆每突伏於地，口中喃喃，俄頃作清醒狀，便托天父所命如此。有被脅之民犯賊科將殺，頓生一計，亦如前法，僞云天父以我罪本該死，因某事有功，蒙赦宥。竟免死。）以其幼子爲逆首，（洪秀全又有了。）而除僞天德王之木牌，其仲弟妻亦忘其氏，美而能文，孝廉之妹，爲楊秀清致函煽惑，狂悖執迷，招八百衆，悉服縞衣，旗書代夫報讐。駱撫軍秉章調兵立除，洗其遺類，此婦與夫弟，目爲夫婦而逃，經官民盤獲，解省盡法。

時因炎暑，相持月餘，逆由桂陽州、安仁、瀏陽等縣北竄，圍撲長沙省城，教匪持香紛紛投入。秋，特命前廣西提督向榮赴湖南軍營差遣，疊著戰功，授湖北提督。賽帥馳抵長沙，就近調度。計防勦三箇月之中，逆恃新脅挖煤錫者，呼爲土將軍，而開地道不少，居民不敢夜卧，發地雷轟倒城垣數處，賽帥親督鎮筸兵力堵，化險爲夷，礮斃蕭潮潰於城外。

冬，易徐帥廣縉督師，先令總兵福興統帶四營，馳往勦賊，窺伺逆竄長沙，跟踪進紮道州，搜羅盡净，士民切齒，改紮湘潭，以迎徐帥爲心，去賊尚在百里。及見徐帥，並未責其數月擁兵之咎，復有必殺向榮之譖，帥未聽從。向軍門榮慮逆北竄，徐帥調總兵福興赴岳州遏堵，撥兵數千名，旬餘屢催不往，而逆竟於是險北竄矣。徐帥褫職，即由於此。

上命向帥榮督師追勦，至湖北省城外，始及逆踪，洪山獲捷。巡撫常大淳不許一兵出城，如夾擊可以大捷。及武昌陷，荼毒之餘，悉被裹脅。楊秀清出廣西全州時，已有窺竄江寧之計，石達開勸令先行入川，再圖四擾，楊逆不從，此石逆之必至四川也，可豫知之矣。長江萬艘，悉爲賊有，順流東下，勢極鴟張。總兵福興褫職後，隨營効力，向帥不念舊惡，派爲翼長，每令督隊，將士先憂必挫，而竟從無一勝，惟舌戰能爲帥喜。追至江西地界，向帥復及賊尾，以八百之師，當數萬之衆，敗績，僅以身免，乘騾竟獲渡江，（汊港也。）蔡協戎應龍附驥尾得生。

三年春，竄至江寧，地雷轟倒北城，中軍副戎死禦，不能撲入，枕骸幾遍，逆俱登城，力竭戰歿，而滿城猶復堅守。賊多日久，力不能支，有一女子乘馬躍出，刀矛並下，斃賊二三百名而歿，惜俱未憶名氏。江寧省城陷，鎮江、揚州兩郡城先後失守，以爲犄角之勢。向帥跟踪追至，疊挫凶鋒，令前湖南余軍門萬清撥兵圍勦鎮城，而遏南擾蘇杭富華之地，自帶萬餘人由句容進攻，直薄江寧東城下，紮營紫金山，聲威並震。復令鎮軍馬龍、傅振邦、虎嵩林、副戎張國樑等，遏紮各要隘，聯絡聲勢，杜絶犄角，一載之中，妥籌布置，以期周密而圖進攻。

其揚郡有江阻隔，不能兼顧，上復命琦善督勦。雙鎮軍來，乘機帶隊登城，大啓北門，飛報琦帥，乃以爲未奉號令，非特不爲接應，立令各軍收隊回營。時逆衆正聚南城觀劇，各歡呼快極之際，忽聞攻進北門，大驚奔出城外，見我營捹旗息鼓而還，逆即整隊而返，以致兵亡將折，難民死者尤多，（官兵係難民縋上城也。）萬姓號呼，沸騰議論，不可解者一也。越日，琦帥登高阜，觀城内賊情，被礮擊阜腰，從人皆仆，悉未受傷，乞礮子重二十餘斤，帥令刮垢磨光，設牲而祭，納礮還擊之，正逆首出，立斃，復擊倒石牌樓，斃賊無算。（凡火器祭之有奇驗。）乘機

即可攻克，乃托辭恐其報復，將大營退紮四十里之桂花莊，艱於出隊，攻城往返，總須一日，不聞勦賊事矣。每接見文員曰：此賊需天數盡，非人所能及也。而逢迎者，以爲老督撫頗有識見，此萬姓所不可解者二也。其奮勇前敵之馮協戎景尼、師參戎長彪、張領隊小虎，（咸稱小虎，蓋勇往也，不知是何名何職。）均紮營城下，晝夜圍攻，逆衆棄城夜遁。收復揚城後，將師參戎、張領隊發戍新疆，馮協戎立正軍法，以爲縱賊者戒。而遥遥相持者，轉得置身事外，薦牘標名，勇既憤而成變，民雖怒不敢言，營官痛罵於帳前，而若不聞，勇士寒心於隊下，莫名其妙，此萬姓所不可解者三也。馮協戎柩櫬回家，沿途數百里居民，具雞豚祭奠焚紙山積者，不約而同，幾無間斷。

四年春，向帥調廣東水師拖罾紅單各礮船數十隻，吴鎮軍全美帶至，逆於城東北用鐵綵三道横截大江，以木筏浮起，筏覆以土，急難除之。是晨微有東風，乘霧命舟人駕皮小艭駛至上流，值水漲流急，持巨斧兩斫，而三綵皆折，各礮船揚帆銜尾西進，兩岸賊礮不歇，我船有罾以禦，毫無損傷。行至安慶，見所裹民船悉停於此，以蔽江流。南北履如平地，我船驟發火器，頃刻灰飛，大江東去，壁又赤矣。斃賊十萬計，奏告八千，以多報少，非目擊誰敢信之？曾帥國藩以實告，率士同聲不誣也。

夏，造四萬斤鐵礮成，食葯六十斤，食子一百二十斤，此向帥蓄志遂之矣。然後定日燃擊，調集諸軍，礮發擊倒石城數丈，衆軍一擁而入，先已探明逆懼，全數避出城南，忽見旗幟蔽空，數倍迎敵，恐探不的，致墮姦謀，傳令急退，孰料此礮一點之後，即有裂紋，不堪再用，城亦修固。及詢内探所由，始知城内迎敵多賊，悉係婦女，遥不辨，然重地不能不慎。冬，李都閫定太約同六人，誓乞地雷，越一河一濠，運入火葯二千斤。五年春，密調各軍，黎明葯發，地震二十里外，飛落殘尸甚遠，喜爲得手，烟氣散消，城復如故，轟倒係屬内隍。向帥慟哭，知此功非其竟矣，憂益深而病日篤。（常有一猴狀同卧日夜不能成睡，不知是何病症。）

其時粵東敗匪蟻聚湖南邊界，石達開由江西一路竄擾，意在迎合此股。張鎮軍國樑謂向帥曰：「將虞賊衆兵單，如今招其遺回之軍，（渠部本有萬人，因饟需不裕，遣回八千名，祇留一千二百名。）尚能得力。」緣饟無所出，不從。六年春，石逆糾合之賊，自皖南江北鎮江而來，大肆猖獗。夏，江蘇吉撫軍爾杭阿於高資（由江寧至鎮江要道。）戰殁，余鎮軍萬清傾家資犒賞軍士，力遏南竄。向帥先令張鎮軍國樑統領四營，渡江助勦，甫調回營，復令迎擊，鏖戰兩晝夜之久，賊時更换，兵力不支，收隊暫息，賊踪彌野，以不盈萬之師，詎當數十萬之賊，所慮杜截馬鞍山，我兵便無出路，即令張鎮軍遏紮於此，全軍夜退句容。

所踞江寧逆首的係洪大全之第三子，呼爲四，男女不易長也，不知其名，有疑爲洪秀全，悞矣。年過弱冠，耽於逸樂。楊秀清自洪大全被擒後，即獨攬逆權，心擬除此贅瘤，而爲己有，僞云天父因我功勞大，應在逆首之上。逆首知其心變，密作血書，命韋長輝援救。從前楊逆以韋逆站班未到，責六十板，致有積怨，一接此書，遂其報復，數楊逆罪而殺之。驍悍刁謀惡賊，無不屬楊逆拔超，韋逆盡行搜殺，大泄私憤，乃乘勢欲殺逆首，閉門獲免，於是衆執韋逆，尸分五馬，屠盡闔門。石達開因逆首之兩兄不睦，憤而他去，復擾廣西，自爲一股，以後輾轉竟斃於蜀省。逆中内閧數日，無暇出擾，我軍得以復整而安營壘。此自咸豐元年春至六年夏間事也。

所有起叛逆酋林十八、洪秀全、馮雲山、蕭潮潰、楊秀清、韋長輝六名，次第殄滅，昇平有慶，他記者必倍精詳，此後不煩贅叙，由斯而止。是顔初記，僅以髮逆所萌之因及逆首所擾所踞之地而言，至於分竄逆跡頗繁，除興京而外，已無不到之省，出没靡常，未能一一縷述。其間廣西、兩江、兩湖、兩浙被害最深，西鄙尚淺。斯記也，察訪兼求，專以實字爲務，聊免傳説互殊，特鳴腹鐫，而備采訪，但恐憶之有疏，聞之不的，況迫於衣食，橐筆浪游，意緒紛如，或多差繆，尚祈原諒而斧削之，此則私衷默禱者耳。江左明心道人記，時同治九年歲在庚午初冬日也。

備論

《世祖實録》卷首　世祖章皇帝實録序(康熙帝序)

朕惟自古帝王膺圖御籙，顯揚遺烈，必有信史以紀政績而範來兹，典綦重也。我太祖高皇帝、太宗文皇帝文武聖神，竝隆千古，固已光昭典册，炳若日星矣。我皇考世祖體天隆運英睿欽文大德弘功至仁純孝章皇帝達孝承先，洪仁撫世，以天縱之姿，奮有爲之業，掃除寇亂，奠安生民。六師所加，有征無戰，莫不望風懾息，競迓壺漿。即殊方異域，聲教未通之地，亦皆受吏請封，凜遵正朔。不數年間，天成地平，區宇寧謐。於是戢戈櫜矢，而典章文物興焉。制禮作樂，仁漸義摩，百度維新，四門時闢。至夫詔命之宣布，廟算之運籌，禋祀之精誠，政刑之損益，罔不斟酌百王，標準萬世，遂致絃歌比屋，玉帛遐陬。時若歲登，湛恩熙洽。猗歟盛哉！蔑以加已。朕纘承鴻緒，宵旰靡寧。每念庥隆，常深愾慕。爰開史局，選辟儒臣，發祕府之藏，檢諸司之牘，捃摭較訂，萃爲一代成書，紀載班班，洵奕葉之榘矱矣。雖化神德峻，巍焕難名，而因事徵心，亦足以見惕勵憂勤，致治太平之有由也。於戲！功高在昔，美冠將來。一事一言，皆二帝三王心法所寄，豈第簡策之裔皇也哉！朕將紹庭陟降，時誦遺徽，垂之子孫，令知我皇考勳業之隆，永篤覲揚於萬世矣。是爲序。

進實録表(巴泰)

伏以聖人受命，謨烈昭一代之弘規；至德承庥，簡册示萬年之大法。監於成憲，文獻足徵；慎兹永圖，典型無缺。欲對揚夫盛美，爰有事於編摩。欽惟世祖體天隆運英睿欽文大德弘功至仁純孝章皇帝，天稟聰明，聖兼述作。大一統而首出，萃六合以爲家。近悦遠來，允矣至人不殺；東漸西被，皇哉神武維揚。鼎建燕都，殄羣醜於風行雷動；檄傳南服，奠萬邦而海晏河清。荅純佑之天心，郊壇躬祀；闡淵源之聖學，講幄時臨。尊德報功，治内以治外；慎刑納諫，無黨而無偏。特重科目以掄才，屢蠲租税而裕下。宸章垂諸金石，大訓炳若日星。蓋不但制禮考文，識成功之俊偉，猶當思櫛風沐雨，追創業之艱難。在位歷十八年之憂勤，升遐動億萬方之哀慕。不緣信史，曷表鴻猷。

世祖章皇帝實録序(乾隆帝序)

我國家受天眷命，統一萬邦，日月所照，血氣之屬，咸切尊親。亦惟是小心翼翼之忱，有以通帝載而昭來許。故乃朝廷宫府之政，罔不參稽古訓，溥協人心，制定於一時而慮周乎萬世。重熙累洽，至於今兹。海隅蒼生，穆然想見盛德。信乎開國之規模，詒謀遠而流澤長也。洪惟世祖體天隆運定統建極英睿欽文顯武大德弘功至仁純孝章皇帝神靈天亶，冲齡踐阼。紹我太祖太宗丕緒，懋建大猷，勤思上理。當是時流賊已入京師，明祚已成板蕩。遂因明將吴三桂之請命，將士入關，定燕京，殄羣寇，挈斯民於水火之中，而登之衽席之上。爰主郊禋，式頒正朔。自古得天下之正，未之有比也。政令彰施，百度具舉。滌前代之煩苛，沛興朝之膏澤。治化翔洽，達乎四表。由是制禮作樂，敷教明刑，虚己以尚賢，推誠以納誨，斟酌損益，秉至中而時措之。著爲謨訓，載在簡編。皇哉唐哉！子孫世世守之，以成久安長治之業。

進實録表(徐本等)

伏以帝治天開，建極定八紘之統；皇圖日焕，揚庥垂百世之謨。册府增華，超漢唐之功烈；典章爲憲，儷羲禹之圖疇。編摩必重以再三，義例斯昭其畫一。欽惟世祖體天隆運定統建極英睿欽文顯武大德弘功至仁純孝章皇帝，德備三才，恩周六合。聖人作而萬物覩，耆定神京；大勳集而百姓寧，永清寰宇。靖中原之沸釜，烽燧俱銷；除南服之苞芽，壺漿競迓。起瘡痍而登衽席，蠲赦之詔頻頒；釋戈甲而進詩書，舉辟之綸屢下。郊壇鉅典，親陟降以申虔；宗廟明禋，肅烝嘗而感愴。敬承慈訓，徽稱與孝養兼隆；愛篤周親，爵號共車旗竝錫。講幃時御，闡至道之淵源；太學躬臨，重先師之俎豆。釐度支以均賦役，定律令而滌煩苛。激濁揚清，澄九州之吏治；興仁講讓，敦四海之民風。言路廣開，每切周諮之義；刑書惟慎，式昭欽恤之仁。禮樂修明，紀綱燦設。允釐百度，合宫府内外以貽休；不冒多方，統侯甸要荒而受治。梯航畢至，海隅日出之鄉；賨賮俱陳，塞北流沙之域。規模宏遠，從古罕儔。

《聖祖實録》卷首　聖祖仁皇帝實録序(雍正帝序)

粤稽古載籍以來，聖帝明王，德隆業茂，莫不揚休紀美，照耀簡編。若夫上天純佑下民，聚扶輿積厚之氣，篤生至聖，備道德之宗廣，集皇王之大成，經綸宇宙，彪炳帝紀，巍巍乎，蕩蕩乎，自羲軒至今，未有如我皇考聖祖仁皇帝之盛者也。洪惟太祖太宗肇構鴻基，發祥垂裕。世祖開天建極，統一寰區。暨我皇考天亶神靈，丕承先烈。以徇齊敦敏之質，而學有緝熙；以繼體守成之時，而事兼

開創；以光華格被之動，而日新盛德；以郅隆熙治之運，而時敕幾康。臨御寶阼六十餘年，曆服縣長，超越千古。仁漸義摩，文經武緯，典章大備，聲教覃敷。峻德崇功，蟠天際地。有如敬天凛昭事之誠，尊祖切覲揚之志。郊壇禋祀，歲必躬親；廟享薦馨，心虔對越。用致蒼穹之昭格，聿彰謨烈之顯承。奉事兩宮，尊養備極；承歡致敬，閱數十年。巡幸則躬扶鸞輅，侍疾則步禱南郊。送龍輴而親行，瞻寢園而灑淚。自古天子之孝，莫與比隆。友愛裕親王等，垂老靡間。視疾臨喪，恩禮交至，推仁宗室，教育天潢，展親惇族，誼莫厚焉。宵衣旰食，明目達聰。親政六十餘年，夙夜勵精，始終惟一。臨軒召對，虚己求言。敷陳有益於民生，必蒙採録；廉能實見諸治效，立荷寵褒。眷耆舊而體貌優崇，簡俊乂而程材器使。小廉大法，百僚皆得其人；綱舉目張，庶司各修其職。四方之利弊周知，萬里之情形洞燭。愛民如子，軫恤維殷。普樂利於農桑，裕蓋藏於積貯。偶遇水旱，立沛恩施，發帑蠲租，動以數百萬計。即在屬國，運粟賜糧，視同一體，德洋恩溥，故黎庶樂業，中外阜康。慎重刑章，哀矜庶獄。每於奏讞明允之中，施仁法外，嚴寒停遣，盛夏弛刑。大逆寛族誅，叛人無孥戮。如天好生之德，洽於民心，欽恤之仁，無以加矣。講幄弘開，精研道要。考六藝之折中，抉性理之精義。宸翰則鸞迴鳳翥，天章則玉振金聲。御定諸書，包涵萬有，融貫百家，緗帙瑶編，充牣册府。生知天縱，莫名聖學之高深，加以重道尊師，表章儒術，親詣闕里，瞻拜加虔。賜博士於五賢，躋紫陽於十哲，訓飭多士，敦崇實學。加科廣額，惠浹儒林，壽考作人，於斯極盛。聖武布昭，神謨密運。天戈所指，立奏膚功。平三逆，收臺灣，布爾尼應期而授首，鄂羅斯望風而請命。躬率六師，三臨朔漠，殲噶爾丹而藩服乂安；命將徂征，長驅絶域，復達賴喇嘛而西陲寧謐。銷鋒灌燧，俾薄海内外，永慶昇平。廑念河防，親臨指授，覽全河之形勢，運疏瀹之神功。開中河，築高堰，而淮黄底績，東南獲衽席之安；濬永定，隄子牙，而漳滏順流，畿甸享膏腴之利。地平天成，萬世永賴。至若躬行節儉，而大官服御，務崇樸素之風；秉德謙沖，而徽號鴻名，屢却廷臣之請。至誠不息，而朝乾夕惕，本行健以法天；聖敬日躋，而肅廟雝宫，儼動容之中禮。凡兹盛美，莫罄名言。是以久道化成，太和翔洽，天庥滋至，歲奏屢豐，户樂盈寧，人登仁壽。自古未賓之國，重譯踵至，戴高履厚，莫不尊親。升遐之日，自僻壤遐陬遠暨蠻夷荒服，含生負氣之倫，感慟哀號，如喪考妣。羣臣恭擬廟謚曰聖仁，祇薦祖號，萬口一心，允孚公論。猗歟休哉，至矣大矣。

聖祖仁皇帝實録序（乾隆帝序）

皇祖聖祖仁皇帝臨御六十一年，耿光大烈，融爍古今，積惠襲恩，淪浹寰寓。功德之盛，具載實録，垂千萬禩。我皇考世宗憲皇帝御製序文，推本上天孚祐下民，列祖垂裕後嗣，篤生至聖，開邃古以來未有之盛業。煌煌乎言之廣大精密，至矣蔑以加矣。予小子寅承丕緒，紹聞衣德，兢兢業業，仰思繼述皇祖皇考成憲，日於治事之先，展誦列祖實録，周而復始。皇祖實録，卷帙浩繁，排日敬覽，寒暑靡間，至自今凡數閲矣。緬惟《尚書》《史記》所載，古帝王治化之隆，各極其至。而孔子於堯曰：「惟天爲大，惟堯則之。蕩蕩乎，民無能名焉。」於舜曰：「無爲而治。」孟子則曰：「王者之民，皥皥如也。」予嘗推繹其旨，想見唐虞中天之盛，乃今思皇祖之世之民，有以知孔孟之言，信乎其能知聖人也。皇祖自親政之始，即手鉏三蘖，蕩定南疆。滇黔閩粤之奥，揭日月而掃氛雺。海内赤子，喁喁向風。由是亭之毒之，煦以淳風，沃以甘澍，浸以醲化，甄以大鈞。數十年之間南奠臺澎，北犂沙漠，命將肆征，而閭左無徵發之警。親臨淮河，指授方畧。歷吴會，陟會稽，登岱宗，謁闕里，西巡關隴，抵雲中，三覲祖陵，觀於東海。歲出塞外，獮狩上都。天行之健，古無以加。而庠序詠仁，甿庶樂業，市廛殷阜，卒伍服習，熙熙然相忘於無所事事。於焉正晷緯，考律度，定元聲，焕爲宸章，灑爲奎翰，集古帝王文治之大成。而穆清宥密，凝然不見經營之迹，簡任公卿百執事，器使而責其成，俊壽魁碩，布列有位。外自節鉞連帥，以至守令賢否，清濁立判。剔侵蠹，勵廉平，吏治蒸蒸，無綜核之煩，而德意宣究。蠲逋賑卹，肆赦緩刑，指揮深宫之中，風馳萬里。匹夫匹婦，無不浸潯涵育，鼓舞德化而不能自已。當其時，誠所謂不識不知，順帝之則者耶？歷今二十餘年，遺澤餘烈，深入人心，固結而不可解。迴溯鼎成之初，謳思如一日。夫乃恍然曰：是所謂至仁如天，民無能名者也。無爲而治，恭己南面者也。孟子所謂王民皥皥者也。於戲！四海九州之民，無得而名，予小子又烏能名之？憶自幼沖蒙皇祖撫愛，日侍左右，用人行政，皆睹記所及。簡册紀載，政如杓衡規天，躔次測日，可見者迹象而已。於穆之運，重離之明，終無能言。其所以然者，盥誦之次，稽首敬爲之序，以志紹庭繼序之忱於罔斁云。乾隆六年三月二十四日。

《世宗實録》卷首　世宗憲皇帝實録序（乾隆帝序）

國家受天眷命，集慶垂光，承承繼繼。肆我皇考世宗憲皇帝荷三聖之洪庥，祇紹聖祖仁皇帝丕緒，宵衣旰食，底區宇於和恒，以茂衍億萬年無疆之祉，厚德

隆功，溢於簡牒，巍乎焕乎，治平之盛軌，未有逾兹者也。皇考徇齊敦敏，仁孝性成。蚤歲承歡聖祖，友愛同氣。迨膺大統，一切禮儀隆備，廟號尊崇，莫不定自宸衷，符乎典則。仰惟聖祖仁皇帝臨御六十餘年，瀸澤洽人心，醇化流方外，豐亨豫大之福，極盛無加。皇考承郅治之餘，因時制宜，以善繼而善述，惟是本之以誠，持之以敬，行之以中正，要之以寬仁，用能杜玩愒於熙時，綿昇平之泰運，大經大法，粲然爲後嗣子孫法焉。薦馨郊廟，必躬必親，旁秩祀典，懷柔百神。間遇水旱微愆，祈禱深宮，罔弗潛孚立應。聖學高深，探性命之精，操治平之要，天德王道，一以貫之。隆禮先師孔子，增祀先儒，右文重道之典，超越常制。猶復表章經術，廣勵士風，籲俊興賢，蔚有德造。辟雝鐘鼓，後先疏附之風，殆無以過。念用人爲愛民之本，自公孤卿尹，下至庶司百職事，登明選公，咸稱任使。而守令之親民，暨封疆大吏之司董率者，尤厘聖心。重撫字之方，嚴貪墨之罰，明四目，達四聰，賜復蠲租，農桑被野，遂躋斯民於衽席之安。刑罰者，所以佐政教之不逮也。皇考如天好生，既已刊布律令，俾愚氓重於犯法；復詳定貴賤服色，兵民婚喪禮制，更闡明聖祖諭旨十六條，細加訓注，家喻户曉，翕然從風。河防之關於運道民生也。萬里黄流，匯以百川之水，究徐而下，歲苦沮洳。皇考默運神謀，指示經畫，加長淮之石堰，闢三省之引河，涣發帑金，厥有成績。又吴越海塘，南北水利，凡可以惠此蒸黎者，悉因時而修舉之。先是聖祖親統六師，平定朔漠，威靈所加，青海扎什巴圖爾等震讋承令，因沛殊恩，畀以爵秩。垂三十年，而羅卜藏丹津與吹拉克諾木齊等誕敢首造逆謀，擾犯邊域。皇考聲罪致討，密授方畧於閫帥，戈鋋所指，電掃風驅，振旅獻俘，勒成功於太學。準噶爾蠢動西陲，數肆患於喀爾喀部落，南方苗蠻蔓延，行旅居民苦其侵掠。皇考爲藩服計久遠，爲遐陬圖寧謐，或命將興師，或諭文武諸臣，隨宜搜勦。至逆夷悔禍輸誠，傾心納土，則皆宥其前愆，而曲賜包容焉。德威並耀，無遠弗屆。賜安南之地，減朝鮮之貢，鄂羅斯、南掌等國阻昧幽深，胥漸被於聲教。他若警怠荒，矯浮薄，求言納諫，教孝褒忠。宗室天潢之胄，多方造就；八旗根本之地，備予綢繆。頒訓諭於臣工，飭官常也；錫侯封於明裔，示殊典也。豐盈遍萬國，而服御有經，見聖躬之儉焉；嘉應在庶徵，而憂勤益懋，昭聖德之謙焉。蓋我皇考誠敬之心，中正之道，寬仁之恩，悉同符乎聖祖，以綏猷而立極，十三年中，有如一日。宜其治功之盛，綱舉目張，蕩蕩平平，樂樂利利，傳之愈遠而可法可守也歟！予小子繼序之初，即命監修總裁大學士等董率儒臣，稽歷年之紀載，敬謹纂修，次第進呈。齋肅披閲，迄今五載，恭成世宗憲皇帝實録一百五十九卷。

進實録表（鄂爾泰等）

上言伏以帝治協生成，八表茂昇平之祉；皇猷昭典則，千秋騰紀載之光。炳大業以貽型，禮樂兵農，爲章玉册；焕綸言而立訓，都俞吁咈，永著琅函。用垂有道之庥，丕衍無疆之慶。抽毫額手，捧牘薰心。欽惟世宗敬天昌運建中表正文武英明寬仁信毅大孝至誠憲皇帝，精一執中，蕩平建極。劑剛柔於三德，善政與善教咸修；奏歌叙於九功，仁聞共仁心懋著。撫累洽重熙之景運，秉朝乾夕惕之純衷。展祀郊壇，奉兩儀而合撰；薦馨祖廟，歷九獻以加虔。昔在藩封，早協歡心於問視；嗣膺統緒，備伸永慕於情文。篤宗親而惇叙維殷，眷耆舊而寵光渥被。經筵肇舉，闡載籍之微言；太學親臨，布宫牆之雅化。緬鍾祥於至聖，五代推恩；增執事於廟庭，百官式序。輝煌鳳藻，雲蔚霞蒸；璀璨鸞書，銀鈎鐵畫。禮門義路，聿修善俗之經；秋賦春官，廣闢掄英之典。執權衡以馭物，偏黨胥消；勤批答以敷言，範圍不過。小廉大法，甄陶克盡乎羣材；激濁揚清，懲勸兼孚於衆志。惠周寮寀，制禄從優；褒及忠良，專祠特建。播萬言之彝訓，發蒙警聵，慇懃保赤之誠；慎三尺之科條，肆赦祥刑，浩蕩好生之德。偶逢災沴，賑貸頻施，即屬偏隅，蠲除必徧。濬水泉於畿輔，煙耕雨耨，農田資蓄洩之功；繕隄障於江淮，海晏河清，澤國底平成之績。既仁恩之溥洽，亦聖武之布昭。恤兵無事之時，整旅修文之後。天戈所指，青海獻俘；帝命甫申，西陲納款。化蠻疆爲郡縣，重譯傾心；奠藩服於金湯，窮邊跂踵。持盈保泰，視遐荒在户牖之前；明目達聰，周睿念於寰瀛之表。神人協應，愈嚴陟降於深宫；符瑞駢臻，倍飭修和於庶府。凡夫慈祥愷悌，無非體聖祖之心以爲心；間有損益變通，祇是法聖祖之政以爲政。鴻圖廣運，殫十三載之憂勞；龍馭遐升，動億萬之愴慕。内寧外謐，樂利無窮；綱舉目張，規條斯在。制治保邦之軌範，洵可法而可傳；福鍾善慶所留遺，遂彌昌而彌熾。恭惟皇帝陛下元善長人，孝思錫類。本覲揚而御宇，旰食宵衣；善繼述以綏猷，誠民阜物。體乾常健，靡忘兢業之心；際泰方亨，普被和恒之化。溯前徽之丕顯，彰實幀以長新。

《高宗實録》卷首　高宗純皇帝實録序（嘉慶帝序）

皇清荷上天之眷顧，龍興遼瀋，肇造丕基。太祖太宗開創鴻業，休有烈光。世祖定鼎燕京，版圖式廓。聖祖久道化成，覃敷厚澤。世宗整綱飭紀，立政明倫。洪惟我皇考高宗純皇帝上繼列聖之心傳，下垂億齡之統緒，聖德神謨，一辭

莫贊。臨御六十三年，主敬克勤，孜孜不倦，全始全終，有如一日。予小子承古今未遇之隆恩，際國家昇平之盛世，大廷授璽，日領訓言。龍馭上賓，攀號曷及。爰命儒臣涓吉開館，敬謹纂輯實録。歷八寒暑，修成一千五百卷，炳炳麟麟，猗歟盛哉！綜千古帝王之心法、治法，道統、政統，靡不賅備，自有載籍圖書以來，未有若斯之盛者也。服膺庭訓，蠡測管窺，我皇考之實心實政，大端有四焉。一曰敬天。大祀歲歲躬親，聖壽彌高而精誠益勵。康健純常，自强不息。昭事聿懷，恒久不已。軍國重務，悉準以天理。至誠感格，如響應聲。親製大雩祝文，齋心步禱。駕未還宫，甘霖立沛。此尤真切著明，相通呼吸所由，先天弗違，如形召影，本於欽若之實心也。一曰法祖。五朝實録，晨興敬觀，六十三年，周而復始。四莅盛京，珠丘展祀。敬覩先朝服御，追思水源木本，感慕無已。恭述太宗文皇帝戒萬世勿改衣冠，勒碑以昭法守，於萬斯年，引之勿替。爰在沖齡，蒙聖祖仁皇帝恩眷獨隆，有福過於予之諭。當世宗憲皇帝大事，盡哀盡禮，純誠純孝。恭侍孝聖憲皇后，承歡頤慶者四十餘年，掖輦則祇奉慈寧，居廬則永言孺慕。篤念本支，推恩惇敍。軫開國之親藩，復其封號；聯宗潢之譜系，優以品秩。唐帝之睦族，周室之展親，何以踰此？法祖之至誠，仁孝之極則也。一曰勤政。萬幾綜攬，鉅細躬親。晨興手披奏牘，召對臣工，周詢民隱。凡莅政所，悉以勤政題額，無逸書屏，垂示後人，敬守成憲，孰敢稍耽晏安，有負慈訓。蓋清明在躬，氣志如神。法天行健，純一不已。六十三年之大政，皆本於大聖人主敬克勤，奕禩蒙庥，永循程式，誠勤政之明效大驗也。一曰愛民。君臨九有，奉天治民。禮樂政刑，獎善懲惡，皆所以愛之也。自古聖帝明王，未有如我皇考之肫誠懇切，洞悉羣情，軫念雨暘，周諮稼穡，偏祲偶告，惠愷遄加。不令一夫失所，念藏富於民；損上益下，爲厚生至道。普免漕糧者三，錢糧者五，蠲免積欠，賑恤歉荒，億萬京垓，不可數計。省方觀民，行慶施惠，河防海塘，親臨指示，永沐安瀾，保全生命。聖德之感孚，直至於奕代，獲福無量。明刑弼教，尤於庶獄矜慎周詳，存辟以止辟，刑期無刑，寓仁育於義正之中。好生之德，洽於民心，淪肌浹髓，含生肖翹，靡不思慕。聖人愛民之聖澤至矣盡矣。金甌鞏固，玉燭長調，實基於此也。夫此四端，爲我皇考心法治法，彰明顯著，不待敬述，而典章作述，酌古準今，欽定禮器圖式，焕然詳備。肇建辟雍，復古而不泥古，軌物修明，極千載一時之盛焉。經文之德，皇哉唐哉！聖製文三集、詩五集、詩文餘集，苞羅萬有，陶鑄羣言。評全史以昭懲勸，訂諸經而正異同。欽定《四庫全書》，貯之四閣，又頒江浙珍藏，合爲七閣，迥非二酉三倉所能仰方萬一也。舉制科者再，特開恩榜者七。棫樸菁莪，登瀛洲，列廊廟者，英才碩輔，接踵而進焉。壽考作人之雅化，美矣備矣。緯武之烈，巍巍乎，蕩蕩乎，莫能名焉。我朝弧矢開基，武備尤重。聖人天縱，曾發二十矢中十九，御神鎗無虚發。每歲行獮木蘭，蒙古王公鱗集景從。開誠布澤，懷德畏威，藹然家人父子，和雍親睦，皆至德所感化也。頒行紀律，整飭戎行，成兩朝未竟之志。開拓新疆二萬餘里，五年之間，平準噶爾，定回部，聖武遠揚，兩勳並集。田田宅宅，同我太平。若哈薩克，若布嚕特，常通朝貢，其全部歸順者，則有土爾扈特四十餘萬衆。實力撫綏，傾心向化。兩金川自作不靖，天戈所指，掃穴犁庭。若緬甸之悔罪投誠，安南之敂關面內，廓爾喀之齎表輸忱，屢至絡繹，上蒼佑啟聖衷，成曠古未有之大武鴻勳。至齊倫、甘回、臺灣、林莊等，小醜蠢動，咸伏刑章。功溢於十全，化孚於九有。皆本於念昔先猷，不忘肄武。是以所向克捷，荷天之恩眷，開萬世太平之基。豐功駿烈，超越往古。盛德大業至矣哉！我皇考本誠敬以事天，抒誠敬以法祖，用誠敬以勤政，敷誠敬以愛民，故德福兼隆，備五福，綜四得，五世同堂，親見七代，紀年週甲，符告天初願。晉稱太上皇帝，授璽藐躬，訓政三年，恩垂億禩。敬思皇考六十三年中之實心實政，盡包括於一千五百卷實録卷帙之中。

《仁宗實録》卷首　仁宗睿皇帝實録序（道光帝序）

天佑一德，撫綏函夏。太祖太宗締造鴻圖，昭垂大烈。世祖統壹寰區，廓清宇宙。聖祖耆定武功，遠方向化。世宗作法作則，内脩外治。高宗文德武功，克紹前猷。欽惟我皇考仁宗睿皇帝繼列聖之貽謀，開萬年之景運，聖神天縱，仁孝性成。臨御二十五年，克勤克敬，是訓是行。雖晏處深宫，時以四海蒼生爲念。而敦崇儉樸，躬率臣僚，尤爲史册之罕覯也。庚辰秋，巡幸灤陽，子臣扈從鑾輿，時承色笑。孰意甫抵避暑山莊，疾成大漸。嗚呼！我皇考肄武綏藩，一遵成憲，遽爾捐棄，臣民攀號莫及。予小子驚承遺命，悚慟倍加。敬奉神輿，還京成禮。仰述舊規，命儒臣開館編輯。閲三年，敬成實録三百七十四卷。巍巍蕩蕩，燦若日星。合帝王之體，用述祖宗之儀型。大經大法，靡不周備。是皆據事書實，編年紀月，非若往古之頌揚論譔者也。我皇考幼齡，即蒙皇祖高宗純皇帝寵眷。是以默告天祖，聖志先定。迨嘉慶丙辰，太和授受，訓政三年，尤爲曠古未有之盛。我皇考孝思肫篤，問安待膳，一如曩昔。嘉慶己未春，猝遭大故，哀慕異常。自古已登大寶，躬承彝訓，成服三年，盡孝盡禮者，有如是乎？仰惟我皇考以天

地祖宗之心爲心者有六焉。一曰敬天。自踐阼以來，每歲南郊三大祀，必躬親之。御製《南郊》《北郊》二記，理貫天人，克誠克享。定祈穀禮，以春後得辛。常雩大祀，以立夏後舉行。社稷壇遵用上戊，創定祈晴儀禮，編纂樂章。癸酉春夏之交，京師亢旱，親製祝文，躬詣三壇祈禱。又步禱社稷壇，甘霖立霈，天貺於昭。虞河防，特命御園創建天后惠濟神祠，以申禱謝。又定廣潤祠、白龍潭神祠春秋二祀，此皆爲民祈歲，精虔丕應也。親政後，有司以合璧聯珠奏，飭戒臣工，侈言符瑞應天以實不以文也。壬戌秋，日月薄蝕，詔求讜言。戊寅夏，風霾示儆，下詔求言，恐懼修省，弭變於未形，遠邁禹湯已也。一曰法祖。每日晨興，恭閲六朝實録，周而復始。凡用人行政諸大端，莫不取法鴻模，因時損益。兩詣陪都，叩謁三陵，緬開創之艱難，述邠岐之遺緒，御製詩頌，罔不該備矣。裕陵敷土，躬親者再，用展誠孝，哀慕無窮。普宴宗親於惇叙殿，復製宗室訓，並訓飭宗人府王公及諸族長支。定宗室鄉會試例，補用六部司員。又增宗學額缺，録用宗室官廕。命簡宗室，移居盛京。或錫類推恩，或因時教誨，或豫籌生計，或禮用賢能。永期惇睦天潢，本支百世。一曰勤政。凡召對批章，綜理庶政，歲無虚日，日有常經，特製《勤政殿記》、《勤政箴》、《勤政論》，頒文武官箴。遇變罪己，詔命王大臣等剴切敷陳，復命薦賢能，虚心求治，日凜幾康。至於禁貢珍玩，停納玉石，酌減各關餘課，嚴飭言利之人，此乃還淳返本，藏富於民。奏牋不得用副封，則防微杜漸；飭門禁，則或防不逞；行保甲，則良莠分明。各省建立昭忠祠，選録賢良大臣後裔，查取殉難諸臣後嗣，普錫恩膏，酬庸靡弗及也。一曰愛民。各直省偶遇偏災，於蠲賑之外，歲首必降恩綸。或加或緩，務令均沾實惠，普荷春祺。辛酉年，京畿偶逢水潦，即命侍衛卿員四出履勘，問民疾苦，惟恐地方官吏有所隱飾，不惜帑金，多方拯濟，並命編輯工賑記事全書。更慮天下有匿災之處，特申禁諭以宣之。凡各省逋賦在民者，弗忍催徵，概行豁免。復嚴禁州縣官浮收之弊。蘇民困，衛民生，則淀津巡幸閲視長隄；安畿輔，興水利，則大清子牙河隄普行修築。法祖以綏藩，爲民而祈福，則有五臺之幸。河臣慎選，機宜密授，疏濬雲梯關海口，使全河有建瓴之勢，南邦免潰決之虞。又復度地因時，埭堰移建，允協啟閉之宜。堵築漫工十餘處，無不立頒帑藏，克成厥事。刑者，侀也；侀者，成也。一成而不可變，故聖心尤業業焉。每逢秋讞，披閲招册，至再再三。盈廷諮訪，雖無可恕之情，終有不忍之意，是以特定慎簡覆覈之規。此敬述愛民之大端。若夫隨時補助，去莠安民，己飢己溺之懷，實難備舉也。一曰文德。欽惟聖學鴻博，德業進修，潛邸書齋，日課即成《味餘書室全集》一部。御極後，於理政之暇，仍復研精典學，發爲文章。文有初集、二集，詩有初集、二集、三集，續有詩文餘集，皇哉富矣！赫若淵乎！敬仰奎章之炳焕，彌欽保治之精勤。或占晴問雨，即境攄情，無不殷懷民莫，廣播仁風，非若文人學士徒爭靡麗也。慎典則有續修會典之命，昭文治則有重編文穎之書，鑑古昔則唐文明鑑，親加裁定，薈萃成書。至若臨雍釋奠，幸院分賡，皆所以闡明正學，景行前猷。四開恩榜，醲化覃敷。命各省駐防附近鄉試，增設内務府官學，廣奉天、承德中額。所有軫恤寒儒，加惠士林者，至優至備。是以棫樸菁莪，造成多士，一藝之長，靡不取録也。一曰武功。我朝龍興東土，以弧矢威天下。八旗勁旅，克奏膚功。壬申春，幸南苑，躬擐甲胄，親佩櫜鞬，御安俊黄，遍視諸營。升黄幄，閲甲兵，數萬貔貅莫不勇氣倍騰，知方用命，威德上昭耿烈矣。楚南黔省，有苗弗靖，命將討平之。川、陜、楚三省教匪蟻聚，鴟張數年之久，抗逆者誅之不赦，脅從者予以自新。大地銷兵燹之患，斯民獲衽席之安。凡神謨睿算，宵旰憂勤，《平定三省紀畧》書中備矣。誰知鬼蜮潛遺，窟鼠晝伏，癸酉秋，又有滑縣教匪蔓延山左，轉煽都京。全賴上蒼佑順，聖武布昭，既神且速，計日殲除。靖海洋則閩粤洋匪斂跡，綏邊藩則青海事宜欽定，飭馬政則大凌河之羣牧宜嚴，述國風則教誡八旗勤習清語騎射。至於開墾吉林地畝，移駐京旗，伊犁駐防屯墾，又命分賜伊犁八旗田二萬餘畝，增設八旗及内務府三旗養育兵額。凡施惠旗人，富之教之之道，無微不至也。載纘武功，勤修家法，秋獮木蘭，習勞講武。諸藩部歲歲趨承，無不欽服神武，共荷仁恩。是皆我皇考聖德神功，名言莫贊。廿五年之勵精圖治，惟日孜孜，垂爲模範者，備載於三百七十四卷之中。予小子敬仰鴻文，勉承宗器。雖日凜訓言，實難纘述於萬一也夫。謹序。道光四年四月二十日。

《宣宗實録》卷首　宣宗成皇帝實録序（咸豐帝序）

我大清受命統壹寰區，撫綏方夏，綿綿延延，蓋二百有餘歲矣。此固上天眷佑之隆，祖宗詒謀之遠，良由以聖繼聖，克肖其德，上足以答天祖之貺，下足以愜臣民之心，用能新景命，鞏丕基，申錫無疆，至於若斯之盛也。皇考宣宗成皇帝聰明天亶，仁孝性成，聖德神功，卓越萬古。御極三十年，崇儉樸，屏浮夸，景化龐鴻，無遠弗届。至於海隅蒼生，動植之物，罔不咸若，大哉翕乎，靡得而罄焉。歲己酉十二月，皇祖妣孝和睿皇后慈馭升遐。是時聖躬先已違和，哀慕摧傷，寖

至不豫。爰以庚戌正月十四日，特降手詔，立子臣爲皇太子。方冀昊蒼垂佑，頤養康彊，如皇曾祖之臨軒訓政，藐躬得稟承恩誨，太和授受，再覩隆儀，豈非予一人之至幸，天下億兆人之至願哉！詎意甫承付託，遽痛彌留，捐棄臣民，攀號莫及。伏讀所遺硃諭，於配上帝，祔太廟，建豐碑，陳遺器，參稽禮經，準酌時宜，欲及身而罷之。雖詳咨衆議，尊親之忱，咸不容已，而聖人淵量沖懷，固已昭昭然揭日月而行。於戲！此豈自古帝王所恒有哉！敬念崇徽，謹循舊典，爰簡儒臣，恭纂實録，閲五年而書成，凡四百七十有六卷。盛德大業，彪炳日星，要皆據事直書，一無夸飾，布在方策，永垂無窮。溯自齔歲受經，初圍射鹿，兩朝寵異，期勖已深。嘉慶己未四月初十日，皇祖遵家法密建儲貳，緘名上告，天祖默孚。迨癸酉九月，逆賊潛入禁廷，親御神槍，奠安宗社。厥功偉矣，推而弗居。洎乎山莊受璽，寅承寶祚，奉彝訓以飭幾康，内聖外王，巍巍翼翼，景鑠洪懿，久道化成，綜其大綱，可略述焉。惟聖饗帝，端本一誠。我皇考欽若奉時，乾元協撰。祀郊壇而躬詣，虔祈報而心齋。大雩步禱，爲民請命。通微合漠，立召和甘。初未嘗以天心之既格而稍自懈弛，讀三壇祈雨諸祝文，責己省㥶之意，殷殷然情溢於辭。其在《書》曰：「顧諟天之明命。」有同揆焉。此敬天之實也。伊古賢聖之君，必監於先王成憲。我皇考執中御寓，揚烈延庥，述七聖之隆規，以貞釐百度。累朝實録，夙興繹誦，動遵前矩，事鮮更張。莅陪都，覽舊俗，瞻仰先代法物，穆然思創業之艱難。凡法制所關，必敬述遺訓，播諸詩歌，爲世世萬子孫示典則。此法祖之實也。孝乎惟孝，至性過人。自灤陽頒詔，祇奉神輿還京，特諭行三年之喪，百日縞素。倚廬之禮，盡敬竭哀。恭上皇祖妣孝淑睿皇后尊謚，有懷顧復，愴感靡極。厥後昌陵敷土，祇謁諸陵，橋山展拜，聲發涕隨。孺慕之忱，蓋終身如一日也。敬事皇祖妣孝和睿皇后，愉色婉容，温清無間。六上徽稱，行慶施惠，歲時介壽，舞綵頤顔，雍雍乎極天家之樂事。此孝思不匱之實也。宅心澹定，弗御珍奇。嗣服初元，即詔罷閩省及和闐、葉爾羌玉石、荔支諸貢。誠欲以樸素先天下，不欲以天下奉一人也。酌吉地之制，簡行殿之規，遊觀之所，廢而不修。偶有興作，斥雕屏飾。繩繩乎警驕奢戒燕逸之意，首見於《聲色貨利論》，而《慎德堂記》、《重修圓明園三殿記》中尤三致意焉。在昔夏后卑宮，漢文輟築，以今絜古，異代同符。此躬行節儉之實也。典學遜志，惟日孜孜。灑翰幾餘，苞華遹焕。臨雍之宣講，經筵之抒論，以及箴羣僚，詔後禩，監古攄心，因時寫臆，何莫非存誠去僞，制治保邦之深意。慮衡校之有遺才也，則申搜落卷之命；慮倖進之溷真才也，則有增覆試之命。屢開恩榜，加額黌宫。横經鼓篋之士，涵濡教澤，鬱然振興。至若懷舊學於三天，疊申巽命；進昔賢於兩廡，用表幽光。重道崇儒，於今爲烈。此文德誕敷之實也。我朝開國首重騎射，丕顯丕承，厥風無改。行園閲武，弧矢必親。而申諭八旗及各直省駐防緑營，蒐簡軍實，至再至三。往者和卓木逆裔張格爾蠢動於庚辰，跳梁於丙戌，煽熾種落，連陷嚴城。命將徂征，聲罪致討。廟算方略，數萬里如運諸掌。用能生縛巨憝，懸首槀街，刊石銘勳，告成太室。赫哉焯哉，足與純廟之戡定回疆後先輝映矣。外此若滇、蜀、楚、粵之頑夷，齊、晉、臺、洋之奸慝，天戈所指，立就殄滅。藉非聲靈震疊，能若是之神乎？此武功耆定之實也。若夫篤念宗親，推恩錫類。敬禮尊行，則跽拜之儀可略；孔懷同氣，則手足之愛益深。滌愆尤而勉以自新，念勳烈而修其祀事。告誡諸王公及子弟，懇懇肫肫，無微不至。擇賢能而授之職，籌生計而奠厥居。九族之惇叙，非於變之權輿乎？敷天之下，率土之濱，業已澤浹梯航，誠輪琛賮。而猶時時飭諭邊吏，宣示德威，毋或以細微召釁。八方之柔服，不由於撫馭咸宜乎？進退臣僚，惟公惟明。六計之察，首重清廉；三宥之條，不寛貪墨。有勞必録，有過必懲。開言路惟恐不廣，飭宦寺惟恐不嚴。明罰敕法，好生之德，協於民心，而食爲民天，民爲邦本，夙夜尤兢兢焉。每遇旱澇偏災，湛恩立霈，蠲賑緩貸，無歲無之。甚且頒内帑以資博濟，命大吏巡行以監視之，起溝壑而全活者無慮數千百萬。天之幬也，地之載也，父母之生成也，聖仁周浹殆兼之矣。其他籌海運，慎河防，墾邊荒，整鹺務，莫不因時制宜，變通盡利。此則敬宗收族，柔遠綏藩，撫世長民，用人行政之實，而悉數之莫能終者也。以德之盛若此，以治之隆若彼，而淵懷沖挹，自視欿然。至於武成告慶，卻尊號而不居；瑞應呈華，屏貞符而弗道。至矣哉！大而化之之謂聖，聖而不可知之謂神，其在斯乎！其在斯乎！予小子勉承宗器，懼無以慰在天之靈，而於此四百七十有六卷中，瞻三十年之實心實政，黽勉從事。冀迪前光而康乂我兆民，則益懍然於陟降之在庭，而恪守鴻謨於勿替也。

進實録表

伏以元模開泰運，顓書昭柱地之勳；皇極毖乾符，軒籙表光天之業。纂鴻圖於虞史，舜紹堯而心矩同符；詠駿烈於周京，武纘文而神樞合撰。溯在昔衢歌巷祝，總難忘至德之彌綸；迄於今海澨山陬，疇不感先皇之燾載。德功言大猷丕冒，帀方區而過化存神；日月星實政炳垂，轢邃紀而信今傳後。莊薰捧牘，

肅䟒陳編。欽惟宣宗效天符運立中體正至文聖武智勇仁慈儉勤孝敏成皇帝，濬哲生知，欽明表被。貫三才以立極，巍巍乎，蕩蕩乎，大莫能名；嗣列聖以垂庥，亹亹爾，渾渾爾，夐無以尚。粵自擷芳誕瑞，早徵徇齊敦敏之奇；洎乎念典研精，益勵遜志修來之學。初圍引射，賜翎喜溢乎宸章；中所頤顔，鞠䐹歡承乎壽醑。聿新奎額，基聖功而賜翰親題；克享天心，眷主器而緘名默告。御神槍智平寇逆，策古今未有之勳；頒恩綍封晉親藩，荷忠孝兼全之獎。溯潛居之育德，已備於主敬存誠、勤學改過之箴；摹建極之全神，莫外乎慎始圖終、保泰持盈之念。綜百世之龐洪顯鑠，道苞乎羲畫禹疇；仰一心之兢業幾康，義括乎湯盤武几。籥捫槃扣，極盛爓莫罄形容；蠡測筦闚，舉大端遹昭隆懿。惟天佑聖，惟聖憲天。嚴昭事於無形，懷至誠之不息。大祀首圜丘方澤，廑欽若而躬親；精禋崇右社先農，慎肅將而對越。步臨壇壝，特修鉅典於大雩；親撰版文，并達真忱於東岱。浹幽明而叶契，祥霙膏澍，每教應念立霑；卻珍異而不書，共穗駢莖，弗令侈陳爲瑞。猶且戒君臣之共勉，怵臨鑒之難欺。已召和甘，仍返躬而省己；偶逢霾翳，屢賁詔以求言。川嶽偏懷柔，每瞻天上頒題之額；旦明通洶穆，更繹禮成敬述之章。惟昊既之克承，信聖人之能饗。此聖敬之日躋也。夫丕顯丕承者政之原，善繼善述者孝之大。稽初政之紹聞衣德，惟念切於求章；企全模之制治保邦，總心廑於嗣服。移璇題於寢殿，嚴顧諟以接心源；跋綾本之奎函，謹襲藏而珍手澤。原陵敷土，比山阜之增崇；寢朝居歆，達馨薌而盡恪。景遺型於實録，宛接羹牆；覽舊俗於陪都，式瞻鐙椅。事文母而綺春視膳，尊長樂之母儀；奉懿徽而愛日延祺，頌思齊之徽範。嘉辰侍輦，極愉婉以承娱；慶典稱觴，率宗支而上壽。洎璇宫之棄養，盡哀慕而有過恒情；值聖體之違和，感慈恩而更傷暮齒。至若誼敦長長，念篤親親，猗哉風俗，懸書讀法非具文，治匿訐，禁奇衺，除莠安良有常制。肄武而兵彊東省，墾荒而穀稔西陲。沈璧防河，茭玉告平成之績；飛艫漕海，倉箱賡秭億之辭。貞百度而政肅霜清，徧八埏而化行風動。此聖治之恢閎也。祇勤于德，率乂于民。惟一人之作猷，斂五福而敷錫。雨暘入告，手批廑稼穡之艱；旱澇偏災，心燭照流亡之屋。慮偶屯夫膏澤，緩徵減賦，時廑保赤之誠求；防中飽於吏胥，免税蠲租，屢戒謄黄之徧示。恩施冬令，畿疆皆挾纊含餔；羨錫春祺，寰宇共饔鼓軒舞。賑洊饑而頒内帑，特簡重臣；逢慶典而豁陳逋，必蠲實欠。貸刑書於既耄，每念錫類之隆，允矣推恩之爓。此聖孝之繩承也。首庶物者乾之健，照四方者離之明，思其艱而克艱，懍乃逸而無逸。旰食宵衣之罔間，一日二日飭其幾；民生國計之攸司，三德六德凝其績。欽恤者庶言庶獄，必昭刑罰之平；勤求乎汝翼汝爲，用協康和之治。法行自近，不寬於戚懿宗親；恩逮惟周，并及於土司伯克。禁令迭申於宦寺，豫防闢預之端；器名不假於輿臺，嚴飭衣冠之僭。官方惟期澄敘，絶夤緣而首重六廉；案牘屢飭清釐，懲延翫而弗稽五聽。宏翕受以開言路，而弗詢之謀勿庸；酌經權以裕度支，而興利之説必斥。正人心，厚前勞，嚴庫藏之追償，猶寬後嗣；體大德曰生之旨，犴獄仁覃。引脅從罔治之經，雞竿赦普。此聖德之廣敷也。竊惟經天緯地，約在禮者博在文；覺世牖民，身爲度者聲爲律。溯始基於蒙養，廿四卷垂養正之編；覘宏業於觀文，初餘集廣文思之被。薈雅頌典謨之要，既同賡雲漢之昭回；包禮樂刑政之全，非徒侈天章之焜燿。講筵著論，探自彊不息之原；辟水修儀，闡允執厥中之奥。攷輿圖而志成一統，洽聲教於車書；纂通禮而治敕五惇，備典章於秩敘。申曲法徇私之諭，期内外之從風；識息兵罷役之辭，亦敬勤之流露。滂施教澤，嘉惠士林。興賢則十舉正科，行慶則五開恩榜。命直省勤搜落卷，弗抑真才；詔駐防改試國書，毋忘本業。談經槐署，漸至教於海邦；錫宴瓊林，奬熙朝之人瑞。此聖謨之丕焕也。綏懷藩徼，整飭旗營，皇威誕赫於寰瀛。武事必先夫騎射，彼回疆之鶻突，久被生成，乃遺孽之鴟張，爰申撻伐。長驅虎旅，行師符地水之占；迅翦狼弧，洗甲喜天河之挽。甫一年而蕆績，撤十三部鐵勒之兵；逾萬里以捡渠，越七百梯雪山之路。消氛蔥嶺，獻馘槀街。入太室以告成功，奉慈闈而上尊號。鏤勛玄石，特琹在頖之碑；繪像紫光，親製淩煙之贊。克揚鉅烈，悉本廟謨。凡龍旗夔鼓之相臨，豈螳斧蜩鋒之敢逞。固宜巴蜀滇黔之鬼蜮，不血刃而胥殲；楚粵齊晉之鼠狐，乍揚戈而即殪。通郵衛藏，早平瞻對之夷；鼓檝厦門，再戢臺洋之慝。誡邊吏毋滋邊釁，統九譯而俛首來賓；擴遠圖以服遠人，胥八荒而傾心内嚮。此聖武之布昭也。至若躬行節儉，力戒驕奢，娱耳悦目之胥捐，寡欲清心之是尚。用紓丁力，覈採珠獻璞之條；深恤驛騷，輟鮮果時花之貢。停興事於涼臺燠館，并無文囿之經營；緬上儀於皁帳綈衣，遠邁漢家之制度。振浮式靡，情每見於文辭；返樸還淳，命屢申於詔誥。量裁縟節，酌減常供。慎乃德以懷永圖，率有邦無教逸欲。緬鴻基之寅紹，六七作皆神聖之傳；仰龍衮於辰居，三十載總憂勤之念。蓋至德已臻於美備，而聖量尤極於淵沖。玉几之初憑，展丹毫於四事。論自古郊廟之配祔，尊親原有常經；而及今審度於時宜，限制應從豫斷。議道自己，爲

百王未有之規；謙尊而光，實億禩爲昭之法。至若豐碑簡要，勒石無文，服御留遺，設裳有節。此又頌文明之盛範，邁簡册而莫與比倫，窺恭謹之精心，偏遐荒而同深思慕者也。凡此旨千文萬，罔非克勤克儉克寬克仁之懋修；同欽咸五登三，悉本乃聖乃神乃武乃文之廣運。基命嚴於宥密，單心上協乎穆清；養民政在修和，兆姓同深其淪浹。方幸紫圜就日，敷天依義御之暉；何期翠輦驂雲，薄海切軒弓之慕。無疆休無疆恤，瞻巍焕之長新；不盡意不盡言，竭揄揚而曷罄。

《文宗實録》卷首　文宗顯皇帝實録序（同治帝序）

我大清肇造丕基，統壹方夏，聖以繼聖，久道化成，荷上天眷佑之隆，承祖宗貽謀之遠。洪惟我皇考文宗顯皇帝聰明天亶，大孝性成。恪遵皇祖宣宗成皇帝硃諭，總以國計民生爲重，十一年中，有如一日。批章召對，日昃不遑。每念時勢孔艱，四海瘡痍未復，輒中夜傍徨，不能自已，以至聖體違和，然猶且宵旰憂勞，不自暇逸。至十年八月秋獮木蘭，子臣扈從鑾輿，次年即命於山莊就傅。方冀昊蒼垂佑，頤養康彊。詎意聖心屢欲回鑾，未及啟行，寖至大漸，捐棄臣民，攀號莫及。閔予小子，嬛嬛在疚，遽膺付託，悚慟倍加。幸蒙我兩宮皇太后於摧傷哀慕之中，思有以竟皇考未竟之志，予小子始得有所稟承，敬奉神輿還京成禮。仰述舊規，命儒臣敬謹纂輯實録，閱六年而書成，凡三百五十有六卷。炳炳麟麟，治法心法，粲然具備。粤稽自古帝王，握乾符，闡坤珍，罔不兢兢業業，以敬天法祖、勤政愛民爲先務。皇考在青宮時，即奉皇祖恩命，恭代郊壇大祀，百神受職，俎豆居歆。御極後，每遇圜丘方澤辛祈雩祭，齋居虔肅，翼翼小心，無時不以省咎報天恩爲念。對越精誠，形諸手諭。瞻齋宮「畏天命」扁額，聖懷乾惕，發爲詠歌，其昭事之忱有如此者。皇祖至德謙沖，特申遺諭，於郊配升祔大典欲及身而罷之。我皇考詳咨衆議，參酌禮經，曲體在天之靈，爰定萬年之制。於建立豐碑一節，恪遵成命，含淚濡毫，御製鴻文，敬揚先志。追念孝全成皇后誕育聖躬，愴懷靡已。孝静成皇后恩勤撫育，堯門奉養，典禮加崇，視皇祖之奉孝和睿皇后侍膳承歡無少異。以及潔蠲廟享，展謁橋山，祖述憲章，隆禮由禮。其纘緒之勤有如此者。傳籤警寐，秉燭視朝，載籍所陳，咸資考鏡。皇考健行不息，日理萬幾，部務軍情，農桑禮樂，事無鉅細，綜攬靡遺，莫不求精意而絶具文，燭先機而籌盡善。煌煌訓諭，力戒因循，期與百職羣工，交修罔懈。特派翰詹各官，恭繕《朱子全書》、《貞觀政要》以進。性功治術，一以貫之。其措施之正有如此者。民惟邦本，食爲民天。皇考躬履耤田，勞農勸相。建元之始，詔免天下錢糧千有餘萬，湛恩汪濊，率土優霑。嗣因江南豐北決隄，發數百萬帑金，爲民捍患。浙東海塘傾圮，河南蘭陽告災，念切鴻嗷，屢頒恩旨。並籌及京師粥廠，蠲路丁徭，僻省偏隅，偶遭荒歉，無不議蠲議賑，視民如傷。免税則以示招徠，編保甲以防邪慝。其慈惠之敷有如此者。若夫揆文奮武，修己治人，則又本一心，以垂爲典謨，而爲百王之大法。壬子秋，皇考初御經筵。癸丑春，臨雍講學，宏敷聖教，嘉惠士林。命各直省學臣於考試時，增性理論，頒示四言韻文，以端士習。敕武英殿增刊《孝經合璧》、《大學衍義新語》，以重國書。慶榜兩開，正科四舉。各省疊臣，奏請增加中額學額，邀恩准者，指不勝屈。人才樂育，藹吉彈冠。此則文教之隆也。粤西小醜，萌櫱金田，自楚而吴，擾及晉、衛、齊、燕之境。皇考赫然震怒，簡命親藩，征勦巡防，膚功疊奏。當北方軍務肅清，凱旋之日，御勤政殿，賞賚諸王大臣，腹心干城，極一時之選。大江南北收復諸城，指示機宜，霆擊雷震。此則武功之盛也。在昔神禹卑宫菲服，後世澣衣弋綈，傳爲嬿談。我皇考躬行節儉，爲天下先，鹵簿不令增華，宫室從無侈飾。納諫臣之疏，緩興作之工，停歲進之例貢，以省轉輸。辨喪祭之等威，以坊奢濫，聲爲律而身爲度。嘗書事示廷臣曰：「即使天下既安，更防恬嬉之漸。持盈保泰，惟懷永圖。」此則制節謹度之宜也。明罰敕法，國有常經。皇考天縱英明，大公至正。於穆彰阿之固寵竊權，耆英之巧詐欺罔，諄諄曉諭在廷諸臣，舉以爲戒。其帶兵大員，有糜餉勞師、擁兵自衛、遷延貽誤、越境偷生者，或立寘典刑，或嚴加譴謫。薄海内外，咸曉然於天威之不容假借、寬典之不可倖邀，激厲有爲，争先恐後。故能乾綱在握，駕馭羣材。如張國樑、李世忠等奮迹探丸，濯磨效命，恩威並濟，宇内歸心。此則飭紀整綱之效也。皇考盛德巍巍，卓越今古，誠非稱揚所得而罄。於惠親王以叔父之尊，具奏不名，内廷免其叩拜，歲時賜禮有加。是周成王之展親也。於恭親王情同一體，迥異尋常，棣華寶鍔諸編，奎文彪炳。惇親王、醇郡王等分錫桐珪，永盟帶礪。是漢顯宗之友愛也。軍務未平，民生未遂，輒引爲己咎，從不諉過諸臣。責躬之詔，至再至三。是禹湯之罪己也。蒙古内外扎薩克諸部，獻馬納金，輸將效順，科爾沁親王簡率精鋭，躬冒矢石，勠力行間。東北羣藩，稽首來庭，無侮無拂。是堯舜之賓門也。褒揚忠烈，破格推恩，以獎殉節之藎臣，以勵從征之將士。是《采薇》《出車》之遺意也。御製詩文初集，敕内廷翰林編次成書，幾餘揮灑宸章，輒令諸臣賡和。是明良颺拜之庥風也。迺猶起廢員，訪遺逸，矜庶獄，拯困窮，謹關梁，速郵驛，飭宦寺，肅門禁，防微杜漸，慮遠思深。闓

澤宏猷，際天蟠地。自來躬處艱虞，斡旋氣運，未有如皇考之神功默運，佑啟後人者也。予小子繼序以來，先收安慶、蘇、杭，克復金陵，蕩平羣逆。殲石達開於蜀境，縛陳玉成於蒙城，所任將帥曾國藩、胡林翼、駱秉章等皆皇考委用舊人，克覩成功，景懷前烈，今日之寰寓粗安、兆民相慶者，何一非皇考所貽留哉？繼自今任人立政，制治保邦，凡經國典章，悉載於玉簡琅函之内，肆予沖人，永敬承於無斁，以仰酬皇考付託之恩，紹列祖創垂之統，用綿我大清億萬年無疆寶祚。是則夙夜孳孳，勿敢逸豫者云爾。謹序。

《穆宗實録》卷首　穆宗毅皇帝實録序(光緒帝序)

我國家受天成命，締造丕基，歷聖重光，詒謀垂裕，用能方夏戴德，景運日新，揚無斁之庥，成中興之瑞。洪維我穆宗毅皇帝，天錫勇智，純孝昭格。自咸豐十年八月，隨侍我皇考文宗顯皇帝秋獮木蘭，次年承命就傅山莊，聖德日躋，少成若性。辛酉七月，皇考晏駕，仰膺付託之重，即奉兩宫皇太后回鑾。惟日孜孜，事親典學，勤求治理，無間始終，一十三年，不遑昕夕。親政以後，憂勞益勤。方冀鼎盛春秋，昊天篤祜，乘乾行健，日進無疆。詎意末疾偶膺，寖至大漸，上睠慈訓，下棄臣民，率土哀號，瞻天何極！肆予沖人，屬當神器。幸賴兩宫皇太后撫臨鞠育，訓誨周詳，事有遵循，冀無隕越。謹依成憲，命儒臣恭纂實録。閲五年而書成，凡三百七十四卷。日星炳焕，江海淵深，美備悉臻，足昭萬古。粤稽往聖，握符臨御，大經大法，總以敬天法祖、勤政愛民爲先。穆宗自在沖年，端居宸極。每逢大祀，雖命諸王恭代，而深宫齋戒，肅於臨事。洎兩宫皇太后將行歸政，先承慈命，躬涖郊壇。凡圜丘方澤，上辛常雩，虔恭寅畏，翼翼維嚴。蹕路清塵，先期出舍，祁寒暑雨，容止益莊。俎豆馨香，百神受職，臣民觀感，駿奔恐後。其對越之誠有如此者。昔我皇祖宣宗成皇帝聖懷淵若，盛美不居，遺命身後，遂罷郊配升祔之禮。我皇考以大孝之心，述在天之志，爰議尊崇大典自宣宗成皇帝以後，不得更請。穆宗博咨廷議，詳考禮經，於升祔則克永孝思，於郊配則仰遵成命。追念孝德顯皇后作配皇考，坤儀天合，尊親享祀。【略】上請兩宫，暫管萬幾。一切章奏，力疾披視，兢兢以怠荒爲慮。其敷布之勤有如此者。元二之初，東南羹沸，民生之戚，日抱恫瘝。時降詔招徠，冀紓水火。逮金陵克復，江浙蕩平，即普免同治三年以前民欠錢糧。其後山東、河南、直隸、陝西凡被捻回蹂躪之區，烽燧既清，恩膏立沛。滇黔大定，隴省肅清，詔予蠲除，悉如江浙之例。江北、山東，黄河決溜，隄圩莫保，漕運爲憂，歲發帑金，動以億萬數。畿輔永定河溢不常，籌賑災黎，修營隄岸，如傷之念，時切疇咨。其餘各省水旱偏災，疆吏上聞，綸音即下，議蠲議緩，惟恐後時。甚至截漕粟以贍飢民，設粥廠以活餓者。即兩次謁陵禮畢，鑾輅所經，無不薄其差徭，寬其賦税。其子惠之深有如此者。若夫揆文奮武之謨，修己治人之道，則又謹承家法，垂範百王。穆宗天縱聰明，尊師好學，自在青宫，皇考命李鴻藻爲上書房師傅。暨正大位，兩宫皇太后先後命翁心存、祁寯藻、倭仁、徐桐、翁同龢、林天齡在弘德殿行走，緝熙懋學，勤若儒生。凡經訓之醇深，史文之美富，鉤稽矻矻，融貫一心。故發爲文章，垂爲訓誥，皆能闡微燭隱，覺牖斯民。申命儒臣，務端士習，正科五舉，慶榜一開。直省有因寇警緩試者，疆場甫靖，立命補科，或值試期，即令帶補。其因捐輸奏請，加廣中額學額者，既沛恩命，以廣登庸，復示限制，以昭覈實。惟以樂育人才，振興學術，爲致治之要。故多士雲蒸，俊髦藹藹。其文教之盛有如此者。粤寇鴟張，海隅魚爛，皇考簡任曾國藩爲兩江總督、欽差大臣，督辦江浙軍務。穆宗繼御，首簡綸扉，委任益專，戎行愈奮。復用李鴻章、曾國荃、左宗棠等，敷揚廟算，指授機宜。數載之間，東南底定，捻渠犂穴，天討大伸。凡洪秀泉、洪幅瑱、李秀城、李侍賢、汪海洋、石達開諸兇酋，駢首受誅，無有漏網。又殲苗沛霖於皖北，戮陳玉城於河南，羣帥效能，士卒用命。然後先除逆捻，次埽亂回，張總愚、賴汶洸僵踣於先，杜汶秀梟夷於後。南窮蒙詔，西極酒泉，一洗腥羶，盡歸版籍。論功行賞，五等以差。其武功之烈有如此者。遇災修省，哲王所先。穆宗率履不愆，冰淵惕若，躬行節儉，爲天下先。每聞儆予之言，輒下罪己之詔。己巳之歲，書殿偶災，減膳卑衣，深自刻責。癸酉之冬，詔修園籞，以奉慈歡。嗣以軍務未竣，虚懷納諫，明綸停止，捷於轉圜。其戒懼之誠有如此者。國有典刑，親貴不貸。即位之初，即明正載垣、端華、肅順之罪。大奸既去，百辟畏威。他若陳孚恩、黄宗漢之植黨弄權，何桂清、勝保之殃民僨事，或投禦魑魅，或分賜刀繯，俾海内咸知威福之不可妄干、恩寵之不可固恃。小廉大法，激濁揚清。其撫馭之精有如此者。至於内行肫全，孝友純備，尤有敻絶古今者。奉養兩宫無微不至，劬勞之報，明發畢生，侍膳問安，宫無虚日。上陵扶輦，躬率干掫，南苑閲兵，暫離長樂。進鮮獻獲，相望道途。三晉徽稱，親奉册寶，鞠跽盡禮，悦懌慈顔。至寖疾稍瘳，即懷顧復之深恩，再議尊親之大典。此則虞舜之大孝也。惠親王以近屬尊行，視弘德殿，憲章皇考故事，不拜不名。復詔叔父尊行，禮同惠邸，歲時賜賚，恩意有加。此則漢章帝之致敬也。踐阼之始，追念二阿哥憫郡王禩褀岐嶷，保齡不

禄，特加封謚，仰慰慈懷。於榮安長公主顧同氣之無多，爲天家之盛事。翟車下降，恩禮豐隆。此則宋藝祖之篤友也。孝哲毅皇后作儷璇宫，徽音克嗣，有明德之静嚴，比長孫之直婉，視同賓友，恩眷彌深。故龍馭甫升，鳳轝隨逝，六宫陰教，踵美思齊。此則周文之刑于也。仰維盛德豐功，非可殫述。敬陳其略，昭示來兹。他若富擅藝文，編琳瑯之御製；指揮方略，輯謨烈之成書。倚任親賢，褒崇史義，矜恤庶獄，愛護人材，絶宦寺之萌，節内廷之用。推恩效命，佽飛徧逢掖之孤；破格旌貞，綽楔及未笄之女。所以翔潛咸感，血氣知尊，梯航萃於遐陬，金馬輸於藩索。島夷西極，膜拜而瞻天；比景南交，頂禮而祝聖。蓋自來斡旋氣運，宏濟艱難，本精一於一心，泯幾微於萬事，未有如我穆宗毅皇帝之盡美盡善，克始克終者也。予沖人敬承大統，仰纂鴻猷，制治保邦，率由悉備。玉函金匱，紬繹都詳。用繇我大清億萬年之寶祚，以永列祖列宗之休命，是則惟日孳孳，無敢或失者爾。謹序。光緒五年十一月二十五日

德宗景皇帝實録序（宣統帝序）

《德宗實録》卷首

我國家受天成命，景運聿開，歷聖累仁，欽崇天道，用能丕承基緒，揚萬世無疆之休。洪維我兼祧皇考德宗景皇帝，生而神靈，默膺眷佑。當同治十三年十二月，我皇考穆宗毅皇帝晏駕，欽奉兩宫皇太后懿旨，入繼皇祖考文宗顯皇帝爲子，纘承大統。仰念付託之重，孜孜典學，德乃日新。復秉慈謨，勤求治理。親政以後，恢張聖治，宵旰憂勤，三十四年，有如一日。方謂自天錫嘏，如日方升。詎意末疾偶膺，寖至大漸。上違慈蔭，下棄臣民，率土哀號，瞻天何極。肆予沖人，寅紹丕基，冀諸事有所遵循而無隕越。謹依彝憲，命儒臣恭纂實録，閱十有一年而成書，凡五百九十七卷。覲光揚烈，創制顯庸，美備悉臻，足垂萬古。粤稽往聖，膺圖受籙，罔不兢兢於敬天法祖，勤政愛民。德宗爰在沖齡，端居宸極。歲時大祀，雖命諸王恭代，而深宫齋戒，必誠必莊。洎夫歸政有期，凡圜丘方澤上辛常雩，必躬涖郊壇，隆其典禮。若祈暘禱雨，則本諸悲憫之念，寅畏有加。且禋望聿修，百神受職。臣民觀感，祀事具明。其對越之誠，有如此者。德宗甫及勝衣，即親享太廟，懔承歆格，愾見僾聞。及涖萬幾，奉慈鑾三謁東陵，再謁西陵，依慕橋山，彌徵純孝。至其爲政，雖或因時損益，而罔或越于列聖之彝章。其紹述之殷有如此者。德宗自在諒闇，即奉慈命，在毓慶宫讀書。天亶聰明，探乎治本。雖仰秉垂簾之訓，恭己無爲，而用人行政之方，洪纖洞悉。逮親裁大政，披覽章奏，召對臣工，旰夕焦勞，靡間寒暑。凡課吏造士，理財整軍，慎刑恤下，綏藩柔遠諸要政，綜攬無遺。且軫時局之艱難，採列邦之成法，籌備立憲，期以九年，馴至寢疾彌留，猶復拳拳垂注。其敷布之勤有如此者。元二之初，西北未靖，濟師轉饟，疲敝東南。乃輸入外資，冀紓民力。迨至班師振旅，仍議蠲賑，拯此瘡痍。嗣是秦晉荐饑，畿疆苦潦，或飛蝗傷稼，或河溢爲災，詔發帑藏，每除逋賦，元辰布惠，歲以爲常。慶典舉行，恩膏立沛。甚至鑾輅經行之地，無不寬租税而薄差徭。其子惠之深有如此者。若夫揆文奮武之謨，修己治人之道，則又懔遵成憲，垂範百王。德宗重道尊師，敏而好學。既正尊位，兩宫皇太后先後命翁同龢、夏同善、孫家鼐、張家驤、松溎在毓慶宫行走。遜志時敏，道積于厥躬。故垂爲訓誥，發爲文章，罔不有倫有要。然欲闡揚文教，覺牖斯民，側席求賢，惟恐不及。正科九舉，慶榜四開，恤邊陬特命分闈，推湛恩屢加中額。易首場以策論，設經濟之特科，常格不拘，登庸益廣。厥後徇臣下之請，興學堂，廢科舉，亦實具作育人才之厚望，而不設成心。其文教之盛有如此者。回逆鴟張，蔓延數省。德宗畀左宗棠以重任，指授機宜，埽穴犁庭，肅清西域。他如江蘇之幅匪，雲南之夷匪，四川之蠻匪，浙江之教匪，廣東之黎匪，貴州之苗匪，捻渠散脅，指顧盪平。繼先朝未竟之功，成四海永清之治。安内攘外，無思不服。其武功之烈有如此者。古昔哲王，遇災修省。德宗冰淵惕若，百姓爲心。念每廑於儆予，詔屢嚴於罪己。辛巳六月，彗星北見，引爲天戒，祗懼乃心。廷臣陳寶琛、張之洞、周德潤、洪良品先後陳言，虚懷採納。戊戌元旦日食，懔《春秋》之義，避殿減膳，申籲昊蒼。其戒懼之誠有如此者。國有典刑，不容干犯。德宗於内外大小臣工，以時申儆，惟能揚清激濁，因而大法小廉。其有弄權納賄，僨事殃民者，朝覽封章，夕頒嚴旨，褫官遣戍，不少姑容，去其害羣，天下咸服。庚子之變，嚴懲禍首，雖親貴而不阿。其撫馭之嚴有如此者。至於内行純備，尤有夐絶古今者焉。踐阼之始，奉養兩宫皇太后，問安視膳，悦懌慈顔。辛巳三月，孝貞顯皇后仙馭升遐，泣血椎心，哀動臣下。若事孝欽顯皇后愛日彌長，三介壽觴，五崇徽號，備尊親之大典，酬顧復之深恩。又若篤念本生，特隆規禮，遠軼有宋，近邁前明。此則虞舜之大孝也。惇親王、恭親王、孚郡王爲近屬尊行，謹依穆宗故事，詔不拜不名，以示優異，而歲時賜賚，恩意有加。此則漢章帝之致敬也。念同氣懿親，及歲命入上書房讀書。既長，復命聘問列邦，增其學識。洎西狩旋軫，更使之親習政事，勤勞王家。此則宋藝祖之篤友也。孝定景皇后作儷璇宫，徽音克嗣，資其内助，恩眷特深。而教率六宫，倍形謙抑。用是齊明羲曜，

合德乾元。此則周文之刑于也。他若節儉躬行，惡衣菲食，而遺身利物，愛及一夫，惠暨乎僑民，賑施夫鄰國，澤被於已枯之骨，恩加於待決之囚，其仁如天，包涵罔外。所以翔潛咸感，血氣知尊，梯航集乎萬邦，琛賮來乎四裔。蓋自來斡旋氣運，宏濟艱難，本精一於乃心，泯幾微於萬事，未有如我兼祧皇考德宗景皇帝之盡美盡善，成始成終者也。予沖人寅承統緒，仰纂謨猷，思監成憲以罔愆，重念敬承之不易。薄海之謳思未艾，在天之靈爽式憑。用敢臚舉大端，爲天下萬世敬告焉。謹序。

《宣統政紀》卷首　大清宣統政紀序

伏以河圖龜畫，文肇羲皇；雲紀鳥官，治垂軒后。唐書虞典，載颺言拜手之歌；周誥殷盤，溯詰屈聱牙之史。甘露黄龍而外，别開西漢紀年；上元儀鳳之前，特記大唐刱業。以及宋有《東京夢華》之録，明有《弇州別集》之編，莫不掞藻鸞綸，揚棻駿烈，附鴻裁於班馬，闡雅意於睢麟。況當累洽重熙，復繼文謨武烈，論治則聖人在位，有風不鳴條，雨不破塊之祥；論德則大道爲公，有天無私覆，地無私載之量。固當赤文緑字，紀功德於億萬斯年；玉檢金泥，詳登封於七十二代者也。欽惟我皇上明兩作離，居東出震。天鍾聖哲，星流虹渚之祥；生而神靈，日角龍顔之表。既秉圭而告廟，遂負扆以臨軒。訟獄謳歌，天下咸歸子啟；制禮作樂，周公用相成王。固已數蓂朔而紀元，撫蘿圖而御宇。華蟲藻火，法南面之垂裳；白麟芝房，頌西京之寶鼎。比量於泰山河海，莫測高深；繪容於日月乾坤，難爲名似。謹陳大略，厥有數端。一曰敬天。皇上合德玄微，精心對越。絙桑作樂，鏘麟鼓以郊天；縮秬升香，絜犧尊而祀地。辛祈重穀，崇報賽春秋；雩祭燌柴，用禬禳水旱。舉嶽瀆山川之祀，咸秩無文；祭風雲雷雨之師，諸神受紀。其昭事之誠，有如此者。一曰法祖。皇上恪承家法，懋踵前模，瞻松柏而展敬山陵，潔粢盛而薦馨宗廟。雞鳴三盥，修問膳於慈宮；鳳紵萬年，晉徽稱於壽母。經筵再啟，乾行協健德之符；典學方新，蒙養得聖功之正。其述事之隆，有如此者。一曰勤政。皇上允釐庶績，無曠萬幾。崇政早朝，傳籤警寐。邇英答詔，衡石量書。破格用人，不限資勢門蔭；定章課吏，仍兼書判身言。覃恩則露湛蓼斯，起廢而春回黍谷。邊氛靖埽，武伸螗斧之威；禮館宏開，文復蜡豳之盛。綏外則重瀛遣使，講周旋於玉敦珠槃；撫内則諸道置官，嚴督察於繡衣持節。其求治之劬，有如此者。一曰愛民。皇上亶聰作后，其仁如天，貸蹕路之籽糧，加五城之米石。蠲逋以賙魯豫，沛一朝汪濊之恩；發帑以賑江淮，拯億萬生靈之命。草野之嗷鴻有託，河固茭防；花村之吠犬無驚，風清萑澤。驅疫羣於方相，伏癘潛消；屏毒卉於神農，沈痾盡起。其保惠之懷，有如此者。至若昭回新命，布理憲文，仰窺炎帝帝魁之隆，實纘太王王季之緒。是以博諮衆議，論採芻蕘，觀治一鄉，利謀桑梓。登版圖天府，户數丁推；遣計吏京師，塵清甲簿。干掫設警，見徼道之綺交；聽訟分庭，喜琴堂之花落。便知書於徒隸，奇觚傳急就之章；懲無業於游民，魯削補考工之政。銖稱雀，兩稱燕，度正星衡；地用馬，天用龍，法吏泉府。商勳析爵，封卜式爲關内之侯；農部設官，命陳寵作行田之使。且也以元首而兼元帥，追蹤周武戎衣；以庶政而公庶民，軼美鄭僑鄉校。《周禮》之官六十，别創隆規；《吕刑》之用三千，改從輕典。羽林增子弟，殿前駐龍武之軍；冢宰總百官，門下奉鸞臺之敕。固皆隱隱然各得其所，蕩蕩乎民無能名。而尤所難及者，則在憲政提前，年限縮短。明堂改歷，以甲子朔旦爲期；洛邑和民，暨風雨四方來會。父有作而子則述，繼九年未集之勳；民所欲而天必從，開百王未有之局。當此共和協贊，與周家實異而名符；益欽揖讓無爲，見虞陛風同而道一。臣等備員禁籞，珥筆史宬，刻石鼓而誦周京，逢金人而思漢室。太平故吏，曾覩開元貞觀之休；淪落遺山，尚記大定明昌之事。塗生民而改清廟，敢比韓文；藏名山而副京師，願成遷紀。此後惟天爲大，永傳巍煥之文章；他時候日再中，更草河汾之封禪。

引用書目

書名	作者	時代	版本	備注
清實録		清	中華書局二〇〇八年影印本	
福王登極實録	文震亨	清	台灣文獻叢刊第二六六種，台灣銀行經濟研究室一九七二年版影印本	
青磷屑	應喜臣	清	台灣文獻叢刊第二四〇種，台灣銀行經濟研究室一九七二年版	
魯春秋・監國記	查繼佐	清	台灣文獻叢刊第一一八種，台灣銀行經濟研究室一九七二年版影印本	
揚州十日記	王秀楚	清	中國歷史研究社編中國歷史研究資料叢書，上海書店一九八四年版	
嘉定屠城紀略	朱子素	清	中國歷史研究社編中國歷史研究資料叢書，上海書店一九八四年版	
賜姓始末	黄宗羲	清	台灣文獻叢刊第二五種，台灣銀行經濟研究室一九七二年版影印本	
永曆紀年	黄宗羲	清	台灣文獻叢刊第二五種，台灣銀行經濟研究室一九七二年版影印本	
魯紀年	黄宗羲	清	台灣文獻叢刊第二五種，台灣銀行經濟研究室一九七二年版影印本	
隆武紀年	黄宗羲	清	台灣文獻叢刊第二五種，台灣銀行經濟研究室一九七二年版影印本	
紹武争立紀	黄宗羲	清	台灣文獻叢刊第一三五種，台灣銀行經濟研究室一九七二年版影印本	
多爾衮攝政日記	多爾衮	清	《中華歷史人物別傳集》第二七册，線裝書局二〇〇三年版	
所知録	錢秉鐙	清	上海古籍出版社一九八七年版	余行邁等點校
聖安本紀	顧炎武	清	台灣文獻叢刊第一八三種，台灣銀行經濟研究室一九七二年版影印本	
隆武遺事	顧炎武	清	台灣文獻叢刊第一八三種，台灣銀行經濟研究室一九七二年版影印本	
北征紀略	張煌言	清	台灣文獻叢刊第一一八種，台灣銀行經濟研究室一九七二年版影印本	
明季南略	計六奇	清	中華書局一九六四年版點校本	任道斌等点校

明季北略	計六奇	清	中華書局一九六四年版點校本	魏得良等点校
國朝宫史	鄂爾泰等	清	北京古籍出版社一九九四年版	左步青校點
東華録	蔣良騏	清	中華書局一九八〇年版	林樹蕙等校點
永憲録	蕭奭	清	歷代史料筆記叢刊，中華書局一九五九年版	朱南銑點校
(道光朝)籌辦夷務始末	文慶等	清	中華書局一九六四年版	齊思和等整理
(咸豐朝)籌辦夷務始末	賈楨等	清	中華書局一九七九年版	
(同治朝)籌辦夷務始末	寶鋆等	清	中華書局二〇〇八年版	李書源等整理
小腆紀年	徐鼒	清	中國史學基本典籍叢刊，中華書局一九五七年版	王崇武點校
國朝柔遠記	王之春	清	中華文史叢書，臺北華文書局一九六八年	
英夷入粵紀略	佚名	清	北京大學圖書館藏鈔本，中國史學會編《中國近代史資料叢刊·鴉片戰争》，上海人民出版社、上海書店二〇〇〇年版	
平夷録·廣東軍務記	佚名	清	鈔本，中國史學會編《中國近代史資料叢刊·鴉片戰争》，上海人民出版社、上海書店二〇〇〇年版	
平夷録·軍務記	佚名	清	鈔本，中國史學會編《中國近代史資料叢刊·鴉片戰争》，上海人民出版社、上海書店二〇〇〇年版	
武昌紀事	陳徽言	清	據雲南叢書本，中國史學會編《中國近代史資料叢刊·太平天國》，上海人民出版社、上海書店二〇〇〇年版	
髮匪初記	江左明心道人	清	中國史學會編《中國近代史資料叢刊·天平天國》，上海人民出版社、上海書店二〇〇〇年版	
東華録	王先謙	清	上海古籍出版社二〇〇七年版	
東華續録	王先謙	清	上海古籍出版社二〇〇七年版	
崇陵傳信録	惲毓鼎	清	中國史學會編《中國近代史資料叢刊·義和團》，上海人民出版社、上海書店二	

○○○年版
庚子國變記　李希圣　清　中國史學會編《中國近代史資料叢刊·義和團》，上海人民出版社、上海書店二○○○年版
光緒朝東華録　朱壽朋　清　中華書局一九五八年版　張靜廬等校點
戊戌履霜記　胡思敬　清　中國史學會編《中國近代史資料叢刊·戊戌變法》，上海人民出版社、上海書店二○○○年版
清廷戊戌朝變記　蘇繼祖　清　中國史學會編《中國近代史資料叢刊·戊戌變法》，上海人民出版社、上海書店二○○○年版
民教相仇都門聞見　劉以桐　清　中國史學會編《中國近代史資料叢刊·義和團》，上海人民出版社、上海書店二○○○年版
中法兵事本末　羅惇曧　清　中國史學會編《中國近代史資料叢刊·戊戌變法》，上海人民出版社、上海書店二○○○年版
宣統政紀　清　中華書局二○○八年影印本

《中華大典》辦公室

主　　任：于永湛

副 主 任：伍　傑

　　　　　姜學中

編　　審：趙含坤

　　　　　崔望雲

　　　　　馮寶志

　　　　　宋志英

　　　　　谷笑鵬

裝幀設計：章耀達

上海市《中華大典·歷史典》工作小組

組　長：王興康

組　員：呂　健

　　　　郭子建

　　　　占旭東

　　　　張旭東

《中華大典·歷史典》編輯部

負 責 人：呂　健

工作人員：占旭東

　　　　　呂瑞鋒

　　　　　徐樂帥

　　　　　王　珺

　　　　　陳麗娟

　　　　　張旭東

《編年分典·清總部》

責任編輯：李夢生

圖書在版編目(CIP)數據

中華大典·歷史典·編年分典·清總部／《中華大典》工作委員會，《中華大典》編纂委員會編．—上海：上海古籍出版社，2017.6

ISBN 978-7-5325-8447-5

Ⅰ.①中… Ⅱ.①中… Ⅲ.①百科全書—中國②中國歷史—編年史—清代 Ⅳ.①Z227②K249.043

中國版本圖書館 CIP 數據核字(2017)第 081943 號

ISBN 978-7-5325-8447-5

中華大典·歷史典·編年分典
清總部

編纂：《中華大典》工作委員會
《中華大典》編纂委員會

出版：上海世紀出版股份有限公司
上海古籍出版社
（上海瑞金二路二七二號 郵政編碼 二〇〇〇二〇）
(1) 網址：www.guji.com.cn
(2) E-mail：guji1@guji.com.cn
(3) 易文網網址：www.ewen.co

印刷：中華商務聯合印刷有限公司

發行：上海世紀出版股份有限公司發行中心發行經銷

開本：七八七×一〇九二毫米 十六開

印張：一〇八·五 字數：三五六〇千字

二〇一七年六月第一版 二〇一七年六月第一次印刷

ISBN 978-7-5325-8447-5/K·2324

定價（全二冊）：八二〇圓